专利复审和无效审查决定汇编丛书

专利复审和无效审查决定汇编

（2008）

材　料（第四卷）

国家知识产权局专利复审委员会　编

知识产权出版社
全国百佳图书出版单位

图书在版编目（CIP）数据

专利复审和无效审查决定汇编．2008．材料/国家知识产权局专利复审委员会编．—北京：知识产权出版社，2016.1

ISBN 978-7-5130-1612-4

Ⅰ.①专… Ⅱ.①国… Ⅲ.①专利权法—案例—中国 Ⅳ.①D923.425

中国版本图书馆 CIP 数据核字（2012）第 246943 号

内容提要

本书汇集了专利复审委员会2008年作出的材料专利复审和无效审查决定及相关审查决定和司法判决（根据法律规定需要保密的除外），比较全面地反映了专利复审委员会的审查工作和人民法院专利行政案件审理工作取得的进展，对专利工作者具有一定的借鉴和指导作用，也有利于当事人及广大公众对专利复审委员会的审查工作进行监督。

责任编辑：宋　云　　**责任校对**：董志英

责任出版：孙婷婷　　**封面设计**：品　序

专利复审和无效审查决定汇编丛书

专利复审和无效审查决定汇编（2008）

材　料（第四卷）

国家知识产权局专利复审委员会　编

出版发行：知识产权出版社有限责任公司　　**网　址**：http：//www.ipph.cn

社　址：北京市海淀区马甸南村1号（邮编：100088）　　**天猫旗舰店**：http：//zscqcbs.tmall.com

责编电话：82000860转8388　　**责编邮箱**：songyun@cnipr.com

发行电话：010-82000860转8101/8102　　**发行传真**：010-82000893/82005070/82000270

印　刷：北京中献拓方科技发展有限公司　　**经　销**：各大网上书店、新华书店及相关专业书店

开　本：880mm×1230mm　1/16　　**印　张**：197

版　次：2016年1月第1版　　**印　次**：2016年1月第1次印刷

字　数：5600千字　　**定　价**：800.00元（全4卷）

ISBN 978-7-5130-1612-4

前 言

随着经济全球化和我国国民经济的飞速发展，专利制度在经济活动中的作用和地位越来越突出，国民的专利意识也在不断增强。目前，我国专利申请总量超过 1170 万件，每年专利复审与无效宣告请求案件已超过 2 万件，2012 年达到 20261 件。作为专利复审和无效宣告请求案件审查的专属机构，专利复审委员会每年都要作出数以千计的审查决定。与之相应，人民法院每年要作出数百篇司法判决。每一篇审查决定和判决书都凝聚着审查员和审判人员的心血和智慧。通过审查员和审判人员结合具体案情的创作型劳动，生硬的法律条文变得鲜活和丰满，形成一笔宝贵的精神财富和公共资源，并不断有专利代理机构、专利代理人以及审查员希望专利复审委员会能够出版专利复审和无效审查决定，作为学习和工作时的重要参考资料。

除根据法律规定需要保密的外，《专利复审和无效审查决定汇编（2008）》汇集了专利复审委员会 2008 年作出的审查决定，包括针对相应审查决定的司法判决，以便读者了解审查决定的法律状态并对照阅读和分析。本汇编按照技术专业领域将分为 8 大册，共 31 分卷：机械（5 卷）、电学（5 卷）、通信（2 卷）、医药（4 卷）、化学（2 卷）、材料（4 卷）、光电（4 卷）、外观设计（5 卷）。因此，本汇编比较全面地反映了专利复审委员会的审查工作和人民法院专利行政案件审理工作取得的进展。

我们相信，本汇编对专利工作者具有一定的借鉴和指导作用，也有利于当事人及广大公众对专利复审委员会的审查工作进行监督。本汇编也将为推动专利复审委员会的发展，促进专利代理业务水平的提高，为《国家知识产权战略纲要》进一步实施尽微薄之力。

本书编委会

2013 年 8 月

目　　录

151

隐形拉链的顶端挡块

无效宣告请求审查决定（第 11936 号）

决　　定　　号　第 11936 号
决　　定　　日　2008 年 7 月 2 日
发明创造名称　隐形拉链的顶端挡块
国 际 分 类 号　A44B 19/36
无效宣告请求人　王树林
专　利　权　人　YKK 株式会社
专　　利　　号　93108896.8
申　　请　　日　1993 年 7 月 16 日
授权公告日　2000 年 5 月 17 日
合议组组长　赵　明
主　　审　　员　董晓静
参　　审　　员　王　森

法　律　依　据　专利法实施细则第 20 条第 1 款
决　定　要　点

如果权利要求没有清楚地表述请求保护的范围，则不符合专利法实施细则第 20 条第 1 款的规定。

一、案由

本无效宣告请求涉及中华人民共和国国家知识产权局于 2000 年 5 月 17 日授权公告的、名称为"隐形拉链的顶端挡块"的发明专利权（下称本专利），其专利号是 93108896.8，优先权日是 1992 年 7 月 16 日，申请日是 1993 年 7 月 16 日，专利权人是 YKK 株式会社。本专利授权公告的权利要求书如下：

"1. 一种隐形拉链的顶端挡块，它由合成树脂制成的 U 形件包绕在一链带的一条边上且熔化所述 U 形件而形成，其特征在于，所述 U 形件在其开口端被熔穿过所述链带，所述熔穿部位从所述链带的向内折叠部分向内偏置，一排扣齿固定于链带上。

2. 如权利要求 1 所述的隐形拉链顶端挡块，，其特征在于，所述 U 形件的所述熔穿部位和扣齿处于不同角度（C）。

3. 如权利要求 1 所述的隐形拉链顶端挡块，其特征在于，所述 U 形件的熔穿部位倾斜地从扣齿的连接部分向外突出而形成所述顶端挡块以使之可和一滑块的导向边缘啮合。"

针对上述专利权，王树林（下称请求人）于 2007 年 9 月 7 日向专利复审委员会提出无效宣告请求，提交了本专利的专利说明书作为附件，并认为：

（1）权利要求1中的“所述熔穿部位从所述链带的向内折叠部分向内偏置”与说明书描述的偏置方向相反，权利要求1没有清楚说明从哪一部分开始偏置，也没有记载使顶端挡块实现其功能和作用所必须的技术特征即U形件5夹持的链带1区域，因此不符合专利法第26条第4款，以及专利法实施细则第20条第1款、第21条第2款的规定。

（2）权利要求2的附加技术特征限定的角度C与说明书所披露的角度C的参照主体不同，而且熔穿部位是因U形件顶端融合形成的融合点，扣齿则是沿拉链内侧边布置的连续性叠层，在未选取参考点或边线的情况下不知如何得出二者角度不同的结论，因此权利要求2不符合专利法第26条第4款和专利法实施细则第20条第1款的规定。

（3）权利要求3的附加技术特征与说明书所述的熔融部分倾斜地向外突出相矛盾，而且其方案本身自相矛盾，与滑块的导向边缘啮合的应该是U形件的顶端而非熔穿部位，因此权利要求3不符合专利法第26条第3、4款和专利法实施细则第20条第1款的规定。

（4）说明书不符合专利法第26条第3款的规定，具体为①说明书描述扣齿2夹在U形件5之间、扣齿2平行安装到链带1上，又指出U形件5与链带1保持一固定的角度，但没有公开如何实现链带1被夹持的同时又保持与U形件保持固定的角度；②说明书描述“熔穿部位在向内折叠部位7的区域内偏置，且该向内折叠部位7做在链带1装有扣齿2的部位上，这样它和扣齿2成一固定角度”，没有公开熔穿部位和扣齿都处于链带1的同一部位的同时又如何形成一固定的角度；③说明书附图的内折叠部位7是扣齿2所在区域与未安装扣齿的链带区域之间的转弯过渡区域，该区域没有安装扣齿，但说明书文字部分却描述内折叠部位7做在链带1装有扣齿2的部位上，二者矛盾；④说明书描述熔穿部位“偏置”和“偏移”，不是本领域通用术语，也没有给出详细的特征描述，本领域技术人员不能由说明书得知其真正的含义。

经形式审查合格，专利复审委员会依法受理了上述无效宣告请求，并于2007年10月8日向双方当事人发出无效宣告请求受理通知书，同时将专利权无效宣告请求书及其附件清单中所列附件的副本转送给专利权人，并要求专利权人在指定的期限内陈述意见。

针对上述受理通知书，专利权人于2007年11月23日提交意见陈述书和经修改的权利要求书，删除了权利要求3。修改后的权利要求书为：

“1. 一种隐形拉链的顶端挡块，它由合成树脂制成的U形件包绕在一链带的一条边上且熔化所述U形件而形成，其特征在于，所述U形件在其开口端被熔穿过所述链带，所述熔穿部位从所述链带的向内折叠部分向内偏置，一排扣齿固定于链带上。

2. 如权利要求1所述的隐形拉链顶端挡块，其特征在于，所述U形件的所述熔穿部位和扣齿处于不同角度（C）。”

专利权人认为：

（1）权利要求1、2符合专利法第26条第4款的规定。“熔穿部位从所述链带的向内折叠部分向内偏置”的意思是“熔穿部位在所述链带的向内折叠部分上向内偏置”，可从说明书第4页第9行、第5页第1~2行和图6得出；“一排扣齿固定在链带上”可从图2~6看出，是扣齿2被安装固定在链带1的向内折叠部分上，且为本领域的常识；权利要求2的附加技术特征在附图6和说明书第5页第4行明确记载。

（2）权利要求1、2符合专利法实施细则第20条第1款的规定。熔穿部位是在内外方向上、在所述链带的向内折叠部分中不居中，偏向内侧，权利要求2也是清楚的。

（3）请求人主张说明书公开不充分的理由①~③不成立，“向内折叠部位”指链带1的折回部分，包括扣齿所在区域和链带弯曲区域，附图标记 7 指向作为向内折叠部位的一部分的弯曲区域；U 形件熔接时，用来形成熔穿部位的部分熔化后，将 U 形件相对于链带 1 偏转角度 C 的状态下使熔穿部位冷却固化，从而使得 U 形件 5 相对于链带 1 形成角度 C，而熔化 U 形件 5 的同时，扣齿 2 的被 U 形件 5 夹住的部分也变软或熔化，在使 U 形件 5 相对于链带 1 偏转角度 C 时通过夹住扣齿 2，就可以使得扣齿 2 露出的大部分不随 U 形件 5 偏转，仍然维持平行于链带 1 的状态，因此就实现了 U 形件 5 和扣齿 2 之间的夹角。请求人主张公开不充分的理由④也不成立，专利权人同意请求人对“偏置”和“偏移”所做的解释，本专利图 6 示出熔穿部位 9 在内折叠部 7 中向内偏移到内折叠部 7 局部，在内外方向上向内偏而不居中。

（4）本专利符合专利法实施细则第 21 条第 2 款的规定。本专利解决的问题是使顶端挡块不易从链带上脱离，并使挡块与滑块导向边缘接触从而有助于将链带的剩余边缘部分向内放入而补整，“U 形件夹持扣齿 2 和与扣齿 2 相连接的链带 1 区域”不是必要技术特征，不管 U 形件是否夹持扣齿，只要能起到阻挡挡块而不从链带脱落的作用即可。

专利复审委员会依法成立合议组对本无效宣告请求案进行审理。本案合议组于 2008 年 1 月 30 日向双方当事人发出无效宣告请求口头审理通知书，定于 2008 年 3 月 20 日举行口头审理。并于 2008 年 2 月 14 日发出转送文件通知书，将专利权人于 2007 年 11 月 23 日提交的意见陈述书和权利要求书修改替换页转给请求人，要求其在口头审理时进行答复。

口头审理如期举行，双方当事人均参加并充分发表了意见。请求人对专利权人修改的权利要求书无异议，合议组当庭明确口头审理以专利权人修改的权利要求书为基础。请求人明确其无效宣告请求的理由是权利要求 1、2 不符合专利法第 26 条第 3、4 款，以及专利法实施细则第 20 条第 1 款和第 21 条第 2 款的规定。

至此，合议组认为本案事实已经清楚，可以作出审查决定。

二、决定的理由

1. 关于审查基础

专利权人在无效宣告程序中对权利要求书进行修改，删除了权利要求 3。请求人对修改没有异议。合议组经审查，该修改未违反专利法第 33 条和专利法实施细则第 68 条第 1 款的规定，因此合议组予以接受。本无效宣告请求审查决定是在专利权人修改后的权利要求书的基础上作出的。

2. 关于专利法实施细则第 20 条第 1 款

专利法实施细则第 20 条第 1 款规定，权利要求书应当说明发明或者实用新型的技术特征，清楚、简要地表述请求保护的范围。

本专利权利要求 1 请求保护一种隐形拉链的顶端挡块，并限定该顶端挡块由合成树脂制成的 U 形件包绕在一链带的一条边上且熔化所述 U 形件而形成，U 形件在其开口端被熔穿过所述链带，所述熔穿部位从所述链带的向内折叠部分向内偏置。由此可见，为了确定所要求保护的隐形拉链的顶端挡块的保护范围，就必须明确 U 形件熔穿部位的位置关系。但是，权利要求 1 对此的表述仅为“所述熔穿部位从所述链带的向内折叠部分向内偏置”，并未对何为“向内”给出清楚的说明。对所属技术领域的技术人员来说，即使可以理解“链带的向内折叠部分”中的“向内”是指折叠使链带两个边夹角变小的方向，也无法清楚地获知“向内偏置”的含义，即使将“向内偏置”的“向内”理解为向内折叠的方向，也会与 U 形件“熔穿过所述链带”的表述矛盾。因此权利要求 1 没有清楚地表述其请求保护的范围，不符合专利法实施细则第 20 条第 1 款的规定。

专利权人对“向内折叠部分”和“向内偏置”的解释是，“向内折叠部分是说链带 1 弯折，使图 6 中 C 角度越来越小的方向就是向内，使 C 角度变大、展开的方向就是向外。向内偏置、偏移就是说不居中设置，不居中移动，也就是说图 6 中的熔穿部分 9 不正处于弯折弯得最厉害的点，而是在叠层部分上从弯得最厉害的点朝着叠层部分离开扣齿部分的外侧，也就是朝着从熔穿部分 9 到顶端挡块 8 的方向向内移动”。对此，合议组经审查后认为，专利权人实质上是对权利要求 1 中的“向内折叠”和“向内偏置”的“向内”作了不同的解释，其解释内容并未记载在权利要求 1 中或可以由权利要求 1 的上下文及所用词汇的含义得出，并且根据说明书的文字部分和附图也不能确定其权利要求中记载的“向内”是专利权人在本次无效宣告程序中所解释的含义。因此，专利权人的主张并不成立。

权利要求 2 引用权利要求 1，附加技术特征是“所述 U 形件的所述熔穿部位和扣齿处于不同角度（C）”。该权利要求通过引用权利要求 1 而同样包含了“所述熔穿部位从所述链带的向内折叠部分向内偏置”这一含义不清楚的表述，而且对所属技术领域的技术人员来说，“熔穿部位”对应的是“U 形件在其开口端被熔穿过所述链带”的熔穿点，扣齿对应的是固定在链带上的拉链相扣合的齿状结构，熔穿点和齿状结构如何处于不同角度这一问题并未在权利要求 2 中得到清楚的说明，因此权利要求 2 请求保护的保护范围也无法清楚确定，同样不符合专利法实施细则第 20 条第 1 款的规定。

专利权人认为权利要求 2 的文字没有任何疑义，可进一步根据说明书的记载如附图 6 说明；角度 C 的形成方法是将 U 形件进行熔接时，在使 U 形件的用于形成熔穿部位的部分熔化后，将 U 形件相对于链带 1 偏转角度 C 的状态下使熔穿部位冷却固化，从而 U 形件 5 即顶端挡块相对于链带 1 形成一角度 C，而且在熔化 U 形件 5 时，扣齿 2 的被夹住的部分也变软或熔化，在将 U 形件 5 相对于链带 1 偏转一角度 C 时，通过夹住扣齿 2 可以使其露出的大部分不随 U 形件 5 偏转而仍维持平行于链带 1 的状态，因此就实现了 U 形件 5 和扣齿 2 之间的夹角。对此，合议组经审查后认为，从说明书附图 6 看不出熔穿点和扣齿的角度关系，专利权人的意见涉及的是对 U 形件与扣齿处于不同角度的解释，而权利要求 2 所限定的保护范围是 U 形件的熔穿部位与扣齿处于不同角度，因此专利权人的上述意见不足以证明权利要求 2 的保护范围清楚。

根据上述的事实和理由，本案合议组依法作出以下决定。

三、决定

宣告 93108896.8 号发明专利权全部无效。

当事人对本决定不服的，可以根据专利法第 46 条第 2 款的规定，自收到本决定之日起三个月内向北京市第一中级人民法院起诉。根据该款的规定，一方当事人起诉后，另一方当事人应当作为第三人参加诉讼。

北京市第一中级人民法院
行政判决书

（2008）一中行初字第1663号

原告YKK株式会社，住所地日本国东京都千代田区神田和泉町1。

法定代表人吉田忠裕，社长。

委托代理人张会华，北京林达刘知识产权代理事务所专利代理人。

委托代理人陈立航，北京林达刘知识产权代理事务所专利代理人。

被告中华人民共和国国家知识产权局专利复审委员会，住所地中华人民共和国北京市海淀区北四环西路9号银谷大厦10层~12层。

法定代表人廖涛，副主任。

委托代理人董晓静，女，中华人民共和国国家知识产权局专利复审委员会审查员。

委托代理人朱茜，女，中华人民共和国国家知识产权局专利复审委员会审查员。

第三人王树林，男，无业，住中华人民共和国广东省佛山市禅城区市东下路18号之二2座302房。

原告YKK株式会社因专利行政裁决一案，不服被告中华人民共和国国家知识产权局专利复审委员会作出的无效宣告请求审查决定，向本院提起行政诉讼。本院受理后依法组成合议庭，根据《中华人民共和国行政诉讼法》第二十七条、《中华人民共和国专利法》（以下简称《专利法》）第四十六条第二款的规定，通知王树林作为第三人参加诉讼。本院于2008年12月11日公开开庭审理了本案，原告的委托代理人张会华和陈立航、被告的委托代理人董晓静和朱茜、第三人王树林到庭参加了诉讼。本案现已审理终结。

第三人针对专利权人为原告的名称为“隐形拉链的顶端挡块”的第93108896.8号发明专利权（以下简称本专利）向被告提出无效宣告请求。被告经审查于2008年7月2日作出第11936号无效宣告请求审查决定（以下简称无效决定），被告认为：

1. 关于审查基础

原告在无效宣告程序中对权利要求书进行修改，删除了权利要求3。第三人对修改没有异议。被告经审查，该修改未违反《专利法》第三十三条和《中华人民共和国专利法实施细则》（以下简称《实施细则》）第六十八条第一款的规定，因此被告予以接受。本无效宣告请求审查决定是在原告修改后的权利要求书的基础上作出的。

2. 关于《实施细则》第二十条第一款

本专利权利要求1请求保护一种隐形拉链的顶端挡块，并限定该顶端挡块由合成树脂制成的U形件包绕在一链带的一条边上且熔化所述U形件而形成，U形件在其开口端被熔穿过所述链带，所述熔穿部位从所述链带的向内折叠部分向内偏置。由此可见，为了确定所要求保护的隐形拉链的顶端挡块的保护范围，就必须明确U形件熔穿部位的位置关系。但是，权利要求1对此的表述仅为“所述熔穿部位从所述链带的向内折叠部分向内偏置”，并未对何为“向内”给出清楚的说明。对所属技术领域的技术人员来说，即使可以理解“链带的向内折叠部分”中的“向内”是指折叠使链带两个边夹角变小的方向，也无法清楚地获知“向内偏置”的含义，即使将“向内偏置”的“向内”理解为向内折叠的方向，也会与U形件“熔穿过所述链带”的表述矛盾。因此权利要求1没有清楚地表述其请求保护的范围，不符合《实施细则》第二十条第一款的规定。

原告对“向内折叠部分”和“向内偏置”的解释是，“向内折叠部分是说链带1弯折，使图6中C角度越来越小的方向就是向内，使C角度变大、展开的方向就是向外。向内偏置、偏移就是说不居中设置，不居中移动，也就是说图6中的熔穿部分9不正处于弯折弯得最厉害的点，而是在叠层部分上从弯得最厉害的点朝着叠层部分离开扣齿部分的外侧，也就是朝着从熔穿部分9到顶端挡块8的方向向内移动”。对此，被告经审查后认为，原告实质上是对权利要求1中的“向内折叠”和“向内偏置”的“向内”作了不同的解释，其解释内容并未记载在权利要求1中或可以由权利要求1的上下文及所用词汇的含义得出，并且根据说明书的文字部分和附图也不能确定其权利要求中记载的“向内”是原告在本次无效宣告程序中所解释的含义。因此，原告的主张并不成立。

本专利权利要求2引用权利要求1，附加技术特征是“所述U形件的所述熔穿部位和扣齿处于不同角度（C）”。该权利要求通过引用权利要求1而同样包含了“所述熔穿部位从所述链带的向内折叠部分向内偏置”这一含义不清楚的表述，而且对所属技术领域的技术人员来说，“熔穿部位”对应的是“U形件在其开口端被熔穿过所述链带”的熔穿点，扣齿对应的是固定在链带上的拉链相扣合的齿状结构，熔穿点和齿状结构如何处于不同角度这一问题并未在权利要求2中得到清楚的说明，因此权利要求2请求保护的保护范围也无法清楚确定，同样不符合《实施细则》第二十条第一款的规定。

原告认为权利要求2的文字没有任何疑义，可进一步根据说明书的记载如附图6说明；角度C的形成方法是将U形件进行熔接时，在使U形件的用于形成熔穿部位的部分熔化后，将U形件相对于链带1偏转角度C的状态下使熔穿部位冷却固化，从而U形件5即顶端挡块相对于链带1形成一角度C，而且在熔化U形件5时，扣齿2的被夹住的部分也变软或熔化，在将U形件5相对于链带1偏转一角度C时，通过夹住扣齿2可以使其露出的大部分不随U形件5偏转而仍维持平行于链带1的状态，因此就实现了U形件5和扣齿2之间的夹角。对此，被告经审查后认为，从说明书附图6看不出熔穿点和扣齿的角度关系，原告的意见涉及的是对U形件与扣齿处于不同角度的解释，而权利要求2所限定的保护范围是U形件的熔穿部位与扣齿处于不同角度，因此原告的上述意见不足以证明权利要求2的保护范围清楚。

被告依据《实施细则》第二十条第一款的规定，宣告本专利全部无效。

被告向本院提交了下列证据：1. 本专利说明书，证明本专利的情况；2. 口审记录表；证明被诉决定认定的事实清楚，适用法律正确，程序合法。

原告诉称：本专利权利要求1中的“所述熔穿部位从所述链带的向内折叠部分向内偏置”以及权利要求2中的“熔穿部位和扣齿处于不同角度”保护范围清楚，被告的认定错误。原告请求法院判决撤销无效决定。

原告未向本院提交的证据。

被告辩称：无效决定认定的事实清楚、适用法律正确、程序合法。被告坚持无效决定的理由，请求法院判决维持无效决定。

第三人同意被告的意见，其请求法院判决维持无效决定。第三人未向本院提交证据。

经庭审质证，对于被告提交的证据，原告对证据2的证明作用持有异议，第三人没有异议。本院根据最高人民法院《关于行政诉讼证据若干问题的规定》，对被告提交的证据认证如下：被告提交的证据符合关联性、合法性、真实性的要求，可以证明本专利及行政程序中口头审理的情况，该证据可以作为本案认定事实的依据。

依据上述有效证据以及均无异议的当事人陈述，本院认定事实如下：

原告于1993年7月16日向国家知识产权局申请名称为“隐形拉链的顶端挡块”、申请号为第93108896.8号的发明专利权（即本专利），国家知识产权局于2000年5月17日授权公告，优先权日是1992年7月16日，专利权人是原告。

针对本专利，第三人于2007年9月7日向被告提出无效宣告请求，提交了本专利的专利说明书作为附件。

经形式审查合格，被告依法受理了上述无效宣告请求，并向原告和第三人发出无效宣告请求受理通知书，同时将专利权无效宣告请求书及其附件清单中所列附件的副本转送给原告。原告向被告提交意见陈述书和经修改的权利要求书，删除了权利要求3。修改后的权利要求书为：

1. 一种隐形拉链的顶端挡块，它由合成树脂制成的U形件包绕在一链带的一条边上且熔化所述U形件而形成，其特征在于，所述U形件在其开口端被熔穿过所述链带，所述熔穿部位从所述链带的向内折叠部分向内偏置，一排扣齿固定于链带上。

2. 如权利要求1所述的隐形拉链顶端挡块，其特征在于，所述U形件的所述熔穿部位和扣齿处于不同角度（C）。

被告将该意见陈述书及权利要求书转送第三人。

2008年3月20日被告举行了口头审理。原告和第三人均参加了口头审理并充分发表了意见。第三人对原告修改的权利要求书无异议，被告当庭明确口头审理以原告修改的权利要求书为基础。第三人明确其无效宣告请求的理由是权利要求1、2不符合《专利法》第二十六条第三款、第四款以及《实施细则》第二十条第一款、第二十一条第二款的规定。

被告经审查后作出无效决定，宣布本专利全部无效。原告不服无效决定，向本院提起行政诉讼。

另，在本院法庭审理中，原告明确，其对于无效决定案由部分载明的事实、被告的审查程序和法律依据以及决定理由部分中关于审查文本的认定均没有异议。

本院认为：根据《专利法》第四十六条第一款的规定，被告具有受理无效请求和作出无效决定的法定职权。对于当事人没有争议的事实，本院经审查对其合法性予以确认。经各方当事人确认，本案的争议焦点是：本专利权利要求1中的“所述熔穿部位从所述链带的向内折叠部分向内偏置”以及权利要求2中的“熔穿部位和扣齿处于不同角度”是否符合《实施细则》第二十条第一款的规定。

根据《实施细则》第二十条第一款的规定，权利要求书应当说明发明或者实用新型的技术特征，清楚、简要地表述请求保护的范围。

本专利权利要求1请求保护一种隐形拉链的顶端挡块，并限定该顶端挡块由合成树脂制成的U形件包绕在一链带的一条边上且熔化所述U形件而形成，U形件在其开口端被熔穿过所述链带，所述熔穿部位从所述链带的向内折叠部分向内偏置。由此可见，为了确定所要求保护的隐形拉链的顶端挡块的保护范围，就必须明确U形件熔穿部位的位置关系。但是，权利要求1对此的表述仅为“所述熔穿部位从所述链带的向内折叠部分向内偏置”，并未对何为“向内”给出清楚的说明。对所属技术领域的技术人员来说，即使可以理解“链带的向内折叠部分”中的“向内”是指折叠使链带两个边夹角变小的方向，也无法清楚地获知“向内偏置”的含义，即使将“向内偏置”的“向内”理解为向内折叠的方向，也会与U形件“熔穿过所述链带”的表述矛盾。因此，权利要求1没有清楚地表述其请求保护的范围。

本专利权利要求2引用权利要求1，附加技术特征是“所述U形件的所述熔穿部位和扣齿处于不同角度（C）”。该权利要求通过引用权利要求1而同样包含了“所述熔穿部位从所述链带的向内折叠部分向内偏置”这一含义不清楚的表述，而且对所属技术领域的技术人员来说，“熔穿部位”对应的是“U形件在其开口端被熔穿过所述链带”的熔穿点，扣齿对应的是固定在链带上的拉链相扣合的齿状结构，熔穿点和齿状结构如何处于不同角度这一问题并未在权利要求2中得到清楚的说明，因此权利要求2请求保护的保护范围无法清楚确定。

综上所述，被告关于本专利权利要求1、2不符合《实施细则》第二十条第一款规定的认定，符合法律和法规的规定，本院应予支持。被告作出的无效决定认定的事实清楚，适用法律正确，程序合法。原告的诉讼请求缺乏事实和法律依据，本院不予支持。据此，依照《中华人民共和国行政诉讼法》第五十四条第（一）项的规定，判决如下：

维持被告中华人民共和国国家知识产权局专利复审委员会于二〇〇八年七月二日作出的第11936号无效宣告请求审查决定。

案件受理费人民币100元，由原告YKK株式会社负担（已交纳）。

如不服本判决，原告YKK株式会社可在本判决书送达之日起30日内、被告中华人民共和国国家知识产权局专利复审委员会、第三人王树林可在本判决书送达之日起15日内，向本院递交上诉状，并按对方当事人的人数提交副本，预交上诉费人民币100元，上诉于中华人民共和国北京市高级人民法院。

审 判 长 齐 莹
代理审判员 乔 军
代理审判员 殷 悦
二〇〇八年十二月十八日
书 记 员 曹 炜

北京市高级人民法院
行政判决书

（2009）高行终字第352号

上诉人（一审原告）YKK株式会社，住所地日本国东京都千代田区神田和泉町1番地。

法定代表人吉田忠裕，社长。

委托代理人张会华，北京林达刘知识产权代理事务所专利代理人。

委托代理人陈立航，北京林达刘知识产权代理事务所专利代理人。

被上诉人（一审被告）中华人民共和国国家知识产权局专利复审委员会，住所地中华人民共和国北京市海淀区北四环西路9号银谷大厦。

法定代表人廖涛，副主任。

委托代理人王森，中华人民共和国国家知识产权局专利复审委员会审查员。

委托代理人齐宏涛，中华人民共和国国家知识产权局专利复审委员会审查员。

被上诉人（一审第三人）王树林，男，1966年2月1日出生，汉族，无业，住中华人民共和国广东省佛山市禅城区市东下路18号之二2座302房。

上诉人YKK株式会社因专利无效宣告请求审查决定一案，不服中华人民共和国北京市第一中级人民法院（以下简称一审法院）（2008）一中行初字第1663号行政判决，向本院提起上诉。本院受理后，依法组成合议庭，于2009年5月21日公开开庭审理了本案。上诉人YKK株式会社的委托代理人张会华、陈立航，被上诉人中华人民共和国国家知识产权局专利复审委员会（以下简称专利复审委）的委托代理人王森、齐宏涛，被上诉人王树林到庭参加了诉讼。本案现已审理终结。

2008 年 7 月 2 日，专利复审委依据《中华人民共和国专利法实施细则》（以下简称《专利法实施细则》）第二十条第一款的规定，作出第 11936 号无效宣告请求审查决定（以下简称第 11936 号决定），宣告第 93108896.8 号发明专利权无效。YKK 株式会社不服该决定，在法定期限内向一审法院提起行政诉讼。

一审法院经审理认为，专利复审委关于本专利权利要求 1、2 不符合《专利法实施细则》第二十条第一款规定的认定，符合法律、法规的规定。专利复审委作出的第 11936 号决定认定的事实清楚，适用法律正确，程序合法。YKK 株式会社的诉讼请求缺乏事实和法律依据。依照《中华人民共和国行政诉讼法》第五十四条第（一）项的规定，判决维持专利复审委作出的第 11936 号决定。

YKK 株式会社不服一审判决，向本院提起上诉。其诉称，本专利权利要求 1 中的"所述熔穿部位从所述链带的向内折叠部分向内偏置"以及权利要求 2 中的"熔穿部位和扣齿处于不同角度"保护范围清楚，专利复审委的认定错误。请求二审法院判决撤销一审判决和第 11936 号决定。

专利复审委辩称，第 11936 号决定认定的事实清楚、适用法律正确、程序合法，坚持决定中的理由。请求二审法院判决驳回上诉，维持一审判决和第 11936 号决定。

王树林同意专利复审委的意见，请求二审法院判决驳回上诉，维持一审判决和第 11936 号决定。

专利复审委在法定期限内，向一审法院提交了下列证据：1. 本专利说明书；2. 口审记录表。

YKK 株式会社、王树林未向一审法院提交证据。

上述证据均已随案移送本院，经本院审查认为，专利复审委提交的证据与本案具有关联性，且合法、真实，一审法院予以认定正确，本院予以确认。

根据对上述证据的审查认定及各方当事人的陈述，本院确认如下事实：YKK 株式会社于 1993 年 7 月 16 日向中华人民共和国国家知识产权局（以下简称知产局）申请名称为"隐形拉链的顶端挡块"的发明专利权（即本专利），申请号为第 93108896.8 号，知产局于 2000 年 5 月 17 日授权公告，优先权日是 1992 年 7 月 16 日。

针对本专利，王树林于 2007 年 9 月 7 日向专利复审委提出无效宣告请求，并提交了本专利的专利说明书作为证据。

经形式审查合格，专利复审委依法受理了上述无效宣告请求，并向 YKK 株式会社和王树林发出无效宣告请求受理通知书，同时将专利权无效宣告请求书及其附件清单中所列附件的副本转送给 YKK 株式会社。YKK 株式会社向专利复审委提交了意见陈述书和经修改的权利要求书，删除了权利要求 3。修改后的权利要求书为：

1. 一种隐形拉链的顶端挡块，它由合成树脂制成的 U 形件包绕在一链带的一条边上且熔化所述 U 形件而形成，其特征在于，所述 U 形件在其开口端被熔穿过所述链带，所述熔穿部位从所述链带的向内折叠部分向内偏置，一排扣齿固定于链带上。

2. 如权利要求 1 所述的隐形拉链顶端挡块，其特征在于，所述 U 形件的所述熔穿部位和扣齿处于不同角度（C）。

专利复审委将该意见陈述书及修改后的权利要求书转送王树林。

2008 年 3 月 20 日专利复审委进行了口头审理。YKK 株式会社和王树林均参加了口头审理并充分发表了意见。王树林对 YKK 株式会社修改的权利要求书无异议，专利复审委当庭明确，口头审理以 YKK 株式会社修改后的权利要求书为基础。王树林明确其无效宣告请求的理由是权利要求 1、2 不符合《中华人民共和国专利法》（以下简称《专利法》）第二十六条第三款、第四款以及《专利法实施细则》第二十条第一款、第二十一条第二款的规定。

专利复审委经审查认为：1. 关于审查基础。YKK 株式会社在无效宣告程序中对权利要求书进行了修改，删除了权利要求 3。王树林对修改没有异议。该修改未违反《专利法》第三十三条和《专利法实施细则》第六十八条第一款的规定。本无效宣告请求审查决定在 YKK 株式会社修改后的权利要求书的基础上作出。

2. 关于《专利法实施细则》第二十条第一款。本专利权利要求 1 请求保护一种隐形拉链的顶端挡块，并限定该顶端挡块由合成树脂制成的 U 形件包绕在一链带的一条边上且熔化所述 U 形件而形成，U 形件在其开口端被熔穿过所述链带，所述熔穿部位从所述链带的向内折叠部分向内偏置。由此可见，为了确定所要求保护的隐形拉链的顶端挡块的保护范围，就必须明确 U 形件熔穿部位的位置关系。但是，权利要求 1 对此的表述仅为“所述熔穿部位从所述链带的向内折叠部分向内偏置”，并未对何为“向内”给出清楚的说明。对所属技术领域的技术人员来说，即使可以理解“链带的向内折叠部分”中的“向内”是指折叠使链带两个边夹角变小的方向，也无法清楚地获知“向内偏置”的含义，即使将“向内偏置”的“向内”理解为向内折叠的方向，也会与 U 形件“熔穿过所述链带”的表述矛盾。因此权利要求 1 没有清楚地表述其请求保护的范围，不符合《专利法实施细则》第二十条第一款的规定。

YKK 株式会社对“向内折叠部分”和“向内偏置”的解释是，“向内折叠部分是说链带 1 弯折，使说明书图 6 中 C 角度越来越小的方向就是向内，使 C 角度变大、展开的方向就是向外。向内偏置、偏移就是说不居中设置，不居中移动，也就是说图 6 中的熔穿部分 9 不正处于弯折弯得最厉害的点，而是在叠层部分上从弯得最厉害的点朝着叠层部分离开扣齿部分的外侧，也就是朝着从熔穿部分 9 到顶端挡块 8 的方向向内移动”。对此，专利复审委经审查后认为，YKK 株式会社实质上是对权利要求 1 中的“向内折叠”和“向内偏置”的“向内”作了不同的解释，其解释内容并未记载在权利要求 1 中或可以由权利要求 1 的上下文及所用词汇的含义得出，并且根据说明书的文字部分和附图也不能确定其权利要求中记载的“向内”是 YKK 株式会社在本次无效宣告程序中所解释的含义。因此，YKK 株式会社的主张并不成立。

本专利权利要求 2 引用权利要求 1，附加技术特征是“所述 U 形件的所述熔穿部位和扣齿处于不同角度（C）”。该权利要求通过引用权利要求 1 而同样包含了“所述熔穿部位从所述链带的向内折叠部分向内偏置”这一含义不清楚的表述，而且对所属技术领域的技术人员来说，“熔穿部位”对应的是“U 形件在其开口端被熔穿过所述链带”的熔穿点，扣齿对应的是固定在链带上的拉链相扣合的齿状结构，熔穿点和齿状结构如何处于不同角度这一问题并未在权利要求 2 中得到清楚的说明，因此权利要求 2 请求保护的范围也无法清楚确定，同样不符合《专利法实施细则》第二十条第一款的规定。

YKK 株式会社认为权利要求 2 的文字没有任何疑义，可进一步根据说明书的记载如附图 6 说明，角度 C 的形成方法是将 U 形件进行熔接时，在使 U 形件的用于形成熔穿部位的部分熔化后，将 U 形件相对于链带 1 偏转角度 C 的状态下使熔穿部位冷却固化，从而 U 形件 5 即顶端挡块相对于链带 1 形成一角度 C，而且在熔化 U 形件 5 时，扣齿 2 的被夹住的部分也变软或熔化，在将 U 形件 5 相对于链带 1 偏转一角度 C 时，通过夹住扣齿 2 可以使其露出的大部分不随 U 形件 5 偏转而仍维持平行于链带 1 的状态，因此就实现了 U 形件 5 和扣齿 2 之间的夹角。对此，专利复审委经审查后认为，从说明书附图 6 看不出熔穿点和扣齿的角度关系，YKK 株式会社的意见涉及的是对 U 形件与扣齿处于不同角度的解释，而权利要求 2 所限定的保护范围是 U 形件的熔穿部位与扣齿处于不同角度，因此 YKK 株式会社的上述意见不足以证明权利要求 2 的保护范围清楚。

专利复审委遂依据《专利法实施细则》第二十条第一款的规定，宣告本专利权全部无效。

本院认为，根据《专利法实施细则》第二十条第一款的规定，权利要求书应当说明发明或者实用新型的技术特征，清楚、简要地表述请求保护的范围。

权利要求书应当清楚是指每一项权利要求都应当清楚，每一项权利要求中的技术特征及其相互关系应当清楚。本案中，为了确定权利要求 1 所要求保护的隐形拉链的顶端挡块的保护范围，就必须明确 U 形件熔穿部位的位置关系。但是，权利要求 1 对此的表述仅为“所述熔穿部位从所述链带的向内折叠部分向内偏置”，并未对何为“向内”给出清楚的说明。对所属技术领域的技术人员来说，即使依据说明书可以理解“链带的向内折叠部分”中的“向内”是指折叠使链带两个边夹角变小的方向，也无法清楚地获知“向内偏置”的含义。如果将“向内偏置”的“向内”理解为向内折叠的方向，则该方向势必会与 U 形件“熔穿过所述链带”的表述矛盾。因此，权利要求 1 没有清楚地表述其请求保护的范围。

本专利权利要求 2 引用权利要求 1，附加技术特征是“所述 U 形件的所述熔穿部位和扣齿处于不同角度”。该权利要求通过引用权利要求 1 而同样包含了“所述熔穿部位从所述链带的向内折叠部分向内偏置”这一含义不清楚的表述，而且对所属技术领域的技术人员来说，“熔穿部位”对应的是“U 形件在其开口端被熔穿过所述链带”的熔穿点，扣齿对应的是固定在链带上的拉链相扣合的齿状结构，熔穿点和齿状结构如何处于不同角度这一问题并未在权利要求 2 中得到清楚的说明，因此权利要求 2 请求保护的范围无法清楚确定。

综上，专利复审委作出的第 11936 号决定认定的事实清楚，适用法律正确，程序合法，一审法院予以维持正确。YKK 株式会社的上诉请求缺乏事实和法律依据。依照《中华人民共和国行政诉讼法》第六十一条第（一）项的规定，判决如下：

驳回上诉，维持一审判决。

二审案件受理费人民币 100 元，由上诉人 YKK 株式会社负担（已交纳）。

本判决为终审判决。

审 判 长　郭　宜
审 判 员　张学磊
代理审判员　朱海宏
二〇〇九年六月十日
书 记 员　程钰玮

节能传热管

无效宣告请求审查决定（第 11973 号）

决 定 号 第 11973 号
决 定 日 2008 年 7 月 28 日
发明创造名称 节能传热管
国 际 分 类 号 F28F 1/40
无效宣告请求人 四川省简阳市大胜机械制造公司
专 利 权 人 张产国
专 利 号 200620111001.4
申 请 日 2006 年 7 月 24 日
授 权 公 告 日 2007 年 3 月 14 日
合 议 组 组 长 欧 岚
主 审 员 隋 璐
参 审 员 姜 岩

法 律 依 据 专利法第 22 条第 3 款
决 定 要 点

如果权利要求所要求保护的技术方案与现有技术中最接近的技术方案相比，存在区别技术特征，而本领域的技术人员根据现有技术的教导容易想到将上述区别技术特征应用到最接近的技术方案中而获得权利要求保护的技术方案，不需要花费创造性劳动，则该权利要求所述的技术方案不具备创造性。

一、案由

本无效宣告请求涉及中华人民共和国国家知识产权局于 2007 年 3 月 14 日授权公告的、名称为"节能传热管"的实用新型专利权（下称本专利），其专利号是 200620111001.4，申请日是 2006 年 7 月 24 日，专利权人是张产国。本专利授权公告时的权利要求书如下：

"1. 一种节能传热管，在金属管的内壁设有若干翘起的内翅片，其特征在于：所述若干翘起的内翅片在金属管的内壁呈螺旋状排列，每片内翅片高 0.5~5mm、宽 0.1~5mm、厚 0.05~1mm。

2. 根据权利要求 1 所述的节能传热管，其特征在于：所述内翅片呈螺旋状排列的螺旋升角为 2~45 度。

3. 根据权利要求 1 所述的节能传热管，其特征在于：所述内翅片在管横截面的片间距为0~5mm。

4. 根据权利要求 1 所述的节能传热管，其特征在于：所述内壁呈螺旋状排列有若干翘起的内翅片的金属管的外壁设置若干翘起的外翅片。”

针对本专利权，四川省简阳市大胜机械制造公司（下称请求人）于2007年8月28日向专利复审委员会提出无效宣告请求，认为本专利不符合专利法第22条的规定，请求人同时提交了如下附件：

附件1：本专利的专利说明书；

附件2：崔海亭、彭培英编著、化学工业出版社出版、2006年1月第1版第1次印刷的《强化传热新技术及其应用》封面、版权页、第250~265页的复印件，共10页（下称对比文件1）。

请求人认为：本专利的权利要求1~4相对于对比文件1不具备新颖性、创造性。

经形式审查合格后，专利复审委员会依法受理了上述无效宣告请求，并于2007年8月31日向请求人和专利权人发出无效宣告请求受理通知书，同时将专利权无效宣告请求书及其附件清单中所列附件的副本转送给专利权人，并要求专利权人在指定的期限内陈述意见。

2007年9月26日，请求人补充提交了意见陈述书及相关附件如下：

附件3：钱颂文、朱冬生、李庆领、杨丽明编著、化学工业出版社出版、2003年4月第1版第1次印刷的《管式换热器强化传热技术》封面、版权页、第69~78页复印件，共12页（下称对比文件2）；

附件4：公开日为2001年12月5日、公开号为CN1325485A的中国发明专利申请公开说明书，共11页（下称对比文件3）；

附件5：公开日为2005年9月28日、公开号为CN1675513A的中国发明专利申请公开说明书，共31页（下称对比文件4）；

附件6：作者为张川，题目为《高Pr数流体在肋叉排三维内肋管中传输特性实验研究》的重庆大学硕士学位论文复印件，2002年11月，共4页（下称对比文件5）。

请求人认为对比文件3分别和对比文件2、4结合公开了权利要求1的全部技术特征，权利要求2的附加技术特征在对比文件2或3或4中公开，权利要求3的附加技术特征在对比文件3或4中公开，权利要求4的附加技术特征在对比文件1或4中公开，因此权利要求1~4不具备创造性。

2007年9月30日，专利权人针对无效宣告请求受理通知书提交了意见陈述书，其认为本专利的权利要求1~4相对于请求人提交的对比文件1具备新颖性、创造性。

专利复审委员会于2007年11月1日向双方发出无效宣告请求口头审理通知书，定于2007年12月20日在专利复审委员会举行口头审理，随同口头审理通知书，将专利权人2007年9月30日提交的意见陈述书转送给请求人，将请求人于2007年9月26日提交的意见陈述书及附件清单中的附件副本转送给专利权人。

口头审理如期举行，双方当事人均参加了口头审理。

在口头审理中，（1）双方当事人对对方当事人出庭资格无异议，亦对合议组成员无回避请求。（2）请求人当庭放弃对比文件5作为证据使用，请求人出示了对比文件1、2的原件。请求人明确其无效宣告请求的理由为：a. 权利要求1~4相对于对比文件1不具备新颖性；b. 权利要求1相对于对比文件3、2或3、4的结合不具备创造性，对比文件3或4均可以作为最接近的对比文件；权利要求2的附加技术特征被对比文件2或3或4公开；权利要求3的附加技术特征被对比文件3公开；权利要求4的附加技术特征被对比文件1或对比文件4公开。（3）专利权人对对比文件1~4的真实性、公开性、合法性没有异议。专利权人认为权利要求1~4相对于请求人提交的对比文件具备新颖性、创造性。

2008年2月22日，专利权人再次提交意见陈述书，其声称是针对对比文件2、3、4对本专利的创造性进行意见陈述，并将口审时陈述的问题要点进行了归纳。

至此，合议组认为本案事实已经清楚，可以作出审查决定。

二、决定的理由

1. 关于证据和现有技术

请求人当庭放弃对比文件5作为证据使用。请求人提交的对比文件1、2为两本书中的内容，对比文件3、4为中国专利文献。专利权人认可对比文件1~4的真实性，合议组经核实，对对比文件1~4的真实性予以确认，因此对比文件1~4可以作为本案证据使用。同时由于对比文件1~4均属于公开出版物，且其公开日期均在本专利的申请日前，因此可以作为本专利的现有技术使用。

2. 关于专利法第22条第3款

专利法第22条第3款规定：创造性，是指同申请日以前已有的技术相比，该发明有突出的实质性特点和显著的进步，该实用新型有实质性特点和进步。

如果权利要求所要求保护的技术方案与现有技术中最接近的技术方案相比，存在区别技术特征，而本领域的技术人员根据现有技术的教导容易想到将上述区别技术特征应用到最接近的技术方案中而获得权利要求保护的技术方案，不需要花费创造性劳动，则该权利要求所述的技术方案不具备创造性。

（1）权利要求1的创造性。

合议组经审查后认为：对比文件3、4均公开了一种传热管及其制造方法（参见对比文件3说明书第2~5页及附图、对比文件4说明书第4页第24行至说明书第12页及附图）：其中对比文件4公开了传热管21内表面包括多个凸起2，凸起2由内表面18上形成的脊1形成，脊1首先形成在内表面18上，随后切割脊1产生脊层4，随后提升脊层4以形成凸起2，脊1以相对于管的轴线S的螺旋角α形成在内表面18上，实施例（对比文件4说明书第11页表2凸起尺寸）中公开的第14号管中凸起的高度为0.030英寸（0.76mm）（相当于公开了权利要求1的每片内翅片高0.5~5mm）、管14中凸起的厚度为0.007英寸（0.18mm）（相当于公开了权利要求1中翅片厚0.05~1mm）。根据传热管的管径设置内翅片相应的高、宽、厚是本领域技术人员的常规选择，而且相同领域的对比文件3中公开的传热管的内增强件13具有多个从管的内壁向外延伸的多面体19，多面体的最大长度L可以是0.005~0.025英寸（0.13~0.63mm），多面体的长度相当于权利要求1中翅片宽，因此权利要求1中翅片宽度已经被公开了，而且权利要求1中限定内翅片宽度并没有带来意想不到的技术技术效果。因此，本专利的权利要求1所要求保护的技术方案相对于对比文件4和3的结合不具有实质性特点，不具备专利法第22条第3款规定的创造性。

（2）权利要求2的创造性。

权利要求2是权利要求1的从属权利要求，其附加技术特征在于：所述内翅片呈螺旋状排列的螺旋升角为2~45度。

本领域技术人员可知，螺旋升角是指在中径圆柱面上，螺旋线的切线与垂直螺纹轴线平面的夹角；螺旋角是指在中径圆柱面上，螺旋线的切线与螺纹轴线的夹角。即二者的和为90度。

合议组认为：对比文件4的实施例中公开的管14的内脊螺旋角α为49度（参照对比文件4说明书第11页表1），由此可计算出内脊螺旋升角为41度，而且本领域的普通技术人员可以根据传热管实际工况的需要设置内翅片的螺旋升角，不需要花费创造性劳动。因此，在权利要求1不具备创造性的情况下，权利要求2同样也不具备创造性。

（3）权利要求3的创造性。

权利要求3是权利要求1的从属权利要求，其附加技术特征在于：所述内翅片在管横截面的片间距为0~5mm。

对比文件3（参见说明书第3页）公开了一种具有表面加强件的热传导管，表面加强件由多面体组成。多面体相邻列的中心线之间的距离为d，距离d可以在0.011~0.037英寸（0.28~0.94mm）之间选择，而多面体的宽度W在0.004~0.001英寸（0.10~0.25mm）范围内，得出相邻的多面体之间的间距为0.03~0.84mm之间。而且本领域的普通技术人员可以根据传热管管径、需要加工的内翅片的数目设置内翅片的片间距，不需要花费创造性劳动，因此，在权利要求1不具备创造性的情况下，权利要求3同样不具备专利法第22条第3款规定的创造性。

（4）权利要求4的创造性。

权利要求4是权利要求1的从属权利要求，其附加技术特征在于：所述内壁呈螺旋状排列有若干翘起的内翅片的金属管的外壁设置若干翘起的外翅片。

对比文件4（参见对比文件4的权利要求45）中公开了在传热管外面按照形成内翅片的方法形成外翅片，而且按照此方法形成的外翅片也是翘起的。因此，在权利要求1不具备创造性的情况下，权利要求4同样也不具备创造性。

针对专利权人的主张，合议组评述如下：①专利权人认为，本专利的权利要求中限定了内翅片的形状是翘起的，和对比文件中公开的凸起的内翅片是不同的，而且本专利翘起的内翅片的加工方法和对比文件凸起的内翅片加工方法是不同的。合议组认为，首先，内翅片的加工方法在权利要求中没有限定，而且翘起和凸起的内翅片起的作用相同，都是为了使经过传热管内的流体介质在内翅片的作用下形成旋转涡流，减少平流层，提高换热系数，强化传热。对比文件4中凸起是通过切割脊1产生脊层4，随后提升脊层4形成的，内翅片的形状也是翘起的。②专利权人认为，本专利和对比文件的技术方案解决的技术问题、解决技术问题的手段和有益效果不同。合议组认为，本专利和对比文件3、4的技术方案设置翅片的目的都是为了使经过传热管内的流体介质在内翅片的作用下形成旋转涡流，减少平流层，提高换热系数，强化传热，客观上解决了相同的技术问题，而且这种技术效果也是可以预见的。

鉴于上述已得出本专利权利要求1~4相对于对比文件4和3的结合不具有创造性的结论，故请求人提出的针对的创造性无效理由的其他证据的组合方式以及新颖性的无效理由不再予以评述。

根据上述的事实和理由，本案合议组依法作出以下决定。

三、决定

宣告第200620111001.4号实用新型专利权全部无效。

当事人对本决定不服的，可以根据专利法第46条第2款的规定，自收到本决定之日起三个月内向北京市第一中级人民法院起诉。根据该款的规定，一方当事人起诉后，另一方当事人应当作为第三人参加诉讼。

北京市第一中级人民法院
行政裁定书

（2009）一中行初字第1737号

原告张产国，男，汉族，1961年6月10日出生，住重庆市巴南区永轮村46号附10号。

委托代理人曾凡波，重庆鼎圣律师事务所律师。

委托代理人李莉，重庆鼎圣律师事务所律师。

被告国家知识产权局专利复审委员会，住所地北京市海淀区北四环西路9号银谷大厦10~12层。

法定代表人张茂于，副主任。

委托代理人刘新蕾，国家知识产权局专利复审委员会审查员。

委托代理人朱明雅，国家知识产权局专利复审委员会审查员。

第三人四川省简阳市大胜机械制造公司，住所地四川省资阳市简阳市简城镇龙桥村。

法定代表人梁文军，总经理。

委托代理人杨冬，成都虹桥专利事务所专利代理人。

委托代理人任虹，成都虹桥专利事务所专利代理人。

原告张产国不服被告国家知识产权局专利复审委员会作出的第11973号无效宣告请求审查决定，于法定期限内向本院提起诉讼。本院于2009年7月9日受理本案后，依法组成合议庭，并依法通知四川省简阳市大胜机械制造公司作为第三人参加诉讼。在本案审理过程中，原告张产国于2009年9月16日向本院书面申请撤回本案诉讼。

本院认为，原告张产国的撤诉申请系其真实意思表示，未违反有关法律规定，应予准许。依照《中华人民共和国行政诉讼法》第五十一条之规定，裁定如下：

准予原告张产国撤回对被告国家知识产权局专利复审委员会的起诉。

案件受理费100元，减半收取50元，由原告张产国负担（已交纳）。

审　判　长　任　进

代理审判员　邢　军

人民陪审员　牛艳玲

二〇〇九年九月二十二日

书　记　员　陈文煊

153

具有卡合固定结构的高架地板支架

无效宣告请求审查决定（第11974号）

决　　定　　号　第11974号
决　　定　　日　2008年7月8日
发明创造名称　具有卡合固定结构的高架地板支架
国　际　分　类　号　E04F 15/00
无效宣告请求人　金华天开微电子工程装备有限公司
专　利　权　人　上海惠亚铝合金制品有限公司
专　　利　　号　01210867.7
申　　请　　日　2001年2月28日
授　权　公　告　日　2002年1月9日
合　议　组　组　长　黄　颖
主　　审　　员　刘敏飞
参　　审　　员　欧　岚

法　律　依　据　专利法第22条第2款、第3款
决　定　要　点

如果一项权利要求请求保护的技术方案与现有技术所公开的技术方案相比，存在实质上的差别，则其相对于该现有技术具备新颖性。

如果权利要求所述技术方案与现有技术公开的技术方案之间存在区别技术特征，现有技术没有给出结合该区别技术特征得出所述技术方案的技术启示，本领域技术人员需要付出创造性的劳动才能得出该权利要求所述的技术方案，且该技术方案具有有益效果，则该权利要求具有创造性。

一、案由

本无效宣告请求涉及中华人民共和国国家知识产权局于2002年1月9日授权公告的、名称为“具有卡合固定结构的高架地板支架”的实用新型专利权（下称本专利），其专利号是01210867.7，申请日是2001年2月28日，专利权人是上海惠亚铝合金制品有限公司。本专利授权公告时的权利要求书如下：

“1. 一种具有卡合固定结构的高架地板支架，其特征在于，包括：

一支架本体，其上设有一螺孔；

一管盖，其设置在上述支架本体顶部，该管盖上环设有一卡合槽；以及

一固定螺栓，其螺接在上述支架本体的螺孔上，该固定螺栓前端配合在上述管盖的卡合槽中。

2. 如权利要求1所述的具有卡合固定结构的高架地板支架，其特征在于，所述的管盖具有一大径部分及一小径部分，其中小径部分位于大径部分下方，小径部分的外径与支架本体内径相等，所述的卡合槽设在小径部分上，所述的管盖以小径部分配合在支架本体顶部内侧，使该管盖设置在支架本体顶部。

3. 如权利要求1所述的具有卡合固定结构的高架地板支架，其特征在于，所述的管盖上设有一组装孔，支架本体上方设有一顶板，该顶板底部固设有一杆体，该杆体配合在组装孔中。

4. 如权利要求3所述的具有卡合固定结构的高架地板支架，其特征在于，所述的组装孔为螺孔，杆体为螺杆，该杆体以螺接方式配合在组装孔中，杆体上螺接有锁固螺帽。

5. 如权利要求1所述的具有卡合固定结构的高架地板支架，其特征在于，所述的固定螺栓上螺接有螺帽。”

针对本专利权，金华天开微电子工程装备有限公司（下称请求人）于2008年1月2日向专利复审委员会提出无效宣告请求，认为本专利权利要求1、3、4不符合专利法第22条第2的规定、权利要求1~5不符合专利法第22条第3款的规定，请求人同时提交了如下附件：

附件1：授权公告日为2000年3月22日、授权公告号为CN2370092Y（专利号为ZL98248346.5）的中国实用新型专利说明书，共11页；

附件2：授权公告日为1999年6月30日、授权公告号为CN2326661Y（专利号为97221324.4）的中国实用新型专利说明书，共21页。

经形式审查合格，专利复审委员会依法受理了上述无效宣告请求，并于2008年1月2日向请求人和专利权人发出无效宣告请求受理通知书，同时将专利权无效宣告请求书及其附件清单中所列附件的副本转送给专利权人，并要求专利权人在指定的期限内陈述意见。

请求人于2008年2月1日向专利复审委员会提交了意见陈述书，并补充了无效宣告的理由和证据，其中补充的证据为：

附件3：公告日为1990年5月8日的美国专利文献US4922670及其中文译文，共28页；

附件4：公告日为1991年3月5日的美国专利文献US4996804及其中文译文，共15页；

附件5：国家知识产权局专利信息中心出具的编号为08-007的检索报告复印件，共5页；

附件6：公告日为1999年11月16日的美国专利文献US5983582及其中文译文，共11页。

请求人认为：附件3公开了权利要求1的全部必要技术特征，权利要求1相对于附件3不具备新颖性和创造性。权利要求2与附件3的区别为：管盖安装在支架本体的上端，而在对比文件中螺帽是反方向地安装在柱状腿构件的下端，尽管二者的安装方位不同，但其作用和效果是相同的，本领域技术人员也可以从附件3中得到实现权利要求2的技术方案的启示，因此权利要求2不具备创造性。权利要求3与附件3的区别仅在于顶板设在支架本体的上方，而在附件3中的基座16设在柱状腿构件17的下方，尽管二者的安装方位不同，但其作用和效果是相同的，本领域技术人员也可从附件3中得到实现权利要求3技术方案的技术启示，因此权利要求3不具备创造性。权利要求4与附件3的区别在于权利要求4的顶板设在支架本体的上方，而附件3中的基座16设在柱状腿构件17的下方，且在附件3中的螺纹构件上未布置锁固螺帽，但这种区别是公知常识，因此权利要求4不具备创造性。权利要求5的附加技术特征被附件3公开，因此权利要求5不具备新颖性。本专利权利要求1~5的技术方案相对于附件4所公开的内容没有改进之处，本领域技术人员通过附件4容易得到相应的技术启示，因此权利要求1~5相对于附件4不具备新颖性和创造性。依据附件5的检索报告，本专利权利要求1~5不具备创造性。

针对专利复审委员会发出的上述无效宣告请求受理通知书，专利权人于2008年2月28日提交了意见陈述书。专利权人认为：附件1中的柱头上并未设置槽沟；附件1中槽沟及凸键的设置，目的是使螺杆与柱头相配合，这与本专利权利要求1中所运用的卡合槽、固定螺栓与螺孔的配合从而实现管盖与支架本体的固定，其设置目的、结构都完全不同，因此权利要求1具备新颖性，进而权利要求3、4也具备新颖性。并且附件1也不能影响权利要求1的创造性。附件1或附件2都未对本专利权利要求1中管盖结构作出任何记载，因此本专利权利要求2具备创造性。从属权利要求3~5也具备创造性。专利权人提交了证据1，具体为：

证据1：国家知识产权局针对本专利做出的实用新型专利检索报告复印件一份，共11页。

专利权人认为，证据1引用了附件1和附件2，但证据1中认为本专利权利要求1~5具备新颖性和创造性。因此，本专利相对于附件1和附件2具备新颖性和创造性。

专利复审委员会依法成立合议组，对本无效宣告请求进行审查。

本案合议组于2008年4月7日向请求人和专利权人发出无效宣告请求口头审理通知书，定于2008年6月18日在专利复审委员会举行口头审理。随同口头审理通知书，将请求人于2008年2月1日提交的意见陈述书及其附件清单中所列附件的副本转送给专利权人，将专利权人于2008年2月28日提交的意见陈述书及其附件清单中所列附件的副本转送给请求人。

专利权人于2008年6月6日再次提交意见陈述书，专利权人认为，与附件3相比，本专利权利要求1中至少有以下几个区别技术特征：（1）支架本体10，（2）支架本体上设有一螺孔，（3）设置在支架本体顶部的管盖13，（4）本专利中螺栓具有“固定”管盖于本体上的功能，而在附件3中，螺栓19的作用在于“防止螺帽18与圆筒构件17a相分离”，且“由于螺栓19只起到防止柱状构件17与基座16相脱离的装置”的作用，因此与本专利中螺栓所起的作用不同。由此，权利要求1与附件3相比，具有实质性特点和进步。并且，本专利从属权利要求2~5相对于附件3也具备创造性。

口头审理如期举行，双方当事人均参加了口头审理。

在口头审理中：

（1）合议组当庭将专利权人于2008年6月6日提交的意见陈述书转给请求人，请求人当庭签收。

（2）专利权人当庭提交意见陈述书、附件3权利要求部分的中文译文以及证据2~10，其中：

证据2：编号为2008J20-50-102017的中国上海测试中心检测报告复印件，共4页；

证据3：核能研究所地震平台测试实验室出具的惠亚工程股份有限公司2.4M×2.4M×2.1M耐震测试报告复印件，共3页；

附件4：NKK资料复印件，共3页；

证据5：编号为GB50011-2001的中华人民共和国国家标准——建筑抗震设计规范封面、第119-121页复印件，共4页；

证据6：四川虹欧显示器件有限公司于2008年6月3日出具的嘉奖函，共1页；

证据7：四川虹欧显示器件有限公司于2008年6月16日出具的证明书，共1页；

证据8：四川虹欧显示器件有限公司于2008年6月3日出具的证明书，共1页；

证据9：成都成芯半导体制造有限公司于2008年6月13日出具的证明书复印件，共1页；

证据10：所称虹欧工地墙板震垮情形图片打印件，共2页。

合议组当庭将专利权人提交的上述意见陈述书、附件3权利要求部分的中文译文以及证据2~10转给请求人，请求人当庭签收。

（3）请求人明确无效的理由、范围、证据及证据的使用方式为：权利要求1~3、5相对于附件3不具有新颖性。权利要求1~5相对于附件3或附件3与6的结合不具有创造性。附件3与6的结合评述方式中，最接近的现有技术为附件6。放弃权利要求1~5相对于附件1、2不具备新颖性和创造性的无效理由，放弃权利要求4相对于附件3不具备新颖性的无效理由、放弃权利要求1~5相对于附件4不具备新颖性和创造性的无效理由。请求人当庭放弃附件1、2、4，不作为证据使用。附件5作为意见陈述使用，具体说明附件6与附件3的组合方式。

专利权人认为：附件3、4、6都是美国的专利文献，应该提供相关的公证认证文件。对请求人已经提交的附件3、4、6的中文译文的准确性没有异议，但认为请求人对附件3没有全文翻译。附件3与6结合评述创造性的方式没有具体的意见陈述，应该不予考虑，附件5未提交原件，且其为一份证据，不能作为意见陈述使用。

（4）专利权人用证据1说明本专利具备新颖性和创造性，用证据2~4、6~10说明本专利产品相对于附件3的产品具有有益的技术效果，用证据5说明国内对设备耐震力的考量方法，用附件3的权利要求部分的中文译文说明附件3的螺帽16d是位于腿部构件17的下方。

请求人认为：证据2~10的提交超过了规定的期限，不应被接受。

（5）双方当事人针对请求人提出的上述无效宣告理由充分陈述了意见。

至此，合议组认为本案事实清楚，可以作出审查决定。

二、决定的理由

1. 关于证据

请求人提交的证据包括附件3和附件6，专利权人认为，附件3、6都是美国的专利文献，应该提供相关的公证认证文件。合议组认为，审查指南第四部分第八章第2.2.2节规定，当遇到以下情况时，当事人可以在无效宣告程序中不办理相关的证明手续，即“该证据是能够从除香港、澳门、台湾地区外的国内公共渠道获得的，如从专利局获得的国外专利文件，或者从公共图书馆获得的国外文献资料”，根据上述规定，附件3、6作为从专利局可以获得的国外专利文献，可以不进行公证认证。进而，合议组经核实，认可附件3、6的真实性，其可以作为本案证据使用。并且附件3、6的公开日均早于本专利的申请日，因此附件3、6可以作为本专利的现有技术使用。另外，专利权人对请求人提交的附件3、6的中文译文的准确性没有异议，从而附件3、6公开的内容以请求人提交的中文译文为准。

请求人明确放弃附件1、2、4，不作为证据使用，因此合议组对上述附件不予评述。

2. 关于本决定针对的无效理由

请求人在口头审理当庭明确，附件5作为意见陈述使用，具体说明附件6与附件3的组合方式。专利权人认为，附件3与6结合评述创造性的方式没有具体的意见陈述，应该不予考虑，附件5未提交原件，且其为一份证据，不能作为意见陈述使用。对此合议组认为，本无效宣告程序是基于请求人的请求而启动，由请求人决定其所提交证据的使用方式，因此请求人可以将附件5作为意见陈述使用，而不作为证据。附件5为一份针对本专利的检索报告，其内详细记载了使用附件6作为最接近的现有技术、结合附件3来评述本专利权利要求1~5的创造性，由此，鉴于附件5作为请求人的意见陈述，已经对使用附件6和附件3结合来评述本专利权利要求1~5的创造性作出了具体说明，因此，合议组对使用附件6和附件3的结合来评述本专利权利要求1~5的创造性的无效理由予以考虑。

所以，本决定所针对的无效理由为：权利要求1~3、5相对于附件3不具有新颖性；权利要求1~5相对于附件3或附件3与6的结合不具有创造性。附件3与6的结合评述方式中，最接近的现有技术为附件6。

3. 关于本专利权利要求1~3、5相对于附件3是否具备新颖性

根据专利法第22条第2款的规定，新颖性，是指在申请日以前没有同样的发明或者实用新型在国内外出版物上公开发表过、在国内公开使用过或者以其他方式为公众所知，也没有同样的发明或者

实用新型由他人向国务院专利行政部门提出过申请并且记载在申请日以后公布的专利申请文件中。

如果一项权利要求请求保护的技术方案与现有技术所公开的技术方案相比，存在实质上的差别，则其相对于该现有技术具备新颖性。

请求人认为，本专利权利要求1被附件3公开，因此权利要求1不具备新颖性。

附件3公开了一种双层地板结构，基座16具有方形基座盘16a，基座盘16a具有带螺纹构件16b，其通过例如焊接的方式牢固地固定到基座盘16a上，带螺纹构件16b具有从所述基座盘16a向上突伸的外螺纹部分16c，一高度调节螺帽16d旋拧在所述外螺纹部分16c上，所述高度调节螺帽16d在其外周表面上形成环形凹槽16f，柱状腿构件17可转动地支承在基座16上，柱状腿构件17为圆筒构件17a，螺帽18例如通过焊接的方式牢固地固定到圆筒构件17a的下端部分上，螺栓19旋拧入螺帽18中而防止螺帽18与圆筒构件17a相分离，通过使螺栓19的远端部进入布置在高度调节螺帽16d外周中的环形凹槽16f中而防止柱状腿构件17与基座16相脱离（参见附件3的中文译文第2~4页，附图6、11~13）。

请求人认为，本专利权利要求1中的管盖被附件3中的高度调节螺帽16d公开，权利要求1中的管盖位于支架本体顶端，附件3是螺帽16d设置在下端，但上端、下端都是顶部。就此合议组认为，本专利权利要求1中明确限定，管盖设置在支架本体顶部，也即支架本体的上端，而附件3中的高度调节螺帽16d设置在柱状腿构件17的下端，因此两者的设置位置不同；并且，本专利权利要求1中的管盖由于设置在支架本体的上方，起到支持固定顶板11的杆体12的作用，其中顶板用于支撑桁架及高架地板，而附件3中的高度调节螺帽16d由于设置在柱状腿构件17的下端，起到支撑及调整柱状腿构件17高度的作用。从而附件3中的高度调节螺帽16d与本专利权利要求1中的管盖相比，其设置位置及所起作用均不相同，附件3中的高度调节螺帽16d不同于权利要求1中的管盖。由此附件3中并没有公开本专利权利要求1中的特征“一管盖，其设置在上述支架本体顶部，该管盖上环设有一卡合槽；以及一固定螺栓，其螺接在上述支架本体的螺孔上，该固定螺栓前端配合在上述管盖的卡合槽中”，因此附件3公开的技术方案与本专利权利要求1保护的技术方案实质上不同，权利要求1相对于附件3具备专利法第22条第2款规定的新颖性，请求人关于本专利权利要求1相对于附件3不具备新颖性的主张不成立。

如上所述，请求人关于本专利权利要求1相对于附件3不具备新颖性的主张不成立，而从属权利要求2、3、5均对权利要求1进行了进一步限定，因此请求人关于权利要求2、3、5相对于附件3不具备新颖性的主张也不成立。

4. 关于本专利权利要求1~5相对于附件3是否具备创造性

根据专利法第22条第3款的规定，创造性，是指同申请日以前已有的技术相比，该发明有突出的实质性特点和显著的进步，该实用新型有实质性特点和进步。

如果权利要求所述技术方案与现有技术公开的技术方案之间存在区别技术特征，现有技术没有给出结合该区别技术特征得出所述技术方案的技术启示，本领域技术人员需要付出创造性的劳动才能得出该权利要求所述的技术方案，且该技术方案具有有益效果，则该权利要求具有创造性。

请求人认为，由于本专利权利要求1相对于附件3不具备新颖性，因此也不具备创造性。

如上所述，附件3中并没有公开本专利权利要求1中的特征“一管盖，其设置在上述支架本体顶部，该管盖上环设有一卡合槽；以及一固定螺栓，其螺接在上述支架本体的螺孔上，该固定螺栓前端配合在上述管盖的卡合槽中”，而本专利权利要求1中由于在管盖上设置卡合槽，并使固定螺栓前端配合在卡合槽中，使得管盖不会产生沿支架本体轴向的位移，管盖与支架本体不会造成松动或分离，取得了耐震能力较佳的有益效果。因此，本专利权利要求1相对于附件3具备专利法第22条第3款规定的创造性，请求人关于本专利权利要求 1 相对于附件 3 不具备创造性的主张不成立。

如上所述，请求人关于本专利权利要求 1 相对于附件 3 不具备创造性的主张不成立，而从属权利要求 2~5 均对权利要求 1 进行了进一步限定，因此请求人关于本专利权利要求 2~5 相对于附件 3 不具备创造性的主张也不成立。

5. 关于本专利权利要求 1~5 相对于附件 6 与附件 3 的结合是否具备创造性

请求人认为，权利要求 1~5 相对于附件 6 与附件 3 的结合不具备创造性，其中最接近的现有技术为附件 6。

附件 6 公开了一种抗震支架，支柱 220 通过 360 度焊连接到基板 210 上，支柱 220 包括具有一带螺纹的接收器 222 的基本中空的轴，该接收器 222 设置在支柱的顶部，接收器 222 牢固地将抗震支架头 230 连接到支柱 220 以形成抗震支架 200，支架头 230 包括连接到螺纹支架头轴 234 的支架头板 232，以及锁紧螺帽 236（参见附件 6 的中文译文第 1~3 页及附图 2、3）。

将本专利权利要求 1 与附件 6 相比较，附件 6 中的支柱 220 和基板 210、带螺纹接收器 222 分别相当于权利要求 1 中的支架本体、管盖，两者的区别在于：附件 6 没有公开权利要求 1 中的“螺孔”、“管盖上环设有一卡合槽”以及“一固定螺栓，其螺接在上述支架本体的螺孔上，该固定螺栓前端配合在上述管盖的卡合槽中”。

请求人认为，上述区别技术特征在附件 3 中公开。就此合议组认为，如上所述，附件 3 中的高度调节螺帽 16d 与本专利权利要求 1 中的管盖相比，其设置位置及所起作用均不相同，附件 3 中的高度调节螺帽 16d 不同于权利要求 1 中的管盖。因此附件 3 中并没有公开本专利权利要求 1 中的特征“一管盖，其设置在上述支架本体顶部，该管盖上环设有一卡合槽；以及一固定螺栓，其螺接在上述支架本体的螺孔上，该固定螺栓前端配合在上述管盖的卡合槽中”。并且，附件 3 中通过在高度调节螺帽 16d 上设置环形凹槽 16f，将螺栓 19 的前端布置在环形凹槽 16f 中，起到防止柱状腿构件 17 与基座 16 脱离的作用，其也不同于本专利权利要求 1 中在管盖上设置卡合槽，将固定螺栓前端配合在卡合槽中，以起到使管盖不会产生沿支架本体轴向的位移，管盖与支架本体不会造成松动或分离的作用，因此，附件 3 没有给出在附件 6 的接收器 222 上设置卡合槽，并使固定螺栓前端配合在卡合槽中的技术启示，本领域技术人员在附件 6 的基础上需要付出创造性劳动才能获得权利要求 1 的技术方案。并且，本专利权利要求 1 由于采用了上述区别技术特征，取得了耐震能力较佳的有益效果。所以，本专利权利要求 1 相对于附件 6 和附件 3 的结合具备专利法第 22 条第 3 款规定的创造性，请求人关于本专利权利要求 1 相对于附件 6 和附件 3 的结合不具备创造性的主张不成立。

如上所述，请求人关于本专利权利要求 1 相对于附件 6 和附件 3 的结合不具备创造性的主张不成立，而从属权利要求 2~5 均对权利要求 1 进行了进一步限定，因此请求人关于本专利权利要求 2~5 相对于附件 6 和附件 3 的结合不具备创造性的主张也不成立。

鉴于请求人提出的无效理由均不成立，合议组对专利权人提交的证据 1~10 不再予以评述。

基于上述理由，合议组依法作出如下决定。

三、决定

维持 01210867.7 号实用新型专利权有效。

当事人对本决定不服的，可以根据专利法第 46 条第 2 款的规定，自收到本决定之日起三个月内向北京市第一中级人民法院起诉。根据该款的规定，一方当事人起诉后，另一方当事人应当作为第三人参加诉讼。

北京市第一中级人民法院
行政判决书

（2009）一中行初字第 219 号

原告金华天开微电子工程装备有限公司，住所地浙江省金华市宾虹路 2065 号。

法定代表人姜俊平，董事长。

委托代理人李中奎，男，北京汇泽知识产权代理有限公司职员。

委托代理人武君，女，北京汇泽知识产权代理有限公司职员。

被告国家知识产权局专利复审委员会，住所地北京市海淀区北四环西路 9 号银谷大厦。

法定代表人廖涛，副主任。

委托代理人刘敏飞，女，国家知识产权局专利复审委员会审查员。

委托代理人王婧，女，国家知识产权局专利复审委员会审查员。

第三人上海惠亚铝合金制品有限公司，住所地上海市松江区新桥外镇民益路 8 号。

法定代表人黄建德，总经理。

委托代理人冯瑞中，上海市一平律师事务所律师。

委托代理人邢志，上海市一平律师事务所律师。

原告金华天开微电子工程装备有限公司不服被告国家知识产权局专利复审委员会作出的第 11974 号无效宣告请求审查决定（以下简称被诉决定），向本院提起行政诉讼。本院受理后，依法组成合议庭，向被告送达了起诉状副本及应诉通知书，并依照《中华人民共和国行政诉讼法》第二十七条之规定，通知上海惠亚铝合金制品有限公司作为本案第三人参加诉讼。本院于 2009 年 3 月 16 日公开开庭审理了本案。原告委托代理人李中奎、武君，被告的委托代理人刘敏飞、王婧，第三人的法定代表人黄建德、委托代理人冯瑞中、邢志到庭参加了诉讼，本案现已审理终结。

被告于 2008 年 7 月 8 日依照《中华人民共和国专利法》（以下简称《专利法》）第二十二条第二款和第三款的规定作出被诉决定：维持 01210867. 7 号实用新型专利权（以下简称本专利）有效。

被告为证明被诉决定的合法性，在法定举证期限内向本院提供了以下证据：1. 公告日为 1990 年 5 月 8 日的美国专利文献 US4922670 及其中文译文（即被诉决定中附件 3）；2. 公告日为 1999 年 11 月 16 日的美国专利文献 US5983582 及其中文译文（即被诉决定中附件 6）；3. 本专利说明书。

原告诉称：1. 被诉决定对新颖性的评价适用法律错误、认定事实不清，导致结论错误。（1）被告在判断权利要求 1 是否具备新颖性时，对权利要求 1 的解释引入了管盖所示结构与支架本体所示结构的绝对空间位置关系的技术特征，这种在权利要求所明确记载的技术特征之外，另外引入新的技术特征的做法违反了《中华人民共和国专利法实施细则》第二十条第一款和第二十一条第一款的规定；（2）被诉决定对“管盖”和“高度调节螺帽”的作用存在解释错误，两者虽然在名词上存在区别，但作用应视为等同；（3）附件 3 公开了一种高度调节螺帽所示结构与柱状腿构件所示结构，其中高度调节螺帽与柱状腿构件通过一固定螺栓与卡合槽结构连接，与本专利的技术方案完全相同。因此，权利要求 1 相对于附件 3 不具备新颖性，而权利要求 2~5 是对权利要求 1 的进一步限定，附件 3 亦公开了权利要求 2~5 除属于本领域公知常识的特征外的全部技术特征，当引用的权利要求 1 不具有新颖性时，其从属权利要求 2~5 也不具有新颖性。2. 被诉决定评价本专利的创造性时，缺少对本专利对于本领域技术人员是否显而易见的判断，违反了《审查指南》规定的三步法程序，导致认定事实不清。(1)本专利权利要求不具备新颖性，所以也不具备创造性；(2)附件6和附件3属于高架地板领域，本领域普通技术人员在附件6的基础上，为了管盖不会产生沿支架本体轴向的位移，管盖和支架本体不会造成松动或分离，容易想到附件3公开的高度调节螺帽和柱状腿构件之间螺孔与卡合槽通过螺栓连接在一起的连接形式，进而得到本专利权利要求1的技术方案，权利要求1不具备创造性。权利要求2~5是对权利要求1的进一步限定，当引用的权利要求1不具有创造性时，其从属权利2~5也不具有创造性。基于以上诉讼理由，原告请求法院撤销被诉决定，并判令被告重新作出决定，由被告承担诉讼费用。

原告未向本院提供证据。

被告辩称：被诉决定认定事实清楚，适用法律正确，程序合法，原告的诉讼理由不能成立，请求法院维持被诉决定。理由如下：1. 本专利权利要求1中的特征“管盖”与被诉决定中附件3中的特征“高度调节螺帽”的设置位置及所起作用均不相同，附件3中的高度调节螺帽不同于权利要求1中的管盖。因此，附件3没有公开本专利权利要求1中的特征，原告的证据不足以支持其所提出的本专利权利要求1不具备新颖性和创造性的主张。2. 对于原告提出的其他理由，被诉决定中已经予以辩驳，坚持被诉决定的意见。

第三人述称：本专利具有新颖性和创造性，原告起诉理由不成立，请求法院维持被诉决定。

第三人未向本院提供证据。

经庭审质证，本院审查认为，被告提供的证据与本案具有关联性、且合法，各方当事人对其真实性亦不持异议，均为有效证据。根据以上证据及各方当事人在庭审中无争议的陈述，本院对本案事实作出如下认定：

被诉决定涉及中华人民共和国国家知识产权局（以下简称国知局）于2002年1月9日授权公告的、名称为“具有卡合固定结构的高架地板支架”的实用新型专利权（即本专利），其专利号是01210867.7，申请日是2001年2月28日，专利权人是本案第三人上海惠亚铝合金制品有限公司。本专利授权公告时的权利要求书如下：

“1. 一种具有卡合固定结构的高架地板支架，其特征在于，包括：一支架本体，其上设有一螺孔；一管盖，其设置在上述支架本体顶部，该管盖上环设有一卡合槽；以及一固定螺栓，其螺接在上述支架本体的螺孔上，该固定螺栓前端配合在上述管盖的卡合槽中。

2. 如权利要求1所述的具有卡合固定结构的高架地板支架，其特征在于，所述的管盖具有一大径部分及一小径部分，其中小径部分位于大径部分下方，小径部分的外径与支架本体内径相等，所述的卡合槽设在小径部分上，所述的管盖以小径部分配合在支架本体顶部内侧，使该管盖设置在支架本体顶部。

3. 如权利要求1所述的具有卡合固定结构的高架地板支架，其特征在于，所述的管盖上设有一组装孔，支架本体上方设有一顶板，该顶板底部固设有一杆体，该杆体配合在组装孔中。

4. 如权利要求3所述的具有卡合固定结构的高架地板支架，其特征在于，所述的组装孔为螺孔，杆体为螺杆，该杆体以螺接方式配合在组装孔中，杆体上螺接有锁固螺帽。

5. 如权利要求1所述的具有卡合固定结构的高架地板支架，其特征在于，所述的固定螺栓上螺接有螺帽。”

针对本专利权，原告于2008年1月2日向被告提出无效宣告请求，认为本专利权利要求1、3、4不符合《专利法》第二十二条第二款的规定、权利要求1~5不符合《专利法》第二十二条第三款的规定，原告同时提交了如下附件：

附件1：授权公告日为2000年3月22日、授权公告号为CN2370092Y（专利号为ZL98248346.5）的中国实用新型专利说明书，共11页；

附件2：授权公告日为1999年6月30日、授权公告号为CN2326661Y（专利号为97221324.4）的中国实用新型专利说明书，共21页。

经形式审查合格，被告受理了上述无效宣告请求，并于2008年1月2日发出无效宣告请求受理通知书，同时将专利权无效宣告请求书及其附件清单中所列附件的副本转送给第三人，并要求其在指定的期限内陈述意见。

原告于2008年2月1日向被告提交了意见陈述书，并补充了无效宣告的理由和证据，其中补充的证据为：

附件3：公告日为1990年5月8日的美国专利文献US4922670及其中文译文，共28页；

附件4：公告日为1991年3月5日的美国专利文献US4996804及其中文译文，共15页；

附件5：国家知识产权局专利信息中心出具的编号为08-007的检索报告复印件，共5页；

附件6：公告日为1999年11月16日的美国专利文献US5983582及其中文译文，共11页。

原告认为：附件3公开了权利要求1的全部必要技术特征，权利要求1相对于附件3不具备新颖性和创造性。权利要求2与附件3的区别为：管盖安装在支架本体的上端，而在对比文件中螺帽是反方向地安装在柱状腿构件的下端，尽管二者的安装方位不同，但其作用和效果是相同的，本领域技术人员也可以从附件3中得到实现权利要求2的技术方案的启示，因此权利要求2不具备创造性。权利要求3与附件3的区别仅在于顶板设在支架本体的上方，而在附件3中的基座16设在柱状腿构件17的下方，尽管二者的安装方位不同，但其作用和效果是相同的，本领域技术人员也可从附件3中得到实现权利要求3技术方案的技术启示，因此权利要求3不具备创造性。权利要求4与附件3的区别在于权利要求4的顶板设在支架本体的上方，而附件3中的基座16设在柱状腿构件17的下方，且在附件3中的螺纹构件上未布置锁固螺帽，但这种区别是公知常识，因此权利要求4不具备创造性。权利要求5的附加技术特征被附件3公开，因此权利要求5不具备新颖性。本专利权利要求1~5的技术方案相对于附件4所公开的内容没有改进之处，本领域技术人员通过附件4容易得到相应的技术启示，因此权利要求1~5相对于附件4不具备新颖性和创造性。依据附件5的检索报告，本专利权利要求1~5不具备创造性。

针对被告发出的上述无效宣告请求受理通知书，第三人于2008年2月28日提交了意见陈述书。第三人认为：附件1中的柱头上并未设置槽沟；附件1中槽沟及凸键的设置，目的是使螺杆与柱头相配合，这与本专利权利要求1中所运用的卡合槽、固定螺栓与螺孔的配合从而实现管盖与支架本体的固定，其设置目的、结构都完全不同，因此权利要求1具备新颖性，进而权利要求3、4也具备新颖性。并且附件1也不能影响权利要求1的创造性。附件1或附件2都未对本专利权利要求1中管盖结构作出任何记载，因此本专利权利要求2具备创造性。从属权利要求3~5也具备创造性。第三人提交了证据1，具体为：

证据1：国知局针对本专利作出的实用新型专利检索报告复印件一份，共11页。

第三人认为，证据1引用了附件1和附件2，但证据1中认为本专利权利要求1~5具备新颖性和创造性。因此，本专利相对于附件1和附件2具备新颖性和创造性。

被告成立合议组，对本无效宣告请求进行审查。

被告于2008年4月7日发出无效宣告请求口头审理通知书，定于2008年6月18日举行口头审理。随同口头审理通知书，将原告于2008年2月1日提交的意见陈述书及其附件清单中所列附件的副本转送给第三人，将第三人于2008年2月28日提交的意见陈述书及其附件清单中所列附件的副本转送给原告。

第三人于2008年6月6日再次提交意见陈述书，认为，与附件3相比，本专利权利要求1中至少有以下几个区别技术特征：(1) 支架本体10，(2) 支架本体上设有一螺孔，(3) 设置在支架本体顶部的管盖13，(4) 本专利中螺栓具有“固定”管盖于本体上的功能，而在附件3中，螺栓19的作用在于“防止螺帽18与圆筒构件17a相分离”，且“由于螺栓19只起到防止柱状构件17与基座16相脱离的装置”的作用，因此与本专利中螺栓所起的作用不同。由此，权利要求1与附件3相比，具有实质性特点和进步。并且，本专利从属权利要求2~5相对于附件3也具备创造性。

口头审理如期举行，双方当事人均参加了口头审理。

在口头审理中：

1. 被告当庭将第三人于2008年6月6日提交的意见陈述书转给原告，原告当庭签收。

2. 第三人当庭提交意见陈述书、附件3权利要求部分的中文译文以及证据2~10，其中：

证据2：编号为2008J20-50-102017的中国上海测试中心检测报告复印件，共4页；

证据3：核能研究所地震平台测试实验室出具的惠亚工程股份有限公司2.4M×2.4M×2.1M耐震测试报告复印件，共3页；

附件4：NKK资料复印件，共3页；

证据5：编号为GB50011-2001的中华人民共和国国家标准——建筑抗震设计规范封面、第119~121页复印件，共4页；

证据6：四川虹欧显示器件有限公司于2008年6月3日出具的嘉奖函，共1页；

证据7：四川虹欧显示器件有限公司于2008年6月16日出具的证明书，共1页；

证据8：四川虹欧显示器件有限公司于2008年6月3日出具的证明书，共1页；

证据9：成都成芯半导体制造有限公司于2008年6月13日出具的证明书复印件，共1页；

证据10：所称虹欧工地墙板震垮情形图片打印件，共2页。

被告当庭将第三人提交的上述意见陈述书、附件3权利要求部分的中文译文以及证据2-10转给原告，原告当庭签收。

3. 原告明确无效的理由、范围、证据及证据的使用方式为：权利要求1~3、5相对于附件3不具有新颖性。权利要求1~5相对于附件3或附件3与6的结合不具有创造性。附件3与6的结合评述方式中，最接近的现有技术为附件6。放弃权利要求1~5相对于附件1、2不具备新颖性和创造性的无效理由，放弃权利要求4相对于附件3不具备新颖性的无效理由、放弃权利要求1~5相对于附件4不具备新颖性和创造性的无效理由。原告当庭放弃附件1、2、4，不作为证据使用。附件5作为意见陈述使用，具体说明附件6与附件3的组合方式。

第三人认为：附件3、4、6都是美国的专利文献，应该提供相关的公证认证文件。对原告已经提交的附件3、4、6的中文译文的准确性没有异议，但认为原告对附件3没有全文翻译。附件3与6结合评述创造性的方式没有具体的意见陈述，应该不予考虑，附件5未提交原件，且其为一份证据，不能作为意见陈述使用。

4. 第三人用证据1说明本专利具备新颖性和创造性，用证据2~4、6~10说明本专利产品相对于附件3的产品具有有益的技术效果，用证据5说明国内对设备耐震力的考量方法，用附件3的权利要求部分的中文译文说明附件3的螺帽16d是位于腿部构件17的下方。

原告认为：证据2~10的提交超过了规定的期限，不应被接受。

5. 双方当事人针对原告提出的上述无效宣告理由充分陈述了意见。

经审查，被告作出被诉决定。具体理由如下：

1. 关于证据。

原告提交的证据包括附件3和附件6，第三人认为，附件3、6都是美国的专利文献，应该提供相关的公证认证文件。被告认为,《审查指南》第四部分第八章第2.2.2节规定，当遇到以下情况时，当事人可以在无效宣告程序中不办理相关的证明手续，即“该证据是能够从除香港、澳门、台湾地区外的国内公共渠道获得的，如从专利局获得的国外专利文件，或者从公共图书馆获得的国外文献资料”，根据上述规定，附件3、6作为从专利局可以获得的国外专利文献，可以不进行公证认证。进而，被告经核实，认可附件3、6的真实性，其可以作为本案证据使用。并且附件3、6的公开日均早于本专利的申请日，因此附件3、6可以作为本专利的现有技术使用。另外，第三人对原告提交的附件3、6的中文译文的准确性没有异议，从而附件3、6公开的内容以原告提交的中文译文为准。

原告明确放弃附件1、2、4，不作为证据使用，因此被告对上述附件不予评述。

2. 关于被诉决定针对的无效理由。

原告在口头审理当庭明确，附件5作为意见陈述使用，具体说明附件6与附件3的组合方式。第三人认为，附件3与6结合评述创造性的方式没有具体的意见陈述，应该不予考虑，附件5未提交原件，且其为一份证据，不能作为意见陈述使用。对此被告认为，本无效宣告程序是基于原告的请求而启动，由原告决定其所提交证据的使用方式，因此原告可以将附件5作为意见陈述使用，而不作为证据。附件5为一份针对本专利的检索报告，其内详细记载了使用附件6作为最接近的现有技术、结合附件3来评述本专利权利要求1~5的创造性，由此，鉴于附件5作为原告的意见陈述，已经对使用附件6和附件3结合来评述本专利权利要求1~5的创造性作出了具体说明，因此，被告对使用附件6和附件3的结合来评述本专利权利要求1~5的创造性的无效理由予以考虑。

所以，被诉决定所针对的无效理由为：权利要求1~3、5相对于附件3不具有新颖性；权利要求1~5相对于附件3或附件3与6的结合不具有创造性。附件3与6的结合评述方式中，最接近的现有技术为附件6。

3. 关于本专利权利要求1~3、5相对于附件3是否具备新颖性。

根据《专利法》第二十二条第二款的规定，新颖性，是指在申请日以前没有同样的发明或者实用新型在国内外出版物上公开发表过、在国内公开使用过或者以其他方式为公众所知，也没有同样的发明或者实用新型由他人向国务院专利行政部门提出过申请并且记载在申请日以后公布的专利申请文件中。

如果一项权利要求请求保护的技术方案与现有技术所公开的技术方案相比，存在实质上的差别，则其相对于该现有技术具备新颖性。

原告认为，本专利权利要求1被附件3公开，因此权利要求1不具备新颖性。

附件3公开了一种双层地板结构，基座16具有方形基座盘16a，基座盘16a具有带螺纹构件16b，其通过例如焊接的方式牢固地固定到基座盘16a上，带螺纹构件16b具有从所述基座盘16a向上突伸的外螺纹部分16c，一高度调节螺帽16d旋拧在所述外螺纹部分16c上，所述高度调节螺帽16d在其外周表面上形成环形凹槽16f，柱状腿构件17可转动地支承在基座16上，柱状腿构件17为圆筒构件17a，螺帽18例如通过焊接的方式牢固地固定到圆筒构件17a的下端部分上，螺栓19旋拧入螺帽18中而防止螺帽18与圆筒构件17a相分离，通过使螺栓19的远端部进入布置在高度调节螺帽16d外周中的环形凹槽16f中而防止柱状腿构件17与基座16相脱离（参见附件3的中文译文第2~4页，附图6、11~13）。

原告认为，本专利权利要求1中的管盖被附件3中的高度调节螺帽16d公开，权利要求1中的管盖位于支架本体顶端，附件3是螺帽16d设置在下端，但上端、下端都是顶部。就此被告认为，本专利权利要求1中明确限定，管盖设置在支架本体顶部，也即支架本体的上端，而附件3中的高度调节螺帽16d设置在柱状腿构件17的下端，因此两者的设置位置不同；并且，本专利权利要求1中的管盖由于设置在支架本体的上方，起到支持固定顶板 11 的杆体 12 的作用，其中顶板用于支撑桁架及高架地板，而附件 3 中的高度调节螺帽 16d 由于设置在柱状腿构件 17 的下端，起到支撑及调整柱状腿构件 17 高度的作用。从而附件 3 中的高度调节螺帽 16d 与本专利权利要求 1 中的管盖相比，其设置位置及所起作用均不相同，附件 3 中的高度调节螺帽 16d 不同于权利要求 1 中的管盖。由此附件 3 中并没有公开本专利权利要求 1 中的特征“一管盖，其设置在上述支架本体顶部，该管盖上环设有一卡合槽；以及一固定螺栓，其螺接在上述支架本体的螺孔上，该固定螺栓前端配合在上述管盖的卡合槽中”，因此附件 3 公开的技术方案与本专利权利要求 1 保护的技术方案实质上不同，权利要求 1 相对于附件 3 具备《专利法》第二十二条第二款规定的新颖性，原告关于本专利权利要求 1 相对于附件 3 不具备新颖性的主张不成立。

如上所述，原告关于本专利权利要求 1 相对于附件 3 不具备新颖性的主张不成立，而从属权利要求 2、3、5 均对权利要求 1 进行了进一步限定，因此原告关于权利要求 2、3、5 相对于附件 3 不具备新颖性的主张也不成立。

4. 关于本专利权利要求 1~5 相对于附件 3 是否具备创造性。

根据《专利法》第二十二条第三款的规定，创造性，是指同申请日以前已有的技术相比，该发明有突出的实质性特点和显著的进步，该实用新型有实质性特点和进步。

如果权利要求所述技术方案与现有技术公开的技术方案之间存在区别技术特征，现有技术没有给出结合该区别技术特征得出所述技术方案的技术启示，本领域技术人员需要付出创造性的劳动才能得出该权利要求所述的技术方案，且该技术方案具有有益效果，则该权利要求具有创造性。

原告认为，由于本专利权利要求 1 相对于附件 3 不具备新颖性，因此也不具备创造性。

如上所述，附件 3 中并没有公开本专利权利要求 1 中的特征“一管盖，其设置在上述支架本体顶部，该管盖上环设有一卡合槽；以及一固定螺栓，其螺接在上述支架本体的螺孔上，该固定螺栓前端配合在上述管盖的卡合槽中”，而本专利权利要求 1 中由于在管盖上设置卡合槽，并使固定螺栓前端配合在卡合槽中，使得管盖不会产生沿支架本体轴向的位移，管盖与支架本体不会造成松动或分离，取得了耐震能力较佳的有益效果。因此，本专利权利要求 1 相对于附件 3 具备《专利法》第二十二条第三款规定的创造性，原告关于本专利权利要求 1 相对于附件 3 不具备创造性的主张不成立。

如上所述，原告关于本专利权利要求 1 相对于附件 3 不具备创造性的主张不成立，而从属权利要求 2~5 均对权利要求 1 进行了进一步限定，因此原告关于本专利权利要求 2~5 相对于附件 3 不具备创造性的主张也不成立。

5. 关于本专利权利要求 1~5 相对于附件 6 与附件 3 的结合是否具备创造性。

原告认为，权利要求 1~5 相对于附件 6 与附件 3 的结合不具备创造性，其中最接近的现有技术为附件 6。

附件 6 公开了一种抗震支架，支柱 220 通过 360 度焊连接到基板 210 上，支柱 220 包括具有一带螺纹的接收器 222 的基本中空的轴，该接收器 222 设置在支柱的顶部，接收器 222 牢固地将抗震支架头 230 连接到支柱 220 以形成抗震支架 200，支架头 230 包括连接到螺纹支架头轴 234 的支架头板 232，以及锁紧螺帽 236（参见附件 6 的中文译文第 1-3 页及附图 2、3）。

将本专利权利要求 1 与附件 6 相比较，附件 6 中的支柱 220 和基板 210、带螺纹接收器 222 分别相当于权利要求 1 中的支架本体、管盖，两者的区别在于：附件 6 没有公开权利要求 1 中的“螺孔”、“管盖上环设有一卡合槽”以及“一固定螺栓，其螺接在上述支架本体的螺孔上，该固定螺栓前端配合在上述管盖的卡合槽中”。

原告认为，上述区别技术特征在附件 3 中公开。就此被告认为，如上所述，附件 3 中的高度调节螺帽 16d 与本专利权利要求 1 中的管盖相比，其设置位置及所起作用均不相同，附件 3 中的高度调节螺帽 16d 不同于权利要求 1 中的管盖。因此附件 3 中并没有公开本专利权利要求 1 中的特征“一管盖，其设置在上述支架本体顶部，该管盖上环设有一卡合槽；以及一固定螺栓，其螺接在上述支架本体的螺孔上，该固定螺栓前端配合在上述管盖的卡合槽中”。并且，附件 3 中通过在高度调节螺帽 16d 上设置环形凹槽 16f，将螺栓 19 的前端布置在环形凹槽 16f 中，起到防止柱状腿构件 17 与基座 16 脱离的作用，其也不同于本专利权利要求 1 中在管盖上设置卡合槽，将固定螺栓前端配合在卡合槽中，以起到使管盖不会产生沿支架本体轴向的位移，管盖与支架本体不会造成松动或分离的作用，因此，附件 3 没有给出在附件 6 的接收器 222 上设置卡合槽，并使固定螺栓前端配合在卡合槽中的技术启示，本领域技术人员在附件 6 的基础上需要付出创造性劳动才能获得权利要求 1 的技术方案。并且，本专利权利要求 1 由于采用了上述区别技术特征，取得了耐震能力较佳的有益效果。所以，本专利权利要求 1 相对于附件 6 和附件 3 的结合具备《专利法》第二十二条第三款规定的创造性，原告关于本专利权利要求 1 相对于附件 6 和附件 3 的结合不具备创造性的主张不成立。

如上所述，原告关于本专利权利要求 1 相对于附件 6 和附件 3 的结合不具备创造性的主张不成立，而从属权利要求 2~5 均对权利要求 1 进行了进一步限定，因此原告关于本专利权利要求 2~5 相对于附件 6 和附件 3 的结合不具备创造性的主张也不成立。

鉴于原告提出的无效理由均不成立，被告对第三人提交的证据 1~10 不再予以评述。

本院认为：根据《专利法》第二十二条第二款的规定，新颖性，是指在申请日以前没有同样的发明或者实用新型在国内外出版物上公开发表过、在国内公开使用过或者以其他方式为公众所知，也没有同样的发明或者实用新型由他人向国务院专利行政部门提出过申请并且记载在申请日以后公布的专利申请文件中。如果一项权利要求请求保护的技术方案与现有技术所公开的技术方案相比，存在实质上的差别，则其相对于该现有技术具备新颖性。本案中，并且附件 3 的公开日早于本专利的申请日，因此附件 3 可以作为本专利的现有技术使用。本专利权利要求 1 中限定，管盖设置在支架本体顶部，也即支架本体的上端，而附件 3 中的高度调节螺帽设置在柱状腿构件的下端，两者的设置位置不同。本专利权利要求 1 中的管盖由于设置在支架本体的上方，起到支持固定顶板的杆体的作用，其中顶板用于支撑桁架及高架地板，而附件 3 中的高度调节螺帽由于设置在柱状腿构件的下端，起到支撑及调整柱状腿构件高度的作用。附件 3 中的高度调节螺帽与本专利权利要求 1 中的管盖相比，其设置位置及所起作用均不相同，附件 3 中并没有公开本专利权利要求 1 中的特征“一管盖，其设置在上述支架本体顶部，该管盖上环设有一卡合槽；以及一固定螺栓，其螺接在上述支架本体的螺孔上，该固定螺栓前端配合在上述管盖的卡合槽中”，附件 3 公开的技术方案与本专利权利要求 1 保护的技术方案实质上不同，权利要求 1 相对于附件 3 具备新颖性。本专利从属权利要求 2、3、5 均是对权利要求 1 进行了进一步限定，在权利要求 1 具备新颖性的情况下，亦具备新颖性。被诉决定基于原告所提出的无效宣告请求理由和证据，对本专利新颖性的判断并无不当。原告关于本专利权利要求 1~3、5 不具有新颖性的诉讼观点缺乏根据，本院不予支持。原告关于本专利权利要求 4 相对于附件 3 不具有新颖性的诉讼观点并非被诉决定针对的无效理由，与本案被诉决定的合法性审查缺乏关联性，本院不予评述。

根据《专利法》第二十二条第三款的规定，创造性，是指同申请日以前已有的技术相比，该发明有突出的实质性特点和显著的进步，该实用新型有实质性特点和进步。如果权利要求所述技术方案与现有技术公开的技术方案之间存在区别技术特征，现有技术没有给出结合该区别技术特征得出所述技术方案的技术启示，本领域技术人员需要付出创造性的劳动才能得出该权利要求所述的技术方案，且该技术方案具有有益效果，则该权利要求具有创造性。本案中，附件 3、6 的公开日均早于本专利的申请日，因此附件3、6可以作为本专利的现有技术使用。将本专利权利要求1与附件6相比较，附件6没有公开权利要求1中的“螺孔”、“管盖上环设有一卡合槽”以及“一固定螺栓，其螺接在上述支架本体的螺孔上，该固定螺栓前端配合在上述管盖的卡合槽中”。附件3中通过在高度调节螺帽上设置环形凹槽，将螺栓的前端布置在环形凹槽中，起到防止柱状腿构件与基座脱离的作用，其不同于本专利权利要求1中在管盖上设置卡合槽，将固定螺栓前端配合在卡合槽中，以起到使管盖不会产生沿支架本体轴向的位移，管盖与支架本体不会造成松动或分离的作用。附件3没有给出在附件6的接收器上设置卡合槽，并使固定螺栓前端配合在卡合槽中的技术启示，本领域技术人员在附件6的基础上需要付出创造性劳动才能获得权利要求1的技术方案。本专利权利要求1基于上述区别技术特征，取得了耐震能力较佳的有益效果。本专利权利要求1相对于附件6和附件3的结合具备创造性。从属权利要求2~5均是对权利要求1进行了进一步限定，在权利要求1具备创造性的情况下，亦具备创造性。被诉决定基于原告所提出的无效宣告请求理由和证据，对本专利创造性的判断并无不当。原告关于本专利权利要求1~5不具有创造性的诉讼观点缺乏根据，本院不予支持。原告其他诉讼意见亦缺乏事实和法律依据，本院不予支持。

综上，被诉决定认定事实清楚，适用法律正确，审查程序合法，本院应予维持。原告的诉讼理由不能成立，其请求本院不予支持。据此，依照《中华人民共和国行政诉讼法》第五十四条第（一）项之规定，判决如下：

维持被告国家知识产权局专利复审委员会作出的第11974号无效宣告请求审查决定。

案件受理费100元，由原告金华天开微电子工程装备有限公司负担（已交纳）。

如不服本判决，可在本判决书送达之日起15日内，向本院递交上诉状，并按对方当事人的人数提出副本，预交上诉案件受理费100元，上诉于北京市高级人民法院。

审　判　长　吴　月

审　判　员　刘景文

代理审判员　毛天鹏

二〇〇九年九月二十二日

书　记　员　郎莉萍

154

等空隙填充床电渗析器

无效宣告请求审查决定（第11976号）

决　　定　　号　第11976号
决　　定　　日　2008年7月21日
发明创造名称　等空隙填充床电渗析器
国 际 分 类 号　C02F 1/42
无效宣告请求人　山东招金膜天有限责任公司
专 利 权 人　王　方
专　　利　　号　97221361.9
申　　请　　日　1997年7月22日
授 权 公 告 日　2000年9月20日
合 议 组 组 长　温丽萍
主　　审　　员　徐伟锋
参　　审　　员　王　冬

法 律 依 据　专利法第22条第3款
决 定 要 点

如果实用新型专利某项权利要求所保护的技术方案与最接近的现有技术相比存在区别技术特征，请求人提供的其他所有证据也均没有公开该区别技术特征或给出技术启示，且没有证据表明其是公知常识，并且该区别技术特征的引入使得该权利要求的技术方案产生了有益的技术效果，则该权利要求相对于请求人提供的现有技术具有实质性特点和进步，具有创造性。

一、案由

本无效宣告请求涉及中华人民共和国国家知识产权局于2000年9月20日授权公告的、名称为“等空隙填充床电渗析器”的实用新型专利权（下称本专利），其专利号是97221361.9，申请日是1997年7月22日，专利权人是王方。该专利授权公告时的权利要求书如下：

“1. 一种填充床电渗析器，它主要包括膜堆（5）、电极装置（6）和端部夹紧装置（7）三部分，膜堆分成若干组膜对，每组膜对由阴膜（1）、空心淡水隔板（2）、阳膜（3）和空心淡水隔板（4）各一张组成，构成一个淡水室和一个浓水室，其特征是淡水室内填充有阴、阳离子交换混合树脂填充物（8），若干个膜对依次排列就构成若干对交替排列的浓、淡水室，膜堆两端为电极装置，用端部夹紧装置将这些组件压成一个整体。

2. 按照权利要求1所述的等空隙填充床电渗析器，其特征是空心淡水隔板（2）和淡水室的厚度均为4mm。

3. 按照权利要求1所述的等空隙填充床电渗析器，其特征是均粒（球）或单一粒径范围的阴、阳离子交换树脂混合物的粒径分布很窄，均一系数S<1.3。”

针对上述专利权，山东招金膜天有限公司（下称请求人）于2007年8月10日向专利复审委员会提出无效宣告请求，其提交的附件如下：

附件1：公开日为1990年6月5日的美国专利文献US4931160复印件，共15页；

附件2：公开日为1984年8月24日的日本专利文献JP59-147690A复印件，共6页；

附件3：国家知识产权局专利信息中心检索报告复印件，共5页。

请求人认为：（1）权利要求1的技术方案与附件1实质相同，不符合专利法第22条第2款的规定；权利要求2相对附件1不具备创造性，权利要求3相对于附件1和2的结合不具备创造性，不符合专利法第22条第3款的规定。

经形式审查合格，专利复审委员会依法受理了上述无效宣告请求，并于2007年8月10日向双方发出无效宣告请求受理通知书，同时将专利权无效宣告请求书及其附件清单中所列附件的副本转送给专利权人，并要求专利权人在指定的期限内陈述意见。

请求人于2007年9月4日向专利复审委员会提交意见陈述书，补充提交了如下证据：

附件4：《水处理技术》封面页、第29~34页复印件，共7页；

附件5：附件1的中文译文，共15页；

附件6：附件2的中文译文，共4页。

请求人认为：权利要求1、2相对于附件4不具备新颖性，权利要求3相对于附件4和附件2不具备创造性。

针对专利复审委员会于2007年8月10日发出的上述无效宣告请求受理通知书，专利权人于2007年9月20日提交了意见陈述书，专利权人对权利要求书进行了修改，但并未提交修改替换页。专利权人还提交的证据如下：

证据1：公告日为1984年8月24日的日本专利文献JP59-147690A及部分中文译文，共6页。

专利权人认为：附件2与本专利领域不同，附件2中文译文中“均一系数”应该翻译为“几何标准偏差”，而几何标准偏差和本专利所述的均一系数S完全不同，所以权利要求1具备新颖性和创造性。

专利复审委员会依法成立合议组，对本案进行审查。

专利复审委员会本案合议组于2007年9月25日向双方发出无效宣告请求口头审理通知书，定于2007年11月6日举行口头审理。随同口头审理通知书，将请求人于2007年9月4日提交的意见陈述书及其附件清单中所列附件的副本转送给专利权人。

专利权人于2007年9月29日提交了权利要求书修改替换页，修改后的权利要求如下：

“1. 一种等空隙填充床电渗析器，它主要包括膜堆（5）、电极装置（6）和端部夹紧装置（7）三部分，膜堆分成若干组膜对，每组膜对由阴膜（1）、空心淡水隔板（2）、阳膜（3）和空心淡水隔板（4）各一张组成，构成一个淡水室和一个浓水室，淡水室内填充有阴、阳离子交换混合树脂填充物（8），若干个膜对依次排列就构成若干对交替排列的浓、淡水室，膜堆两端为电极装置，用端部夹紧装置将这些组件压成一个整体，其特征是树脂填充物为等空隙填充，树脂填充物为均粒（球）或单一粒径，粒径分布很窄，均一系数S<1.3。”

专利复审委员会于2007年10月17日发出转送文件通知书，将专利权人于2007年9月20日提交的意见陈述书及其后所附附件的副本和2007年9月29日提交的权利要求书修改替换页转发给请求人。

口头审理如期举行，双方当事人均参加了口头审理。请求人当庭提交，盖有“国家图书馆科技查新中心”章的附件4的复印件。

在口头审理中，请求人认为专利权人于2007年9月29日提交的权利要求书修改替换页中新的权利要求1不符合权利要求修改的相关规定，不应允许。合议组经过合议认为，专利权人上述修改的权利要求书不符合专利法的相关规定。专利权人当庭放弃于2007年9月29日提交的权利要求书修改替换页，当庭对权利要求书作出修改，即删除权利要求1和2，只保留权利要求3，并当庭提交了权利要求书修改替换页，修改后的权利要求如下：

“1. 一种等空隙填充床电渗析器，它主要包括膜堆（5）、电极装置（6）和端部夹紧装置（7）三部分，膜堆分成若干组膜对，每组膜对由阴膜（1）、空心淡水隔板（2）、阳膜（3）和空心淡水隔板（4）各一张组成，构成一个淡水室和一个浓水室，其特征是淡水室内填充有阴、阳离子交换混合树脂填充物（8），均粒（球）或单一粒径范围的阴阳离子交换树脂混合物的粒径分布很窄，均一系数 $S<1.3$，若干个膜对依次排列就构成若干对交替排列的浓、淡水室，膜堆两端为电极装置，用端部夹紧装置将这些组件压成一个整体。”

合议组当庭告知：专利权人对权利要求书的上述修改符合现行审查指南的有关规定，以上述修改后的权利要求书为审理基础。在此基础上，请求人明确其无效宣告请求的理由、证据和范围为：本专利权利要求1相对于附件1和附件2的结合或附件2和附件4的结合不具备创造性。专利权人对附件1、附件2和附件4的真实性没有异议，对附件1的译文准确性予以认可，对附件2的译文准确性有异议。请求人与专利权人无法就附件2说明书第1页左栏的译文准确性达成一致意见，合议组要求双方将附件2委托第三方进行翻译。

口头审理后，双方对口头审理中达成的对附件2的委托翻译协议产生分歧。本案合议组于2008年3月31日发出外文证据委托翻译通知书，决定委托北京中专翻译公司对附件2进行翻译，要求双方在收到通知书之日起7日内，持该通知书以及外文证据翻译委托书到北京中专翻译公司办理委托手续。收到上述通知书后，双方均到北京中专翻译公司办理了委托手续。专利权人于2008年5月7日将北京中专翻译公司翻译的附件2的中文译文提交给专利复审委员会。

专利法复审委员会本案合议组于2008年5月7日再次向双方发出无效宣告请求口头审理通知书，定于2008年5月21日举行口头审理。

口头审理如期举行，双方当事人均参加了口头审理。

在口头审理中，合议组首先告知双方本次审理以专利权人于2007年11月6日提交的修改后的权利要求书为基础进行审理。请求人明确其无效宣告请求的理由、范围和证据为：本专利权利要求1相对于附件1和附件2结合或者附件4和附件2的结合不具备创造性。

专利权人当庭提交了公知常识性证据：

证据2：王方编著的《离子交换树脂标准手册》，中国标准出版社出版，2003年8月第1版第1次印刷封面页，版权页，第44~49页复印件，共8页；

证据3：吉林工业大学丁汉哲主编的《试验技术》机械工业出版社出版，1982年7月第1版、1982年7月第一次印刷，封面页、版权页、第61~63页复印件，共5页。

专利权人强调提交的证据2和3用来证明“均一系数S”与“几何标准偏差”是两个不同的概念。专利权人对请求人提交的附件1、2、4的真实性、合法性没有异议，对附件1译文的准确性没有异议，对共同委托翻译的附件2译文的准确性没有异议。请求人对证据2、3的真实性没有异议。

双方均同意本专利权利要求1前序部分的技术特征属于现有技术的内容。主要分歧在于“均粒

（球）或单一粒径范围的阴阳离子交换树脂混合物的粒径分布很窄，均一系数 S<1. 3”。关于此特征，请求人主张几何标准偏差即为均一系数，而专利权人则认为两者是不同的概念。口审中，双方都充分发表了意见。

至此，合议组认为本案事实已经清楚，可以作出审查决定。

二、决定的理由

1. 关于审理基础

专利权人于 2007 年 11 月 6 日口审当庭提交了权利要求书的修改替换页。其修改方式是将权利要求 1、2 删除，仅保留权利要求 3。经审查，合议组认为其修改符合审查指南第四部分第三章的规定，故本案口头审理及审查决定均以此为审理基础。

2. 关于证据和现有技术

请求人提交并确认使用的证据是附件 1、附件 2 和附件 4，其中附件 1、2 是专利文献，附件 4 是公开出版物，口审当庭请求人提交盖有“国家图书馆科技查新中心”章的附件 4 的复印件，专利权人对其真实性没有异议，因此合议组对附件 1、2、4 的真实性予以确认。同时由于附件 1、2、4 的公开日期均在本专利的申请日前，因此可以作为本专利的现有技术使用。专利权人对附件 1 译文的准确性没有异议，因此，附件 1 公开的内容以其中文译文为准。由于双方无法对附件 2 的译文准确性达成一致意见并无法达成共同委托翻译的协议，所以按照审查指南第四部分第八章第 2. 2. 1 节的规定，本案合议组委托北京中专翻译公司对附件 2 进行了全文翻译，附件 2 公开的内容以北京中专翻译公司的译文为准。专利权人提交的证据 2、3 均是公开出版物，且专利权人当庭出示的证据 2、3 的原件，同时请求人对证据 2、3 的真实性没有异议，可以作为本案证据使用。

3. 关于创造性

专利法第 22 条第 3 款规定，创造性，是指同申请日以前已有的技术相比，该实用新型有实质性特点和进步。

如果实用新型专利某项权利要求所保护的技术方案与最接近的现有技术相比存在区别技术特征，请求人提供的其他证据均没有公开该区别技术特征或给出技术启示，且没有证据表明其是公知常识，并且该区别技术特征的引入使得该权利要求的技术方案产生了有益的技术效果，则该权利要求相对于请求人提供的现有技术具有实质性特点和进步，具有创造性。

（1）权利要求 1 相对于附件 1 和附件 2 结合的创造性。

附件 1（参见附件 1 的译文第 6 页倒数第 1 段）公开了一种填充床渗析器，其包括膜堆（12）、端部夹紧装置（13，50）、电极装置（9，11），其中，膜堆分成若干组膜对，每组膜对由离子渗透膜（30），隔板（28）、离子渗透膜（26）和隔板（22）各一张组成，构成一个淡水室和一个浓水室，淡水室内填充阴、阳离子交换树脂填充物（34），若干个膜对依次排列成若干对交替排列的浓、淡水室，膜堆两端为电极装置，用端部夹紧装置将上述组件压成一个整体。附件 2（参见附件 2 的译文的权利要求 1）公开了一种可以再生的混合床式过滤脱盐方法，其中粒径为对数正态分布的阴离子交换树脂的众数值（mode）为 420~600um 的范围，粒径为对数正态分布的阳离子交换树脂的众数值为 500~700um 的范围，粒径为对数正态分布的阴/阳离子交换树脂的几何标准偏差的任一者都不足 1. 30。由此可见，即便将附件 1 和附件 2 组合，与权利要求 1 相比，至少有一个区别技术特征没有在附件 1 和附件 2 中公开，该区别技术特征是“均粒（球）或单一粒径范围的阴阳离子交换树脂混合物的粒径分布很窄，均一系数 S<1. 3”，这也是口头审理中双方当事人争议的焦点，并且也没有证据表明该区别技术特征是公知常识，因此该区别技术特征对本领域技术人员来说是非显而易见的，同时由于该区别技术特征的存在使得本专利的填充床空隙一致，流阻小，流速快，使用寿命长，可见该区

别技术特征的存在给本专利权利要求 1 的技术方案带来有益的技术效果，因此本专利的权利要求 1 相对于附件 1 和附件 2 的结合具备创造性。

（2）权利要求 1 相对于附件 2 和 4 结合的创造性。

附件 4（参见附件 4 的第 30 页图 2）公开了一种填充床电渗析器，其包括阳极隔板 1，阴极隔板 4，浓室隔板 2，淡室隔板 3，上压紧板 6，下压紧板 11，阳极板 7，阴极板 9，橡皮垫 10，阳膜 13，阴膜 12。附件 2 公开了一种可再生的混床式过滤脱盐方法，具体内容如评述权利要求 1 所述。权利要求 1 与附件 4 和附件 2 结合相比，至少有一个区别技术特征没有在附件 4 和附件 2 中公开，该区别技术特征是“均粒（球）或单一粒径范围的阴阳离子交换树脂混合物的粒径分布很窄，均一系数 S<1.3”，并且也没有证据表明该区别技术特征是公知常识，因此该区别技术特征对本领域技术人员来说是非显而易见的，同时由于区别技术特征的存在使得填充床空隙一致，流阻小，流速快，使用寿命长，可见给本专利权利要求 1 的技术方案带来有益的技术效果，因此本专利的权利要求 1 相对于附件 4 和附件 2 的结合具备创造性。

请求人认为几何标准偏差就是均一系数，其技术含义是一致的。合议组认为，在本专利说明书第 2 页倒数第 1 段中描述均一系数 S 是指保留 40% 树脂样品的相应实验筛筛孔孔径与保留 90% 树脂样品的相应实验筛筛孔孔径的比值，也就是说 S = D40/D90。而几何标准偏差，按照附件 2 权利要求 1 的描述是指，阴/阳离子交换树脂颗粒的粒径对数正态分布，可以分别分布在 420~600um 和 500~700um 之间，也就是说有效粒径应当分布在该数值区域内，同时，还需要满足以有效粒径为中心正态分布的粒径的几何标准偏差小于 1.30，专利权人提交的证据 3（参见证据 3 第 61、62 页）表明标准偏差也称为均方根误差，它反映的是测量的精度，而几何标准偏差就是反映附件 2 中所选用的阴/阳离子交换数值颗粒偏离有效粒径的大小，几何标准偏差越小反映偏离有效粒径越小。从两者的定义不难发现，均一系数 S 和几何标准偏差并不相同，因此请求人的主张不成立。

根据上述事实和理由，本案合议组依法作出以下决定。

三、决定

在专利权人于 2007 年 11 月 6 日提交的权利要求书的修改文本的基础上维持 97221361.9 号实用新型专利权有效。

当事人对本决定不服的，可以根据专利法第 46 条第 2 款的规定，自收到本决定之日起三个月内向北京市第一中级人民法院起诉。根据该款的规定，一方当事人起诉后，另一方当事人应当作为第三人参加诉讼。

北京市第一中级人民法院
行政判决书

（2008）一中行初字第1669号

原告山东招金膜天有限责任公司，住所地山东省招远市温泉路132号。

法定代表人贾侗纬，董事长。

委托代理人张涛，山东招金膜天有限责任公司法律顾问。

委托代理人李晓明，山东招金膜天有限责任公司法律顾问。

被告国家知识产权局专利复审委员会，住所地北京市海淀区北四环西路9号银谷大厦。

法定代表人廖涛，副主任。

委托代理人徐伟锋，国家知识产权局专利复审委员会审查员。

委托代理人隋璐，国家知识产权局专利复审委员会审查员。

第三人王方，男，1938年2月7日出生，汉族，住址北京市海淀区清华大学东5楼1门202号。

原告山东招金膜天有限责任公司不服被告国家知识产权局专利复审委员会于2008年7月21日作出，于同年7月30日邮寄送达的第11976号无效宣告请求审查决定（以下简称第11976号决定），于2008年10月27日向本院提起行政诉讼。本院受理后，依法组成合议庭，向被告送达了起诉状副本和应诉通知书，并依法通知王方作为本案第三人参加诉讼，于2008年12月9日公开开庭审理了本案。原告的委托代理人张涛、李晓明，被告的委托代理人徐伟锋、隋璐，第三人王方到庭参加了诉讼。本案现已审理终结。

2008年7月21日，被告作出第11976号决定，根据《中华人民共和国专利法》（以下简称《专利法》）第二十二条第三款的规定，决定在专利权人于2007年11月6日提交的权利要求书的修改文本的基础上维持97221361.9号“等空隙填充床电渗析器”实用新型专利权（以下简称本专利）有效。

在法定的举证期限内，被告向本院提交了如下证据：1. 公开日为1990年6月5日的美国专利文献US4931160及其中文译文；2. 公开日为1984年8月24日的日本专利文献JP59-147690A；3. 国家知识产权局专利信息中心检索报告；4.《水处理技术》封面页、第29~34页；5. 北京中专翻译公司翻译的附件2的中文译文；6. 口头审理记录；7. 王方编著的《离子交换树脂标准手册》，中国标准出版社出版，2003年8月第1版第1次印刷，封面页、版权页、第44~49页；8. 吉林工业大学丁汉哲主编的《试验技术》，机械工业出版社出版，1982年7月第1版，1982年7月第一次印刷，封面页、版权页、第61~63页。上述证据用以证明被诉决定认定事实清楚，适用法律法规正确，审查程序合法。

原告诉称：被告对原告附件2所记载的日文“几何标准偏差”不作客观性、本质性的分析理解，咨询该领域的专家，仅凭主观臆断来作出判断，其错误如下：1. 把日文“几何标准偏差”当作中文来字面理解，根本无视其语种和语言的技术背景，错误地判断其技术含义。2. 无视原告附件3国家知识产权局专利信息中心检索报告的客观存在，在整个决定书中对此不置可否，而正是附件3反映出本领域普通技术人员对原告附件2所记载的日文“几何标准偏差”就是涉案专利中的“均一系数”的准确判定。3. 凭主观臆断竟然将第三人的证据3《实验技术》中的“标准偏差”的定义与原告附件2所记载的日文“几何标准偏差”来联系和比较，得出风马牛不相及的结论。甚至被告还由此推论出“而几何标准差就是反映附件2中所选用的阴/阳离子交换树脂颗粒偏离有效粒径的大小，几何标准偏差越小反映偏离有效粒径越小”这样荒唐的结论。4. 置“几何标准差”无计量单位这一事实于不顾，硬将其认定为“偏离有效粒径的大小”，然而有效粒径本身不是一个点，而是一个420~600um和500~700um的范围。5. 把不懂专业技术的北京中专翻译公司所作的与日文原样的翻译材料作为审查依据，而对国家知识产权局审查员所作的附件3检索报告置之不理，完全是本末倒置。正确的理解应当是，在论述粒径分布的日语中所出现的“几何标准偏差”就是相同于“均一系数”的定义，这是该技术领域国际公认的基本常识。综上，请求人民法院依法撤销第11976号决定。

原告在指定的举证期限内向本院提交了如下证据：1. 公开日为1990年6月5日的美国专利文献US4931160及其中文译文；2. 公开日为1984年8月24日的日本专利文献；3. 国家知识产权局专利信息中心检索报告（编号：07-265）；4.《水处理技术》封面页、第29~34页；5.“北京中专翻译公司”翻译的证据2的中文译文；7. 王方编著的《离子交换树脂标准手册》，中国标准出版社出版，2003年8月第1版第1次印刷，封面页，版权页，第44~49页；8. 吉林工业大学丁汉哲主编的《试验技术》，机械工业出版社出版，1982年7月第1版、1982年7月第一次印刷，封面页、版权页、第61~63页。

被告辩称：1. 本专利权利要求1的“均一系数”与日本专利文献JP59-147690A的几何标准偏差不同。2. 国家知识产权局专利信息中心检索报告（编号：07-265）不是具有法律效力的文件。第11976号决定认定事实清楚、适用法律法规正确、审理程序合法、审查结论正确，原告的诉讼理由不能成立，请求人民法院驳回原告的诉讼请求，维持第11976号决定。

第三人同意被告的第11976号决定，请求法院予以维持；其未向本院提交证据。

经庭审质证，当事人对本案证据的关联性、合法性和真实性无异议，本院经审查予以采纳。

根据上述有效证据及当事人陈述，本院确认本案事实如下：

本专利申请日为1997年7月22日，授权公告日为2000年9月20日，专利权人为本案第三人。本专利授权公告时的权利要求书如下：

“1. 一种填充床电渗析器，它主要包括膜堆（5）、电极装置（6）和端部夹紧装置（7）三部分，膜堆分成若干组膜对，每组膜对由阴膜（1）、空心淡水隔板（2）、阳膜（3）和空心淡水隔板（4）各一张组成，构成一个淡水室和一个浓水室，其特征是淡水室内填充有阴、阳离子交换混合树脂填充物（8），若干个膜对依次排列就构成若干对交替排列的浓、淡水室，膜堆两端为电极装置，用端部夹紧装置将这些组件压成一个整体。

2. 按照权利要求1所述的等空隙填充床电渗析器，其特征是空心淡水隔板（2）和淡水室的厚度均为4mm。

3. 按照权利要求1所述的等空隙填充床电渗析器，其特征是均粒（球）或单一粒径范围的阴、阳离子交换树脂混合物的粒径分布很窄，均一系数S<1.3。”

针对本专利权，原告于2007年8月10日向被告提出无效宣告请求，被告予以受理。原告在行政程序中向被告提交了如下证据：

附件1：公开日为1990年6月5日的美国专利文献US4931160；

附件2：公开日为1984年8月24日的日本专利文献JP59-147690；

附件3：国家知识产权局专利信息中心检索报告（编号：07-265）；

附件4：《水处理技术》封面页、第29~34页；

附件5：附件1的中文译文；

附件6：附件2的中文译文。

原告认为：本专利权利要求1的技术方案与附件1实质相同，不符合《专利法》第二十二条第二款的规定；权利要求2相对附件1不具备创造性，权利要求3相对于附件1和2的结合不具备创造性，不符合《专利法》第二十二条第三款的规定；权利要求1、2相对于附件4不具备新颖性，权利要求3相对于附件4和附件2不具备创造性。

第三人于2007年9月20日向被告提交了意见陈述书，对权利要求书进行了修改。第三人在行政程序中向被告提交了如下证据：

证据1：公告日为1984年8月24日的日本专利文献JP59-147690A及部分中文译文。

证据2：王方编著的《离子交换树脂标准手册》，中国标准出版社出版，2003年8月第1版第1次印刷，封面页，版权页，第44~49页复印件，共8页；

证据3：吉林工业大学丁汉哲主编的《试验技术》，机械工业出版社出版，1982年7月第1版、1982年7月第一次印刷，封面页、版权页、第61~63页复印件，共5页。

被告于2007年11月6日举行了口头审理。第三人在口头审理中对权利要求书作出修改，即删除权利要求1和2，只保留权利要求3，并当庭提交了权利要求书修改替换页，修改后的权利要求如下：

“1. 一种等空隙填充床电渗析器，它主要包括膜堆（5）、电极装置（6）和端部夹紧装置（7）三部分，膜堆分成若干组膜对，每组膜对由阴膜（1）、空心淡水隔板（2）、阳膜（3）和空心淡水隔板（4）各一张组成，构成一个淡水室和一个浓水室，其特征是淡水室内填充有阴、阳离子交换混合树脂填充物（8），均粒（球）或单一粒径范围的阴阳离子交换树脂混合物的粒径分布很窄，均一系数S<1. 3，若干个膜对依次排列就构成若干对交替排列的浓、淡水室，膜堆两端为电极装置，用端部夹紧装置将这些组件压成一个整体。”

被告在口头审理中告知原告和第三人：第三人对权利要求书的上述修改符合《审查指南》的规定，以上述修改后的权利要求书为审理基础。在此基础上，原告明确其无效宣告请求的理由、证据和范围为：本专利权利要求1相对于附件1和附件2的结合或附件2和附件4的结合不具备创造性。

由于原告和第三人对附件2说明书第1页左栏的译文准确性不能达成一致意见，被告要求双方将附件2委托他人进行翻译。口头审理后，原告和第三人对口头审理中达成的对附件2的委托翻译协议产生分歧，被告于2008年3月31日发出外文证据委托翻译通知书，决定委托北京中专翻译公司对附件2进行翻译，要求双方在收到通知书之日起7日内，持该通知书以及外文证据翻译委托书到北京中专翻译公司办理委托手续。收到上述通知书后，双方均到北京中专翻译公司办理了委托手续。第三人于2008年5月7日将北京中专翻译公司翻译的附件2的中文译文提交给被告。

2008年5月21日被告举行了第二次口头审理，原告和第三人均参加了口头审理。原告明确其无效宣告请求的理由、范围和证据为：本专利权利要求1相对于附件1和附件2结合或者附件4和附件2的结合不具备创造性。

被告经审查认为：

1. 关于审理基础。

第三人于2007年11月6日口审当庭提交了权利要求书的修改替换页。其修改方式是将权利要求1、2删除，仅保留权利要求3，其修改符合《审查指南》第四部分第三章的规定，故以此为审理基础。

2. 关于证据和现有技术。

原告提交并确认使用的证据是附件1、附件2和附件4，其中附件1、2是专利文献，附件4是公开出版物，口头审理中原告提交了盖有“国家图书馆科技查新中心”章的附件4的复印件，第三人对其真实性无异议，附件1、2、4的真实性可以确认。同时由于附件1、2、4的公开日期均在本专利的申请日前，因此可以作为本专利的现有技术使用。第三人对附件 1 译文的准确性没有异议，因此，附件 1 公开的内容以其中文译文为准。由于双方无法对附件 2 的译文准确性达成一致意见并无法达成共同委托翻译的协议，所以按照《审查指南》第四部分第八章第 2. 2. 1 节的规定，委托北京中专翻译公司对附件 2 进行了全文翻译，附件 2 公开的内容以北京中专翻译公司的译文为准。第三人提交的证据 2、3 均是公开出版物，且当庭出示的证据 2、3 的原件，原告对证据 2、3 的真实性没有异议，可以做为本案证据使用。

3. 关于创造性。

（1）权利要求 1 相对于附件 1 和附件 2 结合的创造性。

附件 1 公开了一种填充床电渗析器，其包括膜堆（12）、端部夹紧装置（13，50）、电极装置（9，11），其中，膜堆分成若干组膜对，每组膜对由离子渗透膜（30），隔板（28）、离子渗透膜（26）和隔板（22）各一张组成，构成一个淡水室和一个浓水室，淡水室内填充阴、阳离子交换树脂填充物（34），若干个膜对依次排列成若干对交替排列的浓、淡水室，膜堆两端为电极装置，用端部夹紧装置将上述组件压成一个整体。附件 2 公开了一种可以再生的混合床式过滤脱盐方法，其中粒径为对数正态分布的阴离子交换树脂的众数值（mode）为 420～600um 的范围，粒径为对数正态分布的阳离子交换树脂的众数值为 500～700um 的范围，粒径为对数正态分布的阴/阳离子交换树脂的几何标准偏差的任一者都不足 1. 30。由此可见，即便将附件 1 和附件 2 组合，与权利要求 1 相比，至少有一个区别技术特征没有在附件 1 和附件 2 中公开，该区别技术特征是“均粒（球）或单一粒径范围的阴阳离子交换树脂混合物的粒径分布很窄，均一系数 S<1. 3”，这也是口头审理中双方当事人争议的焦点，并且也没有证据表明该区别技术特征是公知常识，因此该区别技术特征对本领域技术人员来说是非显而易见的，同时由于该区别技术特征的存在使得本专利的填充床空隙一致，流阻小，流速快，使用寿命长，可见该区别技术特征的存在给本专利权利要求 1 的技术方案带来有益的技术效果，因此本专利的权利要求 1 相对于附件 1 和附件 2 的结合具备创造性。

（2）权利要求 1 相对于附件 2 和 4 结合的创造性。

附件 4 公开了一种填充床电渗析器，其包括阳极隔板 1，阴极隔板 4，浓室隔板 2，淡室隔板 3，上压紧板 6，下压紧板 11，阳极板 7，阴极板 9，橡皮垫 10，阳膜 13，阴膜 12。附件 2 公开了一种可再生的混床式过滤脱盐方法，具体内容如评述权利要求 1 所述。权利要求 1 与附件 4 和附件 2 结合相比，至少有一个区别技术特征没有在附件 4 和附件 2 中公开，该区别技术特征是“均粒（球）或单一粒径范围的阴阳离子交换树脂混合物的粒径分布很窄，均一系数 S<1. 3”，并且也没有证据表明该区别技术特征是公知常识，因此该区别技术特征对本领域技术人员来说是非显而易见的，同时由于区别技术特征的存在使得填充床空隙一致，流阻小，流速快，使用寿命长，可见给本专利权利要求 1 的技术方案带来有益的技术效果，因此本专利的权利要求 1 相对于附件 4 和附件 2 的结合具备创造性。

原告认为几何标准偏差就是均一系数，其技术含义是一致的。被告认为，在本专利说明书第 2 页倒数第 1 段中描述均一系数 S 是指保留 40% 树脂样品的相应实验筛筛孔孔径与保留 90% 树脂样品的相应实验筛筛孔孔径的比值，也就是说 $S=D_{40}/D_{90}$ 而几何标准偏差，按照附件 2 权利要求 1 的描述是指，阴/阳离子交换树脂颗粒的粒径对数正态分布，可以分别分布在 420～600um 和 500～700um 之间，也就是说有效粒径应当分布在该数值区域内，同时，还需要满足以有效粒径为中心正态分布的粒径的几何标准偏差小于 1. 30，第三人提交的证据 3 表明标准偏差也称为均方根误差，它反映的是测量的精度，而几何标准偏差就是反映附件 2 中所选用的阴/阳离子交换数值颗粒偏离有效粒径的大小，几何标准偏差越小反映偏离有效粒径越小。从两者的定义不难发现，均一系数 S 和几何标准偏差并不相同，因此原告的主张不成立。

据此，被告决定：在第三人于 2007 年 11 月 6 日提交的权利要求书的修改文本的基础上维持 97221361.9 号实用新型专利权有效。

本院认为，原告和第三人被告职权、行政程序、委托翻译程序及相关证据的认定无争议，本院经审查对其合法性予以确认。本案争议的焦点问题为本专利的创造性问题。

《专利法》第二十二条第三款规定，创造性，是指同申请日以前已有的技术相比，该发明有突出的实质性特点和显著的进步，该实用新型有实质性特点和进步。

被告认定本专利具有创造性的根据在于：本专利与对比文件相比存在“均粒（球）或单一粒径范围的阴阳离子交换树脂混合物的粒径分布很窄，均一系数 S<1.3”的区别技术特征，没有证据表明该区别技术特征是公知常识，该区别技术特征对本领域技术人员来说非显而易见，且具有填充床空隙一致、流阻小、流速快、使用寿命长的有益技术效果。经查，对比文件中提到了“几何标准偏差”的概念，根据上下文该概念界定的是阴/阳离子交换树脂粒径的偏差；而本专利中的“均一系数”是指“保留 40% 树脂样品的相应实验筛筛孔孔径与保留 90% 树脂样品的相应实验筛筛孔孔径的比值”。本案中没有证据表明两者是同一概念或技术含义一致。因此，被告的上述认定具有事实根据，本院应予支持。原告主张两者是同一概念，属于本领域的公知常识，但未能举证予以证明，本院不予支持。

综上，第 11976 号决定认定事实清楚，适用法律正确，程序合法，本院应予维持。原告的诉讼请求，缺乏事实和法律依据，本院不予支持。依照《中华人民共和国行政诉讼法》第五十四条第（一）项之规定，判决如下：

维持被告国家知识产权局专利复审委员会作出的第 11976 号无效宣告请求审查决定。

案件受理费 100 元，由原告山东招金膜天有限责任公司负担（已交纳）。

如不服本判决，可在本判决书送达之日起 15 日内，向本院提交上诉状，并按对方当事人的人数提交副本，预交上诉案件受理费 100 元，上诉于北京市高级人民法院。

审　判　长　吴　月
代理审判员　胡华峰
人民陪审员　陈　辉
二〇〇九年二月十三日
书　记　员　郎莉萍

北京市高级人民法院
行政判决书

（2009）高行终字第 474 号

上诉人（一审原告）山东招金膜天有限责任公司，住所地山东省招远市温泉路 132 号。

法定代表人贾侗纬，董事长。

委托代理人张涛，山东招金膜天有限责任公司法律顾问。

委托代理人李晓明，山东招金膜天有限责任公司法律顾问。

被上诉人（一审被告）国家知识产权局专利复审委员会，住所地北京市海淀区北四环西路 9 号银谷大厦。

法定代表人廖涛，副主任。

委托代理人隋璐，国家知识产权局专利复审委员会审查员。

被上诉人（一审第三人）王方，男，1938年2月7日出生，汉族，住北京市海淀区清华大学东5楼1门202号。

上诉人山东招金膜天有限责任公司（以下简称膜天公司）因专利无效宣告请求审查决定一案，不服北京市第一中级人民法院（以下简称一审法院）（2008）一中行初字第1669号行政判决，向本院提起上诉。本院受理后，依法组成合议庭，于2009年4月24日公开开庭审理了本案。上诉人膜天公司的委托代理人张涛、李晓明，被上诉人国家知识产权局专利复审委员会（以下简称专利复审委）的委托代理人隋璐，被上诉人王方到庭参加了诉讼。本案现已审理终结。

2008年7月21日，专利复审委依据《中华人民共和国专利法》（以下简称《专利法》）第二十二条第三款的规定，作出第11976号无效宣告请求审查决定（以下简称第11976号决定），决定在王方于2007年11月6日提交的权利要求书修改文本的基础上维持97221361.9号实用新型专利权有效。膜天公司不服该决定，在法定期限内向一审法院提起行政诉讼。

一审法院经审理认为，第11976号决定认定事实清楚，适用法律正确，程序合法。膜天公司的诉讼请求，缺乏事实和法律依据。依照《中华人民共和国行政诉讼法》第五十四条第（一）项之规定，判决维持第11976号决定。

膜天公司不服一审判决，向本院提起上诉称，专利复审委根据上下文将“几何标准偏差”的概念界定为阴阳离子交换树脂粒径的偏差，是该委非专业人员的主观臆断，根本没有证据支持，凭空就将二者划了等号。“几何标准偏差”与“均一系数”两者是同一概念，膜天公司有《国家知识产权局专利信息中心编号07-265的检索报告》可以作为证据，证明上述两个概念的同一性。请求二审法院撤销一审判决和第11976号决定。

专利复审委辩称，本专利权利要求1的“均一系数”与日本专利文献JP59-147690A的几何标准偏差不同。国家知识产权局专利信息中心检索报告（编号07-265）不是具有法律效力的文件。第11976号决定认定事实清楚、适用法律法规正确、审理程序合法、审查结论正确。请求二审法院驳回膜天公司的诉讼请求，维持一审判决和第11976号决定。

王方同意专利复审委的第11976号决定，请求二审法院维持一审判决和第11976号决定。

在法定的举证期限内，专利复审委向一审法院提交了如下证据：1. 公开日为1990年6月5日的美国专利文献US4931160及其中文译文（即附件1）；2. 公开日为1984年8月24日的日本专利文献JP59-147690A（即附件2）；3. 国家知识产权局专利信息中心检索报告（附件3）；4.《水处理技术》封面页、第29~34页（即附件4）；5. 北京中专翻译公司翻译的附件2的中文译文；6. 口头审理记录；7. 王方编著的《离子交换树脂标准手册》，中国标准出版社出版，2003年8月第1版第1次印刷，封面页、版权页、第44~49页（即证据2）；8. 吉林工业大学丁汉哲主编的《试验技术》，机械工业出版社出版，1982年7月第1版，1982年7月第一次印刷，封面页、版权页、第61~63页（即证据3）。

膜天公司向一审法院提交了如下证据：1. 附件1；2. 附件2；3. 附件3；4. 附件4；5.“北京中专翻译公司”翻译的证据2的中文译文；6. 证据2；7. 证据3。

王方未向一审法院提交证据。

上述证据均已随案移送本院，经本院审查认为，上述证据均与本案有关，且合法真实，一审法院予以认定正确，本院予以确认。

根据对上述证据的审查认定及各方当事人的陈述，本院确认如下事实：本专利是王方于1997年7月22日申请，国家知识产权局于2000年9月20日授权公告，名称为“等空隙填充床电渗析器”

的实用新型专利。本专利授权公告时的权利要求书如下：

1. 一种填充床电渗析器，它主要包括膜堆（5）、电极装置（6）和端部夹紧装置（7）三部分，膜堆分成若干组膜对，每组膜对由阴膜（1）、空心淡水隔板（2）、阳膜（3）和空心淡水隔板（4）各一张组成，构成一个淡水室和一个浓水室，其特征是淡水室内填充有阴、阳离子交换混合树脂填充物（8），若干个膜对依次排列就构成若干对交替排列的浓、淡水室，膜堆两端为电极装置，用端部夹紧装置将这些组件压成一个整体。

2. 按照权利要求 1 所述的等空隙填充床电渗析器，其特征是空心淡水隔板（2）和淡水室的厚度均为 4mm。

3. 按照权利要求 1 所述的等空隙填充床电渗析器，其特征是均粒（球）或单一粒径范围的阴、阳离子交换树脂混合物的粒径分布很窄，均一系数 S<1. 3。

针对本专利，膜天公司于 2007 年 8 月 10 日向专利复审委提出无效宣告请求，专利复审委予以受理。膜天公司向专利复审委提交了附件 1~4 作为证据。

膜天公司认为：本专利权利要求 1 的技术方案与附件 1 实质相同，不符合《专利法》第二十二条第二款的规定；权利要求 2 相对于附件 1 不具备创造性，权利要求 3 相对于附件 1 和 2 的结合不具备创造性，不符合《专利法》第二十二条第三款的规定；权利要求 1、2 相对于附件 4 不具备新颖性，权利要求 3 相对于附件 4 和附件 2 不具备创造性。

王方于 2007 年 9 月 20 日向专利复审委提交了意见陈述书，对权利要求书进行了修改。王方向专利复审委提交了证据 2-3。

专利复审委于 2007 年 11 月 6 日进行了口头审理。王方在口头审理中对权利要求书作出修改，即删除权利要求 1 和 2，只保留权利要求 3，并当庭提交了权利要求书修改替换页，修改后的权利要求如下：

1. 一种等空隙填充床电渗析器，它主要包括膜堆（5）、电极装置（6）和端部夹紧装置（7）三部分，膜堆分成若干组膜对，每组膜对由阴膜（1）、空心淡水隔板（2）、阳膜（3）和空心淡水隔板（4）各一张组成，构成一个淡水室和一个浓水室，其特征是淡水室内填充有阴、阳离子交换混合树脂填充物（8），均粒（球）或单一粒径范围的阴阳离子交换树脂混合物的粒径分布很窄，均一系数 S <1. 3，若干个膜对依次排列就构成若干对交替排列的浓、淡水室，膜堆两端为电极装置，用端部夹紧装置将这些组件压成一个整体。

专利复审委在口头审理中告知双方，王方对权利要求书的上述修改符合《审查指南》的规定，以上述修改后的权利要求书为审理基础。在此基础上，膜天公司明确其无效宣告请求的理由、证据和范围为：本专利权利要求 1 相对于附件 1 和附件 2 的结合或附件 2 和附件 4 的结合不具备创造性。

由于膜天公司和王方对附件 2 说明书第 1 页左栏的译文准确性不能达成一致意见，专利复审委要求膜天公司和王方将附件 2 委托他人进行翻译。口头审理后，膜天公司和王方对口头审理中达成的对附件 2 的委托翻译协议产生分歧，专利复审委于 2008 年 3 月 31 日发出外文证据委托翻译通知书，决定委托北京中专翻译公司对附件 2 进行翻译，要求膜天公司和王方在收到通知书之日起 7 日内，持该通知书以及外文证据翻译委托书到北京中专翻译公司办理委托手续。收到上述通知书后，膜天公司和王方均到北京中专翻译公司办理了委托手续。王方于 2008 年 5 月 7 日将北京中专翻译公司翻译的附件 2 的中文译文提交给专利复审委。

2008 年 5 月 21 日，专利复审委进行了第二次口头审理，膜天公司和王方均参加了口头审理。膜天公司明确其无效宣告请求的理由、范围和证据为：本专利权利要求 1 相对于附件 1 和附件 2 的结合或者附件 4 和附件 2 的结合不具备创造性。

专利复审委经审查认为：

1. 关于审理基础。王方于2007年11月6日口审当庭提交了权利要求书的修改替换页。其修改方式是将权利要求1、2删除，仅保留权利要求3，其修改符合《审查指南》第四部分第三章的规定，故以此为审理基础。

2. 关于证据和现有技术。膜天公司提交并确认使用的证据是附件1、附件2和附件4，其中附件1、2是专利文献，附件4是公开出版物，口头审理中膜天公司提交了盖有“国家图书馆科技查新中心”章的附件4的复印件，王方对其真实性无异议，附件1、2、4的真实性可以确认。同时由于附件1、2、4的公开日期均在本专利的申请日前，因此可以作为本专利的现有技术使用。王方对附件1译文的准确性没有异议，因此，附件1公开的内容以其中文译文为准。由于双方无法对附件2的译文准确性达成一致意见并无法达成共同委托翻译的协议，所以按照《审查指南》第四部分第八章第2.2.1节的规定，专利复审委指定委托北京中专翻译公司对附件2进行了全文翻译，附件2公开的内容以北京中专翻译公司的译文为准。王方提交的证据2、3均是公开出版物，且当庭出示的证据2、3的原件，膜天公司对证据2.3的真实性没有异议，可以作为本案证据使用。

3. 关于创造性。(1) 权利要求1相对于附件1和附件2结合的创造性。附件1公开了一种填充床电渗析器，其包括膜堆（12)、端部夹紧装置（13，50)、电极装置（9，11)，其中，膜堆分成若干组膜对，每组膜对由离子渗透膜（30)，隔板（28)、离子渗透膜（26）和隔板（22）各一张组成，构成一个淡水室和一个浓水室，淡水室内填充阴、阳离子交换树脂填充物（34)，若干个膜对依次排列成若干对交替排列的浓、淡水室，膜堆两端为电极装置，用端部夹紧装置将上述组件压成一个整体。附件2公开了一种可以再生的混合床式过滤脱盐方法，其中粒径为对数正态分布的阴离子交换树脂的众数值（mode）为420~600um的范围，粒径为对数正态分布的阳离子交换树脂的众数值为500~700um的范围，粒径为对数正态分布的阴/阳离子交换树脂的几何标准偏差的任一者都不足1.30。由此可见，即便将附件1和附件2组合，与权利要求1相比，至少有一个区别技术特征没有在附件1和附件2中公开，该区别技术特征是“均粒（球）或单一粒径范围的阴阳离子交换树脂混合物的粒径分布很窄，均一系数S<1.3”，这也是口头审理中双方当事人争议的焦点，并且也没有证据表明该区别技术特征是公知常识，因此该区别技术特征对本领域技术人员来说是非显而易见的，同时由于该区别技术特征的存在使得本专利的填充床空隙一致，流阻小，流速快，使用寿命长，可见该区别技术特征的存在给本专利权利要求1的技术方案带来有益的技术效果，因此本专利的权利要求1相对于附件1和附件2的结合具备创造性。

(2) 权利要求1相对于附件2和4结合的创造性。附件4公开了一种填充床电渗析器，其包括阳极隔板1，阴极隔板4，浓室隔板2，淡室隔板3，上压紧板6，下压紧板11，阳极板7，阴极板9，橡皮垫10，阳膜13，阴膜12。附件2公开了一种可再生的混床式过滤脱盐方法，具体内容如评述权利要求1所述。权利要求1与附件4和附件2结合相比，至少有一个区别技术特征没有在附件4和附件2中公开，该区别技术特征是“均粒（球）或单一粒径范围的阴阳离子交换树脂混合物的粒径分布很窄，均一系数S<1.3”，并且也没有证据表明该区别技术特征是公知常识，因此该区别技术特征对本领域技术人员来说是非显而易见的，同时由于区别技术特征的存在使得填充床空隙一致，流阻小，流速快，使用寿命长，可见给本专利权利要求1的技术方案带来有益的技术效果，因此本专利的权利要求1相对于附件4和附件2的结合具备创造性。

膜天公司认为几何标准偏差就是均一系数，其技术含义是一致的。对此专利复审委认为，在本专利说明书第2页倒数第1段中描述均一系数S是指保留40%树脂样品的相应实验筛筛孔孔径与保留90%树脂样品的相应实验筛筛孔孔径的比值，也就是说S=D40/D90。而几何标准偏差，按照附件2

权利要求 1 的描述是指，阴/阳离子交换树脂颗粒的粒径对数正态分布，可以分别分布在 420~600um 和 500~700um 之间，也就是说有效粒径应当分布在该数值区域内，同时，还需要满足以有效粒径为中心正态分布的粒径的几何标准偏差小于 1.30，王方提交的证据 3 表明标准偏差也称为均方根误差，它反映的是测量的精度，而几何标准偏差就是反映附件 2 中所选用的阴/阳离子交换数值颗粒偏离有效粒径的大小，几何标准偏差越小反映偏离有效粒径越小。从两者的定义不难发现，均一系数 S 和几何标准偏差并不相同，因此膜天公司的主张不成立。

据此，专利复审委决定，在王方于 2007 年 11 月 6 日提交的权利要求书修改文本的基础上维持本专利有效。

本院认为，《专利法》第二十二条第三款规定，创造性，是指同申请日以前已有的技术相比，该发明有突出的实质性特点和显著的进步，该实用新型有实质性特点和进步。

通过本专利说明书可知，本专利中的“均一系数”是指“保留 40% 树脂样品的相应实验筛筛孔孔径与保留 90% 树脂样品的相应实验筛筛孔孔径的比值”。按照附件 2 权利要求 1 的描述，几何标准偏差是反映附件 2 中所选用的阴/阳离子交换数值颗粒偏离有效粒径的大小，几何标准偏差越小反映偏离有效粒径越小。虽然膜天公司主张国家知识产权局专利信息中心检索报告（编号 07-265）能够证明均一系数与几何标准偏差为同一概念，但在本案中，对附件 2 的有效翻译件是膜天公司与王方均委托的北京中专翻译公司翻译的附件 2 的中文译文，该译文未表明几何标准偏差与均一系数为同一概念。且该检索报告并不具有法定效力。因此，膜天公司关于几何标准偏差与均一系数为同一概念的上诉理由没有事实依据，本院不予支持。

本专利与对比文件相比具有“均粒（球）或单一粒径范围的阴阳离子交换树脂混合物的粒径分布很窄，均一系数 S<1.3”的区别技术特征。本案没有证据表明该区别技术特征是公知常识，该区别技术特征对本领域技术人员来说非显而易见。且该区别技术特征为本专利带来了填充床空隙一致、流阻小、流速快、使用寿命长的有益技术效果。因此，专利复审委认定本专利具有创造性正确。

综上所述，第 11976 号决定认定事实清楚，适用法律正确，程序合法，一审法院予以维持正确。膜天公司的上诉请求，缺乏事实和法律依据。依照《中华人民共和国行政诉讼法》第六十一条第（一）项之规定，判决如下：

驳回上诉，维持一审判决。

二审案件受理费人民币 100 元，由上诉人山东招金膜天有限责任公司负担（已交纳）。

本判决为终审判决。

审 判 长 郭 宜
代理审判员 刘 行
代理审判员 朱海宏
二〇〇九年六月十九日
书 记 员 程钰玮

155

牛仔裤表面工艺处理用橡胶裤套

无效宣告请求审查决定（第12010号）

决　　定　　号　第12010号
决　　定　　日　2008年7月2日
发明创造名称　牛仔裤表面工艺处理用橡胶裤套
国 际 分 类 号　A41H43/00
无效宣告请求人　广州市增城宇成服装工艺制品厂
专　利　权　人　朱炽坡
专　　利　　号　200620063788.1
申　　请　　日　2006年9月4日
授 权 公 告 日　2007年9月12日
合 议 组 组 长　高　栋
主　　审　　员　龚锦玲
参　　审　　员　刘路尧

法　律　依　据　专利法第22条第2款、第3款
决　定　要　点

如果请求人所提供的多份证据不能构成完整的证据链来证明本专利产品已在申请日之前被公开，那么其主张得不到相应证据的支持，请求人提出的关于新颖性的无效宣告理由不成立。

如果没有相应的证据证明本专利背景技术所记载的内容属于现有技术，本专利所记载的背景技术是不能被作为现有技术来使用的。

一、案由

本无效宣告请求涉及国家知识产权局于2007年9月12日授权公告的第200620063788.1号实用新型专利（下称本专利），其名称为“牛仔裤表面工艺处理用橡胶裤套”，申请日为2006年9月4日，专利权人为朱炽坡。本专利授权公告的权利要求书的内容如下：

“1. 一种牛仔裤表面工艺处理用橡胶裤套，包括管状橡胶主体（1），其特征是所述的橡胶主体（1）为一端较小的锥形管。

2. 根据权利要求1所述的牛仔裤表面工艺处理用橡胶裤套，其特征是橡胶主体（1）的小端周长为8cm~70cm，大端周长为20cm~100cm，橡胶主体（1）的长度为130cm~150cm。”

针对上述专利，广州市增城宇成服装工艺制品厂（下称请求人）于2008年1月8日向专利复审委员会提出无效宣告请求，认为本专利权利要求1不符合专利法第22条第2款的规定和专利法第22

条第3款的规定，权利要求2不符合专利法第22条第3款的规定，并同时提交了下列证据：

证据1：请求人声称为广州市力翔机电设备有限公司的产品对外宣传画册的原件，共4页，第4页右下角印有“于2004年10月第一次印刷”字样；

请求人认为，证据1公开了权利要求1的全部技术特征，所以权利要求1没有新颖性。权利要求1相对于本专利背景技术结合公知常识不具备创造性。在权利要求1不具备创造性的前提下，权利要求2也不具备创造性。

请求人于2008年2月5日再次提交意见陈述书，并提交了下列证据：

证据2：广州市公证处出具的公证书（2008）穗证内经字第13905号原件，共20页。

请求人认为，证据2公开了权利要求1的全部技术特征，所以权利要求1没有新颖性。权利要求2相对于证据2和公知常识的结合不具备创造性。

经形式审查合格后，专利复审委员会受理了上述无效宣告请求，于2008年2月13日向双方当事人发出无效宣告请求受理通知书，并将请求人于2008年1月8日提交的专利权无效宣告请求书及其附件清单所列附件副本转送给专利权人，要求其在指定的期限内答复。

专利权人于2008年3月21日针对请求人提交的专利权无效宣告请求书提交了意见陈述书，并提交下列附件作为反证：

附件1B：宣传画册复印件，共4页。

专利权人认为：（1）证据1第4页虽然印有“于2004年10月第一次印刷”但无法证明证据1是何时向公众公开的。（2）证据1没有印刷的单位，专利权人无法核实证据1的真实性。（3）通常情况下，经营单位印制宣传画册都不会印制印刷时间，因此单凭宣传画册上的印刷时间，没有其他佐证的情况下是无法证明该宣称画册的公开时间的，因此，请求人提供的证据1不属于专利法规定的公开出版物，是无效的证据。（4）对于证据2，专利权人认为只能证明在2008年2月4日在网上公开了上述内容，但不能够证实上述网上所公开的内容的公开日以及其所公开的内容的真实性，因此证据2也是无效的证据。所以证据1和证据2无法影响本专利的新颖性和创造性。本专利符合专利法第22条第2、3款有关新颖性、创造性的规定。

合议组于2008年4月10日向双方当事人发出口头审理通知书，定于2008年5月27日进行口头审理，同时将请求人2008年2月5日提交的意见陈述书及其附件清单所列附件副本转给专利权人，将专利权人于2008年3月21日提交的意见陈述书及其附件清单中所列的附件的副本转送给请求人。

口头审理如期举行，双方当事人均到庭参加口头审理。双方当事人对合议组成员无回避请求，双方当事人对对方出庭人员身份无异议。请求人当庭提交补充证据1~5：

补充证据1：盖有公司红章的广州市力翔机电设备有限公司证明原件共1页；

补充证据2：盖有公司红章的广州市力翔机电设备有限公司企业法人营业执照（副本）复印件，共1页；

补充证据3：盖有公司红章的增城市新塘创益彩印有限公司的证明原件，共1页；

补充证据4：盖有公司红章的增城市新塘创益彩印有限公司企业法人营业执照（副本）复印件，共1页；

补充证据5：今日新塘网站备案公共信息查询结果打印页，共1页。

合议组当庭将上述证据转交给专利权人。

专利权人当庭提交了附件1B的原件作为反证，证明宣传画册的印刷日期可以任意修改。

合议组当庭告知补充证据1~5属于补强证据，予以接受。

专利权人对证据1的真实性有异议，对证据2的真实性没有异议，对证据2证明的事实有异议。

专利权人认为补充证据1-5的复印件与原件一致。专利权人认为补充证据1、3只有单位公章没有自然人签章，不符合法人单位出具证明的形式要件。对补充证据2、4、5的真实性没有异议。

请求人明确无效理由为：本专利权利要求1不符合专利法第22条第2款的规定；权利要求1、2不符合专利法第22条第3款的规定。证据使用方式为：请求人明确证据1与补充证据1~4组成的证据链用于证明权利要求1不具有新颖性，证据2与补充证据5组成的证据链用于证明权利要求1不具有新颖性。请求人明确在权利要求1不具备新颖性的情况下，权利要求1不具有创造性。请求人明确证据1与补充证据1~4组成的证据链和公知常识结合用于证明权利要求2不具有创造性。证据2与补充证据5组成的证据链用于证明权利要求2不具有创造性。请求人明确以本专利说明书背景技术内容结合公知常识证明权利要求1、2不具有创造性。专利权人表示没有证据表明上述背景技术内容在本专利申请日之前作为现有技术被公开，因此不能用来结合公知常识来评价本专利的创造性。

在此基础上，合议组认为当事人已经充分发表了意见，本案事实已经调查清楚，现依法作出审查决定。

二、决定的理由

1. 关于证据

证据1是广州市力翔机电设备有限公司的产品对外宣传画册原件，第4页右下角印有"于2004年10月第一次印刷"字样。专利权人对证据1的真实性有异议，并提交了附件1B作为反证，证明宣传画册的印刷日期可以任意修改。

请求人在口审当庭提交了补充证据1至补充证据4用来证明证据1的真实性，由于上述证据是请求人用来证明证据1的真实性的补强证据，因此合议组予以接受。其中补充证据1是广州力翔机电有限公司出具的一份证明，证明证据1是该公司委托增城市新塘创益彩印有限公司于2004年10月印刷的，上面盖有该公司公章，但没有公司法定代表人的签字；补充证据3是增城市新塘创益彩印有限公司证明主题为"卧式马骝专用机"的宣传画册为力翔机电设备有限公司委托其印刷，并且印刷日期为2004年10月，上面盖有该公司公章，但没有公司法定代表人的签字。专利权人认为补充证据1、3只有单位公章没有自然人签章，不符合法人单位出具证据的形式要件。合议组认为请求人所提交的补充证据1和补充证据3，是企业法人代表所出具的书面证言，但上述法人代表未在口头审理时出庭作证和经当事人质证，并且没有其他证据佐证，根据审查指南第四部分第八章4.2节的规定，未能出席口头审理作证的证人出具的书面证言不能单独作为认定案件事实的依据，所以其不能作为定案的依据。补充证据1和补充证据3所证明的事实，请求人没有提交证明上述事实的印刷合同、印刷发票或印刷收据等证据来证明补充证据1和补充证据3所证明的事实确实存在，故合议组对补充证据1和补充证据3的真实性不予认可。补充证据2是广州力翔机电设备有限公司的企业法人营业执照的副本，上面盖有该公司公章；补充证据4是增城市新塘创益彩印有限公司企业法人营业执照副本，上面盖有该公司公章。专利权人对补充证据2、4的真实性没有异议，所以合议组认可补充证据2、4的真实性。请求人提交补充证据1至补充证据4是为了证明证据1是在本专利申请日之前的2004年10月第一次印刷的，由于对补充证据1和补充证据3的真实性不予认可，故补充证据2和补充证据4只能证明上述两个执照上的企业是具有企业法人资格（依《公司登记管理条例第3条规定》），无法证明补充证据1和补充证据3的真实性，因此补充证据1至补充证据4无法构成完整的证据链来证明牛仔裤表面工艺处理用橡胶裤套已被现有技术证据公开。

合议组认为，由于宣传画册不是正规出版物，无法确认该宣传画册的公开日期是否是画册上印刷的2004年10月。

证据2是公证书（2008）穗证内经字第13905号的原件共20页，公证日是2008年2月4日。请求人在口审当庭提交了补充证据5来证明公证书上所载明的网站的合法性，由于上述证据是请求人用来证明证据1的真实性的补强证据，因此合议组予以接受。其中补充证据5是今日新塘网站备案公共信息查询结果，共1页。专利权人对上述证据真实性没有异议，所以合议组认可证据2和补充证据5的真实性。但是，合议组认为，由于在实际生活中对网络数据实施变动的可操作性很强，网络信息资源处于极不稳定的状态，且公证书的公证日期在本专利申请日后，公证的内容是通过网络追溯以前的事实，因此仅凭公证书不足以确定本专利申请日以前的真实的网络信息资源状态，补充证据5只能证明公证书中所涉及的“今日新塘”网站已依法备案，是合法经营的网站，所以证据2和补充证据5在没有其他证据佐证的情况下，不足以证明在本专利申请日之前已于2006年8月31日在网站“今日新塘”的网页上已经公开发表与本专利权利要求1相同的牛仔裤表面工艺处理用橡胶裤套。

2. 新颖性

专利法第22条第2款规定：新颖性，是指在申请日以前没有同样的发明或者实用新型在国内外出版物上公开发表过、在国内公开使用过或者以其他方式为公众所知，也没有同样的发明或者实用新型由他人向专利局提出过申请并且记载在申请日以后公布的专利申请文件中。

因请求人提供的证据不能证明权利要求1的全部技术特征已被公开，因此权利要求1具有新颖性，符合专利法第22条第2款的规定。

3. 创造性

专利法第22条第3款规定：创造性，是指同申请日以前已有的技术相比，该发明有突出的实质性特点和显著的进步，该实用新型有实质性特点和进步。

请求人认为相对于本专利说明书所记载的背景技术和公知常识的结合不具有创造性。但请求人没有提交相关的证据证明本专利说明书所记载的背景技术内容属于现有技术，所以本专利的背景技术不能作为现有技术的证据使用，不能用来评价本专利的创造性。

因请求人所提交的证据无法作为现有技术证据使用，所以权利要求1、2具有创造性。

三、决定

维持200620063788.1号实用新型专利专利权有效。

当事人对本决定不服的，可以根据专利法第46条第2款的规定，自收到本决定之日起三个月内向北京市第一中级人民法院起诉。根据该款规定，一方当事人起诉后，另一方当事人应当作为第三人参加诉讼。

北京市第一中级人民法院
行政判决书

（2008）一中行初字第 1584 号

原告陈镜钊，男，1966 年 11 月 13 日出生，汉族，广州市增城宇成服装工艺制品厂业主，住广东省增城市新塘镇西洲村东平坊隔基新村七巷 6 号。

委托代理人王广华，广东三环汇华律师事务所律师。

被告国家知识产权局专利复审委员会，住所地北京市海淀区北四环西路 9 号银谷大厦 10~12 层。

法定代表人廖涛，副主任。

委托代理人刘路尧，国家知识产权局专利复审委员会审查员。

委托代理人朱明雅，国家知识产权局专利复审委员会审查员。

第三人朱炽坡，男，1974 年 7 月 20 日，汉族，住广州市萝岗区笔岗浦下街 8 号。

委托代理人王亚轩，北京金言诚信知识产权代理有限公司专利代理人。

委托代理人李文颖，女，1982 年 9 月 16 日出生，北京金言诚信知识产权代理有限公司专利代理人助理，住北京市海淀区中关村南一条 3 号中科院研究生院力学所。

原告陈镜钊不服被告国家知识产权局专利复审委员会（以下简称专利复审委员会）于 2008 年 7 月 2 日作出的第 12010 号无效宣告请求审查决定（以下简称第 12010 号决定），在法定期限内向本院提起行政诉讼。本院于 2008 年 10 月 21 日受理本案后，依法组成合议庭，并通知朱炽坡作为本案第三人参加诉讼，于 2008 年 12 月 10 日公开开庭进行了审理。原告陈镜钊的委托代理人王广华，被告专利复审委员会的委托代理人刘路尧、朱明雅，第三人朱炽坡的委托代理人王亚轩、李文颖到庭参加了诉讼。本案现已审理终结。

第 12010 号决定系专利复审委员会就陈镜钊针对朱炽坡拥有的名称为“牛仔裤表面工艺处理用橡胶裤套”的实用新型专利（以下简称本专利）所提出的无效宣告请求作出的。专利复审委员会在该决定中认定：（1）关于证据。证据 1 是广州市力翔机电设备有限公司（以下简称力翔公司）的产品对外宣传画册原件，第 4 页右下角印有“于 2004 年 10 月份第一次印刷”字样。朱炽坡对证据 1 的真实性有异议，并提交了附件 1B 作为反证，证明宣传册的印刷日期可以任意修改。陈镜钊所提交的补充证据 1 和补充证据 3 是企业法人代表所出具的书面证言，但上述法人代表未在口头审理时出庭作证和经当事人质证，并且没有其他证据佐证，根据《审查指南》第四部分第八章第 4.2 节的规定，未能出席口头审理作证的证人出具的书面证言不能单独作为认定案件事实的依据，所以其不能作为定案的依据。补充证据 1 和补充证据 3 所证明的事实，陈镜钊没有提交证明上述事实的印刷合同、印刷发票或印刷收据等证据来证明补充证据 1 和补充证据 3 所证明的事实确实存在，故专利复审委员会对补充证据 1 和补充证据 3 的真实性不予认可。补充证据 2 是力翔公司的企业法人营业执照的副本，上面盖有该公司公章。补充证据 4 是增城市新塘创益彩印有限公司（以下简称创益公司）企业法人营业执照副本，上面盖有该公司公章。朱炽坡对补充证据 2 和补充证据 4 的真实性没有异议，所以认可补充证据 2 和补充证据 4 的真实性。陈镜钊提交补充证据 1 至补充证据 4 是为了证明证据 1 是在本专利申请日之前的 2004 年 10 月份第一次印刷的，由于对补充证据 1 和补充证据 3 的真实性不予认可，故补充证据 2 和补充证据 4 只能证明上述两个执照上的企业是具有企业法人资格（依《公司登记管理条例》第 3 条规定），无法证明补充证据 1 和补充证据 3 的真实性，因此补充证据 1 和补充证据 4 无法构成完整的证据链来证明牛仔裤表面工艺处理用橡胶裤套已被现有技术证据公开。由于宣传画册不是正规出版物，无法确认该宣传画册的公开日期是否是画册上印刷的 2004 年 10 月。证据 2 是（2008）穗证内经字第 13905 号公证书原件共 20 页，公证日是 2008 年 2 月 4 日。陈镜钊在口头审理中当庭提交了补充证据 5 来证明公证书上所载明的网站的合法性，由于上述证据是陈镜钊用来证明证据 1 的真实性的补强证据，因此予以接受。其中补充证据 5 是今日新塘网站备案公共信息查询结果共 1 页。朱炽坡对该证据的真实性没有异议。所以专利复审委员会认可证据 2 和补充证据 5 的真实性。但是，专利复审委员会认为，由于在实际生活中对网络数据实施变动的可操作性很强，网络信息资源处于不稳定的状态，且公证书的公证日期在本专利申请日后，公证的内容是通过网络追溯以前的事实，因此仅凭公证书不足以确定本专利申请日以前的真实的网络信息资源状态，补充证据 5 只能证明公证书中所涉及的“今日新塘”网站已依法备案，是合法经营的网站，所以证据 2 和补充证据 5 在没有其他证据佐证的情况下，不足以证明在本专利申请日之前已于 2006 年 8 月 31 日在网站“今日新塘”的网页上已经公开发表与本专利权利要求 1 相同的牛仔裤表面工艺处理用橡胶裤套。（2）新颖性。因陈镜钊提供的证据不能证明权利要求 1 的全部技术特征已被公开，因此权利要求 1 具有新颖性。（3）创造性。陈镜钊认为相对于本专利说明书所记载的背景技术和公知常识的结合不具有创造性。但其没有提交相关的证据证明本专利说明书所记载的背景技术内容属于现有技术，所以本专利的背景技术不能作为现有技术的证据使用，不能用来评价本专利的创造性。因陈镜钊所提交的证据无法作为现有技术证据使用，所以权利要求 1、2 具有创造性。综上，专利复审委员会作出第 12010 号决定，维持本专利权有效。

原告陈镜钊不服第 12010 号决定，其向本院提起行政诉讼称：（1）证据 1 和补充证据 1 至补充证据 4 组成一个完整的证据链证明牛仔裤表面工艺处理用橡胶裤套已被公开，被告对此不予认定是错误的。证据 1 是力翔公司的产品宣传画册原件，该宣传画册上完全公开“牛仔裤表面工艺处理用橡胶裤套”，在该宣传画册的第 4 页右下角印有“于 2004 年 10 月份第一次印刷”。同时，为了证实该证据的真实性，原告提交了补充证据 1 至 4，其中补充证据 1 是力翔公司出具的证明，证明证据 1 是该公司委托创益公司于 2004 年 10 月印刷的，上面有该公司公章。补充证据 3 是创益公司证明该宣传画册为力翔公司委托其印制，且印制时间为 2004 年 10 月，上面盖有该公司的公章。补充证据 2 和 3 为力翔公司和创益公司的主体资格证明，以上证据足可以证实证据 1 印制时间为 2004 年 10 月。同时，被告认定“由于宣传画册不是正规出版物”显然是错误的。（2）网站 www. jrxt. com（今日新塘）于 2006 年 8 月 31 日发布公开了产品“供应立式移动马骝机（胶裤/胶衣/胶裙三款）”及图，其公开日在本专利申请日之前，本专利不具有新颖性和创造性。证据 2 中部分链接页面非常清楚地示出产品“供应立式移动马骝机（胶裤/胶衣/胶裙三款）”及图，发布时间为 2006 年 8 月 31 日。首先，该马骝机可适用于牛仔服装、休闲服装的手擦、手抹及喷马骝适用，其用途与本专利完全相同，属于同一技术领域。其次，通过网页图示可以看出，管状橡胶裤套一端固定于马骝机上，在充气状态下呈现为一端较小的锥形，由上至下逐渐收小，与一般的裤型相适配，以达到良好的支撑效果，避免磨砂、手擦或上色等工艺处理过程中出现局部起皱等现象。由此可见，本专利权利要求 1 的全部技术特征已被证据 2 所揭露，故不具备新颖性和创造性，违反了《中华人民共和国专利法》（以下简称《专利法》）第二十二条第二款及第三款的规定。被告认为公证书上的网络产品及图的发布时间“不足以确定本专利申请日以前的真实的网络信息资源状态”是错误的。首先，“今日新塘”网站已依法备案，是合法经营的网站，这一点被告也认可，原告在一个合法经营的网站上找到一个发布时间早于本专利申请日的产品及图，这就好比在一本公开发行的刊物上有早于本专利申请日的产品及图发表一样，被告对此不予采信是错误的。本专利权利要求 2 仅对橡胶主体的规格进行限制，在服装加工领域中，对于所属技术领域的技术人员来说，橡胶主体的规格都是根据需要的尺寸进行定制的，这早已是非常常见的公知技术，因此，权利要求 2 的技术特征已被证据 2 结合公知常识所揭露，是显而易见的，故不具备创造性，违反了《专利法》第二十二条第三款的规定。综上，被告作出的第 12010 号决定认定事实和适用法律有着重大的错误或偏差，因此，原告请求人民法院判令撤销被告作出的第 12010 号决定并判决第三人拥有的本专利权无效。

被告专利复审委员会辩称：（1）证据 1 的补充证据 1、3 属于企业法人代表出具的书面证言，不符合《审查指南》的相应规定，并且缺少其他证据佐证其所要证明事实的真实性，故对其真实性不予考虑，证据 1 的补充证据 2、4 属于企业法人营业执照副本，故不能证明补充证据 1、3 的真实性；证据 1 的印刷日期可以任意修改，因此证据 1 的补充证据 1~4 不足以证明证据 1 宣传画册的公开日期。对于无法表明或者证明其公开或出版时间的宣传画册不属于专利法意义上的出版物，因此证据 1 不属于符合《审查指南》规定的出版物公开。在第 12010 号决定中，针对本案中宣传画册的印刷日期可以任意修改的情形认定"宣传画册不是正规出版物"，是完全正确的。（2）关于证据 2，网站是否依法备案、合法经营与是否在本专利申请日前公开本专利技术方案无关，根据证据 2 仅能知道公证时该网站的公开内容，无法确定本专利申请日前该网站的公开内容，原告也未能提交其他证据进行佐证，故证据 2 不能证明本专利技术方案在其申请日前公开。原告在起诉书中举例并不恰当，公开发行的刊物能够表明或者证明其公开发表或者出版的时间，并且其内容是稳定的，与本案不同。综上所述，被告认为，第 12010 号决定认定事实清楚，适用法律正确，原告的诉讼请求不能成立。请求人民法院依法驳回原告的诉讼请求，维持第 12010 号决定。

第三人朱炽坡述称：（1）证据 1 和补充证据 1 至补充证据 4 无法构成完整的证据链来证明本专利在申请日以前已被公开。补充证据 1 和补充证据 3 是企业法人代表出具的证人证言，但是没有法人代表的签章，不符合法人单位出具证据的形式要件，且法人代表未在口头审理时出庭作证和经当事人质证，因此不应被认可。补充证据 2 和补充证据 4 无法证明补充证据 1 和补充证据 3 的真实性，补充证据 1 至补充证据 4 不能证明证据 1 的真实性。（2）证据 2 无法证明本专利在申请日以前已被公开，本专利具有新颖性和创造性。证据 2 只能证明在公证日今日新塘网站的网络信息，无法确定本专利申请日以前的真实的网络信息，因此，无法证明本专利在申请日以前已被公开，本专利具有新颖性和创造性。被告作出的第 12010 号决定认定事实清楚，适用法律正确，请求人民法院予以维持。

本院经审理查明：

本案涉及国家知识产权局于 2007 年 9 月 12 日授权公告，申请日为 2006 年 9 月 4 日，名称为"牛仔裤表面工艺处理用橡胶裤套"的第 200620063788.1 号实用新型专利（即本专利），本专利的专利权人为朱炽坡。本专利授权公告的权利要求书的内容如下：

"1. 一种牛仔裤表面工艺处理用橡胶裤套，包括管状橡胶主体（1），其特征是所述的橡胶主体（1）为一端较小的锥形管。

2. 根据权利要求 1 所述的牛仔裤表面工艺处理用橡胶裤套，其特征是橡胶主体（1）的小端周长为 8cm~70cm，大端周长为 20cm~100cm，橡胶主体（1）的长度为 130cm~150cm。"

针对本专利，陈镜钊于 2008 年 1 月 8 日向专利复审委员会提出无效宣告请求，认为本专利权利要求 1 不符合《专利法》第二十二条第二款和第三款的规定，权利要求 2 不符合《专利法》第二十二条第三款的规定，并同时提交了下列证据：证据 1. 陈镜钊声称为力翔公司的产品对外宣传画册的原件共 4 页，第 4 页右下角印有"于 2004 年 10 月份第一次印刷"字样。陈镜钊认为，证据 1 公开了权利要求 1 的全部技术特征，所以权利要求 1 没有新颖性。权利要求 1 相对于本专利背景技术结合公知常识不具备创造性。在权利要求 1 不具备创造性的前提下，权利要求 2 也不具备创造性。2008 年 2 月 5 日，陈镜钊提交了下列证据：证据 2. 广州市公证处出具的（2008）穗证内经字第 13905 号公证书原件共 20 页。证据 2 的公证书载明原告的代理人登录今日新塘网站（网址为 http://www.jrxt.com）浏览并打印该网站相关网页的过程，该公证书显示，新塘网站的网页中有“供应立式移动马骝机（胶裤/胶衣/胶裙三款）（图）”的相关内容，载明的发布时间是 2006 年 8 月 31 日 14：13，公司为力翔公司，该内容左侧有一幅图片，同时有规格、市场价、优惠价、联系人、电话、传真、地址及邮编等信息。网页下部载明：以上信息由企业自行发布，该企业负责信息内容的真实性、准确性和合法性。今日新塘对此不承担任何保证责任。

2008 年 5 月 27 日，专利复审委员会进行了口头审理。在口头审理过程中，陈镜钊提交了补充证据 1~5：补充证据 1 为盖有红章的力翔公司证明原件 1 页，载明：兹证明主题为“卧式马骝专用机（手扫马骝机）”的宣传画册为我公司于 2004 年 10 月委托创益公司印刷。出证日期为 2008 年 5 月 16 日。证据 1 中没有自然人签名。补充证据 2 为盖有公司红章的力翔公司企业法人营业执照副本复印件。补充证据 3 是盖有公司红章的创益公司的证明原件 1 页，载明：兹证明主题为“卧式马骝专用机（手扫马骝机）”的宣传画册为力翔公司委托我公司印刷，该画册的印刷时间为 2004 年 10 月。出证日期为 2008 年 5 月 16 日。补充证据 3 没有自然人签名。补充证据 4 为盖有公司红章的创益公司企业法人营业执照副本复印件共 1 页。补充证据 5 为今日新塘网站备案公共信息查询结果打印页 1 页，载明今日新塘网站的备案/许可证号为粤 ICP 备 06033170 号，网站首页网址为 www.jrxt.com。同时，陈镜钊明确其无效理由为：本专利权利要求 1 不符合《专利法》第二十二条第二款的规定；权利要求 1、2 不符合《专利法》第二十二条第三款的规定。证据的使用方式为：证据 1 与补充证据 1~4 组成的证据链用于证明权利要求 1 不具有新颖性，证据 2 与补充证据 5 组成的证据链用于证明权利要求 1 不具有新颖性。陈镜钊明确在权利要求 1 不具备新颖性的情况下，权利要求 1 不具有创造性。陈镜钊明确以本专利说明书背景技术内容结合公知常识证明权利要求 1、2 不具有创造性。朱炽坡表示没有证据证明上述背景技术内容在本专利申请日之前作为现有技术被公开，因此不能用来结合公知常识来评价本专利的创造性。2008 年 7 月 2 日，专利复审委员会作出第 12010 号决定。

在本案诉讼过程中，原告主张证据 2 中的发布时间是自动生成的时间。被告主张公司在发布一个新的图片后，会对发布时间进行修改。

上述事实，有本专利授权公告说明书、第 12010 号决定、证据 1、2 和补充证据 1~5、口头审理记录表以及当事人陈述等证据在案佐证。

本院认为：

（1）关于原告提交的证据 1 和补充证据 1~4 是否形成了有效的证据链用以证明本专利权利要求 1 已经丧失了新颖性以及权利要求 2 已经丧失了创造性。补充证据 1 和补充证据 3 的性质均属于证人证言，其中没有提供证言的证人的签字，证人也没有出席被告举行的口头审理，当事人无法对证人证言进行有效的质证，以确定该证言是否真实，被告因此没有采纳补充证据 1 和补充证据 3 并无不当。原告提交的补充证据 2 和 4 只能证明力翔公司与创益公司的存在，无法证明补充证据 1 和 3 的真实性。原告提交的证据 1 是原告声称的力翔公司的宣传画册，由于该画册属于力翔公司自行印制的宣传材料，无需相关主管部门的批准，其形成具有较大的随意性，虽然其中载明了于 2004 年 10 月份第一次印刷，但在没有其他证据佐证的情况下，不足以证明该宣传画册确系于 2004 年 10 月份第一次印刷且在当时即处于公众能够得知的状态。被告认为无法确认该宣传画册的公开日期是否是画册上印刷的 2004 年 10 月并无不当，本院予以支持。综上，原告提交的证据 1 和补充证据 1~4 无法形成有效的证据链用以证明本专利权利要求 1 已经了丧失新颖性，也无法证明权利要求 2 已经丧失了创造性。

（2）关于证据 2 和补充证据 5 组成的证据链是否能够证明权利要求 1 不具有新颖性以及权利要求 2 不具有创造性。补充证据 5 能够证明今日新塘网站存在，其网址为 www.jrxt.com。证据 2 中原告所浏览的网站为新塘网站，该网站已经发布有“供应立式移动马骝机（胶裤/胶衣/胶裙三款）（图）”的相关信息，并附有图片，其中载明的发布时间为2006年8月31日14：13，并有规格、市场价、优惠价、联系人、电话、传真、地址等信息，并在公司一栏中载明为力翔公司。从今日新塘网站发布的内容来看，该网站为他人提供信息发布空间服务，虽然该网站载明信息由企业自行发布，但网站上载明的发布该信息的时间在通常情况下由计算机服务器自动生成，信息发布人难以对该发布时间进行更改。在没有证据证明该发布时间系由发布信息的企业随意选取以及发布信息的企业容易对该网站上载明的发布时间进行修改的情况下，被告以在实际生活中对网络数据实施变动的可操作性很强，网络信息资源处于极不稳定的状态为由，主张仅凭公证书不足以确定本专利申请日以前的真实的网络信息资源状态缺乏事实依据，本院不予支持。证据2和补充证据5可以证明2006年8月31日今日新塘网站上发布了“立式移动马骝机”的图片。由于该图片的发布时间在本专利的申请日之前，可以作为本专利的对比文件评价本专利的新颖性和创造性，被告应当在此基础上对该图片是否影响本专利的新颖性和创造性作出评价。

综上所述，被告作出的第12010号决定认定事实不清，适用法律错误，依法应当予以撤销。被告应当重新作出决定。原告请求本院判决撤销被告作出的第12010号决定具有事实依据，本院予以支持。原告请求判决本专利无效缺乏法律依据，本院不予支持。依照《中华人民共和国行政诉讼法》第五十四条第（二）项第1、2目之规定，本院判决如下：

撤销被告国家知识产权局专利复审委员会作出的第12010号无效宣告请求审查决定；

被告国家知识产权局专利复审委员会就原告陈镜钊针对第200620063788.1号专利权提出的无效宣告请求重新作出审查决定。

案件受理费100元，由被告国家知识产权局专利复审委员会负担（于本判决生效之日起7日内交纳）。

如不服本判决，当事人可在判决书送达之日起15日内，向本院提交上诉状，并交纳上诉案件受理费100元，上诉于北京市高级人民法院。

审　判　长　彭文毅
代理审判员　江建中
人民陪审员　唐晓君
二〇〇八年十二月二十日
书　记　员　瞿文伟

北京市高级人民法院
行政判决书

（2009）高行终字第643号

上诉人（原审被告）国家知识产权局专利复审委员会，住所地北京市海淀区北四环西路9号银谷大厦10~12层。

法定代表人廖涛，副主任。

委托代理人刘路尧，该委员会审查员。

委托代理人杨存吉，该委员会审查员。

上诉人（原审第三人）朱炽坡，男，汉族，1974年7月20日出生，住广州市萝岗区笔岗浦下街8号。

被上诉人（原审原告）陈镜钊，男，汉族，1966年11月13日出生，广州市增城宇成服装工艺制品厂业主，住广东省增城市新塘镇西洲村东平坊隔基新村七巷6号。

委托代理人王广华，广东三环汇华律师事务所律师。

委托代理人童轶芳，女，汉族，1986年10月20日出生，广东三环汇华律师事务所律师助理，住广东省广州市东山区中山二路74号大院。

上诉人国家知识产权局专利复审委员会（以下简称专利复审委员会）、朱炽坡因实用新型专利权无效行政纠纷一案，不服北京市第一中级人民法院（2008）一中行初字第1584号行政判决，向本院提起上诉。本院2009年5月11日受理后，依法组成合议庭，于2009年6月30日公开开庭进行了审理。上诉人专利复审委员会的委托代理人刘路尧、杨存吉，上诉人朱炽坡，被上诉人陈镜钊的委托代理人王广华、童轶芳到庭参加了诉讼。本案现已审理终结。

北京市第一中级人民法院认定，朱炽坡是“牛仔裤表面工艺处理用橡胶裤套”实用新型专利（以下简称本专利）的专利权人。针对本专利权，陈镜钊于2008年1月8日向专利复审委员会提出无效宣告请求。专利复审委员会经审查，于2008年7月2日作出第12010无效宣告请求审查决定（以下简称第12010号无效决定），维持本专利权有效。

北京市第一中级人民法院认为，陈镜钊提交的证据1和补充证据1~4无法形成有效的证据链用以证明本专利权利要求1已经了丧失新颖性，也无法证明权利要求2已经丧失了创造性。陈镜钊提交的证据2和补充证据5可以证明2006年8月31日今日新塘网站上发布了“立式移动马骝机”的图片。由于该图片的发布时间在本专利的申请日之前，可以作为本专利的对比文件评价本专利的新颖性和创造性，专利复审委员会应当在此基础上对该图片是否影响本专利的新颖性和创造性作出评价。专利复审委员会作出的第12010号决定认定事实不清，适用法律错误，依法应当予以撤销。专利复审委员会应当重新作出无效宣告请求审查决定。

北京市第一中级人民法院依据《中华人民共和国行政诉讼法》第五十四条第（二）项第1、2目的规定，判决：撤销专利复审委员会作出的第12010号无效决定；专利复审委员会就陈镜钊针对本专利权提出的无效宣告请求重新作出审查决定。

专利复审委员会、朱炽坡不服一审判决，向本院提起上诉。

专利复审委员会的上诉理由是：网址为www.jrxt.com的今日新塘网站是地区性信息平台，目的是企业和个人的信息共享和交流，且该网站声明对该网站上的信息由企业自行分布，由企业对信息的真实性、准确性、合法性负责，该网站不承担保证责任，其信誉度不高。即使信息分布人难以对发布时间进行更改，但陈镜钊未提交证据证明在今日新塘网站上的图片未进行更改，也未提交证据证明在本专利申请日前访问今日新塘网站可以链接到包含涉案图片的页面，仅能证明今日新塘网站在分布时间发布了网页信息中的文字内容，但专利复审委员会对涉案公证书所附的2008年2月4日访问的网页信息中图片是否与本专利申请日前访问的网页信息中图片相一致存在合理怀疑。在没有其他证据佐证的情况下，仅凭证据2和补充证据5不能认定本专利申请日之前在今日新塘网站上已经公开发表与本专利权利要求1相同的牛仔裤表面工艺处理用橡胶裤套的事实。请求撤销一审判决，维持第12010号无效决定。

朱炽坡的上诉理由是：在计算机网络上的信息存在太大的不确定性是众所周知的事实，证据2是计算机网络上的信息，在足够的经济利益的驱使下，是一定可以和可能实施网络数据变动的。陈镜钊在今日新塘网站上实施了数据变动，将证据2中的图片所附带的信息全部改变了。本专利是实用新型专利，不是外观设计专利，一幅图是不能披露本专利权利要求的内容的。请求撤销一审判决；维持专利复审委员会第12010号无效决定；判令陈镜钊承担诉讼费。

陈镜钊服从一审判决。

经审理查明，本专利是名称为“牛仔裤表面工艺处理用橡胶裤套”的实用新型专利，申请日是2006年9月4日，于2007年9月12日由国家知识产权局公告授权，专利号200620063788.1，是专利权人是朱炽坡。

2008年1月8日，陈镜钊向专利复审委员会提出宣告本专利权无效的请求，其理由是：本专利权利要求1不符合《专利法》第二十二条第二款和第三款的规定，权利要求2不符合《专利法》第二十二条第三款的规定。同时，陈镜钊向专利复审委员会提交了下列证据：

证据1：陈镜钊声称为广州市力翔机电设备有限公司（以下简称力翔公司）的产品对外宣传画册的原件共4页，第4页右下角印有“于2004年10月份第一次印刷”字样。

证据2：广州市公证处出具的（2008）穗证内经字第13905号公证书原件共20页。证据2的公证书载明原告的代理人登录今日新塘网站（网址为http：//www.jrxt.com）浏览并打印该网站相关网页的过程，该公证书显示，新塘网站的网页中有“供应立式移动马骝机（胶裤/胶衣/胶裙三款）（图）”的相关内容，载明的发布时间是2006年8月31日14：13，公司为力翔公司，该内容左侧有一幅图片，同时有规格、市场价、优惠价、联系人、电话、传真、地址及邮编等信息。网页下部载明：以上信息由企业自行发布，该企业负责信息内容的真实性、准确性和合法性。今日新塘对此不承担任何保证责任。

2008年5月27日，专利复审委员会就陈镜钊针对本专利权提出的无效宣告请求进行了口头审理。在此次口头审理过程中，陈镜钊向专利复审委员会提交了补充证据1~5：

补充证据1为盖有红章的力翔公司证明原件1页，载明：兹证明主题为“卧式马骝专用机（手扫马骝机）”的宣传画册为我公司于2004年10月委托创益公司印刷。出证日期为2008年5月16日。该证据中没有自然人签名。

补充证据2为盖有公司红章的力翔公司企业法人营业执照副本复印件。补充证据3是盖有公司红章的创益公司的证明原件1页，载明：兹证明主题为“卧式马骝专用机（手扫马骝机）”的宣传画册为力翔公司委托我公司印刷，该画册的印刷时间为2004年10月。出证日期为2008年5月16日。该证据没有自然人签名。

补充证据4为盖有公司红章的创益公司企业法人营业执照副本复印件共1页。

补充证据5为今日新塘网站备案公共信息查询结果打印页1页，载明今日新塘网站的备案/许可证号为粤ICP备06033170号，网站首页网址为www.jrxt.com。

在此次口头审理过程中，陈镜钊明确其无效理由为：本专利权利要求1不符合《专利法》第二十二条第二款的规定；权利要求1、2不符合《专利法》第二十二条第三款的规定。证据的使用方式为：证据1与补充证据1~4组成的证据链用于证明权利要求1不具有新颖性，证据2与补充证据5组成的证据链用于证明权利要求1不具有新颖性。陈镜钊明确在本专利权利要求1不具备新颖性的情况下，本专利权利要求1不具有创造性。陈镜钊明确以本专利说明书背景技术内容结合公知常识证明本专利权利要求1、2不具有创造性。朱炽坡主张没有证据证明上述背景技术内容在本专利申请日之前作为现有技术被公开，因此不能用来结合公知常识来评价本专利的创造性。

2008年7月2日，专利复审委员会作出第12010号无效决定，维持本专利权有效。专利复审委员会认为：（1）关于证据。证据1是力翔公司的产品对外宣传画册原件，第4页右下角印有“于2004年10月份第一次印刷”字样。朱炽坡对证据1的真实性有异议，并提交了附件1B作为反证，证明宣传册的印刷日期可以任意修改。陈镜钊所提交的补充证据1和补充证据3是企业法人代表所出具的书面证言，但上述法人代表未在口头审理时出庭作证和经当事人质证，并且没有其他证据佐证，根据《审查指南》第四部分第八章第4.2节的规定，未能出席口头审理作证的证人出具的书面证言不能单独作为认定案件事实的依据，所以其不能作为定案的依据。补充证据1和补充证据3所证明的事实，陈镜钊没有提交证明上述事实的印刷合同、印刷发票或印刷收据等证据来证明补充证据1和补充证据3所证明的事实确实存在，故对补充证据1和补充证据3的真实性不予认可。补充证据2是力翔公司的企业法人营业执照的副本，上面盖有该公司公章。补充证据4是增城市新塘创益彩印有限公司（以下简称创益公司）企业法人营业执照副本，上面盖有该公司公章。朱炽坡对补充证据2和补充证据4的真实性没有异议，所以认可补充证据2和补充证据4的真实性。陈镜钊提交补充证据1至补充证据4是为了证明证据1是在本专利申请日之前的2004年10月份第一次印刷的，由于对补充证据1和补充证据3的真实性不予认可，故补充证据2和补充证据4只能证明上述两个执照上的企业是具有企业法人资格（依《（公司登记管理条例》第3条规定），无法证明补充证据1和补充证据3的真实性，因此补充证据1和补充证据4无法构成完整的证据链来证明牛仔裤表面工艺处理用橡胶裤套已被现有技术证据公开。由于宣传画册不是正规出版物，无法确认该宣传画册的公开日期是否是画册上印刷的2004年10月。证据2是（2008）穗证内经字第13905号公证书原件共20页，公证日是2008年2月4日。陈镜钊在口头审理中当庭提交了补充证据5来证明公证书上所载明的网站的合法性，由于上述证据是陈镜钊用来证明证据1的真实性的补强证据，因此予以接受。其中补充证据5是今日新塘网站备案公共信息查询结果共1页。朱炽坡对该证据的真实性没有异议。所以专利复审委员会认可证据2和补充证据5的真实性。但是，专利复审委员会认为，由于在实际生活中对网络数据实施变动的可操作性很强，网络信息资源处于不稳定的状态，且公证书的公证日期在本专利申请日后，公证的内容是通过网络追溯以前的事实，因此仅凭公证书不足以确定本专利申请日以前的真实的网络信息资源状态，补充证据5只能证明公证书中所涉及的“今日新塘”网站已依法备案，是合法经营的网站，所以证据2和补充证据5在没有其他证据佐证的情况下，不足以证明在本专利申请日之前已于2006年8月31日在网站“今日新塘”的网页上已经公开发表与本专利权利要求1相同的牛仔裤表面工艺处理用橡胶裤套。（2）新颖性。因陈镜钊提供的证据不能证明权利要求1的全部技术特征已被公开，因此权利要求1具备新颖性。（3）创造性。陈镜钊认为相对于本专利说明书所记载的背景技术和公知常识的结合不具有创造性。但其没有提交相关的证据证明本专利说明书所记载的背景技术内容属于现有技术，所以本专利的背景技术不能作为现有技术的证据使用，不能用来评价本专利的创造性。因陈镜钊所提交的证据无法作为现有技术证据使用，所以权利要求1、2具备创造性。

基于上述理由，专利复审委员会作出第12010号无效决定。

在本院审理本案过程中，专利复审委员会、朱炽坡、陈镜钊对补充证据5的真实性均无异议。陈镜钊主张证据2所附的网页打印件上显示的生成时间是计算机网络服务器自动生成的。专利复审委员会、朱炽坡主张生成时间可以进行修改，且生成后，网页的内容也可以进行修改，但生成时间也不会改变。

以上事实，有本专利的专利文件、第12010号无效决定、证据1、2和补充证据1~5、专利复审委员会口头审理记录表及当事人陈述等证据在案佐证。

本院认为，本案当事人争议的焦点是证据2能否被采信。诉讼中，当事人应对自己的主张提供证据予以支持。陈镜钊向专利复审委员会提交的证据2是利用广州市公证处的计算机从今日新塘网站上下载打印的包含有关“供应立式移动马骝机（胶裤/胶衣/胶裙三款）（图）”的信息的网页，该网页上记载的生成时间是2006年8月31日14：13，该网页除图片外，还包括规格、市场价、优惠价、联系人、电话、传真、地址等信息，并在公司一栏中载明为力翔公司。陈镜钊向专利复审委员会提交补充证据5可以证明网站为www. jrxt. com的今日新塘网站是经合法备案的网站。陈镜钊向专利复审委员会提交的补充证据2能够证明力翔公司的存在。因此，对于力翔公司在今日新塘网站上发布了包含有关“供应立式移动马骝机（胶裤/胶衣/胶裙三款）（图）”的信息，包含上述信息的网页生成时间是2006年8月31日14：13的事实，陈镜钊已经尽到举证责任。专利复审委员会、朱炽坡如主张上述事实不真实，应提供相反的证据予以证明，即举证责任已经移转至专利复审委员会和朱炽坡。专利复审委员会、朱炽坡主张今日新塘网站上包含涉案信息的网页生成时间可能是经过改变或者生成时间未经改变，但其他内容可能经过改变，应提交相应的证据予以证明，即证明今日新塘网站上包含涉案信息的网页生成时间可能是经过改变或者生成时间未经改变，但其他内容可能经过改变的举证责任在专利复审委员会和朱炽坡。现专利复审委员会、朱炽坡未提交今日新塘网站相关网页生成时间进行过改变或者生成时间未经改变，而网页内容进行过改变的任何证据，仅以存在改变的可能性来支持其前述主张，因此，即使存在改变的可能性，但如果无证据支持，其主张仍难以得到支持。一审法院认定证据2和补充证据5可以证明2006年8月31日在今日新塘网站上发布了“立式移动马骝机”的图片并无不当。

由于一审判决仅认定前述图片发布时间在本专利申请日前，可以作为本专利的对比文件评价本专利的新颖性和创造性，而并未对本专利相对于前述图片是否具备新颖性、创造性进行评价，故前述图片能否影响本专利的新颖性、创造性并非本院审理本案的范围，因此，朱炽坡所提本专利是实用新型专利，不是外观设计专利，一幅图是不能披露本专利权利要求的上诉理由，本院尚无法进行评述。

专利复审委员会、朱炽坡的上述理由均不能成立，其上诉主张本院不予支持。

综上，一审判决认定事实清楚，适用法律正确。依据《中华人民共和国行政诉讼法》第六十一条第（一）项的规定，判决如下：

驳回上诉，维持原判。

一审案件受理费100元，由国家知识产权局专利复审委员会负担（自本判决生效之日起7日内交纳）；二审案件受理费100元，由国家知识产权局专利复审委员会负担50元（已交纳），由朱炽坡负担50元（已交纳）。

本判决为终审判决。

审　判　长　刘　辉
代理审判员　岑宏宇
代理审判员　刘晓军
二〇〇九年七月八日
书　记　员　耿巍巍

156

采暖散热器

无效宣告请求审查决定（第12013号）

决　　定　　号 第12013号
决　　定　　日 2008年6月20日
发明创造名称 采暖散热器
国 际 分 类 号 F28D 1/04
无效宣告请求人 天津市波沃工贸有限公司
专　利　权　人 浙江努奥罗散热器有限公司，上海努奥罗散热器有限公司
专　　利　　号 200420087840.8
申　　请　　日 2004年8月20日
授 权 公 告 日 2005年9月7日
合 议 组 组 长 温丽萍
主　　审　　员 王　森
参　　审　　员 姜　岩

法 律 依 据 专利法第22条第3款
决 定 要 点

判断实用新型是否具有实质性特点就是要判断对本领域的技术人员来说，要求保护的实用新型相对于现有技术是否显而易见。

一、案由

本无效宣告请求涉及中华人民共和国国家知识产权局于2005年9月7日授权公告的、名称为“采暖散热器”的实用新型专利权（下称本专利），其专利号是200420087840.8，申请日是2004年8月20日，专利权人是浙江努奥罗散热器有限公司和上海努奥罗散热器有限公司。本专利授权公告时的权利要求书如下：

“1. 一种采暖散热器，该散热器具有进水集液管（1）及出水集液管（5），所述进水集液管（1）与出水集液管（5）通过一排散热管（2）连接并接通，所述散热管（2）胀接于柱翼（3）内，所述柱翼（3）的两端设有罩盖（4），其特征在于所述胀接于每个单元柱翼（3）内的散热管（2）有两根，该两根散热管（2）的两端伸出柱翼（3）并分别与进水集液管（1）及出水集液管（5）接通，所述胀接于每个单元柱翼（3）内的两根散热管（2）相对于进水集液管（1）的轴线呈左右分布。

2. 如权利要求1所述的一种采暖散热器，其特征在于所述每个单元柱翼（3）内的两端各设有开孔的罩盖（4）。

3. 如权利要求 1 所述的一种采暖散热器，其特征在于所述进水集液管（1）及出水集液管（5）分别为单根直管。

4. 如权利要求 1 所述的一种采暖散热器，其特征在于所述进水集液管（1）及出水集液管（5）为单元直管，各单元直管与单元柱翼（3）相匹配，并且各单元直管之间为螺纹连接。

5. 如权利要求 1 所述的一种采暖散热器，其特征在于所述进水集液管（1）、出水集液管（5）及散热管（2）为铜材，柱翼（3）为铝材。”

针对本专利权，天津市波沃工贸有限公司（下称请求人）于 2007 年 6 月 13 日向专利复审委员会提出无效宣告请求，认为本专利权利要求 1~3 与附件 1 或附件 2 相比不具有专利法第 22 条第 2 款规定的新颖性；权利要求 1~5 相对于附件 1~6 不具有专利法第 22 条第 3 款规定的创造性。请求人同时提交了如下附件：

附件 1：授权公告日为 2003 年 7 月 2 日、授权公告号为 CN2558947Y 的中国实用新型专利说明书，共 6 页；

附件 2：授权公告日为 2001 年 11 月 7 日、授权公告号为 CN2458580Y 的中国实用新型专利说明书，共 8 页；

附件 3：2003 年 10 月 15 日出版、第 33 卷第 5 期、总第 154 期《暖通空调》的目录页、第 51~54 页、书中彩页 5 页，共 10 页复印件；

附件 4：2003 年 8 月 15 日出版、第 33 卷第 4 期、总第 153 期《暖通空调》的目录页、第 68~70 页、书中彩页 5 页，共 9 页复印件；

附件 5：机械工业出版社出版、胡必俊编著的《新型供暖散热器的选用》2004 年 1 月第 1 版第 2 次印刷的封面页、版权信息页、附图 5 页、第 48~51 页、第 56~59 页、第 66~71 页、第 78~81 页复印件，共 16 页复印件；

附件 6：2003 年 7 月 1 日发布、2003 年 9 月 1 日实施的《山东省建设机械行业标准》SJ/T01-2003 的复印件，共 9 页；

附件 7：本专利授权公告文本。

经形式审查合格，专利复审委员会依法受理了上述无效宣告请求，并于 2007 年 7 月 10 日向请求人和专利权人发出无效宣告请求受理通知书，同时将专利权无效宣告请求书及其附件清单中所列附件的副本转送给专利权人，并要求专利权人在指定的期限内陈述意见。

针对专利复审委员会发出的上述无效宣告请求受理通知书，专利权人于 2007 年 8 月 2 日提交了意见陈述书，专利权人认为：本专利权利要求 1~3 相对于附件 1 或附件 2 具备新颖性；权利要求 1~5 相对于附件 1~6 具备创造性。

专利复审委员会依法成立合议组对本案进行审理。

本案合议组于 2008 年 4 月 10 日向双方发出无效宣告请求口头审理通知书，定于 2008 年 5 月 28 日举行口头审理。随同口头审理通知书，将专利权人于 2007 年 8 月 2 日提交的意见陈述书的副本转送给请求人。

口头审理如期举行，双方当事人均参加了口头审理。在口头审理中，请求人明确其无效理由和范围为：权利要求 1~3 相对于附件 1 不具有新颖性；权利要求 1 相对于附件 2 不具有新颖性；评价权利要求 1 的创造性的组合方式为：附件 1 或附件 2 单独影响权利要求 1 的创造性，附件 1 与附件 2 结合破坏了权利要求 1 的创造性，请求人同时指出最接近的对比文件为附件 2，附件 1 和附件 3 结合破坏了权利要求 1 的创造性，附件 1 和附件 4 结合破坏了权利要求 1 的创造性，附件 1 和附件 5 结合破坏了权利要求 1 的创造性；权利要求 2 的附加技术特征被附件 1 所公开；权利要求 3 的附加技术特征被附件 1、附件 5、附件 6 公开；权利要求 4 的附加技术特征被附件 2、附件 5、附件 6 公开；权利要求 5 的附加技术特征为公知常识或被附件 5 或附件 3 公开。双方就上述无效理由充分陈述了各自的意见。专利权人对附件 1~6 的真实性没有异议。

至此，合议组认为本案事实已经清楚，可以作出审查决定。

二、决定的理由

1. 关于证据和现有技术

专利权人对请求人提交的附件 1 和 2 的真实性没有异议。合议组经核对认为附件 1 和 2 为中国专利文献，且其公开日期均在本专利的申请日前，因此上述附件可以作为本专利的现有技术使用。

2. 关于权利要求 1~5 的创造性

创造性，是指同申请日以前已有的技术相比，该发明有突出的实质性特点和显著的进步，该实用新型有实质性特点和进步。

判断实用新型是否具有实质性特点就是要判断对本领域的技术人员来说，要求保护的实用新型相对于现有技术是否显而易见。

（1）关于权利要求 1 的创造性。

请求人认为，附件 2 为最接近的对比文件，权利要求 1 相对于附件 2 和附件 1 的结合不具备创造性。

专利权人认为，附件 1 是平面的单水道散热器，附件 2 记载的散热器不是铜铝复合散热器，附件 2 的散热器的散热管和柱翼焊接之后，容易泄露，附件 2 的散热器在市场上没有出现，附件 2 的方案是不可行的，因此附件 1 和附件 2 的结合是不可能的，附件 2 是铸造件与本专利不同。

合议组认为，附件 2 公开了一种暖气片，其包括一个散热单元 1，该散热单元包括中部散热片 2、进水导管 3 及出水导管 4，中部散热片 2 为挤压成型的铝合金制成，包括二个散热导管 21 及若干个自散热导管 21 上延伸出的翼片 22，翼片 22 的延伸方向与散热导管 21 垂直；在铸造出进水导管 3 及出水导管 4 的同时，使中部散热片 2 和进水导管 3、出水导管 4 铸造结合在一起，散热导管 21 与进水导管 3、出水导管 4 相通。在散热导管 21 的内部，通体过盈装设有金属导水管 5，使热介质不与中部散热片 2 直接接触，金属导水管 5 可以由钢、铜或含有特殊成分的合金制成。由于金属导水管过盈装设于散热管内，所以其也必然与进、出水导管连接。而且由附件 2 图 1、2 可明显看出散热导管 21 及其中的金属到水管 5 相对于进水导管 3 及出水导管 4 的轴线呈左右分布。

通过对比可知，附件 2 中的进/出水管相当于本专利的进/出水集液管；附件 2 中的导水管相当于本专利的散热管。权利要求 1 与附件 2 之间区别为：附件 2 未公开权利要求 1 中限定的“散热管胀接于柱翼内，柱翼的两端设有罩盖，两根散热管的两端伸出柱翼”。

然而，上述区别技术特征中的“柱翼的两端设有罩盖，两根散热管的两端伸出柱翼”已在附件 1 中公开。附件 1 公开了一种散热器，其包括 3 个散热单元 1，每个散热单元 1 包括前、后两个散热片 15、进水管 2、出水管 3 和散热管 4，散热管 4 的上、下两端分别与进水管 2 和出水管 3 相连，散热管 4 的侧壁与前、后两个散热片 15 之间采用散热板 6 相连，每个散热单元 1 的上、下两端分别设有散热片罩 7，散热片罩 7 包括两个侧板 8 和一个﹀形盖板 9，每个侧板 8 的下端设有∩形插槽 10，∩形插槽 10 与散热片 15 上、下两端的侧壁相配合，﹀形盖板 9 上设有四个散热孔 11。附件 1 与附件 2 属于同一技术领域，为了便于维修附件 2 中的散热单元，本领域的技术人员通过附件 1 给出的如何设置散热片罩的技术启示，其也很容易想到为附件 2 中的散热单元设置一个可拆卸的散热片罩，并将该散热片罩与附件 2 中的翼片相连接。另外，附件 2 还公开了在散热导管 21 的内部过盈装设有钢的金属导水管 5，其作用是将金属导水管与散热导管传热面充分接触以提高换热效率，在面临进水导水管与柱翼之间的传热问题时，本领域的技术人员也会很容易想到将金属导水管与柱翼过盈装设，并且胀接是本领域通常采用的将金属导水管与柱翼予以连接的方法，因此本领域的技术人员也会很容易地想到将金属导水管与柱翼胀接。

由上述可知，附件2已经公开了一种散热导管相对于进水导管及出水导管的轴线呈左右分布的散热器，附件1给出了可以为散热器安设一活动罩盖的技术启示，且附件1与附件2属于同一技术领域，为了便于附件2的散热器维修，本领域的技术人员很容易会将二者结合，从而得到权利要求1请求保护的技术方案。另外，针对专利权人认为附件2的方案不可行的主张，合议组认为附件2已经详细公开了一种散热器结构，本领域的技术人员通过附件2披露的技术内容完全可以进行实施，无论其是否已在实际中使用或者具有不完善的地方，其都可以作为判断本专利创造性的现有技术。因此专利权人的上述主张也不能证明本专利权利要求1具有创造性。

综上所述，在附件2和附件1的基础上，本领域的技术人员得到权利要求1请求保护的技术方案是显而易见的，权利要求1不符合专利法第22条第3款规定的创造性。

（2）关于权利要求2的创造性。

权利要求2的附加技术特征为：所述每个单元柱翼（3）内的两端各设有开孔的罩盖（4）。

专利权人认可附件1公开了权利要求2的附加技术特征，但认为由于权利要求1有新颖性和创造性，所以权利要求2也有创造性。

合议组认为，附件1记载了在﹀形盖板9上设有四个散热孔11，即附件1已经公开了权利要求2的附加技术特征，因此在权利要求2所引用的权利要求1不具备创造性的情况下，权利要求2也不符合专利法第22条第3款规定的创造性。

（3）关于权利要求3的创造性。

权利要求3的附加技术特征为：所述进水集液管（1）及出水集液管（5）分别为单根直管。

请求人认为：附件1说明书中可以推定进水管和出水管是单根直管。

专利权人认为由附件1得不出本专利权利要求3的附加技术特征，权利要求3有创造性。

合议组认为，附件1的图1示出了3个散热单元1的进水管2和出水管3分别相连，正如专利权人所述从图1无法唯一确定进水管2和出水管3为单根直管，但是从图1也不能确定进水管2和出水管3是由多根管连接而成的，散热单元之间由单根直管连接或由多根管相互连接都是本领域通常采用的连接方式，因此在附件2和附件1的基础上，本领域的技术人员根据具体情况采用单根直管从而得到权利要求3请求保护的技术方案是显而易见的，权利要求3不符合专利法第22条第3款规定的创造性。

（4）关于权利要求4的创造性。

权利要求4的附加技术特征为：所述进水集液管（1）及出水集液管（5）为单元直管，各单元直管与单元柱翼（3）相匹配，并且各单元直管之间为螺纹连接。

专利权人认为由附件2不能得出是单元进出水管还是单根直管。

合议组认为，由上述对权利要求3的评述可知，无论权利要求4的附加技术特征中的“所述进水集液管（1）及出水集液管（5）为单元直管”是否被附件1披露，该技术特征对于本领域的技术人员来讲也是显而易见能够想到的；并且将各单元直管与单元柱翼相匹配以及通过螺纹来连接各单元直管也是本领域通常采用的；因此在附件2和附件1的基础上，本领域的技术人员得到权利要求4请求保护的技术方案是显而易见的，权利要求4不符合专利法第22条第3款规定的创造性。

（5）关于权利要求5的创造性。

权利要求5的附加技术特征为：所述进水集液管（1）、出水集液管（5）及散热管（2）为铜材，柱翼（3）为铝材。

专利权人认可权利要求 5 的附加技术特征为公知常识，但认为由于权利要求 1 有新颖性和创造性，所以权利要求 5 也有创造性。

合议组认为，附件 2 记载了与散热导管 21 过盈装设的金属导水管 5 由钢、铜或含有特殊成分的合金制成，且中部散热片 2 为挤压成型的铝合金制成。即附件 2 已经公开了散热管为铜材、柱翼为铝材，通过附件 2 给出的由铜制成散热管的技术启示，为了更好的换热，本领域的技术人员容易想到将进、出水导管用铜材制造；并且将进、出水导管和散热管用铜制造，用铝制造柱翼也是本领域通常采用的。因此在权利要求 5 所引用的权利要求 1 不具备创造性的情况下，权利要求 5 也不符合专利法第 22 条第 3 款规定的创造性。

由于请求人上述关于权利要求 1~5 不具备创造性的主张成立，权利要求 1~5 应予无效，因此对于请求人提出的其他无效理由及相应证据不再进行评述。

根据上述的事实和理由，本案合议组依法作出以下决定。

三、决定

宣告 200420087840.8 号实用新型专利权全部无效。

当事人对本决定不服的，可以根据专利法第 46 条第 2 款的规定，自收到本决定之日起三个月内向北京市第一中级人民法院起诉。根据该款的规定，一方当事人起诉后，另一方当事人应当作为第三人参加诉讼。

157

模块式翅片管换热器

无效宣告请求审查决定（第12020号）

决　　定　　号 第12020号
决　　定　　日 2008年7月24日
发明创造名称 模块式翅片管换热器
国 际 分 类 号 F28F 9/26
无效宣告请求人 上海宁松热能环境工程有限公司
专　利　权　人 中国船舶重工集团公司第七一一研究所
申　　请　　号 200520041753.3
申　　请　　日 2005年5月23日
授 权 公 告 日 2006年9月27日
合 议 组 组 长 温丽萍
主　　审　　员 朱文广
参　　审　　员 汤元磊

法　律　依　据 专利法第22条第2款
决　定　要　点
无法与原件核对的复印件不能作为单独定案的依据。

一、案由

本无效宣告请求涉及中华人民共和国国家知识产权局于2006年9月27日授权公告的、名称为“模块式翅片管换热器”的实用新型专利权（下称本专利），其专利号是200520041753.3，申请日是2005年5月23日，专利权人是中国船舶重工集团公司第七一一研究所。本专利授权公告时的权利要求书如下：

“1. 一种模块式翅片管换热器，
其特征在于，
它包括：
壳体，由框架和外护板连接而成；
数组换热器管束，每组换热管束均由翅片管和弯头连接而成并置于壳体内；
集箱，连接于壳体的一端，沿轴线方向焊接若干个管接头；
集箱及弯头夹层罩，罩合集箱和集箱同侧的弯头；
弯头夹层罩，位于壳体的另一端，罩合于集箱弯头；

检查门，在集箱及弯头夹层罩和弯头夹层罩上各开设一个。

2. 如权利要求 1 所述的模块式翅片管换热器，

其特征在于：

所述的数组换热管束的两端各设有支撑架，且在换热管束的中间位置设有悬吊架。

3. 如权利要求 1 所述的模块式翅片管换热器，

其特征在于：

所述的每一组换热管束的两个进出口分别和上下集箱的管接头相接。

4. 如权利要求 1 所述的模块式翅片管换热器，

其特征在于：

所述的换热器还包括导轨，导轨置于壳体的底部。

5. 如权利要求 4 所述的模块式翅片管换热器，

其特征在于：

所述的导轨数量可以为一根或数根且为拆卸式。”

针对本专利权，上海宁松热能环境工程有限公司（下称请求人）于 2008 年 2 月 13 日向专利复审委员会提出无效宣告请求，认为本专利不符合专利法第 22 条第 2 款的规定，请求人同时提交了如下附件：

附件 1：中国石化胜利油田有限公司石油化工总厂与上海宁松热能环境工程有限公司于 2004 年 7 月 2 日签订的中国石化胜利油田有限公司石油化工总厂重油催化装置 CO 余热锅炉技术改造“设计与供货技术协议”的复印件，共 5 页；

附件 2：中国石化胜利油田有限公司物资供应处与上海宁松热能环境工程有限公司于 2004 年 8 月 4 日在山东省东营市签订的工业品买卖合同的复印件，共 1 页；

附件 3：中国石化胜利油田有限公司石油化工总厂于 2007 年 12 月 20 日公布的中国石化胜利油田有限公司石油化工总厂重催装置 CO 锅炉关于模块式翅片管省煤器使用说明的复印件，共 1 页；以及图纸复印件 2 页。

请求人认为附件 1~3 能够证明请求人与中国石化胜利油田有限公司石油化工总厂于 2004 年 7 月签订合同进行重油催化装置 CO 余热锅炉技术改造，请求人进行设计并供货，该设备于 2004 年 10 月 10 日正式设入运行，本专利的技术方案与之相同，因此权利要求 1~5 相对于附件 1~3 的现有技术而言不具备新颖性。

经形式审查合格，专利复审委员会依法受理了上述无效宣告请求，并于 2008 年 4 月 8 日向请求人和专利权人发出无效宣告请求受理通知书，同时将专利权无效宣告请求书及其附件清单中所列附件的副本转送给专利权人，并要求专利权人在指定的期限内陈述意见。

针对专利复审委员会发出的上述无效宣告请求受理通知书，专利权人于 2008 年 5 月 23 日提交了意见陈述书，认为附件 1~3 不能证明本专利已被公开或被公众所知，不能影响本专利的新颖性。

专利复审委员会依法成立合议组。

本案合议组于 2008 年 6 月 24 日向双方发出无效宣告请求口头审理通知书，定于 2008 年 7 月 21 日在专利复审委员会举行口头审理。随同口头审理通知书，将专利权人于 2008 年 5 月 23 日提交的意见陈述书的副本转送给请求人。

请求人于 2008 年 7 月 9 日提交口头审理通知书回执，表示不参加口头审理。

口头审理如期举行，请求人未参加口头审理。

在口头审理中，专利权人表示附件 1~3 为复印件，没有原件，对其真实性有异议。

至此，合议组认为本案事实已经清楚，可以作出审查决定。

二、决定的理由

1. 关于证据和现有技术

请求人提交的附件 1~3 分别为协议、合同、使用说明及图纸的复印件，请求人没有参加口头审理并且从未提交附件 1~3 的原件，专利权人对附件 1~3 的真实性有异议，因此在没有其他证据能够证明其真实性的情况下，合议组对附件 1~3 不予考虑。

2. 关于请求人无效宣告请求的理由、证据和范围

由于附件 1~3 不能作为本案证据使用，因此请求人据此提出的无效理由不能成立。

根据上述的事实和理由，本案合议组依法作出以下决定。

三、决定

维持 200520041753. 3 号实用新型专利权有效。

当事人对本决定不服的，可以根据专利法第 46 条第 2 款的规定，自收到本决定之日起三个月内向北京市第一中级人民法院起诉。根据该款的规定，一方当事人起诉后，另一方当事人应当作为第三人参加诉讼。

158

快速反应电子体温计

无效宣告请求审查决定（第12029号）

决　　定　　号　第12029号
决　　定　　日　2008年7月31日
发明创造名称　快速反应电子体温计
国 际 分 类 号　A61B 5/01，G01K 1/00
无效宣告请求人　博罗县众智电子厂
专　利　权　人　红电医学科技股份有限公司
专　　利　　号　02150330.3
申　　请　　日　2002年11月4日
授 权 公 告 日　2005年8月3日
合 议 组 组 长　杨军艳
主　　审　　员　李　礼
参　　审　　员　孙茂宇

法　律　依　据　专利法第26条第4款
决　定　要　点

如果所属技术领域的技术人员可以合理预测说明书给出的实施方式的所有等同替代方式或明显变型方式都具备相同的性能或用途，且同样能够解决所要解决的技术问题、获得相同的技术效果，则认为将权利要求的保护范围概括至覆盖所有的等同替代或明显变型的方式是恰当的。

一、案由

本无效宣告请求涉及中华人民共和国国家知识产权局于2005年8月3日授权公告的、名称为"快速反应电子体温计"的发明专利（下称本专利），其申请号是02150330.3，申请日是2002年11月4日，专利权人是红电医学科技股份有限公司。该专利授权公告时的权利要求书如下：

"1. 一种快速反应电子体温计，其体温计本体在量测端端部通过粘着剂结合一金属头部，金属头部中设置一温度感应元件及与温度感应元件相连接的导线，其特征在于：

将感应元件及相连接的导线与金属头部的内壁接触紧贴，使导线部分不再成为感应元件周围热量散失的部分，更进一步成为热量补偿的来源，以快速显示正确温度，减少量测所需时间。

2. 如权利要求1所述的快速反应电子体温计，其中，感应元件及相连接的导线是以完全或大部分形态与金属头部的内壁接触紧贴。

3. 如权利要求1所述的快速反应电子体温计，其中，导线前半段是以直接贴靠、后半段是成环绕状接触紧贴于金属头部的内壁。

4. 如权利要求 1 所述的快速反应电子体温计，其中，在金属头部内设置一与金属头部内腔壁密合的固定件，以具有固定导线的功效，并可用作粘着剂的支撑，以防止粘着剂向金属头部前端内散布。

5. 如权利要求 4 所述的快速反应电子体温计，其中，固定件采用硬质、导热系数低的材料。

6. 如权利要求 4 所述的快速反应电子体温计，其中，固定件采用软质、导热系数低的材料。

7. 如权利要求 4 所述的快速反应电子体温计，在其中，固定件装入金属头部前为一直径大于金属头部内径的立体半圆球状，当装入金属头部后使固定件的周边环侧与金属头部的接触面积较小，以有效减少热容积。

8. 如权利要求 1 所述的快速反应电子体温计，其中，导线是以较金属头部内径为大的环绕直径，以旋转的方式强迫塞入金属头部内。

9. 如权利要求 1 所述的快速反应电子体温计，其中，量测端端部与金属头部相结合的端部外侧设有一凹槽。”

针对上述专利权，博罗县众智电子厂（下称请求人）于 2007 年 8 月 30 日向专利复审委员会提出无效宣告请求，并提交了本专利的授权公告文本作为附件。

请求人在无效宣告请求书中认为：本专利权利要求书中的“温度感应元件”为一上位概念，其涵盖了热电偶、热电阻、双金属片及其他林林总总的温度传感器件，本专利说明书第 7 页第一段中的描述是“在金属头部 2 内部设置一温度感应元件 4，该感应元件 4 为一种与温度相关的电阻，如现有的温敏电阻 503ET，感应元件 2 连接有导线 5，以与计算及显示温度的主要电路相连接”，即本专利说明书仅记载了温敏电阻 503ET，无法支持权利要求书中出现的“温度感应元件”这一上位概念所要求的保护范围，因而本专利权利要求 1~9 得不到说明书的支持，不符合专利法第 26 条第 4 款。

经形式审查合格，专利复审委员会依法受理了上述无效宣告请求，并于 2007 年 10 月 23 日向双方当事人发出无效宣告请求受理通知书，并将无效宣告请求书及其附件清单中所列附件的副本转送给专利权人。

针对该无效宣告请求，专利权人于 2007 年 11 月 27 日提交了意见陈述书，并提交了如下附件作为反证：

反证 1：声称是“英国标准 欧盟标准 12370-3 ：2000 年版”的复印件共 13 页；

反证 2：声称是“（美国标准）美国试验材料学会 文件名：E1112-00”的复印件共 4 页；

反证 3：反证 1 与反证 2 中部分内容的中文译文，共 2 页。

专利权人认为：正如请求人所述，本专利说明书中有关“温敏电阻”的记载恰好能够支持权利要求中的“温度感应元件”这一技术特征；同时反证 1 记载的关于电子体温计的定义中，也采用与“温度感应元件”本质上相同的“感温元件”这一名称。此外，反证 2 中也对电子体温计进行如下定义，电子温度计，一种经由传感器和电子电路的运用而提供温度显示的器械，其中传感器，是一种能够提供测量值输出（例如，电阻值，电动势等）并作为温度函数的元件。综上作为电子体温计中的温度感应元件，是本行业中经常采用的技术术语，本领域的技术人员均可以清楚的理解和应用温度感应元件来制作电子体温计。

专利权人又于 2007 年 11 月 29 日提交补正书以及意见陈述书，对其于 2007 年 11 月 27 日提交的意见陈述中的错字进行了修改。

针对上述无效宣告请求，专利复审委员会依法成立合议组，本案合议组于 2007 年 12 月 23 日向请求人发出转送文件通知书，随该通知书将专利权人于 2007 年 11 月 27 日意见陈述书及其所附附件以及2007年11月29日提交的意见陈述书转送给请求人。

针对转送文件通知书以及所转送的文件，请求人于2008年1月29日提交意见陈述书，其中指出：请求人确认专利权人所提交的反证1、2有效，并对其中文译文的准确性表示无异议；但反证1中未出现专利权人所述的“感温组件”指向“温敏电阻”的说明，反证1中对于“感温组件”是否为一个整体性概念并未作出详细的说明。反证2中对于“传感器”一词明确表示是一整体的概念，因为它对于量测值输出的方式，至少列举了“电阻值”和“电动势”等两种，即“感温组件”至少有“温敏电阻”以及“温敏压电材料”等两种，实际上，则还有“热耦器”、“半导体感温模块”、“红外线光谱感测组件”等方式。因此足以证明“感温组件”是一个整体概念，而“温敏电阻”则是一个下位、局部概念，下位概念无法支持上位的覆盖性概念。

本案合议组于2008年5月29日向双方当事人发出无效宣告请求口头审理通知书，指出本案合议组定于2008年7月8日举行口头审理。同时将请求人于2008年1月29日提交的意见陈述书转送给专利权人。

口头审理如期举行，双方当事人均出席了口头审理。

请求人当庭明确其无效宣告请求的理由和范围为：本专利权利要求1~9不符合专利法第26条第4款的规定。

请求人对于专利权人所提交的反证1和反证2的真实性没有异议，对于其中文译文的准确性也无异议。专利权人当庭明确表示仅使用反证1和反证2中有中文译文的部分。

关于本专利是否符合专利法第26条第4款的问题，请求人认为：本专利权利要求书中的“温度感应元件”为一个上位概念，其包含范围很广，热电阻、热电偶、双金属片等均可称为温度感应元件，在本专利说明书第7页仅记载了“温敏电阻503ET”，使用该具体器件无法支持权利要求书中的上位概念，因而不符合专利法第26条第4款的规定。专利权人认为：本专利说明书实施例部分给出了具体型号，这部分能够支持权利要求书的内容，同时温度感应元件是本领域所公知的，对于所属技术领域的技术人员来说其是知晓温度感应元件的，反证1和反证2也可证明温度感应元件是公知常识。请求人认为：反证1和反证2所记载内容表明感温元件或传感器均包括很多种类型，除了电阻形式的还可以是其他如电动势形式的，认可使用其他的例如红外线传感器、红外探头或双金属片应该可进行温度测量，而这些均属于温度感应元件。专利权人认为：反证1和反证2可以证明在电子体温计上使用温度感应元件是公知常识，本专利的改进点并不在于温度感应元件，而是导线和温度感应元件的设置位置和方式，而本专利说明书足以支持其权利要求书请求保护的技术方案，因而本专利符合专利法第26条第4款的有关规定。双方当事人充分发表了其各自观点。

至此，合议组认为本案事实清楚，现依法作出审查决定。

二、决定的理由

专利法第26条第4款规定：权利要求书应当以说明书为依据，说明要求专利保护的范围。

审查指南第二部分第二章第3.2.1节规定：权利要求的概括应当不超出说明书公开的范围。如果所属技术领域的技术人员可以合理预测说明书给出的实施方式的所有等同替代方式或明显变型方式都具备相同的性能或用途，则应当允许申请人将权利要求的保护范围概括至覆盖其所有的等同替代或明显变型的方式。

具体到本案，本专利要求保护一种快速反应电子体温计，在其权利要求书中记载有“温度感应元件”，在其要求保护的技术方案中该元件设置在体温计的金属头部，与导线相连接，用于对温度进行感应测量。本专利说明书对其技术方案进行了说明，其中在第7页第1段中记载有如下内容：“在金属头部2内部设置一温度感应元件4，该感应元件4为一种与温度相关的电阻，如现有的温敏电阻

503ET，感应元件 2 连接有导线 5，以与计算及显示温度的主要电路相连接”，即本专利说明书中已经记载了在电子体温计中使用温度感应元件 4 测量温度的技术方案。并且，在本专利说明书中还列举了具体的一种型号——温敏电阻 503ET，所属技术领域的技术人员根据上述内容、本专利说明书的其他部分以及其所知晓的现有技术也可以确定，温度感应元件属于本领域常用的技术术语，为一上位概念，温度感应元件除了温敏电阻外还可包括其他类型能够感应测量温度的器件，例如热电阻、热电偶、双金属片等，对于这一点请求人也予以认可。本专利说明书中具体列举出温敏电阻 503ET 与导线相连用于构成温度感应测量组件，所属技术领域的技术人员可以合理预测到同属于温度感应元件的其他类型的器件具备相同的性能或用途，也就是说使用双金属片或红外探头等均可进行温度的感应测量，并起到与本专利说明书具体列举的“温敏电阻 503ET”相同的作用，对于这一点请求人也是予以认可的，同时使用这些器件同样能够解决本专利所要解决的技术问题，并达到相同的技术效果。因此，根据专利法以及审查指南的上述规定，由于所属技术领域的技术人员可以合理预测出同属于温度感应元件的其他器件同样具备与说明书中具体列举的温敏电阻 503ET 相同的性能和用途，因而本专利将权利要求的保护范围概括为上位概念“温度感应元件”是恰当的，符合专利法第 26 条第 4 款的有关规定。请求人指出的由于说明书记载的为一下位概念——温敏电阻 503ET 其无法支持温度感应元件这一上位概念从而导致本专利不符合专利法第 26 条第 4 款的无效宣告请求理由不能成立。

鉴于请求人的无效宣告请求理由不能成立，本决定不再对专利权人所提交的反证进行评述。

三、决定

维持 02150330. 3 号发明专利权有效。

当事人对本决定不服的，可以根据专利法第 46 条第 2 款的规定，自收到本决定之日起三个月内向北京市第一中级人民法院起诉。根据该款的规定，一方当事人起诉后，另一方当事人应当作为第三人参加诉讼。

159

保温隔热墙面装饰板

无效宣告请求审查决定（第12030号）

决　　定　　号　第12030号
决　　定　　日　2008年7月29日
发明创造名称　保温隔热墙面装饰板
国 际 分 类 号　E04F 13/00，E04C 2/292，E04B 1/80
无效宣告请求人　亚士漆（上海）有限公司，绵阳市同立建筑工程有限公司
专 利 权 人　邓　超
专　　利　　号　200420060948.8
申　　请　　日　2004年8月27日
授 权 公 告 日　2005年9月7日
合 议 组 组 长　黄　颖
主　　审　　员　樊延霞
参　　审　　员　王　博

法 律 依 据　专利法实施细则第20条第1款，专利法第22条第3款
决 定 要 点
评价一项实用新型权利要求的创造性时，首先将被评述的权利要求与最接近的现有技术进行比较，确定区别技术特征以及根据该区别技术特征所能达到的技术效果确定该权利要求实际解决的技术问题，最后判断现有技术中是否给出了将上述区别技术特征应用到该最接近现有技术以解决上述实际解决的技术问题的启示，若给出了启示则该权利要求相对于现有技术是显而易见的，无实质性特点；反之则是非显而易见的，具有实质性特点。

一、案由

本无效宣告请求涉及中华人民共和国国家知识产权局于2005年9月7日授权公告的、名称为“保温隔热墙面装饰板”的实用新型专利权（下称本专利），其专利号是200420060948.8，申请日是2004年8月27日，专利权人是邓超。本专利授权公告时的权利要求书如下：

“1. 一种保温隔热墙面装饰板，其特征在于：保温隔热装饰板为一层状结构，其保温层XPS挤塑聚苯板（1）表面上胶合有一层铝板（3），铝板（3）上面涂有一涂层（4）。

2. 根据权利要求1所说的保温隔热墙面装饰板，其特征在于：，铝板（3）和XPS挤塑聚苯板（1）之间增设一隔热增强层（2）。

3. 根据权利要求1和权利要求2所说的保温隔热墙面装饰板，其特征在于：所说的隔热增强层

（2）为经热塑性或热固性树脂浸胶的纺织布或 PVC、PP、PE 塑料板。

4. 根据权利要求 1 所说的保温隔热墙面装饰板，其特征在于：将保温层 XPS 挤塑聚苯板（1）设为二至数层，其中复合一至数层经热塑性或热固性树脂浸胶的纺织布，或在保温层底面增设有一层纤维增强硅酸钙板（5）。

5. 根据权利要求 1 所说的保温隔热墙面装饰板，其特征在于：XPS 挤塑聚苯板（1）上、下面上分别设有数道排气槽（6）。

6. 根据权利要求 1 所说的保温隔热墙面装饰板，其特征在于：所说的 XPS 挤塑聚苯板（1）由硬质聚氨脂发泡板或酚醛发泡板作替代层。

7. 根据权利要求 1 和权利要求 4 所说的保温隔热墙面装饰板，其特征在于：所说的纤维增强硅酸钙板（5）由纤维增强水泥板作替代层。

8. 根据权利要求 1 所说的保温隔热墙面装饰板，其特征在于：所说的铝板（3）由铝箔作替代层。

9. 根据权利要求 1 所说的保温隔热墙面装饰板，其特征在于：所说的涂层（4）为氟碳涂料或丙烯酸涂料或聚脂涂料。"

针对本专利，专利复审委员会于 2007 年 9 月 29 日做出第 10588 号无效宣告请求审查决定书，该无效宣告请求审查决定宣告本专利的权利要求 1~4、6~9 无效，在权利要求 5 的基础上维持本专利权继续有效。该决定现已生效。

针对本专利权，亚士漆（上海）有限公司（下称第一请求人）于 2008 年 1 月 30 日向专利复审委员会提出无效宣告请求，认为本专利不符合专利法第 22 条第 3 款的规定，请求人同时提交了如下附件：

附件 1-1：申请日为 2003 年 8 月 21 日、授权公告日为 2004 年 9 月 8 日、授权公告号为 CN2639427Y、专利权人为邓超的中国实用新型专利说明书，共 7 页（同第 10588 号决定书中的附件 1）；

附件 1-2：授权公告日为 1999 年 6 月 16 日、授权公告号为 CN2324208Y 的中国实用新型专利说明书，共 5 页；

附件 1-3：授权公告日为 2001 年 9 月 19 日、授权公告号为 CN2448536Y 的中国实用新型专利说明书，共 5 页；

附件 1-4：授权公告日为 2004 年 4 月 7 日、授权公告号为 CN2609983Y 的中国实用新型专利说明书，共 7 页。

第一请求人认为：附件 1-1 的权利要求 1 和 4 与本专利权利要求 5 所引用的权利要求 1 的技术特征一致，而附件 1-2-1-4 公开了权利要求 5 的附加技术特征，因此权利要求 5 不具备创造性。

经形式审查合格，专利复审委员会依法受理了上述无效宣告请求，并于 2008 年 1 月 30 日向第一请求人和专利权人发出无效宣告请求受理通知书，同时将第一请求人提交的专利权无效宣告请求书及其附件清单中所列附件的副本转送给专利权人，并要求专利权人在指定的期限内陈述意见。

针对专利复审委员会发出的上述无效宣告请求受理通知书，专利权人于 2008 年 2 月 21 日提交了意见陈述书、权利要求书的修改替换页，其中修改后的权利要求书为：

"1. 一种保温隔热墙面装饰板为一层状结构，其保温层 XPS 挤塑聚苯板（1）表面上胶合有一层铝板（3），铝板（3）上面涂有一涂层（4），其特征在于：保温层 XPS 挤塑聚苯板（1）上表面设有数道排气槽。

2. 根据权利要求 1 所说的保温隔热墙面装饰板，其特征在于：保温层 XPS 挤塑聚苯板（1）下表面上设有数道排气槽（6）。”

专利权人认为：本专利的排气槽是为了排除胶合过程中聚苯板凹下去部分的气体，附件1-1没有公开排气槽，而附件1-2的保温板的凹槽是为了使建筑面层、防水层不受到膨胀气体的影响和破坏，附件1-3的客车箱板的排气槽是为了解决因温度升高引起的鼓泡现象，附件1-4的保温板的排气孔是为了防止冷热空气通过板体墙体和室内，即附件1-2-1-4均不是解决生产过程中的排气，因此任何附件的组合均不能公开排气槽结构，以解决保温隔热墙面装饰板生产过程中由于排气不好造成胶合不严密的这一技术问题。

同样针对本专利，绵阳市同立建筑工程有限公司（下称第二请求人）于2008年2月4日向专利复审委员会提出无效宣告请求，理由是本专利权利要求5不符合专利法第22条第3款的规定，请求人同时提交了如下附件：

附件2-1：公开日为2000年4月5日、公开号为CN1249237A（专利申请号为99120256.2）的中国发明专利申请公开说明书，共11页（同第10588号决定书中的附件2）；

附件2-2：授权公告日为2001年9月19日、授权公告号为CN2448536Y的中国实用新型专利说明书，共5页（同附件1-3）。

第二请求人认为：附件2-1作为最接近的对比文件，其结合公知常识公开了本专利权利要求5所引用的权利要求1的技术方案，而权利要求5的附加技术特征被附件2-2所公开，因此权利要求5不具备创造性。

经形式审查合格，专利复审委员会依法受理了上述无效宣告请求，并于2008年2月4日向第二请求人和专利权人发出无效宣告请求受理通知书，同时将第二请求人提交的专利权无效宣告请求书及其附件清单中所列附件的副本转送给专利权人，并要求专利权人在指定的期限内陈述意见。

针对专利复审委员会发出的上述无效宣告请求受理通知书，专利权人于2008年2月21日提交了意见陈述书、权利要求书的修改替换页，其中修改后的权利要求书与上述针对第一请求人无效宣告理由提交的权利要求书修改文本一致。

专利权人认为：本专利的排气槽是为了排除胶合过程中聚苯板凹下去部分的气体，附件2-1没有公开排气槽，而附件2-2客车箱板的排气槽是为了解决因温度升高引起的鼓泡现象，因此附件2-1和2-2的组合不能公开排气槽结构，以解决保温隔热墙面装饰板生产过程中由于排气不好造成胶合不严密的这一技术问题。

第二请求人于2008年3月4日向专利复审委员会提交了意见陈述书，并补充了无效宣告的理由和证据，其中补充的证据为（编号续前）：

附件2-3：专利复审委员会于2007年9月29日做出第10588号无效宣告请求审查决定书复印件，共7页；

附件2-4：中国计划出版社2004年1月出版、2004年1月印刷的2004CPXY全国民用建筑工程设计技术措施《建筑产品选用技术》建筑·装修，扉页、出版信息页、JC15、JC22、JC23、JC28、JC39、JC57、JC58、JC59、JC98、JC99、JC100、J121、J122、J126、J128、J134、J195、J199的复印件，共20页（同第10588号决定书中的附件9）；

附件2-5：公开日为1997年3月4日、公开号为JP9060143A的日本专利文献，共5页；

附件2-6：公开日为1997年6月17日、公开号为JP9158352A的日本专利文献，共7页；

附件2-7：公开日为1998年3月17日、公开号为JP1071659A的日本专利文献，共4页；

附件2-8：公开日为1998年12月15日、公开号为JP10331283A的日本专利文献，共6页；

附件2-9：公开日为2003年1月24日、公开号为JP200320739A的日本专利文献，共5页。

第二请求人认为：附件2-3和2-4证明权利要求5所引用的权利要求1已被附件2-1结合附件2~4中的公知技术所公开，而附件2-5-2-9均公开了权利要求5的附加技术特征，故权利要求5不具备创造性。

第二请求人又于2008年4月8日向专利复审委员会提交了意见陈述书，并补充了上述附件2-5-2-9的部分中文译文，其中补充的证据为：

附件2-5a：附件2-5的部分中文译文，共1页；

附件2-6a：附件2-6的部分中文译文，共2页；

附件2-7a：附件2-7的部分中文译文，共2页；

附件2-8a：附件2-8的部分中文译文，共2页；

附件2-9a：附件2-9的部分中文译文，共1页。

专利复审委员会依法成立合议组对上述两无效宣告请求进行审查。根据审查指南有关合并审理的规定，合议组决定将上述两无效宣告请求合并审理，并于2008年4月16日分别向第一请求人、第二请求人和专利权人发出口头审理通知书，定于2008年7月24日举行口头审理。随同口头审理通知书，将专利权人于2008年2月21日提交的意见陈述书及其权利要求书的修改替换页转送给第一请求人和第二请求人，将第二请求人分别于2008年3月4日提交的意见陈述书及其意见陈述附件清单中所列附件副本和2008年4月8日提交的意见陈述书及及附件2-5-2-9的部分中文译文转送给专利权人。

针对专利权人于2008年2月21日提交的权利要求书的修改文本，本案合议组于2008年5月7日发出无效宣告请求审查通知书，指出专利权人于2008年2月21日提交的对权利要求书的修改不符合审查指南第四部分第三章第4.6节的规定。专利权人应当在收到本通知之日起一个月内作出答复，期满不答复的或权利要求书的修改文本仍存在不符合审查指南第四部分第三章第4.6节的规定的情况，本案合议组将以原无效决定维持有效的权利要求以及原始申请的说明书、说明书附图和摘要以及摘要附图为基础进行审查。

针对第二请求人于2008年3月4日提交的意见陈述书和补充的无效宣告的理由和证据，专利权人于2008年5月16日提交了意见陈述书，其认为，附件2-3中对权利要求5的创造性给予了肯定，附件2-4中所列板材与本专利不属于同一类产品，附件2-5-2-9与本专利的产品也不同。

口头审理如期举行，专利权人未出席口头审理。

在口头审理中，（1）合议组当庭宣布本次口头审理以第10588号无效决定维持有效的权利要求以及原始申请的说明书、说明书附图和摘要以及摘要附图为基础进行审查。

（2）第一请求人当庭提交了公知常识性证据，该证据为：

附件1-5：中国计划出版社2004年1月出版、2004年1月印刷的2004CPXY全国民用建筑工程设计技术措施《建筑产品选用技术》建筑·装修原件（为附件2-4的原件）。

同时，第一请求人明确其无效理由、证据、范围以及证据的使用情况为：权利要求5相对于附件1-2、1-3和公知常识的结合不具备创造性，权利要求5相对于附件1-4和公知常识的结合不具备创造性。请求人当庭放弃附件1-1。

（3）第二请求人明确其无效理由、证据、范围以及证据的使用情况为：附件2-3和2-4用来证明权利要求5中引用权利要求1的部分已经是现有技术，权利要求5相对于附件2-1、2-2和公知常识的结合不具有创造性。请求人当庭明确放弃附件2-5~2-9及其译文的使用。

在此基础上，合议组对本案进行了审理，充分听取了请求人的意见。

至此，合议组认为本案事实已经清楚，可以作出审查决定。

二、决定的理由

1. 关于证据和现有技术

第二请求人提交并使用的证据包括附件 2-1 和 2-2，专利权人在指定的期限内未对请求人提交的附件的真实性提出异议，经合议组审查后认为附件 2-1 和 2-2 为中国专利文献，并确认其真实性，因此可以作为本案证据使用。同时由于附件 2-1 和 2-2 的公开日期均在本专利的申请日前，因此可以作为本专利的现有技术使用。

2. 关于专利权人提交的修改文本

审查指南第四部分第三章第 4.6 节在“无效宣告程序中专利文件的修改”中规定“发明或者实用新型专利文件的修改仅限于权利要求书，其原则是：（1）不得改变原权利要求的主题名称；（2）与授权的权利要求书相比，不得扩大原专利的保护范围；（3）不得超出原说明书和权利要求书记载的范围；（4）一般不得增加未包含在授权的权利要求书中的技术特征。”此外，“修改权利要求书的具体方式一般是指权利要求的删除、合并和技术方案的删除。”

合议组经审查后认为：专利权人将原权利要求 5 的技术方案改为现权利要求 1 和 2，首先该修改不符合上述修改原则的规定，因为权利要求 1 中的“XPS 挤塑聚苯板（1）上表面设有数道排气槽”在原申请中即没有记载，并且也不能从原申请记载的信息中直接地、毫无疑义地确定；其次该修改还不符合审查指南有关修改方式的规定，因为前决定中维持有效的权利要求 5 中的“XPS 挤塑聚苯板上、下面上分别设有数道排气槽”仅为一种技术方案，不存在并列的两种技术方案，即“保温层 XPS 挤塑聚苯板（1）上表面设有数道排气槽”或“保温层 XPS 挤塑聚苯板（1）下表面上设有数道排气槽（6）”，因此不能通过从并列的两种技术方案中删除一种的方式得到修改后的权利要求 1 和 2 的技术方案，所以专利权人的上述修改不属于“权利要求的删除、合并和技术方案的删除”三种可被允许的修改方式中的任一种。

综上所述，专利权人于 2008 年 2 月 21 日提交的对权利要求书的修改不符合审查指南第四部分第三章第 4.6 节的规定，不能被接受。本决定将以原无效决定维持有效的权利要求 5 以及原始申请的说明书、说明书附图和摘要以及摘要附图为基础进行审查。

3. 关于权利要求 5 的创造性

专利法第 22 条第 3 款规定的创造性，是指同申请日以前已有的技术相比，该发明有突出的实质性特点和显著的进步，该实用新型有实质性特点和进步。

评价一项实用新型权利要求的创造性时，首先将被评述的权利要求与最接近的现有技术进行比较，确定区别技术特征以及根据该区别技术特征所能达到的技术效果确定该权利要求实际解决的技术问题，最后判断现有技术中是否给出了将上述区别技术特征应用到该最接近现有技术以解决其实际要解决的技术问题的启示，若给出了启示则该权利要求相对于现有技术是显而易见的，无实质性特点；反之则是非显而易见的，具有实质性特点。

本案中，请求人认为权利要求 5 相对于附件 2-1、2-2 和公知常识的结合不具有创造性。合议组经审查后认为，附件 2-1 作为最接近的对比文件公开了一种多层装饰产品，其中具体公开了以下技术特征（参见说明书第 2~7 页）：一个包含一种聚合物泡沫的基材，所述聚合物可为聚苯乙烯聚合物，并将其独立地挤出（相当于本专利的 XPS 挤塑聚苯板）；一层或多层粘合在所述基材上的装饰层，装饰层可为金属片、金属膜、金属箔、固体表面薄片等。

通过上述对比可知，权利要求 5 与附件 1 的区别特征在于：①本专利的 XPS 挤塑聚苯板上胶合有一层铝板，而附件 2-1 则为金属装饰层；②铝板上面涂有一涂层；③XPS 挤塑聚苯板上、下面上分别设有数道排气槽。

关于区别特征①，虽然附件2-1的装饰层没有具体公开为铝板，但铝板是本领域常用的一种金属片材，而且本专利的铝板与附件2-1中金属片层均是作装饰用的，因此本领域的技术人员在附件2-1的基础上会在现有技术的各类金属片材中选择铝板，这是很容易想到的。

关于区别特征②，在金属片或板上涂装涂层用于保护金属、防腐、美观等，是本领域惯常采用的技术手段，属于公知常识，例如在附件2-4 JC39中的氟碳喷涂铝单板、铝及铝合金彩色涂层板公开了在铝板上涂有涂层。

此外，关于区别特征③，其要解决的技术问题是层状板排除气体的问题。而附件2-2公开了一种防止鼓泡的防火板装饰面客车箱板，并具体公开了以下技术特征（参见说明书第2页倒数第1段以及附图1）：基板1上下表面开有纵横贯通的向内凹的排气槽3，面板2与基板1双面涂胶后，将面板2粘接在基板1表面，排气槽3处于基板1与面板1之间。附件2-2中的基板1上下表面的排气槽对应于权利要求5中的XPS板上、下面的排气槽。虽然附件2-2的说明书中没有明确记载其可以解决保温板在生产过程中由于排气不好造成胶合不严密的问题，但是本领域技术人员在将面板与具有排气槽的基板胶合时，板之间的气体自然要沿着排气槽排出，不管是在保温板还是客车箱板，其都是为了解决层状板排除气体的问题，故附件2-2实际上已经给出了解决上述技术问题的启示。因此在附件2-1的基础上结合附件2-2和上述公知常识，本领域技术人员很容易得到权利要求5的技术方案，故该技术方案不具有实质性特点，权利要求5不符合专利法第22条第3款关于创造性的规定。

鉴于上述已经得出权利要求5不符合专利法第22条第3款的规定，应予无效，故本决定对第一和第二请求人提出的针对上述权利要求的其他理由和证据及证据的组合方式不再予以评述。

根据上述的事实和理由，本案合议组依法作出以下决定。

三、决定

在第10588号无效宣告请求审查决定维持有效的权利要求书基础上，宣告200420060948.8号实用新型专利权全部无效。

当事人对本决定不服的，可以根据专利法第46条第2款的规定，自收到本决定之日起三个月内向北京市第一中级人民法院起诉。根据该款的规定，一方当事人起诉后，另一方当事人应当作为第三人参加诉讼。

160

一种将多个余热资源统一回收并分散利用的节能装置

无效宣告请求审查决定（第 12031 号）

决　定　号　第 12031 号
决　定　日　2008 年 8 月 4 日
发明创造名称　一种将多个余热资源统一回收并分散利用的节能装置
国际分类号　F24J 3/00
无效宣告请求人　上海宁松热能环境工程有限公司
专　利　权　人　中国船舶重工集团公司第七一一研究所
申　请　号　200620043771. X
申　请　日　2006 年 7 月 10 日
授权公告日　2007 年 9 月 5 日
合议组组长　温丽萍
主　审　员　朱文广
参　审　员　汤元磊

法律依据　专利法第 22 条第 2 款
决定要点

如果权利要求中的功能性或用途性限定给权利要求所保护的产品的结构或构造带来了变化，并使之在实质上区别于所对比的技术方案，那么该权利要求相对于所对比的技术方案就具有新颖性。

一、案由

本无效宣告请求涉及中华人民共和国国家知识产权局于 2007 年 9 月 5 日授权公告的、名称为“一种将多个余热资源统一回收并分散利用的节能装置”的实用新型专利权（下称本专利），其专利号是 200620043771. X，申请日是 2006 年 7 月 10 日，专利权人是中国船舶重工集团公司第七一一研究所。本专利授权公告时的权利要求书如下：

“1. 一种将多个余热资源统一回收并分散利用的节能装置，其特征在于，包括：

一用于集中从多个用热设备回收余热的总热烟道；

一余热回收换热器，设置在总热烟道的出口端；

一冷烟道，设置在余热回收换热器的出口端；

以及，通过循环水管道与余热回收换热器循环连接的余热利用热交换循环部件。

2. 根据权利要求 1 所述的一种将多个余热资源统一回收并分散利用的节能装置，其特征在于，所述的余热利用热交换循环部件包括连接在余热回收换热器的输入端和输出端之间的循环水管道，设置在与余热回收换热器输入端连接的循环水管道的管段上的热循环水泵，以及设置在循环水管道的管段上、位于热循环水泵与余热回收换热器的输出端之间的用热设备。

3. 根据权利要求2所述的一种将多个余热资源统一回收并分散利用的节能装置，其特征在于，所述的用热设备由一个冷流体预热器构成。

4. 根据权利要求2所述的一种将多个余热资源统一回收并分散利用的节能装置，其特征在于，所述的用热设备由多个并联的冷流体预热器构成。

5. 根据权利要求2、3或4所述的一种将多个余热资源统一回收并分散利用的节能装置，其特征在于，所述的用热设备出口或进口处设置流量调节阀门。

6. 根据权利要求3或4所述的一种将多个余热资源统一回收并分散利用的节能装置，其特征在于，所述的冷流体预热器具有一个冷流体进口端和一个冷流体出口端，所述的冷流体出口端处设置一温度显示器。

7. 根据权利要求1所述的一种将多个预热资源统一回收并分散利用的节能装置，其特征在于，所述的余热回收换热器的进口端连接的循环水管道与热循环水泵的进口端之间设置一自动旁通调节装置。

8. 根据权利要求1所述的一种将多个预热资源统一回收并分散利用的节能装置，其特征在于，还包括一引风机，所述的引风机设置在冷烟道的出口端与排放烟囱之间。

9. 根据权利要求1所述的一种将多个预热资源统一回收并分散利用的节能装置，其特征在于，所述的余热回收换热器和各用热设备之间通过中间热载体进行封闭热交换循环，所述的封闭热交换循环部件的中间热载体是除氧给水。

10. 根据权利要求1所述的一种将多个余热资源统一受并分散利用的节能装置，其特征在于，所述的循环水管道上还接有连接除氧给水水源的除氧给水管。”

针对本专利权，上海宁松热能环境工程有限公司（下称请求人）于2008年2月13日向专利复审委员会提出无效宣告请求，认为本专利不符合专利法第22条第2款的规定，请求人同时提交了如下附件：

附件1：专利权人为上海宁松热能环境工程有限公司、申请日为2006年5月10日、授权公告日为2007年6月13日、授权公告号为CN2911592Y的中国实用新型专利说明书；

请求人认为本专利权利要求1~10相对于附件1不具备新颖性。

经形式审查合格，专利复审委员会依法受理了上述无效宣告请求，并于2008年4月8日向请求人和专利权人发出无效宣告请求受理通知书，同时将专利权无效宣告请求书及其附件清单中所列附件的副本转送给专利权人，并要求专利权人在指定的期限内陈述意见。

针对专利复审委员会发出的上述无效宣告请求受理通知书，专利权人于2008年5月23日提交了意见陈述书，专利权人认为附件1没有公开本专利权利要求1中“用于集中从多个用热设备回收余热的总热烟道”的技术特征，因此权利要求1具备新颖性，其从属权利要求2~10也具备新颖性。

专利复审委员会依法成立合议组。

本案合议组于2008年6月24日向双方发出无效宣告请求口头审理通知书，定于2008年7月24日在专利复审委员会举行口头审理。随同口头审理通知书，将专利权人于2008年5月23日提交的意见陈述书的副本转送给请求人。

口头审理如期举行，请求人虽然于规定期限内提交口头审理通知书回执表示参加口头审理，但实际并未出席，专利权人参加了口头审理，并在口头审理中针对请求人的无效理由、证据充分发表了意见。专利权人认可附件1的真实性。

至此，合议组认为本案事实已经清楚，可以作出审查决定。

二、决定的理由

1. 关于证据和现有技术

请求人提交的证据包括附件 1，专利权人对附件 1 的真实性没有异议，合议组经审查认为附件 1 为请求人于本专利申请日前向专利局提出的、在本专利申请日后公开的专利文献，因此其仅能用来评述本专利的新颖性。

2. 本专利权利要求 1~10 的新颖性

专利法第 22 条第 2 款规定，新颖性，是指在申请日以前没有同样的发明或者实用新型在国内外出版物上公开发表过、在国内公开使用过或者以其他方式为公众所知，也没有同样的发明或者实用新型由他人向国务院专利行政部门提出过申请并记载在申请日以后公布的专利申请文件中。

本案中请求人认为本专利权利要求 1~10 相对于附件 1 不具有新颖性。专利权人认为附件 1 并未公开权利要求 1 中的“一用于集中从多个用热设备回收余热的总热烟道”，因此权利要求 1 及其从属权利要求 2~10 均具有新颖性。

合议组经审查后认为，权利要求 1 请求保护一种将多个余热资源统一回收并分散利用的节能装置，附件 1 公开了一种用于加热炉上的水热媒空气预热器，其包括烟气从中通过的烟气换热器 11，热水循环泵 3，该泵 3 通过循环水管道即第一管道 1 和第二管道 2 驱动热水流过烟气换热器 11，从而利用烟气中的余热。由此可见，权利要求 1 相对于附件 1 的区别在于：权利要求 1 中的总热烟道是集中从多个用热设备回收余热的总热烟道，并且余热回收换热器设置于总热烟道的出口端，而通过附件 1 图 1、图 2 及相关文字说明可以看出，附件 1 中的烟道在使用于多台加热炉中并不是将烟气换热器设置于一个集中从多个用热设备回收余热的总热烟道的出口端，而是在各个用热设备的各自烟道中分别设置烟气换热器。显然，权利要求 1 中的上述限定使得其中的总热烟道在结构上应当具有一个适于集中多个用热设备余热的结构，如一个多路输入的接口，由此在结构和功能效果上将权利要求 1 所请求保护的技术方案实质区别于附件 1 所公开的技术方案，因此请求人关于权利要求 1 相对于附件 1 不具有新颖性的主张不能成立。

权利要求 2~10 分别直接或间接从属于权利要求 1，因此请求人关于权利要求 2~10 相对于附件 1 不具有新颖性的主张也不能成立。

根据上述的事实和理由，本案合议组依法作出以下决定。

三、决定

维持 200620043771. X 号实用新型专利权有效。

当事人对本决定不服的，可以根据专利法第 46 条第 2 款的规定，自收到本决定之日起三个月内向北京市第一中级人民法院起诉。根据该款的规定，一方当事人起诉后，另一方当事人应当作为第三人参加诉讼。

161

太阳能热水器的注水混合阀瓷芯

无效宣告请求审查决定（第12033号）

决　　定　　号　第12033号
决　　定　　日　2008年8月1日
发明创造名称　太阳能热水器的注水混合阀瓷芯
国 际 分 类 号　F24J 2/40
无效宣告请求人　马长梅
专 利 权 人　崔　荀
专　　利　　号　01222377.8
申　　请　　日　2001年9月3日
授 权 公 告 日　2002年6月26日
合 议 组 组 长　温丽萍
主　　审　　员　王　博
参　　审　　员　周文娟

法 律 依 据　专利法第22条第3款
决 定 要 点

如果一项权利要求与现有技术相比存在区别技术特征，由于该区别技术特征的存在使该技术方案能实现多种不同的功能，而现有技术中虽然存在能够分别实现其中部分功能的不同的技术方案，但若这些技术方案没有给出任何技术启示促使本领域技术人员有动机将现有技术进行结合从而构成该权利要求的技术方案，则该权利要求具备创造性。

一、案由

本无效宣告请求涉及中华人民共和国国家知识产权局于2002年6月26日授权公告的、名称为"太阳能热水器的注水混合阀瓷芯"的实用新型专利权（下称本专利），其专利号是01222377.8，申请日是2001年9月3日，专利权人是崔荀。本专利授权公告时的权利要求书如下：

"1. 太阳能热水器的注水混合阀瓷芯，它是有弧形狭孔的冷、热水进水孔A、B及出水孔C的定片（1）和可连通进水孔A、B及出水孔C的带有偏心圆形腔R的且直径小于定片（1）的动片（2），其特征是：

（A）动片（2）上偏心圆的圆心距动片（2）圆周边缘最远的一侧方，在距偏心圆的圆心较远处或较近处还设置了一个可与定片（1）上的冷、热水进水孔A、B相合的弧形狭槽腔——弧腔Q。设在较远处的弧腔Q的圆心角等于或略小于弧形狭孔A与B所跨的圆心角之和，弧腔Q是动片（2）

与定片（1）的圆平面中心线 O1O2 和 O3O4 重合、且圆周左边缘对齐，弧腔 Q 与弧形狭孔 A 与 B 相合，而设在较近处的弧腔 Q 的圆心角小于弧形狭孔 A 与 B 所跨的圆心角之和，弧腔 Q 是动片（2）与定片（1）的圆平面中心线 O1O2 和 O3O4 重合、且圆周右边缘对齐，弧腔 Q 与弧形狭孔 A 与 B 相合，

（B）定片（1）上的出水孔 C 是一个类似斜孔的异形结构体，此斜孔的上面左边缘要比下面左边缘距定片 1 左边缘距离远。

2. 根据权利要求书 1 所述的混合阀瓷芯，其特征是动片（2）上的弧腔 Q 是向左斜上方穿通动片（2），偏心圆形腔 R 亦可穿通，并将原有的拨转动片（2）的拨盘 S 在与弧腔 Q 和偏心圆形腔 R 相对应的位置处设有一定深度的凹腔，并以密封垫圈 T 密封。”

针对本专利权，马长梅（下称请求人）于 2006 年 7 月 18 日向专利复审委员会提出无效宣告请求，认为本专利不符合专利法第 22 条第 3 款的规定，请求人同时提交了如下附件：

附件 1：授权公告日为 1987 年 7 月 28 日、授权公告号为 US4682626 的美国专利文献；

附件 2：授权公告日为 1999 年 12 月 22 日、授权公告号为 CN2355273Y 的中国实用新型专利说明书，共 6 页。

请求人认为：权利要求 1 相对于附件 1、2 的结合不具备创造性。

经形式审查合格，专利复审委员会依法受理了上述无效宣告请求，并于 2008 年 7 月 19 日向请求人和专利权人发出无效宣告请求受理通知书，同时将专利权无效宣告请求书及其附件清单中所列附件的副本转送给专利权人，并要求专利权人在指定的期限内陈述意见。

请求人于 2006 年 8 月 4 日向专利复审委员会提交了意见陈述书，并补充了无效宣告的理由和证据，其中补充的证据为：

附件 3：授权公告日为 1997 年 4 月 23 日、授权公告号为 CN2252923Y 的中国实用新型专利说明书；

附件 4：附件 1 的中文译文，共 19 页。

请求人认为：权利要求 1 相对于附件 1、2 的结合不具备创造性，相对于附件 3、2 的结合不具备创造性。

请求人于 2006 年 8 月 17 日向专利复审委员会提交了意见陈述书，并补充了无效宣告的理由和证据，其中补充的证据为：

附件 5：授权公告日为 1986 年 6 月 19 日，授权公告号为昭 61-20358 的日本专利公报；

附件 6：附件 5 的中文译文，共 13 页；

附件 7：国家知识产权局专利检索咨询中心出具的编号为 G061297 的《检索报告》复印件，共 7 页。

请求人认为：权利要求 1 相对于附件 2 与附件 5 的结合不具备创造性。

针对专利复审委员会发出的上述无效宣告请求受理通知书，专利权人于 2006 年 8 月 22 日提交了意见陈述书。

专利权人认为：权利要求 1 相对于附件 1、2 的结合具有创造性。

专利复审委员会依法成立合议组对本案进行审查。

本案合议组于 2008 年 6 月 3 日向双方发出无效宣告请求口头审理通知书，定于 2008 年 7 月 17 日在专利复审委员会举行口头审理。随同口头审理通知书，将请求人于 2006 年 8 月 4 日和 8 月 17 日提交的意见陈述书及其附件清单中所列附件的副本转送给专利权人，将专利权人于 2006 年 8 月 22 日提交的意见陈述书的副本转送给请求人。

口头审理如期举行，双方当事人均参加了口头审理。

在口头审理中，（1）请求人明确其无效理由、证据、范围及证据组合方式为：权利要求1相对于附件1、2或5、2或2、3的结合不符合专利法第22条第3款的规定，请求人明确没有其他的无效理由、证据、范围及证据组合方式。（2）合议组当庭告知请求人权利要求1相对于附件2、3的结合不具有创造性的评述方式已经由专利复审委员会第7796号决定审查过，该决定目前已经生效，故本案合议组对权利要求1相对于附件2、3的结合不具有创造性的评述方式不予审理。（3）专利权人对附件1~3、5的真实性没有异议，对附件1、5的中文译文即附件4和6的准确性没有异议。（4）专利权人当庭提交意见陈述，合议组当庭将其副本转送给请求人。在此基础上，合议组对本案进行了调查，充分听取了双方当事人的意见。

至此，合议组认为本案事实已经清楚，可以作出审查决定。

二、决定的理由

1. 关于证据和现有技术

请求人提交的证据包括附件1~3、5，专利权人对附件1~3、5的真实性没有异议，合议组经审查确认其真实性。同时由于附件1~3、5为公开出版物，且其公开日期在本专利的申请日前，因此可以作为本专利的现有技术使用。

其中请求人提交的附件1、5为外文证据，请求人分别提交附件4、6作为其中文译文，专利权人对这些中文译文的准确性也没有异议，因此附件1、5的公开内容分别以附件4、6为准。

附件7为国家知识产权局专利检索咨询中心出具的检索报告，其中的检索意见仅供合议组参考，对本决定不具有约束力，合议组对其不予考虑。

2. 关于请求人无效宣告请求的理由、证据和范围

专利法实施细则第65条第2款规定：在专利复审委员会就无效宣告请求作出决定之后，又以同样的理由和证据请求无效宣告的，专利复审委员会不予受理。

审查指南第四部分第三章第2.1节对专利法实施细则第65条第2款作了进一步解释，规定：对已作出审查决定的无效宣告案件涉及的专利权，以同样的理由和证据再次提出无效宣告请求的，不予受理和审理。

口头审理中，请求人明确其无效理由、证据、范围及证据组合方式为：权利要求1相对于附件1、2或5、2或2、3的结合不符合专利法第22条第3款的规定。专利复审委员会曾于2005年11月30日针对本专利作出了第7796号无效宣告请求审查决定，该决定现已生效。其中的附件1、3分别对应于本案中的附件3、2。在第7796号决定中，专利复审委员会认定本专利权利要求1相对于附件1、3（即本案中的附件3、2）的任意结合具有创造性，根据上述规定，合议组对本案中请求人所提出的权利要求1相对于附件2、3的结合不具有创造性的无效宣告理由不予审理。因此，请求人的无效宣告请求变为：权利要求1相对于附件1、2或5、2的结合不符合专利法第22条第3款的规定。

3. 关于本专利的权利要求1的创造性

创造性，是指同申请日以前已有的技术相比，该发明有突出的实质性特点和显著的进步，该实用新型具有实质性特点和进步。

如果一项权利要求与现有技术相比存在区别技术特征，由于该区别技术特征的存在使该技术方案能实现多种不同的功能，而现有技术中虽然存在能够分别实现其中部分功能的不同的技术方案，但若这些技术方案没有给出任何技术启示促使本领域技术人员有动机将现有技术进行结合从而构成该权利要求的技术方案，则该权利要求具备创造性。

请求人主张权利要求1相对于附件1、2或附件5、2的结合不具有创造性。

权利要求 1 要求保护一种太阳能热水器的注水混合阀瓷芯，其具有注水、调温和记忆功能，其中包括动片与定片“左对齐”和“右对齐”两种方案，并具体限定了动片上的弧腔 Q 的大小和其与偏心圆形腔 R 的位置关系，左对齐的方案由注水状态切换到出水调温状态时动片需要经过 180 度旋转和平移两个动作，但注水时水量较大，而右对齐的方案由注水状态切换到出水调温状态时动片虽然只需经过 180 度旋转这一个动作，但注水时水量较小。

附件 1 公开了一种单杆式冷热水混合器装置，其阀芯具有定盘 9 和置于其上的可移动盘 10，后者的直径略小于前者，可移动盘 10 上有盲孔式的混合室 11，定盘 9 上有贯通的出水口 5″和冷热水进口 2″、3″，定盘 9 上的出水口 5″为基本倾斜的贯通孔，其在从上到下的方向上，从定盘的中心向定盘的边缘倾斜（参见附件 1 图 1A、1B 及说明书相关文字部分）。通过可移动盘 10 的转动和移动，可以实现冷热水的调温和记忆功能。

附件 2 公开了一种太阳能热水器控制阀，阀体 1 内设有三个独立的进出水腔，三进出水腔一端对应定片 3 的 A、B、C 三个独立通孔，与定片 3 平面转动密封配合的动片 4 上设有 D 与 E 两条独立盲槽，D 与 E 盲槽槽口平面分别能覆盖 A、B、C 通孔中的两个或三个，通过转动动片实现注水和调温功能（参见附件 2 权利要求 1、图 2-4）。

附件 5 公开了一种混合阀栓中的阀开闭操作装置，其阀芯具有圆形的定片 1 和置于其上的圆形动片 8，后者的直径小于前者，动片上有盲孔状混合室 9，定片上设有贯通的窄弧形热冷水入口 2、3 和放水口 4，该放水口 4 为基本倾斜的贯通孔，其在从上到下的方向上，从定片的中心向定片的边缘倾斜（参见附件 5 图 3、6 及说明书相关文字部分）。通过动片 8 的转动和移动，可以实现冷热水的调温和记忆功能。

将附件 1、2、5 分别与权利要求 1 相比较，它们与权利要求 1 的最主要的区别就在于动片结构的不同。附件 1、5 的动片上均只设有用于出水调温的盲孔式混水腔（即附件 1 中的混合室 11 和附件 5 中的混合室 9），而没有公开权利要求 1 中能实现注水功能的弧腔 Q。附件 2 的动片上虽然设有能够实现注水功能的盲槽 D，但附件 2 中的定片与动片大小相同，只能转动而无法移动，故只能通过转动实现注水与调温功能，而无法通过移动实现记忆功能。这两种动片所存在的问题正是本专利背景技术中所记载的现有技术的缺陷，而本专利即试图解决这些问题，提供兼具记忆、调温和注水功能的混合阀瓷芯。虽然请求人主张，本领域技术人员将附件 1、2 或附件 5、2 结合很容易得出权利要求 1 的技术方案，本领域技术人员根据简单实验即可得出合适的弧腔 Q 与偏心圆形腔 R 的相对位置关系，但合议组认为，首先，附件 1、5 中均没有给出与附件 2 进行结合的启示，附件 1、5 公开的都是常规混水阀，其无需实现注水功能，因此没有动机促使本领域技术人员为了实现注水目的在对其动片上设置弧腔 Q；其次，即使将附件 1、5 分别与附件 2 进行结合，本领域技术人员不经过创造性劳动，也是无法得出本专利权利要求 1 的方案，即具体限定了弧腔 Q 大小及其与偏心圆形腔 R 的具体结构和相对位置关系，形成的“左对齐”与“右对齐”这样两种具有实质性特点的具体技术方案，同时这样的方案也实现了能够兼具调温、注水和记忆功能的有益的技术效果，即具有进步性。因此，权利要求 1 相对于附件 1、2 或附件 5、2 的结合具有创造性，符合专利法第 22 条第 3 款的规定。

根据上述的事实和理由，本案合议组依法作出以下决定。

三、决定

维持 01222377.8 号实用新型专利权有效。

当事人对本决定不服的，可以根据专利法第 46 条第 2 款的规定，自收到本决定之日起三个月内向北京市第一中级人民法院起诉。根据该款的规定，一方当事人起诉后，另一方当事人应当作为第三人参加诉讼。

162

扩展式微机硬件多功能实验仪

无效宣告请求审查决定（第12034号）

决　　定　　号　第12034号
决　　定　　日　2008年7月24日
发明创造名称　扩展式微机硬件多功能实验仪
国 际 分 类 号　G09B25/00
无效宣告请求人　北京工业大学
专 利 权 人　徐　晶
专　　利　　号　200420004727.9
申　　请　　日　2004年2月26日
授 权 公 告 日　2005年2月23日
合 议 组 组 长　任晓兰
主　　审　　员　孙丽芳
参　　审　　员　田　芳

法 律 依 据　专利法第22条第2款、第3款
决 定 要 点

请求人对自己提出的无效理由所依据的事实有责任提供完整的、合法的证据加以证明。如果请求人提供的证据不足以证明其所要证明的事实，则依据该证据所提出的无效理由将不能成立。

一、案由

本无效宣告请求案涉及国家知识产权局于2005年2月23日授权公告、申请号为200420004727.9、名称为“扩展式微机硬件多功能实验仪”的实用新型专利（下称本专利），其申请日为2004年2月26日，专利权人为徐晶。本专利授权公告的权利要求书如下：

“1. 一种扩展式微机硬件多功能实验仪结构包括微处理器、八地址锁存器、可编程只读存储器、触发器、八位A/D转换器、八位D/A转换器、可编程键盘、显示器芯片、静态随机存储器、开关电路、步进电机、直流电机、键盘及显示器、可编程并行接口、打印机接口、仿真器插座、温度测量电路和实验仪面板；其特征在于：将上述各个芯片安装于面板背面，在面板正面对应位置上印有标明芯片型号的标志字符印层；所述各芯片的数据线、控制端、A/D转换器输入、输出端和D/A转换器的输入、输出端通过引出线连接于面板上的布线区内设置的对应插孔上，在所述面板的布线区附近设有由两组五排孔插孔组成的扩展板部分；所述两组五排孔插孔中每竖向五排孔构成一组相互连通的插孔组；所述布线区内的各芯片的数据线、控制端和A/D及D/A转换器输入、输出端的插孔与扩展板部

分的两组五排孔插孔之间，根据实验需要，通过若干根双插头连接线实现组合插接。”

针对上述专利权，北京工业大学（下称请求人）于2007年10月26日就本专利向专利复审委员会提出无效宣告请求，提交了以下证据1~11：

证据1：单片机硬件课程设计实验系统（I）的数码照片，彩色复印件共12页；

证据2：上海复旦天欣科教仪器有限公司企业法人营业执照，复印件共1页；

证据3：北京市第二中级人民法院刑事判决书（2006）二中刑初字第1745号，第1、6、7、18页的复印件，共4页；

证据4：上海复旦天欣科教仪器有限公司于2007年3月15日出具的“技术说明”，复印件共2页；

证据5：发票号为沪杨00-0139052的上海市工业统一发票，开票日期2002年6月15日，发票出具单位是上海复旦天欣科教仪器有限公司，复印件共1页；

证据6：上海复旦天欣科教仪器有限公司于2007年3月15日出具的“证明”（一），复印件共1页；

证据7：上海复旦天欣科教仪器有限公司于2007年3月15日出具的“证明”（二），复印件共1页；

证据8：标有“上海复旦天欣科教仪器有限公司封2007.3.15”字样的“单片机硬件课程设计实验系统（I）数码照片”的信封照片以及箱体照片，复印件共4页；

证据9：北京工业大学国有资产管理处出具的凭单号分别为2580、2581的固定资产直验单，领用日期为2002年6月17日，复印件共2页；

证据10：微机硬件系统《课程设计》实验指导书，第二版（学生用基础篇），徐晶、胡宾编，北京工业大学印刷服务中心印刷，印刷日期为2001年12月，复印件共5页，包括封面、目录、第1页以及封底；

证据11：第200420004727.9号实用新型专利说明书（本专利授权公告文本），复印件共8页。

请求人认为：

（1）证据1~9证明本专利于申请日以前已经公开使用过，不具备专利法第22条第2款规定的新颖性。具体理由为：证据1的照片上显示单片机的面板上印有“北工大计算机学院实验中心、上海复旦大学科教仪器厂 联合研制”的字样，证据2的营业执照显示上海复旦天欣科教仪器有限公司于2002年5月16日成立，证据3的判决书中证明上海复旦大学科教仪器厂已于2002年5月16日更名为上海复旦天欣科教仪器有限公司，由此证明证据1于本专利申请日以前已经在国内公开使用。证据5~7和证据9用于证明北京工业大学于2002年6月15已经购买过证据1照片上的单片机，其中证据6~7用于证明证据5发票上的产品名称、销售单位尽管与证据1中仪器面板上显示名称不一样，但实际上是同一产品、同一单位。证据4是上海复旦天欣科教仪器有限公司出具的对证据5发票上的产品单片机硬件课程设计实验系统（I）的技术说明，用于证明该仪器的技术特征实际上已经覆盖了本专利权利要求书中所有的技术特征。证据8是上海复旦天欣科教仪器有限公司封存单片机硬件课程设计实验系统（I）仪器后的数码照片。由于证据1与本专利的前序部分和特征部分的技术特征完全相同，因此，上述证据1~9证明本专利相对于证据1不具备新颖性；

（2）证据10和证据1证明本专利不具备专利法第22条第3款规定的创造性。具体理由为：证据10是北京工业大学计算机学院1999级和2000级本科生的教学实验教材，其中证据10的附图与本专利附图1的电路原理框图差别在于说明书附图1中有扩展板，证据10中没有该项，证据10的附图中有压力传感器，说明书附图1中没有，而扩展板的作用仅在于接线引出，与证据1中的实际设计相同，因此本专利相对于证据 10 和证据 1 不具备创造性。

经形式审查合格后，专利复审委员会受理了上述请求，于 2007 年 11 月 20 日向双方当事人发出《无效宣告请求受理通知书》，并将《专利权无效宣告请求书》及其他有关文件的副本转送给专利权人，要求专利权人在指定的期限内答复，同时成立合议组对本无效请求案进行审理。

专利权人于规定期限内没有答复。

2008 年 3 月 27 日，本案合议组向双方当事人发出《无效宣告请求口头审理通知书》，拟定于 2008 年 5 月 14 日对该专利权的无效宣告请求进行口头审理。

2008 年 5 月 14 日，口头审理如期举行，双方均委托代理人出席了本次口头审理，双方对合议组成员没有回避请求。庭审过程中，合议组就本案的无效理由及证据逐一进行了调查，并且记录了以下事项：

（1）请求人当庭提交了盖有上海复旦天欣科教仪器有限公司骑缝章的信封一个，作为证据 1 的原件，盖有上海复旦天欣科教仪器有限公司红章的证据 2 的复印件，盖有中国共产党北京工业大学纪律监察委员会骑缝章的证据 3 的复印件，盖有上海复旦天欣科教仪器有限公司红章的证据 4 的复印件，证据 5、9、10 的原件，盖有上海复旦天欣科教仪器有限公司红章的证据 6、7 的复印件，以及盖有上海复旦天欣科教仪器有限公司红章的证据 8 的封存实物，其箱体上手写封存时间是 2007 年 3 月 15 日，请求人当庭拆封了证据 8 的实物。合议组当庭转交给专利权人核实。

（2）请求人当庭提交了如下证据 12。

证据 12：北京市第一中级人民法院（2008）一中行初字第 48 号行政判决书，复印件共 9 页。

合议组将其当庭转送专利权人。

（3）专利权人当庭提交了反证 1 和 2。

反证 1：上海市第二中级人民法院民事判决书（2007）沪二中民五（知）初字第 134 号，复印件共 5 页，并出示了原件；

反证 2：由上海市工商行政管理局杨浦分局档案室出具的档案机读材料的复印件共 1 页；

合议组将其当庭转送请求人。请求人认为所述反证 1、2 超过了举证期限。

（4）专利权人认为：根据反证 1 和 2 的内容证明，上海复旦天欣科教仪器有限公司并不是上海复旦大学科教仪器厂改制后的公司，它们是两个不同的公司，前者没有资格给后者生产的产品出具技术说明以及各种证明。专利权人对证据 1、6~8、10 的真实性有异议，对证据 2~3、5、8、9 的关联性有异议，认为证据 4 不具有证明力。

（5）请求人认为：证据 12 可以证明证据 3 为生效判决，上海复旦天欣科教仪器有限公司就是上海复旦大学科教仪器厂改制后的公司。

（6）请求人当庭明确表示，①使用证据 1、证据 4 和证据 8 说明本专利不具备新颖性，证据 1 是证据 8 的照片，证据 4 是证据 8 的技术说明书，证据 8 的技术说明与本专利权利要求 1 的技术特征基本相同，后者在权利要求 1 特征部分多出来的触发器实质上为虚拟元件，在说明书发明内容部分没有出现该部件；②证据 2、3、5~7、9 与证据 1、4、8 形成证据链证明证据 1 的有效性；③使用证据 1、8 和 10 结合证明本专利不具备创造性，本专利权利要求 1 中的部件实际上与证据 10 中的部件相同，部件之间的连接关系在证据 8 中公开。

（7）专利权人当庭明确表示，由于请求人的证据 1~9 不能证明本专利在申请日以前公开生产并销售，而证据 10 本身不是公开出版物，因此无法进行技术特征的对比。

至此，合议组认为本案的事实已经清楚，可以作出审查决定。

二、决定的理由

1. 关于审查文本

本决定以本专利授权公告的文本为审查基础。

2. 关于举证期限

(1) 专利权人的反证 1 和 2。

根据审查指南第四部分第三章第 4.3.2 节的规定：专利权人应当在专利复审委员会指定的答复期限内提交证据，但对于技术词典、技术手册和教科书等所属技术领域中的公知常识性证据或者用于完善证据法定形式的公证书、原件等证据，可以在口头审理辩论终结前补充。

本案中，专利复审委员会于 2007 年 10 月 26 日收到请求人的无效宣告请求书及其附件，并于 2007 年 11 月 20 日向双方当事人发出无效受理通知书，同时将《专利无效宣告请求书》及其清单中所列附件副本转送专利权人，告知专利权人应当在收到上述通知书之日起一个月内陈述意见，专利权人在规定期限内没有提交任何意见陈述书和反证，而是在口头审理时提交反证 1 和 2 用于证明上海复旦天欣科教仪器有限公司（下称天欣公司）并非由上海复旦大学科教仪器厂（下称科教仪器厂）改制而来。请求人对其举证期限提出质疑。对此，合议组认为，反证 1 和 2 提交的时间超出了合议组指定的期限，同时，其并不属于技术词典、技术手册、教科书等公知常识性证据，也不是完善证据法定形式的公证书、原件等证据，因此，专利权人在口审当庭提交的反证 1 和反证 2 超出举证期限，合议组不予考虑。

(2) 请求人的证据 12。

根据专利法实施细则第 66 条及审查指南第四部分第三章第 4.3.1 节的规定，请求人在提出无效宣告请求之日起一个月后补充证据的，专利复审委员会一般不予考虑，除非属于审查指南上述部分规定的两种例外情形：①针对专利权人以合并方式修改权利要求或者提交的反证，请求人在专利复审委员会指定的期限内补充证据并结合该证据具体说明相关无效理由的；②在口头审理辩论终结前提交技术词典等公知常识性证据或用于完善证据法定形式的公证书、原件等证据，并结合证据具体说明相关无效理由的。

本案中，请求人当庭提交证据 12，用于证明证据 3 的判决已生效，其实质上相当于完善证据法定形式的证据，并且，专利权人也未质疑其举证期限，因此，合议组对证据 12 予以考虑。

3. 关于无效理由

根据口头审理时请求人明确的无效理由，合议组对本专利相对于证据 1~9 是否符合专利法第 22 条第 2 款的规定、相对于证据 1、8、10 是否符合专利法第 22 条第 3 款的规定进行审理。

4. 关于专利法第 22 条第 2 款

专利法第 22 条第 2 款规定：新颖性，是指在申请日以前没有相同的发明或实用新型在国内外出版物上公开发表过、在国内公开使用过或者以其他方式为公众所知，也没有相同的发明或者实用新型由他人向国务院专利行政部门提出过申请并且记载在申请日以后公布的专利申请文件中。

请求人对自己提出的无效理由所依据的事实有责任提供完整的、合法的证据加以证明，如果请求人提供的证据不能形成完整的证据链以证明一项专利技术方案在申请日前已在国内公开使用，则该专利具备新颖性。

就本案而言，请求人使用证据 1、4、8 与本专利进行对比，说明本专利不具备新颖性，证据 2、3、5、6、7、9 结合证明证据 1、4、8 在本专利申请日前已经公开使用。

证据 1 是证据 8 单片机硬件课程设计实验系统（I）封存前的实物照片，专利权人对其真实性有异议，请求人当庭提交了证据 8 的实物，合议组当庭拆封证据 8，经核实，照片与实物相符（以下统称证据8)。在证据8面板右上方印制有“单片机硬件课程设计实验系统（I）北工大计算机学院实验中心 上海复旦大学科教仪器厂 联合研制”字样，并贴有“北京工业大学 微机硬件课设实验系统”的设备条形码标识。

证据2是上海复旦天欣科教仪器有限公司企业法人营业执照复印件，证据3是北京市第二中级人民法院刑事判决书（2006）二中刑初字第1745号的第1、6、7、18页的复印件，专利权人对其真实性未提出异议，经与原件核实，合议组认可证据2~3的真实性。证据2表明天欣公司于2002年5月16日成立。请求人拟用证据3证明天欣公司的前身是科教仪器厂。专利权人对此提出质疑，认为天欣公司并非由科教仪器厂改制而成，并提供反证1和2。虽然反证1和2由于举证超期不能接受，但是合议组查明，请求人提交的证据3只有（2006）二中刑初字第1745号刑事判决书的第1、6、7、18页，请求人未在审查指南规定的举证期限内提供证据证明证据3为生效判决，所述天欣公司的前身是科教仪器厂的待证事实不是经过生效判决已经查明认定的事实。请求人在口头审理时当庭提交证据12，认为该证据第1页所示原告徐晶目前“在北京女子监狱服刑”即可证明证据3已经生效。对此，合议组认为，首先，证据12是北京市第一中级人民法院针对专利复审委员会第10001号无效宣告审查决定的一审判决，与证据3之间缺乏关联性；其次，原告徐晶目前在服刑至多仅能证明证据3中徐晶涉嫌贪污的罪名成立，并不能证明天欣公司的前身是科教仪器厂，因此，尽管证据3第6页记载有如下内容“证人钟国梁（复旦天欣公司副总经理）的证言证明：复旦大学科教仪器厂是复旦大学的校办工厂，2002年进行股份制改造，更名为复旦天欣公司”，但是由证据3（即使结合证据12）并不能确定科教仪器厂与天欣公司的关系，从而不能证明证据8的研制时间必然在2002年5月16日之前。

证据5是北京工业大学购买微机硬件课设计实验系统等四个系统的发票，购置时间为2002年6月15日，证据9是北京工业大学国有资产管理处出具的固定资产直验单，其中验收的设备名称为“微机硬件课设实验系统”和“微机控制实验系统配件”。请求人提供了证据5和证据9的原件，专利权人认可其真实性，但是认为发票和直验单上的名称与证据1上的名称不同，因此与本案无关联性。合议组经核实，认可证据5和9本身的真实性，但是证据5和9仅能证明北京工业大学曾于2002年6月15日购买过“微机硬件课设实验系统”，由于（1）证据8上印制的机器名称是“单片机硬件课程设计实验系统（I）”，与证据5和9中的设备名称不一致。（2）尽管证据8上贴有“北京工业大学 微机硬件课设实验系统”的设备条码标识，但其是粘贴而非印制在面板上的，而这种粘贴具有一定的随意性；因此，据此尚不能认为证据5和9中的“微机硬件课设实验系统”就是证据8的单片机硬件课程设计实验系统（I）。

证据4是天欣公司出具的对于北京工业大学购买的发票号为沪杨00-0139052的发票对应的仪器的技术说明。证据6是天欣公司出具的证明材料，拟用于证明证据5出具发票单位的名称（上海复旦天欣科教仪器有限公司）虽然与证据8仪器面板上显示的研制单位名称（上海复旦大学科教仪器厂）不一致，但其实质上是同一单位。证据7也是天欣公司出具的证明材料，旨在证明证据5发票中所购设备的名称与证据8仪器面板上名称不一致的原因。以上3个证据均撰写于2007年3月15日，加盖有上海复旦天欣科教仪器有限公司的印章。专利权人不认可证据4、6~7的真实性。对此，合议组认为，证据4、6~7是天欣公司出具的证明材料，具有证人证言的性质。首先，在证据4、6~7上仅加盖有“上海复旦天欣科教仪器有限公司”的印章，没有任何具体承办相关事务的自然人签名；其次，出具证言的单位也未派相关人员出庭接受专利权人的质证和合议组的询问；再者，考虑到出具证言的单位与本案的关系，基于目前证据3无法确定天欣公司是由科教仪器厂改制而来，因此，天欣公司是否能证明证据4、6~7所要证明的事实还存在疑问；退一步讲，即使天欣公司确由科教仪器厂改制而成，根据其与北京工业大学曾共同研制单片机课程设计系统（I）的事实，天欣公司也与本案存在利害关系；另外，请求人也没有提供其他客观性证据佐证所述证言的真实性。因此，合议组对证据4、6~7不予采信。

综上所述，证据1~9无法构成一个完整的证据链，证明证据8的单片机硬件课程设计实验系统（I）在本专利申请日前公开使用过，因此，也无法与本专利权利要求1进行对比来破坏本专利的新颖性。

5. 关于专利法第22条第3款

专利法第22条第3款规定：创造性，是指同申请日以前已有的技术相比，该发明有突出的实质性特点和显著进步，该实用新型有实质性特点和显著的进步。

如果请求人提出的无效理由缺乏证据支持，则无效理由将不能成立。

本案中，请求人当庭明确表示使用证据1、8、10结合来评价本专利权利要求1的创造性。

首先，如前所述，请求人提出的证据无法证明证据1、8（统称证据8）在本专利申请日前公开使用过，因此其无法作为本专利的现有技术使用。基于此，请求人基于证据1、8、10的结合认为本专利不具备创造性的无效理由由于没有证据的支持不能成立。

其次，就证据10而言，其为北京大学印刷服务中心印制的“微机硬件系统《课程设计》实验指导书第二版（学生用书基本篇）”的复印件，其印刷时间为2001年12月，封面印有“徐晶、胡宾编”。请求人当庭提交了该证据的原件。专利权人不认可证据10作为公开出版物的真实性，认为其没有书号、只是装订成书的形式，对印刷时间也有异议。对此，合议组认为：根据审查指南第二部分第三章2.1.3.1节的规定，专利法意义上的出版物是记载有技术或涉及内容的独立存在的传播媒体，并应当表明或者有其他证据证明其公开发表或出版的时间。出版物的印刷日视为公开日，有其他证据证明其公开日的除外。证据10为专利权人与他人合编的学生实验教材，其原件内容完整，保持原始装订，未见拆分痕迹，专利权人在没有充分理由和证据的情况下对其真实性提出质疑缺少依据，因此，合议组认可证据10的真实性。在此基础上，基于证据10的印刷时间为2001年12月，早于本专利的申请日，因此，可以作为本专利的现有技术。专利权人认为其没有书号，因此不是公开出版物。但合议组认为，该书是一本学生用实验教材，从教材本身的性质考虑，并无保密的需要，更何况，该书本身也未记载任何需要保密的标记，因此，合议组对专利权人的上述主张不予支持。

证据10中第1页的附图1-1公开了一种实验仪器的逻辑模块结构，包括CPU、地址译码器、2764EPROM、直流电机、0832、测速电流、压力传感器、温度传感器、0809、电位器、布线区、开关K0~K7、指示灯L0~L7、步进马达、6264、377、指示灯L8~L15、8279、键盘8只、LED显示器6位、8255、点阵液晶显示屏、打印接口和系统扩展总线，同时附图1-1中用带箭头的线条简单显示了各部件之间的连接结构。然而，证据10中并没有文字说明各类数字代表的模块结构具体是什么结构，即使证据10中数字代表的模块与权利要求1中文字描述的芯片一致，证据10也没有公开各个结构在仪器上的安装位置和对应的接口，没有公开权利要求1中的触发器和仿真器插座，同时在证据10中也没有公开权利要求1中的扩展板部分和各芯片的数据连接方式。基于权利要求1相对于证据10存在以上区别，且请求人未提出证据证明将这些区别引入证据10的逻辑模块结构中形成权利要求1的技术方案是显而易见的，因此，证据10尚不足以破坏权利要求1的创造性。

综上，合议组认为，请求人的无效理由没有证据支持，其认为本专利的权利要求1不具备新颖性、创造性的无效理由不能成立。

基于以上事实和理由，本案合议组作出如下审查决定。

三、决定

维持 200420004727.9 号实用新型专利权有效。

当事人对本决定不服的，可以根据专利法第 46 条第 2 款的规定，自收到本决定之日起三个月内向北京市第一中级人民法院起诉。根据该款的规定，一方当事人起诉后，另一方当事人应当作为第三人参加诉讼。

163

耐火砖

无效宣告请求审查决定（第12058号）

决　　定　　号　第12058号
决　　定　　日　2008年8月6日
发明创造名称　耐火砖
国 际 分 类 号　F27D 1/08
无效宣告请求人　河南省宏达炉业有限公司
专　利　权　人　赵西安
专　　利　　号　03245778.2
申　　请　　日　2003年5月9日
授 权 公 告 日　2004年6月16日
合 议 组 组 长　黄　颖
主　　审　　员　王　森
参　　审　　员　樊延霞

法 律 依 据　专利法第22条第3款
决 定 要 点

要求保护的实用新型与最接近的现有技术间存在区别技术特征，若现有技术中给出了将上述区别技术特征应用到该最接近的现有技术以解决其存在的技术问题的启示，则该实用新型不具有实质性特点，进而不具备创造性。

一、案由

本无效宣告请求涉及中华人民共和国国家知识产权局于2004年6月16日授权公告的、名称为“耐火砖”的实用新型专利权（下称本专利），其专利号是03245778.2，申请日是2003年5月9日，专利权人是赵西安。本专利授权公告时的权利要求书如下：

“1. 一种耐火砖，它包括砖本体，其特征在于：在砖本体（1）上设置有金属杆（2），在砖本体（1）的背工作面设置有金属板（3），金属杆（2）与金属板（3）相连接，在金属板（3）上设置有螺栓（4），砖本体（1）的轴向截面为T形。

2. 根据权利要求1所述的耐火砖，其特征在于：所述金属杆（2）为三根。

3. 根据权利要求1所述的耐火砖，其特征在于：所述螺栓（4）为两根。

4. 根据权利要求1所述的耐火砖，其特征在于：所述金属杆（2）预埋在砖本体（1）内。

5. 根据权利要求1所述的耐火砖，其特征在于：所述金属杆（2）的横截面为V字形状。

6. 根据权利要求 1 所述的耐火砖，其特征在于：所述金属杆（2）的横截面为 Y 字形状。

7. 根据权利要求 1~6 中任一项所述的耐火砖，其特征在于：所述螺栓（4）与金属杆（2）相连接。

8. 根据权利要求 1~6 中任一项所述的耐火砖，其特征在于：所述砖本体（1）的一端为扣合凸台，砖本体（1）的另一端为倾斜面。”

针对本专利权，河南省宏达炉业有限公司（下称请求人）于 2008 年 3 月 19 日向专利复审委员会提出无效宣告请求，认为本专利的权利要求 1~8 不符合专利法第 22 条第 3 款的规定，请求人同时提交了如下附件：

附件 1：1990 年第 4 期、总第 58 期的《工业炉》封面页、第 35 页、封底页复印件，共 3 页；

附件 2：冶金工业部建筑研究院等编著、冶金工业出版社出版、1980 年 4 月第一版第一次印刷的《耐火混凝土》封面页、版权页、第 422~425、430~433 页复印件，共 6 页；

附件 3：第一机械工业部第一设计院主编、机械工业出版社出版、1981 年 10 月北京第一版、1989 年 4 月成都第三次印刷的《工业炉设计手册》封面页、版权页、第 194~195 页复印件，共 4 页；

附件 4：1983 年第 4 期、总第 26 期的《工业炉》封面页、目录页、第 13~15 页复印件，共 5 页；

附件 5：钱之荣等主编、冶金工业出版社出版、1992 年 9 月第一版、1992 年 9 月第一次印刷的《耐火材料实用手册》封面页、版权页、第 578~580 页、第 645 页复印件，共 5 页；

附件 6：冶金工业出版社出版的《耐火材料技术问答》封面页、第 297~300 页、封底页复印件，共 6 页；

附件 7：1992 年第 4 期《工业炉》封面页、第 31~33 页、封底页复印件，共 5 页；

附件 8：1995 年第 5 期第 29 卷《耐火材料》封面页、第 302~303 页、封底页复印件，共 4 页；

附件 9：日本刊物《耐火物》1985 年第 11 期第 334 集、第 14~17 页复印件及其部分中文译文，共 6 页；

附件 10：1996 年第 3 期《工业炉》封面页、第 24~28 页、封底页复印件，共 7 页；

附件 11：冶金工业出版社出版、1997 年 10 月第 1 版、1997 年 10 月第 1 次印刷的《中国冶金百科全书/耐火材料》封面页、版权页、第 223 页复印件，共 3 页；

附件 12：1999 年第 10 期《国外耐火材料》第 15~18 页复印件，共 4 页。

请求人认为，以附件 4 为最接近的对比文件，结合附件 9 或附件 10，所属技术领域的技术人员受公知技术的启示，可以很容易地得出本专利权利要求 1~8 所请求保护的技术方案；权利要求 1~8 的技术方案已被附件 12 结合附件 4 或附件 10 及公知技术所公开，因此权利要求 1~8 不符合专利法第 22 条第 3 款有关创造性的规定；以附件 1 为最接近的对比文件，结合公知技术及附件 9 或附件 10，所属技术领域的技术人员受公知技术的启示，可以很容易地得出本专利权利要求 1~8 所请求保护的技术方案。

经形式审查合格，专利复审委员会依法受理了上述无效宣告请求，并于 2008 年 3 月 19 日向请求人和专利权人发出无效宣告请求受理通知书，同时将专利权无效宣告请求书及其附件清单中所列附件的副本转送给专利权人，并要求专利权人在指定的期限内陈述意见。

请求人于 2008 年 4 月 18 日向专利复审委员会提交了意见陈述书，并补充了无效宣告的理由和证据，其中除再次提交了附件 1~11 外，还补充了以下的证据：

附件 12：1999 年第 10 期《国外耐火材料》目录页、第 15~18 页复印件，共 5 页；

附件 13：美国专利文献 US4569659A 全文及其部分中文译文，公开日为 1986 年 2 月 11 日，共 7 页；

附件14：美国专利文献US4107890A全文及其中文译文，公开日为1978年8月22日，共8页；

附件15：葛霖主编、冶金工业出版社出版、1994年7月第1版、1994年7月第1次印刷的《筑炉手册》版权页、第657页复印件，共2页。

请求人认为，以附件4为最接近的对比文件，结合附件9，所属技术领域的技术人员受公知技术的启示，可以很容易地得出本专利权利要求1~8所请求保护的技术方案；以附件12为最接近的对比文件，结合附件13，或附件4，或附件10，所属技术领域的技术人员受公知技术的启示，可以很容易地得出本专利权利要求1~8所请求保护的技术方案；以附件1为最接近的对比文件，结合附件13及公知技术，所属技术领域的技术人员受公知技术的启示，可以很容易地得出本专利权利要求1~8所请求保护的技术方案；以附件13为最接近的对比文件，结合附件12或附件14，所属技术领域的技术人员受公知技术的启示，可以很容易地得出本专利权利要求1~8所请求保护的技术方案。

针对专利复审委员会发出的上述无效宣告请求受理通知书，专利权人于2008年4月30日提交了意见陈述书及证据1：中国工程建设标准化协会工业炉砌筑专业委员会编、冶金工业出版社出版、2007年1月第1版、2007年1月第1次印刷的《筑炉工程手册》封面页、扉页、版权页、目录页Ⅶ、第572~573页复印件。专利权人认为本专利权利要求1~8相对于请求人提交的附件具备新颖性和创造性。

专利复审委员会依法成立合议组对上述无效宣告请求进行审查。

本案合议组于2008年5月27日向双方发出无效宣告请求口头审理通知书，定于2008年7月8日在专利复审委员会举行口头审理。

本案合议组于2008年6月4日向双方当事人发出转送文件通知书，将专利权人于2008年4月30日提交的意见陈述书及其附件清单中所列附件的副本转给请求人；将请求人于2008年4月18日提交的意见陈述书及其附件清单中所列附件的副本转送给专利权人。

口头审理如期举行，双方当事人均参加了口头审理。

在口头审理中，请求人坚持以下无效理由：本专利权利要求1相对于附件12与公知技术的结合不具备创造性；从属权利要求2~8不具备创造性。请求人当庭出示了附件1~3、5、6、10~15的原件，并放弃附件7、8作为证据使用；专利权人对附件1~3、5、6、10~15的真实性没有异议。双方当事人就上述无效理由充分陈述了各自的意见。

至此，合议组认为本案事实已经清楚，可以作出审查决定。

二、决定的理由

1. 关于证据和现有技术

请求人提交的证据包括附件3、5和12，专利权人对上述附件的真实性没有异议。合议组经审查认为上述附件可作为本案证据，同时由于上述附件为公开出版物，且其公开日期在本专利的申请日前，因此上述附件可以作为本专利的现有技术使用。

2. 关于权利要求1~8的创造性

专利法第22条第3款规定：创造性，是指同申请日以前已有的技术相比，该发明有突出的实质性特点和显著的进步，该实用新型有实质性特点和进步。

判断实用新型是否具有实质性特点就是要判断对本领域的技术人员来说，要求保护的实用新型相对于现有技术是否显而易见。

（1）关于权利要求1的创造性。

请求人认为，权利要求1相对于附件12和公知常识的结合不具备创造性。

专利权人认为，附件12公开的技术特征与本专利权利要求1是不同的，附件12的螺栓与本专利的螺栓不同。

合议组认为，附件12第17页公开了一种双头螺栓固定式预制块，该预制块由耐火浇注料和隔热材料构成，双头螺栓固定方式为在铁板上焊接上双头螺栓及螺母，浇入隔热材料和耐火材料，然后在施工时从壳体外侧用高强度螺栓固定。具体如图9所示，双头螺栓的Y状部分置于预制块内，预制块的背工作面设置有钢板，双头螺栓一端为高强度螺栓，钢板通过该高强度螺栓与壳体相连。

将权利要求1与附件12对比可知，附件12中的预制块、双头螺栓的Y状部分、钢板以及高强度螺栓分别相当于权利要求1的耐火砖、金属杆、金属板以及螺栓，且附件12中双头螺栓的Y状部分也与钢板相连，因此权利要求1与附件12之间的区别仅为：权利要求1中砖本体的轴向截面为T形。

为便于堆砌，将耐火砖本体的轴向截面制成T形是本领域通常采用的方法。而且附件3第194页公开的格子砖即为T形；附件5第58页也公开了轴向截面为T形的特型制品，上述附件也佐证了轴向截面为T形的耐火砖是本领域所通常采用的。综上，为了便于堆砌，本领域的技术人员也会很容易想到将附件12中双头螺栓固定式预制块的轴向截面制成T形。因此在附件12的基础上，本领域的技术人员得到权利要求1请求保护的技术方案是显而易见的，权利要求1不符合专利法第22条第3款规定的创造性。

由上述可知，附件12已经公开了在钢板上设置螺栓，该螺栓与壳体相连，且附件12中的螺栓的名称、功能及其使用方式均与本专利权利要求1请求保护的技术方案中的螺栓相同，虽然专利权人声称附件12的螺栓与本专利的不同，但在本专利权利要求1所限定的保护的范围中并没有体现出两者有任何区别，因此专利权人的主张不能成立。

（2）关于权利要求2的创造性。

权利要求2的附加技术特征为：所述金属杆（2）为三根。

专利权人认为：选择3根是考虑到成本工艺，不是随意的，附件12的锚固件是预热器与本专利耐火砖不同。

合议组认为，附件12公开了在预制块中设置两根双头螺栓的Y状部分，从而附件12已经给出了在耐火砖中设置多根锚固件的技术启示，本领域的技术人员会根据耐火砖的具体应用场合及使用方式来确定采用的锚固件数量，因此在权利要求2所引用的权利要求1不具备创造性的情况下，权利要求2也不符合专利法第22条第3款规定的创造性。

（3）关于权利要求3的创造性。

权利要求3的附加技术特征为：所述螺栓（4）为两根。

专利权人认为：本专利设置2根螺栓是根据实验得出的，附件12只是在工作面上的两根螺栓。

合议组认为，附件12图9示出预制块有两根高强度螺栓，从而附件12已经给出了设置两根螺栓的技术启示，因此在权利要求3所引用的权利要求1不具备创造性的情况下，权利要求3也不符合专利法第22条第3款规定的创造性。

（4）关于权利要求4的创造性。

权利要求4的附加技术特征为：所述金属杆（2）预埋在砖本体（1）内。

合议组认为，附件12图9示出双头螺栓的Y状部分埋在预制块中，从而附件12已经公开了权利要求4的附加技术特征；此外，附件1第35页、附件13、14也都公开了权利要求4的附加技术特征。因此在权利要求4所引用的权利要求1不具备创造性的情况下，权利要求4也不符合专利法第22条第3款规定的创造性。

（5）关于权利要求5的创造性。

权利要求5的附加技术特征为：所述金属杆（2）的横截面为V字形状。

合议组认为，将锚固件的截面设成V字形状是本领域通常采用的；此外，附件2第432页、附件6第298页、附件11第223页以及附件13也都公开了锚固件的横截面为V字形状，即上述附件都公开了权利要求5的附加技术特征。因此在权利要求5所引用的权利要求1不具备创造性的情况下，权利要求5也不符合专利法第22条第3款规定的创造性。

（6）关于权利要求6的创造性。

权利要求6的附加技术特征为：所述金属杆（2）的横截面为Y字形状。

合议组认为，将锚固件的截面设成Y字形状是本领域通常采用的；此外，附件1第35页、附件2第431页、附件6第298页、附件11第223页、附件14以及附件15也都公开了锚固件的横截面为Y字形状，即上述附件都公开了权利要求6的附加技术特征。因此在权利要求6所引用的权利要求1不具备创造性的情况下，权利要求6也不符合专利法第22条第3款规定的创造性。

（7）关于权利要求7的创造性。

权利要求7的附加技术特征为：所述螺栓（4）与金属杆（2）相连接。

合议组认为，附件12图9示出了双头螺栓的高强度螺栓与双头螺栓的Y状部分相连，从而附件12已经公开了权利要求7的附加技术特征，因此在权利要求7所引用的权利要求不具备创造性的情况下，权利要求7也不符合专利法第22条第3款规定的创造性。

（8）关于权利要求8的创造性。

权利要求8的附加技术特征为：所述砖本体（1）的一端为扣合凸台，砖本体（1）的另一端为倾斜面。

专利权人认为：附件5看不出凸台，本专利的凸台和斜面的作用是使得多块砖在拼接时稳固。

合议组认为，附件5第580页公开了一种一端为斜面、一端为扣合凸台的特型硅质制品（图14-12），即附件5已经给出了耐火砖可一端为斜面、一端为扣合凸台，以使多块砖稳定地堆砌的技术启示，本领域的技术人员很容易想到将附件12中的预制块也制成一端为斜面、一端为扣合凸台，从而得到权利要求8请求保护的技术方案，因此在权利要求8所引用的权利要求不具备创造性的情况下，权利要求8也不符合专利法第22条第3款规定的创造性。

另外，专利权人提交的证据1用于说明与本专利相同的技术方案在2007年才有所公开，因此本专利具有新颖性和创造性。由上述可知，本专利权利要求1~8相对于现有技术已不具备创造性，专利权人提交的证据1不能证明其主张。

由于请求人上述关于权利要求1~8不具备创造性的主张成立，权利要求1~8应予无效，因此对于请求人提出的其他无效理由及相应证据不再进行评述。

根据上述的事实和理由，本案合议组依法作出以下决定。

三、决定

宣告03245778.2号实用新型专利权全部无效。

当事人对本决定不服的，可以根据专利法第46条第2款的规定，自收到本决定之日起三个月内向北京市第一中级人民法院起诉。根据该款的规定，一方当事人起诉后，另一方当事人应当作为第三人参加诉讼。

164

管道疏通器用堵嘴

无效宣告请求审查决定（第12065号）

决　　定　　号　第12065号
决　　定　　日　2008年7月17日
发明创造名称　管道疏通器用堵嘴
国 际 分 类 号　E03C 1/30
无效宣告请求人　台州市雄风进出口有限公司，台州市黄岩双雄塑胶有限公司
专 利 权 人　张云冰
专　　利　　号　200420090162.0
申　　请　　日　2004年9月16日
授 权 公 告 日　2005年10月12日
合 议 组 组 长　郑　直
主　　审　　员　张　巍
参　　审　　员　马桂丽

法 律 依 据　专利法第22条第2款
决 定 要 点

若权利要求与现有技术属于相同的技术领域，解决了相同的技术问题，技术方案实质上相同，并具有相同的预期效果，则该权利要求相对该现有技术不具备新颖性。

一、案由

本无效宣告请求案涉及国家知识产权局于2005年10月12日授权公告的专利号为200420090162.0的实用新型专利（下称本专利），其名称为“管道疏通器用堵嘴”，申请日为2004年9月16日，专利权人为张云冰。

本专利授权公告的权利要求书的内容如下：

“1. 一种管道疏通器用堵嘴，主要是由本体和与其相连的堵嘴组成，其特征在于：所述本体的两端均设有管道疏通器喷气端接口，所述的堵嘴呈圆盆形，上、下均设有密封面。”

2008年2月4日，台州市雄风进出口有限公司（下称第一请求人）向国家知识产权局专利复审委员会提出无效宣告请求，并提交了如下附件作为证据：

附件1：专利号为99254666.4的中国实用新型专利说明书复印件6页，授权公告日为2000年10月18日；

附件2：专利号为00252078.8的中国实用新型专利说明书复印件8页，授权公告日为2001年11

月 14 日。

第一请求人在无效宣告请求书指出本专利不符合专利法第 22 条第 1、2、3 款的规定，具体理由如下：(1) 附件 1 的喷嘴公开了本专利权利要求 1 的全部技术特征：本体、与本体相连的堵嘴、本体两端的管道疏通器喷气端接口、堵嘴呈圆盆形、上下均设有密封面。附件 1 的公开日为 2000 年 10 月 18 日，早于本专利的申请日，因此，本专利权利要求 1 相对于附件 1 无新颖性和创造性，其授权不符合专利法第 22 条的规定。(2) 附件 2 也公开了本专利全部特征的堵嘴并且它也可以换向连接而选择上、下密封面，因此本专利的权利要求 1 相对于附件 2 无新颖性和创造性，其授权不符合专利法第 22 条的规定。(3) 本专利权利要求 1 相对于附件 1 和 2 的结合不具有创造性，不符合专利法第 22 条的规定。

经形式审查合格后，专利复审委员会受理了该无效宣告请求，于 2008 年 2 月 27 日向双方当事人发出无效宣告请求受理通知书，同时将专利权无效宣告请求书及其附件清单所列的附件的副本转送给专利权人，要求其在指定的期限内答复。

2008 年 4 月 9 日，专利权人针对第一请求人的无效宣告请求向专利复审委员会寄交了意见陈述书，同时提交了中国国家知识产权局对本专利作出的请求号为 06-0543 号的实用新型专利检索报告复印件，共 3 页。专利权人认为：(1) 在附件 1 中，喷嘴的形状和结构都未有清楚的说明，“双头伞状结构”、“单头凸面”、“凹面结构”这样的描述根本无法令本领域技术人员知晓其具体技术特征，因此，该“喷嘴”与本专利技术方案并不相同，并未公开本专利的全部技术特征。(2) 在附件 2 中，请求人认为与本专利相关的可能是其中的“小口径皮碗”与“大口径皮碗”的结构组合。但通观附件 2 可知，这样的大小皮碗组合与本专利技术方案在形状、结构、装配方式、使用方式等方面都不一样，并未公开本专利的全部技术特征。(3) 附件 1 中的喷嘴与附件 2 中的“大小口径皮碗”组合起来，亦未公开本专利全部技术特征，并不能否定本专利的创造性。(4) 提交的国家知识产权局实用新型专利检索报告已作出初步结论：本专利全部权利要求符合专利法有关新颖性和创造性的规定。

专利复审委员会依法成立合议组，对上述无效宣告请求进行审理。合议组于 2008 年 5 月 15 日发出转送文件通知书，将专利权人的上述意见书及其所附附件副本转交给请求人。

2008 年 2 月 4 日，针对上述同一专利权，台州市黄岩双雄塑胶有限公司（下称第二请求人）向国家知识产权局专利复审委员会提出无效宣告请求，第二请求人提交的证据和无效理由与第一请求人相同。

经形式审查合格后，专利复审委员会受理了该无效宣告请求，于 2008 年 2 月 27 日向双方当事人发出无效宣告请求受理通知书，同时将专利权无效宣告请求书及其附件清单所列附件副本转送给专利权人，要求其在指定的期限内答复。

2008 年 4 月 9 日，专利权人针对第二请求人的无效宣告请求向专利复审委员会寄交了意见陈述书，同时提交了中国国家知识产权局对本专利作出的请求号为 06-0543 的实用新型专利检索报告复印件，共 3 页。专利权人的意见陈述与其针对第一请求人的无效宣告请求所提交的意见陈述书内容相同。

专利复审委员会依法成立合议组对该无效宣告请求进行审理，合议组于 2008 年 5 月 15 日发出转送文件通知书，将专利权人的上述意见陈述书及其所附附件副本转交给请求人。

根据审查指南第四部分第三章第 4.5 节的规定，合议组决定对上述两项无效宣告请求进行合并审理。

2008 年 5 月 27 日，合议组向第一请求人、第二请求人、专利权人分别发出无效宣告请求口头审理通知书，定于 2008 年 7 月 8 日对上述两项无效宣告请求进行合并口头审理。

2008年7月8日，口头审理按期举行，第一请求人和第二请求人分别特别授权委托同一代理人出席了口头审理，专利权人也出席了口头审理。在口头审理中：（1）三方当事人对合议组成员无回避请求，对对方出庭人员身份无异议；（2）专利权人对附件1、2的真实性无异议；（3）第一请求人与第二请求人均明确表示放弃本专利权利要求1不符合专利法第22条第1款的规定的无效理由，放弃本专利权利要求1相对于附件2不具备新颖性和创造性的无效理由；（4）第一请求人与第二请求人均将其无效宣告请求的理由明确为：本专利权利要求1不符合专利法第22条第2、3款的规定，具体评述方式均为：本专利权利要求1相对于附件1不具备新颖性和创造性，相对于附件1和附件2的结合不具备创造性；（5）专利权人明确2008年4月9日提交的检索报告复印件仅供合议组参考，不作为证据使用。三方当事人均就本案充分发表了各自的意见。

至此，合议组认为本无效宣告请求案的事实清楚，可以依法作出审查决定。

二、决定的理由

1. 关于证据

附件1是中华人民共和国国家知识产权局授权公告的实用新型专利说明书，专利权人在口头审理中表示认可附件1的真实性，合议组经核实也认可附件1的真实性，同时由于附件1的授权公告日早于本专利的申请日，因此，附件1构成本专利的现有技术，可以用于评价本专利的新颖性和创造性。

2. 关于专利法第22条第2款

专利法第22条第2款规定：新颖性，是指在申请日以前没有同样的发明或者实用新型在国内外出版物上公开发表过、在国内公开使用过或者以其他方式为公众所知，也没有同样的发明或者实用新型由他人向国务院专利行政部门提出过申请并且记载在申请日以后公布的专利申请文件中。

本专利的权利要求1要求保护一种管道疏通器用堵嘴，其包括以下技术特征：主要是由本体和与其相连的堵嘴组成；所述本体的两端均设有管道疏通器喷气端接口；所述的堵嘴成圆盆形，上、下均设有密封面。

附件1公开了一种管道疏通器，其中（参见附件1说明书第2页第8~15行，图1）具体公开了以下技术内容：橡胶喷嘴1为双头伞状结构，图中所示为喷嘴1嵌套在压盖2外的状态，也可根据需要将其另一头嵌套在压盖2内。由附件1的图1可看出，喷嘴1具有上部的管状本体，和下部的锥形堵嘴，管状本体具有上下两个接口（即附图标号1左侧的上下两个开口），锥形堵嘴具有两个密封面，一个是锥形的外斜面，一个是锥形末端开口端面。

将本专利权利要求1与附件1相比，附件1中的橡胶喷嘴1即相当于本专利权利要求1的管道疏通器用堵嘴，附件1中喷嘴1上部的管状本体即相当于本专利权利要求1的本体，附件1喷嘴1下部的锥形堵嘴即相当于本专利权利要求1的堵嘴，附件1中的管状本体具有上下两个接口即相当于本专利权利要求1中的所述本体的两端均设有管道疏通器喷气端接口，附件1中的锥形堵嘴具有两个密封面，一个是锥形的外斜面，一个是锥形末端开口端面，即相当于本专利权利要求1中的堵嘴成圆盆形，上、下均设有密封面。由此可见，附件1已经公开了本专利权利要求1的大部分技术特征，其区别仅在于权利要求1中的堵嘴呈圆盆形，附件1中的喷嘴为双头伞状结构，但将喷嘴的圆盆形改换为伞状是所属技术领域的惯用手段的直接置换，且在附件1中也已经公开了可根据需要将其另一头嵌套在压盖2内的技术内容，即附件1中的技术方案也解决了现有技术中堵嘴通用性差的技术问题，可达到使用两个接口，适用于不同大小的管道的技术效果。因此，本专利权利要求1不具备专利法第22条第2款规定的新颖性。

专利权人在其意见陈述书中认为：在附件1中，喷嘴的形状和结构都未有清楚的说明，“双头伞状结构”、“单头凸面”、“凹面结构”这样的描述根本无法令本领域技术人员知晓其具体技术特征，但是根据附件 1 的说明书实施例部分的记载，尤其是说明书附图 1，本领域技术人员可以清楚地了解附件 1 中的喷嘴的形状和结构，因此合议组对专利权人的意见不予支持。

综上所述，由于本专利的全部权利要求均不具备新颖性，不符合专利法第 22 条第 2 款的规定，应被宣告全部无效。因此，对请求人提出的其他的无效宣告请求理由和证据不再予以评述。

三、决定

宣告第 200420090162.0 号实用新型专利权全部无效。

当事人对本决定不服的，可以根据专利法第 46 条第 2 款的规定，自收到本决定之日起三个月内向北京市第一中级人民法院起诉。根据该款的规定，一方当事人起诉后，另一方当事人应当作为第三人参加诉讼。

165

建筑灰刮

无效宣告请求审查决定（第12081号）

决　　定　　号　第12081号
决　　定　　日　2008年7月31日
发明创造名称　建筑灰刮
国　际　分　类　号　E04F21/06，E04F21/16
无效宣告请求人　梁安福
专　利　权　人　罗兴望
专　　利　　号　200720104324.5
申　　请　　日　2007年1月12日
授　权　公　告　日　2008年1月16日
合　议　组　组　长　高　栋
主　　审　　员　邢文飞
参　　审　　员　吴　佳

法　律　依　据　专利法第22条第3款，专利法实施细则第2条第2款
决　定　要　点

由于请求人未针对专利法实施细则第2条第2款进行具体意见陈述，因此合议组对专利法实施细则第2条第2款的无效宣告请求理由不予考虑。

如果现有技术未公开权利要求中的全部技术特征，本领域技术人员在现有技术的基础上也不能得到有关该权利要求技术方案的技术启示，且该权利要求的技术方案能够产生有益技术效果，则该权利要求与现有技术相比具备实质性特点和进步，符合专利法第22条第3款有关创造性的规定。

一、案由

本无效宣告请求涉及国家知识产权局于2008年1月16日授权公告的、名称为“建筑灰刮”的实用新型专利（下称本专利），其申请日为2007年1月12日，专利号为200720104324.5，专利权人为罗兴望。该专利授权公告的权利要求书是：

“1. 一种建筑灰刮，包括基板，设于基板背面的手柄，其特征在于基板正面的整个工作面上设有上小下大的且下端长出基板的梯形金属刀片。

2. 根据权利要求1所述的建筑灰刮，其特征在于所述金属刀片通过黏结剂黏结在基板正面，其上端低于基板上端缘，或者与基板上端缘平齐。

3. 根据权利要求1所述的建筑灰刮，其特征在于所述基板背面的手柄为一条形块，且设置在基

板背面的中下部。”

针对上述专利权，梁安福（下称请求人）于2008年3月7日向专利复审委员会提出了无效宣告请求，其理由是本专利权利要求1~3分别相对于附件1、附件2不具有专利法第22条第2、3款规定，权利要求1~3不符合专利法实施细则第2条第2款的规定。请求人提交如下附件作为证据使用：

附件1：专利号为01216591.3的中国实用新型专利说明书复印件共6页，其公告日为2002年1月23日；

附件2：专利号为91228363.7的中国实用新型专利申请说明书复印件共4页，其公告日为1992年6月17日。

请求人认为：(1) 附件2权利要求所描述的技术特征已经完全覆盖了本专利权利要求1的全部技术特征；附件2的附图及其相关描述公开了本专利权利要求2、3所描述的金属刀片在于基板正面的位置和条形手柄在基板背面的位置等技术特征，可见本专利权利要求1~3不具备专利法第22条第2、3款规定的新颖性、创造性。(2) 附件1权利要求所描述的技术特征已经完全覆盖了本专利权利要求1~3的全部技术特征；附件1权利要求1描述的上下夹板一端夹持固定有刮板另一端固定在一起的方式与本专利权利要求所描述的黏结方式相比属于等同替换；而附件1权利要求2描述的夹板上面固定有把手则公开了本专利权利要求3所描述的条形手柄在基板背面位置的技术特征，因此本专利权利要求1~3相对于附件1不符合专利法第22条第3款的规定。(3) “建筑灰刮”一类的产品早已经在建筑行业、家庭装修等灰刮作业中广泛使用，其形状结构早已为公众特别是建筑行业的工人所熟知，因此不具备专利法第22条第2款所规定的新颖性。

经形式审查合格，专利复审委员会受理了上述无效宣告请求，并于2008年4月8日向双方当事人发出无效宣告请求受理通知书，同时将请求人提交的无效宣告请求书及其附件清单中所列附件副本转送给专利权人，要求其在指定期限内答复。

2008年4月19日，专利权人提交了意见陈述书，认为：本专利改进了附件2的涂料刮板；附件2底板下面只有一端钢刀片，还是用铆钉铆制而成，工作面上不平整，也不光滑；同样附件1建筑刮刀所谓的技术特征，上下夹板夹持固定有刮板的一端，下夹板分宽度小于上夹板的宽度，仅于此，工作面上的钢刀片只露出一小端，并且钢刀片与下夹板相接处存在的层台就给施工者带来了极大的不方便。至此本专利都在前两者之上在技术上做了改进，本专利的建筑灰刮从而使施工者省时省力，提高了工作效率。

专利复审委员会成立合议组对本案进行审理，本案合议组于2008年5月28日向双方当事人发出口头审理通知书，定于2008年7月14日举行口头审理，同时将专利权人提交的意见陈述书转送给请求人。

口头审理如期举行，仅请求人出席了口头审理并陈述了意见。在口头审理过程中：(1) 请求人对合议组成员无回避请求；(2) 合议组明确告知请求人由于未提供使用公开的证据以及未针对实施细则第2条第2款进行具体意见陈述，因此对请求人提出的使用公开的理由以及专利法实施细则第2条第2款的无效理由不予审理，请求人明确放弃专利法第22条第2款的无效理由；请求人明确无效理由为：附件1和附件2分别评述本专利权利要求1~3不符合专利法第22条第3款规定的创造性。请求人认为：本专利的工作面上小下大，与附件1、附件2相比反而缩小而非增大，无技术进步；本专利与附件1、附件2均为建筑装饰用的灰刮，用于刮灰（墙）而非平滑墙，“工作面”上中部均用于托建材（灰料），下部（端）才是刮灰的真正工作部位，并无实质性特点；黏结、铆接、夹紧均为简单的连接方式等同代换，无实质性特点。

在上述工作的基础上，合议组认为双方当事人已经充分发表意见，本案事实清楚，可以依法作出本无效宣告请求审查决定。

二、决定的理由

1. 关于证据

请求人提交的附件1、附件2均为专利文献，附件1是专利号为01216591.3的中国实用新型专利说明书复印件，附件2是一篇专利号为91228363.7的中国实用新型专利说明书复印件，因此属于公开出版物，经合议组核实，对两份附件的真实性予以确认，附件1授权公告日为2002年1月23日，附件2公告日为1992年6月17日，均早于本专利的申请日，因此附件1、附件2可以作为本专利的现有技术的证据使用。

2. 关于专利法实施细则第2条第2款

专利法实施细则第2条第2款规定：专利法所称实用新型，是指对产品的形状、构造或者其结合所提出的适于实用的新的技术方案。

审查指南第四部分第三章第第4.1节中规定：请求人在提出无效宣告请求时没有具体说明的无效宣告理由以及没有用于具体说明相关无效宣告理由的证据，且在提出无效宣告请求之日起1个月内也未补充具体说明的，专利复审委员会不予考虑。

对于本案，由于请求人未针对专利法实施细则第2条第2款进行具体意见陈述，因此合议组对专利法实施细则第2条第2款的无效宣告请求理由不予考虑。

3. 关于专利法第22条第3款

专利法第22条第3款规定：创造性，是指同申请日以前已有的技术相比，该发明有突出的实质性特点和显著的进步，该实用新型有实质性特定和进步。

（1）本专利相对于附件1是否符合专利法第22条第3款的规定。

本专利权利要求1的技术特征如下：一种建筑灰刮，包括基板，设于基板背面的手柄，其特征在于基板正面的整个工作面上设有上小下大的且下端长出基板的梯形金属刀片。

附件1与本专利所属技术领域相同，附件1公开了一种内外墙涂料刮板，它有上夹板（2）和下夹板（4），上、下夹板一端夹持固定有刮板（1），另一端固定在一起，所述的上、下夹板夹持固定有刮板的一端，下夹板（4）的宽度小于上夹板（2）的宽度，上夹板（2）上面固定有把手（3），从附图1中看出刮板（1）长出上夹板（2）（参见附件1权利要求1、2；说明书第1页倒数第2段到第2页第4段、附图1）。其中“上夹板（2）”对应于本专利的“基板”；“把手（3）”对应于本专利的“手柄”。

本专利权利要求1所述技术方案与附件1所公开的技术方案相比，其区别在于：基板正面的整个工作面上设有上小下大的梯形金属刀片。同时附件1也没有给出上述区别技术特征的技术启示。附件1要解决刮涂工作时，刮板刚性差、使用过程中受到阻力后易发生弯曲、后折，造成刮涂在墙面上的涂料厚薄不均，墙面不平的技术问题。而本专利要解决刀片是通过铆钉将其铆接在基板上的灰刮工作效率点和铆钉的外路影响墙面粉饰质量；和刀片嵌入基板前端的灰刮工作面积小、不平整、不光滑而带来的施工质量差的技术问题。采用本专利权利要求1结构的灰刮获得了增大了灰刮的工作面，使工作面保持大范围的平整、光滑度及刚、柔度，操作中省时省力，且结构简单，使用携带方便，经久耐用的技术效果。因此附件1与本专利采用的技术手段、解决的技术问题均不相同，且权利要求1的技术方案能够产生优于附件1的有益技术效果，因此该独立权利要求1相对于附件1具备实质性特点和进步，符合专利法第22条第3款有关创造性的规定。

在权利要求1相对于附件1具有创造性的情况下，引用权利要求1的从属权利要求2~3也相对于附件1具有创造性，符合专利法第22条第3款的规定。

（2）本专利相对于附件2是否符合专利法第22条第3款的规定。

附件2与本专利所属技术领域相同，附件2公开了一种建筑刮刀，它由底板、手柄和钢制刀片构成，在底板上表面固定有条形手柄，底板下表面一端固定有一矽钢制刀片，从附图1中看出矽钢制刀片长出底板（参见附件2权利要求1、说明书第1页倒数第1段、附图1）。其中附件2的“底板”相当于本专利的“基板”，附件2的“矽钢刀片”相当于本专利的“金属刀片”。

本专利权利要求1所述技术方案与附件2所公开的技术方案相比，其区别在于：基板正面的整个工作面上设有上小下大的梯形刀片。附件2也没有给出上述区别技术特征的技术启示。附件2要解决现有建筑刮刀柔韧度和施工力度不足、钢片与墙面的角度偏大，出现刮抹不匀、饰面光洁度不够、工效低的技术问题。而本专利要解决刀片是通过铆钉将其铆接在基板上的灰刮工作效率点和铆钉的外路影响墙面粉饰质量；和刀片嵌入基板前端的灰刮工作面积小、不平整、不光滑而带来的施工质量差的问题；采用本专利权利要求1结构的灰刮获得了增大了灰刮的工作面，使工作面保持大范围的平整、光滑度及刚、柔度，操作中省时省力，且结构简单，使用携带方便，经久耐用的技术效果。因此附件2与本专利采用的技术手段、解决的技术问题均不相同，且权利要求1的技术方案能够产生优于附件2的有益技术效果，因此独立权利要求1相对于附件2具备实质性特点和进步，符合专利法第22条第3款有关创造性的规定。

在权利要求1相对于附件2具有创造性的情况下，引用权利要求1的从属权利要求2~3也相对于附件2具有创造性，符合专利法第22条第3款的规定。

综上所述，权利要求1~3分别相对于附件1、附件2具备专利法第22条第3款规定的创造性。

三、决定

维持200720104324.5号实用新型专利权有效。

当事人对本决定不服的，可以根据专利法第46条第2款的规定，自收到本决定之日起三个月内向北京市第一中级人民法院起诉。根据该款的规定，一方当事人起诉后，另一方当事人应当作为第三人参加诉讼。

166

易拼接塑料地板

无效宣告请求审查决定（第12086号）

决　　定　　号　第12086号
决　　定　　日　2008年8月11日
发明创造名称　易拼接塑料地板
国 际 分 类 号　E04F 15/10
无效宣告请求人　缪　宁
专　利　权　人　张家港爱丽塑料有限公司
专　　利　　号　200520070626.6
申　　请　　日　2005年4月9日
授 权 公 告 日　2006年6月28日
合 议 组 组 长　朱文广
主　　审　　员　王　森
参　　审　　员　温丽萍

法　律　依　据　专利法第22条第3款
决　定　要　点

要求保护的实用新型与最接近的现有技术间存在区别技术特征，若现有技术中给出了将上述区别技术特征应用到该最接近的现有技术以解决其存在的技术问题的启示，则该实用新型不具有实质性特点。

一、案由

本无效宣告请求涉及中华人民共和国国家知识产权局于2006年6月28日授权公告的、名称为“易拼接塑料地板”的实用新型专利权（下称本专利），其专利号是200520070626.6，申请日是2005年4月9日，专利权人是张家港爱丽塑料有限公司。本专利授权公告时的权利要求书如下：

“1. 易拼接塑料地板，主要包括：地板本体（1），其特征在于：在地板本体（1）上还设置有连接条（2），并且连接条（2）沿地板本体（1）的相邻两边而凸出地板本体（1）之外，在地板本体（1）的另两边设置有与所述连接条（2）相对应的连接搭条（3）。

2. 根据权利要求1所述的易拼接塑料地板，其特征在于：所述的连接条（2）和连接搭条（3）的一种设置方式为：将另一块底料层（4）与地板本体（1）相互错位而连接在一起，这样，底料层（4）上凸出地板本体（1）的部位就构成了连接条（2），而地板本体（1）上凸出底料层（4）的部位就构成了连接搭条（3）。

3. 根据权利要求1或2所述的易拼接塑料地板，其特征在于：在连接条（2）的上平面（21）和连接搭条（3）的下平面（31）这两个平面中的任一平面上涂设有不干胶层。

4. 根据权利要求1或2所述的易拼接塑料地板，其特征在于：在连接条（2）的上平面（21）和连接搭条（3）的下平面（31）这两个平面上都涂设有不干胶层。”

针对本专利权，缪宁（下称请求人）于2008年3月31日向专利复审委员会提出无效宣告请求，认为本专利权利要求1~4不具备专利法第22条第2、3款规定的新颖性和创造性。请求人同时提交了如下附件：

附件1：日本专利公开文本昭49-30420全文及其中文译文，共4页，公开日为1974年8月17日；

附件2：日本专利公开文本昭52-49519全文及其中文译文，共18页，公开日为1977年4月8日。

经形式审查合格，专利复审委员会依法受理了上述无效宣告请求，并于2008年4月16日向请求人和专利权人发出无效宣告请求受理通知书，同时将专利权无效宣告请求书及其附件清单中所列附件的副本转送给专利权人，并要求专利权人在指定的期限内陈述意见。

专利权人逾期未答复。

专利复审委员会依法成立合议组。

本案合议组于2008年6月11日向双方发出无效宣告请求口头审理通知书，定于2008年7月22日举行口头审理。

口头审理如期举行，请求人参加了口头审理，专利权人未参加口头审理。在口头审理中，请求人明确其无效理由、范围和证据为：本专利权利要求1~4相对于附件1不符合专利法第22条第2款规定的新颖性；权利要求1~4相对于附件2不符合专利法第22条第2款规定的新颖性；权利要求1~4相对于附件2不符合专利法第22条第3款规定的创造性。请求人就上述无效理由充分陈述了意见。

至此，合议组认为本案事实已经清楚，可以作出审查决定。

二、决定的理由

1. 关于证据和现有技术

请求人提交的证据包括附件2，附件2为日本专利文献，经审查合议组对其真实性予以认定；同时由于附件2为公开出版物，且公开日期在本专利的申请日前，因此附件2可以作为本专利的现有技术使用。而且附件2为外文文献，专利权人未在指定的期限内对其中文译文提出异议，合议组经审查认定附件2公开的内容以请求人提交的中文译文为准。

2. 关于权利要求1~4的创造性

创造性，是指同申请日以前已有的技术相比，该发明有突出的实质性特点和显著的进步，该实用新型具有实质性特点和进步。

要求保护的实用新型与最接近的现有技术间存在区别技术特征，若现有技术中给出了将上述区别技术特征应用到该最接近的现有技术以解决其存在的技术问题的启示，则该实用新型不具有实质性特点。

（1）关于权利要求1的创造性。

附件2公开了一种直贴式地板单元，其将胶合板、纤维板等板状体作为基板1，在基板1的背面，将宽度、长度与基板相同的塑料发泡体2在基板1的宽度、长度方向上偏移尺寸l并一体地粘接，在基板1的突出部4、4的背面覆盖感压粘接剂5，在发泡体2的突出部4′、4′的表面覆盖感压粘接剂5

（见附件 2 译文说明书第 1 页第 4~7 行以及图 1~3）。

将权利要求 1 与附件 2 相对比，附件 2 中的基板 1、基板 1 突出部 4、4 和发泡体 2 突出部 4′、4′分别相当于权利要求 1 中的地板本体 1、连接搭条和连接条，因此附件 2 公开了本专利权利要求 1 的绝大部分技术特征，二者之间的区别仅为：权利要求 1 中的地板为塑料地板，而附件 2 公开的地板使用胶合板、纤维板等板状体作为基板。

塑料是本领域通常用来制作地板基板的一种材料，根据地板所要应用的场合并考虑成本，本领域的技术人员很容易想到使用塑料来制成附件 2 中的地板基板，并结合附件 2 给出的如何构造基板和发泡体来构成地板单元的技术启示从而得到权利要求 1 请求保护的技术方案，因此权利要求 1 不具有实质性特点，权利要求 1 相对于附件 2 不具备专利法第 22 条第 3 款规定的创造性。

（2）关于权利要求 2 的创造性。

权利要求 2 的附加技术特征为：所述的连接条（2）和连接搭条（3）的一种设置方式为：将另一块底料层（4）与地板本体（1）相互错位而连接在一起，这样，底料层（4）上凸出地板本体（1）的部位就构成了连接条（2），而地板本体（1）上凸出底料层（4）的部位就构成了连接搭条（3）。

合议组认为，如上所述，权利要求 2 的附加技术特征已在附件 2 中公开，因此在权利要求 2 所引用的权利要求 1 不具备创造性的情况下，权利要求 2 也不符合专利法第 22 条第 3 款规定的创造性。

（3）关于权利要求 3 的创造性。

权利要求 3 的附加技术特征为：在连接条（2）的上平面（21）和连接搭条（3）的下平面（31）这两个平面中的任一平面上涂设有不干胶层。

合议组认为，将权利要求 3 与附件 2 相比，除地板基板使用的材料不同外，权利要求 3 中还限定了在连接条（2）的上平面（21）和连接搭条（3）的下平面（31）这两个平面中的任一平面上涂设有不干胶层，而附件 2 是在这两个平面上都覆盖感压粘接剂，即权利要求 3 与附件 2 还存在两点区别：①设置胶层的表面不同；②设置的胶种类不同。对于区别①，附件 2 已经给出了可在基板 1 突出部和发泡体 2 突出部的表面覆盖感压粘接剂的技术启示，通过附件 2 公开的地板结构形式并根据实际需求，本领域的技术人员显然会想到也可只在上述两个表面中的一个上覆盖感压粘接剂；对于区别②，不干胶是本领域通常采用的粘接胶，通过附件 2 给出的在上述两个表面需覆盖感压粘接剂的技术启示，本领域的技术人员显然会想到可采用不干胶代替感压粘接剂，以解决相同的技术问题。因此在权利要求 3 所引用的权利要求 1 或 2 不具备创造性的情况下，权利要求 3 也不符合专利法第 22 条第 3 款规定的创造性。

（4）关于权利要求 4 的创造性。

权利要求 4 的附加技术特征为：在连接条（2）的上平面（21）和连接搭条（3）的下平面（31）这两个平面上都涂设有不干胶层。

可以看出，权利要求 4 与权利要求 3 之间的区别仅为：权利要求 3 是在连接条（2）的上平面（21）和连接搭条（3）的下平面（31）这两个平面中的任一平面上涂设有不干胶层，而权利要求 4 是在连接条（2）的上平面（21）和连接搭条（3）的下平面（31）这两个平面上都涂设有不干胶层。这一区别已在附件 2 中公开，结合上述针对权利要求 3 的评述，在权利要求 4 所引用的权利要求 1 或 2 不具备创造性的情况下，权利要求 4 也不符合专利法第 22 条第 3 款规定的创造性。

如上所述，由于请求人关于权利要求 1~4 不具备创造性的主张成立，上述权利要求应被无效，因此对于请求人针对它们提出的其他无效理由包括相应证据，合议组不再进行评述。

根据上述的事实和理由，本案合议组依法作出以下决定。

三、决定

宣告200520070626.6号实用新型专利权全部无效。

当事人对本决定不服的，可以根据专利法第46条第2款的规定，自收到本决定之日起三个月内向北京市第一中级人民法院起诉。根据该款的规定，一方当事人起诉后，另一方当事人应当作为第三人参加诉讼。

北京市第一中级人民法院
行政判决书

（2009）一中行初字第88号

原告张家港爱丽塑料有限公司，住所地江苏省张家港市锦丰镇合兴街道。

法定代表人宋正兴，董事长。

委托代理人肖波，上海泽衡律师事务所律师。

委托代理人刘民选，北京浩天信和律师事务所上海分所律师。

被告国家知识产权局专利复审委员会，住所地北京市海淀区北四环西路9号银谷大厦10~12层。

法定代表人廖涛，副主任。

委托代理人王森，国家知识产权局专利复审委员会审查员。

委托代理人程强，国家知识产权局专利复审委员会审查员。

第三人缪宁，女，1971年9月9日出生，汉族，住北京市朝阳区芳园里甲13楼2单元34号。

委托代理人马高平，北京市柳沈律师事务所律师。

委托代理人彭久云，北京市柳沈律师事务所律师。

原告张家港爱丽塑料有限公司不服被告国家知识产权局专利复审委员会作出的第12086号无效宣告请求审查决定（以下简称第12086号决定），向本院提起行政诉讼。本院受理后，依法组成合议庭，在法定期限内向被告送达了起诉书副本及应诉通知书。依照《中华人民共和国行政诉讼法》第二十七条的规定，本院通知缪宁作为第三人参加诉讼，并于2009年3月25日公开开庭审理了本案。原告的委托代理人肖波、刘民选，被告的委托代理人王森、程强，第三人的委托代理人马高平、彭久云到庭参加了诉讼。本案现已审理终结。

2008年8月11日，被告作出第12086号决定。该决定认为，名称为“易拼接塑料地板”的第200520070626.6号实用新型专利权（以下简称本专利）的权利要求1~4相对于公开日为1977年4月8日的昭52-49519日本专利（即第12086号决定中的附件2，以下简称附件2）不具备创造性，不符合《中华人民共和国专利法》（以下简称《专利法》）第二十二条第三款的规定，故决定宣告本专利权全部无效。

在法定举证期限内，被告向本院提交了下列证据：1. 附件2；2. 本专利说明书。上述证据用以证明第12086号决定认定事实清楚、适用法律正确、审理程序合法。

原告诉称，本专利具有创造性。被告未根据《审查指南》的规定对权利要求1进行审查，其作出权利要求1不具有创造性的结论是错误的。本专利权利要求1与附件2属于不同的技术方案，其与附件2公开的技术方案解决的技术问题不同，达到的技术效果均不相同。附件2并未给出不使用粘胶剂的技术启示，反而给出应使用粘胶剂的教导。因此，本领域技术人员在附件2公开内容的基础上，无法得到权利要求1所保护的技术方案。本专利将塑料作为地板基板的一种材料，这种要素替代产生了意想不到的技术效果，具有创造性。此外，本专利产品市场销售很好，取得了商业上的成功。基于上述事实和理由，被告作出的第12086号决定认定事实不清，结论错误，请求法院判决撤销该决定。

在法定举证期限内，原告未向本院提交证据。

被告辩称，我委仍坚持本专利相对于附件2不具有创造性的审查认定意见。原告关于本专利属于要素变更的发明以及本专利产品取得商业上的成功的诉讼理由，在无效审查程序中均未提出过，法院不应予以采纳。综上所述，第12086号决定认定事实清楚，适用法律正确，审理程序合法，请求法院判决予以维持。

第三人述称，塑料是本领域的公知常识，附件2已经公开了使用塑料来作为该地板的材料的技术内容。原告主张的区别点在权利要求中并未予以限定，不能作为创造性评价的依据。本专利与附件2的结构相同，区别仅在于部分材质的替换，而这种替换带来的效果是可以预见的。因此，本专利相对于附件2不具有创造性。综上，被告所作的第12086号决定认定事实清楚、适用法律正确、审理程序合法，请求法院判决驳回原告的诉讼请求，维持上述决定。

在法定举证期限内，第三人向本院提交了下列证据：1. 北京市求实公证处（2009）京求实内民证字第0729号公证书、爱德华·J·维克森编辑、美国威立出版公司出版《聚氯乙烯配方手册》封面、封二、版权页、目录页、第70~72页复印件及其中文译文；2. 北京市求实公证处（2009）京求是内民证字第0751号公证书、哈罗德A·萨维特尼克著、凡·诺斯传德·莱因霍尔德公司出版《聚氯乙烯》封面、封二、版权页、第vii、ix、xi、219、221页复印件及其中文译文。上述证据用以证明塑料用于地板属于公知常识。

经庭审质证，原告、第三人对被告提交的证据均充分发表了质证意见。本院经审查认为，被告提交的证据均与第12086号决定有关，且符合证据合法性的要求，能够证明本案的相关事实。本院对上述证据均予以采纳。第三人提交的证据均系在诉讼中提交的新证据，属于最高人民法院《关于行政诉讼证据若干问题的规定》第六十条第（三）项规定的情形，本院对上述证据不予采纳。

根据上述经确认的有效证据以及当事人当庭无争议的陈述，本院认定事实如下：

2005年4月9日，原告向国家知识产权局提出名称为“易拼接塑料地板”的实用新型专利申请。2006年6月28日，国家知识产权局授予其专利权，即本专利。本专利授权公告时的权利要求书如下：

1. 易拼接塑料地板，主要包括：地板本体（1），其特征在于：在地板本体（1）上还设置有连接条（2），并且连接条（2）沿地板本体（1）的相邻两边而凸出地板本体（1）之外，在地板本体（1）的另两边设置有与所述连接条（2）相对应的连接搭条（3）。

2. 根据权利要求1所述的易拼接塑料地板，其特征在于：所述的连接条（2）和连接搭条（3）的一种设置方式为：将另一块底料层（4）与地板本体（1）相互错位而连接在一起，这样，底料层（4）上凸出地板本体（1）的部位就构成了连接条（2），而地板本体（1）上凸出底料层（4）的部位就构成了连接搭条（3）。

3. 根据权利要求1或2所述的易拼接塑料地板，其特征在于：在连接条（2）的上平面（21）和连接搭条（3）的下平面（31）这两个平面中的任一平面上涂设有不干胶层。

4. 根据权利要求1或2所述的易拼接塑料地板，其特征在于：在连接条（2）的上平面（21）和连接搭条（3）的下平面（31）这两个平面上都涂设有不干胶层。

2008年3月31日，第三人以本专利权利要求1~4不具备《专利法》第二十二条第二、三款规定的新颖性和创造性为由，向被告提出无效宣告请求，并提交了公开日为1974年8月17日的昭49-30420日本专利公开文本全文及其中文译文，以及附件2作为支持其无效宣告请求的证据。

被告受理后进行了转文。在被告指定的期限内，原告未予答复。2008年6月11日，被告向原告、第三人发出无效宣告请求口头审理通知书，定于2008年7月22日举行口头审理。口头审理如期举行，第三人参加了口头审理，原告未参加口头审理。在口头审理中，第三人明确其无效理由、范围和证据为：本专利权利要求1~4相对于附件1不符合《专利法》第二十二条第二款规定的新颖性；权利要求1~4相对于附件2不符合《专利法》第二十二条第二款规定的新颖性；权利要求1~4相对于附件2不符合《专利法》第二十二条第三款规定的创造性。第三人就上述无效理由陈述了意见。

被告经对第三人提交的证据进行审查后认为，附件2为日本专利文献，对其真实性予以认定。同时由于附件2为公开出版物，且公开日期在本专利的申请日前，因此附件2可以作为本专利的现有技术使用。原告在指定的期限内未对第三人提交的附件2的中文译文提出异议，故附件2公开的内容以第三人提交的中文译文为准。

针对第三人提出的权利要求1~4不具有创造性的无效理由，被告经审查认为，创造性，是指同申请日以前已有的技术相比，该发明有突出的实质性特点和显著的进步，该实用新型具有实质性特点和进步。要求保护的实用新型与最接近的现有技术间存在区别技术特征，若现有技术中给出了将上述区别技术特征应用到该最接近的现有技术以解决其存在的技术问题的启示，则该实用新型不具有实质性特点。

附件2公开了一种直贴式地板单元，其将胶合板、纤维板等板状体作为基板1，在基板1的背面，将宽度、长度与基板相同的塑料发泡体2在基板1的宽度、长度方向上偏移尺寸1并一体地粘接，在基板1的突出部4、4的背面覆盖感压粘接剂5，在发泡体2的突出部4′、4′的表面覆盖感压粘接剂5（见附件2译文说明书第1页第4~7行以及图1-3）。

将权利要求1与附件2相对比，附件2中的基板1、基板1突出部4、4和发泡体2突出部4′、4′分别相当于权利要求1中的地板本体1、连接搭条和连接条，因此附件2公开了本专利权利要求1的绝大部分技术特征，二者之间的区别仅为：权利要求1中的地板为塑料地板，而附件2公开的地板使用胶合板、纤维板等板状体作为基板。

塑料是本领域通常用来制作地板基板的一种材料，根据地板所要应用的场合并考虑成本，本领域的技术人员很容易想到使用塑料来制成附件2中的地板基板，并结合附件2给出的如何构造基板和发泡体来构成地板单元的技术启示从而得到权利要求1请求保护的技术方案，因此权利要求1不具有实质性特点，权利要求1相对于附件2不具备《专利法》第二十二条第三款规定的创造性。

权利要求2的附加技术特征为：所述的连接条（2）和连接搭条（3）的一种设置方式为：将另一块底料层（4）与地板本体（1）相互错位而连接在一起，这样，底料层（4）上凸出地板本体（1）的部位就构成了连接条（2），而地板本体（1）上凸出底料层（4）的部位就构成了连接搭条（3）。该附加技术特征已在附件2中公开，因此在权利要求2所引用的权利要求1不具备创造性的情况下，权利要求2也不符合《专利法》第二十二条第三款规定的创造性。

权利要求3的附加技术特征为：在连接条（2）的上平面（21）和连接搭条（3）的下平面（31）这两个平面中的任一平面上涂设有不干胶层。将权利要求3与附件2相比，除地板基板使用的材料不同外，权利要求3中还限定了在连接条（2）的上平面（21）和连接搭条（3）的下平面（31）这两个平面中的任一平面上涂设有不干胶层，而附件2是在这两个平面上都覆盖感压粘接剂，即权利要求3与附件2还存在两点区别：①设置胶层的表面不同；②设置的胶种类不同。对于区别①，附件2已经给出了可在基板1突出部和发泡体2突出部的表面覆盖感压粘接剂的技术启示，通过附件2公开的地板结构形式并根据实际需求，本领域的技术人员显然会想到也可只在上述两个表面中的一个上覆盖感压粘接剂；对于区别②，不干胶是本领域通常采用的粘接胶，通过附件2给出的在上述两个表面需覆盖感压粘接剂的技术启示，本领域的技术人员显然会想到可采用不干胶代替感压粘接剂，以解决相同的技术问题。因此在权利要求3所引用的权利要求1或2不具备创造性的情况下，权利要求3也不符合《专利法》第二十二条第三款规定的创造性。

权利要求4的附加技术特征为：在连接条（2）的上平面（21）和连接搭条（3）的下平面（31）这两个平面上都涂设有不干胶层。权利要求4与权利要求3之间的区别仅为：权利要求3是在连接条（2）的上平面（21）和连接搭条（3）的下平面（31）这两个平面中的任一平面上涂设有不干胶层，而权利要求4是在连接条（2）的上平面（21）和连接搭条（3）的下平面（31）这两个平面上都涂设有不干胶层。这一区别已在附件2中公开，结合上述针对权利要求3的评述，在权利要求4所引用的权利要求1或2不具备创造性的情况下，权利要求4也不符合《专利法》第二十二条第三款规定的创造性。

基于上述分析已经得出权利要求1~4不具备创造性的结论，上述权利要求应被无效。因此，被告对第三人针对本专利提出的其他无效理由及证据，未再进行评述。2008年8月11日，被告作出了第12086号决定，宣告本专利全部无效。原告不服该决定，向本院提起行政诉讼。

在本院庭审中，原告、第三人明确表示对被告作出第12086号决定的审查程序没有异议。原告认为，第三人提交的附件2的中文译文不是具有翻译资质的机构翻译的，其对该译文有异议。但是，原告承认其在无效审查程序中收到了被告转送的文件，其中包括附件2及其中文译文，亦承认在无效审查程序中未提交过书面意见陈述。

本院认为，对于原告、第三人在庭审中明确表示无异议的内容，本院经书面审查，对被告作出第12086号决定程序的合法性予以确认。

被告在受理第三人提出无效宣告请求后，将无效宣告请求书以及证据转送给原告，亦给予原告答辩的机会。原告在无效审查程序中未对第三人提交的证据以及中文译文提出异议。被告在此基础上经审查，确认附件2的真实性，并以附件2公开的内容作为本专利的现有技术并无不当，亦未侵害原告的合法权益。现原告在诉讼中针对附件2的中文译文提出异议，因其未提交证据支持其主张，故本院对原告针对附件2中文译文提出的异议不予支持。

根据《专利法》第五十六条第一款的规定，实用新型的保护范围应当以其权利要求内容为准。说明书和附图可以用来解释权利要求。本案中，被告根据权利要求1所保护的技术方案以及附件2说明书及其附图所公开的内容，认定的权利要求1与附件2存在的区别技术特征准确。原告关于被告在认定本专利与附件2存在的区别技术特征有遗漏的诉讼理由，因本专利权利要求1并未记载地板是一体化结构的技术特征，因此，原告主张的本专利与附件2还存在一体化结构与组合结构的区别技术特征缺乏事实和法律依据，本院不予采信。

根据《专利法》第二十二条第三款的规定，实用新型的创造性是指同申请日以前已有的技术相比，该实用新型具有实质性特点和进步。参照《审查指南》第四部分第六章第4节的规定，发明与实用新型创造性判断中，区别仅在于现有技术的领域和数量。因此判断实用新型是否具有实质性特点，应当按照《审查指南》第二部分第四章第3.2.1节的相关规定进行，即该实用新型与最接近的现有技术相比，对于本领域技术人员来说是否显而易见。本专利权利要求1所保护的技术方案与附件2相比，区别仅在于本专利权利要求1是塑料地板，而附件2公开的地板是使用胶合板、纤维板等板状体作为基板。本领域技术人员在附件2公开的上述内容的基础上，根据地板应用的场合，并考虑成本等因素，很容易想到以塑料作为附件2公开的地板单元的基板，从而得到权利要求1所保护的技术方案不需要付出创造性的劳动。被告据此认定权利要求1相对于附件2不具备创造性是正确的。权利要求2是权利要求1的从属权利要求，其附加的技术特征已经为附件2所公开，在其引用的权利要求1

不具备创造性的前提下，被告认定权利要求 2 亦不具备创造性正确。权利要求 3、4 是对权利要求 1 或 2 进一步限定，被告在第 12086 号决定中已经详细论述了该两项权利要求不具备创造性的认定依据和理由，本院经审查同意被告的有关认定意见。原告关于本专利与附件 2 相比具备创造性的诉讼理由，缺乏依据，本院不予采信。

综上所述，第 12086 号决定认定事实清楚，适用法律正确，程序合法，本院应予维持。原告的诉讼理由均不能成立，其诉讼请求本院不予支持。据此，依照《中华人民共和国行政诉讼法》第五十四条第（一）项的规定，判决如下：

维持被告国家知识产权局专利复审委员会于二〇〇八年八月十一日作出的第 12086 号无效宣告请求审查决定。

案件受理费 100 元，由原告张家港爱丽塑料有限公司负担（已交纳）。

如不服本判决，可在本判决书送达之日起 15 日内，向本院递交上诉状，并按对方当事人人数提出副本，预交上诉案件受理费 100 元，上诉于北京市高级人民法院。上诉人在上诉期限内未预交上诉案件受理费，又不提出缓交申请的，按自动撤回上诉处理。

审 判 长　张　杰
代理审判员　张靛卿
代理审判员　何君慧
二〇〇九年七月一日
书 记 员　李　智

北京市高级人民法院
行政判决书

（2009）高行终字第 1322 号

上诉人（一审原告）张家港爱丽塑料有限公司，住所地江苏省张家港市锦丰镇合兴街道。

法定代表人宋正兴，董事长。

委托代理人刘民选，北京市浩天信和律师事务所上海分所律师。

被上诉人（一审被告）国家知识产权局专利复审委员会，住所地北京市海淀区北四环西路 9 号银谷大厦 10~12 层。

法定代表人张茂于，副主任。

委托代理人王森，国家知识产权局专利复审委员会审查员。

委托代理人程强，国家知识产权局专利复审委员会审查员。

被上诉人（一审第三人）缪宁，女，1971 年 9 月 9 日出生，汉族，住北京市朝阳区芳园里甲 13 楼 2 单元 34 号。

委托代理人马高平，北京市柳沈律师事务所律师。

委托代理人彭久云，北京市柳沈律师事务所律师。

上诉人张家港爱丽塑料有限公司（以下简称爱丽公司）因专利无效宣告请求审查决定一案，不服北京市第一中级人民法院（以下简称一审法院）（2009）一中行初字第 88 号行政判决，向本院提起上诉。本院受理后，依法组成合议庭对本案进行了审理。本案现已审理终结。

2008年8月11日，国家知识产权局专利复审委员会（以下简称专利复审委）依据《中华人民共和国专利法》（以下简称《专利法》）第二十二条第三款的规定，针对专利权人为爱丽公司，专利号为200520070626.6的实用新型专利权（即本专利），作出第12086号无效宣告请求审查决定（以下简称第12086号决定），宣告本专利全部无效。爱丽公司不服该决定，在法定期限内向一审法院提起行政诉讼。

一审法院经审理认为，第12086号决定认定事实清楚，适用法律正确，程序合法。爱丽公司的诉讼理由均不能成立，其诉讼请求不予支持。依照《中华人民共和国行政诉讼法》第五十四条第（一）项的规定，判决维持了专利复审委作出的第12086号决定。

爱丽公司不服一审判决，向本院提起上诉。其上诉称，1. 首先，本专利解决的技术问题是“降低对铺设地板的地面的施工条件的要求，同时也降低对施工人员的要求，使本专利地板便于安装”。本专利在铺设时不需要对地面进行处理，而现有技术需要将地板通过粘胶剂黏结。其次，对比文件没有关于本专利的技术启示，而仍然进行黏结剂黏结地板的教导。2. 对比文件不能解决本专利所要解决的技术问题。对比文件具有以下几个致命缺点，（1）发泡塑料和上面的基材由于膨胀和收缩系数不同，在遇气候变化后，容易产生脱落。（2）由于发泡塑料和上面的基板材料的连接粘度不同，因此二者的黏结强度较弱，也导致二者容易脱落。而由于采取了本专利的材质相同的塑料地板，就解决了上述所有技术问题，并且进而可以实现本专利所要解决的技术问题。3. 爱丽公司是一民营企业，在商业上已经获得成功。故，请求二审法院撤销一审判决和第12086号决定。

专利复审委答辩坚持本专利相对于附件2不具有创造性的审查意见。该委认为，塑料是本领域通常用来制作地板板材的一种材料，根据地板所要应用的场合并考虑成本，本领域技术人员很容易想到使用塑料来制作附件2中的地板基材。第12086号决定认定事实清楚，适用法律正确，审理程序合法。请求二审法院驳回上诉，维持一审判决和第12086号决定。

缪宁未提交书面答辩意见。

在法定举证期限内，专利复审委向一审法院提交了下列证据：1. 附件2，日本专利公开文本昭52-49519全文及其中文译文，共18页，公开日为1977年4月8日；2. 本专利说明书。

爱丽公司未向一审法院提交证据。

缪宁向一审法院提交了下列证据：1. 业经北京市求实公证处（2009）京求实内民证字第0729号公证书公证的，由“爱德华·J·维克森编辑、美国威立出版公司出版《聚氯乙烯配方手册》封面、封二、版权页、目录页、第70~72页复印件及其中文译文”；2. 业经北京市求实公证处（2009）京求实内民证字第0751号公证书公证的，由“哈罗德A·萨维特尼克著、凡·诺斯传德·莱因霍尔德公司出版《聚氯乙烯》封面、封二、版权页、第vii、ix、xi、219、221页复印件及其中文译文”。

上述证据均已随案移送本院，经审查，本院认为，专利复审委提交的证据与本案具有关联性，且合法、真实，能够证明本案的相关事实，一审法院予以采纳正确。缪宁提交的证据在行政程序中未向专利复审委提交，且未申明正当理由，一审法院不予采纳正确。

根据对上述证据的审查认定及各方当事人的陈述，本院确认如下事实，本专利是爱丽公司于2005年4月9日向国家知识产权局申请的名称为“易拼接塑料地板”的实用新型专利权。国家知识产权局于2006年6月28日公告授权。本专利授权公告时的权利要求书如下：

1. 易拼接塑料地板，主要包括：地板本体（1），其特征在于：在地板本体（1）上还设置有连接条（2），并且连接条（2）沿地板本体（1）的相邻两边而凸出地板本体（1）之外，在地板本体（1）的另两边设置有与所述连接条（2）相对应的连接搭条（3）。

2. 根据权利要求1所述的易拼接塑料地板，其特征在于：所述的连接条（2）和连接搭条（3）

的一种设置方式为：将另一块底料层（4）与地板本体（1）相互错位而连接在一起，这样，底料层（4）上凸出地板本体（1）的部位就构成了连接条（2），而地板本体（1）上凸出底料层（4）的部位就构成了连接搭条（3）。

3. 根据权利要求 1 或 2 所述的易拼接塑料地板，其特征在于：在连接条（2）的上平面（21）和连接搭条（3）的下平面（31）这两个平面中的任一平面上涂设有不干胶层。

4. 根据权利要求 1 或 2 所述的易拼接塑料地板，其特征在于：在连接条（2）的上平面（21）和连接搭条（3）的下平面（31）这两个平面上都涂设有不干胶层。

2008 年 3 月 31 日，缪宁以本专利权利要求 1~4 不具备《专利法》第二十二条第二、三款规定的新颖性和创造性为由，向专利复审委提出无效宣告请求，并提交了附件 1（公开日为 1974 年 8 月 17 日的昭 49-30420 日本专利公开文本全文及其中文译文）以及附件 2 作为支持其无效宣告请求的证据。

专利复审委受理后进行了转文。在专利复审委指定的期限内，爱丽公司未予答复。2008 年 6 月 11 日，专利复审委向爱丽公司、缪宁发出无效宣告请求口头审理通知书。2008 年 7 月 22 日专利复审委进行了口头审理，爱丽公司未参加口头审理。在口头审理中，缪宁明确其无效理由、范围和证据为：本专利权利要求 1~4 相对于附件 1 不符合《专利法》第二十二条第二款规定的新颖性；权利要求 1~4 相对于附件 2 不符合《专利法》第二十二条第二款规定的新颖性；权利要求 1~4 相对于附件 2 不符合《专利法》第二十二条第三款规定的创造性。缪宁就上述无效理由陈述了意见。

专利复审委经对缪宁提交的证据进行审查后认为，附件 2 为日本专利文献，对其真实性应予认定。同时由于附件 2 为公开出版物，且公开日期在本专利的申请日前，因此附件 2 可以作为本专利的现有技术使用。爱丽公司在指定的期限内未对缪宁提交的附件 2 的中文译文提出异议，故附件 2 公开的内容以缪宁提交的中文译文为准。

附件 2 公开了一种直贴式地板单元，其将胶合板、纤维板等板状体作为基板 1，在基板 1 的背面，将宽度、长度与基板相同的塑料发泡体 2 在基板 1 的宽度、长度方向上偏移尺寸 1 并一体地粘接，在基板 1 的突出部 4、4 的背面覆盖感压粘接剂 5，在发泡体 2 的突出部 4′、4′的表面覆盖感压粘接剂 5。

将权利要求 1 与附件 2 相对比，附件 2 中的基板 1、基板 1 突出部 4、4 和发泡体 2 突出部 4′、4′分别相当于权利要求 1 中的地板本体 1、连接搭条和连接条，因此附件 2 公开了本专利权利要求 1 的绝大部分技术特征，二者之间的区别仅为：权利要求 1 中的地板为塑料地板，而附件 2 公开的地板使用胶合板、纤维板等板状体作为基板。

塑料是本领域通常用来制作地板基板的一种材料，根据地板应用的场合并考虑成本，本领域的技术人员很容易想到使用塑料来制成附件 2 中的地板基板，并结合附件 2 给出的如何构造基板和发泡体来构成地板单元的技术启示从而得到权利要求 1 请求保护的技术方案，因此权利要求 1 不具有实质性特点，权利要求 1 相对于附件 2 不具备《专利法》第二十二条第三款规定的创造性。

权利要求 2 的附加技术特征为：所述的连接条（2）和连接搭条（3）的一种设置方式为：将另一块底料层（4）与地板本体（1）相互错位而连接在一起，这样，底料层（4）上凸出地板本体（1）的部位就构成了连接条（2），而地板本体（1）上凸出底料层（4）的部位就构成了连接搭条（3）。该附加技术特征已在附件 2 中公开，因此在权利要求 2 所引用的权利要求 1 不具备创造性的情况下，权利要求 2 也不符合《专利法》第二十二条第三款规定的创造性。

权利要求 3 的附加技术特征为：在连接条（2）的上平面（21）和连接搭条（3）的下平面（31）这两个平面中的任一平面上涂设有不干胶层。将权利要求 3 与附件 2 相比，除地板基板使用的材料不同外，权利要求 3 中还限定了在连接条（2）的上平面（21）和连接搭条（3）的下平面（31）这两个平面中的任一平面上涂设有不干胶层，而附件 2 是在这两个平面上都覆盖感压粘接剂，即权利要求3与附件2还存在两点区别：①设置胶层的表面不同；②设置的胶种类不同。对于区别①，附件2已经给出了可在基板1突出部和发泡体2突出部的表面覆盖感压粘接剂的技术启示，通过附件2公开的地板结构形式并根据实际需求，本领域的技术人员显然会想到也可只在上述两个表面中的一个上覆盖感压粘接剂；对于区别②，不干胶是本领域通常采用的粘接胶，通过附件2给出的在上述两个表面需覆盖感压粘接剂的技术启示，本领域的技术人员显然会想到可采用不干胶代替感压粘接剂，以解决相同的技术问题。因此在权利要求3所引用的权利要求1或2不具备创造性的情况下，权利要求3也不符合《专利法》第二十二条第三款规定的创造性。

权利要求4的附加技术特征为：在连接条（2）的上平面（21）和连接搭条（3）的下平面（31）这两个平面上都涂设有不干胶层。权利要求4与权利要求3之间的区别仅为：权利要求3是在连接条（2）的上平面（21）和连接搭条（3）的下平面（31）这两个平面中的任一平面上涂设有不干胶层，而权利要求4是在连接条（2）的上平面（21）和连接搭条（3）的下平面（31）这两个平面上都涂设有不干胶层。这一区别已在附件2中公开，结合上述针对权利要求3的评述，在权利要求4所引用的权利要求1或2不具备创造性的情况下，权利要求4也不符合《专利法》第二十二条第三款规定的创造性。

基于上述分析已经得出权利要求1~4不具备创造性的结论，因此，专利复审委对缪宁针对本专利提出的其他无效理由及证据，未再进行评述。2008年8月11日，专利复审委作出了第12086号决定，宣告本专利全部无效。

另查明，本专利说明书背景技术记载，塑料地板是一种室内装饰材料，人们常常会选用塑料地板来对室内地面进行装饰。

本院认为，本案的争议焦点是本专利权利要求1~4是否具有创造性的问题。

《专利法》第二十二条第三款的规定，实用新型的创造性是指同申请日以前已有的技术相比，该实用新型具有实质性特点和进步。

权利要求1与附件2相对比，附件2中的基板、基板突出部和发泡体突出部，分别相当于权利要求1中的地板本体、连接搭条和连接条，因此附件2公开了本专利权利要求1的绝大部分技术特征，二者之间的区别仅为，权利要求1中的地板为塑料地板，而附件2公开的地板使用胶合板、纤维板等板状体作为基板。塑料是本领域通常用来制作地板基板的一种材料，爱丽公司对此亦认可。根据地板应用的场合并考虑成本，本领域的技术人员很容易想到使用塑料来制成附件2中的地板基板，并结合附件2给出的如何构造基板和发泡体来构成地板单元的技术启示从而得到权利要求1请求保护的技术方案，因此权利要求1不具有实质性特点。权利要求1并未限定本专利的产品不需要通过黏结剂与地面进行黏结，因此，爱丽公司关于附件2未给出技术启示的上诉理由缺乏事实依据。

权利要求2的将底料层与地板本体相互错位而形成连接条和连接搭条的附加技术特征已在附件2中公开，因此在权利要求2所引用的权利要求1不具备创造性的情况下，权利要求2也不符合《专利法》第二十二条第三款规定的创造性。

权利要求3的附加技术与附件2存在两点区别：1. 设置胶层的表面不同；2. 设置的胶种类不同。对于区别1，附件2已经给出了可在基板突出部和发泡体突出部的表面覆盖感压粘接剂的技术启示，通过附件2公开的地板结构形式并根据实际需求，本领域的技术人员显然会想到也可只在上述两个表面中的一个上覆盖感压粘接剂。对于区别2，不干胶是本领域通常采用的粘接胶，通过附件2给出的在上述两个表面需覆盖感压粘接剂的技术启示，本领域的技术人员显然会想到可采用不干胶代替感压粘接剂，以解决相同的技术问题。因此在权利要求3所引用的权利要求1或2不具备创造性的情况下，权利要求3也不符合《专利法》第二十二条第三款规定的创造性。

权利要求4的附加技术已在附件2中公开，结合上述针对权利要求3的评述，在权利要求4所引用的权利要求1或2不具备创造性的情况下，权利要求4也不符合《专利法》第二十二条第三款规定的创造性。

综上，专利复审委认定本专利权利要求1~4相对于附件2不符合《专利法》第二十二条第三款规定的创造性正确。爱丽公司关于本专利产品已经获得商业成功的主张，因其未提交证据予以证明，故，爱丽公司的该上诉理由缺乏事实依据。

综上所述，第12086号决定认定事实清楚，作出程序合法，适用法律正确，一审法院予以维持正确。爱丽公司的上诉理由缺乏事实和法律依据。依照《中华人民共和国行政诉讼法》第六十一条第（一）项的规定，判决如下：

驳回上诉，维持一审判决。

二审案件受理费人民币100元，由上诉人张家港爱丽塑料有限公司负担（已交纳）。

本判决为终审判决。

审　判　长　郭　宜
代理审判员　朱海宏
代理审判员　罗峥嵘
二〇〇九年十二月九日
书　记　员　程钰玮

167

房屋瓦面固定架

无效宣告请求审查决定（第12097号）

决　定　号　第12097号
决　定　日　2008年7月30日
发明创造名称　房屋瓦面固定架
国 际 分 类 号　E04D 1/34
无效宣告请求人　江门市维虹经贸有限公司
专 利 权 人　林启章
专　利　号　200520061763.3
申　请　日　2005年7月19日
授 权 公 告 日　2007年1月3日
合 议 组 组 长　黄　颖
主　审　员　周文娟
参　审　员　欧　岚

法 律 依 据　专利法第22条第2款
决 定 要 点

如果权利要求所述的技术方案与现有技术公开的技术方案存在区别，且该区别不是本领域惯用手段的直接替换，则表明该权利要求所述技术方案相对于该现有技术具备新颖性。

一、案由

本无效宣告请求涉及中华人民共和国国家知识产权局于2007年1月3日授权公告的、名称为“房屋瓦面固定架”的实用新型专利权（下称本专利），其专利申请号是200520061763.3，申请日是2005年7月19日，专利权人是林启章。本专利授权公告时的权利要求书如下：

“1. 房屋瓦面固定架，其特征在于：包括连接板（1）和固定在连接板（1）上的托勾（2），所述托勾（2）形状与瓦面边缘相适应。

2. 根据权利要求1所述的房屋瓦面固定架，其特征在于所述托勾（2）可拆装固定在连接板（1）上。

3. 根据权利要求1或2所述的房屋瓦面固定架，其特征在于所述连接板（1）表面设有多个卡槽（11），所述托勾（2）一端设有与卡槽（11）相配合的弹性卡环（21）。”

针对本专利权，江门市维虹经贸有限公司（下称请求人）于2008年3月31日向专利复审委员会提出无效宣告请求，认为本专利不符合专利法第22条第2款的规定，请求人同时提交了如下附件：

附件1：公开日为2004年11月10日、公开号为CN1545590A（专利申请号为01823601.4）的中国发明专利申请公开说明书，共12页；

请求人认为：（1）附件1于本专利申请日前公开，可作为现有技术评价本专利的新颖性；（2）该附件与本专利属于相同的技术领域，具有相同的技术目的和技术效果，且公开了本专利权利要求1~3要求保护的技术方案，因此，本专利权利要求1~3所述方案相对于附件1不具备专利法第22条第2款所规定的新颖性。

经形式审查合格，专利复审委员会依法受理了上述无效宣告请求，并于2008年4月14日向请求人和专利权人发出无效宣告请求受理通知书，同时将专利权无效宣告请求书及其附件清单中所列附件的副本转送给专利权人，并要求专利权人在指定的期限内陈述意见。

针对专利复审委员会发出的上述无效宣告请求受理通知书，专利权人于2008年5月28日提交了意见陈述书。

专利权人认为：（1）本专利的“房屋瓦面固定架”是用来保证瓦面的整体性、提高施工速度、简化施工工序、方便日后屋顶修缮等目的，附件1的“挡风雨条”是用来防止水气、灰尘等从瓦片之间的通过并进入到屋顶空间中，二者技术领域、所解决的技术问题完全不同；（2）附件1的“瓦片固定夹30”以及“钩部42”与本专利的“托勾（2）”形状不同，安装方式、安装位置、固定方式不同，所起的承托作用也不同（前者与瓦片的端部相适应，后者与瓦片的边缘相适应）；（3）本专利中所描述的“多个卡槽”的作用与附件1中挡风雨条两个开孔的结构、作用和技术效果完全不同。

本案合议组于2008年6月17日向双方发出无效宣告请求口头审理通知书，定于2008年7月18日在专利复审委员会举行口头审理。随同口头审理通知书，将专利权人于2008年5月28日提交的意见陈述书副本转送给请求人。

口头审理如期举行，双方当事人均参加了口头审理。

在口头审理中，双方当事人对对方出庭人员的身份以及合议组成员均无异议。请求人明确其无效理由、范围和证据为：附件1公开了本专利权利要求1~3的技术方案，故本专利权利要求1~3相对于附件1不符合专利法第22条第2款关于新颖性的规定。专利权人对附件1的真实性无异议。专利权人认为本专利所述的“连接板”在铺设瓦片前直接固定在屋顶的木椽上，与附件1所述的“挡风雨条”不同；本专利“托勾”与附件1所述的“瓦片固定夹”及其“钩部”形状不同、安装位置不同、与瓦片的适应方式不同；根据说明书及其附图的解释，权利要求3所述的“多个卡槽”与附件1中的两个“开孔”不同，因此，权利要求1~3相对于附件1具备新颖性。

至此，合议组认为本案事实已经清楚，可以作出审查决定。

二、决定的理由

1. 关于证据和现有技术

请求人提交的证据包括附件1，专利权人对附件1的真实性没有异议，同时由于附件1为公开出版物，且其公开日期在本专利的申请日前，因此可以作为本专利的现有技术使用。

2. 关于专利法第22条第2款

专利法第22条第2款规定，新颖性，是指在申请日以前没有同样的发明或者实用新型在国内外出版物上公开发表过、在国内公开使用过或者以其他方式为公众所知，也没有同样的发明或者实用新型由他人向国务院专利行政部门提出过申请并记载在申请日以后公布的专利申请文件中。

如果权利要求所述的技术方案与现有技术公开的技术方案存在区别，且该区别不是本领域惯用手段的直接替换，则表明该权利要求所述技术方案相对于该现有技术具备新颖性。

本案中，请求人认为：附件1公开的“挡风雨条10”也是用于支承固定瓦片，相当于权利要求1

所述的“连接板（1）”；安装于挡风雨条10下面的瓦片固定夹30相当于权利要求1所述的“固定在连接板（1）上的托勾（2）”；附件1还公开了瓦片固定夹30具有两腿部34和35，每一腿端部设有一钩部42，钩部具有足够的弹性，以能够在钩部中接纳不同厚度的瓦片，从而披露了权利要求1所述的“托勾（2）形状与瓦面边缘相适应”。因此，权利要求1所述的整个技术方案已被附件1披露，不具备新颖性。专利权人认为：本专利所述的“连接板”在铺设瓦片前直接固定在屋顶的木椽上，与附件1所述的“挡风雨条”不同；本专利“托勾”与附件1所述的“瓦片固定夹”及其“钩部”形状不同、安装位置不同、与瓦片的适应方式不同，因此权利要求1相对于附件1具备新颖性。

合议组经审查后认为，附件1公开了一种适于支撑房屋面瓦、且在相邻的屋面挂瓦条之间延伸从而被支承的挡风雨条10，在其下垂侧凸缘14中具有开孔40，一瓦片固定夹30（相当于本专利权利要求1中的“托勾”）通过两腿部上的耳部38弹性啮合于挡风雨条10的开孔40中，瓦片固定夹30的两腿端部各设有一钩部42，钩部具有足够的弹性，利用其端部处大致呈U形的夹紧部分可接纳和固定不同厚度的瓦片，其中瓦片的下缘接纳于在U形中（参见说明书第2~5页）。经对比可知，权利要求1相对于附件1的区别在于：附件1中公开的是“挡风雨条”，而本专利权利要求1中记载的是“连接板”。附件1中所述的“挡风雨条”属于本领域常规的技术术语，通常是指在支承固定瓦片的过程中，需要先将其固定在屋顶的“挂瓦条”上；而本专利说明书第2页第2~4行明确记载了“本实用新型包括连接板……在铺设瓦面前将连接板固定在木椽上，再在连接板表面铺设瓦面”，由此可知，本专利权利要求1中所述的“连接板”具有特定的含义，即在铺设瓦面前要将其固定在房屋顶部的木椽上，而无需“挂瓦条”之类的其他设施，显然二者含义不同，也不属于本领域惯用手段的直接替换。因此，本专利权利要求1所限定的技术方案与附件1公开的技术方案实质上不相同，合议组认为请求人关于权利要求1相对于附件1不具备新颖性的主张不能成立。

权利要求2和3均引用了权利要求1，因此，在请求人关于权利要求1相对于附件1不具备新颖性的主张不能成立的情况下，请求人关于权利要求2和3相对于附件1不具备新颖性的主张也不能成立。

根据上述的事实和理由，本案合议组依法作出以下决定。

三、决定

维持200520061763.3号实用新型专利权有效。

当事人对本决定不服的，可以根据专利法第46条第2款的规定，自收到本决定之日起三个月内向北京市第一中级人民法院起诉。根据该款的规定，一方当事人起诉后，另一方当事人应当作为第三人参加诉讼。

168

涡流增速紫外线杀菌灭藻液体处理器

无效宣告请求审查决定（第 12101 号）

决　　定　　号　第 12101 号
决　　定　　日　2008 年 8 月 14 日
发明创造名称　涡流增速紫外线杀菌灭藻液体处理器
国 际 分 类 号　C02F 1/32
无效宣告请求人　深圳市兴日生实业有限公司
专　利　权　人　伟将有限公司
专　　利　　号　02150319.2
优　先　权　日　2002 年 7 月 17 日
申　　请　　日　2002 年 11 月 1 日
授 权 公 告 日　2005 年 8 月 24 日
合 议 组 组 长　李　隽
主　　审　　员　瞿晓峰
参　　审　　员　郝兴辉

法　律　依　据　专利法第 22 条第 3 款
决　定　要　点

如果权利要求所请求保护的技术方案与现有技术的区别技术特征属于本领域技术人员常规技术手段，并且该技术手段的引入并未带来意想不到的技术效果，那么，权利要求所请求保护的技术方案不具备创造性。

一、案由

本无效宣告请求涉及国家知识产权局于 2005 年 8 月 24 日授权公告、名称为“涡流增速紫外线杀菌灭藻液体处理器”的 02150319.2 号发明专利（下称本专利），其申请日为 2002 年 11 月 1 日，优先权日为 2002 年 7 月 17 日，专利权人为伟将有限公司。本专利授权公告的权利要求如下：

“一种涡流增速紫外线杀菌灭藻液体处理器，系于一管体内装设有一中空石英管，其内装设有一紫外线杀菌灯，且在管体之上、下端分别设有一进液管及出液管；其特征在于：所述管体内位于进液管下方装设有一导流结构，又该导流结构系于一环体内设有数个导流通路，且该导流通路的排液孔面积之和小于所述管体通道的横断面积，致使在所述管体上方形成一液体加压室，所述导流结构是在其环体底缘设一隔板，并于该隔板上设有数个孔状的导流通路，所述孔状的导流通路为倾斜的导流通路，且该导流通路的入液孔大于排液孔。”

针对本专利，深圳市兴日生实业有限公司（下称请求人）于2007年2月8日向专利复审委员会提出无效宣告请求，认为本专利权利要求1不符合专利法第22条第3款的规定。请求人提交了以下证据：

证据1：GB2267635A（公开日为1993年12月8日）英国专利文献及其部分中文译文，共15页；

证据2：US5384032A（公开日为1995年1月24日）美国专利文献，共5页；

证据3：国家知识产权局于2004年10月22日针对02150319.2号发明专利申请发出的第一次审查意见通知书以及申请人（即伟将有限公司）的意见陈述复印件，共8页。

请求人认为，证据1与证据2是同族专利，证据1与本专利技术领域相同、发明目的相同、有益效果相同，本专利技术方案与证据1公开的内容相比，唯一的区别是将进出水部位做了上下对调，本专利权利要求1没有突出的实质性特点和显著的进步，不符合专利法第22条第3款的规定。

经形式审查合格后，专利复审委员会受理了上述请求，于2007年2月12日向双方当事人发出无效宣告请求受理通知书，同时将无效宣告请求书及其附件清单中所列附件副本转送给专利权人，要求其在指定的期限内答复。

针对请求人的无效宣告请求，专利权人于2007年3月24日提交了意见陈述，其认为：（1）请求人提交的证据2没有提交中文译文，同时没有结合证据2具体说明相关的无效宣告理由，不符合审查指南的规定；（2）国际专利分类号相同不能说明其发明目的、技术方案和技术效果相同；（3）证据1的结构与本专利不同，且没有给出本专利区别技术特征的技术启示；（4）本专利相对于证据1的区别技术特征使本专利的技术效果与证据1的技术效果完全不一样；（5）专利权人分别在其他国家提出了该技术方案的专利申请，目前已获得美国、欧洲专利局，中国台湾地区授权，本专利产品在商业上获得了极大成功。

专利权人提交了下列反证：

反证1：美国专利授权证书及US6657205B1美国专利说明书扉页及其中文译文复印件，共4页；

反证2：EP1382572B1专利授权证书及专利说明书扉页及其中文译文复印件，共4页；

反证3：台湾地区新型第M二四四二九八号专利证书复印件，共1页；

反证4：整理番号为P24026的日本专利受领书复印件，共2页；

反证5：申请号为2003201835的澳大利亚专利申请受理书及其中文译文复印件，共3页；

反证6：申请号为P1 20031413的马来西亚专利申请受理书及其中文译文复印件，共2页。

专利复审委员会于2008年6月13日向双方当事人发出了口头审理通知书，定于2008年7月23日对本案进行口头审理。

口头审理如期举行，双方当事人均参加了口头审理。请求人当庭提交了意见陈述，合议组当庭将该意见陈述转给专利权人。请求人明确放弃证据2和3。请求人明确其无效宣告请求的范围、理由及证据使用方式为：本专利权利要求1相对于证据1不具备创造性，主要意见同提出无效宣告请求时的意见陈述。专利权人明确表示其所提交的反证1~6仅供合议组参考，不作为证据使用。

口头审理结束后，双方当事人分别向专利复审委员会提交了意见陈述书，进一步阐明各自在口头审理中的意见。

至此，合议组认为本案事实清楚，可以依法作出审查决定。

二、决定的理由

1. 证据认定

请求人提交的证据1是英国专利文献，其公开日为1993年12月8日，早于本专利的申请日和优先权日，可以作为本专利的现有技术。请求人在提出无效宣告请求时仅提交了证据1的部分中文译文，专利权人对证据1的中文译文没有异议，故合议组对证据1译文的准确性予以认定。

2. 权利要求1的创造性

创造性，是指同申请日以前已有的技术相比，该发明有突出的实质性特点和显著的进步，该实用新型有实质性特点和进步。

本专利权利要求1请求保护的一种涡流增速紫外线杀菌灭藻液体处理器，系于一管体内装设有一中空石英管，其内装设有一紫外线杀菌灯，且在管体之上、下端分别设有一进液管及出液管；所述管体内位于进液管下方装设有一导流结构，又该导流结构系于一环体内设有数个导流通路，且该导流通路的排液孔面积之和小于所述管体通道的横断面积，致使在所述管体上方形成一液体加压室，所述导流结构是在其环体底缘设一隔板，并于该隔板上设有数个孔状的导流通路，所述孔状的导流通路为倾斜的导流通路，且该导流通路的入液孔大于排液孔。

证据1公开了一种过滤装置，具体包括以下内容：一圆柱形腔室6（相当于本专利中的管体）顶部和底部各有一个盖子7，一石英管30沿轴向在该腔室6内伸展，并且有紫外线灯管8置于所述石英管30内，所述圆柱形过滤腔室6有一位于较低水平面的入水口31（相当于本专利的进液管）和一位于较高水平面的出水口32（相当于本专利的出液管），一块环流档板13（相当于本专利的导流结构）被设置在所述腔室6内近入水口31的地方，所述环流档板13是设有数个导流通路的隔板结构，环流档板包括若干矩形凹处18（相当于本专利的入液孔）和相应的矩形开口19（相当于本专利的排液孔），矩形凹处18与矩形开口19之间形成倾斜的导流通路，水流从矩形凹处18并通过各矩形开口19流至档板13的上表面，矩形开口19的面积小于矩形凹处18的面积，所有矩形开口19的面积之和小于圆柱形腔室6通道的横断面积，致使环流档板13下方形成液体加压室。

将本专利权利要求1所请求保护的技术方案与证据1所公开的内容相比，两者的区别在于：本专利权利要求1所请求保护的技术方案中进液管、出液管分别设在管体上、下端，而证据1公开的技术内容中进液管在管体下端、出液管在管体上端。合议组认为，进液管、出液管应分设于管体两端，至于是将进液管设于上端、出液管设于下端，或者是将进液管设于下端、出液管设于上端，这属于本领域的常规技术手段，本领域技术人员可以根据实际需要进行选择，并且双方当事人均认可进液管、出液管设置于管体上端或下端对本专利不会产生实质性影响，因此，对本领域技术人员来说，在证据1的基础上得到本专利权利要求1所请求保护的技术方案是显而易见的，本专利权利要求1所请求保护的技术方案不具备突出的实质性特点和显著的进步，不具备创造性。

专利权人认为，进液管、出液管设于管体上端或下端对本专利不会产生实质性影响，而关键在于证据1没有公开本专利权利要求1所请求保护的技术方案中“导流通路的排液孔面积之和小于所述管体通道的横断面积，致使在所述管体上方形成一液体加压室”、“导流通路的入液孔大于排液孔”等技术特征，另外本专利权利要求1所请求保护的技术方案与证据1相比，发明目的、技术效果均不同。

针对专利权人的上述观点，合议组认为：首先，证据1的附图3是环流档板的一个实施例，从附图3中可以毫无疑义地认定矩形开口19的面积小于矩形凹处18的面积；其次，证据1所公开的过滤装置其目的是通过紫外线除去水中的微生物和细菌，与本专利所要解决的技术问题相同，为实现其目的，证据1的过滤装置使水通过环流档板13后被强迫围绕着紫外灯管8呈螺旋状环流，并且“这种螺旋状运动在实质上是在过滤腔室6的整个高度上都可以看得见，直到这些水从出水口32流出去为止”，据此本领域技术人员可以毫无疑义的认定，证据1中的过滤装置要形成高流速的旋转涡流以解决与本专利相同的技术问题，则需提高流出矩形开口19的水流速度，而根据质量守恒定律可知，当流量一定时，流速和通流截面面积成反比，因此在流量一定的情况下为了提高流出矩形开口19的水流速度必然要减小矩形开口 19 的截面面积，也就是说，矩形开口 19 的面积小于矩形凹处 18 的面积，进而可知所有矩形开口 19 的面积之和小于圆柱形腔室通道的横断面积；最后，本专利中液体加压室是由于导流通路的排液孔面积之和小于管体通道的横断面积所致，而证据 1 中的所有矩形开口 19 的面积之和小于圆柱形腔室通道的横断面积，因此，在证据 1 环流档板 13 下方也会形成一液体加压室。综上所述，专利权人声称的上述区别技术特征已被证据 1 公开，其主张不能成立。

三、决定

宣告 02150319.2 号发明专利权全部无效。

当事人对本决定不服的，可以根据专利法第 46 条第 2 款的规定，自收到本决定之日起三个月内向北京市第一中级人民法院起诉。根据该款的规定，一方当事人起诉后，另一方当事人应当作为第三人参加诉讼。

169

多视面转动式波形折射变换图案箱

无效宣告请求审查决定（第12116号）

决　　定　　号　第12116号
决　　定　　日　2008年7月28日
发明创造名称　多视面转动式波形折射变换图案箱
国 际 分 类 号　G09F19/12
无效宣告请求人　广州大势塑胶五金制品有限公司
专　利　权　人　王雄准
专　　利　　号　03247653.1
申　　请　　日　2003年6月24日
授 权 公 告 日　2004年10月6日
合 议 组 组 长　李金光
主　　审　　员　张秀丽
参　　审　　员　张晓飞

法　律　依　据　专利法第22条第2款
决　定　要　点
当请求保护的技术方案与现有技术实质上不相同时，该技术方案具备新颖性。

一、案由

本无效宣告请求案涉及国家知识产权局于2004年10月6日公告授予的、名称为“多视面转动式波形折射变换图案箱”的第03247653.1号实用新型专利权（下称本专利），其申请日为2003年6月24日，专利权人为王雄准。本专利授权公告的权利要求书如下：

“1. 多视面转动式波形折射变换图案箱，由波形折射板和透光图片组成，其特征在于：图案箱（4）有2至9个视面，每个视面的外侧有一片透明的波形折射板（1），波形折射板（1）的波形面可以向外侧或向内侧，在每一片波形折射板（1）的内侧，有一张用条格式绘制2至9幅不相同的图案的透光图片（2），在图案箱（4）的底座（5）的内部，安装一台电动减速器（6），把电动减速器（6）的主轴（7）插进图案箱（4）的中心。

2. 根据权利要求1所述的多视面转动式波形折射变换图案箱，其特征在于：也可以在图案箱（4）内部，安装一台电动减速器（6），把电动减速器（6）的主轴（7）插进图案箱（4）的底座（5）。

3. 根据权利要求1所述的多视面转动式波形折射变换图案箱，其特征在于：在图案箱（4）内部，安装光源（3）。”

针对上述专利权，广州大势塑胶五金制品有限公司（下称请求人）于2007年8月16日向专利复审委员会提出专利权无效宣告请求，认为本专利不符合专利法第22条第2款以及专利法实施细则第21条第3款的规定，并提交了本专利授权公告文本以及以下证据：

证据1：专利号为03224578.5的中国实用新型专利授权公告说明书，申请日为2003年3月28日，公告日为2004年2月18日，复印件共12页；

依据证据1，请求人认为：（1）证据1的申请日早于本专利的申请日，属于在本专利申请日之前申请、在本专利申请日之后公开的文献，可以用来评价本专利的新颖性。证据1公开了一种多功能视面动态变换立体图案箱，包括一箱框，该箱框具有2块或2块以上的透明板，每一透明板对应一个视面，每一透明板的内侧贴有抽样图，安装在机座内的电机轴与箱框的中心转动轴相联。由此可见，证据1公开了权利要求1、2的全部技术特征，权利要求1、2不具备新颖性。权利要求3的附加技术特征是“在图案箱（4）内部，安装光源（3）”，该特征在证据1（证据1的说明书第2页）中已经被公开。因此，权利要求3也不具备新颖性。（2）权利要求2引用了权利要求1，但其附加技术特征没有在权利要求1的范围内作进一步限定，因此，权利要求2不符合专利法实施细则第21条第3款的规定。

经形式审查合格后，专利复审委员会受理了上述请求，于2007年8月17日向双方当事人发出《无效宣告请求受理通知书》，并将《专利权无效宣告请求书》及其附件清单中的附件副本转给专利权人。2007年11月21日专利复审委员会以公告方式再次向专利权人发出《无效宣告请求受理通知书》，同时成立合议组对本无效宣告请求案进行审理。

2008年2月14日，本案合议组向请求人发出《无效宣告请求口头审理通知书》，并于2008年3月26日将《无效宣告请求口头审理通知书》以公告的方式发给专利权人，定于2008年5月20日对该专利权的无效宣告请求举行口头审理。

2008年5月20日，口头审理如期进行。请求人委托代理人参加了口头审理，专利权人未参加口头审理。口头审理过程中请求人主张以下事实：

（1）对合议组成员无回避请求；（2）放弃关于权利要求2不符合专利法实施细则第21条第3款规定的无效宣告理由；（3）无效宣告请求的宣告理由和范围是权利要求1~3相对于证据1说明书第2页的方案三不具备新颖性，不符合专利法第22条第2款的规定。

二、决定的理由

1. 关于审查文本

在本专利权无效宣告请求案中，以本专利授权公告文本作为审查的基础。

2. 关于证据

证据1是由他人在本专利申请日前向中国专利局提出并在本专利申请日以后授权公告的实用新型专利文件，可以作为评价本专利是否具备新颖性的对比文件使用。

3. 关于专利权无效宣告请求的理由和范围

本案中，请求人确认本专利无效宣告请求的理由及范围是：权利要求1~3相对于证据1不符合专利法第22条第2款的规定。

4. 关于专利法第22条第2款

专利法第22条第2款规定：新颖性，是指在申请日以前没有同样的发明或者实用新型在国内外出版物上公开发表过、在国内公开使用过或者以其他方式为公众所知，也没有同样的发明或者实用新型由他人向国务院专利行政部门提出过申请并且记载在申请日以后公布的专利申请文件中。

根据该款规定，当请求保护的技术方案与现有技术实质上不相同时，该技术方案具备新颖性。

本案中，权利要求1请求保护多视面转动式波形折射变换图案箱，由波形折射板和透光图片组成，其特征在于：图案箱（4）有2至9个视面，每个视面的外侧有一片透明的波形折射板（1），波形折射板（1）的波形面可以向外侧或向内侧，在每一片波形折射板（1）的内侧，有一张用条格式绘制2至9幅不相同的图案的透光图片（2），在图案箱（4）的底座（5）的内部，安装一台电动减速器（6），把电动减速器（6）的主轴（7）插进图案箱（4）的中心。证据1说明书第2页方案三公开了一种多功能多视面动态变换立体图案箱，包括电机、基座和箱框，设在基座内的电机轴与箱框的中心转动轴相联，箱框上设有两块或两块以上的透明板，透明板内侧设有分光元件，分光元件内侧置有画面面向分光元件且与分光元件相匹配的抽样图，箱框内固定有光源，其中分光元件为柱镜光栅板、蝇眼透镜板、狭缝光栅挡板、薄膜光栅板或曲面反光镜。

权利要求1的技术方案与证据1公开的上述方案的区别在于：（1）权利要求1具体限定每一透明波形折射板内侧有2至9幅透光图片，证据1中则是在透明板内侧设有分光元件，分光元件内侧置抽样图。（2）权利要求1使用电动减速器带动图案箱转动，而证据1中采用电机带动图案箱转动。

对于本领域技术人员来说，上述结构不同并不是本领域惯用手段的直接置换。因此，权利要求1与证据1的技术方案实质上不相同，权利要求1相对于证据1具备新颖性，符合专利法第22条第2款的规定。

权利要求2在引用权利要求1的基础上限定“也可以在图案箱（4）内部，安装一台电动减速器，把电动减速器的主轴（7）插进图案箱（4）的底座（5）”。虽然权利要求2形式上是权利要求1的从属权利要求，但其实质上是用“也可以在图案箱（4）内部，安装一台电动减速器，把电动减速器的主轴（7）插进图案箱（4）的底座（5）”这一特征代替权利要求1中的“在图案箱（4）的底座（5）的内部，安装一台电动减速器（6），把电动减速器（6）的主轴（7）插进图案箱（4）的中心”这一特征，由于这两种方案为并列的技术方案，因此权利要求2实质上是独立权利要求。将权利要求2的技术方案与证据1相比，除了存在上述权利要求1与证据1之间的区别外，还包括权利要求2的电动减速器位于图案箱内而证据1的电机位于基座内。由于这些区别特征均不属于本领域惯用手段的直接置换，因此，权利要求2的技术方案与证据1的技术方案实质上不相同，权利要求2相对于证据1具备新颖性，符合专利法第22条第2款的规定。

权利要求3是权利要求1的从属权利要求，当权利要求1相对于证据1具备新颖性时，权利要求3的技术方案相对于证据3也具备新颖性。

请求人认为：（1）相对于证据1中的抽样图，本专利的2~9幅图片是很容易被想到的。（2）本专利中的电动减速器就是证据1的电机，对于本领域技术人员来说，这二者虽然结构不同，但功能、原理是等同的，二者可以替换。（3）权利要求2中电动减速器的位置和底座的位置进行简单的置换，但其功能是相同的，因此，权利要求2也没有新颖性。

对此，合议组认为：（1）证据1中的抽样图与本专利的2~9幅图片不同，并且用2~9幅透光图片替换抽样图也不属于本领域的惯用手段的直接置换。（2）权利要求1中的电动减速器是电机的一种，虽然电机与电动减速器的功能类似，但二者结构不相同，并且用电动减速器替换电机也不是本领域的惯用手段的直接替换。（3）证据1中电机的位置与权利要求2中电动减速器的位置不同，并且用电动减速器位于图案箱内部替换电机位于基座内也不是本领域的惯用手段的直接置换。综上，请求人关于证据1已经公开本专利权利要求1~3的技术方案的理由不能成立。

基于以上事实和理由，本案合议组作出如下审查决定。

三、决定

维持03247653.1号实用新型专利权全部有效。

当事人对本决定不服的，可以根据专利法第46条第2款的规定，自收到本决定之日起三个月内向北京市第一中级人民法院起诉。根据该款的规定，一方当事人起诉后，另一方当事人应当作为第三人参加诉讼。

170

自卷展示广告旗

无效宣告请求审查决定（第12117号）

决　　定　　号　第12117号
决　　定　　日　2008年7月21日
发明创造名称　自卷展示广告旗
国 际 分 类 号　G09F17/00
无效宣告请求人　王佳宾
专　利　权　人　李辉灿
专　　利　　号　200620082121.6
申　　请　　日　2006年3月16日
授 权 公 告 日　2007年6月20日
合 议 组 组 长　张　琳
主　　审　　员　张　巍
参　　审　　员　刘路尧

法　律　依　据　专利法第22条第1款、第2款、第3款
决　定　要　点

权利要求所要求保护的技术方案与对比文件相比存在区别特征，并且所述区别特征不属于所属技术领域惯用手段的直接置换，因此该权利要求相对于该对比文件具备新颖性；上述区别特征解决了现有技术中存在的技术问题，现有技术中未给出将该区别特征应用到该对比文件中以解决上述技术问题的技术启示，且上述区别特征达到了一定的技术效果，因此该权利要求所要求保护的技术方案具有实质性特点和进步，相对于该对比文件具备创造性。

一、案由

本无效宣告请求涉及国家知识产权局于2007年6月20日授权公告的名称为“自卷展示广告旗”的实用新型专利（下称本专利），其专利号为200620082121.6，申请日为2006年3月16日，专利权人是李辉灿。

本专利授权公告的权利要求书的内容如下：

“1. 一种自卷展示广告旗，其特征在于：包括手把、旗面，旗面为经过特殊加工的复合塑料膜可以自卷的性能复合塑料膜，为长方形，旗面至少一短边的边缘向内卷热合形成一筒体，手把的两端部直接插入筒体的上下两侧。

2. 根据权利要求1所述的自卷展示广告旗，其特征在于：手把为弹性圆杆体，包括手持部和插

接部一体成型，手持部为弧型，其两端向内折形成上插接部和下插接部，上插接部和下插接部在同一直线上，其下插接部的长度大于上插接部的长度，在上插接部杆体的外侧开有弹性槽。

3. 根据权利要求 1 或 2 所述的自卷展示广告旗，其特征在于：所述的旗面两短边的边缘均向内卷热合形成一筒体，两个手把的两端部分别直接插入两个筒体的上下两侧。

4. 根据权利要求 1 或 2 所述的自卷展示广告旗，其特征在于：所述的旗面的另一短边的边缘直接热合在手把上。

5. 根据权利要求 2 所述的自卷展示广告旗，其特征在于：所述的手把的弧型手持部可以一体成型有凸凹文字或花纹。

6. 根据权利要求 1 或 2 所述的自卷展示广告旗，其特征在于：所述的旗面上可以有一荧光涂层。"

针对上述专利权，王佳宾（下称请求人）于 2008 年 2 月 18 日向专利复审委员会提出了无效宣告请求，无效理由是本专利的权利要求 1~6 不符合专利法第 22 条第 1~3 款的规定。请求人提供如下附件：

附件 1：具体意见陈述书，共 4 页；

附件 2：专利号为 ZL02125303. X 的中国发明专利说明书复印件，共 5 页，其授权公告日为 2005 年 3 月 23 日，申请日为 2002 年 7 月 23 日，专利权人为阿尔戈有限公司；

附件 3：专利号为 ZL200520104141. 4 的中国实用新型说明书复印件，共 5 页，其授权公告日为 2006 年 9 月 27 日，申请日为 2005 年 8 月 22 日，专利权人为孟祥涛；

附件 4：本专利说明书复印件，共 7 页。

请求人在无效宣告请求书中指出：附件 2 的申请日、公开日和授权公告日分别为 2002 年 7 月 23 日、2004 年 1 月 28 日和 2005 年 2 月 23 日，而本专利的申请日为 2006 年 3 月 16 日，均在上述日期之后，且与附件 2 的自卷横幅完全相同，没有实质性特点和进步，不具有新颖性和创造性，不具备授予专利权的条件。具体说明如下：（1）本专利权利要求 1 所述的"自卷展示广告旗"即为附件 2 中所述的"自卷便携式横幅"，其中"手把"即为附件 2 的"把手"；"长方形"、"旗面"即附件 2 中的"长条形自卷材料片材"；"旗面为经过特殊加工的复合塑料膜可以自卷的性能复合塑料膜"即为附件 2 中的"所述材料能够在松弛和张紧状态之间变化"；"旗面至少一短边的边缘向内卷热合形成一筒体，手把的两端部直接插入筒体的上下两侧"即为附件 2 中的"轴装置"。由以上对比可见，本专利仅仅是将附件 2 改动了一个名称，而自卷横幅显然包括自卷展示广告旗，实质完全相同，没有实质性特点和进步。（2）本专利权利要求 2 中所述的"手把"的构造与附件 2 中权利要求 1、2、3 所述的"把手"的构造完全相同，其中本专利的"其两端向内折形成上插接部和下插接部，上插接部和下插接部在同一直线上"的描述实际上就是附件 2 的权利要求 2 中所述的"把手的所述端部具有轴向对准的接合凸起"，"在同一直线上"即"轴向对准"；可见，本专利没有任何新颖性及创造性，只是将发明专利的描述变换了一种说法而已。至于本专利权利要求 2 中所述的其他特征"手把为弹性圆杆体，包括手持部和插接部一体成型，手持部为弧型"、"其下插接部的长度大于上插接部的长度，在上插接部杆体的外侧开有弹性槽"与附件 2 的"把手"的特征相比，也没有实质性特点和进步，不具有创造性。（3）本专利权利要求 3 中所述的"把手"与"横幅"的连接方式相同，没有实质性特点和进步，其中"旗面两短边的边缘均向内卷热合形成一筒体，两个手把的两端部分别直接插入两个筒体的上下两侧"即附件 2 的权利要求 2 中所述的"轴装置"和"管状部件"；"筒体"就是附件 2 的"管状部件"；"两个手把的两端部分别直接插入两个筒体的上下两侧"即附件 2 中的"同心地套盖着所述接合凸起"；它们都如附件 2 权利要求 1 所述的那样可以相对于把手自由转动。可见，本专利仅仅是将附件2变换了一种说法而已，没有任何实质性特点和进步，不具有新颖性和创造性。（4）本专利权利要求4中所述的“旗面的另一短边的边缘直接热合在手把上”即附件2权利要求1中所述的“自卷横幅还包括第二把手和其上连接有所述片材的第二端部的第二轴装置，所述端部也通过带装置绕第二轴装置连接到片材自身上”和附件2中的“片材通过胶带装置被贴合在其自身上，其中缠绕在所述轴上的所述片材的一个外表面通过所述胶带装置连接在所述横幅片材材料的一个相邻内表面上”，至于本专利权利要求4中所述的“直接热合在手把上”与发明专利相比也不具备实质性的特点和进步，其目的均是将片材与把手相连接。（5）本专利权利要求5中所述的“文字或花纹”并不是该实用新型专利的主要特征，主要特征是权利要求1中所述的自卷性能，权利要求5所述的“文字或花纹”不能脱离权利要求1和2所述的自卷展示广告旗而独立存在，权利要求1和2不能成立，权利要求5也就没有意义。（6）权利要求6中所述的涂层与附件2权利要求4、5、6中所述的涂层目的及含义均是相同的，均是为了在横幅上印刷用于运动活动、政治活动和广告的材料，与附件2相比没有实质性特点和进步。再者，该荧光层本身也是已经公开发表和使用过的技术，根据附件3中的权利要求2及说明书，也已经披露了荧光涂层的材质为“碱式碳酸涂料、荧光粉以及环氧脂有色漆的混合物”，“荧光材料为碱式碳酸涂料10%、荧光粉20%掺入到70%环氧脂有色漆的混合物，手工高压静电喷涂到工作表面，在50度的烘干环境中进行15分钟的拷制”，且附件3的申请日为2005年8月22日，早于本专利的申请日，该荧光涂层本身也不具有新颖性，也就无创造性可言。综上所述，本专利的权利要求书的所有内容早在该专利申请之前就已经被公开和发表，本专利不具备授予专利权的条件，应当宣告其专利权无效。

经形式审查合格后，专利复审委员会受理了上述请求，于2008年3月18日向双方当事人发出了无效宣告请求受理通知书，并将无效宣告请求书及其附件清单所列附件的副本转送给专利权人，要求其在指定的期限内答复。

专利权人于2008年5月16日向专利复审委员会寄交了意见陈述书，同时提交了以下附件：

附件1′：本专利专利权人身份证复印件，共1页。

专利权人在意见陈述书中提出：本专利与附件2至少存在以下几点不同之处：（1）在权利要求1中，本专利的旗面边缘向内卷热合自动形成一筒体，并没有请求人所述的轴装置：本专利手把的两端部直接插入筒体的上下两侧，附件2还要通过带装置围绕一个轴装置连接到片材自身，然后所述片材绕着所述轴装置才能呈现其卷起状态。有没有轴装置，这就是两个专利的最大区别之处。（2）在权利要求2中，本专利在上插接部杆体的外侧开有弹性槽，请求人引证的材料却没有这一技术特点。（3）在权利要求5中，本专利所述的手把的弧型手持部可以一体成型有凹凸文字或花纹，一是可以制作为生产者的联系方式，二是可以制作花纹增加摩擦力，更方便手持使用，这种创意和技术特点是请求人发明专利所不具备的。（4）在权利要求6中，本专利所述的旗面上可以有一荧光涂层，在夜晚使用时可以增加气氛，而请求人发明专利只是在旗面上简单加上文字或图案，并没有在旗面上加上荧光涂层，这种创意和技术特征也是请求人发明专利所不具备的。综上所述，本专利完全符合专利法第22条的有关规定，请求人提交的证据不足以支持其无效主张。

专利复审委员会依法成立合议组，对本案进行审理。合议组于2008年5月27日向双方当事人发出口头审理通知书，定于2008年7月7日在专利复审委员会对本案进行口头审理。

2008年6月4日，本案合议组向请求人发出转送文件通知书，将专利权人于2008年5月16日提交的意见陈述书及其所附附件转交请求人。

2008年7月7日，针对请求人提出的专利无效请求的口头审理如期举行。请求人委托代理人参加了口头审理，专利权人未参加口头审理。在口头审理中，请求人对合议组成员无回避请求。在口头审理中，请求人明确表示其口头审理意见以提交无效请求时意见陈述书中的意见为准。

至此，合议组经合议，认为本案事实已经清楚，可以依法作出本审查决定。

二、决定的理由

1. 关于证据的认定

请求人提交的附件 2 为专利号为 ZL02125303. X 的中国发明专利说明书复印件，专利权人对附件 2 的真实性没有提出异议，经过核实，合议组对该证据的真实性予以确认。附件 2 的授权公告日为 2005 年 3 月 23 日，在本专利的申请日 2006 年 3 月 16 日之前，可以用来作为评价本专利是否具有新颖性、创造性的现有技术证据使用。

请求人提交的附件 3 为专利号为 ZL02125303. X 的中国实用新型专利说明书复印件，其授权公告日为 2006 年 9 月 27 日，在本专利的申请日 2006 年 3 月 16 日之后，因此不能用来作为评价本专利是否具有创造性的现有技术证据使用。

鉴于请求人提交的附件 3 不能用于评价本专利权利要求 6 的创造性，因此合议组仅使用附件 2 评述本专利权利要求 1~6 的创造性。

2. 关于专利法第 22 条第 1、2、3 款的无效理由

专利法第 22 条第 1 款规定：授予专利权的发明和实用新型，应当具备新颖性、创造性和实用性。

专利法第 22 条第 2 款规定：新颖性，是指在申请日以前没有同样的发明或者实用新型在国内外出版物上公开发表过、在国内公开使用过或者以其他方式为公众所知，也没有同样的发明或者实用新型由他人向国务院专利行政部门提出过申请并且记载在申请日以后公布的专利申请文件中。

专利法第 22 条第 3 款规定：创造性，是指同申请日以前已有的技术相比，该发明有突出的实质性特点和显著的进步，该实用新型有实质性特点和进步。

本专利权利要求 1 要求保护一种自卷展示广告旗，将其特征分解如下：

a. 包括手把、旗面，

b. 旗面为经过特殊加工的复合塑料膜可以自卷的性能复合塑料膜，为长方形，

c. 旗面至少一短边的边缘向内卷热合形成一筒体，手把的两端部直接插入筒体的上下两侧。

附件 2 公开了一种自卷便携式横幅，其中（参见权利要求 1、说明书第 4 页倒数第 15 行至第 5 页第 1 行，图 1a、1b 和 5）具体公开了以下技术内容：该横幅包括具有两个端部和两个侧边 20 和 22 的长条形自卷材料片 14 以及至少一个具有在上述端部的一个附近撑托起所述片材 14 的侧边 20 和 22 的端部 30 的把手 28，其中所述材料能够在松弛和张紧状态之间变化并且在所述松弛状态中可以独立地呈现围绕着所述片材 14 的至少一个端部 16 的卷起状态，并且片材 14 是一种在不同的相对拉伸状态与一层或多层其他层相连的多层塑料片材，尤其优选的是一种热塑性薄膜，所述端部 16 绕一个轴装置 32 卷绕，并且所述的片材 14 绕该轴装置处于其卷绕位置，所述端部 16 通过带装置 31 贴合在自身上。

将本专利权利要求 1 的自卷展示广告旗和附件 2 的自卷便携式横幅相比，附件 2 中的把手 28 即相当于本专利权利要求 1 中特征 a 的手把，附件 2 中的长条形自卷材料片 14 即相当于本专利权利要求 1 特征 a 的旗面，附件 2 中片材 14 是一种在不同的相对拉伸状态与一层或多层其他层相连的多层塑料片材，尤其优选的是一种热塑性薄膜即相当于本专利权利要求 1 中的特征 b。本专利权利要求 1 的自卷展示广告旗和附件 2 的自卷便携式横幅的区别在于：特征 c，即本专利中旗面至少一短边的边缘向内热合形成一筒体，手把的两端部直接插入筒体的上下两侧，而附件 2 中所述端部 16（相当于本专利中的旗面至少一短边的边缘）是绕一个轴装置 32 卷绕，并且所述的片材 14 绕该轴装置处于其卷绕位置，所述端部 16 通过带装置 31 贴合在自身上。并且，上述区别技术特征不属于所属技术领域

的惯用手段的直接置换。

请求人在其无效宣告请求书中认为特征 c 即为附件 2 中的“轴装置”，合议组认为，附件 2 中的轴装置是在把手上所加的一个单独的装置，而在本专利中的手把上并不具有这个轴装置，因此附件 2 中的“轴装置”并不能相当于本专利权利要求 1 中的特征 c，合议组对该意见不予支持。

因此，本专利权利要求 1 与附件 2 要求保护的技术方案不同，权利要求 1 相对于附件 2 具备新颖性，符合专利法第 22 条第 2 款的规定。

由于存在区别特征 c，本专利中通过旗面自身形成一筒体、手把的两端部直接插入筒体的上下两侧的技术方案解决了现有技术中将旗面安装到把手上需要其他材料如附件 2 中的轴、带装置等进行辅助安装的复杂的工艺的技术问题，现有技术中未给出将该区别特征应用到附件 2 中以解决上述问题的技术启示，权利要求 1 的技术方案相对于附件 2 具备实质性特点和进步，且该区别特征达到了制作过程简单、方便，节省其他材料的技术效果，因此权利要求 1 相对于附件 2 具备创造性，符合专利法第 22 条第 3 款的规定。

综上所述，本专利权利要求 1 相对于附件 2 具备专利法第 22 条第 2、3 款规定的新颖性、创造性。在权利要求 1 具备新颖性、创造性的前提下，引用权利要求 1 的从属权利要求 2~6 相对于附件 2 也具备专利法第 22 条第 2、3 款规定的新颖性、创造性。

三、决定

维持 200620082121.6 号实用新型专利权有效。

当事人对本决定不服的，可以根据专利法第 46 条第 2 款的规定，自收到本决定之日起三个月内向北京市第一中级人民法院起诉。根据该款的规定，一方当事人起诉后，另一方当事人应当作为第三人参加诉讼。

171

一种搏击手套

无效宣告请求审查决定（第12118号）

决　　定　　号　第12118号
决　　定　　日　2008年7月16日
发明创造名称　一种搏击手套
国 际 分 类 号　A63B71/14
无效宣告请求人　青岛盛德运动用品有限公司
专　利　权　人　刘孝臣
专　　利　　号　200420070666.6
申　　请　　日　2004年9月17日
授 权 公 告 日　2005年8月31日
合 议 组 组 长　李　卉
主　　审　　员　毕艳红
参　　审　　员　马桂丽

法　律　依　据　专利法第22条第3款
决　定　要　点

权利要求与对比文件存在区别技术特征，同时对比文件未给出得到该区别技术特征的技术启示，而且该区别技术特征不属于本领域的公知常识，则该权利要求相对于该对比文件具备创造性。

一、案由

本无效宣告请求涉及国家知识产权局于2005年8月31日授权公告的、申请号为200420070666.6、名称为“一种搏击手套”的实用新型专利（下称本专利），其申请日是2004年9月17日，专利权人是刘孝臣。本专利授权公告的权利要求书内容如下：

“1. 一种搏击手套，其特征在于：在搏击手套的各手指端部均开有手指洞（1），各手指洞间均设有软连接布（15）；该搏击手套的手掌一面开有手掌洞（2），手掌洞（2）的一侧设有手掌侧面护垫（6），在手掌洞（2）下方的手腕部两侧分别连接相对应的、可开闭的尼龙搭扣（9）；在搏击手套的手背一面，各手指处分别设有拇指背护垫（11）及指根护垫（10），手背依次设有掌骨护垫（12）、手背护垫（13）、手腕护垫（14）。

2. 按权利要求1所述的搏击手套，其特征在于：在所述手掌洞（2）加设有拉带（4）及第一松紧带（5）。

3. 按权利要求2所述的搏击手套，其特征在于：所述拉带（4）为具有弹性的圆柱形拉带，其数量为两条。

4. 按权利要求1所述的搏击手套，其特征在于：所述手腕部两侧的尼龙搭扣（9）分别与第二松紧带（7）、第三松紧带（8）相连接。

5. 按权利要求1所述的搏击手套，其特征在于：所述手掌洞（2）与手腕部为开放式设计（3）。”

针对上述专利权，青岛盛德运动用品有限公司（下称请求人）于2008年3月27日向国家知识产权局专利复审委员会提出无效宣告请求。请求人所提出的无效理由为本专利权利要求1~5不符合专利法第22条第3款有关创造性的规定。请求人提交了以下证据：

证据1：由韩国江南综合法务法人出具的韩国《武士》资料的首页、第65页及相关中文译文的公证书及其认证的复印件，共7页；

证据2：美国专利说明书US6216276B1首页及附图页复印件共8页，其公告日为2001年4月17日。

请求人认为，所属领域技术人员将证据1和证据2相结合并结合公知常识，无须创造性劳动即能得出本专利权利要求1记载的全部必要技术特征，因此权利要求1不具备创造性。权利要求2引用权利要求1，其附加技术特征为“所述手掌洞（2）加设拉带及第一松紧带（5）”，证据1公开了在手套主体的手掌面前侧设置一柱状突起部技术内容，等同于权利要求2附加技术特征中“在所述手掌洞（2）加设有拉紧带（4）”，其所起作用也是显而易见的，同时证据1也公开了手掌洞中后部设有弹力松紧带，所属技术领域技术人员将证据1、2相结合，并结合公知常识，无须创造性劳动即能得出本专利权利要求2的全部技术特征，因此权利要求2不具备创造性；权利要求3引用权利要求2，其附加技术特征进一步限定了圆柱形拉带的数量，虽然其数量有所增加，但其所起作用与权利要求2并没有实质性不同，所属技术领域的技术人员通过权利要求2记载的技术方案很容易联想到权利要求3记载的技术方案，在权利要求2不具备创造性的前提下，权利要求3也不具备创造性；权利要求4的附加技术特征已被证据2公开，该权利要求记载的技术方案是显而易见的，也不具有意想不到的技术效果，在权利要求1不具备创造性的前提下，权利要求4也不具备创造性；权利要求5引用权利要求1，本领域技术人员将证据1、2相结合，并结合公知常识，无须创造性劳动即能得出该权利要求的全部必要技术特征，因此权利要求5不具备创造性。

专利复审委员会受理了上述无效宣告请求，于2008年3月27日向双方当事人发出了无效宣告请求受理通知书，并将请求人提交的无效宣告请求书及其附件清单中所列附件的副本转给专利权人。

2008年4月22日，请求人对上述证据1、2补充如下：补充了证据2中公证书的中文译文，提交了7页复印件；补充证据2说明书文字部分及其部分中文译文，提交了41页复印件。

请求人未结合上述证据进一步说明其无效理由。

针对上述无效宣告请求，专利权人于2008年5月7日提交了意见陈述书，并提交了如下证据：

证据a：本专利的实用新型专利检索报告复印件，共4页；

证据b：其右下角标注“TAEKWONDO 2006. 09”的第15页复印件，共1页，专利权人声称其为《跆拳道》杂志2006年创刊号第15页的复印件；

证据c：其左下角标注“TAEKWONDO 2006. 09”的第34页复印件，共1页，专利权人声称其为《跆拳道》杂志2006年创刊号第34页的复印件；

证据d：《跆拳道》08年第4期封面复印件，共1页。

专利权人认为，（1）请求人提交的证据1，不能证明是公开出版物，不能作为证据使用。而且，从证据1样页给出的图式和文字模糊可见，它是一种用于拳击的手套，其结构、用途等与本专利存在本质区别，与现有技术相比有实质性特点和进步，本专利与证据1是两件结构和功能完全不同的防护器具，没有可比性，证据1不能作为证据使用。(2) 专利权人使用证据a证明请求人提供的证据2是由国家知识产权局针对本专利出具的检索报告中列出的一份对比文件，但该检索报告的结论为本专利具备新颖性和创造性。同时，证据2的护垫是设置在手掌面一侧的，与本专利重点保护部位完全不同，除了是半指手套外，根本不具有本专利权利要求1~5的各要素。(3) 请求人在无效宣告请求书中对证据1、2技术特征的描述不客观，证据1的图中只能看出是普通拳套，并无结构形式所见；证据2所见的附图，是一种驾驶员或运动手套，并没有本专利在权利要求中给出的技术特征，本专利与证据1、2没有可比性。综上所述，与证据1、2相比较，本专利权利要求1~5具备创造性，符合专利法第22条第3款的规定。(4) 专利权人使用证据b证明本专利申请日前跆拳道不带手套比赛，使用证据c证明2006年8月已开始使用本专利产品，使用证据d证明目前跆拳道比赛均使用本专利产品。

专利复审委员会依法成立合议组对本案进行审理，合议组于2008年6月18日向双方当事人发出口头审理通知书，定于2008年7月11日对本案进行口头审理，并随口审通知书将无效宣告请求人于2008年4月22日补充提交的意见陈述书及其附件清单中所列附件的副本转给专利权人，将专利权人于2008年5月7日提交的意见陈述书及其附件清单中所列附件的副本转给请求人。

口头审理如期举行，双方当事人都出席了口头审理，口头审理过程中所涉及的重要事项如下：(1) 双方当事人对合议组成员无回避请求，对对方出庭人员身份无异议；(2) 请求人当庭出示了证据1的原件及该公证认证所涉及的《武士》资料的原件，专利权人对请求人提交的证据2的真实性无异议、对证据1、证据2中文译文的准确性无异议，但认为证据1不是公开出版物而是内部样本；(3) 专利权人当庭提交了证据a~d的原件，请求人对上述证据的真实性无异议，但认为上述证据与本无效宣告请求案不具有关联性；(4) 请求人明确无效理由为：本专利权利要求1相对于证据1、证据2的结合不符合专利法第22条第3款有关创造性的规定，使用证据1中《武士》资料第65页的第三幅图作为现有技术，并指定证据2为最接近的对比文件；(5) 请求人认为，证据2中的手套主体、拇指和手指部分由绵薄柔软的皮质材料做成即公开了本专利权利要求1中的各手指洞间均设有软连接布。另外，请求人认为，证据1第三幅图公开了手掌洞的技术特征，同时证据1拳击手套背面设有一整块护垫，而证据2已经公开了护垫在手掌面分隔设置的技术内容，因此证据1、证据2结合给出了在本专利权利要求1中在手套背面护垫分隔设置的技术启示。

在上述工作的基础上，合议组认为本案事实已经清楚，可以作出无效宣告请求审查决定。

二、决定的理由

1. 证据认定

(1) 专利权人对证据1中文译文的准确性无异议，但同时专利权人认为证据1中所涉及的《武士》不属于公开出版物而是内部样本。证据1是韩国江南综合法务法人出具的注册号为第2007-6073的公证证明、韩国外交通商部对江南综合法务法人进行公证的资质、公证行为合法性的证明、中华人民共和国驻韩国大使馆领事部对韩国外交通商部印章和其官员签字的认证及上述文件的中文译文的复印件，同时证据1包括公证认证所涉及的韩国《武士》首页、第65页及其中文译文复印件。请求人在口头审理过程中出示了上述《武士》的原件，在原件首页有“Vol. 2 November 2002”的字样。合议组认为，证据1上没有书号或刊号等版权信息，从其内容来看其类似产品目录，其形成具有任意性，而且其是否公开及公开时间难以确定。另外，从公证的内容“在我之前，证实随附的译本和签名与原件相符，特此证明”来看，仅证明了公证人所见证据1中所附的《武士》的译本和签名与原件相符，也无法证明该《武士》属于公开出版物。综上，在请求人无法提供《武士》属于韩国公开出版物的相关证明的情况下，证据1首页上的“Vol. 2 November 2002”不能认定为公开时间，合议组认为证据 1 不能作为评价本专利创造性的证据使用。

证据 2 是美国专利文献，专利权人对证据 2 的真实性及其中文译文的准确性无异议，经合议组核实认可证据 2 的真实性，并且由于其公开日为 2001 年 4 月 17 日，在本专利申请日之前，证据 2 可以作为评价本专利创造性的证据使用。

（2）专利权人提交了证据 a-d 四份证据，在口头审理过程中，专利权人当庭提交了上述证据的原件，请求人对上述证据的真实性无异议。经合议组核实，上述证据分别与其原件一致，因此合议组认可上述证据的真实性。

2. 专利法第 22 条第 3 款

由于证据 1 不能作为评述本专利创造性的证据使用，合议组审理本专利权利要求 1-5 相对于请求人指定的最接近现有技术即证据 2 是否具备创造性。

专利法第 22 条第 3 款规定：创造性，是指同申请日以前已有的技术相比，该发明有突出的实质性特点和显著的进步，该实用新型有实质性特点和进步。

（1）权利要求 1 的创造性。

本专利权利要求 1 请求保护一种搏击手套，证据 2 的图 5 中的弹性手套可以用作驾驶手套、自行车手套或运动手套，每个拇指和手指部分只能遮盖佩戴者相应手指的一部分（参见证据 2 译文第 19 页最后一段），手套主体 102 手掌面包括由硅泡沫构成的弹力护垫 110，该护垫 110 由 110A 和 110B 两块组成（参见证据 2 译文第 20 页第 2 段）。图 6 类似于图 5 展示的半截手套，手掌面上半截手指部分和拇指部分也有弹力护垫。该手套主体、拇指和手指部分由绵薄柔软的皮质材料做成（参见证据 2 译文第 15 页第 2 段）。该弹性运动手套还设有一个紧束装置，该装置包括一个钩环紧固物，比如，商品名为“维可牢”的尼龙刺粘褡裢、皮带、摁扣，或者这些的组合（参见证据 2 译文第 9 页第 1 段）。

将权利要求 1 与证据 2 所公开的内容对比如下：二者手指端部均开有手指洞；同时，证据 2 中组成紧束装置 38 的钩环紧固物 41 可为名叫维可牢的尼龙刺粘褡裢，并且为实现相互粘连，其必然是相互对应设置，即证据 2 公开了本专利权利要求 1 中的“手腕部两侧分别连接相对应的、可开闭的尼龙搭扣”。二者的区别在于：①本专利各手指洞间均设有软连接布，证据 2 仅公开了手套主体、拇指、手指部分均选用绵薄柔软的皮质材料，该皮质材料构成了整个拇指、手指部分，未公开本专利在手指洞间设有软连接布的结构；②本专利搏击手套的手掌一面开有手掌洞，证据 2 未公开上述特征；③本专利搏击手套的手掌洞的一侧设有手掌侧面护垫，同时在手套的手背一面设有拇指背、指根、掌骨、手背、手腕护垫，证据 2 中的弹性手套的手掌护垫和手指护垫均设置在手掌一面，并未设置手腕护垫。

对于上述区别特征①，证据 2 公开的采用柔软材料制作手指部分，与在各手指洞之间设置软连接布是针对手套的不同部位而言的，前者是手指材料的选择，后者是在各手指洞之间连接布所使用材料的选择，由于证据 2 未公开手指洞连接布的技术特征，因此上述特征既未被证据 2 公开也未给出得到上述技术特征的启示；对于上述区别特征②，证据 2 中未公开设置手掌洞的技术特征而且未给出得到上述区别特征②的技术启示；对于上述区别特征③，证据 2 中护垫在手套手掌面的分隔化设置，其主要作用在于与运动器材、球类、球杆接触时或驾驶、骑车过程中对手掌、手指的保护及手掌对物体握持能力的改善，而本专利应用于跆拳道、空手道、散打等搏击项目，分隔化设置在手掌侧面及手背面、手腕的护垫是为了避免在日常相互搏击训练及比赛中给运动员手部造成伤害，用于对运动员手背、手指背面的保护，二者应用领域及用途相差较远，并且作用不同，因此附件 3 并未公开上述区别特征③，也未给出得到上述区别特征的技术启示。同时，由于上述区别特征的存在，本专利权利要求

1 的保护的搏击手套使佩戴者各指间非常舒适、各手指活动更加灵活性，并且使佩戴着易于穿脱、利于散热，穿戴后贴合、灵活，同时使搏击项目运动员免受训练、比赛中的伤病的困扰，保护了运动员。因此权利要求 1 相对于证据 2 具备实质性特点和进步，符合专利法第 22 条第 3 款有关创造性的规定。

对于请求人对权利要求 1 创造性评价的意见，合议组认为，证据 2 仅公开了手套所选用的材料是绵薄柔软的，但未公开本专利在手指洞间设有软连接布的结构，因此请求人关于证据 2 中的手套主体、拇指和手指部分由绵薄柔软的皮质材料做成即公开了本专利权利要求 1 中的各手指洞间均设有软连接布的理由不成立；请求人认为证据 1 公开了手掌洞的技术特征，对此，合议组认为，由于证据 1 不能作为本案的证据使用，即使证据 1 公开了上述技术特征也是不能用于本专利权利要求创造性评价的；同时，请求人所认为的证据 1、2 的结合给出了护垫可以在手背分隔化设置的相关技术启示也是不存在的，并且证据 2 单独也未给出上述技术启示的具体理由已在权利要求 1 创造性的评述中予以论述，在此不再赘述，因此请求人关于本专利不符合专利法第 22 条第 3 款规定的理由不成立。

（2）权利要求 2~5 的创造性。

由于权利要求 1 相对于证据 2 具备创造性，其从属权利要求 2~5 相对于证据 2 也具备创造性，符合专利法第 22 条第 3 款有关创造性的规定。

综上，由于证据 1 不能作为本案的证据使用，因此请求人关于证据 1、2 的结合破坏本专利权利要求 1~5 创造性的无效理由不成立，同时最接近的现有技术即证据 2 也不能破坏本专利权利要求 1~5 的创造性。

鉴于请求人的无效宣告理由不成立，本决定对专利权人提交的证据 a~d 不再予以评述。

三、决定

维持 200420070666.6 号实用新型专利权有效。

当事人对本决定不服的，可以根据专利法第 46 条第 2 款的规定，自收到本决定之日起三个月内向北京市第一中级人民法院起诉。根据该款的规定，一方当事人起诉后，另一方当事人应当作为第三人参加诉讼。

多线路公交电子站牌

无效宣告请求审查决定（第12120号）

决　定　号　第12120号
决　定　日　2008年8月20日
发明创造名称　多线路公交电子站牌
国 际 分 类 号　G09F15/00，G09F9/33，G08G1/123，G09B29/00
无效宣告请求人　颐信科技有限公司
专 利 权 人　曲声波
专　利　号　200420021194.5
申　请　日　2004年3月23日
授 权 公 告 日　2005年4月20日
合 议 组 组 长　张宗任
主　审　员　张　霞
参　审　员　李晓莉

法 律 依 据　专利法第22条第3款
决 定 要 点

如果一项权利要求同最接近的对比文件相比存在区别特征，而该区别特征不能从对比文件中得到启示，同时，所述区别特征使权利要求的技术方案产生了有益的技术效果，则该项权利要求具备创造性。

一、案由

本无效宣告请求涉及国家知识产权局于2005年4月20日授权公告的名称为“多线路公交电子站牌”的200420021194.5号实用新型专利（下称本专利），其申请日是2004年3月23日，专利权人是曲声波。授权公告的权利要求书内容如下：

“1. 一种多线路公交电子站牌，由站名显示器（1），到站预报电子显示屏（2），多线路车站列表显示板（3），和支撑固定座（4）组成，其特征在于：

a）站名显示器（1）位于站牌的顶部；

b）到站预报电子显示屏（2）位于站牌的上部，连接在站名显示器（1）的下方；

c）多线路车站列表显示板（3）固定在到站预报电子显示屏（2）和支撑固定座（4）之间。

2. 如权利要求1所述的电子站牌，其特征在于到站预报电子显示屏（2）是多行显示LED点阵显示屏。

3. 如权利要求1所述的电子站牌，其特征在于多线路车站列表显示板（3）由可以独立更换的线路车站列表模块（5）组合构成。

4. 如权利要求1所述的电子站牌，其特征在于多线路车站列表显示板（3）中各条线路的线路车站列表上装有LED公交车辆分布状态显示器（6）。

5. 如权利要求1所述的电子站牌，其特征在于采用矩形双面显示机构或三棱柱三面显示结构。

6. 如权利要求1、2、3、4或5所述的电子站牌，其特征在于站名显示器（1）和多线路车站列表显示板（3）或者两者之一采用空心灯箱结构。

7. 如权利要求1、2、3、4或5所述的电子站牌，其特征在于支撑固定座（4）上配有图文显示窗（7）。

8. 如权利要求6所述的电子站牌，其特征在于支撑固定座（4）上配有图文显示窗（7）。

9. 如权利要求7所述的电子站牌，其特征在于图文显示窗（7）为可变画面灯箱显示装置。

10. 如权利要求8所述的电子站牌，其特征在于图文显示窗（7）为可变画面灯箱显示装置。”

针对本专利的专利权，颐信科技有限公司（下称请求人）于2008年3月19日向专利复审委员会提出了无效宣告请求，理由是本专利不符合专利法第22条第3款的规定，并提交了如下4份附件作为证据：

附件1：专利号为99202033.6的中国实用新型专利说明书，其授权公告日为1999年12月22日；

附件2：专利号为00267773.3的中国实用新型专利说明书，其授权公告日为2001年10月17日；

附件3：专利号为99206919.X的中国实用新型专利说明书，其授权公告日为2000年3月15日；

附件4：专利号为03223612.3的中国实用新型专利说明书，其授权公告日为2004年1月21日。

请求人认为：以附件1作为最接近的对比文件，本专利权利要求1相对于附件1和2的结合不具备专利法第22条第3款规定的创造性；权利要求2的附加技术特征也已被附件1公开，因此，在其引用的权利要求1不具备创造性的前提下，从属权利要求2也不具备专利法第22条第3款规定的创造性；权利要求3、6、7、9、10的附加技术特征属于所属技术领域的惯用手段，权利要求4的附加技术特征被附件3公开，权利要求5、8的附加技术特征被附件4公开，因而在它们引用的权利要求不具有创造性的前提下，权利要求3~10也不具备专利法第22条第3款规定的创造性。

经形式审查合格，专利复审委员会受理了该无效宣告请求，于2008年3月19日向双方当事人发出了无效宣告请求受理通知书，并将无效宣告请求书及其附件副本转给了专利权人。

请求人又于2008年3月31日提交了意见陈述书，补充了无效宣告请求的理由和证据，请求人补充的作为证据的附件如下：

附件5：专利号为01213558.5的中国实用新型专利说明书，其授权公告日为2002年7月24日；

附件6：专利号为94228952.8的中国实用新型专利说明书，其授权公告日为1995年6月21日。

请求人认为：以附件5作为最接近的对比文件，本专利权利要求1相对于附件5与附件2的结合不具备专利法第22条第3款规定的创造性；权利要求2的附加技术特征也已被附件2公开，因此，在其引用的权利要求1不具备创造性的前提下，从属权利要求2也不具备专利法第22条第3款规定的创造性；权利要求5、8的附加技术特征被附件6公开，权利要求6、7的附加技术特征被附件5公开，因此在它们引用的权利要求不具备创造性时，权利要求5~8也不具备专利法第22条第3款规定的创造性；本专利说明书中内容证明权利要求9、10的附加技术特征为申请日前的公知技术，因此在它们引用的权利要求不具备创造性时，权利要求9、10也不具备专利法第22条第3款规定的创造性；本专利说明书中未描述实现“多线路车站列表显示板由可以独立更换的线路车站列表模块组合构成”的结构，因而本申请说明书不符合专利法第26条第3款的规定。

2008 年 4 月 15 日专利权人针对请求人提交的无效宣告请求书提交了意见陈述书，其中指出：附件 1、2 中不涉及多线路车站列表显示板及其组合方式的形状和构造特征，不能解决本专利所要解决的技术问题，且本专利不是简单的要素叠加，因而本专利权利要求 1 具备创造性；请求人在评价权利要求 4、5 时引用了三篇对比文件，超过了审查指南中对比文件的引用数量要求，且权利要求 5 的技术方案取得了商业上的成功，因此权利要求 4、5 具备创造性；在权利要求 1 具备创造性的基础上，权利要求 2~10 也具备创造性。

专利复审委员会依法成立合议组对本案进行审理，合议组于 2008 年 5 月 15 日向双方当事人发出了无效宣告请求口头审理通知书，定于 2008 年 7 月 3 日在专利复审委员会举行口头审理，并同时发出了转送文件通知书，将请求人于 2008 年 3 月 31 日提交的意见陈述书及其附件副本转给了专利权人，要求其在一个月内答复意见。

2008 年 5 月 29 日专利权人又针对请求人于 2008 年 3 月 31 日提交的意见陈述书陈述了意见。专利权人认为：附件 5 和附件 2 均未公开本专利权利要求 1 中的站名显示器和多线路车站列表显示板，因此权利要求 1 具备创造性；请求人在评价权利要求 5 时引用了三篇对比文件，超过了审查指南中对比文件的引用数量要求，因此权利要求 5 具备创造性；在权利要求 1 具备创造性的基础上，权利要求 2~10 也具备创造性；多线路列表显示板的结构和组合方式属于所属技术领域的常用技术手段，反证 1 已公开了本专利中多线路车站列表显示板的结构、连接和更换方式，因此，本专利说明书符合专利法第 26 条第 3 款的规定。其中反证 1 为：专利号为 00244009. 1 的中国实用新型专利说明书，其授权公告日为 2001 年 6 月 6 日。

合议组又于 2008 年 6 月 5 日向请求人发出了转送文件通知书，将专利权人于 2008 年 4 月 15 日提交的意见陈述书和 2008 年 5 月 29 日提交的意见陈述书及其附件副本转送给请求人，要求其在口头审理过程中陈述意见。

口头审理如期举行，双方当事人均出席了口头审理。在口头审理过程中，请求人放弃了本专利不符合专利法第 26 条第 3 款规定的无效宣告请求理由，专利权人放弃反证 1 的使用。专利权人对附件 1~6的真实性无异议。请求人明确其无效宣告请求理由为本专利不符合专利法第 22 条第 3 款的规定，具体评价方式为：a. 以附件 5 作为最接近的对比文件，权利要求 1 相对于附件 5 与附件 2 的结合不具备专利法第 22 条第 3 款规定的创造性；权利要求 2 的附加技术特征也已被附件 2 公开，因此，在其引用的权利要求 1 不具备创造性的前提下，从属权利要求 2 也不具备专利法第 22 条第 3 款规定的创造性；权利要求 5、7、8 的附加技术特征已被附件 6 公开，因此，在它们直接或间接引用的权利要求 1 不具备创造性的前提下，从属权利要求 5、7、8 也不具备专利法第 22 条第 3 款规定的创造性；权利要求 6 的附加技术特征被附件 5 公开或为所属技术领域的常用技术手段，因此，在其直接或间接引用的权利要求 1 不具备创造性的前提下，从属权利要求 6 也不具备专利法第 22 条第 3 款规定的创造性；本专利说明书中内容证明权利要求 9、10 的附加技术特征为申请日前的公知技术，因此在它们引用的权利要求不具备创造性时，权利要求 9、10 也不具备专利法第 22 条第 3 款规定的创造性。b. 以附件 1 作为最接近的对比文件，权利要求 1 相对于附件 1 和 2 的结合不具备专利法第 22 条第 3 款规定的创造性；权利要求 2 的附加技术特征也已被附件 1 公开，因此，在其引用的权利要求 1 不具备创造性的前提下，从属权利要求 2 也不具备专利法第 22 条第 3 款规定的创造性；权利要求 3 的附加技术特征是所属技术领域常用技术手段，因此，在其引用的权利要求 1 不具备创造性的前提下，从属权利要求 3 也不具备专利法第 22 条第 3 款规定的创造性；本专利权利要求 4 的附加技术特征被附件 3 公开，因此，在其引用的权利要求 1 不具备创造性的前提下，从属权利要求 4 也不具备专利法第 22 条第 3 款规定的创造性；权利要求 5 的附加技术特征被附件 4 公开，因此，在其引用的权利要求 1 不具备创造性的前提下，从属权利要求5也不具备专利法第22条第3款规定的创造性；权利要求6的附加技术特征是所属技术领域的常用技术手段，因而在其引用的权利要求不具有创造性的前提下，权利要求6也不具备专利法第22条第3款规定的创造性；权利要求7、8的附加技术被附件4公开，因而在其引用的权利要求不具有创造性的前提下，权利要求7、8也不具备专利法第22条第3款规定的创造性；权利要求9、10的附加技术特征是所属技术领域的常用技术手段，因而在它们引用的权利要求不具有创造性的前提下，权利要求9、10也不具备专利法第22条第3款规定的创造性。专利权人认为请求人在评述权利要求4~8时采用了三篇对比文件相结合的方式，不符合审查指南有关实用新型创造性审查的有关规定。专利权人认为从属权利要求3、6、9、10的附加技术特征不属于公知常识。

在上述工作的基础上，合议组认为本案事实已经清楚，依法作出本审查决定。

二、决定的理由

1. 关于证据

附件1~6均为专利文献，它们的公开日均在本专利申请日之前，专利权人对其真实性无异议，合议组认可附件1~6的真实性，因此上述文件均可以用作评价本专利创造性的现有技术。

2. 关于创造性

专利法第22条第3款规定：创造性，是指同申请日以前已有的技术相比，该发明有突出的实质性特点和显著的进步，该实用新型有实质性特点和进步。

（1）以附件1作为最接近的对比文件。

附件1公开了一种公交客车动态显示站牌，其说明书第2页最后一段第1~5行、第3页第5行及附图1公开了以下技术内容：该站牌的面板2（相当于权利要求1中的站名显示器）上标有当前站点名称5，在面板2上还设有离本站时间倒计时显示器9（相当于权利要求1中的到站预报电子显示屏），电子站牌包括固定支架（相当于权利要求1中的支撑固定座），各显示器均采用高亮度发光二极管点阵组成。由图1可以看出，当前站点名称位于面板的顶部，离本站时间倒计时显示器位于面板内，处于当前站点名称的下方。

将本专利权利要求1所要求保护的技术方案与附件1所公开技术内容进行对比，其区别在于：附件1中未公开权利要求1中的多线路车站列表显示板部件和特征b）、c）所述的位置关系，且附件1中离本站时间倒计时显示器位于面板内。由此可见，本专利权利要求1的技术方案相对于附件1的现有技术实际要解决的技术问题是在到站预报电子显示屏与支撑固定座之间设置多线路车站列表显示板以同时显示多条公交路线。

附件2公开了一种能动态显示多路公交车运行情况的站牌，其说明书第2页第6段、第2页最后一段至第3页第1段、第3页第2段最后两行及附图1公开了以下技术内容：该站牌上动态显示多路公交客车的路线号、多路公交客车的站名、多条线路的路况等信息。上述技术内容所要解决的技术问题是动态显示多路公交客车信息。

由此可见，附件2也未公开上述区别特征多线路车站列表显示板部件及特征b）、c）所述的位置关系，且附件1、2中所有信息均显示在一块面板上，因而附件1和附件2均未公开多线路车站列表显示板部件及特征b）、c）所述的位置关系，也不存在上述技术启示，上述区别特征可以产生同时显示多条公交路线的技术效果，即所述区别特征使权利要求1的技术方案产生了有益的技术效果，因此，本专利权利要求1具备实质性特点和进步，具备专利法第22条第3款规定的创造性。

从属权利要求2~10直接或间接引用权利要求1，请求人引入其他附件或公知常识仅用于评价上述权利要求的附加技术特征，不涉及对权利要求1中特征的评述，因此，在权利要求1具备创造性的前提下，从属权利要求2~10也具备专利法第22条第3款规定的创造性。

（2）以附件 5 作为最接近的对比文件。

附件 5 公开了一种多功能城市公交站牌，其说明书第 1 页第 4 段、第 2 页倒数第 2 行至第 3 页第 2 行及附图 1 公开了以下技术内容：该站牌由路牌（相当于权利要求 1 中的多线路车站列表显示板）和支架（相当于权利要求 1 中的支撑固定座）组成，路牌外壳分内、外两层，外层为透明体，内层上印有一路或多路车的有关信息，还安装有电子屏幕，可显示日历、时间（虽然附件 5 的电子屏幕与权利要求 1 的显示内容有差异，但是本专利为实用新型专利，附件 5 和权利要求 1 中的上述特征均为电子显示屏，因而附件 5 中的电子屏幕相当于权利要求 1 中的到站预报电子显示屏），路牌和支架固定连接，支架固定在地面上。

将本专利权利要求 1 所要求保护的技术方案与附件 5 所公开技术内容进行对比，其区别在于：附件 5 中未公开权利要求 1 中的站名显示器部件和特征 a）、b）、c）所述的位置关系，且附件 1 中电子屏幕位于站牌显示范围内。由此可见，本专利权利要求 1 的技术方案相对于附件 5 的现有技术实际要解决的技术问题是使电子站牌结构布局更加合理以及方便乘客从较远距离看清站名。

附件 2 公开了一种能动态显示多路公交车运行情况的站牌，其说明书第 2 页第 6 段、第 2 页最后一段至第 3 页第 1 段、第 3 页第 2 段最后两行及附图 1 公开了以下技术内容：该站牌上动态显示多路公交客车的路线号、多路公交客车的站名、多条线路的路况等信息，显示屏上显示有当前站位置名称 10。上述技术内容所要解决的技术问题是动态显示多路公交客车信息。

由此可见，由于附件 2 中各种信息均整体显示在显示屏上，且当前站位置名称显示区并不位于站牌的顶部，因此，附件 2 也未公开上述区别特征站名显示器部件及特征 a）～c）所述的位置关系，且附件 5、2 中所有信息均显示在一块面板上，因而附件 5 和附件 2 均未公开站名显示器部件及特征 a）～c)所述的位置关系，也不存在上述技术启示，上述区别特征可以产生使电子站牌结构布局更加合理以及乘客从较远距离和近距离都方便观看的技术效果，即所述区别特征使权利要求 1 的技术方案产生了有益的技术效果，因此，本专利权利要求 1 具备实质性特点和进步，具备专利法第 22 条第 3 款规定的创造性。

从属权利要求 2、5～10 直接或间接引用权利要求 1，请求人引入其他附件或公知常识仅用于评价上述权利要求的附加技术特征，不涉及对权利要求 1 中特征的评述，因此，在权利要求 1 具备创造性的前提下，从属权利要求 2、5～10 也具备专利法第 22 条第 3 款规定的创造性。

三、决定

维持 200420021194.5 号实用新型专利权有效。

当事人对本决定不服的，可以根据专利法第 46 条第 2 款的规定，自收到本决定之日起三个月内向北京市第一中级人民法院起诉。根据该款的规定，一方当事人起诉后，另一方当事人应当作为第三人参加诉讼。

北京市第一中级人民法院
行政判决书

（2009）一中行初字第718号

原告颐信科技有限公司，住所地北京市朝阳区农展馆南里12号通广大厦17层。

法定代表人符史圣，董事长。

委托代理人罗波，北京市泰明律师事务所律师。

委托代理人孔祥印，北京市泰明律师事务所律师。

被告国家知识产权局专利复审委员会，住所地北京市海淀区北四环西路9号银谷大厦10~12层。

法定代表人廖涛，副主任。

委托代理人张霞，女，国家知识产权局专利复审会审查员。

委托代理人朱明雅，女，国家知识产权局专利复审委员会审查员。

第三人曲声波。

原告颐信科技有限公司不服被告国家知识产权局专利复审委员会（以下简称复审委）作出的第12120号无效宣告请求审查决定（以下简称无效决定），于2008年11月25日向本院提起行政诉讼。本院受理后，依法组成合议庭并依据《中华人民共和国行政诉讼法》第二十七条之规定通知曲声波作为第三人参加诉讼。2009年5月5日，本院依法公开开庭审理了本案。原告的委托代理人罗波、孔祥印，被告的委托代理人张霞、朱明雅到庭参加了诉讼，第三人曲声波表示不参加诉讼。本案现已审理终结。

2008年8月20日，被告复审委依据《中华人民共和国专利法》（以下简称《专利法》）第二十二条第三款的规定，作出无效决定：维持200420021194.5号实用新型专利权（以下简称本专利）有效。被告认为：

（1）关于证据。附件1~6均为专利文献，它们的公开日均在本专利申请曰之前，第三人对其真实性无异议，被告认可附件1~6的真实性，因此上述文件均可以用作评价本专利创造性的现有技术。

（2）关于创造性。《专利法》第二十二条第三款规定："创造性，是指同申请日以前已有的技术相比，该发明有突出的实质性特点和显著的进步，该实用新型有实质性特点和进步。"

①以附件1作为最接近的对比文件。附件1公开了一种公交客车动态显示站牌，其说明书第2页最后一段第1~5行、第3页第5行及附图1公开了以下技术内容：该站牌的面板2（相当于本专利权利要求1中的站名显示器）上标有当前站点名称5，在面板2上还设有离本站时间倒计时显示器9（相当于本专利权利要求1中的到站预报电子显示屏），电子站牌包括固定支架（相当于本专利权利要求1中的支撑固定座），各显示器均杂用高亮度发光二极管点阵组成。由图1可以看出，当前站点名称位于面板的顶部，离本站时间倒计时显示器位于面板内，处于当前站点名称的下方。

将本专利权利要求1所要求保护的技术方案与附件1所公开技术内容进行对比，其区别在于：附件1中未公开权利要求1中的多线路车站列表显示板部件和特征b）、c）所述的位置关系，且附件1中离本站时间倒计时显示器位于面板内。由此可见，本专利权利要求1的技术方案相对于附件1的现有技术实际要解决的技术问题是在到站预报电子显示屏与支撑固定座之间设置多线路车站列表显示板以同时显示多条公交路线。

附件2公开了一种能动态显示多路公交车运行情况的站牌，其说明书第2页第6段、第2页最后一段至第3页第1段、第3页第2段最后两行及附图1公开了以下技术内容：该站牌上动态显示多路公交客车的路线号、多路公交客车的站名、多条线路的路况等信息。上述技术内容所要解决的技术问题是动态显示多路公交客车信息。

由此可见，附件2也未公开上述区别特征多线路车站列表显示板部件及特征b）、c）所述的位置关系，且附件1、2中所有信息均显示在一块面板上，因而附件1和附件2均未公开多线路车站列表显示板部件及特征b）、c）所述的位置关系，也不存在上述技术启示，上述区别特征可以产生同时显示多条公交路线的技术效果，即所述区别特征使权利要求1的技术方案产生了有益的技术效果，因此，本专利权利要求1具备实质性特点和进步，具备《专利法》第二十二条第三款规定的创造性。

从属权利要求2~10直接或间接引用权利要求1，原告引入其他附件或公知常识仅用于评价上述权利要求的附加技术特征，不涉及对权利要求1中特征的评述，因此，在权利要求1具备创造性的前提下，从属权利要求2~10也具备《专利法》第二十二条第三款规定的创造性。

②以附件5作为最接近的对比文件。附件5公开了一种多功能城市公交站牌，其说明书第1页第4段、第2页倒数第2行至第3页第2行及附图1公开了以下技术内容：该站牌由路牌（相当于权利要求1中的多线路车站列表显示板）和支架（相当于权利要求1中的支撑固定座）组成，路牌外壳分内、外两层，外层为透明体，内层上印有一路或多路车的有关信息，还安装有电子屏幕，可显示日历、时间（虽然附件5的电子屏幕与权利要求1的显示内容有差异，但是本专利为实用新型专利，附件5和权利要求1中的上述特征均为电子显示屏，因而附件5中的电子屏幕相当于权利要求1中的到站预报电子显示屏），路牌和支架固定连接，支架固定在地面上。

将本专利权利要求1所要求保护的技术方案与附件5所公开技术内容进行对比，其区别在于：附件5中未公开权利要求1中的站名显示器部件和特征a）、b）、c）所述的位置关系，且附件1中电子屏幕位于站牌显示范围内。由此可见，本专利权利要求1的技术方案相对于附件5的现有技术实际要解决的技术问题是使电子站牌结构布局更加合理以及方便乘客从较远距离看清站名。

附件2公开了一种能动态显示多路公交车运行情况的站牌，其说明书第2页第6段、第2页最后一段至第3页第1段、第3页第2段最后两行及附图1公开了以下技术内容：该站牌上动态显示多路公交客车的路线号、多路公交客车的站名、多条线路的路况等信息，显示屏上显示有当前站位置名称10。上述技术内容所要解决的技术问题是动态显示多路公交客车信息。

由此可见，由于附件2中各种信息均整体显示在显示屏上，且当前站位置名称显示区并不位于站牌的顶部，因此，附件2也未公开上述区别特征站名显示器部件及特征a）~c）所述的位置关系，且附件5、2中所有信息均显示在一块面板上，因而附件5和附件2均未公开站名显示器部件及特征a）~c）所述的位置关系，也不存在上述技术启示，上述区别特征可以产生使电子站牌结构布局更加合理以及乘客从较远距离和近距离都方便观看的技术效果，即所述区别特征使权利要求1的技术方案产生了有益的技术效果，因此，本专利权利要求1具备实质性特点和进步，具备《专利法》第二十二条第三款规定的创造性。

从属权利要求2、5~10直接或间接引用权利要求1，原告引入其他附件或公知常识仅用于评价上述权利要求的附加技术特征，不涉及对权利要求1中特征的评述，因此，在权利要求1具备创造性的前提下，从属权利要求2、5~10也具备《专利法》第二十二条第三款规定的创造性。

综上，被告作出无效决定，维持本专利有效。

在法定举证期限内，被告向本院提交了以下证据的复印件：（1）200420021194.5号实用新型专利说明书，即本专利；（2）专利号为99202033.6的中国实用新型专利说明书，即附件1；（3）专利号00267773.3的中国实用新型专利说明书，即附件2；（4）专利号为01213558.5的中国实用新型专利说明书，即附件5；（5）口头审理记录表及其附页。上述证据用以证明无效决定认定事实清楚、适用法律正确、审理程序合法。

原告颐信科技有限公司诉称：无效决定认定事实不清、适用法律错误、违反法定程序。其诉讼理由为：（1）被告组成的合议组不合法，无效决定书上合议组组长张宗任的印章虚假，真实的印章应为楷体字，且口头审理记录表上也没有张宗任的签字，原告对被告组成的合议组的真实性不予认可。（2）本专利不符合《中华人民共和国专利法实施细则》（以下简称《实施细则》）第二条第二款的规定，本专利不能构成实用新型专利。（3）参照《审查指南》第四部分第六章第4节的规定，对于实用新型而言，一般情况下可以引用一项或者两项现有技术评价其创造性，对于由现有技术通过“简单的叠加”而成的实用新型专利，可以根据情况引用多项现有技术评价其创造性。被告将可以用于对比的现有技术严格限定于两项，对原告提供的6项现有技术的技术特征和内在关系没有进行深入理解和分析，轻易否定原告的请求理由，属于适用法律错误。本专利不符合《专利法》第二十二条第三款的规定，应当被依法宣告无效。综上，被告认定事实不清、适用法律错误、违反法定程序，作出的无效决定错误。据此，原告请求法院撤销被告作出的无效决定并责令其重新作出决定，并判令被告承担本案的全部诉讼费用。

原告未向本院提交证据。

被告辩称：（1）合议组成员存在同时使用多个印章的情况，原告参加了口头审理，应当看到过合议组成员，如果有异议，应当在口头审理时提出。（2）原告认为本专利不能构成实用新型的诉讼理由未在复审程序中提出，法院审查的是无效决定的合法性，其该项诉讼理由不是法院审查的范围。（3）本专利的权利要求与最接近的对比文件附件1和附件5比较，具备创造性，具体理由被告坚持无效决定中关于本专利创造性的评述。综上，无效决定认定事实清楚、适用法律正确、审理程序合法、审查结论正确，原告的诉讼理由不能成立，被告请求法院驳回原告的诉讼请求，维持无效决定。

原告对被告提交的证据1~4的关联性、合法性、真实性没有异议，对证据5的真实性有异议，不同意证据1~5的证明作用，认为口审时合议组组长、主审和参审都不出示证件，且无法确认无效决定书上的印章是否是张宗任本人的印章。

经庭审质证及合议庭评议，本院认为被告提交的证据与本案具有关联性，且合法、真实，能够作为认定本案事实的依据。

经审理查明，本案涉及的是国家知识产权局于2005年4月20日授权公告的名称为“多线路公交电子站牌”的200420021194.5号实用新型专利（即本专利），其申请日是2004年3月23日，专利权人是曲声波。授权公告的权利要求书内容如下：

“1. 一种多线路公交电子站牌，由站名显示器（1），到站预报电子显示屏（2），多线路车站列表显示板（3），和支撑固定座（4）组成，其特征在于：

a）站名显示器（1）位于站牌的顶部；

b）到站预报电子显示屏（2）位于站牌的上部，连接在站名显示器（1）的下方；

c）多线路车站列表显示板（3）固定在到站预报电子显示屏（2）和支撑固定座（4）之间。

2. 如权利要求1所述的电子站牌，其特征在于到站预报电子显示屏（2）是多行显示LED点阵显示屏。

3. 如权利要求1所述的电子站牌，其特征在于多线路车站列表显示板（3）由可以独立更换的线路车站列表模块（5）组合构成。

4. 如权利要求1所述的电子站牌，其特征在于多线路车站列表显示板（3）中各条线路的线路车站列表上装有LED公交车辆分布状态显示器（6）。

5. 如权利要求1所述的电子站牌，其特征在于采用矩形双面显示机构或三棱柱三面显示结构。

6. 如权利要求1、2、3、4或5所述的电子站牌，其特征在于站名显示器（1）和多线路车站列表显示板（3）或者两者之一采用空心灯箱结构。

7. 如权利要求1、2、3、4或5所述的电子站牌，其特征在于支撑固定座（4）上配有图文显示窗（7）。

8. 如权利要求6所述的电子站牌，其特征在于支撑固定座（4）上配有图文显示窗（7）。

9. 如权利要求7所述的电子站牌，其特征在于图文显示窗（7）为可变画面灯箱显示装置。

10. 如权利要求8所述的电子站牌，其特征在于图文显示窗（7）为可变画面灯箱显示装置。"

针对本专利的专利权，原告于2008年3月19日向被告提出了无效宣告请求，理由是本专利不符合《专利法》第二十二条第三款的规定，并提交了如下4份附件作为证据：

附件1：专利号为99202033.6的中国实用新型专利说明书，其授权公告日为1999年12月22日；

附件2：专利号为00267773.3的中国实用新型专利说明书，其授权公告日为2001年10月17日；

附件3：专利号为99206919.X的中国实用新型专利说明书，其授权公告日为2000年3月15日；

附件4：专利号为03223612.3的中国实用新型专利说明书，其授权公告日为2004年1月21日。

原告认为：以附件1作为最接近的对比文件，本专利权利要求1相对于附件1和2的结合不具备《专利法》第二十二条第三款规定的创造性；权利要求2的附加技术特征也已被附件1公开，因此，在其引用的权利要求1不具备创造性的前提下，从属权利要求2也不具备《专利法》第二十二条第三款规定的创造性；权利要求3、6、7、9、10的附加技术特征属于所属技术领域的惯用手段，权利要求4的附加技术特征被附件3公开，权利要求5、8的附加技术特征被附件4公开，因而在它们引用的权利要求不具有创造性的前提下，权利要求3~10也不具备《专利法》第二十二条第三款规定的创造性。

经形式审查合格，被告受理了该无效宣告请求，于2008年3月19日向双方当事人发出了无效宣告请求受理通知书，并将无效宣告请求书及其附件副本转给了第三人。

原告又于2008年3月31日提交了意见陈述书，补充了无效宣告请求的理由和证据，原告补充的作为证据的附件如下：

附件5：专利号为01213558.5的中国实用新型专利说明书，其授权公告日为2002年7月24日；

附件6：专利号为94228952.8的中国实用新型专利说明书，其授权公告日为1995年6月21日。

原告认为：以附件5作为最接近的对比文件，本专利权利要求1相对于附件5与附件2的结合不具备《专利法》第二十二条第三款规定的创造性；权利要求2的附加技术特征也已被附件2公开，因此，在其引用的权利要求1不具备创造性的前提下，从属权利要求2也不具备《专利法》第二十二条第三款规定的创造性；权利要求5、8的附加技术特征被附件6公开，权利要求6、7的附加技术特征被附件5公开，因此在它们引用的权利要求不具备创造性时，权利要求5~8也不具备《专利法》第二十二条第三款规定的创造性；本专利说明书中内容证明权利要求9、10的附加技术特征为申请日前的公知技术，因此在它们引用的权利要求不具备创造性时，权利要求9、10也不具备《专利法》第二十二条第三款规定的创造性；本专利说明书中未描述实现"多线路车站列表显示板由可以独立更换的线路车站列表模块组合构成"的结构，因而本申请说明书不符合《专利法》第二十六条第三款的规定。

2008年4月15日，第三人针对原告提交的无效宣告请求书提交了意见陈述书，其中指出：附件1、2中不涉及多线路车站列表显示板及其组合方式的形状和构造特征，不能解决本专利所要解决的技术问题，且本专利不是简单的要素叠加，因而本专利权利要求1具备创造性；原告在评价权利要求4、5时引用了三篇对比文件，超过了审查指南中对比文件的引用数量要求，且权利要求5的技术方案取得了商业上的成功，因此权利要求4、5具备创造性；在权利要求1具备创造性的基础上，权利要求2~10也具备创造性。

被告依法成立合议组对本案进行审理，并于2008年5月15日向双方当事人发出了无效宣告请求口头审理通知书，定于2008年7月3日举行口头审理，并同时发出了转送文件通知书，将原告于2008年3月31日提交的意见陈述书及其附件副本转给了第三人，要求其在一个月内答复意见。

2008年5月29日，第三人又针对原告于2008年3月31日提交的意见陈述书陈述了意见。第三人认为：附件5和附件2均未公开本专利权利要求1中的站名显示器和多线路车站列表显示板，因此权利要求1具备创造性；原告在评价权利要求5时引用了三篇对比文件，超过了审查指南中对比文件的引用数量要求，因此权利要求5具备创造性；在权利要求1具备创造性的基础上，权利要求2-10也具备创造性；多线路列表显示板的结构和组合方式属于所属技术领域的常用技术手段，反证1已公开了本专利中多线路车站列表显示板的结构、连接和更换方式，因此，本专利说明书符合《专利法》第二十六条第三款的规定。其中反证1为：专利号为00244009.1的中国实用新型专利说明书，其授权公告日为2001年6月6日。

被告又于2008年6月5日向原告发出了转送文件通知书，将第三人于2008年4月15日提交的意见陈述书和2008年5月29日提交的意见陈述书及其附件副本转送给原告，要求其在口头审理过程中陈述意见。

口头审理如期举行，双方当事人均出席了口头审理。在口头审理过程中，原告放弃了本专利不符合《专利法》第二十六条第三款规定的无效宣告请求理由，第三人放弃反证1的使用。第三人对附件1~6的真实性无异议。原告明确其无效宣告请求理由为本专利不符合《专利法》第二十二条第三款的规定，具体评价方式为：（1）以附件5作为最接近的对比文件，权利要求1相对于附件5与附件2的结合不具备《专利法》第二十二条第三款规定的创造性；权利要求2的附加技术特征也已被附件2公开，因此，在其引用的权利要求1不具备创造性的前提下，从属权利要求2也不具备《专利法》第二十二条第三款规定的创造性；权利要求5、7、8的附加技术特征已被附件6公开，因此，在它们直接或间接引用的权利要求1不具备创造性的前提下，从属权利要求5、7、8也不具备《专利法》第二十二条第三款规定的创造性；权利要求6的附加技术特征被附件5公开或为所属技术领域的常用技术手段，因此，在其直接或间接引用的权利要求1不具备创造性的前提下，从属权利要求6也不具备《专利法》第二十二条第三款规定的创造性；本专利说明书中内容证明权利要求9、10的附加技术特征为申请日前的公知技术，因此在它们引用的权利要求不具备创造性时，权利要求9、10也不具备《专利法》第二十二条第三款规定的创造性。（2）以附件1作为最接近的对比文件，权利要求1相对于附件1和2的结合不具备《专利法》第二十二条第三款规定的创造性；权利要求2的附加技术特征也已被附件1公开，因此，在其引用的权利要求1不具备创造性的前提下，从属权利要求2也不具备《专利法》第二十二条第三款规定的创造性；权利要求3的附加技术特征是所属技术领域常用技术手段，因此，在其引用的权利要求1不具备创造性的前提下，从属权利要求3也不具备《专利法》第二十二条第三款规定的创造性；本专利权利要求4的附加技术特征被附件3公开，因此，在其引用的权利要求1不具备创造性的前提下，从属权利要求4也不具备《专利法》第二十二条第三款规定的创造性；权利要求5的附加技术特征被附件4公开，因此，在其引用的权利要求1不具备创造性的前提下，从属权利要求5也不具备《专利法》第二十二条第三款规定的创造性；权利要求6的附加技术特征是所属技术领域的常用技术手段，因而在其引用的权利要求不具有创造性的前提下，权利要求6也不具备《专利法》第二十二条第三款规定的创造性；权利要求7、8的附加技术被附件4公开，因而在其引用的权利要求不具有创造性的前提下，权利要求7、8也不具备《专利法》第二十二条第三款规定的创造性；权利要求 9、10 的附加技术特征是所属技术领域的常用技术手段，因而在它们引用的权利要求不具有创造性的前提下，权利要求 9、10 也不具备《专利法》第二十二条第三款规定的创造性。第三人认为原告在评述权利要求 4~8 时采用了三篇对比文件相结合的方式，不符合《审查指南》有关实用新型创造性审查的有关规定。第三人认为从属权利要求 3、6、9、10 的附加技术特征不属于公知常识。

经过审查，被告认为原告的无效理由不成立。因此，被告作出无效决定，维持本专利有效。原告不服该无效决定，诉至本院。

本院认为，被告在口头审理程序中组成的合议组合法，原告认为无效决定书上合议组组长张宗任的印章虚假且无法确认合议组合法有效性的诉讼主张缺乏事实及法律依据，本院不予支持。鉴于原告及第三人对无效决定第一部分“案由”的记载没有异议，无效决定的作出程序合法，本院对此予以确认。原告及第三人对无效决定第二部分“决定的理由”之“关于证据”部分明确表示没有异议，本院对被告关于证据认定的合法性予以确认。

原告认为本专利不符合《实施细则》第二条第二款的规定，导致本专利不能构成实用新型专利的诉讼主张没有在无效程序中提出，不属于本案审查的范围。原告以新的事实和理由请求宣告本专利无效，应当首先在无效程序中提出，原告在行政诉讼中以本专利不能构成《实施细则》第二条第二款规定的实用新型专利为由，要求宣告本专利无效缺乏事实及法律依据，本院不予支持。

本案审查的焦点问题为本专利是否符合《专利法》第二十二条第三款关于创造性的规定。

创造性，是指同申请日以前已有的技术相比，实用新型有实质性特点和进步。

以附件 1 作为最接近的对比文件与附件 2 结合进行比较，附件 1 和附件 2 均未公开多线路车站列表显示板部件及特征 b）、c）所述的位置关系，也不存在上述技术启示，上述区别特征可以产生同时显示多条公交路线的技术效果，即所述区别特征使权利要求 1 的技术方案产生了有益的技术效果，因此，本专利权利要求 1 具备实质性特点和进步，符合《专利法》第二十二条第三款关于创造性的规定。从属权利要求 2~10 直接或间接引用权利要求 1，原告引入其他附件或公知常识仅用于评价上述权利要求的附加技术特征，不涉及对权利要求 1 中特征的评述，因此，在权利要求 1 具备创造性的前提下，从属权利要求 2~10 也具备《专利法》第二十二条第三款规定的创造性。以附件 5 作为最接近的对比文件与附件 2 结合进行比较，附件 5 和附件 2 中所有信息均显示在一块面板上，因而附件 5 和附件 2 均未公开站名显示器部件及特征 a）~c）所述的位置关系，也不存在上述技术启示，上述区别特征可以产生使电子站牌结构布局更加合理以及乘客从较远距离和近距离都方便观看的技术效果，即所述区别特征使权利要求 1 的技术方案产生了有益的技术效果，因此，本专利权利要求 1 具备实质性特点和进步，符合《专利法》第二十二条第三款关于创造性的规定。从属权利要求 2、5~10 直接或间接引用权利要求 1，原告引入其他附件或公知常识仅用于评价上述权利要求的附加技术特征，不涉及对权利要求 1 中特征的评述，因此，在权利要求 1 具备创造性的前提下，从属权利要求 2、5~10 也具备《专利法》第二十二条第三款规定的创造性。被告对此认定正确，本院予以确认。原告认为本专利不符合《专利法》第二十二条第三款规定的诉讼主张缺乏事实及法律依据，本院不予支持。被告据此作出维持本专利有效的决定合法，本院应予维持。

综上，无效决定认定事实清楚、适用法律正确、作出程序合法，本院应予维持。原告关于撤销无效决定的诉讼请求缺乏事实及法律依据，本院不予支持。据此，依照《中华人民共和国行政诉讼法》第五十四条第（一）项之规定，判决如下：

维持被告国家知识产权局专利复审委员会于二〇〇八年八月二十日作出的第 12120 号无效宣告请求审查决定。

案件受理费100元，由原告颐信科技有限公司负担（已交纳）。

如不服本判决，各方当事人可在本判决书送达之日起15日内向本院递交上诉状，并按对方当事人人数提交上诉状副本及预交上诉案件受理费100元，上诉于北京市高级人民法院。

审　判　长　齐　莹
代理审判员　石　磊
人民陪审员　欧万雄
二〇〇九年七月二十七日
书　记　员　张　莹

北京市高级人民法院
行政判决书

（2009）高行终字第1230号

上诉人（一审原告）颐信科技有限公司，住所地北京市朝阳区农展馆南里12号通广大厦17层。

法定代表人符史圣，董事长。

被上诉人（一审被告）国家知识产权局专利复审委员会，住所地北京市海淀区北四环西路9号银谷大厦10~12层。

法定代表人张茂于，副主任。

委托代理人张霞，女，国家知识产权局专利复审会审查员。

委托代理人余心蕾，女，国家知识产权局专利复审委员会审查员。

被上诉人（一审第三人）曲声波。

上诉人颐信科技有限公司因专利无效宣告请求审查决定一案，不服北京市第一中级人民法院（2009）一中行初字第718号行政判决，向本院提出上诉。本院依法组成合议庭，审理了本案。本案现已审理终结。

2008年8月20日，国家知识产权局专利复审委员会（以下简称专利复审委）依据《中华人民共和国专利法》（以下简称《专利法》）第二十二条第三款的规定，作出第12120号无效宣告请求审查决定（以下简称第12120号决定），维持专利权人曲声波的第200420021194.5号名称为“多线路公交电子站牌”的实用新型专利权（以下简称本专利）有效。颐信科技有限公司不服，向北京市第一中级人民法院（以下简称一审法院）提起行政诉讼。

一审法院判决认定，专利复审委在口头审理程序中组成的合议组合法，颐信科技有限公司认为无效决定书上合议组组长张宗任的印章虚假且无法确认合议组合法有效性的诉讼主张缺乏事实及法律依据，不予支持。鉴于颐信科技有限公司及曲声波对无效决定第一部分“案由”的记载没有异议，无效决定的作出程序合法，故予以确认。颐信科技有限公司及曲声波对无效决定第二部分“决定的理由”之“关于证据”部分明确表示没有异议，对专利复审委关于证据认定的合法性予以确认。

颐信科技有限公司认为本专利不符合《中华人民共和国专利法实施细则》（以下简称《专利法实施细则》）第二条第二款的规定，导致本专利不能构成实用新型专利的诉讼主张没有在无效程序中提出，不属于本案审查的范围。颐信科技有限公司以新的事实和理由请求宣告本专利无效，应当首先在无效程序中提出，颐信科技有限公司在行政诉讼中以本专利不能构成《实施细则》第二条第二款规定的实用新型专利为由，要求宣告本专利无效缺乏事实及法律依据，不予支持。

本案审查的焦点问题为本专利是否符合《中华人民共和国专利法》（以下简称《专利法》）第二十二条第三款关于创造性的规定。创造性，是指同申请日以前已有的技术相比，实用新型有实质性特点和进步。

以附件 1 作为最接近的对比文件与附件 2 结合进行比较，附件 1 和附件 2 均未公开多线路车站列表显示板部件及特征 b)、c）所述的位置关系，也不存在上述技术启示，上述区别特征可以产生同时显示多条公交路线的技术效果，即所述区别特征使权利要求 1 的技术方案产生了有益的技术效果，因此，本专利权利要求 1 具备实质性特点和进步，符合《专利法》第二十二条第三款关于创造性的规定。从属权利要求 2~10 直接或间接引用权利要求 1，颐信科技有限公司引入其他附件或公知常识仅用于评价上述权利要求的附加技术特征，不涉及对权利要求 1 中特征的评述，因此，在权利要求 1 具备创造性的前提下，从属权利要求 2~10 也具备《专利法》第二十二条第三款规定的创造性。以附件 5 作为最接近的对比文件与附件 2 结合进行比较，附件 5 和附件 2 中所有信息均显示在一块面板上，因而附件 5 和附件 2 均未公开站名显示器部件及特征 a）~c）所述的位置关系，也不存在上述技术启示，上述区别特征可以产生使电子站牌结构布局更加合理以及乘客从较远距离和近距离都方便观看的技术效果，即所述区别特征使权利要求 1 的技术方案产生了有益的技术效果，因此，本专利权利要求 1 具备实质性特点和进步，符合《专利法》第二十二条第三款关于创造性的规定。从属权利要求 2、5~10 直接或间接引用权利要求 1，颐信科技有限公司引入其他附件或公知常识仅用于评价上述权利要求的附加技术特征，不涉及对权利要求 1 中特征的评述，因此，在权利要求 1 具备创造性的前提下，从属权利要求 2、5~10 也具备《专利法》第二十二条第三款规定的创造性。专利复审委对此认定正确，故予以确认。颐信科技有限公司认为本专利不符合《专利法》第二十二条第三款规定的诉讼主张缺乏事实及法律依据，不予支持。专利复审委据此作出维持本专利有效的决定合法，应予维持。

综上，第 12120 号决定认定事实清楚、适用法律正确、作出程序合法，应予维持。颐信科技有限公司要求撤销第 12120 号决定的诉讼请求缺乏事实及法律依据，不予支持。依照《中华人民共和国行政诉讼法》第五十四条第（一）项规定，判决维持第 12120 号决定。

颐信科技有限公司不服一审判决，向本院提出上诉，上诉的主要理由是：（1）一审法院以颐信科技有限公司未曾在行政程序中提出的无效理由而决定不予审理，属于程序违法。同时属于司法失权行为。(2）专利复审委出现更换合议组组长，须以适当方式告知当事人。一审法院对专利复审委行政程序合议组的合法性审查，流于形式，于法有悖。综上请求二审法院撤销一审判决，裁定发回重审。

专利复审委答辩认为，(1）颐信科技有限公司认为本专利不符合《专利法实施细则》第二条第二款的理由，未在无效宣告请求程序中提出，法院审理的是无效决定的合法性，该项诉讼理由不是诉讼程序审理的范围。(2）颐信科技有限公司参加了口头审理，口头审理过程中，合议组明确告知了组成人员，颐信科技有限公司对合议组也没有提出回避请求，并在口头审理记录中已签字确认。综上，一审判决认定事实清楚、适用法律正确，颐信科技有限公司的上诉理由不能成立，请求二审法院驳回上诉，维持一审判决，维持第 12120 号决定。

一审中，曲声波明确表示不参加诉讼，且无答辩意见。

一审法院审理期间，专利复审委向法院提交了以下证据的复印件：(1）本专利说明书；(2）附件 1，即专利号为第 99202033.6 号的中国实用新型专利说明书；（3）附件 2，即专利号为第

00267773.3 号的中国实用新型专利说明书；（4）附件 5，即专利号为第 01213558.5 号的中国实用新型专利说明书；（5）口头审理记录表及其附页。

一审法院审理期间，颐信科技有限公司未向法院提交证据。

一审法院经审查认为，专利复审委提交的证据与本案具有关联性，且合法、真实，能够作为认定本案事实的依据。

上述证据均随案移送本院。二审期间，专利复审委、颐信科技有限公司以及曲声波均未向本院提交新证据。经本院审查，一审法院的认证意见正确，本院予以确认。

本院根据合法有效的证据，认定如下事实：

2004 年 3 月 23 日，曲声波申请名称为“多线路公交电子站牌”的实用新型专利，即本专利，2005 年 4 月 20 日公告授权。本专利权利要求书载明：

1. 一种多线路公交电子站牌，由站名显示器（1），到站预报电子显示屏（2），多线路车站列表显示板（3），和支撑固定座（4）组成，其特征在于：

a）站名显示器（1）位于站牌的顶部；

b）到站预报电子显示屏（2）位于站牌的上部，连接在站名显示器（1）的下方；

c）多线路车站列表显示板（3）固定在到站预报电子显示屏（2）和支撑固定座（4）之间。

2. 如权利要求 1 所述的电子站牌，其特征在于到站预报电子显示屏（2）是多行显示 LED 点阵显示屏。

3. 如权利要求 1 所述的电子站牌，其特征在于多线路车站列表显示板（3）由可以独立更换的线路车站列表模块（5）组合构成。

4. 如权利要求 1 所述的电子站牌，其特征在于多线路车站列表显示板（3）中各条线路的线路车站列表上装有 LED 公交车辆分布状态显示器（6）。

5. 如权利要求 1 所述的电子站牌，其特征在于采用矩形双面显示机构或三棱柱三面显示结构。

6. 如权利要求 1、2、3、4 或 5 所述的电子站牌，其特征在于站名显示器（1）和多线路车站列表显示板（3）或者两者之一采用空心灯箱结构。

7. 如权利要求 1、2、3、4 或 5 所述的电子站牌，其特征在于支撑固定座（4）上配有图文显示窗（7）。

8. 如权利要求 6 所述的电子站牌，其特征在于支撑固定座（4）上配有图文显示窗（7）。

9. 如权利要求 7 所述的电子站牌，其特征在于图文显示窗（7）为可变画面灯箱显示装置。

10. 如权利要求 8 所述的电子站牌，其特征在于图文显示窗（7）为可变画面灯箱显示装置。

2008 年 3 月 19 日，针对本专利，颐信科技有限公司向专利复审委提出无效宣告请求，理由是本专利不符合《专利法》第二十二条第三款的规定，同时提交以下四份附件作为证据：

附件 1. 专利号为第 99202033.6 号的中国实用新型专利说明书，其授权公告日为 1999 年 12 月 22 日；

附件 2. 专利号为第 00267773.3 号的中国实用新型专利说明书，其授权公告日为 2001 年 10 月 17 日；

附件 3. 专利号为第 99206919.X 号的中国实用新型专利说明书，其授权公告日为 2000 年 3 月 15 日；

附件 4：专利号为第 03223612.3 号的中国实用新型专利说明书，其授权公告日为 2004 年 1 月 21 日。

颐信科技有限公司认为，以附件 1 作为最接近的对比文件，本专利权利要求 1 相对于附件 1 和 2

的结合不具备《专利法》第二十二条第三款规定的创造性；权利要求2的附加技术特征也已被附件1公开，因此，在其引用的权利要求1不具备创造性的前提下，从属权利要求2也不具备《专利法》第二十二条第三款规定的创造性；权利要求3、6、7、9、10的附加技术特征属于所属技术领域的惯用手段，权利要求4的附加技术特征被附件3公开，权利要求5、8的附加技术特征被附件4公开，因而在它们引用的权利要求不具有创造性的前提下，权利要求3~10也不具备《专利法》第二十二条第三款规定的创造性。2008年3月31日，颐信科技有限公司补充提交以下两份证据：

附件5. 专利号为第01213558.5号的中国实用新型专利说明书，其授权公告日为2002年7月24日；

附件6. 专利号为第94228952.8号的中国实用新型专利说明书，其授权公告日为1995年6月21日。

颐信科技有限公司同时补充无效宣告请求的理由：以附件5作为最接近的对比文件，本专利权利要求1相对于附件5与附件2的结合不具备《专利法》第二十二条第三款规定的创造性；权利要求2的附加技术特征也已被附件2公开，因此，在其引用的权利要求1不具备创造性的前提下，从属权利要求2也不具备《专利法》第二十二条第三款规定的创造性；权利要求5、8的附加技术特征被附件6公开，权利要求6、7的附加技术特征被附件5公开，因此在它们引用的权利要求不具备创造性时，权利要求5~8也不具备《专利法》第二十二条第三款规定的创造性；本专利说明书中内容证明权利要求9、10的附加技术特征为申请日前的公知技术，因此在它们引用的权利要求不具备创造性时，权利要求9、10也不具备《专利法）第二十二条第三款规定的创造性；本专利说明书中未描述实现“多线路车站列表显示板由可以独立更换的线路车站列表模块组合构成”的结构，因而本申请说明书不符合《专利法》第二十六条第三款的规定。

2008年4月15日，曲声波针对颐信科技有限公司提交的无效宣告请求书提交了意见陈述书，认为附件1、2中不涉及多线路车站列表显示板及其组合方式的形状和构造特征，不能解决本专利所要解决的技术问题，且本专利不是简单的要素叠加，因而本专利权利要求1具备创造性；颐信科技有限公司在评价权利要求4、5时引用了三篇对比文件，超过了审查指南中对比文件的引用数量要求，且权利要求5的技术方案取得了商业上的成功，因此权利要求4、5具备创造性；在权利要求1具备创造性的基础上，权利要求2~10也具备创造性。

2008年5月29日，曲声波针对颐信科技有限公司于2008年3月31日提交的意见陈述书陈述了意见，认为附件5和附件2均未公开本专利权利要求1中的站名显示器和多线路车站列表显示板，因此权利要求1具备创造性；颐信科技有限公司在评价权利要求5时引用了三篇对比文件，超过了审查指南中对比文件的引用数量要求，因此权利要求5具备创造性；在权利要求1具备创造性的基础上，权利要求2~10也具备创造性；多线路列表显示板的结构和组合方式属于所属技术领域的常用技术手段，提交反证1，即专利号为第00244009.1号的中国实用新型专利说明书，其授权公告日为2001年6月6日。反证1已公开了本专利中多线路车站列表显示板的结构、连接和更换方式，因此，本专利说明书符合《专利法》第二十六条第三款的规定。

2008年7月3日，专利复审委举行口头审理。双方当事人均予出席。颐信科技有限公司放弃本专利不符合《专利法》第二十六条第三款规定的无效宣告请求理由，曲声波放弃反证1的使用。曲声波对附件1~6的真实性无异议。颐信科技有限公司明确其无效宣告请求理由为本专利不符合《专利法》第二十二条第三款的规定，具体评价方式为：（1）以附件5作为最接近的对比文件，权利要求1相对于附件5与附件2的结合不具备《专利法》第二十二条第三款规定的创造性；权利要求2的附加技术特征也已被附件2公开，因此，在其引用的权利要求1不具备创造性的前提下，从属权利要求2

也不具备《专利法》第二十二条第三款规定的创造性；权利要求5、7、8的附加技术特征已被附件6公开，因此，在它们直接或间接引用的权利要求1不具备创造性的前提下，从属权利要求5、7、8也不具备《专利法》第二十二条第三款规定的创造性；权利要求6的附加技术特征被附件5公开或为所属技术领域的常用技术手段，因此，在其直接或间接引用的权利要求1不具备创造性的前提下，从属权利要求6也不具备《专利法》第二十二条第三款规定的创造性；本专利说明书中内容证明权利要求9、10的附加技术特征为申请日前的公知技术，因此在它们引用的权利要求不具备创造性时，权利要求9、10也不具备《专利法》第二十二条第三款规定的创造性；（2）以附件1作为最接近的对比文件，权利要求1相对于附件1和2的结合不具备《专利法》第二十二条第三款规定的创造性；权利要求2的附加技术特征也已被附件1公开，因此，在其引用的权利要求1不具备创造性的前提下，从属权利要求2也不具备《专利法》第二十二条第三款规定的创造性；权利要求3的附加技术特征是所属技术领域常用技术手段，因此，在其引用的权利要求1不具备创造性的前提下，从属权利要求3也不具备《专利法》第二十二条第三款规定的创造性；本专利权利要求4的附加技术特征被附件3公开，因此，在其引用的权利要求1不具备创造性的前提下，从属权利要求4也不具备《专利法》第二十二条第三款规定的创造性；权利要求5的附加技术特征被附件4公开，因此，在其引用的权利要求1不具备创造性的前提下，从属权利要求5也不具备《专利法》第二十二条第三款规定的创造性；权利要求6的附加技术特征是所属技术领域的常用技术手段，因而在其引用的权利要求不具有创造性的前提下，权利要求6也不具备《专利法》第二十二条第三款规定的创造性；权利要求7、8的附加技术被附件4公开，因而在其引用的权利要求不具有创造性的前提下，权利要求7、8也不具备《专利法》第二十二条第三款规定的创造性；权利要求9、10的附加技术特征是所属技术领域的常用技术手段，因而在它们引用的权利要求不具有创造性的前提下，权利要求9、10也不具备《专利法》第二十二条第三款规定的创造性。曲声波认为颐信科技有限公司在评述权利要求4~8时采用了三篇对比文件相结合的方式，不符合《审查指南》有关实用新型创造性审查的有关规定；同时，认为从属权利要求3、6、9、10的附加技术特征不属于公知常识。

2008年8月20日，专利复审委作出第12120号决定。决定的具体内容如下：

（1）关于证据。附件1~6均为专利文献，它们的公开日均在本专利申请日之前，曲声波对其真实性无异议，专利复审委认可附件1~6的真实性，因此上述文件均可以用作评价本专利创造性的现有技术。

（2）关于创造性。《专利法》第二十二条第三款规定："创造性，是指同申请日以前已有的技术相比，该发明有突出的实质性特点和显著的进步，该实用新型有实质性特点和进步。"

①以附件1作为最接近的对比文件。附件1公开了一种公交客车动态显示站牌，其说明书第2页最后一段第1~5行、第3页第5行及附图1公开了以下技术内容：该站牌的面板2（相当于本专利权利要求1中的站名显示器）上标有当前站点名称5，在面板2上还设有离本站时间倒计时显示器9（相当于本专利权利要求1中的到站预报电子显示屏），电子站牌包括固定支架（相当于本专利权利要求1中的支撑固定座），各显示器均采用高亮度发光二极管点阵组成。由图1可以看出，当前站点名称位于面板的顶部，离本站时阄倒计时显示器位于面板内，处于当前站点名称的下方。

将本专利权利要求1所要求保护的技术方案与附件1所公开技术内容进行对比，其区别在于：附件1中未公开权利要求1中的多线路车站列表显示板部件和特征b）、c）所述的位置关系，且附件1中离本站时间倒计时显示器位于面板内。由此可见，本专利权利要求1的技术方案相对于附件1的现有技术实际要解决的技术问题是在到站预报电子显示屏与支撑固定座之间设置多线路车站列表显示板以同时显示多条公交路线。

附件2公开了一种能动态显示多路公交车运行情况的站牌，其说明书第2页第6段、第2页最后一段至第3页第1段、第3页第2段最后两行及附图1公开了以下技术内容：该站牌上动态显示多路公交客车的路线号、多路公交客车的站名、多条线路的路况等信息。上述技术内容所要解决的技术问题是动态显示多路公交客车信息。

由此可见，附件2也未公开上述区别特征多线路车站列表显示板部件及特征b）、c）所述的位置关系，且附件1、2中所有信息均显示在一块面板上，因而附件1和附件2均未公开多线路车站列表显示板部件及特征b）、c）所述的位置关系，也不存在上述技术启示，上述区别特征可以产生同时显示多条公交路线的技术效果，即所述区别特征使权利要求1的技术方案产生了有益的技术效果，因此，本专利权利要求1具备实质性特点和进步，具备《专利法）》第二十二条第三款规定的创造性。

从属权利要求2~10直接或间接引用权利要求1，颐信科技有限公司引入其他附件或公知常识仅用于评价上述权利要求的附加技术特征，不涉及对权利要求1中特征的评述，因此，在权利要求1具备创造性的前提下，从属权利要求2~10也具备《专利法》第二十二条第三款规定的创造性。

②以附件5作为最接近的对比文件。附件5公开了一种多功能城市公交站牌，其说明书第1页第4段、第2页倒数第2行至第3页第2行及附图1公开了以下技术内容：该站牌由路牌（相当于权利要求1中的多线路车站列表显示板）和支架（相当于权利要求1中的支撑固定座）组成，路牌外壳分内、外两层，外层为透明体，内层上印有一路或多路车的有关信息，还安装有电子屏幕，可显示日历、时间（虽然附件5的电子屏幕与权利要求1的显示内容有差异，但是本专利为实用新型专利，附件5和权利要求1中的上述特征均为电子显示屏，因而附件5中的电子屏幕相当于权利要求1中的到站预报电子显示屏），路牌和支架固定连接，支架固定在地面上。

将本专利权利要求1所要求保护的技术方案与附件5所公开技术内容进行对比，其区别在于：附件5中未公开权利要求1中的站名显示器部件和特征a）、b）、c）所述的位置关系，且附件1中电子屏幕位于站牌显示范围内。由此可见，本专利权利要求1的技术方案相对于附件5的现有技术实际要解决的技术问题是使电子站牌结构布局更加合理以及方便乘客从较远距离看清站名。

附件2公开了一种能动态显示多路公交车运行情况的站牌，其说明书第2页第6段、第2页最后一段至第3页第1段、第3页第2段最后两行及附图1公开了以下技术内容：该站牌上动态显示多路公交客车的路线号、多路公交客车的站名、多条线路的路况等信息，显示屏上显示有当前站位置名称10。上述技术内容所要解决的技术问题是动态显示多路公交客车信息。

由此可见，由于附件2中各种信息均整体显示在显示屏上，且当前站位置名称显示区并不位于站牌的顶部，因此，附件2也未公开上述区别特征站名显示器部件及特征a）~c）所述的位置关系，且附件5、2中所有信息均显示在一块面板上，因而附件5和附件2均未公开站名显示器部件及特征a）~c）所述的位置关系，也不存在上述技术启示，上述区别特征可以产生使电子站牌结构布局更加合理以及乘客从较远距离和近距离都方便观看的技术效果，即所述区别特征使权利要求1的技术方案产生了有益的技术效果，因此，本专利权利要求1具备实质性特点和进步，具备《专利法》第二十二条第三款规定的创造性。

从属权利要求2、5~10直接或间接引用权利要求1，颐信科技有限公司引入其他附件或公知常识仅用于评价上述权利要求的附加技术特征，不涉及对权利要求1中特征的评述，因此，在权利要求1具备创造性的前提下，从属权利要求2、5~10也具备《专利法》第二十二条第三款规定的创造性。

综上，专利复审委作出第12120号决定，维持本专利有效。颐信科技有限公司不服，遂诉至一审法院。

本院认为，鉴于颐信科技有限公司在向本院提起的上诉中，对专利复审委作出的第12120号决定，关于本专利符合《专利法》第二十二条第三款规定的创造性未持异议。本院经审查，确认第12120号决定关于本专利具有创造性合法。同时，对一审中当事人明确表示不持异议部分的合法性予以确认。

本案争议的焦点问题是：第一，一审法院对颐信科技有限公司未曾在行政程序中提出的无效理由决定不予审理，是否属于审理程序违法；第二，专利复审委更换合议组组长，一审法院对其合法性审查，是否合法。

关于第一个问题，一审法院审理的对象和范围是专利复审委作出第12120号决定是否合法。其中包括专利复审委作出第12120号决定认定的事实、证据的审查、适用法律以及行政程序。对未在无效宣告程序中提及的事实、理由以及证据，专利复审委并未将其列入行政程序审查，亦并未成为第12120号决定中所涉及的内容。一审法院对第12120号决定的合法性审查，不得将未曾在行政程序中提出的无效理由纳入司法审查范围。因此，一审法院对颐信科技有限公司未曾在行政程序中提出的无效理由决定不予审理正确，本院予以支持。

关于第二个问题，专利复审委更换合议组组长，在口头审理时，专利复审委已明确告知了合议组组成人员，颐信科技有限公司对合议组并未提出回避申请，且在口头审理记录表中予以签字确认。鉴于上述情况，一审法院经审理认定颐信科技有限公司的诉讼主张缺乏事实及法律依据正确。

综上，专利复审委所作第12120号决定合法，一审判决维持正确，本院应予维持。颐信科技有限公司的上诉理由缺乏事实和法律依据，本院不予支持。依照《中华人民共和国行政诉讼法》第六十一条第（一）项的规定，判决如下：

驳回上诉，维持一审判决。

二审案件受理费人民币100元，由上诉人颐信科技有限公司负担（已交纳）。

本判决为终审判决。

审　判　长　赵宇晖
审　判　员　朱世宽
代理审判员　胡华峰
二〇〇九年十二月九日
书　记　员　张　怡

173

一种耐火砖

无效宣告请求审查决定（第 12126 号）

决　　定　　号　第 12126 号
决　　定　　日　2008 年 8 月 19 日
发明创造名称　一种耐火砖
国 际 分 类 号　F27D1/08
无效宣告请求人　河南省宏达炉业有限公司
专　利　权　人　白有力
申　　请　　号　99245547.2
申　　请　　日　1999 年 12 月 11 日
授 权 公 告 日　2000 年 9 月 27 日
合 议 组 组 长　翁晓君
主　　审　　员　李　卉
参　　审　　员　雷连虹

法　律　依　据　专利法第 22 条第 3 款
决　定　要　点

权利要求所述技术方案相对一篇对比文件的区别技术特征在另一篇相近技术领域的对比文件中已经给出了技术启示，本领域的普通技术人员在这两篇对比文件的基础上，即可显而易见地得出该技术方案，且该技术方案未产生预想不到的技术效果，则所述的权利要求不具备创造性。

一、案由

本无效宣告请求涉及国家知识产权局于 2000 年 9 月 27 日授权公告的 99245547.2 号实用新型专利权（以下称为本专利），其名称为"一种耐火砖"，申请日为 1999 年 12 月 11 日，专利权人为白有力。

本专利授权公告的权利要求书的内容如下：

"1. 一种耐火砖，它包括砖本体，其特征在于：所述砖本体是由耐火材料层（1）和保温层（2）构成，在砖本体（1）内设置有至少一根金属杆（3），金属杆（3）的两端伸出于砖本体（1）之外。

2. 根据权利要求 1 所述的耐火砖，其特征在于：所述的金属杆（3）为对称设置的两根。

3. 根据权利要求 1 或所述的耐火砖，其特征在于：所述的金属杆（3）为 M 字形状。

4. 根据权利要求 1 或所述的耐火砖，其特征在于：所述的金属杆（3）为 U 字形状。

5. 根据权利要求 1 或所述的耐火砖，其特征在于：所述的金属杆（3）中部分别设置于耐火材料层（1）和保温层（2）内。”

针对上述实用新型专利权，巩义市热工炉材厂于2005年2月18日向专利复审委员会提出无效宣告请求，经专利复审委员会的审理，专利复审委员会于2006年11月17日作出无效宣告请求审查的第8854号决定，宣告本专利权利要求1、2无效，在权利要求3~5的基础上维持本专利权继续有效，该专利权部分无效审查决定已经公告生效。

针对上述部分无效后的专利权，河南省宏达炉业有限公司（下称请求人）于2008年3月19日向专利复审委员会提出无效宣告请求，其无效宣告请求的理由为本专利授权公告文本的权利要求1~5不符合专利法第22条第2、3款的规定，所提交的证据材料为：

附件1：1992年第4期的《工业炉》杂志封面、封底及第31~33页复印件，共5页；

附件2：91219433.3号实用新型专利申请说明书复印件，共8页，其公告日为1991年11月13日；

附件3：冶金工业出版社1986年1月版的《耐火材料应用》一书封面、出版信息页以及第21-23，第469页的复印件，共5页；

附件4：1985年第1期《烧结球团》封面、封底以及第54、55页复印件，共4页；

附件5：冶金工业出版社1997年10月版的《中国冶金百科全书》首页、出版信息页和第223页的复印件，共2页；

附件6：冶金工业出版社1981年10月出版《耐热钢筋混凝土结构计算》首页、出版信息页、原序页、第200-205页复印件，共5页；

附件7：1995年第5期《耐火材料》封面、封底，第302、303页复印件，共4页；

附件8：1971年第6期《耐火物》首页、第32~34页复印件，及部分中文译文，共5页；

附件9：平1-252889号日本专利公开特许公报复印件，及相关中文译文，共10页，其公开日期为1989年10月9日；

附件10：冶金工业出版社出版的《耐火材料技术问答》封面、封底，第297~300页复印件，共6页；

附件11：机械工业出版社1998年2月版《工业炉修理手册》首页、出版信息页、第212、213页复印件，共4页；

附件12：《中国金属学会全国直接还原铁生产及应用学术交流会会议论文集》首页、编者按页、前言页，以及第151~152页的论文《首钢球团厂回转窑窑衬使用寿命研究》的复印件，共4页；

附件13：页眉上标注有“1999年第10期”及“国外耐火材料”资料的第15~18页复印件，共4页。

请求人认为：权利要求1、5不具备专利法第22条第2款的新颖性以及权利要求1~5不具备专利法第22条第3款的创造性。具体来说：（1）以附件6为最接近对比文件，权利要求1、2相对于附件6不具备创造性，权利要求3相对于附件6分别结合附件8、附件9和附件11不具备创造性，权利要求4相对于附件6分别结合附件5和附件3不具备创造性，权利要求5相对于附件6分别结合附件1、附件4、附件13和附件10（公知技术）不具备创造性；（2）以附件1为最接近对比文件：权利要求1相对于附件1不具备新颖性和创造性，权利要求2相对于附件1不具备创造性，权利要求3、4相对于附件1或附件1分别结合附件5、附件8和附件9不具备创造性，权利要求5相对于附件1不具备新颖性、相对于附件1结合附件10的公知技术不具备创造性；（3）以附件13为最接近对比文件：权利要求1、2相对于附件13结合附件12不具备创造性，权利要求3相对于附件13结合附件12再结合附件11的公知技术不具备创造性，权利要求4、5相对于附件13结合附件12再结合附件5的公知技术不具备创造性。

经形式审查合格，专利复审委员会于2008年3月19日受理了上述无效宣告请求，并将无效宣告请求书及其附件清单中所列附件的副本转送被请求人。

请求人于2008年4月18日向专利复审委员会提交了意见陈述书，并补充提交了无效宣告理由和证据，其中提交的附件1~12与无效宣告请求时提交的上述附件1~12完全相同，同时补充提交了如下证据：

附件13：1999年第10期《国外耐火材料》的目录页、第15~18页复印件，共5页；

附件14：1997年第11期《国外耐火材料》的目录页、第23~24页复印件，共3页；

附件15：机械工业出版社1981年10月版的《工业炉设计手册》的出版信息页、第194~196页复印件，共4页；

附件16：《新型窑炉及其耐火材料》封面、出版说明页、第442~445页复印件，共3页。

请求人认为：本专利授权公告文本的权利要求1~5不具备专利法第22条第2款的新颖性或专利法第22条第3款的创造性。具体来说：（1）以附件6为最接近对比文件，权利要求1、2相对于附件6不具备创造性，权利要求3相对于附件6分别结合附件8、附件11和附件14不具备创造性，权利要求4相对于附件6分别结合附件5和附件3不具备创造性，权利要求5相对于附件6分别结合附件1、附件3、附件13和附件10（公知技术）不具备创造性；（2）以附件1为最接近对比文件：权利要求1相对于附件1不具备新颖性和创造性，权利要求2相对于附件1不具备创造性，权利要求3相对于附件1或附件1分别结合附件11、附件8和附件14不具备创造性，权利要求4相对于附件1结合附件5的公知技术或附件3的公知技术不具备创造性，权利要求5相对于附件1不具备新颖性，相对于附件1结合附件10的公知技术不具备创造性；（3）以附件13为最接近对比文件：权利要求1、2相对于附件13结合附件12不具备创造性，权利要求3相对于附件13结合附件12再结合附件11的公知技术，或附件13结合附件12再结合附件8不具备创造性，权利要求4相对于附件13结合附件12再结合附件5的公知技术不具备创造性，权利要求5相对于附件13结合附件12不具备创造性；（4）以附件16为最接近对比文件：权利要求1、2相对于附件16不具备创造性，权利要求3相对于附件16结合附件11的公知技术不具备创造性，权利要求4相对于附件16结合附件5的公知技术不具备创造性，权利要求5相对于附件16不具备创造性；（5）以附件15为最接近对比文件：权利要求1、2相对于附件15不具备创造性，权利要求3相对于附件6结合附件11的公知技术不具备创造性，权利要求4相对于附件15结合附件5的公知技术不具备创造性，权利要求5相对于附件15不具备创造性。

针对请求人2008年3月19日的无效宣告请求，专利权人于2008年4月30日提交了意见陈述书，专利权人认为：（1）权利要求3具有创造性：附件6不是一个独立的耐火砖，而是钢筋混凝土构件，其钢筋网是由多个Y形状的钢筋组合的，不存在每个耐火砖中设一个“独立的单一的”M形金属杆结构，另外，其“轻质耐热混凝土绝热保护层”与“重耐热混凝土”与本专利的两层恰好相反；附件8公开的是一种浇注料，不是耐火砖，起波浪形金属锚固件是一个整体，且耐火材料没有分层；附件9的蛇行锚固件也不是一个个独立的耐火砖，也没有每个耐火砖中独立的单一的M形金属固件，且浇注成型部分层；附件11是耐火纤维毡，不是耐火砖，结构中也不包含两层结构。（2）权利要求4具有创造性：附件5公开的是金属锚固件的形状，而不是一种耐火砖，结构也显然不同；附件3不是一个个独立的耐火砖，没有分层。（3）权利要求5具有创造性：附件1（结合附件6）公开的是耐火纤维毡，不是耐火砖，没有两层结构，也不存在设置“独立的单一的”M形金属杆结构，其技术效果和目的也与本专利不同；附件4公开的是复合磷酸盐耐火混凝土制品的施工方法，不是本专利的耐火砖，不存在金属结构；附件13中的锚固件是在两个耐火砖之间的夹缝中插入螺栓，目的是固定相邻的两块砖；附件10（结合附件6）所公开的内容没有耐火砖的形状，也没有分层的结构。（4）本专利的技术内容在2007年出版的《筑炉工程手册》记载的“回转窑窑衬一种新砌筑方法”一文中有记载，正是本专利的技术内容。

国家知识产权局专利复审委员会依法成立合议组，对本案进行审理，本案合议组于2008年5月21日向双方当事人发出口头审理通知书，定于2008年7月15日举行口头审理。

合议组于2008年6月5日发出转送文件通知书将请求人于2008年4月18日提交的意见陈述书及所附附件的副本转送给专利权人，同日，合议组发出转送文件通知书将专利权人于2008年4月30日提交的意见陈述书转送给请求人。

2008年7月4日，请求人针对专利权人于2008年4月30日提交的意见陈述书提交了意见陈述，坚持认为本专利权利要求3~5不具备专利法第22条第3款规定的创造性。同时请求人随意见陈述书提交了供合议组参考使用的国家知识产权局专利信息中心做出的编号为07-453的检索报告复印件共3页。

口头审理于2008年7月15日如期举行，双方当事人都出席了口头审理。在口头审理中，双方当事人对合议组成员无回避请求，对对方出庭人员身份无异议，合议组当庭将请求人于2008年7月4日提交的意见陈述书及上述第07-453号检索报告复印件转送给专利权人。请求人当庭出示了除附件2、4、9、12以外的证据原件，同时提交了盖有中国科学技术信息研究所馆藏资料专用红章的附件12的复印件，并当庭表示第07-453号检索报告仅作为参考使用。专利权人对附件1~11、13~16的真实性没有异议，对附件8、9的中文译文的准确性没有异议。专利权人当庭提交作为公知常识使用的冶金工业出版社2007年版的《筑路工程手册》封面、首页、出版信息页、目录第7页及第572~573页复印件共6页，并当庭出示了原件，用来证明相关耐火砖、耐火纤维的公知技术，请求人表示在专利权人提交意见陈述书时没有提交上述公知常识性证据的复印件，违反程序。请求人明确无效理由为：本专利授权公告文本的权利要求3~5不符合专利法第22条第3款的规定：（1）以附件6为最接近对比文件：权利要求3相对于附件6分别结合附件8、9、11、14；权利要求4相对于附件6分别结合附件5、附件3；权利要求5相对于附件6分别结合附件1、附件3、附件13、公知技术（附件10）不具备专利法第22条第3款规定的创造性。（2）以附件13为最接近对比文件：权利要求3相对于附件13结合附件12和公知技术（附件11）；权利要求4相对于附件13结合附件12和附件5；权利要求5相对于附件13结合附件12不具备专利法第22条第3款规定的创造性。（3）以附件15为最接近的对比文件：权利要求3相对于附件15结合附件11；权利要求4相对于附件15结合附件5；权利要求5相对于附件15不具备专利法第22条第3款规定的创造性。请求人当庭放弃本专利不符合专利法第22条第2款的无效理由，放弃附件2、附件4作为证据使用，放弃请求书中以附件1、附件16为最接近的对比文件的组合方式的无效理由。在此基础上，双方当事人充分陈述了意见。

至此，合议组认为本案事实已经清楚，可以依法作出审查决定。

二、决定的理由

1. 审理的基础

由于专利复审委员会于2006年11月17日作出无效宣告请求审查第8854号决定宣告本专利授权公告的权利要求1~2无效，在本专利授权公告的权利要求3~5的基础上维持有效，并且该部分无效宣告审查决定已经公告生效，所以本次无效宣告请求审查是以上述审查决定维持有效的权利要求，即授权公告的权利要求第3~5项为审查基础。因此，本决定对请求人无效理由中涉及原授权公告的权利要求第1、2项的无效理由不予审理。

2. 关于证据

请求人在提出无效宣告之日起1个月内，于2008年4月18日补充提交了附件13~16，上述附件的提交符合专利法实施细则第66条的规定，合议组予以接受。

请求人当庭放弃了附件2和附件4，请求人当庭出示了附件1、3、5~8、10、11、13~16的原件，其中，附件8的原件内盖有洛阳耐火材料研究所技术图书馆藏书章，专利权人对附件1、3、5~11、13~16的真实性无异议。以上附件均为公开出版物，另外，附件9为日本专利公开公报，经合议组核实附件1、3、5~11、13~16公开日均早于本专利申请日，因此，合议组认为附件1、3、5~11、13~16可以作为评价本专利的创造性的证据使用。

专利权人当庭提交了冶金工业出版社2007年版的《筑路工程手册》封面、扉页、出版信息页、目录第VII页，第572~573页复印件共6页，并出示了冶金工业出版社2007年版的《筑路工程手册》的原件，请求人对该证据的真实性无异议，但认为专利权人在提交意见陈述书时没有提交上述公知常识性证据的复印件，违反程序。合议组认为：由于专利权人当庭明确上述证据作为公知常识的证据使用，根据审查指南第四部分第三章第4.3.2节的规定，专利权人可以对所属领域中的公知常识性证据可以在口审辩论前补充。因而合议组对专利权人提交的上述公知常识性证据予以接受。经合议组核实，认可该证据的真实性，该证据可以作为本案证据使用。

3. 关于专利法第22条第3款

专利法第22条第3款规定：创造性，是指同申请日以前已有的技术相比，该发明有突出的实质性特点和显著的进步，该实用新型有实质性特点和进步。

在第8854号无效决定中已经作出如下事实认定，即：附件6公开了一种耐热混凝土，其中图81展现了该该混凝土的结构，该混凝土由1-重耐热混凝土和3-轻质耐热混凝土绝热保护层组成，其中在1-重耐热混凝土层内有2-纵向钢筋，在上述1-重耐热混凝土层和3-轻质耐热混凝土绝热保护层之间有4-立体的4毫米的耐热钢筋网，可以认为图81中的1-重耐热混凝土相当于本专利权利要求1的耐火层（1），该图中的3-轻质耐热混凝土绝热保护层相当于本专利权利要求1的保温层（2）。而且可以认为附件6第203页中的工作钢筋要与连接板焊接可以采用连接板深入混凝土构件本体在混凝土构件本体内与工作钢筋连接，或采用工作钢筋伸出混凝土构件本体与连接板连接。由于附件6图81中的4-立体的4毫米的耐热钢筋网是为了增强轻质耐热混凝土绝热保护层和重混凝土的结合，因此图标4所示的耐热钢筋网显然不能是与连接板之间进行焊接的工作钢筋，而图81中的2-纵向工作钢筋为附件6第203页所说的工作钢筋。因此所属领域技术人员根据工程实际需要，可以容易的选择出将图81中的2-纵向工作钢筋伸出混凝土构件这样的方案，即2-纵向工作钢筋相当于本专利中的金属杆（3），根据上述的分析，该2-纵向工作钢筋也可以伸出混凝土构件。也就是说所属领域技术人员根据工程实际需要，可以基于附件6很容易地得出本专利权利要求3~5所引用的权利要求1所请求保护的技术方案。本合议组对以上事实认定的观点与第8854号无效决定中的观点相同。

（1）权利要求3的创造性。

权利要求3的附加技术特征为“金属杆（3）为M字形状”，附件8公开了一种耐火结构的锚固件（浇注料），其中具体公开了（参见附件8中文译文第13~15行）“在450mm×450mm，厚4.5mm的钢板上将直径3mm的金属杆弯成高28mm、节圆距31mm的菱形（波浪形）”，并且从附件8的图1和图5-1可以看出该锚固件（浇注料）的整体为方形和内部的金属杆加强筋为菱形，也就是M字形状。

附件8虽然并未说明是一种耐火砖，但附件8公开的锚固件（浇注料）涉及的也是一种耐热结构的施工材料，属于相同的技术领域，附件8所述的锚固件（浇注料）中的菱形金属杆加强筋毫无疑义是为了消除材料之间的作用力，加强材料结构的稳固性。本领域的普通技术人员在附件 6 的基础上，为了进一步加强该材料的稳固性，按照附件 8 的启示，很容易将二者结合考虑。通过将附件 6 公开的耐热混凝土的双层结构与附件 8 公开的菱形金属杆加强筋（即 M 字结构）技术方案简单结合，获得本专利权利要求 3 的技术方案是显而易见的，同时本专利权利要求 3 的技术方案也没有产生预料不到的技术效果。因此，本专利权利要求 3 不具有实质性特点和进步，不具备专利法第 22 条第 3 款规定的创造性。

（2）权利要求 4 的创造性。

权利要求 4 的附加技术特征为“金属杆（3）为 U 字形状”附件 3 公开了一种管式加热炉衬的结构，其中具体公开了“为了防止炉衬脱落，一般在炉壳上焊接金属锚固钉，以增强其整体性”（附件 3 第 469 页第 3~4 行），附件 3 的图 9-5 的 d 图和对应图的说明中可以看出该炉衬内设置有 U 型锚固钉。

附件 3 虽然并未说明是一种耐火砖，但附件 3 公开的内容所涉及的也是一种耐热结构的施工材料，属于相近的技术领域，附件 3 所述的加热炉衬的结构中的 U 型锚固钉是为了增强其整体性，即加强材料结构的稳固性。本领域的普通技术人员在附件 6 的基础上，为了进一步加强该材料的稳固性，按照附件 3 的启示，很容易将二者结合考虑。通过将附件 6 公开的耐热混凝土的双层结构与附件 3 公开的 U 型锚固钉技术方案简单结合，获得本专利权利要求 4 的技术方案是显而易见的，同时本专利权利要求 4 的技术方案也没有产生预料不到的技术效果。因此，本专利权利要求 4 不具有实质性特点和进步，不具备专利法第 22 条第 3 款规定的创造性。

（3）权利要求 5 的创造性。

权利要求 5 的附加技术特征为“金属杆（3）中部分别设置于耐火材料层（1）和保温层（2）内”，附件 1 公开了预热段全纤维结构，其中具体公开了“预热段炉采用全纤维结构，型式如图 1 所示。首先交错平铺两层 20 毫米厚普通陶瓷纤维，然后立着叠砌 170 毫米 HP 针刺毯纤维，用不锈钢钉锚固”（附件 1 第 33 页第 12~16 行，图 1），附件 3 的图 1 和说明中可以看出该不锈钢锚固钉的中部分别设置于普通陶瓷纤维和 HP 针刺毯纤维层内。

附件 1 虽然并未说明是一种耐火砖，但附件 1 公开的内容所涉及的也是一种耐热结构材料，属于相近的技术领域，附件 1 中的不锈钢锚固钉的中部分别设置于普通陶瓷纤维和 HP 针刺毯纤维层内是为了增强多层不同结构的整体性，即加强材料结构的稳固性。本领域的普通技术人员在附件 6 的基础上，为了进一步加强 1-重耐热混凝土（相当于本专利权利要求的耐火层（1））和 3-轻质耐热混凝土绝热保护层（相当于本专利权利要求的保温层（2））的稳固性，按照附件 1 的启示，很容易将二者结合考虑。通过将附件 6 公开的耐热混凝土的双层结构与附件 1 公开的中部设置于两层内的不锈钢锚固钉的技术方案简单结合，获得本专利权利要求 5 的技术方案是显而易见的，同时本专利权利要求 5 的技术方案也没有产生预料不到的技术效果。因此，本专利权利要求 5 不具有实质性特点和进步，不具备专利法第 22 条第 3 款规定的创造性。

4. 关于专利权人提出的意见

综合专利权人在意见陈述书和口头审理中提出的意见，合议组认为：第一，关于技术领域，以及附件中是否是独立的砖，附件中虽然没有说明是一个独立的砖，但是附件 1 是耐火纤维毡，附件 3 是连续构件，附件 8 是浇注料，也就是说，附件 1、3、6、8 中均是工业用耐热结构以及热工设备的材料，在领域上与本专利的耐火砖是相同相近的技术领域，同时耐火结构或材料可以根据以及安装、浇注等实际应用的需要，将该结构或材料制造成块形状，从附件 8 的图中也可以清晰地看出该浇注料是砖块状的，与本专利的砖相似；第二，关于材料内是否设一个“独立的单一的”M 或 U 形金属杆结构的问题，本专利权利要求中只是限定了金属杆的形状为 M 或 U 形，并未在权利要求中限定每一块砖中只有独立的单一的 M 和 U 形状，附件中相应地公开了金属杆的形状为 M 或 U 形的内容，合议组对专利权人所述“独立的单一的” M 或 U 形特征不予考虑；第三，关于附件 8 的菱形与 M 形的关系及用途，附件 8 中所述的菱形通过结合图示可以看出是一个个三角形连接在一起的形状，从图示中也可以看成为 M 形状，因此，附件 8 已经公开了 M 形金属杆的结构；第四，关于附件的具体分层结构，在第 8854 号无效决定中已经认定：附件 6 图 81 中的 1-重耐热混凝土相当于本专利权利要求 1 的耐火层（1），该图中的 3-轻质耐热混凝土绝热保护层相当于本专利权利要求 1 的保温层（2），本案合议组也认同上述观点，附件 3 和 8 公开了其耐热材料内的金属杆结构的特征，给出了在材料中设置该形状金属杆的启示，并不涉及附件 3 和 8 是否分层的概念，附件 1 公开了为了增强两层不同结构的整体性而将其中部分别设置在两层的锚固结构，给出了金属杆设置位置的启示，并不涉及附件 1 的分层是否与本专利的分层具体名称相对应的问题；第五，关于专利权人提交的证据《筑炉工程手册》，专利权人提交的冶金工业出版社出版的《筑路工程手册》封面、首页、出版信息页、目录第 7 页及第 572~573页复印件，经合议组认定，该《筑炉工程手册》的出版时间为 2007 年，因而其只可以证明在本专利申请日之后，在公开的出版物上公开了与本专利相关的内容且为公知技术，并不能证明在本专利申请日之前公开出版物上从未过相关内容，即该证据只能证明申请日之后的事实，并不能以此认定请求人提出的相关理由和证据不成立。

综上所述，本专利权利要求 3~5 不符合专利法第 22 条第 3 款有关创造性的规定。

鉴于已得出本专利权利要求 3~5 不具备专利法第 22 条第 3 款规定的结论，在本决定中不再对请求人提交的其他证据和理由进行评述。

三、决定

宣告 99245547. 2 号实用新型专利权全部无效。

当事人对本决定不服的，可以根据专利法第 46 条第 2 款的规定，自收到本决定之日起三个月内向北京市第一中级人民法院起诉。根据该款的规定，一方当事人起诉后，另一方当事人应当作为第三人参加诉讼。

174

一种仿真电壁炉

无效宣告请求审查决定（第12133号）

决 定 号 第12133号
决 定 日 2008年8月5日
发明创造名称 一种仿真电壁炉
国 际 分 类 号 G09F19/00
无效宣告请求人 谭华兵
专 利 权 人 程赞顺
专 利 号 200520023012.2
申 请 日 2005年6月8日
授 权 公 告 日 2006年9月13日
合 议 组 组 长 张宗任
主 审 员 毕艳红
参 审 员 刘路尧

法 律 依 据 专利法第26条第3款，专利法实施细则第21条第2款、第20条第1款
决 定 要 点

相对于现有技术中的产品作出改进发明创造，说明书已对产品结构作出清楚、完整的说明，达到了所属技术领域的技术人员根据说明书的记载能够实现的程度，则说明书公开充分；上述发明创造的权利要求记载了解决其技术问题所必不可少的技术特征，使该权利要求的技术方案区别于现有技术中的其他技术方案，则该权利要求并不缺少必要技术特征；如果权利要求中的“强”、“弱”等用语对所属技术领域的技术人员来说有特定的含义，则所述用语的使用并不导致权利要求保护范围不清楚。

一、案由

本无效宣告请求涉及国家知识产权局于2006年9月13日授权公告的、申请号为200520023012.2、名称为“一种仿真电壁炉”的实用新型专利（下称本专利），其申请日是2005年6月8日，专利权人是程赞顺。其授权公告的权利要求书内容如下：

“1. 一种仿真壁炉，箱体前侧设有仿真木炭，仿真木炭后设有幕墙，幕墙下方设有光源，其特征在于：幕墙后方设有三角反光晶束，所述的三角反光晶束由弱弹性反光晶条构成，所述的弱弹性反光晶条至少具有一个反光面和一个自由反光角，机械装置由电机、固定电机的支撑、连接于电机轴的转轴、连接转轴另一端的轴支撑组成，转轴与所述的三角反光晶束相联。

2. 根据权利要求1所述的一种仿真壁炉，其特征在于：所述的三角反光晶束由中三角反光晶束

和设置在中三角反光晶束两旁的旁的反光晶束三角反光晶条构成，所述中三角反光晶束的反光晶条的长度长于所述旁反光晶束三角反光晶条的长度。

3. 根据权利要求1或2所述的一种仿真壁炉，其特征在于所述的三角反光晶束由宽度长短不一的反光晶条构成。

4. 根据权利要求1或2所述的一种仿真壁炉，其特征在于所述三角反光晶束的反光晶条中部捆扎为一体，其两头为自由角。

5. 根据权利要求3所述的一种仿真壁炉，其特征在于所述三角反光晶束的反光晶条中部捆扎为一体，其两头为自由角。

6. 根据权利要求1或2所述的一种仿真壁炉，其特征在于所述的幕墙由镀膜钢化玻璃和粘贴于镀膜玻璃一侧的半透明蒙砂PVC纸构成，所述的镀膜玻璃粘贴有蒙砂纸一侧面对三角反光晶束。

7. 根据权利要求3所述的一种仿真壁炉，其特征在于所述的幕墙由镀膜钢化玻璃和粘贴于镀膜玻璃一侧的半透明蒙砂PVC纸构成，所述的镀膜玻璃粘贴有蒙砂纸一侧面对三角反光晶束。

8. 根据权利要求4所述的一种仿真壁炉，其特征在于所述的幕墙由镀膜钢化玻璃和粘贴于镀膜玻璃一侧的半透明蒙砂PVC纸构成，所述的镀膜玻璃粘贴有蒙砂纸一侧面对三角反光晶束。

9. 根据权利要求5所述的一种仿真壁炉，其特征在于所述的光源设于仿真木炭的下方，且其水平位置低于幕墙的底端。

10. 根据权利要求8所述的一种仿真壁炉，其特征在于所述的光源设于仿真木炭的下方，且其水平位置低于幕墙的底端。”

针对上述专利权，谭华兵（下称请求人）于2008年2月18日向国家知识产权局专利复审委员会提出无效宣告请求，提出的无效宣告理由为本专利说明书不符合专利法第26条第3款的规定、权利要求1~10不符合专利法实施细则第20条第1款、第21条第2款的规定。

请求人的具体无效宣告理由如下：(1) 说明书中使用的“弹性反光晶束”不是本领域通用术语，并且在说明书中未进行任何解释，因此是一个术语含义不确定的用语，导致说明书不清楚；火焰影像并非是任意形象的，必须形成如本专利附图3中所示的“波”状，如果只是形成不规则的亮点，是不能称之为火焰的。但通观整个说明书，其中并不涉及“三角反光晶束”的组装方式，“三角反光晶束”只是规则的转动而已，因此其对光源产生的光的反射是任意的，不受控制的，可以投射到幕墙上的任意位置，由于没有给出如何由自由反射的光形成具有特定形象的火焰影像的技术方案，因此无法形成火焰，即无法解决所要解决的技术问题，导致本专利说明书不完整并且无法实现。综上，说明书公开不充分，不符合专利法第26条第3款的规定；同时由于权利要求书中未记载控制反射光形成特定火焰形状的结构的特征，因此权利要求1~10不符合专利法实施细则第21条第2款的规定。(2) 请求人认为权利要求1中的技术特征“弱弹性反光晶束”存在两处不清楚的用语，一个是其中的“弱”字是含义不确定的用语，另外“弹性反光晶束”不是本领域通用术语，上述两处用语都是审查指南所不允许的，因此权利要求1及其从属权利要求2~10不清楚，不符合专利法实施细则第20条第1款的规定。

专利复审委员会受理了上述无效宣告请求，于2008年3月13日向双方当事人发出了无效宣告请求受理通知书，并将请求人提交的无效宣告请求书及其附件清单中所列附件的副本转给专利权人。

专利复审委员会于2008年4月18日收到专利权人提交的意见陈述书及权利要求书第1页的修改替换页，其中仅将权利要求1中的“弱弹性反光晶条”修改为“弹性反光晶条”，将“转轴与所述的三角反光晶束相联”修改为“转轴与所述的三角反光晶束相联接”。修改后权利要求1的内容如下：

“1. 一种仿真壁炉，箱体前侧设有仿真木炭，仿真木炭后设有幕墙，幕墙下方设有光源，其特征在于：幕墙后方设有三角反光晶束，所述的三角反光晶束由弹性反光晶条构成，所述的弹性反光晶条至少具有一个反光面和一个自由反光角，机械装置由电机、固定电机的支撑、连接于电机轴的转轴、连接转轴另一端的轴支撑组成，转轴与所述的三角反光晶束相联接。”

专利权人陈述的具体意见如下：（1）在说明书中关于“弹性反光晶束”的说明为“设有不规则三角反光晶束为斜三角反光材料，所述的三角反光晶束由弱弹性反光晶条构成，所述的弱弹性反光晶条至少具有一个反光面和一个自由反光角”，即“晶条”是弱弹性、反光、不规则三角结构的。说明书中还有“所述的三角反光晶束由若干宽度长短不一的反光晶条构成；所述三角反光晶束的反光晶条中部捆扎为一体”的定义和说明。说明书给出了“弹性反光晶束”明确的定义和说明，是所属技术领域的技术人员容易理解的，完全符合审查指南对于技术术语的要求，修改后的权利要求1不存在请求人所指出的不清楚的问题，并能够得到说明书实质上的支持。同时，为了解决本专利所要解决的技术问题，本专利说明书中清楚、完整的给出了实现发明目的的技术方案，并提供了多种不同的技术方案，包括结构的变化，因此说明书是完整的。（2）本专利权利要求1描述了本专利必要技术特征，而且权利要求1的从属权利要求也对本专利的其他技术特征进行了定义，因此请求人关于权利要求书缺乏必要技术特征的说法是缺乏根据的。

专利复审委员会依法成立合议组对本案进行审理，合议组于2008年5月27日向双方当事人发出口头审理通知书，定于2008年7月4日对本案进行口头审理，并随口审通知书将专利复审委员会于2008年4月18日收到的专利权人提交的意见陈述书及权利要求书第1页的修改替换页转给请求人。

专利复审委员会于2008年6月4日收到请求人针对随口头审理通知书转送的专利权人提交的上述文件的意见陈述书，请求人认为专利权人对权利要求1的修改不符合审查指南第四部分第三章第4.6节的规定，不应予以接受。由于专利权人的修改不成立，则审查基准仍是授权的专利文件，该文本仍然存在提出无效宣告请求时所指出的公开不充分、缺少必要技术特征及不清楚的缺陷。

口头审理如期举行，双方当事人均出席了口头审理，口头审理过程中所涉及的重要事项如下：（1）双方当事人对合议组成员无回避请求，对对方出庭人员身份无异议；（2）合议组当庭将专利复审委员会于2008年6月4日收到的请求人提交的意见陈述书转给专利权人，专利权人明确当庭对其答辩，并且不再庭后答复；（3）合议组当庭告知专利权人，其对权利要求1的修改不符合审查指南第四部分第三章第4.6节的有关规定，合议组不予接受，故以授权公告的文本作为本次无效程序的审查文本。

2008年7月28日专利权人提交了意见陈述书，认为“弹性反光晶束”是本领域的专业术语，“弱弹性反光晶条”是本专利实现其效果的关键特征之一，该晶条具有颤动或抖动的特性，使得形成的带烟雾状的火焰影像更具有仿真火焰的技术效果。

合议组于2008年7月30日将专利权人提交的上述意见陈述书转给请求人。

针对专利权人提交的上述意见陈述书，专利复审委员会于2008年8月13日收到请求人提交的意见陈述书，请求人认为，专利权人提交文件日在口头审理之后，合议组并未允许专利权人可以庭后提交意见陈述，因此属于超期提交的文件，不应被接受，其观点也不应被考虑。

在上述工作的基础上，合议组认为本案事实已经清楚，可以作出无效宣告请求审查决定。

二、决定的理由

1. 审查文本

根据审查指南第四部分第三章第4.6节的规定，修改权利要求书的具体方式一般限于权利要求的删除、合并和技术方案的删除。专利权人对权利要求1部分文字的修改不符合审查指南第四部分第三章第4.6.2节关于修改方式的上述规定，合议组对上述修改文本不予接受，以授权公告的文本作为审查文本。

2. 专利法第26条第3款

专利法第26条第3款规定：说明书应当对发明或者实用新型作出清楚、完整的说明，以所属技术领域的技术人员能够实现为准。

本专利涉及一种仿真电壁炉，现有技术中的电壁炉的透光罩和圆型转盘的孔型与圆盘上的反光条纹是相对固定的，因此在转动过程中，在幕墙上产生的仿真火焰总是以一定的周期重复，相对于真实的燃烧火焰存在不够逼真、无法模仿出真实火焰燃烧的效果的缺陷。为解决上述技术问题，而提供了一种仿真火焰重复周期长，火焰逼真，能模仿出真实火焰燃烧效果的仿真壁炉，本专利说明书第2页第12~17行所公开的技术手段如下：箱体前侧设有仿真木炭，仿真木炭后设有幕墙，幕墙下方设有光源，幕墙后方设有三角反光晶束，所述的三角反光晶束由弱弹性反光晶条构成，所述弱弹性反光晶条至少具有一个反光面和一个自由反光角，机械装置由电机、固定电机的支撑、连接于电机轴的转轴、连接转轴另一端的轴支撑组成，转轴与所述的三角反光晶束相联。

根据对本专利的理解，合议组认为，说明书所记载的本专利电壁炉的工作过程及原理如下：光源产生的光线照射到仿真木炭上，产生木炭燃烧的效果。同时，电机驱动转轴转动，捆扎在转轴上的弱弹性反光晶束也随着转动，组成反光晶束的反光晶条构成了多个反射面和反光角，利用光反射原理，当光线入射到反光晶条的反光面和反光角上时，光线以与入射角相同的反射角反射到幕墙上，通过说明书中公开的光源、反光晶束及幕墙之间一定的相对位置关系，光线反射到幕墙上与反光晶束相对应的一定区域上，并且由于晶条具有三角形状，从而晶条反光面反射的光大于反光角反射的光，通过镀膜钢化玻璃，形成了比较明亮的火焰及不明亮的烟雾的效果，即形成了与晶条的形状类似的火苗形状，更逼真地模拟了真实火焰燃烧的效果。由本专利电壁炉的工作过程及火焰仿真原理可见，本专利的电壁炉无需控制反射光形成火焰形状的特定结构，只要幕墙、光源、反光晶束分别位于特定的位置，反光晶束对光进行反射就能形成火焰形状，因此请求人关于本专利说明书中缺少控制反射光形成特定火焰形状的特定结构的理由是不成立的。

另外，请求人认为“弹性反光晶束”不是本领域技术术语，对此，合议组认为，“弹性反光晶束”在说明书第5页发明内容第3段对上述术语有相应的描述，即“幕墙后方设有不规则三角反光晶束为斜三角反光材料，所述的三角反光晶束由弱弹性反光晶条构成，所述的弱弹性反光晶条至少具有一个反光面和一个自由反光角”，由上述描述可知，弱“弹性反光晶束”的材料、构成及形状是清楚的，因此该术语的含义是确定的，并不因此导致说明书不清楚。

第三，如请求人在无效宣告理由中所述，火焰影像并非是任意形象的，但也并不是请求人所述的必须是如本专利附图3中所示的“波”状的，而且“三角反光晶束”组装方式在说明书中具体记载的内容如下：三角反光晶束的反光晶条中部捆扎为一体，其两头为自由角（说明书第6页第3段），所述的三角反光晶束设置在转轴上，所述的机械装置通过驱动所述转轴与三角反光晶束相联（说明书第5页最后1段），说明书的上述内容已经清楚公开了三角反光晶束组装方式，请求人关于在说明书中未记载“三角反光晶束”的组装方式的理由不成立。

综上，本专利说明书是清楚、完整的，本领域技术人员根据说明书记载的技术内容能够实现本专利，因此本专利说明书符合专利法第26条第3款的规定。

3. 专利法实施细则第21条第2款

专利法实施细则第21条第2款规定：独立权利要求应当从整体上反映发明或者实用新型的技术方案，记载解决技术问题的必要技术特征。发明的必要技术特征是那些为解决其技术问题所不可缺少的技术特征，其总和应当足以构成发明的技术方案，并使之区别于背景技术中的其他技术方案。

为了解决现有技术电壁炉仿真火焰总是以一定的周期重复，相对于真实的燃烧火焰存在不够逼真、无法模仿出真实火焰燃烧的效果的缺陷，本专利权利要求1采用的技术手段如下：箱体前侧设有仿真木炭，仿真木炭后设有幕墙，幕墙下方设有光源，幕墙后方设有三角反光晶束，所述的三角反光晶束由弱弹性反光晶条构成，所述弱弹性反光晶条至少具有一个反光面和一个自由反光角，机械装置由电机、固定电机的支撑、连接于电机轴的转轴、连接转轴另一端的轴支撑组成，转轴与所述的三角反光晶束相联。

本专利权利要求1所保护的电壁炉的工作过程及火焰仿真原理已在无效理由第2点中予以评述，并且由上述工作过程及火焰仿真原理可见，本专利权利要求1所保护的电壁炉的幕墙、光源、反光晶束分别位于特定的位置，反光晶束在电机驱动下的转动过程中对光进行反射就能形成火焰形状，无需控制反射光形成火焰形状的特定结构，请求人提出的无效宣告理由（1）中关于权利要求1未记载控制反射光形成特定火焰形状的结构从而本专利的电壁炉不能形成火焰形状，导致本专利权利要求1不符合专利法实施细则第21条第2款规定的理由不成立，权利要求1符合专利法实施细则第21条第2款的规定。

由于专利法实施细则第21条第2款仅适用于独立权利要求，在权利要求1不存在该缺陷的基础上，权利要求1的从属权利要求2~10不适用专利法实施细则第21条第2款进行审查，合议组对请求人提出的权利要求2~11不符合专利法实施细则第21条第2款的无效理由不予考虑。

4. 专利法实施细则第20条第1款

专利法实施细则第20条第1款规定：权利要求书应当清楚、简要地表述请求保护的范围。

首先，请求人认为“弹性反光晶束”不是本领域通用术语，其使用导致权利要求1不清楚。对此，合议组认为，“弹性反光晶束”在说明书第5页发明内容第3段对上述术语有相应的描述，即“幕墙后方设有不规则三角反光晶束为斜三角反光材料，所述的三角反光晶束由弱弹性反光晶条构成，所述的弱弹性反光晶条至少具有一个反光面和一个自由反光角”，由上述描述可知，弱“弹性反光晶束”的材料、构成及形状是清楚的，因此该术语的含义是确定的，并不因此导致说明书不清楚；另外，请求人认为“弱弹性反光晶束”中“弱弹性”是含义不确切的用语，导致权利要求1不清楚。对此，合议组认为，“弹性”是指物体受外力作用变形后，除去作用力时能恢复原来形状的性质。本专利权利要求1中“弱弹性反光晶束”中的“弱弹性”限定了反光晶束的弹性相对较弱，但仍然具有除去对其施加的作用力时能恢复原来形状的性质，只是恢复原形的能力相对较弱而已，因此“弱弹性反光晶束”对于所属技术领域技术人员来说是有确切含义的术语，其使用不会导致权利要求1保护范围不清楚。因此，权利要求1中记载的“弱弹性反光晶束”不会导致权利要求1及其从属权利要求2~10不清楚，权利要求1~10符合专利法实施细则第20条第1款的规定。

专利权人在2008年7月28日提交的意见陈述书中认为“弱弹性反光晶条”具有颤动或抖动的特性，使得形成的带烟雾状的火焰影像更具有仿真火焰的技术效果。对此，合议组认为，在本专利文件中没有记载且不能由专利文件直接、毫无疑义地确定晶条具有上述特性及效果，属于专利权人脱离本专利文件对本专利的解释，合议组对专利权人陈述的上述意见不予接受。

三、决定

维持200520023012.2号实用新型专利权有效。

当事人对本决定不服的，可以根据专利法第46条第2款的规定，自收到本决定之日起三个月内向北京市第一中级人民法院起诉。根据该款的规定，一方当事人起诉后，另一方当事人应当作为第三人参加诉讼。

北京市第一中级人民法院
行政判决书

（2009）一中行初字第109号

原告谭华兵，男，1982年11月6日出生，汉族，宁波嘉庆机械有限公司工程师，住浙江省余姚市梨洲街道振兴路5号。

委托代理人陈桢，中科专利商标代理有限责任公司专利代理人。

被告国家知识产权局专利复审委员会，住所地北京市海淀区北四环西路九号银谷大厦10~12层。

法定代表人廖涛，副主任。

委托代理人毕艳红，女，国家知识产权局专利复审委员会审查员。

委托代理人张华，男，国家知识产权局专利复审委员会审查员。

第三人程赞顺，男，1957年10月22日出生，汉族，永康方岩电器有限公司董事长，住浙江省永康市古山镇下宅村万里公路222号。

委托代理人毛燕生，男，北京市商泰律师事务所专利代理人。

原告谭华兵因专利行政裁决一案，不服被告国家知识产权局专利复审委员会作出的无效宣告请求审查决定，向本院提起行政诉讼。本院受理后，依法组成合议庭，根据《中华人民共和国行政诉讼法》第二十七条，通知程赞顺作为第三人参加诉讼。本院于2009年2月26日公开开庭审理了本案。原告的委托代理人陈桢、被告的委托代理人毕艳红和张华、第三人的委托代理人毛燕生到庭参加了诉讼。本案现已审理终结。

原告针对专利权人为第三人的名称为“一种仿真电壁炉”的实用新型专利（以下简称本专利）向被告提出无效宣告请求。被告经审查于2008年8月5日作出第12133号无效宣告请求审查决定（以下简称无效决定）。被告认为：

（1）审查文本。根据《审查指南》第四部分第三章第4.6节的规定，修改权利要求书的具体方式一般限于权利要求的删除、合并和技术方案的删除。第三人对权利要求1部分文字的修改不符合《审查指南》第四部分第三章第4.6.2节关于修改方式的上述规定，被告对上述修改文本不予接受，以授权公告的文本作为审查文本。

（2）《中华人民共和国专利法》（以下简称《专利法》）第二十六条第三款。本专利涉及一种仿真电壁炉，现有技术中的电壁炉的透光罩和圆型转盘的孔型与圆盘上的反光条纹是相对固定的，因此在转动过程中，在幕墙上产生的仿真火焰总是以一定的周期重复，相对于真实的燃烧火焰存在不够逼真、无法模仿出真实火焰燃烧的效果的缺陷。为解决上述技术问题，而提供了一种仿真火焰重复周期长，火焰逼真，能模仿出真实火焰燃烧效果的仿真壁炉，本专利说明书第2页第12-17行所公开的技术手段如下：箱体前侧设有仿真木炭，仿真木炭后设有幕墙，幕墙下方设有光源，幕墙后方设有三角反光晶束，所述的三角反光晶束由弱弹性反光晶条构成，所述弱弹性反光晶条至少具有一个反光面和一个自由反光角，机械装置由电机、固定电机的支撑、连接于电机轴的转轴、连接转轴另一端的轴支撑组成，转轴与所述的三角反光晶束相联。

根据对本专利的理解，被告认为，说明书所记载的本专利电壁炉的工作过程及原理如下：光源产生的光线照射到仿真木炭上，产生木炭燃烧的效果。同时，电机驱动转轴转动，捆扎在转轴上的弱弹性反光晶束也随着转动，组成反光晶束的反光晶条构成了多个反射面和反光角，利用光反射原理，当光线入射到反光晶条的反光面和反光角上时，光线以与入射角相同的反射角反射到幕墙上，通过说明书中公开的光源、反光晶束及幕墙之间一定的相对位置关系，光线反射到幕墙上与反光晶束相对应的一定区域上，并且由于晶条具有三角形状，从而晶条反光面反射的光大于反光角反射的光，通过镀膜钢化玻璃，形成了比较明亮的火焰及不明亮的烟雾的效果，即形成了与晶条的形状类似的火苗形状，更逼真地模拟了真实火焰燃烧的效果。由本专利电壁炉的工作过程及火焰仿真原理可见，本专利的电壁炉无需控制反射光形成火焰形状的特定结构，只要幕墙、光源、反光晶束分别位于特定的位置，反光晶束对光进行反射就能形成火焰形状，因此原告关于本专利说明书中缺少控制反射光形成特定火焰形状的特定结构的理由是不成立的。

另外，原告认为“弹性反光晶束”不是本领域技术术语，对此，被告认为，“弹性反光晶束”在说明书第5页发明内容第3段对上述术语有相应的描述，即“幕墙后方设有不规则三角反光晶束为斜三角反光材料，所述的三角反光晶束由弱弹性反光晶条构成，所述的弱弹性反光晶条至少具有一个反光面和一个自由反光角”，由上述描述可知，弱“弹性反光晶束”的材料、构成及形状是清楚的，因此该术语的含义是确定的，并不因此导致说明书不清楚。

如原告在无效宣告理由中所述，火焰影像并非是任意形象的，但也并不是原告所述的必须是如本专利附图3中所示的“波”状的，而且“三角反光晶束”组装方式在说明书中具体记载的内容如下：三角反光晶束的反光晶条中部捆扎为一体，其两头为自由角（说明书第6页第3段），所述的三角反光晶束设置在转轴上，所述的机械装置通过驱动所述转轴与三角反光晶束相联（说明书第5页最后1段），说明书的上述内容已经清楚公开了三角反光晶束组装方式，原告关于在说明书中未记载“三角反光晶束”的组装方式的理由不成立。

综上，本专利说明书是清楚、完整的，本领域技术人员根据说明书记载的技术内容能够实现本专利，因此本专利说明书符合《专利法》第二十六条第三款的规定。

（3）《中华人民共和国专利法实施细则》（以下简称《专利法实施细则》）第二十一条第二款。为了解决现有技术电壁炉仿真火焰总是以一定的周期重复，相对于真实的燃烧火焰存在不够逼真、无法模仿出真实火焰燃烧的效果的缺陷，本专利权利要求1采用的技术手段如下：箱体前侧设有仿真木炭，仿真木炭后设有幕墙，幕墙下方设有光源，幕墙后方设有三角反光晶束，所述的三角反光晶束由弱弹性反光晶条构成，所述弱弹性反光晶条至少具有一个反光面和一个自由反光角，机械装置由电机、固定电机的支撑、连接于电机轴的转轴、连接转轴另一端的轴支撑组成，转轴与所述的三角反光晶束相联。

本专利权利要求1所保护的电壁炉的工作过程及火焰仿真原理已在无效理由第2点中予以评述，并且由上述工作过程及火焰仿真原理可见，本专利权利要求1所保护的电壁炉的幕墙、光源、反光晶束分别位于特定的位置，反光晶束在电机驱动下的转动过程中对光进行反射就能形成火焰形状，无需控制反射光形成火焰形状的特定结构，原告提出的无效宣告理由（1）中关于权利要求1未记载控制反射光形成特定火焰形状的结构从而本专利的电壁炉不能形成火焰形状，导致本专利权利要求1不符合《专利法实施细则》第二十一条第二款规定的理由不成立，权利要求1符合《专利法实施细则》第二十一条第二款的规定。

由于《专利法实施细则》第二十一条第二款仅适用于独立权利要求，在权利要求1不存在该缺陷的基础上，权利要求1的从属权利要求2~10不适用《专利法实施细则》第二十一条第二款进行审查，被告对原告提出的权利要求2~11不符合《专利法实施细则》第二十一条第二款的无效理由不予考虑。

（4）《专利法实施细则》第二十条第一款。首先，原告认为“弹性反光晶束”不是本领域通用术语，其使用导致权利要求1不清楚。对此，被告认为，“弹性反光晶束”在说明书第5页发明内容第

3 段对上述术语有相应的描述，即“幕墙后方设有不规则三角反光晶束为斜三角反光材料，所述的三角反光晶束由弱弹性反光晶条构成，所述的弱弹性反光晶条至少具有一个反光面和一个自由反光角”，由上述描述可知，弱“弹性反光晶束”的材料、构成及形状是清楚的，因此该术语的含义是确定的，并不因此导致说明书不清楚；另外，原告认为“弱弹性反光晶束”中“弱弹性”是含义不确切的用语，导致权利要求 1 不清楚。对此，被告认为，“弹性”是指物体受外力作用变形后，除去作用力时能恢复原来形状的性质。本专利权利要求 1 中“弱弹性反光晶束”中的“弱弹性”限定了反光晶束的弹性相对较弱，但仍然具有除去对其施加的作用力时能恢复原来形状的性质，只是恢复原形的能力相对较弱而已，因此“弱弹性反光晶束”对于所属技术领域技术人员来说是有确切含义的术语，其使用不会导致权利要求 1 保护范围不清楚。因此，权利要求 1 中记载的“弱弹性反光晶束”不会导致权利要求 1 及其从属权利要求 2~10 不清楚，权利要求 1~10 符合《专利法实施细则》第二十条第一款的规定。

（5）第三人在 2008 年 7 月 28 日提交的意见陈述书中认为“弱弹性反光晶条”具有颤动或抖动的特性，使得形成的带烟雾状的火焰影像更具有仿真火焰的技术效果。对此，被告认为，在本专利文件中没有记载且不能由专利文件直接、毫无疑义地确定晶条具有上述特性及效果，属于第三人脱离本专利文件对本专利的解释，被告对第三人陈述的上述意见不予接受。

被告依据《专利法》第二十六条第三款、《专利法实施细则》第二十一条第二款、第二十条第一款的规定，维持本专利有效。

被告向本院提交了下列证据，证明被诉决定认定事实清楚，适用法律正确，程序合法：（1）口头审理记录表；（2）本专利说明书。

原告诉称：（1）本专利对于光源、反光晶束及幕墙的位置关系、“弱弹性反光晶条”和“弱弹性反光晶束”以及如何形成仿真火焰影像的表述不清楚，不符合《专利法》第二十六条第三款的规定；（2）本专利没有记载如何控制反射到幕墙上的光线组成火焰影像的技术特征，不符合《专利法实施细则》第二十一条第二款的规定；本专利权利要求 1 中采用了技术用语“弱弹性反光晶束”，其中“弱”字含义不确定，“弹性反光晶束”不是本领域通用术语，不符合《专利法实施细则》第二十条第一款的规定。原告请求法院判决撤销无效决定。

原告向本院提交了本专利说明书，证明本专利不符合《专利法》的要求。

被告辩称：（1）本专利无需控制反射光形成特定火焰形状的特定结构即可实现火焰仿真；（2）“弹性反光晶束”、“弹性反光晶条”的含义清楚，“弹性”是指物体受外力作用变形后，除去作用力时能恢复原来形状的性质，本专利权利要求 1 中“弱弹性反光晶束”中的“弱弹性”限定了反光晶束的弹性相对较弱，但仍然具有除去对其施加的作用力时能恢复原来形状的性质，只是恢复原形的能力相对较弱而已，因此“弱弹性反光晶束”对于所属技术领域技术人员来说是有确切含义的术语，其使用不会导致权利要求 1 保护范围不清楚；（3）无效决定认定的事实清楚、适用法律正确、程序合法。被告请求法院判决维持无效决定。

第三人同意被告的意见，其请求法院判决维持无效决定。第三人未向本院提交证据。

经庭审质证，原告和被告对于对方提交证据的关联性、合法性、真实性没有异议，对其证明作用持有异议；第三人对被告提交的证据没有异议并同意被告对于原告证据的质证意见。本院根据最高人民法院《关于行政诉讼证据若干问题的规定》，对当事人提交的证据认证如下：原告和被告提交的证据符合关联性、合法性、真实性的要求，可以证明本专利以及被告审查程序等情况，均可以作为本案认定事实的依据。

依据上述有效证据以及均无异议的当事人陈述，本院认定事实如下：

原告于2005年6月8日向国家知识产权局申请名称为“一种仿真电壁炉”的实用新型专利（即本专利），国家知识产权局于2006年9月13日授权公告，专利权人是第三人。

本专利授权公告的权利要求书内容如下：

“1. 一种仿真壁炉，箱体前侧设有仿真木炭，仿真木炭后设有幕墙，幕墙下方设有光源，其特征在于：幕墙后方设有三角反光晶束，所述的三角反光晶束由弱弹性反光晶条构成，所述的弱弹性反光晶条至少具有一个反光面和一个自由反光角，机械装置由电机、固定电机的支撑、连接于电机轴的转轴、连接转轴另一端的轴支撑组成，转轴与所述的三角反光晶束相联。

2. 根据权利要求1所述的一种仿真壁炉，其特征在于：所述的三角反光晶束由中三角反光晶束和设置在中三角反光晶束两旁的反光晶束三角反光晶条构成，所述中三角反光晶束的反光晶条的长度长于所述旁反光晶束三角反光晶条的长度。

3. 根据权利要求1或2所述的一种仿真壁炉，其特征在于所述的三角反光晶束由宽度长短不一的反光晶条构成。

4. 根据权利要求1或2所述的一种仿真壁炉，其特征在于所述三角反光晶束的反光晶条中部捆扎为一体，其两头为自由角。

5. 根据权利要求3所述的一种仿真壁炉，其特征在于所述三角反光晶束的反光晶条中部捆扎为一体，其两头为自由角。

6. 根据权利要求1或2所述的一种仿真壁炉，其特征在于所述的幕墙由镀膜钢化玻璃和粘贴于镀膜玻璃一侧的半透明蒙砂PVC纸构成，所述的镀膜玻璃粘贴有蒙砂纸一侧面对三角反光晶束。

7. 根据权利要求3所述的一种仿真壁炉，其特征在于所述的幕墙由镀膜钢化玻璃和粘贴于镀膜玻璃一侧的半透明蒙砂PVC纸构成，所述的镀膜玻璃粘贴有蒙砂纸一侧面对三角反光晶束。

8. 根据权利要求4所述的一种仿真壁炉，其特征在于所述的幕墙由镀膜钢化玻璃和粘贴于镀膜玻璃一侧的半透明蒙砂PVC纸构成，所述的镀膜玻璃粘贴有蒙砂纸一侧面对三角反光晶束。

9. 根据权利要求5所述的一种仿真壁炉，其特征在于所述的光源设于仿真木炭的下方，且其水平位置低于幕墙的底端。

10. 根据权利要求8所述的一种仿真壁炉，其特征在于所述的光源设于仿真木炭的下方，且其水平位置低于幕墙的底端。”

针对本专利，原告于2008年2月18日向被告提出无效宣告请求，无效宣告理由为本专利说明书不符合《专利法》第二十六条第三款的规定、权利要求1~10不符合《专利法实施细则》第二十条第一款、第二十一条第二款的规定。

原告的具体无效宣告理由如下：（1）说明书中使用的“弹性反光晶束”不是本领域通用术语，并且在说明书中未进行任何解释，因此是一个术语含义不确定的用语，导致说明书不清楚；火焰影像并非是任意形象的，必须形成如本专利附图3中所示的“波”状，如果只是形成不规则的亮点，是不能称之为火焰的。但通观整个说明书，其中并不涉及“三角反光晶束”的组装方式，“三角反光晶束”只是规则的转动而已，因此其对光源产生的光的反射是任意的，不受控制的，可以投射到幕墙上的任意位置，由于没有给出如何由自由反射的光形成具有特定形象的火焰影像的技术方案，因此无法形成火焰，即无法解决所要解决的技术问题，导致本专利说明书不完整并且无法实现。综上，说明书公开不充分，不符合《专利法》第二十六条第三款的规定；同时由于权利要求书中未记载控制反射光形成特定火焰形状结构的特征，因此权利要求1~10不符合《专利法实施细则》第二十一条第二款的规定。（2）原告认为权利要求1中的技术特征“弱弹性反光晶束”存在两处不清楚的用语，一个是其中的“弱”字是含义不确定的用语，另外“弹性反光晶束”不是本领域通用术语，上述两处用语都是《审查指南》所不允许的，因此权利要求1及其从属权利要求2~10不清楚，不符合《专利法实施细则》第二十条第一款的规定。

被告受理了上述无效宣告请求，并向原告和第三人发出了无效宣告请求受理通知书，并将原告提交的无效宣告请求书及其附件清单中所列附件的副本转给第三人。

第三人于2008年4月18日向被告提交了意见陈述书及权利要求书第1页的修改替换页，其中仅将权利要求1中的“弱弹性反光晶条”修改为“弹性反光晶条”，将“转轴与所述的三角反光晶束相联”修改为“转轴与所述的三角反光晶束相联接”。

第三人向被告陈述的具体意见如下：（1）在说明书中关于“弹性反光晶束”的说明为“设有不规则三角反光晶束为斜三角反光材料，所述的三角反光晶束由弱弹性反光晶条构成，所述的弱弹性反光晶条至少具有一个反光面和一个自由反光角”，即“晶条”是弱弹性、反光、不规则三角结构的。说明书中还有“所述的三角反光晶束由若干宽度长短不一的反光晶条构成；所述三角反光晶束的反光晶条中部捆扎为一体”的定义和说明。说明书给出了“弹性反光晶束”明确的定义和说明，是所属技术领域的技术人员容易理解的，完全符合《审查指南》对于技术术语的要求，修改后的权利要求1不存在原告所指出的不清楚的问题，并能够得到说明书实质上的支持。同时，为了解决本专利所要解决的技术问题，本专利说明书中清楚、完整地给出了实现发明目的的技术方案，并提供了多种不同的技术方案，包括结构的变化，因此说明书是完整的。（2）本专利权利要求1描述了本专利必要技术特征，而且权利要求1的从属权利要求也对本专利的其他技术特征进行了定义，因此原告关于权利要求书缺乏必要技术特征的说法缺乏根据。

被告依法成立合议组对本案进行审理，被告于2008年5月27日向原告和第三人发出口头审理通知书，并向原告送达了第三人提交的意见陈述书及权利要求书第1页的修改替换页。原告向被告提交了意见陈述书，认为第三人对权利要求1的修改不符合《审查指南》第四部分第三章第4.6节的规定，不应予以接受。

2008年7月4日，被告进行了口头审理，原告和第三人均出席了口头审理，口头审理过程中所涉及的重要事项如下：（1）双方当事人对被告合议组成员无回避请求，对对方出庭人员身份无异议；（2）被告将原告提交的意见陈述书转给第三人，第三人明确当庭答辩，并且不再庭后答复；（3）被告当庭告知第三人，其对权利要求1的修改不符合《审查指南》第四部分第三章第4.6节的有关规定，被告不予接受，故以授权公告的文本作为本次无效程序的审查文本。

原告和第三人再次向被告提交了意见陈述书，被告进行了转文。

被告经审查后作出无效决定，维持本专利有效。原告不服无效决定，向本院提起行政诉讼。

另，原告在本院法庭审理中明确，对于无效决定书案由部分载明的事实、被告的审查程序、法律依据以及决定理由部分中关于审查文本的确定均没有异议。

本院认为：根据《专利法》第二十六条第三款的规定，专利说明书应当对发明或者实用新型作出清楚、完整地说明，以所属技术领域的技术人员能够实现为准。根据《专利法实施细则》第二十条第一款的规定，权利要求书应当清楚、简要地表述请求保护的范围。参照《审查指南》第二部分第二章第3.2.2节的规定，权利要求中不得使用含义不确定的用语，如“强”、“弱”等，除非这种用语在特定技术领域具有公认的确切含义。

本案中，本专利权利要求1中含有“弱弹性反光晶条”。其中，“弱弹性”属于含义不确定的用语，所属技术领域的技术人员无法根据本专利说明书实现本专利的技术方案，本专利权利要求书亦没有清楚地表述其保护的范围。被告提交的证据亦不足以证明“弱弹性反光晶束”或“弱弹性反光晶条”对于所属技术领域技术人员属于具有确切含义的术语。因此，被告认定本专利符合《专利法》

第二十六条第三款及《专利法实施细则》第二十条第一款规定的主要证据不足，本院不予支持。原告关于撤销无效决定的诉讼请求，本院予以支持。

据此，本院依照《中华人民共和国行政诉讼法》第五十四条第（二）项第1目的规定，判决如下：

撤销被告国家知识产权局专利复审委员会于二〇〇八年八月五日作出的第12133号无效宣告请求审查决定。

案件受理费100元，由被告国家知识产权局专利复审委员会负担（于本判决生效后7日内交纳）。

如不服本判决，当事人可在本判决书送达之日起15日内向本院递交上诉状，并按对方当事人人数提交副本，预交上诉费100元，上诉于北京市高级人民法院。

审　判　长　齐　莹
代理审判员　乔　军
人民陪审员　杨　旭
二〇〇九年三月二十日
书　记　员　曹　炜

北京市高级人民法院
行政判决书

（2009）高行终字第818号

上诉人（一审被告）国家知识产权局专利复审委员会，住所地北京市海淀区北四环西路9号银谷大厦10~12层。

法定代表人张茂于，副主任。

委托代理人毕艳红，女，国家知识产权局专利复审委员会审查员。

委托代理人张华，男，国家知识产权局专利复审委员会审查员。

上诉人（一审第三人）程赞顺，男，1957年10月22日出生，汉族，永康方岩电器有限公司董事长，住浙江省永康市古山镇下宅村万里公路222号。

委托代理人吴伟凯，男，永康市联缙专利事务所专利代理人。

被上诉人（一审原告）谭华兵，男，1982年11月6日出生，汉族，宁波嘉庆机械有限公司工程师，住浙江省余姚市梨洲街道振兴路5号。

委托代理人陈桢，男，中科专利商标代理有限责任公司专利代理人。

上诉人国家知识产权局专利复审委员会（以下简称专利复审委）、程赞顺因专利无效宣告请求审查决定一案，不服北京市第一中级人民法院（2009）一中行初字第109号行政判决，向本院提起上诉，本院依法组成合议庭公开开庭进行了审理。上诉人专利复审委的委托代理人毕艳红、张华，上诉人程赞顺的委托代理人吴伟凯，被上诉人谭华兵的委托代理人陈桢到庭参加了诉讼。本案现已审理终结。

2008年8月5日专利复审委作出第12133号无效宣告请求审查决定（以下简称第12133号决定），维持第200520023012.2号“一种仿真电壁炉”实用新型专利（以下简称本专利）有效。

谭华兵不服第12133号决定，向北京市第一中级人民法院（以下简称一审法院）提起行政诉讼。

一审法院判决认为，根据《中华人民共和国专利法》（以下简称《专利法》）第二十六条第三款的规定，专利说明书应当对发明或者实用新型作出清楚、完整地说明，以所属技术领域的技术人员能够实现为准。根据《中华人民共和国专利法实施细则》（以下简称《专利法实施细则》）第二十条第一款的规定，权利要求书应当清楚、简要地表述请求保护的范围。参照《审查指南》第二部分第二章第 3.2.2 节的规定，权利要求中不得使用含义不确定的用语，如“强”、“弱”等，除非这种用语在特定技术领域具有公认的确切含义。本专利权利要求 1 中含有“弱弹性反光晶条”。其中，“弱弹性”属于含义不确定的用语，所属技术领域的技术人员无法根据本专利说明书实现本专利的技术方案，本专利权利要求书亦没有清楚地表述其保护的范围。专利复审委提交的证据亦不足以证明“弱弹性反光晶束”或“弱弹性反光晶条”对于所属技术领域技术人员属于具有确切含义的术语。因此，专利复审委认定本专利符合《专利法》第二十六条第三款及《专利法实施细则》第二十条第一款规定的主要证据不足。谭华兵请求撤销第 12133 号决定，予以支持。依照《中华人民共和国行政诉讼法》第五十四条第（二）项第 1 目的规定，判决撤销第 12133 号决定。

专利复审委不服一审判决，向本院提起上诉。诉称，为解决现有技术中的电壁炉仿真火焰总是以一定的周期重复，存在不够逼真、无法模仿出真实火焰燃烧的效果的问题，本专利采用利用电机驱动转轴从而带动捆扎在转轴上的弱弹性反光晶束随着转动，在转动过程中由组成反光晶束的多个反光晶条所构成的多个反射面和反光角将光反射到幕墙上，形成仿真火焰。从本专利所解决的技术问题及所采用的技术手段来看，首先，反光晶束的弹性如何对解决上述技术问题并不是必不可少的，因此一审判决认为由于“弱弹性”的使用而导致本专利技术方案无法实现的认定有误；另外，本专利权利要求 1 中含有“弱弹性反光晶条”中的“弱弹性”是对反光晶条这种材料所具有的弹性强弱的限定，所谓“弹性”是指材料或物体在外力作用下产生变形，除去外力后变形随即消失的性质。材料的弹性有强弱之分，“弱弹性”是指受力变形及所受力消失后变形随之消失的能力较弱，其含义对本领域技术人员来说是清楚的。因此，一审判决认为由于“弱弹性”的使用而导致权利要求 1 的保护范围不清楚的认定有误。综上，请求二审法院判决撤销一审判决，维持第 12133 号决定。

程赞顺不服一审判决，向本院提起上诉。诉称，本专利权利要求 1 中的“弱弹性反光晶条”中的“弱弹性”含义清楚。《审查指南》第二部分第二章第 3.2.2 节规定，当含义不确定的用语具有确切含义时并不禁止使用。“弹性”是指物体受外力作用变形后，除去作用力时能恢复原来形状的性质。“弱弹性”是限定了反光晶束的弹性相对较弱，但仍具有除去作用力时能恢复原来形状的性质，只是恢复原形的能力相对较弱而已。因此，本专利中的“弱弹性反光晶条”对于所属领域技术人员来说是有确切含义的术语。请求二审法院判决撤销一审判决，维持第 12133 号决定。

谭华兵答辩认为，（1）“弱弹性”记载在权利要求 1 中，属于考虑的对象；在说明书中没有对“弱弹性”及“反光晶束”予以说明，也没有给出实施例，因此本专利无法实施。（2）在本专利技术领域，弹性的强弱程度没有公认的确切标准，说明书中也没有限定，因此“弱弹性”的含义不清楚。综上，请求二审法院判决维持一审判决。

本案一审审理期间，专利复审委在法定期限内向一审法院提交了如下证据：（1）口头审理记录表；（2）本专利说明书。

谭华兵向一审法院提交了本专利说明书。

程赞顺未向一审法院提交证据。

一审法院经审查认为，上述证据符合证据关联性、合法性和真实性的要求，予以采纳。

上述证据均已随案移送本院。经庭审质证并审查核实，本院确认一审法院上述认证意见正确，据此认定本案如下事实：

本专利是名称为“一种仿真电壁炉”的第200520023012.2号实用新型专利，其申请日为2005年6月8日，授权公告日为2006年9月13日，专利权人为程赞顺。

本专利授权公告的权利要求书内容如下：

“1. 一种仿真壁炉，箱体前侧设有仿真木炭，仿真木炭后设有幕墙，幕墙下方设有光源，其特征在于：幕墙后方设有三角反光晶束，所述的三角反光晶束由弱弹性反光晶条构成，所述的弱弹性反光晶条至少具有一个反光面和一个自由反光角，机械装置由电机、固定电机的支撑、连接于电机轴的转轴、连接转轴另一端的轴支撑组成，转轴与所述的三角反光晶束相联。

2. 根据权利要求1所述的一种仿真壁炉，其特征在于：所述的三角反光晶束由中三角反光晶束和设置在中三角反光晶束两旁的反光晶束三角反光晶条构成，所述中三角反光晶束的反光晶条的长度长于所述旁反光晶束三角反光晶条的长度。

3. 根据权利要求1或2所述的一种仿真壁炉，其特征在于所述的三角反光晶束由宽度长短不一的反光晶条构成。

4. 根据权利要求1或2所述的一种仿真壁炉，其特征在于所述三角反光晶束的反光晶条中部捆扎为一体，其两头为自由角。

5. 根据权利要求3所述的一种仿真壁炉，其特征在于所述三角反光晶束的反光晶条中部捆扎为一体，其两头为自由角。

6. 根据权利要求1或2所述的一种仿真壁炉，其特征在于所述的幕墙由镀膜钢化玻璃和粘贴于镀膜玻璃一侧的半透明蒙砂PVC纸构成，所述的镀膜玻璃粘贴有蒙砂纸一侧面对三角反光晶束。

7. 根据权利要求3所述的一种仿真壁炉，其特征在于所述的幕墙由镀膜钢化玻璃和粘贴于镀膜玻璃一侧的半透明蒙砂PVC纸构成，所述的镀膜玻璃粘贴有蒙砂纸一侧面对三角反光晶束。

8. 根据权利要求4所述的一种仿真壁炉，其特征在于所述的幕墙由镀膜钢化玻璃和粘贴于镀膜玻璃一侧的半透明蒙砂PVC纸构成，所述的镀膜玻璃粘贴有蒙砂纸一侧面对三角反光晶束。

9. 根据权利要求5所述的一种仿真壁炉，其特征在于所述的光源设于仿真木炭的下方，且其水平位置低于幕墙的底端。

10. 根据权利要求8所述的一种仿真壁炉，其特征在于所述的光源设于仿真木炭的下方，且其水平位置低于幕墙的底端。”

针对本专利，谭华兵于2008年2月18日向专利复审委提出无效宣告请求，理由为本专利说明书不符合《专利法》第二十六条第三款的规定、权利要求1~10不符合《专利法实施细则》第二十条第一款、第二十一条第二款的规定。具体理由如下：（1）说明书中使用的“弹性反光晶束”不是本领域通用术语，并且在说明书中未进行任何解释，因此是一个术语含义不确定的用语，导致说明书不清楚；火焰影像并非是任意形象的，必须形成如本专利附图3中所示的“波”状，如果只是形成不规则的亮点，是不能称之为火焰的。但通观整个说明书，其中并不涉及“三角反光晶束”的组装方式，“三角反光晶束”只是规则的转动而已，因此其对光源产生的光的反射是任意的，不受控制的，可以投射到幕墙上的任意位置，由于没有给出如何由自由反射的光形成具有特定形象的火焰影像的技术方案，因此无法形成火焰，即无法解决所要解决的技术问题，导致本专利说明书不完整并且无法实现。综上，说明书公开不充分，不符合《专利法》第二十六条第三款的规定；同时由于权利要求书中未记载控制反射光形成特定火焰形状结构的特征，因此权利要求1~10不符合《专利法实施细则》第二十一条第二款的规定。（2）权利要求1中的技术特征“弱弹性反光晶束”存在两处不清楚的用语，一个是其中的“弱”字是含义不确定的用语，另外“弹性反光晶束”不是本领域通用术语，上述两处用语都是《审查指南》所不允许的，因此权利要求1及其从属权利要求2~10不清楚，不符合《专利法实施细则》第二十条第一款的规定。

程赞顺于2008年4月18日向专利复审委提交了意见陈述书，将权利要求1中的“弱弹性反光晶条”修改为“弹性反光晶条”，将“转轴与所述的三角反光晶束相联”修改为“转轴与所述的三角反光晶束相联接”。2008年7月4日，专利复审委进行了口头审理，双方当事人均出席了口头审理。

专利复审委经审查认为，（1）关于审查文本。根据《审查指南》第四部分第三章第4.6节的规定，修改权利要求书的具体方式一般限于权利要求的删除、合并和技术方案的删除。程赞顺对权利要求1部分文字的修改不符合《审查指南》第四部分第三章第4.6.2节关于修改方式的上述规定，专利复审委对上述修改文本不予接受，以授权公告的文本作为审查文本。（2）关于《专利法》第二十六条第三款。本专利涉及一种仿真电壁炉，现有技术中的电壁炉的透光罩和圆型转盘的孔型与圆盘上的反光条纹是相对固定的，因此在转动过程中，在幕墙上产生的仿真火焰总是以一定的周期重复，相对于真实的燃烧火焰存在不够逼真、无法模仿出真实火焰燃烧的效果的缺陷。为解决上述技术问题，提供一种仿真火焰重复周期长，火焰逼真，能模仿出真实火焰燃烧效果的仿真壁炉。本专利说明书第2页第12~17行所公开的技术手段如下：箱体前侧设有仿真木炭，仿真木炭后设有幕墙，幕墙下方设有光源，幕墙后方设有三角反光晶束，所述的三角反光晶束由弱弹性反光晶条构成，所述弱弹性反光晶条至少具有一个反光面和一个自由反光角，机械装置由电机、固定电机的支撑、连接于电机轴的转轴、连接转轴另一端的轴支撑组成，转轴与所述的三角反光晶束相联。说明书所记载的本专利电壁炉的工作过程及原理为：光源产生的光线照射到仿真木炭上，产生木炭燃烧的效果。同时，电机驱动转轴转动，捆扎在转轴上的弱弹性反光晶束也随着转动，组成反光晶束的反光晶条构成了多个反射面和反光角，利用光反射原理，当光线入射到反光晶条的反光面和反光角上时，光线以与入射角相同的反射角反射到幕墙上，通过说明书中公开的光源、反光晶束及幕墙之间一定的相对位置关系，光线反射到幕墙上与反光晶束相对应的一定区域上，并且由于晶条具有三角形状，从而晶条反光面反射的光大于反光角反射的光，通过镀膜钢化玻璃，形成了比较明亮的火焰及不明亮的烟雾的效果，即形成了与晶条的形状类似的火苗形状，更逼真地模拟了真实火焰燃烧的效果。由本专利电壁炉的工作过程及火焰仿真原理可见，本专利的电壁炉无需控制反射光形成火焰形状的特定结构，只要幕墙、光源、反光晶束分别位于特定的位置，反光晶束对光进行反射就能形成火焰形状，因此谭华兵关于本专利说明书中缺少控制反射光形成特定火焰形状的特定结构的理由是不成立的。“弹性反光晶束”在说明书第5页发明内容第3段有相应的描述，即“幕墙后方设有不规则三角反光晶束为斜三角反光材料，所述的三角反光晶束由弱弹性反光晶条构成，所述的弱弹性反光晶条至少具有一个反光面和一个自由反光角”，由上述描述可知，弱“弹性反光晶束”的材料、构成及形状是清楚的，因此该术语的含义是确定的，并不因此导致说明书不清楚。如谭华兵在无效宣告理由中所述，火焰影像并非是任意形象的，但也并不是谭华兵所述的必须是如本专利附图3中所示的“波”状的，而且“三角反光晶束”组装方式在说明书中具体记载的内容如下：三角反光晶束的反光晶条中部捆扎为一体，其两头为自由角（说明书第6页第3段），所述的三角反光晶束设置在转轴上，所述的机械装置通过驱动所述转轴与三角反光晶束相联，说明书的上述内容已经清楚公开了三角反光晶束组装方式，谭华兵关于在说明书中未记载“三角反光晶束”的组装方式的理由不成立。综上，本专利说明书是清楚、完整的，本领域技术人员根据说明书记载的技术内容能够实现本专利，因此本专利说明书符合《专利法》第二十六条第三款的规定。（3）关于《专利法实施细则》第二十一条第二款。为了解决现有技术电壁炉仿真火焰总是以一定的周期重复，相对于真实的燃烧火焰存在不够逼真、无法模仿出真实火焰燃烧的效果的缺陷，本专利权利要求1采用的技术手段如下：箱体前侧设有仿真木炭，仿真木炭后设有幕墙，幕墙下方设有光源，幕墙后方设有三角反光晶束，所述的三角反光晶束由弱弹性反光晶条构成，所述弱弹性反光晶条至少具有一个反光面和一个自由反光角，机械装置由电机、固定电机的支撑、连接于电机轴的转轴、连接转轴另一端的轴支撑组成，转轴与所述的三角反光晶束相联。本专利权利要求1所保护的电壁炉的工作过程及火焰仿真原理已在无效理由第2点中予以评述，由上述工作过程及火焰仿真原理可见，本专利权利要求1所保护的电壁炉的幕墙、光源、反光晶束分别位于特定的位置，反光晶束在电机驱动下的转动过程中对光进行反射就能形成火焰形状，无需控制反射光形成火焰形状的特定结构。谭华兵提出的无效宣告理由（1）中关于权利要求1未记载控制反射光形成特定火焰形状的结构从而本专利的电壁炉不能形成火焰形状，导致本专利权利要求1不符合《专利法实施细则》第二十一条第二款规定的理由不成立。由于《专利法实施细则》第二十一条第二款仅适用于独立权利要求，在权利要求1不存在该缺陷的基础上，权利要求1的从属权利要求2~10不适用《专利法实施细则》第二十一条第二款进行审查，对谭华兵提出的权利要求2~11不符合《专利法实施细则》第二十一条第二款的无效理由不予考虑。（4）关于《专利法实施细则》第二十条第一款。“弹性反光晶束”在说明书第5页发明内容第3段对上述术语有相应的描述，即“幕墙后方设有不规则三角反光晶束为斜三角反光材料，所述的三角反光晶束由弱弹性反光晶条构成，所述的弱弹性反光晶条至少具有一个反光面和一个自由反光角”，由上述描述可知，弱“弹性反光晶束”的材料、构成及形状是清楚的，因此该术语的含义是确定的，并不因此导致说明书不清楚。“弹性”是指物体受外力作用变形后，除去作用力时能恢复原来形状的性质。本专利权利要求1中“弱弹性反光晶束”中的“弱弹性”限定了反光晶束的弹性相对较弱，但仍然具有除去对其施加的作用力时能恢复原来形状的性质，只是恢复原形的能力相对较弱而已，因此“弱弹性反光晶束”对于所属技术领域技术人员来说是有确切含义的术语，其使用不会导致权利要求1保护范围不清楚。因此，权利要求1中记载的“弱弹性反光晶束”不会导致权利要求1及其从属权利要求2~10不清楚，权利要求1~10符合《专利法实施细则》第二十条第一款的规定。程赞顺认为“弱弹性反光晶条”具有颤动或抖动的特性，使得形成的带烟雾状的火焰影像更具有仿真火焰的技术效果。对此，专利复审委认为，在本专利文件中没有记载且不能由专利文件直接、毫无疑义地确定晶条具有上述特性及效果，属于程赞顺脱离本专利文件对本专利的解释，不予接受。据此，专利复审委于2008年8月5日作出第12133号决定，维持本专利有效。

谭华兵不服，向一审法院提起行政诉讼。

本院认为，根据《专利法实施细则》第二十条第一款的规定，权利要求书应当说明发明或者实用新型的技术特征，清楚、简要地表述请求保护的范围。参照《审查指南》第二部分第二章第3.2.2节的规定，权利要求书是否清楚，对于确定发明或者实用新型要求保护的范围是极为重要的。权利要求中不得使用含义不确定的用语，如“强”、“弱”等，除非这种用语在特定技术领域具有公认的确切含义。本专利权利要求1的技术特征中有“弱弹性反光晶条”，其中“弱弹性”属于含义不确定的用语，专利复审委提交的证据亦不足以证明“弱弹性”在本专利技术领域具有公认的确切含义。

专利复审委和程赞顺认为“弱弹性”是指受力变形及所受力消失后变形随之消失的能力较弱，其含义对本领域技术人员来说是清楚的。本院认为上述解释不能充分说明“弱弹性”的用语对“反光晶条”弹性强弱程度的描述是确切的，不予支持。

综上，一审判决撤销第12133号决定正确，本院应予维持。专利复审委和程赞顺的上诉请求缺乏事实和法律依据，本院不予支持。依据《中华人民共和国行政诉讼法》第六十一条第（一）项的规定，判决如下：

驳回上诉，维持一审判决。

二审案件受理费人民币100元，由上诉人国家知识产权局专利复审委员会和程赞顺共同负担（已交纳）。

本判决为终审判决。

审　判　长　朱世宽

审　判　员　赵宇晖

代理审判员　胡华峰

二○○九年十月二十九日

书　记　员　张　怡

175

开启式灭蚊广告灯箱

无效宣告请求审查决定（第12135号）

决　定　号　第12135号
决　定　日　2008年7月21日
发明创造名称　开启式灭蚊广告灯箱
国际分类号　G09F13/04，A01M1/00
无效宣告请求人　范中旺
专　利　权　人　上海宏门广告有限公司
专　利　号　200520044836.8
申　请　日　2005年9月7日
授权公告日　2007年3月21日
合议组组长　张宗任
主　审　员　武　磊
参　审　员　毕艳红

法律依据　专利法第22条第3款
决定要点

在权利要求创造性的判断中，如果权利要求所述技术方案与现有技术公开的技术方案之间存在区别技术特征，而现有技术又没有给出结合该区别技术特征得出权利要求所述技术方案的技术启示，且该技术方案具有有益效果，则该权利要求具有创造性，否则，该权利要求不具有创造性。

一、案由

本无效宣告请求涉及国家知识产权局于2007年3月21日授权公告的200520044836.8号实用新型专利（下称本专利），其名称为“开启式灭蚊广告灯箱”、申请日为2005年9月7日，专利权人为上海宏门广告有限公司。授权公告的权利要求书内容如下：

“1. 一种开启式灭蚊广告灯箱，由广告灯箱（1）的箱体构架（2）和电源及连接线路构成，其特征在于，灭蚊装置（4）与广告灯箱（1）的箱体构架（2）连体安装组成。

2. 如权利要求1所述的开启式灭蚊广告灯箱，其特征在于，位于广告灯箱（1）下部，箱体构架（2）内的灭蚊装置（4）包括灭蚊部件（41），与箱体构架（2）固定连接的隔板（42）和（42’）与设置在上面与其固定连接有至少一组吸引风机（43）及与其可拆卸连接的储蚊箱（44）以及可开启的窗式百叶格栅片（45）封闭构成。

3. 如权利要求1或2所述的开启式灭蚊广告灯箱，其特征在于，与箱体构架（2）固定连接的隔板（42）和设置在上面与其固定连接有左、右吸引风机（43）和（43’）及与其可拆卸连接的左、右储蚊箱（44）和（44’）。

4. 如权利要求3所述的开启式灭蚊广告灯箱，其特征在于，灭蚊部件（41），包括以电连接的灭蚊电网（411）和引蚊灯（412）或超声波灭蚊元件。

5. 如权利要求4所述的开启式灭蚊广告灯箱，其特征在于，引蚊灯（412）采用紫外线灯。

6. 如权利要求1或2所述的开启式灭蚊广告灯箱，其特征在于，可开启的窗式百叶格栅片（45）与广告灯箱（1）的箱体构架（2）采用流线型或圆弧形或直线形的连体结构。”

针对本专利的专利权，范中旺（以下称请求人）于2008年3月19日向专利复审委员会提出了无效宣告请求。无效宣告请求的理由是：本专利权利要求1~6不符合专利法第22条第3款有关创造性的规定，本专利权利要求2、3和4不符合专利法第22条第4款有关实用性的规定，请求人同时提交以下附件：

附件1：ZL00230114.8号中国实用新型专利说明书，其授权公告日为2001年6月27日（下称对比文件1）；

附件2：ZL200320118403.3号中国实用新型专利说明书，其授权公告日为2004年12月1日（下称对比文件2）；

附件3：ZL200520044836.8号中国实用新型专利说明书，即本专利的授权公告文本。

请求人在无效请求书中提出的具体理由如下：

（1）本专利权利要求1相对于附件1或附件2不具备创造性，权利要求4和5的附加技术特征被附件1或附件2所公开，权利要求6的附加技术特征属于常规技术，因此，权利要求1、4~6不具备专利法第22条第3款有关创造性的规定；（2）权利要求2、3、4是对灭蚊装置具体结构的进一步限制，但涉及的结构技术不具有创造性和实用性，在权利要求2和3中增加吸引风机、隔板、储蚊箱的技术不是一种科学、合理和进步的技术手段，不但不会增加积极效果，反而带来高能耗、高噪音、缩小诱蚊区域、以及增大维护和故障检修成本，也违背了所倡导的建设节约型社会的宗旨，因此是没有实际效果的技术手段，属于一种多余技术手段，达不到实用新型定义的“进步和积极效果”，本专利权利要求2~4不具备专利法第22条第3款的规定和专利法第22条第4款的规定。

经过形式审查合格后，专利复审委员会受理了上述无效宣告请求，于2008年4月8日向双方当事人发出了无效宣告请求受理通知书，同时将请求人于2008年3月19日提交的无效宣告请求书及其附件的副本转送专利权人，并要求其在指定期限内进行意见陈述。

专利权人在指定期限内未作任何答复。

专利复审委员会依法成立合议组对本案进行审理，并于2008年6月19日向双方当事人发出无效宣告请求口头审理通知书，定于2008年7月14日举行无效宣告请求口头审理。

专利复审委员会于2008年7月8日收到专利权人提交的意见陈述书，专利权人提交了有关本专利侵权纠纷案件的相关资料1份共53页，专利权人在意见陈述书中并未结合其提交的资料进行任何解释和说明。

口头审理如期举行，双方当事人均委托代理人出席了口头审理。在口审过程中，双方当事人对合议组成员均没有回避请求，对对方当事人的身份均无异议。本案合议组当庭将2008年7月8日收到的专利权人提交的相关资料转交给请求人。请求人当庭明确放弃本专利不符合专利法第22条第4款有关实用性的无效宣告理由，请求人明确其无效理由为：本专利权利要求1、4、5分别相对于附件1或附件2不具备创造性，权利要求2~4不具有进步性，因而不具备创造性，权利要求6的附加技术特征属于常规技术手段，因而不具备创造性。专利权人当庭告知合议组没有收到专利复审委员会于

2008 年 4 月 8 日向其转交的无效宣告请求书及其附件，合议组当庭告知专利权人：专利权人可以在口头审理结束后 7 日内提交未收到无效宣告请求书及其附件的相关证据，否则视为已收到上述文件；同时，合议组告知专利权人：对于复审委员会于 2008 年 7 月 8 日收到的专利权人所提交的资料，由于该资料的提交日期已经超过了要求其在收到无效宣告请求受理通知书之日起一个月内陈述意见的指定期限，并且专利权人也未对所提交的证据进行具体说明，因此，合议组对专利权人提交的资料不予考虑。双方当事人在口头审理过程中详细阐述了各自的主张及理由。

专利权人在指定期限内未提交其没有收到专利复审委员会于 2008 年 4 月 8 日向其转送的无效宣告请求书及其附件的证明资料，且未对证据真实性提出疑义，同时合议组未收到该次转文的退信通知或退回的信件，视为该文件已经转送给专利权人。

在上述审理工作的基础上，合议组经过合议后，认为本案事实已经清楚，现依法作出如下审查决定。

二、决定的理由

1. 证据的认定

请求人提交的附件 1~2 是中国实用新型专利文献复印件，属于公开出版物，合议组经核实对其真实性予以认可，且它们的公开日均早于本专利的申请日，故附件 1~2 可以作为评价本专利创造性的现有技术。

针对复审委员会于 2008 年 7 月 8 日收到的专利权人所提交的资料，合议组已在口头审理过程中告知专利权人，由于该资料的提交日期已经超过了要求其在收到无效宣告请求受理通知书之日起 1 个月内陈述意见的指定期限，并且专利权人也未在上述期限内对所提交的证据进行具体说明，因此，根据审查指南第 4. 3. 2 节有关专利权人举证的规定，合议组对专利权人提交的资料不予考虑。

2. 关于创造性

专利法第 22 条第 3 款的规定：创造性，是指同申请日以前已有的技术相比，该发明有突出的实质性特点和显著的进步，该实用新型有实质性特点和进步。

（1）关于权利要求 1 的创造性。

①以附件 1 作为现有技术进行比较。

权利要求 1 请求保护一种开启式灭蚊广告灯箱，附件 1 公开了一种户外高效灭蚊蝇灯箱，其中具体披露了以下技术特征：其箱体 2 通过支脚固定安装在地面上，所述箱体上包含有一个灭蚊框，灭蚊框的中心部位安装有诱虫灯管 4，灯管的两侧设有高压电击网 5，防护网 6 安装在电击网 5 外，在箱体上其他位置设有广告灯箱 3，其上可以设有企业、产品或工艺广告，这样，该灯箱在具有灭蚊功能的同时，兼具广告宣传作用（参见附件 1 的权利要求 1，说明书第 1 页第一段至最后一段，附图 1-2），由于附件 1 中的广告灯箱设有高压电击网和诱虫灯管，因此，附件 1 中的广告灯箱必然包含有用于供电的电源和连接线路，另外，从附图 1 和 2 中也可以明显看出，灭蚊装置是与广告灯箱的箱体连体安装组成。将附件 1 公开的上述内容与权利要求 1 相比较可知，附件 1 公开了权利要求 1 大部分技术特征。二者的区别技术特征在于：权利要求 1 中明确是一种开启式灭蚊广告灯箱，而附件 1 中未明确该灭蚊蝇灯箱的灭蚊框是一种具有可开启功能的结构。

对于上述区别技术特征，合议组认为，在框体的外表面设置格栅片，并使其可开启的设置方式属于本领域的常用技术手段，在附件 1 中公开的灭蚊蝇灯箱的基础上，为方便灭蚊灯箱中灭蚊框表面开口部分的开启，本领域普通技术人员很容易想到将附件 1 与本领域常用技术手段相结合而得到本专利权利要求 1 的技术方案，其所获得的效果也是可以预期的，因此，本专利权利要求 1 相对于附件 1 不具有实质性特点和进步，不符合专利法第 22 条第 3 款有关创造性的规定。

②以附件2作为现有技术进行比较。

权利要求1请求保护一种开启式灭蚊广告灯箱，附件2公开了一种灭蚊广告灯箱，其中具体披露了以下技术特征：该广告灯箱包括灯箱体3、照明灯4、透明面板5、6、电源16，它还包括灭蚊器，所述灭蚊器设置在所述灯箱体3的下部空间，灭蚊器由黑光灯8、紫光灯9、频振式升压电路10、击杀电网11、安全隔离网12、13组成，安全隔离网12、13镶嵌在灯箱体3“日”字形的下部框体前后面上，并与灯箱体3形成封闭的腔体，该灭蚊广告灯箱由于采用灭蚊器，故能杀死蚊虫，利用广告宣传，利于环境维护（参见附件2的权利要求1~3，说明书第2页第一段至最后一段，附图1），从附图1中可以明显看出，灭蚊器是与广告灯箱的箱体连体安装组成。将附件2公开的上述内容与权利要求1相比较可知，附件2公开了权利要求1大部分技术特征。二者的区别技术特征在于：权利要求1中明确是一种开启式灭蚊广告灯箱，而附件2中未明确该广告灭蚊灯箱是一种具有可开启功能的结构。

对于上述区别技术特征，合议组认为，在框体的外表面设置格栅片，并使其可开启的设置方式属于本领域的常用技术手段，在附件2中公开的灭蚊灯箱的基础上，为方便该灭蚊灯箱下部框体表面开口部分的开启，本领域普通技术人员很容易想到将附件2与本领域常用技术手段相结合而得到本专利权利要求1的技术方案，其所获得的效果也是可以预期的，因此，本专利权利要求1相对于附件2也不具有实质性特点和进步，不符合专利法第22条第3款有关创造性的规定。

（2）关于权利要求2~4的创造性。

请求人认为“在权利要求2和3中增加吸引风机、隔板、储蚊箱的技术不是一种科学、合理和进步的技术手段，不但不会增加积极效果，反而带来高能耗、高噪音、缩小诱蚊区域、以及增大维护和故障检修成本，因此是没有实际效果的技术手段，属于一种多余技术手段，达不到实用新型定义的进步和积极效果，本专利权利要求2~4不具备专利法第22条第3款的规定”，合议组认为，就本案而言，采用如权利要求2~4中所述的吸引风机、隔板和储蚊箱的具体结构的广告灯箱，在灭杀蚊虫的同时，可以通过设置在隔板上的吸引风机将杀灭的蚊虫吸入可拆卸连接的储蚊箱中，从而方便蚊虫的清除处理，这克服了现有技术中灭杀的蚊虫粘接在电网上或掉落下来，导致蚊虫清除不方便的缺陷，采用上述部件的广告灯箱可能会增加能耗、带有噪声、使维护成本增加，但该广告灯箱在方便蚊虫的清除方面与现有广告灯箱相比具有明显积极的效果，应认为采用本专利上述结构的广告灯箱具有进步性。另外，也没有证据表明本专利的广告灯箱必然会带来请求人所述的各种不良效果，请求人关于本专利存在高能耗、高噪音等缺陷的理由缺乏证据支持，因此本专利权利要求2~4的技术方案因不具有进步性而导致其不符合专利法第22条第3款有关创造性规定的无效宣告理由不成立。

另外，即使与请求人提交的证据进行比较，也不能证明本专利的权利要求2~4不符合专利法第22条第3款的规定，理由如下：

首先，针对权利要求2的附加技术特征，附件1和附件2中并没有公开权利要求2中的附加技术特征“与箱体构架（2）固定连接的隔板（42）和（42’）与设置在上面与其固定连接有至少一组吸引风机（43）及与其可拆卸连接的储蚊箱（44）”，也未给出相关技术启示，同时也没有证据表明上述特征是本领域的公知常识，故权利要求2具有实质性特点。另一方面，采用上述具体结构特征的广告灯箱，在灭杀蚊虫的同时，可以通过设置在隔板上的吸引风机将杀灭的蚊虫吸入可拆卸连接的储蚊箱中，从而方便蚊虫的清除处理，具有有益的效果，故具有进步性。因此，权利要求2相对于附件1或附件2也具备专利法第22条第3款规定的创造性。

其次，权利要求3是引用权利要求1或2的从属权利要求，在权利要求3引用权利要求1时，针对权利要求3的附加技术特征，附件1和附件2中并没有公开权利要求3中的附加技术特征“与箱体构架（2）固定连接的隔板（42）和设置在上面与其固定连接有左、右吸引风机（43）和（43’）及与其可拆卸连接的左、右储蚊箱（44）和（44’）”，同时也没有证据表明上述特征是本领域的公知常识，故权利要求3具有实质性特点。另一方面，采用上述具体结构特征的广告灯箱，在灭杀蚊虫的同时，可以通过设置在隔板上的左、右吸引风机将杀灭的蚊虫吸入可拆卸连接的左、右储蚊箱中，从而方便蚊虫的清除处理，具有有益的效果，故具有进步性。因此，引用权利要求1的权利要求3相对于附件1或附件2具备专利法第22条第3款规定的创造性。在权利要求3引用权利要求2时，在其引用的权利要求2相对于附件1或附件2具备创造性的前提下，引用权利要求2的从属权利要求3相对于附件1或附件2也具备专利法第22条第3款规定的创造性。

最后，权利要求4是引用权利要求3的从属权利要求，在其引用的权利要求3相对于附件1或附件2具备创造性的前提下，从属权利要求4相对于附件1或附件2也具备专利法第22条第3款规定的创造性。

（3）关于权利要求5的创造性。

权利要求5是引用权利要求4的从属权利要求，在其引用的权利要求4相对于附件1或附件2具备创造性的前提下，从属权利要求5相对于附件1或附件2也具备专利法第22条第3款规定的创造性。

（4）关于权利要求6的创造性。

权利要求6引用权利要求1或2，其附加技术特征是“可开启的窗式百叶格栅片（45）与广告灯箱（1）的箱体构架（2）采用流线型或圆弧形或直线形的连体结构”。

①在权利要求6引用权利要求1时，以附件1作为现有技术进行比较，权利要求6的附加技术特征所限定的内容属于本领域的常用技术手段，在附件1中公开的灭蚊蝇灯箱的基础上，为方便灭蚊灯箱中灭蚊框表面开口部分的开启，本领域普通技术人员很容易想到将附件1与本领域上述常用技术手段相结合，这种设置对于本领域技术人员来说是显而易见的，因此，在其引用的权利要求1相对于附件1不具备创造性的前提下，引用权利要求1的权利要求6相对于附件1也不具备专利法第22条第3款规定的创造性。

在权利要求6引用权利要求1时，以附件2作为现有技术进行比较，权利要求6的附加技术特征所限定的内容属于本领域的常用技术手段，在附件2中公开的灭蚊灯箱的基础上，为方便该灭蚊灯箱下部框体表面开口部分的开启，本领域普通技术人员很容易想到将附件2与本领域常用技术手段相结合，这种设置对于本领域技术人员来说是显而易见的，因此，在其引用的权利要求1相对于附件2不具备创造性的前提下，引用权利要求1的权利要求6相对于附件2也不具备专利法第22条第3款规定的创造性。

②在权利要求6引用权利要求2时，在其引用的权利要求2相对于附件1或附件2具备创造性的前提下，引用权利要求2的从属权利要求6相对于附件1或附件2均具备专利法第22条第3款规定的创造性。

综上所述，本专利权利要求1、引用权利要求1的权利要求6相对于附件1或附件2不具备创造性，权利要求2~5、引用权利要求2的权利要求6相对于附件1或附件2具备创造性。

三、决定

宣告200520044836.8号实用新型专利权的权利要求1、引用权利要求1的权利要求6的技术方案无效，在权利要求2~5、引用权利要求2的权利要求6的技术方案的基础上维持专利权有效。

当事人对本决定不服的，可以根据专利法第46条第2款的规定，自收到本决定之日起三个月内向北京市第一中级人民法院起诉。根据该款的规定，一方当事人起诉后，另一方当事人应当作为第三人参加诉讼。

176

糠醛生产废水的处理方法和系统及糠醛生产方法和系统

无效宣告请求审查决定（第12145号）

决　　定　　号　第12145号
决　　定　　日　2008年8月21日
发明创造名称　糠醛生产废水的处理方法和系统及糠醛生产方法和系统
国 际 分 类 号　C02F9/04，C02F1/02
无效宣告请求人　淄博海化化工有限公司
专 利 权 人　济南圣泉集团股份有限公司
专　　利　　号　200610152004.7
优 先 权 日　2006年6月7日
申　　请　　日　2006年9月11日
授 权 公 告 日　2007年12月5日
合 议 组 组 长　苏　青
主　　审　　员　张　霞
参　　审　　员　喻　颖

法 律 依 据　专利法第22条第2款、第3款，专利法实施细则第21条第2款
决 定 要 点

如果要求保护的技术方案与对比文件中公开的技术方案相比，存在区别特征，则二者的技术方案实质上不同。如果一项权利要求同对比文件相比存在区别特征，而该区别特征不能从现有技术中得到启示，同时，所述区别特征使权利要求的技术方案产生了有益的技术效果，则该项权利要求具备创造性。

一、案由

本无效宣告请求涉及国家知识产权局于2007年12月5日授权公告的名称为“糠醛生产废水的处理方法和系统及糠醛生产方法和系统”的200610152004.7号发明专利（下称本专利），其申请日是2006年9月11日，优先权日是2006年6月7日，专利权人是济南圣泉集团股份有限公司。授权公告的权利要求书内容如下：

“1. 一种糠醛生产废水处理方法，所述废水产生过程是：将农作物原料粉碎并混酸后送入水解釜中，进行水解形成醛汽原液，原液再进入蒸馏塔进行蒸馏，蒸馏塔中排出糠醛生产废水，其特征在于：该糠醛生产废水处理方法包括以下步骤：

a. 将所述糠醛生产废水输入废水蒸发系统进行加热成为废水蒸汽；

b. 将所述废水蒸汽输送回所述水解釜中，形成废水的循环利用。

2. 根据权利要求1所述的糠醛生产废水处理方法，其特征在于：还包括将所述糠醛生产废水输入废水蒸发系统之前对废水进行缓冲以调节废水蒸发和废水输入之间平衡的步骤。

3. 根据权利要求1或2所述的糠醛生产废水处理方法，其特征在于：还包括在所述蒸馏塔排出糠醛生产废水后首先对其进行沉淀的步骤。

4. 根据权利要求1所述的糠醛生产废水处理方法，其特征在于：该方法还包括在废水蒸发系统中产生废水蒸汽残渣并将其排出的步骤。

5. 根据权利要求4所述的糠醛生产废水处理方法，其特征在于：在步骤a之前还包括于糠醛生产废水中加入碱性化合物进行中和的步骤，并且所述废水蒸汽残渣含有醋酸盐溶液。

6. 根据权利要求5所述的糠醛生产废水处理方法，其特征在于：所述碱性化合物包括NaOH、$Ca(OH)_2$和Na_2CO_3。

7. 根据权利要求4所述的糠醛生产废水处理方法，其特征在于：步骤a中的加热是利用水蒸汽、电、煤、燃油、燃气、植物秸秆或所述的废水蒸汽残渣进行的。

8. 根据权利要求1或6所述的糠醛生产废水处理方法，其特征在于：步骤a中的加热是利用水蒸汽进行，该加热用水蒸汽经过与所述糠醛生产废水换热后，再进行汽液分离，分离后的水蒸汽输出供蒸汽用户使用，分离出的凝结水经减压膨胀产生的低压蒸汽供蒸汽用户使用，经减压膨胀产生的过热凝结水用软水泵直接送入锅炉内，从而实现软水的循环使用。

9. 根据权利要求4所述的糠醛生产废水处理方法，其特征在于：所述废水蒸汽的压力高于所述水解釜中的反应压力，二者压力差在0.01~1Mpa之间。

10. 根据权利要求8所述的糠醛生产废水处理方法，其特征在于：所述蒸汽的压力高于所述废水蒸汽的压力，二者压力差在0.01~1Mpa之间。

11. 一种实现如权利要求1所述方法的糠醛生产废水处理系统，对糠醛生产系统进行废水处理，所述糠醛生产系统至少包括一个对粉碎并混酸后的农作物原料进行处理的水解釜，以及一个与水解釜相连接的蒸馏塔，所述蒸馏塔排出糠醛生产废水，其特征在于：该废水处理系统包括至少一个废水蒸发系统，对所述蒸馏塔排出糠醛生产废水进行加热并产生废水蒸汽，所述废水蒸发系统经废水蒸汽管道与所述水解釜连接。

12. 根据权利要求11所述的糠醛生产废水处理系统，其特征在于：该糠醛生产废水处理系统至少包括一个与废水蒸发系统相连的废水缓冲罐，糠醛生产废水经上述废水缓冲罐进入所述废水蒸发系统，废水缓冲罐上设有调节废水蒸发系统产生的废水蒸汽与输入的废水之间平衡的装置。

13. 根据权利要求11或12所述的糠醛生产废水处理系统，其特征在于：所述的废水蒸发系统至少包括一个废水蒸发器，其连接有一个加热源。

14. 根据权利要求12所述的糠醛生产废水处理系统，其特征在于：所述的废水蒸发系统至少包括一个废水蒸发器，所述废水缓冲罐与废水蒸发器相连通。

15. 根据权利要求11或12所述的糠醛生产废水处理系统，其特征在于：所述的蒸馏塔之后首先连接至少一个废水沉淀池。

16. 根据权利要求11或12所述的糠醛生产废水处理系统，其特征在于：所述的废水蒸发系统设有废水蒸汽残渣排放出口。

17. 根据权利要求14所述的糠醛生产废水处理系统，其特征在于：所述加热源包括一个蒸汽加热系统，该蒸气加热系统包括：

一个锅炉，与所述废水蒸发器相连接，用于产生加热用蒸汽并通入所述废水蒸发器，所述糠醛生产废水和所述加热用蒸汽在所述废水蒸发器中分别走不同的管道，通过热交换对所述糠醛生产废水进行加热；

一个汽水分离器，与所述废水蒸发器相连接，所述加热用蒸汽在所述废水蒸发器内完成热交换后送入所述汽水分离器进行汽液分离，分离产生水蒸气和凝结水；

一个蒸汽缓冲罐，与所述汽水分离器相连接，所述汽水分离器中产生的水蒸汽进入所述蒸汽缓冲罐，缓冲并供给蒸汽用户；

一个蒸汽膨胀槽，与所述汽水分离器和蒸汽缓冲罐相连接，所述汽水分离器产生的凝结水以及所述蒸汽缓冲罐产生的凝结水进入所述蒸汽膨胀槽进行减压膨胀，产生低压蒸汽供给蒸汽用户，还产生凝结水直接送入所述锅炉内实现软水的循环使用。

18. 根据权利要求 16 所述的糠醛生产废水处理系统，其特征在于：所述加热源为以下的一种或组合：电、煤、燃油、燃气或植物秸秆及其残渣加热源。

19. 一种糠醛生产方法，将农作物原料粉碎后加入稀硫酸送入水解釜中，水解形成醛汽原液，原液再进入蒸馏塔进行蒸馏，塔顶蒸出糠醛和水的共沸物，经冷凝后形成毛醛，毛醛进入精制系统进行精制得产品糠醛，蒸馏塔的塔底排出糠醛生产废水，其特征在于：所述糠醛生产方法采用如权利要求 1~10 之一所述的糠醛生产废水处理方法。

20. 根据权利要求 19 所述的糠醛生产方法，其特征在于：所述糠醛生产废水经过加热产生废水蒸汽后形成的废水蒸汽残渣，通过以下三种方式之一进行无害化处理：

（1）直接作为锅炉燃料使用；

（2）作为浓缩液的形式用于糠醛生产的水解配酸；

（3）步骤 a 前在糠醛生产废水中加入碱性化合物进行中和，产出醋酸盐溶液的蒸汽残渣。

21. 一种糠醛生产系统，至少包括一个对粉碎并混酸后的农作物原料进行处理的水解釜、一个与水解釜相连接的蒸馏塔以及与一个蒸馏塔连接的精制系统，所述蒸馏塔的塔底排出糠醛生产废水，其特征在于：该系统还包括权利要求 11~18 之一所述的糠醛生产废水处理系统。”

针对本专利的专利权，淄博海化化工有限公司（下称请求人）于 2008 年 3 月 20 日向专利复审委员会提出了无效宣告请求，理由是本专利不符合专利法第 22 条第 2、3 款的规定，并提交了如下 3 份附件作为证据：

附件 1：专利号为 200520028947. X 的中国实用新型专利说明书，其申请日为 2005 年 7 月 19 日，授权公告日为 2006 年 8 月 23 日，其专利权人为长春市合心锅炉制造有限公司；

附件 2：申请号为 200610044393. 1 的中国发明专利申请公开说明书，其申请日为 2006 年 6 月 7 日，公开日为 2006 年 12 月 6 日，其申请人为济南圣泉集团股份有限公司；

附件 3：《中国五矿化工进出口商会糠醛分会生产及出口协调会议文件汇编》的封面页、目录页、第 47~58 页、第 89 页复印件共 15 页，其封面标注有“二〇〇六七月二十五——二十六日烟台”字样。

请求人认为：本专利权利要求 1 相对于附件 1 不具备新颖性或创造性，附件 2、3 几乎已公开了权利要求 1 的全部技术特征；权利要求 2~10 的附加技术特征是所属技术领域的公知常识，因此，在权利要求 1 不具备新颖性或创造性的前提下，权利要求 2~10 也不具备新颖性或创造性；权利要求 11 的前序部分为所属技术领域的公知常识，特征部分既是附件 1 的等同替换，也是例如附件 2、3 所公开的公知技术，因而在权利要求 1 不具备新颖性或创造性的前提下，权利要求 11 也不具备新颖性或创造性；权利要求 12~18 的附加技术特征是所属技术领域的公知常识，因此，在权利要求 11 不具备新颖性或创造性的前提下，权利要求 12~18 也不具备新颖性或创造性；在权利要求 1~10 不具备新颖性或创造性的前提下，权利要求19也不具备新颖性或创造性；权利要求20的附加技术特征是例如附件2、3所公开的公知常识，因此不具备新颖性或创造性；权利要求21的前序部分是如附件2、3所公开的常规技术，特征部分引用了权利要求11~18，在权利要求11~18不具备新颖性或创造性的前提下，权利要求21也不具备新颖性或创造性。

经形式审查合格，专利复审委员会受理了该无效宣告请求，于2008年3月20日向双方当事人发出了无效宣告请求受理通知书，并将无效宣告请求书及其附件副本转给了专利权人。

请求人又于2008年4月16日提交了意见陈述书及其附件，追加了无效宣告请求理由和证据，请求人补充的作为证据的附件如下：

附件4：申请号为200410097270.5的中国发明专利申请公开说明书，其公开日为2006年5月31日；

附件5：专利号为200410011386.2的中国发明专利说明书，其申请日为2004年12月24日，授权公告日为2006年11月1日，其专利权人为长春市佳辰环保设备有限公司；

附件6：申请号为200610075179.2的中国发明专利申请公布说明书，其申请日为2006年4月26日，公开日为2007年10月31日，其申请人为李安民。

请求人认为：本专利权利要求1的前序部分是公知的现有技术，其与附件1的区别属于惯用手段的直接置换，因此权利要求1不具备新颖性，在权利要求1不具备新颖性的前提下，引用权利要求1的从属权利要求2~10也不具备新颖性；同理，权利要求11~21也不具备新颖性；权利要求1的前序部分是公知的现有技术，权利要求1相对于附件1结合附件3-6不具备创造性；权利要求2~10是所属技术领域的现有技术或公知常识，因此也不具备创造性；同理，权利要求11~21也不具备创造性；本专利相对于附件1不符合专利法第9条和实施细则第13条第1款的规定；本专利企图垄断糠醛生产和糠醛废水设备的推广，损害了公众利益，不符合专利法第5条的规定；权利要求1的特征为现有技术，现有技术不能成为申请专利的必要技术特征，因此，权利要求1缺乏必要技术特征，不符合专利法实施细则第21条第2款的规定，同理引用权利要求1的权利要求11、19、21也不符合专利法实施细则第21条第2款的规定；由于权利要求1的技术方案相对于附件1成为现有技术，因此本专利的独立权利要求不是新的技术方案，不符合专利法实施细则第2条的规定。

请求人又于2008年4月18日提交了意见陈述书及其附件，追加了无效宣告请求理由和证据，请求人补充的作为证据的附件如下：

附件7：专利号为99231915.3的中国实用新型专利说明书，其授权公告日为2000年5月31日。

请求人认为，本专利权利要求1的前序部分是公知的现有技术，所属技术领域的技术人员可以将附件7公开的技术特征转用于糠醛废液的处理中得出本专利权利要求1的技术方案，因此权利要求1不具备创造性；权利要求1相对于附件1与附件3~7的结合不具备创造性；权利要求2~10是所属技术领域的现有技术或公知常识，因而在权利要求1不具备创造性的前提下，权利要求2~10也不具备创造性；同理，权利要求11~21也不具备创造性。

2008年4月21日专利权人针对无效宣告请求书提交意见陈述，认为附件1~3未公开本专利权利要求的全部技术特征，因此本专利权利要求1~21具备新颖性和创造性。

专利复审委员会依法成立合议组对本案进行审理，合议组于2008年5月21日向双方当事人发出了口头审理通知书，定于2008年7月15日在专利复审委员会举行口头审理，并随通知书将请求人于2008年4月16日和2008年4月18日提交的意见陈述书以及补充证据副本转给了专利权人，将专利权人于2008年4月21日提交的意见陈述书转给了请求人。

口头审理如期举行，双方均参加了口头审理。在口头审理过程中，双方当事人对对方当事人的身份无异议，对合议组成员无回避请求。请求人放弃本专利不符合专利法第5条、第9条以及专利法实施细则第13条第1款、第2条的无效理由。保留本专利不符合专利法第22条第2款、第3款，以及专利法实施细则第21条第2款的理由。请求人放弃附件2、3、4、6作为证据使用，增加作为公知常识技术的手册的证据（附件8：《化工产品手册有机化工原料》（下册）封面页、版权页、目录页及第520-521页复印件共5页，1985年6月北京第1版，1985年6月北京第1次印刷）。合议组当庭将附件8转给了专利权人。专利权人对附件1、5、7、8的真实性无异议。请求人确认无效理由以及证据组合方式为：本发明的目的是提供一种近乎零污染的糠醛生产废水处理方法或处理系统，权利要求1、11中没有记载对蒸汽残渣的处理，因而权利要求1、11不符合专利法实施细则第21条第2款的规定；权利要求11相对于附件1不符合专利法第22条第2款的规定。以附件7作为最接近的现有技术，附件7结合附件8评价权利要求1的创造性；以附件5作为最接近的现有技术，附件5结合附件7评价权利要求1的创造性；从属权利要求2、3、7、9、10的附加技术特征为公知常识；权利要求4的附加技术特征被附件7公开；权利要求5、6的附加技术特征被附件5公开；权利要求8的附加技术特征被附件5以及公知常识公开；以附件1作为最接近的现有技术，附件1结合附件5以及附件1结合附件8分别评价权利要求11的创造性；权利要求12、14、18的附加技术特征为公知常识；权利要求13、15的附加技术特征被附件1公开；权利要求16的附加技术特征被附件5公开；权利要求17的附加技术特征被附件1以及公知常识公开；以附件5作为最接近的现有技术，附件5结合附件7评价权利要求19的创造性；权利要求20的附加技术特征被附件7、公知常识以及附件5公开；以附件1作为最接近的现有技术，附件1结合附件8以及附件1结合附件5分别评价权利要求21的创造性。请求人明确放弃提出无效宣告请求时、2008年4月16日以及2008年4月18日意见陈述书中的证据组合方式，所有的无效理由和证据组合方式以本次口头审理为准。请求人认为本专利权利要求11~21都不能享有优先权，因为本专利要求享有200610044393.1号专利申请的优先权，该优先权文件公开了一种糠醛生产废水的处理方法，没有涉及权利要求11~21所述的处理系统方面的内容。

在上述工作的基础上，合议组认为本案事实已经清楚，依法作出本审查决定。

二、决定的理由

1. 关于本专利权利要求11~21是否享有优先权

请求人在口审过程中提出由于本专利的优先权文件中未公开糠醛生产废水处理系统方面的内容，因而本专利权利要求11~21不享有优先权。

经核实，在先申请号为200610044393.1的申请文件说明书第4页倒数第4段至第5页第3段已经记载了废水蒸发系统的组成，说明书第1页背景技术部分第一段、第6页至第7页实施例1~4中已经记载了糠醛生产系统的组成，而本专利权利要求11~21中的糠醛生产废水处理系统正是由废水蒸发系统和糠醛生产系统组成，即在先申请中已记载了糠醛生产废水处理系统方面的内容，因此，本专利权利要求11~21应当享有200610044393.1号专利申请的优先权。

2. 关于证据

附件1、5均是中国专利文献，专利权人对其真实性无异议，二者均为他人向中国专利局提出的申请文件，其申请日均在本专利申请日之前，公开日均在本专利申请日之后，因此，附件1、5仅可以用作评价本专利新颖性的对比文件，不能作为现有技术评价本专利的创造性。

附件7是中国实用新型专利说明书，专利权人对其真实性无异议，其公开日在本专利申请日之前，因此该附件可以用作评价本专利创造性的现有技术。

附件8是技术手册，专利权人对其真实性无异议，其第1次印刷日为1985年6月，因此其公开日推定为1985年6月30日，由于其公开日在本专利申请日之前，因此该附件可以用作评价本专利创造性的现有技术。

3. 关于证据组合方式

审查指南第四部分第三章第3.3节第（5）点规定："请求人应当具体说明无效宣告理由，提交有证据的，应当结合提交的所有证据具体说明。例如，请求人针对专利法第22条第3款的无效宣告理由提交多篇对比文件的，应当指明与请求宣告无效的专利最接近的对比文件，并且应当指明是单独对比还是结合对比的对比方式。如果是结合对比，存在两种或者两种以上结合方式的，应当指明具体结合方式。对于不同的独立权利要求，可以分别指明最接近的对比文件。请求人未具体说明无效宣告理由的，或者提交有证据但未结合提交的所有证据具体说明无效宣告理由的，或者未指明每项理由所依据的证据的，其无效宣告请求不予受理。"

请求人在口审过程中增加了以下证据组合方式：以附件5作为最接近的现有技术，附件5结合附件7评价权利要求1的创造性；从属权利要求2、3、7、9、10的附加技术特征为公知常识；权利要求4的附加技术特征被附件7公开；权利要求5、6的附加技术特征被附件5公开；权利要求8的附加技术特征被附件5以及公知常识公开；以附件5作为最接近的现有技术，附件5结合附件7评价权利要求19的创造性；权利要求20的附加技术特征被附件7、公知常识以及附件5公开；权利要求5、6相对于附件7、附件8与附件5的结合不具备创造性；权利要求8相对于附件7、附件8、附件5与公知常识的结合不具备创造性。

上述证据组合方式的提出超出了提出无效宣告请求之日起一个月的举证期限，属于逾期增加理由，因而合议组不予考虑。

并且，由于附件1、5仅可以用作评价本专利新颖性的对比文件，因而请求人以附件1、5作为现有技术评价本专利权利要求创造性的证据组合方式合议组也不予考虑。

综上所述，请求人提出的可以评价本专利权利要求的新颖性或创造性的证据组合方式是：权利要求11相对于附件1不符合专利法第22条第2款的规定。以附件7作为最接近的现有技术，附件7结合附件8评价权利要求1的创造性；从属权利要求2、3、7、9、10的附加技术特征为公知常识；权利要求4的附加技术特征被附件7公开。

4. 关于专利法实施细则第21条第2款

专利法实施细则第21条第2款规定：独立权利要求应当从整体上反映发明或者实用新型的技术方案，记载解决技术问题的必要技术特征。

必要技术特征是指，发明或者实用新型为解决其技术问题所不可缺少的技术特征，其总和足以构成发明或者实用新型的技术方案，使之区别于背景技术中所述的其他技术方案。判断某一技术特征是否为必要技术特征，应当从所要解决的技术问题出发并考虑说明书描述的整体内容，不应简单地将实施例中的技术特征直接认定为必要技术特征。

根据本专利说明书第1~2页背景技术所述，现有技术中对糠醛废水一般采用生物接触氧化法或蒸发浓缩后作为配酸使用的处理方法，上述方法在氧化和蒸发浓缩过程中会产生二次污染，因而本专利所要解决的技术问题在于现有技术的糠醛生产废水排放中存在严重污染，对环境造成极大破坏，根据本专利说明书第5页倒数第3段至第6页第3段、第7页第2~4段、第10页第4~5段以及实施例1~6的记载，本专利在现有糠醛生产系统的基础上增加了废水处理系统，将蒸馏塔中排出的糠醛生产废水利用热源进行加热，将糠醛生产废水转变为废水蒸汽和蒸汽残渣，废水蒸汽输送回水解釜中继续参与糠醛制备，形成废水的循环利用，糠醛生产废水经过加热蒸发处理、产生蒸汽循环利用就已经克服了糠醛生产废水在处理过程中产生二次污染而污染环境的技术问题，并且，蒸馏塔中的糠醛生产废水直接输入废水蒸发系统，废水经过处理再次利用，不产生二次污染，也不再以污水的形式进行排放，也就实现了本专利说明书第2页所提到的对环境近乎零污染的发明目的，本专利权利要求1、11中已记载了对糠醛生产废水进行加热成为废水蒸汽、废水蒸汽回到水解釜中循环利用的步骤或系统，即本专利权利要求1、11已记载了解决其技术问题的必要技术特征，因此，本专利权利要求1、11符合专利法实施细则第21条第2款的规定。

对于请求人提出的本专利权利要求1、11中没有记载对蒸汽残渣的处理因而不能实现本专利所提出的提供一个近乎零污染的糠醛生产废水处理方法或系统的目的的意见，合议组认为：本专利所要解决的技术问题是糠醛生产废水在处理过程中产生二次污染而污染环境的问题，本专利的发明目的是基于这一要解决的技术问题而提出的，发明目的中所提出的近乎零污染应认为是相对于目前糠醛废水处理后的污水达标困难以及易造成二次污染的难题（参见本专利说明书第5页倒数第3段）而言实现糠醛废水零排放所得到的近乎零污染。

综上所述，请求人提出的上述无效宣告请求理由不成立。

5. 关于新颖性

专利法第22条第2款规定：新颖性，是指在申请日以前没有同样的发明或者实用新型在国内外出版物上公开发表过、在国内公开使用过或者以其他方式为公众所知，也没有同样的发明或者实用新型由他人向国务院专利行政部门提出过申请并且记载在申请日以后公布的专利申请文件中。

附件1公开了一种糠醛生产塔下污水循环利用装置，其具体公开了以下技术特征（参见附件1权利要求1、说明书第2页第3段）：该装置由过热蒸汽锅炉、换热器（相当于权利要求11中的废水蒸发系统）、冷凝水箱、塔下污水池、水泵、锅炉蒸汽、水循环管道、反应用蒸汽、水循环管道组成，其中的换热器选为带蒸发空间的罐体包围热交换管的结构形式；以上构件的连接关系是：锅炉蒸汽出口和换热器罐体上的蒸汽进口连接蒸汽管道，换热器上的冷凝水出口和水箱进水口之间接冷凝水管道，水箱出水口和锅炉加水口之间接输水管道，输水管道中接水泵，换热器的热交换管出口连接通入反应塔（相当于权利要求11中的糠醛生产系统）的管道，塔下污水池出水口和热交换管进口之间接污水输送管道，污水管道上接水泵。热交换管内的污水经热交换气化，经管路送往反应塔，在反应过程中冷凝后，经塔下污水回流管道进入塔下污水池，再经污水池和热交换管之间的输送管道泵入热交换管，形成循环。

将本专利权利要求11与附件1进行比较，可知，二者存在以下区别：（1）糠醛生产系统不同：权利要求11中包括糠醛生产系统，所述糠醛生产系统至少包括一个对粉碎并混酸后的农作物原料进行处理的水解釜，以及一个与水解釜相连接的蒸馏塔，所述蒸馏塔排出糠醛生产废水，附件1采用反应塔生产糠醛；（2）废水处理系统与糠醛生产系统的连接关系不同：权利要求11的废水处理系统包括至少一个废水蒸发系统，对蒸馏塔排出糠醛生产废水进行加热并产生废水蒸汽，所述废水蒸发系统经废水蒸汽管道与水解釜连接，附件1中的污水通过与热交换管中的过热蒸汽进行热交换气化，经管路送往反应塔，形成循环。

因此，权利要求11要求保护的技术方案与附件1公开的技术方案相比存在区别特征，二者的技术方案实质上不同，故而权利要求11相对于附件1具备新颖性，符合专利法第22条第2款的规定。

6. 关于创造性

专利法第22条第3款规定：创造性，是指同申请日以前已有的技术相比，该发明有突出的实质性特点和显著的进步，该实用新型有实质性特点和进步。

附件7公开了一种造纸废液处理锅炉，其具体公开了下述技术特征（参见附件7说明书第1页倒数第3~2行及第3页倒数第5行至2行）：造纸工艺中的废液-浓黑液，经高温分离，蒸汽返回用汽车间使用后通过水池排放。

将本专利权利要求1与附件7进行对比，可知，二者存在下述区别特征：(1) 权利要求1要求保护一种糠醛生产废水处理方法，其包括废水产生过程，附件7公开了一种造纸废液处理方法，未涉及糠醛废水产生过程；(2) 权利要求1将废水蒸汽输送回水解釜中，形成废水的循环利用，附件7将废液返回用汽车间使用后通过水池排放。由此可见，本专利权利要求1实际所要解决的技术问题在于将高温分离方法应用于糠醛生产废水的处理中及将产生的糠醛蒸汽输送回生产系统中循环利用。

附件8公开了一种糠醛生产工艺路线，其具体公开了以下技术特征（参见附件8第521页生产工艺路线部分）：植物纤维（如玉米芯、棉子壳、油茶壳等）经过粉碎与4%～5%的稀硫酸混合，经过水解、冷凝、蒸馏，与饱和纯碱液中和，再经真空蒸馏形成成品精糠醛。可见，附件8公开了糠醛生产过程，糠醛生产过程中会产生废水，因而糠醛生产过程也即糠醛废水产生过程，附件8公开了区别特征（1）。

虽然附件8已公开了区别特征（1），但是，附件7与附件8均未公开本专利权利要求1的区别特征（2），附件7、8中也不存在得到区别特征（2）的技术启示，且上述区别特征可以产生将产生的糠醛蒸汽输送回生产系统中循环利用的技术效果，即所述区别特征使权利要求1的技术方案产生了有益的技术效果，因此，本专利权利要求1具备突出的实质性特点和显著的进步，具备专利法第22条第3款规定的创造性。

由于本专利权利要求1具备创造性，因此，引用权利要求1的权利要求4也具备专利法第22条第3款规定的创造性。

从属权利要求2、3、7、9、10直接或间接引用权利要求1，请求人引入公知常识仅用于评价上述权利要求的附加技术特征，不涉及权利要求1中特征的评述，因此，在权利要求1具备创造性的前提下，从属权利要求2、3、7、9、10也具备专利法第22条第3款规定的创造性。

综上所述，请求人所提出的无效宣告请求理由均不成立。

三、决定

维持200610152004.7号发明专利权有效。

当事人对本决定不服的，可以根据专利法第46条第2款的规定，自收到本决定之日起三个月内向北京市第一中级人民法院起诉。根据该款的规定，一方当事人起诉后，另一方当事人应当作为第三人参加诉讼。

177

挡土块

无效宣告请求审查决定（第12159号）

决　定　号　第12159号
决　定　日　2008年8月8日
发明创造名称　挡土块
国际分类号　E02D 29/02
无效宣告请求人　盐城舒布洛克景观建材有限公司
专　利　权　人　南京优凝舒布洛克建材有限公司
专　利　号　200410014654.6
申　请　日　2004年4月14日
授权公告日　2007年1月3日
合议组组长　刘敏飞
主　审　员　樊延霞
参　审　员　郭建强

法律依据　专利法第22条第2款、第3款
决定要点

在评述创造性时，对于区别技术特征，尤其是对现有技术做出贡献的区别技术特征，不能简单地认定为公知常识。

在确定发明实际解决的技术问题时，发明的任何技术效果都可以作为重新确定技术问题的基础，只要本领域的技术人员从该专利说明书中所记载的内容能够得知该技术效果即可。其中包括某（些）技术特征在原始申请文件中已清楚地记载，而其有益效果没有被清楚地提及，但所属技术领域的技术人员可以直接地、毫无疑义地从原始申请文件中推断出这种效果，该效果可以作为重新确定技术问题的基础。

一、案由

本无效宣告请求涉及中华人民共和国国家知识产权局于2007年1月3日授权公告的、名称为“挡土块”的发明专利权（下称本专利），其专利号是200410014654.6，申请日是2004年4月14日，专利权人是南京优凝舒布洛克建材有限公司（专利权人由程卫国变更为南京优凝舒布洛克建材有限公司）。本专利授权公告的权利要求书如下：

“1. 一种挡土块，包括块体和块体表面，其特征在于，所述块体表面的前端部或后端部设有凸出其上的凸缘，块体两侧均设置有向内凹进的通槽。

2. 根据权利要求1所述的挡土块，其特征在于，所述凸缘的长度与其所在的端部的长度相同，或所述凸缘沿其所在的端部长度方向分段设置。

3. 根据权利要求2所述的挡土块，其特征在于，所述块体中部开有一个中孔。

4. 根据权利要求3所述的挡土块，其特征在于，所述块体中孔侧各开有一个侧孔。

5. 根据权利要求4所述的挡土块，其特征在于，所述块体中孔与两侧孔之间还各开有两个沿块体前后方向排列的小孔，前、后小孔之间的垂直距离和凸缘的宽度相同。

6. 根据权利要求5所述的挡土块，其特征在于，所述块体中孔和两侧孔呈品字形排列。

7. 一种权利要求5所述的挡土块的使用方法，其特征在于，若干在同一端设有凸缘的挡土块的块体表面朝向同一方向，各挡土块层叠放置；在两个相邻的挡土块之间，上方挡土块错开凸缘的部位，其下表面与下方挡土块的上表面重叠，且相邻的上下挡土块的前、后小孔错位重叠。

8. 根据权利要求7所述的使用方法，其特征在于，在所述相邻的上、下挡土块上重叠的小孔中插装棒体。

9. 根据权利要求7所述的使用方法，其特征在于，在所述中孔和侧孔中加入碎石。

10. 根据权利要求8或9所述的使用方法，其特征在于，在层叠的挡土块后的土体中沿高度方向间隔铺设若干拉接网片，每个拉接网片与挡土块相接一端分别压固在上下相邻两挡土块之间。”

针对本专利权，盐城舒布洛克景观建材有限公司（下称请求人）于2007年12月5日向专利复审委员会提出无效宣告请求，认为本专利权利要求1~10不符合专利法第22条第2、3款的规定，请求人同时提交了如下附件：

附件1：授权公告日为2000年9月13日、授权公告号为CN2396100Y（专利号为ZL99248948.2）的中国实用新型专利说明书，共15页；

附件2：公告日为2003年9月9日的美国第US6615561B2号专利文献，共21页。

请求人认为：权利要求1的全部技术特征被附件1所公开，不具备新颖性和创造性；权利要求2中涉及“长度相同”的技术方案被附件1公开，涉及“分段设置”的技术方案为本领域技术人员惯用的技术手段，因此不具备新颖性和创造性；权利要求3的附加技术特征被附件1所公开，不具备新颖性和创造性；权利要求4的附加技术特征被附件1或附件2公开，不具备新颖性和创造性；权利要求5的附加技术特征被附件1和公知常识所公开，不具备创造性；权利要求6的附加技术特征被附件1或附件2所公开，不具备创造性；权利要求7、8、10的附加技术特征被附件1所公开，不具有新颖性和创造性；权利要求9的附加技术特征为本领域的常规做法，或被附件2所公开，不具有创造性。并且，请求人在该意见陈述书第2页第15~17行中指出，附件2说明书第9栏倒数第12、11行的译文为：水泥浆291将洞（空穴）213充填满，以固定住钢筋290。

经形式审查合格，专利复审委员会依法受理了上述无效宣告请求，并于2007年12月5日向请求人和专利权人发出无效宣告请求受理通知书，同时将专利权无效宣告请求书及其附件清单中所列附件的副本转送给专利权人，并要求专利权人在指定的期限内陈述意见。

专利复审委员会依法成立合议组对本无效宣告请求进行审查。

本案合议组于2008年4月10日向双方发出无效宣告请求口头审理通知书，定于2008年7月2日在专利复审委员会举行口头审理。

针对专利复审委员会发出的无效宣告请求受理通知书，专利权人于2008年6月6日提交了意见陈述书以及权利要求书第1~2页，包括权利要求1~26。专利权人针对授权公告的权利要求书提出下述意见：

附件1未公开权利要求1中包括特征“块体表面的前端部设有凸出其上的凸缘”的技术方案，并且该方案使拉接网片无须跨越凸缘，从而使其受力状态得到改善；附件1未公开权利要求2中包括特征“凸缘沿其所在的端部长度方向分段设置”的技术方案，并且该方案有助于挡土墙的排水；权利要求4的侧孔与凸缘相结合解决构筑曲线挡土墙时凸缘被压溃的问题，其是通过在构筑挡土墙时上下两层挡土块上的侧孔部分重叠，并向侧孔中插入橡胶棒、填入碎石实现的，而附件1的扩展槽不仅结构与本专利不同，并且也不能解决上述问题，附件2中的侧孔是为了与插销孔相配合，因此权利要求4中包括特征“块体表面的前端部设有凸出其上的凸缘”或“凸缘沿其所在的端部长度方向分段设置”的技术方案与附件1、2相比具备新颖性和创造性，权利要求5~10也具备新颖性和创造性。

口头审理如期举行，双方当事人均参加了口头审理。

在口头审理中，（1）合议组当庭将专利权人于2008年6月6日提交的意见陈述书及权利要求第1~2页转给请求人，请求人当庭签收。专利权人当庭明确该意见陈述书中的权利要求书第1~2页，只是为了清楚地陈述意见，不是权利要求书的修改文本。请求人对此无异议。合议组当庭宣布本次口头审理所针对的文本是本专利授权公告的权利要求书。（2）请求人明确其无效理由、范围、证据及证据使用情况为：权利要求1中涉及“前端部”的技术方案相对于附件1不具备创造性，权利要求1中涉及“后端部”的技术方案相对于附件1不具备新颖性；权利要求2中涉及“长度相同”的技术方案被附件1公开，权利要求2中涉及“分段设置”的技术方案是常规选择，不具备创造性；权利要求3的附加技术特征被附件1公开，不具备新颖性和创造性；权利要求4的附加技术特征被附件1或附件1和2的结合公开，不具备创造性；权利要求5的附加技术特征被附件1公开，不具备创造性；权利要求6的附加技术特征被附件1或附件1和2的结合公开，不具备创造性；权利要求7的技术特征“若干在同一端设有凸缘的挡土块的块体表面朝向同一方向，各挡土块层叠放置；在两个相邻的挡土块之间，上方挡土块错开凸缘的部位，其下表面与下方挡土块的上表面重叠，且相邻的上下挡土块的前、后小孔错位重叠”及权利要求8、10的附加技术特征被附件1公开，不具备创造性；权利要求9的附加技术特征被附件1或附件1和2的结合公开，不具备创造性。附件2的译文只使用意见陈述书第2页第15~17行中所涉及的部分。放弃权利要求4、7、8、10不具备新颖性的无效理由。（3）专利权人对附件1、2的真实性没有异议，对附件2译文的准确性无异议。在此基础上，合议组对本案进行了审理，充分听取双方当事人的意见。

至此，合议组认为本案事实已经清楚，可以作出审查决定。

二、决定的理由

1. 关于审查文本

审查指南第四部分第三章第4.6节在“无效宣告程序中专利文件的修改”中对修改原则、修改方式和修改方式的限制进行了规定。其中在修改原则中规定发明或者实用新型专利文件的修改仅限于权利要求书，其原则是：（1）不得改变原权利要求的主题名称。（2）与授权的权利要求相比，不得扩大原专利的保护范围。（3）不得超出原说明书和权利要求书记载的范围。（4）一般不得增加未包含在授权的权利要求书中的技术特征。

专利权人于2008年6月6日提交了权利要求书第1~2页，包括权利要求1~26。合议组经审查后认为：其中的独立权利要求23要求保护一种挡土块的使用方法，其与授权公告的要求保护一种挡土块的使用方法的独立权利要求7相比，将独立权利要求7由原包含授权公告的权利要求5的技术特征改为包含授权公告的权利要求4的技术特征，而不再包含授权公告的权利要求5的技术特征，即删除了授权公告的权利要求7中的特征“所述块体中孔与两侧孔之间还各开有两个沿块体前后方向排列的小孔，前、后小孔之间的垂直距离和凸缘的宽度相同”，从而扩大了原专利的保护范围，因此专利权人提交的上述权利要求书的修改不符合审查指南的上述规定，不能被接受。并且专利权人在口头审理当庭明确表示，上述提交的权利要求书第1~2页仅是为了清楚地陈述意见，不是权利要求的修改文本。所以本决定以本专利授权公告的权利要求书为基础。

2. 关于证据和现有技术

请求人提交的证据包括附件1~2，专利权人对附件1~2的真实性没有异议，合议组经审查认可其真实性。同时由于附件1~2为公开出版物，且其公开日期在本专利的申请日前，因此可以作为本专利的现有技术使用。并且，请求人明确附件2的中文译文只使用意见陈述书第2页第15~17行中所涉及的部分，专利权人对上述附件2中文译文的准确性无异议，因此附件2公开的内容以请求人在意见陈述中所提及的中文译文为准。

3. 权利要求1的新颖性和创造性

专利法第22条第2款规定，新颖性，是指在申请日以前没有同样的发明或者实用新型在国内外出版物上公开发表过、在国内公开使用过或者以其他方式为公众所知，也没有同样的发明或者实用新型由他人向国务院专利行政部门提出过申请并且记载在申请日以后公布的专利申请文件中。

专利法第22条第3款规定，创造性，是指同申请日以前已有的技术相比，该发明有突出的实质性特点和显著的进步，该实用新型有实质性特点和进步。

在评述创造性时，对于区别技术特征，尤其是对现有技术做出贡献的区别技术特征，不能简单地认定为公知常识。

同时，在确定发明实际解决的技术问题时，发明的任何技术效果都可以作为重新确定技术问题的基础，只要本领域的技术人员从该专利说明书中所记载的内容能够得知该技术效果即可。其中包括某（些）技术特征在原始申请文件中已清楚地记载，而其有益效果没有被清楚地提及，但所属技术领域的技术人员可以直接地、毫无疑义地从原始申请文件中推断出这种效果，该效果可以作为重新确定技术问题的基础。

本专利的权利要求1包括两个并列的技术方案：

第一个技术方案（下称技术方案1.1）：一种挡土块，包括块体和块体表面，其特征在于，所述块体表面的前端部设有凸出其上的凸缘，块体两侧均设置有向内凹进的通槽。

第二个技术方案（下称技术方案1.2）：一种挡土块，包括块体和块体表面，其特征在于，所述块体表面的后端部设有凸出其上的凸缘，块体两侧均设置有向内凹进的通槽。

请求人认为，附件1说明书第1、2页及附图10、11公开了本专利权利要求1的技术方案1.2的全部技术特征，因此不具备新颖性。对于技术方案1.1，本领域技术人员可以根据附件1进行简单的变化而得到，因此不具备创造性，同时本专利说明书中没有记载凸缘设置在前端部所带来的技术效果。

专利权人认为，附件1没有公开技术方案1.1，把凸缘设置在块体前端部可以提高挡土墙的稳定性，同时拉接网片不易被破坏从而使挡土墙与土体形成整体。

双方当事人均认为，权利要求1中的“前端”是指挡土块远离土体并且较宽的一端，“后端”是指挡土块靠近土体并且较窄的一端。

合议组经审查后认为，附件1公开了一种节块式挡土墙，并具体公开了以下内容（参见说明书第1、2页及附图10、11，下称实施例1）：具有块体60和块体表面，块体60表面的根部62（相当于本专利的后端部）端缘向下形成凸条65（相当于本专利的凸缘），块体根部62靠近土体，块体60两侧均设置有向内凹进的凹陷部64（相当于本专利的通槽）。

由此可见，附件1的实施例1公开了权利要求1技术方案1.2的所有技术特征，两者的技术方案实质相同，并且所属技术领域的技术人员根据两者的技术方案可以确定两者属于相同的技术领域，解决相同的技术问题，并具有相同的预期效果，故权利要求 1 的技术方案 1.2 相对于附件 1 的实施例 1 不具备新颖性，不符合专利法第 22 条第 2 款的规定。

权利要求 1 技术方案 1.1 与附件 1 实施例 1 的区别在于凸缘位置不同，从而技术方案 1.1 与附件 1 实施例 1 实质不同，所以请求人关于技术方案 1.1 相对于附件 1 不具备新颖性的主张不成立，同时本领域技术人员可以确定，该区别特征能够解决避免拉接网片被挡土块凸缘切断的技术问题。首先，附件 1 中并没有给出解决上述技术问题的任何启示；其次，对于区别技术特征，尤其是对现有技术做出贡献的上述区别技术特征，由于并没有证据证明将挡土块凸缘由后端设置改为前端设置，从而使拉接网片无须跨越凸缘，避免被切断，并使挡土墙的稳定性得到保障是公知的，因此不能简单地将上述区别技术特征认定为公知常识或是常规选择。也即附件 1 没有给出任何技术启示使本领域普通技术人员将附件 1 的“后端设置”改为“前端设置”从而得到权利要求 1 的技术方案 1.1，本领域的普通技术人员在附件 1 的基础上为了实现技术方案 1.1 需要付出创造性劳动，该技术方案是非显而易见的，并且技术方案 1.1 具有避免拉接网片被切断的有益技术效果，所以请求人关于权利要求 1 的技术方案 1.1 相对于附件 1 不具备创造性的主张不成立。

基于权利要求 1 的技术方案 1.1 相对于附件 1 不具备新颖性和创造性的主张不成立，并且请求人使用附件 1 除实施例 1 以外的其他部分及附件 2 仅是说明从属权利要求 2~6、8~10 的附加技术特征及权利要求 7 中除技术方案 1.1 的全部特征外的其他特征被公开；而权利要求 2~6、8~10 直接或间接引用权利要求 1 的技术方案 1.1 的技术方案、以及权利要求 7 包含权利要求 1 的技术方案 1.1 的技术方案包含权利要求 1 技术方案 1.1 的全部技术特征，因此，请求人关于权利要求 2~6、8~10 直接或间接引用权利要求 1 的技术方案 1.1 的技术方案、及权利要求 7 包含权利要求 1 的技术方案 1.1 的技术方案相对于请求人提交的附件 1 和/或 2 不具备新颖性和/或创造性的主张也不成立。

4. 权利要求 2 引用权利要求 1 的技术方案 1.2 的技术方案的新颖性和创造性

权利要求 2 引用权利要求 1，其包括四个并列的技术方案：

第一个技术方案（下称技术方案 2.1.1）：一种挡土块，包括块体和块体表面，其特征在于，所述块体表面的前端部设有凸出其上的凸缘，块体两侧均设置有向内凹进的通槽，所述凸缘的长度与其所在的端部的长度相同。

第二个技术方案（下称技术方案 2.1.2）：一种挡土块，包括块体和块体表面，其特征在于，所述块体表面的后端部设有凸出其上的凸缘，块体两侧均设置有向内凹进的通槽，所述凸缘的长度与其所在的端部的长度相同。

第三个技术方案（下称技术方案 2.2.1）：一种挡土块，包括块体和块体表面，其特征在于，所述块体表面的前端部设有凸出其上的凸缘，块体两侧均设置有向内凹进的通槽，所述凸缘沿其所在的端部长度方向分段设置。

第四个技术方案（下称技术方案 2.2.2）：一种挡土块，包括块体和块体表面，其特征在于，所述块体表面的后端部设有凸出其上的凸缘，块体两侧均设置有向内凹进的通槽，所述凸缘沿其所在的端部长度方向分段设置。

其中如上所述，请求人关于权利要求 2 的技术方案 2.1.1 和 2.2.1 相对于附件 1 不具备新颖性和创造性的主张不成立，故下面仅就权利要求 2 的技术方案 2.1.2 和 2.2.2 的新颖性和创造性进行评述。

请求人认为，附件 1 图 10 公开了权利要求 2 的特征“凸缘的长度与其所在的端部的长度相同”（下称特征 1），权利要求 2 的特征“凸缘沿其所在的端部长度方向分段设置”（下称特征 2）是常规手段，因此不具备创造性。

专利权人认为，附件 1 公开了特征 1，但是没有公开分段设置。

对于技术方案 2. 1. 2，合议组经审查后认为，从附件 1 的图 10 可以看出凸条 65 的长度与其所在根部的长度相同，从而附件 1 的实施例 1 公开了权利要求 2 的技术方案 2. 1. 2 的特征 1，因此基于权利要求 1 的技术方案 1. 2 相对于附件 1 的实施例 1 不具备新颖性，权利要求 2 的技术方案 2. 1. 2 也不具备新颖性，进而也不具备创造性，不符合专利法第 22 条第 2、3 款的规定。

对于技术方案 2. 2. 2，附件 1 没有公开权利要求 2 的技术方案 2. 2. 2 的特征 2，该方案的“分段设置”是根据挡土墙的排水要求设置的，实际解决的技术问题是提高挡土墙的排水能力。虽然本领域技术人员可以根据土体的具体情况，选择如附件 1 中的图 1 所示的无凸缘的挡土块或图 10 所示的具有与端部长度相同的凸缘的挡土块，但是附件 1 没有给出任何启示将凸缘沿其所在的端部长度方向分段设置，以实现提高挡土墙排水能力的目的，并且也没有证据表明将挡土块的凸缘沿其所在的端部长度方向分段设置是常规技术手段，而该技术方案取得了增强挡土墙排水能力的有益效果。所以请求人关于权利要求 2 的技术方案 2. 2. 2 相对于附件 1 不具备创造性的主张不成立。

基于请求人关于权利要求 2 的技术方案 2. 2. 2 相对于附件 1 不具备创造性的主张不成立，并且请求人使用附件 2 仅是说明从属权利要求 4、6、9 的附加技术特征及权利要求 7 中除技术方案 2. 2. 2 的全部特征外的其他特征被公开；而权利要求 3~6，8~10 直接或间接引用权利要求 2 的技术方案 2. 2. 2 的技术方案、以及权利要求 7 包含权利要求 2 的技术方案 2. 2. 2 的技术方案包含权利要求 2 的技术方案 2. 2. 2 的全部技术特征，因此请求人关于权利要求 3~6、8~10 直接或间接引用权利要求 2 的技术方案 2. 2. 2 的技术方案、以及权利要求 7 包含权利要求 2 的技术方案 2. 2. 2 的技术方案不具备新颖性和创造性的主张也不成立。故下面仅就权利要求 3~6，8~10 直接或间接引用权利要求 3 的技术方案 2. 1. 2 的技术方案、以及权利要求 7 包含权利要求 2 的技术方案 2. 2. 2 的技术方案进行评述。

5. 权利要求 3 引用权利要求 2 的技术方案 2. 1. 2 的技术方案的新颖性和创造性

合议组经审查后认为，附件 1 的实施例 1 公开了块体 60 中部开有一个贯穿孔 63（相当于本专利的中孔），从而公开了权利要求 3 的附加技术特征，因此基于其引用的权利要求 2 的技术方案 2. 1. 2 相对于附件 1 不具备新颖性，权利要求 3 引用技术方案 2. 1. 2 的技术方案也不具备新颖性，进而也不具备创造性，不符合专利法第 22 条第 2、3 款的规定。

6. 权利要求 4 间接引用权利要求 2 的技术方案 2. 1. 2 的技术方案的创造性

合议组经审查后认为，权利要求 4 的附加技术特征构成其与附件 1 实施例 1 的区别技术特征，其实际解决的技术问题是挡土块重叠时侧孔贯通，以便填入碎石来提高挡土块之间的摩擦系数，且材料用量小。但是附件 1（参见说明书第 4 页及附图 1~6，下称实施例 2）还公开了块体 60 的贯穿孔 63 侧各开有一个扩孔槽 131（相当于本专利的侧孔）。虽然专利权人强调本专利的侧孔是通孔，而附件 1 的扩孔槽 131 是槽，不是孔，而且从附件 1 的图 3 中可以看出扩孔槽 131 不是通孔，但是本专利权利要求 4 中并没有限定其侧孔是通孔，并且扩孔槽一方面节省了原材料并减轻单个块体的重量，另一方面当上、下层的块体受到侧向推力时，通过将插销 134 插入扩孔槽 131，可起到相互抗衡的抵制力量的作用，本领域技术人员由此容易想到当将碎石填入扩孔槽时，其能够提高挡土块之间的摩擦系数，从而附件 1 的扩孔槽能起到与本专利侧孔相同的作用，因此扩孔槽 131 公开了本专利的侧孔，进而公开了权利要求 4 的附加技术特征。因此本领域技术人员可以从附件 1 实施例 2 得到启示，将实施例 1 的具有凸条 65 的挡土块上设置实施例 2 中的扩孔槽，也就是说附件 1 实施例 2 给出了将上述技术特征用于附件 1 实施例 1 以解决上述技术问题的启示。因此基于其引用的权利要求 3 引用权利要求 2 的技术方案 2. 1. 2 的技术方案不具备新颖性和创造性，权利要求 4 间接引用权利要求 2 的技术方案 2. 1. 2 的技术方案不具备创造性，不符合专利法第 22 条第 3 款的规定。

7. 权利要求5间接引用权利要求2的技术方案2.1.2的技术方案的创造性

合议组经审查后认为，附件1实施例2公开了块体10的贯穿孔111（相当于本专利的中孔）与扩孔槽131（相当于本专利的侧孔）之间还各开有两个沿块体前后方向排列的小孔133，插销134穿设于各块体10的孔133中，并且上、下层块体错开搭接。附件1的实施例1公开了在块体的后端部设置凸条65，以达到使各层块体60能够相互扣持的目的。而本领域技术人员为了解决使各层挡土块更好的相互扣持，以提高挡土墙稳定性的技术问题时，很容易想到将附件1实施例1的凸条65用于附件1的实施例2，由此为了保持插销134仍能穿设于上、下层块体10的孔133中，本领域技术人员很容易想到使前、后小孔之间的垂直距离与上、下层块体彼此错开的距离相同。虽然上、下层块体彼此错开的距离，即前、后小孔之间的垂直距离与凸条的宽度不一定相同，但两者均能实现使上、下层块体的孔133对齐以插入插销134的目的，并能实现增强挡土墙稳定性的作用和效果。因此基于其引用的权利要求4间接引用权利要求2的技术方案2.1.2的技术方案不具备创造性，权利要求5间接引用权利要求2的技术方案2.1.2的技术方案也不具备创造性，不符合专利法第22条第3款的规定。

8. 权利要求6间接引用权利要求2的技术方案2.1.2的技术方案的创造性

合议组经审查后认为，附件1的图1可以看出其贯穿孔111与扩孔槽131呈品字形排列，从而公开了权利要求6的附加技术特征。因此基于其引用的权利要求5间接引用权利要求2的技术方案2.1.2的技术方案不具备创造性，权利要求6间接引用权利要求2的技术方案2.1.2的技术方案不具备创造性，不符合专利法第22条第3款的规定。

9. 权利要求7包含权利要求2的技术方案2.1.2的技术方案的创造性

请求人认为，附件1图2-6、10、11公开了权利要求7中的技术特征“若干在同一端设有凸缘的挡土块的块体表面朝向同一方向，各挡土块层叠放置；在两个相邻的挡土块之间，上方挡土块错开凸缘的部位，其下表面与下方挡土块的上表面重叠，且相邻的上下挡土块的前、后小孔错位重叠”，附件1图6结合图10、11的技术方案公开了前、后小孔错位重叠。

专利权人认为，附件1图6看不出孔133，没有公开权利要求7的技术特征。

合议组经审查后认为，权利要求7要求保护一种权利要求5所述的挡土块的使用方法，其包含了权利要求5的全部技术特征。对权利要求5技术特征的评述如上所述。另外，从附件1实施例1的图11可以看出若干在根部设有凸条的挡土块的块体60表面朝向一个方向，各挡土块层叠放置，在两个相邻的挡土块之间，上方挡土块错开凸条的部位，其下表面与下方挡土块的上表面重叠。附件1的实施例2公开了上、下层块体彼此错开，并且插销134穿设于各块体的孔133中，由此相邻的上、下层块体的前、后小孔133必然错位重叠，以穿设插销134，达到增加墙体稳定性的目的。从而本领域技术人员在解决提高挡土墙稳定性的技术问题时，很容易想到将附件1的实施例1和2结合起来，进而得到权利要求7的上述技术方案，这对本领域的技术人员来说是显而易见的。因此基于其包含的权利要求5间接引用权利要求2的技术方案2.1.2的技术方案不具备创造性，权利要求7包含权利要求2的技术方案2.1.2的技术方案不具备创造性，不符合专利法第22条第3款的规定。

10. 权利要求8间接引用权利要求2的技术方案2.1.2的技术方案的创造性

合议组经审查后认为，附件1的说明书第5页第2段及图6公开了在相邻的上、下层挡土块上重叠的小孔133中插入插销134，从而公开了权利要求8的附加技术特征。因此基于其引用的权利要求7包含权利要求2的技术方案2.1.2的技术方案不具备创造性，权利要求8间接引用权利要求2的技术方案2.1.2的技术方案也不具备创造性，不符合专利法第22条第3款的规定。

11. 权利要求9间接引用权利要求2的技术方案2.1.2的技术方案的创造性

合议组经审查后认为，本领域技术人员在挡土块的孔和侧孔中加入碎石，以增强挡土墙的稳定性是常规的手段，不需要任何创造性劳动。因此基于其引用的权利要求 7 包含权利要求 2 的技术方案 2. 1. 2 的技术方案不具备创造性，权利要求 9 间接引用权利要求 2 的技术方案 2. 1. 2 的技术方案也不具备创造性，不符合专利法第 22 条第 3 款的规定。

12. 权利要求 10 间接引用权利要求 2 的技术方案 2. 1. 2 的技术方案的创造性

合议组经审查后认为，附件 1 的说明书第 4 页倒数第 1~3 段及图 1 和 6 公开了在层叠的挡土块后的土体中沿高度方向间隔铺设若干加劲格网 20（相当于本专利的拉接网片），每个加劲格网 20 与挡土块相接一端分别压固在上下相邻两挡土块之间，从而公开了权利要求 10 的附加技术特征。因此基于其引用的权利要求 8 或 9 间接引用权利要求 2 的技术方案 2. 1. 2 的技术方案不具备创造性，权利要求 10 间接引用权利要求 2 的技术方案 2. 1. 2 的技术方案也不具备创造性，不符合专利法第 22 条第 3 款的规定。

根据上述的事实和理由，本案合议组依法作出以下决定。

三、决定

宣告 200410014654. 6 号发明专利权的权利要求 1 的技术方案 1. 2、权利要求 2 的技术方案 2. 1. 2、权利要求 3~6、8~10 直接或间接引用权利要求 2 的技术方案 2. 1. 2 的技术方案、权利要求 7 包含权利要求 2 的技术方案 2. 1. 2 的技术方案无效，在权利要求 1 的技术方案 1. 1、权利要求 2 的技术方案 2. 1. 1、2. 2. 1 和 2. 2. 2、权利要求 3~6、8~10 直接或间接引用权利要求 2 的技术方案 2. 1. 1、2. 2. 1 和 2. 2. 2 的技术方案、权利要求 7 包含的权利要求 2 的技术方案 2. 1. 1、2. 2. 1 和 2. 2. 2 的技术方案基础上维持该专利权继续有效。

当事人对本决定不服的，可以根据专利法第 46 条第 2 款的规定，自收到本决定之日起三个月内向北京市第一中级人民法院起诉。根据该款的规定，一方当事人起诉后，另一方当事人应当作为第三人参加诉讼。

北京市第一中级人民法院
行政判决书

（2009）一中行初字第 224 号

原告南京优凝舒布洛克建材有限公司，住所地江苏省南京市中山路 81 号华夏大厦 2408 室。

法定代表人骆洪，董事长。

委托代理人吴恒勇，男，汉族，1970 年 9 月 4 日出生，南京优凝舒布洛克建材有限公司行政总监，住江苏省建湖县近湖镇阳光水城 10 幢 204 室。

委托代理人刘炳武，江苏天晖律师事务所律师。

被告国家知识产权局专利复审委员会，住所地北京市海淀区北四环西路 9 号银谷大厦。

法定代表人廖涛，副主任。

委托代理人樊延霞，女，国家知识产权局专利复审委员会审查员。

委托代理人齐宏涛，男，国家知识产权局专利复审委员会审查员。

第三人盐城舒布洛克景观建材有限公司，住所地江苏省盐城市建军东路 123 号 6 幢 501 室。

法定代表人徐铭泽，董事长。

委托代理人程化铭，南京知识律师事务所律师。

原告南京优凝舒布洛克建材有限公司不服被告国家知识产权局专利复审委员会于2008年8月8日作出的第12159号无效宣告请求审查决定（以下简称第12159号决定），向本院提起行政诉讼。本院于2008年12月30日受理后，依法组成合议庭，于2009年2月27日公开开庭审理了本案。原告的委托代理人刘炳武、吴恒勇，被告的委托代理人樊延霞、齐宏涛，第三人的委托代理人程化铭到庭参加了诉讼。本案现已审理终结。

2008年8月8日，被告作出第12159号决定，该决定依据《中华人民共和国专利法》（以下简称《专利法》）第二十二条第二、三款的规定，宣告名称为“挡土块”的发明专利（以下简称本专利）权利要求1的技术方案1.2、权利要求2的技术方案2.1.2、权利要求3~6、8~10直接或间接引用权利要求2的技术方案2.1.2的技术方案、权利要求7包含权利要求2的技术方案2.1.2的技术方案无效，在权利要求1的技术方案1.1、权利要求2的技术方案2.1.1、2.2.1和2.2.2、权利要求3~6、8~10直接或间接引用权利要求2的技术方案2.1.1、2.2.1和2.2.2的技术方案、权利要求7包含的权利要求2的技术方案2.1.1、2.2.1和2.2.2的技术方案基础上维持该专利权继续有效。

被告在法定期限内向本院提交了以下证据：1. 授权公告日为2000年9月13日、授权公告号为CN2396100Y的中国实用新型专利说明书（以下简称附件1）；2. 公告日为2003年9月9日的US6615561B2号专利文献中文译文（以下简称附件2）；3. 本专利授权公告文本。4. 口头审理记录表。以上证据用于证明第12159号决定认定事实清楚，适用法律正确，审理程序合法。

原告诉称：本专利所涉及的挡土墙是一种干垒墙，挡土块之间没有混凝土一类的粘合材料，因此为了保持挡土墙的稳定性，挡土块除了应具有一定的自重外，其上还需要设置相应的结构，来提高挡土块之间相对位置的稳定性以及抵抗侧向压力的能力。本专利挡土块上的凸缘和小孔都是为此目的而设置的，其中小孔的作用是在码制挡土墙时，通过使上下层挡土块上的小孔上下相对，然后向小孔内插入橡胶棒，这样可在上下层挡土块之间形成插销结构，从而提高挡土墙整体承受侧向土体的能力。本发明说明书中虽然未记载有关码制曲面挡土墙方面的内容，也未明确指出侧孔在码制曲面挡土墙时所起的作用，但本领域技术人员都知悉码制曲面挡土墙时所面临的问题，因而，当本领域技术人员看到本专利说明书中记载的“可在挡土块的侧孔中加入碎石等物质，以提高挡土块之间的摩擦系数，使墙体稳定，”等关于侧孔的效果描述，以及说明书及其作用，并且侧孔所具有的功能是由其结构所客观决定的，可以确定本发明挡土块上设置侧孔的主要目的就是在无法利用小孔设置插销结构的情况下，通过将上下层挡土块上的侧孔上下贯通并向孔内填入碎石来取代由小孔及橡胶棒构成的插销结构，以提高挡土墙抵抗侧向推力的能力。附件1中的扩孔槽与本专利挡土块上侧孔的结构完全不同，设置目的不同，所产生的技术效果也完全不同。附件1中的扩孔槽根本实现不了本专利侧孔所具有的作用。本领域技术人员不可能从附件1实施例2块体上的扩孔槽得到启示，并将其应用到附件1实施例1的块体上，以得到本专利挡土块。原告请求法院判决撤销第12159号决定并判令被告承担全部诉讼费用。

原告在法定期限内向本院提交了以下证据：1. 本专利授权公告文本；2. 附件1。

被告辩称：坚持第12159号决定中认定的意见，认为第12159号决定认定事实清楚、适用法律正确，程序合法，请求人民法院维持第12159号决定。

第三人同意被告的意见，请求人民法院维持第12159号决定。

第三人未向本院提交证据。

经庭审质证，原告认为被告提交的附件1和附件2与本专利不具有可比性，不同意被告的证明作用。第三人对被告证据的关联性、真实性和合法性没有异议。被告及第三人对原告的证据的关联性、真实性和合法性没有异议，但不同意其证明作用。经审查，本院认为，被告、原告的证据符合证据的形式要件，且与第12159号决定有关联，能够证明案件事实，本院予以确认。

根据上述有效证据及各方当事人在庭审中无争议的陈述，本院确认如下事实：

2004年4月14日，原告向中华人民共和国国家知识产权局申请名称为“挡土块”的发明专利权，于2007年1月3日授权公告。该专利授权公告的权利要求书是：

“1. 一种挡土块，包括块体和块体表面，其特征在于，所述块体表面的前端部或后端部设有凸出其上的凸缘，块体两侧均设置有向内凹进的通槽。

2. 根据权利要求1所述的挡土块，其特征在于，所述凸缘的长度与其所在的端部的长度相同，或所述凸缘沿其所在的端部长度方向分段设置。

3. 根据权利要求2所述的挡土块，其特征在于，所述块体中部开有一个中孔。

4. 根据权利要求3所述的挡土块，其特征在于，所述块体中孔侧各开有一个侧孔。

5. 根据权利要求4所述的挡土块，其特征在于，所述块体中孔与两侧孔之间还各开有两个沿块体前后方向排列的小孔，前、后小孔之间的垂直距离和凸缘的宽度相同。

6. 根据权利要求5所述的挡土块，其特征在于，所述块体中孔和两侧孔呈品字形排列。

7. 一种权利要求5所述的挡土块的使用方法，其特征在于，若干在同一端设有凸缘的挡土块的块体表面朝向同一方向，各挡土块层叠放置；在两个相邻的挡土块之间，上方挡土块错开凸缘的部位，其下表面与下方挡土块的上表面重叠，且相邻的上下挡土块的前、后小孔错位重叠。

8. 根据权利要求7所述的使用方法，其特征在于，在所述相邻的上、下挡土块上重叠的小孔中插装棒体。

9. 根据权利要求7所述的使用方法，其特征在于，在所述中孔和侧孔中加入碎石。

10. 根据权利要求8或9所述的使用方法，其特征在于，在层叠的挡土块后的土体中沿高度方向间隔铺设若干拉接网片，每个拉接网片与挡土块相接一端分别压固在上下相邻两挡土块之间。”

2007年12月5日，第三人向被告提出无效宣告请求，认为本专利权利要求1~10不符合《专利法》第二十二条第二、三款的规定。同时，第三人提交了附件1、附件2作为证据证明其观点。被告经形式审查合格受理了该无效请求，组成合议组，并依法进行了转文。2008年7月2日，被告举行了口头审理。在口头审理过程中，第三人明确其无效理由、范围、证据及证据使用情况为：权利要求1中涉及“前端部”的技术方案相对于附件1不具备创造性，权利要求1中涉及“后端部”的技术方案相对于附件1不具备新颖性；权利要求2中涉及“长度相同”的技术方案被附件1公开，权利要求2中涉及“分段设置”的技术方案是常规选择，不具备创造性；权利要求3的附加技术特征被附件1公开，不具备新颖性和创造性；权利要求4的附加技术特征被附件1或附件1和2的结合公开，不具备创造性；权利要求5的附加技术特征被附件1公开，不具备创造性；权利要求6的附加技术特征被附件1或附件1和2的结合公开，不具备创造性；权利要求7的技术特征“若干在同一端设有凸缘的挡土块的块体表面朝向同一方向，各挡土块层叠放置；在两个相邻的挡土块之间，上方挡土块错开凸缘的部位，其下表面与下方挡土块的上表面重叠，且相邻的上下挡土块的前、后小孔错位重叠”及权利要求8、10的附加技术特征被附件1公开，不具备创造性；权利要求9的附加技术特征被附件1或附件1和2的结合公开，不具备创造性。附件2的译文只使用意见陈述书第2页第15~17行中所涉及的部分。放弃权利要求4、7、8、10不具备新颖性的无效理由。原告对附件1、2的真实性没有异议，对附件2译文的准确性无异议。原告针对第三人的无效请求陈述了意见。

2008年8月8日，被告作出第12159号决定，认为：

1. 关于审查文本。第12159号决定以本专利授权公告的权利要求书为基础。

2. 关于证据和现有技术。由于附件1~2为公开出版物，且其公开日期在本专利的申请日前，因此可以作为本专利的现有技术使用。

3. 权利要求1的新颖性和创造性。本专利的权利要求1包括两个并列的技术方案：第一个技术方案（下称技术方案1.1）：一种挡土块，包括块体和块体表面，其特征在于，所述块体表面的前端部设有凸出其上的凸缘，块体两侧均设置有向内凹进的通槽。第二个技术方案（下称技术方案1.2）：一种挡土块，包括块体和块体表面，其特征在于，所述块体表面的后端部设有凸出其上的凸缘，块体两侧均设置有向内凹进的通槽。附件1公开了一种节块式挡土墙，并具体公开了以下内容（参见说明书第1、2页及附图10、11，下称实施例1）：具有块体60和块体表面，块体60表面的根部62（相当于本专利的后端部）端缘向下形成凸条65（相当于本专利的凸缘），块体根部62靠近土体，块体60两侧均设置有向内凹进的凹陷部64（相当于本专利的通槽）。由此可见，附件1的实施例1公开了权利要求1技术方案1.2的所有技术特征，两者的技术方案实质相同，并且所属技术领域的技术人员根据两者的技术方案可以确定两者属于相同的技术领域，解决相同的技术问题，并具有相同的预期效果，故权利要求1的技术方案1.2相对于附件1的实施例1不具备新颖性，不符合《专利法》第二十二条第二款的规定。权利要求1技术方案1.1与附件1实施例1的区别在于凸缘位置不同，从而技术方案1.1与附件1实施例1实质不同，所以第三人关于技术方案1.1相对于附件1不具备新颖性的主张不成立，同时本领域技术人员可以确定，该区别特征能够解决避免拉接网片被挡土块凸缘切断的技术问题。首先，附件1中并没有给出解决上述技术问题的任何启示；其次，对于区别技术特征，尤其是对现有技术做出贡献的上述区别技术特征，由于并没有证据证明将挡土块凸缘由后端设置改为前端设置，从而使拉接网片无须跨越凸缘，避免被切断，并使挡土墙的稳定性得到保障是公知的，因此不能简单地将上述区别技术特征认定为公知常识或是常规选择。也即附件1没有给出任何技术启示使本领域普通技术人员将附件1的“后端设置”改为“前端设置”从而得到权利要求1的技术方案1.1，本领域的普通技术人员在附件1的基础上为了实现技术方案1.1需要付出创造性劳动，该技术方案是非显而易见的，并且技术方案1.1具有避免拉接网片被切断的有益技术效果，所以第三人关于权利要求1的技术方案1.1相对于附件1不具备创造性的主张不成立。基于权利要求1的技术方案1.1相对于附件1不具备新颖性和创造性的主张不成立，并且第三人使用附件1除实施例1以外的其他部分及附件2仅是说明从属权利要求2~6、8~10的附加技术特征及权利要求7中除技术方案1.1的全部特征外的其他特征被公开；而权利要求2~6、8~10直接或间接引用权利要求1的技术方案1.1的技术方案、以及权利要求7包含权利要求1的技术方案1.1的技术方案包含权利要求1技术方案1.1的全部技术特征，因此，第三人关于权利要求2~6、8~10直接或间接引用权利要求1的技术方案1.1的技术方案、及权利要求7包含权利要求1的技术方案1.1的技术方案相对于第三人提交的附件1和/或2不具备新颖性和/或创造性的主张也不成立。

4. 权利要求2引用权利要求1的技术方案1. 2的技术方案的新颖性和创造性。权利要求2引用权利要求1，其包括四个并列的技术方案：第一个技术方案（下称技术方案2.1.1）：一种挡土块，包括块体和块体表面，其特征在于，所述块体表面的前端部设有凸出其上的凸缘，块体两侧均设置有向内凹进的通槽，所述凸缘的长度与其所在的端部的长度相同。第二个技术方案（下称技术方案2.1.2）：一种挡土块，包括块体和块体表面，其特征在于，所述块体表面的后端部设有凸出其上的凸缘，块体两侧均设置有向内凹进的通槽，所述凸缘的长度与其所在的端部的长度相同。第三个技术方案（下称技术方案2.2.1）：一种挡土块，包括块体和块体表面，其特征在于，所述块体表面的前端部设有凸出其上的凸缘，块体两侧均设置有向内凹进的通槽，所述凸缘沿其所在的端部长度方向分段设置。第四个技术方案（下称技术方案2.2.2）：一种挡土块，包括块体和块体表面，其特征在于，所述块体表面的后端部设有凸出其上的凸缘，块体两侧均设置有向内凹进的通槽，所述凸缘沿其所在的端部长度方向分段设置。第三人关于权利要求 2 的技术方案 2. 1. 1 和 2. 2. 1 相对于附件 1 不具备新颖性和创造性的主张不成立，故下面仅就权利要求 2 的技术方案 2. 1. 2 和 2. 2. 2 的新颖性和创造性进行评述。对于技术方案 2. 1. 2，被告经审查后认为，从附件 1 的图 10 可以看出凸条 65 的长度与其所在根部的长度相同，从而附件 1 的实施例 1 公开了权利要求 2 的技术方案 2. 1. 2 的特征 1，因此基于权利要求 1 的技术方案 1. 2 相对于附件 1 的实施例 1 不具备新颖性，权利要求 2 的技术方案 2. 1. 2 也不具备新颖性，进而也不具备创造性，不符合《专利法》第二十二条第二、三款的规定。对于技术方案 2. 2. 2，附件 1 没有公开权利要求 2 的技术方案 2. 2. 2 的特征 2，该方案的“分段设置”是根据挡土墙的排水要求设置的，实际解决的技术问题是提高挡土墙的排水能力。虽然本领域技术人员可以根据土体的具体情况，选择如附件 1 中的图 1 所示的无凸缘的挡土块或图 10 所示的具有与端部长度相同的凸缘的挡土块，但是附件 1 没有给出任何启示将凸缘沿其所在的端部长度方向分段设置，以实现提高挡土墙排水能力的目的，并且也没有证据表明将挡土块的凸缘沿其所在的端部长度方向分段设置是常规技术手段，而该技术方案取得了增强挡土墙排水能力的有益效果。所以第三人关于权利要求 2 的技术方案 2. 2. 2 相对于附件 1 不具备创造性的主张不成立。基于第三人关于权利要求 2 的技术方案 2. 2. 2 相对于附件 1 不具备创造性的主张不成立，并且第三人使用附件 2 仅是说明从属权利要求 4、6、9 的附加技术特征及权利要求 7 中除技术方案 2. 2. 2 的全部特征外的其他特征被公开；而权利要求 3~6，8~10 直接或间接引用权利要求 2 的技术方案 2. 2. 2 的技术方案、以及权利要求 7 包含权利要求 2 的技术方案 2. 2. 2 的技术方案包含权利要求 2 的技术方案 2. 2. 2 的全部技术特征，因此第三人关于权利要求 3~6、8~10 直接或间接引用权利要求 2 的技术方案 2. 2. 2 的技术方案、以及权利要求 7 包含权利要求 2 的技术方案 2. 2. 2 的技术方案不具备新颖性和创造性的主张也不成立。故下面仅就权利要求 3~6，8~10 直接或间接引用权利要求 3 的技术方案 2. 1. 2 的技术方案、以及权利要求 7 包含权利要求 2 的技术方案 2. 2. 2 的技术方案进行评述。

5. 权利要求 3 引用权利要求 2 的技术方案 2. 1. 2 的技术方案的新颖性和创造性。附件 1 的实施例 1 公开了块体 60 中部开有一个贯穿孔 63（相当于本专利的中孔），从而公开了权利要求 3 的附加技术特征，因此基于其引用的权利要求 2 的技术方案 2. 1. 2 相对于附件 1 不具备新颖性，权利要求 3 引用技术方案 2. 1. 2 的技术方案也不具备新颖性，进而也不具备创造性，不符合《专利法》第二十二条第二、三款的规定。

6. 权利要求 4 间接引用权利要求 2 的技术方案 2. 1. 2 的技术方案的创造性。权利要求 4 的附加技术特征构成其与附件 1 实施例 1 的区别技术特征，其实际解决的技术问题是挡土块重叠时侧孔贯通，以便填入碎石来提高挡土块之间的摩擦系数，且材料用量小。但是附件 1（参见说明书第 4 页及附图 1~6，下称实施例 2）还公开了块体 60 的贯穿孔 63 侧各开有一个扩孔槽 131（相当于本专利的侧孔）。虽然原告强调本专利的侧孔是通孔，而附件 1 的扩孔槽 131 是槽，不是孔，而且从附件 1 的图 3 中可以看出扩孔槽 131 不是通孔，但是本专利权利要求 4 中并没有限定其侧孔是通孔，并且扩孔槽一方面节省了原材料并减轻单个块体的重量，另一方面当上、下层的块体受到侧向推力时，通过将插销 134 插入扩孔槽 131，可起到相互抗衡的抵制力量的作用，本领域技术人员由此容易想到当将碎石填入扩孔槽时，其能够提高挡土块之间的摩擦系数，从而附件 1 的扩孔槽能起到与本专利侧孔相同的作用，因此扩孔槽 131 公开了本专利的侧孔，进而公开了权利要求 4 的附加技术特征。因此本领域技术人员可以从附件 1 实施例 2 得到启示，将实施例 1 的具有凸条 65 的挡土块上设置实施例 2 中的扩孔槽，也就是说附件 1 实施例 2 给出了将上述技术特征用于附件 1 实施例 1 以解决上述技术问题的启示。因此基于其引用的权利要求 3 引用权利要求 2 的技术方案 2. 1. 2 的技术方案不具备新颖性和创造性，权利要求 4 间接引用权利要求 2 的技术方案 2. 1. 2 的技术方案不具备创造性，不符合《专利法》

第二十二条第三款的规定。

7. 权利要求5间接引用权利要求2的技术方案2.1.2的技术方案的创造性。附件1实施例2公开了块体10的贯穿孔111（相当于本专利的中孔）与扩孔槽131（相当于本专利的侧孔）之间还各开有两个沿块体前后方向排列的小孔133，插销134穿设于各块体10的孔133中，并且上、下层块体错开搭接。附件1的实施例1公开了在块体的后端部设置凸条65，以达到使各层块体60能够相互扣持的目的。而本领域技术人员为了解决使各层挡土块更好的相互扣持，以提高挡土墙稳定性的技术问题时，很容易想到将附件1实施例1的凸条65用于附件1的实施例2，由此为了保持插销134仍能穿设于上、下层块体10的孔133中，本领域技术人员很容易想到使前、后小孔之间的垂直距离与上、下层块体彼此错开的距离相同。虽然上、下层块体彼此错开的距离，即前、后小孔之间的垂直距离与凸条的宽度不一定相同，但两者均能实现使上、下层块体的孔133对齐以插入插销134的目的，并能实现增强挡土墙稳定性的作用和效果。因此基于其引用的权利要求4间接引用权利要求2的技术方案2.1.2的技术方案不具备创造性，权利要求5间接引用权利要求2的技术方案2.1.2的技术方案也不具备创造性，不符合《专利法》第二十二条第三款的规定。

8. 权利要求6间接引用权利要求2的技术方案2.1.2的技术方案的创造性。附件1的图1可以看出其贯穿孔111与扩孔槽131呈品字形排列，从而公开了权利要求6的附加技术特征。因此基于其引用的权利要求5间接引用权利要求2的技术方案2.1.2的技术方案不具备创造性，权利要求6间接引用权利要求2的技术方案2.1.2的技术方案不具备创造性，不符合《专利法》第二十二条第三款的规定。

9. 权利要求7包含权利要求2的技术方案2.1.2的技术方案的创造性。权利要求7要求保护一种权利要求5所述的挡土块的使用方法，其包含了权利要求5的全部技术特征。对权利要求5技术特征的评述如上所述。另外，从附件1实施例1的图11可以看出若干在根部设有凸条的挡土块的块体60表面朝向一个方向，各挡土块层叠放置，在两个相邻的挡土块之间，上方挡土块错开凸条的部位，其下表面与下方挡土块的上表面重叠。附件1的实施例2公开了上、下层块体彼此错开，并且插销134穿设于各块体的孔133中，由此相邻的上、下层块体的前、后小孔133必然错位重叠，以穿设插销134，达到增加墙体稳定性的目的。从而本领域技术人员在解决提高挡土墙稳定性的技术问题时，很容易想到将附件1的实施例1和2结合起来，进而得到权利要求7的上述技术方案，这对本领域的技术人员来说是显而易见的。因此基于其包含的权利要求5间接引用权利要求2的技术方案2.1.2的技术方案不具备创造性，权利要求7包含权利要求2的技术方案2.1.2的技术方案不具备创造性，不符合《专利法》第二十二条第三款的规定。

10. 权利要求8间接引用权利要求2的技术方案2.1.2的技术方案的创造性。附件1的说明书第5页第2段及图6公开了在相邻的上、下层挡土块上重叠的小孔133中插入插销134，从而公开了权利要求8的附加技术特征。因此基于其引用的权利要求7包含权利要求2的技术方案2.1.2的技术方案不具备创造性，权利要求8间接引用权利要求2的技术方案2.1.2的技术方案也不具备创造性，不符合《专利法》第二十二条第三款的规定。

11. 权利要求9间接引用权利要求2的技术方案2.1.2的技术方案的创造性。本领域技术人员在挡土块的孔和侧孔中加入碎石，以增强挡土墙的稳定性是常规的手段，不需要任何创造性劳动。因此基于其引用的权利要求7包含权利要求2的技术方案2.1.2的技术方案不具备创造性，权利要求9间接引用权利要求2的技术方案2.1.2的技术方案也不具备创造性，不符合《专利法》第二十二条第三款的规定。

12. 权利要求10间接引用权利要求2的技术方案2.1.2的技术方案的创造性。附件1的说明书第

4 页倒数第 1~3 段及图 1 和 6 公开了在层叠的挡土块后的土体中沿高度方向间隔铺设若干加劲格网 20（相当于本专利的拉接网片），每个加劲格网 20 与挡土块相接一端分别压固在上下相邻两挡土块之间，从而公开了权利要求 10 的附加技术特征。因此基于其引用的权利要求 8 或 9 间接引用权利要求 2 的技术方案 2.1.2 的技术方案不具备创造性，权利要求 10 间接引用权利要求 2 的技术方案 2.1.2 的技术方案也不具备创造性，不符合《专利法》第二十二条第三款的规定。

据此，被告决定宣告本专利权利要求 1 的技术方案 1.2、权利要求 2 的技术方案 2.1.2、权利要求 3~6、8~10 直接或间接引用权利要求 2 的技术方案 2.1.2 的技术方案、权利要求 7 包含权利要求 2 的技术方案 2.1.2 的技术方案无效，在权利要求 1 的技术方案 1.1、权利要求 2 的技术方案 2.1.1、2.2.1 和 2.2.2、权利要求 3~6、8~10 直接或间接引用权利要求 2 的技术方案 2.1.1、2.2.1 和 2.2.2 的技术方案、权利要求 7 包含的权利要求 2 的技术方案 2.1.1、2.2.1 和 2.2.2 的技术方案基础上维持该专利权继续有效。

原告对第 12159 号决定不服，向本院提起行政诉讼。

在本院庭审过程中，原告、第三人对第 12159 号决定中关于审查文本的认定；维持权利要求 1 的技术方案 1.1、权利要求 2 的技术方案 2.1.1、2.2.1 和 2.2.2、权利要求 3~6、8-10 直接或间接引用权利要求 2 的技术方案 2.1.1、2.2.1 和 2.2.2 的技术方案、权利要求 7 包含的权利要求 2 的技术方案 2.1.1、2.2.1 和 2.2.2 的技术方案有效以及被告作出该决定的行政程序没有异议。

本院认为：根据当事人无争议的陈述，本院经审查，对第 12159 号决定中关于审查文本的认定；维持本专利的部分技术方案有效以及被告作出该决定的行政程序予以确定。

授予专利权的发明应当具有新颖性、创造性和实用性。根据《专利法》第二十二条第二款规定，新颖性是指在申请日以前没有同样的发明或者实用新型在国内外公开发表过、在国内公开使用过或者以其他方式为公众所知，也没有同样的发明或者实用新型由他人向国务院专利行政部门提出过申请并且记载在申请日以后公布的专利申请文件中。该条第三款规定，发明专利的创造性，是指同申请日以前已有的技术相比，该发明具有突出的实质性特点和显著的进步。本专利是一种挡土块，附件 1 是一种改良型节块式挡土墙，附件 2 是一种挡土墙。附件 1 和附件 2 均是本专利申请日以前的公开出版物，能够作为评价本专利新颖性、创造性的现有技术。本专利权利要求 1 的技术方案 1.2 为一种挡土块，包括块体和块体表面，其特征在于，所述块体表面的后端部设有凸出其上的凸缘，块体两侧均设置有向内凹进的通槽。附件 1 中公开的块体表面的根部，相当于本专利的后端部；端缘向下形成凸条，相当于本专利的凸缘；块体两侧均设置有向内凹进的凹陷部，相当于本专利的通槽。权利要求 1 的技术方案 1.2 已被附件 1 公开。因此，第 12159 号认定本专利权利要求 1 的技术方案 1.2 相对于附件 1 不具备新颖性正确，本院予以支持。本专利权利要求 2 的技术方案 2.1.2 为一种挡土块，包括块体和块体表面，其特征在于，所述块体表面的后端部设有凸出其上的凸缘，块体两侧均设置有向内凹进的通槽，所述凸缘的长度与其所在的端部的长度相同。从附件 1 的图 10 中能够清楚地看到凸条的长度与其所在根部的长度相同，故权利要求 2 的技术方案 2.1.2 的技术特征已被附件 1 公开，在权利要求 1 的技术方案 1.2 相对于附件 1 不具备新颖性的前提下，权利要求 2 的技术方案 2.1.2 也不具备新颖性。附件 1 中公开的贯穿孔；相当于本专利权利要求 3 的附加技术特征块体中部开有一个中孔，故在本专利权利要求 2.1.2 的技术方案不具备新颖性的前提下，权利要求 3 引用权利要求 2 的技术方案 2.1.2 的技术方案也不具备新颖性。本专利的权利要求 4 的附加特征为所述块体中孔侧各开有一个侧孔。附件 1 中公开了块体的贯穿孔侧各开有一个扩孔槽，该扩孔槽与本专利的侧孔所起的作用相同，本领域技术人员能够想到将扩孔槽设置在具有凸条的挡土块上。故，第 12159 号决定认定本专利权利要求 4 间接引用权利要求 2 的技术方案 2.1.2 的技术方案相对于附件 1 不具备创造性，符合法律规定，本院予以支持。本领域技术人员通过附件1公开的内容无需付出创造性劳动即可获得权利要求5、6、8、9、10中间接引用权利要求2的技术方案2.1.2的技术方案，亦可获得权利要求7包含权利要求2的技术2.1.2的技术方案，故在引用的技术方案不具备创造性的前提下，权利要求5、6、8、9、10中间接引用权利要求2的技术方案2.1.2的技术方案以及权利要求7中包含权利要求2的技术2.1.2的技术方案也不具备创造性。

综上，第12159号决定认定事实清楚，适用法律正确，程序合法，本院应予维持。原告要求撤销第12159号决定的诉讼请求，缺乏事实和法律依据，本院不予支持。依照《中华人民共和国行政诉讼法》第五十四条第（一）项之规定，判决如下：

维持被告国家知识产权局专利复审委员会作出的第12159号无效宣告请求审查决定。

案件受理费100元，由原告南京优凝舒布洛克建材有限公司负担（已交纳）。

如不服本判决，可于本判决书送达之日起15日内，向本院递交上诉状，按对方当事人的人数提交副本并预交上诉费，上诉于北京市高级人民法院。上诉人在接到人民法院预交诉讼费用的通知后7日内未预交又不提出缓交申请的，按自动撤回上诉处理。

审　判　长　吴　月
审　判　员　李纪红
人民陪审员　付勇军
二〇〇九年七月二日
书　记　员　郎莉萍

北京市高级人民法院
行政判决书

（2009）高行终字第1201号

上诉人（一审原告）江苏优凝舒布洛克建材有限公司，住所地江苏省南京市高淳外向型农业综合开发区商贸区129号。

法定代表人骆华洪，董事长。

委托代理人吴恒勇，男，汉族，1970年9月4日出生，江苏优凝舒布洛克建材有限公司行政总监，住江苏省建湖县近湖镇阳光水城10幢204室。

委托代理人刘炳武，江苏天晖律师事务所律师。

被上诉人（一审被告）国家知识产权局专利复审委员会，住所地北京市海淀区北四环西路9号银谷大厦。

法定代表人张茂于，副主任。

委托代理人樊延霞，女，国家知识产权局专利复审委员会审查员。

委托代理人齐宏涛，男，国家知识产权局专利复审委员会审查员。

被上诉人（一审第三人）盐城舒布洛克景观建材有限公司，住所地江苏省盐城市建军东路123号6幢501室。

法定代表人徐铭泽，执行董事/总经理。

委托代理人程化铭，南京知识律师事务所律师。

上诉人江苏优凝舒布洛克建材有限公司（以下简称优凝公司）因专利无效宣告请求审查决定一案，不服北京市第一中级人民法院（2009）一中行初字第224号行政判决，向本院提起上诉。本院受理后，依法组成合议庭，对本案进行了公开审理。上诉人优凝公司的委托代理人刘炳武、吴恒勇，被上诉人国家知识产权局专利复审委员会（以下简称复审委）的委托代理人樊延霞、齐宏涛，被上诉人盐城舒布洛克景观建材有限公司（以下简称盐城公司）的委托代理人程化铭到庭参加了诉讼。本案现已审理终结。

2008年8月8日，复审委依据《中华人民共和国专利法》（以下简称《专利法》）第二十二条第二、三款的规定，作出第12159号无效宣告请求审查决定（以下简称第12159号决定），宣告名称为“挡土块”的发明专利（以下简称本专利）权利要求1的技术方案1.2、权利要求2的技术方案2.1.2、权利要求3~6、8~10直接或间接引用权利要求2的技术方案2.1.2的技术方案、权利要求7包含权利要求2的技术方案2.1.2的技术方案无效；在权利要求1的技术方案1.1、权利要求2的技术方案2.1.1、2.2.1和2.2.2、权利要求3~6、8~10直接或间接引用权利要求2的技术方案2.1.1、2.2.1和2.2.2的技术方案、权利要求7包含的权利要求2的技术方案2.1.1、2.2.1和2.2.2的技术方案基础上维持该专利权继续有效。优凝公司不服第12159号决定，向北京市第一中级人民法院（以下简称一审法院）提起行政诉讼。

一审法院经审理认为，第12159号决定认定事实清楚，适用法律正确，程序合法，应予维持。优凝公司要求撤销第12159号决定的诉讼请求缺乏事实和法律依据。依照《中华人民共和国行政诉讼法》第五十四条第（一）项之规定，判决维持了第12159号决定。

优凝公司不服一审判决，向本院提起上诉。该公司上诉称，本专利是发明专利，附件1是实用新型专利，两者不具有可比性；本专利与附件1权利要求书的内容不同，也没有证据证明有同样的发明在国内公开使用，因此，两者不是相同的和同样的发明；故，本专利具有新颖性。

本专利权利要求1技术方案1.2中的凸缘与实施例1中的凸条不相同。实施例1中向下的凸条仅限于在块体的根部端，且为向下而形成，而技术方案1.2中的凸缘为凸出块体其上的，一个是凸条向下，另一个是凸缘向上，凸起的形状、方向均明显不同。技术方案1.2的这种设置与实施例1相比具有以下技术特点：第一，透水。凸缘与上面相邻块体的一个表面相切，该相切的“线”透水性能较好，如果凸缘与上面相邻块体之间加上拉接网透水，效果则更加明显；而实施例1的凸条与上下相邻的嵌槽相叠，它们形成的是一个叠面，而且长度很长，水若从叠面中透过是非常困难的，且实施例1的设计效果是“适用于坡地挡土”，没有考虑到透水的技术问题。故两者解决的不是相同的技术问题，不具有相同的预期效果。第二，由于技术方案1.2的凸缘与实施例1的凸条结构不同，因此在码制墙体时对拉接网的损害不同。技术方案1.2的凸缘对拉接网的损害较小，切线的接触起了固定拉接网的作用，所解决的主要问题是不易切断拉接网，而实施例1则没有防止切断拉接网的技术特征。第三，用材量不同。实施例1为保证墙体具有一定倾斜度，凸条的块体大于嵌槽的截面宽度，故实施例1用材量较大，不利于减少用材。第四，适用的环境不同。一方面实施例1凸条的块体大于嵌槽的截面宽度，故主要适用于坡地的层次设计，而技术方案1.2适用于一般环境。另一方面，实施例1凸条与上下相邻的嵌槽相叠，它们形成的是一个叠面，由于叠面长度很长，因此在码制土墙时不能适应环境的变化；而技术方案1.2因码制土墙时是错开的，能够适应墙体的变化。其次，技术方案1.2在商业上获得了成功。因此，技术方案1.2是具有创造性的。

本专利直接或间接引用的权利要求1技术方案1.2的技术方案具有新颖性和创造性。其中，权利要求3引用2.1.2技术方案的技术为“块体中部开有一个中孔”，而附件1的“贯穿孔”限制了该孔是贯穿块体的，权利要求3对“中孔”的形式则没有限制，可为通孔亦可为盲孔。具体实施是根据工程实际需要进行确定。进一步，该中孔在块体的中部，而附件1的“贯穿孔”则在块体的纵向中轴线上，不应理解为在块体的中部。

关于权利要求4间接引用2.1.2技术方案的技术“块体中孔侧各开有一个侧孔”。该侧孔与附件1实施例2的“扩孔槽”完全不同。第一，造型不同。侧孔是通孔，而扩孔槽是很浅的槽不是通孔；第二，功能不同。一方面，在码制普通的平面挡土墙时，侧孔较深产生的摩擦系数大于较浅的扩孔槽的摩擦系数；另一方面，在码制曲面挡土墙时，因小孔错开了没法起到插销的作用，这时侧孔的作用表现为：因侧孔较大，因而在挡土块存在较大偏转的情况下仍然能够保证上下挡土块上的侧孔至少有部分上下贯通，这样就能产生与橡胶棒相似的插销结构，从而提高了挡土块整体承受侧向推力的能力。而该技术效能是扩孔槽不可能具有的。因此，从形式和作用上来讲，“侧孔”与“扩孔槽”完全不同，故，“扩孔槽”没有公开“侧孔”技术。同时，侧孔和中孔形成品字形，目的是三点定位。在受外力作用时上下块体以及碎石间的摩擦力加大，抗水平移动能力增强。本领域技术人员不可能从附件1实施例2的扩孔槽得到启示并将其应用到附件1实施例1的块体上以达到本发明挡土块的。

权利要求5间接引用2.1.2技术方案中的“块体中孔与两侧孔之间还各开有两个沿块体前后方向排列的小孔，前、后小孔之间的垂直距离和凸缘的宽度相同”。小孔之间的垂直距离与凸缘的宽度相同是为了便于在施工过程中块体安装定位的准确性、快捷性，具有一定的施工要求。上一块体前孔插入下一块体后孔，使墙体保持一定的角度。而附件1实施例2则是插入“扩孔槽”。由于扩孔槽大于小孔，所以很难确定墙体角度，也不利于块与块之间的稳定。

权利要求6间接引用2.1.2技术方案中的“块体中孔与两侧孔呈品字形排列”，品字形的排列是在考虑墙体曲线垒叠下的品字形布置，而附件1图1的品字形仅具有直线墙体同层块体间相互调节距离的功用。

权利要求7包含2.1.2技术方案的技术为挡土块的使用方法，“其特征在于，若干在同一端设有凸缘的挡土块的块体表面朝向同一方向，各挡土块层叠放置；在两个相邻的挡土块之间，上方挡土块错开凸缘的部位，其下表面与下方挡土块的上表面重叠，且相邻的上下挡土块的前、后小孔错位重叠”，附件1并未描述表明在当土块堆叠时需要错开凸缘的位置和前、后小孔错位重叠的技术要点，即使结合附图2、3、4、5、6、11也不能清楚的表明权利要求7所要保护的技术特征被公开。

权利要求8间接引用2.1.2技术方案中的“在相邻的上、下挡土块是重叠的小孔中插装棒体”。挡土块发明专利在墙体施工过程中，块体间的嵌固是通过块体上所设置的凸缘和小孔内插入棒体中任一种机制或两者产生作用，以此达到发明者预先的目的，即块体间的嵌固，因此在施工过程中，结合现场实际，小孔内并非一定要插入棒体。复审委认为该技术特征被附件1公开，没有事实依据。

权利要求9间接引用2.1.2技术方案中的“在中孔和侧孔中加入碎石”。填加碎石的目的在于提高块体间抗剪强度，减缓块体间的挤压作用，从而减少块体的损坏，其次可增强墙体面层的柔性度。复审委认为填碎石是本领域的常规手段，没有依据。

权利要求10间接引用2.1.2技术方案的技术“在层叠的挡土块后的土体中沿高度方向间隔铺设若干拉接网片，每个拉接网片与挡土块相接的一端分别压固在上下相邻的挡土块之间”。虽然拉接网片为该领域常用的一种加筋材料，但该技术为拉接网片的施工方法，其前提是在层叠的挡土块后的土体中沿高度方向间隔铺设，并非简单的压固在上下相邻的挡土块之间。上下相邻铺设拉接网片事实证明是非常浪费材料的，而间隔铺设是在满足稳定的条件下节约材料，降低工程造价，是对挡土墙力学机理研究透彻的情况下作出的合理精简。所以权利要求10要求保护的技术也未被公开。

综上所述，请求二审法院撤销一审判决及第 12159 号决定，并请求对本专利的技术方案进行鉴定。

复审委答辩坚持其在第 12159 号决定中的审查结论。请求维持一审判决和第 12159 号决定。

一审法院审理期间，复审委提交了：

1. 附件 1：即 2000 年 9 月 13 日公告授权的 CN2396100Y 的中国实用新型专利说明书；

2. 附件 2：即 2003 年 9 月 9 日公告授权的 US6615561B2 号专利文献中文译文；

3. 本专利授权公告文本；

4. 口头审理记录表。

优凝公司提交了本专利授权公告文本及附件 1。

盐城公司未向一审法院提交证据。

上述证据已随案移送本院。经审查，复审委、优凝公司提交证据的来源合法，内容真实，能够印证本案第 12159 号决定确认的相关事实及作出的程序，一审法院予以采信，本院不持异议。

经审理查明，本专利系由优凝公司于 2004 年 4 月 14 日提出申请、2007 年 1 月 3 日被公告授权的“挡土块”发明专利，授权公告号为 CN1293265C。本专利授权公告的权利要求书的内容为：

“1. 一种挡土块，包括块体和块体表面，其特征在于，所述块体表面的前端部或后端部设有凸出其上的凸缘，块体两侧均设置有向内凹进的通槽。

2. 根据权利要求 1 所述的挡土块，其特征在于，所述凸缘的长度与其所在的端部的长度相同，或所述凸缘沿其所在的端部长度方向分段设置。

3. 根据权利要求 2 所述的挡土块，其特征在于，所述块体中部开有一个中孔。

4. 根据权利要求 3 所述的挡土块，其特征在于，所述块体中孔侧各开有一个侧孔。

5. 根据权利要求 4 所述的挡土块，其特征在于，所述块体中孔与两侧孔之间还各开有两个沿块体前后方向排列的小孔，前、后小孔之间的垂直距离和凸缘的宽度相同。

6. 根据权利要求 5 所述的挡土块，其特征在于，所述块体中孔和两侧孔呈品字形排列。

7. 一种权利要求 5 所述的挡土块的使用方法，其特征在于，若干在同一端设有凸缘的挡土块的块体表面朝向同一方向，各挡土块层叠放置；在两个相邻的挡土块之间，上方挡土块错开凸缘的部位，其下表面与下方挡土块的上表面重叠，且相邻的上下挡土块的前、后小孔错位重叠。

8. 根据权利要求 7 所述的使用方法，其特征在于，在所述相邻的上、下挡土块上重叠的小孔中插装棒体。

9. 根据权利要求 7 所述的使用方法，其特征在于，在所述中孔和侧孔中加入碎石。

10. 根据权利要求 8 或 9 所述的使用方法，其特征在于，在层叠的挡土块后的土体中沿高度方向间隔铺设若干拉接网片，每个拉接网片与挡土块相接一端分别压固在上下相邻两挡土块之间。”

2007 年 12 月 5 日，盐城公司以本专利权利要求 1~10 不符合《专利法》第二十二条第二、三款的规定为由，向复审委提出宣告本专利无效的请求，并同时提交了附件 1、2。复审委受理该无效请求后组成了合议组，并将双方提交的书面意见、证据向对方当事人予以送达。

2008 年 7 月 2 日，复审委就此案进行了口头审理。在口头审理过程中，盐城公司明确其无效理由、范围、证据及证据使用情况为：权利要求 1 中涉及“前端部”的技术方案相对于附件 1 不具有创造性，权利要求 1 中涉及“后端部”的技术方案相对于附件 1 不具有新颖性；权利要求 2 中涉及“长度相同”的技术方案被附件 1 公开，权利要求 2 中涉及“分段设置”的技术方案是常规选择，不具有创造性；权利要求 3 的附加技术特征被附件 1 公开，不具有新颖性和创造性；权利要求 4 的附加技术特征被附件 1 或附件 1 和 2 的结合公开，不具有创造性；权利要求 5 的附加技术特征被附件 1 公开，不具有创造性；权利要求6的附加技术特征被附件1或附件1和2的结合公开，不具有创造性；权利要求7的技术特征“若干在同一端设有凸缘的挡土块的块体表面朝向同一方向，各挡土块层叠放置；在两个相邻的挡土块之间，上方挡土块错开凸缘的部位，其下表面与下方挡土块的上表面重叠，且相邻的上下挡土块的前、后小孔错位重叠”及权利要求8、10的附加技术特征被附件1公开，不具有创造性；权利要求9的附加技术特征被附件1或附件1和2的结合公开，不具有创造性。附件2的译文只使用意见陈述书第2页第15~17行中所涉及的部分。放弃权利要求4、7、8、10不具有新颖性的无效理由。优凝公司对附件1、2的真实性及附件2译文的准确性无异议，并针对无效请求、理由陈述了自己的意见。

复审委经审查，确认：

1. 对本专利的审查以本专利授权公告的权利要求书为基础。

2. 由于附件1~2为公开出版物，且其公开日期在本专利的申请日前，因此可以作为本专利的现有技术使用。

3. 本专利的权利要求1包括两个并列的技术方案：

一为前述技术方案1.1：一种挡土块，包括块体和块体表面，其特征在于，所述块体表面的前端部设有凸出其上的凸缘，块体两侧均设置有向内凹进的通槽。

二为前述技术方案1.2：一种挡土块，包括块体和块体表面，其特征在于，所述块体表面的后端部设有凸出其上的凸缘，块体两侧均设置有向内凹进的通槽。

附件1公开了一种节块式挡土墙，并具体公开了以下内容（参见说明书第1、2页及附图10、11，下称实施例1）：具有块体和块体表面，块体表面的根部（相当于本专利的后端部）端缘向下形成凸条（相当于本专利的凸缘），块体根部靠近土体，块体两侧均设置有向内凹进的凹陷部（相当于本专利的通槽）。由此可见，附件1的实施例1公开了权利要求1技术方案1.2的所有技术特征，两者的技术方案实质相同，属于相同的技术领域，解决相同的技术问题，具有相同的预期效果，故权利要求1的技术方案1.2相对于附件1的实施例1不具有新颖性，不符合《专利法》第二十二条第二款的规定。

权利要求1技术方案1.1与附件1实施例1的区别在于凸缘位置不同，从而技术方案1.1与附件1实施例1实质不同。首先，附件1没有给出解决上述技术问题的任何启示；其次，由于没有证据证明将挡土块凸缘由后端设置改为前端设置，从而使拉接网片无须跨越凸缘，避免被切断，并使挡土墙的稳定性得到保障是公知的，因此不能简单地将上述区别技术特征认定为公知常识或是常规选择。即附件1没有给出任何技术启示使本领域普通技术人员将附件1的“后端设置”改为“前端设置”从而得到权利要求1的技术方案1.1，本领域的普通技术人员在附件1的基础上为了实现技术方案1.1需要付出创造性劳动，该技术方案是非显而易见的，并且技术方案1.1具有避免拉接网片被切断的有益技术效果。故盐城公司关于权利要求1的技术方案1.1相对于附件1不具有创造性的主张不成立。基于权利要求1的技术方案1.1相对于附件1不具有新颖性和创造性的主张不成立，并且盐城公司使用附件1除实施例1以外的其他部分及附件2，仅是说明从属权利要求2~6、8~10的附加技术特征及权利要求7中除技术方案1.1的全部特征外的其他特征被公开；而权利要求2~6、8~10直接或间接引用权利要求1的技术方案1.1的技术方案、以及权利要求7包含权利要求1的技术方案1.1的技术方案包含权利要求1技术方案1.1的全部技术特征，因此，盐城公司关于权利要求2~6、8~10直接或间接引用权利要求1的技术方案1.1的技术方案、及权利要求7包含权利要求1的技术方案1.1的技术方案相对于盐城公司提交的附件1和/或2不具有新颖性和/或创造性的主张也不成立。

4. 权利要求 2 引用权利要求 1，其包括四个并列的技术方案：

一为技术方案 2. 1. 1：一种挡土块，包括块体和块体表面，其特征在于，所述块体表面的前端部设有凸出其上的凸缘，块体两侧均设置有向内凹进的通槽，所述凸缘的长度与其所在的端部的长度相同；

二为技术方案 2. 1. 2：一种挡土块，包括块体和块体表面，其特征在于，所述块体表面的后端部设有凸出其上的凸缘，块体两侧均设置有向内凹进的通槽，所述凸缘的长度与其所在的端部的长度相同；

三为技术方案 2. 2. 1：一种挡土块，包括块体和块体表面，其特征在于，所述块体表面的前端部设有凸出其上的凸缘，块体两侧均设置有向内凹进的通槽，所述凸缘沿其所在的端部长度方向分段设置；

四为技术方案 2. 2. 2：一种挡土块，包括块体和块体表面，其特征在于，所述块体表面的后端部设有凸出其上的凸缘，块体两侧均设置有向内凹进的通槽，所述凸缘沿其所在的端部长度方向分段设置。

由于复审委已就盐城公司关于权利要求 2 的技术方案 2. 1. 1 和 2. 2. 1 相对于附件 1 作出不具有新颖性和创造性的主张不成立的确认，故该委仅就权利要求 2 的技术方案 2. 1. 2 和 2. 2. 2 的新颖性和创造性进行了评述。

关于技术方案 2. 1. 2。从附件 1 的图 10 可以看出凸条的长度与其所在根部的长度相同，从而附件 1 的实施例 1 公开了权利要求 2 的技术方案 2. 1. 2 的特征 1，因此基于权利要求 1 的技术方案 1. 2 相对于附件 1 的实施例 1 不具有新颖性，权利要求 2 的技术方案 2. 1. 2 也不具有新颖性，进而也不具有创造性。

关于技术方案 2. 2. 2。附件 1 没有公开权利要求 2 的技术方案 2. 2. 2 的特征 2，该方案的“分段设置”是根据挡土墙的排水要求设置的，实际解决的技术问题是提高挡土墙的排水能力。虽然本领域技术人员可以根据土体的具体情况，选择如附件 1 中的图 1 所示的无凸缘的挡土块或图 10 所示的具有与端部长度相同的凸缘的挡土块，但是附件 1 没有给出任何启示将凸缘沿其所在的端部长度方向分段设置，以实现提高挡土墙排水能力的目的，并且也没有证据表明将挡土块的凸缘沿其所在的端部长度方向分段设置是常规技术手段，且该技术方案取得了增强挡土墙排水能力的有益效果。故盐城公司关于权利要求 2 的技术方案 2. 2. 2 相对于附件 1 不具有创造性的主张不成立。基于盐城公司关于权利要求 2 的技术方案 2. 2. 2 相对于附件 1 不具有创造性的主张不成立，并且盐城公司使用附件 2 仅是说明从属权利要求 4、6、9 的附加技术特征及权利要求 7 中除技术方案 2. 2. 2 的全部特征外的其他特征被公开；而权利要求 3~6，8~10 直接或间接引用权利要求 2 的技术方案 2. 2. 2 的技术方案、以及权利要求 7 包含权利要求 2 的技术方案 2. 2. 2 的技术方案包含权利要求 2 的技术方案 2. 2. 2 的全部技术特征，因此盐城公司关于权利要求 3~6、8~10 直接或间接引用权利要求 2 的技术方案 2. 2. 2 的技术方案、以及权利要求 7 包含权利要求 2 的技术方案 2. 2. 2 的技术方案不具有新颖性和创造性的主张也不成立。

5. 关于权利要求 3 引用权利要求 2 的技术方案 2. 1. 2 的技术方案的新颖性和创造性。附件 1 实施例 1 公开了块体中部开有一个贯穿孔（相当于本专利的中孔），从而公开了权利要求 3 的附加技术特征，因此基于其引用的权利要求 2 的技术方案 2. 1. 2 相对于附件 1 不具有新颖性，权利要求 3 引用技术方案 2. 1. 2 的技术方案也不具有新颖性，进而也不具有创造性，不符合《专利法》第二十二条第二、三款的规定。

6. 关于权利要求 4 间接引用权利要求 2 的技术方案 2. 1. 2 的技术方案的创造性。权利要求 4 的附加技术特征构成其与附件1实施例1的区别技术特征，解决的技术问题是挡土块重叠时侧孔贯通，以便填入碎石来提高挡土块之间的摩擦系数，且材料用量小。但是附件1（参见说明书第4页及附图1~6，下称实施例2）还公开了块体的贯穿孔侧各开有一个扩孔槽（相当于本专利的侧孔）。虽然优凝公司强调本专利的侧孔是通孔，而附件1的扩孔槽是槽，不是孔，而且从附件1的图3中可以看出扩孔槽不是通孔，但是本专利权利要求4并没有限定其侧孔是通孔，且扩孔槽在节省了原材料并减轻单个块体的重量，当上、下层的块体受到侧向推力时，通过将插销插入扩孔槽，可起到相互抗衡的抵制力量的作用，本领域技术人员由此容易想到当将碎石填入扩孔槽时，其能够提高挡土块之间的摩擦系数，从而附件1的扩孔槽能起到与本专利侧孔相同的作用，因此扩孔槽公开了本专利的侧孔，进而公开了权利要求4的附加技术特征。因此本领域技术人员可以从附件1实施例2得到启示，将实施例1的具有凸条的挡土块上设置实施例2中的扩孔槽，也就是说附件1实施例2给出了将上述技术特征用于附件1实施例1以解决上述技术问题的启示。因此基于其引用的权利要求3引用权利要求2的技术方案2.1.2的技术方案不具有新颖性和创造性，权利要求4间接引用权利要求2的技术方案2.1.2的技术方案不具有创造性。

7. 关于权利要求5间接引用权利要求2的技术方案2.1.2的技术方案的创造性。附件1实施例2公开了块体的贯穿孔（相当于本专利的中孔）与扩孔槽（相当于本专利的侧孔）之间还各开有两个沿块体前后方向排列的小孔，插销穿设于各块体的孔中，并且上、下层块体错开搭接。附件1的实施例1公开了在块体的后端部设置凸条，以达到使各层块体能够相互扣持的目的。而本领域技术人员为了解决使各层挡土块更好的相互扣持，以提高挡土墙稳定性的技术问题时，很容易想到将附件1实施例1的凸条用于附件1的实施例2，由此为了保持插销仍能穿设于上、下层块体的孔中，本领域技术人员很容易想到使前、后小孔之间的垂直距离与上、下层块体彼此错开的距离相同。虽然上、下层块体彼此错开的距离，即前、后小孔之间的垂直距离与凸条的宽度不一定相同，但两者均能实现使上、下层块体的孔对齐以插入插销的目的，并能实现增强挡土墙稳定性的作用和效果。因此基于其引用的权利要求4间接引用权利要求2的技术方案2.1.2的技术方案不具有创造性，权利要求5间接引用权利要求2的技术方案2.1.2的技术方案也不具有创造性。

8. 关于权利要求6间接引用权利要求2的技术方案2.1.2的技术方案的创造性。附件1的图1可以看出其贯穿孔与扩孔槽呈品字形排列，从而公开了权利要求6的附加技术特征。因此基于其引用的权利要求5间接引用权利要求2的技术方案2.1.2的技术方案不具有创造性，权利要求6间接引用权利要求2的技术方案2.1.2的技术方案不具有创造性。

9. 关于权利要求7包含权利要求2的技术方案2.1.2的技术方案的创造性。权利要求7要求保护一种权利要求5所述的挡土块的使用方法，其包含了权利要求5的全部技术特征。对权利要求5技术特征的评述如上所述。另外，从附件1实施例1的图11可以看出若干在根部设有凸条的挡土块的块体表面朝向一个方向，各挡土块层叠放置，在两个相邻的挡土块之间，上方挡土块错开凸条的部位，其下表面与下方挡土块的上表面重叠。附件1的实施例2公开了上、下层块体彼此错开，并且插销穿设于各块体的孔中，由此相邻的上、下层块体的前、后小孔必然错位重叠，以穿设插销，达到增加墙体稳定性的目的。从而本领域技术人员在解决提高挡土墙稳定性的技术问题时，很容易想到将附件1的实施例1和2结合起来，进而得到权利要求7的上述技术方案，这对本领域的技术人员来说是显而易见的。因此基于其包含的权利要求5间接引用权利要求2的技术方案2.1.2的技术方案不具有创造性，权利要求7包含权利要求2的技术方案2.1.2的技术方案不具有创造性。

10. 关于权利要求8间接引用权利要求2的技术方案2.1.2的技术方案的创造性。附件1的说明书第5页第2段及图6公开了在相邻的上、下层挡土块上重叠的小孔中插入插销，从而公开了权利要求 8 的附加技术特征。因此基于其引用的权利要求 7 包含权利要求 2 的技术方案 2. 1. 2 的技术方案不具有创造性，权利要求 8 间接引用权利要求 2 的技术方案 2. 1. 2 的技术方案也不具有创造性。

11. 关于权利要求 9 间接引用权利要求 2 的技术方案 2. 1. 2 的技术方案的创造性。本领域技术人员在挡土块的孔和侧孔中加入碎石，以增强挡土墙的稳定性是常规的手段，不需要任何创造性劳动。因此基于其引用的权利要求 7 包含权利要求 2 的技术方案 2. 1. 2 的技术方案不具有创造性，权利要求 9 间接引用权利要求 2 的技术方案 2. 1. 2 的技术方案也不具有创造性。

12. 关于权利要求 10 间接引用权利要求 2 的技术方案 2. 1. 2 的技术方案的创造性。附件 1 的说明书第 4 页及图 1 和图 6 公开了在层叠的挡土块后的土体中沿高度方向间隔铺设若干加劲格网（相当于本专利的拉接网片），每个加劲格网与挡土块相接一端分别压固在上下相邻两挡土块之间，从而公开了权利要求 10 的附加技术特征。因此基于其引用的权利要求 8 或 9 间接引用权利要求 2 的技术方案 2. 1. 2 的技术方案不具有创造性，权利要求 10 间接引用权利要求 2 的技术方案 2. 1. 2 的技术方案也不具有创造性。

综上，复审委于 2008 年 8 月 8 日作出了第 12159 号决定。

在一审法院的庭审中，优凝公司、盐城公司对第 12159 号决定中关于审查文本的认定；维持权利要求 1 的技术方案 1. 1、权利要求 2 的技术方案 2. 1. 1、2. 2. 1 和 2. 2. 2、权利要求 3~6、8-10 直接或间接引用权利要求 2 的技术方案 2. 1. 1、2. 2. 1 和 2. 2. 2 的技术方案、权利要求 7 包含的权利要求 2 的技术方案 2. 1. 1、2. 2. 1 和 2. 2. 2 的技术方案有效以及复审委作出第 12159 号决定的行政程序没有异议。

在本院庭审中，优凝公司对复审委将本专利权利要求 1 分解为两个技术方案，将权利要求 2 分解为四个技术方案没有异议，对复审委关于权利要求 2 附加技术特征“所述凸缘的长度与其所在的端部的长度相同”已被附件 1 公开的确认没有异议。对第 12159 号决定的程序以及法律适用没有异议。优凝公司在无效审查和一审期间均未就本专利的鉴定事宜向复审委和一审法院提出过申请。

优凝公司于 2009 年 2 月将企业名称由南京优凝舒布洛克建材有限公司变更为江苏优凝舒布洛克建材有限公司。

本院认为，经对第 12159 号决定作出的程序和法律适用的审查，能够确认第 12159 号决定作出的程序符合法律规定，适用法律正确。第 12159 号决定中优凝公司、盐城公司认可的上述部分事实，经审查依据充分。就上述内容的合法性，本院不再赘述。

关于复审委引用附件 1 作为本专利对比文件是否合法的问题。由于本专利与附件 1 属相同技术领域，并于本专利申请日前已经公开，故复审委将该附件作为本专利的对比文件，符合法律规定。优凝公司关于实用新型专利不能作为发明专利对比文件的观点没有法律依据，本院不予采纳。

关于本专利权利要求 1 技术方案 1. 2 是否具有新颖性、创造性的问题。附件 1 的实施例 1，公开了以下内容：具有块体和块体表面，块体表面的根部端缘向下形成凸条，块体根部靠近土体，块体两侧均设置有向内凹进的凹陷部。其中，块体表面的“根部”相当于本专利的“后端部”，“凸条”相当于本专利的“凸缘”，块体两侧的“凹陷部”相当于本专利的“通槽”，由此可见，附件 1 的实施例 1 公开了权利要求 1 技术方案 1. 2 的全部技术特征。故，复审委关于两技术方案实质相同，属于相同的技术领域，解决相同的技术问题，具有相同的预期效果，权利要求 1 的技术方案 1. 2 相对于附件 1 的实施例 1 不具有新颖性的确认事实依据充分。

关于技术方案 2. 1. 2 的新颖性及创造性判断。根据附件 1 图 10，可以看出其凸条的长度与其所在根部的长度相同，从而该图公开了权利要求 2 的技术方案 2. 1. 2“所述凸缘的长度与其所在的端部的长度相同”的技术特征；鉴于优凝公司对此事实也予认可，故，复审委基于权利要求 1 的技术方案

1.2 相对于附件 1 的实施例 1 不具有新颖性，权利要求 2 的技术方案 2.1.2 也不具有新颖性，进而也不具有创造性的判断正确。

基于上述确认的正确，复审委关于权利要求 3~10 中间接引用上述技术内容的技术方案也不具有新颖性和创造性的确认也是正确的，本院不再赘述。且经审查，复审委关于权利要求 3~10 中被附件 1 公开的技术特征或给出技术启示的确认依据充分，析理清晰；由于通过在孔中填加碎石，增加重量，以达到增强挡土块的稳定性为基础性常识，故复审委在无文字记载的情况下作出权利要求 9“在挡土块的孔和侧孔中加入碎石”为常规技术手段的确认，本院给予认可。

优凝公司在上诉书中关于因权利要求 1 的技术方案 1.2 中的凸缘与实施例 1 中的凸条不相同，其透水性能及对拉接网的损害、用材量均有不同的意见，因无论凸条或凸缘均是为拉接网而设置，而拉接网的技术特征已被附件 1 公开，且因该公司并未就其“凸缘”的设置带来的上述技术效果给出理由，本专利说明书也无此记载，故本院无法支持其上述意见。该公司关于基于“凸缘”的技术特征带来的商业上的成功，因未提交相关证据，本院无法采信并支持。

由于优凝公司提出的本专利权利要求 3 的中孔与附件 1 贯穿孔不同的问题，因中孔可为贯穿孔，也可为盲孔，因此贯穿孔为中孔的下位概念，据此，复审委确认附件 1 公开了本专利权利要求 3 中孔的技术特征依据充分。同理，本专利权利要求 4 的侧孔也被附件 1 的扩孔槽所公开。

综上，第 12159 号决定认定事实清楚，依据充分，复审委作出该决定的程序合法，适用法律正确；一审法院判决维持符合《中华人民共和国行政诉讼法》第五十四条第（一）项的规定；优凝公司的上诉理由均不能成立，本院不予支持。据此，依据《中华人民共和国行政诉讼法》第六十一条第（一）项的规定，判决如下：

驳回上诉，维持一审判决。

二审案件受理费人民币 100 元，由上诉人江苏优凝舒布洛克建材有限公司负担（已交纳）。

本判决为终审判决。

审　判　长　郭　宜
代理审判员　朱海宏
代理审判员　罗峥嵘
二〇〇九年十一月十三日
书　记　员　程钰玮

178

输液袋接口

无效宣告请求审查决定（第12161号）

决　　定　　号　第12161号
决　　定　　日　2008年8月26日
发明创造名称　输液袋接口
国 际 分 类 号　A61J 1/14，A61M 5/14
无效宣告请求人　江苏金扬子包装科技有限公司
专　利　权　人　北京奥星恒讯包装科技有限公司
专　　利　　号　03243041.8
申　　请　　日　2003年3月31日
授 权 公 告 日　2004年2月25日
合 议 组 组 长　李　隽
主　　审　　员　余心蕾
参　　审　　员　郭鹏鹏

法　律　依　据　专利法第22条第3款
决　定　要　点

如果本领域技术人员在一篇对比文件的基础上结合本领域公知常识得到本专利权利要求请求保护的技术方案是显而易见的，并且未给现有技术带来进步，则该权利要求请求保护的技术方案不具有创造性。

一、案由

本无效宣告请求案涉及国家知识产权局于2004年2月25日授权公告、名称为"输液袋接口"的03243041.8号实用新型专利（下称本专利），其申请日为2003年3月31日，专利权人为北京奥星恒讯包装科技有限公司。

该专利授权公告的权利要求书如下：

"1. 一种输液袋接口，它包括一本体，本体上设有一纵向通孔，所述本体的一端为伸入输液袋并与之熔接密封的连接端，本体的另一端为外露的出口端，所述连接端具有向外延伸可与输液袋平滑连接的熔接过渡翼部，其特征在于：所述熔接过渡翼部的底部与两侧面具有圆弧状过渡连接部。

2. 根据权利要求1所述的输液袋接口，其特征在于：所述熔接过渡翼部两端部的下部与上述连接端底部具有圆弧状过渡连接部。

3. 根据权利要求1或2所述的输液袋接口，其特征在于：所述圆弧状过渡连接部的半径为

1.0~5.0mm。

4. 根据权利要求1或2所述的输液袋接口，其特征在于：所述本体连接端的两熔接过渡翼部的水平截面外轮廓为梭形或对应边平行的船形。

5. 根据权利要求1或2所述的输液袋接口，其特征在于：所述本体连接端的熔接过渡翼部的两侧面都设有熔接肋筋。

6. 根据权利要求1或2所述的输液袋接口，其特征在于：在所述本体连接端的两熔接过渡翼部上部设置有对称的定位筋。

7. 根据权利要求1或2所述的输液袋接口，其特征在于：所述通孔为锥形孔。

8. 根据权利要求1或2所述的输液袋接口，其特征在于：熔接过渡翼部的两端部为扁平端。"

针对上述专利权，江苏金扬子包装科技有限公司（下称请求人）于2007年12月24日向专利复审委员会提出无效宣告请求，其理由是：本专利的权利要求1~8不符合专利法第22条第2款、第3款的规定。请求人同时提交了如下附件：

附件1：01344806.4号中国外观专利公报，公告日为：2002年4月17日；

附件2：01350302.2号中国外观专利公报，公告日为：2002年7月17日；

附件3：01253942.2号中国实用新型专利说明书，授权公告日为2002年7月3日；

附件4：98804535.4号中国发明专利申请说明书，授权公告日为：2005年12月21日。

附件5：00233702.9号中国实用新型专利说明书，授权公告日为：2001年5月9日。

附件6：请求人声称的《塑料成型加工与模具》，第56、57页，复印件共2页；

附件7：《塑料、橡胶成型模具设计手册》，第46页，复印件1页；

附件8：专利复审委员会第9792号无效宣告请求审查决定书；

附件9：江苏省南京市中级人民法院（2005）宁民三初字第372号民事判决书。

请求人认为：（1）权利要求1分别相对于附件1~5不具有新颖性，分别相对于附件1~5和公知常识的结合、相对于附件8、9和公知常识的结合不具有创造性；（2）权利要求2的附加技术特征分别在对比文件1、2、4、5中公开，或属于公知常识，故在其引用的权利要求1不具有新颖性、创造性的情况下，权利要求2也不具备新颖性、创造性；（3）权利要求3的附加技术特征是公知常识，故权利要求3相对于对比文件1~5分别和公知常识的结合不具有创造性；（4）权利要求4、5的附加技术特征已分别被附件1~5公开，故在其引用的权利要求不具有新颖性、创造性的情况下，权利要求4、5均不具有新颖性、创造性；（5）权利要求6的附加技术特征被附件2、4、5公开，并且也属于公知常识，故权利要求6相对于附件1和公知常识的结合，附件1和2的结合，附件3、2的结合不具有创造性，相对于附件2或4或5不具有新颖性、创造性；（6）权利要求7的附加技术特征分别被附件1、2公开，权利要求7相对于附件1或附件2均不具有新颖性、创造性，相对于附件3或4或分别5和附件2的结合不具有创造性；（7）权利要求8的附加技术特征分别被附件1~5公开，权利要求8分别相对于附件1~5均不具有新颖性、创造性。

经形式审查合格，专利复审委员会于2008年1月10日受理了上述无效宣告请求，并向双方当事人发出无效宣告请求受理通知书，同时将专利权无效宣告请求书及其附件清单中所列附件副本转送给了专利权人，要求专利权人在指定的期限内进行意见陈述。

请求人于2008年1月23日提交了补充意见陈述，同时提交了如下附件：

附件10：01266141.4号中国实用新型专利说明书，申请日为2001年10月29日，授权公告日为2003年6月4日；

请求人认为：（1）权利要求1分别相对于附件1~5、9、10不具备新颖性，相对于附件1~5、9、

10分别和公知常识（见证据6、7）的结合，附件10、9的结合不具有创造性；（2）权利要求2的附加技术特征分别在附件1、2、4、5、10中公开，并且属于本领域的公知常识，故在其引用的权利要求1不具有新颖性、创造性的情况下，权利要求2不具有新颖性、创造性；（3）权利要求3的附加技术特征为本领域的公知常识，故其相对于附件1~5、10分别和公知常识的结合不具有创造性；（4）权利要求4、5的附加技术特征分别被附件1~5、10所公开，并且属于本领域的公知常识，故在其引用的权利要求不具有新颖性、创造性的情况下，权利要求4、5不具有新颖性、创造性；（5）权利要求6的附加技术特征被附件2、4、5、10公开，并且属于本领域的公知常识，故权利要求6相对于附件1和公知常识的结合、附件2和公知常识的结合、附件1和2的结合、附件3和附件2的结合不具有创造性，权利要求6分别相对于附件2、4、5、10不具有新颖性、创造性；（6）权利要求7的附加技术特征分别被附件1、2、10公开，权利要求7分别相对于附件1、2、10不具有新颖性和创造性，分别相对于附件3、2的结合、附件4、2的结合、附件5、2的结合不具有创造性；（7）权利要求8的附加技术特征分别被附件1~5、10公开，并属于本领域的公知常识，故在其引用的权利要求不具有创造性的情况下，权利要求8也不具有新颖性和创造性。

专利复审委员会于2008年6月13日向双方当事人发出口头审理通知书，定于2008年7月21日举行口头审理，并将请求人于2008年1月23日提交的补充意见陈述及其附件清单所列附件转送给专利权人。

口头审理如期举行。双方当事人对对方出庭人员的身份及出庭资格无异议，对变更后的合议组成员无回避请求。请求人当庭明其无效宣告请求的理由和证据为：权利要求1相对于附件1无新颖性，相对于附件1或附件2或附件3或附件5或附件8或附件10分别和公知常识的结合无创造性，相对于附件9、8和公知常识的结合无创造性，相对于附件10无新颖性。从属权利要求2~8的评述方式以请求人提交的请求书以及补充意见陈述为准。请求人以附件6、7作为公知常识性证据，并明确放弃附件4。专利权人认可附件1~10的真实性，认可附件10为请求人在提出无效宣告请求之日起一个月内提交的证据，但认为附件6的印刷日为2007年，晚于本专利申请日，不能作为公知常识性证据使用。双方当事人均认可附件1~3、5均公开了权利要求1前序部分的技术特征。双方当事人均表示已充分陈述了意见。

至此，合议组认为本案事实已经调查清楚，可以依法作出审查决定。

二、决定的理由

1. 关于证据

请求人明确放弃附件4，故对于附件4合议组不予评述。附件1~3、5、10均为专利文献，专利权人对其真实性表示认可，合议组亦予以认可，其中附件1~3、5的公开日期均早于本专利的申请日，可以作为现有技术评价本专利的新颖性和创造性，附件10为他人在本专利申请日前提出的申请，且授权公告日在本专利申请日后，仅能作为抵触申请评价本专利的新颖性。附件6为《塑料成型加工与模具》第56~57页，请求人当庭出示了原件，经核实，原件与复印件一致，其印刷日为2007年8月，晚于本专利的申请日，不能作为本案的公知常识性证据使用。附件7为《塑料、橡胶成型模具设计手册》第46页，请求人当庭出示了原件，经核实，原件与复印件一致，其印刷日为2000年7月，早于本专利申请日，并且该附件属于技术手册，可以作为本案的公知常识性的证据使用。附件8、9分别为专利复审委员会于2007年5月18日作出的第9792号无效宣告请求审查决定以及江苏省南京市中级人民法院（2005）宁民初字第372号的民事判决书，这二者均属于法律文书，专利权人认可其真实性，合议组对其真实性亦予以认可。

2. 关于创造性

专利法第 22 条第 3 款规定："创造性，是指同申请日以前已有的技术相比，该发明有突出的实质性特点和显著的进步，该实用新型有实质性特点和进步。"

（1）权利要求 1 的创造性。

生效的 9792 号无效宣告请求审查决定（下称"9792 号无效决定"）中已经认定，本专利权利要求 1 和本案中的附件 2 相比，区别仅在于附件 2 中没有公开"所述熔接过渡翼部的底部与两侧面具有圆弧状过渡连接部"（9792 号决定所述证据 4 即为本次无效请求中请求人所提交的附件 2）。合议组经过审查对此予以认可，此外，专利权人在口头审理过程中对此亦无异议。根据本专利说明书的记载以及前述生效决定可以认定，该区别技术特征是用于解决附件 2 中存在的接口在与输液袋熔接时膜材容易破损的技术问题，同时可实现提高其抗冲击能力，减少和避免由于碰撞、坠落发生输液袋破袋和渗漏的有益技术效果。

公知常识性证据附件 7 公开了：为避免应力集中，提高塑件强度，改善塑件的熔料流动性及便于脱模，在塑件的各面或内部连接处应采取圆弧过渡。而避免应力集中、提高塑件强度即解决了熔接时容易破损的问题，并且提高了抗冲击能力，同时，强度提高、应力分散，也必然可带来防止碰撞、坠落时发生输液袋破袋和渗漏的有益效果。此外，圆弧状过渡的设计本身锐度较低，必然使得其相对于直角、尖角更不易在激烈的碰撞中出现容易破袋、渗漏的情况，这是圆弧状本身固有性质的固有效果。因此，上述区别特征为本领域的公知常识，并且其带来的技术效果在公知常识中已经给出了明确的教导，本领域技术人员很容易在附件 2 公开的技术方案中结合本领域公知常识，得到权利要求 1 请求保护的技术方案，权利要求 1 请求保护的技术方案不具有实质性特点和进步，不具有创造性，不符合专利法第 22 条第 3 款的规定。

（2）权利要求 2 的创造性。

权利要求 2 的附加技术特征为：所述熔接过渡翼部两端部的下部与上述连接端底部具有圆弧状过渡连接部。

9792 号无效决定认定上述技术特征已经被附件 2 所公开："熔接过渡翼部两端部的下部与连接端底部具有圆弧状过渡连接部"。合议组经过审查对此亦予以认可。

其所起的作用与其在本专利中所起的作用相同：采用圆弧状的过渡连接，可以避免在熔接时发生尖端突出的问题，并且可以避免生产、运输及使用过程中可能出现的破袋和渗漏的问题。

在其引用的权利要求 1 不具有创造性的情况下，从属权利要求 2 相对于附件 2 和公知常识的结合不具有创造性。

（3）权利要求 3 的附加技术特征为：所述圆弧状过渡连接部的半径为 1.0~5.0mm。

公知常识性证据附件 7 记载了：理想的内圆角半径应有壁厚的 1/4 以上。而本领域技术人员根据该公知常识的启示，可以根据实际情况和需要设置圆弧状过渡连接部的半径，此外本专利说明书也并未记载半径为 1.0~5.0mm 为本专利的技术方案带来了何种特殊的有益技术效果，故权利要求 3 的附加技术特征为本领域的常规设计，在其引用的权利要求 1 或 2 不具有创造性的情况下，从属权利要求 3 相对于附件 2 和公知常识的结合不具有创造性。

（4）权利要求 4 的附加技术特征为：所述本体连接端的两熔接过渡翼部的水平截面外轮廓为梭形或对应边平行的船形。

9792 号无效决定认定，附件 2 公开了"本体连接端的两熔接过渡翼部的水平截面外轮廓为梭形"。合议组经过审查对此亦予以认可。而在附件 2 已经公开了水平截面外轮廓为梭形的情况下，本领域技术人员为了实现与输液袋平滑连接的目的，很容易想到可采用其他的与袋体的熔接结合线基本在同一平面上的结构，例如和梭形类似的对应边平行的船型，这不需要付出创造性的劳动。故在其引用的权利要求1或2不具有创造性的情况下，从属权利要求4相对于附件2和公知常识的结合不具有创造性。

（5）权利要求5的附加技术特征为：所述本体连接端的熔接过渡翼部的两侧面都设有熔接肋筋。

9792号无效决定认定，上述技术特征已经被附件2所公开："本体连接端的熔接过渡翼部的两侧面都设有熔接肋筋"。合议组经过审查对此亦予以认可。并且其同样起到了加强强度的作用，故在其引用的权利要求1或2不具有创造性的情况下，从属权利要求5相对于附件2和公知常识的结合不具有创造性。

（6）权利要求6的附加技术特征为：在所述本体连接端的两熔接过渡翼部上部设置有对称的定位筋。

9792号无效决定认定，上述技术特征已经被附件2所公开"熔接过渡翼部的上部设置有对称的定位筋"。合议组经过审查对此亦予以认可。并且其同样起到了防止接口装置在夹具上转动、便于定位的作用，故在其引用的权利要求1或2不具有创造性的情况下，从属权利要求6相对于附件2和公知常识的结合不具有创造性。

（7）权利要求7的附加技术特征为：所述通孔为锥形孔。

9792号无效决定认定，上述技术特征已经被附件2所公开"本体上设有一纵向的锥形通孔"。合议组经过审查对此亦予以认可。故在其引用的权利要求1或2不具有创造性的情况下，从属权利要求7相对于附件2和公知常识的结合不具有创造性。

（8）权利要求8的附加技术特征为：熔接过渡翼部的两端部为扁平端。

9792号无效决定认定，上述技术特征已经被附件2所公开："熔接过渡翼部的两端部为扁平端"。合议组经过审查对此亦予以认可。故在其引用的权利要求1或2不具有创造性的情况下，从属权利要求8相对于附件2和公知常识的结合不具有创造性。

三、决定

宣告03243041.8号实用新型专利权全部无效。

当事人对本决定不服的，可以根据专利法第46条第2款的规定，自收到本决定之日起三个月内向北京市第一中级人民法院起诉。根据该款的规定，一方当事人起诉后，另一方当事人应该作为第三人参加诉讼。

北京市第一中级人民法院
行政判决书

（2008）一中行初字第 1454 号

原告北京奥星恒迅包装科技有限公司，住所地北京市怀柔区雁栖经济开发区雁栖河西路 3 号。

法定代表人何国强，总经理。

委托代理人党晓林，北京三友知识产权代理有限公司专利代理人。

被告国家知识产权局专利复审委员会，住所地北京市海淀区北四环西路 9 号银谷大厦 10~12 层。

法定代表人廖涛，副主任。

委托代理人郭鹏鹏，国家知识产权局专利复审委员会审查员。

委托代理人齐宏涛，国家知识产权局专利复审委员会审查员。

第三人江苏金扬子包装科技有限公司，住所地江苏省兴化市张郭镇春晖路 73 号。

法定代表人赵京东，总经理。

委托代理人顾晓宁，江苏纵联律师事务所律师。

原告北京奥星恒迅包装科技有限公司（以下简称奥星恒迅公司）不服被告国家知识产权局专利复审委员会（简称专利复审委员会）于 2008 年 8 月 26 日作出的第 12161 号无效宣告请求审查决定（以下简称第 12161 号决定），在法定期限内向本院提起行政诉讼。本院于 2008 年 10 月 7 日受理本案后，依法组成合议庭，并通知江苏金扬子包装科技有限公司（以下简称金扬子公司）作为本案第三人参加诉讼，于 2008 年 12 月 9 日公开开庭进行了审理。原告奥星恒迅公司的委托代理人党晓林，被告专利复审委员会的委托代理人郭鹏鹏、齐宏涛，第三人金扬子公司的委托代理人顾晓宁到庭参加了诉讼。本案现已审理终结。

第 12161 号决定系专利复审委员会就金扬子公司针对奥星恒迅公司拥有的名称为“输液袋接口”、专利号为 03243041.8 的实用新型专利（以下简称本专利）所提出的无效宣告请求作出的。专利复审委员会在该决定中认定：

1. 关于证据。

对于金扬子公司明确放弃的附件 4，不予评述。附件 1~3、5、10 均为专利文献，奥星恒迅公司认可其真实性，专利复审委员会亦予认可，其中附件 1~3、5 的公开日期均早于本专利申请日，可以作为现有技术评价本专利新颖性和创造性，附件 10 为他人在本专利申请日前提出申请，且授权公告日在本专利申请日后，仅能作为抵触申请评价本专利新颖性。附件 6 为《塑料成型加工与模具》第 56~57 页，其印刷日晚于本专利申请日，不能作为本案公知常识性证据使用。附件 7 为《塑料、橡胶成型模具设计手册》第 46 页，金扬子公司当庭出示了原件，经核实原件与复印件一致，其印刷日为 2000 年 7 月，早于本专利申请日，并且该附件属于技术手册，可以作为本案公知常识性证据使用。附件 8、9 分别为专利复审委员会于 2007 年 5 月 18 日作出的第 9792 号无效宣告请求审查决定（简称第 9792 号决定）以及江苏省南京市中级人民法院（2005）宁民初字第 372 号民事判决书，均属于法律文书，奥星恒迅公司认可其真实性，专利复审委员会对其真实性亦予认可。

2. 关于创造性。

生效的第 9792 号决定中已认定，本专利权利要求 1 和本案中附件 2 相比，区别仅在于附件 2 中没有公开“所述熔接过渡翼部的底部与两侧面具有圆弧状过渡连接部”，奥星恒迅公司在口头审理中对此亦无异议。根据本专利说明书记载以及前述生效决定可以认定，该区别技术特征是用于解决附件2中接口在与输液袋熔接时膜材容易破损的技术问题，同时可实现提高其抗冲击能力，减少和避免由于碰撞、坠落发生输液袋破袋和渗漏的有益技术效果。

公知常识性证据附件7公开了：为避免应力集中，提高塑件强度，改善塑件的熔料流动性及便于脱模，在塑件的各面或内部连接处应采取圆弧过渡。而避免应力集中、提高塑件强度即解决了熔接时容易破损的问题，并且提高了抗冲击能力，同时，强度提高、应力分散，也必然可带来防止碰撞、坠落时发生输液袋破袋和渗漏的有益效果。此外，圆弧状过渡的设计本身锐度较低，必然使得其相对于直角、尖角更不易在激烈的碰撞中出现容易破袋、渗漏的情况，这是圆弧状本身固有性质的固有效果。因此，上述区别特征为本领域公知常识，并且其带来的技术效果在公知常识中已经给出了明确教导，本领域技术人员很容易在附件2公开的技术方案中结合本领域公知常识，得到权利要求1请求保护的技术方案，权利要求1请求保护的技术方案不具有实质性特点和进步，不具有创造性，不符合《中华人民共和国专利法》（以下简称《专利法》）第二十二条第三款的规定。

第9792号决定认定权利要求2的附加技术特征已经被附件2所公开。专利复审委员会经过审查对此予以认可。其所起作用与其在本专利中所起作用相同：采用圆弧状的过渡连接，可以避免在熔接时发生尖端突出的问题，并且可以避免生产运输及使用过程中可能出现的破袋和渗漏问题。在其引用的权利要求1不具有创造性的情况下，从属权利要求2相对于附件2和公知常识的结合不具有创造性。

第9792号决定认定权利要求6附加技术特征已经被附件2所公开。专利复审委员会经审查对此予以认可。并且其同样起到了防止接口装置在夹具上转动、便于定位的作用，故在其引用的权利要求1或2不具有创造性的情况下，从属权利要求6相对于附件2和公知常识的结合不具有创造性。

从属权利要求3~5、7、8，在其引用的权利要求1或2不具有创造性的情况下，该从属权利要求相对于附件2和公知常识的结合不具有创造性。

综上，专利复审委员会作出第12161号决定，宣告本专利权全部无效。

原告奥星恒迅公司不服第12161号决定，在法定期限内 向本院提起诉讼，其诉称：1. 第12161号决定对权利要求1的创造性判断有误。（1）对本专利权利要求1的区别特征的 理解有误，对附件7内容认定有误，并且对审查指南创造性 判断原则的适用有误。权利要求1与最接近的现有技术附件2区别在于附件2没有公开权利要求1中的区别特征。该区 别特征在本专利所起作用为在输液袋接口与输液袋熔接时 避免膜材破损，同时可提高熔接后的输液袋接口和膜材的抗 冲击能力，减少和避免由于碰撞、坠落发生输液袋破袋和渗 漏。作为公知常识的附件7中塑件“圆弧过渡”的作用里根 本不涉及作为塑件的输液袋接口与作为塑件连接物的输液 袋膜材之间存在的技术问题，也没有给出相应技术启示。附 件7是塑件自身注塑，根本不涉及本专利的注塑后塑件与塑 件连接物（输液袋膜材）之间的熔接。现有技术中不存在将 附件7中公开的“圆弧过渡”应用到该最接近的现有技术附件2中以解决本专利中存在技术问题的启示。权利要求1具 有创造性。（2）第12161号决定在评述权利要求1创造性时，适用法律有误。专利复审委员会有关“圆弧状过渡的设计本 身锐度较低，必然使得其相对于直角、尖角更不易在激烈的 碰撞中出现容易破袋、渗漏的情况，这是圆弧状本身固有性 质的固有效果”的描述不是附件7公开的内容，也不是金扬子公司提出的理由或其他证据中的内容，在无效审理过程中 没有被包括专利复审委员会在内的任何人员提出过，在第12161号决定中也没有给出出处。而且上述评述是在了解本 专利内容后，受主观因素影响作出的错误判断，犯了“事后 诸葛亮”的错误。2. 第12161号决定对从属权利要求的事 实认定不清和创造性判断有误。第9792号决定中没有给出如何作出的认定，也没有给出任何作出的认定。第12161号决定认定权利要求6相对于附件2和公知常识的结合不具有创造性。附件2是外观设计专利，没有技术结构、作用和技术效果方面的描述。虽然第9792号决定认定附件2公开了在所述本体连接端的两熔接过渡翼部上部设置有对称的定位筋，这仅是照抄本专利语句，而不是基于附件2自身内容，并不表明附件2公开了本专利特征。我公司对第9792号决定结论的认可，并不是对其认定事实的认可。第12161号决定上述观点并非金扬子公司提出，是专利复审委员会自行引入的，没有通知过我公司，也没有要求我公司对此发表意见。金扬子公司对于如何根据附件2图中线条得出相接的相关结论没有给出合理解释。“定位筋”特征没有被公开过，也不是现有技术，输液袋接口在与其他部件熔接时容易转动的技术问题也没有被在先证据公开过。实现相应作用的结构并不局限于定位筋结构，还可以是其他结构。综上，请求法院撤销第12161号决定，并判令专利复审委员会重新作出决定。奥星恒迅公司对于专利复审委员会在第12161号决定中对于本专利权利要求2~5、7、8不具有创造性的审查认定，未提出异议，在本案开庭审理时奥星恒迅公司明确其在本案诉讼中所提事实和理由仅涉及本专利权利要求1和6，在本专利权利要求1无效的情况下，其不主张权利要求2~5、7、8有效，但主张权利要求6仍然有效；奥星恒迅公司当庭将其诉讼请求变更为：撤销第12161号决定，并判决本专利有效。

被告专利复审委员会坚持其在第12161号决定中的意见，并针对奥星恒迅公司的起诉理由进一步辩称：1. 关于公知常识。权利要求1和附件2区别在于所述熔接过渡翼部的底部与两侧面具有圆弧状过渡连接部，其要解决的技术问题是接口在与输液袋熔接时膜材容易破损的技术问题，同时可实现提高抗冲击能力，减少和避免由于碰撞、坠落发生输液袋破袋和渗漏的有益技术效果。而公知常识性证据附件7公开了为避免应力集中，提高塑件强度，改善塑件的熔料流动性及便于脱模，在塑件的各面或内部连接处应采取圆弧过渡。其给出了技术启示，本领域技术人员很容易在附件2公开的技术方案中结合本领域公知常识，得到权利要求1请求保护的技术方案，该技术方案不具有实质性特点和进步，不具有创造性。2. 关于从属权利要求6的创造性。首先关于从属权利要求创造性的判断，是基于对比文件公开内容所作，而该具体认定的内容与在先决定的认定相同。尽管附件2是外观设计专利，但其也公开了一种输液袋接口的技术方案，且该接口的具体结构可以从其视图清楚看出，熔接过渡翼部的上部设置有对称的定位筋，故权利要求6附加技术特征已被附件2所公开。综上，第12161号决定认定事实清楚，适用法律正确，程序合法，奥星恒迅公司的诉讼请求不能成立，请求法院依法驳回其诉讼请求，维持第12161号决定。

第三人金扬子公司述称其同意专利复审委员会的意见。

本院经审理查明：

本专利系国家知识产权局于2004年2月25日授权公告、名称为“输液袋接口”的03243041.8号实用新型专利，申请日为2003年3月31日，专利权人为奥星恒迅公司，其授权公告的权利要求书如下：

“1. 一种输液袋接口，它包括一本体，本体上设有一纵向通孔，所述本体的一端为伸入输液袋并与之熔接密封的连接端，本体的另一端为外露的出口端，所述连接端具有向外延伸可与输液袋平滑连接的熔接过渡翼部，其特征在于：所述熔接过渡翼部的底部与两侧面具有圆弧状过渡连接部。

2. 根据权利要求1所述的输液袋接口，其特征在于：所述熔接过渡翼部两端部的下部与上述连接端底部具有圆弧状过渡连接部。

3. 根据权利要求1或2所述的输液袋接口，其特征在于：所述圆弧状过渡连接部的半径为1.0~5.0mm。

4. 根据权利要求1或2所述的输液袋接口，其特征在于：所述本体连接端的两熔接过渡翼部的水平截面外轮廓为梭形或对应边平行的船形。

5. 根据权利要求 1 或 2 所述的输液袋接口，其特征在于：所述本体连接端的熔接过渡翼部的两侧面都设有熔接肋筋。

6. 根据权利要求 1 或 2 所述的输液袋接口，其特征在于：在所述本体连接端的两熔接过渡翼部上部设置有对称的定位筋。

7. 根据权利要求 1 或 2 所述的输液袋接口，其特征在于：所述通孔为锥形孔。

8. 根据权利要求 1 或 2 所述的输液袋接口，其特征在于：熔接过渡翼部的两端部为扁平端。"

金扬子公司于 2007 年 12 月 24 日向专利复审委员会提出宣告本专利无效的请求，其理由是本专利权利要求 1~8 不符合《专利法》第二十二条第二、三款的规定，并提交如下附件：

附件 1：01344806.4 号中国外观专利公报，公告日为：2002 年 4 月 17 日；

附件 2：01350302.2 号中国外观专利公报，公告日为：2002 年 7 月 17 日；

附件 3：01253942.2 号中国实用新型专利说明书，授权公告日为 2002 年 7 月 3 日；

附件 4：98804535.4 号中国发明专利申请说明书，授权公告日为：2005 年 12 月 21 日；

附件 5：00233702.9 号中国实用新型专利说明书，授权公告日为：2001 年 5 月 9 日；

附件 6：金扬子公司声称的《塑料成型加工与模具》，第 56、57 页，复印件共 2 页；

附件 7：《塑料、橡胶成型模具设计手册》，第 46 页，复印件 1 页；

附件 8：第 9792 号决定；

附件 9：江苏省南京市中级人民法院（2005）宁民三初字第 372 号民事判决书。

金扬子公司认为：权利要求 1 分别相对于附件 1~5 不具有新颖性，分别相对于附件 1~5 和公知常识的结合、相对于附件 8、9 和公知常识的结合不具有创造性；权利要求 2 的附加技术特征分别在对比文件 1、2、4、5 中公开，或属于公知常识，故在其引用的权利要求 1 不具有新颖性、创造性的情况下，权利要求 2 也不具备新颖性、创造性；权利要求 3 的附加技术特征是公知常识，故权利要求 3 相对于对比文件 1~5 分别和公知常识的结合不具有创造性；权利要求 4、5 的附加技术特征已分别被附件 1~5 公开，故在其引用的权利要求不具有新颖性、创造性的情况下，权利要求 4、5 均不具有新颖性、创造性；权利要求 6 的附加技术特征被附件 2、4、5 公开，并且也属于公知常识，故权利要求 6 相对于附件 1 和公知常识的结合，附件 1 和 2 的结合，附件 3、2 的结合不具有创造性，相对于附件 2 或 4 或 5 不具有新颖性、创造性；权利要求 7 的附加技术特征分别被附件 1. 2 公开，权利要求 7 相对于附件 1 或附件 2 均不具有新颖性、创造性，相对于附件 3 或 4 或分别 5 和附件 2 的结合不具有创造性；权利要求 8 的附加技术特征分别被附件 1~5 公开，权利要求 8 分别相对于附件 1~5 均不具有新颖性、创造性。

专利复审委员会于 2008 年 1 月 10 日受理上述无效宣告请求，同时将专利权无效宣告请求书及其附件清单中所列附件副本转送奥星恒迅公司，要求其在指定期限内陈述意见。

金扬子公司于 2008 年 1 月 23 日提交补充意见陈述，同时提交如下附件：

附件 10：01266141.4 号中国实用新型专利说明书，申请日为 2001 年 10 月 29 日，授权公告日为 2003 年 6 月 4 日。

金扬子公司认为：权利要求 1 分别相对于附件 1~5、9、10 不具备新颖性，相对于附件 1~5、9、10 分别和公知常识（证据 6、7）的结合，附件 10、9 的结合不具有创造性；权利要求 2 的附加技术特征分别被附件 1、2、4、5、10 公开，且属于本领域公知常识，故在其引用的权利要求 1 不具有新颖性、创造性的情况下，权利要求 2 不具有新颖性、创造性；权利要求 3 的附加技术特征为本领域公知常识，故其相对于附件 1~5、10 分别和公知常识的结合不具有创造性；权利要求 4、5 的附加技术特征分别被附件 1~5、10 所公开，并且属于本领域公知常识，故在其引用的权利要求不具有新颖性、创造性的情况下，权利要求4、5不具有新颖性、创造性；权利要求6的附加技术特征被附件2、4、5、10公开，并且属于本领域公知常识，故权利要求6相对于附件1、2分别和公知常识的结合、附件1和2的结合、附件3和2的结合不具有创造性，权利要求6分别相对于附件2、4、5、10不具有新颖性、创造性；权利要求7的附加技术特征分别被附件1、2、10公开，权利要求7分别相对于附件1、2、10不具有新颖性和创造性，分别相对于附件3、2结合、附件4、2结合、附件5、2结合不具有创造性；权利要求8的附加技术特征分别被附件1~5、10公开，并属于本领域公知常识，故在其引用的权利要求不具有创造性的情况下，权利要求8也不具有新颖性和创造性。

专利复审委员会将金扬子公司提交的补充意见及所列附件转送奥星恒迅公司。

2008年7月21日，口头审理如期举行。金扬子公司当庭明确其无效宣告请求的理由和证据为：权利要求1相对于附件1无新颖性，相对于附件1~3、5、8、10分别和公知常识的结合无创造性，相对于附件9、8和公知常识的结合无创造性，相对于附件10无新颖性。从属权利要求2~8的评述方式以金扬子公司提交的请求书以及补充意见陈述为准。金扬子公司以附件6、7作为公知常识性证据，放弃附件4。奥星恒迅公司认可附件1~10的真实性，认可附件10为金扬子公司在提出无效宣告请求之日起一个月内提交的证据，但认为附件6印刷日晚于本专利申请日，不能作为公知常识性证据使用。双方认可附件1~3、5均公开了权利要求1前序部分的技术特征。

2008年8月26日，专利复审委员会作出第12161号决定，宣告本专利全部无效。

另查，第9792号决定认定该案中的证据4（即本案中的附件2）为：输液袋接口包括一本体，本体上设有一纵向的锥形通孔，连接端具有外向延伸可与输液袋平滑连接的熔接过渡翼部，熔接过渡翼部两端部的下部与连接端底部具有圆弧状过渡连接部，本体连接端的熔接过渡翼部的水平截面外轮廓为梭形。本体连接端的熔接过渡翼部的两侧面都设有熔接肋筋、熔接过渡翼部的上部设置有对称的定位筋。熔接过渡翼部的两端部为扁平端。

上述事实，有本专利授权公告文本、专利复审委员会审查所涉证据、第9792、12161号决定及当事人陈述等证据在案佐证。

本院认为：

鉴于奥星恒迅公司对于第12161号决定中有关本专利权利要求2~5、7、8的认定未提出异议。本案焦点在于专利复审委员会对于本专利权利要求1和6是否具备创造性的审查认定是否存在不当。

《专利法》第二十二条第三款规定，创造性是指同申请日以前已有的技术相比，该实用新型有实质性特点和进步。

结合三方当事人的诉辩主张以及各方认可附件1~3、5均已公开了权利要求1前序部分的技术特征，权利要求1是否具备创造性的核心问题为权利要求1与附件2的区别技术特征—“所述熔接过渡翼部的底部与两侧面具有圆弧状过渡连接部”及其带来的技术效果，是否为本领域公知常识。

附件7属于技术手册，且印刷日期早于本专利申请日两年有余，专利复审委员会将其作为本案公知常识性证据使用，并无不当。该附件7公开了“在塑件的各面或内部连接处应采取圆弧过渡”的内容，专利复审委员会在此基础上进一步分析认为圆弧状过渡的设计本身锐度较低，必然使得其相对于直角、尖角更不易在激烈的碰撞中出现容易破袋、渗漏的情况，这是圆弧状本身固有性质的固有效果。本院认为专利复审委员会上述对于圆弧状过渡的分析认定，系本领域技术人员通常具备的常识性知识，本领域技术人员面对“由于熔接过渡翼部的底部与侧面连接处不够平滑，其边角易导致在与膜熔接加热、加压时发生尖锐突出而致膜材破损，或在药厂生产和检测、运输过程中，容易因碰撞、坠落而出现破袋和渗漏”的技术问题时，容易将上述公知常识与附件2中公开的技术方案相结合得到权利要求1请求保护的技术方案。专利复审委员会认定权利要求1请求保护的技术方案不具有实质性特点和进步，因而不具有创造性，并无不当。奥星恒迅公司主张专利复审委员会对本专利权利要求 1 区别特征的理解、对附件 7 内容认定、对审查指南创造性判断原则的适用均有误以及有关法律适用有误的主张，没有事实和法律依据，本院不予支持。

鉴于奥星恒迅公司对于在本专利权利要求 1 无效的情况下，专利复审委员会认定引用权利要求 1 的权利要求 2 亦无效不持异议。因此本院在上述对于权利要求 1 不具有创造性的判定的基础上，认为本专利权利要求 2 亦不具有创造性。

专利复审委员会对于本专利权利要求 6 创造性的审查实质上是基于权利要求 6 附加技术特征与对比文件附件 2 的对比，并认为本案中的对比结论与第 9792 号决定中的相关认定相同。本院认为，不能因为附件 2 系外观设计专利就直接认定本专利相关技术特征不可能被其公开。权利要求 6 附加技术特征“本体连接端的两熔接过渡翼部上部设置有对称的定位筋”并非不能通过外观设计专利视图所直观得到的技术特征，专利复审委员会认定该技术特征已经被附件 2 所公开并认定其同样起到了防止接口装置在夹具上转动、便于定位的作用，并无不妥。在其引用的权利要求 1 或 2 不具有创造性的情况下，从属权利要求 6 相对于附件 2 和公知常识的结合不具有创造性。奥星恒迅公司有关专利复审委员会对于本专利权利要求 6 的审查事实认定不清、创造性判断有误的主张，没有事实及法律依据，本院不予支持。金扬子公司在无效审查行政程序中明确提出本专利权利要求 6 附加技术特征被附件 2 公开并且属于本领域公知常识，奥星恒迅公司有关专利复审委员会自行引入上述观点的主张，没有事实及法律依据，本院亦不予支持。

综上所述，奥星恒迅公司的诉讼理由不能成立，其诉讼请求本院不予支持。专利复审委员会作出的第 12161 号决定认定事实清楚，适用法律正确，审理程序合法，依法应当予以维持。依照《中华人民共和国行政诉讼法》第五十四条第（一）项之规定，本院判决如下：

维持被告国家知识产权局专利复审委员会作出的第 12161 号无效宣告请求审查决定。

案件受理费 100 元，由原告北京奥星恒迅包装科技有限公司负担（已交纳）。

如不服本判决，各方当事人可在本判决书送达之日起 15 日内，向本院提交上诉状及其副本并交纳上诉案件受理费 100 元，上诉于北京市高级人民法院。

审　判　长　赵　静
代理审判员　姜庶伟
人民陪审员　唐晓君
二〇〇九年六月十五日
书　记　员　高晓旭

北京市高级人民法院
行政判决书

（2009）高行终字第 1122 号

上诉人（原审原告）北京奥星恒迅包装科技有限公司，住所地北京市怀柔区雁栖经济开发区雁栖河西路 3 号。

法定代表人何国强，董事长。

委托代理人崔晓光，男，汉族，1951 年 11 月 19 日出生，北京三友知识产权代理有限公司专利代理人，住北京市海淀区文慧园北路4号院5门1001号。

委托代理人保婧姣，女，汉族，1983年4月17日出生，北京三友知识产权代理有限公司专利代理人，住北京市海淀区西三环北路25号院团校2001法律系。

被上诉人（原审被告）国家知识产权局专利复审委员会，住所地北京市海淀区北四环西路9号银谷大厦10~12层。

法定代表人张茂于，副主任。

委托代理人解静，该委员会审查员。

委托代理人齐宏涛，该委员会审查员。

原审第三人江苏金扬子包装科技有限公司，住所地江苏省兴化市张郭镇春晖路73号。

法定代表人赵京东，董事长。

委托代理人顾晓宁，江苏纵联律师事务所律师。

委托代理人顾进，男，汉族，1978年10月26日出生，南京众联专利代理有限公司专利代理人，住江苏省南京市鼓楼区新门口18号3幢一单元203室。

上诉人北京奥星恒迅包装科技有限公司（简称奥星恒迅公司）因实用新型专利权无效行政纠纷一案，不服北京市第一中级人民法院（2008）一中行初字第1454号行政判决，向本院提起上诉。本院2009年8月14日受理本案后，依法组成合议庭进行了审理。本案现已审理终结。

北京市第一中级人民法院认定，奥星恒迅公司系名称为“输液袋接口”、专利号为03243041.8的实用新型专利（以下简称本专利）的专利权人。针对本专利权，2007年12月24日，江苏金扬子包装科技有限公司（以下简称金扬子公司）向国家知识产权局专利复审委员会（以下简称专利复审委员会）提出宣告本专利无效的请求，其理由是本专利权利要求1~8不符合《专利法》第二十二条第二、三款的规定。2008年8月26日，专利复审委员会作出第12161号无效宣告请求审查决定（简称第12161号决定），宣告本专利权全部无效。

北京市第一中级人民法院认为，本专利权利要求1是否具备创造性的核心问题为权利要求1与附件2的区别技术特征“所述熔接过渡翼部的底部与两侧面具有圆弧状过渡连接部”及其带来的技术效果，是否为本领域公知常识。附件7属于技术手册，公开了“在塑件的各面或内部连接处应采取圆弧过渡”的内容。该圆弧状过渡的设计本身锐度较低，必然使得其相对于直角、尖角更不易在激烈的碰撞中出现容易破袋、渗漏的情况，这是圆弧状本身固有性质的固有效果。上述对于圆弧状过渡的分析认定，系本领域技术人员通常具备的常识性知识。故本专利权利要求1相对于附件2与公知常识附件7的组合不具备创造性。本专利权利要求1不具有创造性的基础上，本专利权利要求2亦不具有创造性。本专利权利要求6附加技术特征“本体连接端的两熔接过渡翼部上部设置有对称的定位筋”通过外观设计专利视图所直观得到的技术特征，该技术特征已经被附件2所公开并认定其同样起到了防止接口装置在夹具上转动、便于定位的作用。在其引用的权利要求1或2不具有创造性的情况下，从属权利要求6相对于附件2和公知常识的结合不具有创造性。

北京市第一中级人民法院依照《中华人民共和国行政诉讼法》第五十四条第（一）项之规定，判决：维持专利复审委员会作出的第12161号决定。

奥星恒迅公司不服原审判决，向本院提起上诉，请求撤销原审判决及第12161号决定，判决专利复审委员会针对本专利权重新作出无效决定，由专利复审委员会承担本案一、二审诉讼费。其理由为：1. 原审判决对本专利权利要求1的创造性判断有误。附件7中塑件“圆弧过渡”的作用里根本不涉及作为塑件的输液袋接口与作为塑件连接物的输液袋膜材之间存在的技术问题，也没有给出相应技术启示。现有技术中不存在将附件7中公开的“圆弧过渡”应用到该最接近的现有技术附件2中以解决本专利中存在技术问题的启示。2. 原审判决对从属权利要求的事实认定不清和创造性判断有误。附件2是外观设计专利，没有技术结构、作用和技术效果方面的描述，不能公开本专利权利要求6的技术特征。虽然第9792号专利无效请求审查决定（以下简称第9792号决定）认定附件2公开了在所述本体连接端的两熔接过渡翼部上部设置有对称的定位筋，这仅是照抄本专利语句，而不是基于附件2自身内容，并不表明附件2公开了本专利特征。原审判决关于“从属权利要求6相对于附件2和公知常识的结合不具备创造性”的认定中，公知常识的内容无效请求人没有提出，也没有举证。专利复审委员会、金扬子公司服从原审判决。

经审理查明：本专利系国家知识产权局于2004年2月25日公告授权、名称为“输液袋接口”的03243041.8号实用新型专利，申请日为2003年3月31日，专利权人为奥星恒迅公司，其授权公告的权利要求如下：

“1. 一种输液袋接口，它包括一本体，本体上设有一纵向通孔，所述本体的一端为伸入输液袋并与之熔接密封的连接端，本体的另一端为外露的出口端，所述连接端具有向外延伸可与输液袋平滑连接的熔接过渡翼部，其特征在于：所述熔接过渡翼部的底部与两侧面具有圆弧状过渡连接部。

2. 根据权利要求1所述的输液袋接口，其特征在于：所述熔接过渡翼部两端部的下部与上述连接端底部具有圆弧状过渡连接部。

3. 根据权利要求1或2所述的输液袋接口，其特征在于：所述圆弧状过渡连接部的半径为1.0~5.0mm。

4. 根据权利要求1或2所述的输液袋接口，其特征在于：所述本体连接端的两熔接过渡翼部的水平截面外轮廓为梭形或对应边平行的船形。

5. 根据权利要求1或2所述的输液袋接口，其特征在于：所述本体连接端的熔接过渡翼部的两侧面都设有熔接肋筋。

6. 根据权利要求1或2所述的输液袋接口，其特征在于：在所述本体连接端的两熔接过渡翼部上部设置有对称的定位筋。

7. 根据权利要求1或2所述的输液袋接口，其特征在于：所述通孔为锥形孔。

8. 根据权利要求1或2所述的输液袋接口，其特征在于：熔接过渡翼部的两端部为扁平端。”

针对本专利权，金扬子公司于2007年12月24日向专利复审委员会提出宣告本专利无效的请求，其理由是本专利权利要求1~8不符合《专利法》第二十二条第二、三款的规定，并提交如下附件：

附件1：01344806.4号中国外观专利公报，公告日为：2002年4月17日；

附件2：01350302.2号中国外观专利公报，公告日为：2002年7月17日（见本判决书附图）；

附件3：01253942.2号中国实用新型专利说明书，授权公告日为2002年7月3日；

附件4：98804535.4号中国发明专利申请说明书，授权公告日为：2005年12月21日；

附件5：00233702.9号中国实用新型专利说明书，授权公告日为：2001年5月9日；

附件6：金扬子公司声称的《塑料成型加工与模具》，第56、57页，复印件共2页；

附件7：《塑料、橡胶成型模具设计手册》，第46页，复印件1页，该附件记载了为避免应力集中，提高塑件强度，改善塑件的熔料流动性及便于脱模，在塑件的各面或内部连接处应采取圆弧过渡；

附件8：专利复审委员会作出的第9792号决定：该决定系专利复审委员会就杭州达远包装材料有限公司针对本专利所提的专利无效请求所做的决定。该决定中评价本专利是否具备创造性的对比文件证据4系本案中附件2，其公开的内容为：“输液袋接口包括一本体，本体上设有一纵向的锥形通孔，连接端具有外向延伸可与输液袋平滑连接的熔接过渡翼部，熔接过渡翼部两端部的下部与连接端底部具有圆弧状过渡连接部，本体连接端的熔接过渡翼部的水平截面外轮廓为梭形。本体连接端的熔接过渡翼部的两侧面都设有熔接肋筋、熔接过渡翼部的上部设置有对称的定位筋。熔接过渡翼部的两端部为扁平端”。专利复审委员会在该决定中认为，本专利权利要求1与证据4相比区别在于证据4没有公开“所述熔接过渡翼部的底部与两侧面具有圆弧状过渡连接部”，并且证据4作为外观设计从视图中不能得到任何有关该圆弧状过渡连接部的技术启示。而该区别技术特征能够解决证据4中存在的接口在与输液袋熔接时容易膜材破损的技术问题，同时可实现提高其抗冲击能力，减少和避免由于碰撞、坠落发生输液袋破袋和渗漏的有益技术效果。

附件9：江苏省南京市中级人民法院（2005）宁民三初字第372号民事判决书。

金扬子公司认为：权利要求1分别相对于附件1~5不具有新颖性，分别相对于附件1~5和公知常识的结合、相对于附件8、9和公知常识的结合不具有创造性；权利要求2的附加技术特征分别在对比文件1、2、4、5中公开，或属于公知常识，故在其引用的权利要求1不具有新颖性、创造性的情况下，权利要求2也不具备新颖性、创造性；权利要求3的附加技术特征是公知常识，故权利要求3相对于对比文件1~5分别和公知常识的结合不具有创造性；权利要求4、5的附加技术特征已分别被附件1~5公开，故在其引用的权利要求不具有新颖性、创造性的情况下，权利要求4、5均不具有新颖性、创造性；权利要求6的附加技术特征被附件2、4、5公开，并且也属于公知常识，故权利要求6相对于附件1和公知常识的结合，附件1和2的结合，附件3、2的结合不具有创造性，相对于附件2或4或5不具有新颖性、创造性；权利要求7的附加技术特征分别被附件1、2公开，权利要求7相对于附件1或附件2均不具有新颖性、创造性，相对于附件3或4或分别5和附件2的结合不具有创造性；权利要求8的附加技术特征分别被附件1~5公开，权利要求8分别相对于附件1~5均不具有新颖性、创造性。

金扬子公司于2008年1月23日提交补充意见陈述，同时提交如下附件：

附件10：01266141.4号中国实用新型专利说明书，申请日为2001年10月29日，授权公告日为2003年6月4日。

金扬子公司认为：本专利权利要求1分别相对于附件1~5、9、10不具备新颖性，相对于附件1~5、9、10分别和公知常识（证据6、7）的结合，附件10、9的结合不具有创造性；权利要求2的附加技术特征分别被附件1、2、4、5、10公开，且属于本领域公知常识，故在其引用的权利要求1不具有新颖性、创造性的情况下，权利要求2不具有新颖性、创造性；权利要求3的附加技术特征为本领域公知常识，故其相对于附件1~5、10分别和公知常识的结合不具有创造性；权利要求4、5的附加技术特征分别被附件1~5、10所公开，并且属于本领域公知常识，故在其引用的权利要求不具有新颖性、创造性的情况下，权利要求4、5不具有新颖性、创造性；权利要求6的附加技术特征被附件2、4、5、10公开，并且属于本领域公知常识，故权利要求6相对于附件1、2分别和公知常识的结合、附件1和2的结合、附件3和2的结合不具有创造性，权利要求6分别相对于附件2、4、5、10不具有新颖性、创造性；权利要求7的附加技术特征分别被附件1、2、10公开，权利要求7分别相对于附件1、2、10不具有新颖性和创造性，分别相对于附件3、2结合、附件4、2结合、附件5、2结合不具有创造性；权利要求8的附加技术特征分别被附件1~5、10公开，并属于本领域公知常识，故在其引用的权利要求不具有创造性的情况下，权利要求8也不具有新颖性和创造性。

2008年7月21日，口头审理如期进行。金扬子公司当庭明确其无效宣告请求的理由和证据为：本专利权利要求1相对于附件1无新颖性，相对于附件1~3、5、8、10分别和公知常识的结合无创造性，相对于附件9、8和公知常识的结合无创造性，相对于附件10无新颖性。从属权利要求2-8的评述方式以金扬子公司提交的请求书以及补充意见陈述为准。金扬子公司以附件6、7作为公知常识性证据，放弃附件4。奥星恒迅公司认可附件1-10的真实性，认可附件10为金扬子公司在提出无效宣告请求之日起一个月内提交的证据，但认为附件6印刷日晚于本专利申请日，不能作为公知常识性证据使用。双方认可附件1~3、5均公开了权利要求1前序部分的技术特征。

2008年8月26日，专利复审委员会作出第12161号决定，宣告本专利全部无效。专利复审委员会在该决定中认定：

1. 关于证据。

对于金扬子公司明确放弃的附件4，不予评述。附件1~3、5. 10均为专利文献，奥星恒迅公司认可其真实性，专利复审委员会亦予认可，其中附件1~3、5的公开日期均早于本专利申请日，可以作为现有技术评价本专利新颖性和创造性，附件10为他人在本专利申请日前提出申请，且授权公告日在本专利申请日后，仅能作为抵触申请评价本专利新颖性。附件6为《塑料成型加工与模具》第56~57页，其印刷日晚于本专利申请日，不能作为本案公知常识性证据使用。附件7为《塑料、橡胶成型模具设计手册》第46页，金扬子公司当庭出示了原件，经核实原件与复印件一致，其印刷日为2000年7月，早于本专利申请日，并且该附件属于技术手册，可以作为本案公知常识性证据使用。附件8、9分别为专利复审委员会于2007年5月18日作出的第9792号决定以及江苏省南京市中级人民法院（2005）宁民初字第372号民事判决书，均属于法律文书，奥星恒迅公司认可其真实性，专利复审委员会对其真实性亦予认可。

2. 关于创造性。

生效的第9792号决定中已认定，本专利权利要求1和本案中附件2相比，区别仅在于附件2中没有公开“所述熔接过渡翼部的底部与两侧面具有圆弧状过渡连接部”，奥星恒迅公司在口头审理中对此亦无异议。根据本专利说明书记载以及前述生效决定可以认定，该区别技术特征是用于解决附件2中接口在与输液袋熔接时膜材容易破损的技术问题，同时可实现提高其抗冲击能力，减少和避免由于碰撞、坠落发生输液袋破袋和渗漏的有益技术效果。

公知常识性证据附件7公开了：为避免应力集中，提高塑件强度，改善塑件的熔料流动性及便于脱模，在塑件的各面或内部连接处应采取圆弧过渡。而避免应力集中、提高塑件强度即解决了熔接时容易破损的问题，并且提高了抗冲击能力，同时，强度提高、应力分散，也必然可带来防止碰撞、坠落时发生输液袋破袋和渗漏的有益效果。此外，圆弧状过渡的设计本身锐度较低，必然使得其相对于直角、尖角更不易在激烈的碰撞中出现容易破袋、渗漏的情况，这是圆弧状本身固有性质的固有效果。因此，上述区别特征为本领域公知常识，并且其带来的技术效果在公知常识中已经给出了明确教导，本领域技术人员很容易在附件2公开的技术方案中结合本领域公知常识，得到权利要求1请求保护的技术方案，权利要求1请求保护的技术方案不具有实质性特点和进步，不具有创造性，不符合《专利法》第二十二条第三款的规定。

第9792号决定认定权利要求2的附加技术特征已经被附件2所公开。专利复审委员会经过审查对此予以认可。其所起作用与其在本专利中所起作用相同：采用圆弧状的过渡连接，可以避免在熔接时发生尖端突出的问题，并且可以避免生产运输及使用过程中可能出现的破袋和渗漏问题。在其引用的权利要求1不具有创造性的情况下，从属权利要求2相对于附件2和公知常识的结合不具有创造性。

第9792号决定认定权利要求6附加技术特征已经被附件2所公开，应予认可。并且其同样起到了防止接口装置在夹具上转动、便于定位的作用，故在其引用的权利要求1或2不具有创造性的情况下，从属权利要求6相对于附件2和公知常识的结合不具有创造性。

从属权利要求3~5. 7、8，在其引用的权利要求1或2不具有创造性的情况下，该从属权利要求相对于附件2和公知常识的结合不具有创造性。

综上，专利复审委员会做出第 12161 号决定，宣告本专利权全部无效。

上述事实，有本专利授权公告文本、专利复审委员会审查所涉证据、第 9792、12161 号决定及当事人陈述等证据在案佐证。

本院认为，实用新型的创造性是指同申请日以前已有的技术相比，该实用新型有实质性特点和进步。本案焦点在于本专利权利要求 1 和 6 是否具备创造性。

本专利权利要求 1 是否具备创造性的核心问题为本专利权利要求 1 与附件 2 的区别技术特征—“所述熔接过渡翼部的底部与两侧面具有圆弧状过渡连接部”及其带来的技术效果是否为本领域公知常识。

附件 7 属于技术手册，可以作为公知常识性证据。该附件公开了“为避免应力集中，提高塑件强度，改善塑件的熔料流动性及便于脱模，在塑件的各面或内部连接处应采取圆弧过渡”。而避免应力集中、提高塑件强度即解决了熔接时容易破损的问题，并且提高了抗冲击能力，同时，强度提高、应力分散，也必然可带来防止碰撞、坠落时发生输液袋破袋和渗漏的有益效果。此外，圆弧状过渡的设计本身锐度较低，必然使得其相对于直角、尖角更不易在激烈的碰撞中出现容易破袋、渗漏的情况，这是圆弧状本身固有性质的固有效果。由此可见，本领域技术人员面对“由于熔接过渡翼部的底部与侧面连接处不够平滑，其边角易导致在与膜熔接加热、加压时发生尖锐突出而致膜材破损，或在药厂生产和检测、运输过程中，容易因碰撞、坠落而出现破袋和渗漏”的技术问题时，容易将上述公知常识与附件 2 中公开的技术方案相结合得到权利要求 1 请求保护的技术方案。因此，本专利权利要求 1 相对于附件 2 与附件 7 的组合不具备创造性。奥星恒迅公司关于原审判决对公知常识认定有误进而对本专利权利要求 1 的创造性判断有误的上诉主张不能成立，本院不予支持。

本专利权利要求 6 的附加技术特征为：所述本体连接端的两熔接过渡翼部上部设置有对称的定位筋。对此，首先，在已经生效的第 9792 号决定明确记载：“本体连接端的熔接过渡翼部的两侧面都设有熔接肋筋、熔接过渡翼部的上部设置有对称的定位筋”，即附件 2 已经披露“本体连接端的两熔接过渡翼部上部设置有对称的定位筋”的技术特征。其次，不能因为附件 2 系外观设计专利就直接认定本专利相关技术特征不可能被其公开，本专利权利要求 6 附加技术特征并非不能通过外观设计专利视图所直观得到的技术特征，该技术特征已经被附件 2 所公开并可认定其同样起到了防止接口装置在夹具上转动、便于定位的作用。因此，本专利权利要求 6 也不具备创造性。奥星恒迅公司关于原审判决认定本专利权利要求 6 不具备创造性认定事实错误的上诉主张不能成立，本院不予支持。

综上所述，原审判决认定事实清楚，适用法律正确。奥星恒迅公司的上诉主张于法无据，本院不予支持。依照《中华人民共和国行政诉讼法》第六十一条第（一）项之规定，本院判决如下：

驳回上诉，维持原判。

一审案件受理费人民币 100 元，由北京奥星恒迅包装科技有限公司负担（已交纳）；二审案件受理费 100 元，由北京奥星恒迅包装科技有限公司负担（已交纳）。

本判决为终审判决。

审 判 长 刘 辉
代理审判员 岑宏宇
代理审判员 焦 彦
二〇〇九年九月二日
书 记 员 陈 明
书 记 员 耿巍巍

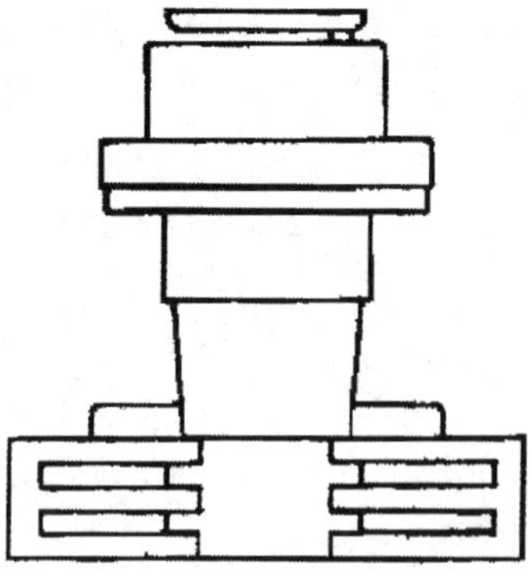

主视图

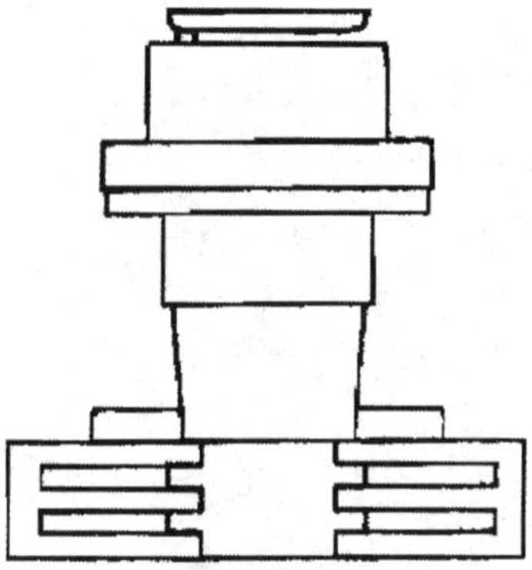

后视图

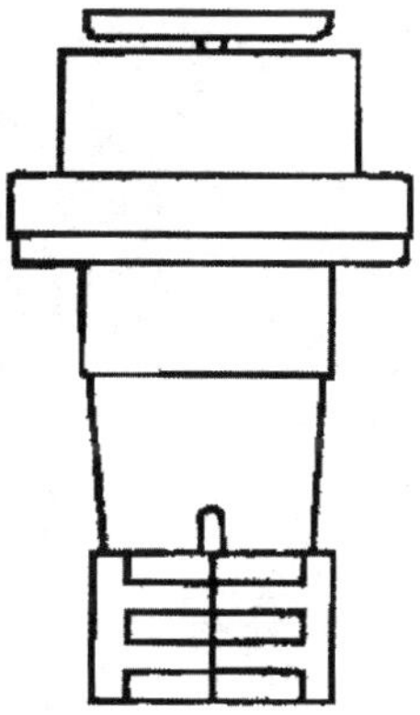

右视图

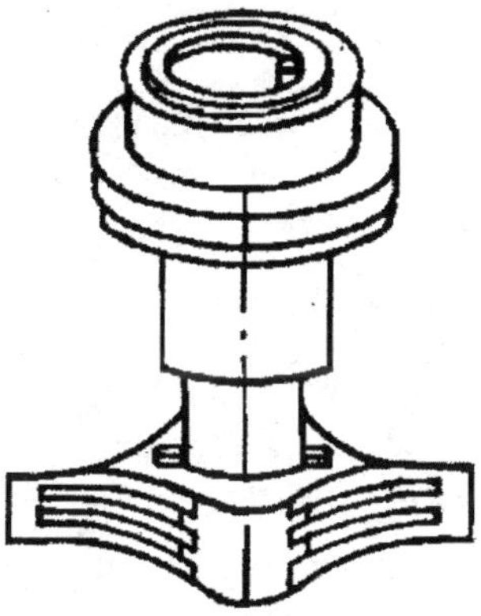

立体图

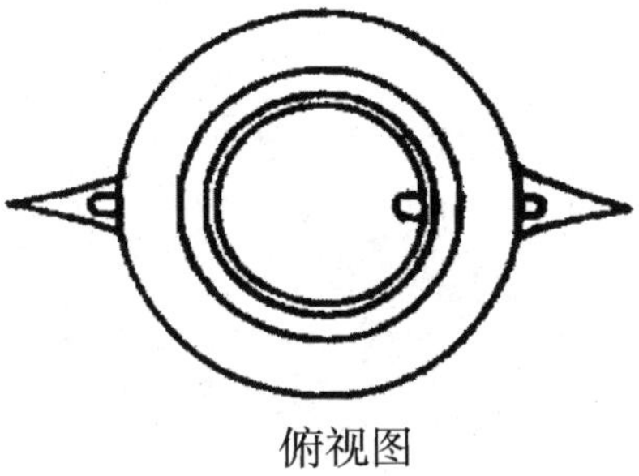

俯视图

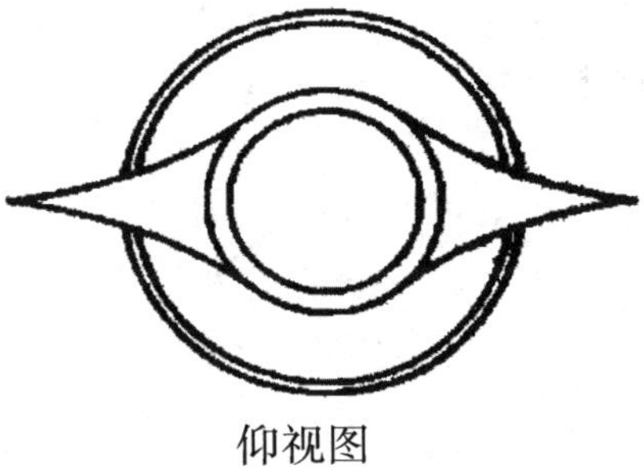

仰视图

179

自动制砖机的布料夹砖机构

无效宣告请求审查决定（第12173号）

决　　定　　号　第12173号
决　　定　　日　2008年8月20日
发明创造名称　自动制砖机的布料夹砖机构
国 际 分 类 号　B28B 13/00
无效宣告请求人　洛阳中冶重工机械有限公司
专　利　权　人　福建海源自动化机械股份有限公司
专　　利　　号　200420150157.4
申　　请　　日　2004年6月2日
授 权 公 告 日　2006年7月19日
合 议 组 组 长　董晓静
主　　审　　员　宋晓晖
参　　审　　员　刘　犟

法　律　依　据　专利法第22条第2款、第3款
决　定　要　点

如果实用新型专利某项权利要求所保护的技术方案与最接近的现有技术相比存在区别技术特征，请求人提供的其他对比文件也没有公开该区别技术特征或给出技术启示，而且该区别技术特征的引入使得该权利要求的技术方案产生了有益的技术效果，则该权利要求相对于请求人提供的现有技术具有实质性特点和进步，具有创造性。

一、案由

本无效宣告请求涉及中华人民共和国国家知识产权局于2006年7月19日授权公告的、名称为"自动制砖机的布料夹砖机构"的实用新型专利权（下称本专利），其专利号是200420150157.4，申请日是2004年6月2日，授权时的专利权人是李良光，于2007年8月17日变更为福建海源自动化机械设备有限公司，又于2008年6月6日变更为福建海源自动化机械股份有限公司。本专利授权公告时的权利要求书如下：

"【权利要求1】自动制砖机的布料夹砖机构，包括布料车（1）和夹砖机构（2），布料车具有料框（11），夹砖机构（2）具有夹板（21），其特征在于，还包括提升机构，布料车（1）和夹砖机构（2）通过提升机构连接。

【权利要求2】根据权利要求1所述的自动制砖机的布料夹砖机构，其特征在于，提升机构包括

传动机构（3）和第一动力机构（4），传动机构（3）一端与夹砖机构（2）连接，另一端与第一动力机构（4）连接，第一动力机构（4）安装在布料车（1）上，夹砖机构（2）铰接在布料车（1）上，且该铰接点至夹砖机构（2）与连杆机构（3）的连接处在垂直方向上具有间距。

【权利要求3】根据权利要求2所述的自动制砖机的布料夹砖机构，其特征在于，传动机构（3）为一种连杆机构，该连杆机构包括杠杆（31）和连杆（32），杠杆（31）铰接在布料车（1）上，且其一端与动力机构（4）铰接，另一端与连杆（32）铰接，连杆（32）的另一端与夹砖机构（2）铰接。

【权利要求4】根据权利要求2所述的自动制砖机的布料夹砖机构，其特征在于，传动机构（3）为一种齿轮齿条机构，该齿轮齿条机构包括齿条和齿轮，齿轮与齿条啮合，齿条与夹砖机构连接，齿轮与第一动力机构（4）连接。

【权利要求5】根据权利要求2所述的自动制砖机的布料夹砖机构，其特征在于，第一动力机构（4）或者为气缸，或者为液压缸，或者为一种电机。

【权利要求6】根据权利要求1所述的自动制砖机的布料夹砖机构，其特征在于，提升机构为一种导轨机构，该导轨机构具有导轨座和导轨，导轨座和导轨的其中之一固定在夹砖机构（2）上，另一则固定在布料车（1）上，且固定在导轨座与导轨上的夹砖机构（2）与布料车（1）的相对移动方向为竖直方向。

【权利要求7】根据权利要求1所述的自动制砖机的布料夹砖机构，其特征在于，夹砖机构（2）为一种薄膜气缸夹砖机构，该夹砖机构（2）还包括薄膜气缸（22），夹板（21）平行固定，薄膜气缸（22）对称分布在夹板（21）上。

【权利要求8】根据权利要求7所述的自动制砖机的布料夹砖机构，其特征在于，薄膜气缸（22）具有膜片（221），压板（222），膜片（221）为具有开口（2211）的空腔体，膜片夹板（222）位于膜片（221）的空腔内，并通过紧固件与夹板（21）连接，同时将膜片（221）固定于夹板（21）上，膜片（221）与压板（222）之间形成气室A，压板（222）上具有通气孔（2221），通气孔（2221）与气室A贯通。

【权利要求9】根据权利要求8所述的自动制砖机的布料夹砖机构，其特征在于，膜片（221）为一种矩形空腔体，其开口（2211）位于矩形的一侧壁，与该开口（2211）相对的另一侧壁为夹持面（2212），该夹持面（2212）的表面具有环围的凹槽（2213）。

【权利要求10】根据权利要求7所述的自动制砖机的布料夹砖机构，其特征在于，夹板（21）上具有与薄膜气缸（22）相配的矩形凹洞（211），薄膜气缸（22）嵌套于该凹洞（211）内。

【权利要求11】根据权利要求1所述的自动制砖机的布料夹砖机构，其特征在于，布料车（1）还包括搅料机构（12），搅料机构（12）包括搅料杆（121），转轴（122）和第二动力机构（123），搅料杆（121）沿转轴（122）轴向分布，转轴（123）支承在料框（11）上，动力机构（123）与转轴（122）传动连接。

【权利要求12】根据权利要求11所述的自动制砖机的布料夹砖机构，其特征在于，具有一个至五个搅料机构（12）安装在料框（11）上。

【权利要求13】根据权利要求11所述的自动制砖机的布料夹砖机构，其特征在于，复数个搅料杆（121）沿转轴（122）的轴向或者呈直线连续分布，或者呈螺旋线连续分布，其旋转时组成一种圆柱形的回转体。

【权利要求14】根据权利要求11所述的自动制砖机的布料夹砖机构，其特征在于，转轴（122）平行于料框（11）的底部而支承在料框（11）上。”

针对本专利权，洛阳中冶重工机械有限公司（下称请求人）于2008年4月7日向专利复审委员会提出无效宣告请求，认为本专利不符合专利法第22条第2款、专利法实施细则第21条第2款和专利法实施细则第13条第1款的规定，请求人同时提交了如下附件：

附件1-1：《粉煤灰》第16卷第1期、总第87期，于2004年2月25日出版，目次页、印有德国拉斯科公司的广告页、印有海源企业的HF系列千吨全自动液压墙体砖压机及配套生产线的广告页，复印件共3页；

附件1-2：所称拉斯科压机实物图片，共2页；

附件1-3：所称福建海源自动化机械设备有限公司产品样本，共2页；

附件2：授权公告日为2005年2月9日、申请日为2004年2月27日，专利权人为郑州德亿重工机器制造有限公司，授权公告号为CN2677124Y（专利号为200420010260.9）的中国实用新型专利说明书，共5页；

附件3：授权公告日为2006年7月19日、申请日为2004年4月22日，专利权人为李良光，授权公告号为CN2796989Y（专利号为200420150064.1）的中国实用新型专利说明书，共9页；

附件4：授权公告日为2005年1月19日、申请日为2004年2月5日，专利权人为李良光，授权公告号为CN2671777Y（专利号为200420024585.2）的中国实用新型专利说明书，共6页。

请求人认为：独立权利要求1不符合专利法实施细则第21条第2款的规定；权利要求1~14相对于附件3和附件4的组合及与附件2的结合，或相对于附件1-1至1-3，不具备专利法第22条第2款的新颖性；权利要求7~10相对于附件3属于重复授权，权利要求11~14相对于附件4属于重复授权，因此权利要求7~14不符合专利法实施细则第13条第1款的规定。

经形式审查合格，专利复审委员会依法受理了上述无效宣告请求，并于2008年4月7日向请求人和专利权人发出无效宣告请求受理通知书，同时将专利权无效宣告请求书及其附件清单中所列附件的副本转送给专利权人，并要求专利权人在指定的期限内陈述意见。

请求人于2008年5月5日向专利复审委员会提交了意见陈述书，并补充了无效宣告的理由和证据，其中补充的证据为（编号续前）：

附件5：授权公告日为1997年7月30日、授权公告号为CN2258451Y（专利号为95235262.1）的中国实用新型专利说明书，共5页（下称对比文件1）；

附件6：公开日为1995年11月29日、公开号为CN1112780A（申请号为94190529.2）的中国发明专利申请公开说明书，共14页（下称对比文件2）。

请求人认为：（1）本专利权利要求1~14不具备新颖性：①本专利的权利要求1相对于附件3和附件4的组合，以及附件3、4与附件2的结合方式，不具备专利法第22条第2款规定的新颖性。②附件2公开了权利要求2~6的附加技术特征；附件3公开了权利要求7~10的附加技术特征；附件4公开了权利要求11~14的附加技术特征；而且权利要求3~6的附加技术特征也是公知常识；因此在这些从属权利要求引用的权利要求不具备新颖性的情况下，这些从属权利要求也不具备专利法规定的新颖性。

（2）本专利权利要求1~6、11~14不具备创造性：①对比文件1公开了一种搅拌输送连体制砖机（参见对比文件1说明书第1页第9行至第2页第16行，附图1），其中公开了以下技术特征：所述制砖机包括布料车，布料车具有料箱4（相当于本专利权利要求1的料框），还包括搅料机构，搅料机构包括搅拌叶片7，布料车与搅料机构连接；与权利要求1相比，区别在于“包括夹砖机构，夹砖机构具有夹板，布料车和夹砖机构通过提升机构连接”；该区别特征被对比文件2公开，对比文件2公开了一种模铸陶瓷坯体的浇铸设备，其包括夹紧体机构（相当于权利要求1中的夹砖机构），夹紧体机构具有夹板，布料车和夹紧体机构通过提升机构连接；并且由于对比文件 1、2 和本专利属于相同的技术领域，因此对比文件 1 和 2 的结合对于本领域技术人员而言不需要付出创造性劳动，因此权利要求 1 不具备专利法规定的创造性。②对比文件 2 公开了权利要求 2 的附加技术特征，权利要求 3~6 的附加技术特征是公知常识，对比文件 1 公开了权利要求 11~14 的附加技术特征，因此在这些从属权利要求引用的权利要求不具备创造性的情况下，从属权利要求 2~6，11~14 不具备专利法第 22 条第 3 款规定的创造性。

针对专利复审委员会发出的上述无效宣告请求受理通知书，专利权人于 2008 年 5 月 24 日提交了意见陈述书。专利权人认为：（1）附件 1-1 至 1-3 并没有对本专利的技术方案作任何公开；附件 2 中看不出图中有“提升机构”，另外请求人将附件 2 与附件 3、4 结合以否定本专利的新颖性的主张，是一种常识性错误。（2）本专利的独立权利要求 1 符合专利法实施细则第 21 条第 2 款及第 13 条第 1 款的规定。

专利复审委员会依法成立合议组。

本案合议组于 2008 年 6 月 11 日向双方发出无效宣告请求口头审理通知书，定于 2008 年 7 月 18 日在专利复审委员会举行口头审理。随同口头审理通知书，将请求人于 2008 年 5 月 5 日提交的意见陈述书及其附件清单中所列附件的副本转送给专利权人，将专利权人于 2008 年 5 月 24 日提交的意见陈述书转送给请求人。

口头审理如期举行，请求人与专利权人均参加了口头审理。

在口头审理中，双方当事人对对方出庭人员的身份均无异议。

请求人明确放弃附件 1 及与之相关的无效理由，放弃附件 3 和 4 及与之相关的无效理由，放弃不符合专利法实施细则第 13 条第 1 款规定的无效理由，放弃相对于附件 2、3 和 4 结合评价权 1~14 的不具备专利法第 22 条第 2 款规定的新颖性的无效理由。请求人确定无效请求的理由、证据和范围为：权利要求 1~6 相对于附件 2 不符合专利法第 22 条第 2 款规定的新颖性；权利要求 1~6、11~14 相对于对比文件 1 和 2 的结合不符合专利法第 22 条第 3 款规定的创造性。除此之外，没有其他无效请求的理由，和证据使用方式。专利权人对附件 2、对比文件 1 和 2 的真实性没有异议；认为相对于附件 2，本专利权利要求 1~6 有新颖性；相对于对比文件 1 和 2 的结合，权利要求 1~6 和 11~14 有创造性。

至此，合议组认为本案事实已经清楚，可以作出审查决定。

二、决定的理由

1. 关于证据和现有技术

附件 2 是他人于本专利申请日前向专利局提出的、在本专利申请日后公告的专利文献，专利权人对其真实性无异议，因此能用来评述本专利的新颖性。

对比文件 1 和 2 为中国公开的专利文献，其公告日早于本专利的申请日，故对比文件 1 和 2 可以作为评价本专利创造性的证据使用。

2. 关于专利法第 22 条第 2 款规定的新颖性

专利法第 22 条第 2 款规定：新颖性，是指在申请日以前没有同样的发明或者实用新型在国内外出版物上公开发表过、在国内公开使用过或者以其他方式为公众所知，也没有同样的发明或者实用新型由他人向国务院专利行政部门提出过申请并记载在申请日以后公布的专利申请文件中。

如果实用新型专利某项权利要求所保护的技术方案与对比文件公开的内容相比存在区别技术特征，则该权利要求具备新颖性。

权利要求 1 请求保护一种自动制砖机的布料夹砖机构。附件 2 公开了一种多功能压砖机，其具有由推进油缸驱动的由喂料箱、压制台、夹坯器组成的三工位装置，通过推进油缸驱动喂料箱首先准确移至喂料口下方，向置于活动梁上的模箱内填料，然后将压制台移至模箱上方进行压制砖坯，最后由压力油缸将模箱内砖坯顶出，夹坯器将砖坯搬运出（参见说明书第 1 页第 17~18 行和 26~28 行）。两者相比，区别在于，附件 2 至少没有公开本专利权利要求 1 中的“提升机构”以及“布料车（1）和夹砖机构（2）通过提升机构连接”这些技术特征。

请求人在口头审理时认为附件 2 说明书中记载的“夹坯器将砖坯搬运出”可以说明有提起的动作，并强调技术特征“提升机构”虽然没有在说明书文字部分记载但在附图中得到了体现。合议组经审查后认为：附件 2 说明书记载的“夹坯器将砖坯搬运出”仅是说明了夹坯器的功能，本领域技术人员不能直接地、毫无疑义地确定出布料车和夹砖机构之间通过提升机构连接；另外，附件 2 的附图中并没有明确的附图标记表明“提升机构”的存在，从附件 2 的附图中并不能直接地、唯一地确定具有“提升机构”，更不能直接地、唯一地确定提升机构连接着布料车和夹砖机构；故请求人的上述主张不成立。

因此，权利要求 1 相对于附件 2 不符合专利法第 22 条第 2 款规定的新颖性的无效理由不能成立。鉴于此，从属权利要求 2~6 相对于附件 2 不符合专利法第 22 条第 2 款规定的新颖性的无效理由也不能成立。

3. 关于专利法第 22 条第 3 款规定的创造性

创造性，是指同申请日以前已有的技术相比，该发明有突出的实质性特点和显著的进步，该实用新型具有实质性特点和进步。

如果实用新型专利某项权利要求所保护的技术方案与最接近的现有技术相比存在区别技术特征，请求人提供的其他对比文件也没有公开该区别技术特征或给出技术启示，而且该区别技术特征的引入使得该权利要求的技术方案产生了有益的技术效果，则该权利要求相对于请求人提供的现有技术具有实质性特点和进步，具有创造性。

权利要求 1 请求保护一种自动制砖机的布料夹砖机构。对比文件 1 公开了一种搅拌输送连体制砖机，并具体公开了以下特征，在底盘 1 的左侧安装料箱 4，在料箱 4 左端安装出料口箱 2 和砖嘴 12，另一端的上部设置进料斗 6，将长轴 8 通过中间支撑 13 置于料箱 4 内，并通过轴承座 9 固定在底盘 1 上，长轴 8 与离合器 10 和变速箱 11 相连，将离合器控制杆 3 安装在整机的出料口一端，在长轴 8 上设置用于推进挤出的螺旋叶片 5 和用于搅拌的叶片 7（参见对比文件 1 说明书第 2 页第 7 行至第 2 页第 16 行和附图 1）。两者相比，本专利与对比文件 1 属于相同的技术领域；对比文件 1 中的料箱对应于权利要求 1 中的料框，两者的区别在于：对比文件 1 中没有公开下述技术特征：“夹砖机构（2）”、“夹砖机构（2）具有夹板（21）”、“提升机构”、以及“布料车和夹砖机构通过提升机构连接”。

对比文件 2 公开了一种模铸陶瓷坯体的浇铸设备，并具体公开以下特征，该浇铸设备有一可步进式转动的转台 10，转台圆周上安装多个第一模座 16，每个第一模座 16 有一个第二模座 18 与之相对，而且各自固定的模块 22、24 构成一副压铸模，模座上安装有夹紧体 42、44，紧靠转台的位置上设脱坯站 30，每对模块 22、24 在转台转动一周的过程中都将到达脱坯站一次，在脱坯站内转动驱动装置驱动杠杆，杠杆可绕与所述的位于脱坯站上的模座（16，18）的转轴（B）平行的轴线（D）摆动，使杠杆（86）约束在所述第一模座（16）的导杆（94）上并使所述的模座（16，18）从浇铸位置回转到脱坯位置（说明书第 3~7 页，图 1~4）。由此可见，对比文件 2 涉及的是一种模铸陶瓷卫生设备的铸坯的浇铸设备，不属于制砖设备的技术领域，与本专利所属技术领域不相同；另外，对比文件 2 公开的是通过转台 10 步进式地自动将模具从浇铸工位运送到脱坯工位，并没有公开“提升结构”和

“布料车（1）和夹砖机构（2）通过提升结构连接”的技术特征，也没有给出采用这些技术特征的技术启示。而且，根据本专利说明书的记载可知，由于夹砖机构与布料车通过提升机构连接，因此，布料车移动同时带动夹砖机构移动，并且，还可以通过提升机构使夹砖机构提起，从而实现夹砖机构向上移动夹起砖块，防止夹砖机构移动时夹起的砖块与砖模发生碰撞损坏砖块。因此请求人关于对比文件1和对比文件2的结合破坏权利要求1的创造性的主张不成立。

在口头审理过程中，请求人提出对比文件2的“转台10”相当于权利要求1的“布料车（1）”，“夹紧体（42，44）”相当于“夹砖机构（2）”，“旋转驱动装置90”相当于“提升机构”，并认为转台（10）和夹紧体通过旋转驱动装置90连接，旋转驱动装置90带动夹紧体来回摆动于浇铸工位及脱坯工位，因此对比文件2给出了技术启示，对比文件1和对比文件2的结合能得到权利要求1的技术方案，权利要求1不符合专利法第22条第3款的规定。

合议组认为：首先，在对比文件2中，“转台10”上立着储浆罐20并安有模座16、18，模座上安装夹紧体，转台10的作用是运送模座从浇铸工位到脱坯工位，而本专利权利要求1中的布料车上具有料框，夹砖机构具有夹板，两者的结构和功能并不完全相同，因此不能认为对比文件2的转台和夹紧体公开了本专利的布料车和夹砖机构；其次，对比文件2的说明书文字部分和附图中也没有公开旋转驱动装置90连接了夹紧体和转台。因此，对比文件2并没有公开“提升机构”和“布料车（1）和夹砖机构（2）通过提升结构连接”这些技术特征。故请求人的主张不能成立。

在此基础上，虽然请求人还主张权利要求2~6、11~14的附加技术特征已被公开或是公知常识，但是由于从属权利要求2~6、11~14的技术方案不仅包括其附加技术特征，还包括了权利要求1的全部技术特征，因此，在请求人关于独立权利要求1相对于对比文件1和对比文件2的结合不具备创造性的主张不成立的基础上，其关于权利要求2~6、11~14不符合专利法第22条第3款的理由也不成立。

根据上述的事实和理由，本案合议组依法作出以下决定。

三、决定

维持200420150157.4号实用新型专利权有效。

当事人对本决定不服的，可以根据专利法第46条第2款的规定，自收到本决定之日起三个月内向北京市第一中级人民法院起诉。根据该款的规定，一方当事人起诉后，另一方当事人应当作为第三人参加诉讼。

北京市第一中级人民法院
行政判决书

（2009）一中行初字第 90 号

原告洛阳中冶重工机械有限公司，住所地河南省洛阳市涧西区秦岭路。

法定代表人张亚琦，董事长。

委托代理人陈德军，男，1968 年 11 月 14 日出生，汉族，洛阳中冶重工机械有限公司技术部部长，户籍所在地河南省洛阳市老城区利通巷 5 号楼 2 门 601 号。

委托代理人符继超，男，1956 年 12 月 23 日出生，汉族，洛阳中冶重工机械有限公司员工，户籍所在地河南省洛阳市涧西区十六号街坊 2 栋 1 门 401 号。

被告国家知识产权局专利复审委员会，住所地北京市海淀区北四环西路 9 号银谷大厦。

法定代表人廖涛，副主任。

委托代理人宋晓辉，女，国家知识产权局专利复审委员会审查员。

委托代理人齐宏涛，男，国家知识产权局专利复审委员会审查员。

第三人福建海源自动化机械股份有限公司，住所地福建省闽侯铁岭工业集中区。

法定代表人李良光，总经理。

委托代理人林天凯，男，福州展晖专利事务所主任。

委托代理人黄墩荣，男，1945 年 5 月 15 日出生，汉族，福建海源自动化机械股份有限公司职员，户籍所在地福建省福州市鼓楼区北环中路 103 号 404。

原告洛阳中冶重工机械有限公司不服被告国家知识产权局专利复审委员会作出的第 12173 号无效宣告请求审查决定（以下简称被诉决定），向本院提起行政诉讼。本院受理后，依法组成合议庭，通知与本案有利害关系的福建海源自动化机械股份有限公司作为本案第三人参加诉讼，于 2009 年 3 月 11 日公开开庭审理了本案。原告的委托代理人符继超、陈德军，被告的委托代理人宋晓辉、齐宏涛，第三人的委托代理人林天凯、黄墩荣到庭参加了诉讼。本案现已审理终结。

2008 年 8 月 20 日，被告作出被诉决定，该决定维持第 200420150157. 4 号实用新型专利（以下简称本专利）有效。该决定的主要理由如下：

1. 关于证据和现有技术：

授权公告号为 CN2677124Y、专利号为 200420010260. 9 号中国实用新型专利说明书（被诉决定中的附件 2，以下简称附件 2）是他人于本专利申请日前向国家知识产权局专利局（以下简称专利局）提出的、在本专利申请日后公告的专利文献，第三人对其真实性无异议，因此能用来评述本专利的新颖性。

授权公告号为 CN2258451Y、专利号为 95235262. 1 号中国实用新型专利说明书（被诉决定中的对比文件 1，以下简称对比文件 1）和公开号为 CN1112780A、申请号为 94190529. 2 号的中国发明专利申请公开说明书（被诉决定中的对比文件 2，以下简称对比文件 2）为中国公开的专利文献，其公告日早于本专利的申请日，故对比文件 1 和 2 可以作为评价本专利创造性的证据使用。

2. 关于《中华人民共和国专利法》（以下简称《专利法》）第二十二条第二款规定的新颖性：

如果实用新型专利某项权利要求所保护的技术方案与对比文件公开的内容相比存在区别技术特征，则该权利要求具备新颖性。

权利要求1请求保护一种自动制砖机的布料夹砖机构。附件2公开了一种多功能压砖机，其具有由推进油缸驱动的由喂料箱、压制台、夹坯器组成的三工位装置，通过推进油缸驱动喂料箱首先准确移至喂料口下方，向置于活动梁上的模箱内填料，然后将压制台移至模箱上方进行压制砖坯，最后由压力油缸将模箱内砖坯顶出，夹坯器将砖坯搬运出（参见说明书第1页第17~18行和第26~28行）。两者相比，区别在于，附件2至少没有公开本专利权利要求1中的“提升机构”以及“布料车（1）和夹砖机构（2）通过提升机构连接”这些技术特征。

原告在口头审理时认为附件2说明书中记载的“夹坯器将砖坯搬运出”可以说明有提起的动作，并强调技术特征“提升机构”虽然没有在说明书文字部分记载但在附图中得到了体现。被告认为：附件2说明书记载的“夹坯器将砖坯搬运出”仅是说明了夹坯器的功能，本领域技术人员不能直接地、毫无疑义地确定出布料车和夹砖机构之间通过提升机构连接；另外，附件2的附图中并没有明确的附图标记表明“提升机构”的存在，从附件2的附图中并不能直接地、唯一地确定具有“提升机构”，更不能直接地、唯一地确定提升机构连接着布料车和夹砖机构；故原告的上述主张不成立。

因此，本专利权利要求1相对于附件2不符合《专利法》第二十二条第二款规定的新颖性的无效理由不能成立。鉴于此，本专利从属权利要求2~6相对于附件2不符合《专利法》第二十二条第二款规定的新颖性的无效理由也不能成立。

3. 关于《专利法》第二十二条第三款规定的创造性：

如果实用新型专利某项权利要求所保护的技术方案与最接近的现有技术相比存在区别技术特征，原告提供的其他对比文件也没有公开该区别技术特征或给出技术启示，而且该区别技术特征的引入使得该权利要求的技术方案产生了有益的技术效果，则该权利要求相对于原告提供的现有技术具有实质性特点和进步，具有创造性。

权利要求1请求保护一种自动制砖机的布料夹砖机构。对比文件1公开了一种搅拌输送连体制砖机，并具体公开了以下特征：在底盘1的左侧安装料箱4，在料箱4左端安装出料口箱2和砖嘴12，另一端的上部设置进料斗6，将长轴8通过中间支撑13置于料箱4内，并通过轴承座9固定在底盘1上，长轴8与离合器10和变速箱11相联，将离合器控制杆3安装在整机的出料口一端，在长轴8上设置用于推进挤出的螺旋叶片5和用于搅拌的叶片7（参见对比文件1说明书第2页第7行至第2页第16行和附图1）。两者相比，本专利与对比文件1属于相同的技术领域；对比文件1中的料箱对应于权利要求1中的料框，两者的区别在于：对比文件1中没有公开下述技术特征：“夹砖机构（2）”、“夹砖机构（2）具有夹板（21）”、“提升机构”、以及“布料车和夹砖机构通过提升机构连接”。

对比文件2公开了一种模铸陶瓷坯体的浇铸设备，并具体公开以下特征：该浇铸设备有一可步进式转动的转台10，转台圆周上安装多个第一模座16，每个第一模座16有一个第二模座18与之相对，而且各自固定的模块22、24构成一副压铸模，模座上安装有夹紧体42、44，紧靠转台的位置上设脱坯站30，每对模块22、24在转台转动一周的过程中都将到达脱坯站一次，在脱坯站内转动驱动装置驱动杠杆，杠杆可绕与所述的位于脱坯站上的模座（16，18）的转轴（B）平行的轴线（D）摆动，使杠杆（86）约束在所述第一模座（16）的导杆（94）上并使所述的模座（16，18）从浇铸位置回转到脱坯位置（说明书第3~7页，图1~4）。由此可见，对比文件2涉及的是一种模铸陶瓷卫生设备的铸坯的浇铸设备，不属于制砖设备的技术领域，与本专利所属技术领域不相同；另外，对比文件2公开的是通过转台10步进式地自动将模具从浇铸工位运送到脱坯工位，并没有公开“提升结构”和“布料车（1）和夹砖机构（2）通过提升结构连接”的技术特征，也没有给出采用这些技术特征的技术启示。而且，根据本专利说明书的记载可知，由于夹砖机构与布料车通过提升机构连接，因此，布料车移动同时带动夹砖机构移动，并且，还可以通过提升机构使夹砖机构提起，从而实现夹砖机构向上移动夹起砖块，防止夹砖机构移动时夹起的砖块与砖模发生碰撞损坏砖块。因此原告关于对比文件1和对比文件2的结合破坏权利要求1的创造性的主张不成立。

在口头审理过程中，原告提出对比文件2的“转台10”相当于权利要求1的“布料车（1）”，“夹紧体（42，44）”相当于“夹砖机构（2）”，“旋转驱动装置90”相当于“提升机构”，并认为转台（10）和夹紧体通过旋转驱动装置90连接，旋转驱动装置90带动夹紧体来回摆动于浇铸工位及脱坯工位，因此对比文件2给出了技术启示，对比文件1和对比文件2的结合能得到权利要求1的技术方案，权利要求1不符合《专利法》第二十二条第三款的规定。

被告认为：首先，在对比文件2中，“转台10”上立着储浆罐20并安有模座16、18，模座上安装夹紧体，转台10的作用是运送模座从浇铸工位到脱坯工位，而本专利权利要求1中的布料车上具有料框，夹砖机构具有夹板，两者的结构和功能并不完全相同，因此不能认为对比文件2的转台和夹紧体公开了本专利的布料车和夹砖机构；其次，对比文件2的说明书文字部分和附图中也没有公开旋转驱动装置90连接了夹紧体和转台。因此，对比文件2并没有公开“提升机构”和“布料车（1）和夹砖机构（2）通过提升结构连接”这些技术特征。故原告的主张不能成立。

在此基础上，虽然原告还主张权利要求2~6、11~14的附加技术特征已被公开或是公知常识，但是由于从属权利要求2~6、11~14的技术方案不仅包括其附加技术特征，还包括了权利要求1的全部技术特征，因此，在原告关于独立权利要求1相对于对比文件1和对比文件2的结合不具备创造性的主张不成立的基础上，其关于权利要求2~6、11~14不符合《专利法》第二十二条第三款的理由也不成立。

在法定举证期限内，被告向本院提交了以下证据：1. 本专利；2. 附件2；3. 授权公告日为2006年7月19日、申请日为2004年4月22日，专利权人为李良光，授权公告号为CN2796989Y（专利号为200420150064.1）的中国实用新型专利说明书（被诉决定中的附件3，以下简称附件3）；4. 授权公告日为2005年1月19日、申请日为2004年2月5日，专利权人为李良光，授权公告号为CN2671777Y（专利号为200420024585.2）的中国实用新型专利说明书（即被诉决定中的附件4，以下简称附件4）；5. 对比文件1；6. 对比文件2；7. 口头审理记录表。以上证据用于证明被诉决定认定事实清楚，适用法律正确，审理程序合法。

原告诉称：1. 被告在审理中没有按照《审查指南》的规定依职权对本专利权利要求1的内容进行审查属违反法定程序。本专利权利要求1中的“提升机构”是一个很笼统的概念，“连接”也没有解释布料车（1）和夹砖器是通过何种方式和具体部件连接在一起。权利要求1中通过提升机构连接的技术方案存在严重的缺陷，本领域的技术人员无法从此特征中实现该技术。在权利要求1不清楚而无法确定其保护范围的情况下，被告应当根据《审查指南》第四部分第三章第4.1节的相关规定依职权引入《中华人民共和国专利法实施细则》（以下简称《专利法实施细则》）第二十条第一款规定的内容对本专利进行审查，被告未依职权进行审查属于违反法定程序。2. 被诉决定认定本专利的权利要求具备新颖性属于认定事实不清、证据不足。（1）被告在口头审理中违反《审查指南》第四部分第四章规定的公正、客观、具体、明确原则。原告在2008年5月5日依据《专利法实施细则》第六十六条规定提交了无效程序的意见陈述书，在该陈述书中补充了新的证据并增加了新的理由，在口审前递交了口审陈述词，并明确了无效宣告请求、范围及其依据，被告以新颖性评价只能有一篇对比文件为由让原告缩小无效请求的范围违背了《审查指南》的上述原则。（2）本专利权利要求1所保护的自动制砖机是将申请在先的附件3和附件4的两种技术通过提升机构而组合成为一个新专利，附件3中的夹砖器和基体11与权利要求1中的夹砖机构（2）及夹板（21）相对应，附件4中的布料车

1 和料框 11 与权利要求 1 的布料车（1）和料框（11）相对应。本专利权利要求 1 中的“提升机构”属于没有技术内涵的技术特征，其“通过提升机构连接”的技术方案存在严重瑕疵，该“提升机构”只是在本专利的权利要求 2、3 中有记载。虽然原告提交的附件 2 没有“提升机构”的名词，但是附件 2 的附图 1 和说明书第 1 页第 17~18 行和第 26~28 行的内容已经完全涵盖了本专利权利要求 2 和 3 的技术特征，权利要求 2、3 不具备新颖性，本专利的权利要求 1 也不具备新颖性。结合附件 2 图 1 中的技术特征，本领域技术人员也能够确定布料车和夹砖机构之间通过提升机构连接。同时，本专利权利要求 4~6 的附加技术特征均已被附件 2 所披露，或者是本技术领域的公知或常见技术，因此本专利权利要求 4~6 也不具备新颖性。另外，本专利权利要求 7~14 的附加技术特征已被附件 3 或 4 公开，故权利要求 7~14 也不具备新颖性。3. 被诉决定认定本专利具备创造性属于认定事实不清，证据不足。1. 由于本专利权利要求 1~14 已丧失新颖性，因此其也不具备创造性。2. 本专利权利要求 1 和对比文件 1 的区别技术特征均已被对比文件 2 所公开。原告在庭审中表示坚持其在被诉决定第 8 页第 2 段记载的针对本专利权利要求 1 提出的无效宣告理由，本领域技术人员在对比文件 1 的基础上很容易结合对比文件 2 而得出本专利权利要求 1 的技术方案，权利要求 1 不具备创造性。本专利权利要求 2 的附加技术特征被对比文件 2 所公开，权利要求 3~6 的附加技术特征均为本领域技术人员根据设计要求或实际施工需要在规范所允许的范围内所作的常规技术选择，权利要求 11~14 的附加技术特征已被对比文件 1 所公开且均系本领域技术人员根据设计要求或实际施工需要在规范所允许的范围内所作的常规技术选择，故本专利权利要求 2~6、11~14 也均不具备《专利法》所规定的创造性。综上，原告请求法院判决撤销被诉决定。

原告在法定期限内未向本院提交证据。

被告辩称，1. 原告关于被告应当依职权引入《专利法实施细则》第二十条第一款的相关规定对本专利进行审查缺乏法律依据。2.《审查指南》第二部分第三章第 3.1 节规定：“判断新颖性时，应当将发明或者实用新型专利申请的各项权利要求分别与每一项现有技术或申请在先公布在后的发明或实用新型的相关技术内容单独地进行比较，不得将其余几项现有技术或者申请在先公布在后的发明或者实用新型内容的组合、或者与一份对比文件中的多项技术方案的组合进行对比。即，判断发明或者实用新型专利申请的新颖性适用单独对比的原则。”因此被告的做法符合《审查指南》的规定。3. 被告坚持被诉决定中评价本专利创造性的审查意见。被告认为被诉决定认定事实清楚，适用法律正确，审理程序合法，审查结论正确，其请求法院判决维持被诉决定。

第三人未向本院提交书面的答辩意见，其请求本院判决维持被诉决定。

第三人在法定期限内未向本院提交证据。

经庭审质证，原告对被告证据的关联性、合法性、真实性没有异议，但是不同意被告证据的证明作用；第三人对被告证据表示没有异议。本院经审查认为，被告提交的证据与本案具备关联性，且符合证据合法性、真实性的要求，能够证明本案相关事实。本院对上述证据予以采纳。

根据上述确认的有效证据以及当事人当庭无争议的陈述，本院认定事实如下：

本专利被中华人民共和国国家知识产权局于 2006 年 7 月 19 日授权公告，名称为“自动制砖机的布料夹砖机构”，其专利号是 200420150157.4，申请日是 2004 年 6 月 2 日，授权时的专利权人是李良光，于 2007 年 8 月 17 日变更为福建海源自动化机械设备有限公司，又于 2008 年 6 月 6 日变更为本案第三人。本专利授权公告时的权利要求书如下：

1. 自动制砖机的布料夹砖机构，包括布料车（1）和夹砖机构（2），布料车具有料框（11），夹砖机构（2）具有夹板（21），其特征在于，还包括提升机构，布料车（1）和夹砖机构（2）通过提升机构连接。

2. 根据权利要求1所述的自动制砖机的布料夹砖机构，其特征在于，提升机构包括传动机构（3）和第一动力机构（4），传动机构（3）一端与夹砖机构（2）连接，另一端与第一动力机构（4）连接，第一动力机构（4）安装在布料车（1）上，夹砖机构（2）铰接在布料车（1）上，且该铰接点至夹砖机构（2）与连杆机构（3）的连接处在垂直方向上具有间距。

3. 根据权利要求2所述的自动制砖机的布料夹砖机构，其特征在于，传动机构（3）为一种连杆机构，该连杆机构包括杠杆（31）和连杆（32），杠杆（31）铰接在布料车（1）上，且其一端与动力机构（4）铰接，另一端与连杆（32）铰接，连杆（32）的另一端与夹砖机构（2）铰接。

4. 根据权利要求2所述的自动制砖机的布料夹砖机构，其特征在于，传动机构（3）为一种齿轮齿条机构，该齿轮齿条机构包括齿条和齿轮，齿轮与齿条啮合，齿条与夹砖机构连接，齿轮与第一动力机构（4）连接。

5. 根据权利要求2所述的自动制砖机的布料夹砖机构，其特征在于，第一动力机构（4）或者为气缸，或者为液压缸，或者为一种电机。

6. 根据权利要求1所述的自动制砖机的布料夹砖机构，其特征在于，提升机构为一种导轨机构，该导轨机构具有导轨座和导轨，导轨座和导轨的其中之一固定在夹砖机构（2）上，另一则固定在布料车（1）上，且固定在导轨座与导轨上的夹砖机构（2）与布料车（1）的相对移动方向为竖直方向。

7. 根据权利要求1所述的自动制砖机的布料夹砖机构，其特征在于，夹砖机构（2）为一种薄膜气缸夹砖机构，该夹砖机构（2）还包括薄膜气缸（22），夹板（21）平行固定，薄膜气缸（22）对称分布在夹板（21）上。

8. 根据权利要求7所述的自动制砖机的布料夹砖机构，其特征在于，薄膜气缸（22）具有膜片（221），压板（222），膜片（221）为具有开口（2211）的空腔体，膜片夹板（222）位于膜片（221）的空腔内，并通过紧固件与夹板（21）连接，同时将膜片（221）固定于夹板（21）上，膜片（221）与压板（222）之间形成气室A，压板（222）上具有通气孔（2221），通气孔（2221）与气室A贯通。

9. 根据权利要求8所述的自动制砖机的布料夹砖机构，其特征在于，膜片（221）为一种矩形空腔体，其开口（2211）位于矩形的一侧壁，与该开口（2211）相对的另一侧壁为夹持面（2212），该夹持面（2212）的表面具有环围的凹槽（2213）。

10. 根据权利要求7所述的自动制砖机的布料夹砖机构，其特征在于，夹板（21）上具有与薄膜气缸（22）相配的矩形凹洞（211），薄膜气缸（22）嵌套于该凹洞（211）内。

11. 根据权利要求1所述的自动制砖机的布料夹砖机构，其特征在于，布料车（1）还包括搅料机构（12），搅料机构（12）包括搅料杆（121），转轴（122）和第二动力机构（123），搅料杆（121）沿转轴（122）轴向分布，转轴（123）支承在料框（11）上，动力机构（123）与转轴（122）传动连接。

12. 根据权利要求11所述的自动制砖机的布料夹砖机构，其特征在于，具有一个至五个搅料机构（12）安装在料框（11）上。

13. 根据权利要求11所述的自动制砖机的布料夹砖机构，其特征在于，复数个搅料杆（121）沿转轴（122）的轴向或者呈直线连续分布，或者呈螺旋线连续分布，其旋转时组成一种圆柱形的回转体。

14. 根据权利要求11所述的自动制砖机的布料夹砖机构，其特征在于，转轴（122）平行于料框（11）的底部而支承在料框（11）上。”

针对本专利，原告于2008年4月7日向被告提出无效宣告请求，认为本专利不符合《专利法》第二十二条第二款、《专利法实施细则》第二十一条第二款和第十三条第一款的规定，原告同时提交了如下附件：

附件1-1：《粉煤灰》第16卷第1期、总第87期，于2004年2月25日出版，目次页、印有德国拉斯科公司的广告页、印有海源企业的HF系列千吨全自动液压墙体砖压机及配套生产线的广告页，复印件共3页；

附件1-2：所称拉斯科压机实物图片，共2页；

附件1-3：所称福建海源自动化机械设备有限公司产品样本，共2页；

附件2，附件3及附件4。

原告认为：本专利独立权利要求1不符合《专利法实施细则》第二十一条第二款的规定；权利要求1~14相对于附件3和附件4的组合及与附件2的结合，或相对于附件1-1至1-3，不具备《专利法》第二十二条第二款的新颖性；权利要求7~10相对于附件3属于重复授权，权利要求11~14相对于附件4属于重复授权，因此权利要求7~14不符合《专利法实施细则》第十三条第一款的规定。

经形式审查合格，被告依法受理了上述无效宣告请求，并于2008年4月7日向原告和第三人发出无效宣告请求受理通知书，同时将专利权无效宣告请求书及其附件清单中所列附件的副本转送给第三人，并要求第三人在指定的期限内陈述意见。

原告于2008年5月5日向被告提交了意见陈述书，并补充了无效宣告的理由和证据，其补充的证据为对比文件1和对比文件2。

原告认为：

1. 本专利权利要求1~14不具备新颖性：（1）本专利的权利要求1相对于附件3和附件4的组合，以及附件3、4与附件2的结合方式，不具备《专利法》第二十二条第二款规定的新颖性。（2）附件2公开了权利要求2~6的附加技术特征；附件3公开了权利要求7~10的附加技术特征；附件4公开了权利要求11~14的附加技术特征；而且权利要求3~6的附加技术特征也是公知常识；因此在这些从属权利要求引用的权利要求不具备新颖性的情况下，这些从属权利要求也不具备《专利法》规定的新颖性。

2. 本专利权利要求1~6、11~14不具备创造性：（1）对比文件1公开了一种搅拌输送连体制砖机（参见对比文件1说明书第1页第9行至第2页第16行，附图1），其中公开了以下技术特征：所述制砖机包括布料车，布料车具有料箱4（相当于本专利权利要求1的料框），还包括搅料机构，搅料机构包括搅拌叶片7，布料车与搅料机构连接；与权利要求1相比，区别在于“包括夹砖机构，夹砖机构具有夹板，布料车和夹砖机构通过提升机构连接”；该区别特征被对比文件2公开，对比文件2公开了一种模铸陶瓷坯体的浇铸设备，其包括夹紧体机构（相当于权利要求1中的夹砖机构），夹紧体机构具有夹板，布料车和夹紧体机构通过提升机构连接；并且由于对比文件1、2和本专利属于相同的技术领域，因此对比文件1和2的结合对于本领域技术人员而言不需要付出创造性劳动，因此权利要求1不具备《专利法》规定的创造性。（2）对比文件2公开了权利要求2的附加技术特征，权利要求3~6的附加技术特征是公知常识，对比文件1公开了权利要求11~14的附加技术特征，因此在这些从属权利要求引用的权利要求不具备创造性的情况下，从属权利要求2~6，11~14不具备《专利法》第二十二条第三款规定的创造性。

针对被告发出的上述无效宣告请求受理通知书，第三人于2008年5月24日提交了意见陈述书。第三人认为：1. 附件1-1至1-3并没有对本专利的技术方案作任何公开；附件2中看不出图中有“提升机构”，另外原告将附件2与附件3、4结合以否定本专利的新颖性的主张，是一种常识性错误。

2. 本专利的独立权利要求1符合《专利法实施细则》第二十一条第二款及第十三条第一款的规定。

被告于2008年6月11日向双方发出无效宣告请求口头审理通知书，定于2008年7月18日举行口头审理。随同口头审理通知书，将原告于2008年5月5日提交的意见陈述书及其附件清单中所列附件的副本转送给第三人，将第三人于2008年5月24日提交的意见陈述书转送原告。

口头审理如期举行，原告与第三人均参加了口头审理。

在口头审理中，双方当事人对对方出庭人员的身份均无异议。

原告明确放弃附件1及与之相关的无效理由，放弃附件3和4及与之相关的无效理由，放弃本专利不符合《专利法实施细则》第十三条第一款规定的无效理由，放弃本专利相对于附件2、3和4结合评价权利要求1~14的不具备《专利法》第二十二条第二款规定的新颖性的无效理由。原告确定无效请求的理由、证据和范围为：权利要求1~6相对于附件2不符合《专利法》第二十二条第二款规定的新颖性；权利要求1~6、11~14相对于对比文件1和2的结合不符合《专利法》第二十二条第三款规定的创造性。除此之外，没有其他无效请求的理由和证据使用方式。第三人对附件2、对比文件1和2的真实性没有异议；认为相对于附件2，本专利权利要求1~6有新颖性；相对于对比文件1和2的结合，权利要求1~6和11~14有创造性。

被告经过审查于2008年8月20日作出被诉决定。原告不服，向本院提起行政诉讼。

在本案庭审过程中，原告表示对于被诉决定记载的附件2公开的内容无异议；原告和第三人表示对于被诉决定记载的案由部分、决定的理由中关于证据和现有技术部分、对比文件1和2公开的内容及本专利与对比文件1的区别技术特征的内容无异议；原告亦表示对被诉决定中关于本专利和对比文件2不属于同一技术领域的认定没有异议。

本院认为，原告和第三人对于被诉决定记载被诉决定行政程序的案由部分无异议，经审查，被告作出被诉决定的行政程序合法，本院对此予以确认。

本案的争议焦点如下：1. 被告未依职权引入《专利法实施细则》第二十条第一款的规定对本专利进行审查是否属于程序违法；2. 本专利是否符合《专利法》第二十二条第二款规定的新颖性；3. 本专利是否符合《专利法》第二十二条第三款规定的创造性。

关于争议焦点一，本院认为，《审查指南》第四部分第三章第4.1节第五款第（2）项规定："专利权存在请求人未提及的缺陷而导致无法针对请求人提出的无效宣告理由进行审查的，专利复审委员会可以依职权针对专利权人的上述缺陷引入相关无效宣告理由进行审查。"按照上述规定，依职权引入无效请求人未提出的无效宣告理由并非被告在审查无效宣告请求案件中必经的法定程序。被告在认为本专利不存在原告未提及的缺陷而影响对本专利审查的情况下，无需依职权引入《专利法实施细则》第二十条第一款的规定对本专利进行审查。故原告主张被告未依职权引入上述无效宣告理由对本专利进行审查构成行政程序违法的诉讼理由缺乏法律依据，本院不予采纳。

关于争议焦点二，《专利法》第二十二条第二款规定，新颖性，是指在申请日以前没有同样的发明或者实用新型在国内外出版物上公开发表过、在国内公开使用过或者以其他方式为公众所知，也没有同样的发明或者实用新型由他人向国务院专利行政部门提出过申请并记载在申请日以后公布的专利申请文件中。

原告主张被告在本案审查中以新颖性评价只能有一篇对比文件为由让原告缩小无效请求范围违反法律规定。对此本院认为，被告提交的口头审理记录表中有原告确定其无效宣告请求的理由、证据和范围的明确记载，同时《审查指南》第二部分第三章第3.1节亦规定了在审查专利新颖性时适用单独对比的原则，故原告主张的上述诉讼理由缺乏事实与法律依据，本院不予采纳。

原告在行政诉讼程序中主张以附件2、3、4的结合评价本专利权利要求1~14的新颖性。对此本院认为，原告在口头审理程序中明确仅以附件 2 来评价本专利权利要求 1~6 的新颖性，故以上内容为被告和本院评价本专利新颖性的审查范围。原告在行政诉讼程序中提出的前述评价本专利新颖性的理由已超出本案合法性审查的范围，故对原告的上述主张本院不予接纳。

原告对于被诉决定记载的附件 2 公开的内容无异议，经审查，本院对于被诉决定记载的上述内容予以确认。

原告主张本专利权利要求 1 中的“提升机构”为笼统的上位概念，权利要求 1 存在严重缺陷，“提升机构”仅在本专利的权利要求 2、3 中有记载，而附件 2 公开的内容已经涵盖了权利要求 2、3 公开的技术特征，因此权利要求 2、3 不具备新颖性，故权利要求 1 也不具备新颖性。对此本院认为，首先，原告在无效宣告请求程序中明确的无效请求理由中未包括本专利权利要求 1 存在严重缺陷这一观点；其次，在评价本专利权利要求 1 的新颖性时，应当将权利要求 1 所限定的技术方案与现有技术进行对比，而不能用权利要求 2、3 所限定的内容与现有技术进行对比而评价权利要求 1 的新颖性。

将本专利权利要求 1 与附件 2 进行对比，从附件 2 说明书中记载的“夹坯器”功能的内容中并不能说明附件 2 具有相当于本专利权利要求 1“提升机构”的结构，从附件 2 的附图中也不能直接地、毫无疑义地确定附件 2 具备“提升机构”的结构，故附件 2 无法否定本专利权利要求 1 的新颖性。在本专利独立权利要求 1 具备新颖性的前提下，直接或间接引用权利要求 1 的本专利从属权利要求 2~6 亦具备新颖性。被诉决定的相关认定具备事实依据，本院应予支持。原告主张被诉决定认定本专利具备新颖性属认定事实不清、证据不足的诉讼理由缺乏事实依据，本院不予采纳。

关于争议焦点三，《专利法》第二十二条第三款规定：创造性，是指同申请日以前已有的技术相比，该发明有突出的实质性特点和显著的进步，该实用新型具有实质性特点和进步。

本案庭审中，原告及第三人均表示对被诉决定中记载的对比文件 1、2 公开的内容及本专利与对比文件 1 的区别技术特征无异议，本院经审查，对被诉决定记载的以上内容予以确认。

本专利权利要求 1 与对比文件 1 的区别技术特征为：1. 夹砖机构；2. 夹砖机构具有夹板；3. 提升机构；4. 布料车和夹砖机构通过提升机构连接。

原告坚持被诉决定第 8 页第 2 段其提出的针对本专利权利要求 1 的无效宣告理由，其认为本专利权利要求 1 与对比文件 1 的区别技术特征已经被对比文件 2 所公开。对此本院认为，首先，原告在庭审中表示对于被诉决定认定本专利与对比文件 2 不属于同一技术领域的结论无异议，本院经审查对被诉决定的该认定予以确认；其次，本专利权利要求 1 中的夹砖机构及布料车和对比文件 2 的夹紧机构及转台在结构和功能上并不相同，因此不能认为对比文件 2 公开了本专利权利要求 1 的布料车和夹砖机构，同时对比文件 2 的说明书和附图也未说明附件 2 的旋转驱动装置连接了夹紧体和转台，故对比文件 2 并没有公开本专利权利要求 1 和对比文件 1 的区别技术特征。综上，对比文件 1 和对比文件 2 的结合不能否定本专利权利要求 1 的创造性。在本专利独立权利要求 1 具备创造性的情况下，直接或者间接引用权利要求 1 的本专利权利要求 2~6、11-14 同样具备创造性。被诉决定认定本专利上述权利要求具备创造性正确，本院应予支持，原告主张上述权利要求不具备创造性的诉讼理由缺乏事实依据，本院不予支持。

综上，被告作出的被诉决定认定事实清楚，适用法律法规正确，审理程序合法，审查结论正确，本院应予维持。原告的诉讼理由均缺乏事实及法律依据，本院不予采纳，对其要求撤销被诉决定的诉讼请求本院亦不予支持。据此，依照《中华人民共和国行政诉讼法》第五十四条第（一）项的规定，判决如下：

维持被告国家知识产权局专利复审委员会于二〇〇八年八月二十日作出的第 12173 号无效宣告请求审查决定。

案件受理费100元，由原告洛阳中冶重工机械有限公司负担（已交纳）。

如不服本判决，各方当事人可在本判决书送达之日起15日内，向本院递交上诉状，并按对方当事人人数提出副本，预交上诉案件受理费100元，上诉于北京市高级人民法院。上诉人在上诉期限后7日内未预交上诉案件受理费，又不提出缓交申请的，按自动撤回上诉处理。

审　判　长　张　杰
代理审判员　殷　悦
人民陪审员　吴　群
二〇〇九年七月二十二日
书　记　员　董　伟

制砖机布料机构

无效宣告请求审查决定（第 12174 号）

决　　定　　号　第 12174 号
决　　定　　日　2008 年 8 月 20 日
发明创造名称　制砖机布料机构
国 际 分 类 号　B28B 13/02
无效宣告请求人　洛阳中冶重工机械有限公司
专　利　权　人　福建海源自动化机械股份有限公司
专　　利　　号　200420024585. 2
申　　请　　日　2004 年 2 月 5 日
授 权 公 告 日　2005 年 1 月 19 日
合 议 组 组 长　董晓静
主　　审　　员　宋晓晖
参　　审　　员　刘　翚

法　律　依　据　专利法第 22 条第 3 款
决　定　要　点

评价一项实用新型专利的某项权利要求的创造性时，将被评述的权利要求与最接近的现有技术进行比较，确定区别技术特征以及根据该区别技术特征所能达到的技术效果确定该权利要求实际解决的技术问题，最后判断现有技术中是否给出了将上述区别技术特征应用到该最接近现有技术以解决其实际要解决的技术问题的启示，若给出了启示则该权利要求相对于现有技术无实质性特点；反之则具有实质性特点。

一、案由

本无效宣告请求涉及中华人民共和国国家知识产权局于 2005 年 1 月 19 日授权公告的、名称为“制砖机布料机构”的实用新型专利权（下称本专利），其专利号是 200420024585. 2，申请日是 2004 年 2 月 5 日，专利权人是福建海源自动化机械股份有限公司（原为李良光，于 2007 年 8 月 31 日变更为福建海源自动化机械设备有限公司，又于 2008 年 6 月 6 日变更为福建海源自动化机械股份有限公司）。本专利授权公告时的权利要求书如下：

“1. 制砖机布料机构，包括布料车（1），布料车具有料框（11），其特征在于，还包括搅料机构（3），搅料机构（3）包括搅料杆（31），转轴（32）和动力机构（33），搅料杆（31）沿转轴（32）轴向分布，转轴（32）支承在料框（11）上，动力机构（33）与转轴（32）传动连接。

2. 根据权利要求1所述的制砖机布料机构，其特征在于，具有一个至五个搅料机构（3）安装在料框（11）上。

3. 根据权利要求2所述的制砖机布料机构，其特征在于，各搅料机构（3）传动连接。

4. 根据权利要求1所述的制砖机布料机构，其特征在于，搅料杆（31）沿转轴（32）的轴向分布并垂直于转轴（32）的中轴。

5. 根据权利要求1所述的制砖机布料机构，其特征在于，搅料杆（31）或者焊接固定于转轴（32）上，或者通过紧固件固定于转轴（32）上。

6. 根据权利要求1所述的制砖机布料机构，其特征在于，复数个搅料杆（31）沿转轴（32）的轴向或者呈直线连续分布，或者呈螺旋线连续分布，其旋转时组成一种圆柱形的回转体。

7. 根据权利要求6所述的制砖机布料机构，其特征在于，共有两列或两列以上的搅料杆（31）沿转轴（32）圆周方向均布。

8. 根据权利要求1所述的制砖机布料机构，其特征在于，转轴（32）平行于料框（11）的底部而支承在料框（11）上。"

针对本专利权，洛阳中冶重工机械有限公司（下称请求人）于2008年4月7日向专利复审委员会提出无效宣告请求，认为本专利不符合专利法第22条第2款和专利法第9条的规定，请求人同时提交了如下附件作为本案证据使用：

附件1：授权公告日为2003年6月4日、授权公告号为CN2553981Y（专利号为02268589.8）的中国实用新型专利说明书，共4页。

请求人认为：本专利的搅料机构与附件1的布料装置具有相同的技术特征，达到了相同的布料效果，本专利权利要求1~8不符合专利法第22条第2款规定的新颖性，并且不符合专利法第9条的规定。

经形式审查合格，专利复审委员会依法受理了上述无效宣告请求，并于2008年4月7日向请求人和专利权人发出无效宣告请求受理通知书，同时将专利权无效宣告请求书及其附件清单中所列附件的副本转送给专利权人，并要求专利权人在指定的期限内陈述意见。

请求人于2008年5月5日向专利复审委员会提交了意见陈述书，并补充了无效宣告请求的理由和证据，其中补充的证据为（编号续前）：

附件2：授权公告日为2001年12月12日、授权公告号为CN2464525Y（专利号为00246085.8）的中国实用新型专利说明书，共13页（下称对比文件1）；

附件3：授权公告日为2001年3月21日、授权公告号为CN2424002Y（专利号为00215019.0）的中国实用新型专利说明书，共5页（下称对比文件2）；

附件4：授权公告日为1999年4月28日、授权公告号为CN2316110Y（专利号为97244706.7）的中国实用新型专利说明书，共5页（下称对比文件3）。

请求人认为：（1）对比文件1公开了一种液压振动式多功能免烧砖制作机，并具体公开了以下技术特征（见对比文件1说明书第4页、附图1，4，5）：其中机架1（相当于本专利中的布料车）上设置填料箱3（相当于本专利中的料框），还具有搅料辊33（相当于本专利中的转轴），搅料辊两端通过轴承支撑在填料箱的侧壁上，在搅料辊上设有搅料桨34（相当于本专利的搅料杆），搅料桨沿搅料辊轴向分布，搅料桨和搅料辊构成了搅料机构，电驱动装置（相当于本专利中的动力机构）带动搅料辊转动；权利要求1与对比文件1的区别在于：本专利的权利要求1中的动力机构与转轴传动连接；相对于对比文件1，本专利实际解决的技术问题是传动连接动力机构和转轴；对比文件2公开了一种双龙双压搅拌制砖机，其中的从动轴11（相当于本专利中的搅拌转轴）的动力是通过皮带轮

3、以及各个齿轮、从动齿轮进行传递的（参见说明书第2页最后1段、附图1），即轴与传动机构是传动连接的，因此对比文件2公开了上述区别技术特征，给出了将上述区别技术特征应用于对比文件1以解决实际技术问题的启示，因此权利要求1不具备专利法第22条第3款规定的创造性。（2）从属权利要求2、4、7~8中的附加技术特征已被对比文件1公开，从属权利要求3和5的附加技术特征是本领域技术人员惯常采用的手段，从属权利要求6包含两个并列的技术方案，其中“复数个搅料杆沿转轴的轴向呈直线连续分布”的技术方案已被对比文件1所公开，另一技术方案“复数个搅料杆沿转轴的轴向呈螺旋线连续分布”的技术方案也被对比文件3公开，因此，在其引用的权利要求不具备创造性的情况下，权利要求2~8也不具备专利法第22条第3款规定的创造性。

针对专利复审委员会发出的上述无效宣告请求受理通知书，专利权人于2008年5月24日提交了意见陈述书。专利权人认为：附件1并没有公开本专利的技术方案及本专利独立权利要求中的技术特征，因此本发明具备专利法第22条第2款规定的新颖性；并且本专利的申请日在附件1的公告日之后，所要解决的技术问题以及所要保护的具体技术方案与附件1完全不同，因此请求人适用专利法第9条作为无效理由是一种常识性错误；综上，请求人的无效宣告理由均不能成立。

专利复审委员会依法成立合议组。

本案合议组于2008年6月11日向双方发出无效宣告请求口头审理通知书，定于2008年7月18日在专利复审委员会举行口头审理。随同口头审理通知书，将请求人于2008年5月5日提交的意见陈述书及其附件清单所列附件的副本转送给专利权人，将专利权人于2008年5月24日提交的意见陈述书转送给请求人。

口头审理如期举行，请求人和专利权人均参加了口头审理。

在口头审理中，双方当事人对对方出庭人员的身份均无异议。

专利权人当庭修改了权利要求书，修改方式为删除了权利要求6中记载的“或者呈直线连续分布，或者”，即删除了“复数个搅料杆沿转轴的轴向呈直线连续分布”的技术方案。修改后的权利要求6为：“根据权利要求1所述的制砖机布料机构，其特征在于，复数个搅料杆（31）沿转轴（32）的轴向呈螺旋线连续分布，其旋转时组成一种圆柱形的回转体。”合议组当庭宣布以专利权人口头审理时修改后的权利要求书作为本次无效宣告请求的审查基础。

请求人在口头审理中放弃权利要求1~8不具备专利法第9条规定的无效理由；明确无效请求的理由、范围和证据为：权利要求1~8相对于附件1不符合专利法第22条第2款的规定。权利要求1~8不具备创造性，其中权利要求1~5、8相对于对比文件1、2的结合不符合专利法22条第3款的规定；权利要求6的附加技术特征在对比文件3中公开，因此，权利要求6，7相对于对比文件1、2和3结合不具备创造性。

专利权人对附件1和对比文件1、2和3的真实性没有异议。

在口头审理过程中，合议组就本案的无效理由及证据逐一进行了调查，双方当事人充分陈述了各自的意见。

至此，合议组认为本案事实已经清楚，可以作出审查决定。

二、决定的理由

1. 关于无效请求审查的基础

审查指南第四部分第三章第4.6.3节规定：在专利复审委员会作出审查决定之前，专利权人可以删除权利要求或者权利要求中包括的技术方案。

合议组经审查后认为：专利权人是在口头审理过程中以删除技术方案的方式修改了权利要求6，因此专利权人提交的权利要求书的修改文本符合审查指南的上述规定，以专利权人修改后的权利要求书为基础进行无效宣告请求的审查。修改后的权利要求书如下：

“1. 制砖机布料机构，包括布料车（1），布料车具有料框（11），其特征在于，还包括搅料机构（3），搅料机构（3）包括搅料杆（31），转轴（32）和动力机构（33），搅料杆（31）沿转轴（32）轴向分布，转轴（32）支承在料框（11）上，动力机构（33）与转轴（32）传动连接。

2. 根据权利要求1所述的制砖机布料机构，其特征在于，具有一个至五个搅料机构（3）安装在料框（11）上。

3. 根据权利要求2所述的制砖机布料机构，其特征在于，各搅料机构（3）传动连接。

4. 根据权利要求1所述的制砖机布料机构，其特征在于，搅料杆（31）沿转轴（32）的轴向分布并垂直于转轴（32）的中轴。

5. 根据权利要求1所述的制砖机布料机构，其特征在于，搅料杆（31）或者焊接固定于转轴（32）上，或者通过紧固件固定于转轴（32）上。

6. 根据权利要求1所述的制砖机布料机构，其特征在于，复数个搅料杆（31）沿转轴（32）的轴向呈螺旋线连续分布，其旋转时组成一种圆柱形的回转体。

7. 根据权利要求6所述的制砖机布料机构，其特征在于，共有两列或两列以上的搅料杆（31）沿转轴（32）圆周方向均布。

8. 根据权利要求1所述的制砖机布料机构，其特征在于，转轴（32）平行于料框（11）的底部而支承在料框（11）上。”

2. 关于证据和现有技术

附件1和对比文件1~3为公开的中国专利文献，属于公开出版物，其公告日在本专利申请日之前，而且专利权人明确表示对其真实性无异议，故附件1和对比文件1~3可以作为评价本专利新颖性和创造性的证据使用。

3. 关于专利法第22条第3款规定的创造性

专利法第22条第3款规定：创造性，是指同申请日以前已有的技术相比，该发明有突出的实质性特点和显著的进步，该实用新型具有实质性特点和进步。

评价一项实用新型专利的某项权利要求的创造性时，将被评述的权利要求与最接近的现有技术进行比较，确定区别技术特征以及根据该区别技术特征所能达到的技术效果确定该权利要求实际解决的技术问题，最后判断现有技术中是否给出了将上述区别技术特征应用到该最接近现有技术以解决其实际要解决的技术问题的启示，若给出了启示则该权利要求相对于现有技术无实质性特点；反之则具有实质性特点。

（1）权利要求1的创造性。

权利要求1请求保护一种制砖机布料机构。对比文件1公开了一种液压振动式多功能免烧砖制作机，并具体披露了以下技术内容：制砖机包括机架1，机架1上设有水平支架板，在支架板上可水平移动地设有一填料箱3，其与设于机架1上的液压驱动装置31相连接，填料箱3为一无底、无盖的漏槽式填料箱，在填料箱3中设有两个相互平行的螺旋式搅料辊33，其两端通过轴承支承在填料箱3的侧壁上，通过电驱动装置带动搅料辊转动，在设于填料箱内的所述搅料辊上设有搅料桨34（参见说明书第4页第5~9行）。权利要求1所保护的制砖机布料机构与对比文件1所公开的内容相比，两者都属于相同的技术领域，对比文件1中的包括支架板和液压驱动装置的机架以及设于支架板上、可水平移动的填料箱（3）所起作用对应于本专利中的布料车（1）和料框（11）所起作用，搅料辊（33）和搅料桨（34）分别相当于权利要求1中的转轴（32）和搅料杆（31）；电驱动装置带动搅料辊转动对应于本专利权利要求1的动力机构和转轴。两者的区别在于：权利要求1限定“布料车具有料框”和“动力机构与转轴传动连接”。该区别相对于对比文件1所实际解决的问题在于将料框设置在布料车上以及通过传动连接传送动力。

但是，在对比文件1给出了用液压驱动装置连接填料箱，使之水平移动的基础上，本领域技术人员显而易见可以想到为填料箱设置布料车。而且，对比文件2公开了一种双龙双压搅拌制砖机，并具体公开了如下技术特征“从动轴纵贯搅拌箱Ⅰ、搅拌箱Ⅱ，从动轴上从左到右依次设置搅拌叶片、绞龙、增压锥体、搅拌叶片”（参见对比文件2说明书第1页第12~13行），由此可见，其中的从动轴（11）相当于本专利及对比文件1中的搅拌转轴；从对比文件2附图1和说明书第2页最后1段记载的“动力由皮带轮3经离合器2传给变速箱Ⅰ轴1，变速箱Ⅱ轴28通过Ⅱ轴轴承座4支撑，变速箱Ⅰ轴通过轴承座31支承，其上的齿轮30传递给Ⅱ轴从动齿轮29，使其旋转，Ⅱ轴主动齿轮5传动主动轴从动齿轮8，使主动轴旋转。通过主动齿轮9带动从动齿轮10，使从动轴1转动”可以看出，产生动力的动力机构与从动轴经过皮带、齿轮传动连接，从而能带动从动轴转动。由此可见，关于传动连接的区别技术特征已被对比文件2公开，并且上述区别技术特征在对比文件2中所起的作用与该技术特征在本专利中所起的作用相同，都是传动连接动力机构和起搅拌作用的转轴，并且权利要求1与对比文件1和2属于相同的技术领域，因此对比文件2给出了将上述技术特征应用于对比文件1得到权利要求1的技术方案以解决实际技术问题的启示。权利要求1所要保护的技术方案不具备实质性特点和进步，不符合专利法第22条第3款的规定。

（2）从属权利要求2~8的创造性。

从属权利要求2的附加技术特征已被对比文件1说明书第4页第7~8行记载的“填料箱3中设有两个相互平行的螺旋式搅料辊33，其两端通过轴承支承在填料箱的侧壁上”公开，因此在其引用的权利要求不具备创造性的情况下，权利要求2也不符合专利法第22条第3款的规定。

从属权利要求3的附加技术特征是“各搅料机构（3）传动连接”，由于对比文件1给出了用电驱动装置带动两个搅拌辊转动，在此基础上本领域技术人员显而易见可以想到采用搅拌辊传动连接的技术手段，因此在其引用的权利要求不具备创造性时，权利要求3所要保护的技术方案不具备实质性特点和进步，不符合专利法第22条第3款的规定。

从属权利要求4的附加技术特征也已在对比文件1中给出教导，具体理由为：结合对比文件1的附图4和5（填料箱及其液压驱动装置的结构示意图，及其俯视的结构示意图）可以显而易见地想到使搅料桨沿搅料辊轴向分布，并且垂直于搅料辊的中轴。因此在其引用的权利要求不具备创造性时，权利要求4所要保护的技术方案不具备实质性特点和进步，不符合专利法第22条第3款的规定。

从属权利要求5的附加技术特征限定了搅料杆和转轴焊接或紧固件固定，这一技术特征是本领域技术人员惯常采用的技术手段，因此在其引用的权利要求不具备创造性时，权利要求5所要保护的技术方案不具备实质性特点和进步，不符合专利法第22条第3款的规定。

从属权利要求6的附加技术特征限定了“搅料杆沿转轴轴向呈螺旋线连续分布，其旋转时组成一种圆柱形的回转体”；对比文件3公开了一种供土搅拌一体机，其中搅拌轴上的搅拌叶片呈120°三向交错分布，这样的分布形式有利于泥土搅拌均匀（参见对比文件3权利要求2，说明书第1页第13行，和第2页第17~18行）。因此其整体形成呈螺旋线连续分布，对比文件3公开了权利要求6的附加技术特征，并且上述技术特征在对比文件3中所起的作用与在权利要求6的技术方案中相同，都是为了得到更好的搅拌效果；因此，在其引用的权利要求不具备创造性时，权利要求6所要保护的技术方案不具备实质性特点和进步，不符合专利法第22条第3款的规定。

从属权利要求7对权利要求6进一步进行限定，其附加技术特征是“共有两列或两列以上的搅料杆（31）沿转轴（32）圆周方向均布”。但由对比文件1中的附图4、5可以看出，共有两列搅料桨沿搅料辊圆周方向均布，本领域的技术人员由此可以显而易见想到在搅料杆螺旋线连续分布时也采用均布的多列搅拌杆，因此，在其引用的权利要求不具备创造性时，权利要求7所要保护的技术方案不具备实质性特点和进步，不符合专利法第22条第3款的规定。

从属权利要求8的附加技术特征已在对比文件1中给出教导，具体理由为：结合对比文件1说明书第4页第8行和附图3、4和5可以显而易见地想到使搅料辊平行于料框的底部，搅料辊两端通过轴承支承在填料箱的侧壁上；因此在其引用的权利要求不具备创造性时，权利要求8所要保护的技术方案不具备实质性特点和进步，不符合专利法第22条第3款的规定。

（3）关于专利权人的意见。

专利权人在口头审理过程中提出，本专利权利要求1与对比文件1相比区别还在于，权利要求1的布料机构具有布料车移动和料框相对于布料车固定不动的技术特征，尽管权利要求1中没有记载，但是这些技术特征从说明书附图可以解释出。

针对专利权人所认为的区别技术特征“布料车移动和料框相对于布料车固定不动”，合议组认为：首先，在本专利的权利要求1中并没有限定布料车移动和料框相对于布料车固定不动的技术特征，而且从说明书文字部分和附图中也不能直接地、毫无疑义地确定权利要求1所述的“布料车”和“料框”特指该技术内容；其次，如前所述，从对比文件1中说明书第2页第7~9行记载的“原料箱的漏斗下端正好对准在下的填料箱，向其中加入混合好的原料，这时，与填料箱连接液压驱动装置工作，逐渐将填料箱向设有模具的安装架的方向水平移动”，和说明书第4页第5~8行记载的“在支架板上可水平移动地设有一填料箱3”、“在填料箱3中设有两个相互平行的螺旋式搅料辊33，其两端通过轴承支承在填料箱的侧壁上”可知，对比文件1中填料箱可进行移动布料，并且填料箱内承载包括搅料辊等搅拌机构，由此可见，填料箱（3）的功能与权利要求1中布料车（1）和料框（11）的功能一致，本领域技术人员由此可显而易见地得到权利要求1的技术方案；故专利权人所主张的理由不能成立。

鉴于权利要求1~8均不符合专利法第22条第3款的规定，应当予以无效，因此关于请求人提出的其他无效理由不再予以评述。

根据上述的事实和理由，本案合议组依法作出以下决定。

三、决定

宣告200420024585.2号实用新型专利权全部无效。

当事人对本决定不服的，可以根据专利法第46条第2款的规定，自收到本决定之日起三个月内向北京市第一中级人民法院起诉。根据该款的规定，一方当事人起诉后，另一方当事人应当作为第三人参加诉讼。

181

无机防火发泡填充管

无效宣告请求审查决定（第12176号）

决　　定　　号　第12176号
决　　定　　日　2008年8月25日
发明创造名称　无机防火发泡填充管
国 际 分 类 号　E04B 5/36，E04G 15/06，E04C 1/39
无效宣告请求人　颜喜东
专　利　权　人　鲁　杰
专　　利　　号　ZL200520123868.7
申　　请　　日　2005年12月7日
授 权 公 告 日　2007年2月28日
合 议 组 组 长　詹靖康
主　　审　　员　陈晓华
参　　审　　员　穆丽娟

法　律　依　据　专利法第22条第2款、第3款
决　定　要　点

如果权利要求所请求保护的技术方案已经被申请日之前公开的专利文献全部公开，则该权利要求不具有专利法第22条第2款所规定的新颖性。

当实用新型专利的独立权利要求不具有新颖性，该独立权利要求的从属权利要求进一步限定的技术特征属于所属领域的公知常识时，从属权利要求所请求保护的技术方案相对于公知常识和对比文件的结合不具有实质性特点和进步，该权利要求不具有专利法第22条第3款所规定的创造性。

一、案由

本无效宣告请求案涉及国家知识产权局于2007年2月28日授权公告、名称为“无机防火发泡填充管”的ZL200520123868.7号实用新型专利（下称本专利），本专利的申请日为2005年12月7日、专利权人是鲁杰。本专利授权公告的权利要求书为：

“1. 一种无机发泡轻质填充管，其特征在于：它由轻质发泡本体外裹防火密封加强层构成。

2. 根据权利要求1所述的无机发泡轻质填充管，其特征在于：所述的防火密封加强层是由轻烧粉水泥，玻璃纤维网格布构成。

3. 根据权利要求1所述的无机发泡轻质填充管，其特征在于：所述的填充管为矩形或圆形、正方形、椭圆形、菱形，多边形。

4. 根据权利要求1所述的无机发泡轻质填充管，其特征在于：所述的轻质发泡本体材料为聚苯乙烯泡沫塑料或轻质聚氯乙烯泡沫塑料、聚氨脂泡沫塑料。”

针对上述专利权，颜喜东（下称请求人）于2008年2月25日向国家知识产权局专利复审委员会提出无效宣告请求。请求人所提交的证据为：

证据1：031579000号中国发明专利，公开日为2005年3月23日；

证据2：200420077923.9号中国实用新型专利，公开日为2005年8月10日；

证据3：99115649.8号中国发明专利，公开日为2003年7月9日。

请求无效的理由是：权利要求2不符合专利法第26条第3款；权利要求2、4不符合专利法实施细则第2条第2款；权利要求1、3相对于证据1不具有新颖性；权利要求1~4相对于证据1不具有创造性；权利要求2相对于证据1、3的组合没有创造性；权利要求4相对于证据1、2的组合没有创造性。

经形式审查合格，专利复审委员会受理了上述无效宣告请求，并于2008年3月13日发出了无效宣告请求受理通知书，并将请求人的无效宣告请求书及其附件清单中所列副本转送给专利权人。

专利权人于2008年4月21日向专利复审委员会提交了意见陈述书，认为：

（1）本专利与证据1相比具有新颖性。两者的发明目的不同，所要达到的技术效果不同，技术方案也不一样。权利要求1中“外裹防火密封加强层”没有被公开；权利要求2~4的附加技术特征也没有被公开。其中，“水泥”和“纤维网”属于本专利所述材料“轻烧粉水泥”和“玻璃纤维网格布”的上位概念。所以不能用“水泥”和“纤维网”来公开“轻烧粉水泥”和“玻璃纤维网格布”。

（2）本专利相对于证据2具有新颖性。证据2的技术方案仅在上下两个表面增加了加强层，但未公开本专利权利要求1的“轻质发泡本体外裹防火密封加强层”这一特征。

（3）权利要求1、2中的“轻质发泡本体外裹防火密封加强层”和“轻烧粉水泥，玻璃纤维网格布”没有被证据1公开，因此具有创造性。即使将“水泥纤维浆或水泥纤维网砂浆”等同理解为“轻质发泡本体外裹防火密封加强层”和“轻烧粉水泥，玻璃纤维网格布”，该材料的替换也产生了预料不到的技术效果，具有了实质性特点和进步。相应地，从属权利要求3、4相对于证据1也具有创造性。

（4）权利要求1、2相对于证据1、3的组合具有创造性。证据3公开了一种强度高、抗变形、抗振动性能优良的钢筋砼填充用纤维增强型空心薄壁管。其仍然无法公开“防火密封加强层”这一技术特征。因此，即使证据1、3结合，也不能公开权利要求1、2。

专利复审委员会依法成立合议组，对本案进行审理。

本案合议组于2008年5月20日向双方当事人发出口头审理通知书，定于2008年7月8日进行口头审理。

口头审理于2008年7月8日如期举行，双方当事人均参加了口头审理。双方当事人对合议组成员没有回避请求，对对方出席人员身份没有异议。合议组当庭明确告知双方当事人，请求人在提出无效宣告请求时没有提出关于第26条第3款的具体无效理由，且在无效请求之日起一个月内也未补充具体理由，根据审查指南第四部分第3章的规定，合议组对该无效理由不予考虑。口头审理中，请求人当庭明确其无效理由为：（1）权利要求1~4不符合专利法第22条第2款、第3款：权利要求1、3相对于证据1不具有新颖性；权利要求1、3相对于证据1不具有创造性；权利要求2相对于证据1和公知常识不具有创造性；权利要求2相对于证据1中权利要求5和权利要求6的方案的组合不具有创造性；权利要求2相对于证据1和证据3的组合不具有创造性；权利要求4相对于证据1和公知常识不具有创造性；权利要求4相对于证据1和证据2的结合不具有创造性。（2）权利要求2、4不符合专利法实施细则第2条第2款。专利权人对证据1、2、3的真实性、关联性、合法性没有异议，并当庭明确表示用轻烧粉水泥和玻璃纤维网格布形成的防火密封加强层是新的，但这属于结构特征。

基于上述的工作，合议组认为本案事实已经清楚，可以作出本决定。

二、决定的理由

1. 关于证据

专利权人对证据1、2、3的真实性、关联性、合法性没有异议，并且合议组未发现影响其真实性、合法性、关联性的瑕疵，且三份证据均属于专利文献，其公开日均早于本专利的申请日，因此证据1~3可作为评价本专利的新颖性和创造性的现有技术。

2. 关于权利要求1、3的新颖性

专利法第22条第2款规定：新颖性，是指申请日以前没有同样的发明或者实用新型在国内外出版物上公开发表过、在国内公开使用过或者以其他方式为公众所知，也没有同样的发明或者实用新型由他人向国务院专利行政部门提出过申请并且记载在申请日以后公布的专利申请文件中。

权利要求1请求保护一种无机发泡轻质填充管，证据1公开了一种现浇砼用轻质胎膜构件，它具体公开了如下技术特征（参见证据1中的权利要求1、5、6、8）：该构件包括多面体实心轻质材料构件（1），它可以为泡沫塑料块，因此该构件相当于轻质发泡本体；多面体实心轻质材料构件（1）的外表面局部或全部裹有水泥浆或水泥砂浆或水泥纤维浆或水泥纤维网砂浆或水泥钢丝网砂浆或砼外膜层（5），由于水泥纤维网砂浆是在纤维网布上裹覆上水泥砂浆而做成，水泥砂浆有防火的作用，纤维网布有增加强度的作用，因此水泥纤维网砂浆构成的外裹在多面体实心轻质材料构件（1）上的层就相当于防火密封加强层。由此可见，权利要求1中的所有技术特征都已经被证据1公开了，两者的技术方案实质上相同；权利要求1中的轻质填充管是用于混凝土楼板中的上下层钢筋之间的填充，证据1中的轻质胎膜构件是现浇砼楼盖结构中的现浇砼上板和下板之间的预制填充构件，均属于建筑楼板的构件，且二者的分类号相同，均为E04B5/36。可见，两者属于同一技术领域；且两者都能够增加建筑材料的强度以及提供防火的作用，因此所要解决的技术问题和能够实现的技术效果相同。因此，相对于证据1，权利要求1不具有专利法第22条第2款所规定的新颖性。

权利要求3是对权利要求1中填充管形状的进一步限定，证据1中（参见权利要求8）公开了现浇砼用轻质胎膜构件的水平剖面或垂直剖面形状可以是长方形、正方形、多边形、弧角多边形、倒角多边形、多弧形、波纹形或圆形等。由于长方形是矩形的下位概念，并且下位概念公开上位概念，因此权利要求3的附加技术特征，即所述填充管为矩形、圆形、正方形和多边形，已经被证据1公开了，而填充管为椭圆形和菱形是所述技术领域的惯用手段的直接置换，因此权利要求3相对于证据1，不具有专利法第22条第2款所规定的新颖性。

3. 关于权利要求2、4的创造性

专利法第22条第3款规定：创造性，是指同申请日以前已有的技术相比，该发明有突出的实质性特点和显著的进步，该实用新型有实质性特点和进步。

权利要求2在权利要求1的基础上进一步限定所述防火密封加强层是由轻烧粉水泥，玻璃纤维网格布构成，轻烧粉水泥和玻璃纤维网格布都是建筑领域中的常用材料。本领域技术人员均知晓，由轻烧粉制成的水泥是很好的碱性耐火材料；玻璃纤维网格布常被应用于诸如水泥等墙体材料的增强。建筑材料的防火性能是本领域技术人员在选择材料时考虑的基本因素之一，而轻烧粉水泥具有防火性能；玻璃纤维网格布能够对水泥所构成的墙体材料起到增强的效果也为本领域技术人员所熟知，因此由轻烧粉水泥和玻璃纤维网格布构成的防火密封加强层的性能相对于两种常用材料本身性能而言并没有提升。因此，相对于证据 1 和上述公知常识的结合，权利要求 2 要求保护的技术方案不具有实质性特点和进步，因此不具有专利法第 22 条第 3 款所规定的创造性。

权利要求 4 在权利要求 1 的基础上对轻质发泡本体材料进行了进一步限定，证据 2 公开了一种带硬质加强层的轻质发泡材料填充件，其本体材料为轻质发泡材料，如聚苯乙烯泡沫塑料、聚氯乙烯泡沫塑料、聚氨脂泡沫塑料（说明书第 1 页倒数第 4 行至倒数第 3 行）。由此可见，权利要求 4 的附加技术特征已经被证据 2 公开了，且其在证据 2 中所起的作用与在本专利中所起的作用相同，都是用作建筑填充件的本体材料。因此，相对于证据 1、2 的结合，权利要求 4 要求保护的技术方案不具有实质性特点和进步，因此不具有专利法第 22 条第 3 款所规定的创造性。

综上所述，权利要求 1、3 不具有专利法第 22 条第 2 款所规定的新颖性，权利要求 2、4 不具有专利法第 22 条第 3 款所规定的创造性。因此，合议组不再针对其他无效理由进行评述。

三、决定

宣告第 200520123868.7 号专利权全部无效。

当事人对本决定不服的，可以根据专利法第 46 条第 2 款的规定，自收到本决定之日起三个月内向北京市第一中级人民法院起诉。根据该条款的规定，一方当事人起诉后，另一方当事人应当作为第三人参加诉讼。

炉管弯头密封套

无效宣告请求审查决定（第12177号）

决　　定　　号　第12177号
决　　定　　日　2008年8月4日
发明创造名称　炉管弯头密封套
国 际 分 类 号　F27D 23/00
无效宣告请求人　茂名华达新型建材厂有限公司
专　利　权　人　阎西祥
专　　利　　号　200520014149.1
申　　请　　日　2005年8月18日
授 权 公 告 日　2006年12月27日
合 议 组 组 长　温丽萍
主　　审　　员　汤元磊
参　　审　　员　徐伟锋

法　律　依　据　专利法第22条第2款
决　定　要　点

如果与现有技术相比，权利要求所要求保护的技术方案存在区别技术特征，且该区别技术特征也不是所属技术领域的惯用手段的直接置换，则该权利要求具备新颖性。

一、案由

本无效宣告请求涉及中华人民共和国国家知识产权局于2006年12月27日授权公告的、名称为“炉管弯头密封套”的实用新型专利权（下称本专利），其专利号是200520014149.1，申请日是2005年8月18日，专利权人是阎西祥。本专利授权公告时的权利要求书如下：

“1. 炉管弯头密封套，包括可套入炉管弯头的密封套体（1），其特征是：所述的密封套体（1）具有由保温材料硅酸铝纤维在特制模具中经过抽真空成型并构成内腔的腔体（2），所述的密封套体一端开有套口（1a），所述的腔体（2）纵向呈接近矩形的U形，所述的腔体（2）横向宽边（2a）、长边（2b）稍大于炉管弯头尺寸，并且所述的腔体（2）可紧密套合炉管弯头。

2. 根据权利要求1所述的炉管弯头密封套，其特征是：所述的密封套体（1）与套入炉管弯头上的管板接触部位通过高温黏结剂相连，位于腔体（2）内的炉管弯头顶部与所述的腔体（2）下底之间留有用于炉管的热膨胀的缝隙。”

针对本专利，茂名华达新型建材厂有限公司（下称请求人）于2008年1月15日向专利复审委员会提出无效宣告请求，同时提交了如下附件：

附件1：专利权人为茂名华达新型建材厂有限公司、申请日为2004年12月17日、授权公告日为2005年12月28日、授权公告号为CN2748747Y（专利号为200420102620.8）的中国实用新型专利说明书，共8页。

请求人认为：本专利权利要求1~2相对于附件1不具备新颖性，应当予以无效。

经形式审查合格，专利复审委员会依法受理了请求人的无效宣告请求，并于2008年2月26日向请求人和专利权人发出无效宣告请求受理通知书，同时将专利权无效宣告请求书及其附件清单中所列附件的副本转送给专利权人，并要求专利权人在指定的期限内陈述意见。

专利权人于2008年3月21日提交了意见陈述书，认为权利要求1~2相对于附件1具备新颖性。

专利复审委员会依法成立合议组。

本案合议组于2008年4月15日向请求人和专利权人发出无效宣告请求口头审理通知书，定于2008年7月23日在专利复审委员会举行口头审理。随同口头审理通知书，将专利权人于2008年3月21日提交的意见陈述书的副本转送给专利权人，同时要求请求人在口头审理中陈述意见。

口头审理如期举行，双方当事人均参加了口头审理。

在口头审理中，专利权人对附件1的真实性没有异议。请求人明确其无效理由、范围和证据使用方式为：本专利权利要求1~2相对于附件1不具备新颖性。

合议组对请求人的无效理由和事实进行了调查，并充分听取了请求人、专利权人的意见。

至此，合议组认为本案事实已经清楚，可以作出审查决定。

二、决定的理由

1. 关于证据和现有技术

请求人提交的附件1为中国专利文献，专利权人对附件1的真实性没有异议，合议组经审查确认附件1的真实性，且其为茂名华达新型建材厂有限公司于本专利申请日前向国务院专利行政部门提出的、在本专利申请日后公开的专利文献，因此其仅能用来评述本专利的新颖性。

2. 关于本专利权利要求1~2的新颖性

专利法第22条第2款规定，新颖性，是指在申请日以前没有同样的发明或者实用新型在国内外出版物上公开发表过、在国内公开使用过或者以其他方式为公众所知，也没有同样的发明或者实用新型由他人向国务院专利行政部门提出过申请并记载在申请日以后公布的专利申请文件中。

如果与现有技术相比，权利要求所要求保护的技术方案存在区别技术特征，且该区别技术特征也不是所属技术领域的惯用手段的直接置换，则该权利要求具备新颖性。

附件1公开了一种弯头保温密封模块，具体公开了以下内容（参见附件1权利要求1、3，说明书第3页，图1-4）：所述密封模块包括保温材料制成的块本体，所述块本体的接合面中部位置由外向里开设有可容纳弯头的空腔，空腔的上、下端面相互间平行布设，空腔上、下端面为外凹弧形段，外凹弧形段与空腔里端的弧形段平滑连接过渡，块本体的制作可采用纤维棉和树脂烧结、模压而成，具有较大的弹性和可压缩性，套上弯头后可自紧，内外层可形成一致密整体，管板套管和炉管之间的空隙形成的泄漏问题得以解决，从而可以较好实现保温、密封性能，所述密封模块可重复使用。

请求人认为，附件1与本专利属于相同的技术领域，附件1中的块本体、空腔、接合面、外凹弧形段分别相当于权利要求1中的密封套、腔体、套口、横向宽边；由附件1记载的“密封模块能套入炉管弯头”可得出腔体横向宽边、长边大于炉管弯头；认可硅酸铝纤维在特制模具中经过抽真空成型是区别特征，但硅酸铝纤维是保温材料中的一种，抽真空成型是本领域密封套制作方法中的一种。

合议组经审查后认为：（1）附件1中的块本体对应于权利要求1中的密封套体；附件1中的空腔

对应于权利要求 1 中的腔体；附件 1 中的接合面对应于权利要求 1 中的套口；附件 1 的图 2 示出了空腔纵向呈接近矩形的 U 形。（2）附件 1 中的弯头保温密封模块的块本体由纤维棉和树脂通过烧结、模压制成，所述的块本体具有较大的弹性和可压缩性，本专利权利要求 1 限定的炉管弯头密封套由硅酸铝纤维在特制模具中经过抽真空成型，具有一定的强度，又有一定的韧性，可以方便的套在炉管弯头上，虽然纤维棉和硅酸铝纤维均属于保温材料，但两者是不同的材料，并且模压和抽真空成型也是不同的制作方法，本领域技术人员可以确定上述不同材料经过不同方法制得的制成品的性能不同，因此，权利要求 1 和附件 1 相比存在区别技术特征“由保温材料硅酸铝纤维在特制模具中经过抽真空成型”。(3）附件 1 中没有文字记载空腔的横向宽边、长边稍大于炉管弯头尺寸，其说明书附图也没有示出该技术特征，由于附件 1 中的块本体具有较大的弹性和可压缩性，即使空腔的横向宽边、长边的尺寸与炉管弯头的尺寸相同或稍小，附件 1 中所述的密封模块仍然可以套到炉管上并解决其技术问题，因此从附件 1 公开的内容不能确定附件 1 已经公开“空腔的横向宽边、长边必然稍大于炉管弯头尺寸”，权利要求 1 和附件 1 相比存在区别技术特征“腔体横向宽边、长边稍大于炉管弯头尺寸”。综上，权利要求 1 和附件 1 相比存在如下区别技术特征：“由保温材料硅酸铝纤维在特制模具中经过抽真空成型”和“所述的腔体（2）横向宽边（2a）、长边（2b）稍大于炉管弯头尺寸”，并且，权利要求 1 与附件 1 的上述区别也不是所属技术领域的惯用手段的直接置换，故附件 1 公开的技术方案和权利要求 1 限定的技术方案实质上不同。尽管请求人还强调两者技术领域、解决的技术问题、技术效果相同，但是，如上所述，由于两者技术方案实质上不同，因此，权利要求 1 相对于附件 1 具备新颖性，请求人关于权利要求 1 相对于附件 1 不具备新颖性的无效理由不能成立。

鉴于权利要求 1 相对于附件 1 具备新颖性，权利要求 2 引用了权利要求 1，因此，权利要求 2 相对于附件 1 同样具有新颖性，请求人关于从属权利要求 2 不具备新颖性的主张也不能成立。

根据上述的事实和理由，本案合议组依法作出以下决定。

三、决定

维持 200520014149.1 号实用新型专利权有效。

当事人对本决定不服的，可以根据专利法第 46 条第 2 款的规定，自收到本决定之日起三个月内向北京市第一中级人民法院起诉。根据该款的规定，一方当事人起诉后，另一方当事人应当作为第三人参加诉讼。

183

复式小户型结构

无效宣告请求审查决定（第 12185 号）

决　定　号　第 12185 号
决　定　日　2008 年 8 月 27 日
发明创造名称　复式小户型结构
国 际 分 类 号　E04H 1/02
无效宣告请求人　大连高新园区建设开发有限公司
专 利 权 人　大连东特房地产有限公司
专　利　号　200310104846.1
申　请　日　2003 年 10 月 13 日
授 权 公 告 日　2007 年 5 月 23 日
合 议 组 组 长　黄　颖
主　审　员　汤元磊
参　审　员　欧　岚

法 律 依 据　专利法实施细则第 13 条第 1 款，专利法第 22 条第 2 款、第 3 款
决 定 要 点

如果使用一组证据链证明一项发明专利的权利要求所限定的技术方案在其申请日之前在国内已经公开使用过，则必须证明以下三方面的内容：第一，申请日前国内公开使用的事实；第二，该事实能够导致某一技术方案处于公众想得知就能得知的状态；第三，该技术方案的内容与该权利要求所限定的技术方案相同或实质上相同。否则，该证据链不足以破坏该权利要求的新颖性。

一、案由

本无效宣告请求涉及中华人民共和国国家知识产权局于 2007 年 5 月 23 日授权公告的、名称为“复式小户型结构”的发明专利权（下称本专利），其专利号是 200310104846.1，申请日是 2003 年 10 月 13 日，专利权人是大连东特房地产有限公司。本专利授权公告时的权利要求书如下：

“1. 一种复式小户型结构，包括有墙体、基层地面、天蓬、间壁隔断墙、室内扶梯，其特征在于：基层朝阳向呈规则形空间高为 3.6~3.9 米设置为客厅，基层呈异形空间用间壁隔断墙间壁成厨房和卫生间，厨房和卫生间高为 2~2.3 米，基层呈异形空间的上方用角钢焊接成与基层成平行面的夹层，角钢与墙壁嵌接，夹层与夹层用走道连接，夹层的走道与基层用扶梯连接，异形空间布置有管道井。

2. 根据权利要求 1 所述的一种复式小户型结构，其特征在于：卫生间为封闭间。

3. 根据权利要求 1 所述的一种复式小户型结构，其特征在于：夹层的外围设有围栏。

4. 根据权利要求 1 所述的一种复式小户型结构，其特征在于：客厅与阳台相通。

5. 根据权利要求 1 所述的一种复式小户型结构，其特征在于：夹层的走道的下方为自然间壁。”

针对本专利，大连高新园区建设开发有限公司（下称请求人）于 2008 年 1 月 22 日向专利复审委员会提出无效宣告请求，认为本专利不符合专利法实施细则第 13 条第 1 款，专利法第 22 条第 2 款、第 3 款的规定，并提交了以下附件：

附件 1：授权公告日为 2005 年 9 月 7 日、授权公告号为 CN2723604Y（专利号为 200320104870.0）的中国实用新型专利说明书复印件，共 13 页；

附件 2：专利权人于 2006 年 10 月 12 日向国家知识产权局专利局提交的意见陈述书复印件，共 2 页；

附件 3：请求人声称的辽宁法大律师事务所律师函的复印件，共 2 页；

附件 4：请求人声称的 2003 年 10 月 8 日《新商报》发布的关于东特新天地楼盘样板间公开展示的新闻的复印件，共 1 页；

附件 5：请求人声称的 2003 年 9 月 18 日《新商报》中关于东特新天地户型图的复印件，共 1 页；

附件 6：请求人声称的 2003 年 9 月 18 日《大连日报》中关于东特新天地户型图的复印件，共 1 页；

附件 7：请求人声称的三亚银泰度假酒店相关图纸的复印件，共 2 页；

附件 8：请求人声称的存储有关于三亚银泰度假酒店、亚龙湾天域度假酒店、上海莫泰 168 连锁酒店（武宁店）、广州翠馨华庭楼盘户型的录像、照片及证人证言的光盘一个，以及证人郭光普的身份证复印件 1 页；

附件 9：请求人声称的亚龙湾天域度假酒店相关图纸的复印件，共 1 页；

附件 10：请求人声称的关于广州翠馨华庭楼盘的户型媒体介绍的网页打印件，共 4 页；

附件 11：请求人声称的广州翠馨华庭楼盘的竣工图复印件，共 2 页；

附件 12：建设部勘察设计司主编、中国建筑工业出版社出版、1999 年 6 月第一版第一次印刷的《中国建筑设计精品集锦 1》封面、版权页的复印件，以及请求人声称的《中国建筑设计精品集锦 1》中关于亚龙湾天域度假酒店的设计图纸及相关文字说明的复印件，共 4 页；

附件 13：公告日为 1992 年 3 月 25 日、公告号为 CN2099794U（申请号为 91212698.1）的中国实用新型专利申请说明书复印件，共 13 页；

附件 14：国家知识产权局于 2006 年 5 月 13 日发出的第一次审查意见通知书和国家知识产权局于 2006 年 8 月 18 日发出第二次审查意见通知书的复印件，共 6 页；

附件 15：中国建筑工业出版社出版、1994 年 6 月第二版、2006 年 11 月第十九次印刷的《建筑设计资料集（第二版）》封面、版权页、第 127 页的复印件，共 3 页；

附件 16：请求人声称的关于深圳城市 3 米 6 户型的图纸及媒体介绍的网页打印件，共 5 页；

附件 17：请求人声称的关于小户型畅销的新闻的网页打印件，共 5 页；

附件 18：请求人声称的关于三亚银泰度假酒店的文字介绍材料的网页打印件，共 3 页；

附件 19：请求人声称的关于上海莫泰 168 连锁酒店（武宁店）的文字介绍资料的网页打印件，共 3 页；

附件 20：授权公告日为 2002 年 11 月 27 日、授权公告号为 CN2522536Y（专利号为 01256521.0）的中国实用新型专利说明书复印件，共 8 页。

请求人认为：本专利与附件 1 属于同样的发明创造；附件 2～6 能够证明本专利权利要求 1～5 不

具备新颖性和创造性；附件2、5~20能够证明本专利权利要求1~5不具备创造性。

经形式审查合格，专利复审委员会依法受理了上述无效宣告请求，并于2008年1月22日向请求人和专利权人发出无效宣告请求受理通知书，同时将专利权无效宣告请求书及其附件清单中所列附件的副本转送给专利权人，并要求专利权人在指定的期限内陈述意见。

请求人于2008年2月20日再次向专利复审委员会提交了意见陈述书，补充说明本专利权利要求1~5不具备创造性的具体理由，并提交了核实证据申请书，同时提交了以下附件：

附件21：请求人声称的存储有关于北京丽舍酒店式公寓、北京雅诗阁酒店式公寓、北京王府半岛酒店的户型图照片的光盘一个；

附件22：欧阳可庆主编、同济大学出版社出版、1986年8月第1版、1986年8月第1次印刷的《钢结构》上册的封面、版权页、第57页、第59页的复印件，共4页；

附件23：请求人声称的关于小户型畅销的新闻的网页打印件，共18页；

附件24：2002年第18卷第3期《电子机械工程》第35~40页的复印件，共6页；

附件25：2000年2月第29卷第1期《贵州工业大学学报（自然科学版）》第88~91页、95页的复印件，共5页；

附件26：从中华人民共和国国家知识产权局网站下载的关于商业成功对创造性判断的影响的相关案例的网页打印件，共4页。

请求人在核实证据申请书中申请专利复审委员会到附件8、附件21中所述户型所在地核实附件8、21中所述的所有户型，同时，请求人认为附件21~26证明本专利权利要求1~5不具备创造性。

针对专利复审委员会发出的上述无效宣告请求受理通知书，专利权人于2008年3月3日提交了意见陈述书，并提交了如下证据：

证据1：专利权人声称的2003年11月6日《大连日报》中关于"东特新天地产品对路续写'东特速度'"的复印件，共1页。

专利权人认为本专利权利要求1符合专利法实施细则第13条第1款的规定；权利要求1相对于附件2~6具备新颖性；请求人提交的附件和证人证言均不能影响权利要求1的创造性，同时认为本专利权利要求1所述的户型在商业上获得了成功与其技术方案有关。

专利复审委员会依法成立合议组。

本案合议组于2008年4月15日向双方发出无效宣告请求口头审理通知书，定于2008年6月19日在专利复审委员会举行口头审理。随同口头审理通知书，将请求人于2008年2月20日提交的意见陈述书及其附件清单中所列附件的副本转送给专利权人，将专利权人于2008年3月3日提交的意见陈述书及其附件清单中所列附件的副本转送给请求人。双方当事人均提交了口头审理回执表示参加口头审理。

口头审理如期举行，双方当事人均参加了口头审理。

在口头审理中，请求人当庭提交了一份公知常识性证据（编号序前）：

附件27：附件22中《钢结构》上册的第1、3、4、26、27页的复印件共5页。

合议组将附件27的副本转给专利权人，专利权人当庭予以签收并表示附件27可以作为本案公知常识性证据使用。

请求人出示了签字为"该复印件与原件一致"且签字处盖有"新商报"印章的附件4复印件，以及附件5~7、12、15、22、27的原件，专利权人对附件1、2、4~6、12~15、20、22、26、27的真实性无异议，对附件3、7~11、16~19、21、23~25的真实性有异议。请求人对专利权人提交的证据1真实性无异议。

请求人明确其无效理由、范围和证据为：本专利权利要求1~5相对于附件1不符合专利法实施细则第13条第1款的规定；权利要求1~5相对于附件2~6不具备新颖性；权利要求1~5相对于附件7~27不具备创造性；放弃附件21中关于北京丽舍酒店式公寓、北京王府半岛酒店的户型图照片作为证据使用。

合议组对请求人的无效理由和事实进行了调查，并充分听取了请求人和专利权人的意见，其间，当庭演示了附件8中关于亚龙湾天域度假酒店的录像和附件21中的北京雅诗阁酒店式公寓的照片，证人郭光谱出庭作证陈述了其在上述录像中出具的证言，请求人、专利权人和合议组对证人进行了交叉询问。其中，附件8中的光盘没有存储请求人声称的关于三亚银泰度假酒店、上海莫泰168连锁酒店（武宁店）、广州翠馨华庭楼盘户型的录像，也没有存储任何照片，仅存储有关于亚龙湾天域度假酒店和证人证言的录像，请求人对此表示认可，同时认为证人证言能够佐证本专利权利要求1~5不具备创造性。

至此，合议组认为本案事实已经清楚，可以作出审查决定。

二、决定的理由

1. 关于本专利权利要求1~5是否符合专利法实施细则第13条第1款的规定

专利法实施细则第13条第1款规定，同样的发明创造只能被授予一项专利。

如果一件专利的一项权利要求与另一件专利的某一项权利要求保护范围相同，则认为它们是同样的发明创造。

请求人认为附件1与本发明专利所属的技术领域、所解决的技术问题和取得的技术效果都是相同的，因此本专利不符合专利法实施细则第13条第1款的规定。专利权人认为本专利与附件1的权利要求1存在区别特征“异形空间布置有管道井”，本专利与附件1不属于同样的发明创造。

请求人提交的附件1为中国专利文献，专利权人对附件1的真实性无异议，本案合议组经审查确认附件1的真实性，可以作为本案证据使用。

附件1的权利要求书内容如下：

“1. 一种复式小户型结构，包括有墙体、地面、天蓬、间壁隔断墙、室内扶梯，其特征在于：基层朝阳向呈规则形空间高为3.6~3.9米设置为客厅，基层呈异形空间用隔墙将空间间壁为厨房和卫生间，基层呈异形空间的上方用角钢焊接成与基层成平行面的夹层，角钢与墙壁嵌接，夹层与夹层用走道连接，夹层的走道与基层用扶梯连接。

2. 根据权利要求1所述的一种复式小户型结构，其特征在于：卫生间为封闭间。

3. 根据权利要求1所述的一种复式小户型结构，其特征在于：夹层的外围设有围栏。

4. 根据权利要求1所述的一种复式小户型结构，其特征在于：所述的客厅与阳台相通。

5. 根据权利要求1所述的一种复式小户型结构，其特征在于：所述的夹层走道的下方为自然间壁。

6. 根据权利要求1所述的一种复式小户型结构，其特征在于：所述的厨房和卫生间高为2~2.3米。”

通过比较，本专利权利要求1与附件1的权利要求1存在区别特征“异形空间布置有管道井”和“厨房和卫生间高为2~2.3米”，本专利权利要求1与附件1的权利要求2~5除了上述两个区别特征之外，附件1权利要求2~5的附加技术特征也分别是本专利权利要求1与附件1权利要求2~5之间的区别特征，本专利权利要求1与附件1权利要求6的区别特征为“异形空间布置有管道井”，本专利权利要求2~5与附件1的权利要求1~6之间至少存在有区别特征“异形空间布置有管道井”，因此本专利权利要求1~5中的任一项权利要求与附件1权利要求1~6中任一项权利要求的保护范围均不相同，基于此，合议组认为本专利与附件1不属于同样的发明创造。因此，请求人主张本专利权利要求1~5不符合专利法实施细则第13条第1款的规定的无效理由不能成立。

2. 关于本专利权利要求1~5的新颖性和创造性

专利法第22条第2款规定，新颖性，是指在申请日以前没有同样的发明或者实用新型在国内外出版物上公开发表过、在国内公开使用过或者以其他方式为公众所知，也没有同样的发明或者实用新型由他人向国务院专利行政部门提出过申请并记载在申请日以后公布的专利申请文件中。

专利法第22条第3款规定，创造性，是指同申请日以前已有的技术相比，该发明有突出的实质性特点和显著的进步，该实用新型有实质性特点和进步。

（1）关于本专利权利要求1~5相对于附件2~6的新颖性和创造性。

如果想通过一组证据链证明一项专利的权利要求所限定的技术方案在其申请日之前在国内已经公开使用过，则必须证明以下三方面的内容：第一，申请日前国内公开使用的事实；第二，该事实能够导致某一技术方案处于公众想得知就能得知的状态；第三，该技术方案的内容与该权利要求限定的技术方案相同或实质上相同。否则，该证据链不足以破坏该权利要求的新颖性。

请求人主张使用附件2~6证明本专利权利要求1~5限定的技术方案在本专利申请日之前在国内已经公开使用过，其认为：附件2或附件3证明专利权人承认了东特新天地的楼盘采用了本专利的户型，附件4证明在本专利申请日之前东特新天地的样板间已经公开，附件5披露了包括夹层、扶梯、围栏、储物间的户型，其客厅高为3.6米，附件5还说明东特新天地在本专利申请日之前已经对外开放和预售，附件6中的户型图除披露附件5公开的特征之外还披露了权利要求4的附加技术特征“客厅与阳台相通”；请求人还认为本专利申请日之前本专利已处于公众可以参观、观看的状态，媒体报道中的文字部分虽然反应不出，但在现场能够看出来。专利权人认为附件2~6不能证明东特新天地的样板间采用了本专利权利要求1~5的技术方案，因此样板间的公开不能破坏本专利权利要求1~5的新颖性。

请求人提交的附件2为专利权人在本专利的实质审查过程中提交的意见陈述书、附件3为请求人声称的辽宁法大律师事务所律师函的复印件、附件4~6为公开出版物，专利权权人对附件2、4~6的真实性无异议。本案合议组经审查确认附件2、4~6的真实性，可以作为本案证据使用。

附件2为专利权人在本专利的实质审查过程中提交的意见陈述书，其中记载了东特新天地的复式小户型采用了本专利所述的户型（参见附件2第2页第1段）；附件3的律师函记载了东特公司在东特新天地这一楼盘中开发、销售了本专利所述的户型（参见附件3正文第6~7行）；附件4~6为本专利申请日前公开出版发行的报纸，其中，附件4记载了“东特新天地样板间正式开放”、“东特新天地的样板间有28平方米、一室一厅的A户型和37平方米、两室一厅的C户型”、“很多开发商带着售楼人员到现场参观、学习、订房”（参见附件4第1栏第1-10行，第2栏第3~4行），附件5公开了东特新天地中的户型层高3米6，面积在30~50平方米，所述户型设有客厅、夹层，夹层和扶梯与夹层的走道相连，夹层的外围有围栏，夹层与地面平行，夹层与夹层的走道相连接，夹层的走道下面有自然间壁（参见附件5第3栏第1~3行，插图），并记载了“产品尚未出笼，已有大量客户通过内部信息咨询抢订”，附件6公开了东特新天地楼盘为复式小户型，面积为30平方米、挑高3.6米，东特新天地楼盘中具有夹层、扶梯、夹层走道、围栏、层高为3.6米的小户型（参见附件6第1栏最后1行至第2栏第2行，插图）。

合议组认为：附件2能够证明专利权人承认东特新天地的楼盘采用了本专利所述户型；由于请求人未提交附件3的原件，因此附件3的真实性无法确认，况且附件3也仅能证明东特新天地的楼盘采用了本专利所述的户型；由于附件4中所述的“现场”无法确定是否为东特新天地楼盘的施工现场，而且通常情况下施工现场出于安全的考虑一般不允许他人随意进入参观，因此，附件4仅能证明在本专利的申请日之前东特新天地的样板间已经对外开放；根据附件5中记载的“产品尚未出笼，已有大量客户通过内部信息咨询抢订”，可得东特新天地的楼盘尚未对外开放，且无法证明客户抢订的房屋户型就是本专利所述户型；附件5的文字和图片仅公开了东特新天地中具有夹层、扶梯、夹层走道、围栏、层高为3.6米的户型；附件6的文字和图片也仅公开了东特新天地中具有夹层、扶梯、夹层走道、围栏、层高为3.6米的复式小户型；附件5、6均没有公开本专利权利要求1中“基层朝阳向呈规则形空间”、“厨房和卫生间高为2~2.3米”、“基层呈异形空间的上方用角钢焊接成与基层成平行面的夹层”、“角钢与墙壁嵌接”这些技术特征，因此，附件5、附件6均不足以证明本专利权利要求1所述的户型在本专利申请日之前公开使用过；权利要求2~5从属于权利要求1，因此附件5、附件6也不足以证明本专利权利要求2~5所述的户型在本专利申请日之前公开使用过。由此可见，附件2~6能够证明的事实为东特新天地的样板间在本专利申请日之前公开使用过以及东特新天地楼盘采用了本专利权利要求1~5的技术方案，但是由于请求人提交的证据不能够证明东特新天地的样板间采用了本专利权利要求1~5的技术方案，因此，附件2~6形成的证据链不足以证明本专利权利要求1~5限定的技术方案在本专利申请日之前公开使用过。因而，本专利权利要求1~5相对于附件2~6具备新颖性。此外，由于上述区别特征的存在使得权利要求1所述的复式小户型结构布局紧凑而又有层次，且充分利用了各个大小空间，具有有益的技术效果，因此，权利要求1的技术方案与附件2~6相比具备创造性。

（2）关于本专利权利要求1~5相对于其他证据使用方式的创造性。

在判断发明专利一项权利要求的创造性时，首先应当找出该权利要求限定的技术方案与最接近的现有技术之间的区别技术特征，再从该区别特征的引入带来的技术效果所确定该技术方案实际解决的技术问题出发，判断现有技术是否存在将上述区别特征应用到该最接近的现有技术以解决该权利要求限定的技术方案实际解决的技术问题的启示，如果存在这种技术启示，则该权利要求限定的技术方案不具有突出的实质性特点，该权利要求不具备创造性。

请求人主张以附件13或15作为最接近的现有技术，评价本专利的创造性，其认为权利要求1与附件13或15的区别在于：①基层朝阳空间呈规则形空间是客厅；②厨房和卫生间处于异形空间内；③基层呈异形空间的上方用角钢焊接成与基层成平行面的夹层；④异形空间布置有管道井。其中，区别特征①分别被附件8、9、12组合使用所披露的亚龙湾天域度假酒店的户型、附件7、8、18组合所披露的三亚银泰度假酒店的户型、附件8、19组合所披露的上海莫泰168连锁酒店（武宁店）的户型、附件8、10、11组合使用所披露的广州翠馨华庭楼盘的户型以及附件16公开；区别特征②分别被附件8、9、12组合使用所披露的亚龙湾天域度假酒店的户型、附件7、8、18组合所披露的三亚银泰度假酒店的户型、附件8、19组合所披露的上海莫泰168连锁酒店（武宁店）的户型以及附件21所披露的北京雅诗阁酒店式公寓的户型公开；区别特征③分别被附件24、附件25公开，且附件22、27能够说明角钢的连接方式是公知常识；区别特征④被附件8、9、12组合使用所披露的亚龙湾天域度假酒店的户型所公开；请求人还认为附件4和附件5中的报纸披露的东特新天地的户型公开了客厅呈规则形、高为3.6米，附件20进一步公开了卫生间的高度，因此本专利不具备创造性。

①关于证据、现有技术和无效理由。

请求人提交的附件13、20均为中国专利文献、附件12、15、22、27均为公开出版物、附件14为国家知识产权局发出的审查意见通知书、附件26为从中华人民共和国国家知识产权局网站下载的关于商业成功对创造性判断的影响的相关案例的网页打印件，专利权人对附件12~15、20、22、26、27的真实性无异议。本案合议组经审查认可附件12~15、20、22、26、27的真实性，其中，附件12、

13、20、22、27的公开日均在本专利申请日之前，因此，其上记载的内容构成本专利的现有技术；附件15公开日为2006年11月，在本专利申请日2003年10月13日之后，因此，其上记载的内容没有构成本专利的现有技术，不能用于评价本专利的新颖性和创造性。

如前所述，请求人提交的附件8中的光盘仅存储有关于亚龙湾天域度假酒店和证人证言的录像，因此，对请求人依据附件7、8、18组合使用所披露的三亚银泰度假酒店，附件8、19组合使用所披露上海莫泰168连锁酒店（武宁店），附件8、10、11组合使用所披露广州翠馨华庭楼盘的主张中涉及到附件8的部分不再评述；同时，由于附件15不能用于评价本专利的新颖性和创造性，鉴于请求人使用附件13和附件15最接近现有技术的证据使用方式完全对应，因此，对请求人依据附件15提出的关于权利要求1~5创造性的证据组合方式不予评述。

此外，请求人于2008年2月20日提交的核实证据申请书中申请专利复审委员会到附件8、附件21光盘中展示的户型所在地实地核实证据。合议组认为，虽然当事人提出的申请在举证期限内，但上述证据并非请求人因客观原因不能自行收集的证据，请求人可以通过收集附件8、附件21所展示户型的竣工图、建筑设计图纸以及采用公证文书的方式等方式进一步自行收集证据，因此，请求人的上述申请合议组不予接受。

②关于权利要求1的创造性。

附件13公开了一种悬吊与柜承式居室隔层，具体公开了以下技术特征：所述悬吊与柜承式居室隔层包括楼梯（对应于本专利权利要求1中的室内扶梯）、隔层楼板（对应于本专利权利要求1中的夹层）、隔层走道板（对应于本专利权利要求1中的夹层的走道）、下连接挡板、上连接挡杆、窗户或围栏、封闭挡板、组合柜以及吊杆装置，其中，隔层楼板和隔层走道板位于楼梯的左右两侧空间，楼梯顶部分别与左右两侧的隔层走道板相连，两层走道板的位置低于隔层楼板的位置，在隔层走道板下方设有组合柜，隔层楼板上固连有上连接挡板，窗户或围栏与上连接挡板固连，隔层楼板靠楼梯的边缘向上设有封闭挡板与隔层楼板相固连，居室隔层下部空间可作为餐厅、客厅（对应于本专利权利要求1中的客厅）或卧室，房间层高为3.4米，隔层楼板离地面高度为2米，上述各部件之间、部件与墙和楼板之间采用膨胀螺栓、角钢、木砖等连接固定（参见附件13权利要求1、说明书第4页倒数第1行至第5页第1行、第6页第2段）。由附件13的图1、4结合说明书文字部分可以得出：图1所示的住宅单元内还包含有卫生间（23）、厨房（24）和阳台（25），卫生间设置在上连接挡板（7）的下方的规则形空间内，基层呈规则形空间用间壁隔断墙间壁成厨房和卫生间（对应于本专利权利要求1中的厨房和卫生间）。

合议组经审查后认为，权利要求1和附件13的区别在于：基层朝阳向呈规则形空间高为3.6~3.9米设置为客厅（下称区别特征a），基层呈异形空间用间壁隔断墙间壁成厨房和卫生间，厨房高为2~2.3米（下称区别特征b），基层呈异形空间的上方用角钢焊接成与基层成平行面的夹层，角钢与墙壁嵌接（下称区别特征c），异形空间布置有管道井（下称区别特征d）。

关于区别特征a：附件7是证人手绘的三亚银泰度假酒店B814房间的一层和二层户型图，其上示出了客厅设置在一层，一层和二层均设有卫生间；附件8中的录像示出一个东西朝向的户型设有三角形的朝阳的阳台与客厅相连通，所述户型设有卫生间；附件9是证人手绘的亚龙湾天域度假酒店平面户型图，其上示出了三角形阳台与房间相通以及管道井在该平面图上的位置；附件10是关于广州翠馨华庭楼盘的网页打印件；附件11是请求人声称的广州翠馨华庭楼盘的D户型底层插座竣工图的复印件，其示出了客厅设置在规则形空间；附件12的标准层平面图示出了客厅与三角形阳台相连通（参见附件12中标准层平面图）；附件16是关于城市3米6公寓的网页打印件；附件18是关于三亚银泰度假酒店的网页打印件；附件19是关于上海莫泰168连锁酒店（武宁店）的网页打印件；证人出具的证言陈述亚龙湾天域度假酒店的中间长方形是卧室和客厅，面积有30平方米。首先，附件7、9均是证人手绘的户型图，合议组无法确认附件7、9是否分别与三亚银泰度假酒店B814房间和亚龙湾天域度假酒店的户型一致；附件8是请求人声称的亚龙湾天域度假酒店的视频录像，合议组无法确认该视频录像所示的户型是否与亚龙湾天域度假酒店的户型一致；附件10、16、18、19均为互联网网页打印件，其所反映的信息真实性合议组也无法确认；附件11是复印件，请求人未出示其原件，其真实性也无法确认，同时专利权人对上述附件的真实性有异议，因此，附件7~11、16、18、19的真实性是存疑的，故附件8、9、12组合使用，或附件7、18组合使用，或附件19，或附件10、11组合使用，或附件16均不能证明区别特征a已被公开。其次，即使考虑附件7~11、16、18、19，附件8、9、12组合使用所披露的亚龙湾天域度假酒店的户型不是复式结构，因此不存在权利要求1中所述的基层，且也没有公开“空间高为3.6~3.9米”；附件7、18组合所披露的三亚银泰度假酒店的户型以及附件11均没有公开“空间高为3.6~3.9米”；附件16没有公开复式结构，因此也不存在权利要求1中所述的基层。综上，附件8、9、12组合使用，或附件7、18组合使用，或附件19，或附件10、11组合使用，或附件16均不能证明区别特征a已被公开。此外，虽然附件8视频中证人郭光普所述的关于亚龙湾天域度假的证言中包括有“中间长方形是卧室和客厅，面积有30平方米”，但是，由于亚龙湾天域度假酒店的户型并不是复式结构，不存在权利要求1所述的基层，因而上述证言也不能佐证区别特征a被公开。请求人还认为附件4和附件5中的报纸披露的东特新天地的户型公开了客厅呈规则形、高为3.6米，合议组经审查后认为，根据前述的附件4~5公开的内容可确定附件4~5均没有公开客厅朝阳，因此，区别特征a也没有被附件4~5所公开。

关于区别特征b：附件7~9、12、18、19记载的内容如前所述；附件21中关于北京雅诗阁酒店式公寓的照片共有17张照片，照片显示了以下内容：关于北京雅诗阁酒店式公寓的网页的照片示出该酒店于2001年8月开业，其余照片显示房间的卫生间的外形呈异形、带有围栏的地面上摆放有沙发和电视等物品、带有围栏的地面上摆放有小桌子和沙发等物品、该酒店建筑外貌、该酒店地址（参见附件21中的照片）。首先，如前所述理由，附件7~9、18、19的真实性是存疑的，附件21是请求人声称的北京雅诗阁酒店式公寓的照片，专利权人对附件21的真实性有异议，合议组无法确认该照片显示的内容是否与北京雅诗阁酒店式公寓的户型是否一致，因此，附件21的真实性也是存疑的，故附件7、18组合使用，附件8、9、12组合使用，附件19以及附件21均不能证明区别特征b已被公开。其次，即使考虑附件7~9、18、19，本专利权利要求1中所述的“基层呈异形空间”是指基层的上方空间为异形空间即该空间的顶部不是一个平面，是一个顶面呈折面等异形形状的空间，而附件7、18组合使用所披露的三亚银泰度假酒店的户型没有公开房间设置有厨房，没有公开厨房的高度，也没有公开房间内有异形空间；附件8、9、12组合使用所披露的亚龙湾天域度假酒店的户型不是复式结构，因而不存在“基层”，且没有公开房间设置有厨房、厨房的高度以及卫生间设置在异形空间内；附件19没有记载所述酒店的户型结构；附件21所示的房间没有设置厨房，同时也不能确认该房间是否为复式结构。综上，附件7、18组合使用，附件8、9、12组合使用，附件19以及附件21均不能证明区别特征b已被公开。此外，附件8视频中证人郭光普的证言中与区别特征b相关的证言仅有亚龙湾天域度假酒店的房间内设有三角形卫生间，但由于亚龙湾天域度假的户型并不是复式结构，不存在权利要求1所述的基层，因此上述证言也不能佐证区别特征b已被公开。

关于区别特征c：附件22公开了钢结构的连接方法，包括焊缝连接、铆钉连接、螺栓连接（参见附件22的第57、58页）；附件24公开了一种复合材料在相控阵天线结构中的应用，其中常见的高频箱结构采用型材（如角钢、槽钢）焊接成桁架，高频箱的四角和中间主杆采用角钢（参见附件24第37页左栏）；附件25公开了一种隧洞工程不良地质洞段角钢插入法施工，该方法是：先沿浇筑好的钢筋混凝土拱顶内弧边缘以向外30。左右的角度把加工好的尖头角钢沿洞轴方向打入塌方体中，然后渐次除去工弧内塌方体，再将槽钢垂直打入底板，并于顶拱打入的角钢焊接，形成防护刚性支架以及采用角钢插入法作刚性临时支护（参见附件25第89页）；附件27公开了钢结构的优缺点、钢结构的应用范围、钢结构设计的基本要求、钢结构研究工作的展望、钢材的规格。

首先，由于请求人未出示附件24~25的原件，合议组无法确认附件24~25的真实性，且专利权人对附件24~25的真实性未予认可，因此，附件24~25的真实性是存疑的。其次，即使考虑附件24~25，附件22、24、25、27也均没有公开夹层处于基层呈异形空间的上方，因此附件22、24、25、27不能证明区别特征c已被公开。

关于区别特征d：附件8、9、12记载的内容如前所述。首先，附件8、9的真实性是存疑的，其次，即使考虑附件8、9，附件8录像中没有显示管道井的具体位置；附件9为证人手绘的平面户型图，因此没有公开管道井设置在异形空间内；附件12的文字部分和图均没有公开管道井的位置；因此，附件8、9、12组合使用不能证明区别特征d已被公开。此外，附件8视频中证人郭光普的证言中与区别特征d相关的证言为推测卫生间内有管道井，推测走廊一侧的门内是管道井，但证人推测的内容不能作为定案的依据，而且从上述证言也不能得出“异形空间布置有管道井”，因此，上述证言也不能佐证区别特征d被公开。

请求人还认为，附件20进一步公开了卫生间的高度，附件20和附件13相结合进一步说明权利要求1不具备创造性。合议组经审查后认为，附件20公开了一种小户型房间的跃层分隔装置，其卫生间位于水平隔板下方（参见附件20图1），跃层的上、下间架总高度可降到3.5米左右，上台阶（3）至地面高度为1950~2100mm（参见附件20说明书第3页倒数第3行、第4页第5~15行、图1）；由此可见，附件20仅仅公开了卫生间的高度为1950~2100mm，并没有公开厨房设置在异形空间内，因此，附件20也没有公开区别特征b，同时，由于附件20没有公开基层朝阳向呈规则形空间高为3.6~3.9米设置为客厅，基层呈异形空间的上方用角钢焊接成与基层成平行面的夹层，角钢与墙壁嵌接，异形空间布置有管道井，因此附件20也没有公开区别特征a、c或d。

因此，区别特征a、b、c、d均没有被请求人主张使用的附件组合方式公开，并且，区别特征a、b、c、d的存在使得权利要求1所述的复式小户型结构的客厅空间比普通住宅的客厅高，使房间布局紧凑而又有层次，充分利用了各个大小空间，因此，本专利权利要求1相对于附件4、5、7~13、16、18~22、24~25和27具备创造性。

此外，请求人认为附件14能够证明本专利在实质审查阶段曾被指出其相对于专利文献CN2099794U（本案中的附件13）不具备创造性，附件2能够证明专利权人在实质审查过程中曾提出使用本专利的“东特新天地”项目在商业上获得成功作为本专利具有创造性的理由，附件17、23能够证明采用本专利权利要求1的东特新天地楼盘畅销是由于采用小户型，而与本专利的技术方案无关，并且附件26中题目为商业成功对创造性判断的影响的文章中指出商业成功只是评判创造性的一项参考因素并非唯一依据，因此，专利权人将本专利获得商业上的成功作为其具有创造性的理由不能成立，本专利不具备创造性。鉴于本决定认定附件13并没有破坏本专利权利要求1的创造性且权利要求1具备创造性并非由于其商业上获得成功，也没有证据表明本专利权利要求1仅仅是由于商业上获得成功而具备创造性，因此，本决定对附件2、14、17、23、26不再予以评述。

综上所述，请求人关于本专利权利要求1不具备创造性的无效理由不能成立。

③关于权利要求2~5的创造性。

基于本专利权利要求1不具备创造性的无效理由不能成立，并且，请求人用于证明权利要求2~5不具备创造性的附件在评述其引用的权利要求1的创造性时均已经使用过，因此，请求人关于从属权利要求 2~5 不具备创造性的无效理由也不能成立。

三、决定

维持 200310104846.1 号发明专利权有效。

当事人对本决定不服的，可以根据专利法第 46 条第 2 款的规定，自收到本决定之日起三个月内向北京市第一中级人民法院起诉。根据该款的规定，一方当事人起诉后，另一方当事人应当作为第三人参加诉讼。

北京市第一中级人民法院
行政判决书

（2008）一中行初字第 1729 号

原告大连高新园区建设开发有限公司，住所地辽宁省大连市沙河口区连山街 123 号。

法定代表人王孟秋，董事长。

委托代理人邱靖，辽宁邦德信律师事务所律师。

委托代理人王芳芳，女，大连高新园区建设开发有限公司职员。

被告国家知识产权局专利复审委员会，住所地北京市海淀区北四环西路 9 号银谷大厦。

法定代表人廖涛，副主任。

委托代理人汤元磊，男，国家知识产权局专利复审委员会审查员。

委托代理人齐宏涛，男，国家知识产权局专利复审委员会审查员。

第三人大连东特房地产有限公司，住所地辽宁省大连市大连开发区辽河西路 51-3。

法定代表人水连霞，董事长。

委托代理人于忠晶，大连科技专利代理有限责任公司专利代理人。

委托代理人冯岩岩，女，大连东特房地产有限公司职员。

原告大连高新园区建设开发有限公司不服被告国家知识产权局专利复审委员会作出的行政决定，于 2008 年 11 月 3 日向本院提起行政诉讼。本院受理后，依法组成合议庭，依据《中华人民共和国行政诉讼法》第二十七条的规定，通知大连东特房地产有限公司作为本案第三人参加诉讼，于 2008 年 12 月 18 日、19 日公开开庭审理了本案。原告的委托代理人邱靖、王芳芳，被告的委托代理人汤元磊、齐宏涛，第三人的委托代理人于忠晶、冯岩岩到庭参加了诉讼。本案现已审理终结。

2008 年 8 月 27 日，被告针对原告提出的无效宣告请求作出第 12185 号无效宣告请求审查决定（以下简称被诉决定），依据《中华人民共和国专利法》（以下简称《专利法》）第二十二条第二、三款和《中华人民共和国专利法实施细则》（以下简称《专利法实施细则》）第十三条第一款的规定，决定维持第 200310104846.1 号发明专利权（以下简称本专利）有效。被告在法定举证期限内向本院提交了下列证据的复印件：

1. 授权公告日为 2005 年 9 月 7 日、授权公告号为 CN2723604Y（专利号为 200320104870.0）的中国实用新型专利说明书；（同原告提交的附件 1）

2. 第三人于 2006 年 10 月 12 日向国家知识产权局专利局提交的意见陈述书；（同原告提交的附件 2）

3. 原告声称的辽宁法大律师事务所律师函；（同原告提交的附件 3）

4. 原告声称的2003年10月8日《新商报》发布的关于东特新天地楼盘样板间公开展示的新闻；（同原告提交的附件4）

5. 原告声称的2003年9月18日《新商报》中关于东特新天地户型图；（同原告提交的附件5除放大页外的内容）

6. 原告声称的2003年9月18日《大连日报》中关于东特新天地户型图；（同原告提交的附件6除放大页外的内容）

7. 原告声称的三亚银泰度假酒店相关图纸；（同原告提交的附件7前2页的内容）

8. 原告声称的存储有关于亚龙湾天域度假酒店户型及证人证言的光盘一个，以及证人郭光普的身份证复印件1页；（同原告提交的附件8中的部分内容）

9. 原告声称的亚龙湾天域度假酒店相关图纸；（同原告提交的附件9）

10. 原告声称的关于广州翠馨华庭楼盘的户型媒体介绍的网页打印件；（同原告提交的附件10）

11. 原告声称的广州翠馨华庭楼盘D户型插座竣工图，共2页；（同原告提交的附件11的第3、4页）

12. 建设部勘察设计司主编、中国建筑工业出版社出版、1999年6月第1版第1次印刷的《中国建筑设计精品集锦1》封面、版权页，以及原告声称的《中国建筑设计精品集锦1》中关于亚龙湾天域度假酒店的设计图纸及相关文字说明，共4页；（同原告提交的附件12）

13. 公告日为1992年3月25日、公告号为CN2099794U（申请号为91212698.1）的中国实用新型专利申请说明书，共13页；（同原告提交的附件13）

14. 国家知识产权局于2006年5月13日发出的第一次审查意见通知书和2006年8月18日发出的第二次审查意见通知书，共6页；（同原告提交的附件14）

15. 中国建筑工业出版社出版、1994年6月第2版、2006年11月第19次印刷的《建筑设计资料集（第二版）》封面、版权页、第127页，共3页；（同原告提交的附件15）

16. 原告声称的关于深圳城市3米6户型的图纸及媒体介绍的网页打印件，共5页；（同原告提交的附件16）

17. 原告声称的关于小户型畅销的新闻的网页打印件，共5页；（同原告提交的附件17）

18. 原告声称的关于三亚银泰度假酒店的文字介绍材料的网页打印件，共3页；（同原告提交的附件18）

19. 原告声称的关于上海莫泰168连锁酒店（武宁店）的文字介绍资料的网页打印件，共3页；（同原告提交的附件19）

20. 授权公告日为2002年11月27日、授权公告号为CN2522536Y（专利号为01256521.0）的中国实用新型专利说明书，共8页；（同原告提交的附件20）

21. 原告声称存储有关于北京丽舍酒店式公寓、北京雅诗阁酒店式公寓、北京王府半岛酒店的户型图照片的光盘一个；（同原告提交的附件21）

22. 欧阳可庆主编、同济大学出版社出版、1986年8月第1版、1986年8月第1次印刷的《钢结构》上册的封面、版权页、第57、59页，共4页；（同原告提交的附件22）

23. 原告声称的关于小户型畅销的新闻的网页打印件，共18页；（同原告提交的附件23）

24. 2002年第18卷第3期《电子机械工程》第35~40页，共6页；（同原告提交的附件24）

25. 2000年2月第29卷第1期《贵州工业大学学报（自然科学版）》第88~91、95页，共5页；（同原告提交的附件25）

26. 从国家知识产权局网站下载的关于商业成功对创造性判断的影响的相关案例的网页打印件，

共4页。(同原告提交的附件26)

27. 口头审理记录表。

28. 被诉决定书;

上述证据，被告用以证明被诉决定认定事实清楚、适用法律、法规正确、审理程序合法。

原告诉称:

1. 被诉决定违反了《专利法实施细则》第十三条第一款和《审查指南》第二部分第三章第6.1节的规定。

原告提供的附件1已经证明，其权利要求6与本专利权利要求1的保护范围是完全相同的，被诉决定仅从“异形空间布置有管道井”这一技术特征的区别认定二者保护范围不同，从而认为二者属于不同的发明创造，不符合《专利法实施细则》第十三条第一款和《审查指南》第二部分第三章第6节的规定。

2. 被诉决定认定本专利具有新颖性是错误的。

原告提供的附件2~6已经证明本专利在申请日之前已在国内使用公开，不具有新颖性。被诉决定认定本专利具有新颖性不符合《专利法》第二十二条第二款和《审查指南》第二部分第三章的有关规定。

3. 被诉决定认定本专利具有创造性是错误的。

因为本专利不具有新颖性，所以也不具有创造性。

另外，原告提供的附件7~26已经证明本专利权利要求1~5的全部技术特征在申请日前已经公开，该发明属于现有技术的拼凑，不具有创造性。

被告对原告所提供证据的认定和处理不符合法律和《审查指南》的有关规定，被告一方面在被诉决定中多次强调无法确认原告证据或所证事实的真实性，另一方面又拒绝接受原告因客观原因不能自行收集证据而提出的实地核实证据申请，却又在第三人无反证的情况下仅凭其反对意见就否定原告提供的证据，最终导致对关键事实认定错误。另外，被告对本专利权利要求中有关概念的解释不符合专利说明书和该概念的基本含义，对原告证据涉及有关概念的解释违反基本常识，导致在对比时出现谬误。

综上，原告认为，被诉决定认定本专利权利要求1~5具有新颖性和创造性是错误的，且本专利权利要求1与附件1权利要求6属重复授权，本专利权利要求1~5都应当被宣告无效。据此，原告请求撤销被诉决定。

原告向本院提交了下列证据的复印件:

1. 授权公告日为2005年9月7日、授权公告号为CN2723604Y（专利号为200320104870.0）的中国实用新型专利说明书，用以证明附件1的权利要求6与本专利权利要求1的保护范围相同；2. 第三人于2006年10月12日向国家知识产权局专利局提交的意见陈述书，用以证明第三人承认东特新天地采用的是本专利技术；3. 原告声称的辽宁法大律师事务所律师函，用以证明第三人在东特新天地楼盘实施了本专利技术，与附件2用以证明的事实相同；4. 原告声称的2003年10月8日《新商报》发布的关于东特新天地楼盘样板间公开展示的新闻，用以证明该样板间采用了本专利技术；5. 原告声称的2003年9月18日《新商报》中关于东特新天地户型图，用以证明该证据文字部分在申请日前公开了本专利“高3米6”的技术特征；6. 原告声称的2003年9月18日《大连日报》中关于东特新天地户型图；7. 原告声称的三亚银泰度假酒店相关图纸；8. 原告声称存有三亚银泰度假酒店、亚龙湾天域度假酒店、上海莫泰168连锁酒店（武宁店）、广州翠馨华庭楼盘户型的录像、照片及证人证言光盘；9. 原告声称的亚龙湾天域度假酒店相关图纸；10 原告声称的关于广州翠馨华庭楼盘的户型媒体介绍的网页打印件；11. 原告声称的广州翠馨华庭楼盘D户型插座竣工图；12. 建设部勘察设计司主编、中国建筑工业出版社出版、1999年6月第1版第1次印刷的《中国建筑设计精品集锦1》封面、版权页，以及原告声称的《中国建筑设计精品集锦1》中关于亚龙湾天域度假酒店的设计图纸及相关文字说明；13. 公告日为1992年3月25日、公告号为CN2099794U（申请号为91212698.1）的中国实用新型专利申请说明书；14. 国家知识产权局于2006年5月13日发出的第一次审查意见通知书和2006年8月18日发出第二次审查意见通知书；15. 中国建筑工业出版社出版、1994年6月第2版、2006年11月第19次印刷的《建筑设计资料集（第二版）》封面、版权页、第127页；16. 原告声称的关于深圳城市3米6户型的图纸及媒体介绍的网页打印件；17. 原告声称的关于小户型畅销的新闻的网页打印件；18. 原告声称的关于三亚银泰度假酒店的文字介绍材料的网页打印件；19. 原告声称的关于上海莫泰168连锁酒店（武宁店）的文字介绍资料的网页打印件；20. 授权公告日为2002年11月27日、授权公告号为CN2522536Y（专利号为01256521.0）的中国实用新型专利说明书；21. 原告声称的存储有关于北京丽舍酒店式公寓、北京雅诗阁酒店式公寓、北京王府半岛酒店的户型图照片的光盘一个；22. 欧阳可庆主编、同济大学出版社出版、1986年8月第1版、1986年8月第1次印刷的《钢结构》上册的封面、版权页、第57、59页；23. 原告声称的关于小户型畅销的新闻的网页打印件；24. 2002年第18卷第3期《电子机械工程》第35~40页；25. 2000年2月第29卷第1期《贵州工业大学学报（自然科学版）》第88~91、95页；26. 从国家知识产权局网站下载的关于商业成功对创造性判断的影响的相关案例的网页打印件；27. 大连市商品房价格管理办法；28. 口审笔录；29. 本案中第三人意见陈述书；30. 无效程序中第三人提交的意见陈述书。上述证据原告用以证明被诉决定错误。原告明确其中的证据27、28、29没有在被告的专利行政审查程序中提交过。

被告辩称：

1. 关于《专利法实施细则》第十三条第一款。

本专利权利要求1~5中的任一项权利要求与附件1权利要求1~6中任一项权利要求的保护范围均不相同，具体理由参见被诉决定正文第5~6页。

2. 关于《专利法》第二十二条第二款。

由于原告提交的证据不能够证明东特新天地的样板间采用了本专利权利要求1~5的技术方案，因此，附件2~6形成的证据链不足以证明本专利权利要求1~5限定的技术方案在本专利申请日之前公开使用过。因而，本专利权利要求1~5相对于附件2~6具备新颖性。具体理由参见被诉决定正文第6~7页。

3. 关于《专利法》第二十二条第三款。

被诉决定已经阐明未采信原告提交的部分证据的理由，同时也论述了本专利权利要求1具备创造性（参见被诉决定正文第7~11页）。

关于原告提出的实地核实证据的申请，被诉决定认为原告可以通过收集附件8、附件21所展示户型的竣工图、建筑设计图纸以及采用公证文书的方式进一步自行收集证据，并非原告因客观原因不能自行收集的证据（参见被诉决定正文第9页）。

综上所述，被诉决定认定事实清楚、适用法律法规正确、审理程序合法，审查结论正确，原告的诉讼理由不能成立，故请求驳回原告请求，维持被诉决定。

第三人述称：同意被告意见，请求维持被诉决定。

第三人未向本院提交证据。

经审理查明，本案涉及2007年5月23日授权公告的、名称为“复式小户型结构”的发明专利

（即本专利），其专利号是200310104846.1，申请日是2003年10月13日，专利权人是本案第三人大连东特房地产有限公司。本专利授权公告时的权利要求书如下：

“1. 一种复式小户型结构，包括有墙体、基层地面、天蓬、间壁隔断墙、室内扶梯，其特征在于：基层朝阳向呈规则形空间高为3.6~3.9米设置为客厅，基层呈异形空间用间壁隔断墙间壁成厨房和卫生间，厨房和卫生间高为2~2.3米，基层呈异形空间的上方用角钢焊接成与基层成平行面的夹层，角钢与墙壁嵌接，夹层与夹层用走道连接，夹层的走道与基层用扶梯连接，异形空间布置有管道井。

2. 根据权利要求1所述的一种复式小户型结构，其特征在于：卫生间为封闭间。

3. 根据权利要求1所述的一种复式小户型结构，其特征在于：夹层的外围设有围栏。

4. 根据权利要求1所述的一种复式小户型结构，其特征在于：客厅与阳台相通。

5. 根据权利要求1所述的一种复式小户型结构，其特征在于：夹层的走道的下方为自然间壁。”

针对本专利，原告于2008年1月22日向被告提出无效宣告请求，认为本专利不符合《专利法实施细则》第十三条第一款、《专利法》第二十二条第二、三款的规定，并提交了以下附件：

附件1：授权公告日为2005年9月7日、授权公告号为CN2723604Y（专利号为200320104870.0）的中国实用新型专利说明书复印件，共13页；

附件2：第三人于2006年10月12日向国家知识产权局专利局提交的意见陈述书复印件，共2页；

附件3：原告声称的辽宁法大律师事务所律师函的复印件，共2页；

附件4：原告声称的2003年10月8日《新商报》发布的关于东特新天地楼盘样板间公开展示的新闻的复印件，共1页；

附件5：原告声称的2003年9月18日《新商报》中关于东特新天地户型图的复印件，共1页；

附件6：原告声称的2003年9月18日《大连日报》中关于东特新天地户型图的复印件，共1页；

附件7：原告声称的三亚银泰度假酒店相关图纸的复印件，共2页；

附件8：原告声称的存储有关于三亚银泰度假酒店、亚龙湾天域度假酒店、上海莫泰168连锁酒店（武宁店）、广州翠馨华庭楼盘户型的录像、照片及证人证言的光盘一个，以及证人郭光普的身份证复印件1页；

附件9：原告声称的亚龙湾天域度假酒店相关图纸的复印件，共1页；

附件10：原告声称的关于广州翠馨华庭楼盘的户型媒体介绍的网页打印件，共4页；

附件11：原告声称的广州翠馨华庭楼盘的竣工图复印件，共2页；

附件12：建设部勘察设计司主编、中国建筑工业出版社出版、1999年6月第一版第一次印刷的《中国建筑设计精品集锦1》封面、版权页的复印件，以及原告声称的《中国建筑设计精品集锦1》中关于亚龙湾天域度假酒店的设计图纸及相关文字说明的复印件，共4页；

附件13：公告日为1992年3月25日、公告号为CN2099794U（申请号为91212698.1）的中国实用新型专利申请说明书复印件，共13页；

附件14：国家知识产权局于2006年5月13日发出的第一次审查意见通知书和国家知识产权局于2006年8月18日发出第二次审查意见通知书的复印件，共6页；

附件15：中国建筑工业出版社出版、1994年6月第二版、2006年11月第十九次印刷的《建筑设计资料集（第二版）》封面、版权页、第127页的复印件，共3页；

附件16：原告声称的关于深圳城市3米6户型的图纸及媒体介绍的网页打印件，共5页；

附件17：原告声称的关于小户型畅销的新闻的网页打印件，共5页；

附件18：原告声称的关于三亚银泰度假酒店的文字介绍材料的网页打印件，共3页；

附件19：原告声称的关于上海莫泰168连锁酒店（武宁店）的文字介绍资料的网页打印件，共3页；

附件20：授权公告日为2002年11月27日、授权公告号为CN2522536Y（专利号为01256521.0）的中国实用新型专利说明书复印件，共8页。

原告认为：本专利与附件1属于同样的发明创造；附件2~6能够证明本专利权利要求1~5不具备新颖性和创造性；附件2、5~20能够证明本专利权利要求1~5不具备创造性。

经形式审查合格，被告依法受理了上述无效宣告请求，并于2008年1月22日向原告和第三人发出无效宣告请求受理通知书，同时将专利权无效宣告请求书及其附件清单中所列附件的副本转送给第三人，并要求第三人在指定的期限内陈述意见。

原告于2008年2月20日再次向被告提交了意见陈述书，补充说明本专利权利要求1~5不具备创造性的具体理由，并提交了核实证据申请书，同时提交了以下附件：

附件21：原告声称的存储有关于北京丽舍酒店式公寓、北京雅诗阁酒店式公寓、北京王府半岛酒店的户型图照片的光盘一个；

附件22：欧阳可庆主编、同济大学出版社出版、1986年8月第1版、1986年8月第1次印刷的《钢结构》上册的封面、版权页、第57、59页的复印件，共4页；

附件23：原告声称的关于小户型畅销的新闻的网页打印件，共18页；

附件24：2002年第18卷第3期《电子机械工程》第35~40页的复印件，共6页；

附件25：2000年2月第29卷第1期《贵州工业大学学报（自然科学版）》第88~91、95页的复印件，共5页；

附件26：从中华人民共和国国家知识产权局网站下载的关于商业成功对创造性判断的影响的相关案例的网页打印件，共4页。

原告在核实证据申请书中申请被告到附件8、附件21中所述户型所在地核实附件8、21中所述的所有户型。同时，原告认为附件21~26证明本专利权利要求1~5不具备创造性。

针对被告发出的上述无效宣告请求受理通知书，第三人于2008年3月3日提交了意见陈述书，并提交了如下证据：

证据1：第三人声称的2003年11月6日《大连日报》中关于“东特新天地产品对路续写‘东特速度’”的复印件，共1页。

第三人认为本专利权利要求1符合《专利法实施细则》第十三条第一款的规定；权利要求1相对于附件2~6具备新颖性；原告提交的附件和证人证言均不能影响权利要求1的创造性，同时认为本专利权利要求1所述的户型在商业上获得了成功与其技术方案有关。

被告依法成立合议组对本案进行审理。

2008年4月15日，被告向双方发出无效宣告请求口头审理通知书，定于2008年6月19日在被告处举行口头审理。随同口头审理通知书，将原告于2008年2月20日提交的意见陈述书及其附件清单中所列附件的副本转送给第三人，将第三人于2008年3月3日提交的意见陈述书及其附件清单中所列附件的副本转送给原告。双方当事人均提交了口头审理回执，表示参加口头审理。

口头审理如期举行，双方当事人均参加了口头审理。

在口头审理中，原告当庭提交了一份公知常识性证据（编号序前），即附件27：附件22中《钢结构》上册的第1、3、4、26、27页的复印件共5页。

被告将附件27的副本转给第三人，第三人当庭予以签收并表示附件27可以作为本案公知常识性证据使用。

原告出示了签字为“该复印件与原件一致”且签字处盖有“新商报”印章的附件4复印件，以及附件5~7、12、15、22、27的原件，第三人对附件1、2、4~6、12~15、20、22、26、27的真实性无异议，对附件3、7~11、16~19、21、23~25的真实性有异议。原告对第三人提交的证据1真实性无异议。

原告明确其无效理由、范围和证据为：本专利权利要求1~5相对于附件1不符合《实施细则》第十三条第一款的规定；权利要求1~5相对于附件2~6不具备新颖性；权利要求1~5相对于附件7~27不具备创造性；放弃附件21中关于北京丽舍酒店式公寓、北京王府半岛酒店的户型图照片作为证据使用。

被告对原告的无效理由和事实进行了调查，并充分听取了原告和第三人的意见，其间，当庭演示了附件8中关于亚龙湾天域度假酒店的录像和附件21中的北京雅诗阁酒店式公寓的照片，证人郭光谱出庭作证陈述了其在上述录像中出具的证言，原告、第三人和被告对证人进行了交叉询问。其中，附件8中的光盘没有存储原告声称的关于三亚银泰度假酒店、上海莫泰168连锁酒店（武宁店）、广州翠馨华庭楼盘户型的录像，也没有存储任何照片，仅存储有关于亚龙湾天域度假酒店和证人证言的录像，原告对此表示认可，同时认为证人证言能够佐证本专利权利要求1~5不具备创造性。

至此，被告认为本案事实已经清楚，故作出如下决定：

1. 关于本专利权利要求1~5是否符合《专利法实施细则》第十三条第一款的规定。

《专利法实施细则》第十三条第一款规定，同样的发明创造只能被授予一项专利。

如果一件专利的一项权利要求与另一件专利的某一项权利要求保护范围相同，则认为它们是同样的发明创造。

原告认为附件1与本专利所属的技术领域、所解决的技术问题和取得的技术效果都是相同的，因此本专利不符合《专利法实施细则》第十三条第一款的规定。第三人认为本专利与附件1的权利要求1存在区别特征“异形空间布置有管道井”，本专利与附件1不属于同样的发明创造。

原告提交的附件1为中国专利文献，第三人对附件1的真实性无异议，被告经审查确认附件1的真实性，可以作为本案证据使用。

附件1的权利要求书内容如下：

“1. 一种复式小户型结构，包括有墙体、地面、天蓬、间壁隔断墙、室内扶梯，其特征在于：基层朝阳向呈规则形空间高为3.6~3.9米设置为客厅，基层呈异形空间用隔墙将空间间壁为厨房和卫生间，基层呈异形空间的上方用角钢焊接成与基层成平行面的夹层，角钢与墙壁嵌接，夹层与夹层用走道连接，夹层的走道与基层用扶梯连接。

2. 根据权利要求1所述的一种复式小户型结构，其特征在于：卫生间为封闭间。

3. 根据权利要求1所述的一种复式小户型结构，其特征在于：夹层的外围设有围栏。

4. 根据权利要求1所述的一种复式小户型结构，其特征在于：所述的客厅与阳台相通。

5. 根据权利要求1所述的一种复式小户型结构，其特征在于：所述的夹层走道的下方为自然间壁。

6. 根据权利要求1所述的一种复式小户型结构，其特征在于：所述的厨房和卫生间高为2~2.3米。”

通过比较，本专利权利要求1与附件1的权利要求1存在区别特征“异形空间布置有管道井”和“厨房和卫生间高为2~2.3米”，本专利权利要求1与附件1的权利要求2~5除了上述两个区别特征之外，附件1权利要求2~5的附加技术特征也分别是本专利权利要求1与附件1权利要求2~5之间的区别特征，本专利权利要求1与附件1权利要求6的区别特征为“异形空间布置有管道井”，本专利权利要求2~5与附件1的权利要求1~6之间至少存在有区别特征“异形空间布置有管道井”，因此本专利权利要求1~5中的任一项权利要求与附件1权利要求1~6中任一项权利要求的保护范围均不相同，基于此，被告认为本专利与附件1不属于同样的发明创造。因此，原告主张本专利权利要求1~5不符合《专利法实施细则》第十三条第一款的规定的无效理由不能成立。

2. 关于本专利权利要求1~5的新颖性和创造性。

《专利法》第二十二条第二款规定，新颖性，是指在申请日以前没有同样的发明或者实用新型在国内外出版物上公开发表过、在国内公开使用过或者以其他方式为公众所知，也没有同样的发明或者实用新型由他人向国务院专利行政部门提出过申请并记载在申请日以后公布的专利申请文件中。

《专利法》第二十二条第三款规定，创造性，是指同申请日以前已有的技术相比，该发明有突出的实质性特点和显著的进步，该实用新型有实质性特点和进步。

（1）关于本专利权利要求1~5相对于附件2~6的新颖性和创造性。

如果想通过一组证据链证明一项专利的权利要求所限定的技术方案在其申请日之前在国内已经公开使用过，则必须证明以下三方面的内容：第一，申请日前国内公开使用的事实；第二，该事实能够导致某一技术方案处于公众想得知就能得知的状态；第三，该技术方案的内容与该权利要求限定的技术方案相同或实质上相同。否则，该证据链不足以破坏该权利要求的新颖性。

原告主张使用附件2~6证明本专利权利要求1~5限定的技术方案在本专利申请日之前在国内已经公开使用过，其认为：附件2或附件3证明第三人承认了东特新天地的楼盘采用了本专利的户型，附件4证明在本专利申请日之前东特新天地的样板间已经公开，附件5披露了包括夹层、扶梯、围栏、储物间的户型，其客厅高为3.6米，附件5还说明东特新天地在本专利申请日之前已经对外开放和预售，附件6中的户型图除披露附件5公开的特征之外还披露了权利要求4的附加技术特征“客厅与阳台相通”；原告还认为本专利申请日之前本专利已处于公众可以参观、观看的状态，媒体报道中的文字部分虽然反应不出，但在现场能够看出来。第三人认为附件2~6不能证明东特新天地的样板间采用了本专利权利要求1~5的技术方案，因此样板间的公开不能破坏本专利权利要求1~5的新颖性。

原告提交的附件2为第三人在本专利的实质审查过程中提交的意见陈述书、附件3为原告声称的辽宁法大律师事务所律师函的复印件、附件4~6为公开出版物，专利权权人对附件2、4~6的真实性无异议。被告经审查确认附件2、4~6的真实性，可以作为本案证据使用。

附件2为第三人在本专利的实质审查过程中提交的意见陈述书，其中记载了东特新天地的复式小户型采用了本专利所述的户型（参见附件2第2页第1段）；附件3的律师函记载了东特公司在东特新天地这一楼盘中开发、销售了本专利所述的户型（参见附件3正文第6~7行）；附件4~6为本专利申请日前公开出版发行的报纸，其中，附件4记载了“东特新天地样板间正式开放”、“东特新天地的样板间有28平方米、一室一厅的A户型和37平方米、两室一厅的C户型”、“很多开发商带着售楼人员到现场参观、学习、订房”（参见附件4第1栏第1~10行，第2栏第3~4行），附件5公开了东特新天地中的户型层高3米6，面积在30~50平方米，所述户型设有客厅、夹层，夹层和扶梯与夹层的走道相连，夹层的外围有围栏，夹层与地面平行，夹层与夹层的走道相连接，夹层的走道下面有自然间壁（参见附件5第3栏第1~3行，插图），并记载了“产品尚未出笼，已有大量客户通过内部信息咨询抢订”，附件6公开了东特新天地楼盘为复式小户型，面积为30平方米、挑高3.6米，东特新天地楼盘中具有夹层、扶梯、夹层走道、围栏、层高为3.6米的小户型（参见附件6第1栏最后1行至第2栏第2行，插图）。

被告认为：附件2能够证明第三人承认东特新天地的楼盘采用了本专利所述户型；由于原告未提交附件3的原件，因此附件3的真实性无法确认，况且附件3也仅能证明东特新天地的楼盘采用了本专利所述的户型；由于附件4中所述的“现场”无法确定是否为东特新天地楼盘的施工现场，而且通常情况下施工现场出于安全的考虑一般不允许他人随意进入参观，因此，附件4仅能证明在本专利的申请日之前东特新天地的样板间已经对外开放；根据附件5中记载的“产品尚未出笼，已有大量客户通过内部信息咨询抢订”，可得东特新天地的楼盘尚未对外开放，且无法证明客户抢订的房屋户型就是本专利所述户型；附件5的文字和图片仅公开了东特新天地中具有夹层、扶梯、夹层走道、围栏、层高为3.6米的户型；附件6的文字和图片也仅公开了东特新天地中具有夹层、扶梯、夹层走道、围栏、层高为3.6米的复式小户型；附件5、6均没有公开本专利权利要求1中“基层朝阳向呈规则形空间”、“厨房和卫生间高为2~2.3米”、“基层呈异形空间的上方用角钢焊接成与基层成平行面的夹层”、“角钢与墙壁嵌接”这些技术特征，因此，附件5、附件6均不足以证明本专利权利要求1所述的户型在本专利申请日之前公开使用过；权利要求2~5从属于权利要求1，因此附件5、附件6也不足以证明本专利权利要求2~5所述的户型在本专利申请日之前公开使用过。由此可见，附件2~6能够证明的事实为东特新天地的样板间在本专利申请日之前公开使用过以及东特新天地楼盘采用了本专利权利要求1~5的技术方案，但是由于原告提交的证据不能够证明东特新天地的样板间采用了本专利权利要求1~5的技术方案，因此，附件2~6形成的证据链不足以证明本专利权利要求1~5限定的技术方案在本专利申请日之前公开使用过。因而，本专利权利要求1~5相对于附件2~6具备新颖性。此外，由于上述区别特征的存在使得权利要求1所述的复式小户型结构布局紧凑而又有层次，且充分利用了各个大小空间，具有有益的技术效果，因此，权利要求1的技术方案与附件2~6相比具备创造性。

（2）关于本专利权利要求1~5相对于其他证据使用方式的创造性。

在判断发明专利一项权利要求的创造性时，首先应当找出该权利要求限定的技术方案与最接近的现有技术之间的区别技术特征，再从该区别特征的引入带来的技术效果所确定该技术方案实际解决的技术问题出发，判断现有技术是否存在将上述区别特征应用到该最接近的现有技术以解决该权利要求限定的技术方案实际解决的技术问题的启示，如果存在这种技术启示，则该权利要求限定的技术方案不具有突出的实质性特点，该权利要求不具备创造性。

原告主张以附件13或15作为最接近的现有技术，评价本专利的创造性，其认为权利要求1与附件13或15的区别在于：（1）基层朝阳空间呈规则形空间是客厅；（2）厨房和卫生间处于异形空间内；（3）基层呈异形空间的上方用角钢焊接成与基层成平行面的夹层；（4）异形空间布置有管道井。其中，区别特征（1）分别被附件8、9、12组合使用所披露的亚龙湾天域度假酒店的户型、附件7、8、18组合所披露的三亚银泰度假酒店的户型、附件8、19组合所披露的上海莫泰168连锁酒店（武宁店）的户型、附件8、10、11组合使用所披露的广州翠馨华庭楼盘的户型以及附件16公开；区别特征（2）分别被附件8、9、12组合使用所披露的亚龙湾天域度假酒店的户型、附件7、8、18组合所披露的三亚银泰度假酒店的户型、附件8、19组合所披露的上海莫泰168连锁酒店（武宁店）的户型以及附件21所披露的北京雅诗阁酒店式公寓的户型公开；区别特征（3）分别被附件24、附件25公开，且附件22、27能够说明角钢的连接方式是公知常识；区别特征（4）被附件8、9、12组合使用所披露的亚龙湾天域度假酒店的户型所公开；原告还认为附件4和附件5中的报纸披露的东特新天地的户型公开了客厅呈规则形、高为3.6米，附件20进一步公开了卫生间的高度，因此本专利不具备创造性。

①关于证据、现有技术和无效理由。

原告提交的附件13、20均为中国专利文献、附件12、15、22、27均为公开出版物、附件14为国家知识产权局发出的审查意见通知书、附件26为从中华人民共和国国家知识产权局网站下载的关于商业成功对创造性判断的影响的相关案例的网页打印件，第三人对附件12~15、20、22、26、27的真实性无异议。被告经审查认可附件12~15、20、22、26、27的真实性，其中，附件12、13、20、22、27的公开日均在本专利申请日之前，因此，其上记载的内容构成本专利的现有技术；附件15公开日为2006年11月，在本专利申请2003年10月13日之后，因此，其上记载的内容没有构成本专利的现有技术，不能用于评价本专利的新颖性和创造性。

如前所述，原告提交的附件8中的光盘仅存储有关于亚龙湾天域度假酒店和证人证言的录像，因此，对原告依据附件7、8、18组合使用所披露的三亚银泰度假酒店，附件8、19组合使用所披露上海莫泰168连锁酒店（武宁店），附件8、10、11组合使用所披露广州翠馨华庭楼盘的主张中涉及到附件8的部分不再评述；同时，由于附件15不能用于评价本专利的新颖性和创造性，鉴于原告使用附件13和附件15最接近现有技术的证据使用方式完全对应，因此，对原告依据附件15提出的关于权利要求1~5创造性的证据组合方式不予评述。

此外，原告于2008年2月20日提交的核实证据申请书中申请被告到附件8、附件21光盘中展示的户型所在地实地核实证据。被告认为，虽然当事人提出的申请在举证期限内，但上述证据并非原告因客观原因不能自行收集的证据，原告可以通过收集附件8、附件21所展示户型的竣工图、建筑设计图纸以及采用公证文书的方式等方式进一步自行收集证据，因此，原告的上述申请被告不予接受。

②关于权利要求1的创造性。

附件13公开了一种悬吊与柜承式居室隔层，具体公开了以下技术特征：所述悬吊与柜承式居室隔层包括楼梯（对应于本专利权利要求1中的室内扶梯）、隔层楼板（对应于本专利权利要求1中的夹层）、隔层走道板（对应于本专利权利要求1中的夹层的走道）、下连接挡板、上连接挡杆、窗户或围栏、封闭挡板、组合柜以及吊杆装置，其中，隔层楼板和隔层走道板位于楼梯的左右两侧空间，楼梯顶部分别与左右两侧的隔层走道板相连，两层走道板的位置低于隔层楼板的位置，在隔层走道板下方设有组合柜，隔层楼板上固连有上连接挡板，窗户或围栏与上连接挡板固连，隔层楼板靠楼梯的边缘向上设有封闭挡板与隔层楼板相固连，居室隔层下部空间可作为餐厅、客厅（对应于本专利权利要求1中的客厅）或卧室，房间层高为3.4米，隔层楼板离地面高度为2米，上述各部件之间、部件与墙和楼板之间采用膨胀螺栓、角钢、木砖等联接固定（参见附件13权利要求1、说明书第4页倒数第1行至第5页第1行、第6页第2段）。由附件13的图1、4结合说明书文字部分可以得出：图1所示的住宅单元内还包含有卫生间（23）、厨房（24）和阳台（25），卫生间设置在上连接挡板（7）的下方的规则形空间内，基层呈规则形空间用间壁隔断墙间壁成厨房和卫生间（对应于本专利权利要求1中的厨房和卫生间）。

被告经审查后认为，权利要求1和附件13的区别在于：基层朝阳向呈规则形空间高为3.6~3.9米设置为客厅（下称区别特征a），基层呈异形空间用间壁隔断墙间壁成厨房和卫生间，厨房高为2~2.3米（下称区别特征b），基层呈异形空间的上方用角钢焊接成与基层成平行面的夹层，角钢与墙壁嵌接（下称区别特征c），异形空间布置有管道井（下称区别特征d）。

关于区别特征a：附件7是证人手绘的三亚银泰度假酒店B814房间的一层和二层户型图，其上示出了客厅设置在一层，一层和二层均设有卫生间；附件8中的录像示出一个东西朝向的户型设有三角形的朝阳的阳台与客厅相连通，所述户型设有卫生间；附件9是证人手绘的亚龙湾天域度假酒店平面户型图，其上示出了三角形阳台与房间相通以及管道井在该平面图上的位置；附件 10 是关于广州翠馨华庭楼盘的网页打印件；附件 11 是原告声称的广州翠馨华庭楼盘的 D 户型底层插座竣工图的复印件，其示出了客厅设置在规则形空间；附件 12 的标准层平面图示出了客厅与三角形阳台相连通（参见附件 12 中标准层平面图）；附件 16 是关于城市 3 米 6 公寓的网页打印件；附件 18 是关于三亚银泰度假酒店的网页打印件；附件 19 是关于上海莫泰 168 连锁酒店（武宁店）的网页打印件；证人出具的证言陈述亚龙湾天域度假酒店的中间长方形是卧室和客厅，面积有 30 平方米。首先，附件 7、9 均是证人手绘的户型图，被告无法确认附件 7、9 是否分别与三亚银泰度假酒店 B814 房间和亚龙湾天域度假酒店的户型一致；附件 8 是原告声称的亚龙湾天域度假酒店的视频录像，被告无法确认该视频录像所示的户型是否与亚龙湾天域度假酒店的户型一致；附件 10、16、18、19 均为互联网网页打印件，其所反映的信息真实性被告也无法确认；附件 11 是复印件，原告未出示其原件，其真实性也无法确认，同时第三人对上述附件的真实性有异议，因此，附件 7~11、16、18、19 的真实性是存疑的，故附件 8、9、12 组合使用，或附件 7、18 组合使用，或附件 19，或附件 10、11 组合使用，或附件 16 均不能证明区别特征 a 已被公开。其次，即使考虑附件 7~11、16、18、19，附件 8、9、12 组合使用所披露的亚龙湾天域度假酒店的户型不是复式结构，因此不存在权利要求 1 中所述的基层，且也没有公开“空间高为 3.6~3.9 米”；附件 7、1 8 组合所披露的三亚银泰度假酒店的户型以及附件 11 均没有公开“空间高为 3.6~3.9 米”；附件 16 没有公开复式结构，因此也不存在权利要求 1 中所述的基层。综上，附件 8、9、12 组合使用，或附件 7、18 组合使用，或附件 19，或附件 10、11 组合使用，或附件 16 均不能证明区别特征 a 已被公开。此外，虽然附件 8 视频中证人郭光普所述的关于亚龙湾天域度假的证言中包括有“中间长方形是卧室和客厅，面积有 30 平方米”，但是，由于亚龙湾天域度假酒店的户型并不是复式结构，不存在权利要求 1 所述的基层，因而上述证言也不能佐证区别特征 a 被公开。原告还认为附件 4 和附件 5 中的报纸披露的东特新天地的户型公开了客厅呈规则形、高为 3.6 米，被告经审查后认为，根据前述的附件 4~5 公开的内容可确定附件 4~5 均没有公开客厅朝阳，因此，区别特征 a 也没有被附件 4~5 所公开。

关于区别特征 b：附件 7~9、12、18、19 记载的内容如前所述；附件 21 中关于北京雅诗阁酒店式公寓的照片共有 17 张照片，照片显示了以下内容：关于北京雅诗阁酒店式公寓的网页的照片示出该酒店于 2001 年 8 月开业，其余照片显示房间的卫生间的外形呈异形、带有围栏的地面上摆放有沙发和电视等物品、带有围栏的地面上摆放有小桌子和沙发等物品、该酒店建筑外貌、该酒店地址（参见附件 21 中的照片）。首先，如前所述理由，附件 7~9、18、19 的真实性是存疑的，附件 21 是原告声称的北京雅诗阁酒店式公寓的照片，第三人对附件 21 的真实性有异议，被告无法确认该照片显示的内容是否与北京雅诗阁酒店式公寓的户型是否一致，因此，附件 21 的真实性也是存疑的，故附件 7、18 组合使用，附件 8、9、12 组合使用，附件 19 以及附件 21 均不能证明区别特征 b 已被公开。其次，即使考虑附件 7~9、18、19，本专利权利要求 1 中所述的“基层呈异形空间”是指基层的上方空间为异形空间即该空间的顶部不是一个平面，是一个顶面呈折面等异形形状的空间，而附件 7、18 组合使用所披露的三亚银泰度假酒店的户型没有公开房间设置有厨房，没有公开厨房的高度，也没有公开房间内有异形空间；附件 8、9、12 组合使用所披露的亚龙湾天域度假酒店的户型不是复式结构，因而不存在“基层”，且没有公开房间设置有厨房、厨房的高度以及卫生间设置在异形空间内；附件 19 没有记载所述酒店的户型结构；附件 21 所示的房间没有设置厨房，同时也不能确认该房间是否为复式结构。综上，附件 7、18 组合使用，附件 8、9、12 组合使用，附件 19 以及附件 21 均不能证明区别特征 b 已被公开。此外，附件 8 视频中证人郭光普的证言中与区别特征 b 相关的证言仅有亚龙湾天域度假酒店的房间内设有三角形卫生间，但由于亚龙湾天域度假的户型并不是复式结构，不存在权利要求 1 所述的基层，因此上述证言也不能佐证区别特征 b 已被公开。

关于区别特征 c：附件 22 公开了钢结构的连接方法，包括焊缝连接、铆钉连接、螺栓连接（参见附件 22 的第 57、58 页）；附件 24 公开了一种复合材料在相控阵天线结构中的应用，其中常见的高频箱结构采用型材（如角钢、槽钢）焊接成桁架，高频箱的四角和中间主杆采用角钢（参见附件 24 第 37 页左栏）；附件 25 公开了一种隧洞工程不良地质洞段角钢插入法施工，该方法是：先沿浇筑好的钢筋砼拱顶内弧边缘以向外 30。左右的角度把加工好的尖头角钢沿洞轴方向打入塌方体中，然后渐次除去工弧内塌方体，再将槽钢垂直打入底板，并于顶拱打入的角钢焊接，形成防护刚性支架以及采用角钢插入法作刚性临时支护（参见附件 25 第 89 页）；附件 27 公开了钢结构的优缺点、钢结构的应用范围、钢结构设计的基本要求、钢结构研究工作的展望、钢材的规格。

首先，由于原告未出示附件 24~25 的原件，被告无法确认附件 24~25 的真实性，且第三人对附件 24~25 的真实性未予认可，因此，附件 24~25 的真实性是存疑的。其次，即使考虑附件 24~25，附件 22、24、25、27 也均没有公开夹层处于基层呈异形空间的上方，因此附件 22、24、25、27 不能证明区别特征 c 已被公开。

关于区别特征 d：附件 8、9、12 记载的内容如前所述。首先，附件 8、9 的真实性是存疑的，其次，即使考虑附件 8、9，附件 8 录像中没有显示管道井的具体位置；附件 9 为证人手绘的平面户型图，因此没有公开管道井设置在异形空间内；附件 12 的文字部分和图均没有公开管道井的位置；因此，附件 8、9、12 组合使用不能证明区别特征 d 已被公开。此外，附件 8 视频中证人郭光普的证言中与区别特征 d 相关的证言为推测卫生间内有管道井，推测走廊一侧的门内是管道井，但证人推测的内容不能作为定案的依据，而且从上述证言也不能得出“异形空间布置有管道井”。因此，上述证言也不能佐证区别特征 d 被公开。

原告还认为，附件 20 进一步公开了卫生间的高度，附件 20 和附件 13 相结合进一步说明权利要求 1 不具备创造性。被告经审查后认为，附件 20 公开了一种小户型房间的跃层分隔装置，其卫生间位于水平隔板下方（参见附件 20 图 1），跃层的上、下间架总高度可降到 3.5 米左右，上台阶（3）至地面高度为 1950~2100mm（参见附件 20 说明书第 3 页倒数第 3 行、第 4 页第 5~15 行、图 1）；由此可见，附件 20 仅仅公开了卫生间的高度为 1950~2100mm，并没有公开厨房设置在异形空间内，因此，附件 20 也没有公开区别特征 b。同时，由于附件 20 没有公开基层朝阳向呈规则形空间高为 3.6~3.9米设置为客厅，基层呈异形空间的上方用角钢焊接成与基层成平行面的夹层，角钢与墙壁嵌接，异形空间布置有管道井，因此附件 20 也没有公开区别特征 a、c 或 d。

因此，区别特征 a、b、c、d 均没有被原告主张使用的附件组合方式公开，并且，区别特征 a、b、c、d 的存在使得权利要求 1 所述的复式小户型结构的客厅空间比普通住宅的客厅高，使房间布局紧凑而又有层次，充分利用了各个大小空间，因此，本专利权利要求 1 相对于附件 4、5、7~13、16、18~22、24~25 和 27 具备创造性。

此外，原告认为附件 14 能够证明本专利在实质审查阶段曾被指出其相对于专利文献 CN2099794U（本案中的附件 13）不具备创造性，附件 2 能够证明第三人在实质审查过程中曾提出使用本专利的“东特新天地”项目在商业上获得成功作为本专利具有创造性的理由，附件 17、23 能够证明采用本专利权利要求 1 的东特新天地楼盘畅销是由于采用小户型，而与本专利的技术方案无关，并且附件 26 中题目为商业成功对创造性判断的影响的文章中指出商业成功只是评判创造性的一项参考因素并非唯一依据。因此，第三人将本专利获得商业上的成功作为其具有创造性的理由不能成立，本专利不具备创造性。鉴于该决定认定附件 13 并没有破坏本专利权利要求 1 的创造性且权利要求 1 具备创造性并非由于其商业上获得成功，也没有证据表明本专利权利要求 1 仅仅是由于商业上获得成功而具备创造性。因此，被诉决定对附件 2、14、17、23、26 不再予以评述。

综上所述，原告关于本专利权利要求 1 不具备创造性的无效理由不能成立。

③关于权利要求 2~5 的创造性。

基于本专利权利要求 1 不具备创造性的无效理由不能成立，并且，原告用于证明权利要求 2~5 不具备创造性的附件在评述其引用的权利要求 1 的创造性时均已经使用过，因此，原告关于从属权利要求 2~5 不具备创造性的无效理由也不能成立。

据此，被告作出维持本专利有效的被诉决定。原告不服，诉至本院。

本院认为：

1. 关于被诉决定的证据认定问题。

对于原告关于被告对证据认定的争议，即原告认为其在专利行政审查程序中提交的附件 8 包含了 4 个楼盘的资料，被告只播放了天域度假酒店的内容，而其他 3 个楼盘资料充分公开了本专利的技术内容。对此，经本院审查，附件 8 中的光盘没有存储原告声称的关于三亚银泰度假酒店、上海莫泰 168 连锁酒店（武宁店）、广州翠馨华庭楼盘户型的录像和照片，原告对此在专利审查行政程序中和本案的庭审过程中亦表示认可，故原告的前述争议明显与事实不符，本院不予支持。

关于原告在专利行政审查程序中提出的实地核实证据的申请，经审查，相关证据不属于原告无法自行收集的证据，故被告未准予该申请并无不当。

2. 关于本专利是否符合《专利法实施细则》第十三条第一款的问题。

《专利法实施细则》第十三条第一款规定：“同样的发明创造只能被授予一项专利”。

本专利权利要求 1 为独立权利要求，其与附件 1 权利要求 6 的区别特征为“异形空间布置有管道井”。本专利权利要求 2~5 为权利要求 1 的从属权利要求，因此，本专利权利要求 2~5 与附件 1 的权利要求 1~6 之间至少存在前述区别特征“异形空间布置有管道井”。据此，本专利权利要求 1~5 中的任一项权利要求与附件 1 权利要求 1~6 中任一项权利要求的保护范围均不相同，被告认为本专利与附件 1 不属于同样的发明创造正确。原告主张本专利权利要求 1~5 不符合《专利法实施细则》第十三条第一款规定的无效理由不能成立，本院不予支持。

3. 关于本专利是否符合《专利法》第二十二条第二款规定的问题。

《专利法》第二十二条第二款规定：“新颖性，是指在申请日以前没有同样的发明或者实用新型在国内外出版物上公开发表过、在国内公开使用过或者以其他方式为公众所知，也没有同样的发明或者实用新型由他人向国务院专利行政部门提出过申请并且记载在申请日以后公布的专利申请文件中”。

经审理，原告提交的证据均不能够证明本专利权利要求 1~5 限定的技术方案在本专利申请日之前公开使用过。被告关于本专利权利要求 1~5 相对于附件 2-6 具备新颖性，符合《专利法》第二十二条第二款规定的认定正确，本院应予支持。

4. 关于本专利是否符合《专利法》第二十二条第三款规定的问题。

《专利法》第二十二条第三款规定：“创造性，是指同申请日以前已有的技术相比，该发明有突出的实质性特点和显著的进步，该实用新型有实质性特点和进步”。

在专利行政审查程序中，原告主张以附件 13 或 15 作为最接近的现有技术评价本专利的创造性。但附件 15 的公开日在本专利的申请日之后。因此，被告认定附件 15 不能用于评价本专利的创造性正确，本院应予支持。

经审理，本专利权利要求 1 和附件 13 的区别在于：基层朝阳向呈规则形空间高为 3.6~3.9 米设置为客厅，基层呈异形空间用间壁隔断墙间壁成厨房和卫生间，厨房高为 2~2.3 米，基层呈异形空间的上方用角钢焊接成与基层成平行面的夹层，角钢与墙壁嵌接，异形空间布置有管道井。

鉴于上述区别技术特征均没有被原告主张的附件组合方式公开，并且上述区别特征的存在使得本专利权利要求1所述的复式小户型结构存在客厅空间比普通住宅的客厅高，房间布局紧凑而又有层次等有益的技术效果。因此，被告认定本专利权利要求1相对于附件7~13、16、18~22、24~25和27具备创造性正确。基于上述认定，及本专利权利要求1并非仅仅是由于商业上的成功才具备创造性，故被告对原告关于本专利不能因为商业上获得成功而具备创造性的理由及证据组合不予支持正确。据此，被告关于本专利权利要求1符合《专利法》第二十二条第三款规定的认定正确，本院应予支持。

5. 关于本专利权利要求2~5的创造性问题。

鉴于本专利权利要求1具备创造性，本院对被诉决定中关于本专利从属权利要求2~5亦具备创造性的相关论述和结论予以认可。

综上，被诉决定认定事实清楚、适用法律正确、审查程序合法，本院应予维持。原告要求撤销被诉决定的诉讼请求缺乏事实和法律依据，本院不予支持。据此，依照《中华人民共和国行政诉讼法》第五十四条第（一）项之规定，判决如下：

维持被告国家知识产权局专利复审委员会于二〇〇八年八月二十七日作出的第12185号无效宣告请求审查决定。

案件受理费100元，由原告大连高新园区建设开发有限公司负担（已交纳）。

如不服本判决，可在本判决书送达之日起15日内，向本院递交上诉状，并按对方当事人人数提出副本，上诉于北京市高级人民法院。上诉人在上诉期满后7日内未预交上诉案件受理费又不提出缓交、免交申请的，按自动撤回上诉处理。

审 判 长　强刚华
代理审判员　殷　悦
代理审判员　石　磊
二〇〇九年十一月十九日
书 记 员　耿　源

184

砖的自动生产线

无效宣告请求审查决定（第12187号）

决　定　号　第12187号
决　定　日　2008年8月7日
发明创造名称　砖的自动生产线
国 际 分 类 号　B28B 15/00，B28B 1/00，B28B 11/24，B28B 17/00
无效宣告请求人　洛阳中冶重工机械有限公司
专 利 权 人　福建海源自动化机械股份有限公司
专　利　号　200420150254.3
申　请　日　2004年7月2日
授 权 公 告 日　2006年7月19日
合 议 组 组 长　赵　明
主　审　员　王　冬
参　审　员　徐伟锋

法 律 依 据　专利法第22条第3款
决 定 要 点

如果一项权利要求要求保护的技术方案与最接近的现有技术相比存在区别技术特征，请求人提供的其他证据也均未公开该区别技术特征，且没有证据表明其为公知常识，同时也没有给出将该区别技术特征应用到该最接近的现有技术中得到该权利要求要求保护的技术方案的技术启示，则该权利要求对本领域技术人员来说是非显而易见的。

一、案由

本无效宣告请求涉及中华人民共和国国家知识产权局于2006年7月19日授权公告的、名称为“砖的自动生产线”的实用新型专利权（下称本专利），其专利号是200420150254.3，申请日是2004年7月2日，专利权人是福建海源自动化机械股份有限公司（变更前为福建海源自动化机械设备有限公司）。本专利授权公告时的权利要求书如下：

“权利要求1：砖的自动生产线，包括制砖机（1），码垛机（2），蒸压釜（3），卸砖机（4）和养护小车（5），其特征在于，还包括第一输送机（6）和第二输送机（7），第一输送机（6）连接于制砖机（1）与蒸压釜（3）之间，第二输送机（7）连接于蒸压釜（3）与卸砖机（4）之间，养护小车（5）安装在第一输送机（6）与第二输送机（7）上，并在第一输送机（6）与第二输送机（7）上移动。

权利要求2：根据权利要求1所述的砖的自动生产线，其特征在于，第一输送机（6）与第二输送机（7）均为一种轨道输送机，包括输送导轨和输送驱动机构，养护小车（5）在输送导轨上通过输送驱动机构驱动其移动。

权利要求3：根据权利要求2所述的砖的自动生产线，其特征在于，还包括步进控制机构（61），该步进控制机构（61）安装在第一输送机（6）两输送导轨之间，并位于码垛机（2）的下方，步进控制机构包括电机（611），丝杆（612），移动小车（613）和推车杆（614），电机（611）与丝杆（612）连接，丝杆（612）通过一螺母与移动小车（613）连接，螺母固定在移动小车（613）上，推车杆（614）通过扭转弹簧倾斜安装在移动小车（613）上，且具有两个移动小车（613）和推车杆（614）。

权利要求4：根据权利要求1所述的砖的自动生产线，其特征在于，还包括回程输送机（9），该回程输送机（9）位于第二输送机（7）的末端与第一输送机（6）的前端之间，回程输送机（9），第一输送机（6）和第二输送机（7）组成闭合输送线。

权利要求5：根据权利4所述的砖的自动生产线，其特征在于，回程输送机（9）具有轨道（91），转盘（92）和驱动机构，转盘（92）安装于回程输送机（9）的每个转角处，且转盘（92）上具有与轨道（91）配合的轨道（921）。

权利要求6：根据权利要求1所述的砖的自动生产线，其特征在于，具有复数个蒸压釜（3），在每个蒸压釜（3）与制砖机（1）均具有第一输送机（6），在每个蒸压釜（3）与卸砖机（4）之间均具有第二输送机（7）。

权利要求7：根据权利要求6所述的砖的自动生产线，其特征在于，还包括往复式输送机（8），往复式输送机（8）位于制砖机（1）与第一输送机（6）之间，且往复式输送机（8）的移动方向与第一输送机（6）上的养护小车（5）的移动方向垂直。

权利要求8：根据权利要求7所述的砖的自动生产线，其特征在于，往复式输送机（8）包括摆渡车（81），下轨道（82）和摆渡轨道（83），下轨道（82）垂直于第一输送机（6）的输送轨道，摆渡车（81）安装在下轨道（82）上，摆渡轨道（83）安装在摆渡车（81）上，且摆渡轨道（83）与下轨道（82）垂直并与第一输送机（6）的输送轨道位于同一水平面。”

针对上述专利权，洛阳中冶重工机械有限公司（下称请求人）于2008年4月7日向专利复审委员会提出无效宣告请求，请求人认为本专利权利要求1-8不符合专利法第22条第2款和专利法实施细则第2条第2款的规定，其提交的附件如下：

附件1：《粉煤灰 固体废弃物再生利用》，2004年第1期第16卷总第87期，2004年2月25日出刊，目次页、广告页复印件，共2页；

附件2：宣称为福建海源自动化机械设备有限公司“年产5000万块粉煤灰蒸压砖生产线”产品样本复印件，共2页；

附件3：《墙材革新与建筑节能》，2003年第12期总第61期，目次页、广告页复印件，共2页。

请求人认为：附件1中的德国拉斯科公司广告宣传页中的产品展示图包含的技术特征涵盖了本专利产品的全部必要技术特征；附件2是福建海源自动化机械设备有限公司产品样本，其展示的生产线含有本专利所具有的全部必要技术特征，已在本专利申请日前公开使用；附件3刊登有HF系列千吨全自动液压墙体砖压机及配套生产线，该生产线含有本专利产品的全部必要技术特征，因此，本专利权利要求1~8相对于附件1结合附件2和3不具备新颖性。

经形式审查合格，专利复审委员会依法受理了上述无效宣告请求，并于2008年4月7日向双方发出无效宣告请求受理通知书，同时将专利权无效宣告请求书及其附件清单中所列附件的副本转送给专利权人，并要求专利权人在指定的期限内陈述意见。

请求人于2008年5月5日向专利复审委员会提交意见陈述书，其补充了无效的理由和证据，其中补充的附件为：

附件4：《墙材革新与建筑节能》，2003年第10期，第27~28页，“非黏土砖生产技术的革命”复印件，共2页；

附件5：公开日为1999年3月24日、公开号为CN1211494A的中国发明专利申请公开说明书；

附件6：公开日为1922年2月2日的英国专利文献GB174740A及其部分中文译文。

请求人认为：1. 本专利权利要求1相对于附件4和5的结合不具有创造性；权利要求2的附加技术特征被附件5公开，权利要求4和5的附加技术特征分别被附件6公开，权利要求6的附加技术特征是本领域的常见做法，是本领域技术人员容易想到的，因此，在权利要求1相对于附件4和5的结合不具有创造性的情况下，权利要求2、4~6也不具有创造性。

针对专利复审委员会于2008年4月7日发出的上述无效宣告请求受理通知书，专利权人于2008年5月20日提交了意见陈述书。专利权人认为：1. 附件1~3均没有公开本专利独立权利要求中的技术方案以及所有必要技术特征，请求人关于本专利不具有新颖性的主张不成立。2. 请求人关于本专利不符合专利法实施细则第2条第2款的规定的主张不能成立。

专利复审委员会依法成立合议组，对本案进行审查。

专利复审委员会本案合议组于2008年6月10日向双方发出无效宣告请求口头审理通知书，定于2008年7月7日举行口头审理。随同口头审理通知书，将请求人于2008年5月5日提交的意见陈述书及其附件清单中所列附件的副本转送给专利权人，将专利权人于2008年5月20日提交的意见陈述书转送给请求人。

口头审理如期举行，双方当事人均参加了口头审理。

在口头审理中，请求人明确其无效宣告请求的理由、范围及证据的使用方式为：权利要求1、2、4~6不具有创造性，不符合专利法22条3款的规定，其中权利要求1相对于附件4和5的结合以及附件4和6的结合不具有创造性，附件4是最接近的对比文件；权利要求2的附加技术特征被附件5或6公开，权利要求4~6的附加技术特征被附件6公开，不具有创造性。请求人当庭放弃权利要求1~8不具备新颖性的无效理由，放弃本专利权利要求1~8要求保护的技术方案不符合专利法实施细则第2条第2款的规定的无效理由，放弃附件1~3作为证据使用。

请求人当庭提交了附件4的原件，提交了盖有国家知识产权局专利检索咨询中心副本认证专用章的附件5和6的专利文献。专利权人对附件4~6的真实性没有异议。由于专利权人针对合议组转交的请求人补充提交的无效宣告理由及其附件的答辩期限在口头审理时未届满，因此，合议组当庭告知专利权人应当在上述答辩期限内对附件6中文译文的准确性提交陈述意见。专利权人认为请求人当庭确定的权利要求1相对于附件4和6的结合不具有创造性的无效理由属于新增加的无效理由，且在提出无效宣告请求之日起一个月内也未具体说明，因此应当不予考虑。请求人当庭补充提交了本专利实用新型检索报告，合议组当庭将其转交给专利权人。专利权人认为，该检索报告超出举证期限，并拒绝签收。

专利权人于2008年7月18日提交了意见陈述书，重申了其在口头审理中的意见。

至此，合议组认为本案事实已经清楚，可以作出审查决定。

二、决定的理由

1. 关于证据和现有技术

请求人提交的附件4为公开发行的全国建材综合性期刊，附件5为中国发明专利申请公开说明书，附件6为英国专利文献，请求人当庭提交了附件4的原件，提交了盖有国家知识产权局专利检索咨询中心副本认证专用章的附件5和6的专利文献副本，经核实附件4~6与请求人提交的附件4的原件和附件5和6的副本内容一致，并且专利权人对附件4~6的真实性也没有异议，由于附件4~6的公开日期均在本专利的申请日前，因此可以作为本专利的现有技术使用。

请求人提交的附件6为外文专利文献，专利权人在指定期限内未对附件6中文译文的准确性提出异议，因此附件6的公开内容以其中文译文为准。

请求人当庭放弃附件1~3作为证据使用，因此，合议组对附件1~3不予评述。

请求人当庭补充提交了本专利实用新型专利检索报告，由于实用新型专利检索报告不属于专利法意义上的现有技术，因此其不能用于评价本专利的新颖性和创造性。同时由于实用新型专利检索报告不是行政决定，不具有预决效力，因此，其对本专利权利要求新颖性和创造性的评述不影响本案合议组对本专利无效宣告请求的审查。

2. 关于请求人无效宣告请求的理由

请求人在提出无效宣告请求之日起一个月内增加无效宣告理由的，应当在该期限内对所增加的无效宣告理由具体说明，提交有证据的，应当结合提交的所有证据具体说明；否则，专利复审委员会不予考虑。

本案中，请求人于提出无效宣告请求之日起一个月内增加了无效宣告的理由，并具体说明了本专利权利要求1相对于附件4和5的结合不具有创造性的理由。请求人在口头审理时当庭又提出了本专利权利要求1相对于附件4和6的结合不具有创造性的理由，但该结合方式并没有在提出无效宣告请求之日或一个月内提出，同时也没有对该结合方式进行具体说明，因此，请求人当庭提出的权利要求1相对于附件4和6的结合不符合专利法第22条第3款的无效理由不符合审查指南中有关在指定期限内对无效宣告理由进行具体说明的规定，因此，合议组对附件4和6的结合评述权利要求1创造性的无效理由不予考虑。

3. 关于创造性

专利法第22条第3款规定：创造性，是指同申请日以前已有的技术相比，该发明有突出的实质性特点和显著的进步，该实用新型具有实质性特点和进步。

如果一项权利要求要求保护的技术方案与最接近的现有技术相比存在区别技术特征，请求人提供的其他证据也均未公开该区别技术特征，且没有证据表明其为公知常识，同时也没有给出将该区别技术特征应用到该最接近的现有技术中得到该权利要求要求保护的技术方案的技术启示，则该权利要求对本领域技术人员来说是非显而易见的。

就本案而言，权利要求1要求保护一种砖的自动生产线，附件4公开了一种HF系列千吨全自动液压墙体砖压机及配套生产线（参见附件4生产工艺流程简图），将权利要求1与附件4进行对比，区别在于：权利要求1还包括第一输送机和第二输送机，其中第一输送机连接于制砖机与蒸压釜之间，第二输送机连接于蒸压釜与卸砖机之间，养护小车安装在第一输送机与第二输送机上，并在第一输送机与第二输送机上移动。附件5公开了一种砂砖自动化生产线，其由原料制备系统、压砖机、砖的取放码垛系统组成，砖的取放码垛系统由拔砖机构、码砖步进带、机械手、工位小车等组成，工位小车的车轮安装在轨道上，其功能是接放机械手输送过来的砖，并可实现两个工位卸砖，由铲车在卸板工位上将工位小车养护板带砖从小车上卸下，运往养生间养护（参见附件5说明书第10页倒数第2段至第11页第2段）。而本专利通过设置养护小车和第一、第二输送机，将砖块码垛在养护小车上，通过第一输送机将养护小车输送至蒸压釜中进行养护，养护后再通过第二输送机将养护小车从蒸压釜移出。可见，附件5的工位小车是为了实现在卸砖工位和卸板工位进行卸砖而通过工位小车在两个工位之间进行连接，但其中所述砖的取放码垛系统与养生间之间并没有通过工位小车进行连接，其是使用铲车将工位小车养护板上的砖运到养生间进行养护，因此，附件5没有给出将砖的取放码垛系统、卸砖机和养生间之间设置运输系统，使养护小车在其上移动的技术启示，本领域技术人员无法显而易见的将附件4和5相结合得到本专利权利要求1要求保护的技术方案，故权利要求1相对于附件4和5的结合具备实质性特点，且本专利相对于现有技术具有降低劳动强度、提高砖的质量和生产率以及实现生产自动化的有益效果，因此，权利要求1相对于附件4和5具备专利法第二十二条第三款规定的创造性。

根据上述对权利要求1的评述，由于独立权利要求1相对于附件4和5的结合具备创造性，请求人关于权利要求1相对于附件4和5不具有创造性的主张不能成立，因此其关于从属权利要求的附加技术特征被公开而导致从属权利要求2、4~6不具有创造性的主张也不成立。

根据上述的事实和理由，本案合议组依法做出以下决定。

三、决定

维持200420150254.3号实用新型专利权有效。

当事人对本决定不服的，可以根据专利法第46条第2款的规定，自收到本决定之日起三个月内向北京市第一中级人民法院起诉。根据该款的规定，一方当事人起诉后，另一方当事人应当作为第三人参加诉讼。

北京市第一中级人民法院
行政判决书

（2009）一中行初字第93号

原告洛阳中冶重工机械有限公司，住所地河南省洛阳市涧西区秦岭路。

法定代表人张亚琦，董事长。

委托代理人陈德军，男，1968年11月14日出生，汉族，洛阳中冶重工机械有限公司技术部部长，户籍所在地河南省洛阳市老城区利通巷5号楼2门601号。

委托代理人符继超，男，1956年12月23日出生，汉族，洛阳中冶重工机械有限公司员工，户籍所在地河南省洛阳市涧西区十六号街坊2栋1门401号。

被告国家知识产权局专利复审委员会，住所地北京市海淀区北四环西路9号银谷大厦。

法定代表人廖涛，副主任。

委托代理人宋晓辉，女，国家知识产权局专利复审委员会审查员。

委托代理人齐宏涛，男，国家知识产权局专利复审委员会审查员。

第三人福建海源自动化机械股份有限公司，住所地福建省闽侯铁岭工业集中区。

法定代表人李良光，总经理。

委托代理人林天凯，男，福州展晖专利事务所主任。

委托代理人黄墩荣，男，1945年5月15日出生，汉族，福建海源自动化机械股份有限公司职员，户籍所在地福建省福州市鼓楼区北环中路103号404。

原告洛阳中冶重工机械有限公司不服被告国家知识产权局专利复审委员会作出的第12187号无效宣告请求审查决定（以下简称被诉决定），向本院提起行政诉讼。本院受理后，依法组成合议庭，通知与本案有利害关系的福建海源自动化机械股份有限公司作为本案第三人参加诉讼，于2009年3月11日公开开庭审理了本案。原告的委托代理人符继超、陈德军，被告的委托代理人宋晓辉、齐宏涛，第三人的委托代理人林天凯、黄墩荣到庭参加了诉讼。本案现已审理终结。

2008年8月7日，被告作出被诉决定，该决定维持第200420150254.3号实用新型专利（以下简称本专利）有效。该决定的主要理由如下：

1. 关于证据和现有技术。

原告提交的2003年第10期《墙材革新与建筑节能》第27~28页“非黏土砖生产技术的革命”（被诉决定中的附件4，以下简称附件4）为公开发行的全国建材综合性期刊，公开日为1999年3月24日、公开号为CN1211494A的中国发明专利申请公开说明书（被诉决定中的附件5，以下简称附件5）为中国发明专利申请公开说明书，公开日为1922年2月2日的英国专利文献GB174740A及其部分中文译文（被诉决定中的附件6，以下简称附件6）为英国专利文献，原告当庭提交了附件4的原件，提交了盖有国家知识产权局专利检索咨询中心副本认证专用章的附件5和6的专利文献副本，经核实附件4~6与原告提交的附件4的原件和附件5和6的副本内容一致，并且第三人对附件4~6的真实性也没有异议，由于附件4~6的公开日期均在本专利的申请日前，因此可以作为本专利的现有技术使用。

原告提交的附件6为外文专利文献，第三人在指定期限内未对附件6中文译文的准确性提出异议，因此附件6的公开内容以其中文译文为准。

原告当庭放弃附件1~3作为证据使用，因此，被告对附件1~3不予评述。

原告当庭补充提交了本专利实用新型专利检索报告，由于实用新型专利检索报告不属于专利法意义上的现有技术，因此其不能用于评价本专利的新颖性和创造性。同时由于实用新型专利检索报告不是行政决定，不具有预决效力，因此，其对本专利权利要求新颖性和创造性的评述不影响本案被告对本专利无效宣告请求的审查。

2. 关于原告无效宣告请求的理由。

原告在提出无效宣告请求之日起一个月内增加无效宣告理由的，应当在该期限内对所增加的无效宣告理由具体说明，提交有证据的，应当结合提交的所有证据具体说明；否则，被告不予考虑。

本案中，原告于提出无效宣告请求之日起一个月内增加了无效宣告的理由，并具体说明了本专利权利要求1相对于附件4和5的结合不具有创造性的理由。原告在口头审理时当庭又提出了本专利权利要求1相对于附件4和6的结合不具有创造性的理由，但该结合方式并没有在提出无效宣告请求之日或一个月内提出，同时也没有对该结合方式进行具体说明，因此，原告当庭提出的权利要求1相对于附件4和6的结合不符合《中华人民共和国专利法》（以下简称《专利法》）第二十二条第三款的无效理由不符合《审查指南》中有关在指定期限内对无效宣告理由进行具体说明的规定，因此，被告对原告提出的以附件4和6的结合评述权利要求1创造性的无效理由不予考虑。

3. 关于创造性。

如果一项权利要求要求保护的技术方案与最接近的现有技术相比存在区别技术特征，原告提供的其他证据也均未公开该区别技术特征，且没有证据表明其为公知常识，同时也没有给出将该区别技术特征应用到该最接近的现有技术中得到该权利要求要求保护的技术方案的技术启示，则该权利要求对本领域技术人员来说是非显而易见的。

就本案而言，权利要求1要求保护一种砖的自动生产线，附件4公开了一种HF系列千吨全自动液压墙体砖压机及配套生产线（参见附件4生产工艺流程简图），将权利要求1与附件4进行对比，区别在于：权利要求1还包括第一输送机和第二输送机，其中第一输送机连接于制砖机与蒸压釜之间，第二输送机连接于蒸压釜与卸砖机之间，养护小车安装在第一输送机与第二输送机上，并在第一输送机与第二输送机上移动。附件 5 公开了一种砂砖自动化生产线，其由原料制备系统、压砖机、砖的取放码垛系统组成，砖的取放码垛系统由拔砖机构、码砖步进带、机械手、工位小车等组成，工位小车的车轮安装在轨道上，其功能是接放机械手输送过来的砖，并可实现两个工位卸砖，由铲车在卸板工位上将工位小车养护板带砖从小车上卸下，运往养生间养护（参见附件 5 说明书第 10 页倒数第 2 段至第 11 页第 2 段）。而本专利通过设置养护小车和第一、第二输送机，将砖块码垛在养护小车上，通过第一输送机将养护小车输送至蒸压釜中进行养护，养护后再通过第二输送机将养护小车从蒸压釜移出。可见，附件 5 的工位小车是为了实现在卸砖工位和卸板工位进行卸砖而通过工位小车在两个工位之间进行连接，但其中所述砖的取放码垛系统与养生间之间并没有通过工位小车进行连接，其是使用铲车将工位小车养护板上的砖运到养生间进行养护，因此，附件 5 没有给出将砖的取放码垛系统、卸砖机和养生间之间设置运输系统，使养护小车在其上移动的技术启示，本领域技术人员无法显而易见的将附件 4 和 5 相结合得到本专利权利要求 1 要求保护的技术方案，故权利要求 1 相对于附件 4 和 5 的结合具备实质性特点，且本专利相对于现有技术具有降低劳动强度、提高砖的质量和生产率以及实现生产自动化的有益效果，因此，权利要求 1 相对于附件 4 和 5 具备《专利法》第二十二条第三款规定的创造性。

根据上述对权利要求 1 的评述，由于独立权利要求 1 相对于附件 4 和 5 的结合具备创造性，原告关于权利要求 1 相对于附件 4 和 5 不具有创造性的主张不能成立，因此其关于从属权利要求的附加技术特征被公开而导致从属权利要求 2、4~6 不具有创造性的主张也不成立。

根据上述的事实和理由，被告作出被诉决定维持本专利有效。

在法定举证期限内，被告向本院提交了以下证据：1. 本专利；2. 附件 4；3. 附件 5；4. 口头审理记录表。以上证据用于证明被诉决定认定事实清楚，适用法律正确，审理程序合法。

原告诉称，1. 被诉决定违反法定程序。其理由如下：（1）被诉决定认定原告没有在举证期限内提出使用附件 4 和附件 6 评价本专利权利要求 1 创造性的无效请求理由错误。原告在 2008 年 5 月 5 日提交的意见陈述书中对附件 4 和附件 6 的结合方式进行了阐述，口头审理时被告亦让原告就附件 4 和附件 6 的结合方式进行了陈述。原告的上述无效理由的提出符合《审查指南》的规定。（2）第三人在口头审理后向被告提交了一份意见陈述书，该份意见陈述书系第三人针对原告在 2008 年 5 月 5 日提交给被告的意见陈述书而作出，被告在口头审理之前未将该意见陈述书转交给原告违反了《审查指南》第四部分第三章第 4.4.1 节的规定。（3）本专利的权利要求 1 存在明显缺陷，其要求不清楚，无法确定其保护范围，被告无法针对原告提出的无效宣告请求进行审查，被告应当依照《审查指南》第四部分第三章第 4.1 节（2）的有关规定依据职权引入《中华人民共和国专利法实施细则》（以下简称《专利法实施细则》）第二十条第一款的无效宣告理由对本专利进行审查。综上，被诉决定的行政程序违法。2. 被诉决定认定事实不清，证据不足。其理由如下：（1）被告未向法院提交附件 6 和原告于 2008 年 5 月 5 日向被告提交的意见陈述书，亦未向法院提交与本专利有关的两份检索报告。（2）原告提交的附件 4 已经公开了本专利的大部分技术特征，本专利和附件 4 的区别仅在于附件 4 的生产工艺流程简图没有给出第一输送机和第二输送机的文字说明特征。本领域技术人员通过附件 4 的生产工艺流程简图，很容易得到解决全自动液压砖机与蒸压釜之间、蒸压釜与成品卸砖机之间通过蒸压小车的往来移动而设置输送运输机构的技术方案，同时制砖行业有小车运输机构是公知常识，在何种位置进行相互连接不存在技术上的连接困难。（3）附件 5 描述了“……砖坯取放码垛系统位于砖机和养生间之间”的内容，其相当于本专利权利要求 1 的带有在其上移动的养护小车的第一输送机，附件 5 给出了将砖机和养生间之间的砖坯取放码垛系统及在其轨道上移动的工位小车应用于附件 4 的技术方案作为制砖机与蒸压釜之间的第一输送机及在其上移动的养护小车以进一步解决其技术问题的启示，即实现砖生产线的自动化和机械化。在此启示下，为实现全自动机械化输送砖坯，本领域技术人员也很容易想到将同样的输送装置应用于附件4披露的技术方案中以实现全自动机械化完成养护好的成品砖的输送卸砖，即在蒸压釜与卸砖机之间设置第二输送机及在其上移动的养护小车来输送成品砖。在附件4的基础上结合附件5得出本专利权利要求1的技术方案对本领域技术人员来说是显而易见的。综上，本专利权利要求1不具备《专利法》第二十二条第三款规定的创造性。被诉决定的结论错误。综上，原告请求法院判决撤销被诉决定。

原告向本院提交了以下证据：1. 原告于2008年5月5日向被告提交的意见陈述书；2. 附件6及其中文译文；3. 中华人民共和国国家知识产权局（以下简称知产局）出具的实用新型专利检索报告；4. 知产局专利检索咨询中心出具的编号为G080684的检索报告。以上证据用以证明被诉决定错误。

被告辩称：1. 原告没有在《审查指南》规定的期限内提出附件4和附件6相结合以评价本专利权利要求1的创造性的无效宣告理由，被告在口头审理中让原告陈述以上的无效宣告理由并不意味被告认可上述理由。第三人在口头审理中当庭提交了意见陈述书，被告亦只能当庭转送给原告。第三人在口头审理中提交的意见陈述书与其在口头审理中陈述的意见相一致，并不影响被诉决定的结论。同时第三人在2008年7月18日以后提交的意见陈述书仅是其针对口头审理情况的代理词，以上意见在口头审理时均已经涉及，原告已经充分发表意见。2. 本专利权利要求1相对于附件4和附件5的结合具备《专利法》第二十二条第三款规定的创造性，附件5没有给出将砖的取放码垛系统、卸砖机和养生间之间设置运输系统以使养护小车在其上移动的技术启示，本领域技术人员无法显而易见地将附件4和5结合得到本专利权利要求1要求保护的技术方案，本专利相对于现有技术具备有益效果。综上，被告认为被诉决定认定事实清楚，适用法律正确，审理程序合法，审查结论正确，其请求法院判决维持被诉决定。

第三人未向本院提交书面的答辩意见，其同意被诉决定并请求本院判决维持被诉决定。

第三人在法定期限内未向本院提交证据。

经庭审质证，原告对被告证据的关联性、合法性、真实性没有异议，但是不同意被告证据的证明作用；第三人对被告证据表示没有异议。被告及第三人对于原告证据1、2的关联性、合法性、真实性没有异议，均不同意其证明作用，同时认为原告证据3、4与本案不具备关联性。本院经审查认为，被告的全部证据及原告的证据1、2与本案具备关联性，且符合证据合法性、真实性的要求，能够证明本案相关事实。本院对上述证据予以采纳。原告证据3、4向被告提交时已经超过了无效宣告程序的举证期限，上述两份证据与本案不具备关联性，本院不予采纳。

根据上述确认的有效证据以及当事人当庭无争议的陈述，本院认定事实如下：

本专利于2006年7月19日被知产局授权公告，其名称为“砖的自动生产线”，其专利号是200420150254.3，其申请日为2004年7月2日，专利权人为本案第三人。本专利授权公告时的权利要求书如下：

权利要求1：砖的自动生产线，包括制砖机（1），码垛机（2），蒸压釜（3），卸砖机（4）和养护小车（5），其特征在于，还包括第一输送机（6）和第二输送机（7），第一输送机（6）连接于制砖机（1）与蒸压釜（3）之间，第二输送机（7）连接于蒸压釜（3）与卸砖机（4）之间，养护小车（5）安装在第一输送机（6）与第二输送机（7）上，并在第一输送机（6）与第二输送机（7）上移动。

权利要求2：根据权利要求1所述的砖的自动生产线，其特征在于，第一输送机（6）与第二输送机（7）均为一种轨道输送机，包括输送导轨和输送驱动机构，养护小车（5）在输送导轨上通过输送驱动机构驱动其移动。

权利要求3：根据权利要求2所述的砖的自动生产线，其特征在于，还包括步进控制机构（61），该步进控制机构（61）安装在第一输送机（6）两输送导轨之间，并位于码垛机（2）的下方，步进控制机构包括电机（611），丝杆（612），移动小车（613）和推车杆（614），电机（611）与丝杆（612）连接，丝杆（612）通过一螺母与移动小车（613）连接，螺母固定在移动小车（613）上，推车杆（614）通过扭转弹簧倾斜安装在移动小车（613）上，且具有两个移动小车（613）和推车杆（614）。

权利要求4：根据权利要求1所述的砖的自动生产线，其特征在于，还包括回程输送机（9），该回程输送机（9）位于第二输送机（7）的末端与第一输送机（6）的前端之间，回程输送机（9），第一输送机（6）和第二输送机（7）组成闭合输送线。

权利要求5：根据权利4所述的砖的自动生产线，其特征在于，回程输送机（9）具有轨道（91），转盘（92）和驱动机构，转盘（92）安装于回程输送机（9）的每个转角处，且转盘（92）上具有与轨道（91）配合的轨道（921）。

权利要求6：根据权利要求1所述的砖的自动生产线，其特征在于，具有复数个蒸压釜（3），在每个蒸压釜（3）与制砖机（1）均具有第一输送机（6），在每个蒸压釜（3）与卸砖机（4）之间均具有第二输送机（7）。

权利要求7：根据权利要求6所述的砖的自动生产线，其特征在于，还包括往复式输送机（8），往复式输送机（8）位于制砖机（1）与第一输送机（6）之间，且往复式输送机（8）的移动方向与第一输送机（6）上的养护小车（5）的移动方向垂直。

权利要求8：根据权利要求7所述的砖的自动生产线，其特征在于，往复式输送机（8）包括摆渡车（81），下轨道（82）和摆渡轨道（83），下轨道（82）垂直于第一输送机（6）的输送轨道，摆渡车（81）安装在下轨道（82）上，摆渡轨道（83）安装在摆渡车（81）上，且摆渡轨道（83）与下轨道（82）垂直并与第一输送机（6）的输送轨道位于同一水平面。”

针对本专利，原告于2008年4月7日向被告提出无效宣告请求，原告认为本专利权利要求1~8不符合《专利法》第二十二条第二款和《专利法实施细则》第二条第二款的规定，其提交的附件如下：

附件1：《粉煤灰固体废弃物再生利用》，2004年第1期第16卷总第87期，2004年2月25日出刊，目次页、广告页复印件，共2页；

附件2：宣称为福建海源自动化机械设备有限公司“年产5000万块粉煤灰蒸压砖生产线”产品样本复印件，共2页；

附件3：《墙材革新与建筑节能》，2003年第12期总第61期，目次页、广告页复印件，共2页。

原告认为：附件1中的德国拉斯科公司广告宣传页中的产品展示图包含的技术特征涵盖了本专利产品的全部必要技术特征；附件2是福建海源自动化机械设备有限公司产品样本，其展示的生产线含有本专利所具有的全部必要技术特征，已在本专利申请日前公开使用；附件3刊登有HF系列千吨全自动液压墙体砖压机及配套生产线，该生产线含有本专利产品的全部必要技术特征，因此，本专利权利要求1~8相对于附件1结合附件2和3不具备新颖性。

经形式审查合格，被告依法受理了上述无效宣告请求，并于2008年4月7日向双方发出无效宣告请求受理通知书，同时将专利权无效宣告请求书及其附件清单中所列附件的副本转送给第三人，并要求第三人在指定的期限内陈述意见。

原告于2008年5月5日向被告提交意见陈述书，其补充了无效的理由和证据，其中补充的附件为附件4~6。

原告认为：1. 本专利权利要求1相对于附件4和5的结合不具有创造性；权利要求2的附加技术特征被附件5公开，权利要求4和5的附加技术特征分别被附件6公开，权利要求6的附加技术特征是本领域的常见做法，是本领域技术人员容易想到的，因此，在权利要求1相对于附件4和5的结合不具有创造性的情况下，权利要求2、4~6也不具有创造性。

针对被告于2008年4月7日发出的上述无效宣告请求受理通知书，第三人于2008年5月20日提交了意见陈述书。第三人认为：1. 附件1~3均没有公开本专利独立权利要求中的技术方案以及所有必要技术特征，原告关于本专利不具有新颖性的主张不成立。2. 原告关于本专利不符合《专利法实施细则》第二条第二款的规定的主张不能成立。

被告于2008年6月10日向双方发出无效宣告请求口头审理通知书，定于2008年7月7日举行口头审理。随同口头审理通知书，将原告于2008年5月5日提交的意见陈述书及其附件清单中所列附件的副本转送给第三人，将第三人于2008年5月20日提交的意见陈述书转送给原告。

在口头审理中，原告明确其无效宣告请求的理由、范围及证据的使用方式为：权利要求1、2、4~6不具有创造性，不符合《专利法》第二十二条第三款的规定，其中权利要求1相对于附件4和5的结合以及附件4和6的结合不具有创造性，附件4是最接近的对比文件；权利要求2的附加技术特征被附件5或6公开，权利要求4~6的附加技术特征被附件6公开，不具有创造性。原告当庭放弃权利要求1~8不具备新颖性的无效理由，放弃本专利权利要求1~8要求保护的技术方案不符合《专利法实施细则》第二条第二款的规定的无效理由，放弃附件1~3作为证据使用。

原告当庭提交了附件4的原件，提交了盖有知产局专利检索咨询中心副本认证专用章的附件5和6的专利文献。第三人对附件4~6的真实性没有异议。由于第三人针对被告转交的原告补充提交的无效宣告理由及其附件的答辩期限在口头审理时未届满，因此，被告当庭告知第三人应当在上述答辩期限内对附件6中文译文的准确性提交陈述意见。第三人认为原告当庭确定的权利要求1相对于附件4和6的结合不具有创造性的无效理由属于新增加的无效理由，且在提出无效宣告请求之日起一个月内也未具体说明，因此应当不予考虑。原告当庭补充提交了本专利实用新型检索报告，被告当庭将其转交给第三人。第三人认为检索报告超出举证期限，并拒绝签收。

在口头审理时，第三人当庭向被告提了意见陈述书，被告将该意见陈述书转给原告。

第三人于2008年7月18日再次提交了意见陈述书，重申了其在口头审理中的意见。

被告经审查于2008年8月7日作出被诉决定维持本专利有效，原告不服，向本院提起行政诉讼。

另查，原告于2008年5月5日向被告提交的意见陈述书中记载其使用对比文件1（即附件4）和对比文件2（即附件5）结合来评价本专利权利要求1创造性的内容，未记载有将附件4和对比文件3（即附件6）结合来评价本专利权利要求1创造性的内容。

在本案庭审过程中，原告和第三人表示对于被诉决定记载的决定的理由中关于证据和现有技术部分及本专利权利要求1与附件4的区别技术特征部分无异议。

本院认为，经审查，被诉决定作出的行政程序合法，本院对此予以确认。

本案的争议焦点如下：1. 被告的行政程序是否违法；2. 本专利是否符合《专利法》第二十二条第三款规定的创造性。

关于争议焦点1，首先，《审查指南》第四部分第三章第4.2节第（1）项规定："请求人在提出无效宣告请求之日起一个月内增加无效宣告理由的，应当在该期限内对所增加的无效宣告理由具体说明；否则，专利复审委员会不予考虑。"原告在2008年5月5日提交给被告的意见陈述书中并未提出将附件4和附件6相结合评价本专利权利要求1创造性的无效理由，其于同年7月7日在口头审理时提出该无效理由，其请求已经超过了《审查指南》上述规定的期限，故被告未考虑原告的该无效理由并无不当。其次，在本案的口头审理程序中，原告和第三人均充分发表了意见，被诉决定系围绕双方当事人在口头审理时提出的意见对本专利进行了审查，被诉决定的审查并未超出口头审理中双方当事人明确的意见范围，且相关法律法规并未规定口头审理之前系各方当事人提交意见陈述书的最后期限。故被告在口头审理中将第三人的意见陈述书转交给原告的行为并未违反法律的规定，也未影响原告的相关权益。再次，《审查指南》第四部分第三章第4.1节第五款第（2）项规定："专利权存在请求人未提及的缺陷而导致无法针对请求人提出的无效宣告理由进行审查的，专利复审委员会可以依职权针对专利权人的上述缺陷引入相关无效宣告理由进行审查。"按照上述规定，依职权引入无效请求人未提出的无效宣告理由并非被告在审查无效宣告请求案件中必经的法定程序。被告在认为本专利权利要求1不存在原告未提及的缺陷而影响对本专利审查的情况下，无需依职权引入《专利法实施细则》第二十条第一款的规定对本专利权利要求1进行审查，原告主张被告未依职权引入上述无效宣告理由对本专利权利权利要求1进行审查违反《审查指南》规定的理由不能成立。综上，原告关于被诉决定行政程序违反的诉讼主张均缺乏事实和法律依据，本院均不予采纳。

关于争议焦点2，《专利法》第二十二条第三款规定：创造性，是指同申请日以前已有的技术相比，该发明有突出的实质性特点和显著的进步，该实用新型具有实质性特点和进步。

原告主张被告未向法院提交附件6、2008年5月5日其向被告提交的意见陈述书及本专利的两份检索报告。对此本院认为，被诉决定并未采用附件6作为评价本专利权利要求1创造性的依据，原告于口头审理时提交的两份检索报告已经超过了无效宣告程序的举证期限。同时被诉决定对原告于2008年5月5日提交的意见陈述书中提出的意见亦进行了充分的论述，原告的相关权益未受到影响。

原告和第三人表示对于被诉决定记载的决定的理由中关于本专利权利要求1与附件4的区别技术特征部分无异议，本院经审查，对被诉决定记载的上述内容予以确认。

附件5公开了一种砂砖自动化生产线，其由砖的取放码垛系统等组成，砖的取放码垛系统由拔砖机构、码砖步进带、机械手、工位小车组成，工位小车的功能为接放机械手输送过来的砖，并可实现两个工位卸砖，由铲车将卸板工位上将工位小车养护板带砖从小车上卸下，并由铲车运往养生间进行养护。本专利中，砖码放在养护小车上，第一输送机负责将养护小车送至蒸压釜养护，第二输送机负责将养护后的砖通过养护小车从蒸压釜移出。因此，附件5的工位小车是因为卸砖的功能而在卸砖工位和卸板工位之间进行连接，砖的取放码垛系统和养生系统由铲车负责连接，故附件5没有给出在砖的取放码垛系统、卸砖机和养生间设置运输系统并由养护小车进行连接的技术启示。附件4和附件5的结合不能否定本专利权利要求1的创造性。被诉决定认定本专利权利要求1具备创造性正确，本院应予支持。

原告主张附件5公开了在砖机和养生间之间的砖坯取放码垛系统及在其轨道上设置移动的工位小车的技术方案，本领域技术人员通过上述公开的内容也很容易想到在蒸压釜与卸砖机之间设置第二输送机及在其上移动的养护小车来输送成品砖的技术方案，因此权利要求1的技术方案是显而易见的。对此本院认为，如前所述，附件5披露的技术方案中系由铲车将砖运往养生间进行养护，附件5并没有给出在蒸压釜和卸砖机之间设置第二输送系统的技术启示。原告的上述诉讼主张缺乏事实依据，本院不予采纳。

原告另主张在全自动液压砖机与蒸压釜之间、蒸压釜与成品卸砖机之间通过蒸压小车的往来移动而设置输送运输机构的技术方案是本领域的公知常识。对此本院认为，本案的在案证据不足以证明原告在本专利无效宣告程序中提出过以附件4结合公知常识来评价本权利要求1创造性的无效宣告理由，原告在无效宣告程序中亦未提供证据证明上述技术方案属于本领域技术的公知常识。故原告的上述诉讼理由缺乏事实依据，本院亦不予采纳。

在本专利权利要求1具备创造性的前提下，直接或者间接引用权利要求1的本专利权利要求2、4~6同样具备创造性。综上，被告作出的被诉决定认定事实清楚，适用法律法规正确，审理程序合法，审查结论正确，本院应予维持。原告的诉讼理由均缺乏事实及法律依据，本院不予采纳，对其要求撤销被诉决定的诉讼请求本院亦不予支持。据此，依照《中华人民共和国行政诉讼法》第五十四条第（一）项的规定，判决如下：

维持被告国家知识产权局专利复审委员会于二〇〇八年八月七日作出的第12187号无效宣告请求审查决定。

案件受理费100元，由原告洛阳中冶重工机械有限公司负担（已交纳）。

如不服本判决，各方当事人可在本判决书送达之日起15日内，向本院递交上诉状，并按对方当事人人数提出副本，预交上诉案件受理费100元，上诉于北京市高级人民法院。上诉人在上诉期限后7日内未预交上诉案件受理费，又不提出缓交申请的，按自动撤回上诉处理。

审 判 长 张 杰
代理审判员 殷 悦
人民陪审员 吴 群
二〇〇九年七月二十二日
书 记 员 董 伟

北京市高级人民法院
行政判决书

（2009）高行终字第1226号

上诉人（一审原告）洛阳中冶重工机械有限公司，住所地河南省洛阳市涧西区秦岭路。

法定代表人张亚琦，董事长。

委托代理人符继超，男，1956年12月23日出生，汉族，洛阳中冶重工机械有限公司员工，住河南省洛阳市涧西区十六号街坊2栋1门401号。

委托代理人畅治平，河南中冶律师事务所律师。

被上诉人（一审被告）国家知识产权局专利复审委员会，住所地北京市海淀区北四环西路9号银谷大厦。

法定代表人张茂于，副主任。

委托代理人王冬，男，国家知识产权局专利复审委员会审查员。

委托代理人解静，女，国家知识产权局专利复审委员会审查员。

被上诉人（一审第三人）福建海源自动化机械股份有限公司，住所地福建省闽侯铁岭工业集中区。

法定代表人李良光，总经理。

委托代理人林天凯，男，福州展晖专利事务所主任。

委托代理人黄墩荣，男，1945年5月15日出生，汉族，福建海源自动化机械股份有限公司职员，住福建省福州市鼓楼区北环中路103号404。

上诉人洛阳中冶重工机械有限公司因专利无效宣告请求审查决定一案，不服北京市第一中级人民法院（2009）一中行初字第93号行政判决，向本院提起上诉。本院受理后依法组成合议庭公开开庭审理了本案。上诉人洛阳中冶重工机械有限公司（以下简称中冶公司）的委托代理人畅治平、符继超，被上诉人国家知识产权局专利复审委员会的委托代理人王冬、解静，被上诉人福建海源自动化机械股份有限公司（以下简称海源公司）的委托代理人林天凯、黄墩荣出庭参加了诉讼。本案现已审理终结。

2008年8月7日，国家知识产权局专利复审委员会（以下简称专利复审委）作出第12187号无效宣告请求审查决定（以下简称第12187号决定），维持海源公司的第200420150254.3号名称为“砖的自动生产线”的实用新型专利权（以下简称本专利）有效。中冶公司不服，向北京市第一中级人民法院（以下简称一审法院）提起行政诉讼。

一审法院判决认定，本案的争议焦点如下：1. 专利复审委的行政程序是否违法；2. 本专利是否符合《中华人民共和国专利法》（以下简称《专利法》）第二十二条第三款规定的创造性。

关于争议焦点1，首先，《审查指南》第四部分第三章第4.2节第（1）项规定：“请求人在提出无效宣告请求之日起一个月内增加无效宣告理由的，应当在该期限内对所增加的无效宣告理由具体说明；否则，专利复审委员会不予考。”中冶公司在2008年5月5日提交给专利复审委的意见陈述书中并未提出将附件4和附件6相结合评价本专利权利要求1创造性的无效理由，其于同年7月7日在口头审理时提出该无效理由，其请求已经超过了《审查指南》上述规定的期限，故专利复审委未考虑中冶公司的该无效理由并无不当。其次，在本案的口头审理程序中，中冶公司和海源公司均充分发表了意见，第12187号决定系围绕双方当事人在口头审理时提出的意见对本专利进行了审查，该决定的审查并未超出口头审理中双方当事人明确的意见范围，且相关法律法规并未规定口头审理之前系各方当事人提交意见陈述书的最后期限。故专利复审委在口头审理中将海源公司的意见陈述书转交给中冶公司的行为并未违反法律的规定，也未影响中冶公司的相关权益。再次，《审查指南》第四部分第三章第4.1节第五款第（2）项规定：“专利权存在请求人未提及的缺陷而导致无法针对请求人提出的无效宣告理由进行审查的，专利复审委员会可以依职权针对专利权人的上述缺陷引入相关无效宣告理由进行审查。”按照上述规定，依职权引入无效请求人未提出的无效宣告理由并非专利复审委在审查无效宣告请求案件中必经的法定程序。专利复审委在认为本专利权利要求1不存在中冶公司未提及的缺陷而影响对本专利审查的情况下，无需依职权引入《中华人民共和国专利法实施细则》（以下简称《专利法实施细则》）第二十条第一款的规定对本专利权利要求1进行审查，中冶公司主张专利复审委未依职权引入上述无效宣告理由对本专利权利要求1进行审查违反《审查指南》规定的理由不能成立。综上，中冶公司关于第12187号决定行政程序违法的诉讼主张缺乏事实和法律依据，不予采纳。

关于争议焦点2，《专利法》第二十二条第三款规定：创造性，是指同申请日以前已有的技术相比，该发明有突出的实质性特点和显著的进步，该实用新型具有实质性特点和进步。

中冶公司主张专利复审委未向法院提交附件6、2008年5月5日其向专利复审委提交的意见陈述书及本专利的两份检索报告。一审法院认为，第12187号决定并未采用附件6作为评价本专利权利要求1创造性的依据，中冶公司于口头审理时提交的两份检索报告已超过了无效宣告程序的举证期限。同时第12187号决定对中冶公司于2008年5月5日提交的意见陈述书中提出的意见亦进行了充分的论述，中冶公司的相关权益未受到影响。

中冶公司和海源公司表示对于第12187号决定记载的决定的理由中，关于本专利权利要求1与附件 4 的区别技术特征部分无异议，经审查，对第 12187 号决定记载的上述内容予以确认。

附件 5 公开了一种砂砖自动化生产线，其由砖的取放码垛系统等组成，砖的取放码垛系统由拔砖机构、码砖步进带、机械手、工位小车组成，工位小车的功能为接放机械手输送过来的砖，并可实现两个工位卸砖，由铲车将卸板工位上将工位小车养护板带砖从小车上卸下，并由铲车运往养生间进行养护。本专利中，砖码放在养护小车上，第一输送机负责将养护小车送至蒸压釜养护，第二输送机负责将养护后的砖通过养护小车从蒸压釜移出。因此，附件 5 的工位小车是因为卸砖的功能而在卸砖工位和卸板工位之间进行连接，砖的取放码垛系统和养生系统由铲车负责连接，故附件 5 没有给出在砖的取放码垛系统、卸砖机和养生间设置运输系统并由养护小车进行连接的技术启示。附件 4 和附件 5 的结合不能否定本专利权利要求 1 的创造性。第 12187 号决定认定本专利权利要求 1 具备创造性正确，应予支持。

中冶公司主张附件 5 公开了在砖机和养生间之间的砖坯取放码垛系统及在其轨道上设置移动的工位小车的技术方案，本领域技术人员通过上述公开的内容也很容易想到在蒸压釜与卸砖机之间设置第二输送机及在其上移动的养护小车来输送成品砖的技术方案，因此权利要求 1 的技术方案是显而易见的。一审法院认为，如前所述，附件 5 披露的技术方案中系由铲车将砖运往养生间进行养护，附件 5 并没有给出在蒸压釜和卸砖机之间设置第二输送系统的技术启示。中冶公司的上述诉讼主张缺乏事实依据，不予采纳。

中冶公司另主张在全自动液压砖机与蒸压釜之间、蒸压釜与成品卸砖机之间通过蒸压小车的往来移动而设置输送运输机构的技术方案是本领域的公知常识。一审法院认为，本案的在案证据不足以证明中冶公司在本专利无效宣告程序中提出过以附件 4 结合公知常识来评价本权利要求 1 创造性的无效宣告理由，中冶公司在无效宣告程序中亦未提供证据证明上述技术方案属于本领域技术的公知常识，中冶公司的上述诉讼理由缺乏事实依据，故不予采纳。

在本专利权利要求 1 具备创造性的前提下，直接或者间接引用权利要求 1 的本专利权利要求 2、4 ~6 同样具备创造性。综上，专利复审委作出的第 12187 号决定认定事实清楚，适用法律法规正确，审理程序合法，审查结论正确，应予维持。中冶公司的诉讼理由均缺乏事实及法律依据，不予采纳，对其要求撤销第 12187 号决定的诉讼请求亦不予支持。依照《中华人民共和国行政诉讼法》第五十四条第（一）项的规定，判决维持第 12187 号决定。

中冶公司不服一审判决，向本院提起上诉，主要理由是：一审法院认定事实不清。关于附件 4 和附件 6 相结合评价本专利权利要求 1 创造性的无效理由，在 2008 年 5 月 5 日提交的意见陈述书中已明确表明，且在口头审理记录中有记载。口头审理中，不仅提出了附件 4 和附件 5 的结合方式，还提出了附件 4 和附件 6 的结合方式，在中冶公司予以明确该结合方式的情况下，专利复审委不采纳附件 4 和附件 6 的结合方式错误；一审法院认为中冶公司在无效宣告程序中未提供证据证明上述技术方案属于本领域技术的公知常识是错误的，一审法院完全可以直接认定。中冶公司的新证据证明本专利不符合《专利法》第二十二条第二款的规定。综上，请求二审法院撤销一审判决并予以改判，并判令由被上诉人承担本案诉讼费。

专利复审委答辩认为，1. 关于程序问题。中冶公司在口头审理中当庭提出了本专利权利要求 1 相对于附件 4 和 6 的结合不具有创造性的理由，但该结合方式未在提出无效宣告请求之日或一个月内提出，同时也未对该结合方式进行具体说明，因此专利复审委对附件 4 和 6 的结合评述权利要求 1 的创造性的无效理由不予考虑，对上述结合方式不予接受的决定并无违法之处。海源公司在 2008 年 7 月 18 日提交的意见陈述书仅是其针对口头审理情况的代理词，该意见在口头审理时均已涉及，中冶公司已知晓并充分发表过意见，其无需转给中冶公司。2. 关于公知常识。中冶公司在无效宣告程序中并未提出以附件4结合公知常识的方式评价本专利创造性，另外，中冶公司认为以下技术特征，即制砖机与蒸压釜之间、蒸压釜与卸砖机之间通过蒸压小车的往来移动而设置输送运输机的技术方案是本领域公知常识，属于众所周知的事实缺乏理论基础和事实依据。3. 关于新证据。中冶公司在二审中提交的新证据，并未在无效宣告程序中予以提交，其并非作出第12187号决定的依据，因此不应予以考虑。综上，一审判决认定事实清楚，适用法律正确，审理程序合法，请求驳回上诉，维持一审判决。

海源公司请求二审法院维持一审判决，维持第12187号决定。

一审法院审理期间，专利复审委在法定期限内向法院提交了以下证据：1. 本专利；2. 附件4；3. 附件5；4. 口头审理记录表。

一审法院审理期间，中冶公司在法定期限内向法院提交了以下证据：1. 2008年5月5日中冶公司向专利复审委提交的意见陈述书；2. 附件6及其中文译文；3. 中华人民共和国国家知识产权局（以下简称知产局）出具的实用新型专利检索报告；4. 知产局专利检索咨询中心出具的编号为G080684的检索报告。

海源公司未向一审法院提交证据。

一审法院经审查认为，专利复审委的全部证据及中冶公司的证据1、2与本案具备关联性，且符合证据合法性、真实性的要求，能够证明本案相关事实。对上述证据予以采纳。中冶公司的证据3、4，在向专利复审委提交时已经超过了无效宣告程序的举证期限，上述两份证据与本案不具备关联性，不予采纳。

上述证据均已随案移送本院。经庭审质证并审查，本院认为，一审期间当事人提交的合法有效的证据，能够证明本案相关事实。一审法院对中冶公司提交的证据3、证据4不予采纳正确，本院予以确认。

根据上述有效证据，本院确认如下事实：

海源公司于2004年7月2日申请本专利，并于2006年7月19日获得授权公告。本专利权利要求书载明：

权利要求1：砖的自动生产线，包括制砖机（1），码垛机（2），蒸压釜（3），卸砖机（4）和养护小车（5），其特征在于，还包括第一输送机（6）和第二输送机（7），第一输送机（6）连接于制砖机（1）与蒸压釜（3）之间，第二输送机（7）连接于蒸压釜（3）与卸砖机（4）之间，养护小车（5）安装在第一输送机（6）与第二输送机（7）上，并在第一输送机（6）与第二输送机（7）上移动。

权利要求2：根据权利要求1所述的砖的自动生产线，其特征在于，第一输送机（6）与第二输送机（7）均为一种轨道输送机，包括输送导轨和输送驱动机构，养护小车（5）在输送导轨上通过输送驱动机构驱动其移动。

权利要求3：根据权利要求2所述的砖的自动生产线，其特征在于，还包括步进控制机构（61），该步进控制机构（61）安装在第一输送机（6）两输送导轨之间，并位于码垛机（2）的下方，步进控制机构包括电机（611），丝杆（612），移动小车（613）和推车杆（614），电机（611）与丝杆（612）连接，丝杆（612）通过一螺母与移动小车（613）连接，螺母固定在移动小车（613）上，推车杆（614）通过扭转弹簧倾斜安装在移动小车（613）上，且具有两个移动小车（613）和推车杆（614）。

权利要求4：根据权利要求1所述的砖的自动生产线，其特征在于，还包括回程输送机（9），该回程输送机（9）位于第二输送机（7）的末端与第一输送机（6）的前端之间，回程输送机（9），第一输送机（6）和第二输送机（7）组成闭合输送线。

权利要求5：根据权利4所述的砖的自动生产线，其特征在于，回程输送机（9）具有轨道（91），转盘（92）和驱动机构，转盘（92）安装于回程输送机（9）的每个转角处，且转盘（92）上具有与轨道（91）配合的轨道（921）。

权利要求6：根据权利要求1所述的砖的自动生产线，其特征在于，具有复数个蒸压釜（3），在每个蒸压釜（3）与制砖机（1）均具有第一输送机（6），在每个蒸压釜（3）与卸砖机（4）之间均具有第二输送机（7）。

权利要求7：根据权利要求6所述的砖的自动生产线，其特征在于，还包括往复式输送机（8），往复式输送机（8）位于制砖机（1）与第一输送机（6）之间，且往复式输送机（8）的移动方向与第一输送机（6）上的养护小车（5）的移动方向垂直。

权利要求8：根据权利要求7所述的砖的自动生产线，其特征在于，往复式输送机（8）包括摆渡车（81），下轨道（82）和摆渡轨道（83），下轨道（82）垂直于第一输送机（6）的输送轨道，摆渡车（81）安装在下轨道（82）上，摆渡轨道（83）安装在摆渡车（81）上，且摆渡轨道（83）与下轨道（82）垂直并与第一输送机（6）的输送轨道位于同一水平面。

2008年4月7日，中冶公司针对本专利向专利复审委提出无效宣告请求，认为本专利权利要求1~8不符合《专利法》第二十二条第二款和《专利法实施细则》第二条第二款的规定，并提交如下附件：

附件1：《粉煤灰固体废弃物再生利用》，2004年第1期第16卷总第87期，2004年2月25日出刊，目次页、广告页复印件，共2页；

附件2：宣称为福建海源自动化机械设备有限公司“年产5000万块粉煤灰蒸压砖生产线”产品样本复印件，共2页；

附件3：《墙材革新与建筑节能》，2003年第12期总第61期，目次页、广告页复印件，共2页。

中冶公司认为，附件1中的德国拉斯科公司广告宣传页中的产品展示图包含的技术特征涵盖了本专利产品的全部必要技术特征；附件2是福建海源自动化机械设备有限公司产品样本，其展示的生产线含有本专利所具有的全部必要技术特征，已在本专利申请日前公开使用；附件3刊登有HF系列千吨全自动液压墙体砖压机及配套生产线，该生产线含有本专利产品的全部必要技术特征，因此，本专利权利要求1~8相对于附件1结合附件2和3不具备新颖性。

2008年5月5日，中冶公司向专利复审委提交意见陈述书，补充无效理由及证据，其中补充的附件为附件4~6。中冶公司认为，1. 本专利权利要求1相对于附件4和5的结合不具有创造性；权利要求2的附加技术特征被附件5公开，权利要求4和5的附加技术特征分别被附件6公开，权利要求6的附加技术特征是本领域的常见做法，是本领域技术人员容易想到的，因此，在权利要求1相对于附件4和5的结合不具有创造性的情况下，权利要求2、4~6也不具有创造性。

2008年5月20日，海源公司提交意见陈述书认为，1. 附件1~3均没有公开本专利独立权利要求中的技术方案以及所有必要技术特征，中冶公司关于本专利不具有新颖性的主张不成立。2. 中冶公司关于本专利不符合《专利法实施细则》第二条第二款的规定的主张不能成立。

2008年7月7日，专利复审委举行口头审理。在口头审理中，中冶公司明确其无效宣告请求的理由、范围及证据的使用方式为：权利要求1、2、4~6不具有创造性，不符合《专利法》第二十二条第三款的规定，其中，权利要求1相对于附件4和5的结合以及附件4和6的结合不具有创造性，附件4是最接近的对比文件；权利要求2的附加技术特征被附件5或6公开，权利要求4~6的附加技术特征被附件6公开，不具有创造性。中冶公司当庭放弃权利要求1~8不具备新颖性的无效理由，放弃本专利权利要求1~8要求保护的技术方案不符合《专利法实施细则》第二条第二款的规定的无效理由，放弃附件1~3作为证据使用。

中冶公司当庭提交了附件4的原件，提交了盖有知产局专利检索咨询中心副本认证专用章的附件5和6的专利文献。海源公司对附件4~6的真实性没有异议。由于海源公司针对专利复审委转交的中冶公司补充提交的无效宣告理由及其附件的答辩期限在口头审理时未届满，因此，专利复审委当庭告知海源公司应当在上述答辩期限内对附件6中文译文的准确性提交陈述意见。海源公司认为中冶公司当庭确定的权利要求1相对于附件4和6的结合不具有创造性的无效理由属于新增加的无效理由，且在提出无效宣告请求之日起一个月内也未具体说明，因此应当不予考虑。中冶公司当庭补充提交了本专利实用新型检索报告，专利复审委当庭将其转交给海源公司。海源公司认为检索报告超出举证期限，并拒绝签收。海源公司当庭向专利复审委提交了意见陈述书，专利复审委将该意见陈述书转交中冶公司。2008年7月18日，海源公司再次提交意见陈述书，重申其在口头审理中的意见。

2008年8月7日，专利复审委作出第12187号决定，维持本专利有效。决定的主要理由是：

1. 关于证据和现有技术。

中冶公司提交的2003年第10期《墙材革新与建筑节能》第27~28页“非黏土砖生产技术的革命”（即第12187号决定中的附件4，以下简称附件4）为公开发行的全国建材综合性期刊，公开日为1999年3月24日，公开号为第CN1211494A号的中国发明专利申请公开说明书（即第12187号决定中的附件5，以下简称附件5）为中国发明专利申请公开说明书，公开日为1922年2月2日的英国专利文献第GB174740A号及其部分中文译文（即第12187号决定中的附件6，以下简称附件6）为英国专利文献，中冶公司提交了附件4的原件，提交了盖有国家知识产权局专利检索咨询中心副本认证专用章的附件5和6的专利文献副本，经核实附件4~6与中冶公司提交的附件4的原件和附件5和6的副本内容一致，并且海源公司对附件4~6的真实性并无异议，由于附件4~6的公开日期均在本专利的申请日前，因此可以作为本专利的现有技术使用。

中冶公司提交的附件6为外文专利文献，海源公司在指定期限内未对附件6中文译文的准确性提出异议，因此附件6的公开内容以其中文译文为准。中冶公司放弃附件1~3作为证据使用，因此，专利复审委对附件1~3不予评述。

中冶公司补充提交本专利实用新型专利检索报告，由于实用新型专利检索报告不属于《专利法》意义上的现有技术，因此，不能用于评价本专利的新颖性和创造性。同时，由于实用新型专利检索报告不是行政决定，不具有预决效力，因此，其对本专利权利要求新颖性和创造性的评述不影响专利复审委对本专利无效宣告请求的审查。

2. 关于无效宣告请求的理由。

无效宣告请求人在提出无效宣告请求之日起一个月内增加无效宣告理由的，应当在该期限内对所增加的无效宣告理由具体说明，提交有证据的，应当结合提交的所有证据具体说明；否则专利复审委不予考虑。

中冶公司在提出无效宣告请求之日起一个月内增加了无效宣告的理由，并具体说明了本专利权利要求1相对于附件4和5的结合不具有创造性的理由。在口头审理时，中冶公司当庭又提出了本专利权利要求1相对于附件4和6的结合不具有创造性的理由，但该结合方式并未在提出无效宣告请求之日或一个月内提出，同时也没有对该结合方式进行具体说明，因此，中冶公司提出的权利要求1相对于附件4和6的结合不符合《专利法》第二十二条第三款的无效理由不符合《审查指南》中有关在指定期限内对无效宣告理由进行具体说明的规定，因此，专利复审委对中冶公司提出的以附件4和6的结合评述权利要求1创造性的无效理由不予考虑。

3. 关于创造性。

如果一项权利要求要求保护的技术方案与最接近的现有技术相比存在区别技术特征，无效宣告请求人提供的其他证据也均未公开该区别技术特征，且没有证据表明其为公知常识，同时也未给出将该区别技术特征应用到该最接近的现有技术中得到该权利要求要求保护的技术方案的技术启示，则该权利要求对本领域技术人员来说是非显而易见的。

本案中，权利要求1要求保护一种砖的自动生产线，附件4公开了一种HF系列千吨全自动液压墙体砖压机及配套生产线（参见附件4生产工艺流程简图），将权利要求1与附件4进行对比，区别在于：权利要求1还包括第一输送机和第二输送机，其中第一输送机连接于制砖机与蒸压釜之间，第二输送机连接于蒸压釜与卸砖机之间，养护小车安装在第一输送机与第二输送机上，并在第一输送机与第二输送机上移动。附件5公开了一种砂砖自动化生产线，其由原料制备系统、压砖机、砖的取放码垛系统组成，砖的取放码垛系统由拔砖机构、码砖步进带、机械手、工位小车等组成，工位小车的车轮安装在轨道上，其功能是接放机械手输送过来的砖，并可实现两个工位卸砖，由铲车在卸板工位上将工位小车养护板带砖从小车上卸下，运往养生间养护（参见附件5说明书第10页倒数第2段至第11页第2段）。而本专利通过设置养护小车和第一、第二输送机，将砖块码垛在养护小车上，通过第一输送机将养护小车输送至蒸压釜中进行养护，养护后再通过第二输送机将养护小车从蒸压釜移出。可见，附件5的工位小车是为了实现在卸砖工位和卸板工位进行卸砖而通过工位小车在两个工位之间进行连接，但其中所述砖的取放码垛系统与养生间之间并没有通过工位小车进行连接，其是使用铲车将工位小车养护板上的砖运到养生间进行养护，因此，附件5没有给出将砖的取放码垛系统、卸砖机和养生间之间设置运输系统，使养护小车在其上移动的技术启示，本领域技术人员无法显而易见的将附件4和5相结合得到本专利权利要求1要求保护的技术方案，故权利要求1相对于附件4和5的结合具备实质性特点，且本专利相对于现有技术具有降低劳动强度、提高砖的质量和生产率以及实现生产自动化的有益效果，因此，权利要求1相对于附件4和5具备《专利法》第二十二条第三款规定的创造性。

根据上述对权利要求1的评述，由于独立权利要求1相对于附件4和5的结合具备创造性，中冶公司关于权利要求1相对于附件4和5不具有创造性的主张不能成立，因此其关于从属权利要求的附加技术特征被公开而导致从属权利要求2、4~6不具有创造性的主张也不成立。

中冶公司不服第12187号决定，遂诉至一审法院。

一审法院庭审查明，中冶公司于2008年5月5日向专利复审委提交的意见陈述书中记载其使用对比文件1（即附件4）和对比文件2（即附件5）结合来评价本专利权利要求1创造性的内容，未记载有将附件4和对比文件3（即附件6）结合来评价本专利权利要求1创造性的内容。

本院认为，鉴于中冶公司以及海源公司对第12187号决定中记载的如下内容不持异议：关于证据和现有技术部分、本专利权利要求1与附件4的区别技术特征。经审查，本院对上述无异议部分的合法性予以确认。

《审查指南》第四部分第三章第4.2节第（1）项规定："请求人在提出无效宣告请求之日起一个月内增加无效宣告理由的，应当在该期限内对所增加的无效宣告理由具体说明；否则，专利复审委员会不予考虑。"本案中，对于评价本专利权利要求1创造性的无效理由中，中冶公司并未在2008年5月5日提交的意见陈述书中明确提出将附件4和附件6结合。同年7月7日口头审理中冶公司提出该理由时，已超过《审查指南》规定的一个月的期限，因此，专利复审委不予考虑该无效理由正确。口头审理中，在中冶公司和海源公司均充分发表意见的情况下，专利复审委将海源公司的书面陈述意见的转交行为，并未影响中冶公司的合法权益，专利复审委所作第12187号决定的行政程序并未违反相关行政程序的规定。

关于本专利的创造性问题。根据《专利法》第二十二条第三款规定，创造性，是指同申请日以前已有的技术相比，该发明有突出的实质性特点和显著的进步，该实用新型具有实质性特点和进步。附件5公开了一种砂砖自动化生产线，其由砖的取放码垛系统等组成，砖的取放码垛系统由拔砖机构、码砖步进带、机械手、工位小车组成，工位小车的功能为接放机械手输送过来的砖，并可实现两个工位卸砖，由铲车将卸板工位上将工位小车养护板带砖从小车上卸下，并由铲车运往养生间进行养护。本专利的砖码放在养护小车上，第一输送机负责将养护小车送至蒸压釜养护，第二输送机负责将养护后的砖通过养护小车从蒸压釜移出。因此，附件5的工位小车是因为卸砖的功能而在卸砖工位和卸板工位之间进行连接，砖的取放码垛系统和养生系统由铲车负责连接，故附件5未给出在砖的取放码垛系统、卸砖机和养生间设置运输系统并由养护小车进行连接的技术启示。因此，专利复审委认定本专利权利要求1相对于附件4和附件5的结合具备创造性正确。

基于附件5并未给出在蒸压釜和卸砖机之间设置第二输送系统的技术启示；制砖机与蒸压釜之间、蒸压釜与卸砖机之间通过蒸压小车的往来移动而设置输送运输机的技术方案属于本领域公知常识缺乏理论基础和事实依据，因此，专利复审委的意见本院应予支持。

在本专利权利要求1具备创造性的前提下，直接或者间接引用权利要求1的本专利权利要求2、4~6同样具备创造性。综上，专利复审委所作第12187号决定合法，一审判决维持正确，本院应予维持。中冶公司的上诉理由缺乏事实和法律依据，本院不予支持。依照《中华人民共和国行政诉讼法》第六十一条第（一）项的规定，判决如下：

驳回上诉，维持一审判决。

二审案件受理费人民币100元，由上诉人洛阳中冶重工机械有限公司负担（已交纳）。

本判决为终审判决。

审 判 长 赵宇晖
审 判 员 朱世宽
代理审判员 胡华峰
二〇〇九年十二月十七日
书 记 员 果 然

185

背扣翻包式单层面料文胸

无效宣告请求审查决定（第12220号）

决　　定　　号　第12220号
决　　定　　日　2008年9月4日
发明创造名称　背扣翻包式单层面料文胸
国 际 分 类 号　A41C 5/00，A41C 3/00
无效宣告请求人　郝　东
专　利　权　人　上海腾飞时装肩垫制品有限公司
申　　请　　号　200620048089. X
申　　请　　日　2006年11月23日
授 权 公 告 日　2007年12月12日
合 议 组 组 长　李韵美
主　　审　　员　张　莹
参　　审　　员　王金珠

法　律　依　据　专利法第22条第3款
决　定　要　点

如果权利要求相对于最接近现有技术的区别技术特征是本领域的技术人员根据现有技术的教导而容易引入的，则该权利要求所请求保护的发明对于本领域技术人员来说是显而易见的，所请求保护的技术方案不具备创造性。

一、案由

本无效宣告请求涉及中华人民共和国国家知识产权局于2007年12月12日授权公告的、名称为“背扣翻包式单层面料文胸”的实用新型专利权（下称本专利），其申请号是200620048089. X，申请日是2006年11月23日，专利权人是上海腾飞时装肩垫制品有限公司。该专利授权公告时的权利要求书如下：

“1. 一种由文胸面料、内胆、钢圈和钢圈套、文胸肩带和文胸背带，所组成的背扣翻包式单层面料文胸，其特征是：该文胸只有单层的面料，文胸背带扣和背带钩分别采用翻包的结构方式，即文胸背带钩和背带扣处，先分别预留翻边，然后，在预留处的内侧分别放置带钩的面料和带扣的面料，再用翻边将带钩的面料和带扣的面料包裹，经过粘合和热压固定，构成具有翻边的背带钩和背带扣；此外，单层面料通过翻边与文胸内胆的边缘进行粘合，并热压固定；

2. 根据权利要求1所述的背扣翻包式单层面料文胸，其特征是，带钩的面料夹在背钩处面料和翻边之间；带扣的面料夹在背扣处面料和翻边之间，通过粘合，并热压固定。”

针对本专利权，郝东（下称请求人）于2008年3月26日向专利复审委员会提出无效宣告请求，认为本专利不符合专利法第22条第3款的规定，同时请求人提交了如下附件作为证据：

证据1：公开号为JP2004-263315A，公开日为2004年9月24日的日本发明专利申请公开说明书及其全文中文译文，共18页；

证据2：公告号为US6645042B2，公告日为2003年11月11日的美国专利说明书及其全文中文译文，共25页；

证据3：公开号为US2006/0105674A1，公开日为2006年5月18日的美国专利说明书及其部分中文译文，共47页。

请求人在意见陈述书中认为：（1）证据1公开了权利要求1的大部分技术特征，权利要求1的区别技术特征在于“该文胸只有单层的面料”，证据2已经明确公开了采用单层面料和内胆的两层结构的胸罩。此外，证据1还公开了权利要求2的附加技术特征。因此，权利要求1、2相对于证据1和证据2的结合不具备创造性，不符合专利法第22条第3款的规定。（2）另外，证据3披露了本专利权利要求1的有关钢圈和钢圈套的技术内容以及“单层面料通过翻边与文胸内胆的边缘粘合并热压固定”的技术内容。因此权利要求1、2相对于证据1、证据2和证据3的结合不具备创造性，不符合专利法第22条第3款的规定。

经形式审查合格，专利复审委员会依法受理了上述无效宣告请求，并于2008年5月28日向请求人和专利权人发出无效宣告请求受理通知书，同时将专利权无效宣告请求书及其证据清单中所列证据的副本转送给专利权人，并要求专利权人在指定的期限内答复。

专利权人没有在指定的期限内作出答复。

专利复审委员会依法成立合议组，于2008年7月28日向双方当事人发出口头审理通知书，定于2008年8月26日举行口头审理。

口头审理如期举行，请求人一方参加了口头审理，专利权人未出席本次口头审理。请求人对合议组无回避请求。请求人当庭表示其无效理由为：权利要求1、2相对于证据1和证据2或者证据1、证据2和证据3的结合不具备创造性，不符合专利法第22条第3款的规定，并针对该无效理由充分发表了意见。

至此，合议组认为本案事实已经清楚，现依法作出审查决定。

二、决定的理由

1. 关于证据

由于证据1~3均是专利文献，专利权人对其真实性及其译文的准确性无异议，合议组也未发现相关瑕疵，因此合议组对其真实性予以确认。由于证据1~3的公开日期均早于本专利的申请日，可以作为现有技术用于评价本专利的创造性。

2. 关于专利法第22条第3款

专利法第22条第3款规定：“创造性，是指同申请日以前已有的技术相比，该发明具有突出的实质性特点和显著的进步，该实用新型具有实质性特点和进步。

如果权利要求相对于最接近现有技术的区别技术特征是本领域的技术人员根据现有技术的教导而容易引入的，则该权利要求所请求保护的发明对于本领域技术人员来说是显而易见的，所请求保护的技术方案不具备创造性。

（1）权利要求1、2相对于证据1结合证据2是否具有创造性。

①权利要求1相对于证据1结合证据2不具有创造性。

权利要求1采用的技术方案为：(a) 一种由文胸面料、内胆、钢圈和钢圈套、文胸肩带和文胸背带，所组成的背扣翻包式单层面料文胸，其特征是：(b) 该文胸只有单层的面料，(c) 文胸背带扣和背带钩分别采用翻包的结构方式，(c1) 即文胸背带钩和背带扣处，先分别预留翻边，然后，(c2) 在预留处的内侧分别放置带钩的面料和带扣的面料，再用翻边将带钩的面料和带扣的面料包裹，(c3) 经过粘合和热压固定，构成具有翻边的背带钩和背带扣；此外，(d) 单层面料通过翻边与文胸内胆的边缘进行粘合，并热压固定。

证据1公开了一种无缝胸罩，没有因缝制而形成的坯布重叠部分，穿戴感良好。具体公开了以下技术特征（参见译文第0020~0021、0025~0028、0031、0033段，附图2、4、9~11)：无缝胸罩由表坯布2（相当于本专利权利要求1中的文胸面料)、里坯布3以及介于两者之间的非伸缩性材料4构成。表坯布具有一对罩杯部，设在罩杯部下部的带部2b和向该带部的左右两侧延伸的背部2c（相当于本专利权利要求1中的文胸背带)，其由一连串地形成有这些部分的一片伸缩性坯布构成。该无缝胸罩具有肩带（相当于本专利权利要求1中的文胸肩带)。罩杯部，将表坯布与具有一定厚度与保形性、弹性的原材料的衬垫材料（相当于本专利权利要求1中的内胆）和里坯布重叠，通过热成形压制膨胀而一体形成为碗状，并将表坯布折回到罩杯部的上端缘的里面侧并接合而成。沿着罩杯部正面侧下边弯曲部配置金属丝（相当于本专利权利要求1中的钢圈)，并在里面侧配置由具有缓冲性的双侧缓冲材料7（相当于本专利权利要求1中的钢圈套)，以减轻金属丝的肌肤接触。背部的表坯布的一端部上安装了多个母扣，使表坯布的一端折回到里面形成折回部（相当于本专利权利要求1的背带扣处翻边)，并且在表坯布的表面侧的上下设置多条狭缝，通过缝制将母扣的基部（相当于本专利权利要求1的带扣的面料）固定在材料11上，头部从狭缝中露出。与母扣相扣合的公扣12使背部3c的表坯布的一端折回到里面形成折回部（相当于本专利权利要求1的背带钩处翻边)，并在此折回部13上设置狭缝，通过缝制将公扣的基部（相当于本专利权利要求1的带钩的面料）固定在材料15上，而头部则从狭缝中露出。对于胸罩上承受力最大部分的母扣8，设置折回部9，并且从形成在表坯布2的狭缝10中插入母扣8的基础，并缝合到介于表坯布2与折回部9之间的材料11上，因此能够获得与以往套结、锯齿缝制相同的强度。一连串地形成罩杯部、带部、背部的表坯布和形状大致相同的里坯布由伸缩性坯布制成，利用至少涂敷在表坯布上的粘合剂与里坯布和非伸缩性材料结合，并且通过热成形压制而碰撞成形的罩杯部通过衬垫材料一体接合表坯布与里坯布而成。

将权利要求1与证据1相比，其区别技术特征在于：(b) 权利要求1的文胸只有单层的面料，(c3) 权利要求1在翻边将带钩的面料和带扣的面料包裹后，是经过粘合和热压固定的。而证据1所公开的无缝胸罩中没有明确记载有几层面料，此外，也没有明确记载母扣的基部和公扣的基部与折回部是经过粘合和热压固定的。因此，权利要求1所实际解决的技术问题是：如何将无缝胸罩制作地更加轻薄透气，并增加胸罩背扣部的舒适感。

证据2公开了一种无带无背的胸罩，可以与暴露服装一起穿，并具体公开了以下技术特征（参见证据2的中文译文第5页具体实施方式部分第2段)：右罩杯和左罩杯中的每一个具有外表面40和内表面50。每个罩杯的外表面40在其上布置有聚酯原针织物或类似的针织物。通过火焰胶合法，将针织物施加到每个罩杯的外表面，由此，泡沫被加热到一定温度，使得针织物将附着到它。其中，胸罩10的右罩杯12和左罩杯14就相当于本专利权利要求1的文胸内胆，每个罩杯的外表面40上布置的聚酯原针织物或类似的针织物就相当于本专利权利要求1的单层面料。

合议组认为，在证据1公开的无缝胸罩相关技术内容的基础上，本领域技术人员为了使得这种无缝胸罩更便于轻薄透气，并增加胸罩背扣部的舒适感，很容易将证据2公开的无带无背胸罩中关于“外表面40在其上布置有聚酯原针织物或类似的针织物，通过火焰胶合法，将针织物施加到每个罩杯的外表面"这样的技术特征运用于无缝胸罩的制作工艺中以解决多层面料透气性较差的技术问题。另外，由于证据1和证据2中均记载了使用热成形压制、火焰胶合法这样的粘合热压固定方法，本领域技术人员在制作这种无缝胸罩的表坯布形成折回部与母扣的基部和公扣的基部相互固定时，很容易想到采用粘合和热压固定的方法，因此在证据1和证据2的基础上形成权利要求1所请求保护的技术方案是不需要付出创造性劳动的。也就是说，本领域技术人员根据证据2的教导，将其所公开的将文胸制作成单层面料的方法以及用热成形压制代替缝制的方法运用于证据1所公开的无缝胸罩的制作中，是显而易见的。综上所述，权利要求1相对于证据1与证据2的结合没有实质性特点和进步，不具有创造性，不符合专利法第22条第3款的规定。

②权利要求2相对于证据1结合证据2不具有创造性。

权利要求2的附加技术特征是：（e）带钩的面料夹在背钩处面料和翻边之间；（f）带扣的面料夹在背扣处面料和翻边之间，（g）通过粘合，并热压固定。

证据1已经公开了以下特征：在表坯布的表面侧的上下设置多条狭缝，通过缝制将母扣的基部（相当于本专利权利要求1的带扣的面料）固定在材料11上，头部从狭缝中露出。与母扣相扣合的公扣12使背部3c的表坯布的一端折回到里面形成折回部（相当于本专利权利要求1的背带钩处翻边），并在此折回部13上设置狭缝，通过缝制将公扣的基部（相当于本专利权利要求1的带钩的面料）固定在材料15上，而头部则从狭缝中露出。因此，证据1也已经公开了权利要求2的特征（e）、（f），此外，证据2中公开了采用火焰胶合法这样的技术制作胸罩以提高舒适度。因此本领域技术人员在制作证据1的无缝胸罩时，在材料选取可采用热压手段进行固定时很容易想到将背钩处面料、背扣处面料和翻边分别粘合并热压固定，因此在证据1和证据2的基础上结合本领域技术人员的常用手段形成权利要求1所请求保护的技术方案是显而易见的。综上所述，权利要求2相对于证据1与证据2的结合也没有实质性和进步，不具有创造性，不符合专利法第22条第3款的规定。

综上所述，本专利权利要求1、2不符合专利法第22条第3款的规定。

（2）权利要求1、2相对于证据1、证据2和证据3。

由于已经评述了权利要求1、2项对于证据1和证据2的结合不具备创造性，因此不再评述其相对于证据1、证据2和证据3是否具有创造性。

三、决定

宣告200620048089.X号实用新型专利权全部无效。

当事人对本决定不服的，可以根据专利法第46条第2款的规定，自收到本决定之日起三个月内向北京市第一中级人民法院起诉。根据该款的规定，一方当事人起诉后，另一方当事人应当作为第三人参加诉讼。

186

可搬式屏幕装置

无效宣告请求审查决定（第 12239 号）

决　　定　　号　第 12239 号
决　　定　　日　2008 年 9 月 16 日
发明创造名称　可搬式屏幕装置
国 际 分 类 号　G03B 21/58
无效宣告请求人　邵泽锋
专　利　权　人　泉株式会社
专　　利　　号　200420042456.6
申　　请　　日　2004 年 4 月 29 日
优　先　权　日　2003 年 10 月 31 日
授 权 公 告 日　2005 年 9 月 28 日
合 议 组 组 长　杨军艳
主　　审　　员　杨加黎
参　　审　　员　王琦琳

法　律　依　据　专利法第 22 条第 3 款，专利法实施细则第 2 条第 2 款、第 20 条第 1 款、第 21 条第 2 款、第 68 条第 1 款

决　定　要　点

如果一项实用新型专利要求保护的技术方案与对比文件相比存在区别特征，而现有技术中没有关于该区别特征的相应技术启示，则该技术方案相对于所述对比文件具有实质性特点和进步，因而具备创造性。

一、案由

本无效宣告请求涉及国家知识产权局于 2005 年 9 月 28 日授权公告的 200420042456.6 号、名称为“可搬式屏幕装置”的实用新型专利（下称本专利），其专利权人是泉株式会社，申请日是 2004 年 4 月 29 日，优先权日是 2003 年 10 月 31 日。本专利授权公告的权利要求书如下：

“1. 一种可搬式屏幕装置，具有：在上面设有向长度方向延伸的开口部的壳体；转动自如地安装于该壳体的弹簧滚筒；在收纳时卷绕在所述弹簧滚筒上、在使用时从所述开口部放出的屏幕；将该屏幕的一端予以固定的顶杆；以及将放出的所述屏幕保持成展开状态的支柱，其特征在于，

所述壳体由向长度方向延伸并能分离的第 1 壳体构件和第 2 壳体构件构成，

所述顶杆在收纳时，兼作封住所述开口部的盖体。

2. 如权利要求 1 所述的可搬式屏幕装置，其特征在于，所述壳体如此构成：将第 1 和第 2 壳体构件的宽度方向的一端连接，另一方面，能形成所述开口部地将宽度方向的另一端互相离开配置。

3. 一种可搬式屏幕装置，具有：在上面设有向长度方向延伸的开口部的壳体；转动自如地安装于该壳体的弹簧滚筒；在收纳时卷绕在所述弹簧滚筒上、在使用时从所述开口部放出的屏幕；将该屏幕的一端予以固定的顶杆；以及将放出的所述屏幕保持成展开状态的支柱，其特征在于，

所述壳体由向长度方向延伸并能分离的第 1 壳体构件和第 2 壳体构件构成，

所述顶杆在收纳时，兼作封住所述开口部的盖体，

将所述支柱的一端轴支承在所述壳体的侧面中央部并作成可起伏，所述支柱作成可伸缩，起立时将放出的屏幕保持成展开状态。

4. 如权利要求 3 所述的可搬式屏幕装置，其特征在于，所述壳体如此构成：将第 1 和第 2 壳体构件的宽度方向的一端连接，另一方面，能形成所述开口部地将宽度方向的另一端互相离开配置。

5. 如权利要求 3 或 4 所述的可搬式屏幕装置，其特征在于，在所述顶杆的中央部设置有手柄部，而在所述支柱的前端部设置有钩部，并将所述手柄部钩挂在该钩部上。

6. 如权利要求 5 所述的可搬式屏幕装置，其特征在于，所述钩部可水平转动地安装在所述支柱的前端部，在所述支柱伏倒时使钩部转动并使其与所述壳体密接。

7. 一种可搬式屏幕装置，具有：在上面设有向长度方向延伸的开口部的壳体；转动自如地安装于该壳体的弹簧滚筒；在收纳时卷绕在所述弹簧滚筒上、在使用时从所述开口部放出的屏幕；将该屏幕的一端予以固定的顶杆；以及将放出的所述屏幕保持成展开状态的支柱，其特征在于，

所述壳体，由向长度方向延伸并能分离的第 1 壳体构件和第 2 壳体构件构成，

将所述支柱的一端轴支承在所述壳体的侧面中央部上并作成可起伏，所述支柱作成可伸缩，在起立时将放出的屏幕保持成展开状态，

在收纳时，所述顶杆作为封住所述开口部的盖体，且该盖体利用锁定机构固定在所述壳体上。

8. 如权利要求 7 所述的可搬式屏幕装置，其特征在于，所述壳体如此构成：将第 1 和第 2 壳体构件的宽度方向的一端连接，另一方面，能形成所述开口部地将宽度方向的另一端互相离开配置。

9. 如权利要求 7 或 8 所述的可搬式屏幕装置，其特征在于，在所述顶杆的中央部设置有手柄部，而在所述支柱的前端部设置有钩部，并将所述手柄部钩挂在该钩部上。

10. 如权利要求 9 所述的可搬式屏幕装置，其特征在于，所述钩部可水平转动地安装在所述支柱的前端部，在所述支柱伏倒时使钩部转动并与所述壳体密接。

11. 如权利要求 7~10 中任一项所述的可搬式屏幕装置，其特征在于，所述锁定机构具有配设在所述顶杆上的卡合部、和配设在所述壳体并与该卡合部卡合的被卡合部。

12. 如权利要求 11 所述的可搬式屏幕装置，其特征在于，所述卡合部具有与所述顶杆的宽度方向相对配设的一对卡合构件，另一方面，所述被卡合部具有分别被配设在所述壳体的相对的开口缘部并与所述卡合构件卡合的一对被卡合构件。

13. 如权利要求 12 所述的可搬式屏幕装置，其特征在于，所述各卡合构件可转动地轴支承在卡合部，在一端具有与所述被卡合部卡合的卡合端部，在另一端具有对卡合端部的卡合・解卡合进行操作的操作部，使相对配置的一对操作部向接近方向转动而解除卡合端部与被卡合部的卡合，另一方面使该一对操作部向离开的方向转动而使卡合端部与被卡合部卡合。

14. 如权利要求 13 所述的可搬式屏幕装置，其特征在于，所述卡合部具有弹簧构件，该弹簧构件在卡合时对所述卡合端部施力以使其与所述被卡合部压接。

15. 如权利要求 11~14 中任一项所述的可搬式屏幕装置，其特征在于，所述卡合部具有在卡合时

防止与所述操作部接近的转动锁定机构。

16. 如权利要求 15 所述的可搬式屏幕装置，其特征在于，所述转动锁定机构由在锁定位置和解除锁定位置转动自如地嵌装在卡合部上的锁定构件构成，在锁定位置使锁定构件头部的两端部分别与各操作部抵接而防止与操作部接近，在解除锁定位置解除两端部与各操作部的抵接而允许与操作部接近。

17. 一种可搬式屏幕装置，具有：在上面设有向长度方向延伸的开口部的壳体；转动自如地安装在该壳体的弹簧滚筒；在收纳时卷绕在所述弹簧滚筒上、在使用时从所述开口部放出的屏幕；将该屏幕的一端予以固定的顶杆；以及将放出的所述屏幕保持成展开状态的支柱，其特征在于，

所述壳体由向长度方向延伸并能分离的第 1 壳体构件和第 2 壳体构件构成，

将所述支柱的一端轴支承在所述壳体的侧面中央部并作成可起伏，所述支柱作成能伸缩，在起立时将放出的屏幕保持成展开状态，

在收纳时，所述顶杆作为封住所述开口部的盖体，且该盖体利用锁定机构固定在所述壳体上，

所述支柱由构成衬套状、相互滑动并可滑动伸缩的多个筒体构成，并设有将滑动伸缩的上段的筒体的滑动进行锁定、将支柱保持成规定高度的滑动锁定机构。

18. 如权利要求 17 所述的可搬式屏幕装置，其特征在于，所述壳体如此构成：将第 1 和第 2 壳体构件的宽度方向的一端进行连接，能形成所述开口部地使宽度方向的另一端互相离开配置。

19. 如权利要求 17 或 18 所述的可搬式屏幕装置，其特征在于，在所述顶杆的中央部设置有手柄部，而在所述支柱的前端部设置有钩部，并将所述手柄部钩挂在该钩部上。

20. 如权利要求 19 所述的可搬式屏幕装置，其特征在于，所述钩部可水平转动地安装在所述支柱的前端部，在所述支柱伏倒时使钩部转动并与所述壳体密接。

21. 如权利要求 17 所述的可搬式屏幕装置，其特征在于，所述锁定机构具有配设在所述顶杆上的卡合部、和配设在所述壳体并与该卡合部卡合的被卡合部。

22. 如权利要求 21 所述的可搬式屏幕装置，其特征在于，所述卡合部具有与所述顶杆的宽度方向相对配设的一对卡合构件，另一方面，所述被卡合部具有分别被配设在所述壳体的相对的开口缘部并与所述卡合构件卡合的一对被卡合构件。

23. 如权利要求 22 所述的可搬式屏幕装置，其特征在于，所述各卡合构件可转动地轴支承在卡合部，且一端具有与所述被卡合部卡合的卡合端部，另一端具有对卡合端部的卡合·解卡合进行操作的操作部，使相对配置的一对操作部向接近方向转动而解除卡合端部与被卡合部的卡合，另一方面，使该一对操作部向离开的方向转动而使卡合端部与被卡合部卡合。

24. 如权利要求 23 所述的可搬式屏幕装置，其特征在于，所述卡合部具有弹簧构件，该弹簧构件在卡合时对所述卡合部施力以使其与所述被卡合部压接。

25. 如权利要求 21 所述的可搬式屏幕装置，其特征在于，所述卡合部具有在卡合时防止与所述操作部接近的转动锁定机构。

26. 如权利要求 25 所述的可搬式屏幕装置，其特征在于，所述转动锁定机构由在锁定位置和解除锁定位置转动自如地嵌装在卡合部的锁定构件构成，在锁定位置使锁定构件头部的两端部分别与各操作部抵接而防止与操作部接近，在解除锁定位置解除两端部与各操作部的抵接而允许与操作部接近。

27. 如权利要求 26 所述的可搬式屏幕装置，其特征在于，

所述滑动锁定机构，具有在最下段的第 1 筒体卡止其上段的第 2 筒体的第 1 滑动锁定机构，该第 1 滑动锁定机构具有筒体卡合部和筒体被卡合部，所述筒体卡合部具有卡合构件和支承该卡合构件的

基部，并被安装在第 1 筒体的前端部外周面；所述筒体被卡合部由设在第 2 筒体的长度方向的至少 1 个贯通孔构成，且在伸长时与所述卡合构件卡合而将第 2 筒体卡止，

该卡合构件由一端与所述贯通孔卡合的突起部和另一端对突起部与贯通孔的卡合·解卡合进行操作的操作部构成，可向筒体的轴向转动地将卡合构件轴支承在所述基部上，当将操作部向筒体方向推压时解除突起部与贯通孔的卡合，当对操作部的推压予以解除时突起部与贯通孔卡合。

28. 如权利要求 27 所述的可搬式屏幕装置，其特征在于，具有维持所述操作部的推压状态、并维持突起部与贯通孔的卡合的解除状态的操作部锁定机构。

29. 如权利要求 28 所述的可搬式屏幕装置，其特征在于，所述操作部锁定机构由配设在基部的卡合槽和配设在卡合构件的卡合销构成，当将操作部向筒体方向推压时，卡合销与卡合槽卡合。

30. 如权利要求 27 所述的可搬式屏幕装置，其特征在于，所述滑动锁定机构，具有对第 2 筒体的前端侧的筒体滑动进行锁定的第 2 滑动锁定机构，该第 2 锁定机构由配设在上段筒体的后端部的内周面的筒体卡合部和形成在下段的筒体的长度方向的多个贯通孔构成，并由与所述筒体卡合部卡合的筒体卡合支承部构成。

31. 如权利要求 27 所述的可搬式屏幕装置，其特征在于，在所述前端侧的筒体的前端部设有突起部锁定机构，其被导向成与解除状态的突起部抵接并使突起部与贯通孔卡合、并维持突起部与贯通孔的卡合状态。

32. 如权利要求 27 所述的可搬式屏幕装置，其特征在于，所述筒体卡合部具有弹簧构件，其在卡合时对突起部施力以使其与贯通孔压接。”

针对上述专利权，邵泽锋（下称请求人）于 2007 年 10 月 27 日以本专利不符合专利法第 22 条第 3 款以及专利法实施细则第 2、20、21 条的规定为由向专利复审委员会提出无效宣告请求，同时提交了以下附件：

附件 1：US2534552 号美国专利文献及其部分中文译文，其公开日期为 1950 年 12 月 19 日；

附件 2：US3140742 号美国专利文献及其部分中文译文，其公开日期为 1964 年 7 月 14 日；

附件 3：英文页 1 页，以及 TW446850 号台湾专利文献；

附件 4：CA448526 号加拿大专利文献的扉页、说明书第 2~9 页以及附图 1 页；

附件 5：KR2002-0003916 号韩国专利文献；

附件 6：US5581401 号美国专利文献及其中文译文，其公开日期为 1996 年 12 月 3 日；

附件 7：英文页 1 页，以及 TW393587 号台湾专利文献；

附件 8：授权公告号为 CN2610208Y 的中国实用新型专利说明书，其公开日期为 2004 年 4 月 7 日。

请求人无效宣告请求的具体理由为：以附件 1~8 作为对比文件，认为本专利权利要求 1~12、17~22、27~32 不具备创造性，不符合专利法第 22 条第 3 款的规定；权利要求 7 的特征“且该盖体利用锁定机构固定在所述壳体上”仅是功能性描述，对锁定机构的具体形状、结构没有清楚的描述，权利要求 13~16、23~26 全部是功能性描述和功能性限定，没有形状、构造，缺少解决技术问题的必要技术特征，无法清楚表述专利的保护范围，权利要求 27~32 完全是功能性限定，保护范围不清楚，因此，权利要求 7、13~16、23~32 不符合专利法实施细则第 2、20、21 条的规定；权利要求 11 为多项从属权利要求，其引用的权利要求 9 也为多项从属权利要求，因此权利要求 11 的保护范围不清楚，不符合专利法实施细则第 20 条的规定。

经形式审查合格，专利复审委员会依法受理了上述无效宣告请求，于 2008 年 2 月 13 日向请求人和专利权人发出无效宣告请求受理通知书，同时将专利权无效宣告请求书及其附件清单所列附件的副

本转给专利权人，要求其在指定期限内对该无效宣告请求陈述意见。

针对上述无效宣告请求，专利复审委员会于2008年3月24日收到了专利权人提交的意见陈述书。在意见陈述书中，专利权人认为：附件1、2中没有将壳体作为支撑台的技术构思和将壳体分割成两个的构思，且本专利与附件1、2相比具有轻量且操作容易的显著效果，附件3中没有将框架2分割成两个的启示，所以本领域技术人员无法从附件1~3的记载而容易地想到本专利的技术方案，本专利的独立权利要求1、3、7、17相对于请求人所引用的证据具有实质性特点和进步，符合专利法第22条第3款的规定，在此基础上，引用这些独立权利要求的从属权利要求也都具有创造性。

针对上述无效宣告请求，专利复审委员会依法组成合议组，对本案进行审理。合议组于2008年3月27日向请求人发出转送文件通知书，将专利复审委员会于2008年3月24日收到的专利权人的意见陈述书的副本转给请求人；于2008年5月14日向请求人和专利权人发出无效宣告请求口头审理通知书，告知双方当事人合议组定于2008年6月26日对本案进行口头审理。

口头审理如期举行，请求人一方由请求人本人邵泽锋出庭参加，专利权人一方由泉株式会社委托专利代理人雒运朴出庭参加。在口头审理中：

专利权人表示放弃本专利授权文本中的权利要求1~6，保留其余的权利要求7~32。合议组当庭告知双方当事人本案审理以授权文本中的权利要求7~32为审查基础，并告知专利权人于庭审结束后五天内提交一份正式的本专利权利要求书的修改文本。

请求人根据上述审查基础明确其无效宣告的理由和范围为：

明确放弃关于本专利的权利要求13~32的所有无效理由，保留权利要求7~12不具备创造性的无效理由，权利要求7不符合专利法实施细则第2条第2款、第20条第1款、第21条第2款的规定的无效理由，以及权利要求11不符合专利法实施细则第20条第1款的规定的无效理由。

放弃使用附件8作为本案证据。

在评述本专利权利要求7不符合专利法第22条第3款有关创造性的规定时，使用的证据是附件1~6，其中以附件1或者附件2分别作为最接近的对比文件；权利要求8的附加技术特征分别被附件5、6或7公开，权利要求9、10的附加技术特征被附件2公开，权利要求11的附加技术特征分别被附件1、3公开，权利要求12的附加技术特征被附件3公开，不符合专利法第22条第3款的规定。

请求人当庭提交了申请号为200430046677.6、名称为“投影屏壳套构件”的中国外观设计专利文献；申请号为03310982.6、名称为“卷帘罩壳”的中国外观设计专利文献；以及一份请求人声称为广告册的6页复印件等3份证据，用于证明壳体由两个构件构成属于公知常识。合议组当庭告知请求人上述证据不属于公知常识类证据，且超过了举证期限，因此不予接受。但请求人坚持提交给合议组。

请求人提交的附件1、2是美国专利文献及其部分中文译文，专利权人对其中专利文献的真实性无异议；请求人提交的附件3和7均包括1页英文页以及一篇台湾专利文献，专利权人认为这两份附件的英文页来源无法确定，其中的台湾专利文献的公开日期无法确定；请求人提交的附件4和5均为外文专利文献，但没有提交中文译文，请求人当庭提出仅使用附件4和5的附图，专利权人认为附件4首页并非来自于专利文献，对其真实性有异议，对附件5的公开日期无异议；请求人提交的附件6是美国专利文献及其中文译文，请求人当庭放弃该附件6的中文译文第1页中摘要以上部分（包括摘要）的翻译，专利权人对附件6的真实性无异议，但认为请求人未提供附件6的首页，对该附件6的公开日期有异议。

随后，双方当事人均结合证据对本专利权利要求7~12是否符合专利法及专利法实施细则的规定充分发表了意见，内容如下：

（1）关于权利要求7不符合专利法实施细则第2条第2款、第20条第1款、第21条第2款的规定的无效理由。

请求人认为，权利要求7没有明确的结构特征，技术特征不清楚，没有对形状和构造进行详细的说明，因此其保护范围不清楚；没有说明支柱做成什么形式，仅仅解释作用，是功能性的描述，没有对其进行清楚完整的说明。

专利权人认为，权利要求7已经包含了结构特征，符合专利法实施细则第2条第2款的规定。支柱的形态、作用是清楚的，符合专利法实施细则第20条第1款的规定。由两个壳体构成是必要技术特征，能够解决技术问题，符合专利法实施细则第21条第2款的规定。

（2）关于权利要求11不符合专利法实施细则第20条第1款的规定的无效理由。

请求人认为，权利要求11是多项从属权利要求，引用在先的多项从属权利要求9，无法清楚的描述其保护范围。

专利权人认为，权利要求11所包含的每个技术方案都是清楚的。

（3）关于权利要求7不符合专利法第22条第3款的规定的无效理由。

请求人认为，在用附件1作为最接近的对比文件的情况下，附件3~6用于说明外壳由两个构件构成，附件3用于说明其公开了锁定机构，附件2用于说明其公开了支柱；在用附件2作为最接近的对比文件的情况下，附件3~6用于说明其公开了壳体由两个构件构成，附件3和附件1公开了锁定机构，附件1也公开了支柱。

专利权人认为，壳体由两部分组成的作用是在安装过程中时起到保护作用。附件3中是两个对分式的壳体，与两个部件组成的壳体是不同的概念；附件4没有给出弹簧滚筒容易安装这样的启示；附件5、6是两个壳体不使用时盖住、使用时可以打开，与权利要求7的技术特征不同。

（4）关于权利要求8~12不符合专利法第22条第3款的规定的无效理由。

请求人认为权利要求8~12的附加技术特征已在附件1~3、5~7中公开，具体内容与请求人在明确无效宣告的理由和范围时表述的附件使用情况相同。

专利权人认可权利要求9的附加技术特征由附件2公开了，但认为权利要求8、11、12与附件公开的内容不同，权利要求10的附加技术特征在附件2中没有记载，是请求人自己推断的。

口头审理结束后，专利复审委员会于2008年7月1日收到了专利权人提交的删除了授权文本中权利要求1~6之后的权利要求书的修改替换页。

至此，合议组认为本案事实已经清楚，现依法作出如下审查决定。

二、决定的理由

1. 关于证据

附件1、2、6均为美国专利文献及其中文译文。请求人当庭放弃了附件6的中文译文第1页中摘要以上部分（包括摘要）的翻译。专利权人对附件1、2、6中专利文献的真实性无异议，但认为请求人未提供附件6的首页，对该附件6的公开日期有异议。合议组经审查对上述专利文献的真实性予以认可；经核实，附件1的公开日期为1950年12月19日，附件2的公开日期为1964年7月14日，附件6的公开日期为1996年12月3日，这些附件的公开日期均早于本专利优先权日，其上记载的内容构成本专利的现有技术，可以用于评价本专利创造性；专利权人对附件1、2的中文译文准确性未提出异议，对请求人放弃上述部分翻译之后的附件6的中文译文准确性未提出异议，因此附件1、2文字部分公开的内容以请求人所提交的中文译文为准，附件6文字部分公开的内容以请求人放弃上述部分翻译之后的附件6的中文译文为准。

附件3和7均包括英文页以及一份台湾专利文献。专利权人认为这两份附件的英文页来源无法确定，其中的台湾专利文献的公开日期无法确定。合议组经审查认为：附件 3、7 中的英文页属于外文证据，请求人未在举证期限内提交所述英文页的中文译文，根据审查指南第四部分第八章第 2. 2. 1 节的规定，所述英文页视为未提交；对附件 3 和 7 中的台湾专利文献的真实性予以认可；经核实，附件 3 的公开日期为 2001 年 7 月 21 日，附件 7 的公开日期为 2000 年 6 月 11 日，这些附件的公开日期均早于本专利优先权日，其上记载的内容构成本专利的现有技术，可以用于评价本专利创造性。

附件 4 是加拿大专利文献，附件 5 是韩国专利文献。请求人在举证期限内未提交该附件 4 和 5 的中文译文，但在口头审理当庭提出仅使用附件 4 和 5 的附图。专利权人认为附件 4 首页并非来自于专利文献，对其真实性有异议，对附件 5 的公开日期无异议。合议组认为：附件 4、5 在仅使用附图的情况下，不属于外文证据，经审查对附件 4、5 中附图的真实性予以认可，且经核实附件 4 的公开日期为 1948 年 5 月 18 日，附件 5 的公开日期为 2002 年 1 月 16 日，这些附件的公开日期均早于本专利优先权日，其附图中公开的内容构成本专利的现有技术，可以用于评价本专利创造性。

由于请求人当庭放弃将附件 8 作为证据使用，因此在本案审理中不再使用该附件 8 的内容，涉及附件 8 的无效宣告理由也不再审理。

对于请求人当庭提交的声称用于证明壳体由两个构件构成属于公知常识的 3 份证据：申请号为 200430046677. 6、名称为“投影屏壳套构件”的中国外观设计专利文献，申请号为 03310982. 6、名称为“卷帘罩壳”的中国外观设计专利文献，以及声称为广告册的 6 页复印件；合议组认为：审查指南第四部分第三章第 4. 3. 1 节的规定，“请求人在提出无效宣告请求之日起一个月后补充证据的，专利复审委员会一般不予考虑，但下列情形除外……（ii）在口头审理辩论终结前提交技术词典、技术手册和教科书等所属技术领域中的公知常识性证据……并在该期限内结合该证据具体说明相关无效宣告理由的”，由于这些证据是请求人在口头审理当庭提交的，其提交时机已经超出了自提出无效宣告请求之日起的一个月举证期限，同时这些证据也不属于上述技术词典、技术手册和教科书类公知常识性证据，因此，合议组不予考虑。

2. 关于审查文本

专利法实施细则第 68 条第 1 款规定，在无效宣告请求的审查过程中，发明或者实用新型专利的专利权人可以修改其权利要求书，但是不得扩大原专利的保护范围。

专利权人表示放弃本专利授权公告文本中的权利要求 1~6，并且专利复审委员会于 2008 年 7 月 1 日收到了专利权人据此提交的权利要求书的修改文本。经审查，这种修改是在无效宣告请求的审查过程中作出的，采用的修改方式是权利要求的删除，即修改时机和修改方式均符合专利法实施细则第 68 条的规定，因此，这种修改可以接受。并且上述修改与专利权人在口头审理当庭的意思表示以及合议组在口头审理当庭审查的基础是一致的，因此本案的审理以及决定的作出均以专利复审委员会于 2008 年 7 月 1 日收到的上述修改文本为基础。

3. 关于专利法实施细则第 2 条第 2 款、第 20 条第 1 款、第 21 条第 2 款

专利法实施细则第 2 条第 2 款规定，专利法所称实用新型，是指对产品的形状、构造或者其结合所提出的适于实用的新的技术方案。

专利法实施细则第 20 条第 1 款规定，权利要求书应当说明发明或者实用新型的技术特征，清楚、简要地表述请求保护的范围。

专利法实施细则第 21 条第 2 款规定，独立权利要求应当从整体上反映发明或者实用新型的技术方案，记载解决技术问题的必要技术特征。

（1）关于权利要求 1（对应于本专利授权文本中的权利要求 7）。

请求人认为，权利要求 1 没有明确的结构特征，技术特征不清楚，没有对形状和构造进行详细的

说明。因此其保护范围不清楚。没有说明支柱做成什么形式，仅仅解释作用，是功能性的描述，没有对其清楚完整的说明。

专利权人认为，权利要求 1 包含了结构特征，其中的支柱的形态、作用是清楚的，由两个壳体构成是必要技术特征，能够解决技术问题，因此符合专利法实施细则第 2 条第 2 款、第 20 条第 1 款、第 21 条第 2 款的规定。

经审查，权利要求 1 是独立权利要求，该权利要求要求保护一种可搬式屏幕装置，其中限定了该屏幕装置具有“壳体”、“弹簧滚筒”、“屏幕”、“顶杆”、“支柱”等结构特征，同时还具体限定了“壳体”在上面设有向长度方向延伸的开口部、且由向长度方向延伸并能分离的第 1 壳体构件和第 2 壳体构件构成，“弹簧滚筒”转动自如地安装于该壳体，“屏幕”在收纳时卷绕在弹簧滚筒上、在使用时从开口部放出，“顶杆”一端固定屏幕、并且能作为封住开口部的盖体通过锁定机构固定在壳体上，“支柱”的一端轴支承在壳体的侧面中央部上并作成可起伏、可伸缩的，在起立时支柱将放出的屏幕保持成展开状态。

由此可见：

权利要求 1 是针对可搬式屏幕装置的形状、构造所提出的技术方案，符合专利法实施细则第 2 条第 2 款对于实用新型的定义。

权利要求 1 中的技术特征清楚地表述了屏幕装置中的结构及其相互位置关系，符合专利法实施细则第 20 条第 1 款的规定。

权利要求 1 从整体上反映了本专利的技术方案；在该权利要求 1 的技术方案中限定了壳体由向长度方向延伸并能分离的第 1 壳体构件和第 2 壳体构件构成，该技术特征能够解决现有技术中由于壳体是一体物、在安装时必须从壳体侧面将弹簧滚筒插入进行安装而导致的弹簧滚筒定位困难以及在插入时弹簧滚筒或壳体可能受损的技术问题，因此，权利要求 1 符合专利法实施细则第 21 条第 2 款的规定。

请求人还认为，权利要求 1 中未对锁定机构的具体形状结构作清楚描述。对此，合议组认为：权利要求 1 的锁定机构所起作用是将盖体固定在壳体上，本专利说明书中也对锁定机构的具体实施形态作出了描述，本领域普通技术人员据此能够理解权利要求 1 所述锁定机构的含义为本领域通常能够得到的将壳体和盖体锁定在一起的机构。因此，权利要求 1 的锁定机构的含义是清楚的，对于请求人的这一观点合议组不予支持。

（2）关于权利要求 5（对应于本专利授权文本中的权利要求 11）。

请求人认为权利要求 5 是多项从属权利要求，引用在先的多项从属权利要求 3，无法清楚的描述其保护范围。

专利权人认为权利要求 5 中包含的每个技术方案都是清楚的。

经审查，权利要求 5 是多项从属权利要求，其引用了在先的权利要求 1~4，即权利要求 5 中包括分别引用了在先的权利要求 1、2、4 时的三个技术方案，还包括当权利要求 3 引用权利要求 1 时，该权利要求 5 引用权利要求 3 的技术方案，以及当权利要求 3 引用权利要求 2 时，该权利要求 5 引用权利要求 3 的技术方案，由此可见，权利要求 5 的引用关系清楚地表述了其中包括 5 个并列的技术方案，并未导致该权利要求的保护范围不清楚，符合专利法实施细则第 20 条第 1 款的规定。

4. 专利法第 22 条第 3 款

专利法第 22 条第 3 款规定，创造性，是指同申请日以前已有的技术相比，该发明有突出的实质性特点和显著的进步，该实用新型有实质性特点和进步。

请求人认为，在用附件 1 作为最接近的对比文件的情况下，附件 3~6 用于说明外壳由两个构件构成，附件3用于说明其公开了锁定机构，附件2用于说明其公开了支柱；在用附件2作为最接近的对比文件的情况下，附件3~6用于说明其公开了壳体由两个构件构成，附件3和附件1公开了锁定机构，附件1也公开了支柱。

经审查，附件1公开了一种可折叠的便携式投影幕，包括可伸缩的支撑杆，银幕外壳12，图9示出外壳12具有沿其长度方向延伸的开口部，结合该附件1的文字和图2可知，外壳12沿长度方向的中间位置与支撑杆连接，并且相对于支撑杆可旋转至垂直位置，银幕可卷入外壳而收缩在壳体内，银幕上有固定针的顶部条23，针34可以锁住顶部条23。由此可见，附件1的可伸缩的支撑杆对应于本专利的可伸缩的支柱，附件1的具有开口部的银幕外壳12对应于本专利的具有开口部的壳体，附件1的银幕对应于本专利的屏幕，附件1的顶部条23对应于本专利的顶杆；附件1公开了用于锁住顶部条的针34，但没有公开顶部条能作为外壳12的盖体，也没有公开该针能在顶部条作为外壳盖体时用于将顶部条锁定在外壳上，因此针34不能对应于本专利的锁定机构。因此，权利要求1与附件1相比，其区别在于：权利要求1的屏幕装置还包括卷绕屏幕、且转动自如地安装于壳体内的弹簧滚筒，而附件1中未公开外壳12内具有弹簧滚筒；权利要求1的支柱除了可伸缩之外还可起伏，而附件1中未公开支撑杆可起伏；权利要求1的具有开口部的壳体由向长度方向延伸并能分离的第1壳体构件和第2壳体构件构成，顶杆能够作为封住该开口部的盖体，并且该盖体利用锁定机构固定在壳体上，而附件1中未公开这一特征。

附件2公开了一种便携幕投影幕，包括中空的外壳（部件21），外壳21内有一个弹簧制动的转管用以拉住幕布（部件22），当投影幕没有打开时，幕布收缩在该转管里，幕布一端连接在上转管（部件23）上，结合该附件2的文字和图1、2可知，部件11和12作为可伸缩的支撑杆在幕布展开时支撑幕布。由此可见，附件2的中空外壳21对应于本专利的具有开口部的壳体，附件2的弹簧制动的转管对应于本专利的弹簧滚筒，附件2的幕布对应于本专利的屏幕，附件2的上转管23对应于本专利的顶杆，附件2的部件11和12对应于本专利的可伸缩的支柱。因此，权利要求1与附件2相比，其区别在于：权利要求1的具有开口部的壳体由向长度方向延伸并能分离的第1壳体构件和第2壳体构件构成，顶杆能够作为封住该开口部的盖体，并且该盖体利用锁定机构固定在壳体上，而附件2中未公开这一特征；权利要求1的支柱除了可伸缩之外还可起伏，而附件2中未公开部件11和12可起伏。

由此可见，无论是以附件1作为最接近的对比文件还是以附件2作为最接近的对比文件，其中均未公开本专利权利要求1的以下特征：具有向长度方向延伸的开口部的壳体由向长度方向延伸并能分离的第1壳体构件和第2壳体构件构成，顶杆能够作为封住该开口部的盖体，并且该盖体利用锁定机构固定在壳体上。对于其中的区别特征“具有向长度方向延伸的开口部的壳体由向长度方向延伸并能分离的第1壳体构件和第2壳体构件构成”，根据本专利说明书的记载可知，现有技术中的壳体是一体物，在安装时必须从壳体的侧面将弹簧滚筒插入进行安装，因此弹簧滚筒的正确定位是困难的，而且存在在插入时使弹簧滚筒或壳体受损伤的情况，此外还存在为了保持壳体的强度而加厚壳体、而不能减轻壳体重量的问题。为了解决这些技术问题，本专利权利要求1的技术方案中通过将具有向长度方向延伸的开口部的壳体设计成由向长度方向延伸的可分离的2个壳体构成，从而将第2壳体构件与安装弹簧滚筒后的第1壳体构件连接来组装壳体，由此，在屏幕装置组装时不会损伤弹簧滚筒或壳体，并能正确进行弹簧滚筒的定位，也更容易进行屏幕替换等的维修；此外，通过将2个壳体构件连接进行一体化，从而不会降低壳体强度地将壳体构件的厚度减薄，从而使屏幕装置轻量化。

附件3公开了一种可携式投射幕组件，包括第一框架和第二框架，弹簧施偏压之滚轮可旋转地装设于第一框架内，投射幕卷于该滚轮周围且其一端连于第二框架，当投射幕展开时，第一和第二框架彼此平行伸展。由此可见，附件 3 中装设有弹簧偏压之滚轮的第一框架即对应于本专利的壳体，第二框架即对应于本专利的顶杆，第一框架与第二框架构成的盒体用于伸展或收纳屏幕，该盒体即对应于本专利的顶杆与壳体配合构成以放出或收纳屏幕的部件。根据附件 3 所公开的内容可知，附件 3 中并未公开其第一框架由沿长度方向可分离的第 1 和第 2 壳体构成，即没有公开本专利权利要求 1 中将具有向长度方向延伸的开口部的壳体设置成由向长度方向延伸的可分离的第 1 和第 2 壳体构成的技术特征，不能给出将这一特征应用到便携式屏幕上的技术启示。

附件 4、5 公开的内容仅以附图为准，而从这些附图中不能直接且毫无疑义地得到将具有向长度方向延伸的开口部的壳体设置成由沿长度方向延伸并能分离的第 1 和第 2 壳体构成的技术方案，即附件 4、5 没有公开本专利权利要求 1 中将具有向长度方向延伸的开口部的壳体设置成由向长度方向延伸的可分离的第 1 和第 2 壳体构成的技术特征，不能给出将这一特征应用到便携式屏幕上的技术启示。

附件 6 公开了一种轻便携带式的银幕，其包括由下壳 2a 和装在枢轴上的上盖 2b 构成的外壳，上盖 2b 旋转式地安装于下壳 2a 使银幕选择性地展开或闭合，转轴 14 地安装于下壳 2a 里，银幕围绕转轴 14 伸展收起，当使用银幕时，银幕在拉杆 18 和转轴 14 之间伸展开。由此可见，附件 6 公开的是下壳和上盖配合形成一个闭合的壳体的技术方案，其没有公开本专利权利要求 1 中将具有向长度方向延伸的开口部的壳体设置成由向长度方向延伸的可分离的第 1 和第 2 壳体构成的技术特征，不能给出将这一特征应用到便携式屏幕上的技术启示。

综上所述，附件 3~6 均未公开本专利权利要求 1 中将具有向长度方向延伸的开口部的壳体设置成由向长度方向延伸的可分离的第 1 和第 2 壳体构成的技术特征，不能给出将这一特征应用到便携式屏幕上的技术启示。因此，即使将附件 3~6 与附件 1、2 结合，对于本领域普通技术人员来说要获得本专利权利要求 1 的技术方案仍需付出创造性劳动，因此权利要求 1 相对于附件 1~6 具有实质性特点和进步，具备专利法第 22 条第 3 款规定的创造性。

权利要求 2~6（对应于本专利授权文本中的权利要求 8~12）是权利要求 1 的从属权利要求，当权利要求 1 相对于附件 1~6 具备创造性时，权利要求 2~6 相对于附件 1~6 也具备专利法第 22 条第 3 款规定的创造性。此外，请求人用附件 7 仅评述了从属权利要求 2（对应于本专利授权文本中的权利要求 8）的附加技术特征。当权利要求 1 具备创造性时，引用该权利要求 1 的从属权利要求 2 包含了权利要求 1 的全部技术特征，因此无论附件 7 是否公开了权利要求 2 的附加技术特征，该权利要求 2 相对于附件 1~7 均具备创造性，符合专利法第 22 条第 3 款的规定。

三、决定

在专利复审委员会于 2008 年 7 月 1 日收到的专利权人提交的权利要求书的修改替换页的基础上，维持 200420042456. 6 号实用新型专利权有效。

当事人对本决定不服的，可以根据专利法第 46 条第 2 款的规定，在收到本决定之日起三个月内向北京市第一中级人民法院起诉。根据该款规定，一方当事人起诉后，另一方当事人应当作为第三人参加诉讼。

187

可搬式屏幕装置

无效宣告请求审查决定（第12240号）

决　定　号　第12240号
决　定　日　2008年7月24日
发明创造名称　可搬式屏幕装置
国际分类号　G03B 21/58
无效宣告请求人　广州美视晶莹银幕有限公司
专　利　权　人　泉株式会社
专　利　号　200420042456.6
申　请　日　2004年4月29日
优　先　权　日　2003年10月31日
授权公告日　2005年9月28日
合议组组长　张梅珍
主　审　员　杨加黎
参　审　员　王琦琳

法律依据　专利法第22条第3款，专利法实施细则第20条第1款、第65条第2款、第68条第1款

决定要点

如果实用新型专利要求保护的技术方案与对比文件相比存在区别特征，而现有技术中没有关于该区别特征的相应技术启示，则该技术方案相对于所述对比文件具有实质性特点和进步，因而具备创造性。

一、案由

本无效宣告请求涉及国家知识产权局于2005年9月28日授权公告的200420042456.6号、名称为“可搬式屏幕装置”的实用新型专利（下称本专利），其专利权人是泉株式会社，申请日是2004年4月29日，优先权日是2003年10月31日。本专利授权公告的权利要求书如下：

“1. 一种可搬式屏幕装置，具有：在上面设有向长度方向延伸的开口部的壳体；转动自如地安装于该壳体的弹簧滚筒；在收纳时卷绕在所述弹簧滚筒上、在使用时从所述开口部放出的屏幕；将该屏幕的一端予以固定的顶杆；以及将放出的所述屏幕保持成展开状态的支柱，其特征在于，

所述壳体由向长度方向延伸并能分离的第1壳体构件和第2壳体构件构成，

所述顶杆在收纳时，兼作封住所述开口部的盖体。

2. 如权利要求1所述的可搬式屏幕装置，其特征在于，所述壳体如此构成：将第1和第2壳体构件的宽度方向的一端连接，另一方面，能形成所述开口部地将宽度方向的另一端互相离开配置。

3. 一种可搬式屏幕装置，具有：在上面设有向长度方向延伸的开口部的壳体；转动自如地安装于该壳体的弹簧滚筒；在收纳时卷绕在所述弹簧滚筒上、在使用时从所述开口部放出的屏幕；将该屏幕的一端予以固定的顶杆；以及将放出的所述屏幕保持成展开状态的支柱，其特征在于，

所述壳体由向长度方向延伸并能分离的第1壳体构件和第2壳体构件构成，

所述顶杆在收纳时，兼作封住所述开口部的盖体，

将所述支柱的一端轴支承在所述壳体的侧面中央部并作成可起伏，所述支柱作成可伸缩，起立时将放出的屏幕保持成展开状态。

4. 如权利要求3所述的可搬式屏幕装置，其特征在于，所述壳体如此构成：将第1和第2壳体构件的宽度方向的一端连接，另一方面，能形成所述开口部地将宽度方向的另一端互相离开配置。

5. 如权利要求3或4所述的可搬式屏幕装置，其特征在于，在所述顶杆的中央部设置有手柄部，而在所述支柱的前端部设置有钩部，并将所述手柄部钩挂在该钩部上。

6. 如权利要求5所述的可搬式屏幕装置，其特征在于，所述钩部可水平转动地安装在所述支柱的前端部，在所述支柱伏倒时使钩部转动并使其与所述壳体密接。

7. 一种可搬式屏幕装置，具有：在上面设有向长度方向延伸的开口部的壳体；转动自如地安装于该壳体的弹簧滚筒；在收纳时卷绕在所述弹簧滚筒上、在使用时从所述开口部放出的屏幕；将该屏幕的一端予以固定的顶杆；以及将放出的所述屏幕保持成展开状态的支柱，其特征在于，

所述壳体，由向长度方向延伸并能分离的第1壳体构件和第2壳体构件构成，

将所述支柱的一端轴支承在所述壳体的侧面中央部上并作成可起伏，所述支柱作成可伸缩，在起立时将放出的屏幕保持成展开状态，

在收纳时，所述顶杆作为封住所述开口部的盖体，且该盖体利用锁定机构固定在所述壳体上。

8. 如权利要求7所述的可搬式屏幕装置，其特征在于，所述壳体如此构成：将第1和第2壳体构件的宽度方向的一端连接，另一方面，能形成所述开口部地将宽度方向的另一端互相离开配置。

9. 如权利要求7或8所述的可搬式屏幕装置，其特征在于，在所述顶杆的中央部设置有手柄部，而在所述支柱的前端部设置有钩部，并将所述手柄部钩挂在该钩部上。

10. 如权利要求9所述的可搬式屏幕装置，其特征在于，所述钩部可水平转动地安装在所述支柱的前端部，在所述支柱伏倒时使钩部转动并与所述壳体密接。

11. 如权利要求7~10中任一项所述的可搬式屏幕装置，其特征在于，所述锁定机构具有配设在所述顶杆上的卡合部、和配设在所述壳体并与该卡合部卡合的被卡合部。

12. 如权利要求11所述的可搬式屏幕装置，其特征在于，所述卡合部具有与所述顶杆的宽度方向相对配设的一对卡合构件，另一方面，所述被卡合部具有分别被配设在所述壳体的相对的开口缘部并与所述卡合构件卡合的一对被卡合构件。

13. 如权利要求12所述的可搬式屏幕装置，其特征在于，所述各卡合构件可转动地轴支承在卡合部，在一端具有与所述被卡合部卡合的卡合端部，在另一端具有对卡合端部的卡合、解卡合进行操作的操作部，使相对配置的一对操作部向接近方向转动而解除卡合端部与被卡合部的卡合，另一方面使该一对操作部向离开的方向转动而使卡合端部与被卡合部卡合。

14. 如权利要求13所述的可搬式屏幕装置，其特征在于，所述卡合部具有弹簧构件，该弹簧构件在卡合时对所述卡合端部施力以使其与所述被卡合部压接。

15. 如权利要求11~14中任一项所述的可搬式屏幕装置，其特征在于，所述卡合部具有在卡合时

防止与所述操作部接近的转动锁定机构。

16. 如权利要求15所述的可搬式屏幕装置，其特征在于，所述转动锁定机构由在锁定位置和解除锁定位置转动自如地嵌装在卡合部上的锁定构件构成，在锁定位置使锁定构件头部的两端部分别与各操作部抵接而防止与操作部接近，在解除锁定位置解除两端部与各操作部的抵接而允许与操作部接近。

17. 一种可搬式屏幕装置，具有：在上面设有向长度方向延伸的开口部的壳体；转动自如地安装在该壳体的弹簧滚筒；在收纳时卷绕在所述弹簧滚筒上、在使用时从所述开口部放出的屏幕；将该屏幕的一端予以固定的顶杆；以及将放出的所述屏幕保持成展开状态的支柱，其特征在于，

所述壳体由向长度方向延伸并能分离的第1壳体构件和第2壳体构件构成，

将所述支柱的一端轴支承在所述壳体的侧面中央部并作成可起伏，所述支柱作成能伸缩，在起立时将放出的屏幕保持成展开状态，

在收纳时，所述顶杆作为封住所述开口部的盖体，且该盖体利用锁定机构固定在所述壳体上，

所述支柱由构成衬套状、相互滑动并可滑动伸缩的多个筒体构成，并设有将滑动伸缩的上段的筒体的滑动进行锁定、将支柱保持成规定高度的滑动锁定机构。

18. 如权利要求17所述的可搬式屏幕装置，其特征在于，所述壳体如此构成：将第1和第2壳体构件的宽度方向的一端进行连接，能形成所述开口部地使宽度方向的另一端互相离开配置。

19. 如权利要求17或18所述的可搬式屏幕装置，其特征在于，在所述顶杆的中央部设置有手柄部，而在所述支柱的前端部设置有钩部，并将所述手柄部钩挂在该钩部上。

20. 如权利要求19所述的可搬式屏幕装置，其特征在于，所述钩部可水平转动地安装在所述支柱的前端部，在所述支柱伏倒时使钩部转动并与所述壳体密接。

21. 如权利要求17所述的可搬式屏幕装置，其特征在于，所述锁定机构具有配设在所述顶杆上的卡合部、和配设在所述壳体并与该卡合部卡合的被卡合部。

22. 如权利要求21所述的可搬式屏幕装置，其特征在于，所述卡合部具有与所述顶杆的宽度方向相对配设的一对卡合构件，另一方面，所述被卡合部具有分别被配设在所述壳体的相对的开口缘部并与所述卡合构件卡合的一对被卡合构件。

23. 如权利要求22所述的可搬式屏幕装置，其特征在于，所述各卡合构件可转动地轴支承在卡合部，且一端具有与所述被卡合部卡合的卡合端部，另一端具有对卡合端部的卡合·解卡合进行操作的操作部，使相对配置的一对操作部向接近方向转动而解除卡合端部与被卡合部的卡合，另一方面，使该一对操作部向离开的方向转动而使卡合端部与被卡合部卡合。

24. 如权利要求23所述的可搬式屏幕装置，其特征在于，所述卡合部具有弹簧构件，该弹簧构件在卡合时对所述卡合部施力以使其与所述被卡合部压接。

25. 如权利要求21所述的可搬式屏幕装置，其特征在于，所述卡合部具有在卡合时防止与所述操作部接近的转动锁定机构。

26. 如权利要求25所述的可搬式屏幕装置，其特征在于，所述转动锁定机构由在锁定位置和解除锁定位置转动自如地嵌装在卡合部的锁定构件构成，在锁定位置使锁定构件头部的两端部分别与各操作部抵接而防止与操作部接近，在解除锁定位置解除两端部与各操作部的抵接而允许与操作部接近。

27. 如权利要求26所述的可搬式屏幕装置，其特征在于，

所述滑动锁定机构，具有在最下段的第1筒体卡止其上段的第2筒体的第1滑动锁定机构，该第1滑动锁定机构具有筒体卡合部和筒体被卡合部，所述筒体卡合部具有卡合构件和支承该卡合构件的

基部，并被安装在第 1 筒体的前端部外周面；所述筒体被卡合部由设在第 2 筒体的长度方向的至少 1 个贯通孔构成，且在伸长时与所述卡合构件卡合而将第 2 筒体卡止，

该卡合构件由一端与所述贯通孔卡合的突起部和另一端对突起部与贯通孔的卡合·解卡合进行操作的操作部构成，可向筒体的轴向转动地将卡合构件轴支承在所述基部上，当将操作部向筒体方向推压时解除突起部与贯通孔的卡合，当对操作部的推压予以解除时突起部与贯通孔卡合。

28. 如权利要求 27 所述的可搬式屏幕装置，其特征在于，具有维持所述操作部的推压状态、并维持突起部与贯通孔的卡合的解除状态的操作部锁定机构。

29. 如权利要求 28 所述的可搬式屏幕装置，其特征在于，所述操作部锁定机构由配设在基部的卡合槽和配设在卡合构件的卡合销构成，当将操作部向筒体方向推压时，卡合销与卡合槽卡合。

30. 如权利要求 27 所述的可搬式屏幕装置，其特征在于，所述滑动锁定机构，具有对第 2 筒体的前端侧的筒体滑动进行锁定的第 2 滑动锁定机构，该第 2 锁定机构由配设在上段筒体的后端部的内周面的筒体卡合部和形成在下段的筒体的长度方向的多个贯通孔构成，并由与所述筒体卡合部卡合的筒体卡合支承部构成。

31. 如权利要求 27 所述的可搬式屏幕装置，其特征在于，在所述前端侧的筒体的前端部设有突起部锁定机构，其被导向成与解除状态的突起部抵接并使突起部与贯通孔卡合、并维持突起部与贯通孔的卡合状态。

32. 如权利要求 27 所述的可搬式屏幕装置，其特征在于，所述筒体卡合部具有弹簧构件，其在卡合时对突起部施力以使其与贯通孔压接。”

针对上述专利权，广州美视晶莹银幕有限公司（下称请求人）于 2007 年 6 月 13 日以本专利不符合专利法第 22 条第 2 款和第 3 款以及专利法实施细则第 20 条第 1 款的规定为由向专利复审委员会提出无效宣告请求，同时提交了以下附件：

附件 1：中华人民共和国国家知识产权局针对本专利作出的实用新型专利检索报告，以及该检索报告中列出的 3 篇专利文献，分别为：

附件 1-1：US6249377B1 号美国专利文献及其部分中文译文，其授权公告日为 2001 年 6 月 19 日（下称对比文件 1）；

附件 1-2：US6297905B1 号美国专利文献及其部分中文译文，其授权公告日为 2001 年 10 月 2 日（下称对比文件 2）；

附件 1-3：US5581401A 号美国专利文献及其部分中文译文，其授权公告日为 1996 年 12 月 3 日（下称对比文件 3）；

附件 2：GB2076179A 号英国专利文献的扉页，以及其著录项目的中文译文，其公开日为 1981 年 11 月 25 日（下称对比文件 4）；

附件 3：授权公告号为 CN2610209Y 的中国实用新型专利说明书，其授权公告日为 2004 年 4 月 7 日（下称对比文件 5）；

附件 4：EP0083795A 1 号欧洲专利文献的扉页和 2 页说明书附图，以及其著录项目的中文译文，其公开日为 1983 年 7 月 20 日（下称对比文件 6）；

附件 5：授权公告号为 CN2498630Y 的中国实用新型专利说明书的扉页以及载有说明书附图 2 的附图页，其授权公告日为 2002 年 7 月 3 日（下称对比文件 7）。

请求人无效宣告请求的理由为：本专利权利要求 1、3、7、11 相对于对比文件 1 不具备新颖性，相对于对比文件 1 和 2 的结合不具备创造性；权利要求 2、4、8 相对于对比文件 1 和 2 的结合不具备创造性；对比文件 4 公开了权利要求 5、9、19 的全部技术特征，权利要求 5、9、19 没有创造性；对

比文件 5 构成权利要求 5、9 的抵触申请，权利要求 5、9 没有新颖性；权利要求 5、6、9、10 相对于对比文件 6 不具备新颖性；权利要求 1、3、5~7、9、10、19、20 相对于对比文件 1 和 6 的结合不具备创造性；对比文件 7 公开了权利要求 6、10、20 的全部技术特征，权利要求 6、10、20 没有创造性；权利要求 12 的附加技术特征被对比文件 1 所公开，权利要求 12 没有新颖性、创造性；权利要求 17 相对于对比文件 1 和 3 的结合不具备创造性；对比文件 2 公开了权利要求 18 的全部技术特征，权利要求 18 不具备创造性；对比文件 1 公开了权利要求 21 的全部技术特征，权利要求 21 不具备创造性；权利要求 22 的附加技术特征被对比文件 1 公开，权利要求 22 不具备创造性；对比文件 3 清楚地表明了权利要求 27~32 的附加技术特征的主要部分，权利要求 27~32 不具备创造性；权利要求 6、10、12~16、20、22~32 不符合专利法实施细则第 20 条第 1 款的规定。

经形式审查合格，专利复审委员会依法受理了上述无效宣告请求，于 2007 年 10 月 30 日向请求人和专利权人发出无效宣告请求受理通知书，同时将专利权无效宣告请求书及其附件清单所列附件的副本转给专利权人，要求其在指定期限内对该无效宣告请求陈述意见。

针对上述无效宣告请求，专利复审委员会于 2007 年 12 月 11 日收到了专利权人提交的意见陈述书。在意见陈述书中，专利权人决定删除本专利权利要求 1~6，并对其他权利要求具备创造性的理由进行了陈述。专利权人认为：本专利权利要求 7 与对比文件 1 之间存在区别特征，对比文件 1 也没有给出将框架 2 分割成两个的启示，对比文件 2~3 对于将顶杆用作盖体的内容既未公开也没有给出任何启示，因此权利要求 7 相对于请求人所引用的证据具备创造性，同理，权利要求 17 也具备创造性，在此基础上，权利要求 7 的从属权利要求 8~16，权利要求 17 的从属权利要求 18~32 也具备创造性。

针对上述无效宣告请求，专利复审委员会依法组成合议组，对本案进行审理，合议组于 2007 年 12 月 27 日向双方当事人发出无效宣告请求口头审理通知书，告知双方当事人合议组定于 2008 年 2 月 27 日对本案进行口头审理，同时将专利复审委员会于 2007 年 12 月 11 日收到的专利权人的意见陈述转给请求人。

口头审理如期举行，请求人一方由广州美视晶莹银幕有限公司委托专利代理人梁新杰以及公民代理杨国强和梁思建出庭参加，专利权人一方由泉株式会社委托专利代理人雒运朴出庭参加。在口头审理中：

专利权人表示删除权利要求 1~6，保留其他的权利要求 7~32，并据此当庭提交了修改后的权利要求书。但由于本专利权利要求多，且权利要求之间的引用关系复杂，为节约时间，方便审理，合议组当庭告知本案审理以授权文本中的权利要求 7~32 为审查基础，其中各权利要求的序号仍然依照授权文本中权利要求的序号。

请求人根据上述审查基础明确其无效宣告的理由和范围为：本专利权利要求 7 相对于对比文件 1 不具备新颖性，相对于对比文件 1 和 2、或者对比文件 1 和 6 的结合不具备创造性；权利要求 8 相对于对比文件 1 和 2 的结合不具备创造性；权利要求 9 的附加技术特征分别被对比文件 4 或 6 公开因而不具备创造性；权利要求 10 的附加技术特征分别被对比文件 6 或 7 公开因而不具备创造性；权利要求 11 的附加技术特征被对比文件 1 公开因而不具备新颖性，其附加技术特征被对比文件 2 公开因而不具备创造性；权利要求 12 的附加技术特征被对比文件 1 公开因而不具备创造性，当权利要求 11 引用权利要求 7 时，引用该权利要求 11 的权利要求 12 相对于对比文件 1 不具备新颖性；权利要求 10、13~16 不符合专利法实施细则第 20 条第 1 款的规定。

请求人当庭放弃了权利要求 12 不符合专利法实施细则第 20 条第 1 款的规定、权利要求 9 相对于对比文件 5 或 6 不具备新颖性、权利要求 10 相对于对比文件 6 不具备新颖性的无效宣告理由，并且放弃了权利要求 17~32 的全部无效宣告理由。此外，请求人还当庭放弃将对比文件 5 作为证据使用。

请求人当庭提交了申请号为200430046677.6、名称为“投影屏壳套构件”的外观设计专利文献用于证明第1和第2壳体构件构成壳体属于公知常识。合议组当庭告知请求人该专利文献并非公知常识类证据，因此不予接受。

请求人提交的附件1中包括中华人民共和国国家知识产权局出具的针对本专利作出的实用新型专利检索报告，对比文件1~3是美国专利文献及其部分中文译文，对比文件4是英国专利文献及其部分中文译文，对比文件6是欧洲专利文献及其部分中文译文，对比文件5、7是中国专利文献。专利权人对其真实性无异议，对译文的准确性无异议。请求人表示其所提交的附件1中关于本专利的检索报告，意在用其结论说明本专利不具备新颖性和创造性。

对于请求人当庭明确的关于本专利权利要求13~16不符合专利法实施细则第20条第1款的无效宣告理由，合议组当庭告知：由于请求人针对权利要求13~16的上述无效宣告理由属于一事不再理的情形，因此不予审查。请求人表示清楚合议组的意思。

随后，双方当事人均结合证据对本专利是否符合专利法及其实施细则的规定充分发表了意见，内容如下：

关于权利要求7的新颖性：请求人认为，对比文件1公开了本专利的支柱、壳体、顶杆、扣合机构，附图13公开了可伸缩、附图2公开了可起伏，可起伏的支杆所起的作用与本专利完全相同，壳体第一构件和第二构件是本领域的公知常识。专利权人认为，请求人使用不同的附图对应不同实施例，并且没有说明壳体4用哪两个壳体构成，“可起伏”是指支柱可以倒下竖起的功能。

关于权利要求7的创造性：请求人认为，从对比文件2的附图8可以看出壳体是两部分构成，结合附图和译文可以涵盖权利要求7的创造性，可伸缩与可起伏是一回事；对比文件6的附图1~5用来说明可起伏，但没有文字记载。专利权人认为，“两个壳体的……开口部”在两篇对比文件中均没有公开，壳体上面延伸的一个开口部与可打开是不同的概念，本专利的两个壳体合在一起依然有开口；对比文件6每个图表达的内容不明确，没有译文不能清楚表明可倒伏。

关于权利要求8、9的创造性：请求人认为本专利权利要求8的附加技术特征被对比文件2完全公开；专利权人认为能够形成开口部与能打开不同，因此本专利未被对比文件公开。请求人认为，权利要求9的附加技术特征被对比文件4公开；专利权人认为对比文件4没有译文，但从附图看不明确。

关于权利要求10的创造性：请求人认为，对比文件7公开了权利要求10的附加技术特征；对比文件6的图1~5是伏倒与打开的图，可以看出钩部是转动的。专利权人认为对比文件6和7均没有公开钩部可以水平转动。

关于权利要求11、12的新颖性：请求人认为对比文件1的附图14公开了卡合部和被卡合部。专利权人对此表示认可。

关于权利要求11、12的创造性：请求人认为，对比文件2的附图8公开了锁定机构，标号17和1的两个壳体的接触度不具有创造性。专利权人认为，权利要求11、12与对比文件2的卡合部与被卡合部的位置不同。

关于权利要求10是否符合专利法实施细则第20条第1款：请求人认为其附加技术特征仅描述功能实现的一种方式。专利权人认为：权利要求10清楚限定了钩部与其他部件的关系。

专利复审委员会于2008年6月12日收到了专利权人提交的权利要求书的修改替换页，其中删除了权利要求1~6，并对其他权利要求重新编号，对权利要求之间的引用关系作了相应修改，修正了口头审理当庭提交的权利要求书修改替换页中权利要求19引用关系错误的缺陷，使修改后的权利要求书与本专利授权文本中的权利要求引用关系一致。

至此，合议组认为本案事实已经清楚，现依法作出如下审查决定。

二、决定的理由

1. 关于审查基础

专利法实施细则第 68 条第 1 款规定，在无效宣告请求的审查过程中，发明或者实用新型专利的专利权人可以修改其权利要求书，但是不得扩大原专利的保护范围。

专利权人在口头审理当庭表明对本专利权利要求书的修改是删除本专利授权公告文本中的权利要求 1~6，专利复审委员会于 2008 年 6 月 12 日收到了专利权人删除权利要求 1~6 之后的权利要求书的修改替换页。合议组经审查认为，上述修改与专利权人在口头审理当庭的表示以及合议组在口头审理当庭审查的基础是一致的，其符合专利法第 33 条以及专利法实施细则第 68 条的规定，因此本决定以专利复审委员会于 2008 年 6 月 12 日收到的上述修改文本为基础。

2. 关于审查范围

由于在本案审理过程中：

请求人放弃了关于本专利授权文本中的权利要求 17~32（对应于上述修改文本中的权利要求 11~26）的全部无效宣告理由；

关于请求人在口头审理当庭明确的本专利授权文本中的权利要求 13~16（对应于上述修改文本中的权利要求 7~10）不符合专利法实施细则第 20 条第 1 款的规定的无效宣告理由，由于专利复审委员会在先作出的第 10890 号无效宣告决定中已经就同一事实对该权利要求 13~16 是否符合专利法实施细则第 20 条第 1 款的规定作出过认定，根据专利法实施细则第 65 条第 2 款以及审查指南第四部分第三章第 2.1 节规定，这属于一事不再理的情形，因此，关于请求人的这一无效宣告理由合议组不再审理。

综上所述，本案的审理范围为请求人针对上述修改文本中的权利要求 1~6（即对应于本专利授权文本中的权利要求 7~12）的无效理由是否成立。

3. 关于证据

请求人提交的对比文件 1、2、4、6、7 是专利文献，专利权人对其真实性无异议；其中对比文件 1、2、4、6 是外文专利文献，请求人在提交上述对比文件的同时还分别提交了这些专利文献的部分中文译文，专利权人对其中文译文的准确性无异议。合议组经审查认为：对比文件 1、2、4、6、7 是专利文献，其真实性可以确认，可以作为本案证据使用。这些对比文件的公开日期均在本专利的优先权日之前，其上记载的内容构成本专利的现有技术，可以用于评价本专利的新颖性和创造性。对比文件 1、2、4、6 文字部分公开的内容以所提交的中文译文为准。

由于请求人在口头审理当庭放弃了权利要求 17~32 的全部无效理由，因此，仅涉及这些无效理由的对比文件 3 在以下审查中不再涉及。

4. 关于专利法实施细则第 20 条第 1 款

专利法实施细则第 20 条第 1 款规定，权利要求书应当说明发明或者实用新型的技术特征，清楚、简要地表述请求保护的范围。

请求人认为，权利要求 4（对应于本专利授权文本中的权利要求 10）的附加技术特征仅描述了功能实现的一种方式，没有说明技术特征的结构特征，以及技术特征之间的连接关系和位置关系，因此不符合专利法实施细则第 20 条第 1 款的规定。

对此，合议组认为：权利要求 4 是从属权利要求，其附加技术特征为“所述钩部可水平转动地安装在所述支柱的前端部，在所述支柱伏倒时使钩部转动并与所述壳体密接”。该附加技术特征中清楚地限定了钩部在支柱上的安装位置是支柱前端部，钩部相对于支柱的安装方式是水平转动地安装，钩部与壳体的接合关系是当支柱倒伏时转动钩部以与壳体密接。由此可见，权利要求 4 的附加技术特征的表述清楚地说明了该实用新型中钩部、支柱、壳体的结构和位置关系，符合专利法实施细则第 20 条第 1 款的规定。

5. 关于专利法第 22 条第 2 款

专利法第 22 条第 2 款规定，新颖性是指在申请日以前没有同样的发明或者实用新型在国

内外出版物上公开发表过、在国内公开使用过或者以其他方式为公众所知，也没有同样的发明或者实用新型由他人向国务院专利行政部门提出过申请并且记载在申请日以后公布的专利申请文件中。

权利要求 1（对应于本专利授权文本中的权利要求 7）要求保护一种可搬式屏幕装置。

对比文件 1 公开了一种可搬式屏幕装置，其包括相互之间能平行扩展或闭合的框架 2 和框架 4，框架 2、4 闭合时形成一盒体并用锁定装置 32 锁定在一起，框架 2 中安装有缠绕屏幕的弹簧滚筒 12，屏幕在二个框架 2 和 4 之间伸展，其一端固定在弹簧滚筒上，另一端固定在框架 4 里面的构件上，从该对比文件 1 的图 14 可以看出框架 2 具有能使屏幕延伸出来的开口部，可伸展或扩充的延伸器 8 固定框架 2 和 4，从该对比文件 1 的图 13 可以看出延伸器 8 在框架 2 的中央部侧面的 2a 位置轴支承，该延伸器 8 包括 14、16、18、20 四个轨条，并在需要的间隔维持框架 2 和 4，当屏幕装置的屏幕被储存的时候，这四个轨条被完全折叠。由此可见，对比文件 1 的框架 2 与框架 4 构成盒体用于伸展或收纳屏幕，该盒体即对应于本专利的顶杆与壳体配合构成以放出或收纳屏幕的部件，其中，对比文件 1 的具有开口部的框架 2 对应于本专利的具有开口部的壳体，对比文件 1 的固定屏幕一端并能与框架 2 闭合形成盒体的框架 4 对应于本专利的固定屏幕一端并能作为盖体封住开口部的顶杆，对比文件 1 中将框架 2 和 4 锁定在一起的锁定装置 32 对应于本专利的锁定机构，对比文件 1 的延伸器 8 包括四个可折叠的轨条，使得该延伸器 8 可伸展或扩充，可见，延伸器 8 即对应于本专利的支柱，该延伸器 8 的可伸展或扩充即对应于本专利顶杆的可伸缩或可起伏。因此，将权利要求 1 与对比文件 1 相比，其未被对比文件 1 公开的是：具有开口部的壳体是由向长度方向延伸并能分离的第 1 壳体构件和第 2 壳体构件构成的这一技术特征。因此对比文件 1 没有公开本专利权利要求 1 的全部技术特征，对比文件 1 公开的技术方案与权利要求 1 要求保护的技术方案实质上不同，权利要求 1 相对于对比文件 1 具备新颖性，符合专利法第 22 条第 2 款的规定。

权利要求 5（对应于本专利授权文本中的权利要求 11）是权利要求 1~4 的从属权利要求，权利要求 6（对应于本专利授权文本中的权利要求 12）是权利要求 5 的从属权利要求。当权利要求 5 引用在先的权利要求 1 时，由于权利要求 1 具备新颖性，从属于该权利要求 1 的权利要求 5 相对于对比文件 1 也具备新颖性，引用该权利要求 5 的权利要求 6 也具备新颖性，符合专利法第 22 条第 2 款的规定。

6. 关于专利法第 22 条第 3 款

专利法第 22 条第 3 款规定，创造性，是指同申请日以前已有的技术相比，该发明有突出的实质性特点和显著的进步，该实用新型有实质性特点和进步。

如前所述，权利要求 1 与对比文件 1 的区别在于，权利要求 1 中具有开口部的壳体由向长度方向延伸并能分离的第 1 壳体构件和第 2 壳体构件构成。根据说明书背景技术部分的记载可知，以往的壳体是一体物，在安装时必须从壳体的侧面将弹簧滚筒插入进行安装，因此弹簧滚筒的正确定位是困难的，而且存在在插入时使弹簧滚筒或壳体受损伤的情况，此外还存在为了保持壳体的强度而加厚壳体、而不能减轻壳体重量的问题。而权利要求 1 的技术方案中通过将壳体设计成由可分离的 2 个壳体构成，从而将第 2 壳体构件与安装弹簧滚筒后的第 1 壳体构件连接来组装壳体，由此，在屏幕装置组装时不会损伤弹簧滚筒或壳体，并能正确进行弹簧滚筒的定位，也更容易进行屏幕替换等的维修；此

外，通过将2个壳体构件连接进行一体化，从而不会降低壳体强度地将壳体构件的厚度减薄，从而使屏幕装置轻量化。

对比文件2公开了一种可搬式屏幕装置S，其包括下盒体1，安装在下盒体1上的弹簧滚筒2，一面在顶杆3与弹簧滚筒2之间展开的屏幕，将屏幕维持在所需高度的展开装置5和高度维持装置6，当可搬式屏幕装置S不处于实施形态时其被上盒体17覆盖，被锁定装置18锁定，然后置于盒子中。由此可见，对比文件2公开的是上盒体17与下盒体1配合形成一个闭合的盒体的技术方案，其没有公开权利要求1中将具有开口部的壳体设置成由第1和第2壳体构成的技术方案，而且也没有给出将具有开口部的壳体设置成由沿长度方向延伸并能分离的第1和第2壳体构成的技术启示。因此，在结合对比文件1和对比文件2的基础上获得权利要求1的技术方案，对于本领域普通技术人员来说尚需付出创造性劳动，因此权利要求1相对于对比文件1和对比文件2的结合具有实质性特点和进步，具备专利法第22条第3款规定的创造性。

对比文件6公开了一种屏幕装置，该对比文件6的附图和著录项目的中文译文中并无公开权利要求1中的上述区别特征，同时从对比文件6公开的这些内容中也不能得到将具有开口部的壳体设置成由向长度方向延伸并能分离的第1壳体构件和第2壳体构件构成的技术启示，因此，在结合对比文件1和对比文件6的基础上获得权利要求1的技术方案，对于本领域普通技术人员来说尚需付出创造性劳动，因此权利要求1相对于对比文件1和对比文件6的结合具有实质性特点和进步，具备专利法第22条第3款规定的创造性。

权利要求2~6（对应于本专利授权文本中的权利要求8~12）是权利要求1的从属权利要求。请求人使用对比文件4和7仅评述了从属权利要求3、4（对应于本专利授权文本中的权利要求9、10）的附加技术特征，由于请求人主张的权利要求2~6不具备创造性的理由是基于权利要求1相对于对比文件1、2、6不具备新颖性、创造性的基础上得到的，因此当权利要求1具备创造性时，引用该权利要求1的从属权利要求2~6也均具备创造性，符合专利法第22条第3款的规定。

三、决定

在专利复审委员会于2008年6月12日收到的专利权人提交的权利要求书的修改替换页的基础上，维持200420042456.6号实用新型专利权有效。

当事人对本决定不服的，可以根据专利法第46条第2款的规定，在收到本决定之日起三个月内向北京市第一中级人民法院起诉。根据该款规定，一方当事人起诉后，另一方当事人应当作为第三人参加诉讼。

摄影三脚架伸缩脚管之锁紧装置

无效宣告请求审查决定（第12246号）

决　定　号　第12246号
决　定　日　2008年9月18日
发明创造名称　摄影三脚架伸缩脚管之锁紧装置
国际分类号　G03B 17/56，F16M 11/00
无效宣告请求人　吉多思实业（深圳）有限公司
专利权人　刘　昊
专　利　号　200520062949.0
申　请　日　2005年8月16日
授权公告日　2006年10月4日
合议组组长　黄玉平
主　审　员　王琦琳
参　审　员　谢有成

法律依据　专利法第22条第3款
决定要点

对于实用新型专利来说，如果一项权利要求相对于现有技术存在区别特征，现有技术中对该区别特征也未给出技术启示，且该权利要求所述的技术方案具有一定的技术效果，则该权利要求相对于现有技术具备创造性。

一、案由

本无效宣告请求涉及国家知识产权局于2006年10月4日授权公告的名称为“摄影三脚架伸缩脚管之锁紧装置”的200520062949.0号实用新型专利权（下称本专利），其申请日是2005年8月16日，专利权人是刘昊。授权公告时的权利要求书如下：

“1. 摄影三脚架伸缩脚管之锁紧装置，它包括位于第一管件（10）上的螺纹管接头（11）以及位于第二管件（20）上的螺纹套管（21），螺纹套管（21）的内壁与第二管件（20）之间形成容置空腔（22），其特征在于：所述的螺纹管接头（11）的下端与第二管件（20）之间亦形成有容置空腔（12），在螺纹管接头（11）与螺纹套管（21）之间的第二管件（20）上套设有开口的活动锁紧圈。

2. 根据权利要求1所述的摄影三脚架伸缩脚管之锁紧装置，其特征在于：所述的锁紧圈为两个，两个锁紧圈（40）和（41）分别在其上端和下端成型有与容置空腔（12）和（22）底部的斜面（121）和（221）配合的外倒角（401）和（411），两个锁紧圈（41）和（41）在其相邻的下端和上端亦成型有可相互插接的倒角（402）和（412）。

3. 根据权利要求 2 所述的摄影三脚架伸缩脚管之锁紧装置，其特征在于：所述的成型于锁紧圈（40）下端的倒角（402）和成型于锁紧圈（41）上端的倒角（412）皆为内倒角。

4. 根据权利要求 2 所述的摄影三脚架伸缩脚管之锁紧装置，其特征在于：所述的成型于锁紧圈（40）下端的倒角（402）为外倒角，而成型于锁紧圈（41）上端的倒角（412）则为内倒角。

5. 根据权利要求 1 所述的摄影三脚架伸缩脚管之锁紧装置，其特征在于：所述的锁紧圈为三个，其中，位于两侧的锁紧圈（42）和（44），分别在其上端和下端成型有与容置空腔（12）和（22）底部的斜面（121）和（221）配合的外倒角（421）、（441），锁紧圈（42）和（44）的下端和上端亦成型有与中间的锁紧圈（43）上下端的倒角（431）和（432）配合的倒角（422）和（442）。

6. 根据权利要求 5 所述的摄影三脚架伸缩脚管之锁紧装置，其特征在于：分别成型于两侧的锁紧圈（42）和（44）下端和上端的倒角（422）和（442）皆为外倒角，而成型于中间锁紧圈（43）上下两端的倒角（431）和（432）则皆为内倒角。

7. 根据权利要求 5 所述的摄影三脚架伸缩脚管之锁紧装置，其特征在于：分别成型于两侧的锁紧圈（42）和（44）下端和上端的倒角（422）和（442）皆为内倒角，而成型于中间锁紧圈（43）上下两端的倒角（431）和（432）则皆为外倒角。”

针对上述实用新型专利权，吉多思实业（深圳）有限公司（下称请求人）于 2008 年 4 月 7 日向专利复审委员会提出了无效宣告请求，认为本专利权利要求 1~7 不符合专利法第 22 条第 3 款的规定，并提交了如下证据：

证据 1：专利号为 03271867. 5 的中国实用新型专利说明书，其授权公告日为 2004 年 9 月 15 日；

证据 2：专利号为 03255432. X 的中国实用新型专利说明书，其授权公告日为 2004 年 10 月 13 日。

结合上述证据，请求人认为：证据 1 公开了对应本专利第 1 管件和第 2 管件的上管和下管、对应螺纹套管的尾套、对应活动锁紧圈的锁紧块和连接垫，还公开了容置空腔，权利要求 2~4 中的锥形台和倒角配合的关系也被公开，倒角之间的配合则属于本领域常规设计，因此，本专利权利要求 1~4 相对于证据 1 不具备创造性，不符合专利法第 22 条第 3 款的规定；结合证据 2 附图 1~2 公开的旋转内管、锥形压块、锥形顶块和开槽双锥形膨胀套的结构，本专利权利要求 5~7 相对于证据 1 和证据 2 不具备创造性，不符合专利法第 22 条第 3 款的规定。

经形式审查合格，专利复审委员会受理了上述无效宣告请求，并于 2008 年 5 月 14 日向双方当事人发出了无效宣告请求受理通知书，随同无效宣告请求受理通知书将专利权无效宣告请求书及其附件清单中所列附件副本转送给专利权人，要求其在指定的期限内答复。

请求人于 2008 年 5 月 5 日向专利复审委员会补充提交了意见陈述书，并提交了如下补充证据：

证据 3：请求人声称为 1994 年出版的写真映象用品年鉴（24 期）的日本刊物摘选复印件 6 页以及该复印件中部分内容的中文译文 1 页。

结合上述证据，请求人认为：根据证据 3 的内容，结合证据 1、2 的内容，本领域技术人员可以非常容易的得出本专利权利要求 1~7 的技术特征，因此，本专利权利要求 1~7 不具备创造性，不符合专利法第 22 条第 3 款的规定。

针对上述无效宣告请求，专利复审委员会依法成立合议组，并于 2008 年 7 月 3 日向双方当事人发出无效宣告请求口头审理通知书，定于 2008 年 9 月 3 日于专利复审委员会举行口头审理，随同无效宣告请求口头审理通知书，将请求人于 2008 年 5 月 5 日提交的意见陈述书及其附件清单中所列附件副本共 10 页转送给专利权人。

针对专利权无效宣告请求书，专利权人于2008年7月29日向专利复审委员会提交了意见陈述书，专利权人认为：本专利与证据属于不同技术方案，在技术上有重要进步，锁紧和定位效果更好，可在任意位置实现精确定位和锁紧，具体来说，本专利权利要求1中的螺纹管接头、螺纹套管、容置空腔、活动锁紧圈等结构均没有被证据1公开，因此本专利权利要求1相对于证据1具有创造性，本专利权利要求2~4的附加技术特征也没有被证据1公开，同时也不是公知常识，因此，本专利权利要求2~4也具备创造性，相应地，本专利权利要求5~7相对于证据1和2具有创造性，符合专利法第22条第3款的规定。

口头审理如期举行，请求人委托易湘磊（公民代理）出席了口头审理，专利权人委托专利代理人蔡民军、胡强（一般代理并附有修改权利要求书的权限）出席了口头审理。合议组当庭将专利权人于2008年7月29日向专利复审委员会提交的意见陈述书转给请求人，请求人明确表示无需再以书面形式针对该意见陈述作出答复。在口头审理中，请求人当庭明确其无效宣告的理由和范围是：本专利权利要求1~4相对于证据1不符合专利法第22条第3款的规定，本专利权利要求5~7相对于证据1和证据2的结合不符合专利法第22条第3款的规定，本专利权利要求1~4相对于证据1和证据3的结合不符合专利法第22条第3款的规定，本专利权利要求5~7相对于证据1、2和3不符合专利法第22条第3款的规定。专利权人对请求人提交的证据1和证据2的真实性无异议，请求人当庭提交了证据3的原件以及由深圳少年儿童图书馆出具的馆藏证明，专利权人表示证据3与其原件一致，对馆藏证明的真实性无异议，对证据3的真实性无异议，对证据3公开日期为1994年3月的事实无异议，对证据3中文译文的准确性无异议。

请求人认为，本专利权利要求1所有技术特征均被证据1第4页第10~18行公开，专利权人认为，本专利螺纹管接头、螺纹套管、容置空腔和活动锁紧圈的具体结构均与证据1不同，本专利的螺纹套管是活动的，锁紧时只需旋转螺纹套管，而且锁紧圈的锁紧方式与证据1也不同。对于从属权利要求2~4，请求人认为证据1公开了斜面和倒角的配合，而且倒角之间的插接属于公知常识，专利权人认为倒角结构虽然是公知的，但是具体应用到本专利技术方案中并非公知常识。请求人认为，证据2公开了本专利权利要求5中的具体结构，锥形压块4、锁紧块和锥形顶块7分别对应权利要求5中的三个锁紧圈，专利权人认为，证据2的具体结构与本专利技术方案不同。关于证据3，请求人认为，证据3在前面明确的证据使用方式基础上，仅用于证明公开了权利要求1~7中锁紧圈的具体结构、倒角的具体结构以及第1、2管件、螺纹套管、容置空腔，通过证据3附图可以看出其与本专利相同，译文文字部分的套管三重结构相当于本专利锁紧圈，公开的管子重合时有足够空间，相当于本专利的容置空间；专利权人认为，首先，证据3使用的具体结合方式未在请求书中具体说明，涉及证据3的无效宣告理由应不予审理，另外，证据3图上没有任何文字标识，译文内容也未公开任何与本专利权利要求相关的信息。双方当事人均对各自证据的使用方式和双方的证据能否影响本专利权利要求的新颖性、创造性充分发表了意见。

至此，合议组认为事实已经清楚，在此基础上，合议组经合议依法作出审查决定。

二、决定的理由

1. 关于证据和现有技术

请求人提交的证据1和证据2为中国实用新型专利说明书，专利权人对证据1和证据2的真实性无异议，合议组经审查认为，证据1和证据2可以作为本案证据使用。证据1和证据2的公开日期均在本专利申请日之前，其上公开的内容构成本专利的现有技术。

请求人提交的证据3是一份日文杂志的复印件以及其中部分内容的中文译文。请求人当庭提交了证据3日文杂志的原件以及由深圳少年儿童图书馆出具的“馆藏查询证明”证明该证据3复印件系从该图书馆所收藏的杂志中的第400页、第401页以及封面和封底部分复印得来，并与原件相符。专利权人认可证据3与其原件一致，对馆藏证明的真实性无异议，对证据3的真实性无异议。合议组经审查认为，证据3真实性可以确认，可以作为本案证据使用。证据3中封底页上记载有该证据于平成6年3月（即1994年3月）发行，专利权人对证据3公开日期为1994年3月的事实无异议，合议组经审查认定，证据3的公开日期应为1994年3月31日，在本专利申请日之前，其上公开的内容构成本专利的现有技术。专利权人对证据3中文译文的准确性无异议，因此，证据3公开的内容以其中文译文部分为准。

2. 关于本专利权利要求1是否符合专利法第22条第3款关于创造性的规定

专利法第22条第3款规定：创造性，是指同申请日以前已有的技术相比，该发明有突出的实质性特点和显著的进步，该实用新型有实质性特点和进步。

请求人认为本专利权利要求1相对于证据1或者证据1和证据3的结合均不具备创造性。

（1）本专利权利要求1相对于证据1是否具备创造性。

本专利权利要求1要求保护一种摄影三脚架伸缩脚管之锁紧装置，证据1（说明书第4页第10行至第5页第1行、附图1~2）公开了一种伸缩管脚锁紧装置，包括上管1（相当于本专利的第一管件）、下管2（相当于本专利的第二管件）、导杆3、锁紧块4、连接垫5、尾套6，下管2套插于上管1内，尾套6固定在上管1上用于防止下管2脱离，在下管2上还固定有连接垫5，导杆3下部开有外螺牙32，连接垫5中心开有螺孔52，螺孔52与导杆3的外螺牙32对应，锁紧块4是一个空心变形柱体，中央开有与导杆3套接的中心孔41，外壁有变形槽42和导槽43，导杆3穿过锁紧块4旋入连接垫5的螺孔52中，锁紧块下端内壁成型有锥台孔44，连接垫5上部呈锥台形，与上述锥台孔44对应配合，握住上管1，正向旋转下管2时，导杆3旋入连接垫5中，连接垫5的锥台形头进入锁紧块4下部的锥台孔44使得锁紧块4的变形槽42发生形变，向外撑大，使得锁紧块4外壁变形与上管1内壁紧贴，由此实现锁紧目的。

由此可见，本专利权利要求1与证据1的区别在于：A. 本专利权利要求1中第一管件和第二管件的连接是通过第一管件上的螺纹管接头和第二管件上的螺纹套管，而螺纹管接头和螺纹套管在第二管件之外，并且它们与第二管件之间均形成了容置空间，而证据1中上管和下管的连接是通过导杆3和连接垫5之间的螺纹耦合，尾套6用于防止下管脱离，导杆3和连接垫5均在上管和下管之内，并且它们与上管和下管均是紧密配合关系；B. 本专利权利要求1中的活动锁紧圈是套设在第二管件外的，而证据1中锁紧块4则是套设在导杆3上，通过连接垫5挤压之后受力形变涨开而紧贴其外的上管1内壁来实现锁紧。

由于本专利的螺纹管接头和螺纹套管设置在第一管件和第二管件的外面，仅通过旋转螺纹套管即可锁紧第二管件，因此在锁紧第一管件和第二管件位置时，无需像证据1那样需要旋转管件；而本专利的活动锁紧圈通过与上述螺纹管接头和螺纹套管的配合实现了锁紧效果。

请求人认为：尾套可对应螺纹套管，锁紧块和连接垫可对应活动锁紧圈。

对此，合议组认为：本专利的螺纹套管用于与螺纹管接头螺纹耦合，并且借助螺纹套管的旋转使得活动锁紧圈受力形变以使其实现锁紧的功能，而证据1的尾套是与上管固定连接的，其仅用于防止下管脱离，因此，证据1的尾套不能与本专利的螺纹套管对应；本专利的活动锁紧圈是在螺纹套管和螺纹管接头之间活动，并通过螺纹套管和螺纹管接头之间耦合之后对锁紧圈进行挤压使得锁紧圈发生形变来实现锁紧的，而证据1的连接垫是用于与导杆螺纹耦合的，证据1的锁紧块则是受到连接垫和导杆的挤压之后发生形变，然后向外膨胀，因此，证据1的连接垫不能与本专利的锁紧圈对应，而证据1的锁紧块的具体结构和与系统中其他部件之间的配合关系与本专利的活动锁紧圈不同。

综上所述，本专利权利要求 1 与证据 1 公开的技术方案存在区别技术特征，证据 1 既未公开上述区别技术特征也未给出技术启示，且本专利权利要求 1 的上述区别技术特征使得整个技术方案还具备相应的技术效果。因此，本专利权利要求 1 相对于证据 1 而言具备创造性，符合专利法第 22 条第 3 款的规定。

(2) 本专利权利要求 1 相对于证据 1 和证据 3 的结合是否具备创造性。

专利权人认为：证据 3 的具体结合方式未在请求书中明确说明，涉及证据 3 的无效宣告理由不应审理。

对此，合议组认为：请求人在其于 2008 年 5 月 5 日向专利复审委员会补充提交的意见陈述书中表示，根据证据 3 的图文内容，结合证据 1、2 的内容，使得本领域普通技术人员可非常容易地得出被请求专利权利要求 1~7 的技术特征。请求人在口头审理当庭又明确，证据 3 是在前面已明确的证据使用方式基础上，仅用于证明其公开了权利要求 1~7 中锁紧圈的具体结构、倒角的具体结构以及第 1、2 管件、螺纹套管、容置空腔。鉴于请求人在提出请求时已经明确证据 3 是用于与证据 1、2 结合使用的，而且证据 3 公开的内容简单，文字信息量不大，为节约双方当事人程序，在口审当庭已经请双方当事人就证据 3 相关事实发表过意见的前提下，本决定中对证据 3 涉及的相关事实一并进行审理如下。

请求人认为：在证据 1 的基础上，证据 3 公开了锁紧圈的具体结构、倒角的具体结构以及第 1、2 管件、螺纹套管、容置空腔，通过证据 3 附图可以看出其与本专利相同，译文文字部分的套管三重结构相当于本专利锁紧圈，公开的管子重合时有足够空间，相当于本专利的容置空间。

参见上述评述可知，本专利权利要求 1 相对于证据 1 的区别在于：A. 本专利权利要求 1 中第一管件和第二管件的连接是通过第一管件上的螺纹管接头和第二管件上的螺纹套管，并且螺纹管接头和螺纹套管在第二管件之外并与第二管件之间均形成了容置空间，而证据 1 中上管和下管的连接是通过导杆 3 和连接垫 5 之间的螺纹耦合，尾套 6 用于防止下管脱离，导杆 3 和连接垫 5 均在上管和下管之内且与上管和下管均是紧密配合关系；B. 本专利权利要求 1 中的活动锁紧圈是套设在第二管件外的，而证据 1 中锁紧块 4 则是套设在导杆 3 上，通过受力形变紧贴其外的上管 1 内壁来实现锁紧。

证据 3 中文译文部分公开的内容包括附图和文字，然而该附图中并无任何文字标识或说明，本领域技术人员根据该附图难以得出任何有意义的结论，至于译文文字部分公开的“固定脚用的套管为三重结构”、“在管子重合时有足够的空间”仅是孤立的语段，仅根据该文字部分公开的内容，本领域技术人员无法确定其所公开的内容与本专利权利要求 1 中所具体限定的技术方案的各个构成部件之间有任何对应关系，而且，由于附图中缺乏文字标识或文字说明，即使本领域技术人员想要结合文字和附图来完整理解其所公开的技术方案也极为困难。

综上所述，对于本专利权利要求 1 与证据 1 的区别技术特征而言，证据 3 既未公开也未给出任何技术启示，因此，对于本领域技术人员来说，本专利权利要求 1 相对于证据 1 和证据 3 的结合也具备创造性，符合专利法第 22 条第 3 款的规定。

3. 关于本专利权利要求 2~7 是否符合专利法第 22 条第 3 款关于创造性的规定

权利要求 2~7 是直接或间接从属于独立权利要求 1 的从属权利要求，请求人认为本专利独立权利要求 1 相对于证据 1 或者相对于证据 1 和证据 3 的结合不具备创造性，在该观点基础上，进一步认为权利要求 2~7 也不具备创造性，参见上述评述可知，作为请求人认定权利要求 2~7 不具备创造性基础的观点不能成立，因此，对于请求人认为本专利权利要求 2~7 也不具备创造性的观点，合议组不予支持。

三、决定

维持200520062949.0号实用新型专利权有效。

当事人对本决定不服的，可以根据专利法第46条第2款的规定，自收到本决定之日起三个月内向北京市第一中级人民法院起诉。根据该款的规定，一方当事人起诉后，另一方当事人应当作为当事人参加诉讼。

北京市第一中级人民法院
行政裁定书

（2009）一中行初字第115号

原告吉多思实业（深圳）有限公司，住所地深圳市宝安区松岗镇塘下涌村。

法定代表人沈伟宏，董事长。

委托代理人易湘磊，广东国意律师事务所律师。

被告国家知识产权局专利复审委员会，住所地北京市海淀区北四环西路9号银谷大厦10~12层。

法定代表人廖涛，副主任。

委托代理人谢有成，男，国家知识产权局专利复审委员会审查员。

委托代理人王婧，女，国家知识产权局专利复审委员会审查员。

第三人刘昊。

原告吉多思实业（深圳）有限公司不服被告国家知识产权局专利复审委员会于2008年9月18日作出的第12246号无效宣告请求审查决定，向本院提起行政诉讼。本院受理后，依法组成合议庭。依照《中华人民共和国行政诉讼法》第二十七条的规定，本院通知刘昊为本案第三人参加诉讼。2009年3月4日，本院公开开庭审理了本案。原告的委托代理人易湘磊，被告的委托代理人谢有成、王婧到庭参加了诉讼。第三人刘昊经本院合法传唤未到庭。在本案审理过程中，原告向本院提出撤回起诉的申请。

经审查，本院认为，原告的撤诉申请系其真实意思表示，符合法律规定，应予准许。依照《中华人民共和国行政诉讼法》第五十一条之规定，裁定如下：

准许原告吉多思实业（深圳）有限公司撤回起诉。

案件受理费100元，减半收取50元，由原告吉多思实业（深圳）有限公司负担（已交纳）。

审 判 长　梁　菲

代理审判员　贾志刚

人民陪审员　吴　群

二〇〇九年六月十六日

书 记 员　王　丽

189

摄影三脚架的脚管止动结构

无效宣告请求审查决定（第12250号）

决　　定　　号　第12250号
决　　定　　日　2008年9月17日
发明创造名称　摄影三脚架的脚管止动结构
国 际 分 类 号　G03B 17/56，F16M 11/00
无效宣告请求人　吉多思实业（深圳）有限公司
专　利　权　人　刘　昊
专　　利　　号　200520062952.2
申　　请　　日　2005年8月16日
授 权 公 告 日　2006年10月4日
合 议 组 组 长　黄玉平
主　　审　　员　王琦琳
参　　审　　员　谢有成

法　律　依　据　专利法第22条第3款
决　定　要　点

如果一项实用新型专利的权利要求同现有技术相比虽然存在区别特征，但是该区别特征对于本领域普通技术人员来说是显而易见的，则该权利要求不具备实质性特点和进步，不符合专利法第22条第3款的规定。

一、案由

本无效宣告请求涉及国家知识产权局于2006年10月4日授权公告的名称为“摄影三脚架的脚管止动结构”的200520062952.2号实用新型专利权（下称本专利），其申请日是2005年8月16日，专利权人是刘昊。授权公告时的权利要求书如下：

“1. 摄影三脚架的脚管止动结构，它包括第一管件（10）和第二管件（20）以及位于第一管件（10）和第二管件（20）之间的止动片（30），其特征在于：所述的第一管件（10）和第二管件（20）的内壁上分别成型有纵向的筋条（11）、（21）和横向的通孔（12）、（22），止动片（30）的内壁上则成型有纵向的卡槽（31）和横向的卡柱（32）。

2. 根据权利要求1所述的摄影三脚架的脚管止动结构，其特征在于：所述的第一管件（10）和第二管件（20）上的通孔（12）、（22）以及止动片（30）上的卡柱（32）的数量皆为两个。

3. 根据权利要求2所述的摄影三脚架的脚管止动结构，其特征在于：所述的第一管件（10）和第二管件（20）上的通孔（12）、（22）与筋条（11）、（21）之间的夹角为90度。”

针对上述实用新型专利权，吉多思实业（深圳）有限公司（下称请求人）于2008年4月7日向专利复审委员会提出了无效宣告请求，认为本专利权利要求1~3不符合专利法第22条第3款的规定，并提交了如下证据：

证据1：公开号为CN1423737A的发明专利申请公开说明书，其公开日为2003年6月11日；

证据2：专利号为00233875.0的实用新型专利说明书，其授权公告日为2001年1月24日。

结合上述证据，请求人认为：本专利权利要求1、2相对于证据1不具备创造性，不符合专利法第22条第3款的规定；本专利权利要求3相对于证据1和证据2不具备创造性，不符合专利法第22条第3款的规定。

经形式审查合格后，专利复审委员会受理了上述无效宣告请求，并于2008年6月2日向双方当事人发出了无效宣告请求受理通知书，随同无效宣告请求受理通知书将专利权无效宣告请求书及其附件清单中所列附件副本转送给专利权人，要求其在指定的期限内答复。

专利复审委员会依法成立合议组，并于2008年7月3日向双方当事人发出无效宣告请求口头审理通知书，定于2008年9月3日在专利复审委员会举行口头审理。

专利权人于2008年7月29日向专利复审委员会提交了意见陈述书，专利权人认为：本专利权利要求1相对于证据1属于不同技术方案，证据1的方案要求加工精确，且限制转动效果差，不能实现多个管件的相互连接和限制转动，本专利只有一个卡槽与一根筋条配合所以无需精确加工筋条的位置和尺寸，限制转动效果好，另外，证据1公开的一根筋条的方案，其管件不是圆形的，与本专利不同，因此，本专利权利要求1具有创造性；本专利权利要求2的附加技术特征并未被证据1公开，因此具备创造性；本专利权利要求3的特征与证据2中所公开的内容作用不同，因此本专利权利要求3相对于证据1和证据2具有创造性。

口头审理如期举行，请求人委托易湘磊（公民代理）参加口头审理，专利权人委托专利代理人蔡民军、胡强（一般代理并附有修改权利要求的权限）参加口头审理。合议组当庭将专利权人于2008年7月29日向专利复审委员会提交的意见陈述书转给请求人。在口头审理中，请求人明确其无效宣告的理由和范围为：本专利权利要求1~3相对于证据1和公知常识不符合专利法第22条第3款的规定，本专利权利要求3相对于证据1和证据2的结合不符合专利法第22条第3款的规定。专利权人对请求人提交的证据1、2的真实性无异议。请求人认为，本专利的所有技术特征均包含在证据1中，证据1中记载的至少有第一管件和第二管件可以推出证据1可以是多节管件相连，证据1中记载了突出部17对应的筋条可以是一根，相应的转动限制部就是一体成型的；专利权人认为，本专利在第一管和第二管上分别形成了通孔和筋条可以连接多根管件，而且本专利止动片是一体加工的，只用一根筋条，可以准确定位。请求人还认为，本专利权利要求2、3均属于公知常识，而且权利要求3被证据2“套管上部……呈90度的定位”的内容公开；专利权人认为，权利要求2中限定通孔各有两个是为了接多根管件用的，而权利要求3并非常规技术手段，该结构能够使得受力均匀。双方当事人均对证据的使用方式和其能否影响本专利权利要求的创造性充分发表了意见。此外，请求人表示放弃在庭后针对该意见陈述书另作书面意见陈述。

至此，合议组认为事实已经清楚，在此基础上，合议组经合议依法作出审查决定。

二、决定的理由

1. 关于证据和现有技术

请求人提交的证据1和证据2为中国专利文献，专利权人对证据1和证据2的真实性无异议，合议组经审查认为，证据1和证据2可以作为本案证据使用。由于证据1和证据2的公开日期均在本专利申请日之前，因此，其上公开的内容构成本专利的现有技术。

2. 关于本专利权利要求 1~3 是否符合专利法第 22 条第 3 款的规定

专利法第 22 条第 3 款规定：创造性，是指同申请日以前已有的技术相比，该发明有突出的实质性特点和显著的进步，该实用新型有实质性特点和进步。

请求人认为，本专利权利要求 1~3 相对于证据 1 和公知常识不具备创造性，不符合专利法第 22 条第 3 款的规定。

本专利权利要求 1 要求保护一种摄影三脚架的脚管止动结构，证据 1（说明书第 5 页第 10 行至第 7 页第 11 行，附图 1~3）公开了一种用于三角架用支脚装置等的伸缩装置 10，其具有多根，例如 2 根管状体，即，第 1 管状体 11 和可插入第 1 管状体 11 内侧的第 2 管状体 12，第 1 管状体 11 具有截面形状成圆形的第 1 管状基体部 16（相当于本专利的第 1 管件），第 2 管状体 12 具有截面形状成圆形的第 2 管状基体部 27（相当于本专利的第 2 管件），在该第 1 管状基体部 16 内面上存在在管轴向上呈细长形的突出部 17（相当于本专利的纵向筋条），在第 2 管状基体部 27 的外面设置截面成圆弧形的转动限制部 28（相当于本专利的止动片），该转动限制部 28 与突出部 17 抵接，且由两个弯曲板构件 29 构成，在弯曲板构件 29 的内面突出形成固定销 31（相当于本专利横向的卡柱），该固定销 31 嵌入第 2 管状基体部 27 上端部开口形成的固定孔 32（相当于本专利横向的通孔）中，突出部 17 可滑动自由的嵌入形成于第 2 管状体 12 上的、由转动限制部 28 的两个弯曲板构件 29 组合在一起时形成的凹槽 40 内，通过转动限制部 28 与突出部 17 两侧的止挡面卡合来限制转动。此外，证据 1（说明书第 9 页第 8~10 行）中还公开了突出部数量可以是 1 根，转动限制部也可以是一体的。

由此可见，本专利权利要求 1 与证据 1 所公开的技术方案的区别在于：A. 本专利在第 1 管件和第 2 管件内壁上分别形成有筋条和通孔，而证据 1 中是在第 1 管状基体部上形成有突出部，在第 2 管状基体部上形成有固定孔；B. 本专利中是在止动片内壁上形成纵向的卡槽，证据 1 是由转动限制部的两个弯曲板构件与第 2 管状基体部接合时形成的凹槽 40。

对于 A，合议组认为：在两个管件上分别都形成筋条和通孔是为了能够使得除了第 1 管件和第 2 管件之外，该管件还可以与上下的多根管件连接，而且这种连接的方式与第 1 管件和第 2 管件连接的方式相同，只是第 1 管件和第 2 管件上筋条和通孔这样的连接结构的简单重复，证据 1（说明书第 5 页第 12~13 行）已经公开伸缩装置可用于三角架用支脚装置，其具有多根，即，证据 1 公开了管状体可以有多根，因此，在需要对多根管状体进行连接时，依据相同的连接方式重复设置相同的结构，对多根管状体进行重复连接，对于本领域技术人员来说属于常规技术手段，是显而易见的。

对于 B，合议组认为：本专利要求保护的止动片与证据 1 公开的转动限制部的功能均是为了限制两个管件的相对转动，本专利要求保护的纵向卡槽结构和证据 1 公开的凹槽的功能均是为了与另一管件上纵向形成的筋条或者突出部相配合，虽然本专利中卡槽是形成在止动片内壁上，而证据 1 中凹槽是由转动限制部与管状基体部配合形成，它们的具体结构不同，但是，对于本领域技术人员而言，这两种方式仅属于常规技术手段的选择而已。另外，由于证据 1（说明书第 9 页第 8~10 行）中还公开了突出部数量可以是 1 根，转动限制部也可以是一体的，显然本领域技术人员可以根据上述内容将转动限制部设置成一体，并且在其上设置与一根突出部相对应的凹槽，因此，证据 1 所公开的这些内容也可对上述结论加以佐证。

专利权人强调：本专利使用一根筋条和卡槽配合可以准确定位，无需精确加工，而且限制转动效果好，而证据 1 的方案要求加工精确，且限制转动效果差。

对此，合议组认为：首先，根据上述评述可知，本专利权利要求 1 止动片和证据 1 转动限制部的结构属于本领域常规技术手段的选择；其次，在本专利中使用一根筋条和卡槽配合的结构所具有的上述特定技术效果并未记载在本专利说明书中，可见这些技术效果均是本领域技术人员对本专利技术方案常识性认识，换句话说，本专利技术方案中的该结构所取得的效果未超出本领域技术人员的认识范畴，其相对于本领域技术人员来说未取得任何预料不到的技术效果。

综上所述，本专利权利要求 1 相对于证据 1 和公知常识，不具备实质性特点和进步，不符合专利法第 22 条第 3 款的规定。

权利要求 2 在独立权利要求 1 的基础上进一步限定了通孔和卡柱的数量是两个，证据 1 中所公开的固定孔和固定销也是按照两个成对的方式设置的，因此，在权利要求 1 不具备创造性的情况下，本专利权利要求 2 也不具备创造性，不符合专利法第 22 条第 3 款的规定。

权利要求 3 在权利要求 2 的基础上进一步限定了通孔和筋条之间的夹角是 90 度，从证据 1 附图 1 中所公开的内容看，突出部和两个固定孔之间的角度也大致为 90 度，而且，对于本领域技术人员来说，为了提高限制转动效果，将代表旋转方向的通孔（固定孔）和代表轴向的筋条（突出部）设置成 90 度也是容易想到的，属于本领域常规技术手段，因此，在权利要求 2 不具备创造性的情况下，本专利权利要求 3 也不具备创造性，不符合专利法第 22 条第 3 款的规定。

鉴于本专利的全部权利要求 1~3 相对于证据 1 和公知常识的结合不具备创造性，不符合专利法第 22 条第 3 款的规定，应予无效，因此本决定中对于本专利相对于其他证据组合方式是否符合专利法第 22 条第 3 款规定的理由是否成立，合议组不再一一评述。

三、决定

宣告 200520062952. 2 号实用新型专利权全部无效。

当事人对本决定不服的，可以根据专利法第 46 条第 2 款的规定，自收到本决定之日起三个月内向北京市第一中级人民法院起诉。根据该款的规定，一方当事人起诉后，另一方当事人应当作为当事人参加诉讼。

北京市第一中级人民法院
行政判决书

（2009）一中行初字第 217 号

原告刘昊，男，1965 年 3 月 17 日出生，汉族，住广东省珠海市香洲区金鼎镇青木公司宿舍。

委托代理人王向东，广东中亿律师事务所律师。

委托代理人魏永才，广东中亿律师事务所律师。

被告国家知识产权局专利复审委员会，住所地北京市海淀区北四环西路 9 号银谷大厦 10~12 层。

法定代表人张茂于，副主任。

委托代理人王琦琳，国家知识产权局专利复审委员会审查员。

委托代理人余心蕾，国家知识产权局专利复审委员会审查员。

第三人吉多思实业（深圳）有限公司，住所地广东省深圳市宝安区松岗镇塘下涌村。

法定代表人沈伟宏，董事长。

委托代理人易湘磊，广东国意律师事务所律师。

委托代理人蓝翔，广东国欣律师事务所律师。

原告刘昊不服被告国家知识产权局专利复审委员会（简称专利复审委员会）第 12250 号无效宣告

请求审查决定（简称第12250号决定），于法定期限内向本院提起行政诉讼。本院于2008年12月30日受理后，依法组成合议庭，并通知吉多思实业（深圳）有限公司（简称吉多思公司）作为本案的第三人参加诉讼，于2009年3月6日公开开庭审理了本案。原告刘昊的委托代理人王向东，被告专利复审委员会的委托代理人王琦琳、余心蕾，第三人吉多思公司的委托代理人易湘磊到庭参加了诉讼。本案现已审理终结。

第12250号决定系专利复审委员会就吉多思公司针对刘昊拥有的200520062952.2号“摄影三脚架的脚管止动结构”实用新型专利（简称本专利）提出的无效宣告请求而作出的。

专利复审委员会在该决定中认定：本专利的全部权利要求1~3相对于公开号为CN1423737A的发明专利申请公开说明书（简称证据1）和公知常识的结合不具备创造性，不符合2001年7月1日起施行的《中华人民共和国专利法》（简称2001年《专利法》）第二十二条第三款的规定，故宣告本专利权全部无效。对于本专利相对于其他证据组合方式是否符合2001年《专利法》第二十二条第三款规定的理由是否成立，专利复审委员会不再一一评述。

原告刘昊不服，向本院提起行政诉讼称：1. 本专利相对于证据1属于不同的技术方案，本专利具有更好的技术效果，有创造性。2. 吉多思公司没有举证证明其所依据的手段为公知常识。专利复审委员会认为该惯用手段为公知常识，并结合其他证据认定本专利无创造性，不符合《审查指南》的规定。3. 专利复审委员会认为本专利技术方案实际产生的技术效果没有记载在其说明书中就不能说明产生意想不到的效果，是错误的。本专利相比现有技术有明显进步，具有创造性。综上，请求法院依法撤销第12250号决定。

被告专利复审委员会辩称：第12250号决定认定事实清楚、适用法律正确，刘昊的诉讼理由不能成立，请求法院维持第12250号决定。

第三人吉多思公司述称：同意专利复审委员会的上述答辩意见。

本院经审理查明如下事实：

本专利系国家知识产权局于2006年10月4日授权公告的200520062952.2号名称为“摄影三脚架的脚管止动结构”实用新型专利权，其申请日为2005年8月16日，专利权人刘昊。本专利授权公告的权利要求如下：

“1. 摄影三脚架的脚管止动结构，它包括第一管件（10）和第二管件（20）以及位于第一管件（10）和第二管件（20）之间的止动片（30），其特征在于：所述的第一管件（10）和第二管件（20）的内壁上分别成型有纵向的筋条（11）、（21）和横向的通孔（12）、（22），止动片（30）的内壁上则成型有纵向的卡槽（31）和横向的卡柱（32）。

2. 根据权利要求1所述的摄影三脚架的脚管止动结构，其特征在于：所述的第一管件（10）和第二管件（20）上的通孔（12）、（22）以及止动片（30）上的卡柱（32）的数量皆为两个。

3. 根据权利要求2所述的摄影三脚架的脚管止动结构，其特征在于：所述的第一管件（10）和第二管件（20）上的通孔（12）、（22）与筋条（11）、（21）之间的夹角为90度。”

针对本专利，吉多思公司于2008年4月7日以本专利权利要求1~3不符合2001年《专利法》第二十二条第三款的规定为由向专利复审委员会提出无效宣告请求。2008年9月3日，专利复审委员会对本案进行口头审理，吉多思公司在口头审理过程中将无效理由明确为：本专利权利要求1~3相对于证据1和公知常识、本专利权利要求3相对于证据1和证据2的结合不符合2001年《专利法》第二十二条第三款的规定。吉多思公司提交的与本案有关的证据包括：证据1：公开号为CN1423737A的发明专利申请公开说明书，其公开日为2003年6月11日；证据2：专利号为00233875.0的实用新型专利说明书，其授权公告日为2001年1月24日。

证据1（说明书第5页第10行至第7页第11行，附图1~3）公开了一种用于三角架用支脚装置等的伸缩装置10，其具有多根，例如2根管状体，即，第1管状体11和可插入第1管状体11内侧的第2管状体12，第1管状体11具有截面形状成圆形的第1管状基体部16，第2管状体12具有截面形状成圆形的第2管状基体部27，在该第1管状基体部16内面上存在在管轴向上呈细长形的突出部17，在第2管状基体部27的外面设置截面成圆弧形的转动限制部28，该转动限制部28与突出部17抵接，且由两个弯曲板构件29构成，在弯曲板构件29的内面突出形成固定销31，该固定销31嵌入第2管状基体部27上端部开口形成的固定孔32中，突出部17可滑动自由的嵌入形成于第2管状体12上的、由转动限制部28的两个弯曲板构件29组合在一起时形成的凹槽40内，通过转动限制部28与突出部17两侧的止挡面卡合来限制转动。此外，证据1（说明书第9页第8~10行）中还公开了突出部数量可以是1根，转动限制部也可以是一体的。

据此，专利复审委员会于2008年9月17日作出第12250号决定，认定：本专利权利要求1与证据1所公开的技术方案的区别在于：1. 本专利在第1管件和第2管件内壁上分别形成有筋条和通孔，而证据1中是在第1管状基体部上形成有突出部，在第2管状基体部上形成有固定孔；2. 本专利中是在止动片内壁上形成纵向的卡槽，证据1是由转动限制部的两个弯曲板构件与第2管状基体部接合时形成的凹槽40。对于1，在两个管件上分别都形成筋条和通孔是为了能够使得除了第1管件和第2管件之外，该管件还可以与上下的多根管件连接，而且这种连接的方式与第1管件和第2管件连接的方式相同，只是第1管件和第2管件上筋条和通孔这样的连接结构的简单重复，证据1（说明书第5页第12~13行）已经公开伸缩装置可用于三角架用支脚装置，其具有多根，即，证据1公开了管状体可以有多根，因此，在需要对多根管状体进行连接时，依据相同的连接方式重复设置相同的结构，对多根管状体进行重复连接，对于本领域技术人员来说属于常规技术手段，是显而易见的。对于2，本专利要求保护的止动片与证据1公开的转动限制部的功能均是为了限制两个管件的相对转动，本专利要求保护的纵向卡槽结构和证据1公开的凹槽的功能均是为了与另一管件上纵向形成的筋条或者突出部相配合，虽然本专利中卡槽是形成在止动片内壁上，而证据1中凹槽是由转动限制部与管状基体部配合形成，它们的具体结构不同，但是，对于本领域技术人员而言，这两种方式仅属于常规技术手段的选择而已。另外，由于证据1（说明书第9页第8~10行）中还公开了突出部数量可以是1根，转动限制部也可以是一体的，显然本领域技术人员可以根据上述内容将转动限制部设置成一体，并且在其上设置与一根突出部相对应的凹槽，因此，证据1所公开的这些内容也可对上述结论加以佐证。刘昊强调本专利使用一根筋条和卡槽配合可以准确定位，无需精确加工，而且限制转动效果好，而证据1的方案要求加工精确，且限制转动效果差。对此，专利复审委员会认为：首先，本专利权利要求1止动片和证据1转动限制部的结构属于本领域常规技术手段的选择；其次，在本专利中使用一根筋条和卡槽配合的结构所具有的上述特定技术效果并未记载在本专利说明书中，可见这些技术效果均是本领域技术人员对本专利技术方案常识性认识，本专利技术方案中的该结构所取得的效果未超出本领域技术人员的认识范畴，其相对于本领域技术人员来说未取得任何预料不到的技术效果。

权利要求2的附加技术特征被证据1公开；权利要求3的附加技术特征从证据1附图1可以得到，并且该附加技术特征属于本领域常规技术手段，当其引用的权利要求1不具有创造性时，权利要求2、3也不具有创造性。鉴于本专利的全部权利要求1~3相对于证据1和公知常识的结合不具备创造性，不符合2001年《专利法》第二十二条第三款的规定，应予无效，因此专利复审委员会对于本专利相对于其他证据组合方式是否符合2001年《专利法》第二十二条第三款规定的理由是否成立不再一一评述。

在本案开庭审理中，刘昊明确其对于第12250号决定有关创造性认定的异议点在于：虽然证据1

中提及“可以多根”，但是并没有具体说明如何实现多根连接，也没有证据证明结合公知常识能够得到上述区别技术特征 1；证据 1 中没有具体公开突出部数量可以是一根，转动限制部也可以是一体的具体形式，且本专利的止动片是有弹性的，因此没有公开上述区别技术特征 2。

上述事实有本专利授权公告文本、第 12250 号决定、证据 1、证据 2 以及当事人陈述等证据在案佐证。

本院认为：

于 2008 年 12 月 27 日修改的《中华人民共和国专利法》（以下简称 2009 年《专利法》）已于 2009 年 10 月 1 日起施行，因此本案审理涉及 2001 年专利法与 2009 年专利法之间的选择适用问题。《中华人民共和国立法法》第八十四条规定，法律、行政法规、地方性法规、自治条例和单行条例、规章不溯及既往，但为了更好地保护公民、法人和其他组织的权利和利益而作的特别规定除外。国家知识产权局据此制定了《施行修改后的专利法的过渡办法》，并于 2009 年 10 月 1 日起施行。对于专利权是否有效的审查，根据该过渡办法，申请日在 2009 年 10 月 1 日前的专利申请以及根据该专利申请授予的专利权适用 2001 年专利法的规定；申请日在 2009 年 10 月 1 日以后（含该日）的专利申请以及根据该专利申请授予的专利权适用 2009 年专利法的规定。本案属于专利确权行政纠纷，本专利的申请日在 2009 年 10 月 1 日前，因此依据《中华人民共和国立法法》第八十四条之规定，并参照上述过渡办法的相关规定，本案应适用 2001 年《专利法》进行审理。

经审查，专利复审委员会作出第 12250 号决定的审查程序并无违法之处，各方当事人对此亦无异议，本院予以确认。故本案的审查重点在于本专利是否符合 2001 年《专利法》第二十二条第三款的规定。

2001 年《专利法》第二十二条第三款规定：创造性，是指同申请日以前已有的技术相比，该实用新型有实质性特点和进步。

1. 关于权利要求 1 是否具有创造性。

第 12250 号决定中认定本专利权利要求 1 与证据 1 公开的技术方案区别在于：（1）本专利在第 1 管件和第 2 管件内壁上分别形成有筋条和通孔，而证据 1 中是在第 1 管状基体部上形成有突出部，在第 2 管状基体部上形成有固定孔；（2）本专利中是在止动片内壁上形成纵向的卡槽，证据 1 是由转动限制部的两个弯曲板构件与第 2 管状基体部接合时形成的凹槽 40。刘昊对此认定不持异议，本院在此予以确认。

对于区别技术特征（1），刘昊认为虽然证据 1 中提及“可以多根”，但是并没有具体说明如何实现多根连接，也没有证据证明结合公知常识能够得到区别技术特征（1）。对此，本院认为，证据 1 中在第 1 管状基体部 16 内面上存在在管轴向上呈细长形的突出部 17，在第 2 管状基体部 27 的外面设置截面成圆弧形的转动限制部 28，由此将第一管状体 11 和第二管状体 12 可活动连接。证据 1 中的支脚装置可以有多根管状体，因此在需要多根管状体进行连接时，在证据 1 说明书所例举的二根管状体的教导下，将多个同样管状体相连，将第 1 管件作为上一级管件的第 2 管件，将第 2 管件的作为下一级管件的第 1 管件，采用证据 1 实施例中第 1 管件和第 2 管件相同的连接方式在其上重复设置相同的结构从而实现上下管件相连得到区别技术特征（1）对于本领域技术人员属于常规技术手段，是显而易见的。第 12250 号决定中对于与区别特征（1）相关的公知常识的认定，显然是指上述常规技术手段的采用不需要本领域技术人员付出创造性劳动。据此，刘昊关于区别特征（1）及其相关公知常识需要举证的主张不能成立。

对于区别技术特征（2），刘昊认为证据 1 中没有具体公开突出部数量是一根时，转动限制部也可以是一体的具体形式，且本专利的止动片是有弹性的，因此没有公开区别技术特征（2）。对此，本院认为，本专利要求保护的纵向卡槽结构和证据1公开的凹槽的作用均是为了与另一管件上纵向形成的筋条或者突出部相配合，虽然本专利中卡槽是形成在止动片内壁上，而证据1中凹槽是由转动限制部与管状基体部配合形成，其具体结构不同，但是，由于证据1（说明书第9页第8~10行）中还公开了突出部数量可以是1根，转动限制部也可以是一体的，显然本领域技术人员可以根据上述内容，在设置一根突出部的情况下，相应的在转动限制部上设置与一根突出部相对应的凹槽，并将转动限制部设置成一体，从而实现区别技术特征（2）是显而易见的。此外，本专利的止动片是否有弹性并未记载于本专利说明书中。第12250号决定中对于与区别特征（2）相关的公知常识的认定，显然是指区别特征（2）属于本领域技术人员常规技术手段的选择以及本专利上述结构所取得的技术效果未超出本领域技术人员的认识范畴，均不需要本领域技术人员付出创造性劳动。据此，刘昊关于区别（2）及其相关公知常识需要举证的主张不能成立。

综上，专利复审委员会有关本专利权利要求1相对于证据1和公知常识，不具备实质性特点和进步，不符合2001年《专利法》第二十二条第三款规定的认定，并无不当。

2. 关于权利要求2、3是否具有创造性。

关于在本专利权利要求1不具有创造性的前提下，对于其从属权利要求2、3的创造性评述，刘昊未对第12250号决定中的相关认定提出异议。因此，专利复审委员会对于权利要求2、3亦不具有创造性的认定并无不当。

综上，专利复审委员会作出的第12250号决定审查程序合法，认定事实清楚，适用法律正确，本院依法予以维持。刘昊的诉讼请求缺乏事实与法律依据，本院不予支持。根据《中华人民共和国行政诉讼法》第五十四条第（一）项之规定，本院判决如下：

维持被告国家知识产权局专利复审委员会作出的第12250号无效宣告请求审查决定。

案件受理费100元，由原告刘昊负担（已交纳）。

如不服本判决，各方当事人可在判决书送达之日起15日内，向本院递交上诉状，并按对方当事人的人数提出副本，上诉于北京市高级人民法院。上诉人在上诉期满后7日内未预交上诉案件受理费又不提出缓交申请的，按自动撤回上诉处理。

审　判　长　赵　静
代理审判员　姜庶伟
人民陪审员　郝志国
二〇〇九年十二月十七日
书　记　员　高晓旭

190

展翼式散热器

无效宣告请求审查决定（第12266号）

决　定　号　第12266号
决　定　日　2008年9月16日
发明创造名称　展翼式散热器
国际分类号　F28F 3/06
无效宣告请求人　扎尔曼技术株式会社
专 利 权 人　郭清松
专　利　号　99218347.2
申　请　日　1999年8月3日
授权公告日　2000年5月24日
合议组组长　李韵美
主　审　员　董　杰
参　审　员　孙克良

法律依据　专利法第22条第3款，专利法实施细则第20条第1款
决定要点

如果权利要求的技术方案只是在对比文件基础上进行的简单叠加，不具有实质性特点和进步，则该权利要求相对于对比文件不具备创造性。

权利要求中的某个技术特征由于逻辑关系导致了语义不通，如果本领域技术人员根据通常逻辑能够确定该技术特征的具体含义，则该技术特征的含义是清楚的。

一、案由

本无效宣告请求涉及申请日为1999年8月3日、授权公告日为2000年5月24日、名称为“展翼式散热器”的第99218347.2号实用新型专利（下称本专利），专利权人为郭清松。本专利授权公告的权利要求书（下称文本1）如下：

“1. 一种展翼式散热器，包括数片连接的散热片，其特征在于：所述的散热片分别具有一叠合部，及在所述叠合部的至少一侧延伸有一散热鳍部，散热片的叠合部是互相紧靠叠合连接，且散热片的散热鳍部相对于叠合部彼此展开。

2. 如权利要求1所述的展翼式散热器，其特征在于：所述散热片的散热鳍部分别相对于叠合部彼此展开为翼形。

3. 如权利要求1所述的展翼式散热器，其特征在于：所述散热片具有一叠合部及左右对称位于

该叠合部两侧向外延伸的散热鳍部。

4. 如权利要求3所述的展翼式散热器，其特征在于：所述散热片的散热鳍部面积大于叠合部的面积。

5. 如权利要求3所述的展翼式散热器，其特征在于：所述散热片的散热鳍部顶缘高于叠合部的顶缘，且所述散热鳍部顶缘内侧向叠合部顶缘形成一降面。

6. 如权利要求3所述的展翼式散热器，其特征在于：所述散热片的叠合部底缘相对散热鳍部的底缘凸出，散热片的叠合部叠合后的底面形成平整的接触面，且该散热鳍部的底缘相对形成一开放式且比通风底部较叠合部的底缘高的通风底部。

7. 如权利要求1所述的展翼式散热器，其特征在于：所述散热片的散热鳍部相对于叠合部彼此呈扇形展开、并彼此平行地向外侧延伸而出。

8. 如权利要求1所述的展翼式散热器，其特征在于：所述散热片的散热鳍部是由叠合部的一侧向外延伸。

9. 如权利要求8所述的展翼式散热器，其特征在于：所述散热鳍部与叠合部间形成至少一边镂空的通风部。

10. 如权利要求1所述的展翼式散热器，其特征在于：所述散热片具有一叠合部及一散热鳍部，且散热鳍部是由所述叠合部向上延伸及向左右对称地向外延伸。

11. 如权利要求3或7或8或10所述的展翼式散热器，其特征在于：所述散热片的叠合部是以至少一连接件互相并拢连接。

12. 如权利要求3或7或8或10所述的展翼式散热器，其特征在于：所述散热鳍部上至少形成一通风部。”

针对上述专利权，扎尔曼技术株式会社（下称请求人）于2008年2月22日向专利复审委员会提出了无效宣告请求，同时提交了如下附件作为证据：

本专利：专利号ZL99218347.2的授权公告文本共17页，其申请日为1999年8月3日，授权公告日为2000年5月24日；

对比文件1：日本专利公报特开平JP10-65076A及其译文共8页，其公开日为1998年3月6日；

对比文件2：前苏联专利公报SU1714724 A1及其译文共6页，其公开日为1992年2月23日；

对比文件3：美国专利公报US4715438A及其译文共16页，其公开日为1987年12月29日；

对比文件4：中国台湾专利公报325900共24页，其公开日为1998年1月21日。

请求人认为，权利要求6的附加技术特征中最后一句话内出现两处“通风底部”导致权利要求6不清楚，不符合专利法实施细则第20条第1款的规定；权利要求1~4、7和11相对于对比文件1不符合专利法第22条第2款关于新颖性的规定；另外，权利要求1~4、7和11相对于对比文件1也不符合专利法第22条第3款关于创造性的规定；引用了权利要求3的权利要求5的附加技术特征被对比文件3公开，所以权利要求5相对于对比文件1和3的结合不具备创造性；引用了权利要求3的权利要求6在清楚的情况下，其附加技术特征也被对比文件4公开，并且该附加技术特征还属于本领域的公知常识，所以权利要求6不具备创造性；引用了权利要求1的权利要求8的附加技术特征被对比文件2公开，所以权利要求8相对于对比文件1和2的结合不具备创造性；引用了权利要求8的权利要求9的附加技术特征被对比文件4公开，同时该附加技术特征也是本领域的公知常识，所以权利要求9不具备创造性；引用了权利要求1的权利要求10的附加技术特征被对比文件2公开，所以权利要求10相对于对比文件1和2的结合不具备创造性；引用了权利要求3、7、8或10的权利要求11的附加技术特征被对比文件1公开，所以权利要求11不具备新颖性和创造性；引用了权利要求3、7、8

或10的权利要求12的附加技术特征被对比文件4公开，同时该附加技术特征也是本领域的公知常识，所以权利要求12不具备创造性。由此请求宣告专利权全部无效。

经形式审查合格，专利复审委员会于2008年3月18日受理了上述无效宣告请求并将无效宣告请求书及所列附件的副本转给了专利权人，且成立了合议组对本案进行审查。

专利复审委员会于2008年3月19日收到请求人补充的证据，分别是：

对比文件5：中国台湾专利公报TW623939共25页，其公开日为1998年2月11日；

对比文件6：美国专利公报US5311928A及其部分译文共8页，其公开日为1994年5月17日；

对比文件7：美国专利公报US5018004A及其部分译文共13页，其公开日为1991年5月21日；

对比文件8：美国专利公报US3688159A及其部分译文共11页，其公开日为1972年8月29日。

请求人认为，权利要求1~4相对于对比文件1或8不具备新颖性和创造性；权利要求5相对于对比文件3或6、和对比文件1或8的结合不具备创造性；权利要求6不清楚，即使在其语义清楚的情况下，其相对于对比文件4、5、6、7或公知常识、和对比文件1或8的结合不具备创造性；权利要求7相对于对比文件1不具备新颖性和创造性；权利要求8相对于对比文件2、5或公知常识、和对比文件1或8的结合不具备创造性；权利要求9相对于对比文件4或公知常识、和对比文件2或5、和对比文件1或8的结合不具备创造性；权利要求10相对于对比文件2、和对比文件1或8的结合不具备创造性；权利要求11引用权利要求3时，其相对于对比文件1或8不具备新颖性和创造性，权利要求11引用权利要求7时，其相对于对比文件1不具备新颖性和创造性，相对于对比文件1和8的结合不具备创造性，权利要求11引用权利要求8时，其相对于对比文件2或公知常识、和对比文件1或8的结合不具备创造性，权利要求11引用权利要求10时，其相对于对比文件2、和对比文件1或8的结合不具备创造性；权利要求12引用权利要求3时，其相对于对比文件4或6、和对比文件1或8的结合不具备创造性，权利要求12引用权利要求7时，其相对于对比文件4或6、和对比文件1的结合不具备创造性，权利要求12引用权利要求8时，其相对于对比文件4或6、对比文件2、5或公知常识、和对比文件1或8的结合不具备创造性，权利要求12引用权利要求10时，其相对于对比文件4或6、对比文件2和对比文件1或8的结合不具备创造性。

请求人于2008年3月24日提交了对比文件5的公报文件共10页。

专利权人于2008年5月4日提交了意见陈述书，并提交了修改后的权利要求书（下称文本2），专利权人指出，其将权利要求3、5及6并入权利要求1，删除了原从属权利要求3、5、6及8，并对余下的权利要求的编号及引用关系进行了调整，并删除了权利要求5（对应于文本1中的权利要求10）中与权利要求1中重复的部分特征，修改后的权利要求5的特征部分为“所述散热片还由所述叠合部向上延伸到散热鳍部”，以及将原权利要求1、8、9的特征合并为新的独立权利要求，文本2包括的8项权利要求如下：

“1. 一种展翼式散热器，包括数片连接的散热片，其特征在于：所述的散热片分别具有一叠合部，及在所述叠合部的两侧分别延伸有一散热鳍部，散热片的叠合部是互相紧靠叠合连接，且散热片的散热鳍部相对于叠合部彼此展开并左右对称地位于该叠合部两侧向外延伸，所述散热片的散热鳍部顶缘高于叠合部的顶缘，且所述散热鳍部顶缘内侧向叠合部顶缘形成一降面，所述散热片的叠合部底缘相对散热鳍部的底缘凸出，散热片的叠合部叠合后的底面形成平整的接触面，且该散热鳍部的底缘相对形成一开放式且比通风底部较叠合部的底缘高的通风底部。

2. 如权利要求1所述的展翼式散热器，其特征在于：所述散热片的散热鳍部分别相对于叠合部彼此展开为翼形。

3. 如权利要求1所述的展翼式散热器，其特征在于：所述散热片的散热鳍部面积大于叠合部的面积。

4. 如权利要求1所述的展翼式散热器，其特征在于：所述散热片的散热鳍部相对于叠合部彼此呈扇形展开、并彼此平行地向外侧延伸而出。

5. 如权利要求1所述的展翼式散热器，其特征在于：所述散热片还由所述叠合部向上延伸至散热鳍部。

6. 如权利要求1或4或5所述的展翼式散热器，其特征在于：所述散热片的叠合部是以至少一连接件互相并拢连接。

7. 如权利要求1或4或5所述的展翼式散热器，其特征在于：所述散热鳍部上至少形成一通风部。

8. 一种展翼式散热器，包括数片连接的散热片，其特征在于：所述的散热片分别具有一叠合部，及在所述叠合部的一侧向外延伸有一散热鳍部，散热片的叠合部是互相紧靠叠合连接，且散热片的散热鳍部相对于叠合部彼此展开，所述散热鳍部与叠合部间形成至少一边镂空的通风部。”

专利复审委员会本案合议组于2008年5月22分别向双方当事人发出了转送文件通知书，向专利权人转送了2008年3月19日专利复审委员会收到的请求人提交的意见陈述书及所附附件的副本和2008年3月24日请求人提交的意见陈述书及所附附件的副本，向请求人转送了2008年5月4日专利权人提交的意见陈述书及所附附件的副本，并于同日向双方当事人发出了口头审理通知书，定于2008年7月15日举行口头审理。

2008年7月7日，请求人提交了意见陈述书，认为文本1中的权利要求10和权利要求3是并列的技术特征，在文本2中，权利要求3的内容并入新的权利要求1之后，专利权人修改了原权利要求10的附加技术特征形成新的权利要求5，不符合审查指南的规定，因此权利要求5不应当被接受。如果文本2可以被接受，则无效宣告理由变更为：（1）放弃本专利不符合专利法第22条第2款的理由；（2）由于原权利要求6的内容被并入文本2的权利要求1，那么由于“且该散热鳍部的底缘相对形成一开放式且比通风底部较叠合部的底缘高的通风底部”中出现了两个“通风底部”而导致权利要求1不清楚，引用权利要求1的权利要求2~7因引用了权利要求1也都存在不清楚的缺陷，另外，权利要求5与权利要求1的方案相矛盾，使得权利要求5不清楚，因此，权利要求1~7不符合专利法实施细则第20条第1款的规定；（3）权利要求1相对于对比文件1或8、对比文件3或6、和对比文件4或5或6或7的结合不具备创造性，权利要求2和3的附加技术特征被对比文件1或8公开，权利要求4的附加技术特征被对比文件1公开，权利要求5的附加技术特征被对比文件2公开，权利要求6的附加技术特征被对比文件1公开，权利要求7的附加技术特征被对比文件4或6公开，权利要求8相对于对比文件4或公知常识、和对比文件2或5以及对比文件1或8的结合不具备创造性。

2008年7月15日，口头审理如期进行，双方当事人均出席了口头审理。双方当事人对合议组成员变更没有异议，对合议组成员没有回避请求，对对方出席人员的身份和资格没有异议。请求人认为文本2中权利要求5的修改不符合规定，并明确其无效理由和范围为：（1）放弃专利法第22条第2款的无效宣告理由；（2）权利要求1~7不符合专利法实施细则第20条第1款的规定；（3）权利要求1~8相对于对比文件1~8不符合专利法第22条第3款的规定，其中，具体评价方式如下：以对比文件1作为最接近的现有技术，用对比文件1、3、4或1、3、5或1、3、6或1、3、7或1、6、4或1、6、5或1、6或1、6、7的结合评价权利要求1的创造性；以对比文件8作为最接近的现有技术，用对比文件8、3、4或8、3、5或8、3、6或8、3、7或8、6、4或8、6、5或8、6或8、6、7的结合评价权利要求1的创造性；权利要求2和3的附加技术特征在对比文件1和8中公开；权利要求4的附加技术特征在对比文件1中公开；权利要求5的附加技术特征在对比文件2中被公开；权利要求6

的附加技术特征在对比文件 1 和 2 中公开；权利要求 7 的附加技术特征在对比文件 4 和 6 中被公开；权利要求 8 相对于对比文件 4 或公知常识、和对比文件 2 或 5、和对比文件 1 或 8 的结合不具备创造性。请求人当庭提交了盖有“国家知识产权局专利检索咨询中心副本认证专用章”的对比文件 4 和 5。专利权人对对比文件 1~8 的真实性没有异议，对公开时间没有异议，对译文的准确性没有异议。专利权人表示口审结束后不再针对请求人于 2008 年 7 月 7 日提交的意见陈述对权利要求进行修改，也不再补充书面意见。

专利复审委员会于 2008 年 7 月 16 日收到专利权人于 2008 年 7 月 7 日提交的意见陈述书，在该意见陈述书中，专利权人针对文本 2 中的权利要求 1~8 相对于对比文件 5~8 的创造性陈述了意见。

专利复审委员会于 2008 年 7 月 21 日向请求人发出了转送文件通知书，将专利权人于 2008 年 7 月 7 日提交的意见陈述书转送给请求人。

在上述工作的基础上，合议组认为本案事实已经清楚，可以依法作出决定。

二、决定的理由

1. 依据的文本

审查指南第四部分第三章第 4.6 节规定了无效宣告程序中对实用新型专利权利要求书的修改原则是：（1）不得改变原权利要求的主题名称，（2）与授权的权利要求相比，不得扩大原专利的保护范围，（3）不得超出原说明书和权利要求书记载的范围，（4）一般不得增加未包含在授权的权利要求书中的技术特征；在满足上述修改原则的前提下，修改权利要求书的具体方式一般限于权利要求的删除、合并和技术方案的删除，合并后的权利要求应当包含被合并的从属权利要求中的全部技术特征；在针对无效宣告请求书的答复期限内，专利权人可以以合并的方式修改权利要求书。

专利权人于 2008 年 5 月 4 日提交了文本 2，对权利要求进行了合并和删除，删除了权利要求 1、3、5、6 及 8，将权利要求 5 和 6 合并为新权利要求 1，对余下的权利要求的编号及引用关系进行了调整，并删除了新权利要求 5（对应于文本 1 中的权利要求 10）中与新权利要求 1 中重复的部分特征。这种修改是在指定期限内针对请求人的无效宣告请求进行的合并或删除，并且文本 2 符合上述修改原则，合并后的权利要求包含了被合并的从属权利要求中的所有技术特征，同时合并后的技术方案未超出原说明书和权利要求书记载的范围。所以文本 2 的修改符合修改原则、修改方式以及修改时机的要求，是本审查决定所依据的文本。

请求人认为文本 2 中权利要求 5 修改了从属权利要求中的附加技术特征，不符合审查指南的规定。对此，合议组认为，根据审查指南规定的上述原则，合并后的权利要求应当包含被合并的从属权利要求中的全部技术特征，文本 2 中的权利要求 5 在附加技术特征部分仅仅删除了与引用的权利要求 1 相重复的技术特征，其技术方案是由权利要求 1 的全部技术特征以及权利要求 5 的附加技术特征构成，即技术方案实质上还是文本 1 中权利要求 5、6 及 10 中的所有技术特征构成的技术方案，该技术方案也未超出原说明书和权利要求书记载的范围，因此，这种修改是符合审查指南规定的。

2. 证据认定

对比文件 1~8 均是本专利申请日之前公开的专利文献，属于公开出版物；对比文件 4 和 5 是从国家知识产权局专利检索咨询中心获得的专利文献，专利权人对对比文件 1~8 的真实性没有异议，合议组也未发现存在影响对比文件 1~8 真实性的瑕疵；同时专利权人对译文的准确性没有异议，因此，对比文件 4 和 5 的全文以及对比文件 1~3、6~8 带有中文译文的相应内容可以作为现有技术用来评价权利要求 1~8 的创造性。

3. 关于清楚

专利法实施细则第 20 条第 1 款规定：“权利要求书应当说明发明或者实用新型的技术特征，清楚、简要地表述请求保护的范围。”如果本领域技术人员能够根据通常逻辑确定某个技术特征的具体含义，则该技术特征的含义是清楚的。

权利要求1请求保护一种展翼式散热器，其中的技术特征“该散热鳍部的底缘相对形成一开放式且比通风底部较叠合部的底缘高的通风底部”中出现了两处通风底部，请求人由此主张权利要求1不清楚。对此，合议组认为，按照通常的逻辑，从字面意思上理解可知，散热鳍部的底缘相对形成一开放式的通风底部，并且对该通风底部与叠合部底缘的相对位置进行了限定，可见，权利要求1中的特征所要表述的含义就是“散热鳍部的底缘相对形成一开放式通风底部，且该通风底部较叠合部的底缘高”，并且权利要求1中该特征的含义也没有其他的理解方式，因此，对本领域的技术人员来讲，该特征的含义是清楚的，所以该特征并不能导致权利要求1的保护范围不清楚。权利要求1符合专利法实施细则第20条第1款的规定。

因此，引用权利要求1的从属权利要求2~7也是清楚的，符合专利法实施细则第20条第1款的规定。

权利要求5引用了权利要求1，权利要求1中有如下特征“所述的散热片分别具有一叠合部，在所述叠合部的两侧分别延伸有一散热鳍部”，权利要求5的附加技术特征限定了所述散热片还有由所述叠合部向上延伸的散热鳍部。请求人认为权利要求1中限定了在叠合部两侧延伸有散热鳍部，从而排除了其他方向的散热鳍部，权利要求5进一步增加了向上方向的散热鳍部，因此与权利要求1相矛盾，从而使得权利要求5不清楚。对此，合议组认为，权利要求1限定了在叠合部两侧延伸有散热鳍部并不排除叠合部其他相对位置上散热鳍部的存在；从属权利要求是对其引用的权利要求的进一步限定，权利要求5中的“还”表明了是在两侧之外对其他位置的进一步限定；对本领域技术人员来讲，这样的描述是清楚的，所以权利要求5与权利要求1并不矛盾，权利要求5符合专利法实施细则第20条第1款关于清楚的规定。

因此，权利要求1~7符合专利法实施细则第20条第1款关于清楚的规定。

4. 本专利的创造性

专利法第22条第3款规定：“创造性，是指同申请日以前已有的技术相比，该发明有突出的实质性特点和显著的进步，该实用新型有实质性特点和进步。”

（1）权利要求1相对于对比文件1和6的结合的创造性。

权利要求1要求保护一种展翼式散热器，（a）包括数片连接的散热片，其特征在于：（b）所述的散热片分别具有一叠合部，（c）及在所述叠合部的两侧分别延伸有一散热鳍部，（d）散热片的叠合部是互相紧靠叠合连接，（e）且散热片的散热鳍部相对于叠合部彼此展开（f）并左右对称地位于该叠合部两侧向外延伸，（g）所述散热片的散热鳍部顶缘高于叠合部的顶缘，且所述散热鳍部顶缘内侧向叠合部顶缘形成一降面，（h）所述散热片的叠合部底缘相对散热鳍部的底缘凸出，散热片的叠合部叠合后的底面形成平整的接触面，且该散热鳍部的底缘相对形成一开放式且比通风底部较叠合部的底缘高的通风底部。

对比文件1公开了（参见对比文件1的图1、2，说明书第0018~0021段和0023段）一种半导体发热元件的散热器1，其包括重叠的多张薄板材4（对应于特征（a）），所述薄板材的中央部位（对应于特征（b））重叠固定为一体（对应于特征（d）），薄板材中央部位两侧为鳍形的散热部位3（对应于特征（c）），薄板材4的散热部位3相对于中央部位彼此展开并左右对称地位于该叠合部两侧（对应于特征（e）和（f））。

由此可见，对比文件1公开了权利要求1中的特征（a）~（f），权利要求1与对比文件1的区别在于特征（g）和（h），权利要求1实际要解决的问题是增强散热效果。

对比文件 6 公开了（参见图 2B 和对说明书第 4 栏第 40 行至第 5 栏第 14 行的中文译文）一种散热器，其包括多片散热片 11、19，它们以嵌套的形式（具有叠合部）热传导并粘合在交换面 13 上，层 11 的延伸部 14A、14B 设置在一个平面上，如果有更多的空间，层 19 的延伸部（对应于散热鳍部）20B 可以提高至延伸位置 20B2，在位置 20B2 上时，延伸部的顶缘高于嵌套部分的顶缘，且其顶缘内侧向嵌套部分顶缘形成一倾斜降面（对应于特征（g）），散热片嵌套部分的底缘相对延伸部的底缘向下凸出，其嵌套部分嵌套后底层的散热片的底面形成平整的接触面，与交换面 13 接触，延伸部的底缘相对形成一开放式且比嵌套部分的底缘高的通风底部（对应于特征（h））。

由此可见，对比文件 6 公开了所有区别技术特征，并且这些区别技术特征所起的作用也是便于散热，因此，本领域技术人员可以从对比文件 6 中得到启示，将对比文件 6 中散热鳍部相对于叠合部形成降面以及形成通风底部的结构应用于对比文件 1 中，从而得到权利要求 1 的技术方案。因此，权利要求 1 相对于对比文件 1 和 6 的结合不具备实质性特点和进步，不具备专利法第 22 条第 3 款规定的创造性。

虽然专利权人强调了如下两点意见：①本专利形成降面的效果是增大散热面积；②对比文件的散热器的传导机制是间接传导，而本专利是直接传导。对此，合议组认为，①在使用材料相同的情况下，形成的散热片的散热面积应当是相同的，即使是形成降面，其散热面积也应当与非降面的散热面积相同，同时，根据本专利的发明构思，降面的作用是为了便于空气流通，增强散热效果，这与其在对比文件 6 中的作用相同；②专利权人强调的热传导机制没有在权利要求中得以体现，专利的保护范围以权利要求为准，说明书和附图可以用来解释权利要求，但不应当理解为对权利要求的限定，鉴于权利要求 1 中并无对热传导机制的限定，专利权人所强调的效果也不能由权利要求 1 所限定的技术方案中体现出来，因此权利要求 1 的技术方案相对于对比文件 1 和 6 不具有实质性特点和进步，不具备创造性。

（2）权利要求 2 的创造性。

权利要求 2 引用权利要求 1，其附加技术特征是“所述散热片的散热鳍部分别相对于叠合部彼此展开为翼形。”

从对比文件 1 的图 1 中可以确定，散热器的薄板材的散热部位分别相对于中央部位彼此展开为翼形。因此，该附加技术特征被对比文件 1 公开，在权利要求 2 引用的权利要求 1 相对于对比文件 1 和 6 不具备创造性的情况下，权利要求 2 也不具备专利法第 22 条第 3 款规定的创造性。

（3）权利要求 3 的创造性。

权利要求 3 引用权利要求 1，其附加技术特征是“所述散热片的散热鳍部面积大于叠合部的面积。”

从对比文件 1 的图 1 中可以确定，散热器的薄板材的散热部位的面积大于中央部位的面积。因此，该附加技术特征被对比文件 1 公开，在权利要求 3 引用的权利要求 1 相对于对比文件 1 和 6 不具备创造性的情况下，权利要求 3 也不具备专利法第 22 条第 3 款规定的创造性。

（4）权利要求 4 的创造性。

权利要求 4 引用权利要求 1，其附加技术特征为“所述散热片的散热鳍部相对于叠合部彼此呈扇形展开、并彼此平行地向外侧延伸而出。”

对比文件 1 的图 4（b）中，散热部位相对于中央部位彼此呈扇形展开，并彼此平行地向外侧延伸而出。因此，该附加技术特征被对比文件 1 公开，只需在对比文件 1 和 6 结合的基础上，将展开的散热鳍部的最外端部分如对比文件 1 的图 4（b）所示折弯后平行向外延伸，在权利要求 4 引用的权利要求 1 相对于对比文件 1 和 6 不具备创造性的情况下，权利要求 4 也不具备专利法第 22 条第 3 款规定的创造性。

（5）权利要求5的创造性。

权利要求5引用权利要求1，其附加技术特征为（i）“所述散热片还由所述叠合部向上延伸至散热鳍部”。

如（1）所述，对比文件1和6公开了权利要求1的所有技术特征。对比文件2公开了（参见对比文件2图2.1和说明书译文第2页第5~7行）一种散热器，其包括多个端头弯曲的肋骨型散热片，独立端头借助于固定部件2相互连接，在端头的相对一侧，肋骨型散热片彼此展开。由此可知，对比文件2公开了在叠合部的另一侧设置散热鳍部，从而达到良好的散热效果。本领域技术人员可以从对比文件2中得到启示，将对比文件2中另一侧的散热鳍部结构结合到对比文件1中，并结合对比文件6的两侧的散热鳍部和叠合部的相对结构，从而得到权利要求5的技术方案，这种结合仅仅是不同现有技术之间的简单叠加，其所带来的效果也只是这些现有技术的效果总和。因此，权利要求5相对于对比文件1、2和6的结合不具有实质性特点和进步，不具备专利法第22条第3款规定的创造性。

（6）权利要求6的创造性。

权利要求6引用权利要求1，其附加技术特征为“所述散热片的叠合部是以至少一连接件互相并拢连接。”

在对比文件1的图3（b）和说明书0023段中，用铆钉等固定物将薄板材4的中央部位重叠固定。因此，该附加技术特征被对比文件1公开，在权利要求6引用的权利要求1相对于对比文件1和6不具备创造性的情况下，权利要求6也不具备专利法第22条第3款规定的创造性。

（7）权利要求7的创造性。

权利要求7引用权利要求1或4或5，其附加技术特征为“所述散热鳍部上至少形成一通风部”。

①权利要求7引用权利要求1时的创造性。

如（1）所述，权利要求1的技术方案被对比文件1和6的结合公开。同时，从对比文件4的第二图可以确定，在散热板片上分布有多个通风部。通风部的作用是为了增强散热效果。因此，本领域技术人员很容易从对比文件4中得到启示，在对比文件1的散热鳍部上形成通风部，并结合对比文件6的散热鳍部与叠合部之间的位置关系，从而得到权利要求7的技术方案，这种结合仅仅是不同现有技术之间的简单叠加，其所带来的效果也只是这些现有技术的效果总和。因此，在权利要求1相对于对比文件1和6的结合不具备创造性时，权利要求7相对于对比文件1、4和6的结合也不具备创造性，不符合专利法第22条第3款的规定。

②权利要求7引用权利要求4时的创造性。

如（4）所述，权利要求4的技术方案被对比文件1和6的结合公开。同时，从对比文件4的第二图可以确定，在散热板片上分布有多个通风部。通风部的作用是为了增强散热效果。因此，本领域技术人员很容易从对比文件4中得到启示，在对比文件1的散热鳍部上形成通风部，并结合对比文件6的散热鳍部与叠合部之间的位置关系，从而得到权利要求7的技术方案，这种结合仅仅是不同现有技术之间的简单叠加，其所带来的效果也只是这些现有技术的效果总和。因此，在权利要求4相对于对比文件1和6的结合不具备创造性时，权利要求7相对于对比文件1、4和6的结合也不具备创造性，不符合专利法第22条第3款的规定。

③权利要求7引用权利要求5时的创造性。

如（5）所述，权利要求5的技术方案被对比文件1、2和6的结合公开。同时，从对比文件4的第二图可以确定，在散热板片上分布有多个通风部。通风部的作用是为了增强散热效果。因此，本领域技术人员很容易从对比文件4中得到启示，在对比文件1的散热鳍部上形成通风部，并结合对比文件 2 的另一侧的散热鳍部以及对比文件 6 的两侧散热鳍部与叠合部之间的位置关系，从而得到权利要求 7 的技术方案，这种结合仅仅是不同现有技术之间的简单叠加，其所带来的效果也只是这些现有技术的效果总和。因此，在权利要求 1 相对于对比文件 1、2 和 6 的结合不具备创造性时，权利要求 7 相对于对比文件 1、2、4 和 6 的结合也不具备创造性，不符合专利法第 22 条第 3 款的规定。

（8）权利要求 8 相对于对比文件 1、2 和 4 的结合的创造性。

权利要求 8 要求保护一种展翼式散热器，（a′）包括数片连接的散热片，其特征在于：（b′）所述的散热片分别具有一叠合部，（c′）及在所述叠合部的一侧向外延伸有一散热鳍部，（d′）散热片的叠合部是互相紧靠叠合连接，（e′）且散热片的散热鳍部相对于叠合部彼此展开，（f′）所述散热鳍部与叠合部间形成至少一边镂空的通风部。

对比文件 1 公开了（参见对比文件 1 的图 1、2，说明书第 0018~0021 段和第 0023 段）一种半导体发热元件的散热器 1，其包括重叠的多张薄板材 4（对应于特征（a′）），所述薄板材的中央部位（对应于特征（b′））重叠固定为一体（对应于特征（d′）），薄板材中央部位两侧为鳍形的散热部位 3，薄板材 4 的散热部位 3 相对于中央部位彼此展开（对应于特征（e′）并左右对称地位于该叠合部两侧。

由此可见，对比文件 1 公开了权利要求 1 中的特征（a′）~（b′）以及（d′）~（e′），权利要求 1 与对比文件 1 的区别在于特征（c′）和（f′），权利要求 1 实际要解决的问题是仅在散热片的一侧有散热鳍部，以及在散热鳍部与叠合部之间设置通风部以增强散热效果。

对比文件 2 公开了（参见对比文件 2 图 2.1 和说明书译文第 2 页第 5~7 行）一种散热器，其包括多个端头弯曲的肋骨型散热片，独立端头借助于固定部件 2 相互连接，在端头的相对一侧，肋骨型散热片彼此展开。由此可知，对比文件 2 公开了在叠合部的一侧设置散热鳍部的技术启示。

从对比文件 4 的第二图可以确定，在散热板片上分布有多个通风部。通风部的作用是为了增强散热效果。因此，对比文件 4 给出了在散热片上设置通风部的技术启示。

由此，本领域技术人员可以从对比文件 2 和 4 中得到启示，从而获得将对比文件 1 中的散热部位仅保留一侧，并在包括散热鳍部和叠合部的散热片上设置通风部的技术方案，这种结合仅仅是不同现有技术之间的简单叠加，其所带来的效果也只是这些现有技术的效果总和。由于通风部具体设置位置并不能带来创造性的贡献，所以权利要求 8 相对于对比文件 1、2 和 4 的结合不具备创造性，不符合专利法第 22 条第 3 款的规定。

虽然专利权人强调通风部形成在散热鳍部和叠合部之间且一边镂空，使得散热鳍部底部有间隔而增强通风效果。对此，合议组认为，散热器的设计理念就是为了增加散热效果，设置通风部可以便于空气流动，从而带走更多的热量，由此提高了散热效果，这种效果都是由通风部本身带来的，所以无论通风部设置在散热板片的什么位置上，例如散热鳍部上或者散热鳍部与叠合部之间，其达到的效果都是相同的，至于专利权人所强调的镂空，则是由于通风部设置在边缘位置使得另一侧无连接部从而实现的镂空，其与设置在板片上的同样大小的通风部所带来的通风效果是相同的。

综上所述，本专利的权利要求 1~8 均不具备创造性，不符合专利法第 22 条第 3 款的规定。对于请求人所提出的其他无效宣告请求理由，合议组不再进行评述。

三、决定

宣告第 99218347.2 号实用新型专利权全部无效。

当事人对本决定不服的，可以根据专利法第 46 条第 2 款的规定，自收到本决定之日起三个月内向北京市第一中级人民法院起诉。根据该款的规定，一方当事人起诉后，另一方当事人应当作为第三人参加诉讼。

北京市第一中级人民法院
行政判决书

（2009）一中行初字第795号

原告郭清松，男，1946年10月13日出生，住中华人民共和国台湾省台北县土城市路南天母路111巷38号，台湾身份证号A102401122。

委托代理人李庆波，男，深圳市将盟知识产权代理事务所职员。

委托代理人杜建军，男，深圳市超频三科技有限公司总经理。

被告中华人民共和国国家知识产权局专利复审委员会，住所地中华人民共和国北京市海淀区北四环西路9号银谷大厦。

法定代表人张茂于，副主任。

委托代理人董杰，女，中华人民共和国国家知识产权局专利复审委员会审查员。

委托代理人杨存吉，男，中华人民共和国国家知识产权局专利复审委员会审查员。

第三人扎尔曼技术株式会社，住所地大韩民国首尔市衿川区加山洞448大隆科技城3期1007室。

法定代表人李永弼，总经理。

委托代理人林桂阳，广东大松律师事务所律师。

委托代理人刘延喜，广东大松律师事务所律师。

原告郭清松不服被告中华人民共和国国家知识产权局专利复审委员会作出的无效宣告请求审查决定，向本院提起行政诉讼。本院受理后，依法组成合议庭，并依法通知与被诉具体行政行为有利害关系的扎尔曼技术株式会社作为本案第三人参加诉讼。本院于2009年11月24日公开开庭审理了本案。原告的委托代理人李庆波，被告的委托代理人董杰、杨存吉，第三人的委托代理人林桂阳到庭参加了诉讼。本案现已审理终结。

2008年9月16日，被告依据2000年修订的《中华人民共和国专利法》（以下简称《专利法》）第二十二条第三款、《中华人民共和国专利法实施细则》（以下简称《专利法实施细则》）第二十条第一款的规定，作出第12266号无效宣告请求审查决定（以下简称被诉决定），宣告第99218347.2号实用新型专利权（以下简称本专利）全部无效。

被告于答辩期内向本院提交了作出被诉具体行政行为的证据材料的复印件：

1. 日本专利公报特开平JP10-65076A及其译文（即被诉决定中的对比文件1）；
2. 美国专利公报US5311928A及其部分译文（即被诉决定中的对比文件6）；
3. 前苏联专利公报SU1714724A1及其译文（即被诉决定中的对比文件2）；
4. 中国台湾专利公报325900共24页（即被诉决定中的对比文件4）；
5. 本专利说明书；
6. 口头审理记录表及其附表。

上述证据用以证明被诉决定认定事实清楚，适用法律正确，程序合法。

原告诉称：被告对对比文件6所公开的技术方案的认定存在明显错误，对比文件并未完全公开权利要求1的技术特征（g）和（h），而且对比文件1和对比文件6的结合同样未公开权利要求1的全部技术特征。权利要求1相对于对比文件1、6具备实质上特点和进步，符合《专利法》第二十二条第三款的规定。同时，在权利要求1具备创造性的情况下，其从属权利要求2~7同样具有创造性，被诉决定错误，请求法院撤销该决定。

原告未向法院提交证据。

被告辩称：关于对本专利创造性问题的认定，坚持被诉决定中的意见。被诉决定认定事实清楚、适用法律法规正确、审理程序合法，请求法院维持该决定。

第三人同意被告意见，请求法院维持被诉决定。

第三人未向法院提交证据。

经庭审质证，原告及第三人对被告证据无异议。经审查，被告提交的证据与本案具有关联性，且合法、真实，本院予以确认。

经审理查明：本无效宣告请求涉及申请日为1999年8月3日、授权公告日为2000年5月24日、名称为“展翼式散热器”的第99218347.2号实用新型专利（即本专利），专利权人为本案原告。本专利授权公告的权利要求书（以下简称文本1）如下：

“1. 一种展翼式散热器，包括数片连接的散热片，其特征在于：所述的散热片分别具有一叠合部，及在所述叠合部的至少一侧延伸有一散热鳍部，散热片的叠合部是互相紧靠叠合连接，且散热片的散热鳍部相对于叠合部彼此展开。

2. 如权利要求1所述的展翼式散热器，其特征在于：所述散热片的散热鳍部分别相对于叠合部彼此展开为翼形。

3. 如权利要求1所述的展翼式散热器，其特征在于：所述散热片具有一叠合部及左右对称位于该叠合部两侧向外延伸的散热鳍部。

4. 如权利要求3所述的展翼式散热器，其特征在于：所述散热片的散热鳍部面积大于叠合部的面积。

5. 如权利要求3所述的展翼式散热器，其特征在于：所述散热片的散热鳍部顶缘高于叠合部的顶缘，且所述散热鳍部顶缘内侧向叠合部顶缘形成一降面。

6. 如权利要求3所述的展翼式散热器，其特征在于：所述散热片的叠合部底缘相对散热鳍部的底缘凸出，散热片的叠合部叠合后的底面形成平整的接触面，且该散热鳍部的底缘相对形成一开放式且比通风底部较叠合部的底缘高的通风底部。

7. 如权利要求1所述的展翼式散热器，其特征在于：所述散热片的散热鳍部相对于叠合部彼此呈扇形展开、并彼此平行地向外侧延伸而出。

8. 如权利要求1所述的展翼式散热器，其特征在于：所述散热片的散热鳍部是由叠合部的一侧向外延伸。

9. 如权利要求8所述的展翼式散热器，其特征在于：所述散热鳍部与叠合部间形成至少一边镂空的通风部。

10. 如权利要求1所述的展翼式散热器，其特征在于：所述散热片具有一叠合部及一散热鳍部，且散热鳍部是由所述叠合部向上延伸及向左右对称地向外延伸。

11. 如权利要求3或7或8或10所述的展翼式散热器，其特征在于：所述散热片的叠合部是以至少一连接件互相并拢连接。

12. 如权利要求3或7或8或10所述的展翼式散热器，其特征在于：所述散热鳍部上至少形成一通风部。”

针对上述专利权，第三人于2008年2月22日向被告提出了无效宣告请求，同时提交了如下附件作为证据：

本专利：专利号ZL99218347.2的授权公告文本共17页，其申请日为1999年8月3日，授权公告日为2000年5月24日；

对比文件1：日本专利公报特开平JP10-65076A及其译文共8页，其公开日为1998年3月6日；

对比文件2：前苏联专利公报SU1714724A1及其译文共6页，其公开日为1992年2月23日；

对比文件3：美国专利公报US4715438A及其译文共16页，其公开日为1987年12月29日；

对比文件4：中国台湾专利公报325900共24页，其公开日为1998年1月21日。

第三人认为，权利要求6的附加技术特征中最后一句话内出现两处“通风底部”导致权利要求6不清楚，不符合《专利法实施细则》第二十条第一款的规定；权利要求1~4、7和11相对于对比文件1不符合《专利法》第二十二条第二款关于新颖性的规定；另外，权利要求1~4、7和11相对于对比文件1也不符合《专利法》第二十二条第三款关于创造性的规定；引用了权利要求3的权利要求5的附加技术特征被对比文件3公开，所以权利要求5相对于对比文件1和3的结合不具备创造性；引用了权利要求3的权利要求6在清楚的情况下，其附加技术特征也被对比文件4公开，并且该附加技术特征还属于本领域的公知常识，所以权利要求6不具备创造性；引用了权利要求1的权利要求8的附加技术特征被对比文件2公开，所以权利要求8相对于对比文件1和2的结合不具备创造性；引用了权利要求8的权利要求9的附加技术特征被对比文件4公开，同时该附加技术特征也是本领域的公知常识，所以权利要求9不具备创造性；引用了权利要求1的权利要求10的附加技术特征被对比文件2公开，所以权利要求10相对于对比文件1和2的结合不具备创造性；引用了权利要求3、7、8或10的权利要求11的附加技术特征被对比文件1公开，所以权利要求11不具备新颖性和创造性；引用了权利要求3、7、8或10的权利要求12的附加技术特征被对比文件4公开，同时该附加技术特征也是本领域的公知常识，所以权利要求12不具备创造性。由此请求宣告专利权全部无效。

经形式审查合格，被告于2008年3月18日受理了上述无效宣告请求并将无效宣告请求书及所列附件的副本转给了原告，且成立了合议组对本案进行审查。

被告于2008年3月19日收到第三人补充的证据，分别是：

对比文件5：中国台湾专利公报TW623939共25页，其公开日为1998年2月11日；

对比文件6：美国专利公报US5311928A及其部分译文共8页，其公开日为1994年5月17日；

对比文件7：美国专利公报US5018004A及其部分译文共13页，其公开日为1991年5月21日；

对比文件8：美国专利公报US3688159A及其部分译文共11页，其公开日为1972年8月29日。

第三人认为，权利要求1~4相对于对比文件1或8不具备新颖性和创造性；权利要求5相对于对比文件3或6、和对比文件1或8的结合不具备创造性；权利要求6不清楚，即使在其语义清楚的情况下，其相对于对比文件4、5、6、7或公知常识、和对比文件1或8的结合不具备创造性；权利要求7相对于对比文件1不具备新颖性和创造性；权利要求8相对于对比文件2、5或公知常识、和对比文件1或8的结合不具备创造性；权利要求9相对于对比文件4或公知常识、和对比文件2或5、和对比文件1或8的结合不具备创造性；权利要求10相对于对比文件2、和对比文件1或8的结合不具备创造性；权利要求11引用权利要求3时，其相对于对比文件1或8不具备新颖性和创造性，权利要求11引用权利要求7时，其相对于对比文件1不具备新颖性和创造性，相对于对比文件1和8的结合不具备创造性，权利要求11引用权利要求8时，其相对于对比文件2或公知常识、和对比文件1或8的结合不具备创造性，权利要求11引用权利要求10时，其相对于对比文件2、和对比文件1或8的结合不具备创造性；权利要求12引用权利要求3时，其相对于对比文件4或6、和对比文件1或8的结合不具备创造性，权利要求12引用权利要求7时，其相对于对比文件4或6、和对比文件1的结合不具备创造性，权利要求12引用权利要求8时，其相对于对比文件4或6、对比文件2、5或公知常识、和对比文件1或8的结合不具备创造性，权利要求12引用权利要求10时，其相对于对比文件4或6、对比文件2、和对比文件1或8的结合不具备创造性。

第三人于2008年3月24日提交了对比文件5的公报文件共10页。

原告于2008年5月4日提交了意见陈述书，并提交了修改后的权利要求书（以下简称文本2），原告指出，其将权利要求3、5及6并入权利要求1，删除了原从属权利要求3、5、6及8，并对余下的权利要求的编号及引用关系进行了调整，并删除了权利要求5（对应于文本1中的权利要求10）中与权利要求1中重复的部分特征，修改后的权利要求5的特征部分为“所述散热片还由所述叠合部向上延伸到散热鳍部”，以及将原权利要求1、8、9的特征合并为新的独立权利要求，文本2包括的8项权利要求如下：

“1. 一种展翼式散热器，包括数片连接的散热片，其特征在于：所述的散热片分别具有一叠合部，及在所述叠合部的两侧分别延伸有一散热鳍部，散热片的叠合部是互相紧靠叠合连接，且散热片的散热鳍部相对于叠合部彼此展开并左右对称地位于该叠合部两侧向外延伸，所述散热片的散热鳍部顶缘高于叠合部的顶缘，且所述散热鳍部顶缘内侧向叠合部顶缘形成一降面，所述散热片的叠合部底缘相对散热鳍部的底缘凸出，散热片的叠合部叠合后的底面形成平整的接触面，且该散热鳍部的底缘相对形成一开放式且比通风底部较叠合部的底缘高的通风底部。

2. 如权利要求1所述的展翼式散热器，其特征在于：所述散热片的散热鳍部分别相对于叠合部彼此展开为翼形。

3. 如权利要求1所述的展翼式散热器，其特征在于：所述散热片的散热鳍部面积大于叠合部的面积。

4. 如权利要求1所述的展翼式散热器，其特征在于：所述散热片的散热鳍部相对于叠合部彼此呈扇形展开，并彼此平行地向外侧延伸而出。

5. 如权利要求1所述的展翼式散热器，其特征在于：所述散热片还由所述叠合部向上延伸至散热鳍部。

6. 如权利要求1或4或5所述的展翼式散热器，其特征在于：所述散热片的叠合部是以至少一连接件互相并拢连接。

7. 如权利要求1或4或5所述的展翼式散热器，其特征在于：所述散热鳍部上至少形成一通风部。

8. 一种展翼式散热器，包括数片连接的散热片，其特征在于：所述的散热片分别具有一叠合部，及在所述叠合部的一侧向外延伸有一散热鳍部，散热片的叠合部是互相紧靠叠合连接，且散热片的散热鳍部相对于叠合部彼此展开，所述散热鳍部与叠合部间形成至少一边镂空的通风部。”

被告于2008年5月22分别向双方当事人发出了转送文件通知书，向原告转送了2008年3月19日被告收到的第三人提交的意见陈述书及所附附件的副本和2008年3月24日第三人提交的意见陈述书及所附附件的副本，向第三人转送了2008年5月4日原告提交的意见陈述书及所附附件的副本，并于同日向双方当事人发出了口头审理通知书，定于2008年7月15日举行口头审理。

2008年7月7日，第三人提交了意见陈述书，认为文本1中的权利要求10和权利要求3是并列的技术特征，在文本2中，权利要求3的内容并入新的权利要求1之后，原告修改了原权利要求10的附加技术特征形成新的权利要求5，不符合审查指南的规定，因此权利要求5不应当被接受。如果文本2可以被接受，则无效宣告理由变更为：（1）放弃本专利不符合《专利法》第二十二条第二款的理由；（2）由于原权利要求6的内容被并入文本2的权利要求1，那么由于“且该散热鳍部的底缘相对形成一开放式且比通风底部较叠合部的底缘高的通风底部”中出现了两个“通风底部”而导致权利要求1不清楚，引用权利要求1的权利要求2-7因引用了权利要求1也都存在不清楚的缺陷，另外，权利要求5与权利要求1的方案相矛盾，使得权利要求5不清楚，因此，权利要求1~7不符合《专利法实施细则》第二十二条第一款的规定；（3）权利要求1相对于对比文件1或8、对比文件3或6、和对比文件4或5或6或7的结合不具备创造性，权利要求2和3的附加技术特征被对比文件1或8公开，权利要求4的附加技术特征被对比文件1公开，权利要求5的附加技术特征被对比文件2公开，权利要求6的附加技术特征被对比文件1公开，权利要求7的附加技术特征被对比文件4或6公开，权利要求8相对于对比文件4或公知常识、和对比文件2或5、以及对比文件1或8的结合不具备创造性。

2008年7月15日，口头审理如期进行，双方当事人均出席了口头审理。双方当事人对合议组成员变更没有异议，对合议组成员没有回避请求，对对方出席人员的身份和资格没有异议。第三人认为文本2中权利要求5的修改不符合规定，并明确其无效理由和范围为：（1）放弃《专利法》第二十二条第二款的无效宣告理由；（2）权利要求1~7不符合《专利法实施细则》第二十条第一款的规定；（3）权利要求1~8相对于对比文件1~8不符合《专利法》第二十二条第三款的规定，其中，具体评价方式如下：以对比文件1作为最接近的现有技术，用对比文件1、3、4或1、3、5或1、3、6或1、3、7或1、6、4或1、6、5或1、6或1、6、7的结合评价权利要求1的创造性；以对比文件8作为最接近的现有技术，用对比文件8、3、4或8、3、5或8、3、6或8、3、7或8、6、4或8、6、5或8、6或8、6、7的结合评价权利要求1的创造性；权利要求2和3的附加技术特征在对比文件1和8中公开；权利要求4的附加技术特征在对比文件1中公开；权利要求5的附加技术特征在对比文件2中被公开；权利要求6的附加技术特征在对比文件1和2中公开；权利要求7的附加技术特征在对比文件4和6中被公开；权利要求8相对于对比文件4或公知常识、和对比文件2或5、和对比文件1或8的结合不具备创造性。第三人当庭提交了盖有“国家知识产权局专利检索咨询中心副本认证专用章”的对比文件4和5。原告对对比文件1~8的真实性没有异议，对公开时间没有异议，对译文的准确性没有异议。原告表示口审结束后不再针对第三人于2008年7月7日提交的意见陈述对权利要求进行修改，也不再补充书面意见。

被告于2008年7月16日收到原告于2008年7月7日提交的意见陈述书，在该意见陈述书中，原告针对文本2中的权利要求1~8相对于对比文件5~8的创造性陈述了意见。

被告于2008年7月21日向第三人发出了转送文件通知书，将原告于2008年7月7日提交的意见陈述书转送给第三人。

被告经审查认为：

1. 依据的文本。

《审查指南》第四部分第三章第4.6节规定了无效宣告程序中对实用新型专利权利要求书的修改原则是：（1）不得改变原权利要求的主题名称，（2）与授权的权利要求相比，不得扩大原专利的保护范围，（3）不得超出原说明书和权利要求书记载的范围，（4）一般不得增加未包含在授权的权利要求书中的技术特征；在满足上述修改原则的前提下，修改权利要求书的具体方式一般限于权利要求的删除、合并和技术方案的删除，合并后的权利要求应当包含被合并的从属权利要求中的全部技术特征；在针对无效宣告请求书的答复期限内，原告可以以合并的方式修改权利要求书。

原告于2008年5月4日提交了文本2，对权利要求进行了合并和删除，删除了权利要求1、3、5、6及8，将权利要求5和6合并为新权利要求1，对余下的权利要求的编号及引用关系进行了调整，并删除了新权利要求5（对应于文本1中的权利要求10）中与新权利要求1中重复的部分特征。这种修改是在指定期限内针对第三人的无效宣告请求进行的合并或删除，并且文本2符合上述修改原则，合并后的权利要求包含了被合并的从属权利要求中的所有技术特征，同时合并后的技术方案未超出原说明书和权利要求书记载的范围。所以文本 2 的修改符合修改原则、修改方式以及修改时机的要求，是本审查决定所依据的文本。

第三人认为文本 2 中权利要求 5 修改了从属权利要求中的附加技术特征，不符合《审查指南》的规定。对此，被告认为，根据《审查指南》规定的上述原则，合并后的权利要求应当包含被合并的从属权利要求中的全部技术特征，文本 2 中的权利要求 5 在附加技术特征部分仅仅删除了与引用的权利要求 1 相重复的技术特征，其技术方案是由权利要求 1 的全部技术特征以及权利要求 5 的附加技术特征构成，即技术方案实质上还是文本 1 中权利要求 5、6 及 10 中的所有技术特征构成的技术方案，该技术方案也未超出原说明书和权利要求书记载的范围，因此，这种修改是符合《审查指南》规定的。

2. 证据认定。

对比文件 1~8 均是本专利申请日之前公开的专利文献，属于公开出版物；对比文件 4 和 5 是从国家知识产权局专利检索咨询中心获得的专利文献，原告对对比文件 1~8 的真实性没有异议，被告也未发现存在影响对比文件 1~8 真实性的瑕疵；同时原告对译文的准确性没有异议，因此，对比文件 4 和 5 的全文以及对比文件 1~3、6~8 带有中文译文的相应内容可以作为现有技术用来评价权利要求 1~8 的创造性。

3. 关于清楚。

《专利法实施细则》第二十条第一款规定："权利要求书应当说明发明或者实用新型的技术特征，清楚、简要地表述请求保护的范围。"如果本领域技术人员能够根据通常逻辑确定某个技术特征的具体含义，则该技术特征的含义是清楚的。

权利要求 1 请求保护一种展翼式散热器，其中的技术特征"该散热鳍部的底缘相对形成一开放式且比通风底部较叠合部的底缘高的通风底部"中出现了两处通风底部，第三人由此主张权利要求 1 不清楚。对此，被告认为，按照通常的逻辑，从字面意思上理解可知，散热鳍部的底缘相对形成一开放式的通风底部，并且对该通风底部与叠合部底缘的相对位置进行了限定，可见，权利要求 1 中的特征所要表述的含义就是"散热鳍部的底缘相对形成一开放式通风底部，且该通风底部较叠合部的底缘高"，并且权利要求 1 中该特征的含义也没有其他的理解方式，因此，对本领域的技术人员来讲，该特征的含义是清楚的，所以该特征并不能导致权利要求 1 的保护范围不清楚。权利要求 1 符合《专利法实施细则》第二十条第一款的规定。

因此，引用权利要求 1 的从属权利要求 2~7 也是清楚的，符合《专利法实施细则》第二十条第一款的规定。

权利要求 5 引用了权利要求 1，权利要求 1 中有如下特征"所述的散热片分别具有一叠合部，在所述叠合部的两侧分别延伸有一散热鳍部"，权利要求 5 的附加技术特征限定了所述散热片还有由所述叠合部向上延伸的散热鳍部。第三人认为权利要求 1 中限定了在叠合部两侧延伸有散热鳍部，从而排除了其他方向的散热鳍部，权利要求 5 进一步增加了向上方向的散热鳍部，因此与权利要求 1 相矛盾，从而使得权利要求 5 不清楚。对此，被告认为，权利要求 1 限定了在叠合部两侧延伸有散热鳍部并不排除叠合部其他相对位置上散热鳍部的存在；从属权利要求是对其引用的权利要求的进一步限定，权利要求 5 中的"还"表明了是在两侧之外对其他位置的进一步限定；对本领域技术人员来讲，这样的描述是清楚的，所以权利要求 5 与权利要求 1 并不矛盾，权利要求 5 符合《实施细则》第二十条第一款关于清楚的规定。

因此，权利要求 1~7 符合《专利法实施细则》第二十条第一款关于清楚的规定。

4. 本专利的创造性。

（1）权利要求 1 相对于对比文件 1 和 6 的结合的创造性。

权利要求 1 要求保护一种展翼式散热器，（a）包括数片连接的散热片，其特征在于：（b）所述的散热片分别具有一叠合部，（c）及在所述叠合部的两侧分别延伸有一散热鳍部，（d）散热片的叠合部是互相紧靠叠合连接，（e）且散热片的散热鳍部相对于叠合部彼此展开（f）并左右对称地位于该叠合部两侧向外延伸，（g）所述散热片的散热鳍部顶缘高于叠合部的顶缘，且所述散热鳍部顶缘内侧向叠合部顶缘形成一降面，（h）所述散热片的叠合部底缘相对散热鳍部的底缘凸出，散热片的叠合部叠合后的底面形成平整的接触面，且该散热鳍部的底缘相对形成一开放式且比通风底部较叠合部的底缘高的通风底部。

对比文件 1 公开了（参见对比文件 1 的图 1、2，说明书第 0018~0021 段和第 0023 段）一种半导体发热元件的散热器 1，其包括重叠的多张薄板材 4（对应于特征（a）），所述薄板材的中央部位（对应于特征（b））重叠固定为一体（对应于特征（d）），薄板材中央部位两侧为鳍形的散热部位 3（对应于特征（c）），薄板材 4 的散热部位 3 相对于中央部位彼此展开并左右对称地位于该叠合部两侧（对应于特征（e）和（f））。

由此可见，对比文件 1 公开了权利要求 1 中的特征（a）~（f），权利要求 1 与对比文件 1 的区别在于特征（g）和（h），权利要求 1 实际要解决的问题是增强散热效果。

对比文件 6 公开了（参见图 2B 和对说明书第 4 栏第 40 行至第 5 栏第 14 行的中文译文）一种散热器，其包括多片散热片 11、19，它们以嵌套的形式（具有叠合部）热传导并粘合在交换面 13 上，层 11 的延伸部 14A、14B 设置在一个平面上，如果有更多的空间，层 19 的延伸部（对应于散热鳍部）20B 可以提高至延伸位置 20B2，在位置 20B2 上时，延伸部的顶缘高于嵌套部分的顶缘，且其顶缘内侧向嵌套部分顶缘形成一倾斜降面（对应于特征（g）），散热片嵌套部分的底缘相对延伸部的底缘向下凸出，其嵌套部分嵌套后底层的散热片的底面形成平整的接触面，与交换面 13 接触，延伸部的底缘相对形成一开放式且比嵌套部分的底缘高的通风底部（对应于特征（h））。

由此可见，对比文件 6 公开了所有区别技术特征，并且这些区别技术特征所起的作用也是便于散热，因此，本领域技术人员可以从对比文件 6 中得到启示，将对比文件 6 中散热鳍部相对于叠合部形成降面以及形成通风底部的结构应用于对比文件 1 中，从而得到权利要求 1 的技术方案。因此，权利要求 1 相对于对比文件 1 和 6 的结合不具备实质性特点和进步，不具备《专利法》第二十二条第三款规定的创造性。

虽然原告强调了如下两点意见：①本专利形成降面的效果是增大散热面积；②对比文件的散热器的传导机制是间接传导，而本专利是直接传导。对此，被告认为，①在使用材料相同的情况下，形成的散热片的散热面积应当是相同的，即使是形成降面，其散热面积也应当与非降面的散热面积相同，同时，根据本专利的发明构思，降面的作用是为了便于空气流通，增强散热效果，这与其在对比文件 6 中的作用相同；②原告强调的热传导机制没有在权利要求中得以体现，专利的保护范围以权利要求为准，说明书和附图可以用来解释权利要求，但不应当理解为对权利要求的限定，鉴于权利要求 1 中并无对热传导机制的限定，原告所强调的效果也不能由权利要求 1 所限定的技术方案中体现出来，因此权利要求 1 的技术方案相对于对比文件 1 和 6 不具有实质性特点和进步，不具备创造性。

（2）权利要求 2 的创造性。

权利要求 2 引用权利要求 1，其附加技术特征是“所述散热片的散热鳍部分别相对于叠合部彼此展开为翼形。”

从对比文件 1 的图 1 中可以确定，散热器的薄板材的散热部位分别相对于中央部位彼此展开为翼形。因此，该附加技术特征被对比文件1公开，在权利要求2引用的权利要求1相对于对比文件1和6不具备创造性的情况下，权利要求2也不具备《专利法》第二十二条第三款规定的创造性。

（3）权利要求3的创造性。

权利要求3引用权利要求1，其附加技术特征是“所述散热片的散热鳍部面积大于叠合部的面积。”

从对比文件1的图1中可以确定，散热器的薄板材的散热部位的面积大于中央部位的面积。因此，该附加技术特征被对比文件1公开，在权利要求3引用的权利要求1相对于对比文件1和6不具备创造性的情况下，权利要求3也不具备《专利法》第二十二条第三款规定的创造性。

（4）权利要求4的创造性。

权利要求4引用权利要求1，其附加技术特征为“所述散热片的散热鳍部相对于叠合部彼此呈扇形展开、并彼此平行地向外侧延伸而出。”

对比文件1的图4（b）中，散热部位相对于中央部位彼此呈扇形展开，并彼此平行地向外侧延伸而出。因此，该附加技术特征被对比文件1公开，只需在对比文件1和6结合的基础上，将展开的散热鳍部的最外端部分如对比文件1的图4（b）所示折弯后平行向外延伸，在权利要求4引用的权利要求1相对于对比文件1和6不具备创造性的情况下，权利要求4也不具备《专利法》第二十二条第三款规定的创造性。

（5）权利要求5的创造性。

权利要求5引用权利要求1，其附加技术特征为（i）“所述散热片还由所述叠合部向上延伸至散热鳍部。”

如前所述，对比文件1和6公开了权利要求1的所有技术特征。对比文件2公开了（参见对比文件2图2.1和说明书译文第2页第5~7行）一种散热器，其包括多个端头弯曲的肋骨型散热片，独立端头借助于固定部件2相互连接，在端头的相对一侧，肋骨型散热片彼此展开。由此可知，对比文件2公开了在叠合部的另一侧设置散热鳍部，从而达到良好的散热效果。本领域技术人员可以从对比文件2中得到启示，将对比文件2中另一侧的散热鳍部结构结合到对比文件1中，并结合对比文件6的两侧的散热鳍部和叠合部的相对结构，从而得到权利要求5的技术方案，这种结合仅仅是不同现有技术之间的简单叠加，其所带来的效果也只是这些现有技术的效果总和。因此，权利要求5相对于对比文件1、2和6的结合不具有实质性特点和进步，不具备《专利法》第二十二条第三款规定的创造性。

（6）权利要求6的创造性。

权利要求6引用权利要求1，其附加技术特征为“所述散热片的叠合部是以至少一连接件互相并拢连接。”

在对比文件1的图3（b）和说明书0023段中，用铆钉等固定物将薄板材4的中央部位重叠固定。因此，该附加技术特征被对比文件1公开，在权利要求6引用的权利要求1相对于对比文件1和6不具备创造性的情况下，权利要求6也不具备《专利法》第二十二条第三款规定的创造性。

（7）权利要求7的创造性。

权利要求7引用权利要求1或4或5，其附加技术特征为“所述散热鳍部上至少形成一通风部”。

①权利要求7引用权利要求1时的创造性。

如前所述，权利要求1的技术方案被对比文件1和6的结合公开。同时，从对比文件4的第二图可以确定，在散热板片上分布有多个通风部。通风部的作用是为了增强散热效果。因此，本领域技术人员很容易从对比文件4中得到启示，在对比文件1的散热鳍部上形成通风部，并结合对比文件6的散热鳍部与叠合部之间的位置关系，从而得到权利要求 7 的技术方案，这种结合仅仅是不同现有技术之间的简单叠加，其所带来的效果也只是这些现有技术的效果总和。因此，在权利要求 1 相对于对比文件 1 和 6 的结合不具备创造性时，权利要求 7 相对于对比文件 1、4 和 6 的结合也不具备创造性，不符合《专利法》第二十二条第三款的规定。

②权利要求 7 引用权利要求 4 时的创造性。

如前所述，权利要求 4 的技术方案被对比文件 1 和 6 的结合公开。同时，从对比文件 4 的第二图可以确定，在散热板片上分布有多个通风部。通风部的作用是为了增强散热效果。因此，本领域技术人员很容易从对比文件 4 中得到启示，在对比文件 1 的散热鳍部上形成通风部，并结合对比文件 6 的散热鳍部与叠合部之间的位置关系，从而得到权利要求 7 的技术方案，这种结合仅仅是不同现有技术之间的简单叠加，其所带来的效果也只是这些现有技术的效果总和。因此，在权利要求 4 相对于对比文件 1 和 6 的结合不具备创造性时，权利要求 7 相对于对比文件 1、4 和 6 的结合也不具备创造性，不符合《专利法》第二十二条第三款的规定。

③权利要求 7 引用权利要求 5 时的创造性。

如前所述，权利要求 5 的技术方案被对比文件 1、2 和 6 的结合公开。同时，从对比文件 4 的第二图可以确定，在散热板片上分布有多个通风部。通风部的作用是为了增强散热效果。因此，本领域技术人员很容易从对比文件 4 中得到启示，在对比文件 1 的散热鳍部上形成通风部，并结合对比文件 2 的另一侧的散热鳍部以及对比文件 6 的两侧散热鳍部与叠合部之间的位置关系，从而得到权利要求 7 的技术方案，这种结合仅仅是不同现有技术之间的简单叠加，其所带来的效果也只是这些现有技术的效果总和。因此，在权利要求 1 相对于对比文件 1、2 和 6 的结合不具备创造性时，权利要求 7 相对于对比文件 1、2、4 和 6 的结合也不具备创造性，不符合《专利法》第二十二条第三款的规定。

（8）权利要求 8 相对于对比文件 1、2 和 4 的结合的创造性。

权利要求 8 要求保护一种展翼式散热器，（a′）包括数片连接的散热片，其特征在于：（b′）所述的散热片分别具有一叠合部，（c′）及在所述叠合部的一侧向外延伸有一散热鳍部，（d′）散热片的叠合部是互相紧靠叠合连接，（e′）且散热片的散热鳍部相对于叠合部彼此展开，（f′）所述散热鳍部与叠合部间形成至少一边镂空的通风部。

对比文件 1 公开了（参见对比文件 1 的图 1、2，说明书第 0018-0021 段和 0023 段）一种半导体发热元件的散热器 1，其包括重叠的多张薄板材 4（对应于特征（a′）），所述薄板材的中央部位（对应于特征（b′））重叠固定为一体（对应于特征（d′）），薄板材中央部位两侧为鳍形的散热部位 3，薄板材 4 的散热部位 3 相对于中央部位彼此展开（对应于特征（e′）并左右对称地位于该叠合部两侧。

由此可见，对比文件 1 公开了权利要求 1 中的特征（a′）～（b′）以及（d′）～（e′），权利要求 1 与对比文件 1 的区别在于特征（c′）和（f′），权利要求 1 实际要解决的问题是仅在散热片的一侧有散热鳍部，以及在散热鳍部与叠合部之间设置通风部以增强散热效果。

对比文件 2 公开了（参见对比文件 2 图 2. 1 和说明书译文第 2 页第 5~7 行）一种散热器，其包括多个端头弯曲的肋骨型散热片，独立端头借助于固定部件 2 相互连接，在端头的相对一侧，肋骨型散热片彼此展开。由此可知，对比文件 2 公开了在叠合部的一侧设置散热鳍部的技术启示。

从对比文件 4 的第二图可以确定，在散热板片上分布有多个通风部。通风部的作用是为了增强散热效果。因此，对比文件 4 给出了在散热片上设置通风部的技术启示。

由此，本领域技术人员可以从对比文件 2 和 4 中得到启示，从而获得将对比文件 1 中的散热部位仅保留一侧，并在包括散热鳍部和叠合部的散热片上设置通风部的技术方案，这种结合仅仅是不同现有技术之间的简单叠加，其所带来的效果也只是这些现有技术的效果总和。由于通风部具体设置位置并不能带来创造性的贡献，所以权利要求 8 相对于对比文件 1、2 和 4 的结合不具备创造性，不符合《专利法》第二十二条第三款的规定。

虽然原告强调通风部形成在散热鳍部和叠合部之间且一边镂空，使得散热鳍部底部有间隔而增强通风效果。对此，被告认为，散热器的设计理念就是为了增加散热效果，设置通风部可以便于空气流动，从而带走更多的热量，由此提高了散热效果，这种效果都是由通风部本身带来的，所以无论通风部设置在散热板片的什么位置上，例如散热鳍部上或者散热鳍部与叠合部之间，其达到的效果都是相同的，至于专利权人所强调的镂空，则是由于通风部设置在边缘位置使得另一侧无连接部从而实现的镂空，其与设置在板片上的同样大小的通风部所带来的通风效果是相同的。

综上所述，本专利的权利要求 1~8 均不具备创造性，不符合《专利法》第二十二条第三款的规定。对于第三人所提出的其他无效宣告请求理由，被告不再进行评述。据此，被告作出被诉决定。原告不服，诉至本院。

庭审中，原告对于被诉决定作出的程序、被诉决定中关于依据的文本、证据认定及本专利是否符合《专利法实施细则》第二十条第一款规定的认定无异议。同时，原告明确表示不再争议关于本专利权利要求 8 的创造性问题。

本院认为：对于被诉决定中各方当事人无异议的认定，本院经审查，对其合法性予以确认。本案的焦点问题在于本专利权利要求 1~7 是否符合《专利法》第二十二条第三款的规定。

《专利法》第二十二条第三款规定：创造性，是指同申请日以前已有的技术相比，该发明有突出的实质性特点和显著的进步，该实用新型有实质性特点和进步。

对比文件 1 公开了一种半导体发热元件的散热器。将本专利权利要求 1 保护的技术方案与对比文件 1 公开的内容相比，二者区别在于：1. 所述散热片的散热鳍部顶缘高于叠合部的顶缘，且所述散热鳍部顶缘内侧向叠合部顶缘形成一降面；2. 所述散热片的叠合部底缘相对散热鳍部的底缘凸出，散热片的叠合部叠合后的底面形成平整的接触面，且该散热鳍部的底缘相对形成一开放式且比通风底部较叠合部的底缘高的通风底部。对上述区别技术特征，原告亦予以认可。

对比文件 6 公开了一种散热器，其包括多片散热片 11、19，它们以嵌套的形式（具有叠合部）热传导并粘合在交换面 13 上，层 11 的延伸部 14A、14B 设置在一个平面上，如果有更多的空间，层 19 的延伸部（对应于散热鳍部）20B 可以提高至延伸位置 20B2，在位置 20B2 上时，延伸部的顶缘高于嵌套部分的顶缘，且其顶缘内侧向嵌套部分顶缘形成一倾斜降面（对应于区别技术特征 1），散热片嵌套部分的底缘相对延伸部的底缘向下凸出，其嵌套部分嵌套后底层的散热片的底面形成平整的接触面，与交换面 13 接触，延伸部的底缘相对形成一开放式且比嵌套部分的底缘高的通风底部（对应于区别技术特征 2）。对比文件 6 公开了所有区别技术特征，并且这些区别技术特征均起散热作用。本领域技术人员结合对比文件 1 和 6，得到权利要求 1 的技术方案。因此，被告认定本专利权利要求 1 相对于对比文件 1 和 6 的结合不具备创造性正确。

在本专利权利要求 1 不具备创造性的情况下，经审查，被告关于本专利权利要求 2-7 亦不具备创造性的认定正确，对被告上述认定，本院予以确认。

综上，被告认定本专利权利要求 1~8 均不具备创造性正确，被诉决定认定事实清楚，适用法律正确，行政程序合法，本院应予维持。原告的诉讼主张缺乏事实和法律依据，本院不予支持。据此，依照《中华人民共和国行政诉讼法》第五十四条第（一）项之规定，判决如下：

维持被告中华人民共和国国家知识产权局专利复审委员会于二〇〇八年九月十六日作出的第 12266 号无效宣告请求审查决定。

案件受理费人民币100元，由原告郭清松负担（已交纳）。

如不服本判决，原告郭清松、第三人扎尔曼技术株式会社可在本判决书送达之日起30日内，被告中华人民共和国国家知识产权局专利复审委员会可在本判决书送达之日起15日内，向本院提交上诉状，并按对方当事人人数提出副本，上诉于中华人民共和国北京市高级人民法院。上诉人在上诉期满后7日内未提交上诉案件受理费又不提交缓交申请的，按自动撤回上诉处理。

审 判 长 齐 莹

代理审判员 贾志刚

代理审判员 赵 锋

二〇〇九年十二月二十日

书 记 员 普 谦

191

一种亮瓦

无效宣告请求审查决定（第12271号）

决　　定　　号　第12271号
决　　定　　日　2008年9月23日
发明创造名称　一种亮瓦
国 际 分 类 号　E04D 1/02
无效宣告请求人　大足县红福玻璃厂
专　利　权　人　周荣刚
专　　利　　号　200520010372.9
申　　请　　日　2005年11月23日
授 权 公 告 日　2006年11月15日
合 议 组 组 长　赵　明
主　　审　　员　王　琳
参　　审　　员　周文娟

法　律　依　据　专利法第22条第3款
决　定　要　点

如果权利要求的技术方案与最接近的现有技术的区别特征是公知常识，则现有技术给出了将上述区别特征应用到该最接近的现有技术以解决其存在的技术问题的启示，该技术方案对本领域技术人员来说是显而易见的，该权利要求不具备创造性。

一、案由

本无效宣告请求涉及中华人民共和国国家知识产权局于2006年11月15日授权公告的、名称为“一种亮瓦”的实用新型专利权（下称本专利），其专利号是200520010372.9，申请日是2005年11月23日，专利权人是周荣刚，本专利授权公告时的权利要求书如下：

“1. 一种亮瓦，包括瓦体（1），其特征在于：所述瓦体（1）的侧面设置有防滑纹（2）。

2. 如权利要求1所述的亮瓦，其特征在于：所述防滑纹（2）设置于所述瓦体（1）的两侧棱处。

3. 如权利要求1或2所述的亮瓦，其特征在于：所述防滑纹（2）呈凹凸状。

4. 如权利要求1或2所述的亮瓦，其特征在于：所述防滑纹（2）设置于所述瓦体（1）的凹面。

5. 如权利要求3所述的亮瓦，其特征在于：所述防滑纹（2）设置于所述瓦体（1）的凹面。”

针对本专利，大足县红福玻璃厂（下称请求人）于2008年6月3日向专利复审委员会提出无效宣告请求，认为本专利权利要求1~5不符合专利法第22条第2、3款的规定，请求人同时提交了如下附件：

附件1：授权公告日为2003年12月3日，授权公告号为CN2589562Y的中国实用新型专利说明书，共6页；

附件2：授权公告日为2001年8月29日，授权公告号为CN2445027Y的中国实用新型专利说明书，共5页；

附件3：授权公告日为2004年5月19日，授权公告号为CN2616603Y的中国实用新型专利说明书，共5页；

附件4：授权公告日为1999年7月28日，授权公告号为CN2330652Y的中国实用新型专利说明书，共4页；

附件5：《玻璃手册》，作花济夫等编，蒋国栋等译，中国建筑工业出版社出版，1985年4月第一版第一次印刷，封面页、版权信息页、第321页复印件，共3页；

附件6：本专利。

请求人认为：附件1~5的公开日均早于本专利的申请日，属于专利法意义上的现有技术。附件1公开了瓦体和摩擦肋，分别对应于本专利权利要求1的瓦体和防滑纹，因此权利要求1不具备新颖性；附件2公开了槽形结构，该结构呈凹凸状，且设置于瓦体两侧的棱处、瓦体的凹面或凸面处，因此权利要求2~5不具备新颖性；以附件1作为最接近的现有技术，结合附件2~5得到权利要求1~5的技术方案是显而易见的，因此权利要求1~5不具备创造性。

经形式审查合格，专利复审委员会依法受理了上述无效宣告请求，并于2008年6月5日向请求人和专利权人发出无效宣告请求受理通知书，同时将专利权无效宣告请求书及其附件清单中所列附件的副本转给专利权人，并要求专利权人在指定的期限内陈述意见。

请求人于2008年7月2日向专利复审委员会提交了补充的意见陈述书和以下附件（编号续前）：

附件7：公开日为1985年11月11日，公开号为昭60-226434A的日本公开特许公报，共3页；

附件8：公开日为2002年10月16日，公开号为CN1374429A的中国发明专利申请公开说明书，共9页。

请求人使用附件7、8进一步证明本专利不具备新颖性和创造性。

本案合议组于2008年7月9日向双方当事人发出无效宣告请求口头审理通知书，定于2008年9月8日在专利复审委员会举行口头审理。随同口头审理通知书，将请求人于2008年7月2日提交的意见陈述书及其附件清单中所列附件的副本转送给专利权人。

口头审理如期举行，双方当事人均出席了口头审理。

口头审理中，请求人确定的无效理由、范围和所使用的证据为：权利要求1相对于附件1或8不具备新颖性；权利要求1相对于附件1和公知常识的结合不具备创造性；从属权利要求2的附加技术特征被附件2或8公开，从属权利要求3的附加技术特征被附件1或2或8公开，从属权利要求4、5的附加技术特征被附件2或8公开。请求人放弃附件7作为证据使用。专利权人认为附件5的真实性无法核实，但请求人认为该附件是专利权人在W508746、专利号为03237665.0无效案件中提交的，而且提交了原件，合议组可以核实其真实性。

关于权利要求1的新颖性，请求人认为：附件1公开了瓦体5，摩擦肋1，其中摩擦肋1与权利要求1防滑纹的作用相同，因此权利要求1相对于附件1不具有新颖性。同时附件8公开了本体1、防跌落筋10、底面上的上槽14和下槽13，结合其附图2-4，其本体相当于权利要求1的瓦体，防跌落筋10、上槽14和下槽13相当于权利要求1的防滑纹，而且它们的位置也是在瓦体的侧面，所以附件8公开了权利要求1的技术方案，权利要求1相对于附件8也不具有新颖性。专利权人认为：权利要求 1 与附件 1 的区别在于，附件 1 是瓷瓦，其摩擦肋在瓦体的正面；权利要求 1 是亮瓦，其防滑纹在瓦体的侧面，而且防滑纹也不是摩擦肋；附件 8 没有公开防滑纹，其中的防跌落筋不是在侧面，且不是防滑纹，因此权利要求 1 相对于附件 1 或附件 8 具备新颖性。

关于权利要求 1~5 的创造性，请求人认为：附件 1 与权利要求 1 的区别仅在于材料不同，但是亮瓦是一种常见的玻璃制品，而在玻璃上设置凹凸不平的防滑纹是本领域的公知常识，附件 3~5 可证明该点，因此权利要求 1~5 不具备创造性。专利权人坚持上述有关新颖性调查中提到的意见，同时认为附件 1、2、8 与本专利的发明领域不同，解决的技术问题也不一致，无论是槽形结构还是摩擦肋都与本专利的防滑纹不同；附件 3~5 与本专利的技术领域不同，其中也未公开或给出在亮瓦上设置防滑纹的启示，因此权利要求 1~5 具备创造性。

至此，合议组认为本案事实已经清楚，可以作出审查决定。

二、决定的理由

1. 关于证据

请求人使用的证据包括附件 1~5 和附件 8，专利权人对附件 1~4 和附件 8 的真实性没有异议，但认为附件 5 的真实性无法核实。请求人提出专利权人在专利号为 03237665.0 的 W508746 无效宣告案的审理过程中提交了附件 5 的原件，合议组核实后认可附件 5 的真实性，同时由于附件 1~5、8 为公开出版物，且其公开日期在本专利的申请日前，因此可以作为本专利的现有技术使用。

2. 关于创造性

专利法第 22 条第 3 款规定，创造性，是指同申请日以前已有的技术相比，该发明有突出的实质性特点和显著的进步。

如果权利要求的技术方案与最接近的现有技术的区别特征是公知常识，则现有技术给出了将上述区别特征应用到该最接近的现有技术以解决其存在的技术问题的启示，该技术方案对本领域技术人员来说是显而易见的，该权利要求不具备创造性。

本案中，权利要求 1 请求保护一种亮瓦，包括瓦体，其在瓦体的侧面设置有防滑纹。附件 1 公开了一种用于屋顶的瓷瓦（参见其说明书第 2 页和附图 1），其包括瓦体（5），瓦体（5）正面上端的凸起部位有摩擦肋（1），摩擦肋可以提高上瓦和下瓦之间的摩擦力，防止相互滑动并滑落，与权利要求 1 所述“防滑纹”的作用相同。权利要求 1 与附件 1 同属于屋顶建筑材料，两者相比区别在于：（1）权利要求 1 的防滑纹设置在瓦体的侧面，而附件 1 的摩擦肋设置在瓦体正面上端的凸起部位；（2）二者的制作材料不同，权利要求 1 为亮瓦，附件 1 为瓷瓦。对于区别（1），合议组认为，正如本专利所述，具体使用时是通过瓦体之间的防滑纹相互磨合或嵌合而达到抗震、防滑目的的，由此可见，本领域技术人员为了达到防滑的目的，可以根据瓦体使用时相互之间的配合关系选择将防滑纹设置在侧面或其他适当的位置。也就是说，根据瓦与瓦之间的配合关系将位于正面的防滑摩擦肋设置于侧面是容易想到的；对于区别（2），合议组认为，瓷瓦和亮瓦同属于本领域屋顶瓦体的常用材料，根据附件 1，本领域技术人员很容易想到在亮瓦上设置防滑纹来起到抗震、防滑的作用。综上，本专利权利要求 1 的技术方案对本领域技术人员来说是容易想到的，不具备实质性特点，不符合专利法第 22 条第 3 款有关创造性的规定。

从属权利要求 2 的附加技术特征在于防滑纹设置于瓦体的两侧棱处。同评述权利要求 1 的意见，防滑纹设置于瓦体的两侧棱处也是本领域技术人员根据瓦与瓦使用时相互之间的配合关系容易想到的，在权利要求 1 不具备创造性的前提下，权利要求 2 也不具备创造性。

从属权利要求 3 的附加技术特征在于所述防滑纹呈凹凸状。在建筑领域，凹凸状的防滑纹是常见形状，而且从附件 1 的附图 1 中也可以看出其中的摩擦肋也是凹凸状。因此，在其引用的权利要求不具备创造性的前提下，权利要求 3 也不具备创造性。

从属权利要求 4、5 的附加技术特征在于所述防滑纹设置于所述瓦体的凹面。但瓦与瓦之间搭合时将防滑纹或防摩擦纹设置于接触面上增加两者间的摩擦以防止它们相互滑动是本领域技术人员所公知的，如同对权利要求 1 的评述，防滑纹的设置位置可以根据瓦与瓦之间的接触面来确定，因此，防滑纹的位置选择也不具有实质性特点，在其引用的权利要求不具备创造性的前提下，权利要求 4 和 5 也不具备创造性。

综上所述，由于权利要求 1~5 不具备创造性，应予无效，本决定对请求人提出的其他无效理由不再予以评述。

基于上述理由，本案合议组作出如下决定。

三、决定

宣告 200520010372.9 号实用新型专利权全部无效。

当事人对本决定不服的，可以根据专利法第 46 条第 2 款的规定，自收到本决定之日起三个月内向北京市第一中级人民法院起诉。根据该款的规定，一方当事人起诉后，另一方当事人应当作为第三人参加诉讼。

北京市第一中级人民法院
行政判决书

（2009）一中行初字第 295 号

原告周荣刚，男，1974 年 2 月 9 日出生，汉族，住重庆市大足县玉龙镇玉峰 2 组。

委托代理人周韶红，女，汉族，1969 年 1 月 1 日出生，重庆弘旭专利代理有限责任公司专利代理人，住重庆市渝中区马鞍山村 17 号 2-8 户。

被告国家知识产权局专利复审委员会，住所地北京市海淀区北四环西路 9 号银谷大厦 10~12 层。

法定代表人廖涛，副主任。

委托代理人王琳，国家知识产权局专利复审委员会审查员。

委托代理人齐宏涛，国家知识产权局专利复审委员会审查员。

第三人大足县红福玻璃厂，住所地重庆市大足县玉龙镇玉锋村九社。

法定代表人段太华，厂长。

委托代理人涂强，男，汉族，1962 年 11 月 5 日出生，住重庆市渝中区北区路 18 号 3-4。

原告周荣刚不服被告国家知识产权局专利复审委员会（以下简称专利复审委员会）作出的第 12271 号无效宣告请求审查决定（以下简称第 12271 号决定），于法定期限内向本院提起诉讼。本院于 2009 年 1 月 6 日受理本案后，依法组成合议庭，并依法通知大足县红福玻璃厂（以下简称红福厂）作为第三人参加诉讼，于 2009 年 3 月 4 日公开开庭进行了审理。原告周荣刚及其委托代理人周韶红，被告专利复审委员会的委托代理人王琳、齐宏涛，第三人红福厂的委托代理人涂强到庭参加诉讼。本案现已审理终结。

专利复审委员会 2008 年 9 月 23 日作出的第 12271 号决定是针对红福厂对周荣刚享有的 200520010372.9 号名称为“一种亮瓦”的实用新型专利（以下简称本专利）所提出的无效宣告请求作出的。

专利复审委员会认为：本专利权利要求1要求保护的是一种亮瓦，包括瓦体的侧面设置有防滑纹。附件1公开了一种用于屋顶的瓷瓦，包括瓦体、瓦体正面上端的凸起部位有摩擦肋，摩擦肋可以提高上瓦和下瓦之间的摩擦力，防止互相滑动并滑落，与权利要求1所述“防滑纹”的作用相同。权利要求1与附件1同属于屋顶建筑材料，两者相比区别在于：1. 权利要求1的防滑纹设置在瓦体的侧面，而附件1的摩擦肋设置在瓦体正面上端的凸起部位；2. 二者的制作材料不同，权利要求1为亮瓦，附件1为瓷瓦。对于区别1，我委认为，正如本专利所述，具体使用时是通过瓦体之间的防滑纹相互磨合或嵌合而达到抗震、防滑目的，由此可见，本领域技术人员为了达到防滑目的，可以根据瓦体使用时相互之间的配合关系选择将防滑纹设置在侧面或其他适当的位置。也就是说，根据瓦与瓦之间的配合关系将位于正面的防滑摩擦肋设置于侧面是容易想到的；对于区别2，我委认为，瓷瓦和亮瓦同属于本领域屋顶瓦体的常用材料，根据附件1，本领域技术人员很容易想到在亮瓦上设置防滑纹来起到抗震、防滑作用。综上，本专利权利要求1的技术方案对本领域技术人员来说是容易想到的，不具备实质性特点，不符合《中华人民共和国专利法》（以下简称《专利法》）的二十二条第三款之规定。从属权利要求2的附加技术特征在于防滑纹设置于瓦体的两侧棱处。同评述权利要求1之理，防滑纹设置于瓦体的两侧棱处也是本领域技术人员根据瓦与瓦使用时相互之间的配合关系容易想到的，在权利要求1不具备创造性的前提下，权利要求2也不具备创造性。从属权利要求3的附加技术特征在于所述防滑纹呈凹凸状。在建筑领域，凹凸状的防滑纹是常见形状，而且从附件1的附图1中也可以看出其中的摩擦肋也是凹凸状。因此，在其引用的权利要求不具备创造性的前提下，权利要求3也不具备创造性。从属权利要求4、5的附加技术特征在于所述防滑纹设置于所述瓦体的凹面。但瓦与瓦之间搭合时将防滑纹或摩擦纹设置于接触面上增加两者间的摩擦以防止它们相互滑动是本领域技术人员所公知的，如同对权利要求1的评述，防滑纹设置位置可以根据瓦与瓦之间的接触面来确定，因此，防滑纹的位置选择也不具有实质性特点，在其所引用的权利要求不具备创造性的前提下，权利要求4和5也不具备创造性。综上所述，决定：宣告200520010372.9号名称为“一种亮瓦”的实用新型专利权全部无效。

原告周荣刚不服该决定，向本院起诉称：本专利与附件1相比，两者所要解决的技术问题不同：本专利是为了抗震、防滑；附件1是为了防漏、防逆水现象发生。两者所采用的技术方案不同：区别特征为：1. 两者采用的材料不同，一为亮瓦，一为瓷瓦；2. 一为防滑纹，一为摩擦肋，防滑纹不是摩擦肋；3. 防滑纹设置在瓦体的侧面，摩擦肋设置在瓦体的正面上端的凸起部位。两者达到的技术效果不同：本专利的亮瓦由于在侧面设置有防滑纹，故可以随意安装使用即可达到抗震、防滑效果；而附件1所公开的是结构复杂的瓷瓦，其上下瓦之间的搭接必须依序排放，才能使得“左、右两侧相邻瓦之间搭合紧密，搭合处外形与瓦体的表面呈圆滑过渡，防漏性能得到大大提高”，且这样的瓷瓦只能在正面上端的凸起部位设置摩擦肋，如果设置在瓦体的侧面就无法达到防漏的效果。据此，本专利与附件1相比，上述区别特征在附件1中未见技术启示，且本专利的结构更加简单！仅通过一种巧妙的改进就能达到很好的技术效果，其本身就说明具备创造性。本专利权利要求2~5除前述区别特征外，其附加特征也未在附件1中见到任何启示，具有实质性特点和进步，具备创造性。综上请求撤销专利复审委员会作出的第12271号决定。

被告专利复审委员会的答辩称：关于本专利创造性问题我委坚持第12271号决定中的意见。附件1在说明书第2页中记载“在所述瓦体（5）的正面上端的凸起部位有摩擦肋（1），摩擦肋的存在，可提高其使用时上瓦与下瓦之间的摩擦力，防止其滑落”。由此可见，附件1中的摩擦肋与本专利中的防滑纹一样，也具有防滑的作用。至于其设置的位置，则是本领域技术人员根据瓦体使用时相互之间的配合关系可以容易地选择，因此根据瓦与瓦之间的配合关系将位于正面的防滑摩擦肋设置于侧面是容易想到的。而瓷瓦和亮瓦同属于本领域屋顶瓦体的常用材料，使用亮瓦并不带来预料不到的技术效果，因此，周荣刚的主张不能成立。综上，我委第12271号决定认定事实清楚、适用法律准确、程序合法，故请求驳回周荣刚的诉讼请求，维持第12271号决定。

第三人红福厂同意第12271号决定。称，附件1为最接近的对比文件，其与本专利相比所不同的就是材料，本专利为玻璃，而附件2、3、4等能够给出这一启示，本领域技术人员无需花费创造性劳动即可实现本专利技术效果，因此，本专利不具备创造性。故，请求驳回周荣刚的诉讼请求。

经审理查明：

2005年11月23日，周荣刚申请了名称为“一种亮瓦”的实用新型专利（即本专利），2006年11月15日获得授权，专利号为200520010372.9。其权利要求如下：1. 一种亮瓦，包括瓦体，其特征在于：所述瓦体的侧面设置有防滑纹。2. 如权利要求1所述的亮瓦，其特征在于：所述防滑纹设置于所述瓦体的两侧棱处。3. 如权利要求1或2所述的亮瓦，其特征在于：所述防滑纹呈凹凸状。4. 如权利要求1或2所述的亮瓦，其特征在于：所述防滑纹设置于所述瓦体的凹面。5. 如权利要求3所述的亮瓦，其特征在于：所述防滑纹设置于所述瓦体的凹面。其说明书中载明：本实用新型的目的是提供一种抗震、防滑的亮瓦。本专利所述的防滑纹设置于所述瓦体两侧的侧棱处；所述防滑纹设置于所述瓦体的凹面；所述防滑纹呈凹凸状，这样设置的目的在于：当使用时瓦体之间防滑纹的配合位置佳，抗震、防滑效果更好。说明书附图载明本专利实施例中防滑纹有条形、网格形等。

2008年6月3日，红福厂提出无效请求，其中提交了附件1：授权公告日为2003年12月3日，授权公告号为CN2589562Y的中国实用新型专利说明书。其权利要求载明：1. 瓷瓦，它有横截面基本上呈波浪形的瓦体，其特征在于，所述的瓦体正面上端的凹下部位有挂头凸台，瓦体背面下端的凹下部位有后爪凸台，瓦体左、右两侧面的外形相互对应，瓦体背面的凸起部位有突出的后肋。2. 如权利要求1所述的瓷瓦，其特征在于，在所述的瓦体的正面上端的凸起部位有摩擦肋。3. 如权利要求1所述的瓷瓦，其特征在于，所述的瓦体由陶瓷材料制成。其说明书中载明：现有的屋顶瓦主要是缸瓦、水泥瓦等，与屋顶以下的建筑材料不相协调，而且由于瓦体结构上的原因，排水不畅，有时会出现漏水、逆水（雨水从瓦体上端漏在屋顶面上）现象。本实用新型所要解决的技术问题是，提供一种瓷瓦，以提高其结构的合理性，防止漏水、逆水现象的发生。在实施例中该说明书指出，在所述瓦体（5）的正面上端的凸起部位有摩擦肋（1）。摩擦肋的存在，可以提高其使用时上瓦与下瓦之间的摩擦力，防止其滑落。后附的说明书附图1显示在所述瓦体的正面上端的凸起部位设置有摩擦肋（1），所标示的摩擦肋排列为两条一排，共两排。

周荣刚表示，本专利权利要求1与附件1的区别是本专利所述瓦体的侧面设置有防滑纹，而附件1为摩擦肋，显然防滑纹与摩擦肋是完全不同的两个技术特征，前者为连续性的纹理，后者只是凸肋形状，属于不同的技术方案，而且防滑纹设置的位置也不相同，前者防滑纹设置于瓦体侧面，后者摩擦肋设置于瓦体正面上端。故防滑效果上，本专利更好，本专利与附件1相比，无需考虑瓦与瓦之间的方向顺序，便于瓦的排列安装，而附件1不具有这一技术效果。同时材料也不相同，本专利是一种亮瓦。专利复审委员会称，与附件1相比，本专利为防滑纹，附件1为摩擦肋，而本专利权利要求1没有对防滑纹作出特别限定，与附件1所公开的摩擦肋相比实质功能和效果相同，且周荣刚所述这一区别并未带来任何特别的技术效果，两个技术方案作用相同、目的相同、技术效果相同。同时，将防滑纹设置于瓦体两侧是本领域技术人员容易想到的，本专利为亮瓦，属于功能性限定，是能够透光的瓦，常以玻璃为材料，附件1为瓷瓦，两种材料都是本领技术人员常用的，因此，本专利不具备创造性。红福厂称，防滑纹本身就是公知常识，是很容易做到的，不具备创造性，关于防震效果附件1的技术方案也能实现这种技术效果。

上述事实有第12271号决定、本专利权利要求书、说明书及附图、附件1权利要求书、说明书及附图，以及当事人陈述等证据在案佐证。

本院认为：

1. 关于权利要求 1 的创造性。

（1）关于防滑纹与摩擦肋区别特征问题。根据本专利文件与附件 1 两证据所示，本专利所述防滑纹与附件 1 所述摩擦肋都是为了使瓦体之间增加摩擦，达到抗震、防滑的目的，在功能、作用及其所要解决的技术问题、实现的技术效果、达到的技术目的等方面没有本质差别。本专利并未对其防滑纹诸如具体形状、结构加以特别限定，以至于使其与摩擦肋相比构成本质区别，且实施例中本专利也包含有条形排列的防滑纹，而附件 1 所公开的实施例附图 1 中也给出了条形排列的摩擦肋，故两者无实质性不同，专利复审委员会的答辩理由成立。（2）关于本专利将防滑纹设置于瓦体侧面与附件 1 将摩擦肋设置于瓦体正面上端的区别。比较本专利将防滑纹设置于瓦体侧面与附件 1 将摩擦肋设置于瓦体正面上端，本专利并未产生任何意想不到的有益效果，根据瓦与瓦之间配合部位的需要，选择将防滑纹设置于侧面是本领域技术人员容易想到的。周荣刚所称本专利与附件 1 相比，无需考虑瓦与瓦之间的方向顺序，便于瓦的排列安装，而附件 1 不具有这一技术效果。本院认为，本专利权利要求 1 要求保护的是将防滑纹设置于瓦体侧面，在权利要求 1 并未特别限定"将防滑纹设置为无需考虑瓦与瓦之间的方向顺序"的情况下，本专利权利要求 1 同样包含了需要考虑瓦与瓦之间方向顺序的情况。3. 关于本专利为一种亮瓦与附件 1 为瓷瓦的区别。瓷瓦与亮瓦均属于本领域常用材料，本领域技术人员根据需要容易想到并会加以选择，周荣刚并未说明使用亮瓦在抗震、防滑方面能够产生哪些意料不到的技术效果。综上，权利要求 1 相对于附件 1 并不具有实质性特点和进步，权利要求 1 不具备创造性。

2. 关于权利要求 2~5 的创造性。

本专利权利要求 2 将防滑纹设置于瓦体两侧棱处，同权利要求 1 评述之理，防滑纹设置于瓦体的两侧棱处也是本领域技术人员根据瓦与瓦之间的配合关系容易想到的，在权利要求 1 不具备创造性的前提下，引用权利要求 1 的权利要求 2 也不具备创造性。本专利权利要求 3 防滑纹呈凹凸状，属于常见形状，在权利要求 1 和 2 不具备创造性的前提下，引用权利要求 1 或 2 的权利要求 3 也不具备创造性。权利要求 4 与 5 分别属于权利要求 1 或 2 与权利要求 3 的附加技术特征，均是将防滑纹设置于瓦体凹面，该方案为本领域技术人员所公知，防滑纹位置的设置显然可以根据瓦与瓦之间的搭接处需要来确定，没有实质性特点，在权利要求 4 与 5 所引用的权利要求不具备创造性的前提下，权利要求 4 与 5 也不具备创造性。

综上，专利复审委员会认定本专利不符合《专利法》第二十二条第三款关于创造性的规定，所作判定并无不当。第 12271 号决定认定事实清楚，适用法律正确，程序合法，依照《中华人民共和国行政诉讼法》第五十四条第（一）项之规定，本院判决如下：

维持被告国家知识产权局专利复审委员会作出的第 12271 号无效宣告请求审查决定。

案件受理费 100 元，由原告周荣刚负担（已交纳）。

如不服本判决，各方当事人可于本判决书送达之日起 15 日内，向本院递交上诉状，并按对方当事人人数提交上诉状副本，同时交纳上诉案件受理费 100 元，上诉于北京市高级人民法院。

审 判 长　任　进

代理审判员　邢　军

人民陪审员　牛艳玲

二〇〇九年三月二十七日

书 记 员　袁　伟

192

能自动开启和锁定的平开门机

无效宣告请求审查决定（第12274号）

决　　定　　号　第12274号
决　　定　　日　2008年9月10日
发明创造名称　能自动开启和锁定的平开门机
国际分类号　E05F 15/12
无效宣告请求人　陈旭跃
专　利　权　人　陈鼎奇
专　　利　　号　200520099024.3
申　　请　　日　2005年11月25日
授权公告日　2006年11月29日
合议组组长　朱文广
主　　审　　员　周文娟
参　　审　　员　王　博

法　律　依　据　专利法第22条第2款、第3款、第4款
决　定　要　点

如果权利要求所限定的技术方案与对比文件公开的技术方案实质上相同，所属技术领域的技术人员根据两者的技术方案可以确定两者能够适用于相同的技术领域，解决相同的技术问题，并具有相同的预期效果，则认为两者为同样的发明或者实用新型。权利要求与最接近现有技术相比存在区别特征时，如果没有足够的证据表明存在技术启示将该区别特征应用于最接近现有技术中，则不能得出该权利要求不具备创造性的结论。

一、案由

本无效宣告请求涉及中华人民共和国国家知识产权局于2006年11月29日授权公告的、名称为“能自动开启和锁定的平开门机”的200520099024.3号实用新型专利（下称本专利），其申请日是2005年11月25日，专利权人是陈鼎奇。本专利授权公告时的权利要求书如下：

“1. 一种能自动开启和锁定的平开门机，它包括设于支座（6）下侧的滚轮（1）、用以驱动滚轮的驱动装置、以及自锁装置，其特征在于：所述驱动装置包括活套于滚轮转轴（2）上用以与电机输出装置（5）连接的齿轮（31）、以及用以使齿轮与滚轮及其转轴处于联动或不联动状态的活动连接件。

2. 根据权利要求1所述的能自动开启和锁定的平开门机，其特征在于：所述的活动连接件为设

于滚轮转轴中部滑槽（21）内可相对其轴向移动的滑键（32），所述齿轮与滚轮相邻的端面上分别对应开设有与滑键伸出滚轮转轴的外端部配合的槽道（33）、（11），且设于滚轮上的槽道（11）轴向长度大于滑键外端部的轴向长度，所述滑槽的一端设有用以推动滑键向另一端轴向移动的螺杆（34）及与其配合的螺纹通孔（22），滑槽的另一端设有作用于滑键另一侧的复位弹簧（35）。

3. 根据权利要求2所述的能自动开启和锁定的平开门机，其特征在于：所述滑键的中部设有定位槽（37），定位槽内设有与滑键垂直的定位销（36），定位销可在定位槽内沿滚轮转轴轴向移动，定位销的两端穿出定位槽与设于滚轮转轴上的定位孔（23）连接。

4. 根据权利要求1、2或3所述的能自动开启和锁定的平开门机，其特征在于：所述自锁装置包括竖设于支座上的弹性推杆（41）、设于滚轮转轴上的棘轮（42）和自锁卡轮（43）、铰接于弹性推杆下端用以与棘轮配合的棘爪（44）、以及固设于地面上用以与自锁卡轮的卡接部（45）配合的对扣挡铁（46），所述自锁卡轮的一侧部与弹性推杆下端铰接。

5. 根据权利要求4所述的能自动开启和锁定的平开门机，其特征在于：所述齿轮上的槽道（33）为以轴心线为中心对称分布的十字槽道，所述滑键上反向设有伸出滚轮转轴的两个外端部。

6. 根据权利要求5所述的能自动开启和锁定的平开门机，其特征在于：滑键的另一侧上设有与复位弹簧的中心孔配合联接的凸部（38）。”

针对本专利权，陈旭跃（下称请求人）于2008年4月22日向专利复审委员会提出无效宣告请求，认为本专利不符合专利法第22条的规定，同时提交了如下附件作为证据使用：

附件1：国家知识产权局针对本专利做出的实用新型专利检索报告中对本专利不具新颖性/创造性的说明部分复印件，共2页；

附件2：授权公告日为2005年2月9日、授权公告号为CN2677534Y（专利号为200420017043.2）的中国实用新型专利说明书，共9页（下称对比文件1）。

请求人认为：国家知识产权局提供的检索报告中表明本专利的技术特征已被对比文件1披露，故本专利不符合专利法第22条的规定。

经形式审查合格，专利复审委员会依法受理了上述无效宣告请求，并于2008年4月22日向请求人和专利权人发出无效宣告请求受理通知书，同时将专利权无效宣告请求书及其附件清单中所列附件的副本转送给专利权人，并要求专利权人在指定的期限内陈述意见。

请求人于2008年5月12日向专利复审委员会提交了意见陈述书，并补充了无效宣告的理由和证据，其中补充的证据为（编号续前）：

附件3：授权公告日为2005年4月13日、授权公告号为CN2692298Y（专利号为200420007815.4）的中国实用新型专利说明书，共6页（下称对比文件2）。

请求人认为：（1）权利要求1相对于对比文件1不具备新颖性；（2）权利要求2相对于对比文件1和2的结合不具备新颖性和创造性；（3）为使滑键不会脱离转轴，又使离合装置工作，本领域技术人员必然会设计“在滑键中部设定位槽，在定位槽内设定位销”，且对比文件1也披露了同权利要求3附加技术特征相类似的技术特征，故权利要求3不具备专利法第22条第2款、第3款规定的新颖性和创造性；（4）参照前述评述，权利要求4~5的附加技术特征已被对比文件1披露，权利要求6的附加技术特征属本领域常规的技术手段，故权利要求4~6也不具备专利法第22条第2款、第3款规定的新颖性和创造性。权利要求2缺少权利要求3的附加技术特征，则滑键（32）的凸牙在脱离十字槽道（33）后会脱离转轴，而使离合器无法工作，不符合专利法第22条第4款的规定。

针对专利复审委员会发出的上述无效宣告请求受理通知书，专利权人于2008年6月6日提交了意见陈述书，专利权人认为：权利要求1中特征部分的技术特征未被对比文件公开，尤其是“活套于滚轮转轴上用以与电机输出装置连接的齿轮”未被对比文件公开；权利要求2对权利要求1所述“活动连接件”具体构造的限定以及权利要求3~6对其构造的进一步优化限定的特征均未被对比文件披露，故权利要求1~6相对于对比文件具备新颖性和创造性。

本案合议组于2008年7月10日向请求人和专利权人发出无效宣告请求口头审理通知书，定于2008年8月27日在专利复审委员会举行口头审理。随同口头审理通知书，将请求人于2008年5月12日提交的意见陈述书及其附件清单中所列附件的副本转送给专利权人，将专利权人于2008年6月6日提交的意见陈述书的副本转送给请求人。

口头审理如期举行，双方当事人均参加了口头审理。

在口头审理中，请求人提交了意见陈述书和另外5份文件，但明确表示所提文件仅供参考，不作为证据使用。合议组当庭转给专利权人。请求人明确其无效理由、证据及其组合方式为：权利要求1相对于对比文件1不具备新颖性，因此也不具备创造性；权利要求2和3相对于对比文件1和2的结合不具备创造性；权利要求4~6相对于对比文件1不具备新颖性，相对于对比文件1和2的结合不具备创造性；权利要求2缺少权利要求3的附加技术特征，不具备实用性。专利权人对对比文件1、2的真实性没有异议，对无效理由和证据的组合方式也无异议。在此基础上，合议组对本案进行了调查，充分听取了双方当事人的意见。

至此，合议组认为本案事实已经清楚，可以作出审查决定。

二、决定的理由

1. 关于证据和现有技术

请求人提交的证据包括对比文件1和对比文件2，专利权人对其真实性没有异议，经审查，合议组对对比文件1和2的真实性也予以确认，同时由于附件1和2为公开出版物，且其公开日期在本专利的申请日前，因此可以作为本专利的现有技术使用。

2. 关于专利法第22条第4款

专利法第22条第4款的实用性是指该发明或者实用新型的主题能够在产业上制造或者使用，并且能够产生积极效果。

如果一项技术方案可以实现，能够在产业上制造或者使用，并具有一定的技术效果，只是存在一定缺陷，尚需改进，则仍然认为该技术方案是具备实用性的。

请求人认为本专利的权利要求2缺少权利要求3的附加技术特征，滑键无法定位，从而不具有实用性。对此，合议组认为，权利要求2所述的平开门机没有限定滑键通过定位槽和定位销进行定位，虽然可能存在不够稳定的缺点，但仍然能够起到使齿轮与滚轮及其转轴处于联动或不联动的作用，从而实现自动开启和锁定平开门的目的，且该装置具有结构简单、成本低廉等优点。因此，权利要求2所限定的技术方案能够制造或者使用，且能产生积极效果，具备实用性。

3. 关于专利法第22条第2款、第3款

新颖性，是指在申请日以前没有同样的发明或者实用新型在国内外出版物上公开发表过、在国内公开使用过或者以其他方式为公众所知，也没有同样的发明或者实用新型由他人向国务院专利行政部门提出过申请并记载在申请日以后公布的专利申请文件中。

如果专利申请与对比文件公开的内容相比，其权利要求所限定的技术方案与对比文件公开的技术方案实质上相同，所属技术领域的技术人员根据两者的技术方案可以确定两者能够适用于相同的技术领域，解决相同的技术问题，并具有相同的预期效果，则认为两者为同样的发明或者实用新型。

创造性，是指同申请日以前已有的技术相比，该发明有突出的实质性特点和显著的进步，该实用新型具有实质性特点和进步。

权利要求与最接近现有技术相比存在区别特征时，如果没有足够的证据表明存在技术启示将该区别特征应用于最接近现有技术中，则不能得出该权利要求不具备创造性的结论。

（1）关于权利要求1。

对比文件1（参见说明书第2页第5~9行和附图1-8）公开了一种平开门机自动开启和锁定装置，该装置由滚轮1、驱动装置2和自锁装置3构成，其中驱动装置2是一个多级离合器，多级离合器包含有一个棘轮2-1；自锁装置3由自锁卡轮3-1、对扣挡铁3-2和推杆3-3构成；多级离合器与滚轮1同轴安装，推杆3-3的末端固定有自锁卡轮3-1和棘爪2-2；棘爪2-2与多级离合器中棘轮2-1配合。二级离合齿轮2-3套在中心轴2-7外（参见第2页第14~15行），由电机6带动并输出转动的从动齿轮4与二级离合齿轮2-3啮合（参见第2页第23~24行）。挡位销2-5穿过两个通槽2-10和滑块的中心孔，两端固定在一级离合套筒2-4上，挡位销2-5可沿通槽2-10滑动（第2页16~19行），当一级离合套筒2-4的十字插销2-11插入二级离合齿轮2-3的插孔内，二级离合齿轮2-3与一级离合套筒2-4同步运转；当一级离合套筒2-4的十字插销2-11穿过二级离合套筒、插入三级离合棘轮2-1的插孔内时，三级离合器被电机驱动而三级同步运转，从而实现电动开、关门；停电时，用解锁钥匙旋转离合器内的推杆，推开离合器的一级离合套筒2-4时，多级离合器处于分开状态，三级离合棘轮2-1可自由转动，从而实现手动开、关门（参见说明书第2页25~27行和第3页20~28行）。

将本专利权利要求1与对比文件进行对比可知，对比文件1公开了权利要求1的全部前序特征，专利权人对此也予以认可；该对比文件所述的“二级离合齿轮2-3”和“一级离合套筒2-4”分别相当于权利要求1所述的“活套于滚轮转轴（2）上用以与电机输出装置（5）连接的齿轮（31）”和“用以使齿轮与滚轮及其转轴处于联动或不联动状态的活动连接件”，二者属于相同的技术领域，且本领域技术人员可以确定二者能够解决相同的技术问题，具有相同的预期效果，故权利要求1所述的技术方案相对于附件1不具备专利法第22条第2款规定的新颖性。

虽然专利权人认为，根据对比文件1图1所示的齿轮2-3是套在套筒2-4上的，而权利要求1所述齿轮是活套于滚轮转轴上的，且该对比文件还未披露其活动连接件可使齿轮与滚轮及其转轴处于联动或不联动状态。对此，合议组认为，首先，对比文件1（参见第2页第14~15行）已经明确记载了“二级离合齿轮2-3……套在中心轴2-7外”；其次，如果对比文件1中的齿轮2-3没有活套在轴上，而是套在套筒2-4上的，则意味着套筒2-4必须与齿轮2-3始终保持联动状态，不能脱离分开，否则齿轮2-3将无处支承，也就是说即使停电状态下手动开、关门时，套筒及其转轴与齿轮2-3以及电机6仍将处于联动状态，显然，如果电机不能被反向带转，则无法实现手动开、关门；如果电机能够被反向带转，则无论是否有电，均可通过手动开关，且无法在关门状态下进行锁定，从而无法实现有电状态下完全靠开关启动的功能以及“在关闭状态下，只要不启动开启开关，无论如何都无法将门体向任何方向挪动一点位置，从而保证了门体在关闭状态下的可靠性”的发明目的。由此可见，专利权人的该项主张不能成立。而且结合对比文件1针对两级、三级同步运转以及电动开关门和手动开关门的描述来看，所述齿轮2-3实际上是直接套在轴上的，但齿轮2-3内表面开有十字插孔，通过套筒2-4端部的十字插销2-11插入实现联动，图1显示的则正是该状态下插销插孔位置的剖面图，而齿轮2-3的非插孔部分是与轴直接接触的。基于上述同样的理由可知，在停电状态下手动开、关门时，套筒2-4必须与齿轮2-3脱离分开达到不联动的状态。因此，“活套于滚轮转轴（2）上用以与电机输出装置（5）连接的齿轮（31）”和“用以使齿轮与滚轮及其转轴处于联动或不联动状态的活动连接件”均已被对比文件1公开。

（2）关于权利要求2~3。

请求人认为，对比文件1中的“一级离合套筒2-4的十字插销2-11”具体相当于权利要求2所限定的“活动连接件”；对比文件2公开了中心一字型离合块，结合对比文件2很容易想到将对比文件1的十字槽型离合器改为权利要求2所述的一字型离合器，故权利要求2不具备创造性。

权利要求2对权利要求1所述的“活动连接件”及其相应的组合部件作了进一步的限定。对比文件2（参见权利要求1~4、说明书第1~2页和附图1）公开了一种电动门开门机，包括电机、罩壳（1）、箱体（2）等，箱体内设有中空的主轴（3），主轴内依次设有顶杆（4）、离合块（5）和顶簧（6），顶杆另一端与离合器锁定板（7）相连；主轴与连接件（8）相连、连接件与蜗轮（9）连接，蜗轮与蜗杆（10）相连；连接件上设有十字槽口（11），主轴上还设有使离合块活动的滑动槽。顶杆压入时，连接件与离合块脱开，主轴不能转动，顶簧顶压离合块进入连接件上的十字槽口，主轴随着转动。合议组认为，权利要求2限定的“活动连接件”是“设在滚轮转轴中部滑槽（21）内可相对其轴向移动滑键（32）”，而对比文件1中所述的“十字插销2-11”设在套筒2-4的端部，是套在轴外的。因此，虽然对比文件1公开了权利要求1中的“活动连接件”，但没有公开权利要求2中所具体限定的这种滑键式活动连接件，请求人关于对比文件1中“十字插销2-11”相当于权利要求2所述“活动连接件”即“滑键（32）”的主张是不成立的。所以请求人就此提出的权利要求2相对于对比文件1和2的结合不具备创造性的主张也不成立。

权利要求3引用权利要求2，对滑键的结构作了进一步限定。因此，依据上述同样的理由，请求人关于权利要求3相对于对比文件1和2的结合不具备创造性的主张也不成立。

（3）关于权利要求4~6。

权利要求4引用权利要求1、2或3，对自锁装置作了进一步限定。对比文件1（参见说明书第2~3页和图5-8）公开了自锁装置3由自锁卡轮3-1、对扣挡铁3-2和推杆3-3构成，推杆3-3的末端固定有自锁卡轮3-1和棘爪2-2；自锁卡轮3-1套在三级离合棘轮2-1一侧的中心轴外，在自锁卡轮3-1上开有挡铁固定孔3-4和推杆固定孔3-5，挡铁固定孔3-4可与地面上的对扣挡铁3-2扣和或脱出，推杆固定孔3-5与推杆末端的固定销3-6连接，并可绕固定销3-6转动；棘爪2-2的一端固定在推杆3-3上，并可绕固定点转动，另一端随着推杆3-3的运动而对三级离合器棘轮2-1起到止动或脱离作用；结合附图5和6可以看出，弹性推杆是竖设于支座上的。由此可见，对比文件1已经披露权利要求4的全部附加技术特征，专利权人对于此点也予以认可。因此，在权利要求1不具备新颖性的情况下，权利要求4引用权利要求1的技术方案相对于对比文件1不具备专利法第22条第2款所规定的新颖性。同时，基于前面关于权利要求2、3的评述，请求人关于权利要求4引用权利要求2或3的技术方案相对于对比文件1和2的结合不具备创造性的主张不成立。

权利要求5引用权利要求4，对齿轮上的槽道（33）作了进一步限定，虽然权利要求4引用了权利要求1、2或3，但进一步限定的特征“齿轮上的槽道（33）”在权利要求1中并不存在，由此可知，权利要求5的保护范围实际上就是引用权利要求4引权利要求2或3的技术方案。基于前述同样的理由，请求人关于权利要求5相对于对比文件1不具备新颖性，相对于对比文件1和2的结合不具备创造性的主张不成立。

权利要求6引用权利要求5，同权利要求5的评述，权利要求6实际上仅包含其间接引用权利要求2或3的技术方案，请求人关于权利要求6相对于对比文件1不具备新颖性，相对于对比文件1和2的结合不具备创造性的主张也不成立。

根据上述的事实和理由，本案合议组依法作出以下决定。

三、决定

宣告200520099024.3号实用新型专利权的权利要求1和权利要求4引用权利要求1的技术方案无效，在权利要求2~3、权利要求4引用权利要求2或3的技术方案和权利要求5~6的基础上维持该专利权继续有效。

当事人对本决定不服的，可以根据专利法第46条第2款的规定，自收到本决定之日起三个月内向北京市第一中级人民法院起诉。根据该款的规定，一方当事人起诉后，另一方当事人应当作为第三人参加诉讼。

北京市第一中级人民法院
行政判决书

（2009）一中行初字第376号

原告陈旭跃，男，1979年4月1日出生，汉族，住福建省福州市湖东路64号。

委托代理人康永辉，男，1953年12月16日出生，汉族，无业，住福建省福州市湖东路64号1座301号。

被告国家知识产权局专利复审委员会，住所地北京市海淀区北四环西路9号银谷大厦。

法定代表人廖涛，副主任。

委托代理人周文娟，女，国家知识产权局专利复审委员会审查员。

委托代理人瞿晓峰，男，国家知识产权局专利复审委员会审查员。

第三人陈鼎奇，男，1964年12月2日出生，汉族，住福建省福州市仓山区通江路18号杰座花园一区17-502。

委托代理人林天凯，男，福州展晖专利事务所专利代理人。

原告陈旭跃不服被告国家知识产权局专利复审委员会作出的第12274号无效宣告请求审查决定（以下简称被诉决定），向本院提起行政诉讼。本院受理后，依法组成合议庭，向被告送达了起诉状副本及应诉通知书，并依照《中华人民共和国行政诉讼法》第二十七条之规定，通知陈鼎奇作为本案第三人参加诉讼。本院于2009年6月4日公开开庭审理了本案。原告的委托代理人康永辉，被告的委托代理人周文娟、瞿晓峰，第三人的委托代理人林天凯到庭参加了诉讼。本案现已审理终结。

被告于2008年9月10日依照《中华人民共和国专利法》（以下简称《专利法》）第二十二条第二、三、四款的规定作出被诉决定：宣告200520099024.3号实用新型专利权（以下简称本专利）的权利要求1和权利要求4引用权利要求1的技术方案无效，在权利要求2~3、权利要求4引用权利要求2或3的技术方案和专利要求5~6的基础上维持该专利权继续有效。

被告为证明被诉决定的合法性，在法定举证期限内向本院提供了以下证据：1. 本专利的授权公告文本；2. 专利号为200420017043.2的中国实用新型专利说明书（即被诉决定中对比文件1）；3. 专利号为200420007815.4的中国实用新型专利说明书（即被诉决定中对比文件2）；4. 口审记录表。

原告诉称：被诉决定主要证据不足，认定事实错误，适用法律法规错误，程序违规，请求法院撤销被诉决定，并判令被告重新作出决定。具体理由如下：1. 根据《审查指南》相关规定，无效宣告程序的当事人可以请求用实物演示，而且在口头审理的第一阶段合议组长应询问当事人是否请求演示物证。原告也在口头审理通知书回执上明确写明将在口审中展示的实物照片物证，实物照片是本专利以及对比文件1的实物照片，与本专利以及对比文件1说明书附图对应，属相同的证据，可以帮助合议组弄清本专利以及对比文件1说明书附图，但口头审理时，合议组没有询问是否当事人请求演示物证，也没有给原告在口审中展示的实物照片物证的机会，违反程序。2. 根据《审查指南》相关规定，口审中合议组成员不应当场发表自己倾向性意见，但口头审理时，合议组也没有看内容就当庭采纳第三人的意见认为原告当场意见陈述书附的4份文件超过举证期不予采信，违反程序规定。3. 根据《审查指南》相关规定，原告随附意见陈述书的4份文件是可以考虑的。随附的实用新型检索报告其首页复印件与原告原先提供的实用新型检索报告中对本案专利不具有新颖性、创造性的说明部分复印件是属同一份文件，是《审查指南》所指“完善证据法定形式的原件等证据”，理应采纳，随附实物照片是本专利以及对比文件1的实物照片，与原告原提供的本专利以及对比文件1说明书附图对应，属相同的证据，也理应采纳。随附专利申请号200510019901.6的发明专利申请在网站上一查就可查到，其已交实审请求费，但未审查通过，属于众所周知的事实，可见同样内容本专利的专利性也是有问题的。4. 原告在口审前递交了意见陈述书和另外4份文件，被诉决定进行了错误的描述：（1）原告当场递交除了意见陈述书并另外4份文件，而不是另外5份文件。（2）原告当场递交意见陈述书并另外4份文件，是在口审开庭前，而不是在口审中，所以在提交时不可能表示什么。原告当场递交意见陈述书并另外4份文件一式两份，合议组是在口审开庭后交副本给第三人质证的，合议组也没有看内容就当庭采纳第三人的意见。5. 被诉决定已认定本专利独立权利要求1不具有新颖性，即，本专利必要技术特征其总和足以构成实用新型的技术方案与对比文件公开的技术方案实质上相同，而非必要技术特征是对整个技术方案方案来说是可有可无的。被诉决定维持本专利非必要技术特征部分有创造性与《审查指南》相关规定是矛盾的，应予改正。6. 本专利的目的是欲克服对比文件1中“多级离合器的构造较为复杂”的问题，本专利权利要求1不具有新颖性。本专利的“技术方案”即其核心必要技术特征权利要求1及从属权利要求2附加技术特征（非必要技术特征）并没有解决对比文件1中“多级离合器的构造较为复杂”的目的，本专利的结构仍是“较为复杂的多级离合器的构造”，所要解决的技术问题和技术方案与对比文件实质上相同，预期效果相同，本专利没有实质性特点和进步，不具有创造性。7. 本专利的从属权利要求2附加技术特征离合装置结构只是将对比文件1中十字插销改为一字形滑键而已，滑键也是在“轴中部滑槽”滑动。对比文件2所述离合装置结构与本专利的离合装置结构相同，是已知技术。本专利与对比文件对比，它们的技术领域都是相同的—开门机，所要解决的技术问题和技术方案实质上相同—牙嵌式离合装置，预期效果相同，没有实质性特点和进步。8. 与新颖性“单独对比”的审查原则，原告结合对比文件1、2认为本案专利权利要求2的技术特征没有创造性的主张是符合法律规定的。本专利权利要求2的技术特征已被对比文件1、2的结合所充分启示。被诉没有结合两份对比文件1、2认真对照本专利权利要求2的技术特征，误套用审新颖性“单独对比”来审本专利权利要求2的技术特征，就认定本专利权利要求2有创造性是错误的。9. 本专利权利要求2缺少权利要求3的附加技术特征，滑健的凸牙在脱离十字槽道后会脱离转轴，而使离合器无法工作，不可能起到使齿轮与滚轮及其转轴处于联动或不联动的作用，没有实用性。被诉决定没有认真对照分析就认为：“权利要求2所述的平开门机没有限定滑健通过定位槽和定位销进行定位，虽然可能存在不够稳定的缺点，但仍能够起到使齿轮与滚轮及其转轴处于联动或不联动的作用，从而实现自动开启和锁定平开门的目的”认定事实错误。即便按被诉决定的认定，至少也可反证权利要求2所述的平开门机不如对比文件1所述的平开门机稳定，其优点就不如对比文件1所述的平开门机，那么不具有创造性。10. 对比文件1披露了同权利要求3的附加技术特征类似的技术特征，对比文件1实施例1中滑块同权利要求3的滑健类似，对比文件1滑块中心设有通孔，本专利的权利要求3中的定位销对应对比文件1的挡位销，挡位销可沿与轴中心对称的通槽移动。本技术领域的技术人员根据对比文件上述技术特征，不需创造性劳动，就可想到本案专利权利要求3的附加技术特征。被告仍是套用审新颖性“单独对比”来审本专利权利要求3的技术特征创造性是错误的。被诉决定关于权利要求4引用权利要求2或3、权利要求5、权利要求6的技术方案的评判也是并没作出对应的具体的分析，就称请求人的主张不成立。11. 权利要求5的附加技术特征也已被对比文件1披露了，两者实质上相同，预期效果相同，没有实质性特点和进步。权利要求5不具有新颖性和创造性。本专利的权利要求6附加技术特征没有实质性特点和进步，不具有新颖性和创造性。

原告为支持其诉讼主张，向本院提供了以下证据：1. 原告在专利无效程序中口头审理通知书回执复印件；2. 原告在专利无效程序中的意见陈述书及四份附件复印件；3. 原告在专利无效程序中的授权委托书复印件；4. 飞机票复印件；5. 民事起诉状。

被告辩称：1. 当原告有关权利要求2不具备创造性的主张不能成立时，原告针对引用其的从属权利3、4（引2、3）、5、6不具备创造性的主张也不能成立。2. 口审记录可以证明原告在口头审理当庭明确表示其意见陈述所附4份文件仅作参考。被告坚持被诉决定中的相关认定和意见，认为被诉决定认定事实清楚，适用法律正确，程序合法，原告的诉讼理由不能成立，请求法院驳回原告诉讼请求，维持被诉决定。

第三人同意被告的诉讼意见，请求法院驳回原告的诉讼请求，维持被诉决定。

第三人未向本院提供证据。

经庭审质证，本院审查认为，被告提供的证据和原告提供的证据1~3与本案均具有关联性、且真实合法，均为有效证据。原告提供的证据4~5与被诉决定的合法性审查缺乏关联性，本院不予采纳。根据有效证据及各方当事人在庭审中无争议的陈述，本院对本案事实作出如下认定：

本专利是名称为“能自动开启和锁定的平开门机”的实用新型专利，申请日是2005年11月25日，专利权人是本案第三人陈鼎奇，国家知识产权局（以下简称国知局）于2006年11月29日授权公告。本专利授权公告时的权利要求书如下：

“1. 一种能自动开启和锁定的平开门机，它包括设于支座（6）下侧的滚轮（1）、用以驱动滚轮的驱动装置、以及自锁装置，其特征在于：所述驱动装置包括活套于滚轮转轴（2）上用以与电机输出装置（5）连接的齿轮（31）、以及用以使齿轮与滚轮及其转轴处于联动或不联动状态的活动连接件。

2. 根据权利要求1所述的能自动开启和锁定的平开门机，其特征在于：所述的活动连接件为设于滚轮转轴中部滑槽（21）内可相对其轴向移动的滑键（32），所述齿轮与滚轮相邻的端面上分别对应开设有与滑键伸出滚轮转轴的外端部配合的槽道（33）、（11），且设于滚轮上的槽道（11）轴向长度大于滑键外端部的轴向长度，所述滑槽的一端设有用以推动滑键向另一端轴向移动的螺杆（34）及与其配合的螺纹通孔（22），滑槽的另一端设有作用于滑键另一侧的复位弹簧（35）。

3. 根据权利要求2所述的能自动开启和锁定的平开门机，其特征在于：所述滑键的中部设有定位槽（37），定位槽内设有与滑键垂直的定位销（36），定位销可在定位槽内沿滚轮转轴轴向移动，定位销的两端穿出定位槽与设于滚轮转轴上的定位孔（23）连接。

4. 根据权利要求1、2或3所述的能自动开启和锁定的平开门机，其特征在于：所述自锁装置包括竖设于支座上的弹性推杆（41）、设于滚轮转轴上的棘轮（42）和自锁卡轮（43）、铰接于弹性推杆下端用以与棘轮配合的棘爪（44）、以及固设于地面上用以与自锁卡轮的卡接部（45）配合的对扣挡铁（46），所述自锁卡轮的一侧部与弹性推杆下端铰接。

5. 根据权利要求4所述的能自动开启和锁定的平开门机，其特征在于：所述齿轮上的槽道（33）为以轴心线为中心对称分布的十字槽道，所述滑键上反向设有伸出滚轮转轴的两个外端部。

6. 根据权利要求 5 所述的能自动开启和锁定的平开门机，其特征在于：滑键的另一侧上设有与复位弹簧的中心孔配合联接的凸部（38）。”

针对本专利权，请求人陈旭跃（即本案原告）于 2008 年 4 月 22 日向被告提出无效宣告请求，认为本专利不符合《专利法》第二十二条的规定，同时提交了如下附件作为证据使用：

附件 1：国知局针对本专利做出的实用新型专利检索报告中对本专利不具新颖性/创造性的说明部分复印件，共 2 页；

附件 2：授权公告日为 2005 年 2 月 9 日、授权公告号为 CN2677534Y（专利号为 200420017043.2）的中国实用新型专利说明书，共 9 页（对比文件 1）。

请求人认为：国知局提供的检索报告中表明本专利的技术特征已被对比文件 1 披露，故本专利不符合《专利法》第二十二条的规定。

经形式审查合格，被告依法受理了上述无效宣告请求，并于 2008 年 4 月 22 日向请求人和专利权人发出无效宣告请求受理通知书，同时将专利权无效宣告请求书及其附件清单中所列附件的副本转送给专利权人，并要求专利权人在指定的期限内陈述意见。

请求人 2008 年 5 月 12 日向被告提交了意见陈述书，并补充了无效宣告的理由和证据，其中补充的证据为（编号续前）：

附件 3：授权公告日为 2005 年 4 月 13 日、授权公告号为 CN2692298Y（专利号为 200420007815.4）的中国实用新型专利说明书，共 6 页（对比文件 2）。

请求人认为：1. 权利要求 1 相对于对比文件 1 不具备新颖性；2. 权利要求 2 相对于对比文件 1 和 2 的结合不具备新颖性和创造性；3. 为使滑键不会脱离转轴，又使离合装置工作，本领域技术人员必然会设计“在滑键中部设定位槽，在定位槽内设定位销”，且对比文件 1 也披露了同权利要求 3 附加技术特征相类似的技术特征，故权利要求 3 不具备《专利法》第二十二条第二、三款规定的新颖性和创造性；4. 参照前述评述，权利要求 4~5 的附加技术特征已被对比文件 1 披露，权利要求 6 的附加技术特征属本领域常规的技术手段，故权利要求 4~6 也不具备《专利法》第二十二条第二、三款规定的新颖性和创造性。5. 权利要求 2 缺少权利要求 3 的附加技术特征，则滑键（32）的凸牙在脱离十字槽道（33）后会脱离转轴，而使离合器无法工作，不符合《专利法》第二十二条第四款的规定。

针对被告发出的上述无效宣告请求受理通知书，专利权人于 2008 年 6 月 6 日提交了意见陈述书，专利权人认为：权利要求 1 中特征部分的技术特征未被对比文件公开，尤其是“活套于滚轮转轴上用以与电机输出装置连接的齿轮”未被对比文件公开；权利要求 2 对权利要求 1 所述“活动连接件”具体构造的限定以及权利要求 3~6 对其构造的进一步优化限定的特征均未被对比文件披露，故权利要求 1~6 相对于对比文件具备新颖性和创造性。

被告于 2008 年 7 月 10 日向请求人和专利权人发出无效宣告请求口头审理通知书，定于 2008 年 8 月 27 日在被告举行口头审理。随同口头审理通知书，将请求人于 2008 年 5 月 12 日提交的意见陈述书及其附件清单中所列附件的副本转送给专利权人，将专利权人于 2008 年 6 月 6 日提交的意见陈述书的副本转送给请求人。

口头审理如期举行，双方当事人均参加了口头审理。

在口头审理中，请求人提交了意见陈述书和另外 5 份文件，但明确表示所提文件仅供参考，不作为证据使用。被告当庭转给专利权人。请求人明确其无效理由、证据及其组合方式为：权利要求 1 相对于对比文件 1 不具备新颖性，因此也不具备创造性；权利要求 2 和 3 相对于对比文件 1 和 2 的结合不具备创造性；权利要求 4~6 相对于对比文件 1 不具备新颖性，相对于对比文件 1 和 2 的结合不具备创造性；权利要求 2 缺少权利要求 3 的附加技术特征，不具备实用性。专利权人对对比文件 1、2 的真实性没有异议，对无效理由和证据的组合方式也无异议。在此基础上，被告对本案进行了调查，充分听取了双方当事人的意见。

经审查，被告作出被诉决定。具体理由如下：

1. 关于证据和现有技术。

请求人提交的证据包括对比文件 1 和对比文件 2，专利权人对其真实性没有异议，经审查，被告对对比文件 1 和 2 的真实性也予以确认，同时由于附件 2 和 3 为公开出版物，且其公开日期在本专利的申请日前，因此可以作为本专利的现有技术使用。

2. 关于《专利法》第二十二条第四款。

《专利法》第 22 条第 4 款的实用性是指该发明或者实用新型的主题能够在产业上制造或者使用，并且能够产生积极效果。

如果一项技术方案可以实现，能够在产业上制造或者使用，并具有一定的技术效果，只是存在一定缺陷，尚需改进，则仍然认为该技术方案是具备实用性的。

请求人认为本专利的权利要求 2 缺少权利要求 3 的附加技术特征，滑键无法定位，从而不具有实用性。对此，被告认为，权利要求 2 所述的平开门机没有限定滑键通过定位槽和定位销进行定位，虽然可能存在不够稳定的缺点，但仍然能够起到使齿轮与滚轮及其转轴处于联动或不联动的作用，从而实现自动开启和锁定平开门的目的，且该装置具有结构简单、成本低廉等优点。因此，权利要求 2 所限定的技术方案能够制造或者使用，且能产生积极效果，具备实用性。

3. 关于《专利法》第二十二条第二、三款。

新颖性，是指在申请日以前没有同样的发明或者实用新型在国内外出版物上公开发表过、在国内公开使用过或者以其他方式为公众所知，也没有同样的发明或者实用新型由他人向国务院专利行政部门提出过申请并记载在申请日以后公布的专利申请文件中。

如果专利申请与对比文件公开的内容相比，其权利要求所限定的技术方案与对比文件公开的技术方案实质上相同，所属技术领域的技术人员根据两者的技术方案可以确定两者能够适用于相同的技术领域，解决相同的技术问题，并具有相同的预期效果，则认为两者为同样的发明或者实用新型。

创造性，是指同申请日以前已有的技术相比，该发明有突出的实质性特点和显著的进步，该实用新型具有实质性特点和进步。

权利要求与最接近现有技术相比存在区别特征时，如果没有足够的证据表明存在技术启示将该区别特征应用于最接近现有技术中，则不能得出该权利要求不具备创造性的结论。

（1）关于权利要求 1。

对比文件 1 公开了一种平开门机自动开启和锁定装置，该装置由滚轮 1、驱动装置 2 和自锁装置 3 构成，其中驱动装置 2 是一个多级离合器，多级离合器包含有一个棘轮 2-1；自锁装置 3 由自锁卡轮 3-1、对扣挡铁 3-2 和推杆 3-3 构成；多级离合器与滚轮 1 同轴安装，推杆 3-3 的末端固定有自锁卡轮 3-1 和棘爪 2-2；棘爪 2-2 与多级离合器中棘轮 2-1 配合。二级离合齿轮 2-3 套在中心轴 2-7 外，由电机 6 带动并输出转动的从动齿轮 4 与二级离合齿轮 2-3 啮合。挡位销 2-5 穿过两个通槽 2-10 和滑块的中心孔，两端固定在一级离合套筒 2-4 上，挡位销 2-5 可沿通槽 2-10 滑动（第 2 页 16-19 行），当一级离合套筒 2-4 的十字插销 2-11 插入二级离合齿轮 2-3 的插孔内，二级离合齿轮 2-3 与一级离合套筒 2-4 同步运转；当一级离合套筒 2-4 的十字插销 2-11 穿过二级离合套筒、插入三级离合棘轮 2-1 的插孔内时，三级离合器被电机驱动而三级同步运转，从而实现电动开、关门；停电时，用解锁钥匙旋转离合器内的推杆，推开离合器的一级离合套筒 2-4 时，多级离合器处于分开状态，三级离合棘轮 2-1 可自由转动，从而实现手动开、关门（参见说明书第 2 页第 25~27 行和第 3 页 20~28 行）。

将本专利权利要求 1 与对比文件进行对比可知，对比文件 1 公开了权利要求 1 的全部前序特征，专利权人对此也予以认可；该对比文件所述的“二级离合齿轮 2-3”和“一级离合套筒 2-4”分别相当于权利要求 1 所述的“活套于滚轮转轴（2）上用以与电机输出装置（5）连接的齿轮（31）”和“用以使齿轮与滚轮及其转轴处于联动或不联动状态的活动连接件”，二者属于相同的技术领域，且本领域技术人员可以确定二者能够解决相同的技术问题，具有相同的预期效果，故权利要求 1 所述的技术方案相对于对比文件 1 不具备《专利法》第二十二条第二款规定的新颖性。

虽然专利权人认为，根据对比文件 1 图 1 所示的齿轮 2-3 是套在套筒 2-4 上的，而权利要求 1 所述齿轮是活套于滚轮转轴上的，且该对比文件还未披露其活动连接件可使齿轮与滚轮及其转轴处于联动或不联动状态。对此，被告认为，首先，对比文件 1（参见第 2 页第 14~15 行）已经明确记载了“二级离合齿轮 2-3……套在中心轴 2-7 外”；其次，如果对比文件 1 中的齿轮 2-3 没有活套在轴上，而是套在套筒 2-4 上的，则意味着套筒 2-4 必须与齿轮 2-3 始终保持联动状态，不能脱离分开，否则齿轮 2-3 将无处支承，也就是说即使停电状态下手动开、关门时，套筒及其转轴与齿轮 2-3 以及电机 6 仍将处于联动状态，显然，如果电机不能被反向带转，则无法实现手动开、关门；如果电机能够被反向带转，则无论是否有电，均可通过手动开关，且无法在关门状态下进行锁定，从而无法实现有电状态下完全靠开关启动的功能以及“在关闭状态下，只要不启动开启开关，无论如何都无法将门体向任何方向挪动一点位置，从而保证了门体在关闭状态下的可靠性”的发明目的。由此可见，专利权人的该项主张不能成立。而且结合对比文件 1 针对两级、三级同步运转以及电动开关门和手动开关门的描述来看，所述齿轮 2-3 实际上是直接套在轴上的，但齿轮 2-3 内表面开有十字插孔，通过套筒 2-4 端部的十字插销 2-11 插入实现联动，图 1 显示的则正是该状态下插销插孔位置的剖面图，而齿轮 2-3 的非插孔部分是与轴直接接触的。基于上述同样的理由可知，在停电状态下手动开、关门时，套筒 2-4 必须与齿轮 2-3 脱离分开达到不联动的状态。因此，“活套于滚轮转轴（2）上用以与电机输出装置（5）连接的齿轮（31）”和“用以使齿轮与滚轮及其转轴处于联动或不联动状态的活动连接件”均已被对比文件 1 公开。

（2）关于权利要求 2~3。

请求人认为，对比文件 1 中的“一级离合套筒 2-4 的十字插销 2-11”具体相当于权利要求 2 所限定的“活动连接件”；对比文件 2 公开了中心一字型离合块，结合对比文件 2 很容易想到将对比文件 1 的十字槽型离合器改为权利要求 2 所述的一字型离合器，故权利要求 2 不具备创造性。

权利要求 2 对权利要求 1 所述的“活动连接件”及其相应的组合部件作了进一步的限定。对比文件 2（参见权利要求 1~4，说明书第 1~2 页和附图 1）公开了一种电动门开门机，包括电机、罩壳（1）、箱体（2）等，箱体内设有中空的主轴（3），主轴内依次设有顶杆（4）、离合块（5）和顶簧（6），顶杆另一端与离合器锁定板（7）相连；主轴与连接件（8）相连、连接件与蜗轮（9）连接，蜗轮与蜗杆（10）相连；连接件上设有十字槽口（11），主轴上还设有使离合块活动的滑动槽。顶杆压入时，连接件与离合块脱开，主轴不能转动，顶簧顶压离合块进入连接件上的十字槽口，主轴随着转动。被告认为，权利要求 2 限定的“活动连接件”是“设在滚轮转轴中部滑槽（21）内可相对其轴向移动滑键（32）”，而对比文件 1 中所述的“十字插销 2-11”设在套筒 2-4 的端部，是套在轴外的。因此，虽然对比文件 1 公开了权利要求 1 中的“活动连接件”，但没有公开权利要求 2 中所具体限定的这种滑键式活动连接件，请求人关于对比文件 1 中“十字插销 2-11”相当于权利要求 2 所述“活动连接件”即“滑键（32）”的主张是不成立的。所以请求人就此提出的权利要求 2 相对于对比文件 1 和 2 的结合不具备创造性的主张也不成立。

权利要求 3 引用权利要求 2，对滑键的结构作了进一步限定。因此，依据上述同样的理由，请求人关于权利要求 3 相对于对比文件 1 和 2 的结合不具备创造性的主张也不成立。

（3）关于权利要求 4~6。

权利要求 4 引用权利要求 1、2 或 3，对自锁装置作了进一步限定。对比文件 1（参见说明书第 2~3页和图 5-8）公开了自锁装置 3 由自锁卡轮 3-1、对扣挡铁 3-2 和推杆 3-3 构成，推杆 3-3 的末端固定有自锁卡轮 3-1 和棘爪 2-2；自锁卡轮 3-1 套在三级离合棘轮 2-1 一侧的中心轴外，在自锁卡轮 3-1 上开有挡铁固定孔 3-4 和推杆固定孔 3-5，挡铁固定孔 3-4 可与地面上的对扣挡铁 3-2 扣和或脱出，推杆固定孔 3-5 与推杆末端的固定销 3-6 连接，并可绕固定销 3-6 转动；棘爪 2-2 的一端固定在推杆 3-3 上，并可绕固定点转动，另一端随着推杆 3-3 的运动而对三级离合器棘轮 2-1 起到止动或脱离作用；结合附图 5 和 6 可以看出，弹性推杆是竖设于支座上的。由此可见，对比文件 1 已经披露权利要求 4 的全部附加技术特征，专利权人对于此点也予以认可。因此，在权利要求 1 不具备新颖性的情况下，权利要求 4 引用权利要求 1 的技术方案相对于对比文件 1 不具备《专利法》第二十二条第二款所规定的新颖性。同时，基于前面关于权利要求 2、3 的评述，请求人关于权利要求 4 引用权利要求 2 或 3 的技术方案相对于对比文件 1 和 2 的结合不具备创造性的主张不成立。

权利要求 5 引用权利要求 4，对齿轮上的槽道（33）作了进一步限定，虽然权利要求 4 引用了权利要求 1、2 或 3，但进一步限定的特征"齿轮上的槽道（33）"在权利要求 1 中并不存在，由此可知，权利要求 5 的保护范围实际上就是引用权利要求 4 引权利要求 2 或 3 的技术方案。基于前述同样的理由，请求人关于权利要求 5 相对于对比文件 1 不具备新颖性，相对于对比文件 1 和 2 的结合不具备创造性的主张不成立。

权利要求 6 引用权利要求 5，同权利要求 5 的评述，权利要求 6 实际上仅包含其间接引用权利要求 2 或 3 的技术方案，请求人关于权利要求 6 相对于对比文件 1 不具备新颖性，相对于对比文件 1 和 2 的结合不具备创造性的主张也不成立。

另查，原告在本专利无效宣告程序中代理人康永辉的代理权限为："除一般代理权限外，特别授予进行和解，代为撤回无效宣告请求的权限"。

本专利无效宣告程序中《口头审理记录》第 3 页记载："合议组组长：是否有证人出庭或有物证进行演示？请求人：没有"；第 4 页记载："请求人……证据 2—5 不作为证据使用，仅作参考"。该记录中"证据 2-5"是指原告提交意见陈述书所附的 4 份文件。该记录每页均有康永辉签名。

本院认为：根据《专利法》第二十二条第二款和第三款的规定，新颖性，是指在申请日以前没有同样的发明或者实用新型在国内外出版物上公开发表过、在国内公开使用过或者以其他方式为公众所知，也没有同样的发明或者实用新型由他人向国务院专利行政部门提出过申请并记载在申请日以后公布的专利申请文件中。创造性，是指同申请日以前已有的技术相比，该发明有突出的实质性特点和显著的进步，该实用新型具有实质性特点和进步。本案中，对比文件 1 和对比文件 2 为公开出版物，且其公开日期在本专利的申请日前。本专利权利要求 1 所限定的技术方案与对比文件 1 公开的技术方案实质上相同，所属技术领域的技术人员根据两者的技术方案可以确定两者能够适用于相同的技术领域，解决相同的技术问题，并具有相同的预期效果，被诉决定认定权利要求 1 所述的技术方案相对于对比文件 1 不具备新颖性并无不当。权利要求 4 引用权利要求 1、2 或 3，对比文件 1 已经披露权利要求 4 的全部附加技术特征，在权利要求 1 不具备新颖性的情况下，权利要求 4 引用权利要求 1 的技术方案相对于对比文件 1 亦不具备新颖性。权利要求 2 限定的"活动连接件"是"设在滚轮转轴中部滑槽内可相对其轴向移动滑键"，而对比文件 1 中所述的"十字插销"设在套筒的端部，是套在轴外的。对比文件1公开了权利要求1中的“活动连接件”，但没有公开权利要求2中所具体限定的滑键式活动连接件，对比文件2亦未披露权利要求2所述的技术方案，且没有足够的证据表明存在该技术方案的技术启示，被告认定原告关于权利要求2相对于对比文件1和2的结合不具备创造性的主张不成立并无不妥。权利要求3引用权利要求2，对滑键的结构作了进一步限定，在权利要求2具有创造性的情况下，亦具有创造性。权利要求4引用权利要求1、2或3，在权利要求2、3具有创造性的情况下，权利要求4引用权利要求2或3的技术方案亦具有创造性。权利要求5引用权利要求4，对齿轮上的槽道作了进一步限定，虽然权利要求4引用了权利要求1、2或3，但进一步限定的特征“齿轮上的槽道”在权利要求1中并不存在，权利要求5的保护范围实际上就是引用权利要求4引用权利要求2或3的技术方案。因此，被告认定原告关于权利要求5相对于对比文件1不具备新颖性，相对于对比文件1和2的结合不具备创造性的主张不成立并无不妥。权利要求6引用权利要求5，权利要求6实际上仅包含其间接引用权利要求2或3的技术方案，被告认定原告关于权利要求6相对于对比文件1不具备新颖性，相对于对比文件1和2的结合不具备创造性的主张不成立并无不妥。原告对于本专利新颖性和创造性的相关主张缺乏根据，本院不予支持。

根据《专利法》第二十二条第四款的规定，实用性是指该发明或者实用新型的主题能够在产业上制造或者使用，并且能够产生积极效果。实用性并不要求技术方案没有缺陷。本案中，本专利权利要求2所述的平开门机能够起到使齿轮与滚轮及其转轴处于联动或不联动的作用，实现自动开启和锁定平开门的目的，且具有结构简单、成本低廉的积极效果，被告认定其具备实用性并无不妥。原告对于本专利实用性的相关主张缺乏根据，本院不予支持。

从《口头审理记录》的记载可以看出，在口头审理的第一阶段，被告已经询问当事人是否请求演示物证，系由原告声明放弃演示物证。原告认为口头审理时合议组没有询问是否演示物证，未给原告在口审中展示物证的机会，违反程序的主张缺乏根据，本院不予支持。从该记录的记载亦可以看出，原告声明其意见陈述书所附的4份文件不作为证据，仅为参考。被告对该4份文件的处分得当，原告的相关主张缺乏根据，本院不予支持。在该记录的记载中亦未发现存在被告当场发表的倾向性意见，原告的相关主张缺乏根据，本院不予支持。原告的其他诉讼理由亦不能成立。

综上，被诉决定认定事实清楚，适用法律正确，审查程序合法，本院应予维持。原告的诉讼理由缺乏事实和法律依据，其请求本院不予支持。据此，依照《中华人民共和国行政诉讼法》第五十四条第（一）项之规定，判决如下：

维持被告国家知识产权局专利复审委员会作出的第12274号无效宣告请求审查决定。

案件受理费100元，由原告陈旭跃负担（已交纳）。

如不服本判决，可在本判决书送达之日起15日内，向本院递交上诉状，并按对方当事人的人数提出副本，预交上诉案件受理费100元，上诉于北京市高级人民法院。

审　判　长　吴　月
审　判　员　刘景文
代理审判员　毛天鹏
二〇〇九年九月十五日
书　记　员　郎莉萍

193

灯罩支架的结构改良

无效宣告请求审查决定（第12276号）

决　　定　　号　第12276号
决　　定　　日　2008年9月26日
发明创造名称　灯罩支架的结构改良
国 际 分 类 号　F21V 3/00
无效宣告请求人　金松韶
专　利　权　人　雷纯强
专　　利　　号　200320119044.3
申　　请　　日　2003年12月11日
授 权 公 告 日　2004年12月8日
合 议 组 组 长　黄玉平
主　　审　　员　陈　力
参　　审　　员　孙茂宇

法　律　依　据　专利法第22条第3款
决　定　要　点

在判断创造性的过程中，要确定现有技术整体上是否存在某种技术启示，如果现有技术给出了启示以解决相同的技术问题，则权利要求所要求保护的技术方案不具备创造性，不符合专利法第22条第3款的规定。

一、案由

本无效宣告请求涉及中华人民共和国国家知识产权局于2004年12月8日授权公告的、名称为"灯罩支架的结构改良"的实用新型专利权（下称本专利），其申请号为200320119044.3，申请日是2003年12月11日，专利权人是雷纯强。该专利授权公告时的权利要求书如下：

"1. 灯罩支架的结构改良，其支架主体（10）的横梁（11）上铰接有一总体呈"Π"支承台（20），支承台（20）上端的盖板（21）与横梁（11）之间夹有一螺钉（30），螺钉（30）的头部（31）上开设有与横梁（11）配合的跨槽（311），螺钉（30）的螺纹段（32）则穿出于支承台（20）上端的盖板（21）外；其特征在于：所述的横梁（11）上与跨槽（311）配合部位的前后两侧分别成型有挡位平台（111）和（112）。

2. 根据权利要求1所述的灯罩支架的结构改良，其特征在于：所述的跨槽（311）为一字形。

3. 根据权利要求1所述的灯罩支架的结构改良，其特征在于：所述的跨槽（311）为十字形。"

针对上述专利权，金松韶（下称请求人）于2008年4月23日向专利复审委员会提出无效宣告请求，并提交证据如下：

证据1：本专利的授权公告文本复印件；

证据2：中国专利ZL00260701.8公告复印件；

证据3：广州中级人民法院的（2005）穗中法民三知初字第209号一案的相关资料。

请求人请求宣告本专利无效的具体理由是：

（1）本专利权利要求1中含有用"Π"符号表示的形状特征，该技术概念模糊，使得技术方案的具体内容不明确，不能清楚地表述请求保护的范围，不符合专利法实施细则第20条第1款的规定。

（2）结合证据2，请求人认为本专利权利要求1与证据2相比区别在于挡位平台，其为证据2中凸点13的上位概念，两者都起到阻挡的作用，因此权利要求1不具备专利法第22条第2款规定的新颖性。退一步而言，本领域人员也能结合证据2中两凸点13与螺钉21的凹槽211配合并起到阻挡功效之设计不需要付出任何创造性劳动就想到很多种相近似的挡位设计，因此权利要求1也不具备专利法第22条第3款规定的创造性。权利要求2引用权利要求1，其附加技术特征在证据2中已经公开；权利要求3引用权利要求1，其附加技术特征对于本领域技术人员来说是很容易想到的，因此当其所引用的权利要求1不具备新颖性、创造性时，从属权利要求2、3也不具备新颖性、创造性。

（3）结合证据3，请求人认为专利权人雷纯强在以被请求案诉金松龙专利侵权一案（2005穗中法民三知初第209号）的民事起诉状中所陈述的事实与理由可以证明专利权人于本专利申请日前已将本专利产品投入市场试销，本专利已属于公知技术，因此不符合专利法第22条第2款规定的新颖性。

经形式审查合格，专利复审委员会依法受理了上述无效宣告请求，并于2008年4月23日向双方当事人发出无效宣告请求受理通知书，同时将无效宣告请求书及其附件清单中所列附件的副本转送给专利权人。

专利权人于2008年6月3日提交了意见陈述书。针对请求人的无效宣告理由，专利权人认为：（1）从本专利的附图1和附图2以及说明书第3页第16行的描述中均可看出"Π"支撑台（20）的结构，技术概念清楚，符合专利法实施细则第20条第1款的规定。（2）本专利的挡位平台（111）和（112）与证据2中的两凸点（13）是两种不同的结构，本专利的跨槽（311）与挡位平台（111）和（112）的配合是面接触，而证据2的支架（1）顶端（11）与螺钉（21）的凹槽（211）的配合部位的两侧所设有的两个对称凸点（13）是点接触；本专利与证据2的效果不同，本专利的挡位平台（111）和（112）是机械加工的，不易变形，牢固性好，支撑台仅能做小角度的转动可以防止灯罩的罩体因离灯泡过近而出现烤焦甚至起火的现象，证据2的两个对称凸点（13）很细小，容易磨损而且更容易被破坏，在使用中会导致灯罩的罩体离灯泡过近而烤焦起火。由此，本专利权利要求1符合新颖性和创造性的规定，同理其从属权利要求2和3也具有创造性。（3）专利权人在其起诉状中已表明请求人向专利权人方采购的专利产品并不是涉案的专利产品，起诉状中的记载属于专利权人的笔误，当时采购的产品只是专利权人的现有技术即本专利说明书中的背景技术的产品，本专利产品并不属于公知技术。

针对上述无效宣告请求，专利复审委员会依法成立合议组对本案进行审理，本案合议组于2008年7月4日向双方当事人发出无效宣告请求口头审理通知书，指出本案合议组定于2008年8月27日举行口头审理。

口头审理如期举行，请求人方委托厦门市新华专利商标代理有限公司的专利代理人刘兰，专利权人雷纯强及其委托的北京金言诚信知识产权代理有限公司的专利代理人余先同参加了口头审理。

在口头审理中，合议组当庭将专利权人于2008年6月3日提交的意见陈述书转给请求人，请求人针对专利权人的意见陈述当庭提交了意见说明，合议组当庭将请求人的该意见说明转给专利权人。

请求人明确其无效宣告请求的理由和范围是：（1）本专利权利要求 1 不符合专利法实施细则第 20 条第 1 款的规定；（2）本专利权利要求 1～3 相对于证据 2、3 分别不具备专利法第 22 条第 2 款、第 3 款的规定。

请求人当庭提交了证据 3 正本的复印件，盖有广东省中级人民法院的骑缝章。

专利权人对证据 2、3 的真实性没有异议。

结合证据 2，针对专利法第 22 条第 2 款、第 3 款的问题，请求人认为：本专利权利要求 1 被证据 2 完全公开了，两者作用相同，证据 2 附图标号 211 的一字形公开了权利要求 2 的附加技术特征，本专利说明书第 2 页最后两行结合附图 1、2 说明十字形为现有技术，而且螺钉具有十字形也属于公知技术，因此权利要求 1～3 相对于证据 2 不具备新颖性，也不具备创造性；专利权人认为：本专利的横梁上与跨槽上卡接的是挡位平台，从图 5 中可以看出是一个平面，两者是面接触，证据 2 没有公开该特征，本专利权利要求 1 中的“成型有挡位平台”的含义是本专利的挡位平台是机械成型冲压出来的，也可以是铣出来的不是焊接上去的，证据 2 的凸点是焊接上的，加工工艺和效果不同，证据 2 标号 211 不是一字形，文字中没有公开其形状，权利要求 3 的附加技术没有被证据 2 公开，权利要求 1～3 具备新颖性、创造性；请求人认为：专利权人所述的点与面的概念以及加工工艺在其说明书中没有描述，本专利说明书第 2 页倒数第 2 段第 3 行说明挡位平台起到的是阻挡作用，证据 2 图 1、图 2 中的凸点 13 起到的作用与本专利的挡位平台所起的作用相同，证据 2 中的凸点相当于本专利的挡位平台，在证据 2 的基础上本领域技术人员容易想到采取何种形式，证据 2 附图 4 标号 211 不是一字形就嵌不进支架顶端。

结合证据 3，针对专利法第 22 条第 2 款、第 3 款的问题，请求人认为：证据 3 是多份证据，民事起诉状第 1 页事实和理由中所陈述的内容“2003 年原告把此专利产品投放市场试销，其中被告在 2003 年 1 月到 3 月向原告采购其专利产品数次……原告于 2003 年 12 月向国家知识产权局专利局提出实用新型专利申请”证明专利权人已经承认了该专利产品于本专利申请日前投放市场试销，另一事实是卖给被告即请求人，在法院庭审中专利权人没有否认 2003 年投放试销的产品不是本案产品；专利权人认为：证据 3 中此处记载属于笔误，证据 3 第 34 页明确表达了被告即请求人所采购的产品为本专利说明书中背景技术的产品不是本专利产品，2003 年投放市场的试销产品也不是本专利产品，是本专利说明书附图 1、2 所述的背景技术产品和卖给请求人的一样；请求人认为：证据 3 中专利权人并没有澄清过证据 3 第 1 页是笔误，专利权人出尔反尔。

针对专利法实施细则第 20 条第 1 款的问题，请求人认为：本专利权利要求 1 中的“Π”符号不能代表结构特征，该技术概念不清楚；专利权人认为：该符号代表支撑台 20，表述的是支撑台 20 呈“Π”这种形状，技术方案是清楚的。

双方当事人均表示已充分发表了意见，于口头审理结束后不再提交书面意见陈述。

至此，合议组认为本案事实清楚，现依法作出审查决定。

二、决定的理由

1. 关于证据

证据 2 为中国专利文献，专利权人对证据 2 的真实性没有异议。经审查，证据 2 可以作为本案的证据使用，证据 2 的授权公告日在本专利的申请日之前，因此可以作为本专利的现有技术来使用。

2. 关于专利法第 22 条第 3 款

创造性，是指同申请日以前已有的技术相比，该发明有突出的实质性特点和显著的进步，该实用新型具有实质性特点和进步。

本案中，请求人认为权利要求 1~3 相对于证据 2 不具备专利法第 22 条第 3 款规定的创造性。

（1）经审查，本专利权利要求 1 请求保护灯罩支架的结构改良，证据 2 公开了一种安全灯罩支架（参见说明书第 1~2 页，附图 1-4），该灯罩支架 1（相当于本专利的支架主体 10）的顶端 11（相当于本专利的横梁 11）上绞接有一呈“Π”形的活动片 22（相当于本专利的支撑台 20），活动片 22 上端的表面（相当于本专利的盖板 21）与顶端 11 之间夹有螺钉 21，螺钉 21 的头部上开设有与顶端 11 配合的凹槽 211（相当于本专利的跨槽 311），螺钉 21 的螺纹段穿出活动片 22 上端的表面外，在所述支架 1 顶端 11 上与螺钉 21 头部凹槽配合部位亦设置有两对称凸点 13，所述凹槽 211 的宽度与支架 1 的顶端 11 中间设置的两对称凸点 13 的距离相吻合，由于有两凸点 13 的阻挡在凹槽 211 两侧，使得活动头 2 只能在很小范围内转动，此时就可将灯罩罩在此支架 1 上而不至于活动头 2 进行大幅度转动。

本专利权利要求 1 与证据 2 相比，区别在于：本专利权利要求 1 所述横梁（11）上与跨槽（311）配合部位的前后两侧分别成型有挡位平台（111）和（112）而证据 2 中顶端 11 与凹槽 211 配合部位的两后两侧设置的是两对称凸点 13。

针对上述区别特征，合议组认为：本专利的挡位平台设置于支架主体的横梁上与螺钉跨槽配合部位的前后两侧，其作用是限制支撑台，使其只能做小角度的转动从而防止其上设置的灯罩因距离灯泡过近而出现烤焦甚至起火的现象。证据 2 的两对称凸点也设置在支架顶端上与螺钉凹槽配合部位的前后两侧，其作用也是限制相当于支撑台的活动片，使其只能在很小的范围内转动，防止其上设置的灯罩因为过度摆动距离灯泡过近而引起燃烧等意外事故。由此可见，证据 2 的两对称凸点和本专利的挡位平台在灯罩支架上设置的位置相同，作用也相同，证据 2 给出了在灯罩支架上与螺钉凹槽配合部分的前后两侧设置阻挡物来限制设置有灯罩的活动片在很小的范围内转动的启示，至于所设置的阻挡物是挡位平台还是两对称凸点，是面接触还是点接触，对于本领域技术人员来说属于该领域的常规技术手段，本领域技术人员很容易根据实际的需要进行适当地选择，因此本专利权利要求 1 相对于证据 2 不具有创造性，不符合专利法第 22 条第 3 款的规定。

专利权人认为：本专利权利要求 1 中的“成型有挡位平台”的含义是本专利的挡位平台是机械成型冲压出来的，也可以是铣出来的而不是焊接上去的，证据 2 的凸点是焊接上的，加工工艺和效果不同，因此认为本专利具备创造性。

对此，合议组认为：首先，本专利权利要求 1 没有对挡位平台的成型方式作出明确的限定，说明书中也没有记载该挡位平台的成型方式，未记载在权利要求中的特征不能作为判断该权利要求是否具备创造性的依据。其次，无论采用冲压、铣或者焊接哪种方式来成型阻挡物，所采用的成型方式都属于本领域的常规技术手段，在证据 2 所公开内容的基础上，本领域技术人员很容易想到选择适当的加工方法使阻挡物更加牢固耐用。此外，无论阻挡物挡位平台和凸点是以何种方式形成，其设置的位置和阻挡灯罩大角度转动的作用都是相同的，对灯罩支架结构本身并没有实质的影响。因此，专利权人的争辩不能成为本专利具有创造性的理由。

（2）权利要求 2 从属于权利要求 1，其附加技术特征是：所述的跨槽（311）为一字形。证据 2（参见说明书第 2 页最后一段，图 1、4）公开了螺钉 21 的凹槽 211 是一字形。因此，当其所引用的权利要求 1 相对于证据 2 不具备创造性时，该权利要求 2 相对于证据 2 也不具备创造性，不符合专利法第 22 条第 3 款的规定。

（3）权利要求 3 从属于权利要求 1，其附加技术特征是：所述的跨槽（311）为十字形。合议组认为：螺钉的跨槽是十字形是本领域的惯用技术手段，本领域技术人员容易想到使用这样十字形跨槽的螺钉。因此，当其所引用的权利要求 1 不具备创造性时，该权利要求 2 也不具备创造性，不符合专利法第 22 条第 3 款的规定。

综上所述，本专利权利要求 1~3 相对于证据 2 不符合专利法第 22 条第 3 款的规定。

鉴于本专利权利要求 1~3 相对于证据 2 不符合专利法第 22 条第 3 款的规定，应宣告其专利全部无效，因此本决定中不再对请求人的其他无效宣告请求理由和证据进行评述。

三、决定

宣告 200320119044.3 号实用新型专利权全部无效。

当事人对本决定不服的，可以根据专利法第 46 条第 2 款的规定，自收到本决定之日起三个月内向北京市第一中级人民法院起诉。根据该款的规定，一方当事人起诉后，另一方当事人应当作为第三人参加诉讼。

精简式急救苏醒器进气装置

无效宣告请求审查决定（第12279号）

决　　定　　号 第12279号
决　　定　　日 2008年9月9日
发明创造名称 精简式急救苏醒器进气装置
国 际 分 类 号 A61M 16/00
无效宣告请求人 陈艺贞
专　利　权　人 皇基（厦门）塑胶工业有限公司
专　　利　　号 200420083711.1
申　　请　　日 2004年9月2日
授 权 公 告 日 2005年10月19日
合 议 组 组 长 刘颖杰
主　　审　　员 关　刚
参　　审　　员 杨加黎

法　律　依　据 专利法第22条第2款、第3款
决　定　要　点

权利要求所限定的技术方案与对比文件所公开的技术方案实质相同，且两者属于相同的技术领域，能够解决相同的技术问题，并具有相同的预期效果，则该权利要求相对于该对比文件不具备新颖性。

一、案由

本无效宣告请求涉及国家知识产权局于2005年10月19日授权公告的、名称为“精简式急救苏醒器进气装置”，专利号为ZL200420083711.1号实用新型专利（下称本专利），其申请日为2004年9月2日，专利权人为皇基（厦门）塑胶工业有限公司。本专利授权公告时的权利要求书如下：

“1. 一种精简式急救苏醒器进气装置，主要包括：一盘盖（1）及螺接在其底下的旋盖（2），其特征在于：

该盘盖（1），卡设在呼吸袋（8）底孔（81）上，其盘上设有一进气阀（11）；

该旋盖（2），在盖下设有供气的接管（21）及连接储氧袋（9）的套管（22），且于设管的同一盖面上并设有一进气阀（23）及一过压透气阀（24）。

2. 如权利要求1所述的精简式急救苏醒器进气装置，其特征在于：该盘盖（1）及旋盖（2）中间互设对接的螺管（19）、（29），使两者接合后中间呈腾空气室（3），其含盖范围的盘盖（1）盘面

中心凹设接孔（111），接孔（111）周围等间环设透气孔（112），一环片状阀瓣（113）盖覆在透气孔（112）上，此阀瓣（113）中间以一T形带柱圆片（114）穿透夹贴在透气孔（112）上，以组成前述的进气阀（11），旋盖（2）在两管间的近旁适处开设有二旋叶状分布的镂空气孔（231）、（241）及中心接孔（232）、（242），中心接孔（232）、（242）供中心凸设有锥形止销块的两阀瓣（233）、（243）分别由不同方向插置，以形成前述的进气阀（23）及过压透气阀（24）。

3. 如权利要求1所述的精简式急救苏醒器进气装置，其特征在于：供气的接管（21）上还套接一个弯管（25），而供气的软管（7）则套接在此弯管（25）的另一端上。”

针对上述专利权，陈艺贞（下称请求人）于2007年8月31日向专利复审委员会提出无效宣告请求，并提交了下述附件：

附件1：本专利；

附件2：美国专利文献US 6776160 B2，其公告日期为2004年8月17日（下称对比文件1）；

附件3：对比文件1的中文译文，共3页；

附件4：美国专利文献US 6427687 B1，其公告日期为2002年8月6日（下称对比文件2）；

附件5：对比文件2的中文译文，共5页；

附件6：美国专利文献US 5456249 A，其公开日期为1995年10月10日（下称对比文件3）；

附件7：对比文件3的中文译文，共5页。

结合上述附件其无效宣告请求的具体理由为：本专利权利要求1和2的技术方案已经被对比文件1所公开，且两者属于相同的技术领域，并能产生相同的技术效果，因此本专利权利要求1、2不具备专利法第22条第2款规定的新颖性；本专利从属权利要求3的附加技术特征被对比文件2或对比文件3所公开，本专利权利要求3相对于对比文件1和2或对比文件1和3的结合不具备专利法第22条第3款规定的创造性。请求宣告本专利全部无效。

经形式审查合格，专利复审委员会依法受理了上述无效宣告请求，于2007年9月27日向双方当事人发出无效宣告请求受理通知书，并将无效宣告请求书及其附件清单中所列附件的副本转送给专利权人，并告知其期满未答复不影响专利复审委员会审理。

专利权人在指定的期限内没有答复。

针对上述无效宣告请求，专利复审委员会依法成立合议组，对本案进行审理，合议组于2008年7月8日向双方当事人发出无效宣告请求口头审理通知书，告知双方当事人合议组定于2008年8月25日就本案进行口头审理。

请求人于2008年7月29日提交回执，表示不能参加口头审理。专利权人在指定的期限内未提交回执，也未参加口头审理。

至此，合议组认为本案的事实已清楚，可以作出无效宣告请求审查决定。

二、决定的理由

1. 关于证据

请求人所提交的对比文件1~3均为美国专利文献，专利权人在指定的期限内未提出异议，合议组经审查确认了对比文件1~3的真实性。对于对比文件1~3的中文译文，专利权人也未在指定的期限内提出异议，根据审查指南的相关规定，视为专利权人对请求人所提交中文译文的准确性无异议。由于对比文件1~3的公开日期均在本专利申请日之前，因此对比文件1~3可作为评价本专利的新颖性和创造性的现有技术，其中对比文件1~3的文字部分内容以其中文译文为准。

2. 关于本专利的新颖性和创造性

专利法第22条第2款规定，新颖性，是指在申请日以前没有同样的发明或者实用新型在国内外出版物上公开发表过、在国内公开使用过或者以其他方式为公众所知，也没有同样的发明或者实用新型由他人向国务院专利行政部门提出过申请并且记载在申请日以后公布的专利申请文件中。

专利法第22条第3款规定，创造性，是指同申请日以前已有的技术相比，该发明有突出的实质性特点和显著的进步，该实用新型有实质性特点和进步。

就本专利而言，本专利权利要求1请求保护一种精简式急救苏醒器进气装置。对比文件1公开了一种多功能进气阀，其中具体公开了如下技术特征（参见对比文件1中文译文第1页倒数第2段至第2页倒数第2段，对比文件1附图1-5）：所述多功能进气阀包括盖子20（相当于本专利权利要求中的盘盖1），所述盖子20具有用于与气囊10（相当于本专利权利要求中的呼吸袋8）上的圆周法兰13的圆周凹槽14相啮合以便将盖子20固定在气囊10上的凸缘21，所述盖子20可用于阻塞气囊10的开口17（相当于本专利权利要求中的底孔81），所述盖子包括一插孔23以及所提供的一个或一个以上的通道25，插孔23包括一成型孔24用以让阀舌26的中央螺柱27穿置，阀舌26可被用作有选择的阻断盖子20的通道25以便形成用以控制空气或氧气或其他流体向气囊10里流的单向阀（相当于本专利权利要求的进气阀11）；盖体30（相对于本专利权利要求中的旋盖2），所述盖体30包括一个带有通孔43的接口42（相当于本专利权利要求中的接管21）用以通过一软管或其他管子连接一个储存空气或氧气或其他流体的储气罐45；所述盖体30包括一个用以连接容器48（相当本专利权利要求中的储氧袋9）的插孔46（相当本专利权利要求中的套管22），例如用以接收空气或氧气或其他流体的弹性容器48；所述盖体30还包括一个成型的通孔33用以让阀舌35的中央螺柱36穿置，阀舌35可被用作有选择的阻断盖体30的小孔34以便形成用以控制空气或氧气或其他流体向盖体30的容置空间29里流的单向阀（相当于本专利权利要求中的进气阀23）；所述盖体30进一步包括另一插孔37以及一个或一个以上的小洞39，插孔37包括一个成型通孔38以让阀舌40的中央螺柱41穿置，阀舌40可被用作有选择的阻断盖体30的小洞39以便形成用以控制空气或氧气或其他流体向盖体30的容置空间29里流的单向阀（相当于本专利权利要求中的过压透气阀24）。可见，对比文件1公开了本专利权利要求1的技术方案，且两者属于相同的技术领域，能解决相同的技术问题，并具有相同的预期效果，因此本专利权利要求1相对于对比文件1不具备专利法第22条第2款规定的新颖性。

从属权利要求2引用权利要求1进一步限定了精简式急救苏醒器进气装置中设置在盘盖1上的进气阀11，以及设置在旋盖2上的进气阀23和过压透气阀24的具体结构。对比文件1还公开了如下技术特征（参见对比文件1中文译文第1页倒数第2段至第2页倒数第2段，对比文件1附图1-5）：所述盖体30包括所提供的一个内螺纹31（相当于本专利权利要求中的螺管19）用于与盖子20的外螺纹22（相当于本专利权利要求中的螺管29）螺合便于将盖体30可拆卸地螺接在盖子20以及气囊10上并且在盖体30和盖子20之间形成或圈定一容置空间29（相当于本专利权利要求中的腾空气室3），所述盖子20包括一个插孔23（相当于本专利权利要求中的接孔111）以及所提供的一个或一个以上的通道25（相当于本专利权利要求中的透气孔112），插孔23包括一成型孔24用以让阀舌26（相当于本专利权利要求中的环片状阀瓣113）的中央螺柱27穿置（其中阀舌带中央螺柱的结构与本专利权利要求中用T形带柱圆片将阀瓣夹贴的结构实质上是相同的），阀舌26可被用作有选择的阻断盖子20的通道25以便形成用以控制空气或氧气或其他气体向气囊10里流的单向阀（相当于本专利权利要求中的进气阀11）；所述盖体30还包括一个插孔32以及在其中央或周边形成一个或一个以上的小孔34（相当于本专利权利要求中的镂空气孔231），插孔32包括一个成型的通孔33（相当于本专利权利要求的中心接孔232）用以让阀舌35（相当于本专利权利要求中的阀瓣233）的中央螺柱36穿置，阀舌35可被用作有选择的阻断盖体30的小孔34以便形成用以控制空气或氧气或其他流体向盖体30的容置空间29里流的单向阀（相当于本专利权利要求中的进气阀23）；所述盖体30进一步包括另一插孔 37 以及一个或一个以上的小洞 39（相当于本专利权利要求中的镂空气孔 241），插孔 37 包括一个成型通孔 38（相当于本专利权利要求的中心接孔 242）以让阀舌 40（相当于本专利权利要求中的阀瓣 243）的中央螺柱 41 穿置，阀舌 40 可被用作有选择的阻断盖体 30 的小洞 39 以便形成用以控制空气或氧气或其他流体向盖体 30 的容置空间 29 里流的单向阀（相当于本专利权利要求中的过压透气阀 24）。可见，权利要求 2 的附加技术特征也被对比文件 1 所公开，权利要求 2 所要保护的技术方案与对比文件 1 所公开的技术方案实质上相同，因此当其所引用的权利要求 1 不具备新颖性时，权利要求 2 也不具备专利法第 22 条第 2 款规定的新颖性。

从属权利要求 3 对权利要求 1 作了进一步限定，其附加技术特征为“供气的接管（21）上还套接一个弯管（25），而供气的软管（7）则套接在此弯管（25）的另一端上”。对比文件 1 公开了所述盖体 30 包括一个带有通孔 43 的接口 42 用以通过一软管连接一个储气罐 45（参见对比文件 1 中文译文第 2 页第 25 行，对比文件附图 1、5）。而对于技术特征“供气的接管（21）上还套接一个弯管（25）”，对比文件 2 公开了一种带有二氧化碳检测仪的呼吸机，其中具体公开了如下技术特征（参见对比文件 2 中文译文第 2 页第 34 至 35 行，对比文件 2 附图 1、8）：所述呼吸机的呼入接口 42 与一弯管 44 相连，该弯管 44 则通过一适配接头 46 与面罩 48 相通。可见，对比文件 2 已经公开了在呼吸机的通气接口上利用弯管与其他部件相连通的技术手段，且该技术手段能够解决导管在套接处弯折而出现断裂的技术问题，本领域技术人员容易从对比文件 2 中得到技术启示，将在呼吸机的通气接口处使用弯管与其他部件相连通的技术手段应用于对比文件 1，从而得到权利要求 3 的技术方案，这是显而易见的，并不需要付出创造性的劳动，因此本专利权利要求 3 相对于对比文件 1 和 2 的结合不具备实质性特点和进步，不具备专利法第 22 条第 3 款规定的创造性。

综上所述，本专利权利要求 1~2 相对于对比文件 1 不具备专利法第 22 条第 2 款规定的新颖性，本专利权利要求 3 相对于对比文件 1 和 2 的结合不具备专利法第 22 条第 3 款规定的创造性，依法应予以全部无效，因此对于请求人所主张的其他无效理由和证据不再评述。

基于以上事实和理由，本案合议组作出如下审查决定。

三、决定

宣告 ZL200420083711.1 号实用新型专利权全部无效。

当事人对本决定不服的，可以根据专利法第 46 条第 2 款的规定，自收到本决定之日起三个月内向北京市第一中级人民法院起诉。根据该款的规定，一方当事人起诉后，另一方当事人应当作为第三人参加诉讼。

195

门的拉手锁

无效宣告请求审查决定（第12291号）

决 定 号 第12291号
决 定 日 2008年9月10日
发明创造名称 门的拉手锁
国际分类号 E05B 3/00
无效宣告请求人 佛山市顺德区陈村镇庄头三和钛金厂
专 利 权 人 陈 垂
专 利 号 200520065224.7
申 请 日 2005年9月30日
授权公告日 2006年9月27日
合议组组长 温丽萍
主 审 员 汤元磊
参 审 员 欧 岚

法 律 依 据 专利法第22条第3款
决 定 要 点

如果实用新型专利某项权利要求限定的技术方案与最接近的现有技术之间的区别特征属于本领域的公知常识，现有技术中给出了将所述区别特征应用到该最接近的现有技术以解决其存在的技术问题的启示，则该权利要求限定的技术方案是显而易见的，不具备创造性。

一、案由

本无效宣告请求涉及中华人民共和国国家知识产权局于2006年9月27日授权公告的、名称为“门的拉手锁”的实用新型专利权（下称本专利），其专利申请号是2005200652224.7，申请日是2005年9月30日，专利权人是陈垂。本专利授权公告时的权利要求书如下：

“1. 门的拉手锁，它包括两根平行的拉手杆（10）、（20），拉手杆（10）和（20）上分别设有垂直的拉手脚（11）、（21），拉手脚（11）和（21）相连在一起，其特征在于：位于内侧的拉手杆（10）内设有传动杆（30），该传动杆（30）与设置在拉手杆（10）上的门锁（40）和手把（50）相连，传动杆（30）的端部则与固定于拉手杆（10）一侧的锁孔（60）配合。

2. 根据权利要求1所述的拉手锁，其特征在于：所述的拉手杆（10）和（20）为圆形或方形。

3. 根据权利要求2所述的拉手锁，其特征在于：所述的锁孔（60）位于拉手杆（10）的上端或下端。”

针对本专利，佛山市顺德区陈村镇庄头三和钛金厂（下称请求人）于2008年6月16日向专利复审委员会提出无效宣告请求，认为本专利权利要求1~3不符合专利法第22条第3款的规定，请求人同时提交了如下附件：

附件1：公开日为2006年1月4日的欧洲专利文献EP1026346B2及其部分中文译文，共9页；

附件2：德国专利文献DE202005003529U1及其部分中文译文，共23页；

附件3：欧洲专利文献EP1158123B1及其部分中文译文，共7页。

请求人认为本专利权利要求1~3分别相对于附件1、3的结合，或附件2、3的结合不具备创造性。

经形式审查合格，专利复审委员会依法受理了上述无效宣告请求，并于2008年6月19日向请求人和专利权人发出无效宣告请求受理通知书，同时将专利权无效宣告请求书及其附件清单中所列附件的副本转送给专利权人，并要求专利权人在指定的期限内陈述意见。

专利复审委员会依法成立合议组。

本案合议组于2008年6月20日向双方发出无效宣告请求口头审理通知书，定于2008年8月26日在专利复审委员会举行口头审理。

专利权人于2008年7月25日提交了意见陈述书，同时提交了如下证据：

证据1：专利权人声称的EP1026346B2权利要求书的网页打印件，共1页；

证据2：专利权人声称的EP1158123B1权利要求书的网页打印件，共1页。

专利权人认为证据1、2能够分别证明请求人提交的附件1、3的真实性存疑，附件2的真实性也存在疑问；附件1~3没有公开本专利权利要求1~3的全部技术特征，本专利权利要求1~3相对于附件1、3的结合，或附件2、3的结合均具备创造性。

专利复审委员会于2008年7月29日向请求人发出转送文件通知书，将专利权人于2008年7月25日提交了意见陈述书及其附件清单中所列附件的副本转送给请求人。

口头审理如期举行，双方当事人均参加了口头审理。

在口头审理中，请求人当庭提交了如下附件（编号序前）：

附件4：请求人声称的《国际专利分类表》E部第63页的复印件，共1页；

附件5：欧洲专利文献EP1026346B1及其相关部分译文，共5页。

请求人主张附件4用于证明公知常识，附件5用于完善附件1的形式。合议组将附件4和附件5的副本转给专利权人，专利权人当庭予以签收。

请求人出示了盖有中国专利信息中心骑缝章的欧洲专利文献EP1026346B1和德国专利文献DE202005003529U1，共23页。专利权人认可附件2的真实性，但其认为由于请求人未提交附件2著录项目的中文译文，因此不能确认附件2的公开日早于本专利申请日。请求人认为证据1和证据2与本案无关，对其真实性不予发表意见。

请求人明确其无效理由、范围和证据使用方式为：权利要求1~3相对于附件1、3的结合不具备创造性；权利要求1~3相对于附件1和公知常识的结合不具备创造性，权利要求1~3相对于附件2、3的结合不具备创造性；权利要求1~3相对于附件2和公知常识的结合不具备创造性。专利权人认为“使用附件1、2分别与公知常识结合评价权利要求1~3的创造性”未在规定期限内提出，不应予以审查。合议组当庭告知双方当事人本案的审理范围为：权利要求1~3相对于附件1、3的结合不具备创造性；权利要求1~3相对于附件1和公知常识的结合不具备创造性，权利要求1~3相对于附件2、3的结合不具备创造性；权利要求1~3相对于附件2和公知常识的结合不具备创造性。双方当事人对此均无异议。

合议组还当庭告知专利权人附件2著录项目中的“（43）”所代表的含义是“未经审查并在此日或日前尚未授权的专利文献以印刷或类似方法公布的日期”，因此，可以确定附件2的公开日为2005年6月30日。专利权人对此不确认，其认为附件2的公开日应由请求人提交中文译文进行证明。

合议组对上述无效理由和事实进行了调查，并充分听取了请求人、专利权人的意见。其中，关于“与传动杆相连的拉手杆上的门锁和手把之间的位置关系”，双方当事人均认为上述位置关系在权利要求书中没有记载，同时，请求人还认为上述位置关系应当理解为包括各种设置方式，专利权人认为本专利说明书具体实施方式中记载了上述位置关系。

至此，合议组认为本案事实已经清楚，可以作出审查决定。

二、决定的理由

1. 关于证据和现有技术

请求人提交的附件2为德国专利文献，专利权人对附件2的真实性没有异议。合议组经审查确认附件2的真实性。同时，根据附件2中记载的著录项目“（43）Bekanntmachung im Patentblatt：30.06.2005”以及专利文献中（43）的含义是代表“未经审查并在此日或日前尚未授权的专利文献以印刷或类似方法公布的日期”，并经合议组审查后确认附件2的公开日为2005年6月30日，其公开日期在本专利的申请日前，因此，附件2可以作为本专利的现有技术使用。并且，请求人提交了附件2的部分中文译文，专利权人未对附件2的部分中文译文准确性提出异议，因此，附件2公开的内容以请求人提交的附件2相关部分中文译文为准。

2. 关于专利法第22条第3款

专利法第22条第3款规定，创造性，是指同申请日以前已有的技术相比，该发明有突出的实质性特点和显著的进步，该实用新型有实质性特点和进步。

如果实用新型专利某项权利要求限定的技术方案与最接近的现有技术之间的区别特征均属于本领域的公知常识，现有技术中给出了将所述区别特征应用到该最接近的现有技术以解决其存在的技术问题的启示，则该权利要求限定的技术方案是显而易见的，不具备创造性。

（1）关于本专利权利要求1的创造性。

请求人认为附件2和权利要求1的区别在于“传动杆与手把相连”，但该区别特征是公知常识，因此权利要求1不具备创造性。

专利权人认为权利要求1中的手把与门锁处于门的两侧，在门外侧用钥匙开关门锁才能开关门，在门内侧不用钥匙只要手转动手把就可带动传动杆实现开关门，附件2没有公开传动杆与手把相连以及传动杆与门锁相连，也没有证据表明手把与传动杆相连为公知常识，因此权利要求1具备创造性。

附件2公开了一种尤其用于玻璃门的门锁系统，具体公开了以下技术特征：管形手柄段4和40布置成平行于平面，并且与门19相隔开一个距离，并且定位成垂直的。手柄段4和40从门19的下边缘延伸到半个门高度上，其中连接套5和50布置在这样的门高度上，即在该高度上通常地布置着门锁和附属的操纵件如门闩。这样的闭锁机构布置在这些管形手柄段4和40中的至少一个中，即该闭锁机构可以借助闭锁缸的闭锁凸起来操纵。优选地，闭锁机构其中具有一个在手柄段4和40中可垂直运动的闭锁螺钉49，该闭锁螺钉接合在一个形成于底部中的闭锁螺钉容纳件（没有示出）中，因此门被锁紧（参见附件2中文译文第1页第0068段，图7）。此外，由附件2图7结合上述内容可以确定：图7中所示的门锁系统包括设置在门两侧的、可用钥匙操作的两个门锁，其中一个门锁设置在管形手柄段4上，另一个门锁设置在管形手柄段40上并通过连接套5，50与管形手柄段4相连，两个门锁分别操纵闭锁螺钉49在管形手柄段4中垂直移动，从而分别实现在门内侧和外侧开启和关闭所述门锁系统。

由此可见，附件 2 中的管形手柄段 4 和 40 分别对应于权利要求 1 中的拉手杆（10）和（20），附件 2 中的连接套 5 和 50 分别对应于权利要求 1 中的拉手脚（11）和（21），附件 2 中管形手柄段 4 中的闭锁螺钉 49 对应于权利要求 1 中的传动杆（30），附件 2 中的闭锁螺钉容纳件对应于权利要求 1 中的锁孔（60）。权利要求 1 和附件 2 之间的区别在于：权利要求 1 中限定的是“该传动杆与设置在拉手杆（10）上的门锁（40）和手把（50）相连”，附件 2 中公开的是闭锁螺钉与设置在管形手柄段 4 和 40 上的两个门锁相连。

合议组认为，在锁具领域，采用与锁具的锁定元件相连的门锁和手把来实现锁具的闭锁和解锁，属于本领域的惯用手段，例如，在家用防盗门上使用的锁具中，在门外侧设置有用钥匙操作的门锁，在门内侧设置有可转动的手把，且门锁和手把均与锁具的锁定元件相连并可驱动锁具的锁定元件移动，从而实现防盗门的闭锁和解锁，这种设置门锁和手把的方式是常见的，此外，在门外侧采用钥匙操作门锁的方式实现闭锁和解锁，在门内侧既可采用手把实现闭锁和解锁、又可采用通过钥匙操作门锁的方式实现闭锁和解锁的防盗锁具也是常见的。再如，在户内门上使用的球形把手锁中，门两侧均设有球形手把，门外侧的球形手把中心处设有门锁，在门外侧用钥匙操作门锁可实现门的闭锁和解锁，在门内侧转动球形手把也可实现门的闭锁和解锁，且门锁和手把均与锁具的锁定元件并可驱动锁闭元件移动，从而实现门的闭锁和解锁，这种设置门锁和手把的方式是常见的，此外，在门内侧既可通过转动手把又可通过钥匙操作门锁的方式来驱动锁定元件移动实现锁具的闭锁和解锁的球形手把锁也是常见的。又如，塑钢门窗的平开窗用锁具以及电气柜门用锁具，内侧设有与传动杆相连的手把和门锁，是用钥匙操作门锁后转动手把即可实现传动杆移动，从而实现锁具的闭锁和解锁。

专利权人强调“权利要求 1 中的手把与门锁处于门的两侧，在门外侧用钥匙开关门锁才能开关门，在门内侧不用钥匙只要手转动手把就可带动传动杆实现开关门”。但是，权利要求 1 没有对与传动杆相连的拉手杆上的门锁和手把之间的位置关系进行限定，其保护范围包括但不限于专利权人所强调的手把和门锁的上述设置方式，而且，如前所述，采用与锁具的锁定元件相连的门锁和手把来实现锁具的闭锁和解锁，属于本领域的惯用手段，对本领域技术人员来说，不论是采用“在门外侧设置钥匙操作的门锁，在门内侧设置可转动的手把”的方式、以及采用“在门外侧设置钥匙操作的门锁，在门内侧既设置可转动的手把又设置钥匙操作的门锁”的方式、还是采用“在门的外侧设置钥匙操作的门锁和手把”的方式，都是本领域技术人员常用的设置方式。并且，权利要求 1 中的门锁和手把的作用均是用于操作传动杆（即锁定元件）的移动，从而实现权利要求 1 所述的拉手锁的闭锁和解锁，与上述本领域公知常识中的门锁和手把的作用相同。因此，对本领域技术人员来说，在附件 2 公开的门锁系统的基础上，结合上述公知常识，就可获得权利要求 1 要求保护的技术方案，也就是说，权利要求 1 要求保护的技术方案对本领域技术人员而言是显而易见的，因而权利要求 1 不具备创造性。

（2）关于本专利权利要求 2 的创造性。

请求人认为拉手杆为圆形已经在附件 2 中公开，拉手杆为方形是本领域技术人员根据需要的常规选择，属于公知常识，因此权利要求 2 不具备创造性。

专利权人认可附件 2 公开了拉手杆为圆形，但在权利要求 1 具备创造性的前提下，权利要求 2 也具备创造性。

合议组认为，由附件 2 说明书中记载的“管形”和附件 2 图 7 示出的管形手柄段 4 和 40 呈圆形，可得权利要求 2 的附加技术特征中“所述的拉手杆（10）和（20）为圆形”已被附件 2 公开，而且，拉手的截面形状为方形和圆形均属于本领域技术人员的常规选择，即权利要求 2 中“所述的拉手杆（10）和（20）为方形”的技术方案是本领域技术人员容易想到的，因此，在权利要求 1 不具备创造性的情况下，引用权利要求1的权利要求2要求保护的技术方案是显而易见的，也不具备创造性。

（3）关于本专利权利要求3的创造性。

请求人认为锁孔位于拉手杆的下端被附件2公开，锁孔位于拉手杆的上端属于公知常识，因此权利要求3不具备创造性。

专利权人认为由于权利要求3引用的权利要求具备创造性，请求人没有证明现有技术存在权利要求3所述的结构，因此权利要求3也具备创造性。

合议组认为，由附件2中“该闭锁螺钉接合在一个形成于底部中的闭锁螺钉容纳件”，可得权利要求3附加技术特征中的“锁孔位于拉手杆的下端”已被附件2公开。同时，在锁具领域，在门的上端设置锁孔即把锁孔设置在锁定元件的上端属于本领域的惯用手段，例如，在现有常见的防盗门锁中，为了解决锁孔设置在下端容易积累垃圾堵塞锁孔等问题，通常在门框的上端设有与锁定杆配合的锁孔，再如，在常见的、安装在对开门上的插锁中，为了解决锁孔位置在下端容易积累垃圾堵塞锁孔、破坏地面等问题，通常在插锁的上端的门框上设置与锁定插杆配合的锁孔。而且，“锁孔位于拉手杆的上端”在权利要求3限定的技术方案中的作用也是为了防止设置在下端的锁孔容易积累垃圾堵塞、破坏地面以及保证行走通过时安全，与上述公知常识中“将锁孔设置在门的上端”的作用相同，因此，本领域技术人员在面对此技术问题时，在附件2的基础上结合公知常识，很容易想到权利要求3中的“所述的锁孔位于拉手杆的上端”的技术方案。综上，在权利要求2不具备创造性的情况下，引用权利要求2的权利要求3要求保护的技术方案是显而易见的，也不具备创造性。

鉴于上述已得出本专利权利要求1~3限定的技术方案相对于附件2和公知常识的结合均不具备创造性，应予无效，因此，本决定对请求人提出的关于权利要求1~3不具备创造性的其他证据组合方式不再进行评述。此外，专利权人主张使用证据1和证据2证明请求人提交的附件1和3的真实性存疑，而本决定在评述权利要求1~3的创造性时均未使用附件1和附件3，因此，本决定对此也不再予以评述。

根据上述的事实和理由，本案合议组依法作出以下决定。

三、决定

宣告200520065224.7号实用新型专利权全部无效。

当事人对本决定不服的，可以根据专利法第46条第2款的规定，自收到本决定之日起三个月内向北京市第一中级人民法院起诉。根据该款的规定，一方当事人起诉后，另一方当事人应当作为第三人参加诉讼。

北京市第一中级人民法院
行政判决书

（2009）一中行初字第218号

原告陈垂，男，1973年12月24日出生，汉族，住广东省遂溪县遂城镇大捻山村38号。

委托代理人王向东，广东中亿律师事务所律师。

委托代理人魏永才，广东中亿律师事务所律师。

被告国家知识产权局专利复审委员会，住所地北京市海淀区北四环西路9号银谷大厦10~12层。

法定代表人廖涛，副主任。

委托代理人汤元磊，国家知识产权局专利复审委员会审查员。

委托代理人杨存吉，国家知识产权局专利复审委员会审查员。

第三人佛山市顺德区陈村镇庄头三和钛金厂，住所地广东省佛山市顺德区陈村镇庄头江北工业区。

法定代表人林启光，总经理。

委托代理人黄宁，男，1964年8月16日出生，壮族，佛山市顺德区陈村镇庄头三和钛金厂法律顾问，住广西壮族自治区东兰县东兰镇曲江路33号。

原告陈垂因不服被告国家知识产权局专利复审委员会（以下简称专利复审委员会）的第12291号无效宣告请求审查决定（以下简称第12291号决定），于法定期限内向本院提起行政诉讼。本院于2008年12月30日受理后，依法组成合议庭，并通知第12291号决定的相对方佛山市顺德区陈村镇庄头三和钛金厂（以下简称三和钛金厂）作为第三人参加本案诉讼，于2009年3月17日公开开庭进行了审理。原告陈垂的委托代理人王向东，被告专利复审委员会的委托代理人汤元磊、杨存吉，第三人三和钛金厂的委托代理人黄宁到庭参加了诉讼。本案现已审理终结。

第12291号决定系专利复审委员会针对三和钛金厂就陈垂拥有的名称为“门的拉手锁”的第200520065224.7号实用新型专利（以下简称本专利）所提出的无效宣告请求作出的。第12291号决定中认为：

1. 关于证据和现有技术。

三和钛金厂提交的附件2为德国专利文献DE202005003529U1及其部分中文译文，经审查确认附件2的真实性。同时，根据附件2中记载的著录项目“（43）Bekanntmachung im Patentblatt: 30.06.2005”以及专利文献中（43）的含义是代表“未经审查并在此日或日前尚未授权的专利文献以印刷或类似方法公布的日期”，经审查后确认附件2的公开日为2005年6月30日，其公开日期在本专利的申请日前，因此，附件2可以作为本专利的现有技术使用。并且，陈垂未对附件2的部分中文译文准确性提出异议，因此，附件2公开的内容以三和钛金厂提交的附件2相关部分中文译文为准。

2. 关于《中华人民共和国专利法》（以下简称《专利法》）第二十二条第三款。

（1）关于本专利权利要求1的创造性。

附件2公开了一种尤其用于玻璃门的门锁系统，附件2中的管形手柄段4和40分别对应于权利要求1中的拉手杆（10）和（20），附件2中的连接套5和50分别对应于权利要求1中的拉手脚（11）和（21），附件2中管形手柄段4中的闭锁螺钉49对应于权利要求1中的传动杆（30），附件2

中的闭锁螺钉容纳件对应于权利要求1中的锁孔（60）。权利要求1和附件2之间的区别在于：权利要求1中限定的是“该传动杆与设置在拉手杆（10）上的门锁（40）和手把（50）相连”，附件2中公开的是闭锁螺钉与设置在管形手柄段4和40上的两个门锁相连。

在锁具领域，采用与锁具的锁定元件相连的门锁和手把来实现锁具的闭锁和解锁，属于本领域的惯用手段，例如，在家用防盗门上使用的锁具中，在门外侧设置有用钥匙操作的门锁，在门内侧设置有可转动的手把，且门锁和手把均与锁具的锁定元件相连并可驱动锁具的锁定元件移动，从而实现防盗门的闭锁和解锁，这种设置门锁和手把的方式是常见的，此外，在门外侧采用钥匙操作门锁的方式实现闭锁和解锁，在门内侧既可采用手把实现闭锁和解锁、又可采用通过钥匙操作门锁的方式实现闭锁和解锁的防盗锁具也是常见的。再如，在户内门上使用的球形把手锁中，门两侧均设有球形手把，门外侧的球形手把中心处设有门锁，在门外侧用钥匙操作门锁可实现门的闭锁和解锁，在门内侧转动球形手把也可实现门的闭锁和解锁，且门锁和手把均与锁具的锁定元件并可驱动锁闭元件移动，从而实现门的闭锁和解锁，这种设置门锁和手把的方式是常见的，此外，在门内侧既可通过转动手把又可通过钥匙操作门锁的方式来驱动锁定元件移动实现锁具的闭锁和解锁的球形手把锁也是常见的。又如，塑钢门窗的平开窗用锁具以及电气柜门用锁具，内侧设有与传动杆相连的手把和门锁，是用钥匙操作门锁后转动手把即可实现传动杆移动，从而实现锁具的闭锁和解锁。

对本领域技术人员来说，不论是采用“在门外侧设置钥匙操作的门锁，在门内侧设置可转动的手把”的方式、以及采用“在门外侧设置钥匙操作的门锁，在门内侧既设置可转动的手把又设置钥匙操作的门锁”的方式、还是采用“在门的外侧设置钥匙操作的门锁和手把”的方式，都是本领域技术人员常用的设置方式。并且，权利要求1中的门锁和手把的作用均是用于操作传动杆（即锁定元件）的移动，从而实现权利要求1所述的拉手锁的闭锁和解锁，与上述本领域公知常识中的门锁和手把的作用相同。因此，对本领域技术人员来说，在附件2公开的门锁系统的基础上，结合上述公知常识，就可获得权利要求1保护的技术方案，因而权利要求1不具备创造性。

（2）关于本专利权利要求2的创造性。

由附件2说明书中记载的“管形”和图7示出的管形手柄段4和40呈圆形，可得权利要求2的附加技术特征中“所述的拉手杆（10）和（20）为圆形”已被附件2公开，而且，拉手的截面形状为方形和圆形均属于本领域技术人员的常规选择，即权利要求2中“所述的拉手杆（10）和（20）为方形”的技术方案是本领域技术人员容易想到的，因此，权利要求2保护的技术方案不具备创造性。

（3）关于本专利权利要求3的创造性。

由附件2中“该闭锁螺钉接合在一个形成于底部中的闭锁螺钉容纳件”，可得权利要求3附加技术特征中的“锁孔位于拉手杆的下端”已被附件2公开。同时，在锁具领域，在门的上端设置锁孔即把锁孔设置在锁定元件的上端属于本领域的惯用手段，例如，在现有常见的防盗门锁中，为了解决锁孔设置在下端容易积累垃圾堵塞锁孔等问题，通常在门框的上端设有与锁定杆配合的锁孔，再如，在常见的、安装在对开门上的插锁中，为了解决锁孔位置在下端容易积累垃圾堵塞锁孔、破坏地面等问题，通常在插锁的上端的门框上设置与锁定插杆配合的锁孔。而且，“锁孔位于拉手杆的上端”在权利要求3限定的技术方案中的作用也是为了防止设置在下端的锁孔容易积累垃圾堵塞、破坏地面以及保证行走通过时安全，与上述公知常识中“将锁孔设置在门的上端”的作用相同，因此，本领域技术人员在面对此技术问题时，在附件2的基础上结合公知常识，很容易想到权利要求3中的“所述的锁孔位于拉手杆的上端”的技术方案。综上，权利要求3保护的技术方案也不具备创造性。

综上所述，本专利的权利要求1~3不具备《专利法》第二十二条第三款规定的创造性，专利复审委员会于2008年9月10日作出第12291号决定，宣告本专利权全部无效。

原告陈垂不服第12291号决定，在法定期限内向本院提起行政诉讼称：

1. 附件2、3没有翻译相应的著录项，不能证明其公开日是否早于本专利的申请日，不能用来判断本专利的创造性。根据《审查指南》的相关规定，三和钛金厂未提交附件2、3相应著录项的中文译文，不能证明其公开日是否早于本专利的申请日，专利复审委员会也不能依据自身的知识对著录项中（43）的含义进行解释，即使该著录项内容属于公知常识，也应该举证证明该公知常识的内容，相应的解释也应该由三和钛金厂完成，否则就应该视为未举证。因此，附件2、3不能作为现有技术来判断本专利的创造性。

2. 在三和钛金厂没有举证证明其所依据的手段为公知常识的情况下，专利复审委员会就认为该手段为公知常识，属于认定事实不清、适用法律不当。

根据《审查指南）》第二部分第四章第3.2.1.1节的规定可知，常规手段和惯用手段等均属于在现有技术中的公知常识。《审查指南》第四部分第八章第4.4节中规定：“主张某技术手段是本领域公知常识的当事人，对其主张承担举证责任。该当事人未能举证证明或者未能充分说明该技术手段是本领域公知常识，并且对方当事人不予认可的，合议组对该技术手段是本领域公知常识的主张不予支持”。

在第12291号决定中认为：采用与锁具的锁定元件相连的门锁和手把来实现锁具的闭锁和解锁，属于本领域的惯用手段。在原告陈垂不认可该常规手段属于公知常识，则三和钛金厂应该提供相应的证据证明该惯用手段属于公知常识。因此，专利复审委员会认定上述手段为公知常识，进而据此作出的第12291号决定没有法律依据，结果是错误的，应予撤销。

3. 权利要求1~3相对于三和钛金厂提交的附件1~3具有创造性。

（1）权利要求1相对于附件1和3具有创造性。

附件1没有公开权利要求1中的“传动杆与设置在拉手杆上的门锁和手把相连，传动杆的端部则与固定于拉手杆一侧的锁孔配合”等特征。附件1说明书第［0019］段描述“与锁栓21一体的长杆锁固件”，可见，在附件1中，长杆锁固件16与锁栓21是一体，即一个整体，而非“相连”。权利要求1中的“相连”是指门锁与传动杆相连接后，可实现将门锁的旋转运动传递到传动杆后变成传动杆的上、下直线运动。而附件1中的锁栓21与长杆锁固件16为一体，则不能实现将旋转运动转变为上、下直线运动。所以两者所起作用不同。而附件1也不存在隐含公开传动杆端部与固定在拉手杆一侧的锁孔配合的问题。

附件3中公开的手把与权利要求1中的手把，其所处位置关系和所起作用不同。权利要求1中的手把与门锁处于门的两侧，起的作用是在门外侧要用钥匙开、关锁后才能开、关门，而在门内侧，只用手转动手把就可带动传动杆实现开、关门（而不用钥匙）。附件3中的手把与锁处于门的同一侧，它只起到用钥匙开锁后，用手拉手把便于把门拉开，而不能在不用钥匙开锁的情况下单独拉手把开门，否则，锁就起不到锁的作用了，权利要求1相对于附件1和3具有创造性。

（2）相对于附件1和3，在权利要求1有创造性的前提下，权利要求2有创造性。

（3）相对于附件1和3，权利要求3有创造性。

在权利要求1和2具有创造性的前提下，权利要求3有创造性。另外，附件1没有公开锁孔这一技术特征，也不存在隐含相关启示。

（4）相对于附件2和3，权利要求1有创造性。

权利要求1中的“传动杆与锁和手把相连”没有被附件2公开，至于“两侧均是锁”更没有在附件2中公开。附件3中公开的手把与权利要求1中的手把，其所处位置关系不同，所起作用不同。

权利要求1中的手把与门锁处于门的两侧，起的作用是在门外侧要用钥匙开关锁才开关门，而在门内侧，只用手转动手把就可带动传动杆实现开关门（而不用钥匙）。附件3中的手把与锁处于门的同一侧，它只起到用钥匙开锁后，用手拉动手把便于把门拉开，而不能在不用钥匙开锁的情况下单独拉手把开门，否则，锁就起不到锁的作用了，所以权利要求1有创造性。

（5）相对于附件2和3，在权利要求1有创造性的前提下，权利要求2和3有创造性。

另外，权利要求3中“锁孔位置在上端”没有被任何附件公开。相比于锁孔位置在下端，“锁孔位置在上端”有实质性的特点和进步。因为它解决了锁孔位置在下端容易积累垃圾堵塞锁孔，不易清洁，且破坏地面的整体美观的技术问题，有创造性。

综上所述，被告专利复审委员会作出的第12291号决定认定事实不清、适用法律不当，请求法院予以撤销。

被告专利复审委员会答辩称：

1. 关于附件2的公开日。

第12291号决定中认定附件2的公开日为2005年6月30日，其公开日期在本专利的申请日前，因此，附件2可以作为本专利的现有技术使用。并且上述认定已在口头审理时明确告知原告，原告仅表示由于这应是第三人三和钛金厂作为无效请求的举证责任而不确认，没有其他理由。因此，关于附件2的公开日，第12291号决定认定正确。

2. 关于公知常识。

关于“传动杆与设置在拉手杆上的门锁和手把相连”、“拉手杆为方形”、“锁孔位于拉手杆的上端”为公知常识坚持第12291号决定中的认定。

3. 关于本专利权利要求1~3的创造性。

第12291号决定已经详细阐述了本专利权利要求1~3不具备创造性的理由（参见第12291号决定正文第4~7页），原告诉称的关于本专利权利要求1~3具备创造性的理由不能成立。

综上所述，第12291号决定认定事实清楚、适用法律正确、审理程序合法，原告的诉讼理由不能成立，请求法院驳回原告的诉讼请求，维持第12291号决定。

第三人三和钛金厂未提交书面陈述意见，其在开庭审理中表示同意被告的意见，请求法院维持第12291号决定。

本院经审理查明：

本专利是名称为“门的拉手锁”的第200520065224.7号实用新型专利，其申请日为2005年9月30日，授权公告日为2006年9月27日，专利权人为陈垂。其授权公告的权利要求如下：

“1. 门的拉手锁，它包括两根平行的拉手杆（10）、（20），拉手杆（10）和（20）上分别设有垂直的拉手脚（11）、（21），拉手脚（11）和（21）相连在一起，其特征在于：位于内侧的拉手杆（10）内设有传动杆（30），该传动杆（30）与设置在拉手杆（10）上的门锁（40）和手把（50）相连，传动杆（30）的端部则与固定于拉手杆（10）一侧的锁孔（60）配合。

2. 根据权利要求1所述的拉手锁，其特征在于：所述的拉手杆（10）和（20）为圆形或方形。

3. 根据权利要求2所述的拉手锁，其特征在于：所述的锁孔（60）位于拉手杆（10）的上端或下端。”

针对本专利，第三人三和钛金厂于2008年6月16日向被告专利复审委员会提出无效宣告请求，认为本专利权利要求1~3分别相对于附件1、3的结合或附件2、3的结合不具备创造性，请求宣告本专利权全部无效，同时提交了如下附件：

附件1：公开日为2006年1月4日的欧洲专利文献EP1026346B2及其部分中文译文，共9页。

附件 2：德国专利文献 DE202005003529U1 及其部分中文译文，共 23 页；

附件 3：欧洲专利文献 EP1158123B1 及其部分中文译文，共 7 页。

其中附件 2 公开了一种尤其用于玻璃门的门锁系统，具体公开了以下技术特征：管形手柄段 4 和 40 布置成平行于平面，并且与门 19 相隔开一个距离，并且定位成垂直的。手柄段 4 和 40 从门 19 的下边缘延伸到半个门高度上，其中连接套 5 和 50 布置在这样的门高度上，即在该高度上通常地布置着门锁和附属的操纵件如门闩。这样的闭锁机构布置在这些管形手柄段 4 和 40 中的至少一个中，即该闭锁机构可以借助闭锁缸的闭锁凸起来操纵。优选地，闭锁机构其中具有一个在手柄段 4 和 40 中可垂直运动的闭锁螺钉 49，该闭锁螺钉接合在一个形成于底部中的闭锁螺钉容纳件（没有示出）中，因此门被锁紧（参见附件 2 中文译文第 1 页第［0068］段，图 7）。此外，由附件 2 图 7 结合上述内容可以确定：图 7 中所示的门锁系统包括设置在门两侧的、可用钥匙操作的两个门锁，其中一个门锁设置在管形手柄段 4 上，另一个门锁设置在管形手柄段 40 上并通过连接套 5，50 与管形手柄段 4 相连，两个门锁分别操纵闭锁螺钉 49 在管形手柄段 4 中垂直移动，从而分别实现在门内侧和外侧开启和关闭所述门锁系统。

经形式审查合格后，专利复审委员会依法受理了上述无效宣告请求并依法成立合议组。陈垂于 2008 年 7 月 25 日提交了意见陈述书，同时提交了如下证据：

证据 1：EP1026346B2 权利要求书的网页打印件，共 1 页。

证据 2：EP1158123B1 权利要求书的网页打印件，共 1 页。陈垂认为：证据 1、2 能够分别证明三和钛金厂提交的附件 1、3 的真实性存疑，附件 2 的真实性也存在疑问；附件 1-3 没有公开本专利权利要求 1~3 的全部技术特征，本专利权利要求 1~3 相对于附件 1、3 的结合或附件 2、3 的结合均具备创造性。

专利复审委员会于 2008 年 8 月 26 日进行了口头审理。在口头审理中，三和钛金厂明确其无效理由、范围和证据使用方式为：①权利要求 1~3 相对于附件 1、3 的结合不具备创造性；②权利要求 1~3 相对于附件 1 和公知常识的结合不具备创造性；③权利要求 1~3 相对于附件 2、3 的结合不具备创造性；④权利要求 1~3 相对于附件 2 和公知常识的结合不具备创造性。

2008 年 9 月 10 日，专利复审委员会作出第 12291 号决定。在本案庭审中，原告当庭增加起诉理由：对于第 12291 号决定中认定的权利要求 1 相对于附件 2 结合公知常识不具备创造性的理由是三和钛金厂在口头审理时提出的，已经超过一个月期限，因此，不应作为本无效请求案的理由。经审查，根据无效宣告请求书正文（即意见陈述书）第 3 页第 2~3 段的描述，已经包含了权利要求 1 相对于附件 2 和公知常识的结合不具备创造性的理由，在口头审理过程中，三和钛金厂只是进一步明确阐述了该无效理由。因此，专利复审委员会将其作为无效理由予以审查符合相关规定，其行为并无不当，对于原告的该起诉理由本院不予支持。

以上事实有本专利授权公告文本、第 12291 号决定、附件 2、开庭笔录及各方当事人陈述等在案佐证。

本院认为：

第 12291 号决定仅审查认定了权利要求 1~3 相对于附件 2 与公知常识的结合不具备创造性，关于权利要求 1~3 相对于附件 1、3 的结合、附件 2、3 的结合以及附件 1 和公知常识的结合是否具备创造性在第 12291 号决定中未予涉及，故原告的相关主张本院在本案中不再进行评述涉及。因此，本案的争议焦点在于：1. 附件 2 能否作为本专利现有技术使用，2. 本专利权利要求 1~3 相对于附件 2 及公知常识的结合是否具有创造性。

1. 关于附件 2 能否作为本专利现有技术使用。

原告主张因没有提供附件 2 相应著录项的中文译文，而不能确定其公开日。根据《专利文献与信息》第二章专利文献的类型的介绍，各国专利说明书的组成部分基本相同，包括：扉页、说明书、权利要求书、附图等，扉页均包括著录项目、摘要或权利要求、一副主要附图，并且著录项目采用一套国际承认的著录数据识别代码，其中的代码（43）～（45）代表各种说明书的出版日期，即文献的公知日期。附件 2 为一篇德国专利说明书，根据其扉页中记载的著录项目“（43）Bekanntmachung im Patentblatt：30. 06. 2005”，可以确认附件 2 的公开日为 2005 年 6 月 30 日，附件 2 所引用的技术内容部分有中文译文，且陈垂对这部分中文译文内容未提出异议，因此附件 2 可以作为本专利的现有技术使用，专利复审委员会对此认定并无不当。

2. 关于本专利权利要求 1~3 相对于附件 2 及公知常识的结合是否具有创造性。

根据《专利法》第二十二条第三款的规定：创造性，是指同申请日以前已有的技术相比，该实用新型有实质性特点和进步。

（1）权利要求 1 的创造性。

将本专利独立权利要求 1 与附件 2 相比，区别技术特征为：权利要求 1 中限定的是“该传动杆与设置在拉手杆（10）上的门锁（40）和手把（50）相连”，附件 2 中公开的是闭锁螺钉与设置在管形手柄段 4 和 40 上的两个门锁相连。

《审查指南》第二部分第四章第 3. 2. 1. 1 节规定，认定某一技术手段是否属于本领域公知常识列举了两种情况：一种是本领域中解决该重新确定的技术问题的惯用手段；另一种是教科书或工具书等中披露的解决该重新确定的技术问题的技术手段。

本专利和附件 2 均属于安装于门上的锁具领域，在该领域，为了使拉手具备门锁的功能，可以采取多种方式，例如：“在门外侧设置钥匙操作的门锁，在门内侧设置可转动的手把”的方式、“在门外侧设置钥匙操作的门锁，在门内侧既设置可转动的手把又设置钥匙操作的门锁”的方式、“在门的外侧设置钥匙操作的门锁和手把”的方式，这些方式都是本领域常用的门锁和手把的设置方式，属于本领域的惯用手段。对本领域技术人员来说，可以根据实际的需要，来选择上述方式之一，而这种选择是本领域技术人员容易想到的，不需付出创造性劳动。因此，在附件 2 公开的门锁系统的基础上，为了能够实现在门外侧用钥匙开关门锁才能开关门，在门内侧不用钥匙只要手转动手把就可带动传动杆实现开关门，选择采用“在门外侧设置钥匙操作的门锁，在门内侧设置可转动的手把”的方式，就可获得权利要求 1 保护的技术方案，不需付出创造性劳动，也就是说，权利要求 1 保护的技术方案对本领域技术人员而言是显而易见的，因而权利要求 1 不具备《专利法》第二十二条第三款规定的创造性。

（2）权利要求 2 的创造性。

权利要求 2 的附加技术特征为“所述的拉手杆（10）和（20）为圆形或方形”，其中“所述的拉手杆（10）和（20）为圆形”已被附件 2 公开。而且，拉手的截面形状为方形和圆形均属于本领域技术人员的常规选择，具体选择权利要求 2 中的“所述的拉手杆（10）和（20）为方形”是本领域技术人员容易想到的，因此，权利要求 2 保护的技术方案也不具备《专利法》第二十二条第三款规定的创造性。

（3）权利要求 3 的创造性。

权利要求 3 的附加技术特征为“所述的锁孔（60）位于拉手杆（10）的上端或下端”，其中的“锁孔位于拉手杆的下端”已被附件 2 公开。同时，在锁具领域，在门的上端设置锁孔即把锁孔设置在锁定元件的上端属于本领域的惯用手段，为了解决锁孔设置在下端容易积累垃圾、堵塞锁孔等问题，通常在门框的上端设有与锁定杆配合的锁孔，而且，“锁孔位于拉手杆的上端”在权利要求3限定的技术方案中的作用也是为了防止设置在下端的锁孔容易积累垃圾堵塞、破坏地面以及保证行走通过时安全，因此，本领域技术人员在面对此技术问题时，在附件2的基础上结合公知常识，很容易想到权利要求3中的“所述的锁孔位于拉手杆的上端”的技术方案。综上，权利要求3保护的技术方案也不具备《专利法》第二十二条第三款规定的创造性。

通过上述分析可知，本专利的权利要求1~3相对于附件2并结合本领域公知常识不具备《专利法》第二十二条第三款规定的创造性。因此，专利复审委员会对于本专利权利要求1~3不具备创造性的分析有事实和法律依据，对于原告的主张本院不予支持。

综上所述，专利复审委员会作出的第12291号决定认定事实清楚，适用法律正确，审理程序合法，依法应当予以维持。原告陈垂的诉讼理由不能成立，其诉讼请求本院不予支持。依照《中华人民共和国行政诉讼法》第五十四条第（一）项的规定，本院判决如下：

维持被告国家知识产权局专利复审委员会作出的第12291号无效宣告请求审查决定。

案件受理费100元，由原告陈垂负担（已交纳）。

如不服本判决，各方当事人可在本判决书送达之日起15日内，向本院提交上诉状并交纳上诉案件受理费100元，上诉于北京市高级人民法院。

审　判　长　赵　静
代理审判员　姜庶伟
人民陪审员　郝志国
二〇〇九年六月三十日
书　记　员　谭北川

196

高效眼科灸疗装置

无效宣告请求审查决定（第12299号）

决　　定　　号　第12299号
决　　定　　日　2008年9月19日
发明创造名称　高效眼科灸疗装置
国 际 分 类 号　A61F 9/007，A61F 7/00，A61H 39/06
无效宣告请求人　北京多来明医疗科技有限公司
专　利　权　人　蒋泉涛
专　　利　　号　200410036125.6
申　　请　　日　2004年10月21日
授 权 公 告 日　2007年5月9日
合 议 组 组 长　陈迎春
主　　审　　员　王　婧
参　　审　　员　王琦琳

法　律　依　据　专利法第22条第3款，第26条第3款；专利法实施细则第20条第1款，第21条第2款

决　定　要　点

如果独立权利要求已经记载了能够解决本专利其中一个技术问题的必要技术特征，则该独立权利要求符合专利法实施细则第21条第2款的规定。

一、案由

本无效宣告请求涉及国家知识产权局于2007年5月9日授权公告的200410036125.6号发明专利，其名称为"高效眼科灸疗装置"，申请日为2004年10月21日，专利权人为蒋泉涛。授权公告的权利要求要求书如下：

"1. 一种高效眼科灸疗装置，由带有多孔镜片（2）的眼镜框形面罩（1），带有通风口的端盖（6）以及内罩（4）三者构成一腔体，在内罩（4）上设置有两个排烟筒（5），其特征是：还包括两个带有热辐射口（10）的下沉式燃烧仓（11），它们分别通过两个排烟筒（5）下沉置入到上述腔体内，其中两个热辐射口（10）的位置与多孔镜片（2）的位置相对应；在下沉式燃烧仓（11）靠近底部的壁上开设有进风口（8），在进风口（8）上方设置有灸柱支架（9），灸柱支架（9）位于热辐射口（10）的下方或下部。

2. 如权利要求1所述的高效眼科灸疗装置，其特征是：眼镜框形面罩（1）、内罩（4）和内罩

（4）上的两个排烟筒（5）一体加工而成形成内端，外罩（3）与端盖（6）一体加工而成形成外端，内端与外端互相配合。”

针对上述专利权（下称本专利），北京多来明医疗科技有限公司（下称请求人）于2007年12月6日向专利复审委员会提出无效宣告请求，理由是本专利权利要求1~2不具备专利法第22条第3款规定的创造性，同时提交了如下附件作为证据：

附件1：03206130.7号实用新型专利说明书，授权公告日为2004年9月15日，其复印件共9页（以下称对比文件1）；

附件2：97247626.1号实用新型专利说明书，授权公告日为1999年5月12日，其复印件共8页（以下称对比文件2）。

请求人认为：本专利独立权利要求1前序部分的所有技术特征均已被对比文件1所公开，该权利要求和对比文件1的不同之处仅在于燃烧的艾条的固定方式有所不同，对比文件1采用的是固定杆（8）和灸柱固定板（9），而本专利采用的是将艾条设置在其内的下沉式燃烧仓（11），然而利用燃烧仓固定艾条的方式已经被对比文件2所公开，由于对比文件1、对比文件2和本专利均提供一种用于医疗保健的灸疗装置，属于相同的技术领域，因此，将对比文件1和对比文件2相结合从而得到本专利权利要求1的技术方案，对本领域技术人员来说是显而易见的，所以，权利要求1不具备创造性；从属权利要求2的附加技术特征也已被对比文件1所公开，因此，权利要求2也不具备创造性。

经形式审查合格，专利复审委员会受理了该无效宣告请求（案件编号为：4W01986），于2007年12月6日向双方当事人发出了无效宣告请求受理通知书，并将请求人的专利权无效宣告请求书及附件副本转送给专利权人。

专利权人针对上述无效宣告请求于2008年1月21日提交了意见陈述书，认为请求人的请求理由全部不成立，并要求专利复审委员会对该案进行口头审理。

专利复审委员会依法成立合议组，合议组于2008年3月18日将专利权人于2008年1月21日提交的意见陈述转送给请求人，并向双方当事人发出口头审理通知书，定于2008年5月21日对本案进行口头审理。

2008年4月21日，请求人再次针对本专利向专利复审委员会提出无效宣告请求，理由是本专利说明书不符合专利法第26条第3款、本专利权利要求1~2不符合专利法实施细则第20条第1款和第21条第2款以及专利法第22条第2款、第3款的规定，同时提交了以下附件作为证据：

附件1：CN2643864Y号实用新型专利说明书，授权公告日为2004年9月29日，其复印件共9页（以下称对比文件3）；

附件2：CN2451115Y号实用新型专利说明书，授权公告日为2001年10月3日，其复印件共5页（以下称对比文件4）；

附件3：CN2067970U实用新型专利申请说明书，授权公告日为1990年12月26日，其复印件共6页（以下称对比文件5）；

附件4：新中医《介绍活动式艾条器》（1982年第5期）复印件1页以及由北京中医学院情报资料室出具的证明书1页（以下称对比文件6）；

附件5：CN2640444Y号实用新型专利说明书，授权公告日为2004年9月15日，其复印件共9页（该附件5与请求人于第一次请求时提交的附件1相同）。

请求人认为：本专利的说明书及说明书附图中未对内罩4的结构及其与其他部件的连接关系和装配关系以及内罩4和外罩3的配合关系作出清楚完整的说明，因此，本专利说明书不符合专利法第26条第3款规定，相应地，权利要求中也缺少对内罩结构及其与其他部件的位置关系、连接关系的限定，导致权利要求1~2保护范围不清楚和缺少必要技术特征，不符合专利法实施细则第20条第1款和第21条第2款的规定；权利要求1、2与对比文件3的区别，即是否采用内罩来固定燃烧仓以及外罩与端盖是一体加工成型还是独立设置，均是一种常规设计选择，因此，权利要求1~2相对于对比文件3不具备创造性；对比文件3或1与对比文件4、5、6中的任意一个进行结合均公开了本专利权利要求1~2所限定的技术方案，因此，权利要求1~2不具备创造性。

经形式审查合格，专利复审委员会受理了该无效宣告请求（案件编号为：4W02117），于2008年4月21日向双方当事人发出了无效宣告请求受理通知书，并将请求人的专利权无效宣告请求书及附件副本转送给专利权人。

专利复审委员会依法成立合议组审理此案，根据审查指南第四部分第三章第4.5节关于“案件的合并审理”的规定，合议组将上述两个无效宣告请求合并审理，并向双方当事人重新发出口头审理通知书，定于2008年5月22日对上述两个无效宣告请求进行口头审理。

请求人于2008年5月21日向专利复审委员会提交了意见陈述书，认为本专利权利要求1中的“相对应”不能清楚限定热辐射口与多孔镜片之间的位置关系，因此，该权利要求及其从属权利要求2不符合专利法实施细则第20条第1款的规定；并针对本专利是否具备创造性，作了具体意见陈述。

口头审理如期进行，双方当事人均出席了口头审理。合议组当庭将请求人于2008年5月21日提交的意见陈述书转交给专利权人。在口头审理中，请求人明确其无效请求的理由、范围和证据为：本专利说明书不符合专利法第26条第3款的规定，权利要求1~2不符合专利法实施细则第20条第1款和第21条第2款的规定，及权利要求1~2相对于对比文件1和2的结合、对比文件3和公知常识的结合、对比文件3分别与对比文件4、5、6的结合、对比文件1分别与对比文件4、5、6的结合不符合专利法第22条第3款的规定，请求人明确放弃权利要求1~2不符合专利法第22条第2款的无效理由。专利权人对请求人提交的所有附件的真实性均无异议。口头审理结束时，双方当事人都表示针对本案已经充分发表意见，没有新的意见需要补充。

至此，合议组认为本案事实已经清楚，可以作出该审查决定。

二、决定的理由

1. 关于证据和现有技术

请求人提交的证据包括对比文件1~6，其中对比文件1~5是专利文献的复印件，对比文件6为《新中医》杂志1982年第5期中的一篇名为《介绍活动式艾条器》的文章的复印件，同时附具了北京中医学院情报资料室出具的证明书，专利权人对上述证据的真实性均无异议，合议组经审查认为，上述对比文件1~6可以作为本案证据使用。

同时，由于对比文件1~6的公开日均早于本专利的申请日，因此，上述对比文件中所公开的内容均构成本专利的现有技术。

2. 关于专利法第26条第3款

专利法第26条第3款规定，“说明书应当对发明或者实用新型作出清楚、完整的说明，以所属技术领域的技术人员能够实现为准”。

请求人认为，本专利说明书及说明书附图中均未对内罩4的结构及其与其他部件的连接关系或装配关系，以及内罩4和外罩3的配合关系作出清楚完整的说明，致使本专利说明书不符合专利法第26条第3款的规定。

对此，合议组认为，判断说明书是否充分公开时，应从本领域技术人员的角度出发，而根据审查指南中对本领域技术人员的定义，本领域技术人员知晓申请日前该领域的所有普通技术知识，并且能够获知该领域中的所有现有技术，因此，本领域技术人员根据本专利说明书第3页第3~4段的文字描述“在内罩 4 上设置有两个排烟筒 5。其中眼镜框形面罩 1 与内罩 4 和内罩 4 上的两个排烟筒 5 一体加工而成形成内端，外罩 3 与端盖 6 一体加工而成形成外端，将外端插接到内端上”以及说明书附图 1 的图示，结合其所知晓的现有技术，已经能够清楚得知内罩 4 是一个与眼镜框形面罩 1 和排烟筒 5 一体加工而成的罩形结构，而内罩 4 和外罩 3 之间通过各自与其他部件一体形成的内端和外端插接到一起。也就是说，本领域技术人员在本专利说明书的基础上，能够清楚、准确地理解并实施本发明的技术方案。

因此，对于请求人所提出的本专利不符合专利法第 26 条第 3 款规定的无效理由，合议组不予支持。

3. 关于专利法实施细则第 21 条第 2 款

专利法实施细则第 21 条第 2 款规定：“独立权利要求应当从整体上反映发明或者实用新型的技术方案，记载解决技术问题的必要技术特征。”

请求人认为，本专利权利要求 1 由于没有记载内罩和外罩的具体结构，及其与其他部件的连接关系而不符合专利法实施细则第 21 条第 2 款。

对此，合议组认为，对于专利中存在多个要解决的技术问题时，只要独立权利要求中记载了能够解决其中一个技术问题的技术方案的必要技术特征，则可以认为该独立权利要求符合专利法实施细则第 21 条第 2 款的规定。本专利所要解决的技术问题之一是实现烟雾迅速排出腔体，强化治疗效果，权利要求 1 中已经记载了为了解决上述技术问题所需要的必要技术特征，即下沉式燃烧仓及其具体结构，其总和足以构成发明的技术方案，使之区别于背景技术中所述的其他技术方案，也就是说，就上述技术问题而言，内罩、外罩的具体结构及其与其他部件的连接关系并非权利要求 1 所要保护的技术方案的必要技术特征。

因此，合议组对请求人的上述无效理由不予支持。

4. 关于专利法实施细则第 20 条第 1 款

专利法实施细则第 20 条第 1 款规定：“权利要求书应当说明发明或者实用新型的技术特征，清楚、简要地表述请求保护的范围。”

请求人认为：(1) 本专利权利要求 1~2 未对内罩 4 的结构及其与其他部件的位置连接关系作出清楚的限定；(2) 权利要求 1 中的“相对应”不能清楚限定热辐射口与多孔镜片之间的位置关系，权利要求 2 引用权利要求 1，因此也存在保护范围不清楚的问题；(3) 权利要求 2 中的“外罩”在权利要求 1 中没有出现过，缺乏引用基础，而且也未具体限定外罩与其他部件的连接关系和位置关系。因此，该权利要求不符合专利法实施细则第 20 条第 1 款的规定。

对此，合议组认为：(1) 根据审查指南第二部分第二章第 3. 2. 2 节规定，权利要求是否清楚体现在三个方面：一是权利要求的类型应当清楚；二是权利要求所确定的保护范围应当清楚；三是权利要求之间的引用关系应当清楚。因此，请求人认为权利要求中存在未限定或未记载某些部件的结构及其与其他部件之间的位置连接关系的缺陷，但该缺陷与上述三个方面均不对应，不属于审查权利要求是否符合专利法实施细则第 20 条第 1 款时应考虑的范围。(2) “相对应”一词已经表明热辐射口是朝向多孔镜片的，清楚限定了热辐射口与多孔镜片之间的位置关系，对于本领域技术人员来说不会产生歧义和不清楚之处，因此，也符合专利法实施细则第 20 条第 1 款的规定。(3) 权利要求 1 中虽没有出现过“外罩”这个词，但已经隐含了该技术特征，因为现有技术中同类的眼科灸疗装置均包含外罩；同时在权利要求 2 中，“外罩”一词本身也是清楚的，并且其中也有对外罩结构和位置的限定，因此，对于本领域技术人员来说权利要求 2 也是清楚的。

因此，合议组对请求人所提出的本专利权利要求 1~2 不符合专利法实施细则第 20 条第 1 款的无效理由不予支持。

5. 关于创造性

专利法第22条第3款规定："创造性，是指同申请日以前已有的技术相比，该发明有突出的实质性特点和显著的进步，该实用新型有实质性特点和进步。"

判断发明有无创造性，应当从与发明最接近的现有技术以及发明实际要解决的技术问题出发，判断要求保护的发明对本领域技术人员来说是否显而易见。判断过程中，要确定的是现有技术整体上是否存在某种技术启示，即现有技术中是否给出将该发明与最接近的现有技术相比而得到的区别技术特征应用到该最接近的现有技术以解决其存在的技术问题（即发明实际解决的技术问题）的启示，这种启示会使本领域的技术人员在面对所述技术问题时，有动机改进该最接近的现有技术并获得要求保护的发明。

（1）以对比文件3作为最接近的现有技术。

本专利权利要求1请求保护一种高效眼科灸疗装置。对比文件3公开了一种灸疗保健镜，该保健镜包括：一筒体10（相当于权利要求1中的腔体），筒体10的一端成型有一镜框11（相当于权利要求1中的眼镜框形面罩），镜框11的镜片上开有若干透气孔13（相当于权利要求1中的多孔镜片），筒体10的另一端设置有一亦开设有若干透气孔的盖板20（相当于权利要求1中带有通风口的端盖），筒体10上端的中部设置有三个用于放置灸疗药柱的中空状通风管（该通风管的上端相当于权利要求1中的排烟筒），通风管40的下端伸入筒体10的空腔内，通风管40可与筒体10一体成型，其管壁上开设有与筒体10内的空腔相通的透气孔41。

权利要求1所要保护的技术方案与对比文件3所公开的内容相比，其区别技术特征在于：①权利要求1中的两个下沉式燃烧仓带有热辐射口和进风孔，热辐射口的位置与多孔镜片相对应，进风孔开设在燃烧仓靠近底部的壁上，在进风孔的的上方以及热辐射口的下方或下部设置有灸柱支架，而对比文件3中的通风管40的具体结构与权利要求1中的下沉式燃烧仓不同，其管壁上虽开设有许多透气孔，客观上也具有一定的热辐射作用，但并未明确区分热辐射口和进风孔，该通风管40通过将灸柱燃烧产生的热量辐射到整个灸疗保健镜的腔体中，再通过镜片上的透气孔13辐射到人的眼部，其热辐射作用不如本专利集中，并且对比文件3的通风管40中也没有设置灸柱支架；②权利要求1中的高效眼科灸疗装置还包含设有两个排烟筒的内罩，用于固定下沉式燃烧仓，而对比文件3中的灸疗保健镜不包含内罩，并且该通风管40的数量为3个；③权利要求1中的下沉式燃烧仓分别通过两个排烟筒下沉置入到腔体内，可以方便地放入和取出，而对比文件3中的通风管40与筒体10一体成型，不能随意拆卸。

基于上述区别技术特征可以确定，权利要求1相对于对比文件3实际要解决的技术问题是：①促进灸柱燃烧，使烟雾迅速排出，同时使热辐射更集中，从而使灸疗效果更好；②解决仪器壳体的烫手问题；③能方便地清理下沉式燃烧仓。

对比文件4公开了一种直接置于人体穴位上，能使皮肤免烫的温灸器，该温灸器为圆柱筒体，筒下部设置有金属网（相当于权利要求1中的灸柱支架），金属网上绕筒周壁平行开两排孔，下排为进气孔，上排为出气孔，热辐射口位于整个筒的底部。由此可见，该对比文件中的温灸器与本专利中的下沉式燃烧仓的具体结构不同，且该对比文件中未提及其为了方便清理艾灰采用了何种技术手段，同时，也没有给出关于利用内罩来解决仪器壳体烫手的任何技术启示。因此，该对比文件4并未公开上述区别技术特征①、②和③。

对比文件5公开了一种微烟灸疗器，同样用于放置在人体皮肤上对穴位进行灸疗，该灸疗器也是一圆柱形筒体，器壁上开设有通风槽孔，器壁下部开设有风门，热辐射口同样位于整个筒体的底部，在该灸疗器中，艾柱用一夹爪夹持，而不采用金属网或支架来支托。由此可见，该对比文件中的灸疗器与本专利中的下沉式燃烧仓的具体结构不同，同时，该灸疗器也没有提及其为了方便清理艾灰采用了何种技术手段，其仅提到使用了阻燃套，但该阻燃套并非为了方便清理而设置，另外，该对比文件中同样没有给出关于利用内罩来解决仪器壳体烫手的任何技术启示。因此，该对比文件也未公开上述区别技术特征①、②和③。

对比文件6公开了一种活动式艾灸器，也用于艾灸人体穴位，但不直接接触人体，从其文字描述和附图中可以看出，该艾灸器分为盛艾盅和盖，盖套在盛艾盅上，盛艾盅下段1/3处装一层铁砂以利艾灰漏下，盅旁留有孔道以流通空气，同时参考对比文件2、4、5，本领域技术人员可以理解，盛艾盅旁的孔道设置在盅的周壁周围，比较分散，主要用于空气流通，不是用于集中热辐射至人体穴位，而其底部是否设置有热辐射口无法从对比文件本身得知。由此可见，该对比文件中的艾灸器与本专利盅的下沉式燃烧仓的具体结构不同，而且其同样没有给出关于方便清理艾灰和利用内罩来解决仪器壳体烫手的任何技术启示。因此，对比文件6也没有公开上述区别技术特征①、②和③。

另外，请求人也未提供任何证据以证明上述区别技术特征在本专利权利要求1所要保护的技术方案中的应用是本领域的公知常识。

由上述分析可知，对比文件4、5、6以及本领域的公知常识均未给出将上述区别技术特征应用到对比文件3中以解决上述技术问题的技术启示，而本专利由于采用了上述区别技术特征，获得了能够方便地清理艾灰以及使烟雾能迅速排出，灸柱燃烧更充分，灸疗效果更好的有益技术效果，因此，权利要求1所要保护的技术方案相对于对比文件3，以及对比文件3和对比文件4、5、6中的任意一个的结合均具备突出的实质性特点和显著的进步，符合专利法第22条第3款关于创造性的规定。

在上述情况下，引用权利要求1的从属权利要求2相对于对比文件3，以及对比文件3和对比文件4、5、6中的任意一个的结合也具备突出的实质性特点和显著的进步，符合专利法第22条第3款关于创造性的规定。

（2）以对比文件1作为最接近的现有技术。

本专利权利要求1请求保护一种高效眼科灸疗装置。对比文件1公开了一种眼科灸疗装置，该灸疗装置由仪器壳体4，安装于仪器壳体4外端的外盖6（相当于权利要求1中的端盖）和位于仪器壳体4内端并与之一体的眼镜框14（相当于权利要求1中的眼镜框形面罩）构成（仪器壳体、外盖和眼镜框组装在一起所形成的腔体相当于权利要求1中的腔体），其中在眼镜框14上安装有多孔镜片，在外盖6的下半部分开设有若干个进气孔3（相当于权利要求1中的通风口），在仪器壳体（4）的上端开设有两个排烟孔11（相当于权利要求1中的排烟筒），在该装置的腔体内安装有两个固定杆8，其一端固定有灸柱固定板9（相当于权利要求1中的灸柱支架）。

权利要求1所要保护的技术方案与对比文件1公开的内容相比，其区别技术特征在于：①权利要求1中的高效眼科灸疗装置设置有两个带有热辐射口的下沉式燃烧仓，其中两个热辐射口的位置与多孔镜片的位置相对应，在下沉式燃烧仓靠近底部的壁上开设有进风孔，灸柱支架设置在下沉式燃烧仓内部，在进风孔上方以及热辐射口的下方或下部，而对比文件1中的眼科灸疗装置中没有艾条燃烧仓，其灸柱安装在腔体内的灸柱固定板上，暴露在腔体中进行燃烧；②权利要求1中的高效眼科灸疗装置中还设置有带有两个排烟筒内罩，用于固定下沉式燃烧仓，而对比文件1的装置中没有内罩，其排烟筒是固定在外罩上的；③权利要求1中的下沉式燃烧仓可以通过两个排烟筒下沉置入到灸疗装置的腔体中，可以方便地放入和取出，而对比文件1中由于没有燃烧仓，因此也就不存在该结构。

基于上述区别技术特征可以确定，权利要求1相对于对比文件1实际要解决的技术问题是：①灸柱燃烧不充分，烟雾无法迅速排出而进入腔体内聚集的问题；②仪器壳体烫手，装置常因受热而变形的问题；③能方便地清理艾灰。

对比文件 2 公开了一种架式灸疗器，用于艾灸人体穴位，该灸疗器包括位于保温罩套 7 内的燃艾室 4，在燃艾室 4 和保温罩套 7 的侧壁上，分别开设有若干透气孔 5 和 8，燃艾室 4 与隔热保温罩套 7 均为杯状结构，隔热保温罩套 7 的底面开设有传热口 16，而在燃艾室 4 的底面上开设有若干传热小孔 6，另外，还可以在燃艾室的底面上增设一根固定针，以此来固定放置于燃艾室内的艾条。由此可见，对比文件 2 中的灸疗器与本专利中的下沉式燃烧仓的具体结构不同，同时，也没有给出如何解决仪器壳体烫手的技术启示，且该对比文件中未提及其为了方便清理艾灰采用了何种技术手段。因此，该对比文件没有公开上述区别技术特征①、②和③。

参见前面的评述可知，对比文件 4、5、6 也均未公开上述区别技术特征①、②和③。

由上述分析可知，对比文件 2、4、5、6 均没有给出将上述区别技术特征应用到对比文件 1 中以解决上述技术问题的启示，而本专利由于采用了上述区别技术特征，获得了仪器壳体不会烫手，装置不会因受热而变形，以及烟雾能通过下沉式燃烧仓上端开口迅速排出，不会进入腔体内聚集，灸柱燃烧充分，热量充分施放，从而灸疗效果更好的有益效果。因此，权利要求 1 所要保护的技术方案相对于对比文件 1 和对比文件 2、4、5、6 中任意一个的结合具备突出的实质性特点和显著的进步，符合专利法第 22 条第 3 款关于创造性的规定。

在上述情况下，引用权利要求 1 的从属权利要求 2 相对于对比文件 1 和对比文件 2、4、5、6 中的任意一个的结合也具备突出的实质性特点和显著的进步，符合专利法第 22 条第 3 款关于创造性的规定。

综上所述，请求人认为本专利权利要求 1~2 不具备创造性的理由不能成立。

三、决定

维持 200410036125.6 号发明专利权有效。

当事人对本决定不服的，可以根据专利法第 46 条第 2 款的规定，自收到本决定之日起三个月内向北京市第一中级人民法院起诉。根据该款的规定，一方当事人起诉后，另一方当事人应当作为第三人参加诉讼。

197

内锁式抗滑挡土墙

无效宣告请求审查决定（第 12301 号）

决　　定　　号　第 12301 号
决　　定　　日　2008 年 9 月 19 日
发明创造名称　内锁式抗滑挡土墙
国 际 分 类 号　E02D 29/02，E02D 17/20
无效宣告请求人　王　玲
专 利 权 人　黄大文
专　　利　　号　200520120374.3
申　　请　　日　2005 年 12 月 14 日
授 权 公 告 日　2007 年 4 月 11 日
合 议 组 组 长　温丽萍
主　　审　　员　李德宝
参　　审　　员　刘　犟

法 律 依 据　专利法第 22 条第 3 款
决 定 要 点

一项权利要求的技术方案与最接近的现有技术相比存在多个区别技术特征，但若其中部分区别技术特征已被另一篇对比文件公开，且在另一篇对比文件中所起的作用与其在要求保护的技术方案中所起的作用相同，则应当认为另一篇对比文件中存在相应的技术启示；而未被另一篇对比文件公开的其余区别技术特征又是本技术领域中常用的技术手段，则该项权利要求的技术方案是显而易见的，不具有实质性特点，因此不具备创造性。

一、案由

本无效宣告请求涉及中华人民共和国国家知识产权局于 2007 年 4 月 11 日授权公告的、名称为“内锁式抗滑挡土墙”的实用新型专利权（下称本专利），其专利号是 200520120374.3，申请日是 2005 年 12 月 14 日，专利权人为黄大文。本专利授权公告的权利要求书如下：

“1. 一种内锁式抗滑挡土墙，包括：由类似沙包的建筑单元重叠排列构成的墙体，其特征在于，所述的重叠排列建筑单元由上下层金三角结构重叠搭接构成的生态袋组成，并由至少三个错位排列钉入的锚杆钉固定连接在一起，并由此重叠固定连接组成挡土墙。

2. 根据权利要求 1 所示的挡土墙，其特征在于，还包括，穿过加筋格栅板将锚杆钉钉入上下层建筑单元生态袋之间夯实回填土组成的墙体结构。”

针对本专利权，王玲（下称请求人）于2008年4月17日向专利复审委员会提出无效宣告请求，认为本专利不符合专利法第22条第2款和第3款的规定。请求人同时提交了如下附件：

附件1：本专利的专利说明书，共8页；

附件2：公开日为2004年10月27日、公开号为CN1539262A（申请号为03117760.3）的中国发明专利申请公开说明书，共4页；

附件3：公开日为2005年1月12日、公开号为CN1563609A（申请号为200410014608.6）的中国发明专利申请公开说明书，共11页。

请求人的具体理由为：（1）附件2已公开了一种用植生袋建植边坡草坪的方法，并具体公开了将植生袋沿边坡面按‘砌砖’式或交错码放，每平米码放5~20袋；用锚杆将码放好的植生袋固定，用于锚固的锚杆直径8~16mm，长为20~150mm，杆间距1~3m，附件2已经完全覆盖了本专利权利要求1的所有技术特征，权利要求1相对于附件2不具备新颖性；（2）附件3公开了由砂土袋垒成的边坡坝坎与地基之间设有地质网，附图9给出了地质网的形状，同时也说明了该地质网的功用，即本专利的产品结构特征已被附件3中的地质网所覆盖，钉入方式也被附件2覆盖，本专利的权利要求2相对于附件2和附件3的结合不具备创造性。

经形式审查合格，专利复审委员会依法受理了上述无效宣告请求，并于2008年5月14日向请求人和专利权人发出无效宣告请求受理通知书，同时将专利权无效宣告请求书及其附件清单中所列附件的副本转送给专利权人，并要求专利权人在指定的期限内陈述意见。

专利复审委员会依法成立合议组。本案合议组于2008年7月8日向双方当事人发出无效宣告请求口头审理通知书，定于2008年9月4日举行口头审理。

口头审理如期举行，专利权人未出席口头审理，请求人单方出席了口头审理。在口头审理中，请求人明确无效宣告请求的理由、范围和证据的使用情况为：（1）权利要求1相对于附件2不具备新颖性。（2）以附件2为最接近的对比文件，权利要求1相对于附件2和附件3的结合以及公知常识不具备创造性；权利要求2相对于附件2和附件3的结合以及公知常识不具备创造性。

至此，合议组认为本案事实已经清楚，可以作出审查决定。

二、决定的理由

1. 关于证据

请求人提交的附件2和3均为中国专利文献，公告日均早于本专利的申请日，经合议组核实，附件2和3可以作为本专利的现有技术使用。

2. 关于创造性

专利法第22条第3款规定，创造性，是指同申请日以前已有的技术相比，该发明有突出的实质性特点和显著的进步，该实用新型具有实质性特点和进步。

一项权利要求的技术方案与最接近的现有技术相比存在多个区别技术特征，但若其中部分区别技术特征已被另一篇对比文件公开，且在另一篇对比文件中所起的作用与其在要求保护的技术方案中所起的作用相同，则应当认为另一篇对比文件中存在相应的技术启示；而未被另一篇对比文件公开的其余区别技术特征又是本技术领域中常用的技术手段，则该项权利要求的技术方案是显而易见的，不具有实质性特点，也就不具备创造性。

本专利权利要求1请求保护一种内锁式抗滑挡土墙。相同技术领域的附件2公开了一种用植生袋构建的防护墙，并具体公开了如下技术特征（参见说明书第2页）：将植生袋（相当于本专利中类似沙包的建筑单元）沿边坡按“砌砖”式或交错码放，每平米码放5~20袋，用锚杆将码放好的植生袋锚固，杆间距为1~3M，较缓边坡可减少锚杆数量。由此可见，两者的区别仅在于：（1）本专利将沙包的码放限定为金三角结构；（2）本专利将用于锚固的锚杆限定为至少三个错位排列钉入。对于区别技术特征（1），本专利将沙包按“金三角结构”（参见附图1和2）码放的目的是为了增强挡土墙的稳固性，而附件3公开了一种边坡坝坎的挡土墙，并在图1中公开了与本专利所述的金三角结构相同的码放方式，即上述区别技术特征已被附件3公开，且附件3中公开的码放方式也能够使挡土墙的结构更加稳固；对于区别技术特征（2），附件2公开了“较缓边坡可减少锚杆数量”，即可以根据实际情况来调整锚杆的使用数量，而本领域普通技术人员均知晓，由不在同一条直线上的三个点组成的三角形结构是稳固的，为得到较稳固的墙体，本领域技术人员根据附件2公开的内容容易想到用至少三个锚杆对错位码放的生态袋进行固定连接。因此，本领域技术人员在附件2和附件3的基础上结合公知常识很容易想到本专利权利要求1请求保护的技术方案，权利要求1不具有实质性特点，不具备创造性。

权利要求2进一步限定的技术特征为：穿过加筋格栅板将锚杆钉钉入上下层建筑单元生态袋之间夯实回填土组成的墙体结构。附件3公开了由砂土袋垒成的边坡坝坎与地基之间设有地质网，地质网可以增加并达到整体设计边坡坝坎的强度（参见说明书第2~3页），虽然附件3只公开了在边坡坝坎和地基之间设置地质网，但在上下层沙土袋之间设置加筋格栅之类的加强部件并加回填土以达到增加边坡坝坎整体强度的目的是本技术领域中常用的技术手段，因此，本领域技术人员容易想到在附件2的沙土袋之间也使用加强部件（如与地质网功能类似的加筋格栅板），并为了使格栅板与沙土袋连接牢固而将锚钉穿过格栅板，进而得到权利要求2的技术方案，在权利要求1不具备创造性的基础上，本专利的权利要求2不具有实质性特点，不具备专利法第22条第3款规定的创造性。

鉴于本专利权利要求1和2不具备创造性的无效理由成立，因此，对于请求人提出的其他无效理由，合议组不再进行评述。

三、决定

宣告200520120374.3号实用新型专利权全部无效。

当事人对本决定不服的，可以根据专利法第46条第2款的规定，自收到本决定之日起三个月内向北京市第一中级人民法院起诉。根据该款的规定，一方当事人起诉后，另一方当事人应当作为第三人参加诉讼。

198

皮下注射针的针尖防护装置

无效宣告请求审查决定（第12306号）

决 定 号 第12306号
决 定 日 2008年10月7日
发明创造名称 皮下注射针的针尖防护装置
国 际 分 类 号 A61M 5/32，A61M 5/00
无效宣告请求人 北京市安伦律师事务所
专 利 权 人 英杰克蒂姆梅德公司
专 利 号 97193967.5
申 请 日 1997年2月27日
优 先 权 日 1996年2月27日，1996年9月12日，1996年11月19日
授 权 公 告 日 2005年1月5日
合 议 组 组 长 杨军艳
主 审 员 佟仲明
参 审 员 刘 铭

法 律 依 据 专利法第22条第2款、第3款
决 定 要 点

发明权利要求所要求保护的一项技术方案与一项现有技术方案相比，如果其技术方案实质上相同，且技术领域、所要解决的技术问题、预期效果也均相同，则该技术方案不具有新颖性；如果存在区别技术特征，但该区别技术特征被另一篇现有技术文件公开且在其中所起的作用与在本发明中所起的作用相同或者该区别技术特征属于本领域的公知常识，则该技术方案不具备创造性。

一、案由

本无效宣告请求涉及中华人民共和国国家知识产权局于2005年1月5日授权公告的、名称为“皮下注射针的针尖防护装置”的发明专利（下称本专利），其申请号为97193967.5，申请日是1997年2月27日，优先权分别日是1996年2月27日、1996年9月12日和1996年11月19日，专利权人是英杰克蒂姆梅德公司。该专利授权公告时的权利要求书如下：

“1. 一种针防护装置，包括：

a）可滑动地装在一个带有近端和锋利远端（11）的针上的针防护件（22），该针具有在其长度上并靠近该锋利远端（11）形成的一个变形的轮廓（3），上述针防护件具有近端和远端，所述针防护件（22）包括在一个第一可收伸状态和一个第二操作状态之间转变的活动捕针件（41），其中在第

一可收伸状态中，该活动捕针件偏压靠在该针上；在第二操作状态中，该活动捕针件捕获该针的锋利远端（11）；和

b）一个在针防护件的近端上形成的限制导向部分（34，84），其具有一个尺寸为仅使该变形轮廓不可穿过的孔并且与上述针上形成的变形轮廓作用，以限制该针防护件在该针上从针的近端向前滑动地移动的距离，该限制导向部分（34，84）操作到当上述活动捕针件从第一可收伸状态转变到第二操作状态时，与该变形轮廓基本同时啮合。

2. 如权利要求1所述的针防护装置，该变形的轮廓包括向外隆起形的针侧壁部。

3. 如权利要求1所述的针防护装置，其特征在于，上述变形的轮廓是在该针上整体形成的。

4. 如权利要求1所述的针防护装置，其特征在于，还包括用于朝上述针推压上述捕针件的弹性件。

5. 如权利要求1所述的针防护装置，该变形的轮廓包括一个非圆形。

6. 如权利要求1所述的针防护装置，该变形轮廓包括在该针上形成的扁平凹槽。

7. 如权利要求1~6之一所述的针防护装置，还包括一个可连接于所述针防护件（22）的远端上的导管毂部（13），具有用于该针穿过的导管（29）。

8. 如权利要求1~3、5~6之一所述的针防护装置，还包括：

用于固定该针的近端的毂部（12）；

一个绕该针同心地配置在上述针防护件（22）与毂部（12）之间的弹性件（19），使上述针防护件（22）在弹性件（19）的弹力下从与毂部（12）相近的位置移动到一个远离该毂部（12）和盖住锋利远端（11）的位置。

9. 如权利要求1~6之一所述的装置，其特征在于，上述捕针件（41）与上述针防护件（22）是整体形成的。”

针对上述专利权，北京市安伦律师事务所（下称请求人）于2008年1月15日向专利复审委员会提出无效宣告请求，并提交了如下附件：

附件1：本专利授权公告文本；

附件2：US5215528A号美国专利文件及其文字部分的中文译文，该专利文件的公开日为1993年6月1日；

附件3：US4795432号美国专利文件及其文字部分的中文译文，该专利文件的公开日为1989年1月3日；

附件4：授权公告号为CN1027137C的中国发明专利说明书，该专利文件的授权公告日为1994年12月28日；

附件5：本发明专利申请公开说明书，公开日为1999年6月23日。

请求人在意见陈述书中提出的无效宣告具体理由是：（1）本专利权利要求1中记载的特征“第一可收伸状态”和“第二操作状态”、权利要求3中记载的特征“……在该针上整体形成的”、权利要求5中记载的特征“……非圆形”以及权利要求6中记载的特征“……扁平凹槽”在本专利申请公开说明书中没有记载或者说明，所属领域技术人员也不能从本专利申请公开说明书中得到或者概括得到，因此上述权利要求以及从属于上述权利要求的各权利要求均不符合专利法第26条第4款的规定，且专利权人对上述权利要求以及从属于上述权利要求的各权利要求的修改均不符合专利法第33条的规定。（2）附件2公开了权利要求1全部技术特征，权利要求1相对于附件2不具备新颖性，不符合专利法第22条第2款的规定；权利要求2~5、7的附加技术特征也已经被附件2所公开，因此该权利要求2~5和从属于权利要求1~5的从属权利要求7相对于附件2也不具备新颖性，同样不符合

专利法第22条第2款的规定。(3) 该权利要求1~5和从属于权利要求1~5的从属权利要求7相对于附件2不具备新颖性，也相应地不具备创造性，不符合专利法第22条第3款的规定；权利要求6的附加技术特征已经被附件4公开，权利要求8的附加技术特征被附件3公开，权利要求9的附加技术特征属于公知技术，因此在其引用的权利要求不具备新颖性或创造性的情况下该权利要求6、8、9以及引用权利要求6的权利要求7也不具备创造性，同样不符合专利法第22条第3款的规定。

随后，请求人又于2008年2月15日向专利复审委员会提交了补充意见陈述书以及补充证据，其中其补充提交的证据如下：

附件6：US5558651A号美国专利文件及其文字部分的中文译文，该专利文件的公开日为1996年9月24日；

附件7：US5049136号美国专利文件及其文字部分的中文译文，该专利文件的公开日为1991年9月17日；

附件8：WO94/00172A1号专利文件及其文字部分的中文译文，该专利文件的公开日为1994年1月6日；

附件9：欧洲专利局宣告第EP0891198号专利无效的决定事实理由复印件以及其中文译文；

附件10：本专利权利要求的技术特征对比分析表。

请求人补充的具体理由是：(1) 权利要求1中所述"该针具有在其长度上并靠近该锋利远端(11)形成的一个变形的轮廓(3)"，而"长度"一词不能表达权利要求1中所提到的"针"的任何部位，无法做到清楚简要地表述"变形的轮廓"的位置，因此权利要求1及其从属权利要求2~9不清楚，不符合专利法实施细则第20条第1款的规定。(2) 权利要求1的全部技术特征均被附件6所公开，权利要求1相对于附件6不具备新颖性，不符合专利法第22条第2款的规定；权利要求2~5的附加技术特征已经被附件6所公开，因此权利要求2~5相对于附件6也分别不具备新颖性，不符合专利法第22条第2款的规定。(3) 在不具备新颖性的情况下，权利要求1~5相对于附件6也不具备创造性，不符合专利法第22条第3款的规定；权利要求1相对于附件7和附件8的结合以及它们与附件2和/或附件3的结合不具备创造性，不符合专利法第22条第3款的规定；权利要求6的附加技术特征被附件6的另一个技术方案公开，权利要求6相对于附件6中两个技术方案的结合不具备创造性，不符合专利法第22条第3款的规定；权利要求9的附加技术特征属于公知技术，同样被附件6所公开，因此在其引用的权利要求不具备创造性的情况下，该权利要求9也不具备创造性，不符合专利法第22条第3款的规定。(4) 与本专利基于同一个PCT国际申请原始公开文本的欧洲专利EP0891198已经于2008年1月14日被欧洲专利局宣告无效（参见附件9），该无效宣告决定及其事实和理由对本专利的无效程序可以起到指引作用。

经形式审查合格，专利复审委员会依法受理了上述无效宣告请求，并于2008年4月3日向双方当事人发出无效宣告请求受理通知书。同时，随同该无效宣告请求受理通知书将请求人提交的无效宣告请求书及其附件清单中所列附件的副本，以及2008年2月15日提交的补充意见陈述书及其附件清单中所列附件的副本转送给专利权人，并告知专利权人应在收到该通知之日起一个月内对该无效宣告请求陈述意见；期满未答复的，不影响专利复审委员会审理。

专利权人期满未答复。

针对上述无效宣告请求，专利复审委员会依法成立合议组，并于2008年7月4日向双方发出无效宣告请求口头审理通知书，指出本案合议组定于2008年9月23日举行口头审理。

口头审理如期举行，请求人出席口头审理，出庭人员为公民代理张小英、吴华，专利权人缺席口头审理；请求人对合议组成员无回避请求。

请求人明确其无效理由、事实、证据为：本专利权利要求1~9不符合专利法第33条的规定；本专利权利要求1~9不符合专利法第26条第4款的规定；本专利权利要求1~5、7相对于附件2不符合专利法第22条第2款的规定；本专利权利要求1~9不符合专利法第22条第3款的规定；本专利权利要求1~9不符合专利法实施细则第20条第1款的规定。具体理由与请求书内容一致。请求人明确表示放弃附件6作为证据使用，附件5用于评述本专利权利要求不符合专利法第33条，用附件2~4、附件7~8评述本专利权利要求的新颖性和创造性，附件9供合议组参考。

此外，请求人向合议组出示了盖有国家知识产权局专利审查业务章以及“此件为原件复印件”公章的原始文本的复印本，并表示附件5中第一页是公开文本首页，但后面各页为原始文本复印件。请求人还当庭提交了公知常识性证据以用于对“长度”一词进行解释，该证据是：商务印书馆出版，1989年9月第2版，1995年2月北京第24次印刷的《新华字典（1988年修订版）》的出版页、序以及第96~97页的复印件，请求人明确表示该证据中对“长度”一词的解释与在先提交的请求书中记载的解释是一样的，当庭提交用于参考。

至此，合议组认为本案事实清楚，现依法作出审查决定。

二、决定的理由

1. 关于证据和现有技术

请求人提交的附件2、3为外文专利文献及其相应中文译文，附件4为中文专利文献。专利权人未对上述专利文献的真实性提出异议，合议组经审查对真实性予以认可，上述专利文献可以作为本案证据使用。专利权人未对上述外文证据的中文译文准确性提出异议，因此附件2、3文字部分公开的内容以请求人提交的译文内容为准。同时由于附件2、3、4的公开日期均在本专利的申请日和优先权日之前，因此可以作为本专利的现有技术使用。

2. 关于专利法第22条第2款和专利法第22条第3款

专利法第22条第2款规定：新颖性，是指在申请日以前没有同样的发明或者实用新型在国内外出版物上公开发表过、在国内公开使用过或者以其他方式为公众所知，也没有同样的发明或者实用新型由他人向专利局提出过申请并记载在申请日以后（含申请日）公布的专利申请文件中。

专利法第22条第3款规定：创造性，是指同申请日以前已有的技术相比，该发明有突出的实质性特点和显著的进步，该实用新型具有实质性特点和进步。

（1）关于本专利权利要求1是否具备新颖性。

本专利权利要求1请求保护一种针防护装置。附件2公开了一种带有针尖套的输液管导入组件，并具体公开了如下内容（参见附件2中文译文第3页第2段至第5页第3段，附图1a-5a）：导入组件10包括一个针毂12，一个带有针尖15的针14，以及一个针尖套16，该针尖套是可滑式地连接在针杆上。针尖套16包括一个延长的且通常为中空的主体38。片簧58安装在针尖套16内，片簧58包括端墙60、延长部分62和大致呈L形的横向墙63，当针尖套16移动弹簧越过针14的针尖15的位置时，片簧58的弹力使针14的路径被横向墙63所阻，针尖也因此被弹簧58的横向墙63所阻，堵住了针尖15的出路。针14包括有扩大的第三杆部14c，第三杆部14c靠近斜尖，其一项作用是防止针尖套16离开针杆。当针尖15插入针尖套16时，扩大的针杆第三杆部与片簧58的端墙60接合。针尖套16墙面64上的孔70的直径比针杆的直径要大，但比扩大部分14c的直径小，因此它为防止针尖15移出针尖套16提供了又一种途径。针尖套的墙面64顶住片簧58的端墙60，也降低了扩大部分14c从端墙60的开口59中跳出的风险。

其中，附件2的针尖套16相当于权利要求1中的针防护件，其可在针上滑动；扩大的第三杆部14c相当于权利要求1中的针上的变形轮廓；片簧58的横向墙63相当于权利要求1中的活动捕针件，其偏压在针杆上时的状态相当于权利要求1中的第一可收伸状态，而其阻挡住针尖时的状态相当于权利要求1中的第二操作状态；针尖套16近端墙面64及其上的孔70和片簧的端墙60及其上的开口59相当于限制导向部分，其中孔70和开口59的尺寸都小于第三杆部14c，并与14c作用以限制针尖套向针远端滑动的距离，并且在横向墙63阻挡住针尖时针杆第三杆部与片簧58的端墙60接合。由此可见，附件2已经公开了权利要求1的全部技术特征，权利要求1所要求保护的技术方案与附件2所公开的内容相比，所不同的仅仅是文字表达方式上略有差别，其技术方案实质上是相同，且附件2公开的技术方案与该权利要求所要求保护的技术方案属于同一技术领域，并能产生相同的技术效果，因此该权利要求1不具备新颖性。

（2）关于本专利权利要求2~5是否具备新颖性。

权利要求2引用了在前的权利要求1，其附加技术特征是“该变形的轮廓包括向外隆起形的针侧壁部”。然而附件2中公开了：第三杆部14c的外径比一般的针径大，即该附加技术特征也已经被附件2所公开（参见附件2译文第4页第7段，附图4），因此在其引用的权利要求1不具备新颖性的情况下，该权利要求2也不具备专利法第22条第2款所规定的新颖性。

权利要求3引用了在前的权利要求1，其附加技术特征是“上述变形的轮廓是在该针上整体形成的”。然而附件2中公开了：针的增展部分可以通过电蚀刻该区域上方和下方的材料构成，磨削是另一种将针改变成所需形状的方法，两种方法都可以获得整体化的具有第三杆部14c外径的针，即该附加技术特征也已经被附件2所公开（参见附件2译文第5页第6段），因此在其引用的权利要求1不具备新颖性的情况下，该权利要求3也不具备专利法第22条第2款所规定的新颖性。

权利要求4引用了在前的权利要求1，其附加技术特征是“还包括用于朝上述针推压上述捕针件的弹性件”。而附件2中片簧58的延长部分62通过其固有弹性作用力将横向墙63向针推压，即该附加技术特征也已经被附件2所公开（参见附件2译文第4页第1段），因此在其引用的权利要求1不具备新颖性的情况下，该权利要求4也不具备专利法第22条第2款所规定的新颖性。

权利要求5引用了在前的权利要求1，其附加技术特征是“该变形的轮廓包括一个非圆形”。然而该附加技术特征也已经被附件2所公开（参见附件2译文第4页第4段，附图4），其中第三杆部14c为非圆形，因此在其引用的权利要求1不具备新颖性的情况下，该权利要求5也不具备专利法第22条第2款所规定的新颖性。

（3）关于本专利权利要求6是否具备创造性。

权利要求6引用了在前的权利要求1，其附加技术特征是“该变形轮廓包括在该针上形成的扁平凹槽”。附件4公开了一种带有自定位针头护套的静脉施药导管，其中包括一个放置在导管套筒16、18的腔室内的针尖护套30（相当于本申请中的针防护件），针尖护套近端是一个带有中心圆孔36的圆形锁定凸缘34；靠近针头12的针尖处有接合槽50，针尖护套30沿针头滑动，并且凸缘34会与接合槽50相接合而闭合。其中，附件4中的接合槽50相当于权利要求6中的扁平凹槽，其与权利要求6中的扁平凹槽所起的作用相同，均是用于固定保护针尖的针防护件，因此附件4给出了在针上形成扁平凹槽并与防护件相配合以防止针防护件脱离针头的技术启示，并且附件2和附件4以及本申请均属于相同的技术领域，在附件2的基础上结合附件4从而得到该权利要求6所要求保护的技术方案对于本领域普通技术人员而言是无需付出创造性劳动就能完成的，因此权利要求6相对于附件2与附件4的结合不具备专利法第22条第3款所规定的创造性。

（4）关于本专利权利要求7是否具备新颖性或创造性。

权利要求7引用了在前的权利要求1~6中之一，其附加技术特征是“还包括一个可连接于所述针防护件（22）的远端上的导管毂部（13），具有用于该针穿过的导管（29）”。然而该附加技术特征也已经被附件2所公开（参见附件2译文第5页第7段），其中输液管18相当于权利要求7中的导管，输液管接头52相当于权利要求7中的导管毂部。因此，在其引用的权利要求1~5均不具备新颖性的情况下，该权利要求7不具备专利法第22条第2款规定的新颖性，在其引用的权利要求6不具备创造性的情况下，该权利要求7不具备专利法第22条第3款规定的创造性。

（5）关于本专利权利要求8~9是否具备创造性。

权利要求8引用了在前的权利要求1~3、5~6中之一，其附加技术特征是"用于固定该针的近端的毂部（12）；一个绕该针同心地配置在上述针防护件（22）与毂部（12）之间的弹性件（19），使上述针防护件（22）在弹性件（19）的弹力下从与毂部（12）相近的位置移动到一个远离该毂部（12）和盖住锋利远端（11）的位置"。然而，附件3公开了一种皮下注射仪器的防护组件（参见译文第5页第2段至第7页第1段，附图11-17），其中公开了针具有毂7，底座9用于接纳针的毂7，即，底座9相当于该权利要求8中的毂部；针防护件73设有向外凸缘槽75，弹簧15的相应端牢固的连接在该凸缘槽中，弹簧15的另一端牢固的安装在底座9形成的内腔17中，弹簧15围绕针3，当针3已被拔离病人，防护件73受弹簧15的偏压向外伸展至一位置以完全封住针3的尖端。可见附件3公开了上述附加技术特征，且该附加技术特征在附件3中的作用同在本申请中的作用相同，都是推动针防护件从针的近端移动到远端以遮盖住针的锋利尖端从而使防护件起到防护针的作用，在附件2的基础上结合附件3，或在附件2的基础上结合附件3和附件4，从而得到权利要求8要求保护的技术方案对于本领域普通技术人员而言是显而易见的，因此当其引用权利要求1~3、5不具备新颖性时，该权利要求8相对于附件2和附件3的结合不具备专利法第22条第3款所规定的创造性，当其引用的权利要求6不具备创造性时，该权利要求8相对于附件2、附件3和附件4的结合也不具备专利法第22条第3款所规定的创造性。

权利要求9引用了在前的权利要求1~6之一，其附加技术特征是"上述捕针件（41）与上述针防护件（22）是整体形成的"。然而，对于本领域普通技术人员而言，通过常见的模制等工艺将捕针件和针防护件整体形成或者分别形成再组合成一体，是无需付出创造性劳动就能完成的，因此该附加技术特征属于本领域的公知常识，在其引用的权利要求1~5不具备新颖性、权利要求6不具备创造性的情况下，该权利要求9不具备专利法第22条第3款规定的创造性。

3. 关于请求人提出的其他无效理由和证据

如上所述，本专利权利要求1~9分别不具备新颖性或创造性，应被宣告全部无效，因此不再对请求人提出的其他无效理由和证据进行评述。

三、决定

宣告97193967.5号发明专利权全部无效。

当事人对本决定不服的，可以根据专利法第46条第2款的规定，自收到本决定之日起三个月内向北京市第一中级人民法院起诉。根据该款的规定，一方当事人起诉后，另一方当事人应当作为第三人参加诉讼。

199

灯箱的反光装置

无效宣告请求审查决定（第 12336 号）

决　　定　　号　第 12336 号
决　　定　　日　2008 年 9 月 16 日
发明创造名称　灯箱的反光装置
国 际 分 类 号　G09F 13/00
无效宣告请求人　邓伟兰
专　利　权　人　王默文
专　　利　　号　200520113607.7
申　　请　　日　2005 年 7 月 12 日
授 权 公 告 日　2006 年 9 月 13 日
合 议 组 组 长　王晓云
主　　审　　员　李瑛琦
参　　审　　员　尹　昕

法　律　依　据　专利法第 22 条第 3 款
决　定　要　点

在判断一项权利要求是否具备创造性时，如果该权利要求所述的技术方案与现有技术公开的最接近的技术方案之间存在区别特征，但该区别特征是本领域的公知常识，并且其在两技术方案中所起的作用相同，则应当认为现有技术给出了将上述区别特征应用到该最接近的现有技术以解决其存在的技术问题的启示，该权利要求的技术方案对本领域技术人员是显而易见的，不具有专利法第 22 条第 3 款规定的创造性；反之，如果现有技术中没有给出上述启示，则该权利要求是非显而易见的，具有专利法第 22 条第 3 款规定的创造性。

一、案由

本无效宣告请求案涉及国家知识产权局于 2006 年 9 月 13 日公告授予的、名称为“灯箱的反光装置”的 200520113607.7 号实用新型专利权（下称本专利），其申请日为 2005 年 7 月 12 日，专利权人为王默文。本专利授权公告的权利要求书如下：

“1. 一种灯箱的反光装置，上述灯箱包括：背面板，靠近背面板设置的灯管，设置于灯箱展示方向的画片支撑板；其特征在于：相邻灯管之间设置有反光板。

2. 根据权利要求 1 所述的灯箱的反光装置，其特征在于：在相邻的灯管之间设置有角形反光板，角形反光板由有两个直板构成，两个直板相连接的顶部为尖形，顶部朝向支撑板。

3. 根据权利要求2所述的灯箱的反光装置，其特征在于：灯管与灯箱背面板之间也设置有板状反光板，该反光板与背面板平行，与上述位于两相邻灯管之间的反光板连接成一体。

4. 根据权利要求1所述的灯箱的反光装置，其特征在于：在相邻的灯管之间设置凸弧形反光板，反光板向展示板方向凸起。

5. 根据权利要求4所述的灯箱的反光装置，其特征在于：上述凸弧形反光板靠近灯管的地方形成凹弧。

6. 根据权利要求1所述的灯箱的反光装置，其特征在于：相邻灯管之间设置有抛物线型反光板，抛物线顶点朝向画片支撑板。

7. 根据权利要求1所述的灯箱的反光装置，其特征在于：相邻灯管之间设置有下凹型反光板，下凹型反光板由两个下凹曲面板构成，其中，下凹曲面板的一端位于灯管的底部侧面，另外一端连接于两灯管之间靠近画片支撑板的位置，组成下凹型反光板。

8. 根据权利要求7所述的灯箱的反光装置，其特征在于：在灯管的前方设置向支撑板凸起的上反光板。

9. 根据权利要求2或4~8任意一项权利要求所述的灯箱的反光装置，其特征在于：在灯管的后方设置有反光板。

10. 根据权利要求2或4~8任意一项权利要求所述的灯箱的反光装置，其特征在于：在灯管后方设置有反光纸。”

针对上述专利权，邓伟兰（下称请求人）于2008年6月4日向专利复审委员会提出无效宣告请求，请求宣告本专利全部无效，并提交了本专利授权公告文本和下述证据：

证据1：第97220851.8号实用新型专利说明书，授权公告日1998年12月2日，复印件共4页；

证据2：第95237269.X号实用新型专利说明书，授权公告日1996年11月6日，复印件共6页；

证据3：第02248132.X号实用新型专利说明书，授权公告日2003年8月27日，复印件共7页。

请求人认为，证据1中的箱体、灯管、透光板分别相当于本专利中的背面板、灯管和画片支撑板，并且证据1的梯形齿状反光板也清楚地反映了本专利灯箱中反光板的特征，因此，相对于证据1而言，权利要求1、3~7不具有新颖性、创造性，权利要求2不具有创造性；证据2中的背板、灯管、面板相当于本专利的背面板、灯管和画片支撑板，并且背板还具有反光板的功能，其反映了本专利灯箱中反光板的特征，因此，权利要求1~7相对于证据2不具有新颖性、创造性；证据3中的匀光膜上设有一组导光层，故匀光膜相当于本专利的反光板，本领域技术人员无需花费创造性劳动即可在“灯管下方或相邻之间设有反光板”的基础上设计上反光板，因此权利要求7、8不具有新颖性、创造性；权利要求9限定的特征在证据1或者证据2中均已经反映出来，权利要求10是权利要求9的材料替换，其效果也与权利要求9相同，因此权利要求9和10也不具有新颖性和创造性。

形式审查合格后，专利复审委员会受理了上述请求，于2008年6月19日向双方当事人发出《无效宣告请求受理通知书》，并将《专利权无效宣告请求书》及其清单中所列附件的副本转送给专利权人，要求其在指定的期限内答复，同时，成立合议组对本无效宣告请求案进行审理。

专利权人于2008年7月29日提交了答复意见以及经修改的权利要求书，修改后的权利要求书如下：

“1. 一种灯箱的反光装置，上述灯箱包括：背面板，靠近背面板设置的灯管，设置于灯箱展示方向的画片支撑板；相邻灯管之间设置有反光板，其特征在于：在相邻的灯管之间设置有角形反光板，角形反光板由有两个直板构成，两个直板相连接的顶部为尖形，顶部朝向支撑板。

2. 根据权利要求1所述的灯箱的反光装置，其特征在于：灯管与灯箱背面板之间也设置有板状反光板，该反光板与背面板平行，与上述位于两相邻灯管之间的反光板连接成一体。

3. 一种灯箱的反光装置，上述灯箱包括：背面板，靠近背面板设置的灯管，设置于灯箱展示方向的画片支撑板；相邻灯管之间设置有反光板，其特征在于：在相邻的灯管之间设置凸弧形反光板，反光板向展示板方向凸起。

4. 根据权利要求 3 所述的灯箱的反光装置，其特征在于：上述凸弧形反光板靠近灯管的地方形成凹弧。

5. 一种灯箱的反光装置，上述灯箱包括：背面板，靠近背面板设置的灯管，设置于灯箱展示方向的画片支撑板；相邻灯管之间设置有反光板，其特征在于：相邻灯管之间设置有抛物线型反光板，抛物线顶点朝向画片支撑板。

6. 一种灯箱的反光装置，上述灯箱包括：背面板，靠近背面板设置的灯管，设置于灯箱展示方向的画片支撑板；相邻灯管之间设置有反光板，其特征在于：相邻灯管之间设置有下凹型反光板，下凹型反光板由两个下凹曲面板构成，其中，下凹曲面板的一端位于灯管的底部侧面，另外一端连接于两灯管之间靠近画片支撑板的位置，组成下凹型反光板。

7. 根据权利要求 6 所述的灯箱的反光装置，其特征在于：在灯管的前方设置向支撑板凸起的上反光板。

8. 根据权利要求 1 或 3~7 任意一项权利要求所述的灯箱的反光装置，其特征在于：在灯管的后方设置有反光板。

9. 根据权利要求 1 或 3~7 任意一项权利要求所述的灯箱的反光装置，其特征在于：在灯管后方设置有反光纸。”

专利权人认为，基于修改后的权利要求书，本专利权利要求 1~9 符合专利法第 22 条第 2 款、第 3 款关于新颖性、创造性的规定。本专利与证据 1 中的反光板相比，形状不同，实际产生的效果也不同，而且该证据中未给出反光板形状改变的技术启示，因此本专利相对于证据 1 具有新颖性、创造性；证据 2 的背板内侧面大部分未设置反光装置，与本专利的反光板结构不同，所起的作用也不同，因此证据 2 不能用于破坏本专利的新颖性、创造性；为了使光照均匀，证据 3 采用的是匀光膜，而本专利采用的是反光板，二者技术手段不同，而且该证据中也未给出技术启示，因此本专利相对于证据 3 也具有新颖性、创造性。

2008 年 8 月 1 日，本案合议组向双方当事人发出《无效宣告请求口头审理通知书》，拟定于 2008 年 8 月 28 日对本专利的无效宣告请求进行口头审理。同时将专利权人于 2008 年 7 月 29 日提交的意见陈述书及其所附的修改后的权利要求书的副本转送给请求人。

2008 年 8 月 28 日，口头审理如期进行，双方当事人均委托代理人出席了口头审理。双方对对方出庭人员的身份和资格无异议，对合议组成员无回避请求。在口头审理过程中，合议组对请求人提出的无效理由、事实和证据进行了充分调查，双方当事人充分陈述了意见。在口头审理过程中确认的事实如下：（1）请求人对本专利权利要求书的修改表示认可；（2）针对专利权人提交的修改后的权利要求书，请求人放弃权利要求 7 不具有新颖性的无效理由，并进一步明确其无效宣告理由为：权利要求 1~6、8~9 相对于证据 1 或者证据 2 不具有新颖性，相对于证据 1、证据 2 或者证据 1 和证据 2 的结合不具有创造性，权利要求 7 相对于证据 3 和证据 1 的结合或者相对于证据 3 和证据 2 的结合不具有创造性，请求人承认其中权利要求 1~6、8~9 相对于证据 1 和证据 2 的结合不具有创造性的无效理由在《无效宣告请求书》中没有具体描述，专利权人对此未提出异议；（3）专利权人对于请求人提交的证据 1~3 的真实性、合法性、公开性和关联性均无异议。

合议组经过审查，认为本案的事实已清楚，可以作出审查决定。

二、决定的理由

1. 关于无效宣告请求审查的文本

专利权人针对无效宣告请求书提交了修改的权利要求书，删除了原独立权利要求 1，其他权利要求作相应修改，经审查，该修改文本符合审查指南中对无效宣告程序中有关专利文件修改的规定，故本决定以专利权人于 2008 年 7 月 29 日提交的修改后的权利要求第 1~9 项作为审查文本。

2. 关于无效宣告请求的理由和范围

在口审过程中，由于请求人放弃权利要求 7 不具有新颖性的无效宣告理由，因此，合议组对该理由不再审查。请求人在提出无效宣告请求时并未提出权利要求 1~6、8~9 相对于证据 1 和证据 2 的结合不具有创造性的无效理由，请求人对这一事实也表示认同。合议组经审查后认为，请求人当庭增加的无效理由是在其提出无效宣告请求之日起一个月后提出的，而且所述理由既不是针对专利权人以合并方式修改的权利要求提出的，也不是对明显与提交的证据不相对应的无效宣告理由的变更，因此根据审查指南第四部分第三章第 4.2 节的规定，合议组对此新增加的理由不予考虑。

综上所述，合议组确定本案无效宣告请求的理由和范围是：权利要求 1~6、8~9 相对于证据 1 或 2 不具备新颖性和创造性，权利要求 7 相对于证据 1 和 3 的结合或者证据 2 和 3 的结合不具备创造性。

3. 关于证据

请求人提交的证据 1~3 均为公开日在本专利申请日之前的专利文献，专利权人对其合法性、真实性、关联性均表示认可，合议组也认可上述证据的真实性、合法性和关联性，因此证据 1~3 可作为本案的有效证据使用，其中公开的内容构成本专利的现有技术。

4. 关于专利法第 22 条第 3 款

专利法第 22 条第 3 款规定，创造性，是指同申请日以前已有的技术相比，该发明有突出的实质性特点和显著的进步，该实用新型有实质性特点和进步。

在判断一项权利要求是否具备创造性时，如果该权利要求所述的技术方案与现有技术公开的最接近的技术方案之间存在区别特征，但该区别特征是本领域的公知常识，并且其在两技术方案中所起的作用相同，则应当认为现有技术给出了将上述区别特征应用到该最接近的现有技术以解决其存在的技术问题的启示，该权利要求的技术方案对本领域技术人员是显而易见的，不具有专利法第 22 条第 3 款规定的创造性；反之，如果现有技术中没有给出上述启示，则该权利要求是非显而易见的，具有专利法第 22 条第 3 款规定的创造性。

（1）关于本专利权利要求 1 的创造性。

本专利权利要求 1 请求保护一种灯箱反光装置，上述灯箱包括：背面板，靠近背面板设置的灯管，设置于灯箱展示方向的画片支撑板；相邻灯管之间设置有反光板，其特征在于：在相邻的灯管之间设置有角形反光板，角形反光板由有两个直板构成，两个直板相连接的顶部为尖形，顶部朝向支撑板。证据 1 公开了一种适用于宣传广告、图片展示等的高效薄型灯箱，包括灯管和具有部分透光板的箱体，在透光板相对的箱体内壁上设有由相平行且间隔的内平板、外平板，及其间连接的侧斜板组成的梯形齿状反光板，该梯形齿状反光板的内表面还设有反光层，而灯管处在该梯形齿状反光板的凹槽中，采用该技术方案可使照明光线均匀，箱体厚度减小（参见证据 1 摘要、权利要求 1 和说明书附图 1）。

将本专利权利要求 1 与证据 1 公开的灯箱相比，证据 1 中的箱体、灯管、透光板分别相当于权利要求 1 中的背面板、灯管和画片支撑板，并且证据 1 中也包括设置于相邻灯管之间且顶部朝向透光板的反光板，二者的区别仅在于权利要求 1 的反光板为由两个直板构成，顶部为尖形，而证据 1 的反光板为梯形齿状反光板，其顶部为平板。权利要求 1 实际解决的技术问题在于调整反光板的角度以适应实际应用的需要，但是根据证据 1 的记载（参见证据 1 说明书第 1 页倒数第 3~5 行）以及本领域的公知常识可知，反光板的作用就是将来自于灯管的光线以一定角度反射到灯箱前方，以反射的光线消除灯管之间的黑带，使得光照均匀，无论是角形反光板还是梯形齿状反光板，其所起的作用是相同的，带来的技术效果也是可以预期的，故本领域技术人员在证据 1 公开的技术方案的基础上，容易想到根据灯管之间的距离、灯箱的厚度等实际应用的需要对证据 1 的反光板的顶角角度以及形状进行调整或者改变，以使由反光板反射到灯箱前方的光线能够消除灯箱表面的黑带，令灯箱表面光线均匀，也即本领域技术人员根据产品的实际需要对证据 1 灯箱的反光板的形状进行改造得到本专利权利要求 1 的技术方案是显而易见的，因此权利要求 1 相对于证据 1 不具有专利法第 22 条第 3 款规定的创造性。

证据 2 公开了一种商品展示用灯箱，主要包括面板、背板及灯管，背板所朝面板方向四周延伸有一边板，边板、面板与背板共围一夹层，背板曲折近似波浪状，有 2 个以上的波谷，灯管装于背板内侧的波谷内，面向灯管的波谷表面贴有反光纸。当灯管放射光线时，除部分光线直接透射外，大部分光线将由波谷两侧的曲折所形成的内侧壁折射，再透过面板，使光线经能量衰减而变得柔和（参见证据 2 权利要求 1、说明书第 1 页第 4 段、第 2 页倒数第 2~4 行）。此外，证据 2 的附图 1 和 2 清楚显示其背板处于相邻灯管间的部分为角形。

将本专利权利要求 1 的技术方案与证据 2 进行比较可知，证据 2 中的面板相当于本专利的画片支撑板，证据 2 的背板能够将来自灯管的光线反射到面板，相当于本专利的反光板，并且其形状均为角形，证据 2 的灯箱与本专利权利要求 1 的不同之处在于，没有明确记载相当于本专利灯箱背面板的结构。权利要求 1 实际解决的技术问题在于设置背面板以有效保护灯箱内结构。然而本领域技术人员公知背面板的作用是将灯箱内部元件封闭在其中，并且支撑和保护整个灯箱的结构，因此当本领域技术人员面对上述技术问题时，根据其掌握的常规技能很容易想到这种结构上的改变，进而获得权利要求 1 的技术方案。综上所述，权利要求 1 相对于证据 2 及本领域技术人员的公知常识而言是显而易见的，不具有专利法第 22 条第 3 款规定的创造性。

（2）关于本专利权利要求 2 的创造性。

从属权利要求 2 引用权利要求 1，进一步限定“灯管与背面板之间也设置反光板，该反光板与背面板平行，与相邻灯管间的反光板连接成一体”。证据 1 的附图 1 清晰地反映梯形齿状反光板就是由内平板、外平板、侧斜板连接而成的整体，灯管与背面板之间的部分是 32 外平板，外平板与背面板平行，可见，从属权利要求 2 的附加技术特征已经被证据 1 所公开，因此当其引用的权利要求 1 相对于证据 1 不具有创造性时，权利要求 2 相对于证据 1 也不具有创造性，不符合专利法第 22 条第 3 款的规定。

由证据 2 的附图 2 可见，若将靠近面板一侧视为灯管的前方，则灯管的后方也设置有板状反光板，该反光板与位于两相邻灯管之间的反光板连接成一体，因此从属权利要求 2 的附加技术特征已经被证据 2 公开，在其引用的权利要求 1 相对于证据 2 不具有创造性的基础上，权利要求 2 相对于证据 2 也不具有创造性，不符合专利法第 22 条第 3 款的规定。

（3）关于权利要求 3、5、6 的创造性。

权利要求 3、5、6 是与权利要求 1 并列的独立权利要求，上述四组技术方案之间的不同之处仅在于反光板的形状，具体而言，权利要求 3 中反光板是凸弧形，并向展示板方向凸起；权利要求 5 中反光板为抛物线型，抛物线顶点朝向画片支撑板；权利要求 6 中的反光板为下凹型。将权利要求 3、5、6 的技术方案分别与证据 1 公开的技术方案相比，其区别也在于反光板形状有所不同，如前所述，在证据 1 公开了梯形齿状反光板的基础上，本专利将其改变为凸弧形、抛物线型及凹弧型，改变后的反光板所起的作用和带来的技术效果是本领域技术人员完全可以预期的，因此在证据 1 中公开的技术方案的基础上，本领域技术人员根据产品的实际需要改变和调整反光板的形状、角度等得到权利要求 3、5、6 的技术方案也是显而易见的，上述权利要求相对于证据 1 不具有专利法第 22 条第 3 款规定的创造性。

本专利权利要求3、5、6请求保护的技术方案与证据2相比，其区别除在于缺少独立的背面板结构之外，还在于反光板的形状不同，具体而言，证据2公开的相邻灯管间的背板为角形，而本专利权利要求3、5、6中的反光板分别为凸弧形、抛物线型和下凹型。尽管存在上述结构的不同，然而证据2与本专利所要解决的技术问题都是克服灯管光线直线传播透过框面后光亮局部集中在光源所对位置而在相邻亮区之间存在黑带的现象，所采用的技术手段均为在灯管后方设置曲折的反光板，所达到的技术效果均是使灯箱前方的光线分布均匀，本领域技术人员在具体实施上述技术手段时，能够根据光线反射的原理，适当调整反光板的形状和位置等，保证灯管发出的光线经透射和反射后到达灯箱画片支撑板位置时变得均匀，并且如前所述，将证据2中具有双重功能的背板改造成结构独立的背面板和反光板对于本领域技术人员来说是显而易见的，因此本领域技术人员在证据2所公开内容的基础上获得权利要求3、5、6的技术方案是显而易见的，上述权利要求不符合专利法第22条第3款对创造性的规定。

（4）关于本专利权利要求4的创造性。

从属权利要求4引用权利要求3，其进一步限定“凸弧形反光板靠近灯管的地方形成凹弧”。证据1中记载“灯管处在该梯形齿状反光板的凹槽中”，虽然构成证据1的梯形齿状反光板的每一部分均为直板，而本专利权利要求4技术方案中反光板的每一个部分均为弧形，但是基于前面对独立权利要求的评述，反光板这种形状的改变是本领域技术人员容易想到的，其所起的作用和带来的技术效果也是可以预期的，因此在权利要求3相对于证据1不具有创造性的基础上，权利要求4相对于证据1也不具有专利法第22条第3款规定的创造性。

证据2中记载“背板的外侧与背板的内侧相对形成一曲折的形状，单个曲折似弓形”、“灯管装于背板内侧波谷内”（参见证据2说明书第2页第5~6行，权利要求1），由此可见，从属权利要求4进一步限定的“凸弧形反光板靠近灯管的地方形成凹弧”已经被证据2公开，在其引用的权利要求3相对于证据2不具有创造性的基础上，权利要求4相对于证据2也不具有创造性。

专利权人认为，为了解决相邻灯管之间存在暗区的问题，使用本专利特殊形状的反光板的效果优于证据1中梯形反光板。对此合议组认为，专利权人并没有举出证据证明使用角形、凸弧形、凹弧形、抛物线形反光板与梯形反光板的效果有何不同，而从本专利和证据1的说明书记载来看，不论角形、凹弧形、抛物线型、凸弧型反光板还是梯形反光板，均可实现使灯箱表面光线均匀的技术效果，从而解决本专利欲解决的技术问题，因此合议组不能支持专利权人的上述观点。

专利权人还认为，证据2说明书第2页第7~9行记载“大部分光线将由波谷两侧的曲折所形成的内侧壁折射，再透过面板，使光线经能量衰减而呈现柔和”，由于折射不同于反射，其作用是使光线柔和而不是均匀，故证据2中的背板不能相当于本专利中的反光板。合议组对此观点不能予以认同。根据本领域技术人员的公知常识，光的折射是指光从一种介质斜射入另一种介质时传播方向发生偏折的现象，入射光线与折射光线分处界面的两侧，根据上述定义以及证据2附图2所指示的光线的传播方向可知，证据2中背板是将入射光反射到界面的同侧，准确地说，发生在灯箱背板上的光学现象应当为反射而不是折射，背板的作用就是反射光线，这与本专利反光板的作用相同，此外，证据2所述“光线经能量衰减而呈现柔和”是由面板所产生，证据2的灯箱所具有的与背板的结构设计有关的优点是使光线均匀，因此证据2中的背板从结构到功能均相当于本专利中的角形反光板。

（5）关于本专利权利要求7的创造性。

从属权利要求7在独立权利要求6的基础上进一步限定“在灯管的前方设置向支撑板凸起的上反光板”。证据3公开了一种匀光灯箱，其中记载“光源上方或下方都分别设有一匀光膜”，“所述匀光膜包括一透明塑料薄膜，所述透明塑料薄膜上印有一导光网点，所述导光网点是由大小不同的点按照光学的折射原理和特定的排列方式来分布，然后印在透明塑料薄膜上”（参见证据 3 权利要求 1 和 2）。请求人认为，证据 3 中光源发出的光照射到导光网点时将向灯管方向发生反射，因此证据 3 中的匀光膜 4 相当于置于灯管前方的一整块上反光板，与本专利权利要求 7 的区别仅在于本专利中的上反光板是各自独立的，然而这是本领域技术人员容易想到的，因此在权利要求 6 相对于证据 1 或证据 2 不具有创造性的基础上，权利要求 7 的技术方案相对于证据 3 与证据 1 的结合或者证据 3 与证据 2 的结合不具有创造性。

对此合议组认为，证据 3 中的匀光膜上确有能够反射光线的导光网点，然而其结构是点状分布，并且印有导光网点的匀光膜为一整体（参见证据 3 权利要求 2、附图 3），这与本专利权利要求 7 所述的位于每支灯管前方的独立上反光板结构是不同的，并且，证据 3 中的匀光膜（包括透明塑料薄膜及其上印有的导光网点）是透光的，经过匀光膜使光源发出的光线变得均匀，并传播到面板上（参见证据 3 说明书第 5 页第 9~13 行），其原理是通过调整导光网点的大小疏密来消除靠近灯管处局部过亮的现象，而本专利则是利用反光板所反射光线填补灯管之间的黑带以使光照均匀，二者的原理不同，所起的作用和实际产生的技术效果也不同，本领域技术人员从证据 3 中不能获得启示去采用一种完全不同的构思解决灯箱光线不均匀的现象，因此，无论相对于证据 1、3 的结合还是证据 2、3 的结合而言，本专利权利要求 7 的技术方案对于本领域技术人员来说都是非显而易见的，而且该技术方案产生了使光照均匀的技术效果，具有创造性。

（6）关于本专利权利要求 8 的创造性。

从属权利要求 8 进一步限定权利要求 1、3~7 所述的灯箱中灯管后方设置有反光板，然而证据 1 公开的梯形齿状反光板为一个整体，其在灯管后方的位置也是连续的，同样证据 2 中的背板也是一个整体，灯管后方也存在起到反光作用的背板，由此可见，权利要求 8 的附加技术特征在证据 1 或证据 2 中均已公开，当从属权利要求 8 引用权利要求 1、3~6 时，在权利要求 1、3~6 相对于证据 1 或者证据 2 不具有创造性的基础上，从属权利要求 8 也不具有创造性。当权利要求 8 引用权利要求 7 时，由于权利要求 7 具备创造性，其也具备创造性。

（7）关于本专利权利要求 9 的创造性。

从属权利要求 9 进一步限定权利要求 1、3~7 所述的灯箱中灯管后方设置有反光纸，证据 2 公开的背板位于灯管后方的表面也贴有反光纸（参见证据 2 的权利要求），该附加技术特征已被证据 2 公开，因此当权利要求 9 引用权利要求 1、3~6 时，在其引用的权利要求 1、3~6 相对于证据 2 不具有创造性的基础上，附加了已知技术特征的权利要求 9 也不具有创造性；虽然证据 1 未公开该附加技术特征，然而反光纸仅是反光板的材料替换，所起的作用均是反射光线，本领域技术人员容易想到这种材料的相互替换，因此当引用不具有创造性的权利要求 1、3~6 时，权利要求 9 的技术方案对于本领域技术人员而言也是显而易见的，其相对于证据 1 不具有创造性。当权利要求 9 引用权利要求 7 时，由于权利要求 7 具备创造性，其也具备创造性。

基于以上事实和理由，本案合议组作出如下审查决定。

三、决定

在专利权人于 2008 年 7 月 29 日提交的修改文本基础上，宣告 200520113607.7 号实用新型专利权利要求 1~6 无效，权利要求 8 和 9 中引用权利要求 1、3~6 的技术方案无效，在权利要求 7 以及引用权利要求 7 的权利要求 8、9 的技术方案的基础上维持专利权继续有效。

当事人对本决定不服的，可以根据专利法第 46 条第 2 款的规定，自收到本决定之日起三个月内向北京市第一中级人民法院起诉。根据该款规定，一方当事人起诉后，另一方当事人应当作为第三人参加诉讼。

灯箱的边缘补光装置

无效宣告请求审查决定（第 12337 号）

决　　定　　号　第 12337 号
决　　定　　日　2008 年 9 月 22 日
发明创造名称　灯箱的边缘补光装置
国 际 分 类 号　G09F 13/04；G09F 13/00
无效宣告请求人　邓伟兰
专　利　权　人　王默文
专　　利　　号　200520113608.1
申　　请　　日　2005 年 7 月 12 日
授 权 公 告 日　2006 年 9 月 13 日
合 议 组 组 长　王晓云
主　　审　　员　李瑛琦
参　　审　　员　尹　昕

法　律　依　据　专利法第 22 条第 2 款、第 3 款
决　定　要　点

如果一项权利要求请求保护的技术方案与现有技术公开的技术方案相比，存在区别特征，导致两种技术方案所要解决的技术问题、预期效果均不同，则所述现有技术不能破坏该权利要求的新颖性。

在判断一项权利要求是否具备创造性时，一般先将该权利要求的技术方案与现有技术中最接近的技术方案进行对比，确定二者的区别特征，然后根据该区别特征所能达到的技术效果确定发明实际解决的技术问题，再判断将该区别特征应用到该最接近的现有技术以解决其存在的技术问题对于本领域技术人员而言是否显而易见。如果本领域技术人员根据现有技术的教导或启示能够容易引入上述区别特征，并获得请求保护的技术方案，而且没有产生预料不到的技术效果，则应当认为该权利要求的技术方案是显而易见的，不符合专利法第 22 条第 3 款关于创造性的规定。

一、案由

本无效宣告请求案涉及国家知识产权局于 2006 年 9 月 13 日公告授予的、名称为“灯箱的边缘补光装置”的 200520113608.1 号实用新型专利权（下称本专利），其申请日为 2005 年 7 月 12 日，专利权人为王默文。本专利授权公告的权利要求书如下：

“1. 一种灯箱的边缘补光装置，上述灯箱包括：并列设置在灯箱内部的多个灯管，以及设置在灯箱外侧的画片支撑板；其特征在于：在灯箱的边缘与靠近灯箱的灯管之间设置有反光板。

2. 根据权利要求1所述的灯箱的边缘补光装置，其特征在于：在灯箱的左、右侧边与靠近灯箱的灯管之间分别设置侧面曲面反光板。

3. 根据权利要求2所述的灯箱的边缘补光装置，其特征在于：侧面曲面反光板向灯箱内部凸起。

4. 根据权利要求3所述的灯箱的边缘补光装置，其特征在于：对于双面灯箱，侧面曲面反光板是两个向灯箱内部凸起的曲面，并设置在两个画片支撑板之间。

5. 根据权利要求3所述的灯箱的边缘补光装置，其特征在于：对于双面灯箱，侧面曲面反光板由一个向灯箱内部灯管方向凸起的反光板构成，并设置在两个画片支撑板之间。

6. 根据权利要求3所述的灯箱的边缘补光装置，其特征在于：对于双面灯箱，反光板在灯管与画片支撑板之间的部分为向灯箱内部凸起的形状，反光板在正对灯管的部分为向灯管凹进的形状。

7. 根据权利要求1所述的灯箱的边缘补光装置，其特征在于：在灯箱上、下侧边分别设置上下曲面反光板。

8. 根据权利要求7所述的灯箱的边缘补光装置，其特征在于：上下曲面反光板设置在靠近灯箱顶面的灯管的上边缘与灯箱顶面之间，以及靠近灯箱地面的灯管的下边缘与灯箱底面之间。

9. 根据权利要求8所述的灯箱的边缘补光装置，其特征在于：上述上下曲面反光板向灯箱内部凸起。

10. 根据权利要求7所述的灯箱的边缘补光装置，其特征在于：上下曲面反光板通过合页与灯箱连接，罩住电器元件。”

针对上述专利权，邓伟兰（下称请求人）于2008年6月4日向专利复审委员会提出无效宣告请求，请求宣告该专利权全部无效，并提交了本专利的授权公告文本复印件及下述证据：

证据1：第02291203.7号实用新型专利说明书，授权公告日2003年11月5日，复印件共7页；

证据2：第97220851.8号实用新型专利说明书，授权公告日1998年12月2日，复印件共4页；

证据3：第01256217.3号实用新型专利说明书，授权公告日2002年9月18日，复印件共8页。

请求人指出，证据1公开的灯箱中冷阴极灯（相当于灯管）与框架（其相当于灯箱架）之间设置有超薄反光物质（其相当于反光板），虽然与本专利权利要求1的表述不同，但意思一致，因此权利要求1不具有新颖性、创造性；结合证据1的附图1可见，冷阴灯与框架之间设有包裹冷阴灯的超薄反光物质的侧面是曲面的，因此从属权利要求2相对于证据1不具有新颖性、创造性；在此基础上，权利要求3、4、5只是产品应用的深化，一般技术人员根据产品的需要不用创造性劳动就能直接得出，因此权利要求3~5相对于证据1也不具有新颖性、创造性；权利要求1~6相对于证据2不具有新颖性、创造性；证据3的附图11和12清楚地反映出灯箱上、下侧边分别设置上下曲面反光板这一技术特征，因此权利要求7、8不具有新颖性和创造性；权利要求9保护的内容同上述权利要求3，只是左右曲面反光板与上下曲面反光板之差，不具有新颖性和创造性；虽然证据中没有直接描述反光板通过合页与灯箱连接，但这是一般技术人员不需要创造性劳动就能得出的，并且证据3的附图11、12反映出通过反光板与外框的结合收藏各个电子零件，因此权利要求10不具有新颖性、创造性。

形式审查合格后，专利复审委员会受理了上述请求，于2008年6月19日向双方当事人发出《无效宣告请求受理通知书》，并将《专利权无效宣告请求书》及其所附证据的副本转送给专利权人，要求其在指定的期限内答复，同时成立合议组对本无效宣告请求案进行审理。

专利权人于2008年7月29日提交了意见陈述书，专利权人认为，（1）证据1中的超薄反光物质与本专利的反光板的具体位置及所起的作用均不同，证据1没有公开在灯箱的边缘与靠近灯箱的灯管之间设置反光板以及在灯箱外侧设置画片支撑板，因此本专利权利要求1相对于证据1具有新颖性、创造性；（2）证据2中反光板的一侧斜板与本专利中的反光板实际作用以及达到的技术效果是不同的，也没有给出任何通过在灯箱边缘设置反光板以消除灯箱边缘暗区的技术启示，因此本专利权利要求1相对于证据2具有新颖性、创造性；（3）证据3公开的是嵌设在天花板上或者墙壁上的照明装置，与本专利用于显示、广告用的灯箱属于不同的技术领域，在考查实用新型创造性时不应予以考虑；并且证据3的反光板与本专利的反光板所起的作用以及达到的效果都是不同的，也不存在对灯箱边缘暗区补光的技术启示，因此即使考虑证据3，本专利权利要求1也应具有新颖性和创造性；（4）在引用的权利要求1具有新颖性和创造性的情况下，本专利从属权利要求2~10也具备新颖性、创造性。

2008年8月1日，合议组向双方当事人发出《无效宣告请求口头审理通知书》，拟定于2008年8月28日对本专利的无效宣告请求进行口头审理，同时将专利权人于2008年7月29日提交的意见陈述书转送给请求人。

2008年8月28日，口头审理如期进行，双方当事人均委托代理人出席了口头审理。双方当事人对对方出庭人员的身份和资格无异议，对合议组成员无回避请求。在口头审理过程中确认并记录了以下事项：（1）请求人当庭放弃了证据2以及与证据2相关的无效宣告理由。（2）请求人明确其无效宣告理由为权利要求1~2、7~8相对于证据1不具有新颖性，权利要求3~6、9~10相对于证据1不具有创造性，权利要求1~3、7~9相对于证据3不具有新颖性，权利要求4~6、10相对于证据3不具有创造性。（3）请求人承认其提出无效宣告请求时并没有提出权利要求6~8、10相对于证据1不具有新颖性或创造性的理由和权利要求1~6相对于证据3不具有新颖性或创造性的理由，并当庭放弃了上述无效宣告理由。但是请求人坚持认为无效宣告请求书中第6页包含权利要求9相对于证据1不具有创造性和相对于证据3不具有新颖性的理由，专利权人对此不予认可。（4）专利权人对请求人提交的证据1~3的真实性、合法性、公开性和关联性均无异议。

合议组经过审查，认为本案的事实已清楚，可以作出审查决定。

二、决定的理由

1. 关于审查的文本

本决定以本专利授权公告的文本作为审查基础。

2. 关于无效宣告请求的理由和范围

请求人放弃了证据2及其相关的无效理由，放弃了在无效宣告请求书中未提及的权利要求6~8、10相对于证据1不具有新颖性或创造性，权利要求1~6相对于证据3不具有新颖性或创造性的无效理由，故合议组对上述无效宣告理由不再评述。请求人认为，在无效宣告请求书中，已经记载权利要求9的无效理由与权利要求3相同（参见请求书第6页倒数第2段）。然而，合议组认为，请求人针对权利要求3仅提出了其相对于证据1、2不具有新颖性、创造性的理由，并未提及其相对于证据3不具备新颖性的理由（参见请求书第4页倒数第2段至第5页第1段）。因此，请求人提出无效宣告请求时实际上并未提出权利要求9相对于证据3不具备新颖性的理由，根据审查指南第四部分第三章第4.2节的规定，合议组对请求人当庭增加的权利要求9相对于证据3不具备新颖性的无效宣告理由不予考虑。

综上所述，本案无效宣告请求的理由和范围是：权利要求1、2相对于证据1不具有新颖性，权利要求3~5、9相对于证据1不具备创造性，权利要求7、8相对于证据3不具备新颖性，权利要求10相对于证据3不具备创造性。

3. 关于证据

证据1、3均为公开日在本专利的申请日之前的专利文献，专利权人对其合法性、真实性、关联性表示认可，合议组经核实也认可上述证据的合法性和真实性，因此证据1和3可作为本案的有效证据使用，其中公开的内容构成本专利的现有技术。对于请求人当庭放弃的证据2，在此不予评述。

4. 专利法第22条第2款

专利法第22条第2款规定，新颖性，是指在申请日以前没有同样的发明或者实用新型在国内外出版物上公开发表过、在国内公开使用过或者以其他方式为公众所知，也没有同样的发明或者实用新型由他人向国务院专利行政部门提出过申请并且记载在申请日以后公布的专利申请文件中。

如果一项权利要求请求保护的技术方案与现有技术公开的技术方案相比，存在区别特征，导致两种技术方案所要解决的技术问题、预期效果均不同，则所述现有技术不能破坏该权利要求的新颖性。

本专利权利要求1请求保护一种灯箱的边缘补光装置，上述灯箱包括：并列设置在灯箱内部的多个灯管，以及设置在灯箱外侧的画片支撑板；其特征在于：在灯箱的边缘与靠近灯箱的灯管之间设置有反光板。证据1公开了一种超薄节能型灯箱，包括框架和装在框架内的冷阴极灯、半透灯片，框架内还装有特殊导光板和超薄反光物质，冷阴极灯位于特殊导光板两侧边缘，超薄反光物质贴于特殊导光板的背面并将特殊导光板与冷阴极灯包裹为一体，半透灯片贴于特殊导光板的正面（参见证据1权利要求1）。请求人认为，证据1与本专利权利要求1相比，冷阴极灯相当于灯管，半透灯片相当于画片支撑板，而超薄反光物质相当于本专利中的反光板，因此权利要求1相对于证据1不具有新颖性。

合议组认为：证据1中的超薄反光物质在灯箱中的位置是贴于特殊导光板的背面并将特殊导光板与冷阴极灯包裹为一体，从证据1的附图1中清晰可见该超薄反光物质为一整体，从特殊导光板及冷阴极灯的后方（即靠近背板的一面）延伸到其前方（即靠近画框的一面），超薄反光物质所起的作用是将冷阴极灯发出的光线全部导入特殊导光板，以增加导光板的发光亮度从而提高发光性能并节能（参见证据1说明书第2页第1~4行），而本专利是通过在灯箱的边缘与靠近灯管之间设置反光板，将灯光反射到灯箱边缘从而补偿灯箱边缘存在的暗区（参见本专利说明书摘要，第3页第9~11行），由此可见，证据1中的超薄反光物质不论其结构还是作用均不同于本专利中的反光板，本专利权利要求1的技术方案与证据1相比，所要解决的技术问题、采用的技术方案以及达到的技术效果都是不同的，证据1不能破坏本专利权利要求1的新颖性。在权利要求1具有新颖性的基础上，引用权利要求1的从属权利要求2也具有新颖性。

证据3公开了一种嵌设在天花板或墙壁上的流线形反射灯盘，包括由外框和反光盒构成的外壳、若干块可置于灯管四周的反光板，外框的开口内装有内框，内框的形状与外框相应，所述的反光板都安装在内框上，并在内框嵌入外框时围绕在灯管四周（参见附件3权利要求1，附图1~14）。请求人认为，体现本专利发明实质的反光板已经被证据3公开，由证据3的附图2、4、10、12、14可见灯箱四周的边缘与靠近灯管处均设置侧面曲面的反光板，并且反光板的曲面是向灯箱内部凸起的，因此本专利权利要求7~8已经被证据3公开，不具有新颖性。

合议组认为，本专利从属权利要求7~8直接或间接地引用了独立权利要求1，因此应包含独立权利要求1的全部技术特征，具体而言，权利要求7~8除其附加技术特征外，还包括如下技术特征：并列灯管、画片支撑板以及设置于灯箱与靠近灯箱的灯管之间的反光板，然而证据3没有公开画片支撑板这一技术特征，因此本专利权利要求7~8的技术方案与证据3公开的技术方案存在区别技术特征，属于不同的技术方案，具有新颖性，合议组对请求人以证据3公开了权利要求7~8的附加技术特征为由否定上述权利要求新颖性的主张不予支持。

5. 专利法第22条第3款

专利法第22条第3款规定，创造性，是指同申请日以前已有的技术相比，该发明有突出的实质性特点和显著的进步，该实用新型有实质性特点和进步。

在判断一项权利要求是否具备创造性时，一般先将该权利要求的技术方案与现有技术中最接近的技术方案进行对比，确定二者的区别特征，然后根据该区别特征所能达到的技术效果确定发明实际解决的技术问题，再判断将该区别特征应用到该最接近的现有技术以解决其存在的技术问题对于本领域技术人员而言是否显而易见。如果本领域技术人员根据现有技术的教导或启示能够容易引入上述区别特征，并获得请求保护的技术方案，而且没有产生预料不到的技术效果，则应当认为该权利要求的技术方案是显而易见的，不符合专利法第22条第3款关于创造性的规定。

（1）从属权利要求3对其引用的权利要求2进一步限定“侧面曲面反光板向灯箱内部凸起”，从属权利要求4对权利要求3进一步限定“对于双面灯箱，侧面曲面反光板是两个向灯箱内部凸起的曲面，并设置在两个画片支撑板之间”，从属权利要求5对权利要求3进一步限定“对于双面灯箱，侧面曲面反光板由一个向灯箱内部灯管方向凸起的反光板构成，并设置在两个画片支撑板之间”。请求人认为，在权利要求1、2相对于证据1不具有新颖性的基础上，从属权利要求3～5仅仅是对反光板的凸起方向、数目的进一步限定，然而这些附加技术特征是本领域技术人员根据产品的实际需要不用花费创造性劳动即可获得的，不具有创造性。

对此合议组认为，将本专利权利要求3、4、5的技术方案与证据1公开的技术方案相比，其区别特征在于：本专利的灯箱边缘与靠近灯箱的灯管之间设置有反光板，并且反光板是向灯箱内部灯管方向凸起的曲面，而证据1的灯箱中起反光作用的超薄反光物质在灯箱中的位置是贴于特殊导光板的背面并将特殊导光板与冷阴极灯包裹为一体，其曲面方向与本专利恰好相反，是向灯管方向凹陷，所起的作用是将冷阴极灯发出的光线全部导入特殊导光板，以增加导光板的发光亮度从而提高发光性能并节能（参见证据1说明书第2页第1～4行）。本专利权利要求3、4、5实际解决的技术问题是通过在灯箱的边缘与靠近灯管之间设置反光板，将灯光反射到灯箱边缘从而补偿灯箱边缘存在的暗区（参见本专利说明书摘要，第3页第9～11行）。如前面所述，证据1中的超薄反光物质不论其结构还是作用均不同于本专利中的反光板，其只有设计成向灯箱内部以及灯管方向凹陷的形状才能将灯管包裹起来，并以此结构实现该发明的意图，显然，本领域技术人员完全没有动机背离证据1的教导而将超薄反光物质的弯曲方向改变成向灯管以及灯箱内部凸起的形状，更重要的是，产品结构的改变是与其功能相对应的，本领域技术人员由证据1的教导仅能获知超薄反光物质包裹灯管和特殊导光板的结构能够提高发光性能，而不能从该现有技术得到启示去对灯箱边缘的暗区进行补偿，更不能显而易见地得到本专利权利要求3～5所述的具体技术方案，因此，证据1不能破坏本专利权利要求3～5的创造性。

此外，请求人还认为，权利要求9所要求保护的内容同权利要求3一样，只是左右曲面反光板与上下曲面反光板之差，相对于证据1也不具有创造性。对此合议组认为，基于与权利要求3具有创造性相同的理由，证据1不能破坏本专利权利要求9的创造性。

（2）本专利权利要求10请求保护权利要求7所述的灯箱边缘补光装置，其特征在于：上下曲面反光板通过合页与灯箱连接，罩住电器元件。由于权利要求10引用权利要求7，权利要求7引用权利要求1，则权利要求10应包括权利要求1和7的所有技术特征，即权利要求10请求保护的技术方案应为所述灯箱包括并列设置在灯箱内部的多个灯管以及设置在灯箱外侧的画片支撑板；在灯箱的边缘与靠近灯箱的灯管之间设置有反光板，且在灯箱上、下侧边分别设置上下曲面反光板，上下曲面反光板通过合页与灯箱连接，且罩住电器元件。如前所述，证据3公开了一种嵌设在天花板或墙壁上的流线型反射灯盘，将证据3与本专利权利要求10的技术方案相比较，其区别在于：①证据3没有包括画片支撑板，②证据3中未明确记载上下曲面反光板通过合页与灯箱连接。根据上述区别特征所能达到的技术效果确定本专利权利要求10的技术方案实际解决的技术问题是：a. 将照明灯具用作广告展示灯箱，增加照明装置的应用范围，b. 为便于安装、维修在反光板下方的镇流器等电器元件而设计反光板与灯箱连接的方式。然而，将适宜的照明灯具通过简单的常规技术改造为广告展示灯箱，将上下曲面反光板通过常用的连接装置“合页”与灯箱连接都是本领域技术人员的公知常识。当本领域技术人员面对上述实际要解决的技术问题时，根据其掌握的常规技能和一般知识，在证据 3 的基础上可以很容易想到对该照明灯盘作简单的结构改造以期在原有照明功能的基础上增加更多应用，如用作镜子、用作装饰画等等，其中包括在灯盘内框上增加画片支撑板用于宣传展示；为了便于安装和维修被隐蔽的电器元件，本领域技术人员也容易想到将反光板与灯箱进行活动连接，而合页连接是本领域常用的连接方式。综上所述，现有技术已经给出将上述区别特征应用到证据 3 中从而得到权利要求 10 的技术方案的启示，故本专利权利要求 10 相对于证据 3 和本领域技术人员的公知常识而言是显而易见的，不具有专利法第 22 条第 3 款规定的创造性。

专利权人认为：证据 3 涉及嵌设在天花板上或墙壁上的照明装置，而本专利涉及用于显示、广告等作用的灯箱，二者属于不同的技术领域；证据 3 的反光板安装在内框上，其作用主要是将灯管发出的灯光进行反射，以起到加强照明的作用，而且其中也未给出任何关于在灯箱边缘与靠近灯箱的灯管之间设置反光板，以解决对灯箱边缘暗区进行补光的技术问题的启示，因此证据 3 无法破坏本专利权利要求的创造性。

对此，合议组认为：证据 3 公开的是一种嵌设在天花板或者墙壁上的反射灯盘，本专利涉及一种展示用灯箱，尤其是灯箱的边缘补光装置，二者均包含一般照明用的电器元件并具有照明的功能，用于显示、广告的灯箱仅是照明装置的一种特殊应用；尽管证据 3 中反光板是安装在内框上，但其位置和凸凹方向与本专利相同，均是位于灯箱边缘与靠近灯箱的灯管之间，且向灯箱内部凸起，其实际作用和预期的技术效果也是与本专利一致的，因此专利权人陈述的理由不成立。

（3）鉴于根据证据 3 已得出权利要求 10 不具备创造性的结论，由于权利要求 10 从属于权利要求 7，权利要求 7 从属于权利要求 1，即权利要求 10 同时包含了权利要求 1 和权利要求 7 的技术方案，因此权利要求 1 和 7 相对于证据 3 也不具备创造性，不符合专利法第 22 条第 3 款的规定。

基于以上事实和理由，本案合议组作出如下审查决定。

三、决定

宣告 200520113608.1 号实用新型专利权利要求 1、7、10 无效，在权利要求 2~6、8~9 的技术方案的基础上维持专利权继续有效。

当事人对本决定不服的，可以根据专利法第 46 条第 2 款的规定，自收到本决定之日起三个月内向北京市第一中级人民法院起诉。根据该款规定，一方当事人起诉后，另一方当事人应当作为第三人参加诉讼。

201

座便器盖

无效宣告请求审查决定（第 12339 号）

决　定　号　第 12339 号
决　定　日　2008 年 9 月 8 日
发明创造名称　座便器盖
国 际 分 类 号　A47K13/14，A47K13/00
无效宣告请求人　滕寿成，金华市金瑞得工艺品厂
专 利 权 人　李发久
专　利　号　02295295.0
申　请　日　2002 年 12 月 25 日
授 权 公 告 日　2003 年 12 月 3 日
合 议 组 组 长　李　卉
主　审　员　郑　直
参　审　员　李　佳

法 律 依 据　专利法第 22 条第 3 款
决 定 要 点
如果一项权利要求所要求保护的技术方案中的技术特征已经被现有技术中的两篇对比文件所公开，并且本领域的技术人员将上述两篇对比文件相结合得到权利要求所述的技术方案是显而易见的，则该权利要求不具备创造性。

一、案由

本无效宣告请求涉及国家知识产权局于 2003 年 12 月 3 日授权公告，申请日为 2002 年 12 月 25 日，名称为“座便器盖”的第 02295295.0 号实用新型专利（下称本专利），专利权人为李发久。

本专利授权公告的权利要求书内容如下：

“1. 一种座便器盖，其特征在于：它包括三层，上层（1）和下层（3）为纵向布置竹条层，中间一层（2）为横向布置竹条层，三层竹条压合为一整体结构。

2. 根据权利要求 1 所述的座便器盖，其特征在于：座便器盖由上盖（4）与盖圈（5）绞接而成，上盖或盖圈分别由纵横布置的竹条压合而成。”

2008 年 3 月 12 日，滕寿成（下称第一请求人）针对本专利权向专利复审委员会提出无效宣告请求，同时提交了以下附件作为证据：

附件 1：授权公告号为 CN2270613Y 的中国实用新型专利说明书全文复印件共 7 页，其授权公告

日为 1997 年 12 月 17 日。

其无效宣告请求的理由是：本专利的权利要求 1 与附件 1 相比，不具备新颖性，不符合专利法第 22 条第 2 款的规定；权利要求 1~2 与附件 1 相比，不具备创造性，不符合专利法第 22 条第 3 款的规定。

经形式审查合格以后，专利复审委员会受理了该无效宣告请求，并于 2008 年 3 月 13 日向双方当事人发出了无效宣告请求受理通知书，并将无效宣告请求书及附件清单中所列附件的副本转送给专利权人，要求其指定期限内陈述意见。

专利权人逾期未答复。

2008 年 3 月 13 日，金华市金瑞得工艺品厂（下称第二请求人）针对本专利权向专利复审委员会提出无效宣告请求，此次提交的无效宣告请求书正文以及附件的内容均与第一请求人所提交的相同。

经形式审查合格以后，专利复审委员会受理了该无效宣告请求，并于 2008 年 3 月 13 日向双方当事人发出了无效宣告请求受理通知书，并将无效宣告请求书及附件清单中所列附件的副本转送给专利权人，要求其指定期限内陈述意见。

专利权人逾期未答复。

2008 年 4 月 3 日，第二请求人提交了意见陈述书，并补充提交了如下附件作为证据（编号序前）：

附件 2：授权公告号为 CN2377987Y 的中国实用新型专利说明书全文复印件共 9 页，其授权公告日为 2000 年 5 月 17 日；

附件 3：授权公告日为 CN2268608Y 的中国实用新型专利说明书全文复印件共 6 页，其授权公告日为 1997 年 11 月 26 日。

第二请求人在补充的意见陈述书中指出：本专利的权利要求 2 中进一步限定的“座便器盖由上盖与盖圈绞接而成，上盖或盖圈分别由纵横布置得竹条压合而成”，与权利要求 1 中记载的座便器盖由三层纵横布置得竹条压合而成不一致，因此其没有清楚的表述请求保护的范围，不符合专利法实施细则第 20 条第 1 款的规定；权利要求 1 分别相对于附件 1 和附件 2 的结合或附件 2 和附件 3 的结合不具备创造性，不符合专利法第 22 条第 3 款的规定，权利要求 2 相对于附件 2 不具备创造性，不符合专利法第 22 条第 3 款的规定。

2008 年 4 月 8 日，第二请求人再次提交的意见陈述书以及补充证据，其内容与 2008 年 4 月 3 日所提交内容相同。

在此基础上，专利复审委员会依法成立合议组进行审查。合议组于 2008 年 5 月 21 日分别向第一请求人、第二请求人以及专利权人发出无效宣告请求口头审理通知书，通知三方当事人于 2008 年 7 月 17 日举行口头审理。合议组并于同日发出转送文件通知书，将第二请求人分别于 2008 年 4 月 3 日以及 2008 年 4 月 8 日提交的意见陈述书以及附件清单所列附件的副本转送给专利权人，要求其在指定期限内陈述意见。

专利权人逾期未答复。

口头审理如期举行，第一请求人和第二请求人委托同一代理人参加了口头审理，专利权人未出席口头审理。在口头审理过程中，请求人对合议组成员的变更无异议，对合议组成员无回避请求。请求人明确无效理由为：权利要求 1 分别相对于附件 2 和附件 1 的结合或附件 2 和附件 3 的结合不具备创造性，不符合专利法第 22 条第 3 款的规定；权利要求 2 分别相对于附件 2、附件 1 以及公知常识的结合或附件 2、附件 3 以及公知常识的结合不具备创造性，不符合专利法第 22 条第 3 款的规定；权利要求 2 不符合专利法实施细则第 20 条第 1 款的规定。

在上述工作的基础上，合议组认为，本案事实清楚，可以依法作出审查决定。

二、决定的理由

1. 关于证据的认定

附件 1、附件 2、附件 3 均为中国实用新型专利说明书，其授权公告日均早于本专利的申请日，因此可以作为现有技术评价本专利权利要求的创造性。

2. 关于权利要求的创造性

专利法第 22 条第 3 款规定：创造性是指同申请日以前已有的技术相比，该实用新型具有实质性特点和进步。

权利要求 1 请求保护一种座便器盖，附件 2（下称对比文件 1）公开了一种竹制马桶盖以及马桶座垫，并具体公开了以下技术特征（参见对比文件 1 说明书第 2 页第 13 行至说明书第 3 页第 2 行）：该竹制马桶盖及竹制马桶座垫为具预定形状与尺寸并可相对盖合的一盖体以及一环垫，在盖体及环垫的表面上可见有复数竹片的竹纤维纹路，该盖体以及环垫是由一竹片本身的内管心部分与另一竹片本身的外管表层部分，以呈纵短轴方向并排叠置成型。

对比文件 1 公开了本专利权利要求 1 中的座便器盖，该座便器盖由竹子制成，权利要求 1 与对比文件 1 的区别在于：权利要求 1 中的竹制座便器盖包括三层，上层和下层为纵向布置竹条层，中间一层为横向布置竹条层，三层竹条压合为一整体结构。

附件 1（下称对比文件 2）公开了一种等宽条子竹胶合板，并具体公开了以下技术特征（参见对比文件 2 说明书第 1 页第 21 行至第 2 页第 1 行，说明书附图 1）：该竹胶合板以等宽条子竹片为表层，以条子竹片为芯层、背层，并且表层、背层采用纵向排列，芯层采用横向排列，对芯片进行加压后无任何缝隙。由此可见，对比文件 2 公开了一种由纵横交错三层竹条压合而成的竹胶合板，对于本领域的技术人员来说，在对比文件 1 所公开的竹制马桶盖的基础上，结合对比文件 2 所公开的竹胶合板结构的启示，利用对比文件 2 的竹胶合板来制作对比文件 1 所记载的竹制马桶盖，从而得到本专利权利要求 1 的技术方案对所属技术领域的技术人员来说是显而易见的，权利要求 1 不具备创造性，不符合专利法第 22 条第 3 款的规定。

权利要求 2 的附加技术特征是：座便器盖由上盖（4）与盖圈（5）绞接而成，上盖或盖圈分别由纵横布置的竹条压合而成。对比文件 1 已经公开了座便器盖以及垫圈，对比文件 2 公开了可用于制作座便器盖及垫圈的竹胶合板，利用对比文件 2 的竹胶合板来制作对比文件 1 所记载的竹制马桶盖，对所属技术领域的技术人员来说是显而易见的，且通过绞接的方式连接座便器上盖和盖圈是本领域的技术人员的公知常识，因此权利要求 2 也不具备创造性，不符合专利法第 22 条第 3 款的规定。

综上所述，本专利的权利要求 1、权利要求 2 相对于对比文件 1 和对比文件 2 的结合不具备创造性，不符合专利法第 22 条第 3 款的规定。鉴于上面已经得出本专利的权利要求 1、2 不具备创造性，从而不符合专利法第 22 条第 3 款规定的结论，本决定中不再对第一请求人、第二请求人提出的其他无效宣告理由、其他证据以及证据的其他组合方式进行评述。

三、决定

宣告 02295295.0 号实用新型专利权全部无效。

当事人对本决定不服的，可以根据专利法第 46 条第 2 款的规定，自收到本决定之日起三个月内向北京市第一中级人民法院起诉。根据该款的规定，一方当事人起诉后，另一方当事人应当作为第三人参加诉讼。

腰托

无效宣告请求审查决定（第12340号）

决　定　号　第12340号
决　定　日　2008年9月26日
发明创造名称　腰托
国 际 分 类 号　A61F 5/00，A47C 7/40
无效宣告请求人　无锡礼恩派华光汽车部件有限公司
专　利　权　人　长春市新发展塑胶工业有限公司
专　利　号　03212283.7
申　请　日　2003年3月28日
授 权 公 告 日　2004年5月12日
合 议 组 组 长　黄玉平
主　审　员　关　刚
参　审　员　杨加黎

法 律 依 据　专利法第22条第2款、第3款
决 定 要 点

对于经过法定公证程序公证的，并能形成完整证明体系的证据有异议的当事人，应当提出足以推翻公证证明的证据，如果没有证据或者举证不足以证明其主张的，其主张不成立。

一、案由

本无效宣告请求涉及国家知识产权局于2004年5月12日授权公告的、名称为“腰托”，专利号为03212283.7号实用新型专利（下称本专利），其申请日为2003年3月28日，专利权人为长春市新发展塑胶工业有限公司。本专利授权公告时的权利要求书如下：

“1. 一种腰托，是由钢丝、缆索、缆索套（4）等组成，其特征在于：在左竖向钢丝（3）与右竖向钢丝（2）间有横向上钢丝（5）、横向钢丝（11）和横向下钢丝（12），横向上钢丝（5）与托板（1）相连，横向下钢丝（12）与支撑板（7）相连；托板（1）上端通过缆索、缆索套（4）与固定架（10）相连，缆索、缆索套（4）再通过固定架（10）的上端延伸与调节器总成（6）连接；固定架（10）下端与支撑板（7）连接，支撑板（7）与托板（1）连接。

2. 根据权利要求1所述的托板，其特征在于：横向钢丝（11）可以不安装，也可以安装。

3. 根据权利要求1所述的托板，其特征在于：左竖向钢丝（3）与右竖向钢丝（2）的上端有钩；下钢丝（8）的两端有钩。”

针对上述专利权，无锡礼恩派华光汽车部件有限公司（下称请求人）于2008年1月10日向专利复审委员会提出无效宣告请求，并提交了下述证据：

附件1（下称证据1）：北京市海淀第二公证处（2007）京海民证字第3856号公证书及其附件的复印件，共26页，其中包括：公证书正文复印件2页、公证过程中所拍照片复印件11页（共21幅照片）、机动车行驶证复印件2页、机动车登记证书复印件3页、二手车销售统一发票复印件1页、二手车销售协议复印件1页、上海大众帕萨特轿车使用维护说明书复印件6页。

附件2：专利号为03212283.7的中国实用新型专利说明书（本专利）。

请求人还表示将在口头审理时提供在上述公证书的公证过程中从轿车司机座椅上拆下并贴封的腰托原件（下称证据2），结合上述证据其无效宣告请求的具体理由为：证据1和证据2表明，本专利权利要求1~3所要求保护的腰托已在国内公开使用，因此本专利权利要求1~3不具备专利法第22条第2款和第3款规定的新颖性和创造性；本专利权利要求2和3要求保护的主题是托板，但其特征部分所限定的内容是腰托才具有的，另外权利要求2的附加技术特征“横向钢丝可以不安装，也可以安装”，其与所引用的权利要求1所保护的范围相互抵触或者重复，因此本专利权利要求2和3的保护的范围不清楚，不符合专利法实施细则第20条第1款的规定。

经形式审查合格，专利复审委员会依法受理了上述无效宣告请求，于2008年4月14日向双方当事人发出无效宣告请求受理通知书，并将无效宣告请求书及其附件清单中所列附件的副本转送给专利权人，要求其在指定的期限内答复。

专利权人在指定的期限内没有答复。

请求人又于2008年5月9日提交了意见陈述书，并补充提交了如下证据：

证据3：江苏省无锡市中级人民法院（2008）锡民三初字第033号民事裁定书复印件，共6页。

请求人认为，无锡市中级人民法院在上述裁定书中已经确认了“公证保全的帕萨特轿车上拆取下来的腰托技术特征及外观与新发展公司涉案实用新型专利的必要技术特征及涉案外观设计专利图片所反映的外观完全相同”的事实。

针对上述无效宣告请求，专利复审委员会依法成立合议组，对本案进行审理，合议组于2008年7月8日向双方当事人发出无效宣告请求口头审理通知书，告知双方当事人合议组定于2008年9月2日就本案进行口头审理。

口头审理如期举行，请求人一方由专利代理人郑中军、杨晓光出庭参加，专利权人一方由专利代理人白冬冬，以及公民代理所永安出庭参加。

在口头审理过程中，请求人明确其无效宣告请求的理由、证据和范围：本专利权利要求1~3相对于证据1、证据2不符合专利法第22条第2F款、第3款的规定；本专利权利要求2、3不符合专利法实施细则第20条第1款的规定。

请求人在口头审理回执中的声明本案证据1的公证书原件以及证据2（腰托）原件在专利号为03311206.1号的外观设计专利的无效宣告请求案件（复审委案件编号为6W07815）中，已经提交复审委员会。应请求人的请求，本案合议组提取了证据1、证据2的原件。请求人当庭提交了专利复审委员会第12100号无效宣告请求审查决定书，但表示不作为证据使用，仅供合议组参考；合议组当庭告知请求人所提交的证据3属于逾期证据，请求人当庭表示证据3的民事裁决书不作为证据使用，仅作为参考。

关于证据：专利权人对证据1公证书的真实性无异议，认可证据1的复印件与原件相符，对证据2腰托实物确为公证处所封装的事实无异议。但对腰托在国内公开使用的时间有异议。专利权人认为，（1）对公证书中所涉及的轿车在2002年8月30日已经销售无异议，但腰托是车上的附件，车与座椅在时间上没有联系，腰托是可以更换的，无法确认该腰托在2002年8月30日就被公开使用了；（2）请求人没有提交能证明该车座椅以及其腰托没有被更换的证据，不能确定腰托的日期。请求人认为，（1）所有2003年以前出厂的该款车的腰托都是一样的；（2）购买轿车的所有文件都在公证处公证过，并没有维修过，没有维修记录；（3）公证书中所附照片显示座椅的生产日期为2002年8月22日、腰托上的时间钟显示生产日期是2002年5月，证据1和2所示腰托在国内的公开使用的时间早于本专利的申请日。

关于本专利权利要求2和3的保护范围是否清楚：请求人坚持请求书中的意见。专利权人认为，本专利权利要求2和3是对腰托的进一步限定，主题写成托板是笔误，托板只是腰托中的一个挂件；本专利权利要求2中横向钢丝可安装可不安装，是有两个方案。

关于新颖性和创造性：请求人认为：（1）证据1和2所示的腰托公开了本专利权利要求1的全部技术特征，因此权利要求1不具备新颖性，也不具备创造性；（2）本专利权利要求2中的安装有横向钢丝的方案已经公开。如果没有安装横向钢丝，就会缺少支撑作用，其没有实质性的贡献，是显而易见的，因此不具有新颖性和创造性；（3）涉案专利的权利要求3“左竖向钢丝3与右竖向钢丝2的上端有钩；下钢丝8的两端有钩”已经被公开。专利权人认为，可证据2的腰托实物与本专利权利要求1~3的技术方案所保护的腰托从整体上看是相似的，但权利要求2可以去掉横向钢丝，可以不安装，与证据2的腰托不同。

至此，合议组认为本案的事实已清楚，可以作出无效宣告请求审查决定。

二、决定的理由

1. 关于证据

由于请求人明确表示证据3以及在口头审理当庭提交的专利复审委员会第12100号无效宣告请求审查决定书不作为证据使用，因此合议组对证据3和该决定书不再评述。

请求人提交的证据1是北京市海淀第二公证处（2007）京海民证字第3856号公证书复印件，口头审理中，应请求人的请求，合议组从专利号为03311206.1号的外观设计专利的无效宣告请求案件（复审委案件编号为6W07815）中提取了证据1和证据2的原件，专利权人对证据1公证书的真实性无异议，认可证据1的复印件与原件相符，对证据2腰托实物确为公证处所封装的事实无异议。合议组经核实认可证据1和2的真实性。

证据1的公证书公证事项为保全证据，出证时间为2007年8月22日，其记载了请求人的代理人郑中军于2007年8月9日向北京市海淀第二公证处申请办理保全证据公证，2007年8月20日购买牌照号为京CZ7064帕萨特SVW7183FJi型轿车以及2007年8月21日拆卸拍照该车腰托的整个公证过程，证明了与本公证书相粘连的照片系上述时间拍照后洗印所得，所附机动车行驶证、机动车登记证书、二手车销售统一发票、二手车销售协议的复印件及上海大众帕萨特轿车使用维护说明书相关页的复印件与原件相符，所拆卸下的腰托构件经公证处贴封后交申请人收执保管的事实，其中证据1中的机动车行驶证和机动车登记证书显示该车的注册登记日期为2002年8月30日，照片上座椅的标签显示座椅的生产日期为2002年8月22日，座椅中腰托上的时间钟显示该腰托的生产日期为2002年5月。

专利权人对上述公证书中所涉及的轿车在2002年8月30日已经销售无异议，但认为座椅以及腰托是可以更换的，因此无法确认该腰托在2002年8月30日就被公开使用了，请求人也没有提交能证明该车座椅以及其腰托没有被更换的证据。

合议组认为：请求人针对其购买汽车、拆卸汽车内腰托部件和拍照、复印相关证件和票据以及贴封所拆下的腰托构件的行为履行了相应的、合法的手续，其全部过程均经过公证机关的公证，已经形成了基本完整的证明体系。该公证过程中所涉及的轿车是在旧机动车交易市场里向与本案无关的第三方购买的，其目的是要证明在帕萨特 SVW7183FJi 型这一款轿车上，本专利所保护的腰托在其申请日以前已在国内公开使用，而不是要证明某辆特定的轿车上具有这种腰托，根据证据 1 中专利权人也认可的该轿车的购买日期，就帕萨特 SVW7183FJi 型这款轿车而言，其在 2002 年 8 月 30 日仍在销售，据常理分析，至本案 2008 年 9 月 2 日口头审理结束之前，该款轿车在市场上仍然存在一定的保有量，因此对于专利权人而言，要证明同一时期生产的该款轿车上是否使用的是证据 1 和 2 中所示的这种腰托是容易做到的，但是专利权人在具有举证能力的情况下，仅仅以座椅及其腰托是可以更换的理由提出异议，并未提供任何相反证据予以支持，因此在请求人经由公证机关履行了合法的公证手续，且公证书及附件中所显示的机动车的注册登记日期、座椅的生产日期、座椅上腰托的生产日期也能互相映证，形成完整证明体系，又无相反证据足以推翻的情况下，合议组认可公证过程中自车内拆下的腰托部件即为其车辆出厂时的原配部件，证据 1 中所示牌照号为京 CZ7064 帕萨特 SVW7183Fji 型轿车的注册登记日期为 2002 年 8 月 30 日，即其车座内的腰托构件（证据 2 的腰托）已于 2002 年 8 月 30 日随着车辆的销售而公开使用，属于专利法意义上的在国内公开使用，公开使用的日期在本专利申请日（2003 年 3 月 28 日）之前，故证据 2 的腰托可以作为评价本专利新颖性和创造性的现有技术。

2. 关于本专利的新颖性和创造性

专利法第 22 条第 2 款规定，新颖性，是指在申请日以前没有同样的发明或者实用新型在国内外出版物上公开发表过、在国内公开使用过或者以其他方式为公众所知，也没有同样的发明或者实用新型由他人向国务院专利行政部门提出过申请并且记载在申请日以后公布的专利申请文件中。

专利法第 22 条第 3 款规定，创造性，是指同申请日以前已有的技术相比，该发明有突出的实质性特点和显著的进步，该实用新型有实质性特点和进步。

就本专利而言，请求人认为证据 2 所示的腰托公开了本专利权利要求 1 的全部技术特征，专利权人认可证据 2 的腰托实物与本专利权利要求 1 的技术方案所保护的腰托从整体上看是相似的。

经审查，本专利权利要求 1 请求保护一种腰托，证据 2 为在证据 1 所述的公证过程中从车上拆下并贴封的腰托，从证据 2 的腰托可得到如下技术特征：所述腰托由钢丝、缆索、缆索套、托板、支撑板、固定架和调节器总成等组成，形成框架的钢丝包括左竖向钢丝、右竖向钢丝、横向上钢丝和横向下钢丝，在左竖向钢丝和右竖向钢丝之间有横向上钢丝、横向钢丝和横向下钢丝，横向上钢丝与托板相连，横向下钢丝与支撑板相连，托板的上端通过缆索、缆索套与固定架相连，缆索、缆索套再通过固定架的上端延伸与调节器总成连接，固定架下端与支撑板连接，支撑板与托板连接。由此可见，证据 2 公开了本专利权利要求 1 的全部技术特征，两者技术领域相同，所要解决的技术问题和达到的技术效果也相同，因此本专利权利要求 1 相对于证据 2 不具备专利法第 22 条第 2 款规定的新颖性。

对于本专利权利要求 2 和权利要求 3，需要说明的是，本专利权利要求 2 和 3 所记载的保护主题是“托板”，其与所引用的权利要求 1 的保护主题“腰托”不一致。专利权人对此的解释是该处将权利要求 2 和 3 的主题写成“托板”属于明显笔误。合议组认为，本专利权利要求 2 和 3 的附加技术特征中所涉及的“横向钢丝”、“左竖向钢丝”、“右竖向钢丝”以及“下钢丝”都是属于“腰托”的部件，而不是属于“托板”的部件，本领域技术人员很明显能看出本专利权利要求 2 和 3 是对腰托的进一步限定，将权利要求 2 和 3 的保护主题写成“托板”确属明显笔误，权利要求 2 和 3 的技术方案对本领域技术人员来说是清楚的。

本专利权利要求 2 引用权利要求 1，其附加技术特征进一步限定了“横向钢丝可以不安装，也可以安装”。即本专利权利要求 2 的附加技术特征限定了两个技术方案：（1）腰托安装有横向钢丝的技术方案；（2）腰托不安装横向钢丝的技术方案。对于技术方案（1），由上所述，证据 2 中公开了所述腰托在左竖向钢丝和右竖向钢丝之间有横向钢丝的技术方案，因此本专利权利要求 2 中所限定的“安装有横向钢丝” 的技术方案相对于证据 2 不具备专利法第 22 条第 2 款规定的新颖性；对于技术方案（2），由于横向钢丝在两根竖向钢丝之间起着使腰托结构更加稳固的作用，如果省去横向钢丝后其使腰托更稳固的功能也相应地消失了，而且这种起加强作用的部件的安装与否也是本领域技术人员根据实际需要容易进行的常规选择，是显而易见的，因此本专利权利要求 2 中不安装横向钢丝的技术方案相对于证据 2 不具有专利法第 22 条第 3 款规定的创造性。

本专利权利要求 3 引用权利要求 1，其附加技术特征进一步限定了“左竖向钢丝与右竖向钢丝的上端有钩；下钢丝的两端有钩”。从证据 2 的腰托可看出，所述腰托的左竖向钢丝与右竖向钢丝的上端有钩，下钢丝的两端有钩。可见本专利权利要求 3 的附加技术特征已被证据 2 所公开，当其所引用的权利要求 1 不具备新颖性时，本专利权利要求 3 也不具备专利法第 22 条第 2 款规定的新颖性。

综上所述，本专利权利要求 1、3 不具备专利法第 22 条第 2 款规定的新颖性，本专利权利要求 2 不具备专利法第 22 条第 3 款规定的创造性，应予全部无效。因此在本决定中对请求人提出的其他无效理由和证据不再评述。

基于以上事实和理由，本案合议组作出如下审查决定。

三、决定

宣告 03212283.7 号实用新型专利权全部无效。

当事人对本决定不服的，可以根据专利法第 46 条第 2 款的规定，自收到本决定之日起三个月内向北京市第一中级人民法院起诉。根据该款的规定，一方当事人起诉后，另一方当事人应当作为第三人参加诉讼。

203

具有撕拉膜的输液盖

无效宣告请求审查决定（第12345号）

决　　定　　号　第12345号
决　　定　　日　2008年10月15日
发明创造名称　具有撕拉膜的输液盖
国 际 分 类 号　A61J 1/14，B65D 41/00
无效宣告请求人　江苏金扬子包装科技有限公司
专　利　权　人　北京奥星恒迅包装科技有限公司
专　　利　　号　200420007160.0
申　　请　　日　2004年3月18日
授 权 公 告 日　2005年4月20日
合 议 组 组 长　张　娅
主　　审　　员　武　兵
参　　审　　员　路剑锋

法　律　依　据　专利法第22条第2款、第3款
决　定　要　点

如果本专利的权利要求中的全部技术特征都已经被对比文件所公开，并且两者属于相同的技术领域，能够解决相同的技术问题，并具有相同的预期效果，则该权利要求所要求保护的技术方案不具备新颖性。

如果本专利权利要求所要求保护的技术方案与对比文件所公开技术方案的区别技术特征为本领域的公知常识，则该权利要求所要求保护的技术方案不具备创造性。

一、案由

本无效宣告请求涉及申请日为2004年3月18日、授权公告日为2005年4月20日、名称为“具有撕拉膜的输液盖”、申请号为200420007160.0的实用新型专利，专利权人为北京奥星恒迅包装科技有限公司。该专利授权公告的权利要求书如下：

“1. 一种具有撕拉膜的输液盖，包括一接口本体，该本体的一端为与输液容器其他部件相连接的连接端，另一端为容置端，其内容置有一密封塞，其特征在于：所述接口本体的容置端外表面具有一环连接面，一撕拉膜盖设于上述接口本体的容置端，并与所述连接面密合粘贴设置。

2. 如权利要求1所述的具有撕拉膜的输液盖，其特征在于：所述撕拉膜的外径大于接口本体的容置端焊接部外径，其外周构成撕拉膜的拉持部。

3. 如权利要求1所述的具有撕拉膜的输液盖，其特征在于：所述撕拉膜的外径大于等于接口本体的容置端焊接部外径，并沿该撕拉膜的外周一体延伸一或多个拉持部。

4. 如权利要求1至3任一项所述的具有撕拉膜的输液盖，其特征在于：所述密封塞与上述接口容置端嵌合设置，其顶面低于接口容置端外表面，与所述撕拉膜间具有一间隙。

5. 如权利要求1至3任一项所述的具有撕拉膜的输液盖，其特征在于：所述密封塞与上述接口容置端嵌合设置，其顶面与接口容置端外表面平齐。

6. 如权利要求2或3所述的具有撕拉膜的输液盖，其特征在于：所述拉持部上设有可增大拉持摩擦力、防滑的孔洞或凸棱。”

针对上述实用新型专利权（下称本专利），江苏金扬子包装科技有限公司（下称请求人）于2008年6月4日向专利复审委员会提出了无效宣告请求，其理由是本专利的权利要求1~4不符合专利法第22条第2款、第3款的规定，权利要求5~6不符合专利法第22条第3款的规定，请求宣告本专利全部无效，同时，提交如下附件作为证据：

附件1：公告日为1994年1月5日的日本实用新型公报实开平6-107的复印件，共3页（下称对比文件1）；

附件2：公告日为1994年4月13日的日本实用新型公报实开平6-13710的复印件，共5页（下称对比文件2）。

结合上述附件，请求人认为：对比文件1已经公开了权利要求1的全部技术特征，因此，权利要求1相对于对比文件1不具备新颖性、创造性，权利要求1与对比文件2的区别仅在于密封塞，因此，权利要求1相对于对比文件1和2的结合不具备创造性；权利要求2~3的附加技术特征已经被对比文件1或2所公开，因此，权利要求2~3相对于对比文件1不具备新颖性、创造性，相对于对比文件1和2的结合不具备创造性；权利要求4的附加技术特征已经被对比文件1所公开，因此，权利要求4相对于对比文件1不具备新颖性、创造性；权利要求5的附加技术特征为本领域公知常识，因此，权利要求5相对于对比文件1和公知常识的结合不具备创造性；权利要求6的附加技术特征为本领域公知常识，因此，权利要求6相对于对比文件1和公知常识的结合或者对比文件2和公知常识的结合不具备创造性。

经形式审查合格，专利复审委员会于2008年6月13日向双方当事人发出《无效宣告请求受理通知书》，并将无效宣告请求及附件清单中所列证据副本转送给专利权人，要求其在指定期限内答复，同时成立合议组对本案进行审查。

请求人于2008年7月3日提交了意见陈述书和对比文件1、2的中文译文。结合上述中文译文，请求人认为，权利要求1相对于对比文件1不具备新颖性、创造性，相对于对比文件2不具备新颖性，相对于对比文件2和公知常识的结合不具备创造性；权利要求2相对于对比文件1或2不具备新颖性，相对于对比文件1和2的结合不具备创造性；权利要求3相对于对比文件1或2不具备新颖性，相对于对比文件1和2的结合不具备创造性；权利要求4相对于对比文件1不具备新颖性、创造性；权利要求5相对于对比文件1和公知常识的结合不具备创造性；权利要求6相对于对比文件1和公知常识的结合或者对比文件2和公知常识的结合不具备创造性。

专利复审委员会于2008年7月21日将请求人于2008年7月3日提交的意见陈述书和所附附件转送给专利权人，要求其在指定期限内进行答复，并于同日向双方当事人发出《无效宣告请求口头审理通知书》，定于2008年9月23日在专利复审委员会进行口头审理。

请求人于2008年8月6日提交了无效宣告请求口头审理通知书回执。

专利权人在指定期限内未进行答复。

口头审理如期举行，仅专利权人单方参加了口头审理。

专利权人在口头审理过程中充分陈述了权利要求 1~4 具备新颖性、创造性，权利要求 5~6 具备创造性的理由。

在上述程序的基础上，合议组认为本案事实已清楚，可依法作出审查决定。

二、决定的理由

1. 关于证据

对比文件 1 和对比文件 2 均为外文专利文献，属于公开出版物，专利权人对对比文件 1 和对比文件 2 的真实性及其中文译文的准确性没有异议，合议组对对比文件 1 和对比文件 2 的真实性及其中文译文的准确性予以认可，对比文件 1 和对比文件 2 的公开日均在本专利的申请日之前，其记载的技术内容构成本专利的现有技术，可以用于评价本专利的新颖性、创造性。

2. 关于权利要求的新颖性、创造性

专利法第 22 条第 2 款规定，新颖性，是指在申请日以前没有同样的发明或者实用新型在国内外出版物上公开发表过、在国内公开使用过或者以其他方式为公众所知，也没有同样的发明或者实用新型由他人向国务院专利行政部门提出过申请并且记载在申请日以后公布的专利申请文件中。

专利法第 22 条第 3 款规定，创造性，是指同申请日以前已有的技术相比，该发明有突出的实质性特点和显著的进步，该实用新型有实质性特点和进步。

（1）关于权利要求 1。

经查，对比文件 1 公开了一种输液用塑料容器，该容器包括口部 1，口部 1 可单独成形并且其下端通过熔敷连接到容器本体 2 上，口部 1 的上端与上盖 7 连接并在其间形成容纳胶塞 5 的容置空间，在上盖 7 的上部形成与胶塞 5 相对应的开口部分 9，在上盖 7 的顶部周边与开口部分 9 之间的环形外表面区域内形成有环状突起 10，易剥薄膜 11 与所述环状突起 10 密封贴合以覆盖开口部分 9（参见对比文件 1 中文译文的说明书第 2 页最后 1 段，第 3 页第 1 段，第 5 段及附图 1、2）。由此可见，对比文件 1 已经公开了权利要求 1 的全部技术特征，两者均属于输液用容器领域，均解决了现有技术中的输液盖封口结构操作不便且易受污染的技术问题，并均具有操作简单、防尘、防菌性能良好的预期效果，因此，权利要求 1 相对于对比文件 1 不具备新颖性。

专利权人认为，本专利中的“环连接面 121”不是一条线也不是一个点，而是一个面，而对比文件 1 中的“环状突起 10”是一条线。并且，证据 1 中环状突起 10 与盖外表面之间在外侧形成缝隙，容易存留污垢。

合议组认为，本专利中的“环连接面”只表达了环状连接区域的含义，其中的术语“面”并不是对该环连接面的宽度情况或者该环连接面与整个容置端外表面的尺寸关系作出的具体限定，通过本专利附图 1~3 所示的三个输液盖实施例可以看出，实施例 1 中的“环连接面 121”的尺寸最大，实施例 3 中的“环连接面 121”的尺寸最小，三个实施例中的“环连接面”的尺寸各不相同，由此可见，“环连接面”仅指环状连接区域，其尺寸只要满足能够实现与撕拉膜紧密贴合的作用即可。对比文件 1 中“环状突起”也表示环状连接区域的含义，其中的术语“突起”并非表示该环状突起与易剥薄膜成线性接触，而且通过该对比文件 1 的附图 1 及相应文字记载可知，“环状突起”用于与易剥薄膜紧密粘合，对比文件 1 中的“环状突起”也属于“环连接面”的一种具体形式。另外，本专利中采用环连接面与撕拉膜紧密贴合的目的是为了使环连接面与撕拉膜所限定的空间形成密闭环境，从而实现不易受到污染的目的。而对比文件 1 中图 1 所示的环状突起和上盖外表面之间虽然存在缝隙，但这并不妨碍环状突起和上盖所限定的空间形成不受污染的密闭环境，并且同样可以获得与本专利相同的技术效果。因此，合议组对专利权人的上述意见不予支持。

（2）关于权利要求2、3。

权利要求2、3的附加技术特征均被对比文件1所公开，其中，对比文件1的附图1、2公开了易剥薄膜11的外径大于上盖顶面外径，并且易剥薄膜的外周形成有一个拉持部。上述技术特征在对比文件1中的作用与其在本专利中的作用相同，并且能够产生相同的技术效果，因此，在所引用的权利要求1不具备新颖性的情况下，权利要求2、3相对于对比文件1不具备新颖性。

专利权人认为，对比文件1、2均未公开权利要求3中“多个拉持部”的特征，因此，权利要求3具备新颖性、创造性。

合议组认为，权利要求3包括涉及“一个拉持部”和“多个拉持部”的两个并列的技术方案，如果其中一个技术方案不具备新颖性，则该权利要求从整体上也不具备新颖性。因此，合议组对专利权人的上述主张不予支持。

（3）关于权利要求4、5。

对比文件1的附图1和相应的文字说明公开了胶塞5嵌合设置于由上盖7和口部1共同界定的容纳空间内，胶塞5的顶面与上盖7的顶面齐平，同时，由于易剥薄膜11与凸出于上盖7顶面上的环状突起10紧密粘合，从而在易剥薄膜11与上盖7的顶面之间形成一间隙。

由此可见，权利要求5的附加技术特征已经被对比文件1所公开，在所引用的权利要求1~3不具备新颖性的情况下，权利要求5相对于对比文件1不具备新颖性。

权利要求4的附加技术特征“密封塞顶面低于接口容置端外表面，与所述撕拉膜间具有一间隙”只是对比文件1的附图1和相应文字说明所公开结构的简单变形，对于本领域技术人员来说，无论采用密封塞低于接口容置端外表面来实现与撕拉膜之间形成间隙的技术手段，还是采用使易剥薄膜11与凸出于上盖7顶面上的环状突起10相粘合来实现胶塞5与易剥薄膜11之间形成间隙的技术手段都是本领域通常采用的技术手段，属于本领域的公知常识，在所引用的权利要求1~3不具备新颖性的情况下，权利要求4相对于对比文件1和本领域公知常识的结合不具备创造性。

（4）关于权利要求6。

权利要求6的附加技术特征为“所述拉持部上设有可增大拉持摩擦力、防滑的孔洞或凸棱”，对于本领域技术人员来说，为了使手更紧密、牢固地抓紧拉持部，采用在拉持部上设置增大与手之间摩擦力的孔洞、凸棱或粗糙表面等的技术手段是本领域的公知常识，在所引用的权利要求2或3不具备新颖性的情况下，权利要求6相对于对比文件1和本领域公知常识的结合不具备创造性。

鉴于本专利的权利要求1~3、5相对于对比文件1不具备新颖性，权利要求4、6相对于对比文件1和公知常识的结合不具备创造性，因此，合议组不再对无效请求人的其他无效理由和证据进行评价。

三、决定

宣告200420007160.0号实用新型专利权全部无效。

当事人对本决定不服的，可以根据专利法第46条第2款的规定，自收到本决定之日起三个月内向北京市第一中级人民法院起诉。根据该款的规定，一方当事人起诉后，另一方当事人应当作为第三人参加诉讼。

204

超薄型顶盖的高尔夫球杆头

无效宣告请求审查决定（第12347号）

决　　定　　号　第12347号
决　　定　　日　2008年9月16日
发明创造名称　超薄型顶盖的高尔夫球杆头
国 际 分 类 号　A63B53.4
无效宣告请求人　许瑛珆
专　利　权　人　陈晴祺
专　　利　　号　200420005986.3
申　　请　　日　2004年7月20日
授 权 公 告 日　2005年8月3日
合 议 组 组 长　郑　直
主　　审　　员　程　华
参　　审　　员　马桂丽

法　律　依　据　专利法第22条第3款
决　定　要　点

权利要求的技术方案与最接近的现有技术之间的区别技术特征在另一篇现有技术中公开，对所属技术领域的技术人员来说，该现有技术给出了将该区别技术特征应用到最接近的现有技术从而得到权利要求的技术方案的技术启示，因此权利要求相对于两篇现有技术的结合不具有创造性。

一、案由

本无效宣告请求涉及国家知识产权局于2005年8月3日授权公告的、申请号为200420005986.3、名称为“超薄型顶盖的高尔夫球杆头”的实用新型专利（下称本专利），其申请日是2004年7月20日，专利权人是陈晴祺。其授权公告的权利要求书内容如下：

“1. 一种超薄型顶盖的高尔夫球杆头，其特征在于包含有：

一杆头本体，呈高尔夫杆头形状，具有一正面、一底面、一背面，该正面具有一击球面板；该杆头本体具有一顶面，该顶面具有一开口；

一薄型顶盖，盖合该杆头本体顶面的开口，该薄型顶盖的厚度在0.7mm以下，硬度在HRC35以上。

2. 依据权利要求1所述的超薄型顶盖的高尔夫球杆头，其特征在于：该薄型顶盖是由金属材料制成，其比重为 $7g/cm^2$ 以上，厚度在 0.5mm 以下。

3. 依据权利要求 1 所述的超薄型顶盖的高尔夫球杆头，其特征在于：该薄型顶盖是由非铁金属材料制成，其比重为 $5g/cm^2$ 以下，厚度在 0.7mm 以下。

4. 依据权利要求 2 所述的超薄型顶盖的高尔夫球杆头，其特征在于：该薄型顶盖是由金属材料制成，其厚度为 0.35mm。

5. 依据权利要求 3 所述的超薄型顶盖的高尔夫球杆头，其特征在于：该薄型顶盖是由非铁金属材料制成，其厚度为 0.5mm。

6. 依据权利要求 1 所述的超薄型顶盖的高尔夫球杆头，其特征在于：该超薄型顶盖使用硬焊技术，焊接于该杆头本体上。

7. 依据权利要求 6 所述的超薄型顶盖的高尔夫球杆头，其特征在于：该薄型顶盖焊接在该杆头本体的顶面上，且覆盖该杆头本体整个顶面，而盖合该杆头本体顶面的开口。

8. 依据权利要求 6 所述的超薄型顶盖的高尔夫球杆头，其特征在于：该薄型顶盖以其周缘相对与该开口周缘硬焊接设，而盖合该杆头本体顶面的开口。

9. 依据权利要求 1 所述的超薄型顶盖的高尔夫球杆头，其特征在于：该击球面板是与该杆头本体一体成形制出。

10. 依据权利要求 1 所述的超薄型顶盖的高尔夫球杆头，其特征在于：该击球面板是焊接于该杆头本体上。”

针对上述专利权，许瑛珝（下称请求人）于 2008 年 2 月 19 日向国家知识产权局专利复审委员会提出无效宣告请求，提交了如下附件作为证据：

附件 1：US2003/0119603A1 号美国专利说明书 15 页及相关部分的中文译文 2 页，公开日为 2003 年 6 月 26 日（下称对比文件 1）；

附件 2：US6334817B1 号美国专利说明书 10 页及相关部分的中文译文 3 页，公开日为 2002 年 1 月 1 日（下称对比文件 2）；

附件 3：US6494789B2 号美国专利说明书 3 页及相关部分的中文译文 1 页，公开日为 2002 年 12 月 17 日（下称对比文件 3）；

附件 4：US5569337A 号美国专利说明书 4 页及相关部分的中文译文 1 页，公开日为 1996 年 10 月 29 日（下称对比文件 4）；

附件 5：US5630888A 号美国专利说明书 4 页及相关部分的中文译文 1 页，公开日为 1997 年 5 月 20 日（下称对比文件 4）。

请求人提出的无效理由为：（1）权利要求 1 与对比文件 1 的区别技术特征“该薄型顶盖的厚度在 0.7mm 以下，硬度在 HRC35 以上”不是有关形状、构造的特征，权利要求 2~6 的附加技术特征也不是有关形状、构造的特征，权利要求 7~10 的附加技术特征相对于对比文件 1 也不是有关形状、构造的区别特征，因此，权利要求 1~10 不符合专利法实施细则第 2 条第 2 款的规定。（2）说明书中的实施例没有具体指出采用什么材料、什么工艺才能实现，所属技术领域的技术人员无法实现这样的技术方案，因此权利要求 1 中的特征“该薄型顶盖的厚度在 0.7mm 以下，硬度在 HRC35 以上”得不到说明书实质性的支持，同样权利要求 2~5 有关厚度、比重的技术特征也得不到说明书实质性的支持，权利要求 1~5 不符合专利法第 26 条第 4 款的规定。（3）权利要求 1~5 中均缺少具体实现厚度、硬度、和/或比重技术指标的具体材料、具体工艺的特征，因此权利要求 1~5 不是完整的技术方案，缺少实现发明目的的必要技术特征，不符合专利法实施细则第 21 条第 2 款的规定。（4）权利要求2~3 中比重的单位写成“g/cm^2”，导致保护范围不清楚，不符合专利法实施细则第 20 条第 1 款的规定。

(5) 权利要求 1~10 相对于对比文件 1 或对比文件 2 不具有新颖性。(6) 权利要求 1 相对于对比文件 1 或 2、和对比文件 3~5 其中之一没有创造性。权利要求 2~10 相对于对比文件 1~5 没有创造性。(7) 说明书中比重的单位写成"g/cm^2",这是基本概念的错误,导致说明书公开不清楚,说明书实施例只提出了达到什么样的技术指标(厚度、硬度、比重等),没有具体公开采用什么材料、什么工艺具体实现,所属技术领域的技术人员无法实现,因此本专利说明书不符合专利法第 26 条第 3 款的规定。

专利复审委员会于 2008 年 4 月 11 日依法受理了上述无效宣告请求,同时向双方当事人发出了无效宣告请求受理通知书,并将请求人提交的无效宣告请求书及其附件清单所列附件的副本转寄给专利权人。

针对上述无效请求,专利权人于 2008 年 5 月 26 日提交意见陈述书,认为:(1) 权利要求 1 中已经明确了要保护产品的构造,因此本专利符合专利法实施细则第 2 条第 2 款的规定。(2) 公知的很多材料,采用公知的工艺就可以制造厚度在 0.7mm 以下,硬度在 HRC35 以下的顶盖,由于材料和工艺都属于公知技术,因此虽然在说明书和权利要求书中没有记载,但是技术方案是完整和清楚的。另外,在本专利中出现的比重的单位"g/cm^2"属于笔误,并不影响本领域技术人员对技术方案的理解,因此本专利符合专利法第 26 条第 3 款的规定。(3) 本专利所公开的技术方案是完整和清楚的,在权利要求书和说明书描述一致的情况下,权利要求能够得到说明书的支持,符合专利法第 26 条第 4 款的规定。(4) 权利要求 1 中限定的技术方案已经实现了发明目的,符合专利法实施细则第 21 条第 2 款的规定。(5) 在本专利中出现的比重的单位"g/cm^2"属于笔误,并不影响本领域技术人员对技术方案的理解,因此本专利符合专利法实施细则第 20 条第 1 款的规定。(6) 请求人将本专利的两个技术特征以"依法不予考虑"为由排除在外不予对比,没有法律依据。对于权利要求 2~10 和对比文件 1 或 2 的新颖性对比,请求人仅列出权利要求 2~10 的附加技术特征,没有指出对比文件 1 或 2 何处公开了上述技术特征,这样的无效请求不符合专利法实施细则第 64 条第 1 款的规定,专利法复审委员会应不予受理。(7) 请求人对权利要求技术特征的拆分是错误的,将一个内在统一的技术特征"该薄型顶盖的厚度在 0.7mm 以下,硬度在 HRC35 以上"拆分为两个,用两篇对比文件的结合来说明该技术特征被公开,这种对比方法没有法律依据。没有任何一篇对比文件公开了这样的"薄型顶盖",本专利不仅限定了顶盖的厚度,同时限定了顶盖的硬度,对比文件 1 或 2 仅公开了顶盖的厚度,对比文件 3~5 只是提及有一些硬度达到了某种程度的合金钢,这些合金钢是用作什么,是否与顶盖有关,在对比文件的译文中没有揭示,因此,对比文件 3~5 提及的合金钢与本专利不相干,请求人将其与对比文件 1 或 2 结合评述权利要求 1 不具备创造性是没有意义的,本专利符合专利法第 22 条第 3 款的规定。

专利复审委员会依法成立合议组对上述无效宣告请求案进行审理。本案合议组于 2008 年 6 月 19 日向双方当事人发出口头审理通知书,定于 2008 年 7 月 16 日进行口头审理。

口头审理如期举行。双方当事人均出席了口头审理。双方当事人对合议组成员无回避请求。双方当事人对对方出庭人员身份无异议。专利权人对对比文件 1~5 的真实性无异议,对对比文件 1~5 中文译文的准确性无异议。请求人明确表示放弃权利要求 1~10 相对于对比文件 1 或对比文件 2 不符合专利法第 22 条第 2 款规定的无效理由;放弃权利要求 2、4、5 相对于对比文件 2 结合对比文件 3、对比文件 2 结合对比文件 4、对比文件 2 结合对比文件 5 不具备创造性的无效理由。请求人明确其无效理由为:本专利说明书不符合专利法第 26 条第 3 款的规定,权利要求 1~10 不符合专利法实施细则第 2 条第 2 款的规定,权利要求 2~3 不符合专利法实施细则第 20 条第 1 款的规定,权利要求 1~5 不符合专利法第 26 条第 4 款的规定,权利要求 1~5 不符合专利法实施细则第 21 条第 2 款的规定,权利要求1~10相对于对比文件1结合对比文件3、对比文件1结合对比文件4、对比文件1结合对比文件5不符合专利法第22条第3款的规定，权利要求1、3、6~10相对于对比文件2结合对比文件3、对比文件2结合对比文件4、对比文件2结合对比文件5不符合专利法第22条第3款的规定。请求人当庭还提交了案号数为092222132NO1的台湾省经济部智慧财产局作出的专利举发审定书复印件一份，说明仅供合议组参考，合议组当庭向专利权人出示。

在上述工作的基础上，合议组认为本案事实已经清楚，可以作出如下审查决定。

二、决定的理由

1. 关于现有技术

对比文件1~5均为专利文献，其公开日均在本专利的申请日之前，专利权人对对比文件1~5的真实性、对比文件1~5中文译文的准确性均无异议，因此对比文件1~5可以作为评价本专利创造性的现有技术使用。

2. 关于创造性

专利法第22条第3款规定：创造性，是指同申请日以前已有的技术相比，该发明有突出的实质性特点和显著的进步，该实用新型有实质性特点和进步。

权利要求1的技术方案包括如下五个技术特征：

A. 一种超薄型顶盖的高尔夫球杆头，

B. 一杆头本体，呈高尔夫杆头形状，具有一正面、一底面、一背面，该正面具有一击球面板；

C. 该杆头本体具有一顶面，该顶面具有一开口；

D. 一薄型顶盖，盖合该杆头本体顶面的开口；

E. 该薄型顶盖的厚度在0.7mm以下，硬度在HRC35以上。

对比文件1公开了一种高尔夫杆头，与本专利属于相同的技术领域。具体公开了如下技术内容：一高尔夫杆头包含一中空主框体及一击球面板；该中空主框体设有一本体部及一顶盖部，该顶盖部焊接结合于该本体部，其中该本体部包含一套颈部、一底部及一侧壁部，该侧壁部系由底部之周边向前延伸形成，但未及于该底部之前缘，因而形成一顶开放部及一前开放部；及该顶盖盖合在该顶开放部，因而该主框体在前侧形成一开口；该击球面板焊接结合至该主框体，以盖合于该主框体之开口；及该顶盖之厚度系介于0.3~1.5mm。该顶盖13系一极薄构件。为了获得所需强度、坚硬度、耐用性等特性，较佳使用钛合金。该厚度（tc）较佳介于0.3~1.5mm，更佳系0.3~0.8mm，特别是0.5~0.8mm。若该厚度（tc）小于0.3mm，将难以获得所需强度及耐用性。若该厚度（tc）大于1.5mm，则不可避免的将提高重心点位置的高度（参见对比文件1中文译文摘要、第0034~0035段）。

经过分析对比可知，对比文件1中的本体部相当于权利要求1中的杆头本体，对比文件1中的击球面板所在位置相当于权利要求1中的正面，对比文件1中的底部相当于权利要求1中的底面，对比文件1中的侧壁部相当于权利要求1中的背面，对比文件1中的顶开放部相当于权利要求1中的具有开口的顶面，并且对比文件1中的顶盖盖合在该顶开放部，其厚度在0.3~1.5mm，更佳系0.3~0.8mm，特别是0.5~0.8mm。因此，对比文件1已经公开了权利要求1中的技术特征A、B、C、D以及“该薄型顶盖的厚度在0.7mm以下”。权利要求1的技术方案与对比文件1的区别仅在于将薄型顶盖的硬度限定在HRC35以上。该区别技术特征实际所要解决的技术问题是克服1mm以下的薄型顶盖强度较差，在杆头击球时容易破裂的缺陷，从而使杆头在保持一定强度的前提下，将杆头整体重心有效降低，提升杆头打击效率。

对比文件3公开了一种高尔夫杆头，与对比文件1. 本专利属于相同的技术领域。具体公开了如下技术内容：本发明系关于一高尔夫杆，特别是关于一高尔夫杆头，该钢合金具有HRC46至53之硬度及155至189kgf/mm^{2}之抗拉强度（参见对比文件3中文译文第01栏第5~6行，第2栏第2~3行）。即对比文件3已经公开了用于制造高尔夫杆头的钢合金具有HRC46至53的硬度。

对比文件1已经公开了在确定顶盖厚度时要考虑获得所需强度及耐用性的技术方案，对比文件3公开了制造高尔夫杆头的钢合金可以具有HRC46至53的硬度，本专利权利要求1所述超薄型顶盖因厚度变薄，为保持一定强度选用适当硬度的材料，进而对硬度范围作出具体限定，对所属技术领域的技术人员来说是很容易想到和实现的，况且本实用新型专利也不是对材料本身提出的技术方案，仅仅是将现有技术已知的材料应用于具体的超薄型高尔夫球杆头之上，因此，在对比文件1的基础上结合对比文件3得到权利要求1的技术方案对所属技术领域的技术人员来说是显而易见的，权利要求1不具有实质性特点和进步，不符合专利法第22条第3款有关创造性的规定。

（1）权利要求2对权利要求1作了进一步的限定，对比文件1公开了高尔夫杆头薄型顶盖之钛合金（金属材料）厚度在0.3~1.5mm，更佳系0.3~0.8mm，特别是0.5~0.8mm（参见对比文件1中文译文第0034~0035段），对比文件3公开了应用于高尔夫杆头的合金具有最低之密度7.715g/cm^3（参见对比文件3中文译文第02栏第28至30行）。在现有技术中选取制造高尔夫杆头的材料时已经考虑了厚度和比重的问题，而为了保持一定强度选用现有技术中已有的适当厚度和比重的材料对所属技术领域的技术人员来说是很容易想到和实现的，况且本实用新型专利也不是对材料本身提出的技术方案，因此，在对比文件1的基础上结合对比文件3得到权利要求1的技术方案对所属技术领域的技术人员来说是显而易见的，权利要求2不符合专利法第22条第3款有关创造性的规定。

（2）权利要求3对权利要求1作了进一步的限定，对比文件1已经公开了高尔夫杆头薄型顶盖之钛合金（属于非铁金属材料）厚度在0.3~1.5mm，更佳系0.3~0.8mm，特别是0.5~0.8mm（参见对比文件1中文译文第0034~0035段）。而比重是材料具有的一种固有属性，钛合金的比重小，一般为4.5~5.0，这对所属技术领域的技术人员来说属于公知常识。因此，在其引用的权利要求不具有创造性的情况下，权利要求3也不符合专利法第22条第3款有关创造性的规定。

（3）权利要求4、5分别对其引用的权利要求作了进一步的限定，对比文件1中高尔夫杆头薄型顶盖之钛合金（属于非铁金属材料）厚度在0.3~1.5mm，更佳系0.3~0.8mm，特别是0.5~0.8mm（参见对比文件1中文译文第0034~0035段），就相当于已经公开了权利要求4、5的附加技术特征，因此，在其引用的权利要求不具有创造性的情况下，权利要求4、5也不符合专利法第22条第3款有关创造性的规定。

（4）权利要求6对其引用的权利要求1作了进一步的限定，对比文件1中已经公开了顶盖部焊接结合于该本体部（相当于权利要求6中的杆头本体）（参见对比文件1中文译文摘要部分）。而硬焊技术是所属技术领域中在焊接时常用的一种技术手段。因此，在其引用的权利要求不具有创造性的情况下，权利要求6也不符合专利法第22条第3款有关创造性的规定。

（5）权利要求7对其引用的权利要求6作了进一步的限定，对比文件1中已经公开了顶盖部焊接结合于该本体部（相当于权利要求6中的杆头本体），该顶盖盖合在该顶开放部（参见对比文件1中文译文摘要部分），从附图5可以直接地、毫无疑义地确定顶盖覆盖在本体部的整个顶面。因此，对比文件1已经公开了权利要求7的附加技术特征，在其引用的权利要求不具有创造性的情况下，权利要求6也不符合专利法第22条第3款有关创造性的规定。

（6）权利要求8对其引用的权利要求6作了进一步的限定，对比文件1中已经公开了顶盖部焊接结合于该本体部（相当于权利要求6中的杆头本体），该顶盖盖合在该顶开放部（参见对比文件1中文译文摘要部分），而硬焊技术是所属技术领域中在焊接时常用的一种技术手段。因此，在其引用的权利要求不具有创造性的情况下，权利要求8也不符合专利法第22条第3款有关创造性的规定。

（7）权利要求9对其引用的权利要求1作了进一步的限定，对比文件1中已经公开了击球面板焊接结合至该主框体（参见对比文件1中文译文摘要部分），击球面板是与该杆头本体一体成形制出是所属技术领域常用的技术手段。因此，在其引用的权利要求不具有创造性的情况下，权利要求9也不符合专利法第22条第3款有关创造性的规定。

（8）权利要求10对其引用的权利要求1作了进一步的限定，对比文件1中已经公开了击球面板焊接结合至该主框体（参见对比文件1中文译文摘要），因此，对比文件1已经公开了权利要求10的附加技术特征，在其引用的权利要求不具有创造性的情况下，权利要求10也不符合专利法第22条第3款有关创造性的规定。

综上所述，本专利权利要求1~10相对于对比文件1和3的结合不符合专利法第22条第3款有关创造性的规定。

鉴于上述已经得出本专利权利要求1~10不符合专利法第22条第3款规定的结论，本决定对请求人提出的其他无效理由和证据不作评述。

三、决定

宣告200420005986.3号实用新型专利权全部无效。

当事人对本决定不服的，可以根据专利法第46条第2款的规定，自收到本决定之日起三个月内向北京市第一中级人民法院起诉。根据该款的规定，一方当事人起诉后，另一方当事人应当作为第三人参加诉讼。

205

一种带肋预应力钢筋混凝土预制构件板

无效宣告请求审查决定（第12349号）

决　　定　　号　第12349号
决　　定　　日　2008年10月8日
发明创造名称　一种带肋预应力钢筋混凝土预制构件板
国 际 分 类 号　E04B 5/36，E04B 5/16
无效宣告请求人　长沙巨星轻质建材股份有限公司
专　利　权　人　吴方伯
专　　利　　号　200410046665.2
申　　请　　日　2004年8月17日
授 权 公 告 日　2006年5月3日
合 议 组 组 长　黄　颖
主　　审　　员　樊延霞
参　　审　　员　刘敏飞

法　律　依　据　专利法第22条第2款、第3款、第4款，专利法第26条第3款，专利法实施细则第20条第1款

决　定　要　点

在判断一项发明专利申请相对于已有技术是否具有创造性时，要从最接近的现有技术和发明实际解决的技术问题出发，判断要求保护的发明对本领域的技术人员来说是否显而易见。

一、案由

本无效宣告请求涉及中华人民共和国国家知识产权局于2006年5月3日授权公告的、名称为“一种带肋预应力钢筋混凝土预制构件板”的发明专利权（下称本专利），其专利号是200410046665.2，申请日是2004年8月17日，专利权人是吴方伯。本专利授权公告的权利要求书如下：

“1. 一种带肋钢筋混凝土预制构件板，包括钢筋混凝土底板、钢筋混凝土纵向肋，其特征在于：在钢筋混凝土预制构件纵向肋下两侧开有长条形或长弧形孔洞，所述的长条形或长弧形孔洞底边长L与孔洞高H之比L/H≥1.5。”

针对本专利权，长沙巨星轻质建材股份有限公司（下称请求人）于2008年3月27日向专利复审委员会提出无效宣告请求，认为本专利权利要求1不符合专利法第22条第1款、第2款、第3款的规定，请求人同时提交了如下附件：

附件1：授权公告日为2001年8月1日、授权公告号为CN2440870Y（专利号为00251842.2）的中国实用新型专利说明书，共7页；

附件2：授权公告日为2004年6月9日、授权公告号为CN2619988Y（专利号为03227765.2）的中国实用新型专利说明书，共6页。

请求人认为：权利要求1相对于附件1不具备新颖性，相对于其各方案的组合不具备创造性；权利要求1相对于附件1和2的结合不具备创造性；权利要求1相对于附件2不具备创造性，其中对孔洞进行加大以方便穿插钢筋和对预应力构件偏心距的处理而采取的技术手段是本领域技术人员惯用的技术手段。

经形式审查合格，专利复审委员会依法受理了上述无效宣告请求，并于2008年4月21日向请求人和专利权人发出无效宣告请求受理通知书，同时将专利权无效宣告请求书及其附件清单中所列附件的副本转送给专利权人，并要求专利权人在指定的期限内陈述意见。

请求人于2008年4月21日向专利复审委员会提交了意见陈述书，并补充了无效宣告的理由，其中补充的理由为本专利不符合专利法第22条第4款，专利法第26条第3款、第4款和专利法实施细则第20条第1款的规定。请求人认为：权利要求1中的技术特征“所述的长条形或长弧形孔洞底边长L与孔洞高H之比L/H≥1.5”不是对孔洞大小的限定，不能解决背景技术中的技术缺陷，并且该数值范围还包括无穷大这一比例，保护范围不清楚，也不具有实用性；另外说明书中也没有对上述数值范围的孔洞与其他比例的孔洞所具有的显著效果进行充分说明，导致本领域技术人员难以实现。

针对专利复审委员会发出的上述无效宣告请求受理通知书，专利权人逾期未陈述意见。

专利复审委员会依法成立合议组对本无效宣告请求进行审查。

本案合议组于2008年6月17日向双方发出无效宣告请求口头审理通知书，定于2008年8月27日在专利复审委员会举行口头审理。随同口头审理通知书，将请求人于2008年4月21日提交的意见陈述书及其附件清单中所列附件的副本转送给专利权人。

口头审理如期举行，双方当事人均参加了口头审理。

在口头审理中，（1）请求人明确其无效理由、范围、证据及证据使用情况为：权利要求1不符合专利法第22条第4款、专利法第26条第3款、专利法实施细则第20条第1款的规定，权利要求1相对于附件1不具备新颖性、权利要求1相对于附件1和公知常识的结合、附件2和公知常识的结合、附件1、2和公知常识的结合不具备创造性。请求人当庭放弃权利要求1相当于附件2不具备新颖性、权利要求1不符合专利法第26条第4款规定的理由。（2）专利权人对附件1~2的真实性没有异议。在此基础上，合议组对本案进行了审理，充分听取双方当事人的意见。

至此，合议组认为本案事实已经清楚，可以作出审查决定。

二、决定的理由

1. 关于证据和现有技术

请求人提交的证据包括附件1、2，专利权人对附件1、2的真实性没有异议，合议组经审查认可附件1、2的真实性。同时由于附件1、2为公开出版物，且其公开日期在本专利的申请日前，因此可以作为本专利的现有技术使用。

2. 关于专利法第22条第4款、专利法第26条第3款、专利法实施细则第20条第1款

专利法第22条第4款规定：实用性，是指发明或者实用新型能够制造或者使用，并且能够产生积极效果。

专利法第26条第3款规定：说明书应当对发明或者实用新型作出清楚、完整的说明，以所属技术领域的技术人员能够实现为准。

专利法实施细则第20条第1款规定：权利要求书应当说明发明或者实用新型的技术特征，清楚、简要地表述请求保护的范围。

请求人认为：权利要求1中的技术特征“所述的长条形或长弧形孔洞底边长L与孔洞高H之比L/H≥1.5”不是对孔洞大小的限定，因为说明书附图中标识“H”的箭头是水平指向，其标识的是肋宽，不是肋高，而限定孔洞底边长与肋宽的比并不能解决背景技术中的技术缺陷，不具有实用性，也导致本领域技术人员难以实现，同时上述数值范围还包括无穷大这一比例，从而导致权利要求不符合专利法第22条第4款、专利法第26条第3款、专利法实施细则第20条第1款的规定。

合议组经审查后认为：首先，本专利涉及一种带肋钢筋混凝土预制构件板，其通过将肋板上孔洞限定为“长条形或长弧形孔洞底边长L与孔洞高H之比L/H≥1.5”，来解决方便穿筋的问题，其中“L/H≥1.5”的下限数值是为了保证一定的孔洞高，即孔洞高不宜过高，从而使孔洞以上的肋板高度能满足承载力的要求，而其上限值虽涉及无穷大的比例，但是对于本领域技术人员来说，是不可能选择无穷大的比例的，因为根据建筑规范规定，肋板要同时满足承载力、抗剪强度及钢筋间距的要求，本领域技术人员根据工程的实际情况，会在有限范围内选择，从而达到将大孔洞设置在纵向肋下以便于穿筋；并且对于一个已经授权的发明专利，不能仅仅因为其保护了本领域技术人员不可能选择的数值范围就认为权利要求的保护范围不清楚，本专利中虽然孔洞底边长L与孔洞高H之比L/H≥1.5中包含无穷大的数值比例，但本领域技术人员在实践中显然不会选择该数值，故权利要求1的保护范围是清楚的。其次，虽然说明书附图中标识“H”的箭头是水平指向，但是限定其长度的两条虚线是分别从孔洞最高处及底部标引出来的，同时说明书及权利要求书中均记载的是“所述的长条形或长弧形孔洞底边长L与孔洞高H之比L/H≥1.5”，结合本专利要解决方便穿筋的技术问题，标识“H”所代表的含义只能是孔洞高，不是肋宽，将箭头标注为横向仅为制图中的瑕疵。由此可见，本专利显然能够在产业上制造或使用，并产生积极的效果，并且本领域技术人员根据说明书的记载完全可以实现本专利的技术方案，因此请求人关于本专利权利要求1不符合专利法第22条第4款、专利法第26条第3款及专利法实施细则第20条第1款规定的主张不成立。

3. 本专利的权利要求1相对于附件1的新颖性

新颖性，是指在申请日以前没有同样的发明或者实用新型在国内外出版物上公开发表过、在国内公开使用过或者以其他方式为公众所知，也没有同样的发明或者实用新型由他人向国务院专利行政部门提出过申请并且记载在申请日以后公布的专利申请文件中。

合议组经审查认为，附件1公开了一种水泥预制构件（参见说明书第1页倒数第1段），是用于屋顶和墙体的预制板，并具体公开了该预制构件包括横板（相当于本专利的钢筋混凝土底板）、立板（相当于本专利的钢筋混凝土纵向肋），在立板的中部开有圆形通孔。

权利要求1相对于附件1的区别在于：（a）权利要求1的纵向肋下两侧开有长条形或长弧形孔洞，（b）长条形或长弧形孔洞底边长L与孔洞高H之比L/H≥1.5。由于附件1没有公开上述区别特征，权利要求1的技术方案与附件1公开的上述方案实质上并不相同，因此权利要求1相对于附件1具有新颖性。

4. 本专利的权利要求1相对于附件1和公知常识的结合、附件2和公知常识的结合、附件1、2和公知常识的结合的创造性

专利法第22条第3款规定：创造性，是指同申请日以前已有的技术相比，该发明有突出的实质性特点和显著的进步，该实用新型有实质性特点和进步。

在判断一项发明专利申请相对于已有技术是否具有创造性时，要从最接近的现有技术和发明实际解决的技术问题出发，判断要求保护的发明对本领域的技术人员来说是否显而易见。

本案中，请求人认为，附件1作为最接近的对比文件，结合附件2及公知常识公开了权利要求1。其中附件1的通孔4位于立板3的中下部公开了本专利的孔洞位置“纵向肋下”，且附件2也公开了纵向肋板下两侧开有孔洞。“长条形孔洞”和“长弧形孔洞”是等同的技术特征，均是本领域常规的选择。而特征“孔洞底边长与孔洞高H之比L/H≥1.5”，根据附件1的图6结合建筑规范对钢筋间距的规定可以得到上述数值范围，并且本领域技术人员根据规范规定可以选择孔洞的大小比例。

专利权人认为，附件1和2没有公开本专利特征部分的特征。本专利的长条形孔洞是在纵向肋的下部，与底板一起形成孔洞，将其设置在下部可以通过增加肋板孔洞上部的高度，并减少反拱值和提高承载力，从而改善因长条形孔洞与圆形孔洞相比存在应力集中及承载力小的缺陷。请求人根据附件1图6中预制杆件的截面形状推测出孔洞的比例的，由于杆件的形状尺寸与肋上的孔洞的形状尺寸没有必然联系，因此这种推测是不符合指南有关规定的。附件2只公开了小孔，不能解决减少反拱值及方便穿筋的问题。

合议组经审查认为，如前所述，权利要求1与附件1的区别在于上述的特征a和b。

而附件2公开了一种钢筋混凝土拼装楼板，并具体公开了以下内容（参见说明书第2页）：钢筋混凝土预制构件有T形钢筋混凝土预制构件1（相当于本专利的钢筋混凝土底板和钢筋混凝土纵向肋），在钢筋混凝土预制构件1纵向肋下两侧开有孔洞2。

其中附件2虽然公开了在纵向肋下两侧开有孔洞，但没有公开权利要求1的“长条形或长弧形孔洞”及特征b。而本专利正是在附件2的技术方案的基础上进行的改进，为了方便穿筋将上述孔洞改进为本专利的孔洞底边长L与孔洞高H之比为L/H≥1.5的长条形或长弧形孔洞。

同时，权利要求1的“长条形或长弧形孔洞”相比附件1的圆形通孔，不仅仅是一种形状上的不同，对于本领域技术人员来说，通常会选择圆形通孔，而长条形孔洞或长弧形孔洞因为存在应力集中从而减少肋板承载力的问题而不会被选择。针对上述现有技术情况，在权利要求1的技术方案中，通过将孔洞位置的下移及限定特征b来保证肋板孔洞上部的高度，从而提高肋板的承载力，进而使在肋板上开长条形或长弧形孔洞成为可以使用的技术手段。因此请求人认为“长条形孔洞”和“长弧形孔洞”是本领域常规选择的理由不成立。再者，本专利在改善了上述因长条形孔洞与圆形孔洞相比存在应力集中从而承载力小的缺陷的前提下，并不能从附件1的图6结合建筑规范的规定得到孔洞的底边长L与孔洞高H之比为L/H≥1.5的数值范围，并且本领域技术人员不能很容易的根据规范规定选择上述孔洞的大小比例。这是由于，首先，附件1的图6所示的是穿过通孔的预制杆为长方形，并没有公开其通孔为长方形。其次，虽然规范规定了钢筋间距等参数，但并没有规定上述孔洞的比例参数，本领域技术人员根据规范已规定的参数来确定规范中没有规定的参数，本身就需要本领域技术人员付出创造性的劳动来确定肋板孔洞的长高比，以使其满足承载力的要求，从而不能简单的认为其是一种公知常识性的选择。

综上所述，本专利实际要解决的技术问题是通过将孔洞下移并将其底边长L与高H之比设定为L/H≥1.5，从而使肋板中可以使用较大长高比的长条形孔洞或长弧形孔洞来方便穿筋。而附件1或2均没有给出解决上述问题的启示，虽然附件1公开了肋板上开有大孔洞，而附件2公开了纵向肋下的孔洞，但是本领域技术人员看到上述附件并不能想到要解决上述技术问题，即使将附件1和公知常识结合、附件2和公知常识结合或附件1与附件2和公知常识结合，也不能显而易见的得到权利要求1所要保护的技术方案。并且权利要求1的技术方案取得了使肋板中可以使用较大长高比的长条形孔洞或长弧形孔洞进而方便穿筋的有益效果。因此请求人关于权利要求1相对于附件1和公知常识的结合、附件2和公知常识的结合、附件1、2和公知常识的结合不具备创造性的主张不成立。

根据上述的事实和理由，本案合议组依法作出以下决定。

三、决定

维持200410046665.2号发明专利权有效。

当事人对本决定不服的，可以根据专利法第46条第2款的规定，自收到本决定之日起三个月内向北京市第一中级人民法院起诉。根据该款的规定，一方当事人起诉后，另一方当事人应当作为第三人参加诉讼。

206

弧弯钢化镀膜周边注塑玻璃

无效宣告请求审查决定（第12352号）

决　定　号　第12352号
决　定　日　2008年10月17日
发明创造名称　弧弯钢化镀膜周边注塑玻璃
国 际 分 类 号　F25D 23/02，C03C 17/00
无效宣告请求人　刘　晓
专 利 权 人　卢秀强
专　利　号　200720034322.3
申　请　日　2007年2月5日
授 权 公 告 日　2008年1月9日
合 议 组 组 长　张美菊
主　审　员　孙学锋
参　审　员　张　莹

法 律 依 据　专利法第22条第3款
决 定 要 点

判断一项权利要求是否具有实质性特点，就是要判断对本领域的技术人员来说，该权利要求要求保护的方案相对于现有技术是否显而易见的。如果本领域普通技术人员从现有技术中可以得到技术启示将现有技术结合起来并结合本领域的公知常识得到权利要求的技术方案，则该权利要求对本领域技术人员来说是显而易见的，不具备创造性。

一、案由

本无效宣告请求涉及国家知识产权局于2008年1月9日授权公告、申请日为2007年2月5日、名称为“弧弯钢化镀膜周边注塑玻璃”的200720034322.3号实用新型专利，专利权人为卢秀强。本专利授权公告的权利要求如下：

“1. 一种弧弯钢化镀膜周边注塑玻璃，其特征在于以弧弯玻璃（3）为基底，在弧弯玻璃（3）内弧面镀有镀膜（31），在弧弯玻璃（3）周边设有塑料边框（1）。

2. 根据权利要求1所述的弧弯钢化镀膜周边注塑玻璃，其特征在于位于弧弯玻璃（3）圆弧面两侧的塑料边框（1）上分别设有一条凹槽（12），其中一条凹槽（12）中设有单密封条（2），另一条凹槽（12）中设有双密封条（4）。

3. 根据权利要求1或2所述的弧弯钢化镀膜周边注塑玻璃，其特征在于在塑料边框（1）上设有把手（11）。

4. 根据权利要求1或2所述的弧弯钢化镀膜周边注塑玻璃，其特征在于在弧弯玻璃（3）上下两条直边的塑料边框（1）上设有滑动条（13）。”

针对上述专利权，刘晓（下称请求人）于2008年2月22日向专利复审委员会提出了无效宣告请求，同时提交了如下附件：

附件1-1：中国专利ZL95235291.5的实用新型专利说明书复印件，共6页，授权公告日为1997年4月9日；

附件1-2：中国专利ZL98221843.5的实用新型专利说明书复印件，共6页，授权公告日为1999年9月29日；

附件2：欧洲专利EP0668477B1公开文本复印件，共7页、相关中文译文，共3页，公开日为1997年6月11日；

附件3：欧洲专利EP0672369B1公开文本复印件，共4页、相关中文译文，共3页，公开日为2000年8月16日；

附件4：中国专利申请99114436.8的发明专利申请公开说明书复印件，共5页，公开日为2000年4月12日；

附件5：中国专利ZL200320113515.X的实用新型专利说明书复印件，共5页，授权公告日为2005年1月19日；

附件6：龙逸编著，武汉工业大学出版社出版《加工玻璃》，1999年6月印刷，封面、版权页、正文37~50页、138~140页的复印件，共19页；

附件7：中国专利ZL00257120.X的实用新型专利说明书复印件，共6页，授权公告日为2001年11月21日。

请求人在请求书中提出，将附件1-1或附件1-2分别与附件2、3、4、5结合，再结合附件6作为公知常识性证据或不使用附件6的情况下，权利要求1~4相对于上述任何一种结合方式均不具备创造性。

经形式审查合格，专利复审委员会于2008年4月8日发出了无效宣告请求受理通知书，并将无效宣告请求书和上述附件的副本转给了专利权人，要求其在指定的期限内答复，同时成立合议组对本无效宣告请求进行审查。

专利权人于2008年5月4日针对上述无效宣告请求提交了意见陈述书，专利权人认为：本专利为实用新型专利，用7份证据叠加来评述本专利本身已经说明本专利具有创造性，且本专利的技术方案不同于附件1~7，将弧弯玻璃镶嵌在门框上的技术内容与本专利是完全不同的方案，且本专利的方案在整体结构的牢固度上和使用安全性上以及产品的后续装配工艺上的使用效果也好于附件1~7，因此本专利具备新颖性、创造性和实用性。

专利复审委员会本案合议组于2008年5月26日向双方发出口头审理通知书，定于2008年7月22日举行口头审理，并将专利权人于2008年5月4日提交的意见陈述书转送给请求人。

专利复审委员会于2008年6月23日向再次双方发出口头审理通知书，将口头审理时间更改为2008年9月2日。

口头审理于2008年9月2日如期进行，请求人的代理人和专利权人的代理人出席了本次口头审理。在口头审理过程中，专利权人的代理人出示的的代理人执业证没有加盖年检章，合议组当庭告知专利权人的代理人，其应当于口审结束后7日内提交其执业证已经经过年检的相关证明。在口审过程中双方当事人对合议组成员无回避请求，对对方出庭人员的身份没有异议。

在口头审理过程中，请求人明确其无效的理由为权利要求1～4不具备创造性，证据的具体结合方式与请求书一致。请求人明确附件7作为参考使用，不与其他证据结合作为证据使用。

专利权人的代理人对附件1-1、附件1-2以及附件2至附件7的真实性无异议。专利权人的代理人认为附件6的原件不可能作为教科书使用，对附件6作为公知常识性证据有异议。

专利权人的代理人当庭提出对附件2-2、附件3-2作为附件2-1和附件3-1的中文译文的准确性有异议，但没有具体指出存有异议之处，也没有对有异议之处提出中文译文。合议组当庭告知，专利权人的代理人的上述意见已经超过对译文提出异议的期限，上述异议视为未提出。

专利权人的代理人当庭提出对权利要求书进行修改。合议组当庭告知专利权人的代理人，其授权委托书载明的委托权限为一般代理，不能对权利要求进行修改。

在口头审理过程中，双方的争论点主要是：（1）请求人认为，附件2已经公开了塑料边框7、8直接注塑到玻璃板5、6上，已经公开了权利要求1中的“周边注塑”这一特征；专利权人认为，附件2中是注塑到平板玻璃上，而本专利是注塑到弧弯玻璃上，二者工艺不同；请求人认为，二者的不同仅是对象的不同，在附件2的启示下本领域技术人员容易地将周边注塑应用到弧弯玻璃上，专利权所述的工艺不同并没有体现在权利要求1中。

（2）请求人认为，在玻璃上进行镀膜是本领域的公知常识，且附件6已经公开了镀膜玻璃的作用等内容；专利权人认为在冷柜中采用镀膜玻璃不是常用的技术。

（3）请求人认为，使用钢化玻璃是本领域中常用的，钢化玻璃相对于普通玻璃强度更高，不易破碎的特点也是本领域的公知常识。专利权人认为，一般玻璃碰撞后容易损坏，钢化玻璃强度较高，带来了有益的效果。

（4）请求人认为，附件1-1和附件2中分别公开了双密封条和单密封条，二者结合已经公开了权利要求2中的相关特征；专利权人认为附件2中并未公开有密封条。

（5）请求人认为，附件1-1已经公开了权利要求3中的把手；专利权人认为，附件1-1中公开凹下去的拉槽，本专利是拱起的拉手，二者不相同。

（6）请求人认为，附件1-1已经公开了本专利权利要求4中的滑动条；专利权人认为，本专利中的滑动条就是一条凸出的槽，在安装的时候直接插入门框，但说明书中并未体现滑动条是这样使用的。

在口头审理中，双方当事人对其他创造性的评述方式也各自发表了意见。

专利权人的代理人于2008年9月19日重新提交了新的授权委托书，委托书中专利权人委托专利权人的代理人个人在本无效宣告口头审理中作为专利权人的代理人。

基于以上事实，合议组认为，本案事实已经清楚，可以作出审查决定。

二、决定的理由

1. 关于专利权人代理人的身份确认

专利权人的代理人于2008年9月19日补充提交了授权委托书，委托书上载明，专利权人卢秀强委托沈廉作为本案的口头审理中的代理人。基于此，合议组认为专利权人代理人作为公民代理出席口头审理的资格得到专利权人的追认，合议组认可其作为公民代理人代表专利权人出席口头审理。

2. 关于审查文本

专利权人在审查指南规定的期限内没有对本专利的权利要求书进行修改，因此，本决定针对的文本为本专利授权公告的文本。

3. 关于证据

附件1-1、1-2、2、3、4、5、7均为专利文献，专利权人对这些证据的真实性没有异议。合议组经核实，认可上述证据的真实性，其公开日均在本专利的申请日之前，可以作为本专利的现有技术。

请求人当庭提交了附件 6 的原件，专利权人当庭核实了该原件，对附件 6 的真实性没有异议。合议组经核实，认可附件 6 的真实性。附件 6 的版权页中载明该书于 1999 年 6 月印刷，其印刷日早于本专利的申请日，可以作为本专利的现有技术。专利权人对将附件 6 作为公知常识性证据有异议。对此，合议组认为，请求人提交的附件 6 的原件的前言第 3 段中记载，本书“论述加工玻璃的生产原理、工艺过程、生产设备、原材料要求、产品性能……旨在提供技术信息，促进加工玻璃产品的推广应用……供设计、生产、教学和科研工作参考”。由此可见，该书的主要内容为加工玻璃的原理、工艺和产品性能等，并可供教学、科研工作参考，因此，附件 6 是在本申请的申请日之前形成的，记载了本领域的基础技术知识，并可以供教学参考使用的书籍，可以作为公知常识性证据使用。

专利权人在收到无效宣告请求受理通知书之日起的一个月内未对请求人提交的附件 2-1 和附件 3-1 的中文译文的准确性提出异议。虽然专利权的代理人在口头审理当庭提出对附件 2-1 和附件 3-1 的中文译文的准确性有异议，但是，专利权人当庭提出异议的时机已经超过了专利权人可以对译文准确性提出异议的期限，且专利权人既没有具体指出对何处的译文有异议，也没有提交有异议的部分的中文译文。因此，合议组对专利权人提出的异议不予接受，并且视为专利权人对请求人提交的附件2-1 和附件 3-1 的中文译文的准确性无异议。

4. 关于专利法第 22 条第 3 款

专利法第 22 条第 3 款规定，创造性，是指同申请日以前已有的技术相比，该实用新型有实质性特点和进步。

判断一项权利要求是否具有实质性特点，就是要判断对本领域的技术人员来说，该权利要求要求保护的方案相对于现有技术是否显而易见的。如果本领域普通技术人员从现有技术中可以得到技术启示将现有技术结合起来并结合本领域的公知常识得到权利要求的技术方案，则该权利要求对本领域技术人员来说是显而易见的，不具备创造性。

（1）权利要求 1 请求保护一种弧弯钢化镀膜周边注塑玻璃，其特征在于以弧弯玻璃（3）为基底，在弧弯玻璃（3）内弧面镀有镀膜（31），在弧弯玻璃（3）周边设有塑料边框（1）。

附件 1-1 公开了一种商用冷冻箱顶部采用的玻璃拉门体，其中门体玻璃 1 为圆柱面弧形玻璃（相当于本专利中的弧弯玻璃），门体玻璃 1 镶嵌在平直的上下门体框 2 和与门体玻璃弧面相配合的弧形左右门体框 8 中（相当于本专利中的弧弯玻璃周边设有边框）（参见附件 1-1 说明书第 1 页第 4 段，附图 1）。

权利要求 1 与附件 1-1 相比，本专利的区别技术特征在于：a. 玻璃为钢化玻璃，b. 弧弯玻璃内弧面镀有镀膜，c. 边框是通过周边注塑形成的塑料边框。

对于区别技术特征 a，在本领域中，为了增强门体的强度，使用钢化玻璃作为门体玻璃是本领域的公知常识，且附件 6 第 139 页也公开了弯钢化玻璃和弧形钢化玻璃等类型，因此，本领域技术人员可以很容易地想到将区别技术特征 a 的公知常识应用到附件 1-1 中；对于区别技术特征 b，在玻璃的使用中，为了提高玻璃的透明度等目的，在玻璃面上镀以适当的膜层是本领域的公知常识，而对玻璃的哪一面进行镀膜是本领域技术人员可以根据实际需要作出的常规选择，而对于冰箱、冰柜等的玻璃门，由于其柜体内外温差大并且需要保持柜内温度，很容易在玻璃门内部结霜，影响视觉效果，因此也很容易想到在玻璃内表面镀膜。而且，附件 6 第 37 页公开了镀膜玻璃可以起到增加透光率、提高保温效果等作用，同时第 50 页也公开了弯形镀膜玻璃这一玻璃类型。因此，本领域技术人员可以很容易想到将本领域公知的区别技术特征 b 应用在附件 1-1 公开的技术方案中。

对于区别技术特征 c，附件 2 公开了一种冰箱，其上部开口具有玻璃板 5、6，塑料框架 7、8 被直接注塑到玻璃板 5、6 上（参见其中文译文第 3 页第 8、9 行，说明书附图 2）。由此可见，附件 2 已经公开了权利要求 1 的区别技术特征 c，而且，本领域技术人员知道，对玻璃的周边直接注塑这一工艺很显然地可以起到提高强度、增强保温效果等作用，因此，附件 2 已经给出了将区别技术特征 3 应用到附件 1-1 中的启示，本领域技术人员可以在附件 1-1 和附件 2 的基础上简单结合本领域的公知常识得到权利要求 1 的技术方案，权利要求 1 不具有实质性特点和进步，不具备创造性。

专利权人主张，附件 2 的周边注塑工艺是对平板玻璃进行注塑，而本专利是对弧弯玻璃进行注塑，二者对象不同，工艺也肯定是不一样的。对此，合议组认为，附件 2 已经公开了可以对玻璃周边进行直接注塑，本领域技术人员知道提高强度、增强保温效果、节省装配工艺等效果都是直接注塑这一工艺本身带来的，对弧弯玻璃进行注塑也能实现这一效果。因此，由于附件 2 已经给出了在玻璃周边进行注塑这样的技术启示，结合附件 1-1 公开的圆柱形弧面玻璃，本领域技术人员很容易想到在附件 1-1 公开的圆柱形弧面玻璃周边的门柜体改成进行注塑并形成塑料边框的技术方案。而且，本专利的说明书和权利要求书中也没有记载任何关于弧弯玻璃注塑需要使用特定工艺方面的内容，因此专利权人认为二者工艺不同的主张合议组不予接受。

（2）权利要求 2 是权利要求 1 的从属权利要求，其附加技术特征为：位于弧弯玻璃（3）圆弧面两侧的塑料边框（1）上分别设有一条凹槽（12），其中一条凹槽（12）中设有单密封条（2），另一条凹槽（12）中设有双密封条（4）。附件 1-1 公开了：弧形的左右门体框 8 上均具有密封条槽 6（相当于本权利要求中的凹槽），并且该槽内装有密封条 4，从附图 3 可以看出，该密封条 4 为双密封条（附件 1-1 说明书第 1 页第 4 段，图 1）。附件 2 也公开了一种周边注塑玻璃的密封条 23、24，从附图 2 可以看出密封条 23 和 24 均为单密封条，附件 2 的中文译文第 3 页第 22-24 行公开了"为了对位于关闭位置上的活动盖 2 进行密封，塑料框架 7 沿着活动盖 3、4 的相互重叠的侧边缘 21、22 而形成密封条 23、24"，"这些单密封条 23、24 就相互靠在一起对活动盖 3、4 之间的活动盖间隙进行了良好的密封"。由此可见，附件 2 中公开的形成在玻璃板 5、6 周边的塑料框架 7、8 上的单密封条也能够实现良好的密封效果。因此，本领域技术人员可以从附件 2 中得到启示，将附件 1-1 中公开的两条双密封条中的一条替换为单密封条。而且，本专利的说明书中也没有记载使用单密封条和双密封条所带来的任何意想不到的技术效果。因此，在其引用的权利要求 1 相对于附件 1-1 和附件 2 并结合公知常识不具备创造性的前提下，权利要求 2 也不具有实质性特点和进步，不具备创造性。

（3）权利要求 3 是权利要求 1 或 2 的从属权利要求，其附加技术特征为塑料边框上设有把手。附件 1-1 已经公开了其各门体框的外周开有拉手槽 3（参见附图 3）。从附件 1-1 中可以看出，其拉手槽 3 外侧具有一突起，其在推拉时受力从而实现推拉功能。因此，附件 1-1 中的拉手槽 3 外侧的突起即相当于权利要求 3 中的把手，权利要求 3 的附加技术特征也在附件 1-1 中公开。在其引用的权利要求 1 或 2 均不具备创造性的前提下，权利要求 3 也不具有实质性特点和进步，不具备创造性。

专利权人认为，权利要求 3 中的把手是拱在弧形玻璃上的大把手，而附件 1-1 的把手是凹下去的，二者并不相同。对此，合议组认为，权利要求 3 中仅限定了塑料边框上设有把手，并未具体限定把手的位置的具体形态，说明书附图中记载的把手的具体式样未记载在权利要求书中，不能构成对权利要求中的技术特征的限定。对本领域技术人员来说，把手是指拉手或器物上手拿的地方，附件 1-1 公开了拉手槽 3，其外侧具有一突起。当手处在拉手槽 3 中推拉时，其外侧突起受力而实现推拉功能。可见，拉手槽 3 及其外侧的突起就相当于权利要求 3 中的把手，其作用也是对玻璃进行推拉。附件 1-1 已经公开了权利要求 3 中的拉手槽，专利权人的意见不能被合议组接受。

（4）权利要求 4 是权利要求 1 或 2 的从属权利要求，其附加技术特征为弧弯玻璃上下两条直边的塑料边框上设有滑动条。附件1-1已经公开了平直的上下门框体2的底面有导轨条槽7，且该槽内装有导轨条5（参见附件1-1说明书第1页第4段，附图4）。该导轨条5与权利要求4中的滑动条作用相同，均是为门体的推拉提供一个滑动轨道。因此，权利要求4的附加技术特征也在附件1-1中公开，在其引用的权利要求1或2均不具备创造性的前提下，权利要求4也不具有实质性特点和进步，不具备创造性。

专利权人认为，权利要求4中的滑动条是一凸出部分，其作用是在安装的时候直接插入门框，且使用在直立的冰柜上，与附件1-1公开的导轨条7不同。对此，合议组认为，对本领域技术人员来说，滑动条的作用就是为了方便其本体在既定方向上进行滑动而设。说明书没有记载滑动条是安装条，专利权人主张的其作用是在安装时插入门框的意见不符合本领域技术人员的一般常识。另外，权利要求4和说明书中也未明确限定滑动条具体使用的直立冰柜，因此，专利权人的上述对滑动条的主张没有根据，合议组不予认可。

专利权人在书面意见陈述书中提出，请求人用7份对比文件结合评价本专利的创造性已经说明书本实用新型专利具备创造性。对此，合议组认为，请求人的无效理由为附件1-1或附件1-2分别与其他证据相组合，并未主张使用7份证据结合评述；而本决定在请求人提出的对比文件的具体结合方式中的附件1-1和附件2结合的基础上，结合本领域的公知常识，评价了权利要求1~4均不具备创造性的理由，也并未将7篇对比文件全部结合在一起进行评价，因此，专利权人的上述理由不成立。

综上，本专利的权利要求1~4相对于附件1-1和附件2与本领域的公知常识的结合均不具有实质性特点和进步，不具备创造性，不符合专利法第22条第3款的规定。

鉴于已得出权利要求1~4不具备创造性的结论，故本决定不再评述请求人针对权利要求1~4提出的其他无效理由。

三、决定

宣告200720034322.3号实用新型专利权全部无效。

当事人对本决定不服的，可以根据专利法第46条第2款的规定，自收到本决定之日起三个月内向北京市第一中级人民法院起诉。根据该款的规定，一方当事人起诉后，另一方当事人应当作为第三人参加诉讼。

207

以拼装棚板为模板的现浇空心楼板及其制造方法

无效宣告请求审查决定（第12353号）

决　　定　　号　第12353号
决　　定　　日　2008年9月23日
发明创造名称　以拼装棚板为模板的现浇空心楼板及其制造方法
国 际 分 类 号　E04B 5/16
无效宣告请求人　颜喜东
专 利 权 人　高家榕
专　　利　　号　03132589.0
申　　请　　日　2003年9月2日
授 权 公 告 日　2006年7月26日
合 议 组 组 长　朱文广
主　　审　　员　王　博
参　　审　　员　刘敏飞

法 律 依 据　专利法第22条第3款
决 定 要 点

在判断一项权利要求是否具备创造性时，首先要将权利要求所述的技术方案和最接近的现有技术进行特征对比分析，如果该权利要求与最接近的现有技术对比存在区别技术特征，并且该区别技术特征能够解决该最接近的现有技术中存在的某一技术问题，则应进一步考察对于所属技术领域的普通技术人员而言，在最接近的现有技术的基础上引入上述区别技术特征来解决所述技术问题从而获得权利要求所要保护的技术方案是否显而易见，如果是，则该权利要求不具备创造性。

一、案由

本无效宣告请求涉及中华人民共和国国家知识产权局于2006年7月26日授权公告的、名称为“以拼装棚板为模板的现浇空心楼板及其制造方法”的发明专利权（下称本专利），其专利号是03132589.0，申请日是2003年9月2日，专利权人是高家榕。本专利授权公告的权利要求书如下：

“1. 一种以拼装棚板为模板的现浇空心楼板，它包括棚板（1），其特征在于在所述棚板（1）的上方设置带有空心腔（2-1）的壳体（2），在相邻壳体（2）之间的棚板（1）上设有钢筋（3），所述壳体（2）和钢筋（3）都通过浇注混凝土（4）进行与棚板（1）的固定；所述相邻两块棚板（1）之间接触设置。

2. 根据权利要求1所述的以拼装棚板为模板的现浇空心楼板，其特征在于所述壳体（2）的纵截面为倒置的U形。

3. 根据权利要求1或2所述的以拼装棚板为模板的现浇空心楼板，其特征在于所述壳体（2）的上底板为波浪形。

4. 根据权利要求1或2所述的以拼装棚板为模板的现浇空心楼板，其特征在于在棚板（1）上还设有肋条（5），所述肋条（5）与棚板（1）紧密固定。

5. 根据权利要求1或2所述的以拼装棚板为模板的现浇空心楼板，其特征在于所述棚板（1）上还固接有吊筋（6），所述吊筋（6）为钢筋，吊筋（6）的一端头预埋在棚板（1）内，吊筋（6）的另一端头设置在混凝土（4）内。

6. 一种以拼装棚板为模板的现浇空心楼板的制造方法，其特征在于它的制造步骤为：a. 将棚板（1）平铺在事先架设好的平行支撑（7）上，使平铺后的多块棚板（1）覆盖整个天棚；b. 在棚板（1）的上方设置壳体（2）；c. 在相邻壳体（2）之间的棚板（1）上放置钢筋（3）；d. 整体浇注混凝土（4），混凝土（4）的上表面高于壳体（2）；e. 待混凝土（4）达到规定强度后，拆除平行支撑（7），即成为以拼装棚板为模板的现浇空心楼板。

7. 一种以拼装棚板为模板的现浇空心楼板的制造方法，其特征在于它的制造步骤为：a. 将棚板1与壳体2浇注为一体结构；b. 将带有壳体2的棚板（1）平铺在事先架设好的平行支撑（7）上，使平铺后的多块棚板（1）覆盖整个天棚；c. 在相邻壳体（2）之间的棚板（1）上放置钢筋（3）；d. 整体浇注混凝土（4），混凝土（4）的上表面高于壳体（2）；e. 待混凝土（4）达到规定强度后，拆除平行支撑（7），即成为以拼装棚板为模板的现浇空心楼板。”

针对本专利权，颜喜东（下称请求人）于2008年3月11日向专利复审委员会提出无效宣告请求，认为本专利不符合专利法第22条第1款、第2款、第3款，第26条第3款、第4款和专利法实施细则第20条第1款的规定，请求人同时提交了如下附件：

附件1：无效理由正文；

附件2：公开号为CN1348041A、公开日为2002年5月8日的发明专利申请公开说明书（下称对比文件1）；

附件3：公开号为CN1348042A、公开日为2002年5月8日的发明专利申请公开说明书（下称对比文件2）；

附件4：公开号为CN1356440A、公开日为2002年7月3日的发明专利申请公开说明书（下称对比文件3）；

附件5：公开号为CN86105743A、公开日为1988年2月3日的发明专利申请公开说明书（下称对比文件4）；

附件6：授权公告号为CN2419292Y、授权公告日为2001年2月14日的实用新型专利说明书（下称对比文件5）；

附件7：公开号为CN1066482A、公开日为1992年11月25日的发明专利申请公开说明书（下称对比文件6）；

附件8：授权公告号为CN1112490C、授权公告日为2003年6月25日的发明专利说明书（下称对比文件7）；

附件9：公开号为CN1356442A、公开日为2002年7月3日的发明专利申请公开说明书（下称对比文件8）

附件10：授权公告号为CN2498234Y、授权公告日为2002年7月3日的实用新型专利说明书（下称对比文件9）；

附件11：本案专利权人针对案件编号为4W01746的无效宣告请求的意见陈述书。

请求人认为，对比文件1~9及其组合公开了权利要求1~7技术方案的全部技术特征和权利要求1~7技术方案，权利要求1~7没有新颖性和创造性。权利要求1~5不符合专利法第26条第3款、第4款的规定，权利要求3不符合专利法实施细则第20条第1款的规定。

经形式审查合格，专利复审委员会依法受理了上述无效宣告请求，并于2008年4月3日向请求人和专利权人发出无效宣告请求受理通知书，同时将专利权无效宣告请求书及其附件清单中所列附件的副本转送给专利权人，并要求专利权人在指定的期限内陈述意见。

请求人于2008年4月7日向专利复审委员会提交了意见陈述书，并补充了无效宣告的理由和附件。

附件12：授权公告日为1998年8月25日的US5797230号美国专利文献及其中文译文（下称对比文件10）；

附件13：无效宣告请求书。

请求人认为，权利要求1~5相对于对比文件1~3均没有新颖性、创造性，相对于对比文件1~3中自身公开方案的组合没有创造性；权利要求1相对于对比文件1、4组合或2、4组合或3、4组合或4、5组合或4、7组合或4、8组合没有创造性，其中对比文件1~5均可以为最接近的对比文件，同时在前述组合的基础上分别增加对比文件10的全部组合也没有创造性；权利要求2~4相对于对比文件1、4组合或2、4组合或3、4组合或4、5组合或4、7组合或4、8组合没有创造性，其中对比文件1~5均可以为最接近的对比文件，同时权利要求2~4相对于在前述组合的基础上分别增加对比文件9或对比文件9、10的全部组合也没有创造性；权利要求5相对于对比文件1、4组合或2、4组合或3、4组合或4、5组合或4、7组合或4、8组合没有创造性，在前述组合的基础上分别增加对比文件9的全部组合也没有创造性，还相对于对比文件1、6组合或2、6组合或3、6组合或1、6、9组合或2、6、9组合或3、6、9组合没有创造性，相对于对比文件1、4、6、9组合或2、4、6、9组合或3、4、6、9组合或4、5、6、9组合或4、6、7、9组合或4、6、8、9组合没有创造性，其中对比文件1~5均可以为最接近的对比文件，权利要求5在前述组合的基础上分别增加对比文件10的全部组合也没有创造性；权利要求6、7相对于对比文件1、2、3、4、5没有新颖性和创造性，相对于上述各对比文件中自身方案的组合以及前述方案和公知常识的组合没有创造性，权利要求6、7相对于对比文件1、4组合或2、4组合或3、4组合或4、5组合或4、7组合或4、8组合或1、2、3、4、5组合以及前述组合和公知常识的组合也没有创造性，其中对比文件1~5均可以作为最接近的对比文件，权利要求6、7相对于在前述组合的基础上增加对比文件6、7、8单独或组合的组合也没有创造性。

针对专利复审委员会发出的上述无效宣告请求受理通知书，专利权人于2008年5月12日提交了意见陈述书，认为本专利与请求人列举的现有技术的区别在于本专利的棚板是不参加结构工作的装饰板，在功能、构造、材料和技术效果方面均不同于对比文件中所谓的“结构底板”之类的钢筋混凝土重板。

专利复审委员会依法成立合议组对本案进行审查。

本案合议组于2008年6月30日向双方发出无效宣告请求口头审理通知书，定于2008年9月2日在专利复审委员会举行口头审理。随同口头审理通知书，将请求人于2008年4月7日提交的意见陈述书及其附件清单中所列附件的副本转送给专利权人，将专利权人于2008年5月12日提交的意见陈述书副本转送给请求人。

口头审理如期举行，双方当事人均参加了口头审理。

在口头审理中，(1) 请求人明确其无效理由证据范围为：权利要求 1~5 不符合专利法第 26 条 3 款、第 4 款的规定，权利要求 3 不符合专利法实施细则第 20 条 1 款的规定。权利要求 1~7 相对于对比文件 1、2 不具有新颖性，同时由于没有新颖性也不具有创造性。权利要求 6、7 相对于对比文件 4 不具有新颖性和创造性。权利要求 1 相对于对比文件 1、4 组合，对比文件 2、4 组合，对比文件 4、5 组合，对比文件 4、7 组合，对比文件 4、8 组合不具有创造性，对比文件 1、2、4 均可为最接近现有技术。权利要求 2 除了与权利要求 1 相同的组合方式外，分别增加与对比文件 9 的组合方式。权利要求 3 与权利要求 2 的组合方式相同，但放弃其中的对比文件 4 和 5 的组合方式。权利要求 4 与权利要求 2 的组合方式相同。权利要求 5 除了与权利要求 2 相同的组合方式外，分别增加与对比文件 6 的组合方式。权利要求 6、7 除了与权利要求 1 相同的组合方式外，分别增加与对比文件 7 或 8 或 7 和 8 的组合方式。放弃对比文件 3、10 及其组合方式，放弃附件 11，放弃其他未提到的评述方式。(2) 专利权人对对比文件的真实性及对比文件 10 的译文的准确性均没有异议。(3) 合议组当庭宣布，由于权利要求 1~5 不符合专利法第 26 条 3 款、第 4 款、权利要求 3 不符合专利法实施细则第 20 条第 1 款规定的无效理由在举证期内没有具体说明，因此本次口审不予考虑。在此基础上，合议组对本案进行了审查，充分听取了双方当事人的意见。

至此，合议组认为本案事实已经清楚，可以作出审查决定。

二、决定的理由

1. 关于证据和现有技术

请求人保留使用的证据包括对比文件 1、2、4~9，专利权人对上述对比文件的真实性没有异议，合议组经审查对其真实性予以确认，同时由于上述对比文件为公开出版物，且其公开日期在本专利的申请日前，因此可以作为本专利的现有技术使用。

2. 关于请求人无效宣告请求的理由、证据和范围

审查指南第四部分第三章第 4.1 节规定：请求人在提出无效宣告请求时没有具体说明的无效宣告理由以及没有用于具体说明相关无效宣告理由的证据，且在提出无效宣告请求之日起一个月内也未补充具体说明的，专利复审委员会不予考虑。

由于请求人在其举证期限内没有就其关于权利要求 1~5 不符合专利法第 26 条 3 款、第 4 款的规定、权利要求 3 不符合专利法实施细则第 20 条第 1 款规定的无效理由进行具体说明，因此，合议组对请求人的上述无效理由不予考虑。

因此，本次无效宣告请求所涉及的理由为专利法第 22 条第 2 款、第 3 款，证据为对比文件 1、2、4~9，范围及证据组合方式以请求人在其口头审理中明确的为准。

3. 关于权利要求 1~7 的创造性

创造性，是指同申请日以前已有的技术相比，该发明有突出的实质性特点和显著的进步，该实用新型具有实质性特点和进步。

在判断一项权利要求是否具备创造性时，首先要将权利要求所述的技术方案和最接近的现有技术进行特征对比分析，如果该权利要求与最接近的现有技术对比存在区别技术特征，并且该区别技术特征能够解决该最接近的现有技术中存在的某一技术问题，则应进一步考察对于所属技术领域的普通技术人员而言，在最接近的现有技术的基础上引入上述区别技术特征来解决所述技术问题从而获得权利要求所要保护的技术方案是否显而易见，如果是，则该权利要求不具备创造性。

(1) 权利要求 1。

对比文件 4 公开了一种永久性装饰模板的楼盖施工方法（参见对比文件 4 图 1、3-5 及说明书实施例），该方法所使用的模板如图 1 所示由一个四周带有棱边 7 的正方形底板 8 和设置在该底板上的

四边形边板9组成，该模板由水泥砂浆模压而成，为了使模板底部具有浮雕效果，底模上可刻有所需花纹，这样压制出的永久性模板也具有相应的装饰性浮雕花纹。在利用该模板所形成的楼盖结构中，相邻模板的正方形底板（相当于本专利中的棚板）之间彼此接触，在边板9所形成的空间内填充有轻质填料5，相邻模板之间在棱边的上方设有钢筋并现浇有混凝土，现浇混凝土的浇筑高度超过填料，从而使整个楼盖通过现浇混凝土形成一个整体结构，楼盖的下侧则成为具有浮雕效果的格栅形装饰性天花板。将权利要求1与对比文件4相比，其区别仅在于二者的模壳结构不同。本专利中利用棚板及空心腔形成空心楼盖的模板结构，而对比文件4中则是通过在正方形底板上设置边板，并在边板内填充轻质填料而实现的。但是，可以看出二者的目的均是为了减轻楼盖自重。而对比文件1中公开了一种现浇钢筋混凝土空心楼板（参见对比文件1图7及说明书实施例），其所使用的模壳结构由结构底板和倒扣在其上的盆状模板构成，通过在其上浇筑混凝土从而形成空心楼盖。因此，对比文件1已经就如何实现空心楼盖的结构给出了启示。而且对比文件1、4与本专利都属于相同的技术领域，本领域技术人员容易在对比文件4的基础上基于减轻楼盖自重的目的结合对比文件1中所公开的关于空心楼盖的结构，从而得出权利要求1的保护方案。因此，权利要求1不具有创造性。

专利权人在口头审理中认为，对比文件4的构件为水泥砂浆一次挤压成形，边板不可能形成加大高度，因此仅适用于跨度较小的楼盖。对此，合议组认为，对比文件4的申请日期是1986年，而对比文件1与本专利的申请日期则分别为2001年和2003年，由此可以看出，专利权人所主张的对比文件4的方案的缺点其实就是空心楼盖技术在发展早期所存在的，而随着技术的发展，现在已经越来越多的使用了盆状模壳来实现该目的，从而可以制造出较大跨度的楼盖。对比文件1的方案实际上已经就如何实现空心楼盖给出了启示，使得本领域技术人员能够容易的想到将对比文件1公开的现有空心楼盖模壳结构用于对比文件4。而对比文件4除了上述缺点外，却具有本专利所述的其他全部优点，即其正方形底板兼具天花板和混凝土浇筑模板两个功能，且无需额外的混凝土模板。因此，本领域技术人员将对比文件1、4结合起来即可显而易见地得出权利要求1的方案。

（2）权利要求2。

对比文件1中公开了壳体的纵截面为倒置的U形（参见对比文件1图7），由此公开了权利要求2的附加技术特征。权利要求2在其引用的权利要求1不具有创造性的前提下，也不具有创造性。

（3）权利要求3。

对比文件1附图12中壳体上底板为波浪形，由此公开了权利要求3的附加技术特征。权利要求3在其引用的权利要求1、2不具有创造性的前提下，也不具有创造性。

（4）权利要求4。

对比文件1中公开了结构底板上设有连在一起的加强筋13（参见对比文件1图14），其中的加强筋就相当于本专利中的肋条，由此公开了权利要求4的附加技术特征。权利要求4在其引用的权利要求1、2不具有创造性的前提下，也不具有创造性。

（5）权利要求5。

权利要求5的附加技术特征为“所述棚板（1）上还固接有吊筋（6），所述吊筋（6）为钢筋，吊筋（6）的一端头预埋在棚板（1）内，吊筋（6）的另一端头设置在混凝土（4）内”，该技术方案设置吊筋的目的就是为了加强预制的棚板与现浇的混凝土的整体性，而这一手段是建筑领域常用的方案。例如，对比文件6中就公开了从预制板2中伸出拉结钢筋3埋入现浇钢筋混凝土板5内的方案（参见对比文件6说明书第2页及附图1、3），这一方案的目的同样是为了增强结构的整体性，提高其受力性能。因此，权利要求5在其引用的权利要求1、2不具有创造性的前提下，也不具有创造性。

（6）权利要求6。

权利要求6要求保护一种以拼装棚板为模板的现浇空心楼板的制造方法，该方法与权利要求1所要求保护的空心楼板相对应。对比文件4中公开了以下技术特征（参见对比文件4说明书第5页第2段及图3-5）："现场施工时如图4所示，首先在已达楼盖设计标高的墙上设置钢桁架与衬木作为脚手架1（也可用其他合适的脚手架），然后抄平各桁架，并铺设永久性装饰模板和楼盖边模4，而形成如图3所示格栅式的楼盖模板。然后在每块装饰模板2的空腹部5中填充煤碴或矿碴等廉价的轻质填料6……同时在各模板边墙间双向布置钢筋（3）……然后在由现场灌注混凝土并用平板振动器捣固。由于每块装饰模板的自重较轻，且模板的棱边和边墙部分有较大的面积能与灌注的混凝土粘合在一起，所以灌注的混凝土能与永久性装饰模板凝结成一整体楼盖。然后根据施工规范混凝土到达一定强度后即可拆掉支承的钢桁架或其他形式的脚手架而成为一个双方受力的整体楼盖。该楼盖的下侧则成为如图5所示的具有浮雕效果的格栅形装饰性天花板"，并且对比文件4的图4中公开了混凝土上表面高于填料。权利要求6与对比文件4的区别仅在于模壳结构及其安装步骤不同，而这一区别已经被对比文件1所公开。参见对权利要求1的评述，对比文件1中公开了结构底板与盆状模壳的结构，关于其制作方法则公开了如下内容（参见对比文件1说明书第10~11页）："先将模壳构件（2）预制好，如先用碱矿渣水泥或硫铝酸盐水泥为胶结材料的纤维水泥浆做成如附图所需形状的盆状模板（3），然后用钢筋砼或钢筋混凝土做结构底板（4），在结构底板（4）未凝结硬化前，将盆状模板（3）放置其上，待凝结硬化后即为模壳构件（2）；也可分别在结构底板（4）与盆状模壳（3）上预埋焊接件（17）或连接卡套（18）等，既可在工厂连接好也可到施工现场再连接。"由此，公开了权利要求6中的棚板与壳体分别成型、现场连接的方案。因此，本领域技术人员在对比文件4的基础上结合对比文件1容易得出权利要求6的技术方案，该权利要求不具有创造性。

（7）权利要求7。

权利要求7与权利要求6类似，区别仅在于步骤a"将棚板1与壳体2浇注为一体结构"，即棚板1与壳体2在架设在平行支撑上之前就已经浇注成一体结构。参见权利要求6的评述，对比文件1中同样也公开了结构底板与盆状模板预制成一体的技术方案。因此，本领域技术人员在对比文件4的基础上结合对比文件1容易得出权利要求7的技术方案，该权利要求不具有创造性。

综上，权利要求1~7不具有创造性，本专利应予全部无效，因此合议组不再对请求人的其他证据组合方式进行评述。

根据上述的事实和理由，本案合议组依法作出以下决定。

三、决定

宣告03132589.0号发明专利权全部无效。

当事人对本决定不服的，可以根据专利法第46条第2款的规定，自收到本决定之日起三个月内向北京市第一中级人民法院起诉。根据该款的规定，一方当事人起诉后，另一方当事人应当作为第三人参加诉讼。

北京市第一中级人民法院
行政判决书

（2009）一中行初字第313号

原告高家荣，男，1944年1月24日出生，汉族，哈尔滨正大建筑集团退休职工，住黑龙江省哈尔滨市南岗区中山路268号恒运花园B栋1501室。

委托代理人高运煜，男，1974年2月2日出生，汉族，个体工商户，住黑龙江省哈尔滨市道里区通江街158号2单元702室。

被告国家知识产权局专利复审委员会，住所地北京市海淀区北四环西路9号。

法定代表人廖涛，副主任。

委托代理人王博，男，国家知识产权局专利复审委员会审查员。

委托代理人隋璐，女，国家知识产权局专利复审委员会审查员。

第三人颜喜东，男，1977年11月22日出生，汉族，长沙巨星轻质建材股份有限公司职员，住湖南省涟源市石马山镇新合村新建组。

原告高家荣不服被告国家知识产权局专利复审委员会作出的第12353号无效宣告请求审查决定（下称被诉决定），于2009年1月5日向本院提起行政诉讼。本院受理后，依法组成合议庭，并依据《中华人民共和国行政诉讼法》第二十七条的规定，通知颜喜东作为本案第三人参加诉讼，于2009年3月9日公开开庭审理了本案。原告高家荣，被告的委托代理人王博、隋璐，第三人颜喜东到庭参加了诉讼。本案现已审理终结。

2008年9月23日，被告经审查后作出被诉决定，依据《中华人民共和国专利法》（下称《专利法》）第二十二条第三款的规定，宣告03132589.0号发明专利权（下称本专利）全部无效。

在法定期限内，被告向本院提交了以下证据的复印件：1. 公开号为CN1066482A、公开日为1992年11月25日的发明专利申请公开说明书（下称对比文件6）；2. 口审记录表附页；3. 公开号为CN1348041A、公开日为2002年5月8日的发明专利申请公开说明书（下称对比文件1）；4. 公开号为CN86105743A、公开日为1988年2月3日的发明专利申请公开说明书（下称对比文件4）。上述证据用以证明被告认定事实清楚、适用法律正确、审理程序合法。

原告诉称：

第三人提出对比文件4是要说明，此前有一种技术实现了自带装饰的底板和施工中无须传统模板。实际上，对比文件4并没有给出合理的技术经济手段解决这一问题。为实现施工中无须传统模板，必须使现场操作人员的重量，可靠地传递到临时的支撑梁上。不致因很薄的棚板强度不可靠，发生人员坠落事故。对比文件4对此是通过正方形底板上设置边板，并在边板内填充轻质填料。底板上加边板后，形成的上开口的槽体，就足以承担操作人员的重量了。附件4采用这种特殊构件，给出了解决问题的一种方式。但它带有以下致命的缺点：1. 在技术上，不是最好的选择，因为没给操作者提供作业平台，要用填充物填满才能落脚；2. 用挤压成型的方法，用水泥制品制造（立式）薄壁的盒体，工艺不过关。该技术的专利人，提出的用压力机挤压水泥砂浆成型方法，不可能形成深腔的薄壁槽体。效率低，废品率高。所以至今也没有生产出有商业价值的产品；3. 因为形成的边板很低，70~120mm，形成不了有价值的空心腔。不能运用于较大跨度；4. 因效率低，造价高，经济指标极差。实际上没有使用价值，即没有实用性。所以该专利问世20多年来，没有一项工程实例。

本专利在满铺的棚板上面，放置开口朝下的壳体，两边坐落在支撑梁附近。因开口朝下的壳体的上底可作为操作平台，整体上对其上的垂直荷载有足够大的强度和刚度，这样就以最小的代价，最方便的方式解决了施工中不用传统模板，将操作人员的重量可靠地传递到临时支撑梁上的技术问题。此技术有许多成功的工程实例。另外原告以前已经明确地指出了，第三人列举的对比文件 1 和 4 是相互排斥的，即是不可能结合在一起的。迄今为止，除了本技术，并无其他技术实现了不用模板、自带装修的较大跨度的现浇楼板。至此之前，楼板施工都是先做楼板主体结构后做天棚装修。本专利反其道而行之，先做天棚装修后做楼板主体结构，得到极好的效果，即是说本专利克服了一种技术偏见，有显著的社会效益。是包括第三人列举的所有对比文件都不能相比的，是该领域最先进的技术。本专利权利要求 1 同时解决了几项关键技术问题，又并非是显而易见的，有突出的创造性。

实际上，第三人提出对比文件 4，仅限于对比它的自带装修和不用模板。对小跨度如果不惜高昂的经济代价，技术上勉强可行。对较大跨度（如 8M 以上），在 20 多年后的今天，在技术上依然不可行。为实现不用模板施工，使用对比技术，连小跨度都不被社会接受，怎么能说现在已经越来越多的使用盆装模壳来实现目的，从而制造出较大跨度的楼盖了呢？世界上有一种技术能解决这一问题，就是本专利。本专利解决了建筑业长期渴望解决、但始终未能获得成功的浇注混凝土不用辅助的模板的技术难题。采用了比现有技术更简单、更经济的方法，取得了超出人们预期的想象的效果。显然，本发明具有突出的实质性特点和显著的进步，具备创造性。

综上所述，原告要求法院撤销被诉决定，并判令恢复本专利有效。

原告向本院提交了以下证据的复印件：1. 本专利说明书；2. 被诉决定书；3. 对比文件 1；4. 对比文件 4。上述证据用以证明被诉决定错误。

被告辩称：

对比文件 4 给出了模壳底板用于天花板，且相邻底板之间接触的启示，由此结合对比文件 1 中给出的如何形成模壳空腔构件的启示即可得出本专利权利要求 1 的技术方案。关于权利要求创造性的具体评述参见被诉决定，兹不赘述。另原告在起诉状中的姓名和专利权人的姓名不同，故提请法院核实原告的身份。被诉决定认定事实清楚，适用法律正确，审理程序合法。原告的诉讼理由不能成立，请求法院驳回原告的诉讼请求，维持被诉决定。

第三人述称，同意被告意见，被诉决定正确，请求法院维持被诉决定。

第三人未向本院提交证据。

对被告所提交的证据，原告对其证据 1 的关联性有异议，对其他证据的关联性、合法性和真实性无异议，但不同意其证明作用。第三人对被告证据的真实性、合法性、关联性和证明作用均无异议。

对原告提交的证据，被告、第三人对其关联性、合法性和真实性均无异议，但不同意其证明作用。

经庭审质证，本院认为被告提交的证据能够作为其认定相关事实的依据，本院予以采纳。原告提交的证据与本案具有关联性，且符合形式上的合法性、真实性要求，本院予以采纳。

根据上述经本院采纳的证据以及各方当事人无争议的相关陈述，本院认定如下事实：

本案涉及 2006 年 7 月 26 日授权公告的、名称为“以拼装棚板为模板的现浇空心楼板及其制造方法”的发明专利权（即本专利），其专利号是 03132589.0，申请日是 2003 年 9 月 2 日，专利权人是原告。本专利授权公告的权利要求书如下：

“1. 一种以拼装棚板为模板的现浇空心楼板，它包括棚板（1），其特征在于在所述棚板（1）的上方设置带有空心腔（2-1）的壳体（2），在相邻壳体（2）之间的棚板（1）上设有钢筋（3），所述壳体（2）和钢筋（3）都通过浇注混凝土（4）进行与棚板（1）的固定；所述相邻两块棚板（1）

之间接触设置。

2. 根据权利要求1所述的以拼装棚板为模板的现浇空心楼板，其特征在于所述壳体（2）的纵截面为倒置的U形。

3. 根据权利要求1或2所述的以拼装棚板为模板的现浇空心楼板，其特征在于所述壳体（2）的上底板为波浪形。

4. 根据权利要求1或2所述的以拼装棚板为模板的现浇空心楼板，其特征在于在棚板（1）上还设有肋条（5），所述肋条（5）与棚板（1）紧密固定。

5. 根据权利要求1或2所述的以拼装棚板为模板的现浇空心楼板，其特征在于所述棚板（1）上还固接有吊筋（6），所述吊筋（6）为钢筋，吊筋（6）的一端头预埋在棚板（1）内，吊筋（6）的另一端头设置在混凝土（4）内。

6. 一种以拼装棚板为模板的现浇空心楼板的制造方法，其特征在于它的制造步骤为：a. 将棚板（1）平铺在事先架设好的平行支撑（7）上，使平铺后的多块棚板（1）覆盖整个天棚；b. 在棚板（1）的上方设置壳体（2）；c. 在相邻壳体（2）之间的棚板（1）上放置钢筋（3）；d. 整体浇注混凝土（4），混凝土（4）的上表面高于壳体（2）；e. 待混凝土（4）达到规定强度后，拆除平行支撑（7），即成为以拼装棚板为模板的现浇空心楼板。

7. 一种以拼装棚板为模板的现浇空心楼板的制造方法，其特征在于它的制造步骤为：a. 将棚板1与壳体2浇注为一体结构；b. 将带有壳体2的棚板（1）平铺在事先架设好的平行支撑（7）上，使平铺后的多块棚板（1）覆盖整个天棚；c. 在相邻壳体（2）之间的棚板（1）上放置钢筋（3）；d. 整体浇注混凝土（4），混凝土（4）的上表面高于壳体（2）；e. 待混凝土（4）达到规定强度后，拆除平行支撑（7），即成为以拼装棚板为模板的现浇空心楼板。”

针对本专利，第三人于2008年3月11日向被告提出无效宣告请求，认为本专利不符合《专利法》第二十二条第一、二、三款、第二十六条第三、四款和《中华人民共和国专利法实施细则》（下称《专利法实施细则》）第二十条第一款的规定，第三人同时提交了如下附件：

附件1：无效理由正文；

附件2：公开号为CN1348041A、公开日为2002年5月8日的发明专利申请公开说明书（即对比文件1）；

附件3：公开号为CN1348042A、公开日为2002年5月8日的发明专利申请公开说明书（下称对比文件2）；

附件4：公开号为CN1356440A、公开日为2002年7月3日的发明专利申请公开说明书（下称对比文件3）；

附件5：公开号为CN86105743A、公开日为1988年2月3日的发明专利申请公开说明书（即对比文件4）；

附件6：授权公告号为CN2419292Y、授权公告日为2001年2月14日的实用新型专利说明书（下称对比文件5）；

附件7：公开号为CN1066482A、公开日为1992年11月25日的发明专利申请公开说明书（即对比文件6）；

附件8：授权公告号为CN1112490C、授权公告日为2003年6月25日的发明专利说明书（下称对比文件7）；

附件9：公开号为CN1356442A、公开日为2002年7月3日的发明专利申请公开说明书（下称对比文件8）

附件 10：授权公告号为 CN2498234Y、授权公告日为 2002 年 7 月 3 日的实用新型专利说明书（下称对比文件 9）；

附件 11：原告针对案件编号为 4W01746 的无效宣告请求的意见陈述书。

第三人认为，对比文件 1~9 及其组合公开了权利要求 1~7 技术方案的全部技术特征和权利要求 1~7技术方案，权利要求 1~7 没有新颖性和创造性。权利要求 1~5 不符合《专利法》第二十六条第三、四款的规定，权利要求 3 不符合《专利法实施细则》第二十条第一款的规定。

经形式审查合格，被告依法受理了上述无效宣告请求，并于 2008 年 4 月 3 日向第三人和原告发出无效宣告请求受理通知书，同时将专利权无效宣告请求书及其附件清单中所列附件的副本转送给原告，并要求原告在指定的期限内陈述意见。

第三人于 2008 年 4 月 7 日向被告提交了意见陈述书，并补充了无效宣告的理由和附件。

附件 12：授权公告日为 1998 年 8 月 25 日的 US5797230 号美国专利文献及其中文译文（下称对比文件 10）；

附件 13：无效宣告请求书。

第三人认为，权利要求 1~5 相对于对比文件 1~3 均没有新颖性、创造性，相对于对比文件 1~3 中自身公开方案的组合没有创造性；权利要求 1 相对于对比文件 1、4 组合或 2、4 组合或 3、4 组合或 4、5 组合或 4、7 组合或 4、8 组合没有创造性，其中对比文件 1~5 均可以为最接近的对比文件，同时在前述组合的基础上分别增加对比文件 10 的全部组合也没有创造性；权利要求 2~4 相对于对比文件 1、4 组合或 2、4 组合或 3、4 组合或 4、5 组合或 4、7 组合或 4、8 组合没有创造性，其中对比文件 1~5 均可以为最接近的对比文件，同时权利要求 2~4 相对于在前述组合的基础上分别增加对比文件 9 或对比文件 9、10 的全部组合也没有创造性；权利要求 5 相对于对比文件 1、4 组合或 2、4 组合或 3、4 组合或 4、5 组合或 4、7 组合或 4、8 组合没有创造性，在前述组合的基础上分别增加对比文件 9 的全部组合也没有创造性，还相对于对比文件 1、6 组合或 2、6 组合或 3、6 组合或 1、6、9 组合或 2、6、9 组合或 3、6、9 组合没有创造性，相对于对比文件 1、4、6、9 组合或 2、4、6、9 组合或 3、4、6、9 组合或 4、5、6、9 组合或 4、6、7、9 组合或 4、6、8、9 组合没有创造性，其中对比文件 1~5 均可以为最接近的对比文件，权利要求 5 在前述组合的基础上分别增加对比文件 10 的全部组合也没有创造性；权利要求 6、7 相对于对比文件 1、2、3、4、5 没有新颖性和创造性，相对于上述各对比文件中自身方案的组合以及前述方案和公知常识的组合没有创造性，权利要求 6、7 相对于对比文件 1、4 组合或 2、4 组合或 3、4 组合或 4、5 组合或 4、7 组合或 4、8 组合或 1、2、3、4、5 组合以及前述组合和公知常识的组合也没有创造性，其中对比文件 1~5 均可以作为最接近的对比文件，权利要求 6、7 相对于在前述组合的基础上增加对比文件 6、7、8 单独或组合的组合也没有创造性。

针对被告发出的上述无效宣告请求受理通知书，原告于 2008 年 5 月 12 日提交了意见陈述书，认为本专利与第三人列举的现有技术的区别在于本专利的棚板是不参加结构工作的装饰板，在功能、构造、材料和技术效果方面均不同于对比文件中所谓的“结构底板”之类的钢筋混凝土重板。

被告依法成立合议组对本案进行审查。

被告于 2008 年 6 月 30 日向双方发出无效宣告请求口头审理通知书，定于 2008 年 9 月 2 日在被告处举行口头审理。随同口头审理通知书，将第三人于 2008 年 4 月 7 日提交的意见陈述书及其附件清单中所列附件的副本转送给原告，将原告于 2008 年 5 月 12 日提交的意见陈述书副本转送给第三人。

口头审理如期举行，双方当事人均参加了口头审理。

在口头审理中，（1）第三人明确其无效理由证据范围为：权利要求 1~5 不符合《专利法》第二十六条三、四款的规定，权利要求3不符合《专利法实施细则》第二十条1款的规定。权利要求1~7相对于对比文件1、2不具有新颖性，同时由于没有新颖性也不具有创造性。权利要求6、7相对于对比文件4不具有新颖性和创造性。权利要求1相对于对比文件1、4组合，对比文件2、4组合，对比文件4、5组合，对比文件4、7组合，对比文件4、8组合不具有创造性，对比文件1、2、4均可为最接近现有技术。权利要求2除了与权利要求1相同的组合方式外，分别增加与对比文件9的组合方式。权利要求3与权利要求2的组合方式相同，但放弃其中的对比文件4和5的组合方式。权利要求4与权利要求2的组合方式相同。权利要求5除了与权利要求2相同的组合方式外，分别增加与对比文件6的组合方式。权利要求6、7除了与权利要求1相同的组合方式外，分别增加与对比文件7或8或7和8的组合方式。放弃对比文件3、10及其组合方式，放弃附件11，放弃其他未提到的评述方式。（2）原告对对比文件的真实性及对比文件10的译文的准确性均没有异议。（3）被告当庭宣布，由于权利要求1~5不符合《专利法》第二十六条三、四款、权利要求3不符合《专利法实施细则》第二十条第一款规定的无效理由在举证期内没有具体说明，因此本次口审不予考虑。在此基础上，被告对本案进行了审查，充分听取了双方当事人的意见。

至此，被告认为本案事实已经清楚，作出以下决定：

1. 关于证据和现有技术。

第三人保留使用的证据包括对比文件1、2、4~9，原告对上述对比文件的真实性没有异议，被告经审查对其真实性予以确认，同时由于上述对比文件为公开出版物，且其公开日期在本专利的申请日前，因此可以作为本专利的现有技术使用。

2. 关于第三人无效宣告请求的理由、证据和范围。

《审查指南》第四部分第三章第4.1节规定：请求人在提出无效宣告请求时没有具体说明的无效宣告理由以及没有用于具体说明相关无效宣告理由的证据，且在提出无效宣告请求之日起一个月内也未补充具体说明的，专利复审委员会不予考虑。

由于第三人在其举证期限内没有就其关于权利要求1~5不符合《专利法》第二十六条三、四款的规定、权利要求3不符合《专利法实施细则》第二十条第一款规定的无效理由进行具体说明，因此，被告对第三人的上述无效理由不予考虑。

因此，本次无效宣告请求所涉及的理由为《专利法》第二十二条第二、三款，证据为对比文件1、2、4~9，范围及证据组合方式以第三人在其口头审理中明确的为准。

1. 关于权利要求1~7的创造性。

创造性，是指同申请日以前已有的技术相比，该发明有突出的实质性特点和显著的进步，该实用新型具有实质性特点和进步。

在判断一项权利要求是否具备创造性时，首先要将权利要求所述的技术方案和最接近的现有技术进行特征对比分析，如果该权利要求与最接近的现有技术对比存在区别技术特征，并且该区别技术特征能够解决该最接近的现有技术中存在的某一技术问题，则应进一步考察对于所属技术领域的普通技术人员而言，在最接近的现有技术的基础上引入上述区别技术特征来解决所述技术问题从而获得权利要求所要保护的技术方案是否显而易见，如果是，则该权利要求不具备创造性。

（1）权利要求1。

对比文件4公开了一种永久性装饰模板的楼盖施工方法（参见对比文件4图1、3-5及说明书实施例），该方法所使用的模板如图1所示由一个四周带有棱边7的正方形底板8和设置在该底板上的四边形边板9组成，该模板由水泥砂浆模压而成，为了使模板底部具有浮雕效果，底模上可刻有所需花纹，这样压制出的永久性模板也具有相应的装饰性浮雕花纹。在利用该模板所形成的楼盖结构中，相邻模板的正方形底板（相当于本专利中的棚板）之间彼此接触，在边板9所形成的空间内填充有轻质填料5，相邻模板之间在棱边的上方设有钢筋并现浇有混凝土，现浇混凝土的浇筑高度超过填料，从而使整个楼盖通过现浇混凝土形成一个整体结构，楼盖的下侧则成为具有浮雕效果的格栅形装饰性天花板。将权利要求1与对比文件4相比，其区别仅在于二者的模壳结构不同。本专利中利用棚板及空心腔形成空心楼盖的模板结构，而对比文件4中则是通过在正方形底板上设置边板，并在边板内填充轻质填料而实现的。但是，可以看出二者的目的均是为了减轻楼盖自重。而对比文件1中公开了一种现浇钢筋砼空心楼板（参见对比文件1图7及说明书实施例），其所使用的模壳结构由结构底板和倒扣在其上的盆状模板构成，通过在其上浇筑混凝土从而形成空心楼盖。因此，对比文件1已经就如何实现空心楼盖的结构给出了启示。而且对比文件1、4与本专利都属于相同的技术领域，本领域技术人员容易在对比文件4的基础上基于减轻楼盖自重的目的结合对比文件1中所公开的关于空心楼盖的结构，从而得出权利要求1的保护方案。因此，权利要求1不具有创造性。

原告在口头审理中认为，对比文件4的构件为水泥砂浆一次挤压成形，边板不可能形成加大高度，因此仅适用于跨度较小的楼盖。对此，被告认为，对比文件4的申请日期是1986年，而对比文件1与本专利的申请日期则分别为2001年和2003年，由此可以看出，原告所主张的对比文件4的方案的缺点其实就是空心楼盖技术在发展早期所存在的，而随着技术的发展，现在已经越来越多的使用了盆状模壳来实现该目的，从而可以制造出较大跨度的楼盖。对比文件1的方案实际上已经就如何实现空心楼盖给出了启示，使得本领域技术人员能够容易的想到将对比文件1公开的现有空心楼盖模壳结构用于对比文件4。而对比文件4除了上述缺点外，却具有本专利所述的其他全部优点，即其正方形底板兼具天花板和混凝土浇筑模板两个功能，且无需额外的混凝土模板。因此，本领域技术人员将对比文件1、4结合起来即可显而易见地得出权利要求1的方案。

（2）权利要求2。

对比文件1中公开了壳体的纵截面为倒置的U形（参见对比文件1图7），由此公开了权利要求2的附加技术特征。权利要求2在其引用的权利要求1不具有创造性的前提下，也不具有创造性。

（3）权利要求3。

对比文件1附图12中壳体上底板为波浪形，由此公开了权利要求3的附加技术特征。权利要求3在其引用的权利要求1、2不具有创造性的前提下，也不具有创造性。

（4）权利要求4。

对比文件1中公开了结构底板上设有连在一起的加强筋13（参见对比文件1图14），其中的加强筋就相当于本专利中的肋条，由此公开了权利要求4的附加技术特征。权利要求4在其引用的权利要求1、2不具有创造性的前提下，也不具有创造性。

（5）权利要求5。

权利要求5的附加技术特征为“所述棚板（1）上还固接有吊筋（6），所述吊筋（6）为钢筋，吊筋（6）的一端头预埋在棚板（1）内，吊筋（6）的另一端头设置在混凝土（4）内”，该技术方案设置吊筋的目的就是为了加强预制的棚板与现浇的混凝土的整体性，而这一手段是建筑领域常用的方案。例如，对比文件6中就公开了从预制板2中伸出拉结钢筋3埋入现浇钢筋混凝土板5内的方案（参见对比文件6说明书第2页及附图1、3），这一方案的目的同样是为了增强结构的整体性，提高其受力性能。因此，权利要求5在其引用的权利要求1、2不具有创造性的前提下，也不具有创造性。

（6）权利要求6。

权利要求6要求保护一种以拼装棚板为模板的现浇空心楼板的制造方法，该方法与权利要求1所要求保护的空心楼板相对应。对比文件4中公开了以下技术特征（参见对比文件4说明书第5页第2

段及图 3-5）：“现场施工时如图 4 所示，首先在已达楼盖设计标高的墙上设置钢桁架与衬木作为脚手架 1（也可用其他合适的脚手架），然后抄平各桁架，并铺设永久性装饰模板和楼盖边模 4，而形成如图 3 所示格栅式的楼盖模板。然后在每块装饰模板 2 的空腹部 5 中填充煤碴或矿碴等廉价的轻质填料 6……同时在各模板边墙间双向布置钢筋（3）……然后在由现场灌注混凝土并用平板振动器捣固。由于每块装饰模板的自重较轻，且模板的棱边和边墙部分有较大的面积能与灌注的混凝土粘合在一起，所以灌注的混凝土能与永久性装饰模板凝结成一整体楼盖。然后根据施工规范混凝土到达一定强度后即可拆掉支承的钢桁架或其他形式的脚手架而成为一个双方受力的整体楼盖。该楼盖的下侧则成为如图 5 所示的具有浮雕效果的格栅形装饰性天花板”，并且对比文件 4 的图 4 中公开了混凝土上表面高于填料。权利要求 6 与对比文件 4 的区别仅在于模壳结构及其安装步骤不同，而这一区别已经被对比文件 1 所公开。参见对权利要求 1 的评述，对比文件 1 中公开了结构底板与盆状模壳的结构，关于其制作方法则公开了如下内容（参见对比文件 1 说明书第 10~11 页）：“先将模壳构件（2）预制好，如先用碱矿渣水泥或硫铝酸盐水泥为胶结材料的纤维水泥浆做成如附图所需形状的盆状模板（3），然后用钢筋砼或钢筋网砼做结构底板（4），在结构底板（4）未凝结硬化前，将盆状模板（3）放置其上，待凝结硬化后即为模壳构件（2）；也可分别在结构底板（4）与盆状模壳（3）上预埋焊接件（17）或连接卡套（18）等，既可在工厂连接好也可到施工现场再连接。”由此，公开了权利要求 6 中的棚板与壳体分别成型、现场连接的方案。因此，本领域技术人员在对比文件 4 的基础上结合对比文件 1 容易得出权利要求 6 的技术方案，该权利要求不具有创造性。

（7）权利要求 7。

权利要求 7 与权利要求 6 类似，区别仅在于步骤 a“将棚板 1 与壳体 2 浇注为一体结构”，即棚板 1 与壳体 2 在架设在平行支撑上之前就已经浇注成一体结构。参见权利要求 6 的评述，对比文件 1 中同样也公开了结构底板与盆状模板预制成一体的技术方案。因此，本领域技术人员在对比文件 4 的基础上结合对比文件 1 容易得出权利要求 7 的技术方案，该权利要求不具有创造性。

综上，权利要求 1~7 不具有创造性，本专利应予全部无效，因此被告不再对第三人的其他证据组合方式进行评述。

据此，被告作出被诉决定。原告不服，诉至本院。

本院认为，针对被告及第三人对原告的诉讼主体资格问题提出的异议，本院对原告提交的哈尔滨市公安局道里分局通江街派出所的证明和常住人口登记卡进行了审查，可以确定原告原名“高家榕”，被告亦确认参加本专利无效宣告行政审查程序的即为原告本人，第三人当时并未对原告的专利权人身份提出异议。据此，本院认为被告及第三人对原告的诉讼主体资格问题提出的异议不能成立，本院不予支持。

经审理，被诉决定的审查程序、对本案涉及的无效宣告请求理由、证据及相应组合方式的认定及均无违法之处，各方当事人对此亦无异议，本院予以确认。据此，本院确定本案的审查重点在于被诉决定对本专利权利要求 1~7 不具有创造性的认定是否正确。

《专利法》第二十二条第三款规定：“创造性，是指同申请日以前已有的技术相比，该发明有突出的实质性特点和显著的进步，该实用新型有实质性特点和进步”。

2. 关于本专利权利要求 1 的创造性。

本案中，对比文件 4 公开了一种永久性装饰模板的楼盖施工方法，在利用该模板所形成的楼盖结构中，相邻模板的正方形底板（相当于本专利中的棚板）之间彼此接触，在边板 9 所形成的空间内填充有轻质填料 5，相邻模板之间在棱边的上方设有钢筋并现浇有混凝土，现浇混凝土的浇筑高度超过填料，从而使整个楼盖通过现浇混凝土形成一个整体结构，楼盖的下侧则成为具有浮雕效果的格栅形装饰性天花板。

将本专利权利要求1与对比文件4相比，其目的均是为了减轻楼盖自重，二者区别仅在于模壳结构不同。本专利中利用棚板及空心腔形成空心楼盖的模板结构，而对比文件4中则是通过在正方形底板上设置边板，并在边板内填充轻质填料而形成的相应结构。

对比文件1中公开了一种现浇钢筋砼空心楼板，其所使用的模壳结构由结构底板和倒扣在其上的盆状模板构成，通过在其上浇筑混凝土从而形成空心楼盖。据此，对比文件1已经就如何形成模壳空腔构件的结构给出了启示。鉴于对比文件1、4与本专利都属于相同的技术领域，在对比文件4的基础上，本领域技术人员容易基于减轻楼盖自重的目的结合对比文件1中所公开的关于空心楼盖的结构，得出本专利权利要求1的技术方案。因此，被诉决定关于本专利权利要求1不具有创造性的认定正确，本院应予支持。

经审理，被诉决定关于本专利权利要求2~7不具有创造性的认定亦正确，且原告表示在假定被诉决定关于本专利权利要求1不具有创造性的认定正确的前提下，其对被诉决定关于本专利权利要求2~7不具有创造性的认定无异议，本院对此予以确认。

综上，被诉决定认定事实清楚，适用法律正确，审理程序合法，原告要求撤销被诉决定的诉讼请求缺乏事实和法律依据，本院不予支持。据此，依照《中华人民共和国行政诉讼法》第五十四条第（一）项之规定，判决如下：

维持被告国家知识产权局专利复审委员会于二〇〇八年九月二十三日作出的第12353号无效宣告请求审查决定。

案件受理费100元，由原告高家荣负担（已交纳）。

如不服本判决，各方当事人可在本判决书送达之日起15日内，向本院递交上诉状，并按对方当事人的人数提出副本，上诉于北京市高级人民法院。上诉人在上诉期满后7日内未预交上诉案件受理费又不提出缓交申请的，按自动撤回上诉处理。

审　判　长　强刚华
代理审判员　司品华
人民陪审员　杨旭东
二〇〇九年七月三日
书　记　员　张　琳

北京市高级人民法院
行政判决书

（2009）高行终字第1160号

上诉人（一审原告）高家荣，男，1944年1月24日出生，汉族，哈尔滨正大建筑集团退休职工，住黑龙江省哈尔滨市南岗区中山路268号恒运花园B栋1501室。

被上诉人（一审被告）国家知识产权局专利复审委员会，住所地北京市海淀区北四环西路9号。

法定代表人张茂于，副主任。

委托代理人王博，男，国家知识产权局专利复审委员会审查员。

委托代理人杨存吉，男，国家知识产权局专利复审委员会审查员。

被上诉人（一审第三人）颜喜东，男，1977年11月22日出生，汉族，长沙巨星轻质建材股份有限公司职员，住湖南省涟源市石马山镇新合村新建组。

上诉人高家荣因专利无效宣告请求审查决定一案，不服北京市第一中级人民法院（2009）一中行初字第313号行政判决，向本院提起上诉。本院受理后依法组成合议庭进行了审理，本案现已审理终结。

2008年9月23日，国家知识产权局专利复审委员会（以下简称专利复审委）作出第12353号无效宣告请求审查决定（以下简称第12353号决定），依据《中华人民共和国专利法》（以下简称《专利法》）第二十二条第三款的规定，宣告03132589.0号发明专利权（以下简称本专利）全部无效。高家荣不服专利复审委作出的第12353号决定，向北京市第一中级人民法院（以下简称一审法院）提起行政诉讼。

一审法院判决认定，本案对比文件4公开了一种永久性装饰模板的楼盖施工方法，在利用该模板所形成的楼盖结构中，相邻模板的正方形底板（相当于本专利中的棚板）之间彼此接触，在边板9所形成的空间内填充有轻质填料5，相邻模板之间在棱边的上方设有钢筋并现浇有混凝土，现浇混凝土的浇筑高度超过填料，从而使整个楼盖通过现浇混凝土形成一个整体结构，楼盖的下侧则成为具有浮雕效果的格栅形装饰性天花板。将本专利权利要求1与对比文件4相比，其目的均是为了减轻楼盖自重，二者区别仅在于模壳结构不同。本专利中利用棚板及空心腔形成空心楼盖的模板结构，而对比文件4中则是通过在正方形底板上设置边板，并在边板内填充轻质填料而形成的相应结构。本案对比文件1中公开了一种现浇钢筋砼空心楼板，其所使用的模壳结构由结构底板和倒扣在其上的盆状模板构成，通过在其上浇筑混凝土从而形成空心楼盖。据此，对比文件1已经就如何形成模壳空腔构件的结构给出了启示。鉴于对比文件1、4与本专利都属于相同的技术领域，在对比文件4的基础上，本领域技术人员容易基于减轻楼盖自重的目的结合对比文件1中所公开的关于空心楼盖的结构，得出本专利权利要求1的技术方案。因此，专利复审委作出的第12353号决定关于本专利权利要求1不具有创造性的认定正确。同时，第12353号决定关于本专利权利要求2~7不具有创造性的认定亦正确。

综上，专利复审委作出的第12353号决定合法。依照《中华人民共和国行政诉讼法》第五十四条第（一）项的规定，判决维持专利复审委作出的第12353号决定。

高家荣不服一审判决，提出上诉。诉称，颜喜东提出对比文件4是要说明，此前有一种技术实现了自带装饰的底板和施工中无须传统模板。实际上，对比文件4并没有给出合理的技术经济手段解决这一问题。为实现施工中无须传统模板，必须使现场操作人员的重量，可靠地传递到临时的支撑梁上。不致因很薄的棚板强度不可靠，发生人员坠落事故。对比文件4对此是通过正方形底板上设置边板，并在边板内填充轻质填料。底板上加边板后，形成的上开口的槽体，就足以承担操作人员的重量了。附件4采用这种特殊构件，给出了解决问题的一种方式。但它带有以下致命的缺点：1. 在技术上，不是最好的选择，因为没给操作者提供作业平台，要用填充物填满才能落脚；2. 用挤压成型的方法，用水泥制品制造（立式）薄壁的盒体，工艺不过关。该技术的专利人，提出的用压力机挤压水泥砂浆成型方法，不可能形成深腔的薄壁槽体。效率低，废品率高。所以至今也没有生产出有商业价值的产品；3. 因为形成的边板很低，70~120mm，形成不了有价值的空心腔。不能运用于较大跨度；4. 因效率低，造价高，经济指标极差。实际上没有使用价值，即没有实用性。所以该专利问世20多年来，没有一项工程实例。

本专利在满铺的棚板上面，放置开口朝下的壳体，两边坐落在支撑梁附近。因开口朝下的壳体的上底可作为操作平台，整体上对其上的垂直荷载有足够大的强度和刚度，这样就以最小的代价，最方便的方式解决了施工中不用传统模板，将操作人员的重量可靠地传递到临时支撑梁上的技术问题。此技术有许多成功的工程实例。另外高家荣以前已经明确地指出了，颜喜东列举的对比文件 1 和 4 是相互排斥的，即是不可能结合在一起的。迄今为止，除了本技术，并无其他技术实现了不用模板、自带装修的较大跨度的现浇楼板。至此之前，楼板施工都是先做楼板主体结构后做天棚装修。本专利反其道而行之，先做天棚装修后做楼板主体结构，得到极好的效果，即是说本专利克服了一种技术偏见，有显著的社会效益。是包括颜喜东列举的所有对比文件都不能相比的，是该领域最先进的技术。本专利权利要求 1 同时解决了几项关键技术问题，又并非是显而易见的，有突出的创造性。

实际上，颜喜东提出对比文件 4，仅限于对比它的自带装修和不用模板。对小跨度如果不惜高昂的经济代价，技术上勉强可行。对较大跨度（如 8M 以上），在 20 多年后的今天，在技术上依然不可行。为实现不用模板施工，使用对比技术，连小跨度都不被社会接受，怎么能说现在已经越来越多的使用盆装模壳来实现目的，从而制造出较大跨度的楼盖了呢？世界上有一种技术能解决这一问题，就是本专利。本专利解决了建筑业长期渴望解决、但始终未能获得成功的浇注混凝土不用辅助的模板的技术难题。采用了比现有技术更简单、更经济的方法，取得了超出人们预期的想象的效果。显然，本发明具有突出的实质性特点和显著的进步，具备创造性。综上，一审法院判决认定事实不清，请求二审法院撤销一审判决。

专利复审委辩称，本案对比文件 4 给出了模壳底板用于天花板，且相邻底板之间接触的启示，由此结合对比文件 1 中给出的如何形成模壳空腔构件的启示即可得出本专利权利要求 1 的技术方案。关于权利要求创造性的具体评述参见第 12353 号决定，不赘述。综上，一审法院判决认定事实清楚，适用法律正确，审理程序合法。高家荣的诉讼理由不能成立，请求二审法院判决驳回高家荣的诉讼请求，维持一审判决。

颜喜东同意专利复审委的意见。

本案一审审理期间，专利复审委在法定期限内向一审法院提交了以下主要证据的复印件：1. 公开号为 CN1066482A、公开日为 1992 年 11 月 25 日的发明专利申请公开说明书（即对比文件 6）；2. 口审记录表附页；3. 公开号为 CN1348041A、公开日为 2002 年 5 月 8 日的发明专利申请公开说明书（即对比文件 1）；4. 公开号为 CN86105743A、公开日为 1988 年 2 月 3 日的发明专利申请公开说明书（即对比文件 4）。

高家荣向一审法院提交了以下主要证据的复印件：1. 本专利说明书；2. 对比文件 1；3. 对比文件 4。

颜喜东未向一审法院提交证据。

一审法院经审查认为，专利复审委提交的证据能够作为其认定相关事实的依据，予以采纳。高家荣提交的证据与本案具有关联性，且符合形式上的合法性、真实性要求，予以采纳。

上述证据均已随案移送本院。二审期间，各方当事人没有提交新的证据。经审查核实，本院确认一审法院认证意见正确，并据此认定本案如下事实：

本案涉及 2006 年 7 月 26 日授权公告的、名称为“以拼装棚板为模板的现浇空心楼板及其制造方法”的发明专利权（即本专利），其专利号是 03132589.0，申请日是 2003 年 9 月 2 日，专利权人为高家荣。本专利授权公告的权利要求书如下：

“1. 一种以拼装棚板为模板的现浇空心楼板，它包括棚板（1），其特征在于在所述棚板（1）的上方设置带有空心腔（2-1）的壳体（2），在相邻壳体（2）之间的棚板（1）上设有钢筋（3），所述壳体（2）和钢筋（3）都通过浇注混凝土（4）进行与棚板（1）的固定；所述相邻两块棚板（1）之间接触设置。

2. 根据权利要求 1 所述的以拼装棚板为模板的现浇空心楼板，其特征在于所述壳体（2）的纵截面为倒置的U形。

3. 根据权利要求1或2所述的以拼装棚板为模板的现浇空心楼板，其特征在于所述壳体（2）的上底板为波浪形。

4. 根据权利要求1或2所述的以拼装棚板为模板的现浇空心楼板，其特征在于在棚板（1）上还设有肋条（5），所述肋条（5）与棚板（1）紧密固定。

5. 根据权利要求1或2所述的以拼装棚板为模板的现浇空心楼板，其特征在于所述棚板（1）上还固接有吊筋（6），所述吊筋（6）为钢筋，吊筋（6）的一端头预埋在棚板（1）内，吊筋（6）的另一端头设置在混凝土（4）内。

6. 一种以拼装棚板为模板的现浇空心楼板的制造方法，其特征在于它的制造步骤为：a. 将棚板（1）平铺在事先架设好的平行支撑（7）上，使平铺后的多块棚板（1）覆盖整个天棚；b. 在棚板（1）的上方设置壳体（2）；c. 在相邻壳体（2）之间的棚板（1）上放置钢筋（3）；d. 整体浇注混凝土（4），混凝土（4）的上表面高于壳体（2）；e. 待混凝土（4）达到规定强度后，拆除平行支撑（7），即成为以拼装棚板为模板的现浇空心楼板。

7. 一种以拼装棚板为模板的现浇空心楼板的制造方法，其特征在于它的制造步骤为：a. 将棚板1与壳体2浇注为一体结构；b. 将带有壳体2的棚板（1）平铺在事先架设好的平行支撑（7）上，使平铺后的多块棚板（1）覆盖整个天棚；c. 在相邻壳体（2）之间的棚板（1）上放置钢筋（3）；d. 整体浇注混凝土（4），混凝土（4）的上表面高于壳体（2）；e. 待混凝土（4）达到规定强度后，拆除平行支撑（7），即成为以拼装棚板为模板的现浇空心楼板。”

2008年3月11日，颜喜东针对本专利向专利复审委提出无效宣告请求，认为本专利不符合《专利法》第二十二条第一、二、三款，第二十六条第三、四款和《中华人民共和国专利法实施细则》（以下简称《专利法实施细则》）第二十条第一款的规定，颜喜东同时提交了如下附件：附件1：无效理由正文；附件2：公开号为CN1348041A、公开日为2002年5月8日的发明专利申请公开说明书（即对比文件1）；附件3：公开号为CN1348042A、公开日为2002年5月8日的发明专利申请公开说明书（即对比文件2）；附件4：公开号为CN1356440A、公开日为2002年7月3日的发明专利申请公开说明书（即对比文件3）；附件5：公开号为CN86105743A、公开日为1988年2月3日的发明专利申请公开说明书（即对比文件4）；附件6：授权公告号为CN2419292Y、授权公告日为2001年2月14日的实用新型专利说明书（即对比文件5）；附件7：公开号为CN1066482A、公开日为1992年11月25日的发明专利申请公开说明书（即对比文件6）；附件8：授权公告号为CN1112490C、授权公告日为2003年6月25日的发明专利说明书（即对比文件7）；附件9：公开号为CN1356442A、公开日为2002年7月3日的发明专利申请公开说明书（即对比文件8）；附件10：授权公告号为CN2498234Y、授权公告日为2002年7月3日的实用新型专利说明书（即对比文件9）；附件11：高家荣针对案件编号为4W01746的无效宣告请求的意见陈述书。

颜喜东认为，对比文件1-9及其组合公开了权利要求1~7技术方案的全部技术特征和权利要求1~7技术方案，权利要求1~7没有新颖性和创造性。权利要求1~5不符合《专利法》第二十六条第三、四款的规定，权利要求3不符合《专利法实施细则》第二十条第一款的规定。

经形式审查合格，专利复审委依法受理了上述无效宣告请求，并于2008年4月3日向颜喜东和高家荣发出无效宣告请求受理通知书，同时将专利权无效宣告请求书及其附件清单中所列附件的副本转送给高家荣，并要求高家荣在指定的期限内陈述意见。

颜喜东于2008年4月7日向专利复审委提交了意见陈述书，并补充了无效宣告的理由和附件。附件12：授权公告日为1998年8月25日的US5797230号美国专利文献及其中文译文（即对比文件

10）；附件13：无效宣告请求书。颜喜东认为，权利要求1~5相对于对比文件1–3均没有新颖性、创造性，相对于对比文件1~3中自身公开方案的组合没有创造性；权利要求1相对于对比文件1、4组合或2、4组合或3、4组合或4、5组合或4、7组合或4、8组合没有创造性，其中对比文件1~5均可以为最接近的对比文件，同时在前述组合的基础上分别增加对比文件10的全部组合也没有创造性；权利要求2~4相对于对比文件1、4组合或2、4组合或3、4组合或4、5组合或4、7组合或4、8组合没有创造性，其中对比文件1~5均可以为最接近的对比文件，同时权利要求2~4相对于在前述组合的基础上分别增加对比文件9或对比文件9、10的全部组合也没有创造性；权利要求5相对于对比文件1、4组合或2、4组合或3、4组合或4、5组合或4、7组合或4、8组合没有创造性，在前述组合的基础上分别增加对比文件9的全部组合也没有创造性，还相对于对比文件1、6组合或2、6组合或3、6组合或1、6、9组合或2、6、9组合或3、6、9组合没有创造性，相对于对比文件1、4、6、9组合或2、4、6、9组合或3、4、6、9组合或4、5、6、9组合或4、6、7、9组合或4、6、8、9组合没有创造性，其中对比文件1~5均可以为最接近的对比文件，权利要求5在前述组合的基础上分别增加对比文件10的全部组合也没有创造性；权利要求6、7相对于对比文件1、2、3、4、5没有新颖性和创造性，相对于上述各对比文件中自身方案的组合以及前述方案和公知常识的组合没有创造性，权利要求6、7相对于对比文件1、4组合或2、4组合或3、4组合或4、5组合或4、7组合或4、8组合或1、2、3、4、5组合以及前述组合和公知常识的组合也没有创造性，其中对比文件1~5均可以作为最接近的对比文件，权利要求6、7相对于在前述组合的基础上增加对比文件6、7、8单独或组合的组合也没有创造性。

针对专利复审委发出的上述无效宣告请求受理通知书，高家荣于2008年5月12日提交了意见陈述书，认为本专利与颜喜东列举的现有技术的区别在于本专利的棚板是不参加结构工作的装饰板，在功能、构造、材料和技术效果方面均不同于对比文件中所谓的“结构底板”之类的钢筋混凝土重板。

专利复审委依法成立合议组对本案进行审查，并于2008年6月30日向双方发出无效宣告请求口头审理通知书，定于2008年9月2日在专利复审委处举行口头审理。随同口头审理通知书，将颜喜东于2008年4月7日提交的意见陈述书及其附件清单中所列附件的副本转送给高家荣，将高家荣于2008年5月12日提交的意见陈述书副本转送给颜喜东。

口头审理如期举行，双方当事人均参加了口头审理。在口头审理中，（1）颜喜东明确其无效理由证据范围为：权利要求1~5不符合《专利法》第二十六条三、四款的规定，权利要求3不符合《专利法实施细则》第二十条1款的规定。权利要求1~7相对于对比文件1、2不具有新颖性，同时由于没有新颖性也不具有创造性。权利要求6、7相对于对比文件4不具有新颖性和创造性。权利要求1相对于对比文件1、4组合，对比文件2、4组合，对比文件4、5组合，对比文件4、7组合，对比文件4、8组合不具有创造性，对比文件1、2、4均可为最接近现有技术。权利要求2除了与权利要求1相同的组合方式外，分别增加与对比文件9的组合方式。权利要求3与权利要求2的组合方式相同，但放弃其中的对比文件4和5的组合方式。权利要求4与权利要求2的组合方式相同。权利要求5除了与权利要求2相同的组合方式外，分别增加与对比文件6的组合方式。权利要求6、7除了与权利要求1相同的组合方式外，分别增加与对比文件7或8或7和8的组合方式。放弃对比文件3、10及其组合方式，放弃附件11，放弃其他未提到的评述方式。（2）高家荣对对比文件的真实性及对比文件10的译文的准确性均没有异议。（3）专利复审委当庭宣布，由于权利要求1~5不符合《专利法》第二十六条三、四款、权利要求3不符合《专利法实施细则》第二十条第一款规定的无效理由在举证期内没有具体说明，因此本次口审不予考虑。在此基础上，专利复审委对本案进行了审查，充分听取了双方当事人的意见。

2008年9月23日，专利复审委作出第12353号决定，宣告本专利全部无效。主要理由是：

1. 关于证据和现有技术。颜喜东保留使用的证据包括对比文件1、2、4~9，高家荣对上述对比文件的真实性没有异议，专利复审委经审查对其真实性予以确认，同时由于上述对比文件为公开出版物，且其公开日期在本专利的申请日前，因此可以作为本专利的现有技术使用。

2. 关于颜喜东无效宣告请求的理由、证据和范围。《审查指南》第四部分第三章第4.1节规定：请求人在提出无效宣告请求时没有具体说明的无效宣告理由以及没有用于具体说明相关无效宣告理由的证据，且在提出无效宣告请求之日起一个月内也未补充具体说明的，专利复审委员会不予考虑。由于颜喜东在其举证期限内没有就其关于权利要求1~5不符合《专利法》第二十六条三、四款的规定、权利要求3不符合《专利法实施细则》第二十条第一款规定的无效理由进行具体说明，因此，专利复审委对颜喜东的上述无效理由不予考虑。因此，本次无效宣告请求所涉及的理由为《专利法》第二十二条第二、三款，证据为对比文件1、2、4~9，范围及证据组合方式以颜喜东在其口头审理中明确的为准。

3. 关于权利要求1~7的创造性。创造性，是指同申请日以前已有的技术相比，该发明有突出的实质性特点和显著的进步，该实用新型具有实质性特点和进步。在判断一项权利要求是否具备创造性时，首先要将权利要求所述的技术方案和最接近的现有技术进行特征对比分析，如果该权利要求与最接近的现有技术对比存在区别技术特征，并且该区别技术特征能够解决该最接近的现有技术中存在的某一技术问题，则应进一步考察对于所属技术领域的普通技术人员而言，在最接近的现有技术的基础上引入上述区别技术特征来解决所述技术问题从而获得权利要求所要保护的技术方案是否显而易见，如果是，则该权利要求不具备创造性。

（1）权利要求1。对比文件4公开了一种永久性装饰模板的楼盖施工方法（参见对比文件4图1、3~5及说明书实施例），该方法所使用的模板如图1所示由一个四周带有棱边7的正方形底板8和设置在该底板上的四边形边板9组成，该模板由水泥砂浆模压而成，为了使模板底部具有浮雕效果，底模上可刻有所需花纹，这样压制出的永久性模板也具有相应的装饰性浮雕花纹。在利用该模板所形成的楼盖结构中，相邻模板的正方形底板（相当于本专利中的棚板）之间彼此接触，在边板9所形成的空间内填充有轻质填料5，相邻模板之间在棱边的上方设有钢筋并现浇有混凝土，现浇混凝土的浇筑高度超过填料，从而使整个楼盖通过现浇混凝土形成一个整体结构，楼盖的下侧则成为具有浮雕效果的格栅形装饰性天花板。将权利要求1与对比文件4相比，其区别仅在于二者的模壳结构不同。本专利中利用棚板及空心腔形成空心楼盖的模板结构，而对比文件4中则是通过在正方形底板上设置边板，并在边板内填充轻质填料而实现的。但是，可以看出二者的目的均是为了减轻楼盖自重。而对比文件1中公开了一种现浇钢筋砼空心楼板（参见对比文件1图7及说明书实施例），其所使用的模壳结构由结构底板和倒扣在其上的盆状模板构成，通过在其上浇筑混凝土从而形成空心楼盖。因此，对比文件1已经就如何实现空心楼盖的结构给出了启示。而且对比文件1、4与本专利都属于相同的技术领域，本领域技术人员容易在对比文件4的基础上基于减轻楼盖自重的目的结合对比文件1中所公开的关于空心楼盖的结构，从而得出权利要求1的保护方案。因此，权利要求1不具有创造性。高家荣在口头审理中认为，对比文件4的构件为水泥砂浆一次挤压成形，边板不可能形成加大高度，因此仅适用于跨度较小的楼盖。对此，专利复审委认为，对比文件4的申请日期是1986年，而对比文件1与本专利的申请日期则分别为2001年和2003年，由此可以看出，高家荣所主张的对比文件4的方案的缺点其实就是空心楼盖技术在发展早期所存在的，而随着技术的发展，现在已经越来越多的使用了盆状模壳来实现该目的，从而可以制造出较大跨度的楼盖。对比文件1的方案实际上已经就如何实现空心楼盖给出了启示，使得本领域技术人员能够容易的想到将对比文件1公开的现有空心楼盖模壳结构用于对比文件4。而对比文件4除了上述缺点外，却具有本专利所述的其他全部优点，即其正方形底板兼具天花板和混凝土浇筑模板两个功能，且无需额外的混凝土模板。因此，本领域技术人员将对比文件1、4结合起来即可显而易见地得出权利要求1的方案。

（2）权利要求2。对比文件1中公开了壳体的纵截面为倒置的U形（参见对比文件1图7），由此公开了权利要求2的附加技术特征。权利要求2在其引用的权利要求1不具有创造性的前提下，也不具有创造性。

（3）权利要求3。对比文件1附图12中壳体上底板为波浪形，由此公开了权利要求3的附加技术特征。权利要求3在其引用的权利要求1、2不具有创造性的前提下，也不具有创造性。

（4）权利要求4。对比文件1中公开了结构底板上设有连在一起的加强筋13（参见对比文件1图14），其中的加强筋就相当于本专利中的肋条，由此公开了权利要求4的附加技术特征。权利要求4在其引用的权利要求1、2不具有创造性的前提下，也不具有创造性。

（5）权利要求5。权利要求5的附加技术特征为“所述棚板（1）上还固接有吊筋（6），所述吊筋（6）为钢筋，吊筋（6）的一端头预埋在棚板（1）内，吊筋（6）的另一端头设置在混凝土（4）内”，该技术方案设置吊筋的目的就是为了加强预制的棚板与现浇的混凝土的整体性，而这一手段是建筑领域常用的方案。例如，对比文件6中就公开了从预制板2中伸出拉结钢筋3埋入现浇钢筋混凝土板5内的方案（参见对比文件6说明书第2页及附图1、3），这一方案的目的同样是为了增强结构的整体性，提高其受力性能。因此，权利要求5在其引用的权利要求1、2不具有创造性的前提下，也不具有创造性。

（6）权利要求6。权利要求6要求保护一种以拼装棚板为模板的现浇空心楼板的制造方法，该方法与权利要求1所要求保护的空心楼板相对应。对比文件4中公开了以下技术特征（参见对比文件4说明书第5页第2段及图3-5）：“现场施工时如图4所示，首先在已达楼盖设计标高的墙上设置钢桁架与衬木作为脚手架1（也可用其他合适的脚手架），然后抄平各桁架，并铺设永久性装饰模板和楼盖边模4，而形成如图3所示格栅式的楼盖模板。然后在每块装饰模板2的空腹部5中填充煤碴或矿碴等廉价的轻质填料6……同时在各模板边墙间双向布置钢筋（3）……然后在由现场灌注混凝土并用平板振动器捣固。由于每块装饰模板的自重较轻，且模板的棱边和边墙部分有较大的面积能与灌注的混凝土粘合在一起，所以灌注的混凝土能与永久性装饰模板凝结成一整体楼盖。然后根据施工规范混凝土到达一定强度后即可拆掉支承的钢桁架或其他形式的脚手架而成为一个双方受力的整体楼盖。该楼盖的下侧则成为如图5所示的具有浮雕效果的格栅形装饰性天花板”，并且对比文件4的图4中公开了混凝土上表面高于填料。权利要求6与对比文件4的区别仅在于模壳结构及其安装步骤不同，而这一区别已经被对比文件1所公开。参见对权利要求1的评述，对比文件1中公开了结构底板与盆状模壳的结构，关于其制作方法则公开了如下内容（参见对比文件1说明书第10~11页）：“先将模壳构件（2）预制好，如先用碱矿渣水泥或硫铝酸盐水泥为胶结材料的纤维水泥浆做成如附图所需形状的盆状模板（3），然后用钢筋砼或钢筋网砼做结构底板（4），在结构底板（4）未凝结硬化前，将盆状模板（3）放置其上，待凝结硬化后即为模壳构件（2）；也可分别在结构底板（4）与盆状模壳（3）上预埋焊接件（17）或连接卡套（18）等，既可在工厂连接好也可到施工现场再连接。”由此，公开了权利要求6中的棚板与壳体分别成型、现场连接的方案。因此，本领域技术人员在对比文件4的基础上结合对比文件1容易得出权利要求6的技术方案，该权利要求不具有创造性。

（7）权利要求7。权利要求7与权利要求6类似，区别仅在于步骤a“将棚板1与壳体2浇注为一体结构”，即棚板1与壳体2在架设在平行支撑上之前就已经浇注成一体结构。参见权利要求6的评述，对比文件1中同样也公开了结构底板与盆状模板预制成一体的技术方案。因此，本领域技术人员在对比文件 4 的基础上结合对比文件 1 容易得出权利要求 7 的技术方案，该权利要求不具有创造性。

综上，本专利权利要求 1~7 不具有创造性，应予全部无效，因此，专利复审委不再对颜喜东的其他证据组合方式进行评述。

高家荣不服专利复审委作出的第 12353 号决定，向一审法院提起行政诉讼。

本院认为，专利复审委所作的第 12353 号决定的审查程序、无效宣告请求理由、证据及相应组合方式认定的合法性，各方当事人均无异议，经审查，本院予以确认。本案争议的焦点问题是，专利复审委作出的第 12353 号决定对本专利权利要求 1~7 不具有创造性的认定是否正确合法。

对于专利权的创造性问题，《专利法》第二十二条第三款作出了明确的规定，即“创造性，是指同申请日以前已有的技术相比，该发明有突出的实质性特点和显著的进步，该实用新型有实质性特点和进步”。根据上述法律规定结合本案进行分析，本案对比文件 4 公开了一种永久性装饰模板的楼盖施工方法，在利用该模板所形成的楼盖结构中，相邻模板的正方形底板（相当于本专利中的棚板）之间彼此接触，在边板 9 所形成的空间内填充有轻质填料 5，相邻模板之间在棱边的上方设有钢筋并现浇有混凝土，现浇混凝土的浇筑高度超过填料，从而使整个楼盖通过现浇混凝土形成一个整体结构，楼盖的下侧则成为具有浮雕效果的格栅形装饰性天花板。将本专利权利要求 1 与对比文件 4 相比，其目的均是为了减轻楼盖自重，二者区别仅在于模壳结构不同。本专利中利用棚板及空心腔形成空心楼盖的模板结构，而对比文件 4 中则是通过在正方形底板上设置边板，并在边板内填充轻质填料而形成的相应结构。本案对比文件 1 中公开了一种现浇钢筋砼空心楼板，其所使用的模壳结构由结构底板和倒扣在其上的盆状模板构成，通过在其上浇筑混凝土从而形成空心楼盖。据此，对比文件 1 已经就如何形成模壳空腔构件的结构给出了启示。鉴于对比文件 1、4 与本专利都属于相同的技术领域，在对比文件 4 的基础上，本领域技术人员容易基于减轻楼盖自重的目的结合对比文件 1 中所公开的关于空心楼盖的结构，得出本专利权利要求 1 的技术方案。因此，专利复审委作出的第 12353 号决定关于本专利权利要求 1 不具有创造性的认定正确。

对于本专利权利要求 2~7 的创造性问题，高家荣表示在假定第 12353 号决定关于本专利权利要求 1 不具有创造性的认定正确的前提下，其对第 12353 号决定关于本专利权利要求 2~7 不具有创造性的认定没有异议。经审理，本院确认第 12353 号决定关于本专利权利要求 2~7 不具有创造性的认定正确。

综上，专利复审委作出的第 12353 号决定合法，一审法院判决维持正确，本院应予维持。高家荣的诉讼请求和理由缺乏事实和法律依据，本院不予支持。依据《中华人民共和国行政诉讼法》第六十一条第（一）项的规定，判决如下：

驳回上诉，维持一审判决。

二审案件受理费人民币 100 元，由上诉人高家荣负担（已交纳）。

本判决为终审判决。

审　判　长　朱世宽
审　判　员　赵宇晖
代理审判员　胡华峰
二〇一〇年三月十五日
书　记　员　张　怡

208

土工加筋生态墙

无效宣告请求审查决定（第12355号）

决　　定　　号　第12355号
决　　定　　日　2008年10月6日
发明创造名称　土工加筋生态墙
国 际 分 类 号　E02D 17/20，E02D 29/02
无效宣告请求人　王　玲
专　利　权　人　唐　红
专　　利　　号　200520077643.2
申　　请　　日　2005年11月15日
授 权 公 告 日　2007年1月10日
合 议 组 组 长　温丽萍
主　　审　　员　李德宝
参　　审　　员　刘　犟

法　律　依　据　专利法第22条第3款
决　定　要　点

如果一项权利要求的技术方案与最接近的现有技术相比存在区别技术特征，但该区别技术特征是本技术领域中常用的技术手段，且同时又被另一篇对比文件公开，则该项权利要求的技术方案不具有实质性特点，从而不具备创造性。

一、案由

本无效宣告请求涉及中华人民共和国国家知识产权局于2007年1月10日授权公告的、名称为“土工加筋生态墙”的实用新型专利权（下称本专利），其专利号是200520077643.2，申请日是2005年11月15日，专利权人为唐红。本专利授权公告的权利要求书如下：

“1. 一种土工加筋生态墙壁，其特征在于结构包括生态袋、工程连接扣、固定锚固件；生态袋具有烧毛针刺无纺土工布袋，在烧毛针刺无纺土工布袋内装有透水土，若干个生态袋通过工程连接扣紧密连结成一体，以工程连接扣作加强筋，固定锚固件通过工程尼龙扎带与工程连接扣相连接。

2. 根据权利要求1所述的土工加筋生态墙，其特征在于工程连接扣具有工程连接板，工程连接板两面设置有若干个倒锚刺。

3. 根据权利要求1所述的土工加筋生态墙，其特征在于固定锚固件采用工程锚杆、土工格栅、膨胀螺栓中的一种。

4. 根据权利要求 1 或 3 所述的土工加筋生态墙，其特征在于工程锚杆上设置有若干个倒锚刺、带倒刺的工程连接头。

5. 根据权利要求 1 或 3 所述的土工加筋生态墙，其特征在于土工格栅上设置有若干个格栅、加强筋。”

针对本专利权，王玲（下称请求人）于 2008 年 4 月 17 日向专利复审委员会提出无效宣告请求，认为本专利不符合专利法第 22 条第 2 款、第 3 款和专利法第 20 条第 1 款以及专利法实施细则第 21 条第 3 款的规定。请求人同时提交了如下附件：

附件 1：本专利的专利说明书；

附件 2：授权公告日为 2005 年 8 月 24 日、授权公告号为 CN2719918Y（专利号为 200420066760.4）的中国实用新型专利说明书，共 17 页；

附件 3：授权公告日为 2002 年 11 月 20 日、授权公告号为 CN2521428Y（专利号为 01276492.2）的中国实用新型专利说明书，共 5 页；

附件 4：授权公告日为 2000 年 2 月 23 日、授权公告号为 CN2365269Y（专利号为 99220289.2）的中国实用新型专利说明书，共 4 页；

附件 5：公开日为 2003 年 7 月 30 日，公开号为 CA2369310A1 的加拿大专利文献及相应段落的中文译文，共 4 页。

经形式审查合格，专利复审委员会依法受理了上述无效宣告请求，并于 2008 年 5 月 14 日向请求人和专利权人发出无效宣告请求受理通知书，同时将专利权无效宣告请求书及其附件清单中所列附件的副本转送给专利权人，并要求专利权人在指定的期限内陈述意见。

针对上述无效宣告请求，专利权人于 2008 年 6 月 13 日提交了意见陈述书和修改后的权利要求书。修改后的权利要求书内容如下：

“1. 一种土工加筋生态墙，其特征在于结构包括生态袋、工程连接扣、固定锚固件；生态袋具有烧毛针刺无纺土工布袋，在烧毛针刺无纺土工布袋内装有透水土，若干个生态袋通过工程连接扣紧密连结成一体，以工程连接扣作加强筋，固定锚固件通过工程尼龙扎带与工程连接扣相连接；

所述的工程连接扣具有工程连接板，工程连接板两面设置有若干个倒锚刺；

所述的固定锚固件采用工程锚杆、土工格栅、膨胀螺栓中的一种。

2. 根据权利要求 1 所述的土工加筋生态墙，其特征在于所述的工程锚杆上设置有若干个倒锚刺、带倒刺的工程连接头。

3. 根据权利要求 1 所述的土工加筋生态墙，其特征在于所述的土工格栅上设置有若干个格栅、加强筋。”

在意见陈述中，专利权人具体陈述了本专利相对于请求人提交的对比文件具备新颖性和创造性的理由。

专利复审委员会依法成立合议组。本案合议组于 2008 年 7 月 8 日向请求人及专利权人发出无效宣告请求口头审理通知书，定于 2008 年 9 月 4 日举行口头审理。随同口头审理通知书，将专利权人于 2008 年 6 月 13 日提交的意见陈述书及修改后的权利要求书的副本转给请求人。

口头审理如期举行，合议组宣布本次口头审理的基础为专利权人于 2008 年 6 月 13 日提交的修改后的权利要求书。在口头审理中，请求人明确无效宣告的理由、范围以及证据的使用方式为：权利要求 1 相对于附件 2 分别与附件 3~5 的结合或者与公知常识结合不具备专利法第 22 条第 3 款所规定的创造性，其中附件 2 作为最接近的对比文件；权利要求 2 的附加技术特征被附件 3 公开，权利要求 3 的附加技术特征被附件 4 或 5 公开，当其引用的权利要求不具备创造性时，权利要求 2 和 3 也不具备创造性；专利权人对附件 5 相关段落的中文译文准确性无疑义。在口头审理中，双方当事人均充分陈述了意见。

至此，合议组认为本案事实已经清楚，可以作出审查决定。

二、决定的理由

1. 关于证据和现有技术

请求人提交的证据包括附件 2~5，专利权人对附件 2~5 的真实性以及附件 5 相应部分的中文译文均没有异议，经合议组核查，附件 2~5 均为公开日期在本专利申请日前的专利文献，因此可以作为本专利的现有技术使用，附件 5 的公开内容以其相应部分的中文译文为准。

2. 关于审查基础

2008 年 6 月 13 日，专利权人修改了权利要求书。修改后的权利要求书没有超出原说明书和权利要求书记载的范围，并且符合专利法实施细则第 68 条以及审查指南有关无效宣告程序中专利文件修改方式和时机的规定，合议组予以接受。因此，本决定的审查基础为专利权人于 2008 年 6 月 13 日提交的修改后的权利要求书。

3. 关于创造性

专利法第 22 条第 3 款规定，创造性，是指同申请日以前已有的技术相比，该发明有突出的实质性特点和显著的进步，该实用新型具有实质性特点和进步。

如果一项权利要求的技术方案与最接近的现有技术相比存在区别技术特征，但该区别技术特征是本技术领域中常用的技术手段，且同时又被另一篇对比文件公开，则该项权利要求的技术方案不具有实质性特点，从而不具备创造性。

（1）权利要求 1 的创造性。

对于权利要求 1，请求人认为：权利要求 1 相对于附件 2 分别与附件 3~5 的结合或者与公知常识结合不具备专利法第 22 条第 3 款所规定的创造性，其中附件 2 作为最接近的对比文件。

合议组经审查后认为：权利要求 1 请求保护一种土工加筋生态墙，其中包括固定锚固件采用工程锚杆、土工格栅或膨胀螺栓三个并列选择的技术方案。附件 2 公开了一种挡土墙，并具体公开了如下特征（参见附件 2 的说明书第 3~5 页；附图 1~5）：在水平放置的沙/泥土袋 14（相当于本专利权利要求 1 中的生态袋）的邻接层之间放置有联锁构件 26（相对于本专利权利要求 1 中的工程连接扣），联锁构件 26 包含板子 22（相当于本专利权利要求 1 中的工程连接板）以及从板子两侧垂直延伸的突出物 24（相当于本专利权利要求 1 中的倒锚刺），突出物 24 能够完全穿透袋子，联锁构件 26 用来将地格片 18（相当于本专利权利要求 1 中的土工格栅）固定到沙袋，地格片 18 是已知且商业上可利用来强化泥土的塑料网格制品，突出物 24 可向上或向下穿过地格片 18 后再突入沙/泥土袋 14。

由此可见，本专利权利要求 1 相应于“固定锚固件采用土工格栅”的技术方案与附件 2 的区别在于：①本专利的权利要求 1 将生态袋具体限定为烧毛针刺无纺土工布袋；②固定锚固件通过工程尼龙扎带与工程连接扣相连接。权利要求 1 相应于“固定锚固件采用工程锚杆或膨胀螺栓”的技术方案，除与附件 2 存在上述区别外，具体采用的固定锚固件与附件 2 也不相同。

对于区别技术特征①，将针刺无纺土工布袋进行烧毛整理后即可得到本专利所述的烧毛针刺无纺土工布袋，也就是说，烧毛针刺无纺土工布袋是本技术领域中常用的一种袋子；对于区别技术特征②，用尼龙扎带将两个部件连接在一起是本技术领域中常用的连接手段，且上述两个区别技术特征并未给本专利带来任何意料不到的技术效果，因此，权利要求 1 相应于“固定锚固件采用土工格栅”的技术方案不符合专利法第 22 条第 3 款规定的创造性。膨胀螺栓和工程锚杆均是本技术领域常用的固定部件，本领域普通技术人员可以根据山体的软硬程度等具体条件采用合适的固定锚固件，例如硬质山体可以采用膨胀螺栓固定，而软质山体就不适宜采用膨胀螺栓作为固定部件；且附件 3 也公开了一种改进的锚杆紧固件，所述的锚杆紧固件在使用时能够用于锚住或拉住岩层；同时，上述固定部件也未给本专利带来任何意料不到的技术效果，因此，权利要求 1 中相应于“固定锚固件采用工程锚杆或膨胀螺栓”的技术方案也不符合专利法第 22 条第 3 款规定的创造性。综合以上，权利要求 1 的全部技术方案均不有实质性特点，不具备专利法第 22 条第 3 款规定的创造性。

在本案审理过程中，针对请求人关于权利要求 1 不具备创造性的主张，专利权人提出如下不同意见：① 生态袋具有烧毛针刺无纺土工布袋与在袋内装有透水土的特征在对比文件中没有被公开，本专利的生态袋透水不透土，植物种子能扎进入袋内，附件 2 的沙/泥土袋中包括沙、泥土、沙泥混合物以及混有草地种子或其他植物。② 本专利的倒锚刺与附件 2 中的突起完全不同，附件 2 中无倒锚刺。③ 工程锚杆与附件 3 中所述锚杆不相同，本专利的锚杆为实心，其上有若干个倒刺。④ 本专利的土工格栅与对比文件的格栅完全不同。⑤ 膨胀螺栓可以根据不同的地方使用，其效果更好，具有创造性。⑥ 固定锚固件通过工程尼龙扎带与连接扣连接在生态墙是第一次使用，对比文件中无此种连接方式；用工程尼龙扎带将两个部件相连接也不是本领域的公知常识。⑦ 请求人将 4 个对比文件与本专利比较，这种比较方式说明了本专利具有创造性。

对此，合议组认为：① 附件 2 公开了“沙/泥土袋表示装有任何适合填料的袋子，包括沙、泥土、沙泥混合物以及混有草地种子或其他植物”，因此，附件 2 中的沙/泥土袋必然也透水不透土，与本专利中的生态袋作用相同。② 本专利既未在权利要求中限定“倒锚刺”的结构，也未在说明书中对其进行解释，且从本专利的附图中也不能看出本专利中的“倒锚刺”与附件 2 中联锁构件上的“突出物”在结构上有任何区别，同时本专利中的“倒锚刺”与附件 2 的突出物作用相同。③ 本专利权利要求以及说明书中并未限定该锚杆为实心结构，且采用锚杆进行固定也是本领域中常用的技术手段；同时，附件 3 公开的锚杆紧固件上也带有倒刺（参见附图 1~3）。④ 附件 2 中公开的地格片与本专利的土工格栅虽然名称不同，但结构和作用完全相同，均具有格栅（网格）和加强筋（形成网格的框），放于沙袋层间起锚固作用，即本专利的土工格栅已经被附件 2 公开。⑤ 膨胀螺栓是本技术领域常用的固定部件，本领域普通技术人员可以根据山体的软硬程度等具体条件采用合适的固定锚固件，例如硬质山体可以采用膨胀螺栓固定，而软质山体就不适宜采用膨胀螺栓作为固定部件，膨胀螺栓的使用也未给本专利带来任何意料不到的技术效果。⑥ 用尼龙扎带将两个部件连接在一起是本技术领域中常用的连接手段，且使用尼龙扎带连接也未能够给本专利带来任何意料不到的技术效果。⑦ 请求人并不是将 4 个对比文件一起结合与本专利的技术方案进行比较，而是以附件 2 作为最接近的对比文件，采用分别结合的方式；合议组对权利要求 1 创造性的上述评述同样也是采用附件 2 与其他附件分别组合的方式予以评述的。综上所述，专利权人的上述主张均不能成立。

（2）权利要求 2 的创造性。

请求人认为：附件 3 公开了权利要求 2 的技术特征。

合议组经审查后认为：权利要求 2 进一步限定的技术特征为“工程锚杆上设置有若干个倒锚刺、带倒刺的工程连接头”，附件 3 中也公开了在紧固件的外层带有倒刺（参见附图 3），而工程锚杆必然要带有工程连接头，因此，在其引用的权利要求 1 不具备创造性的基础上，权利要求 2 相对于附件 2 和附件 3 的结合不具有实质性特点和进步，不具备专利法第 22 条第 3 款规定的创造性。

虽然专利权人强调：① 本专利的工程锚杆与附件 3 中所述锚杆不同，本专利的锚杆为实心，锚杆上带有锚刺。② 本专利的倒锚刺与（附件 3 中的）倒刺是有区别的，本专利带倒刺的工程连接头没有在附件 3 中公开。但是，合议组认为：① 本专利并未在权利要求 2 中限定工程锚杆为实心结构。② 本专利既未在权利要求中限定“倒锚刺”的结构，也未在说明书中对其进行解释，且从本专利的附图中也不能看出本专利中的“倒锚刺”与附件3的倒刺在结构上有任何区别，同时本专利中的“倒锚刺”与附件3的倒刺作用相同；虽然附件3中没有明确带有工程连接头，但工程锚杆上必然要带有工程连接头。因此，专利权人的主张不能成立。

（3）权利要求3的创造性。

权利要求3进一步限定的技术特征为“土工格栅上设置有若干格栅、加强筋”，而附件2公开的地格片为一种网格制品，其中的网格即相当于格栅，形成网格的框即相对于加强筋。因此，在其引用的权利要求1不具备创造性的基础上，权利要求3相对于附件2或者附件2和附件3的结合不具有实质性特点和进步，不具备专利法第22条第3款规定的创造性。

虽然专利权人强调：附件2中无土工格栅。但合议组认为，附件2中的地格片即相当于本专利中的土工格栅，虽然名称不同，但结构和作用完全相同，均具有格栅（网格）和加强筋（形成网格的框），放于沙袋层间起锚固作用。因此，专利权人的主张不成立。

综上所述，权利要求1~3相对于附件2与公知常识或附件2与附件3的结合均不具备创造性，合议组不再对请求人提出的其他无效理由予以评述。

三、决定

宣告200520077643.2号实用新型专利权全部无效。

当事人对本决定不服的，可以根据专利法第46条第2款的规定，自收到本决定之日起三个月内向北京市第一中级人民法院起诉。根据该款的规定，一方当事人起诉后，另一方当事人应当作为第三人参加诉讼。

209

卸砖机

无效宣告请求审查决定（第12373号）

决　　定　　号　第12373号
决　　定　　日　2008年9月22日
发明创造名称　卸砖机
国 际 分 类 号　B28B 13/06
无效宣告请求人　洛阳中冶重工机械有限公司
专　利　权　人　福建海源自动化机械股份有限公司
专　　利　　号　200420150158.9
申　　请　　日　2004年6月3日
授 权 公 告 日　2006年7月19日
合 议 组 组 长　赵　明
主　　审　　员　徐伟锋
参　　审　　员　王　琳

法　律　依　据　专利法第22条第2款、第3款
决　定　要　点

如果权利要求的技术方案与现有技术存在区别，并且该区别技术特征也不是惯有手段的直接置换，那么该权利要求具备新颖性；如果该区别技术特征没有在其他现有技术中公开，也不是公知常识，即现有技术中不存在将两者结合获得该权利要求技术方案的启示，那么该权利要求的技术方案对本领域技术人员而言是非显而易见的，具备实质性特点。

一、案由

本无效宣告请求涉及中华人民共和国国家知识产权局于2006年7月19日授权公告的、名称为“卸砖机”的实用新型专利权（下称本专利），其专利号是200420150158.9，申请日是2004年6月3日，专利权人是福建海源自动化机械股份有限公司（原为李良光）（下称专利权人）。该专利授权公告时的权利要求书如下：

“1. 卸砖机，其特征在于，包括直线导轨（2），合拢装置（3），机架（4）和复数个机械手（1），机械手（1）上具有夹紧机构（11），各机械手（1）平行分布在直线导轨（2）上，并与合拢装置（3）连接，直线导轨（2）固定在机架（4）上。

2. 根据权利要求1所述的卸砖机，其特征在于，合拢装置（3）包括第一动力机构（31）和连动机构（32），连动机构（32）包括行程转轮（321）和复数个连杆（322），行程转轮（321）安装在

机架（4）上，各连杆（322）的一端与行程转轮（ 321）铰接，另一端则分别与各机械手（1）铰接，动力机构（31）与行程转轮（321）连接。

3. 根据权利要求 2 所述的卸砖机，其特征在于，行程转轮（321）位于与机械手（1）平行的对称中心，各连杆（322）与行程转轮（321）的铰接点的分布位置为，外侧机械手（1）的连杆（322）与行程转轮（321）的铰接点靠近行程转轮（321）的外周而沿行程转轮（321）的径向向圆心依序排列，内侧机械手（1）的连杆（322）与行程转轮（321）的铰接点靠近行程转轮（321）的圆心，并且两侧机械手（1）的连杆（322）与行程转轮（321）的铰接点沿行程转轮（321）的径向对称分布。

4. 根据权利要求 2 所述的卸砖机，其特征在于，第一动力机构（31）为一种气缸，该气缸的活塞杆与行程转轮（321）铰接，并位于该行程转轮（321）的靠近轮周的轮面上。

5. 根据权利要求 1 所述的卸砖机，其特征在于，机械手（1）为一种倒 U 形架，夹紧机构（11）对称分布在 U 形架（1）的两脚上，U 形架 U 形底部与直线导轨（2）连接。

6. 根据权利要求 2 或 5 所述的卸砖机，其特征在于，具有两个连动机构（32），两连动机构（32）分别位于 U 形架的两侧，并通过一连接轴（323）连接，连接轴（323）两端分别与行程转轮（321）连接。

7. 根据权利要求 1 或 5 所述的卸砖机，其特征在于，具有两个直线导轨（2），两直线导轨（2）平行分布在 U 形架的两侧，

8. 根据权利要求 1 所述的卸砖机，其特征在于，夹紧机构（11）包括第二动力机构（111）和活动夹板（112），第二动力机构（111）固定在机械手（1）上，其输出端与活动夹板（112）连接。

9. 根据权利要求 8 所述的卸砖机，其特征在于，第二动力机构（111）为一种气缸，该气缸的活塞杆与活动夹板（112）连接。

10. 根据权利要求 8 所述的卸砖机，其特征在于，活动夹板（112）还包括耐磨垫层（113），该耐磨垫层（113）固定在活动夹板（112）的夹持面上。

11. 根据权利要求 1 所述的卸砖机，其特征在于，直线导轨（2）包括导轨座（21），导轨（22）和挂耳（23），导轨（22）安装在机架（4）上，导轨座（21）滑套在导轨（22）上，挂耳（23）一端固定在导轨座（21）上，另一端与机械手（1）连接。”

针对上述专利权，洛阳中冶重工机械有限公司（下称请求人）于 2008 年 4 月 7 日向专利复审委员会提出无效宣告请求，其提交的附件如下：

附件 1：《粉煤灰》编辑部于 2004 年 2 月 25 日出版的《粉煤灰固体废弃物再生利用》2004 年第 1 期第 16 卷总第 87 期的目录页、广告页及拉斯科压机实物图片，复印件，共 5 页；

附件 2：请求人声称的福建海源建材机械设备有限公司的 HF-1100 压机及年产 5000 万块标砖生产线的生产流程平面布置图的复印件，共 2 页。

请求人认为：权利要求 1、7 的技术方案已经在申请日之前公开使用已为公众所知，因此相对于附件 1 或 2 不具备新颖性。

经形式审查合格，专利复审委员会依法受理了上述无效宣告请求，并于 2008 年 4 月 7 日向双方当事人发出无效宣告请求受理通知书，同时将专利权无效宣告请求书及其附件清单中所列附件的副本转送给专利权人，并要求专利权人在指定的期限内陈述意见。

请求人于 2008 年 5 月 5 日向专利复审委员会提交意见陈述书，并补充了无效的理由和证据，其中补充的附件为：

附件 3：授权公告日为 2003 年 1 月 1 日、授权公告号为 CN2528749Y 的中国实用新型专利说

明书；

附件4：授权公告日为2003年12月10日、授权公告号为CN2591011Y的中国实用新型专利说明书。

请求人认为：（1）附件3结合附件4已经公开了权利要求1的所有技术特征，因此，权利要求1相对于附件3和4不具备新颖性和创造性；（2）权利要求2~11的附件技术特征已经被附件3或4公开或者是公知常识，因此，权利要求2~11也不具备创造性。

针对专利复审委员会于2008年4月7日作出的上述无效宣告请求受理通知书，专利权人于2008年5月20日提交了意见陈述书。

专利权人认为：附件1并没有公开本专利的任何技术方案，因此本专利具备新颖性；附件2并不是专利权人的产品样本，并且也没有公开本专利的技术方案，因此本专利具备新颖性。

专利复审委员会依法成立合议组，对本案进行审查。

专利复审委员会本案合议组于2008年6月12日向双方当事人发出无效宣告请求口头审理通知书，定于2008年7月24日举行口头审理。随同口头审理通知书，将请求人于2008年5月5日提交的意见陈述书及其附件清单中所列附件的副本转送给专利权人，将专利权人于2008年5月20日提交的意见陈述书副本转送给请求人。

口头审理如期举行，双方当事人均参加了口头审理。

在口头审理中，请求人明确其无效理由、范围和证据为：权利要求1相对于附件3不具备新颖性，不符合专利法第22条第2款的规定；权利要求1相对于附件3或4不具备创造性，不符合专利法第22条第3款的规定；权利要求2~11的附加技术特征已经在附件3或4中公开，或者为公知常识，因此权利要求2~11不具备创造性。请求人明确放弃附件1和2做为证据使用。专利权人当庭提交了意见陈述书，合议组将其转给请求人。

请求人认为附件3已经公开了本专利权利要求1的所有技术特征，因此权利要求1不具备新颖性和创造性。专利权人认为，本专利的卸砖机与附件3中公开的码坯机是完全不同的概念，本专利的运用领域在已经制成的砖，本专利的直线导轨和合拢装置是整体的，每一个单一的机械手之间有一个互相合拢的动作，合拢装置实现排与排的合拢关系，这个动作在附件3中并没有出现，没有办法实现机械手之间的动作。专利权人认为权利要求1相对于附件3不具备创造性的理由没有在法定期限时间内提出。

请求人认为权利要求1的所有技术特征已经被附件4公开，所以权利要求1不具备创造性。专利权人认为附件4公开的是夹坯机，说明书第5页的实施方式中第8行开始说明先是一个夹坯的动作，是一个如何夹紧砖坯的机构，因此与本专利不同，权利要求1具备创造性。

请求人认为从属权利要求2、10、11的附加技术特征已经在附件4中公开，从属权利要求3~7的附加技术特征是公知常识，从属权利要求8、9的附加技术特征在附件3中公开，因此这些从属权利要求不具备创造性。专利权人认为从属权利要求2、10、11的附加技术特征没有在附件4中公开，认可从属权利要求8、9的附加技术特征已经在附件3中公开，并认为对于从属权利要求3~7的附加技术特征是公知常识的观点请求人应当举证。

至此，合议组认为本案事实已经清楚，可以作出审查决定。

二、决定的理由

1. 关于证据和现有技术

请求人使用的证据是附件3、4，附件3、4均为中国实用新型专利文献，经合议组核实，对其真实性予以认可，由于上述附件的公开日期在本专利的申请日前，因此可以作为本专利的现有技术使用。

2. 关于新颖性和创造性

新颖性，是指在申请日以前没有同样的发明或者实用新型在国内外出版物上公开发表过、在国内公开使用过或者以其他方式为公众所知，也没有同样的发明或者实用新型由他人向国务院专利行政部门提出过申请并记载在申请日以后公布的专利申请文件中。

创造性，是指同申请日以前已有的技术相比，该发明有突出的实质性特点和显著的进步，该实用新型具有实质性特点和进步。

如果权利要求的技术方案与现有技术存在区别，并且该区别技术特征也不是惯有手段的直接置换，那么该权利要求具备新颖性；如果该区别技术特征没有在其他现有技术中公开，也不是公知常识，即现有技术中不存在将两者结合获得该权利要求技术方案的启示，那么该权利要求的技术方案对本领域技术人员而言是非显而易见的，具有实质性特点。

（1）关于新颖性。

本专利权利要求 1 请求保护一种卸砖机。附件 3 公开了一种自动码坯机（参见附件 3 的说明书第 3 页具体实施方式第 1 段，图 1 和图 2），其主要由机架 1、行走车 2、提升架 3、码坯夹 5、气缸机构 7 和 PLC 自动控制部分组成，码坯机的工作流程是：坯夹 5 夹坯，之后由四根升链 4 拉着坯夹 5 与提升架 3 一起上升到规定位置定位，又随行走车 2 行走，到窑车上方，在行走过程中，两排码坯夹 5 完成分开、坯夹旋转和坯夹合并动作，然后提升架 3 与坯夹 5 一起下降，坯夹 5 松开，将坯体码放到窑车上，最后提升架与坯夹一起上升，回归原位。本专利的权利要求 1 与附件 3 相比，至少存在如下区别：本专利权利要求 1 中的合拢装置在附件 3 中并没有公开，同时也没有证据表明该区别技术特征是所属领域惯用手段的直接置换，因此，两者的技术方案并不相同，权利要求 1 相对于附件 3 具备新颖性。

请求人认为附件 3 的说明书第 2 页倒数第 8~10 行公开了合拢装置，说明书第 3 页第 3 行对此也有说明，其中两排坯夹的合并动作就起到本专利中合拢装置的合拢作用。

对此，合议组认为，本专利（参见本专利说明书第 1 页发明构成第 4 段）权利要求 1 中的机械手 1 夹起砖块后合拢装置 3 将间隔排列的机械手 1 合拢，从而消除码垛的砖块之间的间距，使堆放的砖块排列更加密集，减小砖块占地面积，砖块合拢后，各列砖块相互接触，从而增加砖块间的摩擦力，夹持砖块更加牢固。而附件 3 中码坯夹包括多个坯夹，坯夹中的单个坯夹相当于本专利的机械手，附件 3 公开了不同排的坯夹之间的合并，完成夹持砖坯的过程，但没有公开砖坯夹起后机械手合拢以消除砖块间的间距的动作，因此请求人的主张不成立。

（2）关于创造性。

①关于权利要求 1。

如本专利权利要求 1 新颖性的评述，本专利的权利要求 1 与附件 3 相比，至少存在如下区别：本专利权利要求 1 中的合拢装置在附件 3 中并没有公开。尽管附件 3 中也指出码坯机可以实现不同排坯夹之间的合并，然而如本专利权利要求 1 新颖性的评述可知，附件 3 的合并与本专利权利要求 1 的合拢装置 3 的合拢并不相同，同时也没有证据表明权利要求 1 的合拢装置是公知常识，因此权利要求 1 的技术方案对于本领域技术人员而言是非显而易见的，本专利通过合拢装置的合拢作用，消除了码垛的砖块之间的间距，使堆放的砖块排列更加密集，减小砖块占地面积，同时增加了砖块间的摩擦力，使夹持砖块更加牢固，具有有益的效果，因此，权利要求 1 相对于附件 3 具备创造性。

附件 4 公开了一种自动夹坯机（参见附件 4 的说明书第 3 页具体实施方式，附图 1-3），由框架 1、行走机构、提升机构、夹坯机构组成，框架 1 上有行走的轨道 4，坯夹机构具有坯夹 19。本专利的权利要求1与附件4相比，至少存在如下区别：本专利权利要求1中的合拢装置在附件4中并没有公开。同时也没有证据表明权利要求1的合拢装置是公知常识，因此权利要求1的技术方案对于本领域技术人员而言是非显而易见的，本专利通过合拢装置的合拢作用，消除了码垛的砖块之间的间距，使堆放的砖块排列更加密集，减小砖块占地面积，同时增加了砖块间的摩擦力，使夹持砖块更加牢固，具有有益的效果，因此，权利要求1相对于附件4具备创造性。

②关于权利要求2~11。

由于权利要求2~11是直接或间接引用权利要求1的从属权利要求，因此在权利要求1相对于附件3或4具备创造性的前提下，权利要求2~11相对于附件3或4同样具备创造性。

根据上述的事实和理由，本案合议组依法作出以下决定。

三、决定

维持200420150158.9号实用新型专利权有效。

当事人对本决定不服的，可以根据专利法第46条第2款的规定，自收到本决定之日起三个月内向北京市第一中级人民法院起诉。根据该款的规定，一方当事人起诉后，另一方当事人应当作为第三人参加诉讼。

210

一种医用喷雾瓶的喷雾装置

无效宣告请求审查决定（第12374号）

决　定　号　第12374号
决　定　日　2008年10月21日
发明创造名称　一种医用喷雾瓶的喷雾装置
国际分类号　A61M 11/00，A61J 1/14
无效宣告请求人　艾里希普费弗工程师有限公司
专利权人　苏州市新奥生物制品有限公司
专　利　号　200620073135.1
申　请　日　2006年5月8日
授权公告日　2007年4月25日
合议组组长　刘颖杰
主　审　员　刘亚斌
参　审　员　孙茂宇

法律依据　专利法第22条第3款
决定要点

如果一项权利要求的技术方案与一份证据披露的现有技术相比存在区别技术特征，而该区别技术特征被属于相同技术领域的另一份证据披露的现有技术公开，且该特征在该另一份证据中所起的作用与本专利中的作用相同，则该权利要求不具备创造性。

一、案由

本无效宣告请求涉及国家知识产权局于2007年4月25日授权公告的200620073135.1号、名称为"一种医用喷雾瓶的喷雾装置"的实用新型专利（下称本专利），其专利权人是苏州市新奥生物制品有限公司，申请日是2006年5月8日。本专利授权公告的权利要求书如下：

"1. 一种医用喷雾瓶的喷雾装置，包括瓶盖，其特征是：所述瓶盖［2］上设计喷雾剂泵装置，最上端为中空推杆［1］，所述推杆［1］的一头在外，另一头插入泵体［5］内与所述活塞杆［3］固连，所述活塞［4］与所述活塞杆［3］连为一体，泵体［5］的外表面与瓶盖［2］的内面固连，泵体［5］为一长管状，内有弹簧［6］和钢珠［7］。"

针对上述专利权，艾里希普费弗工程师有限公司（下称请求人）于2008年4月24日向专利复审委员会提出无效宣告请求，理由是本专利不符合专利法第22条第3款、第26条第3款以及专利法实施细则第20条第1款和第21条第2款的规定。随同其专利权无效宣告请求书，请求人提交了三份证据：

证据1：4694976号美国专利文献及其中文译文，其公开日是1987年9月22日；

证据2：4830284号美国专利文献及其中文译文，其公开日是1989年5月16日；

证据3：6227413B1号美国专利文献及其中文译文，其公开日是2001年5月8日。

请求人的具体无效理由是：本专利说明书没有说明如何实现其技术效果，未记载弹簧的设置方式和功能，并且附图不清楚，不符合专利法第26条第3款的规定；本专利权利要求1没有清楚限定各个部件之间相互配合的关系，并且使用了“所述活塞（4）”的措辞，但之前并未出现“活塞”，不符合专利法实施细则第20条第1款的规定；本专利权利要求1缺少用于实现“产生真空”和“允许空气进入泵体”的必要技术特征，并且也缺少能够在泵体内的设置方式的特征，不符合专利法实施细则第21条第2款的规定；本专利权利要求1的大部分技术特征被证据1公开，其区别仅在于本专利权利要求1中使用的是钢珠，而证据1中使用的是球阀，但该区别特征是公知常识，并且也被证据3公开，证据2和证据3也都分别公开了本专利权利要求1中的关键特征，因此本专利权利要求1相对于证据1~3不具备创造性。

经形式审查合格，专利复审委员会受理了上述无效宣告请求，于2008年5月19日向请求人和专利权人发出无效宣告请求受理通知书，同时将专利权无效宣告请求书及其证据1~3的副本转给专利权人，要求其在一个月内对该无效宣告请求陈述意见，并告知其期满未答复不影响专利复审委员会审理。

专利权人在指定期限内未答复。

针对上述无效宣告请求，专利复审委员会依法组成合议组对本案进行审理，并向请求人和专利权人发出口头审理通知书，告知双方当事人本案合议组定于2008年9月22日对本案进行口头审理。

口头审理如期举行，请求人委托专利代理人李江、范晓斌出庭参加，专利权人委托公民代理人吴鸣出庭参加。

在口头审理中，（1）专利权人表示对证据1~3的真实性及其中文译文的准确性无异议。（2）请求人明确表示本次无效宣告请求的理由是本专利不符合专利法第22条第3款、第26条第3款以及专利法实施细则第20条第1款和第21条第2款的规定。（3）关于专利法第26条第3款，请求人认为，根据本专利说明书中的记载，在第一次按下推杆时，泵体内要产生真空，从而活塞下面的泵体空间将是一个密闭空间，但是这样就无法在第二次按下推杆时将药液喷出，从而无法实现本发明，说明书中没有对此进行清楚的说明，不符合专利法第26条第3款的规定；专利权人认为结合附图能够理解说明书中记载的内容。（4）关于专利法实施细则第20条第1款，请求人认为本专利权利要求1中没有清楚地限定各个特征之间的连接关系；专利权人认为权利要求1中已经进行了清楚的限定。（5）关于专利法实施细则第21条第2款，请求人认为本专利权利要求1缺少实现“产生真空”和“允许空气进入泵体”的必要技术特征，专利权人认为权利要求1的撰写符合规定。（6）关于专利法第22条第3款，请求人认为，证据1中的排出泵1对应本专利中的喷雾装置，帽4对应本专利中的瓶盖，活塞杆9、泵缸壳体3、弹性压缩套筒8、7、弹簧16等整体组成的泵装置对应本专利中的喷雾剂泵装置，证据1中的活塞杆9也是在上端并且是中空的，并且也是从帽4中伸出，一头在外，泵缸壳体3对应于本专利中的泵体5，活塞套筒7与弹性压缩套筒8对应于本专利中所述活塞与所述活塞杆连为一体，泵缸壳体3与帽4的内侧是固连，对应于本专利中的泵体5的外表面与瓶盖的内面固连，泵缸壳体3是一个长管状，对应于本专利中的泵体5为一长管状，弹簧16对应本专利中的弹簧6，球阀对应本专利中的钢珠，区别在于证据1没有公开球阀是由钢制成的，但该特征被证据3公开，证据3也是医用装置，其中使用的是钢球，并且该区别也是公知常识，因此本专利权利要求1不具有创造性，此外，证据 2 也公开了与证据 1 相似的内容；专利权人认为，钢珠与球阀不同，球阀的结构非常复杂，本专利中的球是起堵塞下口的作用，并且证据 2 的技术领域不是医用方面。

至此，合议组认为本案事实已经清楚，现依法作出如下审查决定。

二、决定的理由

1. 关于证据

在本次无效宣告程序中，请求人共提交了三份证据及其中文译文，其中证据 1~3 均是公开日期在本专利申请日之前的美国专利文献，专利权人对证据 1~3 的真实性及其中文译文的准确性无异议。经核实，合议组对证据 1~3 的真实性予以认可，其上记载的内容构成本专利的现有技术，证据 1~3 中文字部分的内容以请求人提交的中文译文为准。

2. 关于专利法第 22 条第 3 款

专利法第 22 条第 3 款规定：创造性，是指同申请日以前已有的技术相比，该发明有突出的实质性特点和显著的进步，该实用新型有实质性特点和进步。

具体到本案，本专利权利要求 1 涉及一种医用喷雾瓶的喷雾装置，其所要解决的技术问题是提供一种能够锁紧瓶口并且具有喷雾功能的医用喷雾瓶的喷雾装置。该权利要求 1 的技术方案为：一种医用喷雾瓶的喷雾装置，包括瓶盖，其特征是：所述瓶盖上设计喷雾剂泵装置，最上端为中空推杆，所述推杆的一头在外，另一头插入泵体内与所述活塞杆固连，所述活塞与所述活塞杆连为一体，泵体的外表面与瓶盖的内面固连，泵体为一长管状，内有弹簧和钢珠。

证据 1 公开了一种可流动介质的排出装置，其中（参见证据 1 说明书译文第 3 页第 2 行至第 5 页第 4 行）具体公开了如下特征：排出泵 1（相当于本专利中的喷雾装置）包括帽 4（相当于本专利中的瓶盖），该排出泵 1 包括具有活性物质排出槽道的活塞杆 9（相当于本专利中的中空推杆），该活塞杆 9 一头在外，另一头插入排出泵 1 的泵壳体 3 内与压缩套筒 8（相当于本专利中的活塞杆）固定连接，活塞套筒 7（相当于本专利中的活塞）与压缩套筒 8 相连接并构成一个部件，帽 4 卡扣固定在泵缸壳体 3 的外端部上（相当于本专利中的泵体外表面与瓶盖内面固连），由附图 1 中可见泵缸壳体 3 也是一长管状，内设有复位弹簧 16（相当于本专利中的弹簧）和构造为简单球阀的进口阀 17。

将证据 1 与本专利权利要求 1 对比可知，其区别仅在于：本专利权利要求 1 中的泵体内设有钢珠，该钢珠所起的作用是堵塞泵体下口；而证据 1 中在泵缸壳体内设置的是构造为简单球阀的进口阀 17。

证据 3 公开了一种用于介质的排出装置，其中（参见证据 3 说明书译文第 7 页第 1 行至第 8 页最后一行）具体公开了该排出装置 1 包括排出头 4、泵 5、排出槽道 12、柱塞 22、套筒 24、弹簧 26、球 27 等部件，该球 27 可以由钢制造，并且从附图 2 中可以看出球 27 位于泵体的下口处。

合议组认为，证据 3 与证据 1、本专利同属于介质的排出装置领域，证据 3 中公开了使用由钢制造的球 27，并且从附图 2 中可知，该球 27 所设置的位置与证据 1 中的进口阀 17、本专利中的钢珠的位置均相同，都是位于泵体下口处，再结合证据 3 公开的内容可推知，该球 27 实质上也是起堵塞泵体下口的作用，与本专利中钢珠的作用相同，因此上述区别特征已经被证据 3 公开且其所起作用与本专利中相同，也就是说证据 3 中给出了将钢球用于证据 1 的排出装置中从而得到本专利权利要求 1 的技术方案的技术启示，因此本专利权利要求 1 相对于证据 1 和证据 3 的结合不具备创造性，不符合专利法第 22 条第 3 款的规定。

由于已经得出了本专利全部权利要求不具备创造性的结论，因此本决定不再对请求人提交的其他证据和理由进行评述。

三、决定

宣告 200620073135.1 号实用新型专利权全部无效。

当事人对本决定不服的，可以根据专利法第 46 条第 2 款的规定，在收到本决定之日起三个月内向北京市第一中级人民法院起诉。根据该款规定，一方当事人起诉后，另一方当事人应当作为第三人参加诉讼。

211

适用于电梯扶手的新型广告载体

无效宣告请求审查决定（第12376号）

决　　定　　号　第12376号
决　　定　　日　2008年9月24日
发明创造名称　适用于电梯扶手的新型广告载体
国 际 分 类 号　G09F 23/00
无效宣告请求人　上海衡方知识产权代理有限公司
专　利　权　人　上海恒运广告有限公司
专　　利　　号　200620120726. X
申　　请　　日　2006年6月23日
授 权 公 告 日　2007年1月31日
合 议 组 组 长　高　栋
主　　审　　员　邢文飞
参　　审　　员　李　佳

法　律　依　据　专利法第22条第3款
决　定　要　点

如果一项权利要求的技术方案相对于现有技术公开的技术方案而言，存在着区别技术特征，但是本领域技术人员在现有技术的基础上，能够得到实现权利要求技术方案的启示，并且该权利要求的技术方案也没有产生预料不到的技术效果，则该权利要求不符合专利法第22条第3款规定的创造性。

一、案由

本无效宣告请求涉及国家知识产权局于2007年1月31日授权公告的、名称为“适用于电梯扶手的新型广告载体”的实用新型专利（下称本专利），其申请日为2006年6月23日、专利号为200620120726. X、专利权人为上海恒运广告有限公司。该专利授权公告的权利要求书如下：

“1. 适用于电梯扶手的新型广告载体，包括信息层和结合层（7），信息层和结合层结合在一起，其特征在于结合层（7）选自双面胶或涂敷在信息层上的可转移的不干胶；

信息层包括：

聚胺酯薄膜（5），在聚胺酯薄膜（5）的一面涂有一层油墨A（4），油墨A（4）的另一面是印刷打印信息内容（3）；

聚胺酯薄膜（5）的另一面是油墨B（6），油墨B（6）的另一面涂有结合层（7）；结合层（7）选自可转移的不干胶或双面胶；

油墨A（4）和油墨B（6）是醇溶性、无甲苯、无丁酮的单液型油墨。

2. 根据权利要求1所述的适用于电梯扶手的新型广告载体，其特征在于辅助剂选自于防粘剂、硬化剂或抗刮剂中的任意一种。

3. 根据权利要求1或2所述的适用于电梯扶手的新型广告载体，其特征在于所述的信息内容（3）是印刷打印的。

4. 根据权利要求1或2所述的适用于电梯扶手的新型广告载体，其特征在于在印刷打印信息内容（3）的另一面是不可转移的不干胶（2），不可转移的不干胶（2）的另一面是保护层（1）；

保护层（1）选自无色透明的塑料薄膜或无色透明的聚胺酯薄膜中的任意一种。

5. 根据权利要求3所述的适用于电梯扶手的新型广告载体，其特征在于在印刷打印信息内容（3）的另一面是不可转移的不干胶（2），不可转移的不干胶（2）的另一面是保护层（1）；

保护层（1）选自无色透明的塑料薄膜或无色透明的聚胺酯薄膜中的任意一种。”

针对上述专利权，上海衡方知识产权代理有限公司（下称请求人）于2008年6月10日向国家知识产权局专利复审委员会提出无效宣告请求，其无效理由为本专利权利要求1、3~5不符合专利法第22条第3款的规定，权利要求2不符合专利法实施细则第20条第1款的规定。请求人提交了如下附件作为证据：

附件1：公开号为CN1346330A的中国发明专利申请公开说明书复印件，共51页，公开日为2002年4月24日（下称对比文件1）；

附件2：公开号为CN1542066A的中国发明专利申请公开说明书复印件，共6页，公开日为2004年11月3日（下称对比文件2）。

请求人认为：（1）对比文件1与本专利属于相同的技术领域，与权利要求1相比，区别仅在于本专利权利要求1中，信息层的聚氨酯薄膜5的两面分别涂有油墨A和油墨B，这是“由于聚氨酯薄膜材料对于不干胶及印刷打印的油墨不具备良好的黏附作用，所以在上不干胶及印刷打印前，需进行涂层处理”，而该技术特征恰恰被对比文件2公开，因此本专利权利要求1保护的技术方案相对于对比文件1和对比文件2的结合不具备专利法第22条第3款规定的创造性；（2）从属权利要求3、4、5的附加技术特征在对比文件1中公开，因此在权利要求1不具备创造性的情况下，引用权利要求1的从属权利要求3、4、5也不具备专利法第22条第3款规定的创造性；（3）从属权利要求2引用权利要求1，对“辅助剂”这一技术特征作了进一步限定，但是该技术特征并未出现在权利要求1中，造成权利要求2和权利要求1之间的引用关系不清楚，从而不能清楚确定权利要求2请求保护的范围，因此该权利要求不符合专利法实施细则第20条第1款的相关规定。

经形式审查合格，专利复审委员会依法受理了上述无效宣告请求，并于2008年6月25日向双方发出无效宣告请求受理通知书，同时将请求人于2008年6月10日提交的无效宣告请求书及其附件清单中所列附件副本转给专利权人，要求其在指定期限内答复。

专利复审委员会依法成立合议组对本案进行审理，本案合议组于2008年8月1日向双方当事人发出口头审理通知书，定于2008年8月25日举行口头审理。

专利权人于2008年8月11日提交了意见陈述书，认为：（1）本专利权利要求中的聚胺酯薄膜与对比文件1的聚氨酯薄膜存在一定的区别；（2）对比文件1的“脱开层”并非是为了在扶手上粘贴薄膜，故而对比文件1公开的薄膜“脱开层和第一黏结层”也就并非如请求人在无效宣告请求书中所述的“相当于本专利的结合层7”，从而请求人认为“对比文件1与本专利权利要求1属于同一技术领域，区别仅在于信息层的聚氨酯薄膜5的两面分别涂有油墨A和油墨B”也是不正确的；而对比文件2所主要解决的问题是“塑料薄膜印刷”，而本专利还利用油墨增加聚酯胺薄膜材料对不干胶的黏附，因此取得了现有技术没有取得的扶手广告载体“易于去除”的意想不到的技术效果，因此即使承认本领域普通技术人员可以根据对比文件1的启示查找到对比文件2的内容，对比文件1和对比文件2的结合也不能使本领域技术人员在不付出创造性劳动的情况下得到本专利权利要求1的技术方案，因此本专利权利要求1相对于对比文件1和对比文件2的结合具备专利法第22条第3款规定的创造性；在权利要求1具备创造性的情况下，引用权利要求1的从属权利要求3~5也具备专利法第22条第3款规定的创造性；（3）本专利权利要求2在权利要求1的基础上，增加了“辅助剂”的技术特征，并进一步对该技术特征的来源进行进一步的限定，从属权利要求可以对独立权利要求的技术特征进行进一步的限定，也可以增加附加的技术特征，因此本专利权利要求2对权利要求1的引用关系毫无疑问是没有任何歧义的，符合专利法实施细则第20条第1款的规定。

口头审理如期举行，双方当事人均出席了口头审理。在口头审理过程中，双方当事人对合议组成员无回避请求，对对方出庭人员身份无异议。专利权人对对比文件1和对比文件2的真实性无异议。请求人明确无效宣告请求理由为：本专利权利要求1相对于对比文件1和对比文件2的结合不符合专利法第22条第3款的规定；权利要求2不符合专利法实施细则第20条第1款的规定；权利要求3~5分别相对于对比文件1和对比文件2的结合不具备创造性。合议组当庭将专利权人于2008年8月11日提交的意见陈述书转交给请求人，请求人表示当庭已经充分陈述了意见，口头审理结束后不再以书面形式陈述意见。合议组当庭告知专利权人应在口头审理结束之后起7日内重新提交合格的授权委托书，否则视为未出席口头审理。专利权人当庭表示口头审理结束后会提交修改后的权利要求书，使用删除方式进行修改。

专利权人于2008年8月29日提交了合格的授权委托书以及意见陈述书，附有专利权人提交的权利要求书修改替换页，删除了权利要求2，并对从属权利要求的引用关系作了适应性修改，修改后的权利要求书如下：

“1. 适用于电梯扶手的新型广告载体，包括信息层和结合层（7），信息层和结合层结合在一起，其特征在于结合层（7）选自双面胶或涂敷在信息层上的可转移的不干胶；

信息层包括：

聚胺酯薄膜（5），在聚胺酯薄膜（5）的一面涂有一层油墨A（4），油墨A（4）的另一面是印刷打印信息内容（3）；

聚胺酯薄膜（5）的另一面是油墨B（6），油墨B（6）的另一面涂有结合层（7）；结合层（7）选自可转移的不干胶或双面胶；

油墨A（4）和油墨B（6）是醇溶性、无甲苯、无丁酮的单液型油墨。

2. 根据权利要求1所述的适用于电梯扶手的新型广告载体，其特征在于所述的信息内容（3）是印刷打印的。

3. 根据权利要求1所述的适用于电梯扶手的新型广告载体，其特征在于印刷在打印信息内容（3）的另一面是不可转移的不干胶（2），不可转移的不干胶（2）的另一面是保护层（1）；

保护层（1）选自无色透明的塑料薄膜或无色透明的聚胺酯薄膜中的任意一种。

4. 根据权利要求2所述的适用于电梯扶手的新型广告载体，其特征在于印刷在打印信息内容（3）的另一面是不可转移的不干胶（2），不可转移的不干胶（2）的另一面是保护层（1）；

保护层（1）选自无色透明的塑料薄膜或无色透明的聚胺酯薄膜中的任意一种。”

2008年9月5日，合议组将专利权人于2008年8月29日提交的意见陈述书以及所附附件转送给请求人，要求其在指定的期限内答复新的意见，若不答复视为坚持口审时的意见。

在指定的期限内，请求人未进行答复。

在上述工作的基础上，合议组认为双方当事人已经充分发表意见，本案事实已经清楚，可以依法作出本无效宣告请求审查决定。

二、决定理由

1. 法律依据和审查文本

根据请求人提出的无效宣告请求的范围、理由和证据，本案合议组依据专利法第22条第3款以及专利法实施细则第20条第1款对本案进行审理。

中国专利法第22条第3款规定：创造性是指同申请日以前已有的技术相比，该发明有突出的实质性特点和显著的进步，该实用新型有实质性特点和进步。

专利法实施细则第20条第1款规定：权利要求书应当说明发明或者实用新型的技术特征，清楚、简要地表述请求保护的范围。

由于专利权人于2008年8月29日提交的权利要求书修改替换页是以删除的方式对权利要求书进行了修改，即删除了权利要求2以及权利要求3、4引用权利要求2的相关技术内容，并对修改后的权利要求进行了重新编号，因此所述修改符合专利法及实施细则以及审查指南相关规定，合议组以专利权人于2008年8月29日提交的权利要求书作为审查基础。

2. 关于证据

请求人提交的对比文件1、对比文件2均为中国专利文献，属于公开出版物，且对比文件1和对比文件2的公开日均早于本申请的申请日，专利权人未对上述对比文件1和对比文件2的真实性提出异议，经合议组核实，对其真实性予以确认，因此对比文件1和对比文件2可以作为评价本专利创造性的现有技术的证据使用。

3. 关于专利法实施细则第20条第1款

专利权人于2008年8月29日提交了意见陈述书，删除了原权利要求2及原权利要求3、4引用原权利要求2的相关技术内容，并对修改后的权利要求进行了重新编号，因此根据审查指南相关规定视为专利权人承认请求人提出关于原权利要求2不符合专利法实施细则第20条第1款的无效理由。

4. 关于专利法第22条第3款

本专利的权利要求1的特征如下：适用于电梯扶手的新型广告载体，包括信息层和结合层（7），信息层和结合层结合在一起，其特征在于结合层（7）选自双面胶或涂敷在信息层上的可转移的不干胶；信息层包括：聚胺酯薄膜（5），在聚胺酯薄膜（5）的一面涂有一层油墨A（4），油墨A（4）的另一面是印刷打印信息内容（3）；聚胺酯薄膜（5）的另一面是油墨B（6），油墨B（6）的另一面涂有结合层（7）；结合层（7）选自可转移的不干胶或双面胶；油墨A（4）和油墨B（6）是醇溶性、无甲苯、无丁酮的单液型油墨。

对比文件1涉及一种自动扶梯的扶手表面上保护薄膜的贴覆和去除方法，并具体公开了下述内容（参见说明书第12页第3段到第13页第2段，说明书附图12）：薄膜160包括第一薄膜层162，在其下侧上具有第一黏结层164；为在此薄膜被贴敷之前保护薄膜，并使薄膜能缠绕在套筒150上，按已知方式设置了脱开层166；在第一层162的顶部设置了印刷品，它以168表示，此印刷品168直接印刷在第一薄膜层162的顶部上，贴敷印刷品168之后，具有相应的第二黏结层172的第二薄膜层170被贴敷至第一层的顶部，从而将印刷品168夹在两层薄膜层162、170之间；每一薄膜层162、170较受推荐的是聚氨基甲酸酯薄膜。其中第一薄膜层162对应于本专利权权利要求1的信息层，第一黏结层164和脱开层166相当于结合层，并且第一薄膜层、第一黏结层164和脱开层166结合在一起，第一薄膜层162是聚氨基甲酸酯薄膜相当于本专利权利要求1的聚胺酯薄膜（5），并且在该层162的顶部设置了印刷品168；脱开层66，相当于本专利权利要求1的双面胶或涂敷在信息层上的可转移的不干胶，虽然对比文件1没有脱开层是双面胶或者不干胶，但是脱开层完成双面胶或者不干胶的功能。

将权利要求1与对比文件1相比，其区别技术特征是：（1）在聚胺酯薄膜（5）的一面涂有一层油墨A（4），油墨A（4）的另一面是印刷打印信息内容（3），聚胺酯薄膜（5）的另一面是油墨B（6），油墨B（6）的另一面涂有结合层（7），结合层（7）选自可转移的不干胶或双面胶；（2）油墨A（4）和油墨B（6）是醇溶性、无甲苯、无丁酮的单液型油墨。

对于区别技术特征（1），对比文件2公开了一种水性塑料复合油墨，并具体公开了下述特征（见说明书第1页第2~3段）：复合油墨是将油墨印刷在塑料薄膜上，然后与另一种塑料薄膜贴合，油墨夹在塑料薄膜之间；对比文件2公开的油墨是一种水性塑料油墨，其干燥速度快，在聚丙稀薄膜、聚酯薄膜上的附着牢度好，剥离强度较高。而本专利权利要求1中的油墨能够使聚胺酯薄膜（TPU）材料与不干胶水、聚胺酯薄膜（TPU）与油墨之间附着力更强，因而保证了不干胶水、油墨能够很好的附着在聚胺酯薄膜（TPU）上。因而对比文件2公开的油墨与本专利权利要求所公开的油墨功能相同，因而在对比文件1的基础上，为了使得第一薄膜层162上牢固地附着印刷品和脱开层，可在第一薄膜层162两面分别设置如对比文件2所公开的油墨，而采用何种油墨，属于本领域技术人员的常规选择。

对于区别技术特征（2），对比文件2第1页最后一段记载：本发明水性油墨的组成为：阴离子聚氨酯分散液、丙烯酸酯乳液、颜料、亚酰胺交联剂、消泡剂、水及少量的异丙醇组成。因此从对比文件2公开的油墨配方可以看出，该油墨也是一种醇溶性、无甲苯、无丁酮的单液型油墨。

基于以上的分析，合议组认为：所属技术领域普通技术人员在对比文件1的基础上，会从对比文件2获得将上述区别技术特征应用到对比文件1中而得到本专利权利要求1所要求保护技术方案的启示，也就是将对比文件1和对比文件2的结合对所属技术领域的技术人员来说是显而易见的，且没有产生预料不到的技术效果，因此本专利权利要求1所要求保护的技术方案相对于对比文件1和对比文件2的结合不具备实质性特点和进步，不符合专利法第22条第3款有关创造性的规定。

权利要求2的附加技术特征是“所述的信息内容（3）是印刷打印的”，该附加技术特征被对比文件1公开，对比文件1公开了（参见对比文件1说明书第12页第4段）：在第一层162的顶部设置了印刷品，此种印刷品可以是文本、商标、图像等。因此对比文件1公开了权利要求2的全部附加技术特征，由于权利要求2所引用的权利要求1相对于对比文件1和对比文件2的结合不具备创造性，因此权利要求2所要求保护的技术方案相对于对比文件1和对比文件2的结合也不具备实质性特点和进步，不符合专利法第22条第3款有关创造性的规定。

权利要求3、4的附加技术特征是“在印刷打印信息内容（3）的另一面是不可转移的不干胶（2），不可转移的不干胶（2）的另一面是保护层（1）；保护层（1）选自无色透明的塑料薄膜或无色透明的聚胺酯薄膜中的任意一种。”，该附加技术特征被对比文件1公开，对比文件1公开了（参见对比文件1说明书第12页第4~6段）：在第一层162的顶部设置了印刷品，具有第二黏结层172的第二薄膜层170被贴敷至第一层的顶部上，从而将印刷品168夹在两层162、170之间，这用于保护印刷品；每一薄膜层162、170较受推荐的是聚氨基甲酸酯薄膜，其厚度为3密尔，较受推荐的薄膜是具有高度光泽、透明的弹性薄膜。因此对比文件1公开了权利要求2的全部技术特征，其中第二黏结层相当于本专利权利要求3的不可转移的不干胶（2），第二薄膜层170相当于本专利权利要求1的保护层（1）；虽然两者名称不同，但是它们所起的作用完全相同。由于权利要求3所引用的权利要求1、2相对于对比文件1和对比文件2的结合不具备创造性，因此权利要求3、4所要求保护的技术方案相对于对比文件1和对比文件2的结合也不具备实质性特点和进步，不符合专利法第22条第3款有关创造性的规定。

对于专利权人认为本专利权利要求中的“聚胺酯薄膜”与对比文件1的“聚氨酯薄膜”存在一定的区别，合议组认为：本专利权利要求中的“聚胺酯薄膜”与对比文件1的“聚氨酯薄膜”只是称谓不同，其实质上是同一种产品。

综上所述，权利要求1~4所要求保护的技术方案相对于对比文件1和对比文件2的结合不具备实质性特点和进步，不符合专利法第22条第3款有关创造性的规定。

三、决定

宣告200620120726.X号实用新型专利权全部无效。

当事人对本决定不服的，可以根据专利法第46条第2款的规定，自收到本决定之日起三个月内向北京市第一中级人民法院起诉。根据该款的规定，一方当事人起诉后，另一方当事人应当作为第三人参加诉讼。

北京市第一中级人民法院
行政裁定书

（2009）一中行初字第469号

原告上海恒运广告有限公司，住所地上海市浦东新区龚支路310号。

法定代表人郑峰，董事长。

委托代理人马晓东，国浩律师集团（北京）事务所律师。

委托代理人李伟，国浩律师集团（北京）事务所律师。

被告国家知识产权局专利复审委员会，住所地北京市海淀区北四环西路9号银谷大厦10~12层。

法定代表人廖涛，副主任。

委托代理人邢文飞，男，国家知识产权局专利复审委员会审查员。

委托代理人余心蕾，女，国家知识产权局专利复审委员会审查员。

第三人上海衡方知识产权代理有限公司，住所地上海市青浦区华纺路69号317室。

法定代表人卞孜真，董事长。

委托代理人孟湘明，男，上海衡方知识产权代理有限公司职员。

委托代理人周亦成，男，上海衡方知识产权代理有限公司职员。

原告上海恒运广告有限公司不服被告国家知识产权局专利复审委员会作出的第12376号无效宣告请求审查决定，向本院提起行政诉讼。本院受理后依法组成合议庭。在本院审理过程中，原告自愿向本院申请撤回起诉。

本院经审查后认为，原告有权在诉讼期间依法处分其诉讼权利。原告上海恒运广告有限公司在诉讼期间，自愿申请撤回起诉，属于依法处分其诉讼权利的行为，该行为未侵犯国家，集体和他人的合法权益，本院应予准许。依照《中华人民共和国行政诉讼法》第五十一条的规定，裁定如下：

准许原告上海恒运广告有限公司撤回起诉。

案件受理费100元，减半收取50元，由原告上海恒运广告有限公司负担（已交纳）。

审 判 长 齐 莹
代理审判员 乔 军
人民陪审员 吴 群
二〇〇九年六月十六日
书 记 员 曹 炜

一种混凝土填充用空心管

无效宣告请求审查决定（第12408号）

决　　定　　号　第12408号
决　　定　　日　2008年10月21日
发明创造名称　一种混凝土填充用空心管
国 际 分 类 号　E04B 5/16
无效宣告请求人　济南巨星建筑科技技术有限公司
专　利　权　人　邱则有
申　　请　　号　03118362. X
申　　请　　日　2003年5月12日
授 权 公 告 日　2005年9月28日
合 议 组 组 长　温丽萍
主　　审　　员　郭建强
参　　审　　员　樊延霞

法　律　依　据　专利法第22条第3款、第4款
决　定　要　点

实用性是指发明或者实用新型的主题必须能够在产业上制造或者使用，并且能够产生积极效果。创造性，是指同申请日以前已有的技术相比，该发明有突出的实质性特点和显著的进步。突出的实质性特点是指要求保护的技术方案相对于现有技术具有非显而易见性；显著的进步是指具有有益的技术效果。

一、案由

本无效宣告请求涉及中华人民共和国国家知识产权局于2005年9月28日授权公告的、名称为“一种混凝土填充用空心管”的发明专利权（下称本专利），其申请号是03118362. X，申请日是2003年5月12日，专利权人是邱则有。该专利授权公告时的权利要求7~11如下：

“7. 一种混凝土填充用空心管，包括管体（1）、堵头（2），两堵头（2）将管体（1）两端封堵形成封闭的空腔空心管，其特征在于所述的空心管至少一端堵头（2）沉入管体（1）空腔内形成管端盆腔（3），至少一个盆腔（3）内设置有叠合层（5）。

8. 根据权利要求7所述的一种混凝土填充用空心管，其特征在于所述的叠合层（5）为砂浆或混凝土板。

9. 根据权利要求8所述的一种混凝土填充用空心管，其特征在于所述的混凝土板为轻质混凝

土板。

10. 根据权利要求9所述的一种混凝土填充用空心管，其特征在于所述的轻质混凝土板为轻骨料混凝土板。

11. 根据权利要求7所述的一种混凝土填充用空心管，其特征在于所述的叠合层（5）为预制板。”

针对上述专利权，济南巨星建筑科技技术有限公司（下称请求人）于2008年6月3日向专利复审委员会提出无效宣告请求，认为本专利权利要求7~11不符合专利法第22条第3、4款的规定，其提交的附件如下：

附件1：公开日为2002年7月31日，公开号为CN1360998A的中国发明专利申请公开说明书；

附件2：授权公告日为2002年10月9日，授权公告号为CN2515321Y的中国实用新型专利说明书。

请求人认为：权利要求7与附件1或者2相比，有两个区别技术特征未被公开，其一是空心管至少一端堵头（2）沉入管体（1）空腔内形成管端盆腔（3），其二是至少一个盆腔（3）内设置有叠合层（5），但是叠合层将盆腔填平后，仅仅起一个堵头的作用，与附件1或者2的技术方案相比没有创造性，权利要求8~11也因此不具备创造性；另外，权利要求7~11采用叠合层的技术方案，以叠合层充填盆腔，使得无法实现本专利“应用于现浇混凝土空心楼盖中后，现浇混凝土进入管端盆腔中，能形成横向的与堵头复合的加劲肋，因而楼盖的纵横向刚度差异大大减小，抗震性能提高”的发明目的，因此权利要求7~11不具备实用性。

经形式审查合格，专利复审委员会依法受理了上述无效宣告请求，并于2008年6月3日向双方发出无效宣告请求受理通知书，同时将专利权无效宣告请求书及其附件清单中所列附件的副本转送给专利权人，并要求专利权人在指定的期限内陈述意见。

针对上述无效宣告请求受理通知书，专利权人于2008年7月21日提交了意见陈述书，对请求人就各附件公开内容的理解和具体意见陈述的准确性不予认可，请求专利复审委员会对本案进行口头审理，并维持本专利全部有效。

专利复审委员会本案合议组于2008年7月30日向双方发出无效宣告请求口头审理通知书，定于2008年9月18日举行口头审理。随同口头审理通知书，将专利权人2008年7月21日提交的意见陈述书的副本转送给请求人。

口头审理如期举行，双方当事人均参加了口头审理。

在口头审理中，请求人明确无效的理由、范围和证据为：权利要求7~11相对于附件1或者附件2，或者附件1或2分别结合公知常识不具有创造性，权利要求8~11的附加技术特征是公知常识；权利要求7~11不具有实用性。专利权人对附件1、2的真实性没有异议。双方就本专利权利要求7~11是否具备创造性和实用性充分发表了意见。其中，请求人认可在现有技术以及教科书中都没有关于“管端盆腔”的记载，而且本领域技术人员也不会在普通混凝土芯管中考虑此技术特征的采用。专利权人表示权利要求7中“管端盆腔”可以是被叠合层填满也可以是没有填满仍有盆腔。

至此，合议组认为本案事实已经清楚，可以作出审查决定。

二、决定的理由

1. 关于证据和现有技术

请求人提交的证据是附件1和2，专利权人对其真实性没有异议，合议组经审查认可附件1和2的真实性，同时由于附件1和2的公开日期均在本专利的申请日之前，因此可以作为本专利的现有技术使用。

2. 关于本专利权利要求7~11的实用性

专利法第22条第4款规定的实用性是指发明或者实用新型的主题必须能够在产业上制造或者使用，并且能够产生积极效果。

请求人认为本专利的权利要求7~11不具有实用性，具体为：权利要求7~11采用叠合层的技术方案，以叠合层充填盆腔，使得无法实现本专利“应用于现浇混凝土空心楼盖中后，现浇混凝土进入管端盆腔中，能形成横向的与堵头复合的加劲肋，因而楼盖的纵横向刚度差异大大减小，抗震性能提高”的发明目的，因此权利要求7~11不具备实用性。

合议组经审查后认为：首先，本专利权利要求7~11的技术方案是关于一种混凝土填充用空心管，其是符合自然规律、具有技术特征的可实施的技术方案，在建筑构件的产业上能够制造或者使用；其次，本专利权利要求7~11的技术方案也能够产生积极的效果。根据本专利说明书第1页第16~17行的记载，本发明的目的在于提供一种混凝土填充用空心管，应用于现浇空心楼盖中，能减少楼盖的纵横向刚度差异，提高抗震性能。据此，本专利提供了多种解决方案，其中之一是“堵头沉入管体空腔内形成管端盆腔”，应用于现浇混凝土空心楼盖中后，现浇混凝土进入管端盆腔中，能形成横向的与堵头复合的加劲肋，因而楼盖的纵横向刚度差异大大减小，抗震性能提高（参见说明书第1页第18~23行），此即请求人所称的本专利的发明目的。但是，本专利还提供了另一种解决方案，即“所述的空心管至少一端堵头沉入管体空腔内形成管端盆腔，预先在盆腔内设置叠合层，叠合层与堵头复合共同构成复合的预制加劲肋”（参见说明书第2页第9~11行），此即本专利权利要求7~11所包括的技术方案，该方案由于在管体中形成有复合的预制加劲肋，因此同样能够解决“应用于现浇空心楼盖中，能减少楼盖的纵横向刚度差异，提高抗震性能”的技术问题，产生了积极的效果。因此综上两点，本专利权利要求7~11的技术方案具备专利法第22条第4款所规定的实用性。

3. 关于本专利权利要求7~11的创造性

专利法第22条第3款规定的创造性，是指同申请日以前已有的技术相比，该发明有突出的实质性特点和显著的进步，该实用新型具有实质性特点和进步。

突出的实质性特点是指要求保护的技术方案相对于现有技术具有非显而易见性；显著的进步是指具有有益的技术效果。

本案中，请求人认为本专利权利要求7与附件1或者2相比，有两个区别技术特征未被公开，其一是空心管至少一端堵头（2）沉入管体（1）空腔内形成管端盆腔（3），其二是至少一个盆腔（3）内设置有叠合层（5），但是叠合层将盆腔填平后，仅仅起一个堵头的作用，与附件1或者附件2或者附件1或2分别结合公知常识相比没有创造性，从属权利要求8~11也不具备创造性。

合议组经审查后认为，附件1和2均涉及建筑构件中的现浇空心管，并均公开了“管体、堵头，两堵头将管体两端封堵形成封闭的空腔空心管”，即本专利权利要求7前序部分的技术特征，但附件1和2均未公开权利要求7中关于“管端盆腔”和“叠合层”的特征部分的技术特征，即请求人所指出的上述两个区别技术特征。其中，“管端盆腔”的特征能够使得现浇砼进入管端盆腔中，形成横向的与堵头复合的加劲肋，减小楼盖的纵横向刚度差异，提高抗震性能。请求人并不能证明现有技术（包括附件1和2以及本领域技术人员的公知常识）中给出了采用上述的“管端盆腔”特征的技术启示，相反，请求人在口头审理中认可在现有技术以及教科书中都没有关于“管端盆腔”的记载，而且本领域技术人员也不会在普通混凝土芯管中考虑此技术特征的采用。据此，合议组认为权利要求7中关于“管端盆腔”的区别特征的采用对本领域技术人员来说是非显而易见的。其次，关于“叠合层”的区别特征，由于权利要求7中并未限定“管端盆腔”是否被叠合层完全填满，专利权人在口头审理中也表示权利要求7中“管端盆腔”可以是被叠合层填满也可以是没有填满仍有盆腔。因此，当没有填满仍有盆腔空间时，权利要求7的技术方案仍然能够实现使现浇砼进入管端盆腔中，形成横向的与堵头复合的加劲肋，减小楼盖的纵横向刚度差异，提高抗震性能的功能；而当“管端盆腔”被叠合层完全填满时，正如前文评述本专利的实用性时所述，本专利提供了另一种解决本发明之发明目的的技术方案，即通过“管端盆腔内叠合层与堵头复合共同构成复合的预制加劲肋”同样能够解决“应用于现浇空心楼盖中，能减少楼盖的纵横向刚度差异，提高抗震性能”的技术问题。请求人同样不能证明现有技术中给出了采用“盆腔内设置叠合层”的技术特征的技术启示，也不能证明上述特征的采用为本领域技术人员的公知常识。因此，权利要求7中关于“管端盆腔内设置叠合层”的区别特征的采用对本领域技术人员来说也是非显而易见的。综上，本专利权利要求7与附件1或者2的两个区别技术特征“空心管至少一端堵头沉入管体空腔内形成管端盆腔，至少一个盆腔内设置有叠合层”并不简单地等同于请求人所称的“一个堵头”的作用，而是能够解决现有技术（包括附件1和2）中存在的“纵横向刚度差异大和抗震性能差”的问题，即实现本专利的发明目的。因此权利要求7的技术方案对本领域技术人员来说并不是显而易见的，具有突出的实质性特点，同时也具有减少楼盖的纵横向刚度差异、提高抗震性能的有益的技术效果，取得了显著的进步，因此权利要求7的技术方案相对于请求人所提出的附件1或者附件2或者附件1或2分别结合公知常识的证据组合，具备专利法第22条第3款规定的创造性。其从属权利要求8~11相对于上述证据或证据组合也当然具备创造性。

根据上述的事实和理由，本案合议组依法作出以下决定。

三、决定

维持03118362. X号发明专利权有效。

当事人对本决定不服的，可以根据专利法第46条第2款的规定，自收到本决定之日起三个月内向北京市第一中级人民法院起诉。根据该款的规定，一方当事人起诉后，另一方当事人应当作为第三人参加诉讼。

北京市第一中级人民法院
行政判决书

（2009）一中行初字第959号

原告济南巨星建筑科技技术有限公司，住所地山东省济
南市马鞍山路9号。

法定代表人王军艇，总经理

委托代理人张建成，济南舜源专利事务所有限公司专利代理人。

被告国家知识产权局专利复审委员会，住所地北京市海淀区北四环西路9号银谷大厦。

法定代表人廖涛，副主任。

委托代理人郭建强，男，国家知识产权局专利复审委员会审查员。

委托代理人齐宏涛，男，国家知识产权局专利复审委员会审查员。

第三人邱则有，男，1962年11月9日出生，汉族，长沙巨星轻质建材股份有限公司总经理，住湖南省长沙市芙蓉区织机街18号。

委托代理人颜喜东，男，1977年11月22日出生，汉族，长沙巨星轻质建材股份有限公司职员，

住湖南省涟源市石马山镇新合村新建组。

原告济南巨星建筑科技技术有限公司不服被告国家知识产权局专利复审委员会作出的第12408号无效宣告请求审查决定（以下简称第12408号决定），向本院提起行政诉讼。本院受理后，依法组成合议庭，在法定期限内向被告送达了起诉书副本及应诉通知书。依照《中华人民共和国行政诉讼法》第二十七条的规定，本院通知邱则有作为第三人参加诉讼，并于2009年6月16日公开开庭审理了本案。原告的委托代理人张建成，被告的委托代理人郭建强、齐宏涛，第三人的委托代理人颜喜东到庭参加了诉讼。本案现已审理终结。

2008年10月21日，被告作出第12408号决定。该决定认为，名称为"一种砼填充用空心管"的第03118362.X号发明专利（以下简称本专利）的本专利权利要求7~11具备《中华人民共和国专利法》（以下简称《专利法》）第二十二条第三款、第四款规定的创造性和实用性，故决定维持本专利权有效。

在法定举证期限内，被告为证明第12408号决定的合法性，向本院提交了下列证据：1. 公开日为2002年7月31日，公开号为CN1360998A的中国发明专利申请公开说明书（即第12408号决定中的附件1，以下简称附件1）；2. 授权公告日为2002年10月9日，授权公告号为CN2515321Y的中国实用新型专利说明书（即第12408号决定中的附件2，以下简称附件2）；3. 本专利说明书；4. 口审记录表。

原告诉称：1. 被告在评价本专利的创造性和实用性时，忽略了建筑行业的公知常识，即楼板各向受力强度的改善在于钢筋网架布局。对于空心管而言，其作用仅在于根据楼板设计要求，形成有序排列的空腔。作为混凝土薄壁管本身，并不因与现浇混凝土结合改善整体楼板的受力状况。2. 被告在评价本专利权利要求7的技术方案创造性时，将"管端盆腔"与"叠合层"两技术特征割裂开来是错误的。3. 本专利权利要求7~11不具备创造性。根据本专利说明书附图3-7给出的结构形式，空心管的外形没有任何变化，并不会带来其专利说明书记载的积极效果。即使加入叠合层后已然存在的盆腔结构形式中，实施整体浇筑后，部分混凝土进入该盆腔中与管壁及管壁外的混凝土共同凝结成为混凝土块，其实施效果仅相当于将两排公知的空心管端面间距加大定尺寸浇筑的效果。综上所述，请求法院判决撤销第12408号决定。

原告为支持自己的诉讼主张，在法定举证期限亦向本院提交了与被告提交的证据1-3相同的证据。

被告辩称：1. 我委作出第12408号决定是基于本领域技术人员对"砼填充用空心管"的实用性和创造性的判断，不存在原告所述忽视建筑行业常识的问题。我委在对本专利权利要求7创造性的判断中，采用的判断方法符合《专利法》和《审查指南》的规定。2. 关于本专利权利要求7~11的实用性和创造性的问题，我委坚持第12408号决定中的认定理由，在此不再赘述。综上所述，第12408号决定认定事实清楚，适用法律正确，审理程序合法，请求法院判决予以维持。

第三人述称，同意被告的答辩意见。被告所作的第12408号决定认定事实清楚，适用法律正确，审理程序合法，请求法院判决予以维持。

在法定举证期限内，第三人未向本院提交证据。

经庭审质证，各方当事人均对证据发表了充分的质证意见。本院经审查认为，原告、被告提交的证据均与第12408号决定的合法性审查有关，亦符合证据的合法性、真实性的要求，本院均予以采纳。

根据上述经确认的有效证据以及当事人无争议的陈述，本院认定本案事实如下：

2003年5月12日，第三人向国家知识产权局提出名称为"一种砼填充用空心管"的发明专利申请。2005 年 9 月 28 日，国家知识产权局授予其专利权，即本专利。本专利授权公告的权利要求共 11 项，其中权利要求 7~11 内容如下：

7. 一种砼填充用空心管，包括管体（1）、堵头（2），两堵头（2）将管体（1）两端封堵形成封闭的空腔空心管，其特征在于所述的空心管至少一端堵头（2）沉入管体（1）空腔内形成管端盆腔（3），至少一个盆腔（3）内设置有叠合层（5）。

8. 根据权利要求 7 所述的一种砼填充用空心管，其特征在于所述的叠合层（5）为砂浆或砼板。

9. 根据权利要求 8 所述的一种砼填充用空心管，其特征在于所述的砼板为轻质砼板。

10. 根据权利要求 9 所述的一种砼填充用空心管，其特征在于所述的轻质砼板为轻骨料砼板。

11. 根据权利要求 7 所述的一种砼填充用空心管，其特征在于所述的叠合层（5）为预制板。

2008 年 6 月 3 日，原告以本专利权利要求 7~11 不符合《专利法》第二十二条第三、四款的规定为由，向被告提出无效宣告请求，并提交了附件 1、2 作为支持其无效宣告请求的证据。

被告受理该请求后，进行了转文，并于 2008 年 9 月 18 日举行了口头审理，双方当事人均参加了口头审理。

在口头审理中，原告明确无效的理由、范围和证据为：权利要求 7~11 相对于附件 1 或者附件 2，或者附件 1 或 2 分别结合公知常识不具有创造性，权利要求 8~11 的附加技术特征是公知常识；权利要求 7~11 不具有实用性。第三人对附件 1、2 的真实性没有异议。双方就本专利权利要求 7~11 是否具备创造性和实用性充分发表了意见。其中，原告认可在现有技术以及教科书中都没有关于“管端盆腔”的记载，而且本领域技术人员也不会在普通混凝土芯管中考虑此技术特征的采用。第三人表示权利要求 7 中“管端盆腔”可以是被叠合层填满也可以是没有填满仍有盆腔。

被告对原告提交的证据进行审查后，认可附件 1 和 2 的真实性，同时由于附件 1 和 2 的公开日期均在本专利的申请日之前，因此可以作为本专利的现有技术使用。

针对原告提出的本专利权利要求 7~11 不具有实用性的无效理由，被告经审查认为，《专利法》第二十二条第四款规定的实用性是指发明或者实用新型的主题必须能够在产业上制造或者使用，并且能够产生积极效果。首先，本专利权利要求 7~11 的技术方案是关于一种砼填充用空心管，其是符合自然规律、具有技术特征的可实施的技术方案，在建筑构件的产业上能够制造或者使用；其次，本专利权利要求 7~11 的技术方案也能够产生积极的效果。根据本专利说明书第 1 页第 16~17 行的记载，本发明的目的在于提供一种砼填充用空心管，应用于现浇空心楼盖中，能减少楼盖的纵横向刚度差异，提高抗震性能。据此，本专利提供了多种解决方案，其中之一是“堵头沉入管体空腔内形成管端盆腔”，应用于现浇砼空心楼盖中后，现浇砼进入管端盆腔中，能形成横向的与堵头复合的加劲肋，因而楼盖的纵横向刚度差异大大减小，抗震性能提高（参见说明书第 1 页第 18~23 行），此即原告所称的本专利的发明目的。但是，本专利还提供了另一种解决方案，即“所述的空心管至少一端堵头沉入管体空腔内形成管端盆腔，预先在盆腔内设置叠合层，叠合层与堵头复合共同构成复合的预制加劲肋”（参见说明书第 2 页第 9~11 行），此即本专利权利要求 7~11 所包括的技术方案，该方案由于在管体中形成有复合的预制加劲肋，因此同样能够解决“应用于现浇空心楼盖中，能减少楼盖的纵横向刚度差异，提高抗震性能”的技术问题，产生了积极的效果。因此综上两点，本专利权利要求 7~11 的技术方案具备《专利法》第二十二条第四款所规定的实用性。

针对原告提出的本专利权利要求 7~11 不具备创造性的无效理由，被告认为，《专利法》第二十二条第三款规定的创造性，是指同申请日以前已有的技术相比，该发明有突出的实质性特点和显著的进步，该实用新型具有实质性特点和进步。突出的实质性特点是指要求保护的技术方案相对于现有技术具有非显而易见性；显著的进步是指具有有益的技术效果。本案中，附件 1 和 2 均涉及建筑构件中的现浇空心管，并均公开了“管体、堵头，两堵头将管体两端封堵形成封闭的空腔空心管”，即本专利权利要求7前序部分的技术特征，但附件1和2均未公开权利要求7中关于“管端盆腔”和“叠合层”的特征部分的技术特征，即原告所指出的上述两个区别技术特征。其中，“管端盆腔”的特征能够使得现浇砼进入管端盆腔中，形成横向的与堵头复合的加劲肋，减小楼盖的纵横向刚度差异，提高抗震性能。原告并不能证明现有技术（包括附件1和2以及本领域技术人员的公知常识）中给出了采用上述的“管端盆腔”特征的技术启示，相反，原告在口头审理中认可在现有技术以及教科书中都没有关于“管端盆腔”的记载，而且本领域技术人员也不会在普通混凝土芯管中考虑此技术特征的采用。据此，被告认为权利要求7中关于“管端盆腔”的区别特征的采用对本领域技术人员来说是非显而易见的。其次，关于“叠合层”的区别特征，由于权利要求7中并未限定“管端盆腔”是否被叠合层完全填满，第三人在口头审理中也表示权利要求7中“管端盆腔”可以是被叠合层填满也可以是没有填满仍有盆腔。因此，当没有填满仍有盆腔空间时，权利要求7的技术方案仍然能够实现使现浇砼进入管端盆腔中，形成横向的与堵头复合的加劲肋，减小楼盖的纵横向刚度差异，提高抗震性能的功能；而当“管端盆腔”被叠合层完全填满时，正如前文评述本专利的实用性时所述，本专利提供了另一种解决本发明之发明目的的技术方案，即通过“管端盆腔内叠合层与堵头复合共同构成复合的预制加劲肋”同样能够解决“应用于现浇空心楼盖中，能减少楼盖的纵横向刚度差异，提高抗震性能”的技术问题。原告同样不能证明现有技术中给出了采用“盆腔内设置叠合层”的技术特征的技术启示，也不能证明上述特征的采用为本领域技术人员的公知常识。因此，权利要求7中关于“管端盆腔内设置叠合层”的区别特征的采用对本领域技术人员来说也是非显而易见的。综上，本专利权利要求7与附件1或者2的两个区别技术特征“空心管至少一端堵头沉入管体空腔内形成管端盆腔，至少一个盆腔内设置有叠合层”并不简单地等同于原告所称的“一个堵头”的作用，而是能够解决现有技术（包括附件1和2）中存在的“纵横向刚度差异大和抗震性能差”的问题，即实现本专利的发明目的。因此权利要求7的技术方案对本领域技术人员来说并不是显而易见的，具有突出的实质性特点，同时也具有减少楼盖的纵横向刚度差异、提高抗震性能的有益的技术效果，取得了显著的进步，因此权利要求7的技术方案相对于原告所提出的附件1或者附件2或者附件1或2分别结合公知常识的证据组合，具备《专利法》第二十二条第三款规定的创造性。其从属权利要求8~11相对于上述证据或证据组合也当然具备创造性。

被告基于上述分析，于2008年10月21日作出第12408号决定，维持本专利权有效。原告不服该决定，向本院提起行政诉讼。

在本院庭审中，原告、第三人对被告作出第12408号决定的审查程序无异议。原告、第三人明确表示对于第12408号决定“案由”部分记载的内容、对证据的审查认定结论、本专利权利要求7与附件1或2存在的区别技术特这个的认定均不持异议。

本院认为，对于原告、第三人在庭审中明确表示没有异议的内容，本院经审查，同意被告相关认定结论，并对被告作出第12408号决定的审查程序合法性予以确认。

根据《专利法》第五十六条的规定，发明专利权的保护范围以其权利要求内容为准，说明书及附图可以用来解释权利要求。虽然在本专利说明书的附图中公开了叠合层将管端盆腔全部填满的技术方案，但是本专利权利要求7中记载的仅是一个盆腔内设置有叠合层，并未对叠合层是否将管端盆腔填满作出具体限定。被告关于权利要求7请求保护的技术方案中，叠合层可以将管端盆腔填满，也可以未将管端盆腔填满的认定具有事实和法律依据。

根据《专利法》第二十二条第四款的规定，发明的实用性是指发明能够制造或者使用，并且能够产生积极效果。《审查指南》第二部分第五章第2节对实用性的概念作出规定，其中能够产生积极的效果，是指发明专利申请在提出申请之日，其产生的经济、技术和社会的效果是所述技术领域技术人员可以预料的。原告在无效宣告程序中提出的本专利权利要求7~11不具有实用性的理由是权利要求7~11采用叠合层的技术方案，以叠合层充填盆腔，使得无法实现本专利“应用于现浇砼空心楼盖中后，现浇砼进入管端盆腔中，能形成横向的与堵头复合的加劲肋，因而楼盖的纵横向刚度差异大大减小，抗震性能提高”的发明目的。由于本专利权利要求7中并未限定叠合层是否填满盆腔，被告根据本专利说明书以及权利要求记载的内容，从本领域技术人员的角度对本专利权利要求7~11请求保护的技术方案进行分析，认定权利要求7~11所保护的技术方案由于在管体中形成有复合的预制加劲肋，同样能够解决“应用于现浇空心楼盖中，能减少楼盖的纵横向刚度差异，提高抗震性能”的技术问题，产生了积极的效果，本专利权利要求7~11具备实用性正确，本院应予支持。

根据《专利法》第二十二条第三款的规定，发明的创造性是指同申请日以前已有的技术相比，该发明有突出的实质性特点和显著的进步。将本专利权利要求7请求保护的技术方案与附件1或2公开的技术内容进行比对，上述对比文件均未公开权利要求7中“空心管至少一端堵头沉入管体空腔内形成管端盆腔，至少一个盆腔内设置有叠合层”的技术特征。而现有技术中并未给出在空心管一端形成“管端盆腔”以及在盆腔内设置叠合层的技术启示，上述区别技术特征对于本领域技术人员而言是非显而易见的。且空心管采用一端堵头沉入管体空腔内形成管端盆腔，以及盆腔内设置叠合层这一技术方案，能够解决现有技术中岑在的纵横向刚度差异大，抗震性能差的问题，产生有益的技术效果。被告据此认定权利要求7相对于附件1或2以及附件1或2分别结合公知常识具备创造性正确，本院应予支持。权利要求8~11是权利要求7的从属权利要求。在权利要求7具备创造性的情况下，被告认定从属权利要求亦具有创造性正确，本院亦应支持。

综上所述，第12408号决定认定事实清楚，适用法律正确，审理程序合法，本院应予维持。原告要求撤销第12408号决定的诉讼理由不成立，本院不予采信。其诉讼请求本院不予支持。据此，依照《中华人民共和国行政诉讼法》第五十四条第（一）项的规定，判决如下：

维持被告国家知识产权局专利复审委员会于二〇〇八年十月二十一日作出的第12408号无效宣告请求审查决定。

案件受理费100元，由原告济南巨星建筑科技技术有限公司负担（已交纳）。

如不服本判决，可在判决书送达之日起15日内，向本院递交上诉状，并按对方当事人的人数提出副本，上诉于北京市高级人民法院。上诉人在接到人民法院预交诉讼费的通知后7日内未预交，又不提出缓交申请的，按自动撤回上诉处理。

审　判　长　张　杰
代理审判员　何君慧
代理审判员　龙　非
二〇一〇年一月八日
书　记　员　李　智

213

自粘式防盗标签

无效宣告请求审查决定（第12420号）

决　定　号　第12420号
决　定　日　2008年10月24日
发明创造名称　自粘式防盗标签
国际分类号　G09F 3/10
无效宣告请求人　常州市武进南方检测仪器有限公司
专利权人　白文新
专　利　号　200420024656.9
申　请　日　2004年2月11日
授权公告日　2005年3月9日
合议组组长　高　栋
主　审　员　高　颖
参　审　员　程　华

法律依据　专利法第22条第2款、第3款
决定要点

若权利要求与现有技术存在区别特征，导致二者的技术方案实质不同，则该权利要求相对该现有技术具备新颖性。

从权利要求与现有技术的区别特征所要解决的技术问题出发，所属领域的技术人员能够在现有技术中找到启示，并根据公知常识，对现有技术作出改进从而得到权利要求的技术方案，则该权利要求不具备创造性。

一、案由

本无效宣告请求案涉及国家知识产权局于2005年3月9日授权公告的200420024656.9号实用新型专利（下称本专利），其名称为“自粘式防盗标签”，申请日为2004年2月11日，专利权人为白文新。

本专利授权公告的权利要求书内容如下：

“1. 一种自粘式防盗标签，具有标签基体（1）、双面胶（2）和离形纸（3），其特征是：标签基体（1）两面分别粘贴有双面胶（2），双面胶（2）另一面粘贴离形纸（3）。

2. 根据权利要求1所述的自粘式防盗标签，其特征在于：所述离形纸（3）一端与标签基体（1）平齐，另一端长出标签基体（1）。

3. 根据权利要求1所述的自粘式防盗标签，其特征在于：所述离形纸（3）一面与左端标签基体

（1）平齐，右端长出标签基体（1），另一面与右端标签基体（1）平齐，左端长出标签基体（1）。

4. 根据权利要求1所述的自粘式防盗标签，其特征在于：所述离形纸（3）绕过标签基体（1）的一端，离形纸（3）的两端长出标签基体（1）另一端。”

2008年6月13日，常州市武进南方检测仪器有限公司（下称请求人）向国家知识产权局专利复审委员会提出无效宣告请求，请求宣告上述专利权无效，并提交了如下附件作为证据：

附件1：ZL03221448.0号中国实用新型专利说明书复印件共8页，授权公告日为2004年5月12日。

请求人提出的无效宣告请求理由是：本专利权利要求1的所有技术特征已被附件1的背景技术部分公开，因而不具备新颖性，不符合专利法第22条第2款的规定；由附件1说明书第2页第8~15行、附图2可知，附件1的金属防盗标签制签机所生产出的防盗标签具备本专利权利要求2的防盗标签的特征，因而本专利权利要求2不具备新颖性，不符合专利法第22条第2款的规定；本专利权利要求3、4要求保护的防盗标签已被附件1的背景技术部分公开，因而不具备新颖性，不符合专利法第22条第2款的规定；本专利权利要求3、4根据本专利权利要求2披露的技术方案不具备创造性，不符合专利法第22条第3款的规定。

经形式审查合格后，专利复审委员会受理了该无效宣告请求，于2008年6月13日向双方当事人发出无效宣告请求受理通知书，同时将专利权无效宣告请求书及其附件清单所列附件副本一并转送给专利权人，要求其在指定的期限内陈述意见。

2008年7月12日，请求人向国家知识产权局专利复审委员寄交了意见陈述书及补充证据：

附件2：申请号为03113302.9的中国发明专利申请公开说明书复印件共5页，公开日为2003年10月15日。

请求人指出，本专利权利要求1的所有技术特征已被附件2的背景技术部分公开，因而不具备新颖性，不符合专利法第22条第2款的规定；由附件2说明书第2页第12~17、22~29行可知，附件2的金属防盗标签制签机生产出的防盗标签具备本专利权利要求2的防盗标签的特征，因而本专利权利要求2不具备新颖性，不符合专利法第22条第2款的规定；本专利权利要求3、4要求保护的防盗标签已被附件2的背景技术部分公开，因而不具备新颖性，不符合专利法第22条第2款的规定；本专利权利要求3、4进一步限定的技术特征是本领域技术人员惯用技术手段，因而权利要求3、4不具备创造性，不符合专利法第22条第3款的规定。

专利复审委员会依法成立合议组对上述无效宣告请求案进行审理。

2008年8月1日，合议组向双方当事人发出口头审理通知书，定于2008年9月17日举行口头审理，并随口头审理通知书向专利权人转送了请求人于2008年7月12日寄交的补充证据及意见陈述书的副本。

2008年9月17日，口头审理如期举行，双方当事人均分别委托代理人出席了口头审理。在口头审理中：（1）双方当事人对合议组成员无回避请求，对对方出庭人员身份无异议；（2）请求人当庭放弃附件1作为证据使用，放弃与其相关无效理由，放弃权利要求1~4使用公开的无效理由；（3）专利权人对附件2的真实性无异议；（4）请求人明确其无效宣告请求的理由为：本专利权利要求1、2相对于附件2不符合专利法第22条第2款的规定，本专利权利要求3、4相对于附件2与本领域惯用技术手段的结合不符合专利法第22条第3款的规定。

至此，合议组认为本无效宣告请求案的事实清楚，可以依法作出审查决定。

二、决定的理由

1. 关于证据

由于附件2是中国发明专利申请公开说明书，专利权人在口头审理中表示认可附件2的真实性，同时附件2的公开日早于本专利的申请日，因此，附件2可以作为评价本专利的新颖性和创造性的现有技术。

2. 关于专利法第22条第2款

专利法第22条第2款规定：新颖性，是指在申请日以前没有同样的发明或者实用新型在国内外出版物上公开发表过、在国内公开使用过或者以其他方式为公众所知，也没有同样的发明或者实用新型由他人向国务院专利行政部门提出过申请并且记载在申请日以后公布的专利申请文件中。

（1）权利要求1要求保护一种自粘式防盗标签，附件2公开了一种金属防盗标签的制签方法：先把非晶磁条、钢条切割成产品所要求的长度，然后通过手工把磁条和若干段钢条粘贴到已经预先剪切成产品规定宽度的双面胶带的相应位置，然后手工叠合，使非晶磁条与间隔排成一线的钢条重合贴合于双面胶带内（参见附件2说明书第1页第6~14行）。可见，附件2在公开制造防盗标签方法的同时，实质上隐含公开了由该方法所制造出来的防盗标签的结构，即附件2也公开了一种防盗标签，其结构是中间部分为叠合的非晶磁条和钢条，在非晶磁条和钢条外侧各是一层双面胶带，另外由于该防盗标签是一种成品，其双面胶带必然包含粘贴在胶体上的纸条，并且显然在使用时是属于自粘式的防盗标签。

通过对比分析可知，附件2的非晶磁条和钢条部分相当于本专利权利要求1的标签基体，附件2的两侧双面胶带的胶体部分和纸条部分分别相当于权利要求1的双面胶和离形纸，附件2公开的防盗标签结构与本专利权利要求1的防盗标签具有相同的结构。由此可知，权利要求1的防盗标签已被附件2公开，且权利要求1与附件2公开的防盗标签能够解决同样的技术问题，即提供一种自粘式的防盗标签，也能够实现同样的技术效果，即方便防盗标签的粘贴，因此权利要求1相对于附件2不具备专利法第22条第2款规定的新颖性。

（2）附件2的防盗标签是先将非晶磁条、钢条、双面胶带粘合再分切形成成品（参见附件2说明书第2页第12~17、22~29行），由此可知，附件2并未公开分切形成的标签的胶带纸条部分是否长出磁条和钢条，即从属权利要求2的附加技术特征未被附件2公开，因此本专利权利要求2相对于附件2具备专利法第22条第2款规定的新颖性。

3. 关于专利法第22条第3款

专利法第22条第3款规定：创造性，是指同申请日以前已有的技术相比，该发明有突出的实质性特点和显著的进步，该实用新型有实质性特点和进步。

本专利的权利要求3、4从属于权利要求1，权利要求3、4的附加技术特征均对双面胶基体与纸条部分之间的关系作了进一步限定，对本领域的技术人员来说，为了方便地取下标签胶带上粘贴的纸条部分，而将纸条部分制成长出标签基体，或者将基体两侧的纸条部分分别向相反方向延长，或者将纸条部分设为绕过基体而使两端向一个方向长出基体，这均是本领域常用的技术手段，而且附件2公开了防盗标签可以采用手工方法制成，故在附件2的标签手工制作方法的工序中应用上述常用技术手段，进而制出如同本专利权利要求3、4的防盗标签，对本领域的技术人员来说是显而易见的，并且将附件2与上述常用技术手段结合也不会带来有益的技术效果，因此，所以，本专利的权利要求3、4分别相对于附件2与本领域常用技术手段的结合不具备专利法第22条第3款规定的创造性。

综上所述，本专利的权利要求1相对于附件2不具备新颖性，不符合专利法第22条第2款的规定，本专利的权利要求2相对于附件2具备新颖性，符合专利法第22条第2款的规定，本专利的权利要求3、4相对于附件2与本领域惯用技术手段的结合不具备创造性，不符合专利法第22条第3款的规定。

三、决定

宣告200420024656.9号实用新型专利权于2005年3月9日授权公告的权利要求1、3、4无效，维持权利要求 2 有效。

当事人对本决定不服的，可以根据专利法第 46 条第 2 款的规定，自收到本决定之日起三个月内向北京市第一中级人民法院起诉。根据该款的规定，一方当事人起诉后，另一方当事人应当作为第三人参加诉讼。

214

散热鳍片与热管结合结构

无效宣告请求审查决定（第12440号）

决　定　号　第12440号
决　定　日　2008年10月27日
发明创造名称　散热鳍片与热管结合结构
国际分类号　F28F 9/26，H01L 23/34，G06F 1/20，H05K 7/20
无效宣告请求人　富准精密工业（深圳）有限公司
专　利　权　人　珍通科技股份有限公司
专　利　号　200420117641.7
申　请　日　2004年10月22日
授权公告日　2005年12月14日
合议组组长　刘敏飞
主　审　员　汤元磊
参　审　员　姜　岩

法律依据　专利法第22条第3款
决定要点

在判断一项权利要求的创造性时，首先应当找出该权利要求限定的技术方案与最接近的现有技术之间的区别特征，再从该区别特征所能达到的技术效果确定该权利要求限定的技术方案实际解决的技术问题，然后再判断现有技术是否存在将上述区别特征应用到该最接近的现有技术以解决该权利要求限定的技术方案实际解决的技术问题的启示，如果存在这种技术启示，则该权利要求限定的技术方案是显而易见的，不具备创造性。

一、案由

本无效宣告请求涉及中华人民共和国国家知识产权局于2005年12月14日授权公告的、名称为“散热鳍片与热管结合结构”的实用新型专利权（下称本专利），其专利号是200420117641.7，申请日是2004年10月22日，专利权人是珍通科技股份有限公司。本专利授权公告的权利要求书如下：

“1. 一种散热鳍片与热管结合结构，由多个散热鳍片排列组合成一散热鳍片组，并在所述散热鳍片上穿设有至少一热管；

其特征在于，在每一所述散热鳍片上分别开设有至少一穿孔，所述穿孔的孔径大于所述热管的外径，所述热管穿设在穿孔内，且所述热管上侧处与穿孔的内壁面之间形成一置入空间，在所述置入空间中灌入导热介质，经过加热而使熔化后的导热介质向下流动，并填补在所述热管与散热鳍片之间。

2. 如权利要求1所述的散热鳍片与热管结合结构，其特征在于所述导热介质为锡膏。

3. 如权利要求1所述的散热鳍片与热管结合结构，其特征在于所述置入空间为一半圆弧孔。

4. 如权利要求1所述的散热鳍片与热管结合结构，其特征在于所述置入空间为一半尖锥圆孔。

5. 如权利要求1所述的散热鳍片与热管结合结构，其特征在于所述置入空间为一半方形孔。”

针对本专利权，富准精密工业（深圳）有限公司（下称请求人）于2008年4月28日向专利复审委员会提出无效宣告请求，认为本专利不符合专利法第22条第2款、第3款的规定，请求人同时提交了如下附件：

附件1：本实用新型专利说明书；

附件2：公开日为2002年12月18日、公开号为CN1385261A（申请号为01116137.X）的中国发明专利申请公开说明书，共14页。

请求人认为，本专利权利要求1~2相对于附件2不具备新颖性和创造性，本专利权利要求3~5相对于附件2与公知常识的结合不具备创造性。其中，附件2公开了本专利权利要求1、2的全部技术特征；附件2还公开了“该圆形穿孔31边缘设有圆形开口32”以及“该穿孔31及其边缘所开设的开口32，在散热片3上系可以是两个以上，且不限定其形状”，这些内容给出了开口可以是其他几何形状的技术启示，因此本专利权利要求3~5限定的置入空间形状仅仅是简单几何形状的转换，故权利要求3~5不具备创造性。

经形式审查合格，专利复审委员会依法受理了上述无效宣告请求，并于2008年6月26日向请求人和专利权人发出无效宣告请求受理通知书，同时将专利权无效宣告请求书及其附件清单中所列附件的副本转送给专利权人，并要求专利权人在指定的期限内陈述意见。

专利复审委员会依法成立合议组对本案进行审查。本案合议组于2008年8月7日向双方发出无效宣告请求口头审理通知书，定于2008年10月14日在专利复审委员会举行口头审理。

专利权人于2008年8月11日提交了意见陈述书，其认为本专利权利要求1~5相对于附件2均具备新颖性和创造性。

请求人于2008年8月26日提交了口头审理通知书回执，表示不能参加口头审理。

口头审理如期举行，请求人未出席口头审理，专利权人单方参加了口头审理。

在口头审理中，专利权人对附件2的真实性无异议，合议组针对无效宣告请求书就本专利权利要求1~2是否符合专利法第22条第2款、第3款以及权利要求3~5是否符合专利法第22条第3款的规定进行了调查，并充分听取了专利权人的意见。

至此，合议组认为本案事实已经清楚，可以作出审查决定。

二、决定的理由

1. 关于证据和现有技术

请求人提交的附件2为中国专利文献，专利权人对附件2的真实性没有异议。合议组经审查确认附件2的真实性，且附件2的公开日期在本专利的申请日前，因此，附件2可以作为本专利的现有技术使用。

2. 关于本专利权利要求1~5是否符合专利法第22条第3款的规定

专利法第22条第3款规定，创造性，是指同申请日以前已有的技术相比，该发明有突出的实质性特点和显著的进步，该实用新型有实质性特点和进步。

在判断一项权利要求的创造性时，首先应当找出该权利要求限定的技术方案与最接近的现有技术之间的区别特征，再从该区别特征所能达到的技术效果确定该权利要求限定的技术方案实际解决的技术问题，然后再判断现有技术是否存在将上述区别特征应用到该最接近的现有技术以解决该权利要求限定的技术方案实际解决的技术问题的启示，如果存在这种技术启示，则该权利要求限定的技术方案是显而易见的，不具备创造性。

（1）本专利权利要求1的创造性。

请求人认为权利要求1相对于附件2不具备创造性。专利权人认为附件2没有公开在热管上侧处与穿孔的内壁面之间形成一置入空间，附件2公开的结构与本专利的结构不同，附件2公开的是在散热片上设有圆形穿孔，并在穿孔边缘外另设有圆形开口，本专利是在散热片上设有穿孔，并通过对穿孔孔径和热管外径的限定，在穿孔内形成一热管与穿孔内壁面间的置入空间，并无另外设置开口，本专利结构更为简单，易于制造和生产，并且，本专利的置入空间与热管外壁面接触空间较大，有利于导热介质的灌入作业以及更有利于熔化后的导热介质直接从穿孔两侧的径向处向穿孔下缘流动，从而使导热介质能更确实地填补在热管和散热鳍片之间，本专利权利要求1具有创造性。

附件2公开了一种热管式散热片及其组合方法，具体公开了以下内容（参见附件2说明书第3页第19行至第4页第1行，图3-4）：热管式散热片，系包含数片并排之散热片3、热管4及接着剂5等，其中：复数片并排设置的散热片3，系于各散热片3对应处设有圆形穿孔31，且圆形穿孔31边缘设有圆形开口32；该穿孔31及其边缘所开设的开口32，在散热片3上系可以是两个以上，且并不限定其形状。热管4，系穿置于前述各散热片3之圆形穿孔31；接着剂5，系为锡条或锡膏，经由开口32R穿置或淋灌填充接合于热管4与圆形穿孔31间的空隙。

合议组经审查后认为，附件2公开了一种散热片与热管的结合结构，附件2中的复数片并排设置的散热片3对应于本专利权利要求1中的“由多个散热鳍片排列组合成一散热鳍片组”，附件2中穿设在散热片3中的热管4对应于本专利权利要求1中“在散热鳍片上穿设有至少一热管”，附件2中的穿孔31对应于本专利权利要求1中的穿孔，附件2公开了本专利权利要求1中的“在每一所述散热鳍片上分别开设有至少一穿孔”以及“所述热管穿设在穿孔内”，并且，由附件2中的“热管4与圆形穿孔31间的空隙”（附件2说明书第4页第1行）以及附件2说明书附图4所示出的热管4与穿孔31之间存在接着剂5，可以确定附件2已经公开了本专利权利要求1中的“所述穿孔的孔径大于所述热管的外径”；附件2中的接着剂5对应于本专利权利要求1中的导热介质，且由附件2公开的锡膏淋灌填充接合于热管4与圆形穿孔31间的空隙，可以得出为了使锡膏填补至热管和圆形穿孔之间的空隙，锡膏应是经过加热熔化后填补在热管和散热片之间的，从而附件2隐含公开了本专利权利要求1中的“在所述置入空间中灌入导热介质，经过加热而使熔化后的导热介质向下流动，并填补在所述热管与散热鳍片之间”这些技术特征。通过比较，本专利权利要求1限定的技术方案与附件2公开的内容之间的区别在于：权利要求1中关于置入空间的限定是“所述热管上侧处与穿孔的内壁面之间形成一置入空间”，附件2中关于开口32的限定是在圆形穿孔31边缘设有圆形开口32。关于该区别，合议组认为，由附件2说明书中记载的“在圆形穿孔31边缘设有圆形开口32”（参见附件2说明书第3页第22行），以及附件2说明书附图3示出的开口32设在穿孔31的上侧处且开口32与穿孔31相连通（参见附件2图3），本领域技术人员可以确认，附件2公开了在热管的上侧处与开口32的内壁面之间形成一置入空间且开口32的内壁面与穿孔31的内壁面相连通。此外，附件2还明确记载了“该穿孔31及其边缘所开设的开口32，并不限定其形状”（参见附件2说明书第3页第23~24行），因此，附件2已经明确指出了本领域技术人员可以根据需要改变穿孔31和开口32的形状。同时，附件2中的开口32以及本专利权利要求1中的所述热管上侧处与穿孔的内壁面之间形成的置入空间均是用于灌入导热介质，从而实现热管与穿孔之间通过导热介质形成接触，达到好的热传导效果。因此，对本领域技术人员而言，在附件2公开的在热管上侧处与开口32的内壁面之间形成置入空间，且穿孔31与开口32相连通的基础上，为了满足加工制造方便和接着剂易于灌入的需要，以及使熔化后的接着剂更加易于流至热管和穿孔之间的间隙，使得导热介质能更确实地填补在热管和散热鳍片之间，很容易想到将附件2中的开口32替换成在热管的上侧处与穿孔的内壁面之间形成一置入空间的形式，也就是说，权利要求1限定的技术方案对本领域技术人员来说是显而易见的，因而权利要求1不具备创造性，不符合专利法第22条第3款的规定。

（2）本专利权利要求2~5的创造性。

请求人认为权利要求2~5相对于附件2不具备创造性。专利权人认为由于权利要求1相对于附件2具备新颖性和创造性，权利要求2~5相对于附件2也必然具备新颖性和创造性，同时，权利要求3~5进一步分别限定置入空间为半圆弧孔、半尖锥圆孔、半方形孔，易于工业上的实现，方便生产制造并更便于导热介质的灌入及更有利于熔化后的导热介质直接从穿孔两侧的径向处向穿孔的下缘流动。

附件2公开的内容如前所述。

合议组经审查后认为，（1）权利要求2是权利要求1的从属权利要求，附件2中明确记载了“接着剂5，系为锡条或锡膏”（参见附件2说明书第3页第26行），即附件2公开了权利要求2的附加技术特征，因此，在权利要求1相对于附件2不具备创造性的前提下，权利要求2也不具备创造性，不符合专利法第22条第3款的规定。（2）权利要求3~5是权利要求1的从属权利要求，其附加特征将权利要求1中的置入空间分别限定为半圆弧孔、半尖锥圆孔、半方形孔。但是，附件2已经明确指出了本领域技术人员可以根据需要改变穿孔31和开口32的形状，由此为了满足生产制造方便和接着剂易于灌入的需要，以及为了使熔化后的接着剂更加易于流至热管和穿孔之间的间隙，以使得导热介质能更确实地填补在热管和散热鳍片之间，本领域技术人员很容易想到在半圆弧孔、半尖锥圆孔或半方形孔等常规形状中选择，从而将置入空间设成半圆弧孔、半尖锥圆孔或半方形孔，即在权利要求1相对于附件2不具备创造性的前提下，权利要求3~5限定的技术方案也是显而易见的，而且本专利说明书中也没有记载这三种形状可以产生的预料不到的技术效果，因此，权利要求3~5也不具备创造性，不符合专利法第22条第3款的规定。

鉴于上述已得出本专利权利要求1~5限定的技术方案均不具备创造性，应予无效，本决定对请求人提出的关于权利要求1~5的其他无效理由不再进行评述。

根据上述的事实和理由，本案合议组依法作出以下决定。

三、决定

宣告200420117641.7号实用新型专利权全部无效。

当事人对本决定不服的，可以根据专利法第46条第2款的规定，自收到本决定之日起三个月内向北京市第一中级人民法院起诉。根据该款的规定，一方当事人起诉后，另一方当事人应当作为第三人参加诉讼。

215

新型的珍珠岩吸声板

无效宣告请求审查决定（第12442号）

决　　定　　号　第12442号
决　　定　　日　2008年10月24日
发明创造名称　新型的珍珠岩吸声板
国 际 分 类 号　E04B 1/86
无效宣告请求人　山东阳谷康达保温建材厂
专　利　权　人　崔　申
专　　利　　号　200720147624.1
申　　请　　日　2007年4月24日
授 权 公 告 日　2008年3月5日
合 议 组 组 长　刘敏飞
主　　审　　员　樊延霞
参　　审　　员　徐伟锋

法　律　依　据　专利法第22条第3款
决　定　要　点

在判断一项实用新型专利权的权利要求是否具备创造性时，如果其与现有技术的区别特征是本领域常规的技术手段，而本领域技术人员在现有技术的基础上不需要花费创造性劳动就容易获得该权利要求所要求保护的技术方案，则该权利要求不具备实质性特点，从而不具备创造性。

一、案由

本无效宣告请求涉及中华人民共和国国家知识产权局于2008年3月5日授权公告的、名称为“新型的珍珠岩吸声板”的实用新型专利权（下称本专利），其专利号是200720147624.1，申请日是2007年4月24日，专利权人是崔申。本专利授权公告的权利要求书如下：

“1. 一种新型的吸声板，包括由吸声材料制成的板形主体，其特征在于：在所述的板形主体内设有与其两侧平行的金属网，该金属网的经纬丝的交点相互焊接在一起。

2. 根据权利要求1所述的新型的珍珠岩吸声板，其特征在于：所述的板形主体由膨胀珍珠岩制成。

3. 根据权利要求1或2所述的新型的珍珠岩吸声板，其特征在于：所述的板形主体的外侧为多种形状的吸声凹凸面或平面。”

针对本专利权，山东阳谷康达保温建材厂（下称请求人）于2008年5月21日向专利复审委员会提出无效宣告请求，认为本专利的权利要求1~3不符合专利法第22条第2款、第3款的规定，请求人同时提交了如下附件：

附件1：公开日为1996年8月7日、公开号为CN1128315A的中国发明专利申请公开说明书，共6页；

附件2：授权公告日为2002年10月16日、授权公告号为CN2516630Y的中国实用新型专利说明书，共6页；

附件3：公开日为2000年9月27日、公开号为CN1267646A的中国发明专利申请公开说明书，共5页；

附件4：授权公告日为2006年8月2日、授权公告号为CN2801919Y的中国实用新型专利说明书，共4页；

附件5：授权公告日为2003年4月23日、授权公告号为CN2546546Y的中国实用新型专利说明书，共3页；

附件6：钟祥璋编著、化学工业出版社出版、2005年1月第1版第1次印刷的《建筑吸声材料与隔声材料》的版权页、第213、214、216、217页的复印件，共4页；

附件7：国家知识产权局针对本专利作出的检索报告复印件，共5页。

请求人认为：权利要求1、2相对于附件1不具备新颖性和创造性；权利要求1相对于附件2和公知常识的结合、附件4和公知常识的结合、附件5和公知常识的结合不具备创造性；权利要求2相对于附件2、3和公知常识的结合、附件5、6和公知常识的结合不具备创造性；权利要求3相对于附件1和公知常识的结合、附件2、3和公知常识的结合、附件5、6和公知常识的结合不具备创造性。

经形式审查合格，专利复审委员会依法受理了上述无效宣告请求，并于2008年6月16日向请求人和专利权人发出无效宣告请求受理通知书，同时将专利权无效宣告请求书及其附件清单中所列附件的副本转送给专利权人，并要求专利权人在指定的期限内陈述意见。

针对专利复审委员会发出的上述无效宣告请求受理通知书，专利权人于2008年7月23日提交了意见陈述书。专利权人认为：权利要求1与附件1的技术主题以及技术特征均不同，附件1是“轻质隔墙板”，而本专利是一种吸声板，并且权利要求1保护的“金属网”是平面的金属网，而附件1的“三维骨架”是立体结构，两者的结构完全不同；权利要求3的附加技术特征不是公知常识，是针对本专利的具体用途而设计的；权利要求1与附件2、4、5的区别特征“该金属网的经纬丝的交点相互焊接在一起”不是公知常识；附件5中的“板材主体是由氧化镁、氯化镁、聚苯乙烯泡沫颗粒和改性添加剂为原料制成的”与本专利的“膨胀珍珠岩”材料完全不同，权利要求1~3相对于附件1~6以及与公知常识的结合具备创造性。

专利复审委员会依法成立合议组对上述无效宣告请求进行审查。

本案合议组于2008年8月18日向双方发出无效宣告请求口头审理通知书，定于2008年10月13日在专利复审委员会举行口头审理。随同口头审理通知书，将专利权人于2008年7月23日提交的意见陈述书及其附件清单中所列附件的副本转送给请求人。

口头审理如期举行，双方当事人均参加了口头审理。

在口头审理中，（1）请求人当庭补充提交了如下附件：

附件8：钟祥璋编著、化学工业出版社出版、2005年1月第1版第1次印刷的《建筑吸声材料与隔声材料》的封面页、出版者的话2页、第384、386页的复印件，共5页；

附件9：李耀中主编、化学工业出版社出版、2001年5月第1版、2005年8月北京第5次印刷的《噪声控制技术》的封面页、版权页、前言、第40、34页、记载有“3吸声”页的复印件，共5页。

请求人同时出示了附件6和附件8的原件。合议组当庭将附件8和附件9转给专利权人。专利权人对附件1~9的真实性没有异议。

（2）请求人明确其无效理由、证据、范围及证据使用情况为：本专利权利要求1、2相对于附件1不具备新颖性，权利要求1~3不符合专利法第22条第3款的规定。创造性的具体评述方式为：①权利要求1、2相对于附件1不具备创造性，权利要求3的附加技术特征被附件6公开，不具备创造性；②权利要求1相对于附件2和公知常识（用附件8证明）的结合不具备创造性，权利要求2的附加技术特征被附件3公开，权利要求3的附加技术特征被附件6公开，不具备创造性；③权利要求1相对于附件4和公知常识（用附件8证明）的结合不具备创造性，权利要求2和3的附加技术特征被附件6公开；④权利要求1相对于附件5和公知常识（用附件8证明）的结合不具备创造性，权利要求2和3的附加技术特征被附件6公开。附件7作为参考，不作为证据使用。附件8用来证明上述公知常识。在此基础上，合议组对本案进行了审理，充分听取双方当事人的意见。

至此，合议组认为本案事实已经清楚，可以作出审查决定。

二、决定的理由

1. 关于证据和现有技术

请求人提交的证据包括附件1~9，专利权人对附件1~9的真实性没有异议，合议组经核实确认其真实性。同时由于附件1~9为公开出版物，且其公开日期在本专利的申请日前，因此可以作为本专利的现有技术使用。

2. 关于权利要求1~3的创造性

创造性，是指同申请日以前已有的技术相比，该发明有突出的实质性特点和显著的进步，该实用新型具有实质性特点和进步。

在判断一项实用新型专利权的权利要求是否具备创造性时，如果其与现有技术的区别特征是本领域常规的技术手段，而本领域技术人员在现有技术的基础上不需要花费创造性劳动就容易获得该权利要求所要求保护的技术方案，则该权利要求不具备实质性特点，从而不具备创造性。

（1）关于权利要求1的创造性。

本案中，请求人认为，附件1是一个三维骨架公开了本专利的金属网，不管是三维还是平面，所起到的作用都是加强、防裂的作用，本领域技术人员根据实际情况可以选择三维骨架或者是平行金属网。本专利中并没有限定其金属网是单层的，并且单层金属网是公知常识。附件1的墙板和本专利的吸声板的用途和功能基本相同。在附件1中明确记载了其墙板具有吸声作用，并且吸声板和墙板都是属于建筑领域，本专利的领域是吸声降噪建筑材料，没有贴在墙板上的限制，在用途上与墙板没有明显的区别。尽管附件1中没有文字记载其三维骨架的平面网是“平行”于板形主体的两侧的，但这是本领域技术人员常规的做法。

专利权人认为，附件1与权利要求1的区别在于：a. 主题不同，本专利的吸声板是专门用来吸声的，不起支撑作用，而附件1的轻质隔墙板是一种非承重墙；b. 本专利因为用作吸声板而使用单层平面金属网，而附件1因为用作墙板而使用三维骨架；c. 本专利的金属网平行于板形主体的两侧。

合议组经审查后认为，附件1公开了一种三维增强珍珠岩轻质墙板，并具体公开了以下内容（参见附件1的说明书第1~3页），该墙板由三维骨架、骨料、胶结剂组成，其三维骨架是由上下两层平面钢丝网和两层网之间若干个等腰三角形连成，网的各结点可焊接固定，骨架制成后，用膨胀珍珠岩粉做轻骨料，以无机胶凝材料做胶结剂，从而构成三维增强珍珠岩轻质墙板，该墙板吸声强度大。

将附件1公开的上述内容与本专利权利要求1进行对比，附件1中的“用膨胀珍珠岩粉做轻骨料，以无机胶凝材料做胶结剂，从而构成三维增强珍珠岩轻质墙板”与本专利中的“由吸声材料制成的板形主体”相对应；附件1中的网的各结点可焊接固定与本专利中的“金属网的经纬丝的交点相互焊接在一起”相对应。

由此可见，权利要求1相对于附件1的区别在于：本专利为吸声板，而附件1为轻质墙板；本专利在板形主体内设有与其两侧平行的金属网，而附件1为三维骨架。对于上述区别特征，专利权人认为吸声板不起支撑作用，而附件1的墙板是一种非承重墙。合议组认为，附件1的轻质墙板是一种用于非承重墙的墙板，其第3页第1行记载了该墙板吸声强度大，即是能够起到吸声作用的轻质墙板，该作用与吸声板所起作用相同，同时由于吸声板和轻质墙板均是本领域常用的两种轻质墙体板材，并且本专利的吸声板与附件1的轻质墙板均是以膨胀珍珠岩为吸声材料和以金属网作为骨架的轻质墙体板材，本领域技术人员很容易想到通过降低附件1的轻质墙体板材的强度和厚度就可以用作吸声板。具体说，本专利权利要求1中并未限定吸声板中的金属网是单层还是多层，而附件1中公开了设置两层钢丝网；即便如专利权人所述本专利的金属网是单层平面金属网，吸声板不需像墙板一样起支撑作用，但本领域技术人员都知道吸声板的厚度和强度要求均小于墙板，当用作为吸声板时，很容易想到不使用三维骨架，仅仅使用附件1墙板中的平面网，其强度就足以满足吸声板的要求，从而获得权利要求1的吸声板。同时将金属网设置成与板形主体两侧平行，是本领域技术人员为了保证吸声板板体的强度均匀而采用的常规做法。因此，本领域技术人员在附件1的基础上不需花费创造性劳动就很容易获得权利要求1的技术方案，故权利要求1相对于附件1不具备创造性，不符合专利法第22条第3款的规定。

（2）关于权利要求2的创造性。

请求人认为，权利要求2的附加技术特征被附件1公开。

专利权人同意请求人的意见。

合议组经审查后认为，附件1的“用膨胀珍珠岩粉做轻骨料，以无机胶凝材料做胶结剂，从而构成三维增强珍珠岩轻质墙板”公开了权利要求2的附加技术特征，因此在其引用的权利要求1不具备创造性的前提下，权利要求2相对于附件1也不具备创造性，不符合专利法第22条第3款的规定。

（3）关于权利要求3的创造性。

请求人认为，附件6第217页公开了本专利权利要求3的附加技术特征。

专利权人同意请求人的意见。

合议组经审查后认为，附件6第217页中的“平面板和压花板：表面不穿孔，质硬，表面平整光洁可具有凹凸花纹”公开了权利要求3的附加技术特征，因此在其引用的权利要求1或2不具备创造性的前提下，权利要求3相对于附件1和附件6的结合也不具备创造性，不符合专利法第22条第3款的规定。

鉴于上述已经得出权利要求1~3不符合专利法第22条第3款的规定，应予无效，故本决定对请求人提出的针对上述权利要求的其他无效理由和证据使用方式不再予以评述。

根据上述的事实和理由，本案合议组依法作出以下决定。

三、决定

宣告200720147624.1号实用新型专利权全部无效。

当事人对本决定不服的，可以根据专利法第46条第2款的规定，自收到本决定之日起三个月内向北京市第一中级人民法院起诉。根据该款的规定，一方当事人起诉后，另一方当事人应当作为第三人参加诉讼。

216

电动修脚器切削磨头

无效宣告请求审查决定（第12443号）

决　　定　　号　第12443号
决　　定　　日　2008年10月27日
发明创造名称　电动修脚器切削磨头
国 际 分 类 号　A61B17/54
无效宣告请求人　赵英波
专　利　权　人　马建军
专　　利　　号　200520017401.4
申　　请　　日　2005年4月19日
授 权 公 告 日　2006年12月27日
合 议 组 组 长　刘颖杰
主　　审　　员　佟仲明
参　　审　　员　刘亚斌

法　律　依　据　专利法第22条第3款
决　定　要　点

对于实用新型专利而言，一般着重于考虑该实用新型专利所属的技术领域。但如果请求人提交的证据与本专利属于相同的领域，或者虽然属于相近或相关领域，但现有技术中给出明确的启示，本领域的技术人员很容易想到到该相近或者相关的技术领域寻找有关技术手段时，该证据可以用于与本专利权利要求进行特征比对评述权利要求是否具备创造性。

一、案由

本无效宣告请求涉及中华人民共和国国家知识产权局于2006年12月27日授权公告的、名称为"电动修脚器切削磨头"的实用新型专利（下称本专利），其申请号为200520017401.4，申请日是2005年4月19日，专利权人是马建军。该专利授权公告时的权利要求书包括一项权利要求，如下：

"一种电动修脚器切削磨头，其特征是：切削磨头为金属片，片面上有向外凸起的毛刺。"

针对上述专利权，赵英波（下称请求人）于2008年6月23日向专利复审委员会提出无效宣告请求，请求宣告本专利权利要求1无效。其无效宣告请求的理由为权利要求1不具备新颖性和创造性，不符合专利法第22条第2款和第3款的规定，请求人提交了如下证据：

证据1：公告号为CN2079451U的中国实用新型专利申请说明书，公告日为1991年6月26日；

证据2：公告号为CN2056624U的中国实用新型专利申请说明书，公告日为1990年5月2日；

证据 3：公告号为 CN2199709Y 的中国实用新型专利说明书，公告日为 1995 年 6 月 7 日；

证据 4：公告号为 CN1454582A 的中国发明专利申请公开说明书，公开日为 2003 年 11 月 12 日；

证据 5：公告号为 CN87214340U 的中国实用新型专利申请说明书，公告日为 1988 年 4 月 27 日。

请求人的具体理由为：本专利权利要求 1 的全部技术特征和证据 1 的技术特征相比，其部件形状、结构及其相对位置关系完全相同，该权利要求 1 相对于证据 1 不具备专利法第 22 条第 2 款所规定的新颖性；权利要求 1 相对于证据 1 和证据 2 结合以及证据 1 分别和证据 3、证据 4 结合不具备专利法第 22 条第 3 款所规定的创造性。

经形式审查合格，专利复审委员会依法受理了上述无效宣告请求，并于 2008 年 6 月 24 日向双方当事人发出无效宣告请求受理通知书。同时，随同该无效宣告请求受理通知书将无效宣告请求书及其附件清单中所列附件的副本转送给专利权人，并告知专利权人应在收到该通知之日起一个月内对该无效宣告请求陈述意见；期满未答复的，不影响专利复审委员会审理。

针对上述无效宣告请求，专利权人于 2008 年 7 月 8 日提交了意见陈述、修改后的权利要求书及如下附件：

附件 1：电动修脚器切削磨头权利要求书修改说明；

附件 2：网络文章《凸齿，还是无耻?》；

附件 3：《凸齿，还是无耻?》附件 14 个：

附件 4：电动修脚器切削磨头发明过程；

附件 5：电动修脚器发展的三个阶段。

专利权人认为：根据说明书内容对权利要求 1 进行了修改，修改后的权利要求为“一种切削脚垫的电动修脚器切削磨头，其特征是：切削磨头为直径 1 厘米左右的圆形金属片，金属片表面有向外凸起的毛刺，金属片通过金属片载体与微电机轴相连，同心旋转以前（正）面切削脚垫”。修改后的权利要求与证据 1 在技术领域、技术问题、技术方案、技术结构和技术效果都完全不同，因此具备专利法第 22 条第 2 款规定的新颖性。修改后的权利要求与证据 1、证据 2 技术领域、技术问题、技术方案、技术结构和技术效果都完全不同，因此具备专利法第 22 条第 3 款规定的创造性。此外，本专利解决了长期未能解决的技术难题，克服了技术偏见，取得了预料不到的技术效果，并在商业上获得成功，因此，本专利具备创造性。

2008 年 7 月 16 日，请求人提交了补充意见陈述和如下附件：

证据 6：授权公告号为 CN2440365Y 的中国实用新型专利说明书，授权公告日为 2001 年 8 月 1 日；

证据 7：授权公告号为 CN2675078Y 的中国实用新型专利说明书，授权公告日为 2005 年 2 月 2 日。

请求人认为：证据 6 公开了“磨头 4 上带有硬质毛刺或颗粒”，证据 7 公开了“工作头分为清洁头和磨光头，清洁头开设刃口，磨光头为砂磨头”，证据 6、7 分别与本专业公知常识或证据 1 结合，可以破坏本专利权利要求 1 的创造性。

2008 年 7 月 19 日，专利权人再次提交了补正书、修改后的权利要求书和权利要求书的修改说明。此次修改的权利要求书与其 2008 年 7 月 8 日提交的修改后的权利要求书相同。

针对上述无效宣告请求，专利复审委员会依法成立合议组。

本案合议组于 2008 年 8 月 29 日向双方发出无效宣告请求口头审理通知书，告知双方当事人本案合议组定于 2008 年 10 月 13 日举行口头审理。随同该口头审理通知书，将请求人于 2008 年 7 月 16 日提交的补充意见陈述书及其中所列附件转送给专利权人；并将专利权人于 2008 年 7 月 8 日提交的意见陈述书及其中所列附件、权利要求书修改页，2008 年 7 月 23 日提交的补正书、权利要求书修改页及修改说明转送给请求人。

口头审理如期举行，请求人委托了专利代理人曹淑敏出席口头审理，专利权人本人出席了口头审理；双方对合议组成员均无回避请求。

在口头审理中，合议组告知双方当事人，专利权人提交的权利要求书的修改不符合审查指南中有关无效宣告程序中专利文件修改的规定，因此不能接受。专利权人未提出异议。

请求人明确其无效宣告请求的理由、范围和证据是：（1）证据 1 中的磨片相当于本专利的磨头，其上凸起的粗齿和细齿相当于本专利中的毛刺，从证据 1 的图示中可以看出磨片应当为金属材料，并且本专利背景技术中引用了证据 5，是对证据 5 的改进，而证据 5 中记载了“电动安全修脚刀可削磨脚鸡眼、脚趾甲、脚上过厚的表皮等……”，可见证据 5 表明了修脚刀和指甲刀属于相同的领域，从而证明证据 1 应当与本专利属于相同的技术领域，因此权利要求 1 相对于证据 1 不具备新颖性，不符合专利法第 22 条第 2 款的规定；（2）证据 2 和证据 3 均公开了打磨体的材料是金属材料，证据 4 同样也公开了使用金属材料制成，证据 5 公开了磨体的基本结构和技术领域，证据 6 公开了毛刺和颗粒，证据 1 作为最接近的现有技术分别与证据 2～6 之一结合可以破坏本专利权利要求 1 的创造性，因此本专利不符合专利法第 22 条第 3 款的规定；（3）请求人明确表示放弃证据 7 作为证据使用；（4）请求人当庭提交了一份公知常识性证据并出示了原件，请求人表示该证据用于证明证据 1 中图示的磨片为金属制成，该证据是：

证据 8：《机械制图（非机械类专业）》封面、版权页、第 107～108 页复印件，机械工业出版社，2006 年 7 月第 1 版 第 8 次印刷。

合议组当庭将请求人提交的证据 8 转送给专利权人。专利权人对证据 1～6、证据 8 的真实性表示认可，但认为：（1）证据 1 公开的是指甲刀而不是修脚刀，与本专利的技术领域不同，不能用于评述本专利权利要求的新颖性，而且证据 1 中采用的方式是打磨，而本专利中解决的是切削问题，对于脚垫只能切削而不能打磨。此外，毛刺的形状虽然没有在本专利权利要求中表述，但说明书中已经描述了冲压技术等，这可以表明毛刺是凸起的片状物，具有切削功能。（2）证据 1～4 和证据 6 与本专利的技术领域不同，其不能评述本专利权利要求的创造性；证据 5 对本专利有一定参考作用，但本专利解决了修脚时不损伤皮肤的难题，快速并且安全性高，比手工修脚刀和砂磨修脚刀的效率都高。（3）专利权人明确表示其提交的附件只是说明侵权的问题，仅作为资料给合议组参考使用。

至此，合议组认为本案事实清楚，现依法作出审查决定。

二、决定的理由

1. 关于证据和现有技术

请求人提交的证据为证据 1～6 均为专利文献，专利权人对这些证据的真实性均表示认可，合议组经审查认为证据 1～6 可以作为本案证据使用。同时由于证据 1～6 的公开日期均在本专利的申请日前，因此可以作为本专利的现有技术使用。

2. 关于专利权人提交的修改

审查指南第四部分第三章第 4.6.1 节对无效宣告程序中专利文件的修改原则做出了具体规定，其中规定了：

“（4）一般不得增加未包含在授权的权利要求书中的技术特征。”

就本案而言，专利权人在 2008 年 7 月 8 日和 2008 年 7 月 19 日两次提交了权利要求书修改替换页、修改说明和补正书表格，两次提交的权利要求书修改内容相同，其均是将说明书内容补充到权利要求 1 中，即，在权利要求中增加了未包含在授权的权利要求书中的技术特征，不符合审查指南的上述规定。合议组在口头审理当庭也已经告知双方当事人，专利权人对其权利要求书的修改不符合审查指南的相关规定不予接受，因此，本决定仍以本专利授权公告时的权利要求书作为审查基础。

3. 关于专利法第22条第3款

专利法第22条第3款规定的创造性是指，同申请日以前已有的技术相比，该发明有突出的实质性特点和显著的进步，该实用新型具有实质性特点和进步。

证据1公开了一种电动指甲刀并公开了如下技术特征（参见证据1说明书第2页第1行、倒数第2行、附图1-2）：该电动指甲刀的磨头做成一平面块状，称为磨片1，磨片1正面分为粗齿区和细齿区，用于不同的打磨作用。

证据2中公开了一种电动指甲刀，该指甲刀具有一打磨体1，打磨体的材料可以是金属，若打磨体的材料用金属体，则在表面刻出相应的锉纹，该锉纹逆向旋转时产生切削打磨作用。

请求人认为：证据1中的磨片相当于本专利的磨头，其上凸起的粗齿和细齿相当于本专利中的毛刺；证据5表明了修脚刀和指甲刀属于相同的领域，从而证明证据1应当与本专利属于相同的技术领域；证据2和证据3均公开了打磨体的材料是金属材料，证据4同样也公开了使用金属材料制成，证据5公开了磨体的基本结构和技术领域，证据6公开了毛刺和颗粒，证据1作为最接近的现有技术分别与证据2~6之一结合可以破坏本专利权利要求1的创造性，因此本专利不符合专利法第22条第3款的规定。

专利权人则认为：证据1公开的是指甲刀而不是修脚刀，与本专利的技术领域不同。而且证据1中采用的方式是打磨，而本专利中解决的是切削问题，对于脚垫只能切削而不能打磨。此外，毛刺的形状虽然没有在本专利权利要求中表述，但说明书中已经描述了冲压技术等，这可以表明毛刺是凸起的片状物，具有切削功能。证据1~4和证据6与本专利的技术领域不同，其不能评述本专利权利要求的创造性；证据5对本专利有一定参考作用，但本专利解决了修脚时不损伤皮肤的难题，快速并且安全性高，比手工修脚刀和砂磨修脚刀的效率都高。因此，本专利权利要求1具备创造性。

合议组认为，本专利要求保护的是一种电动修脚器切削磨头，证据1和证据2分别公开了一种电动指甲刀，虽然专利权人强调本专利权利要求1涉及的是电动修脚器中的切削磨头，证据1和证据2中的是指甲刀中的磨头，修脚器与指甲刀属于不同的领域。但合议组认为，修脚器与指甲刀并非属于不同的技术领域。例如，作为本专利背景技术的证据5中公开了一种电动安全修脚刀，其用一旋转磨头对脚鸡眼、脚趾甲、脚上过厚的表皮进行磨削。可见，修脚器同样可能具备修剪趾甲的功能，并且现有技术中修脚器采用磨削的技术方案也会促使本领域的技术人员想到，到能磨削指甲（趾甲）的电动指甲刀领域寻找解决对脚鸡眼、过厚表皮进行磨削的技术问题的相关技术手段，因此，证据1和证据2可以用于与本专利权利要求1进行特征比对，进而用于评述本专利权利要求1是否具备创造性。

将本专利权利要求1所要求保护的技术方案与证据1所公开的内容相比，区别仅在于：证据1中没有明确记载该磨片为金属片，也没有明确记载粗齿区和细齿区为毛刺。

对于上述区别技术特征，合议组认为，证据2公开了金属打磨体上具有产生切削打磨作用的锉纹，给出了以金属材料制成磨头并使磨头上存在具有切削打磨作用的锉纹的技术启示。虽然专利权人认为本专利中的毛刺应当是片状的，但“毛刺”一词并非本领域中具有特定含义的专用技术术语，本专利说明书中也未对其含义进行明确的解释，且本专利权利要求中也没有对毛刺的形状进行明确的具体限定。根据本专利的技术方案仅可知，“毛刺”的作用是切削，然而证据2已经公开了其金属磨体上的锉纹也产生切削打磨作用，该锉纹与本专利中的毛刺所起的作用是相同的。因此，证据2已经给出了在金属磨体上制有具有切削打磨作用的纹理的技术启示，根据该技术启示，本领域普通技术人员很容易想到在金属磨体上也可以采用其他同样具有切削打磨作用的结构，诸如毛刺。即，在证据 1 的基础上结合证据 2 从而得到本专利权利要求 1 要求保护的技术方案对于本领域普通技术人员而言，是显而易见的，因此权利要求 1 相对于证据 1 和证据 2 的结合不具备专利法第 22 条第 3 款所规定的创造性。

关于专利权人认为本专利解决了修脚时不损伤皮肤的难题，快速并且安全性高，比手工修脚刀和砂磨修脚刀的效率都高，合议组认为：（1）证据 1 和证据 2 中的指甲刀都是电动的，其效率均高于传统人工操作的机械式指甲刀，并且证据 2 中的指甲刀的磨体也是金属的，其也应具有比砂轮磨头更高的效率。（2）根据本专利说明书的记载，本专利安全性效果是通过限定毛刺高度来实现的，但在本专利权利要求 1 中并未对毛刺的高度进行具体限定，并且，不损伤皮肉的安全性效果在证据 2 中也已经有记载，其指甲刀也具有安全的特点。可见，本专利权利要求 1 中技术方案所具有的效果不能证明其具有实质性特点和进步。专利权人的主张不成立。

综上所述，本专利权利要求 1 相对于证据 1 和证据 2 的结合不具备专利法第 22 条第 3 款所规定的创造性，应予以无效。合议组对请求人提出的其他无效宣告理由和证据不再进行评述。

三、决定

宣告 200520017401. 4 号实用新型专利权无效。

当事人对本决定不服的，可以根据专利法第 46 条第 2 款的规定，自收到本决定之日起三个月内向北京市第一中级人民法院起诉。根据该款的规定，一方当事人起诉后，另一方当事人应当作为第三人参加诉讼。

217

一种加药用胶塞

无效宣告请求审查决定（第12447号）

决　定　号　第12447号
决　定　日　2008年10月23日
发明创造名称　一种加药用胶塞
国际分类号　A61J 1/14，B65D 39/00
无效宣告请求人　江苏金扬子包装科技有限公司
专利权人　北京奥星恒迅包装科技有限公司
专　利　号　200520118636.2
申　请　日　2005年9月9日
授权公告日　2006年10月18日
合议组组长　弓　玮
主　审　员　周晓军
参　审　员　张立泉

法律依据　专利法第22条第2款、第3款
决定要点

若权利要求的技术方案与现有技术之间存在区别技术特征，该区别技术特征能为本专利所要求保护的技术方案带来有益的技术效果，则权利要求具备创造性。

一、案由

本无效宣告请求涉及国家知识产权局于2006年10月18日授权公告的200520118636.2号实用新型专利（下称本专利），其名称为“一种加药用胶塞”，申请日为2005年9月9日，专利权人为北京奥星恒迅包装科技有限公司。

本专利授权公告时的权利要求书如下：

“1. 一种加药用胶塞，包括具有针刺部的顶部、及设在顶部下部的配合部，其特征在于：所述配合部沿轴向开设有开孔，所述开孔位置对应于针刺部。

2. 如权利要求1所述的加药用胶塞，其特征在于：所述针刺部的厚度范围为1.3~3.0mm。

3. 如权利要求1所述的加药用胶塞，其特征在于：所述配合部的底端设置有收口部，收口角度为30~80度。

4. 如权利要求3所述的加药用胶塞，其特征在于：所述收口部底端外直径小于收口部顶端外直径。

5. 如权利要求3所述的加药用胶塞，其特征在于：所述收口部底端外直径小于与胶塞配合的接口的内径，收口部顶端外直径大于上述接口的内径。

6. 如权利要求1所述的加药用胶塞，其特征在于：所述胶塞为圆台体，配合部底端至顶部顶端的外直径逐渐增加。

7. 如权利要求1~6中任一项所述的加药用胶塞，其特征在于：所述顶部沿轴向向上延伸设置一圈针刺圈，所述针刺圈设于针刺部顶部。”

针对上述专利权，江苏金扬子包装科技有限公司（下称请求人）于2008年6月4日向专利复审委员会提出无效宣告请求，认为本专利权利要求1相对于证据1或证据2不具备新颖性，权利要求1~7分别相对于证据1或证据2不具备创造性，请求宣告本专利全部无效。并提交了如下证据：

证据1：授权公告号为CN2518789Y，授权公告日为2002年10月30日的中国实用新型专利说明书的复印件，共5页；

证据2：授权公告号为CN2164828Y，授权公告日为1994年5月18日的中国实用新型专利说明书的复印件，共7页。

请求人认为，证据1或证据2均公开了本专利权利要求1的全部技术特征，因此本专利的权利要求1相对于证据1或证据2不具备新颖性和创造性；此外，权利要求2相对于证据1与本领域惯用技术手段的结合不具备创造性；权利要求3相对于证据1与本领域惯用技术手段的结合或证据2与本领域惯用技术手段的结合均不具备创造性；权利要求4的附加技术特征在证据1或证据2中均有记载，因此该权利要求相对于证据1或证据2不具备创造性；权利要求5是权利要求3的从属权利要求，其附加技术特征是本领域的公知常识，因此，该权利要求5相对于证据1与本领域惯用技术手段的结合不具备创造性；权利要求6的附加技术特征中“橡胶瓶塞为圆台状”在证据1和证据2中具有记载，“配合部底端至顶部顶端的外直径逐渐增加”属于本领域技术人员惯用的技术手段，因此，权利要求6相对于证据1与本领域惯用技术手段的结合或证据2与本领域惯用技术手段的结合不具备创造性；权利要求7的附加技术特征在证据1和证据2中均有记载，因此，权利要求7相对于证据1或证据2不具备创造性。

经形式审查合格后，专利复审委员会受理了上述请求，于2008年6月13日向双方当事人发出了无效宣告请求受理通知书，并将专利权无效宣告请求书及其所附证据副本转送给专利权人，要求其在指定的期限内答复，同时成立合议组对本无效宣告请求案进行审理。

专利权人在指定的期限内未答复。

2008年8月1日，本案合议组向双方当事人发出无效宣告请求口头审理通知书，定于2008年10月15日进行口头审理。

口头审理如期举行，双方当事人均参加了口头审理。在口头审理过程中，请求人明确其无效理由是本专利权利要求1相对于证据1或证据2不具备新颖性，权利要求1~7分别相对于证据1或证据2不具备创造性，请求宣告本专利全部无效。专利权人对证据1、2的真实性无异议。在此基础上，双方当事人就各自的观点充分发表了意见。

合议组经过合议，认为本案事实已经清楚，可以作出审查决定。

二、决定的理由

1. 证据认定

证据1、2均为中国专利文献，属于公开出版物，专利权人对这些证据的真实性无异议，合议组对其真实性予以认可，这些证据的公开日均早于本专利的申请日，记载的内容已构成本专利的现有技术，可以用来评价本专利的新颖性和创造性。

2. 新颖性和创造性

专利法第22条第2款规定：新颖性，是指在申请日以前没有同样的发明或者实用新型在国内外出版物上公开发表过、在国内公开使用过或者其他方式为公众所知，也没有同样的发明或者实用新型由他人向国务院专利行政部门提出过申请并且记载在申请日以后公布的专利申请文件中。

专利法第22条第3款规定：创造性，是指同申请日以前已有的技术相比，该发明有突出的实质性特点和显著的进步，该实用新型有实质性特点和进步。

请求人认为，加药用胶塞必须和瓶盖结合才能使用，故证据1、2均公开了本专利权利要求1的全部技术特征，因此本专利的权利要求1不具备新颖性。

专利权人认为，本专利的加药用胶塞与证据1、2中的瓶塞是不同的，两者产品的应用领域也不同，另外，加药用胶塞的结构比较简单且有别于瓶塞。

经查，证据1公开了一种多功能输液用橡胶瓶塞，包括位于瓶口外的盖板1、进入瓶口的柱体2和柱体2中心的凹孔3，所述盖板1在对应于凹孔3的位置上设有数个扎针区域（即凹穴）。（参见证据1的图1-2以及说明书中相应的内容）

将本专利权利要求1与证据1相比可以看出，证据1中的扎针区域即凹穴4相应于本专利中的针刺部，证据1中的凹孔3相应于本专利中的开孔，证据1中的柱体2相应于本专利中的配合部，证据1中的盖板1相应于本专利中具有针刺部的顶部。虽然专利权人认为本专利的加药用胶塞与证据1中的瓶塞在结构及应用领域上均不相同，但是，从上面的相互对比可以看出，本专利所要求保护的加药用胶塞与证据1中的瓶塞在结构构成上并无不同，其构成部分及各自所起的作用也是一样的，因此，合议组对专利权人的上述观点不予认可。由上述分析可以看出，权利要求1与证据1的区别技术特征为：本专利权利要求1所要求保护的是一种加药用胶塞，而证据1中公开的是一种多功能输液用橡胶瓶塞。对于所属技术领域技术人员而言，证据1的多功能输液用橡胶瓶塞可以用于输液、回气、以及加药，其应用领域涵盖了本专利中胶塞的应用领域，所属技术领域技术人员根据实际情况的不同，将所述多功能输液用橡胶瓶塞用作加药用胶塞是显而易见的，因此，本专利的权利要求1所要求保护的技术方案相对于证据1不具备创造性。

经查，证据2公开了一种医用输液橡胶瓶塞，具有瓶塞盖面6、瓶口密封部位1、输液通道2、安装导向部位3、穿针用标记孔4、通道有效位置标记环5，输液通道2与通道有效位置标记环5相对应（参见证据2的图2-3以及说明书中相应的内容）。

将本专利权利要求1与证据2相比可以看出，证据2中的通道有效位置标记环5内的穿针用标记孔4相应于本专利中的针刺部，证据2中的输液通道2相应于本专利中的开孔，证据2中的瓶口密封部位1相应于本专利中的配合部，证据1中的瓶塞盖面6相应于本专利中具有针刺部的顶部。虽然专利权人认为本专利的加药用胶塞与证据2中的瓶塞在结构及应用领域上均不相同，但是，从上面的相互对比可以看出，本专利所要求保护的加药用胶塞与证据2中的瓶塞在结构构成上并无不同，其构成部分及各自所起的作用也是一样的，因此，合议组对专利权人的上述观点不予认可。由上述分析可以看出，权利要求1与证据2的区别技术特征为：本专利权利要求1所要求保护的是一种加药用胶塞，而证据2中公开的是医用输液橡胶瓶塞，但是，在证据2中明确给出了所述医用输液橡胶瓶塞上具有输液、回气、加药三个穿孔标记，所属技术领域技术人员根据实际情况的不同，将所述医用输液橡胶瓶塞仅当作加药用胶塞使用是显而易见的，因此，本专利的权利要求1所要求保护的技术方案相对于证据2不具备创造性。

权利要求2的附加技术特征为“所述针刺部的厚度范围为1.3~3.0mm”，该特征对针刺部的厚度范围作了进一步的限定，但是，对于所属技术领域技术人员而言，这种厚度范围的限定仅是一种常规选择，没有为所要求保护的技术方案带来预料不到的技术效果，因此，在其引用的权利要求 1 不具备创造性的情形下，权利要求 2 相对于证据 1 或证据 2 不具备创造性。

权利要求 3 的附加技术特征为“所属配合部的底端设置有收口部，收口角度为 30~80 度”。证据 1 中公开了底端设置有收口部的柱体 2（相当于本专利的配合部），证据 2 中也公开了底端设置有安装导向部位（相当于本专利的收口部）的瓶口密封部位（相当于本专利的配合部），而且，与针刺部厚度范围的数值选择类似，收口角度范围的限定也仅仅是一种常规选择，不会为所要求保护的技术方案带来预料不到的技术效果，因此，在其引用的权利要求 1 不具备创造性的情形下，权利要求 3 相对于证据 1 或者证据 2 均不具备创造性。

权利要求 4~5 对权利要求 3 作了进一步的限定，权利要求 4 的附加技术特征在证据 1 和证据 2 中均已公开，权利要求 5 的附加技术特征是所属技术领域的公知常识，因此，权利要求 4~5 也不具备创造性。

权利要求 6 对其引用的权利要求 1 作了进一步的限定，其附加技术特征“胶塞为圆台体，配合部底端至顶部顶端的外直径逐渐增加”在证据 1 和证据 2 中均未公开，证据 1 和证据 2 中公开的配合部底端至顶部顶端之间有台阶，外直径发生了突变，并且，由于圆台体外直径从配合部底端至顶部顶端逐渐增加，权利要求 6 所要求保护的胶塞更易于塞入输液容器接口内，形状结构更加简单，在进行产品组装时不会受阻于输液容器接口，既密封紧密又提高了生产效率，该特征为权利要求 6 所要求保护的技术方案带来了有益的技术效果，因此，权利要求 6 具有相对于证据 1 或证据 2 均具有专利法第 22 条第 3 款规定的创造性。

权利要求 7 对引用的权利要求作了进一步的限定，其附加技术特征为“所述顶部沿轴向向上延伸设置一圈针刺圈，所述针刺圈设于针刺部顶部”。在证据 1 中公开了凸缘 5 和标记环 5，但证据 1 中的凸缘和标记环只用于识别扎针区域。在证据 2 中公开的通道有效位置标记环 5 也只是用来识别通道有效位置。对于所属技术领域技术人员而言，针刺圈不是通用术语，根据本专利说明书记载内容对权利要求的解释作用，这里所述的“针刺圈”是指沿顶部向上凸伸一圈的、将针刺部围设于其中的、并且在胶塞组装后抵持在盖子的内壁，从而防止盖子内壁下部的胶塞表面留有细菌容易进入缝隙的凸圈，其能防止胶塞被细菌污染或细菌积存而产生不良影响。显然，该特征为权利要求 7 所要求保护的技术方案带来了有益的技术效果，因此，权利要求 7 具有相对于证据 1 或证据 2 均具有专利法第 22 条第 3 款规定的创造性。

三、决定

宣告 200520118636.2 号实用新型专利权部分无效，在权利要求 6~7 的基础上维持专利权继续有效。

当事人对本决定不服的，可以根据专利法第 46 条第 2 款的规定，自收到本决定之日起三个月内向北京市第一中级人民法院起诉。根据该款的规定，一方当事人起诉后，另一方当事人应当作为第三人参加诉讼。

一种可保护药物稳定性的医/药用胶塞

无效宣告请求审查决定（第12448号）

决　定　号　第12448号
决　定　日　2008年10月23日
发明创造名称　一种可保护药物稳定性的医/药用胶塞
国际分类号　A61J 1/14
无效宣告请求人　江苏金扬子包装科技有限公司
专　利　权　人　北京奥星恒迅包装科技有限公司
专　利　号　03238469.6
申　请　日　2003年4月18日
授权公告日　2004年4月14日
合议组组长　弓　玮
主　审　员　周晓军
参　审　员　张立泉

法律依据　专利法第22条第2款、第3款
决定要点

若权利要求的技术方案与现有技术之间的区别特征并未给本专利带来实质性特点和进步，则权利要求不具备创造性。

一、案由

本无效宣告请求涉及国家知识产权局于2004年4月14日授权公告的03238469.6号实用新型专利（下称本专利），其名称为“一种可保护药物稳定性的医/药用胶塞”，申请日为2003年4月18日，专利权人为北京奥星恒迅包装科技有限公司。

本专利授权公告时的权利要求书如下：

“1. 一种可保护药物稳定性的医/药用胶塞，其特征在于，在医/药用胶塞的所有表面沉积涂敷有一层均匀、致密、无任何空隙和孔隙的聚对二甲苯涂层。

2. 根据权利要求1所述的可保护药物稳定性的医/药用胶塞，其特征在于，所述的聚对二甲苯涂层的厚度为1~10μm。”

针对上述专利权，江苏金扬子包装科技有限公司（下称请求人）于2008年6月4日向专利复审委员会提出无效宣告请求，认为本专利权利要求1~2不具有新颖性和创造性，请求宣告本专利全部无效。并提交了如下证据：

证据1：授权公告号为CN2441750Y，授权公告日为2001年8月8日的中国实用新型专利说明书的复印件，共5页。

请求人认为，证据1公开了本专利权利要求1的全部技术特征，并公开了胶塞表面覆盖的薄膜材料厚度为1~250μm，且薄膜材料厚度的选择属于本领域技术人员的公知常识，因此本专利的权利要求1~2相对于证据1不具备新颖性和创造性。

经形式审查合格后，专利复审委员会受理了上述请求，于2008年6月13日向双方当事人发出了无效宣告请求受理通知书，并将专利权无效宣告请求书及其所附证据副本转送给专利权人，要求其在指定的期限内答复，同时成立合议组对本无效宣告请求案进行审理。

在指定的期限内，专利权人未答复。

2008年8月1日，本案合议组向双方当事人发出无效宣告请求口头审理通知书，定于2008年10月15日进行口头审理。

口头审理如期举行，双方当事人均参加了口头审理。在口头审理过程中，请求人明确其无效理由是本专利的权利要求1~2相对于证据1不符合专利法第22条第2款、第3款关于新颖性和创造性的规定，请求宣告本专利全部无效。专利权人对证据1的真实性无异议。在此基础上，双方当事人就各自的观点充分发表了意见。

合议组经过合议，认为本案事实已经清楚，可以作出审查决定。

二、决定的理由

1. 证据认定

证据1为中国专利文献，属于公开出版物，专利权人对该证据的真实性无异议，合议组经核实对其真实性予以认可，该证据的公开日早于本专利的申请日，其上记载的内容已构成本专利的现有技术，可以用来评价本专利的新颖性和创造性。

2. 新颖性和创造性

专利法第22条第2款规定：新颖性，是指在申请日以前没有同样的发明或者实用新型在国内外出版物上公开发表过、在国内公开使用过或者其他方式为公众所知，也没有同样的发明或者实用新型由他人向国务院专利行政部门提出过申请并且记载在申请日以后公布的专利申请文件中。

专利法第22条第3款规定：创造性，是指同申请日以前已有的技术相比，该发明有突出的实质性特点和显著的进步，该实用新型有实质性特点和进步。

请求人认为，证据1公开了本专利权利要求1~2的全部技术特征，沉积涂敷也是覆盖的一种，两种薄膜在本质、性质上是完全相同的，而且，沉积涂敷的加工方式也没有具体说明，故本专利权利要求1~2不具备新颖性和创造性。

经查，证据1公开了一种表面覆膜药用橡胶瓶塞，包括瓶塞体1，瓶塞体的表面有一层化学性质稳定的薄膜或橡胶改性薄膜2，表面薄膜材料是氟单体和硅单体与橡胶瓶塞体表面反应而形成的含氟及含硅橡胶改性薄膜，或者薄膜可以是聚对二甲苯薄膜，所覆薄膜材料厚度为1~250μm。这些薄膜与药物接触时较橡胶具有高的生物惰性和化学稳定性，从而更好地保证药品的质量，使瓶塞可适用于有较强酸碱性的水剂药物（参见证据1的说明书第1页第3~8段）。

专利权人认为，本专利与证据1是不同的，其区别在于证据1是覆盖一层薄膜，而本专利是沉积涂敷涂层。沉积涂敷是相当薄的，且其结合力优于证据1的结构，而覆盖达不到这一效果。

对于药用橡胶瓶塞而言，要隔绝胶塞与药物的反应，更好地保证药品的质量，橡胶薄膜应当均匀、致密、无任何空隙和孔隙，这在所属技术领域是毋庸置疑的。因此，本专利权利要求1所要求保护的技术方案与证据1所公开的技术内容相比，实质上的区别技术特征如下：本专利是在医/药用胶塞的所有表面沉积涂敷一层涂层，而证据 1 中是在瓶塞体（相当于本专利的胶塞）上覆盖一层薄膜材料或通过反应形成改性薄膜，因此，权利要求 1 相对于证据 1 具有新颖性。相应地，权利要求 2 也具有新颖性。

但是，证据 1 中覆盖一层薄膜或改性薄膜也实现了薄膜与胶塞表面之间的紧密贴合（或溶合），保证了药品的质量，保护了药物稳定性，所属技术领域技术人员在证据 1 的基础上，很容易想到利用现有的沉积涂敷工艺在胶塞表面形成一层化学性质稳定的薄膜涂层，从而显而易见地得到本专利权利要求 1 的技术方案。因此，本专利权利要求 1 所要求保护的技术方案相对于证据 1 不具有创造性。

权利要求 2 对薄膜的厚度作了进一步的限定，但该厚度范围对于所属技术领域技术人员而言仅是一种常规选择，在其引用的权利要求不具有创造性的情形下，权利要求 2 也不具有创造性。

三、决定

宣告 03238469. 6 号实用新型专利权全部无效。

当事人对本决定不服的，可以根据专利法第 46 条第 2 款的规定，自收到本决定之日起三个月内向北京市第一中级人民法院起诉。根据该款的规定，一方当事人起诉后，另一方当事人应当作为第三人参加诉讼。

219

单相混凝土搅拌机

无效宣告请求审查决定（第12455号）

决　　定　　号　第12455号
决　　定　　日　2008年10月24日
发明创造名称　单相混凝土搅拌机
国 际 分 类 号　B28C 5/20
无效宣告请求人　邹杰平
专 利 权 人　郑加兴
专　　利　　号　200620036226.8
申　　请　　日　2006年11月13日
授 权 公 告 日　2007年11月7日
合 议 组 组 长　徐媛媛
主　　审　　员　王　婧
参　　审　　员　朱明雅

法 律 依 据　专利法第22条第4款
决 定 要 点
如果一项技术方案由于其本身固有的缺陷而不能制造或使用，则不具备实用性。

一、案由

本无效宣告请求涉及国家知识产权局于2007年11月7日授权公告的200620036226.8号实用新型专利，其名称为“单相混凝土搅拌机”，申请日为2006年11月13日，专利权人为郑加兴。授权公告的权利要求书如下：

“1. 一种单相混凝土搅拌机，包括电动机倒顺开关，搅拌筒（1），搅拌筒（1）安装在机架（2）上，其特征在于：搅拌筒（1）上的齿与减速机（3）输出轴上的输出齿轮（a）啮合，与输出齿轮（a）同轴上还安装有过桥连接齿轮（b），在过桥连接齿轮（b）上还穿有转轴（c），在转轴（c）上还安装有输入齿轮（d），在输入齿轮（d）上还穿有输入轴（e），输入轴（e）接受电动机（4）的动力，电动机（4）为单相电动机。

2. 根据权利要求1所述的单相混凝土搅拌机，其特征在于：输出齿轮（a）齿数为81齿；过桥连接齿轮（b）的齿数为84齿或18齿；输入齿轮（d）的齿数为35齿。

3. 根据权利要求1所述的单相混凝土搅拌机，其特征在于：电动机（4）为2.2KW的单相电动机。”

针对上述实用新型专利权（下称本专利），2008 年 6 月 14 日邹杰平（下称请求人）向专利复审委员会提出无效宣告请求，理由是本专利不符合专利法第 22 条第 2 款、第 3 款、第 4 款，第 26 条第 3 款、第 4 款以及专利法实施细则第 20 条第 1 款、第 21 条第 2 款的规定。请求人认为：（1）本专利的技术方案是公知公用的技术成果，首先，搅拌机部件的安装方法和原理是公知的，其次，单相电动机也是公知技术，第三，本专利的核心技术是变速箱，而变速箱的发明早在上个世纪就已存在，本专利中的变速箱与普通的变速箱并无二致。（2）本专利权利要求 2 中各齿轮的齿数也不能使本专利具备创造性。（3）本专利的权利要求书、说明书中的描述不符合客观实际，照此方法生产出的产品不能获得预期的产品效果。请求人同时提交了如下附件：

附件 1：邹杰平身份证和个体工商户营业执照复印件共 2 页；

附件 2：民事诉讼状复印件共 1 页；

附件 3：干仕军和黄月林的证人证言共 2 页；

附件 4：ZL200620036226.8 号中国实用新型专利（本专利）说明书复印件共 5 页；

附件 5：请求人声称的正确的减速机原理图复印件共 1 页。

经形式审查合格，专利复审委员会受理了该无效宣告请求，于 2008 年 7 月 18 日向双方当事人发出了无效宣告请求受理通知书，并将请求人的无效宣告请求书及附件副本转送给专利权人，要求其在指定的期限内答复。

专利权人在指定期限内未予答复。

专利复审委员会依法成立合议组审理此案，并于 2008 年 9 月 4 日向双方当事人发出口头审理通知书，定于 2008 年 10 月 13 日在专利复审委员会对本案进行口头审理。

口头审理如期举行，请求人及其代理人出席了口头审理，专利权人在口头审理前未向合议组提交口头审理回执，也未出席口头审理，因此，合议组进行了缺席审理。

在口头审理时，请求人对合议组成员无回避请求。合议组当庭明确告知请求人，对于请求人所提出的专利法第 26 条第 3 款、第 4 款，专利法实施细则第 20 条第 1 款和第 21 条第 2 款的无效理由，由于请求人在提出无效宣告请求时没有结合上述无效理由进行具体说明，且在提出无效宣告请求之日起一个月内也未补充具体说明，因此，合议组对上述无效理由不予考虑。请求人在口头审理中，针对本专利不符合专利法第 22 条第 2 款、第 3 款、第 4 款的无效理由充分发表了意见，请求人认为，本专利减速箱中各部件之间的连接关系使得减速箱根本无法转动，从而无法带动混凝土搅拌机，因此，本专利在实际中根本无法使用。

至此，合议组认为本案事实已经清楚，可以依法作出本决定。

二、决定的理由

专利法第 22 条第 4 款规定，实用性，是指发明或者实用新型申请的主题必须能够在产业上制造或者使用，并且能够产生积极效果。其中的“能够制造或使用是指发明或实用新型的技术方案具有在产业中被制造或使用的可能性。

本专利所要解决的技术问题是提供一种结构小，更适合农村使用的单相混凝土搅拌机。为此，本专利提供了一种由电动机、减速机和搅拌筒组成的单相混凝土搅拌机，其中减速机内有过桥连接齿轮 b、输入齿轮 d、输出轴、转轴 c、输入轴 e，输出轴上安装有过桥连接齿轮 b，过桥连接齿轮 b 上还穿有转轴 c，转轴 c 上安装有输入齿轮 d，输入齿轮 d 上还穿有输入轴 e，输入轴 e 接受电动机 4 的动力。由此可见，在过桥连接齿轮 b 和输入齿轮 d 上均同时穿有两根轴，这种设置导致该两个齿轮完全无法转动，减速机无法工作，从而无法将电动机 4 的动力传导给搅拌筒。即本专利由于其技术方案本身固有的缺陷而不能实施，因此，不符合专利法第 22 条第 4 款的规定，不具备实用性。

鉴于本专利已经不符合专利法第 22 条第 4 款规定的实用性，故对请求人提出的其他无效理由不再进行评述。

三、决定

宣告 200620036226.8 号实用新型专利权全部无效。

当事人对本决定不服的，可以根据专利法第 46 条第 2 款的规定，自收到本决定之日起三个月内向北京市第一中级人民法院起诉。根据该款的规定，一方当事人起诉后，另一方当事人应当作为第三人参加诉讼。

新型组合式混凝土叠合箱

无效宣告请求审查决定（第12461号）

决　　定　　号　第12461号
决　　定　　日　2008年10月30日
发明创造名称　新型组合式混凝土叠合箱
国 际 分 类 号　E04B 5/36
无效宣告请求人　济南金诺钢构技术开发有限公司
专　利　权　人　李克翔
专　　利　　号　200520084212.9
申　　请　　日　2005年6月17日
授 权 公 告 日　2006年8月16日
合 议 组 组 长　赵　明
主　　审　　员　樊延霞
参　　审　　员　欧　岚

法　律　依　据　专利法第22条第2款、第3款
决　定　要　点

欲以国内使用公开来否定一项权利要求的新颖性或创造性时，如果提供的证据不能组成一个完整的证据链以证明权利要求所保护的产品在申请日前已在国内公开生产、使用和销售，以至于公众可以得知该产品，则请求人的主张不能成立。

一、案由

本无效宣告请求涉及中华人民共和国国家知识产权局于2006年8月16日授权公告的、名称为“新型组合式混凝土叠合箱”的实用新型专利权（下称本专利），其专利号是200520084212.9，申请日是2005年6月17日，专利权人是李克翔。本专利授权公告时的权利要求书如下：

“1. 新型组合式混凝土叠合箱，它包括底盒（2），其特征在于：在底盒（2）的底板内设置有贯通且外伸的受力拉接筋（5），底盒（2）通过侧框板（3）连接有顶盒（1），在顶盒（1）的顶板内也设置有贯通且外伸的受力拉接筋（5）。

2. 根据权利要求1所述的新型组合式混凝土叠合箱，其特征在于：在底盒（2）与顶盒（1）上与侧框板（3）相连处设置有企口（6）。

3. 根据权利要求1或2所述的新型组合式混凝土叠合箱，其特征在于：在底盒（2）外侧周边与顶盒（1）外侧周边还分别设置有嵌固齿（4）。

4. 根据权利要求1或2所述的新型组合式混凝土叠合箱，其特征在于：在底盒（2）内侧周边与顶盒（1）内侧周边还分别设置有传力腋（7）。

5. 根据权利要求3所述的新型组合式混凝土叠合箱，其特征在于：在底盒（2）内侧周边与顶盒（1）内侧周边还分别设置有传力腋（7）。”

针对本专利权，济南金诺钢构技术开发有限公司（下称请求人）于2008年4月23日向专利复审委员会提出无效宣告请求，认为本专利不符合专利法第22条第2款、第3款的规定，请求人同时提交了如下附件：

附件1：本专利的专利说明书；

附件2：申请日为2005年5月27日、授权公告日为2006年4月26日、授权公告号为CN2775206Y（专利号为ZL200520030810.8）、专利权人为黄安刚的中国实用新型专利说明书，共8页；

附件3：所称请求人与孔德华在长城集团住宅楼工程中签订的产品供货合同和工程图纸，复印件共8页；

附件4：所称专利权人通过电子邮件发给请求人的叠合箱加工图纸，复印件共1页；

附件5：所称建筑承包商孔德华为请求人签收的涉案产品叠合箱的入库凭单，共5页。

请求人认为：权利要求1相对于附件2不具备新颖性和创造性；权利要求2~5所保护的内容均为本领域的公知常识，不具备新颖性和创造性；附件3~5证明本专利要求保护的技术已经由请求人在长城集团住宅楼工程中公开使用，而且叠合箱的生产加工图纸是专利权人所提供的。

经形式审查合格，专利复审委员会依法受理了上述无效宣告请求，并于2008年4月23日向请求人和专利权人发出无效宣告请求受理通知书，同时将专利权无效宣告请求书及其附件清单中所列附件的副本转送给专利权人，并要求专利权人在指定的期限内陈述意见。

针对专利复审委员会发出的无效宣告请求受理通知书，专利权人逾期未陈述意见。

专利复审委员会依法成立合议组对上述无效宣告请求进行审查。

本案合议组于2008年7月7日向双方发出无效宣告请求口头审理通知书，定于2008年9月3日在专利复审委员会举行口头审理。

请求人于2008年8月2日向专利复审委员会补充提交了证据，但未结合所补充的证据具体说明无效宣告理由。其补充的证据如下（编号续前）：

附件6：《建筑科学与工程学报》2006年3月第23卷第1期第59~62页，复印件共4页。

口头审理如期举行，双方当事人均参加了口头审理。

在口头审理中，（1）请求人明确其无效理由、范围、证据及证据使用情况为：权利要求1相对于附件2不具有新颖性；附件3~5证明使用公开，涉及权利要求1~5的新颖性和创造性。（2）请求人当庭明确放弃附件6，并提交了附件3~5的原件；专利权人对附件2的真实性没有异议，并经核实认可附件3~5的原件与复印件相一致，但对其真实性和与本案的关联性有异议。在此基础上，合议组对本案进行审理，充分听取了双方当事人的意见。

至此，合议组认为本案事实已经清楚，可以作出审查决定。

二、决定的理由

1. 关于权利要求1~5相对于附件2的新颖性

专利法第22条第2款规定，新颖性，是指在申请日以前没有同样的发明或者实用新型在国内外出版物上公开发表过、在国内公开使用过或者以其他方式为公众所知，也没有同样的发明或者实用新型由他人向国务院专利行政部门提出过申请并记载在申请日以后公布的专利申请文件中。

请求人使用的附件2为他人于2005年5月27日早于本专利的申请日2005年6月17日向专利局提出的、在本专利申请日后公开的专利文献，专利权人对附件2的真实性没有异议，合议组经审查认可其真实性，其可以用来评述本专利的新颖性。

本案中，请求人认为，本专利所保护的叠合箱与附件2中的预制薄壁盒作用相同，均用于大面积的楼板，从而减少楼板重量和加大楼板强度和跨度。附件2公开了权利要求1的全部技术特征，其中附件2的底板和顶板公开了本专利的底盒和顶盒。底盒和顶盒应该具有壁和底板或顶板，从而形成空腔，但是与附件2的底板和顶板作用一样，且附件2的薄壁盒也是由四壁和顶板、底板连接而形成的一个密闭盒体。

专利权人认为，本专利的顶盒、底盒和侧框板是各个独立的，底板和顶板是底盒和顶盒当中的一部分，而附件2是整箱式的结构，所以附件2并不能否定本专利的新颖性。

合议组经审查后认为，附件2公开了一种预制薄壁盒，与本专利的组合式叠合箱属于相同的技术领域，并具体公开了以下技术特征（参见附件2说明书第3页及附图11和12），主体为方形的预制薄壁盒，盒体包括四壁6及顶板1、底板2，薄壁盒的顶板1和底板2内纵横向的钢筋4两头均伸出顶板或底板之外，通过四壁连接底板和顶板。

将附件2公开的上述内容与本专利权利要求1进行对比，附件2的四壁6相当于本专利权利要求1的侧框板，附件2的顶板和底板内纵横向的钢筋4两头均伸出顶板或底板之外相当于本专利权利要求1的底板和顶板内设置有贯通且外伸的受力拉接筋，故权利要求1相对于附件2的区别在于：权利要求1的侧框板连接的是底盒和顶盒，底板和顶板是底盒和顶盒的一部分。根据常识，盒体除了具有底板和/或顶板外，还应具有侧壁，这一点在口头审理中请求人也予以认可，因此盒与板是有显著区别的，请求人关于附件2的底板和顶板公开了本专利的底盒和顶盒的主张不能成立。虽然本专利权利要求1与附件2最终均形成空腔，但是他们形成空腔的手段不一样，即技术方案实质上不同，而在进行新颖性判断时，如果涉案专利的技术方案与对比文件的技术方案实质上不相同是不能认为两者为同样的发明或者实用新型。因此权利要求1相对于附件2具有新颖性。

由于权利要求1相对于附件2具备新颖性，因此其从属权利要求2~5所要求保护的技术方案相对于附件2也具备新颖性。

2. 关于使用公开

欲以国内使用公开来否定一项权利要求的新颖性或创造性时，如果提供的证据不能组成一个完整的证据链以证明权利要求所保护的产品在申请日前已在国内公开生产、使用和销售，以至于公众可以得知该产品，则请求人的主张不能成立。

就本案而言，请求人认为，附件3~5的时间均在申请日之前，其中附件3是请求人与建筑承包商在长城集团住宅楼工程中签订的供货合同和工程图纸，该工程是专利权人与请求人合伙进行的，且在图纸编号为003页的设计说明中第16项记载“李克翔2005年3月发来济南长城集团住宅楼用叠合箱布置图”，其结合其他图纸证明了专利权人在该工程中提供了本专利的技术。附件4是专利权人通过电子邮件发给请求人的叠合箱加工图纸，加工后的叠合箱用于上述工程中。附件5是建筑承包商孔德华为请求人签收的涉案产品叠合箱的入库凭单，用于证明请求人为该工程提供了产品。其中附件5的产品名称“叠合箱”与本专利的发明名称一致，入库单上的签名人是当时的工程负责人。附件3中的“孔德华”是附件5中送交单位“肥城二建”的项目经理。因此附件3~5可以证明本专利要求保护的技术已经在长城集团住宅楼工程中公开使用，从而使得本专利不具有新颖性和创造性。

合议组经审查，附件3是请求人作为供货方与需货方孔德华在长城集团住宅楼工程中签订的产品供货合同和工程图纸，其中工程图纸共6页，编号从001-006，合同的签订时间为2005年4月6日，供货产品为叠合箱，规格尺寸详见订货单，并约定叠合箱属乙方专利产品，甲方需履行保密义务。所附的工程图纸和附件 4 均标注了 2005 年 3 月宋翠芳绘制，建设单位为“济南长城集团”，且在附件 3 图纸编号为 003 页的设计说明中第 16 项记载有“李克翔 2005 年 3 月发来济南长城集团住宅楼用叠合箱布置图”，同时附件 4 是请求人所称的专利权人通过电子邮件发给请求人的叠合箱加工图纸。附件 5 是 2005 年 5 月或 7 月送交给肥城二建“叠合箱”的入库凭单及一份 2005 年 6 月 1 日收到 12 个型号 1000×300 的叠合箱的收据。

对于请求人的主张，合议组认为，附件 3 仅能证明请求人与孔德华于本专利的申请日之前签订了产品供货合同，该合同约定在长城集团住宅楼工程中，请求人作为供货方向需货方孔德华提供在工程中所需的叠合箱，合同本身只表明了所定购产品的名称，并约定叠合箱属于专利产品，甲方应履行保密义务，合议组注意到，在合同签订之日，本专利尚未申请，同时附件 5 仅能证明 2005 年 5 月或 7 月份肥城二建有产品“叠合箱”入库。

而附件 3 的合同中的需货方的“孔德华”与附件 5 中的送交单位“肥城二建”不一致，虽然请求人主张附件 3 的“孔德华”是附件 5 的“肥城二建”的项目经理，但是没有提交任何证据证明上述两者之间的关系。即使其入库品名“叠合箱”与合同中的产品名称“叠合箱”一致，但这种仅是名称上的一致，不能证明请求人为上述工程提供了供货，即不能证明附件 3 的合同已经履行，并且在本专利申请日前已经公开使用。同时，附件 3 的图纸和附件 4 均为设计图纸，其上所标明的日期为设计日期，其本身不能反映出产品叠合箱的实际生产日期，且上述图纸不属于公开出版物，因此单独使用附件 3 的图纸或附件 4 不能破坏本专利的新颖性和创造性。

请求人声称附件 4 是专利权人通过电子邮件发给请求人的叠合箱加工图纸，并且请求人按照该图纸为长城集团住宅楼加工生产叠合箱。但该图纸上仅盖有请求人的公章和法人签名，却没有任何其他证据证明在上述工程中使用了该图纸。

此外，仅根据附件 3 图纸编号为 003 页的设计说明中第 16 项所记载的内容，在没有其他证据佐证的条件下，也无法证明专利权人在该工程中提供了本专利的技术，并且所述内容也不是正式图纸说明中通常记录的内容。再者，附件 3 图纸编号为 001 页中的“结构盒示意图”、图纸编号为 004 页中绘制的叠合箱不仅在名称上不一致，并且结构上也明显不一致，合议组无法确认哪一个是合同中所提及的叠合箱。

综上所述，附件 3~5 尚不能构成一个完整的证据链以证明本专利在申请日前已经公开使用，因此请求人关于由于使用公开而导致本专利不具备新颖性和创造性的主张不成立。

根据上述的事实和理由，本案合议组依法作出以下决定。

三、决定

维持 200520084212. 9 号实用新型专利权有效。

当事人对本决定不服的，可以根据专利法第 46 条第 2 款的规定，自收到本决定之日起三个月内向北京市第一中级人民法院起诉。根据该款的规定，一方当事人起诉后，另一方当事人应当作为第三人参加诉讼。

脐带剪

无效宣告请求审查决定（第12467号）

决　　定　　号 第12467号
决　　定　　日 2008年11月6日
发明创造名称 脐带剪
国 际 分 类 号 A61B 17/46，A61B 17/32
无效宣告请求人 普莱斯印维纳APS公司
专　利　权　人 董信林，范勤
专　　利　　号 200520118922.9
申　　请　　日 2005年9月14日
授 权 公 告 日 2007年3月28日
合 议 组 组 长 杨军艳
主　　审　　员 李晓娜
参　　审　　员 刘　畅

法　律　依　据 专利法第22条第2款
决　定　要　点

如果本专利权利要求与对比文件的公开内容相比，其技术领域、技术方案、所解决的技术问题和预期的效果实质上相同，则本专利权利要求相对于该对比文件不具备新颖性。

一、案由

本无效宣告请求涉及国家知识产权局于2007年3月28日授权公告的200520118922.9号、名称为“脐带剪”的实用新型专利（下称本专利），其专利权人是董信林和范勤，申请日是2005年9月14日。本专利授权公告的权利要求书如下：

“1. 一种脐带剪，其特征是在剪体的脐带夹闭锁爪导向槽（2）中安装有闭锁爪，剪体的脐带剪推柄导向槽（3）中安装有推柄，剪体上设有切断刀片（1），闭锁爪的开口端设有锁紧扣。

2. 根据权利要求1所述的脐带剪，其特征是所说的闭锁爪的内侧设有脐带夹闭锁爪闭锁齿（4）。

3. 根据权利要求1所述的脐带剪，其特征是所说的推柄前段内侧设有脐带剪推柄闭锁齿（7）。”

针对上述专利权，普莱斯印维纳APS公司（下称请求人）于2008年7月14日向专利复审委员会提出无效宣告请求，其理由是本专利权利要求1~3不符合专利法第22条第2款、第3款的规定，请求宣告本专利权利要求1~3全部无效。随同其专利权无效宣告请求书，请求人提交了以下附件：

附件 1：专利号为 98804728.4 的中国发明专利说明书，共 15 页，其授权公告日为 2004 年 9 月 22 日；

附件 2：专利号为 98208104.9 的中国实用新型专利说明书，共 6 页，其授权公告日为 1999 年 9 月 29 日；

附件 3：专利号为 03273897.8 的中国实用新型专利说明书，共 5 页，其授权公告日为 2005 年 1 月 26 日；

附件 4：申请号为 200410042590.0 的中国发明专利申请公开说明书，共 5 页，其公开日为 2005 年 2 月 23 日；

附件 5：申请号为 200410042591.5 的中国发明专利申请公开说明书，共 5 页，其公开日为 2005 年 2 月 23 日；

附件 6：申请号为 98804728.4 的中国发明专利申请公开说明书，共 16 页，其公开日为 2005 年 5 月 24 日；

附件 7：本专利的授权公告文本。

依据请求人在无效宣告请求书中列出的本专利权利要求 1~3 与附件 1 及附件 3 的技术特征对照表，请求人认为：附件 1 公开了本专利权利要求 1~3 的全部技术特征，其区别仅仅是文字表达上的简单变换，两者的技术方案实质上完全相同，并属于相同的技术领域，解决了同样的技术问题，具有相同的技术效果，因此权利要求 1~3 相对于附件 1 不具备新颖性，也不具备创造性；同理，权利要求1~3相对于附件 3 也不具备新颖性。即使权利要求 1~3 相对于附件 1 或 3 具备新颖性，权利要求 1~3相对于附件 1 及附件 3 的结合也不具备创造性。请求人在无效宣告请求书中没有结合其余附件具体说明相关的无效理由。

经形式审查合格，专利复审委员会受理了上述无效宣告请求，并于 2007 年 7 月 24 日向请求人与专利权人发出无效宣告请求受理通知书，同时将专利权无效宣告请求书及其附件清单中所列附件副本转给专利权人。

基于上述无效宣告请求，专利复审委员会依法组成合议组，对本案进行审理。本案合议组于 2008 年 8 月 29 日向请求人和专利权人发出口头审理通知书，告知双方当事人合议组定于 2008 年 10 月 23 日对本案进行口头审理。

2008 年 10 月 13 日，专利复审委员会收到了专利权人提交的意见陈述书。专利权人认为：首先，附件 1-6 中均未公开本专利中的环状固定环（10），该环能有效地使人手应用两指稳定脐带剪，便于操作和定向；其次，本专利中闭锁爪的外端具有用于开启的凸起，其便于打开脐带夹的闭锁爪，虽然附件 3 中对该特征有所提及，但其说明书及附图没有对此进行说明，因此该特征未被附件 1-6 公开；因此附件 1-6 不能否定本专利的新颖性和创造性。

口头审理如期举行，双方当事人均委托代理人参加了口头审理。

在口头审理中，

（1）合议组当庭将于 2008 年 10 月 13 日收到的专利权人的意见陈述书转给请求人。请求人明确其无效的理由、证据和范围为：本专利权利要求 1~3 相对于附件 1~6 不符合专利法第 22 条第 2 款、第 3 款的规定，请求宣告本专利权利要求 1~3 全部无效，并请求合议组根据审查指南第四部分第三章第 4.1 节的规定，依职权针对权利要求 1 引入专利法实施细则第 20 条第 1 款、专利法实施细则第 21 条第 2 款，针对说明书引入专利法第 26 条第 3 款的无效理由。

合议组当庭告知请求人，在无效宣告请求书中请求人没有结合附件 2、4、5、6 具体说明相关的无效理由，并且在提出无效宣告请求之日起一个月内也未补充具体说明，因此根据专利法实施细则第

64 条第 1 款的规定，对于附件 2、4、5、6 合议组不予考虑。对于请求人当庭请求合议组依职权引入的无效理由，双方可以在口头审理当庭发表意见，最终是否需要依职权引入无效理由要由合议组来确定。

专利权人认可请求人所提交的附件 1 和 3 的真实性。

（2）关于专利法第 26 条第 3 款，专利法实施细则第 20 条第 1 款、第 21 条第 2 款。

请求人认为：在本专利说明书中，没有清楚说明脐带剪剪体内是如何设置闭锁爪和推柄，也没有清楚说明在推动脐带剪推柄时，脐带夹闭锁爪是如何与推柄一起移动，因此不符合专利法第 26 条第 3 款的规定。此外，权利要求 1 中缺少记载推柄与闭锁爪之间的连接关系特征，不符合专利法实施细则第 21 条第 2 款的规定；权利要求 1 中没有清楚限定如何安装闭锁爪和推柄，因此不符合专利法实施细则第 20 条第 1 款。

专利权人认为：本专利附图中已经清楚地显示槽和闭锁爪之间是相互配合的，推柄推动脐带夹闭锁爪至其脱落剪体，这都是在先的公知技术，推柄和闭锁爪共进的过程也是公知技术，所以专利权人在本专利文件中没有描述。并表示对请求人当庭请求合议组依职权引入的无效理由，不再需要答辩时间。

（3）关于专利法第 22 条第 2 款、第 3 款。

请求人认为：基于无效宣告请求书中的意见，权利要求 1~3 相对于附件 1 或附件 3 不具备新颖性，也不具备创造性。附件 1 是与本专利最接近的现有技术，本专利权利要求中的技术特征已经完全被公开，找不出任何区别特征。即使合议组认为本专利有新颖性，本专利相对于附件 1 与 3 的结合也不具备创造性。

专利权人认为，本专利发明点在于，手柄的环状固定环和脐带夹闭锁爪的开启凸起，具有新颖性和创造性。脐带夹部分有一个开启凸起，即本专利图中的锁紧扣，附件 1 中的卡扣只是起锁紧作用没有开启作用，在实际操作中会带来很多问题。附件 3 中的图 4 没有显示锁紧扣，与说明书中的文字描述不一致，因此认为附件 3 没有公开锁紧扣。

请求人认为：环状固定环在权利要求书中并没有任何记载，在附件 1 中仍然存在与本专利环状固定环功能相同的部件。关于锁紧扣，附件 1 附图 3 中的卡扣 50 和钩状端 52 与本专利锁紧扣起等同作用。锁扣在附件 3 说明书文字中有明确说明，在其附图 4 中显示为附图标记 1 。

至此，合议组认为本案事实已经清楚，现依法作出如下审查决定。

二、决定的理由

1. 关于请求人当庭请求合议组依职权引入无效理由的意见

审查指南第四部分第三章第 4.1 节规定：专利复审委员会在下列情形可以依职权进行审查：（1）……（2）专利权存在请求人未提及的缺陷而导致无法针对请求人提出的无效宣告理由进行审查的，专利复审委员会可以依职权针对专利权的上述缺陷引入相关无效宣告理由并进行审查。

本案中，针对请求人提出的本专利权利要求 1~3 相对于其所提交的附件是否具备新颖性、创造性的无效理由，双方当事人通过提交意见陈述书及口头审理当庭陈述意见已充分进行了答辩，合议组经审查认为，可以针对请求人提出的上述无效理由进行审查，不存在审查指南第四部分第三章第 4.1 节规定的上述第（2）种情形，因此对于请求人当庭请求合议组依职权引入专利法第 26 条第 3 款，专利法实施细则第 20 条第 1 款、第 21 条第 2 款的无效理由的意见，合议组不予支持。

2. 本专利权利要求 1~3 相对于附件 1 是否具备新颖性

（1）关于证据。

附件 1 为中国专利文献，专利权人认可该附件的真实性。合议组经核实，认为附件 1 可以作为本案的证据使用，该附件 1 的公告日在本专利的申请日之前，其上记载的内容构成了本专利的现有技术。

（2）关于新颖性。

专利法第 22 条第 2 款规定的新颖性，是指在申请日以前没有同样的发明或者实用新型在国内外出版物上公开发表过、在国内公开使用过或者以其他方式为公众所知，也没有同样的发明或者实用新型由他人向国务院专利行政部门提出过申请并且记载在申请日以后公布的专利申请文件中。

①权利要求 1 相对于附件 1 是否具备新颖性。

合议组经审理查明，附件 1（参见附件 1 说明书第 1 页第 2 行，第 3 页第 12 行到第 5 页第 13 行，及附图 1-8）公开了一种夹紧及切割物体如脐带的装置，其中在夹持器 10 的导向槽 36、T 型槽 40 中安装有第一夹钳 42，在夹持器 10 的导向槽 34、T 型槽 38 中安装有第二夹钳 72，夹持器 10 上设有金属刀片 20，第一夹钳 42 的开口端设有卡扣机构。

将本专利权利要求 1 与附件 1 进行比较可知：附件 1 与本专利的技术领域相同，附件 1 中的夹紧及切割脐带的装置相当于本专利中的脐带剪，附件 1 中的夹持器 10、第一夹钳 42、第二夹钳 72、金属刀片 20、卡扣机构分别相当于本专利中的剪体、闭锁爪、推柄、切断刀片、锁紧扣，附件 1 中的导向槽 36、T 型槽 40 相当于本专利中的脐带夹闭锁爪导向槽，附件 1 中的导向槽 34、T 型槽 38 相当于本专利中的脐带剪推柄闭锁爪导向槽。附件 1 中各部件间的位置关系与本专利权利要求 1 中相应部件的位置关系相同。

由此可见，附件 1 公开了本专利权利要求 1 的全部技术特征，两者的技术方案实质上完全相同，并且两者属于相同的技术领域，解决了同样的技术问题，具有相同的技术效果，因此权利要求 1 相对于附件 1 不具备新颖性，不符合专利法第 22 条第 2 款的规定。

专利权人认为，本专利发明点在于，手柄的环状固定环和脐带夹闭锁爪的开启凸起即锁紧扣。附件 1 中的卡扣只是起锁紧作用没有开启作用，与本专利中的锁紧扣不同。对于专利权人的上述主张，合议组认为：首先，本专利权利要求 1 中并未记载“环状固定环”这一特征，因此权利要求 1 的技术方案中不包含该特征；其次，对于本专利中“锁紧扣”的作用，本专利说明书中仅记载了“在脐带夹闭锁爪完全闭合，通过脐带夹闭锁爪闭锁齿 4 的咬合，闭锁爪的开口端的锁紧扣锁紧，完成胎儿端脐带的夹闭”，并未记载锁紧扣的其他功能，由此不能得出本专利中的锁紧扣必然具有开启功能，而附件 1 中的卡扣机构也能够起锁紧作用，因此应当认为其与本专利中的锁紧扣是相对应的结构。

②权利要求 2、3 相对于附件 1 是否具备新颖性。

权利要求 2、3 都是权利要求 1 的从属权利要求，其附加技术特征限定了闭锁爪及推柄前段的内侧分别设有闭锁齿。附件 1 中（参见附件 1 说明书第 4 页第 10~11 行及图 3，附件 1 说明书第 4 页第 20 行及图 4）公开了第一夹钳（即闭锁爪）内表面设有齿 62，第二夹钳（即推柄）前段内侧设有齿 78，即权利要求 2、3 的附加技术特征在附件 1 中已经公开，因此当其引用的权利要求 1 不具备新颖性时，权利要求 2、3 相对于附件 1 也不具备新颖性，不符合专利法第 22 条第 2 款的规定。

鉴于已得出本专利的所有权利要求相对于附件 1 都不具备新颖性的结论从而导致本专利全部无效，因此本决定对请求人提出的其他无效宣告理由及证据不再进行评述。

三、决定

宣告 200520118922.9 号实用新型专利权全部无效。

一方当事人对本决定不服的，可以根据专利法第 46 条第 2 款的规定，在收到本决定之日起三个月内向北京市第一中级人民法院起诉。根据该款规定，一方当事人起诉后，另一方当事人应当作为第三人参加诉讼。

222

输液袋接口

无效宣告请求审查决定（第 12474 号）

决　　定　　号　第 12474 号
决　　定　　日　2008 年 10 月 22 日
发明创造名称　输液袋接口
国 际 分 类 号　A61J 1/14，A61M 5/14
无效宣告请求人　江苏金扬子包装科技有限公司
专　利　权　人　北京奥星恒迅包装科技有限公司
专　　利　　号　200420092566.3
申　　请　　日　2004 年 9 月 20 日
授 权 公 告 日　2005 年 10 月 12 日
合 议 组 组 长　弓　玮
主　　审　　员　王　滢
参　　审　　员　岑　艳

法　律　依　据　专利法第 22 条第 2 款、第 3 款
决　定　要　点

若一项权利要求所要求保护的技术方案与现有技术相比存在区别特征，但该区别特征属于本领域的常规技术手段，而且在上述现有技术的基础上获得该权利要求所要求保护的技术方案对本领域技术人员来说是显而易见的，则该权利要求不具备创造性。

一、案由

本无效宣告请求涉及申请日为 2004 年 9 月 20 日、授权公告日为 2005 年 10 月 12 日、名称为“输液袋接口”的 200420092566.3 号实用新型专利（下称本专利），专利权人为北京奥星恒迅包装科技有限公司（下称专利权人）。该专利授权公告的权利要求书如下：

“1. 一种输液袋接口，包括平台端、菱形端以及贯穿平台端及菱形端的通孔，其特征在于：所述平台端还包括自自由端向外弯折延伸的平台，所述菱形端的截面为中空菱形。

2. 如权利要求 1 所述的输液袋接口，其特征在于：所述平台端包括自菱形端延伸的中空柱状部，所述中空柱状部与平台连接处的内壁设置有倾斜面。

3. 如权利要求 2 所述的输液袋接口，其特征在于：所述中空柱状部的外壁设置至少一对相互对称的夹持面。

4. 如权利要求 1 所述的输液袋接口，其特征在于：所述菱形的锐角取值范围为 20~90 度。

5. 如权利要求1所述的输液袋接口，其特征在于：还包括连接于平台端与菱形端之间的连接部，所述连接部自平台端向菱形端以上宽下窄的方式延伸。

6. 如权利要求1~5中任一项所述的输液袋接口，其特征在于：所述菱形端的接口钝角外壁尖部呈圆弧形过渡。”

针对上述专利权，江苏金扬子包装科技有限公司（下称请求人）于2008年6月4日向国家知识产权局专利复审委员会提出了无效宣告请求，理由是本专利不符合专利法第22条第2款、第3款的规定，请求宣告本专利全部无效，同时提交了如下附件作为本案证据：

附件1：授权公告号为CN2604179Y的中国实用新型专利说明书复印件，授权公告日为2004年2月25日，共9页（下称对比文件1）；

附件2：授权公告号为CN2553791Y的中国实用新型专利说明书复印件，授权公告日为2003年6月4日，共8页（下称对比文件2）；

附件3：DE20214638U1号德国专利说明书复印件，公开日为2003年1月30日，共6页（下称对比文件3）。

请求人认为：对比文件1公开了本专利权利要求1~3、5、6中所有的技术特征，因此，上述权利要求不具备新颖性；对比文件2公开了本专利权利要求1~3、5、6中所有的技术特征，因此，上述权利要求不具备新颖性；在对比文件1的基础上结合对比文件3或者本领域惯用的技术手段，或者在对比文件2的基础上结合对比文件3或者本领域惯用的技术手段得到本专利权利要求1的技术方案是显而易见的，并不需要付出创造性的劳动，因此，该权利要求不具备创造性；在对比文件1的基础上结合本领域惯用的技术手段，或者在对比文件2的基础上结合本领域惯用的技术手段得到本专利权利要求2~6的技术方案是显而易见的，并不需要付出创造性的劳动，因此，上述权利要求不具备创造性。

经形式审查合格，专利复审委员会依法受理了上述无效宣告请求，并于2008年6月13日向双方发出无效宣告请求受理通知书，同时将无效宣告请求书及其附件清单中所列附件的副本转送给专利权人，并要求专利权人在指定的期限内陈述意见，同时依法成立合议组对本案进行审查。专利权人在指定期限内未陈述意见。

专利复审委员会本案合议组于2008年7月18日向双方当事人发出无效宣告请求口头审理通知书，定于2008年9月18日在专利复审委员会对本案进行口头审理。

口头审理如期举行，双方当事人均出席了本次口头审理。在口头审理过程中，请求人未提交对比文件3的中文译文，故当庭放弃对比文件3的使用，专利权人对对比文件1、2的真实性无异议；此外，请求人为了证明专利权人的另一项专利权（即本案对比文件1）无创造性，当庭提交了由国家知识产权局专利复审委员会作出的第12161号无效宣告请求审查决定复印件（共7页）和申请号为200430080544.0的中国外观设计专利图形页复印件（共1页），供合议组参考。请求人明确其无效宣告理由及其证据的使用方式为：本专利权利要求1~3、5、6相对于对比文件1或2不符合专利法第22条第2款关于新颖性的规定，本专利权利要求1~6相对于对比文件1或2不符合专利法第22条第3款关于创造性的规定。双方当事人就请求人提出的无效宣告理由进行了意见陈述和充分的辩论。

至此，在上述程序的基础上合议组认为事实已经清楚，可以依法作出审查决定。

二、决定的理由

1. 关于证据

作为专利文献的对比文件1、2属于公开出版物，专利权人对其真实性无异议，合议组对其真实性予以确认，并且对比文件1、2的授权公告日均在本专利申请日之前，故对比文件1、2所公开的技术内容可以作为现有技术来评价本专利的新颖性和创造性。

2. 关于专利法第22条第2款、第3款

专利法第22条第2款规定：新颖性，是指在申请日以前没有同样的发明或者实用新型在国内外出版物上公开发表过、在国内公开使用过或者以其他方式为公众所知，也没有同样的发明或者实用新型由他人向国务院专利行政部门提出过申请并且记载在申请日以后公布的专利申请文件中。

专利法第22条第3款规定：创造性，是指同申请日以前已有的技术相比，该发明有突出的实质性特点和显著的进步，该实用新型具有实质性特点和进步。

请求人认为：对比文件1公开了本专利权利要求1的全部技术特征，故该权利要求相对于对比文件1不具备新颖性。在对比文件1的基础上结合本领域惯用的技术手段得到本专利权利要求1的技术方案是显而易见的，并不需要付出创造性的劳动，因此，权利要求1也不具备创造性。

经查，本专利权利要求1要求保护的是“一种输液袋接口”，对比文件1公开的也是一种输液袋接口，并具体公开了以下技术特征：该输液袋接口包括一本体，本体上设有一纵向通孔（相当于本专利权利要求1中贯穿平台端及菱形端的通孔），本体一端为伸入输液袋并与之熔接密封的连接端（相当于本专利权利要求1的菱形端），连接端的两熔接过渡翼部的水平截面外轮廓为平行四边形，且该水平截面中心带有圆形通孔，本体的另一端为外露的出口端（相当于本专利权利要求1中包括自自由端向外弯折延伸的平台的平台端）（参见对比文件1说明书第2页第2~5行以及第3页第20~21行，附图1、2、3）。

将对比文件1公开的上述技术内容与本专利权利要求1所要求保护的技术方案相比，专利权人认为两者的区别特征在于本专利输液袋接口的菱形端为中空菱形，而对比文件1的连接端截面具有的是圆形通孔，并且该区别特征能使得本专利节省50%的原材料以避免材料的浪费。但请求人认为对比文件1中菱形端的截面具有通孔，即为“中空”，故对比文件1公开了本专利权利要求1的全部技术特征。

对此，合议组认为：根据权利要求1的前序部分，上述输液袋接口包括“平台端、菱形端以及贯穿平台端及菱形端的通孔”，其中“菱形端”以及“贯穿平台端及菱形端的通孔”是对与输液袋袋体熔接的连接端进行的限定，即该连接端的外轮廓被限定为菱形，且截面具有通孔。而该权利要求的特征部分中“所述菱形端的截面为中空菱形”应当是对具有通孔的菱形端作出的进一步限定，即通孔的轮廓也为菱形，并且根据本专利说明书及其附图所记载的内容，本领域技术人员可以毫无异议地将“菱形端的截面为中空菱形”理解为菱形端的菱形截面中间具有菱形通孔。由此，对比文件1的连接端截面具有圆形通孔，其并未公开“菱形端的截面为中空菱形”的技术特征，因此，两者的技术方案不完全相同，本专利权利要求1相对于对比文件1具有新颖性，符合专利法第22条第2款的规定。

然而，对于输液袋接口这类产品，无论菱形端上的通孔形状如何，其作为输液袋内液体的流出通道的功能都是不变的，由此，本专利权利要求1中“所述菱形端的截面为中空菱形”属于本领域的常规技术手段。此外，为了节省材料，本领域技术人员也很容易想到在菱形端用截面为菱形的通孔代替截面为圆形的通孔。因此，在对比文件1的基础上经过上述简单的替换以获得本专利权利要求1所要求保护的技术方案，对本领域的技术人员来说是显而易见的，故本专利权利要求1所要求保护的技术方案不具备实质性特点和进步，不具有专利法第22条第3款规定的创造性。

权利要求2引用权利要求1，其附加技术特征为“所述平台端包括自菱形端延伸的中空柱状部，所述中空柱状部与平台连接处的内壁设置有倾斜面”，对比文件1公开了出口端包括自连接端延伸的中空柱状部，而该中空柱状部中位于出口端的通孔内壁设置有锥形倾斜面（参见对比文件1的说明书附图2)，即已经公开了权利要求2的附加技术特征，并且本专利说明书也未记载该特征能够为本专利带来何种技术效果。由此，在权利要求2所引用的权利要求1不具备创造性的前提下，该从属权利要求也不具备专利法第22条第3款规定的创造性。

权利要求3引用权利要求2，其附加技术特征为“所述中空柱状部的外壁设置至少一对相互对称的夹持面”，对比文件1公开了连接端的两熔结过渡翼部上部设置有对称的两定位筋（参见对比文件1说明书第2页第14~15行，以及附图1、2)，并且该定位筋的作用与本专利中的夹持面相同，都具有定位功能，并且都能达到防止输液袋接口在夹具上转动的技术效果，因此，本领域技术人员很容易想到用夹持面来代替定位筋。由此，在权利要求3所引用的权利要求2不具备创造性的前提下，该从属权利要求也不具备专利法第22条第3款规定的创造性。

权利要求4引用权利要求1，其附加技术特征为“所述菱形的锐角取值范围为20~90度”，而对比文件1实质上已经公开了该附加技术特征（参见对比文件1的说明书第3页第20~21行，附图3)，并且上述角度的选择均可以达到使输液袋接口的连接端与输液袋更相适应，从而达到避免两者接合处的薄膜拉伸的技术效果，由此，在权利要求4所引用的权利要求1不具备创造性的前提下，该从属权利要求也不具备专利法第22条第3款规定的创造性。

权利要求5引用权利要求1，其附加技术特征为“还包括连接于平台端与菱形端之间的连接部，所述连接部自平台端向菱形端以上宽下窄的方式延伸”，对比文件1公开了连接于出口端与连接端之间的连接部，并且自出口端向连接端以上宽下窄的方式延伸（参见对比文件1说明书附图2)，即已经公开了权利要求5的附加技术特征，并且本专利说明书也未记载该特征能够为本专利带来何种技术效果。由此，在权利要求5所引用的权利要求1不具备创造性的前提下，该从属权利要求也不具备专利法第22条第3款规定的创造性。

权利要求6引用权利要求1~5，其附加技术特征为“所述菱形端的接口钝角外壁尖部呈圆弧形过渡”，对比文件1公开了连接端的钝角外壁为圆弧形过渡（参见对比文件1的说明书附图4、5）的技术特征，并且该技术特征在对比文件1中所起的作用与其在本专利中所起的作用相同。由此，在权利要求6所引用的权利要求1~5不具备创造性的前提下，权利要求6也不具备专利法第22条第3款规定的创造性。

鉴于依据对比文件1已经得出本专利权利要求1~6均不具备创造性的结论，故本决定对请求人提出的其他无效宣告理由不再予以评述。

三、决定

宣告200420092566.3号实用新型专利权全部无效。

当事人对本决定不服的，可以根据专利法第46条第2款的规定，自收到本决定之日起三个月内向北京市第一中级人民法院起诉。根据该款的规定，一方当事人起诉后，另一方当事人应当作为第三人参加诉讼。

223

免挖沟地下光电缆铺设器

无效宣告请求审查决定（第12491号）

决　定　号　第12491号
决　定　日　2008年10月28日
发明创造名称　免挖沟地下光电缆铺设器
国 际 分 类 号　E02F 5/10
无效宣告请求人　陈金旭
专　利　权　人　于庆文
专　利　号　200420018414.9
申　请　日　2004年2月6日
授 权 公 告 日　2005年2月9日
合 议 组 组 长　温丽萍
主　审　员　樊延霞
参　审　员　王　博

法 律 依 据　专利法第22条第3款
决 定 要 点

评价一项实用新型权利要求的创造性时，首先将该权利要求与最接近的现有技术进行比较，确定区别技术特征以及根据该区别技术特征所能达到的技术效果确定该权利要求实际解决的技术问题，最后判断现有技术中是否给出了将上述区别技术特征应用到该最接近现有技术以解决上述实际解决的技术问题的启示，若给出了启示则该权利要求相对于现有技术是显而易见的，无实质性特点，该权利要求无创造性。

一、案由

本无效宣告请求涉及中华人民共和国国家知识产权局于2005年2月9日授权公告的、名称为“免挖沟地下光电缆铺设器”的实用新型专利权（下称本专利），其专利号是200420018414.9，申请日是2004年2月6日，专利权人是于庆文。本专利授权公告时的权利要求书如下：

“一种免挖沟地下光电缆铺设器，在铺设器主体（1）上设有从上端面至下端头相通的光电缆通孔（5），光电缆出口弯座（4）固配在铺设器主体（1）的后侧中间部位上，且与光电缆通孔（5）相连通，其特征在于在铺设器主体（1）前侧作业面整体向后弯曲部位处设置带有刃口的锯齿牙（2）；开沟刀（3）固配在铺设器主体（1）前侧下部上，位于锯齿牙（2）下方，其开沟刀（3）的最低位置处在铺设器主体（1）最低位置之下。”

针对本专利权，陈金旭（下称请求人）于2008年5月20日向专利复审委员会提出无效宣告请求，认为本专利不符合专利法第22条第3款的规定，请求人同时提交了如下附件：

附件1：公告日为1982年3月9日、公开号为US4318638的美国专利文献及其译文，共14页；

附件2：公告日为1963年11月19日、公开号为US3111007的美国专利文献及其译文，共14页。

请求人认为：附件1公开了权利要求的前序部分的技术特征，附件2公开了特征部分的技术特征，并公开了前序部分的“电缆通孔”，因此权利要求相对于附件1和2的结合不具备创造性。

经形式审查合格，专利复审委员会依法受理了上述无效宣告请求，并于2006年6月4日向请求人和专利权人发出无效宣告请求受理通知书，同时将专利权无效宣告请求书及其附件清单中所列附件的副本转送给专利权人，并要求专利权人在指定的期限内陈述意见。

请求人于2008年5月29日向专利复审委员会提交了意见陈述书，并补充了无效宣告的理由和证据，其中补充的证据为：

附件3：公告日为1953年3月24日、公开号为US262265的美国专利文献及其译文，共10页。

请求人认为：(1) 附件1公开了用于铺设电缆的设备，其犁头33相当于本专利的铺设器主体、埋缆滑道59相当于本专利的光电缆通孔、松弛线埋线滑道60相当于本专利的光电缆出口弯座、切刀39相当于本专利的铺设器主体前侧作业面，其与权利要求的区别技术特征被附件2所公开，附件2具体公开了在犁片13上设有从上端面至下端头相通的电缆通孔、在犁片13前侧作业面整体向后弯曲部位处设置有带有刃口的锯齿牙、开沟刀固配在锯齿牙下方、开沟刀的最低位置处在犁片13的最低位置，因此权利要求相对于附件1和2的结合不具备创造性；(2) 附件3也公开了上述区别技术特征，因此权利要求相对于附件1和3的结合也不具备创造性；(3) 附件2作为最接近的对比文件，结合附件1可以得到权利要求的技术方案，因此权利要求相对于附件2和1的结合不具备创造性。

针对专利复审委员会发出的上述无效宣告请求受理通知书，专利权人分别于2008年7月9日及2008年7月10日提交了意见陈述书，而在后的意见陈述书中明确表示放弃在前的意见陈述书，以在后的意见陈述书为准。

在2008年7月10日提交的意见陈述书中，专利权人认为权利要求相对于附件1和2的结合具备创造性。

专利复审委员会依法成立合议组对本案进行审理。

本案合议组于2008年7月16日向双方发出无效宣告请求口头审理通知书，定于2008年9月1日在专利复审委员会举行口头审理。随同口头审理通知书，将专利权人于2008年7月9日和2008年7月10日提交的意见陈述书的副本转送给请求人。

本案合议组于2008年8月25日将请求人于2008年5月29日提交的意见陈述书及其附件的副本当面转给专利权人。

口头审理如期举行，双方当事人均参加了口头审理。

在口头审理中，(1) 专利权人当庭提交了针对合议组于2008年8月25日转送的请求人于2008年5月29日向专利复审委员会提交的意见陈述书及附件3的意见陈述书，合议组当庭将其副本转给请求人。专利权人对请求人提交证据的期限、真实性、译文的准确性及合议组对附件1~3的转文时间均无异议，并明确表示其针对无效请求的意见陈述以此当庭提交的意见陈述书为准。(2) 请求人明确其无效理由、范围、证据及证据使用情况为：权利要求1相对于附件1与附件2的结合（附件1、2分别作为最接近的对比文件）、相对于附件1与附件3的结合不具备创造性。在此基础上，合议组对本案进行了审查，充分听取了双方当事人的意见。

至此，合议组认为本案事实已经清楚，可以作出审查决定。

二、决定的理由

1. 关于证据

请求人提交的证据包括附件1~2，专利权人对附件1~2的真实性没有异议，合议组经审查认可其真实性，同时由于附件1~2为公开出版物，且其公开日期均在本专利的申请日前，因此可以作为本专利的现有技术使用。另外，由于请求人提交的附件1~2为外文证据，其提交了附件1~2的中文译文，专利权人对附件1~2的中文译文也没有异议，因此附件1~2公开的内容以其所附的中文译文为准。

2. 关于本专利权利要求1的创造性

创造性，是指同申请日以前已有的技术相比，该发明有突出的实质性特点和显著的进步，该实用新型有实质性特点和进步。

评价一项实用新型权利要求的创造性时，首先将该权利要求与最接近的现有技术进行比较，确定区别技术特征以及根据该区别技术特征所能达到的技术效果确定该权利要求实际解决的技术问题，最后判断现有技术中是否给出了将上述区别技术特征应用到该最接近现有技术以解决上述实际解决的技术问题的启示，若给出了启示则该权利要求相对于现有技术是显而易见的，无实质性特点，该权利要求无创造性。

本案中，请求人认为，附件2为最接近对比文件，附件2没有公开的技术特征“出口弯座”被附件1所公开。

专利权人认为，附件1和2均没有公开以下技术特征：(a) 光电缆出口弯座固配在铺设器主体的后侧中间部位上，且与光电缆通孔相连通；(b) 在铺设器主体前侧作业面整体向后弯曲部位处设置带有刃口的锯齿牙；(c) 开沟刀固配在铺设器主体前侧下部上，位于锯齿牙下方，其开沟刀的最低位置处在铺设器主体最低位置之下。特征a的弯座是为了保护出口，不受损害，其中“后侧中间部位”是根据需要设定的，是大致位于该位置。特征b的“弯曲部位”在前进过程中，锯齿牙有上下移动，容易破土，并减少阻力，同时往下压土，并对转弯有利。特征c中的开沟刀3固配在前侧下部，位于锯齿牙下方，且位于主体位置的最低位置之下，开沟刀最下面和主体最下面还有一段距离，锯齿牙和开沟刀结合可减少阻力。

合议组经审查后认为，附件2公开了一种用于开沟和电缆铺设犁片的可分离电缆管，其中具体公开了以下内容（参见译文第3~4页及附图2）：开沟和电缆铺设犁片13上设有电缆通道15，所述电缆通道15沿着犁片13后缘向下延伸，一个弯曲的根部19被固定在犁片的下端，电缆是从位于犁片上端的电缆卷筒12出发从电缆通孔14中沿着犁片13后缘向下传送到犁片下端，在犁片13前侧作业面整体向后倾斜部位处设置有带有连续弧形的多个刃口，开沟刀固配在犁片13前侧下部上，位于刃口下方，犁片的最低位置处是跟部件19，开沟刀的最低位置处位于跟部件19之下，从而开沟刀最低位置处在犁片13的最低位置之下。

附件1公开了一种可使电缆松弛的设备，并具体公开了以下技术特征（参见译文第3页以及附图1）：在犁头33的后部具有埋缆滑道59，其中所述埋缆滑道是从犁头33上端面至下端头相通的。电缆16穿过埋缆滑道59，被铺设在由犁头33逐渐形成的电缆沟底部。松弛线埋线滑道60，其入口在埋缆滑道59入口的正上方，其出口60A从埋缆滑道59末端弯出，略高于埋缆滑道的出口，并位于犁头的大致中间位置。松弛线56穿过松弛线埋线滑道60，从出口60A出来，被埋设在电缆上面的位置。

将附件2公开的上述内容与本专利权利要求进行对比，附件2的“开沟和电缆铺设犁片13”与本专利的“铺设主器体”相对应；附件2的“电缆是从位于犁片13上方的电缆卷筒12出发从电缆通孔14中沿着犁片13后缘向下传送到犁片下端”与本专利的“设有从上端面至下端头相通的光电缆通孔（5）”相对应；附件2的“开沟刀固配犁片13前侧下部上，位于刃口下方……开沟刀的最低位置处在犁片13的最低位置之下”与本专利的“开沟刀（3）固配在铺设器主体（1）前侧下部上，位于锯齿牙（2）下方，其开沟刀（3）的最低位置处在铺设器主体（1）最低位置之下”相对应。

由此可见，本专利权利要求相对于附件2的区别特征在于：①光电缆出口弯座固配在铺设器主体的后侧中间部位上，且与光电缆通孔相连通；②在铺设器主体前侧作业面整体向后弯曲部位处设置带有刃口的锯齿牙。

关于区别特征②，附件2公开的“带有连续弧形的多个刃口”与本专利的“锯齿牙”均是本领域常用的用于破土的结构形式，二者所起作用、达到的效果也都相同，尤其是锯齿牙，在生活领域也是常见的。同时，本领域技术人员根据生活常识得知，如果要进行破土，不论使用本专利的锯齿牙还是附件2的带有连续弧形的多个刃口通常都需将破土工具上下往复运动，从而减少阻力，并且附件2的作业面向后倾斜与本专利权利要求的作业面向后弯曲均可以实现往下压土及方便转弯的目的，因此本专利权利要求中位于前侧作业面向后弯曲部位的锯齿牙与附件2中位于前侧作业面向后倾斜部位的带有连续弧形的多个刃口相比，两者形状不同，但所起到的作用是相同的，对本领域技术人员来说，这种形状上的改变是很容易想到。

关于区别特征①，附件1中的松弛线埋线滑道60末端弯出的部分本身对电缆就有保护作用，而且本专利设置的出口弯座其目的也是对线缆的出口方向进行保护，同时将其设置在后侧中间部位也是一个大致的位置，不是绝对中间部位，与附件1中的出口一样均需根据实际工程需要进行设定，至于是否采用与其他埋缆滑道相连通的结构，本领域技术人员可以根据设计需要进行调整。尽管附件1中的出口60A是用来引导与电缆共同铺设的松弛线的，但是由于该出口60A是位于埋缆出口的上方部位，这就给出了增设多个引导滑道及相应的出口以实现多层铺设电缆的技术启示。

由此可知，附件2与附件1均涉及用于铺设电缆的设备，在附件2的基础上结合附件1，本领域技术人员很容易得到本专利权利要求的技术方案，故该技术方案不具有实质性特点，权利要求不符合专利法第22条第3款关于创造性的规定。

鉴于上述已经得出本专利权利要求不符合专利法第22条第3款的规定，应予无效，故本决定对请求人提出的针对上述权利要求的其他理由和证据及证据的组合方式不再予以评述。

根据上述的事实和理由，本案合议组依法作出以下决定。

三、决定

宣告200420018414.9号实用新型专利权全部无效。

当事人对本决定不服的，可以根据专利法第46条第2款的规定，自收到本决定之日起三个月内向北京市第一中级人民法院起诉。根据该款的规定，一方当事人起诉后，另一方当事人应当作为第三人参加诉讼。

224

钢质穿梭防护栏型材

无效宣告请求审查决定（第 12492 号）

决　　定　　号 第 12492 号
决　　定　　日 2008 年 10 月 27 日
发明创造名称 钢质穿梭防护栏型材
国 际 分 类 号 E04F 11/18，F16S 3/00，E04H 17/14
无效宣告请求人 长沙县友宏金属加工有限公司
专 利 权 人 李忠勇
专　　利　　号 200410002627.7
申　　请　　日 2004 年 1 月 21 日
授 权 公 告 日 2006 年 11 月 15 日
合 议 组 组 长 欧　岚
主　　审　　员 李德宝
参　　审　　员 任颖丽

法 律 依 据 专利法实施细则第 20 条第 1 款
决 定 要 点

对于产品类型的权利要求，如果本领域技术人员根据该权利要求的表述，不能清楚地得知该权利要求请求保护的主题具体为何种产品，同时权利要求中又存在表述相同但含义不同的术语，则该权利要求的保护范围不清楚。

一、案由

本无效宣告请求涉及中华人民共和国国家知识产权局于 2006 年 11 月 15 日授权公告的、名称为“钢质穿梭防护栏型材”的发明专利权（下称本专利），其专利号是 200410002627.7，申请日是 2004 年 1 月 21 日，专利权人为李忠勇。本专利授权公告的权利要求书如下：

“1. 一种钢质穿梭防护栏型材，在截面形状为方形、矩形或圆形的型材上钻有等距离的全通或半通孔若干，其间穿入型材，其特征是在截面形状为方形、矩形或圆形的条状型材上加工出规则的、与穿入其间的型材截面形状相同且略大的孔，将截面形状为圆形的穿入的型材加工成‘U’字形型材，其两端分别插入水平或垂直的条状型材上的孔中，经除油、除锈、酸洗、磷化、钝化后，再经静电喷涂上所需的颜色，供制做城市道路、公共设施、学校庭院、建筑用护栏、门窗用护栏或货架、雨棚、置物架、鞋架、书架、衣架、窗外凉衣架、穿梭防护栏、穿梭栏用。

2. 根据权利要求 1 中所述的钢质穿梭防护栏型材，其特征是其上的孔是钻透型材两面的通孔或是只钻透型材一面的孔。

3. 根据权利要求 1 中所述的钢质穿梭防护栏型材，其特征是相邻两个平面上依需要所钻的孔有一错位。”

针对本专利权，长沙县友宏金属加工有限公司（下称请求人）于 2008 年 6 月 24 日向专利复审委员会提出无效宣告请求，认为本专利权利要求 1 不符合专利法实施细则第 20 条第 1 款的规定，权利要求 1~3 不符合专利法第 22 条第 3 款的规定。请求人同时提交了如下附件：

附件 1：公开日为 2003 年 7 月 30 日，公开号为 CN1432713A 的中国发明专利申请公开说明书，共 4 页；

附件 2：授权公告日为 1994 年 9 月 7 日、授权公告号为 CN2176482Y（专利号为 93239756.5）的中国实用新型专利说明书，共 4 页；

附件 3：授权公告日为 1994 年 10 月 12 日、授权公告号为 CN2179403Y（专利号为 93231869.X）的中国实用新型专利说明书，共 6 页。

请求人认为，（1）权利要求 1 的保护类型不清楚、不明确，其中记载了方法特征，同时还记载了用途性的方法特征，产品结构特征与工艺和用途等方法特征在一起使权利要求 1 的类型混乱、冗长；另外，其保护的主题“钢质穿梭防护栏型材”中的“型材”在本技术领域中通常的含义是“铁或钢轧制成的具有一定截面的棒材”，权利要求 1 既描述了一种条状型材的技术特征，又描述了一种穿入型材的技术特征，还对两种型材的结构和连接关系进行了描述，致使无法判断其保护范围，即使将其视为产品专利，也不能清楚其要保护的产品是指条状型材、穿入型材还是两种型材组合成的防护栏。（2）权利要求 1 中有关用途的方法特征对新颖性和创造性的判定不起作用，附件 1 已经公开了权利要求 1 中的大部分结构技术特征，而“将型材加工成‘U’字形结构”不仅是公知技术，且在附件 2 中也记载了该种类型的护栏用型材，并且，权利要求 1 中的静电喷涂工艺也是公知的预处理措施，附件 1 和 3 都公开了静电喷涂工艺在护栏、窗栏等建材领域中的应用，因此，权利要求 1 相对于附件 1 和 2 的结合或附件 1、2 和 3 的结合不具备创造性。（3）权利要求 2 的附加技术特征已在附件 1 中公开，权利要求 3 的附加技术特征对本领域技术人员来说是显而易见的，因此，从属权利要求 2 和 3 均不具备创造性。

经形式审查合格，专利复审委员会依法受理了上述无效宣告请求，并于 2008 年 6 月 24 日向请求人和专利权人发出无效宣告请求受理通知书，同时将专利权无效宣告请求书及其附件清单中所列附件的副本转送给专利权人，并要求专利权人在指定的期限内陈述意见。

2008 年 7 月 9 日，专利复审委员会收到寄给专利权人的退信。

专利复审委员会依法成立合议组，本案合议组于 2008 年 8 月 4 日向双方当事人发出无效宣告请求口头审理通知书，定于 2008 年 9 月 24 日举行口头审理。随同口头审理通知书，将无效宣告请求受理通知书以及专利权无效宣告请求书及其附件清单中所列附件的副本再次转送给专利权人。2008 年 8 月 19 日，专利复审委员会再次收到寄给专利权人的退信。2008 年 9 月 8 日，专利权人提交了意见陈述书，阐述了两次退信的原因，并委托肖国红到专利复审委员会面取了专利权无效宣告请求书及其附件清单所列附件的副本、无效宣告请求受理通知书以及无效宣告请求口头审理通知书。

口头审理如期举行，双方当事人均参加了口头审理，口头审理以授权公告的权利要求书为审查基础。在口头审理中，请求人明确其无效宣告的理由、证据和范围是：权利要求 1~3 均不符合专利法实施细则第 20 条 1 款的规定；权利要求 1~3 相对于附件 1 和公知常识的结合或附件 1、3 和公知常识的结合不具备专利法第 22 条第 3 款规定的创造性；请求人明确放弃附件 2 的使用。专利权人对附件 1 和 3 的真实性没有异议。专利权人当庭演示了内容为介绍本专利产品的光盘。在口头审理中，双方当事人均充分陈述了意见。

至此，合议组认为本案事实已经清楚，可以作出审查决定。

二、决定的理由

专利法实施细则第 20 条第 1 款规定：权利要求书应当说明发明或者实用新型的技术方案，清楚、简要地表述请求保护的范围。

对于产品类型的权利要求，如果本领域技术人员根据该权利要求的表述，不能清楚地得知该权利要求请求保护的具体为何种产品，同时权利要求中又存在表述相同但含义不同的术语，则该权利要求的保护范围不清楚。

请求人认为：（1）权利要求 1 请求保护的主题中的“型材”在本技术领域中通常的含义是“铁或钢轧制成的具有一定截面的棒材”，但权利要求 1 中既描述了一种条状型材的技术特征，又描述了一种穿入型材的技术特征，还对两种型材的结构和连接关系进行了描述，不清楚是条状型材、“U”形型材还是型材组合，致使无法判断其保护范围，即使将其视为产品专利，也不能清楚其要保护的产品是指条状型材、穿入型材还是两种型材组合成的防护栏。（2）权利要求 1 请求保护的主题是型材，但有方法和用途特征，且所述方法和用途特征与主题并不对应，权利要求 1 完全可以用结构特征完成，不需要方法限定。（3）权利要求 1 保护的型材是防护栏原材料，但其中限定的用于“衣架”等用途特征与防护栏不一致。（4）防护栏型材未在本专利说明书和附图中给出。（5）型材组合后断面形状不能得知。（6）权利要求 1 中的“若干”、“所需的颜色”、“略大”等导致权利要求保护范围不清楚。（7）权利要求 2 和 3 是对条状型材的限定，导致权利要求的整体不清楚。

专利权人认为：（1）“型材”是指断面具有一定形状的材料，包括钢、铝等材料，型材可以包括组合，使用用途方法限定的原因在于与型材有关系，权利要求 1 保护的型材既有条状型材又有“U”形型材，条状型材和“U”形型材的穿插关系是对型材的结构和用途限定；权利要求 1 中的圆形、方形等条状型材与主题中的“型材”不同，“U”字形型材的横截面是圆形的。（2）发明应从整体上来看，不能用结构等特征限定清楚的权利要求可以使用方法特征。（3）主题中的“防护栏型材”是对型材的主要限定，最后的用途限定用来强调主题。（4）“若干”和“颜色”的限定是根据需要决定的，不能预先确定，“略大”的目的是使配件能进入型材。（5）权利要求 2 和 3 是对权利要求 1 中条状型材的进一步限定，使技术方案能分为水平和垂直两种方式，现有技术中的型材没有采用钢质材料。

合议组经审查后认为：（1）独立权利要求 1 请求保护的主题为“一种钢质穿梭防护栏型材”，在权利要求 1 的表述中，既有方形、矩形或圆形的条状型材又有“U”字形型材，本领域普通技术人员根据权利要求 1 的表述，不能清楚得知其请求保护的是条状型材、“U”字形型材还是条状型材和“U”字形型材的组合。专利权人认为权利要求 1 请求保护的既有条状型材，又有“U”形型材，条状型材和“U”形型材的穿插关系是对型材的结构和用途限定，但本领域普通技术人员根据权利要求 1 的表述并不能唯一确定其保护的技术方案为专利权人所述的方案；即使权利要求 1 的保护范围如专利权人所述，则一项权利要求请求保护的主题既是条状型材，又是“U”字形型材，更会导致权利要求所保护的产品不明确，进而导致保护范围不清楚。（2）权利要求 1 中的术语“型材”在权利要求 1 的技术方案中出现了多次，虽然均表述为“型材”，但所代表的含义却不相同，在一项权利要求中出现表述相同而含义不同的术语导致了权利要求的技术方案不清楚。综上所述，权利要求 1 的保护范围不清楚，不符合专利法实施细则第 20 条第 1 款的规定。

从属权利要求 2 和 3 均为引用独立权利要求 1 的从属权利要求，由于独立权利要求 1 不符合专利法实施细则第 20 条第 1 款的规定，而从属权利要求 2 和 3 的进一步限定也不能使限定后的技术方案克服不清楚的缺陷，因此，从属权利要求 2 和 3 也均不符合专利法实施细则第 20 条第 1 款的规定。

鉴于本专利权利要求 1~3 不符合专利法实施细则第 20 条第 1 款的规定，应予全部无效，因此，对于请求人提出的其他无效理由，合议组不再进行评述。

根据上述事实和理由，本案合议组依法作出以下决定。

三、决定

宣告第 200410002627.7 号发明专利权全部无效。

当事人对本决定不服的，可以根据专利法第 46 条第 2 款的规定，自收到本决定之日起三个月内向北京市第一中级人民法院起诉。根据该款的规定，一方当事人起诉后，另一方当事人应当作为第三人参加诉讼。

225

牦牛角梳子及加工方法

无效宣告请求审查决定（第12493号）

决　　定　　号　第12493号
决　　定　　日　2008年10月29日
发明创造名称　牦牛角梳子及加工方法
国 际 分 类 号　A45D24/00
无效宣告请求人　左德祥
专　利　权　人　娄作富
专　　利　　号　01108785.4
申　　请　　日　2001年8月27日
授 权 公 告 日　2004年9月1日
合 议 组 组 长　高　栋
主　　审　　员　郝海燕
参　　审　　员　高　颖

法　律　依　据　专利法实施细则第20条第1款
决　定　要　点

如果权利要求因不清楚而无法确定其保护范围导致无法针对请求人提出的无效宣告理由进行审查的，专利复审委员会可以依职权引入专利法实施细则第20条第1款的无效宣告理由进行审查。

如果权利要求的保护主题中既包含产品又包含方法，则该权利要求的保护主题类型不清楚，从而无法确定权利要求的保护范围，因此该权利要求不符合专利法实施细则第20条第1款的规定。

一、案由

本无效宣告请求涉及国家知识产权局于2004年9月1日授权公告的、名称为“牦牛角梳子及加工方法”的发明专利（下称本专利），其专利号为01108785.4，申请日为2001年8月27日，公开日为2002年2月20日，专利权人为娄作富。

本专利授权公告的权利要求书的内容如下：

“1. 一种采用高原天然牦牛角为原料，无明火烧烤和化学加工工序、能保留牦牛角的天然花纹的牦牛角梳子及加工方法，其特征在于：

a）生产工艺流程是：选料-下料抽片-打磨-加温压平-划料取样-坏样打磨-开齿-整形修齿-抛光入库；

b）所述的选料工序是指在牛角原料中选出四川西部和青藏高原的牦牛角为原料；

c）所述的开齿是指将坯样放在开齿机上根据要求切割出梳子大小、深度、齿距不同的梳齿来；将梳齿精磨、抛光和入库。

2. 根据权利要求 1 所述的一种牦牛角梳子及加工方法，其特征在于所述的下料抽片是指：将牦牛角两头不能用的切割掉，再采用纵向剖面定向抽片切割成片状料。

3. 根据权利要求 1 所述的一种牦牛角梳子及加工方法，其特征在于所述的加温压平是指：

a）原料在远红外线烤箱内，温度控制在 200~250°C，时间 5~8 分钟，使材料通过加热变软；

b）将加热变软的材料连放入属钢夹层中，加压 15~20 吨，让原料缓冲、延伸、展平，自然降温、定形。

4. 根据权利要求 1 所述的一种牦牛角梳子及加工方法，其特征在于所述的划料取样是指：根据片材的质量和花纹，在片材上划出梳子样式的切割线，切割下来的坯样进行打磨。”

左德祥（下称请求人）针对上述专利权于 2007 年 11 月 22 日向国家知识产权局专利复审委员会提出了无效宣告请求，其理由是本专利不符合专利法第 22 条第 3 款、专利法第 33 条以及专利法实施细则第 20 条第 1 款和专利法实施细则第 21 条第 2 款的规定，请求宣告本专利全部无效，同时提交了如下附件作为证据：

附件 1：公开号为 CN1140043A 的中国专利文献，其公开日为 1997 年 1 月 15 日，共 6 页；

附件 2：公开号为 CN1203051A 的中国专利文献，其公开日为 1998 年 12 月 30 日，共 4 页；

附件 3：公开号为 CN1162427A 的中国专利文献，其公开日为 1997 年 10 月 22 日，共 5 页；

附件 4：公开号为 CN1134864A 的中国专利文献，其公开日为 1996 年 11 月 6 日，共 6 页；

附件 5：公开号为 CN88101222A 的中国专利文献，其公开日为 1988 年 12 月 7 日，共 7 页；

附件 6：本专利的公开文本，共 6 页；

附件 7：本专利的授权文本，共 6 页。

请求人在请求书中具体指出：（1）本专利的权利要求 1 的技术方案要解决的技术问题是提供一种加工精细，工艺科学，牛角有机质未遭破坏，机械强度高，梳齿不易折断，能够保持牛角梳天然花纹，色泽光亮，不用高浓度工业用双氧水浸泡，无化学物质易残留，不会使头发干枯、发黄、头皮发痒，不会对人体有害的牦牛角梳子及加工方法。因此权利要求 1 中所有的工艺步骤，特别是对每个工艺步骤的具体限定或说明是解决本发明的技术问题必不可少的技术特征，而权利要求 1 中没有对下料抽片、加温压平、划料取样、开齿这些为解决本发明目的而采用的关键步骤进行具体的限定，因此，权利要求 1 中缺少解决其技术问题的必要技术特征，因此权利要求 1 不符合专利法实施细则第 21 条第 2 款的规定。（2）权利要求 2 中的“将牦牛角两头不能用的切割掉”以及“纵向剖面定向抽片”的确切含义是不清楚的，权利要求 3 中的“属钢夹层”的概念不清楚，因此权利要求 2、3 不符合专利法实施细则第 20 条第 1 款的规定。（3）本专利授权的权利要求 3 相对公开文本的权利要求 5 删除了步骤 a）中金属钢板夹层、步骤 b）中压力机的技术特征，导致权利要求扩大了保护范围，符合审查指南第二部分第八章第 5. 2. 1 节中关于不能被接受的删除的情况，因此权利要求 3 的修改不符合专利法第 33 条的规定。（4）附件 1 作为最接近的现有技术，公开了权利要求 1 中的选料、加温压平、划料取样、坯样打磨、开齿和整型修齿和抛光入库的技术特征，区别在于附件 1 中没有公开下料抽片和打磨的步骤，而下料抽片和打磨步骤已经在附件 2 中公开了“剖角，初磨”，权利要求 1 相对于附件 1 和附件 2 的结合不具备创造性。（5）权利要求 2 的附加技术特征被附件 2 公开，即“剖角，用锯或圆盘铣刀把牛角剖开”，因此权利要求 2 相对附件 1 和附件 2 的结合不具备创造性。（6）权利要求 3 的附加技术特征被附件 1 公开，即“热压、定型；将上述坯料置放于一模具的下模中，加压，缓慢升温，温度达 280~380℃，保温、保压一段时间，缓慢降温、降压，至常温、常压、脱模”，这里公开了温度 280~380℃，因此权利要求 3 相对附件 1 和附件 2 的结合不具备创造性。(7) 权利要求 4 的附加技术特征被附件 3 公开，即"所述的划线雕刻是将加温加压定型后的粗坯进行整饰和图案刻画"，因此权利要求 4 相对附件 1、2 以及 3 的结合不具备创造性。所以权利要求 1~4 都不符合专利法第 22 条第 3 款的规定。

经形式审查合格，专利复审委员会受理了上述请求，于 2007 年 11 月 22 日向双方当事人发出无效宣告请求受理通知书，并将无效宣告请求书及其附件的副本转给了专利权人，要求其在指定的期限内陈述意见，同时成立合议组对本案进行审查。

专利权人于 2007 年 12 月 20 日提交了意见陈述书，专利权人认为：(1) 本专利的说明书的实施例部分对每个工序步骤都作了详细的描述，本领域的技术人员可以根据权利要求 1 的工艺步骤结合说明书的描述完成权利要求 1 的技术方案，因此本专利的权利要求 1 不存在缺乏必要技术特征的缺陷。(2) 权利要求 2 中的"将牦牛角两头不能用的切割掉"以及"纵向剖面定向抽片"的说法对于本领域的技术人员来说是可以明了的，因此不存在不清楚的缺陷。(3) 权利要求 3 中的"属钢夹层"是打字错误，应该为"金属钢板夹层"。(4) 权利要求 3 中删除的技术特征，没有超出原始说明书的范围。(5) 附件 1 中的"加压、慢慢升温，温度高达 280~380℃与本专利权利要求 3 中的"温度控制在 200~250℃，时间控制在 5~8 分钟"的工艺不一样，本发明的发明点就在于温度范围的控制才能解决技术问题，达到不易折断的技术效果。(6) 附件 1 中公开的技术内容"将上述板坯送入模具中，冲压出齿梳，成形"，由于使用机械加工"冲压"用来加工牛角梳梳齿是不能实现的，达不到本专利的技术效果。(7) 附件 2 涉及牛角鞋垫的加工方法，与本专利属于不同的技术领域，因此不能用来评价本专利。(8) 本专利的权利要求 1 与附件 1 的区别"开齿是将……梳齿来"的工艺使得本专利相对附件 1 具备突出的实质性特点和显著的进步，而且附件 1 所公开的技术是不能实施的技术，因此本专利的内容没有被附件 1 公开。

本案合议组于 2008 年 4 月 25 日向双方当事人发出了无效宣告口头审理通知书，定于 2008 年 6 月 11 日进行口头审理，同时将专利权人于 2007 年 12 月 20 日提交的意见陈述书副本转送给请求人。

本案合议组于 2008 年 5 月 16 日向双方当事人发出了无效宣告口头审理通知书，取消于 2008 年 6 月 11 日进行的口头审理。

请求人于 2008 年 6 月 4 日提交了意见陈述书，请求人在意见陈述书中坚持无效宣告请求书中的意见。

本案合议组于 2008 年 7 月 21 日向专利权人发送转送文件通知书，将请求人于 2008 年 6 月 4 日提交的意见陈述书的副本转送给专利权人。

针对请求人的意见陈述书，专利权人于 2008 年 8 月 29 日提交了意见陈述书，坚持其前次意见陈述。

本案重新成立合议组，合议组于 2008 年 9 月 10 日向双方当事人发出了无效宣告口头审理通知书，定于 2008 年 10 月 14 日进行口头审理，同时将专利权人于 2008 年 8 月 29 日提交的意见陈述书副本转送给请求人。

口头审理如期举行，双方当事人均到庭参加了口头审理。在口头审理过程中，双方当事人对对方出庭人员身份及资格均无异议，合议组当庭告知双方当事人合议组成员变更情况，双方当事人对合议组成员变更无异议，对合议组成员无回避请求。合议组当庭告知双方当事人本次口头审理以本专利授权公告文本为审理基础。请求人当庭明确附件 4、5 不作为评价本专利创造性的现有技术的证据使用。专利权人对附件 1~6 的真实性不发表意见。

请求人明确无效宣告理由为：(1) 权利要求 1 缺少解决其技术问题的必要技术特征，不符合专利法实施细则第21条第2款的规定；（2）权利要求2、3不清楚，不符合专利法实施细则第20条第1款的规定；（3）权利要求3不符合专利法第33条的规定；（4）权利要求1相对于附件1和附件2的结合不符合专利法第22条第3款规定的创造性；（5）权利要求2的附加技术特征被附件2公开，相对于附件1和附件2的结合不符合专利法第22条第3款规定的创造性；（6）权利要求3的附加技术特征被附件1公开，相对于附件1和附件2的结合不符合专利法第22条第3款规定的创造性；（7）权利要求4的附加技术特征被附件3公开，相对于附件1、附件2和附件3的结合不符合专利法第22条第3款规定的创造性。其中使用附件1作为最接近的对比文件。

合议组当庭依职权对权利要求1~4的主题名称是否符合专利法实施细则第20条第1款有关清楚的规定进行审查。专利权人承认权利要求1~4的主题名称即包含方法又包含产品，请求人认为从权利要求1~4的特征来看，权利要求1~4实质保护的是方法，合议组当庭告知当事人在专利复审委员会作出审查决定之前，专利权人可以进行删除式修改，删除权利要求中包括的技术方案。

本案合议组经过合议，认为本案事实已经清楚，可以作出审查决定。

二、决定的理由

1. 文本认定

由于专利权人未对权利要求进行修改，合议组以本专利授权公告的权利要求第1~4项为基础进行审理。

2. 关于依职权审查

根据审查指南第四部分第三章第4.1节关于无效宣告请求的审查范围中规定：“专利复审委员会可以在专利权存在请求人未提及的缺陷而导致无法针对请求人提出的无效宣告理由进行审查的，专利复审委员会可以依职权针对专利权的上述缺陷引入相关无效宣告理由并进行审查”。

在口头审理中，合议组在针对请求人提出的无效理由进行审查时，发现本专利授权公告的权利要求1~4的主题名称为“一种牦牛角梳子及加工方法”，即权利要求的主题名称中既包含产品又包含方法，如果权利要求因不清楚而无法确定其保护范围，则导致无法针对请求人提出的权利要求1不符合专利法实施细则第21条第2款的规定、权利要求2、3不符合专利法实施细则第20条第1款的规定、权利要求3不符合专利法第33条的规定和权利要求1~4不符合专利法第22条第3款规定的创造性的无效宣告理由进行审查，所以合议组当庭依职权对权利要求1~4是否符合专利法实施细则第20条第1款有关清楚的规定进行审查。

3. 关于专利法实施细则第20条第1款

专利法实施细则第20条第1款规定：权利要求书应当说明发明或者实用新型的技术特征，清楚、简要地表述请求保护的范围。

权利要求1~4不符合专利法实施细则第20条第1款的规定。

根据审查指南第二部分第二章第3.2.2节中，有关权利要求书应当清楚的规定：“权利要求书应当清楚，一是指每一项权利要求应当清楚，二是指构成权利要求书的所有权利要求作为一个整体也应当清楚。首先，每项权利要求的类型应当清楚。权利要求的主题名称应当能够清楚地表明该权利要求的类型是产品权利要求还是方法权利要求”。不允许在一项权利要求的主题名称中既包含有产品又包含方法，例如，“一种……产品及其制造方法”。

合议组认为，本专利权利要求1~4的主题名称为“一种牦牛角梳子及加工方法”，其中既包含了产品“牦牛角梳子”又包含了方法“及加工方法”，专利权人对此予以承认，因此，权利要求1~4的主题类型不清楚，不能清楚地表明该权利要求的类型是产品权利要求还是方法权利要求，即无法确定权利要求1~4的保护范围，因此权利要求1~4不符合专利法实施细则第20条第1款的规定。

三、决定

宣告 01108785.4 号发明专利权全部无效。

当事人对本决定不服的，可以根据专利法第 46 条第 2 款的规定，自收到本决定之日起三个月内向北京市第一中级人民法院起诉。根据该款规定，一方当事人起诉后，另一方当事人应当作为第三人参加诉讼。

226

多功能灯具

无效宣告请求审查决定（第12505号）

决　定　号 第12505号
决　定　日 2008年11月10日
发明创造名称 多功能灯具
国 际 分 类 号 F21V33/00，A45B3/04，F21V23/00，F21Y101/02
无效宣告请求人 周红婷
专　利　权　人 浙江永强集团有限公司
申　请　号 200720107744.9
申　请　日 2007年4月3日
授 权 公 告 日 2008年2月20日
合 议 组 组 长 刘颖杰
主　审　员 倪晓红
参　审　员 关　刚

法 律 依 据 专利法第22条第3款
决 定 要 点

在判断实用新型的创造性时，首先要将权利要求所述的技术方案和现有技术中最接近的技术方案进行特征对比，找出二者的区别技术特征，如果区别技术特征为本领域公知常识，是显而易见的，没有取得预料不到的技术效果，则该权利要求不具备实质性特点和进步，因此不具备创造性。

一、案由

本无效宣告请求涉及中华人民共和国国家知识产权局于2008年2月20日授权公告的名称为“多功能灯具”的实用新型专利（下称本专利），其申请号为200720107744.9，申请日是2007年4月3日，专利权人是浙江永强集团有限公司。该专利授权公告时的权利要求书如下：

“1. 多功能灯具，包括灯座、灯泡（16）和电源开关（10），其特征在于灯座由能扣合的两半圆盘（1、2）拼装构成，扣合后的灯座中间具有供伞杆贯穿的通孔，通孔内设有抱箍机构，导线（8）穿出灯座与灯泡（16）连接。

2. 根据权利要求1所述的多功能灯具，其特征在于灯座的两半圆盘（1、2）的直径一端由铰链连接，另一端设有卡合机构。

3. 根据权利要求1或2所述的多功能灯具，其特征在于半圆盘（1、2）直径中间均制有凹口（19），凹口（19）抱合形成灯座通孔，半圆盘（1、2）的凹口（19）处分别装有压块（6），压块

（6）一端制成与伞杆配合的圆弧状，另一端与弹簧（3）抵触构成抱箝机构。

4. 根据权利要求 1 或 2 所述的多功能灯具，其特征在于灯座的左右半圆盘（1、2）均由上下两罩盘扣合组成。

5. 根据权利要求 3 所述的多功能灯具，其特征在于下左罩盘（1A）设有与弹簧（5）抵触的触点（4），下右罩盘（2A）设有与触点（4）接触配合的触点弹片（11）。

6. 根据权利要求 3 所述的多功能灯具，其特征在于下右罩盘（1A）设有底部与弹簧（13）碰触的按钮（12），下左罩盘（1A）制有与按钮（12）卡口配合的卡头（18）构成卡合机构。

7. 根据权利要求 3 所述的多功能灯具，其特征在于下左罩盘（1A）制有电池腔，盒盖（20）装于该罩盘的直径处。

8. 根据权利要求 1 或 2 所述的多功能灯具，其特征在于导线（8）外侧包覆软管（15），灯泡（16）为超高亮度 LED 灯。”

针对上述专利权，周红婷（下称请求人）于 2008 年 6 月 11 日向专利复审委员会提出无效宣告请求，认为本专利不符合专利法第 22 条第 3 款的规定，请求宣告本专利全部无效。其提交证据如下：

证据 1：授权公告日为 2005 年 10 月 26 日的 200420090725.6 号中国实用新型专利说明书，共 8 页；

证据 2：授权公告日为 2004 年 10 月 13 日的 03210295.X 号中国实用新型专利说明书，共 10 页；

证据 3：由国家知识产权局专利检索咨询中心出具的编号为 G080483 的检索报告复印件，共 37 页。

请求人认为，权利要求 1 与证据 1 的区别在于：灯具具有电源开关；导线穿出灯座与灯泡连接。而上述区别技术特征是本领域的公知常识。因此权利要求 1 请求保护的技术方案是显而易见的，不符合专利法第 22 条第 3 款规定的创造性。同时证据 1 还公开了权利要求 2~7 的大部分附加技术特征，权利要求 8 中的附加技术特征“导线外侧包覆软管”是本领域的公知常识。因此权利要求 2~8 请求保护的技术方案相对于对比文件 1 结合公知常识是显而易见的，不符合专利法第 22 条第 3 款规定的创造性。

经形式审查合格，专利复审委员会依法受理了上述无效宣告请求，并于 2008 年 6 月 26 日将无效宣告请求书及其附件清单中所列附件的副本转送给专利权人，要求其在指定期限内对该请求陈述意见，并告知其期满未答复，不影响专利复审委员会审理。

专利权人期满未进行答复。

专利复审委员会于 2008 年 7 月 16 日收到请求人的补充证据：

证据 4：声称为美国专利文献 US20050117326A1 的中文翻译文本 1 份，共 22 页。

针对上述无效宣告请求，专利复审委员会依法成立合议组对本案进行案理。本案合议组于 2008 年 8 月 27 日向双方当事人发出无效宣告请求口头审理通知书，指出本案合议组定于 2008 年 10 月 20 日举行口头审理。

口头审理如期举行，请求人出席口头审理，专利权人缺席口头审理。在口头审理中，请求人明确其无效范围、理由和证据与提出无效宣告请求时相同。合议组当庭告知请求人证据 4 的收到日视为其提交日，超出无效请求法定的举证期限，不予接受；证据 2、3 由于在提出请求之时没有结合证据具体说明理由，因此本案审理不予考虑。请求人未提出异议。在对创造性具体评述中，请求人明确表示证据 1 为最接近的对比文件，请求人认为权利要求 1~8 相对于证据 1 和公知常识的结合不具备创造性，权利要求 1 相对于证据 1 的区别有两个：“灯具有电源开关”、“导线穿出灯座与灯泡连接”。而上述区别技术特征是本领域的公知常识。因此，本领域技术人员在证据 1 的基础上结合公知常识得到权利要求 1 请求保护的技术方案是显而易见的，因此权利要求 1 不符合专利法第 22 条第 3 款规定的创造性。权利要求 2~8 是权利要求 1 的从属权利要求，权利要求 2~7 的大部分附加技术特征及权利要求 8 的一部分附加技术特征均在证据 1 中公开，权利要求 8 的附加技术特征“导线外侧包覆软管”为公知常识，因此权利要求 2~8 也不具备创造性。

至此，合议组认为本案事实清楚，现依法作出审查决定。

二、决定的理由

1. 关于证据和现有技术

请求人共计提交了 4 份证据，其中证据 1 是授权公告日为 2005 年 10 月 26 日的 200420090725. 6 号中国实用新型专利文献，专利权人未对其真实性表示异议，合议组经核实其可以作为本案证据使用，并且其公开日期在本专利申请日之前，可以作为本专利的现有技术。

2. 关于专利法第 22 条第 3 款

创造性，是指同申请日以前已有的技术相比，该发明有突出的实质性特点和显著的进步，该实用新型具有实质性特点和进步。

合议组经审查后认为，证据 1 公开了一种多功能照明灯，尤其是一种适用于遮阳伞上定位的照明灯，包括灯盘（相当于本专利的“灯座”）及设在灯盘上的灯体（2），照明灯的灯盘是由两分体结构的左、右灯盘（4、1）以活动连接的方式结合构成，左右灯盘间一侧用转轴 3 连接，另一侧为方便打开和锁紧，用弹簧卡扣 7 连接，在左、右灯盘的结合面的适当位置处对应设置有一凹孔（12），且在左、右灯盘结合后两凹孔并合构成一可套设在棒上的通孔（16），在灯盘上设有一可将灯盘锁定于棒上起调节和锁紧作用的锁紧装置（相当于本专利的“抱箍机构”）。本专利权利要求 1 与证据 1 相比，其区别技术特征：a. 灯具包括电源开关；b. 导线穿出灯座与灯泡连接。

上述区别技术特征中 a. 为本领域的公知常识，灯具通常具有电源开关。区别技术特征 b. 导线穿出灯座与灯泡连接，正如灯具领域中为了能够调整灯具照明的方向或范围，常用将灯泡导线延伸出灯座的技术手段，例如日常生活中家用台灯，通常是从灯座上伸出灯泡的导线，而不是将灯泡局限于灯座上。因此对于本领域技术人员来说，在证据 1 的基础上将灯泡通过灯泡的导线延伸出灯座，从而实现根据需要来改变照明方向或范围的效果是显而易见的，且并未取得预料不到的技术效果。因此本专利权利要求 1 所要求保护的技术方案相对于证据 1 不具有实质性特点和进步，不具备专利法第 22 条第 3 款规定的创造性。

权利要求 2 对权利要求 1 作了进一步限定，其限定部分技术特征包括：其特征在于灯座的两半圆盘（1、2）的直径一端由铰链连接，另一端设有卡合机构。证据 1 公开了上述技术特征，具体为“所述的左、右灯盘（4、1）采用一侧用交差转轴（3，相当于铰链）连接、另一侧用可分离式卡扣（7，相当于卡合机构）连接（参见证据 1 说明书第 2 页第 1 行）”，由此可见，证据 1 公开了权利要求 2 的全部附加技术特征，当其引用的权利要求相对于证据 1 结合公知常识不具备创造性时，权利要求 2 也不具备专利法第 22 条第 3 款规定的创造性。

权利要求 3 对权利要求 1 或 2 作了进一步限定，其限定部分的技术特征是：其特征在于半圆盘（1、2）直径中间均制有凹口（19），凹口（19）抱合形成灯座通孔，半圆盘（1、2）的凹口（19）处分别装有压块（6），压块（6）一端制成与伞杆配合的圆弧状，另一端与弹簧（3）抵触构成抱箍机构。证据 1 公开了上述技术特征，具体为“在左、右灯盘的结合面的中心位置处均有一半圆形凹孔（12，相当于凹口），当左、右灯盘并合后构成一轴向圆形通孔（16，相当于灯座通孔），通过该孔使灯座套于棒类物件上。在左、右灯盘上均设有一与凹孔贯穿的径向矩形槽，矩形槽内用来设置可将灯盘锁定于不同大小棒类物件上的锁紧装置”。“所述锁紧装置由一对别设在左、右灯盘的矩形槽内的弹性卡爪机构构成，主要是起照明灯的组设定位作用。弹性卡爪机构具体结构如图 1、2 所示，主要包括弹簧定位块 6、滑块 9、弹簧（5，相当于弹簧）及橡胶卡爪（10，相当于压块），而另外从图 1 能明显看出，橡胶卡爪 10 的一端具有与棒类形配合的圆弧状”（参见证据 1 说明书第 2 页具体实施方式及附图 1、2），利用弹簧的受压压缩与弹簧复位时的复位力使橡胶卡爪在滑块的带动下可在灯座的矩形槽内作前后伸缩，来夹持棒类，这两个橡胶卡爪形成的夹持棒类的结构就相当于权利要求 3 中的抱箍结构。由此可见，证据 1 公开了权利要求 3 的全部附加技术特征，当其引用的权利要求相对于证据 1 不具备创造性时，权利要求 3 也不具备专利法第 22 条第 3 款规定的创造性。

权利要求 4 对权利要求 1 或 2 作了进一步限定，其限定部分的技术特征是：其特征在于灯座的左右半圆盘（1、2）均由上下两罩盘扣合组成。证据 1 公开了上述技术特征，具体为“所述的左、右灯盘又通过各自的灯盘盖和灯盘座通过螺钉联接而成”（参见证据 1 说明书第 1 页倒数第 1~2 行），灯盘盖和灯盘座就相当于本专利中的上下两罩盘。由此可见，证据 1 公开了权利要求 4 的全部附加技术特征，当其引用的权利要求相对于证据 1 不具备创造性时，权利要求 4 也不具备专利法第 22 条第 3 款规定的创造性。

权利要求 5 对权利要求 3 作了进一步限定，其限定部分的技术特征是：其特征在于下左罩盘（1A）设有与弹簧（5）抵触的触点（4），下右罩盘（2A）设有与触点（4）接触配合的触点弹片（11）。虽然证据 1 中并未公开左、右灯盘之间的电连接，但是由于左、右灯盘在未使用状态时可打开，使用时需要扣合紧锁，同时需要给所有灯泡提供电源，而位于灯座一侧圆盘的电源要达到给灯座上所有灯泡供电的效果，必然需要在灯座的两个圆盘之间形成一个电通路，而在本领域中使用导电触片的方式进行电连接，属于一种惯用的技术手段，本领域技术人员容易想到用本领域这种常用的导电触片的方式进行电连接，使两个圆盘在扣合状态时形成一个电通路，而打开时则不存在导线的限制，这对于本领域技术人员来说是显而易见的。因此当其引用的权利要求不具备创造性时，权利要求 5 也不具备专利法第 22 条第 3 款规定的创造性。

权利要求 6 对权利要求 3 作了进一步限定，其限定部分的技术特征是：其特征在于下右罩盘（1A）设有底部与弹簧（13）碰触的按钮（12），下左罩盘（1A）制有与按钮（12）卡口配合的卡头（18）构成卡合机构。证据 1 公开了左、右灯盘间用弹簧卡扣 7 连接用于打开和锁紧，限位块 B8 是用来限定左、右灯盘在弹簧卡扣 7 处并合后上下的晃动，可见，证据 1 中给出了用弹簧卡扣 7 作为左、右灯盘连接的部件，虽然证据 1 中没有具体公开弹簧卡扣 7 的具体结构，但是对于本领域技术人员来说，用弹簧卡扣将两部分闭合是常用手段，用弹簧的弹力作为两部分打开的推动力，将卡扣作为两部分连接的机构，本领域技术人员容易想到在打开时需要释放弹簧的弹力，可使用例如按钮这样的结构释放弹簧的弹力，达到方便开合的目的。因此在证据 1 的弹簧卡扣的基础上结合所属技术领域常用的技术手段用于将弹簧的弹力释放以达到打开两闭合部分的效果是容易想到的，因此当其引用的权利要求不具备创造性时，权利要求 5 和 6 也不具备创造性。

权利要求 7 对权利要求 3 作了进一步限定，其限定部分的技术特征分别为：其特征在于下左罩盘（1A）制有电池腔，盒盖（20）装于该罩盘的直径处。证据 1 公开了用蓄电池 15 作为电源，其设置是隐藏式的，安装在灯盘的电池安装孔内（如证据 1 图 3 所示）。可见，虽然证据 1 中的用语与本专利中不同，但是可以确定其作为电源的蓄电池是置于灯盘内，盒盖的具体位置可以根据具体需要进行不同的调整，而众所周知，圆盖型盒体直径处的空间最大，因此将“盒盖装于该罩盘的直径处”对于本领域技术人员来说是显而易见的，因此当其引用的权利要求不具备创造性时，权利要求 7 也不具备创造性。

权利要求 8 对权利要求 1 或 2 作了进一步限定，其限定部分的技术特征分别为：其特征在于导线

（8）外侧包覆软管（15），灯泡（16）为超高亮度 LED 灯。证据 1 公开了“所述的灯体可彩蓄电池供电的超高亮 LED 灯”（参见证据 1 说明书第 2 页第 4 行以及具体实施方式第 3 段），由此可见，证据 1 公开了“灯泡（16）为超高亮度 LED 灯”的技术特征，并没有公开“导线（8）外侧包覆软管（15）”的技术特征，而灯具领域中为了能够调整灯具照明的方向或范围，常用将灯泡导线外侧包覆软管，延伸出灯座的技术手段，例如日常生活中家用台灯，通常是从灯座上伸出灯泡的导线，外侧包覆软管，这样可以通过对于软管的调整达到改变照明方向或范围等技术效果，将这种外侧包覆软管的技术手段运用于证据 1 的多功能灯具对于本领域技术人员来说是容易想到的。因此对于本领域技术人员来说，在证据 1 的基础上将导线外侧包覆软管是显而易见的。因此当其引用的权利要求均不具备创造性时，权利要求 8 也不具备创造性。

综上所述，权利要求 1~8 不具备专利法第 22 条第 3 款规定的创造性，应予以宣告全部无效，对于请求人提交的证据 2~4，合议组不再评述。

在此基础上，本案合议组依法作出如下决定。

三、决定

宣告 200720107744.9 号实用新型专利权全部无效。

当事人对本决定不服的，可以根据专利法第 46 条第 2 款的规定，自收到本决定之日起三个月内向北京市第一中级人民法院起诉。根据该款的规定，一方当事人起诉后，另一方当事人应当作为第三人参加诉讼。

227

一种空腔模壳构件

无效宣告请求审查决定（第12510号）

决　　定　　号　第12510号
决　　定　　日　2008年11月10日
发明创造名称　一种空腔模壳构件
国 际 分 类 号　E04B 5/36
无效宣告请求人　湖北大成空间建筑科技有限公司
专 利 权 人　邱则有
专　　利　　号　03143757.5
申　　请　　日　2003年8月4日
授 权 公 告 日　2006年8月16日
合 议 组 组 长　朱文广
主　　审　　员　王　琳
参　　审　　员　樊延霞

法 律 依 据　专利法第22条第3款
决 定 要 点

如果权利要求与对比文件公开的内容的区别技术特征是本领域技术人员很容易想到的，而且未产生意料不到的技术效果，则该权利要求相对于对比文件不具备创造性。

一、案由

本无效宣告请求案涉及国家知识产权局于2006年8月16日授权公告的、名称为“一种空腔模壳构件”的第03143757.5号发明专利权（下称本专利），其申请日为2003年8月4日，专利权人为邱则有。本专利授权公告的权利要求书如下：

“1. 一种空腔模壳构件，包括上板（1）、周围侧壁（2）、下底（3），上板（1）、周围侧壁（2）、下底（3）围成多面体空腔模壳构件，其特征在于空腔模壳构件的至少一面的内侧设置有叠合的模板（4）。

2. 根据权利要求1所述的一种空腔模壳构件，其特征在于所述的模板（4）为塑料板、薄铁皮、砂浆板、纤维板、纸板、混凝土板、轻骨料板、轻质板或泡沫板。?

3. 根据权利要求1所述的一种空腔模壳构件，其特征在于所述的上板（1）、周围侧壁（2）、下底（3）、模板（4）的至少一个中含有增强物（5），或者有增强物（5）露出。

4. 根据权利要求3所述的一种空腔模壳构件，其特征在于所述的上板（1）、周围侧壁（2）、下底（3）为一层水泥砂浆胶结料，一层纤维网格布或钢丝网增强物（5），再一层水泥砂浆胶结料形成的至少三层的层状结构（6）。

5. 根据权利要求 1 所述的一种空腔模壳构件，其特征在于所述的上板（1）或周围侧壁（2）上设置有方便搬运的搬运件（7）。

6. 根据权利要求 1~5 中任一权利要求所述的一种空腔模壳构件，其特征在于所述的空腔模壳构件的水平剖面形状为长方形、正方形、多边形、弧角多边形、倒角多边形、多弧边形、波纹形或圆形。

7. 根据权利要求 1~5 中任一权利要求所述的一种空腔模壳构件，其特征在于所述的空腔模壳构件上设置有凹槽（8）、阴角（9）、倒角（10）、凹坑（11）、孔洞（12）、凸台模块（13）、凸条（14）、阳角（15）中的至少一个。

8. 根据权利要求 7 所述的一种空腔模壳构件，其特征在于所述的凹槽（8）、阴角（9）、倒角（10）、凸条（14）自身或相互呈平行、正交、斜交或立交设置。

9. 根据权利要求 1~5 中任一权利要求所述的一种空腔模壳构件，其特征在于所述的空腔模壳构件的封闭空腔内设置有加劲肋（16）、加劲杆（17）、加强筋（18）中的至少一个，或者有加劲肋（16）、加劲杆（17）中的至少一个露出空腔模壳构件外，或者加劲肋（16）、加劲杆（17）上还有增强物（5）露出。

10. 根据权利要求 1~5 中任一权利要求所述的一种空腔模壳构件，其特征在于所述的空腔模壳构件的封闭空腔内设置有轻质材料（19）。

11. 根据权利要求 1~5 中任一权利要求所述的一种空腔模壳构件，其特征在于所述的上板（1）、周围侧壁（2）、下底（3）的外表面中的至少一个为波纹形、锯齿形、拉毛形或者糙面外表面。

12. 根据权利要求 1~5 中任一权利要求所述的一种空腔模壳构件，其特征在于所述的空腔模壳构件上设置有定位构件（20）。

13. 根据权利要求 1~5 中任一权利要求所述的一种空腔模壳构件，其特征在于所述的空腔模壳构件上设置有空腔模壳构件之间彼此连接的连接件（21）。

14. 根据权利要求 13 所述的一种空腔模壳构件，其特征在于至少两个以上空腔模壳构件通过连接件（21）联接为一体，构成成组组件，空腔模壳构件之间构成内肋模腔（22）。

15、根据权利要求 1~5 中任一权利要求所述的一种空腔模壳构件，其特征在于空腔模壳构件的上板（1）、下底（3）的至少一个中伸出有挑板（23）。

16、根据权利要求 15 所述的一种空腔模壳构件，其特征在于多个空腔模壳构件通过挑板（23）连接为一体，构成成组组件，空腔模壳构件之间构成内肋模腔（22）。”

针对本专利，湖北大成空间建筑科技有限公司（下称请求人）于 2007 年 7 月 11 日向专利复审委员会提出无效宣告请求，并提交了下列附件：

附件 1：授权公告日为 2003 年 3 月 5 日，授权公告号为 CN2538883Y 的中国实用新型专利说明书；

附件 2：公开日为 2003 年 5 月 7 日，公开号为 CN1415818A 的中国发明专利申请公开说明书。

请求人认为，附件 1 是本专利最接近的现有技术，其中公开了权利要求 1~4、6~12、15、16 的技术方案，因此上述权利要求相对于附件 1 不具备新颖性和创造性；另外，权利要求 5 的附加技术特征是本领域技术人员容易想到的，权利要求 13、14 的附加技术特征被附件 2 公开，因此权利要求 5、13、14 不具备创造性。

经形式审查合格，专利复审委员会依法受理了上述无效宣告请求，并于 2008 年 7 月 11 日向请求人和专利权人发出无效宣告请求受理通知书，同时将专利权无效宣告请求书及其附件清单中所列附件的副本转给专利权人，并要求专利权人在指定的期限内陈述意见。

请求人于2008年8月11日向专利复审委员会提交了补充的意见陈述书和以下附件（编号续前）：

附件3（下称对比文件1）：授权公告日为2002年1月30日，授权公开号为CN2474617Y的中国实用新型专利说明书；

附件4（下称对比文件2）：公开日为2003年3月19日，公开号为CN1403667A的中国发明专利申请公开说明书；

附件5（下称对比文件3）：授权公告日为2001年12月19日，授权公开号为CN2466272Y的中国实用新型专利说明书；

附件6（下称对比文件4）：公开日为2002年5月8日，公开号为CN1348044A的中国发明专利申请公开说明书。

请求人认为，权利要求1~3、6的技术方案被对比文件1公开；权利要求4、5、7、8、10~16的附加技术特征或者被对比文件2、3、4公开，或者是显而易见的，因此权利要求1~16不具备新颖性和创造性。

专利权人于2008年8月27日针对专利复审委员会发出的上述无效宣告请求受理通知书提交了意见陈述书，认为本专利的权利要求具备新颖性和创造性。

专利复审委员会依法成立合议组，对本案进行审理。

本案合议组于2009年9月1日向双方当事人发出无效宣告请求口头审理通知书，定于2008年10月6日举行口头审理。随同口头审理通知书，将请求人于2008年8月11日提交的意见陈述书及其附件清单中所列附件的副本转送给专利权人，将专利权人于2008年8月27日提交的意见陈述书转给请求人。

口头审理如期举行，双方当事人出席了口头审理。

口头审理中，请求人明确其无效的理由、范围及证据为：本专利权利要求1~16不符合专利法第22条第2款、第3款的规定，不具备新颖性和创造性。请求人明确放弃其于2008年7月11日提交的证据、理由以及意见陈述，并表示没有其他的无效理由及证据。

专利权人对对比文件1~4的真实性和公开性没有异议。

口头审理中，请求人认为，(1) 权利要求1、2、3、6相对于对比文件1不具备新颖性和创造性。(2) 权利要求4、5、7、8、10~16的附加技术特征被对比文件2公开了，另外对比文件3也公开了权利要求12的附加技术特征，因此上述权利要求也不具备新颖性和创造性。(3) 权利要求9的附加技术特征被对比文件4公开了，因此权利要求9不具备新颖性和创造性。

专利权人于2008年10月21日提交了意见陈述书，强调本专利的模壳是先制作一面开口的空腔模壳构件，然后，将开口面朝上，将模板悬挂或放置于开口面上，再封堵开口面，待浆料硬化后，养护至规定龄期，即可得到叠合有模板的空腔模壳构件，其中模板设置在内侧与模壳构件的壁面料浆层形成叠合层结构。对比文件1胎膜中的纸板骨架不是模板，内层也不能对应本专利的内侧，涂层也不能对应本专利的上板、周围侧壁和下底。对比文件1至少没有公开“空腔模壳构件的至少一面的内侧设置有叠合的模板”，因此权利要求1具备新颖性和创造性。权利要求2~5、14和16的附加技术特征也没有被对比文件公开，在其引用的权利要求具备新颖性和创造性的前提下，权利要求2~16也具备新颖性和创造性。

至此，合议组认为本案事实已经清楚，可以作出审查决定。

二、决定的理由

1. 关于证据

请求人确定使用的证据为对比文件 1~4，专利权人对对比文件 1~4 的真实性没有异议，合议组经核实对其真实性予以认可，因此对比文件 1~4 可以作为本案的证据使用。同时由于对比文件 1~4 均为中国专利文献，且其公开日期在本专利的申请日前，因此可以作为本专利的现有技术使用。

2. 关于创造性

专利法第 22 条第 3 款规定，创造性，是指同申请日以前已有的技术相比，该发明有突出的实质性特点和显著的进步，该实用新型有实质性特点和进步。

如果权利要求与对比文件公开的内容的区别技术特征是本领域技术人员很容易想到的，而且未产生意料不到的技术效果，则该权利要求相对于对比文件不具备创造性。

（1）关于权利要求 1 的创造性。

专利权人认为，对比文件 1 公开了权利要求 1 的前序部分，但没有公开特征部分，本专利中限定模板位置是内侧，对比文件 1 中的内层不能对应内侧，其中的涂层也不能起到结构层的作用。

合议组审查后认为，权利要求 1 请求保护一种空腔模壳构件，对比文件 1 公开了（参见其说明书第 2 页最后一段和附图 2）一种在硬质的空腔壳体 1 的两端设有封盖 2 构成封闭的空腔胎膜，空腔壳体 1 内层为硬纸板骨架 3，外层复合有粉煤灰混合涂层 4。与本专利权利要求 1 相比，对比文件 1 的壳体和封盖相当于权利要求 1 的上板、周围侧壁和下底，两者只是名称不同，其作用是相同的。同时对比文件 1 还公开了位于壳体 1 内层的硬纸板骨架 3，该骨架由硬纸板制成，在其外层复合涂层时，起到模板的作用，并且硬纸板本身具有一定强度，其作为胎膜的结构层可以起到支撑壳体的作用，而内侧和内层只是名称的差别，其设置位置并无不同。在对比文件 1 公开内容的基础上，本领域技术人员很容易想到在模壳构件的内侧设置叠合模板以起到相同的作用。也就是说，在对比文件 1 的基础上，本领域技术人员得到本专利权利要求 1 的技术方案是显而易见的，因此，本专利权利要求 1 相对于对比文件 1 不具备创造性。

（2）关于权利要求 2、3 的创造性。

从属权利要求 2 进一步限定了空腔模壳构件中模板的材质，对比文件 1 中公开了空腔壳体 1 内层为硬纸板骨架 3，鉴于对权利要求 1 的评述，硬纸板骨架即公开了权利要求 2 中模板为纸板的技术方案。由于在本专利中模板的主要作用在于增加模壳构件的抗变形、抗震动性能，而为达到此目的，选择塑料板、薄铁皮、砂浆板、纤维板、混凝土板、轻骨料板、轻质板或泡沫板作为模板对于本领域技术人员来说是容易想到的，因此在权利要求 1 不具备创造性的前提下，从属权利要求 2 也不具备创造性。

从属权利要求 3 进一步限定空腔模壳构件中含有增强物，对比文件 1 中公开了空腔壳体的外层复合有粉煤灰混合涂层，该涂层以胶凝材料、粉煤灰、玉米秸秆、纤维增强材料按一定配合比例制成。由此可见，对比文件 1 中的壳体中也含有增强物，而施工时为了增加模壳与混凝土的接合力将增强物露出是本领域技术人员很容易想到的，因此在权利要求 1 不具备创造性的前提下，权利要求 3 也不具备创造性。

（3）关于权利要求 4、5、7、8、10~16 的创造性。

从属权利要求 4、5、10~16 进一步限定了模壳构件的结构、构件以及其形状。对比文件 2 涉及一种成组模壳构件，其中公开了（参见其权利要求书、说明书第 4、7 页以及附图）以下技术特征：模壳构件的上板、周围侧壁中的至少一个为至少二层以上的层状结构，由一层胶结料一层布或网增强物，再一层胶结料一层布或网增强物，再一层水泥砂浆胶结料等多层叠合胶结组成，布或网增强物至少一层以上，或者在层状结构中同时还夹有筋、丝或者薄条带等增强物中的至少一个；模壳构件上有用于搬运吊装的构件；成组模壳构件的空腔内部分或全部填充或粘贴有轻质材料；模壳的外表面为波浪形、锯齿形、拉毛形、曲面形、折形平面、凹凸面或者糙面中的至少一种；模壳构件的下底上有连接施工模板或支撑件的向下拉紧定位构造；模壳下底伸出模壳的周围侧壁构成挑板；模壳之间有连接管将模壳彼此连接成一体，从附图看出连接成一体的模壳之间自然形成空腔，即对应本专利的内肋模腔。由此可见，对比文件2公开了权利要求4、5、10~16的附加技术特征，而且其与对比文件1同属于混凝土建筑构件领域，采用上述技术特征解决了相同的技术问题，在其引用的权利要求不具备创造性的前提下，这些权利要求也不具备创造性。

从属权利要求7、8进一步限定空腔模壳构件上设置凹槽等构造并限定了这些构造的位置关系。对比文件2中公开了（参见其权利要求书和附图）模壳上有凹槽、凹洞、凸块、凸条、凸钉中的至少一个，本领域技术人员很容易想到将它们或平行、或正交、或斜交、或立交设置。除此之外，为了增加模块与混凝土之间的接合力，将模壳上设置阴角、阳角或倒角，也是本领域技术人员容易想到的，因此在其引用的权利要求不具备创造性的前提下，这些权利要求也不具备创造性。

（4）关于权利要求6的创造性。

从属权利要求6限定了模壳构件的水平剖面形状，对比文件1中壳体1的形状包括圆形、方形、梯形及其他几何形状。在此基础上，根据实际施工的需要，本领域技术人员很容易想到将该壳体制成其他适合的形状，因此，在其引用的权利要求1~5不具备创造性的前提下，权利要求6也不具备创造性。

（5）关于权利要求9的创造性。

从属权利要求9进一步限定模壳构件空腔内设置加强件，对比文件4公开了一种钢筋混凝土空间结构板用模壳结构构件，其中公开了（参见其权利要求第11~14）模壳构件的封闭空腔内的各表面有加强筋、加强肋、预制竖杆或斜杆，加强筋或者加强肋或者预制竖杆和斜杆中有预埋钢筋，预埋钢筋有露筋或者预留有钢筋的接头。由此可见，对比文件4公开了权利要求9的附加技术特征，其与本专利同属于模壳构件，设置加强件起到了相同的作用，在权利要求1~5不具备创造性的前提下，权利要求9也不具备创造性。

鉴于上述已经得出本专利权利要求1~16不符合专利法第22条第3款的规定，本专利应予全部无效，因此，本决定对请求人提出的其他理由不作评述。

基于上述理由，本案合议组作出如下决定。

三、决定

宣告03143757.5号发明专利权全部无效。

当事人对本决定不服的，可以根据专利法第46条第2款的规定，自收到本决定之日起三个月内向北京市第一中级人民法院起诉。根据该款的规定，一方当事人起诉后，另一方当事人应当作为第三人参加诉讼。

228

妇女经期用底裤

无效宣告请求审查决定（第 12513 号）

决　定　号　第 12513 号
决　定　日　2008 年 11 月 6 日
发明创造名称　妇女经期用底裤
国 际 分 类 号　A61F 13/56，A41B 9/12
无效宣告请求人　林戬荣
专 利 权 人　赵晓明
专　利　号　200420032166. 3
申　请　日　2004 年 6 月 17 日
授 权 公 告 日　2005 年 7 月 20 日
合 议 组 组 长　杨军艳
主　审　员　佟仲明
参　审　员　杨加黎

法 律 依 据　专利法第 22 条第 2 款、第 3 款
决 定 要 点

如果一项权利要求与一篇对比文件相比较，尽管二者对相应部件采用了不同的技术名称，但这些部件的结构以及功能完全相同，则应当认为该对比文件公开了该权利要求的全部技术特征，两者技术方案实质上相同。

一、案由

本无效宣告请求涉及中华人民共和国国家知识产权局于 2005 年 7 月 20 日授权公告的、名称为“妇女经期用底裤”的实用新型专利（下称本专利），其申请号为 200420032166. 3，申请日是 2004 年 6 月 17 日，专利权人是赵晓明。该专利授权公告时的权利要求书如下：

“1. 一种妇女经期用底裤，设有裤体（1）及与裤体 1 相连的底裆（2），在所述的底裆（2）上设置有上层裆布（3），其特征在于：上层裆布（3）的纵向两端与底裆（2）相缝合，横向两侧与底裆（2）不缝合。

2. 根据权利要求 1 所述的妇女经期用底裤，其特征在于：所述裤体（1）的前腹部设有保暖腹带（4）。

3. 根据权利要求 1 或 2 所述的妇女经期用底裤，其特征在于：所述的裤体（1）为齐腰平脚形。”

针对上述专利权，林戬荣（下称请求人）于 2008 年 5 月 8 日向专利复审委员会提出无效宣告请

求，其无效宣告请求的范围及理由是：本专利权利要求 1 不符合专利法第 9 条、第 22 条第 2 款、第 22 条第 3 款，专利法实施细则第 2 条第 2 款、第 13 条第 1 款的规定。其提交证据如下：

附件 1：专利号为 98241654. 7 的中国实用新型专利说明书，其授权公告日为 1999 年 10 月 20 日。

其无效宣告请求的具体内容为：本专利与附件 1 仅在文字表述上有所差异，其技术内容完全相同，因此，本专利不具备专利法第 22 条第 2 款所规定的新颖性和专利法第 22 条第 3 款所规定的创造性，且因此其也不符合专利法实施细则第 2 条第 2 款的规定；本专利与附件 1 属于相同的实用新型，因此也不符合专利法第 9 条、专利法实施细则第 13 条第 1 款的规定。

经形式审查合格，专利复审委员会依法受理了上述无效宣告请求，并于 2008 年 6 月 19 日向双方当事人发出无效宣告请求受理通知书。同时，随同该无效宣告请求受理通知书将无效宣告请求书及其附件清单中所列附件的副本转送给专利权人，并告知专利权人应在收到该通知之日起一个月内对该无效宣告请求陈述意见；期满未答复的，不影响专利复审委员会审理。

专利权人期满未答复。

针对上述无效宣告请求，专利复审委员会依法成立合议组，并于 2008 年 7 月 4 日向双方当事人发出无效宣告请求口头审理通知书，指出本案定于 2008 年 9 月 9 日举行口头审理。

口头审理如期举行，请求人委托公民代理人朱志军出席口头审理，专利权人缺席口头审理。

在口头审理中，请求人的代理人明确其无效宣告请求的理由、证据和范围是：本专利权利要求 1 要求保护的技术方案相对于附件 1 记载的技术方案不具备专利法第 22 条第 2 款规定的新颖性，也不具备专利法第 22 条第 3 款规定的创造性。请求人的代理人当庭表示放弃本专利权利要求 1 不符合专利法第 9 条、专利法实施细则第 13 条第 1 款、专利法实施细则第 2 条第 2 款的无效理由。

至此，合议组认为本案事实清楚，现依法作出审查决定。

二、决定的理由

1. 关于证据和现有技术

请求人提交的证据为附件 1，其是一份中国专利文献，专利权人未对该证据的真实性提出异议，合议组经审查对其真实性予以认可，附件 1 可以作为本案证据使用。同时由于附件 1 的公开日期在本专利的申请日前，因此可以作为本专利的现有技术使用。

2. 关于本专利权利要求 1 是否具备新颖性

专利法第 22 条第 2 款规定的新颖性是指，在申请日以前没有同样的发明或者实用新型在国内外出版物上公开发表过、在国内公开使用过或者以其他方式为公众所知，也没有同样的发明或者实用新型由他人向专利局提出过申请并记载在申请日以后（含申请日）公布的专利申请文件中。

就本案而言，本专利权利要求 1 请求保护一种妇女经期用底裤，附件 1 公开了一种女性经期卫生内裤，二者属于相同的领域。附件 1 中具体公开了如下内容（参见该对比文件 1 说明书第 1 页第 4~7 段，附图 1-2，权利要求 1）：该女性经期卫生内裤基本结构与一般紧身内裤无异，但在其前裆部内侧缝制有用于固定卫生巾的夹层 1，夹层 1 的前端和后端均与内裤裆部缝合而封闭，左右两侧留有开口 2，使用卫生巾时，将卫生巾护翼从两侧开口中塞入夹层。由附件 1 说明书的上述内容并结合其说明书附图 1-2 可知，附件 1 的卫生内裤具有裤体，裤体与裆部（相当于本专利中的底裆）相连，而裆部内侧的夹层相当于本专利中的上层裆布，该夹层设置的情况与本专利中上层裆布相同。由此可见，虽然附件 1 和本专利中对相应部件采用的技术名称不同，但这些部件的结构和功能完全一致，因此附件 1 已经公开了本专利权利要求 1 的全部技术特征，且附件 1 所公开的技术方案与权利要求 1 所请求保护的技术方案同属于妇女经期时使用的内裤这一技术领域，解决了相同的技术问题，并能产生相同的预期技术效果，因此权利要求 1 相对于附件 1 不具备专利法第 22 条第 2 款规定的新颖性。

3. 关于请求人提出的其他无效理由

如上所述，本专利权利要求 1 相对于附件 1 不具备新颖性，不符合专利法第 22 条第 2 款的规定，应予以无效，因此不再对请求人提出关于权利要求 1 的其他无效理由进行评述。

三、决定

宣告 200420032166.3 号实用新型专利权利要求 1 无效，在权利要求 2 和权利要求 3 的基础上维持专利权有效。

当事人对本决定不服的，可以根据专利法第 46 条第 2 款的规定，自收到本决定之日起三个月内向北京市第一中级人民法院起诉。根据该款的规定，一方当事人起诉后，另一方当事人应当作为第三人参加诉讼。

229

挡土墙及其联锁构件

无效宣告请求审查决定（第12514号）

决　定　号 第12514号
决　定　日 2008年11月5日
发明创造名称 挡土墙及其联锁构件
国际分类号 E02D 29/02
无效宣告请求人 刘利英
专利权人 徐江宁
专　利　号 200620054736.8
申　请　日 2006年1月26日
授权公告日 2006年9月20日
合议组组长 朱文广
主　审　员 王　博
参　审　员 宋晓晖

法律依据 专利法第22条第2款、第3款
决定要点

在判断一项权利要求是否具备创造性时，首先要将权利要求所述的技术方案和最接近的现有技术进行特征对比分析，如果该权利要求与最接近的现有技术对比存在区别技术特征，并且该区别技术特征能够解决该最接近的现有技术中存在的某一技术问题，则应进一步考察对于所属技术领域的普通技术人员而言，在最接近的现有技术的基础上引入上述区别技术特征来解决所述技术问题从而获得权利要求所要保护的技术方案是否显而易见，如果是，则该权利要求不具备创造性，如果不是，则具备创造性。

一、案由

本无效宣告请求涉及中华人民共和国国家知识产权局于2006年9月20日授权公告的、名称为“挡土墙及其联锁构件”的实用新型专利权（下称本专利），其专利号是200620054736.8，申请日是2006年1月26日，授权公告时的专利权人是孙晓君，后变更为徐江宁。本专利授权公告时的权利要求书如下：

“1. 一种挡土墙的联锁构件，包括基板和基板上下表面的突出物，其特征在于：所述基板具有排水通孔。

2. 根据权利要求1所述的挡土墙的联锁构件，其特征在于：所述基板是网格结构，网格形成上

下方向的排水通孔。

3. 根据权利要求2所述的挡土墙的联锁构件，其特征在于：所述基板具有水平方向的排水通孔。

4. 根据权利要求3所述的挡土墙的联锁构件，其特征在于：所述网格包括位于中间层的平行排列的支撑板，以及位于上下层的交叉排列的支撑条。

5. 根据权利要求1所述的挡土墙的联锁构件，其特征在于：所述突出物交错排列在基板上下表面。

6. 根据权利要求1所述的挡土墙的联锁构件，其特征在于：所述突出物是分别突出基板上下表面的一体成型的结构。

7. 根据权利要求5或6所述的挡土墙的联锁构件，其特征在于：所述突出物具有倒勾。

8. 一种挡土墙，包括柔性墙单元堆叠成的土墙、位于墙单元之间使其连接的联锁构件，所述联锁构件包括基板和基板上下表面的突出物，所述突出物插入所述墙单元，其特征在于：所述基板具有排水通孔。

9. 根据权利要求9所述的挡土墙，其特征在于：所述联锁构件还包括穿过墙单元并插入基板的锚杆。”

针对本专利权，刘利英（下称请求人）于2008年1月25日向专利复审委员会提出无效宣告请求，认为本专利不符合专利法第22条第2款、第3款的规定，请求人同时提交了如下附件：

附件1：本专利的授权公告文本；

附件2：授权公告日为2002年10月23日、授权公告号为CN2517783Y的中国实用新型专利说明书；

附件3：申请人为张宇顺、申请日为2005年7月21日、公开日为2007年1月24日、公开号为CN1900432A的中国发明专利申请公布说明书；

附件4：公开日为2005年12月14日、公开号为CN1707036A的中国发明专利申请公开说明书；

附件5：公开日为1993年11月17日、公开号为CN1078518A的中国发明专利申请公开说明书；

附件6：公开日为1988年10月18日、公开号为US4778309的美国专利文献；

附件7：由国家知识产权局专利检索咨询中心出具的编号为G071846的本专利的检索报告，复印件共5页。

请求人认为：权利要求1相对于附件2不具备新颖性、创造性，相对于附件3不具备新颖性，相对于附件4不具备新颖性；权利要求2~4的附加技术特征被附件2公开，不具备新颖性、创造性；权利要求5的附加技术特征被附件3公开，不具备新颖性，相对于附件2也是容易想到的，不具备创造性；权利要求6的附加技术特征被附件2公开，不具备新颖性；权利要求7的附加技术特征被附件2或附件3公开，不具备新颖性；权利要求8的方案被附件4公开，不具备新颖性、创造性，被附件4、2的结合公开，不具备创造性，同时也被附件3公开，不具备新颖性；权利要求9的附加技术特征被附件3公开，不具备新颖性，附件4、5、6证明权利要求9的附加技术特征是本领域的惯用技术，权利要求9相对于附件4、5、6分别单独结合附件2也不具备创造性。附件7作为参考提交。

经形式审查合格，专利复审委员会依法受理了上述无效宣告请求，并于2008年4月14日向请求人和专利权人发出无效宣告请求受理通知书，同时将专利权无效宣告请求书及其附件清单中所列附件的副本转送给专利权人，并要求专利权人在指定的期限内陈述意见。

专利复审委员会依法成立合议组对本案进行审查。

本案合议组于2008年6月13日向双方发出无效宣告请求口头审理通知书，定于2008年7月23日在专利复审委员会举行口头审理。

专利复审委员会于2008年6月11日收到专利权人提交的意见陈述书，专利权人认为本专利权利要求1~9相对于附件2~6具有新颖性、创造性。

本案合议组于2008年6月30日向请求人发出转送文件通知书，将2008年6月11日收到的专利权人的意见陈述书副本转送给请求人。

口头审理如期举行，双方当事人均参加了口头审理。

在口头审理中，（1）请求人当庭表示放弃附件6，附件7作为参考，不作为证据使用。专利权人对附件2~5的真实性没有异议。（2）请求人明确其无效理由、证据、范围及证据组合形式为：权利要求1相对于附件2不具备新颖性、创造性，相对于附件3不具备新颖性，相对于附件4不具备新颖性。权利要求2~4的附加技术特征被附件2公开，相对于附件2不具有新颖性、创造性。权利要求5的附加技术特征被附件3公开，相对于附件3不具备新颖性，相对于附件2也是容易想到的，不具备创造性。权利要求6的附加技术特征被附件2公开，相对于附件2不具有新颖性。权利要求7的附加技术特征被附件2、3公开，相对于附件2、3分别不具有新颖性。权利要求8相对于附件4不具备新颖性、创造性，相对于附件3不具备新颖性，相对于附件4、2的结合不具有创造性。权利要求9的附加技术特征被附件3公开，不具备新颖性，同时附件4中公开了用杆加固挡土墙的结构，附件5中公开了使用锚杆的加固结构，权利要求9相对于附件2与附件4、5所证明的锚杆的结合不具有创造性。在此基础上，合议组对本案进行了调查，充分听取了双方当事人的意见。

至此，合议组认为本案事实已经清楚，可以作出审查决定。

二、决定的理由

1. 关于证据和现有技术

请求人提交的证据包括附件2~7，请求人在口头审理时放弃附件6的使用，声称附件7仅供合议组参考，不作为证据，因此其最终使用的证据为附件2~5。专利权人对附件2~5的真实性没有异议，合议组经审查对其真实性予以确认。附件2~5均为公开出版物，其中附件2、4、5的公开日期在本专利的申请日前，因此附件2、4、5可以作为本专利的现有技术使用，附件3为他人于本专利申请日前向专利局提出申请、在本专利申请日后公开的专利文献，因此其仅能用来评述本专利的新颖性。

2. 关于权利要求1~9的新颖性、创造性

专利法第22条第2款规定，新颖性，是指在申请日以前没有同样的发明或者实用新型在国内外出版物上公开发表过、在国内公开使用过或者以其他方式为公众所知，也没有同样的发明或者实用新型由他人向国务院专利行政部门提出过申请并且记载在申请日以后公布的专利申请文件中。

专利法第22条第3款规定，创造性，是指同申请日以前已有的技术相比，该发明有突出的实质性特点和显著的进步，该实用新型有实质性特点和进步。

在判断一项权利要求是否具备创造性时，首先要将权利要求所述的技术方案和最接近的现有技术进行特征对比分析，如果该权利要求与最接近的现有技术对比存在区别技术特征，并且该区别技术特征能够解决该最接近的现有技术中存在的某一技术问题，则应进一步考察对于所属技术领域的普通技术人员而言，在最接近的现有技术的基础上引入上述区别技术特征来解决所述技术问题从而获得权利要求所要保护的技术方案是否显而易见，如果是，则该权利要求不具备创造性，如果不是，则具备创造性。

（1）权利要求1。

请求人主张权利要求1相对于附件2不具备新颖性、创造性，相对于附件3不具备新颖性，相对于附件4不具备新颖性。

权利要求1与附件2的对比方式。

权利要求 1 要求保护一种挡土墙的联锁构件。附件 2 公开了一种塑料土工格栅（参见附件 2 权利要求 1、说明书实施例部分及图 1-3），其网格结构通过纵向排列的单层或双层高分子条带 1 及横向的在模具中注塑成型的条状塑料连接带 2 形成，该高分子条带 1 的材料可选用市场上所售经轴向拉伸的高强度抗拉伸的高分子条带如包装带，条状塑料在模具内冷却定型，使之达到预想的可在土壤中产生较大抗拔力的格栅形状，连接带的上下表面在模具中同时成型有增大与土体摩擦力的凹凸体。

将权利要求 1 与附件 2 相比，附件 2 至少没有公开权利要求 1 中的基板。所谓“板”，在《现代汉语词典》中的解释是“片状的较硬的物体”，因此本专利的基板应该是有一定抗弯强度的结构，虽然本专利说明书中说明了该结构易于弯曲，但该基板的常态应该是不发生弯曲保持一个平面，只在受到一定的外力时才弯曲，外力撤除后即能自行恢复原状。而附件 2 中的网格结构是在条状塑料连接带方向上刚度较大，而在高分子条带方向上则很柔软，刚度非常小，该网格结构的常态应该是易于卷在一起而不能自行恢复成平面结构。因此，附件 2 至少没有公开权利要求 1 中的基板，权利要求 1 相对于附件 2 具有新颖性。而且附件 2 中的网格结构也与本专利的基板具有实质性的不同，本领域技术人员不能从附件 2 中得到任何启示以对附件 2 中的网格结构进行改进从而得出基板的特征，因此权利要求 1 的技术方案相对于附件 2 是非显而易见的，权利要求 1 相对于附件 2 具有创造性。

权利要求 1 与附件 3 的对比方式。

附件 3 公开了一种绿色边坡结构（参见附件 3 权利要求 1），该结构包括边坡和容物袋，容物袋内装有植物生长材料、吸水材料和植物种子，将多个装填好植物生长材料、吸水材料和植物种子的容物袋铺在边坡之上，容物袋与容物袋之间由连接扣相连，连接扣通过牵引钉固定在路基、边坡、本土等上，使容物袋与容物袋之间及容物袋与边坡之间成为一个整体。其中使用的连接扣如图 4 所示，为一板状结构，其上下表面上有突出的紧固钉 5，板上设有若干通孔。附件 3 中的连接扣 4 即相当于权利要求 1 中的基板，紧固钉 5 即相当于权利要求 1 中的突出物。通孔即相当于权利要求 1 中的排水通孔。虽然附件 3 的连接扣是用于边坡结构的，而本专利则限定了用于挡土墙，但作为产品权利要求，本专利的这一用途是由产品本身固有的特性决定的，而且用于挡土墙的用途特征相对于用于边坡的用途特征，没有使之区别于附件 3 的方案，因此权利要求 1 相对于附件 3 不具有新颖性。

专利权人曾主张附件 3 中的通孔不是排水通孔，而是用来穿过如图 6 所示的螺旋式牵引钉的。对此，合议组认为，附件 3 中公开的牵引钉 10 为图 5 所示的膨胀式牵引钉或图 6 所示螺旋式牵引钉，图 5 中可见牵引钉安装于连接扣的两端，其中间还留有 3 个通孔，而图 6 中的牵引钉在插入连接扣两端的小孔后，还剩余 3 个通孔，根据附件 3 的发明目的，连接扣上要连接生长植物的容物袋，而植物的生长必然需要在连接扣上设置排水孔，因此附件 3 图 4~6 中所示的连接扣上的通孔本身具有排水功能。因此，专利权人的主张不成立。

（2）权利要求 2~4、6。

由于请求人关于权利要求 2~4、6 的无效理由仅涉及附件 2，在权利要求 2~4、6 所引用的权利要求 1 相对于附件 2 具有新颖性、创造性的前提下，权利要求 2~4、6 相对于附件 2 也具有新颖性、创造性。因此，请求人关于权利要求 2~4、6 不具有新颖性、创造性的主张不能成立。

（3）权利要求 5、7。

请求人认为权利要求 5、7 相对于附件 3 不具有新颖性。合议组认为，附件 3 图 4 中公开了紧固钉 5 交错排列在连接扣 4 上的特征，且紧固钉 5 上设有倒钩 6。因此，权利要求 5、7 的附加技术特征都已经被附件 3 公开，由于权利要求 5 直接引用权利要求 1，权利要求 7 引用权利要求 5、6，在权利要求 1 相对于附件 3 不具有新颖性的前提下，权利要求 5 及权利要求 7 引用权利要求 5 的技术方案相对于附件 3 也不具有新颖性，而由于请求人主张的权利要求 6 不具有新颖性的主张不能成立，其关于权利要求 7 引用权利要求 6 的技术方案不具有新颖性的主张也不能成立。

（4）权利要求 8、9。

请求人主张权利要求 8 相对于附件 4 不具有新颖性、创造性，权利要求 9 的附加技术特征是本领域惯用技术。

权利要求 8 要求保护一种挡土墙。附件 4 公开了一种挡土墙，该挡土墙由柔性的沙袋堆叠而成，沙袋之间通过联锁构件连接，其图 10 中公开的联锁构件为一内有孔的框型结构，框型板上具有突出于上下表面的突出物，“该突出物能够装配来完全穿透袋子，于任一事例中，考虑突出物进入袋子”，该联锁构件容许上方沙袋的部分直接靠在下方沙袋上而仍将沙袋的邻接层一起联锁（参见图 1、10 及说明书第 8、10 页）。同时，该联锁构件中的孔显然可以排水。权利要求 8 与附件 4 属于相同的领域，能够解决相同的技术问题，达到相同的预期效果，因此权利要求 8 相对于附件 4 不具有新颖性。

权利要求 9 对权利要求 8 进行了进一步限定，其附加技术特征为“所述联锁构件还包括穿过墙单元并插入基板的锚杆”。合议组认为，使用锚杆进行锚固是建筑领域常用的加固方式，本领域技术人员在附件 4 的基础上容易想到采用锚杆穿过基板的方式对挡土墙进行加固，因此，权利要求 9 相对于附件 4 不具有创造性。

根据上述的事实和理由，本案合议组依法作出以下决定。

三、决定

宣告 200620054736.8 号实用新型专利权的权利要求 1、5、8、9 及权利要求 7 引用权利要求 5 的技术方案无效，在权利要求 2~4、6 及权利要求 7 引用权利要求 6 的技术方案的基础上维持该专利权继续有效。

当事人对本决定不服的，可以根据专利法第 46 条第 2 款的规定，自收到本决定之日起三个月内向北京市第一中级人民法院起诉。根据该款的规定，一方当事人起诉后，另一方当事人应当作为第三人参加诉讼。

北京市第一中级人民法院
行政判决书

（2009）一中行初字第 486 号

原告徐江宁，男，1977 年 3 月 8 日出生，汉族，深圳万向泰富环保科技有限公司职员，户籍所在地吉林省长春市朝阳区明善路 12 号。

委托代理人张志峰，北京市汇佳律师事务所律师。

委托代理人赵海明，男，1969 年 8 月 23 日出生，汉族，无业，户籍所在地山东省菏泽市牡丹区中华路 1469 号。

被告国家知识产权局专利复审委员会，住所地北京市海淀区北四环西路 9 号银谷大厦。

法定代表人张茂于，副主任。

委托代理人王博，男，国家知识产权局专利复审委员会审查员。

委托代理人齐宏涛，男，国家知识产权局专利复审委员会审查员。

第三人刘利英，女，1980 年 12 月 10 日出生，汉族，无业，户籍所在地广东省兴宁市水口镇。

委托代理人刘兰，女，1961 年 6 月 4 日出生，汉族，厦门市新华专利商标代理有限公司职员，户籍所在地北京市东城区北竹杠胡同 81 号。

原告徐江宁不服被告国家知识产权局专利复审委员会作出的第 12514 号无效宣告请求审查决定（以下简称被诉决定），向本院提起行政诉讼。本院受理后，依法组成合议庭，通知与本案有利害关系的刘利英作为本案第三人参加诉讼，并于 2009 年 5 月 21 日公开开庭审理了本案。原告的委托代人张志峰、赵海明，被告的委托代理人王博、齐宏涛，第三人的委托代理人刘兰到庭参加了诉讼。本案现已审理终结。

2008 年 11 月 5 日，被告作出被诉决定，该决定宣告第 200620054736.8 号实用新型专利权（以下简称本专利）的权利要求 1、5、8、9 及权利要求 7 引用权利要求 5 的技术方案无效，在权利要求 2~4、6 及权利要求 7 引用权利要求 6 的技术方案的基础上维持本专利继续有效。该决定的主要理由如下：

1. 关于证据和现有技术。

第三人提交的证据包括：授权公告日为 2002 年 10 月 23 日、授权公告号为 CN2517783Y 的中国实用新型专利说明书（被诉决定中的附件 2，以下简称附件 2）、申请人为张宇顺、申请日为 2005 年 7 月 21 日、公开日为 2007 年 1 月 2 4 日、公开号为 CN1900432A 的中国发明专利申请公布说明书（被诉决定中的附件 3，以下简称附件 3）、公开日为 2005 年 12 月 14 日、公开号为 CN1707036A 的中国发明专利申请公开说明书（被诉决定中的附件 4，以下简称附件 4）、公开日为 1993 年 11 月 17 日、公开号为 CN1078518A 的中国发明专利申请公开说明书（被诉决定中的附件 5、以下简称附件 5）、公开日为 1988 年 10 月 18 日、公开号为 US4778309 的美国专利文献（被诉决定中的附件 6，以下简称附件 6）；由国家知识产权局专利检索咨询中心出具的编号为 G071846 的本专利的检索报告复印件共 5 页（被诉决定中的附件 7，以下简称附件 7）。

第三人在口头审理时放弃附件 6 的使用，声称附件 7 仅供被告参考，不作为证据，因此其最终使用的证据为附件 2~5。原告对附件 2~5 的真实性没有异议，被告经审查对其真实性予以确认。附件 2~5均为公开出版物，其中附件 2、4、5 的公开日期在本专利的申请日前，因此附件 2、4、5 可以作为本专利的现有技术使用，附件 3 为他人于本专利申请日前向专利局提出申请、在本专利申请日后公开的专利文献，因此其仅能用来评述本专利的新颖性。

2. 关于权利要求 1~9 的新颖性、创造性。

在判断一项权利要求是否具备创造性时，首先要将权利要求所述的技术方案和最接近的现有技术进行特征对比分析，如果该权利要求与最接近的现有技术对比存在区别技术特征，并且该区别技术特征能够解决该最接近的现有技术中存在的某一技术问题，则应进一步考察对于所属技术领域的普通技术人员而言，在最接近的现有技术的基础上引入上述区别技术特征来解决所述技术问题从而获得权利要求所要保护的技术方案是否显而易见，如果是，则该权利要求不具备创造性，如果不是，则具备创造性。

（1）权利要求 1。

第三人主张权利要求 1 相对于附件 2 不具备新颖性、创造性，相对于附件 3 不具备新颖性，相对于附件 4 不具备新颖性。

权利要求 1 与附件 2 的对比方式。

权利要求 1 要求保护一种挡土墙的联锁构件。附件 2 公开了一种塑料土工格栅（参见附件 2 权利要求 1、说明书实施例部分及图 1-3），其网格结构通过纵向排列的单层或双层高分子条带 1 及横向的在模具中注塑成型的条状塑料连接带 2 形成，该高分子条带 1 的材料可选用市场上所售经轴向拉伸的高强度抗拉伸的高分子条带如包装带，条状塑料在模具内冷却定型，使之达到预想的可在土壤中产生较大抗拔力的格栅形状，连接带的上下表面在模具中同时成型有增大与土体摩擦力的凹凸体。

将权利要求1与附件2相比，附件2至少没有公开权利要求1中的基板。所谓“板”，在《现代汉语词典》中的解释是“片状的较硬的物体”，因此本专利的基板应该是有一定抗弯强度的结构，虽然本专利说明书中说明了该结构易于弯曲，但该基板的常态应该是不发生弯曲保持一个平面，只在受到一定的外力时才弯曲，外力撤除后即能自行恢复原状。而附件2中的网格结构是在条状塑料连接带方向上刚度较大，而在高分子条带方向上则很柔软，刚度非常小，该网格结构的常态应该是易于卷在一起而不能自行恢复成平面结构。因此，附件2至少没有公开权利要求1中的基板，权利要求1相对于附件2具有新颖性。而且附件2中的网格结构也与本专利的基板具有实质性的不同，本领域技术人员不能从附件2中得到任何启示以对附件2中的网格结构进行改进从而得出基板的特征，因此权利要求1的技术方案相对于附件2是非显而易见的，权利要求1相对于附件2具有创造性。

权利要求1与附件3的对比方式。

附件3公开了一种绿色边坡结构（参见附件3权利要求1），该结构包括边坡和容物袋，容物袋内装有植物生长材料、吸水材料和植物种子，将多个装填好植物生长材料、吸水材料和植物种子的容物袋铺在边坡之上，容物袋与容物袋之间由连接扣相连，连接扣通过牵引钉固定在路基、边坡、本土等上，使容物袋与容物袋之间及容物袋与边坡之间成为一个整体。其中使用的连接扣如图4所示，为一板状结构，其上下表面上有突出的紧固钉5，板上设有若干通孔。附件3中的连接扣4即相当于权利要求1中的基板，紧固钉5即相当于权利要求1中的突出物。通孔即相当于权利要求1中的排水通孔。虽然附件3的连接扣是用于边坡结构的，而本专利则限定了用于挡土墙，但作为产品权利要求，本专利的这一用途是由产品本身固有的特性决定的，而且用于挡土墙的用途特征相对于用于边坡的用途特征，没有使之区别于附件3的方案，因此权利要求1相对于附件3不具有新颖性。

原告曾主张附件3中的通孔不是排水通孔，而是用来穿过如图6所示的螺旋式牵引钉的。对此，被告认为，附件3中公开的牵引钉10为图5所示的膨胀式牵引钉或图6所示螺旋式牵引钉，图5中可见牵引钉安装于连接扣的两端，其中间还留有3个通孔，而图6中的牵引钉在插入连接扣两端的小孔后，还剩余3个通孔，根据附件3的发明目的，连接扣上要连接生长植物的容物袋，而植物的生长必然需要在连接扣上设置排水孔，因此附件3图4–6中所示的连接扣上的通孔本身具有排水功能。因此，原告的主张不成立。

（2）权利要求2~4、6。

由于第三人关于权利要求2~4、6的无效理由仅涉及附件2，在权利要求2~4、6所引用的权利要求1相对于附件2具有新颖性、创造性的前提下，权利要求2~4、6相对于附件2也具有新颖性、创造性。因此，请求人关于权利要求2~4、6不具有新颖性、创造性的主张不能成立。

（3）权利要求5、7。

第三人认为权利要求5、7相对于附件3不具有新颖性。被告认为，附件3图4中公开了紧固钉5交错排列在连接扣4上的特征，且紧固钉5上设有倒钩6。因此，权利要求5、7的附加技术特征都已经被附件3公开，由于权利要求5直接引用权利要求1，权利要求7引用权利要求5、6，在权利要求1相对于附件3不具有新颖性的前提下，权利要求5及权利要求7引用权利要求5的技术方案相对于附件3也不具有新颖性，而由于第三人主张的权利要求6不具有新颖性的主张不能成立，其关于权利要求7引用权利要求6的技术方案不具有新颖性的主张也不能成立。

（4）权利要求8、9。

第三人主张权利要求8相对于附件4不具有新颖性、创造性，权利要求9的附加技术特征是本领域惯用技术。

权利要求8要求保护一种挡土墙。附件4公开了一种挡土墙，该挡土墙由柔性的沙袋堆叠而成，沙袋之间通过联锁构件连接，其图10中公开的联锁构件为一内有孔的框型结构，框型板上具有突出于上下表面的突出物，“该突出物能够装配来完全穿透袋子，于任一事例中，考虑突出物进入袋子”，该联锁构件容许上方沙袋的部分直接靠在下方沙袋上而仍将沙袋的邻接层一起联锁（参见图1、10及说明书第8、10页）。同时，该联锁构件中的孔显然可以排水。权利要求8与附件4属于相同的领域，能够解决相同的技术问题，达到相同的预期效果，因此权利要求8相对于附件4不具有新颖性。

权利要求9对权利要求8进行了进一步限定，其附加技术特征为“所述联锁构件还包括穿过墙单元并插入基板的锚杆”。被告认为，使用锚杆进行锚固是建筑领域常用的加固方式，本领域技术人员在附件4的基础上容易想到采用锚杆穿过基板的方式对挡土墙进行加固，因此，权利要求9相对于附件4不具有创造性。

在法定举证期限内，被告向本院提交了以下证据的复印件：1、附件3；2. 附件4；3. 附件2；4. 附件5。以上证据用于证明被诉决定正确。

原告诉称，1. 被诉决定认定事实不清。（一）被告对于附件3的有关内容认定事实不清。（1）附件3与本专利属于不同的技术领域，所要解决的技术问题、技术方案等在实质上都不相同，二者不属于同样的发明或实用新型，因此附件3不能作为本专利的抵触申请。（2）被诉决定认定：“附件3中的连接扣4即相当于权利要求1中的基板，紧固钉5即相当于权利要求1中的突出物，通孔即相当于权利要求1中的排水通孔。”实际上，附件3对于以上部件有着明确的描述和图示，“容物袋与容物袋之间由连接扣相连，连接扣通过牵引钉固定在路基、边坡、本土等上，使容物袋与容物袋之间及容物袋与边坡之间成为一个整体”（附件3权利要求1）、说明书附图5、附图6。该文字描述及附图毫无异议地表明连接扣上预留的通孔是被牵引钉贯穿，用于将连接扣固定在路基、边坡和本土等上的，没有任何排水功能，在实际应用中，将被牵引钉贯穿堵塞，也不可能有任何排水作用。被诉决定在对附件3所述的技术特征认定不清的情况下，作出的本专利权利要求1相对于附件3无新颖性及由此得出权利要求5、权利要求7引用权利要求5的技术方案相对于附件3也不具有新颖性的结论错误。（3）被告对于附件4记载的技术方案认定不清。被诉决定认定：“附件4图10中的该联锁构件中的孔显然可以排水。权利要求8与附件4属于相同的技术领域，能够解决相同的技术问题，达到相同的预期效果，因此权利要求8相对于附件4不具有新颖性。”实际上，对于上述技术方案的有关内容，附件4上有确切的描述：“第10图示类似设计，其中其两侧上皆有突出物24的联锁机构226一般系于其中间带有一梯形构架52。如同第7图的具体实施例，此联锁构件容许上方沙袋的部分直接靠在下方沙袋上而仍将沙袋的邻接层一起联锁。梯形构架52的较窄侧要朝后放置，地格片只附在上述较窄处，同样的，对于制造联锁构件所需的材料，该设计实现节省花费。”（附件4说明书第10页第一段）。该文字描述毫无疑义地表明附图10上联锁构件中间的梯形构架，是为了节约制造联锁构件的材料成本，其目的并不是为了排水。被告在对附件4中说明书的技术特征事实认定不清的情况下，得出本专利权利要求8相对于附件4无新颖性的结论错误。（4）被告对本专利权利要求9记载的技术方案中的附加技术特征事实认定不清。被诉决定中认定：“使用锚杆进行固定是建筑领域常用的加固方式，本领域技术人员在附件4的基础上容易想到采用锚杆穿过基板的方式对挡土进行加固。因此，权利要求9相对于附件4不具有创造性。”而实际上，被告并没有举出任何表明使用锚杆进行锚固是建筑领域常用的加固方式的证据，也没有举出证据证明本领域技术人员在附件4的基础上容易想到采用锚杆穿过基板的方式对挡土墙进行加固。因此，被诉决定对本专利权利要求9的附加技术特征认定事实不清，其关于本专利权利要求9相对于附件4不具备创造性的结论错误。2. 被诉决定适用法律错误。《审查指南》明确规定，进行审查时应当以对比文件公开的技术内容为准，不得随意将对比文件的内容扩大；在引用附图时，只有能够从附图中直接地、毫无疑义地确定的技术特征才属于公开的内容，由附图中推测的内容，不应当作为已经公开的内容。被告将对比文件的内容随意扩大，将明显不属于对比文件的技术内容解释到对比文件中，错误地适用了法律。综上，原告请求本院判决撤销被诉决定中宣告本专利权利要求1、5、8、9及权利要求7引用权利要求5的技术方案无效的部分。

原告当庭表示没有证据向法庭提交。

被告辩称：1. 附件3中公开的牵引钉10为图5所示的膨胀式牵引钉或图6所示的螺旋式牵引钉，图5中可见牵引钉安装于连接扣的两端，其中间还留有3个通孔，而图6中的牵引钉在插入连接扣两端的小孔后，还剩余3个通孔，根据附件3的发明目的，连接扣上要连接生长植物的容物袋，而植物的生长必然需要在连接扣上设置排水孔，因此附件3图4~6所示的连接扣上的通孔本身具有排水功能。2. 附件4中图10的方案显示在基板中间存在通孔结构，其方案所实现的挡土墙结构与本专利权利要求8用于相同的领域、解决相同的技术方案，实现相同的预期效果，可以用来评述权利要求8的新颖性。其排水效果是客观存在的，与附件4是否记载无关。3. 被告坚持被诉决定中对于本专利权利要求创造性的认定意见。综上，被告认为被诉决定认定事实清楚，适用法律正确，审理程序合法，其请求法院判决维持被诉决定。

第三人未向本院提交书面的答辩意见，其同意被诉决定并请求本院判决维持被诉决定。

第三人在法定期限内未向本院提交证据。

经庭审质证，原告对被告证据的关联性、合法性、真实性不持异议，但是不同意其证明作用；第三人对于被告提交的证据表示没有意见。本院经审查认为，被告证据与本案具备关联性，且符合证据合法性、真实性的要求，能够证明本案相关事实，本院对被告证据均予以采纳。

根据上述确认的有效证据以及当事人当庭无争议的陈述，本院认定事实如下：

本专利被中华人民共和国国家知识产权局于2006年9月20日授权公告，其名称为“挡土墙及其联锁构件”，专利号是200620054736.8，申请日是2006年1月26日，授权公告时的专利权人是孙晓君，后变更为本案原告。本专利授权公告时的权利要求书如下：

“1. 一种挡土墙的联锁构件，包括基板和基板上下表面的突出物，其特征在于：所述基板具有排水通孔。

2. 根据权利要求1所述的挡土墙的联锁构件，其特征在于：所述基板是网格结构，网格形成上下方向的排水通孔。

3. 根据权利要求2所述的挡土墙的联锁构件，其特征在于：所述基板具有水平方向的排水通孔。

4. 根据权利要求3所述的挡土墙的联锁构件，其特征在于：所述网格包括位于中间层的平行排列的支撑板，以及位于上下层的交叉排列的支撑条。

5. 根据权利要求1所述的挡土墙的联锁构件，其特征在于：所述突出物交错排列在基板上下表面。

6. 根据权利要求1所述的挡土墙的联锁构件，其特征在于：所述突出物是分别突出基板上下表面的一体成型的结构。

7. 根据权利要求5或6所述的挡土墙的联锁构件，其特征在于：所述突出物具有倒勾。

8. 一种挡土墙，包括柔性墙单元堆叠成的土墙、位于墙单元之间使其连接的联锁构件，所述联锁构件包括基板和基板上下表面的突出物，所述突出物插入所述墙单元，其特征在于：所述基板具有排水通孔。

9. 根据权利要求9所述的挡土墙，其特征在于：所述联锁构件还包括穿过墙单元并插入基板的锚杆。”

针对本专利权，第三人于2008年1月25日向被告提出无效宣告请求，认为本专利不符合《中华人民共和国专利法》（以下简称《专利法》）第二十二条第二、三款的规定，第三人同时提交了本专利的授权公告文本（被诉决定中的附件1）及附件2~7。

第三人认为：权利要求1相对于附件2不具备新颖性、创造性，相对于附件3不具备新颖性，相对于附件4不具备新颖性；权利要求2~4的附加技术特征被附件2公开，不具备新颖性、创造性；权利要求5的附加技术特征被附件3公开，不具备新颖性，相对于附件2也是容易想到的，不具备创造性；权利要求6的附加技术特征被附件2公开，不具备新颖性；权利要求7的附加技术特征被附件2或附件3公开，不具备新颖性；权利要求8的方案被附件4公开，不具备新颖性、创造性，被附件4、2的结合公开，不具备创造性，同时也被附件3公开，不具备新颖性；权利要求9的附加技术特征被附件3公开，不具备新颖性，附件4、5、6证明权利要求9的附加技术特征是本领域的惯用技术，权利要求9相对于附件4、5、6分别单独结合附件2也不具备创造性。附件7作为参考提交。

经形式审查合格，被告受理了上述无效宣告请求，并于2008年4月14日向原告和第三人发出无效宣告请求受理通知书，同时将专利权无效宣告请求书及其附件清单中所列附件的副本转送给原告，并要求原告在指定的期限内陈述意见。

被告于2008年6月13日向双方发出无效宣告请求口头审理通知书，定于2008年7月23日举行口头审理。

被告于2008年6月11日收到原告提交的意见陈述书，原告认为本专利权利要求1~9相对于附件2~6具有新颖性、创造性。

被告于2008年6月30日向第三人发出转送文件通知书，将2008年6月11日收到的原告的意见陈述书副本转送给第三人。

口头审理如期举行，双方当事人均参加了口头审理。

在口头审理中，（1）第三人当庭表示放弃附件6，附件7作为参考，不作为证据使用。原告对附件2~5的真实性没有异议。（2）第三人明确其无效理由、证据、范围及证据组合形式为：权利要求1相对于附件2不具备新颖性、创造性，相对于附件3不具备新颖性，相对于附件4不具备新颖性。权利要求2~4的附加技术特征被附件2公开，相对于附件2不具有新颖性、创造性。权利要求5的附加技术特征被附件3公开，相对于附件3不具备新颖性，相对于附件2也是容易想到的，不具备创造性。权利要求6的附加技术特征被附件2公开，相对于附件2不具有新颖性。权利要求7的附加技术特征被附件2、3公开，相对于附件2、3分别不具有新颖性。权利要求8相对于附件4不具备新颖性、创造性，相对于附件3不具备新颖性，相对于附件4、2的结合不具有创造性。权利要求9的附加技术特征被附件3公开，不具备新颖性，同时附件4中公开了用杆加固挡土墙的结构，附件5中公开了使用锚杆的加固结构，权利要求9相对于附件2与附件4、5所证明的锚杆的结合不具有创造性。

被告经过审查，于2008年11月5日作出被诉决定。原告不服该决定，向本院提起行政诉讼。

在本案庭审过程中，原告和第三人表示对于被诉决定的行政程序无异议，对于被诉决定的“在权利要求2~4、6及权利要求7引用权利要求6的技术方案的基础上维持该专利权继续有效”的认定结论无异议，对于被诉决定案由部分的记载及决定的理由部分中关于本专利权利要求1和附件2进行对比的内容无异议，对于被诉决定关于本专利权利要求2~4、6的认定内容无异议；原告同时表示对于被诉决定中关于本专利权利要求5和7的附加技术特征已经被附件3所公开的认定无异议。

本院认为，原告当庭表示对被诉决定的行政程序无异议。经审查，被诉决定作出的行政程序合法，本院对此予以确认。

本案的争议焦点为本专利权利要求1、5、8、9及权利要求7引用权利要求5的技术方案是否符合《专利法》第二十二条第二、三款规定的新颖性和创造性。

《专利法》第二十二条第二款规定，新颖性，是指在申请日以前没有同样的发明或者实用新型在国内外出版物上公开发表过、在国内公开使用过或者以其他方式为公众所知，也没有同样的发明或者实用新型由他人向国务院专利行政部门提出过申请并且记载在申请日以后公布的专利申请文件中。

《专利法》第二十二条第三款规定，创造性，是指同申请日以前已有的技术相比，该发明有突出的实质性特点和显著的进步，该实用新型有实质性特点和进步。

1. 关于本专利权利要求 1 与附件 3 相比是否具有新颖性。

原告主张附件 3 与本专利属于不同的技术领域，所要解决的技术问题及技术方案均不同。对此本院认为，本专利公开了一种挡土墙及其连锁构件的结构，其说明书第 3 页“背景技术”一节第一段记载：“挡土墙广泛应用于各种土木工程中，例如用于支撑公路或河堤的斜坡以及独立墙等。”附件 3 公开了一种绿色边坡结构，其提供了一种可在边坡上生长植物的坡形结构，其说明书的实施例中也提供了该技术应用于斜坡形工程的实例，故二者均涉及到了路边斜坡等土木工程的建筑材料及结构的技术领域，属于相同或相近的技术领域。附件 3 可以用作评价本专利权利要求 1 新颖性的对比文件，原告的前述主张缺乏事实依据，本院不予采纳。

附件 3 中的容物袋与容物袋之间通过连接扣相连，连接扣通过牵引钉固定在路边、边坡等物体上，容物袋与容物袋之间及容物袋与边坡形成一个整体。连接扣上面设置有带有倒钩或不带有倒钩的紧固钉。本专利权利要求 1 所描述的挡土墙的联锁机构包括基板和基板上下表面的突出物，其中突出物的作用系插入构成土墙的墙单元（本专利说明书第 4 页第 2 段），同时说明书还给出了带有倒钩的突出物的实施例。附件 3 中的连接扣和本专利权利要求 1 中的基板作用都起到了作为连接其他建筑材料媒介平台的作用，且本专利权利要求 1 未对基板的结构进行任何限定，故附件 3 中的连接扣相当于本专利权利要求 1 的基板。附件 3 中的紧固钉与本专利权利要求 1 的突出物都系直接插入需要连接的建筑材料中并起到了连接和固定的作用，故附件 3 的紧固钉相当于本专利权利要求 1 的突出物。附件 3 的连接扣上具有通孔，当该通孔不安装牵引钉的时候，其必然起到将流水排出的作用，该作用是由孔这一结构本身的特征所决定。因此本专利权利要求 1 限定的技术方案都已被附件 3 所公开，其不具备《专利法》第二十二条第二款规定的新颖性。被诉决定的相关认定具有事实依据，本院应予支持。原告主张被诉决定上述认定错误的诉讼理由缺乏事实依据，本院不予采纳。

2. 本专利权利要求 5 和 7 是否具备新颖性。

在本案庭审过程中，原告表示对于被诉决定认定的权利要求 5 和 7 的附加技术特征被附件 3 所公开无异议，经审查，被诉决定认定的以上内容正确，本院予以确认。本专利权利要求 5 引用了权利要求 1 的技术方案，在权利要求 1 不具备新颖性的前提下，权利要求 5 不具备新颖性；权利要求 7 引用权利要求 5 的技术方案，在权利要求 5 不具备新颖性的前提下，权利要求 7 引用权利要求 5 技术方案的部分亦不具备新颖性。

3. 本专利权利要求 8 是否具备新颖性。

附件 4 公开了一种挡土墙，该挡土墙由柔性沙袋堆成，沙袋之间通过联锁机构连接。附件 4 中的联锁机构的作用系连接和固定相邻的沙袋，与本专利权利要求 8 中连接墙单元联锁机构作用相同，二者属于相同的技术领域。附件 4 中的联锁机构上面具有突出物 24，突出物 24 穿透进入沙袋，且附件 4 图 10 所公开的联锁机构具有孔型结构。根据前述关于本专利权利要求 1 的论述，上述联锁机构的孔型结构同样具备排水的功能。因此权利要求 8 的技术特征已经被附件 4 所公开。原告主张依据附件 4 说明书的记载，该联锁机构的孔型结构的设计系为了节约成本，对此本院认为，孔型结构本身即具有排水的功能，这一功能与本专利权利要求 8 所要解决的技术问题相同。故原告的上述诉讼主张不能成立，本院不予采纳。

4. 本专利权利要求 9 是否具备创造性。

使用锚杆进行加固是建筑领域常用的加固方式，本领域技术人员很容易想到在附件 4 的基础上使用锚杆对挡土墙进行加固的技术方案，该方案对于本领域技术人员来说是显而易见的，本专利权利要求 9 不具备创造性。原告主张被告未提供证据证明锚杆是建筑领域的常用加固方式，对此本院认为，附件 5 给出了使用锚杆的技术方案，虽然被告未将该证据作为评价本专利权利要求 9 创造性的对比文件，但该证据已给出了锚杆技术方案的参考，故原告的前述诉讼主张缺乏事实依据，本院不予采纳。

综上，被诉决定认定本专利权利要求 1、5、8 和权利要求 7 引用权利要求 5 的技术方案不具备新颖性、权利要求 9 不具备创造性正确，本院应予支持。

原告另主张被告随意扩大对比文件内容、将不属于对比文件的技术内容解释到对比文件中属适用法律错误。对此本院认为，如前所述，被诉决定的认定内容并未对对比文件公开的内容进行随意解释，被诉决定的认定结论均具备相关的事实依据。原告的前述诉讼主张不能成立，本院不予采纳。

原告和第三人对于被诉决定中“在权利要求 2~4、6 及权利要求 7 引用权利要求 6 的技术方案的基础上维持该专利权继续有效”的认定结论无异议，经审查，被诉决定的上述认定正确，本院予以确认。

综上，被告作出的被诉决定认定事实清楚，适用法律法规正确，审理程序合法，审查结论正确，本院应予维持。原告的诉讼理由均缺乏事实及法律依据，本院不予采纳，对其要求部分撤销被诉决定的诉讼请求本院不予支持。据此，依照《中华人民共和国行政诉讼法》第五十四条第（一）项之规定，判决如下：

维持被告国家知识产权局专利复审委员会于二〇〇八年十一月五日作出的第 12514 号无效宣告请求审查决定。

案件受理费 100 元，由原告徐江宁负担（已交纳）。

如不服本判决，各方当事人可在本判决书送达之日起 15 日内，向本院递交上诉状，并按对方当事人人数提出副本，预交上诉案件受理费 100 元，上诉于北京市高级人民法院。上诉人在上诉期限内未预交上诉案件受理费，又不提出缓交申请的，按自动撤回上诉处理。

审　判　长　张　杰
代理审判员　殷　悦
人民陪审员　张云作
二〇〇九年九月二十四日
书　记　员　董　伟

230

板壳式换热器

无效宣告请求审查决定（第12515号）

决　定　号 第12515号
决　定　日 2008年10月23日
发明创造名称 板壳式换热器
国 际 分 类 号 F28D 1/03，F28D 9/00
无效宣告请求人 阿法拉伐帕奇诺公司
专 利 权 人 张延丰、宋秉棠
专　利　号 200520110143.4
申　请　日 2005年6月20日
授 权 公 告 日 2006年8月23日
合 议 组 组 长 朱文广
主　审　员 任颖丽
参　审　员 王　森

法 律 依 据 专利法第22条第2款、第3款
决 定 要 点

如果权利要求所限定的技术方案与现有技术公开的技术内容相比，存在区别技术特征，使得二者技术方案不同，则该权利要求具备新颖性。

权利要求要求保护的技术方案与现有技术公开的技术方案之间存在区别技术特征，现有技术也没有给出得到所述权利要求技术方案的任何技术启示，本领域技术人员需要付出创造性的劳动才能得到该权利要求请求保护的技术方案，且该技术方案具有有益效果，则该权利要求具有创造性。

一、案由

本无效宣告请求涉及中华人民共和国国家知识产权局于2006年8月23日授权公告的、名称为“板壳式换热器”的实用新型专利权（下称本专利），其专利号是200520110143.4，申请日是2005年6月20日，专利权人是张延丰、宋秉棠。本专利授权公告时的权利要求书如下：

“1. 一种板壳式换热器，包括壳体、板程介质进出口接管、壳程介质进出口管，采用波纹板片作为传热元件，其特征在于壳体（3）内设置有板束组件（2），板束组件（2）下端通过板程介质进口接管（9）联接固定端膨胀节（1），上端通过板程介质出口接管（6）联接自由端膨胀节（5）。

2. 根据权利要求1所述的板壳式换热器，其特征在于所述的板束组件（2）的板叠（203）由一定数量的波纹板片叠合而成，其横截面为矩形，板叠（203）设置在板束外壳（202）内，板束外壳

（202）压紧板叠（203），板束外壳（202）一端与板叠（203）固定联接，另一端为自由端，板束外壳（202）下端联接下管箱（201），上端联接上管箱（204）。

3. 根据权利要求2所述的板壳式换热器，其特征在于所述的板束外壳（202）下端设置有一个或两个侧向开口（2021），壳程介质与板程介质在板叠（203）内呈纯逆流。

4. 根据权利要求1所述的板壳式换热器，其特征在于所述的壳体（3）为圆筒型，其上端设置有壳程介质进口管（7），下端设置有壳程介质出口管（8）。

5. 根据权利要求1所述的板壳式换热器，其特征在于所述的板束组件（2）外设置有外圆内方的支撑管板（10）。

6. 根据权利要求1或5所述的板壳式换热器，其特征在于所述的壳体（3）与板束组件（2），支撑管板（10）与壳体（3）的联接方式为设备法兰（4）夹持或焊接。"

针对本专利权，阿法拉伐帕奇诺公司（下称请求人）于2008年6月4日向专利复审委员会提出无效宣告请求，同时提交了如下附件：

附件1：公开日为1999年6月18日、公开号为FR2772468A1的法国专利文献及其中文译文，共23页；

附件2：公开日为2000年11月24日、公开号为FR2793875A1的法国专利文献及其中文译文，共29页；

附件3：化学工业出版社出版、1991年4月第1版第1次印刷的《化工设备设计》的封面页、版权页、目录页、第79~80页的复印件，共5页；

附件4：中华人民共和国国家知识产权局专利复审委员会第8056号无效宣告请求审查决定第1、2、6页的复印件，共3页；

附件5：化学工业出版社工业装备与信息工程出版中心出版、2003年5月第1版第1次印刷的《换热器》的封面页、书名页、版权页、编委会页、前言页、目录页、第334~343页的复印件以及中国国家图书馆科技查新中心出具的证明编号为第2008-kjzx-lwcz-388号的文献复制证明，共19页；

附件6：授权公告日为2000年2月2日、授权公告号为CN2362090Y的中国实用新型专利说明书，共9页。

请求人认为：权利要求1、4、5相对于附件1不具备新颖性和创造性；权利要求2、3、6不具备创造性；权利要求6中引用权利要求1的技术方案不符合专利法第26条第4款和专利法实施细则第20条第1款的规定；说明书不符合专利法第26条第3款的规定。

经形式审查合格，专利复审委员会依法受理了上述无效宣告请求，并于2008年6月19日向请求人和专利权人发出无效宣告请求受理通知书，同时将专利权无效宣告请求书及其附件清单中所列附件的副本转送给专利权人，并要求专利权人在指定的期限内陈述意见。

针对专利复审委员会发出的上述无效宣告请求受理通知书，专利权人于2008年7月16日提交了意见陈述书和权利要求书的修改替换页。修改后的权利要求书为：

"1. 一种板壳式换热器，包括壳体、板程介质进出口接管、壳程介质进出口管，采用波纹板片作为传热元件，其特征在于壳体（3）内设置有板束组件（2），板束组件（2）下端通过板程介质进口接管（9）联接固定端膨胀节（1），上端通过板程介质出口接管（6）联接自由端膨胀节（5）。

2. 根据权利要求1所述的板壳式换热器，其特征在于所述的板束组件（2）的板叠（203）由一定数量的波纹板片叠合而成，其横截面为矩形，板叠（203）设置在板束外壳（202）内，板束外壳（202）压紧板叠（203），板束外壳（202）一端与板叠（203）固定联接，另一端为自由端，板束外壳（202）下端联接下管箱（201），上端联接上管箱（204）。

3. 根据权利要求 2 所述的板壳式换热器，其特征在于所述的板束外壳（202）下端设置有一个或两个侧向开口（2021），壳程介质与板程介质在板叠（203）内呈纯逆流。

4. 根据权利要求 1 所述的板壳式换热器，其特征在于所述的壳体（3）为圆筒型，其上端设置有壳程介质进口管（7），下端设置有壳程介质出口管（8）。

5. 根据权利要求 1 所述的板壳式换热器，其特征在于所述的板束组件（2）外设置有外圆内方的支撑管板（10）。

6. 根据权利要求 5 所述的板壳式换热器，其特征在于所述支撑管板（10）与壳体（3）的联接方式为设备法兰（4）夹持或焊接。”

专利权人认为：（1）由于权利要求 6 中引用权利要求 1 的技术方案已经删除，因此权利要求 6 符合专利法第 26 条第 4 款和专利法实施细则第 20 条第 1 款的规定，说明书符合第 26 条第 3 款的规定；（2）本专利中的板束组件下端为固定式安装，上端为无固定安装组件结构，附件 1 没有公开上述结构，因此权利要求 1~6 具有新颖性和创造性。

专利复审委员会依法成立合议组。本案合议组于 2008 年 7 月 25 日向双方当事人发出无效宣告请求口头审理通知书，定于 2008 年 9 月 24 日举行口头审理。随同口头审理通知书，将专利权人于 2008 年 7 月 16 日提交的意见陈述书以及权利要求书的修改替换页转送给请求人。

口头审理如期举行，双方当事人均参加了口头审理。在口头审理中，双方对专利权人 2008 年 7 月 16 日提交的权利要求书均无异议，针对该权利要求书，请求人明确其无效宣告的理由、证据和范围是：权利要求 1、4、5 相对于附件 1 不具备新颖性和创造性，相对于附件 1、5 的结合不具备创造性，附件 1 为最接近的现有技术；权利要求 2、6 相对于附件 1、5 的结合不具备创造性；权利要求 3 相对于附件 1、5、2 的结合不具备创造性。请求人明确放弃附件 3、4、6 作为证据使用。专利权人对附件 1、2、5 的真实性没有异议，对附件 1、2 的中文译文的准确性没有异议。双方当事人就上述无效理由和证据充分发表了意见。

专利权人于 2008 年 10 月 13 日提交了权利要求书的修改替换页，删除了权利要求 6，没有对权利要求 1~5 作出任何修改。修改后的权利要求书为：

“1. 一种板壳式换热器，包括壳体、板程介质进出口接管、壳程介质进出口管，采用波纹板片作为传热元件，其特征在于壳体（3）内设置有板束组件（2），板束组件（2）下端通过板程介质进口接管（9）联接固定端膨胀节（1），上端通过板程介质出口接管（6）联接自由端膨胀节（5）。

2. 根据权利要求 1 所述的板壳式换热器，其特征在于所述的板束组件（2）的板叠（203）由一定数量的波纹板片叠合而成，其横截面为矩形，板叠（203）设置在板束外壳（202）内，板束外壳（202）压紧板叠（203），板束外壳（202）一端与板叠（203）固定联接，另一端为自由端，板束外壳（202）下端联接下管箱（201），上端联接上管箱（204）。

3. 根据权利要求 2 所述的板壳式换热器，其特征在于所述的板束外壳（202）下端设置有一个或两个侧向开口（2021），壳程介质与板程介质在板叠（203）内呈纯逆流。

4. 根据权利要求 1 所述的板壳式换热器，其特征在于所述的壳体（3）为圆筒型，其上端设置有壳程介质进口管（7），下端设置有壳程介质出口管（8）。

5. 根据权利要求 1 所述的板壳式换热器，其特征在于所述的板束组件（2）外设置有外圆内方的支撑管板（10）。”

至此，合议组认为本案事实已经清楚，可以作出审查决定。

二、决定的理由

1. 文本的确定

专利权人于2008年10月13日提交了权利要求书的修改替换页，具体修改方式为删除了权利要求6。合议组经审查后认为：该修改文本是专利权人在规定的答复期限内针对无效宣告请求书所提交的，其对权利要求书的修改方式为权利要求的删除，符合专利法第33条、专利法实施细则第68条以及审查指南第四部分第三章第4.6节的相关规定，应予以接受。因此，本决定所针对的文本为专利权人于2008年10月13日提交的权利要求书。

2. 关于证据和现有技术

请求人请求使用附件1、2、5作为证据，专利权人对上述附件的真实性没有异议，合议组经审查后认可上述附件的真实性，同时由于附件1、2、5的公开日期早于本专利的申请日，因此可以作为本专利的现有技术使用。专利权人对附件1和2的中文译文的准确性没有异议，因此附件1和2的内容以其中文译文为准。

3. 关于专利法第22条第2款

专利法第22条第2款规定，新颖性，是指在申请日以前没有同样的发明或者实用新型在国内外出版物上公开发表过，在国内公开使用过或者以其他方式为公众所知，也没有同样的发明或者实用新型由他人向国务院专利行政部门提出过申请并且记载在申请日以后公布的专利申请文件中。

如果权利要求所限定的技术方案与现有技术公开的技术内容相比，存在区别技术特征，使得二者技术方案不同，则该权利要求具备新颖性。

请求人认为：附件1中公开了壳体2，板程介质进口接管13、出口接管16，壳程介质进口26、出口23，板片5，板束组件3，板束组件上、下端联接的扩张补偿器14、17就相当于本专利中的膨胀节，板束组件通过20与壳体固定的一端就是固定端，另外一端是悬空的为自由端，本专利中固定端就是板束组件被固定在壳体上的一端，自由端就是板束组件不被固定的这一端，因此附件1已经公开了权利要求1的全部技术特征，权利要求1没有新颖性。权利要求4、5的附加技术特征也已经被附件1所公开，因此权利要求4、5也不具有新颖性。

专利权人认为：根据本专利说明书第4页倒数第3~4行所公开的“板束外壳一端与板叠固定联接，另一端为自由端，板叠在板束外壳内可由固定端向自由端任意膨胀”可以确定，固定联接的那一端就是固定端，没有固定联接的一端是自由端。附件1没有公开本专利的自由端膨胀节和固定端膨胀节，因此权利要求1具有新颖性，权利要求4、5也具有新颖性。

合议组经审查后认为：

本专利说明书第2页最后一段记载了，板束组件包括板束外壳和板叠，板束外壳一端与板叠固定联接，另一端为自由端，板叠在板束外壳内可由固定端向自由端任意膨胀；说明书第1页最后一段也记载了，板叠装入板束外壳内，一端固定连接，另一端可自由膨胀。根据说明书所公开的上述内容，本领域技术人员可以确定，权利要求1中的固定端膨胀节就是指与板束外壳和板叠固定联接那一端相连的膨胀节，而自由端膨胀节就是指与板束外壳和板叠没有固定联接那一端相连的膨胀节。

另外，请求人认为，本专利中固定端就是板束组件被固定在壳体上的一端，自由端就是板束组件不被固定的这一端。对此，合议组认为：专利法第56条第1款规定，发明或者实用新型的保护范围以其权利要求的内容为准，说明书及附图可以用于解释权利要求。由此可知，发明或者实用新型专利权的保护范围应当按照权利要求所表示的实质内容确定，应当考虑说明书和权利要求书的全部内容对发明创造进行全面理解，尤其是在权利要求中的术语可有不同解释时更应当根据说明书和附图的描述对其进行解释。基于上述观点，合议组认为，考虑到说明书和权利要求书所记载的全部内容，权利要求1中的固定端是指板束组件的板束外壳与板叠固定联接的那一端，自由端是指板束组件的板束外壳与板叠非固定联接的那一端，因此请求人的主张不能成立。

附件1公开了一种板式换热器（参见中文译文第3~5页、图1、2），包括加长密封壳2（相当于本专利中的壳体）和放置在该壳2内的板束3（相当于本专利中的板束组件），密封壳右下角设置有引水管道23（相当于本专利中的壳程介质进口管），左上角设置有排放管道24（相当于本专利中的壳程介质出口管），板束3由平行板片5组成的一个板片整体组成，板片5（相当于本专利中的波纹板片）包括表面平滑的边缘和带有波纹的中心区域，板片5放在外板7之间，外板通过未表示出来的合适部件相联接，板束3上端通过管道13（相当于本专利中的板程介质进口管）与扩张补偿器14相连，下端通过管道16（相当于本专利中的板程介质出口管）与扩张补偿器17相连。

权利要求1与附件1相比，其区别在于，附件1没有公开固定端膨胀节和自由端膨胀节。

由于权利要求1与附件1存在上述区别，因此，二者是不同的技术方案，权利要求1相对于附件1具备专利法第22条第2款规定的新颖性。

由于独立权利要求1相对于附件1具备新颖性，其从属权利要求4、5相对于附件1也具备专利法第22条第2款规定的新颖性。

4. 关于专利法第22条第3款

专利法第22条第3款规定，创造性，是指同申请日以前已有的技术相比，该发明有突出的实质性特点和显著的进步。

权利要求要求保护的技术方案与现有技术公开的技术方案之间存在区别技术特征，现有技术也没有给出得到所述权利要求技术方案的任何技术启示，本领域技术人员需要付出创造性的劳动才能得到该权利要求请求保护的技术方案，且该技术方案具有有益效果，则该权利要求具有创造性。

（1）权利要求1的创造性。

请求人认为：权利要求1相对于附件1不具有创造性；附件5第338页也公开了板束的结构，从图7-27、7-30、7-31可以看到用固定环固定板叠的一端就是固定端，另外一端没有限定是自由端，因此权利要求1相对于附件1、5的结合不具有创造性。

专利权人认为：权利要求1相对于附件1具有创造性；附件5第338页公开的固定环与本专利的板束外壳不同，第340~341页提到的是板束与壳体的联接，其中提到的滑动连接的作用是补偿壳体和板束之间的温差，这与本专利固定端膨胀节的作用相同，而本专利自由端膨胀节吸收的是板叠与板束外壳之间的温差，因此权利要求1相对于附件1、5的结合也具有创造性。

合议组经审查后认为：

如前所述，权利要求1与附件1的区别在于，附件1没有公开固定端膨胀节和自由端膨胀节。根据附件1所公开的内容，本领域技术人员无法得到技术启示将上述区别技术特征应用到附件1中，请求人也没有提供任何证据证明上述区别技术特征是本领域的公知常识，因此，权利要求1的技术方案对本领域技术人员来说是非显而易见的，具有实质性特点。并且，权利要求1的技术方案由于设置了固定端膨胀节和自由端膨胀节，能够吸收壳体与板束外壳以及板束外壳与板叠之间的热膨胀差，使换热器在温度波动大的情况下仍能安全运行，具有有益的技术效果。因此，权利要求1相对于附件1具备专利法第22条第3款规定的创造性。

附件5的图7-27、7-30和7-31示出了几种板束焊接结构，第338页右栏第2~4行还记载了，基本元件（相当于本专利中的波纹板片）按次序排列，并在端部套上整体卡圈，施焊组成板束；第340~341页记载了板束与壳体的滑动连接，是板束的一端与壳体固定，另一端相对于壳体可作轴向滑动，这种结构可以补偿壳体和板束间的温差，减小温差应力。由附件5记载的全部内容可知，附件5

既没有公开板束壳体与板叠之间的连接关系，也没有公开固定端膨胀节和自由端膨胀节的结构，因此本领域技术人员无法得到技术启示将固定端膨胀节和自由端膨胀节应用到附件1中，因此，在附件1的基础上结合附件5，权利要求1的技术方案对本领域技术人员来说是非显而易见的，具有实质性特点。并且，权利要求1的技术方案由于设置了固定端膨胀节和自由端膨胀节，能够吸收壳体与板束外壳以及板束外壳与板叠之间的热膨胀差，使换热器在温度波动大的情况下仍能安全运行，具有有益的技术效果。因此，权利要求1相对于附件1、5的结合具备专利法第22条第3款规定的创造性。

（2）权利要求2~5的创造性。

由于独立权利要求1相对于附件1具备创造性，其从属权利要求4、5相对于附件1也具备专利法第22条第3款规定的创造性。

由于独立权利要求1相对于附件1、5的结合具备创造性，其从属权利要求2、4、5相对于附件1、5的结合也具备专利法第22条第3款规定的创造性。

关于权利要求3，请求人认为，权利要求3中侧向开口的技术特征被附件2公开，壳程介质与板程介质在板叠内呈纯逆流的技术特征被附件1公开，因此在权利要求1不具备创造性的前提下，权利要求3也不具备创造性。

对此合议组认为，由于独立权利要求1具备创造性，请求人关于由于从属权利要求3的附加技术特征被公开而导致其不具备创造性的主张不能成立。

根据上述的事实和理由，本案合议组依法作出以下决定。

三、决定

在专利权人于2008年10月13日提交的权利要求1~5的基础上维持第200520110143.4号实用新型专利权有效。

当事人对本决定不服的，可以根据专利法第46条第2款的规定，自收到本决定之日起三个月内向北京市第一中级人民法院起诉。根据该款的规定，一方当事人起诉后，另一方当事人应当作为第三人参加诉讼。

231

一种扳折开启型输液塞

无效宣告请求审查决定（第12538号）

决 定 号 第12538号
决 定 日 2008年11月13日
发明创造名称 一种扳折开启型输液塞
国际分类号 A61M 5/14
无效宣告请求人 江苏金扬子包装科技有限公司
专 利 权 人 北京奥星恒讯包装科技有限公司
专 利 号 200420007489.7
申 请 日 2004年3月22日
授权公告日 2005年5月11日
合议组组长 宋 瑞
主 审 员 赵 鑫
参 审 员 刘 畅

法律依据 专利法第22条第2款、第3款
决定要点

对比文件虽然没有公开权利要求的某些技术特征，但如果该区别技术特征是本领域技术人员在对比文件公开内容的基础上，能够根据实际需要进行常规选择而得到的，则该权利要求相对于对比文件不具备创造性。

一、案由

本无效宣告请求涉及的是国家知识产权局于2005年5月11日授权公告的名称为"一种扳折开启型输液塞"的实用新型专利（下称本专利），其申请号是200420007489.7，申请日是2004年3月22日，专利权人是北京奥星恒讯包装科技有限公司。

本专利授权时的权利要求书为：

"1. 一种扳折开启型输液塞，包括盖体、管体及胶塞，其特征在于：

所述盖体具有一柱状的主体部，该主体部的顶面与一缩径且顶端封闭的扳折部相连接，主体部的另一端为内凹的开口端，主体部下端与管体上端的密合部嵌合密封设置，所述胶塞嵌设于盖体主体部与管体上部形成的容置腔内，所述管体的下端贯通延伸有一中空的连接部。

2. 如权利要求1所述的扳折开启型输液塞，其特征在于：所述盖体扳折部底端的缩径处环设有一厚度小于盖体壁厚的折断部。

3. 如权利要求2所述的扳折开启型输液塞，其特征在于：所述折断部的上及/或下表面可进一步设有减少其厚度的环状沟槽。

4. 如权利要求1所述的扳折开启型输液塞，其特征在于：所述盖体的主体部内周壁纵向设有竖直贯通的凹槽或凸肋。

5. 如权利要求1所述的扳折开启型输液塞，其特征在于：所述管体密合部的外周壁内侧具有一环状凹槽，所述盖体下部开口端可嵌设于所述凹槽内。

6. 如权利要求1所述的扳折开启型输液塞，其特征在于：管体的连接部包括中部的中空圆锥状过渡部及下部的中空柱状接合部。

7. 如权利要求1至6任一项所述的扳折开启型输液塞，其特征在于：所述胶塞呈圆柱形，其针刺部呈弧凹状设置于上、下两面的中央。

8. 如权利要求7所述的扳折开启型输液塞，其特征在于：所述胶塞上下两面的外周缘为一平直的环状部，所述环状部可相应设于盖体内面的平直部及管体密合部内周缘的凸台上。

9. 如权利要求7所述的扳折开启型输液塞，其特征在于：所述盖体及管体为由聚碳酸酯或聚丙烯制成的盖体和管体。”

针对上述专利权，江苏金扬子包装科技有限公司（下称请求人）于2008年6月4日向专利复审委员会提出无效宣告请求，其理由是本专利不符合专利法第22条第2款、第3款的规定，请求宣告专利权全部无效。随同其专利权无效宣告请求书，请求人提交了6份附件：

附件1：授权公告号为CN2326245Y的中国实用新型专利说明书，授权公告日为1999年6月30日；

附件2：DE10030474C1号德国专利文献，公开日为2002年2月21日；

附件3：授权公告号为CN2553791Y的中国实用新型专利说明书，授权公告日为2003年6月4日；

附件4：授权公告号为CN2507799Y的中国实用新型专利说明书，授权公告日为2002年8月28日；

附件5：JP200310286A号日本专利文献，公开日为2003年1月14日；

附件6：授权公告号为CN1330588A的中国发明专利申请公开说明书，公开日为2002年1月9日。

请求人的具体无效理由是：本专利的权利要求1请求保护一种扳折开启型输液塞，附件1公开了一种输血、输液袋用易拉加药插口件，并具体公开了一本体1（相当于本专利的管体），本体1中空的中部设有隔膜8，隔膜8上依次设有密封垫2（相当于本专利的胶塞）和衬管7，在附图中可以清楚的看到密封垫（相当于本专利的胶塞）嵌设于管体与衬管形成的容腔内，管体的下端贯通延伸有一中空的连接部，可以看出本权利要求1的技术特征在附件1中完全公开，因此本专利相对于附件1不具备新颖性、创造性，而附件2公开了一种输液用的连接器，在其说明书以及附图中公开了本权利要求1的全部技术特征，因此本权利要求1相对于附件2不具备新颖性、创造性；权利要求2的附加技术特征被附件1所公开，因此权利要求2相对于附件1具备新颖性、创造性；权利要求3的附加技术特征是本领域的公知常识，因此在其引用的权利要求不具备新颖性、创造性的前提下，权利要求3也不具备新颖性、创造性因此；权利要求4的附加技术特征被附件3所公开，因此权利要求4不具备新颖性、创造性；权利要求5的附加技术特征被附件4所公开，因此权利要求5不具备新颖性，而且权利要求5相对于附件4与本领域公知常识的结合也不具备创造性；权利要求6的附加特征被附件5所公开，因此权利要求6不具备新颖性、创造性；权利要求7的附加技术特征相对于附件1与本领域的公知常识不具备创造性，因此权利要求7没有新颖性、创造性；权利要求8的附加技术特征是本领域的公知常识，因此权利要求8不具备新颖性、创造性；权利要求9的附加技术特征被附件6所公开，因此权利要求9相对于附件6不具备新颖性，而且权利要求9相对于附件6与公知常识的结合不具备创造性。

经形式审查合格，专利复审委员会受理了该无效宣告请求，并于2008年6月13日向双方发出无效宣告请求受理通知书，同时将无效宣告请求书及附件清单中所列附件副本转送给专利权人，并告知专利权人在收到无效宣告请求受理通知书之日起一个月内对该无效宣告请求陈述意见，逾期不答复的，不影响专利复审委员会的审理。

专利权人逾期未答复。

请求人于2008年7月3日再次提交了意见陈述书，同时提交了附件2和5的中文译文，在上述意见陈述书中，请求人对上次提出的具体无效理由进行了修改和补充，在针对本专利权利要求1的无效理由中具体明确了附件2公开了一种输液用的连接器，在说明书和附图中公开了该输液连接器包括管状连接件1（相当于本专利的主体部），该管状连接件1的上部设置有可折断的盖子6（相当于本专利的扳折部），管状连接器的上部和下部互相嵌套在一起，在连接件上部、下部形成的腔体中设置有隔板4（相当于本专利的胶塞），管状连接件的下部为中空的结构，通过对比，可以看出附件2公开了本权利要求1的所有技术内容，因此本权利要求1没有新颖性，并且在附件2的基础上结合本领域惯用的技术手段得到本权利要求1的技术方案对本领域的技术人员来说是显而易见的，因此该本权利要求不具备创造性；权利要求4的附加技术特征被附件4所公开，因此权利要求4相对于附件4不具备创造性。

针对上述无效宣告请求，专利复审委员会依法成立合议组对本案进行审理。

合议组于2008年8月29日向双方当事人发出口头审理通知书，告知双方合议组定于2008年10月22日对本案进行口头审理，并将请求人于2008年7月3日补充提交的意见陈述及附件2和5的中文译文随口头审理通知书寄送给专利权人。双方回执表示参加口头审理。

口头审理如期进行，专利权人委托了专利代理人党晓林出席口头审理；请求人一方未参加此次口头审理。

在口头审理中，专利权人对合议组成员无回避请求，对附件1~6的真实性表示认可，对附件2和5的中文译文的准确性表示认可。

针对请求人的无效宣告请求理由，专利权人在口头审理中认为：（1）附件1公开的是一种输血、输液袋用易拉加药插口件，其没有公开相当于本专利权利要求1中的盖体结构，而且本专利权利要求1中的技术方案是盖体和管体嵌合而成，而附件1是注塑一体成型的，并且附件1中的技术方案是在管体的中间形成一个容置腔，把胶塞放置于容置腔内，附件1中的结构复杂，综上本专利权利要求1相对于附件1具有新颖性和创造性。（2）附件2公开了一种液体药物的连接器，其与本专利权利要求1的技术方案区别之处在于，本专利是缩径设置，而附件2中没有缩径；本专利权利要求1的盖体和管体是嵌合的，而附件2中是超声波焊接形成的；本专利权利要求1中管体下方是贯通的，而附件2的相应部位有薄膜9阻隔，因此本专利权利要求1相对于附件2具有新颖性和创造性。（3）本专利权利要求2中扳折部壁的薄厚，专利权人也不认同它们是本领域的公知常识，如果视为公知常识应该给出证据。（4）权利要求3描述的位置是上下表面，更加明确表明凹槽是水平的平面壁上的，这体现了本专利结构上的区别，不能认为是简单的公知常识。（5）附件3、4和本专利的所属领域不同，并且附件3所公开的熔接肋不同于本专利权利要求4附加技术特征中的凹槽或凸肋，它们的作用不同、位置不同；虽然附件4中的排气凹槽的结构本身和本专利附加技术特征相对应，但本专利权利要求4

引用权利要求1，在权利要求1具有新颖性、创造性的情况下，从属权利要求4也具备新颖性和创造性。(6) 附件4并没有公开本专利权利要求5的附加技术特征，附件4公开的凹槽结构是用于曲度密封的，而本专利是用于盖体和管体的嵌合连接。(7) 附件5中的结构与本专利权利要求6附加技术特征的结构作用不同。(8) 附件1、4中均没有公开本专利权利要求7的附加技术特征，也非本领域的公知常识，其作用和优点在本专利说明书最后一页第1段或第4页最后一段有详细描述。(9) 没有任何证据表明本专利权利要求8的附加技术特征是本领域的公知常识。(10) 权利要求9引用权利要求7，在权利要求7具有创造性的情况下，从属权利要求9也具有创造性。

至此，合议组认为本案事实清楚，依法作出审查决定。

二、决定的理由

1. 关于证据

请求人提交的附件1、3、4、6是中国专利文献，附件2、5是外国专利文献，专利权人对附件1~6的真实性表示认可，对附件2、5中文译文的准确性表示认可，合议组经审查认为，附件1~6可以作为本案证据使用，附件2和5文字记载的内容以请求人提交的中文译文为准。由于附件1~6的公开日期在本专利申请日之前，其上记载的内容构成本专利的现有技术，可以用来评价本专利的新颖性和创造性。

2. 关于专利法第22条第2款

专利法第22条第2款规定："新颖性，是指在申请日以前没有同样的发明或者实用新型在国内外出版物上公开发表过、在国内公开使用过或者以其他方式为公众所知，也没有同样的发明或者实用新型由他人向国务院专利行政部门提出过申请并且记载在申请日以后公布的专利申请文件中。"

请求人认为本专利权利要求1分别相对于附件1或附件2不具备新颖性，从其两次提交的无效宣告请求意见陈述书中可知，请求人使用对比文件3~6仅用于评述从属权利要求4~9的附加技术特征。

本专利权利要求1公开了一种扳折开启型输液塞，附件1公开了一种输血、输液袋用易拉加药插口件，其包括本体1，本体1中空的中部设有隔膜8，隔膜8上依次设有密封垫2和衬管7，本体1的上部设有上、下碟块4、3，上、下碟块之间有一断裂槽6。将权利要求1与附件1公开的内容相比，可知两者的区别在于，附件1没有公开本专利权利要求1的盖体，以及盖体和管体之间的嵌合密封设置方案，因此，本专利权利要求1与附件1的技术方案实质上并不相同，本专利权利要求1相对于附件1具备新颖性。

在权利要求1相对于附件1具备新颖性的前提下，直接或间接从属于权利要求1的权利要求2~9相对于附件1也具备新颖性。

附件2公开了一种输液用的连接器，其中该输液连接器包括管状连接件1，管状连接件1由上下两部分2、3构成，并拢在一起通过超声波进行焊接，在上下部分2、3之间固定有自密封的隔板4，管状连接件1的开口5由可折断的盖子6闭合，盖子在环状断裂带7上与管状连接件的上部2连接。本专利权利要求1与附件2的区别之处在于：本专利权利要求1中明确记载了盖体的主体部下端与管体上端的密合部嵌合密封设置，而附件2的技术方案是管状连接件1的上下部分2、3并拢在一起通过超声波进行焊接；另外本专利权利要求1中明确记载了管体的下端贯通延伸有一中空的连接部，而附件2中管状连接件下部设有薄膜9。因此权利要求1与附件2的技术方案实质上并不相同，本专利权利要求1相对于附件2具备新颖性。

在权利要求1相对于附件2具备新颖性的前提下，直接或间接从属于权利要求1的权利要求2~9相对于附件2也具备新颖性。

3. 关于专利法第 22 条第 3 款

专利法第 22 条第 3 款规定："创造性，是指同申请日以前已有的技术相比，该发明有突出的实质性特点和显著的进步，该实用新型有实质性特点和进步。"

（1）关于权利要求 1 的创造性。

请求人认为本专利权利要求 1 所要保护的技术特征在附件 1 已被公开，因此权利要求 1 不具备新颖性、创造性；附件 2 公开了权利要求 1 所有的技术内容，由附件 2 公开的内容可知，本专利权利要求 1 没有实质性特点和进步，在附件 2 的基础上结合本领域惯用的技术手段得到本专利权利要求 1 的技术方案对于本领域技术人员来说是显而易见的。

专利权人认为，附件 1 没有公开本专利的盖体结构，也没有公开管体结构，实际上本专利是盖体和管体嵌合形成的，而对比文件 1 是注塑一体形成的。附件 2 中没有缩径；本专利权利要求 1 的盖体和管体是嵌合形成的，而附件 2 是超声波焊接形成的，超声波连接比较复杂；权利要求 1 中管体下方是贯通的，而附件 2 中相应部位有薄膜 9 阻隔，它们的设计思路不同。

对此合议组认为：

①如前文中有关权利要求 1 新颖性的评述可知，权利要求 1 与附件 1 的区别在于：附件 1 没有公开本专利权利要求 1 的盖体，以及盖体和管体之间的嵌合密封设置方案，并且附件 1 技术方案的具体结构与本专利要求 1 的结构明显不同，也没有证据表明上述差异均是本领域的公知常识，因此，本专利权利要求 1 相对于附件 1 具备创造性。

在权利要求 1 相对于附件 1 具备创造性的前提下，直接或间接从属于权利要求 1 的权利要求 2~9 相对于附件 1 也具备创造性。

②附件 2 公开了一种输液用的连接器，其中该输液连接器包括管状连接件 1，管状连接件 1 由上部 2（相当于本专利权利要求 1 中的盖体）和下部 3（相当于本专利权利要求 1 中的管体）构成，并且从附件 2 的附图 1 中可以看出上部 2 具有柱状的主体部，并且在上部 2 的顶面开口 5 处由可折断的盖子 6（相当于本专利权利要求 1 中的扳折部）闭合，盖子 6 与上部 2 顶面的连接处为缩径形式，并且上部 2 的下端呈内凹的开口端；盖子 6 在环状断裂带 7 上与管状连接件的上部 2 连接；上部 2 和下部 3 并拢在一起通过超声波进行焊接，在上下部分 2、3 之间固定有自密封的隔板 4（相当于本专利权利要求 1 中的胶塞）。本专利权利要求 1 与附件 2 的区别之处在于：a. 本专利权利要求 1 中明确记载了盖体的主体部下端与管体上端的密合部嵌合密封设置，而附件 2 的技术方案是管状连接件 1 的上下部分 2、3 并拢在一起通过超声波进行焊接；b. 本专利权利要求 1 中明确记载了管体的下端贯通延伸有一中空的连接部，而附件 2 中管状连接件下部设有薄膜 9。

对于上述区别 a.，合议组认为，嵌合密封设置与并拢后再超声波焊接均是本领域中将两件物体固接的常规手段，本领域的普通技术人员根据实际需要，能够选择到底采用哪种固接手段来进行两个部件之间的固定连接，而无需付出创造性劳动。

对于上述区别 b.，合议组认为，管体的下端是贯通的还是设有薄膜，取决于所述设备与穿刺针之间具体的配合方式，与设备的具体结构无关，完全是本领域技术人员可根据实际需要自行选择的，并且在管体的下端设置薄膜与否对本专利技术方案的技术效果没有直接的影响。

专利权人认为，附件 2 中增设薄膜 9 是为了防止药液与隔板 4 接触，避免由于隔板材质的问题而使药液污染，并且这会对针及其穿刺的长度进行要求，而本专利的设计思路与之不同，本专利中由于采用胶塞而不会出现药液污染的问题，药液可以一直贯通，因此不必在管体下端设置薄膜，也无需要求针及其穿刺的长度。对此，合议组认为，在管体下端是否增设薄膜完全可以根据设备与穿刺针的配合方式自由选择，当需要防止药液与隔板或胶塞接触而污染药液时可在管体下方设置薄膜，这也必然会要求针的穿刺长度相对较长以保证针能刺穿下方的薄膜；而当隔板的材质与管体的材质相同时，允许药液与隔板或胶塞相接触则无需在管体下方设置薄膜，这同时也无需再对针的穿刺长度进行要求，只要保证针能刺破隔板或胶塞即可。另外在隔板或胶塞下方无论是设置薄膜还是省略薄膜，均不能给相应技术方案带来意想不到的技术效果，因为在管体下端设置薄膜是对药液提供的进一步保护，不设置薄膜可视其为一种简化方案，有无薄膜的效果都是显然的，并未给本专利的方案带来意想不到的技术效果。专利权人的上述意见并不能证明权利要求 1 相对于附件 2 具备创造性。

综上所述，本专利权利要求 1 相对于附件 2 不具备创造性，不符合专利法第 22 条第 3 款的规定。

（2）关于从属权利要求 2~9 的创造性。

①权利要求 2 引用权利要求 1，其附加技术特征为："所述盖体扳折部底端的缩径处环设有一厚度小于盖体壁厚的折断部"。请求人认为附件 1 中的断裂槽 6 及附件 2 中的环状断裂带 7 相当于权利要求 2 的折断部，至于厚度的大小则是本领域技术人员的公知常识；而专利权人认为权利要求 2 的附加技术特征不能视为公知常识。对此，合议组认为，该技术特征是为了便于从扳折部将盖体与管体分离，附件 2 中公开了盖子与管状连接件上部 2 接合的地方设有环状断裂带 7，虽然附件 2 中没有明确记载环状断裂带的厚度小于盖子 6 的壁厚，但是通常为了将盖子 6 折断且防止用力过大而对与之连接的部件产生影响，通过设置压痕等手段使环状断裂带处的厚度小于盖子的壁厚，是本领域技术人员容易想到的，无需付出创造性劳动。因此在其引用的权利要求 1 不具备创造性的前提下，权利要求 2 相对于附件 2 也不具备创造性。

②权利要求 3 引用权利要求 2，其附加技术特征为"所述折断部的上及/或下表面可进一步设有减少其厚度的环状沟槽"。请求人认为，该附加技术特征属于本领域的公知常识，在折断部的表面设有环状沟槽是本领域技术人员的惯用的技术手段。对此，合议组认为，附件 2 中没有公开该技术特征，并且也没有证据证明这属于本领域公知常识，并且这一技术特征的设置使得壁厚变薄的扳折部相对于临近的部位有一下凹的空间，使得扳折部在折断时于折断处可能产生的毛刺位于上述下凹空间内，从而减小对人造成伤害的可能性，因此，合议组认为权利要求 3 所限定的技术方案相对于附件 2 具备创造性。

③权利要求 4 引用权利要求 1，其附加技术特征为："所述盖体的主体部内周壁纵向设有竖直贯通的凹槽或凸肋"。附件 4（参考说明书第 3 页第 10 行至第 4 页第 9 行，图 4）公开了一种医用的密封盖，在外盖 1 与内橡胶垫 2 相接触的侧必备上设有排气凹槽 14。附件 4 与本专利都属于药品包装领域，并且该技术特征在附件 4 中的作用也与在本专利中的作用相同，因此权利要求 4 的附加技术特征被附件 4 所公开，在其引用的权利要求 1 不具备创造性的前提下，本专利权利要求 4 相对于附件 2 和附件 4 的结合也不具备创造性。由于权利要求 4 相对于附件 2 与附件 4 的结合不具备创造性，不符合专利法第 22 条第 3 款的规定，因此不再使用请求人所主张的其他附件来评述权利要求 4 的创造性。

④权利要求 5 引用权利要求 1，其附加技术特征为"所述管体密合，部的外周壁内侧具有一环状凹槽，所述盖体下部开口端可嵌设于所述凹槽内"。附件 4（参考说明书第 3 页第 10 行至第 4 页第 9 行，图 1 和 3）中公开的密封盖，在橡胶垫周边设有环形凹槽 6，与此相对应的外盖设有环形凸台 5，环形凸台 5 与橡胶垫的环形凹槽 6 相抵压密封。请求人认为附件 4 公开了权利要求 5 的附加技术特征，而专利权人认为附件 4 中的凹槽结构是用于曲度密封的，而本专利是用于盖体和管体的嵌合连接。对此，合议组认为，附件 4 中橡胶垫的外周壁上设有凹槽，与外盖上的凸台相抵靠配合的配合方式，与本专利的管体密合部与盖体下端通过凹槽进行嵌合方式相同，在保证曲度密封的同时，客观上也能起到使外盖与橡胶垫稳固连接的作用。因此在其引用的权利要求 1 不具备创造性的前提下，权利要求 5 相对于附件 2 和附件 4 的结合不具备创造性。

⑤权利要求6引用权利要求1，其附加技术特征为“管体的连接部包括中部的中空圆锥状过渡部及下部的中空柱状接合部”。请求人在意见陈述书中认为，从附件5的说明书以及公开的附图中可以看出该管体的连接部使中部的中空圆锥状过渡部及下部的中空柱状结合部，与本权利要求中的完全一样。专利权人认为，附件5与本专利的中空结构作用不同，无可比性。对此，合议组认为，附件5公开了一种输液用容器，该输液用容器包括袋内液体和药剂容器内的药剂，能够完全防止保存时该输液用容器的袋内液体与药剂容器内的药剂相混合，在万一发生漏液时，能够立即判断出漏液是由哪个部分的密封不良造成的。其中公开了一种中空的筒状构件2，从附件5的附图1-4中可以看出，该中空的筒状构件具有与本专利的过渡部和接合部相似的形状，但是本专利的中空圆锥状过渡部是为了适应待接合的其他包材的不同宽度，中空的柱状结构是便于插入到软袋连接的软管中，从而与软袋内的药物相通，保护药液软袋不被输液针刺破。而附件5的中空筒状构件是用于容置药剂容器3，防止在使用前将两种药品混合。可见两者的作用不同，因此，附件5中没有给出本专利中空圆锥状过渡部及下部的中空柱状接合部的技术启示，权利要求6的技术方案相对于附件2和附件5的结合具备创造性。

⑥权利要求7引用权利要求1~6任一项权利要求，其附加技术特征为：“所述胶塞呈圆柱形，其针刺部呈弧凹状设置于上、下两面的中央”。请求人在意见陈述书中认为，附件1和附件4都公开了胶塞是圆柱形的，而针刺部呈弧凹状设置于上、下两面的中央为本领域的公知常识。对此，合议组认为，附件1和4均未公开“针刺部呈弧凹状设置于上、下两面”这一技术特征，并且请求人并未提供证据用于说明该技术特征为本领域的公知常识，而且胶塞针刺部上下两面呈弧凹状有利于输液针对胶塞的刺入，并在一定程度上也能防止橡胶碎屑落入药液中。因此权利要求7的技术方案相对于附件2与附件1或4的结合具备创造性。

⑦权利要求8和9都引用权利要求7，在权利要求7具备创造性的前提下，从属权利要求8和9也具备创造性，因此不再针对请求人所主张的用附件5、6来评述从属权利要求8和9的附加技术特征进行评述。

三、决定

宣告200420007489.7号实用新型专利权的权利要求1、2、4、5无效，在权利要求3、6~9的基础上维持该专利权继续有效。

当事人对本决定不服的，可以根据专利法第46条第2款的规定，在收到本决定之日起三个月内向北京市第一中级人民法院起诉，根据该款的规定，一方当事人起诉后，另一方当事人应当作为第三人参加诉讼。

夹砖器

无效宣告请求审查决定（第12540号）

决　　定　　号　第12540号
决　　定　　日　2008年11月7日
发明创造名称　夹砖器
国 际 分 类 号　B28B 11/02
无效宣告请求人　洛阳中冶重工机械有限公司
专　利　权　人　福建海源自动化机械股份有限公司
专　　利　　号　200420150064.1
申　　请　　日　2004年4月22日
授 权 公 告 日　2006年7月19日
合 议 组 组 长　赵　明
主　　审　　员　周文娟
参　　审　　员　董晓静

法　律　依　据　专利法第22条第2款、第3款
决　定　要　点

在判断一项实用新型权权利要求的创造性时，首先应当将权利要求所述技术方案与最接近的现有技术相比较，找出它们之间的区别技术特征，然后再考察该区别特征的引入是否给该利要求所要保护的技术方案带来了实质性特点和进步。

一、案由

本无效宣告请求涉及中华人民共和国国家知识产权局于2006年7月19日授权公告的、名称为“夹砖器”的200420150064.1号实用新型专利（下称本专利），其申请日是2004年4月22日，专利权人是李良光，后先、后变更为福建海源自动化机械设备有限公司、福建海源自动化机械股份有限公司。本专利授权公告时的权利要求书如下：

“【权利要求1】夹砖器，包括两个夹板（1）以及一种驱动装置，两个夹板（1）相对分布，在特征在于，夹板（1）包括基体（11）和夹持体（12），夹持体（12）为一种弹性体，其位于基体（11）上并与驱动装置（2）传动连接。

【权利要求2】根据权利要求1所述的夹砖器，其特征在于，夹持体（12）为一种薄膜气缸，驱动装置为一种气压泵，薄膜气缸对称分布在基体（11）上，并与气压泵连接，两对称的基体（11）则相对固定分布。

【权利要求3】根据权利要求2所述的夹砖器，其特征在于，薄膜气缸具有膜片（121），压板（122），膜片（121）为具有开口（1211）的空腔体，压板（122）位于膜片（121）的空腔内，并通过紧固件与基体（11）连接，同时将膜片（121）固定于基体（11）上，膜片（121）与压板（122）之间形成气室A，气室A与气压泵连通。

【权利要求4】根据权利要求3所述的夹砖器，其特征在于，膜片（121）为一种矩形空腔体，其开口（1211）位于矩形的一侧壁，与该开口（1211）相对的另一侧壁为夹持面（1212），该夹持面（1212）的表面具有环围的凹槽（1213）。

【权利要求5】根据权利要求2所述的夹砖器，其特征在于，基体（11）上具有与薄膜气缸相配的凹洞（111），薄膜气缸嵌套于该凹洞（111）内。

【权利要求6】根据权利要求2所述的夹砖器，其特征在于，基体（11）上分布1~3个薄膜气缸。

【权利要求7】根据权利要求3所述的夹砖器，其特征在于，压板（122）通过螺纹连接件与基体（11）连接。

【权利要求8】根据权利要求1所述的夹砖器，其特征在于，夹持体（12）为一种橡胶，橡胶固定在基体（11）上，一侧基体（11）固定，另一侧基体（11）通过传动机构与驱动装置连接。

【权利要求9】根据权利要求1所述的夹砖器，其特征在于，所述基体（11）为一种矩形平板。”

针对本专利权，洛阳中冶重工机械有限公司（下称请求人）于2008年4月7日向专利复审委员会提出无效宣告请求，认为本专利权利要求1~9不符合专利法第22条第2款和专利法实施细则第2条第2款的规定，请求人同时提交了如下附件：

附件1：费斯托（中国）有限公司产品样本及电话号码升位变更表网页，复印件共5页；

附件2：福建海源自动化机械设备有限公司产品样本，复印件共2页；

附件3：《粉煤灰》2004年第1期，2004年2月25日出刊，目次页、广告宣传页，复印件共3页。

请求人认为：（1）附件1~3均证明本专利的产品已在申请日前在国内公开使用并为公众所知，根据附件1结合附件2、3，权利要求1~9不具备新颖性；（2）根据附件1公开的内容，本专利对其形状、构造或者其结合没有提出适于实用的新的技术方案，不具备授予实用新型专利权的必备条件，不符合专利法实施细则第2条第2款的规定。

经形式审查合格，专利复审委员会依法受理了上述无效宣告请求，并于2008年4月7日向请求人和专利权人发出无效宣告请求受理通知书，同时将专利权无效宣告请求书及其附件清单中所列附件的副本转送给专利权人，并要求专利权人在指定的期限内陈述意见。

请求人于2008年5月5日向专利复审委员会提交了意见陈述书，并补充了无效宣告的理由和证据，其中补充的证据为（编号续前）：

附件4：公开日为1989年1月4日、公开号为CN1030062A（专利申请号为88103574.2）的中国发明专利申请公开说明书，共6页；

附件5：公开日为1985年10月24日、公开号为DE3413633A1的德国专利文献及其部分中文译文，共15页。

请求人认为：（1）权利要求1相对于附件4不具备专利法第22条第2款规定的新颖性；（2）权利要求8和9相对于附件5不具备新颖性；（3）权利要求1、2、6、8和9相对于附件4、5不具备创造性。

针对专利复审委员会发出的上述无效宣告请求受理通知书，专利权人于2008年5月20日提交了意见陈述书，专利权人认为：（1）附件 1 的真实性存在疑问；没有证据表明该附件在本专利申请日前已经公开以及该附件中的膜片式夹紧汽缸可以应用在夹砖器中；附件 1 中没有公开本专利主权项中的全部必要技术特征；（2）附件 2 不是专利权人的产品样本，且该样本中没有公开本专利主权项中全部必要技术特征；（3）附件 3 只公开了压机的整机照片，看不到任何细部构造，故未公开本专利的具体技术方案；（4）本专利符合专利法实施细则第 2 条第 2 款的有关规定。

专利复审委员会依法成立合议组。

本案合议组于 2008 年 6 月 18 日发出转送文件通知书，将请求人于 2008 年 5 月 5 日提交的意见陈述书及其附件的副本转给专利权人，要求其在指定的期限内答复。

专利权人在指定期限内未进行答复。

本案合议组于 2008 年 8 月 18 日向请求人和专利权人发出无效宣告请求口头审理通知书，定于 2008 年 9 月 4 日在专利复审委员会举行口头审理。随同口头审理通知书，将专利权人于 2008 年 5 月 20 日提交的意见陈述书的副本转送给请求人。

口头审理如期举行，双方当事人均参加了口头审理。

在口头审理中，请求人明确其无效理由、范围和证据为：权利要求 1~9 相对于附件 1 不具备新颖性，因而也不具备创造性；权利要求 1 相对于附件 4 不具有新颖性；权利要求 1、2、6、9 相对于附件 4 不具备创造性；权利要求 1、8、9 相对于附件 5 不具备创造性；放弃其他的无效理由、证据及证据组合方式。专利权人对附件 1 的真实性有异议，认为附件 1 仅仅是书面文件，无出版日期；对附件 1 第 4、5 页网上下载的内容有异议，认为下载过程没有进行公证，手续不完备；对附件 4、5 的真实性没有异议；对附件 5 的译文的准确性有异议，译文第 1 页倒数第 5 行“夹子侧板”应该为“夹子侧臂”，图 3 中片状的构件没有体现出来，译文中也没有相应的翻译，因此译文翻译不完整，导致无法准确理解其技术方案。在此基础上，合议组对本案进行了调查，充分听取了双方当事人的意见。

至此，合议组认为本案事实已经清楚，可以作出审查决定。

二、决定的理由

1. 关于证据和现有技术

请求人在口头审理中明确表示仅将附件 1、4 和 5 作为证据使用，放弃其他证据。专利权人对附件 4 的真实性没有异议，同时由于附件 4 为公开出版物，且其公开日期在本专利的申请日前，因此可以作为本专利的现有技术使用。

附件 1 中第 1~3 页是费斯托公司产品样本的部分单页，第 4~5 页是先锋在线网站关于国内各地区电话号码升位时间的网络下载打印页，请求人使用上述下载的电话号码升位时间来证明附件 1 是在 2001 年前印发的。请求人在口审中提供了费斯托公司产品样本光盘，请求人表示样本和光盘均是公开发行的，且光盘和附件 1 的内容是一致的。专利权人对其真实性有异议。对此，合议组认为，附件 1 是产品样本，本身未记载日期，虽有第 4~5 页的网络打印页可以佐证第 1~3 页中电话号码升位的时间，但并不足以证明附件 1 已经公开以及公开日期。同理，光盘与附件 1 的内容一致也不能表明附件 1 在申请日前已经公开，因此在没有其他证据佐证附件 1 确为本专利申请日之前公开的前提下，合议组对附件 1 不予采信。

附件 5 为外文证据及其使用部分的中文译文，专利权人对附件 5 的真实性无异议，对其中文译文的准确性有异议，但由于专利权人在收到请求人提供的证据之日起一个月内未对有异议的部分提交其认为正确的中文译文，故合议组对专利权人在口头审理中针对附件 5 译文准确性提出的异议不予考虑，视为专利权人对附件 5 的中文译文无异议。由于附件 5 为公开出版物，且其公开日期在本专利的申请日前，因此可以作为本专利的现有技术使用，其公开内容以请求人提交的中文译文为准。

2. 关于专利法第22条第2款、第3款

专利法第22条第2款规定，新颖性，是指在申请日以前没有同样的发明或者实用新型在国内外出版物上公开发表过、在国内公开使用过或者以其他方式为公众所知，也没有同样的发明或者实用新型由他人向国务院专利行政部门提出过申请并记载在申请日以后公布的专利申请文件中。

专利法第22条第3款规定，创造性，是指同申请日以前已有的技术相比，该发明有突出的实质性特点和显著的进步，该实用新型具有实质性特点和进步。

在判断一项实用新型权利要求的创造性时，首先应当将权利要求所述技术方案与最接近的现有技术相比较，找出它们之间的区别技术特征，然后再考察该区别特征的引入是否给该权利要求所要保护的技术方案带来了实质性特点和进步。

（1）权利要求1~9相对于附件1的新颖性和创造性。

首先，如前所述，由于附件1不予采信，因此，请求人关于权利要求1~9相对于附件1不具备新颖性和创造性的主张缺乏证据支持，该无效理由不成立。其次，从附件1所记载的内容来看，其仅对膜片式夹紧气缸的工作介质、结构特点等作了简要介绍，对其安装方式和应用举例作了简单图示，并没有涉及本专利权利要求1的夹砖器，更没有公开该产品的具体结构，因此两者的技术方案并不相同，请求人关于权利要求1~9相对于附件1不具备新颖性的主张不能成立。由于请求人的上述主张不能成立，因此其关于权利要求1~9由于不具备新颖性，因而也不具备创造性的主张也不成立。

（2）权利要求1相对于附件4的新颖性，以及权利要求1、2、6和9相对于附件4的创造性。

权利要求1要求保护一种包括两夹板和一种驱动装置的夹砖器。

附件4公开了一种吊装设备的压缩空气吊钩装置，该装置上带有一种能使夹具和待吊装物体的外壳较好配合的气袋，橡胶或其他弹性材料构成的气袋采用黏结或其他方法安置在夹具机架上，气袋通过管路、阀门系统与压缩空气源连接（参见附件4说明书第1、2页）。

结合附图可知，附件4中所述的“夹具机架”上用于夹持待吊装物的两侧板状结构相当于本专利权利要求1所述的“两个夹板（1）”，其中用于设置气袋的板相当于基体（11），空气压缩源相当于“驱动装置（2）”，设置在夹具上且通过管路、阀门系统与空气压缩源连接的气袋相当于位于基体上并与驱动装置传动连接的夹持体（12），气袋由橡胶或其他弹性材料构成，由此表明气袋为一种弹性体，当夹具与待吊装物的接触面接触时，通过管路阀门系统使气袋膨胀或回缩而实现对待吊装物的夹紧和松脱。由此可见，权利要求1与附件4的区别在于：附件4公开的是一种吊装设备的压缩空气吊钩装置，其中采用压缩空气夹具代替负压吸盘以及吊钩装置，夹持对象主要是使用塑料箱、纸箱或木箱等外壳或包装的物体，而本专利是一种夹砖器，仅用于夹砖。对此区别，请求人认为夹持对象对产品的结构没有影响，二者仅仅只是名称不同，产品结构和作用完全相同；合议组认为，附件4中的夹持对象为带包装的物体，通过压缩空气使气袋膨胀夹紧待吊装物，适用较大的夹持力，同时也需要该夹持结构具有对不同物体进行调节的功能，所以选用气袋实现夹持作用，气袋产生的压力通常较大；而本专利中的夹持对象单一，所需夹持力相对恒定，而且夹持对象即砖坯易碎，夹持力不能太大，故要求夹砖器具有相应的结构提供适当的夹持力，显然请求人认为夹持对象对结构没有影响的主张并不成立，而且对于技术领域即夹持对象以及由此带来的装置结构的差别，请求人也未提供充足的证据表明现有技术中存在任何技术启示。所以，权利要求1相对于附件4具备专利法第22条第2款规定的新颖性。而且，由于附件4中的气袋产生的压力通常较大，并不适用于夹砖，故其夹持装置并不能直接转用于夹砖，而需要对其结构进行改进从而提供对于砖坯而言适当且稳定的夹持力，因此本领域技术人员根据附件4并不容易想到将其吊装设备中夹持包装物体的夹具用于夹砖，即权利要求1的技术方案并非显而易见的，并且本专利具有夹砖牢固、方便的技术效果。因此，权利要求1相对于附件 4 公开的技术内容具备实质性特点和进步，从而具备专利法第 22 条第 3 款规定的创造性。

从属权利要求 2 和 9 引用权利要求 1，权利要求 6 引用权利要求 2，并且也没有证据证明将气袋替换为薄膜气缸是本领域的常规选择，因此，在权利要求 1 相对于附件 4 具备创造性的情况下，从属权利要求 2、6、9 相对于附件 4 也具备实质性特点和进步，从而具备专利法第 22 条第 3 款规定的创造性。

（3）权利要求 1、8、9 相对于附件 5 的创造性。

附件 5 公开了一种用来夹取砖块的装置，该装置包括悬挂在凸出支撑横梁 1 上并且可以相对摆动的夹子侧板 2，夹子侧板显示的是在夹取方向上相对、可伸展的夹子垫 3，其带有各自的可进气气动加压腔 4（见附件 5 译文第 1 页）。

请求人认为，权利要求 1、8、9 相对于附件 5 不具备创造性，其中附件 5 中的“夹子侧板 2”相当于权利要求 1、8、9 所述的“夹板”，“夹子垫 3”和“轴承体 6”相当于“夹持体”。对此，合议组认为，根据附件 5 的文字描述和附图 1、3~4 可知，其所述的夹子侧板 2 包括直接悬挂在支承横梁上的部件以及连接于该部件上的夹板，是一种组合部件，其结构显然与本专利中包括基体和夹持体的夹板不同；而本专利所述的“夹持体”位于基体上，是“夹板”的组成部分，与附件 5 中夹子垫 3 和轴承体 6 所形成的夹持部件的结构和作用也不相同，两者是不同的技术方案，并且附件 5 中也没有给出相应的技术启示。因此，关于请求人认为附件 5 中“夹子侧板 2”相当于权利要求 1、8、9 所述“夹板”、“夹子垫 3”和“轴承体 6”相当于“夹持体”以及由此进一步认为权利要求 1、8、9 相对于附件 5 不具备创造性的主张不成立。

根据上述的事实和理由，本案合议组依法作出以下决定。

三、决定

维持 200420150064. 1 号实用新型专利权有效。

当事人对本决定不服的，可以根据专利法第 46 条第 2 款的规定，自收到本决定之日起三个月内向北京市第一中级人民法院起诉。根据该款的规定，一方当事人起诉后，另一方当事人应当作为第三人参加诉讼。

233

一种洁具用盖子和坐垫的安装支架

无效宣告请求审查决定（第12548号）

决　定　号　第12548号
决　定　日　2008年11月7日
发明创造名称　一种洁具用盖子和坐垫的安装支架
国际分类号　A47K 13/12
无效宣告请求人　厦门豪帝卫浴工业有限公司
专利权人　潘文妃，吴家奕
专　利　号　200620087945.2
申　请　日　2006年8月11日
授权公告日　2007年8月29日
合议组组长　朱芳芳
主　审　员　李　熙
参　审　员　沈　丽

法律依据　专利法第22条第3款
决定要点
在判断创造性的过程中，当一项专利与最接近的现有技术相比存在区别技术特征时，要确定现有技术整体上是否存在某种技术启示，如果现有技术中未能给出将上述区别特征应用到该最接近的现有技术以解决其存在的技术问题的启示，并且该专利的技术方案能够获得有益的技术效果，则其具备创造性。

一、案由

本无效宣告请求涉及国家知识产权局于2007年8月29日授权公告的名称为“一种洁具用盖子和坐垫的安装支架”的第200620087945.2号实用新型专利权（下称本专利），其申请日为2006年8月11日，专利权人为潘文妃、吴家奕。

本专利授权公告的权利要求书如下：

“1. 一种洁具用盖子和坐垫的安装支架，它使盖子和坐垫可以绕轴转动，其特征在于其包括：定位杆、转轴套（一）、转轴套（二）、转轴；在盖子或坐垫后端部的两侧设有转轴套（二），在转轴套（二）的径向上开有长条形的槽孔，在洁具的支座的相应位置上设有定位杆，定位杆穿过上述长条形的槽孔并插合于转轴套（二）内的转轴，定位杆与转轴连接，转轴与转轴套（二）形成可转动连接。

2. 根据权利要求1所述的一种洁具用盖子和坐垫的安装支架，其特征在于所述定位杆与转轴为可拆连接，其连接装置包括：按钮、弹簧、固定件，按钮和固定件可以为同一个零件，在定位杆的上端径向设有卡槽，在转轴套的一端安装转轴，另一端装有一按钮，固定件设于转轴的轴向孔内，其一侧为按钮，另一侧接有弹簧后抵靠转轴，其固定件有一开孔，一般为长形孔，定位杆穿过转轴套的长条形的槽孔，插入转轴后再穿过定位件的开孔，于弹簧力的作用使定位件向一方向移动，其侧壁卡住定位杆的卡槽将定位杆固定。

3. 根据权利要求1所述的一种洁具用盖子和坐垫的安装支架，其特征在于坐垫上的后端两侧设有转轴套（二），在盖子的后端两侧设有转轴套（一）；转轴套（一）、转轴套（二）与转轴分别为转动连接。

4. 根据权利要求1所述的一种洁具用盖子和坐垫的安装支架，其特征在于在其中一边的转轴套（一）通过阻尼器与转轴连接，另一边的转轴套（二）通过阻尼器与转轴连接。

5. 根据权利要求1所述的一种洁具用盖子和坐垫的安装支架，其特征在于所述的带杆的定位支架其底部的螺丝安装孔为长条形，螺丝可装于长条形孔的任何位置，所述的定位杆与转轴的连接部分为圆形，这样支架与转轴连接后可绕固定杆做圆周向转动调节，两者结合使得螺丝可在一定平面范围内的任何位置安装。

6. 根据权利要求1所述的一种洁具用盖子和坐垫的安装支架，其特征在于所述定位杆上端设有凹槽或凸缘。”

针对上述实用新型专利权，专利复审委员会于2008年7月14日收到由厦门豪帝卫浴工业有限公司（下称请求人）提出的无效宣告请求，其无效宣告请求的理由是本专利权利要求1~6不符合专利法第22条第3款的规定，并提交了如下附件：

附件1：本专利；

附件2：授权公告号为CN2540903Y的中国实用新型专利说明书（其授权公告日为2003年3月26日）；

附件3：公开号为CN1464163A的中国发明专利申请公开说明书（其公开日为2003年12月31日）；

附件4：公开号为WO2004/078017A1的PCT专利申请说明书（其公开日为2004年9月16日）；

请求人的具体无效宣告请求理由是：（1）本专利权利要求1与对比文件1、2的结合相比，不具备创造性；（2）权利要求2的附加技术特征无需创造性劳动即可得出；权利要求3的附件技术特征为本领域的常用手段，且被对比文件1所公开；权利要求4的附加技术特征被对比文件3所公开，并且本领域技术人员可以通过常规手段获得；权利要求5的附加技术特征是显而易见的；权利要求6的附加技术特征为本领域的常用手段，且在对比文件3中公开；因此在权利要求2~6所引用的权利要求1不具备创造性时，从属权利要求2~6亦不具备创造性。

经形式审查合格后，专利复审委员会受理了上述无效宣告请求，于2008年7月14日向双方当事人发出《无效宣告请求受理通知书》，并将无效宣告请求书及其附件的副本转给了专利权人，要求其在指定的期限内答复。

针对上述无效宣告请求，专利权人于2008年8月22日向专利复审委员会寄交了意见陈述书，认为请求人提交的证据不能破坏本专利的创造性。专利权人的答辩意见主要是：（1）本专利的权利要求1与对比文件1比较，转轴套（一）、（二）不同于对比文件1的铰链片4，本专利生产工艺少；本专利与对比文件2比较，技术领域不同，并且本专利权利要求1中的长条形槽与对比文件2中的半环槽功能、作用均不相同；（2）从属权利要求2~6也均具备创造性。

专利复审委员会于2008年9月8日发出《转送文件通知书》，将专利权人提交的上述意见陈述书转给请求人。

专利复审委员会于2008年9月23日发出《无效宣告请求口头审理通知书》，定于2008年10月15日在福建省厦门市知识产权局举行口头审理。

2008年10月15日，口头审理如期举行。在口头审理过程中，（1）双方当事人均出席口头审理，对对方出庭人员的身份和资格没有异议，对合议组成员没有回避请求，对合议组成员的变更没有异议。（2）合议组当庭明确：以本专利授权公告的权利要求书作为审查的基础。（3）请求人当庭明确表示在无效请求日一个月内没有提交附件4的中文译文，合议组当庭告知根据审查指南的相关规定附件4不予接受。（4）请求人当庭明确其无效宣告请求的理由是：本专利权利要求1~6不符合专利法第22条第3款的规定，涉及的证据为附件2和附件3；请求人当庭明确其证据的使用情况为：附件2是与本专利最接近的现有技术；（i）权利要求1相对于附件2和附件3的结合不具备创造性；（ii）从属权利要求2的附加技术特征属于公知常识；（iii）从属权利要求3的附加技术特征属于公知常识，同时在附件2中披露；（iv）从属权利要求4、5、6的附加技术特征属于公知常识。（5）专利权人对附件2和3的真实性及其公开日期无异议，专利权人当庭演示本专利的对应产品的样品。（6）合议组于2008年9月8日向请求人转发了专利权人提交的意见陈述书，合议组明确告知请求人口头审理之后7日内仅针对该意见陈述书提交书面意见，逾期未提交视为无意见；双方当事人当庭已经充分发表意见，双方不得再提交其他新的意见陈述，请求人不得提交新的无效请求理由和证据，不得增加新的证据结合方式，否则，合议组不予接受。

请求人在口头审理之后7日内未提交任何意见陈述。

至此，合议组认为本案事实已经清楚，现依法作出审查决定。

二、决定的理由

1. 关于证据

请求人共提交了3份证据（分别是附件2~4）用于评价本专利权利要求1~6的创造性。

附件4为WO2004/078017A1号PCT专利申请说明书，其属于外文证据。审查指南第四部分第八章第2.2.1节中规定："当事人提交外文证据的，应当提交中文译文，未在举证期限内提交中文译文的，该外文证据视为未提交"。请求人在口头审理当庭明确表示在无效请求日一个月内没有提交该附件4的中文译文，根据审查指南的上述规定，该附件4不予接受，合议组已于口头审理当庭明确告知请求人。

附件2和3均为中国专利文献，它们的公开日期分别为2003年3月26日和2003年12月31日，均在本专利申请日2006年8月11日之前，专利权人对以上附件2和3的真实性和公开日期均无异议。经核实，请求人所提交的附件2、3（以下分别称为对比文件1、2）的内容真实，合议组认为该对比文件1、2属于本专利申请日前的公开出版物，因此可以作为本专利的现有技术，用于评价本专利的创造性。

2. 关于专利法第22条第3款

专利法第22条第3款规定：创造性，是指同申请日以前已有的技术相比，该发明有突出的实质性特点和显著的进步，该实用新型有实质性特点和进步。

在判断创造性的过程中，当一项专利与最接近的现有技术相比存在区别技术特征时，要确定现有技术整体上是否存在某种技术启示，如果现有技术中未能给出将上述区别特征应用到该最接近的现有技术以解决其存在的技术问题的启示，并且该专利的技术方案能够获得有益的技术效果，则其具备创造性。

（1）关于权利要求1的创造性。

权利要求1请求保护一种洁具用盖子和坐垫的安装支架，对比文件1（参见对比文件1权利要求

1、说明书第 3 页第 7~23 行、附图 1-3）公开了一种马桶座和马桶盖的铰链，并具体公开了以下内容：“其包括一基板 1 及一设于基板上的套子 2”，“该套子 2 两侧分别枢接有一铰链片 4，该铰链片分别与该马桶座及马桶盖结合”；“套子 2 两侧分别凸伸有一枢轴 22，各枢轴 22 分别枢接有一铰链片 4，各铰链片 4 分别与马桶座 51 及马桶盖 52 结合”，“在基板 1 一体成型有一柱 11，再将套子 2 套在柱 11 外侧后，才把螺栓 3 锁到柱 11 上以固定套子 2……因此，套子 2 不易从基板 1 上脱落，而让马桶座 51 及马桶盖 52 仍能维持良好的使用状态”。

从以上公开的内容可看出，在对比文件 1 中，基座 1 一体成型的直立柱 11 的作用是将马桶盖和坐垫安装、固定在马桶上，这与本专利中定位杆的作用和效果是相同的，因此对比文件 1 中的“直立柱 11”相当于本专利中的“定位杆”；同时，对比文件 1 中的各铰链片 4 与盖子和坐垫后端部的两侧相连接，从而利用铰链片 4 使得马桶盖子和坐垫以套子 2 的枢轴 22 为转轴可转动连接，这与本专利中转轴套（一）和（二）的作用和效果是相同的，因此对比文件 1 中的“铰链片 4”相当于本专利中的“转轴套（一）、（二）”。由此可见，权利要求 1 所要求保护的技术方案与对比文件 1 相比，其区别在于：本专利权利要求 1 的技术方案中的“在转轴套（二）的径向上开有长条形的槽孔”以及“定位杆穿过上述长条形的槽孔并插合于转轴套（二）内的转轴”。上述区别技术特征在本专利中所起的作用是：在转轴套（二）上开有长条形槽孔，使得定位杆可以穿过槽孔插合于转轴套（二）内的转轴，并且由于槽孔的让位作用，马桶坐垫可以绕固定杆做圆周向转动。

请求人认为对比文件 2 公开了一种铰链的改良结构，主张：其中披露的“圆弧状半环槽”即相当于本专利权利要求 1 中的“径向上条形槽孔”，两者作用相同，都是用于在转动条件下定位杆能穿过轴套连接转轴。

合议组在认真研究了本专利与对比文件 2 并充分听取了双方当事人的意见后认为：首先，对比文件 2 涉及一种用于连接门与门框的弹簧铰链的改良结构（参见对比文件 2 说明书“技术领域”部分），其与本专利存在技术领域的差别。其次，对比文件 2 中虽披露有一半环槽 221，但其在对比文件 2 中与其他部件相配合的具体工作方式是：“一调整棒 5 经半环槽 221 插入上心轴 41 所环设之调整孔 412，并旋转上心轴 41，以扭转弹簧 43 调整其扭力，当弹簧调整至所需扭力后，将插销 413 穿经半环槽 221 与所选定的调整孔 412 嵌插定位”，其所其的作用是“相对调整控制门扇开启后自行复位关闭的力量大小”（参见对比文件 2 说明书第 2 页第 11~15 行）；其作用与本专利权利要求 1 中“长条形槽孔”的作用不同。而且，对比文件 2 中并未披露与上述区别技术特征相关的技术手段，也未给出解决相关技术问题的技术启示。

因此，合议组认为，本专利的权利要求 1 所请求保护的技术方案与对比文件 1 的技术方案存在区别技术特征，对比文件 2 所公开的内容中也未给出将上述区别特征应用到对比文件 1 的技术启示，该权利要求 1 的技术方案相对于对比文件 1 和对比文件 2 不是显而易见的；而且权利要求 1 的技术方案能够实现定位杆直接穿过转轴套无第三方连接而显得简单牢固的有益技术效果。因此，本专利权利要求 1 相对于对比文件 1 和 2 具有实质性特点和进步，符合专利法第 22 条第 3 款关于创造性的规定。

（2）关于从属权利要求 2~6 的创造性。

权利要求 2~6 均是权利要求 1 的从属权利要求，在它们引用的权利要求 1 相对于对比文件 1 和 2 具备创造性的前提下，从属权利要求 2~6 相对于对比文件 1 和 2 同样具有实质性特点和进步，符合专利法第 22 条第 3 款关于创造性的规定。

综上所述，本专利权利要求 1~6 相对于对比文件 1 和 2 均具备创造性，符合专利法第 22 条第 3 款的规定。

三、决定

维持第 200620087945.2 号实用新型专利权继续有效。

当事人对本决定不服的，可以根据专利法第 46 条第 2 款的规定，自收到本决定之日起三个月内向北京市第一中级人民法院起诉。根据该款的规定，一方当事人起诉后，另一方当事人应当作为第三人参加诉讼。

推拉门窗滑轮

无效宣告请求审查决定（第12552号）

决　　定　　号　第12552号
决　　定　　日　2008年11月5日
发明创造名称　推拉门窗滑轮
国 际 分 类 号　E05D 13/00
无效宣告请求人　麦国光
专　利　权　人　梁焯雄
申　　请　　号　02272492.3
申　　请　　日　2002年8月14日
授 权 公 告 日　2004年1月14日
合 议 组 组 长　温丽萍
主　　审　　员　王　森
参　　审　　员　周文娟

法　律　依　据　专利法第22条第2款
决　定　要　点

所谓同样的发明或者实用新型，是指技术领域、所要解决的技术问题和技术方案实质上相同，预期效果相同的发明或者实用新型。

一、案由

本无效宣告请求涉及中华人民共和国国家知识产权局于2004年1月14日授权公告的、名称为"推拉门窗滑轮"的实用新型专利权（下称本专利），其专利申请号是02272492.3，申请日是2002年8月14日，专利权人是梁焯雄。本专利授权公告时的权利要求书如下：

"1. 一种推拉门窗滑轮，包括现有的内外壳体、滑轮及其高低位置调节螺钉，其特征是外壳高低位置调节螺钉所在侧面的上边缘向外或向内翻折，形成L形翻折边（5），翻折边上设置有与铝合金框（4）内凸条（3）相配合的开口卡槽（6）。

2. 根据权利要求1所述的推拉门窗滑轮，其特征是所述开口卡槽为楔形或C形。

3. 根据权利要求2所述的推拉门窗滑轮，其特征是所述开口卡槽的外侧的开口尺寸比所述内凸条的稍小，与内凸条为卡紧配合；开口槽内侧的开口尺寸比所述内凸条的稍大，与内凸条为动配合。"

针对本专利权，麦国光（下称请求人）于2008年7月29日向专利复审委员会提出无效宣告请求，认为本专利不符合专利法第22条及第26条第3款的规定，请求人同时提交了如下附件：

附件1：授权公告号为CN2581581Y（申请日为2002年7月8日，授权公告日为2003年10月22日，专利权人为伍建明）的实用新型专利说明书，共6页；

附件2：公告号为CN3224738的外观设计专利公告，共1页。

请求人认为：（1）相对于附件1，本专利的权利要求1~3不具备新颖性；相对于附件2，本专利的权利要求1~2不具备创造性；（2）本专利说明书中，没有对开口槽与内凸条为卡紧配合及与内凸条为动配合以及内凸条的结构作具体、详细的说明，根据该说明书该领域的技术人员无法进行实施，本专利不符合专利法第26条第3款的规定。

经形式审查合格，专利复审委员会依法受理了上述无效宣告请求，并于2008年7月29日向请求人和专利权人发出无效宣告请求受理通知书，同时将专利权无效宣告请求书及其附件清单中所列附件的副本转送给专利权人，并要求专利权人在指定的期限内陈述意见。

请求人于2008年8月5日向专利复审委员会提交了复审、无效宣告程序补正书，修正了专利权无效宣告请求请求书中的部分文字错误，并提交了本专利的授权公告文本。

专利复审委员会依法成立合议组。

本案合议组于2008年9月11日向请求人和专利权人发出无效宣告请求口头审理通知书，定于2008年10月21日在专利复审委员会举行口头审理。随同口头审理通知书，将请求人于2008年8月5日提交的复审、无效宣告程序补正书及其附件清单中所列附件的副本转送给专利权人。

请求人于2008年8月28日再次提交了意见陈述书及附件3~5，请求人提交的附件如下：

附件3：授权公告号为CN2154330Y的实用新型专利说明书，共12页；

附件4：授权公告号为CN2451672Y的实用新型专利说明书，共4页；

附件5：授权公告号为CN2440915Y的实用新型专利说明书，共5页。

请求人认为：本专利权利要求1~3分别相对于附件4、或附件4和3的结合、或附件5和3的结合、或附件2和3的结合、或附件2和4的结合不具备创造性。

专利权人于2008年9月5日提交了意见陈述书和经修改的权利要求书，并提交了证据1：针对ZL02272492.3的国家知识产权局实用新型专利检索报告，共3页。专利权人认为附件1、2均没有公开本专利权利要求书中的翻折边、开口卡槽及相关内容，本专利具备新颖性和创造性，本专利符合专利法第26条第3款的规定。专利权人修改后的权利要求书为：

"1. 一种推拉门窗滑轮，包括现有的内外壳体、滑轮及其高低位置调节螺钉，其特征是外壳高低位置调节螺钉所在侧面的上边缘向外或向内翻折，形成L形翻折边（5），翻折边上设置有与铝合金框（4）内凸条（3）相配合的开口卡槽（6）；所述的开口卡槽为楔形或C形。

2. 根据权利要求1所述的推拉门窗滑轮，其特征是所述开口槽的外侧的开口尺寸比所述内凸条的稍小，与内凸条为卡紧配合；开口槽内侧的开口尺寸比所述内凸条的稍大，与内凸条为动配合。"

专利复审委员会于2008年9月16日向专利权人发送了转文通知书，将请求人于2008年8月28提交的意见陈述书及其所附附件的副本转给了专利权人；于2008年9月19日向请求人发送了转文通知书，将专利权人于2008年9月5日提交的意见陈述书及其所附附件的副本转给了请求人。

口头审理如期举行，双方当事人均参加了口头审理。

在口头审理中，合议组告知双方当事人本次口头审理以专利权人于2008年9月5日提交修改之后的权利要求1、2作为审查基础。请求人明确其无效理由：权利要求1、2相对于附件1不具备新颖性，相对于附件4不具备创造性，相对于附件3和4、附件3和5不具备创造性。放弃专利法第26条3款的无效理由；放弃附件2，并放弃权利要求1和2相对于相对于附2、附件2和4、附件2和3不具备创造性的无效理由。请求人明确表示没有其他的无效理由及证据组合方式。双方就上述这些理由充分陈述了各自的意见。专利权人对请求人提交的附件1、3~5的真实性没有异议；请求人对专利权人提交的证据1的真实性没有异议。

至此，合议组认为本案事实已经清楚，可以作出审查决定。

二、决定的理由

1. 关于证据和现有技术

请求人提交的证据包括附件1，专利权人对附件1的真实性没有异议，由于附件1为他人于本专利申请日前向专利局提出的、在本专利申请日后公开的中国专利文献，因此附件1只能作为评价新颖性的证据使用。

2. 审查文本

专利权人于2008年9月5日对其授权公告的权利要求书所作的修改方式为：删除了授权公告文本中的权利要求1。合议组经审查后认为专利权人对权利要求书所作的修改符合审查指南的有关规定，本决定以专利权人于2008年9月5日提交的修改之后的权利要求书为基础进行。

3. 关于本专利的权利要求1、2的新颖性

新颖性，是指在申请日以前没有同样的发明或者实用新型在国内外出版物上公开发表过、在国内公开使用过或者以其他方式为公众所知，也没有同样的发明或者实用新型由他人向国务院专利行政部门提出过申请并记载在申请日以后公布的专利申请文件中。

所谓同样的发明或者实用新型，是指技术领域、所要解决的技术问题和技术方案实质上相同，预期效果相同的发明或者实用新型。

（1）关于权利要求1的新颖性。

请求人认为：附件1与本专利权利要求1唯一的区别在于：附件1公开了向外翻折，没有公开向内翻折，但向内翻折和向外翻折是一个惯常手段，所以权利要求1相对于附件1不具备新颖性。

专利权人认为：①权利要求1中的导向夹口从图4、5可以看出是点接触，本专利不是点接触，是线或面接触。②本专利的开口卡槽为C形在附件1中未公开。③本专利的“向内翻折”在附件1中没有公开。权利要求1的其他特征被附件1公开。

合议组经审查认为：附件1（见附件1说明书第1、2页及附图3~5）公开了一种推拉窗滑轮，其由外支架1、内支架2、轮子3、调节螺丝4组成，外支架1背侧有一导向夹口8。通过图3、4及说明书中的相应记载可知，调节螺丝所在侧面的上边缘向外翻折形成L形翻折边，L形翻折边形成导向夹口8，导向夹口8与窗框滑轮腔内的导轨相配合，导向夹口8为楔形。附件1中的外支架1、内支架2、轮子3、调节螺丝4、导向夹口8和窗框滑轮腔内的导轨分别相当于权利要求1中的外壳体、内壳体、滑轮、高低位置调节螺钉、L形翻折边和铝合金框内凸条，因此附件1除未公开权利要求1的“向内翻折”和开口卡槽为C形外，已公开了权利要求1的其他技术特征。而将附件1公开的“向外翻折”改换为“向内翻折”是本领域惯用手段的直接置换，正如专利权人认可的L形向内翻折边的定义，其认为“向内翻折”是指将图4和6的凸出部分向b方向平移入滑轮外壳的外边缘内，可知“向外翻折”和“向内翻折”仅是翻折的位置略作改变，而翻折的结构和所实现的功能都未改变，也证明了这是本领域惯用手段的直接置换。而且“楔形”和“C形”均为本领域中一侧开口大、一侧开口小的两种惯常的形状设计，故将楔形开口卡槽改换成C形也是本领域惯用手段的直接置换。由上述可知，本专利权利要求1所要求保护的技术方案与附件1公开的技术内容实质上相同，两者的技术领域相同，解决的技术问题相同，并具有相同的预期效果，因而本专利权利要求1不具备专利法第22条第2款规定的新颖性。

另外，对于专利权人认为附件1中的导向夹口内侧为刀口，从图4、5可以看出其与导轨的接触

是点接触，本专利不是点接触，而是线或面接触这一主张，合议组认为，在本专利权利要求 1 中并未限定开口卡槽与凸条为线或面接触，因此专利权人的上述主张不能证明本专利权利要求 1 具备新颖性。

（2）关于权利要求 2 的新颖性。

请求人认为：权利要求 2 的附加技术特征被附件 1 公开。

专利权人认为：附件 1 没有公开卡紧和动配合，附件 1 没有一一对应说明卡紧和动配合，所以权利要求 2 的附加技术特征没有被附件 1 公开。

合议组经审查认为：由图 3 可以看出导向夹口的左侧开口小于右侧开口，该“左侧”和“右侧”分别对应于权利要求 2 中的“外侧”和“内侧”，结合说明书第 1 页最后 1 行至第 2 页第 3 行记载的“导向槽外端夹口的口径小于窗框导轨的直径，且夹口内侧位置为刀口，这时只须用简单的工具在夹口处沿导轨方向敲击夹口，使夹口沿导轨方向嵌入导轨，将滑轮固定在窗框理想的位置上。”可知，附件 1 虽没有明确记载“卡紧配合”和“动配合”的技术术语，但实际上也是通过动配合和卡紧配合来实现固定的，与权利要求 2 中的开口卡槽同凸条的配合形式完全相同，附件 1 显然也能够实现卡紧配合和动配合的技术效果，即权利要求 2 的附加技术特征在附件 1 中已公开。综上，本专利权利要求 2 所要求保护的技术方案与附件 1 公开的技术内容实质上相同，两者的技术领域相同，解决的技术问题相同，并具有相同的预期效果，因而本专利权利要求 2 不具备专利法第 22 条第 2 款规定的新颖性。

虽然专利权人提交证据 1 来证明本专利具有新颖性和创造性，但合议组经合议认为专利权人提交的证据 1 并不能证明本专利具备新颖性或创造性。

综上，由于权利要求 1、2 相对于附件 1 不具备新颖性，因此对请求人提交的其他证据及理由不再予以评述。

根据上述的事实和理由，本案合议组依法作出以下决定。

三、决定

宣告 02272492.3 号实用新型专利权全部无效。

当事人对本决定不服的，可以根据专利法第 46 条第 2 款的规定，自收到本决定之日起三个月内向北京市第一中级人民法院起诉。根据该款的规定，一方当事人起诉后，另一方当事人应当作为第三人参加诉讼。

235

存车位不设升降机构的多层升降横移式机械立体停车设备

无效宣告请求审查决定（第12563号）

决　定　号　第12563号
决　定　日　2008年11月20日
发明创造名称　存车位不设升降机构的多层升降横移式机械立体停车设备
国 际 分 类 号　E04H 6/22
无效宣告请求人　怡锋工业设备（深圳）有限公司
专　利　权　人　深圳市万飞实业有限公司，谢小郑
专　　利　　号　01270649.3
申　　请　　日　2001年11月15日
授 权 公 告 日　2002年11月20日
合 议 组 组 长　刘敏飞
主　审　员　樊延霞
参　审　员　王　森

法　律　依　据　专利法第22条第3款
决　定　要　点

在判断一项实用新型专利权的权利要求是否具备创造性时，如果其与现有技术的区别技术特征是本领域常规的技术手段，则本领域技术人员在现有技术的基础上不需要花费创造性劳动就能够获得该权利要求所要求保护的技术方案，该权利要求不具备实质性特点，不具备创造性。

一、案由

本无效宣告请求涉及中华人民共和国国家知识产权局于2002年11月20日授权公告的、名称为“存车位不设升降机构的多层升降横移式机械立体停车设备”的实用新型专利权（下称本专利），其专利号是01270649.3，申请日是2001年11月15日，专利权人是深圳市万飞实业有限公司、谢小郑（专利权人由深圳市万飞实业有限公司、吴绪钧变更为深圳市万飞实业有限公司、谢小郑）。本专利授权公告的权利要求书如下：

“1. 一种存车位不设升降机构的多层升降横移式机械立体停车设备，包括置有车位的立体结构框架，运载或存放汽车的载车板及其升降、横移机构，其特征在于：n层（n≥3）m列（m≥2）的停车设备设置nx（m-1）个车位和一列空车位，在列通道内至少每隔一列设置一套列用公共载车装置，在存车位设置车位载车板；列用公共载车装置以立体结构框架的前后H型钢立柱作为导轨，由双排梳齿向内式结构的列用载车板与其升降机构并通过柔性连接件连接构成；车位载车板以立体结构框架

各层的分段层轨为轨道，由双排梳齿向外式结构的梳齿框架与其带有 4 只平衡式行走轮架的横移机构构成。

2. 根据权利要求 1 所述的存车位不设升降机构的多层升降横移式机械立体停车设备，其特征在于：所述列用载车板为左右两半对分式构造，每一半由一根双排梳齿向内式结构的梳齿纵梁与其两端的提升架构成，每根梳齿纵梁与两端提升架用螺栓连接。

3. 根据权利要求 1 所述的存车位不设升降机构的多层升降横移式机械立体停车设备，其特征在于：所述车位载车板的双排梳齿向外式结构的梳齿框架，由两端的端梁和两根梳齿纵梁焊接成一整体。

4. 根据权利要求 2 或 3 所述的存车位不设升降机构的多层升降横移式机械立体停车设备，其特征在于：所述梳齿为钢质材料，焊接在各自的纵梁的外侧或内侧，并与之成为一体，这些梳齿在汽车前轮停放位置按汽车轮胎半径大小呈弧形排列，在汽车后轮停放位置呈水平排列。

5. 根据权利要求 2 所述的存车位不设升降机构的多层升降横移式机械立体停车设备，其特征在于：所述双排梳齿向内式结构的列用载车板在无梳齿部位焊敷防滑滑花纹钢板，作为汽车出入时的走车板。

6. 根据权利要求 2 所述的存车位不设升降机构的多层升降横移式机械立体停车设备，其特征在于：所述提升架上设置有一组以立体结构框架 H 型钢立柱作为导轨的反侧翻滚轮与一组竖直升降导向滚轮和一只与柔性连接件相连接的弹性缓冲装置。

7. 根据权利要求 1 所述的存车位不设升降机构的多层升降横移式机械立体停车设备，其特征在于：所述的 4 只平衡式行走轮架为铰接在车位载车板两端端梁下的各一个主动和从动平衡式行走轮架，每个平衡式行走轮架装有两只行走轮，主动平衡式行走轮架对车位载车板为对角线设置，其两只行走轮中有一只为主动行走轮。

8. 根据权利要求 1 所述的存车位不设升降机构的多层升降横移式机械立体停车设备，其特征在于：所述各层的分段层轨是在与 H 型钢立柱交叉处断开分段，以便让列用载车板通过。”

针对本专利权，怡锋工业设备（深圳）有限公司（下称请求人）于 2008 年 7 月 28 日向专利复审委员会提出无效宣告请求，认为本专利不符合专利法第 22 条第 2 款、第 3 款的规定，请求人同时提交了如下附件：

附件 1：本专利的授权公告文本；

附件 2：公开日为 2001 年 2 月 13 日、公开号为 JP200140894A 的日本专利文献及其中文译文，共 36 页；

附件 3：公开日为 1994 年 12 月 20 日、公开号为 US5374150A 的美国专利文献及其中文译文，共 22 页。

请求人认为：附件 2 的说明书附图 22、23 公开了本专利权利要求 1 中除“H 型钢”以外的技术特征，而“H 型钢”与附件 2 中的“升降导轨”是惯用手段的直接置换，故权利要求 1 相对于附件 2 不具备新颖性和创造性；权利要求 2、3、7、8 的附加技术特征被附件 2 所公开，相对于附件 2 不具备新颖性和创造性；权利要求 4 和 5 的附加技术特征被附件 3 所公开，相对于附件 2 和 3 的结合不具备创造性；权利要求 6 的附加技术特征“垂直升降导向滚轮”被附件 2 所公开，余下的附加技术特征“反侧翻滚轮”、“缓冲装置”均为本领域常用的技术手段，权利要求 6 不具备创造性。

经形式审查合格，专利复审委员会依法受理了上述无效宣告请求，并于 2008 年 7 月 28 日向请求人和专利权人发出无效宣告请求受理通知书，同时将专利权无效宣告请求书及其附件清单中所列附件的副本转送给专利权人，并要求专利权人在指定的期限内陈述意见。

针对专利复审委员会发出的上述无效宣告请求受理通知书，专利权人逾期未陈述意见。

专利复审委员会依法成立合议组对上述无效宣告请求进行审查。

本案合议组于 2008 年 10 月 7 日向双方发出无效宣告请求口头审理通知书，定于 2008 年 10 月 23 日在专利复审委员会举行口头审理。

口头审理如期举行，双方当事人均参加了口头审理。

在口头审理中，(1) 专利权人当庭提交如下公知常识性证据：

证据 1：1998 年 3 月 19 日发布、1998 年 7 月 1 日实施的《中华人民共和国机械行业标准》JB/T 8713-1998“机械式停车设备类别、型式与基本参数”复印件，共 9 页。

合议组当庭将证据 1 转给请求人，请求人对其真实性无异议。

请求人当庭提交了意见陈述书，明确其与提出无效请求时提交的意见陈述书相比，只是修改了请求书内容中与所提交的附件 2、3 的中文译文不一致的地方，其他部分没有修改，合议组当庭将该意见陈述书转给专利权人。

(2) 请求人明确其无效的理由、证据、范围以及证据的使用情况为：权利要求 1~3、7、8 相对于附件 2 不具备新颖性。权利要求 1~3、7、8 相对于附件 2 不具备创造性，权利要求 4、5 的附加技术特征被附件 3 公开，不具备创造性，权利要求 6 的附加技术特征被附件 2 及公知常识公开，不具备创造性。

(3) 专利权人对附件 2 和 3 的真实性没有异议，对附件 2 和 3 中文译文的准确性没有异议。

在此基础上，合议组对本案进行了审理，充分听取了双方当事人的意见。

至此，合议组认为本案事实已经清楚，可以作出审查决定。

二、决定的理由

1. 关于证据

请求人提交的证据包括附件 2 和 3，它们均为专利文献，专利权人对附件 2 和 3 的真实性没有异议，合议组经审查认可附件 2 和 3 的真实性。同时由于附件 2 和 3 为公开出版物，且其公开日期在本专利的申请日前，因此可以作为本专利的现有技术使用。并且专利权人对附件 2 和 3 的中文译文的准确性没有异议，因此附件 2 和 3 公开的内容以其中文译文为准。

2. 关于权利要求 1~8 的创造性

创造性，是指同申请日以前已有的技术相比，该发明有突出的实质性特点和显著的进步，该实用新型有实质性特点和进步。

在判断一项实用新型专利权的权利要求是否具备创造性时，如果其与现有技术的区别技术特征是本领域常规的技术手段，则本领域技术人员在现有技术的基础上不需要花费创造性劳动就能够获得该权利要求所要求保护的技术方案，该权利要求不具备实质性特点，不具备创造性。

(1) 关于权利要求 1 的创造性。

请求人认为，本专利权利要求 1 相对于附件 2 不具备创造性。

专利权人认为，本专利的列用公共载车装置是以立体结构框架的前后 H 型钢立柱作为导轨，而附件 2 是以工字钢作为导轨；本专利的柔性连接包括缓冲装置，其在本专利说明书第 5 页第 1 行有记载，而附件 2 并未公开包括缓冲装置的柔性连接；附件 2 没有公开分段层轨；本专利的车位载车板上面带有 4 只平衡式行走轮架，而附件 2 公开的是轮子而不是轮架。

合议组经审查后认为，权利要求 1 要求保护一种存车位不设升降机构的多层升降横移式机械立体停车设备，附件 2 公开了一种收藏设备，其也是通过在存车位不设升降机构并多层升降、横移的方式进行机械立体停车，并具体公开了以下内容（参见附件 2 中文译文说明书第 0026~0029、0062 节以及图 22-23)：包括主体构架 2（相当于本专利权利要求 1 的主体结构框架)、升降台 17 及横向行走板 21（相当于本专利权利要求 1 的运载或存放汽车的载车板)，说明书附图 22、23 的实施例公开了停车装置 1 共有 4 层 5 列共计 16 个停车位（即 4＊（5-1）个停车位）和一列空车位，其中，第一列与第三列之间、第三列与第五列之间各设置一套升降台 17（相当于本专利权利要求 1 的列用公共载车装置)，在存车位设置横向行走板 21（相当于本专利权利要求 1 的车位载车板)；升降台通过罗拉 19 群以主体构架 2 的前后支柱 3 为导轨；由双排梳齿向内式结构的升降台 17 与其升降机构 11 通过卷扬马达 14、转轴 12、滚筒 13 和牵引钢绳 15（相当于本专利权利要求 1 的柔性连接件）来实现升降操作；横向行走板 21 的主体 22 设置了被安装于行方向钢轨材料 5 上的车轮 23，横向行走板 21 能在支柱 3 的没有钢轨的位置顺畅的移动，该横向行走板 21 由双排梳齿向外式结构的梳齿框架和每个间隔里有 4 个车轮 23 的横移机构构成。虽然附件 2 的“横向行走板 21 的主体 22 设置了被安装于行方向钢轨材料 5 上的车轮 23，横向行走板 21 能在支柱 3 的没有钢轨的位置顺畅的移动”中没有明确记载本专利权利要求 1 的“分段导轨”，但通过附件 2 记载的上述内容，本领域技术人员可以毫无疑义地确定附件 2 的钢轨材料 5 为分段导轨，从而附件 2 公开了本专利权利要求 1 的“车位载车板以立体结构框架各层的分段层轨为轨道”。此外，由于附件 2 公开了升降台 17 与其升降机构 11 通过卷扬马达 14 和牵引钢绳 15 实现升降操作以及横向行走板 21 安装有车轮 23 能够在支柱 3 的没有钢轨的位置顺畅移动，所以附件 2 的停车设备也具有升降、横移机构。

由此可见，权利要求 1 与附件 2 的区别在于：权利要求 1 的立柱为 H 型钢，而附件 2 未公开支柱 3 的形式；权利要求 1 为带有 4 只平衡式行走轮架的横移机构，而附件 2 为每个间隔里有 4 个车轮的横移机构。对于上述区别特征，合议组认为，虽然附件 2 没有明确记载支柱的形式，但公开了支柱起导轨的作用，并从图中可以看出支柱的截面形状近似于“工”字型，而 H 型钢是本领域公知的型钢，其也能起到导轨的作用，从而本领域技术人员能够容易的想到使用 H 型钢作为附件 2 的立柱；同时，不论是带有 4 只平衡式行走轮架的横移机构还是每个间隔里有 4 个车轮的横移机构，均起到横移载车板的作用，本领域技术人员将附件 2 的每 2 个车轮设成一组从而形成共 4 只平衡式行走轮架是很容易想到的。此外，专利权人认为本专利的柔性连接件包括缓冲装置，而附件 2 并未公开包括缓冲装置的柔性连接件。就此合议组认为，根据本专利说明书第 4 页最后 1 段至第 5 页第 1 行的记载以及权利要求 6 中所述的“一只与柔性连接件相连接的弹性缓冲装置”，可以确定本专利的柔性连接件不包括缓冲装置，故附件 2 中的钢绳 15 即相当于本专利的柔性连接件；即使如专利权人所认为的本专利是包括弹性缓冲装置的柔性连接件，但是在升降机构中设置弹性缓冲装置是本领域常用的技术手段。因此，本领域技术人员在附件 2 的基础上不需花费创造性劳动就很容易获得权利要求 1 的技术方案，故权利要求 1 相对于附件 2 不具备创造性，不符合专利法第 22 条第 3 款的规定。

（2）关于权利要求 2 和 3 的创造性。

合议组经审查后认为，附件 2 公开了以下内容（参见附件 2 中文译文说明书第 0026 节-第 0029 节及图 7)：升降台 17 为左右两半对分式结构，该升降台 17 上形成朝内侧的梳齿状的升降侧支撑部位 20，升降侧支撑部位 20 被设置于分体升降台 18 上（相当于本专利权利要求 2 的双排梳齿向内式结构的梳齿纵梁)；横向行走板 21 上形成朝外侧的梳齿状的板车侧支撑部位 24，横向行走板 21 的主体 22 在列方向上形成长的框架（相当于本专利权利要求 3 的车位载车板的双排梳齿向外式结构的梳齿框架)。

可见，附件 2 没有公开权利要求 2 中的梳齿纵梁 22 两端的提升架和每根梳齿纵梁与两端提升架用螺栓连接，但是本领域技术人员在需要提升的升降台上设置提升架并将提升架与分体升降台 18 用螺栓连接以方便提升是很容易想到的；同时，附件 2 记载的在列方向上形成长的框架相当于本专利权利要求 3 的两端的端梁和两根梳齿纵梁，且将两者焊接成一整体是本领域常用的连接手段，因此本领域技术人员在附件 2 的基础上不需花费创造性劳动就很容易获得权利要求 2 和 3 的技术方案，故在其引用的权利要求 1 相对于附件 2 不具备创造性时，权利要求 2 和 3 相对于附件 2 也不具备创造性，不符合专利法第 22 条第 3 款的规定。

（3）关于权利要求 4 的创造性。

请求人认为，附件 3 公开了权利要求 4 的附加技术特征，并且这些附加技术特征也是很容易想到的。

专利权人认为：根据附件 3 的第 4 栏第 28～34 行以及图 2、3 的记载，附件 3 的列用载车板和载车板的前梳齿单独不是弧形，是在重叠时，两个部件共同构成的弧形，而本专利是由一个部件构成的。

合议组经审查后认为，附件 3 公开了一种用于存放和取用汽车的多层停车设施系统，并具体公开了以下内容（参见附件 3 中文译文说明书第 4 栏第 22～34 行及图 2-3）：移动装置（相当于本专利的列用载车板）包括一框架 9，该框架 9 每个纵侧的支撑臂 11 用于支撑汽车 2 的前轮 31，支撑臂 11′用于支撑汽车 2 的后轮 32；支撑平台 12 的平面比支撑臂 11、11′略高，以便只放在一条支撑臂 11 上的前轮 31 被支撑平台 12 的前部和后部支撑；支撑平台还用于确定后轮 32 在支撑臂 11′上的停车平面。并且，从附件 3 的图 3 中可以看出，支撑臂 11′呈平面布置，由此附件 3 公开了本专利权利要求 4 的梳齿在汽车后轮停放位置呈水平排列。但附件 3 没有公开权利要求 4 的附加技术特征“梳齿为钢质材料，焊接在各自的纵梁的外侧或内侧，并与之成为一体”，而使用钢质材料作为梳齿及将其焊接在梁上，分别是本领域公知的材料和公知的连接方式，在梳齿要满足载车的要求时本领域技术人员很容易想到要使用钢质材料，要使梳齿与梁连接成一体并使其制造和安装方便，本领域技术人员也很容易想到要使用焊接的方式。

对于权利要求 4 的附加技术特征“这些梳齿在汽车前轮停放位置按汽车轮胎半径大小呈弧形排列”，其实际要解决的技术问题是利用弧形的特征来保证汽车准确停位。虽然如专利权人所述，附件 3 是由支撑臂和支撑平台两者的相互位置共同构成了一个“凹面”，与本专利的列用载车板和车位载车板的前轮位置均呈弧形排列在形成弧形的方式上不同，但是合议组认为，从附件 3 图 3 可以看出，为了使车的前轮能被更稳定的保持在支撑结构上，支撑臂 11 和支撑平台 12 共同形成了弧形的排列，其解决了相同的技术问题，附件 3 已给出利用弧形的特征来保证汽车准确停位的技术启示，本领域技术人员很容易将附件 3 的弧形排列应用于附件 2 的列用载车板和车位载车板，从而得到权利要求 4 的上述附加技术特征。

综上，由于附件 2 和 3 均涉及多层停车设备，并且附件 3 给出了利用弧形的特征来保证汽车准确停位的启示，由此在附件 2 的基础上结合附件 3，本领域技术人员很容易得到本专利权利要求 4 的技术方案，故该权利要求不具有实质性的特点，不符合专利法第 22 条第 3 款的规定。

（4）关于权利要求 5 的创造性。

请求人认为，附件 3 中所述支撑平台 12 是焊接在不具备支撑臂的载车板框架上，并且根据本领域常用的技术手段可导出的是，其必然具有防滑花纹，以作为汽车移动时的行车板。

专利权人认为：附件 3 没有公开行走板上带有防滑花纹。

合议组经审查后认为，附件 3 的支撑平台（参见附件 3 中文译文说明书第 4 栏第 28～34 行及图 2-3）具有无梳齿的部位并且也作为汽车出入的走车板，而为了防止汽车打滑焊敷防滑花纹钢板，是本领域常用的技术手段。因此本领域技术人员在附件 2 的基础上结合附件 3 很容易想到本专利权利要求 5 的技术方案，故该权利要求不具有实质性的特点。基于其引用的权利要求 2 相对于附件 2 不具备创造性，权利要求5相对于附件2和3的结合也不具备创造性，不符合专利法第22条第3款的规定。

（5）关于权利要求6的创造性以及权利要求7的新颖性和创造性。

请求人认为，权利要求6的附加技术特征被附件2及公知常识公开，权利要求7的附加技术特征被附件2公开，不具备创造性。

专利权人认为：权利要求6的附加技术特征均不是公知常识，其能保证列用载车板平稳升降，且其上的汽车也不会歪斜。权利要求7的附加技术特征可以使车位载车板在跨越分段层轨时动力不中断，在横向移动时不歪斜，而附件2中附图7横向行走轮23在端梁外侧，没有主动和从动行走轮，不能保证均在行轨上。

合议组经审查后认为，对于权利要求6的附加技术特征，虽然如前所述，附件2公开了"升降台通过罗拉19群以主体构架2的前后支柱3为导轨（参见附件2中文译文说明书第0027节）"，但是权利要求6的附加技术特征是根据其H型钢支柱的结构设置的组合滚轮，其中汽车重力作用于列用载车板左右半的侧翻转矩通过反侧翻滚轮传递给H型钢立柱，反侧翻滚轮与竖直升降导向滚轮保证列用载车板呈水平状作竖直平稳升降运动，而附件2并没有公开反侧翻滚轮，并且附件2和现有技术中也没有启示要设置如上的组合滚轮，请求人也没有证据表明该组合滚轮是公知常识，因此本领域技术人员不能显而易见的得到权利要求6所要保护的技术方案，并且权利要求6的技术方案取得了上述有益效果。因此请求人关于权利要求6相对于附件2和公知常识的结合不具备创造性的主张不成立。

对于权利要求7的附加技术特征，虽然附件2公开了横向行走板车安装了车轮23，在每个间隔里有4个，但并没有具体公开其每个间隔里有4个车轮23的横移机构是如何驱动和横移的，因此附件2并没有公开权利要求7的附加技术特征"4只平衡式行走轮架铰接在车位载车板两端端梁下的各一个主动和从动平衡式行走轮架，每个平衡式行走轮架装有两只行走轮，主动平衡式行走轮架对车位载车板为对角线设置，其两只行走轮中有一只为主动行走轮"。并且，本领域技术人员根据附件2的附图无法直接地、毫无疑义地推断出有驱动轮和从动轮。因此权利要求7与附件2的技术方案实质不同，请求人关于权利要求7相对于附件2不具备新颖性的主张不成立。同时，本领域技术人员在附件2的基础上也不能显而易见的得到权利要求7所要保护的技术方案，并且权利要求7的技术方案取得了使车位载车板在跨越分段层轨时动力不中断，在横向移动时不歪斜的有益效果。因此请求人关于权利要求7相对于附件2不具备创造性的主张不成立。

（6）关于权利要求8的创造性。

合议组经审查后认为，如上所述，本领域技术人员根据附件2记载的"横向行走板21的主体22设置了被安装于行方向钢轨材料5上的车轮23，横向行走板21能在支柱3的没有钢轨的位置顺畅的移动"，能够毫无疑义地确定附件2的钢轨材料5为分层导轨，从而公开了本专利权利要求1的"车位载车板以立体结构框架各层的分段层轨为轨道"，而权利要求8的附加技术特征仅是进一步限定各层的分段层轨是在与H型钢立柱交叉处断开分段，以便让列用载车板通过，但如前所述，附件2公开了横向行走板21在支柱3的没有钢轨的位置通过，即公开了钢轨材料5在支柱处断开，从而附件2已公开了权利要求8的附加技术特征。所以基于其引用的权利要求1相对于附件2不具备创造性，权利要求8相对于附件2也不具备创造性，不符合专利法第22条第3款的规定。

专利权人提交了证据1。合议组经审查认为，证据1公开了机械式停车设备的类别与型式等公知常识。但如上所述，本专利权利要求1~3、8相对于附件2、权利要求4、5相对于附件2和3的结合不具备创造性，因此即使考虑证据1也不能支持专利权人关于本专利权利要求1~5、8具备创造性的主张。

综上所述，本专利权利要求1~5、8不符合专利法第22条第3款的规定，而请求人关于权利要求

6 不具备创造性以及权利要求 7 不具备新颖性和创造性的主张不成立。

根据上述的事实和理由，本案合议组依法作出以下决定。

三、决定

宣告 01270649.3 号实用新型专利权的权利要求 1~5、8 无效，在权利要求 6 和 7 的基础上维持该专利权继续有效。

当事人对本决定不服的，可以根据专利法第 46 条第 2 款的规定，自收到本决定之日起三个月内向北京市第一中级人民法院起诉。根据该款的规定，一方当事人起诉后，另一方当事人应当作为第三人参加诉讼。

236

一种可拆卸的矫形文胸

无效宣告请求审查决定（第12568号）

决　定　号 第12568号
决　定　日 2008年11月17日
发明创造名称 一种可拆卸的矫形文胸
国际分类号 A41C 3/10
无效宣告请求人 汕头市夏娃之秀内衣有限公司
专利权人 陈　刚
共同专利权人 林　景
专　利　号 200720050054.4
申　请　日 2007年4月6日
授权公告日 2008年2月13日
合议组组长 朱芳芳
主　审　员 沈　丽
参　审　员 董　杰

法律依据 专利法第22条第2款、第3款
决定要点

如果一项权利要求所要求保护的技术方案与最接近的现有技术之间存在区别技术特征，同时现有技术没有给出将上述区别技术特征应用到该最接近的现有技术以解决其存在的技术问题的技术启示，并且要求保护的技术方案相对于现有技术能够产生有益的技术效果，则该权利要求具备创造性。

一、案由

本无效宣告请求涉及中华人民共和国国家知识产权局于2008年2月13日授权公告的200720050054.4号实用新型专利（下称本专利），其名称为“一种可拆卸的矫形文胸”，申请日为2007年4月6日，专利权人为陈刚和林景。本专利授权公告的权利要求如下：

“1. 一种可拆卸的矫形文胸，它包括有托胸外衬（1）和罩杯（2），其特征在于：罩杯（2）设置于托胸外衬（1）的内侧，且相互之间成活动扣接。

2. 根据权利要求1所述的一种可拆卸的矫形文胸，其特征在于：罩杯（2）与托胸外衬（1）的扣合是通过设置在罩杯（2）上的铁钩（3）和设置在托胸外衬（1）上的扣环（4）互相配合。

3. 根据权利要求1所述的一种可拆卸的矫形文胸，其特征在于：罩杯（2）与托胸外衬（1）的连接也可以通过魔术贴或拉链来实现。

4. 根据权利要求1所述的一种可拆卸的矫形文胸，其特征在于：托胸外衬（1）的前端（5）和后端（6）都设置有一组的扣环（71、72）。”

针对上述专利权，汕头市夏娃之秀内衣有限公司（下称请求人）于2008年6月27日向国家知识产权局专利复审委员会提出无效宣告请求，无效理由为：本专利的权利要求1相对于附件1不具备专利法第22条第2款规定的新颖性，同时也不具备专利法第22条第3款规定的创造性；权利要求2和3相对于附件1和公知常识的结合不具备专利法第22条第3款规定的创造性；权利要求4相对于附件1不具备专利法第22条第2款规定的新颖性，同时也不具备专利法第22条第3款规定的创造性。请求人同时提交了下述附件：

附件1：中国专利号为200520129371.6的实用新型专利说明书复印件共10页，其授权公告日为2007年1月24日。

2008年7月23日，专利复审委员会发出无效宣告请求补正通知书（二），指出委托书未写明委托权限，应重新提交合格的委托书。期满未补正的，视为未委托。

2008年7月30日，请求人提交了无效宣告程序补正书和注明代理权限的授权委托书。

经形式审查合格，专利复审委员会依法受理了上述无效宣告请求，于2007年8月12日向请求人和专利权人发出无效宣告请求受理通知书，并将请求人提交的无效宣告请求书及其附件清单中所列附件的副本转送给专利权人，要求其在指定的期限内答复。

专利复审委员会依法成立合议组，对本案进行审查，并于2008年10月7日向双方当事人发出无效宣告请求口头审理通知书，定于2008年10月29日进行口头审理。

2008年9月27日，专利权人针对上述无效宣告请求仅提交了意见陈述书，认为本专利的权利要求4具备新颖性、创造性和实用性。专利权人认为，正是由于权利要求4的特征：托胸外衬（1）的前端（5）和后端（6）都设置有一组扣环（71、72），使得托胸外衬可脱离文胸罩杯，单独使用或配合任何一款普通文胸使用，使其达到托胸的效果，这是市面上的产品都达不到的独特功能。无效宣告方依据的中国专利文献CN2860134的托胸外衬的后端设置的一组扣环，因结构不同，其托胸外衬一旦脱离罩杯或文胸主体，完全不能单独使用。

2008年10月21日，合议组将专利权人于2008年9月27日提交的意见陈述书转送给请求人。

口头审理于2008年10月29日如期举行，请求人单方出席了此次口头审理，专利权人未出席此次口头审理，请求人对合议组成员以及书记员没有回避请求。

专利权人在截止口审日之前没有提交权利要求书的修改文本，因此合议组当庭告知请求人本次口头审理的文本是本专利授权公告时的权利要求书。

请求人明确其无效的理由、证据、范围以及证据的使用情况为：本专利权利要求1的所有技术特征被附件1披露，因此不符合专利法第22条第2款、第3款的规定；本专利权利要求2、3的附加技术特征为公知常识，因此不符合专利法第22条第3款的规定；请求人当庭明确放弃权利要求4不符合专利法第22条第2款有关新颖性规定的无效理由。请求人认为权利要求4的前端设置一组扣环已经被附件1公开了，后端设置有一组扣环虽然没有被附件1公开，但是本领域技术人员从附件1的附图1中很容易想到的，因此本专利权利要求4相对于附件1不符合专利法第22条第3款的规定。

合议组于2008年10月21日向请求人转送专利权人于2008年9月27日提交的意见陈述书，并且合议组当庭将上述意见陈述书的复印件转送给请求人，请求人当庭接收并核实复印件与原件一致。鉴于请求人当庭已经对上述意见陈述书发表答辩意见，合议组明确告知请求人口头审理之后7日内仅针对该意见陈述书提交书面意见，逾期未提交视为无意见。请求人不得提交新的无效请求理由和证据，不得增加新的证据结合方式，否则，合议组不予接受。

针对专利权人于2008年9月27日提交的意见陈述，请求人于2008年11月4日向专利复审委员会寄交了意见陈述书，认为（1）权利要求4的附加技术特征中“托胸外衬的后端设置有一组扣环”的特征虽然与附件1公开的技术方案有所不同，但其作用与附件1中文胸后背扣是一样的，都起固定作用；（2）权利要求4的附加技术特征的作用是为了固定和调节文胸，并且已被附件1中的技术方案公开了；（3）托胸外衬如果脱离文胸罩杯而单独使用根本达不到托胸矫形的作用，并且上述观点在原申请文件中也没有任何的披露。因此权利要求4的技术方案相对于附件1不具备专利法第22条第3款规定的创造性。

在此基础上，合议组认为当事人已经充分发表了意见，本案事实已经调查清楚，现依法作出本决定。

二、决定的理由

1. 证据的认定

附件1（下称对比文件1）属于中国专利文献，其授权公告日为2007年1月24日，早于本专利的申请日2007年4月6日，因此可以作为评价本专利新颖性和创造性的现有技术。

2. 关于新颖性

专利法第22条第2款规定：“新颖性，是指在申请日以前没有同样的发明或者实用新型在国内外出版物上公开发表过、在国内公开使用过或者以其他方式为公众所知，也没有同样的发明或者实用新型由他人向国务院专利行政部门提出过申请并记载在申请日以后（含申请日）公布的专利申请文件中。”

根据审查指南第二部分第三章第3.1节的规定：如果涉案专利与现有技术公开的相关内容相比，其技术领域、所解决的技术问题、技术方案和预期效果实质上相同，则认为两者为同样的发明或者实用新型，涉案专利不具有新颖性。

独立权利要求1。

独立权利要求1要求保护一种可拆卸的矫形文胸，它包括有托胸外衬（1）和罩杯（2），其特征在于：罩杯（2）设置于托胸外衬（1）的内侧，且相互之间成活动扣接。

对比文件1公开了一种可集中脱高的内衣结构，并具体公开了以下内容（参见对比文件1说明书第2页倒数第5行至第3页第1行，图1和2）：内衣1由表布层10与内衬20结合，于表布层10与内衬20之间设有二罩杯30与二钢圈40，组设部51上设有多个公扣体511，内衣1的组设部51可结合二调整片体60，二调整片体60对应于内衣1组设部51配合设有母扣体61，而使二调整片体60的母扣体61与内衣1组设部51的公扣体511结合。

独立权利要求1与对比文件1相比，对比文件1中表布层10、内衬20以及其间的二罩杯30和二钢圈40构成的结构相当于独立权利要求1中的罩杯；对比文件1中二调整片体60相当于独立权利要求1中的托胸外衬，二调整片体60的母扣体61与内衣1组设部51的公扣体511结合相当于独立权利要求1中罩杯与托胸外衬相互之间成活动扣接，从图1和2中可以毫无疑义地确定表布层10、内衬20以及其间的二罩杯30和二钢圈40构成结构位于二调整片体60的内侧。

合议组认为，对比文件1公开了独立权利要求1的全部技术特征，并且两者都属于文胸技术领域，都能解决使文胸可拆卸并能矫形的技术问题，都能达到可以实现罩杯与托胸外衬可拆卸分离从而使用起来更灵活的技术效果。由此可见，对比文件1和权利要求1属于相同的技术领域，采用了相同的技术手段，能够解决相同的技术问题，并达到了相同的技术效果，因此权利要求1的技术方案相对于对比文件1不具备新颖性，不符合专利法第22条第2款的规定。

3．关于创造性

专利法第22条第3款规定：“创造性，是指同申请日以前已有的技术相比，该发明有突出的实质性特点和显著的进步，该实用新型具有实质性特点和进步。”

如果一项权利要求所要求保护的技术方案与最接近的现有技术之间存在区别技术特征，同时现有技术没有给出将上述区别技术特征应用到该最接近的现有技术以解决其存在的技术问题的技术启示，并且要求保护的技术方案相对于现有技术能够产生有益的技术效果，则该权利要求具备创造性。

（1）独立权利要求1。

基于上述第2点的评述可知，权利要求1相对于对比文件1不具备新颖性，因此相对于对比文件1不具备创造性。

（2）从属权利要求2。

权利要求2是独立权利要求1的从属权利要求，附加技术特征为“罩杯（2）与托胸外衬（1）的扣合是通过设置在罩杯（2）上的铁钩（3）和设置在托胸外衬（1）上的扣环（4）互相配合。”

对比文件1没有公开从属权利要求2的附加技术特征，因此该特征构成了从属权利要求2的技术方案与对比文件1的区别技术特征，从属权利要求2的技术方案实际要解决的技术问题是罩杯和托胸外衬借助铁钩和扣环的方式形成活动扣接。

对于本领域的普通技术人员而言，采用铁钩和扣环的方式形成活动连接是文胸技术领域中形成活动连接的惯用手段，属于本领域的公知常识，本专利选择铁钩和扣环的方式代替公扣体和母扣体的方式来实现活动连接的效果是显而易见的，在对比文件1的基础上采用文胸技术领域中常用的铁钩和扣环的连接方式从而得到从属权利要求2的技术方案对于该技术领域的技术人员来说是显而易见的，因此本专利从属权利要求2相对于对比文件1和公知常识的结合不具备实质性特点和进步，不具备专利法第22条第3款规定的创造性。

（3）从属权利要求3。

权利要求3是独立权利要求1的从属权利要求，附加技术特征为“罩杯（2）与托胸外衬（1）的连接也可以通过魔术贴或拉链来实现”。

对比文件1没有公开从属权利要求3的附加技术特征，因此该特征构成了从属权利要求3的技术方案与对比文件1的区别技术特征，从属权利要求3的技术方案实际要解决的技术问题是罩杯和托胸外衬借助魔术贴或拉链的方式形成活动扣接。

对于本领域的普通技术人员而言，采用魔术贴或拉链的方式形成活动连接是文胸技术领域中形成活动连接的惯用手段，属于本领域的公知常识，本专利选择魔术贴或拉链的方式代替公扣体和母扣体的方式来实现活动连接的效果是显而易见的，在对比文件1的基础上采用文胸技术领域中常用的魔术贴或拉链的连接方式从而得到从属权利要求3的技术方案对于该技术领域的技术人员来说是显而易见的，因此本专利从属权利要求3相对于对比文件1和公知常识的结合不具备实质性特点和进步，不具备专利法第22条第3款规定的创造性。

（4）从属权利要求4。

权利要求4是独立权利要求1的从属权利要求，附加技术特征为“托胸外衬（1）的前端（5）和后端（6）都设置有一组的扣环（71、72）。”

请求人认为，①权利要求4的附加技术特征中“托胸外衬的后端设置有一组扣环”的特征虽然与附件1公开的技术方案有所不同，但其作用与附件1中文胸后背扣是一样的，都起固定作用；②权利要求4的附加技术特征的作用是为了固定和调节文胸，并且已被附件1中的技术方案公开了；③托胸外衬如果脱离文胸罩杯而单独使用根本达不到托胸矫形的作用，并且上述观点在原申请文件中也没有任何的披露。

专利权人认为，正是由于权利要求 4 的特征：托胸外衬（1）的前端（5）和后端（6）都设置有一组扣环（71、72），使得托胸外衬可脱离文胸罩杯，单独使用或配合任何一款普通文胸使用，使其达到托胸的效果。无效宣告方依据的中国专利文献 CN2860134 的托胸外衬的后端设置的一组扣环，因结构不同，其托胸外衬一旦脱离罩杯或文胸主体，完全不能单独使用。

合议组认为，对比文件 1 的说明书第 2 页倒数第 3~4 行、第 3 页第 2~3 行及图 1 和 2 中公开了“表布层 10 与内衬 20 的两侧设有侧翼片 50；二调整片体 60 另端各设有勾体 601 与结合体 602，使二调整片体 60 的勾体 601 与结合体 602 结合”，且由图 2 中可看出二调整片体 60 的勾体 601 与结合体 602 设置于文胸内衣 1 的前端，而与文胸内衣后端的活动连接设置在侧翼片 50 上。

由此可见，从属权利要求 4 与对比文件 1 的区别在于：从属权利要求 4 的技术方案中托胸外衬不仅在罩杯外侧的前端具有扣环，而且在文胸的后部也具有扣环，而对比文件 1 中的二调整片体仅在文胸前端设有扣环，在文胸的后部没有扣环，仅侧翼片在文胸的后部有扣环。

因此相对于对比文件 1，从属权利要求 4 的技术方案实际要解决的技术问题是①通过在文胸的前部和后部都设置有扣环的托胸外衬，托胸外衬不仅能调节罩杯外侧的松紧程度，而且可以调节文胸后部的松紧程度；②通过在文胸的前部和后部都设置有托胸外衬并且托胸外衬与罩杯有活动扣接，使得托胸外衬与罩杯脱离后，托胸外衬能够单独搭配到其他胸罩上使用，参见本专利说明书第 2 页第 1~2 行，所能获得的技术效果是托胸外衬的前部和后部都能调节松紧程度，并且托胸外衬可与其他文胸搭配使用从而使其使用灵活多变的效果。而对比文件 1 要解决的技术问题是仅在文胸前部的罩杯外侧设置二调整片体，因此所能获得的技术效果是二调整片体仅能调节文胸前部的松紧程度，但不能调节文胸后部的松紧程度；此外，对比文件 1 中仅在文胸的前部设有二调整片体，在文胸的后部没有二调整片体，因此二调整片体一旦脱离罩杯，不能单独使用，不能达到矫形和托胸的作用。

由此可见，对比文件 1 没有公开从属权利要求 4 的技术方案、并且两者所要解决的技术问题以及所能获得的技术效果也不相同，在对比文件 1 中也没有给出将仅在文胸前部有活动扣接的二调整片体的现有结构改变为二调整片体在文胸前部和后部都具有活动扣环的技术启示，本领域的普通技术人员在对比文件 1 的基础上仍需要付出创造性的劳动才能得出权利要求 4 的技术方案，因此相对于对比文件 1，从属权利要求 4 的技术方案具有实质性特点和进步，具备专利法第 22 条第 3 款规定的创造性。

三、决定

宣告 200720050054.4 号实用新型专利权利要求 1~3 无效，维持其权利要求 4 继续有效。

当事人对本决定不服的，可以根据专利法第 46 条第 2 款的规定，自收到本决定之日起三个月内向北京市第一中级人民法院起诉。根据该款的规定，一方当事人起诉后，另一方当事人应当作为第三人参加诉讼。

CD 防盗标签

无效宣告请求审查决定（第 12579 号）

决　　定　　号　第 12579 号
决　　定　　日　2008 年 11 月 11 日
发明创造名称　CD 防盗标签
国 际 分 类 号　G09F 3/02，G09F 3/00
无效宣告请求人　常州市武进南方检测仪器有限公司
专　利　权　人　白文新
专　　利　　号　200720034612.8
申　　请　　日　2007 年 2 月 9 日
授 权 公 告 日　2008 年 2 月 6 日
合 议 组 组 长　高　栋
主　　审　　员　喻　颖
参　　审　　员　张　巍

法　律　依　据　专利法第 22 条第 3 款
决　定　要　点

如果权利要求所请求保护的技术方案与对比文件所公开的技术方案存在区别特征，而该区别特征属于所属技术领域的公知常识，则该权利要求所要求保护的技术方案相对于上述对比文件与公知常识的结合不具有创造性。

一、案由

本无效宣告请求涉及国家知识产权局于 2008 年 2 月 6 日授权公告、申请号为 200720034612.8、名称为“CD 防盗标签”的实用新型专利（下称本专利），其申请日是 2007 年 2 月 9 日，专利权人是白文新。

本专利授权公告的权利要求书内容如下：

“1. 一种 CD 防盗标签，其特征是：包括至少一根标签基体（1），标签基体（1）的两面粘合有 PET 膜双面胶（2），另外还包括形状相同、相互粘合的 PET 单面不干胶（3）和离形纸（4），标签基体（1）夹在 PET 单面不干胶（3）和离形纸（4）之间。

2. 根据权利要求 1 所述的 CD 防盗标签，其特征是：所述 PET 单面不干胶（3）和离形纸（4）为与 CD 形状一致的环状结构。

3. 根据权利要求 1 或 2 所述的 CD 防盗标签，其特征是：所述离形纸（4）由两片组成，并且部分重叠。”

针对上述专利权，常州市武进南方检测仪器有限公司（下称请求人）于2008年6月13日向国家知识产权局专利复审委员会提出无效宣告请求，其无效理由为本专利的权利要求1~3不符合专利法第22条第4款的规定，权利要求1不符合专利法实施细则第21条第2款的规定，权利要求1和2不符合专利法第22条第2款有关新颖性的规定，权利要求1~3不符合专利法第22条第3款有关创造性的规定。请求人提交了如下证据：

证据1：授权公告号为CN 1253727C的中国发明专利说明书复印件共15页，其授权公告日为2006年4月26日。

请求人认为：（1）本专利权利要求1~3的技术方案在参照说明书及附图1、2、4对其进行解释时，标签偏心粘贴到CD上后，将可能导致CD高速旋转时破坏平衡，对运转部件造成损害，因此偏心标签不能取得积极的效果，导致权利要求1~3不具有专利法第22条第4款规定的实用性；（2）本专利权利要求1技术方案在参照附图3解释时，标签基体的质量相对标签中心对称分布，可以取得良好机械平衡，但这一必要技术特征未写入权利要求1中，因此权利要求1不符合专利法实施细则第21条第2款的规定；（3）证据1公开了权利要求1~2的全部技术特征，因此权利要求1和2相对于证据1不符合专利法第22条第2款有关新颖性的规定；（4）权利要求1~3相对于证据1结合公知常识不符合专利法第22条第3款有关创造性的规定。

经形式审查合格后，专利复审委员会受理了该无效宣告请求，于2008年6月13日向双方当事人发出了无效宣告请求受理通知书，并将专利权无效宣告请求书及证据的副本转送给了专利权人。

专利复审委员会依法成立合议组对本案进行审理，合议组于2008年7月7日向双方当事人发出了无效宣告请求口头审理通知书，定于2008年9月4日在专利复审委员会进行口头审理。

口头审理于2008年9月4日如期举行，双方当事人均出席了口头审理。在口头审理中，双方当事人对合议组成员无回避请求，对合议组成员变更无异议。双方当事人对对方出庭人员身份无异议。专利权人对请求人提交的证据1的真实性无异议。请求人明确无效理由为：权利要求1~3不符合专利法第22条第4款的规定，权利要求1不符合专利法实施细则第21条第2款的规定，权利要求1~2相对于证据1不符合专利法第22条第2款有关新颖性的规定，权利要求1~3相对于证据1结合公知常识不符合专利法第22条第3款有关创造性的规定。

至此，合议组认为本案事实已经清楚，可以依法作出审查决定。

二、决定的理由

1. 关于证据

证据1是在本专利的申请日之前公开的专利文献，且专利权人对证据1的真实性无异议，因此，证据1可以作为评价本专利创造性的现有技术使用。

2. 关于创造性

专利法第22条第3款规定：创造性，是指同申请日以前已有的技术相比，该发明有突出的实质性特点和显著的进步，该实用新型有实质性特点和进步。

（1）权利要求1。

权利要求1请求保护一种CD防盗标签，其包括如下技术特征：

（a）包括至少一根标签基体，

（b）标签基体的两面粘合有PET膜双面胶，

（c）还包括形状相同、相互粘合的PET单面不干胶和离形纸，标签基体夹在PET单面不干胶和离形纸之间。

证据1公开了一种直接施加于光记录媒体的电子物品监视标记（即防盗标签），并具体公开了如下技术内容（参见证据1说明书第4页第4~10行，第4页第19~22行，第5页第9~13行，第5页第19~22行，第5页倒数第1行，第8页第1~4行）：用于光记录媒体（相当于CD）电子物品监视（EAS）标记10，标记包括圆形支承片12，该支承片具有居中的同心圆孔14，及两个标记元件16和18（相当于标签基体）。标记10还包括用于将标记附于小型光盘的粘合剂层24。用于将标记元件附于小型光盘的粘合剂24应比用于将标记元件附于支承片的粘合剂（图中未示）更有粘性。在图2B所示的另一个实施例中，标记11还包括在粘合剂层24顶部的分离衬垫23（相当于离形纸）。在标记10的一个例示实施例中，支承片12是透明的涤纶树脂薄膜的圆形部分。由此可见，证据1已经公开了依次包括支承片12、粘合剂层（图中未示）、标记元件18、粘合剂层24和分离衬垫23的防盗标签，其中支承片12为透明涤纶树脂薄膜（PET），在其一面施加粘合剂层即相当于使支承片12成为PET单面不干胶。本专利权利要求1的技术方案与证据1相比，区别在于：本专利权利要求1的标签基体两面都粘合有PET膜双面胶，作用是便于对标签基体进行定位。

通过对上述区别特征的分析，可以看出上述区别特征所确定的实际解决的技术问题是通过采用PET双面胶来对标签基体进行定位，方便操作。

对于该区别特征，合议组认为其属于所属技术领域的公知常识，采用PET双面胶来黏结相片、标签等并对其进行定位是PET双面胶的常规用途之一，并且其取得的技术效果也是所属技术领域的技术人员能够预料到的，证据1中通过施加低粘性粘合剂和粘合剂层24已经可以对标记元件（标签基体）进行定位，其中使用的低粘性粘合剂就是一种压敏粘合剂，而PET双面胶也是一种压敏胶，其作用原理与之类似，因此在标记元件的两面各粘合有一层PET膜双面胶，这种改变对于所属技术领域的技术人员来说是显而易见的，其取得的技术效果仍然是使标记元件与PET单面不干胶及离形纸在使用前进行粘合，因此不具备实质性特点和进步，权利要求1的技术方案相对于证据1与公知常识的结合不符合专利法第22条第3款有关创造性的规定。

（2）权利要求2。

权利要求2是权利要求1的从属权利要求，其附加技术特征为“所述PET单面不干胶（3）和离形纸（4）为与CD形状一致的环状结构”。证据1公开了支承片12为透明的涤纶树脂薄膜的圆形部分（参见证据1说明书第5页倒数第1行），虽然证据1中没有对分离衬垫（离形纸）的形状进行限定，但证据1中公开了将支承片粘合到小型光盘上的技术特征，为了有效地将支承片粘合在小型光盘上，不翘曲不起皱，常规的做法是对支承片涂敷整面的粘合剂，以使支承片与小型光盘整面都紧密粘合。相应地，为了避免粘合剂层粘附其他物品，分离衬垫也应该做成与施胶面对应的形状，即与支承片相同的形状，这也属于所属技术领域的公知常识。因此，在权利要求1不具备创造性的前提下，在证据1的基础上结合公知常识以得到权利要求2所要求保护的技术方案也是显而易见的，因此权利要求2也不具备实质性特点和进步，不符合专利法第22条第3款有关创造性的规定。

（3）权利要求3。

权利要求3是权利要求1或2的从属权利要求，其附加技术特征为“所述离形纸（4）由两片组成，并且部分重叠”，而这一附加技术特征也属于所属技术领域的公知常识，为了便于将大块面积的分离衬垫（离形纸）与粘合层分离，将分离衬垫设成由小块面积的两片或多片组成、部分重叠也是所属技术领域的技术人员所熟知的，因此，在权利要求1和2都不具备创造性的前提下，在证据1的基础上结合公知常识以得到权利要求3所要求保护的技术方案也是显而易见的，因此权利要求3也不具备实质性特点和进步，不符合专利法第22条第3款有关创造性的规定。

鉴于本专利权利要求1~3相对于证据1与公知常识的结合不具备专利法第22条第3款规定的创

造性的无效理由已经成立，合议组对于其他无效理由不再予以评述。

基于以上事实和理由，合议组作出如下决定。

三、决定

宣告 200720034612.8 号实用新型专利权全部无效。

当事人对本决定不服的，可以根据专利法第 46 条第 2 款的规定，自收到本决定之日起三个月内向北京市第一中级人民法院起诉。根据该款规定，一方当事人起诉后，另一方当事人应当作为第三人参加诉讼。

铁道混凝土弹性轨枕枕下用橡胶垫板

无效宣告请求审查决定（第12592号）

决　定　号　第12592号
决　定　日　2008年11月14日
发明创造名称　铁道混凝土弹性轨枕枕下用橡胶垫板
国 际 分 类 号　E01B 9/68
无效宣告请求人　衡水橡胶股份有限公司
专　利　权　人　四川宏亿复合材料工程技术有限公司
专　利　号　200520033409.X
申　请　日　2005年3月8日
授 权 公 告 日　2006年5月10日
合 议 组 组 长　刘敏飞
主　审　员　周文娟
参　审　员　王　森

法　律　依　据　专利法第22条第2款、第3款
决　定　要　点

在判断一项实用新型权利要求的创造性时，首先应当将该权利要求所述技术方案与最接近的现有技术相比较，找出它们之间的区别技术特征，然后再考察该区别特征的引入是否给该权利要求所要保护的技术方案带来了实质性特点和进步。

一、案由

本无效宣告请求涉及中华人民共和国国家知识产权局于2006年5月10日授权公告的、名称为“铁道混凝土弹性轨枕枕下用橡胶垫板”的200520033409.X号实用新型专利（下称本专利），其申请日是2005年3月8日，专利权人是四川宏亿复合材料工程技术有限公司（专利权人由成都宏亿复合材料工程技术有限公司变更为四川宏亿复合材料工程技术有限公司）。本专利授权公告的权利要求书如下：

“1. 铁道混凝土弹性轨枕枕下用橡胶垫板，其特征在于：垫板分顶面（1）和底面（2），垫板顶面（1）上分布有平行纵向沟槽（3），底面（2）分布有圆弧形凹槽（4）。

2. 根据权利要求1所述的铁道混凝土弹性轨枕枕下用橡胶垫板，其特征在于：平行纵向沟槽（3）深4~8mm，平行纵向沟槽（3）之间的距离为10~20mm，垫板四周倒角100°~150°。

3. 根据权利要求1所述的铁道混凝土弹性轨枕枕下用橡胶垫板，其特征在于：圆弧形凹槽（4）

之间的距离为120~180mm。

4. 根据权利要求1所述的铁道混凝土弹性轨枕枕下用橡胶垫板，其特征在于：垫板厚度为12~25mm。”

针对本专利权，衡水橡胶股份有限公司（下称请求人）于2008年5月12日向专利复审委员会提出无效宣告请求，认为本专利不符合专利法第22条第2款、第3款的规定，请求人同时提交了如下附件：

附件1：授权公告日为1999年1月20日、授权公告号为CN2304686Y（专利号为97221030.X）的中国实用新型专利说明书，共8页；

附件2：授权公告日为2003年7月30日、授权公告号为CN2563181Y（专利号为02231562.4）的中国实用新型专利说明书，共5页；

附件3：授权公告日为2003年10月8日、授权公告号为CN2578383Y（专利号为02244681.8）的中国实用新型专利说明书，共5页；

附件4：授权公告日为2001年2月14日、授权公告号为CN2419246Y（专利号为99216279.3）的中国实用新型专利说明书，共6页；

附件5：授权公告日为2004年10月13日、授权公告号为CN2647908Y（专利号为200320114795.6）的中国实用新型专利说明书，共7页；

附件6：中华人民共和国铁道部1995-03-10发布、1995-09-01实施的中华人民共和国铁道行业标准TB/T2626-1995“铁道混凝土枕轨下用橡胶垫板技术条件”的复印件，共9页；

附件7：张启跃主编、化学工业出版社出版、2005年5月第1版第1次印刷的《橡胶工业配件生产技术》封面、版权页、第294~299页的复印件，共5页。

请求人认为：（1）权利要求1相对于附件1不具备新颖性，附件1披露了垫板的上下两面设置有凹槽，而凹槽的形式为沟槽和圆弧形；权利要求1相对于附件1~7不具备创造性，其中附件1与本专利领域相同，明确写明垫板上下分布有数条弧形凹槽，所起作用与本专利相同，且从实施例和附图看出，凹槽为平行纵向分布，且涉及沟槽和圆弧形凹槽两种形状；附件6的行业标准规定垫板要设置沟槽；附件2~5具体指明了垫板上设有凹槽以及凹槽的形状；附件7图3-4-1记载垫板一面是沟槽，一面是圆弧形凹槽；（2）权利要求2~4不具备创造性。其中附件1披露了沟槽间距为10~20mm，沟槽深度为3~6mm，倒角为公知技术；根据附件6行业标准中规定的一定宽度的垫板上应具备凹槽的数量，可以推算出来附件3的附加技术特征；权利要求4限定的垫板厚度在附件6中公开。

经形式审查合格，专利复审委员会依法受理了上述无效宣告请求，并于2008年5月12日向请求人和专利权人发出无效宣告请求受理通知书，同时将专利权无效宣告请求书及其附件清单中所列附件的副本转送给专利权人，并要求专利权人在指定的期限内陈述意见。

专利复审委员会于2008年6月11日收到了请求人提交的意见陈述书。请求人认为：（1）权利要求1相对于附件1~4中的任一篇不具备新颖性；（2）权利要求1相对于附件2与附件1、3、4、5、6中的任一篇结合不具备创造性；（3）权利要求2~4的限定内容根据具体使用材料、使用场合和技术条件容易计算出来，且附件中已经给出了所有参考数据，故权利要求2~4也不具备新颖性；（4）权利要求2~4相对于附件2与6结合，或附件1与附件2~4中任一篇的结合不具备创造性。

专利复审委员会依法成立合议组，对本无效宣告请求进行审查。

本案合议组于2008年7月7日向双方发出无效宣告请求口头审理通知书，定于2008年9月18日在专利复审委员会举行口头审理。随同口头审理通知书，将专利复审委员会于2008年6月11日收到的请求人提交的意见陈述书转送给专利权人。

针对专利复审委员会发出的上述无效宣告请求口头审理通知书，专利权人于2008年8月22日提交了意见陈述书，同时提交了如下证据：

证据1：郑州铁路局郑州指挥部2007年3月出具的“弹性轨枕运用证明”复印件，共1页；

证据2：2005年6月29日铁道部科学技术司和铁道部运输局“关于印发《混凝土弹性轨枕工程应用技术研究评审意见》的通知”（科技基函［2005］62号）复印件，共4页；

证据3：北京铁路局安全监察室编、中国铁道出版社出版、2002年12月第3次印刷的《铁路运输安全问答（第二版）》的版权信息页、第195和197页复印件，共3页。

专利权人认为：（1）附件7公开日在本专利申请日之后，不能作为评价新颖性和创造性的证据；（2）附件1~6均是涉及铺设于钢轨与混凝土轨枕之间的橡胶垫片，而本专利是铺设于混凝土轨枕与碎石道床之间的橡胶垫片，本专利与附件1~6相比，领域不同，需求不同，作用不同，从而导致结构也不同；（3）本专利与最接近的现有技术相比，区别在于：上端沟槽小且间距小，下端圆形凹槽的数量、间距和形状差别显著，而该区别正是用于实现垫片上顶面与混凝土轨枕粘接，下顶面与碎石道床接触，实现减震功效，现有技术中没有任何技术启示得到本专利产品。

口头审理如期举行，双方当事人均参加了口头审理。

在口头审理中，请求人当庭放弃附件3、4和7，提交附件8作为公知常识性证据，附件8为石油化学工业出版社出版、1975年11月第1次印刷的《橡胶工业手册 第五分册 工业、生活及乳胶制品》的封面、版权页、第222~229页复印件共6页。合议组将请求人提交的附件8当庭转给专利权人，并将专利权人于2008年8月22日提交的意见陈述书和证据1~3当庭转给请求人。请求人明确其无效范围、理由和证据为：权利要求1相对于附件1或2不具备新颖性；权利要求2~4相对于附件1不具备新颖性；权利要求1相对于附件2结合附件1、5、6中的任一篇不具备创造性，其中最接近的对比文件为附件2或附件5；权利要求2的附加技术特征已被附件1公开；权利要求3的附加技术特征已被附件1或6公开；权利要求4的附加技术特征已被附件1或6公开。专利权人对附件1~8的真实性没有异议，但认为附件8印有“内部发行”字样，对附件8的公开性有异议，并且附件8的提交超过了举证期限，不应采用。专利权人明确表示证据1和2用于证明本专利的新颖性和创造性，证据3仅供参考，不作为证据使用。请求人对证据1~3的真实性和关联性均有异议。

至此，合议组认为本案事实已经清楚，可以作出审查决定。

二、决定的理由

1. 关于证据和现有技术

请求人提交的证据包括附件1~8。请求人在口头审理时当庭表示放弃附件3、4和7，因此合议组对附件3、4、7不予评述。专利权人对附件1、2、5、6的真实性没有异议，附件1、2、5、6为公开出版物，且其公开日期在本专利的申请日前，因此合议组经审查认可附件1、2、5、6的真实性，其可以作为本专利的现有技术使用。

请求人当庭提交了附件8，专利权人认为附件8的提交超过了举证期限，不应采用，并且附件8印有“内部发行”字样，对其公开性有异议。就此合议组认为，附件8为橡胶工业手册，属于技术手册，根据审查指南第四部分第三章第4.3.1节关于请求人举证的规定，技术手册是公知常识性证据，请求人在口头审理终结前提交，并结合证据具体说明相关无效理由的，不属于专利复审委员会不予考虑的、请求人在提出无效宣告请求之日起一个月后补充的证据的情形，所以合议组对附件8予以接受。此外，在附件8的内容提要中明确记载了“本书主要供橡胶工业战线及有关工业战线具有一定生产经验的工人、技术人员和管理干部使用，也可供有关部门工作人员和高等院校师生参考”，由此附件8是供广大技术工作者和高等院校师生使用和参考的，并且附件8上印有出版发行单位、书号及定价，可见附件 8 是公开出版发行的，同时也无证据表明附件 8 是在特定范围内发行并要求保密的，因此附件 8 属于公开出版物。专利权人对附件 8 的真实性无异议，合议组经审查认可其真实性。并且由于附件 8 的公开日早于本专利的申请日，因此附件 8 可以作为本专利的现有技术使用。

2. 关于专利法第 22 条第 2 款、第 3 款

专利法第 22 条第 2 款规定，新颖性，是指在申请日以前没有同样的发明或者实用新型在国内外出版物上公开发表过、在国内公开使用过或者以其他方式为公众所知，也没有同样的发明或者实用新型由他人向国务院专利行政部门提出过申请并且记载在申请日以后公布的专利申请文件中。

专利法第 22 条第 3 款规定，创造性，是指同申请日以前已有的技术相比，该发明有突出的实质性特点和显著的进步，该实用新型有实质性特点和进步。

在判断一项实用新型权利要求的创造性时，首先应当将该权利要求所述技术方案与最接近的现有技术相比较，找出它们之间的区别技术特征，然后再考察该区别特征的引入是否给该权利要求所要保护的技术方案带来了实质性特点和进步。

（1）权利要求 1 相对于附件 1 和 2 的结合的创造性。

请求人认为，权利要求 1 相对附件 1 和 2 的结合不具备创造性，其中附件 2 为最接近的对比文件，附件 1 和 2 相对于权利要求 1 公开的技术特征相同。

合议组经审查认为：附件 2（参见权利要求 3 和附图 1）公开了一种高弹性垫板，在其本体上、下两面一体形成有沟槽状不规则体，沟槽状的槽底呈现弧形。

将附件 2 与本专利权利要求 1 进行对比：附件 2 中所述的垫板本体上、下两面相当于权利要求 1 所述的垫板顶面和底面；从附件 2 的附图 1 可以看出，所述垫板本体上、下表面分布有圆弧形凹槽。由此可见，二者区别在于：①附件 2 没有明确记载本体上面的沟槽是平行纵向分布；②本专利权利要求 1 要求保护的是一种铁道混凝土弹性轨枕枕下用橡胶垫板，而附件 2 中没有明确公开所述高弹性垫板为枕下用橡胶垫板。附件 1（参见权利要求 1 和附图 3-4）公开了一种高弹性橡胶垫板，是一种矩形板，矩形板上、下表面设置有数条交错排列的弧形凹槽。此外，从附件 1 的图 3-4 可以看出，矩形板上表面的弧形凹槽呈纵向排列，并且平行分布，而且对于本领域技术人员来说，为了使垫板强度和受力均匀而使沟槽平行分布是惯常采用的技术手段。从而本领域技术人员很容易想到将附件 2 和附件 1 结合起来得到本专利权利要求 1 所述结构的垫板。专利权人认为，附件 1 和 2 公开的均是轨下垫板，用于钢轨与轨枕之间，而本专利是枕下用垫板，用于轨枕与道床之间，枕下和轨下垫板的区别主要体现在：①枕下垫板上下表面的沟槽和凹槽的形状结构与轨下垫板不同；②两者的固定方式不同，轨下垫板一般采用紧固件形式固定，而枕下垫板通常是黏结固定。就此合议组认为，附件 1、2 与本专利均属于轨道用的弹性垫板，无论是轨下还是枕下用橡胶垫板都是用于弹性减震从而降低轨道刚度、提高轨道稳定性以及承载能力，并且本专利权利要求 1 限定的垫板结构已经被附件 1 和 2 公开，即附件 1 和 2 公开了与权利要求 1 相同的垫板上下表面沟槽和凹槽的形状结构，且本专利权利要求 1 并未对沟槽的数量和间距作出限定，也未对垫板的固定方式作出限定。由于轨下用垫板与枕下用垫板的技术领域极为相近，且两者所达到的技术效果基本相同，均能提高轨道的稳定性和承载能力，因此，本领域技术人员将附件 1 和 2 公开的垫板用于枕下垫板、从而得到权利要求 1 保护的技术方案是不需要花费创造性劳动的。本专利权利要求 1 不具备创造性，不符合专利法第 22 条第 3 款的规定。

（2）权利要求 2 和 4 相对于附件 1 和 2 的结合的创造性。

权利要求 2、4 均引用权利要求 1。其中权利要求 2 进一步限定了平行纵向沟槽槽深、间距和垫板四周倒角的角度；权利要求 4 进一步限定了垫板厚度。请求人认为权利要求 2 和 4 的附加技术特征已被附件 1 公开。

附件 1 公开了橡胶垫板为厚度为 7 ~ 12mm 的矩形板，板上、下表面弧形凹槽槽间距离为 10 ~ 20mm，槽深为 3 ~ 6mm。显然该附件已经公开了权利要求 2 除垫板四周倒角角度之外的附加技术特征和权利要求 4 的全部附加技术特征。虽然附件 1 没有公开权利要求 2 所述垫板四周倒角的角度，但是本领域技术人员为了消除应力集中以及施工方便通常都会在矩形板四周形成倒角，而 100° ~ 150° 的倒角角度属于本领域常规的使用范围，且本专利说明书并未记载该倒角范围的选择会给垫板带来预料不到的技术效果，所以在橡胶垫板上采用如附件 1 所述的垫板厚度、槽间距、槽深以及 100° ~ 150° 垫板四周倒角对于本领域技术人员而言是显而易见的。因此，在权利要求 1 不具备创造性的情况下，权利要求 2 和 4 也不具备创造性，不符合专利法第 22 条第 3 款的规定。

（3）权利要求 3 的新颖性和创造性。

权利要求 3 进一步限定圆弧形凹槽之间的间距为 120 ~ 180mm。请求人认为，附件 1 中没有公开该附加技术特征，附件 6 中公开了 170^{+3}_{-1}mm 的定位角间距，附件 8 给出了垫板要达到的弹性要求，本领域技术人员很容易得到技术启示将垫板下表面圆弧形凹槽间距设置为 120 ~ 180mm。专利权人认为，设置较大槽间距可以增强槽边对不规则道碴锋利棱边及尖角破坏的抵抗力、限制道碴的流动性来增强碎石道床的稳定性，最终通过垫板底面的形状构造与垫板弹性的结合保证了在机车高速时碎石道床的稳定性和受力均匀性，从而减缓冲击，保护轨枕，防止碎石道床硬结和道碴粉化，降低轨道维修费用，延长维修周期。

合议组经审查后认为，首先，附件 1 或 6 均未公开权利要求 3 所述的槽间距，其公开的槽间距都远远小于权利要求 3 所述槽间距；其次，附件 6 公开的该值只是定位角间距，而不是槽间距，二者含义完全不同，虽然附件 8 给出了橡胶轨枕垫的物理机械性能要求，但请求人并未证明如何根据轨枕垫的机械性能要求及定位角间距得到垫板的槽间距，更无法确定垫板槽间距为 120 ~ 180mm。因此，关于请求人认为权利要求 3 的附加技术特征被附件 1 或 6 公开的主张不成立。并且权利要求 3 的技术方案取得了降低轨道刚度、提高轨道弹性的有益效果。由此，请求人关于权利要求 3 不具备新颖性和创造性的主张不成立。

基于权利要求 1 ~ 2 和 4 不具备专利法第 22 条第 3 款规定的创造性，应予无效，合议组对请求人针对权利要求 1 ~ 2 和 4 的其他无效理由不再予以评述。

专利权人用证据 1 和 2 证明本专利的新颖性和创造性。对此，合议组认为，证据 1 和 2 分别为弹性轨枕运用的证明材料和科技基函，但无任何证据表明证据 1 和 2 中所指的橡胶垫板和弹性轨枕就是本专利要求保护的产品，并且证据 1 和 2 本身也仅是说明弹性轨枕在实际中应用及技术可行，无法用于证明本专利的新颖性和创造性。因此，专利权人关于使用证据 1 和 2 证明本专利具备新颖性和创造性的主张不成立。

根据上述事实和理由，本案合议组依法作出以下决定。

三、决定

宣告 200520033409. X 号实用新型专利权的权利要求 1、2 和 4 无效，在权利要求 3 的基础上维持该专利权继续有效。

当事人对本决定不服的，可以根据专利法第 46 条第 2 款的规定，自收到本决定之日起三个月内向北京市第一中级人民法院起诉。根据该款的规定，一方当事人起诉后，另一方当事人应当作为第三人参加诉讼。

北京市第一中级人民法院
行政判决书

（2009）一中行初字第666号

原告衡水橡胶股份有限公司，住所地河北省衡水市大庆东路27号。

法定代表人魏存杰，董事长。

委托代理人王苑祥，男，1947年1月7日出生，汉族，河北省知识产权服务中心职员，住河北省石家庄市桥西区红旗大街红旗生活小区5栋3单元302号。

委托代理人郭永军，男，197年8月14日出生，汉族，河北省知识产权服务中心职员，住河北省石家庄市长安区跃进路104号25栋3单元201号。

被告国家知识产权局专利复审委员会，住所地北京市海淀区北四环西路9号。

法定代表人廖涛，副主任。

委托代理人周文娟，女，国家知识产权局专利复审委员会审查员。

委托代理人朱茜，女，国家知识产权局专利复审委员会审查员。第三人四川宏亿复合材料工程技术有限公司，住所地四川省成都市洪河镇桃源街。

法定代表人杨玉玺，董事长。

委托代理人韦庆文，男，北京思创毕升专利事务所专利代理人。

委托代理人刘明华，女，北京思创毕升专利事务所专利代理人。

原告衡水橡胶股份有限公司不服被告国家知识产权局专利复审委员会作出的行政决定，于2009年2月26日向本院提起行政诉讼。本院受理后，依法组成合议庭，依据《中华人民共和国行政诉讼法》第二十七条的规定通知四川宏亿复合材料工程技术有限公司作为本案第三人参加诉讼。2009年4月22日，本院公开开庭审理了本案，原告的委托代理人王苑祥、郭永军，被告的委托代理人周文娟、朱茜，第三人的委托代理人韦庆文、刘明华到庭参加了诉讼。本案现已审理终结。

被告于2008年11月14日针对原告提出的无效宣告请求作出了第12592号无效宣告请求审查决定（以下简称被诉决定），宣告第200520033409. X号实用新型专利权（以下简称本专利）的权利要求1、2和4无效，在权利要求3的基础上维持该专利权继续有效。

在法定期限内，被告向本院提交了下列证据的复印件以证明被诉决定的合法性：1. 本专利说明书；2. 授权公告日为1999年1月20日、授权公告号为CN2304686Y（专利号为97221030. X）的中国实用新型专利说明书，共8页（即被诉决定中的附件1；以下简称附件1）；3. 授权公告日为2003年7月30日、授权公告号为CN2563181Y（专利号为02231562. 4）的中国实用新型专利说明书，共5页（即被诉决定中的附件2；以下简称附件2）；4. 中华人民共和国铁道部1995-03-10发布、1995-09-01实施的中华人民共和国铁道行业标准TB/T2626-1995“铁道混凝土枕轨下用橡胶垫板技术条件”，共9页（即被诉决定中的附件6；以下简称附件6）；5. 石油化学工业出版社出版、1975年11月第1次印刷的《橡胶工业手册第五分册工业、生活及乳胶制品》的封面、版权页、第222-229页（即被诉决定中的附件8；以下简称附件8）；6. 口审记录表。

原告诉称：被诉决定认定本专利权利要求1、2和4不具备创造性，并宣告该部分权利要求无效，原告对此不持异议。但是被告认为权利要求3具备新颖性和创造性则属于认定事实错误。首先，在引用的权利要求被宣告无效的情况下，权利要求3的技术内容仅仅在于地面结构的尺寸，而说明书中也没有记载该尺寸带来的有益技术效果和作用。同时，具体的几何尺寸完全是本领域内的普通技术人员根据应用现场的需要通过简单的计算就可以得出的，属于公知技术。本专利申请日之前的相关公开文献已经记载了相关的计算方法，本领域技术人员应当熟知这些方法，因此，权利要求 3 不具备新颖性。其次，在垫板上设圆弧形凹槽是已有技术，凹槽间的距离设置可以用来调节橡胶垫板的弹性模量，距离大弹性模量小，反之亦然，负荷和形变的因素确定后，对橡胶的弹性模量也就可以确定，由此即可得出圆弧形凹槽之间的距离，不需要任何创造性的劳动。因此，本专利权利要求 3 也不具备创造性。综上，被诉决定认定事实不清，请求法院撤销被诉决定中维持本专利权利要求 3 有效的部分，责令被告重新作出无效宣告请求审查决定。

在法定期限内，原告向本院提交了下列证据的复印件以支持其诉讼主张：1. 被诉决定；2.《天津橡胶》一书《制品与应用》2000. N0. 3 中公开的《铁路混凝土枕上用橡胶垫板刚度及其影响因素》一文。

被告辩称：第一，本专利说明书已经记载了本专利的诸多优点，不存在原告所称的说明书中未记载该尺寸带来的有益技术效果和作用的情形；第二，原告并未提供任何证据证明可以根据什么条件、如何计算得到本专利权利要求 3 所述的 120~180mm 的凹槽间距，也未提供任何证据表明设置上述凹槽间距属于本领域的公知常识；第三，原告提交的证据 2 属于在行政程序中未提交的证据，请求法院不予采纳。综上，被诉决定认定事实清楚、审理程序合法，适用法律正确、审查结论正确，原告的诉讼理由不能成立，故请求法院驳回原告诉讼请求，维持被诉决定。

第三人述称：第一，本专利说明书已经记载了本专利的诸多优点，原告认为本专利说明书没有记录任何有益的作用和效果，这一主张缺乏事实依据；第二，原告未能提供证据证明在垫板上设置圆弧形凹槽是已有技术，原告提供的证据均是钢轨和枕轨之间的垫板，不是本专利所指的橡胶垫板，二者在结构、功能、作用和效果上有着本质的区别，也有着不同的行业标准。第三，原告未能举证证明凹槽之间的距离属于本行业的公知常识，也没有列举其条件、计算公式、方法和步骤等内容。综上，被诉决定认定事实清楚、审理程序合法，适用法律正确、审查结论正确，原告的诉讼理由不能成立，故请求法院驳回原告诉讼请求，维持被诉决定。

第三人在法定期限内未向本院提交证据。

经庭审质证，原告对被告证据的关联性、合法性、真实性均无异议，但认为这些证据并不能证明被诉决定维持本专利权利要求 3 有效正确。第三人对于被告证据的关联性、合法性、真实性及证明作用均无异议。被告和第三人对于原告提交的证据 1 的关联性、合法性、真实性及证明作用均无异议，但认为证据 2 未在行政程序中提交，与本案不具有关联性。本院经审查认为，被告提交的所有证据和原告提交的证据 1 均与本案被诉决定的合法性审查有关，本院均予采纳。

原告提交的证据 2 未在行政程序中提交且缺乏正当理由，本院不予采纳。

根据上述有效证据及各方当事人无争议的陈述，本院认定事实如下：

本专利的申请日是 2005 年 3 月 8 日、授权公告日为 2006 年 5 月 10 日、名称为“铁道混凝土弹性轨枕枕下用橡胶垫板”，专利权人由原来的成都宏亿复合材料工程技术有限公司变更为本案第三人。本专利授权公告的权利要求书如下：

“1. 铁道混凝土弹性轨枕枕下用橡胶垫板，其特征在于：垫板分顶面（1）和底面（2），垫板顶面（1）上分布有平行纵向沟槽（3），底面（2）分布有圆弧形凹槽（4）。

2. 根据权利要求 1 所述的铁道混凝土弹性轨枕枕下用橡胶垫板，其特征在于：平行纵向沟槽（3）深 4~8mm，平行纵向沟槽（3）之间的距离为 10~20mm，垫板四周倒角 100~150°。

3. 根据权利要求 1 所述的铁道混凝土弹性轨枕枕下用橡胶垫板，其特征在于：圆弧形凹槽（4）

之间的距离为 120~180mm。

4. 根据权利要求 1 所述的铁道混凝土弹性轨枕枕下用橡胶垫板，其特征在于：垫板厚度为12~25mm。”

针对本专利权，原告于 2008 年 5 月 12 日向被告提出无效宣告请求，认为本专利不符合《中华人民共和国专利法》（以下简称《专利法》）第二十二条第二、三款的规定，同时提交了包括附件 1、附件 2、附件 6 在内的 7 份对比文件，其中附件 5 为：授权公告日为 2004 年 10 月 13 日、授权公告号为 CN2647908Y（专利号为 200320114795.6）的中国实用新型专利说明书，共 7 页（以下简称附件 5）。原告同时提交书面意见详细阐述了其无效理由。

经形式审查合格，被告受理了上述无效宣告请求，并于 2008 年 5 月 12 日向原告和第三人发出无效宣告请求受理通知书，同时将专利权无效宣告请求书及其附件清单中所列附件的副本转送给第三人，并要求第三人在指定的期限内陈述意见。

被告于 2008 年 6 月 11 日收到了原告提交的意见陈述书。

2008 年 7 月 7 日，被告向原告与第三人发出无效宣告请求口头审理通知书，定于 2008 年 9 月 18 日举行口头审理。随同口头审理通知书，将其于 2008 年 6 月 11 日收到的原告提交的意见陈述书转送给第三人。

针对被告发出的上述无效宣告请求口头审理通知书，第三人于 2008 年 8 月 22 日向被告提交了意见陈述书，同时提交了如下反证：反证 1：郑州铁路局郑州指挥部 2007 年 3 月出具的“弹性轨枕运用证明”复印件，共 1 页；反正 2：2005 年 6 月 29 日铁道部科学技术司和铁道部运输局“关于印发《混凝土弹性轨枕工程应用技术研究评审意见》的通知”（科技基函［2005］62 号）复印件，共 4 页；反证 3：北京铁路局安全监察室编、中国铁道出版社出版、2002 年 12 月第 3 次印刷的《铁路运输安全问答（第二版）》的版权信息页、第 195 和 197 页复印件，共 3 页。

口头审理如期举行，原告与第三人均参加了口头审理。口头审理中，原告当庭表示仅保留附件 1、附件 2、附件 5、附件 6 作为对比文件，放弃其他附件，其同时提交附件 8 作为公知常识性证据。被告将原告提交的附件 8 当庭转给第三人，并将第三人于 2008 年 8 月 22 日提交的意见陈述书和反证 1-3 当庭转给原告。原告明确其无效范围、理由和证据为：权利要求 1 相对于附件 1 或 2 不具备新颖性；权利要求 2~4 相对于附件 1 不具备新颖性；权利要求 1 相对于附件 2 结合附件 1、5、6 中的任一篇不具备创造性，其中最接近的对比文件为附件 2 或附件 5；权利要求 2 的附加技术特征已被附件 1 公开；权利要求 3 的附加技术特征已被附件 1 或 6 公开；权利要求 4 的附加技术特征已被附件 1 或 6 公开。

第三人对原告提交的所有附件的真实性没有异议，但认为附件 8 印有“内部发行”字样，对附件 8 的公开性有异议，并且附件 8 的提交超过了举证期限，不应采用。第三人明确表示反证 1 和 2 用于证明本专利的新颖性和创造性，反证 3 仅供参考，不作为证据使用。原告对反证 1-3 的真实性和关联性均有异议。

被告经审查认为：

1. 关于证据和现有技术。

第三人对附件 1、2、5、6 的真实性没有异议，附件 1、2、5、6 为公开出版物，且其公开日期在本专利的申请日前，因此对附件 1、2、5、6 的真实性予以认可，其可以作为本专利的现有技术使用。附件 8 为橡胶工业手册，属于技术手册，根据《审查指南》第四部分第三章第 4.3.1 节关于请求人举证的规定，技术手册是公知常识性证据，原告在口头审理终结前提交，并结合证据具体说明相关无效理由的，不属于被告不予考虑的、请求人在提出无效宣告请求之日起一个月后补充的证据的情形，所以被告对附件 8 予以接受。此外，在附件 8 的内容提要中明确记载了“本书主要供橡胶工业战线及有关工业战线具有一定生产经验的工人、技术人员和管理干部使用，也可供有关部门工作人员和高等院校师生参考”，由此附件 8 是供广大技术工作者和高等院校师生使用和参考的，并且附件 8 上印有出版发行单位、书号及定价，可见附件 8 是公开出版发行的，同时也无证据表明附件 8 是在特定范围内发行并要求保密的，因此附件 8 属于公开出版物。第三人对附件 8 的真实性无异议，对其真实性予以认可。并且由于附件 8 的公开日早于本专利的申请日，因此附件 8 可以作为本专利的现有技术使用。

2. 关于《专利法》第二十二条第二、三款。

《专利法》第二十二条第二款规定，新颖性是指在申请日以前没有同样的发明或者实用新型在国内外出版物上公开发表过、在国内公开使用过或者以其他方式为公众所知，也没有同样的发明或者实用新型由他人向国务院专利行政部门提出过申请并且记载在申请日以后公布的专利申请文件中。

《专利法》第二十二条第三款规定，创造性是指同申请日以前已有的技术相比，该发明有突出的实质性特点和显著的进步，该实用新型有实质性特点和进步。

在判断一项实用新型权利要求的创造性时，首先应当将该权利要求所述技术方案与最接近的现有技术相比较，找出它们之间的区别技术特征，然后再考察该区别特征的引入是否给该权利要求所要保护的技术方案带来了实质性特点和进步。

（1）权利要求 1 相对于附件 1 和 2 的结合的创造性。

原告认为，权利要求 1 相对附件 1 和 2 的结合不具备创造性，其中附件 2 为最接近的对比文件，附件 1 和 2 相对于权利要求 1 公开的技术特征相同。

被告经审查认为：附件 2（参见权利要求 3 和附图 1）公开了一种高弹性垫板，在其本体上、下两面一体形成有沟槽状不规则体，沟槽状的槽底呈现弧形。

将附件 2 与本专利权利要求 1 进行对比：附件 2 中所述的垫板本体上、下两面相当于权利要求 1 所述的垫板顶面和底面；从附件 2 的附图 1 可以看出，所述垫板本体上、下表面分布有圆弧形凹槽。由此可见，二者区别在于：1）附件 2 没有明确记载本体上面的沟槽是平行纵向分布；2）本专利权利要求 1 要求保护的是一种铁道混凝土弹性轨枕枕下用橡胶垫板，而附件 2 中没有明确公开所述高弹性垫板为枕下用橡胶垫板。附件 1（参见权利要求 1 和附图 3-4）公开了一种高弹性橡胶垫板，是一种矩形板，矩形板上、下表面设置有数条交错排列的弧形凹槽。此外，从附件 1 的图 3-4 可以看出，矩形板上表面的弧形凹槽呈纵向排列，并且平行分布，而且对于本领域技术人员来说，为了使垫板强度和受力均匀而使沟槽平行分布是惯常采用的技术手段。从而本领域技术人员很容易想到将附件 2 和附件 1 结合起来得到本专利权利要求 1 所述结构的垫板。第三人认为，附件 1 和 2 公开的均是轨下垫板，用于钢轨与轨枕之间，而本专利是枕下用垫板，用于轨枕与道床之间，枕下和轨下垫板的区别主要体现在：1）枕下垫板上下表面的沟槽和凹槽的形状结构与轨下垫板不同；2）两者的固定方式不同，轨下垫板一般采用紧固件形式固定，而枕下垫板通常是粘结固定。就此被告认为，附件 1、2 与本专利均属于轨道用的弹性垫板，无论是轨下还是枕下用橡胶垫板都是用于弹性减震从而降低轨道刚度、提高轨道稳定性以及承载能力，并且本专利权利要求 1 限定的垫板结构已经被附件 1 和 2 公开，即附件 1 和 2 公开了与权利要求 1 相同的垫板上下表面沟槽和凹槽的形状结构，且本专利权利要求 1 并未对沟槽的数量和间距作出限定，也未对垫板的固定方式作出限定。由于轨下用垫板与枕下用垫板的技术领域极为相近，且两者所达到的技术效果基本相同，均能提高轨道的稳定性和承载能力，因此，本领域技术人员将附件 1 和 2 公开的垫板用于枕下垫板、从而得到权利要求 1 保护的技术方案是不需要花费创造性劳动的。本专利权利要求 1 不具备创造性，不符合《专利法》第二十二条第三款的规定。

（2）权利要求 2 和 4 相对于附件 1 和 2 的结合的创造性。

权利要求 2、4 均引用权利要求 1。其中权利要求 2 进一步限定了平行纵向沟槽槽深、间距和垫板四周倒角的角度；权利要求 4 进一步限定了垫板厚度。原告认为权利要求 2 和 4 的附加技术特征已被附件 1 公开。

附件 1 公开了橡胶垫板厚度为 7~12mm 的矩形板，板上、下表面弧形凹槽槽间距离为 10~20mm，槽深为 3~6mm。显然该附件已经公开了权利要求 2 除垫板四周倒角角度之外的附加技术特征和权利要求 4 的全部附加技术特征。虽然附件 1 未公开权利要求 2 所述垫板四周倒角的角度，但是本领域技术人员为了消除应力集中以及施工方便通常都会在矩形板四周形成倒角，而 100-150° 的倒角角度属于本领域常规的使用范围，且本专利说明书并未记载该倒角范围的选择会给垫板带来预料不到的技术效果，所以在橡胶垫板上采用如附件 1 所述的垫板厚度、槽间距、槽深以及 100~150° 垫板四周倒角对于本领域技术人员而言是显而易见的。因此，在权利要求 1 不具备创造性的情况下，权利要求 2 和 4 也不具备创造性，不符合《专利法》第二十二条第三款的规定。

（3）权利要求 3 的新颖性和创造性。

权利要求 3 进一步限定圆弧形凹槽之间的间距为 120~180mm。原告认为，附件 1 中没有公开该附加技术特征，附件 6 中公开了 170^{+3}_{-1}mm 的定位角间距，附件 8 给出了垫板要达到的弹性要求，本领域技术人员很容易得到技术启示将垫板下表面圆弧形凹槽间距设置为 120~180mm。第三人认为，设置较大槽间距可以增强槽边对不规则道碴锋利棱边及尖角破坏的抵抗力、限制道碴的流动性来增强碎石道床的稳定性，最终通过垫板底面的形状构造与垫板弹性的结合保证了在机车高速行驶时碎石道床的稳定性和受力均匀性，从而减缓冲击，保护轨枕，防止碎石道床硬结和道碴粉化，降低轨道维修费用，延长维修周期。

被告经审查后认为：首先，附件 1 或 6 均未公开权利要求 3 所述的槽间距，其公开的槽间距都远远小于权利要求 3 所述槽间距；其次，附件 6 公开的该值只是定位角间距，而不是槽间距，二者含义完全不同，虽然附件 8 给出了橡胶轨枕垫的物理机械性能要求，但原告并未证明如何根据轨枕垫的机械性能要求及定位角间距得到垫板的槽间距，更无法确定垫板槽间距为 120~180mm。因此，原告认为权利要求 3 的附加技术特征被附件 1 或 6 公开的主张不成立。并且权利要求 3 的技术方案取得了降低轨道刚度、提高轨道弹性的有益效果。由此，原告关于权利要求 3 不具备新颖性和创造性的主张不成立。

基于权利要求 1~2 和 4 不具备《专利法》第二十二条第三款规定的创造性，应予无效，被告对原告针对权利要求 1~2 和 4 的其他无效理由不再评述。

基于上述理由，被告作出被诉决定。原告不服该决定，在法定期限内向本院提起行政诉讼。

庭审中，原告和第三人明确表示对于被诉决定的下列内容不持异议：被告的审查程序；被诉决定“案由”部分记载的内容；被告关于“证据和现有技术”的认定；被告对于本专利权利要求 1、2、4 创造性的认定。

本院认为，对于被诉决定中原告与第三人明确表示不持异议的部分，本院经审查，对其合法性予以确认。在此基础上，本案的审查重点在于：被告认定本专利权利要求 3 具备新颖性和创造性是否合法。

对于本专利权利要求 3，附件 1 或 6 均未公开权利要求 3 所述的槽间距，而且，附件 6 公开的定位角间距与本专利权利要求 3 的槽间距二者含义不同。虽然附件 8 给出了橡胶轨枕垫的物理机械性能要求，但原告并未证明如何根据轨枕垫的机械性能要求及定位角间距得到垫板的槽间距，更无法确定垫板槽间距为 120~180mm。此外，权利要求 3 的技术方案取得了降低轨道刚度、提高轨道弹性的有益效果。因此，被告关于本专利权利要求3相对于附件1或附件6具有新颖性与创造性的认定正确，本院予以支持。

综上，被诉决定认定事实清楚、适用法律正确、程序合法，本院应予维持。原告的诉讼理由缺乏事实和法律依据，其诉讼请求本院不予支持。据此，依照《中华人民共和国行政诉讼法》第五十四条第（一）项之规定，判决如下：

维持被告国家知识产权局专利复审委员会于二〇〇八年十一月十四日作出的第12592号无效宣告请求审查决定。

案件受理费100元，由原告衡水橡胶股份有限公司负担（已交纳）。

如不服本判决，各方当事人可在本判决书送达之日起15日内，向本院递交上诉状，并按对方当事人的人数提交副本，上诉于北京市高级人民法院。上诉人在上诉期满后7日内未预交上诉案件受理费又不提出缓交申请的，按自动撤回上诉处理。

审 判 长　强刚华
代理审判员　乔　军
人民陪审员　司品华
二〇〇九年七月九日
书 记 员　赵　峰

北京市高级人民法院
行政判决书

（2009）高行终字第1110号

上诉人（一审原告）衡水橡胶股份有限公司，住所地河北省衡水桃城区大庆东路27号。

法定代表人魏存杰，董事长。

委托代理人王苑祥，男，河北省知识产权服务中心职员。

委托代理人郭永军，男，河北省知识产权服务中心职员。

被上诉人（一审被告）国家知识产权局专利复审委员会，住所地北京市海淀区北四环西路9号银谷大厦10~12层。

法定代表人张茂于，副主任。

委托代理人周文娟，女，国家知识产权局专利复审委员会审查员。

委托代理人朱明雅，女，国家知识产权局专利复审委员会审查员。

被上诉人（一审第三人）四川宏亿复合材料工程技术有限公司，住所地四川省成都市洪河镇桃源街。

法定代表人杨玉玺，董事长。

委托代理人韦庆文，男，北京思创毕升专利事务所专利代理人。

委托代理人刘明华，女，北京思创毕升专利事务所专利代理人。

上诉人衡水橡胶股份有限公司因专利无效宣告请求审查决定一案，不服北京市第一中级人民法院（2009）一中行初字第666号行政判决，向本院提起上诉。本院依法组成合议庭审理了本案。本案现已审理终结。

2008年11月14日，国家知识产权局专利复审委员会（以下简称专利复审委员会）针对衡水橡胶股份有限公司提出的无效宣告请求作出了第12592号无效宣告请求审查决定（以下简称被诉决定），宣告第200520O33409.X号实用新型专利权（以下简称本专利）的权利要求1、2和4无效，在权利要求3的基础上维持该专利权继续有效。衡水橡胶股份有限公司对被诉决定不服，向北京市第一中级人民法院（以下简称一审法院）提起行政诉讼。

一审法院判决认定，对于被诉决定中衡水橡胶股份有限公司与四川宏亿复合材料工程技术有限公司明确表示不持异议的部分，经审查，对其合法性予以确认。在此基础上，本案的审查重点在于：专利复审委员会认定本专利权利要求3具备新颖性和创造性是否合法。对于本专利权利要求3，附件1或6均未公开权利要求3所述的槽间距，而且，附件6公开的定位角间距与本专利权利要求3的槽间距二者含义不同。虽然附件8给出了橡胶轨枕垫的物理机械性能要求，但衡水橡胶股份有限公司并未证明如何根据轨枕垫的机械性能要求及定位角间距得到垫板的槽间距，更无法确定垫板槽间距为120~180mm。此外，权利要求3的技术方案取得了降低轨道刚度、提高轨道弹性的有益效果。因此，专利复审委员会关于本专利权利要求3相对于附件1或附件6具有新颖性与创造性的认定正确，予以支持。综上，被诉决定认定事实清楚、适用法律正确、程序合法，应予维持。衡水橡胶股份有限公司的诉讼理由缺乏事实和法律依据，其诉讼请求不予支持。据此，依照《中华人民共和国行政诉讼法》第五十四条第（一）项之规定，判决维持被诉决定。

衡水橡胶股份有限公司不服一审判决，提出上诉。诉称：1. 一审法院认为本专利权利要求3具有新颖性和创造性是错误的。一审法院忽视了本专利权利要求3所写的内容属于公知常识，本领域的技术人员不需要创造性劳动，仅仅根据简单的数学计算就能够得到，因此不具有新颖性和创造性。2. 本专利权利要求3公开的不确定性，决定了其不具有新颖性和创造性。在本专利的说明书和附图中，没有对“距离”作进一步的说明和限定，这也导致了本专利公开的内容具有不确定性。3. 上诉人提交的证据理应采纳。上诉人提交的《天津橡胶》杂志中的《铁路混凝土枕上用橡胶垫板刚度及其影响因素》一文属于公开出版物，用以证明本专利权利要求3所记载的内容是公知常识。综上，一审判决在认定事实和适用法律等方面存在诸多错误，请求二审法院依法撤销一审判决。

专利复审委员会答辩称，1. 衡水橡胶股份有限公司并未提供任何证据证明可以根据什么条件、如何计算得到本专利权利要求3所述的120~180mm的凹槽间距，也未提供任何证据表明设置上述凹槽间距属于本领域的公知常识。2. 衡水橡胶股份有限公司提交的证据2属于在行政程序中未提交的新证据，请求法院不予采纳。综上，被诉决定认定事实清楚、审理程序合法，适用法律正确、审查结论正确，请求二审法院依法驳回上诉，维持一审判决。

四川宏亿复合材料工程技术有限公司未向本院提交书面答辩意见。

一审法院审理期间，专利复审委员会向法院提交了以下证据：1. 本专利说明书；2. 授权公告日为1999年1月20日、授权公告号为CN2304686Y（专利号为9722103.X）的中国实用新型专利说明书，共8页（即被诉决定中的附件1；以下简称附件1）；3. 授权公告日为2003年7月30日、授权公告号为CN2563181Y（专利号为02231562.4）的中国实用新型专利说明书，共5页（即被诉决定中的附件2；以下简称附件2）；4. 中华人民共和国铁道部1995-03-10发布、1995-09-01实施的中华人民共和国铁道行业标准TB/T2626-1995“铁道混凝土枕轨下用橡胶垫板技术条件”，共9页（即被诉决定中的附件6；以下简称附件6）；5. 石油化学工业出版社出版、1975年11月第1次印刷的《橡胶工业手册第五分册工业、生活及乳胶制品》的封面、版权页、第222~229页（即被诉决定中的附件8；以下简称附件8）；6. 口审记录表。

衡水橡胶股份有限公司向一审法院提交了下列证据的复印件：1. 被诉决定；2.《天津橡胶》一

书《制品与应用》2000. N0. 3 中公开的《铁路混凝土枕上用橡胶垫板刚度及其影响因素》一文。

四川宏亿复合材料工程技术有限公司未向一审法院提交证据。

一审法院经审查认为，专利复审委员会提交的所有证据和衡水橡胶股份有限公司提交的证据 1 均与本案被诉决定的合法性审查有关，予以采纳。衡水橡胶股份有限公司提交的证据 2 未在行政程序中提交且缺乏正当理由，不予采纳。

上述证据均随案移送本院，经审查，本院认可一审法院的认证意见。

本院根据合法有效的证据及当事人的有关陈述，确认如下事实：本专利的申请日是 2005 年 3 月 8 日、授权公告日为 2006 年 5 月 10 日、名称为“铁道混凝土弹性轨枕枕下用橡胶垫板”，专利权人由原来的成都宏亿复合材料工程技术有限公司变更为四川宏亿复合材料工程技术有限公司。本专利授权公告的权利要求书如下：

“1. 铁道混凝土弹性轨枕枕下用橡胶垫板，其特征在于：垫板分顶面（1）和底面（2），垫板顶面（1）上分布有平行纵向沟槽（3），底面（2）分布有圆弧形凹槽（4）。

2. 根据权利要求 1 所述的铁道混凝土弹性轨枕枕下用橡胶垫板，其特征在于：平行纵向沟槽（3）深 4~8mm，平行纵向沟槽（3）之间的距离为 10~20mm，垫板四周倒角 100~150°。

3. 根据权利要求 1 所述的铁道混凝土弹性轨枕枕下用橡胶垫板，其特征在于：圆弧形凹槽（4）之间的距离为 120~180mm。

4. 根据权利要求 1 所述的铁道混凝土弹性轨枕枕下用橡胶垫板，其特征在于：垫板厚度为 12~25mm。”

针对本专利权，衡水橡胶股份有限公司于 2008 年 5 月 12 日向专利复审委员会提出无效宣告请求，认为本专利不符合《中华人民共和国专利法》（以下简称《专利法》）第二十二条第二、三款的规定，同时提交了包括附件 1、附件 2、附件 6 在内的 7 份对比文件，其中附件 5 为：授权公告日为 2004 年 10 月 13 日、授权公告号为 CN2647908Y（专利号为 200320114795. 6）的中国实用新型专利说明书，共 7 页（以下简称附件 5）。衡水橡胶股份有限公司同时提交书面意见详细阐述了其无效理由。

经形式审查合格，专利复审委员会受理了上述无效宣告请求，并于 2008 年 5 月 12 日向衡水橡胶股份有限公司和四川宏亿复合材料工程技术有限公司发出无效宣告请求受理通知书，同时将专利权无效宣告请求书及其附件清单中所列附件的副本转送给四川宏亿复合材料工程技术有限公司，并要求四川宏亿复合材料工程技术有限公司在指定的期限内陈述意见。

专利复审委员会于 2008 年 6 月 11 日收到了衡水橡胶股份有限公司提交的意见陈述书。

2008 年 7 月 7 日，专利复审委员会向衡水橡胶股份有限公司与四川宏亿复合材料工程技术有限公司发出无效宣告请求口头审理通知书，定于 2008 年 9 月 18 日举行口头审理。随同口头审理通知书，将其于 2008 年 6 月 11 日收到的衡水橡胶股份有限公司提交的意见陈述书转送给四川宏亿复合材料工程技术有限公司。

针对专利复审委员会发出的上述无效宣告请求口头审理通知书，四川宏亿复合材料工程技术有限公司于 2008 年 8 月 22 日向专利复审委员会提交了意见陈述书，同时提交了如下反证：反证 1：郑州铁路局郑州指挥部 2007 年 3 月出具的“弹性轨枕运用证明”复印件，共 1 页；反证 2：2005 年 6 月 29 日铁道部科学技术司和铁道部运输局“关于印发《混凝土弹性轨枕工程应用技术研究评审意见》的通知”（科技基函［2005］62 号）复印件，共 4 页；反证 3：北京铁路局安全监察室编、中国铁道出版社出版、2002 年 12 月第 3 次印刷的《铁路运输安全问答（第二版）》的版权信息页、第 195 和 197 页复印件，共 3 页。

口头审理如期举行，衡水橡胶股份有限公司与四川宏亿复合材料工程技术有限公司均参加了口头审理。口头审理中，衡水橡胶股份有限公司当庭表示仅保留附件1、附件2、附件5、附件6作为对比文件，放弃其他附件，其同时提交附件8作为公知常识性证据。专利复审委员会将衡水橡胶股份有限公司提交的附件8当庭转给四川宏亿复合材料工程技术有限公司，并将四川宏亿复合材料工程技术有限公司于2008年8月22日提交的意见陈述书和反证1~3当庭转给衡水橡胶股份有限公司。衡水橡胶股份有限公司明确其无效范围、理由和证据为：权利要求1相对于附件1或2不具备新颖性；权利要求2~4相对于附件1不具备新颖性；权利要求1相对于附件2结合附件1、5、6中的任一篇不具备创造性，其中最接近的对比文件为附件2或附件5；权利要求2的附加技术特征已被附件1公开；权利要求3的附加技术特征已被附件1或6公开；权利要求4的附加技术特征已被附件1或6公开。

四川宏亿复合材料工程技术有限公司对衡水橡胶股份有限公司提交的所有附件的真实性没有异议，但认为附件8印有“内部发行”字样，对附件8的公开性有异议，并且附件8的提交超过了举证期限，不应采用。四川宏亿复合材料工程技术有限公司明确表示反证1和2用于证明本专利的新颖性和创造性，反证3仅供参考，不作为证据使用。衡水橡胶股份有限公司对反证1~3的真实性和关联性均有异议。

专利复审委员会经审查认为：

1. 关于证据和现有技术。

四川宏亿复合材料工程技术有限公司对附件1、2、5、6的真实性没有异议，附件1、2、5、6为公开出版物，且其公开日期在本专利的申请日前，因此对附件1、2、5、6的真实性予以认可，其可以作为本专利的现有技术使用。附件8为橡胶工业手册，属于技术手册，根据《审查指南》》第四部分第三章第4.3.1节关于请求人举证的规定，技术手册是公知常识性证据，衡水橡胶股份有限公司在口头审理终结前提交，并结合证据具体说明相关无效理由的，不属于专利复审委员会不予考虑的、请求人在提出无效宣告请求之日起一个月后补充的证据的情形，所以专利复审委员会对附件8予以接受。此外，在附件8的内容提要中明确记载了“本书主要供橡胶工业战线及有关工业战线具有一定生产经验的工人、技术人员和管理干部使用，也可供有关部门工作人员和高等院校师生参考”，由此附件8是供广大技术工作者和高等院校师生使用和参考的，并且附件8上印有出版发行单位、书号及定价，可见附件8是公开出版发行的，同时也无证据表明附件8是在特定范围内发行并要求保密的，因此附件8属于公开出版物。四川宏亿复合材料工程技术有限公司对附件8的真实性无异议，对其真实性予以认可。并且由于附件8的公开日早于本专利的申请日，因此附件8可以作为本专利的现有技术使用。

2. 关于《专利法》第二十二条第二、三款。

《专利法》第二十二条第二款规定，新颖性是指在申请日以前没有同样的发明或者实用新型在国内外出版物上公开发表过、在国内公开使用过或者以其他方式为公众所知，也没有同样的发明或者实用新型由他人向国务院专利行政部门提出过申请并且记载在申请日以后公布的专利申请文件中。

《专利法》第二十二条第三款规定，创造性是指同申请日以前已有的技术相比，该发明有突出的实质性特点和显著的进步，该实用新型有实质性特点和进步。

在判断一项实用新型权利要求的创造性时，首先应当将该权利要求所述技术方案与最接近的现有技术相比较，找出它们之间的区别技术特征，然后再考察该区别特征的引入是否给该权利要求所要保护的技术方案带来了实质性特点和进步。

（1）权利要求1相对于附件1和2的结合的创造性。

衡水橡胶股份有限公司认为，权利要求1相对附件1和2的结合不具备创造性，其中附件2为最接近的对比文件，附件1和2相对于权利要求1公开的技术特征相同。

专利复审委员会经审查认为：附件2（参见权利要求3和附图1）公开了一种高弹性垫板，在其本体上、下两面一体形成有沟槽状不规则体，沟槽状的槽底呈现弧形。

将附件2与本专利权利要求1进行对比：附件2中所述的垫板本体上、下两面相当于权利要求1所述的垫板顶面和底面；从附件2的附图1可以看出，所述垫板本体上、下表面分布有圆弧形凹槽。由此可见，二者区别在于：①附件2没有明确记载本体上面的沟槽是平行纵向分布；②本专利权利要求1要求保护的是一种铁道混凝土弹性轨枕枕下用橡胶垫板，而附件2中没有明确公开所述高弹性垫板为枕下用橡胶垫板。附件1（参见权利要求1和附图3-4）公开了一种高弹性橡胶垫板，是一种矩形板，矩形板上、下表面设置有数条交错排列的弧形凹槽。此外，从附件1的图3-4可以看出，矩形板上表面的弧形凹槽呈纵向排列，并且平行分布，而且对于本领域技术人员来说，为了使垫板强度和受力均匀而使沟槽平行分布是惯常采用的技术手段。从而本领域技术人员很容易想到将附件2和附件1结合起来得到本专利权利要求1所述结构的垫板。四川宏亿复合材料工程技术有限公司认为，附件1和2公开的均是轨下垫板，用于钢轨与轨枕之间，而本专利是枕下用垫板，用于轨枕与道床之间，枕下和轨下垫板的区别主要体现在：①枕下垫板上下表面的沟槽和凹槽的形状结构与轨下垫板不同；②两者的固定方式不同，轨下垫板一般采用紧固件形式固定，而枕下垫板通常是黏结固定。就此专利复审委员会认为，附件1、2与本专利均属于轨道用的弹性垫板，无论是轨下还是枕下用橡胶垫板都是用于弹性减震从而降低轨道刚度、提高轨道稳定性以及承载能力，并且本专利权利要求1限定的垫板结构已经被附件1和2公开，即附件1和2公开了与权利要求1相同的垫板上下表面沟槽和凹槽的形状结构，且本专利权利要求1并未对沟槽的数量和间距作出限定，也未对垫板的固定方式作出限定。由于轨下用垫板与枕下用垫板的技术领域极为相近，且两者所达到的技术效果基本相同，均能提高轨道的稳定性和承载能力，因此，本领域技术人员将附件1和2公开的垫板用于枕下垫板、从而得到权利要求1保护的技术方案是不需要花费创造性劳动的。本专利权利要求1不具备创造性，不符合《专利法》第二十二条第三款的规定。

（2）权利要求2和4相对于附件1和2的结合的创造性。

权利要求2、4均引用权利要求1。其中权利要求2进一步限定了平行纵向沟槽槽深、间距和垫板四周倒角的角度；权利要求4进一步限定了垫板厚度。衡水橡胶股份有限公司认为权利要求2和4的附加技术特征已被附件1公开。

附件1公开了橡胶垫板厚度为7~12mm的矩形板，板上、下表面弧形凹槽槽间距离为10~20mm，槽深为3~6mm。显然该附件已经公开了权利要求2除垫板四周倒角角度之外的附加技术特征和权利要求4的全部附加技术特征。虽然附件1未公开权利要求2所述垫板四周倒角的角度，但是本领域技术人员为了消除应力集中以及施工方便通常都会在矩形板四周形成倒角，而100~150°的倒角角度属于本领域常规的使用范围，且本专利说明书并未记载该倒角范围的选择会给垫板带来预料不到的技术效果，所以在橡胶垫板上采用如附件1所述的垫板厚度、槽间距、槽深以及100~150°垫板四周倒角对于本领域技术人员而言是显而易见的。因此，在权利要求1不具备创造性的情况下，权利要求2和4也不具备创造性，不符合《专利法》第二十二条第三款的规定。

（3）权利要求3的新颖性和创造性。

权利要求3进一步限定圆弧形凹槽之间的间距为120~180mm。衡水橡胶股份有限公司认为，附件1中没有公开该附加技术特征，附件6中公开了170^{+3}_{-1}mm的定位角间距，附件8给出了垫板要达到的弹性要求，本领域技术人员很容易得到技术启示将垫板下表面圆弧形凹槽间距设置为120~180mm。四川宏亿复合材料工程技术有限公司认为，设置较大槽间距可以增强槽边对不规则道碴锋利棱边及尖角破坏的抵抗力、限制道碴的流动性来增强碎石道床的稳定性，最终通过垫板底面的形状构造与垫板弹性的结合保证了在机车高速行驶时碎石道床的稳定性和受力均匀性，从而减缓冲击，保护轨枕，防止碎石道床硬结和道碴粉化，降低轨道维修费用，延长维修周期。

专利复审委员会经审查后认为：首先，附件1或6均未公开权利要求3所述的槽间距，其公开的槽间距都远远小于权利要求3所述槽间距；其次，附件6公开的该值只是定位角间距，而不是槽间距，二者含义完全不同，虽然附件8给出了橡胶轨枕垫的物理机械性能要求，但衡水橡胶股份有限公司并未证明如何根据轨枕垫的机械性能要求及定位角间距得到垫板的槽间距，更无法确定垫板槽间距为120~180mm。因此，衡水橡胶股份有限公司认为权利要求3的附加技术特征被附件1或6公开的主张不成立。并且权利要求3的技术方案取得了降低轨道刚度、提高轨道弹性的有益效果。由此，衡水橡胶股份有限公司关于权利要求3不具备新颖性和创造性的主张不成立。

基于权利要求1~2和4不具备《专利法》第二十二条第三款规定的创造性，应予无效，专利复审委员会对衡水橡胶股份有限公司针对权利要求1~2和4的其他无效理由不再评述。

基于上述理由，专利复审委员会作出被诉决定。衡水橡胶股份有限公司不服该决定，向一审法院提起行政诉讼。

本院认为，本案争议的焦点是专利复审委员会认定本专利权利要求3具备新颖性和创造性是否合法。对于本专利权利要求3，附件1或6均未公开权利要求3所述的槽间距，而且，附件6公开的定位角间距与本专利权利要求3的槽间距二者含义不同。虽然附件8给出了橡胶轨枕垫的物理机械性能要求，但衡水橡胶股份有限公司并未证明如何根据轨枕垫的机械性能要求及定位角间距得到垫板的槽间距，更无法确定垫板槽间距为120~180mm。此外，权利要求3的技术方案取得了降低轨道刚度、提高轨道弹性的有益效果。因此，专利复审委员会关于本专利权利要求3相对于附件1或附件6具有新颖性与创造性的认定正确。

综上，专利复审委员会作出的被诉决定合法，一审法院判决维持正确，本院应予维持。衡水橡胶股份有限公司的上诉请求缺乏事实和法律依据，本院不予支持。依据《中华人民共和国行政诉讼法》第六十一条第（一）项的规定，判决如下：

驳回上诉，维持一审判决。

二审案件受理费人民币100元，由上诉人衡水橡胶股份有限公司负担（已交纳）。

本判决为终审判决。

审　判　长　景　滔
代理审判员　马　军
代理审判员　刘　行
二〇〇九年十二月十八日
书　记　员　张宏晶

239

泛光灯

无效宣告请求审查决定（第12605号）

决　　定　　号　第12605号
决　　定　　日　2008年11月21日
发明创造名称　泛光灯
国 际 分 类 号　F21V 31/00，F21V 3/04
无效宣告请求人　百家丽（中国）照明电器有限公司
专　利　权　人　史　杰
专　　利　　号　200420025203.8
申　　请　　日　2004年3月5日
授 权 公 告 日　2005年3月9日
合 议 组 组 长　李　礼
主　　审　　员　刘　铭
参　　审　　员　倪晓红

法　律　依　据　专利法第22条第2款、第3款
决　定　要　点

如果权利要求要求保护的技术方案与现有技术中公开的一项技术方案实质相同，则该权利要求要求保护的技术方案相对于现有技术不具备新颖性；如果权利要求请求保护的技术方案与现有技术的区别为本领域的公知常识，则该权利要求要求保护的技术方案相对于现有技术不具备创造性。

一、案由

本无效宣告请求涉及国家知识产权局于2005年3月9日授权公告的名称为“泛光灯”的200420025203.8号实用新型专利（下称本专利），其申请日为2004年3月5日，专利权人为史杰。该专利授权公告时的权利要求书如下：

“1. 一种泛光灯，包括底箱、透光板和密封条，密封条设置于透光板边缘和底箱口面之间，其特征在于：所述透光板外缘处设有边框，透光板固定在边框内侧，边框与底箱之间由螺栓相连接。

2. 根据权利要求1所述的泛光灯，其特征在于：所述透光板为玻璃板。

3. 根据权利要求1所述的泛光灯，其特征在于：所述透光板由透明有机材料制成。”

针对上述专利权，百家丽（中国）照明电器有限公司（下称请求人）于2008年2月1日向专利复审委员会提出无效宣告请求，请求宣告本专利全部无效，并提交如下证据：

证据1：ZL01239164.6号中国实用新型专利说明书，其授权公告日为2002年3月27日，共

4页；

证据2：ZL01214841.5号中国实用新型专利说明书，其授权公告日为2002年1月2日，共7页；

证据3：ZL91231446.X号中国实用新型专利说明书，其授权公告日为1993年6月23日，共7页；

证据4：ZL92210667.5号中国实用新型专利说明书，其授权公告日为1992年11月18日，共4页；

证据5：ZL03226108.X号中国实用新型专利说明书，其授权公告日为2004年9月15日，申请日为2003年5月9日，专利权人为深圳市海洋王投资发展有限公司，共5页；

证据6：公开号为特开2003—31025A的日本专利文献，其公开日为2003年1月31日，共2页；

证据7：公开号为US5408399A的美国专利文献的说明书首页、说明书附图第1~2页，其公开日为1995年4月18日；

证据8：公开号为US5307255A的美国专利文献的说明书首页、说明书附图第1页，其公开日为1994年4月26日；

证据9：公开号为US3919542的美国专利文献的说明书首页、说明书附图第1页，其公开日为1975年11月11日；

证据10：宣称是“飞利浦灯具产品目录”的复印件共4页，包括封面页、第134、135页、载有飞利浦照明办事处信息一览表页；

证据11：宣称是“光辉灯饰产品目录”的复印件共4页，包括封面页、第1、9页、封底页；以及题目为“我市电话号码成功升位至8位”的网页打印件1页；

证据12：ZL200420025203.8号中国实用新型专利说明书（本专利共5页）及其专利证书复印件1页，该专利的授权公告日为2005年3月9日；

证据13：2张照片的复印件共2页，其中第2张照片的产品上标有“PHILIPS”等字样。

结合上述证据，请求人认为：证据1~11都公开了与本专利完全一致的泛光灯，且这些证据都是2004年3月5日以前申请或公开的，因此本专利相对于各份证据均不符合专利法第22条第2、3款的规定。

请求人于2008年2月29日向专利复审委员会提交意见陈述及补充证据（编号续前）：

证据14：国家知识产权局专利检索咨询中心针对200420025203.8号专利于2008年2月2日出具的编号为G08182的检索报告复印件共4页及其附件（ZL03226108.X号中国实用新型专利说明书）。

经形式审查合格，专利复审委员会依法受理了上述无效宣告请求，于2008年3月24日向双方当事人发出无效宣告请求受理通知书。随同受理通知书，将无效宣告请求书及其附件清单中所列附件的副本转送给专利权人，并指出专利权人应当在指定期限内针对请求人的意见陈述发表意见，逾期未答复的，不影响专利复审委员会审理。

专利权人逾期未答复。

专利复审委员会依法成立合议组，对上述无效宣告请求进行审理。本案合议组于2008年8月29日向双方当事人发出无效宣告请求口头审理通知书，指出本案定于2008年10月21日举行口头审理。随同口头审理通知书，将无效宣告请求人于2008年2月29日提交的意见陈述书及补充证据一份共17页转送给专利权人，并指出专利权人应当在指定期限内或者在口头审理当庭，针对该意见陈述发表意见，否则视为无异议。

专利权人逾期未答复。

专利复审委员会于2008年10月16日向双方当事人发出合议组成员告知通知书，告知本案合议组成员变更情况，并指出如对上述合议组成员有回避请求的，应当在收到本通知书之日起 7 日内提交书面请求并说明理由，逾期未答复视为无回避请求。

双方当事人均逾期未答复。

口头审理如期举行，请求人一方出庭人员为公民代理沈廉、胡朝阳，专利权人一方缺席口头审理。

在口头审理中，请求人明确其无效理由、证据和范围为：本专利权利要求 1~3 不符合专利法第 22 条第 2 款、第 3 款的规定，所使用的证据为上述证据 1~14，其中分别使用证据 1~4、6~11 及 13 单独评述本专利权利要求 1~3 的新颖性、创造性；使用证据 5 及 14 评述本专利权利要求 1~3 的新颖性。请求人明确表示：放弃本专利权利要求 3 相对于证据 1 不具备新颖性的无效理由；放弃本专利权利要求 1~3 相对于证据 4 不具备新颖性的无效理由；放弃使用证据 5 评述本专利权利要求 1~3 的创造性；证据 6~9 只使用提交的附图部分；证据 10 的原件在编号为 W607860 的专利复审委员会案卷中，证据 10 的最后一页为电话升位的说明，用于证明证据 10 的公开日期；合议组当庭告知请求人，请求人提交的证据 10 中不包括其所称的电话升位说明这一部分，因此本案中对其不进行审理。请求人表示：证据 12 为本专利，不作为证据使用，证据 13 为请求人自己拍摄的实物照片，并当庭提交了证据 11 和证据 13 的原件；使用证据 14 的检索报告的评述内容。

关于本专利权利要求 1~3 的新颖性创造性，请求人认为：证据 1 与本专利技术领域相同，并公开了权利要求 1~2 的技术方案，权利要求 3 的附加技术特征为本领域的公知常识，因此权利要求 1~2 相对于证据 1 不具备新颖性，权利要求 3 不具备创造性；本专利权利要求 1~3 相对于证据 2 不具备新颖性，因此也不具备创造性；本专利权利要求 1~2 相对于证据 3 不具备新颖性，权利要求 3 相对于证据 3 不具备创造性；本专利权利要求 1~3 相对于证据 4 不具备创造性；本专利权利要求 1~3 相对于证据 5 不具备新颖性，相对于证据 6~10 及 13 不具备新颖性和创造性，相对于证据 11 不具备创造性；证据 14 中检索报告的评述内容也证明本专利不具备新颖性创造性。

至此，合议组认为本案事实清楚，现依法作出审查决定。

二、决定的理由

1. 关于证据和现有技术

证据 1 是中国专利文献，专利权人未对其真实性提出异议，合议组经审查对其真实性予以认可，其可以作为本案的证据使用。由于证据 1 的公开日期在本专利的申请日之前，其上记载的内容构成本专利的现有技术，可用于评述本专利的新颖性和创造性。

2. 关于新颖性、创造性

专利法第 22 条第 2 条规定：新颖性，是指在申请日以前没有同样的发明或者实用新型在国内外出版物上公开发表过、在国内公开使用过或者以其他方式为公众所知，也没有同样的发明或者实用新型由他人向国务院专利行政部门提出过申请并且记载在申请日以后公布的专利申请文件中。

专利法第 22 条第 3 款规定：创造性，是指同申请日以前已有的技术相比，该发明有突出的实质性特点和显著的进步，该实用新型具有实质性特点和进步。

如果权利要求保护的技术方案与现有技术中公开的一项技术方案实质相同，则该权利要求不具备新颖性；如果权利要求请求保护的技术方案与现有技术的区别为本领域的公知常识，则该权利要求不具备创造性。

（1）关于权利要求 1 和 2 的新颖性。

请求人认为本专利权利要求 1~2 相对于证据 1 不具备新颖性。

证据 1 公开了一种地面标志灯，并具体公开了如下内容（参见证据 1 的说明书第 1 页、说明书附图及权利要求书)：该地面标志灯具有玻璃面板 1、面板框架 2、电气箱 3（和防水橡胶圈 6；玻璃面板 1 通过环氧树酯 4 与面板框架 2 连接并固定在其内侧，面板框架 2 由螺栓 5 与电气箱 3 连接。

将本专利权利要求 1 要求保护的技术方案与证据 1 公开的内容相比，证据 1 中公开的地面标志灯相当于本专利权利要求 1 要求保护的泛光灯，证据 1 中安装在地面标志灯表面上的玻璃面板 1 相当于本专利权利要求 1 的透光板，证据 1 中位于玻璃面板外侧的面板框架 2 相当于本专利权利要求 1 的边框，证据 1 中的电气箱 3 相当于本专利权利要求 1 的底箱，证据 1 中位于框架与电气箱之间起密封作用的防水橡胶圈 6 相当于本专利的密封条；证据 1 中的玻璃面板 1 通过环氧树酯 4 与面板框架 2 连接并固定在其内侧，面板框架 2 由螺栓 5 与电气箱 3 连接。本专利与证据 1 所属的技术领域相同，都属于室外照明领域，所解决的技术问题都是防水、防尘等问题，得到的技术效果也相同，并且证据 1 公开的技术方案与本专利权利要求 1 要求保护的技术方案实质上相同，因此本专利权利要求 1 不具备新颖性，不符合专利法第 22 条第 2 款的规定。

本专利权利要求 2 是权利要求 1 的从属权利要求，其对权利要求 1 进一步限定的附加技术特征为："所述透光板为玻璃板"，该特征在证据 1 中已经被公开（参见证据 1 说明书第 14 行，即玻璃面板 1)，在其引用的权利要求 1 不具备新颖性的情况下，本专利权利要求 2 也不符合专利法第 22 条第 2 款有关新颖性的规定。

（2）关于本专利权利要求 3 的创造性。

请求人认为本专利权利要求 3 相对于证据 1 不具备创造性。

本专利权利要求 3 是权利要求 1 的从属权利要求，其对权利要求 1 进一步限定的附加技术特征为："所述透光板由透明有机材料制成"。在灯具照明领域，采用透明有机材料作为灯具的面板以达到透光等目的是本领域的常用技术手段，在其引用的权利要求 1 不具备新颖性的情况下，本专利权利要求 3 相对于证据 1 不具备创造性，不符合专利法第 22 条第 3 款的规定。

鉴于本专利权利要求 1 和 2 相对于证据 1 不具备新颖性，权利要求 3 相对于证据 1 不具备创造性，因此本决定不再对本专利权利要求 1~3 相对于请求人提交的其他证据是否具备新颖性、创造性进行评述。

基于上述理由和证据，现作出以下决定。

三、决定

宣告 200420025203.8 号实用新型专利权全部无效。

当事人对本决定不服的，可以根据专利法第 46 条第 2 款的规定，自收到本决定之日起三个月内向北京市第一中级人民法院起诉。根据该款的规定，一方当事人起诉后，另一方当事人应当作为第三人参加诉讼。

自动伸缩旗

无效宣告请求审查决定（第 12615 号）

决　　定　　号　第 12615 号
决　　定　　日　2008 年 8 月 4 日
发明创造名称　自动伸缩旗
国 际 分 类 号　G09F17/00
无效宣告请求人　王佳宾
专　利　权　人　李辉灿
专　　利　　号　200620122088.5
申　　请　　日　2006 年 7 月 1 日
授 权 公 告 日　2008 年 1 月 2 日
合 议 组 组 长　张　琳
主　　审　　员　马桂丽
参　　审　　员　张　巍

法　律　依　据　专利法第 22 条第 2 款
决　定　要　点

如果权利要求书和对比文件技术方案实质相同，两者属于相同的技术领域，解决相同的技术问题，并具有相同的预期效果，则本专利权利要求相对于该对比文件不具备新颖性。

一、案由

本无效宣告请求涉及国家知识产权局于 2008 年 1 月 2 日授权公告的名称为“自动伸缩旗”的实用新型专利（下称本专利），其专利号为 200620122088.5，申请日为 2006 年 7 月 1 日，专利权人是李辉灿。

本专利授权公告的权利要求书的内容如下：

“1. 一种用于以手垂直或水平展示的自动伸缩旗，包括两个末端、两个侧边缘和伸长薄膜片，其特征在于：轴部件为一棍状元件，手把的末端设置一孔用接纳上述棍状元件的相反端，薄膜片包括至少一层带有印刷内容的塑胶膜或带有印刷内容的塑胶薄膜片。”

针对上述专利权，王佳宾（下称请求人）于 2008 年 3 月 13 日向专利复审委员会提出了无效宣告请求，无效理由是本专利权利要求 1 不符合专利法第 22 条第 1～3 款的规定。请求人提供如下附件作为证据：

附件 2：申请号为 02125303.X 的中国发明专利申请公开说明书复印件，共 11 页，其公开日为

2004 年 1 月 28 日。

请求人在无效宣告请求书中指出：附件 2 的申请日、公开日均早于本专利的申请日，本专利与附件 2 的自卷横幅完全相同，没有实质性特点和进步，不具有新颖性、创造性，不符合专利法第 22 条第 1~3 款的规定。具体说明如下：（1）本专利权利要求 1 所述的“自动伸缩旗”即为附件 2 中所述的“自卷便携式横幅”，其中“两个末端”为附件 2 中的“两个端部”；“两个侧边缘”为附件 2 中的“两个侧边”；“伸长薄膜片”为附件 2 中的“长条形自卷材料片材”；“轴部件为一棍状元件”即为附件 2 权利要求 3 中所述的“轴部件为杆状元件”；“手把的末端设置一孔用接纳上述棍状元件的相反端”即为附件 2 权利要求 3 中所述的“端部设有用来容纳所述杆状元件的两个相对端部的孔，从而所述杆状元件能够自由地在所述孔内转动”；“薄膜片包括至少一层带有印刷内容的塑胶膜或带有印刷内容的塑胶薄膜片”即为附件 2 权利要求 5~7 中所述的“片材包括至少一层其上具有印制材料的聚酯材料”、“片材包括至少一层其上具有印制材料的聚丙烯材料”、“设有印在其上的彩色图形材料”。本专利的说明书附图与附件 2 的说明书附图完全一致。由此可见，本专利仅仅将附件 2 的名称自卷横幅改为自动伸缩旗，实质完全相同，没有实质性特点和进步。因此，附件 2 公开了本专利权利要求 1 的所有技术特征，本专利权利要求 1 没有任何实质性特点和进步，本专利权利要求 1 与附件 2 相比不具备新颖性和创造性。

经形式审查合格后，专利复审委员会受理了上述请求，于 2008 年 4 月 8 日向双方当事人发出了无效宣告请求受理通知书，并将无效宣告请求书及其所列附件的副本转送给专利权人，要求其在指定的期限内答复。

2008 年 5 月 12 日，专利权人向专利复审委员会寄交了意见陈述书，同时提交专利权人李辉灿的身份证复印件 1 页，本专利实用新型专利证书复印件 2 页，本专利说明书复印件 8 页。

专利权人在意见陈述书中提出，本专利与附件 2 不近似，具体理由为：（1）本专利的自动伸缩旗的技术方案中的“该轴部件的末端所设置的孔”在请求人提交的附件 2 中并未提及，因此本专利权利要求 1 与附件 2 相比具有新颖性。（2）本专利限定的旗面结构为“旗面为具有横向弹性的薄膜”或“旗面为两层薄膜粘合而成，其一层薄膜横向弹性系数比另一薄膜的横向弹性系数高”，具备上述特征后的技术方案可使整个旗面产生横向弹性，在不施外力的状态下，旗面两端具有向旗面中间收缩的功效，实现自动收卷，因此本专利权利要求具有实质性特点和进步，具备专利法第 22 条第 3 款规定的创造性。

2008 年 6 月 25 日，本案合议组向双方当事人发出口头审理通知书，定于 2008 年 7 月 8 日对本案进行口头审理。

2008 年 7 月 8 日，口头审理如期举行。请求人委托代理人参加了口头审理，专利权人未参加口头审理。在口头审理中，请求人对合议组成员无回避请求。请求人明确放弃本专利不符合专利法第 22 条第 1 款的无效理由。请求人明确无效理由为本专利权利要求 1 相对于附件 2 不具备专利法第 22 条第 2~3 款的规定的新颖性和创造性，并充分陈述其观点。

至此，合议组经合议，认为本案事实已经清楚，可以依法作出本审查决定。

二、决定的理由

1. 关于证据的认定

请求人提交的附件 2 为申请号为 02125303. X 的中国发明专利申请公开说明书复印件，专利权人对附件 2 的真实性未提出异议，经过核实，合议组对该证据的真实性予以确认。附件 2 的公开日为 2004 年 1 月 28 日，在本专利的申请日 2006 年 7 月 1 日之前，其可以用来作为证据评价本专利是否具有新颖性和创造性。

2. 关于专利法第22条第2款

专利法第22条第2款规定：新颖性，是指在申请日以前没有同样的发明或者实用新型在国内外出版物上公开发表过、在国内公开使用过或者以其他方式为公众所知，也没有同样的发明或者实用新型由他人向国务院专利行政部门提出过申请并且记载在申请日以后公布的专利申请文件中。

本专利权利要求1请求保护一种自动伸缩旗，附件2公开了一种自卷横幅，并具体公开了以下内容（参见附件2权利要求书、说明书第4页第10行至第5页第13行，第5页第倒数第5行至倒数第2行及说明书附图1a、3）：一种用于双手垂直或水平展示的自卷便携式横幅（相当于本专利权利要求1的自动伸缩旗），该横幅包括两个端部16、18（相当于本专利权利要求1的两个末端）和两个侧边20、22（相当于本专利权利要求1的两个侧边缘）的长条形自卷材料片材14（相当于本专利权利要求1的伸长薄膜片），所述端部通过带装置围绕一个轴装置（相当于本专利权利要求1的轴部件）连接到片材自身上，片材包括至少一层其上具有印制材料的聚酯材料或聚丙烯材料（相当于本专利权利要求1的塑胶膜或塑胶薄膜片），具体到把手的设计在附图3中具体公开了轴50为杆状元件（相当于本专利权利要求1中轴部件为一棍状元件），把手54的端部52设有用来容纳轴50的两个相对端部58的孔56，轴50在孔56内自由转动（相当于权利要求1中把手的末端设置一孔用接纳上述棍状元件的相反端）。由此可见，本专利权利要求1和附件2图3中的技术方案实质上相同。

本专利涉及一种自动伸缩旗，而附件2公开了一种自卷横幅，其应用的领域均是广告领域，因此，两者技术领域相同。附件2要解决的技术问题也是使广告用片材不会出故障或撕裂，并提供更良好的片材与轴之间的连接，与本专利背景技术中记载的现有技术存在的问题相同。本专利权利要求1的技术方案与附件2公开的技术方案的技术效果均是使广告片材不易故障或撕裂。因此，将本专利的权利要求1与附件2公开的技术方案相比较可以看出，本专利权利要求1的技术方案与附件2中的技术方案实质相同，两者属于相同的技术领域，解决相同的技术问题，并具有相同的预期效果。

针对专利权人在提交的意见陈述书中的意见，合议组认为：(1) 附件2（参见附件2说明书第5页倒数第5行至倒数第2行及附图3）公开了“把手54的端部52设有用来容纳轴50的两个相对端部58的孔56”，即附件2公开了专利权人所称的“该轴部件的末端所设置的孔”这样的技术特征；(2) 专利权人所称的“旗面为具有横向弹性的薄膜”或“旗面为两层薄膜粘合而成，其一层薄膜横向弹性系数比另一薄膜的横向弹性系数高”的特征在本专利的权利要求1中并未记载，因此合议组在评价权利要求1的新颖性时对上述特征不予考虑。因此，合议组对专利权人辩称的本专利具备新颖性和创造性的观点不予支持。

综上所述，附件2中的技术方案与本专利权利要求1所要求保护的技术方案实质相同，两者属于相同的技术领域，解决相同的技术问题，并具有相同的预期效果，本专利的权利要求1相对于附件2不具备专利法第22条第2款规定的新颖性，请求人的无效宣告请求理由成立。

鉴于以上评述已经得出本专利不符合专利法第22条第2款的结论，合议组对于请求人提出的其他无效宣告理由不再作出评述。

三、决定

宣告200620122088.5号实用新型专利权全部无效。

当事人对本决定不服的，可以根据专利法第46条第2款的规定，自收到本决定之日起三个月内向北京市第一中级人民法院起诉。根据该款的规定，一方当事人起诉后，另一方当事人应当作为第三人参加诉讼。

241

自动伸缩广告旗

无效宣告请求审查决定（第12616号）

决　　定　　号　第12616号
决　　定　　日　2008年8月4日
发明创造名称　自动伸缩广告旗
国 际 分 类 号　G09F17/00
无效宣告请求人　王佳宾
专 利 权 人　李辉灿
专　　利　　号　200520105049.X
申　　请　　日　2005年8月4日
授 权 公 告 日　2006年12月13日
合 议 组 组 长　张　琳
主　　审　　员　马桂丽
参　　审　　员　张　巍

法 律 依 据　专利法第22条第2款
决 定 要 点

如果权利要求与对比文件的技术方案实质相同，两者属于相同的技术领域，解决相同的技术问题，并具有相同的预期效果，则本专利权利要求的技术方案相对于该对比文件不具备新颖性。

一、案由

本无效宣告请求涉及国家知识产权局于2006年12月13日授权公告的名称为“自动伸缩广告旗”的实用新型专利（下称本专利），其专利号为200520105049.X，申请日为2005年8月4日，专利权人为李辉灿。

本专利授权公告的权利要求书的内容如下：

“1. 自动伸缩广告旗，包括旗面，旗面的两端固定在两侧杆上，旗面卷设在侧杆上，其特征在于：旗面为具有横向弹性的薄膜。

2. 如权利要求1所述的自动伸缩广告旗，其特征在于：旗面为两层薄膜粘合而成，其一层薄膜横向弹性系数比另一层薄膜的横向弹性系数高。

3. 如权利要求1所述的自动伸缩广告旗，其特征在于：旗面为一层薄膜或两层以上的薄膜粘合而成。

4. 如权利要求1所述的自动伸缩广告旗，其特征在于：两侧杆均为空心杆，具有把手套设在中空的侧杆上。”

针对上述专利权，王佳宾（下称请求人）于2008年2月18日向专利复审委员会提出了无效宣告请求，无效理由是本专利的权利要求1至4不符合专利法第22条第1、2、3款的规定。请求人提供如下附件作为证据：

附件2：专利号为ZL02125303.X的中国发明专利说明书复印件，共11页，其授权公告日为2005年3月23日。

请求人在无效宣告请求书中指出：附件2的申请日、公开日和授权公告日均早于本专利的申请日，本专利与附件2的自卷横幅完全相同，没有实质性特点和进步，不具有新颖性创造性，不符合专利法第22条第1~3款的规定。具体说明如下：（1）本专利权利要求1所述的“自动伸缩广告旗”即为附件2中所述的“自卷便携式横幅”，其中“旗面”为附件2中的“长条形自卷材料片材”；“侧杆”即为附件2中的“轴装置”；“旗面的两端固定在两侧杆上，旗面卷设在侧杆上”与附件2中的“一个具有在所述端部的一个附近撑托所述片材的侧边的端部的把手，其中所述材料能够在松弛和张紧状态之间变化并且在所述松弛状态中可以独立地呈现围绕着所述片材的至少一个端部的卷起状态，所述端部通过带装置围绕一个轴装置连接到片材自身上，所述片材绕着所述轴装置呈现其卷起状态”完全相同；“具有横向弹性的薄膜”即为附件2中的“所述材料能够在松弛和张紧状态之间变化”。由此可见，本专利仅仅将附件2的名称自卷横幅改为自动伸缩广告旗，实质完全相同，没有实质性特点和进步。（2）本专利权利要求2、3所述的“旗面为一层薄膜或两层以上的薄膜粘合而成”、“其一层薄膜横向弹性系数比另一层薄膜的横向弹性系数高”与附件2权利要求1中所述的“材料能够在松弛和张紧状态之间变化”和权利要求7中所述的“片材材料包括一种多层塑料片材，它具有至少两层在不同的相对拉伸状态彼此相连的材料”含义完全相同，均是指横幅至少包括一层材料，可以实现自动伸缩。（3）本专利权利要求4所述的“侧杆”即附件2中所述的“轴装置”和“管状部件”，“空心杆”即附件2的“一种其尺寸被设计成同心地套盖着所述接合凸起从而能够相对于它自由转动的管状部件”。因此，附件2公开了本专利权利要求1~4的所有技术特征，本专利权利要求1~4没有任何实质性特点和进步，本专利权利要求1~4与附件2相比不具备新颖性和创造性。

经形式审查合格后，专利复审委员会受理了上述请求，于2008年3月24日向双方当事人发出了无效宣告请求受理通知书，并将无效宣告请求书及其所列附件的副本转送给专利权人，要求其在指定的期限内答复。

2008年4月26日，专利权人向专利复审委员会寄交了意见陈述书，同时提交了专利权人李辉灿的身份证复印件1页，本专利实用新型专利证书复印件2页，本专利说明书复印件6页。

专利权人在意见陈述书中提出，本专利与附件2不近似，具体理由为：（1）本专利权利要求1、2中旗面的具体结构即“旗面为具有横向弹性的薄膜”和“旗面为两层薄膜粘合而成，其一层薄膜横向弹性系数比另一薄膜的横向弹性系数高”在请求人提交的附件2中并未提及，因此本专利相对于附件2具备新颖性；（2）由于本专利具备上述特征后的技术方案可使整个旗面产生横向弹性，在不施外力的状态下，旗面两端具有向旗面中间收缩的功效，实现自动收卷，因此本专利权利要求具有创造性。

2008年5月28日，本案合议组向请求人和专利权人双方当事人发出口头审理通知书，定于2008年7月8日对本案进行口头审理。

2008年6月11日，本案合议组向请求人发出转送文件通知书，将专利权人于2008年4月26日提交的意见陈述书及相关附件转交请求人。

2008年7月8日，口头审理如期举行。请求人委托代理人参加了口头审理，专利权人未参加口头审理。在口头审理中，请求人对合议组成员无回避请求。请求人明确放弃本专利不符合专利法第22条第1款的无效理由。请求人明确无效理由为本专利权利要求1~4相对于附件2不具备专利法第22条第2~3款的规定的新颖性和创造性，并充分陈述其观点。

至此，合议组经合议，认为本案事实已经清楚，可以依法作出本审查决定。

二、决定的理由

1. 关于证据的认定

请求人提交的附件2为专利号为ZL02125303. X的中国发明专利说明书复印件，专利权人对附件2的真实性没有提出异议，经过核实，合议组对该证据的真实性予以确认。附件2的授权公告日为2005年3月23日，在本专利的申请日2005年8月4日之前，可以用于评价本专利是否具有新颖性。

2. 关于专利法第22条第2款

专利法第22条第2款规定：新颖性，是指在申请日以前没有同样的发明或者实用新型在国内外出版物上公开发表过、在国内公开使用过或者以其他方式为公众所知，也没有同样的发明或者实用新型由他人向国务院专利行政部门提出过申请并且记载在申请日以后公布的专利申请文件中。

本专利权利要求1请求保护一种自动伸缩广告旗，附件2公开了一种自卷横幅，并具体公开了以下内容（参见附件2权利要求书、说明书第4页第10行至第5页倒数第8行及说明书附图1a、1b、2）：一种用于双手垂直或水平展示的自卷便携式横幅（相当于本专利权利要求1的自动伸缩广告旗），该横幅包括长条形自卷材料片材14（相当于本专利权利要求1的旗面），所述材料能够在松弛和张紧状态之间变化并且在所述松弛状态中可以独立地呈现围绕着所述片材的至少一个端部的卷起状态（相当于本专利权利要求1的旗面卷设在侧杆上），在端部所述片材通过胶带装置围绕一个杆状元件轴装置32（相当于本专利权利要求1的侧杆）连接到片材自身上（相当于本专利权利要求1中旗面的两端固定在两侧杆上），所述片材绕着所述轴装置呈现卷起状态。附件2中公开的“所述材料能够在松弛和张紧状态之间变化”与本专利权利要求1中的特征“旗面为具有横向弹性的薄膜”仅仅是文字表达不同，其含义也是材料片材能够在外力克服自身弹性时打开并由于自身的弹性而卷起。由此可见，附件2中公开的技术方案与权利要求1技术方案实质上相同。

本专利涉及一种自动伸缩旗，而附件2公开了一种自卷横幅，其应用领域均是用于广告领域，因此，两者技术领域相同。同时，本专利要解决的技术问题提供一种不需卡制件就能保持收卷状态，打开后不加横向拉力就会自动收卷的广告旗，附件2也是一种自卷横幅，因此实际上也解决了这样的技术问题。本专利权利要求1的技术方案与附件2的技术方案的技术效果均是不需要卡制件固定，使用后自动收卷的技术效果。因此，将本专利的权利要求1的技术方案与附件2公开的技术方案相比较可以看出，本专利权利要求1与附件2公开了的技术方案实质相同，两者属于相同的技术领域，解决相同的技术问题，并具有相同的预期效果，本专利的权利要求1相对于附件2不具备专利法第22条第2款规定的新颖性。

本专利权利要求2的附加技术特征为“旗面为两层薄膜粘合而成，其一层薄膜横向弹性系数比另一层薄膜的横向弹性系数高”，附件2中公开了所述片材可为一种多层塑料片材，它具有至少两层在不同的相对拉伸状态彼此相连的材料，尤其优选的是一种热塑性薄膜，该薄膜通过热密封相互连接同时相对于其他层拉伸（参见附件2说明书第4页倒数第4段）。其中，两层薄膜处在不同的相对拉伸状态的含义即是表示两层薄膜横向弹性系数不同，本专利权利要求2与附件2的区别是本专利权利要求2中的旗面为两层薄膜粘合而成，而附件2中片材的薄膜通过热密封相互连接，这种区别属于所属技术领域的惯用手段的直接置换，在所属技术领域中将两层薄膜结合在一起的惯用手段包括粘合和热密封等，因此，在权利要求1相对于附件2不具备新颖性的情况下，权利要求2相对于附件2也不具备专利法第 22 条第 2 款规定的新颖性。

本专利权利要求 3 的附加技术特征为“旗面为一层薄膜或两层以上的薄膜粘合而成”，附件 2 中公开了片材包括至少一层聚酯材料或聚丙烯材料，所述片材包括一种多层塑料片材，它具有至少两层在不同的相对拉伸状态彼此相连的材料，尤其优选的是一种热塑性薄膜，该薄膜通过热密封相互连接同时相对于其他层拉伸（参见附件 2 说明书第 4 页倒数第 3、4、5 段），在另一种实施例中，片材包括至少一层其上具有印制物质的聚丙烯材料（参见附件 2 说明书第 4 页倒数第 3 段），也就是说附件 2 分别公开了片材为一层薄膜或两层以上薄膜热密封而成的两种技术方案。本专利权利要求 3 与附件 2 的区别是本专利权利要求 3 中的旗面为两层薄膜粘合而成，而附件 2 中片材的薄膜通过热密封相互连接，而这种区别属于所属技术领域的惯用手段的直接置换，因此，在权利要求 1 相对于附件 2 不具备新颖性的情况下，权利要求 3 中的两种技术方案相对于附件 2 中公开的两种技术方案也不具备专利法第 22 条第 2 款规定的新颖性。

本专利权利要求 4 的附加技术特征为“两侧杆均为空心杆，具有把手套设在中空的侧杆上”，附件 2 中公开了（参见附件 2 说明书第 5 页第 14~16 行、第 20~22 行及附图 1b）：该横幅中，轴装置 32（相当于本专利权利要求 4 中的侧杆）是一种其尺寸被设计成同心地套盖着所述接合凸起从而能够相对于它自由转动的管状部件，从图 1b 中能够看出轴装置是中空的（相当于侧杆为空心杆），轴 32 可转动地安装在把手 28 的端部 30 上（相当于本专利权利要求 4 中的把手设在中空的侧杆上）。由此可见，将附件 2 已经公开了本专利权利要求 4 的附加技术特征，因此，在权利要求 1 相对于附件 2 不具备新颖性的情况下，权利要求 4 相对于附件 2 也不具备专利法第 22 条第 2 款规定的新颖性。

针对专利权人在其提交的意见陈述书中的意见，合议组认为：在上文的评述中已将明显得出本专利权利要求中的“旗面为横向弹性的薄膜”和“旗面为两层薄膜粘合而成，其一层薄膜横向弹性系数比另一薄膜的横向弹性系数高”与附件 2 中公开的技术特征“所述材料能够在松弛和张紧状态之间变化”和“所述片材包括一种多层塑料片材，它具有至少两层在不同的相对拉伸状态彼此相连的材料，尤其优选的是一种热塑性薄膜，该薄膜通过热密封相互连接同时相对于其他层拉伸”的含义实质上相同，因此权利要求 1~4 不具备专利法第 22 条第 2 款规定的新颖性。因此，合议组对专利权人辩称的本专利具备新颖性和创造性的观点不予支持。

综上所述，本专利权利要求 1~4 所要求保护的技术方案与附件 2 公开的技术方案实质相同，两者属于相同的技术领域，解决相同的技术问题，并具有相同的预期效果，则本专利的权利要求 1~4 相对于附件 2 不具备专利法第 22 条第 2 款规定的新颖性。

鉴于以上评述已经得出本专利不符合专利法第 22 条第 2 款的结论，合议组对于请求人提出的其他无效宣告理由不再作出评述。

三、决定

宣告 200520105049. X 号实用新型专利权全部无效。

当事人对本决定不服的，可以根据专利法第 46 条第 2 款的规定，自收到本决定之日起三个月内向北京市第一中级人民法院起诉。根据该款的规定，一方当事人起诉后，另一方当事人应当作为第三人参加诉讼。

242

正子放射性药物辐射屏蔽装置

无效宣告请求审查决定（第12619号）

决　　定　　号　第12619号
决　　定　　日　2008年12月1日
发明创造名称　正子放射性药物辐射屏蔽装置
国 际 分 类 号　G21F 5/00，A61M 36/08
无效宣告请求人　大建华克科技（北京）有限公司
专　利　权　人　贝克西弗股份有限公司
专　　利　　号　200520127475.3
申　　请　　日　2005年10月14日
授 权 公 告 日　2007年3月28日
合 议 组 组 长　李　礼
主　　审　　员　刘　畅
参　　审　　员　赵　鑫

法　律　依　据　专利法实施细则第20条第1款，专利法第26条第3款
决　定　要　点

如果一项权利要求存在语句表达上的瑕疵，但该瑕疵并不足以造成该项权利要求保护范围不清楚，则该项权利要求不存在保护范围不清楚的缺陷，可以认定该项权利要求所限定的技术方案是清楚的。

如果本领域技术人员根据说明书的记载内容已可以实现其技术方案，那么说明书的公开是充分的。

一、案由

本无效宣告请求涉及国家知识产权局于2007年3月28日授权公告的名称为“正子放射性药物辐射屏蔽装置”的实用新型专利（下称本专利），其专利号是200520127475.3，申请日是2005年10月14日，专利权人是贝克西弗股份有限公司。

本专利授权时的权利要求书为：

“1. 一种正子放射性药物辐射屏蔽装置，由前盖体、容置体、后盖体、钨套及夹取器所构成，其特征为容置体内设有供钨套放置的容置空间，该钨套放置于具放射性药物的针筒，前盖体及后盖体结合于容置体两侧，容置体内部具有密闭空间；在其容置体外缘设有沟槽，与供夹取器的夹架结合，夹取器所设的勾体紧扣于凸体；在前盖体外端设置有扣环。”

针对上述专利权，大建华克科技（北京）有限公司（下称请求人）于2008年6月18日向专利复审委员会提出无效宣告请求，其理由是：本专利的权利要求1不符合专利法实施细则第20条第1款的规定，此外，本专利的说明书公开不充分，不符合专利法第26条第3款的规定，因而请求宣告本专利的权利要求1无效。请求人提交以下附件作为证据使用：

附件1：本专利的授权公告文本；

结合上述证据，关于本专利权利要求1不符合专利法实施细则第20条第1款的规定，请求人认为：（1）权利要求1中的"该钨套放置于具放射性药物的针筒"及"与供夹取器的夹架结合"语句含糊不清，本领域技术人员无法理解其确切含义；（2）权利要求1中没有对容置体内部具有的"密闭空间"的位置、构成及其与容置体内部具有的供钨套放置的"容置空间"之间的关系作出描述，从而致使权利要求1所限定的技术方案不清楚；（3）夹取器所设的"勾体"与"凸体"的位置、它们与夹取器的连接关系以及"勾体"如何紧扣于"凸体"在权利要求1中均没有描述，从而致使权利要求1所限定的技术方案不清楚。

关于本专利说明书不符合专利法第26条第3款的规定，请求人认为：（1）本领域技术人员不清楚说明书中所述的"夹架F1的一端"究竟在什么位置，也不清楚所述"一端"是特定的某端还是多个端中的任意一端；（2）勾体F2与凸体F3之间如何扣合，它们各自之间与所述的夹架F1的一端是如何连接，又如何通过其扣合实现夹架F1夹紧于沟槽F1，这些问题在说明书中均未给出清楚完整地说明；（3）本专利说明书只给出了一种任务或设想，或者说仅仅表明了一种愿望，即夹取器能够拆装，但是说明书中未给出使本领域技术人员能够实施夹取器可拆装的相关技术手段，以至于本领域技术人员根据说明书的描述不能解决相应的技术问题并取得相应的技术效果。

经形式审查合格，专利复审委员会受理了该无效宣告请求，并于2008年7月24日向双方当事人发出无效宣告请求受理通知书，同时将专利权无效宣告请求书及附件清单中所列附件副本转送给专利权人，要求其在指定期限内陈述意见。

针对上述无效宣告请求，专利权人于2008年9月5日向专利复审委员会提交了意见陈述书，针对请求人指出本专利权利要求1不符合专利法实施细则第20条第1款的规定的三点理由，专利权人认为：根据专利法第56条第1款的规定，说明书及附图可以用于解释权利要求。（1）根据本专利说明书第1页最后一段中的"具放射性的针筒是放置于钨套G内"与本专利权利要求1中的"该钨套放置于具放射性药物的针筒"相对应，且对于本领域技术人员来说，为获得本专利提升阻隔辐射的技术效果，自然清楚在具有隔离放射性辐射作用的钨套内放置具放射性药物的针筒（参见说明书附图2-1），"与供夹取器的夹架结合"是对"容置体外缘设有沟槽"做的进一步限定，根据本专利说明书第3页第2段，说明书附图3、4可以清楚地了解在容置体C的外缘设沟槽C2，夹取器F的夹架F1与沟槽C2扣合实现容置体与夹取器的结合，这是一个比较通用的结合方式；（2）权利要求1中所述的"容置体内部具有密闭的容置空间"以及"密闭空间"、"供钨套放置的容置空间"可根据权利要求1记载的内容确定："密闭空间"的形成是通过前盖体与后盖体在容置体两侧形成为前提的，权利要求1本身的表述是清楚的，结合本专利说明书第3页第8～10行的内容，以及说明书附图2-1、图2也可帮助理解；（3）说明书第3页第11～14行及说明书附图3-1对权利要求1中所述"夹取器所设的勾体紧扣于凸体"作出了解释，且这种夹取器对所属领域的技术人员来说也是清楚的。

针对请求人指出本专利不符合专利法第26条第3款的规定的三点理由，专利权人认为：（1）从说明书相关部分与说明书附图3-1可以看出，本专利利用的是一种杠杆的原理，其中夹架F1相当于支杆，而在其一端设置有勾体F2，用来确定所述的夹架F1支起或回落，因此所述"夹架F1的一端"应理解为特定的某一端；（2）从说明书附图3-1可以看出，只要所述凸体受力向下运动并与所述勾体相接触，由于所述特定端受到压力，自然会使所述夹架支起，此时勾体与所述凸体就扣合在一起，本领域技术人员可以清楚地理解这一技术方案；（3）本专利的说明书及其附图3-7对本专利的五个实施例进行了描述，且本领域技术人员根据说明书及其附图的内容可以实现本专利的技术方案并取得预期的技术效果，因而说明书的公开是充分的，符合专利法第26条第3款的规定。

针对上述无效宣告请求，专利复审委员会依法成立合议组，并于2008年9月19日向双方当事人发出无效宣告请求口头审理通知书，指出本案合议组定于2008年10月23日进行口头审理。随同口头审理通知书，将专利权人于2008年9月5日提交的意见陈述书转给了请求人。

口头审理如期进行，请求人委托公民代理人李大波、刘爱娣参加了此次口头审理，专利权人委托专利代理人滑春生参加了此次口头审理。合议组当庭告知双方当事人本案合议组成员的变更情况，双方当事人对合议组成员变更均无异议，对合议组成员无回避请求。在口头审理中，请求人明确其无效的理由和范围为：（1）本专利权利要求1不符合专利法实施细则第20条第1款的规定；（2）此外本专利的说明书公开不充分，不符合专利法第26条第3款的规定，请求无效本专利的权利要求1。

在口头审理过程中，请求人陈述的关于本专利不符合专利法第26条第3款以及专利法实施细则第20条第1款相关规定的理由与其无效宣告请求书中的内容一致，专利权人当庭陈述的意见与其于2008年9月5日提交的意见陈述书的内容一致。

至此，合议组认为本案事实清楚，依法作出审查决定。

二、决定的理由

1. 关于证据

请求人提交了本专利的授权公告文本（即附件1）作为证据用以说明本专利权利要求1不符合专利法实施细则第20条第1款以及专利法第26条第3款的规定，专利权人未对其真实性表示异议，合议组经审查后对附件1的真实性表示认可。

2. 关于本专利的权利要求1是否符合专利法实施细则第20条第1款的规定

专利法实施细则第20条第1款规定：权利要求书应当说明发明或者实用新型的技术特征，清楚、简要地表述请求保护的范围。

专利法第56条第1款规定：发明或者实用新型专利权的保护范围以其权利要求的内容为准，说明书及附图可以用于解释权利要求。

具体就本案而言，关于本专利权利要求不符合专利法实施细则第20条第1款的规定，请求人认为：（1）权利要求1中的“该钨套放置于具放射性药物的针筒”及“与供夹取器的夹架结合”语句含糊不清，本领域技术人员无法理解其确切含义；（2）权利要求1中没有对容置体内部具有的“密闭空间”的位置、构成及其与容置体内部具有的供钨套放置的“容置空间”之间的关系作出描述，从而致使权利要求1所限定的技术方案不清楚；（3）夹取器所设的“勾体”与“凸体”的位置、它们与夹取器的连接关系以及“勾体”如何紧扣于“凸体”在权利要求1中均没有描述，从而致使权利要求1所限定的技术方案不清楚。

对于请求人认为本专利权利要求1不符合专利法实施细则第20条第1款规定的观点（1），合议组经审查后认为，权利要求1中包括如下技术特征“该钨套放置于具放射性药物的针筒”，按照现代汉语的语法习惯来看，该句的句子结构是不完整的，但上述瑕疵是否足以造成本专利权利要求1保护的技术方案不清楚是本案的争议焦点之一。对此，根据专利法第56条的规定，说明书及附图可以对权利要求书进行解释说明，在本专利的说明书第1页最后一段中记载了如下内容：“而具放射性药物的针筒是放置于钨套内，以阻隔药物所产生的辐射”，从说明书附图6、7中也可以看出，钨套是套设在装有放射性药物的针筒外侧的，而说明书其他部分也没有记载除了钨套置于针筒外侧这一技术方案之外，钨套相对于针筒还具有其他位置关系，即本专利中仅给出将钨套置于针筒外侧这一唯一的技术方案。此外，结合本领域的公知常识可知，钨套的作用是用于屏蔽来自针筒中放射性药物的辐射，因而除了钨套套置于针筒外侧这一位置关系外，也没有其他可以实现的合理的实施方式来获得屏蔽针筒内放射性药物的技术效果，因此本专利权利要求 1 中的上述文字部分虽然有表述上的瑕疵，但根据本专利说明书的内容可以唯一确定钨套套至于针筒外侧这一种位置关系，因此上述瑕疵并不足以造成权利要求 1 保护范围不清楚。对于权利要求 1 中“与供夹取器的夹架结合”，结合权利要求 1 的上下文，即“在其容置体外缘设有沟槽，与供夹取器的夹架结合”可以理解，容置体外缘上设置的沟槽是用来与夹取器的夹架相结合的，本专利说明书所描述的技术方案也是这样的，在说明书第 3 页第 1 段中记载了如下内容“其容置体 C 外侧设有沟槽 C2，是供夹取器 F 做结合……其夹取器 F 结合于容置体 C 是通过勾体 F2 与凸体 F3 的扣合，使其夹架 F1 紧夹于沟槽 F1，以利于使用者做移动、运送之用”，根据说明书的上述记载可知，容置体外缘上的沟槽是用于与夹取器的夹架结合，并且除此之外说明书其他部分也没有记载关于沟槽与夹架结合的其他实施方式。综上所述，权利要求 1 中的“该钨套放置于具放射性药物的针筒”和“与供夹取器的夹架结合”并不足以造成权利要求 1 的保护范围不清楚。

对于请求人认为本专利不符合专利法实施细则第 20 条第 1 款规定的观点（2），合议组认为，权利要求 1 中明确限定了“容置体内部具有供钨套放置的容置空间”，因而权利要求 1 对容置体内部的容置空间的限定是清楚的，权利要求 1 对容置体内的密闭空间的描述如下“前盖体及后盖体结合于容置体两侧，容置体内部具有密闭空间”，根据本专利权利要求 1 限定的内容可以确定，容置体内具有放置钨套的容置空间，将前盖体及后盖体结合到容置体两侧，即利用前盖体和后盖体使容置体两端封闭，进而使容置体内的容置空间形成密闭空间，同时本专利说明书中所记载的技术方案也是如此：在本专利说明书第 1 页最后一段记载了如下内容“屏蔽装置 B 于容置体 C 内设有容置空间 C1 供钨套放置，而具放射性药物的针筒是放置于钨套 G 内，以阻隔药物所产生的辐射，再通过前盖体 D 及后盖体 E 结合于容置体 C 两侧，使其容置体 C 内部形成密闭空间”，由此可见，本专利权利要求 1 已经清楚地限定出密闭空间的位置、构成以及其与容置空间的关系。

对于请求人认为本专利权利要求 1 不符合专利法实施细则第 20 条第 1 款规定的观点（3），合议组认为，本专利权利要求 1 限定了“在其容置体外缘设有沟槽，与供夹取器的夹架结合，夹取器所设的勾体紧扣于凸体”的内容，根据上下文的理解，勾体和凸体位于夹取器上，且勾体与凸体之间为紧扣的配合关系，即权利要求 1 中已经限定了勾体与凸体的位置及配合关系，这与本专利说明书所述技术方案也是一致的，本专利说明书第 3 页第 1 段记载了如下内容“并于夹架 F1 的一端设有勾体 F2 与凸体 F3，通过勾体 F2 与凸体 F3 的扣合使其夹架 F1 紧夹于沟槽”，在本专利的说明书附图 3-1 也可以清楚地看出凸体、勾体在夹取器上所处的位置，即位于把手与夹架之间。至于请求人指出的说明书中没有对凸体如何与勾体扣合使其夹架紧夹于沟槽，合议组认为，上述特征属于机械领域中一种常规的紧固方式，基于本专利权利要求 1 中已经限定了二者的配合关系，本领域技术人员可以明确其具体的结合方式。

综上所述，权利要求 1 所限定的技术方案的保护范围是清楚的，符合专利法实施细则第 20 条第 1 款的规定，请求人提出的关于本专利权利要求 1 不符合专利法实施细则第 20 条第 1 款规定的理由不能成立。

3. 关于本专利是否符合专利法第 26 条第 3 款的规定

专利法第 26 条第 3 款规定：说明书应当对发明或者实用新型作出清楚、完整的说明，以所属技术领域的技术人员能够实现为准；必要的时候，应当有附图。摘要应当简要说明发明或者实用新型的技术要点。

具体就本案而言，关于本专利说明书不符合专利法第 26 条第 3 款的规定，请求人认为：（1）本领域技术人员不清楚说明书中所述的“夹架 F1 的一端”究竟在什么位置，也不清楚所述“一端”是特定的某端还是多个端中的任意一端；（2）勾体 F2 与凸体 F3 之间如何扣合，它们各自之间与所述的夹架 F1 的一端是如何连接，又如何通过其扣合实现夹架 F1 夹紧于沟槽 F1，这些问题在说明书中均未给出清楚完整地说明；（3）本专利说明书只给出了一种任务或设想，或者说仅仅表明了一种愿望，即夹取器能够拆装，但是说明书中未给出使本领域技术人员能够实施夹取器可拆装的相关技术手段，以致于本领域技术人员根据说明书的描述不能解决相应的技术问题并取得相应的技术效果。

对于请求人认为本专利不符合专利法第 26 条第 3 款规定的观点（1），合议组认为，如上所述，本专利说明书第 3 页第 1 段记载了如下内容：“并于夹架 F1 的一端设有勾体 F2 与凸体 F3，通过勾体 F2 与凸体 F3 的扣合使其夹架 F1 紧夹于沟槽”，在本专利的说明书附图 3-1 也可以清楚地看出凸体、勾体在夹取器上所处的位置，即位于把手与夹架之间，也就是说，说明书中所述“夹架的一端”应该是指特定的一端，而不是多个端中的任意一端。因而，本专利说明书已经对凸体与勾体在夹架上所处位置作出了清楚完整的说明。

对于请求人认为本专利不符合专利法第 26 条第 3 款规定的观点（2），合议组认为，如上所述，通过凸体与勾体的扣合实现夹架紧固在沟槽中属于机械领域中一种常规的紧固方式，本领域技术人员根据说明书记载的内容并结合本领域的公知常识可以知晓如何利用凸体与勾体的扣合来实现夹架紧固于沟槽中。

对于请求人认为本专利不符合专利法第 26 条第 3 款规定的观点（3），合议组认为，根据本专利说明书第 3 页第 1 段的记载，本发明的一个发明目的就是解决屏蔽装置的把手占用空间不易存放的问题，为了实现上述发明目的，本专利说明书中记载了“其容置体 C 外侧设有沟槽 C2，是供夹取器 F 做结合……其夹取器 F 结合于容置体 C 是通过勾体 F2 与凸体 F3 的扣合，使其夹架 F1 紧夹于沟槽 F1，以利于使用者做移动、运送之用”这样的具体实施方式，本领域技术人员根据说明书记载的内容并结合本领域的公知常识可以知晓如何利用凸体与勾体的扣合来实现夹架紧固于沟槽中，从而实现本专利的发明目的。因此，本专利的说明书不仅记载了本专利所要解决的技术问题及其所要实现的发明目的，也给出了为了实现具体的实施方式，因而说明书已经给出了清楚完整的说明。

综上所述，本专利说明书已经对本专利作出了清楚完整的说明，说明书的公开是充分的，本领域技术人员根据本专利记载的内容可以实现其技术方案，并解决其技术问题，因此本专利符合专利法第 26 条第 3 款的规定。请求人提出的关于本专利不符合专利法第 26 条第 3 款规定的理由不能成立。

三、决定

维持 200520127475.3 号实用新型专利权有效。

当事人对本决定不服的，可以根据专利法第 46 条第 2 款的规定，在收到本决定之日起三个月内向北京市第一中级人民法院起诉，根据该款的规定，一方当事人起诉后，另一方当事人应当作为第三人参加诉讼。

243

红、绿、黄三色发光二极管像素元

无效宣告请求审查决定（第12638号）

决　　定　　号 第12638号
决　　定　　日 2008年12月4日
发明创造名称 红、绿、黄三色发光二极管像素元
国 际 分 类 号 G09F 9/33，F21S 8/00 //F21W111：00
无效宣告请求人 深圳市同洲电子股份有限公司
专　利　权　人 上海三思科技发展有限公司
专　　利　　号 02215093.5
申　　请　　日 2002年1月10日
授 权 公 告 日 2002年11月13日
合 议 组 组 长 刘颖杰
主　　审　　员 马　燕
参　　审　　员 关　刚

法 律 依 据 专利法第22条第2款、第3款
决 定 要 点

发明对现有技术作出贡献的技术特征，例如，使发明产生预料不到的技术效果的技术特征，或者体现发明克服技术偏见的技术特征，应当写入权利要求中；否则，即使说明书中有记载，评价发明的创造性时也不予考虑。

如果说明书及附图公开的内容不能够支持专利权人对权利要求的解释，则对其解释不予采纳。如果该权利要求所要求保护的技术方案对于两篇对比文件的结合是显而易见的，则该项权利要求不具备创造性，不符合专利法第22条第3款的规定。

一、案由

本无效宣告请求涉及中华人民共和国国家知识产权局于2002年11月13日授权公告的、名称为“红、绿、黄三色发光二极管像素元”的实用新型专利权（下称本专利），其申请号是02215093.5，申请日是2002年1月10日，专利权人是上海三思科技发展有限公司。本专利授权公告时的权利要求书如下：

“1. 本实用新型红、绿、黄三色发光二极管像素元，包括印制电路板（4）、红色发光二极管（1）、绿色发光二极管（2）、黄色发光二极管（3）、密封层（5）的结构，其特征在于：由总数为3~20只红色发光二极管（1）、绿色发光二极管（2）、黄色发光二极管（3）间隔交叉排列组合成像

素元。”

针对上述专利权，深圳市同洲电子股份有限公司（下称请求人）于2008年6月13日向专利复审委员会提出无效宣告请求，请求宣告本专利权利要求1无效，并提交如下附件：

附件1：授权公告号为CN2366913Y的实用新型专利说明书全文，授权公告日为2000年3月1日；

附件2：授权公告号为CN2397548Y的实用新型专利说明书全文，授权公告日为2000年9月20日；

附件3：授权公告号为CN2161965Y的实用新型专利说明书全文，授权公告日为1994年4月13日。

结合上述附件，请求人认为，本专利权利要求1相对于附件1不具备新颖性、创造性，不符合专利法第22条第2款、第3款的规定；本专利权利要求1相对于附件2不具备新颖性、创造性，不符合专利法第22条第2款、第3款的规定；本专利权利要求1相对于附件1、2、3的结合不具备创造性，不符合专利法第22条第3款的规定。

经形式审查合格，专利复审委员会依法受理了上述无效宣告请求，并于2008年7月24日向双方当事人发出无效宣告请求受理通知书，并将无效宣告请求书及其附件清单中所列附件副本转送给专利权人，要求专利权人在指定期限内答复。

针对上述无效宣告请求，专利复审委员会依法组成合议组对上述无效宣告请求进行审查。

本案合议组于2008年8月29日向双方当事人发出无效宣告请求口头审理通知书，指出本案合议组定于2008年10月21日举行口头审理。

专利权人于2008年9月8日向专利复审委员会提交了意见陈述书，认为：（1）附件1公开的是一种交通信号灯，其与本专利要求保护的主题不同，与本专利所要解决的技术问题也不同。从所采用的技术方案来看，本专利权利要求1的技术方案是将总数为3~20只红色LED、绿色LED、黄色LED间隔交叉排列在印刷电路板上组成物理意义上的、独立的像素元，每一像素元均具有一印刷电路板，而附件1没有公开或者教导本专利权利要求1的物理意义上的像素元。另外，附件1也至少没有明示公开本专利权利要求1中的印制电路板和密封层。因此，本专利权利要求1与附件1相比具有新颖性，符合专利法第22条第2款的规定。（2）附件1没有给出本专利权利要求1的物理意义上的、独立的像素元的任何技术启示，而本专利权利要求1可以实现灵活地制造出交通动态诱导显示屏等较大型显示设备的技术效果。因此，本专利权利要求1相对于附件1具有创造性，符合专利法第22条第3款的规定。（3）附件2公开的也是一种交通信号灯，基于针对附件1的同样的理由，本专利权利要求1与附件2相比具有新颖性，符合专利法第22条第2款的规定。由于附件2并没有公开本专利权利要求1的物理意义上的、独立的像素元，而是公开的由多个LED集成在一起组成的交通信号灯，附件2也没有给出本专利权利要求1的物理意义上的、独立的像素元的任何技术启示，也无法实现本专利的技术效果，因此，本专利权利要求1相对于附件2具有创造性，符合专利法第22条第3款的规定。（4）附件3中一块印刷电路板上的LED的数量远大于本专利权利要求1中的30个，而且，附件3也没有任何明示或者暗示此处构成的所谓像素单元的发光二极管是否是红、绿、黄发光二极管，更没有公开这些二极管是否是间隔交叉排列组合呈像素元，特别是附件3没有公开或者暗示本专利权利要求1的由总数为3~20只红色LED、绿色LED、黄色LED间隔交叉排列在印刷电路板上组成物理意义上的、独立的像素元这样一种技术方案。另外，附件3涉及的是彩色电脑显示屏领域，与本专利涉及的交通信号显示领域完全不同。因此，即使将附件1、2、3进行组合，也不可能得到本专利权利要求1的技术方案，因此本专利权利要求1相对于附件1、2、3的结合相比具有创造性，因而符合专利法第

22 条第 3 款的规定。

本案合议组于 2008 年 9 月 11 日向请求人发出转送文件通知书，将专利权人于 2008 年 9 月 8 日提交的意见陈述书转送给请求人。

口头审理如期举行，请求人委托的公民代理人李淑琴、李爱华、黄硕，专利权人委托的专利代理人周建秋和公民代理人邱永红出席了口头审理。

在口头审理中，

（1）专利权人明确表示有实物演示，但仅供合议组参考，不作为证据。

（2）请求人明确表示其无效理由为：本专利权利要求 1 相对于附件 1 或 2 不具备新颖性，不符合专利法第 22 条第 2 款的规定；本专利权利要求 1 相对于附件 1、3 的结合或相对于附件 1、2、3 的结合不具备创造性，不符合专利法第 22 条第 3 款的规定。

（3）专利权人明确表示对请求人提交的证据的真实性没有异议，表示可以作为本专利的现有技术。

（4）请求人认为本专利权利要求 1 相对于附件 1 不具有新颖性。对此，专利权人认为，本专利要求保护的主题是红绿黄三色发光二极管像素元，主题是像素元，与附件 1 保护的主题不同，附件 1 没有公开本专利权利要求 1 的像素元的概念，附件 1 附图中用线圈起来的单元并不是本专利权利要求 1 的像素元，其仅说明灯的排列方式，本专利的结构是物理意义上、独立的像素元。

（5）请求人认为本专利权利要求 1 相对于附件 2 不具有新颖性，其意见与本专利权利要求 1 相对于附件 1 不具有新颖性的意见基本相同，此外，附件 2 明确公开了有印刷电路板。专利权人表示本专利权利要求 1 相对于附件 2 具有新颖性的意见与本专利权利要求 1 相对于附件 1 具有新颖性的意见相同。

（6）请求人认为在附件 3 的基础上结合附件 1 或在附件 1 的基础上结合附件 3 都可以破坏本专利权利要求 1 的创造性。专利权人坚持附件 1、3 均不构成物理意义上、独立的像素元。

（7）请求人认为本专利权利要求 1 相对于附件 1、2、3 的结合不具有创造性。专利权人表示与本专利权利要求 1 相对于附件 1、3 的结合具有创造性的意见基本相同，附件 2 是一种三色交通信号灯，其也没有公开本专利权利要求 1 中物理意义上、独立的像素元的技术方案。

（8）合议组当庭告知专利权人，由于请求人当庭增加了附件 1、3 结合评述本专利权利要求 1 的创造性的组合方式，专利权人可以在口头审理结束之日起 5 天内提交关于本专利权利要求 1 相对于附件 1、3 的结合是否具有创造性的意见陈述，超期提交则不予考虑。

专利权人在指定期限内提交了意见陈述书，在意见陈述书中专利权人认为，不管是以附件 1 还是以附件 3 作为最接近的现有技术，二者均未公开本专利权利要求 1 要求保护的是物理意义上独立的像素元，也未公开本专利权利要求 1 中像素元的三色 LED 的总数为 3~20 只，且其在本专利中所起的作用与在附件 3 或 1 中所起的作用也是完全不同的，因此，本专利权利要求 1 相对于附件 1、3 的结合或相对于附件 3、1 的结合具备创造性，符合专利法第 22 条第 3 款的规定。

至此，合议组认为本案事实已经清楚，现依法作出如下决定。

二、决定的理由

1. 关于证据和现有技术

请求人共提交 3 份附件，分别是附件 1、2、3。专利权人对附件 1、2、3 的真实性无异议，并表示可以作为本专利的现有技术。经审查，合议组认为，附件 1、2、3 均为中国实用新型专利说明书，其可以作为本案证据使用，同时由于附件 1、2、3 的公开日期均早于本专利的申请日，因此其上记载的内容已构成本专利的现有技术。

2. 关于专利法第 22 条第 2 款、第 3 款

专利法第 22 条第 2 款规定：新颖性，是指在申请日以前没有同样的发明或者实用新型在国内外出版物上公开发表过、在国内公开使用过或者以其他方式为公众所知，也没有同样的发明或者实用新型由他人向国务院专利行政部门提出过申请并且记载在申请日以后公布的专利申请文件中。

专利法第 22 条第 3 款规定：创造性，是指同申请日以前已有的技术相比，该发明有突出的实质性特点和显著的进步，该实用新型有实质性特点和进步。

在本案中，请求人认为本专利权利要求 1 相对于附件 1 或 2 不具备新颖性，本专利权利要求 1 相对于附件 1、3 的结合或相对于附件 3、1 的结合或相对于附件 1、2、3 的结合不具备创造性。

附件 3 公开了一种发光二极管彩色电脑显示屏模块，并具体披露了以下技术特征（参见附件 3 说明书第 2 页倒数第 1 段至第 3 页倒数第 2 段，图 2）：该发光二极管彩色电脑显示屏模块包括发光二极管 6、像束罩 7、印刷线路板 8，附在模块发光侧表面的防水硅胶层 9；印刷线路板设计成四分之一平方米大小，以单个或多个发光二极管组成一个像素单元直接焊在板上，每板焊 16×16 个单元，在印刷线路板的元件侧即模块的发光侧灌注硅密封胶，形成防水密封胶层。

可见，附件 3 中的单个或多个发光二极管组成的像素单元相当于本专利权利要求 1 中的像素元；印刷电路板 8 相当于本专利权利要求 1 中的印制电路板 4；防水密封胶层相当于本专利权利要求 1 中的密封层 5，并且，由于附件 3 中要求保护的是发光二极管彩色电脑显示屏模块，且显示屏的显色是由发光二极管发出的光来形成的，因此，附件 3 的发光二极管必然包括能发出多种颜色光的发光二极管。

本专利权利要求 1 要求保护的红、绿、黄三色发光二极管像素元与附件 3 公开的发光二极管彩色电脑显示屏模块的像素单元相比，其区别在于：本专利权利要求 1 中的像素元包括红、绿、黄三色发光二极管，其总数是 3~20 个，且红、绿、黄发光二极管间隔交叉排列组合成像素元；而附件 3 披露了发光二极管是能够发出多种颜色光的发光二极管，没有披露发光二极管包括红、绿、黄三色发光二极管也未明确公开发光二极管的排列方式及组成像素单元的发光二极管的具体数量。

附件 1 公开了一种交通信号灯，并具体披露了以下技术特征（参见附件 1 说明书第 2 页倒数第 1 段至第 5 页第 2 段，图 2）：该交通信号灯中左侧的壳体 1 内设置的是由红、黄、绿 LED 阵列 7 构成的信号灯发光源，设每个单元由 7 只 LED 组成，在下中部分的局部再放大图中，小圆圈中的 Y 为黄色的 LED，R 为红色的，G 为绿色的，每单元设有一只绿色的 LED 在中间，周围是 2 只黄色的和 4 只红色的，在上下两单元间又设有 2 只黄色的 LED；当原控制电路输出红色信号时，信号灯中的红色的 LED 发光，当输出为绿色信号时，信号灯中的绿色的 LED 发光，原控制线路输出黄色信号，信号灯中的黄色 LED 闪烁发光。

可见，附件 1 中由 7 只 LED 组成的发光二极管单元相当于本专利权利要求 1 中的像素元，该附件 1 中的发光二极管单元包括红、黄、绿三色 LED，其总数在 3~20 内，且三色 LED 间隔交叉排列。由此可知，附件 1 公开了上述区别技术特征，且其在附件 1 中所起的作用与上述区别技术特征在本专利中所起的作用相同，均为采用红、绿、黄三种发光二极管，并控制其单独发光和熄灭，因此，附件 1 给出了将上述区别技术特征应用于附件 3 的技术启示，在附件 3 的基础上结合附件 1 得出本专利权利要求 1 要求保护的技术方案对本领域技术人员来说是显而易见的，因此，本专利权利要求 1 相对于附件 3、1 的结合不具备创造性，不符合专利法第 22 条第 3 款的规定。

专利权人强调，本专利要求保护的主题是像素元，而附件 1、2 的主题是交通信号灯，附件 3 涉及显示屏模块，附件 1、3 均未公开本专利的像素元的概念，且以对比文件 3 作为最接近的现有技术时，对比文件 1 未公开本专利权利要求 1 中像素元的三色 LED 的总数为 3~20 只。

对此合议组认为，①本专利说明书发明内容部分有如下记载“本实用新型红、绿、黄三色发光二极管像素元，针对交通诱导显示屏的功能特点，为克服上述的发光二极管发光混黄容易造成像素元颜色的不确定性的缺陷，提出采用红、绿、黄三色发光二极管相互交叉排列，组成像素元，实现红、绿、黄三种发光二极管单独发光控制。其技术是这样实现的：包括印制电路板、红色发光二极管、绿色发光二极管、黄色发光二极管、密封层的结构，其特征在于……”根据上述记载可知，本专利涉及交通诱导显示屏领域，其采用红、绿、黄三色发光二极管相互交叉排序组成像素元的技术方案，实现三色发光二极管单独发光控制。可见，本专利的像素元实际上是一种由发光二极管组成的可控制的发光单元，其构成显示屏的组成部分，通过像素元的显色即发光二极管发出的光来使显示屏能够进行交通动态诱导显示。

②附件 3 涉及一种发光二极管彩色电脑显示模块，其中在对电脑显示屏的说明中指出，目前，国内外厂家大多以半导体发光二极管作为发光体，以多个发光二极管组成独立的像束管，构成显示屏最小的分辨单位——点，将多个像束管按一定规则排成阵列，组成几十平方米的显示屏。由附件 3 的上述内容可知，附件 3 中已经给出了由多个发光二极管组成的像束管为最小分辨单元即像素元的概念，而附件 3 具体实施例部分的像素单元是对现有的像束管进行了改进，但该像素单元仍由单个或多个发光二极管组成，且像素单元仍然构成显示屏的一部分，像素单元的显色即发光二极管发出的光来使彩色电脑显示屏进行显示，即附件 3 的像素单元实际上也是一种由发光二极管组成的可控制的发光单元。因此，附件 3 的像素单元相当于本专利的像素元。

③附件 1 涉及一种交通信号灯，根据附件 1 说明书中的记载，该交通信号灯由间隔交叉排列的红、绿、黄三色 LED 组成，且可以将其分成很多个单元，所有这些单元都是组成交通信号灯的一部分，每个单元包括间隔交叉排列的红、绿、黄三色 LED，通过分别控制任一种颜色的 LED，可以分别呈现红色、绿色、黄色。可见，附件 1 的交通信号灯的每个单元实际上也是一种由发光二极管组成的可控制的发光单元。因此，附件 1 的每个单元相当于本专利的像素元。另外，对比文件 1 中的每个单元由 7 只 LED 组成，每个单元中有 1 只绿色的 LED 在中间，周围是 2 只黄色的和 4 只红色的，在上下两单元间又设有 2 只黄色的 LED。因此，附件 1 公开了三色 LED 总数为 3~20 的技术特征。

专利权人还强调，本专利权利要求 1 中记载了“本实用新型红、绿、黄三色发光二极管像素元，包括印制电路板”，其体现了本专利权利要求 1 中的像素元是物理意义上、独立的像素元，像素元具有独立的印制电路板，从本专利附图 1~5 也可以看出本专利保护的主题是物理意义上、独立的像素元，而附件 1、2、3 均未公开物理意义上、独立的像素元。

对此合议组认为，①审查指南第二部分第四章第 6.4 节“对要求保护的发明进行审查”中规定，对发明创造性的评价应当针对权利要求限定的技术方案进行。发明对现有技术作出贡献的技术特征，例如，使发明产生预料不到的技术效果的技术特征，或者体现发明克服技术偏见的技术特征，应当写入权利要求中；否则，即使说明书中有记载，评价发明的创造性时也不予考虑。

②本专利的权利要求书和说明书中并未明确记载像素元是物理意义上、独立的像素元。并且，专利说明书的附图仅是示意性的，只有能够从附图中直接地、毫无疑义地确定的技术特征才属于公开的内容。而在本案中，附图 1~5 中能够直接地、毫无疑义地确定的是三色发光二极管的排列和发光二极管、印制电路板和密封层的相对位置关系，但不能直接地、毫无疑义地确定像素元是独立的实体，其具有独立的电路板。在本专利附图 1~5 对应的文字部分记载，三色发光二极管通过焊接固定在印制电路板上；三色发光二极管按图排列，分别插入印制电路板，用焊接的方法将三色发光二极管通过焊接固定在印制电路板上。由上述文字部分也不能直接地、毫无疑义地确定每个像素元具有独立的印制电路板，因此不能确定像素元是专利权人所称的物理意义上、独立的像素元。

基于上述理由，专利权人的观点缺乏证据支持，合议组对该观点不予支持。

综上所述，本专利权利要求 1 相对于附件 3、1 的结合不具备创造性，不符合专利法第 22 条第 3 款的规定。

由于本专利权利要求 1 相对于附件 3、1 的结合不具备创造性，应予无效，因此，对于请求人提出的其他无效理由，合议组不再予以评述。

三、决定

宣告 02215093.5 号实用新型专利权全部无效。

当事人对本决定不服的，可以根据专利法第 46 条第 2 款的规定，自收到本决定之日起三个月内向北京市第一中级人民法院起诉。根据该款的规定，一方当事人起诉后，另一方当事人应当作为第三人参加诉讼。

北京市第一中级人民法院
行政裁定书

（2009）一中行初字第 935 号

原告上海三思科技发展有限公司，住所地上海市宛平南路 968 弄 6 号。

法定代表人陈必寿，董事长。

委托代理人周建秋，北京润平知识产权代理有限公司专利代理人。

委托代理人邱永红，上海三思科技发展有限公司职员。

被告国家知识产权局专利复审委员会，住所地北京市海淀区北四环西路 9 号银谷大厦 10~12 层。

法定代表人廖涛，副主任。

委托代理人马燕，国家知识产权局专利复审委员会审查员。

委托代理人翟晓峰，国家知识产权局专利复审委员会审查员。

第三人深圳市同洲电子股份有限公司，住所地广东省深圳市南山区高新区北区第五工业区彩虹科技大楼 A6 楼。

法定代表人袁明，董事长。

委托代理人李爱华，女，1974 年 12 月 2 日出生，深圳市同洲电子股份有限公司专利经理，住广东省深圳市罗湖区宝安北路人才市场。

委托代理人黄亮，男，1981 年 6 月 23 日出生，深圳市同洲电子股份有限公司法务经理，住广东省深圳市罗湖区宝安北路人才大市场大厦。

原告上海三思科技发展有限公司不服被告国家知识产权局专利复审委员会于 2008 年 12 月 4 日作出的第 12638 号无效宣告请求审查决定，于法定期限内向本院提起行政诉讼。本院于 2009 年 3 月 31 日受理此案后，依法组成合议庭，并按照法律规定通知深圳市同洲电子股份有限公司作为第三人参加诉讼。在本案审理过程中，原告上海三思科技发展有限公司于 2009 年 5 月 11 日向本院书面申请撤回本案诉讼。

本院经审查认为，原告上海三思科技发展有限公司的撤诉申请系其真实意思表示，未违反法律规定，应予准许。依据《中华人民共和国行政诉讼法》第五十一条之规定，裁定如下：

准许原告上海三思科技发展有限公司撤回对被告国家知识产权局专利复审委员会的起诉。

案件受理费100元，减半收取50元，由原告上海三思科技发展有限公司负担（已交纳）。

审　判　长　任　进
代理审判员　邢　军
人民陪审员　牛艳玲
二〇〇九年五月十二日
书　记　员　朱　平

一种带有灯罩的节能灯

无效宣告请求审查决定（第 12643 号）

决　　定　　号　第 12643 号
决　　定　　日　2008 年 11 月 28 日
发明创造名称　一种带有灯罩的节能灯
国 际 分 类 号　F21V 3/04
无效宣告请求人　利安电光源（香港）有限公司
专　利　权　人　厦门通士达照明有限公司
专　　利　　号　200620009706. 5
申　　请　　日　2006 年 9 月 4 日
授 权 公 告 日　2007 年 10 月 3 日
合 议 组 组 长　李　礼
主　　审　　员　陈　力
参　　审　　员　刘亚斌

法　律　依　据　专利法实施细则第 2 条第 2 款，专利法第 22 条第 2 款、第 3 款
决　定　要　点

如果实用新型专利的权利要求中既包含形状、构造特征，又包含对方法本身提出的技术方案，则不属于实用新型专利权保护的客体，但若是以现有技术中已知方法的名称限定产品的形状、构造的，则不属于对方法本身提出的技术方案。

一、案由

本无效宣告请求涉及中华人民共和国国家知识产权局于 2007 年 10 月 3 日授权公告的、名称为“一种带有灯罩的节能灯”的实用新型专利（下称本专利），其专利号为 200620009706. 5，申请日是 2006 年 9 月 4 日，专利权人是厦门通士达照明有限公司。该专利授权公告时的权利要求书如下：

“1. 一种带有灯罩的节能灯，包括一节能灯以及一套罩节能灯灯管的灯罩，其特征是：所述的灯罩包括一固设于节能灯之上并套罩节能灯灯管的玻璃层及一固套于玻璃层外表面的硅胶层。

2. 根据权利要求 1 所述的一种带有灯罩的节能灯，其特征是：所述的硅胶层是通过涂覆方式涂覆于玻璃层外表面。

3. 根据权利要求 1 所述的一种带有灯罩的节能灯，其特征是：所述的硅胶层是通过固定套接方式固套于玻璃层外表面。

4. 根据权利要求 1 所述的一种带有灯罩的节能灯，其特征是：所述的硅胶层是通过固定粘贴方

式粘贴于玻璃层外表面。

5. 根据权利要求 1 或 2 或 3 或 4 所述的一种带有灯罩的节能灯，其特征是：所述的灯罩具有一开口；节能灯包括灯头及灯管；灯罩通过开口套罩节能灯灯管，而且灯罩开口固接灯头。

6. 根据权利要求 5 所述的一种带有灯罩的节能灯，其特征是：所述的灯头具有一靠近灯管的工作面；灯罩开口固接于灯头工作面，而且灯罩开口外周直径和灯头工作面外周直径相等。”

针对上述专利权，厦门通士达照明有限公司（下称请求人）于 2008 年 4 月 9 日向专利复审委员会提出无效宣告请求，认为本专利权利要求 1、3、5、6 不符合专利法第 22 条第 2 款、第 3 款的规定，权利要求 2、4、5、6 不符合专利法实施细则第 2 条第 2 款的规定，同时提交如下所使用的证据：

证据 1：专利号为 ZL02292555.4 的中国实用新型专利说明书，其授权公告日为 2003 年 12 月 24 日；

证据 2：申请号为 02136934.8 的中国发明专利申请公开说明书，其公开日为 2004 年 3 月 17 日。

请求人的具体无效理由是：（1）本专利权利要求 1、3、5、6 相对于证据 1 不具备专利法第 22 条第 2 款规定的新颖性。（2）本专利权利要求 1 与证据 1 相比区别在于本专利权利要求 1 还包括一套罩灯管的玻璃层，但该特征在证据 2 中公开了。权利要求 3、5、6 的附加技术特征在证据 1 中公开了，权利要求 5、6 的附加技术特征在证据 2 中也公开了。因此，本专利权利要求 1、3、5、6 相对于证据 1 和 2 的结合不具备专利法第 22 条第 3 款规定的创造性。（3）权利要求 2、4 的附加技术特征属于硅胶层的涂覆方式，不属于结构特征，不符合实施细则第 2 条第 2 款的规定，同时直接或间接引用权利要求 2、4 的权利要求 5、6 也不符合专利法实施细则第 2 条第 2 款的规定。

经形式审查合格，专利复审委员会依法受理了上述无效宣告请求，并于 2008 年 5 月 29 日向双方当事人发出无效宣告请求受理通知书，同时将无效宣告请求书及其附件清单中所列附件的副本转送给专利权人。

针对上述无效请求，专利复审委员会依法成立合议组对本案进行审理。本案合议组于 2008 年 7 月 4 日向双方当事人发出无效宣告请求口头审理通知书，指出本案定于 2008 年 9 月 11 日举行口头审理。

针对上述无效宣告请求，专利权人于 2008 年 7 月 11 日向专利复审委员会提交意见陈述书，专利权人认为：（1）本专利与证据 1 是两种不同的技术方案，证据 1 是直接将膜罩套在形状各异的灯管上，膜罩是软的，而本专利是将膜罩套在灯管外的玻璃罩上，灯罩是硬的；证据 1 要适应灯管的形状需要加工多种膜罩，且为避免与灯管的高温部分接触还需要设计支架而本专利灯罩内层是固定玻璃体，加工方便还可以有效隔温，因此本专利权利要求 1 相对于证据 1 具备新颖性、创造性，直接或间接引用权利要求 1 的从属权利要求 3、5、6 也具备新颖性和创造性。（2）本专利权利要求 2、4 限定通过涂覆方式或固定粘贴方式将硅胶层固定在玻璃层外表面，从而使硅胶层与玻璃层形成不可分离的结构，上述内容符合专利法实施细则第 2 条第 2 款的规定。

专利复审委员会于 2008 年 7 月 22 日向请求人发出转送文件通知书，随同该转送文件通知书将专利权人于 2008 年 7 月 11 日提交的意见陈述书转交给请求人。

口头审理如期举行，请求人委托上海专利商标事务所有限公司的专利代理人陈亮出席了口头审理，专利权人委托厦门市首创君合专利事务所有限公司的专利代理人李雁翔以及公民代理人李红莲出席了口头审理。

专利权人当庭提交了权利要求书的修改替换页，明确其修改方式是将授权公告文本的权利要求 2、4 合并入权利要求 1 中，删除原权利要求 3，将原权利要求 5、6 的序号变更为 2、3。

请求人认为专利权人将原权利要求 2、4 合并入权利要求 1 中属于合并式的修改方式，其修改已超出审查指南第四部分第三章第 4.6.3 节规定的合并式修改的修改期限。

合议组当庭告知双方当事人：专利权人于口头审理当庭所提交的以合并方式修改的权利要求书超出了审查指南第四章第 4.6.3 节规定的期限，该修改不予接受，本次口头审理仍以授权公告文本的权利要求书作为审理基础，专利权人仅可以删除方式对其权利要求书进行修改，且应于本次口头审理庭后七日之内提交，逾期未提交视为未提出。

请求人当庭提交了意见陈述书，明确表示所提交的意见陈述书与于 2008 年 9 月 8 日寄出提交给复审委员会意见陈述书的内容完全相同。合议组当庭将该意见陈述书转给专利权人。

在口头审理过程中，请求人当庭明确其无效宣告请求的理由、范围是：（1）本专利权利要求 2、4、5、6 不符合专利法实施细则第 2 条第 2 款的规定；（2）本专利权利要求 1、3、5、6 相对于证据 1 不具备专利法第 22 条第 2 款规定的新颖性；（3）本专利权利要求 1、3、5、6 相对于证据 1 和 2 的结合不具备专利法第 22 条第 3 款规定的创造性。

专利权人明确表示对证据 1、2 的真实性无异议。

针对无效宣告请求的理由（1），请求人认为：本专利权利要求 2 中的特征涂覆方式、权利要求 4 中的粘贴方式不属于结构特征，是工艺方法特征，因此权利要求 2、4 不符合实施细则第 2 条第 2 款的规定，由于权利要求 5、6 直接或间接引用权利要求 2、4，因此也存在上述问题；专利权人认为：权利要求 2 中的特征是一个结构特征，表示硅胶层和玻璃层是紧密连接的，权利要求 4 中的特征表示的是玻璃层、粘贴层、硅胶层的三层结构，上述特征不属于方法特征，因此权利要求 2、4 符合实施细则第 2 条第 2 款的规定。

针对无效宣告请求的理由（2），请求人认为：本专利权利要求 1、3、5、6 的技术方案已完全被证据 1 公开，并且所解决的技术问题相同，证据 1 图 5 公开了玻璃罩，第 3 页第 2 行最后两行“紧贴于……”公开了本专利的“固套于……”因此本专利权利要求 1、3、5、6 相对于证据 1 不具备新颖性，其中请求人明确表示本专利权利要求 5、6 不具备新颖性是在其引用的本专利权利要求 1 或 3 不具备新颖性的情况下；专利权人认为：证据 1 没有公开玻璃罩，与本专利不同，本专利有灯管，外面有玻璃罩，玻璃罩外面还有硅胶层，证据 1 没有玻璃层只有硅胶层，因此权利要求 1、3、5、6 具备新颖性。

针对无效宣告请求的理由（3），请求人认为：本专利权利要求 1 与证据 2 相比区别在于硅胶层，但该区别特征被证据 1 中的弹性膜罩公开了，因此权利要求 1 相对于证据 1、2 的结合不具备创造性，权利要求 3、5、6 的附加技术特征被证据 1 公开，具体理由与评述新颖性时的理由相同，因此权利要求 1、3、5、6 相对于证据 1、2 的结合不具备创造性；专利权人认为：本专利的玻璃罩和弹性膜罩相结合形成是一个整体的罩，本专利玻璃罩是保护层，证据 2 与本专利设计理念完全不同，权利要求 3、5、6 的附加技术特征没有被证据 1 公开，因此权利要求 1、3、5、6 具备创造性。

2008 年 9 月 18 日，合议组收到请求人于 2008 年 9 月 8 日寄交的意见陈述书，经合议组核对，其内容与请求人当庭提交并转给专利权人的意见陈述书内容完全相同。

专利权人于口头审理庭后 7 日内未提交权利要求书修改替换页。

至此，合议组认为本案事实已经清楚，现依法作出审查决定。

二、决定的理由

1. 审查的基础

审查指南第四部分第三章第 4.6.3 节规定：仅在下列三种情形的答复期限内，专利权人可以以合并的方式修改权利要求书：（1）针对无效宣告请求书。（2）针对请求人增加的无效宣告理由或者补充的证据。（3）针对专利复审委员会引入的请求人未提及的无效宣告理由或证据。

具体到本案，首先，专利复审委员会于2008年5月29日向专利权人发出无效宣告请求受理通知书，并随同该通知书将请求人的无效宣告请求书转送给专利权人，要求其在一个月指定期限内针对无效宣告请求书陈述意见，专利权人未在指定期限内对权利要求书进行修改，仅进行了意见陈述；其次，本案中并未涉及审查指南上述规定的情况（2）、（3），因此，专利权人于2008年9月11日口头审理当庭提交的以合并方式修改的权利要求书超出了审查指南的上述规定期限，该修改不予接受，且专利权人未在指定期限内再次对权利要求书进行修改，故本案的审查基础为本专利授权公告的权利要求书。

2. 关于证据

请求人使用的证据1、2均为中国专利文献，专利权人对证据1、2的真实性没有异议。合议组经审查，对证据1、2的真实性予以认可，证据1、2可以作为本案的证据使用，且证据1、2的公开日期均在本专利的申请日之前，因此其上记载的内容构成本专利的现有技术。

3. 关于专利法实施细则第2条第2款

专利法实施细则第2条第2款规定：专利法所称实用新型，是指对产品的形状、构造或者其结合所提出的适于实用的新的技术方案。

请求人认为本专利的权利要求2、4、5、6不符合专利法实施细则第2条第2款的规定，权利要求2的附加技术特征“所述硅胶层是通过涂覆方式涂覆于玻璃层外表面”、权利要求4的附加技术特征“所述的硅胶层是通过固定粘贴方式粘贴于玻璃层外表面”不属于结构特征，属于方法特征，本专利权利要求5、6直接或间接引用权利要求2、4，因此也存在上述问题。

合议组认为：独立权利要求1限定的技术方案的主题为一种带有灯罩的节能灯，且该权利要求中记载的全部技术特征均为产品的结构特征，因此独立权利要求1属于实用新型专利的保护客体，符合专利法实施细则第2条第2款的规定。权利要求2、4均为从属于独立权利要求1的从属权利要求，其所要求保护的技术方案实际上包含独立权利要求1的所有技术特征，是对独立权利要求1的进一步限定，尽管其附加技术特征中的涂覆方式、粘贴方式属于工艺方法特征，但是这些方法均属于现有技术中已知的方法，不属于对方法本身提出的技术方案，且利用上述限定方式可以确定出硅胶层与玻璃层的位置关系，因此从权利要求技术方案整体来看，权利要求2、4属于以现有技术中已知方法的名称限定的产品的构造，由于不包含对方法本身提出的技术方案，权利要求2、4要求保护的仍然是具有一定结构的产品，其技术方案可以在产业实施，属于实用新型专利的保护客体，因此权利要求2、4符合专利法实施细则第2条第2款的规定。

从属权利要求5、6的附加技术特征均为结构特征，其直接或间接引用权利要求2或4的技术方案，在权利要求2或4属于专利法保护客体的情况下，也属于专利法保护的客体，符合专利法实施细则第2条第2款的规定。

4. 关于权利要求1、3、5、6是否具备新颖性的问题

专利法第22条第2款规定：新颖性，是指在申请日以前没有同样的发明或者实用新型在国内外出版物上公开发表过、在国内公开使用过或者以其他方式为公众所知，也没有同样的发明或者实用新型由他人向国务院专利行政部门提出过申请并且记载在申请日以后公布的专利申请文件中。

请求人认为：本专利权利要求1、3、5、6相对于证据1不具备专利法第22条第2款规定的新颖性，其中权利要求5、6不具备新颖性是在其引用的权利要求1或3不具备新颖性的情况下。证据1背景技术记载了有玻璃灯罩的节能灯，并且在证据1说明书第3页最后一行记载有“譬如对于球形玻璃罩的节能荧光灯，可使用一形状为一端开口的球面形套的膜罩”，结合图5可看出公开了球形玻璃罩，且根据证据1说明书第2页第3点可以得出证据1中该效果与本专利防止玻璃碎裂的效果相同，

因此认为证据 1 中具体实施方式部分公开了玻璃罩。

本专利权利要求 1 请求保护一种带有灯罩的节能灯，证据 1（参见说明书第 1~4 页，附图 5）公开了一种膜罩式荧光灯（相当于权利要求 1 中的节能灯），并具体公开以下内容：在证据 1 背景技术中记载了目前市售的有罩的荧光灯普遍体积较大、质量较高，并且制造成本高，同时玻璃材质的灯罩强度低，易碎伤人。基于此，证据 1 提出了一种膜罩式荧光灯，该膜罩式荧光灯包括灯管，以及可套在灯管上并紧贴于灯管管部全部外表面的透光的弹性膜罩，该弹性膜罩通常采用硅橡胶类材料，当膜罩套在灯管上时，膜罩靠自身弹性收缩而牢固地紧贴在外表面上。

由此可见，本专利权利要求 1 要求保护的技术方案与证据 1 公开的内容相比，其区别在于，本专利权利要求 1 中套罩在节能灯灯管外的灯罩还包括一固设于节能灯之上并套罩节能灯灯管的玻璃层，而证据 1 中是将相当于本专利中硅胶层的膜罩直接套在灯管上，不包括玻璃层。

对于请求人认为证据 1 中已公开了玻璃罩这一观点，合议组认为：（1）证据 1 的背景技术中描述了一种具有玻璃罩的节能灯，但在这部分所公开的节能灯并不具有膜罩结构，即证据 1 中背景技术部分公开的内容与本专利权利要求 1 要求保护的技术方案之间存在区别，不能破坏本专利权利要求 1 的新颖性，同时根据新颖性单独对比的原则，是不能用证据 1 背景技术部分公开的技术方案与证据 1 具体实施方式公开的方案相结合评述本专利权利要求 1 新颖性的。（2）证据 1 的具体实施方式部分公开了一种克服玻璃罩节能灯体积大、重量重，且易碎伤人这些缺陷而提出的一种包括膜罩和灯管的膜罩式荧光灯，该方案中用具有弹性的膜罩替换易碎的玻璃灯罩，利用该膜罩的弹性将其套在灯管上，正是由于用弹性膜罩替换玻璃灯罩，才使证据 1 具体实施方式部分中公开的节能灯能够具有如证据 1 说明书第 2 页所记载的优越性。证据 1 说明书第 3 页最后一行虽然出现了“球形玻璃罩的节能荧光灯”的文字描述，但根据证据 1 说明书第 3 页第 1 段可知，图 5 公开的是球形玻璃罩的节能荧光灯，其中附图标记 2-4 为灯管，3-4 为弹性膜罩，结合证据 1 公开的技术方案可以确定证据 1 第 3 页最后一行所述的“球形玻璃罩的节能荧光灯”以及图 5 中所示的实质上是指灯管形状为球形的球形荧光灯，而并非在灯管外设置玻璃罩的荧光灯，即请求人认为证据 1 公开了具有玻璃罩的主张不成立。由此可知，证据 1 中公开的各技术方案，与本专利权利要求 1 要求保护的技术方案相比均存在区别特征，且该区别特征并不属于本领域惯用手段的直接置换，因此权利要求 1 相对于证据 1 具有专利法第 22 条第 2 款规定的新颖性。

由于独立权利要求 1 相对于证据 1 具备新颖性，因此直接或间接引用权利要求 1 的从属权利要求 3、5、6 的技术方案相对于证据 1 也具备专利法第 22 条第 2 款规定的新颖性。

5. 关于权利要求 1、3、5、6 是否具备创造性的问题

专利法第 22 条第 3 款规定：创造性，是指同申请日以前已有的技术相比，该发明有突出的实质性特点和显著的进步，该实用新型有实质性特点和进步。

请求人认为：本专利权利要求 1、3、5、6 相对于证据 1、2 的结合不具备专利法第 22 条第 3 款规定的创造性，其中本专利权利要求 3、5、6 的附加技术特征被证据 1 公开的部分的具体陈述意见与评述新颖性部分相同，在口头审理时请求人以证据 2 作为最接近的现有技术进行了评述。

（1）关于权利要求 1 的创造性。

本专利权利要求 1 请求保护一种带有灯罩的节能灯，证据 2（参见说明书第 1、2 页，附图 1）公开了一种带有开口式透光外罩的电子节能灯，并具体公开了以下内容：该电子节能灯包括一节能灯以及一套罩节能灯灯管 4 外的开口式透光外罩 5，该透光外罩 5 由玻璃或塑料透光材料制成。即证据 2 公开了在节能灯的灯管外套罩玻璃材料制成的透光外罩。

由此可见，本专利权利要求 1 要求保护的技术方案与证据 2 公开的内容的区别在于，权利要求 1

中固设于节能灯之上的灯罩还包括套于节能灯灯管外的玻璃层外表面上的硅胶层。

证据1（说明书第1~4页，附图5）公开了一种膜罩式荧光灯（相当于权利要求1中的节能灯），并具体公开以下内容：在证据1背景技术中记载了目前市售的有罩的荧光灯普遍体积较大、质量较高，并且制造成本高，同时玻璃材质的灯罩强度低，易碎伤人。基于此，证据1提出了一种膜罩式荧光灯，该膜罩式荧光灯包括灯管，以及可套在灯管上并紧贴于灯管管部全部外表面的透光的弹性膜罩，该弹性膜罩通常采用硅橡胶类材料，当膜罩套在灯管上时，膜罩靠自身弹性收缩而牢固地紧贴在外表面上。

由于证据1中设置膜罩的效果之一是在灯管破裂时对破裂的灯管起到包裹作用，由此防止汞向空间释放，此时证据1中的膜罩不仅包裹住汞同时也包裹住破裂灯管碎片，同时也具有减少荧光灯的紫外线辐射的作用，该效果与本专利中的硅胶层的作用相同，因此证据1给出了通过罩设由硅胶材料制造的弹性膜罩来保护灯管的技术启示，在此基础上，本领域技术人员有动机将证据1公开的膜罩设在证据2公开的具有玻璃外罩的节能灯上，从而得到本专利权利要求1要求保护的技术方案，且具有相同的技术效果，因此本专利权利要求1相对证据1、2的结合不具备专利法第22条第3款规定的创造性。

专利权人认为：证据2的玻璃罩是有开口的，本专利的没有，本专利的玻璃罩也是一个保护层，证据2与本专利的设计理念不同。

对此合议组认为：本专利权利要求1中仅限定“所述的灯罩包括一固设于节能灯之上并套罩节能灯灯管的玻璃层”，并没有限定该玻璃层是否具有开口或是否将整个灯管包裹起来，证据2公开了在节能灯的灯管外设置具有玻璃灯罩的电子节能灯，即公开了本专利权利要求1中在灯管外套罩节能灯灯管的玻璃层的特征。因此，对于专利权人的上述主张，合议组不予支持。

（2）关于权利要求3的创造性。

本专利权利要求3引用权利要求1，其附加技术特征是“所述的硅胶层是通过固定套接方式固套于玻璃层外表面”，证据1中公开了通常采用硅橡胶类材料的弹性膜罩是靠本身的弹性收缩而紧贴在灯管的外表面，当膜罩套在灯管上时，膜罩便由于靠本身弹性收缩而牢固地紧贴在外表面而不会脱落，即上述附加技术特征已被证据1公开。因此当其所引用的权利要求1相对于证据1、2的结合不具备创造性时，本专利权利要求3相对于证据1、2的结合也不具备创造性，不符合专利法第22条第3款的规定。

（3）关于权利要求5的创造性。

本专利权利要求5引用权利要求1或2或3或4，其附加技术特征是“所述的灯罩具有一开口；节能灯包括灯头及灯管；灯罩通过开口套罩节能灯灯管，而且灯罩开口固接灯头”。证据1图5的节能灯中螺丝扣以上连接的梯形部分是灯头，对此专利权人也认可。证据1图5中标号2-4表示的是灯管，灯罩通过开口套接节能灯灯管，灯罩开口固接于灯头，因此上述附加技术特征已被证据1公开，当其所引用的权利要求1或3相对于证据1、2的结合不具备创造性时，该权利要求5引用权利要求1、3所构成的技术方案相对于证据1、2的结合也不具备创造性，不符合专利法第22条第3款的规定。

对于权利要求5引用权利要求2或4所构成的技术方案，鉴于请求人针对权利要求2、4仅提出其不符合专利法实施细则第2条第2款规定的无效宣告理由，没有提出其是否符合创造性规定的无效宣告理由，因此本决定不对权利要求5引用权利要求2或4的技术方案是否符合创造性规定的问题进行评述。

（4）关于权利要求 6 的创造性。

权利要求 6 引用权利要求 5，其附加技术特征是“所述的灯头具有一靠近灯管的工作面；灯罩开口固接于灯头工作面，而且灯罩开口外周直径和灯头工作面外周直径相等”。双方当事人均认可证据 1 图 5 中灯罩与灯管连接的部分，即灯头顶部两条线之上的部分为工作面。从证据 1 中图 5 可以看出灯头具有靠近灯管的工作面；灯罩的开口固接于灯头的工作面，且灯罩开口外周直径和灯头工作面外周直径相同，即权利要求 6 的附加技术特征已被证据 1 公开。因此，当权利要求 5 引用权利要求 1 或 3 时，其所保护的技术方案相对于证据 1 和 2 的结合不具备创造性，从而引用该技术方案的权利要求 6 也相对于证据 1 和 2 的结合不具备创造性；当权利要求 5 引用权利要求 2 或 4 时，鉴于请求人针对权利要求 2、4 仅提出其不符合专利法实施细则第 2 条第 2 款规定的无效宣告理由，没有提出其是否符合创造性规定的无效宣告理由，本决定不对权利要求 5 引用权利要求 2 或 4 的技术方案是否符合创造性规定的问题进行评述，故也不对引用该技术方案的权利要求 6 的技术方案是否符合创造性规定的问题进行评述。

综上所述，本专利权利要求 2、4 符合专利法实施细则第 2 条第 2 款的规定，本专利权利要求 5、6 直接或间接引用权利要求 2、4 的技术方案符合专利法实施细则第 2 条第 2 款的规定；本专利权利要求 1、3、5、6 相对于证据 1 符合专利法第 22 条第 2 款的规定，本专利权利要求 1、3 以及权利要求 5、6 直接或间接引用权利要求 1、3 的技术方案相对于证据 1、2 的结合不符合专利法第 22 条第 3 款的规定。

根据上述事实和理由，本案合议组现依法作出如下审查决定。

三、决定

宣告 200620009706.5 号实用新型专利权的权利要求 1、3 及权利要求 5、6 中直接或间接引用权利要求 1 或 3 的技术方案无效，在权利要求 2、4 以及权利要求 5、6 直接或间接引用权利要求 2 或 4 的技术方案的基础上，维持该专利权继续有效。

当事人对本决定不服的，可以根据专利法第 46 条第 2 款的规定，自收到本决定之日起三个月内向北京市第一中级人民法院起诉。根据该款的规定，一方当事人起诉后，另一方当事人应当作为第三人参加诉讼。

245

光缆及其连接装置

无效宣告请求审查决定（第12650号）

决　　定　　号　第12650号
决　　定　　日　2008年12月3日
发明创造名称　光缆及其连接装置
国 际 分 类 号　G02B 6/44，G02B 6/36
无效宣告请求人　欧耀多
专　利　权　人　徐荣基
申　　请　　号　03274183.9
申　　请　　日　2003年9月5日
授 权 公 告 日　2005年2月23日
合 议 组 组 长　刘颖杰
主　　审　　员　关　刚
参　　审　　员　李晓娜

法　律　依　据　专利法第22条第3款
决　定　要　点

如果一项权利要求的全部技术特征已分别由三篇与其属于相同技术领域的对比文件所公开，而且对于本领域技术人员来说将所述三篇对比文件结合得出该权利要求的技术方案属于简单的叠加，则该权利要求不具有创造性。

一、案由

本无效宣告请求涉及中华人民共和国国家知识产权局于2005年2月23日授权公告的、名称为“光缆及其连接装置”的实用新型专利（下称本专利），其申请号是03274183.9，申请日是2003年9月5日，专利权人是徐荣基。

本专利授权公告时包括4项权利要求，其中权利要求1保护的主题为光缆，权利要求2~4保护的主题为光缆的连接装置，权利要求1如下：

“1. 光缆由光纤线、外壳部分组成，所述光纤线位于光缆中心，其特征在于所述外壳部分由凯孚拉（KEVLAR）、金属软管、金属编织网、外层塑胶组成，所述凯孚拉（KEVLAR）设在光纤线外包装上，凯孚拉（KEVLAR）外层套有金属软管，金属软管的外层套有金属编织网，金属编织网的外层披覆有塑胶。”

针对本专利，专利复审委员会于2006年5月29日作出第8346号无效宣告请求审查决定，宣告本专利的权利要求2至4无效，在权利要求1的基础上维持本专利继续有效。该决定现已经生效。

针对本专利，欧耀多（下称请求人）于2007年9月22日向专利复审委员会提出无效宣告请求，其无效理由是本专利权利要求1不具备专利法第22条第3款规定的创造性，请求宣告本专利全部无效，并提交了如下附件：

附件1：本专利的授权公告文本；

附件2：公开号为US4304462的美国专利文献，其公开日为1981年12月8日；

附件3：公告号为523149的台湾专利文献，其公告日为2003年3月1日；

附件4：专利号为ZL02278126.9的中国实用新型专利说明书，其公告日为2003年7月16日；

附件5：公开号为US4304462的美国专利文献（附件2）的相关部分中文译文，共1页；

附件6：2002年6月出版的《国际线缆与连接》的封面、封二、索引页、和扉页第47页复印件，共4页；

附件7：国家知识产权局出具的专利号为03274183.9的中国实用新型专利（本专利）的检索报告复印件，共4页。

结合上述附件请求人的具体无效理由为：附件2公开了一种包括中心光纤线、凯孚拉加强层、铝薄层或铝化迈拉以及外覆层的光缆；附件3公开了一种包括芯材、PE发泡层、铜铂卷包层、金属线编织层、发泡铁氟龙带卷包层、金属线编织层、第一披覆层、第二披覆层的讯号传输线；附件4公开了一种在单芯、多芯绝缘光纤导线的外壁套上一层金属弹性抗拉软管的铠装光缆；附件6公开了一种带可挠性纯不锈钢金属软管的光纤；从上述附件可知，通过采用金属软管增强光缆的抗拉抗压性能是光缆使用中的惯用技术手段，因此本专利权利要求1相对于附件2~4、6不具备专利法第22条第3款规定的创造性；此外，附件7中已经载明本专利权利要求1不具备创造性。

经形式审查合格，专利复审委员会依法受理了上述无效宣告请求，于2007年11月29日向双方当事人发出无效宣告请求受理通知书，同时将无效宣告请求书及其附件清单中所列附件的副本转送给专利权人。

专利复审委员会于2008年1月16日收到专利权人提交的意见陈述书。专利权人认为，附件2中的铝薄层为薄层之铝，而铝化迈拉比铝薄层更差，铝薄层或铝化迈拉的作用是抗电磁辐射，不同于本专利具有高抗压强度的金属软管；附件3中的铜铂卷包层的作用是屏蔽信号干扰，不同于本专利的用于提高光缆抗压强度的金属软管；附件4的金属弹性抗拉软管为双勾或单勾结构，不具有抗压的能力；附件6中无法从图片中明显看出金属软管的技术特征，也无法无歧义地推定附件6中金属软管的技术特征；因此本专利权利要求1相对于附件2~4、6具备创造性。附件7中使用了附件2来评述本专利权利要求1的创造性，基于上述针对附件2的意见，不能认同附件7中的观点。

针对上述无效宣告请求，专利复审委员会依法成立合议组对本案进行审理。本案合议组于2008年3月11日向双方当事人发出无效宣告请求口头审理通知书，定于2008年4月22日举行口头审理。随同口头审理通知书，将复审委员会于2008年1月16日收到的专利权人提交的意见陈述书转送给请求人。

口头审理如期举行，请求人一方由专利代理人孙大勇出庭参加，专利权人一方由专利权人徐荣基、公民代理人姜宗华出庭参加。在口头审理过程中，请求人明确其无效宣告请求的理由、证据：本专利权利要求1相对于附件2和附件3的结合，附件2、附件3和附件4的结合，以及附件2、附件3和附件6的结合不具备创造性。

请求人明确表示附件7用于参考，不作为评价创造性的证据使用；专利权人表示对附件2~4、6的真实性无异议，对附件2的部分译文（即附件5）的准确性无异议。

关于创造性：（1）请求人认为，附件2第9页附图1中公开了一种光缆的实用新型结构，其中公开了光纤线，光纤线外壳部分，光缆中心，凯孚拉加强层，其中附件2的铝薄层公开了本专利的金属软管，并认为铝薄层具有金属的一切特性，具有抗压作用，铝薄层环套在凯孚拉加强层外所以一定是软管结构；附件3公开了一种信号传输线的结构，其中第12页附图2中的标号22的铜铂卷包层对应于本专利金属软管，标号23的金属线编织层对应于本专利金属编织网，标号24的特氟纶带卷包层（PTFE）对应于本专利外层塑胶，并认为标号22的铜铂卷包层具有屏蔽作用但还具有金属特性，所以也具有抗压作用，也是一种金属软管。专利权人认为，附件2、附件3在先前的审查决定中已经审查过了，符合一事不再理原则，并且附件2、附件3均没有公开本专利权利要求1的技术方案，并认为铝薄层和铜箔都很软，完全不具有抗压作用。请求人认为其对附件2和3的铝薄层和铜箔层进行了新的事实认定，不违反一事不再理的原则。（2）请求人认为，附件4和附件6明示了将具有抗压作用的金属软管应用于光缆中的技术启示，附件4第3页背景技术部分提到了具有防侧压、防破坏性能，附件4公开了金属弹性抗拉软管，其有益效果中描述的防爆作用就暗含了抗压作用。附件6公开了微小口径的金属软管具有抗压作用。专利权人认为，附件4的金属软管解决了抗拉的技术问题，本专利抗拉的作用是通过凯孚拉实现的，附件4的双钩或单钩不具有抗压作用，钩起到了抗拉作用，压下去就会断，附件4的防爆不能说明具有抗压作用；附件6的金属软管也是单钩或特种双钩的结构，不具有抗压作用，并且附件6没有具体说明金属软管的具体结构，只进行了功能性限定。

至此，合议组认为本案事实清楚，现依法作出审查决定。

二、决定的理由

1. 审查范围

由于已生效的专利复审委员会第8346号无效宣告请求审查决定已经宣告本专利的权利要求2~4无效，因此本决定是针对本专利授权公告时的权利要求1做出的。

2. 本专利权利要求1相对于附件2、附件3和附件4的结合是否具备创造性

（1）关于证据。

附件2~4为专利文献，专利权人对请求人所提交的附件2~4的真实性无异议，对附件2的部分中文译文（即附件5）的准确性无异议。合议组经审查认可附件2~4的真实性以及请求人所提交的附件2的部分中文译文的准确性，其中附件2~4的公开日期均在本专利申请日之前，因此可以作为本专利的现有技术，其中附件2所公开的内容以其提交的中文译文（即附件5）的内容为准。

（2）关于本专利权利要求1的创造性。

专利法第22条第3款规定的创造性，是指同申请日以前已有的技术相比，该发明有突出的实质性特点和显著的进步，该实用新型具有实质性特点和进步。

本专利权利要求1请求保护一种由光纤线和外壳部分组成的光缆。附件2公开了一种光缆（参见附件2的部分中文译文，附件2的附图1、2），包括光纤线2，处于光纤线2外部的凯孚拉加强层4，处于凯孚拉加强层4外部的铝薄层8，处于铝薄层8外部的特氟纶外覆层10，以及处于特氟纶外覆层10外部的透明外壳12。本专利权利要求1与附件2相比，其区别在于附件2没有公开本专利权利要求1中的设置在凯孚拉外部的金属软管以及设置在金属软管外部的金属编织网。

附件3公开了一种信号传输线（参见附件3第7页第17行至第9页最后一行，附图1、2），其从中心开始依次设有芯材10、PE发泡层21、铜铂卷包层22、金属线编织层23、特氟纶带卷包层24、金属线编织层25以及披覆层30。

附件4公开了一种金属抗拉软管铠装电缆、铠装光缆，其中具体公开了如下技术特征（参见对比文件4说明书第1页第20行至第4页第7行，图1~5）：在单芯、多芯导线绝缘光纤导线的外壁套上

一层金属弹性抗拉软管（相当于本专利的金属软管），该金属弹性抗拉软管是由金属弹性抗拉软管铠装电缆专机将金属带加工而成，其结构是金属带螺旋绕成管状，带与带之间上下勾扣，具有单勾式和双勾式两种结构，金属弹性抗拉软管的外壁包覆有至少一层塑料或至少一层钢丝编织网或一层塑料加一层钢丝编织网，其中金属抗拉软管轻便柔软，有效地克服了光纤易折断、易破坏的缺陷，铠装光缆具有良好的抗拉、防爆、防鼠兽虫害等特性。

可见，附件 3 公开了包括芯材、PE 发泡层、金属线编织层以及披覆层的信号传输线；附件 4 公开了在光纤导线的外层使用金属软管的技术特征，并且还公开了在金属弹性抗拉软管的外壁包覆至少一层塑料或至少一层钢丝编织网的技术特征，附件 4 中的金属弹性抗拉软管可起到克服光纤易折断、易破坏的缺陷，以及使铠装光缆具有防爆、防鼠兽虫害等特性的作用，其中克服光纤易折断以及使铠装光缆具有防爆、防鼠兽虫害的作用属于提高光缆抗压强度的具体表现，即附件 4 中的金属弹性抗拉软管在附件 4 中所起的作用与本专利中金属软管所起的作用相同，由此附件 4 给出了将金属软管用于光缆以提高光缆的抗压强度的技术启示，由于附件 2~4 与本专利属于相同的技术领域，且光纤线、金属编织网、塑料包覆层的结构属于本领域惯用的技术手段，本领域技术人员容易想到将附件 2、附件 3 和附件 4 的上述技术特征进行结合，从而得到本专利权利要求 1 的技术方案，所述特征的结合在本领域中属于简单的叠加，且这种简单叠加没有取得预料不到的技术效果，因此本专利权利要求 1 相对于附件 2~4 的结合不具备专利法第 22 条第 3 款规定的创造性。

专利权人认为，附件 4 的金属软管解决的是抗拉的技术问题，其金属软管的双钩或单钩结构不具有抗压作用，钩起到了抗拉作用，压下去就会断，附件 4 的防爆不能说明具有抗压作用。

对此合议组认为，附件 4 中金属弹性抗拉软管所具有的双钩或单钩结构，其作用是进一步提高金属软管的抗拉特性，属于对金属软管的进一步改进，由上所述，附件 4 的金属弹性抗拉软管除具有抗拉的作用外，还可起到克服光纤易折断、易破坏的缺陷，以及使铠装光缆具有防爆、防鼠兽虫害等特性的作用，这些作用均属于提高光缆抗压强度的具体表现，可见附件 4 的金属弹性抗拉软管也具有抗压的技术效果。而本专利中并没有对金属软管的具体结构进行描述和限定，因此附件 4 中具有抗压作用的金属弹性抗拉软管可以用于评述本专利的金属软管的创造性。专利权人的主张不能成立。

鉴于已得出本专利权利要求 1 不具备创造性的结论，因此本决定对请求人提出的其他证据及其结合方式不再进行评述。

基于以上事实和理由，本案合议组作出如下审查决定。

三、决定

宣告 03274183.9 号实用新型专利权全部无效。

当事人对本决定不服的，可以根据专利法第 46 条第 2 款的规定，自收到本决定之日起三个月内向北京市第一中级人民法院起诉。根据该款的规定，一方当事人起诉后，另一方当事人应当作为第三人参加诉讼。

一种牙刷

无效宣告请求审查决定（第12654号）

决　定　号　第12654号
决　定　日　2008年12月5日
发明创造名称　一种牙刷
国际分类号　A46B 5/00
无效宣告请求人　高露洁三笑有限公司
专利权人　秦立忠
专　利　号　200720024050.9
申　请　日　2007年6月21日
授权公告日　2008年5月28日
合议组组长　冯　涛
主　审　员　王　滢
参　审　员　张　琪

法律依据　专利法第22条第2款
决定要点

证据1公开的技术内容与本专利权利要求1所要求保护的技术方案实质上相同，两者属于相同的技术领域，能解决相同的技术问题，并能产生相同的技术效果，因此本专利相对于证据1不具有新颖性。

一、案由

本无效宣告请求涉及申请日为2007年6月21日、授权公告日为2008年5月28日、名称为“一种牙刷”的200720024050.9号实用新型专利（下称本专利），专利权人为秦立忠。该专利授权公告的权利要求书如下：

“1. 一种牙刷，由刷柄、刷头及刷丝构成，其特征是刷柄上设有条形通槽。”

针对上述专利权，高露洁三笑有限公司（下称请求人）于2008年9月9日向国家知识产权局专利复审委员会提出了无效宣告请求，理由是本专利不符合专利法第22条第2款、第3款的规定，请求宣告本专利全部无效，同时提交了如下附件作为本案证据：

证据1：授权公告号为CN2657463Y的中国实用新型专利说明书复印件，授权公告日为2004年11月24日，共4页；

证据2：高露洁三笑有限公司“2006年新年形象地堆促销MT”广告页（促销时间2005年11月

16 日始）复印件，共 1 页；

证据 3：高露洁三笑有限公司“牙刷促销——2101R 柔丝护龈牙刷、2108 磁力全护型牙刷”广告页（促销时间 2006 年 3 月 1 日至 2006 年 3 月 31 日）复印件，共 1 页；

证据 4：高露洁三笑有限公司“实力双支装，销售更辉煌”广告页（2101R+2413 买一送一促销装供货时间 2006 年 11 月 1 日起）复印件，共 1 页；

证据 5：高露洁三笑有限公司“牙刷促销——相约三笑，赢香港迪士尼游”广告页（2101R+2413 买一送一促销装上市时间 2007 年 4 月 10 日）复印件，共 1 页；

证据 6-1：07558417 号江苏增值税专用发票复印件，开票日期 2005 年 10 月 28 日，共 1 页；

证据 6-2：第 0034969 号高露洁三笑有限公司增值税专用发票销货清单复印件，所属增值税专用发票号码为 07558417，开票日期 2005 年 10 月 28 日，共 1 页；

证据 7-1：05072816 号江苏增值税专用发票复印件，开票日期 2006 年 7 月 31 日，共 1 页；

证据 7-2：第 00039835 号增值税一般纳税人销货清单存根联复印件，所属增值税专用发票号码为 05072816，填开日期 2006 年 7 月 31 日，共 1 页；

证据 8-1：00012095 号江苏省扬州市工业销售发票记账联复印件，开票日期 2006 年 9 月 30 日，共 1 页；

证据 8-2：第 0017821 号高露洁三笑有限公司普通发票销货清单复印件，所属普通发票号码为 0012095，开票日期 2006 年 9 月 30 日，共 1 页；

证据 9：2101R 牙刷及其包装样品照片扫描件，共 1 页；

证据 10：E511 牙刷及其包装样品照片扫描件，共 1 页。

请求人认为：证据 1 所公开的技术内容与本专利权利要求 1 的技术方案实质上相同，且为了解决相同的技术问题，具有相同的技术效果，故本专利权利要求 1 因证据 1 的出版公开而不具有新颖性，此外，根据证据 1 的教导和技术启示，本专利权利要求 1 的技术方案对本领域人员是显而易见的，并且也没有产生任何难以预料的技术效果，故该权利要求相对于证据 1 没有创造性；证据 2 是高露洁三笑有限公司为准备 2005 年 11 月 16 日开始的牙刷促销活动而印刷的广告宣传海报，其所公开的技术内容与本专利权利要求 1 的技术方案相同，两者属于相同的技术领域，可以解决相同的技术问题，并获得相同的预期效果，故本专利权利要求 1 因证据 2 的出版公开而不具有新颖性；证据 2 至证据 10 形成证据链显示在本专利的申请日 2007 年 6 月 21 日之前，已经有两款在刷柄上设有条形通槽的牙刷在中国境内公开销售，因此，本专利权利要求 1 因使用公开而不具有新颖性；因为证据 2 至证据 10 在先的出版公开和使用公开，本领域技术人员参见牙刷 2101R 或牙刷 E511，本专利权利要求 1 的技术方案是显而易见的，其技术效果也完全可以预见，因此该权利要求没有实质性特点和进步，不具备专利法第 22 条第 3 款所规定的创造性。

经形式审查合格，专利复审委员会依法受理了上述无效宣告请求，并于 2008 年 10 月 16 日向双方发出无效宣告请求受理通知书，同时将无效宣告请求书及其附件清单中所列附件的副本转送给专利权人，并要求专利权人在指定的期限内陈述意见，同时依法成立合议组对本案进行审查。专利权人在指定期限内未陈述意见。

专利复审委员会本案合议组于 2008 年 10 月 21 日向双方当事人发出无效宣告请求口头审理通知书，定于 2008 年 12 月 2 日在专利复审委员会对本案进行口头审理。

口头审理如期举行，仅请求人一方出席了本次口头审理。在口头审理过程中，请求人明确其无效宣告理由为本专利权利要求 1 相对于证据 1 至 10 不具有新颖性、创造性，不符合专利法第 22 条第 2 款、第 3 款的规定，请求人当庭提交了证据 2 至 8 的原件，证据 9 和 10 所涉及的实物当庭未提交。

请求人坚持专利权无效宣告请求书中的所有主张，明确证据1、2作为公开出版物证据分别破坏本专利权利要求1的新颖性，明确证据2至8可以构成证据链以证明与本专利具有相同结构的牙刷在本专利申请日之前进行了销售，故证据2至8破坏本专利权利要求1的新颖性，明确上述证据分别结合公知常识破坏本专利权利要求1的创造性。请求人表示已对本案充分发表意见，没有其他意见需要补充。

至此，在上述程序的基础上合议组认为事实已经清楚，可以依法作出审查决定。

二、决定的理由

1. 关于证据

作为专利文献的证据1属于公开出版物，经核实，合议组对其真实性予以确认，并且证据1的授权公告日在本专利申请日之前，故证据1所公开的技术内容可以作为现有技术来评价本专利的新颖性。

2. 关于专利法第22条第2款

专利法第22条第2款规定：新颖性，是指在申请日以前没有同样的发明或者实用新型在国内外出版物上公开发表过、在国内公开使用过或者以其他方式为公众所知，也没有同样的发明或者实用新型由他人向国务院专利行政部门提出过申请并且记载在申请日以后公布的专利申请文件中。

请求人认为：证据1所公开的技术内容与本专利权利要求1的技术方案实质上相同，且为了解决相同的技术问题，具有相同的技术效果，故本专利权利要求1因证据1的出版公开而不具有新颖性。

经查，本专利权利要求1所要求保护的是“一种牙刷”，证据1公开的也是一种牙刷（参见证据1说明书第1页第29~37行以及权利要求1，附图1、2），并具体公开了以下技术特征：该牙刷由刷毛（相当于本专利权利要求1中的刷丝）、刷头（相当于本专利权利要求1中的刷头）与刷柄（相当于本专利权利要求1中的刷柄）注塑而成，在刷柄端部设置有V型开口通槽。

将证据1公开的上述技术内容与本专利权利要求1所要求保护的技术方案相比，证据1所公开的是“V型开口通槽”，而本专利权利要求1中限定的是“条形通槽”，但“条形”通常是指长而窄的形状，因此，根据证据1附图2所示，其V型开口通槽总体上看也是条形的，并且其所要解决的技术问题与本专利相同，两者均可以通过刷柄上的通槽将牙膏管内剩余牙膏挤出。因此，证据1所公开的内容与本专利权利要求1所要求保护的技术方案实质上是相同的，且两者属于相同的技术领域，能解决相同的技术问题，并能产生相同的技术效果，本专利权利要求1所要求保护的技术方案相对于证据1不具备新颖性。

本专利权利要求1相对于证据1已不具备新颖性，故合议组对请求人提出的其他无效宣告理由不再予以评述。

三、决定

宣告200720024050.9号实用新型专利权全部无效。

当事人对本决定不服的，可以根据专利法第46条第2款的规定，自收到本决定之日起三个月内向北京市第一中级人民法院起诉。根据该款的规定，一方当事人起诉后，另一方当事人应当作为第三人参加诉讼。

247

射线防护服

无效宣告请求审查决定（第12674号）

决　　定　　号　第12674号
决　　定　　日　2008年12月12日
发明创造名称　射线防护服
国　际　分　类　号　G21F 3/02
无效宣告请求人　AADCO医疗有限公司
专　利　权　人　北京科利达医疗设备发展有限公司
专　　利　　号　200720149150.4
申　　请　　日　2007年5月16日
授　权　公　告　日　2008年4月23日
合　议　组　组　长　杨军艳
主　　审　　员　刘　畅
参　　审　　员　关　刚

法　律　依　据　专利法第22条第2款、第3款
决　定　要　点

如果一项权利要求的全部技术方案都被相同技术领域的一篇对比文件相应公开了，并且所要解决的技术问题以及所达到的技术效果也相同，那么该项权利要求相对于该份对比文件不具备新颖性。

一、案由

本无效宣告请求涉及的是国家知识产权局于2008年4月23日授权公告的名称为“射线防护服”的实用新型专利（下称本专利），其专利号是200720149150.4，申请日是2007年5月16日，专利权人是北京科利达医疗设备发展有限公司。

本专利授权时的权利要求书为：

“1. 一种射线防护服，它包括内部由射线防护材料制作的射线防护服，其特征是：在所述射线防护服内部安置过肩的拱形支撑物，并与腰带连接。

2. 根据权利要求1所述的射线防护服，其特征是：所述过肩的拱形支撑物是左右各一条支撑板，支撑板由肩部弯曲向下，止于前后腰部，两端与腰带连接。

3. 根据权利要求1或2所述的射线防护服，其特征是：所述拱形支撑物与腰带的连接形式是插接、铰接或固接。

4. 根据权利要求1或2所述的射线防护服，其特征是：所述拱形支撑物抬高射线防护服的肩部

0.5~1.5 厘米。”

针对上述专利权，AADCO 医疗有限公司（下称请求人）于 2008 年 8 月 19 日向专利复审委员会提出无效宣告请求，其理由是：本专利的权利要求 1~4 不具备专利法第 22 条第 2 款规定的新颖性以及专利法第 22 条第 3 款规定的创造性，因而请求宣告本专利全部无效。与此同时，请求人提交了如下附件：

附件 1：本专利的授权公告文本；

附件 2：美国专利文献 US5834789A（下称对比文件 1）及其部分段落的中文译文，其公开日为 1998 年 11 月 10 日。

结合其提交的附件，请求人认为：对比文件 1 将本专利的权利要求 1~4 的技术特征全部公开，因而本专利不符合专利法第 22 条第 2 款的有关规定；此外，由于权利要求 1、2 相对于对比文件 1 不具备新颖性，因而权利要求 1、2 相对于对比文件 1 也就不具备创造性，权利要求 3 的附加技术特征是本领域的公知常识，因而在其引用的权利要求 1、2 不具备创造性的情况下，该从属权利要求 3 也不具备创造性，权利要求 4 的附加技术特征是本领域技术人员根据对比文件 1 的教导可推倒得出的，因而在其引用的权利要求 1、2 不具备创造性的情况下，该从属权利要求 4 也不具备创造性。

经形式审查合格，专利复审委员会受理了该无效宣告请求，并于 2008 年 9 月 11 日向双方当事人发出无效宣告请求受理通知书，同时将专利权无效宣告请求书及附件清单中所列附件副本转送给专利权人，并告知专利权人在收到无效宣告请求受理通知书之日起一个月内对该无效宣告请求陈述意见，逾期未答复不影响专利复审委员会的审理。

针对上述无效宣告请求，专利复审委员会依法成立合议组，并于 2008 年 10 月 13 日向双方当事人发出无效宣告请求口头审理通知书，指出本案定于 2008 年 11 月 20 日进行口头审理。

2008 年 10 月 23 日，专利复审委员会收到了专利权人提交的意见陈述书，其中指出本专利与对比文件 1 存在以下几点区别：本专利的射线防护服是全身长度的，拱形支撑物牢固地固定在防护层中，使用者不能自己插取，从外表看不到拱形支撑物，而对比文件 1 中的射线防护服是半身长度的，支撑板是活动的，在防护服里层表面可以看到支撑物，且使用者可自己插取；本专利的拱形支撑物是由肩部弯曲向下，并止于前后腰部，在制作时先把支撑板制作定型成一定形状，然后再固定在防护服层中，而对比文件 1 中的支撑板是从背部腰带垂直向上延伸，然后向下到达前部腰带，支撑板插入衬套后才形成一个不固定的形状；由于本专利采用插接、铰接或固定的连接方式来固定支撑物，因而支撑强度要比对比文件 1 中的射线防护服更好；本专利限定了拱形支撑物可抬高射线防护服 0.5~1.5 厘米的高度，而对比文件 1 则没有公开明确的支撑物抬高指标指数。综上所述，本专利相对于对比文件 1 具备新颖性和创造性。

专利复审委员会于 2008 年 10 月 27 日向请求人发出转送文件通知书，将专利权人于 2008 年 10 月 23 日提交的意见陈述书转送给请求人。

口头审理如期进行，请求人委托中国专利代理（香港）有限公司的专利代理人王刚和范晓斌参加了此次口头审理，专利权人委托公民代理人刘树宝和靳义国参加了此次口头审理。在口头审理中，请求人明确其无效的理由、证据和范围为：本专利权利要求 1~4 相对于对比文件 1 不符合专利法第 22 条第 2、3 款的规定。专利权人表示对对比文件 1 的真实性无异议，并对请求人提交的对比文件 1 的部分译文的准确性无异议。针对专利法第 22 条第 2 款的无效理由，请求人表示坚持其提交的无效宣告请求书的意见，针对专利法第 22 条第 3 款的无效理由，请求人认为其提交的对比文件 1 各段译文中分别具体公开了权利要求 1 和 2 中的不同技术特征。专利权人在口头审理中陈述的意见与其提交的意见陈述书的意见一致。

至此，合议组认为本案事实清楚，依法作出审查决定。

二、决定的理由

1. 关于证据

对比文件 1 为美国专利文献，专利权人对其真实性没有异议，请求人提交了对比文件 1 的部分段落的中文译文，专利权人对请求人提交的译文的准确性没有异议，合议组经审查后认为，对比文件 1 可作为本案证据使用，对比文件 1 文字部分所使用的内容以请求人提交的中文译文为准，由于对比文件 1 的公开日在本专利的申请日之前，因而其上记载的内容构成了本专利的现有技术。

2. 关于专利法第 22 条第 2 款、第 3 款

专利法第 22 条第 2 款规定：新颖性，是指在申请日以前没有同样的发明或者实用新型在国内外出版物上公开发表过、在国内公开使用过或者以其他方式为公众所知，也没有同样的发明或者实用新型由他人向国务院专利行政部门提出过申请并且记载在申请日以后公布的专利申请文件中。

专利法第 22 条第 3 款规定：创造性，是指同申请日以前已有的技术相比，该发明有突出的实质性特点和显著的进步，该实用新型有实质性特点和进步。

（1）关于权利要求 1。

本专利权利要求 1 涉及一种射线防护服。对比文件 1 也涉及射线防护服，其技术领域与本专利相同，其中一个实施例（下称实施例 1）公开了以下技术特征：一种射线防护服，防护服内部设置了一对倒 U 型（相当于权利要求 1 中的拱形）的支撑板，其下部与一个弹性腰带紧固，在与腰带紧固后，防护服被腰带抬高并保持这个位置，从而防护服的上部就不再由穿着者的肩部而是由支撑物所支撑（参见对比文件 1 译文第 2 页第 2 段第 1~4 行）。由于射线防护服是用于屏蔽射线从而对使用者实施防护的专用服装，因而可以确定对比文件 1 中的防护服也是由射线防护材料制作而成的，此外，由于支撑板是倒 U 型并且与腰带连接且可以抬高防护服，使其上部不与穿着者的肩部接触，因而可以推知该支撑板是过肩设置的。由此可见，对比文件 1 已经公开了本专利权利要求 1 的全部技术特征，且对比文件 1 也是为了解决防护服穿着者双肩负重过大的技术问题，其所达到的技术效果也与本专利相同，因而权利要求 1 相对于对比文件 1 不具备专利法第 22 条第 2 款所规定的新颖性。

专利权人认为，对比文件 1 中的防护服是半身长度，而本专利中的防护服是全身长度，且对比文件 1 与本专利中的支撑板的安装方式也不同。对此合议组认为，在本专利权利要求 1 中并没有限定防护服的长度，也没有对支撑板的安装方式进行具体限定，且如上所述，对比文件 1 的实施例 1 已经将本专利权利要求 1 的所有技术特征公开了，因而专利权人的上述意见并不能证明本专利权利要求 1 具备新颖性。

（2）关于从属权利要求 2。

从属权利要求 2 对权利要求 1 进行了进一步地限定，其附加技术特征为；“所述过肩的拱形支撑物是左右各一条支撑板，支撑板由肩部弯曲向下，止于前后腰部，两端与腰带连接”。对比文件 1 的又一实施例（下称实施例 2）公开了支撑板从背部腰带垂直向上延伸，在穿着者的肩部拱形弯曲，然后向下到达前部腰带的技术方案（参见对比文件 1 译文第 3 页第 1 段），且如上所述，对比文件 1 的实施例 1 已经公开了支撑板与腰带紧固的技术方案，此外，从对比文件 1 的附图 4、5、6、9、10、11 中均可以看出射线防护服的支撑板有左右两条，本领域技术人员在对比文件 1 的实施例 1 公开的内容基础上结合同一对比文件中的实施例 2 及附图，可以得出本专利权利要求 2 所限定的技术方案，因而在其引用的独立权利要求 1 不具备新颖性的情况下，该从属权利要求 2 不具备专利法第 22 条第 3 款规定的创造性。

（3）关于从属权利要求 3。

从属权利要求 3 对权利要求 1、2 进行了进一步地限定，其附加技术特征为："所述拱形支撑物与腰带的连接形式是插接、铰接或固接"。如上所述，对比文件 1 的实施例 1 公开了支撑板与腰带紧固的技术方案，而且插接、铰接以及固接都是本领域中常规的连接方式，因而本领域技术人员在对比文件 1 公开的内容的基础上结合本领域的公知常识，可以选择一种常规的连接方式来实现支撑板与腰带的紧固，而这并不需要付出创造性劳动，因此在其引用的权利要求 1、2 不具备创造性的情况下，该从属权利要求 3 不具备专利法第 22 条第 3 款规定的创造性。

（4）关于从属权利要求 4。

从属权利要求 4 对权利要求 1、2 进行了进一步地限定，其附加技术特征为："所述拱形支撑物抬高射线防护服的肩部 0.5~1.5 厘米"。专利权人认为对比文件 1 中没有公开支撑物抬高防护服的具体高度。对此合议组认为，如上所述，对比文件 1 的实施例 1 中已经公开了的支撑板下部与一个弹性腰带紧固后防护服被腰带抬高并保持的技术方案，而且从对比文件 1 的附图 1 中可以看出支撑板使得整个防护服抬高至使用者肩部上方一定距离，在此基础上，本领域技术人员可以根据实际使用的需求来选择具体抬高的距离，权利要求 4 中所述的 0.5~1.5 厘米这一数值范围对于本领域技术人员而言只是常规选择的数值范围而已，且本专利中支撑物使得防护服抬高 0.5~1.5 厘米并未产生预料不到的技术效果，因而在其引用的权利要求 1、2 不具备创造性的情况下，该从属权利要求 4 不具备专利法第 22 条第 3 款规定的创造性。

鉴于本专利的权利要求 1 相对于对比文件 1 不具备新颖性，权利要求 2~4 相对于对比文件 1 不具备创造性，应予以全部无效，因而对于请求人提出的其他无效理由，合议组不再进行评述。

三、决定

宣告 200720149150.4 号实用新型专利权全部无效。

当事人对本决定不服的，可以根据专利法第 46 条第 2 款的规定，在收到本决定之日起三个月内向北京市第一中级人民法院起诉，根据该款的规定，一方当事人起诉后，另一方当事人应当作为第三人参加诉讼。

248

LCD 面板框架

无效宣告请求审查决定（第 12689 号）

决　　定　　号　第 12689 号
决　　定　　日　2008 年 12 月 12 日
发明创造名称　LCD 面板框架
国 际 分 类 号　G12B 9/10，G09F 9/00，G02F 1/1333
无效宣告请求人　边晓红，苏峰平
专　利　权　人　州巧科技股份有限公司
专　　利　　号　200320103221.9
申　　请　　日　2003 年 11 月 11 日
授 权 公 告 日　2005 年 1 月 12 日
合 议 组 组 长　陈迎春
主　　审　　员　关　刚
参　　审　　员　倪晓红

法　律　依　据　专利法实施细则第 2 条第 2 款，第 20 条第 1 款；专利法第 22 条第 2 款、第 3 款
决　定　要　点

如果对比文件公开了权利要求所限定的技术方案的全部技术特征，并且两者技术领域相同，所要解决的技术问题相同，达到的技术效果也相同，则该项权利要求相对于对比文件不具备新颖性。

如果权利要求相对于一篇对比文件存在区别技术特征，但该区别技术特征被另一篇对比文件所公开，且该区别技术特征在另一篇对比文件中所起的作用与在该权利要求技术方案中所起的作用相同，本领域技术人员能够从该另一篇对比文件中得到启示，或者该区别技术特征属于本领域惯用技术手段，则该权利要求相对于上述两篇对比文件或对比文件与公知常识的结合不具备创造性。

一、案由

本无效宣告请求涉及国家知识产权局于 2005 年 1 月 12 日授权公告的、名称为“LCD 面板框架”，专利号为 200320103221.9 号实用新型专利（下称本专利），其申请日为 2003 年 11 月 11 日，专利权人为州巧科技股份有限公司。本专利授权公告时的权利要求书如下：

“1. 一种 LCD 面板框架，其特征在于包括一框体，其由二 L 型工件或四长型工件对接组成，且在该框体的外边框周围设有一外弯折部。

2. 如权利要求 1 所述的 LCD 面板框架，其中该 L 型工件或长型工件由金属材料冲压形成。

3. 如权利要求 1 所述的 LCD 面板框架，其中该二 L 型工件或该四长型工件的对接为垂直面接合。

4. 如权利要求 1 所述的 LCD 面板框架，其中该二 L 型工件或该四长型工件的对接端对接为斜面接合。

5. 如权利要求 1 所述的 LCD 面板框架，其中该二 L 型工件或该四长型工件的对接为通过铆合、焊接或熔接将其接合在一起。

6. 如权利要求 1 所述的 LCD 面板框架，其中在该二 L 型工件或该四长型工件的对接处涂布一层防锈剂或防锈漆。”

针对上述专利权，边晓红（下称第一请求人）于 2008 年 5 月 22 日向专利复审委员会提出无效宣告请求，并提交了下述附件：

附件 1：本实用新型专利说明书；

附件 2（下称对比文件 1）：ZL03280123.8 中国实用新型专利说明书，申请日为 2003 年 9 月 25 日，公开日为 2004 年 10 月 6 日，专利权人为州钜企业股份有限公司；

附件 3（下称对比文件 2）：ZL97117401.6 中国发明专利说明书，公开日为 1998 年 3 月 4 日；

附件 4（下称对比文件 3）：特开 2000-258754 号日本公开特许公报，公开日为 2000 年 9 月 22 日；

附件 5（下称对比文件 4）：US6881005 B2 美国专利说明书，在先公开文本的公开日为 2002 年 4 月 18 日；

附件 6：对比文件 3 的部分中文译文共 4 页；

附件 7：对比文件 4 的部分中文译文共 1 页。

第一请求人认为，本专利权利要求 1、3 和 4 相对于对比文件 1 不具备新颖性；本专利权利要求 1 相对于对比文件 2 和 3 的结合或相对于对比文件 3 和公知常识的结合不具备创造性；本专利权利要求 2 的附加技术特征被对比文件 2 公开或者属于公知常识，因此也不具备创造性；本专利权利要求 5 的附加技术特征属于公知常识，当其所引用的权利要求 1 不具备创造性，本专利权利要求 5 也不具备创造性；由对比文件 4 可知，本专利权利要求 6 的附加技术特征属于本领域所熟知的技术手段，当其所引用的权利要求 1 不具备创造性，本专利权利要求 6 也不具备创造性；请求宣告本专利权利要求 1~6 全部无效。

经形式审查合格，专利复审委员会依法受理了上述无效宣告请求，于 2008 年 6 月 4 日向双方当事人发出无效宣告请求受理通知书，并将无效宣告请求书及其附件清单中所列附件的副本转送给专利权人，要求其在指定的期限内答复。

专利权人于 2008 年 7 月 7 日提交了意见陈述书，专利权人认为，（1）对比文件 1 没有公开本专利权利要求 1 中的“外弯折部 28”；（2）对比文件 2 与本专利技术领域不同，对比文件 2 为电视机显像管的框架，而本专利为液晶显示器 LCD 的框架；（3）本专利权利要求 1 与对比文件 3 的区别“外弯折部”不属于公知常识；（4）对比文件 1 中的“平直边结合”属于本专利权利要求 3 的“垂直面接合”的上位概念；（5）对比文件 1 中的“二单元材”属于本专利权利要求中的“二 L 型工件”的上位概念。

针对上述无效宣告请求，专利复审委员会依法成立合议组，对本案进行审理，合议组于 2008 年 7 月 8 日向双方当事人发出无效宣告请求口头审理通知书，告知双方当事人合议组定于 2008 年 9 月 16 日就本案进行口头审理。随后专利复审委员会又于 2008 年 8 月 21 日将专利权人提交的上述意见陈述书转送给第一请求人。

口头审理如期举行，第一请求人边晓红，公民代理人颜潇、王洋出席口头审理，专利权人未参加口实审理。在口头审理过程中，第一请求人表示还未收到专利复审委员会所转送的专利权人提交了意见陈述书，合议组告知第一请求人专利复审委员会所转送的文件在没有收到退信的情况下期限届满就视为送达；第一请求人表示其无效宣告请求的理由、证据和范围与无效宣告请求书中一致，没有变动，并表示具体无效理由已在无效宣告请求书中有详细评述，没有新的意见陈述。

第一请求人后又于2008年9月25日针对专利权人于2008年7月7日的意见陈述书提交了意见陈述，第一请求人认为：（1）针对专利权人认为对比文件1未公开本专利权利要求1中的技术特征“外弯折部”的意见，第一请求人认为对比文件1说明书中公开的“折边121”即相当于本专利的“外弯折部”，只是表述不同；（2）CRT（阴极射线管显示器）和LCD（液晶显示器）是众所周知的两种显示器，虽然其显示原理及体积大小不同，但包覆其显示屏的外框架则没有不同，基于CRT和LCD的密切关系，会促使本领域的普通技术人员到CRT框架领域寻找LCD框架技术，因此对比文件2可用于评述本专利的创造性；（3）对比文件3中的“平直边结合”与本专利的“垂直面接合”实为相同结构，对比文件4中的“二单元材”为L型，因此公开了本专利的“二L型工件”的技术特征，不存在上下位概念问题。

专利复审委员会于10月21日将第一请求人提交的上述意见陈述书转送给专利权人，要求专利权人在一个月期限内答复。

专利权人逾期未答复。

针对上述专利权，苏峰平（下称第二请求人）于2008年5月26日向专利复审委员会提出无效宣告请求，并提交了下述证据：

证据1：特许第3130606号日本特许公报及其中文译文，公开日为1993年6月1日；

证据2：特开2000-314872 A号日本公开特许公报以及其部分中文译文，公开日为2000年11月14日。

第二请求人认为，本专利权利要求2不符合专利法实施细则第2条第2款的规定；本专利权利要求3和4不符合专利法实施细则第20条第1款的规定；本专利权利要求1~3、5相对于证据1不符合专利法第22条第2款规定的新颖性；本专利权利要求1、2、4相对于证据2不符合专利法第22条第2款规定的新颖性；本专利权利要求6相对于证据1或2与公知常识的结合不具备专利法第22条第3款规定的创造性；请求宣告本专利权利要求1~6全部无效。

经形式审查合格，专利复审委员会依法受理了上述无效宣告请求，于2008年7月24日向双方当事人发出无效宣告请求受理通知书，并将无效宣告请求书及其附件清单中所列附件的副本转送给专利权人，要求其在指定的期限内答复。

专利权人在指定的期限内未进行答复。

针对上述无效宣告请求，专利复审委员会依法成立合议组，对本案进行审理，合议组于2008年9月5日向双方当事人发出无效宣告请求口头审理通知书，告知双方当事人合议组定于2008年10月22日就本案进行口头审理，后因故改于2008年10月27日进行口头审理。

口头审理如期举行，第二请求人委托北京戈程知识产权代理有限公司的专利代理人孙向民出席口头审理，专利权人未参加口头审理。在口头审理过程中，第二请求人所陈述的无效宣告请求的理由、证据和范围与无效宣告请求书中一致，没有变动，并表示具体无效理由已在无效宣告请求书中有详细评述，没有新的意见陈述，以无效宣告请求书中的书面意见为准。

至此，合议组认为本案的事实已清楚，可以作出无效宣告请求审查决定。

二、决定的理由

（一）关于第一请求人针对本专利所提出的无效宣告请求的证据和理由

1. 关于证据

第一请求人所提交的对比文件 1~4 均为专利文献，专利权人对于对比文件 1~4 的真实性未提出异议。合议组经审查确认了对比文件 1~4 的真实性。对于对比文件 3~4 的中文译文，专利权人也未在指定的期限内提出异议，根据审查指南的相关规定，视为专利权人对请求人所提交中文译文的准确性无异议。对比文件 1 的申请日在本专利申请日之前，公开日在本专利申请日之后，可用于评价本专利的新颖性；对比文件 2~3 的公开日期，对比文件 4 的在先公开文本的公开日均在本专利申请日之前，因此对比文件 2~4 可作为评价本专利新颖性和创造性的现有技术。

2. 关于本专利的新颖性和创造性

专利法第 22 条第 2 款规定，新颖性，是指在申请日以前没有同样的发明或者实用新型在国内外出版物上公开发表过、在国内公开使用过或者以其他方式为公众所知，也没有同样的发明或者实用新型由他人向国务院专利行政部门提出过申请并且记载在申请日以后公布的专利申请文件中。

专利法第 22 条第 3 款规定，创造性，是指同申请日以前已有的技术相比，该发明有突出的实质性特点和显著的进步，该实用新型有实质性特点和进步。

本专利涉及一种可作为液晶显示器面板前框架和背光模块框架的 LCD 面板框架，在现有技术中金属框架通常利用整片金属板材料将中央部分冲断加工而成型，因此存在材料损失较大的技术问题，针对上述技术问题，本专利提出了一种将金属板材料冲压成多个 L 型工件或长型工作，由二 L 型工件或四个长型工件对接组成的框架。

（1）关于本专利权利要求 1、3、4 相对于对比文件 1 的新颖性。

本专利权利要求 1 请求保护一种 LCD 面板框架。对比文件 1 公开了一种液晶面板的框架，其中具体公开了如下技术特征（参见对比文件 1 说明书第 2 页第 24 行至第 3 页 19 行，附图 1~5）：所述液晶面板的框架是由二呈 L 型的板状单元材（111）所组成，各单元材（111）是由板料（11）裁切而成，在板料（11）上是以较小间隔排列并切割出各单元材（111），二单元材（111）相对组成一中空框体，并在其接合的端边处以结合部（112）予以固定接合，经由修整后即可利用成型装置将其外围成型出折边（121）（相当于本专利权利要求 1 中的外弯折部），另外，所述框架亦可运用四片呈长型片状的单元材（50）在端头处相接合，并在其结合部（51）予以连接固定，再制成框架。可见，对比文件 1 已经公开了本专利权利要求 1 的全部技术特征，并且两者属于相同的技术领域，其所要解决的技术问题与本专利相同，都是为了解决现有技术中形成框架时需切除大面积废料，板材的使用率极低的技术问题，所达到的技术效果也相同，因此本专利权利要求 1 相对于对比文件 1 不具备专利法第 22 条第 2 款规定的新颖性。

本专利权利要求 3、4 的附加技术特征分别进一步限定了所述二 L 型工件或所述四长型工件的对接处为“垂直面接合”和“斜面接合”。但是，对比文件 1 还公开了如下技术特征（参见对比文件 1 说明书第 3 页第 8 行至第 11 行，图 4、5）：参看图 4 所示，所述二单元材（20）的结合部可利用斜面的设计予以结合；又参看图 5 所示，所使用的二单元材（30）的端边均为平直边，其结合部（31）也可由二平直边所连接固定而成。可见，对比文件 1 已经公开二 L 型工件的对接端为“垂直面接合”和“斜面接合”的两种结合接合方式，因此当其所引用的权利要求 1 不具备新颖性时，本专利权利要求 3、4 相对于对比文件 1 也不具备专利法第 22 条第 2 款规定的新颖性。

（2）关于本专利权利要求 1、2、5 和 6 的创造性。

本专利权利要求 1 请求保护一种 LCD 面板框架。对比文件 2 公开了一种阴极射线管荫罩框架的制造方法，其中具体公开了如下技术特征（参见对比文件 2 说明书第 3 页第 4 行至第 17 行，附图 1~4）：所述阴极射线管荫罩框架可由两个呈 L 字形的元件或由四个呈矩形的元件通过焊接方式构成。

虽然对比文件2公开的是一种阴极射线管（CRT）显示器的框架，但对于显示元件的框架而言，CRT的框架与LCD面板的框架在外形结构、功能以及生产工艺都是相同的，两者属于相同的技术领域，因此本专利权利要求1与对比文件2的区别技术特征在于：在该框体的外边框周围设有一外弯折部。

对比文件3公开了一种液晶面板保持框体的制造方法，其中具体公开了如下技术特征（参见对比文件3中文译文第1页第12~13行、第2页第1~5行，图1）：所述液晶面板保持框体是通过将冲压形成的长、短带状钢板各2条排列成平板状矩形框体，将其4角熔接后再通过冲压压平其熔接处形成的，后将熔接制得的平板状矩形框体各框板之外侧边缘向下弯曲，使框板的端面成“L”型（相当于本专利的“外弯折部”）。可见，对比文件3已经公开了上述区别技术特征，且对于本领域技术人员而言在LCD面板框架的外边框设置有外弯折部以包覆LCD面板也属于本领域常用的技术手段，因此本领域技术人员容易将对比文件3公开的使框体各框板之外侧边缘向下弯曲形成“L”型端面的技术特征应用于对比文件2，从而得到本专利权利要求1的技术方案，因此本专利权利要求1相对于对比文件2和3的结合不具备专利法第22条第3款规定的创造性。

本专利权利要求2的附加技术特征进一步限定了“L型工件或长型工件由金属材料冲压形成”。但是，对比文件2已经公开了以一条钢带在冲床上冲压出L字形元件的技术特征（参见对比文件2说明书第3页第9~10行），可见对比文件2已经公开了权利要求2的附加技术特征，因此当其所引用的权利要求1不具备创造性时，本专利权利要求2也不具备专利法第22条第3款规定的创造性。

本专利权利要求5的附加技术特征进一步限定了“二L型工件或四长型工件的对接为通过铆合、焊接或熔接将其接合在一起”。但是，对比文件2已经公开了通过焊接方式将两L字形的元件或四个矩形元件接合的技术特征（参见对比文件2说明书第2页第9~11行），对比文件3已经公开了通过熔接的方式将四个带状钢板的4角熔接的技术特征（参见对比文件3说明书第2页第4行至第5行），可见，对比文件2和3已经公开了焊接、熔接等接合方式，并且铆合等方式也属于本领域常用的技术手段，因此当其引用的权利要求1不具备创造性时，本专利权利要求5也不具备专利法第22条第3款规定的创造性。

本专利权利要求6的附加技术特征进一步限定了“二L型工件或四长型工件的对接处涂布一层防锈剂或防锈漆”。但是，对于本领域技术人员而言，工件的接合部分由于焊接、熔接等手段往往会破坏工件的防锈层，在这种情况下在工件的接合处涂布防锈剂或防锈漆属于本领域常用的技术手段，且这种常用技术手段的应用对于本领域技术人员是显而易见的，因此当其引用的权利要求1不具备创造性时，本专利权利要求6也不具备专利法第22条第3款规定的创造性。

综上所述，本专利权利要求1、3、4不具备专利法第22条第2款规定的新颖性，本专利权利要求2、5、6不具备专利法第22条第3款规定的创造性。

（二）关于第二请求人针对本专利所提出的无效宣告请求的证据和理由

1. 关于证据

第二请求人所提交的证据1和2均为专利文献，专利权人对其真实性内未提出异议。对证据1和2的中文译文的准确性也未提出异议，合议组经审查确认证据1和2的真实性。证据1和2的公开日期均在本专利申请日之前，可作为评价本专利的新颖性和创造性的现有技术，其中证据1和2的文字部分内容以第二请求人提交的中文译文为准。

2. 关于专利法实施细则第2条第2款

第二请求人认为，本专利权利要求2的附加技术特征“其中该L型工件或长型工件由金属材料冲压形成”是对工件的材料和加工工艺提出的方案，不属于实用新型专利保护的客体，不符合专利法实施细则第2条第2款的规定。

合议组经审查认为，本专利权利要求 2 的技术方案除包括其所引用的权利要求 1 中所限定的产品的形状、构造的技术特征外，还进一步限定了技术特征“其中该 L 型工件或长型工件由金属材料冲压形成”，对于本领域技术人员而言，对金属材料进行冲压成型属于本领域已知的方法，因此权利要求 2 的附加技术特征属于审查指南第一部分第二章第 6.1 节中所述的“以现有技术中已知方法的名称限定产品的形状、构造”的情况，不属于对方法本身提出的技术方案。因此本专利权利要求 2 符合专利法实施细则第 2 条第 2 款的规定。

3. 关于专利法实施细则第 20 条第 1 款

第二请求人认为，本专利权利要求 3 和 4 中的技术特征“垂直面接合”和“斜面接合”表述不清楚，本领域技术人员不清楚“垂直面接合”和“斜面接合”是何种接合方式，因此本专利权利要求 3 和 4 不符合专利法实施细则第 20 条第 1 款的规定。

合议组经审查认为，本专利说明书第 3 页第 9 行至第 15 行已经明确记载了工件的对接端为“垂直面接合”和“斜面接合”的具体实施例，从本专利附图 2~4 中可明显看出，本专利的“垂直面接合”是指互相接合的工件的端面为直角的接合方式，而“斜面接合”是指互相接合的工件的端面为斜角的接合方式，可见，本专利权利要求 3 和 4 中的技术特征“垂直面接合”和“斜面接合”所表述的接合方式是清楚的，符合专利法实施细则第 20 条第 1 款的规定。

4. 关于新颖性和创造性

第二请求人认为，本专利权利要求 1~3、5 相对于证据 1 不具备新颖性；本专利权利要求 1~2、4 相对于证据 2 不具备新颖性；本专利权利要求 6 相对于证据 1 或证据 2 不具备创造性。

（1）本专利权利要求 1~3、5 相对于证据 1 的新颖性问题。

本专利权利要求 1 请求保护一种 LCD 面板框架。证据 1 公开了一种 CRT 彩色映像管支撑框架的制造方法，其中具体公开了如下技术特征（参见证据 1 中文译文第 2 页第 14~18 行，附图 1~2）：在制造由具有大致长方形开口的底部和从该底部四周垂直立设的侧边（相当于本专利的“外弯折部”）构成的 CRT 彩色映像管支撑框架的方法中，最初从带状材料以一定间距顺次冲压成形出内侧部分形状与前述开口的大致长方形相对应的 L 型材料，然后把两个 L 型材料相对接合在一起形成框状材料，以形成含有前述底部和侧边的 CRT 彩色映像管支撑框架。可见，证据 1 已经公开了本专利权利要求 1 的全部技术特征，虽然证据 1 公开的是一种 CRT 彩色映像管支撑框架，但对于显示元件的框架而言，CRT 的框架与 LCD 面板的框架在外形结构、功能以及生产工艺方面基本相同，两者属于相同的技术领域，并且证据 1 所要解决的技术问题与本专利相同，都是为了解决现有技术中形成框架时需切除大面积废料，板材的使用率极低的技术问题，所达到的技术效果也相同，因此本专利权利要求 1 相对于证据 1 不具备专利法第 22 条第 2 款规定的新颖性。

本专利权利要求 2 的附加技术特征进一步限定了“L 型工件或长型工件由金属材料冲压形成”。但是，证据 1 已经公开了所述 L 型材料是从带状材料中以一定间距顺次冲压成型的（参见证据 1 中文译文第 2 页第 14~18 行），可见权利要求 2 的附加技术特征已被证据 1 所公开，因此当其所引用的权利要求 1 不具备新颖性时，本专利权利要求 2 也不具备专利法第 22 条第 2 款规定的新颖性。

本专利权利要求 3 的附加技术特征进一步限定了“该二 L 型工件或该四长型工件的对接为垂直面接合”。但是，从证据 1 的附图 2 能明显得到如下技术特征：所述二 L 型部件之间的接合处为成直角状（相当于本专利的“垂直面接合”），可见权利要求 3 的附加技术特征已被证据 1 所公开，因此当其所引用的权利要求 1 不具备新颖性时，本专利权利要求 3 也不具备专利法第 22 条第 2 款规定的新颖性。

本专利权利要求 5 的附加技术特征进一步限定了“二 L 型工件或四长型工件的对接为通过铆合、

焊接或熔接将其接合在一起”。但是，证据1已经公开了两个L型坯料由结合部分焊接接合的技术特征（参见证据1中文译文第2页第3行），而对于本领域技术人员而言，铆合、熔接等部件之间的接合方式也属于惯用手段的直接替换，因此当其所引用的权利要求1不具备新颖性时，本专利权利要求5也不具备专利法第22条第2款规定的新颖性。

（2）本专利1、2、4相对于证据2的新颖性问题。

本专利权利要求1请求保护一种LCD面板框架。证据2公开了一种液晶显示器面板框架，其中具体公开了如下技术特征（参见证据2中文译文第1页第2行至最后一行，附图1、5、6、9）：使用带状不锈钢或铝材13连续冲制成V字状或倒V字状的各构成部件（相当于本专利的“L型工件”），或将各构成部件形成为4个带状部分（相当于本专利的“长型工件”），再将上述构件部分连接结合成平面四角形状，使用冲压机将各边的弯折消耗部10c弯折后（相当于本专利的“外弯折部”），形成各边截面为L字形状的四角形框状的中心板。可见，证据2已经公开了本专利权利要求1的全部技术特征，两者属于相同的技术领域，并且证据2与本专利同样都是为了解决现有技术中形成框架时需切除大面积废料，板材的使用率极低的技术问题，所达到的技术效果也相同，因此本专利权利要求1相对于证据2不具备专利法第22条第2款规定的新颖性。

本专利权利要求2的附加技术特征进一步限定了“L型工件或长型工件由金属材料冲压形成”。但是，证据2已经公开了使用带状不锈钢或铝材13连续冲制成V字状或倒V字状的各构成部件的技术手段（参见证据2中文译文第1页第5~6行），可见权利要求2的附加技术特征已被证据2所公开，因此当其所引用的权利要求1不具备新颖性时，本专利权利要求2也不具备专利法第22条第2款规定的新颖性。

本专利权利要求4的附加技术特征进一步限定了“该二L型工件或该四长型工件的对接端为斜面接合”。但是，从证据2的附图2能明显得到如下技术特征：所述V字状构成部件的结合端部为斜面状（相当于本专利的“斜面接合”）的嵌合卡止部，但嵌合卡止部不一定必须设置。可见在不形成嵌合卡止部的情况下，证据2中V字状构成部件的结合端的结合方式与本专利权利要求4中所限定的结合方式相同，因此当其所引用的权利要求1不具备新颖性时，本专利权利要求4也不具备专利法第22条第2款规定的新颖性。

（3）本专利权利要求6相对于证据1或证据2的创造性问题。

本专利权利要求6的附加技术特征进一步限定了“二L型工件或四长型工件的对接处涂布一层防锈剂或防锈漆”。但是，对于本领域技术人员而言，工件的接合部分由于焊接、熔接等手段往往会破坏工件的防锈层，在这种情况下于工件的接合处涂布防锈剂或防锈漆属于本领域常用的技术手段，且这种常用技术手段的应用对于本领域技术人员是显而易见的，因此当其所引用的权利要求1不具备新颖性时，本专利权利要求6相对于证据1或证据2也不具备专利法第22条第3款规定的创造性。

综上所述，本专利权利要求1~3、5相对于证据1不具备专利法第22条第2款规定的新颖性；本专利权利要求1、2、4相对于证据2也不具备专利法第22条第2款规定的新颖性；本专利权利要求6相对于证据1或证据2不具备专利法第22条第3款规定的创造性。

三、决定

宣告200320103221.9号实用新型专利权全部无效。

当事人对本决定不服的，可以根据专利法第46条第2款的规定，自收到本决定之日起三个月内向北京市第一中级人民法院起诉。根据该款的规定，一方当事人起诉后，另一方当事人应当作为第三人参加诉讼。

北京市第一中级人民法院
行政判决书

（2009）一中行初字第1502号

原告州巧科技股份有限公司，住所地中华人民共和国台湾省新竹县湖口乡凤凰村光复路42号。

法定代表人张国佐，董事长。

委托代理人何为，男，长沙正奇专利事务所有限责任公司专利代理人。

被告中华人民共和国国家知识产权局专利复审委员会，住所地中华人民共和国北京市海淀区北四环西路9号银谷大厦10~12层。

法定代表人张茂于，主任。

委托代理人关刚，男，中华人民共和国国家知识产权局专利复审委员会干部。

委托代理人余心蕾，女，中华人民共和国国家知识产权局专利复审委员会干部。

第三人边晓红，女，1980年9月9日出生，汉族，户籍所在地中华人民共和国广东省深圳市宝安区龙华街道办油松东环二路二号。

第三人苏峰平。

原告州巧科技股份有限公司不服被告中华人民共和国国家知识产权局专利复审委员会作出的无效宣告请求审查决定，向本院提起行政诉讼。本院受理后，依法组成合议庭。根据《中华人民共和国行政诉讼法》第二十七条的规定，本院通知边晓红、苏峰平作为本案第三人参加诉讼。本院于2010年6月29日公开开庭审理了本案，原告的委托代理人何为，被告的委托代理人关刚、余心蕾到庭参加诉讼。第三人边晓红、苏峰平经本院合法传唤未到庭参加诉讼。本案现已审理终结。

2008年12月12日，被告针对第一请求人边晓红和第二请求人苏峰平的不同无效宣告请求，合并作出第12689号无效宣告请求审查决定（以下简称被诉决定），宣告200320103221.9号实用新型专利权（以下简称本专利）全部无效。

被告在法定举证期限内向本院提交了下列证据：1. 口头审理记录表附页；2. 被诉决定中第一请求人边晓红提交的对比文件1（ZL03280123.8号中国实用新型专利说明书）；3. 被诉决定中第一请求人边晓红提交的对比文件2（ZL97117401. 6中国发明专利说明书）；4. 被诉决定中第一请求人边晓红提交的对比文件3（特开2000-258754号日本公开特许公报）；5. 被诉决定中第一请求人边晓红提交的对比文件4（US6881005 B2美国专利说明书）；6. 被诉决定中第二请求人苏峰平提交的证据1（特许第3130606号日本特许公报及其中文译文）；7. 被诉决定中第二请求人苏峰平提交的证据2（特开2000-314872A号日本公开特许公报以及其部分中文译文）；8. 本专利授权公告文本。上述证据证明被诉决定认定事实清楚，适用法律正确，被诉决定合法。

本院依法要求被告提交其针对第二请求，向专利权人原代理机构发出无效宣告请求受理通知书的《非CPMSIII自取信件交接单》。

原告诉称：1. 本专利与第一请求人提交的对比文件2所属的技术领域不同，所解决的技术问题和产生的技术效果不同，因此结合对比文件2和3来认定本专利权利要求1的创造性不合适。2. 在结合对比文件2和3来评价本专利权利要求1不合适的基础上，不能得出本专利权利要求2、5、6不具备创造性的结论。3. 针对第二请求人提出的无效宣告请求，被告对于有关文件转发前后不一致，忽视变更代理关系手续的审查，想当然认为第一请求中专利权人的代理机构即为第二请求中专利权人的代理机构，将后续文件如《无效宣告请求口头审理通知书》等材料发给在第二请求中并无代理权限的代理机构，存在程序瑕疵。原告要求法院判决撤销被诉决定，由被告承担本案诉讼费。

原告在法定举证期限内向本院提交如下证据：1. 本专利说明书及权利要求书，用以证明该专利的申请日期、国际专利分类号、所属技术领域、所解决的技术问题和产生的技术效果等情况；2. 专利号为 ZL97117401.6 号中国发明专利说明书（第一请求人提交的对比文件 2），用以证明该专利的国际专利分类号、所属技术领域、所解决的技术问题和产生的技术效果等情况。

被告辩称：1. 虽然第一请求人提交的对比文件 2 公开的是一种阴极射线管显示器的框架，但对比文件 2 与本专利均属于显示器领域，对于显示器框架而言，CRT 的框架与 LCD 面板的框架在外形结构、功能以及生产工艺方面基本相同，两者属于相同的技术领域。2. 被诉决定中的其他评述本专利权利要求 1~6 不具备新颖性或创造性的决定理由，也足以导致本专利被宣告全部无效。3. 根据《审查指南》第一部分第一章第 6.1.1 节的规定，被委托的专利代理机构仅限一家，本指南另有规定的除外。即在有关专利事务中，当事人只能委托一家专利代理机构办理相关事宜，不能存在两家代理机构均同时有权代理一项事务的情况。专利权人在针对本专利的无效宣告程序中仅委托了“长沙正奇专利事务所有限责任公司”（以下简称正奇公司）作为无效宣告程序中的代理人，因此被告将第二请求的有关文件转送给正奇公司并无不当。4. 正奇公司作为专利权人的代理人，在针对本专利无效宣告程序尚未终结之前，当然有义务接受相关材料并告知专利权人，因此不会存在专利权人无法收到相关文件的问题。被告请求法院维持被诉决定。

第三人边晓红庭前向本院书面声明不参加本案庭审，认为被诉决定正确、合理、合法，无新的理由陈述，请求法院维持被诉决定。边晓红在法定期限内未向本院提交证据。

第三人苏峰平在法定期限内未作答辩，亦未向本院提交证据。

经庭审质证，原告对于被告提交证据的关联性、合法性和真实性均无异议。被告对原告提交证据的关联性、合法性和真实性无异议，不同意其证明作用。

本院根据《最高人民法院关于行政诉讼证据若干问题的规定》，对证据认证如下：被告提交的证据和原告提交的证据，均符合证据的关联性、合法性、真实性的要求，可以作为本案认定事实的依据。

根据上述有效证据以及当事人无争议的陈述，本院经审理查明：

1. 2008 年 5 月 22 日边晓红（第一请求人）针对本专利向被告提出无效宣告请求。本专利系专利号为 ZL200320103221.9 号的实用新型专利，名称为“LCD 面板框架”，专利权人为原告。本专利授权公告时的权利要求书由 6 项权利要求组成：

“1. 一种 LCD 面板框架，其特征在于包括一框体，其由二 L 型工件或四长型工件对接组成，且在该框体的外边框周围设有一外弯折部。

2. 如权利要求 1 所述的 LCD 面板框架，其中该 L 型工件或长型工件由金属材料冲压形成。

3. 如权利要求 1 所述的 LCD 面板框架，其中该二 L 型工件或该四长型工件的对接为垂直面接合。

4. 如权利要求 1 所述的 LCD 面板框架，其中该二 L 型工件或该四长型工件的对接端对接为斜面接合。

5. 如权利要求 1 所述的 LCD 面板框架，其中该二 L 型工件或该四长型工件的对接为通过铆合、焊接或熔接将其接合在一起。

6. 如权利要求 1 所述的 LCD 面板框架，其中在该二 L 型工件或该四长型工件的对接处涂布一层防锈剂或防锈漆。”

第一请求人在提出无效宣告请求时提交了下述附件：1. 本专利说明书；2. 对比文件 1；3. 对比

文件 2；4、对比文件 3；5. 对比文件 4；6. 对比文件 3 的部分中文译文；7. 对比文件 4 的部分中文译文。

第一请求人认为，本专利权利要求 1、3 和 4 相对于对比文件 1 不具备新颖性；本专利权利要求 1 相对于对比文件 2 和 3 的结合或相对于对比文件 3 和公知常识的结合不具备创造性；本专利权利要求 2 的附加技术特征被对比文件 2 公开或者属于公知常识，因此也不具备创造性；本专利权利要求 5 的附加技术特征属于公知常识，当其所引用的权利要求 1 不具备创造性，本专利权利要求 5 也不具备创造性；由对比文件 4 可知，本专利权利要求 6 的附加技术特征属于本领域所熟知的技术手段，当其所引用的权利要求 1 不具备创造性，本专利权利要求 6 也不具备创造性；请求宣告本专利权利要求 1~6 全部无效。

经形式审查合格，被告依法受理了上述无效宣告请求，于 2008 年 6 月 4 日向双方当事人发出无效宣告请求受理通知书，并将无效宣告请求书及其附件清单中所列附件的副本转送给专利权人，要求其在指定的期限内答复。

原告于 2008 年 7 月 7 日提交了意见陈述书，原告认为：1. 对比文件 1 没有公开本专利权利要求 1 中的“外弯折部 28”；2. 对比文件 2 与本专利技术领域不同，对比文件 2 为电视机显像管的框架，而本专利为液晶显示器 LCD 的框架；3. 本专利权利要求 1 与对比文件 3 的区别“外弯折部”不属于公知常识；4. 对比文件 1 中的“平直边结合”属于本专利权利要求 3 的“垂直面接合”的上位概念；5. 对比文件 1 中的“二单元材”属于本专利权利要求中的“二 L 型工件”的上位概念。

针对第一无效宣告请求，被告依法成立合议组，对本案进行审理，合议组于 2008 年 7 月 8 日向双方当事人发出无效宣告请求口头审理通知书，告知双方当事人定于 2008 年 9 月 16 日就本案进行口头审理。口头审理如期举行，专利权人未参加口头审理。

第一请求人后又于 2008 年 9 月 25 日针对专利权人于 2008 年 7 月 7 日的意见陈述书提交了意见陈述，第一请求人认为：1. 针对原告认为对比文件 1 未公开本专利权利要求 1 中的技术特征“外弯折部”的意见，第一请求人认为对比文件 1 说明书中公开的“折边 121”即相当于本专利的“外弯折部”，只是表述不同；2. CRT（阴极射线管显示器）和 LCD（液晶显示器）是众所周知的两种显示器，虽然其显示原理及体积大小不同，但包覆其显示屏的外框架则没有不同，基于 CRT 和 LCD 的密切关系，会促使本领域的普通技术人员到 CRT 框架领域寻找 LCD 框架技术，因此对比文件 2 可用于评述本专利的创造性；3. 对比文件 3 中的“平直边结合”与本专利的“垂直面接合”实为相同结构，对比文件 4 中的“二单元材”为 L 型，因此公开了本专利的“二 L 型工件”的技术特征，不存在上下位概念问题。

被告于 2008 年 10 月 21 日将第一请求人提交的上述意见陈述书转送给原告，要求原告在一个月期限内答复。原告逾期未答复。

2. 2008 年 5 月 26 日苏峰平（第二请求人）针对本专利，向被告提出无效宣告请求，并提交了特许第 3130606 号日本特许公报及其中文译文（证据 1）、特开 2000-314872 A 号日本公开特许公报以及其部分中文译文（证据 2）两份证据。

经形式审查合格，被告依法受理了上述无效宣告请求，于 2008 年 7 月 24 日向双方当事人发出无效宣告请求受理通知书，并将无效宣告请求书及其附件清单中所列附件的副本转送给原告在专利申请阶段委托的专利代理机构，要求其在指定的期限内答复。原告在指定的期限内未答复。

针对第二无效宣告请求，被告依法成立合议组，对本案进行审理，合议组于 2008 年 9 月 5 日向双方当事人发出无效宣告请求口头审理通知书，告知双方当事人定于 2008 年 10 月 22 日就本案进行口头审理，后因故改于 2008 年 10 月 27 日进行口头审理。口头审理如期举行，原告未参加口头审理。

3. 被告经审查认为，针对第一无效宣告请求，本专利权利要求1、3、4不具备《中华人民共和国专利法》（2000年修订，以下简称《专利法》）第二十二条第二款规定的新颖性，本专利权利要求1、2、5、6不具备《专利法》第二十二条第三款规定的创造性。

针对第二无效宣告请求，被告认为本专利权利要求1~3、5相对于证据1不具备《专利法》第二十二条第二款规定的新颖性；本专利权利要求1、2、4相对于证据2也不具备专利法第二十二条第二款规定的新颖性；本专利权利要求6相对于证据1或证据2不具备《专利法》第二十二条第三款规定的创造性。

被告根据以上两个请求审查结果，宣告本专利全部无效。原告不服被诉决定，向本院提起行政诉讼。

原告在本院庭审中确认，其对被告作出复审决定的法律依据没有异议。对于当事人无争议的事实，本院经审查对其合法性予以确认。经各方当事人确认，本案争议焦点问题是：1. 对比文件2是否能作为评价本专利创造性的对比文件；2. 被告审查第二无效宣告请求的程序是否合法。

本院认为：对比文件2系专利号为ZL97117401.6、名称为“荫罩框架的制造方法”的中国发明专利，适用于电视机和监视器彩色显像管的生产，其目的在于提供一种在材料上和能耗上高度经济、生产时间短、可进行自动化、能可靠地生产出质量保持优质的荫罩框架的阴极射线管荫罩框架制造方法。

本专利的专利号为200320103221.9、名称为“LCD面板框架”，其解决的技术效果在于提升材料的使用面积，降低材料的运送重量，从而可节省运费及减轻搬运工作量。

《审查指南》（2006年版）第四部分第六章第4节规定“对于实用新型专利而言，一般着重于考虑该实用新型专利所属的技术领域。但是现有技术中给出明确的启示，例如现有技术中有明确的记载，促使本领域的技术人员到相近或者相关的技术领域寻找有关技术手段的，可以考虑其相近或者相关的技术领域。”本案中，本专利涉及的LCD面板与对比文件2涉及的显像管显示器都属于显示器材，两者具有技术上的发展传承关系，两者框架的结构、功能以及生产工艺近似，会促使本领域的普通技术人员到CRT框架领域寻找LCD框架技术。本专利与对比文件2解决的技术问题和产生的技术效果基本相同，被告以对比文件2评价本专利的创造性并无不妥。经审查，被告在第一无效宣告请求中认定本专利权利要求1、3、4不具备新颖性，权利要求1、2、5、6不具备创造性正确，本院予以认可。

关于第二无效宣告请求，本院认为，相关法律法规中对于在不同的无效宣告请求中委托不同专利代理机构并无禁止性规定。正奇公司虽为第一无效宣告请求中专利权人的代理人，但其在第二无效宣告请求中并未得到专利权人的授权，故被告在第二无效宣告请求中向正奇公司寄送第二无效宣告请求的相关文件不具有法律效力。因此，本院对于被诉决定中第二无效宣告请求部分的理由和结论均不予认可。

鉴于被告针对第一无效宣告请求的审查结论已认定本专利全部无效，且被诉决定该部分经本院审查，认定事实清楚，适用法律正确，审查程序合法，故被诉决定审查结论正确，撤销被诉决定责令被告重新作出审查决定无实际意义。据此，本院依照《最高人民法院关于执行〈中华人民共和国行政诉讼法〉若干问题的解释》第五十六条第（四）项之规定，判决如下：

驳回原告州巧科技股份有限公司的诉讼请求。

案件受理费人民币100元，由原告州巧科技股份有限公司负担（已交纳）。

如不服本判决，被告、第三人边晓红可在本判决书送达之日起15日内，原告、第三人苏峰平可在本判决书送达之日起30日内，向本院递交上诉状，并按对方当事人的人数提交副本，预交上诉案件受理费人民币 100 元，上诉于中华人民共和国北京市高级人民法院。

审　判　长　梁菲
代理审判员　龙　非
代理审判员　曹　炜
二〇一〇年十一月九日
书　记　员　黄　薇

249

可显示时间的壁挂感应式 LED 灯箱

无效宣告请求审查决定（第 12701 号）

决　　定　　号 第 12701 号
决　　定　　日 2008 年 12 月 11 日
发明创造名称 可显示时间的壁挂感应式 LED 灯箱
国　际　分　类　号 F21V 33/00，F21S 6/00，F21Y 101/02
无效宣告请求人 北京阳光大众广告有限公司，呼和浩特市滨江佳园物业服务有限责任公司
专　利　权　人 付湘琼
专　　利　　号 200620147262.1
申　　请　　日 2006 年 12 月 27 日
授　权　公　告　日 2007 年 12 月 5 日
合　议　组　组　长 陈迎春
主　　审　　员 刘　畅
参　　审　　员 赵　鑫

法　律　依　据 专利法第 22 条第 3 款
决　定　要　点

如果一项权利要求与一篇对比文件的区别技术特征被本领域中另外一篇对比文件公开，且该技术特征在这该篇对比文件中所起的作用与其在本专利中的作用相同，或者该区别技术特征是本领域的公知常识，那么该项权利要求不具备创造性。

一、案由

本无效宣告请求涉及的是国家知识产权局于 2007 年 12 月 5 日授权公告的名称为“可显示时间的壁挂感应式 LED 灯箱”的实用新型专利（下称本专利），其专利号是 200620147262.1，申请日是 2006 年 12 月 27 日，专利权人是付湘琼。

本专利授权时的权利要求书为：

“1. 一种可显示时间的壁挂感应式 LED 灯箱，有灯箱体（3），该灯箱体（3）前端口装有灯箱片（2），其特征是，所述灯箱体（3）的面板上装有时间显示器（1）且该灯箱体（3）中装有 LED 发光板（8）和电源电路（9），装在灯箱体（3）上的感应开关（4）串接在所述电源电路（9）的一个输入端和一个市电电源接线端（10）之间，该电源电路（9）的输出端分别同 LED 发光板（8）上的 LED 发光二极管和所述时间显示器（1）的电源端连接。”

针对上述专利权，北京阳光大众广告有限公司（下称第一请求人）于 2008 年 4 月 14 日向专利复

审委员会提出无效宣告请求，其理由是：本专利的权利要求 1 不具备专利法第 22 条第 3 款规定的创造性，并提交了如下附件：

附件 1-2：本专利的授权公告文本；

附件 1-3（下称对比文件 1）：授权公告号为 CN2821755Y 的中国实用新型专利说明书，授权公告日为 2006 年 9 月 27 日；

附件 1-4（下称对比文件 2）：授权公告号为 CN2667605Y 的中国实用新型专利说明书，授权公告日为 2004 年 12 月 29 日；

附件 1-5（下称对比文件 3）：授权公告号为 CN2760699Y 的中国实用新型专利说明书，授权公告日为 2006 年 2 月 22 日；

附件 1-6（下称对比文件 4）：授权公告号为 CN2787109Y 的中国实用新型专利说明书，授权公告日为 2006 年 6 月 14 日；

附件 1-7（下称对比文件 5）：授权公告号为 CN1176315C 的中国发明专利说明书，授权公告日为 2004 年 11 月 17 日；

附件 1-8（下称对比文件 6）：授权公告号为 CN2526934Y 的中国实用新型专利说明书，授权公告日为 2002 年 12 月 18 日。

第一请求人认为：本专利权利要求 1 相对于对比文件 1、2 及公知常识的结合不具备创造性；权利要求 1 相对于对比文件 3、2 及公知常识的结合不具备创造性；权利要求 1 相对于对比文件 2、4 及公知常识的结合不具备创造性；权利要求 1 相对于对比文件 5、6 及公知常识的结合不具备创造性，因而不符合专利法第 22 条第 3 款的有关规定。

经形式审查合格，专利复审委员会受理了该无效宣告请求，并于 2008 年 5 月 14 日向双方当事人发出无效宣告请求受理通知书，同时将专利权无效宣告请求书及附件清单中所列附件副本转送给专利权人，并告知专利权人在收到无效宣告请求受理通知书之日起一个月内对该无效宣告请求陈述意见，逾期未答复不影响专利复审委员会的审理。

专利权人于 2008 年 6 月 25 日向专利复审委员会提交了意见陈述书，并指出，无论哪种对比文件的组合方式都不能得出本专利权利要求 1 所涉及的技术方案，也不能取得本专利的有益技术效果，因而本专利的权利要求 1 相对于请求人提交的证据具备专利法第 22 条第 3 款规定的创造性。

针对上述无效宣告请求，专利复审委员会依法成立合议组，并于 2008 年 7 月 21 日向双方当事人发出无效宣告请求口头审理通知书，指出本案合议组定于 2008 年 9 月 9 日进行口头审理。随同口头审理通知书，将专利权人于 2008 年 6 月 25 日提交的意见陈述书转给了请求人。

口头审理如期进行，第一请求人委托公民代理人韩捷、温平生、颜潇及聂智参加了此次口头审理，专利权人委托北京方韬法业专利代理事务所的专利代理人岳亚、姜莹参加了此次口头审理。在口头审理中，请求人明确其无效的理由、证据和范围为：本专利权利要求 1 相对于以下几种对比文件的组合不具备专利法第 22 条第 3 款规定的创造性：（1）对比文件 1、2 及公知常识的结合；（2）对比文件 2、3 及公知常识的结合；（3）对比文件 2、4 及公知常识的结合；（4）对比文件 5、6 及公知常识的结合。专利权人对上述证据的真实性表示认可。

关于权利要求 1 相对于对比文件 1、2 与公知常识的结合不具备创造性，第一请求人认为，权利要求 1 与对比文件 1 的区别在于，对比文件 1 没有公开权利要求 1 中的时间显示器及其在电路中的连接关系，对比文件 2 公开了在灯箱上设置时间显示器的技术特征，且上述电路连接关系属于本领域中的常规电路连接。对此专利权人认为，对比文件 1 中感应器的作用不同于本专利中的感应开关，且对比文件 2 中的时间显示器是长亮的，而不是本专利中受感应开关控制的，因而权利要求 1 具备创造性。

关于权利要求1相对于对比文件3、2与公知常识的结合不具备创造性，第一请求人认为，权利要求1与对比文件3的区别在于，对比文件3没有公开权利要求1中的时间显示器及其在电路中的连接关系，对比文件2公开了在灯箱上设置时间显示器的技术特征，且上述电路连接关系属于本领域中的常规电路连接。对此专利权人认为，对比文件3中光控开关的作用不同于本专利中的感应开关，其所使用的电源也与本专利不同，此外对比文件2中的时间显示器是长亮的，而不是本专利中受感应开关控制的，因而权利要求1具备创造性。

关于权利要求1相对于对比文件4、2与公知常识的结合不具备创造性，第一请求人认为，权利要求1与对比文件4的区别在于，对比文件1没有公开权利要求1中的时间显示器及其在电路中的连接关系，对比文件2公开了在灯箱上设置时间显示器的技术特征，且上述电路连接关系属于本领域中的常规电路连接。对此专利权人认为，对比文件4中感应开关是并联在电路中的，而本专利中的感应开关是串联在电路中的，本专利简化了电路，此外对比文件2中的时间显示器是长亮的，而不是本专利中受感应开关控制的，因而权利要求1具备创造性。

关于权利要求1相对于对比文件5、6与公知常识的结合不具备创造性，第一请求人认为，权利要求1与对比文件5的区别在于，对比文件1没有公开权利要求1中的时间显示器及其在电路中的连接关系，对比文件6公开了在灯箱上设置时间显示器的技术特征，且上述电路连接关系属于本领域中的常规电路连接。对此专利权人认为，对比文件5是灯具，不能作为广告灯箱使用，且对比文件6中的时间显示器是长亮的，而不是本专利中受感应开关控制的，因而权利要求1具备创造性。

针对上述专利权，呼和浩特市滨江家园物业服务有限责任公司（下称第二请求人）于2008年7月29日向专利复审委员会提出无效宣告请求，其理由是：本专利的权利要求1不具备专利法第22条第3款规定的创造性，此外本专利不符合专利法第26条第3款、专利法实施细则第20条第1款及第21条第2款的规定。与此同时，请求人提交了如下附件：

附件2-1：本专利的授权公告文本；

附件2-2（即第一请求人提交的对比文件1）：授权公告号为CN2821755Y的中国实用新型专利说明书，授权公告日为2006年9月27日；

附件2-3（即第一请求人提交的对比文件2）：授权公告号为CN2667605Y的中国实用新型专利说明书，授权公告日为2004年12月29日；

附件2-4（即第一请求人提交的对比文件5）：授权公告号为CN1176315C的中国发明专利说明书，授权公告日为2004年11月17日；

附件2-5（即第一请求人提交的对比文件6）：授权公告号为CN2526934Y的中国实用新型专利说明书，授权公告日为2002年12月18日；

附件2-6（下称对比文件7）：US5309656A号美国专利说明书及其部分中文译文，公开日为1994年5月10日。

第二请求人认为：（1）本专利的权利要求1相对于对比文件1、2及公知常识的结合不具备创造性；权利要求1相对于对比文件1、6及公知常识的结合不具备创造性；权利要求1相对于对比文件5、6及公知常识的结合不具备创造性；权利要求1相对于对比文件2、7及公知常识的结合不具备创造性，权利要求1相对于对比文件6、7及公知常识的结合不具备创造性，因而不符合专利法第22条第3款的有关规定；（2）此外，由于权利要求1中缺少对LED本身的机构及其所构成发光板的结构的描述，也没有对具体电路结构的相关描述，因而缺少必要技术特征，不符合专利法实施细则第21条第2款的规定；（3）权利要求1的上述缺陷也导致了整个权利要求1所限定的技术方案不清楚，不符合专利法实施细则第20条第1款的规定；（4）说明书中也没有LED本身的机构及其所构成发光板的结构的描述，也没有对具体电路结构的相关描述，因而说明书公开不充分，不符合专利法第 26 条第 3 款的规定。

经形式审查合格，专利复审委员会受理了该无效宣告请求，并于 2008 年 8 月 21 日向双方当事人发出无效宣告请求受理通知书，同时将专利权无效宣告请求书及附件清单中所列附件副本转送给专利权人，并告知专利权人在收到无效宣告请求受理通知书之日起一个月内对该无效宣告请求陈述意见，逾期未答复不影响专利复审委员会的审理。

专利权人逾期未答复。

第二请求人于 2008 年 8 月 20 日向专利复审委员会提交了意见陈述书，并补充了如下附件作为证据使用（编号从前）：

附件 2-7：WO2006019897A2 号 PCT 专利文件国际公开说明书（下称对比文件 8），其公开日为 2006 年 2 月 23 日；

附件 2-8：对比文件 8 部分段落的中文译文，共 4 页；

附件 2-9：对比文件 8 进入中国国家阶段时的公布说明书，公开日为 2007 年 9 月 5 日。

第二请求人认为，对比文件 8 公开了一种变压器 XFMR 以及电桥电路 BR，因而将对比文件 8 中的上述内容结合到对比文件 7 就可以得到权利要求 1 中“感应开关（4）串接在所述电源电路（9）的一个输入端和一个市电电源接线端（10）之间，该电源电路（9）的输出端通 LED 发光板（8）上的 LED 发光二极管的电源端连接”这一技术特征，同时，对比文件 2 又公开了在广告灯箱上设置 LED 时间显示器的技术特征，因而权利要求 1 相对于对比文件 7、8 及对比文件 2 的结合不具备专利法第 22 条第 3 款规定的创造性，其中附件 2-8 为对比文件 8 部分段落的中文译文，附件 2-9 是对比文件 8 进入中国国家阶段后公布的说明书，在此作为对比文件 8 的参考译文。

针对上述无效宣告请求，专利复审委员会依法成立合议组，并于 2008 年 9 月 3 日向专利权人发出了转送文件通知书，将第二请求人于 2008 年 8 月 20 日提交的意见陈述书及其补充的无效宣告请求的理由及证据转给专利权人，并告知专利权人在收到无效宣告请求受理通知书之日起一个月内对该无效宣告请求陈述意见，逾期未答复不影响专利复审委员会的审理。

专利权人逾期未答复。

合议组于 2008 年 9 月 16 日向双方当事人发出无效宣告请求口头审理通知书，指出本案合议组定于 2008 年 11 月 5 日进行口头审理。

口头审理如期进行，第二请求人委托公民代理人韩捷、温平生、颜潇参加了此次口头审理，专利权人未参加此次口头审理。在口头审理中，第二请求人明确其无效的理由、证据和范围为：（1）本专利权利要求 1 相对于以下几种对比文件的组合不具备专利法第 22 条第 3 款规定的创造性：①对比文件 1、2 及公知常识的结合；②对比文件 1、6 及公知常识的结合；③对比文件 5、6 及公知常识的结合；④对比文件 2、7 及公知常识的结合；⑤对比文件 6、7 及公知常识的结合；⑥对比文件 2、7、8 的结合；（2）本专利权利要求 1 不符合专利法实施细则第 20 条第 1 款的规定；（3）本专利权利要求 1 不符合专利法实施细则第 21 条第 2 款的规定；（4）本专利不符合专利法第 26 条第 3 款的规定。

第二请求人当庭表示其具体的无效理由与其提交的书面意见一致。

至此，合议组认为本案事实清楚，依法作出审查决定。

二、决定的理由

1. 关于证据

对比文件 6 为中国实用新型专利说明书，对比文件 7 是美国专利说明书，其公开日均在本专利的申请日之前，专利权人未对这两篇对比文件的真实性表示异议，经合议组审查，对比文件 6、7 可作为评价权利要求1创造性的证据使用，其上记载的内容构成本专利的现有技术。此外，专利权人也未对第二请求人提交的对比文件7的中文译文的准确性表示异议，因而对比文件7文字部分公开的内容以第二请求人提交的中文译文为准。

2. 关于专利法第22条第3款

专利法第22条第3款规定：创造性，是指同申请日以前已有的技术相比，该发明有突出的实质性特点和显著的进步，该实用新型有实质性特点和进步。

具体就本案而言，权利要求1涉及一种可显示时间的壁挂感应式LED灯箱。对比文件7页公开了一种广告牌，与本专利属于相同的技术领域，并具体公开了以下技术特征（参见对比文件7中文译文第2、3页及对比文件7的图1）：该广告牌包括一箱体10，箱体内设置有灯箱片16，箱体10的上框体和下框体上均设置有多个发光二极管23，电路板26包括充电电池27和时序电路28（相当于权利要求1中的电源电路），其中时序电路用于接收太阳能充电电池的电流，并向发光二极管供电，该广告牌配有一感应开关，该感应开关与时序电路相连接，当人经过时该感应开关导通时序电路，由此可见，对比文件7中的感应开关位于充电电池与时序电路之间。将权利要求1与对比文件7比较，可知两者的区别在于：（1）对比文件7中没有公开权利要求1中“时间显示器”这一技术特征；（2）权利要求1中采用的电源是市电，而对比文件7中的广告灯箱采用充电电池作为电源；（3）权利要求1中的感应开关串接在电源电路的输入端和市电电源接线端之间，且电源电路的输出端分别同LED发光板上的LED发光二极管和所述时间显示器的电源端连接，而对比文件7中的感应开关位于充电电池与时序电路之间。

对于区别（1），对比文件6公开了一种广告灯箱，与本专利及对比文件7均属于同一技术领域，其中对比文件6公开了在其灯箱上设置有发光二极管时间显示器的技术特征（参见对比文件2权利要求6、说明书第2页第1段）；对于区别（2），合议组认为，市电和太阳能充电电池都是本领域中常规的供电电源，权利要求1中采用市电作为供电电源对于本领域技术人员来说只不过是一种常规选择而已，且并没有产生预料不到的技术效果；对于区别（3），合议组认为，对比文件7已经公开了将感应开关设置在电源与时序电路之间的技术方案，当有人经过时感应开关导通电源与时序电路，从而点亮广告灯箱的发光二极管，而当没有人经过时感应开关断开整个电路，广告灯箱的发光二极管熄灭，客观上起到了节约用电的技术效果，此外对比文件6也给出了在广告灯箱上设置时间显示器的技术启示，因而在对比文件7公开的内容基础上，本领域技术人员可以想到将时间显示器设置在灯箱上，由时序电路对时间显示器与发光二极管分别供电，并通过设置于电源与时序电路之间的感应开关来控制整个电路的道通与否，这对于本领域人员来说不需要付出创造性的劳动。

综上所述，在对比文件6、7的基础上结合本领域的公知常识可以得出权利要求1所限定的技术方案，因而权利要求1不具备专利法第22条第3款规定的创造性。

鉴于权利要求1不符合专利法第22条第3款的有关规定，应予以无效，故对于第一、第二请求人提出的其他无效宣告请求的理由、证据及其组合方式，合议组不再进行审查。

三、决定

宣告200620147262.1号实用新型专利权全部无效。

当事人对本决定不服的，可以根据专利法第46条第2款的规定，在收到本决定之日起三个月内向北京市第一中级人民法院起诉，根据该款的规定，一方当事人起诉后，另一方当事人应当作为第三人参加诉讼。

洗涤柜

无效宣告请求审查决定（第 12709 号）

决　　定　　号　第 12709 号
决　　定　　日　2008 年 11 月 24 日
发明创造名称　洗涤柜
国 际 分 类 号　A47K 1/02
无效宣告请求人　蔡更富
专　利　权　人　上海欧金卫浴有限公司
专　　利　　号　200720067159.0
申　　请　　日　2007 年 2 月 8 日
授 权 公 告 日　2008 年 2 月 13 日
合 议 组 组 长　毕艳红
主　　审　　员　高　栋
参　　审　　员　邢文飞

法　律　依　据　专利法第 22 条第 3 款
决　定　要　点

如果现有技术中给出了将其公开的技术内容与公知常识相结合得到权利要求保护的技术方案的技术启示，则所述结合对于本领域技术人员而言是显而易见的，该权利要求相对于现有技术和公知常识的结合不具备创造性。

一、案由

本无效宣告请求涉及国家知识产权局于 2008 年 2 月 13 日授权公告的、名称为“洗涤柜”的实用新型专利（下称本专利），其申请日为 2007 年 2 月 8 日，专利号为 200720067159.0，专利权人为上海欧金卫浴有限公司。该专利授权公告的权利要求书是：

“1. 一种洗涤柜，包括柜体、台面，其特征在于柜体的上方、位于台面处设置有水槽。

2. 根据权利要求 1 所述的一种洗涤柜，其特征在于所述的水槽的槽体嵌入在柜体中。

3. 根据权利要求 1 所述的一种洗涤柜，其特征在于所述的水槽与台面为一体结构。

4. 根据权利要求 1、2 或 3 所述的一种洗涤柜，其特征在于所述的水槽上设置有滤水架。

5. 根据权利要求 1、2 或 3 所述的一种洗涤柜，其特征在于所述的水槽上设置有水龙头。”

针对上述专利权，蔡更富（下称请求人）于 2008 年 4 月 15 日向专利复审委员会提出了无效宣告请求，其理由是本专利不符合专利法第 22 条第 2、3 款的规定。请求人提交如下附件作为证据使用：

附件1：第200430083227.4号中国外观设计专利公告网站下载影印本，共1页，其授权公告日为2005年9月21日；

附件2：第200620131685.4号中国实用新型专利说明书复印件；共7页，其申请日为2006年8月29日，授权公告日为2007年8月29日，专利权人为候振刚；

附件3：第200620170986.8号中国实用新型专利说明书复印件，共6页，其申请日为2006年12月21日，授权公告日为2007年12月19日，专利权人为张群生。

请求人的无效请求理由具体为：权利要求1分别相对于附件1、附件2和附件3不符合专利法第22条第2款的规定；权利要求2相对于附件1和公知常识的结合不符合专利法第22条第3款的规定；权利要求3相对于附件1或附件3不符合专利法第22条第2款的规定，以及权利要求3相对于附件1和公知常识的结合不符合专利法第22条第3款的规定；权利要求4相对于附件1不符合专利法第22条第2款的规定，以及权利要求4相对于附件1和公知常识的结合不符合专利法第22条第3款的规定；权利要求5相对于附件1或附件3不符合专利法第22条第2款的规定，以及权利要求5相对于附件1和公知常识的结合不符合专利法第22条第3款的规定。

经形式审查合格，专利复审委员会受理了上述无效宣告请求，并于2008年7月2日发出无效宣告请求受理通知书，并将该无效宣告请求书及其附件的副本转送给专利权人。

针对上述无效宣告请求，专利权人于2008年8月17日提交了意见陈述书并提交了权利要求书的修改替换页，专利权人删除了权利要求1，将原权利要求2、3合并形成新的权利要求1，原权利要求4~5重新编号为权利要求2~3并且引用新的权利要求1，专利权人认为：附件1公开了一种洗衣机组合柜，但是从附件1的各个视图可以看到该组合柜的形状造型，但是该外观设计专利无任何文字说明，因此无法推论出其结构组成及其相互之间的连接关系，因此对于请求人提出的种种推论不予认可，本专利权利要求1符合专利法第22条第2款的规定；附件2公开了一种带污水净化设施的洗涤柜，由于开在柜体外壳一侧的溢水管3和过滤池4、沉淀池6和净水池12等结构的存在，可以看到柜体外壳的作用是容纳所有结构组成的，其内部是无法作为放置物品使用的，因此与本专利的技术方案不同，不影响本专利的新颖性和创造性；附件3公开了一种节水式多功能卫生柜，该结构中包括柜体和水槽，从附图中可以看到其水槽与台面不是一体结构，因此附件3也不影响本专利的新颖性和创造性。

修改后的权利要求书的内容如下：

“1. 一种洗涤柜，包括柜体、台面，其特征在于柜体的上方、位于台面处设置有水槽，所述的水槽的槽体嵌入在柜体中，所述的水槽与台面为一体结构。

2. 根据权利要求1所述的一种洗涤柜，其特征在于所述的水槽上设置有滤水架。

3. 根据权利要求1所述的一种洗涤柜，其特征在于所述的水槽上设置有水龙头。”

专利复审委员会依法成立合议组对上述无效宣告请求进行审查。本案合议组于2008年8月29日向双方当事人发出口头审理通知书，定于2008年10月20日举行口头审理，同时将专利权人于2008年8月17日提交的意见陈述书和权利要求书的修改替换页转送给请求人。

口头审理如期举行，专利权人出席口头审理并陈述了意见，请求人未出席口头审理。在庭审调查中，专利权人对合议组成员变更无异议，对合议组成员无回避请求。专利权人对请求人提交的附件1~3的真实性无异议。合议组当庭告知专利权人口头审理以专利权人于2008年8月17日提交的权利要求书为审查文本，以及由于专利权人将原权利要求1~3进行合并形成新的独立权利要求1，原权利要求4~5分别重新编号为权利要求2~3，因此合议组当庭确认本次口头审理的无效理由仅为：权利要求1~3相对于附件1和惯用手段的结合不符合专利法第22条第3款的规定。专利权人当庭表示对这种评价方式无异议。专利权人在口审中认为从附件1的图中无法确认是否有水槽，由于附件1没有文字说明，无法与本专利进行对比，无法看到构件的连接关系，从图中可以看出水龙头，但水槽和滤水架以及水槽和台面的连接关系以及水槽和柜体以嵌入方式连接是从图中无法看出的，请求人所说的槽体嵌入柜体是公知常识应当举证说明。

在上述工作的基础上，合议组认为本案事实已经清楚，可以依法作出本无效宣告请求审查决定。

二、决定的理由

1. 关于审查文本

专利权人针对请求人的无效宣告请求对权利要求书进行了修改，其中删除了原权利要求1，将原权利要求2~3合并形成新的权利要求1，原权利要求4~5重新编号为权利要求2~3并分别引用新的权利要求1，由此可见，专利权人在删除原独立权利要求1的情况下对分别引用它的但相互之间无引用关系的从属权利要求书2~3进行合并，该修改方式符合审查指南规定，并且所述修改没有修改超范围，因此合议组以专利权人修改后的权利要求书作为审查文本，修改后的权利要求书包括权利要求1~3。

2. 关于证据

附件1是中国外观设计专利公告，属于公开出版物，由于其公开日期早于本专利的申请日以及专利权人对附件1的真实性无异议，合议组经核实对附件1的真实性予以确认，附件1可以作为评价本专利创造性的现有技术证据使用。

3. 关于无效理由

专利权人对权利要求书进行了修改，专利权人删除了原权利要求1和将从属权利要求2~3合并形成新的权利要求1，因此合议组根据请求人针对原权利要求2~5提出的无效宣告请求理由和证据，依据专利法第22条第3款对本专利修改后的权利要求1~3进行审理。

4. 关于专利法第22条第3款

专利法第22条第3款规定：创造性，是指同申请日以前已有的技术相比，该发明有突出的实质性特点和显著的进步，该实用新型有实质性特点和进步。

本专利的权利要求1涉及一种洗涤柜，该洗涤柜包括以下技术特征：

（1）柜体，

（2）台面，

（3）柜体的上方、位于台面处设置有水槽，

（4）所述的水槽的槽体嵌入在柜体中，

（5）所述的水槽与台面为一体结构。

附件1公开的外观设计专利产品名称是洗衣机组合柜，因此附件1与本专利的技术领域相同，所属领域的技术人员能够从各个视图可以毫无疑义地得出附件1公开了以下技术内容（参见附图1的各个视图，附件1共包括七个视图）：该洗衣机组合柜包括柜体以及台面，柜体的上方在位于台面处设置有水槽，水槽上设置有水龙头，从立体图可以看到，水槽设置在柜体左上方，所述水槽的槽体也是嵌入到柜体中的，并且这种连接关系可以从俯视图中非常直观地看到，尽管无任何文字说明，但是所属领域的技术人员能够从视图中可以毫无疑义地推导得出的内容仍然属于附件1所公开的内容，即合议组认为从视图中可以毫无疑义地得出洗衣机组合柜所包括的上述结构及其相互之间的连接关系。因此附件1公开的权利要求1的大部分技术特征即技术特征（1）~（4），本权利权利要求1与附件1的区别技术特征仅仅在于：技术特征（5）即“所述的水槽与台面为一体结构”。

针对上述区别技术特征，合议组认为：将水槽与台面制成一体的结构属于所属领域技术人员的一

种惯用技术手段，如果将水槽和台面设置成分体结构，则在洗涤时水槽的水通常会溅射到台面上而发生渗漏，为了防止水沿着台面与水槽之间可能存在的缝隙向下渗漏，水槽与台面可被设置成一体结构以避免这种情况发生，即现有技术存在得到区别技术特征的技术启示，因此所属领域技术人员在附件1的基础上结合上述公知常识得到权利要求1的技术方案是很容易想到的，这种结合是显而易见的，权利要求1不具有实质性特点和进步，不符合专利法第22条第3款有关创造性的规定。

权利要求2进一步限定“所述的水槽上设置有滤水架”，专利权人认为从附件1的图中无法看出滤水架，合议组认为：从附件1的各个视图上确实没有明显看到水槽上还设置滤水架，但是合议组认为在水槽上设置滤水架或滤水篮对于所属领域的技术人员来说属于常规的选择，所属领域的技术人员可以根据使用以及滤水功能上的要求进行诸如滤水架等的设置，因此附件1公开内容的基础上结合公知常识得到权利要求2的技术方案是显而易见的，在其引用的权利要求1不具备创造性的条件下，权利要求2相对于附件1和公知常识的结合也不符合专利法第22条第3款有关创造性的规定。

权利要求3进一步限定“所述的水槽上设置有水龙头”，合议组认为：从附件1的视图上可以明显看到在水槽上设置有水龙头，因此权利要求3的附加技术特征被附件1所公开，在其引用权利要求1不具备创造性的条件下，权利要求3相对于附件1和公知常识的结合也不符合专利法第22条第3款有关创造性的规定。

三、决定

宣告200720067159.0号实用新型专利权全部无效。

当事人对本决定不服的，可以根据专利法第46条第2款的规定，自收到本决定之日起三个月内向北京市第一中级人民法院起诉。根据该款的规定，一方当事人起诉后，另一方当事人应当作为第三人参加诉讼。

251

静脉留置针止血密封塞

无效宣告请求审查决定（第12717号）

决　　定　　号　第12717号
决　　定　　日　2008年12月19日
发明创造名称　静脉留置针止血密封塞
国 际 分 类 号　A61M 39/20，A61M 25/06，A61M 5/158，A61M 5/32
无效宣告请求人　苏州林华医疗器械有限公司
专　利　权　人　威海洁瑞医用制品有限公司
专　　利　　号　200620080002.7
申　　请　　日　2006年1月6日
授 权 公 告 日　2007年4月18日
合 议 组 组 长　陈迎春
主　　审　　员　陈　力
参　　审　　员　倪晓红

法 律 依 据　专利法第22条第3款、第4款
决 定 要 点

专利法第22条第4款所说的“能够制造或使用”是指发明或者实用新型的技术方案具有在产业中被制造或使用的可能性。

对于由多个部分组成的产品而言，如果对其某个部分尺寸的数值范围的选取没有脱离产品整体结构对其的限定，并且数值范围合理，本领域技术人员可以制造和实施，该产品就满足实用性的要求。

一、案由

本无效宣告请求涉及中华人民共和国国家知识产权局于2007年4月18日授权公告的、名称为“静脉留置针止血密封塞”的实用新型专利权（下称本专利），其申请号为200620080002.7，申请日是2006年1月6日，专利权人是威海洁瑞医用制品有限公司。该专利授权公告时的权利要求书如下：

“1. 一种静脉留置针止血密封塞，其安装在留置针套管座内，呈圆柱形，其特征是：前部沿轴向均匀地剖切为两半，后部沿前部同一切面在中心冲切设有一个宽度小于圆柱形直径的剖痕。

2. 根据权利要求1所述的静脉留置针止血密封塞，其特征在于：前部剖切长度为0.4~6mm。

3. 根据权利要求1所述的静脉留置针止血密封塞，其特征是：剖痕冲切宽度为0.6~6mm。

4. 根据权利要求1所述的静脉留置针止血密封塞，其特征是：圆柱形外表面中间设有一环形凹槽。”

针对上述专利权，苏州林华医疗器械有限公司（下称请求人）于2008年3月19日向专利复审委员会提出无效宣告请求，同时提交如下证据：

证据1：CN2732260Y中国实用新型专利说明书，授权公告日为2005年10月12日；

证据2：US6149632A美国专利文献及其扉页的中文译文1页，公开日为2000年11月21日；

证据3：CN2708912Y中国实用新型专利说明书，授权公告日为2005年7月13日。

请求人认为：（1）本专利权利要求1与证据1、2、3相比，其区别均在于：本专利权利要求1是将密封塞的前半段剖痕或切缝整个切开，而该区别特征对于普通技术人员来说属于普通的加工常识，因此权利要求1不具备创造性。权利要求2、3的附加技术特征对于普通技术人员而言，根据针管穿刺和加工方便的要求，是可以自然得到的长度和宽度范围，因此也不具备创造性。权利要求4的附加技术特征在证据3说明书第5页已有相似描述，区别仅在于两者的凸缘和凹槽设置相反而已，因此权利要求4也不具备创造性。（2）本专利权利要求2、3的附加技术特征与该专利实施例中描述的“密封塞的长度为2~10mm、直径为1~8mm相互矛盾，因此不具备实用性。

经形式审查合格，专利复审委员会依法受理了上述无效宣告请求，并于2008年5月22日向双方当事人发出无效宣告请求受理通知书，同时将无效宣告请求书及其附件清单中所列附件的副本转送给专利权人。

针对上述无效请求，专利权人于2008年6月27日提交了意见陈述书，专利权人认为：

（1）证据1中的密封套端面的穿刺夹缝2-4在导针管1-5插入时不起密封作用，密封套无论形状、安装位置还是具体结构均与本专利权利要求1不同，效果和作用也不同，也没有给出任何技术启示；证据2中对密封件上的通道是什么结构，怎样形成的没有描述，密封件2的组成、结构、连接关系与本专利权利要求1不同，也没有给出任何技术启示；证据3中的防逆瓣膜在开放式静脉留置针中起防止回血的作用，在密闭式静脉留置针中其还必须和密封塞配合使用，其防逆瓣膜的形状、结构均与本专利权利要求1不同，效果和作用也不同，也没有给出任何技术启示，本专利权利要求1所述密封塞具有便于穿刺针的安装固定，穿刺不会带出胶屑，增强了密封塞的密封性能，拔出穿刺针后，可有效地防止血液外流，构造简单、合理，封闭性好，方便医护人员的操作。因此，权利要求1相对于证据1、2、3及其结合具有创造性。由此，引用该权利要求1的从属2~4也具有创造性。（2）权利要求2、3是对权利要求1的进一步限定，其是完全可以制造或使用的，并能产生积极效果，因此符合专利法第22条第4款规定的实用性。

专利复审委员会于2008年7月4日向双方发出无效宣告请求口头审理通知书，指出本案合议组定于2008年10月15日举行口头审理，并随同该口头审理通知书附转专利权人于2008年6月27日提交的意见陈述书副本一份给请求人。

口头审理如期举行，请求人委托苏州创元专利商标事务所有限公司的专利代理人范晴、公民代理人李卫国，专利权人委托公民代理人马良悦、于尚在、胡云涌参加了本次口头审理。

在口头审理过程中，请求人当庭明确其无效宣告请求的理由、范围是：（1）本专利权利要求1分别相对于证据1、2、3与公知技术的结合不具备专利法第22条第3款规定的创造性；权利要求2、3的附加技术特征对于本领域技术人员而言是显而易见的，也不具备创造性；权利要求4的附加技术特征在对比文件3中有启示，因此本专利权利要求1~4不具备创造性。（2）本专利权利要求2、3不具备专利法第22条第4款规定的实用性。

（1）针对本专利是否具有创造性的问题：

（a）请求人认为：使用证据1结合公知技术来评述权利要求1的创造性，证据1中标号2-3的密封套和标号2-4的穿刺夹缝与本专利权利要求1中描述的密封功能相同，区别在于权利要求1前半部分被一分为二，这样是为了便于制造的一种方法，是容易想到的，附件1的密封套2-3的结构、作用与本专利的密封塞的结构、作用相同，证据1中“留置针座2-1后端套接……当穿刺针拔出时夹缝闭合阻断回血”说明夹缝作用相同，一分为二的区别是为了方便夹缝但是密封性也降低了，同意专利权人对本专利密封塞前部一剖为二的密封效果的解释；

专利权人认为：证据1中的密封套2-3必须由一系列部件构成来完成密封作用，其所公开的穿刺夹缝和本专利的剖痕或前部的一分为二是不同的，其夹缝是为了通过导针管1-5，使导针管和密封套相互配合，主要是靠胶塞来密封，本专利的密封塞可以在穿刺后很好的起到密封作用，证据1的穿刺缝隙在输液过程和结束后不起任何密封作用，是敞口的，本专利的缝隙在针穿刺的过程中与密封塞的圆柱体不产生划痕，胶塞两边的平面没有被针做任何的破坏，一剖为二的两个平面结合紧密，组织没有被破坏，平面对平面保证密封，与证据1完全不同。

（b）请求人认为：使用证据2结合公知技术来评述权利要求1的创造性，证据2有两个弹性橡胶块，弧形是径向压迫，外面的一块也可以收到径向压迫，在后面的是呈圆柱形，与本专利符合。

专利权人认为：请求人只提交了扉页的译文，从图中看证据2有通道16、18是不是剖痕，是不是剖为两半看不出来，证据2中标号14要有轴向的压力下压来使密封件13密封，本专利的压力是径向的弹性压力，两者结构、形状、作用均不同。

（c）请求人认为：使用证据3结合公知技术来评述权利要求1的创造性，证据3的附图2和3中标号5的防逆瓣膜和本专利的密封塞相同，一剖为二是本领域的公知技术，证据3并不完全是开放式，其是通过两个平面切合防逆流和单向阀是一个原理。

专利权人认为：一剖为二是工作原理的彻底改变，并不是公知技术，并且请求人没有提出任何证据证明其是公知技术，证据3中的防逆瓣膜结构与本专利不同、作用也不同，证据3是开放式的，而本专利不管开放还是密封只要一个构件就解决了。

（d）请求人认为：3份证据均没有公开权利要求2、3的附加技术特征，但其附加技术特征对于本领域技术人员而言是显而易见的，证据3的实施例最后一段公开的凹槽与凸缘配合给出了技术启示将密封塞以此方式固定在套管里，因此权利要求2~4也不具备创造性。

专利权人认为：权利要求2、3对剖切长度和直径的限定体现了本专利的加工点，证据1~3没有公开上述特征也没给出技术启示，证据1~3没有公开权利要求4的附加技术特征。

（2）针对实用性的问题，请求人认为：在本专利实施例中，密封塞的长度是2~10mm，权利要求2附加技术特征限定的前部剖切长度是0.4~6mm，当剖切长度选6mm时不符合密封塞是2mm，保护范围是没有实用性的，同样说明书实施例中密封塞的直径是1~8mm，权利要求3的附加技术特征限定剖痕宽度是0.6~6mm，也存在矛盾。

专利权人认为：本专利中还规定了前部剖切的长度是整个密封塞长度的1/5~3/5，当密封塞确定的时候本领域技术人员根据权利要求2、3的限定可以理解，该限定不影响该留置针的实际应用，具有实用性。

双方当事人均表示已充分发表意见，没有新的意见需要补充。

至此，合议组认为本案事实清楚，现依法作出审查决定。

二、决定的理由

1. 关于证据

在无效程序中，请求人共提交三份证据，其中证据1、3均为中国专利文献，证据2为美国专利文献，专利权人对证据1~3的真实性均没有异议。经审查，证据1~3可以作为本案的证据使用，且证据1、3的授权公告日，证据2的公开日均在本专利的申请日之前，因此可以作为本专利的现有技术来使用。专利权人对请求人所提交的证据 2 扉页的中文译文的准确性没有异议，因此证据 2 公开的内容以其提交的中文译文为准。

2. 关于权利要求 2、3 是否具备实用性

专利法第 22 条第 4 款规定：实用性，是指该发明或者实用新型能够制造或者使用，并且能够产生积极效果。

审查指南第二部分第五章第 3.1 节规定：审查发明或者实用新型专利申请的实用性时，应当遵循下列原则：

（1）以申请日提交的说明书（包括附图）和权利要求书所公开的整体技术内容为依据，而不仅仅局限于权利要求所记载的内容；

（2）实用性与所申请的发明或者实用新型是怎样创造出来的或者是否已经实施无关。

审查指南第二部分第五章 3.2 节规定：专利法第 22 条第 4 款所说的“能够制造或使用”是指发明或者实用新型的技术方案具有在产业中被制造或使用的可能性。满足实用性要求的技术方案不能违背自然规律并且应当具有再现性。

请求人认为：本专利的权利要求 2、3 不符合专利法第 22 条第 4 款规定的实用性，本专利说明书实施例中密封塞的长度是 2~10mm，权利要求 2 附加技术特征限定的前部剖切长度是 0.4~6mm，当剖切长度选 6mm 时与密封塞是 2mm 矛盾，保护范围是没有实用性的，同样说明书实施例中密封塞的直径是 1~8mm，权利要求 3 的附加技术特征限定剖痕宽度是 0.6~6mm，也存在矛盾。

合议组认为：首先，从本专利说明书第 2 页最后三段具体实施方式的描述：“本专利的静脉留置针止血密封塞，其长度为 2~10mm，直径为 1~8mm，整个密封塞分为前部和后部两部分，其中前部沿轴向整体均匀地剖切为两半，后部沿前部同一切面在中心冲切一个宽度小于圆柱形直径的剖痕，前部剖切的长度是整个密封塞长度的 1/5~3/5，前部剖切的长度一般为 0.4~6mm，后部剖痕冲切宽度一般为 0.6~6mm。”中，本领域技术人员可以得出以下关系：密封塞的前部长度与前部剖切长度相等，前部剖切长度是整个密封塞长度的 1/5~3/5。由此，当密封塞的长度在 2~10mm 的范围内选定后，将整个密封塞分为前后两部分，在前部沿轴向取整个密封塞长度的 1/5~3/5 进行整体均匀剖切，也就是说当密封塞的长度最小为 2mm 时，密封塞的前部长度与前部剖切的长度范围均是 0.4~1.2mm，当密封塞的长度最大为 10mm 时，密封塞的前部长度与前部剖切的长度范围均是 2~6mm，即密封塞长度在 2~10mm 时，密封塞的前部长度与前部剖切的长度范围均是 0.4~6mm，该数值范围是合理的并且本领域技术人员可以制造实施出该数值范围内的前部剖切长度。

其次，权利要求 2 引用权利要求 1，权利要求 1 中限定了将密封塞的前部沿轴向均匀地剖切为两半，后部沿前部同一切面在中心冲切设有一个宽度小于圆柱形直径的剖痕，即限定了密封塞分为前后两部分，前部完全均匀剖切，然后在此基础上权利要求 2 进一步限定前部剖切长度为 0.4~6mm。根据上面对本专利说明书具体实施例的分析可知，前部的剖切长度并不是在该数值范围内进行的任意选值，而是要根据密封塞的前部长度与前部剖切长度以及前部剖切长度与密封塞长度的逻辑关系来选定，即密封塞的前部剖切长度要满足两个条件，一是前部剖切长度等于前部长度，二是前部剖切长度是密封塞整个长度的 1/5~3/5。因此，如上一段所推算的，当密封塞的长度选定为 2~10mm 时，所选定的密封塞的前部长度与前部剖切长度的取值范围必然是 0.4~6mm，即密封塞的长度是 2mm 时，根据上述关系的限定，密封塞的前部长度与前部剖切长度的取值范围只能是 2×（1/5~3/5）即 0.4~1.2mm，而请求人所述前部剖切长度取 6mm 则违背上述密封塞的前部长度与前部剖切长度以及前部剖切长度与密封塞长度的逻辑关系。因此，权利要求 2 的限定与本专利说明书中的记载并不矛盾，其要求保护的范围合理，要求保护的技术方案可以在产业上制造，请求人的主张不成立。

同理，本专利说明书具体实施例和权利要求3所引用的权利要求1中都限定了后部剖痕的宽度小于密封塞的直径，即后部剖痕的宽度也不是任意选值，而是要在小于密封塞直径的范围内选值，当密封塞的直径大小在1~8mm的范围内已经选定后，本领域技术人员根据后部剖痕的宽度小于密封塞直径的限定，可以实施制造出0.6~6mm范围的后部剖痕冲切宽度。因此，请求人的主张不成立。

综上所述，根据本专利说明书的记载，本领域技术人员能够制造并实施出本专利以及权利要求2、3请求保护的产品，本专利以及权利要求2、3具备实用性。

3. 关于权利要求1~4是否具备创造性的问题

创造性，是指同申请日以前已有的技术相比，该发明有突出的实质性特点和显著的进步，该实用新型具有实质性特点和进步。其中突出的实质性特点是指要求保护的技术方案相对于现有技术具有非显而易见性。

请求人认为：分别使用证据1~3与公知技术的结合来评述本专利权利要求1的创造性，权利要求2、3的附加技术特征对于本领域技术人员而言是容易想到的，证据3给出了启示来获得权利要求4的附加技术特征，因此本专利权利要求1~4不具备专利法第22条第3款规定的创造性。

（1）权利要求1请求保护一种静脉留置针止血密封塞，证据1公开了一种改进的静脉留置针，并具体公开以下技术特征（参见说明书第3页，图1~3）：该静脉留置针包括套接在留置针座2-1后端阻断回血的密封套，从图1、3可以看出该密封套呈圆柱形，图3所示该密封套的端面设置穿刺夹缝2-4，当穿刺针拔出时夹缝闭合阻断回血，再与肝素帽1套接，此时夹缝被撑开如图2所示。

证据3公开了一种防逆流动静脉留置针（参见说明书第3页及附图1~4），其包括肝素帽7、针管1、针管座2、套管座4及固设在套管座4前端的套管3，套管座4中心轴向设有与针管座2前端相配的型腔，型腔与套管3间设有连通通道，连通通道内壁上（相当于权利要求1中的安装在留置针套管座内）设有一对向套管3方向延伸并在连通通道中心对合的、成楔形的片状防逆瓣膜5（相当于本专利权利要求1中的止血密封塞），其后部为圆柱状，所述的防逆瓣膜5的对合线处留有线状开缝，为了便于使用，在套管座4外壁对应所述开缝的两端处设有一对用于挤压的凸起6构成防逆流开关。

由此可见，权利要求1与证据1、3的区别均在于：权利要求1中密封塞的前部沿轴向均匀地剖切为两半，后部沿前部同一切面在中心冲切设有一个宽度小于圆柱形直径的剖痕。这样，整个前部剖切的缝隙和部分冲切的剖痕便于穿刺针的穿过，并且穿刺针穿过时不会带出胶屑，当拔出穿刺针时，密封塞上切开的缝隙和冲切的剖痕靠套管座内壁的挤压和密封塞橡胶本身的弹性能立即密封住针孔，密封可靠。证据1、3均没有公开权利要求1限定的剖痕，也没有给出启示来获得这样的结构，并且也没有证据证明这种结构属于本领域的公知技术，因此权利要求1相对于证据1或证据3具备创造性，符合专利法第22条第3款的规定。

请求人认为：证据1中的穿刺夹缝、证据3中的防逆瓣膜均相当于权利要求1中的后部沿前部同一切面在中心冲切设有一个宽度小于圆柱形直径的剖痕，密封塞前部沿轴向均匀剖切为两半是为了便于制造，是容易想到的。

合议组认为：从证据1图3中的穿刺夹缝2-4可以看出其是十字形的狭缝；从证据3公开的内容来看其防逆瓣膜5的对合线处留有线状开缝，上述证据1中的狭缝和证据3中的线状开缝均与本专利权利要求1中的分为前后两部分、后部是沿前部同一切面在中心冲切出的一个宽度小于圆柱形直径的一字形剖痕的形状不同，由此带来的密封效果也不同，且本专利将密封塞分为两部分、每个部分的剖痕形状不同的结构，既便于穿刺针的穿过又不会带出胶屑并且密封可靠，整个前后两部分作为一个整体来看具有有益的技术效果。因此，请求人的主张，合议组不予支持。

（2）证据2公开了一种自密封针头注射接口，包括两个安装在支架上的相互靠近的弹性橡胶块，每个弹性橡胶块都设有可以使针头穿过的穿刺通道，处于外侧的弹性橡胶块相对较厚较硬；处于内侧的弹性橡胶块则相对较薄且具有更好的弹性，两个橡胶块均被支架沿径向挤压，内侧的弹性橡胶块的中部朝远离外侧弹性橡胶块的方向弓起，将针头拔出针头注射接口的同时伴随着血压压迫内侧的弹性橡胶块，使内侧的弹性橡胶块变平，抵靠在外侧的弹性橡胶块上，从而压缩内侧弹性橡胶块的穿刺通道。

由此可见，本专利权利要求 1 与证据 2 的区别在于：本专利权利要求 1 的止血密封塞是用于静脉留置针并且呈圆柱形，密封塞本身是一个整体分为前后两个部分而不是两个单独存在的部分。证据 2 没有公开这样的密封塞，也没有给出启示来获得这样的结构，并且也没有证据证明这种结构属于该领域的公知技术，因此权利要求 1 相对于证据 2 具备创造性，符合专利法第 22 条第 3 款的规定。

由于权利要求 2~4 均引用权利要求 1，因此当权利要求 1 分别相对于证据 1~3 具备创造性时，上述从属权利要求 2~4 也具备创造性，符合专利法第 22 条第 3 款的规定。

综上所述，本专利权利要求 1~4 相对于证据 1、2、3 均具备专利法第 22 条第 3 款规定的创造性，权利要求 2、3 符合专利法第 22 条第 4 款规定的实用性。

根据上述事实和理由，本案合议组作出如下审查决定。

三、决定

维持 200620080002.7 号实用新型专利权有效。

当事人对本决定不服的，可以根据专利法第 46 条第 2 款的规定，自收到本决定之日起三个月内向北京市第一中级人民法院起诉。根据该款的规定，一方当事人起诉后，另一方当事人应当作为第三人参加诉讼。

252

具有通用结构的处理盒

无效宣告请求审查决定（第 12744 号）

决　　定　　号　第 12744 号
决　　定　　日　2008 年 12 月 2 日
发明创造名称　具有通用结构的处理盒
国 际 分 类 号　G03G 15/08，G03G 21/00
无效宣告请求人　珠海纳思达数码科技有限公司
专　利　权　人　珠海天威飞马打印耗材有限公司
专　　利　　号　200320118356.2
申　　请　　日　2003 年 11 月 19 日
授 权 公 告 日　2004 年 11 月 24 日
合 议 组 组 长　刘颖杰
主　　审　　员　李　礼
参　　审　　员　田　华

法　律　依　据　专利法第 22 条第 2 款
决　定　要　点

由于证据公开了本专利权利要求的全部技术特征，因此该项权利要求相对于该份证据不具备新颖性。

一、案由

本案是根据北京市高级人民法院的（2008）高行终字第 268 号行政判决书，撤销专利复审委员会第 9820 号无效宣告请求审查决定后，对 200320118356.2 号实用新型专利重新成立合议组进行的审理。

本无效宣告请求涉及国家知识产权局于 2004 年 11 月 24 日授权公告的名称为“具有通用结构的处理盒”的 200320118356.2 号实用新型专利权（下称本专利），其申请日是 2003 年 11 月 19 日，专利权人是珠海天威飞马打印耗材有限公司。本专利授权公告的权利要求书如下：

“1. 具有通用结构的处理盒，包括

一个内含碳粉的粉仓和一个废粉仓，粉仓和废粉仓左右两侧铰接；

其特征在于：

粉仓左右端板平直；

废粉仓顶面的左侧有一下凹区；

废粉仓左端板上沿低于顶面所在的主平面；

感光鼓保护罩左端转臂的上表面仅设一道加强筋。

2. 根据权利要求1所述的具有通用结构的处理盒，其特征在于：

所述下凹区为电子芯片安装穴。”

针对本专利，珠海纳思达数码科技有限公司（下称请求人）于2006年11月1日向专利复审委员会提出了无效宣告请求，并提交了如下证据：

证据1：本专利授权公告文本；

证据2：公开号为CN1171568A的发明专利申请公开说明书，其公开日为1998年1月28日；

证据3：珠海市知识产权局于2006年10月20日发出的答辩通知书1页。

结合上述证据，请求人认为：本专利权利要求1~2相对于证据1和公知常识的结合不具备专利法第22条第3款规定的创造性；而证据2明确表明了处理盒带有内含碳粉的粉仓和一个废粉仓，粉仓和废粉仓左右两侧铰接，且其说明书附图5明示了处理盒的结构，粉仓需装入打印机进行工作。

经形式审查合格，专利复审委员会依法受理了上述无效宣告请求，并于2006年11月1日向双方当事人发出了无效宣告请求受理通知书，随同无效宣告请求受理通知书将专利权无效宣告请求书及其附件清单中所列附件副本转送给专利权人，要求其在指定的期限内答复。

针对上述无效宣告请求，专利权人于2006年11月28日向专利复审委员会提交了意见陈述书，专利权人认为：证据1的公告日在本专利的申请日之后不能作为对本案专利无效请求的证据；请求人也未举证现有技术中披露了本专利的技术方案，而且证据2全文中也没有给出如何使得处理盒适用于多款打印机的任何教导；认为本专利具有实质性特点和进步。

请求人于2006年11月30日向专利复审委员会补充提交了意见陈述书，并提交了如下补充证据：

证据4：2003年6月的《Recharger》杂志彩页封面、黑白页封面、18~48页复印件共33页；

证据5：证据4相关部分的中文译文共6页；

证据6：中华人民共和国驻洛杉矶总领事馆出具的（2006）美认字第0013317号认证书复印件以及由上述认证书证明其文书中美国加利福尼亚州政府的印章和官员签字属实的英文证明文书共12页；

证据7：中华人民共和国广东省珠海市公证处出具的（2006）珠证内经字第1326号公证书复印件共3页；

证据8：请求人声称为http：//www. rechargermag. com于2003年6月18日发贴内容的打印文本共2页。

结合上述证据，请求人认为：本专利权利要求1~2相对于证据4不具备专利法第22条第2款规定的新颖性；本专利权利要求1~2相对于证据4和公知常识的结合不具备专利法第22条第3款规定的创造性；证据7涉及与本案密切相关的现有技术的对应产品，经公证处封印的产品样品将于口头审理时由请求人面交合议组；证据8内容与证据4一致。

专利复审委员会依法成立合议组对该无效宣告请求进行了审理。请求人于口头审理当庭明确其无效宣告理由是：（1）本专利权利要求1~2相对于证据4不具备专利法第22条第2款、第3款规定的新颖性、创造性；（2）本专利权利要求1~2相对于证据1与公知常识的结合不具备专利法第22条第3款规定的创造性，证据2和证据4用来证明技术发展过程，说明公知常识；证据8用来辅助证明证据4的真实性；请求人当庭演示了证据7公证书中的物证，并认为上述物证与证据1和证据4中的产品对应。

专利复审委员会于2007年5月22日作出第9820号无效宣告请求审查决定（下称第9820号无效决定）。第9820号无效决定认为：在本案中可以采用的证据为证据1、证据2、证据4和证据7。

其中可作为现有技术使用来评价本专利新颖性、创造性的证据为证据 2 和证据 4。经比较，本专利权利要求 1 要求保护一种具有通用结构的处理盒；证据 4 第 20 页附图 C、E 中可以看出 hp1200 碳粉盒的两端是平直的，证据 4 第 18 页附图 A 左侧可以看出在 hp1300 碳粉盒顶面左侧有一凹区，证据 4 第 18 页附图 A 及 hp1300 激光打印机碳粉盒的图中可以看出 hp1300 碳粉盒左端板上沿低于顶面所在的主平面，从证据 4 第 18 页 hp1300 激光打印机碳粉盒的图中可以看出，其左端转臂的上表面仅有一个加强筋；而证据 4 译文第 2 段第 1~4 行指出将 hp1200 的粉仓放入 1300 碳粉盒的前半部分可以工作，然而却无法将 1200 的整体碳粉盒装入 1300 打印机，因为在 1300 碳粉盒位于芯片附近的地方有凹口，反过来也不能将 1300 碳粉盒装入 1200 打印机，因为在 1300 碳粉盒的侧面有新的突起，而且经过初步检查表明修改 1200 打印机使其接收 1300 碳粉盒将非常困难。本专利权利要求 1 的技术方案与证据 4 相比，其区别在于：本专利是一种具有通用结构的处理盒，而证据 4 中仅是将 1200 型号的粉仓放入 1300 碳粉盒的前半部进行工作，并没有公开一个将不同型号的粉仓和碳粉盒结合在一起之后形成本专利权利要求 1 所述处理盒的技术方案。因此，本专利权利要求 1 相对于证据 4 具备新颖性，符合专利法第 22 条第 2 款的规定，从属于权利要求 1 的权利要求 2 也相应地具备新颖性，符合专利法第 22 条第 2 款的规定。同时，证据 4 明示了“经过初步检查表明修改 1200 打印机使其接受 1300 碳粉盒将非常困难”，即，证据 4 事实上认为将 hp1200 的粉仓全部放入 1300 碳粉盒是一个难以解决的技术问题，那么对于本领域普通技术人员来说，该证据仅仅给出了一个难以解决的技术问题，而没有给出如何解决上述技术问题的技术启示，然而，本专利权利要求 1 的技术方案正是通过一种通用结构的处理盒实现了在一个系列的不同打印机上的兼容使用。因此，在证据 4 仅提出了技术问题，而没有给出将 1200 粉仓和 1300 的碳粉盒完全结合形成一个完整的处理盒的技术启示的情况下，本专利权利要求 1 相对于证据 4 具备创造性，符合专利法第 22 条第 3 款的规定，从属于权利要求 1 的从属权利要求 2 也相应地具备创造性，符合专利法第 22 条第 3 款的规定。基于上述理由，维持本专利权全部有效。

请求人不服第 9820 号无效决定，向北京市第一中级人民法院提起行政诉讼。北京市第一中级人民法院经审理认为，证据 4 中记载的“将 hp1200 的粉仓放入 1300 碳粉盒的前半部分可以工作”，虽然未明确将 hp1200 碳粉盒的粉仓与 hp1300 碳粉盒的废粉仓通过铰接组合在一起，但已明确说明“可以工作”，故本领域技术人员由该内容能够直接地、毫无疑义地推导出“将 hp1200 的粉仓与 hp1300 的废粉仓组合成一个完整处理盒”这一技术方案，即证据 4 中的 hp1200 碳粉盒的粉仓与 hp1300 碳粉盒的废粉仓组合成一个处理盒，该处理盒的粉仓具有 hp1200 的粉仓的所有技术特征，该处理盒的废粉仓具有 hp1300 废粉仓的所有技术特征，该处理盒粉仓的两端板是平直的，该处理盒废粉仓顶面左侧有一下凹区，该下凹区内安装有电子芯片，该处理盒废粉仓左端板上沿低于顶面所在的主平面，该处理盒感光鼓保护罩左端转臂的上表面仅设一道加强筋。由于证据 4 公开了本专利权利要求 1、2 的全部技术特征，因此本专利权利要求 1、2 不具备新颖性，而关于创造性鉴于本专利权利要求 1、2 已丧失新颖性，则无需对其是否具备创造性进行评判。据此，北京市第一中级人民法院作出（2007）一中行初字第 1179 号行政判决书，撤销专利复审委员会第 9820 号无效决定。

国家知识产权局专利复审委员会以及专利权人均不服上述判决，向北京市高级人民法院提起上诉，请求撤销原审判决，维持第 9820 号无效决定。经审理，北京市高级人民法院作出（2008）高行终字第 268 号行政判决书。判决书中认为，证据 4 第 20 页附图 C、E 中可以看出 hp1200 碳粉盒的两端是平直的，证据 4 第 18 页附图 A 左侧可以看出 hp1300 碳粉盒顶面左侧有一凹区，证据 4 第 18 页附图 A 及 hp1300 激光打印机碳粉盒的图中可以看出 hp1300 碳粉盒左端板上沿低于顶面所在的主平面，从证据 4 第 18 页 hp1300 激光打印机碳粉盒的图中可以看出其左端转臂的上表面仅有一条加强筋；同时由于证据4译文第2段第1~4行指出将1200型号的粉仓放入1300碳粉盒的前半部分可以工作，由此可直接、毫无疑义地推导出“将hp1200的粉仓和hp1300的废粉仓结合形成一个完整处理盒”的过程，鉴于hp1200、hp1300碳粉盒的粉仓与废粉仓的连接方式均为铰接，本领域技术人员结合上述图示可以毫无疑义地得出将hp1200的粉仓与hp1300的废粉仓的连接方式为铰接组合的技术特征，即证据4公开了本专利权利要求1的全部技术特征，因此权利要求1不具备新颖性。综上，北京市高级人民法院（2008）高行终字第268号行政判决书，判定原审判决认定事实清楚，使用法律正确，应予维持。

根据审查指南第四部分第一章第8节的规定，专利复审委员会成立合议组对上述无效宣告请求案进行重新审理。

本案合议组于2008年9月1日向双方当事人发出无效宣告请求口头审理通知书，指出专利复审委员会针对5W10303号无效宣告请求案的口头审理定于2008年9月23日举行。

请求人于2008年9月15日提交意见陈述书，表示由于工作原因无法出席口头审理，陈述其认为本专利权利要求1、2不具备新颖性的具体理由，并提交了如下附件：

附件1：北京市第一中级人民法院（2007）一中行初字第1179号行政判决书第1、10、11页复印件，共3页；

附件2：北京市高级人民法院（2008）高行终字第268号行政判决书封面页、第11、12页复印件，共3页。

请求人认为：在北京市第一中级人民法院（2007）一中行初字第1179号行政判决书中已判定证据4已公开本专利权利要求1、2的全部技术特征，因此本专利权利要求1、2不具备新颖性，北京市高级人民法院（2008）高行终字第268号行政判决书中，也已维持原审判决，且其中已认定证据4公开了本专利权利要求2的附加技术特征。根据两级人民法院的判决，其关于本案认定的事实已清楚，即证据4破坏本专利权利要求1、2的新颖性。

口头审理如期举行，专利权人出席口头审理，请求人缺席口头审理。

在口头审理过程中，专利权人明确表示认可证据4已公开本专利权利要求2的附加技术特征，但表示证据4无论从原文还是译文都没有解释本专利的权利要求1中的感光鼓保护罩左端转臂的上表面仅上一道加强筋的技术特征。

至此，合议组认为本案的事实已清楚，作出如下决定。

二、决定的理由

1. 关于本专利权利要求1的新颖性问题

鉴于北京市高级人民法院作出的（2008）高行终字第268号行政判决书中已认定本专利权利要求1相对于证据4不具备新颖性，因而合议组就不再对此另行评述。

2. 关于本专利权利要求2的新颖性问题

本专利权利要求2是权利要求1的从属权利要求，其附加技术特征是：所述下凹区为电子芯片安装穴。

北京市高级人民法院作出的（2008）高行终字第268号行政判决书中已认定证据4公开了上述附加技术特征，同时专利权人也明确表示认可证据4公开了本专利权利要求2附加技术特征，因此，在其引用的权利要求1相对于证据4不具备新颖性的情况下，从属于权利要求1的权利要求2相对于证据4也不具备新颖性，不符合专利法第22条第2款的规定。

基于以上事实和理由，本案合议组依法作出如下审查决定。

三、决定

宣告 200320118356.2 号实用新型专利权全部无效。

当事人对本决定不服的，可以根据专利法第 46 条第 2 款的规定，在收到本决定之日起三个月内向北京市第一中级人民法院起诉。根据该款的规定，一方当事人起诉后，另一方当事人可以作为第三人参加诉讼。

253

桌球杆生产方法

无效宣告请求审查决定（第12754号）

决　定　号　第12754号
决　定　日　2008年12月19日
发明创造名称　桌球杆生产方法
国际分类号　A63D15/08
无效宣告请求人　杨永辉
专利权人　李明贤
专　利　号　200410070596.9
申　请　日　2004年8月10日
授权公告日　2006年3月15日
合议组组长　高　栋
主　审　员　刘路尧
参　审　员　陈　谦

法律依据　专利法第22条第3款
决定要点

如果权利要求的技术方案与现有技术的区别特征属于公知常识，则对于所属领域的技术人员来说，现有技术中存在技术启示以获得该权利要求的技术方案，并且该权利要求的技术方案与现有技术相比没有带来预料不到的技术效果，故该权利要求不具有创造性。

一、案由

本无效宣告请求涉及国家知识产权局于2006年3月15日授权公告的、名称为“桌球杆生产方法”的200410070596.9号发明专利（下称本专利），其申请日为2004年8月10日，专利权人为李明贤。授权公告的权利要求书的内容如下：

“1. 一种桌球杆生产方法，该方法包括如下过程：

（1）卷制：将涂有树脂的玻璃丝布或碳纤维丝布卷制在铁芯上；

（2）包胶带：在玻璃丝布或碳纤维丝布外面缠绕上BOPP热收缩型胶带；

（3）烘烤：将包有玻璃丝布或碳纤维丝布及胶带的铁芯放入烘箱中烘烤，烘烤温度为100~150℃，时间为1.5~4.5小时，依据所需要的厚度进行调整；

（4）退铁芯：将铁芯退出，得到粗胚；

（5）退胶带：将桌球杆粗胚表面的胶带揭下。

2、如权利要求1所述的桌球杆生产方法，其特征在于：所述的铁芯上玻璃丝布或碳纤维丝布卷4~10圈，玻璃丝布或碳纤维丝布总厚度为1.0~4.0mm。

3、如权利要求1或2所述的桌球杆生产方法，其特征在于：所述的BOPP热收缩型胶带为透明胶带。

4、如权利要求3所述的桌球杆生产方法，其特征在于：卷制过程是通过卷制机进行卷制。

5、如权利要求3所述的桌球杆生产方法，其特征在于：所述的退铁芯过程是通过退铁芯机进行。”

针对上述发明专利，杨永辉（下称请求人）于2008年6月7日向专利复审委员会提出无效宣告请求，并随无效宣告请求书提交如下附件作为证据：

附件1：公开号为CN1484951A号的中国发明专利申请公开说明书复印件，公开日为2004年3月31日，共5页（下称对比文件1）；

附件2：公告号为159749号的中国台湾地区发明专利说明书复印件，公告日为1991年6月11日，共9页（下称对比文件2）；

附件3：公开号为CN1513308A号的中国发明专利申请公开说明书复印件，公开日为2004年7月21日，共5页（下称对比文件3）；

附件4：公开号为CN1231420A号的中国发明专利申请公开说明书复印件，公开日为1999年10月13日，共11页（下称对比文件4）；

附件5：《复合材料大全》复印件，化学工业出版社出版发行，2000年1月第1版，2002年1月北京第2次印刷，共8页（下称对比文件5）。

请求人提出的具体理由为：本专利权利要求1分别相对于对比文件1或5不具有新颖性，不符合专利法第22条第2款的规定；权利要求1相对于对比文件1结合所属领域的惯用手段不具有创造性，权利要求1相对于对比文件2结合对比文件3不具有创造性，不符合专利法第22条第3款的规定；权利要求2相对于对比文件1或对比文件2结合对比文件3不具有创造性，不符合专利法第22条第3款的规定；权利要求3相对于对比文件1结合对比文件2不具有创造性，不符合专利法第22条第3款的规定；权利要求4的附加技术特征被对比文件4公开，不具有创造性，不符合专利法第22条第3款的规定；权利要求5相对于对比文件1结合公知常识不具有创造性，不符合专利法第22条第3款的规定。

经形式审查合格后，专利复审委员会受理了该无效宣告请求，并于2008年8月1日向双方当事人发出无效宣告请求受理通知书，并随上述无效宣告请求受理通知书将请求人提交的无效宣告请求书及其附件清单中所列附件的副本转送专利权人，要求其在指定期限内对该无效宣告请求陈述意见。

专利权人逾期未作出答复。

在此基础上，专利复审委员会依法成立合议组，对本案进行审查。合议组于2008年11月11日向双方当事人发出口头审理通知书，定于2008年12月3日对本案进行口头审理。在该口头审理通知书中，合议组告知双方当事人口头审理涉及的主要问题包括本专利权利要求1~5是否符合专利法第22条第2、3款的规定。

双方当事人逾期未作出答复。

口头审理如期举行，请求人出席了口头审理，专利权人未出席口头审理。在口头审理中，请求人对合议组成员无回避请求；请求人当庭提交对比文件5的原件；请求人明确放弃使用对比文件1、5评价本专利权利要求1不具有新颖性的无效理由，并明确其无效理由为：本专利权利要求1不具有创造性，具体评价方式为（1）对比文件1结合公知常识、（2）对比文件2结合对比文件3、（3）对比文件5结合公知常识；本专利权利要求2~5不具有创造性，其中权利要求2、3、5的附加技术特征属于公知常识，权利要求4的附加技术特征被对比文件4公开，因此本专利权利要求1~5不符合专利法第22条第3款的规定。

至此，合议组认为本案事实已经清楚，可以依法作出无效宣告请求审查决定。

二、决定的理由

1. 关于证据

对比文件1~4均为中国专利文献，对比文件5为工具书，请求人在口头审理当庭提交了对比文件5的原件，专利权人对上述对比文件的真实性没有异议，合议组对对比文件1~5的真实性予以采信。对比文件1的公开日为2004年3月31日，对比文件2的公告日为1991年6月11日，对比文件3的公开日为2004年7月21日，对比文件4的公开日为1999年10月13日，对比文件5的印刷日为2002年1月，均早于本专利的申请日2004年8月10日，因此对比文件1~5可以作为评价本专利创造性的现有技术使用。

2. 关于创造性

专利法第22条第3款规定的创造性，是指同申请日以前已有的技术相比，该发明有突出的实质性特点和显著的进步，该实用新型有实质性特点和进步。

经合议组核实，请求人在无效宣告请求书中对权利要求1相对于对比文件1和公知常识的结合不具有创造性的无效理由进行了具体陈述，虽然其记载了权利要求1不符合专利法第22条第1款的条款，但由于该条款与请求人提出的无效理由和证据明显不对应，请求人又在口头审理中明确了本专利权利要求1不具有创造性的无效理由，故合议组允许其变更为相对应的权利要求1不符合专利法第22条第3款规定的无效理由并进行审查。

权利要求1要求保护一种桌球杆生产方法，主要包括卷制、包胶带、烘烤、退铁芯、退胶带的步骤。对比文件1涉及一种鱼竿的制造方法，其中（参见其说明书第1页第10行至第2页第7行，说明书摘要）公开了如下内容：经处理的玻璃纤维布（玻璃纤维片）是将玻璃纤维布进行平整、脱腊后……进行浸胶处理，胶剂一般采用酚醛树脂或环氧树脂，最后进行烘干；该鱼竿的制造方法包括下列步骤：①将涤棉布进行浸胶、烘干处理，浸胶处理时的胶剂采用树脂类黏结剂，一般采用酚醛树脂或环氧树脂，为了浸胶充分、均匀，一般进行两次浸胶；②分别将处理后的玻璃纤维布、涤棉布裁成各自合适的尺寸，缠绕在杆状模具上，先将玻璃纤维布缠绕在杆状模具上，然后再缠绕涤棉布，裁剪玻璃布是根据鱼竿的长短、壁厚及强度、柔韧性、力度控制性等技术指标进行确定尺寸的，裁剪涤棉布是根据鱼竿的长短、直径（表面面积）进行确定尺寸的；③再向其上缠绕玻璃纸或BOPP带；④然后送入固化炉中加热成型；⑤取出杆状模具，脱离玻璃纸或BOPP带即可。

将权利要求1的技术方案与对比文件1公开的上述内容相比，对比文件1中步骤①、②中将采用树脂类黏结剂浸胶的涤棉布和玻璃纤维布缠绕在杆状模具上相当于权利要求1的技术方案中“（1）卷制：将涂有树脂的玻璃丝布或碳纤维丝布卷制在铁芯上”的步骤；对比文件1中步骤③中向其上缠绕玻璃纸或BOPP带相当于权利要求1的技术方案中“（2）包胶带：在玻璃丝布或碳纤维丝布外面缠绕上BOPP热收缩型胶带”的步骤；对比文件1中步骤④中送入固化炉中加热成型权利要求1的技术方案中“（3）烘烤：将包有玻璃丝布或碳纤维丝布及胶带的铁芯放入烘箱中烘烤”的步骤；对比文件1中步骤⑤中取出杆状模具相当于权利要求1的技术方案中“（4）退铁芯：将铁芯退出，得到粗胚”的步骤；对比文件1中步骤⑤中脱离玻璃纸或BOPP带相当于权利要求1的技术方案中“（5）退胶带：将桌球杆粗胚表面的胶带揭下”。由上述比较可知，权利要求1的技术方案与对比文件1的区别仅在于，权利要求1中限定了“烘烤温度为100~150℃，时间为1.5~4.5小时，依据所需要的厚度进行调整”的技术特征，对比文件1中未公开上述内容。上述限定的烘烤温度和时间参数，属于根据产品厚度的要求调整所述烘烤参数的常用技术手段。对于所属领域的技术人员来说，本专利的技术领域涉及桌球杆，对比文件1涉及鱼竿，两者均是杆状运动器材，属于相同的技术领域，由对比文件1公开为制造鱼竿的方法步骤，得到本专利桌球杆的生产方法上是显而易见的，也没有产生预料不到的技术效果。因此，权利要求1的技术方案相对于对比文件1结合公知常识不具有突出的实质性特点和显著的进步，该权利要求不符合专利法第22条第3款有关创造性的规定。

权利要求2的附加技术特征对所述的铁芯上玻璃丝布或碳纤维丝布卷圈数及其总厚度作进一步限定，该特征属于根据产品要求调整所述参数的常用技术手段，因此权利要求2的技术方案相对于对比文件1结合公知常识不具有突出的实质性特点和显著的进步，该权利要求不符合专利法第22条第3款有关创造性的规定。

权利要求3的附加技术特征对所述的BOPP热收缩型胶带作进一步限定，对于所属领域的技术人员来说，所述的BOPP热收缩型胶带为透明胶带属于公知常识，因此权利要求3的技术方案相对于对比文件1结合公知常识不具有突出的实质性特点和显著的进步，该权利要求不符合专利法第22条第3款有关创造性的规定。

权利要求4的附加技术特征对所述的卷制过程作进一步限定，该特征已经被对比文件4公开。对比文件4涉及一种碳纤维箭杆的连续缠绕方法，其中（参见其说明书第6页第4~7行）公开了如下内容：启动缠绕机依预先设定的缠绕程序在箭杆芯轴上连续缠绕形成碳纤维箭杆毛坯。在设定缠绕程序后，启动缠绕机，机器自动按设定程序进行缠绕，直到达到预定的缠绕趟数为止。将权利要求4的技术方案与对比文件4相比，对比文件4中用缠绕机进行缠绕相当于权利要求4中“卷制过程是通过卷制机进行卷制”的特征。因此，权利要求4的技术方案相对于对比文件1、4结合公知常识不具有突出的实质性特点和显著的进步，该权利要求不符合专利法第22条第3款有关创造性的规定。

权利要求5的附加技术特征对所述的退铁芯过程作进一步限定，对于所属领域的技术人员来说，所述的退铁芯过程是通过退铁芯机进行属于公知常识，因此权利要求5的技术方案相对于对比文件1结合公知常识不具有突出的实质性特点和显著的进步，该权利要求不符合专利法第22条第3款有关创造性的规定。

鉴于请求人提出的本专利权利要求1~5不具有创造性的无效理由成立，故不再对请求人提出的其他有关本专利不具有创造性的无效理由进行评述。

根据以上事实和理由，合议组作出如下无效宣告请求审查决定。

三、决定

宣告200410070596.9号发明专利权全部无效。

当事人对本决定不服的，可以根据专利法第46条第2款的规定，自收到本决定之日起三个月内向北京市第一中级人民法院起诉。根据该款的规定，一方当事人起诉后，另一方当事人应当作为第三人参加诉讼。

专利复审和无效审查决定汇编丛书

专利复审和无效审查决定汇编

（2008）

材　料（第一卷）

国家知识产权局专利复审委员会　编

知识产权出版社
全国百佳图书出版单位

图书在版编目（CIP）数据

专利复审和无效审查决定汇编．2008．材料/国家知识产权局专利复审委员会编．—北京：知识产权出版社，2016.1

ISBN 978-7-5130-1612-4

Ⅰ．①专…　Ⅱ．①国…　Ⅲ．①专利权法—案例—中国　Ⅳ．①D923.425

中国版本图书馆 CIP 数据核字（2012）第 246943 号

内容提要

本书汇集了专利复审委员会2008年作出的材料专利复审和无效审查决定及相关审查决定和司法判决（根据法律规定需要保密的除外），比较全面地反映了专利复审委员会的审查工作和人民法院专利行政案件审理工作取得的进展，对专利工作者具有一定的借鉴和指导作用，也有利于当事人及广大公众对专利复审委员会的审查工作进行监督。

责任编辑：宋　云　　**责任校对**：董志英

责任出版：孙婷婷　　**封面设计**：品　序

专利复审和无效审查决定汇编丛书

专利复审和无效审查决定汇编（2008）

材　料（第一卷）

国家知识产权局专利复审委员会　编

出版发行：知识产权出版社有限责任公司　　**网　　址**：http://www.ipph.cn

社　　址：北京市海淀区马甸南村1号（邮编：100088）　　**天猫旗舰店**：http://zscqcbs.tmall.com

责编电话：82000860 转 8388　　**责编邮箱**：songyun@cnipr.com

发行电话：010-82000860 转 8101/8102　　**发行传真**：010-82000893/82005070/82000270

印　　刷：北京中献拓方科技发展有限公司　　**经　　销**：各大网上书店、新华书店及相关专业书店

开　　本：880mm×1230mm　1/16　　**印　　张**：197

版　　次：2016年1月第1版　　**印　　次**：2016年1月第1次印刷

字　　数：5600千字　　**定　　价**：800.00元（全4卷）

ISBN 978-7-5130-1612-4

本书编委会

前 言

随着经济全球化和我国国民经济的飞速发展，专利制度在经济活动中的作用和地位越来越突出，国民的专利意识也在不断增强。目前，我国专利申请总量超过1170万件，每年专利复审与无效宣告请求案件已超过2万件，2012年达到20261件。作为专利复审和无效宣告请求案件审查的专属机构，专利复审委员会每年都要作出数以千计的审查决定。与之相应，人民法院每年要作出数百篇司法判决。每一篇审查决定和判决书都凝聚着审查员和审判人员的心血和智慧。通过审查员和审判人员结合具体案情的创作型劳动，生硬的法律条文变得鲜活和丰满，形成一笔宝贵的精神财富和公共资源，并不断有专利代理机构、专利代理人以及审查员希望专利复审委员会能够出版专利复审和无效审查决定，作为学习和工作时的重要参考资料。

除根据法律规定需要保密的外，《专利复审和无效审查决定汇编（2008）》汇集了专利复审委员会2008年作出的审查决定，包括针对相应审查决定的司法判决，以便读者了解审查决定的法律状态并对照阅读和分析。本汇编按照技术专业领域将分为8大册，共31分卷：机械（5卷）、电学（5卷）、通信（2卷）、医药（4卷）、化学（2卷）、材料（4卷）、光电（4卷）、外观设计（5卷）。因此，本汇编比较全面地反映了专利复审委员会的审查工作和人民法院专利行政案件审理工作取得的进展。

我们相信，本汇编对专利工作者具有一定的借鉴和指导作用，也有利于当事人及广大公众对专利复审委员会的审查工作进行监督。本汇编也将为推动专利复审委员会的发展，促进专利代理业务水平的提高，为《国家知识产权战略纲要》进一步实施尽微薄之力。

本书编委会

2013年8月

目　录

复审请求审查决定

无效宣告请求审查决定

复审请求审查决定

001

一种通水的家用电器中的不容许高的钙化度的测定方法

复审请求审查决定（第11834号）

决　定　号　第11834号
决　定　日　2007年8月15日
发明创造名称　一种通水的家用电器中的不容许高的钙化度的测定方法
国际分类号　G01N21/53，A47L15/46，D06F39/00
复审请求人　BSH博世及西门子家用器具有限公司
申　请　号　98805460.4
优先权日　1997年5月26日
申　请　日　1998年5月18日
公　开　日　2000年6月21日
合议组组长　黄玉平
主　审　员　钱　芸
参　审　员　钟　华

法律依据　专利法第22条第3款
决定要点

在判断一项权利要求所保护的技术方案是否具备创造性时，首先应当确定与该权利要求所述技术方案最接近的现有技术方案，然后将该权利要求所述的技术方案与最接近的现有技术方案进行技术特征对比分析，找出二者的区别技术特征。如果这些区别技术特征是本领域的技术人员容易引入的，则该权利要求所保护的技术方案不具备创造性。

一、案由

本复审请求涉及国家知识产权局于2002年11月29日驳回的、申请号为98805460.4、名称为“一种通水的家用电器中的不容许高的钙化度的测定方法”的发明专利申请（下称本申请），其申请日为1998年5月18日，优先权日为1997年5月26日，申请人为BSH博世及西门子家用器具有限公司。

国家知识产权局实质审查部门于2002年5月24日发出第一次审查意见通知书，指出：权利要求1、2不符合专利法实施细则第20条第1款的规定，权利要求1~6不符合专利法第22条第3款有关创造性的规定，其中引用的对比文件如下：

WO96/23208（下称对比文件1），公开日为1996年8月1日；

US4695734（下称对比文件2），公开日为1987年9月22日；

CN1145965（下称对比文件 3），公开日为 1997 年 3 月 26 日。

针对第一次审查意见通知书，申请人于 2002 年 10 月 5 日提交了意见陈述书和权利要求书的修改替换页，按照审查意见，申请人删除了权利要求 1 和 2 中出现的“例如”，而改用“即”；申请人调整了权利要求的顺序，将权利要求 3～5 放在权利要求 1 之后，为新的权利要求 2～4。将原权利要求改为权利要求 5。修改后的权利要求书如下：

1. 一种用含有石灰的水工作的家用电器即洗衣机或洗碗机中的碱液浑浊度测试用的光学测试段的不容许高的钙化度的测定方法，这种家用电器具有一个测试段测试信号的评估电路和一台微处理机，用来把测试结果转换成该家用电器的定序控制；其特征为：在机器第一次投入运行之前或之中存储一个由于将来的石灰沉积所引起的测试段的容许衰减阈值；在机器的每个工作循环中，在没有浑浊碱液的一个循环段过程中测出测试段的衰减并转换成一个测量值与该阈值进行比较；当该测量值达到或接近达到该阈值时，微处理机发出一个定序控制的控制信号。

2. 按权利要求 1 的方法，其特征为，从机器的预定的工作循环次数的过程中收到的测量信号在微处理机中形成一个平均值，该平均值与存入的阈值进行比较。

3. 按权利要求 1 或 2 的方法，其特征为，通过控制信号控制一个设置在机器上的显示元件。

4. 按权利要求 1、2 或 3 任一项的方法，其特征为，在多次超过该阈值后通过测试段的测量信号提高该阈值。

5. 一种用含有石灰的水工作的家用电器即洗衣机或洗碗机中的碱液浑浊度测试用的光学测试段的不容许高的钙化度的测定方法，这种家用电器具有一个测试段测试信号的评估电路和一台微处理机，用来把测试结果转换成该家用电器的定序控制，其特征为：在机器第一次投入运行之前或之中，用该测试段测出无负荷的测试段的一个衰减起始值并把它存入微处理机中；在机器的每个新的工作循环中，从相应的测量值和起始值之差中形成一个校正值并把存入微处理机中；微处理机用该校正值修改该测量值，并把修改后的值作为浑浊度值预先给出定序控制。

6. 按权利要求 5 的方法，其特征为，在碱液浊度的一次随后的测试中测出的浊度值根据存入的校正值来进行校正。

申请人陈述的理由是：

对比文件 1 公开的是一种与本发明方法不一样的方法。其中的光学测试段（20，22）仅仅用于测量液体（润滑油）的浑浊度。对比文件 1 并没有公开本发明的方法，即按照权利要求 1 本发明用一个光学测试段系统通过新颖的有创造性的各工序的排列一方面能够确定测试段中的钙沉积，另一方面能够确定洗衣机或洗碗机内碱液的浑浊度。对比文件 1 和 2 均没有提到在洗碗机或洗衣机内使用光学测试段。对比文件 2 只涉及了光电式烟雾传感器，其完全不同于液体浑浊度测量装置。因为在烟气测量段中无论如何是不会出现钙沉积的。权利要求 3～5 从属于权利要求 1，在权利要求 1 具有创造性的前提下，它们也具有创造性。

对比文件 2 涉及一种光电烟雾式传感器，对本发明也不会有任何的启示作用。而对比文件 3 却没有公开修正措施，该修正措施由于无负荷的测试段透明性的变差是必需的，对比文件 3 描述的是在测量点基于温度变化对测量值的修正，该温度变化是按照测量周期来回波动的。因此，对比文件 3 没有给出有关权利要求 2 所示的技术方案的启示。从上分析可知，权利要求 2 相对于对比文件 2 和 3 也具有创造性。由于权利要求 6 从属于权利要求 2，因此也具有创造性。

国家知识产权局实质审查部门于 2002 年 11 月 29 日以本申请权利要求 1～6 不符合专利法第 22 条第 3 款的规定作出了驳回决定。驳回所针对的文本是：申请人于 2002 年 10 月 5 日提交的权利要求第 1～6 项、按国际初审报告提交的说明书第 1～1a 页、进入国家阶段时提交的说明书第 2～3 页、说明书附图第 1 页、说明书摘要以及摘要附图。

驳回决定的主要理由概括如下：

权利要求 1 所要求保护的技术方案与对比文件 1 所公开的技术方案相比，其区别在于：该申请是对不容许高的钙化度的测定。而对比文件 1 实质上是对不容许高的污染度的测定，对于本领域的普通技术人员来说，对浑浊度传感器测试管壁污染度的测试和清洗，实际上也包括对沉积在管壁上的水钙的测试和清洗，因此对比文件 1 中的浑浊度传感器也同样可以用在洗碗机中的碱液浑浊度测试用。所以由对比文件 1 得出权利要求 1 请求保护的技术方案是显而易见的，不需要创造性的劳动。权利要求 2 和 4 所限定的附加技术特征是测试领域数据处理的一种常用的方法；权利要求 3 所限定的附加技术特征在对比文件 1 中披露。因此权利要求 2~4 也不符合专利法第 22 条第 3 款的规定。

权利要求 5 请求保护一种用含有石灰的水工作的家用电器即洗衣机或洗碗机中的碱液浑浊度测试用的光学测试段的不容许高的钙化度的测定方法。该测定方法实质上是钙化度值的修正方法。对比文件 2 公开了一种对光电烟雾传感器测量值进行校正的方法，披露了具有测试信号评估电路和一台微处理机，用来把测试结果转换成该装置的定序控制，对比文件 3 公开了一种对自动洗衣机或洗碗机中浊度探测器测量值进行温度补偿的方法，这两个对比文件中的测量值校正方法都与本发明中公开的浑浊度校正方法相同。而且该测量值修正方法是数据处理领域的一种已有的手段，把它用在本发明中并不需要克服技术难题，也没有产生意料不到的技术效果，因此权利要求 5 相对于对比文件 2 或 3 也就不具备突出的实质性特点和显著的进步，不符合专利法第 22 条第 3 款的规定。从属权利要求 6 所限定的附加技术特征包括在对比文件 2 或 3 公开的测量值校正方法中，因此权利要求 6 也不符合专利法第 22 条第 3 款的规定。

申请人（下称复审请求人）对上述驳回决定不服，于 2003 年 3 月 4 日提交了复审请求书同时对独立权利要求 1 和 5 做了修改，加入了原权利要求 6 的特征，并删除了原权利要求 6。其修改后的权利要求如下：

“1. 一种用含有石灰的水工作的家用电器即洗衣机或洗碗机中的碱液浑浊度测试用的光学测试段的不容许高的钙化度的测定方法，这种家用电器具有一个测试段测试信号的评估电路和一台微处理机，用来把测试结果转换成该家用电器的定序控制；其特征为：在机器第一次投入运行之前或之中存储一个由于将来的石灰沉积所引起的测试段的容许衰减阈值；在机器的每个工作循环中，在没有浑浊碱液的一个循环段过程中测出测试段的衰减并转换成一个测量值与该阈值进行比较；当该测量值达到或接近达到该阈值时，微处理机发出一个定序控制的控制信号，在碱液浑浊度的一次随后的测试中测出的浊度值根据存入的校正值来进行校正。

2. 按权利要求 1 的方法，其特征为，从机器的预定的工作循环次数的过程中收到的测量信号在微处理机中形成一个平均值，该平均值与存入的阈值进行比较。

3. 按权利要求 1 或 2 的方法，其特征为，通过控制信号控制一个设置在机器上的显示元件。

4. 按权利要求 1、2 或 3 任一项的方法，其特征为，在多次超过该阈值后通过测试段的测量信号提高该阈值。

5. 一种用含有石灰的水工作的家用电器即洗衣机或洗碗机中的碱液浑浊度测试用的光学测试段的不容许高的钙化度的测定方法，这种家用电器具有一个测试段测试信号的评估电路和一台微处理机，用来把测试结果转换成该家用电器的定序控制，其特征为：在机器第一次投入运行之前或之中，用该测试段测出无负荷的测试段的一个衰减起始值并把它存入微处理机中；在机器的每个新的工作循环中，从相应的测量值和起始值之差中形成一个校正值并把存入微处理机中；微处理机用该校正值修改该测量值，并把修改后的值作为浑浊度值预先给出定序控制，在碱液浊度的一次随后的测试中测出的浊度值根据存入的校正值来进行校正。”

复审请求的理由概括如下：

权利要求1特征部分指出：“在机器的每个工作循环中，在没有浑浊碱液的一个循环过程中测出测试段的衰减”。而在对比文件1中则是当非浑浊材料通过测量室时进行测量，对比文件1中的浑浊度传感器只能发出光或声音显示以要求用户作出处理。对比文件1没有提出测试段的钙化，而只是一般的清洗。对比文件1中所公开的其他的测试段涉及各种液体试样的不同的透光性或其反射性。相反，对比文件1没有公开本发明的方法。对比文件1和2均没有提到在家用电器中使用光学测试段。对比文件2只涉及光电式烟雾传感器，其完全不同于液体浑浊度测量装置。对比文件3没有公开修正措施。该修正措施由于无负荷的测量段透明性的变差是必需的，对比文件3描述的是在测量点基于温度变化对测量值的修正，该温度变化绝不是持久和连续的，而是按测量周期来回波动。因此，新的权利要求1~5相对于对比文件1~3具有创造性。

经形式审查合格，专利复审委员会于2003年3月25日向复审请求人发出复审请求受理通知书并向实质审查部门发出前置审查通知书。

在前置审查程序中，国家知识产权局实质审查部门仍坚持原驳回决定。

在此基础上，专利复审委员会依法成立合议组对本案进行审查，并于2003年7月2日向复审请求人发出复审通知书，要求其在指定的期限内进行答复。复审通知书指出：

（1）对比文件1中的浑浊度传感器只能发出光或声音显示以要求用户作出处理。而事实上，“没有浑浊的碱液”就是“非浑浊材料”；对比文件1中的浑浊度传感器在发出光或声音显示以要求用户作出处理时，必然要测出被测液体通过测试段的衰减。在本申请中“微处理机发出一个定序控制的控制信号”也就是“微处理机在其输出端发出一个控制信号，通过该控制信号控制家用电器上设置的显示元件，使用者可有目的地采取脱钙措施”，而对比文件1中的“报警灯”受微处理机在其输出端上发出的一个控制信号的控制，作出灯亮显示。当所述测量值达到阈值时，一个报警灯亮或报警铃响，用的也是使用户舒适的方式处理这一结果。尽管对比文件1进行的是一般清洗，但是在清洗之前首先要进行液体浑浊度的测量，而钙化度的获得是通过液体浑浊度的测量得出的，因此由对比文件1完全能够得到权利要求1所限定的方法。对比文件1所披露的是液体浑浊度传感器，将对比文件1中的浑浊度传感器应用到家用电器中，不需要克服技术难题，也没有产生意料不到的技术效果。权利要求1相对于对比文件1不具备创造性。

（2）权利要求5请求保护一种用含有石灰的水工作的家用电器即洗衣机或洗碗机中碱液浑浊度测试用的光学测试段的不容许高的钙化度的测定方法。对比文件3公开了一种对自动洗碗机或洗衣机中的浑浊度探测器测量值进行校正的方法，其所公开的测量值校正方法与本申请中公开的浑浊度值的校正方法相同；测出标准条件下的起始值，在标准条件改变后测出相应的测量值，该测量值与起始值之差中形成一个校正值并存入微处理器中，微处理器用该校正值修正测量值。对比文件3公开的方法与权利要求5请求保护的方法无实质区别，本申请权利要求5限定测出无负荷的测试段的一个衰减起始值，而对比文件3采用的是求出工作点。因此，权利要求5相对于对比文件3无创造性。

复审请求人于2003年8月15日针对复审通知书进行答复，但未提交修改文本。

复审请求人认为新的权利要求1和5描述了钙化度的测定方法，在所述测定方法中，根据在测量碱液浑浊度之前，测量装置的现有的钙化度对一评估装置进行校准。为此，在第一次投入运行之前或期间按下述方式进行校准，即存储一个由于将来的石灰沉积所引起的测试段的容许衰减的阈值，或者用该测试段测出无负荷的测试段的一个衰减起始值并把它存入计算机中。在每一种情况中，在以后的浑浊度测量时，在真正的浑浊度测量之前要在（前）一循环段中测得没有被浑浊的碱所加载的测量段的实际衰减，所述的前一循环段是在没有浑浊的碱液下进行的。“没有浑浊的碱液”这里是指在测量段中或者只有清水，或者根据没有介质。然后，在第一情况下，将（前）测量值与阈值比较并决定在随后的真正的浑浊度测量时是否能对所获得的值作修正，或者根本就放弃测量。在第二种情况下，由（前）测量值和起始值形成一差值（校正值）并储存，最终用这一差值去修正随后真正的浑浊度测量值，该测量值然后作为修改后的值给出。该差值（校正值）在储存之后也用于以后的浑浊度的测量，直至必须用测量值更新该差值，以便能获得足够精度的浑浊度测量值。

在对比文件1中，不是在第一次投入运行之前或之中测量测试段的阈值或起始值，也没有设置这种事先确定的阈值或起始值。与对比文件1方法不同的是，在本发明的方法中，在测量值达到或超过阈值时给出一校正植，由这一校正值对碱液的浑浊度的实际测量值作纠正，或者该校正值被储存起来用于洗衣机自动的工作循环中的随后的测量中。与此相反，在对比文件1的方法中，当实际测得的浑浊度测量值达到或者超过一比较值时，没有给出一校正值，而只是给出一信号，以敦促使用者清洗或者更换测试段。

对比文件2中的烟雾传感器与本发明不属于同一类型，此外，对比文件2没有公开本发明没有被对比文件1所公开的特征，并且也不能显而易见地获得权利要求1所述的“在机器第一次投入运行之前或之中存储一个由于将来的石灰沉积所引起的测试段的容许衰减阈值”，以及对比文件1和2同样没公开权利要求5所述的“在第一次投入运行之前或之中，用该测试段测出无负荷的测试段的一个衰减超始值并把它存储微处理机中”。

对比文件3没有校正措施，而这一校正措施对于例如由于持久的钙沉积而引起的测试段的透明度变差是必需的，对比文件3只是了根据测量点的温度的漂移对测量值的修改，这种温度漂移绝不会是永久和持续的，而是从测量周期至测量周期来回波动。

因此，权利要求1~5具有创造性。

专利复审委员会于2007年4月18日再次向复审请求人发出复审通知书，要求其在指定的期限内进行答复。复审通知书指出：

（1）权利要求1的“在没有浑浊碱液的一个循环段过程中测出测试段的衰减并转换成一个测量值与预先存储的阈值进行比较，当测量值达到或接近达到该阈值时，微处理器发出一个定序控制的控制信号，在碱液浊度的一次随后的测试中测出的浊度值根据存入的校正值来进行校正”在原始申请文件记载的内容并没有具体描述，也不能由原始申请文件记载的内容直接地、毫无疑义地确定出来。权利要求1超出了原说明书和权利要求书记载的范围，不符合专利法第33条的规定。

（2）权利要求1中描述到“在碱液浊度的一次随后的测试中测出的浊度值根据存入的校正值来进行校正”，而在此之前，权利要求1中并没有描述“校正值”以及该校正值是如何形成的，因此，权利要求1限定的技术方案的保护范围不清楚，不符合专利法实施细则第20条第1款的规定。

（3）关于权利要求1，即使复审请求人将权利要求1中超出原始申请文件范围的内容删除，权利要求1也不具有创造性。因为，尽管对比文件1没有明确描述其预定的极限值是在何时存储的，但对于本领域的技术人员来说，很清楚预定的极限值是在设备运行之前预先设定的，且也是容易想到的，这与本专利权利要求1没有实质性区别。将对比文件1与权利要求1的技术方案相比较可知，两者的区别在于：本申请是对不容许高的钙化度的测定。对本领域的技术人员来说，对混浊度传感器测试管壁污染度的测试和清洗，实际上也包括沉积在管壁上的钙的测试和清洗。对比文件1所披露的是液体浑浊度传感器，是用在使用液体的机器设备中，洗衣机或洗碗机便是使用液体的一种机器设备，将对比文件1中的浑浊度传感器的测定方法应用到家用电器中，不需要克服技术难题，也没有产生意料不到的技术效果。因此在对比文件1的基础上得到权利要求1的技术方案无需付出创造性的劳动。权利要求 1 相对于对比文件 1 不具有创造性。

（4）从属权利要求 2 和 4 限定的内容是测试领域数据处理一种常用的方法；从属权利要求 3 限定的内容在对比文件 1 中已经披露，因此，在权利要求 1 不具有创造性的情况下，从属权利要求 2~4 也不具有创造性。

（5）关于权利要求 5 的创造性问题，合议组的意见仍然与上次复审通知书的意见相同。

复审请求人于 2007 年 6 月 6 日针对复审委员会 2007 年 4 月 18 日发出的复审通知书进行答复，并对权利要求书进行了修改，复审请求人删除了有关“校正值”的描述，并将权利要求 2 的技术特征加入到权利要求 1 中。并对修改后的权利要求做了重新编号。修改后的权利要求如下：

“1. 一种用含有石灰的水工作的家用电器即洗衣机或洗碗机中的碱液浑浊度测试用的光学测试段的不容许高的钙化度的测定方法，这种家用电器具有一个测试段测试信号的评估电路和一台微处理机，用来把测试结果转换成该家用电器的定序控制；其特征为：在机器第一次投入运行之前或之中存储一个由于将来的石灰沉积所引起的测试段的容许衰减阈值；在机器的每个工作循环中，在没有浑浊碱液的一个循环段过程中测出测试段的衰减并转换成一个测量值与该阈值进行比较；当该测量值达到或接近达到该阈值时，微处理机发出一个定序控制的控制信号，从机器的预定的工作循环次数的过程中收到的测量信号在微处理机中形成一个平均值，该平均值与存入的阈值进行比较。

2. 按权利要求 1 的方法，其特征为，通过控制信号控制一个设置在机器上的显示元件。

3. 按权利要求 1 或 2 的方法，其特征为，在多次超过该阈值后通过测试段的测量信号提高该阈值。

4. 一种用含有石灰的水工作的家用电器即洗衣机或洗碗机中的碱液浑浊度测试用的光学测试段的不容许高的钙化度的测定方法，这种家用电器具有一个测试段测试信号的评估电路和一台微处理机，用来把测试结果转换成该家用电器的定序控制，其特征为：在机器第一次投入运行之前或之中，用该测试段测出无负荷的测试段的一个衰减起始值并把它存入微处理机中；在机器的每个新的工作循环中，从相应的测量值和起始值之差中形成一个校正值并把存入微处理机中；微处理机用该校正值修改该测量值，并把修改后的值作为浑浊度值预先给出定序控制，在碱液浊度的一次随后的测试中测出的浊度值根据存入的校正值来进行校正。

复审请求人认为：修改后的独立权利要求 1 和 4 描述了钙化度的测定方法，在所述测定方法中，根据在测量碱液浑浊度之前，测量装置的现有的钙化度对一评估装置进行校准。为了，在第一次投入运行之前或期间按下述方式进行校准，即存储一个由于将来的石灰沉积所引起的测试段的容许衰减的阈值，或者用该测试段测出无负荷的测试段的一个衰减起始值并把它存入计算机中。在每一种情况下，在以后的浑浊度测量时，在真正的浑浊度测量之前要在一循环段中测得没有被浑浊的碱所加载的测量段的实际衰减，所述的前一循环段是在没有浑浊的碱液下进行的。

然后，在第一种情况下，将测量值与阈值比较并决定在随后的真正的浑浊度测量时能否对所获得的值做修正，或者根本就放弃测量。在第二种情况中，由前测量值和起始值形成一差值（校正值）并存储，最终用这一差值去修正随后真正的浑浊度测量值，该测量值然后作为修改后的值给出。该差值在存储之后也用于以后的浑浊度测量，直至必须用测量值更新该差值，以便能获得足够精度的浑浊度测量值。

对比文件 1 没有给出相应的例子。在对比文件 1 中，不是在第一次投入运行之前或之中测量测试段的阈值和起始值。参见对比文件 1 第 18 页第 16~30 行：记载了用清洗液清洗探测器，并在探测器充满清洗液时从该探测器获得参考读数。将这一读数与存储在相关的微处理机中的初始值相比较，以确定恶化的程度。对比文件 1 并没有指出为要测试的恶化程度建立一个阈值，也没有从上述确定中得出任何的决定。应当注意的是，建立一个阈值并不是一个任意的措施，而是需要通盘考虑会引起和促使恶化的机制的措施。而是在对比文件 1 中没有有关建立阈值的建议。

在对比文件 1 第 10 页第 18~33 行中记载了，来自光电二极管的信号变化可能被用于产生“故障指示”，但是，对比文件 1 并没有给出“故障”的定义。此外，如果考虑到来自光电二极管的读数和参考读数的比较，则就要比较该参考读数和已知浑浊度的参考液体的读数。这一方法可以改进浑浊度的测量，但是却不能用于得出探测器中可能恶化或钙化的结论。虽然，对比文件 1 中考虑用没有浑浊的液体来清洗，但是并没有本发明转用的测量，即“在没有浑浊碱液的一个循环过程中测出测试段的衰减并转换成一个测量值与该阈值进行比较”。并且对比文件 1 也没有公开“当该测量值达到或接近该阈值时，微处理器发出一个定序控制的控制信号”，也就是说，本发明将测试结果转换成该家用电器的定序控制。

如说明书第 3 页第 1~5 行所述“石灰的这种沉积势必干扰由于洗涤剂成分或赃物成分引起的碱液浑浊度的可靠测量，从而导致错误的测量结果和错误的或不适时的过程影响”。在这样测定碱液浑浊度时，由于迄今为止在管段 4 上产生石灰沉积引起的测量误差可通过把测出的浑浊值与微处理机中存储的校正值进行校正而被消除。

但是，对比文件 1~4 并没有公开有关“微处理机发出一个定许控制的控制信号”的技术特征。综上所述，申请人认为修改后的权利要求 1~4 相对于对比文件 1 具有创造性。

至此，合议组认为本案事实清楚，可以作出复审决定。

二、决定的理由

1. 本决定依据的文本

在复审请求人于 2007 年 6 月 6 日提交的经过修改的权利要求书中删除了有关“校正值”的描述，并将权利要求 2 的技术特征加入到权利要求 1 中，并对以后的权利要求进行了重新编号。经审查，上述修改已克服修改超范围的缺陷，符合专利法第 33 条的规定。本复审决定依据的文本是：复审请求人于 2007 年 6 月 6 日提交的权利要求 1~4 项、进入国家阶段时提交的说明书第 2~3 页、说明书附图第 1 页、说明书摘要以及摘要附图，按国际初审报告提交的说明书第 1~1a 页。

2. 专利法第 22 条第 3 款

专利法第 22 条第 3 款规定：创造性，是指同申请日以前的已有的技术相比，该发明具有突出的实质性特点和显著的进步。

（1）本申请的权利要求 1 不具有专利法第 22 条第 3 款规定的创造性，理由如下：

对比文件 1（即 WO96/23208）公开了混浊度传感器，浊度传感器 10 检测流过流体通道 12 的液体混浊度，测试单元 18 包括光源 20（最好是 LED21），和至少一个检测器 22（最好包括一个光电二极管 24），在其最佳实施例中，检测器 22 包括光电二极管 24 和 32，用于检测与光源 LED26 分开位置处的光。检测器 22 与监控电路 38 耦合。当检测器包括一个或者多个光电二极管时，每个可以与检测电路 42 耦合，检测电路 42 包括一部分监控电路 38。无论何时非浑浊物质通过测试单元，通过比较操作的输出响应可以评价测试单元。尽管是非浑浊介子，光电二极管 32 检测到的散射光中的任何变化或者光电二极管 24 检测到的发射光中的任何变化与测试单元的污染等级更紧密对应。当超过了预定极限值的读数可以用于产生失败指示时，一种类型的监控过程分析光电二极管 24、32 输出中的信号变化。如警报灯、报警铃之类的可感知的指示输出可以警告需要清洗或者更换测试单元（参见对比文件 1 第 6 页第 14 行至第 10 页第 27 行及其相应的附图）。也就是说，当没有混浊的液体通过测试单元时检测出一个测量值，当该测量值超过预定的极限值时，报警灯、报警铃之类的指示输出警告需要清洗或者更换测试单元。尽管对比文件 1 没有明确描述其预定的极限值是在何时存储的，但对于本领域的技术人员来说，很清楚预定的极限值是在设备运行之前预先设定的，且也是容易想到的，这与本专利权利要求1没有实质性区别。将对比文件1与权利要求1的技术方案相比较可知，两者的区别技术特征在于：（1）本申请是对不容许高的钙化度的测定；（2）从机器的预定的工作循环系数的过程中收到的测量信号在微处理机中形成一个平均值，该平均值与存入的阈值进行比较。

关于区别技术特征（1），对于本领域的技术人员来说，对混浊度传感器测试管壁污染度的测试和清洗，实际上也包括沉积在管壁上的钙的测试和清洗。对比文件1所披露的是液体浑浊度传感器，是用在使用液体的机器设备中，洗衣机或洗碗机便是使用液体的一种机器设备，将对比文件1中的浑浊度传感器的测定方法应用到家用电器中，不需要克服技术难题，也没有产生意料不到的技术效果。

关于区别技术特征（2），“从机器的预定的工作循环系数的过程中收到的测量信号在微处理机中形成一个平均值，该平均值与存入的阈值进行比较”是测试领域数据处理一种常用的方法，采用该方法对于本领域技术人员来说是不需要创造性劳动的，也没有产生意料不到的技术效果。

因此在对比文件1的基础上得到权利要求1的技术方案无需付出创造性的劳动，本申请权利要求1相对于对比文件1不具有创造性。

（2）从属权利要求2限定的内容在对比文件1中已经披露；从属权利要求3限定的内容是测试领域数据处理一种常用的方法。因此，在所引用的权利要求不具有创造性的情况下，从属权利要求2~3也不具有专利法第22条第3款规定的创造性。

（3）权利要求4不具备专利法第22条第3款规定的创造性，理由如下：

权利要求4请求保护一种用含有石灰的水工作的家用电器即洗衣机或洗碗机中碱液浑浊度测试用的光学测试段的不容许高的钙化度的测定方法。对比文件3公开了一种对自动洗碗机或洗衣机中的浑浊度探测器测量值进行校正的方法，其所公开的测量值校正方法与本申请中公开的浑浊度值的校正方法相同；测出标准条件下的起始值，在标准条件改变后测出相应的测量值，该测量值与起始值之差中形成一个校正值并存入微处理器中，微处理器用该校正值修正测量值。可见对比文件3公开的方法与权利要求4请求保护的方法无实质区别，本申请权利要求4限定测出无负荷的测试段的一个衰减起始值，而对比文件3采用的是求出工作点，即相当于一个起始值，从本申请的说明书中看不出权利要求4限定的方法相对于对比文件3产生了意料不到的技术效果。因此，本申请权利要求4相对于对比文件3不具备创造性。

复审请求人强调：（1）对比文件1不是在第一次投入运行之前或者之中测量测试段的阈值或起始值，对比文件1第18页第16~30行记载了用清洗液清洗探测器，并在探测器充满清洗液时从该探测器获得参考读数。将这一读数与存储在相关的微处理机的初时值相比较，以确定恶化的程度。但是，对比文件1并没有指出为要测试的恶化程度建立一个阈值，也没有从上述确定中得出任何的决定；（2）本申请权利要求1的方法，当测定值达到或接近达到阈值时，微处理器发出一个定序控制的控制信号，对比文件1并没有公开有关“微处理机发出一个定序控制的控制信号”的技术特征。

对于第（1）点，合议组认为，本申请权利要求1所限定的并不是在第一次投入运行之前或者之中“测量”测试段的阈值，而是“存储”测试段的容许衰减阈值，如上所述，对比文件1中预定的极限值同样也是预先存储在计算机中的，这与对比文件1并没有区别。即使权利要求4限定了“测出”无负荷的测试段一个衰减起始值，但这与对比文件1预先存储一个阈值也并无实质差别，而且本申请文件中也并没有描述权利要求4所限定的“测出”无负荷的测试段一个衰减起始值能够带来什么样预料不得的技术效果。对于第（2）点，合议组认为，对比文件1与本申请同样在测定值达到或接近达到阈值时，都会提醒使用者，本申请强调发出一个定序控制的控制信号，但本申请并没有再进一步描述定序控制信号会有何预料不到的技术效果，因此，合议组认为这两者没有实质区别。

综上所述，本申请权利要求1~4要求保护的技术方案不具备突出的实质性特点和显著的进步，不符合专利法第22条第3款有关创造性的规定。

根据上述事实和理由，本案合议组作出如下决定。

三、决定

维持国家专利局于2002年11月29日对98805460.4号发明专利申请作出的驳回决定。

复审请求人对本决定不服的，可以根据专利法第41条第2款的规定，自收到本决定之日起三个月内向北京市第一中级人民法院起诉。

002

涂抹器喷嘴与涂抹器喷嘴结合的化妆品包装和涂抹单元

复审请求审查决定（第11863号）

决　　定　　号　第11863号
决　　定　　日　2007年9月11日
发明创造名称　涂抹器喷嘴与涂抹器喷嘴结合的化妆品包装和涂抹单元
国 际 分 类 号　A45D19/02，A45D24/22
复 审 请 求 人　莱雅公司
申　　请　　号　03147670.8
优 先 权 日　2002年7月17日
申　　请　　日　2003年7月16日
公　　开　　日　2004年2月4日
合 议 组 组 长　杨军艳
主　　审　　员　张梅珍
参　　审　　员　张　曦

法 律 依 据　专利法第22条第2款
决 定 要 点

如果一项权利要求请求保护的技术方案已经完全被对比文件所披露，并且二者技术领域相同，解决的技术问题以及预期的技术效果均相同，则该权利要求不具备新颖性。

一、案由

本复审请求涉及申请号为03147670.8、名称为“涂抹器喷嘴与涂抹器喷嘴结合的化妆品包装和涂抹单元”的发明专利申请，其申请日为2003年7月16日，优先权日为2002年7月17日，公开日为2004年2月4日，申请人为莱雅公司。

应申请人的请求，国家知识产权局专利局依法对该专利申请进行了实质审查，于2005年10月14日针对以下文本作出了驳回本申请的决定：2005年5月24日提交的权利要求第1~17项、说明书第1~8页，申请日提交的说明书附图第1~4页、说明书摘要和摘要附图。驳回决定中引用了一篇对比文件：

对比文件1：JP特开平2001-158464A号公开特许公报，其公开日为2001年6月12日。

驳回理由为权利要求1~9、17相对于对比文件1不具备创造性，驳回所针对的权利要求1~9、17的具体内容为：

“1. 用于安装在一容纳待涂抹到毛发上的产品的容器（12）上的涂抹器喷嘴（14），所述的喷嘴包括有：

a）用于将该喷嘴（14）连接到该容器（12）上的装置；

b）一包括至少三个齿（16，22）的结构，该三个齿设置在至少一排中，该排包括第一和第二端部齿（22），至少一个纵向穿有一沟槽（28）的中间齿（16），该沟槽（28）可以与容纳在容器（12）中的产品连通，所述的沟槽（28）通过至少一个出口开口（20）侧向显露出来，该出口开口（20）沿至少一个相邻齿（16，22）的方向取向，其特征在于，所述的结构是：

i）通过模制出一一体件形成；和

ii）构造成可以防止产品从所述的出口开口（20）沿所述的出口开口（20），超过所述的第一和第二端部齿（22）流出，该出口开口（20）出现在一凹槽（26）中，该凹槽（26）相对所述的齿（16）从所述的出口开口（20）向上到所述的齿（16）的自由端纵向延伸。

2. 根据权利要求1所述的涂抹器喷嘴，其特征在于，该中间齿（16）位于所述的第一和第二端部齿（22）之间。

3. 根据权利要求2所述的涂抹器喷嘴，其特征在于，该纵向沟槽（28）通过两出口开口（20）显露出来，该出口开口（20）彼此相对取向。

4. 根据权利要求1所述的涂抹器喷嘴（14），其特征在于，该端部齿（22）没有在所述结构的一个外部方向出现的出口开口（20）。

5. 根据权利要求1所述的涂抹器喷嘴（14），其特征在于，该端部齿（22）没有出口开口（20）。

6. 根据权利要求1所述的涂抹器喷嘴（14），其特征在于，该端部齿（22）是实心的。

7. 根据权利要求1所述的涂抹器喷嘴（14），其特征在于，所述的出口开口（20）位于该齿（16）的自由端部附近。

8. 根据权利要求1所述的涂抹器喷嘴（14），其特征在于，该连接装置包括一螺纹（36），该连接装置设计用来与设置在该容器（12）的颈部上的相应的螺纹啮合。

9. 用于一种化妆品的包装和涂抹单元，其特征在于，该单元包括一容器（12），该容器（12）安装有一根据权利要求1所述的涂抹器喷嘴（14）。

……

17. 用于安装在一容器（12）上的涂抹器喷嘴（14），该容器（12）容纳一种待涂抹到毛发上的产品，所述的喷嘴包括有：

a）用来将该喷嘴（14）连接到该容器（12）上的装置；

b）包括至少三个齿（16，22）的结构，该两个齿（16，22）设置在至少一排中，该排包括第一和第二端部齿（22），至少一个中间齿（16），该中间齿（16）被一沟槽纵向穿过，该沟槽（28）能够与容纳在该容器（12）中的产品连通，所述的沟槽（28）通过沿至少一个相邻的齿（16，22）的方向取向的至少一个出口开口（20）侧向显露出来，其特征在于，

i）所述的结构通过模制，由一一体件形成；和

ii）所述的结构构造成可以防止产品沿出口开口（20）的方向，从所述的出口开口（20）超过所述的第一和第二端部齿（22）流出，该端部齿没有出口开口。”

申请人莱雅公司（下称复审请求人）不服上述驳回决定，于2006年1月24日向专利复审委员会提出复审请求，同时提交了权利要求书的修改替换页，其中将驳回决定所针对的权利要求2、3、5、7的附加技术特征补充到权利要求1中形成新的权利要求1，权利要求17调整编号为权利要求13，修改后的权利要求1~5、13的具体内容为：

“1. 用于安装在一容纳待涂抹到毛发上的产品的容器（12）上的涂抹器喷嘴（14），所述的喷嘴包括有：

a）用于将该喷嘴（14）连接到该容器（12）上的装置；

b）一包括至少三个齿（16，22）的结构，该三个齿设置在至少一排中，该排包括第一和第二端部齿（22），至少一个纵向穿有一沟槽（28）的中间齿（16），该沟槽（28）可以与容纳在容器（12）中的产品连通，所述的沟槽（28）通过至少一个出口开口（20）侧向显露出来，该出口开口（20）沿至少一个相邻齿（16，22）的方向取向，其特征在于，所述的结构是：

i）通过模制出一一体件形成；和

ii）构造成可以防止产品从所述的出口开口（20）沿所述的出口开口（20），超过所述的第一和第二端部齿（22）流出，该出口开口（20）出现在一凹槽（26）中，该凹槽（26）相对所述的中间齿（16）从所述的出口开口（20）向上到所述的齿（16）的自由端纵向延伸，该中间齿（16）位于所述的第一和第二端部齿（22）之间，该纵向沟槽（28）通过两出口开口（20）显露出来，该出口开口（20）彼此相对取向，该端部齿（22）没有出口开口（20），所述的出口开口（20）位于该齿（16）的自由端部附近。

2. 根据权利要求1所述的涂抹器喷嘴（14），其特征在于，该端部齿（22）没有在所述结构的一个外部方向出现的出口开口（20）。

3. 根据权利要求1所述的涂抹器喷嘴（14），其特征在于，该端部齿（22）是实心的。

4. 根据权利要求1所述的涂抹器喷嘴（14），其特征在于，该连接装置包括一螺纹（36），该连接装置设计用来与设置在所述容器（12）的颈部上的相应的螺纹啮合。

5. 用于一种化妆品的包装和涂抹单元，其特征在于，该单元包括一容器（12），该容器（12）安装有一根据权利要求1所述的涂抹器喷嘴（14）。

……

13. 用于安装在一容器（12）上的涂抹器喷嘴（14），该容器（12）容纳一种待涂抹到毛发上的产品，所述的喷嘴包括有：

a）用来将该喷嘴（14）连接到该容器（12）上的装置；

b）包括至少三个齿（16，22）的结构，该两个齿（16，22）设置在至少一排中，该排包括第一和第二端部齿（22），至少一个中间齿（16），该中间齿（16）被一沟槽纵向穿过，该沟槽（28）能够与容纳在该容器（12）中的产品连通，所述的沟槽（28）通过沿至少一个相邻的齿（16，22）的方向取向的至少一个出口开口（20）侧向显露出来，其特征在于，

i）所述的结构通过模制，由一一体件形成；和

ii）所述的结构构造成可以防止产品沿出口开口（20）的方向，从所述的出口开口（20）超过所述的第一和第二端部齿（22）流出，该端部齿没有出口开口。”

复审请求人认为经过上述修改，权利要求1~13相对于对比文件1具备新颖性和创造性，因此要求在此基础上撤销专利局针对本申请作出的驳回决定。

经形式审查合格后，专利复审委员会受理了该复审请求，于2006年3月15日发出复审请求受理通知书，同时向原实质审查部门发出了前置审查通知书。

专利局原实质审查部门作出前置审查意见，仍然坚持原驳回决定。

在此基础上专利复审委员会依法成立合议组对本案进行审查。合议组于2007年1月25日发出复审通知书，指出复审请求人于2006年1月24日提交的权利要求1~5、13相对于对比文件1不具备创造性，具体理由是：权利要求1相对于对比文件1的区别技术特征为本发明权利要求1中的所述喷嘴

结构通过模制出一体件形成，合议组认为对比文件 1 已经公开了带梳子的瓶盖（相当于本申请中的喷嘴）由合成树脂一体成形，而通过模制的方法模制出一体件是本领域惯用的技术手段，因此权利要求 1 相对于对比文件 1 不具备创造性；权利要求 2~4 的附加技术特征已经被对比文件 1 所公开，因此权利要求 2~4 也不具备创造性；权利要求 5 请求保护的是容器和权利要求 1 所述的喷嘴的组合，其中的容器也被对比文件 1 所公开，因此其相对于对比文件 1 不具备创造性；基于与权利要求 1 相同的理由，权利要求 13 也不具备创造性。

复审请求人于 2007 年 5 月 8 日针对复审通知书提交了意见陈述书和权利要求书的修改替换页，认为修改后的各项权利要求相对于对比文件 1 具备新颖性和创造性。修改后的权利要求书共包括 16 项权利要求，其中的权利要求 1~9 具体内容为：

“1. 用于装配在一容纳待涂抹到毛发上的产品的容器（12）上的涂抹器喷嘴（14），所述的涂抹器喷嘴包括有：

a）用于将该涂抹器喷嘴（14）连接在该容器（12）上的装置；

b）一种至少两个齿（16，22）的结构，设置成至少一排，该排包括第一和第二端部齿（22），所述齿中的至少一个（16）被纵向沟槽（28）贯穿，该沟槽（28）可以与容纳在容器（12）中的产品连通，所述沟槽（28）通过至少一个出口开口（20）侧向显露出来，该出口开口（20）面对至少一个邻近的齿（16，22），所述齿包括沿所述齿（16）纵向延伸的凹槽（26），该凹槽（26）包括第一端和位于所述齿（16）顶部处的第二端，其特征在于，所述出口开口（20）出现在该凹槽于其第一端处。

2. 根据权利要求 1 所述的涂抹器喷嘴（14），其特征在于，所述结构包括至少一个中间齿（16）位于所述第一和第二端部齿（22）之间，所述中间齿（16）被一沟槽（28）贯穿，该沟槽（28）通过至少一个面对一个邻近齿（16，22）的出口开口（20）显露出来。

3. 根据权利要求 2 所述的涂抹器喷嘴（14），其特征在于，所述单个或多个中间齿（16）被纵向沟槽（28）贯穿，该沟槽（28）通过两个相互背离的出口开口（20）显露出来。

4. 根据权利要求 1 所述的涂抹器喷嘴（14），其特征在于，所述端部齿（22）没有从所述结构朝外显露的出口开口（20）。

5. 根据权利要求 1 所述的涂抹器喷嘴（14），其特征在于，所述端部齿（22）没有出口开口（20）。

6. 根据权利要求 1 所述的涂抹器喷嘴（14），其特征在于，所述端部齿（22）是实心的。

7. 根据权利要求 1 所述的涂抹器喷嘴（14），其特征在于，所述出口开口（20）定位在所述齿（16）的顶部附近。

8. 根据上述任一项权利要求所述的涂抹器喷嘴（14），其特征在于，所述连接装置由螺纹（36）构成并设计成与设置在所述容器（12）颈部上的相应螺纹相互作用。

9. 用于包装和涂抹化妆产品的组件，其特征在于，它包括具有根据上述任一权利要求所述的涂抹器喷嘴（14）的容器（12）。”

合议组认为，经过上述程序本案事实已经清楚，可以作出审查决定。

二、决定的理由

1. 关于审查文本

复审请求人于 2007 年 5 月 8 日针对复审通知书提交了权利要求书的修改替换页，经审查该修改符合专利法第 33 条以及专利法实施细则第 60 条第 1 款的有关规定，因此本复审决定针对的文本为：于 2007 年 5 月 8 日提交的权利要求 1~16 项；2005 年 5 月 24 日提交的说明书第 1~8 页；申请日提及的附图第1~4页、说明书摘要和摘要附图。

2. 关于新颖性

专利法第22条第2款规定：新颖性，是指在申请日以前没有同样的发明或者实用新型在国内外出版物上公开发表过、在国内公开使用过或者以其他方式为公众所知，也没有同样的发明或者实用新型由他人向国务院专利行政部门提出过申请并且记载在申请日以后公布的专利申请文件中。

（1）权利要求1不符合专利法第22条第2款的有关规定。

权利要求1请求保护一种装配在一容纳待涂抹到毛发上的产品的容器上的涂抹器喷嘴，对比文件1中公开了一种带梳子的瓶盖，该瓶盖安装在容纳有比如染发液的容器（13）上，通过梳子可涂抹染发液，因此，该瓶盖相当于本权利要求的涂抹器喷嘴，并具体公开了以下技术特征：带梳子的瓶盖1通过其内螺纹与容器13连接，瓶盖1上的梳子包括多个设置在一排中的空心齿8和实心齿12，空心齿8有一可与容器中的液体连通的注出路10（相当于本权利要求中的沟槽28）贯穿，注出路10通过分别朝向左右相邻齿的方向取向的注出孔9（相当于本权利要求的出口开口20）侧向显露出来。空心齿8具有从所述注出孔9向上到所述空心齿8的自由端纵向延伸的纵槽11（相当于本权利要求中的凹槽26）（参见对比文件1的附图1-4；说明书0006~0028）。可见权利要求1的所有技术特征已经被对比文件1所公开了，并且二者的技术领域相同，对比文件1同样是为了将容器中的产品涂抹到毛发上而设计的技术方案，与本发明解决的技术问题相同，预期的技术效果也相同，因此权利要求1相对于上述对比文件1不具备新颖性。

（2）权利要求2~8不符合专利法第22条第2款的规定。

权利要求2~6对中间齿和端部齿分别作了限定，由上文对权利要求1新颖性的评述可知，从属权利要求2~6限定部分的附加技术特征已经被对比文件1所公开，因此当其引用的权利要求不具备新颖性时，从属权利要求2~6也不具备新颖性。

权利要求7的附加技术特征为：所述出口开口（20）定位在所述齿（16）的顶部附近，对比文件1还公开了以下内容：注出孔9在空心齿8的顶部附近（参见对比文件1的附图1-4;)，因此当其引用的权利要求1不具备新颖性时，从属权利要求7也不具备新颖性。

权利要求8限定部分的附加技术特征为“所述连接装置包括一螺纹（36）构成并设计成与设置在所述容器（12）颈部上的相应螺纹相互作用”，根据对权利要求1的评述可知，该附加技术特征已经被对比文件1所公开，因此当权利要求1~7不具备新颖性时，引用上述权利要求的权利要求8也不具备新颖性。

（3）权利要求9不符合专利法第22条第2款的规定。

权利要求9请求保护一种用于包装和涂抹化妆品产品的组件，其包括一容器，该容器安装有权利要求1~8所述的涂抹器喷嘴，如上所述，权利要求1~8所述的涂抹器喷嘴相对于对比文件1均不具备新颖性，并且对比文件1也公开了容器上安装带梳子的瓶盖的技术方案，该瓶盖正是应用于包装和涂抹染发液等化妆品的，因此，权利要求9所要求保护的技术方案相对于对比文件1也不具备新颖性。

综上所述，权利要求1~9不具备新颖性。本案合议组在复审通知书中指出复审请求人提出复审请求时提交的权利要求1相对于对比文件1的区别技术特征为“喷嘴结构通过模制出一体件形成”，而目前权利要求1删掉了上述区别技术特征，并将提出复审请求时的权利要求1中的一部分技术特征转移到目前的从属权利要求中，同时对部分技术特征的表述作了调整，并无实质变化，由于目前权利要求1~9本身的技术特征均已在复审通知书中进行了评述，因此合议组已经充分履行了听证原则，可以依法作出如下审查决定。

三、决定

维持国家知识产权局于2005年10月14日对03147670.8号发明专利申请作出的驳回决定。

复审请求人对本决定不服的，可以根据专利法第41条第2款的规定，自收到本决定之日起三个月内向北京市第一中级人民法院起诉。

003

放射性同位素产生器

复审请求审查决定（第11873号）

决　　定　　号　第11873号
决　　定　　日　2007年10月24日
发明创造名称　放射性同位素产生器
国 际 分 类 号　G21G 4/08，A61J 1/00，G21F5/015
复 审 请 求 人　通用电气健康护理有限公司
申　　请　　号　02828718.5
优 先 权 日　2002年4月11日
申　　请　　日　2002年12月11日
公　　开　　日　2005年6月8日
合 议 组 组 长　张　曦
主　　审　　员　杨加黎
参　　审　　员　李　礼

法 律 依 据　专利法第22条第3款
决 定 要 点

如果一项权利要求请求保护的技术方案与最接近的现有技术相比存在区别技术特征，而该区别技术特征为另一篇对比文件中披露的相关技术手段，并且该技术手段在该对比文件中所起的作用与该区别特征在所述技术方案中为解决技术问题所起的作用相同，则所述权利要求相对于所述最接近的现有技术与所述对比文件的结合不具备创造性。

一、案由

本复审请求涉及申请号为02828718.5、名称为“放射性同位素产生器”的PCT发明专利申请（下称本申请），申请日为2002年12月11日，优先权日为2002年4月11日，进入中国国家阶段的日期为2004年10月10日，申请人为阿默沙姆公开有限公司，于2005年11月25日变更为通用电气健康护理有限公司。本申请公开时权利要求书共包括4项权利要求，具体内容如下：

“1. 一种用于产生包含放射性成分的流体的设备，该设备包括：屏蔽室，在该屏蔽室内设有容纳放射性同位素的同位素容器，屏蔽室包括连接到同位素容器的相对的末端的第一和第二流体连接器，以及流体管道，该流体管道从每个第一和第二流体连接器分别延伸到流体入口和流体出口，其特征在于，流体入口包括具有基本上圆形截面的单个钉，该钉适于穿透小瓶的橡皮密封塞，并且该钉具有两个孔，第一孔从与钉的尖端相邻的第一孔口延伸到带有流体管道的流体连接器，以及第二孔从钉的第二个单独的孔口延伸到过滤空气入口。

2. 如权利要求 1 中要求的设备，还包括支撑流体入口和流体出口的外部外壳，以及流体入口的钉凸出穿过外部外壳的孔口。

3. 如权利要求 2 中要求的设备，其中外部外壳围绕所述钉穿过的孔口限定有凹坑，该凹坑被制成可以接纳小瓶。

4. 如前述权利要求的任一项中要求的设备，其中过滤空气入口包含聚四氟乙烯过滤盘。"

国家知识产权局实质审查部门依法对本申请进行了实质审查，于 2005 年 8 月 12 日发出第一次审查意见通知书，指出本申请权利要求 1~4 不具备创造性，不符合专利法第 22 条第 3 款的规定，权利要求 1~3 不符合专利法实施细则第 20 条第 3 款的规定，说明书的撰写不符合专利法实施细则第 19 条的规定。

所引用的对比文件如下：

对比文件 1：JP 特開平 8-29598A，其公开日为 1996 年 2 月 2 日；

对比文件 2：US4211588，其公开日为 1980 年 7 月 8 日。

针对上述审查意见通知书，申请人于 2006 年 2 月 25 日提交了意见陈述书，同时提交了说明书第 1~5 页、说明书附图第 1 页，以及摘要附图的修改替换页。申请人认为：①本领域技术人员会面对各种选择权，以寻求所面对的技术问题，而不需要选择将对比文件 2 的教导与对比文件 1 结合在一起，而且对比文件 1 和 2 分别属于两个不同的技术领域，将对比文件 2 的教导与对比文件 1 结合得到本申请独立权利要求 1 的技术方案，对本领域技术人员而言不是显而易见的；②自 20 世纪 60 年代以来，通过 Molybdenum-99 的溶剂抽出物产生 Technetium-99m 的发生器已经在商业上获得了利用，而对比文件 2 是 1980 年授权的，如果对比文件 1 和 2 的结合是显而易见的，则本申请权利要求 1 的技术方案将早于本申请被提出；据此认为本申请权利要求 1 相对于对比文件和 2 具备创造性。

经过上述实质审查程序后，国家知识产权局实质审查部门以本申请权利要求 1~4 不符合专利法第 22 条第 3 款的规定为由，于 2006 年 7 月 7 日做出了驳回本申请的决定。该驳回决定所针对的文本是：申请人于 2004 年 10 月 10 日提交的权利要求第 1~4 项、说明书附图第 2 页和说明书摘要，于 2006 年 2 月 25 日提交的说明书第 1~5 页、说明书附图第 1 页和摘要附图；具体的驳回理由如下：权利要求 1~4 相对于对比文件 1 和 2 的结合不具备创造性，不符合专利法第 22 条第 3 款的规定；对于申请人在意见陈述书中所述的观点①，驳回决定中认为，在创造性的判断中，本领域技术人员是用对比文件 1 和 2 相结合的可能性来评述权利要求的创造性，只要对比文件 1 和 2 相结合的技术方案能使发明不具有突出的实质性特点和显著的进步，就可以将对比文件 2 的教导与对比文件 1 结合在一起，并且对比文件 1 和 2 都涉及带有钉的刺穿装置，是相近的技术领域；对于申请人在意见陈述书中所述的观点②，驳回决定中认为，对比文件 1 和 2 相结合的显而易见性与本申请权利要求 1 的技术方案会在早于本申请优先权日之前被提出没有因果关系，因此申请人的理由均不成立。

申请人通用电气健康护理有限公司（下称复审请求人）不服上述驳回决定，于 2006 年 10 月 23 日向专利复审委员会提出复审请求，并未对申请文件进行修改，其复审请求的理由是：本申请相对于现有技术所要解决的技术问题在于，现有技术中的双针系统能够造成小瓶的橡皮密封塞的撕裂从而导致未过滤的空气的进入，本申请的同心双针设计的使用在减少这种危险方面取得了显著进步，而对比文件 1 没有公开和暗示放射性同位素产生器的上述技术问题，并且对比文件 1 和 2 分别属于两个不同的技术领域，其所要解决的技术问题也不相同，将对比文件 1 和 2 结合对本领域技术人员而言并不是显而易见的；自 1960 年代以来，通过 Molybdenum-99 的溶剂抽出物产生 Technetium-99m 的发生器已经在商业上获得了利用，而对比文件 2 是 1980 年授权的，如果对比文件 1 和 2 的结合是显而易见的，则本申请权利要求1的技术方案将早于本申请被提出；据此认为本申请独立权利要求1的技术方案相对于对比文件1和2具备创造性。

经形式审查合格后，专利复审委员会依法受理了该复审请求，于2006年12月4日向复审请求人发出了复审请求受理通知书，同时向原审查部门发出前置审查通知书。

原审查部门对该复审请求做出前置审查意见，仍然坚持原驳回决定。

针对上述复审请求，专利复审委员会依法成立合议组，对本复审请求进行审查，于2007年8月6日向复审请求人发出复审通知书，指出本申请权利要求1~4相对于对比文件1和2的结合不具备创造性，不符合专利法第22条第3款的规定，同时指出复审请求人在复审请求书中提出的关于权利要求1具备创造性的上述观点不能成立。

针对上述复审通知书，复审请求人于2007年9月21日提交了意见陈述书，同时提交了说明书全文和权利要求书全文的修改替换页，修改后的权利要求书共包括3项权利要求，其中仅将原权利要求2并入到原权利要求1中形成了新的权利要求1，并对从属权利要求的引用关系做了适应性修改，具体内容如下：

"1. 一种用于产生包含放射性成分的流体的设备，该设备包括：屏蔽室，在该屏蔽室内设有容纳放射性同位素的同位素容器，屏蔽室包括连接到同位素容器的相对的末端的第一和第二流体连接器，以及流体管道，该流体管道从每个第一和第二流体连接器分别延伸到流体入口和流体出口，所述流体入口和流体出口由外部外壳支撑，其特征在于，流体入口包括凸出穿过外部外壳的孔口的单个钉，该钉具有基本上圆形截面，该钉适于穿透小瓶的橡皮密封塞，并且该钉具有两个孔，第一孔从与钉的尖端相邻的第一孔口延伸到带有流体管道的流体连接器，以及第二孔从钉的第二个单独的孔口延伸到过滤空气入口。

2. 如权利要求1的设备，其中外部外壳围绕所述钉穿过的孔口限定有凹坑，该凹坑被制成可以接纳小瓶。

3. 如权利要求1或2的设备，其中过滤空气入口包含聚四氟乙烯过滤盘。"

复审请求人在意见陈述书中认为，对比文件1或2均没有公开或教导本申请独立权利要求1"其所述流体入口和流体出口是由外部外壳支撑的"这一技术特征，并可产生不会造成橡皮密封塞撕裂、保持产生器无菌条件的技术效果，因此对比文件1和2的组合不足够以获得本申请独立权利要求1的技术方案。

至此，合议组认为本案事实已经清楚，现依法作出复审决定。

二、决定的理由

1. 决定所依据的文本

本复审请求审查决定所依据的文本为：复审请求人于2007年9月21日提交的权利要求第1~3项、说明书第1~5页，于2006年2月25日提交的说明书附图第1页和摘要附图，于2004年10月10日提交的说明书附图第2页以及说明书摘要。

2. 关于专利法第22条第3款

专利法第22条第3款规定，创造性，是指同申请日以前已有的技术相比，该发明有突出的实质性特点和显著的进步，该实用新型有实质性特点和进步。

如果一项权利要求请求保护的技术方案与最接近的现有技术相比存在区别技术特征，而该区别技术特征为另一篇对比文件中披露的相关技术手段，并且该技术手段在该对比文件中所起的作用与该区别特征在所述技术方案中为解决技术问题所起的作用相同，则所述权利要求相对于所述最接近的现有技术与所述对比文件的结合不具备创造性。

具体到本案，合议组认为：

（1）权利要求 1 不符合专利法第 22 条第 3 款的规定。

本申请权利要求 1 请求保护一种用于产生包含放射性成分的流体的设备，对比文件 1 公开了（参见该对比文件 1 说明书第 0001～0004 栏，附图 7）一种放射性同位素锝-99m 产生器（对应于权利要求 1 的用于产生包含放射性成分的流体的设备），该产生器包括辐射屏蔽室 20，该屏蔽室内设有附着 99Mo 的柱 21（相当于权利要求 1 的同位素容器），柱的两端通过流体管道和流体连接器分别连接到洗出液注入口 22 和洗出液流出口 24（所述注入口 22 和流出口 24 分别相当于权利要求 1 的流体入口和流体出口），所述洗出液注入口 22 和洗出液流出口 24 由带有两个凹坑的外部外壳（相当于权利要求 1 中的支撑流体入口和流体出口的外部外壳）支撑，洗出液注入口 22 包括能穿透小瓶的橡胶密封塞的用于供应液体的注入用针 23（对应于权利要求 1 的单个钉），其为双针系统，该注入用针 23 在所述外部外壳的凹坑位置穿过该外部外壳，并插入凹坑所容纳的小瓶 26 中。由于对比文件 1 中的注入用针 23 是穿过外部外壳插入小瓶 26 的，因此在该外部外壳上必然存在供注入用针 23 穿过的孔口。

由此可见，本申请权利要求 1 请求保护的技术方案与对比文件 1 的区别在于，权利要求 1 中的流体入口包括基本上圆形截面的单个钉，该钉具有分别连接至过滤空气入口和流体管道的两个孔。该区别技术特征所要解决的技术问题是通过单个钉的刺穿，使得被该钉插入的小瓶的旋转运动不会造成橡皮密封塞的撕裂，从而在使用期间保持产生器的无菌条件。

对比文件 2 公开了（参见该对比文件 2 说明书第 2 栏第 23～32 行，第 3 栏第 10 行至第 4 栏，附图 3）一种用于刺穿瓶塞的刺穿装置，该刺穿装置能代替现有技术中所需的双针系统，通过单一的刺穿瓶塞来降低受污染的可能性，该刺穿装置包括刺穿点为锥形表面的刺钉 70，该刺钉包括两条纵向延伸的通道，其中一条为流体通道 80（相当于权利要求 1 的第一孔），其与流体端口相连从而形成用于流体路径的下导管，另一条为空气通道 78（相当于权利要求 1 的第二孔），该通道与进气口相连从而在刺穿点和进气口之间形成空气路径，与进气口相连的空气管道具有孔，该孔内设有合适的过滤介质。即对比文件 2 公开了上述全部区别技术特征。由于对比文件 2 公开的刺穿装置能够代替现有技术中的双针系统从而起到降低受污染的可能性的作用，即对比文件 2 的刺穿装置实际解决的技术问题与上述区别技术特征在权利要求 1 中所解决的技术问题相同，并且对比文件 1 的双针系统与对比文件 2 的刺穿装置均是医疗器械领域中用于刺穿瓶塞以导入流体的装置，由此可见，对比文件 2 给出了用刺穿装置代替双针系统应用于同位素产生器的技术启示，选择用对比文件 2 公开的刺穿装置代替对比文件 1 中的双针系统，从而得到权利要求 1 请求保护的技术方案对本领域普通技术人员而言是显而易见的，因此权利要求 1 相对于对比文件 1 和对比文件 2 的结合而言不具备突出的实质性特点和显著的进步，权利要求 1 不具备创造性，不符合专利法第 22 条第 3 款的规定。

对于复审请求人强调的由于对比文件 1 或 2 均没有公开或教导本申请修改后的独立权利要求 1 中的技术特征"其所述流体入口和流体出口是由外部外壳支撑的"，因此对比文件 1 和 2 的组合并不足以获得本申请权利要求 1 所请求保护的技术方案这一观点，合议组认为，从对比文件 1 的附图 7 中可以明确得知，洗出液注入口 22 和洗出液流出口 24 由带有两个凹坑的外部外壳支撑，其中洗出液注入口 22 和洗出液流入口 24 分别相当于本申请独立权利要求 1 的流体入口和流体出口，所述凹坑的作用同样是对小瓶径向移动进行限位从而使小瓶密封塞与插入的针之间不会发生径向的相对移动，以避免密封塞的撕裂或其他损坏，即对比文件 1 公开了本申请独立权利要求 1 的上述技术特征，并且如上所述对比文件 1 和 2 的结合已经公开了权利要求 1 的全部技术特征，基于上述理由，复审请求人的上述主张不能成立。

（2）权利要求2~3不符合专利法第22条第3款的规定。

从属权利要求2的附加技术特征为“外部外壳围绕所述钉穿过的孔口限定有凹坑，该凹坑被制成可以接纳小瓶”。由对比文件1附图7可知，在其放射性同位素产生器中支撑洗出液注入口22和洗出液流出口24的外部外壳带有两个凹坑，洗出液注入口22的注入用针23（对应于权利要求2的钉）在该外部外壳的凹坑位置穿过该外部外壳，并插入凹坑所容纳的小瓶26中。由于对比文件1中的注入用针23是穿过外部外壳插入小瓶26的，因此在该外部外壳上必然存在供注入用针23穿过的小孔，由此可见，从属权利要求2的附加技术特征已经被对比文件1所公开，当其引用的权利要求1不具备创造性时，该从属权利要求2也不具备创造性，不符合专利法第22条第3款的规定。

从属权利要求3的附加技术特征为“过滤空气入口包含聚四氟乙烯过滤盘”，由于对比文件2已经公开了其刺穿装置中与进气口相连的空气管道的孔内设有合适的过滤介质，而根据实际需要选择合适的过滤介质如四氟乙烯过滤盘来过滤空气是本领域常用技术手段，因此，从属权利要求3相对于对比文件1、2以及上述常用技术手段的结合而言不具备突出的实质性特点和显著的进步，因而该权利要求3不具备创造性，不符合专利法第22条第3款的规定。

综上所述，本申请权利要求1~3仍不具备创造性，不符合专利法第22条第3款的规定。

根据上述事实和理由，本案合议组依法作出以下审查决定。

三、决定

复审请求理由不成立，维持国家知识产权局于2006年7月7日对02828718.5号发明专利申请作出的驳回决定。

复审请求人对本决定不服的，可以根据专利法第41条第2款的规定，自收到本决定之日起三个月内向北京市第一中级人民法院起诉。

004

投影机高度调整系统

复审请求审查决定（第11874号）

决　定　号　第11874号
决　定　日　2007年11月20日
发明创造名称　投影机高度调整系统
国际分类号　G03B 21/14
复审请求人　宇东电浆科技股份有限公司
申　请　号　02130275.8
申　请　日　2002年8月22日
公　开　日　2004年2月25日
合议组组长　陈迎春
主　审　员　马　燕
参　审　员　谢有成

法律依据　专利法第22条第3款
决定要点

如果一项权利要求请求保护的技术方案与最接近的现有技术之间存在区别，且现有技术中并未给出相关的技术启示，则该项权利要求请求保护的技术方案符合专利法第22条第3款有关创造性的规定。

一、案由

本复审请求涉及申请号为02130275.8、名称为“投影机高度调整系统”的发明专利申请（下称本申请），原申请人为致伸科技股份有限公司，后变更为宇东电浆科技股份有限公司，本申请的申请日为2002年8月22日，公开日为2004年2月25日，公开时共有18项权利要求，其中权利要求1、10为独立权利要求。

在实质审查程序中，国家知识产权局实质审查部门以本申请权利要求1~18不具备创造性为由，于2006年11月10日作出了驳回本申请的决定，驳回决定所依据的文本为：申请人于申请日提交的权利要求第1~18项、说明书第1~7页、说明书附图第1~8页、说明书摘要和摘要附图。驳回决定所针对的独立权利要求1、10如下：

“1. 一种用于高度调整系统中的闩锁机构，包括有：

第一壳体，其包括有：

底面，具有一中央开口用来让一高度调整杆通过；

支柱，设置于该底面上靠近该中央开口处，并沿着该中央开口的周缘形成有一支撑面与该高度调整杆的杆面一致，用以支撑该高度调整杆；

第一表面及第二表面，分别设置于该第一壳体的第一边缘及第二边缘上；以及

第三表面，设置于该第一壳体的第三边缘上；

内部模块，以可滑动的方式设置于该第一壳体内，该内部模块包括有：

中心部位，具有一第一开孔，而该支柱设置于该第一开孔中，且该支柱的该支撑面面向该第一开孔的一接触面；

第一耳部及第二耳部，分别由该中心部位的第一边缘及第二边缘延伸出去，并分别设置于一第一表面及第二表面上；以及

第三耳部，由该中心部位的第三边缘延伸出去，并设置于一第三表面上；

第二壳体，可固接于该第一壳体上，并至少包覆部分的该中心部位，该第二壳体具有一中央开口相对应于该第一壳体的中央开口；

其中当该中心部位处于一第一位置时，该第一开孔的该接触面压向该高度调整杆，使该高度调整杆抵住该弧形支撑面，并将该高度调整杆卡于一固定位置，而当该中心部位处于一第二位置时，该第一开孔的该接触面能够与该支撑面分离，而使得该高度调整杆滑动于该接触面及该支撑面之间。

10. 一种高度调整系统，包括有：

高度调整杆，用以支撑一装置；

第一壳体，其包括有：

底面，具有一中央开口用来让该高度调整杆通过；

支柱，设置于该底面上靠近该中央开口处，并沿着该中央开口的周缘形成有一支撑面与该高度调整杆的杆面一致，用以支撑该高度调整杆；

第一表面及第二表面，分别设置于该第一壳体的第一边缘及第二边缘上；以及

第三表面，设置于该第一壳体的第三边缘上；

内部模块，以可滑动的方式设置于该第一壳体内，该内部模块包括有：

中心部位，具有一第一开孔，而该支柱设置于该第一开孔中，且该支柱的该支撑面面向该第一开孔的一接触面；

第一耳部及第二耳部，分别由该中心部位的第一边缘及第二边缘延伸出去，并分别设置于一第一表面及第二表面上；以及

第三耳部，由该中心部位的第三边缘延伸出去，并设置于一第三表面上；

第二壳体，可固接于该第一壳体上，并至少包覆部分的该中心部位，该第二壳体具有一中央开口相对应于该第一壳体的中央开口，且该高度调整杆也穿过该第二壳体的中央开口；

其中当该中心部位处于一第一位置时，该第一开孔的该接触面压向该高度调整杆，使该高度调整杆抵住该弧形支撑面，并将该高度调整杆卡于一固定位置，而当该中心部位处于一第二位置时，该第一开孔的该接触面能够与该支撑面分离，而使得该高度调整杆滑动于该接触面及该支撑面之间。”

驳回决定中引用的对比文件如下：

对比文件1：TW461946A，公告日期为：2001年11月1日。

具体驳回理由为：本申请权利要求1与对比文件1的区别在于：本申请权利要求1中的第一壳体还具有一位于靠近底面中央开口处的支柱，支柱沿着中央开口边缘形成有一与高度调整杆杆面一致的支撑面，用来支撑高度调整杆。但该区别特征对于本领域技术人员来说是显而易见的，虽然对比文件1中的下壳体44没有与本申请权利要求1中第一壳体的位于靠近底面中央开口处的支柱，但对比文

件 1 中的调整元件 36 上的相应位置处具有该结构，本领域技术人员在对比文件 1 公开的技术方案的基础上，将对比文件 1 中调整元件 36 上的该结构设置在下壳体 44 上的相应位置，并将调整元件 36 上的该位置设置有允许容纳该支柱的通孔，即可得到本申请权利要求 1 所要保护的技术方案，这是显而易见的，不具有突出的实质性特点和显著的进步。此外，对比文件 1 所采用的高度调整结构的发明构思就是利用两个元件之间的位置变化来实现移动和固定支撑投影机的元件，在这样的构思下，对对比文件 1 所公开的该具体实施方式在本领域技术人员知识范围内做的任何修改和变化是容易想到的，所以这些区别特征对于本领域技术人员来说是不需要付出创造性的劳动即可获得的。

申请人宇东电浆科技股份有限公司（以下称复审请求人）不服上述驳回决定，于 2007 年 2 月 17 日向专利复审委员会提出复审请求，未对申请文件进行修改。复审请求人认为：（1）本申请的闩锁机构借助内部模块相对于第一壳体的滑动使高度调整杆卡于固定位置或者使高度调整杆滑动于接触面及支撑面之间，支撑面与接触面之间的相对位置关系是可以改变的；而在对比文件 1 中，调整元件以可转动的方式连接于支撑元件；上、下 U 形壁分别位于孔状结构的上部之一侧和下部之另一侧，因而不完全包覆螺杆，即，对比文件 1 的技术方案并未利用两个元件之间的位置变化来实现移动和固定支撑投影机的元件，而是通过其他手段来实现该功能的。（2）对比文件 1 中的调整元件的结构无论是上、下 U 型壁还是孔状结构或其他都与本申请权利要求 1 中的支柱不相同，如果将调整元件的结构改变为设置在下壳体上，则当调整元件相对于下壳体转动而相对于螺杆倾斜一角度时，设置在下壳体上的上述结构不会随调整元件转动，因而不会变得相对于螺杆倾斜，从而最终影响脚架之调整功能的实现。（3）对比文件 1 中的上、下 U 形壁之间的相对位置关系始终不变，当螺杆相对于上、下 U 形壁滑动时，螺杆与上、下 U 形壁之间不可避免地存在接触，必定会导致磨损；而在本申请中，高度调整杆与支撑面或接触面之间的磨损会显著减少。（4）复审请求人强调本申请和对比文件分别公开的两个技术方案各自的关键要素之间的位置关系和相互配合关系不是可以随意改变的，否则会破坏其结构的一致性。

经形式审查合格后，专利复审委员会受理了该复审请求，并于 2007 年 3 月 30 日向复审请求人发出复审请求受理通知书，同日向原审查部门发出前置审查通知书。

原审查部门作出前置审查意见，坚持原驳回决定。

针对上述复审请求，专利复审委员会依法成立合议组对本案进行了审理。

经审理，合议组认为本案事实已经清楚，现依法作出本决定。

二、决定的理由

1. 决定所依据的文本

本复审请求审查决定以复审请求人于申请日提交的权利要求第 1~18 项、说明书第 1~7 页、说明书附图第 1~8 页、说明书摘要和摘要附图作为审查基础。

2. 关于专利法第 22 条第 3 款

专利法第 22 条第 3 款规定，创造性，是指同申请日以前已有的技术相比，该发明有突出的实质性特点和显著的进步，该实用新型有实质性特点和进步。

本申请独立权利要求 1 请求保护一种用于高度调整系统中的闩锁机构，对比文件 1（参见附图 2-6 及权利要求书中的相关部分）公开了一种用来支撑一预定物体的脚架，并具体公开了以下技术特征：支撑元件 34，用来支撑所述预定物体 31，该支撑元件 34 包括上壳体 42（相当于本申请权利要求中的“第二壳体”）和下壳体 44（下壳体相当于本申请权利要求 1 中的“第一壳体”）；该下壳体包括底面，且具有一中央开口用来让可调节高度的螺杆 32（相当于本申请权利要求 1 中的“高度调整杆”，参见图 3）通过；该下壳体具有分别位于按压结构 38 的这一侧以及位于该按压结构 38 两侧的三个边缘（分别对应于权利要求1中的“第三边缘”、“第一边缘” 和“第二边缘”）的三个表面（分别对应于权利要求1中的“第三表面”、“第一表面” 和“第二表面”）；调整元件36（相当于本申请权利要求1中的“内部模块”）以可绕旋转轴转动的方式设置于支撑元件34内；调整元件36包括至少一个旋转轴和孔状结构48（两者的结合相当于本申请权利要求1中的“中心部位”，其中孔状结构相当于本申请权利要求1中的“第一开孔”），该调整元件借助孔状结构套接于螺杆上，该孔状结构包括上U形壁和下U形壁，上U形壁设置于孔状结构上部的一侧，其上设有第一螺纹，下U形壁设置于孔状结构下部的另一侧，其上设有第二螺纹；位于调整元件36上的从第一、第二边缘延伸出的旋转轴56（该旋转轴伸出的部分分别相当于本申请权利要求1中的“第一耳部” 和“第二耳部”），该调整元件36还具有用于连接按压结构38的结构（相当于本申请权利要求1中的“第三耳部”），该结构与旋转轴分别设置在下壳体44的相应表面上；上壳体42可固接在下壳体44上（参见图3），并且至少部分地包覆调整元件36，上壳体42也具有与下壳体44的中央开口相对应的中央开口（参见图2、3）；弹性装置40设置于支撑元件与调整元件之间，用来使上、下U形壁弹性地靠接于螺杆（调整元件36处于第一位置），此时，螺杆抵住上、下U形壁的螺纹，从而卡于一固定位置，可借由旋转该螺杆而使其升降；按下按压结构时，调整元件绕旋转轴转动，达到相对于螺杆倾斜预定角度（调整元件36处于第二位置），以使上、下U形壁与螺杆分离，从而使调整元件36可沿螺杆上下滑动。

本申请权利要求1请求保护的闩锁机构与对比文件1公开的脚架相比，其区别在于：在本申请权利要求1中，（1）第一壳体包括支柱，该支柱设置于该底面上靠近该开口处，并沿着该中央开口的周缘形成有一支撑面与该高度调整杆的杆面一致，用以支撑该高度调整杆；支柱设置于第一开孔中，且该支柱的该支撑面面向该第一开孔的一接触面；（2）内部模块以可滑动的方式设置于第一壳体内。

关于上述区别技术特征，驳回决定中认为，对比文件1所采用的高度调整结构的发明构思就是利用两个元件之间的位置变化来实现移动和固定支撑投影机的元件，虽然对比文件1中的下壳体44没有与本申请权利要求1中的支柱，但对比文件1中的调整元件36上的相应位置处具有该结构，本领域技术人员在对比文件1公开的技术方案的基础上，将对比文件1中调整元件36上的该结构设置在下壳体44上的相应位置，并将调整元件36上的该位置设置有允许容纳该支柱的通孔，即可得到本申请权利要求1所要保护的技术方案，这是显而易见的。

对此，合议组认为，（1）本申请权利要求1请求保护的闩锁机构通过内部模块相对于第一壳体的滑动使高度调整杆卡于固定位置或者使高度调整杆自由滑动，而对比文件1公开的脚架通过调整元件相对于支撑元件的转动来使螺杆卡于固定位置或者使螺杆自由滑动，可见，两者用于将高度调整杆卡住和释放的原理不同，机构也不同，分别为滑动机构和转动机构。

（2）在本申请中，支柱具有沿着中央开口的周缘而形成的光滑弧形支撑面，该弧形支撑面与高度调整杆的杆面配合，支柱穿过内部模块的第一开孔，限制中心模块60的移动方向和移动量，第一开孔内面的接触面具有与高度调整杆相似的螺纹，并与高度调整杆的杆面曲度一致。当未按下按钮时，在弹簧推力的作用下，接触面可钳住高度调整杆，当按下按钮时，内部模块沿垂直于高度调整杆方向移动，其螺纹接触面与高度调整杆脱离，高度调整杆的螺纹杆面可自由地滑动于开口中。可见，本申请的支柱起到了限制中心模块的移动方向和移动量并支撑高度调整杆使其自由滑动的作用，此外，该支柱与内部模块配合起到了使高度调整杆卡于固定位置或者使高度调整杆自由滑动的作用，其在本申请中是必不可少的元件。而在对比文件1中，通过调整元件相对于支撑元件转动的方式使螺杆固定或自由滑动，为此，调整元件借助孔状结构套接于螺杆上，孔状结构包括分别设有第一和第二螺纹的上U形壁和下U形壁，上U形壁设置于孔状结构上部的一侧，下U形壁设置于孔状结构下部的另一侧，上、下U形壁与螺杆的杆面一致，且成对角线的在上方和下方围住螺杆，起到了支撑螺杆的作用。当未按下按压结构时，弹性装置使上、下U形壁弹性靠接于螺杆，当按下按压结构时，调整元件相对于螺杆倾斜预定角度，使上、下U形壁与螺杆分离。可见，对比文件1中未披露调整元件具有与螺杆杆面一致的、用以支撑螺杆的不带螺纹的支柱。并且，由于调整元件会相对于螺杆倾斜预定角度，因而在上U形壁之下、下U形壁之上、或下壳体上设置光滑的支柱会影响调整元件相对于螺杆的倾斜。因此，对比文件1公开的脚架不需要在下壳体上再设置一个与螺杆杆面一致的、用以支撑螺杆的支柱。

（3）尽管对比文件1和本申请都是通过利用其他具有限制作用的元件与螺杆之间的卡合和分离来实现对螺杆的调节，但它们具体的技术方案分别采用了转动和滑动的方式来实现，这种实现方式的不同带来了结构上的区别，且这种区别对本领域的技术人员来说是非显而易见的，因此，本申请权利要求1请求保护的闩锁机构具有创造性，符合专利法第22条第3款的规定。

独立权利要求10请求保护一种高度调整系统，其与独立权利要求1相比增加了两个技术特征：（1）高度调整系统包括高度调整杆，用以支撑一装置；（2）该高度调整杆也穿过该第二壳体的中央开口。对比文件1（参见附图2-6及权利要求书中的相关部分）公开了一种用来支撑一预定物体的脚架，其中披露了脚架包括螺杆，且该螺杆穿过上壳体的中央开口的技术特征。根据上面对权利要求1的评述可知，本申请权利要求10请求保护的高度调整系统与对比文件1公开的脚架相比，其区别在于：在本申请权利要求10中，（1）第一壳体包括支柱，该支柱设置于该底面上靠近该开口处，并沿着该中央开口的周缘形成有一支撑面与该高度调整杆的杆面一致，用以支撑该高度调整杆；支柱设置于第一开孔中，且该支柱的该支撑面面向该第一开孔的一接触面；（2）内部模块以可滑动的方式设置于第一壳体内。基于与评述本申请权利要求1具备创造性的相同的理由可知，上述区别技术特征没有被对比文件1公开，且对比文件1中没有给出应用该区别技术特征的技术启示，其对本领域技术人员来说是非显而易见的，因此，本申请独立权利要求10请求保护的高度调整系统具有创造性，符合专利法第22条第3款的规定。

在权利要求1、10具备创造性的情况下，其从属权利要求2~9、11~18也具备创造性，符合专利法第22条第3款的规定。

综上所述，本申请权利要求1~18具备创造性，符合专利法第22条第3款的规定。

三、决定

撤销国家知识产权局于2006年11月10日对02130275.8号发明专利申请作出的驳回决定，由原审查部门依据本复审决定所针对的审查文本继续审查。

复审请求人对本决定不服的，可以根据专利法第41条第2款的规定，自收到本决定之日起三个月内向北京市第一中级人民法院起诉。

005

盲人用信息输入输出装置

复审请求审查决定（第11882号）

决　　定　　号　第11882号
决　　定　　日　2007年9月10日
发明创造名称　盲人用信息输入输出装置
国 际 分 类 号　G09B21/00
复 审 请 求 人　劳雷尔精机株式会社
申　　请　　号　01132851.7
申　　请　　日　2001年8月9日
优　先　权　日　2000年8月9日
公　　开　　日　2002年3月13日
合 议 组 组 长　李彦涛
主　　审　　员　任晓兰
参　　审　　员　侯　曜

法 律 依 据　专利法第22条第3款
决 定 要 点

在判断创造性时，首先要将权利要求的技术方案和现有技术中最接近的技术方案进行特征对比，找出二者的区别技术特征，分析发明实际要解决的技术问题，进而考察在现有技术中是否存在将所述区别技术特征引入到所述最接近的现有技术中，以解决所述实际要解决的技术问题的启示。

一、案由

本复审请求案涉及发明名称为“盲人用信息输入输出装置”的第01132851.7号发明专利申请（下称本申请），申请人为劳雷尔精机株式会社，申请日为2001年8月9日，优先权日为2000年8月9日，公开日为2002年3月13日。

国家知识产权局原审查部门对本申请进行了实质审查，于2003年7月25日发出《第一次审查意见通知书》，指出：对比文件1（JP 8-220988A，公开日为1996年8月30日）公开了权利要求1的全部技术特征以及权利要求2的部分附加技术特征和权利要求3的全部附加技术特征，对比文件2（JP 2-134674A，公开日为1990年5月23日）公开了权利要求2其余的附加技术特征，因此，权利要求1和权利要求3中引用权利要求1的那一部分技术方案相对于对比文件1不具备新颖性，权利要求2和权利要求3中引用权利要求2的那一部分技术方案相对于对比文件1和对比文件2不具备创造性。

针对《第一次审查意见通知书》，申请人于2003年12月9日提交了意见陈述书并修改了权利要求1和说明书第1页相应的部分，申请人认为：尽管在对比文件1中公开了判断单元，但是却没有公开“在由所述点字输出单元输出所述点字图形后，当在预定的时间周期内按压所述按压部时，输入有关由所述点字输出单元输出的所述点字图形的操作存在”这一技术特征。

对于上述修改文本，原审查部门于2004年1月30日发出《第二次审查意见通知书》，指出：申请人对权利要求1的修改仅仅是文字上的，没有使权利要求1的保护范围发生任何变化；同时，审查员认为，本发明的目的在于提供一种使盲人可以很容易地读取操作信息并进行输入操作的装置，为达到上述目的，本发明的发明点在于：控制出现的点字图形的形态以使点字图形按原样相对于圆点部的出没方向横向移动，这样，盲人在用手指触摸点字图形的状态下，本身手指不横向移动，而修改后的技术方案并不是实现上述发明目的的必要条件，也不能产生良好的技术效果，因此，基于第一次审查意见的理由，权利要求1不具备新颖性，权利要求2和3不具备创造性。

针对《第二次审查意见通知书》，申请人于2004年4月14日进行了意见陈述，认为：（1）对比文件1和2均没有公开权利要求1中“在由所述点字输出单元输出所述点字图形后，当在预定的时间周期内按压所述按压部时，输入有关由所述点字输出单元输出的所述点字图形的操作存在”这一技术特征；（2）本发明并不仅仅在于使用户在手指没有移动的情况下阅读点字图形，还在于使用户对于该点字图形容易作出响应；（3）对比文件中没有公开在点字输出单元输出点字图形之后与响应该点字图形的时间之间的关系，因此，在对比文件中，当用户没有按压点字图形时就不能维持后续的操作，另外，当用户对于点字图形选择“否”时，可能需要选择向输入/输出装置发送用户决定的其他装置，这样会使操作复杂化，因此，权利要求1~3具有新颖性和创造性。

2004年5月21日，针对申请人于2003年12月9日提交的权利要求1~3和说明书第1页，原始提交的说明书第2~10页、说明书附图第1~3页，以及说明书摘要和摘要附图，国家知识产权局以权利要求1和权利要求3中引用权利要求1的那一部分技术方案不具备新颖性、权利要求2和权利要求3中引用权利要求2的那一部分技术方案不具备创造性为由驳回了本申请。

驳回决定认为：对比文件1公开了一种盲人用点字输入输出装置，其包括触摸板1（相当于按压部），可按压操作的突出部分2（相当于输入单元），由多个容易膨胀/缩小的物质组成且显示点字膨胀/缩小状态的点字显示单元3（相当于点字输出单元），以及压力检测装置7（相当于判断单元），该检测装置7检测压力传感器4的信息，判断按压触摸板时为有与点字相关联的输入（相当于当按压按压部时，输入有关点字待输出的点字图形的操作），并且，由图可知，点字显示单元构成输入单元的按压部（相当于按压部包括所述点字输出单元），因此，对比文件1公开了权利要求1的全部技术特征，导致权利要求1不具备新颖性；同时，在对比文件1中还公开了权利要求2的前一部分附加技术特征，即，“上述点字显示单元具有点字显示图形控制单元，可以使点字图形相对于上述圆点部的出没方向而在横向的多个位置显示，根据出现的点字图形控制该点字显示单元的上述圆点部的出没状态”和权利要求3的全部附加技术特征，而权利要求2中其余的附加技术特征，即，“点字图形控制单元控制出现的点字图形的形态以使该点字图形按原样相对于圆点部的出没方向在横向移动”则在对比文件2中公开了，因此，权利要求2不具备创造性，权利要求3中引用权利要求1的部分不具备新颖性，引用权利要求2的部分不具备创造性。

驳回决定针对的权利要求书如下：

“1. 一种盲人用信息输入输出装置，其特征在于，

包括：

点字输出单元，具有多个可投射的点部分，并且通过控制点部分的投射能够输出多个点字图形；

输入单元，具有通过按压操作控制的按压部；

判断单元，进行这样的判断，在由所述点字输出单元输出所述点字图形后，当在预定的时间周期内按压所述按压部时，输出有关由所述点字输出单元输出的所述点字图形的操作存在；

其中所述输入单元的所述按压部包括所述点字输出单元。

2. 按权利要求1所述的盲人用信息输入输出装置，其特征在于：上述点字显示单元具有点字图形控制单元，可以使点字图形相对于上述圆点部的出没方向而在横向的多个位置显示，根据出现的点字图形控制该点字显示单元的上述圆点部的出没状态，同时，控制出现的点字图形的形态以使该点字图形按原样相对于圆点部的出没方向在横向移动。

3. 按权利要求1或2所述的盲人用信息输入输出装置，其特征在于：设置了多个包含上述点字显示单元的上述输入单元。”

2004年8月31日，申请人劳雷尔精机株式会社（下称请求人）对上述驳回决定不服，向专利复审委员会提出复审请求，请求人在提出复审请求时对权利要求1和说明书第1页的相应部分进行了修改。修改后的权利要求书为：

“1. 一种用于盲人的信息输入/输出装置，包括：

点字显示单元，具有多个可投射的点部分，并且通过控制点部分的投射能够输出多个点字图形；

输入单元，具有通过按压操作控制的按压部；以及

判断单元，在由所述点字显示单元输出所述点字图形后，当在预定的时间周期内按压所述按压部时，用于判断关于由所述点字显示单元输出的所述点字图形的操作被输入，并且在由所述点字显示单元输出所述点字图形后，当在所述预定的时间周期内没有按压所述按压部时，用于判断关于由所述点字显示单元输出的所述点字图形的操作没有被输入；

其中所述输入单元的所述按压部包括所述点字显示单元。

2. 按权利要求1所述的盲人用信息输入输出装置，其特征在于：上述点字显示单元具有点字图形控制单元，可以使点字图形相对于上述圆点部的出没方向而在横向的多个位置显示，根据出现的点字图形控制该点字显示单元的上述圆点部的出没状态，同时，控制出现的点字图形的形态以使该点字图形按原样相对于圆点部的出没方向在横向移动。

3. 按权利要求1或2所述的盲人用信息输入输出装置，其特征在于：设置了多个包含上述点字显示单元的上述输入单元。”

请求人认为：（1）权利要求1中加入的技术特征“在由所述点字显示单元输出所述点字图形后，当在所述预定的时间周期内没有按压所述按压部时，用于判断关于由所述点字显示单元输出的所述点字图形的操作没有被输入”在说明书中有记载；（2）本申请中，在由点字显示单元输出点字图形后，当在预定的时间周期内仅仅通过用户触摸和按压/不按压点字显示单元，用户就可以容易地以输入/不输入方式来响应点字显示单元输出的点字图形，这样，用户在手指没有离开点字输入单元和搜寻其他按压按钮的情况下，就可以容易地输入多个字符；（3）相比之下，对比文件1和2中没有教导在点字显示单元输出点字图形之后与响应该点字图形的时间之间的关系，也没有公开“在由所述点字显示单元输出所述点字图形后，当在所述预定的时间周期内没有按压所述按压部时，用于判断关于由所述点字显示单元输出的所述点字图形的操作没有被输入”这一技术特征，因此，在对比文件中，当用户没有将点字显示单元按压到点字图形时就不能维持后续的操作，另外，当用户对于点字图形选择“否”时，必须选择向输入/输出装置发送用户决定的其他装置，这样会使操作复杂化，因此，权利要求1~3具有新颖性和创造性。

经形式审查合格后，专利复审委员会受理了该请求，并于2004年10月8日向请求人发出了《复

审请求受理通知书》，同时将本申请转送至国家知识产权局原审查部门进行前置审查。

在《前置审查意见书》中，国家知识产权局原审查部门认为：在权利要求1中增加的技术特征是本领域的公知常识，本领域技术人员在对比文件的基础上结合其公知常识得到权利要求1～3的技术方案是显而易见的，因此，权利要求1～3不具备创造性，在此基础上坚持驳回决定。

专利复审委员会组成合议组，对本复审请求案进行了审理，并于2007年3月21日向请求人发出《复审通知书》。《复审通知书》指出：（1）请求人在提交复审请求时，将原始申请文件中“上述点字显示单元构成上述输入单元的上述按压部”修改为“其中所述点字显示单元的所述按压部包括所述点字显示单元”，这一修改不符合专利法第33条的规定。（2）本申请权利要求1与对比文件1的区别仅在于判断单元的判断方式上，在对比文件1中没有提到当点字显示单元显示不希望输入的信息时如何进行操作，相应地，在本申请权利要求1中，在点字图形的显示与对所述点字图形的响应（按压或不按压操作）之间设置了一个预定的时间段，当在预定的时间段内没有按压所述点字显示单元时，即认为未输入所显示的信息。然而，这种预定时间段的设置在现有技术中是经常见到的，其使操作简单化的效果也是本领域技术人员所能预见到的，因此，权利要求1不具备创造性，不符合专利法第22条第3款的规定。（3）对比文件1中还公开了从属权利要求2的一部分附加技术特征和从属权利要求3的附加技术特征，对比文件2中公开了从属权利要求2的另一部分附加技术特征，因此，在权利要求1不具备创造性的情况下，权利要求2～3也不具备创造性，不符合专利法第22条第3款的规定。

请求人于2007年5月2日针对上述《复审通知书》进行了意见陈述并提交了修改的权利要求书和说明书第1、1a页，其中，请求人将权利要求1和说明书中“所述按压部包括所述点字显示单元”修改为“所述按压部由所述点字显示单元构成”。修改后的权利要求书如下：

“1. 一种用于盲人的信息输入/输出装置，包括：

点字显示单元，具有多个可投射的点部分，并且通过控制点部分的投射能够输出多个点字图形；

输入单元，具有通过按压操作控制的按压部；以及

判断单元，在由所述点字显示单元输出所述点字图形后，当在预定的时间周期内按压所述按压部时，判断关于由所述点字显示单元输出的所述点字图形的操作被输入，并且在由所述点字显示单元输出所述点字图形后，当在所述预定的时间周期内没有按压所述按压部时，判断关于由所述点字显示单元输出的所述点字图形的操作没有被输入；

其中所述输入单元的所述按压部由所述点字显示单元构成。

2. 按权利要求1所述的盲人用信息输入输出装置，其特征在于：上述点字显示单元具有点字图形控制单元，可以使点字图形相对于上述圆点部的出没方向而在横向的多个位置显示，根据出现的点字图形控制该点字显示单元的上述圆点部的出没状态，同时，控制出现的点字图形的形态以使该点字图形按原样相对于圆点部的出没方向在横向移动。

3. 按权利要求1或2所述的盲人用信息输入输出装置，其特征在于：设置了多个包含上述点字显示单元的上述输入单元。”

请求人认为：（1）通过将“所述按压部包括所述点字显示单元”修改为“所述按压部由所述点字显示单元构成”克服了《复审通知书》中所指出的权利要求书和说明书修改超范围的缺陷；（2）本发明涉及的是一种附加在普通的自动交易机上的用于盲人的信息输入/输出装置。由于对正常人来说，在普通的自动售货机或自动结算机中需要等待一段预定的时间以表示输入的是不希望输入的文字或数字是不方便的，因此，如何将一个具有等待机制的盲人输入/输出装置附加到一个没有这种机制的设备上并且由此在等待一段预定的时间之后可以删除不希望输入的文字或数字，对于本领域技

术人员来说并不是显而易见的事情，因此，权利要求1具备创造性，符合专利法第22条第3款的规定；（3）在权利要求1具备创造性的情况下，从属权利要求2~3也具备创造性，符合专利法第22条第3款的规定。

经审查，合议组认为本案事实已经清楚，可以作出复审决定。

二、决定的理由

1. 审查文本

请求人于2007年5月2日提交了经修改的权利要求书、说明书第1、1a页，将权利要求1和说明书相应部分的“所述按压部包括所述点字显示单元”修改为“所述按压部由所述点字显示单元组成”，这与原始申请说明书第1页倒数第2段中“上述点字显示单元构成上述输入单元的上述按压部”意义相同，因此，请求人的上述修改已经克服了《复审通知书》所指出的对于申请文件的修改不符合专利法第33条的规定的缺陷。故而，合议组针对请求人于2007年5月2日提交的权利要求书、说明书第1、1a页，原始提交的说明书第2~10页、说明书附图第1~3页以及说明书摘要和摘要附图进行审查。

2. 关于专利法第22条第3款

专利法第22条第3款规定，创造性，是指同申请日以前已有的技术相比，发明具有突出的实质性特点和显著的进步。

在判断创造性时，首先要将权利要求的技术方案和现有技术中最接近的技术方案进行特征对比，找出二者的区别技术特征，分析发明实际要解决的技术问题，进而考察在现有技术中是否存在将所述区别技术特征引入到所述最接近的现有技术中，以解决所述实际要解决的技术问题的启示。

就本案而言，权利要求1要求保护一种用于盲人的信息输入/输出装置，其包括：

点字显示单元，具有多个可投射的点部分，并且通过控制点部分的投射能够输出多个点字图形；

输入单元，具有通过按压操作控制的按压部；以及

判断单元，在由所述点字显示单元输出所述点字图形后，当在预定的时间周期内按压所述按压部时，判断关于由所述点字显示单元输出的所述点字图形的操作被输入，并且在由所述点字显示单元输出所述点字图形后，当在所述预定的时间周期内没有按压所述按压部时，判断关于由所述点字显示单元输出的所述点字图形的操作没有被输入；

其中所述输入单元的所述按压部由所述点字显示单元构成。

对比文件1公开了一种盲人用点字输入/输出装置，其包括触摸板1，在触摸板1上设置有点字显示单元3，上面有可按压操作的突出部分2，点字控制部分5进行点字读取操作，并把点字输送到突出控制部分6，突出控制部分6通过选择性地控制突出位置而显示出点字图形；当点字显示单元3显示出要输入的信息时，将按压该显示单元，压力传感器4将对此按压作出响应，进行输出，压力传感器4的输出由压力检测元件7检测到（参见对比文件1的摘要，说明书第6~10段，以及附图1和2）。

将权利要求1与对比文件1进行对比发现，对比文件1的点字显示单元与输入单元均与权利要求1中的相同，二者的区别仅在于判断单元的判断方式上，在对比文件1中只提到当点字显示单元显示要输入的信息时，按压该显示单元即完成所述信息的输入，没有提到当点字显示单元显示不希望输入的信息时如何进行操作，相应地，在本申请权利要求1中，在点字图形的显示与对所述点字图形的响应（按压或不按压操作）之间设置了一个预定的时间段，当在预定的时间段内没有按压所述点字显示单元时，即认为未输入所显示的信息。因此，本发明实际要解决的技术问题是，通过在点字图形的显示与对所述点字图形的响应之间设置一个预定的时间段而使点字输入/输出装置简单化。

然而，在现有技术，尤其是在计算机控制或者程序控制过程中，经常会碰到这样的情况，即，当计算机显示或输出一条指令时，往往会设定如果未在指定时间内执行该指令，则认为该指令不希望被执行或未被执行而直接进入下一条指令。因为，如果在程序中不进行预定时间段设定的话，可能会由于操作者的不当操作而使程序处于瘫痪状态从而无法正常运行。因此，尽管对比文件 1 中未指出当点字显示单元显示不希望输入的信息时如何进行操作，但本领域技术人员根据其知晓的普通技术知识，容易想到在信息显示与对该显示作出响应之间设定一段预定的时间段，并赋予在该时间段内是否进行响应一定的意义，以便程序正常运行。通过这种预定时间段的设置，客观上自然会使操作简单化。因此，本申请中所提及的效果是本领域技术人员能预料到的。因此，基于在现有技术中存在所述预定时间段设置的技术启示，权利要求 1 相对于对比文件 1 不具备创造性，不符合专利法第 22 条第 3 款的规定。

从属权利要求 2 的附加技术特征可以分为两个部分，该特征的前一部分，即，“上述点字显示单元具有点字显示图形控制单元，可以使点字图形相对于上述圆点部的出没方向而在横向的多个位置显示，根据出现的点字图形控制该点字显示单元的上述圆点部的出没状态”在对比文件 1 中已经公开（参见对比文件 1 的上述内容，尤其是图 2 和说明书第 8~10 段）。在对比文件 2 中公开了一种能够通过手指触摸而对平坦显示面上形成的隆起图案的图案信息进行确认的触觉显示装置，在其说明书第 613 页第 1~3 节公开了“……在显示介质 5a~5c 的表面上，能够形成任意 6 点的盲文的隆起图案。而且，所形成的图案将随着显示介质同 5a~5c 的传送向显示部 4 进行移动，使用者可以通过手指对图案的触摸进行阅读”（参见第 613 页第 2 节倒数第 3~7 行），该内容相当于权利要求 2 的后一部分特征，即，“点字图形控制单元控制出现的点字图形的形态以使该点字图形按原样相对于圆点部的出没方向在横向移动”。由于对比文件 2 涉及盲人用的显示装置，与对比文件 1 及本申请的技术领域相近，而且，上述技术特征在对比文件 2 中的作用与其在本申请中相同，均是为了便于触摸者接受变化的信息，因此，本领域技术人员在对比文件 1 和 2 的基础上得到权利要求 2 的技术方案是显而易见的，在权利要求 1 不具备创造性的基础上，从属权利要求 2 也不具备创造性，不符合专利法第 22 条第 3 款的规定。

从属权利要求 3 的附加技术特征在对比文件 1 中公开了（参见对比文件 1 附图 1），因此，基于以上理由，从属权利要求 3 也不具备创造性，不符合专利法第 22 条第 3 款的规定。

请求人在复审请求中提到：在对比文件 1 中，当用户对于点字图形选择“否”时，就必须设置另一种向信息输入/输出装置发送该用户的决定的装置，从而使得操作变得复杂。对此，合议组认为，在对比文件 1 中只明确提到，如果显示的是要输入的信息，用户将按压显示单元，并没有明确提到，如果显示的信息不是希望的信息就需要按压另外的显示单元，而且，从对比文件 1 所明示的以上信息中也不能确切无疑地得出这一结论，因此，合议组对请求人的上述主张不予支持。

请求人在答复《复审通知书》时认为：本发明涉及的是一种附加在普通的自动交易机上的用于盲人的信息输入/输出装置。由于对正常人来说，在普通的自动售货机或自动结算机中需要等待一段预定的时间以表示输入的是不希望输入的文字或数字是不方便的，因此，如何将一个具有等待机制的盲人输入/输出装置附加到一个没有这种机制的设备上并且由此在等待一段预定的时间之后可以删除不希望输入的文字或数字，对于本领域技术人员来说并不是显而易见的。对此，合议组认为，首先，在本申请的权利要求中仅要求保护盲人用输入/输出装置，并未明确该装置仅用于自动交易机；其次，如请求人所述，在普通的自动售货机或自动结算机中附加本申请所述具有等待机制的设备，从而使所述普通的自动售货机或自动结算机可以用于盲人是在牺牲正常人方便操作的前提下进行的；再者，使普通的自动交易机能供盲人使用在本申请之前就已经存在，为了使盲人操作简单化，本领域技术人员考虑盲人的特点，将计算机控制中常用的、“在信息显示与输入操作之间设定一个预定时间段，并赋予在该时间段内是否进行响应一定的意义”这一成熟技术用于对比文件1以对其中所公开的盲人输入/输出装置进行改进并不需要花费创造性的劳动。因此，请求人的上述主张并不能成为使本申请权利要求1~3具有创造性的理由。

基于上述理由，合议组作出如下决定。

三、决定

维持国家知识产权局于2004年5月21日对01132851.7号发明专利申请作出的驳回决定。

复审请求人对本决定不服的，可根据专利法第41条第2款的规定，自收到本决定之日起三个月内向北京市第一中级人民法院起诉。

006

管理付费的方法和系统

复审请求审查决定（第11904号）

决　　定　　号 第11904号
决　　定　　日 2007年12月6日
发明创造名称 管理付费的方法和系统
国 际 分 类 号 G07F 7/10，G07F 19/00
复 审 请 求 人 桑耐拉公共有限公司
申　　请　　号 00802802.8
优 先 权 日 1999年1月13日
申　　请　　日 2000年1月12日
公　　开　　日 2002年2月20日
合 议 组 组 长 黄玉平
主　　审　　员 马　燕
参　　审　　员 谢有成

法 律 依 据 专利法第33条，专利法实施细则第2条第1款
决 定 要 点

如果一项权利要求的解决方案仅涉及公知设备，而未采用利用自然规律的技术手段解决技术问题，以获得符合自然规律的技术效果，则该项权利要求的解决方案不属于专利法实施细则第2条第1款规定的专利保护客体。

一、案由

本复审请求涉及申请号为00802802.8、名称为“管理付费的方法和系统”的PCT发明专利申请（下称本申请），申请人为桑耐拉公共有限公司，申请日为2000年1月12日，优先权日为1999年1月13日，公开日为2002年2月20日。本申请公开时共有12项权利要求。

应申请人的请求，国家知识产权局实质审查部门依法对本申请进行了实质审查，于2004年1月2日以本申请权利要求1~12属于专利法第25条第1款第2项规定的不授予专利权的客体为由作出了驳回本申请的决定。驳回决定所针对的文本是：申请人于进入中国国家阶段时提交的国际申请文件的权利要求第1~12项、说明书第1~5页、说明书附图第1~2页、说明书摘要和摘要附图。驳回决定所针对的权利要求书如下：

“1. 一种在电信系统系统中通过移动台实现支付的方法，其中所述电信系统包含

电话网络（PLMN）；

与电话网络相连接的网络应用（1）；

通过无线链路系统与电话网络连接的移动台（MS）；以及

移动台应用（2），其特征在于，此方法包括下述步骤：

在网络应用（1）中根据支付方式生成用户档案；

在支付情况下，由网络应用（1）根据用户的档案生成，将被传送到移动站（MS）的支付方式消息；

支付可选项显示在移动台上；以及

根据用户输入产生的响应消息传送到网络应用（1）。

2. 如权利要求1所述的方法，其特征在于，展示在移动台（MS）上的那部分消息被定义在支付方式消息中。

3. 如权利要求1或2所述的方法，其特征在于，定义了包含在支付方式消息中的一段用于识别网络应用（1）的控制码。

4. 如权利要求1到3中的任何一种所述的方法，其特征在于，该方法包含下述步骤，在网络应用（1）中按照用户的档案信息处理响应消息。

5. 如权利要求1到4中任何一种所述的方法，其特征在于，该方法包含下述步骤，需要从移动站（MS）请求额外的信息。

6. 如权利要求1到5中任何一种所述的方法，其特征在于，该方法包含下述步骤，网络应用（1）激活一个新的支付程序。

7. 在电信系统中通过移动电话实现支付的系统，其中所述电信系统包含

电话网络（PLMN）；

与电话网络相连接的网络应用（1）；

通过无线链路系统与电话网络连接的移动台（MS）；

移动台应用（2），其特征在于，

网络应用（1）包括从用户使用的支付方式生成用户档案的装置；

网络应用（1）包括了在支付情况下用于根据用户的档案生成支付方式消息，并将它发送到移动站（MS）的装置；

移动站应用（2）包括了用于在移动台上显示支付可选项的装置；

移动站应用程序（2）包括了用于根据用户输入产生对网络应用（1）响应的消息的装置。

8. 如权利要求7所述的系统，其特征在于，所述系统包括了用于定义显示在移动台（MS）上的那部分支付方式消息的装置。

9. 如权利要求7或者8所述的系统，其特征在于，该系统包括了用于在支付方式消息中定义一段用于识别网络应用（1）的控制码。

10. 如权利要求7~9中的任何一项所述的系统，其特征在于，所述网络应用（1）包括了按照用户的档案信息对响应信息进行处理的装置。

11. 如权利要求7~10中任何一项所述的方法，其特征在于，所述网络应用（1）包括了从移动台（MS）请求额外信息的装置。

12. 如权利要求7~11中任何一项所述的方法，其特征在于，网络应用（1）包括了用于激活一个新的支付程序的装置。"

驳回决定中认为：（1）本申请权利要求1请求保护一种在电信系统中通过移动台实现支付的方法，其是一种利用现有设备进行支付管理的方法，这种方法对现有技术的贡献仅仅在于智力活动规则

和方法，因此本申请权利要求1请求保护的实际上是一种智力活动规则和方法，不是一个技术方案；（2）权利要求7请求保护一种在电信系统中通过移动电话实现支付的系统，该系统利用公知的电话网络、移动台完成一种支付管理的方法，它所起到的用户自由选择支付方式的作用，不是通过对现有技术的改进而得到的，而是通过一种人为规定的规则而实现的，因此权利要求7并不是一个技术方案，其请求保护的实际上是一种智力活动规则；（3）权利要求2~6、8~12分别对权利要求1、7做了进一步限定，它们请求保护的同样是智力活动规则。因此，本申请权利要求1~12均属于专利法第25条第1款第2项规定的不授予专利权的客体。

申请人桑耐拉公共有限公司（以下称复审请求人）不服上述驳回决定，于2004年4月15日向专利复审委员会提出复审请求，同时提交了权利要求书全文的修改替换页，其中仅对权利要求1、5、7进行了修改。修改后的权利要求书共包括12项权利要求，其中权利要求1、5、7如下：

"1. 一种在电信系统中通过移动台实现支付的方法，其中所述电信系统包含

电话网络（PLMN）；

与电话网络相连接的网络应用（1）；

通过无线链路系统与电话网络连接的移动台（MS）；以及

移动台应用（2），其特征在于，此方法包括下述步骤：

在网络应用（1）中根据支付方式生成用户档案并将所述用户档案存储在网络应用（1）中，其中所述用户档案包含用户的支付方式以及用户用于支付的个人信息；

在支付情况下，由网络应用（1）根据所述用户档案生成包含支付可选项的支付方式消息，所述支付方式消息被传送到移动台（MS）；

将所述支付可选项显示在移动台（MS）上；

将根据用户对于所述支付可选项的输入所产生的响应消息传送到网络应用（1），所述响应消息包含用户所选的支付方式；以及

根据所述响应消息，使用存储在网络应用（1）中所述用户档案内的个人信息执行支付。

5. 如权利要求1~4中任何一种所述的方法，其特征在于，该方法包含下述步骤，需要从移动台（MS）请求额外的信息。

7. 在电信系统中通过移动电话实现支付的系统，其中所述电信系统包含

电话网络（PLMN）；

与电话网络相连接的网络应用（1）；

通过无线链路系统与电话网络连接的移动台（MS）；

移动台应用（2），其特征在于，

网络应用（1）中包括：

用于根据支付方式生成用户档案并将所述用户档案存储在网络应用（1）中的装置，其中所述用户档案包含用户的支付方式以及用户用于支付的个人信息；以及

在支付情况下用于根据所述用户档案生成包含支付可选项的支付方式消息并将所述支付方式消息传送到移动台（MS）的装置；

移动台应用（2）包括：

用于在移动台（MS）上显示所述支付可选项的装置；以及

用于根据用户对于所述支付可选项的输入产生响应消息并将所述响应消息传送到网络应用（1）的装置，所述响应消息包含用户所选的支付方式；

网络应用（1）还包括用于根据所述响应消息，使用存储在网络应用（1）中所述用户档案内的

个人信息执行支付的装置。”

复审请求人认为：(1) 在现有技术中，对于每宗交易，网络应用需要重复接收用户的个人消息，而在本申请的方法中，由于网络应用预先根据支付方式生成了用户档案，并将所述用户档案存储在网络应用中，所以在每次执行支付时，无需将个人消息发送到网络应用，网络应用可以使用其所存储的用户档案内的个人信息执行支付。因此，本申请通过控制信息流向减少了无线接口上所需传送的消息，带来了“增加接口的数据传输能力”的技术效果；由此效果出发，可以推断本申请所解决的技术问题是当使用移动台和短消息时如何增加电子付费的数据传输能力，而不是如何来实现电子付费；本申请所采用的“在网络应用中根据支付方式生成用户档案并根据用户档案中包含的用户个人信息执行支付”就是解决该技术问题的技术手段。因此，本申请权利要求1构成一个技术方案，其相对现有技术的贡献在于改变信息流量，减少消息传输，增加传输能力，并不是仅仅在于允许用户自由选择支付方式。(2) 在现有技术中并没有揭示本申请权利要求7所描述的网络应用和移动台应用中所包括的各种装置，因此权利要求7所要求保护的系统并不属于公知的电话网络。此外，如对于权利要求1的陈述，本申请相对现有技术的贡献在于改变信息流量，减少消息传输，增加传输能力，并不是仅仅在于允许用户自由选择支付方式，因此即使认为允许用户自由选择支付方式是一种人为规定的规则，权利要求7所要求保护的系统也不是通过这项人为规定的规则所能实现的。(3) 基于相同的理由，权利要求2~6、8~12所要求保护的技术方案不属于人为规定的规则。因此本申请权利要求1~12不属于专利法第25条第1款第2项规定的不授予专利权的客体。

经形式审查合格后，专利复审委员会受理了该复审请求，并于2004年5月31日向复审请求人发出复审请求受理通知书，同日向原实质审查部门发出前置审查通知书，将本案案卷转送给原实质审查部门进行前置审查。

原实质审查部门对本复审请求进行了前置审查，坚持原驳回决定。

针对上述复审请求，专利复审委员会依法成立合议组对本案进行了审查。

本案合议组于2005年8月11日发出复审通知书（下称第一次复审通知书），指出：(1) 本申请权利要求1实质上是使用公知的电信系统网络来实现用户支付方式的人为选择，其与现有技术的区别在于：在网络系统中使用的是人为规定的、与特定用户相关的用户档案，进而根据用户的选择确定支付方式，由此可见，权利要求1不是通过对现有技术中的硬件设备的改进而得到的，因此没有使用技术手段，其对于现有技术的贡献仅在于人为规定的非技术性的商业活动规则，其所解决的还是涉及商业活动的支付方式的人为选择和货币支付，而并非技术问题，由此而产生的效果也仅仅是使用电信系统进行金融交易，不属于技术效果。并且，现有技术中的网络应用中存储个人信息是基于数据安全的考虑，而并非现有技术不能达到；另外，本申请将个人信息存储在网络应用中，只是减少了无线接口上所需传输的消息，并不能增加接口的数据传输能力，同时说明书中也没有就这一点给出具有说服力的实施例，因此，请求人关于本申请解决的技术问题是“增加电子付费的数据传输能力”的观点得不到支持。综上所述，本申请权利要求1的方案属于专利法第25条第1款第2项所列的智力活动的规则和方法。(2) 同样理由，从属权利要求2~6也不构成技术方案。(3) 独立权利要求7请求保护一种系统，作为与权利要求1并列的独立权利要求，其方案的内容实质上与权利要求1相同，因此，独立权利要求7及其从属权利要求8~12也不构成技术方案，属于专利法第25条第1款第2项所列的智力活动的规则和方法。

2005年9月26日，复审请求人针对第一次复审通知书提交了意见陈述书，同时提交了权利要求书全文的修改替换页，将其中的“支付”修改为“服务”，将“支付方式”修改为“服务类型”，将“支付可选项”修改为“服务选项”，将“执行支付”修改为“完成服务”。修改后的权利要求书共包括12项权利要求，如下：

“1. 一种在电信系统中通过移动台实现服务的方法，其中所述电信系统包含

电话网络（PLMN）；

与电话网络相连接的网络应用（1）；

通过无线链路系统与电话网络连接的移动台（MS）；以及

移动台应用（2），其特征在于，此方法包括下述步骤：

在网络应用（1）中根据服务类型生成用户档案并将所述用户档案存储在网络应用（1）中，其中所述用户档案包含用户的服务类型以及用户用于服务的个人信息；

由网络应用（1）根据所述用户档案生成包含服务选项的服务类型消息，所述服务类型消息被传送到移动台（MS）；

将所述服务选项显示在移动台（MS）上；

将根据用户对于所述服务选项的输入所产生的响应消息传送到网络应用（1），所述响应消息包含用户所选的服务类型；以及

根据所述响应消息，使用存储在网络应用（1）中所述用户档案内的个人信息完成服务。

2. 如权利要求1所述的方法，其特征在于，展示在移动台（MS）上的那部分消息被定义在服务类型消息中。

3. 如权利要求1或2所述的方法，其特征在于，定义了包含在服务类型消息中的一段用于识别网络应用（1）的控制码。

4. 如权利要求1~3中的任何一种所述的方法，其特征在于，该方法包含下述步骤，在网络应用（1）中按照用户的档案信息处理响应消息。

5. 如权利要求1~4中任何一种所述的方法，其特征在于，该方法包含下述步骤，需要从移动台（MS）请求额外的信息。

6. 如权利要求1~5中任何一种所述的方法，其特征在于，该方法包含下述步骤，网络应用（1）激活一个新的服务程序。

7. 在电信系统中通过移动电话实现服务的系统，其中所述电信系统包含

电话网络（PLMN）；

与电话网络相连接的网络应用（1）；

通过无线链路系统与电话网络连接的移动台（MS）；

移动台应用（2），其特征在于，

网络应用（1）中包括：

用于根据服务类型生成用户档案并将所述用户档案存储在网络应用（1）中的装置，其中所述用户档案包含用户的服务类型以及用户用于服务的个人信息；以及

用于根据所述用户档案生成包含服务选项的服务类型消息并将所述服务类型消息传送到移动台（MS）的装置；

移动站应用（2）包括：

用于在移动台（MS）上显示所述服务选项的装置；以及

用于根据用户对于所述服务选项的输入产生响应消息并将所述响应消息传送到网络应用（1）的装置，所述响应消息包含用户所选的服务类型；

网络应用（1）还包括用于根据所述响应消息，使用存储在网络应用（1）中所述用户档案内的个人信息完成服务的装置。

8. 如权利要求 7 所述的系统，其特征在于，所述系统包括了用于定义显示在移动台（MS）上的那部分服务类型消息的装置。

9. 如权利要求 7 或者 8 所述的系统，其特征在于，该系统包括了用于在服务类型消息中定义一段用于识别网络应用（1）的控制码。

10. 如权利要求 7~9 中的任何一项所述的系统，其特征在于，所述网络应用（1）包括了按照用户的档案信息对响应信息进行处理的装置。

11. 如权利要求 7~10 中任何一项所述的方法，其特征在于，所述网络应用（1）包括了从移动台（MS）请求额外信息的装置。

12. 如权利要求 7~11 中任何一项所述的方法，其特征在于，网络应用（1）包括了用于激活一个新的服务程序的装置。”

复审请求人认为，（1）本申请并不仅仅应用于“进行支付”，而是可应用于各种通过移动台进行的服务，因此本申请与现有技术的区别并不仅仅在于实现用户支付方式的人为选择，而是提供了一种新颖的利用移动台完成服务的方法和装置。坚持本申请权利要求 1 相对现有技术的贡献在于改变信息流量，减少消息传输，增加传输能力。并且，强调由于本申请改变了现有技术中实现服务时各信息流的走向，因此必然会引起对现有技术各硬件设备的改变和改进，如权利要求 7 所描述的网络应用和移动台应用中的各个装置。此外，认为“现有技术中的网络应用中不存储个人信息是基于数据安全的考虑”实质上给出了相反的教导。因此权利要求 1 不属于专利法第 25 条第 1 款第 2 项的不授予专利权的客体。（2）基于同样的理由，独立权利要求 7 以及从属权利要求 2~6、8~12 均不属于人为规定的规则，不属于专利法第 25 条第 1 款第 2 项的不授予专利权的客体。

本案合议组对本案继续进行审理，于 2007 年 10 月 10 日再次发出复审通知书（下称第二次复审通知书），指出：（1）复审请求人将权利要求书中的“支付”修改为“服务”，将“支付方式”修改为“服务类型”，将“支付可选项”修改为“服务选项”，将“执行支付”修改为“完成服务”，不符合专利法第 33 条的规定。（2）根据国家知识产权局令第三十八号，修订后的审查指南自 2006 年 7 月 1 日起施行，2001 年 10 月 18 日公布施行的审查指南同时废止。为提高审查效率，如果复审请求人将上述涉及服务的内容修改为原始申请文件中记载的涉及支付的内容，则根据修订后的审查指南，本申请权利要求 1~12 也不符合专利法实施细则第 2 条第 1 款的规定。

2007 年 11 月 26 日，复审请求人针对第二次复审通知书提交了意见陈述书，同时提交了权利要求书全文的修改替换页，将其中的“服务”修改为“支付”，将“服务类型”修改为“支付方式”，将“服务选项”修改为“支付可选项”，将“完成服务”修改为“执行支付”。修改后的权利要求书如下：

“1. 一种在电信系统中通过移动台实现支付的方法，其中所述电信系统包含

电话网络（PLMN）；

与电话网络相连接的网络应用（1）；

通过无线链路系统与电话网络连接的移动台（MS）；以及

移动台应用（2），其特征在于，此方法包括下述步骤：

在网络应用（1）中根据支付方式生成用户档案并将所述用户档案存储在网络应用（1）中，其中所述用户档案包含用户的支付方式以及用户用于支付的个人信息；

在支付情况下，由网络应用（1）根据所述用户档案生成包含支付可选项的支付方式消息，所述支付方式消息被传送到移动台（MS）；

将所述支付可选项显示在移动台（MS）上；

将根据用户对于所述支付可选项的输入所产生的响应消息传送到网络应用（1），所述响应消息包含用户所选的支付方式；以及

根据所述响应消息，使用存储在网络应用（1）中所述用户档案内的个人信息执行支付。

2. 如权利要求1所述的方法，其特征在于，展示在移动台（MS）上的那部分消息被定义在支付方式消息中。

3. 如权利要求1或2所述的方法，其特征在于，定义了包含在支付方式消息中的一段用于识别网络应用（1）的控制码。

4. 如权利要求1~3中的任何一种所述的方法，其特征在于，该方法包含下述步骤，在网络应用（1）中按照用户的档案信息处理响应消息。

5. 如权利要求1~4中任何一种所述的方法，其特征在于，该方法包含下述步骤，需要从移动台（MS）请求额外的信息。

6. 如权利要求1~5中任何一种所述的方法，其特征在于，该方法包含下述步骤，网络应用（1）激活一个新的支付程序。

7. 在电信系统中通过移动电话实现支付的系统，其中所述电信系统包含

电话网络（PLMN）；

与电话网络相连接的网络应用（1）；

通过无线链路系统与电话网络连接的移动台（MS）；

移动台应用（2），其特征在于，

网络应用（1）中包括：

用于根据支付方式生成用户档案并将所述用户档案存储在网络应用（1）中的装置，其中所述用户档案包含用户的支付方式以及用户用于支付的个人信息；以及

在支付情况下用于根据所述用户档案生成包含支付可选项的支付方式消息并将所述支付方式消息传送到移动台（MS）的装置；

移动台应用（2）包括：

用于在移动台（MS）上显示所述支付可选项的装置；以及

用于根据用户对于所述支付可选项的输入产生响应消息并将所述响应消息传送到网络应用（1）的装置，所述响应消息包含用户所选的支付方式；

网络应用（1）还包括用于根据所述响应消息，使用存储在网络应用（1）中所述用户档案内的个人信息执行支付的装置。

8. 如权利要求7所述的系统，其特征在于，所述系统包括了用于定义显示在移动台（MS）上的那部分支付方式消息的装置。

9. 如权利要求7或者8所述的系统，其特征在于，该系统包括了用于在支付方式消息中定义一段用于识别网络应用（1）的控制码的装置。

10. 如权利要求7~9中的任何一项所述的系统，其特征在于，所述网络应用（1）包括了按照用户的档案信息对响应信息进行处理的装置。

11. 如权利要求7~10中任何一项所述的方法，其特征在于，所述网络应用（1）包括了从移动台（MS）请求额外信息的装置。

12. 如权利要求7~11中任何一项所述的方法，其特征在于，网络应用（1）包括了用于激活一个新的支付程序的装置。”

复审请求人认为，本申请所解决的是网络通信领域中的数据传输问题，是一个技术问题，由于本

申请改变了现有技术中实现服务时各信息流的走向，因此必然会引起对现有技术各硬件设备的功能的改变和改进，权利要求中所描述的各个设备并不是公知的设备，至少相对于现有技术来说，这些设备的功能产生了变化。本申请采用的手段是改变网络中信息流向的利用自然规律的技术手段，并且达到了减少无线接口上所需传输的信息量的技术效果。因此，权利要求 1～12 属于专利意义上的技术方案。

至此，合议组认为本案事实已经清楚，依法作出本复审请求审查决定。

二、决定的理由

1. 审查文本

本复审请求审查决定以复审请求人于 2007 年 11 月 26 日提交的权利要求第 1～12 项；进入中国国家阶段时提交的说明书第 1～5 页、说明书附图第 1～2 页、说明书摘要和摘要附图作为审查文本。

2. 关于专利法第 33 条

专利法第 33 条规定，申请人可以对其专利申请文件进行修改，但是，对发明和实用新型专利申请文件的修改不得超出原说明书和权利要求书记载的范围，对外观设计专利申请文件的修改不得超出原图片或者照片表示的范围。

具体就本案而言，复审请求人于 2005 年 9 月 26 日答复第一次复审通知书时提交的权利要求书全文修改替换页中，将“支付”修改为“服务”，将“支付方式”修改为“服务类型”，将“支付可选项”修改为“服务选项”，将“执行支付”修改为“完成服务”，超出了原始申请文件记载的范围，因而不符合专利法第 33 条的规定。而复审请求人于 2007 年 11 月 26 日答复第二次复审通知书时提交的权利要求书全文修改替换页中，又将“服务”修改为“支付”，将“服务类型”修改为“支付方式”，将“服务选项”修改为“支付可选项”，将“完成服务”修改为“执行支付”，即，将超出原始申请文件记载的内容修改回到原始申请文件记载的内容，因此，修改后的权利要求书符合专利法第 33 条的规定，同时也符合专利法实施细则第 60 条第 1 款的规定。

3. 关于专利法实施细则第 2 条第 1 款

专利法实施细则第 2 条第 1 款规定，专利法所称发明，是指对产品、方法或者其改进所提出的新的技术方案。

审查指南第二部分第一章第 2 节进一步指出：未采用技术手段解决技术问题，以获得符合自然规律的技术效果的方案，不属于专利法实施细则第 2 条第 1 款规定的客体。

具体就本案而言，本申请独立权利要求 1 请求保护一种在电信系统中通过移动台实现支付的方法，所述电信系统包括电话网络（PLMN）、网络应用（1）、移动台（MS）以及移动台应用（2），该方法分为多个步骤，包括：在网络应用（1）中根据支付方式生成用户档案并将其存储在网络应用中，所述用户档案包含用户的支付方式以及用户用于支付的个人信息，在网络应用（1）和移动台应用（2）之间传递有关用户支付方式的消息，用户对支付方式进行选择，以便利用网络应用（1）中存储的个人信息执行支付。虽然在该权利要求中记载了电信系统包括电话网络（PLMN）、网络应用（1）、移动台（MS）以及移动台应用（2），并且在该方法的各个步骤中也涉及这些设备，但这些都是公知的电子设备，该权利要求请求保护的方案实质上是使用公知的电信系统网络来实现用户支付方式的人为选择，其最终结果是实现一次支付交易活动。尽管复审请求人强调：“本申请解决了网络通信领域中的数据传输的技术问题，由于本申请改变了现有技术中实现服务时各信息流的走向，因此必然会引起对现有技术各硬件设备的功能的改变和改进，权利要求中所描述的各个设备并不是公知的设备，至少相对于现有技术来说，这些设备的功能产生了变化。本申请采用的手段是改变网络中信息流向的利用自然规律的技术手段，并且达到了减少无线接口上所需传输的信息量的技术效果。”但合议组认为，本申请权利要求 1 请求保护的方法的上述多个步骤中，各个公知设备均发挥的是其已知的功能，如存储、网络传输等，并未体现其不同于现有技术的硬件设备的功能上的改变和改进。而且，接口的数据传输能力与接口的硬件设计有关，本申请将个人信息存储在网络应用中，只是减少了该系统在无线接口上所需传输的消息，并不能增大所述接口的总的数据传输能力，也即没有对接口硬件本身进行改变或改进。由此可知，本申请权利要求 1 的这种通过移动台实现支付的方法既未对上述公知设备所构成的系统的内部性能带来任何改进，也没有给构成该系统的各个设备的结构或者功能带来任何技术上的改变。该解决方案所要解决的问题是如何通过公知设备实现涉及商业活动的支付方式的人为选择并根据选择结果进行支付，不构成技术问题；采用的手段是利用公知设备对信息进行处理以实现人为规定的商业支付的目的，而不是利用了自然规律的技术手段；所获得的效果仅仅是利用公知设备实现商业交易活动，该效果是在人为制定的非技术性的商业活动规则之下利用公知设备进行的支付交易所获得的，不属于遵循自然规律的技术效果。因此，本申请权利要求 1 不属于专利法实施细则第 2 条第 1 款规定的技术方案，不属于专利保护的客体。

基于同样的理由，其从属权利要求 2~6 也不符合专利法实施细则第 2 条第 1 款的规定，不属于专利保护的客体。

独立权利要求 7 要求保护一种在电信系统中通过移动电话实现支付的系统，作为与方法权利要求 1 并列的产品权利要求，其方案的内容实质上与权利要求 1 相同，因此，如上所述，独立权利要求 7 及其从属权利要求 8~12 也不符合专利法实施细则第 2 条第 1 款的规定，不属于专利保护的客体。

综上所述，本案合议组认为，本申请权利要求 1~12 属于不授予专利权的客体，不符合专利法实施细则第 2 条第 1 款的规定。

三、决定

维持国家知识产权局于 2004 年 1 月 2 日对 00802802.8 号发明专利申请作出的驳回决定。

复审请求人对本决定不服的，可以根据专利法第 41 条第 2 款的规定，自收到本决定之日起三个月内向北京市第一中级人民法院起诉。

007

按摩器

复审请求审查决定（第 11915 号）

决　定　号　第 11915 号
决　定　日　2007 年 12 月 10 日
发明创造名称　按摩器
国 际 分 类 号　A61H 7/00，A61H 15/00
复 审 请 求 人　欧姆龙健康医疗事业株式会社
申　请　号　02123052.8
优 先 权 日　2001 年 6 月 11 日
申　请　日　2002 年 6 月 11 日
公　开　日　2003 年 1 月 15 日
合 议 组 组 长　宋　瑞
主　审　员　佟仲明
参　审　员　谢有成

法 律 依 据　专利法第 22 条第 3 款
决 定 要 点

如果一项权利要求的技术方案相对于现有技术而言，存在区别技术特征，从而具有更好的技术效果，同时对本领域技术人员来说，也没有证据证明现有技术中存在将该区别技术特征应用于最接近的现有技术以解决相应技术问题的启示，则该项权利要求具有突出的实质性特点和显著的进步，具备专利法第 22 条第 3 款规定的创造性。

一、案由

本复审请求涉及申请号为 02123052.8、名称为“按摩器”的发明专利申请（下称本申请），申请日为 2002 年 6 月 11 日，优先权日为 2001 年 6 月 11 日，申请人为欧姆龙株式会社，后于 2004 年 4 月 9 日变更为欧姆龙健康医疗事业株式会社。本申请公开时权利要求书包括 11 项权利要求，其中权利要求 1 为独立权利要求。

国家知识产权局实质审查部门依法对本申请进行了实质审查，于 2004 年 2 月 13 日发出第一次审查意见通知书指出：本申请权利要求 1~10 相对于对比文件 1 和对比文件 2 的结合不具备专利法第 22 条第 3 款规定的创造性；权利要求 4 中术语“辅助轮”与说明书中术语“辅助滚轮”技术术语不一致，不符合专利法实施细则第 20 条第 3 款的规定；权利要求 8~11 存在多项权利要求引用在前的多项权利要求的问题，不符合专利法实施细则第 23 条第 2 款的规定；以及说明书摘要中的附图标记没有置于括号内，不符合专利法实施细则第 24 条第 2 款的规定。

该通知书中所引用的对比文件如下：

对比文件 1：公开号为 CN1243693A 的中国发明专利申请公开说明书，公开日为 2000 年 2 月 9 日；

对比文件 2：公告号为实公平 6-27145Y2 的日本实用新案公报，公告日为 1994 年 7 月 27 日。

针对上述第一次审查意见通知书，申请人于 2004 年 5 月 26 日提交了意见陈述书和权利要求全文的修改替换页 1 页，说明书第 2、4 页以及说明书摘要的修改替换页。修改后的权利要求书共包括 10 项权利要求，其中权利要求 1 为独立权利要求。申请人认为：修改后的权利要求 1~10 与对比文件 1 和对比文件 2 相比具备专利法第 22 条第 3 款规定的创造性，经过修改后的申请文件能够克服第一次审查意见通知书中所指出的问题。

针对申请人上述意见陈述和对申请文件的修改，实质审查部门继续审查，于 2004 年 6 月 25 日发出第二次审查意见通知书，指出本申请权利要求 1~9 相对于对比文件 1 和对比文件 2 的结合不具备专利法第 22 条第 3 款规定的创造性；权利要求 4 中术语“辅助轮”与说明书中术语“辅助滚轮”技术术语不一致，不符合专利法实施细则第 20 条第 3 款的规定。

针对上述第二次审查意见通知书，申请人于 2004 年 9 月 2 日提交了意见陈述书和说明书第 2 页以及权利要求书全文的修改替换页。修改后的权利要求书共包括 10 项权利要求，其中权利要求 1 为独立权利要求。申请人认为：修改后的权利要求 1~10 与对比文件 1 和对比文件 2 相比具备专利法第 22 条第 3 款规定的创造性，并且通过修改克服了通知书中指出的其他问题。此次修改后的权利要求书的内容如下：

“1. 一种按摩器，包括驱动轴旋转的驱动装置、非平行相对安装在轴上的一对揉轮，其特征在于：在所述轴上设两对所述一对揉轮，在两外侧揉轮的外侧具有分别从里侧支承该揉轮并与该揉轮安装成一体的支承板的外侧圆盘，在该外侧圆盘的外侧设端板，在外侧圆盘和对应的端板之间分别设按压刺激用旋转滚轮，所述旋转滚轮具有沿圆周排列多个可以自转的辅助滚轮。

2. 根据权利要求 1 所述的按摩器，其特征在于：具有调节所述各对揉轮的间隔的机构。

3. 根据权利要求 1 或 2 所述的按摩器，其特征在于：在所述各对揉轮之间具有按压刺激用的凸起部。

4. 根据权利要求 1 或 2 所述的按摩器，其特征在于：所述旋转滚轮采用使可以自转的多个辅助轮和非自转的多个突起沿圆周组合并排列的构成。

5. 根据权利要求 4 所述的按摩器，其特征在于：所述辅助滚轮和突起其轴方向的宽度全部相同。

6. 根据权利要求 4 所述的按摩器，其特征在于：所述辅助滚轮和突起其轴方向的宽度沿轴方向逐渐增加或者逐渐减小。

7. 根据权利要求 4 所述的按摩器，其特征在于：所述辅助滚轮和突起从其排列的圆周的突出程度全部相同。

8. 根据权利要求 4 所述的按摩器，其特征在于：所述辅助滚轮和突起从其排列的圆周的突出程度有所不同。

9. 根据权利要求 1 所述的按摩器，其特征在于：所述各对揉轮和与之对应的旋转滚轮采用不同种材料构成。

10. 根据权利要求 1 所述的按摩器，其特征在于：所述圆盘具有防止揉轮搁浅在圆盘的外周上的突起。”

经过上述实质审查程序后，国家知识产权局实质审查部门以本申请权利要求 1~9 不符合专利法

第 22 条第 3 款的规定为由，于 2004 年 10 月 15 日作出了驳回本申请的决定，具体的驳回理由如下：对比文件 1 公开了一种按摩机，权利要求 1 要求保护的技术方案与对比文件 1 公开的内容相比，区别在于：（1）所述轴上有两对揉轮；（2）外侧圆盘与揉轮安装成一体。然而区别特征（1）已经被对比文件 2 公开；区别技术特征（2）是本领域普通技术人员很容易想到的。对于本领域普通技术人员来说在对比文件 1 的基础上结合对比文件 2 以及本领域公知常识从而得到本申请权利要求 1 要求保护的技术方案是无需付出创造性劳动就能完成的，因此权利要求 1 不具备专利法第 22 条第 3 款规定的创造性。权利要求 2~3 中的附加技术特征也已经被对比文件 1 公开，在其引用的权利要求不具备创造性时，这些权利要求也不具备专利法第 22 条第 3 款规定的创造性。权利要求 4 的附加技术特征是本领域普通技术人员在对比文件 1 的启示下很容易就能想到的，在其引用的权利要求不具备创造性时，该权利要求也不具备专利法第 22 条第 3 款规定的创造性。权利要求 5~8 中的附加技术特征只是对辅助滚轮和突起的形状作了简单改变，是本领域普通技术人员很容易想到的，在其引用的权利要求不具备创造性时，这些权利要求也不具备专利法第 22 条第 3 款规定的创造性。权利要求 9 中的附加技术特征属于本领域的公知常识，在其引用的权利要求不具备创造性时，这些权利要求也不具备专利法第 22 条第 3 款规定的创造性。

该驳回决定针对的文本是：申请人于申请日提交的原始申请文件的说明书第 1、3、5~7 页，附图第 1~15 页，摘要附图；于 2004 年 5 月 26 日提交的说明书第 4 页，说明书摘要；于 2004 年 9 月 2 日提交的权利要求第 1~10 项，说明书第 2 页。

申请人欧姆龙健康医疗事业株式会社（下称复审请求人）不服上述驳回决定，于 2004 年 11 月 16 日向专利复审委员会提出复审请求，复审请求人在提出复审请求时未对本申请进行任何修改，其复审请求的理由是：对比文件 1 和对比文件 2 中都没有公开本申请权利要求 1 中的“外侧圆盘”，也没有证据证明上述区别技术特征（2）是容易想到的，且在对比文件 1 的基础上结合对比文件 2 会导致按摩装置的体积增大，而对此改进需要付出创造性劳动。因此本申请权利要求具备专利法第 22 条第 3 款规定的创造性。

经形式审查合格后，专利复审委员会于 2004 年 12 月 16 日依法受理了上述请求，并向复审请求人发出了复审请求受理通知书，同时向原实质审查部门发出前置审查通知书。

原实质审查部门对该复审请求做出前置审查意见，仍然坚持原驳回决定。

专利复审委员会依法成立合议组，对该复审请求进行审查，于 2007 年 6 月 5 日发出复审通知书，指出：对比文件 1 公开了一种按摩机，权利要求 1 要求保护的技术方案与对比文件 1 公开的内容相比，区别在于：（1）本申请权利要求 1 中的揉轮是两对；（2）外侧圆盘与揉轮安装成一体。虽然复审请求人认为对比文件 1 和 2 中都没有公开“外侧圆盘”，但对比文件 1 中第一基台 27 的盘状凸缘 26 与本申请权利要求 1 中的“外侧圆盘”在结构和作用上均相同，其相当于本申请中的外侧圆盘。而上述区别技术特征（1）已经被对比文件 2 公开，至于复审请求人的意见陈述，合议组认为本申请权利要求 1 中并没有尺寸的记载，用于双足或双腿的按摩器在尺寸上必然要大于用于单足或者单腿的按摩器，本领域普通技术人员不会刻意使用于双足或双腿的按摩器与用于单足或单腿在体积上相等，当出于便携或节省空间等目的时，本领域普通技术人员不需要付出创造性劳动就可以采用多种方式实现体积的减小。至于区别技术特征（2），合议组认为，对比文件 1 中虽然没有明确公开揉搓滚子与凸缘安装成一体，但是其中公开了揉搓滚子 16 和包括有凸缘 26 的第一基台 27 都固定于驱动轴上，揉搓滚子 16 与第一基台 27 以及其凸缘 26 以同样的速度随驱动轴转动，本领域普通技术人员在获得了对比文件 1 中的如上教导的情况下，无需付出创造性劳动就能想到将揉搓滚子 16 和凸缘安装成一体之后再固定于驱动轴上。因此，复审请求人关于本申请权利要求 1 具备专利法第 22 条第 3 款规定的创造性的意见不成立，在对比文件1的基础上结合对比文件2给出的技术启示从而得到本申请权利要求1所要保护的技术方案是本领域普通技术人员无需付出创造性劳动就能完成的，权利要求1不具备专利法第22条第3款所规定的创造性。权利要求2~3中的附加技术特征也已经被对比文件1公开，在其引用的权利要求不具备创造性时，这些权利要求也不具备专利法第22条第3款规定的创造性。权利要求4的附加技术特征是本领域普通技术人员在对比文件1的启示下很容易就能想到的，在其引用的权利要求不具备创造性时，该权利要求也不具备专利法第22条第3款规定的创造性。权利要求5~8中的附加技术特征只是对辅助滚轮和突起的形状作了简单改变，是本领域普通技术人员很容易想到的，在其引用的权利要求不具备创造性时，这些权利要求也不具备专利法第22条第3款规定的创造性。权利要求9中的附加技术特征属于本领域的公知常识，在其引用的权利要求不具备创造性时，这些权利要求也不具备专利法第22条第3款规定的创造性。

由于复审请求人未在该复审通知书指定的期限内答复，因此本案合议组于2007年10月12日发出复审案件结案通知书，指出根据专利法第62条第1款的规定，该复审请求视为撤回。

2007年10月12日，复审请求人提交了恢复权利请求书和意见陈述书，以及权利要求书全文的修改替换页1页，其中将权利要求10的附加技术特征补入到权利要求1中。复审请求人在意见陈述书中表示：修改后的文件能够克服通知书中指出的问题。修改后的权利要求书共包括9项权利要求，其中独立权利要求1为：

“1. 一种按摩器，包括驱动轴旋转的驱动装置、非平行相对安装在轴上的一对揉轮，其特征在于：在所述轴上设两对所述一对揉轮，在两外侧揉轮的外侧具有分别从里侧支承该揉轮并与该揉轮安装成一体的支承板的外侧圆盘，在该外侧圆盘的外侧设端板，在外侧圆盘和对应的端板之间分别设按压刺激用旋转滚轮，所述旋转滚轮具有沿圆周排列多个可以自转的辅助滚轮，并且所述圆盘具有防止揉轮搁浅在圆盘的外周上的突起。”

本案合议组于2007年11月23日发出合议组成员告知通知书，告知复审请求人合议组成员的变更，并指出复审请求人如对合议组成员有回避请求，应在收到本通知之日起7日内提交书面请求书，并说明理由，必要时附具证据。逾期未答复，视为无回避请求。

复审请求人在该合议组成员告知通知书指定期限内未进行答复。

至此，合议组认为本案事实已经清楚，现依法作出复审决定。

二、决定的理由

1. 关于审查文本

本复审决定的审查基础是：复审请求人于申请日提交的原始申请文件的说明书第1、3、5~7页，附图第1~15页，摘要附图；于2004年5月26日提交的说明书第4页，说明书摘要；于2004年9月2日提交的说明书第2页；于2007年10月12日提交的权利要求第1~9项。

2. 关于专利法第22条第3款

专利法第22条第3款规定：创造性，是指同申请日以前已有的技术相比，该发明有突出的实质性特点和显著的进步，该实用新型有实质性特点和进步。

就本案来说，本申请权利要求1请求保护一种按摩器，对比文件1也公开了一种按摩器，并公开了如下技术特征（参见说明书第2页第18行至第4页第4行，附图1）：马达6驱动驱动轴9旋转，驱动轴9中部装有朝向相反方向倾斜的一对搓揉滚子16、16（相当于本申请中非平行相对安装在轴上的一对揉轮），搓揉滚子16、16的外侧安装有转动滚子25、25，该转动滚子包括固定于驱动轴9的第一基台27，其一端具有凸缘26，该凸缘26位于搓揉滚子16、16与转动滚子25、25之间，并在线圈弹簧37压缩时可以从里侧支撑揉搓滚子，该凸缘26也是盘状的，虽然对比文件1中的第一基台

27 还包括有圆筒状的部分以及圆筒状部分上的肋部 36，但其是为了防止按摩时盖板 35 卷入而设置的，并不影响凸缘支撑揉搓滚子，而第一基台 27 的盘状凸缘 26 与本申请权利要求 1 中的“外侧圆盘”在结构和作用上均相同，其相当于本申请中的外侧圆盘；对比文件 1 中的按摩器还包括位于第一基台外侧的第二基台 28（相当于本申请中的端板），第一基台和对应的第二基台之间的多个滚子轴 29，以及可转动地安装在滚子轴 29 上的两种刺激用滚子 30、31（相当于本申请中可以自转的辅助滚轮），滚子轴和滚子轴上的滚子沿圆周排列（即，相当于本申请的辅助滚轮沿圆周排列）。

由上可知，该权利要求 1 要求保护的技术方案与对比文件 1 公开的内容相比，区别在于：（1）本申请权利要求 1 中的揉轮是两对；（2）该外侧圆盘与揉轮安装成一体；（3）所述圆盘具有防止揉轮搁浅在圆盘的外周上的突起。

对于区别技术特征（1），合议组认为，对比文件 2 与对比文件 1 及本申请均属于相同的技术领域，其中公开了（参见图 1）按摩器具有两组揉轮 2a、2b，3a、3b，且该技术特征在对比文件 2 中的作用与区别技术特征（1）在本申请中的作用相同，都是为了能同时按摩使用者的双脚，即，对比文件 2 给出了在按摩器中使用两组揉轮对人的双脚进行按摩的技术启示。

对于区别技术特征（2），合议组认为，对比文件 1 中虽然没有明确公开揉搓滚子与凸缘安装成一体，但是其中公开了揉搓滚子 16 固定在驱动轴上，包括有凸缘 26 的第一基台 27 也固定于驱动轴上，即揉搓滚子 16 与第一基台 27 以及其凸缘 26 以同样的速度随驱动轴转动，本领域普通技术人员在获得了对比文件 1 中的如上教导的情况下，无需付出创造性劳动就能想到将揉搓滚子 16 和凸缘安装成一体之后再固定于驱动轴上。

对于区别技术特征（3），合议组认为，对比文件 1 和对比文件 2 中均没有公开该特征，同时也没有证据证明现有技术中存在将该区别技术特征应用于对比文件 1 或对比文件 2 以解决揉轮搁浅在圆盘上这一技术问题的启示。合议组认为，独立权利要求 1 中的方案由于具备了该区别技术特征（3）而可以防止揉轮搁浅到圆盘上，从而相对于驳回决定中引用的对比文件 1 和对比文件 2 具有突出的实质性特点和显著的进步，即相对于对比文件 1 和对比文件 2 的结合具备专利法第 22 条第 3 款规定的创造性。

在独立权利要求 1 具备专利法第 22 条第 3 款规定的创造性的情况下，直接或间接引用该权利要求 1 的从属权利要求 2~9 也同样具备专利法第 22 条第 3 款规定的创造性。

根据上述事实和理由，本案合议组依法作出以下审查决定。

三、决定

在复审请求人对申请文件修改的基础上，撤销国家知识产权局于 2004 年 10 月 15 日对 02123052.8 号发明专利申请作出的驳回决定，由原实质审查部门以本决定依据的文本作为审查基础继续进行审查程序。

复审请求人对本决定不服的，可以根据专利法第 41 条第 2 款的规定，自收到本决定之日起三个月内向北京市第一中级人民法院起诉。

008

一次性使用尿布

复审请求审查决定（第11916号）

决　定　号　第11916号
决　定　日　2007年12月5日
发明创造名称　一次性使用尿布
国际分类号　A61F 13/49
复审请求人　尤妮佳股份有限公司
申　请　号　00118376.1
优 先 权 日　1999年6月15日
申　请　日　2000年6月15日
公　开　日　2000年12月20日
合议组组长　黄玉平
主　审　员　佟仲明
参　审　员　李　礼

法律依据　专利法第22条第3款
决定要点

如果要求保护的技术方案相对于最接近的现有技术存在区别技术特征，但在另一篇现有技术文件中给出了将上述区别技术特征应用到该最接近现有技术以解决其存在的技术问题的启示，和/或该区别技术特征属于公知常识，那么所要求保护的技术方案对所属技术领域的技术人员来说就是显而易见的，不符合专利法第22条第3款关于创造性的规定。

一、案由

本复审请求涉及申请号为00118376.1、名称为“一次性使用尿布”的发明专利申请（下称本申请），申请日为2000年6月15日，优先权日为1999年6月15日，申请人为尤妮佳股份有限公司。本申请公开时的权利要求书包括7项权利要求。

国家知识产权局实质审查部门依法对本申请进行了实质审查，于2003年3月28日发出第一次审查意见通知书，指出本申请权利要求1~5不符合专利法第22条第2款的规定，权利要求6~7不符合专利法第22条第3款的规定。

所引用的对比文件如下：

对比文件1：EP 0688550 A1，公开日为1995年12月27日；

对比文件2：US 5624424 A，公开日为1997年4月29日；

对比文件3：GB 2294865 A，公开日为1996年5月15日；

对比文件4：WO 97/48357 A1，公开日为1997年12月24日；

对比文件5：WO 96/32083 A1，公开日为1996年10月17日。

针对上述审查意见通知书，申请人于2003年9月12日提交了意见陈述书，并提交了权利要求书以及说明书第1~2页的修改替换页，修改后的权利要求书共包括7项权利要求。申请人认为：对比文件1~5中均未公开本申请权利要求1中要求保护的技术方案，修改后的权利要求1相对于对比文件1~5具有新颖性和创造性，该权利要求1的从属权利要求2~7也具有创造性。

针对申请人上述意见陈述，原审查部门继续审查，并补充检索到对比文件6（US4883549，公开日为1989年11月28日），于2003年12月5日发出第二次审查意见通知书，指出本申请权利要求1~7相对于对比文件1与对比文件6的结合不符合专利法第22条第3款的规定。

针对第二次审查意见通知书，申请人于2004年2月11日提交了意见陈述书和权利要求书全文修改替换页，修改后的权利要求书共包括3项权利要求。申请人认为：对比文件1和对比文件6均没有公开本申请权利要求1的技术方案，从对比文件1和对比文件6的内容也不容易导出权利要求1的技术方案，修改后的权利要求1相对于对比文件1、6具有创造性。

针对申请人2004年2月11日提交的意见陈述，原审查部门继续审查，并于2004年2月24日与申请人的代理人进行了电话讨论，指出权利要求1中存在表达不清楚之处。

针对该电话讨论，申请人于2004年2月25日提交了权利要求书修改替换页，修改后的权利要求书共包括3项权利要求，其内容如下：

“1. 一次性使用尿布，具有前腰围区和后腰围区以及位于该两腰围区间的裆下区，前述两腰围区中的至少一方的向其周向延伸的缘部之全长具有向前述腰围方向的弹性伸缩性，

前述缘部具有弹性伸缩性的前述腰围区具有覆盖部和弹性部，其中覆盖部与前述裆下区形成为一体并覆盖着前述尿布穿用者的腰围区；上述弹性部沿前述覆盖部的缘装设、并可向前述腰围方向弹性伸缩；

该弹性部由第一构件与第二构件形成，其中第一构件可沿前述腰围方向比前述覆盖部的长度长地弹性伸长；第二构件可沿前述腰围方向比前述覆盖部长度长地非弹性伸长，并且覆盖前述第一构件的同时沿前述覆盖部之缘装设，前述第二构件通过在其前述腰围方向的长度比前述覆盖部的腰围方向长度长的层片材料上向前述腰围方向制作皱折而使其缩短，从而使得该第二构件与前述覆盖部的长度基本一致；其特征在于，前述覆盖部在前述腰围方向上具有弹性伸缩性，沿前述弹性部的与前述弹性部具有同宽度的部分的伸长应力比前述弹性部的伸长应力高。

2. 如权利要求1所的尿布，其特征在于，前述第一构件是带状橡胶。

3. 如权利要求1或2所记述的尿布，其特征在于，前述尿布具有弹性伸缩性的腿周缘部，该缘部由可弹性伸长的第三构件和覆盖前述第三构件并可非弹性伸长的第四构件形成。”

经过上述实质审查程序后，国家知识产权局实质审查部门以本申请权利要求书不符合专利法第22条第3款的规定为由，于2004年6月18日做出了驳回本申请的决定，具体的驳回理由如下：权利要求1要求保护的技术方案相对于对比文件1与对比文件6的结合不具备专利法第22条第3款规定的创造性；权利要求2的附加技术特征已经被对比文件1所公开，当其引用的权利要求1不具备创造性时，该权利要求2也不具备专利法第22条第3款规定的创造性；权利要求3的附加技术特征是本领域普通技术人员通过有限次常规试验就可得到的，当其引用的权利要求不具备创造性时，该权利要求3也不具备专利法第22条第3款规定的创造性。

该驳回决定所针对的文本是：申请人于2004年2月25日提交的权利要求1~3项，2003年9月

12 日提交的说明书第 1 ~ 2 页，于申请日提交的说明书第 3 ~ 4 页、附图第 1 ~ 2 页、摘要以及摘要附图。

申请人尤妮佳股份有限公司（下称复审请求人）不服上述驳回决定，于 2004 年 10 月 8 日向专利复审委员会提出复审请求，但未对申请文件进行修改。其复审请求的理由是：本申请权利要求 1 中的弹性部沿覆盖部的缘装设，弹性部的上缘成为自由端部，可以很长地伸长，从而节省成本高的伸缩性材料，而对比文件 1 中腰带 88 的上缘与前、后腰围区的缘部一致并重叠地安装，与本申请权利要求 1 要求保护的技术方案不同，也达不到节省弹性伸缩性材料的效果，因此本申请权利要求 1 具备专利法所规定创造性。

经形式审查合格后，专利复审委员会依法受理了上述请求，并于 2004 年 10 月 25 日向复审请求人发出了复审请求受理通知书，同时向原审查部门发出前置审查通知书。

原审查部门在前置审查意见中仍然坚持原驳回决定。

在此基础上，专利复审委员会依法成立合议组，对该本案进行审查。本案合议组于 2007 年 6 月 8 日向复审请求人发出复审通知书，指出：对比文件 1 公开了具有弹性腰带的一次性尿布，其中公开了权利要求 1 的大部分技术特征，而可以作为一次性尿布的腰带的弹性材料已经被对比文件 6 公开，至于弹性腰带与缘部重叠安装或与缘部的一部分相连地安装都属于本领域的常用技术手段，对于本领域普通技术人员来说，将对比文件 6 中的弹性材料作为弹性腰带利用公知的安装方式安装到对比文件 1 中的一次性尿布上从而得到该权利要求 1 所要求保护的技术方案，是不需要付出创造性劳动就能完成的，因此权利要求 1 不具备专利法第 22 条第 3 款规定的创造性；权利要求 2 的附加技术特征是本领域公知常识，当其引用的权利要求 1 不具备创造性时，该权利要求 2 也不具备专利法第 22 条第 3 款规定的创造性；权利要求 3 的附加技术特征是本已经被对比文件 6 所公开，当其引用的权利要求不具备创造性时，该权利要求 3 也不具备专利法第 22 条第 3 款规定的创造性。

针对上述复审通知书，复审请求人于 2007 年 9 月 24 日提交了意见陈述书，但未对申请文件进行修改。复审请求人在意见陈述书中认为：本申请权利要求 1 中的弹性部最大伸长时的长度尺寸大于沿腰围方向形成前后腰围区域的覆盖部的最大伸长时的长度尺寸，这能够起到减少材料使用降低成本的作用。而对比文件 1 和对比文件 6 中公开的技术方案均与本发明的技术方案不同，也没有给出任何暗示，即使将这两篇对比文件加以结合、付出非创造性劳动也无法获得本发明，更无法达到上述效果，因此，本发明具有创造性。

至此，合议组认为本案事实已经清楚，现依法作出复审决定。

二、决定的理由

1. 关于审查文本

本复审请求审查决定所针对的审查文本与驳回决定所针对的文本相同，即本决定以复审请求人于 2004 年 2 月 25 日提交的权利要求 1 ~ 3 项，2003 年 9 月 12 日提交的说明书第 1 ~ 2 页，申请日提交的说明书第 3 ~ 4 页、附图第 1 ~ 2 页、摘要以及摘要附图为基础。

2. 关于专利法第 22 条第 3 款

专利法第 22 条第 3 款规定：创造性，是指同申请日以前已有的技术相比，该发明有突出的实质性特点和显著的进步，该实用新型有实质性特点和进步。

（1）权利要求 1 不符合专利法第 22 条第 3 款的规定。

权利要求 1 请求保护一种一次性使用尿布，对比文件 1 公开了一种可以作为尿布使用一次性内裤，具体并公开了以下内容（参见说明书第 3 页第 42 行至第 6 页第 52 行，权利要求书，附图 1 - 7）：内裤体 12 包括前部区域 14 和前弹性侧件 68（相当于本申请中的前腰围区）、后部区域 16 和后弹性侧件70（相当于本申请中的后腰围区）、裆部区域18，并且可以看出，由于弹性侧件的存在以及织物本身所具有的伸缩性，前部区域和前弹性侧件68以及后部区域和后弹性侧件70向其周向延伸的缘部的全长具有向腰围方向的弹性伸缩性；所述内裤体包括覆盖使用者腰围区并与裆部区域连成一体的覆盖部分，以及可以向腰围方向弹性伸缩的腰带32（相当于本申请的弹性部），并且可以看出，由于该覆盖部分包括前部区域和前弹性侧件68以及后部区域和后弹性侧件70，因此其同样在腰围方向上具有弹性伸缩性；该一次性内裤还包括有连续的腰缘部30，该腰缘部的前腰缘区42和后腰缘区46的长度分别与前腰带件64和后腰带件66的长度相一致，并且从图5中可以看出腰缘部与覆盖部的长度相同，从而弹性腰带的长度与覆盖部的长度也是基本一致的。本申请权利要求1请求保护的技术方案与对比文件1公开的内容相比，区别特征在于：①本申请中的弹性部沿上述覆盖部的缘装设，而对比文件1中的腰带安装在覆盖部分的腰缘区；②弹性部由第一构件与第二构件形成，其中第一构件可沿前述腰围方向比前述覆盖部的长度长地弹性伸长，第二构件可沿前述腰围方向比前述覆盖部长度长地非弹性伸长，前述第二构件通过在其前述腰围方向的长度比前述覆盖部的长度长的层片材料上制作皱折而使其缩短，从而使得该第二构件与前述覆盖部的长度基本一致；③沿前述弹性部的与前述弹性部具有同宽部分的伸长应力比前弹性部的伸长应力要高。

对于区别技术特征①，合议组认为，本申请的尿布作为尿裤穿着于使用者身上，其上缘部通常采用弹性部，其弹性部本身的作用在于当受到张力作用时向腰围方向拉伸，以扩大开口从而便于使用者穿着，其与缘部重叠安装或与缘部的一部分相连地安装都属于常用技术手段，其可以根据具体需要加以改变，是本领域普通技术人员无需付出创造性劳动就能完成的。

对于区别技术特征②，合议组认为，对比文件6公开了一种用于连接到一次性尿布上的弹性材料（参见该对比文件6说明书第1栏第6~41行，第5栏第60行至第9栏第54行，附图2-3），该弹性材料通常连接到尿布的腰部和/或腿部开口，其中该弹性材料包括由非弹性无纺网面制成的褶皱层62和66（相当于本申请的第二构件）和由弹性材料制成的弹性片72（相当于本申请的第一构件），褶皱层其具有褶皱64从而当受到张力时（通常是腰围方向）可以非弹性的伸长，弹性片受到张力时弹性伸长；为了制作褶皱必然要采用比弹性片长的材料。也就是说，对比文件6公开了本申请弹性部的结构，并明确给出了将其用于一次性尿布中的技术启示。

对于区别技术特征③，合议组认为，“沿弹性部的与前述弹性部具有同宽度的部分的伸长应力比前述弹性部的伸长应力高”，将腰围部分的材料选择为弹性稍差、成本较低的材料是本领域普通技术人员无需付出创造性劳动就能想到的，仅是材料的简单选择，属于本领域的公知常识，如常见的内裤、男士泳裤上的弹性部分都是比覆盖部分更容易拉伸。

综上所述，对比文件1公开了具有弹性腰带的一次性尿布，而可以作为一次性尿布的腰带的弹性材料已经被对比文件6公开，至于弹性腰带是与缘部重叠安装或是与缘部的一部分相连地安装都属于本领域的常用技术手段，对于本领域普通技术人员来说，将对比文件6中的弹性材料作为弹性腰带利用公知的安装方式安装到对比文件1中的一次性尿布上从而得到该权利要求1所要求保护的技术方案，是不需要付出创造性劳动就能完成的，且没有产生意料不到的技术效果，因此权利要求1不具备专利法第22条第3款规定的创造性。

复审请求人在意见陈述书中表示，对比文件1中腰带件与本申请中弹性部安装的方式不同，对比文件1中弹性腰带的长度与覆盖部的长度也基本一致，前后腰带件和覆盖部沿腰围方向的最大伸长的长度相同。对比文件6中没有公开弹性构件可沿腰围方向比一次性用品的覆盖部沿腰围方向长度长地伸长，也没有公开形成褶皱层的材料的长度比一次性用品的覆盖部的长度长以及形成的褶皱层与上述覆盖部的长度大致相同。因此，对比文件1和对比文件6中公开的技术方案均与本发明的技术方案不同，也没有给出任何暗示，即使将这两篇对比文件加以结合、非付出创造性劳动也无法获得本发明。本申请通过采用上述结构能够使弹性部最大伸长时的长度尺寸大于沿腰围方向形成前后腰围区的覆盖部的最大伸长时的尺寸，从而覆盖部的尺寸小于现有一次性用品的尺寸，即能够采用较少的材料，并相应地降低这部分的成本。

对此，合议组认为，如上所述，对比文件6公开了弹性材料的结构，并公开了该弹性材料可以用于一次性尿布，而当将对比文件6中公开的弹性材料应用于对比文件1中一次性用品时，必然要对其长度进行选择，由于对比文件1中弹性腰带件的长度与本体的长度基本一致，本领域普通技术人员会倾向于采用相同长度的弹性材料对弹性腰带件进行替换，从而采用长度比一次性用品的本体长度长的褶皱层材料，而采用比一次性用品的本体长度长的褶皱层材料形成的弹性材料沿腰围方向的最大伸长长度自然大于本体的最大伸长长度。而且，弹性部与缘部重叠安装或与缘部的一部分相连地安装都属于常用技术手段，考虑到节省尿布本体（覆盖部）材料同时又使其端部上端具有较好的弹性，而将弹性部直接与尿布本体缘部上端相连，这对于本领域普通技术人员来说是很容易想到的。此外，本体沿腰围方向的长度形成的长于穿着者的平均腰围尺寸是由于穿用者臀围大于腰围决定的，弹性部与本体沿腰围方向最大限度地伸长尺寸都必须大于或适用于臀围尺寸，即使弹性部可以比本体沿腰围方向伸长的尺寸大的伸长，本体本身的伸长长度也必须大于或者适用于臀围尺寸，这是属于众所周知的常识。复审请求人并没有证据证明对比文件1中的一次性用品的本体最大限度地伸长尺寸远大于穿用者的臀围，或者证明本申请的本体可以小于臀围尺寸，而且现有技术中考虑到生产成本节约材料也不可能将本体做的过大。当采用弹性部与本体上缘相连（即不重叠设置）时，相比两者重叠设置时必然会节省重叠其本体缘部端的材料，即本申请权利要求1中技术方案实际节省的仅是与弹性部重叠的那部分本体材料，而这种技术效果也是可以预见的，并非取得了意料不到的技术效果。可见，对于本领域普通技术人员来说，在对比文件1的基础上结合对比文件6公开的内容以及本领域的公知常识从而得到本申请权利要求1要求保护的技术方案是无需付出创造性劳动就能完成的，且上述结合也并未带来任何意料不到的技术效果。

（2）权利要求2~3不符合专利法第22条第3款的规定。

从属权利要求2是独立权利要求1的从属权利要求，其附加技术特征是："前述第一构件是带状橡胶"。然而对比文件1中公开了腰带的弹性层可以是弹性材料，如缝制到无纺纤维层上的弹性条或带等材料（参见对比文件1说明书第5页第43行至说明书第6页第3行）。对比文件6也详细地公开了制成弹性片72弹性纤维材料（参见对比文件6说明书第6栏第44行至第9栏第45行）。根据上述内容，将弹性片选择为弹性的带状橡胶材料对于本领域普通技术人员来说是无需付出创造性劳动就能完成的，属于本领域的公知常识。因此，在其引用的权利要求1不具备创造性的情况下，该权利要求2也不具备专利法第22条第3款规定的创造性。

从属权利要求3是权利要求1或2的从属权利要求，其附加技术特征是："前述尿布具有弹性伸缩性的腿周缘部，该缘部由可弹性伸长的第三构件和覆盖前述第三构件并可非弹性伸长的第四构件形成。"而对比文件6中公开了弹性材料可以用于尿布的腿部开口（参见对比文件6说明书第1栏第13~15行，第5栏第60行至第6栏第10行，附图2、3）。即由对比文件6中弹性材料制成的可弹性伸长的弹性片72相当于本申请中的第三构件，对比文件6中的覆盖弹性片73的褶皱层62和66相当于本申请中的第四构件。可见，上述附加技术特征也已经被对比文件6所公开。在其引用的权利要求1和2都不具备创造性的情况下，该权利要求3也不具备专利法第22条第3款规定的创造性。

综上所述，本专利权利要求1~3仍不符合专利法第22条第3款的规定。

根据上述事实和理由，本案合议组依法作出以下审查决定。

三、决定

复审请求理由不成立，维持国家知识产权局于2004年6月18日对00118376.1号发明专利申请作出的驳回决定。

复审请求人对本决定不服的，可以根据专利法第41条第2款的规定，自收到本决定之日起三个月内向北京市第一中级人民法院起诉。

北京市第一中级人民法院
行政判决书

（2008）一中行初字第912号

原告尤妮佳股份有限公司，住所地日本国爱媛县四国中央市金生町下分182番地。

法定代表人高原豪久，社长。

委托代理人何腾云，男，中国国际贸易促进委员会专利商标事务所专利代理人。

委托代理人吕晓阳，男，中国国际贸易促进委员会专利商标事务所专利代理人。

被告中华人民共和国国家知识产权局专利复审委员会，住所地北京市海淀区北四环西路9号银谷大厦10层至12层。

法定代表人廖涛，副主任。

委托代理人佟仲明，女，中华人民共和国国家知识产权局专利复审委员会干部。

委托代理人隋璐，女，中华人民共和国国家知识产权局专利复审委员会干部。

原告尤妮佳股份有限公司不服被告中华人民共和国国家知识产权局专利复审委员会作出的专利复审决定，向本院提起诉讼。本院受理后依法组成合议庭，于2008年9月8日公开开庭审理了本案。原告的委托代理人何腾云、吕晓阳，被告的委托代理人佟仲明、隋璐到庭参加了诉讼。本案现已审理终结。

2007年12月5日，被告依据《中华人民共和国专利法》（以下简称《专利法》）第二十二条第三款作出第11916号复审请求审查决定（以下简称第11916号决定），维持中华人民共和国国家知识产权局（以下简称国家知识产权局）对00118376.1号专利申请（以下简称本申请）作出的驳回决定。

被告在法定的举证期限内向本院提交的证据有：（1）EP0688550 A1，公开日为1995年12月27日（即对比文件1）；（2）US4883549，公开日为1989年11月28日（即对比文件6）；（3）第11916号决定针对的专利申请文本。上述证据用于证明第11916号决定认定事实清楚、适用法律正确、程序合法。

原告诉称：被告第11916号决定的主要证据不足，作出的维持驳回决定的复审决定不能成立。被告对本申请的独立权利要求1不具有创造性的事实认定不清且主要证据不足。被告对本申请的从属权利要求2~3不具有创造性的事实认定不成立。本申请的权利要求1~3全部具有创造性，符合《专利法》第二十二条第三款的的规定。具体理由为：

1. 被告并未尽到举证义务。（1）被告在第 11916 号决定中将本申请相对于对比文件 1 的区别技术特征“弹性部沿覆盖部的缘装设”认定为本领域的常用技术手段、是现有技术。但是，被告在整个复审过程中却并未举证来明确地证明。在被告主张的“弹性部沿覆盖部的缘装设”是本领域的常用技术手段而原告并不予认可的情况下，被告必须承担起举证的责任。但是，被告却始终没能够找出证据，这也恰恰证明了本申请是新的、在以往的技术中并没有记载的。（2）被告在第 11916 号决定中认为本申请的区别技术特征（3）“沿弹性部的与弹性部具有同宽度的部分的伸长应力比弹性部的伸长应力高”属于本领域的公知常识，并列举了内裤、男士泳裤进行说明。但是，鉴于本申请是优先权日为 1999 年 6 月 15 日的申请，如仅仅是举出内裤等技术方案本身而不能够从时间性上证实上述技术方案是在本申请的优先权日前在国内外出版物上公开发表、在国内公开使用或者以其他方式为公众所知的技术的话，则被告事实上也没有尽到举证责任。

2. 被告对本申请的技术特征的认定事实错误。（1）被告在第 11916 号决定中认定本申请的区别技术特征（2）能够通过对比文件 1 和对比文件 6 的结合而得出。但是，这种认定事实上包括了被告所进行的主观判断，从而导致被告对区别技术特征（2）的认定错误。首先，被告在第 11916 号决定中认定“本领域普通技术人员会倾向于采用相同长度的弹性材料对弹性腰带件进行替换”，“倾向于”这一措辞显然包括了被告没有事实依据的主观判断。其次，即使在用对比文件 6 所公开的弹性材料替换对比文件 1 的弹性腰带件的情况下，由于对比文件 1 采用将弹性腰带件整体重合于前后腰缘区的方式进行安装，在用对比文件 6 的弹性材料来替换对比文件 1 的弹性腰带件时，必然也要采用将弹性材料整体重合于本体的结构，从而弹性材料的最大伸长时的长度必然受到本体沿腰围方向的伸长的限制而等于本体沿腰围方向的最大伸长时的长度。而被告所辩称的“作为腰带的弹性部与覆盖部上缘是全部重叠还是部分重叠是本领域普通技术人员根据需要可以进行的简单选择”，这也仅仅是一种主观武断的判断。这也恰恰说明了本申请的区别技术特征（2）并非是通过对比文件和公知常识的结合就能够得出的。此外，被告还辩称“当采用弹性部与本体上缘相连时，相比两者重叠设置时必然会节省重叠其本体缘部端的材料”，这也证明了被告实质上承认了采用本申请的将弹性部（第二构件）沿覆盖部的缘装设的结构能够获得的效果。而从原告提交的供参考的样品中不难发现，沿覆盖部的缘装设的结构能够节省与覆盖部全部重叠时相比重叠部分的材料，这部分的材料占了一次性使用尿布的大约五分之一，显然这样的技术效果是非常突出的，符合《专利法》第二十二条第三款规定的“显著的进步”。（2）除了如上述的被告对区别技术特征（3）的认定缺乏证据支持以外，被告对该区别技术特征的认定本身也是错误的。从国际专利分类表可知，本申请的一次性使用尿布被分入 A41B13/00，而第 11916 号决定中提到的内裤等被分 A41D7/00 或 A41B9/02，故而一次性使用尿布与内裤等并不属于同一技术领域，是不能够以“本领域的公知常识”来加以认定的。因此，被告所做出的上述事实认定是错误的。

3. 在本申请的权利要求 1 具有创造性的情况下，引用了权利要求 1 的权利要求 2 和 3 也具有创造性。原告在庭审中还指出，本申请所指缘部在上面，这是很清楚的，与其他对比文件都是不一样的，本发明的目的就在于节省材料，并认为作为一个发明有多特征，足以说明它的创造性。并表示将提交对比文件 6 的相关章节的译文。综上所述，原告认为被告作出第 11916 号决定的主要证据不足、事实认定错误，故请求法院依法撤销第 11916 号决定，并责令被告重新做出复审决定。

在本院审理过程中，原告向本院提交并经当庭质证了以下证据：（1）本申请的申请文件；（2）本案评审阶段的对比文件 1~6（略，见下文），证据 1、2 用以证明第 11916 号决定的事实认定不清、主要证据不足。

被告辩称：本申请权利要求 1 相对于对比文件 1 与对比文件 6 以及本领域公知常识而言不具有创

造性。关于效果问题，在第11916号决定中有详细评述，坚持其中的意见。对比文件1里面已经公开了权利要求1的大部分内容。对比文件1公开了具有弹性腰带的一次性尿布，而可以作为一次性尿布的腰带的弹性材料已经被对比文件6公开，至于弹性腰带是与缘部重叠安装或是与缘部的一部分相连地安装都属于本领域的常用技术手段，对于本领域普通技术人员来说，将对比文件6中的弹性材料作为弹性腰带利用公知的安装方式安装到对比文件1中的一次性尿布上从而得到该权利要求1所要求保护的技术方案，是不需要付出创造性劳动就能完成的，且没有产生意料不到的技术效果，因此权利要求1不具备《专利法》第二十二条第三款规定的创造性。权利要求2也不具备创造性。从属权利要求3也不具备创造性。对原告提交的译文内容认可，但其是对比文件6解决的内容，对比文件6已经公开了开口的内容。对比文件1已经给出了技术启示，所以本领域普通技术人员会选择相同宽度的材料。综上所述，第11916号决定认定事实清楚，审查程序合法，适用法律正确，请求法院维持第11916号决定，依法驳回原告的诉讼请求。

经庭审质证，原告对被告提交的证据的关联性、合法性及真实性没有异议；被告对原告证据亦无异议。

本院经审查认为，被告及原告提交的证据，与被诉第11916号决定具有关联性，且真实、合法，能够证明本案的事实，本院予以采纳。

根据上述有效证据及各方当事人在庭审中无争议的陈述，本院确认如下事实：

本申请系申请号为00118376.1、名称为“一次性使用尿布”的发明专利申请，申请日为2000年6月15日，优先权日为1999年6月15日，申请人为原告。本申请公开时的权利要求书包括7项权利要求。

国家知识产权局实质审查部门依法对本申请进行了实质审查，于2003年3月28日发出第一次审查意见通知书，指出本申请权利要求1~5不符合《专利法》第二十二条第二款的规定，权利要求6~7不符合《专利法》第二十二条第三款的规定。所引用的对比文件如下：对比文件1：EP 0688550A1，公开日为1995年12月27日；对比文件2：US 5624424A，公开日为1997年4月29日；对比文件3：GB 2294865 A，公开日为1996年5月15日；对比文件4：WO 97/48357 A1，公开日为1997年12月24日；对比文件5：WO 96/32083 A1，公开日为1996年10月17日。此后针对原告提交的意见陈述书及权利要求书以及说明书的修改替换页，原审查部门继续审查，并补充检索到对比文件6（US4883549，公开日为1989年11月28日），并向原告发出第二次审查意见通知书，指出本申请权利要求1~7相对于对比文件1与对比文件6的结合不符合《专利法》第二十二条第三款的规定。

经原审查部门与原告几次意见交换，原告于2004年2月25日提交了权利要求书最终修改替换页，修改后的权利要求书共包括3项权利要求，其内容如下：

“1. 一次性使用尿布，具有前腰围区和后腰围区以及位于该两腰围区间的裆下区，前述两腰围区中的至少一方的向其周向延伸的缘部之全长具有向前述腰围方向的弹性伸缩性，

前述缘部具有弹性伸缩性的前述腰围区具有覆盖部和弹性部，其中覆盖部与前述裆下区形成为一体并覆盖着前述尿布穿用者的腰围区；上述弹性部沿前述覆盖部的缘装设、并可向前述腰围方向弹性伸缩；

该弹性部由第一构件与第二构件形成，其中第一构件可沿前述腰围方向比前述覆盖部的长度长地弹性伸长；第二构件可沿前述腰围方向比前述覆盖部长度长地非弹性伸长，并且覆盖前述第一构件的同时沿前述覆盖部之缘装设，前述第二构件通过在其前述腰围方向的长度比前述覆盖部的腰围方向长度长的层片材料上向前述腰围方向制作皱折而使其缩短，从而使得该第二构件与前述覆盖部的长度基本一致；其特征在于，前述覆盖部在前述腰围方向上具有弹性伸缩性，沿前述弹性部的与前述弹性部

具有同宽度的部分的伸长应力比前述弹性部的伸长应力高。

2. 如权利要求 1 所述的尿布，其特征在于，前述第一构件是带状橡胶。

3. 如权利要求 1 或 2 所记述的尿布，其特征在于，前述尿布具有弹性伸缩性的腿周缘部，该缘部由可弹性伸长的第三构件和覆盖前述第三构件并可非弹性伸长的第四构件形成。”

经过上述实质审查程序后，国家知识产权局实质审查部门以本申请权利要求书不符合《专利法》第二十二条第三款的规定为由，于 2004 年 6 月 18 日作出了驳回本申请的决定，具体的驳回理由如下：权利要求 1 要求保护的技术方案相对于对比文件 1 与对比文件 6 的结合不具备《专利法》第二十二条第三款规定的创造性；权利要求 2 的附加技术特征已经被对比文件 1 所公开，当其引用的权利要求 1 不具备创造性时，该权利要求 2 也不具备《专利法》第二十二条第三款规定的创造性；权利要求 3 的附加技术特征是本领域普通技术人员通过有限次常规试验就可得到的，当其引用的权利要求不具备创造性时，该权利要求 3 也不具备《专利法》第二十二条第三款规定的创造性。

原告不服上述驳回决定，于 2004 年 10 月 8 日向被告提出复审请求，但未对申请文件进行修改。其复审请求的理由是：本申请权利要求 1 中的弹性部沿覆盖部的缘装设，弹性部的上缘成为自由端部，可以很长地伸长，从而节省成本高的伸缩性材料，而对比文件 1 中腰带 88 的上缘与前、后腰围区的缘部一致并重叠地安装，与本申请权利要求 1 要求保护的技术方案不同，也达不到节省弹性伸缩性材料的效果，因此本申请权利要求 1 具备专利法所规定创造性。

经形式审查合格后，被告受理了上述请求，并于 2004 年 10 月 25 日向原告发出了复审请求受理通知书，同时向原审查部门发出前置审查通知书。原审查部门在前置审查意见中仍然坚持原驳回决定。

在此基础上，被告对本案进行审查，于 2007 年 6 月 8 日向原告发出复审通知书，指出：对比文件 1 公开了权利要求 1 的大部分技术特征，结合对比文件 6 利用公知的安装方式从而得到该权利要求 1 所要求保护的技术方案，不需要付出创造性劳动就能完成，因此权利要求 1 不具备《专利法》第二十二条第三款规定的创造性；同时，权利要求 2、3 的附加技术特征，当其引用的权利要求 1 不具备创造性时，也不具备《专利法》第二十二条第三款规定的创造性。

针对上述复审通知书，原告于 2007 年 9 月 24 日提交了意见陈述书，但未对申请文件进行修改。原告在意见陈述书中认为：本申请权利要求 1 中的弹性部最大伸长时的长度尺寸大于沿腰围方向形成前后腰围区域的覆盖部的最大伸长时的长度尺寸，这能够起到减少材料使用降低成本的作用。而对比文件 1 和对比文件 6 中公开的技术方案均与本发明的技术方案不同，也没有给出任何暗示，即使将这两篇对比文件加以结合、付出非创造性劳动也无法获得本发明，更无法达到上述效果，因此，本发明具有创造性。

被告在进行上述复审审查过程后，指出以下问题：

1. 关于审查文本。

第 11916 号决定所针对的审查文本与驳回决定所针对的文本相同，即原告于 2004 年 2 月 25 日提交的权利要求 1~3 项，2003 年 9 月 12 日提交的说明书第 1~2 页，申请日提交的说明书第 3~4 页、附图第 1~2 页、摘要以及摘要附图为基础。

2. 关于创造性。

（1）权利要求 1 不符合《专利法》第二十二条第三款的规定。权利要求 1 请求保护一种一次性使用尿布，对比文件 1 公开了一种可以作为尿布使用一次性内裤，具体并公开了以下内容（参见说明书第 3 页第 42 行至第 6 页第 52 行，权利要求书，附图 1-7）：内裤体 12 包括前部区域 14 和前弹性侧件 68（相当于本申请中的前腰围区）、后部区域 16 和后弹性侧件 70（相当于本申请中的后腰围区）、裆部区域 18，并且可以看出，由于弹性侧件的存在以及织物本身所具有的伸缩性，前部区域和前弹性侧件 68 以及后部区域和后弹性侧件 70 向其周向延伸的缘部的全长具有向腰围方向的弹性伸缩性；所述内裤体包括覆盖使用者腰围区并与裆部区域连成一体的覆盖部分，以及可以向腰围方向弹性伸缩的腰带 32（相当于本申请的弹性部），并且可以看出，由于该覆盖部分包括前部区域和前弹性侧件 68 以及后部区域和后弹性侧件 70，因此其同样在腰围方向上具有弹性伸缩性；该一次性内裤还包括有连续的腰缘部 30，该腰缘部的前腰缘 42 和后腰缘区 46 的长度分别与前腰带件 64 和后腰带件 66 的长度相一致，并且从图 5 中可以看出腰缘部与覆盖部的长度相同，从而弹性腰带的长度与覆盖部的长度也是基本一致的。

本申请权利要求 1 请求保护的技术方案与对比文件 1 公开的内容相比，区别特征在于：①本申请中的弹性部沿上述覆盖部的缘装设，而对比文件 1 中的腰带安装在覆盖部分的腰缘区；②弹性部由第一构件与第二构件形成，其中第一构件可沿前述腰围方向比前述覆盖部的长度长地弹性伸长，第二构件可沿前述腰围方向比前述覆盖部长度长地非弹性伸长，前述第二构件通过在其前述腰围方向的长度比前述覆盖部的长度长的层片材料上制作皱折而使其缩短，从而使得该第二构件与前述覆盖部的长度基本一致；③沿前述弹性部的与前述弹性部具有同宽部分的伸长应力比前弹性部的伸长应力要高。

对于区别技术特征①，被告认为，本申请的尿布作为尿裤穿着于使用者身上，其上缘部通常采用弹性部，其弹性部本身的作用在于当受到张力作用时向腰围方向拉伸，以扩大开口从而便于使用者穿着，其与缘部重叠安装或与缘部的一部分相连地安装都属于常用技术手段，其可以根据具体需要加以改变，是本领域普通技术人员无需付出创造性劳动就能完成的。对于区别技术特征②，被告认为，对比文件 6 公开了一种用于连接到一次性尿布上的弹性材料（参见该对比文件 6 说明书第 1 栏第 6~41 行，第 5 栏第 60 行至第 9 栏第 54 行，附图 2-3），该弹性材料通常连接到尿布的腰部和/或腿部开口，其中该弹性材料包括由非弹性无纺网面制成的褶皱层 62 和 66（相当于本申请的第二构件）和由弹性材料制成的弹性片 72（相当于本申请的第一构件），褶皱层其具有褶皱 64 从而当受到张力时（通常是腰围方向）可以非弹性的伸长，弹性片受到张力时弹性伸长；为了制作褶皱必然要采用比弹性片长的材料。也就是说，对比文件 6 公开了本申请弹性部的结构，并明确给出了将其用于一次性尿布中的技术启示。对于区别技术特征③，被告认为，“沿弹性部的与前述弹性部具有同宽度的部分的伸长应力比前述弹性部的伸长应力高”，将腰围部分的材料选择为弹性稍差、成本较低的材料是本领域普通技术人员无需付出创造性劳动就能想到的，仅是材料的简单选择，属于本领域的公知常识，如常见的内裤、男士泳裤上的弹性部分都是比覆盖部分更容易拉伸。

综上所述，对比文件 1 公开了具有弹性腰带的一次性尿布，而可以作为一次性尿布的腰带的弹性材料已经被对比文件 6 公开，至于弹性腰带是与缘部重叠安装或是与缘部的一部分相连地安装都属于本领域的常用技术手段，对于本领域普通技术人员来说，将对比文件 6 中的弹性材料作为弹性腰带利用公知的安装方式安装到对比文件 1 中的一次性尿布上从而得到该权利要求 1 所要求保护的技术方案，是不需要付出创造性劳动就能完成的，且没有产生意料不到的技术效果，因此权利要求 1 不具备《专利法》第二十二条第三款规定的创造性。

原告在意见陈述书中表示，对比文件 1 中腰带件与本申请中弹性部安装的方式不同，对比文件 1 中弹性腰带的长度与覆盖部的长度也基本一致，前后腰带件和覆盖部沿腰围方向的最大伸长的长度相同。对比文件 6 中没有公开弹性构件可沿腰围方向比一次性用品的覆盖部沿腰围方向长度长地伸长，也没有公开形成褶皱层的材料的长度比一次性用品的覆盖部的长度长以及形成的褶皱层与上述覆盖部的长度大致相同。因此，对比文件 1 和对比文件 6 中公开的技术方案均与本发明的技术方案不同，也没有给出任何暗示，即使将这两篇对比文件加以结合、非付出创造性劳动也无法获得本发明。本申请通过采用上述结构能够使弹性部最大伸长时的长度尺寸大于沿腰围方向形成前后腰围区的覆盖部的最大伸长时的尺寸，从而覆盖部的尺寸小于现有一次性用品的尺寸，即能够采用较少的材料，并相应地降低这部分的成本。

对此，被告认为，如上所述，对比文件 6 公开了弹性材料的结构，并公开了该弹性材料可以用于一次性尿布，而当将对比文件 6 中公开的弹性材料应用于对比文件 1 中一次性用品时，必然要对其长度进行选择，由于对比文件 1 中弹性腰带件的长度与本体的长度基本一致，本领域普通技术人员会倾向于采用相同长度的弹性材料对弹性腰带件进行替换，从而采用长度比一次性用品的本体长度长的褶皱层材料，而采用比一次性用品的本体长度长的褶皱层材料形成的弹性材料沿腰围方向的最大伸长长度自然大于本体的最大伸长长度。而且，弹性部与缘部重叠安装或与缘部的一部分相连地安装都属于常用技术手段，考虑到节省尿布本体（覆盖部）材料同时又使其端部上端具有较好的弹性，而将弹性部直接与尿布本体缘部上端相连，这对于本领域普通技术人员来说是很容易想到的。此外，本体沿腰围方向的长度形成的长于穿着者的平均腰围尺寸是由于穿用者臀围大于腰围决定的，弹性部与本体沿腰围方向最大限度地伸长尺寸都必须大于或适用于臀围尺寸，即使弹性部可以比本体沿腰围方向伸长的尺寸大的伸长，本体本身的伸长长度也必须大于或者适用于臀围尺寸，这是属于众所周知的常识。原告并没有证据证明对比文件 1 中的一次性用品的本体最大限度地伸长尺寸远大于穿用者的臀围，或者证明本申请的本体可以小于臀围尺寸，而且现有技术中考虑到生产成本节约材料也不可能将本体做的过大。当采用弹性部与本体上缘相连（即不重叠设置）时，相比两者重叠设置时必然会节省重叠其本体缘部端的材料，即本申请权利要求 1 中技术方案实际节省的仅是与弹性部重叠的那部分本体材料，而这种技术效果也是可以预见的，并非取得了意料不到的技术效果。可见，对于本领域普通技术人员来说，在对比文件 1 的基础上结合对比文件 6 公开的内容以及本领域的公知常识从而得到本申请权利要求 1 要求保护的技术方案是无需付出创造性劳动就能完成的，且上述结合也并未带来任何意料不到的技术效果。

（2）权利要求 2~3 不符合《专利法》第二十二条第三款的规定。从属权利要求 2 是独立权利要求 1 的从属权利要求，其附加技术特征是："前述第一构件是带状橡胶"。然而对比文件 1 中公开了腰带的弹性层可以是弹性材料，如缝制到无纺纤维层上的弹性条或带等材料（参见对比文件 1 说明书第 5 页第 43 行至说明书第 6 页第 3 行）。对比文件 6 也详细地公开了制成弹性片 72 弹性纤维材料（参见对比文件 6 说明书第 6 栏第 44 行至第 9 栏第 45 行）。根据上述内容，将弹性片选择为弹性的带状橡胶材料对于本领域普通技术人员来说是无需付出创造性劳动就能完成的，属于本领域的公知常识。因此，在其引用的权利要求 1 不具备创造性的情况下，该权利要求 2 也不具备《专利法》第二十二条第三款规定的创造性。从属权利要求 3 是权利要求 1 或 2 的从属权利要求，其附加技术特征是："前述尿布具有弹性伸缩性的腿周缘部，该缘部由可弹性伸长的第三构件和覆盖前述第三构件并可非弹性伸长的第四构件形成。"而对比文件 6 中公开了弹性材料可以用于尿布的腿部开口（参见对比文件 6 说明书第 1 栏第 13~15 行，第 5 栏第 60 行至第 6 栏第 10 行，附图 2，3）。即由对比文件 6 中弹性材料制成的可弹性伸长的弹性片 72 相当于本申请中的第三构件，对比文件 6 中的覆盖弹性片 73 的褶皱层 62 和 66 相当于本申请中的第四构件。可见，上述附加技术特征也已经被对比文件 6 所公开。在其引用的权利要求 1 和 2 都不具备创造性的情况下，该权利要求 3 也不具备《专利法》第二十二条第三款规定的创造性。

据此，被告作出第 11916 号决定：原告复审请求理由不成立，维持国家知识产权局于 2004 年 6 月 18 日对 00118376. 1 号发明专利申请作出的驳回决定。原告不服，向本院提起行政诉讼。

在庭审中，原告对以下内容没有争议：（1）被告的行政职权依据；（2）第 11916 号决定所认定的本申请审查和复审经过；（3）本申请文件的修改过程及内容。

庭审后，原告提交了对比文件6中第1栏第29~32行的译文如下“将伸长的、有活性的弹性材料设置到舒适或可产生褶皱的物品上是很困难的，这是因为在至少一部分设置过程中，该弹性材料必须保持在伸长的状态下。”被告表示对该译文内容没有异议。

本院认为：本院对原告无争议的内容，经书面审查，对其合法性予以确认。《专利法》第二十二条第三款规定：创造性，是指同申请日以前已有的技术相比，该发明有突出的实质性特点和显著的进步，该实用新型有实质性特点和进步。

本案中的对比文件1、6其公开日在本申请之前，且属于相同或相近的技术领域，可以作为现有技术来评价本申请的创造性。对比文件1公开了具有弹性腰带的一次性尿布，而可以作为一次性尿布的腰带的弹性材料已经被对比文件6公开，对于本领域普通技术人员来说，将对比文件6中的弹性材料作为弹性腰带利用公知的安装方式安装到对比文件1中的一次性尿布上从而得到该权利要求1所要求保护的技术方案，是不需要付出创造性劳动就能完成的，且没有产生意料不到的技术效果，故权利要求1不具备《专利法》第二十二条第三款规定的创造性；权利要求2所涉及的将弹性片选择为弹性的带状橡胶材料对于本领域普通技术人员来说是无需付出创造性劳动就能完成的，属于本领域的公知常识，在其引用的权利要求1不具备创造性的情况下，也不具备《专利法》第二十二条第三款规定的创造性；从属权利要求3的附加技术特征也已经被对比文件6所公开，在其引用的权利要求1和2都不具备创造性的情况下，也不具备《专利法》第二十二条第三款规定的创造性。

故被告以“如果要求保护的技术方案相对于最接近的现有技术存在区别技术特征，但在另一篇现有技术文件中给出了将上述区别技术特征应用到该最接近现有技术以解决其存在的技术问题的启示，和/或该区别技术特征属于公知常识，那么所要求保护的技术方案对所属技术领域的技术人员来说就是显而易见的，不符合《专利法》第二十二条第三款关于创造性的规定”为决定要点，作出的第11916号决定，认定事实清楚、适用法律正确、审查程序合法，本院应予维持。

原告提出被告对本申请的权利要求不具有创造性的事实认定不清，主要证据不足以及被告未尽到举证义务等诉讼理由，缺乏事实和法律依据，其诉讼请求本院不予支持。依照《中华人民共和国行政诉讼法》第五十四条第（一）项之规定，判决如下：

维持被告国家知识产权局专利复审委员会于二○○七年十二月五日作出的第11916号复审请求审查决定。

案件受理费人民币100元，由原告尤妮佳股份有限公司负担（已交纳）。

如不服本判决，原告可在判决书送达之日起30日内，向本院递交上诉状，被告可在判决书送达之日起15日内，向本院递交上诉状并按对方当事人的人数提出副本，预交上诉案件受理费人民币100元，上诉于中华人民共和国北京市高级人民法院。

审　判　长　饶亚东
审　判　员　刘景文
人民陪审员　张燕宾
二○○九年一月二十日
书　记　员　盛　阳

009

钻石颜色测量和分析系统、设备与方法

复审请求审查决定（第 11948 号）

决　定　号　第 11948 号
决　定　日　2007 年 12 月 11 日
发明创造名称　钻石颜色测量和分析系统、设备与方法
国 际 分 类 号　G01N 21/00，G01N 21/25
复 审 请 求 人　美国杰莫洛吉克尔研究所有限公司
申　请　号　01804742.4
申　请　日　2001 年 2 月 6 日
优 先 权 日　2000 年 2 月 16 日
公　开　日　2003 年 2 月 19 日
合 议 组 组 长　刘颖杰
主　审　员　周　航
参　审　员　张田勇

法 律 依 据　专利法第 22 条第 3 款
决 定 要 点

如果一项权利要求的技术方案与对比文件公开的内容相比存在区别技术特征，该区别技术特征为权利要求的技术方案带来了有益的技术效果，并且现有技术中不存在将上述区别技术特征应用到该对比文件以解决其技术问题的启示，则应当认为该项权利要求相对于上述对比文件具备创造性。

一、案由

本复审请求涉及申请号为 01804742.4、名称为“钻石颜色测量和分析系统、设备与方法”的 PCT 发明专利申请（下称本申请），其申请日为 2001 年 2 月 6 日，优先权日为 2000 年 2 月 16 日，进入中国国家阶段的日期为 2002 年 8 月 9 日，公开日为 2003 年 2 月 19 日，申请人为美国杰莫洛吉克尔研究所有限公司。本申请公开时权利要求书包括 37 项权利要求，在其进入中国国家阶段时申请人提交了根据国际初步审查报告附件译文作出的权利要求全文修改替换页。修改后的权利要求共 37 项，其中第 1~3、5、17~19、23、25、26、28、37 项权利要求是独立权利要求，分别如下：

“1. 一种钻石颜色测量设备包含：

一个光源；

一个用于容纳钻石的表面；

一个光检测器，设置成当所述表面容纳这种钻石时，检测以一个特定角度从下部平的钻石的下部

平面传出的来自所述光源的光；和

一个光学测量装置，用于测量由所述光检测器检测的光。

2. 一种钻石颜色测量设备包含：

一个光源；

一个用于容纳钻石的表面；

一个光检测器，设置成当所述表面容纳这种钻石时，检测以一个特定角度从下部平的钻石的下部平面传出的来自所述光源的光；

一个漫射体；和

一个光学测量装置，用于测量由所述光检测器检测的光。

3. 一种钻石颜色测量设备包含：

一个光源；

一个用于容纳钻石的表面；

一个光检测器，设置成当所述表面容纳这种钻石时，检测直接从下部平的钻石的下部平面传出的来自所述光源的光；和

一个光学测量装置，用于测量由所述光检测器检测的光。

5. 一种钻石颜色测量设备包含：

一个光源；

一个用于容纳钻石的表面；

一个光检测器，设置成当所述表面容纳这种钻石时，检测以一个特定角度从下部平的钻石的下部平面传出的来自所述光源的光；

一个漫射体，设置在所述光检测器的检测路径之外；和

一个光学测量装置，用于测量由所述光检测器检测的光。

17. 一种钻石颜色测量系统包含：

一个用于容纳钻石的表面；

一个近似日光的照明源，当所述表面容纳这种钻石时，它能够照亮钻石；

一个光检测器，设置成当所述表面容纳这种钻石时，检测以一个特定角度从下部平的钻石的下部平面传出的光；和

一个光学测量装置，它能够测量由所述光检测器检测的光。

18. 一种钻石颜色测量系统包含：

一个用于容纳钻石的表面；

一个近似日光的照明源，它能够照亮所述表面容纳的钻石；

一个光检测器，设置成当所述表面容纳这种钻石时，检测以一个特定角度从下部平的钻石的下部平面传出的光；

一个漫射体；和

一个光学测量装置，它能够测量由所述光检测器检测的光。

19. 一种钻石颜色测量系统包含：

一个用于容纳钻石的表面；

一个近似日光的照明源，它能够照亮所述表面容纳的钻石；

一个光检测器，设置成当所述表面容纳这种钻石时，检测直接从下部平的钻石的下部平面传出的光；和

一个光学测量装置，它能够测量由所述光检测器检测的光。

23. 一种钻石颜色测量系统包含：

一个用于容纳钻石的表面；

一个近似日光的照明源，它能够照亮所述表面容纳的钻石；

一个光检测器，设置成当所述表面容纳这种钻石时，检测以一个特定角度从下部平的钻石的下部平面传出的光；

一个漫射体，它设置在所述照明源和所述平台之间；和

一个光学测量装置，它能够测量由所述光检测器检测的光。

25. 一利宝石颜色测量系统包含：

一个用于容纳彩色宝石的表面；

一个近似日光的照明源，当所述表面容纳这种宝石时，它能够照亮彩色宝石；

一个光检测器，设置成当所述表面在上部平的位置容纳这种宝石时，检测以一个特定角度从彩色宝石顶面传出的光；

一个漫射体，它设置在所述照明源和所述表面之间；和

一个光学测量装置，它能够测量由所述光检测器检测的光。

26. 一种宝石荧光测量系统包含：

一个用于容纳宝石的表面；

一个紫外光源，它能够照亮所述表面容纳的宝石；

一个荧光检测器，设置成当所述表面在上部平的位置容纳这种宝石时，检测以一个特定角度从彩色宝石顶面传出的荧光；

一个漫射体，设置在所述紫外光源和所述表面之间；和

一个光学测量装置，它能够测量由所述光检测器检测的光。

28. 一种分析非优质彩色钻石颜色的方法，包含以下步骤：

以漫射方式照亮下部平的钻石；

检测以一个特定角度从钻石的下部平面发出的光；

用光学测量装置测量检测的光；

用光学分析装置分析测量值。

37. 一种分析非优质彩色钻石颜色的方法，包含以下步骤：

以漫射方式照亮下部平的钻石；

检测从钻石下部平面一个特定角度范围内的多个角度；

用光学测量装置测量检测的光；

用光学分析装置分析测量值。”

国家知识产权局实质审查部门依申请人的请求对本申请进行了实质审查，先后于2003年11月28日和2004年6月18日两次发出审查意见通知书，均指出本申请的全部权利要求不具备专利法第22条第3款所规定的创造性，上述通知书中共引用了如下三篇对比文件（其中对比文件3在第二次复审通知书中放弃使用）：

对比文件1：US5835205A，公开日为1998年11月10日；

对比文件2：US6020954A，公开日为2000年2月1日；

对比文件3：US4176299A，公开日为1979年11月27日。

针对上述两次审查意见通知书，申请人先后于2004年3月23日和2004年10月29日两次提交了

意见陈述书和权利要求书的修改替换页。在2004年3月23日提交的权利要求书全文修改替换页中，申请人将权利要求1~3和5中的“一个光源”修改为“一个近似日光的光源”，将权利要求28和37中的“以漫射方式照亮下部平的钻石”修改为“以漫射近似日光的光源照亮下部平的钻石”。申请人在2004年10月29日提交的修改替换仅包括13项权利要求（共两页），对应于原权利要求1~13，其是在2004年3月23日提交的权利要求第1~13项的基础上进一步将权利要求1~3和5中的“来自所述光源的光”修改为“来自所述近似日光的光源的光”。此外，申请人在上述两次意见陈述书中还列举了本申请与对比文件技术方案之间的区别，认为本申请所要解决的技术问题和所采用的技术手段与对比文件有明显的不同，且本领域技术人员并没有动机将对比文件进行结合，因此本申请具备创造性。

经过上述实质审查程序后，国家知识产权局实质审查部门以本申请不符合专利法第22条第3款的规定为由，于2005年2月4日做出驳回本申请的决定，驳回决定中坚持认为本申请的全部权利要求相对于对比文件1和2的结合不具备创造性。驳回决定所针对的文本是2004年10月29日提交的权利要求第1~13项，进入中国国家阶段时提交的说明书第1~16页、附图第1~10页，说明书摘要和摘要附图。

申请人美国杰莫洛吉克尔研究所有限公司（下称复审请求人）不服上述驳回决定，于2005年5月8日向专利复审委员会提出复审请求，同时提交了权利要求书全文的修改替换页。复审请求人表示，驳回决定中误以为其删除了权利要求14~37，而实际上其在2004年10月29日提交权利要求修改文本中并没有删除权利要求14~37的意思（即其提交的并非权利要求全文的修改替换页，而是部分权利要求的修改替换页），故在此再次提交的权利要求书全文修改替换页共包括37项权利要求，它基于2004年10月29日提交的权利要求1~13和2004年3月23日提交的权利要求14~37，同时对权利要求18、26和37的部分技术特征进行了修改。复审请求人还具体陈述了本申请相对于对比文件1和2的结合具备创造性的理由。

经形式审查合格后，专利复审委员会依法受理了上述复审请求，并于2005年6月7日向复审请求人发出了复审请求受理通知书，同时向原实质审查部门发出前置审查通知书，并将本申请案卷移交原实质审查部门进行前置审查。

原审查部门对该复审请求做出前置审查意见，仍然坚持原驳回决定。

专利复审委员会依法成立合议组，对该复审请求进行审查，合议组于2006年11月7日发出第一次复审通知书，其中指出：基于2005年5月8日提交的权利要求1~37，进入国家阶段时提交的说明书第1~16页、说明书附图第1~8页、摘要和摘要附图为审查文本，本申请的全部权利要求与驳回决定所依据的对比文件2相比不具备创造性，不符合专利法第22条第3款的规定。

针对上述复审通知书，复审请求人于2007年2月15日提交了意见陈述书，同时提交了权利要求书的全文替换页。其中主要修改之处涉及将权利要求中“下部平的钻石”的统一修改为“台面朝下的钻石”，将“下部平面”修改为“亭部刻面”，将“上部平面”修改为“台面朝上”，将“顶面”修改为“冠部刻面”。复审请求人还陈述了对本申请相对于对比文件2具有创造性的理由，主要涉及以下几个方面：（1）本申请的方案是测定从台面朝下的钻石的亭部刻面传出的光以进行颜色分析，而对比文件2的系统在分析宝石颜色时获取的是宝石腰面和台面的颜色图像进行分析，因此对比文件2的宝石被照射如同其以“台面朝上”的方式定位；（2）本申请中的漫射体是用于颜色分析；而对比文件2中的漫射体是用于净度或透明度分析；（3）对比文件2中导光元件55、57不是用于获得宝石颜色图像；（4）对比文件2没有公开本申请权利要求26中的照明、宝石、光探测器定位，即宝石台面朝上，检测其冠部刻面传出的光；（5）对比文件2中的定位器不可能以不同角度移动相机以捕捉来自钻石的光线。

本案合议组经合议审查之后，于2007年4月24日向复审请求人发出第二次复审通知书，其中指出，上述修改内容虽然记载于原始提交的国际申请文本中，但并未记载在该国际申请文本的中文译文中，其中除了将“下部平的钻石”修改为“台面朝下的钻石”一点可以从原始文本中文译文中直接推导得出之外，上述的其余各处修改均超出了原中文译文记载的范围。根据审查指南第三部分第二章第3.3节的规定，原始提交的国际申请文件具有法律效力，作为申请文件修改的法律依据。然而该章第6节还指出，由于译文错误而造成的某些缺陷在原始提交的国际申请文本或者国际阶段作出修改的原文中不存在，而在译文中存在，则应当在审查意见通知书中指出存在的缺陷，并要求申请人澄清或者办理请求改正译文错误的手续。因此上述修改中将“下部平面”修改为“亭部刻面”，将“上部平面”修改为“台面朝上”，将“顶面”修改为“冠部刻面”均属于改正译文错误的修改，由于复审请求人并未办理改正译文错误的相关手续，缴纳相应费用，故该修改不被允许，除非申请人在规定的一个月期限内办理改正译文错误的手续，否则根据专利法实施细则第110条的规定，该申请被视为撤回。同时申请人还应当对说明书做出相应的修改，使之符合专利法第26条第4款的规定。此外，该第二次复审通知书中还针对复申请求人关于本申请相对于对比文件2具备创造性的意见陈述进行了评述，认为其所陈述的本申请与对比文件2方案的区别是本领域技术人员可以根据需要进行选择的，且并没有对区别技术特征的技术效果给出具有说服力的证明。随同该第二次复审通知书，本案合议组同时向复审请求人发出了改正译文错误通知书，要求其在指定期限内补办改正译文错误的手续，缴纳相关费用。

应上述第二次复审通知书和改正译文错误通知书的要求，复审请求人于2007年8月9日向国家知识产权局专利局提交了改正译文错误的请求书并交纳了相关的手续费，同时提交了意见陈述书以及权利要求书、说明书和说明书摘要的全文修改替换页。其中主要将权利要求书、说明书和说明书摘要中的“下部平的”替换成“台面朝下的”，“下部平面”替换成“亭部刻面”，“上部平的”替换成“台面朝上的”，“顶面”替换成“冠部刻面”，“平面”替换成“台面”，“下部侧面”替换成“亭部侧面”，在权利要求1~3、5、17~19、23中加入了“其中所述台面朝下的钻石被从其亭部侧面照亮”的技术特征，并删除了原权利要求25和26。修改后的权利要求书如下：

“1. 一种钻石颜色测量设备包含：

一个近似日光的光源；

一个用于容纳钻石的表面；

一个光检测器，设置成当所述表面容纳这种钻石时，检测以一个特定角度从台面朝下的钻石的亭部刻面传出的来自所述近似日光的光源的光，其中所述台面朝下的钻石被从其亭部侧面照亮；和

一个光学测量装置，用于测量由所述光检测器检测的光。

2. 一种钻石颜色测量设备包含：

一个近似日光的光源；

一个用于容纳钻石的表面；

一个光检测器，设置成当所述表面容纳这种钻石时，检测以一个特定角度从台面朝下的钻石的亭部刻面传出的来自所述近似日光的光源的光，其中所述台面朝下的钻石被从其亭部侧面照亮；

一个漫射体；和

一个光学测量装置，用于测量由所述光检测器检测的光。

3. 一种钻石颜色测量设备包含：

一个近似日光的光源；

一个用于容纳钻石的表面；

一个光检测器，设置成当所述表面容纳这种钻石时，检测直接从台面朝下的钻石的亭部刻面传出的来自所述近似日光的光源的光，其中所述台面朝下的钻石被从其亭部侧面照亮；和

一个光学测量装置，用于测量由所述光检测器检测的光。

4. 根据权利要求1、2或3所述的钻石颜色测量设备，其中所述光检测器设置成当所述表面容纳这种钻石时，检测相对于台面朝下的钻石的台面以0到约45度之间的一个角度，直接从台面朝下的钻石的亭部刻面传出的光。

5. 一种钻石颜色测量设备包含：

一个近似日光的光源；

一个用于容纳钻石的表面；

一个光检测器，设置成当所述表面容纳这种钻石时，检测以一个特定角度从台面朝下的钻石的亭部刻面传出的来自所述近似日光的光源的光，其中所述台面朝下的钻石被从其亭部侧面照亮；

一个漫射体，设置在所述光检测器的检测路径之外；和

一个光学测量装置，用于测量由所述光检测器检测的光。

6. 根据权利要求1、2或3所述的钻石颜色测量设备，其中所述表面包含一个平台。

7. 根据权利要求1、2或3所述的钻石颜色测量设备，其中所述表面包含一个转动平台。

8. 根据权利要求1、2或3所述的钻石颜色测量设备，其中所述表面包含一个能够旋转360度的转动平台。

9. 根据权利要求1、2或3所述的钻石颜色测量设备，还包含一测量室，当所述表面容纳这种钻石时，它至少部分地包围该钻石。

10. 根据权利要求1、2或3所述的钻石颜色测量设备，其中所述表面包含一个转动平台和一个转动体，它可以设置成允许在一完整旋转期间由所述光学测量装置进行测量。

11. 根据权利要求4所述的钻石颜色测量设备，其中当所述表面容纳这种钻石时，所述漫射体至少部分阻止光直接照亮钻石。

12. 根据权利要求1、2或3所述的钻石颜色测量设备，其中所述表面是用于校准目的的白色基准。

13. 根据权利要求1、2或3所述的钻石颜色测量设备，其中当所述表面容纳这种钻石时，所述光检测器对准钻石水平中点。

14. 根据权利要求2所述的钻石颜色测量设备，其中所述漫射体是光传输漫射体。

15. 根据权利要求5所述的钻石颜色测量设备，其中所述漫射体是光传输漫射体。

16. 根据权利要求1、2或3所述的钻石颜色测量设备，其中所述光检测器还包含一准直仪。

17. 一种钻石颜色测量系统包含：

一个用于容纳钻石的表面；

一个近似日光的照明源，当所述表面容纳这种钻石时，它用于照亮所述钻石；

一个光检测器，设置成当所述表面容纳这种钻石时，检测以一个特定角度从台面朝下的所述钻石的亭部刻面传出的光，其中所述台面朝下的钻石被从其亭部侧面照亮；和

一个光学测量装置，它用于测量由所述光检测器检测的光。

18. 一种钻石颜色测量系统包含：

一个用于容纳钻石的表面；

一个近似日光的照明源，它能够照亮所述表面容纳的钻石；

一个光检测器，设置成当所述表面容纳所述钻石时，检测以一个特定角度从台面朝下的钻石的亭部刻面传出的光，其中所述台面朝下的钻石被从其亭部侧面照亮；

一个漫射体，它设置在所述照明源和被所述表面容纳的所述钻石之间；和

一个光学测量装置，它用于测量由所述光检测器检测的光。

19. 一种钻石颜色测量系统包含：

一个用于容纳钻石的表面；

一个近似日光的照明源，它用于照亮所述表面容纳的钻石；

一个光检测器，设置成当所述表面容纳所述钻石时，检测直接从台面朝下的钻石的亭部刻面传出的光，其中所述台面朝下的钻石被从其亭部侧面照亮；和

一个光学测量装置，它用于测量由所述光检测器检测的光。

20. 根据权利要求 17、18 或 19 所述的钻石颜色测量系统，还包含一光学分析装置，它用于处理由所述光学测量装置测量的测量值。

21. 根据权利要求 17、18 或 19 所述的钻石颜色测量系统，其中所述表面包含一转动平台。

22. 根据权利要求 17、18 或 19 所述的钻石颜色测量系统，其中所述检测器设置成当所述表面容纳这种钻石时，使其能检测相对于台面朝下的钻石的台面以 0 到约 45 度之间的一个角度直接从台面朝下的钻石的亭部刻面传出的光。

23. 一种钻石颜色测量系统包含：

一个用于容纳钻石的表面；

一个近似日光的照明源，它能够照亮所述表面容纳的钻石；

一个光检测器，设置成当所述表面容纳这种钻石时，检测以一个特定角度从台面朝下的钻石的亭部刻面传出的光，其中所述台面朝下的钻石被从其亭部侧面照亮；

一个漫射体，它设置在所述照明源和所述平台之间；和

一个光学测量装置，它用于测量由所述光检测器检测的光。

24. 根据权利要求 17、18 或 19 所述的钻石颜色测量系统，其中所述光学检测器可以在所述表面周围旋转。

25. 根据权利要求 3 所述的钻石颜色测量装置，还包含一漫射体。

26. 一种分析非优质彩色钻石颜色的方法，包含以下步骤：

以漫射近似日光的光源照亮台面朝下的钻石；

检测以一个特定角度从所述钻石的亭部刻面传出的来自光源的光；

用光学测量装置测量检测的光；

用光学分析装置分析测量值。

27. 根据权利要求 26 所述的分析非优质彩色钻石颜色的方法，其中所述检测步骤包含检测相对于钻石平面以 0 到约 45 度之间的一个角度从钻石亭部刻面传出的光。

28. 根据权利要求 26 所述的分析非优质彩色钻石颜色的方法，还包含在所述检测步骤期间旋转所述台面朝下的钻石的步骤。

29. 根据权利要求 26 所述的分析非优质彩色钻石颜色的方法，还包含在所述检测步骤期间旋转所述台面朝下的钻石共 360 度的步骤。

30. 根据权利要求 26 所述的分析非优质彩色钻石颜色的方法，其中所述照亮步骤包含用近似日光的光照明。

31. 根据权利要求 26 所述的分析非优质彩色钻石颜色的方法，还包含把所述钻石台面朝下放在

平台上的步骤。

32. 根据权利要求 28 所述的分析非优质彩色钻石颜色的方法，还包含把所述钻石放在封闭平台上的步骤。

33. 根据权利要求 26 所述的分析非优质彩色钻石颜色的方法，还包含检测以第二特定角度从钻石亭部刻面传出的光。

34. 根据权利要求 33 所述的方法，其中检测以第二特定角度传出的光的步骤与所述检测以第一特定角度传出的光的步骤同时进行。

35. 一种分析非优质彩色钻石颜色的方法，包含以下步骤：

以漫射近似日光的光源照亮台面朝下的钻石；

检测从钻石亭部刻面的一个特定角度范围内的多个角度的来自光源的光；

用光学测量装置测量检测的光；

用光学分析装置分析测量值。"

复审请求人的主要观点如下：①对比文件 2 中明确记载工作台处于 DOWN 位置时所获取的图像数据和宝石轮廓图像 A1 并不涉及颜色分析，且其中所得到图像除了光 D90 作用之外还有未描述成近似日光光源的光 102 的作用，此外钻石的“腰部刻面”不同于“亭部刻面”，二者检测时光路不同，从而本申请可以获得更准确和贴合实际的颜色分析结果；②对比文件 2 中的漫射体不是配合近似日光的光源使用的并且没有定位于近似日光的照明源和容纳钻石的表面之间，也没有获得本申请的技术效果；③利用导光元件 55 和 57 获得的仍然不是宝石亭部刻面的光；④对比文件 2 没有教导从多个不同角度对颜色进行分析。综上，复审请求人认为本申请修改后的权利要求与对比文件 2 和现有技术手段或公知常识具有实质性的不同，并且具有更正确等的技术效果具备专利法第 22 条第 3 款所规定的创造性。

至此，合议组认为本案事实已经清楚，现依法作出复审决定。

二、决定的理由

1. 关于审查文本

复审请求人针对第一次复审通知书于 2007 年 2 月 15 日提交的权利要求书全文替换页中，将权利要求中的“下部平面”修改为“亭部刻面”，将“上部平面”修改为“台面朝上”，将“顶面”修改为“冠部刻面”。

上述修改后的术语并不能从其原始提交的中文文本中直接、唯一地导出，但经与本申请的原始国际申请文本核对，本案合议组发现上述修改内容的确记载于该原始国际申请文本中，根据审查指南第三部分第二章第 3.3 节的规定“原始提交的国际申请文件具有法律效力，作为申请文件修改的法律依据”，故上述修改实际上是为了改正本申请中文译文的部分术语翻译错误。然而，由于复审请求人并未办理改正译文错误的相关手续，缴纳相应费用，故根据专利法实施细则第 110 条的规定该修改不被允许。因此，合议组于 2007 年 4 月 24 日向复审请求人发出第二次复审通知书和改正译文错误通知书，要求其在指定期限内补办改正译文错误的手续，缴纳相关费用，同时指出申请人还应当对说明书做出相应的修改，使之符合专利法第 26 条第 4 款的规定。

应上述第二次复审通知书和改正译文错误通知书的要求，复审请求人于 2007 年 8 月 9 日向国家知识产权局专利局提交了改正译文错误的请求书并交纳了相关的手续费，同时提交了意见陈述书以及权利要求书、说明书和说明书摘要的全文修改替换页，将其中的术语“下部平的”统一替换成“台面朝下的”，“下部平面”统一替换成“亭部刻面”，“上部平的”统一替换成“台面朝上的”，“顶面”统一替换成“冠部刻面”，“平面”统一替换成“台面”，“下部侧面”统一替换成“亭部侧面”。

经审查，上述修改均与本申请的原始国际申请文本中术语一致，可以允许，此外，复审请求人对本申请权利要求其他部分的修改也未超出其原始文本的公开范围，并符合专利法实施细则第60条第1款的规定。

因此，本复审决定以复审请求人于2007年8月9日提交的权利要求第1~35项、说明书第1~16页和说明书摘要，进入中国国家阶段时提交的说明书附图第1~10页和摘要附图作为审查基础。

2. 关于专利法第22条第3款

专利法第22条第3款规定：创造性，是指同申请日以前已有的技术相比，该发明有突出的实质性特点和显著的进步，该实用新型有实质性特点和进步。

如果一项权利要求的技术方案与对比文件公开的内容相比存在区别技术特征，该区别技术特征为权利要求的技术方案带来了有益的技术效果，并且现有技术中不存在将上述区别技术特征应用到该对比文件以解决其技术问题的启示，则应当认为该项权利要求相对于上述对比文件具备创造性。

在本案中，驳回决定认为本申请权利要求的技术方案相对于对比文件1和2的结合不具备创造性，两次复审通知书中指出本申请权利要求的技术方案相对于对比文件2不具备创造性。复审请求人于2007年8月9日提交了关于本申请技术方案具有创造性的意见陈述书，同时提交了权利要求书、说明书和说明书摘要的修改文本，其中按照国际申请文本修改了部分术语名称，并在其独立权利要求1~3、5、17~19、23中加入了“其中所述台面朝下的钻石被从其亭部侧面照亮”的技术特征，还删除了原独立权利要求25和26。合议组经审查后认为，上述意见陈述和修改澄清了本申请权利要求中部分技术特征的含义和技术效果，使得本申请的技术方案相对于对比文件1和2的结合或者对比文件2本身来说具备创造性，符合专利法第22条第3款的规定。具体理由如下：

修改后的独立权利要求1要求保护一种钻石颜色测量设备，主要技术方案包括一个近似日光的光源；一个用于容纳钻石的表面；一个光检测器和一个光学测量装置，检测时所述钻石的亭部侧面被照亮，检测以一个特定角度从亭部刻面传出光。根据本申请说明书可知，通过这种设置可以使钻石的颜色分析接近视觉分析方法。

对比文件1公开了一种钻石和碳化硅石的系统（参见对比文件1附图和说明书第3栏），其技术方案是利用紫外线能通过钻石但不能通过碳化硅石的性质，将紫外光引入钻石或碳化硅石的一面（冠部或者亭部），用光电检测器在该钻石或碳化硅石的另一面（亭部或者冠部）检测是否有光线透出。

对比文件2公开了一种宝石级别的鉴定系统（参见对比文件2说明书第2栏第66行至第3栏第50行、第7栏第52行至第13栏第34行及附图），根据其说明书所述，其所要解决的问题是提供一种能够对宝石级别（包括颜色、缺陷、净度等）进行自动分析的系统，该系统包括多个光源（其中包括近似日光的光90），支持宝石的平台53，用以捕获光源照在宝石上所形成的图像信号的CCD相机12（其作用类似于本申请中的光检测器），以及用于处理和分析图像信号数据处理器（其处理方面的作用类似于本申请中的光学测量装置）。在对宝石进行颜色分析时（参见对比文件2第12栏第37~41行，第15栏第20~29行），宝石台面朝下，通过其下方的光90照射，由CCD相机12捕获宝石颜色图像，旋转宝石并重复上述步骤，所得到颜色图像的集合构成宝石腰面和台面所限定区域的图像，从中获得像素RGB平均值进行分析。

可以看出，本申请与对比文件1技术原理、所要解决的技术问题和所采用的技术手段都不相同，对比文件1所要解决的技术问题是为了鉴别钻石与碳化硅石，其中光源发出的是紫外线，利用紫外线能通过钻石但不能通过碳化硅石的性质，检测光线是否从待测石样的一面入射而从相对的另一面射出；而本申请所要解决的技术问题是根据视觉颜色分析方法对钻石进行可靠和一致的半自动颜色分析，其中光源发出的是近似日光的光线，且检测光线是从钻石的亭部侧面入射且从亭部刻面传出的。

对比文件 2 中包括了测量宝石颜色的系统，是本申请最接近的对比文件，然而其中没有公开本申请权利要求 1 中钻石被从其亭部侧面照亮并检测从钻石亭部刻面传出的光的技术特征，该对比文件 2 中的光线是从宝石的下方（即台面）入射，所检测的图像数据来自宝石冠部（即腰面和台面所限定的区域）。

通过上述分析合议组认为：首先，对比文件 1 和 2 中仪器所形成的光路均与本申请中不同，即，对比文件 2 作为与本申请最接近的现有技术，其中并未公开本申请中“钻石被从其亭部侧面照亮并检测从钻石亭部刻面传出的光”的技术特征，而对比文件 1 中虽然光线可以从待测石样的亭部入射且从亭部的另一面射出，但其检测原理、所要解决的技术问题和所采用的技术手段均不同于本申请和对比文件 2，故本领域技术人员没有动机将上述两篇对比文件结合，且即使将二者加合在一起，也不能得到本申请权利要求 1 的技术方案。其次，根据本申请说明书第 3 页第 1 段的内容可知，在颜色分析时检测从钻石亭部侧面发出的光线符合视觉分析的需要，即更贴近于实际的颜色分析结果，故上述区别技术特征能够给本申请权利要求 1 的技术方案带来有益的技术效果。因此上述对比文件 1 和 2 的结合或者对比文件 2 本身均不足以破坏本申请权利要求 1 的创造性，该权利要求 1 符合专利法第 22 条第 3 款的规定。

权利要求 2 包含了权利要求 1 中的所有技术特征，仅在权利要求 1 技术方案的基础上增加了一个漫射体；权利要求 3 的方案在权利要求 1 的技术方案的基础上进一步限定了其中光检测器检测的是直接从台面朝下的钻石的亭部刻面传出的来自所述近似日光的光源光；权利要求 4 从属于权利要求 1、2 或 3，权利要求 5 包含了权利要求 1 中的所有技术特征，仅在权利要求 1 技术方案的基础上增加了一个漫射体，设置在光检测的检测路径之外；权利要求 6~16 直接或间接从属于权利要求 1~3；权利要求 17 的技术方案实际上与权利要求 1 相同；权利要求 18 包含了权利要求 1 的全部技术特征，仅在权利要求 1 技术方案的基础上增加了一个漫射体，设置在照明源和钻石之间；权利要求 19 的技术方案实际上与权利要求 3 相同；权利要求 20~22 从属于权利要求 17、18 或 19；权利要求 23 的技术方案与权利要求 18 实质上相同；权利要求 24 从属于权利要求 17~19；权利要求 25 从属于权利要求 3，因此在权利要求 1 具备创造性的情况下，这些权利要求 2~25 也符合专利法第 22 条第 3 款有关创造性的规定。

权利要求 26 要求保护一种分析非优质彩色钻石颜色的方法，主要技术方案包括用漫射近似日光的光源照亮钻石，检测从钻石亭部刻面传出的光，测量所得到的检测光和分析测量值。由于对比文件 1 中没有公开近似日光的光源，对比文件 2 中没有公开检测从钻石亭部刻面传出的光的技术特征，且对比文件 1 和 2 之间没有相互结合的技术启示（参见对权利要求 1 的评述），因此对比文件 1 和 2 单独或结合均不足以破坏该权利要求 26 的创造性，该权利要求 22 符合专利法第 22 条第 3 款的规定。

权利要求 27~34 直接或间接从属于权利要求 26；权利要求 35 包含了权利要求 26 中的所有技术特征，进一步限定了检测的是多个角度发出的光，因此在权利要求 26 具备创造性的情况下，这些权利要求 27~35 也符合专利法第 22 条第 3 款有关创造性的规定。

基于以上事实和理由，本案合议组作出以下审查决定。

三、决定

撤销国家知识产权局于 2005 年 2 月 4 日对第 01804742.4 号发明专利申请作出的驳回决定，由原审查部门以本复审决定所针对的审查文本为审查基础继续进行审查程序。

复审请求人对本决定不服的，可以根据专利法第 41 条第 2 款的规定，自收到本决定之日起三个月内向北京市第一中级人民法院起诉。

010

提供交易服务的设备和方法

复审请求审查决定（第11951号）

决　定　号　第11951号
决　定　日　2007年12月5日
发明创造名称　提供交易服务的设备和方法
国际分类号　G07F 19/00，G06F 17/60，G07F 7/10
复审请求人　科劳拉联合有限公司
申　请　号　99804390.7
优先权日　1998年3月24日
申　请　日　1999年3月24日
公　开　日　2001年5月9日
合议组组长　张梅珍
主　审　员　刘亚斌
参　审　员　王琦琳

法律依据　专利法实施细则第2条第1款
决定要点

如果涉及计算机程序的发明专利申请的解决方案执行计算机程序的目的不是解决技术问题，或者在计算机上运行计算机程序从而对外部或内部对象进行控制或处理所反映的不是利用自然规律的技术手段，或者获得的不是受自然规律约束的效果，则这种解决方案不属于专利法实施细则第2条第1款所说的技术方案，不属于专利法保护的客体。

一、案由

本复审请求涉及申请号为99804390.7，名称为“提供交易服务的设备和方法”的发明专利PCT申请（下称本申请），申请人为科劳拉联合有限公司。本申请的申请日为1999年3月24日，优先权日为1998年3月24日，进入中国国家阶段的日期为2000年9月25日，公开日为2001年5月9日。

经实质审查，国家知识产权局实质审查部门于2004年1月2日发出驳回决定，驳回了本申请，其理由是：本申请权利要求1~28不符合专利法第25条第1款第2项的规定，权利要求29~59不符合专利法实施细则第20条第1款的规定。驳回决定所依据的文本为：国际初步审查报告的附件中的权利要求第1~9、21~30项，进入中国国家阶段时提交的国际申请文件中文译文的权利要求第10~20、31~59项、说明书第1~19页、说明书附图第1~2页以及说明书摘要和摘要附图。驳回决定所针对的权利要求书包括59项权利要求，其中有如下4项独立权利要求：

“1. 一种提供交易服务的方法，其中，交易服务的用户与一有交易装置的基于计算机的交易机交互作用，所述基于计算机的交易机受一个或多个软件应用的控制，所述基于计算机的交易机有一控制和接收所述交易装置中的信息的操作系统，其特征在于，一个或多个软件应用经中间件软件的一编程接口与所述交易装置交互作用，所述中间件软件与该操作系统交互作用，其中，由中间件软件提供的服务取决于交易装置的权能，但该编程接口不取决于交易装置的权能。

29. 一种具有交易装置的基于计算机的交易机；所述基于计算机的交易机受一个或多个软件应用的控制，所述基于计算机的交易机有一控制和接收所述交易装置中的信息的操作系统，其特征在于，一个或多个软件应用经中间件软件的一编程接口与所述交易装置交互作用，所述中间件软件与该操作系统交互作用，其中，由中间件软件提供的服务取决于交易装置的权能，但该编程接口不取决于交易装置的权能。

57. 一种网络，包括多个按权利要求 29～56 中任一权利要求所述的基于计算机的交易机、一个或多个联网装置和一个或多个应用服务器。

58. 一种由多个按权利要求 57 所述的基于计算机的交易机的网络组成的外部网。”

申请人科劳拉联合有限公司（下称复审请求人）对上述驳回决定不服，于 2004 年 4 月 16 日向专利复审委员会提出了复审请求，同时提交了权利要求书的全文替换页，其中修改了独立权利要求 1 和 29，修改后的独立权利要求 1 和 29 如下：

“1. 一种在基于计算机的交易机中提供交易服务的方法，所述交易机包含多个交易装置且由一个或多个应用所控制，并且所述的交易服务取决于所述交易装置的设定的功能，该方法包括下列步骤：

（a）向所述一个或多个应用提供中间件作为编程接口；

（b）所述的接口与操作系统交互，该操作系统控制所述交易装置并从其接收信息。

29. 一种用于提供交易服务的、基于计算机的交易机，所述交易机包含操作系统并由一个或多个应用所控制，其特征在于所述交易机进一步包括：

由所述操作系统控制的多个交易装置，并向该操作系统提供信息；

中间件接口，用于与所述操作系统交互，并向所述一个或多个应用提供编程接口。”

复审请求人认为：权利要求 1～28 解决了电子交易机及其相关软件、硬件开发中存在的技术问题，采用了中间件接口技术，并且获得了使电子交易机的开发、升级变得独立、容易等效果，因此属于可保护的主题，不属于专利法第 25 条第 1 款第 2 项规定的情况；修改后的权利要求 29～59 采用了结构性的技术特征来限定，符合专利法实施细则第 20 条第 1 款的规定。

经形式审查合格，专利复审委员会依法受理了该复审请求，并于 2004 年 5 月 11 日向复审请求人发出了复审请求受理通知书，同日向原审查部门发出前置审查通知书。

原审查部门在前置审查意见书中坚持原驳回决定的意见。

随后，针对上述复审请求，专利复审委员会依法成立合议组对本案进行审理。

合议组于 2007 年 5 月 14 日向复审请求人发出复审通知书，指出权利要求 1～59 不符合专利法实施细则第 2 条第 1 款的规定。具体意见是：权利要求 1 请求保护的解决方案虽然涉及到基于计算机的交易机和多个交易装置、向一个或多个应用提供中间件作为编程接口以及所述接口与操作系统的交互，但是该基于计算机的交易机和多个交易装置是公知的技术设备，向一个或多个应用提供中间件作为编程接口以及所述接口与操作系统的交互既没有给交易机的内部性能带来改进，也没有给交易机的构成或功能带来任何技术上的改变。该方案解决的问题是通过一个共同的中间件编程接口来实现对应于多种应用的多种交易服务，因此不构成技术问题；所采用的手段是人为制定了通过中间件作为编程接口的规则并依照此规则进行编程，属于在交易系统中用于实施交易的中间步骤，因此不是遵循自然规律的技术手段；该方案的效果是可以利用一个接口进行多种交易服务，实质上目的在于提供交易服务以完成交易，不是符合自然规律的技术效果。因此，权利要求1所要求保护的方案不属于专利法实施细则第2条第1款规定的技术方案，不属于专利保护的客体。基于同样的理由，权利要求2~59所要求保护的方案也不属于专利法实施细则第2条第1款规定的技术方案，不属于专利保护的客体。

复审请求人于2007年8月29日提交了意见陈述书，同时提交了权利要求书和说明书全文的修改替换页，其中对独立权利要求1和29进行了修改。修改后的独立权利要求1和29如下：

“1. 一种提供交易服务的方法，其中所述交易服务的用户与基于计算机的交易机交互，所述交易机包含多个交易装置，所述基于计算机的交易机由一个或多个软件应用进行控制，所述基于计算机的交易机具有用于控制并接收来自所述多个交易装置的信息的操作系统；

其特征在于，所述一个或多个软件应用通过中间件软件编程接口与所述多个交易装置进行交互，而所述中间件软件与所述操作系统进行交互，

其中由所述中间件软件提供的服务依赖于所述多个交易装置的特性，但是其编程接口与所述多个交易装置的特性无关。

29. 一种具有多个交易装置的、基于计算机的交易机，所述交易机由一个或多个软件应用所控制，所述交易机具有用于控制并从所述多个交易装置接收信息的操作系统，

其特征在于，

所述一个或多个软件应用通过中间件软件编程接口与所述多个交易装置进行交互，而所述中间件软件与所述操作系统进行交互，

其中由所述中间件软件提供的服务依赖于所述多个交易装置的特性，但是其编程接口与所述多个交易装置的特性无关。”

复审请求人认为：本申请解决的技术问题是现有技术中软件应用无法兼容硬件平台并且维护与开发成本高昂、以及难以将不同类型的ATM或信息站集成到一个单一网络中的问题，所采用的技术手段是引入了“中间件”特征，获得的技术效果是使银行在其所有的ATM设备上使用同一套应用软件；其中，中间件是一个由一系列控制对象和接口构成的控制平台，使上层应用能够稳定运行而不必考虑底层设备的变化以及各种差异性，其中没有人的介入，完全是按照自然规律来运行，因此是一种技术手段，因此认为本申请的权利要求1~59符合专利法实施细则第2条第1款的规定。

在上述程序的基础上，合议组认为本案事实已经清楚，可以作出审查决定。

二、决定的理由

1. 审查文本的认定

本复审决定针对的文本是：复审请求人于2007年8月29日提交的权利要求第1~59项、说明书第1~19页，进入中国国家阶段时提交的国际申请文件中文译文的说明书附图第1~2页以及说明书摘要和摘要附图。

2. 关于专利法实施细则第2条第1款

专利法实施细则第2条第1款规定：专利法所称发明，是指对产品、方法或者其改进所提出的新的技术方案。

审查指南第二部分第九章第2节指出：如果涉及计算机程序的发明专利申请的解决方案执行计算机程序的目的不是解决技术问题，或者在计算机上运行计算机程序从而对外部或内部对象进行控制或处理所反映的不是利用自然规律的技术手段，或者获得的不是受自然规律约束的效果，则这种解决方案不属于专利法实施细则第2条第1款所说的技术方案，不属于专利保护的客体。

在本案中，合议组在复审通知书中指出提出复审请求时的权利要求1~59不符合专利法实施细则

第 2 条第 1 款的规定，虽然复审请求人针对复审通知书修改了独立权利要求 1 和 29，但是合议组认为，该修改仅仅是对软件应用、中间件软件编程接口、交易装置之间的交互关系以及中间件软件及其所提供的服务与交易装置的关系进行了描述并作了一些语序的调整，而这些关系实质上是可以从原解决方案中毫无疑义地确定的，并没有使权利要求 1 和 29 的保护范围发生实质性改变。因此，权利要求 1~59 仍然不符合专利法实施细则第 2 条第 1 款的规定，具体理由如下：

（1）权利要求 1~28 不符合专利法实施细则第 2 条第 1 款的规定。

权利要求 1 请求保护一种提供交易服务的方法，该方案虽然涉及到基于计算机的交易机和多个交易装置、操作系统、中间件软件接口以及用户与交易机的交互、软件应用与交易装置的交互、中间件软件与操作系统的交互，但是该具有操作系统的基于计算机的交易机和多个交易装置都是公知的电子设备，为一个或多个软件应用提供中间件软件编程接口以及所述各种部件之间的交互既没有给交易机的内部性能带来改进，也没有给交易机的构成或功能带来任何技术上的改变。该方案解决的问题是通过一个共同的中间件软件编程接口来实现对应于多种应用的多种交易服务以便于软件维护和开发，从而实现便捷的商业交易和降低商业运营成本，因此不构成技术问题；所采用的手段是人为制定了通过中间件软件编程接口进行交互的规则并依照此规则编程实现“中间件”层，该手段是利用编程方法实现一种交易方法中的构思，并未遵循自然规律；该方案的效果是可以利用同一个编程接口层在多个交易装置中实施交易，使银行在所有 ATM 机上使用同一套软件，降低了商业成本，其最终目的在于提供成本低廉的交易服务以保证商业交易的实施，不是符合自然规律的技术效果。因此，权利要求 1 所要求保护的方案不属于专利法实施细则第 2 条第 1 款规定的技术方案，不属于专利保护的客体。

权利要求 2~28 是权利要求 1 的从属权利要求，其附加特征均是对于该交易方法的中间过程的进一步限定，其中虽然部分涉及到自动柜员机（ATM）、信息站、电子销售网点、硬件装置、硬件系统、环形缓冲器、存储器和远程监控站，但是这些设备也均是公知的电子设备，因此，基于与权利要求 1 同样的理由，其从属权利要求 2~28 也不属于专利法实施细则第 2 条第 1 款规定的技术方案，不属于专利保护的客体。

（2）权利要求 29~56 不符合专利法实施细则第 2 条第 1 款的规定。

权利要求 29 请求保护一种具有多个交易装置的、基于计算机的交易机，该方案虽然涉及到基于计算机的交易机和多个交易装置、操作系统、中间件软件接口以及用户与交易机的交互、软件应用与交易装置的交互、中间件软件与操作系统的交互，但是该具有操作系统的基于计算机的交易机和多个交易装置都是公知的电子设备，为一个或多个软件应用提供中间件软件编程接口以及所述各种部件之间的交互既没有给交易机的内部性能带来改进，也没有给交易机的构成或功能带来任何技术上的改变。该方案解决的问题是通过一个共同的中间件软件编程接口来实现对应于多种应用的多种交易服务以便于软件维护和开发，从而实现便捷的商业交易和降低商业运营成本，因此不构成技术问题；所采用的手段是人为制定了通过中间件软件编程接口进行交互的规则并依照此规则编程实现“中间件”层，该手段是利用编程方法实现一种交易方法中的构思，并未遵循自然规律；该方案的效果是可以利用同一个编程接口层在多个交易装置中实施交易，使银行在所有 ATM 机上使用同一套软件，降低了商业成本，其最终目的在于提供成本低廉的交易服务以保证商业交易的实施，不是符合自然规律的技术效果。因此，权利要求 29 所要求保护的方案不属于专利法实施细则第 2 条第 1 款规定的技术方案，不属于专利保护的客体。

权利要求 30~56 是权利要求 29 的从属权利要求，其附加特征均是对于该交易方法的中间过程的进一步限定，其中虽然部分涉及到自动出纳机（ATM）、信息站、电子销售网点、硬件装置、硬件系统、环形缓冲器、存储器和远程监控站，但是这些设备也均是公知的电子设备，因此，基于与权利要求 29 同样的理由，其从属权利要求 30~56 也不属于专利法实施细则第 2 条第 1 款规定的技术方案，不属于专利保护的客体。

（3）权利要求 57 不符合专利法实施细则第 2 条第 1 款的规定。

权利要求 57 请求保护一种网络，包括多个按权利要求 29~56 中任一权利要求所述的基于计算机的交易机、一个或多个联网装置和一个或多个应用服务器，由上述对于权利要求 29~56 的评述可知，权利要求 29~56 所述的交易机不属于技术方案，而权利要求 57 所述网络及其部件即联网装置和应用服务器也均是公知的电子设备，既没有给该网络的内部性能带来改进，也没有给该网络的构成或功能带来任何技术上的改变，因此，基于与权利要求 29~56 同样的理由，权利要求 57 所要求保护的方案也不属于专利法实施细则第 2 条第 1 款规定的技术方案，不属于专利保护的客体。

（4）权利要求 58~59 不符合专利法实施细则第 2 条第 1 款的规定。

权利要求 58~59 请求保护一种由多个按权利要求 57 所述的基于计算机的交易机的网络组成的外部网，由上述对于权利要求 57 的评述可知，权利要求 57 所述的网络不属于技术方案，而权利要求 58~59中所述的外部网及其所具有的安全机构也是公知的电子设备，既没有给该外部网的内部性能带来改进，也没有给该外部网的构成或功能带来任何技术上的改变，因此，基于与权利要求 57 同样的理由，权利要求 58~59 所要求保护的方案也不属于专利法实施细则第 2 条第 1 款规定的技术方案，不属于专利保护的客体。

综上所述，本申请权利要求 1~59 不符合专利法实施细则第 2 条第 1 款的规定，不属于专利法保护的客体。

根据上述事实和理由，本案合议组依法作出以下审查决定。

三、决定

维持国家知识产权局于 2004 年 1 月 2 日对 99804390.7 号发明专利申请作出的驳回决定。

如对本复审请求审查决定不服，根据专利法第 41 条第 2 款的规定，复审请求人可以自收到本决定之日起三个月内向北京市第一中级人民法院起诉。

011

地图数据存储介质，地图信息检索装置和导向装置

复审请求审查决定（第 11954 号）

决　定　号　第 11954 号
决　定　日　2007 年 12 月 12 日
发明创造名称　地图数据存储介质，地图信息检索装置和导向装置
国 际 分 类 号　G09B 29/00，G09B 29/10
复 审 请 求 人　丰田自动车株式会社，株式会社电装，爱信 AW 株式会社，富士通天株式会社，松下电器产业株式会社
申　请　号　00807925.0
优 先 权 日　1999 年 4 月 9 日
申　请　日　2000 年 4 月 10 日
公　开　日　2002 年 5 月 29 日
合 议 组 组 长　杨军艳
主　审　员　宋　瑞
参　审　员　刘亚斌

法 律 依 据　专利法第 25 条第 1 款第 2 项，专利法实施细则第 2 条第 1 款
决 定 要 点

如果经复审请求人修改后的申请文件克服了驳回决定和复审通知书所指出的缺陷，则应当在修改文本的基础上撤销原驳回决定。

一、案由

本复审请求涉及申请号为 00807925.0、发明名称为“地图数据存储介质，地图信息检索装置和导向装置”的 PCT 发明专利申请（下称本申请），其申请日为 2000 年 4 月 10 日，优先权日为 1999 年 4 月 9 日，进入中国国家阶段的日期为 2001 年 11 月 22 日，公开日为 2002 年 5 月 29 日，申请人为丰田自动车株式会社、株式会社电装、爱信 AW 株式会社、富士通天株式会社、松下电器产业株式会社。

国家知识产权局专利局实质审查部门依法对本申请进行了实质审查，于 2004 年 7 月 16 日以本申请权利要求 1~11 不符合专利法第 25 条第 1 款第 2 项的规定为由作出驳回本申请的决定，驳回决定所针对的申请文件为：申请人于 2003 年 11 月 18 日提交的权利要求第 1~11 项、说明书第 1~10 页，于 2001 年 11 月 22 日提交的说明书附图第 1~10 页、说明书摘要和摘要附图。驳回决定所针对的权利要求书共包括 6 项独立权利要求，其内容为：

“1. 一种形成用于存储划分成多个网格的地图数据的地图数据存储介质的方法，包括步骤：

从一个基准网格开始，按照由一个预定数字分配方法所确定的顺序，把数字顺次分配给位置临近的预定数量的网格，并以另一个网格作为基准网格重复这种分配，以便把数字分配给各个网格，以及按照对应于已分配的数字的顺序存储对应于各网格的已分类地图数据以形成地图数据存储介质。

7. 一种形成用于存储划分成多个网格的地图数据的地图数据存储介质的方法，包括步骤：

从一个基准网格开始，按照由一个预定数字分配方法所确定的顺序，把数字顺次分配给位置临近的预定数量的网格，并以另一个网格作为基准网格重复这种分配，以便把数字分配给各个网格，以及根据已分配的数字存储已分类地图数据，在把数字分配给所述预定数量的网格后，把具有所述已分配数字的网格作为一个大网格整体处理，根据由所述预定数字分配方法所确定的顺序把所述预定的数字分配方法运用到其他大网格中，以便根据由所述预定数字分配方法所确定的顺序把数字顺次分配给所述大网格中的相邻网格，

把指定数量的所述大网格进一步收集起来以形成一个更大的网格，并根据由所述预定数字分配方法所确定的顺序把所述预定数字分配方法运用到所述更大的网格中，以便把数字分配给所述更大网格中的各个网格，以及，

重复上述方法以便把数字分配给整个地图，从而形成地图数据存储介质。

8. 一种形成用于存储划分成多个网格的地图数据的地图数据存储介质的方法，包括步骤：

从一个基准网格开始，按照由一个预定数字分配方法所确定的顺序，把数字顺次分配给位置临近的预定数量的网格，并以另一个网格作为基准网格重复这种分配，以便把数字分配给各个网格；

根据所分配的数字存储已分类地图数据以形成所述地图数据存储介质；以及

所述地图数据包括用于识别建筑物的建筑物ID。

9. 一种利用根据权利要求1所述的方法形成的地图数据存储介质的地图信息检索装置，用于检索地图信息。

10. 一种利用根据权利要求1所述的方法形成的地图数据存储介质的导向装置，用于执行路线导向。

11. 一种形成用于存储划分成多个网格的地图数据的地图数据存储介质的方法，包括步骤：

从一个基准网格开始，按照由一个预定数字分配方法所确定的顺序顺次把数字分配给预定数量的位置靠近的网格，所述预定数字分配方法包括按照N形图案把数字分配给4个网格的基本方法；

以另一个网格作为基准网格重复所述分配步骤，以便把数字分配给各个网格；以及

按照对应于已分配的数字的顺序存储对应于各网格的已分类的地图数据。”

驳回决定认为：权利要求1~8、11所请求保护的方法没有采用技术手段或者利用自然法则，也未解决技术问题和产生技术效果，是通过智力活动来实现的；权利要求9、10请求保护的地图信息检索装置和导向装置对现有技术的贡献仅仅在于属于智力活动的规则和方法的部分，仍视为智力活动的规则和方法。

申请人丰田自动车株式会社、株式会社电装、爱信AW株式会社、富士通天株式会社、松下电器产业株式会社（下称复审请求人）不服上述驳回决定，于2004年11月1日向专利复审委员会提出复审请求，同时提交了权利要求书全文的修改替换页1~5页和说明书第1~3页的修改替换页1~3、3a共4页。修改后的权利要求书包括16项权利要求，其中有6项独立权利要求，内容如下：

“1. 一种路线导向装置，包括：

位置检测单元，用于检测被导向对象的位置；

地图数据库，用于存储进行路线导向所需要的各种地图数据；

路线导向控制单元，用于根据所述位置检测单元所检测的位置和所述地图数据库中的地图数据执行导向；

其特征在于：

所述地图数据库中的数据按照以下方式存储：

从一个基准网格开始，按照由一个预定数字分配方法所确定的顺序，把数字顺次分配给位置临近的预定数量的网格，并以另一个网格作为基准网格重复这种分配，以便把数字分配给各个网格，以及，按照对应于已分配的数字的顺序存储对应于各网格的已分类地图数据。

7. 一种路线导向装置，包括：

位置检测单元，用于检测被导向对象的位置；

地图数据库，用于存储进行路线导向所需要的各种地图数据；

路线导向控制单元，用于根据所述位置检测单元所检测的位置和所述地图数据库中的地图数据执行导向；

其特征在于：

所述地图数据库中的数据按照以下方式存储：

从一个基准网格开始，按照由一个预定数字分配方法所确定的顺序，把数字顺次分配给位置临近的预定数量的网格，并以另一个网格作为基准网格重复这种分配，以便把数字分配给各个网格，以及

根据已分配的数字存储已分类地图数据，

在把数字分配给所述预定数量的网格后，把具有所述已分配数字的网格作为一个大网格整体处理，

根据由所述预定数字分配方法所确定的顺序把所述预定的数字分配方法运用到其他大网格中，以便根据由所述预定数字分配方法所确定的顺序把数字顺次分配给所述大网格中的相邻网格，

把指定数量的所述大网格进一步收集起来以形成一个更大的网格，并根据由所述预定数字分配方法所确定的顺序把所述预定数字分配方法运用到所述更大的网格中，以便把数字分配给所述更大网格中的各个网格，以及，

重复上述方法以便把数字分配给整个地图。

8. 一种路线导向装置，包括：

位置检测单元，用于检测被导向对象的位置；

地图数据库，用于存储进行路线导向所需要的各种地图数据；

路线导向控制单元，用于根据所述位置检测单元所检测的位置和所述地图数据库中的地图数据执行导向；

其特征在于：

所述地图数据库中的数据按照以下方式存储：

从一个基准网格开始，按照由一个预定数字分配方法所确定的顺序，把数字顺次分配给位置临近的预定数量的网格，并以另一个网格作为基准网格重复这种分配，以便把数字分配给各个网格；

根据所分配的数字存储已分类地图数据；以及

所述地图数据包括用于识别建筑物的建筑物 ID。

9. 一种路线导向方法，用于使用路线导向装置进行路线导向，该路线导向装置包括：位置检测单元，地图数据库和路线导向控制单元，该方法包括步骤：

通过所述位置检测单元检测被导向对象的位置；

路线导向控制单元根据所述位置检测单元所检测的位置和所述地图数据库中的地图数据执行

导向；

其特征在于：

用于存储进行路线导向所需要的各种地图数据的所述地图数据库中的数据按照以下方式存储：

从一个基准网格开始，按照由一个预定数字分配方法所确定的顺序，把数字顺次分配给位置临近的预定数量的网格，并以另一个网格作为基准网格重复这种分配，以便把数字分配给各个网格，以及，按照对应于已分配的数字的顺序存储对应于各网格的已分类地图数据。

15. 一种路线导向方法，用于使用路线导向装置进行路线导向，该路线导向装置包括：位置检测单元，地图数据库和路线导向控制单元，该方法包括步骤：

通过所述位置检测单元检测被导向对象的位置；

路线导向控制单元根据所述位置检测单元所检测的位置和所述地图数据库中的地图数据执行导向；

其特征在于：

所述地图数据库中的数据按照以下方式存储：

从一个基准网格开始，按照由一个预定数字分配方法所确定的顺序，把数字顺次分配给位置临近的预定数量的网格，并以另一个网格作为基准网格重复这种分配，以便把数字分配给各个网格，以及

根据已分配的数字存储已分类地图数据，

在把数字分配给所述预定数量的网格后，把具有所述已分配数字的网格作为一个大网格整体处理，

根据由所述预定数字分配方法所确定的顺序把所述预定的数字分配方法运用到其他大网格中，以便根据由所述预定数字分配方法所确定的顺序把数字顺次分配给所述大网格中的相邻网格，

把指定数量的所述大网格进一步收集起来以形成一个更大的网格，并根据由所述预定数字分配方法所确定的顺序把所述预定数字分配方法运用到所述更大的网格中，以便把数字分配给所述更大网格中的各个网格，以及，

重复上述方法以便把数字分配给整个地图。

16. 一种路线导向方法，用于使用路线导向装置进行路线导向，该路线导向装置包括：位置检测单元，地图数据库和路线导向控制单元，该方法包括步骤：

通过所述位置检测单元检测被导向对象的位置；

路线导向控制单元根据所述位置检测单元所检测的位置和所述地图数据库中的地图数据执行导向；

其特征在于：

所述地图数据库中的数据按照以下方式存储：

从一个基准网格开始，按照由一个预定数字分配方法所确定的顺序，把数字顺次分配给位置临近的预定数量的网格，并以另一个网格作为基准网格重复这种分配，以便把数字分配给各个网格；

根据所分配的数字存储已分类地图数据；以及

所述地图数据包括用于识别建筑物的建筑物 ID。”

复审请求人在复审请求书中认为：权利要求 1 已经从限定地图数据存储的相对抽象的规则修改成根据地图数据库中按照特定方式存储的数据进行线路导向的线路导向装置，这种限定使得新权利要求 1 构成解决技术问题的具体技术方案，并且可以取得有益的技术效果，即，使得即使对于宽范围和高速度的搜索也可以获得高效率的搜索结果，所以权利要求 1 构成解决技术问题的技术方案，不属于智力活动规则或方法。与之类似的理由，其他权利要求也同样不属于智力活动规则和方法。

经形式审查合格后，专利复审委员会受理了上述复审请求，并于 2004 年 12 月 14 日向复审请求人发出复审请求受理通知书，同时向原实质审查部门发出前置审查通知书，并将本案送至原实质审查部门进行前置审查。

原实质审查部门对该复审请求做出前置审查意见，仍然坚持原驳回决定。

针对上述复审请求，专利复审委员会依法成立合议组对本案进行审理。

本案合议组于 2007 年 4 月 10 日向复审请求人发出复审通知书，指出：权利要求 1~6 中的解决方案是利用数据库中按特殊方式存储的数据进行导向，该装置虽然利用了位置检测装置等硬件，但是所述线路导向装置中的基本结构位置检测单元、地图数据库、路线导向控制单元都是现有技术中已经存在的，而且路线导向控制单元在根据地图数据库中的数据执行线路导向过程中所包括的各种具体操作，也是本领域技术人员熟知的。数据库中数据的存储方式是人为规定的，这种存储方式未给硬件内部性能带来任何改进。可见，该装置是利用人为规定存储的数据实现导向，所采用的手段不受自然规律约束，所获得的也不是符合自然规律的技术效果，因此权利要求 1~6 不属于专利法实施细则第 2 条第 1 款规定的技术方案，不属于专利保护的客体；同理，权利要求 7~16 也不符合专利法实施细则第 2 条第 1 款的规定。

复审请求人针对上述复审通知书于 2007 年 7 月 24 日提交了意见陈述书，同时提交了权利要求书全文的修改替换页共 7 页，修改后的权利要求书包括 20 项权利要求，其中权利要求 1、8、10、11、18、20 为独立权利要求。复审请求人在此次意见陈述书中认为：权利要求 1 解决了与增加数据搜索处理效率有关的技术问题，权利要求 1 中，已经将地图数据库的特定的数据编排或存储方式体现为路线导向装置中各个组成部件之间的工作和控制关系，这种工作和控制关系就形成了一个解决技术问题的完整的技术方案，权利要求 1 可获得的技术效果是：即使对于宽范围和高速度的信息搜索也可以获得高效率的搜索结果。因此权利要求 1 符合专利法实施细则第 2 条第 1 款的规定，同理，其余权利要求也符合专利法实施细则第 2 条第 1 款的规定。

复审请求人于 2007 年 7 月 24 日提交的权利要求书中的独立权利要求如下：

“1. 一种路线导向装置，包括：

位置检测单元，用于检测被导向对象的位置；

地图数据库，用于存储进行路线导向所需要的各种地图数据；

路线导向控制单元，用于根据所述位置检测单元所检测的位置和所述地图数据库中的地图数据执行导向搜索；

其特征在于：

所述地图数据库中的数据按照以下方式存储：

从一个基准网格开始，按照由一个预定数字分配方法所确定的顺序，把数字顺次分配给位置临近的预定数量的网格，并以另一个网格作为基准网格重复这种分配，以便把数字分配给各个网格，以及，按照对应于已分配的数字的顺序存储对应于各网格的已分类地图数据；

以及其中，所述路线导向控制单元被配置成按照以下方式执行导向搜索

根据输入的待搜索机构的类别确定机构的类型代码；

确定搜索范围，并识别所述地图数据库中相应的搜索网格数字；

基于所述识别的搜索网格数字，搜索相应于所述搜索范围中网格的机构搜索信息以确定是否存在所述类别的机构。

8. 一种路线导向装置，包括：

位置检测单元，用于检测被导向对象的位置；

地图数据库，用于存储进行路线导向所需要的各种地图数据；

路线导向控制单元，用于根据所述位置检测单元所检测的位置和所述地图数据库中的地图数据执行导向搜索；

其特征在于：

所述地图数据库中的数据按照以下方式存储：

从一个基准网格开始，按照由一个预定数字分配方法所确定的顺序，把数字顺次分配给位置临近的预定数量的网格，并以另一个网格作为基准网格重复这种分配，以便把数字分配给各个网格，以及

根据已分配的数字存储已分类地图数据，

在把数字分配给所述预定数量的网格后，把具有所述已分配数字的网格作为一个大网格整体处理，

根据由所述预定数字分配方法所确定的顺序把所述预定的数字分配方法运用到其他大网格中，以便根据由所述预定数字分配方法所确定的顺序把数字顺次分配给所述大网格中的相邻网格，

把指定数量的所述大网格进一步收集起来以形成一个更大的网格，并根据由所述预定数字分配方法所确定的顺序把所述预定数字分配方法运用到所述更大的网格中，以便把数字分配给所述更大网格中的各个网格，以及，

重复上述方法以便把数字分配给整个地图；

以及其中，所述路线导向控制单元被配置成按照以下方式执行导向搜索：

根据输入的待搜索机构的类别确定机构的类型代码；

确定搜索范围，并识别所述地图数据库中与更大的网格相应的搜索网格数字；

根据和所述更大的网格相应的搜索网格数字来识别与该更大的网格相对应的基准网格的搜索网格数字，并基于所识别的基准网格的搜索网格数字来搜索相应于所述搜索范围中网格的机构搜索信息，以便确定是否存在所述类别的机构。

10. 一种路线导向装置，包括：

位置检测单元，用于检测被导向对象的位置；

地图数据库，用于存储进行路线导向所需要的各种地图数据；

路线导向控制单元，用于根据所述位置检测单元所检测的位置和所述地图数据库中的地图数据执行导向搜索；

其特征在于：

所述地图数据库中的数据按照以下方式存储：

从一个基准网格开始，按照由一个预定数字分配方法所确定的顺序，把数字顺次分配给位置临近的预定数量的网格，并以另一个网格作为基准网格重复这种分配，以便把数字分配给各个网格；

根据所分配的数字存储已分类地图数据；以及

所述地图数据包括用于识别建筑物的建筑物 ID；

以及其中，所述路线导向控制单元被配置成按照以下方式执行导向搜索：

输入具有建筑物 ID 的待搜索建筑物的名称或地址；

基于输入的名称或地址，搜索根据建筑物 ID 安排的网格的详细数据部分，以确定是否存在具有所述建筑物 ID 的建筑物。

11. 一种路线导向方法，用于使用路线导向装置进行路线导向，该路线导向装置包括：位置检测单元，地图数据库和路线导向控制单元，该方法包括步骤：

通过所述位置检测单元检测被导向对象的位置；

路线导向控制单元根据所述位置检测单元所检测的位置和所述地图数据库中的地图数据执行导向搜索；

其特征在于：

用于存储进行路线导向所需要的各种地图数据的所述地图数据库中的数据按照以下方式存储

从一个基准网格开始，按照由一个预定数字分配方法所确定的顺序，把数字顺次分配给位置临近的预定数量的网格，并以另一个网格作为基准网格重复这种分配，以便把数字分配给各个网格，以及，按照对应于已分配的数字的顺序存储对应于各网格的已分类地图数据；

以及其中，所述路线导向控制单元被配置成按照以下方式执行导向搜索：

根据输入的待搜索机构的类别确定机构的类型代码；

确定搜索范围，并识别所述地图数据库中相应的搜索网格数字；

基于所述识别的搜索网格数字，搜索相应于所述搜索范围中网格的机构搜索信息以确定是否存在所述类别的机构。

18. 一种路线导向方法，用于使用路线导向装置进行路线导向，该路线导向装置包括：位置检测单元，地图数据库和路线导向控制单元，该方法包括步骤：

通过所述位置检测单元检测被导向对象的位置；

路线导向控制单元根据所述位置检测单元所检测的位置和所述地图数据库中的地图数据执行导向搜索；

其特征在于：

所述地图数据库中的数据按照以下方式存储：

从一个基准网格开始，按照由一个预定数字分配方法所确定的顺序，把数字顺次分配给位置临近的预定数量的网格，并以另一个网格作为基准网格重复这种分配，以便把数字分配给各个网格，以及

根据已分配的数字存储已分类地图数据，

在把数字分配给所述预定数量的网格后，把具有所述已分配数字的网格作为一个大网格整体处理，

根据由所述预定数字分配方法所确定的顺序把所述预定的数字分配方法运用到其他大网格中，以便根据由所述预定数字分配方法所确定的顺序把数字顺次分配给所述大网格中的相邻网格，

把指定数量的所述大网格进一步收集起来以形成一个更大的网格，并根据由所述预定数字分配方法所确定的顺序把所述预定数字分配方法运用到所述更大的网格中，以便把数字分配给所述更大网格中的各个网格，以及，

重复上述方法以便把数字分配给整个地图；

以及其中，所述路线导向控制单元被配置成按照以下方式执行导向搜索：

根据输入的待搜索机构的类别确定机构的类型代码；

确定搜索范围，并识别所述地图数据库中与更大的网格相应的搜索网格数字；

根据和所述更大的网格相应的搜索网格数字来识别与该更大的网格相对应的基准网格的搜索网格数字，并基于所识别的基准网格的搜索网格数字来搜索相应于所述搜索范围中网格的机构搜索信息，以便确定是否存在所述类别的机构。

20. 一种路线导向方法，用于使用路线导向装置进行路线导向，该路线导向装置包括：位置检测单元，地图数据库和路线导向控制单元，该方法包括步骤：

通过所述位置检测单元检测被导向对象的位置；

路线导向控制单元根据所述位置检测单元所检测的位置和所述地图数据库中的地图数据执行导向

搜索；

其特征在于：

所述地图数据库中的数据按照以下方式存储：

从一个基准网格开始，按照由一个预定数字分配方法所确定的顺序，把数字顺次分配给位置临近的预定数量的网格，并以另一个网格作为基准网格重复这种分配，以便把数字分配给各个网格；

根据所分配的数字存储已分类地图数据；以及

所述地图数据包括用于识别建筑物的建筑物ID；

以及其中，所述路线导向控制单元被配置成按照以下方式执行导向搜索：

输入具有建筑物ID的待搜索建筑物的名称或地址；

基于输入的名称或地址，搜索根据建筑物ID安排的网格的详细数据部分，以确定是否存在具有所述建筑物ID建筑物。”

经过上述审查程序，合议组认为本案事实已经清楚，可以依法作出审查决定。

二、决定的理由

1. 关于审查基础

本复审决定以复审请求人于2007年7月24日提交的权利要求第1~20项，于2004年11月1日提交的说明书1~3和3a页，于2003年11月18日提交的说明书第4~10页，进入中国国家阶段时提交的说明书附图第1~10页以及说明书摘要和摘要附图作为审查基础。

2. 关于专利法第25条第1款第2项

专利法第25条第1款规定：对下列各项，不授予专利权：（1）科学发现；（2）智力活动的规则和方法；（3）疾病的诊断和治疗方法；（4）动物和植物品种；（5）用原子核变换方法获得的物质。

审查指南第二部分第一章第4.2节中规定，如果一项权利要求在对其进行限定的全部内容中既包含智力活动的规则和方法的内容，又包含技术特征，则该权利要求就整体而言并不是一种智力活动的规则和方法，不应当依据专利法第25条排除其获得专利权的可能性。

具体到本案，本申请权利要求1请求保护一种路线导向装置，其内容包含了位置检测单元、地图数据库、路线导向控制单元等技术特征，因此根据审查指南中的上述规定，权利要求1不属于专利法第25条第1款第2项规定的不授予专利权的范围。

同理，权利要求8、10、11、18、20中也都包括相应的技术特征，因此权利要求8、10、11、18、20不属于专利法第25条第1款第2项规定的不授予专利权的范围。

权利要求2~7分别引用权利要求1，权利要求9引用权利要求8，权利要求12~17分别引用权利要求11，权利要求19引用权利要求18，因此当权利要求1、8、10、11、18不属于专利法第25条第1款第2项规定的不授予专利权的范围时，权利要求2~7、9、12~17、19也不属于专利法第25条第1款第2项规定的不授予专利权的范围。

3. 关于专利法实施细则第2条第1款

专利法实施细则第2条第1款规定：专利法所称发明，是指对产品、方法或者其改进所提出的新的技术方案。

审查指南第二部分第一章第2节规定：技术方案是对要解决的技术问题所采取的利用了自然规律的技术手段的集合。技术手段通常是由技术特征来体现的。

审查指南第二部分第九章第2节规定：如果涉及计算机程序的发明专利申请的解决方案执行计算机程序的目的是解决技术问题，在计算机上运行计算机程序从而对外部或内部对象进行控制或处理所反映的是遵循自然规律的技术手段，并且由此获得符合自然规律的技术效果，则这种解决方案属于专利法实施细则第 2 条第 1 款所说的技术方案，属于专利保护的客体。

本申请独立权利要求 1 请求保护一种路线导向装置，其要解决的技术问题是在搜索一个相对宽的区域的地图数据时，由于数据库中相邻排列的网格彼此常常分配到相距甚远的数字，导致搜索时间增加的问题。权利要求 1 中利用了位置检测单元、地图数据库、路线导向控制单元这些技术设备，以特定存储方式将地图数据存入地图数据库，使得相邻网格能够分配到相近的数字，并通过路线导向控制单元以特定搜索方式对地图数据库中的地图数据进行搜索，能够提高导向搜索的搜索效率。可见，权利要求 1 中通过特定存储方式的地图数据库和对上述数据库进行特定方式导向搜索的路线导向控制单元之间的操纵，构成了解决上述技术问题的技术手段。通过上述技术手段，能够在基于地图数据库进行路线导向操作时提高搜索效率，获得了技术效果。综上所述，本申请权利要求 1 的方案解决了技术问题，采用了技术手段，获得了技术效果，属于技术方案，符合专利法实施细则第 2 条第 1 款的规定。

同理，独立权利要求 8、10、11、18、20 的方案中同样解决了技术问题，采用了技术手段，实现了技术效果，均属于技术方案，符合专利法实施细则第 2 条第 1 款的规定。

在独立权利要求 1、8、10、11、18、20 符合专利法实施细则第 2 条第 1 款规定的情况下，分别引用上述权利要求的权利要求 2~7、9、12~17、19 也符合专利法实施细则第 2 条第 1 款的规定。

三、决定

在复审请求人于 2007 年 7 月 24 日提交的修改文件基础上，撤销国家知识产权局于 2004 年 7 月 16 日对 00807925. 0 号 PCT 发明专利申请作出的驳回决定，由原实质审查部门以本复审决定所依据的审查文本为基础继续进行审查。

复审请求人对本决定不服的，可根据专利法第 41 条第 2 款的规定，自收到本决定之日起三个月内向北京市第一中级人民法院起诉。

012

带有可重复使用的生物传感器的便携式手动仪器

复审请求审查决定（第11966号）

决　定　号　第11966号
决　定　日　2007年12月11日
发明创造名称　带有可重复使用的生物传感器的便携式手动仪器
国际分类号　G01N33/48
复审请求人　ABT先进生物分析技术有限责任公司
申　请　号　01806128.1
优先权日　2000年1月5日
申　请　日　2001年1月5日
公　开　日　2003年5月7日
合议组组长　张梅珍
主　审　员　高桂莲
参　审　员　刘亚斌

法律依据　专利法第22条第3款、第33条
决定要点

发明有突出的实质性特点，是指对所属技术领域的技术人员来说，发明相对于现有技术是非显而易见的。如果发明是所属技术领域的技术人员在现有技术的基础上仅仅通过合乎逻辑的分析、推理或者有限的试验可以得到的，则该发明是显而易见的，也就不具备突出的实质性特点。

一、案由

本复审请求涉及申请号为01806128.1，名称为“带有可重复使用的生物传感器的便携式手动仪器”的发明专利申请（下称本申请）。申请人为ABT先进生物分析技术有限责任公司。本申请的申请日为2001年1月5日，优先权日为2000年1月5日，公开日为2003年5月7日。本申请公开时的权利要求书包括6项权利要求，如下：

“1. 带有可重复使用的生物传感器的、特别是用于分散确定原始的生物溶液的可携式手动仪器，其特征为包括：一电流测量的生物传感器（11），

一测量室，

用于新鲜的和用过的系统溶液的贮存袋（19）和废物袋（18），

一泵（4），

一软管输送系统，

一样品开口（20）和一样品通道，

一具有阀功能的功能轮（8），

一用于更换传感器的操作杆（9），

一显示器，

四个操作元件（12，13，14，15），

一 9 伏蓄电池，

一太阳能电池（13），

一用于测量信号和测量过程的整个流程的处理单元（2），和

一壳体（16）。

2. 按权利要求 1 所述的可携式手动仪器，其特征为：生物传感器（11）位于样品开口（20）正下方。

3. 按权利要求 1 或 2 所述的可携式手动仪器，其特征为：装入的泵（4）用手或使用电能开动。

4. 按权利要求 1~3 所述的可携式手动仪器，其特征为，对于贮存袋（19）和所属的废物袋（18）采用焊接的聚乙烯薄膜，两个袋子相互焊接在一起，重叠放置并在清洗液的贮量用完后一起清除掉。

5. 按权利要求 1~4 所述的可携式手动仪器，其特征为：电极的供电通过蓄电池实现，蓄电池通过太阳能电池（3）或电网运行充电器充电。

6. 按权利要求 1~5 所述的可携式手动仪器，其特征为：仪器的重量小于 500 克。”

应申请人的要求，国家知识产权局实质审查部门依法对本申请进行了实质审查，于 2003 年 12 月 5 日发出第一次审查意见通知书，指出本申请权利要求 1~6 相对于如下对比文件 1 不符合专利法第 22 条第 3 款有关创造性的规定：

对比文件 1：公开号为 CN1194035A，公开日为 1998 年 9 月 23 日的中国发明专利申请公开说明书。

针对上述审查意见通知书，申请人于 2004 年 4 月 20 日提交了意见陈述书和权利要求书的修改替换页，将权利要求 1 中的“一具有阀功能的功能轮（8）”修改为“一具有阀和泵功能的功能轮（8）”，修改后的权利要求书包括 6 项权利要求。

针对申请人上述意见陈述，实质审查部门于 2004 年 6 月 18 日发出第二次审查意见通知书，指出申请人对本申请权利要求 1 的修改超出了原权利要求书和说明书记载的范围，不符合专利法第 33 条的规定。

针对第二次审查意见通知书，申请人于 2004 年 10 月 5 日提交了意见陈述书和说明书第 1~5 页以及权利要求书的修改替换页，将权利要求 1 中的“太阳能电池（13）”修改为“太阳能电池（3）”，并对“显示器”补充了附图标记“（1）”，修改后的权利要求书共包括 6 项权利要求。申请人在意见陈述书中认为，其权利要求书中的技术特征“一具有阀和泵功能的功能轮”可以从原始说明书第 2 页第 21~29 行中的有关内容以及图 1、2 确定，符合专利法第 33 条的规定。

经过上述实质审查程序后，国家知识产权局实质审查部门针对申请人于 2004 年 10 月 5 日提交的权利要求书第 1~6 项、说明书第 1~5 页、2002 年 9 月 5 日提交的说明书附图第 1~2 页以及摘要和摘要附图，以本申请权利要求 1~6 不符合专利法第 33 条的规定为由，于 2005 年 2 月 18 日做出了驳回本申请的决定，具体的驳回理由如下：

在修改的权利要求书中，将原权利要求 1 中的特征“一具有阀功能的功能轮”修改为“一具有阀和泵功能的功能轮”，但原说明书和权利要求书中并没有记载该功能轮同时具有阀功能和泵功能，

本领域技术人员根据说明书公开的内容，也不能得出该功能轮同时具有阀功能和泵功能这一结论。而根据说明书第 2 页第 21~29 行记载的内容也仅能得出：通过转动功能轮的位置，能导致生物传感器被取自内部液体袋的供应的内部溶液清洗，但并不能直接得出这种内部液体是通过液体系统被泵动，在申请人陈述意见依据的图 1 及 2 中也没有直接显示其具有泵的功能，因而这种修改不符合专利法第 33 条有关修改的有关规定。

申请人 ABT 先进生物分析技术有限责任公司（下称复审请求人）不服上述驳回决定，于 2005 年 6 月 6 日向专利复审委员会提出复审请求，其复审请求的理由是坚持答复第二次审查意见通知书的意见，认为从原说明书第 2 页第 21~29 行中的内容可以推知权利要求 1 的上述修改并不超范围，同时认为内部液体自下而上的流动是需要通过液体系统被泵动的。复审请求人未对本申请进行任何修改。

经形式审查合格后，专利复审委员会依法受理了上述请求，并于 2005 年 8 月 4 日向复审请求人发出了复审请求受理通知书，同时向原实质审查部门发出前置审查通知书。

原实质审查部门对该复审请求做出前置审查意见，仍然坚持原驳回决定。

针对上述复审请求，专利复审委员会依法成立合议组，对本案进行审查，于 2007 年 5 月 17 日发出复审通知书（下称第一次复审通知书），指出：①由原说明书第 2 页第 21~29 行记载的内容仅能够得出：通过将功能轮转到位置 A 可在测量结束后对传感器进行清洗，即功能轮具有阀的功能，不能得到功能轮具有泵的功能，而且在原说明书的其余部分和原权利要求书中也找不到复审请求人所认为的上述描述。至于复审请求人主张的“内部液体自下而上的流动是需要通过液体系统被泵动”，合议组认为，由于原说明书第 2 页第 7~10 行、第 30 行和原权利要求 1 都记载了本申请的技术方案包含有一泵（4），并结合图 2 所示的原理图可以得知该泵（4）的作用即为驱动内部液体的流动，其中并未记载利用功能轮来实现泵的功能，因此复审请求人的上述理由不成立，权利要求 1 中对功能轮的修改超出了原申请说明书和权利要求书公开的范围，不符合专利法第 33 条的规定。②由于从属权利要求 2~6 分别引用了权利要求 1，在权利要求 1 不符合专利法第 33 条的规定的情况下，上述从属权利要求 2~6 也均不符合专利法第 33 条的规定。③即使复审请求人对权利要求 1 进行修改，将功能轮重新限定为“具有阀功能的功能轮”，合议组仍认为该权利要求 1 的技术方案与对比文件 1 相比不具备创造性，其从属权利要求 2~6 相对于对比文件 1 也都不具备创造性。

针对上述第一次复审通知书，复审请求人于 2007 年 8 月 1 日提交了意见陈述书和说明书全文以及权利要求书的替换页，对权利要求 1 中的“功能轮”重新进行了限定，具体为“一具有阀和泵控制功能的功能轮（8）”，其余从属权利要求未作修改，修改后的权利要求书共包括 6 项权利要求，其中独立权利要求 1 为：

“1. 带有可重复使用的生物传感器的、特别是用于分散确定原始的生物溶液的可携式手动仪器，其特征为包括：一电流测量的生物传感器（11），

一测量室，

用于新鲜的和用过的系统溶液的贮存袋（19）和废物袋（18），

一泵（4），

一软管输送系统，

一样品开口（20）和一样品通道，

一具有阀和泵控制功能的功能轮（8），

一用于更换传感器的操作杆（9），

一显示器（1），

四个操作元件（12，13，14，15），

一9伏蓄电池，

一太阳能电池（3），

一用于测量信号和测量过程的整个流程的处理单元（2），和

一壳体（16）。”

复审请求人在意见陈述书中认为，该功能轮实际上并不发挥泵功能，而是控制该泵，并且原说明书中有相关描述，因此符合专利法第33条的规定；同时还认为本申请与现有技术的不同之处在于，本申请可以用同一装置测量许多不同的样品，这使得样品测量能够以很低的成本进行，并且发生故障的可能性减小，在整个约为4年的使用寿命期间不必更换功能轮。

经审查，本案合议组于2007年9月11日再次发出复审通知书（下称第二次复审通知书），指出本申请的权利要求1相对于对比文件1的区别仅在于：权利要求1中的功能轮具有阀和泵控制功能，操作元件为4个；对比文件1的操作杆8具有阀功能，其唧筒的旋转由操作者控制，操作元件为3个。而对比文件1中试样的检测和仪器的清洗操作过程也是通过控制操作杆并同时控制唧筒的旋转实现，因此对本领域技术人员来说将上述两个部件的操作控制整合为一步操作同时实现阀和泵控制功能属于本领域常用的技术手段，而且这种简单的元件设置没有给本申请带来意想不到的技术效果。此外，操作元件数量的增置是本领域的常用技术手段，是本领域技术人员容易想到的；并且合议组认为，对比文件1的技术方案同样能够进行多种样品的测量，同样具有较低的运行成本，因此复审请求人所强调的复审意见不能成立。由此认为，在对比文件1的基础上，结合常用技术手段，本领域普通技术人员无需付出创造性劳动就可得出本申请权利要求1的技术方案，即该权利要求不符合专利法第22条第3款有关创造性的规定。此外，从属权利要求2~6的附加技术特征或者被对比文件1公开或者为公知常识，因此权利要求2~6也均不具备专利法第22条第3款的创造性。

针对上述第二次复审通知书，复审请求人于2007年10月26日提交了意见陈述书，在该意见陈述书中，复审请求人认可本申请权利要求1的技术方案与对比文件1的区别在于，功能轮具有阀和泵控制功能，但是认为对比文件1中测量本身和测量之后的清洗是通过两个彼此平行、完全独立工作的操作元件实现的，但是在实际操作过程中这两步操作有可能因为先后顺序的不同而导致误操作；而本申请将上述两个功能集成到一个功能轮上，操作元件的数量减少了，并因为只能进行线性操作，致使测量和清洗只能以正确的顺序先后被实现，据此认为本申请具备非显而易见性。

至此，合议组认为本案事实已经清楚，现依法作出复审决定。

二、决定的理由

1. 关于审查文本

本复审决定以复审请求人于2007年8月1日提交的权利要求第1~6项、说明书第1~5页，2002年9月5日进入中国国家阶段时提交的国际申请文件中文译文的说明书附图第1~2页、说明书摘要及摘要附图作为审查基础。

2. 关于专利法第33条

专利法第33条规定：申请人可以对其专利申请文件进行修改，但是，对发明和实用新型专利申请文件的修改不得超出原说明书和权利要求书记载的范围，对外观设计专利申请文件的修改不得超出原图片或者照片表示的范围。

复审请求人于2007年8月1日提交的修改文本中，将原始权利要求1中的“一具有阀功能的功能轮”修改为“一具有阀和泵控制功能的功能轮”，合议组认为，根据原始说明书第2页第9段中“待分析样品通过将毛细管插入手动仪器的位于生物传感器正上方的样品开口输入。接着将功能轮转到位置C（7）（繁忙），从而将待测量样品输送到传感器之前。在进行测量以后，在显示器上要求取

出毛细管并清洗系统。毛细管被使用者取出，随着功能轮转到位置A，传感器便得到清洗并显示测量值”，以及说明书附图1-2和说明书第3页中“在测量结束后在显示器（1）上要求操作者取出毛细管和清洗系统。为此从开口（20）中取出毛细管样品，将功能轮（8）重新转到位置（A）（5）。这是Ⅰ）在显示器（1）上显示测量值，Ⅱ）将系统溶液从贮存袋（19）中通过软管系统经过包含传感器的测量室送入废物袋（18）。生物传感器与清洗溶液接触使传感器得到清洗”，本领域技术人员可以推知该功能轮具有泵控制功能，因此复审请求人有关权利要求1的上述修改可以从原始说明书中予以确定，符合专利法第33条的规定。

3. 关于专利法第22条第3款

专利法第22条第3款规定：创造性，是指同申请日以前已有的技术相比，该发明有突出的实质性特点和显著的进步，该实用新型有实质性特点和进步。

发明有突出的实质性特点，是指对所属技术领域的技术人员来说，发明相对于现有技术是非显而易见的。如果发明是所属技术领域的技术人员在现有技术的基础上仅仅通过合乎逻辑的分析、推理或者有限的试验可以得到的，则该发明是显而易见的，也就不具备突出的实质性特点。

（1）本案中，权利要求1请求保护一种带有生物传感器的便携式手动仪器，对比文件1（参见对比文件1的说明书第1~3页以及附图1、2）公开了一种带有生物传感器的便携式手动仪器，其具体公开的特征有：该仪器包括一个测量系统，一个电流测量的生物传感器（33），新鲜的系统溶液的存储袋和用过的系统溶液的废液袋，一个唧筒（相当于权利要求1的泵），一软管输送系统，一个试样孔和试样通道，一个具有阀功能的操作杆，一个生物膜更换装置（相当于权利要求1的操作杆9），一个显示器，三个操作元件，一个9伏蓄电池，一个太阳能电池或交流电源，一个信号采集和测量整个过程的估算单元，一个外壳。

将权利要求1的技术方案与对比文件1相比，其区别在于：权利要求1中的功能轮具有阀和泵控制功能，操作元件为4个；对比文件1的操作杆8具有阀功能，其唧筒的旋转由操作者控制，操作元件为3个。

由于对比文件1（参见对比文件1的说明书第2页第11~20行）公开了“操作杆由静止位置B（9）移动到位置A（10），于是流动系统打开，通过将唧筒转到位置Ⅰ，电极……随着操作杆放回到位置B，清洗系统重新关闭。清洗本身通过唧筒的徐徐旋转来实现”，可见，试样的检测和仪器的清洗操作过程是通过控制操作杆并同时控制唧筒的旋转实现，因此对本领域技术人员来说将上述两个部件的操作控制整合为一步操作同时实现阀和泵控制功能属于本领域常用的技术手段，是本领域技术人员在对比文件1的基础上通过逻辑分析和有限的实验可以得到的，换句话说，这种集成步骤带来的效果是本领域技术人员在对比文件1的基础上可以预期的。并且，操作元件数量的增置是本领域的常用技术手段，是本领域技术人员容易想到的。因此，在对比文件1的基础上，结合常用技术手段，本领域普通技术人员得出本申请权利要求1的技术方案是显而易见的，即该权利要求1不符合专利法第22条第3款有关创造性的规定。

而复审请求人认为本申请权利要求1只能进行线性操作，使得测量和清洗只能以正确的顺序先后进行。对此合议组认为仅就目前权利要求1记载的内容来看，有关测量和清洗步骤的技术内容仅在于“一具有阀和泵控制功能的功能轮（8）”，但是从上述技术内容中根本得不到实际操作中测量和清洗的正确顺序是什么，也即是说根据目前的权利要求1限定的技术内容无法得到复审请求人所声称其可以达到的技术效果，因此对其观点合议组不予支持。

（2）权利要求2对权利要求1进一步限定的附加技术特征是：生物传感器位于样品开口正下方，该特征在对比文件1中已经被公开（参见对比文件1的权利要求2），当权利要求1不具备创造性时，该权利要求也不符合专利法第22条第3款有关创造性的规定。

（3）权利要求3对权利要求1与2进一步限定的附加技术特征是泵的手动或电能开动方式，该方式是本领域的公知常识，当引用的权利要求1与2不具备创造性时，该权利要求也不符合专利法第22条第3款有关创造性的规定。

（4）权利要求4对权利要求1~3进一步限定的附加技术特征是储存袋和废液袋的构成和清除方式，该特征在对比文件1中已经被公开（参见对比文件1的权利要求4，说明书第2页第4~8行），当引用的权利要求1~3都不具备创造性时，该权利要求也不符合专利法第22条第3款有关创造性的规定。

（5）权利要求5对权利要求1~4进一步限定的附加技术特征是电源的选择，该特征在对比文件1中已经被公开（参见对比文件1的权利要求5，说明书第2页第26~27行），当引用的权利要求1~4都不备创造性时，该权利要求也不符合专利法第22条第3款有关创造性的规定。

（6）权利要求6对权利要求1~5进一步限定的附加技术特征是仪器的重量，该特征在对比文件1中已经被公开（参见对比文件1的权利要求6），当引用的权利要求1~5都不备创造性时，该权利要求也不符合专利法第22条第3款有关创造性的规定。

综上所述，本申请的权利要求1~6不符合专利法第22条第3款有关创造性的规定，本案合议组依法作出以下审查决定。

三、决定

维持国家知识产权局于2005年2月18日对01806128.1号发明专利申请作出的驳回决定。

复审请求人对本决定不服的，可以根据专利法第41条第2款的规定，自收到本决定之日起三个月内向北京市第一中级人民法院起诉。

013

制冷装置

复审请求审查决定（第 11983 号）

决 定 号 第 11983 号
决 定 日 2007 年 11 月 30 日
发明创造名称 制冷装置
国 际 分 类 号 F25B1/00，F25B41/00，F04B39/00
复 审 请 求 人 大金工业株式会社
申 请 号 01808347.1
优 先 权 日 2000 年 4 月 19 日
申 请 日 2001 年 3 月 30 日
公 开 日 2003 年 6 月 18 日
合 议 组 组 长 朱文广
主 审 员 欧 岚
参 审 员 王 森

法 律 依 据 专利法第 22 条第 3 款
决 定 要 点

复审请求人对权利要求书作出修改使得修改后的权利要求书克服了原驳回决定和复审通知书指出的缺陷，则撤销原驳回决定，由原审查部门继续实质审查程序。

一、案由

本复审请求涉及的是申请日为 2001 年 3 月 30 日、优先权日为 2000 年 4 月 19 日、发明名称是“制冷装置”的发明专利申请（以下称本申请），其申请号为 01808347.1，申请人是大金工业株式会社。

申请人于 2002 年 10 月 18 日向国家知识产权局专利局提交了本发明专利申请原始提交的国际申请中文译本，其中权利要求书包括 23 项独立权利要求和 5 项从属权利要求。

国家知识产权局专利局审查部门对该专利申请进行了实质审查，并于 2003 年 11 月 14 日发出了第一次审查意见通知书。通知书中引用了两篇对比文件：

（1）中国专利说明书 CN1131236A，公开日为 1996 年 9 月 18 日；

（2）国际专利说明书 WO9841803A，公开日为 1998 年 9 月 24 日。

第一次审查意见通知书中指出，权利要求 1、24、27、28 相对于对比文件 1 不具备新颖性，权利要求 2~5、24、25、27、28 相对于对比文件 1 和对比文件 2 不具备创造性，权利要求 1~23 之间不具备单一性。

针对第一次审查意见通知书，申请人于2004年3月26日提交了意见陈述书及权利要求书和说明书的全文修改替换页，将原权利要求1整体删除；并在意见陈述书中陈述了新修改的权利要求1~27相对于对比文件1和2具备新颖性和创造性的理由。

经过上述审查程序后，国家知识产权局专利局审查部门于2004年6月11日作出驳回决定，理由是权利要求1~4、23、24、26、27相对于对比文件1和对比文件2不具备专利法第22条第3款所规定的创造性。

申请人大金工业株式会社（以下称复审请求人）不服上述驳回决定，于2004年9月22日向专利复审委员会提出了复审请求，在提出复审请求时没有提交修改文本。

经形式审查合格后，专利复审委员会受理了该复审请求，于2004年10月14日向复审请求人发出了《复审请求受理通知书》，同时向原审查部门发出了《前置审查通知书》。原审查部门对该复审请求做出前置审查意见，坚持原驳回决定。

专利复审委员会依法成立合议组对本复审请求案进行了审理，于2007年5月8日向复审请求人发出复审通知书，复审通知书中指出：本申请的权利要求1~4、23、24、26、27不符合专利法第22条第3款创造性的规定，权利要求1~4与权利要求5~22之间不符合专利法第31条第1款有关单一性的规定。

复审请求人于2007年6月14日针对上述复审通知书提交了意见陈述书和权利要求书的全文修改替换页，复审请求人将权利要求1~4、26、27删除，将权利要求10（新的权利要求6）中的“电动机油”改为“电动机的绝缘材料”，并将权利要求5~22、23~25重新编号，新的权利要求书共有18项独立权利要求和3项从属权利要求，具体如下：

“1. 一种制冷装置，其中：

它包括以R32单制冷剂或R32含量在75%以上的混合制冷剂为制冷剂形成制冷循环、且包括使用树脂材料为电动机的绝缘材料的压缩机（11）在内的制冷剂回路（10），并且额定制冷功率大于5KW且小于、等于18KW；

上述制冷剂回路（10）的液侧配管（32）由内径小于7.92mm的配管形成。

2. 一种制冷装置，其中：

它包括以R32单制冷剂或R32含量在75%以上的混合制冷剂为制冷剂形成制冷循环、且包括使用树脂材料为电动机的绝缘材料的压缩机（11）在内的制冷剂回路（10），并且额定制冷功率大于18KW且小于、等于22.4KW；

上述制冷剂回路（10）的液侧配管（32）由内径小于11.1mm的配管形成。

3. 一种制冷装置，其中：

它包括以R32单制冷剂或R32含量在75%以上的混合制冷剂为制冷剂形成制冷循环、且包括使用树脂材料为电动机的绝缘材料的压缩机（11）在内的制冷剂回路（10），并且额定制冷功率大于5KW且小于、等于22.4KW；

上述制冷剂回路（10）的液侧配管（32）由内径为5.4~7.0mm的配管形成。

4. 一种制冷装置，其中：

它包括以R32单制冷剂或R32含量在75%以上的混合制冷剂为制冷剂形成制冷循环、且包括使用树脂材料为电动机的绝缘材料的压缩机（11）在内的制冷剂回路（10），并且额定制冷功率大于5KW且小于、等于22.4KW；

上述制冷剂回路（10）的液侧配管（32）由内径为5.7~6.7mm的配管形成。

5. 一种制冷装置，其中：

它包括以 R32 单制冷剂或 R32 含量在 75% 以上的混合制冷剂为制冷剂形成制冷循环、且包括使用树脂材料为电动机的绝缘材料的压缩机（11）在内的制冷剂回路（10），并且额定制冷功率大于 5KW 且小于、等于 22.4KW；

上述制冷剂回路（10）的液侧配管（32）由内径为 6.0~6.4mm 的配管形成。

6. 一种制冷装置，其中：

它包括以 R32 单制冷剂或 R32 含量在 75% 以上的混合制冷剂为制冷剂形成制冷循环、且包括使用树脂材料为电动机的绝缘材料的压缩机（11）在内的制冷剂回路（10），并且额定制冷功率大于 22.4KW；

上述制冷剂回路（10）的液侧配管（32）由内径小于 13.88mm 的配管形成。

7. 一种制冷装置，其中：

它包括以 R32 单制冷剂或 R32 含量在 75% 以上的混合制冷剂为制冷剂形成制冷循环、且包括使用树脂材料为电动机的绝缘材料的压缩机（11）在内的制冷剂回路（10），并且额定制冷功率大于 22.4KW；

上述制冷剂回路（10）的液侧配管（32）由内径为 7.5~9.8mm 的配管形成。

8. 一种制冷装置，其中：

它包括以 R32 单制冷剂或 R32 含量在 75% 以上的混合制冷剂为制冷剂形成制冷循环、且包括使用树脂材料为电动机的绝缘材料的压缩机（11）在内的制冷剂回路（10），并且额定制冷功率大于 22.4KW；

上述制冷剂回路（10）的液侧配管（32）由内径为 7.8~9.5mm 的配管形成。

9. 一种制冷装置，其中：

它包括以 R32 单制冷剂或 R32 含量在 75% 以上的混合制冷剂为制冷剂形成制冷循环、且包括使用树脂材料为电动机的绝缘材料的压缩机（11）在内的制冷剂回路（10），并且额定制冷功率大于 22.4KW；

上述制冷剂回路（10）的液侧配管（32）由内径为 8.1~9.1mm 的配管形成。

10. 一种制冷装置，其中：

它包括以 R32 单制冷剂或 R32 含量在 75% 以上的混合制冷剂为制冷剂形成制冷循环、且包括使用树脂材料为电动机的绝缘材料的压缩机（11）在内的制冷剂回路（10），并且额定制冷功率在 3.2KW 以下；

上述制冷剂回路（10）的气侧配管（31）由内径小于 7.92mm 的配管形成。

11. 一种制冷装置，其中：

它包括以 R32 单制冷剂或 R32 含量在 75% 以上的混合制冷剂为制冷剂形成制冷循环、且包括使用树脂材料为电动机的绝缘材料的压缩机（11）在内的制冷剂回路（10），并且额定制冷功率大于 3.2KW 且小于、等于 5KW；

上述制冷剂回路（10）的气侧配管（31）由内径小于 11.1mm 的配管形成。

12. 一种制冷装置，其中：

它包括以 R32 单制冷剂或 R32 含量在 75% 以上的混合制冷剂为制冷剂形成制冷循环、且包括使用树脂材料为电动机的绝缘材料的压缩机（11）在内的制冷剂回路（10），并且额定制冷功率大于 5KW 且小于、等于 9KW；

上述制冷剂回路（10）的气侧配管（31）由内径小于 13.88mm 的配管形成。

13. 一种制冷装置，其中：

它包括以R32单制冷剂或R32含量在75%以上的混合制冷剂为制冷剂形成制冷循环、且包括使用树脂材料为电动机的绝缘材料的压缩机（11）在内的制冷剂回路（10），并且额定制冷功率大于9KW且小于、等于18KW；

上述制冷剂回路（10）的气侧配管（31）由内径小于17.05mm的配管形成。

14. 一种制冷装置，其中：

它包括以R32单制冷剂或R32含量在75%以上的混合制冷剂为制冷剂形成制冷循环、且包括使用树脂材料为电动机的绝缘材料的压缩机（11）在内的制冷剂回路（10），并且额定制冷功率大于18KW且小于、等于22.4KW；

上述制冷剂回路（10）的气侧配管（31）由内径小于23.4mm的配管形成。

15. 一种制冷装置，其中：

它包括以R32单制冷剂或R32含量在75%以上的混合制冷剂为制冷剂形成制冷循环、且包括使用树脂材料为电动机的绝缘材料的压缩机（11）在内的制冷剂回路（10），并且额定制冷功率大于22.4KW；

上述制冷剂回路（10）的气侧配管（31）由内径小于26.18mm的配管形成。

16. 一种制冷装置，其中：

它包括制冷剂回路（10）的制冷装置，该制冷剂回路（10）包括使用了树脂材料作电动机的绝缘材料的压缩机（11）和室内热交换器（15），且以R32单制冷剂或R32含量在75%以上的混合制冷剂作制冷剂形成制冷循环；

上述室内热交换器（15）的传热管由内径小于5.87mm的传热管形成。

17. 一种制冷装置，其中：

它包括制冷剂回路（10）的制冷装置，该制冷剂回路（10）包括使用了树脂材料作电动机的绝缘材料的压缩机（11）和室内热交换器（15），且以R32单制冷剂或R32含量在75%以上的混合制冷剂作制冷剂形成制冷循环；

上述室内热交换器（15）的传热管由内径小于6.89mm的传热管形成。

18. 一种制冷装置，其中：

它包括制冷剂回路（10）的制冷装置，该制冷剂回路（10）包括使用了树脂材料作电动机的绝缘材料的压缩机（11）和室内热交换器（15），且以R32单制冷剂或R32含量在75%以上的混合制冷剂作制冷剂形成制冷循环；

上述室内热交换器（15）的传热管由内径小于7.99mm的传热管形成。

19. 根据权利要求第1项至第18项中的任一项所述的制冷装置，其中：

压缩机（11）使用合成油作制冷机油。

20. 根据权利要求第1项至第9项中的任一项所述的制冷装置，其中：

液侧配管（32）是连接室内机组（17）和室外机组（16）的液侧连接配管。

21. 根据权利要求第10项至第15项中的任一项所述的制冷装置，其中：

气侧配管（31）是连接室内机组（17）和室外机组（16）的气侧连接配管。”

经过上述审查程序，合议组认为本案事实已经清楚，现依法作出复审决定。

二、决定的理由

1. 审查基础

复审请求人在2007年6月14日提交的权利要求书是为了消除复审通知书指出的创造性和单一性

缺陷而将权利要求1~4、26、27删除，同时将权利要求10（新的权利要求6）中的“电动机油”改为“电动机的绝缘材料”也没有超出原始申请文件记载的范围，因此上述修改满足专利法第33条及专利法实施细则第60条的规定。

本决定以复审请求人原始提交的国际申请中文译本的摘要第1页、摘要附图第1页、附图第1~6页；2004年3月26日提交的说明书第1~22页；2007年6月14日提交的权利要求第1~21项作为审查基础。

2. 关于专利法第22条第3款和专利法第31条第1款的问题

复审请求人将原驳回决定和复审通知书指出的不符合专利法第22条第3款规定的权利要求1~4、26、27整体删除，同时由于权利要求1~4已删除，原驳回决定和复审通知书指出当引用权利要求1~4时也不具备创造性的从属权利要求23、24的引用权利要求1~4的部分也被删除，将权利要求5~22、23~25重新编号，也克服了复审通知书指出的原“权利要求1~4与权利要求5~22之间不符合专利法第31条第1款”规定的缺陷，因此修改后的权利要求书已克服了原驳回决定和复审通知书指出的上述缺陷。

基于上述理由，合议组作出下述决定。

三、决定

撤销国家知识产权局专利局于2004年6月11日作出的驳回01808347.1号发明专利申请的决定，由原审查部门在本决定针对的审查文本的基础上继续审查程序。

复审请求人对本决定不服的，可以根据专利法第41条第2款的规定，自收到本决定之日起三个月内向北京市第一中级人民法院起诉。

014

对乙酰氨基苯乙醚用于检测肝脏功能的用途

复审请求审查决定（第 11997 号）

决　定　号　第 11997 号
决　定　日　2007 年 12 月 11 日
发明创造名称　对乙酰氨基苯乙醚用于检测肝脏功能的用途
国 际 分 类 号　G01N 33/50，G01N 30/02，A61B 5/145，A61B 5/00
复 审 请 求 人　贺平，李晓冬
申　请　号　200410066858.4
申　请　日　2004 年 9 月 29 日
公　开　日　2005 年 3 月 2 日
合 议 组 组 长　刘颖杰
主　审　员　李晓娜
参　审　员　周　航

法 律 依 据　专利法第 22 条第 3 款
决 定 要 点

如果权利要求所要求保护的技术方案与最接近现有技术的区别技术特征是本领域的技术人员在现有技术的基础上容易得到的，而且该区别技术特征并未取得预料不到的技术效果，则该权利要求不具备创造性。

一、案由

本复审请求涉及申请号为 200410066858.4、名称为“对乙酰氨基苯乙醚用于检测肝脏功能的用途”的发明专利申请（下称本申请），申请人为贺平和李晓冬。本申请的申请日为 2004 年 9 月 29 日，公开日为 2005 年 3 月 2 日，本申请公开时有 1 项权利要求。

经实质审查，国家知识产权局实质审查部门于 2006 年 7 月 7 日针对申请人于申请日提交的权利要求第 1 项、说明书第 1~5 页，以本申请权利要求 1 不符合专利法第 22 条第 3 款有关创造性的规定为由驳回了本申请，其中引用了如下 1 篇对比文件：

对比文件 1：崔贞福等，“非那西丁在二乙基亚硝胺诱发肝癌大鼠的代谢”，中国药理学通报，第 16 卷第 2 期，第 202~204 页，2000 年。

驳回决定所针对的权利要求书如下：

“1. 对乙酰氨基苯乙醚在制备检测肝脏功能制剂中的应用。”

驳回决定中指出：对比文件 1 中描述了非那西丁（即对乙酰氨基苯乙醚）试验是常见的用于评

估肝脏功能的指标，权利要求1的技术方案与对比文件1公开内容的区别在于：权利要求1中请求保护对乙酰氨基苯乙醚在制备检测肝脏功能制剂中的应用；然而本领域技术人员在对比文件1公开内容的基础上，可以很容易地想到将非那西丁作为检测肝脏功能的制剂或者用于制备检测肝脏功能的制剂，从而得到权利要求1的的技术方案，这是本领域技术人员应具备的专业知识和技能，而且并没有产生预想不到的技术效果，因此权利要求1不具备专利法第22条第3款规定的创造性。

申请人贺平和李晓冬（下称复审请求人）对上述驳回决定不服，于2006年9月6日向专利复审委员会提出复审请求，同时提交了两份参考资料：①对比文件1，②《国际临床药理与治疗学杂志》主编发出的通知贺平博士（Dr He Ping）其论文已被接受出版的电子邮件及有关部分的中文译文；但没有对申请文本作任何修改。复审请求人认为：①对比文件1中通过实验表明在肝细胞严重受损的情况下由对乙酰氨基苯乙醚的游离型代谢物会得到肝脏功能正常的错误检测结果，而且肝细胞功能与肝脏功能有所不同，因此对乙酰氨基苯乙醚不能作为评价肝脏功能的指标；②用血液中对乙酰氨基苯乙醚与对乙酰氨基酚的浓度比值评价肝脏功能是本申请的首创，且其具有诸多优点，创造性是显而易见的；③本申请技术方案中涉及的方法在本领域受到重视，有关部门已经立项资助，研究成果将发表在某国际知名刊物上（参见参考资料②）。因此本申请具备创造性，符合专利法第22条第3款的规定。

经形式审查合格，专利复审委员会于2006年11月17日依法受理了上述复审请求，并向复审请求人发出复审请求受理通知书，同时向原审查部门发出前置审查通知书。

原审查部门在前置审查意见书中坚持原驳回决定。

针对上述复审请求，专利复审委员会依法成立合议组对本案进行了审理，本案合议组于2007年2月5日发出第一次复审通知书，其中指出：(1) 权利要求1的技术方案与对比文件1的公开内容相比，区别在于权利要求1请求保护对乙酰氨基苯乙醚在制备检测肝脏功能制剂中的应用，而对比文件1只披露了对乙酰氨基苯乙醚可作为评估肝脏功能的指标，没有涉及检测制剂的制备；然而对本领域技术人员来说，将已知功能的化合物制备成用于实现该功能的制剂是很容易想到的，因此在对比文件1的基础上本领域技术人员无需花费创造性的劳动就能实现本申请权利要求1的技术方案，故该权利要求1不具备创造性。(2) 针对复审请求人在提出复审请求时的三个观点，合议组经审查认为：对于第①个观点，尽管对比文件1中通过实验表明，如果只测定非那西丁游离型代谢产物的含量，会得到肝脏功能正常的错误结果；但该结论只说明非那西丁在某些情况下检测灵敏度低，并没有否定非那西丁代谢物表征肝细胞功能的基本原理，据此不能认定现有技术否认了对乙酰氨基苯乙醚作为评价肝脏功能的可能性；而且更重要的是，对比文件1摘要部分的“结论”中记载：同时测定游离型及结合型非那西丁代谢产物的含量，才能正确反映肝脏的生物转化功能；这表明对比文件1中也认定在一定的技术手段下非那西丁可以正确评价肝脏功能，在这种情况下，将非那西丁应用到检测肝脏功能制剂中对本领域技术人员而言也是显而易见的；对于第②个观点，首先创造性是基于本申请的权利要求1进行评述的，由于权利要求1中并未限定使用所述比值法评价肝脏功能，即复审请求人声称作为本申请首创的内容实际上并未体现在权利要求1中；其次复审请求人声称的作为本申请首创的内容体现在权利要求1所述的制剂在患者用药之后的结果检测分析方法中，由于给药之后的分析方法对药品制剂本身没有限定作用，本申请中检测肝脏功能制剂的活性成分和药理作用又与对比文件1中的完全相同（均是对乙酰氨基苯乙醚在肝脏作用下代谢为对乙酰氨基酚），因而即使复审请求人将使用所述比值法的技术特征限定到权利要求1中，该权利要求1的技术方案也不具备创造性；对于第③个观点，第二份参考资料仅表明复审请求人的论文已被接受出版，但论文出版条件与专利权授予的条件不同，即使该论文内容与本申请有相关性，其被接受出版也不能说明本申请权利要求的技术方案具备创造性；同样的道理，即使如复审请求人所述，上海科委已将本申请相关内容作为攻关项目立项资助，这也不等同于本申请具备创造性；一项发明创造要获得专利权，需要满足专利法、实施细则以及审查指南的相关规定，绝非论文已被发表或项目已经立项就可证实该发明创造可以得到专利授权；因此复审请求人的三个观点均不足以证实本申请满足专利法第22条第3款的规定。

针对上述第一次复审通知书，复审请求人于2007年3月19日提交了意见陈述书和附件1~12，同时提交了权利要求书的修改替换页，修改后的权利要求书有1项权利要求，其具体内容如下：

“1. 对乙酰氨基苯乙醚作为制备检测慢性肝脏疾病病人肝脏功能损害药物的应用。”

复审请求人在意见陈述书中认为：（1）根据说明书实施例的内容可知，本申请是用于检测慢性肝脏疾病病人肝脏功能的损害（附件5中公开了“慢性肝脏疾病病人”的定义）；在附件6（即全国高等医药院校药学类教材《医药商品学》）中将药物定义为“药品是用于预防、治疗、诊断人的疾病……包括中药材、化学原料药及其制剂、抗生素、生化药品、血清、疫苗、血液制品和诊断作用的特殊商品”，根据该定义可将“制剂”改为“药物”；因此对权利要求1的修改未超出原始申请文件记载的范围。（2）本申请的发明点是将对乙酰氨基苯乙醚用于检测慢性肝脏疾病病人肝脏功能损害，修改后的权利要求1相对于对比文件1具有新颖性和创造性，具体理由为：①众所周知，肝脏功能与肝脏功能的损害是两个完全不同的概念（附件7中对“肝脏功能”进行了解释，附件1~4的内容对“肝脏功能的损害”进行了解释），因而本申请的用途与对比文件1的用途具有实质上的不同；②检测肝脏功能与检测肝脏功能的损害具有完全不同的内涵，因此本申请的用途不仅未被对比文件中的作用机理和药理作用所直接揭示，而且对本领域技术人员而言，具有非显而易见性（其中复审请求人用附件8~10来说明虽然有一百多种脂溶性药物被用作评价肝脏功能，但没有一种能够作为诊断药物用于检测肝脏功能的损害）；③本申请能够检测肝脏功能的损害，同时对肝脏疾病的早期诊断有价值，因而取得了意料不到的技术效果。（3）本申请能早期发现肝脏功能的损害，解决了人们一直渴望解决但始终未能获得成功的技术难题，并且附件11~12证明了本领域的国外专家即知名杂志的主编对根据本申请撰写的论文给予了高度评价。

本案合议组于2007年8月8日发出第二次复审通知书，其中指出：（1）本申请说明书两个实施例分别记载的是对乙酰氨基苯乙醚用于检测慢性肝损害大鼠和慢性乙型肝炎病人的“肝脏功能”试验，并非检测“肝脏功能损害”，因此修改后权利要求1中的“检测慢性肝脏疾病病人肝脏功能损害”没有明确记载在原说明书和权利要求书中，又由于“肝脏功能”与“肝脏功能损害”是完全不同的概念，权利要求1中的上述内容也不能由原说明书和权利要求书所记载的内容直接且毫无疑义地确定；同理，由于权利要求1中的“药物”没有明确记载在原说明书和权利要求书中，而本领域中“药物”和“制剂”的含义并不相同，所述“药物”也不能由原说明书和权利要求书所记载的内容直接且毫无疑义地确定，因此修改后的权利要求1超出了原申请文件的范围，不符合专利法第33条的规定。（2）针对复审请求人的意见陈述，合议组认为：在权利要求超范围的情况下，复审请求人争辩该超范围的权利要求1与对比文件1不同、并声称该超范围的权利要求1解决了所述技术难题是没有任何意义的；此外虽然某国外知名杂志的主编对根据本申请撰写的论文给予了高度评价，指出了其发明点所在，但是这只是说明所述论文具有积极的意义，与本申请是否具备创造性无关，本申请是否具备创造性，只能以原始申请文件所记载的内容来判断；因此复审请求人的上述主张不能证明修改后的权利要求1符合专利法第33条的规定，也不能证明原始申请文件的权利要求1符合专利法第22条第3款的规定。

针对第二次复审通知书，复审请求人于2007年9月20日提交了意见陈述书，同时提交了权利要求书的修改替换页和证据1~6，修改后的权利要求书共有3项权利要求，其具体内容如下：

“1. 对乙酰氨基苯乙醚在制备检测慢性乙型肝炎病人肝脏功能制剂中的应用。

2. 根据权利要求1所述的应用，其特征在于所述的慢性乙型肝炎病人血清乙型肝炎病毒-DNA与乙型肝炎病毒e抗原阳性，血清丙氨酸转氨酶$>40\mu L^{-1}$，血清胆红素$<50\mu mol.L^{-1}$，总胆红素$<85.5\mu mol.L^{-1}$。

3. 根据权利要求1或2所述的应用，其特征在于对乙酰氨基苯乙醚口服0.5克。”

复审请求人在意见陈述书中认为：（1）权利要求1的修改出处是说明书最后一个实施例的标题，权利要求2的修改出处是说明书第4页倒数第7~5行，权利要求3的修改出处是说明书第4页倒数第2行，因此对权利要求1~3的修改均未超出原始申请文件记载的范围；（2）本申请的发明点是对乙酰氨基苯乙醚的新用途，技术方案的关键是发明一种新的检测制剂，不是疾病的诊断方法（其中用涉及钡剂在诊断溃疡病中的用途的证据3和证据4证明这一点）；（3）对乙酰氨基苯乙醚制备药物制剂，不仅得到原说明书的支持，而且是本领域普通技术人员普遍知悉的，证据1（其公开日为1953年7月）和证据2（其公开日为1991年12月）的内容可证明这一点；（4）并非任何一种检测肝脏功能的制剂，只要使用比值法就能用于检测慢性乙型肝炎病人的肝脏功能，如证据6中的MEGX试验就不能使用比值法检测慢性乙型肝炎病人的肝脏功能；（5）在本专利申请的基础上，复审请求人提交了证据5即申请号为200710041869.0的专利申请，如果本专利申请被驳回，证据5的专利申请就失去了源头上的保护；（6）对比文件1是复审请求人所在课题组于2000年发表的文章，虽然非那西丁也是评价肝脏功能的工具药，但在对比文件1中发现非那西丁在二乙基亚硝胺诱发肝癌大鼠的代谢与正常大鼠无明显差异，因此本领域技术人员不能从对比文件1得到技术启示从而得到权利要求1的技术方案；而且本申请具有十分重要的临床意义，解决了人们已知渴望解决但始终未能获得成功的技术难题，因此本申请取得了意料不到的技术效果，相对于对比文件1具备新颖性和创造性。

在上述程序的基础上，合议组认为本案事实已经清楚，现依法作出审查决定。

二、决定的理由

1. 本复审决定所针对的审查文本

本复审决定所针对的审查文本是：复审请求人于2007年9月20日提交的权利要求第1~3项，申请日提交的说明书第1~5页和说明书摘要。

2. 关于专利法第22条第3款

专利法第22条第3款规定的创造性，是指同申请日以前已有的技术相比，该发明有突出的实质性特点和显著的进步，该实用新型有实质性特点和进步。

如果权利要求所要求保护的技术方案与最接近现有技术的区别技术特征是本领域的技术人员在现有技术的基础上容易得到的，而且该区别技术特征并未取得预料不到的技术效果，则该权利要求不具备创造性。

就本案而言，本申请权利要求1不具备专利法第22条第3款规定的创造性，具体理由如下：

权利要求1请求保护对乙酰氨基苯乙醚在制备检测慢性乙型肝炎病人肝脏功能制剂中的应用。对比文件1（参见其第202页摘要的“结论”部分、第一部分引言的1~6行、第203页“讨论”部分的第1~4行，以及第204页第1~3行）公开了以下内容：非那西丁（即对乙酰氨基苯乙醚）试验作为评估肝脏功能的指标，或研究肝P450 IA2酶活性的模型药物，备受推崇；同时测定游离型及结合型非那西丁代谢产物的含量，才能正确反映肝脏的生物转化功能；其中以DEN诱发肝癌的大鼠（即慢性肝细胞损害的大鼠）为对象进行实验，披露了非那西丁在大鼠体内的代谢产物可反映肝脏的生物转化功能，同时该对比文件1的作者呼吁临床及药理学工作者，作肝脏生物转化功能实验时，不宜只测定游离型代谢产物含量。

由此可知，该权利要求1的技术方案与该对比文件1的公开内容相比，其区别在于权利要求1请求保护对乙酰氨基苯乙醚在制备检测慢性乙型肝炎病人肝脏功能制剂中的应用，而对比文件 1 只披露了对乙酰氨基苯乙醚可以评估慢性肝细胞损害的大鼠的肝脏功能，并没有涉及检测制剂的制备，也没有涉及慢性乙型肝炎病人。然而对本领域技术人员来说，将已知功能的化合物用于制备实现该功能的制剂中是很容易想到的，而且，本领域技术人员都知道，动物实验是药物制剂临床实验前的必经步骤，也就是说，在动物实验（如大鼠实验）之后，技术人员显然希望将所实验的药物制剂继续用在人类患者中，且由对比文件 1 的作者呼吁临床及药理学工作者、做肝脏功能实验不宜只测定游离型代谢产物含量也可得知，将适用于慢性肝细胞损害大鼠的制剂用于临床上的慢性乙型肝炎病人对本领域技术人员是显而易见的；此外，由本申请的两个实施例看出，对乙酰氨基苯乙醚对慢性乙型肝炎病人的作用效果与其对慢性肝损害大鼠的作用效果相同，即对乙酰氨基苯乙醚用于制备检测慢性乙型肝炎病人肝脏功能的制剂时并不会取得预料不到的技术效果。

复审请求人认为：虽然非那西丁也是评价肝脏功能的工具药，但在对比文件 1 中发现非那西丁在二乙基亚硝胺诱发肝癌大鼠的代谢与正常大鼠无明显差异，因此本领域技术人员不能从对比文件 1 得到技术启示从而得到权利要求 1 的技术方案。对此，合议组认为：对比文件 1 中记载了能够正确反映肝脏生物转化功能时所采用的测试方法（参见对比文件 1 摘要的结论部分所述的“同时测定游离型及结合型非那西丁代谢产物的含量，才能正确反映肝脏的生物转化功能”），因此在该对比文件 1 的基础上，本领域技术人员可以得知，采用正确的、合理的测试方法即同时测定游离型及结合型非那西丁代谢产物的含量，就可以测定肝脏功能如肝脏的生物转化功能，因而容易想到将非那西丁（即对乙酰氨基苯乙醚）用于相应制剂的制备中，从而得到本申请权利要求 1 的技术方案，故在对比文件 1 的启示下本领域技术人员无需花费创造性的劳动就能实现本申请权利要求 1 的技术方案。

复审请求人认为：本申请具有十分重要的临床意义，取得了意料不到的技术效果，解决了人们已知渴望解决但始终未能获得成功的技术难题，因此本申请相对于对比文件 1 具备新颖性和创造性。对此，合议组认为，根据本申请说明书的内容，本申请解决了所述技术难题的技术方案是利用对乙酰氨基苯乙醚通过比值法（即对乙酰氨基苯乙醚与对乙酰氨基酚的浓度比值）来检测慢性肝病，而该方案实际上已经与权利要求 1 所要求保护的方案不一致，上述解决了技术难题的方案并非本申请权利要求 1 所要求保护的技术方案，该方案具备的技术效果不能证实本申请权利要求具备创造性，请求人的上述主张不能成立。

综上所述，该权利要求 1 不符合专利法第 22 条第 3 款有关创造性的规定。

基于上述理由，合议组作出如下决定。

三、决定

维持国家知识产权局于 2006 年 7 月 7 日对 200410066858.4 号发明专利申请作出的驳回决定。

复审请求人对本决定不服的，可以根据专利法第 41 条第 2 款的规定，自收到本决定之日起三个月内向北京市第一中级人民法院起诉。

015

吸水物、用该吸水物的吸水性物品及吸水性树脂

复审请求审查决定（第12008号）

决　定　号　第12008号
决　定　日　2007年11月19日
发明创造名称　吸水物、用该吸水物的吸水性物品及吸水性树脂
国际分类号　A61F 13/15
复审请求人　株式会社日本触媒
申　请　号　01115838.7
优先权日　2000年5月9日
申　请　日　2001年5月9日
公　开　日　2001年11月21日
合议组组长　温丽萍
主　审　员　佟仲明
参　审　员　高桂莲

法律依据　专利法实施细则第20条第1款
决定要点

如果产品权利要求中的某些技术特征难以用单一的结构或组成来清楚表征，应当允许其以物理参数和/或制备方法来表征。

一、案由

本复审请求涉及申请号为01115838.7、名称为“吸水物、用该吸水物的吸水性物品及吸水性树脂”的发明专利申请（下称本申请），申请日为2001年5月9日，优先权日为2000年5月9日，申请人为株式会社日本触媒。

国家知识产权局实质审查部门依法对本申请进行了实质审查，于2003年8月29日发出第一次审查意见通知书，指出本申请权利要求8、12不符合专利法第26条第4款的规定，权利要求1~15不符合专利法实施细则第20条第1款的规定，以及权利要求书和说明书中存在的其他一些形式缺陷。

针对上述审查意见通知书，申请人于2004年1月12日提交了意见陈述书以及权利要求书和说明书第3~29页的修改替换页，修改后的权利要求书共包括19项权利要求。申请人认为：修改后的权利要求书和说明书已经克服了上述通知书中指出的问题。

经过上述实质审查程序后，国家知识产权局实质审查部门以本申请权利要求1~19不符合专利法实施细则第20条第1款的规定为由，于2004年6月4日作出了驳回本申请的决定，具体的驳回理由

是：权利要求 1~19 中记载的参数是采用本发明所特有的实验方法得到的参数，在现有技术中没有记载，并且采用这些参数不能使其定义的产品与现有技术区别开，即权利要求 1~19 不能清楚地表达出其所要保护的技术方案的范围，不符合专利法实施细则第 20 条第 1 款的规定。

该驳回决定所针对的文本是：2001 年 5 月 9 日提交的说明书第 1~2、30~39 页，附图 1~4 页；说明书摘要；2004 年 1 月 12 日提交的权利要求第 1~19 项，说明书第 3~29 页。

申请人株式会社日本触媒（下称复审请求人）不服上述驳回决定，于 2004 年 9 月 17 日向专利复审委员会提出复审请求，同时提交了权利要求书的修改替换页，修改后的权利要求书共包括 55 项权利要求。其复审请求的理由是：修改后的权利要求采用技术参数与组成和结构特征相结合来限定本发明的吸水物和吸水树脂，完全可以清楚地限定其要保护的范围，符合专利法实施细则第 20 条第 1 款的规定。

经形式审查合格后，专利复审委员会依法受理了上述请求，并于 2004 年 10 月 14 日向复审请求人发出了复审请求受理通知书，同时向原审查部门发出前置审查通知书。

原审查部门对该复审请求做出前置审查意见，仍然坚持驳回决定。

专利复审委员会依法成立合议组，对该复审请求案进行审查，于 2007 年 4 月 10 日发出复审通知书，指出：权利要求 1 修改超出原始说明书和权利要求书记载的范围，且上述修改内容不能从原说明书和权利要求书记载的内容直接地、毫无疑义地确定，因此不符合专利法第 33 条的规定；权利要求 4~8、11~15、17~21、23~27、29~33、35~39、41~45 并不是为了消除驳回决定中指出的缺陷而进行的修改，因此不符合专利法实施细则第 60 条第 1 款和审查指南第四部分第二章有关修改文本的规定。

针对上述复审通知书，复审请求人于 2007 年 5 月 23 日提交了意见陈述书和权利要求书的修改替换页，修改后的权利要求书共包括 20 项权利要求。复审请求人在意见陈述书中认为：修改后的权利要求书已经克服了复审通知书中指出的缺陷。

随后复审请求人于 2007 年 8 月 29 日提交了补正书及权利要求书的修改替换页，修改后的权利要求书共包括 19 项权利要求。其中，删除了 2007 年 5 月 23 日提交的权利要求书中主动修改的权利要求 4，并对其他权利要求的引用部分做了适应性修改，修改后的权利要求书如下：

“1. 一种薄片状或大致圆筒状的吸水物，其含有吸水性树脂和纤维材料，其中对部分中和的聚丙烯酸的交联物进行表面交联而形成吸水性树脂，所述交联物中的未中和聚丙烯酸的比例范围是 1 摩尔% ~60 摩尔%，所述交联物的羧基的中和用碱性金属盐和/或铵盐进行，所述吸水物在 23℃下吸收生理盐水时在 2.0kPa 的加压下 60 分钟后的吸水放大率为 24g/g 以上，其中所述生理盐水具有重量比为 0.9% 的氯化钠水溶液，并且在吸收生理盐水的湿润状态、4.9kPa 的加压下的通气阻抗为 50kPa · sec/m 以下。

2. 根据权利要求 1 所述的吸水物，其特征在于含有重量比为 40% 以上的吸水性树脂。

3. 根据权利要求 1 所述的吸水物，其特征在于最大面积单位量为 700g/㎡以下。

4. 一种吸水性树脂，其中对部分中和的聚丙烯酸的交联物进行表面交联而形成吸水性树脂，所述交联物中的未中和聚丙烯酸的比例范围是 1 摩尔% ~60 摩尔%，所述交联物的羧基的中和用碱性金属盐和/或铵盐进行，所述吸水性树脂在湿润状态、4.9kPa 的加压下的通气阻抗为 250kPa · sec/m 以下，在吸收生理盐水时的未加压下吸水放大率为 32g/g 以上，并且在吸收生理盐水时的 2.0kPa 的加压下吸水放大率为 32g/g 以上，同时，树脂颗粒具有重量平均粒径为 400μm 以上的粒子形状。

5. 一种吸水性树脂，其中对部分中和的聚丙烯酸的交联物进行表面交联而形成吸水性树脂，所述交联物中的未中和聚丙烯酸的比例范围是 1 摩尔% ~60 摩尔%，所述交联物的羧基的中和用碱性金属盐属盐和/或铵盐进行，所述吸水性树脂在湿润状态、4.9kPa 加压下的通气阻抗为 250kPa · sec/m 以下，在吸收生理盐水时的未加压下吸水放大率为 34g/g 以上，并且含有重量比为 18% 以下的可溶水成分。

6. 一种吸水性树脂，其中对部分中和的聚丙烯酸的交联物进行表面交联而形成吸水性树脂，所述交联物中的未中和聚丙烯酸的比例范围是 1 摩尔% ~60 摩尔%，所述交联物的羧基的中和用碱性金属盐和/或铵盐进行，所述吸水性树脂在湿润状态、4.9kPa 加压下的通气阻抗为 250kPa · sec/m 以下，在吸收生理盐水时的 2.0kPa 的加压下吸水放大率为 34g/g 以上，并且含有重量比为 18% 以下的可溶水成分。

7. 一种吸水性树脂，其中对部分中和的聚丙烯酸的交联物进行表面交联而形成吸水性树脂，所述交联物中的未中和聚丙烯酸的比例范围是 1 摩尔% ~60 摩尔%，所述交联物的羧基的中和用碱性金属盐和/或铵盐进行，所述吸水性树脂是通过交联吸水性树脂先驱物的表面制备的，其中所述吸水性树脂先驱物每 100g 含有 0.01 当量以上的能形成水凝胶的羧基，

其中所述吸水性树脂以颗粒形式提供，在 23℃下吸收生理盐水时的湿润状态、4.9kPa 的加压下的通气阻抗为 250kPa · sec/m 以下，其中所述生理盐水具有重量比为 0.9% 的氯化钠水溶液，并且在吸收生理盐水的 2.0kPa 的加压下 60 分钟后的吸水放大率为 32g/g 以上，同时，树脂颗粒的重量平均粒径为 400μm 以上。

8. 一种吸水性树脂，其中对部分中和的聚丙烯酸的交联物进行表面交联而形成吸水性树脂，所述交联物中的未中和聚丙烯酸的比例范围是 1 摩尔% ~60 摩尔%，所述交联物的羧基的中和用碱性金属盐和/或铵盐进行，所述吸水性树脂是通过交联吸水性树脂先驱物的表面制备的，其中所述吸水性树脂先驱物每 100g 含有 0.01 当量以上的能形成水凝胶的羧基，

其中所述吸水性树脂以颗粒形式提供，在 23℃下吸收生理盐水时的湿润状态、4.9kPa 的加压下的通气阻抗为 250kPa · sec/m 以下，其中所述生理盐水具有重量比为 0.9% 的氯化钠水溶液，在吸收生理盐水时的未加压下 60 分钟后的吸水放大率为 34g/g 以上，并且在 23℃、16 小时后含有重量比 18% 以下的可溶水成分。

9. 一种吸水性树脂，其中对部分中和的聚丙烯酸的交联物进行表面交联而形成吸水性树脂，所述交联物中的未中和聚丙烯酸的比例范围是 1 摩尔% ~60 摩尔%，所述交联物的羧基的中和用碱性金属盐和/或铵盐进行，所述吸水性树脂是通过交联吸水性树脂先驱物的表面制备的，其中所述吸水性树脂先驱物每 100g 含有 0.01 当量以上的能形成水凝胶的羧基，

其中所述吸水性树脂以颗粒形式提供，在 23℃下吸收生理盐水时的湿润状态、4.9kPa 的加压下的通气阻抗为 250kPa · sec/m 以下，其中所述生理盐水具有重量比为 0.9% 的氯化钠水溶液，在吸收生理盐水时的 2.0kPa 的加压下 60 分钟后的吸水放大率为 34g/g 以上，并且在 23℃、16 小时后含有重量比为 18% 以下的可溶水成分。

10. 一种吸水物，其具有在吸收生理盐水时的 2.0kPa 的加压下 24g/g 以上的吸水放大率，和在湿润状态、4.9kPa 的加压下 50 kPa · sec/m 以下的通气阻抗，其中所述吸水物含有均匀混合的吸水性树脂和纤维材料，所述吸水性树脂由部分中和的聚丙烯酸的交联物构成，所述交联物中的未中和聚丙烯酸的比例范围是 1 摩尔% ~60 摩尔%，所述交联物的羧基的中和用碱性金属盐和/或铵盐进行。

11. 一种吸水性物品，包括：

含有根据权利要求 1 所述的吸水物的吸水层；

液体透过性薄片；和

液体不透过性薄片，所述液体不透过性薄片的通气阻抗为 1kPa · sec/m 以上 50kPa · sec/m 以下

的范围内，

所述吸水层设置在所述液体透过性薄片和所述液体不透过性薄片之间。

12. 根据权利要求11所述的吸水性物品，其中所述吸水性物品用作卫生用材料。

13. 一种薄片状或大致圆筒状的吸水物，其包括根据权利要求4所述的吸水树脂和纤维材料。

14. 一种薄片状或大致圆筒状的吸水物，其包括根据权利要求5所述的吸水树脂和纤维材料。

15. 一种薄片状或大致圆筒状的吸水物，其包括根据权利要求6所述的吸水树脂和纤维材料。

16. 一种薄片状或大致圆筒状的吸水物，其包括根据权利要求7所述的吸水树脂和纤维材料。

17. 一种薄片状或大致圆筒状的吸水物，其包括根据权利要求8所述的吸水树脂和纤维材料。

18. 一种薄片状或大致圆筒状的吸水物，其包括根据权利要求9所述的吸水树脂和纤维材料。

19. 一种吸水性物品，包括根据权利要求13所述的吸水物，其中所述吸水物中含有的吸水性树脂含量为基于重量比的40%以上、97%以下。"

至此，合议组认为本案事实已经清楚，现依法作出复审决定。

二、决定的理由

1. 关于审查文本

复审请求人于2007年8月29日主动提交了权利要求书全文的修改替换页，其中已经删除2007年5月23日提交的权利要求书中主动修改的权利要求4，并对其他权项的引用关系做了相应调整，出于节约程序的考虑，合议组认为该修改可以视为经合议组同意的、相当于按照通知书的要求进行的修改。修改后的文本也符合专利法、专利法实施细则以及审查指南有关修改文本的规定的。

因此，本复审决定以进入中国国家阶段时提交的说明书1~2、30~39页、说明书摘要和说明书附图1~4页；2004年1月12日提交的说明书3~29页；2007年8月29日提交的权利要求第1~19项为审查基础。

2. 关于专利法实施细则第20条第1款

专利法实施细则第20条第1款指出：权利要求书应当说明发明或者实用新型的技术特征，清楚、简要地表述请求保护的范围。

审查指南第二部分第二章第3.2.2节对专利法实施细则的这一规定做了具体阐释，其中指出：产品权利要求适用于产品发明或者实用新型，通常应当用产品的结构特征来描述。特殊情况下，当产品权利要求中的一个或多个技术特征无法用结构特征予以清楚地表征时，允许借助物理或化学参数表征；当无法用结构特征并且也不能用参数特征予以清楚地表征时，允许借助于方法特征表征。使用参数表征时，所使用的参数必须是所属技术领域的技术人员根据说明书的教导或通过所属技术领域的惯用手段可以清楚而可靠地加以确定的。

审查指南第二部分第十章第4.3节特别就涉及化学领域的发明专利申请对专利法实施细则的这一规定做了具体阐释，其中指出：对于仅用结构和/或组成特征不能清楚表征的化学产品权利要求，允许进一步采用物理-化学参数和/或制备方法来表征。

(1) 允许用物理-化学参数来表征化学产品权利要求的情况是：仅用化学名称或者结构式或者组成不能清楚表征的结构不明的化学产品。参数必须是清楚的。

(2) 允许用制备方法来表征化学产品权利要求的情况是：用制备方法之外的其他特征不能充分表征的化学产品。

就本案来说，本申请权利要求1~11、19分别请求保护一种产品，其中对吸水性树脂采用了其制备方法和物理参数进行描述。对此，合议组认为，由于吸水性树脂属于一种混合物，难以用单一的结构或组成来清楚表征，应当允许其以物理参数和/或制备方法来表征。

此外，由于本申请的说明书中详细公开了所使用的参数的测定方法，所属技术领域的技术人员根据说明书的教导是能够对现有技术中的同类产品进行测定的，从而清楚而可靠地对这些物理参数加以确定。因此，权利要求1~11、19要求保护的范围是清楚的，符合专利法实施细则第20条第1款的规定。

在权利要求1~11、19符合专利法实施细则第20条第1款的规定的情况下，引用权利要求11的从属权利要求12、引用权利要求4的独立权利要求13、引用权利要求5的独立权利要求14、引用权利要求6的独立权利要求15、引用权利要求7的独立权利要求16、引用权利要求8的独立权利要求17、引用权利要求9的独立权利要求18所要求保护的范围也是清楚的，符合专利法实施细则第20条第1款的规定。

根据上述事实和理由，本案合议组依法作出以下审查决定。

三、决定

撤销国家知识产权局于2004年6月4日对01115838.7号发明专利申请作出的驳回决定，由原审查部门以本复审决定依据的文本作为审查基础继续进行审查程序。

复审请求人对本决定不服的，可以根据专利法第41条第2款的规定，自收到本决定之日起三个月内向北京市第一中级人民法院起诉。

016

一种帮助呼吸装置

复审请求审查决定（第12009号）

决　　定　　号　第12009号
决　　定　　日　2007年12月12日
发明创造名称　一种帮助呼吸装置
国 际 分 类 号　A61M 16/00
复 审 请 求 人　乔治斯·鲍辛纳克，简-克劳德·拉布鲁恩
申　　请　　号　03107029.9
优 先 权 日　2002年2月27日
申　　请　　日　2003年2月27日
公　　开　　日　2003年9月10日
合 议 组 组 长　杨军艳
主　　审　　员　佟仲明
参　　审　　员　刘亚斌

法 律 依 据　专利法第22条第3款
决 定 要 点

如果要求保护的技术方案相对于最接近的现有技术存在区别技术特征，但在另一篇现有技术文件中给出了将上述区别技术特征应用到该最接近现有技术以解决其存在的技术问题的启示，和/或该区别技术特征属于公知常识，那么所要求保护的技术方案对所属技术领域的技术人员来说就是显而易见的，不符合专利法第22条第3款关于创造性的规定。

一、案由

本复审请求涉及申请号为03107029.9、名称为“一种帮助呼吸装置”的发明专利申请（下称本申请），申请日为2003年2月27日，优先权日为2002年2月27日，申请人为乔治斯·鲍辛纳克、简-克劳德·拉布鲁恩。本申请公开时权利要求书包括3项权利要求，其中权利要求1为独立权利要求，内容如下：

“1. 一种帮助呼吸装置，包括：构成主通道的导管，可通过其远端连接病人的导气管，所述主通道将所述病人的呼吸系统连通到外面；所述装置还包括至少一个辅助通道，其近端连接到呼吸气体源，以便能够使呼吸气流输入所述呼吸系统；其远端通向所述远端附近的所述主通道，可使所述呼吸气流转向所述主通道轴线方向的转向机构设置在与所述辅助通道远端孔相对的位置，在所述转向机构的下游，所述主通道内形成椭圆形压力区，所述压力区从所述辅助通道远端孔开始，然后沿所述主通

道的轴线朝远端方向延续，随离开所述主通道内壁，其截面逐渐减少，仅占据所述主通道的中间部分，其特征在于，所述导管包括至少一个在所述转向机构下游的分配孔，所述孔开在所述主通道上与所述椭圆形压力区相对的位置，所述孔可提供药物流体。”

国家知识产权局实质审查部门依法对本申请进行了实质审查，于2005年4月1日发出第一次审查意见通知书，指出本申请权利要求1~3相对于对比文件1和对比文件2的结合不符合专利法第22条第3款的规定。

所引用的对比文件如下：

对比文件1：公开号为CN1246373A的中国发明专利申请公开说明书，其公开日为2000年3月8日；

对比文件2：4584998号美国专利文献，其公开日为1986年4月29日。

针对上述审查意见通知书，申请人于2005年7月25日提交了意见陈述书。申请人未对本申请进行任何修改。申请人认为：对比文件1中没有公开“所述导管包括至少一个在所述转向机构下游的分配孔，所述孔开在所述主通道上与所述椭圆形压力区相对的位置，所述孔可提供药物流体”，对比文件2中没有使用转向机构，因此本申请权利要求1相对于对比文件1和对比文件2具备专利法第22条第3款规定的创造性。在独立权利要求1具备创造性的情况下，其从属权利要求2~3也具备专利法第22条第3款规定的创造性。

经过上述实质审查程序后，国家知识产权局实质审查部门以本申请权利要求1~3不符合专利法第22条第3款的规定为由，于2005年9月9日做出了驳回本申请的决定，具体的驳回理由如下：对比文件1公开了一种助呼吸用装置，其中公开了装置（1）包括一构成主通道（5）的管（4），至少一个在其近端连接在可呼吸气体源上的辅助通道（8），在所述辅助通道远端开口（17）对面备有用于使可呼吸气流向所述主通道内部方向偏转的装置，使得在所述偏转装置下游在所述主通道内部形成压力区（18），该压力区开始于所述远端开口并沿着所述主通道轴线向远端方向延伸，随着压力区离开主通道内壁以仅占据主通道的中心部分其横截面逐渐减小，该装置还包括布置在偏转装置下游的环（36），权利要求1与对比文件1的区别在于：权利要求1中的导管包括至少一个在转向机构下游的分配孔，所述孔开在主通道上与椭圆形压力区相对的位置，所述孔可提供药物流体。然而，对比文件2公开了一种多功能的气管插管，该插管包括一个具有主管腔（30）的塑料管（4），在塑料管的管壁上形成了用于给病人输送气体的吹入腔（36）和连接到盐溶液源的冲洗/监视腔（40），吹入腔通入主管腔的开口（44）和冲洗/监视腔通入主管腔的开口（42）位于塑料管的末端，吹入腔的开口与冲洗/监视腔的开口隔开一定的距离并位于其后方，即上述区别技术特征已经在对比文件2中公开。在对比文件1的基础上结合对比文件2从而得出权利要求1所要求保护的技术方案对本领域普通技术人员来说是显而易见的，因此权利要求1不具备专利法第22条第3款规定的创造性。权利要求2的附加技术特征已经被对比文件2公开、权利要求3的附加技术特征已经被对比文件1公开，在其引用的权利要求1不具备创造性的情况下，从属权利要求2、3也同样不具备专利法第22条第3款规定的创造性。

该驳回决定所针对的文本是申请日提交的权利要求1~3项、说明书1~7页、说明书附图1~2页、说明书摘要以及摘要附图。

申请人乔治斯·鲍辛纳克、简-克劳德·拉布鲁恩（下称复审请求人）不服上述驳回决定，于2005年11月15日向专利复审委员会提出复审请求，其复审请求的理由是：对比文件1中没有公开“所述导管包括至少一个在所述转向机构下游的分配孔，所述孔开在所述主通道上与所述椭圆形压力区相对的位置，所述孔可提供药物流体”，对比文件2中没有使用转向机构，因此本申请权利要求1

相对于对比文件 1 和对比文件 2 具备专利法第 22 条第 3 款规定的创造性。在独立权利要求 1 具备创造性的情况下，其从属权利要求也具备专利法第 22 条第 3 款规定的创造性。复审请求人未对本申请进行任何修改。

经形式审查合格后，专利复审委员会依法受理了上述请求，并于 2005 年 12 月 22 日向复审请求人发出了复审请求受理通知书，同时向原实质审查部门发出前置审查通知书。

原实质审查部门对该复审请求做出前置审查意见，仍然坚持原驳回决定。

针对上述复审请求，专利复审委员会依法成立合议组，对本案进行审查，于 2007 年 7 月 4 日发出复审通知书（下称第一次复审通知书），指出：对比文件 1 公开了一种助呼吸用装置，其中公开了该装置 1 包括限定主通道 5 的管 4，主通道 5 远端 3 的开口 7 位于病人的气道内，近端 2 的开口 6 位于所述病人的外面；所述装置包括近端连接到加压的可呼吸气体源的辅助通道 8，辅助通道的数量可根据使用情况变化；所述辅助通道 8 在几乎主通道的整个长度上延伸；倾斜偏转表面 14b 设置在与所述辅助通道远端开口 17 相对的位置，其远端通向远端附近的所述主通道，可以使气流向主通道轴线 16 的方向偏转；所述主通道 5 远端 3 产生长方形压力区 18，所述压力区开始于所述辅助通道远端开口 17，并沿所述远端 3 的轴线 16 向远端开口 7 的方向延伸，压力区 18 的横截面从壁凹 14 到远端开口 7 逐渐减小，所述压力区 18 逐渐远离管 4 的内壁 15，仅占据管 4 远端 3 的中心部分，所述辅助通道 8 中的至少一个专门用于输送医药流体，也就是，该条辅助通道 8 中远端开口 17 可提供医药流体。区别在于：（1）权利要求 1 中的压力区为椭圆形，对比文件 1 中的是长方形；（2）权利要求 1 中提供药物流体的分配孔开在与压力区相对的位置，对比文件 1 中的提供药物流体的辅助通道 8 的远端开口 17 位于压力区开始处。对于区别技术特征（1），合议组认为只是描述上的不同，实质上并没有区别；对于区别技术特征（2），合议组认为，对比文件 2 给出了将用于提供药物流体的孔与用于提供气体的孔分开设置、并使用于提供药物流体的孔更接近导管连接病人导气管的远端的技术启示。在对比文件 1 的基础上结合对比文件 2 从而得到本申请权利要求 1 要求保护的技术方案，对于本领域普通技术人员来说是显而易见的，因此该权利要求 1 相对于对比文件 1 与对比文件 2 的结合不具备突出的实质性特点和显著的进步，不具备专利法第 22 条第 3 款规定的创造性。权利要求 2、3 的附加技术特征分别已经被对比文件 2 和对比文件 1 公开，在其引用的权利要求不具备创造性的情况下，从属权利要求 2、3 也同样不具备专利法第 22 条第 3 款规定的创造性。

针对上述第一次复审通知书，复审请求人于 2007 年 7 月 23 日提交了意见陈述书和权利要求书的全文修改替换页，修改后的权利要求书共包括 3 项权利要求，内容如下：

“1. 一种帮助呼吸装置，包括：构成主通道（5）的导管（4），可通过其远端（3）连接病人的导气管，所述主通道（5）将所述病人的呼吸系统连通到外面；所述装置还包括至少一个辅助通道（8），其近端连接到呼吸气体源（25），以便能够使呼吸气流输入所述呼吸系统；其远端通向后者所述远端（7）附近的所述主通道（5），可使所述呼吸气流转向所述主通道（5）轴线（16）方向的转向机构（14b）设置在与所述辅助通道（8）远端孔（17）相对的位置，在所述转向机构（14b）的下游，所述主通道（5）内形成椭圆形压力区（18），所述压力区（18）从所述辅助通道（8）远端孔（17）开始，然后沿所述主通道（5）的轴线（16）朝远端（3）方向延续，随离开所述主通道（5）的内壁（15），其截面逐渐减少，仅占据所述主通道（5）的中间部分，所述导管（4）包括至少一个在所述转向机构（14b）下游的孔，所述孔开在所述主通道（5）上与所述椭圆形压力区（18）相对的位置；

其特征在于，

所述装置包括可控制阀（41），以向所述孔（20D）供应药物流体，所述控制阀（41）在病人吸气时开启控制而在其呼气时关闭控制，所述孔（20D）能向所述导管（4）供应所述药物流体。

2. 根据权利要求1所述的装置，其特征在于，所述分配孔通过设置在所述导管（4）壁厚内的通道连接到所述导管（4）的近端，并通过所述通道提供药物流体。

3. 根据权利要求1所述的装置，其特征在于，所述装置包括设置在所述主通道（5）中所述转向机构（14b）下游并围绕所述椭圆形压力区（18）的环，至少部分密封所述主通道（5）内壁（15）和所述椭圆形压力区（18）之间的圆周向空间，所述环设置在所述分配孔和所述转向机构（14b）之间。”

复审请求人在意见陈述书中认为，修改后的权利要求书已经克服了复审通知书中指出的问题。

针对复审请求人的上述意见陈述，本案合议组于2007年8月28日发出了第二次复审通知书，指出：将本申请权利要求1所要求保护的技术方案与对比文件1所公开的技术内容相比，除第一次复审通知书指出的区别技术特征（1）和（2）以外，还存在区别技术特征（3），即权利要求1中的可控制阀（41）是控制药物流体的供应的，而对比文件1中的可控制阀30是用于控制经辅助通道8向病人输送的可呼吸气体流的。然而对于本领域普通技术人员来说用于控制呼吸气体流的可控制阀同样可以用于控制医药流体的输送，这属于本领域的公知常识，用同一个可控制阀30同时控制流经辅助通道8向病人输送的医药流体，或者额外设置可控制阀来控制经辅助通道向病人输送的医药流体，都是本领域的常用技术手段，是本领域普通技术人员无需付出创造性劳动就能完成的简单选择。因此，本申请权利要求1相对于对比文件1和对比文件2的结合仍不具备专利法第22条第3款规定的创造性。权利要求2、3的附加技术特征分别已经被对比文件2和对比文件1公开，在其引用的权利要求不具备创造性的情况下，从属权利要求2、3也同样不具备专利法第22条第3款规定的创造性。

针对上述第二次复审通知书，复审请求人于2007年10月10日提交了意见陈述书，复审请求人在意见陈述书中认为，如果对比文件1中的阀30同时控制呼吸气流以及药物流体，则压力区18是由混合的呼吸气流/药物流体产生，而不会正确地雾化药物流体，对比文件1没有公开用于控制药物流体的可控阀。对比文件2没有对药物输入的准确描述。因此，本领域普通技术人员不能从对比文件1、2得到启示，本申请权利要求1具备专利法第22条第3款规定的创造性。在其引用的权利要求1具备创造性的情况下，从属权利要求2、3也同样具备专利法第22条第3款规定的创造性。复审请求人未对申请文件做进一步修改。

至此，合议组认为本案事实已经清楚，现依法作出复审决定。

二、决定的理由

1. 关于审查文本

本复审决定以复审请求人于2007年7月23日提交的权利要求第1~3项，申请日提交的说明书1~7页、说明书附图1~2页、说明书摘要以及摘要附图作为审查基础。

2. 关于专利法第22条第3款

专利法第22条第3款规定：创造性，是指同申请日以前已有的技术相比，该发明有突出的实质性特点和显著的进步，该实用新型有实质性特点和进步。

（1）权利要求1不符合专利法第22条第3款的规定。

权利要求1请求保护一种帮助呼吸装置，对比文件1公开了一种助呼吸用装置，并公开了如下技术特征（参见说明书第2页第12行至第6页第13行，附图1-3）：该装置1包括管4（相当于本权利要求1中的导管（4）），管4限定主通道5，主通道5远端3的开口7位于病人的气道内，近端2的开口6位于所述病人的外面（相当于本权利要求1中“通过其远端（3）连接病人的导气管，所述主通道（5）将所述病人的呼吸系统连通到外面”）；所述装置包括辅助通道8，辅助通道的数量可根据使用情况变化，该辅助通道 8 的近端连接到加压的可呼吸气体源，以便使呼吸气流输入所述呼吸系统；所述辅助通道 8 在几乎主通道的整个长度上延伸；倾斜偏转表面 14b（相当于权利要求 1 中的转向机构（14b））设置在与所述辅助通道远端开口 17 相对的位置，其远端通向远端附近的所述主通道，可以使气流向主通道轴线 16 的方向偏转；所述主通道 5 远端 3（相当于权利要求 1 中的转向机构 14b 的下游）产生长方形压力区 18，所述压力区开始于所述辅助通道远端开口 17，并沿所述远端 3 的轴线 16 向远端开口 7 的方向延伸，压力区 18 的横截面从壁凹 14 到远端开口 7 逐渐减小，所述压力区 18 逐渐远离管 4 的内壁 15（相当于该权利要求 1 中"随离开所述主通道（5）内壁（15），其截面逐渐减小"），仅占据管 4 远端 3 的中心部分，所述辅助通道 8 中的至少一个专门用于输送医药流体，也就是，该条辅助通道 8 中远端开口 17 可提供医药流体。该装置还包括可控制阀 30，所述控制阀在病人吸气时开启在呼气时关闭，可以控制经辅助通道 8 向病人运输的可呼吸气体流。

将本申请权利要求 1 所要求保护的技术方案与对比文件 1 所公开的技术内容相比，其区别在于：(1) 权利要求 1 中的压力区（18）为椭圆形，对比文件 1 中的是长方形；(2) 权利要求 1 中提供药物流体的分配孔开在与压力区（18）相对的位置，对比文件 1 中的提供药物流体的辅助通道 8 的远端开口 17 位于压力区开始处；(3) 权利要求 1 中的可控制阀（41）是控制药物流体的供应的，对比文件 1 中的可控制阀 30 是用于控制经辅助通道 8 向病人输送的可呼吸气体流的。

对于区别技术特征（1），合议组认为，对比文件 1 中压力区 18 的横截面是从壁凹 14 到远端开口 7 逐渐减小，压力区 18 逐渐远离管 4 的内壁 15 仅占据管 4 远端 3 的中心部分，可见对比文件 1 中的压力区 18 所占据的空间与权利要求 1 中压力区所占据的空间基本相同，虽然该权利要求 1 中将压力区描述为椭圆形，而对比文件 1 中将其描述为长方形，但对于本领域普通技术人员来说，其实质上没有区别；

对于区别技术特征（2），对比文件 2 公开了一种气管导管（参见说明书第 6 栏第 9~59 行，附图 1 和 2），该导管包括主腔道 30，还包括喷气腔道 36（相当于该权利要求中的辅助通道 8）和冲洗/监控腔道 40 等，喷气腔道具有开口 44，冲洗/监控腔道具有开口 42（相当于该权利要求中提供药物流体的孔），开口 44 比开口 42 更靠近连接到气体源的近端。也就是说，对比文件 2 给出了将用于提供药物流体的孔与用于提供气体的孔分开设置、并使用于提供药物流体的孔更接近导管连接病人导气管的远端的技术启示。由于对比文件 1、对比文件 2 均涉及帮助呼吸的装置的技术领域，与本申请的领域相同，因此当本领域普通技术人员在获知了对比文件 2 的上述技术启示后，无需付出创造性劳动就能想到将对比文件 1 中用于输送药物流体的辅助通道的开口与其他辅助通道的开口分开设置，并使用于输送药物流体的辅助通道的开口更靠近主通道的远端，从而使得该孔处于与所述压力区相对的位置，以便更有效地配施药物。

对于区别技术特征（3），合议组认为，对比文件 1 中已经公开了辅助通道 8 中至少一条专门用于输送医药流体，且公开了可控制阀 30 可以控制经辅助通道 8 向病人输送的可呼吸气体流，而用于控制呼吸气体流的可控制阀同样可以用于控制医药流体的输送，这属于本领域的公知常识。虽然复审请求人认为对比文件 1 和对比文件 2 中没有公开用于控制药物流体的可控阀，但对本领域普通技术人员来说，通过辅助通道输送的医药流体一般不会是常流的，而是根据需要输送或停止输送，根据对比文件 1 公开的内容，为了控制医药流体的输送而额外设置可控制阀对本领域普通技术人员来说也是很容易想到的。

综上所述，在对比文件 1 的基础上结合对比文件 2 和本领域的公知常识从而得到本申请权利要求 1 要求保护的技术方案，对于本领域普通技术人员来说是显而易见的，其也没有产生预料不到的技术效果，因此该权利要求 1 相对于对比文件 1 与对比文件 2 的以及本领域公知常识的结合不具备突出的实质性特点和显著的进步，不具备专利法第22条第3款规定的创造性。

（2）从属权利要求2~3不符合专利法第22条第3款的规定。

从属权利要求2引用了在前的独立权利要求1，其附加技术特征是：所述分配孔通过设置在所述导管（4）壁厚内的通道连接到所述导管（4）的近端，并通过所述通道提供药物流体。然而，该附加技术特征已经在对比文件2中（参见说明书第6栏第9~59行，附图1，冲洗/监控腔道40）公开。因此，在其引用的权利要求1不具备创造性的情况下，该权利要求2也不具备专利法第22条第3款规定的创造性。

从属权利要求3引用了在前的独立权利要求1，其附加技术特征是：所述装置包括设置在所述主通道（5）中所述转向机构（14b）下游并围绕所述椭圆形压力区18的环，至少部分密封所述主通道（5）内壁和（15）所述椭圆形压力区（18）之间的圆周向空间，所述环设置在所述分配孔和所述转向机构（14b）之间。然而，对比文件1公开了（参见说明书第6页第6~10行，附图1），在远端3所述测量接口35和倾斜偏转表面14b（相当于本申请中的转向机构）之间布置有环36，该环围绕中心压力区并且至少局部占据环形周边空间37的一部分，该周边空间位于所述中心压力区18和通道5远端3的内壁15之间。而至于该环所设置的位置，只有两种选择，即：在分配孔之前，或者在分配孔与所述转向机构之间。而如果将环设置在分配孔之前，药物流体必然会受到环的阻挡，不能全部吹入患者的气道，因而不会采用。也就是说，对本领域普通技术人员来说将环设置在分配孔和转向机构之间是一种必然的选择。因此，在其引用的权利要求1不具备创造性的情况下，该权利要求3也不具备专利法第22条第3款规定的创造性。

根据上述事实和理由，本案合议组依法作出以下审查决定。

三、决定

维持国家知识产权局于2005年9月9日对03107029.9号发明专利申请作出的驳回决定。

复审请求人对本决定不服的，可以根据专利法第41条第2款的规定，自收到本决定之日起三个月内向北京市第一中级人民法院起诉。

017

投影式显示装置

复审请求审查决定（第12076号）

决　定　号　第12076号
决　定　日　2007年12月14日
发明创造名称　投影式显示装置
国际分类号　H04N 9/31，H04N 5/74，G02F 1/13，G02B 27/18，G03B 21/16
复审请求人　精工爱普生株式会社
申　请　号　97116055.4
申　请　日　1997年8月18日
优先权日　1996年8月19日，1997年7月2日
公　开　日　1998年7月29日
合议组组长　张　曦
主　审　员　谢有成
参　审　员　王琦琳

法律依据　专利法第22条第3款
决定要点
如果一项权利要求的技术方案相对于对比文件的区别技术特征对于本领域技术人员来说根据该对比文件就容易想到且容易实现，则该权利要求相对于该对比文件不具备创造性。

一、案由

本复审请求涉及申请号为97116055.4、名称为“投影式显示装置”的发明专利申请（下称本申请），其申请日为1997年8月18日，优先权日为1996年8月19日和1997年7月2日，申请人为精工爱普生株式会社。

国家知识产权局实质审查部门依法对本申请进行了实质审查，于2003年9月5日针对下述文本作出驳回决定：1997年8月18日提交的说明书附图第1~13页、说明书摘要及摘要附图、2002年6月18日提交的权利要求第1~27项、说明书第1~27页。驳回的理由是本申请权利要求1~4、14不符合专利法第22条第3款的规定，权利要求11~13、23、25~26不符合专利法第22条第2款的规定，权利要求1与权利要求6~10、权利要求11、权利要求12~13、权利要求18~22、权利要求23~24、权利要求25~27之间不具有单一性，不符合专利法第31条第1款的规定。其中引用了如下2篇对比文件：

对比文件1：EP676902A2（公开日为1995年10月11日）；

对比文件2：US5278680A（公开日为1994年1月11日）。

申请人精工爱普生株式会社（下称复审请求人）不服上述驳回决定，于2003年12月20日向专利复审委员会提出复审请求，同时提交了权利要求书全文的修改替换页，删去了原权利要求11~13、23~27，修改后的权利要求书共包括19项权利要求，独立权利要求为第1、6、11、15项，如下：

"1. 一种投影式显示装置，包括：光源（8）；调制装置（925R，925G，925B），用于对来自该光源的射出光束进行对应于图像信号的调制；以及投影装置（6），用于使借助于所述调制装置进行了调制的光束在投影面（100）上放大投影；其特征在于：

在所述光源与所述调制装置之间的光路上配置第一透镜板（921）及第二透镜板（922），在第一及第二透镜板上呈矩阵状配置着多个透镜；

可以在与光轴相交的方向上调整所述第一及第二透镜板中至少一个透镜板的安装位置。

……

6. 一种投影式显示装置，包括：

光源（10）；

第一光学部件（200），用于把来自所述光源的光束分割成多条中间光束；

配置在所述中间光束聚焦位置附近的第二光学部件（300）；

调制装置（925R，925G，925B），用于对从所述第二光学部件射出的光进行调制；以及

投影装置（6），用于把借助于所述调制装置进行了调制的光束在投影面（100）上放大投影；

其特征在于：

所述第二光学部件包括：

聚焦透镜阵列（310），用于把借助于所述第一光学部件分割成的多条中间光束分别聚焦；

偏振变换装置（20），用于分别把通过所述聚焦透镜阵列聚焦了的所述中间光束在空间上分离成P偏振光束及S偏振光束，使所述P偏振光束及S偏振光束中的某一偏振光束的偏振方向与另一偏振光束的偏振方向一致后射出；以及

耦合透镜（390），用于把从所述偏振变换装置射出的光束叠加耦合起来；

可以在与光轴相交的方向上调整所述第一光学部件及所述第二光学部件中的至少一个光学部件的安装位置。

……

11. 一种投影式显示装置，其特征在于，具有：

光源（10）；

调制装置（925R，925G，925B），用于对来自所述光源的射出光束进行对应于图像信号的调制；

投影装置（6），用于使借助于所述调制装置进行了调制的光束在投影面上放大投影；

第一透镜板（921）及第二透镜板（922），将其设置在所述光源与所述调制装置之间的光路上，第一及第二透镜板具有呈矩阵状配置着的多个透镜；

调整机构（742，743），用于在与光轴相交的方向上调整所述第一透镜板及第二透镜板中的至少一个透镜板的安装位置。

……

15. 一种投影式显示装置，其特征在于，包括：

光源（10）；

第一光学部件（200），用于把来自所述光源的光束分割成多条中间光束；

第二光学部件（300），将其配置在所述中间光束聚焦位置附近；

第二光学部件又包括：

聚焦透镜阵列（310），用于把借助于所述第一光学部件分割成的多条中间光束分别聚焦；

偏振变换装置（20），用于分别把通过所述聚焦透镜阵列聚焦了的所述中间光束在空间上分离成P偏振光束及S偏振光束，使所述P偏振光束及S偏振光束中的某一偏振光束的偏振方向与另一偏振光束的偏振方向一致后射出；以及

耦合透镜（390），用于把从所述偏振变换装置射出的光束叠加耦合起来；

调制装置（925R，925G，925B），用于对从所述第二光学部件射出的光进行调制；

投影装置（6），用于把借助于所述调制装置进行了调制的光束在投影面上放大投影；以及

调整机构（700），用于在与光轴相交的方向上调整所述第一光学部件及所述第二光学部件中的至少一个光学部件的安装位置。”

复审请求人在复审请求书中认为：对比文件1构成透镜阵列的各透镜元件分别与调整装置7430所限定的象素对应，透过各透镜元件的光束将所限定的象素照明，而本申请中构成透镜板的各透镜元件的光束将全调制装置的全照明区域照明；本申请通过第一透镜板921和第二透镜板922与耦合透镜390结合，构成集成光学系统923，使调制装置925的全照明区域照明的光束的亮度变均匀，借此可以克服现有技术中照明区域中心部分明亮而周边部分暗的问题；并且，本申请通过设置用于沿着与光轴垂直的方向上调节第一透镜板和第二透镜板的安装位置的调节装置来调节第一透镜板和第二透镜板的位置，从而减小调制装置的图像形成区周围形成的裕量并可以使在投影图像的边缘上不形成影子。

经形式审查合格，专利复审委员会依法受理了上述请求，并于2004年2月10日向复审请求人发出了复审请求受理通知书，同时向原实质审查部门发出前置审查通知书。

原实质审查部门在前置审查意见中，仍然坚持驳回决定。

针对上述复审请求，专利复审委员会依法成立合议组，对本案进行审查。合议组于2007年5月8日发出复审通知书，指出权利要求1~4、11~12不符合专利法第22条第3款的规定，权利要求1、6和10不符合专利法第20条第1款的规定。复审通知书中的意见主要有以下几点：

（1）对比文件1是与本申请最接近的对比文件，本申请权利要求1与该对比文件的区别在于本申请权利要求1限定了“可以在与光轴相交的方向上调整所述第一及第二透镜板中至少一个透镜板的安装位置”，而对比文件1中相当于所述第一和第二透镜板的两个透镜阵列是沿着光轴方向调整位置，但对本领域技术人员来说，将对比文件1中的透镜阵列7410和7420的位置调节由一个自由度扩大到三个自由度是容易想到的，并且在技术上实现起来也没有难度，因此权利要求1相对于对比文件1不具备创造性，不符合专利法第22条第3款的规定；

（2）对比文件2公开了从属权利要求2~4的附加技术特征，因此从属权利要求2~4相对于对比文件1和2的结合不具备创造性，不符合专利法第22条第3款的规定；

（3）对比文件1公开了权利要求11的大部分技术特征，权利要求11与对比文件1的区别在于权利要求11限定了具有用于在与光轴相交的方向上调整第一及第二透镜板中至少一个透镜板的安装位置的调整机构，但是该区别是本领域技术人员无需创造性劳动就能够想到且容易实现的，因此权利要求11相对于对比文件1不具备创造性，不符合专利法第22条第3款的规定；

（4）从属权利要求12的附加技术特征也是本领域的常规选择，因此权利要求12相对于对比文件1也不具备创造性，不符合专利法第22条第3款的规定；

（5）权利要求6属于产品权利要求，其中的“可以在与光轴相交的方向上调整所述第一光

学部件及所述第二光学部件中的至少一个光学部件的安装位置”不是一个结构特征，因此权利要求 6 不符合专利法实施细则第 20 条第 1 款的规定；权利要求 1 也存在同样的问题；权利要求 10 限定“调制装置为反射式测试装置”所表述的含义不清楚，不符合专利法实施细则第 20 条第 1 款的规定。

针对上述复审通知书，复审请求人于 2007 年 8 月 21 日提交了意见陈述书以及权利要求书全文的修改替换页，删去了权利要求 1~10，对权利要求 11 作了进一步限定，将权利要求 11~19 重新编号为 1~9，修改后的权利要求如下：

“1. 一种投影式显示装置，其特征在于，具有：

光源（10）；

调制装置（925R，925G，925B），用于对来自所述光源的射出光束进行对应于图像信号的调制；

投影装置（6），用于使借助于所述调制装置进行了调制的光束在投影面上放大投影；

第一透镜板（921），设置在所述光源与所述调制装置之间的光路上，具有把从所述光源射出的光束分割成多条中间光束的呈矩阵状配置着的多个透镜；

第二透镜板（922），具有把所述中间光束聚焦的多个聚焦透镜；以及

调整机构（742，743），用于在与光轴相交的方向上调整所述第一透镜板及第二透镜板中的至少一个透镜板的安装位置。

2. 根据权利要求 1 所述的投影式显示装置，其特征在于，具有：

在与所述光轴正交的第一方向上调整所述第一透镜板的第一调整机构；以及

在与所述光轴及所述第一方向正交的第二方向上调整所述第二透镜板的第二调整机构。

3. 根据权利要求 1 或 2 所述的投影式显示装置，其特征在于：

所述调整机构具有设置在所述透镜板的第一侧面上、按压所述第一侧面的弹簧（742）以及设置在与所述第一侧面相向的第二侧面上、按压所述第二侧面的螺钉（743）。

4. 根据权利要求 3 所述的投影式显示装置，其特征在于：

所述弹簧为板簧；设置所述螺钉，以便按压所述第二侧面的大致中心部。

5. 一种投影式显示装置，其特征在于，包括：

光源（10）；

第一光学部件（200），用于把来自所述光源的光束分割成多条中间光束；

第二光学部件（300），将其配置在所述中间光束聚焦位置附近；

第二光学部件又包括：

聚焦透镜阵列（310），用于把借助于所述第一光学部件分割成的多条中间光束分别聚焦；

偏振变换装置（20），用于分别把通过所述聚焦透镜阵列聚焦了的所述中间光束在空间上分离成 P 偏振光束及 S 偏振光束，使所述 P 偏振光束及 S 偏振光束中的某一偏振光束的偏振方向与另一偏振光束的偏振方向一致后射出，以及

耦合透镜（390），用于把从所述偏振变换装置射出的光束叠加耦合起来；

调制装置（925R、925G、925B），用于对从所述第二光学部件射出的光进行调制；

投影装置（6），用于把借助于所述调制装置进行了调制的光束在投影面上放大投影；以及

调整机构（700），用于在与光轴相交的方向上调整所述第一光学部件及所述第二光学部件中的至少一个光学部件的安装位置。

6. 根据权利要求 5 所述的投影式显示装置，其特征在于，把所述聚焦透镜阵列、所述偏振变换

装置及所述耦合透镜一体化。

7. 根据权利要求5所述的投影式显示装置，其特征在于，具有：

在与所述光轴正交的第一方向上调整所述第一光学部件的第一调整机构；以及

在与所述光轴及所述第一方向正交的第二方向上调整所述第二光学部件的第二调整机构。

8. 根据权利要求5或7所述的投影式显示装置，其特征在于：

所述调整机构（700）具有：

设置在所述光学部件的第一侧面上、按压所述第一侧面的弹簧（742）；以及

设置在与所述第一侧面相向的第二侧面上、按压所述第二侧面的螺钉（743）。

9. 根据权利要求8所述的投影式显示装置，其特征在于：

所述弹簧为板簧；

设置所述螺钉，以便按压所述第二侧面的大致中心部。”

复审请求人在意见陈述书中认为，修改后的权利要求1对第一透镜板和第二透镜板加入了进一步的限定，即，第一透镜板将来自光源的光束分割为多条中间光束，第二透镜板具有把所述中间光束聚焦的多个聚焦透镜，因此修改后的权利要求1中的透镜板的结构没有被对比文件1公开，而且对比文件1无法获得本发明中的使照明调制装置的整个照明区域的光束的亮度均匀的效果，因此修改后的权利要求1具备创造性，其余从属权利要求也相应地具备创造性。

至此，合议组认为本案事实已清楚，现依法作出审查决定。

二、决定理由

1. 关于审查文本

复审请求人在2007年8月21日答复复审通知书时提交了权利要求书全文的修改替换页，因此，本复审决定以复审请求人于2007年8月21日提交的权利要求第1~9项，2002年6月18日提交的说明书第1~27页，1997年8月18日提交的说明书附图第1~13页、说明书摘要和摘要附图作为审查基础。

2. 关于专利法第22条第3款

专利法第22条第3款规定，创造性，是指同申请日以前已有的技术相比，该发明有突出的实质性特点和显著的进步，该实用新型有实质性特点和进步。

如果一项权利要求的技术方案相对于对比文件的区别技术特征对于本领域技术人员来说根据该对比文件就容易想到且容易实现，则该权利要求相对于该对比文件不具备创造性。

（1）权利要求1不符合专利法第22条第3款的规定。

权利要求1是复审请求人在2007年8月21日答复复审通知书时，在其提出复审请求时提交的权利要求11的基础上修改得到的，其将该权利要求11中的“第一透镜板（921）及第二透镜板（922），将其设置在所述光源与所述调制装置之间的光路上，第一及第二透镜板具有呈矩阵状配置着的多个透镜”修改为“第一透镜板（921），设置在所述光源与所述调制装置之间的光路上，具有把从所述光源射出的光束分割成多条中间光束的呈矩阵状配置着的多个透镜；第二透镜板（922），具有把所述中间光束聚焦的多个聚焦透镜”。

具体地，权利要求1请求保护一种投影式显示装置，对比文件1公开了一种光阀投影系统，其（说明书第13栏第49行至第14栏第16行，第66栏第45~53行，第67栏第47行至第68栏第24行，图1、2、74）包括光源100-102，受光源照射显示不同颜色图像数据的光阀110-112（对应于权利要求1中的对来自光源的射出光束进行对应于图像信号的调制的调制装置），借助于该光阀将调制的光束在投影面上放大投影的投影装置140（图1），设在光源和光阀之间的光路上的输入透镜阵列

7410和7420（分别相当于权利要求1中的第一透镜板和第二透镜板），输入透镜阵列7410具有呈矩阵状地配置着多个透镜7415，每个透镜7415将从光源射出的光束形成三个图像，也即将从光源射出的光束分割成多条中间光束，输入透镜阵列7420具有多个透镜，将输入透镜阵列7410所分割的中间光束成像也即聚焦到像素孔7430上（图74）。

权利要求1与对比文件1的区别技术特征在于其中的投影式显示装置具有用于在与光轴相交的方向上调整第一及第二透镜板中至少一个透镜板的安装位置的调整机构。

对于本申请权利要求1请求保护的技术方案而言，该区别技术特征要解决的技术问题是在垂直于光轴的方向上调整第一及第二透镜板的位置，从而使照明区的形成位置位于调制装置的图像形成区的位置。虽然对比文件1没有涉及将相当于本申请权利要求1中的第一及第二透镜板的透镜阵列7410和7420在垂直于光轴的方向上调整位置，但是对比文件1公开了将透镜阵列7410和7420在光轴方向上调整位置以使图像均匀的内容，因此给出了可以调整透镜阵列7410和7420位置的技术启示，并且本领域技术人员知道，在光学系统中，通常需要对构成光学系统的各部件进行适当的位置调整，而且对光学部件的位置调整通常是在多个自由度上进行的，所以本领域技术人员一旦面临需要调整照明区形成位置的技术问题时，其在对比文件1的基础上结合自身掌握的技术知识容易想到将其中的透镜阵列7410和7420的位置调节由一个自由度扩大到三个自由度，也即可以增加沿着与光轴垂直的两个方向进行位置的调节，并且这在技术上实现起来也没有难度，因此，本领域技术人员容易想到并且容易实现权利要求1所述的调整机构，从而得到权利要求1请求保护的技术方案，权利要求1相对于对比文件1不具备突出的实质性特点和显著的进步，不符合专利法第22条第3款有关创造性的规定。

复审请求人认为，对比文件1中两个输入透镜阵列7410和7420与本申请修改后权利要求1中的第一和第二透镜板的结构不同，其无法达到本申请中的技术方案所具有的技术效果。对此，合议组认为，对比文件1中两个透镜阵列7410和7420分别包括呈矩阵状配置的多个透镜，透镜阵列7410把从光源射出的光束分割成多条中间光束，形成光源的图像，透镜阵列7420使从透镜阵列7410射出的光束聚焦在调制装置的像素7430上，因此，就本申请权利要求1的内容来看，对比文件1中的透镜阵列7410和7420也分别具备与本申请权利要求1中的第一和第二透镜板相同的结构和作用，在该透镜阵列7410和7420的结构和作用均与权利要求1限定的技术方案相同的情况下，其势必也能达到使照明区的光束亮度均匀的客观效果，复审请求人并没有将本申请中的第一和第二透镜板与对比文件1中的两个输入透镜阵列区别开来，因此，正如复审通知书中所指出的，本申请权利要求1相对于对比文件1仍不具备创造性。

（2）从属权利要求2不符合专利法第22条第3款的规定。

从属权利要求2引用权利要求1，其进一步限定所述投影式显示装置具有在与所述光轴正交的第一方向上调整所述第一透镜板的第一调整机构以及在与所述光轴及所述第一方向正交的第二方向上调整所述第二透镜板的第二调整机构。权利要求2仅进一步限定了第一调整机构与第二调整机构的功能。如前面评述权利要求1时所述，在面临需要调整照明区形成位置的技术问题时，本领域技术人员在对比文件1的基础上结合自身掌握的技术知识容易想到要设置一个用于调整透镜阵列位置的调整机构，而实现这种调整有多种属于常规选择的方式，其中之一是对每个透镜板设置一个调整机构，使它们在与光轴正交的两个正交方向上调整两个透镜阵列的安装位置，这样可以对每个透镜板的位置分别进行调整，从而获得照明区在与光轴正交的平面上的位置调整，这在技术上实现起来也没有难度。因此，在对比文件1的基础上，本领域技术人员可以显而易见地获得权利要求2请求保护的技术方案，权利要求2相对于对比文件1不具备突出的实质性特点和显著的进步，不符合专利法第22条第3款有关创造性的规定。

综上所述，本申请权利要求 1 和 2 相对于对比文件 1 不具备创造性，不符合专利法第 22 条第 3 款的规定。

根据上述事实和理由，本案合议组依法作出以下审查决定。

三、决定

维持国家知识产权局于 2003 年 9 月 5 日对 97116055.4 号发明专利申请作出的驳回决定。

复审请求人对本决定不服的，可以根据专利法第 41 条第 2 款的规定，自收到本决定之日起三个月内向北京市第一中级人民法院起诉。

018

用于测定化学反应速度的电化学方法

复审请求审查决定（第12086号）

决　　定　　号　第12086号
决　　定　　日　2007年12月17日
发明创造名称　用于测定化学反应速度的电化学方法
国 际 分 类 号　G01N33/487，G01N27/403，G01N27/413，G01N27/49
复 审 请 求 人　生命扫描有限公司
申　　请　　号　01812690.1
优 先 权 日　2000年7月14日
申　　请　　日　2001年7月6日
公　　开　　日　2003年9月10日
合 议 组 组 长　刘颖杰
主　　审　　员　高桂莲
参　　审　　员　马　燕

法 律 依 据　专利法第22条第3款
决 定 要 点

如果一项权利要求与一份对比文件相比，具有某些区别技术特征，但是该项权利要求请求保护的技术方案是本领域技术人员在该对比文件的基础上结合公知常识显而易见能够得到的，则该权利要求不具有突出的实质性特点和显著的进步，不具备创造性。

一、案由

本复审请求涉及申请号为01812690.1、名称为“用于测定化学反应速度的电化学方法”的发明专利申请（下称本申请），申请日为2001年7月6日，优先权日为2000年7月14日，公开日为2003年9月10日，申请人为USF过滤及分离集团有限公司（之后变更为生命扫描有限公司）。本申请公开时权利要求书包括31项权利要求，其中权利要求1、31为独立权利要求。

应申请人的请求，国家知识产权局实质审查部门依法对本申请进行了实质审查，于2004年2月20日发出第一次审查意见通知书，指出本申请权利要求1~31不符合专利法第22条第3款有关创造性的规定，其中引用如下五份对比文件：

对比文件1：WO97/18465A1，公开日为1997年5月22日；

对比文件2：WO97/00441A1，公开日为1997年1月3日；

对比文件3：US5863400A，公开日为1999年1月26日；

对比文件4：WO97/18464A1，公开日为1997年5月22日；

对比文件5：US4711245，公开日为1987年12月8日。

具体理由为：权利要求1~2、7~9、12~14、24~28相对于对比文件1不具备创造性；从属权利要求3~4的附加技术特征在对比文件2中公开；从属权利要求10~11、15~16的附加技术特征在对比文件3中公开；从属权利要求17~23的附加技术特征在对比文件4中公开；从属权利要求5~6、29~30的附加技术特征属于本领域技术人员应具备的专业知识和技能；权利要求31相对于对比文件1和5的结合不具备创造性。

针对上述审查意见通知书，申请人于2004年8月6日提交了意见陈述书和权利要求书的全文修改替换页，对权利要求1的修改是将从属权利要求17的附加技术特征"所述部位位于反电极上"加入了权利要求1中。申请人认为：修改后的独立权利要求将所述试剂固定在所述电化学电池上的距离所述工作电极很小距离的部位，所述部位在独立权利要求1和34中要求分别位于反电极上，在独立权利要求33和35中要求所述部位与工作电极位于同一平面上，而对比文件1没有暗示这样的部位，实际上对比文件1没有公开试剂所处的任何部位；同时认为说明书中公开的确定反应速度的实施方案（即相应的理论公式 $i=-FADC/L$）在对比文件1中也没有披露，据此认为本申请的所有权利要求具备创造性。修改后的权利要求书共包括35项权利要求，其中权利要求第1、33、34、35项为独立权利要求，分别如下：

"1. 一种用于测定一种液体样品的成分与一种试剂之间的能产生一种电活性物质的化学反应速度的方法，该方法包括：

提供一个电化学电池，该电池具有一个工作电极、一个反电极以及至少一个壁；

大体上将所述试剂固定在所述电化学电池上的距离所述工作电极最小距离的部位，其中，所述部位位于反电极上，所述距离使得所述电活性物质从所述部位向工作电极的转移是通过扩散控制的；

将所述液体样品放入所述电化学电池中，使得所述液体样品与所述试剂、工作电极和反电极接触；

让所述成分与所述试剂起反应，以便产生所述电活性物质；

在所述工作电极和所述反电极之间施加一个电位，其中，所述电位足以使所述电活性物质在所述工作电极上发生电化学反应；和

测定通过所述工作电极上的电化学反应所产生的电流，以便获得所述化学反应速度的指数。

33. 一种用于测定液体样品的成分和试剂之间的化学反应速度的方法，所述反应产生电活性物质，所述方法包括：

提供一个电化学电池，该电池具有一个工作电极、一个反电极以及至少一个壁；

大体上将所述试剂固定在所述电化学电池上的距离所述工作电极最小距离的部位，其中，所述部位和工作电极位于同一平面，所述距离使得所述电活性物质从所述部位向工作电极的转移是通过扩散控制的；

将所述液体样品放入所述电化学电池中，使得所述液体样品与所述试剂、工作电极和反电极接触；

让所述成分与所述试剂起反应，以便产生所述电活性物质；

在所述工作电极和所述反电极之间施加一个电位，其中，所述电位足以使所述电活性物质在所述工作电极上发生电化学反应；和

测定通过所述工作电极上的电化学反应所产生的电流，以便获得所述化学反应速度的指数。

34. 一种用于测定全血中葡萄糖和PQQ依赖型葡萄糖脱氢酶之间的化学反应速度的方法，包括：

提供一种电化学电池，该电池具有一个工作电极、一个反电极、至少一个壁、容纳在所述电化学电池中的包括氰铁酸盐的一种氧化还原介体，以及包括 PQQ 依赖型葡萄糖脱氢酶的试剂，所述试剂被基本上固定在所述电化学电池上距离所述工作电极最小距离的部位上，其中所述部位位于反电极上；

将所述全血样品放入所述电化学电池中，以便该样品接触所述试剂，所述氧化还原介体，所述工作电极，和所述反电极；

让所述葡萄糖与 PQQ 依赖型葡萄糖脱氢酶起反应，以便产生还原的 PQQ 依赖型葡萄糖脱氢酶，还原的 PQQ 依赖型葡萄糖脱氢酶又会与所述氰铁酸盐氧化还原介体起反应，以便形成氰亚铁酸盐；

在所述工作电极和反电极之间施加一个电位，其中，所述电位足以使所述氰亚铁酸盐在工作电极上发生电化学反应；和

测定通过所述工作电极上氰亚铁酸盐的电化学反应所产生的电流，其中，所述测定结果是葡萄糖和 PQQ 依赖型葡萄糖脱氢酶之间的化学反应速度的指标。

35. 一种用于测定全血中葡萄糖和 PQQ 依赖型葡萄糖脱氢酶之间的化学反应速度的方法，包括：

提供一种电化学电池，该电池具有一个工作电极、一个反电极、至少一个壁、容纳在所述电化学电池中的包括氰铁酸盐的一种氧化还原介体，以及包括 PQQ 依赖型葡萄糖脱氢酶的试剂，所述试剂被基本上固定在所述电化学电池上距离所述工作电极最小距离的部位上，其中所述部位和工作电极位于同一平面；

将所述全血样品放入所述电化学电池中，以便该样品接触所述试剂，所述氧化还原介体，所述工作电极，和所述反电极；

让所述葡萄糖与 PQQ 依赖型葡萄糖脱氢酶起反应，以便产生还原的 PQQ 依赖型葡萄糖脱氢酶，还原的 PQQ 依赖型葡萄糖脱氢酶又会与所述氰铁酸盐氧化还原介体起反应，以便形成氰亚铁酸盐；

在所述工作电极和反电极之间施加一个电位，其中，所述电位足以使所述氰亚铁酸盐在工作电极上发生电化学反应；和

测定通过所述工作电极上氰亚铁酸盐的电化学反应所产生的电流，其中，所述测定结果是葡萄糖和 PQQ 依赖型葡萄糖脱氢酶之间的化学反应速度的指标。”

经过上述实质审查程序后，国家知识产权局实质审查部门以本申请权利要求 1~35 不符合专利法第 22 条第 3 款的规定为由，于 2005 年 4 月 22 日做出了驳回本申请的决定，具体的驳回理由是：(1) 对比文件 4 给出了将化学试剂固定在反电极上的技术启示，而有关化学反应速度的公式变换是本领域技术人员的常识和技能，因此权利要求 1 相对于对比文件 1 和 4 的结合不具备创造性；(2) 从属权利要求 2~32 的附加技术特征或被对比文件 1、2、3、4 公开，或为公知常识，因此上述从属权利要求2~32也不具备创造性；(3) 基于对权利要求 1 的评述，可见权利要求 33 相对于对比文件 1 和 4 的结合也不具备创造性；(4) 由于对比文件 5 公开了采用 PQQ 依赖型葡萄糖脱氢酶的电化学体系，因此权利要求 34、35 相对于对比文件 1、4、5 的结合不具备创造性。

申请人生命扫描有限公司（下称复审请求人）不服上述驳回决定，于 2005 年 8 月 3 日向专利复审委员会提出复审请求，其复审请求的理由是：本申请的权利要求涉及了测定电化学电池中的化学反应速度，并且本申请独立权利要求将所述试剂固定在所述电化学电池上的距离所述工作电极最小距离的部位，权利要求 1 和 34 中所述部位位于反电极上，权利要求 33 和 35 中所述部位和工作电极位于同一平面上，认为对比文件 4 没有公开将试剂放置到反电极上，本申请对化学反应速度的测定也不是显而易见的，本申请具备创造性。复审请求人未对本申请进行任何修改。

经形式审查合格后，专利复审委员会依法受理了上述请求，并于 2005 年 9 月 20 日向复审请求人

发出了复审请求受理通知书，同时向原实质审查部门发出前置审查通知书。

原实质审查部门对本复审请求做出前置审查意见，仍然坚持原驳回决定。

针对上述复审请求，专利复审委员会依法成立合议组，对本案进行审查，本案合议组于 2006 年 11 月 27 日发出复审通知书（下称第一次复审通知书），指出：由于本申请中的反电极是用惰性材料制成，其不会与固定其上的试剂发生反应，因此将试剂固定在反电极上与将其固定在电化学电池的任何一个位置上实际都是一样的，前提只要是该试剂反应到达工作电极的距离适当即可，而且本申请说明书中也看不出将试剂固定在反电极上与固定在其他位置相比具有更有益的技术效果；同时指出本申请确定反应物反应速度的公式是本领域技术人员在对比文件 1 的基础上结合本领域公知常识即可获得的。因此权利要求 1~35 仍不具备创造性。

针对上述第一次复审通知书，复审请求人于 2007 年 2 月 12 日提交了意见陈述书和权利要求书的全文修改替换页，在权利要求 1 和 33~35 中加入技术特征“其中化学反应速度是根据公式 dC/dt=（L/FAD） di/dt 测定的”，修改后的权利要求书共包括 35 项权利要求。复审请求人在意见陈述书中认为，对比文件 1 没有公开采用公式 dC/dt=（L/FAD） di/dt 测定化学反应速度的方法；对比文件 1 采用多步法测定电活性物质的浓度，本发明采用一个简单的方法测定化学反应速度；通过对比文件 1 公开的技术方案和其所要解决的技术问题，本领域技术人员不会想到用其进行化学反应速度的测定，据此认为权利要求 1 具备创造性。并且，对比文件 4 和对比文件 5 也没有公开用上述公式测定化学反应速度的方法，因此，权利要求 33~35 也具备创造性。

经审查，本案合议组于 2007 年 7 月 11 日再次发出复审通知书（下称第二次复审通知书），指出上述测定化学反应速度的公式 dC/dt=（L/FAD） di/dt 可以根据对比文件 1 披露的公式 I=-2DFCA/L 微分变换得到；而根据对比文件 1 披露的单步法并非不能测得电活性物质的浓度，之所以采用多步法测量是为了减少电解池的不对称性及其他因素对瞬变电流产生的影响并能够增加测量值的精确度；由于在对比文件 1 披露的上述技术内容的基础上结合简单的化学反应动力学公式进行化学反应速度的测量是显而易见的，因此本申请权利要求的技术方案仍然不具备创造性。

针对专利复审委员会的第二次复审通知书，复审请求人于 2007 年 10 月 26 日提交了意见陈述书和权利要求书的全文修改替换页，将权利要求 1 中的“所述距离使得所述电活性物质从所述部位向工作电极的转移是通过扩散控制的”改为“所述距离使得在测定电流时在反电极上的电化学反应产物不会达到工作电极”，同时对权利要求 33~35 进行了类似修改，并删除了权利要求 3、6~9。修改后的权利要求书共有 30 项权利要求，其中独立权利要求 1、28~30 分别为：

“1. 一种用于测定一种液体样品的成分与一种试剂之间的能产生一种电活性物质的化学反应速度的方法，该方法包括：

提供一个电化学电池，该电池具有一个工作电极、一个反电极以及至少一个壁；

大体上将所述试剂固定在所述电化学电池上的距离所述工作电极最小距离的部位，其中，所述部位位于反电极上，所述距离使得在测定电流时在反电极上的电化学反应产物不会达到工作电极；

将所述液体样品放入所述电化学电池中，使得所述液体样品与所述试剂、工作电极和反电极接触；

让所述成分与所述试剂起反应，以便产生所述电活性物质；

在所述工作电极和所述反电极之间施加一个电位，其中，所述电位足以使所述电活性物质在所述工作电极上发生电化学反应；

测定通过所述工作电极上的电化学反应所产生的电流，以便获得所述化学反应速度的指数；并且

其中化学反应速度是根据公式 dC/dt=（L/FAD） di/dt 测定的。

28. 一种用于测定液体样品的成分和试剂之间的化学反应速度的方法，所述反应产生电活性物质，所述方法包括：

提供一个电化学电池，该电池具有一个工作电极、一个反电极以及至少一个壁；

大体上将所述试剂固定在所述电化学电池上的距离所述工作电极最小距离的部位，其中，所述部位和工作电极位于同一平面，所述距离使得在测定电流时在反电极上的电化学反应产物不会达到工作电极；

将所述液体样品放入所述电化学电池中，使得所述液体样品与所述试剂、工作电极和反电极接触；

让所述成分与所述试剂起反应，以便产生所述电活性物质；

在所述工作电极和所述反电极之间施加一个电位，其中，所述电位足以使所述电活性物质在所述工作电极上发生电化学反应；

测定通过所述工作电极上的电化学反应所产生的电流，以便获得所述化学反应速度的指数；并且

其中化学反应速度是根据公式 dC/dt =（L/FAD）di/dt 测定的。

29. 一种用于测定全血中葡萄糖和 PQQ 依赖型葡萄糖脱氢酶之间的化学反应速度的方法，包括：

提供一种电化学电池，该电池具有一个工作电极、一个反电极、至少一个壁、容纳在所述电化学电池中的包括氰铁酸盐的一种氧化还原介体，以及包括 PQQ 依赖型葡萄糖脱氢酶的试剂，所述试剂被基本上固定在所述电化学电池上距离所述工作电极最小距离的部位上，所述距离使得在测定电流时在反电极上的电化学反应产物不会达到工作电极，其中所述部位位于反电极上；

将所述全血样品放入所述电化学电池中，以便该样品接触所述试剂，所述氧化还原介体，所述工作电极，和所述反电极；

让所述葡萄糖与 PQQ 依赖型葡萄糖脱氢酶起反应，以便产生还原的 PQQ 依赖型葡萄糖脱氢酶，还原的 PQQ 依赖型葡萄糖脱氢酶又会与所述氰铁酸盐氧化还原介体起反应，以便形成氰亚铁酸盐；

在所述工作电极和反电极之间施加一个电位，其中，所述电位足以使所述氰亚铁酸盐在工作电极上发生电化学反应；

测定通过所述工作电极上氰亚铁酸盐的电化学反应所产生的电流，其中，所述测定结果是葡萄糖和 PQQ 依赖型葡萄糖脱氢酶之间的化学反应速度的指标；并且

其中化学反应速度是根据公式 dC/dt =（L/FAD）di/dt 测定的。

30. 一种用于测定全血中葡萄糖和 PQQ 依赖型葡萄糖脱氢酶之间的化学反应速度的方法，包括：

提供一种电化学电池，该电池具有一个工作电极、一个反电极、至少一个壁、容纳在所述电化学电池中的包括氰铁酸盐的一种氧化还原介体，以及包括 PQQ 依赖型葡萄糖脱氢酶的试剂，所述试剂被基本上固定在所述电化学电池上距离所述工作电极最小距离的部位上，所述距离使得在测定电流时在反电极上的电化学反应产物不会达到工作电极，其中所述部位和工作电极位于同一平面；所述部位位于反电极上；

将所述全血样品放入所述电化学电池中，以便该样品接触所述试剂，所述氧化还原介体，所述工作电极，和所述反电极；

让所述葡萄糖与 PQQ 依赖型葡萄糖脱氢酶起反应，以便产生还原的 PQQ 依赖型葡萄糖脱氢酶，还原的 PQQ 依赖型葡萄糖脱氢酶又会与所述氰铁酸盐氧化还原介体起反应，以便形成氰亚铁酸盐；

在所述工作电极和反电极之间施加一个电位，其中，所述电位足以使所述氰亚铁酸盐在工作电极上发生电化学反应；

测定通过所述工作电极上氰亚铁酸盐的电化学反应所产生的电流，其中，所述测定结果是葡萄糖

和 PQQ 依赖型葡萄糖脱氢酶之间的化学反应速度的指标；并且

其中化学反应速度是根据公式 dC/dt=（L/FAD）di/dt 测定的。”

复审请求人在意见陈述书中认为，上述修改内容在对比文件 1 中没有披露，对比文件 1 披露的是在电极间距非常短的载体中测定分析物浓度的方法，使反应产物通过扩散从反电极到达工作电极，而本申请的权利要求 1 限定的技术方案中的距离使得在测定电流时在反电极上的电化学产物不会达到工作电极。本申请发现了化学反应速度（即电活性物质的浓度随时间的变化）可以根据公式 dC/dt=（L/FAD）di/dt 在单一步骤中测定，其中大体上将试剂固定在电化学电池上的距离工作电极最小距离的部位，所述距离使得在测定电流时在反电极上的电化学反应产物不会达到工作电极，这与对比文件 1 公开的技术方案不同。基于上述理由，权利要求 1 的从属权利要求以及与之有类似修改的独立权利要求均具备创造性。此外，复审请求人进一步指出本申请的创造性还在于解决了现有技术中与测量电化学电池的化学反应速度有关的问题，在现有技术中化学反应速度通常是不能通过电化学方法测定的，除非在特定场合使用特殊设备，因为通过电极上的电流测定化学反应动力学是困难的。除了在电极上发生的电活性物质的电化学反应之外，如果电活性物质正在通过一种化学反应在工作电极附近产生的话，电极上电流的形式就会变得复杂，所述电极反应倾向于降低靠近工作电极的电活性物质的浓度，而所述化学反应倾向于提高所述电活性物质在该部位的浓度，因此这两种过程的时间依赖型行为搅和在一起之后，要通过所述电极上的电流测定所述化学反应动力学是困难的，因此现有技术测量电化学电池的化学反应速度仅能利用如旋转环/片电极这样适于较快反应动力学的装置进行测量，而本申请的方法相对于现有技术是一种简单的电化学方法，因此本申请应具备创造性。

至此，合议组认为本案事实已经清楚，现依法作出复审决定。

二、决定的理由

1. 关于审查文本

本复审决定以复审请求人于 2007 年 10 月 26 日提交的权利要求第 1~30 项、2003 年 1 月 13 日提交的说明书第 1~8 页、说明书附图第 1~2 页、说明书摘要及摘要附图作为审查基础。

2. 关于专利法第 22 条第 3 款

专利法第 22 条第 3 款规定，创造性，是指同申请日以前已有的技术相比，该发明有突出的实质性特点和显著的进步，该实用新型有实质性特点和进步。

如果一项权利要求与一份对比文件相比，具有某些区别技术特征，但是该项权利要求请求保护的技术方案是本领域技术人员在该对比文件的基础上结合公知常识显而易见能够得到的，则该权利要求不具有突出的实质性特点和显著的进步，不具备创造性。

（1）关于独立权利要求 1 的创造性。

本案中，独立权利要求 1 请求保护一种用于测定一种液体样品的成分与一种试剂之间的能产生一种电活性物质的化学反应速度的方法。对比文件 1（WO97/18465A1，第 2 页第 9 行至第 10 页第 21 行）的背景技术部分公开了现有技术中电化学测量氧化还原物质的一般方法所用的两个电极之间的距离要足够远，使得在测量过程中一个电极上的反应产物不会到达另一个电极，而对比文件 1 的发明目的是为了提高测量精确度、可靠性和测量速度，其公开的一种测定电化学电池中氧化还原物质浓度的方法，包括以下技术特征：提供一个电化学电池，该电池具有一个工作电极，一个反电极，以及至少一个壁；液体样品的成分与一种试剂之间能产生一种电活性物质；将试剂固定在电化学电池的一个位置上，距离工作电极很小的距离；将液体样品引入所述电化学电池中，使得所述液体样品与所述试剂、工作电极和反电极接触；将液体样品中的待测成分与所述试剂反应，得到电活性物质；在所述工作电极和反电极之间施加电压，其中所述电压足以使所述电活性物质在所述工作电极上发生电化学反应，测定所述工作电极上的电化学反应所产生的电流。

独立权利要求1所请求保护的技术方案与对比文件1中所公开的上述技术方案相比，其区别在于：①独立权利要求1中试剂固定的部位位于反电极上；②独立权利要求1根据公式 dC/dt =（L/FAD）di/dt 测定得到的是化学反应速度指标，而对比文件1披露的是测定电化学反应所产生的电流。

关于区别技术特征①，试剂的固定位置位于反电极上，由于本申请中的反电极是用惰性材料制成，其不会与固定其上的试剂发生反应（参见本申请说明书第6页第24~26行有关反电极的描述），因此将试剂固定在反电极上与将其固定在电化学电池的任何一个位置上实际都是一样的，前提只要是该试剂反应产物到达工作电极的距离适当（所述距离使得在测定电流时反电极上的电化学反应产物不会达到工作电极），而且说明书中也看不出将试剂固定在反电极上与固定在其他位置相比具有更有益的技术效果。因此对本领域技术人员来说在对比文件1的基础上获知试剂固定于反电极上是显而易见的。

复审请求人在意见陈述书中认为，对比文件1没有披露独立权利要求1中的电极距离使得在测定电流时反电极上的电化学反应产物不会达到工作电极。关于这一点，合议组认为，对比文件1中的背景技术中披露了电化学测量过程中两个电极之间的距离要足够远，致使一个电极上的反应产物不会到达另一个电极。而电化学反应过程中的两个电极指的是工作电极和反电极对本领域技术人员来说是公知常识。对比文件1的发明目的部分说明了对比文件1的发明是为了提高测量的精确度、可靠性和速度，因此不能排除对比文件1背景技术中提到的技术方案（两个电极之间足够远的距离，一个电极的反应产物不能到达另一个电极）也可以测量得到电化学反应中的电流，也就是说独立权利要求1中的上述技术特征实际上在对比文件1的背景技术的技术方案中已经公开了，而且还是现有技术中的一般方法。因此复审请求人的上述理由并不能成立。

关于区别技术特征②，合议组认为：化学反应速度可以根据一段时间内反应物（或反应产物）浓度的变化进行确定，即 dC/dt 是本领域技术人员的公知常识，上述公式中的L为反应部位与电极之间的距离，F是法拉第常数，A为电极面积，D是氰亚铁酸盐在样品中的扩散系数，在该公式中上述物理量均为常量，因此其化学反应速度实际上是根据电流与时间的比率进行测定的，而对比文件1已经公开了由公式 I=-2DFCA/L 获得反应物浓度的方案，而“-”号仅是由于物理学中的矢量取向的不同带来的，因此在对比文件1的基础上，本领域技术人员根据公式 I=-2DFCA/L，进行简单的数学微分运算，即可获得 dC/dt =-（L/2FAD）di/dt，由于“L”代表的含义不同，两个公式所得的结果 dC/dt 实际上是一致的，因此本领域技术人员在对比文件1的基础上结合公知常识得到 dC/dt =（L/FAD）di/dt 公式是显而易见的。

复审请求人认为，本申请采用一种简单的电化学方法在单一步骤中测定化学反应速度，解决了现有技术中化学反应速度通常是不能通过电化学方法测定的技术问题，因此本申请应具备创造性。

对此，合议组认为，对比文件1之所以采用重复步骤测定电活性物质的浓度目的是减少电解池的不对称性及其他因素对瞬变电流产生的影响，这种改变极性的重复测量还可增加测量值的精确度（参见对比文件第6页第1~6行），也就是说对比文件1在单步骤中实际上也可以获得上述电活性物质的浓度，只是测量值的精确度比重复测量要低，因此对比文件1并没有否定单步法不可以测得电活性物质的浓度。而正如复审请求人在意见陈述书中所述由于现有技术已知在电极上除发生电活性物质的电化学反应之外，所述电活性物质还在通过一种化学反应在电极附近产生，而如果两种过程搅和在一起，则通过测定电极上的电流来确定化学反应动力学非常困难。因此对比文件1背景技术部分披露了电化学测量过程中电极之间的距离足够远，使得在一个电极上产生的电活性物质不能到达另一个电极，从而避免了现有技术中所述两种过程的搅和，由此得到电活性物质的浓度变化直接反映了远处的化学反应动力学，虽然对比文件1发明内容部分要获得的测量指标与本申请权利要求1要求保护的不同，但是二者所需要的测量装置是一致的，实际上对比文件1获得的电化学反应产生的电流是得到本申请权利要求1要求测量的化学反应速度的前提，而在得到了电化学反应产生的电流的基础上仅需要结合简单的化学反应动力学公式即可以计算出化学反应速度。

综上所述，对本领域技术人员来说在对比文件1披露的上述技术内容的基础上结合简单的化学反应动力学公式进行化学反应速度的测量是显而易见的。因此，独立权利要求1所请求保护的技术方案相对于对比文件1及本领域的公知常识的结合不具有突出的实质性特点和显著的进步，不符合专利法第22条第3款有关创造性的规定。

（2）关于从属权利要求2、7~11、25的创造性。

从属权利要求2、7~11、25所限定的附加技术特征均已经在对比文件1中公开（参见对比文件1说明书第2页第5~7行、第9~12行，第2页第22行至第3页第18行，第8页第3~17行），同时对比文件1中还公开了反转电压极性，提示了工作电极可以起到阳极或阴极的作用，因此，从属权利要求2、7~11、25所请求保护的技术方案相对于对比文件1及本领域的公知常识的结合不具有突出的实质性特点和显著的进步，不符合专利法第22条第3款有关创造性的规定。

（3）关于从属权利要求3的创造性。

从属权利要求3所限定的附加技术特征在对比文件2（WO97/00441A1）中公开（参见对比文件2说明书第3页第3~5行）。由于对比文件2同样属于电化学领域，因此，从属权利要求3所请求保护的技术方案相对于对比文件1和2及本领域的公知常识的结合不具有突出的实质性特点和显著的进步，不符合专利法第22条第3款有关创造性的规定。

（4）关于从属权利要求4的创造性。

从属权利要求4所限定的附加技术特征对工作电极和反电极之间的距离进行了限定，而本领域技术人员在对比文件1所公开的技术方案的基础上，完全可以根据具体要求，设置出合适的间隔距离，这是本领域技术人员应具备的专业知识和技能，因此，从属权利要求4所请求保护的技术方案相对于对比文件1、2及本领域的公知常识的结合不具有突出的实质性特点和显著的进步，不符合专利法第22条第3款有关创造性的规定。

（5）关于从属权利要求5~6、12~13的创造性。

从属权利要求5~6、12~13所限定的附加技术特征在对比文件3（US5863400A）中公开，（参见对比文件3说明书第2栏第44行至第3栏第56行）。由于对比文件3同样属于电化学领域，因此，从属权利要求5~6、12~13所请求保护的技术方案相对于对比文件1、3及本领域的公知常识的结合不具有突出的实质性特点和显著的进步，不符合专利法第22条第3款有关创造性的规定。

（6）关于从属权利要求14~19的创造性。

从属权利要求14~19所限定的附加技术特征在对比文件4（WO97/18464A1）中公开，（参见对比文件4说明书第8页第17行至第9页第11行）。对比文件4说明书第8页第17行至第9页第11行的内容公开了如何将化学物质固定于电化学电池表面，在此基础上本领域技术人员可以采用本领域公知的化学或者物理结合方式将化学试剂固定于所述表面上，这是本领域技术人员应具备的专业知识和技能。由于对比文件4与对比文件1属于系列发明，因此，从属权利要求14~19相对于对比文件1和4及本领域公知常识的结合不具有突出的实质性特点和显著的进步，不符合专利法第22条第3款有关创造性的规定。

（7）关于从属权利要求20~24的创造性。

从属权利要求20~24所限定的附加技术特征均已经在对比文件1中公开，（参见对比文件1说明书第 2 页第 22 行至第 3 页第 18 行），因此，从属权利要求 20~22 所请求保护的技术方案相对于对比文件 1 和 4 及本领域的公知常识的结合不具有突出的实质性特点和显著的进步，不符合专利法第 22 条第 3 款有关创造性的规定；从属权利要求 23~24 所请求保护的技术方案相对于对比文件 1 和本领域的公知常识的结合不具有突出的实质性特点和显著的进步，不符合专利法第 22 条第 3 款有关创造性的规定。

（8）关于从属权利要求 26~27 的创造性。

从属权利要求 26~27 所限定的附加技术特征分别对电位进行了限定，而本领域技术人员在对比文件 1 所公开的技术方案的基础上，完全可以根据具体要求，设置出合适的位置关系以及电位，这是本领域技术人员应具备的专业知识和技能，因此，从属权利要求 26~27 所请求保护的技术方案相对于对比文件 1 及本领域的公知常识的结合不具有突出的实质性特点和显著的进步，不符合专利法第 22 条第 3 款有关创造性的规定。

（9）关于独立权利要求 28 的创造性。

如第（1）点所述，对比文件 1 公开了一种测定电化学电池中氧化还原物质的浓度的方法（披露的具体技术特征参见第（1）点的描述），权利要求 28 与对比文件 1 的区别在于：①独立权利要求 28 中试剂固定的部位和工作电极位于同一平面上；②独立权利要求 28 中通过测定所述工作电极上的电化学反应所产生的电流，根据公式 dC/dt=（L/FAD）di/dt 测定得到的是化学反应速度的指标，而对比文件 1 披露的是测定电化学反应所产生的电流。

关于区别技术特征①，对比文件 4 中详细描述了化学试剂固定的位置，由于所述电活性物质向工作电极的转移为扩散控制的，为了准确控制其扩散，本领域技术人员很容易想到将化学试剂固定于与工作电极位于同一平面的部位，例如支撑物或者壁上，这是本领域技术人员应具备的知识和技能；关于区别技术特征②以及两个电极之间距离的评述参见独立权利要求 1 中的有关内容。因此，独立权利要求 28 相对于对比文件 1 和 4 及本领域的公知常识的结合不具有突出的实质性特点和显著的进步，不符合专利法第 22 条第 3 款有关创造性的规定。

（10）关于独立权利要求 29 的创造性。

独立权利要求 29 请求保护一种用于测定全血中葡萄糖和 PQQ 依赖型葡萄糖脱氢酶之间的化学反应速度的方法。对比文件 1 中公开了一种测定全血中氧化还原物质的浓度的方法。

独立权利要求 29 所请求保护的技术方案与对比文件 1 中所公开的上述技术方案相比，其区别在于：①独立权利要求 29 中测定化学反应速度，该反应速度是根据公式 dC/dt=（L/FAD）di/dt 测定的，而对比文件 1 披露的是测定电化学反应所产生的电流；②独立权利要求 29 的试剂位于反电极上；③独立权利要求 29 中的试剂为 PQQ 依赖型葡萄糖脱氢酶，对比文件 1 中为葡萄糖氧化酶。

关于区别点①和②以及有关两个电极之间的距离可以参见第（1）点的评述；关于区别点③，由于葡萄糖氧化酶体系和 PQQ 依赖型葡萄糖脱氢酶在电化学分析中的原理相同，而且采用 PQQ 依赖型葡萄糖脱氢酶的电化学体系在对比文件 5（US4711245，第 7 栏第 24~31 行）中已经公开，因此，在对比文件 1 中所公开的电化学电池及其方法的基础上结合对比文件 5 及本领域的公知常识，得到独立权利要求 29 所请求保护的技术方案，对于本领域技术人员来说是显而易见的。因此，独立权利要求 29 所请求保护的技术方案相对于对比文件 1、5 及本领域的公知常识的结合不具有突出的实质性特点和显著的进步，不符合专利法第 22 条第 3 款有关创造性的规定。

（11）关于独立权利要求 30 的创造性。

独立权利要求 30 请求保护一种用于测定全血中葡萄糖和 PQQ 依赖型葡萄糖脱氢酶之间的化学反应速度的方法。对比文件 1 中公开了一种测定全血中氧化还原物质的浓度的方法。

独立权利要求30所请求保护的技术方案与对比文件1中所公开的上述技术方案相比，其区别在于：①独立权利要求30中测定化学反应速度，该反应速度是根据公式 dC/dt=（L/FAD）di/dt 测定的，而对比文件1披露的是测定电化学反应所产生的电流；②独立权利要求30的试剂实际所在的位置与工作电极在同一平面，所述部位位于反电极上；③独立权利要求30中的试剂为PQQ依赖型葡萄糖脱氢酶，对比文件1中为葡萄糖氧化酶。

而上述三点区别并不能使权利要求30具备创造性，关于该三点区别的具体评述意见可以参见前面的有关评述，具体为：区别点①和③的评述可以参见对权利要求29中①、③区别点的意见；对于区别点②的意见可以参见对权利要求28中区别点①和权利要求29的区别点②评述。

基于上述理由，独立权利要求30所请求保护的技术方案相对于对比文件1、4、5及本领域的公知常识的结合不具有突出的实质性特点和显著的进步，不符合专利法第22条第3款有关创造性的规定。

综上所述，本申请权利要求1~30不符合专利法第22条第3款规定的创造性。

根据以上事实和理由，合议组作出如下审查决定。

三、决定

维持国家知识产权局于2005年4月22日对01812690.1号发明专利申请作出的驳回决定。

复审请求人对本决定不服的，可以根据专利法第41条第2款的规定，自收到本决定之日起三个月内向北京市第一中级人民法院起诉。

019

确定电极区的方法

复审请求审查决定（第12087号）

决　定　号　第12087号
决　定　日　2007年12月9日
发明创造名称　确定电极区的方法
国际分类号　G01N 27/40，G01N 27/403，B01D 61/38，B01D 65/00，B01D 69/00，C25B 9/10
复审请求人　利费斯坎公司
申　请　号　02131618. X
优先权日　1995年4月12日
申　请　日　1996年4月11日
公　开　日　2003年6月11日
合议组组长　张田勇
主　审　员　杨加黎
参　审　员　马　燕

法律依据　专利法第26条第4款，专利法实施细则第20条第1款
决定要点

对于产品权利要求，当其中的一个或多个技术特征无法用结构特征并且也不能用参数特征予以清楚地表征时，允许借助于方法特征表征。

一、案由

本复审请求涉及申请号为02131618. X、名称为“确定电极区的方法”的发明专利申请（下称本申请），申请日为1996年4月11日，优先权日为1995年4月12日，公开日为2003年6月11日，申请人为USF过滤分离集团公司，于2003年3月14日变更为利费斯坎公司。

经实质审查，国家知识产权局实质审查部门于2006年2月10日发出驳回决定，驳回了本发明专利申请。驳回决定所针对的文本是：申请人于2005年8月2日提交的权利要求第1~37项、说明书第1~7页，于2002年9月11日提交的附图第1~5页、说明书摘要附图，于2004年12月20日提交的说明书摘要。驳回决定的理由是：①在权利要求1中记载了“压缩基底的体积以生成压缩的区域”这个步骤，并同时又限定“该压缩的区域确定该区域的一个边界，或者该压缩的区域与基底的边缘一起确定该区域的一个边界，或者该压缩的区域与镀层的边缘一起确定该区域的一个边界”，首先，难以确定“该区域”是“压缩的区域”还是“镀层区域”，其次，仅描述如何确定一个边界不能准确

地确定整个镀层区域，因此，权利要求 1 不清楚，不符合专利法实施细则第 20 条第 1 款的规定；②权利要求 22 的技术方案中既包含产品技术特征，又包含方法技术特征，从而导致该权利要求不清楚，不符合专利法实施细则第 20 条第 1 款的规定。

申请人利费斯坎公司（下称复审请求人）不服上述驳回决定，于 2006 年 5 月 25 日向专利复审委员会提出了复审请求，同时提交了权利要求第 1~37 项的修改替换页。复审请求人认为：①权利要求 1 中的“区域”是指区域（4），它由压缩的区域 5 和/或基底 10 的边缘 11 和/或未压缩的区域基底 10 的边缘 7 来确定；②权利要求 22 经过修改后消除了所存在的问题。复审请求理由中涉及的修改后的权利要求 1、22 如下：

“1. 一种确定多孔基底上镀层区域的方法，该方法包括：压缩基底的体积以生成压缩的区域，该压缩的区域确定该区域的一个边界，或者该压缩的区域与基底的边缘一起确定该区域的一个边界，或者该压缩的区域与镀层的边缘一起确定该区域的一个边界，该区域边界阻止原料通过或越过边界。

22. 一种电化学检测器，包括：多孔基底；基底一侧上的电极；和压缩的区域，它是通过压缩基底的一个区域到一定范围形成一个边界而得到的，它能阻止电解质在基底内迁移，该压缩的区域确定、或者与基底的边缘或电极的边缘一起确定预定区域的电极上的一个区。”

经形式审查合格后，专利复审委员会受理了该复审请求，并于 2006 年 6 月 21 日向复审请求人发出复审请求受理通知书，同日向原审查部门发出前置审查通知书。

原审查部门对本复审请求进行了前置审查，在前置审查中，原审查部门坚持原驳回决定。

针对上述复审请求，专利复审委员会依法成立合议组对本案进行审理。

本案合议组于 2007 年 2 月 12 日向复审请求人发出复审通知书，指出：①在权利要求 1 记载的“该压缩的区域确定该区域的一个边界”中，没有明确、清楚地指出“该区域”是指压缩的区域、镀层区域还是其他区域，根据复审请求人的意见陈述，其中“该区域”是指“镀层区域”，但复审请求人未在权利要求 1 中对此进行限定，因此权利要求 1 不清楚，不符合专利法实施细则第 20 条第 1 款的规定；②权利要求 1 记载了该压缩的区域确定该区域的“一个边界”，而根据说明书的记载，压缩区域实际上确定了区域 4 的整个边界而非其中的“一个边界”，因此权利要求 1 得不到说明书的支持，不符合专利法第 26 条第 4 款的规定。

复审请求人针对上述复审通知书于 2007 年 4 月 27 日提交了意见陈述书，同时提交了权利要求书和说明书的全文修改替换页，修改后的权利要求书共包括 37 项权利要求。复审请求人认为：①将权利要求 1 中的“该区域”修改为“该镀层区域”，消除了复审通知书中指出的不清楚的问题，使权利要求 1 符合专利法实施细则第 20 条第 1 款的规定；②将权利要求 1 中的“一个边界”改为“边界”，使之与说明书中的措辞一致。修改后的独立权利要求 1 如下：

“1. 一种确定多孔基底上镀层区域的方法，该方法包括：压缩基底的体积以生成压缩的区域，该压缩的区域确定该镀层区域的边界，或者该压缩的区域与基底的边缘一起确定该镀层区域的边界，或者该压缩的区域与镀层的边缘一起确定该镀层区域的边界，该镀层区域边界阻止原料通过或越过边界。”

至此，合议组认为本案事实已经清楚，可以依法作出复审请求审查决定。

二、决定的理由

1. 决定所依据的文本

本复审请求审查决定以复审请求人于 2007 年 4 月 27 日提交的权利要求第 1~37 项、说明书第 1~7页，2002 年 9 月 11 日提交的说明书附图第 1~5 页，2004 年 12 月 20 日提交的说明书摘要，以及 2002 年 9 月 11 日提交的摘要附图作为审查基础。

2. 关于专利法实施细则第 20 条第 1 款

专利法实施细则第 20 条第 1 款规定：权利要求书应当说明发明或者实用新型的技术特征，清楚、简要地表述请求保护的范围。

具体就本案而言，

（1）权利要求 1 符合专利法实施细则第 20 条第 1 款的规定。

在权利要求 1 中，复审请求人将原权利要求 1 中的“该区域”修改为“该镀层区域”。根据原说明书和权利要求书的记载，本申请涉及一种确定多孔基底上镀层区域的方法，该方法实际上是通过压缩区域、基底的边缘、镀层的边缘来确定所述镀层区域的边界，因此这种修改没有超出原说明书和权利要求书记载的范围，是允许的；并且修改后的权利要求 1 清楚地表述了在压缩基底的体积以生成压缩区域的步骤中，压缩的区域、或者压缩的区域与基底的边缘、或者压缩的区域与镀层的边缘一起确定的是“镀层区域”的边界，而不是其他区域的边界。

因此，修改后的权利要求 1 克服了驳回决定和复审通知书中所指出的缺陷，清楚、简要地表述了请求保护的范围，符合专利法实施细则第 20 条第 1 款的规定。

（2）权利要求 22 符合专利法实施细则第 20 条第 1 款的规定。

审查指南第二部分第二章第 3. 2. 2 节规定，产品权利要求适用于产品发明或者实用新型，通常应当用产品的结构特征来描述。特殊情况下，当产品权利要求中的一个或多个技术特征无法用结构特征予以清楚地表征时，允许借助物理或化学参数表征；当无法用结构特征并且也不能用参数特征予以清楚地表征时，允许借助于方法特征表征。

权利要求 22 中使用产品的结构特征“多孔基底；基底一侧上的电极；和压缩的区域”来描述产品权利要求“电化学检测器”，并且使用方法特征“它是通过压缩基底的一个区域到一定范围形成一个边界而得到的，它能阻止电解质在基底内迁移，该压缩的区域确定、或者与基底的边缘或电极的边缘一起确定预定区域的电极上的一个区”来表征“压缩的区域”。由于本申请的压缩的区域是通过压缩基底到一定范围所形成的，用常规的结构特征无法清楚地表征该压缩的区域的结构，根据审查指南的上述规定，合议组认为用上述方法特征能够清楚地限定出该压缩的区域的结构特征及其效果，从而清楚地限定该权利要求请求保护的范围，因此，权利要求 22 中使用方法和结构特征对请求保护的主题进行限定，符合专利法实施细则第 20 条第 1 款的规定。

3. 关于专利法第 26 条第 4 款

专利法第 26 条第 4 款规定：权利要求书应当以说明书为依据，说明要求专利保护的范围。

在权利要求 1 中，复审请求人将原权利要求 1 中的“一个边界”修改为“边界”，对此合议组认为，由于说明书相应部分（参见说明书具体实施方式部分的第 1 段）的文字记载是由压缩区域等确定“区域 4 的边界”，而且将“一个边界”修改为“边界”后，本领域普通技术人员根据这种表述必然能得知其确定的是镀层区域的整个边界而不是整个边界中的一部分，因此在保持与说明书措辞一致的前提下，复审请求人对权利要求 1 进行的修改，即将所述“一个边界”修改为“边界”，克服了复审通知书中所指出的缺陷，使之能够得到说明书的支持，符合专利法第 26 条第 4 款的规定。

三、决定

在复审请求人于 2007 年 4 月 27 日提交的说明书和权利要求书的全文修改替换页所构成文本的基础上，撤销国家知识产权局于 2006 年 2 月 10 日对本申请作出的驳回决定。

由原审查部门以本审查决定所依据的文本进行审查。

复审请求人对本复审请求审查决定不服的，可以根据专利法第 41 条第 2 款的规定，自收到本决定之日起三个月内向北京市第一中级人民法院起诉。

020

一种用于诊断萎缩性胃炎的方法

复审请求审查决定（第12093号）

决　定　号　第12093号
决　定　日　2007年12月18日
发明创造名称　一种用于诊断萎缩性胃炎的方法
国际分类号　G01N 33/74，G01N 33/573
复审请求人　拜奥希特公司
申　请　号　02803495.3
优先权日　2001年1月5日
申　请　日　2002年1月4日
公　开　日　2004年3月24日
合议组组长　刘颖杰
主　审　员　高桂莲
参　审　员　马　燕

法律依据　专利法第25条第1款第3项，专利法实施细则第20条第1款
决定要点
经过修改的专利申请文件消除了原驳回决定指出的缺陷，应当撤销原驳回决定，由原审查部门继续进行审查程序。

一、案由

本复审请求涉及申请号为02803495.3、名称为“一种用于诊断萎缩性胃炎的方法”的发明专利PCT申请（下称本申请），申请日为2002年1月4日，优先权日为2001年1月5日，其公开日为2004年3月24日，申请人为拜奥希特公司。本申请公开时的权利要求书包括16项权利要求，其中权利要求1、13、15为独立权利要求。

应申请人的请求，国家知识产权局实质审查部门依法对本申请进行了实质审查，于2004年7月23日发出第一次审查意见通知书，指出本申请权利要求1~12属于专利法第25条第1款第3项规定的情形，不应当授予专利权；权利要求13~14的保护范围不清楚，不符合专利法实施细则第20条第1款的规定；权利要求15和16属于专利法第25条第1款第2的情形，不应当被授予专利权。

针对上述审查意见通知书，申请人于2005年1月4日提交了意见陈述书和权利要求书的全文修改替换页，将原权利要求15修改为装置和方法权利要求15和17，同时将原权利要求16分别从属于

上述权利要求。修改后的权利要求书共包括 18 项权利要求。申请人认为，权利要求 1~12 不属于专利法第 25 条规定的不授权的内容；同时权利要求 13 和 14 限定的试剂盒的范围是清楚的，符合专利法实施细则第 20 条第 1 款的规定。

经过上述实质审查程序后，国家知识产权局实质审查部门以本申请权利要求 1~12 属于专利法第 25 条第 1 款第 3 项规定的不授权的内容，权利要求 13 不符合专利法实施细则第 20 条第 1 款的规定为由，于 2005 年 4 月 8 日做出了驳回本申请的决定。驳回决定中指出，权利要求 1~12 请求保护一种通过测定胃蛋白酶原、胃泌素和幽门螺杆菌感染标志物来评估受试者胃粘膜状况的方法，用于诊断萎缩性胃炎等胃粘膜变化，属于疾病的诊断方法；权利要求 13 要求保护一种试剂盒，应当以试剂盒的结构特征对其进行限定，但是该权利要求中并没有描述试剂盒的构成，而是采用测定工具、计算机程序产品，编码工具等进行限定，导致了该权利要求 13 的技术方案不清楚。

申请人拜奥希特公司（下称复审请求人）不服上述驳回决定，于 2005 年 7 月 25 日向专利复审委员会提出复审请求，其复审请求的理由坚持答复第一次审查意见通知书的意见。复审请求人未对本申请进行任何修改。

经形式审查合格后，专利复审委员会依法受理了上述请求，并于 2005 年 11 月 3 日向复审请求人发出了复审请求受理通知书，同时向原审查部门发出前置审查通知书。

原实质审查部门对该复审请求做出前置审查意见，仍然坚持原驳回决定。

针对上述复审请求，专利复审委员会依法成立合议组，对本案进行审查，本案合议组于 2007 年 1 月 30 日发出复审通知书（下称第一次复审通知书），指出：本复审请求的权利要求 1~12 涉及保护一种通过测定分析物的胃蛋白酶原 I（PGI）、胃泌素和幽门螺杆菌感染标志物来评估受试者胃粘膜状况，诊断萎缩性胃炎的方法。其虽然是以离体样品为对象，但是却是以获得诊断萎缩性胃炎为直接目的，通过检测信息即可获得诊断结果，因此其符合上述两个条件，即属于专利法第 25 条第 1 款第 3 项的疾病的诊断方法，不应当被授予专利权；权利要求 13 及其从属权利要求 14 的主题名称由于其中文译文的翻译问题导致与各自限定的技术内容不相适应，致使上述权利要求的保护范围不清楚，不符合专利法实施细则第 20 条第 1 款的规定，同时提请复审请求人注意修改文本应当符合专利法第 33 条的规定，如果欲对中文译文进行修改，应当按照有关规定进行，并缴纳相关费用；权利要求 17 及其从属权利要求 18 的方法实际上是一种计算机程序执行的数值计算与比较方法，虽然比较的是物理量，但其解决方案整体上是一种数学计算方法，属于专利法第 25 条第 1 款第 2 项，不应当被授予专利权。

针对上述第一次复审通知书，复审请求人于 2007 年 5 月 14 日提交了改正译文错误请求书，并缴纳了相关改正译文的费用，同时提交了意见陈述书和说明书全文以及权利要求书全文的修改替换页，将权利要求 1~12 改写为制药用途权利要求，将权利要求 13 和 14 的主题由“试剂盒”修改为“用具包”，同时删除了权利要求 17 和 18，修改后的权利要求书共包括 16 项权利要求。

本案合议组于 2007 年 7 月 17 日再次发出复审通知书（下称第二次复审通知书），指出本申请的权利要求 1~12 以及相应的说明书内容仍属于专利法第 25 条第 1 款第 3 项的疾病的诊断方法，不应当被授予专利权。

针对上述第二次复审通知书，复审请求人于 2007 年 8 月 31 日重新修改权利要求书，删除权利要求 1~12，在前次文本的权利要求 13~14 和 15~16 之后分别添加从属权利要求并将前权利要求 15 和 16 合并，修改后的权利要求书包括 25 项权利要求。

随后，专利复审委员会本案合议组于 2007 年 9 月 18 日与复审请求人的代理人进行了电话会晤，指出复审请求人于 2007 年 8 月 31 日提交的修改文本中，增加的从属权利要求 3~13、15~25 并不是为了克服驳回决定指出的缺陷进行的修改，上述修改不符合专利法实施细则第60条第1款的规定，应当删除。

复审请求人于2007年9月25日再次提交权利要求书的修改替换页，删除了从属权利要求3~13、15~25，修改后的权利要求书包括3项权利要求，具体如下：

“1. 一种用具包，包括用于从样品测定胃蛋白酶原I（PGI）和/或胃泌素浓度、和/或幽门螺杆菌（Hp）标志物浓度或存在的工具，以及体现在计算机可读介质上的计算机程序产品，还包括计算机编码工具，当在计算机上运行的时候其适合执行下列步骤：比较分析物浓度的测定值与该分析物预定的临界值，合并比较结果以得到比较结果的组合，以及提供相应于所述组合的信息和任选相应于其他输入数据的信息。

2. 根据权利要求1的用具包，其中被测定的以及通过计算机编码工具输入数据处理系统用于比较的分析物包括Hp-标志物、PGI以及胃泌素，以及其中所述分析物预定的临界值是储存在含有计算机程序的计算机可读介质中。

3. 一种装置，其包括执行下列步骤的工具：将分析物测量浓度与所述分析物各自的临界值进行比较，将比较结果合并形成比较结果的组合，以及提供与所述组合相关的信息以及任选与其他输入数据相关的信息，其中分析物包括Hp-标志物、PGI以及胃泌素，该装置也包括所述分析物的预定临界值的数据。”

至此，合议组认为本案事实已经清楚，现依法作出复审请求审查决定。

二、决定的理由

1. 关于审查文本

本复审请求审查决定以复审请求人于2007年9月25日提交的权利要求第1~3项、2007年5月14日提交的说明书第1~15页、2003年7月7日进入中国国家阶段时提交的说明书附图第1页、说明书摘要及摘要附图作为审查基础。

2. 关于专利法第25条第1款第3项

专利法第25条第1款第3项规定，对疾病的诊断和治疗方法不授予专利权。

本案中，驳回决定中认为，本申请的原权利要求1~12属于专利法第25条第1款第2项规定的不授权的内容。复审请求人于2007年9月25日提交的修改文本中将属于专利法第25条规定的情形的权利要求1~12删除，因此该修改文本消除了驳回决定指出的上述缺陷。

3. 关于专利法实施细则第20条第1款

专利法实施细则第20条第1款规定：权利要求书应当说明发明或者实用新型的技术特征，清楚、简要地表述请求保护的范围。

本案中，驳回决定认为，权利要求13请求保护一种试剂盒，应当以试剂盒的结构特征对其进行限定，但在该权利要求中并没有描述试剂盒的构成，而是采用测定工具、计算机程序产品，编码工具等进行限定，因此该权利要求的技术方案不清楚，不符合专利法实施细则第20条第1款的规定。

复审请求人于2007年5月14日提交了改正译文错误请求书，并缴纳了相关改正译文的费用，对本申请的国际申请公开文本中权利要求13主题的英文原文“a kit”进行修改，将权利要求13的主题由“试剂盒”改译为“用具包”。合议组审查后认为，根据审查指南第三部分第二章第3.3节的规定“原始提交的国际申请文件具有法律效力，作为申请文件修改的法律依据”，复审请求人的上述修改时机符合审查指南第三部分第二章第6节的相关规定，并且英文“a kit”本身也可以翻译为“用具包”，因此上述修改可以被允许。该权利要求修改后的主题为“一种用具包”，而采用测定工具、计算机程序产品等技术特征对用具包进行限定对本领域技术人员来说是可以理解的，并不会导致该权利要求的保护范围不清楚，因此上述修改已经克服了驳回决定中指出的缺陷。

基于以上事实和理由，本案合议组依法作出以下审查决定。

三、决定

在2007年9月25日提交的修改文本的基础上，撤销国家知识产权局于2005年4月8日对02803495.3号发明专利申请作出的驳回决定，由原审查部门以本决定依据的文本作为审查基础继续进行审查程序。

复审请求人对本决定不服的，可以根据专利法第41条第2款的规定，自收到本决定之日起三个月内向北京市第一中级人民法院起诉。

021

由测量频率特性的改变确定眼内压力的方法和设备

复审请求审查决定（第12105号）

决　　定　　号　第12105号
决　　定　　日　2007年11月20日
发明创造名称　由测量频率特性的改变确定眼内压力的方法和设备
国 际 分 类 号　A61B3/16
复 审 请 求 人　生物谐振器公司
申　　请　　号　00812316.0
申　　请　　日　2000年8月24日
优 先 权 日　1999年8月31日
公　　开　　日　2002年10月2日
合 议 组 组 长　张梅珍
主　　审　　员　刘　铭
参　　审　　员　周　航

法 律 依 据　专利法第33条，第22条第4款
决 定 要 点
如果对申请文件的修改是可以从说明书和权利要求书的文字记载的内容直接地、毫无疑义地确定的内容，则该修改符合专利法第33条的规定；如果请求保护的技术方案不具有再现性并且不适于工业应用，则该技术方案不具备实用性。

一、案由

本复审请求涉及申请号为00812316.0、名称为“由测量频率特性的改变确定眼内压力的方法和设备”的发明专利PCT申请（下称本申请），申请日为2000年8月24日，优先权日为1999年8月31日，申请人为生物谐振器公司。本申请公开时权利要求书包括11项权利要求，其中权利要求1、6、11为独立权利要求。

经过实质审查程序，国家知识产权局专利局以本申请权利要求1~5及10不符合专利法第22条第4款的规定为由，于2006年6月2日做出驳回本申请的决定，驳回决定所针对的文本是：2005年10月18日提交的权利要求第1~10项、2002年2月28日提交的国际申请文件中文译文的说明书第1~4页、说明书附图第1页、说明书摘要及摘要附图。具体的驳回理由为：权利要求1~5不具备实用性，该方法作用于有生命的人体，而患者本身存在个体差异，在测量过程中需要依赖患者自身的情况和技师的经验来进行判断，因此不能应用于产业；权利要求10同样也不具备实用性。

驳回决定所针对的权利要求书共包括10项权利要求，如下：

“1. 用于测量眼球内压力P即所谓的眼内压力的方法，包括以下步骤：让一个具有已知几何形状的接触体以力F按压眼球、确定眼球的变形面积A，以及由关系式P=F/A计算压力P，

其特征在于，还包括下列步骤：

读出与在谐振下振荡的传感器系统相关联的接触体的频率特性；

使该接触体以逐渐加大的力F按压眼球，以逐渐形成在谐振下振荡的所述系统的改变；

在眼球变形期间使用装置（3）连续测量/读出接触力F并连续读出用于所述系统的频率特性，由此获得一系列测量值；以及

确定频率特定的改变与力F之间的关系，由此确定眼球的压力P，因为所求的变形面积A是频率特性改变的函数A（Δf_{char}）。

2. 按照权利要求1的方法，其特征在于该接触体按压眼球的力是根据眼球的压力而选择的，使得可用较低的对眼球的接触力来确定较低的压力而用较高的接触力来确定较高的压力，由此可在大的压力间隔范围内以最小的接触力得到高度的测量精度。

3. 按照权利要求1的方法，其特征在于该频率特性是连续地读出的，并且增加接触力F直到达到了所希望的频率特性的改变Δf_{char}为止，而且读出接触力F，且压力被确定为在特定的频率特性改变Δf_{char}下接触力F的函数。

4. 按照权利要求1或3的方法，其特征在于在接触体按压眼球的同时进行接触力F和频率特性的反复读出，由此得到一系列的测量值。

5. 按照权利要求1~4中任一项的方法，其特征在于频率特性是由谐振频率的改变Δf或相位的改变$\Delta \phi$中任何一项描述的。

6. 用于测量眼球内部压力P即所谓的眼球内压力的设备，其具有按压眼球（2）用的已知几何形状的接触体（4），其特征在于该接触体（4）是在谐振下振荡的系统的一部分，且此谐振系统被连接到用于连续读出系统的频率特性的装置（9），该设备包括用于连续测量该接触体按压眼球所用的力F的装置（3），该设备还包括用于计算频率特性改变A（Δf_{char}）的装置以及用于读出该接触体按压眼球所用的力F的装置，所述用于计算的装置被设置以确定频率特性改变A（Δf_{char}）与力F之间的关系，从而确定眼球的压力P。

7. 按照权利要求6的设备，其特征在于在谐振下振荡的该系统包括一压电元件。

8. 按照权利要求6或7的设备，其特征在于该接触体（4）具有一平坦的接触表面（5），且此接触表面有一定的结构或形状。

9. 按照权利要求6或7中任何一项的设备，其特征在于该接触表面（5）是凹形的，其曲率半径超过它准备按压的眼球表面的曲率半径。

10. 按照权利要求6的设备的使用，用于测量眼内压的脉动。”

申请人生物谐振器公司（下称复审请求人）不服上述驳回决定，于2006年9月15日向专利复审委员会提出复审请求，其复审请求的理由是：进行测量的人遵循使用指南，不会对被测者的眼睛安全构成威胁，而这种安全性是不需要技师根据个人经验结合患者个人情况来判断的；根据说明书的描述，本发明并不需要测量人眼耐受的极限压力，对人眼是安全的，因此权利要求1~5和10中记载的技术方案具有实用性。复审请求人未对本申请进行任何修改。

经形式审查合格后，专利复审委员会依法受理了上述请求，并于2006年11月15日向复审请求人发出了复审请求受理通知书，同时向原审查部门发出前置审查通知书。

原审查部门对该复审请求做出前置审查意见，仍然坚持原驳回决定。

针对上述复审请求，专利复审委员会依法成立合议组，对该复审请求进行审查。本案合议组于2007年2月13日发出复审通知书，指出：权利要求6中的“以及用于读出该接触体按压眼球所用的力F的装置”既没有记载在原始申请文件中，也不能从原始申请文件中直接地、毫无疑义地确定，该修改超出了原始申请文件记载的范围，不符合专利法第33条的规定；权利要求1~5及10涉及测量眼内压力的方法，该方法借助于有生命的人体来实施，需要操作人员依据被测个体的情况和经验做出判断，其中眼球变形面积的确定也需要依据操作人员的经验来进行，因而不具备实用性，不符合专利法第22条第4款的规定；虽然请求人在复审请求中强调不会对眼睛的安全构成威胁，也不需要根据患者情况来进行判断和测量人眼耐受的极限压力，但合议组经审理认为即便有操作指南，也需要操作人员依据个体的不同情况和自身的经验来判断，比如在说明书中记载：即便由装置进行调节，还是会出现接触力太小或太大的情况。可见，这种情况必然要求操作人员依据经验和实际情况来进行处理；即便复审请求人删除权利要求6中超范围的技术特征，权利要求6~9相对于在实质审查过程中所引用的对比文件1与对比文件2及本领域常用技术手段的结合也不具备创造性，不符合专利法第22条第3款的规定。所引用的对比文件如下（原实质审查过程中引用的对比文件）：

对比文件1：SU982649A，公开日为1982年12月28日；

对比文件2：WO9809564A1，公开日为1998年3月12日。

针对上述复审通知书，复审请求人于2007年5月28日提交了意见陈述书和权利要求书的替换页，修改后的权利要求书共包括8项权利要求，如下：

“1. 用于测量眼球内压力P即所谓的眼内压力的方法，包括以下步骤：让一个具有已知几何形状的接触体以力F按压眼球、确定眼球的变形面积A，以及由关系式$P=F/A$计算压力P，

其特征在于，还包括下列步骤：

读出与在谐振下振荡的传感器系统相关联的接触体的频率特性；

使该接触体以逐渐加大的力F按压眼球，以逐渐形成在谐振下振荡的所述系统的改变；

在眼球变形期间使用装置（3）连续测量/读出接触力F并连续读出用于所述系统的频率特性，由此获得一系列测量值；以及

确定频率特定的改变与力F之间的关系，由此确定眼球的压力P，因为所求的变形面积A是频率特性改变的函数A（Δf_{char}），

其中，该频率特性是连续地读出的，并且增加接触力F直到达到了所希望的频率特性的改变Δf_{char}为止，而且读出接触力F，且压力被确定为在特定的频率特性改变Δf_{char}下接触力F的函数。

2. 按照权利要求1的方法，其特征在于在接触体按压眼球的同时进行接触力F和频率特性的反复读出，由此得到一系列的测量值。

3. 按照权利要求1或2的方法，其特征在于频率特性是由谐振频率的改变Δf或相位的改变$\Delta\Phi$中任何一项描述的。

4. 用于测量眼球内部压力P即所谓的眼球内压力的设备，其具有按压眼球（2）用的已知几何形状的接触体（4），其特征在于该接触体（4）是在谐振下振荡的系统的一部分，且此谐振系统被连接到用于连续读出系统的频率特性的装置（9），该设备包括用于连续测量该接触体按压眼球所用的力F的装置（3），该设备还包括用于计算频率特性改变A（Δf_{char}）的装置以及用于读出该接触体按压眼球所用的力F的装置，所述用于计算的装置被设置以确定频率特性改变A（Δf_{fchar}）与力F之间的关系，从而确定眼球的压力P。

5. 按照权利要求4的设备，其特征在于在谐振下振荡的该系统包括一压电元件。

6. 按照权利要求4或5的设备，其特征在于该接触体（4）具有一平坦的接触表面（5），且此接

触表面有一定的结构或形状。

7. 按照权利要求4或5的设备，其特征在于该接触表面（5）是凹形的，其曲率半径超过它准备按压的眼球表面的曲率半径。

8. 按照权利要求4的设备的使用，用于测量眼内压的脉动。”

复审请求人在意见陈述书中认为：根据说明书第3页第4段中记载的“传感器1被装置3支持以便调节传感器1对眼球的按压。装置3能够控制传感器用以按压眼球的力”以及第4页最后一段中记载的“该设备可以用于连续测量和收集信息”，本领域技术人员能够直接地、毫无疑义地导出本发明的用于测量眼球内部压力的设备必然包括用于读出接触体按压眼球所用的力F的装置以便对力F进行调节和控制，因此该修改不超范围；由于本发明使用了灵敏度众所周知的谐振下振荡的传感器系统，非常小的频率改变可被测量和用作获得眼球内压力的值的可靠信息，不需要预先确定的变形面积，因此也没有确定压力用的接触力的下限，只需要将传感器系统轻轻地靠在眼球上，而不需要对眼球的实际按压，因此绝对没有会损害眼球的压力被施加；本发明的设备包括对眼球按压并控制用以按压的力的装置3，能够以对眼球安全的方式使用本发明的设备，因此本申请的权利要求1~3及8具备实用性；对比文件1和2都没有公开作为谐振下振荡系统的一部分的接触体，在谐振下振荡的系统进行眼压测量也不是本领域的常用技术手段，因此权利要求6~9相对于对比文件1和2具备创造性。

至此，合议组认为本案事实已经清楚，现依法作出复审决定。

二、决定的理由

1. 关于审查文本

本复审决定以复审请求人于2007年5月28日提交的权利要求第1~8项、2002年2月28日提交的国际申请文件的说明书第1~4页、说明书附图第1页、说明书摘要及摘要附图作为审查基础。

2. 关于专利法第33条

专利法第33条规定：申请人可以对其专利申请文件进行修改，但是，对发明和实用新型专利申请文件的修改不得超出原说明书和权利要求书记载的范围。

审查指南第二部分第八章第5.2.1节规定：原说明书和权利要求书记载的范围包括原说明书和权利要求书文字记载的范围和根据原说明书和权利要求书文字记载的内容以及说明书附图能直接地、毫无疑义地确定的内容。

复审请求人在2005年10月18日提交的权利要求书中，在独立权利要求6中记载了“以及用于读出该接触体按压眼球所用的力F的装置”，合议组在复审通知书中指出上述内容并未记载在原说明书和权利要求中，也不能由原始申请中直接、毫无疑义地确定，因此该修改超范围。复审请求人在答复意见中强调从说明书第3页、第4页等处的记载可直接推导出上述内容。合议组充分考虑复审请求人的意见，仔细查证了以下事实：说明书第4页第5段中记载了“读出这时正在谐振振荡的系统的接触力”；第3页第1段中记载了“接触力F可以增加直至达到所需的频率特性的改变Δf_{char}为止，由此可读出接触力F而压力则可以由作为在频率特性f_{char}特定改变中的接触力的函数而计算”；第4页最后一段中记载了“该设备可以用于连续测量和收集信息”；第3页第4段中记载了“传感器1被装置3支持以便调节传感器1对眼球的按压。装置3能够控制传感器用以按压眼球的力”；第4页最后一段中记载了“该设备可以用于连续测量和收集信息”。合议组认为：根据这些记载，本领域技术人员能够直接地、毫无疑义地导出本发明的用于测量眼球内部压力的设备必然包括用于读出接触体按压眼球所用的力F的装置，从而实现对力F的调节和控制，因此该修改不超范围，符合专利法第33条的规定。

3. 关于专利法第 22 条第 4 款

专利法第 22 条第 4 款规定：实用性，是指该发明或者实用新型能够制造或者使用，并能产生积极效果。

权利要求 1~3（对应于原权利要求 3~5）涉及用于测量眼内压力的方法，该方法涉及在力的作用下用具有一定形状的接触体按压眼球，通过眼球的变形面积与施加的力之间的关系来确定眼内压力的大小。由于该方案需要以有生命的人体为实是对象，而不同个体之间存在个体差异，在测量过程中需要根据个体情况进行判断。具体而言，该技术方案需要对眼球施加一定的外力，在外力作用下不同个体之间所产生的变形面积不同；眼球作为一种非常敏感而脆弱的身体器官，在施加外力的时候，必然涉及对其安全性的考虑，这需要操作人员根据个体的情况和经验做出判断；即便有详细的操作指南，也只能为操作者在按压眼球时提供指导，而其具体的操作不可能脱离操作人员的经验判断以确定接触力的大小是否合适；此外，该技术方案中还涉及对眼球变形面积的确定，这种确定显然也需要依据操作人员的经验来进行。因此，权利要求 1~3 不具备再现性，这种以人体为实是对象的方法也不能产业化应用，不符合专利法第 22 条第 4 款有关工业实用性的规定。

权利要求 8（对应于原权利要求 10）的技术方案涉及测量眼内压的设备的使用，由于其中所述设备的原理与权利要求 1~3 的方法的原理相同，因而该权利要求也存在与权利要求 1~3 相同的问题，也不具备工业实用性。

复审请求人在复审通知书答复意见中认为：由于本发明使用了灵敏度众所周知的谐振下振荡的传感器系统，非常小的频率改变可被测量和用作获得眼球内压力的值的可靠信息，不需要对眼球的实际按压，因此绝对没有会损害眼球的压力被施加；本发明的设备包括对眼球按压并控制用以按压的力的装置 3，能够以对眼球安全的方式使用本发明的设备，因此本申请的权利要求具备实用性。对此，合议组经审查认为：权利要求 1~3 和 8 请求保护的方案中都涉及利用对眼球进行按压所施加的力来确定眼内压力，其中不可能不涉及对眼球的实际按压，而这种按压必然需要操作人员依据被测对象的具体情况来进行判断，因此复审请求人的上述理由不足以证明权利要求 1~3 及 8 具备实用性。

根据上述事实和理由，本案合议组依法作出以下审查决定。

三、决定

维持国家知识产权局于 2006 年 6 月 2 日对 00812316.0 号发明专利申请作出的驳回决定。

复审请求人对本决定不服的，可以根据专利法第 41 条第 2 款的规定，自收到本决定之日起三个月内向北京市第一中级人民法院起诉。

022

用于检查提升和处理设备中一个杆垂直性的装置

复审请求审查决定（第12108号）

决　定　号　第12108号
决　定　日　2007年12月18日
发明创造名称　用于检查提升和处理设备中一个杆垂直性的装置
国际分类号　G21C 17/10，G01C 9/00
复审请求人　里尔有限公司
申　请　号　96110092.3
优先权日　1995年6月7日
申　请　日　1996年6月7日
公　开　日　1997年3月26日
合议组组长　张梅珍
主　审　员　马　燕
参　审　员　刘　畅

法律依据　专利法第33条、第26条第3款
决定要点

如果所属技术领域的技术人员根据说明书记载的技术方案能够解决该申请所要解决的技术问题，并产生预期的技术效果，则该申请的说明书符合专利法第26条第3款的规定。

一、案由

本复审请求涉及申请号为96110092.3、名称为“用于检查提升和处理设备中一个杆垂直性的装置”的发明专利申请（下称本申请），申请人为里尔有限公司，申请日为1996年6月7日，优先权日为1995年6月7日，公开日为1997年3月26日。本申请公开时共有3项权利要求，其中权利要求1、2是独立权利要求。本申请公开时的权利要求3如下：

“3. 按照权利要求2所述的一种用于检查处理核燃料组件设备一个杆的垂直性的装置，其特征在于：由两个元件组成测量结构：

第1个元件（13，14），以已知位置固定到腔体的底部，装配以垂直对中销，

第2个可移动元件（15）插入所说销（16）中并包括一个由立方体形、其四个垂直侧壁（17）在它们的内表面装配以贴近传感器（18），且其上壁打开以插入检查元件（20），而构成的测量刻度规。”

应申请人的请求，国家知识产权局实质审查部门依法对本申请进行了实质审查，于2002年5月

24 日发出第一次审查意见通知书，指出：在说明书第 6 页第 3~5 段以及后面的描述中，申请人没有清楚地说明金属平板 13 固定在哪里，也没有清楚地说明如何通过调节板 14 来调节传感器支承 15 的水平，本领域技术人员不清楚“1/4 圈器件”是什么，更不清楚它如何将支承 15 锁在板 14 上；此外，说明书中有很多语句不通顺的地方，审查员无法理解其含义。因此，本申请的说明书没有对该发明作出完整清楚的说明，本领域技术人员不能实现，不符合专利法第 26 条第 3 款的规定。

申请人针对第一次审查意见通知书于 2002 年 10 月 8 日提交了意见陈述书，同时提交了权利要求书全文、说明书全文的修改替换页。申请人在意见陈述书中指出，（1）根据原权利要求 3 的内容，金属平板 13 固定在包括有冷却和/或用于慢化放射中子的流体的腔室的底部；（2）如说明书第 6 页第 4 段所公开的内容和附图 2 所示的内容，调节板 14 装配有对中销 16，其用于容纳测量传感器 18 的支承 15，支承 15 的顶壁是打开的，燃料组件可移入到该支承 15 之中，并且它的位置可以通过所述的传感器 18 测量；（3）“1/4 圈器件”特别是对于本领域的技术人员而言是众所周知的，通过导致所述器件的 1/4 圈转动，可以将支承 15 和调节板 14 两元件锁紧或固定在一起；（4）对本申请原说明书和权利要求书中涉及语句不通顺的地方进行了必要的修改，使其有关描述清楚。

国家知识产权局实质审查部门以本申请说明书不符合专利法第 26 条第 3 款的规定为由，于 2002 年 12 月 13 日作出了驳回本申请的决定。驳回决定依据的文本是：申请人于 2002 年 10 月 8 日提交的权利要求第 1~4 项、说明书第 1~9 页；于 1996 年 6 月 7 日提交的说明书附图第 1~2 页、摘要附图；于 1996 年 12 月 7 日提交的说明书附图第 3 页；于 1996 年 11 月 8 日提交的说明书摘要。

驳回决定认为：（1）在意见陈述书中，申请人指出金属平板 13 被固定在包括有冷却和/或用于慢化放射中子的流体的腔室的底部，根据说明书第 5 页第 6~10 行、附图 1 以及第 8 页第 22 行至第 9 页第 3 行的内容来看，“腔室”有不同的含义，即为反应堆的燃料更换池或反应堆容器，因此不清楚申请人所说的“腔室”的准确含义，从而不清楚金属平板 13 究竟应当设置在哪里。（2）申请人在意见陈述书中没有说明如何通过调节板 14 来调节传感器支承 15 的水平。（3）“1/4 圈器件”对涉及该申请反应堆的技术人员而言也许是众所周知的，但对于涉及其他反应堆的技术人员而言却不是众所周知的。因此，申请人没有提出充分的理由来证明其说明书对该发明已作出完整清楚的说明，本领域技术人员仍然不能实现，因此，说明书仍然不符合专利法第 26 条第 3 款的规定。

申请人里尔有限公司（以下称复审请求人）不服上述驳回决定，于 2003 年 3 月 28 日向专利复审委员会提出复审请求，同时提交了权利要求书全文、说明书全文的修改替换页。修改后的权利要求书共包括 4 项权利要求，其中权利要求 3 如下：

“3. 按照权利要求 2 所述的一种用于检查处理核燃料组件设备一个杆的垂直性的装置，其特征在于：由两个元件组成测量结构：

第 1 个元件（13，14），在已知位置中被固定到所述腔体的底部，并装配有垂直对中销，

第 2 个可移动元件（15），其插入所说销（16）中，并包括一个测量刻度规和上壁面，该刻度规由立方体形、四个垂直侧壁（17）构成，所述侧壁在它们的内表面装配有近端传感器（18），且所述上壁面打开以插入检查元件（20）。”

复审请求人认为：（1）金属平板 13 是永久地固定到处于一公知位置中的所述腔室的底部；“腔室”在本发明的特殊应用领域中被视为一惯用术语，所述“腔室”指的就是反应堆（或反应器）容器本身，根本不是反应堆的燃料更换池。（2）可以通过支承 15 所设置的传感器 18 直接地调节支承 15 的水平，在本申请说明书第 7 页第 1~2 和 4~5 自然段中有相应内容的说明。（3）“1/4 圈器件”不仅对于涉及本申请反应堆的技术人员而言是众所周知的，其实其对于在机械行业领域的技术人员而言也是众所周知的，是一种公知的技术或装置。在本申请实施例介绍的应用中，通过导致 1/4 圈器件

的1/4圈转动，可以将支承15和调节板14两元件锁紧或固定在一起。在机械行业领域中，所述的“1/4圈器件”例如同样地也可用于将一电灯泡固定到一插头上。综上所述，复审请求人认为，本申请的说明书已经对本申请请求保护的技术方案作出了完整清楚的描述和说明，因此符合专利法第26条第3款的规定。

经形式审查合格后，专利复审委员会受理了该复审请求，并于2003年5月6日向复审请求人发出复审请求受理通知书，同日向原实质审查部门发出前置审查通知书，将本案案卷转送给原实质审查部门进行前置审查。

原实质审查部门对本复审请求进行了前置审查，在前置审查意见中，原实质审查部门认为，（1）说明书只提到金属平板13是永久地固定到所述腔室的底部，并没有具体指明所述腔室是指哪个位置，根据说明书的内容及附图来推断，所述腔室既可能是反应堆容器，也可能是燃料更换池，因此，“腔室”的含义不清楚，从而不清楚金属平板13究竟应当设置在哪里；（2）本申请说明书第7页第1~2和4~5自然段的内容仅描述了如何用调节板14对所述传感器支承15进行对中，并没有具体描述如何通过调节板14调节传感器支承15的水平，因此，说明书对如何调节所述传感器支承15的水平的描述是不清楚的；（3）原始申请文件中没有详细描述“1/4圈器件”的结构以及如何使用，申请人对“1/4圈器件”所作的解释超出了原始申请文件的记载，不能接受。因此，原实质审查部门坚持原驳回决定。

针对上述复审请求，专利复审委员会依法成立合议组对本案进行了审查。

本案合议组于2007年10月10日发出复审通知书，指出：（1）复审请求人在提出复审请求时提交的权利要求3记载了“由两个元件组成测量结构：—第1个元件（13，14）……—第2个可移动元件（15），其插入所说销（16）中，并包括一个测量刻度规和上壁面，该刻度规由立方体形、四个垂直侧壁（17）构成，所述侧壁在它们的内表面装配有近端传感器（18），且所述上壁面打开以插入检查元件（20）”，但根据原说明书的记载可知，“支承”与“第2个可移动元件”的附图标记都是“15”，二者应是同一部件，并且测量刻度规12包括支承15，即包括第2个可移动元件，而不是入修改后的权利要求3所述的第2个可移动元件包括测量刻度规；此外，支承15是个立方体，由四个垂直侧壁所限定，而非刻度规由立方体形、四个垂直侧壁构成。可见，修改后的这部分内容与原始申请文件记载的内容不同，并且不能根据原始申请文件记载的内容直接地、毫无疑义地确定；此外，说明书第4页第12~18行也存在上述问题。（2）说明书第3、6~8页存在多处修改超范围之处，不符合专利法第33条的规定。

2007年11月22日，复审请求人针对复审通知书提交了意见陈述书，同时提交了权利要求书全文、说明书全文的修改替换页。修改后的权利要求3如下：

“3. 按照权利要求2所述的一种用于检查处理核燃料组件设备一个杆的垂直性的装置，其特征在于：由两个元件组成测量结构：

第1个元件（13，14），在已知位置中被固定到所述腔体的底部，并装配有垂直对中销，

第2个可移动元件（15）插入所说销（16）中并包括一个由立方体形、其四个垂直侧壁（17）在它们的内表面装配以贴近传感器（18），且其上壁面打开以插入检查元件（20），而构成的测量刻度规。”

复审请求人在意见陈述书中指出，已经根据原始权利要求书和说明书对复审通知书中指出的修改超范围之处进行了修改，使其符合专利法第33条的规定。

至此，合议组认为本案事实已经清楚，依法作出本复审请求审查决定。

二、决定的理由

1. 审查文本

本复审请求审查决定以复审请求人于2007年11月22日提交的权利要求第1~4项、说明书第1~9页、于1996年6月7日提交的说明书附图第1~2页、摘要附图；于1996年12月7日提交的附图第3页，以及于1996年11月8日提交的说明书摘要作为审查文本。

2. 关于专利法第33条

专利法第33条规定，申请人可以对其专利申请文件进行修改，但是，对发明和实用新型专利申请文件的修改不得超出原说明书和权利要求书记载的范围，对外观设计专利申请文件的修改不得超出原图片或者照片表示的范围。

具体就本案而言，本案合议组在复审通知书中指出复审请求人提出复审请求时提交的文本中权利要求书和说明书均存在超范围之处，不符合专利法第33条的规定，复审请求人针对该通知书于2007年11月22日重新提交了权利要求书和说明书，根据原始申请文件对超范围之处进行了修改，经合议组审查，该文本克服了复审通知书指出的缺陷，符合专利法第33条规定的内容。

3. 关于专利法第26条第3款

专利法第26条第3款规定，说明书应当对发明或者实用新型作出清楚、完整的说明，以所属技术领域的技术人员能够实现为准；必要的时候，应当有附图。摘要应当简要说明发明或者实用新型的技术要点。

具体就本案而言，(1) 驳回决定和前置审查意见中认为，根据说明书第5页第6~10行、附图1以及第8页第22行至第9页第3行的内容来看，“腔室”有不同的含义，即为反应堆的燃料更换池或反应堆容器，因此不清楚申请人所说的“腔室”的准确含义，从而不清楚金属平板13究竟应当设置在哪里。

对此合议组认为，根据本申请说明书背景技术部分的记载，核反应堆芯包括若干能够彼此独立地操纵的组件，将这些组件垂直地、一个挨一个地定位在反应堆容器中，在其底部基本包括一个提供邻接定位或插座的底板，或堆芯板。说明书第6页第17、18行又明确记载了“该金属框架首先装有金属平板13，其永久地固定在适当定位上，在有板的区域中，例如定位于内部支承上”，结合上述内容可知，说明书第6页所述的“板”是指反应堆容器底部的底板或堆芯板，由此可知，金属平板13定位于反应堆容器的底部，而反应堆容器浸没在腔体5中，因此，当金属平板13位于反应堆容器的底部时，其实际上也位于腔体5的底部。故合议组认为本申请说明书中对于金属平板13的位置描述是清楚的。

(2) 驳回决定中认为，申请人在意见陈述书中没有说明如何通过调节板14来调节传感器支承15的水平；前置审查意见认为，说明书也未对此内容作出清楚的描述。

对此合议组认为，本申请说明书所记载的“将一个调节板14放在平板13之上，使它能完全调节传感器支承15的水平”是对调节板14在检察杆的垂直性时所应具备的功能的限定，本领域技术人员在按照本申请说明书实施本申请的技术方案时，只要使调节板14具备这一功能，就可以继续执行其他的步骤。而在本领域中可以采用多种方法来调节部件的水平，这属于本领域的常规技术，因此合议组认为即使对此未作详细说明，本领域的技术人员依据其所掌握的现有技术和本申请说明书记载的内容，完全能够实现测定杆的垂直性的任务。

(3) 驳回决定中认为，“1/4圈器件”对涉及该申请反应堆的技术人员而言也许是众所周知的，但对于涉及其他反应堆的技术人员而言却不是众所周知的；前置审查意见认为，原始申请文件中没有详细描述“1/4圈器件”的结构以及如何使用，复审请求人对“1/4圈器件”所作的解释超出了原始申请文件的记载，不能接受。

对此合议组认为，“1/4 圈器件”是一种公知的装置，其广泛用于多个领域，如本申请所涉及的核反应堆领域，机械领域等。本领域技术人员在按照说明书记载的内容来实现本申请的技术方案时，完全清楚“1/4 圈器件”代表哪一类元件、这类元件的结构，以及这类元件在旋转 1/4 圈时将两个部件卡合或锁紧的功能，因此该术语并没有导致本申请的说明书不清楚。

综上所述，合议组认为，本申请的说明书对发明作出了清楚、完整的说明，本领域技术人员能够实现本申请的技术方案，因此，本申请的说明书符合专利法第 26 条第 3 款的规定。

三、决定

复审请求成立，撤销国家知识产权局于 2002 年 12 月 13 日对 96110092. 3 号发明专利申请作出的驳回决定，由原审查部门依据本复审请求审查决定所针对的审查文本继续审查。

复审请求人对本决定不服的，可以根据专利法第 41 条第 2 款的规定，自收到本决定之日起三个月内向北京市第一中级人民法院起诉。

023

可靠准备和执行卖方和买方间商业交易财务结算的过程

复审请求审查决定（第12203号）

决　定　号　第12203号
决　定　日　2007年12月17日
发明创造名称　可靠准备和执行卖方和买方间商业交易财务结算的过程
国际分类号　G07F 19/00
复审请求人　安德拉什·维尔莫什
申　请　号　01821147.X
优先权日　2000年11月20日
申　请　日　2001年11月9日
公　开　日　2004年3月17日
合议组组长　王桂莲
主　审　员　李　礼
参　审　员　杨军艳

法律依据　专利法实施细则第2条第1款
决定要点
若一项申请的解决方案所要解决的问题并不属于技术问题，所采用的手段不受自然规律的约束，未利用技术手段，所获得的效果不是符合自然规律的技术效果，则该项申请不属于技术方案，不属于专利保护的客体。

一、案由

本复审请求涉及申请号为01821147.X、名称为“可靠准备和执行卖方和买方间商业交易财务结算的过程”的PCT发明专利申请（下称本申请），申请日为2001年11月9日，进入中国国家阶段日期为2003年6月20日，优先权日为2000年11月20日，申请人为安德拉什·维尔莫什。

国家知识产权局实质审查部门依法对本申请进行了实质审查，于2004年7月30日发出第一次审查意见通知书，指出本申请权利要求第1~13项属于专利法第25条第1款第2项所述的智力活动的规则和方法的范围，不能被授予专利权。

针对上述审查意见通知书，申请人于2005年2月16日提交了意见陈述书和权利要求书修改替换页。修改后的权利要求书共包括13项权利要求，内容如下：

“1. 一种可靠地准备和执行卖方和买方间商业交易的财务结算的方法，包括以下步骤：

在该方法中在卖方（10）和买方（30）达成商业交易之后或期间，通过卖方的识别符形成设备

（11）建立一个用于该给定商业交易的唯一交易识别数据项（11b），并向买方告知该数据项；

买方根据卖方和买方达成的交易协议建立主要支付信息（41），并且通过把该已告知买方的唯一交易识别数据项添加到买方的主要支付信息中建立一个含有识别支付信息（50）的支付数据文件（40）；

直接地或者在位于买方处的买方IT设备（31）的介入下把该支付数据文件发送到买方的调停单元（60），在买方的该调停单元检查该支付数据文件，接着在该检查后，取决于检查结果根据该支付数据文件对买方（30）的财务单元（61）的数据进行差额转换，并且向卖方的财务单元（71）传送该差额转换结果；

在无须对与买方和/或卖方有关的数据进行中央识别的情况下，借助买方的IT设备（31），在包含属于买方（30）的调停单元（60）的情况下，通过信息发送网络（20）经由属于卖方（10）的调停单元（70）把该识别支付信息（50）发送到卖方（10），以及除了发送该识别支付信息（50）或者在该发送之后启动该商业交易的财务结算。

2. 依据权利要求1的方法，其特征在于：在商业交易的财务结算之前，通过属于卖方（10）的调停单元（70）把识别支付信息（50）传送到卖方（10）的营业额检查单元（13），在此再次检查该识别支付信息（50），并且以这种方式建立确认支付信息（51），以及仅在该确认支付信息（51）到达属于买方（30）的调停单元（60）后才启动该商业交易的财务结算。

3. 依据权利要求1或2的方法，其特征在于：在商业交易的财务结算之前，在位于买方（30）处的买方的IT设备（31）的帮助下建立确认指令（63），把该确认指令（63）发送到属于买方（30）的调停单元（60），以及仅在此之后启动该商业交易的财务结算。

4. 依据权利要求1的方法，其特征在于：在从属于买方（30）的调停单元（60）向属于卖方（10）的调停单元（70）传送识别支付信息（50）的同时启动该商业交易的财务结算。

5. 依据权利要求1~4中任一权利要求的方法，其特征在于：利用信息发送网络（20）使买方（30）知道卖方（10）的唯一交易识别数据项（11b）。

6. 依据权利要求5的方法，其特征在于：利用信息发送网络（20）向位于买方（30）处的买方IT设备（31）发送该唯一交易识别数据项（11b）。

7. 依据权利要求1~4中任一权利要求的方法，其特征在于：直接使买方（30）知道该唯一交易识别数据项（11b）。

8. 依据权利要求1~7中任一权利要求的方法，其特征在于：在一个识别数据文件（11a）中设置该交易识别数据项（11b），并且该识别数据文件（11a）中的各个交易识别数据项（11b）和各个商业交易链接。

9. 依据权利要求1~8中任一权利要求的方法，其特征在于：属于买方（30）的调停单元（60）是操作该买方（30）的财务单元（61）的银行。

10. 依据权利要求1~8中任一权利要求的方法，其特征在于：属于卖方（10）的调停单元（70）是操作卖方（10）的财务单元（71）的银行。

11. 依据权利要求1~10中任一权利要求的方法，其特征在于：属于买方（30）的调停单元（60）和属于卖方（10）的调停单元（70）是同一家银行。

12. 依据权利要求1~8中任一权利要求的方法，其特征在于：属于买方（30）的调停单元（60）和属于卖方（10）的调停单元（70）是同一家公用事业服务提供商。

13. 依据权利要求12的方法，其特征在于：属于买方（30）的财务单元（61）和属于卖方（10）的财务单元（71）都由该同一家公用事业服务提供商操作。”

申请人在意见陈述中称：新的权利要求1限定的技术方案解决了技术问题，由一系列明显的技术手段构成，可获得技术效果，其技术方案实际上是一种数据或信息处理方法，而其中所述的一系列设备即上述交互作用的设备，借助于这些设备，根据所述数据来执行各种特定操作，其目的不在于金融交易，因此其限定的不是有关商业交易的一般规则，并不属于智力活动规则和方法。

经过上述实质审查程序后，国家知识产权局实质审查部门针对申请人于2005年2月16日提交的权利要求第1~13项，进入国家阶段（2003年6月20日）提交的按照国际初步审查报告附件的修改部分中文译文的说明书第1~10页、按照原始提交国际申请文件中文译文的说明书附图第1页、说明书摘要、摘要附图，以本申请权利要求第1~13项属于专利法第25条第1款第2项所述的智力活动的规则和方法的范围，不能被授予专利权为由，于2005年7月1日作出了驳回本申请的决定。

申请人安德拉什·维尔莫什（下称复审请求人）不服上述驳回决定，于2005年10月17日向专利复审委员会提出复审请求，未提交修改文本。

经形式审查合格后，专利复审委员会受理了上述请求，并于2005年11月8日发出了复审请求受理通知书及前置审查通知书。

原审查部门对该复审请求作出前置审查意见，仍然坚持原驳回决定。

针对上述复审请求，专利复审委员会依法成立合议组，本案合议组经审查于2006年9月11日发出复审通知书，指出：本申请权利要求第1~13项解决的问题是如何利用人为规定的财务结算方式准备和执行买卖双方商业交易的财务结算，而这并不构成技术问题，采用的手段也是根据人为制定的商业活动规则，按照其所规定的要求来进行，其并不受自然规律的约束，因而未利用技术手段，获得的效果也仅仅是实现买卖双方无需当场进行财务现金结算，而是利用数字数据准备和执行双方的财务结算，该效果仍然仅是对该商业活动交易过程的管理和控制，而不是技术效果，由于本申请未利用技术手段解决技术问题，也未获得符合自然规律的技术效果，因而本申请权利要求第1~13的解决方案不属于专利法实施细则第2条第1款规定的技术方案，不属于专利保护的客体。

复审请求人针对上述复审意见于2006年12月26日提交了意见陈述书，未对申请文件进行修改。复审请求人认为：本发明的目的是提高交互购买的可靠性并创造一种无现金购买情况下使买方和卖方在可能发生滥用上以及实现上都感到更加安全的形式，其旨在解决商业交易中提高交易的可靠性和安全性这一具体技术问题，通过在交易双方之间以一种特定的方式传送并处理有关数据，以一种技术手段来实现提高的可靠性和安全性，包括一系列明显的技术手段，将数据（集）被替换并通过计算机设备被传输，结果，从原始数据产生独立的新的数据集，权利要求1实际涉及一种数据或信息处理方法，借助于一系列设备根据所述数据执行各种特定操作，通过使用本身公知的交互作用的设备，以一种特殊的、不同寻常的处理顺序并且根据一种新类型的数据，使得买方和卖方可以确信在达成交易的同时可良好地建立财务结算，虽然实现权利要求1的方法的各种硬件设备本身是公知的，但由于这些设备交互作用过程形成了新的、完全不同于现有技术的工作和控制关系，呈现出与现有技术的这些设备的组合的完全不同的功能，而这种不同表现为它们在执行如权利要求1所述的数据处理过程中所执行的不同功能，因此权利要求1限定的不是有关商业交易的一般规则，而是致力于在买方和卖方之间实现高效和安全的交易确认，对相关数据的内容、处理和传送、交互作用设备的作用方式等进行特定设计，这些设计应属于技术因素，而不是一般的商业规则/银行规则，从而权利要求1以及从属权利要求均属于专利法实施细则第2条第1款规定的客体。

至此，合议组认为本案事实已经清楚，现依法作出本复审请求审查决定。

二、决定的理由

1. 审查的基础

鉴于复审请求人在复审阶段并未提交修改文本，因此本复审决定所针对的申请文本与驳回所针对的申请文本相同。

2. 关于本专利是否属于专利保护客体的问题

专利法实施细则第 2 条第 1 款规定：专利法所称发明，是指对产品、方法或者其改进所提出的新的技术方案。

审查指南第二部分第一章第 2 节中规定：技术方案是对要解决的技术问题所采取的利用了自然规律的技术手段的集合。技术手段通常是由技术特征来体现的。未采用技术手段解决技术问题，以获得符合自然规律的技术效果的方案，不属于专利法实施细则第 2 条第 1 款规定的客体。

（1）权利要求 1 不属于专利法实施细则第 2 条第 1 款规定的客体。

权利要求 1 请求保护一种可靠地准备和执行卖方和买方间商业交易的财务结算的方法，包括以下步骤：

在该方法中在卖方（10）和买方（30）达成商业交易之后或期间，通过卖方的识别符形成设备（11）建立一个用于该给定商业交易的唯一交易识别数据项（11b），并向买方告知该数据项；

买方根据卖方和买方达成的交易协议建立主要支付信息（41），并且通过把该已告知买方的唯一交易识别数据项添加到买方的主要支付信息中建立一个含有识别支付信息（50）的支付数据文件（40）；

直接地或者在位于买方处的买方 IT 设备（31）的介入下把该支付数据文件发送到买方的调停单元（60），在买方的该调停单元检查该支付数据文件，接着在该检查后，取决于检查结果根据该支付数据文件对买方（30）的财务单元（61）的数据进行差额转换，并且向卖方的财务单元（71）传送该差额转换结果；

在无须对与买方和/或卖方有关的数据进行中央识别的情况下，借助买方的 IT 设备（31），在包含属于买方（30）的调停单元（60）的情况下，通过信息发送网络（20）经由属于卖方（10）的调停单元（70）把该识别支付信息（50）发送到卖方（10），以及除了发送该识别支付信息（50）或者在该发送之后启动该商业交易的财务结算。

该权利要求的解决方案是利用现有的计算机硬件设备以及网络执行商业交易双方进行财务结算的过程，该方法通过已知硬件利用公知的方式形成其所谓的唯一的交易识别数据项以及将主要支付信息也添加到该交易识别数据项后，基于现有网络，将上述信息发送给调停单元，而其所谓的调停单元即是与交易双方存有财务关系的银行或类似机构，从而根据上述信息完成商业交易双方的整个财务结算。该解决方案虽然通过具体的 IT 设备及网络进行数据生成、交换、核对，但这些 IT 设备以及网络均是公知的，对整个财务结算过程的控制既没有给上述 IT 设备、网络的内部性能例如数据传输、内部资源管理等带来改进，也没有给上述 IT 设备、网络的构成或功能带来任何技术上的改变。该方案所有解决的问题是如何利用人为规定的财务结算方式准备和执行买卖双方商业交易的财务结算，而这并不构成技术问题，采用的手段也是根据人为制定的商业活动规则，按照其所规定的要求来进行，其并不受自然规律的约束，因而未利用技术手段，获得的效果也仅仅是实现买卖双方无需当场进行财务现金结算，而是利用数字数据准备和执行双方的财务结算，该效果仍然仅是对该商业活动交易过程的管理和控制，而不是技术效果。因而，权利要求 1 的解决方案不属于专利法实施细则第 2 条第 1 款规定的技术方案，不属于专利保护的客体。

针对复审请求人的意见陈述，合议组认为：首先，权利要求 1 限定的方案要解决的仅是商业活动中买卖双方财务结算的问题，但是上述问题仅是对该商业活动交易过程的管理和控制，并不属于技术问题；其次，对于复审请求人所认为的权利要求1限定的方案利用了技术手段这一观点，根据权利要求1所记载内容，虽然其中利用了硬件设备，但这些硬件设备以及其所实现的功能效果均是公知的，而这些公知设备之间特定信息的特定传输方式属于人为限定的内容，其关键内容还仅在于依照人为规定来进行商业交易财务结算的过程，即请求人所称的“不同寻常的处理顺序并根据一种新类型的数据”均属于人为规定出的特定的商业活动交易过程；最后，对于该方案所获得的效果问题，如前所述，由于该方案对外部或内部对象进行控制或处理所反映的不是利用自然规律的技术手段，因而所带来的效果也非技术的，综上所述，复审请求人的观点均不成立，权利要求1的解决方案不属于专利法实施细则第2条第1款规定的技术方案，不属于专利保护的客体。

（2）权利要求2~13不属于专利法实施细则第2条第1款规定的客体。

权利要求2~13进一步限定的附加技术特征均为公知的硬件设备或是人为规定的数据处理模式，其均是基于人为规定的商业活动规则实现的。如上所述，权利要求1的解决方案不属于专利法实施细则第2条第1款规定的技术方案，不属于专利保护的客体，同理，直接或间接从属于权利要求1的权利要求2~13的解决方案也不属于专利法实施细则第2条第1款规定的技术方案，不属于专利保护的客体。

根据上述事实和理由，本案合议组作出以下审查决定。

三、决定

复审请求的理由不成立，维持国家知识产权局于2005年7月1日对01821147.X号发明专利申请作出的驳回决定。

复审请求人对本决定不服的，可以根据专利法第41条第2款的规定，自收到本决定之日起三个月内向北京第一中级人民法院起诉。

024

显示装置

复审请求审查决定（第 12223 号）

决　定　号　第 12223 号
决　定　日　2007 年 12 月 20 日
发明创造名称　显示装置
国 际 分 类 号　G02F 1/1345，G02F 1/133
复 审 请 求 人　友达光电股份有限公司
申　请　号　03159711.4
申　请　日　2003 年 9 月 23 日
公　开　日　2005 年 3 月 30 日
合 议 组 组 长　陈迎春
主　审　员　王琦琳
参　审　员　谢有成

法 律 依 据　专利法第 22 条第 2 款、第 3 款，专利法第 33 条
决 定 要 点

如果一项发明采用与现有技术不同的技术手段，实现了预料不到的技术效果，则该项发明相对于现有技术具备创造性，符合专利法第 22 条第 3 款的规定。

一、案由

本复审请求涉及名称为“显示装置”的 03159711.4 号发明专利申请（下称本申请），申请日为 2003 年 9 月 23 日，公开日为 2005 年 3 月 30 日，申请人为友达光电股份有限公司。

国家知识产权局实质审查部门依法对本申请进行了实质审查，并于 2007 年 2 月 9 日作出了驳回决定，该驳回决定所依据的理由是：本申请权利要求 1~7 不符合专利法第 22 条第 2 款的规定。该驳回决定所针对的是下述文本：申请人于 2003 年 9 月 23 日提交的权利要求第 1~7 项、说明书第 1~4 页、说明书附图第 1~11 页以及说明书摘要和摘要附图。其中独立权利要求 1 如下：

“1. 一种显示装置，包括：

一框架；

一显示面板，设置于该框架上；

一软性电路板（Flexible Printed Circuit Board），与该显示面板连接，包括一主电路区以及一光源设置区，该光源设置区为一延伸自该主电路区的悬臂；以及

一发光组件，设置于该软性电路板的该光源设置区，且该光源设置区反折设置于该框架与该显示

面板之间。”

该驳回决定中共引用了一篇对比文件如下：

对比文件 1：特开 2003-90993A，其公开日为 2003 年 3 月 28 日。

该驳回决定认为，权利要求 1 的全部内容已经在对比文件 1 中公开，两者属于同一技术领域，采取相同的技术方案，解决的技术问题相同，预期效果相同，因此权利要求 1 不具备新颖性，相应地，从属权利要求 2~7 也不具备新颖性。驳回决定还认为：申请人强调说明书中的实施方式是将光源设置区经 180 度角度折叠后设置于框架与显示面板之间，但在权利要求中没有体现折叠角度，在说明书中也没有明确折叠角度，同时申请人所说的光源设置区与导光板紧密贴合的结构在权利要求中没有体现，而且该结构是本领域常见的。

申请人友达光电股份有限公司（下称复审请求人）对上述驳回决定不服，于 2007 年 5 月 9 日向专利复审委员会提出复审请求。复审请求人在提出复审请求时还一并提交了权利要求书全文和说明书全文的修改替换页，其中对权利要求 1、5 进行了修改，并对说明书的相应部分作了适应性修改，复审请求人认为修改后的本申请符合专利法第 22 条第 2 款、第 3 款的规定。修改后的权利要求 1、5 如下：

“1. 一种显示装置，包括：

一框架，具有第一面及相对于该第一面的第二面；

一显示面板，设置于该框架的该第一面上；

一软性电路板（Flexible Printed Circuit Board），与该显示面板连接，包括一主电路区以及一光源设置区，该光源设置区为一自该主电路区与该显示面板反折处延伸的悬臂；以及

一发光组件，设置于该软性电路板的该光源设置区，且该光源设置区反折设置于该框架的第一面上且位于该框架与该显示面板之间。

5. 如权利要求 1 所述的显示装置，其中该软性电路板的该主电路区反折包覆该框架，位于该第二面。”

经形式审查合格后，专利复审委员会依法受理了上述请求，于 2007 年 6 月 11 日向复审请求人发出了复审请求受理通知书，并将本案送至原审查部门进行前置审查。

原审查部门对上述复审请求做出前置审查意见，仍然坚持原驳回决定。

针对该复审请求，专利复审委员会依法组成合议组，对本复审请求案进行了审理。

本案合议组于 2007 年 8 月 24 日向复审请求人发出复审通知书指出：本申请独立权利要求 1 与对比文件 1 的区别在于：A、该光源设置区为一自该主电路区与该显示面板反折处延伸的悬臂；B、该光源设置区是反折设置于该框架的第一面上的。对于 A，对比文件 1 中已经明示了可以通过自 FPC36 侧面向外延伸的方式形成一个设置发光元件的区域的技术方案，在此情况下，本领域普通技术人员根据液晶显示器工作时显示面板和框架以及发光元件之间相对位置，将同样自 FPC 侧面延伸的发光元件设置区域设置在如本申请技术方案所示的区域，是无需付出任何创造性劳动的；对于 B，由于背照光组件中线光源的分布方式分为直下式和侧照式，对比文件公开的是侧照式的光源，所以是将光源设置区折起，从侧面进行光照射，而对于直下式的背照光组件，将光源设置区反折至框架的一个面上，用来从下方进行照射，是本领域技术人员无需付出任何创造性劳动就可以想到的。综上，本申请独立权利要求 1 相对于对比文件 1 来说，不具备突出的实质性特点和显著的进步，不符合专利法第 22 条第 3 款的规定。从属权利要求 2~7 限定部分的附加技术特征也被公开或者属于公知常识，因此其也不具备创造性，不符合专利法第 22 条第 3 款的规定。

针对上述复审通知书，复审请求人于 2007 年 9 月 28 日向专利复审委员会提交了意见陈述书以及

权利要求书全文和说明书全文的修改替换页，其中，复审请求人对权利要求1、3进行了修改，并且对说明书进行了适应性修改。修改后的权利要求1、3如下：

“1. 一种显示装置，包括：

一框架，具有第一面及相对于该第一面的第二面；

一导光板，设置于该框架的中空部；

一显示面板，设置于该框架的该第一面上；

一软性电路板（Flexible Printed Circuit Board），与该显示面板连接，包括一主电路区以及一光源设置区，该光源设置区为一自该主电路区与该显示面板反折处延伸的悬臂；以及

一发光组件，设置于该软性电路板的该光源设置区，该光源设置区反折设置于该框架的第一面上且位于该框架与该显示面板之间，并该发光组件镶嵌于该框架上且与该导光板的边缘贴合。

3. 如权利要求2所述的显示装置，其中该发光组件设置于该导光板与框架之间。”

复审请求人认为，修改后的权利要求1与对比文件1的区别特征及由此所产生的技术效果均是对比文件1没有公开的，不能认为本申请能从对比文件1中得到相关技术启示。

经过审理，合议组认为本案事实已经清楚，可以依法作出复审决定。

二、决定的理由

1. 审查基础

本决定是在专利复审委员会于2007年9月28日收到的权利要求第1~7项、说明书第1~4页，复审请求人于2003年9月23日提交的说明书附图第1~11页以及说明书摘要和摘要附图的基础上作出的。

2. 关于专利法第33条

专利法第33条规定：申请人可以对其专利申请文件进行修改，但是，对发明和实用新型专利申请文件的修改不得超出原说明书和权利要求书记载的范围，对外观设计专利申请文件的修改不得超出原图片或者照片表示的范围。

复审请求人在提出复审请求时，对权利要求1、5进行了修改，并对说明书进行了适应性修改。复审请求人对权利要求1的修改可从本申请说明书第1实施例部分以及说明书附图3中导出，而复审请求人对权利要求5的修改，是将权利要求5中的部分内容删去，然后将其补入权利要求1。复审请求人的上述修改未超出原说明书和权利要求书记载的范围，符合专利法第33条的规定。

复审请求人在答复复审通知书时，对权利要求1、3进行了修改，并对说明书进行了适应性修改。复审请求人对权利要求1的修改是以本申请说明书第1实施例（说明书第2~3页）以及说明书附图3、6的内容为基础进行的，而复审请求人对权利要求3的修改，是将权利要求3中的部分内容删去，然后将其补入权利要求1，并进行了进一步限定。复审请求人的上述修改也未超出原说明书和权利要求书记载的范围，符合专利法第33条的规定。

3. 关于专利法第22条第2款、第3款

专利法第22条第2款、第3款规定：

新颖性，是指在申请日以前没有同样的发明或者实用新型在国内外公开出版物上公开发表过，在国内公开使用过或者以其他方式为公众所知，也没有同样的发明或者实用新型由他人向国务院专利行政部门提出过申请并且记载在申请日以后公布的专利申请文件中。

创造性，是指同申请日以前已有的技术相比，该发明有突出的实质性特点和显著的进步，该实用新型有实质性特点和进步。

修改后的独立权利要求1请求保护一种显示装置，而对比文件1（JP2003-90993A）也公开了一

种液晶显示装置，其中（第24~32小段，图1~图3）包括：框架32，液晶显示面板34，具有可挠性的FPC36，导光板46，从FPC36侧面伸出的伸出部36a，在FPC36上设置有液晶显示面板驱动用IC38、电阻40、电容42等的区域，也有设置了LED等发光元件50的区域，上述设置了液晶显示面板驱动用IC38、电阻40、电容42等的区域相当于本申请中的主电路区，其反折至框架32的对应面，而上述设置了LED等发光元件50的区域相当于本申请中的设置了发光组件的光源设置区，其折起至框架与液晶显示面板之间。由此可见，本申请独立权利要求1与对比文件1的区别在于：A、该光源设置区为一自该主电路区与该显示面板反折处延伸的悬臂；B、该光源设置区反折设置于该框架的第一面上且位于该框架与该显示面板之间，并且该发光组件镶嵌于该框架上且与该导光板的边缘贴合。

本申请说明书中对上述结构的技术效果作了进一步说明如下：反折包覆框架方式，可简便组装，避免大面积软性不易胶粘的缺点，同时将发光组件与驱动显示面板的主要电路直接整合于一软性电路板上，使显示装置组装更为简易，且提高制作工艺合格率（说明书第2页第10~13行）；而发光组件的结构不仅使发光组件与导光板边缘贴合，同时不影响显示装置整体厚度，而更节省空间（说明书第2页第15~17行）。

复审请求人在意见陈述中对上述结构和其所起到的技术效果也一一对应的进行了具体说明，由于本申请的光源设置区从该主电路区与该显示面板相互折叠处延伸且反折于该框架的第一面上的结构，本申请可无需设置其延伸部分在反折后的定位处理；另外，由于本申请的光源设置区反折设置于该框架的第一面上，且该发光组件还镶嵌于该框架上，所以不仅能使发光组件与导光板边缘贴合得较近，而且还同时使发光组件利用显示面板与框架间原本已具有的空间，而镶嵌于框架内的结构，不影响显示装置整体厚度，而更节省空间；此外，由于发光组件与导光板边缘贴合，其亮度优于对比文件1。

由此可见，本申请独立权利要求1与对比文件1存在区别技术特征，且能实现不同于对比文件1技术方案的技术效果，仅根据对比文件1所公开的内容及其给出的技术启示，尚不足以认定本申请独立权利要求1的技术方案是本领域技术人员容易想到的。即，本申请独立权利要求1相对于对比文件1具备新颖性和创造性，符合专利法第22条第2款、第3款的规定。相应地，从属权利要求2~7相对于对比文件1也具备新颖性和创造性，符合专利法第22条第2款、第3款的规定。

三、决定

在请求人于2007年9月28日提交的修改文本的基础上，撤销国家知识产权局于2007年2月9日作出的驳回03159711.4号发明专利申请的决定，由原审查部门以本复审请求审查决定所依据的文本为基础继续审查。

复审请求人对本决定不服的，可以根据专利法第41条第2款的规定，自收到本决定之日起三个月内向北京市第一中级人民法院起诉。

025

信用卡系统和方法

复审请求审查决定（第12226号）

决　定　号　第12226号
决　定　日　2007年12月7日
发明创造名称　信用卡系统和方法
国际分类号　G07F 7/08
复审请求人　奥比斯专利有限公司
申　请　号　99803502.5
申　请　日　1999年3月25日
公　开　日　2001年4月18日
合议组组长　陈迎春
主　审　员　杨加黎
参　审　员　王琦琳

法律依据　专利法实施细则第2条第1款
决定要点

如果一项专利申请的解决方案中，所使用的设备是本领域公知的设备，该方案解决的问题不构成技术问题，所采用的手段不受自然规律的约束，即未利用技术手段，所获得的不是符合自然规律的技术效果，则该解决方案不属于专利保护的客体。

一、案由

本复审请求涉及申请号为99803502.5、名称为“信用卡系统和方法”的发明专利申请（下称本申请），申请日为1999年3月25日，申请人为奥比斯专利有限公司。本申请公开时的权利要求书包括64项权利要求，其中权利要求1、60、61、64为独立权利要求。

在实质审查程序中，国家知识产权局实质审查部门于2003年2月14日发出第一次审查意见通知书，指出本申请权利要求1、5、15不符合专利法实施细则第20条的规定，权利要求60、61、64不符合专利法第26条第4款的规定，权利要求4~8、11~13、16、18、19、21~24、27、28、31、33~41、43、46、47、49、50、54、56~59不符合专利法实施细则第23条第2款的规定，说明书的撰写不符合专利法实施细则第18条的规定。

针对上述审查意见通知书，申请人于2003年6月25日提交了意见陈述书，同时提交了说明书和权利要求书的全文修改替换页。

经审查，国家知识产权局实质审查部门于2003年9月26日发出第二次审查意见通知书，指出本申请权利要求1~64属于专利法第25条第1款第2项规定的不授予专利权的范围。

针对第二次审查意见通知书，申请人于2004年2月11日提交了意见陈述书，同时提交了权利要求书的全文修改替换页。申请人认为：本申请的技术领域属于银行和计费系统，本申请要解决的技术问题是如何提供安全的信用卡系统和方法，在本申请权利要求书中概述了其解决方案，即利用与主信用卡号码相关但不暴露主信用卡号码的限制使用信用卡号码能避免欺诈，这种限制使用的信用卡号码并非人为规定的规则或智力活动，而具有明确的特征，本申请的技术效果在于，使发卡银行和收单银行以及信用卡发行者的整个工作比以前更加容易，使限制使用的信用卡和/或信用卡号码可以安全使用，因此本申请对银行和支付系统技术领域中的信用卡滥用的技术问题提供了清楚的新技术方案，符合专利法第25条的规定。修改后的权利要求书共包括64项权利要求，其中权利要求1、60、61、64为独立权利要求，具体内容如下：

"1. 一种信用卡系统，包含有维持格式一致的信用卡号码库的装置和含有从所述的信用卡号码库中指派至少一个信用卡号码做主信用卡号码的装置，其特征在于提供有装置（120），它用来从上述的信用卡号码库里（124）指派至少一个信用卡号码（126）做限制使用信用卡号（126），该卡号由停用命令（210）依据随后的使用触发条件停用，和将所述的主信用卡号码与所述的限制使用信用卡号码（126）联系起来的装置，而又保证所述的主信用卡号码不能根据所述的限制使用信用卡号码（126）而被发现。

60. 一种管理信用卡号码库的方法，包含如下步骤：

维护编排格式一致的信用卡号码库（302）；

从所说的信用卡号码库中指派至少一个信用卡号码做主信用卡号码（304）；

从所说的信用卡号码库中指派至少一个信用卡号码作限制使用信用卡号码（308），该号码根据随后的使用触发条件停用；和

将所说的主信用卡号码（304）与所说的限制使用信用卡号码（308）联系起来，同时保证所说的主信用卡号码不能依据所说的限制使用信用卡号码而被发现。

61. 一种执行信用卡交易的信用卡系统，其特点在于它以一个主信用卡号码或限制使用信用卡号码为基础，其中所说的限制使用信用卡号码是相对于所说的主信用卡号码随机选取的，而所说的限制使用信用卡号码对所说的主信用卡号码而言包含编排格式一致并与所说的主信用卡号码有关联，所说的系统包含：

根据所说的主信用卡号码或所说的限制使用信用卡号码（704）进行交易以产生交易信息的交易装置（702）；

接收所说的交易信息并处理所说的交易的处理装置，包括：

授权（706）或否定（712）所说的交易的装置；

用来在用所说的限制使用信用卡号码执行交易时确定是否要停用该限制使用信用卡号码并响应其要求产生一个停用命令的装置（718），其中所说的用于确定是否停用限制使用信用卡号码的装置确定是否使用限制使用信用卡号码的限制使用交易已进行，如果是，则当所说的限制使用事件发生时，产生所说的停用命令；和

依据停用命令停用限制使用信用卡号码的装置。

64. 执行信用卡交易的方法，其特征在于它以一个主信用卡号码或一个限制使用信用卡的号码为基础，其中所说的限制使用信用卡号码（704）跟所说的主信用卡号码无数学联系，但所说的限制使用信用卡号码（704）将一致的编码格式包括到所说的主信用卡号码里并与所说的主信用卡号码相联系，所说的系统包含：

根据所说的主信用卡号码或所说的限制使用信用卡号码（704）进行交易以产生交易信息；

接收所说的交易信息并处理所说的交易，包括：

授权（706）或否定（712）所说的交易；

确定（718）是否在用所说的限制使用信用卡号码进行交易时停用该限制使用信用卡号码并响应该要求产生一个停用命令，其中所说的

确定步骤（718）根据是否用限制使用信用卡号码（704）进行了限额交易的限制使用事件来确定是否要停用该限制使用信用卡号码（704），如果是，则在发生了所说的限制使用事件时产生所说的停用命令；和

根据该停用命令停用该限制使用信用卡号码（704）。”

经过上述实质审查程序后，国家知识产权局实质审查部门以本申请权利要求1~64属于专利法第25条规定的不授予专利权的范围为由，于2004年6月4日作出了驳回本申请的决定，驳回决定认为：权利要求1~64不符合专利法第25条第1款第2项的规定，虽然本申请权利要求请求保护的方案产生了效果，但是该效果的产生不是因为其对现有技术作出技术改进得到的，而是通过人为规定的规则得到的，因此该方案不属于技术方案。

申请人奥比斯专利有限公司（下称复审请求人）不服上述驳回决定，于2004年9月14日向专利复审委员会提出复审请求，其复审请求的理由是：本申请与公知信用卡系统的主要区别之一在于，本申请的信用卡系统包括一个限制使用信用卡号码，其与一个主信用卡号码具有一致的编码格式并且相关联，但是根据限制使用信用卡号码不能获得其主信用卡号码的详细情况，此外当满足与该限制使用信用卡号码有关的条件时，可以停用该限制使用信用卡号码，显然能解决欺诈使用的技术问题，因此，本申请是对现有技术的改进，这种改进是通过自然效果和技术手段实现的。复审请求人在提出该复审请求时未对申请文本进行任何修改。

经形式审查合格后，专利复审委员会依法受理了上述请求，于2004年10月13日向复审请求人发出了复审请求受理通知书，同时向原审查部门发出前置审查通知书。

原审查部门对该复审请求做出前置审查意见，仍然坚持原驳回决定。

针对上述复审请求，专利复审委员会依法成立合议组，对本案进行审查，于2007年4月3日发出复审通知书，指出本申请的权利要求1~64的解决方案不属于专利法实施细则第2条第1款规定的技术方案，不属于专利保护的客体，

针对上述复审通知书，复审请求人于2007年7月18日提交了意见陈述书，同时提交了权利要求书的全文修改替换页，对本申请的信用卡系统作了进一步限定，限定其包括诸如中央处理单元和中央处理站的技术特征，并对权利要求作了文字校正。修改后的权利要求书共包括64项权利要求，其中权利要求1、60、61、64为独立权利要求，具体内容如下：

“1. 一种信用卡系统，具有包括中央处理单元（120）的中央处理站（102），所述中央处理单元（120）访问共享一致的编排格式的信用卡号码库，所述中央处理单元（120）配置成从所述信用卡号码库里（124）指派至少一个信用卡号码作为主信用卡号码，其特征在于，所述中央处理单元（120）进一步配置成从所述信用卡号码库里（124）指派至少一个信用卡号码（126）作为限制使用信用卡号（126），该限制使用信用卡号（126）由停用命令（210）依据随后的使用触发条件停用，以及将所述主信用卡号码与所述限制使用信用卡号码（126）相联系，而又确保不能根据所述限制使用信用卡号码（126）发现所述主信用卡号码。

60. 一种管理信用卡号码库的方法，包含如下步骤：

维护编排格式一致的信用卡号码库（302）；

从所说的信用卡号码库中指派至少一个信用卡号码做主信用卡号码（304）；

从所说的信用卡号码库中指派至少一个信用卡号码作限制使用信用卡号码（308），该号码根据随后的使用触发条件停用；和

将所说的主信用卡号码（304）与所说的限制使用信用卡号码（308）联系起来，同时保证所说的主信用卡号码不能依据所说的限制使用信用卡号码而被发现。

61. 一种执行信用卡交易的信用卡系统，其特点在于它以一个主信用卡号码或限制使用信用卡号码为基础，其中所说的限制使用信用卡号码是相对于所说的主信用卡号码随机选取的，而所说的限制使用信用卡号码包含与所说的主信用卡号码一致的编排格式，并与所说的主信用卡号码有关联，所说的系统包含：

根据所说的主信用卡号码或所说的限制使用信用卡号码（704）进行交易以产生交易信息的交易装置（702）；

接收所说的交易信息并处理所说的交易的处理装置，包括：

授权（706）或否定（712）所说的交易的装置；

用来在用所说的限制使用信用卡号码执行交易时确定是否要停用该限制使用信用卡号码并响应其要求产生一个停用命令的装置（718），其中所说的用于确定是否停用限制使用信用卡号码的装置确定是否与使用限制使用信用卡号码相关的限制使用事件已发生，如果是，则当所说的限制使用事件发生时，产生所说的停用命令；和

依据停用命令停用限制使用信用卡号码的装置。

64. 执行信用卡交易的方法，其特征在于它以一个主信用卡号码或一个限制使用信用卡的号码为基础，其中所说的限制使用信用卡号码（704）跟所说的主信用卡号码无数学联系，但所说的限制使用信用卡号码（704）包括与所说的主信用卡号码一致的编码格式，并与所说的主信用卡号码相联系，所说的系统包含：

根据所说的主信用卡号码或所说的限制使用信用卡号码（704）进行交易以产生交易信息；

接收所说的交易信息并处理所说的交易，包括：

授权（706）或否定（712）所说的交易；

确定（718）是否在用所说的限制使用信用卡号码进行交易时停用该限制使用信用卡号码并响应该要求产生一个停用命令，其中所说的

确定步骤（718）根据是否与使用限制使用信用卡号码（704）相关的限制使用事件已经发生来确定是否要停用该限制使用信用卡号码（704），如果是，则在发生了所说的限制使用事件时产生所说的停用命令；和

根据该停用命令停用该限制使用信用卡号码（704）。”

复审请求人认为，本申请的信用卡系统包括了诸如中央处理单元和中央处理站的技术特征，所述中央处理单元和中央处理站均经过配置，执行技术功能实现了解决防欺诈使用技术问题的技术方案，因此，本申请是对现有技术的信用卡系统的一种技术改进，不应当依据专利法第25条排除其获得专利权的可能性。

至此，合议组认为本案事实已经清楚，现依法作出复审决定。

二、决定的理由

1. 审查文本

本次复审请求审查决定所依据的文本为：复审请求人于2007年7月18日提交的权利要求第1~64项，于2003年6月25日提交的说明书第1~32页，于2000年8月31日提交的说明书附图第1~9

页、说明书摘要以及摘要附图。

2. 关于专利法实施细则第 2 条第 1 款

专利法实施细则第 2 条第 1 款规定，专利法所称发明，是指对产品、方法或者其改进所提出的新的技术方案。

如果一项专利申请的解决方案中，所使用的设备是本领域公知的设备，该方案解决的问题不构成技术问题，所采用的手段不受自然规律的约束，即未利用技术手段，所获得的不是符合自然规律的技术效果，则该解决方案不属于专利保护的客体。

权利要求 1 请求保护一种信用卡系统，通过给主信用卡指派与该主信用卡号码相关联并且号码编排格式一致的限制使用信用卡号码，从而在使用限制使用信用卡执行信用卡功能的同时不暴露主信用卡信息。该解决方案虽然通过中央处理单元给主信用卡指派了与该主信用卡号码相关联并且号码编排格式一致的限制使用信用卡号码，并且确保不能根据限制使用信用卡号码发现所述主信用卡号码，但是该信用卡系统中的中央处理单元（120）、中央处理站（102）、信用卡号码库（124）是本领域公知的设备。该解决方案对信用卡号码的编排、关联和匹配既没有给信用卡系统的内部性能带来改进，也没有给信用卡系统的构成或功能带来任何技术上的改变。而该方案解决的问题是根据系统自身设定的分配规则对信用卡号码进行分配，不构成技术问题，所采用的手段是人为制定了分配规则，并按照规则的要求来进行分配，不受自然规律的约束，因而不是技术手段，该解决方案根据系统自身设定的分配规则对信用卡进行分配，使得分配好的限制使用信用卡号码既与主信用卡号码相关联又不暴露主信用卡号码信息，其最终目的在于安全的使用信用卡系统实现商业交易，所获得的不是符合自然规律的技术效果。因此，权利要求 1 的解决方案不属于专利法实施细则第 2 条第 1 款规定的技术方案，不属于专利保护的客体。

权利要求 2~59 是直接或间接从属于权利要求 1 的从属权利要求，其对信用卡系统的结构、功能或操作步骤作了进一步限定，权利要求 2~59 的附加技术特征中所公开的信用卡系统中的装置也仅是本领域公知的设备而已，基于评述权利要求 1 的相同理由，权利要求 2~59 的解决方案也同样不属于专利法实施细则第 2 条第 1 款规定的技术方案，不属于专利保护的客体。

权利要求 60 请求保护一种管理信用卡号码库的方法，其中给主信用卡号码指派与之相关联并且号码编排格式一致的限制使用信用卡号码。虽然该解决方案通过对信用卡号码库进行管理，使得主信用卡与限制使用信用卡相关联而又不被发现，但该解决方案中的信用卡号码库 302 是本领域公知的设备，对信用卡号码的编排、指派和关联既没有给信用卡号码库的内部性能带来改进，也没有给信用卡号码库的构成或功能带来任何技术上的改变。而该方案解决的问题是根据自身设定的管理规则对信用卡号码进行编排、指派和关联，不构成技术问题，所采用的手段是人为制定管理规则，并按照规则的要求来进行管理，不受自然规律的约束，因而不是技术手段，该解决方案根据自身设定的管理规则对信用卡进行管理，使得分配好的限制使用信用卡号码在与主信用卡号码相关联的同时不会暴露主信用卡号码信息，其最终目的在于安全的使用信用卡系统实现商业交易，所获得的不是符合自然规律的技术效果。因此，权利要求 60 的解决方案不属于专利法实施细则第 2 条第 1 款规定的技术方案，不属于专利保护的客体。

权利要求 61 请求保护一种执行信用卡交易的信用卡系统，能够执行使用主信用卡或与该主信用卡号码相关联并且号码编排格式一致的限制使用信用卡进行的交易。虽然该解决方案是通过信用卡系统给主信用卡指派与该主信用卡号码相关联并且号码编排格式一致的限制使用信用卡号码，并根据限制使用信用卡号码的触发条件对使用该卡进行的交易进行处理，但该信用卡系统中的根据信用卡号码进行交易以产生交易信息的交易装置（702）、接受所说的交易信息并处理所说的交易的处理装置、授权或否定所说的交易的装置、用限制使用信用卡进行交易时确定是否要停用该信用卡并响应其要求产生一个停用命令的装置（718）、依据停用命令停用限制使用信用卡号码的装置均为用功能模块方式限定的设备，而实现上述功能的设备都是本领域公知的设备，该解决方案是通过控制信用卡来决定是否进行交易，其既没有给信用卡系统的内部性能带来改进，也没有给信用卡系统的构成或功能带来任何技术上的改变。而该方案解决的问题是根据系统自身设定的触发条件对信用卡交易进行控制，不构成技术问题，所采用的手段是人为制定触发条件，并按照触发条件的要求来进行交易控制，不受自然规律的约束，因而不是技术手段，该解决方案根据系统自身设定的触发条件对信用卡交易进行控制，其最终目的在于安全的使用信用卡系统实现商业交易，所获得的不是符合自然规律的技术效果。因此，权利要求 61 的解决方案不属于专利法实施细则第 2 条第 1 款规定的技术方案，不属于专利保护的客体。

权利要求 62、63 是直接或间接从属于权利要求 61 的从属权利要求，其对信用卡系统的操作步骤作了进一步限定，权利要求 62、63 的附加技术特征中所公开的信用卡系统中的装置也仅是本领域公知的设备而已，基于评述权利要求 61 的相同理由，权利要求 62、63 的解决方案也同样不属于专利法实施细则第 2 条第 1 款规定的技术方案，不属于专利保护的客体。

权利要求 64 请求保护一种执行信用卡交易的方法，其使用主信用卡或与该主信用卡号码相关联并且号码编排格式一致的限制使用信用卡进行交易，该解决方案虽然是在信用卡系统中根据限制使用信用卡号码的触发条件对使用该卡进行的交易进行处理，但该解决方案中的信用卡系统是本领域公知的设备，控制信用卡是否进行交易既没有给信用卡系统的内部性能带来改进，也没有给信用卡系统的构成或功能带来任何技术上的改变。而该方案解决的问题是根据系统自身设定的触发条件对信用卡交易进行控制，不构成技术问题，所采用的手段是人为制定触发条件，并按照触发条件的要求来进行交易控制，不受自然规律的约束，因而不是技术手段，该解决方案根据系统自身设定的触发条件对信用卡交易进行控制，其最终目的在于安全的使用信用卡系统实现商业交易，所获得的不是符合自然规律的技术效果。因此，权利要求 64 的解决方案不属于专利法实施细则第 2 条第 1 款规定的技术方案，不属于专利保护的客体。

综上所述，本专利权利要求 1~64 不符合专利法实施细则第 2 条第 1 款的规定，不属于专利保护的客体。

三、决定

维持国家知识产权局于 2004 年 6 月 4 日对 99803502.5 号发明专利申请作出的驳回决定。

复审请求人对本决定不服的，可以根据专利法第 41 条第 2 款的规定，自收到本决定之日起三个月内向北京市第一中级人民法院起诉。

026

气体自激电离能量发生器及应用方法和产品

复审请求审查决定（第12249号）

决　定　号　第12249号
决　定　日　2007年12月7日
发明创造名称　气体自激电离能量发生器及应用方法和产品
国际分类号　H05H 1/24
复审请求人　罗五来
申　请　号　02102237.2
申　请　日　2002年1月5日
公　开　日　2003年7月30日
合议组组长　陈迎春
主　审　员　杨加黎
参　审　员　马　燕

法律依据　专利法第22条第4款
决定要点

具有实用性的发明或者实用新型专利申请应当符合自然规律，违背自然规律的发明或者实用新型专利申请是不能实施的，因此不具备实用性。

一、案由

本复审请求涉及申请号为02102237.2、名称为“气体自激电离能量发生器及应用方法和产品”的发明专利申请（下称本申请），申请日为2002年1月5日，公开日为2003年7月30日，申请人为罗五来。本申请公开了一种电离能量发生器，其基于自激放电会使电子呈M（2^n-1）的增量模式，通过瞬间高压击穿，使电子不断打击原子并使受击原子释放相同数量的电子、伴随高温，造成电子雪崩；由于自激放电产生的高温能维持自激放电继续进行，因此高压击穿后立即调成低压，从而以很少的外部电能投入，取得较大的自激放电效果。本申请公开时权利要求书共包括6项权利要求，其中权利要求1为独立权利要求。

国家知识产权局实质审查部门依法对本申请进行了实质审查，于2005年5月13日发出第一次审查意见通知书，指出本申请所述的气体自激放电原理违背了自然规律，在此基础上提出的电离能量发生器是不能够制造或者使用并且不能产生积极效果的，因此权利要求1~6请求保护的发生器和方法没有实用性，不符合专利法第22条第4款的规定。

针对上述审查意见通知书，申请人于2005年8月31日提交了意见陈述书，未对申请文件进行修改，同时提交了如下两份附件：附件1为由上海市高等工业学校物理学编写组编，程守洙、江之永等改编，并由人民教育出版社于1978年11月第14次印刷的《普通物理学》第二册的版权页、目录页以及第四篇电学的部分章节页的复印件共5页；附件2为2005年5月27日出版的《参考消息》第7版的复印件共1页。申请人认为：根据附件1的教科书所记载的气体放电现象及原理，并结合附件2记载的文章《来自太空的闪电》作为旁证，气体自激放电的原理没有违背任何自然规律；电离能量发生器能够聚集自激放电的能量并保持高温。

经过上述实质审查程序后，国家知识产权局实质审查部门以本申请不符合专利法第22条第4款有关实用性的规定为由，于2006年5月19日做出了驳回本申请的决定，具体的驳回理由如下：申请人所述自激放电以M（2^n-1）的增量模式最终造成电子雪崩的理论违背了能量守恒定律和动量守恒定律；申请人所述在自激放电过程中很少的外部电能投入可以取得较大的自激放电效果的理论违背了能量守恒定律；申请人在意见陈述书中引用的教科书中所述气体自激放电与本申请所述“气体自激放电”是不同的概念，因此用所述教科书中“气体自激放电”符合自然规律作为本申请“气体自激放电”也符合自然规律的理由，是没有说服力的；申请人所述旁证材料《来自太空的闪电》以及等离子弧喷咀也无法直接证明申请人所述的“气体自激放电”可以产生新的能量。综上所述，认为本申请不符合专利法第22条第4款的规定。

申请人罗五来（下称复审请求人）不服上述驳回决定，于2006年8月20日向专利复审委员会提出复审请求，未对申请文件进行修改，同时提交了附件1~3。其中，附件1~3分别对应于复审请求人针对第一次审查意见通知书所提交的意见陈述书正文以及附件1、2，相应的附件的内容相同。复审请求人的复审请求的理由是：气体自激放电现象及其原理是存在的；气体自激放电的特点是依靠自身被激发出来的电子，又去自动激发其他原子的电子；气体自激放电中，电子能量的增加不是外电场简单作用的结果，而是电子数量自发地急剧增加的结果；根据能量守恒定律的理解，闪电不可能发生，因此实际发生的闪电证明了自激放电；等离子弧喷咀可以聚集高温的原理是不争的事实。

经形式审查合格后，专利复审委员会依法受理了上述请求，并于2006年9月21日向复审请求人发出了复审请求受理通知书，同时向原审查部门发出前置审查通知书。

原审查部门对该复审请求做出前置审查意见，仍然坚持原驳回决定。

针对上述复审请求，专利复审委员会依法成立合议组，对本案进行审查，本案合议组于2007年6月5日发出复审通知书，指出：本申请说明书中所述在气体被高压击穿引发自激放电后，立即调为低压放电，还能维持自激放电并造成电子雪崩的理论是违反自然规律的，因此本申请的主题不能实施，不具备专利法第22条第4款规定的实用性；根据复审请求人提交的附件2的教科书中的内容可知，电子能量的增加不是电子数量自发地急剧增加的结果，因此复审请求人强调的“电子能量的增加不是外电场简单作用的结果，而是电子数量自发地急剧增加的结果”的主张不能成立；在复审请求人提交的旁证材料——附件3的文章《来自太空的闪电》中，闪电的产生理论以“宇宙射线撞击大气层”为前提，因此闪电的发生符合能量守恒定律，不能用于支持复审请求人在复审请求理由中的主张。

针对上述复审通知书，复审请求人于2007年6月25日提交了意见陈述书。复审请求人在意见陈述书中认为：①电场的Uc是自激放电产生和维持的必要条件，但是摆脱核束缚的电子本身的能量不是Uc赋予的而只能是其诱发的，除Uc之外，自激放电的能量可以来自原子内部，由于电离，原子在减少总质量的同时也丧失了相应的能量，这一部分能量就是自激放电中电子的能量，是由Uc诱发的原子内部的能量，在自激放电过程中，打击电子不被俘获说明Uc赋予的能量没有被受击原子吸收，耗损极小，自激放电的能量表现应当是外部能量与内部能量的总合，并全部包含在等离子体高温现象中；②引用《来自太空的闪电》是想旁证自激放电与逃逸崩溃是同一现象，是存在的，大气层中的电离层是大气屏蔽高能射线所造成的结果，能射穿电离层的粒子并不多，其单个能量并不很大，不可能携带划破夜空几百甚至几千公里大气的能量，而只能是诱发气体原子自身能量的结果；③本申请中气体自激放电是在发生器中进行的，箍匝效应会约束一切带电粒子，其能量向心聚集，电场的 Uc 驱使电子实施第一波打击后，打击电子并未被受击原子俘获，原子没有弥补质量并吸收能量，仍是正离子，那么在发生器的特殊环境中，外有箍匝效应内部原子没有吸收，按能量守恒定律，这些能量不会灭失就只能转化为热能，从而又只能转化为赋予电子的动能，因此电子对原子的打击总体上没有多少能量损耗。

至此，合议组认为本案事实已经清楚，现依法作出复审决定。

二、决定的理由

1. 决定所依据的文本

本次复审请求审查决定所依据的文本与驳回决定所针对的文本相同，即申请日（2002 年 1 月 5 日）提交的说明书第 1~14 页、说明书附图第 1~3 页、权利要求第 1~6 项、说明书摘要和摘要附图。

2. 关于专利法第 22 条第 4 款

专利法第 22 条第 4 款规定：实用性，是指该发明或者实用新型能够制造或者使用，并且能够产生积极效果。

具有实用性的发明或者实用新型专利申请应当符合自然规律，违背自然规律的发明或者实用新型专利申请是不能实施的，因此不具备实用性。

就本案而言，本申请请求保护一种气体自激电离能量发生器，该发生器基于自激放电使电子呈（2^n-1）的增量模式：首先通过瞬间高压击穿，使气体中存在的电子打击气体中的原子，从而在该电子不被俘获的情况下令受击原子释放电子，这两个电子再继续打击其他原子从而使这些受击原子又释放相同数量的电子，如此重复导致电子打击群增大，最终造成电子雪崩；同时，基于自激放电能量聚集会产生高温，利用该高温维持自激放电持续进行，从而在高压击穿引发自激放电之后调节为低压放电；基于以上两方面，该发生器要求以少的外部电能投入取得较大的自激放电效果。对此合议组认为，首先，根据能量守恒定律，电子在打击原子时会损耗能量，要在该电子不被俘获的情况下令受击原子释放电子，则需要外界提供足够的能量，在自激放电过程中，提供这种能量的是外加电压，如果打击电子增加，则这些打击电子在打击原子时损耗的能量也增加，相应要提供的外加电压也增加，因此如果要电子在自激放电中呈（2^n-1）的增量模式，则施加的外加电压也要呈相对应的增长模式；其次，根据能量守恒定律，自激放电过程中产生高温会耗能，要令自激放电持续进行从而保持高温，也需要外界提供足够的能量，在自激放电过程中，提供这种能量的仍然是外加电压；基于上述两点，要令本申请所述的自激放电过程正常进行，自激放电过程中所施加的外加电压提供的能量必须等于或大于产生电子雪崩的过程中所有打击电子在打击原子时所损耗的能量和自激放电产生高温所损耗的能量之和。因此，在气体被高压击穿引发自激放电后，立即调为低压放电，还能维持自激放电并造成电子雪崩是违反自然规律的，因此，本申请的主题不能实施，因而不具备专利法第 22 条第 4 款规定的实用性。

3. 关于复审请求人的意见陈述

对于复审请求人针对复审通知书所作的意见陈述中的前述观点①，合议组认为：电场的 Uc 是自激放电产生和维持的必要条件，根据能量守恒定律可知，在自激放电过程中，打击电子打击受击原子会损耗能量，此时打击电子要不被受击原子俘获并且要维持一定的动能以打击其他受击原子则需要外加能量的转化以补给其能量损耗，受击原子的电子要被打击出来成为自由电子需要克服受击原子核对其的库伦引力并耗能，被打击出来的该电子要保持一定的动能以打击其他原子也要耗能，这些能量损耗均需要外加能量的转化以对其进行补给，与此同时，因为原子、电子等的运动会产生热能，这种热能的产生也源自外加能量的转化，由此可见，由于电子摆脱原子核的束缚是对库伦力做功的耗能过程，要维持该耗能过程就需要外加电场 Uc 提供能量，而原子内部的能量是相对稳定的能量，除非发生核裂变这种化学变化其能量才会释放出来，上述自激放电仅是电子脱离原子核束缚的简单物理现象，其不会影响原子核的稳定，因而不会导致原子释放本身的能量，因此原子本身的能量也不能成为维持自激放电的能量来源，基于上述理由，复审请求人的所述观点①不能成立。

对于前述观点②，合议组认为，导致闪电发生的是高能宇宙射线，而这种高能射线不仅是单个的高能粒子，而是无数个高能粒子的组合，在此基础上，用这种高能射线的能量补充闪电过程中电子打击原子和产生高温所损耗的能量的论述符合能量守恒定律。

对于观点③，合议组认为，外加电场 Uc 驱使电子实施打击后，打击电子未被受击原子俘获是因为打击电子克服受击原子核的库伦力做功所损耗的能量由外加电场提供的能量转化补给，而复审请求人所述约束带电粒子的箍匝效应在这一能量守恒及转换的定律中无实质性作用，因此复审请求人的这一观点③也不能成立。

综上所述，本申请请求保护的气体自激电离能量发生器不具备实用性，不符合专利法第 22 条第 4 款的规定。

三、决定

维持国家知识产权局于 2006 年 5 月 19 日对 02102237. 2 号发明专利申请作出的驳回决定。

复审请求人对本决定不服的，可以根据专利法第 41 条第 2 款的规定，自收到本决定之日起三个月内向北京市第一中级人民法院起诉。

027

背光单元

复审请求审查决定（第12251号）

决　定　号　第12251号
决　定　日　2007年11月22日
发明创造名称　背光单元
国际分类号　G02F 1/13357，G02B 5/32，G02B 5/02
复审请求人　三星电子株式会社
申　请　号　03136337.7
申　请　日　2003年5月29日
优先权日　2003年1月7日
公　开　日　2004年8月4日
合议组组长　张　曦
主　审　员　谢有成
参　审　员　陈　力

法律依据　专利法第26条第4款，第22条第3款
决定要点

一项权利要求的技术方案和对比文件相比存在区别技术特征，如果现有技术没有给出在对比文件中应用该区别技术特征的技术启示，那么该项权利要求具备专利法第22条第3款规定的创造性。

一、案由

本复审请求案涉及申请号为03136337.7、名称为“背光单元”的发明专利申请（下称本申请），其申请日为2003年5月29日，优先权日为2003年1月7日，申请人为三星电子株式会社。

2006年8月11日，国家知识产权局实质审查部门以申请人于2003年5月29日提交的说明书第1~2、4~9页、说明书附图1~4、6~10页、说明书摘要和摘要附图，于2005年12月27日提交的说明书附图第5页，于2006年6月8日提交的说明书第3页、权利要求第1~18项为基础，以本申请的独立权利要求9不符合专利法第22条第3款的规定为由作出驳回决定。驳回决定所针对的审查文本中的独立权利要求1和9如下：

“1. 一种背光单元，包括：

一个光导板，具有光出射面和与所述光出射面相对并在其上形成有全息图案的面；

一个向光导板的边缘发射光的点光源；和

一个折射元件，设置在点光源与光导板之间，以减小入射到光导板上的光的方位角，折射元件从

点光源的光轴起包括：一个原样透射光线的光透射区；一个形成有刻痕图案的刻痕区，刻痕图案为锯齿形，接近光轴的一个面平行于光轴；和一个形成有三角形棱镜图案的棱镜区。

……

9. 一种背光单元，包括：

一个光导板，具有光出射面和与所述光出射面相对并在其上形成有全息图案的面；

一个向光导板的边缘发射光的点光源；

一个散射从点光源发出的光的散射元件；和

一个折射元件，设置在散射元件与光导板之间并减小入射到光导板上的光的方位角。”

驳回决定中引用了如下两篇对比文件：

对比文件1：JP特开2002-184225A，公开日为2002年6月28日；

对比文件2：US6301026B1，授权公告日为2001年10月9日。

驳回决定指出，对比文件1公开了一种背光装置，其包括导光板6、发光二极管11，其中导光板6的有效发光区域9相当于权利要求9中的光导板，发光二极管11相当于权利要求9中的点光源，导光板6的光入射面上形成的凹槽7相当于权利要求9中的散射元件，导光板6中的狭缝13的靠近有效发光区域9的一边至有效发光区域9之间的导光板6的部分相当于权利要求9中的折射元件，起到使入射到有效发光区域9上的光的方位角减小的作用，权利要求9与对比文件1的区别在于在光导板的光出射面的相对的面上形成有全息图案，但是对比文件2公开了在照明装置的玻璃板的上表面或下表面上形成全息元件，因此结合对比文件1、2以及本领域的公知常识可以获得权利要求9，其不具备专利法第22条第3款规定的创造性。

申请人三星电子株式会社（以下称复审请求人）对上述驳回决定不服，于2006年10月27日向专利复审委员会提出复审请求，并提交了权利要求书全文的修改替换页，其中仅对权利要求9进行了修改，将权利要求9中的技术特征“一个折射元件，设置在散射元件与光导板之间并减小入射到光导板上的光的方位角”修改为“一个折射元件，设置在散射元件与光导板之间并减小入射到光导板上的光相对于所述点光源的方位角”。复审请求人认为，对比文件1中的狭缝13的两侧边和光导板6总的作用使得入射到有效照射区9上的光方位角相对于发射自LED 11的光的方位角增大了，这与权利要求9中的元件200所起的作用不同，对比文件1和2都没有公开权利要求9中的这一技术特征，因此修改后的权利要求9相对于对比文件1和2具备创造性。

经形式审查合格，专利复审委员会依法受理了该复审请求，于2006年12月6日发出复审请求受理通知书，并于同一日向国家知识产权局实质审查部门发出了前置审查通知书。

国家知识产权局实质审查部门在前置审查意见中，仍然坚持原驳回决定。

专利复审委员会依法成立合议组，对该复审请求进行审查。2007年7月25日，本案合议组以复审请求人于2003年5月29日提交的说明书第1~2、4~9页、说明书附图1~4、6~10页、说明书摘要和摘要附图，于2005年12月27日提交的说明书附图第5页，于2006年6月8日提交的说明书第3页、于2006年10月27日提交的权利要求第1~18项为基础发出复审通知书，指出：修改后的独立权利要求9中的技术特征“一个折射元件，设置在散射元件与光导板之间并减小入射到光导板上的光相对于所述点光源的方位角”是对该折射元件的功能性限定，并未限定该折射元件的结构特征，而本发明说明书仅记载了该折射元件一个特定的实施方式，因此权利要求9得不到说明书的支持，不符合专利法第26条第4款的规定。

针对上述复审通知书，复审请求人于2007年9月7日提交了意见陈述书，并提交了权利要求书全文的修改替换页，其中仅对独立权利要求9进行了修改，将其作为独立权利要求1的从属权利要求，并删去独立权利要求9的从属权利要求10，对其余从属权利要求11~18重新进行编号和引用关系的调整。修改后的权利要求9如下：

“9. 如权利要求1所述的背光单元，还包括：

一个散射从点光源发出的光的散射元件，

其中所述折射元件设置在所述散射元件与所述光导板之间。”

至此，合议组认为本案事实已清楚，现依法作出审查决定。

二、决定的理由

1. 审查文本

复审请求人于2007年9月7日提交了权利要求书全文的修改替换页，修改后的权利要求9引用权利要求1，权利要求10~17引用权利要求9，经审查，权利要求9~17请求保护的技术方案对应于说明书第7页第20行至第9页第3行所记载的具体实施方式中的另一优选实施例的内容，这样的修改符合专利法第33条以及专利法实施细则第60条第1款的规定。因此，本决定针对的文本是：2003年5月29日提交的说明书第1~2、4~9页、说明书附图第1~4、6~10页、说明书摘要和摘要附图，2005年12月27日提交的说明书附图第5页，2006年6月8日提交的说明书第3页、2007年9月7日提交的权利要求第1~17项。

2. 决定的理由

（1）关于专利法第26条第4款。

专利法第26条第4款规定，权利要求书应当以说明书为依据，说明要求专利保护的范围。

具体到本案，修改后的权利要求9是权利要求1的从属权利要求，其附加技术特征中的折射元件在其引用的权利要求1中有具体的限定，该限定能够得到说明书的支持。具体地，在说明书的发明内容中对所述折射元件的结构有明确的文字记载（参见说明书第3页第4~7行），在具体实施方式中也进一步记载了所述折射元件的具体结构（说明书第5页第14行至第6页第22行，附图7），通过比较可知，修改后的权利要求9中的折射元件与该说明书发明内容中文字记载的以及具体实施方式中记载的折射元件相同，并且从整体上看，修改后的权利要求9的技术方案对应于说明书中另一优选实施例（说明书第7页第20行至第9页第3行，附图10、11），因此，修改后的权利要求9是以说明书为依据的，得到了说明书的支持，符合专利法第26条第4款的规定。

（2）关于专利法第22条第3款。

专利法第22条第3款规定：创造性，是指同申请日以前已有的技术相比，该发明有突出的实质性特点和显著的进步，该实用新型有实质性特点和进步。

一项权利要求的技术方案和对比文件相比存在区别技术特征，如果现有技术没有给出在对比文件中应用该区别技术特征的技术启示，那么该项权利要求具备专利法第22条第3款规定的创造性。

权利要求9所从属的权利要求1要求保护一种背光单元，对比文件1是与本申请最接近的对比文件，其公开了（说明书摘要，第4栏第11~37行，附图1-3）一种背光装置，该背光装置包括具有光出射面和与该光出射面相对的另一面的导光板6、向导光板6的边缘发射光的发光二极管11（相当于权利要求1中的点光源）。

权利要求1相对于对比文件1的区别技术特征在于：①所述光导板的与所述光出射面相对的面上形成有全息图案；②所述背光装置还具有一个折射元件，其设置在点光源和光导板之间，用以减小入射到光导板上的光的方位角，该折射元件从点光源的光轴起包括：一个原样透射光线的光透射区；一个形成有刻痕图案的刻痕区，刻痕图案为锯齿形，接近光轴的一个面平行于光轴；和一个形成有三角形棱镜图案的棱镜区。

对比文件2公开了（说明书摘要，第1栏第38~61行，第4栏第10行至第5栏第6行，附图5，16）一种全息照明设备，其包括光源15、玻璃板14、全息光学元件13b，其中玻璃板14相当于权利要求1中的光导板，在玻璃板14的顶表面或者底表面形成具有全息图案的全息光学元件13b。因此，对比文件2公开了权利要求1与对比文件1的上述区别技术特征a。

但是对比文件2也没有公开权利要求1与对比文件1的上述区别技术特征b。并且，在已给出的对比文件中，也没有证据表明该技术特征b是本领域的公知常识。因此，包括对比文件1、2和公知常识的现有技术都没有给出在对比文件1中应用上述技术特征b的技术启示，本领域技术人员无法结合对比文件1、2和公知常识来获得权利要求1请求保护的技术方案。另外，本申请权利要求1中的所述折射元件包括光透射区、刻痕区和棱镜区，其中通过刻痕区和棱镜区后在光导板内传播的光线与通过刻痕区和棱镜区前的光线相比，其朝着光轴方向发生了偏折，因此该折射元件起到了减小入射到光导板上的光的方位角的作用，从而具有提高导光板的光出射面的亮度均匀性等有益的技术效果，虽然对比文件1中公开了所述背光装置包括一个位于发光二极管11与导光板6的有效发光区域9之间的狭缝13，该狭缝中为空气，光线经过狭缝13的靠近有效发光区域9的一边发生向着光轴方向偏折的折射，但是通过狭缝13前后的光线的方向没有发生改变，也即，包括狭缝13在内的结构单元并没有改变入射到导光板6的光相对于发光二极管11的方位角，仅仅是使从发光二极管11发出的光线发生了平移，因此，对比文件1没有公开具有本申请中的所述折射元件的功能的部件。综上所述，本申请权利要求1相对于对比文件1、2和公知常识的结合具有突出的实质性特点和显著的进步，具备专利法第22条第3款规定的创造性。

权利要求9引用权利要求1，在权利要求1具备创造性的情况下，权利要求9也具备创造性，符合专利法第22条第3款的规定。

基于上述理由，本案合议组依法作出以下审查决定。

三、决定

撤销国家知识产权局于2006年8月11日对03136337.7号发明专利申请作出的驳回决定，以2003年5月29日提交的说明书第1~2、4~9页、说明书附图1~4、6~10页、说明书摘要和摘要附图，2005年12月27日提交的说明书附图第5页，2006年6月8日提交的说明书第3页、2007年9月7日提交的权利要求第1~17项作为审查基础继续进行审批程序。

复审请求人对本决定不服的，可以根据专利法第41条第2款的规定，自收到本决定之日起三个月内向北京市第一中级人民法院起诉。

028

加强挡土墙结构

复审请求审查决定（第12262号）

决　定　号　第12262号
决　定　日　2007年12月16日
发明创造名称　加强挡土墙结构
国际分类号　E02D 29/02
复审请求人　强化土工程株式会社，洪地技术产业株式会社
申　请　号　99126576.9
申　请　日　1999年12月24日
公　开　日　2001年2月28日
合议组组长　王桂莲
主　审　员　刘敏飞
参　审　员　侯海萱

法律依据　专利法第22条第3款
决定要点

如果权利要求所述技术方案与现有技术公开的技术方案相比的区别技术特征是所属领域的公知常识，并且现有技术给出了结合该公知常识得出所述权利要求技术方案的技术启示，进而本领域技术人员不需花费创造性的劳动就能得出该权利要求所述的技术方案，则该权利要求不具备创造性。

一、案由

本复审请求涉及申请日为1999年12月24日、优先权日为1999年8月23日、发明名称为“加强挡土墙结构”的申请号为99126576.9的发明专利申请，申请人为强化土工程株式会社和洪地技术产业株式会社（2005年4月22日由强化土工程株式会社变更为强化土工程株式会社和洪地技术产业株式会社）。

应申请人的请求，专利局审查部门对本申请进行了实质审查，于2003年3月21日针对申请人于申请日提交的原始申请文本向申请人发出了第一次审查意见通知书，使用对比文件1——US5484235A（公开日为1996年1月16日），指出权利要求1、2、5、6、7相对于对比文件1不具备创造性，权利要求3、4相对于对比文件1不具备新颖性。

针对第一次审查意见通知书，申请人于2003年6月4日陈述了意见，并提交了权利要求书和说明书的修改替换页。申请人修改后的权利要求书如下：

“1. 一种加强挡土墙结构，它是将许多块挡土墙板块堆积起来而形成墙体，在墙体背面侧填充堆

土，将许多个加强件埋设在堆土内的并使其与挡土墙板块相连而形成所述的加强挡土墙结构，其特征在于，

挡土墙板块具有表面凸缘、位于其背面侧的背面凸缘、在表面凸缘与背面凸缘之间连接表面凸缘和背面凸缘的腹板、由表面凸缘和背面凸缘以及腹板构成的空洞部以及在表面凸缘、背面凸缘和腹板中的至少一个部分的上端面上设有的连接加强件的连接沟；

上述加强件具有插入上述连接沟内的固定部和埋设在堆土内的锚定部；

通过在这些空洞部内填充堆土，各挡土墙板块的背面凸缘腹板与上述加强件一同被埋入堆土内，从而实现挡土墙板块和堆土的一体化。

2. 一种加强挡土墙结构，它是将许多块挡土墙板块堆积起来而形成墙体，在墙体背面侧填充堆土，将许多个加强件埋设在堆土内的并使其与挡土墙板块相连而形成所述的加强挡土墙结构，其特征在于，

挡土墙板块具有表面凸缘、在其背面侧突设的腹板、由上述表面凸缘和腹板构成的空洞部以及在上述表面凸缘和腹板中的至少一个部分的上端面上设有的连接加强件的连接沟；

上述加强件具有插入上述连接沟内的固定部和埋设在堆土内的锚定部；

通过在这些空洞部内填充堆土，各挡土墙板块的腹板与上述加强件一同被埋入堆土内，从而实现挡土墙板块和堆土的一体化。”

专利局原审查部门于 2003 年 8 月 8 日针对上述修改后的权利要求书向申请人发出第二次审查意见通知书，指出权利要求 1、2 相对于对比文件 1 不具备创造性。

针对第二次审查意见通知书，申请人于 2003 年 9 月 26 日提交了意见陈述书，没有修改申请文件。

专利局原审查部门于 2003 年 11 月 7 日针对申请人于申请日提交的说明书附图第 1~16 页、说明书摘要及摘要附图、2003 年 6 月 4 日提交的权利要求第 1~2 项及说明书第 1~9 页作出驳回决定，具体的驳回理由是权利要求 1、2 相对于对比文件 1 不具备创造性。

申请人（下称复审请求人）对上述驳回决定不服，于 2004 年 2 月 4 日向专利复审委员会提出复审请求，同时提交了权利要求书的修改替换页。复审请求人认为，本发明存在与对比文件 1 中的丝网不同的加强件，该丝网不能得到本发明的具有锚定部的加强件所具有的对挡土墙板块和堆土的一体化进行强固的技术效果，因此修改后的权利要求具有创造性。复审请求人提交的修改后的权利要求书如下：

“1. 一种加强挡土墙结构，将多块挡土墙板块堆积起来而形成墙体，在墙体背面侧填充堆土，将多个加强件埋没在堆土内并使其与挡土墙板块相连，上述挡土墙板块具有：表面凸缘、位于其背面侧的背面凸缘、在表面凸缘与背面凸缘之间连接表面凸缘和背面凸缘的腹板、由上述表面凸缘和背面凸缘以及腹板围成的空洞部、形成于上端面的连接沟，其特征在于，

上述加强件位于上述墙体的延长方向，并通过其所具有的固定部和锚定部形成为大致 L 字型或者大致 T 字型，上述固定部水平地插入与上述挡土墙板块的上端面连续地设置的连接沟内，上述锚定部与上述墙体的延长方向成直角，前端侧插入设于上述挡土墙板块上端面的连接沟，其后的后方侧水平地埋入到堆土内，该锚定部的端部备有固定件，通过在这些空洞部内填充堆土，各挡土墙板块的背面凸缘和腹板与上述加强件一同被埋入堆土内，从而实现挡土墙板块和堆土的一体化。

2. 如权利要求 1 所述的加强挡土墙结构，其特征在于，上述挡土墙板块的连接沟在上述表面凸缘、背面凸缘以及腹板的上端面上与它们各自的轴向连续地设置。

3. 一种加强挡土墙结构，将多块挡土墙板块堆积起来而形成墙体，在墙体背面侧充填堆土，将

多个加强件埋没在堆土内并使其与挡土墙板块相连，上述挡土墙板块具有：表面凸缘、在其背面侧突设的腹板、由上述表面凸缘和腹板围成的空洞部、形成于上端面的连接沟，其特征在于，

上述加强件位于上述墙体的延长方向，并通过其所具有的固定部和锚定部形成为大致 L 字型或者大致 T 字型，上述固定部水平地插入与上述挡土墙板块的上端面连续地设置的连接沟内，上述锚定部与上述墙体的延长方向成直角，水平地埋入到堆土内，该锚定部的端部备有固定件，通过在这些空洞部内填充堆土，各挡土墙板块的腹板与上述加强件一同被埋入堆土内，从而实现挡土墙板块和堆土的一体化。

4. 如权利要求 3 所述的加强挡土墙结构，其特征在于，上述挡土墙板块的连接沟在上述表面凸缘和腹板的上端面上与它们各自的轴向连续地设置。

5. 如权利要求 3 所述的加强挡土墙结构，其特征在于，在端部具有固定件的上述锚定部位于与上述墙体的延长方向成直角的方向，其前端部插入设置于上述挡土墙板块的上端面的连接沟内，其后的后方侧水平地埋设于堆土内。”

经形式审查合格，专利复审委员会受理了该复审请求，并向复审请求人发出了复审请求受理通知书、向前审部门发出了前置审查通知书。

在前置审查中，原审查部门认为复审请求人提交的修改文本仍没有克服原驳回决定所指出的缺陷，坚持原驳回决定。

专利复审委员会依法成立合议组对本复审请求案进行了审理，于 2005 年 7 月 7 日向请求人发出复审通知书，在复审通知书中指出：修改后的权利要求 1~5 相对于对比文件 1 不具备创造性。

复审请求人于 2005 年 8 月 17 日针对上述复审通知书提交了意见陈述书，并提交了权利要求书的修改替换页。请求人在此次提交的修改文本中，仅对权利要求 1、3 进行了修改。请求人认为本发明可以产生挡土墙板块和填土形成一个整体的效果，而且挡土墙具有空洞部实现了挡土墙板块的轻量化。本发明与对比文件的区别主要在于：两者有关挡土墙板块的结构是不同的；两者在加强件的结构方面显著不同；本发明的空洞部内填充有堆土，而对比文件中在为掩埋金属网等的沟里并没有填充堆土，对比文件中空洞部填充的介质与本发明中通过填充土壤，以实现挡土墙板块与堆土的一体化不同；本发明与对比文件“堆土”方面也存在差别。因此本发明具备创造性。修改后的权利要求 1、3 如下：

“1. 一种加强挡土墙结构，包括：将多块挡土墙板块堆积起来而构成的墙体、填充在该墙体的背面侧的堆土、埋设在该堆土内并与挡土墙板块相连接的多个加强件，其特征在于，

（A）上述挡土墙板块具有：表面凸缘，位于该表面凸缘背面侧的背面凸缘，在表面凸缘和背面凸缘之间连接该表面凸缘与背面凸缘的腹板，由上述表面凸缘和背面凸缘以及腹板围成的、用于使挡土墙板块轻量化的空洞部，形成于上述表面凸缘和背面凸缘以及腹板中的至少一个的上端面的、用于连接上述加强件的连接沟；

（B）上述加强件具有：插入到上述连接沟中的固定部，以及埋设于堆土内的锚定部；

（C）在上述空洞部内填充堆土；

（D）从而，各挡土墙板块的背面凸缘和腹板与上述加强件一同被埋入堆土内，实现了挡土墙板块与堆土的一体化。

3. 一种加强挡土墙结构，包括：将多块挡土墙板块堆积起来而构成的墙体、填充在该墙体的背面侧的堆土、埋设在该堆土内并与挡土墙板块相连接的多个加强件，其特征在于，

（A）上述挡土墙板块具有：表面凸缘，在该表面凸缘背面侧凸设的腹板，由上述表面凸缘和腹板围成的、用于使挡土墙板块轻量化的空洞部，形成于上述表面凸缘和腹板中的至少一个的上端面

的、用于连接上述加强件的连接沟；

（B）上述加强件具有：插入到上述连接沟中的固定部，以及埋设于堆土内的锚定部；

（C）在上述空洞部内填充堆土；

（D）从而，各挡土墙板块的腹板与上述加强件一同被埋入堆土内，实现了挡土墙板块与堆土的一体化。”

经过上述审查程序，合议组认为本案事实已经清楚，可以依法作出复审决定。

二、决定的理由

1. 审查基础

本决定以复审请求人于申请日提交的说明书附图第1~16页、说明书摘要及摘要附图、2003年6月4日提交的说明书第1~9页及2005年8月17日提交的权利要求第1~5项作为审查基础。

2. 关于专利法第22条第3款

专利法第22条第3款规定，创造性是指同申请日以前已有的技术相比，该发明有突出的实质性特点和显著的进步，该实用新型有实质性特点和进步。

合议组认为，如果权利要求所述技术方案与现有技术公开的技术方案相比的区别技术特征是所属领域的公知常识，并且现有技术给出了结合该公知常识得出所述权利要求技术方案的技术启示，进而本领域技术人员不需花费创造性的劳动就能得出该权利要求所述的技术方案，则该权利要求不具备创造性。

如前所述，复审通知书针对复审请求人于提复审请求时提交的权利要求1~5进行了关于创造性的评述，复审请求人在答复上述复审通知书时，又提交了权利要求书的修改替换页，相对于复审请求人提复审请求时提交的权利要求书，请求人在答复复审通知书时对权利要求1、3进行了如下修改：

对于修改后的权利要求1：（1）删除了原权利要求1中的特征“加强件位于上述墙体的延长方向，并通过其所具有的固定部和锚定部形成为大致L字型或者大致T字型”、“锚定部与上述墙体的延长方向成直角”、“锚定部的端部备有固定件”。（2）将原权利要求1中的特征“形成于上端面的连接沟”、“固定部水平地插入与上述挡土墙板块的上端面连续地设置的连接沟内”、“锚定部前端侧插入设于上述挡土墙板块上端面的连接沟，其后的后方侧水平地埋入到堆土内”，改为特征“形成于上述表面凸缘和背面凸缘以及腹板中的至少一个的上端面的、用于连接上述加强件的连接沟”、“插入到上述连接沟中的固定部，以及埋设于堆土内的锚定部”。将修改前后的权利要求1进行比较，由于原权利要求1和修改后的权利要求1均限定了挡土墙板块具有表面凸缘、背面凸缘和腹板，因此修改后权利要求1中的特征“形成于上述表面凸缘和背面凸缘以及腹板中的至少一个的上端面的连接沟”与原权利要求1中的特征“形成于上端面的连接沟”实质上相同；又因为修改前后的权利要求1都限定了加强件具有固定部和锚定部，因此从原权利要求1的特征“固定部水平地插入与上述挡土墙板块的上端面连续地设置的连接沟内”、“锚定部前端侧插入设于上述挡土墙板块上端面的连接沟，其后的后方侧水平地埋入到堆土内”以及“加强件被埋入堆土内”能够分别得出修改后权利要求1的特征“插入到上述连接沟中的固定部”、以及“埋设于堆土内的锚定部”，即原权利要求1中的上述特征是对修改后权利要求1中上述特征的进一步限定。（3）修改后权利要求1中增加了特征a“用于使挡土墙板块轻量化的空洞部”和特征b“用于连接上述加强件的连接沟”。上述增加的特征a仅是对原权利要求1和修改后权利要求1中挡土墙板块空洞部所产生的技术效果的说明，即由于挡土墙板块具有空洞部，因此使得挡土墙板块轻量化；上述增加的特征b仅是对原权利要求1和修改权利要求1中连接沟所起作用的说明，即由于加强件的固定部插入到连接沟，因此连接沟所起作用是连接加强件。综上所述，由于原权利要求1与修改后的权利要求1相比，修改后的权利要求1仅是增加了原权利要求 1 和修改后权利要求 1 中的特征所产生技术效果或所起作用的说明，并且原权利要求 1 是对修改后的权利要求 1 的进一步限定，因此复审通知书中对原权利要求 1 技术方案创造性的评述实质上包含了对修改后权利要求 1 技术方案创造性的评述。

同样，对于修改后的权利要求 3：（1）删除了原权利要求 3 中的特征“上述加强件位于上述墙体的延长方向，并通过其所具有的固定部和锚定部形成为大致 L 字型或者大致 T 字型”、“上述锚定部与上述墙体的延长方向成直角”、“该锚定部的端部备有固定件”。（2）将原权利要求 3 中的特征“形成于上端面的连接沟”、“上述固定部水平地插入与上述挡土墙板块的上端面连续地设置的连接沟内”、“锚定部水平地埋入到堆土内”，改为特征“形成于上述表面凸缘和腹板中的至少一个的上端面的、用于连接上述加强件的连接沟”、“插入到上述连接沟中的固定部，以及埋设于堆土内的锚定部”。将修改前后的权利要求 3 进行比较，由于原权利要求 3 和修改后的权利要求 3 均限定了挡土墙板块具有表面凸缘和腹板，因此修改后权利要求 3 中的特征“形成于上述表面凸缘和腹板中的至少一个的上端面的连接沟”与原权利要求 3 中的特征“形成于上端面的连接沟”实质上相同；又因为修改前后的权利要求 3 都限定了加强件具有固定部和锚定部，因此从原权利要求 3 的特征“固定部水平地插入与上述挡土墙板块的上端面连续地设置的连接沟内”、“锚定部水平地埋入到堆土内”能够分别得出修改后权利要求 3 的特征“插入到上述连接沟中的固定部”以及“埋设于堆土内的锚定部”，即原权利要求 3 中的上述特征是对修改后权利要求 3 中上述特征的进一步限定。（3）修改后权利要求 3 中增加了特征 a“用于使挡土墙板块轻量化的空洞部”以及特征 b“用于连接上述加强件的连接沟”。上述增加的特征 a 仅是对原权利要求 3 和修改后权利要求 3 中挡土墙板块空洞部所产生的技术效果的说明，即由于挡土墙板块具有空洞部，因此使得挡土墙板块轻量化；上述增加的特征 b 仅是对原权利要求 3 和修改权利要求 3 中连接沟所起作用的说明，即由于加强件的固定部插入到连接沟，因此连接沟所起作用是连接加强件。综上所述，由于原权利要求 3 与修改后的权利要求 3 相比，修改后的权利要求 3 仅是增加了原权利要求 3 和修改后权利要求 3 中的特征所产生技术效果或所起作用的说明，并且原权利要求 3 是对修改后的权利要求 3 的进一步限定，因此复审通知书中对原权利要求 3 技术方案的创造性评述实质上包含了对修改后权利要求 3 技术方案的创造性的评述。

修改后的权利要求 1 请求保护一种加强挡土墙结构。对比文件 1 公开了一种挡土墙结构，并公开了以下内容（参见说明书第 1 栏第 48 行至第 7 栏第 59 行，附图 1~19）：挡土墙由许多板块堆积起来形成，将多个金属丝网与挡土墙板块相连，挡土墙板块具有表面凸缘、位于其背面侧的腹板，由表面凸缘和腹板围成的空洞部，形成于表面凸缘和腹板上端面的连接沟，金属丝网的一部分横向金属丝位于墙体的延长方向，上述一部分横向金属丝水平地插入与挡土墙板块的上端面连续地设置的连接沟内，金属丝网还具有纵向金属丝，前端侧插入设于挡土墙板块上端面的连接沟，连接沟连接金属丝网。

可见该权利要求 1 与对比文件 1 的区别在于：填充在该墙体的背面侧的堆土，将加强件埋设在堆土内，挡土墙板块背面侧具有背面凸缘，表面凸缘和背面凸缘以及腹板围成用于使挡土墙板块轻量化的空洞部，锚定部埋设于堆土内，在空洞部内填充堆土，各挡土墙板块的背面凸缘和腹板与加强件一同被埋入堆土内，从而实现挡土墙板块和堆土的一体化。由于作为一种公知常识，提到挡土墙就会知道其背面侧一定是堆土或用于支护坡体，从而在挡土墙的墙体背面侧填充堆土，将位于墙体背面侧的加强件也一同埋设在堆土内对本领域技术人员来说是显而易见的；在本领域中，T 形板块、工字形板块、E 形板块、H 形板块都是惯用的挡土墙板块形状，因此在 T 形板块尾部加背面横向凸缘是显而易见的，从而本领域技术人员很容易想到在对比文件 1 公开的板块腹板后端设置背面凸缘，进而由表面凸缘和背面凸缘以及腹板围成空洞部，并且由于挡土墙板块具有空洞部，从而使得挡土墙板块轻量化；虽然对比文件 1 所采用的加强件是金属丝网，但是由于对比文件 1 中的金属丝网是由相互大致垂直的横向和纵向金属丝构成，因此位于墙体板块连接沟内的横向金属丝实际上就相当于本申请加强件的固定部，纵向金属丝实际上就相当于本申请加强件的锚定部，并且金属丝网加强件与本申请的加强件相比，二者所达到的技术效果相同，由于将加强件埋入堆土内是本领域技术人员很容易想到的，从而将加强件的锚定部埋入到堆土内对本领域技术人员来说也是显而易见的；并且由于在挡土墙背面侧堆土是本领域的公知常识，从而将挡土墙板块的空洞部内填充堆土，使挡土墙板块的背面凸缘和腹板与加强件一同被埋入堆土内，进而实现挡土墙板块和堆土的一体化对本领域普通技术人员来说也是显而易见的。因此本领域技术人员在对比文件 1 和本领域公知常识的基础上无需付出创造性劳动就能得出该权利要求的技术方案，所以该权利要求不具备专利法第 22 条第 3 款规定的创造性。

复审请求人认为，本发明的空洞部内填充有堆土，而对比文件中在为掩埋金属网等的沟里并没有填充堆土，对比文件中空洞部填充的介质与本发明中通过填充土壤，以实现挡土墙板块与堆土的一体化不同；本发明与对比文件“堆土”方面也存在差别。合议组认为，对比文件 1 中挡土墙板块除了其表面凸缘和腹板本身具有其内填充介质的空洞部分外，挡土墙板块的表面凸缘和腹板还围成了空洞部，由于在挡土墙板块的背面侧堆土是本领域的公知常识，因此在由表面凸缘和腹板围成的空洞部内堆土、进而将位于挡土墙板块背面侧的金属丝网也埋入堆土内实现挡土墙板块与堆土的一体化是本领域技术人员很容易想到，所以复审请求人的意见不能被接受。

权利要求 2 引用权利要求 1。在对比文件 1 中还公开了以下内容（参见说明书第 1 栏第 48 行至第 7 栏第 59 行，附图 1～19）：挡土墙板块的连接沟在表面凸缘以及腹板的上端面上与它们各自的轴向连续地设置。由于采用工字型板块是本领域的公知常识，即设置背面凸缘是本领域的公知常识，从而本领域技术人员很容易从对比文件 1 公开的上述内容中得到启示，在背面凸缘的上端面也设置连接沟，并使连接沟轴向连续地设置。所以当其引用的权利要求 1 不具备创造性时，该权利要求也不符合专利法第 22 条第 3 款的规定。

修改后的权利要求 3 请求保护一种加强挡土墙结构。对比文件 1 公开了一种挡土墙结构，并公开了以下内容（参见说明书第 1 栏 48 行至第 7 栏 59 行，附图 1～19）：挡土墙由许多板块堆积起来形成，将多个金属丝网与挡土墙板块相连，挡土墙板块具有表面凸缘、位于其背面侧的腹板，由表面凸缘和腹板围成的空洞部，形成于表面凸缘和腹板上端面的连接沟，金属丝网的一部分横向金属丝位于墙体的延长方向，上述一部分横向金属丝水平地插入与挡土墙板块的上端面连续地设置的连接沟内，金属丝网还具有纵向金属丝，前端侧插入设于挡土墙板块上端面的连接沟，连接沟连接金属丝网。

可见该权利要求 3 与对比文件 1 的区别在于：填充在该墙体的背面侧的堆土，将加强件埋设在堆土内，锚定部埋设于堆土内，在空洞部内填充堆土，各挡土墙板块的腹板与加强件一同被埋入堆土内，从而实现挡土墙板块和堆土的一体化。由于作为一种公知常识，提到挡土墙就会知道其背面侧一定是堆土或用于支护坡体，从而在挡土墙的墙体背面侧填充堆土，将位于墙体背面侧的加强件也一同埋设在堆土内对本领域技术人员来说是显而易见的；虽然对比文件 1 所采用的加强件是金属丝网，但是由于对比文件 1 中的金属丝网是由相互大致垂直的横向和纵向金属丝构成，因此位于墙体板块连接沟内的横向金属丝实际上就相当于本申请加强件的固定部，纵向金属丝实际上就相当于本申请加强件的锚定部，并且金属丝网加强件与本申请的加强件相比，二者所达到的技术效果相同，由于将加强件埋入堆土内是本领域技术人员很容易想到的，从而将加强件的锚定部埋入到堆土内也对本领域技术人员来说是显而易见的；并且由于在挡土墙背面侧堆土是本领域的公知常识，从而将挡土墙板块的空洞部内填充堆土，使挡土墙板块的腹板与加强件一同被埋入堆土内，进而实现挡土墙板块和堆土的一体化对本领域普通技术人员来说也是显而易见的。因此本领域技术人员在对比文件 1 和本领域公知常识的基础上无需付出创造性劳动就能得出该权利要求的技术方案，所以该权利要求不具备专利法第22条第3款规定的创造性。

权利要求4引用权利要求3。在对比文件1中还公开了以下内容（参见说明书第1栏48行至第7栏59行，附图1~19）：挡土墙板块的连接沟在表面凸缘以及腹板的上端面上与它们各自的轴向连续地设置。可见该权利要求的附加技术特征也被对比文件1公开了，所以当其引用的权利要求3不具备创造性时，该权利要求不符合专利法第22条第3款的规定。

权利要求5的附加技术特征为：在端部具有固定件的上述锚定部位于与上述墙体的延长方向成直角的方向，其前端部插入设置于上述挡土墙板块的上端面的连接沟内，其后的后方侧水平地埋设于堆土内。在对比文件1中公开了以下内容（参见说明书第1栏48行至第7栏59行，附图1~19）：作为加强件的金属丝网的一部分横向金属丝位于墙体的延长方向，上述一部分横向金属丝水平地插入与挡土墙板块的上端面连续地设置的连接沟内，金属丝网还具有纵向金属丝，纵向金属丝与墙体的延长方向成直角，前端侧插入设于挡土墙板块上端面的连接沟内，金属丝网的后端设有固定件。由于对比文件1中的金属丝网是由相互大致垂直的横向和纵向金属丝构成，因此位于墙体板块连接沟内的横向金属丝实际上就相当于本申请加强件的固定部，纵向金属丝实际上就相当于本申请加强件的锚定部，进而结合对比文件1公开的上述内容可以得出加强件的锚定部位于与墙体延长方向成直角的方向，其前端部插入设置于挡土墙板块的上端面的连接沟内的技术方案；由于将加强件埋入堆土中是本领域技术人员很容易想到的，从而将加强件的后方侧水平地埋入到堆土内，对本领域技术人员来说也是显而易见的。所以当其引用的权利要求3不具有创造性时，该权利要求也不符合专利法第22条第3款的规定。

综上所述，本申请权利要求1~5不具备创造性，不符合专利法第22条第3款的规定。

基于上述理由，合议组作出下述决定。

三、决定

维持国家知识产权局于2003年11月7日作出的驳回99126576.9号发明专利申请的决定。

复审请求人对本决定不服的，可以根据专利法第41条第2款的规定，自收到本决定之日起三个月内向北京市第一中级人民法院起诉。

029

车载交通导引装置

复审请求审查决定（第12284号）

决　定　号　第12284号
决　定　日　2007年12月20日
发明创造名称　车载交通导引装置
国际分类号　G09B 29/00，G01C 21/00
复审请求人　三菱电机株式会社
申　请　号　97197603.1
申　请　日　1997年7月2日
公　开　日　1999年9月15日
合议组组长　赵　明
主　审　员　瞿晓峰
参　审　员　娄　宁

法律依据　专利法第22条第3款
决定要点

权利要求请求保护的技术方案与最接近的对比文件公开的技术方案相比具有区别技术特征，如果该区别技术特征的引入对本领域技术人员而言是显而易见的，则权利要求不具备创造性。

一、案由

本复审请求涉及申请号为97197603.1、名称为“车载交通导引装置”的发明专利申请（下称本申请），申请人为三菱电机株式会社，申请日为1997年7月2日，公开日为1999年9月15日。

经实质审查，国家知识产权局于2004年7月2日以本申请不符合专利法第22条第2、3款为由驳回了本申请。驳回决定所依据的文本为：进入中国国家阶段时提交的权利要求第1~15项、说明书第1~26页、附图第1~37页、摘要和摘要附图。驳回决定所针对的权利要求如下：

“1. 一种车载交通导引装置，其特征在于，包括：存储与地图有关的各种信息的地图信息存储部；根据上述地图信息存储部存储的数据将道路模式化并生成简图的简图运算部；计算并求出从任意地点到设施的距离的距离运算部；根据上述距离运算部得到的距离选择在上述简图上显示的设施的显示选择部；进行上述简图和地图的显示的显示部；将上述设施显示在上述显示部显示的上述简图上的显示控制部。

2. 权利要求1所述的车载交通导引装置，其特征在于，显示选择部在从距离运算部得到的从任意地点到设施的距离中选择指定距离以内的设施，显示控制部使上述显示选择部选择的上述设施显示在显示部显示的简图上。

3. 权利要求1所述的车载交通导引装置，其特征在于，显示控制部将从距离运算部得到的距离作为显示部显示的设施信息显示在简图上的与上述设施相邻的位置上。

4. 权利要求1所述的车载交通导引装置，其特征在于，进而具有根据地图信息存储部存储的数据计算从任意地点到设施的方位的方位运算部，显示控制部根据从上述方位运算部得到的运算结果，使简图上的从任意地点到上述设施的方位作为显示部显示的上述设施的信息显示在上述简图上。

5. 权利要求1所述的车载交通导引装置，其特征在于，进而具有根据地图信息存储部存储的数据计算按道路地图从任意地点到设施的必须实际行驶的行驶距离的路程运算部，将简图上的从任意地点到上述设施的行驶距离作为上述简图上的从上述任意地点到上述设施的路程进行设定。

6. 权利要求5所述的车载交通导引装置，其特征在于，显示选择部在从路程运算部得到的从任意地点到设施的路程值中选择指定距离以内的路程值，显示控制部使上述选择显示部选择的上述实际行起路程值显示在显示部显示的简图上的上述设施一侧。

7. 权利要求1所述的车载交通导引装置，其特征在于，进而具有检测出车辆现在位置的车辆位置捡出部，距离运算部把从上述车辆位置捡出部得到的车辆现在的位置设定为简图上的任意地点并计算它到设施的距离。

8. 权利要求1所述的车载交通导引装置，其特征在于，进而具有计算从任意地点到设施的预定到达时间的预定到达时间运算部，显示控制部将从上述预定到达时间运算部得到的从上述任意地点到上述设施的上述预定到达时间作为显示部上显示的设施的信息显示在显示部显示的简图上。

9. 权利要求1所述的车载交通导引装置，其特征在于，进而具有操作者进行操作的操作部和计算从任意地点到上述操作者使用上述操作部选择的设施的路径的路径运算部，显示控制部将从上述路径运算部得到的路径显示在显示部显示的简图上。

10. 权利要求1所述的车载交通导引装置，其特征在于，进而具有选择在显示部显示的简图上表示的设施的类别的操作部，操作者通过上述操作部选择显示部的简图上表示的所要的设施的类别，上述路径运算部对由上述操作部得到的设施计算从任意地点到该设施的路径，显示控制部将从上述路径运算部得到的路径显示在上述显示部显示的上述简图上。

11. 权利要求1所述的车载交通导引装置，其特征在于，进而具有根据地图信息存储部内存储的数据判定道路的属性的道路属性判别部，当从上述道路属性判别部得到的道路的属性是汽车专用道路时，简图运算部根据地图信息存储部内存储的数据计算上述汽车专用道路的简图，而且选择不在上述汽车专用道路上的设施，显示控制部使上述汽车专用道路和经上述简图运算部选择出来的上述设施显示在显示部显示的简图上。

12. 权利要求11所述的车载交通导引装置，其特征在于，显示选择部从由简图运算部得到的从任意地点到设施的距离中选择指定距离以内的设施，显示控制部使由上述显示选择部选择的上述设施显示在显示部显示的简图上。

13. 权利要求1所述的车载交通导引装置，其特征在于，简图运算部将任意地点设定为道路立体枢纽、交叉路口、坡道、服务区和停车区并计算其到设施的简图。

14. 权利要求1所述的车载交通导引装置，其特征在于，显示控制部使多个上述设施显示在与上述简图上的上述道路立体枢纽、交叉路口、坡道、服务区或停车区分别对应的指定的位置上，以便操作者可以明确地认识显示部显示的简图上的多个设施是不是上述简图内的多个道路立体枢纽、交叉路口、坡道、服务区和停车区中的任何一个道路立体枢纽、交叉路口、坡道、服务区和停车区附近的设施。

15. 一种车载交通导引装置，其特征在于，包括：存储与设施或道路地图有关的各种信息的地图信息存储部；存储并执行程序的控制单元，通过该程序读出上述地图信息存储部存储的上述道路和上述设施的信息，根据得到的信息将上述道路模式化并生成简图，根据从任意地点到上述设施的距离选择上述简图上显示的上述设施；显示由上述控制单元得到的与上述道路有关的上述简图和上述设施的显示部。”

驳回决定引用了两篇对比文件，其中对比文件 1 为 JP06307878，其公开日为 1994 年 11 月 4 日；对比文件 2 为 EP0767358A，其公开日为 1997 年 4 月 9 日。驳回决定认为：对比文件 1 或对比文件 2 中分别公开了权利要求 1 和 15 的全部技术特征，两者所属技术领域相同，要解决的技术问题相近，所以权利要求 1 和 15 相对于对比文件 1 或对比文件 2 不具备新颖性；权利要求 2、7、9~14 的附加技术特征分别被对比文件 1 或对比文件 2 公开，在其所引用的权利要求 1 不具备新颖性的情况下，权利要求 2、7、9~14 也不具备新颖性；权利要求 3~6、8 的附加技术特征被对比文件 1 的实施例所公开，所以权利要求 3~6、8 不具备创造性。

申请人（下称复审请求人）不服上述驳回决定，于 2004 年 10 月 18 日向专利复审委员会提出了复审请求，在提出复审请求时复审请求人没有修改申请文件。复审请求人认为：对比文件 1 或者对比文件 2 均没有公开权利要求 1 中将“使交叉点和立体交叉点等地点间的显示路径直线化，将其长度设定成与实际距离无关的一定值，从而使地图简化，以便操作者能够容易把握汽车专用道路（高速公路、收费道路）、一般道路（国道、县道、市道等）等主要道路的连接关系、交叉点形状和方位等（实施例 1）”的道路模式化的简图运算部（b）、计算并求出从交叉点等任意地点（实施例 1）到适宜的设施（实施例 1）的距离的距离运算部（c）、选择离任意地点处于某距离的适宜的设施（实施例 1）的显示选择部（d）、以及在简图上显示所述设施的显示控制部（f）等技术特征，所以权利要求 1 相对于对比文件 1 或者对比文件 2 具有明显的区别技术特征，具备新颖性和创造性；在权利要求 1 具备新颖性和创造性的情况下，其从属权利要求 2~14 也具备新颖性和创造性；权利要求 15 以生成简图的控制单元（h）为主要特征，对比文件 1 或者对比文件 2 也没有公开权利要求 15 的全部技术特征，所以权利要求 15 相对于对比文件 1 或者对比文件 2 具备新颖性和创造性。

经形式审查合格，专利复审委员会受理了该复审请求，于 2004 年 11 月 10 日向复审请求人发出了《复审请求受理通知书》，并将案卷转送至原审查部门进行前置审查。

原审查部门在《前置审查意见书》中坚持原驳回决定。

专利复审委员会依法成立合议组对本案进行审理。

合议组于 2007 年 7 月 23 日向复审请求人发出复审通知书，指出权利要求 1~9 和权利要求 11~14 不具备创造性、权利要求 15 不具备新颖性、权利要求 10 不清楚，具体理由如下：

（1）独立权利要求 1 要求保护一种车载交通导引装置，对比文件 1 公开了一种车载道路信息显示装置（相当于本申请的车载交通导引装置），权利要求 1 与对比文件 1 的区别仅在于对比文件 1 没有在字面上直接公开显示控制部件，但是，对比文件 1 实施例 2 公开的信息处理单元可以有选择地抽出距车辆当前位置一定范围内的设施的信息，并将这些信息显示在显示装置上，所以本领域技术人员可以得知对比文件 1 所公开的车载道路信息显示装置中应该包含某个部件，其能够控制信息处理单元将所选择的设施显示在地图上，即相当于本申请中所说的“将上述设施显示在上述显示部显示的上述简图上的显示控制部”。所以，在对比文件 1 的基础上得到权利要求 1 要求保护的技术方案对本领域技术人员来说是显而易见的，因此，权利要求 1 不具有突出的实质性特点，不具备专利法第 22 条第 3 款规定的创造性。

（2）权利要求 2~9、11~14 对权利要求 1 作了进一步限定，但是其附加技术特征或者被对比文件1或对比文件2公开了，或者是本领域的公知常识，在其引用的权利要求1不具备创造性的情况下，从属权利要求2~9、11~14也不具备创造性。

（3）独立权利要求15的所有技术特征均已被对比文件1公开了，而且二者技术领域相同、要解决的技术问题以及预期效果实质上相同，因此独立权利要求15不具备新颖性。

（4）权利要求10对独立权利要求1作了进一步限定，其附加技术特征中出现了没有任何定义的"路径运算部"，而且"路径运算部"在权利要求1中也没有出现，又不同于权利要求1中提及的"距离运算部"，因而权利要求10不清楚，不符合专利法实施细则第20条第1款的规定。

针对复审通知书，复审请求人于2007年9月7日提交了意见陈述书以及权利要求书的修改替换页。复审请求人认为，在修改后的权利要求1中增加了"当从上述道路属性判别部得到的道路的属性是汽车专用道路时，上述简图运算部根据上述地图信息存储部内存储的数据计算上述汽车专用道路上的简图，并且上述显示选择部选择包含不位于上述汽车专用道路上的设施的上述简图上显示的设施，上述显示控制部使上述汽车专用道路和已选择的上述设施显示在上述设施显示在上述显示部显示的上述简图上"这一必要技术特征，使本发明实现了"操作者能够容易把握任意地点附近的设施信息以及汽车专用道路与设施之间的位置关系"的技术效果，而对比文件1、2没有记载或暗示该技术特征，本领域技术人员也不能容易地得到本发明权利要求1所要求保护的技术方案，所以权利要求1具备创造性，在此基础上，其从属权利要求2~7也具备创造性。修改后的权利要求如下：

"1. 一种车载交通导引装置，其特征在于，包括：

车辆检测部，检测车辆的现在位置；

地图信息存储部，存储与地图有关的各种信息；

道路属性判别部，根据上述地图信息存储部内存储的数据来判定道路的属性；

简图运算部，根据上述地图信息存储部存储的数据，将包括一般道路的道路模式化并生成简图；

距离运算部，计算并求出从上述车辆的现在位置到设施的距离；

显示选择部，根据上述距离运算部得到的距离，选择在从上述车辆的现在位置到设施的距离中的规定距离以内的、上述简图上显示的设施；

显示部，进行上述简图和地图的显示；以及

显示控制部，使上述设施显示在上述显示部显示的上述简图上，

当从上述道路属性判别部得到的上述车辆的现在位置的道路的属性是汽车专用道路时，上述简图运算部根据上述地图信息存储部内存储的数据计算上述汽车专用道路的简图，并且上述显示选择部选择包含不位于上述汽车专用道路上的设施的上述简图上显示的设施，上述显示控制部使上述汽车专用道路和已选择的上述设施显示在上述显示部显示的上述简图上。

2. 权利要求1所述的车载交通导引装置，其特征在于，

显示控制部将由距离运算部得到的距离作为显示部显示的设施信息显示在简图上的与上述设施相邻的位置上。

3. 权利要求1所述的车载交通导引装置，其特征在于，

还具有：方位运算部，根据地图信息存储部存储的数据，计算从车辆的现在位置到设施的方位，

显示控制部根据从上述方位运算部得到的运算结果，使简图上的从车辆的现在位置到上述设施的方位作为显示部显示的上述设施的信息显示在上述简图上。

4. 权利要求1所述的车载交通导引装置，其特征在于，

还具有：路程运算部，根据地图信息存储部存储的数据，计算按道路地图从车辆的现在位置到设施的必须实际行驶的行驶距离，

将简图上的从上述车辆的现在位置到上述设施的行驶距离设定为上述简图上的上述车辆的现在位置到上述设施的路程。

5. 权利要求 4 所述的车载交通导引装置，其特征在于，

显示选择部在由路程运算部得到的从车辆的现在位置到设施的路程中选择规定距离以内的路程，

显示控制部使上述显示选择部选择的上述实际行驶距离的值显示在显示部显示的简图上的上述设施一侧。

6. 权利要求 1 所述的车载交通导引装置，其特征在于，

还具有：预定到达时间运算部，计算从车辆的现在位置到设施的预定到达时间，

显示控制部将由上述预定到达时间运算部得到的从上述车辆的现在位置到上述设施的上述预定到达时间作为显示部上显示的设施的信息显示在显示部显示的简图上。

7. 权利要求 1 所述的车载交通导引装置，其特征在于，

还具有：操作部，操作者进行操作；和路径运算部，计算从车辆的现在位置到上述操作者使用上述操作部选择的设施的路径，

显示控制部将由上述路径运算部得到的路径显示在显示部显示的简图上。”

至此，合议组认为本案事实已经清楚，可以作出复审请求审查决定。

二、决定的理由

1. 审查文本

本决定所依据的文本为：复审请求人于 2007 年 9 月 7 日提交的权利要求第 1~7 项，进入中国国家阶段时提交的说明书第 1~26 页、附图第 1~37 页、摘要和摘要附图。

2. 权利要求 1~7 的创造性

专利法第 22 条第 3 款规定：创造性，是指同申请日以前已有的技术相比，该发明有突出的实质性特点和显著的进步，该实用新型有实质性特点和进步。

权利要求请求保护的技术方案与最接近的对比文件公开的技术方案相比具有区别技术特征，如果该区别技术特征的引入对本领域技术人员而言是显而易见的，则权利要求不具备创造性。

独立权利要求 1 请求保护一种车载交通导引装置，具体包括：车辆检测部，检测车辆的现在位置；地图信息存储部，存储与地图有关的各种信息；道路属性判别部，根据上述地图信息存储部内存储的数据来判定道路的属性；简图运算部，根据上述地图信息存储部存储的数据，将包括一般道路的道路模式化并生成简图；距离运算部，计算并求出从上述车辆的现在位置到设施的距离；显示选择部，根据上述距离运算部得到的距离，选择在从上述车辆的现在位置到设施的距离中的规定距离以内的、上述简图上显示的设施；显示部，进行上述简图和地图的显示；以及显示控制部，使将上述设施显示在上述显示部显示的上述简图上；当从上述道路属性判别部得到的上述车辆的现在位置的道路的属性是汽车专用道路时，上述简图运算部根据上述地图信息存储部内存储的数据计算上述汽车专用道路的简图，并且上述显示选择部选择包含不位于上述汽车专用道路上的设施的上述简图上显示的设施，上述显示控制部使上述汽车专用道路和已选择的上述设施显示在上述显示部显示的上述简图上。

对比文件 1 公开了一种车载道路信息显示装置（相当于本申请的车载交通导引装置），并具体公开了以下技术特征（参见对比文件 1 说明书的 2 栏第 40~50 行，第 3 栏第 27~43 行，附图 1）：车辆位置检测装置 13，用于检测车辆的现在位置，相当于本申请中所说的“车辆检测部，检测车辆的现在位置”；保存地图数据和与其相关联的设施信息数据的记录媒体，相当于本申请中所说的“地图信息存储部，存储与地图有关的各种信息”；读出并计算处理所述地图数据的信息处理单元，相当于本申请中所说的“简图运算部，根据上述地图信息存储部存储的数据，将包括一般道路的道路模式化

并生成简图”；信息处理单元可以根据车辆当前位置和设施的位置计算两者之间的距离，相当于本申请中所说的“距离运算部，计算并求出从上述车辆的现在到设施的距离”；信息处理单元根据车辆当前位置与设施之间的距离有选择地抽出距车辆当前位置一定范围内的设施的信息，相当于本申请中所说的“显示选择部，根据上述距离运算部得到的距离，选择在从上述车辆的现在位置到设施的距离中的规定距离以内的、上述简图上显示的设施”；用于显示车辆当前位置与地图和选择的设施信息的显示装置，相当于本申请中所说的“显示部，进行上述简图和地图的显示”。虽然，对比文件1没有在文字上直接公开显示控制部件，但是，对比文件1实施例2公开的信息处理单元可以有选择地抽出距车辆当前位置一定范围内的设施的信息，并将这些信息显示在显示装置上，所以本领域技术人员可以得知对比文件1所公开的车载道路信息显示装置中应该包含某个部件，其能够控制信息处理单元将所选择的设施显示在地图上，即相当于本申请中所说的“显示控制部，使将上述设施显示在上述显示部显示的上述简图上”。

由此可知，权利要求1所请求保护的技术方案与对比文件1相比，区别在于：权利要求1中的车载交通导引装置还包括道路属性判别部，根据上述地图信息存储部内存储的数据来判定道路的属性，当从上述道路属性判别部得到的上述车辆的现在位置的道路的属性是汽车专用道路时，上述简图运算部根据上述地图信息存储部内存储的数据计算上述汽车专用道路的简图，并且上述显示选择部选择包含不位于上述汽车专用道路上的设施的上述简图上显示的设施，上述显示控制部使上述汽车专用道路和已选择的上述设施显示在上述显示部显示的上述简图上。而对比文件1中则没有公开这一技术特征。该区别技术特征所要解决的技术问题是使操作者能够了解车辆现在位置的道路的属性以及汽车专用道路与不位于上述汽车专用道路上的设施的位置关系。

对比文件2公开了一种汽车导航装置，其中存储部件37中存储的道路文件包括表示道路属性（高速公路、收费公路、高架桥、地下通道等）的文件和表示每条道路形状的文件（参见对比文件2说明书第16栏第12~21行）。对比文件2还公开了路径搜索装置，可以搜索从车辆的出发点或当前位置到设施位置的路径，并将该路径显示在显示器上（参见对比文件2说明书第4栏第40~45行）。如果搜索到的是高速公路等特殊路段，那么显示的地图将是该特殊属性路段的地图，也即可以使操作者了解车辆现在位置的道路的属性。所以对比文件2公开了权利要求1中根据地图信息存储部内存储的数据来判定道路属性的道路属性判别部。

复审请求人认为，对比文件1或2均没有公开“当从上述道路属性判别部得到的上述车辆的现在位置的道路的属性是汽车专用道路时，上述简图运算部根据上述地图信息存储部内存储的数据计算上述汽车专用道路的简图，并且上述显示选择部选择包含不位于上述汽车专用道路上的设施的上述简图上显示的设施，上述显示控制部使上述汽车专用道路和已选择的上述设施显示在上述显示部显示的上述简图上”这一必要技术特征，由于上述技术特征的存在，实现了操作者能够容易把握任意地点附近的设施信息以及汽车专用道路与设施之间的位置关系的技术效果。

合议组认为，对比文件1已经公开了信息处理单元读出并计算处理地图数据，并且还公开了在显示装置上显示由信息处理单元根据车辆当前位置与设施之间的距离有选择地抽出距车辆当前位置一定范围内的设施的信息，由于这些设施的选择是考虑了车辆当前位置与设施之间的距离，因此这些被选择并显示出来的设施显然不完全位于该特殊属性路段上，所以，操作者也能够容易地把握任意地点附近的设施信息以及特殊属性道路与设施之间的位置关系。所以，在对比文件1的基础上结合对比文件2得到独立权利要求1请求保护的技术方案对本领域技术人员来说是显而易见的，独立权利要求1不具备创造性，不符合专利法第22条第3款的规定。

从属权利要求2对权利要求1作了进一步限定，其附加技术特征为：“显示控制部将由距离运算部得到的距离作为显示部显示的设施信息显示在简图上的与上述设施相邻的位置上”。对比文件1的实施例3中公开了将车辆到某个设施的距离显示在显示装置上（参见对比文件1说明书第6栏第31~34行，附图8），因此，该附加技术特征已经被对比文件1公开了，在其引用的独立权利要求1不具备创造性的情况下，从属权利要求2也不具备创造性。

从属权利要求3对权利要求1作了进一步限定，其附加技术特征为：“方位运算部，根据地图信息存储部存储的数据，计算从车辆的现在位置到设施的方位；显示控制部根据从上述方位运算部得到的运算结果，使简图上的从车辆的现在位置到上述设施的方位作为显示部显示的上述设施的信息显示在上述简图上。”对比文件1的实施例3中公开了将车辆到某个设施的方向显示在显示装置上（参见对比文件1说明书第6栏第31~34行，附图8），本领域技术人员据此可以推断对比文件1实施例3公开的车载道路信息显示装置必然具有根据存储的地图信息计算从某个地点到某个设施的方位的部件，否则无法将车辆到某个设施的方位显示在显示装置上。因此，在其引用的独立权利要求1不具备创造性的情况下，从属权利要求3也不具备创造性。

从属权利要求4对权利要求1作了进一步限定，其附加技术特征为：“路程运算部，根据地图信息存储部存储的数据，计算按道路地图从车辆的现在位置到设施的必须实际行驶的行驶距离，将简图上的从上述车辆的现在位置到上述设施的行驶距离设定为上述简图上的上述车辆的现在位置到上述设施的路程”。在对比文件1的实施例1中的，信息处理单元12根据车辆当前位置以及所选定的设施，计算并形成车辆行驶线路，然后根据该线路计算路程（参见对比文件1说明书第4栏第5~36行），因此，该附加技术特征已经被对比文件1公开了，在其引用的独立权利要求1不具备创造性的情况下，从属权利要求4也不具备创造性。

从属权利要求5对权利要求4作了进一步限定，其附加技术特征为：“显示选择部在由路程运算部得到的从车辆的现在位置到设施的路程中选择规定距离以内的路程，显示控制部使上述显示选择部选择的上述实际行驶距离的值显示在显示部显示的简图上的上述设施一侧”。对比文件1已经公开了计算车辆到某个设施的实际行驶路程（参见对权利要求4的评述），为了让使用者直观的获知该实际路程值而将其显示在显示器上，对于本领域技术人员来说这种设置是惯用技术手段。因此，在其引用的从属权利要求4不具备创造性的情况下，从属权利要求5也不具备创造性。

权利要求6对权利要求1作了进一步限定，其附加技术特征为：“预定到达时间运算部，计算从车辆的现在位置到设施的预定到达时间，显示控制部将由上述预定到达时间运算部得到的从上述车辆的现在位置到上述设施的上述预定到达时间作为显示部上显示的设施的信息显示在显示部显示的简图上”。该附加技术特征已经被对比文件1的实施例3公开了（参见对比文件1说明书第6栏第31~34行，附图8），在其引用的独立权利要求1不具备创造性的情况下，从属权利要求6也不具备创造性。

从属权利要求7对权利要求1作了进一步限定，其附加技术特征为：“操作部，操作者进行操作；和路径运算部，计算从车辆的现在位置到上述操作者使用上述操作部选择的设施的路径，显示控制部将由上述路径运算部得到的路径显示在显示部显示的简图上”。对比文件1已经公开了供操作者选择设施信息数据的操作单元15（参见对比文件1说明书第2栏第40~50行，附图1），对比文件2公开了一种路径搜索装置，其能够搜索从邻近位置到设施位置的路径，并将搜索到的路径显示在显示器上，该邻近位置可以是车辆的出发点和当前位置（参见对比文件2说明书第4栏第40~45行）。因此在对比文件1和对比文件2的基础上得到权利要求7的技术方案，对本领域技术人员来说是显而易见的，在其引用的独立权利要求1不具备创造性的情况下，从属权利要求7也不具备创造性。

根据以上事实和理由，本案合议组作出如下审查决定。

三、决定

维持国家知识产权局于2004年7月2日针对97197603.1号发明专利申请作出的驳回决定。

如对本复审请求审查决定不服，根据专利法第41条第2款的规定，复审请求人可以自收到本决定之日起三个月内向北京市第一中级人民法院起诉。

030

用于润滑油流动改进的羧酸酯-乙烯基酯共聚物共混组合物

复审请求审查决定（第12290号）

决　定　号　第12290号
决　定　日　2007年12月20日
发明创造名称　用于润滑油流动改进的羧酸酯-乙烯基酯共聚物共混组合物
国际分类号　C10M 145/16
复审请求人　英菲诺姆国际有限公司
申　请　号　02809238.4
申　请　日　2002年4月22日
优先权日　2001年5月1日
公　开　日　2004年8月4日
合议组组长　朱文广
主　审　员　董晓静
参　审　员　崔　震

法律依据　专利法第33条
决定要点

如果申请的内容通过增加、改变和/或删除其中的一部分，致使所属技术领域的技术人员看到的信息与原申请记载的信息不同，而且又不能从原申请记载的信息中直接地、毫无疑义地确定，则修改不符合专利法第33条的规定。

一、案由

本复审请求涉及名称为“用于润滑油流动改进的羧酸酯-乙烯基酯共聚物共混组合物”的第02809238.4号发明专利申请（下称本申请），申请人为英菲诺姆国际有限公司，申请日为2002年4月22日，优先权日为2001年5月1日，公开日为2004年8月4日。

2005年6月10日，国家知识产权局以权利要求1的修改不符合专利法第33条的规定为由驳回了本申请。驳回决定针对的文本是申请人进入国家阶段时提交的说明书第1~5、11~35页和摘要，2005年4月27日提交的权利要求第1~19项和说明书第6~10页。驳回决定所针对的权利要求1为：

“1. 一种用来至少改进润滑油组合物的低温流动性能的添加剂组合物，所述润滑油组合物包括至少一种润滑油基料和至少一种粘度指数改进剂，其中所述基料选自饱和物大于或等于90wt%、硫含量小于或等于0.03wt%及粘度指数范围为大于或等于80至小于或等于200的润滑油，所述粘度指数改进剂选自乙烯、至少一种 C_3-C_{18} 的 α-烯烃和 0~10wt% 的非共轭二烯的共聚物，其中所述含乙烯的共聚物的乙烯含量为 30wt%~85wt%，所述添加剂组合物包括如下组分的混合物：

（A）所加的含有侧链酯基的第一润滑油流动改进剂组分，所述侧链酯基具有重复的亚甲基单元，而所述亚甲基单元由存在于所述侧链酯基结构内的醇混合物得到，该第一润滑油流动改进剂组分包括如下物质的共聚物：

（i）不饱和二羧酸或其相应酸酐的 C6-C24 烷基酯的第一单体，其中所述不饱和二羧酸含有 4~10 个碳原子，且两个羧基位于相邻碳上，前提条件是平均侧链碳数为 11.0~12.4，和

（ⅱ）选自如下物质的第二单体：

（a）由如下通式表示的乙烯基酯

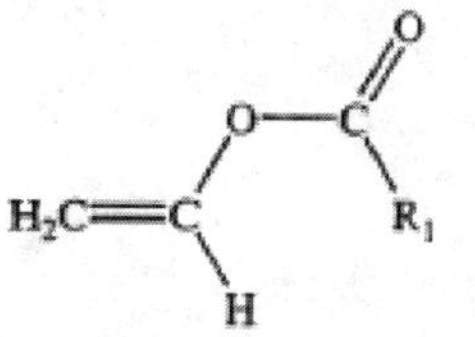

(II)

其中 R1 为含有 1~18 个碳原子的烷基，

（b）C6-C46 的直链或支链 α-单烯烃，和

（c）苯乙烯或由如下通式表示的不饱和单酯的聚合物，

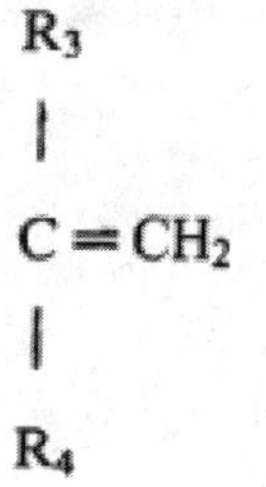

(IV)

其中 R_3 为氢或 C_1-C_5 烷基；R_4 为 $COOR_5$ 基团，其中 R_5 为 C_1-C_{20} 烷基，前提条件是构成聚合物的 R_5 的基团中平均碳原子数为 11.0~12.4，

（B）所加的含有侧链酯基的第二润滑油流动改进剂组分，所述侧链酯基具有重复的亚甲基单元，而所述亚甲基单元由存在于所述侧链酯基结构内的醇混合物得到，该第二润滑油流动改进剂组分包括如下物质的共聚物：

（i）不饱和二羧酸或其相应酸酐的 C_6-C_{24} 烷基酯的第一单体，其中所述不饱和二羧酸含有 4~10 个碳原子，且两个羧基位于相邻碳上，前提条件是平均侧链碳数为 12.7~15.0，和

（ⅱ）选自（A）的（ⅱ）中所述的物质的第二单体，但前提条件是当该第二单体对应通式（Ⅳ）的聚合物时，则构成聚合物的 R_5 的基团中平均碳原子数为 12.7~15.0；并且

在所述组合物中所述第一组分与所述第二组分的重量比为 95 ： 5 至 40 ： 60。”

驳回决定认为，申请人修改了权利要求 1 中（A）和（B）中的（i）组分的表述方式，修改后的内容既没有记载在原申请文件中，也不能由原申请公开的信息中直接唯一地导出，因此不符合专利法第 33 条的规定。具体理由是，（1）原始申请文件中记载（A）和（B）中的（i）组分涉及的第一单体均需要满足特定通式（Ⅰ）或（Ⅲ），该通式表示的酯仅是反丁烯二酸二酯，与修改后的权利要求 1 通过相应语言限定出的酯的范围不同，修改后的权利要求 1 没有明确其是单酯还是二酯，也没有指明二羧酸的顺反结构等，因此扩大了原权利要求的保护范围；（2）申请人关于修改依据原始说明书第 14 页第 3 段的意见不成立，原始申请文件（参见权利要求 1、10、12、14、26 和 28，说明书第

5~18 页）始终强调（i）组分涉及的第一单体应满足特定通式，说明书第 14 页的上述内容仅表明满足该段述及的特征的烯属不饱和二羧酸或其酸酐是适于最终被酯化的，并不能因此认为通式（Ⅰ）或（Ⅲ）的约束不存在。

申请人英菲诺姆国际有限公司（下称请求人）不服上述驳回决定，于 2005 年 9 月 23 日向专利复审委员会提出复审请求，请求人在提出复审请求时没有对申请文件进行修改。在复审请求书中，请求人认为删除原始权利要求书和说明书中的通式（Ⅰ）和（Ⅲ）是完全必要的，是为了纠正该通式并未真正反映本发明涉及的保护范围的错误，修改依据的是原始说明书第 14 页第 3 段即“最终被酯化的合适的烯属不饱和二羧酸或其酸酐具有位于相邻碳上的羰基或酸酐基，并且在未酯化的单体分子中含有 4~10 个碳”。

形式审查合格后，专利复审委员会受理了该请求，并于 2005 年 11 月 3 日向请求人发出了复审请求受理通知书，向原审查部门发出前置审查通知书，同时将本申请案卷转送至国家知识产权局原审查部门进行前置审查。

原审查部门对本复审请求进行了前置审查，坚持原驳回决定。

专利复审委员会依法组成合议组，对本复审请求案进行了审理，并于 2006 年 4 月 26 日向请求人发出复审通知书，指出原始权利要求 1 和说明书第 6~10 页对上述第一单体的表述是“具有如下通式的不饱和二羧酸或其相应酸酐的酯的第一单体，

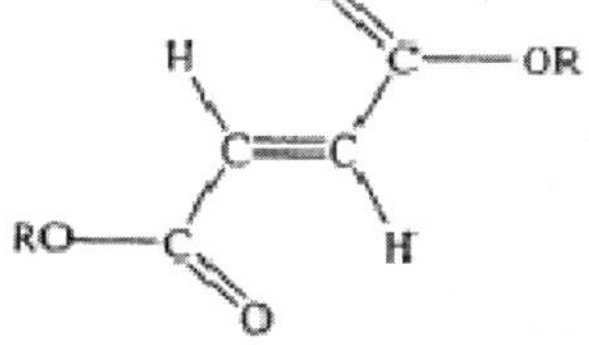

其中 R 选自约 C_6 至约 C_{24}烷基”。请求人在答复第一次审查意见通知书时修改了权利要求 1 和说明书第 6、7、9、10 页关于第一和第二润滑油流动改进剂组分的第一单体的表述，修改为“不饱和二羧酸或其相应酸酐的 C_6~C_{24}烷基酯的第一单体，其中所述不饱和二羧酸含有 4~10 个碳原子，且两个羧基位于相邻碳上”。该表述没有限定诸如顺和/或反式、单烯属和/或多烯属、单酯和/或二酯等特征，请求保护的范围比原来的通式限定更宽，不仅涵盖了上述通式表示的富马酸二烷基酯化合物，还涵盖了其他化合物如多烯属二羧酸的单 C_6~C_{24}烷基酯、二 C_6~C_{24}烷基酯化合物，以及与两羧基相连的两相邻碳之间以单键相连的酯类化合物等。但是由这些化合物构成的第一单体既未记载在原说明书和权利要求书中，也不能由所属技术领域的技术人员根据原申请公开的信息直接地、毫无疑异地导出，因此该修改不符合专利法第 33 条的规定。此外，针对请求人强调的修改依据，合议组认为原始说明书第 14 页第 3 段仅是对酸的描述，不是对最终作为第一单体的酯的描述。

针对上述复审通知书，请求人于 2006 年 5 月 30 日提交了意见陈述书和权利要求书、说明书第 6~10页的修改替换页。其修改方式主要涉及权利要求 1 和说明书第 6~10 页涉及的酯单体源自不饱和二羧酸或其相应酸酐的部分，将“CH=CH”改为“CR′=CR″”并限定“R′和 R″独立选自氢或烷基，使所述源自不饱和二羧酸或其相应酸酐的部分含有 4~10 个碳原子”，且保持原通式的反式结构。请求人认为修改依据主要是说明书第 14 页第 3 段及实施例，因此符合专利法第 33 条的规定。修改后的权利要求 1 如下：

“1. 一种用来至少改进润滑油组合物的低温流动性能的添加剂组合物，所述润滑油组合物包括至少一种润滑油基料和至少一种粘度指数改进剂，其中所述基料选自饱和物大于或等于 90wt%、硫含量小于或等于 0. 03wt%及粘度指数范围为大于或等于 80 至小于或等于 200 的润滑油，所述粘度指数改

进剂选自乙烯、至少一种 C_3-C_{18}的 α-烯烃和 0~10wt% 的非共轭二烯的共聚物，其中所述含乙烯的共聚物的乙烯含量为 30wt%~85wt%，所述添加剂组合物包括如下组分的混合物：

（A）所加的含有侧链酯基的第一润滑油流动改进剂组分，所述侧链酯基具有重复的亚甲基单元，而所述亚甲基单元由存在于所述侧链酯基结构内的醇混合物得到，该第一润滑油流动改进剂组分包括如下物质的共聚物：

（i）具有如下通式的不饱和二羧酸或其相应酸酐的酯的第一单体：

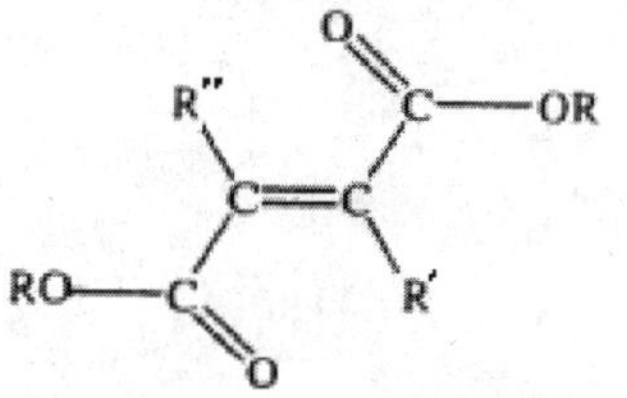

(I)

其中，R 选自 C_6-C_{24}烷基，R′和 R″独立选自氢或烷基，使通式中得自所述不饱和二羧酸或其相应酸酐的部分含有 4~10 个碳原子，前提条件是平均侧链碳数为 11.0~12.4，和

（ⅱ）选自如下物质的第二单体：

（a）由如下通式表示的乙烯基酯

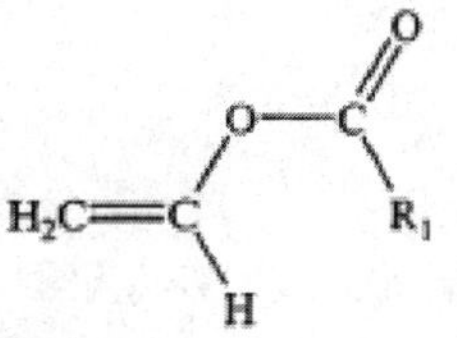

(II)

其中 R_1 为含有 1~18 个碳原子的烷基，

（b）C_6-C_{46}的直链或支链 α-单烯烃，和

（c）苯乙烯或由如下通式表示的不饱和单酯的聚合物，

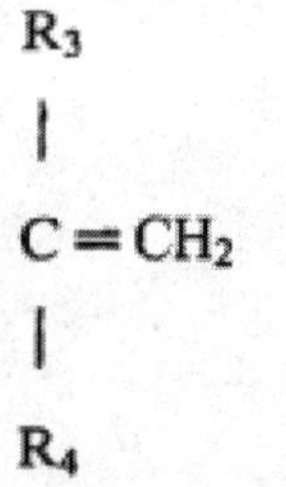

(IV)

其中 R_3 为氢或 C_1-C_5 烷基；R_4 为 $COOR_5$ 基团，其中 R_5 为 C_1-C_{20}烷基，前提条件是构成聚合物的 R_5 的基团中平均碳原子数为 11.0~12.4，

（B）所加的含有侧链酯基的第二润滑油流动改进剂组分，所述侧链酯基具有重复的亚甲基单元，而所述亚甲基单元由存在于所述侧链酯基结构内的醇混合物得到，该第二润滑油流动改进剂组分包括如下物质的共聚物：

（i）具有如下通式的不饱和二羧酸或其相应酸酐的酯的第一单体：

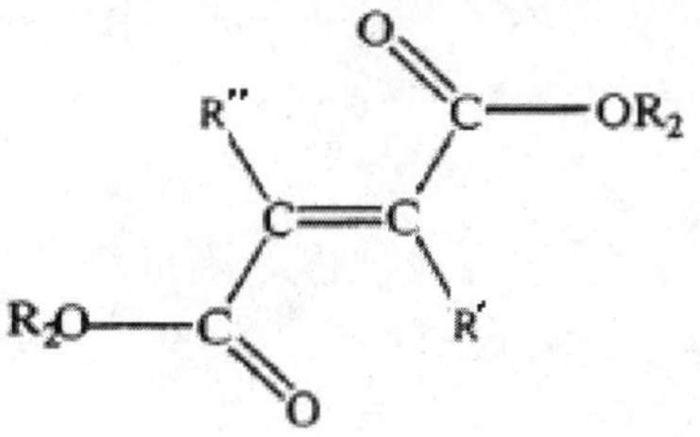

(III)

其中，R_2 选自 C_6-C_{24}烷基，R′和 R″独立选自氢或烷基，使通式中得自所述不饱和二羧酸或其相应酸酐的部分含有 4~10 个碳原子，前提条件是平均侧链碳数为 12.7~15.0，和

（ⅱ）选自（A）的（ⅱ）中所述的物质的第二单体，但前提条件是当该第二单体对应通式（Ⅳ）的聚合物时，则构成聚合物的 R_5 的基团中平均碳原子数为 12.7~15.0；并且

在所述组合物中所述第一组分与所述第二组分的重量比为 95 ∶ 5 至 40 ∶ 60。”

至此，合议组认为本案事实清楚，可以作出审查决定。

二、决定的理由

1. 关于文本

本复审决定针对的文本是请求人于 2006 年 5 月 30 日提交的权利要求第 1~19 项和说明书第 6~10 页，于 2003 年 10 月 31 日提交的说明书第 1~5、11~35 页。

2. 关于专利法第 33 条

专利法第 33 条规定，申请人可以对其专利申请文件进行修改，但是，对发明和实用新型专利申请文件的修改不得超出原说明书和权利要求书记载的范围。

具体地说，如果申请的内容通过增加、改变和/或删除其中一部分，致使所属技术领域的技术人员看到的信息与原申请公开的信息不同，而且又不能从原申请记载的信息中直接地、毫无疑义地确定，那么，这种修改就是不允许的。

本案中，原始申请文件对添加剂组合物含有的第一润滑油流动改进剂组分的第一单体的描述是具有通式（Ⅰ）的不饱和二羧酸或其相应酸酐的酯的第一单体，其中 R 选自约 C_6 至约 C_{24}烷基，前提条件是平均侧链碳数为 11.0~12.4。对第二润滑油流动改进剂组分的第一单体的描述是具有通式（Ⅲ）的不饱和二羧酸或其相应酸酐的酯的第一单体，其中 R_2 选自约 C_6 至约 C_{24}烷基，前提条件是平均侧链碳数为 12.7~15.0。所述通式（Ⅰ）和（Ⅲ）为：

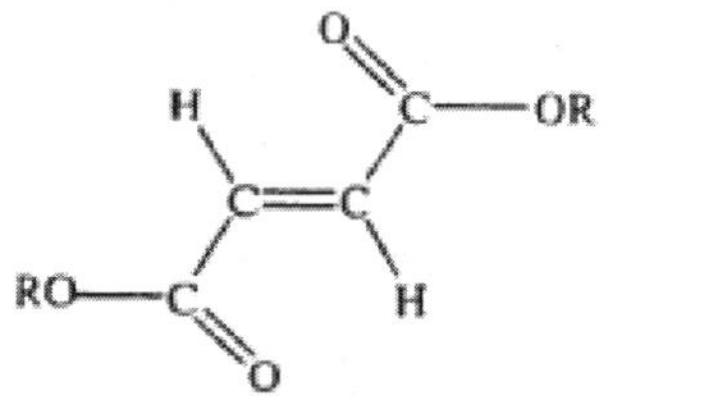

(I)

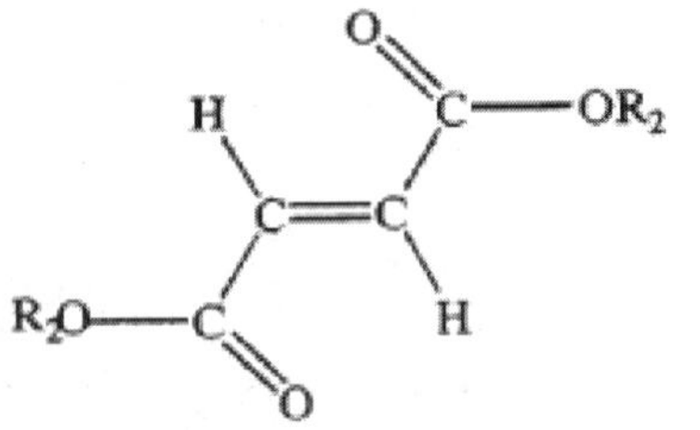

(III)

请求人于 2006 年 5 月 30 日提交的权利要求 1 和说明书第 6、7、9、10 页中将上述第一组分的第一单体和第二组分的第一单体的结构式中的“CH=CH”修改为“CR′=CR″”，并限定“R′和 R″独立选自氢或烷基，使通式中得自所述不饱和二羧酸或其相应酸酐的部分含有 4~10 个碳原子”。修改虽然未改变顺式结构，但是修改后不仅涵盖了当 R′和 R″同时为氢即原始申请文件记载的二烷基富马酸酯的技术方案，还涵盖了 R′和 R″不同时为氢的技术方案。但是后者并未记载在原始申请文件中，根据原始申请文件的记载也不能直接地、毫无疑义地确定该第一单体可以是单烷基取代反丁烯二酸二酯或双烷基取代反丁烯二酸二酯。

请求人强调修改的依据是说明书第 14 页第 3 段和实施例。对此，合议组认为，说明书第 14 页第 3 段的描述是“最终被酯化的合适的烯属不饱和二羧酸或其酸酐具有位于相邻碳上的羧基或酸酐基，并且在未酯化的单体分子中含有 4~10 个碳”，仅是对酸的描述，况且该段也未公开形成双键的碳上的氢原子被烷基取代的富马酸是适于被最终取代的烯属不饱和二羧酸。实施例所采用的共聚物单体是二烷基富马酸酯，也未提到该富马酸的双键碳上的氢被烷基取代。因此请求人的上述意见也不足以证明修改后的权利要求 1 和说明书的 6、7、9、10 页的技术内容能由原始申请文件直接地、毫无疑义地确定。

综上，请求人的修改超出了原始申请文件的记载范围，不符合专利法第 33 条的规定。

根据上述事实和理由，合议组作出如下审查决定。

三、决定

维持国家知识产权局于 2005 年 6 月 10 日针对第 02809238.4 号发明专利申请作出的驳回决定。

复审请求人对本决定不服的，可以根据专利法第 41 条第 2 款的规定，自收到本决定之日起三个月内向北京市第一中级人民法院起诉。

031

测定被糖化蛋白的免疫分析方法、试剂及其装置

复审请求审查决定（第12307号）

决　　定　　号　第12307号
决　　定　　日　2007年12月25日
发明创造名称　测定被糖化蛋白的免疫分析方法、试剂及其装置
国 际 分 类 号　G01N 33/53，G01N 33/531，G01N 33/544，G01N 33/66
复 审 请 求 人　刘永祥，陈咏仪
申　　请　　号　00109077.1
申　　请　　日　2000年6月5日
公　　开　　日　2001年12月19日
合 议 组 组 长　刘颖杰
主　　审　　员　周　航
参　　审　　员　高桂莲

法 律 依 据　专利法第22条第3款
决 定 要 点

审查创造性时，与新颖性“单独对比”的审查原则不同，可以将一份或多份现有技术中的不同技术内容组合在一起对要求保护的技术方案进行评价，如果权利要求请求保护的技术方案与两份对比文件相比分别具有不同点，但本领域技术人员根据其中一份对比文件的教导能够很容易地将这两份对比文件的技术方案相结合构成所请求保护的的技术方案，则该权利要求的技术方案是显而易见的。

一、案由

本复审请求涉及申请号为00109077.1、发明名称为“测定被糖化蛋白的免疫分析方法、试剂及其装置”的发明专利申请（下称本申请），其申请日是2000年6月5日，公开日是2001年12月19日，申请人是刘永祥、陈咏仪。

经实质审查，2005年7月8日，国家知识产权局以本申请全部权利要求不符合专利法第22条第3款所规定的创造性为由驳回了本申请。驳回决定针对的文本是：申请人于2004年12月31日提交的权利要求第1~47项，申请日提交的说明书第1~10页，说明书附图第1~2页，说明书摘要及摘要附图。驳回决定所针对的权利要求书如下：

“1. 一种用以测定最终糖化蛋白的试剂，其包括：

一种显示载体的悬浮液；和固定于该显示载体表面上的一亲和性物质；于是可经由待测样品与该

试剂接触之后，有否产生凝集现象，来判断该待测样品中最终糖化蛋白抗原或抗体的存在与否。

2. 根据权利要求 1 所述的试剂，其特征是所述显示载体为一种具颜色的微粒。

3. 根据权利要求 1 所述的试剂，其特征是所述显示载体的大小是介于 0.01 微米~60 微米之间。

4. 根据权利要求 1 所述的试剂，其特征是其可用来测定最终糖化蛋白抗原或抗最终糖化蛋白抗体。

5. 根据权利要求 1 所述的试剂，其特征是所述亲和性物质为一种最终糖化蛋白抗原。

6. 根据权利要求 1 所述的试剂，其特征是所述亲和性物质为多种结构式的最终糖化蛋白抗原。

7. 根据权利要求 1 所述的试剂，其特征是所述亲和性物质为一种抗最终糖化蛋白抗体。

8. 根据权利要求 1 所述的试剂，其特征是所述亲和性物质为多种抗最终糖化蛋白抗体。

9. 根据权利要求 1 所述的试剂，其特征是其应用竞争法来测定最终糖化蛋白抗原或抗最终糖化蛋白抗体。

10. 根据权利要求 1 所述的试剂，其特征是其应用三明治法来测定最终糖化蛋白抗原或抗最终糖化蛋白抗体。

11. 一种测定最终糖化蛋白的试剂，包括：

一种显示载体悬浮液；及固定于该显示载体表面上一亲和性物质；

由此将某种待测样品与该试剂接触之后，可由一测定吸光度的装置测定该显示载体有否产生吸光度变化，来判断该最终糖化蛋白抗原或抗体的存在与否。

12. 根据权利要求 11 所述的试剂，其特征是所述显示载体为一种微粒或酵素。

13. 根据权利要求 12 所述的试剂，其特征是所述微粒为一种乳胶微粒、脂微粒、染料微粒、聚乙烯甘醇微粒、NADH 微粒、NAD 微粒、聚合微粒或碳微粒。

14. 根据权利要求 11 所述的试剂，其特征是所述显示载体的吸光度是介于 260 纳米~840 纳米之间。

15. 根据权利要求 11 所述的试剂，其特征是所述显示载体的大小是介于 0.001 微米~20 微米之间。

16. 根据权利要求 11 所述的试剂，其特征是所述亲和性物质为一种最终糖化蛋白抗原。

17. 根据权利要求 11 所述的试剂，其特征是所述亲和性物质为多种结构式的最终糖化蛋白抗原。

18. 根据权利要求 11 所述的试剂，其特征是所述亲和性物质为一种抗最终糖化蛋白抗体。

19. 根据权利要求 11 所述的试剂，其特征是所述亲和性物质为多种抗最终糖化蛋白抗体。

20. 根据权利要求 11 所述的试剂，其特征是所述被用来测定最终糖化蛋白抗原或抗最终糖化蛋白抗体。

21. 根据权利要求 20 所述的试剂，其特征是所述测定是竞争法来进行。

22. 根据权利要求 20 所述的试剂，其特征是所述测定是以三明治法来进行。

23. 一种测定最终糖化蛋白的免疫色层分析装置，包括：

一试验条，该试验条包括：

一底板；及位于该底板之上的组成零件，该组成零件包括：

a）样品吸水垫；位于试验条最前端，尾端并与一多孔性纤维膜的前端上下对应；

b）多孔性纤维膜；其是位于该底板之上，该多孔性纤维膜上设有判读区段，且判读区段前方设有显示载体纤维块；

c）显示载体纤维块，其位于样品吸水垫尾端，及多孔性纤维膜前端之间，且与该两者相互重叠

连接；其上载有显示载体，显示载体上固定有亲和物质；和

d）至少一固定物质，其位于多孔性纤维膜上的判读段内；

于是，以上述所构成的试验条当待测样品加入于吸水垫一段反应时候，判读区段有无反应色出现来判断该待测样品中是否存在最终糖化蛋白抗原或抗体。

24. 根据权利要求23所述的免疫色层分析装置，其特征是所述具多孔性纤维膜其材质为尼龙纤维膜、硝酸纤维膜、聚脂纤维膜、纤维素材质膜、化学聚合膜。

25. 根据权利要求23所述的免疫色层分析装置，其特征是所述多孔性纤维膜的孔径大小是在0.1微米~60微米之间。

26. 根据权利要求23所述的免疫色层分析装置，其特征是所述显示载体为一种具颜色的微粒、酵素或萤光物质。

27. 根据权利要求26所述的免疫色层分析装置，其特征是所述微粒为乳胶微粒、染料微粒、金溶胶微粒、碳黑微粒、金属微粒、脂微粒或聚合微粒。

28. 根据权利要求23所述的免疫色层分析装置，其特征是所述显示载体的大小在0.01微米~20微米之间。

29. 根据权利要求23所述的免疫色层分析装置，其特征是所述亲和物质为一种构造式的最终糖化蛋白抗原。

30. 根据权利要求23所述的免疫色层分析装置，其特征是所述亲和物质为多种构造式的最终糖化蛋白抗原。

31. 根据权利要求23所述的免疫色层分析装置，其特征是所述亲和物质为一种抗最终糖化蛋白抗体。

32. 根据权利要求23所述的免疫色层分析装置，其特征是所述亲和物质为多种抗最终糖化蛋白抗体。

33. 根据权利要求23所述的免疫色层分析装置，其特征是所述固定物质为一种构造式的最终糖化蛋白抗原。

34. 根据权利要求23所述的免疫色层分析装置，其特征是所述固定物质为多种构造式的最终糖化蛋白抗原。

35. 根据权利要求23所述的免疫色层分析装置，其特征是所述固定物质为一种抗最终糖化蛋白抗体。

36. 根据权利要求23所述的免疫色层分析装置，其特征是所述固定物质为多种抗最终糖化蛋白抗体。

37. 根据权利要求23所述的免疫色层分析装置，其特征是该装置被用来测定最终糖化蛋白抗原或抗最终糖化蛋白抗体。

38. 根据权利要求23所述的免疫色层分析装置，其特征是所述显示载体为一种直接显示载体。

39. 根据权利要求23所述的免疫色层分析装置，其特征是所述显示载体为一种间接显示载体。

40. 根据权利要求23所述的免疫色层分析装置，其特征是在多孔性纤维膜的判读区段后方适当距离设有一对照区段，该对照区段上固定有抗体或抗原。

41. 根据权利要求23所述的免疫色层分析装置，其特征是可经由光学测定结果或定量。

42. 一种用以测定最终糖化蛋白的方法，主要是利用一种具显示载体的悬浮液，使该显示载体固定有亲和性物质，再将待测样品与上述悬浮液混合，视该混合液是否产生凝集现象，以判断待测样品中是否存在最终糖化蛋白抗原或抗体。

43. 根据权利要求42所述的方法，其特征是所述亲和性物质为抗最终糖化蛋白抗体。

44. 根据权利要求42所述的方法，其特征是所述亲和性物质为最终糖化蛋白抗原。

45. 一种用以测定最终糖化蛋白的方法，主要是利用一种具显示载体的悬浮液，使该显示载体固定有亲和性物质，适当量的显示载体的悬浮液与适量的待测样品、阳性标准液、阴性标准液于不同比色管内混合，在通过适当吸光度测定装置测定其个别的吸光度值变化，以进行比浊或浊度法的测定。

46. 根据权利要求45所述的方法，其特征是所述亲和性物质为抗最终糖化蛋白抗体。

47. 根据权利要求45所述的方法，其特征是所述亲和性物质为最终糖化蛋白抗原。”

驳回决定中认为：本申请权利要求1~10、42~44的技术方案相对于对比文件1来说不具备创造性，此外权利要求1相对于对比文件2或对比文件3来说也不具备创造性，权利要求11~22、45~47的技术方案相对于对比文件4和公知常识的结合不具备创造性，权利要求23~41的技术方案相对于对比文件6和对比文件7的结合不具备创造性。驳回决定中所引用的对比文件如下：

对比文件1：CN1081765A（公开日为1994年2月9日）

对比文件2：CN1094061A（公开日为1994年10月26日）

对比文件3：US5110745A（公开日为1992年5月5日）

对比文件4：CN1079825A（公开日为1993年12月22日）

对比文件5：CN1165300A（公开日为1997年11月19日）

对比文件6：CA2197465A1（公开日为1995年12月21日）

对比文件7：CN1215163A（公开日为1999年4月28日）

申请人刘永详、陈咏仪（下称复审请求人）对上述驳回决定不服，于2005年10月24日向专利复审委员会提出了复审请求，未对申请文本做任何修改。复审请求人认为：本申请涉及测定最终糖化蛋白，而对比文件1涉及测定血红蛋白的衍生物，对比文件6涉及测定血红素糖化蛋白，因此本申请与对比文件1和6的测定对象不同；此外，本申请中使用免疫色层分析法以及比浊法进行分析，与采用ELISA法的对比文件4和采用直接定量方式的对比文件7的技术方案完全不同，故本申请权利要求1~47相对于对比文件来说具备创造性。

经形式审查合格后，专利复审委员会受理了该复审请求，并于2005年12月14日发出《复审请求受理通知书》，并将案卷移交原审查部门进行前置审查。在前置审查中，原审查部门坚持原驳回决定。

专利复审委员会依法成立合议组对本复审请求案进行审理。

本案合议组于2007年7月31日发出《复审通知书》，指出：（1）本申请权利要求1的技术方案在对比文件1中已大部分公开，其区别仅在于权利要求1中的测定对象是最终糖化蛋白，而对比文件1中是血红蛋白衍生物。然而，如本领域人员所公知，免疫凝集反应是一种测定抗原的常规方法，其原理是，根据不同的待测分析物抗原设计特异性抗体，并将该特异性抗体固定在较大的载体分子上，当分析物中存在待测抗原时，溶液中会形成凝集反应，由此可判断待测抗原的存在与否。因此，在已知一种物质为抗原的情况下，本领域技术人员根据本领域的公知技术就能够应用针对该抗原的特异性抗体、实施该抗原的免疫凝集检测。而最终糖化蛋白（AGE）的免疫原性已在对比文件4中披露（参见对比文件4说明书第33页），即已知作为抗原的最终糖化蛋白（AGE）及其特异性抗体均为现有技术。故本领域技术人员在对比文件4的启示下，很容易想到将对比文件1中的分析物专用抗体替换成最终糖化蛋白抗体来检测样品中的最终糖化蛋白，从而得到本申请权利要求1的技术方案。因此，权利要求1不具有突出的实质性特点和显著的进步，不符合专利法第 22 条第 3 款的规定。针对复审请求人强调的本申请与对比文件 1 在检测对象方面的不同，合议组认为，最终糖化蛋白与糖化蛋白本身的不同点并不能说明其测定方式原理上有所不同，相反，根据说明书的记载，其均是基于特异性的亲和物质反应。因此，正如上面所述及的理由，该区别是本领域技术人员根据需要很容易想到和实现的，因而其并没有给权利要求 1 的技术方案带来意想不到的技术效果，故复审请求人的上述观点并不能证明权利要求 1 的技术方案具备创造性。（2）同理，独立权利要求 11、42、45 相对于对比文件 1 和 4 的结合也不具备创造性，并且分别从属于它们的权利要求 2~10、12~22、43、44、46、47 由于附加技术特征均为免疫测定法中十分常用的技术手段，故在其引用的权利要求不具备创造性的情况下这些从属权利要求也不具备创造性。（3）对比文件 7 公开了本申请权利要求 23 的大部分技术特征，二者区别仅在于，权利要求 23 中的测定对象是最终糖化蛋白，而对比文件 7 中是血红蛋白衍生物。在对比文件 4 已经公开了作为抗原的最终糖化蛋白及其特异性抗体的启示下，本领域技术人员很容易想到将最终糖化蛋白的特异性抗体作为染料标记应用于对比文件 7 的装置中，从而获得本申请权利要求 23 的技术方案。因此，权利要求 23 的技术方案不具有突出的实质性特点和显著的进步，不符合专利法第 22 条第 3 款的规定。（4）从属于权利要求 23 的权利要求 24~41 的附加技术特征均为免疫检测条带技术中十分常用的技术手段，并且部分在对比文件 7 中也有所公开（参见对比文件 7 说明书第 5 页末段至第 10 页第 3 段），如硝化纤维素的多孔性纤维膜材质、孔径、胶体金和酶的显示载体形式、对照区段等等，故在其引用的权利要求不具备创造性的情况下这些从属权利要求也不具备创造性。

针对上述《复审通知书》，复审请求人于 2007 年 10 月 15 日提交了意见陈述书，其中未对申请文件进行任何修改。复审请求人分别列举了对比文件 1~7 与本申请的不同之处，其中认为对比文件 1 中的测定对象血红蛋白衍生物与本申请中的最终糖化蛋白两者完全不同，测定难易度及所应用之抗体完全不相干，不能相提并论；对比文件 4 使用的是 ELISA 对最终糖化蛋白进行的测定，与本申请使用的一步法或比浊法或目测凝集法的技术方案并不相同；对比文件 7 是用于单步骤分析全血的方法和装置，而本申请没有过滤血球的必要，因而并不含有对比文件 7 权利要求 1 中的样品储器垫。据此，复审请求人坚持认为本申请权利要求 1~47 相对于现有技术具有突出的实质性特点和显著的进步。

本案合议组仔细研究了本申请和复审请求人的意见陈述之后认为，本案事实已经清楚，可以依法作出决定。

二、决定的理由

1. 关于审查文本

复审请求人在复审程序中未修改申请文本，因此本复审决定以驳回决定针对的文本为审查基础。

2. 关于专利法第 22 条第 3 款

专利法第 22 条第 3 款规定："创造性，是指同申请日以前已有的技术相比，该发明有突出的实质性特点和显著的进步，该实用新型有实质性特点和进步。"

（1）就本案而言，独立权利要求 1 要求保护一种用以测定最终糖化蛋白的试剂，包括显示载体悬浮液和固定于该显示载体表面上的亲和性物质，通过样品与试剂接触后是否产生凝集现象来判断待测物质是否存在。对比文件 1 涉及一种用于测定血液样品中血红蛋白衍生物含量的免疫试验（参见对比文件 1 说明书第 7 页第 3~5 段），包括沉淀和絮凝试验等的各种免疫试验均可适用，其中湿法试验中用到的试剂包括固定在作为凝集试剂的载体物质上的分析物专用抗体，该试剂与待测样品接触后，可产生抗体沉淀或者浊度发生改变。由此可见，对比文件 1 中涉及的免疫沉淀或絮凝试验中用到的试剂相当于本申请权利要求 1 中实现凝集反应所用的试剂，即对比文件 1 中湿法试剂中的载体物质相当于本申请中的显示载体，分析物专用抗体相当于本申请中的亲和性物质。

因此，权利要求 1 与对比文件 1 的区别仅在于，权利要求 1 中试剂的测定对象是最终糖化蛋白，而对比文件 1 中是血红蛋白衍生物。然而，如本领域人员所公知，免疫凝集反应是一种测定抗原的常规方法，其原理是，根据不同的待测分析物抗原设计特异性抗体，并将该特异性抗体固定在较大的载体分子上，当分析物中存在待测抗原时，溶液中会形成凝集反应，由此可判断待测抗原的存在与否。因此，在已知一种物质为抗原的情况下，本领域技术人员根据本领域的公知技术就能够应用针对该抗原的特异性抗体、实施该抗原的免疫凝集检测。而最终糖化蛋白（AGE）的免疫原性已在对比文件 4 中披露（参见对比文件 4 说明书第 33 页），即已知作为抗原的最终糖化蛋白（AGE）及其特异性抗体均为现有技术。故本领域技术人员在对比文件 4 的启示下，很容易想到将对比文件 1 中的分析物专用抗体替换成最终糖化蛋白抗体来检测样品中的最终糖化蛋白，从而得到本申请权利要求 1 的技术方案。因此，所述区别技术特征是本领域技术人员根据需要很容易想到和实现的，并没有给权利要求 1 的技术方案带来意想不到的技术效果。故权利要求 1 不具有突出的实质性特点和显著的进步，不符合专利法第 22 条第 3 款的规定。

复审请求人强调的理由是：本申请与对比文件 1 在检测对象上有所不同，因而测定难易度及所应用之抗体完全不相干，本申请与对比文件 4 相比所采用的技术手段不同。对此合议组认为：尽管最终糖化蛋白与糖化蛋白二者本身不是同一种物质，存在分子量等一些物理性质上的差异，但根据本申请说明书和对比文件 4 可知，其相同之处在于均可以作为抗原，因而均具有特异性的抗体（尽管抗体本身不同），由此可利用特异性的亲和物质来进行免疫测定（如本申请和对比文件 1 中所用的方法），故二者可以采用类似的免疫亲和性原理进行测定；至于二者分子量差异引起的测定难易程度差异对于本领域技术人员来说也是很容易预料和处理的，例如本领域中经常通过将小分子量的抗原连接上载体分子来转化成容易测定的大分子抗原物质，故将对比文件 1 中测定糖化蛋白的方法转用于最终糖化蛋白无需付出创造性的劳动；此外，审查创造性时，与新颖性“单独对比”的审查原则不同，可以将一份或多份现有技术中的不同技术内容组合在一起对要求保护的技术方案进行评价，尽管本申请与对比文件 1 和 4 分别具有不同点，但根据上述分析可知，本领域技术人员根据对比文件 4 的教导能够很容易地将对比文件 1 与 4 相结合构成本申请权利要求 1 的技术方案。故复审请求人的上述观点并不足以证明权利要求 1 的技术方案具备创造性。

（2）权利要求 2～10 从属于权利要求 1，其附加技术特征分别进一步限定了其中的显示载体性质、大小，试剂作用，亲和物质组成，以及竞争法和三明治法的测定方法。然而这些附加技术特征均为免疫凝集检测中十分常用的技术手段，本领域技术人员很容易根据需要进行选择，因此在其引用的权利要求 1 不具备创造性的情况下，权利要求 2～10 也不具有突出的实质性特点和显著的进步，不符合专利法第 22 条第 3 款的规定。

（3）独立权利要求 11 要求保护一种用以测定最终糖化蛋白的试剂，包括显示载体悬浮液和固定于该显示载体表面上的亲和性物质，通过样品与试剂接触后吸光度的变化来判断待测物质是否存在。如上所述，对比文件 1 公开了一种用于测定血液样品中血红蛋白衍生物含量的免疫试验（参见对比文件 1 说明书第 7 页第 3 段至第 8 页第 1 段），各种免疫试验均可适用，其中湿法试验中用到的试剂包括固定在作为凝集试剂的载体物质上的分析物专用抗体，该试剂与待测样品接触后，可产生抗体沉淀或者浊度发生改变，利用浊度测定法或比浊测定法测定浊度的增加可以测得样品中分析物的含量，例如在适当波长（如 340nm）下测量产生的浊度可得到血红蛋白衍生物的浓度。

由此可见，对比文件 1 中采用的浊度测定法或比浊测定法相当于本申请权利要求 11 中试剂所实现的吸光度变化试验，此时湿法试剂中的载体物质相当于本申请中的显示载体，分析物专用抗体相当于本申请中的亲和性物质。

因此，权利要求 11 与对比文件 1 的区别仅在于，权利要求 11 中的测定对象是最终糖化蛋白，而对比文件 1 中是血红蛋白衍生物。然而，如本领域人员所公知，免疫比浊法是一种测定抗原的常规方法，其原理是，根据不同的待测分析物抗原设计特异性抗体，并将该特异性抗体固定在载体分子上，当分析物中存在待测抗原时，溶液中的抗体与抗原结合，使溶液吸光度发生改变，测定吸光度的变化值可以定性或定量地测定待测抗原。因此，在已知一种物质为抗原的情况下，本领域技术人员根据本领域公知的技术就能够应用针对该抗原的特异性抗体、实施该抗原的免疫比浊测定。而正如上面对权利要求 1 的评述中所提到，对比文件 4（参见对比文件 4 说明书第 33 页）公开了作为抗原的最终糖化蛋白（AGE）及其特异性抗体。故本领域技术人员在对比文件 4 的启示下，很容易想到将对比文件 1 中的分析物专用抗体替换成最终糖化蛋白抗体来检测样品中的最终糖化蛋白，从而得到本申请权利要求 11 的技术方案。另外，参见审查意见（1）的论述，复审请求人认为的权利要求 11 与对比文件 1 和 4 分别具有区别因而具备创造性的观点是不成立的。因此，权利要求 11 的技术方案不具有突出的实质性特点和显著的进步，不符合专利法第 22 条第 3 款的规定。

（4）权利要求 12~22 直接或间接从属于权利要求 11，其附加技术特征分别进一步限定了其中的显示载体的形式、大小，吸光度的波长范围，亲和物质组成，试剂作用以及竞争法和三明治法的测定方法。然而这些附加技术特征均为免疫比浊测定法中十分常用的技术手段，本领域技术人员很容易根据需要进行选择，因此在其直接或间接引用的权利要求 11 不具备创造性的情况下，权利要求 12~22 也不具有突出的实质性特点和显著的进步，不符合专利法第 22 条第 3 款的规定。

（5）独立权利要求 23 要求保护一种测定最终糖化蛋白的免疫色层分析装置，对比文件 7 公开了一种单步骤分析全血的装置（参见对比文件 7 说明书第 5 页末段至第 10 页第 3 段），包括一试条（相当于本申请的试验条），作为试条固定支持物的基质 6（相当于本申请的底板），基质 6 的一端设有样品导入膜 3 和覆盖于其上样品贮器垫（其整体相当于本申请的样品吸水垫），样品导入膜 3 向基质 6 另一端延伸侧设有液体相通的充满染料之膜 15（相当于本申请中的显示载体纤维块），其上结合有染料（相当于本申请中的显示载体），该染料是一种经标记物标记的抗原或抗体（相当于本申请中的亲和物质），充满试剂之膜 20（相当于本申请的多孔性纤维膜）紧临充满染料之膜 15，上面设有测试区 21（相当于本申请的判读段）和对照区 22，测试区 21 固定有第一固定配体（相当于本申请中的至少一固定物质），对照区 22 固定有第二固定配体。

由此可见，对比文件 7 公开了本申请权利要求 23 的大部分技术特征，二者区别仅在于，权利要求 23 中的测定对象是最终糖化蛋白，而对比文件 7 中是血红蛋白衍生物。然而，利用抗原抗体之间特异性的结合反应原理制造相应的免疫检测条带是本领域普遍使用的技术，而正如上面所提到，在对比文件 4 已经公开了作为抗原的最终糖化蛋白及其特异性抗体的启示下，本领域技术人员很容易想到将最终糖化蛋白的特异性抗体作为染料标记应用于对比文件 7 的装置中，从而获得本申请权利要求 23 的技术方案。因此，权利要求 23 的技术方案不具有突出的实质性特点和显著的进步，不符合专利法第 22 条第 3 款的规定。

复审请求人强调的理由是：本申请权利要求 23 中无需对比文件 7 中起全血过滤作用的样品贮器垫，而与对比文件 4 的检测手段不相同。对此合议祖认为：首先，参见审查意见（1）的论述，尽管本申请与对比文件 7 和 4 分别具有不同点，但根据上述分析可知，本领域技术人员根据对比文件 4 的教导能够很容易地将对比文件 7 与 4 相结合构成本申请权利要求 23 的技术方案。其次，对比文件 7

中装置一端的样品导入膜3及其上面覆盖的样品贮器垫结构具有接收测试样品的基本作用，与本申请权利要求23装置中用来接收样品的样品吸水垫的设置部位和作用相同，其显然具有相互对应关系，至于对比文件7中的样品贮器垫是否还具有过滤全血的作用，并不影响该对比文件7对本申请权利要求23技术方案的公开，正如复申请求人也已经注意到的，对比文件7说明书第6页记载“为便于理解，本说明书中，样品贮器垫中欲分离的细胞意指红细胞，但可明了本发明不局限于使用含有红细胞的测试样品”，这同样表明该样品贮器垫可以根据实际情况具有或者不具有过滤全血的功能。综上，复审请求人的上述观点并不足以证明权利要求23的技术方案具备创造性。

（6）权利要求24~41直接或间接从属于权利要求23，其附加技术特征分别进一步限定了其中的多孔性纤维膜的材质、孔径，显示载体的形式、大小，亲和物质的组成、对照区段、光学测定或定量的方式。上述附加技术特征均为免疫检测条带技术中十分常用的技术手段，并且部分在对比文件7中也有所公开（参见对比文件7说明书第5页末段至第10页第3段），如硝化纤维素的多孔性纤维膜材质、孔径、胶体金和酶的显示载体形式、对照区段等。因此在其直接或间接引用的权利要求23不具备创造性的情况下，权利要求24~41也不具有突出的实质性特点和显著的进步，不符合专利法第22条第3款的规定。

（7）独立权利要求42请求保护一种测定最终糖化蛋白的方法，其利用一种具有显示载体的悬浮液，该显示载体上固定有亲和性物质，将待测样品与上述悬浮液混合后，视混合液是否产生凝集来判断样品中是否存在最终糖化蛋白抗原或抗体。对比文件1公开了一种用于测定血液样品中血红蛋白衍生物的方法（参见对比文件1说明书第7页第3~5段），其中采用了具有载体物质（相当于本申请中的显示载体）的悬浮液，该载体物质上固定有分析物专用抗体（相当于本申请中的亲和性物质），通过与待测样品混合后是否产生免疫沉淀或絮凝来判断样品中是否存在血红蛋白衍生物。可见，权利要求42的技术方案与对比文件1的区别仅在于测定对象的不同。然而，在对比文件4的启示下，该区别技术特征并不足以使该权利要求42具备创造性，具体评述参见上面第（1）点中所述的理由。因此该权利要求42请求保护的方案相对于对比文件1和4的结合也不具有突出的实质性特点和显著的进步，不符合专利法第22条第3款有关创造性的规定。

（8）权利要求43和44从属于权利要求42，其附加技术特征分别进一步限定了其中的亲和性物质，上述附加技术特征是本领域技术人员很容易根据需要进行选择的，因此在其引用的权利要求42不具备创造性的情况下，权利要求43和44也不具有突出的实质性特点和显著的进步，不符合专利法第22条第3款的规定。

（9）独立权利要求45请求保护一种测定最终糖化蛋白的方法，其利用一种具有显示载体的悬浮液，该显示载体上固定有亲和性物质，将待测样品与上述悬浮液混合后，通过测定混合液吸光度的变化来进行比浊或浊度测定。对比文件1公开了一种用于测定血液样品中血红蛋白衍生物的方法（参见对比文件1说明书第7页第3段至第8页第1段），其中采用了具有载体物质（相当于本申请中的显示载体）的悬浮液，该载体物质上固定有分析物专用抗体（相当于本申请中的亲和性物质），与待测样品混合后可产生抗体沉淀或者浊度改变，利用浊度测定法或比浊测定法测定浊度的增加可以测得样品中分析物的含量，例如在适当波长（如340nm）下测量产生的浊度可得到血红蛋白衍生物的浓度。可见，权利要求45的技术方案与对比文件1的区别仅在于测定对象的不同。然而，在对比文件4的启示下，该区别技术特征并不足以使该权利要求45具备创造性，具体评述参见上面第3点中所述的理由。因此，该权利要求45请求保护的技术方案相对于对比文件1和4的结合也不具有突出的实质性特点和显著的进步，不符合专利法第22条第3款有关创造性的规定。

（10）权利要求 46 和 47 从属于权利要求 45，其附加技术特征分别进一步限定了其中的亲和性物质，上述附加技术特征是本领域技术人员很容易根据需要进行选择的，因此在其引用的权利要求 45 不具备创造性的情况下，权利要求 46 和 47 也不具有突出的实质性特点和显著的进步，不符合专利法第 22 条第 3 款的规定。

综上所述，合议组认为：本申请的权利要求 1~47 均不符合专利法第 22 条第 3 款有关创造性的规定，基于以上事实和理由，本案合议组作出以下审查决定。

三、决定

维持国家知识产权局于 2005 年 7 月 8 日对申请号为 00109077.1 的发明专利申请做出的驳回决定。

复审请求人对本决定不服的，可以根据专利法第 41 条第 2 款的规定，自收到本决定之日起三个月内向北京市第一中级人民法院起诉。

032

无创伤测量血压的方法和装置

复审请求审查决定（第12312号）

决　定　号　第12312号
决　定　日　2007年12月22日
发明创造名称　无创伤测量血压的方法和装置
国际分类号　A61B 5/0225
复审请求人　陆渭明
申　请　号　00105998. X
申　请　日　2000年4月21日
公　开　日　2001年11月7日
合议组组长　张田勇
主　审　员　佟仲明
参　审　员　宋　瑞

法律依据　专利法第22条第3款，专利法第25条第1款第3项，专利法实施细则第20条第1款

决定要点

虽然权利要求的技术方案与对比文件均涉及同一技术领域的相关产品，但是对于特定技术领域，在评述该权利要求的创造性时，应对两者的工作原理予以考虑。如果由于两者工作原理不同，导致本领域技术人员没有动机将对比文件与现有技术进行结合，则该对比文件不能用于与现有技术结合来评述该权利要求的创造性。

一、案由

本复审请求涉及申请号为00105998. X、名称为“无创伤测量血压的方法和装置”的发明专利申请（下称本申请），申请日为2000年4月21日，申请人为陆渭明。本申请公开时权利要求书包括57项权利要求。

申请人于2002年3月5日提交了权利要求书和说明书全文的修改替换页，之后又于2002年3月7日提交了权利要求书的修改替换页，此次修改后的权利要求书共包括40项权利要求。

国家知识产权局实质审查部门依法对本申请进行了实质审查，于2003年7月4日发出第一次审查意见通知书，指出本申请的权利要求书中，权利要求1、2、12、15、19、29、35、38不符合专利法第22条第3款的规定，申请人对权利要求6、7、9、30、31和说明书的修改不符合专利法第33条的规定，权利要求23不符合专利法实施细则第23条第2款的规定。

所引用的对比文件如下：

对比文件 1 为专利号为 US5033471 的美国专利授权公开文本，公开日为 1991 年 7 月 23 日；

对比文件 2 为公开号为平 1-214337A 的日本专利申请公开文本，公开日为 1989 年 8 月 28 日；

对比文件 3 为公开号为 CN1249161A 的中国发明专利申请公开说明书，公开日为 2000 年 4 月 5 日。

针对上述审查意见通知书，申请人于 2003 年 10 月 31 日提交了意见陈述书和权利要求书全文、说明书第 5 页和第 13 页的修改替换页，修改后的权利要求书共包括 40 项权利要求。申请人认为：对比文件 1 和对比文件 2 与本申请相比，原理与技术效果不同，不能破坏本申请权利要求的创造性，且修改后的申请文件已经克服了通知书中所指出的问题。

针对申请人上述意见陈述，原实质审查部门继续审查，并补充检索到对比文件 4（公开号为 CN2371945Y 的中国实用新型专利说明书，授权公告日为 2000 年 4 月 5 日），并于 2003 年 12 月 26 日发出第二次审查意见通知书，指出本申请权利要求 1、2、12、13、15、19、20、23~28、36、38 不符合中国专利法第 22 条第 3 款的规定，申请人对权利要求 6、7、29、30 和说明书的修改不符合专利法第 33 条的规定。

针对第二次审查意见通知书，申请人于 2004 年 3 月 5 日提交了意见陈述书和权利要求书和说明书全文的修改替换页，修改后的权利要求书共包括 36 项权利要求。申请人认为：对比文件 1、2 和本申请的发明目的不同，所达到的技术效果不同，技术方案也不相同，不能破坏本申请权利要求的创造性，且修改后的权利要求已经克服了通知书中所指出的问题。

经过上述实质审查程序后，国家知识产权局实质审查部门以本申请权利要求 1、2、10、11、13、17、18、21~26、31、32、34 不符合专利法第 22 条第 3 款的规定为由，于 2004 年 4 月 9 日做出了驳回本申请的决定，具体的驳回理由如下：对比文件 4 公开了一种用于无创伤连续血压测量的手腕装置，权利要求 1 要求保护的技术方案与对比文件 4 的区别在于：将手腕保持在能够降低桡动脉旁边的肌腱的位置和使桡动脉接近于桡骨的角度上，从而保证外部压力能精确地传导到桡动脉的外表面，然而该区别技术特征已经被对比文件 2 所公开。虽然申请人在意见陈述中强调对比文件 2 采用的是张力法测量血压，但审查员认为根据本领域普通技术人员的医学常识可以认定对比文件 2 中公开的手腕保持方式可以降低桡动脉旁边的肌腱位置和使桡动脉接近于桡骨，虽然该手腕保持方式是通过动脉的测量而间接进行血压的测量，但由于领域相同，本领域普通技术人员完全可以从对比文件 2 中得到启示将该手腕保持方式用于其他血压测量中，并且能够达到“保证外部压力能够精确地传导到桡动脉的外表面的效果”，因此申请人关于本申请权利要求 1 具备创造性的意见陈述不能接受，独立权利要求 1 相对于对比文件 4 与对比文件 2 的结合不具备创造性。基于类似的理由独立权利要求 17 也不具备专利法第 22 条第 3 款规定的创造性。权利要求 2 的附加技术特征已经被对比文件 2 公开，在其引用的权利要求 1 不具备创造性的情况下，权利要求 2 也不具备创造性。权利要求 11、13、18、21~26、32 和 34 的附加技术特征已经被对比文件 4 公开，在其引用的权利要求不具备创造性的情况下，这些权利要求也不具备创造性。独立权利要求 1、17 相对于对比文件 1 和对比文件 2 的结合同样不具备创造性，权利要求 10、31 的附加技术特征已经被对比文件 1 公开，在其引用的权利要求不具备创造性的情况下，这些权利要求也不具备创造性。

该驳回决定所针对的文本是：申请人于 2004 年 3 月 5 日提交的说明书第 1~13 页、权利要求第 1~36项以及于申请日提交的附图第 1~10 页、说明书摘要和摘要附图。

申请人陆渭明（下称复审请求人）不服上述驳回决定，于 2004 年 7 月 12 日向专利复审委员会提出复审请求，同时提交了权利要求书全文的修改替换页，修改后的权利要求书共包括 39 项权利要求。

其复审请求的理由是：对比文件2没有公开、也不能提示本发明中关于手腕角度固定装置的区别技术特征，因此，对比文件1、3、4与对比文件2的结合均不能破坏本申请权利要求的创造性。复审请求人还提交了如下附件用于证明本申请权利要求的技术方案具备创造性：

（1）4封由日本松下健康科学研究所的井出先生寄给本申请的申请人探讨松下公司的手腕式血压计的精度上所存在的问题的联系信件和一份研究报告，以及松下公司井出先生与本申请的申请人一起进行探讨手腕式血压计的精度问题的试验时的录像画面图片；

（2）不同手腕角度时的手腕断面核磁共振图像、桡动脉血流多普勒图像以及利用血管无载法无创伤测得的压力波形与利用标准的动脉内置管有创测得的动脉内血压波形的比较图；

（3）手腕血压最佳测量点的研究报告（1-4）；

（4）桡骨的立体形状和桡动脉与桡骨的位置关系。

经形式审查合格后，专利复审委员会于2004年8月6日依法受理了上述请求，并向复审请求人发出了复审请求受理通知书，同时向原审查部门发出前置审查通知书。

原审查部门对该复审请求做出前置审查意见，仍然坚持原驳回决定。

在此基础上，专利复审委员会依法成立合议组，对该复审请求进行审查，于2007年3月20日发出第一次复审通知书，指出：本申请权利要求1~16中要求保护的技术方案是以有生命的人体为对象、以获得人体血压状况为直接目的，因而均属于专利法第25条第1款第3项规定的疾病的诊断和治疗方法，不能被授予专利权。对比文件4公开了一种无创伤连续测量血压的手腕装置，独立权利要求17要求保护的技术方案与对比文件4公开的内容相比，区别在于：（1）手腕固定装置是将手腕保持在能够降低桡动脉旁边的肌腱位置和使桡动脉接近与桡骨的角度上的；（2）加压囊体固定装置和脉搏传感装置位于桡动脉与桡骨末端朝向掌侧的最高凸起的交点上方的皮肤上。对于区别技术特征（1），虽然复审请求人认为对比文件2中采用的是张力法来测量血压，其中所述关于手腕角度的描述与本申请中关于手腕角度的描述的目的、效果并不相同，对比文件2中没有公开本申请中关于手腕角度的区别技术特征，也不能给出关于手腕角度的技术启示，但合议组认为出于获得更精确的血压测量结果的同样目的，在获知了对比文件2中公开的内容后，会促使本领域普通技术人员利用相关的现有技术和常规实验手段来寻求解决本发明技术问题的技术手段，也就是在通过血管无载法或振动法测量血压的过程中采用对比文件2所述的让手腕与手臂形成各种角度从而获得更佳的测量效果，因此对比文件2给出了在血压测量过程中“将手腕固定装置是将手腕保持在能够降低桡动脉旁边的肌腱位置和使桡动脉接近与桡骨的角度上”的技术启示；而对于区别技术特征（2），虽然复审请求人列举附件3和附件4来证明在桡动脉与桡骨末端朝向掌侧的最高凸起的交叉点能够最准确地测量血压，但合议组认为该区别技术特征（2）是对权利要求17中血压测量装置的使用方法的限定，本领域普通技术人员根据该性能描述无法将请求保护的装置的结构与对比文件4中公开的装置的结构区分开，其对所要求保护的产品本身的结构并未带来任何影响，没有实际的限定作用。附件1与判断权利要求17相对于对比文件4和对比文件2的结合是否具有创造性无关，附件2和复审请求人意见陈述中指出的角度范围“100°~170°”并未记载在该独立权利要求17中。因此，复审请求人的意见陈述不充分，权利要求17相对于对比文件4与对比文件2的结合不具备创造性。权利要求22、24~29、35、37的附加技术特征已经被对比文件4公开，在其引用的权利要求不具备创造性的情况下，这些权利要求也不具备专利法第22条第3款规定的创造性。权利要求24的主题名称与其引用的权利要求17的主题名称不一致，不符合专利法实施细则第20条第1款的规定。

针对上述复审通知书，复审请求人于2007年5月11日提交了意见陈述书和权利要求书全文的修改替换页，其中删除了原权利要求1~16，修改后的权利要求书共包括21项权利要求，其中独立权利要求1为：

"1. 一种无创伤测量血压的装置，包括：

a）一个用于将手腕保持在能够降低桡动脉旁边的肌腱的位置和使桡动脉接近于桡骨的角度上的手腕固定装置，所述的角度包括手腕的背侧面与手的背侧面之间的100°~170°的夹角；

b）一个用于对桡动脉施加外部压力的加压囊体；和一个用于保持所述的加压囊体稳固在桡动脉上方的皮肤表面的加压囊体固定装置；

c）一个位于桡动脉上方的皮肤表面的用于测量桡动脉脉搏信号的脉搏传感装置；

d）一个与加压囊体和脉搏传感装置相连接的供压-测量系统；所述的供压-测量系统至少包括一个给所述的加压囊体提供压力的压力供给装置，一个用于处理所述的脉搏传感装置所测得的桡动脉的脉搏信号以便控制所述的压力供给装置，并在测得的桡动脉脉搏信号出现特定的变化时，通过测量所述的加压囊体中的压力来测量桡动脉血压的信号处理装置。"

复审请求人在意见陈述书中认为：对比文件2采用了张力法测量血压，由于其使用的传感器尺寸必须小于被测动脉的直径，因此必须将手腕固定在某一角度上，而本申请采用振动法或血管无载法测量血压，使用的气囊较大，因而本领域普通技术人员普遍认为无需将手腕固定在某一角度，因而，对比文件2不会给出在为振动法改进血压测量精度时去调整手腕角度的启示，本申请所采用的技术方案克服了这一技术偏见，因此具备创造性。复审请求人删除了权利要求1~16，从而修改后的权利要求书不存在专利法第25条第1款第3项规定的不能授予专利权的情况。申请人还修改了原权利要求24的主题名称，从而使修改后的权利要求7符合专利法实施细则第20条第1款的规定。另外，复审请求人还删除了原权利要求25，并将原权利要求22、26、27、30中出现的"最佳"、"最好"等词语删除以符合专利法及专利法实施细则的规定。

对此，本案合议组于2007年6月5日发出了第二次复审通知书，指出：虽然复审请求人认为本领域普通技术人员存在"偏见"，但"采用振动法或血管无载法测量血压时没必要将手腕固定在某一个角度上"与"不能将手腕固定在某个角度上"的意义完全不同，其并不会阻碍人们考虑在用振动法或无载法测量血压时选择将手腕固定的可能性，这并不属于偏离客观事实的认识。并且，对比文件4和对比文件2与本申请均属于无创血压计的技术领域，对比文件2中使手腕成一定角度后具有与本申请相同的效果，出于获得更精确血压测量结果的同样目的，在获知对比文件2中公开的内容后，会促使本领域普通技术人员在血管无载法或振动法测量血压的过程中采用对比文件2中让手腕与手臂形成角度的方式，而且将该角度选择为100°~170°也是本领域普通技术人员根据人体本身的结构和对比文件2公开的技术启示无需付出创造性劳动就能完成的，因此该权利要求1仍不具备专利法第22条第3款规定的创造性。从属权利要求5、7~11、17、19的附加技术特征已经被对比文件4公开，在其引用的权利要求不具备创造性的情况下，该权利要求、7~11、17、19也不具备专利法第22条第3款规定的创造性。

针对上述复审通知书，复审请求人于2007年7月27日提交了意见陈述书，复审请求人在意见陈述书中认为：对比文件2和本申请相比，对比文件2使用张力法测量血压，其调节手腕固定角度的目的是测得振幅稳定、信噪比尽可能高的脉搏波。而本申请使用振动法或血管无载法测量血压，为了获得精确的测量结果避开了对测量结果有影响的角度从而将角度选择为"100°~170°"，并且对比文件2中采用根据被测对象的测量结果来确定手腕角度的方法对于本申请中确定测量血压的最佳手腕角度不具备借鉴或启示作用，而传统解剖学中又缺少研究活体手腕后弯时动脉血管及周围组织之间互相影响情况的知识。为了获得本申请中的上述手腕角度是需要付出创造性劳动才能完成的，这对于本领域普通技术人员来说不是显而易见的，且产生了意料不到的效果，因此，本申请的权利要求相对于对比文件 4 和对比文件 2 的结合具备创造性。

至此，合议组认为本案事实已经清楚，现依法作出复审决定。

二、决定的理由

1. 关于审查文本

本复审决定以复审请求人于 2007 年 5 月 11 日提交的权利要求第 1~21 项；于 2004 年 3 月 5 日提交的说明书第 1~13 页；于 2000 年 4 月 21 日提交的说明书附图第 1~10 页以及说明书摘要和摘要附图作为审查基础的。

2. 关于专利法第 25 条第 1 款第 3 项

专利法第 25 条第 1 款规定：对下列各项，不授予专利权：

（1）科学发现；（2）智力活动的规则和方法；（3）疾病的诊断和治疗方法；（4）动物和植物品种；（5）用原子核变换方法获得的物质。

鉴于复审请求人于 2007 年 5 月 11 日提交的权利要求书中已经将涉及“无创伤测量血压的方法”的原权利要求 1~16 删除，因此，复审请求人于 2007 年 5 月 11 日提交的权利要求书中克服了第一次复审通知书中指出的本申请权利要求 1~16 属于专利法第 25 条第 1 款第 3 项所规定的不能授予专利权的情形的缺陷。

3. 关于专利法实施细则第 20 条第 1 款

专利法实施细则第 20 条第 1 款规定：权利要求书应当说明发明或者实用新型的技术特征，清楚、简要地表述请求保护的范围。

鉴于复审请求人已将于 2007 年 5 月 11 日提交的权利要求书中的权利要求 7（原权利要求 24）的主题名称修改为与其引用的权利要求的主题名称相一致，因此，复审请求人于 2007 年 5 月 11 日提交的权利要求 7 符合专利法第 20 条第 1 款的规定，克服了第一次复审通知书中指出的缺陷。

4. 关于专利法第 22 条第 3 款

专利法第 22 条第 3 款规定：创造性，是指同申请日以前已有的技术相比，该发明有突出的实质性特点和显著的进步，该实用新型有实质性特点和进步。

（1）本申请权利要求 1~21 相对于对比文件 2 和对比文件 4 是否具备创造性的理由。

本申请的独立权利要求 1 请求保护一种无创伤测量血压的装置，对比文件 4（CN2371945Y）公开了一种无创伤连续测量血压的手腕装置，并具体公开了如下技术特征（参见该对比文件 4 说明书第 7 页第 25 行至第 9 页第 18 行，附图 1、2）：该腕部装置 1 包括手腕固定托 6（相当于本申请中的手腕固定装置）；对手腕桡动脉 11 施加外部压力的气囊 3，将气囊固定在被测手腕桡动脉 11 的最表浅处的气囊固定绑带 4（相当于本申请中的加压囊体固定装置）；内藏于气囊内部朝向被测手腕桡动脉最表浅处以测量桡动脉血管容积变化的桡动脉容积探头 5（相当于本申请中的用于测量桡动脉脉搏信号的动脉传感装置）；该装置还包括与该腕部装置 1 相接合的测量-反馈控制系统 2（相当于本申请的供压-测量系统），在开环情况下，所述测量-反馈控制系统 2 中的气囊压力设定电路 20 根据容积探头 5 测量并转换成的桡动脉容积波，自动调节供给电压-气压转换器 21（相当于本申请中的压力供给装置）的电压，使腕部装置 1 中的气囊 3 开始对桡动脉 11 外部加压，无载容积记忆电路 22 在桡动脉容积波振幅最大时记录下桡动脉的无载状态容积，并在闭环时，记录桡动脉 11 的容积波振幅最终趋于零的时间点上压力传感器 25 连续测量的气囊 3 内压，从而无创伤连续测量桡动脉的血压，即对比文件 4 中公开的由气囊压力设定电路 20、无载容积记忆电路、压力传感器 25 等组成的信号处理电路相当于本申请中的信号处理装置。

将本申请独立权利要求 1 记载的技术方案与对比文件 4 公开的技术方案相比，其区别在于本申请的权利要求1中还记载了以下区别技术特征：手腕固定装置是将手腕保持在能够降低桡动脉旁边的肌腱位置和使桡动脉接近与桡骨的角度上的；所述角度包括手腕的背侧面与手的背侧面之间的100°～170°的夹角。

对比文件2公开了一种桡骨动脉波检测装置，其中公开了测量血压时将手腕向后弯曲一定角度，但是，合议组认为，对比文件2中使用的是张力法测量血压，其利用一个压置在被测动脉上的压力传感器测量出动脉的脉搏波、再利用另一种血压测量装置测得的收缩压和舒张压对测得的脉搏波形的峰点和谷点进行标定，此后就用这个标定过的脉搏波来间接反映被测动脉内的血压。对比文件2中调节手腕固定角度的目的是为了使得测得的脉搏波的振幅除了稳定之外，还要尽可能地大从而保证信/噪比尽可能的高。其确定手腕后弯角度的准则是如何使测得的脉搏波振幅最大，只要能够使测得的脉搏波振幅最大，可以随意调节手腕后弯角度，而不必在意是否使桡动脉下方的桡骨向上过度顶起以致于在桡动脉下方产生了对桡动脉施加的外部压力。而本申请使用的是振动法或血管无载法测量血压，其利用一个压置在被测动脉上方的皮肤表面的加压气囊对被测动脉进行外部加压，当该气囊传递到被测动脉表面的压力与被测动脉内的血压相等以致于被测动脉的脉搏波出现特定变化时，测得气囊内的压力来直接反应被测动脉内的血压，其固定手腕角度的目的是为了保证传递到被测动脉外部的压力与气囊内的压力相等。而要达到这一目的，需要保证两点：一是气囊内的压力能够被精确地传递到被测动脉血管壁外侧；二是除了气囊压力之外，没有其他的外部压力施加在被测动脉血管壁外侧。确定其手腕后弯角度的准则是：仅仅降低桡动脉周围的肌腱和神经、使桡骨靠近桡动脉，而不能使桡骨和其他软组织对桡动脉施加外部压力。

由此可见，虽然对比文件2也涉及血压测量的领域，但对比文件2与本申请所采用的测量原理不同，“调节手腕固定角度”所要达到的目的不同，因此本领域普通技术人员没有动机将对比文件2与对比文件4进行结合，对比文件2不能用于与对比文件4相结合来评述本申请权利要求的创造性。此外，使用血管无载法或振动法测量血压时将“手腕保持在能够降低桡动脉旁边的肌腱位置和使桡动脉接近与桡骨的角度上；所述角度包括手腕的背侧面与手的背侧面之间的100°～170°的夹角”也不属于本领域的公知常识。而且，本申请中通过固定装置将手腕固定到“能够降低桡动脉旁边的肌腱位置和使桡动脉接近与桡骨的角度上；所述角度包括手腕的背侧面与手的背侧面之间的100°～170°的夹角”使得在利用血管无载法测量血压时能够克服测量误差大、离散性差的问题，产生了意料不到的技术效果。因此，权利要求1相对于对比文件2、对比文件4具备专利法第22条第3款规定的创造性。

在权利要求1相对于对比文件2、对比文件4具备创造性的前提下，直接或间接从属于权利要求1的权利要求2～21相对于对比文件2和对比文件4也具备专利法第22条第3款规定的创造性。

（2）本申请权利要求1～21相对于对比文件1和对比文件2是否具备创造性的理由。

对比文件1公开了一种血压监测装置，该装置具有置于受试者手腕11桡动脉12上的脉搏波检测探头10，该检测探头10通过缠绕和固定腕带11固定在手腕表面13，该检测探头10包括外壳16、脉搏波传感器18和弹性膜20，弹性膜20联合外壳和脉搏波传感器18以在外壳16中形成液密空间17。电动泵22经由管19向该液密空间17提供压力流体。压力传感器26对该空间17中的压力进行检测，产生表示检测的压力P的信号SP，并将该信号发送到中央处理器28。中央处理器通过从一系列以时间法则存储的脉搏中选出两对幅度差最大的相邻脉搏，确定每对中检测到较小脉搏时液密空间17中的压力，并根据预先确定的血压与液密空间17中压力之间的关系来确定血压。

从对比文件1公开的内容可以看出，其属于利用张力法测量血压的装置，其与本申请所采用的原理并不相同。同时，如上所述，对比文件2中的桡骨动脉波检测装置也是利用张力法测量血压的装置，对比文件1、对比文件2与本申请所采用的测量原理不同，无法评述本申请权利要求的创造性。因此，权利要求1~21相对于对比文件2、对比文件1具备专利法第22条第3款规定的创造性。

根据上述事实和理由，本案合议组依法作出以下审查决定。

三、决定

撤销国家知识产权局于2004年4月9日对00105998.X号发明专利申请作出的驳回决定，由原实质审查部门以本决定依据的申请文本作为审查基础继续进行审查程序。

复审请求人对本决定不服的，可以根据专利法第41条第2款的规定，自收到本决定之日起三个月内向北京市第一中级人民法院起诉。

033

卤化银感光乳剂以及采用该乳剂的卤化银照相感光材料

复审请求审查决定（第 12319 号）

决　定　号　第 12319 号
决　定　日　2007 年 12 月 21 日
发明创造名称　卤化银感光乳剂以及采用该乳剂的卤化银照相感光材料
国际分类号　G03C 1/035
复审请求人　富士胶片株式会社
申　请　号　01104302.4
优先权日　2000 年 2 月 23 日
申　请　日　2001 年 2 月 22 日
公　开　日　2001 年 8 月 29 日
合议组组长　陈迎春
主　审　员　李晓娜
参　审　员　杨加黎

法律依据　专利法第 33 条
决定要点
对于含有数值范围技术特征的权利要求中数值范围的修改，如果修改后数值范围的一个端值没有记载在原说明书和权利要求书中，也不能根据原说明书和权利要求书文字记载的内容直接地、毫无疑义地确定，则这样的修改超出了原说明书和权利要求书记载的范围。

一、案由

本复审请求涉及申请号为 01104302.4、名称为“卤化银感光乳剂以及采用该乳剂的卤化银照相感光材料”的发明专利申请（下称本申请），申请人为富士胶片株式会社。本申请的优先权日为 2000 年 2 月 23 日，申请日为 2001 年 2 月 22 日，公开日为 2001 年 8 月 29 日。本申请公开时共有 21 项权利要求，其中权利要求 1~5 如下：

“1. 一种包含颗粒的卤化银感光乳剂，其中不低于 70% 的总投影面积由符合以下条件（ⅰ）至（ⅴ）的片状颗粒占据：

（ⅰ）具有（111）晶面为主表面的溴氯碘化银颗粒，

（ⅱ）具有最大长度的边缘的长度与具有最小长度的边缘的长度之比不超过 2 的六角形颗粒，

（ⅲ）总共具有 6 个附生连接的完好附生颗粒，每个附生连接仅分别存在于六角形颗粒的 6 个顶点部分上，

（ⅳ）氯化银含量为1~6mol%，而且

（ⅴ）碘化银含量为0.5~10mol%。

2. 如权利要求1所述的卤化银感光乳剂，其特征在于，片状颗粒还满足以下条件：

（ⅵ）等圆直径不低于0.6μm，而厚度不超过0.2μm。

3. 如权利要求1所述的卤化银感光乳剂，其特征在于，所有颗粒的等圆直径变化系数不超过30%。

4. 如权利要求2所述的卤化银感光乳剂，其特征在于，有颗粒的等圆直径变化系数不超过30%。

5. 如权利要求1所述的卤化银感光乳剂，其特征在于，所述片状颗粒还满足以下条件：

（ⅶ）等圆直径不低于1.0μm，而厚度不超过0.1μm。”

国家知识产权局实质审查部门依法对本申请进行了实质审查，于2004年6月11日发出第一次审查意见通知书，通知书中指出：本申请权利要求2中记载了较宽的数值范围“等圆直径不低于0.6μm”，“厚度不超过0.2μm”，而说明书实施例公开了其中的等圆直径为3.0μm、4.2μm、1.6μm，厚度为0.062μm、0.07μm，由此所属技术领域的技术人员难于预见采用该数值范围内的所有数值均能达到本发明的目的，因此该权利要求2得不到说明书的支持，不符合专利法第26条第4款的规定；同时还指出本申请权利要求1不符合专利法实施细则第20条第1款、专利法实施细则第21条第2款的规定，权利要求3不符合专利法第26条第4款的规定，权利要求4不符合专利法实施细则第20条第1款的规定，说明书第7页的内容不符合专利法实施细则第18条第3款的规定。

针对第一次审查意见通知书，申请人于2004年12月27日提交了意见陈述书，同时提交了权利要求书全文和说明书第7页的修改替换页，其中删除了原权利要求5~8和13~16，重新调整了各权利要求的序号，并对权利要求1~4和说明书第7页进行了修改；修改后的权利要求书共有13项权利要求，其中权利要求1、2如下：

“1. 一种包含颗粒的卤化银感光乳剂，其中不低于70%的总投影面积由符合以下条件（ⅰ）至（ⅴ）的片状颗粒占据：

（ⅰ）具有（111）晶面为主表面的溴氯碘化银颗粒，

（ⅱ）具有最大长度的边缘的长度与具有最小长度的边缘的长度之比不超过2的六角形颗粒，

（ⅲ）总共具有6个附生连接的完好附生颗粒，每个附生连接仅分别存在于六角形颗粒的6个顶点部分上，

（ⅳ）以片状颗粒的总银量为基准，氯化银含量为1~6mol%，而且

（ⅴ）以片状颗粒的总银量为基准，碘化银含量为0.5~10mol%。

2. 如权利要求1所述的卤化银感光乳剂，其特征在于，片状颗粒还满足以下条件：

（ⅵ）等圆直径为1~10μm，而厚度不超过0.01~0.1μm。”

申请人在意见陈述书中认为，修改后的权利要求2限定了等圆直径为1~10μm、厚度为0.01~0.1μm，此修改可得到说明书第6页第3段的支持；并且，修改后的权利要求书和说明书克服了第一次审查意见通知书中所指出的其他缺陷。

实质审查部门于2005年6月10日发出第二次审查意见通知书，指出修改后权利要求2中的特征“等圆直径为1~10μm”既未明确记载在原说明书和权利要求书中，也不能由原说明书和权利要求书所记载的内容直接导出，因此超出了原说明书和权利要求书记载的范围，不符合专利法第33条的规定。

针对第二次审查意见通知书，申请人于2005年8月23日提交了意见陈述书，同时提交了说明书第6页的修改替换页；申请人认为：原说明书中的“等圆直径和厚度分别优选为0.6μm~0.2μm和

10μm~0. 01μm”属于打字错误，正确的数值范围应为“0. 6 μm~10 μm 和 0. 2 μm~0. 01μm”，再结合说明书中随后公开的等圆直径“更优选为 1. 0μm”，可以得出“等圆直径为 1~10μm”；而且原说明书记载“0. 6μm~0. 2μm 和 10μm~0. 01μm”之后的部分中，还记载了等圆直径优选为 1. 0μm 或以上，更优选 1. 5μm 或以上，这两个值均在“0. 6μm~0. 2μm”之外，明显不合道理，因而证明了原说明书中的“0. 6μm~0. 2μm”属于明显的打字错误；再者，说明书实施例中记载的等圆直径分别为 1. 6μm、4. 2μm，也实质上支持了“等圆直径为 1~10μm”的方案；据此认为将说明书第 6 页中的“0. 6μm~0. 2μm 和 10μm~0. 01μm”修改为“0. 6μm~10μm 和 0. 2μm~0. 01μm”得到了原说明书的实质支持。然而申请人在所述说明书第 6 页的修改替换页中，并未进行任何修改，其内容仍然与原始说明书第 6 页完全相同。

经过上述程序，实质审查部门于 2006 年 9 月 29 日以本申请权利要求 2 不符合专利法第 33 条的规定为由驳回了本申请。驳回决定中指出：（1）权利要求 2 中的特征“等圆直径为 1~10μm”，没有明确记载在原说明书和权利要求书中，所属技术领域的技术人员也不能由从原申请公开的信息中直接地、毫无疑义地唯一导出上述技术方案，特别是无法直接且唯一地导出上述的端点值为 10μm，因此权利要求 2 超出了原说明书和权利要求书所记载的范围；（2）关于申请人的意见陈述，审查员并不能确认原说明书中的“0. 6μm~0. 2μm 和 10μm~0. 01μm”是打字错误造成的，所以不允许这样的修改。

申请人富士胶片株式会社（下称复审请求人）对上述驳回决定不服，于 2007 年 1 月 12 日向专利复审委员会提出复审请求，但并未提交申请文件的修改文本。此次复审请求的理由与复审请求人在答复实审阶段第二次审查意见通知书时的意见陈述一样，强调原说明书第 6 页中的“0. 6μm~0. 2μm 和 10μm~0. 01μm”属于明显的打字错误，根据审查指南的规定，对于明显的打字错误应允许修改，因此对该权利要求 2 的修改可以在修改后的原说明书中找到，该修改不超范围。

经形式审查合格，专利复审委员会于 2007 年 3 月 2 日依法受理了上述复审请求，并向复审请求人发出复审请求受理通知书，同时向实质审查部门发出前置审查通知书。

实质审查部门在前置审查意见书中坚持原驳回决定。

针对上述复审请求，专利复审委员会依法成立合议组对本案进行了审理。经审查，本案合议组于 2007 年 7 月 31 日发出复审通知书，指出：（1）权利要求 2 中记载了特征“等圆直径为 1~10μm”，原说明书和权利要求书中虽然记载了等圆直径优选 1. 0μm 或更多，但并没有记载等圆直径为 10μm 这一数值端点，因而权利要求 2 中的所述特征没有明确记载在原说明书和权利要求书中，也不能由原说明书和权利要求书所记载的内容直接且毫无疑义地导出，超出了原说明书和权利要求书记载的范围，导致权利要求 2 不符合专利法第 33 条的规定；（2）根据审查指南第一部分第二章第 8 节规定的“所谓明显错误，是指不正确的内容可以从原说明书、权利要求书的上下文中清楚的判断出来，没有作其他解释或者修改的可能”以及审查指南第二部分第八章第 5. 2. 2. 2 节规定的“允许的说明书及其摘要的修改包括以下各种情形……（11）修改由所属技术领域的技术人员能够识别出的明显错误，即语法错误、文字错误和打印错误。对这些错误的修改必须是所属技术领域的技术人员能从说明书的整体及上下文看出的唯一的正确答案”可知，只有当不正确的内容可以从原说明书、权利要求书的上下文中清楚地判断出且只有唯一的解释或修改时，才属于明显错误。对于明显错误的修改必须是所属技术领域技术人员能够从原说明书和权利要求书得出的唯一正确答案。就本案而言，虽然说明书第 6 页记载的等圆直径为“0. 6μm~0. 2μm”的数值范围与说明书第 3 页记载的相应数值范围如“不低于 0. 6μm”和说明书实施例记载的等圆直径的数值点如 1. 6μm 和 4. 2μm 明显相矛盾、前后不一致，但是从原说明书和权利要求书不能得出将“0. 6μm~0. 2μm”范围修改为“1~10μm”是唯一的解释或修改，因而原始公开文本中的“0.6μm~0.2μm”不属于明显错误，也不属于明显的打字错误，因此，复审请求人将“0.6μm~0.2μm”直接修改为“1~10μm”是不允许的。

针对上述复审通知书，复审请求人于2007年11月15日提交了意见陈述书，但并未提交申请文件的修改文本。复审请求人仍然强调：原说明书中公开了等圆直径优选为1.0μm或以上，更优选1.5μm或以上，这两个值均在“0.6μm~0.2μm”之外，明显不合道理，因而证明了“0.6μm~0.2μm”属于明显的打字错误，或者至少属于明显的错误；并据此认为，本领域技术人员在阅读说明书全文后，应该知道“0.6μm~0.2μm”属于明显错误，应该会想到将其修改为“0.6μm~10μm”是能够克服以上明显不合道理之处的唯一选择，因此修改后的权利要求2中的“等圆直径为1~10μm”应不超出原说明书的范围，符合专利法第33条的规定。

在上述程序的基础上，合议组认为本案事实已经清楚，现依法作出审查决定。

二、决定的理由

1. 审查文本

本复审决定所针对的审查文本是：复审请求人于2005年8月23日提交的说明书第6页，2004年12月27日提交的权利要求第1~13项、说明书第7页，以及申请日提交的说明书第1~5、8~104页和说明书摘要。

2. 关于专利法第33条

专利法第33条规定：“申请人可以对其专利申请文件进行修改，但是，对发明和实用新型专利申请文件的修改不得超出原说明书和权利要求书记载的范围，对外观设计专利申请文件的修改不得超出原图片或者照片表示的范围。”

审查指南第一部分第二章第8节规定：“所谓明显错误，是指不正确的内容可以从原说明书、权利要求书的上下文中清楚的判断出来，没有作其他解释或者修改的可能”。

审查指南第二部分第八章第5.2.2.2节规定：允许的说明书及其摘要的修改包括以下各种情形……（11）修改由所属技术领域的技术人员能够识别出的明显错误，即语法错误、文字错误和打印错误。对这些错误的修改必须是所属技术领域的技术人员能从说明书的整体及上下文看出的唯一的正确答案”。

本案中，对于复审请求人将本申请原权利要求2中的“等圆直径不低于0.6μm”修改为“等圆直径为1~10μm”是否超出原说明书和权利要求书记载的范围，合议组认为，如果原说明书和权利要求书没有记载等圆直径为10μm这一端值，也不能根据原说明书和权利要求书文字记载的内容直接地、毫无疑义地确定等圆直径为10μm，则这样的修改超出了原说明书和权利要求书记载的范围。具体而言，本申请说明书实施例中仅记载了等圆直径分别为1.6μm、3.0μm、4.2μm的卤化银片状颗粒，没有等圆直径为10μm的实施例，说明书的其他部分也没有记载卤化银片状颗粒的等圆直径为10μm，而且根据原说明书和权利要求书文字记载的内容也不能直接地、毫无疑义地确定卤化银片状颗粒的等圆直径为10μm，因此，等圆直径为10μm这一数值端点超出原说明书和权利要求书记载的范围，由此权利要求2中的“等圆直径为1~10μm”也超出原说明书和权利要求书记载的范围，不符合专利法第33条的规定。

复审请求人认为：从说明书上下文来看，“0.6μm~0.2μm”明显不合道理，属于明显的打字错误，或者至少属于明显的错误；本领域技术人员在阅读说明书全文后，应该会想到将“0.6μm~0.2μm”修改为“0.6μm~10μm”是能够克服以上明显不合道理之处的唯一选择，因此修改后的权利要求2中的“等圆直径为1~10μm”应不超出原说明书的范围，符合专利法第33条的规定。

对此，合议组认为，如果对明显错误的修改不是所属技术领域的技术人员能够从原说明书和权利要求书得出的唯一的正确答案，则这样的修改是不允许的。本案中，说明书中记载的等圆直径为“0.6μm～0.2μm”的数值范围，与说明书中记载的等圆直径优选为1.0μm或更多、更优选1.5μm或更多以及等圆直径分别为1.6μm、4.2μm数值点的实施例相对照，前后明显相矛盾、不合道理，因此“0.6μm～0.2μm”属于明显错误。但是如上所述，根据原说明书和权利要求书记载的内容，不能得出等圆直径为10μm的这一数值端点，因此不能得出“0.6μm～10μm”是“0.6μm～0.2μm”的唯一正确答案或者是其唯一的解释或修改，因而将说明书中的“0.6μm～0.2μm”修改为“0.6～10μm”是不允许的，基于此，复审请求人将原权利要求2中的等圆直径范围修改为“1～10μm”也是不允许的。

综上所述，复审请求人将原权利要求2中的等圆直径“不低于0.6μm”修改为“1μm～10μm”超出了原说明书和权利要求书记载的范围，不符合专利法第33条的规定。

三、决定

维持国家知识产权局于2006年9月29日对01104302.4号发明专利申请作出的驳回决定。

复审请求人对本决定不服的，可以根据专利法第41条第2款的规定，自收到本决定之日起三个月内向北京市第一中级人民法院起诉。

034

将物品涂刷到眼睫毛上的涂刷器

复审请求审查决定（第 12367 号）

决　定　号　第 12367 号
决　定　日　2007 年 12 月 24 日
发明创造名称　将物品涂刷到眼睫毛上的涂刷器
国 际 分 类 号　A45D 40/26，A45D 40/00，A45D 2/48，A46B 1/00
复 审 请 求 人　奥里尔股份有限公司
申　请　号　00122201.5
申　请　日　2000 年 7 月 21 日
公　开　日　2001 年 8 月 15 日
合 议 组 组 长　高　栋
主　审　员　瑜　佳
参　审　员　刘　鹏

法 律 依 据　专利法第 33 条、第 22 条第 3 款
决 定 要 点

如果权利要求的修改是根据原说明书的记载作出的，并且所属技术领域的技术人员能够从原说明书的实施例中概括得到修改后的权利要求所要求保护的技术方案，则上述修改符合专利法第 33 条的规定。

如果对比文件 1 与权利要求存在区别技术特征，现有技术中也没有给出将上述区别技术特征应用到对比文件 1 中的启示，且上述区别技术特征产生有益的技术效果，则权利要求相对于现有技术具备创造性。

一、案由

本复审请求涉及优先权日为 1999 年 7 月 21 日，申请日为 2000 年 7 月 21 日，公开日为 2001 年 8 月 15 日，发明名称为“将物品涂刷到眼睫毛上的涂刷器”的发明专利申请（下称本申请），其申请号是 00122201.5，申请人为奥里尔股份有限公司。

国家知识产权局实质审查部门于 2004 年 4 月 23 日作出驳回决定，驳回决定所依据的文本为申请日于申请日提交的原始申请文件的权利要求第 13~37 项、说明书第 2~19 页、附图第 1~8 页，2003 年 11 月 14 日提交的权利要求第 1~12、38~50 项、说明书第 1 页、说明书摘要和摘要附图，驳回理由为：本申请权利要求 1~50 不符合专利法第 22 条第 3 款关于创造性的规定。

驳回决定所针对的独立权利要求 1 内容如下：

"1. 一种将物品涂刷到眼睫毛上的系统，包括：

一个容纳所述物品的容器，和一个涂刷器：其中，所述的涂刷器是

一个包括至少一排齿的涂刷器，所述至少一排齿包括一系列连续齿，在所述一系列齿中的每一个齿包括：一个根部和一个从所述根部延伸的延伸部分，其中，所述连续齿的根部大体上对齐，并且从所述连续齿根部延伸的所述延伸部分在一个几何分离面的两侧交错偏置，使该涂刷器将物品涂刷到眼睫毛上。"

驳回决定中共引用了两篇对比文件如下：

对比文件1：公开号为CN1131903A的中国发明专利申请公开说明书，其公开日为1996年9月25日；

对比文件2：DT2559273A1号德国专利文献，其公开日为1977年7月7日。

驳回决定指出：对比文件1公开了染睫毛膏等化妆品涂抹组件及其涂抹器，本申请独立权利要求1与对比文件1的区别在于：前者的所述延伸部分在一个几何分离平面的两侧交错偏置，但是上述区别技术特征在对比文件2中披露，而且其作用与本申请权利要求1中相同，因此本领域技术人员在对比文件1的基础上会从对比文件2中获得将上述区别技术特征应用到对比文件1中而得到本申请权利要求1所要求保护的技术方案的技术启示，因此，本申请权利要求1相对于对比文件1和2不具备专利法第22条第3款规定的创造性。相应地，从属权利要求2~50也不具备创造性，不符合专利法第22条第3款的规定。

申请人奥里尔股份有限公司（下称请求人）对国家知识产权局作出的驳回决定不服，于2004年8月9日向专利复审委员会提出了复审请求，同时提交了权利要求书第1页、说明书第1页以及说明书摘要的修改替换页。修改后的权利要求书共包括50项权利要求，其中请求人将本申请权利要求1中的"所述连续齿的根部大体上对齐"修改成了"所述连续齿的根部大体上沿其长轴对齐"，并依据上述修改对说明书和说明书摘要的相关部分进行了适应性修改。修改后的权利要求1内容如下：

"1. 一种将物品涂刷到眼睫毛上的系统，包括：

一个容纳所述物品的容器，和一个涂刷器：其中，所述的涂刷器是

一个包括至少一排齿的涂刷器，所述至少一排齿包括一系列连续齿，在所述一系列齿中的每一个齿包括：一个根部和一个从所述根部延伸的延伸部分，其中，所述连续齿的根部大体上沿其长轴对齐，并且从所述连续齿根部延伸的所述延伸部分在一个几何分离面的两侧交错偏置，使该涂刷器将物品涂刷到眼睫毛上。"

请求人的复审请求理由是：

修改后的权利要求1中对连续齿的根部作了进一步限定，即，"所述连续齿的根部大体上沿其长轴对齐"。对比文件1中的鬃毛不是连续设置的，本申请权利要求1中的根部是大体上沿其长轴对齐的，而且对比文件1和2均没有公开上述特征。因此，本申请独立权利要求1具备创造性，符合专利法第22条第3款的规定，在修改的权利要求1具有创造性的基础上，从属于其的从属权利要求2~50也具备创造性，符合专利法第22条第3款的规定。

形式审查合格后，专利复审委员会受理了该复审请求，于2005年8月24向请求人发出了复审请求受理通知书，同时向国家知识产权局实质审查部门发出了前置审查通知书。在前置审查程序中，国家知识产权局实质审查部门仍坚持原驳回决定。

在此基础上，专利复审委员会依法成立合议组对本案进行审理。

本案合议组于2007年4月19日发出了复审通知书，指出本申请权利要求1~23、28~50不具备创造性，不符合专利法第22条第3款的规定，具体为：本申请独立权利要求1相对于对比文件1和2

不具备创造性，不符合专利法第 22 条第 3 款的规定，对比文件 1 具体披露了：内存化妆品的储室（10），刷毛的涂抹部件（4），涂抹部件上设有一系列连续的刷毛，每一根刷毛包括根部和一个从根部延伸的延伸部分，所有刷毛缠绕在部件 40 上形成搓线，刷毛的根部大体上延其所构成的轴（部件 40 对齐），权利要求 1 与对比文件 1 的区别在于权利要求 1 的所述延伸部分在一个几何分离平面的两侧交错偏置，但是该区别技术特征在对比文件 2 中披露了，所起的作用也相同，因此权利要求 1 相当于对比文件 1 和 2 的结合不具备创造性；权利要求 2~23、28~50 也不具备专利法第 22 条第 3 款规定的创造性；针对请求人在提出复审请求的意见，合议组认为，对比文件 1、2 的刷毛均是沿着其所构成的轴大体延伸排列的，同时本申请并没有在说明书文字部分进一步说明“大体对齐”的具体对齐方式，仅仅从附图 8~12、17~20、28、29 来看，“大体对齐”属于上位概念，包括多种实现方式，且说明书没有说明这集中方式有什么特殊的作用，使其能相对于对比文件 2 附图 5 的刷毛对齐方式有突出的实质性特点和显著的进步。

针对上述复审通知书，请求人于 2007 年 8 月 6 日向专利复审委员会提交了意见陈述书以及权利要求书全文修改替换页共 49 项、说明书第 1 页的修改替换页、说明书摘要的修改替换页。其中，请求人对权利要求 1 作了进一步限定，在其中增加了“即连续齿的根部设置在长轴的两侧”的技术特征，删除了权利要求 45，并对其后的权利要求的编号以及引用关系作了适应性调整，同时根据其对权利要求书的修改，对说明书第 1 页和说明书摘要作了适应性修改。修改后的权利要求 1 内容如下：

“1. 一种将物品涂刷到眼睫毛上的系统，包括：

一个容纳所述物品的容器，和一个涂刷器：其中，所述的涂刷器是

一个包括至少一排齿的涂刷器，所述至少一排齿包括一系列连续齿，在所述一系列齿中的每一个齿包括：一个根部和一个从所述根部延伸的延伸部分，其中，所述连续齿的根部大体上沿其长轴对齐，即连续齿的根部设置在长轴的两侧，并且从所述连续齿根部延伸的所述延伸部分在一个几何分离面的两侧交错偏置，使该涂刷器将物品涂刷到眼睫毛上。”

请求人认为：对比文件 1 没有公开权利要求 1 的技术特征“包括至少一排齿的涂刷器”、也没有公开“连续齿的根部大体上沿其长轴对齐，即连续齿的根部设置在长轴的两侧”及“从所述连续齿根部延伸的所述延伸部分在一个几何分离面的两侧交错偏置”；此外，对比文件 2 没有公开“连续齿的根部大体上沿其长轴对齐，即连续齿的根部设置在长轴的两侧”的技术特征，与对比文件 1、2 相比，修改后的权利要求 1 具有创造性，从属权利要求也具有创造性，符合专利法第 22 条第 3 款的规定。

本案合议组于 2007 年 9 月 7 日再次发出了复审通知书，指出：“即连续齿的根部设置在长轴的两侧”的技术特征既没有在原始说明书以及权利要求书中记载，也不能根据说明书和权利要求书文字记载的内容以及说明书附图直接、毫无疑义地确定，因此请求人对权利要求 1 及说明书第 1 页的修改不符合专利法第 33 条的规定。

针对上述复审通知书，请求人于 2007 年 11 月 22 日向专利复审委员会提交了意见陈述书以及权利要求书全文修改替换页共 49 项、说明书第 1 页的修改替换页、说明书摘要的修改替换页。其中，请求人对独立权利要求 1 进行了修改，删去“即连续齿的根部设置在长轴的两侧”的技术特征，并根据说明书第 1 页第 18~23 行及说明书第 17 页第 11~14 行的内容修改了权利要求 1，同时根据其对权利要求 1 的修改，对说明书第 1 页和说明书摘要作了适应性修改。修改后的独立权利要求 1 如下：

“1. 一种将物品涂刷到眼睫毛上的系统，包括：

一个容纳所述物品的容器和一个涂刷器，其中，所述的涂刷器包括至少一排齿，所述至少一排齿包括一系列连续齿，在所述一系列齿中的每一个齿包括：一个根部和一个从所述根部延伸的延伸部

分，所述连续齿的根部大体上对齐，即每一连续齿的根部的一部分设置在穿过该连续齿根部的中心线的第一侧，而每一连续齿的根部的另一部分设置在与所述第一侧相对的连续齿根部的中心线的第二侧，并且从所述连续齿根部延伸的所述延伸部分在一个几何分离面的每一侧交错偏置，使该涂刷器将物品涂刷到眼睫毛上。”

请求人认为：修改后的权利要求书符合专利法第 33 条的规定。

至此，合议组认为本案事实清楚，可以作出如下复审请求审查决定。

二、决定的理由

1. 审查文本

本复审决定所依据的文本是请求人于 2007 年 11 月 22 日提交的权利要求第 1~49 项、说明书第 1 页、说明书摘要，以及申请日提交的说明书第 2~19 页、说明书附图第 1~8 页、说明书摘要附图。

2. 关于专利法第 33 条

专利法第 33 条规定：申请人可以对其专利申请文件进行修改，但是，对发明和实用新型专利申请文件的修改不得超出原说明书和权利要求书记载的范围，对外观设计专利申请文件的修改不得超出原图片或者照片表示的范围。

请求人删除了修改超范围的技术特征“即连续齿的根部设置在长轴的两侧”，并且新增加了技术特征“即每一连续齿的根部的一部分设置在穿过该连续齿根部的中心线的第一侧，而每一连续齿的根部的另一部分设置在与所述第一侧相对的连续齿根部的中心线的第二侧”。原说明书第 1 页第 19~21行的记载是“每一连续齿根部的一部分设置在穿过该连续齿根部的一条线的第一侧，而每一连续齿根部的另一部分设置在对着所述第一侧的线的第二侧”，并在第 1 页第 23 行举出一个实施例是“一条直线穿过所述连续齿的每一根部的中心。”上述穿过连续齿每一根部中心的直线也就是穿过该连续齿的每一根部的中心线，因此，说明书中已经明确记载了权利要求 1 新增加的技术内容，上述修改未超出原说明书和权利要求书记载的范围，符合专利法第 33 条的规定。

3. 关于专利法第 22 条第 3 款

中国专利法第 22 条第 3 款规定：创造性，是指同申请日以前已有的技术相比，该发明有突出的实质性特点和显著的进步，该实用新型有实质性特点和进步。

独立权利要求 1 请求保护一种将物品涂刷到眼睫毛上的系统，对比文件 1 公开了一种染睫毛膏等化妆品涂抹组件及其涂抹器，并且具体披露了（参见说明书第 3 页第 8 行至第 6 页第 21 行，附图 1 至 6）：内存化妆品的储室（10），刷毛的涂抹部件（4），涂抹部件上设有一系列连续的刷毛，每一根刷毛包括根部和一个从根部延伸的延伸部分，所有刷毛缠绕在部件 40 上形成搓线，刷毛的根部大体上延其所构成的轴（部件 40）对齐（附图 5、8）。对比文件 1 中的连续的刷毛相当于权利要求 1 中的一排齿，储室相当于权利要求 1 中的容器，每根刷毛包括根部和一个从根部延伸的延伸部分相当于权利要求 1 中每个齿包括一个根部和一个从根部延伸的延伸部分，刷毛的根部大体延其所构成的轴对齐相当于连续齿的根部大体上对齐。权利要求 1 和对比文件 1 的区别在于：权利要求 1 中的每一连续齿的根部的一部分设置在穿过该连续齿根部的中心线的第一侧，而每一连续齿的根部的另一部分设置在与所述第一侧相对的连续齿根部的中心线的第二侧，从所述连续齿根部延伸的所述延伸部分在一个几何分离平面的两侧交错偏置。上述区别技术特征要解决的技术问题是通过改变齿的几何形状和齿之间间距，可在齿中间形成能充填物品的空腔，以便可以在涂刷件上装填更大量的物品；齿的根部可紧密排列，可在有限的距离内容纳尽可能多的齿，以便眼睫毛能被有效的夹紧在两个相邻齿之间。对比文件 2 公开了一种可用于刷瓶子或美容的刷子，其中具体披露了（参见说明书第 6 页第 14 行至第 10 页第 20 行，附图 1 至 5）：一种刷子，包括至少两排齿，齿的延伸部分在一个平面的两侧交错偏置，齿的根部也在一个平面的两侧交错放置。由此可见，上述区别技术特征中的“延伸部分在一个几何分离面的两侧交错偏置”已经在对比文件2中公开了，但是区别技术特征“每一连续齿的根部的一部分设置在穿过该连续齿根部的中心线的第一侧，而每一连续齿的根部的另一部分设置在与所述第一侧相对的连续齿根部的中心线的第二侧”未在对比文件2中公开，上述区别技术特征所解决的技术问题是使得齿的根部紧密排列，可在有限的距离内容纳尽可能多的齿，所具有的有益技术效果是可以将眼睫毛有效夹紧在两个相邻齿之间，并且可以在齿之间形成空腔以便装填物品，对比文件2也没有给出将上述区别特征应用到对比文件1以解决上述技术问题的启示。因此，权利要求1相对于对比文件1和2的结合具有突出的实质性特点和显著的进步，符合专利法第22条第3款有关创造性的规定。

鉴于独立权利要求1具备创造性，直接或间接从属于权利要求1的从属权利要求2~49也具备创造性，符合专利法第22条第3款的规定。

三、决定

撤销国家知识产权局于2004年4月23日对00122201.5号发明专利申请作出的驳回决定，以请求人于2007年11月22日所提交的权利要求第1~49项、说明书第1页、说明书摘要以及请求人于申请日提交的说明书第2~19页、说明书附图第1~8页、说明书摘要附图为基础，由国家知识产权局实质审查部门继续进行审批程序。

复审请求人对本决定不服的，可以根据专利法第41条第2款的规定，自收到本决定之日起三个月向北京市第一中级人民法院起诉。

035

包括离子发生器和电子设备的显示装置

复审请求审查决定（第12368号）

决　　定　　号　第12368号
决　　定　　日　2007年12月26日
发明创造名称　包括离子发生器和电子设备的显示装置
国 际 分 类 号　G09F 9/00，B03C 3/02，F24F 3/16
复 审 请 求 人　夏普株式会社
申　　请　　号　03102919.1
优 先 权 日　2002年1月23日，2002年10月3日
申　　请　　日　2003年1月21日
公　　开　　日　2003年8月6日
合 议 组 组 长　杨军艳
主　　审　　员　李　礼
参　　审　　员　刘亚斌

法 律 依 据　专利法第22条第3款
决 定 要 点
若权利要求请求保护的技术方案与对比文件所公开的内容相比存在区别，但现有技术中对上述区别存在技术启示，则该权利要求相对于现有技术不具备创造性。

一、案由

本复审请求涉及申请号为03102919.1，名称为“包括离子发生器和电子设备的显示装置”的发明专利申请，其申请日为2003年1月21日，优先权日为2002年1月23日以及2002年10月3日，公开日为2003年8月6日，申请人为夏普株式会社。

国家知识产权局实质审查部门依法对本申请进行了实质审查，于2006年8月25日以本申请的权利要求1~27不符合专利法第22条第3款的规定为理由作出驳回决定，其中引用了如下3篇对比文件：

（1）公开号为CN1241113A的中国发明专利申请公开说明书，公开日为2000年1月12日（下称对比文件1）；

（2）授权公告号为CN2230019Y的中国实用新型专利说明书，授权公告日为1996年6月26日（下称对比文件2）；

（3）国际公开号为WO01/87364A1的PCT申请国际公开文本，国际公开日为2001年11月22日

（下称对比文件4）。

该驳回决定所针对的申请文本是：申请人于2006年5月8日提交的权利要求第1~27项，于申请日提交的说明书第1~13页、说明书附图第1~11页、说明书摘要以及摘要附图。具体的驳回理由是：本申请权利要求1、5、14、16、17、21请求保护的技术方案相对于对比文件1和对比文件4的结合，不具备创造性；从属权利要求2~4、6~13、15、18~20、22~27的附加技术特征分别被对比文件1、对比文件2或对比文件4公开，或者属于公知常识，因而上述权利要求也不具备创造性。驳回决定所针对权利要求书的内容如下：

"1. 一种显示装置，其特征在于，包括：

显示面板；和

用于产生正离子和负离子的离子发生器；

其中正离子包括$H^+(H_2O)_m$（其中m是任意自然数），负离子包括$O_2^-(H_2O)_n$（其中n也是任意自然数），而正离子和负离子的相互反应产生H_2O_2或OH基。

2. 如权利要求1所述的装置，其特征在于，离子发生器通过在大气中电离水产生正负离子。

3. 如权利要求2所述的装置，其特征在于，其中离子发生器通过放电在大气中电离水。

4. 如权利要求1所述的装置，其特征在于，其中正离子包括氧分子离子团，负离子也包括氧分子离子团。

5. 一种显示装置，其特征在于，包括：

显示面板；和

用于产生正离子和负离子的离子发生器，其中正负离子供应到显示面板屏幕上。

6. 如权利要求5所述的装置，其特征在于，其中正负离子供应到使用该显示装置的人头部。

7. 如权利要求5所述的装置，其特征在于，进一步包括产生气流的机械，

其中把正负离子传送到气流上。

8. 如权利要求7所述的装置，其特征在于，其中气流产生机械包括电扇。

9. 如权利要求5所述的装置，其特征在于，其中离子发生器的开关和显示面板的开关同步。

10. 如权利要求5所述的装置，其特征在于，其中离子发生器的开关和显示面板的开关异步。

11. 如权利要求5所述的装置，其特征在于，其中离子发生器从离子发生器的开关和显示面板的开关同步的第一种工作模式中切换工作模式到离子发生器的开关和显示面板的开关异步的第二种工作模式，反之也可。

12. 如权利要求5所述的装置，其特征在于，其中离子发生器以可变比率产生正负离子。

13. 如权利要求1所述的装置，其特征在于，其中显示面板从液晶显示面板，等离子体显示面板和EL显示面板中选取。

14. 一种显示装置，其特征在于，包括：

显示面板；和

用于产生正离子和负离子的离子发生器；

进一步包括执行大气定量分析的环境分析器，其中显示面板示出由环境分析器输出的分析结果。

15. 如权利要求14所述的装置，其特征在于，进一步包括示出分析结果的指示器。

16. 一种显示装置，其特征在于，包括：

显示面板；和

用于产生正离子和负离子的离子发生器；其中离子发生器能够工作在清新模式以使产生的负离子数大于正离子数，并且当离子发生器工作在清新模式中时，显示面板示出环境图像。

17. 一种电子设备，其特征在于，包括：

显示面板；

处理器，它包括为显示面板提供在面板上显示数据的电路；和

产生正离子和负离子的离子发生器，其中正离子包括氧分子离子团，负离子也包括氧分子离子团。

18. 如权利要求17所述的设备，其特征在于，其中正离子包括 H^+（H_2O）$_m$（其中m是任意自然数），负离子包括 O_2^-（H_2O）$_n$（其中n也是任意自然数），而正离子和负离子的相互反应产生 H_2O_2 或OH基。

19. 如权利要求17所述的设备，其特征在于，其中离子发生器通过在大气中电离水产生正负离子。

20. 如权利要求19所述的设备，其特征在于，其中离子发生器通过放电在大气中电离水。

21. 一种电子设备，其特征在于，包括：

显示面板；

处理器，它包括为显示面板提供在面板上显示数据的电路；和

产生正离子和负离子的离子发生器，其中正负离子供应到显示面板屏幕上。

22. 如权利要求21所述的设备，其特征在于，其中正负离子供应到使用该电子设备的人头部。

23. 如权利要求21所述的设备，其特征在于，进一步包括产生气流的机械，

其中把正负离子传送到气流上。

24. 如权利要求23所述的设备，其特征在于，进一步包括放置处理器和离子发生器的外壳，其中气流产生机械也设置在外壳中。

25. 如权利要求23所述的设备，其特征在于，其中气流产生机械包括电扇。

26. 如权利要求23所述的设备，其特征在于，进一步包括让用户输入信息到电子设备的输入装置，

其中也将正离子和负离子施加到输入装置。

27. 如权利要求26所述的设备，其特征在于，其中输入装置是形成整个显示面板一部分的触摸面板。”

申请人夏普株式会社（下称复审请求人）不服上述驳回决定，于2006年12月8日向专利复审委员会提出复审请求，同时提交了权利要求书全文修改替换页。具体的复审请求理由是：在修改后的独立权利要求1、16、20中增加了“产生气流的机械，正离子和负离子传送到气流上”这一技术特征，对比文件1至对比文件4均没有揭示修改后的独立权利要求限定的上述特征，因而独立权利要求1、16、20具备创造性，进而其从属权利要求也具备创造性。修改后的权利要求书共包括25项权利要求，其中独立权利要求1、16、20的内容如下：

“1. 一种显示装置，其特征在于，包括：

显示面板；

用于产生正离子和负离子的离子发生器，其中正离子包括 H^+（H_2O）$_m$（其中m是任意自然数），负离子包括 O_2-（H_2O）$_n$（其中n也是任意自然数），而正离子和负离子的相互反应产生 H_2O_2 或OH基；和

产生气流的机械，正离子和负离子传送到气流上。

16. 一种电子设备，其特征在于，包括：

显示面板；

处理器，它包括为显示面板提供在面板上显示数据的电路；

产生正离子和负离子的离子发生器，其中正离子包括氧分子离子团，负离子也包括氧分子离子团；和

产生气流的机械，正离子和负离子传送到气流上。

20. 一种电子设备，其特征在于，包括：

显示面板；

处理器，它包括为显示面板提供在面板上显示数据的电路；

产生正离子和负离子的离子发生器；和

产生气流的机械，正离子和负离子传送到气流上，

其中正负离子供应到显示面板屏幕上。”

经形式审查合格后，专利复审委员会受理了上述复审请求，并于2007年1月10日向复审请求人发出了复审请求受理通知书，同日向原实质审查部门发出了前置审查通知书。

原实质审查部门对该复审请求作出前置审查意见，仍然坚持原驳回决定。

针对上述复审请求，专利复审委员会依法成立合议组对本案进行审查。本案合议组于2007年8月29日发出复审通知书，指出：对比文件1公开了一种带有负离子发生装置的显示系统，对比文件4公开了一种利用能产生正负离子的离子发生装置的杀菌方法，对比文件4给出了利用产生正负离子的离子发生装置来净化空气的技术启示，而利用机械装置产生气流属于本领域的常用技术手段，将对比文件4、对比文件1与本领域常用技术手段相结合，就可得到本申请权利要求1请求保护的技术方案，且所要解决的技术问题及所能获得的技术效果均相同，因而本申请权利要求1不具备创造性；同理，其他独立权利要求即权利要求16、20相对于对比文件1与对比文件4的结合也不具备创造性；而其余从属权利要求的附加技术特征分别被对比文件1或对比文件2或对比文件4所公开，或属于本领域的公知常识，因而这些从属权利要求也均不具备创造性。

针对上述复审通知书，复审请求人于2007年12月12日提交了意见陈述书，并提交了权利要求书全文修改替换页，其中删除了原权利要求16~19，并将“其中所述产生所述气流的机械是散热扇或是利用从所述显示装置的热源产生的热对流的机械”增加到原权利要求1、20中构成新的权利要求1、16。复审请求人认为：新增加的上述技术特征在对比文件中均未公开，且各份对比文件也未给出相应的技术启示，同时上述技术特征也不属于常用技术手段，因而修改后的独立权利要求1、16相对于对比文件具备创造性，同理其从属权利要求也具备创造性。修改后的权利要求书共包括21项权利要求，其中独立权利要求1、16的内容如下：

“1. 一种显示装置，其特征在于，包括：

显示面板；

用于产生正离子和负离子的离子发生器，其中正离子包括 $H^+(H_2O)_m$（其中m是任意自然数），负离子包括 $O_2-(H_2O)_n$（其中n也是任意自然数），而正离子和负离子的相互反应产生 H_2O_2 或OH基；和

产生气流的机械，正离子和负离子传送到气流上，

其中所述产生气流的机械是散热扇或是利用从所述显示装置的热源产生的热对流的机械。

16. 一种电子设备，其特征在于，包括：

显示面板；

处理器，它包括为显示面板提供在面板上显示数据的电路；

产生正离子和负离子的离子发生器；和

产生气流的机械，正离子和负离子传送到气流上，其中所述产生气流的机械是散热扇或是利用从所述显示装置的热源产生的热对流的机械，

其中正负离子供应到显示面板屏幕上。”

至此，合议组认为本案事实已经清楚，现依法作出本复审请求审查决定。

二、决定的理由

1. 审查的基础

本复审决定所针对的申请文本是：复审请求人于2007年12月12日提交的权利要求第1~21项，于申请日提交的说明书第1~13页、说明书附图第1~11页、说明书摘要以及摘要附图。

2. 关于创造性的问题

专利法第22条第3款规定：创造性，是指同申请日以前已有的技术相比，该发明有突出的实质性特点和显著的进步，该实用新型有实质性特点和进步。

（1）本申请权利要求1不具备创造性。

本申请权利要求1请求保护的技术方案是一种带有离子发生器的显示装置，在该技术方案中，利用离子发生器对显示装置周围的空气进行净化，对比文件1公开了一种带有负离子发生装置的显示系统，两者均涉及带有离子发生器的电子装置这一技术领域。

对比文件1（参见对比文件1说明书第3~7页，附图1~5）中具体公开了以下内容：该显示系统包括显示屏13（相当于本申请中的显示面板），以及安装在显示系统箱壳上的负离子发生装置，利用该负离子发生装置所产生出的负离子，中和由显示系统产生出的大量正离子，从而改善室内空气质量，提高人体的天然抗病能力，增强机体功能等效果。在对比文件1说明书第2页中还提到了传统系统中是采用风扇对负离子进行传送的。

本申请权利要求1请求保护的技术方案与对比文件1所公开内容相比，其区别在于：（a）本申请权利要求1中的离子发生器是用于产生正离子和负离子的，其中正离子包括 H^+（H_2O）m，负离子包括 O_2-（H_2O）$_n$，正离子和负离子的相互反应产生 H_2O_2 或 OH 基，根据本申请说明书的记载，利用正负离子的上述相互反应产生活性物，从而利用该活性的分解作用实现杀菌（或消毒）；而对比文件1中采用的是仅能产生负离子的负离子发生器，利用其所产生出对人体有益的负离子，同时该负离子可中和显示屏上的正离子以防止静电和灰尘的累积。（b）本申请权利要求1请求保护的技术方案中还具有产生气流的机械，正离子和负离子传送到气流上，其中所述产生气流的机械是散热扇或是利用从所述显示装置的热源产生的热对流的机械；在对比文件1的实施例中并未使用产生气流的机械装置。

针对区别技术特征（a），对比文件4（参见对比文件4说明书摘要以及权利要求书）公开了一种利用离子发生装置的杀菌方法，其是以将该杀菌方法应用到空调机和空气净化器中为例对其发明内容进行解释说明的，即对比文件4同样涉及一种具有离子发生器的电子装置，与本申请也属于同一技术领域。在对比文件4中，其离子发生装置产生出 H^+（H_2O）$_m$ 作为正离子，以及作为负离子的 O_2-（H_2O）$_n$，m和n为任意的自然数，利用正、负离子的相互反应产生 H_2O_2 或 OH 基，从而实现清除掉空气中游离态细菌的作用，其同样是利用正负离子的相互反应产生活性物，从而利用该活性的分解作用实现杀菌（或消毒）的，即对比文件4公开了上述区别技术特征（a），并且所利用原理及效果均相同。

合议组认为：首先，对比文件1公开一种结合了负离子发生装置的显示装置，利用该负离子发生装置所产生出的负离子，与正离子进行中和来改善相对封闭空间内的室内空气，也就是对比文件1给出了利用离子发生装置改善显示装置周围空气环境的技术方案；其次，对于本领域技术人员来说，在

对比文件1的基础上，很容易想到除了室内空气中多余的正离子会影响人体健康之外，空气中悬浮或是位于显示面板上的细菌同样也会影响人体健康，即在对比文件1所给出的技术启示下，本领域普通技术人员为了进一步改善周围的空气环境很容易想到还可利用离子来清除掉细菌这一技术问题；由于本申请和对比文件1均涉及到使用离子发生器来改善周围空气环境的问题，因此所属技术领域的技术人员会在离子发生器装置领域寻求解决相关技术问题的技术方案，而对比文件4中恰好公开了与本申请相同的利用正负离子相互所产生出的H_2O_2或OH基来清除掉细菌的离子发生器，因而将对比文件1与对比文件4结合对于本领域技术人员是显而易见的。

对于区别技术特征（b），合议组认为：利用风扇对负离子进行传送已在传统系统中广泛得以使用（对比文件1背景技术部分就公开了这样的内容），风扇和散热扇就其工作原理、具体结构上实质上是相同的，即采用例如风扇、散热扇类的机械装置产生气流从而将由离子发生装置产生出的正负离子吹向需要清除细菌的地方属于本领域的常用技术手段。对于所属技术领域的技术人员来说，“利用从所述显示装置的热源产生的热对流的机械”实际上也是类似于风扇或散热扇的这一类装置，当显示装置具有这种设备时，利用显示装置本身的设备实现离子传送对本领域技术人员来说是显而易见的。

由此可见，在对比文件1所公开内容及其所给出的技术启示的基础上，将对比文件4公开的产生正负离子的离子发生装置应用到对比文件1所述的显示系统中，并采用本领域常用的产生气流的技术手段进行离子吹送，就可得到本申请权利要求1请求保护的技术方案，而上述结合对于本领域技术人员来说是显而易见的，并不需要花费创造性劳动，同时所要解决的技术问题以及所能获得的技术效果均与本申请权利要求1相同，因此，本申请权利要求1请求保护的技术方案不具备突出的实质性特点和显著的进步，因而不符合专利法第22条第3款有关创造性的规定。

（2）本申请权利要求2~15不具备创造性。

本申请权利要求2~4分别直接或间接从属于权利要求1，其附加技术特征分别为：离子发生器通过在大气中电离水产生正负离子；离子发生器通过放电在大气中电离水；正离子包括氧分子离子团，负离子也包括氧分子离子团。上述附加技术特征均已被对比文件4所公开（参见对比文件4权利要求书），因此，在其引用的权利要求1不具备创造性的情况下，本申请权利要求2~4请求保护的技术方案也不具备突出的实质性特点和显著的进步，因而，上述权利要求不符合专利法第22条第3款的规定。

本申请权利要求5、6均是权利要求1的从属权利要求，其附加技术特征分别是：正负离子供应到显示面板屏幕上；正负离子供应到使用该显示装置的人头部。对比文件1公开了将负离子供应给用户，根据对比文件1所公开的上述内容，对于本领域普通技术人员来说，将用于清除细菌的正负离子提供到需要对其进行杀菌的屏幕或某一空间区域中，是显而易见的，可根据需要利用常规技术手段即可实现，因此，在其引用的权利要求1不具备创造性的情况下，本申请权利要求5、6请求保护的技术方案也不具备突出的实质性特点和显著的进步，因而也不符合专利法第22条第3款有关创造性的规定。

本申请权利要求7是权利要求1的从属权利要求，其附加技术特征是：气流产生机械包括电扇。如前所述，利用电扇等机械设备产生气流属于本领域的常用技术手段。因此，在其引用的权利要求1不具备创造性的情况下，本申请权利要求7请求保护的技术方案也不具备突出的实质性特点和显著的进步，因而也不符合专利法第22条第3款有关创造性的规定。

本申请权利要求8~11均是权利要求1的从属权利要求，其附加技术特征分别是：离子发生器的开关和显示面板的开关同步；离子发生器的开关和显示面板的开关异步；离子发生器从离子发生器的开关和显示面板的开关同步的第一种工作模式中切换工作模式到离子发生器的开关和显示面板的开关异步的第二种工作模式，反之也可；其中离子发生器以可变比率产生正负离子。对比文件 2（参见对比文件 2 说明书第 1~2 页）公开了产生空气维生素的空调器，其包括负离子发生器，负离子浓度控制器，负离子浓度控制器联电源开关，在打开空调器的同时也打开负离子发生器，调节所需负离子浓度，或在不需调节温度时，可以只打开空调的风扇和负离子发生器调节所需负离子浓度，即对比文件 2 公开了与空调设备同步、异步的负离子开关，并可对所产生的负离子浓度进行调整，对于本领域普通技术人员，根据对比文件 2 所公开内容，将对比文件 2 公开的与空调设备同步、异步开关的负离子发生器以及负离子浓度控制器，用于正负离子发生器和显示设备中是显而易见的，即将正负离子发生器开关与显示面板开关同步、异步，两种模式之间的切换，以及正负离子浓度可调节，均是本领域的常用技术手段，是显而易见的，因此，在其引用的权利要求 1 不具备创造性的情况下，本申请权利要求 8~11 请求保护的技术方案也不具备突出的实质性特点和显著的进步，因而也不符合专利法第 22 条第 3 款有关创造性的规定。

本申请权利要求 12 是权利要求 1 的从属权利要求，其附加技术特征是：显示面板从液晶显示面板，等离子体显示面板和 EL 显示面板中选取。上述三种显示面板均属于常规显示装置，从中选择一种对于本领域技术人员来说无需创造性劳动，且本申请也未强调采用这三种具有任何特殊效果，因此，在其引用的权利要求 1 不具备创造性的情况下，本申请权利要求 12 请求保护的技术方案也不具备突出的实质性特点和显著的进步，因而也不符合专利法第 22 条第 3 款有关创造性的规定。

本申请权利要求 13~15 分别直接或间接从属于权利要求 1 的从属权利要求，其附加技术特征分别是：进一步包括执行大气定量分析的环境分析器，其中显示面板示出环境分析器输出的分析结果；进一步包括示出分析结果的指示器；离子发生器能够工作在清新模式以使产生的负离子数大于正离子数，并且当离子发生器工作在清新模式中时，显示面板示出环境图像。对比文件 4（参见对比文件 4 说明书第 64 页，附图 62）公开在应用了离子发生器的空气调节器的液晶监视器中，显示出空气的温度、湿度、清净度等环境指标，而要得到上述指标必然需要相应的检测装置，并且对于本领域普通技术人员来说，在对比文件 4 所公开内容基础上，很容易想到为了更好的净化空气而使产生出的负离子数目多于正离子的数目，并且利用显示装置显示出环境图像属于本领域的常用技术手段，因而，从属权利要求 13~15 的附加技术特征，或是已被对比文件 4 所公开，或在对比文件 4 所公开内容的基础上本领域普通技术人员是很容易想到的，或属于本领域的常用技术手段，因此，在其所引用的权利要求 1 不具备创造性的情况下，本申请权利要求 13~15 请求保护的技术方案也不具备突出的实质性特点和显著的进步，因而也不符合专利法第 22 条第 3 款有关创造性的规定。

（3）本申请权利要求 16 不具备创造性。

本申请权利要求 16 请求保护一种电子设备，对比文件 1（参见对比文件 1 说明书第 3~7 页，附图 1-5）公开了一种带有负离子发生装置的显示装置，如前所述，二者属于同一技术领域，并且对比文件 1 中具体公开了以下内容：该系统包括显示屏 13（相当于本申请中的显示面板），以及安装在显示装置箱壳上的负离子发生装置，利用该负离子发生装置所产生出的负离子，中和由显示系统产生出的大量正离子，从而改善室内空气质量，提高人体的天然抗病能力，增强机体功能等效果。本申请权利要求 16 请求保护的技术方案与对比文件 1 所公开内容相比，其区别在于：（a）本申请权利要求 16 中的离子发生器是用于产生正离子和负离子；（b）本申请权利要求 16 请求保护的技术方案中还具有产生气流的机械，正离子和负离子传送到气流上，其中所述产生气流的机械是散热扇或是利用从所述显示装置的热源产生的热对流的机械，而对比文件 1 中采用的是负离子发生器，并未使用产生气流的机械装置，但在对比文件 1 说明书第 2 页中提到了传统系统中是采用风扇对负离子进行传送的；

(c) 本申请权利要求16请求保护的技术方案中还包括为显示面板提供在面板上显示数据的电路的处理器。

针对区别技术特征(a),对比文件4(参见对比文件4说明书摘要以及权利要求书)公开了一种利用离子发生装置的杀菌方法,与本申请也属于同一技术领域。在对比文件4中,其离子发生装置产生出$H^+(H_2O)_m$作为正离子,以及作为负离子的$O_2-(H_2O)_n$,m和n为任意的自然数,利用正、负离子的相互反应产生H_2O_2或OH基,从而实现清除掉空气中游离态细菌的作用,其同样是利用正负离子的相互反应产生活性物,从而利用该活性的分解作用实现杀菌(或消毒)的,即对比文件4公开了上述区别技术特征(a)。

如前所述,对比文件1给出了利用离子发生装置改善显示装置周围空气环境的技术方案,在此基础上,本领域普通技术人员很容易想到为了进一步改善室内空气还可利用离子来清除掉细菌,而对比文件4恰好公开了利用正负离子相互所产生出的H_2O_2或OH基来清除掉细菌;而采用例如风扇等机械装置产生气流从而将由离子发生装置产生出的正负离子吹向需要清除细菌的地方,即区别技术特征(b)属于本领域的常用的技术手段,而区别技术特征(c)也属于本领域的常规技术手段。由此可见,在对比文件1所公开内容及其所给出的技术启示的基础上,将对比文件4公开的产生正负离子的离子发生装置应用到对比文件1所述的显示系统中,并采用本领域常用的产生气流的技术手段进行离子吹送以及公知的处理器,就可得到本申请权利要求16请求保护的技术方案,而上述结合对于本领域技术人员来说是显而易见的,并不需要花费创造性劳动,同时所要解决的技术问题以及所能获得的技术效果均与本申请权利要求16相同,因此,本申请权利要求16请求保护的技术方案不具备突出的实质性特点和显著的进步,因而不符合专利法第22条第3款有关创造性的规定。

(4) 本申请权利要求17~21不具备创造性。

从属权利要求17~19均是权利要求16的从属权利要求,其附加技术特征分别是:正负离子供应到使用该电子设备的人头部;包括放置处理器和离子发生器的外壳,其中气流产生机械也设置在外壳中;气流产生机械包括电扇。上述附加技术特征均属于本领域的常用技术手段,因此,在其引用的权利要求16不具备创造性的情况下,本申请权利要求17~19请求保护的技术方案也不具备突出的实质性特点和显著的进步,因而也不符合专利法第22条第3款有关创造性的规定。

本申请权利要求20、21直接或间接从属于权利要求16,其附加技术特征分别是:包括让用户输入信息到电子设备的输入装置,其中也将正离子和负离子施加到输入装置;输入装置是形成整个显示面板一部分的触摸面板。对比文件4公开了用于向电子设备输入信息的输入装置,而输入装置是显示面板中的一部分触摸面板属于本领域的常用技术手段,将对比文件1与对比文件4相结合而得到正负离子施加到输入装置对于本领域普通技术人员来说也是显而易见的,因此,在其引用的权利要求不具备创造性的情况下,本申请权利要求20、21请求保护的技术方案也不具备突出的实质性特点和显著的进步,因而也不符合专利法第22条第3款有关创造性的规定。

根据上述事实和理由,本案合议组作出以下审查决定。

三、决定

维持国家知识产权局于2006年8月25日对03102919.1号发明专利申请作出的驳回决定。

复审请求人对本决定不服的,可以根据专利法第41条第2款的规定,自收到本决定之日起三个月内向北京第一中级人民法院起诉。

036

缺陷知识库

复审请求审查决定（第12373号）

决　定　号　第12373号
决　定　日　2007年12月22日
发明创造名称　缺陷知识库
国 际 分 类 号　G01N21/95，H01L21/66
复 审 请 求 人　应用材料有限公司
申　请　号　01802982.5
申　请　日　2001年10月2日
优 先 权 日　2000年10月2日，2001年7月13日
公　开　日　2003年1月22日
合 议 组 组 长　王桂莲
主　审　员　刘　铭
参　审　员　周　航

法 律 依 据　专利法实施细则第2条第1款
决 定 要 点

如果一项权利要求请求保护的方案没有采用技术手段，也没有解决技术问题并获得技术效果，则该方案不构成技术方案，不属于专利法实施细则第2条第1款规定的可给予专利保护的客体。

一、案由

本复审请求涉及申请号为01802982.5，名称为“缺陷知识库”的PCT发明专利申请（下称本申请）。其申请人为应用材料有限公司，申请日为2001年10月2日，优先权日为2000年10月2日和2001年7月13日，公开日为2003年1月22日。

经实质审查，国家知识产权局专利局原审查部门于2005年6月17日以本申请不符合专利法第25条第1款为由驳回了本申请，其具体理由是：本申请权利要求1~26请求保护的方案是一种对信息数据的管理，没有采用技术手段或利用自然法则，也未解决技术问题和产生技术效果，因而属于专利法第25条第1款第2项规定的不授予专利权的客体。驳回决定所依据的文本为：2002年5月31日本申请进入中国国家阶段时提交的申请文件的说明书第1~43页、权利要求第1~26项、说明书附图第1~15页、说明书摘要和摘要附图。驳回决定所针对的权利要求书的独立权利要求如下：

“1. 创建缺陷知识库的方法，包括：

创建一个数据库条目，该数据库条目包括一个指定缺陷的一个研究案例，该研究案例包含含有一

或多个缺陷图像的缺陷信息；和

存储数据库条目以备以后访问。

……

13. 创建被存储在一个服务器中并且可以从多个客户端访问的缺陷知识库的方法，包括：

在一个或多个上述客户端收集缺陷信息，上述缺陷信息中一或多个缺陷的原因和排除一或多个缺陷的解决方案；

将缺陷信息，原因和解决方案传送到服务器；

将缺陷信息，原因和解决方案组织到多个数据库条目中；和

允许一个第二客户端访问一个第一客户端创建的数据库条目。

……

22. 一个缺陷知识库，包括：

一个客户端层，上述客户端层被多个客户端支持并且提供对一个缺陷知识库数据库的远程访问；

一个中间层，上述中间层被一个服务器支持并且为被连接到客户端层的各个客户端提供数据库访问控制；和

一个数据层，上述数据层包括缺陷知识库数据库，并且多个客户端中的各个客户端可以通过中间层访问缺陷知识库数据库。

……”

申请人（下称复审请求人）对上述驳回决定不服，于2005年10月8日向专利复审委员会提出复审请求，同时提交了权利要求书的全文修改替换页，删除了权利要求1~12和22~26。复审请求人认为：半导体晶片在加工期间容易产生缺陷，这种缺陷经常发生并且有明确的解决方案，本领域需要汇集这些方案以便将晶片缺陷来源和原因分析与其解决方案联系起来；修改后的权利要求1提供了一种收集和分享缺陷知识的方法，该方法采用了技术手段，解决了现有技术中的问题并带来了技术效果，属于可授权的客体。复审请求时新修改的权利要求书如下：

“1. 一种收集和分享缺陷知识的方法，包括：

在一个或多个上述客户端收集缺陷信息、缺陷信息中一个或多个缺陷的原因和排除一个或多个缺陷的解决方案；

将缺陷信息、原因和解决方案传送到服务器；

将缺陷信息、原因和解决方案组织到多个数据库条目中；和

由一个第二客户端访问一个第一客户端创建的数据库条目。

2. 如权利要求1所述的方法，其中上述访问步骤包括：

限制上述第二客户端对上述第一客户端的上述数据库条目内部的敏感信息的访问。

3. 如权利要求1所述的方法，其中还包括：

使用一个客户端远程编辑服务器上存储的缺陷信息，原因和解决方案。

4. 如权利要求3所述的方法，其中编辑步骤还包括：

建立安全授权等级以限制多个客户端的编辑特权。

5. 如权利要求1所述的方法，其中缺陷信息包括至少一个缺陷图像。

6. 如权利要求1所述的方法，其中还包括通过一个浏览器接口从多个客户端访问服务器。

7. 如权利要求1所述的方法，其中多个客户端通过互联网，局域网或广域网被连接到服务器。

8. 如权利要求1所述的方法，其中缺陷信息，原因和解决方案构成指定缺陷的多个研究案例。

9. 如权利要求8所述的方法，其中客户端可以搜寻上述多个研究案例。”

经形式审查合格，专利复审委员会依法受理了该复审请求，于2005年11月4日发出复审请求受理通知书，并将案卷转送至原审查部门进行前置审查。

原审查部门在前置审查意见书中认为：修改后的权利要求的技术特征未发生变化，其实质仍然是对信息数据的管理，属于不授权的客体，因而坚持原驳回决定。

随后，专利复审委员会成立合议组对本案进行审理。

合议组于2007年8月20日向复审请求人发出复审通知书，指出：本申请权利要求1请求保护的收集和分享缺陷知识的方法是通过人为设定信息收集、分类和分享的步骤，提供缺陷信息的原因和解决方案，解决不同用户间信息共享的问题，其利用的是现有技术的设备，解决的不是技术问题，也没有获得符合自然规律的技术效果，因而没有构成技术方案，不属于专利法实施细则第2条第1款所规定的可专利保护的客体；其从属权利要求2~9同样也不属于专利法实施细则第2条第1款所规定的可专利保护的客体。

针对上述复审通知书，复审请求人于2007年10月8日提交了意见陈述书，并再次提交了权利要求书的全文修改替换页。复审请求人认为：修改后的权利要求1所保护的是一种在半导体加工系统中执行缺陷信息分析的方法，属于技术领域；本申请获得并利用由其他集成电路制造者创建的缺陷信息，从而提高缺陷分析的效率进而提高集成电路制造率，应该被认为是一个技术问题；本申请采用了客户端、服务器、传送等技术特征，这些特征都利用了自然规律，因而本申请利用了技术手段；本申请取得了提高缺陷分析效率和集成电路的制造率，取得了技术效果；因此，权利要求1构成了技术方案。此外，说明书中还提到了以不暴露任何秘密的方式访问缺陷信息，其安全问题也应当被认为是一个技术问题，因而权利要求2、4的附加技术特征是通过技术手段对该问题提供解决方案，也构成了专利法意义上的技术方案。修改后的权利要求书如下：

“1. 一种在半导体加工系统中进行缺陷分析的方法，包括：

从在第一客户端处的半导体加工系统中执行的集成电路制造过程收集缺陷信息；

存储所述缺陷信息、所述缺陷信息中一个或多个缺陷的原因和排除所述一个或多个缺陷的解决方案；

将所述缺陷信息、原因和解决方案传送到服务器并组织到该服务器上的多个数据库条目中；和

由第二客户端访问由第一客户端创建的数据库条目，以便使用所访问的数据库条目来执行缺陷分析从而改进由第二客户端执行的半导体加工过程。

2. 如权利要求1所述的方法，其中上述访问步骤包括：

限制所述述第二客户端对所述第一客户端的所述数据库条目内部的敏感信息的访问。

3. 如权利要求1所述的方法，其中还包括：

远程编辑服务器上存储的缺陷信息，原因和解决方案。

4. 如权利要求3所述的方法，其中编辑步骤还包括：

建立安全授权等级以限制第二客户端的编辑特权。

5. 如权利要求1所述的方法，其中缺陷信息包括至少一个缺陷图像。

6. 如权利要求1所述的方法，其中还包括通过一个浏览器接口从所述客户端访问服务器。

7. 如权利要求1所述的方法，其中所述客户端通过互联网，局域网或广域网被连接到服务器。

8. 如权利要求1所述的方法，其中所述缺陷信息，原因和解决方案构成指定缺陷的多个研究案例。

9. 如权利要求8所述的方法，其中所述客户端可以搜寻上述多个研究案例。”

至此，合议组认为本案事实已经清楚，可以依法作出审查决定。

二、决定的理由

1. 审查文本

由于复审请求人于2007年10月8日提交了修改文件，且该修改符合专利法第33条和专利法实施细则第60条第1款的规定，因此本复审决定所针对的文本是：2002年5月31日本申请进入中国国家阶段时提交的申请文件的说明书第1～43页、说明书附图第1～15页、说明书摘要和摘要附图；2007年10月8日提交的权利要求第1~9项。

2. 关于专利法实施细则第2条第1款

专利法实施细则第2条第1款规定：专利法所称的发明，是指对产品、方法或者其改进提出的新的技术方案。

如果一项权利要求请求保护的方案没有采用技术手段，也没有解决技术问题并获得技术效果，则该方案不构成技术方案，不属于专利法实施细则第2条第1款规定的可给予专利保护的客体。

在本案中，权利要求1请求保护一种在半导体加工系统中进行缺陷分析的方法，根据其整体方案，所述方法涉及收集缺陷信息，存储缺陷信息、缺陷原因及其排除缺陷的解决方案、将收集的相关信息传送到服务器并组织到数据库条目中，然后可由客户访问这些信息。因此，该方法实质上是利用计算机和通信网络来实现缺陷信息的共享。虽然该方法得到的信息可用于半导体加工过程，但从解决的问题看，该方法是为了解决信息共享的问题，没有构成技术问题；从采用的手段上看，该方法利用的是现有技术的设备（服务器等），采用公知的信息存储、传输方式，并未采用新的技术手段；从获得的效果上看，该方法也只是使人们可以共享信息，不是专利法意义上的技术效果。因此，权利要求1的方案解决的不是技术问题，也没有获得符合自然规律的技术效果，因而没有构成技术方案，不符合专利法实施细则第2条第1款的规定。

权利要求2~9是独立权利要求1的从属权利要求，这些权利要求进一步限定的技术特征分别涉及信息访问的限制、信息编辑及编辑特权的限制、信息的图像表示、信息的访问、客户端与服务器的连接、研究案例的构成及搜寻等，这些权利要求同样没有采用技术手段解决技术问题，因而也都不属于专利法实施细则第2条第1款所规定的可给予专利保护的客体。

对于复审请求人关于本申请的权利要求1属于技术方案的理由，合议组认为：对权利要求1的主题的修改仅是限定权利要求1所述方法的应用领域，即用于半导体加工领域，但权利要求1中并未包含有关半导体加工的特征，仅涉及收集半导体加工中的缺陷信息和用数据库条目进行缺陷分析来改进半导体加工，实质上没有改变权利要求1从整体上看属于信息共享方法的事实，即从解决的问题看，也只是解决了信息共享问题，不属于技术问题，也没有得到相应的技术效果。权利要求1请求保护的方法虽然在集成电路制造过程中可用于提高缺陷分析的效率进而提高集成电路的制造率，但就该方法本身而言，其相对于现有技术的改进之处实质上在于对于信息的收集、分类和分享过程，而上述过程是通过人为设定完成的，不属于利用自然规律的技术手段，其解决方案中虽然包括了一些客户端、服务器等硬件以及信息存储、传送等手段，但这些硬件和手段都是本申请的申请日前公知的，没有利用它们不为公众所知的特殊性能，也没有给这些设备带来内部性能或外部功能上的技术改进。权利要求2、4的附加技术特征也是公知技术，解决的问题是信息共享中有关访问和编辑的限制问题，不是技术问题，也未得到技术效果，故该权利要求2和4同样也没有构成技术方案。因此，复审请求人的上述主张不成立。

基于上述理由，本申请权利要求1~9不符合专利法实施细则第2条第1款的规定。

基于上述理由和事实，本案合议组作出如下审查决定。

三、决定

维持国家知识产权局于2005年6月17日对01802982.5号发明专利申请作出的驳回决定。

如对本复审请求审查决定不服，根据专利法第41条第2款的规定，请求人可以自收到本决定之日起三个月内向北京市第一中级人民法院起诉。

037

组合式建筑物系统

复审请求审查决定（第12394号）

决　定　号　第12394号
决　定　日　2007年12月20日
发明创造名称　组合式建筑物系统
国际分类号　E04B1/343
复审请求人　詹姆斯·H·克劳维尔
申　请　号　00809946.4
优 先 权 日　1999年5月10日，2000年2月25日
申　请　日　2000年5月10日
公　开　日　2002年7月24日
合议组组长　于　萍
主　审　员　王　博
参　审　员　赵　明

法 律 依 据　专利法第22条第3款
决 定 要 点

在判断一项权利要求是否具备创造性时，首先要将权利要求所述的技术方案和最接近的现有技术进行特征对比分析，确定两者之间的区别技术特征，进而考察这些区别技术特征是否被其他现有技术所公开或是否显而易见的，如果不是，则该权利要求具备创造性。

一、案由

本复审请求涉及申请号为00809946.4，名称为“组合式建筑物系统”的发明专利申请（下称本申请），申请人为詹姆斯·H·克劳维尔，申请日为2000年5月10日，优先权日为1999年5月10日和2000年2月25日，公开日为2002年7月24日。

国家知识产权局实质审查部门针对申请人于2004年6月14日提交的权利要求第1~34项、原始提交的国际申请中文译本中的说明书第1~23页、附图第1~171页、说明书摘要及摘要附图，于2004年8月6日以权利要求1不具有创造性为理由驳回了本申请。

驳回决定所针对的权利要求1为：

“一种多构件组合式建筑物系统，它包括组合式建筑构件和使组合式建筑构件互连的连接体装置，其特征在于，组合式建筑构件和连接体装置由聚合体材料挤压成形，并被构造成为滑动或揿扣成互锁配合，从而允许互连的组合式构件之间发生相对转动和线性运动，以使建筑物（100）在被构造

时可以响应于环境温度变化和/或外加荷载。”

驳回决定的主要理由是：对比文件1（US5743063，公开日1998年4月28日）公开的建筑物系统包括组合式建筑构件和连接体装置，连接体装置可允许互联的组合式构件之间发生有限的相对转动或线性运动或两种运动的组合，从而使建筑物在构造时可抵抗或适应环境温度的变化或外加荷载。权利要求1与对比文件1相比，区别在于：a. 相邻的连接体装置滑动或揿扣在一起使组合式构件互连，b. 建筑构件和连接体装置由聚合材料挤压成形。而区别a被对比文件2（US3998016，公开日1976年12月21日）公开，区别b属于公知常识。由此，权利要求1相对于对比文件1、2及公知常识的结合不具有创造性。

申请人（下称请求人）对上述驳回决定不服，于2004年11月22日向专利复审委员会提交了复审请求，同时提交了修改后的权利要求1~37。该修改文本与驳回决定所针对的权利要求书相比，针对从属权利要求27、31、35进行了修改，并增加了从属权利要求28、32、36，同时对部分权利要求的序号相应作出了调整。

在复审请求书中请求人认为：建筑构件采用聚合物挤压成形不是本领域的常规技术手段。现有技术中采用聚合体材料（如塑料等）作为建筑构件时，在采用传统紧固件（如钉子、螺栓等）来连接塑料构件的情况下，由于单个构件相对于相邻的建筑构件不能获得足够的运动自由度，因此当塑料构件承受温度应力或外部荷载时会断裂或失效。本申请采用滑动或揿扣的互锁配合进行塑料构件间的连接，取得了意想不到的效果。

形式审查合格后，专利复审委员会受理了该请求，并于2004年12月20日向请求人发出了复审请求受理通知书，同时向原审查部门发出前置审查通知书，并随该通知书将本申请案卷转送至国家知识产权局原审查部门进行前置审查。

原审查部门对本复审请求进行了前置审查，在前置审查意见书中，原审查部门仍认为权利要求1不具有创造性，因此坚持原驳回决定。

专利复审委员会成立合议组。

本案合议组于2007年4月16日发出复审通知书，指出：（1）请求人在复审程序中提交的权利要求书的修改文本不是针对驳回决定指出的缺陷所进行的修改，不符合专利法实施细则第60条第1款的规定。因此，该次复审意见通知书以驳回决定所针对的文本为基础。（2）对于构件间的连接形式，本申请说明书实施例中的具体实施方式及说明书附图给出的连接形式均为钩状连接，而本领域技术人员根据本申请原始申请文件公开的内容并不能想到除钩状连接以外的其他“滑动或揿扣成互锁配合”结构来实现“允许互连的组合式构件之间发生相对转动和线性运动”。并且，并非一般的滑动互锁或揿扣互锁结构就能实现本发明的目的，如矩形凸起与矩形凹槽的互锁配合，显然不能实现“允许互连的组合式构件之间发生相对转动和线性运动”。因此，独立权利要求1、23、25中限定的特征“滑动或揿扣成互锁配合，从而允许互连的组合式构件之间发生相对转动和线性运动”得不到说明书的支持，其方案不符合专利法第26条第4款的规定。

针对该复审通知书，请求人于2007年7月31日和2007年11月22日两次提交意见陈述书。在2007年11月22日提交的文本中，请求人将驳回决定所针对的权利要求书中的原独立权利要求1、23、25中的特征“滑动或揿扣成互锁配合，从而允许互连的组合式构件之间发生相对转动和线性运动”修改为“包括可匹配的钩状连接体元件，其滑动或揿扣以与相邻的建筑构件上的可匹配的钩状连接体元件构成互锁配合”。同时删除了原权利要求27、31、35，此外，请求人还调整了部分从属权利要求的顺序。修改后的权利要求书包括权利要求1~31，其中权利要求1、25、29为独立权利要求，其内容如下：

“1. 一种多构件组合式建筑物系统，它包括组合式建筑构件和使组合式建筑构件互连的连接体装置，其特征在于，组合式建筑构件和连接体装置由聚合体材料挤压成形，包括可匹配的钩状连接体元件，其滑动或揿扣以与相邻的建筑构件上的可匹配的钩状连接体元件构成互锁配合，从而允许互连的组合式构件之间发生相对转动和线性运动，以使建筑物（100）在被构造时可以响应于环境温度变化和/或外加载荷。

25. 使用组合式建筑系统以形成一建筑物，它包括：

多个可互连、组合式建筑构件，以及

若干互连结构，它们包括适应相对运动的许多互连结构，在建筑物中，它们与地面支撑的所述建筑构件中被选择的构件可操作的互连，整个建筑物可看成空间限定的潜在载荷支承构件的一阵列，

其特征在于，组合式建筑构件和互连结构由聚合体材料挤压成形，包括可匹配的钩状连接体元件，其滑动或揿扣以与相邻的建筑构件上的可匹配的钩状连接体元件构成互锁配合，从而允许互连的组合式建筑构件之间发生相对转动和线性运动，

所述适应相对运动的互连结构相对于外加载荷适当地、有选择地和动态地工作，并通过有选择的、互连的建筑构件和互连结构一致的相对运动调节，在外载荷作用点和地面之间通过建筑物阵列产生不同的承载响应路线，

所述互连结构产生这样的不同路线直接关系到外加载荷的类型、程度和方向，从而通过在载荷作用点和地面之间分布的建筑构件和互连结构的特定组合建立起各条这样产生的路线，并且在载荷作用点和地面之间，沿者所述路线使响应于载荷的相对运动停止。

29. 一种用于装配一建筑物的组合式系统，它包括：

一可操作的互连的细长框架构件设置，该设置大致形成多个基本平面的空间，以及

基本为平面的板构件，所述板构件浮动地连接，从而在所述平面空间的选定空间内进行允许的相对运动，

其特征在于，细长框架构件和基本为平面的板构件由聚合体材料挤压成形，包括可匹配的钩状连接体元件，其滑动或揿扣以与相邻的建筑构件上的可匹配的钩状连接体元件构成互锁配合，从而允许互连的细长框架构件之间发生相对转动和线性运动。”

经审查，合议组认为本案事实清楚，可以作出复审决定。

二、决定的理由

1. 审查文本

请求人于 2007 年 11 月 22 日提交的权利要求书相对于驳回决定所针对的权利要求书的修改之处没有超出原始申请文件的记载范围，且这样的修改是为克服复审通知书中所指出的缺陷而进行的，因此，上述修改之处符合专利法第 33 条和专利法实施细则第 60 条第 1 款的规定。

因此，本复审决定以下列文本为审查基础：原始提交的国际申请中文译本中的说明书第 1 ~ 23 页、附图第 1 ~ 171 页、说明书摘要及摘要附图，2007 年 11 月 22 日提交的权利要求第 1 ~ 31 项。

2. 关于专利法第 26 条第 4 款

专利法第 26 条第 4 款规定，权利要求书应当以说明书为依据，说明要求专利保护的范围。

针对复审通知书中指出的驳回决定所针对的文本中的权利要求 1、23、25 中的“滑动或揿扣成互锁配合，从而允许互连的组合式构件之间发生相对转动和线性运动”所概括的范围得不到说明书支持的问题，请求人于 2007 年 11 月 22 日提交的权利要求书中，将驳回决定所针对的权利要求书中的独立权利要求 1、23、25 中的特征“滑动或揿扣成互锁配合，从而允许互连的组合式构件之间发生相对转动和线性运动”修改为“包括可匹配的钩状连接体元件，其滑动或揿扣以与相邻的建筑构件上

的可匹配的钩状连接体元件构成互锁配合”。合议组认为，本申请说明书第 2 页记载了相邻构件以可逆的、相对滑动的和/或一起撤扣的方式相配合的内容，而附图 17、18、22 等及说明书相关文字部分（参见说明书第 17~18 页）记载了具有钩状连接物的构件连接在一起的内容，且该连接形式可实现构件之间在一定范围内的相对转动和线性运动。因此，上述修改后的权利要求所要求保护的技术方案是所属领域的技术人员能够从说明书充分公开的内容中得到或概括得出的，请求人对权利要求所作的上述修改克服了复审通知书所指出的缺陷。

3. 关于专利法第 22 条第 3 款

专利法第 22 条第 3 款规定，创造性，是指同申请日以前已有的技术相比，该发明有突出的实质性特点和显著的进步，该实用新型有实质性特点和进步。

在判断一项权利要求是否具备创造性时，首先要将权利要求所述的技术方案和最接近的现有技术进行特征对比分析，确定两者之间的区别技术特征，进而考察这些区别技术特征是否被其他现有技术所公开或是否显而易见的，如果不是，则该权利要求具备创造性。

对比文件 1 公开了一种建筑支架，用于连接相邻的两构件，如连接梁和板，其允许被连接的两构件以滑动的方式做双轴向的线性运动，从而相应温度应力变化。参见图 3 所示的实施例及说明书相关文字，支座 40 具有一个底座 42 和支撑折角 46，底座 42 与要连接的梁 48 通过螺栓连接或焊接，鞍座滑槽 44 上设置滑槽以滑动的方式与底座 42 相连，从而实现梁 48 在 Y 方向上的线性运动。支撑折角 46 垂直于鞍座滑槽 44 延伸并与其牢固连接，支撑折角 46 上同样设置滑槽以滑动的方式与檩条 38 相连，从而实现檩条 38 在 X 方向上的线性运动。将权利要求 1 与对比文件 1 相比，其区别在于权利要求 1 的方案中限定了构件由聚合体材料挤压成形，连接结构为可匹配的钩状连接体结构并形成互锁配合。对比文件 1 中的其他实施例与图 3 的实施例构思相似，也没有公开上述区别技术特征。

对比文件 2 公开了一种双层保温型的墙体结构，其被设计成在特定的风荷载（如龙卷风）作用下失效，以此来防止建筑主框架过载失效。其中图 21 公开了条板 27 的端部 31 可滑动的保持在主框架 87 上，图 22、23 也公开了同样的结构（参见对比文件 2 第 5~6 栏）。但是，对比文件 2 中既没有公开带有钩状端部的连接结构，也没有公开采用聚合物挤压成形的材料。另外，虽然聚合物挤压成形的材料用于建筑构件并不鲜见，但采用聚合物挤压成可相互锁扣的钩状连接体，并且允许相互锁扣的构件相对转动和线性移动，并没有被公开，也没有证据证明其是容易想到的。而本申请中，通过本方案，将聚合挤出物用于建筑领域构件连接，实现了使构件能承受温度变化和外部荷载的目的，取得了良好的技术效果。因此，即使将对比文件 1、2 与公知技术相结合，也无法得出本申请权利要求 1 的技术方案，权利要求 1 相对于对比文件 1、2 具有创造性。

基于上述事实和理由，合议组作出如下决定。

三、决定

撤销国家知识产权局于 2004 年 8 月 6 日对 00809946.4 号发明专利申请作出的驳回决定，由原审查部门在本复审决定所针对的文本的基础上继续进行审批程序。

复审请求人对本决定不服的，可以根据专利法第 41 条第 2 款的规定，自收到本决定之日起三个月内向北京市第一中级人民法院起诉。

038

真空装置中的高效蒸汽凝结器

复审请求审查决定（第12425号）

决　　定　　号　第12425号
决　　定　　日　2007年12月29日
发明创造名称　真空装置中的高效蒸汽凝结器
国 际 分 类 号　F25B39/04，B01D5/00
复 审 请 求 人　共和真空技术株式会社
申　　请　　号　00107088.6
优　先　权　日　1999年4月28日
申　　请　　日　2000年4月28日
公　　开　　日　2000年11月8日
合 议 组 组 长　朱文广
主　　审　　员　欧　岚
参　　审　　员　王　森

法 律 依 据　专利法第22条第3款
决 定 要 点

评价一项发明权利要求的创造性时，将被评述的权利要求与最接近的现有技术进行比较，确定区别技术特征以及根据该区别技术特征所能达到的技术效果确定该权利要求实际解决的技术问题，最后判断现有技术中是否给出了将上述区别技术特征应用到该最接近现有技术以解决其实际要解决的技术问题的启示，若给出了启示则该权利要求相对于现有技术是显而易见的，无突出的实质性特点；反之则是非显而易见的，具有突出的实质性特点。

一、案由

本复审请求涉及的是申请日为2000年4月28日、优先权日为1999年4月28日、发明名称是“真空装置中的高效蒸汽凝结器”的发明专利申请（以下称本申请），其申请号为00107088.6，申请人是共和真空技术株式会社。本申请的公开文本中共有一项权利要求。

应申请人的请求，国家知识产权局专利局实质审查部门对本申请进行了实质审查，并于2003年3月7日发出了第一次审查意见通知书。通知书中引用了四篇对比文件：

对比文件1：US4407140A，公开日为1983年10月4日；

对比文件2：CN87211642U，公开日为1988年8月10日；

对比文件3：US5667168A，公开日为1997年9月16日；

对比文件4：US4602674A，公开日为1986年7月29日。

指出本申请不符合专利法第22条第3款的规定，其具体理由是“独立权利要求1不具备创造性”。

针对上述审查意见通知书，申请人于2003年7月7日提交了意见陈述书并提交了新的独立权利要求1和从属权利要求2，具体如下：

“1. 一种真空装置中的高效蒸汽凝结器，其结构为：包括具有使从冷冻装置导出的制冷剂蒸发的制冷剂蒸发管的热交换器，每个所述制冷剂蒸发管贯通于金属材料制成的蒸汽凝结板内形成的载热液体的通路内，进行制冷剂蒸发管内的制冷剂与载热液体之间的热交换，

所述热交换器安装在真空室的内部、并且设置成该热交换器的真空空间一侧的外表面朝向所述真空空间，

处于所述真空空间一侧的所述热交换器的外表面通过从所述冷却剂和所述载热液体的任意一侧接触而被冷却，

处于所述真空空间一侧的所述热交换器的外表面作为凝结和捕集真空蒸汽的面承担双重作用，其特征在于：

上述冷却剂蒸发管为扁平椭圆形，椭圆形管的长轴平行于所述凝结和捕集真空蒸汽的面，

将扁平椭圆形的制冷剂蒸发管与载热液体的一个内壁面紧密接触地插入到载热液体的通路中，制冷剂蒸发椭圆管与蒸汽凝结板内的载热液体通路的内壁面紧密接触的面积增大，同时，促进该热交换器的所述通路内载热液体的对流界面膜传热，提高传热性能及真空蒸汽的凝结能力。实现降低所述载热液体的截面面积和减小所述蒸汽收集盘的厚度，提高椭圆形制冷剂蒸发管和蒸汽收集盘中的载热液体通路内壁面的接触面积和加速热交换器的所述通路内的载热液体通过在膜界面对流传热，增强传热能力和真空下蒸汽的凝结能力。

2. 根据权利要求1所述的蒸汽凝结器，其特征在于：每个扁平椭圆形的制冷剂蒸发管的截面面积等于圆柱形制冷剂管的截面面积，并且短轴小于该圆柱管的直径。”

经过上述审查程序后，国家知识产权局专利局实质审查部门于2004年2月13日作出了驳回决定，理由是权利要求1和2不符合专利法第22条第3款的规定。

申请人共和真空技术株式会社（以下称复审请求人）不服上述驳回决定，于2004年5月28日向专利复审委员会提出了复审请求，在提出复审请求时提交了修改后的权利要求书。具体如下：

“1. 一种真空装置中的高效蒸汽凝结器，使从冷冻装置导出的制冷剂（R）蒸发的制冷剂蒸发圆管（26）贯通在成形于由金属材料制成的蒸汽凝结板（a）内的载热液体（B）的通路（W）内并由此进行制冷剂（R）与载热液体（B）之间的热交换的热交换器（103）这样安装在真空室（1）的内部上或内壁面上，即该热交换器（103）的真空空间侧的外表面全部或一部分朝向所述真空空间，并且使该真空空间侧的外表面从所述制冷剂（R）和所述载热液体（B）的任何一侧都被直接冷却或通过直接的金属接触被冷却，并且以该热交换器（103）的真空空间侧的外表面为真空蒸汽（V）的凝结捕集面，由此使该热交换器成下述的三媒体间热交换器的形式，即在所述制冷剂（R）、所述载热液体（B）和真空蒸汽（V）这三种媒体中的任何两种媒体之间存在着借助界面金属壁或与界面金属壁紧密接触的金属板的直接热交换，其特征在于，插入该蒸汽凝结板（a）内的载热液体（B）的通路（W）内的制冷剂蒸发圆管（26）被变形加工成扁平状的制冷剂蒸发椭圆管（16），该椭圆管的椭圆长轴平行于所述凝结捕集面，并且该制冷剂蒸发椭圆管被如此装入所述通路（W）内，即通过这样的变形加工而形成的一对扁平面中的一个或两个扁平面紧贴在载热液体（B）的通路（W）的内壁面上，并且使载热液体（B）的通路（W）的截面面积在该制冷剂蒸发椭圆管（16）的短轴方向上被压

缩，在所述通路（W）的截面面积减小以及所述蒸汽凝结板（a）的厚度减小和在该制冷剂蒸发椭圆管（16）与该蒸汽凝结板（a）内的通路（W）的内壁面之间的接触面积增大的同时，利用在膜界面上的载热液体（B）的对流来促进在该热交换器（103）的通路（W）内的载热液体（B）的热传递，由此提高传热性能以及真空蒸汽（V）的凝结能力。

2. 根据权利要求1所述的高效蒸汽凝结器，其特征在于：每个扁平的制冷剂蒸发椭圆（16）管的截面面积约等于用于使制冷剂蒸发的圆筒状制冷剂蒸发圆管（26）的截面面积，并且其短轴小于该圆筒状制冷剂蒸发圆管（26）的直径。”

经审查合格，专利复审委员会受理了上述复审请求，并于2004年6月21日向复审请求人发出了复审请求受理通知书，同时向原实质审查部门发出了前置审查通知书。原实质审查部门对该复审请求做出前置审查意见，仍然坚持原驳回决定。

专利复审委员会依法成立合议组对本复审请求案进行了审理，于2007年7月31日向复审请求人发出复审通知书，复审通知书中指出：修改后的权利要求1和2仍不符合专利法第22条第3款的规定。

复审请求人于2007年9月14日针对上述复审通知书提交了意见陈述书，陈述了本申请具备创造性的理由。

经过上述审查程序，合议组认为本案事实已经清楚，现依法作出复审决定。

二、决定的理由

1. 审查基础

本决定以复审请求人于2000年4月28日提交的说明书第1~9页、附图第1~3页、摘要第1页以及2004年5月28日提交的权利要求第1~2项作为审查基础。

2. 关于创造性

专利法第22条第3款规定的创造性，是指同申请日以前已有的技术相比，该发明有突出的实质性特点和显著的进步，该实用新型有实质性特点和进步。

评价一项发明权利要求的创造性时，将被评述的权利要求与最接近的现有技术进行比较，确定区别技术特征以及根据该区别技术特征所能达到的技术效果确定该权利要求实际解决的技术问题，最后判断现有技术中是否给出了将上述区别技术特征应用到该最接近现有技术以解决其实际要解决的技术问题的启示，若给出了启示则该权利要求相对于现有技术是显而易见的，无突出的实质性特点；反之则是非显而易见的，具有突出的实质性特点。

（1）独立权利要求1的创造性。

独立权利要求1请求保护一种制冷装置，而对比文件1（参见对比文件1摘要和附图6）公开了一种真空装置，并具体公开了权利要求1前序部分的技术特征。该权利要求与对比文件1相比，其区别在于：制冷剂蒸发圆管为扁平椭圆管，且该椭圆管的一个或两个扁平面紧贴在蒸汽凝结板内的载热液体通路的内壁面上，并使得该载热液体通路的截面面积在所述椭圆管的短轴方向上被压缩以及蒸汽凝结板的厚度减小，还有蒸发椭圆管与通路（W）内壁面接触面积增大。

在某些换热器结构中，通常根据需要采用扁平椭圆管作为换热管来取代圆管，由于扁管结构的周边较圆管长，使更多的制冷剂扩散在扁管的内壁上，因此在单位截面的情况下可以有效增加整体传热面积和扁平侧传热面积、提高换热效率，这是换热器领域中采用的公知常识，例如在对比文件2、3、4中也都公开了采用扁平椭圆管作为换热管的内容（参见对比文件2的附图和说明书第4页第8~11行、对比文件3的附图3和说明书第4栏的第1~14行、对比文件4的附图1B和摘要），且由本申请说明书第5页第1段可知，本申请相对于对比文件1的前述改进所实际解决的技术问题是“改善在先发明的冷凝器 103 的制冷剂蒸发圆管的直接接触传热低的问题，增大制冷剂蒸发管与蒸汽凝结板（金属板）的紧密接触宽度、提高传热性能……”，可见现有技术中采用扁平椭圆管解决的技术问题和带来的效果与本申请权利要求 1 中的是相同的，因此本领域的技术人员在解决上述技术问题时，会从现有技术中得到启示将圆管替换为扁平椭圆管，并根据自己的现有专业知识对扁平椭圆管周围的其他结构作适当调整，包括替换为椭圆管后为增加传热面积会容易想到将椭圆管的一个或两个扁平面紧贴在蒸汽凝结板内的载热液体通路的内壁面上；以及在将圆管替换为椭圆管时，本领域的技术人员通常会考虑在制冷剂流量不变的情况下，即椭圆管的截面面积与圆管的截面面积基本相同时，将椭圆管的短轴设置得比圆管的直径短，这样载热液体通路的截面面积相对于圆管时在椭圆管的短轴方向被压缩，蒸汽凝结板的厚度也相应减小。因此在对比文件 1 的基础上结合公知常识以获得权利要求 1 所要保护的技术方案，对于本领域技术人员而言是显而易见的，不具有突出的实质性特点，因而该独立权利要求 1 所要求保护的技术方案不具备专利法第 22 条第 3 款所规定的创造性。

（2）从属权利要求 2 的创造性。

从属权利要求 2 的附加技术特征如前所述也是本领域的技术人员容易想到的，因此当其引用的权利要求 1 不具有创造性时，权利要求 2 也不具备专利法第 22 条第 3 款规定的创造性。

（3）关于复审请求人的主张。

复审请求人于 2007 年 9 月 14 日提交的意见陈述书中认为，本申请的技术问题“改善在先发明的冷凝器 103 的制冷剂蒸发圆管的直接接触传热低的问题，增大制冷剂蒸发管与蒸汽凝结板（金属板）的紧密接触宽度、提高传热性能……”本身是通过创造性的劳动得到而提出的，在现有技术中并未存在这样的技术问题；而且本申请由于采用了扁平的椭圆形蒸发管而具有优异的技术效果，因此本申请相对于对比文件具有创造性。

合议组认为，关于技术问题的提出，在现有技术中已经给出相应的启示，例如对比文件 2 中（参见摘要、说明书第 1 页第 2、3 段）就提到考虑到电冰箱中制冷剂蒸发圆管的接触传热面小，为使更多的周边面积供制冷剂直接有效地进行热量交换，因而采用扁管，由于该扁管结构的周边较长，使更多的制冷剂扩散在扁管的内壁上，增加了蒸发器的吸热能力；而且由于对比文件 2 中的制冷剂蒸发管采用了相同的扁管结构，因此对比文件 2 产生的的技术效果与本申请也是相同的。综上所述，复审请求人关于本申请具有创造性的主张不能成立。

基于上述理由，合议组作出下述决定。

三、决定

维持国家知识产权局专利局于 2004 年 2 月 13 日作出的驳回 00107088. 6 号发明专利申请的决定。

复审请求人对本决定不服的，可以根据专利法第 41 条第 2 款的规定，自收到本决定之日起三个月内向北京市第一中级人民法院起诉。

039

袋装大输液的生产方法及生产装置

复审请求审查决定（第 12426 号）

决　定　号　第 12426 号
决　定　日　2007 年 12 月 5 日
发明创造名称　袋装大输液的生产方法及生产装置
国 际 分 类 号　A61J 3/00，A61J 1/10
复 审 请 求 人　广州军区广州总医院
申　请　号　03146832.2
申　请　日　2003 年 9 月 16 日
公　开　日　2004 年 9 月 1 日
合 议 组 组 长　李韵美
主　审　员　覃冬梅
参　审　员　汤　锷

法 律 依 据　专利法第 33 条、第 26 条第 3 款
决 定 要 点

申请人对说明书进行修改时，如果这种修改使所属领域技术人员看到的信息与原申请公开的信息相同，则这种修改是符合专利法第 33 条规定的。

如果说明书所引证的中国专利文件的公开日在本申请的公开日之前，则认为说明书记载了所引证文件的内容。

一、案由

本复审请求涉及申请日为 2003 年 9 月 16 日、申请号为 03146832.2、名称为“袋装大输液的生产方法及生产装置”的发明专利申请（下称本申请），申请人为广州军区广州总医院。

在国家知识产权局的实质审查过程中，实质审查部门针对申请日提交的申请文件于 2005 年 3 月 11 日发出了第一次审查意见通知书，其中指出：生产过程中所涉及的滤水机、配滤装置、无菌灌封装置以及它们之间的相互连通关系是至关重要的，是实现本申请目的所必不可少的，但目前本申请没有对所述的配滤装置和无菌灌封装置进行清楚、完整的表述，不仅造成所述两个装置本身不清楚，而且使得所述滤水机、配滤装置和无菌灌封装置相互之间的具体连接关系也不清楚，造成所述的整个袋装大输液的生产装置及流程不清楚、不完整，使得本领域普通技术人员无法实现本申请，因此，本申请的说明书不符合专利法第 26 条第 3 款的规定。

针对国家知识产权局实质审查部门发出的第一次审查意见通知书，申请人于 2005 年 3 月 30 日提

交了意见陈述书，并提交了说明书第4~8页的替换页。在意见陈述书中，申请人认为本申请的装置主要涉及滤水机、配滤装置和灌封装置及电路操作板块，滤水机和电路操作板块在附图3、4、5和相应的附图说明中已经加以描述，滤水机、配滤装置和灌封装置之间的管道连接在附图1、2也有描述。

国家知识产权局实质审查部门于2005年8月26日发出了第二次审查意见通知书，其中指出：申请人对说明书第4页进行的修改，所增加的内容在原说明书和权利要求书中并没有记载，而且又不能从原申请公开的信息中直接地、毫无疑义地确定，因此，这种修改超出了原说明书和权利要求书记载的范围，不符合专利法第33条的规定。

针对国家知识产权局实质审查部门的第二次审查意见通知书，申请人于2005年10月21日提交了意见陈述书，并提交了权利要求书替换页第1页和说明书替换页第1~7页。在意见陈述书中，申请人认为：在原说明书中引用的03247686.8和03247685.X二件专利，只是在实施本申请时优选该二件专利的设备，但由于它们在本申请专利的申请日之后才公开，不属于现有技术所以引用不妥，删除引用上述专利，修改见补正后的说明书；本申请的目的是为了适应战争、地震等意外情况而设计的生产装置，其生产装置与已有技术的生产装置区别的关键是制水，且制水与配液、滤过、灌装、封口之间是连续的、设备之间是紧密连接的，可一步操作完成，本申请的附图1、2、3按化工制图的规范进行绘图，本领域技术人员从附图完全懂得本申请所述的生产装置是如何安装，设备之间如何连接，说明书提供了五幅图，说明书附图1、2中反映了配滤装置、无菌灌封装置的结构及其装置内的各部件之间的连接，在图3中反映了滤水机中各部件的连接，图4反映了滤水机的电路控制，图5反映了本申请的电路控制，图1、2表达了本申请的生产装置及其之间的连接，尤其在图2可以看到配滤2的管道连接方式，根据说明书附图所表示的内容，可直接导出唯一的连接方式，补充的说明书的描述使本领域技术人员更清楚地了解和实施本申请所述的生产装置，因此本申请说明书已清楚完整地公开本申请的技术特征，本领域技术人员看了说明书和附图能实施本申请。

国家知识产权局实质审查部门于2006年3月10日以说明书的修改超出原始说明书和权利要求书记载的范围而不符合专利法第33条的规定为理由驳回了本申请。

驳回决定针对的文本为：申请人于2005年10月21日提交的权利要求第1~5项、说明书第1~7页，2003年9月16日提交的附图第1~5页、说明书摘要和摘要附图。

驳回决定的具体理由为：申请人对说明书所进行的如下修改（参见说明书第4页第6~7行，第13~15行，第3页第25行至第4页第3行）：“超滤器2-2也固定在支架2~3上，位于配料罐和动力泵的后面；自动灌封机与流量控制器之间有医用胶管连接，经滤过的输液由流量控制器3-3控制流量通过医用胶管送入自动灌封机3-5中的罐装头”，“配料罐A和B是通过管道采用并联的方式进行连接，配料罐A和B的底部又分别管道和控制阀V6和V7与离心输液泵2-1连接，离心输液泵2-1的出口通过控制阀V9和超滤器2-2连接，超滤器2-2出口的一端通过管道和控制阀V10、V11、V12分别接回流管2-4通入配料罐A和B；离心输液泵2-1的另一出口再通过管道和控制阀V8、V11、V12分别接回流管2-4通入配料罐A和B，形成回流、密闭的系统，经超滤器2-2超滤合格的滤液在输液泵2-1的出口通过管道直接与无菌灌封装置3中的流量控制器3-3连接”，在原权利要求书和说明书的文字中并没有记载，根据说明书附图也不能获知，而且本领域普通技术人员由原说明书和权利要求书所记载的内容也不能直接、唯一地导出“超滤器2-2位于配料罐和动力泵的后面”以及自动灌封机与流量控制器之间是通过“医用胶管”连接的，经滤过的输液由流量控制器3-3控制流量通过“医用胶管”送入自动灌封机3-5中的“罐装头”，本领域普通技术人员从说明书附图中根本无法直接、唯一地推知配料罐A和B明确是采用并联的方式进行连接，也无法明确是配料罐A和B的“底部”通过管道和控制阀V6和V7与离心输液泵2-1连接；附图2中基本没有标明液流方向，仅根据附图根本无法明确是离心输液泵2-1的“出口”通过控制阀V9和超滤器2-2连接，也无法明确是超滤器2-2“出口”的一端通过管道和控制阀V10、V11、V12分别接回流管2-4通入配料罐A和B；更无法推知“离心输液泵2-1的另一出口再通过管道和控制阀V8、V11、V12分别接回流管2-4通入配料罐A和B，形成回流、密闭的系统”，而且根据附图2和其他附图也根本判断不出输液泵2-1的出口直接与流量控制器3-3连接，更无法推知“经超滤器2-2超滤合格的滤液在输液泵2-1的出口通过管道直接与无菌灌封装置3中的流量控制器3-3连接”，因此说明书的修改超出了原说明书和权利要求书记载的范围，不符合专利法第33条的规定。

申请人（下称复审请求人）对上述驳回决定不服，于2006年5月22日向专利复审委员会提交了复审请求，复审请求的主要理由是：（1）针对第一次审查意见通知书中有关“本申请所引用的03247686.8和03247685.X专利申请的公开日分别为2004年6月2日和2004年5月26日，均在本申请的申请日2003年9月16日之后，因此不属于现有技术”的理由，根据审查指南第二部分第二章第2-16中所述“引证文件应当满足以下要求的第二款：所引证的中国专利文件的公开日应当在本申请的公开日之前”，本申请的公开日是2004年9月1日，在本申请所引证的中国专利03247686.8和03247685.X专利申请的公开日2004年6月2日和2004年5月26日之前，因此所引证文件属于现有技术；（2）针对于2005年3月30日提交的修改超出了原说明书和权利要求书记载的范围的审查意见，根据审查指南第二部分第八章第2~13页中所述“对说明书的修改：引用已知技术所记载的内容是允许补充到说明书中”，修改所增加的内容分别在专利03247686.8说明书的第3页第12~16行和03247685.X的说明书的第3页倒数第6~4行均有记载，这种修改应该是允许的；（3）针对2005年10月21日提交的说明书替换页的修改超出原说明书的范围的审查意见，根据审查指南第二部分第八章第2~13页中所述“对于说明书的修改：根据附图允许补充所缺的附图说明，允许根据上、下文作出合适的修改”，答复第二次审查意见通知书所增加的内容在现有技术有记载，并且所增加的内容是普通专业技术人员看了图均可理解和导出的；鉴于上述理由，复审请求人要求复审委员会根据其于2003年9月16日提交的原说明书和摘要进行复审。

经形式审查合格后，专利复审委员会受理了此复审请求，并于2006年6月15日向请求人发出复审请求受理通知书，同时要求国家知识产权局实质审查部门在规定期限内作出前置审查意见。

在前置审查程序中，国家知识产权局审查部门坚持原驳回决定，其主要理由是：复审请求人没有克服驳回决定所述缺陷，也未提出具有说服力的理由和/或证据，因此，坚持原驳回决定，即说明书的修改不符合专利法第33条的规定，并针对复审请求人提出的复审理由给出具体前置意见：（1）现有技术判断要以本申请的申请日（而非公开日）为准，03247686.8、03247685.X专利申请的公开日均在本申请的申请日2003年9月16日之后，因此不属于现有技术；审查指南第二部分第二章2.2.3节（2）中“所引证的中国专利文件的公开日不能晚于本申请的公开日”只是针对说明书中背景技术部分中引证文件的要求，并不适用于就满足专利法第26条第3款的要求而言必不可少的那些部分；（2）审查指南第二部分第八章5.2.2.2节（7）中“申请文件中有附图，但缺少附图说明的，允许补充所缺的附图说明；附图说明不清楚的，允许根据上下文作出合适的修改”，其前提是所述修改不能超出原说明书和权利要求书记载的范围，但是，复审请求人所增加的内容既没有记载在原说明书和权利要求书中，也不能由原说明书（包括附图）和权利要求书直接地、毫无疑义地确定，因此该修改是不允许的。

在此基础上，专利复审委员会依法成立合议组对本案进行复审。

复审请求人于2006年11月17日提交了意见陈述书和本专利的公开文本，确认以2003年9月16日申请时提交的原说明书和摘要进行复审。

请求人确认的权利要求如下：

“1. 一种袋装大输液的生产方法，其特征在于由制水→配液→滤过→灌装→封口完成袋装大输液的生产，制水、配液、滤过、灌装和封口五个步骤是在0℃以上的环境温度，正压下一步完成。

2. 根据权利要求1所说的袋装大输液的生产方法，其特征在于，配液用的水源是饮用水。

3. 一种如权利要求1所述的生产袋装大输液的生产装置，其特征在于，由滤水机（1）便携式大输液配滤装置（2）和便携式袋装大输液灌封装置（3）通过管道连接、电路控制操作板块（4）组成的生产线。

4. 根据权利要求3所述的生产袋装大输液的生产装置，其特征在于，所说的滤水机（1）是由滤水系统组件、带液位控制器（1-12）的储水罐（1-13）、紫外杀菌器（1-15）、纯化堆组件（1-17）、离心泵（1-14）、电磁阀（1-16）、调节阀通过管道连接和电路控制操作板块（4）组成。

5. 根据权利要求4所述的生产袋装大输液的生产装置，其特征在于，所说滤水系统组件由粗滤罐（1-1）、砂滤罐（1-2）、活性炭罐（1-3）、精滤罐（1-4）、反渗透柱（1-7）和（1-8）、离心泵（1-6）管道组成的串联滤水组件组成。”

经审查，合议组认为本案事实清楚，可以作出本复审请求审查决定。

二、决定的理由

本复审决定依据的文本为：复审请求人于2003年9月16日提交的说明书第1~8页、说明书附图第1~5页、说明书摘要、摘要附图，2005年10月21日提交的权利要求第1~5项。

1. 专利法第33条

专利法第33条规定：申请人可以对其专利申请文件进行修改，但是，对发明和实用新型专利申请文件的修改不得超出原说明书和权利要求书记载的范围。

由于请求人确认复审文本中的说明书第1~8页为申请日提交的说明书第1~8页，因此本申请的修改文本已经克服驳回决定中所指出的缺陷，符合专利法第33条的规定。

2. 专利法第26条第3款

专利法第26条第3款规定：说明书应当对发明作出清楚、完整的说明，以所属技术领域的技术人员能够实现为准。

本申请所要解决的技术问题是：改进已有袋装大输液的生产方法以无需在特定条件下即可生产出符合国家药典标准的袋装大输液的方法和生产装置，要达到的预期效果是：生产方法简便，从制水到成品在密闭的设备和管道内正压下一步完成，产品合格率高，无须在特定的环境条件下生产，工人劳动强度低，耗能低，生产成本低，生产设备轻便，易携带，整套生产设备占地面积少，无需锅炉等辅助设备，所采用的技术手段是：袋装大输液的生产方法是由制水→配液→滤过→灌装→封口步骤组成，其制水、配液、滤过、灌装和封口五个步骤在0℃以上的环境温度，正压下一步完成，袋装大输液的生产装置是由滤水机1，便携式大输液配滤装置2和便携式袋装大输液无菌灌封装置3通过管道连接、电路控制操作板块4组成的生产线（参见本申请说明书第2页第2~5段、第3页第2段）。

由于本申请所引用的两篇中国专利文件03247686.8和03247685.X的公开日分别为2004年6月2日和2004年5月26日，都在本申请公开日2004年9月1日之前，因此，上述引证文件符合审查指南第二部分第二章第2.2.3节第（2）种情况的规定，根据审查指南所述的“如果引证文件满足上述要求，则认为本申请说明书中记载了所引证文件中的内容”，上述引证文件的内容可以被认为记载在该说明书中。

因此，本申请对配滤装置和无菌灌封装置的说明在所引证文件中已有记载，对于滤水机、配滤装置和无菌灌封装置相互之间的具体连接关系，在说明书附图1、2、5和说明书第3页最后一段至第5

页第 2 段、第 5 页最后一段至第 6 页第 1 段已经公开（具体内容可参见前述评述），因此，本领域技术人员通过该说明书公开的上述内容能够再现该申请的技术内容，解决无须在特定条件下即可生产出符合国家药典标准的袋装大输液的方法和生产装置的技术问题，并且达到生产方法简便、产品合格率高、工人劳动强度低、耗能低、生产成本低、生产设备轻便、易携带，整套生产设备占地面积少的技术效果，因此该申请的说明书符合专利法第 26 条第 3 款的规定。

三、决定

撤销国家知识产权局于 2006 年 3 月 10 日对 03146832.2 号发明专利申请所作出的驳回决定，以复审请求人于 2003 年 9 月 16 日提交的说明书第 1 ~ 8 页、说明书附图第 1 ~ 5 页、说明书摘要、摘要附图，2005 年 10 月 21 日提交的权利要求第 1 ~ 5 项为基础，由原审查部门继续进行审查程序。

复审决定作出后复审请求人不服该决定的，可以根据专利法第 41 条第 2 款的规定在收到复审决定之日起三个月内向北京市第一中级人民法院起诉。

040

用丁丙诺啡实现持续止痛

复审请求审查决定（第12607号）

决　定　号　第12607号
决　定　日　2008年2月1日
发明创造名称　用丁丙诺啡实现持续止痛
国际分类号　A61F 13/00
复审请求人　欧罗赛铁克股份有限公司
申　请　号　98804261.4
优先权日　1997年2月24日，1997年9月29日
申　请　日　1998年2月24日
公　开　日　2000年5月10日
合议组组长　刘颖杰
主　审　员　佟仲明
参　审　员　高桂莲

法律依据　专利法第22条第2款，专利法第33条
决定要点

如果一项药品产品权利要求中包含产品给药方式、用量以及用药时间等仅仅体现在用药过程中的特征，且上述特征并没有包括要求保护的产品具有区别于现有技术中产品的结构和/或组成，本领域普通技术人员根据这些体现在用药过程中的效果特征并不能将要求保护的产品与现有技术中的产品区分开，则可推定要求保护的产品与现有技术中的产品相同，该权利要求不具备专利法第22条第2款规定的新颖性。

一、案由

本复审请求涉及申请号为98804261.4、名称为“用丁丙诺啡实现持续止痛”的发明专利PCT申请（下称本申请），申请日为1998年2月24日，优先权日为1997年2月24日和1997年9月29日，进入中国国家阶段日期为1999年10月18日，公开日为2000年5月10日，申请人为欧罗赛铁克股份有限公司。本申请公开时权利要求书包括36项权利要求，其中权利要求1、2、16、23、34、36为独立权利要求。

申请人在本申请1999年10月18日进入中国国家阶段时还提交了根据PCT条约41条的修改文本，其中修改了权利要求1~16、23~29，删除权利要求30，将原权利要求31~36改为30~35，对其引用关系及内容作了修改，并新增权利要求36、37。

国家知识产权局实质审查部门依法对本申请进行了实质审查，于2003年11月7日发出第一次审查意见通知书，指出本申请权利要求1、2、16、23、33、35~37的主题与其特征部分的内容不相符，从而使得上述权利要求的技术方案不清楚，不符合专利法实施细则第20条第1款的规定；从属权利要求3~15、17~22、24~32、34引用部分所述主题与被引用权利要求本身的主题不符，从而使得上述权利要求的技术方案不清楚，不符合专利法实施细则第20条第1款的规定。

针对上述审查意见通知书，申请人于2004年3月10日提交了意见陈述书和权利要求书全文的修改替换页。修改后的权利要求书共包括34项权利要求，其中权利要求1、2、16、23、32、34为独立权利要求。申请人认为：修改后的权利要求书已经克服了第一次审查意见通知书中所指出的问题。

针对申请人上述意见陈述，原实质审查部门继续审查，并于2004年4月23日发出第二次审查意见通知书，指出本申请权利要求1~33的主题和特征部分的内容不相符，仍不符合专利法实施细则第20条第1款的规定；申请人增加的权利要求34超出原说明书和权利要求书记载的范围，不符合专利法第33条的规定。

由于申请人未在第二次审查意见通知书指定的期限内做出答复，国家知识产权局于2004年10月22日向申请人发出视为撤回通知书，告知申请人根据专利法实施细则第44条第2款的规定，本申请视为撤回。

2004年12月27日申请人提交了恢复权利请求书，同时提交了针对第二次审查意见通知书的意见陈述书和权利要求书全文的修改替换页，修改后的权利要求书共包括1项权利要求。申请人认为：修改后的权利要求符合专利法实施细则第20条第1款的规定。

国家知识产权局于2005年1月21日向申请人发出恢复权利请求审批决定，同意申请人提出的恢复权利请求。

原实质审查部门继续对本申请进行审查，并于2005年2月18日发出第三次审查意见通知书，指出本申请权利要求1相对于如下对比文件1不具备专利法第22条第2款规定的新颖性：

对比文件1：WO96/19975A1，公开日为1996年7月4日。

针对上述审查意见通知书，申请人于2005年7月5日提交了意见陈述书和权利要求书全文的修改替换页。修改后的权利要求书共包括1项权利要求。申请人认为：对比文件1中公开的是产品且没有明确记载本发明所描述的效果，也没有记载本发明所采用的技术方案，而修改后的权利要求1要求保护的是已知产品的新用途，因此，权利要求1相对于对比文件1具有新颖性。修改后的权利要求书如下：

“1. 丁丙诺啡在制备用于通过与患者的疼痛部位接触5~8天来治疗疼痛168小时的透皮贴剂中的应用，其中

所述透皮贴剂包含粘合组合物，该组合物含有10%重量丁丙诺啡基剂、10%~15%重量乙酰丙酸、10%重量软化剂、55%~70%重量聚丙烯酸酯和0%~10%重量聚乙烯吡咯烷酮；和

所述透皮贴剂被设计和配制成在给药至给药后120小时后获得19~1052pg/ml的丁丙诺啡基剂血浆水平。”

经过上述实质审查程序后，国家知识产权局实质审查部门以本申请权利要求1不符合专利法第22条第2款的规定为由，于2005年8月12日做出了驳回本申请的决定，具体的驳回理由如下：对比文件1公开了丁丙诺啡在治疗疼痛的透皮贴剂中的应用，其中公开了与权利要求1完全相同的透皮贴剂的组份，各组份的含量也在权利要求1的含量范围内，虽然权利要求1中还进一步限定了透皮贴剂和皮肤的接触时间，但该特征体现的是医生的治病行为，不属于制备药物、或用途种类中的特征，对本权利要求的技术方案不产生限定作用，而对于权利要求1中进一步限定的给药一定时间后获得一定

范围的丁丙诺啡基剂的血浆浓度以及治疗疼痛时间，由于对比文件1中透皮贴剂和该权利要求1中的组成成分完全相同，其施加的患者上必然可以获得一样的效果。虽然申请人认为药物的第二用途是可以获得专利权的，但丁丙诺啡用于制备治疗疼痛的用途已经被对比文件1公开，因此，本申请权利要求1相对于对比文件1不具备专利法第22条第2款规定的新颖性。

申请人欧罗赛铁克股份有限公司（下称复审请求人）不服上述驳回决定，于2005年11月24日向专利复审委员会提出复审请求，同时提交了权利要求书全文的替换页，修改后的权利要求书共包括3项权利要求，其中权利要求1为独立权利要求。在修改后的权利要求1中，复审请求人删除了“所述透皮贴剂被设计和配制成在给药至给药后120小时后获得19~1052pg/ml的丁丙诺啡基剂血浆水平。”这一技术特征，并加入特征“其中，丁丙诺啡的总用量为10毫克，活性表面积为12.5cm^2，贴剂大小为30.6cm^2”，同时新增加从属权利要求2、3。复审请求人认为修改后的权利要求1相对于对比文件1具备新颖性和创造性。

经形式审查合格后，专利复审委员会依法受理了上述请求，并于2006年2月7日向复审请求人发出了复审请求受理通知书，同时向原实质审查部门发出前置审查通知书。

原实质审查部门对该复审请求做出前置审查意见，认为复审请求人对权利要求的修改不符合专利法第33条的规定，仍然坚持驳回决定。

专利复审委员会依法成立合议组，对该复审请求进行审查，于2007年3月20日发出第一次复审通知书，指出：复审请求人加入的从属权利要求3的附加技术特征中的数值范围“0.3~86μg/小时”超出了原说明书和权利要求书记载的范围，不符合专利法第33条的规定；权利要求2和3的主题名称与引用的独立权利要求1的主题名称不一致，导致权利要求2和3要求保护的范围不清楚，不符合专利法实施细则第20条第1款的规定。此外，即使复审请求人根据说明书记载的数值范围“3~86μg/小时”对权利要求3进行修改，该权利要求1~3相对于对比文件1仍不具备专利法第22条第3款规定的创造性，其原因在于：对比文件1公开了一种用于治疗疼痛的透皮贴剂，并公开了该透皮贴剂中组合物的组成，本申请权利要求1要求保护的技术方案与对比文件1公开的内容之间的区别在于：（1）该透皮贴剂是作为通过与患者的皮肤接触5~8天来在168小时给药期间治疗疼痛的应用；（2）丁丙诺啡的总用量为10毫克，活性表面积为12.5cm^2，贴剂大小为30.6cm^2。而对于区别技术特征（1），合议组认为根据对比文件1所公开的贴剂可以显而易见的得出和预见到该权利要求所记载的用途，而权利要求1中记载的与使用有关的特征属于仅仅体现在药物使用过程中的区别特征，对制药过程并不能产生限定作用；对于区别技术特征（2），合议组认为，对本领域普通技术人员来说仅仅是数值的常规选择，且没有产生意料不到的技术效果。因此，该权利要求1不具备专利法第22条第3款规定的创造性。从属权利要求2的附加技术特征实质上是本领域普通技术人员用常规手段检测已知产品所获得的必然结果，在其引用的权利要求1不具备创造性的情况下，该权利要求2也不具备专利法第22条第3款规定的创造性。即使复审请求人对权利要求3进行修改，使其符合专利法第33条的规定，该权利要求3实质上也是本领域普通技术人员用常规手段检测已知产品所获得的必然结果，此外该附加技术特征记载的仅是药物用量与时间等与使用有关的特征，该特征对于制药过程也没有起到限定作用，在其引用的权利要求1不具备创造性的情况下，权利要求3也不具备专利法第22条第3款规定的创造性。

针对上述复审通知书，复审请求人于2007年5月8日提交了意见陈述书和权利要求书全文的替换页，将独立权利要求1的主题修改为“一种持续释放的透皮制剂”，修改后的权利要求书共包括10项权利要求，其中独立权利要求1如下：

“1. 一种持续释放的透皮制剂，它包含丁丙诺啡作为活性组分，所述透皮制剂施加到患者皮肤上为期7天，实现了以下的丁丙诺啡血浆平均浓度：

给药期开始后6小时时，血浆平均浓度为0.3~113pg/ml；

给药期开始后12小时时，血浆平均浓度为3~296pg/ml；

给药期开始后24小时时，血浆平均浓度为7~644pg/ml；

给药期开始后36小时时，血浆平均浓度为13~753pg/ml；

给药期开始后48小时时，血浆平均浓度为16~984pg/ml；

给药期开始后60小时时，血浆平均浓度为20~984pg/ml；

给药期开始后72小时时，血浆平均浓度为20~1052pg/ml；

给药期开始后96小时时，血浆平均浓度为23~1052pg/ml；

给药期开始后120小时时，血浆平均浓度为23~1052pg/ml；

给药期开始后144小时时，血浆平均浓度为22~970pg/ml；

给药期开始后168小时时，血浆平均浓度为19~841pg/ml；

其中所述制剂含有10%重量丁丙诺啡基剂、10%~15%重量酸、10%重量软化剂、55%~70%重量聚丙烯酸酯和0%~10%重量聚乙烯吡咯烷酮。”

修改后的从属权利要求2~7分别引用了在前的独立权利要求1，其附加技术特征分别是对给药期开始后一段时间时，血浆平均浓度数值范围的进一步限定。从属权利要求8引用了在前的权利要求1~7中任一项，其附加技术特征是“其中透皮制剂在给药期最后含有68%~95%的丁丙诺啡”。权利要求9引用了在前的权利要求1~7中任一项，其附加技术特征是“其中Tmax在施加所述透皮制剂后3至5天内发生”。权利要求10引用了在前的独立权利要求1，其附加技术特征为“其中所述制剂在从给药期开始到给药期开始后72小时期间的平均相对释放速度维持在3~86μg/小时，并提供了基本上一级的血浆丁丙诺啡水平增加；所述制剂在从给药期开始后72小时到7天给药期结束期间的平均相对释放速度维持在0.3~9μg/小时，并提供基本上零级的血浆丁丙诺啡水平变化”。

复审请求人在意见陈述书中认为，对比文件1没有记载血浆浓度，且仅仅公开了使用其所公开的制剂24小时，即，对比文件1没有记载、暗示修改后权利要求1的技术方案。修改后的权利要求已经克服了复审通知书中指出的缺陷。

针对复审请求人的上述意见陈述，复审委员会本案合议组继续审查，并于2007年6月14日发出第二次复审通知书，指出：对比文件1公开了一种用于治疗疼痛的透皮贴剂，并公开了该透皮贴剂中组合物的组成，虽然复审请求人认为对比文件1没有公开该透皮制剂施加在患者身上为期7天并能实现的丁丙诺啡血浆浓度随时间变化而进行的变化，但合议组认为，上述特征描述的是该透皮制剂产品的给药方式、用量以及用药时间等仅仅体现在用药过程中的特征，且上述特征并没有包括要求保护的产品具有区别于对比文件1中产品的结构和/或组成，本领域普通技术人员根据这些体现在用药过程中的效果特征并不能将要求保护的产品与对比文件1中产品区分开，因此，合议组认为其与对比文件1所公开的产品相同，因此，权利要求1不具备专利法第22条第2款规定的新颖性。权利要求2~10的附加技术特征同样是仅仅体现在用药过程中的特征，且上述特征并没有包括要求保护的产品具有区别于对比文件1中产品的结构和/或组成，本领域普通技术人员并不能据此将要求保护的产品与对比文件1中产品区分开，因此，合议组认为其与对比文件1中产品相同。在其引用的权利要求不具备新颖性的情况下，该权利要求2~10同样不具备专利法第22条第2款规定的新颖性。

针对上述第二次复审通知书，复审请求人于2007年9月28日提交了意见陈述书和权利要求书全文的替换页，修改后的权利要求书共包括10项权利要求，其中权利要求1为独立权利要求。而在本次修改文本中，复审请求人仅在该权利要求1中加入特征“在从给药期开始后72小时到168小时的平均相对释放速度为0.3~9μg/小时”，并未对该权利要求1其他部分进行修改，也未对从属权利要求进行修改。复审请求人认为，对比文件1中没有述及7天里制剂的相对释放速率特征，且能达到持续释放而长期止痛的效果，因此权利要求1符合专利法第22条第2款和第3款的规定。在权利要求1具备新颖性和创造性的前提下，从属权利要求2~10也具备新颖性和创造性。修改后的权利要求1如下：

“1. 一种持续释放的透皮制剂，它包含丁丙诺啡作为活性组分，所述透皮制剂施加到患者皮肤上为期7天，在从给药期开始后72小时到168小时的平均相对释放速度为0.3~9μg/小时，其中实现了以下的丁丙诺啡血浆平均浓度：

给药期开始后6小时时，血浆平均浓度为0.3~113pg/ml；

给药期开始后12小时时，血浆平均浓度为3~296pg/ml；

给药期开始后24小时时，血浆平均浓度为7~644pg/ml；

给药期开始后36小时时，血浆平均浓度为13~753pg/ml；

给药期开始后48小时时，血浆平均浓度为16~984pg/ml；

给药期开始后60小时时，血浆平均浓度为20~984pg/ml；

给药期开始后72小时时，血浆平均浓度为20~1052pg/ml；

给药期开始后96小时时，血浆平均浓度为23~1052pg/ml；

给药期开始后120小时时，血浆平均浓度为23~1052pg/ml；

给药期开始后144小时时，血浆平均浓度为22~970pg/ml；

给药期开始后168小时时，血浆平均浓度为19~841pg/ml；

其中所述制剂含有10%重量丁丙诺啡基剂、10%~15%重量酸、10%重量软化剂、55%~70%重量聚丙烯酸酯和0%~10%重量聚乙烯吡咯烷酮。”

本案合议组于2007年12月5日发出合议组成员告知通知书，告知复审请求人合议组成员的变更，并指出复审请求人如对合议组成员有回避请求，应在收到本通知之日起7日内提交书面请求书，并说明理由，必要时附具证据。逾期未答复，视为无回避请求。

复审请求人逾期未进行答复。

至此，合议组认为本案事实已经清楚，现依法作出复审决定。

二、决定的理由

1. 关于审查文本

鉴于复审请求人提交的修改文本已克服了第二次复审通知书中指出的修改不符合专利法第33条规定的缺陷，本复审决定以复审请求人于2007年9月28日提交的权利要求第1~10项、1999年10月18日进入中国国家阶段时提交的说明书第1~43页、说明书附图第1~5页、说明书摘要及摘要附图作为审查基础。

2. 关于专利法第22条第2款

专利法第22条第3款规定：新颖性，是指在申请日以前没有同样的发明或者实用新型在国内外出版物上公开发表过、在国内公开使用过或者以其他方式为公众所知，也没有同样的发明或者实用新型由他人向国务院专利行政部门提出过申请并且记载在申请日以后公布的专利申请文件中。

就本案来说，权利要求1请求保护一种持续释放的透皮制剂，对比文件1同样公开了一种用于治疗疼痛的透皮贴剂，并公开了（参见该对比文件1说明书全文，特别是表1），其中该透皮贴剂中组合物的组成为：10%重量的丁丙诺啡基剂，10%重量的乙酰丙酸，10%重量的软化剂，60%重量的聚丙烯酸酯和10%重量的聚乙烯吡咯烷酮。其中，乙酰丙酸是酸的下位概念，而且对比文件1中公开的10%重量的乙酰丙酸与权利要求1中所述10%~15%重量酸的数值范围有一个共同的端点，60%重量的聚丙烯酸酯落入权利要求 1 中所述 55%～70% 重量的聚丙烯酸酯的数值范围内，10% 重量的聚乙烯吡咯烷酮与权利要求 1 中所述 0%～10% 重量的聚乙烯吡咯烷酮的数值范围有一个共同的端点，因此权利要求 1 中对这些化学成分重量含量数值范围的限定也完全被对比文件 1 所公开。

将本申请权利要求 1 与对比文件 1 公开的内容相比，其区别仅在于：权利要求 1 中的透皮制剂施加到患者皮肤上为期 7 天，在从给药期开始后 72 小时到 168 小时的平均相对释放速度为 0.3～9μg/小时，以及权利要求 1 中还记载了给药期开始后 6、12、24、36、48、60、72、96、120、144、168 小时时的血浆平均浓度值。

对于上述区别技术特征，合议组认为，其描述的是该透皮制剂产品的给药方式、用量以及用药时间等仅仅体现在药物使用过程中的特征，其体现的是本申请产品的性能。而审查指南第二部分第三章第 3.2.5 节中规定："对于包含性能、参数特征的产品权利要求，应当考虑权利要求中的性能、参数特征是否隐含了要求保护的产品具有某种特定结构和/或组成。如果该性能、参数隐含了要求保护的产品具有区别于对比文件产品的结构和/或组成，则该权利要求具备新颖性；相反，如果所属技术领域的技术人员根据该性能、参数无法将要求保护的产品与对比文件产品区分开，则可推定要求保护的产品与对比文件产品相同，因此申请的权利要求不具备新颖性，除非申请人能够根据申请文件或现有技术证明权利要求中包含性能、参数特征的产品与对比文件产品在结构和/或组成上不同。"而上述权利要求 1 中的特征并没有包括要求保护的产品具有区别于对比文件 1 中产品的结构和/或组成，本领域普通技术人员根据这些体现在用药过程中的效果特征也并不能将要求保护的产品与对比文件 1 中产品区分开，并且在本申请说明书的内容中也未体现出其产品与对比文件 1 中产品在结构和/或组成上的区别，因此，根据审查指南的上述规定，合议组认为其与对比文件 1 所公开的产品相同，该权利要求 1 相对于对比文件 1 不具备专利法第 22 条第 2 款所规定的新颖性。

复审请求人在答复复审通知书时强调，对比文件 1 中没有述及 7 天里制剂的相对释放速率特征，且能达到持续释放而长期止痛的效果，因此本申请权利要求 1 具备新颖性和创造性。对此，合议组认为，对比文件 1 与本申请属于相同的技术领域，其同样是一种贴附于皮肤上持续向患者释放药剂的透皮贴剂，虽然对比文件 1 中并未记载这种透皮贴剂"7 天里的相对释放速率特征，且能达到持续释放而长期止痛的效果"，但是如上所述这种体现在用药过程中的效果特征并不能将权利要求 1 中要求保护的产品与对比文件 1 中产品的结构和/或组成区分开，本领域普通技术人员根据对比文件 1 中公开的贴片的成分也完全可以预期到其能起到与本权利要求 1 中产品相同的作用，因此，复审请求人的上述主张不能成立。本申请权利要求 1 相对于对比文件 1 仍不具备专利法第 22 条第 2 款规定的新颖性。

权利要求 2～10 是权利要求 1 的从属权利要求，这些权利要求的附加技术特征分别属于描述该产品的用途、性能和效果的特征，同样是仅仅体现在用药过程中的特征，且上述特征并没有包括要求保护的产品具有区别于对比文件 1 中产品的结构和/或组成，本领域普通技术人员根据这种体现在用药过程中的效果特征并不能将要求保护的产品与对比文件 1 中产品区分开，因此，合议组认为其与对比文件 1 中产品相同。在其引用的权利要求不具备新颖性的情况下，该权利要求 2～10 相对于对比文件 1 同样不具备专利法第 22 条第 2 款规定的新颖性。

综上所述，本申请权利要求 1～10 不符合专利法第 22 条第 2 款有关新颖性的规定。

根据上述事实和理由，本案合议组依法作出以下审查决定。

三、决定

维持国家知识产权局于 2005 年 8 月 12 日对 98804261.4 号发明专利申请作出的驳回决定。

复审请求人对本决定不服的，可以根据专利法第 41 条第 2 款的规定，自收到本决定之日起三个月内向北京市第一中级人民法院起诉。

041

具有注射及抽血功能的安全器械

复审请求审查决定（第12676号）

决　　定　　号　第12676号
决　　定　　日　2008年1月25日
发明创造名称　具有注射及抽血功能的安全器械
国 际 分 类 号　A61M 5/31，A61M 1/00
复 审 请 求 人　许明正，黄明敏
申　　请　　号　03102656.7
申　　请　　日　2003年2月13日
公　　开　　日　2004年8月18日
合 议 组 组 长　崔　峥
主　　审　　员　张　凌
参　　审　　员　张汉国

法 律 依 据　专利法第22条第2款、第3款
决 定 要 点

对比文件并未公开本申请权利要求中“针筒内部为低气压状态”的技术特征，对比文件和本申请系采用不同的技术构思解决安全回抽针体的技术问题，对比文件没有给出任何技术启示使得本领域技术人员有动机在其基础上得到本申请权利要求的技术方案，本申请相对于对比文件具有新颖性和创造性。

一、案由

本复审请求涉及申请日为2003年2月13日、公开日为2004年8月18日、发明名称为“具有注射及抽血功能的安全器械”的发明专利申请（下称本申请），其申请号为03102656.7，申请人为许明正、黄明敏。

应申请人的请求，国家知识产权局专利局实质审查部门依法对本申请进行了实质审查。

2006年1月6日国家知识产权局专利局实质审查部门以本申请不符合专利法第22条的规定为由做出驳回决定，决定所针对的文本是申请人于2005年10月20日提交的权利要求第1~13项、说明书第2~8页、说明书摘要，申请日提交的说明书第1页、第9~11页、附图第1~13页以及摘要附图。驳回决定所涉及的权利要求书如下：

“1. 一种具有注射及抽血功能的安全器械，它包括针筒、固设于针筒一端的针头组、滑动组设于针筒内的推杆、滑动组设于针筒一端的衔接件及与衔接件连接的导管；其特征在于所述的衔接件包括

具有沿轴线方向贯穿的流道及沿径线方向延伸且连通流道的第一支道的衔接座；导管为固接于衔接座流道端且能留置于血管内以自衔接座向血管内注射或自血管内向第一支道抽血的中空管体。

……

5. 一种具有注射及抽血功能的安全器械，它包括针筒、固设于针筒一端的针头组及滑动组设于针筒内的推杆；其特征在于所述的针筒具有围绕轴线并界定出孔道的管壁；孔道具有小孔径段及大孔径段；管壁具有邻近小孔径段的出口端及与出口端反向且邻近大孔径段的入口端；针头组包括中空针座及中空且与针座固接的针体；针座可移动定位于针筒孔道小孔径端并朝大孔径突出，以使针体由针筒出口端穿出；推杆系滑动插设于针筒大孔径段并作有限推送行程，其具有封闭的第一、二端面及由第一端面延伸至第二端面且为低气压状态的管腔。

……

9. 根据权利要求5所述的具有注射及抽血功能的安全器械，其特征在于所述的针筒小孔径段具有形成数卡沟的孔壁；针座具有穿固在针筒小孔径段内的穿固段、数形成于穿固段周面以与针筒小孔径段卡沟卡合的凸栓。

……

12. 根据权利要求5所述的具有注射及抽血功能的安全器械，其特征在于所述的推杆围绕壁邻近第二端面具有数沿内表面线性延伸的导轨。

……”

驳回决定中引用了如下三篇对比文件：

对比文件1：CN2416856Y，授权公告日为2001年1月31日；

对比文件3：CN1049457A，公开日为1991年2月27日；

对比文件5：CN1027137C，授权公告日为1994年12月28日。

驳回决定认为：在对比文件1和5公开的技术内容并结合公知常识的基础上得到独立权利要求1、从属权利要求2~4要求保护的技术方案对本领域技术人员来说是显而易见的，因此权利要求1~4不具备专利法第22条第3款规定的创造性；独立权利要求5的全部技术特征都被对比文件3所公开，因而其不符合专利法第22条第2款有关新颖性的规定；在权利要求5相对于对比文件3不具备新颖性的基础上，结合对比文件1、5公开的技术内容得到从属权利要求6~8、11、13要求保护的技术方案对本领域技术人员来说都是显而易见的，因此权利要求6~8、11、13不具备专利法第22条第3款规定的创造性；从属权利要求9的附加技术特征是对针筒小孔径段和针座的进一步限定，即针座具有穿固在针筒小孔径段的穿固段，并通过形成于其穿固段周面上的凸栓与针筒小孔径段的卡沟卡合，对比文件3中的针头支持件通过其凹槽与旋接在容器前端的具有缩小直径的颈部的夹持装置相嵌合，在此启示下，通过将针头支持件上的凹槽与颈部的支持装置的设置位置互换，即可得到权利要求9所述的技术方案，而从属权利要求12的附加技术特征属于本领域技术人员常采用的常规技术手段，因此，在权利要求5不具备新颖性的基础上，权利要求9、12相对于对比文件3也不具备创造性；综上，权利要求1~4、6~9、11~13均不具备专利法第22条第3款规定的创造性。

2006年4月17日，申请人（下称复审请求人）对上述驳回决定不服，向专利复审委员会提出复审请求。

复审请求人认为，对比文件1中的针座与注射器是一体成型的设计，本申请的推杆和针筒则可卸离衔接件与导管，持续完成静脉施药或者外接接管组完成采血的目的。对比文件5的静脉施药装置只能作为施药或抽血的媒介，本身不具有抽血和施药的功能。对比文件1和5无法完成本申请所具备的注射、静脉施药和采血功能。本申请权利要求1~4相对于对比文件1和5的结合具有创造性。对比文件3是利用弹性原件顶推针体，从而将其回抽至推杆内部，而本申请权利要求5是利用推杆产生低压吸引作用，将针体回抽。本申请权利要求5与对比文件3的构造、元件数量和启动回抽力的方式均不同。本申请权利要求5相对于对比文件3具有新颖性。对比文件3和5没有结合的基础，也不能同时完成静脉施药和采血的功能。本申请权利要求6~13具有创造性。

经形式审查合格，专利复审委员会受理了该复审请求，于2006年5月17日发出复审请求受理通知书及前置审查通知书。

原审查部门在规定的期限内对该复审请求做出前置审查意见，认为申请人在意见陈述中关于本申请的权利要求5是利用推杆的低压吸引作用产生回抽力，将针体回抽至推杆内的主张不成立，权利要求5中并未如此限定。对比文件3与本申请回收针体的结构、元件数量和启动回抽力的方式虽然不同，但是这种不同没有体现在权利要求5中，其全部技术特征已被对比文件3所公开，权利要求5仍然不符合专利法第22条第2款的规定，权利要求9、12仍然不符合专利法第22条第3款的规定。基于上述理由，原审查部门坚持其驳回决定。

随后，专利复审委员会依法组成合议组对该复审请求进行审查。

合议组对该复审请求进行审查后，认为事实清楚，可以作出复审决定。

二、决定的理由

1. 审查文本

复审请求人在提起复审请求时未对申请文件进行修改，本案合议组在驳回决定所针对的文本，即申请人于2005年10月20日提交的权利要求第1~13项、说明书第2~8页、说明书摘要，申请日提交的说明书第1页、第9~11页、附图第1~13页以及摘要附图的基础上做出审查决定。

2. 关于权利要求5的新颖性

鉴于国家知识产权局原审查部门在前置意见中不再坚持对权利要求1~4、6~8、11、13的驳回意见，合议组在本决定中仅对权利要求5、9、12的新颖性和创造性予以评述。

本申请权利要求5要求保护一种由针筒、固设于针筒一端的针头组及滑动组设于针筒内的推杆组成，具有注射及抽血功能的安全器械，其中①所述针筒具有围绕轴线并界定出孔道的管壁，孔道分为小孔径段和大孔径段，管壁具有邻近小孔径段的出口端及与出口端反向、邻近大孔径段的入口端；②针头组包括中空针座及中空且与针座固接的针体，针座可移动定位于针筒孔道小孔径端并朝大孔径段突出，针体由针筒出口端穿出；③推杆滑动插设于针筒大孔径段并作有限推送行程，其具有封闭的第一、二端面，由该第一、二端面封闭形成的管腔内为低气压状态。

对比文件3涉及一种安全注射器，其中公开如下技术特征（参见说明书第3页第8行至第5页最后一行，附图1~4）：该注射器包括一圆筒状的药剂容器（相当于针筒），容器具有围绕轴线并界定出孔道的管壁，容器前端为一缩小直径的颈部（相当于小孔径段），管壁具有邻近颈部的前端端面（相当于出口端）及与前端端面反向、邻近容器后部（相当于大孔径段）的尾端开口端（相当于入口端；注射用针头具有供药剂进出的流体通道，其被预选固定于一针头支持件上（相当于中空针座），针头与针头支持件（相当于针头组）可移动地固定于针筒颈部，并朝针筒后部突出，针头从针筒出口端穿出；中空推筒（相当于推杆）滑动插设于针筒后部并作有限推送行程，其内部为中空状态。

权利要求5与对比文件3的区别在于本申请的推杆内腔为低气压状态，对比文件3的推筒内部为中空状态。对比文件3所公开的注射器利用弹性元件顶推针体，从而将其回抽至推筒内部，从其说明书公开的内容来看，推筒内部的中空管腔系为回抽针体提供收纳的空间，并不涉及对其内部气压状况的描述，不能认为该推筒内部的中空状态就公开了本申请推杆内部为低气压状态的技术特征。因此，权利要求5相对于对比文件3具有新颖性，符合专利法第22条第2款的规定。

3. 权利要求 5、9、12 的创造性

如上所述，权利要求 5 将推杆内部限定为低气压状态是因为其要利用推杆内部的低气压状态形成吸引功能，从而回抽针体，达到提供一种操作简易、使用安全的注射、抽血用安全器械的目的。而对比文件 3 是利用弹性元件顶推针体并将其回抽至推筒内部，推筒内部的中空状态系为回抽的针体提供收纳的空间。对比文件 3 中推筒内部为中空状态的作用与权利要求 5 中推杆内部为低气压状态的作用不同，两者系采用不同的技术构思来解决安全回抽针体的问题。对比文件 3 并未给出任何技术启示，使得本领域技术人员有动机在其基础上得到权利要求 5 的技术方案，因此权利要求 5 相对于对比文件 3 具有突出的实质性特点和显著进步，具备专利法第 22 条第 3 款规定的创造性。

权利要求 9、12 为权利要求 5 的从属权利要求，在权利要求 5 相对于对比文件 3 具有创造性的基础上，其相对于对比文件 3 也具有创造性。

基于上述理由，本案合议组作出如下决定。

三、决定

撤销国家知识产权局于 2006 年 1 月 6 日对 03102656. 7 号发明专利申请做出的驳回决定，由原审查部门在驳回文本的基础上继续进行审查程序。

复审请求人对本决定不服的，可以根据专利法第 41 条第 2 款的规定，自收到本决定之日起三个月内向北京市第一中级人民法院起诉。

042

背光组件

复审请求审查决定（第 12686 号）

决　定　号　第 12686 号
决　定　日　2008 年 2 月 20 日
发明创造名称　背光组件
国际分类号　G02F 1/13357，H05B 33/00
复审请求人　友达光电股份有限公司
申　请　号　200310102859.5
申　请　日　2003 年 10 月 22 日
公　开　日　2004 年 10 月 20 日
合议组组长　张　曦
主　审　员　关　刚
参　审　员　陈　力

法律依据　专利法第 22 条第 3 款
决定要点

如果一项权利要求请求保护的技术方案与对比文件所公开的技术方案相比存在区别技术特征，若现有技术中存在使本领域技术人员将所述区别技术特征应用于该对比文件中以得到该权利要求所要保护的技术方案的技术启示，则该权利要求不具备专利法第 22 条第 3 款规定的创造性。

一、案由

本复审请求涉及申请号为 200310102859.5、名称为“背光组件”的发明专利申请（下称本申请），申请人为友达光电股份有限公司，申请日为 2003 年 10 月 22 日。本申请公开时的权利要求书共包括 16 项权利要求，其中权利要求 1、8 和 14 为独立权利要求。

国家知识产权局实质审查部门依法对本申请进行了实质审查，于 2006 年 9 月 1 日以本申请权利要求 1~16 不具备专利法第 22 条第 3 款规定的创造性为由作出了驳回本申请的决定。驳回决定所针对的文本为申请人于 2006 年 5 月 29 日提交的权利要求第 1~16 项，于申请日 2003 年 10 月 22 日提交的说明书第 1~4 页、附图第 1~4 页、说明书摘要和摘要附图。其中所述的权利要求具体如下：

“1. 一种背光组件，至少包括一光源组，其特征在于还包括：

一挤制型金属载体，具有一载体顶面及数个散热通道，该载体顶面形成一容置槽；

所述光源组配置于该容置槽中。

2. 如权利要求 1 所述的背光组件，其特征在于该挤制型金属载体还具有一底部本体及二侧边本体，该底部本体具有一本体顶面，该二侧边本体是配置于该本体顶面的两端上，并与该底部本体围成该容置槽。

3. 如权利要求2所述的背光组件，其特征在于该二侧边本体是以与该底部本体螺接的方式配置于该本体顶面的两端上。

4. 如权利要求1所述的背光组件，其特征在于该挤制型金属载体为一铝矩型载体。

5. 如权利要求1所述的背光组件，其特征在于该光源组为数个冷阴极管，这些冷阴极管是排列于该容置槽中。

6. 如权利要求1所述的背光组件，其特征在于该背光组件还包括：

一反射片，是配置于该容置槽中，并位于该光源组的下方。

7. 如权利要求1所述的背光组件，其特征在于该背光组件还包括：

一扩散板，是配置于该光源组的上方。

8. 一种背光组件，至少包括一光源组，其特征在于还包括：

一挤制型金属载体，具有一底部本体及二侧边本体，该底部本体具有一本体顶面及数个第一散热通道，该二侧边本体是配置于该本体顶面的两端上，并与该底部本体围成一容置槽，该二侧边本体具有数个第二散热通道；

所述的光源组是配置于该容置槽中。

9. 如权利要求8所述的背光组件，其特征在于该二侧边本体是以与该底部本体螺接的方式配置于该本体顶面的两端上。

10. 如权利要求8所述的背光组件，其特征在于该挤制型金属载体为一铝矩型载体。

11. 如权利要求8所述的背光组件，其特征在于该光源组为数个冷阴极管，这些冷阴极管是排列于该容置槽中。

12. 如权利要求8所述的背光组件，其特征在于该背光组件还包括：

一反射片，是配置于该容置槽中，并位于该光源组的下方。

13. 如权利要求8所述的背光组件，其特征在于该背光组件还包括：

一扩散板，是配置于该光源组的上方。

14. 一种背光组件，至少包括数个冷阴极管，其特征在于还包括：

一铝矩型载体，具有一载体顶面及数个散热通道，该载体顶面形成一容置槽；

一反射片，是配置于该容置槽中；

以及

一扩散板，是配置于这些冷阴极管的上方；

所述的数个冷阴极管是排列于该容置槽中，并位于该反射片的上方。

15. 如权利要求14所述的背光组件，其特征在于该铝矩型载体还具有一底部本体及二侧边本体，该底部本体具有一本体顶面，该二侧边本体是配置于该本体顶面的两端上，并与该底部本体围成该容置槽。

16. 如权利要求15所述的背光组件，其特征在于该二侧边本体是以与该底部本体螺接的方式配置于该本体顶面的两端上。”

驳回决定中引用了如下4篇对比文件：

对比文件1：JP2002-006759A，其公开日为2002年1月11日；

对比文件2：CN1327896A，其公开日为2001年12月26日；

对比文件3：CN2421690Y，其公开日为2001年2月28日；

对比文件4：CN2488176Y，其公开日为2002年4月24日。

驳回决定中指出，本申请权利要求1与对比文件1的区别仅在于本申请权利要求1中的载体由挤制型金属制成，而对比文件1中的盒体由树脂制成，但对于本领域技术人员而言，背光组件中采用金属的盒体是十分常见的，而将金属挤制成型利于散热也是常见的（例如对比文件2~4中均有披露）。因此本申请权利要求1相对比对比文件1和公知常识的结合不具备突出的实质性特点和显著的进步，不具备专利法第22条第3款规定的创造性。同理本申请独立权利要求8、14也不具备专利法第22条第3款规定的创造性，同时引用独立权利要求1的从属权利要求2~7、引用独立权利要求8的从属权利要求9~13，以及引用独立权利要求14的从属权利要求15~16的附加技术特征或被对比文件1公开，或属于本领域公知常识，因此也不具备专利法22条第3款规定的创造性。

申请人友达光电股份有限公司（下称复审请求人）不服上述驳回决定，于2006年12月4日向专利复审委员会提出复审请求，并提交了权利要求书全文和说明书全文修改替换页。其中复审请求人将原独立权利要求1、8和14中的技术特征“数个散热通道”具体限定为“在载体顶面下由隔壁形成的数个散热通道”，并对说明书相应部分进行了适应性修改。修改后的权利要求具体如下：

“1. 一种背光组件，至少包括一光源组，其特征在于还包括：

一挤制型金属载体，具有一载体顶面及在载体顶面下由隔壁形成的数个散热通道，该载体顶面形成一容置槽；

所述光源组配置于该容置槽中。

2. 如权利要求1所述的背光组件，其特征在于该挤制型金属载体还具有一底部本体及二侧边本体，该底部本体具有一本体顶面，该二侧边本体是配置于该本体顶面的两端上，并与该底部本体围成该容置槽。

3. 如权利要求2所述的背光组件，其特征在于该二侧边本体是以与该底部本体螺接的方式配置于该本体顶面的两端上。

4. 如权利要求1所述的背光组件，其特征在于该挤制型金属载体为一铝矩型载体。

5. 如权利要求1所述的背光组件，其特征在于该光源组为数个冷阴极管，这些冷阴极管是排列于该容置槽中。

6. 如权利要求1所述的背光组件，其特征在于该背光组件还包括：

一反射片，是配置于该容置槽中，并位于该光源组的下方。

7. 如权利要求1所述的背光组件，其特征在于该背光组件还包括：

一扩散板，是配置于该光源组的上方。

8. 一种背光组件，至少包括一光源组，其特征在于还包括：

一挤制型金属载体，具有一底部本体及二侧边本体，该底部本体具有一本体顶面及由隔壁形成的数个第一散热通道，该二侧边本体是配置于该本体顶面的两端上，并与该底部本体围成一容置槽，该二侧边本体具有由隔壁形成的数个第二散热通道；

所述的光源组是配置于该容置槽中。

9. 如权利要求8所述的背光组件，其特征在于该二侧边本体是以与该底部本体螺接的方式配置于该本体顶面的两端上。

10. 如权利要求8所述的背光组件，其特征在于该挤制型金属载体为一铝矩型载体。

11. 如权利要求8所述的背光组件，其特征在于该光源组为数个冷阴极管，这些冷阴极管是排列于该容置槽中。

12. 如权利要求8所述的背光组件，其特征在于该背光组件还包括：

一反射片，是配置于该容置槽中，并位于该光源组的下方。

13. 如权利要求 8 所述的背光组件，其特征在于该背光组件还包括：

一扩散板，是配置于该光源组的上方。

14. 一种背光组件，至少包括数个冷阴极管，其特征在于还包括：

一铝矩型载体，具有一载体顶面及在载体顶面下由隔壁形成的数个散热通道，该载体顶面形成一容置槽；

一反射片，是配置于该容置槽中；

以及

一扩散板，是配置于这些冷阴极管的上方；

所述的数个冷阴极管是排列于该容置槽中，并位于该反射片的上方。

15. 如权利要求 14 所述的背光组件，其特征在于该铝矩型载体还具有一底部本体及二侧边本体，该底部本体具有一本体顶面，该二侧边本体是配置于该本体顶面的两端上，并与该底部本体围成该容置槽。

16. 如权利要求 15 所述的背光组件，其特征在于该二侧边本体是以与该底部本体螺接的方式配置于该本体顶面的两端上。”

经形式审查合格后，专利复审委员会依法受理了上述复审请求，并于 2007 年 1 月 12 日向复审请求人发出了复审请求受理通知书，同时向原实质审查部门发出前置审查通知书。

原实质审查部门对该复审请求做出前置审查意见，仍坚持原驳回决定。

针对上述复审请求，专利复审委员会依法成立合议组对该复审请求案进行审理。本案合议组于 2007 年 8 月 6 日与复审请求人进行了电话讨论，指出其所提交的复审请求书附页中的复审请求理由部分存在乱码文字，无法清楚理解其所要表述的内容。

专利复审委员会于 2007 年 8 月 15 日收到复审请求人提交的包含复审请求理由的复审请求书附页的替换页。复审请求人认为，（1）本申请独立权利要求 1 的技术方案不是直接由腔体底壁形成散热路径而是通过铝矩形之间即由隔壁间形成的数个通道散热，且由于通道较多因此散热的路径要远长于对比文件 1，从而散热效果要比对比文件 1 理想得多；（2）对比文件 1 中的通风口是在腔体壁上开孔来增加散热效果，但开孔会造成辉度减小，而本申请的腔体没有开孔；（3）本申请的挤制型金属载体形成有由隔壁形成的多个散热通道的结构可维持背光组件的整体平整度，避免背光组件的框架因尺寸变大而变形凹陷。

本案合议组在此基础上对本案进行了审查，于 2007 年 11 月 8 日向复审请求人发出复审通知书，指出本申请独立权利要求 1、8 和 14 相对于对比文件 1 和公知常识的结合不具备创造性，分别引用上述独立权利要求的从属权利要求 2~7、9~13 以及 15~16 也不具备创造性。复审通知书中指出本申请权利要求 1 请求保护一种具有由挤制型金属载体顶面形成的容纳光源的容置槽，并且在所述载体顶面下具有由隔壁形成的数个散热通道的背光组件。对比文件 1 公开了一种具有容置光源的盒体（相当于本申请权利要求 1 的载体），并在所述盒体上设置有用于将光源所产生的热释放到盒体外部的通风口的面光源装置。本申请权利要求 1 与对比文件 1 相比，其区别在于：（1）载体为挤制型金属载体；（2）在载体顶面下的数个散热通道由隔壁形成。合议组认为：（1）散热器中设置散热鳍片的目的是为了增大散热器的散热路径是公知的，本申请权利要求中的散热通道与散热器的散热鳍片仅仅是能达到相同技术效果的技术手段的常规选择；（2）由于散热器是通过基体以及其上的散热鳍片散热的，其作为散热载体时必然不需要再在载体上开孔，当然也就不会存在由于开孔使背光组件的辉度减小的问题；（3）散热器上的散热鳍片除了散热的作用外，其客观上也起到了增强散热器的机械强度的作用，其用于背光组件的载体也就必然能够增大载体的机械强度。对于本领域技术人员来说，在对比文件 1 已经给出需要在背光组件的载体上设置用于散热的通风口即散热通道的技术启示下，很容易想到将公知的挤制成型金属散热器形成为背光组件的载体，这对于本领域技术人员是显而易见的，并不需要付出创造性的劳动。基于相同理由，独立权利要求 8 和 14 也不具备创造性。因此复审请求人的复审理由不能成立。

针对上述复审通知书，复审请求人于 2007 年 11 月 28 日提交了意见陈述书，没有对权利要求书进行修改。复审请求人认为对比文件 1 所教示的在载体本身与载体和上板之间留通风孔与本申请在载体形成散热通道是完全不同的技术概念，另外现有技术的散热鳍片必须要与外部空气直接接触以获得更大的散热面积，其与本申请以挤制型金属形成封闭式的散热通道不同，封闭式的散热通道是将热流往外散出，这与传统方式的散热鳍片的散热原理完全不同。

本案合议组在仔细审阅了全部案卷后，认为本案事实已经清楚，现依法作出复审决定。

二、决定的理由

1. 关于审查文本

本复审请求审查决定所针对的审查文本是复审请求人于 2006 年 12 月 4 日提交的权利要求第 1~16 项、说明书第 1~4 页，以及于申请日 2003 年 10 月 22 日提交的附图第 1~4 页、说明书摘要和摘要附图。

2. 关于专利法第 22 条第 3 款

专利法第 22 条第 3 款规定，创造性，是指同申请日以前已有的技术相比，该发明有突出的实质性特点和显著的进步，该实用新型有实质性特点和进步。

（1）就本申请而言，本申请权利要求 1 请求保护一种背光组件，对比文件 1（JP-2002006759 A）中公开了一种面光源装置，其中具体公开了如下技术特征（参见说明书第 1 栏第 22 行至第 6 栏第 45 行，附图 1-6）：所述面光源装置为用于显示器的背光组件，所述面光源装置包括盒体 1，光源容置于盒体 1 中（相当于权利要求 1 中的顶面形成容置槽的载体），盒体 1 包括形成凹槽的底面部分 1a 和侧面部分 1b，光源 5 由多个 U 形冷阴极管 6 构成（相当于权利要求 1 中的光源组），在所述盒体的底面部分形成有多个将光源所产生的热释放到盒体外部的通风口 8。

权利要求 1 与对比文件 1 相比，其区别在于：①载体为挤制型金属载体；②在载体顶面下的数个散热通道由隔壁形成。针对上述两个区别技术特征，合议组认为，对于本领域普通技术人员而言，选用挤制成型金属作为具有形状要求的载体是公知的，而利用挤制成型金属起到散热的作用也是公知的，此外散热鳍片也是常用的散热手段，散热鳍片通常为细长片状，其中间为散热通道，以增大散热器的散热面积，例如常用于计算机中 CPU 的散热器。在对比文件 1 已经给出在作为背光组件的面光源装置的盒体的底部或侧部设置用于散热的通风口（18 和 8），即面光源装置需要在盒体上设置散热通道来散热以及其位置多设于盒体底部或侧部的技术启示下，本领域技术人员很容易想到选择公知的挤制成型金属作为散热器载体，并选择多个散热鳍片来进行散热，而多个散热鳍片之间自然就形成了散热通道，而公知的散热鳍片也能起到权利要求 1 中的隔壁的散热作用，因此在对比文件 1 公开的面光源装置的基础上本领域技术人员容易得到权利要求 1 的技术方案，因此权利要求 1 的技术方案相对于对比文件 1 和公知常识的结合不具备突出的实质性特点和显著的进步，不具备专利法第 22 条第 3 款规定的创造性。

复审请求人于 2007 年 11 月 28 日针对复审通知书提交了意见陈述书，其中认为，①对比文件 1 所教示的在载体本身与载体和上板之间留通风孔与本申请发明在载体形成散热通道是完全不同的技术概念；②现有技术的散热鳍片必须要与外部空气直接接触以获得更大的散热面积，其与本申请以挤制型金属形成封闭式的散热通道不同，封闭式的散热通道是将热流往外散出，这与传统方式的散热鳍片的散热原理完全不同。因此本申请权利要求相对于现有技术的对比文件具备创造性。

针对复审请求人的上述观点，合议组认为，对比文件 1 给出了需要在背光组件的载体上设置用于散热的通风口即需要在背光组件的载体上设置散热通道的技术启示，根据该技术启示本领域技术人员容易想到选择常规的散热手段对背光组件的载体进行散热，而利用挤制成型金属的散热器作为载体也是容易想到的，公知的散热器的散热鳍片是通过增大散热片与空气的接触面积，即增大散热路径，其是利用空气的流动将热量带走以散热，而本申请权利要求中用于增大散热路径的金属载体的隔壁的作用也是为了增大与空气的接触面积，即散热路径，将热流从散热通道往外散出，可见本申请权利要求中的散热通道与现有技术的散热鳍片的作用和效果都是相同的，至于散热通道在何方向上与外界贯通，即所谓的封闭通道或开放通道，则是本领域技术人员根据实际需要可进行的常规选择。因此复审请求人的上述主张不能成立。

（2）权利要求 2 从属于权利要求 1，其附加技术特征为：该挤制型金属载体还具有一底部本体及二侧边本体，该底部本体具有一本体顶面，该二侧边本体是配置于该本体顶面的两端上，并与该底部本体围成该容置槽。对比文件 1 中已经公开了（参见对比文件 1 说明书第 1 栏第 22 行至第 2 栏第 36 行，图 6）背光组件的盒体 1 具有底部 1a（相当于底部本体）和两侧部 1b（相当于侧边本体），并形成容置光源 5 的槽。即对比文件 1 公开了背光组件的载体的形状，对于本领域技术人员来说，为零部件加工简便的需要，将具有一定形状的对象分成几个部分加工，再将各部分部件组合起来属于本领域常用的技术手段，即权利要求 2 中用几个部分来围成已知的槽状背光组件载体属于本领域一种常用的技术手段，因此当其所引用的权利要求 1 不具备创造性时，权利要求 2 也不具备突出的实质性特点和显著的进步，不符合专利法第 22 条第 3 款规定的创造性。

（3）从属于权利要求 2 的权利要求 3 的附加技术特征为：该二侧边本体是以与该底部本体螺接的方式配置于该本体顶面的两端上。对于本领域普通技术人员来说，将需要组合在一起的部件通过螺接的方式组合在一起属于本领域常用的技术手段，对本领域技术人员来说是公知的。因此，当其所引用的权利要求 2 不具备创造性时，权利要求 3 也不具有突出的实质性特点和显著的进步，不符合专利法第 22 条第 3 款规定的创造性。

（4）权利要求 4 从属于权利要求 1，其附加技术特征为：该挤制型金属载体为一铝矩型载体。对于本领域技术人员来说，选择铝作为挤制成型金属的材料是公知的，至于成型后的形状则是本领域技术人员很容易根据实际情况和具体要求进行选择的。因此，当其所引用的权利要求 1 不具备创造性时，权利要求 4 也不具有突出的实质性特点和显著的进步，不具有专利法第 22 条第 3 款规定的创造性。

（5）权利要求 5~7 均从属于权利要求 1，其附加技术特征分别为：该光源组为数个冷阴极管，这些冷阴极管是排列于该容置槽内；背光组件还包括：一反射片，是配置于该容置槽中，并位于该光源组的下方；背光组件还包括：一扩散板，是配置于该光源组的上方。对比文件 1 中（参见对比文件 1 说明书第 1 栏第 22 行至第 2 栏第 36 行，图 5~7）公开了光源 5 由多个 U 形冷阴极管 6 构成，并被置于盒体 1 的槽中；盒体 1 的内表面为反射金属膜（相当于反射片），其在光源 5 的下方；盒体 1 上方是扩散板 7，其在光源 5 上方。可见，权利要求 5~7 的附加技术特征都已经被对比文件 1 所公开。因此，当其引用的权利要求 1 相对于对比文件 1 不具有创造性时，权利要求 5~7 也不具备创造性，不符合专利法第 22 条第 3 款的规定。

（6）权利要求 8 请求保护一种背光组件，对比文件 1 中公开了一种面光源装置，其中具体公开了如下技术特征（参见说明书第 1 栏第 22 行至第 6 栏第 45 行，附图 1–6）：该面光源装置为用于显示器的背光组件，该面光源装置包括盒体1，光源容置于盒体1（相当于权利要求8的载体）中，盒体1包括形成凹槽的底面部分1a（相当于权利要求8的本体顶面）和侧面部分1b，光源5由多个U形冷阴极管6构成（相当于权利要求8中的光源组），在所述盒体的底面部分形成有多个将光源所产生的热释放到盒体外部的通风口8（相当于权利要求8中的散热通道）。

权利要求8与对比文件1的区别在于：①载体由挤制型金属制成，其具有一底部本体及二侧边本体；②底部本体和二侧边本体都具有由隔壁形成的散热通道。针对上述区别技术特征，合议组认为，对于本领域普通技术人员而言，选用挤制成型金属作为具有形状要求的载体是公知的，而利用挤制成型金属起到散热的作用也是公知的，此外散热鳍片也是常用的散热手段，散热鳍片通常为细长片状，其中间为散热通道，以增大散热器的散热面积，例如常用于计算机中CPU的散热器。在对比文件1已经给出在作为背光组件的面光源装置的盒体的底部或侧部设置用于散热的通风口（18和8），即面光源装置需要在盒体上设置散热通道来散热以及其位置多设于盒体底部或侧部的技术启示下，本领域技术人员很容易想到选择公知的挤制成型金属作为散热器载体，并选择多个散热鳍片来进行散热，而多个散热鳍片之间自然就形成了散热通道，而公知的散热鳍片也能起到权利要求1中的隔壁的散热作用，即本领域技术人员在对比文件1公开的面光源装置的基础上，很容易得到具有由隔壁形成的散热通道的由挤制型金属制成的载体；另外，对于本领域技术人员来说，为零部件加工简便的需要，将具有一定形状的对象分成几个部分加工，再将各部分部件组合起来属于本领域常用的技术手段，即权利要求8中用底部本体和侧边本体来围成背光组件中已知的槽状载体属于本领域一种常用的技术手段。综上所述可知，权利要求8的技术方案相对于对比文件1不具备突出的实质性特点和显著的进步，不具备专利法第22条第3款规定的创造性。

（7）权利要求9从属于权利要求8，其附加技术特征为：该二侧边本体是以与该底部本体螺接的方式配置于该本体顶面的两端上。对于本领域普通技术人员来说，将需要组合在一起的部件通过螺接的方式组合在一起属于本领域常用的技术手段，对本领域技术人员来说是公知的。因此，当其所引用的权利要求8不具备创造性时，权利要求9也不具有突出的实质性特点和显著的进步，不符合专利法第22条第3款规定的创造性。

（8）权利要求10从属于权利要求8，其附加技术特征为：该挤制型金属载体为一铝矩型载体。对于本领域技术人员来说，选择铝作为挤制成型金属的材料是公知的，至于成型后的形状则是本领域技术人员很容易根据实际情况和具体要求进行选择的。因此，当其所引用的权利要求8不具备创造性时，权利要求10也不具有突出的实质性特点和显著的进步，不具有专利法第22条第3款规定的创造性。

（9）权利要求11～13均从属于权利要求8，其附加技术特征为：该光源组为数个冷阴极管，这些冷阴极管是排列于该容置槽中；背光组件还包括：一反射片，是配置于该容置槽中，并位于该光源组的下方；背光组件还包括：一扩散板，是配置于该光源组的上方。对比文件1中（参见对比文件1说明书第1栏第22行至第2栏第36行，图5-7）公开了光源5由多个U形冷阴极管6构成，并被置于盒体1的槽中；盒体1的内表面为反射金属膜（相当于反射片），其在光源5的下方；盒体1上方是扩散板7，其在光源5上方。可见，权利要求11～13的附加技术特征都已经被对比文件1所公开。当其引用的权利要求8相对于对比文件1不具有创造性，权利要求11～13也不具备创造性，不符合专利法第22条第3款的规定。

（10）权利要求14请求保护一种背光组件，对比文件1中公开了一种面光源装置，其中具体公开了如下技术特征（参见说明书第1栏第22行至第6栏第45行，附图1-6）：该面光源装置为用于显示器的背光组件，该面光源装置包括盒体1，光源容置于盒体1（相当于权利要求14中的顶面形成容置槽的载体）中，盒体 1 包括形成凹槽的底面部分 1a 和侧面部分 1b，光源 5 由多个 U 形冷阴极管 6 构成（相当于权利要求 14 中的光源组），盒体 1 的内表面为反射金属膜（相当于权利要求 14 中的反射片），其在光源 5 的下方，盒体 1 上方是扩散板 7，其在光源 5 上方，在所述盒体的底面部分形成有多个将光源所产生的热释放到盒体外部的通风口 8。

权利要求 14 与对比文件 1 的区别在于：①载体为铝矩型载体；②在载体顶面下的数个散热通道由隔壁形成。针对上述两个区别技术特征，合议组认为，对于本领域普通技术人员而言，选用金属铝材料作为具有形状要求的载体是公知的，而利用金属铝材料起到散热的作用也是公知的，此外散热鳍片也是常用的散热手段，散热鳍片通常为细长片状，其中间为散热通道，以增大散热器的散热面积，例如常用于计算机中 CPU 的散热器。在对比文件 1 已经给出在作为背光组件的面光源装置的盒体的底部或侧部设置用于散热的通风口（18 和 8），即面光源装置需要在盒体上设置散热通道来散热以及其位置多设于盒体底部或侧部的技术启示下，本领域技术人员很容易想到选择公知的金属铝材料作为散热器载体，并选择多个散热鳍片来进行散热，而多个散热鳍片之间自然就形成了散热通道，而公知的散热鳍片也能起到权利要求 1 中的隔壁的散热作用，因此在对比文件 1 公开的面光源装置的基础上本领域技术人员容易得到权利要求 14 的技术方案，因此权利要求 14 的技术方案相对于对比文件 1 不具备突出的实质性特点和显著的进步，不具备专利法第 22 条第 3 款规定的创造性。

（11）权利要求 15 从属于权利要求 14，其附加技术特征为：该铝矩型载体还具有一底部本体及二侧边本体，该底部本体具有一本体顶面，该二侧边本体是配置于该本体顶面的两端上，并与该底部本体围成该容置槽。对于本领域技术人员来说，为零部件加工简便的需要，将具有一定形状的对象分成几个部分加工，再将各部分部件组合起来属于本领域常用的技术手段，即权利要求 15 中用几个部分来围成已知的槽状背光组件载体属于本领域的常用技术手段，因此当其所引用的权利要求 14 不具备创造性时，权利要求 15 也不具备突出的实质性特点和显著的进步，不符合专利法第 22 条第 3 款规定的创造性。

（12）权利要求 16 从属于权利要求 15，其附加技术特征为：该二侧边本体是以与该底部本体螺接的方式配置于该本体顶面的两端上。对于本领域普通技术人员来说，将需要组合在一起的部件通过螺接的方式组合在一起，属于本领域常用的技术手段，对本领域技术人员来说是公知的。因此，当其所引用的权利要求 15 不具备创造性时，权利要求 16 也不具有突出的实质性特点和显著的进步，不符合专利法第 22 条第 3 款规定的创造性。

综上所述，本申请权利要求 1~16 均不具备专利法第 22 条第 3 款规定的创造性。

基于上述事实和理由，本案合议组依法作出以下审查决定。

三、决定

维持国家知识产权局于 2006 年 9 月 1 日对 200310102859.5 号发明专利申请作出的驳回决定。

复审请求人对本决定不服的，可以根据专利法第 41 条第 2 款的规定，自收到本决定之日起三个月内向北京市第一中级人民法院起诉。

043

费-托氏过程的废水利用

复审请求审查决定（第12692号）

决　定　号　第12692号
决　定　日　2008年1月28日
发明创造名称　费-托氏过程的废水利用
国际分类号　C10G 2/00，C10J 3/46，C10L 1/32
复审请求人　德士古发展公司
申　请　号　01808182.7
优先权日　2000年4月28日
申　请　日　2001年4月6日
公　开　日　2003年6月11日
合议组组长　赵　明
主　审　员　王　森
参　审　员　刘　犟

法律依据　专利法第22条第3款
决定要点
判断发明是否具有突出的实质性特点，就是要判断对本领域的技术人员来说，要求保护的发明相对于现有技术是否显而易见。在判断过程中，要确定的是现有技术整体上是否存在某种技术启示，即现有技术中是否给出将权利要求与最接近的对比文件之间的区别特征应用到该最接近的对比文件以解决其存在的技术问题（即发明实际解决的技术问题）的启示，这种启示会使本领域的技术人员在面对所述技术问题时，有动机改进该最接近的对比文件并获得发明要求保护的技术方案。如果现有技术存在这种技术启示，则该发明是显而易见的，不具有突出的实质性特点。

一、案由

本复审请求涉及申请号为01808182.7，名称为“费-托氏过程的废水利用”的发明专利申请（下称本申请），其申请人为德士古发展公司，申请日为2001年4月6日，公开日为2003年6月11日。

国家知识产权局专利实质审查部门于2004年5月28日发出的第一次审查意见通知书，指出本申请存在的缺陷，包括：权利要求1，4，7，9相对于对比文件1（US3986349，公开日为1976年10月19日）不符合专利法第22条第2款有关新颖性的规定；权利要求2，3，5，6，8，10相对于对比文件1不符合专利法第22条第3款有关创造性的规定。

针对上述审查意见通知书，申请人于2004年12月10日进行了意见陈述，并提交了新修改的权利要求1~10。

经审查，国家知识产权局专利实质审查部门于2005年1月21日发出了第二次审查意见通知书，其中引用了前述对比文件1和对比文件2（US4481015，公开日为1984年11月6日），指出权利要求1（第一技术方案）、权利要求4（第一技术方案）、权利要求7、权利要求9相对于对比文件1不符合专利法第22条第2款有关新颖性的规定，权利要求1，4的第二技术方案相对于对比文件1和对比文件2的结合不符合专利法第22条第3款有关创造性的规定；权利要求2、3、5、6、8、10相对于对比文件1或相对于对比文件1和2的结合不符合专利法第22条第3款有关创造性的规定。

针对第二次审查意见通知书，申请人于2005年3月29日提交了意见陈述书，陈述了本申请具有创造性的理由。

国家知识产权局专利实质审查部门于2006年4月7日对本申请作出了驳回决定，具体理由是权利要求1（第一技术方案），4（第一技术方案），7，9相对于对比文件1不符合专利法第22条第2款有关新颖性的规定；权利要求2，3，5，6，8，10不符合专利法第22条第3款有关创造性的规定。

申请人（下称复审请求人）不服上述驳回决定，于2006年7月21日向专利复审委员会提出复审请求，同时提交了新修改的权利要求1~10。修改后的权利要求书如下：

“1. 一种处理来自碳氢化合物合成反应器的废水的方法，包括：

（a）在一个气化器的上游混合废水与固体的可燃烧的有机燃料，以形成料浆；以及

（b）在所述气化器内气化料浆以产生合成气体。

2. 按照权利要求1的方法，其特征在于，还包括在所述气化器上游的料浆准备装置中混合处理水与废水和固体的可燃烧的有机燃料。

3. 按照权利要求1的方法，其特征在于，还包括直接传送部分废水至气化器。

4. 一种碳氢化合物合成方法，包括：

（a）在一个气化器的上游，混合固体的可燃烧的有机燃料与废水，以形成料浆；

（b）借助在所述气化器内料浆的气化形成合成气体；

（c）使合成气体与碳氢化合物合成催化剂接触以形成反应产物和废水；

（d）从反应产物中分离出废水；以及

（e）再循环废水返回至与可燃烧的有机燃料混合，以形成料浆。

5. 按照权利要求4的方法，其特征在于，还包括在所述气化器上游的料浆准备装置中混合处理水与废水和固体的可燃烧的有机燃料以形成料浆。

6. 按照权利要求4的方法，其特征在于，还包括直接传送部分废水至气化器。

7. 一种用于在一个气化器的入口处接收的成料浆形式的供料组分，所述的料浆包括固体的可燃烧的有机燃料和来自碳氢化合物合成反应器的废水，所述料浆在位于所述气化器上游并与该气化器分开的一个料浆准备装置中形成。

8. 按照权利要求7的组分，其特征在于，还包括处理水。

9. 一种要在一个气化器的入口处接收的成料浆形式的供料的准备方法，所述的方法包括，在所述气化器的上游，混合固体的可燃烧的有机燃料与来自碳氢化合物合成反应器的废水。

10. 按照权利要求9的方法，其特征在于，还包括在位于所述气化器上游并与之分开的一个料浆准备装置中混合处理水与固体的可燃烧的有机燃料和废水。”

形式审查合格后，专利复审委员会受理了该请求，并于2006年8月15日向复审请求人发出了复审请求受理通知书，同时向原实质审查部门发出前置审查通知书，并随该通知书将本申请案卷转送至原实质审查部门进行前置审查。

原实质审查部门对本复审请求进行了前置审查，在前置审查意见书中，原实质审查部门坚持原驳回决定。

专利复审委员会依法成立合议组，对本复审请求案进行了审查。

本案合议组于2007年4月6日发出复审通知书，通知书中指出本申请的权利要求1~10不符合专利法第22条第3款的规定，具体理由为权利要求1、2、9、10相对于对比文件2不具备创造性，权利要求3~8相对于对比文件1和2的结合不具备创造性。

复审请求人于2007年5月11日向专利复审委员会提交了意见陈述书及修改后的权利要求书。权利要求书的修改方式为将上述权利要求1、2、3进行了合并；权利要求4、5、6进行了合并，修改后的权利要求书如下：

“1. 一种处理来自碳氢化合物合成反应器的废水的方法，包括：

（a）在一个气化器的上游混合废水与固体的可燃烧的有机燃料，以形成料浆；

（b）在所述气化器内气化料浆以产生合成气体；

（c）在所述气化器上游的料浆准备装置中混合处理水与废水和固体的可燃烧的有机燃料；

（d）直接传送部分废水至气化器。

2. 一种碳氢化合物合成方法，包括：

（a）在一个气化器的上游，混合固体的可燃烧的有机燃料与废水，以形成料浆；

（b）借助在所述气化器内料浆的气化形成合成气体；

（c）使合成气体与碳氢化合物合成催化剂接触以形成反应产物和废水；

（d）从反应产物中分离出废水；

（e）再循环废水返回至与可燃烧的有机燃料混合，以形成料浆；

（f）在所述气化器上游的料浆准备装置中混合处理水与废水和固体的可燃烧的有机燃料以形成料浆；

（g）直接传送部分废水至气化器。”

经审查，合议组认为本申请事实清楚，可以作出复审决定。

二、决定的理由

1. 审查文本

本复审决定以复审请求人于2007年5月11日提交的权利要求第1、2项，以及进入国家阶段时提交的说明书第1~7页、说明书附图第1页、说明书摘要和说明书摘要附图为审查基础。

2. 关于专利法第22条第3款

专利法第22条第3款规定，创造性，是指同申请日以前已有的的技术相比，该发明有突出的实质性特点和有显著的进步。

判断发明是否具有突出的实质性特点，就是要判断对本领域的技术人员来说，要求保护的发明相对于现有技术是否显而易见。在判断过程中，要确定的是现有技术整体上是否存在某种技术启示，即现有技术中是否给出将权利要求与最接近的对比文件之间的区别特征应用到该最接近的对比文件以解决其存在的技术问题（即发明实际解决的技术问题）的启示，这种启示会使本领域的技术人员在面对所述技术问题时，有动机改进该最接近的对比文件并获得发明要求保护的技术方案。如果现有技术存在这种技术启示，则该发明是显而易见的，不具有突出的实质性特点。

（1）本申请的权利要求1请求保护一种处理来自碳氢化合物合成反应器的废水的方法。相同领域的对比文件2公开了一种煤-水悬浮液及其制造方法，具体披露了以下技术特征：颗粒煤通过容器1与经过管线18送入的水根据煤气化的需要在研磨混合器3中混合，混好的悬浮液送入存储容器11

中以备气化，在混合过程中使用的水可以采用化工生产过程产生的废水（见对比文件2说明书第2栏第64行至第4栏第16行以及图1）。

权利要求1与对比文件2之间的区别在于：①权利要求1请求保护的是一种处理来自碳氢化合物合成反应器的废水的方法；②该方法包括在所述气化器上游的料浆准备装置中混合处理水与废水和固体的可燃烧的有机燃料；③还包括直接传送部分废水至气化器。

其中区别技术特征③已在对比文件1中公开，对比文件1（见对比文件1说明书第3栏第34行至第8栏第13行以及图2）公开了一种通过煤气化及液态碳氢合成产生能量的方法，其中将分离区25中产生的废水直接送入气化器10中，即其给出了将废水送入气化器的技术启示，且对比文件1与对比文件2属于同一技术领域，为了提高效率及简化处理过程，本领域的技术人员很容易想到也将对比文件2中的废水直接送入气化器中。对于区别技术特征①来说，虽然对比文件2中没有明确说明使用碳氢化合物合成反应器的废水来与煤混合，但是由于在碳氢化合物合成反应器的反应过程中必然会产生部分化工废水，本领域的技术人员通过对比文件2给出的可采用化工生产过程产生的废水与煤来混合后气化的技术启示，不需要花费创造性劳动就会想到也可将碳氢化合物合成反应器产生的废水与煤混合。对于区别技术特征②而言，对比文件2公开在研磨混合器3中混合颗粒煤和水，并且为了调节气化温度及调整混合物粘度，在煤与水的混合过程中添加处理水也是本领域通常采用的技术手段。由此可知，在对比文件2和1的基础上，本领域技术人员通过合乎逻辑的分析、推理就可以得到权利要求1请求保护的技术方案，因此权利要求1所要求保护的技术方案不具有突出的实质性特点，不符合专利法第22条第3款规定的创造性。

（2）权利要求2请求保护一种碳氢化合物合成方法。相同领域的对比文件1（见对比文件1说明书第3栏第34行至第8栏第13行以及图2）公开了一种通过煤气化及液态碳氢合成产生能量的方法，并披露了以下特征：从碳氢化合物合成反应器18出来的产物在分离区25分离后得到废水，该废水再循环回到气化器10，同时将含碳固体材料、蒸汽和氧气输入到气化器10内，在气化器内进行气化反应，得到合成气。将气化后得到的合成气输送到碳氢化合物合成反应器18内，反应器18内装有合适的碳氢化合物合成催化剂，合成气与碳氢化合物合成催化剂接触会形成反应产物和废水。

权利要求2与对比文件1之间的区别在于：①权利要求2中在一个气化器的上游混和固体的可燃烧的有机燃料与废水；②该方法包括在所述气化器上游的料浆准备装置中混合处理水于废水和固体的可燃烧的有机燃料。

其中区别技术特征①已在对比文件2中公开，对比文件2（见对比文件2说明书第2栏第64行至第4栏第16行以及图1）公开了一种煤-水悬浮液及其制造方法，披露了以下技术特征：颗粒煤通过容器1与经过管线18送入的水根据煤气化的需要在研磨混合器3中混合，混好的悬浮液送入存储容器11中以备气化，在混合过程中使用的水可以采用化工生产过程产生的废水，即对比文件2给出了“可在气化器上游混合固体颗粒煤及废水”的技术启示。对比文件2与对比文件1属于同一技术领域，通过对比文件2给出的技术启示，为了混合均匀，本领域的技术人员也会很容易想到在对比文件1的气化器上游混合含碳固体材料及废水。对于区别技术特征②，对比文件2公开在研磨混合器3中混合颗粒煤和水，为了调节气化温度及调整混合物粘度，在煤与水的混合过程中添加处理水也是本领域通常采用的技术手段。由此可知，在对比文件1和2的基础上，本领域的技术人员得到权利要求2请求保护的技术方案是显而易见的，因此权利要求2所要求保护的技术方案不具有突出的实质性特点，不符合专利法第22条第3款规定的创造性。

复审请求人在答复复审通知书时认为修改后的权利要求1限定了将来自碳氢化合物合成反应器工艺的废水部分送到每一个气化器和位于所述气化器上游的料浆准备装置，因此本申请相对于对比文件

1 和 2 具备创造性。对此，合议组认为对比文件 1 给出了“将废水送入气化器”的技术启示，对比文件 2 给出了“可在气化器上游混合固体颗粒煤及废水”的技术启示，对比文件 1 与对比文件 2 属于同一技术领域，本领域的技术人员根据对比文件 1 和 2 给出的技术启示不需要花费创造性劳动即可得到权利要求 1 请求保护的技术方案，因此合议组对复审请求人的上述主张不予支持。

基于上述事实和理由，合议组作出如下决定。

三、决定

维持国家知识产权局于 2006 年 4 月 7 日对 01808182.7 号发明专利申请作出的驳回决定。

复审请求人对本决定不服的，可以根据专利法第 41 条第 2 款的规定，自收到本决定之日起三个月内向北京市第一中级人民法院起诉。

044

血压测量装置

复审请求审查决定（第 12710 号）

决　定　号　第 12710 号
决　定　日　2008 年 2 月 15 日
发明创造名称　血压测量装置
国 际 分 类 号　A61B 5/022
复 审 请 求 人　微生命知识产权股份有限公司
申　请　号　00820022. X
申　请　日　2000 年 11 月 16 日
公　开　日　2004 年 3 月 17 日
合 议 组 组 长　杨军艳
主　审　员　佟仲明
参　审　员　刘　畅

法 律 依 据　专利法第 22 条第 3 款
决 定 要 点

如果一份现有技术与本申请要解决的技术问题不同，且其中给出了不采用本申请中为解决其技术问题而采用的技术手段的启示的情况下，其不能与其他现有技术或本领域公知常识结合来评价本申请权利要求的创造性。

一、案由

本复审请求涉及申请号为 00820022. X、名称为“血压测量装置”的发明专利 PCT 申请（下称本申请），申请日为 2000 年 11 月 16 日，申请人为微生命知识产权股份有限公司。本申请公开时权利要求书包括 7 项权利要求，其中权利要求 1 为独立权利要求。

国家知识产权局实质审查部门依法对本申请进行了实质审查，于 2004 年 12 月 31 日发出第一次审查意见通知书，指出本申请独立权利要求 1 相对于对比文件 1 和对比文件 2 的结合不具备专利法第 22 条第 3 款规定的创造性，从属权利要求 3 的附加技术特征已经在对比文件 3 中公开，从属权利要求 4 的附加技术特征被对比文件 1 公开，从属权利要求 5 的附加技术特征是本领域的惯用手段，其在对比文件 1 和对比文件 2 中也均有记载，从属权利要求 6 的附加技术特征也已经被对比文件 1 公开，因此在其引用的权利要求不具备创造性的情况下，上述权利要求 3~6 也分别不具备专利法第 22 条第 3 款规定的创造性。从属权利要求 2~4 的主题名称与独立权利要求 1 的主题名称不一致，因此不符合专利法实施细则第 20 条第 1 款的规定。从属权利要求 3 与从属权利要求 5 中对附图标记 11 所指代的技术特征的描述不一致，也不符合专利法实施细则第 20 条第 1 款的规定。从属权利要求 4 和从属权利要求 7 对在前权利要求的引用方式不符合专利法实施细则第 23 条第 2 款的规定。说明书中存在引用权利要求的用语，不符合专利法实施细则第 18 条第 3 款的规定。

该通知书中所引用的对比文件如下：

对比文件 1：公开号为 GB2153535A 的英国专利文献，其公开日为 1985 年 8 月 21 日；

对比文件 2：公开号为 CN1213524A 的中国发明专利申请公开说明书，其公开日为 1999 年 4 月 14 日；

对比文件 3：公开号为 CN2297169Y 的实用新型专利说明书，其公开日为 1998 年 11 月 18 日。

针对上述审查意见通知书，申请人于 2005 年 5 月 16 日提交了意见陈述书，并提交了权利要求书全文替换页以及说明书全文共 6 页的修改替换页。修改后的权利要求书共包括 7 项权利要求，其中权利要求 1 为独立权利要求。申请人认为：对比文件 1 中披露的血压测量装置其实只是一种手动血压测量装置，血压数值的测量是由使用者通过听诊器来听克氏音从而手动确定的。对比文件 1 的血压测量方式与本申请的血压测量方式不同，对比文件 1 中的电路板也不同于本申请中的控制单元。此外，对比文件 2 中没有披露怎样测量以及何时测量舒张压和收缩压的装置和方法。而且，对比文件 1 中指出有经验的熟练测量人员可通过克氏音获得更多患者信息，因此其并不旨在构造便于进行自动测量的装置，本领域普通技术人员没有动机将对比文件 1 和对比文件 2 结合。此外，本申请的血压装置还具有结构简化、自动读取、容易使用的有益技术效果。因此本申请独立权利要求 1 具备专利法第 22 条第 3 款的创造性。在独立权利要求 1 具备创造性的情况下，其从属权利要求也具备创造性。申请人修改了从属权利要求 2~4 的主题名称，并修改了其中不一致的附图标记，修改了从属权利要求 4 和 7 的引用关系。申请人还修改了说明书中不清楚的部分，并加入小标题。

针对申请人的上述意见陈述，国家知识产权局实质审查部门继续审查，于 2005 年 8 月 12 日发出第二次审查意见通知书，指出：对比文件 2 中公开了采用示波方式计算血压值，对比文件 1 和 2 所属技术领域相同，对比文件 2 给出了用示波法测量血压的技术启示，因此在对比文件 1 的基础上结合对比文件 2 可以得到本申请权利要求自动血压测量装置的技术方案。而且，尽管对比文件 2 中没有公开具体测量步骤，但血压测量方法属于本领域普通技术人员常用的技术手段，本申请权利要求 1 中也没有具体描述血压测量步骤。此外，对比文件 1 和对比文件 2 中的装置也可以达到申请人陈述的效果。因此申请人关于权利要求 1、3~6 具备专利法第 22 条第 3 款规定的创造性的理由不充分，修改后的权利要求 1、3~6 仍不具备创造性。

针对第二次审查意见通知书，申请人于 2005 年 11 月 28 日提交了意见陈述书。申请人未对本申请进行任何修改。申请人认为：对比文件 1 仅仅是将公知的手动血压计变型成具有电子显示数值的血压计，其仍然需要听诊器和听觉上的判断。对比文件 2 中公开的是一种大型、组合的复杂设备，与对比文件 1 中的小型血压计的测量方式完全不同，也没有给出本申请希望解决的技术问题的启示。对比文件 1 和对比文件 2 的结合不是显而易见的。此外，即使将对比文件 1 和对比文件 2 相结合所获得的血压测量装置中也没有用于示波方式测量血管振动的高灵敏度分辨率传感器。

经过上述实质审查程序后，国家知识产权局实质审查部门于 2006 年 1 月 20 日以本申请权利要求 1、3~6 不符合专利法第 22 条第 3 款的规定为由，作出了驳回本申请的决定，具体的驳回理由如下：对比文件 1 公开了一种血压测量计，本申请权利要求 1 与对比文件 1 的区别在于：可充气袖带和用示波方式计算血压值的计算单元，而上述区别技术特征已经被对比文件 2 公开。虽然申请人认为对比文件 2 没有给出与对比文件 1 相结合的启示，但对比文件 2 中采用的示波法是一种对血压进行自动测量的方法，与本申请要解决自动进行测量的技术问题相同，对比文件 1、对比文件 2 所属的技术领域相同，在对比文件 1 的基础上结合对比文件 2 是本领域普通技术人员容易想到的。至于申请人对“传感器”的意见陈述，对比文件 2 中包括配套于数字示波法测量所使用的传感器，且本申请权利要求 1 中也仅描述为包括测量袖带中压力的电气或电子压力传感器，其完全可以被对比文件 1 中所述的压力传感器公开。因此，申请人的意见陈述不充分，本申请权利要求 1 相对于对比文件 1 和对比文件 2 的结合不具备专利法第 22 条第 3 款规定的创造性。从属权利要求 3 的附加技术特征已经在对比文件 3 中公开，从属权利要求 4 的附加技术特征被对比文件 1 公开，从属权利要求 5 的附加技术特征是本领域的常用手段，在对比文件 1 和对比文件 2 中均有记载，从属权利要求 6 的附加技术特征也已经被对比文件 1 公开，因此在其引用的权利要求不具备创造性的情况下，上述权利要求 3～6 也分别不具备专利法第 22 条第 3 款规定的创造性。

该驳回决定所针对的文本是：申请人于 2005 年 5 月 16 日提交的权利要求第 1～7 项、说明书第 1～6页；本申请进入中国国家阶段时（2003 年 5 月 16 日）提交的附图 1～3 页、中文摘要及摘要附图。驳回决定中针对的权利要求书内容如下：

“1. 一种用于测量患者血压的自动的手持血压测量装置（1），其包括：

适于绕患者的上臂（A）或手腕放置的可充气袖带（2）；

具有控制和显示单元（3）的外壳（9），该外壳经由管子（4）连接到或可连接到该袖带（2），该控制和显示单元包括至少一个用于测量该袖带中的压力（P）的电气或电子的压力传感器（5）、一用于以示波方式来计算基于该袖带中的血压值的计算单元（7）、和一显示器（6）；以及

用于给该袖带（2）手动充气的泡体（8），

其中，所述泡体（8）装接到该外壳（9）上，由此允许用一只手来握持该外壳（9）和给该泡体（8）充气。

2. 依据权利要求 1 所述的血压测量装置，其特征在于，该计算单元（7）设置有一开关，该开关通过初次按压该泡体（8）被可选择地触动。

3. 依据权利要求 1 或 2 所述的血压测量装置，其特征在于，该控制和显示单元（3）包括一被动的自调节放气阀（11）。

4. 依据权利要求 1 或 2 所述的血压测量装置，其特征在于，该计算单元（7）被编程设定成，以便当该袖带（2）中的所述压力（P）达到设定值时提供表示，或当该袖带中的所述压力（P）没有达到设定值时提供表示。

5. 依据权利要求 1 或 2 所述的血压测量装置，其特征在于，该装置包括一手动或者自动的压力释放阀。

6. 依据权利要求 5 所述的血压测量装置，其特征在于，该充气泡体（8）和该手动压力释放阀以可用一只手操纵的方式来布置。

7. 依据权利要求 1 或 2 所述的血压测量装置，其特征在于，该计算单元（7）还被设计成和编程设定成，以计算患者的脉搏率并可选择地控制该阀的放气速率。”

申请人微生命知识产权股份有限公司（下称复审请求人）不服上述驳回决定，于 2006 年 5 月 8 日向专利复审委员会提出复审请求，同时提交了权利要求书全文的修改替换页，修改后的权利要求书共包括 7 项权利要求，其中权利要求 1 为独立权利要求。其复审请求的理由是：首先，当整体考虑本申请权利要求 1 的技术方案时，本领域的技术人员应当理解本发明的血压测量装置具有以示波方式测量血压、灵敏度足够的压力传感器，即压力传感器必须适于测量可用于示波计算的血压数值。对比文件 1 并没有公开这样的压力传感器。其次，对比文件 1 的技术方案排斥设置自动确定血压的装置。对比文件 2 与对比文件 1 的血压测量方式完全不同，不存在结合的启示。此外，本领域普通技术人员在

面对对比文件1所描述的技术时不会想到抛弃原有血压测量方式而引入全新的血压测量方式。因此在对比文件1的基础上结合对比文件2不是容易想到的。对比文件1、2、3均没有公开本申请权利要求的技术方案，因此本申请权利要求具备创造性。

经形式审查合格后，专利复审委员会依法受理了上述请求，并于2006年6月2日向复审请求人发出了复审请求受理通知书，同时向原审查部门发出前置审查通知书。

原审查部门对该复审请求做出前置审查意见，仍然坚持原驳回决定。

针对上述复审请求，专利复审委员会依法成立合议组，对本案进行审查，于2006年10月9日发出复审通知书，指出：对比文件1公开了一种血压测量装置，权利要求1与对比文件1的区别在于：权利要求1的装置包括以基于该袖带中的压力以示波方式计算血压值的计算单元。但采用示波方式计算基于袖带中的血压值属于现有血压自动测量领域中的一种惯用手段，如对比文件2中的数字示波法电子测量器就利用示波法测量人体血压。而采用示波法的电子测量器必然基于其臂带中的测量值进行测量和计算。因此，在对比文件1的基础上结合本领域惯用手段得到权利要求1所要求保护的技术方案对本领域普通技术人员来说是显而易见的。至于复审请求人关于传感器的意见陈述，权利要求1中并没有限定为以示波方式测量血压、灵敏度足够的压力传感器，对比文件1中的压力传感器相当于权利要求1中的电子压力传感器。因此本申请权利要求1不具备专利法第22条第3款规定的创造性。从属权利要求3的附加技术特征已经在对比文件3中公开，从属权利要求4的附加技术特征被对比文件1公开，从属权利要求5的附加技术特征是本领域的惯用手段，在对比文件1和对比文件2中也均有公开，从属权利要求6的附加技术特征也已经被对比文件1公开，因此在其引用的权利要求不具备创造性的情况下，上述权利要求3~6也分别不具备专利法第22条第3款规定的创造性。

针对上述复审通知书，复审请求人于2007年1月24日提交了意见陈述书以及两份附件，分别为：权利要求书（A套）和权利要求书（B套）。复审请求人在意见陈述书中认为：对比文件1中公开的血压测量装置在测量过程中必须借助于人耳听到代表舒张压和收缩压的特征声音，在对比文件1的基础上要获得本申请权利要求1的技术方案必须完全放弃对比文件1的测量方式，这种将基于特征声音的测量方式替代为血压示波方式需要本领域技术人员付出创造性劳动才能实现。并且对比文件1中描述了使用听诊器进行判断的有益效果，本领域普通技术人员在不付出创造性劳动的情况下也没有动机将对比文件1与对比文件2结合。即使将对比文件1和对比文件2结合获得的也是完全自动的血压测量装置而不是本申请中的血压测量装置。本申请技术方案与全自动血压计相比，可减小电池和血压计的尺寸和重量降低能耗和成本；本申请技术方案与医院使用的血压计相比，测量速度和操作性明显提高，这些效果在任一对比文件中均没有公开，即本申请获得了新的技术效果。复审请求人在提交的权利要求书（A套）中对权利要求1进行了修改，其中对压力传感器进行了限定，复审请求人认为修改后的权利要求1（A套）中的压力传感器不同于对比文件1中的压力传感器。复审请求人同时提供权利要求（B套），请求合议组在权利要求（A套）不具备创造性的情况下继续审查权利要求（B套），权利要求1（B套）中加入了权利要求3的特征，复审请求人认为调节阀以适当速度进行放气不需要使用者的操作对于可靠的示波方式测量而言是非常重要的。

针对上述意见陈述，合议组与复审请求人的代理人进行了电话讨论，告知复审请求人应当提交一套确定的文本作为本申请权利要求书，而不是由合议组在权利要求（A套）或权利要求（B套）中自行选择。

针对上述电话讨论，复审请求人于2007年8月6日提交了意见陈述书和附件4份，如下：

附件1：权利要求书全文修改替换页；

附件2：被称为“实质审查资料”的某印刷物复印件一页；

附件3：欧洲专利局针对本申请作出的国际专利申请的检索报告；

附件4：欧洲专利局针对本申请作出的国际专利申请的初步审查报告。

复审请求人认为：对比文件1没有与惯用技术手段或对比文件2结合以得到本申请权利要求1要求保护的技术方案的启示，并用附件3、4作为辅助证据加以证明。此外，即使将对比文件1与“惯用技术手段”结合所获得的技术方案与本申请权利要求1仍然存在显著区别，因此本申请具备创造性。修改后的权利要求书共包括7项权利要求，其中权利要求1为独立权利要求，权利要求2、4~7为其从属权利要求，权利要求3的内容仅为“删除”，修改后的权利要求书内容如下：

“1. 一种用于测量患者血压的自动的手持血压测量装置（1），其包括：

适于绕患者的上臂（A）或手腕放置的可充气袖带（2）；

具有控制和显示单元（3）的外壳（9），该外壳经由管子（4）连接到或可连接到该袖带（2），该控制和显示单元包括：至少一个用于测量该袖带中的压力（P）的电气或电子的压力传感器（5），其中该传感器适于测量该袖带中的压力波动；

一计算单元（7），该计算单元基于该袖带中的压力并基于由该压力传感器测量的该袖带中的压力波动以示波方式来计算血压值；和

一显示器（6）；以及

用于给该袖带（2）手动充气的泡体（8），

其中，所述泡体（8）装接到该外壳（9）上，由此允许用一只手来握持该外壳（9）和给该泡体（8）充气，

该控制和显示单元（3）包括一被动的自调节放气阀（11）或一自动的放气阀。

2. 依据权利要求1所述的血压测量装置，其特征在于，该计算单元（7）设置有一开关，该开关通过初次按压该泡体（8）被可选择地触动。

3. 删除。

4. 依据权利要求1或2所述的血压测量装置，其特征在于，该计算单元（7）被编程设定成，以便当该袖带（2）中的所述压力（P）达到设定值时提供表示，或当该袖带中的所述压力（P）没有达到设定值时提供表示。

5. 依据权利要求1或2所述的血压测量装置，其特征在于，该装置包括一手动或者自动的压力释放阀。

6. 依据权利要求5所述的血压测量装置，其特征在于，该充气泡体（8）和该手动压力释放阀以可用一只手来操纵的方式来布置。

7. 依据权利要求1或2所述的血压测量装置，其特征在于，该计算单元（7）还被设计成和编程设定成，以计算患者的脉搏率并可选择地控制该阀的放气速率。”

本案合议组于2007年12月19日发出合议组成员告知通知书，告知复审请求人合议组成员的变更，并指出复审请求人如对合议组成员有回避请求，应在收到本通知之日起7日内提交书面请求书，并说明理由，必要时附具证据。逾期未答复，视为无回避请求。

复审请求人在该合议组成员告知通知书指定期限内未进行答复。

至此，合议组认为本案事实已经清楚，现依法作出复审决定。

二、决定的理由

1. 关于审查文本

本决定以进入中国国家阶段时（2003年5月16日）提交的说明书摘要、摘要附图和说明书附图1~3页，以及2005年5月16日提交的说明书1~6页、于2007年8月6日提交的权利要求第1~7项

作为审查的基础。

2. 关于本申请权利要求是否具备专利法第22条第3款所规定的创造性

专利法第22条第3款规定：创造性，是指同申请日以前已有的技术相比，该发明有突出的实质性特点和显著的进步，该实用新型有实质性特点和进步。

本申请权利要求1请求保护一种用于测量患者血压的自动的手持血压测量装置，对比文件1中公开了一种血压测量装置，其中（说明书第1页第120~130行，第2页第1~20行、第40~60行，权利要求1，附图1、2）公开了如下技术特征：血压测量装置包括手持血压测量计以及上臂可充气袖带；血压测量计包括壳体1，容纳于壳体内的电路板2和控制电路板3（相当于本申请中的控制和显示单元），外壳经由连接器4和管子连接到袖带；压力传感器10安装在模拟电路板2上，该压力传感器10测量的是袖带中的压力；外壳上具有显示区域，该显示区域包括安装在控制电路板3上的液晶显示器4；用于给袖带手动充气的充气泡体7，该泡体安装在壳体下方，壳体下部延伸有用于握持该装置的手柄13并且可以向该手柄13按压充气泡体7进行充气，即，通过该手柄13和充气泡体7可以用一只手握持对比文件1中的血压测量装置并给泡体充气。该血压测量计还包括手动调节的放气阀12。当测量血压时，将袖带置于患者手臂上，并挤压气泡7对袖带充气，当建立了需要的压力后，操作者打开放气阀12并使用听诊器监测脉搏，当听到表示收缩压或舒张压的特征脉搏时，操作者按压血压测量计上的“记录”按钮，从而在显示器上显示测得的血压。

权利要求1要求保护的技术方案与对比文件1公开的内容相比，区别在于权利要求1中还包括以下技术特征：（1）基于该袖带中的压力并基于由该压力传感器测量的该袖带中的压力波动以示波方式来计算血压值的计算单元；（2）该控制和显示单元包括一被动的自调节放气阀或一自动的放气阀。

对于区别技术特征（1）：对比文件2公开了一种高血压诊断治疗仪，并公开了该诊断治疗仪由治疗单元和测量单元构成，其中测量单元由加压橡皮球、臂带和数字示波法电子测压器构成。经审查，合议组认为，对比文件2中没有给出将数字示波法电子测压器用于通过测量人员根据“克氏音”听诊来测血压的仪器中的技术启示，并且对比文件1第1页第64~69行也指出“这些自动仪器对于医生而言通常是不利的，这是因为，除了不精确之外，通过常规听诊器听到的声音还可以提供除所需血压读数之外的重要临床信息”，也就是说对比文件1明确指出不建议采用自动测量血压的装置。因此，虽然对比文件1与对比文件2中公开的装置均属于血压测量领域，但在对比文件2没有给出技术启示且对比文件1已经明确排斥自动测量血压装置的情况下，本领域普通技术人员没有动机将对比文件2中能通过示波法自动测量血压的计算装置用于与对比文件1中的血压测量装置相结合。此外，虽然基于压力传感器测量的袖带中压力波动以示波方式计算血压值属于本领域的公知常识，但是这种示波方式计算血压值的方式本质上是一种自动血压测量方式，其用于自动血压测量仪器，现有技术中没有证据证明这种自动式的以示波方式计算血压值的方式可以用于通过由测量人员根据“克氏音”听诊来测血压的仪器中。并且在对比文件1中明确指出不建议采用自动测量血压的装置的情况下，本领域普通技术人员也没有动机将本领域公知常识中能通过示波法自动测量血压的装置用于与对比文件1结合。

对于区别技术特征（2）：合议组认为，虽然对比文件3公开了一种血压计控制装置及血压计，并公开了受控制电路控制的电磁阀，但该对比文件3中的血压计控制装置是用于机械式血压计的，并非用于通过示波法自动测量血压的自动血压装置，而且，对比文件3说明书第1页倒数第6行至第2页第1行所述内容也同样表示出对自动血压计的排斥，并明确指出对比文件3中的控制装置用于机械式血压计。因此对比文件3中公开的电磁阀与本申请中能用于自动血压装置的“被动的自调节放气阀或一自动的放气阀”不同，该对比文件3未能公开该区别技术特征（2），也不能给出在自动血压装置中使用电磁阀的技术启示。此外，也没有证据表明该区别技术特征（2）属于本领域的公知常识。

综上所述，本申请权利要求1相对于对比文件1、对比文件2及对比文件3具备专利法第22条第3款规定的创造性。

在独立权利要求1相对于对比文件1、对比文件2及对比文件3具备创造性的情况下，直接或间接引用该独立权利要求1的从属权利要求2、4~7相对于对比文件1、对比文件2及对比文件3也具备专利法第22条第3款所规定的创造性。

根据上述事实和理由，本案合议组依法作出以下审查决定。

三、决定

撤销国家知识产权局于2006年1月20日对00820022.X号发明专利申请作出的驳回决定，由原审查部门以本决定依据的文本作为审查基础继续进行审查程序。

复审请求人对本决定不服的，可以根据专利法第41条第2款的规定，自收到本决定之日起三个月内向北京市第一中级人民法院起诉。

045

个人计算机彩票游戏

复审请求审查决定（第12735号）

决　定　号　第12735号
决　定　日　2008年2月29日
发明创造名称　个人计算机彩票游戏
国际分类号　A63B7/00，A63F1/00
复审请求人　罗托-魁北克公司的因赫尼奥子公司
申　请　号　97180388.9
申　请　日　1997年10月21日
公　开　日　1999年12月29日
合议组组长　张　霞
主　审　员　刘路尧
参　审　员　武　磊

法律依据　专利法第33条
决定要点
请求人删除了涉及修改超出原始申请文本记载范围的权利要求和说明书内容，则克服了驳回决定和复审通知书中指出的权利要求和说明书不符合专利法第33条规定的缺陷。

一、案由

本复审请求涉及申请日为1997年10月21日、公开日为1999年12月29日、优先权日1996年10月25日、名称为"个人计算机彩票游戏"的97180388.9号PCT发明专利申请（下称本申请），其进入中国国家阶段的日期为1999年6月7日，申请人为罗托-魁北克公司的因赫尼奥子公司。

在实质审查过程中，国家知识产权局实质审查部门于2007年5月11日作出驳回决定，驳回决定所针对的文本是申请人于2003年10月27日提交的权利要求第1~15项、说明书第1~3页，2004年11月30日提交的说明书第20页，进入中国国家阶段时提交的说明书第4~19页、说明书附图第1~16页、摘要及摘要附图，驳回的理由是：权利要求15增加的附加技术特征"所述事件由玩者控制"在原始申请文本中没有记载，说明书第20页最后一段增加的内容在原始申请文件中没有记载，所属技术领域的技术人员也不能从原始申请文本中直接地、毫无疑义地确定上述内容，导致权利要求15及说明书的修改超出了原始申请文本记载的范围，不符合专利法第33条的规定。驳回决定所针对的权利要求书中权利要求15的内容如下：

“15. 根据权利要求 13 的彩票系统，其中所述事件由该玩者控制。”

申请人（下称请求人）对上述驳回决定不服，于 2007 年 8 月 24 日向专利复审委员会提出复审请求，并提交了说明书第 20 页的替换页。请求人陈述的主要理由是：说明书第 10 页第 12~18 行具体描述了一个由玩者对事件控制的游戏事件，因此权利要求 15 的附加技术特征“所述事件由玩者控制”是完全可以从原始说明书描述的实施例中毫无疑义地确定的，不属于专利法第 33 条规定的超范围的修改；请求人删除了说明书第 20 页最后一段增加的内容，则修改后的说明书克服了驳回决定中指出的说明书的修改超出原始申请文本记载范围的缺陷。

经形式审查合格，专利复审委员会受理了该复审请求，并于 2007 年 9 月 18 日向请求人发出复审请求受理通知书，同时向国家知识产权局实质审查部门发出前置审查通知书。

在前置审查意见中，国家知识产权局实质审查部门坚持原驳回决定。

针对该复审请求，专利复审委员会依法成立合议组，对本案进行审查。合议组于 2007 年 11 月 28 日发出复审通知书，在该复审通知书中指出：权利要求 15 增加的附加技术特征“其中所述事件由玩者控制”在原始申请文本中没有记载，所属技术领域的技术人员也不能从原始申请文本中直接地、毫无疑义地确定，导致该权利要求的修改超出了原始申请文本记载的范围，不符合专利法第 33 条的规定。说明书第 10 页第 12~18 行中仅仅描述了一种由玩者互动参与游戏事件的游戏，并不能表明玩者可以对事件进行控制，互动参与和控制是不相同的操作，而且其描述的游戏仅仅涉及本申请中的彩票型游戏，也没有对所述外部事件进行明确限定，所属技术领域的技术人员由所述彩票型游戏允许玩者互动参与不能直接地、毫无疑义地确定所述外部事件是由玩者控制的结论。

请求人于 2008 年 1 月 14 日针对上述复审通知书提交了意见陈述书及权利要求书的全文替换页，其中删除了权利要求 15，保留了权利要求 1~14，请求人认为：修改后的权利要求书克服了复审通知书中指出的权利要求 15 不符合专利法第 33 条规定的缺陷。

经审查，合议组认为本案事实已经清楚，可以依法作出复审请求审查决定。

二、决定的理由

1. 关于审查文本

本复审请求审查决定所依据的文本是：请求人于 2008 年 1 月 14 日提交的权利要求第 1~14 项，2003 年 10 月 27 日说明书第 1~3 页，2007 年 8 月 24 日提交的说明书第 20 页，进入中国国家阶段时（1999 年 6 月 7 日）提交的说明书第 4~19 页、说明书附图第 1~16 页、说明书摘要及摘要附图。

2. 关于专利法第 33 条

根据专利法第 33 条的规定，申请人可以对其专利申请文件进行修改，但是，对发明和实用新型专利申请文件的修改不得超出原说明书和权利要求书记载的范围，对外观设计专利申请文件的修改不得超出原图片或者照片表示的范围。

请求人在提出复审请求时提交的说明书第 20 页删除了涉及超出原始申请文本记载范围的最后一段内容，并针对复审通知书中的审查意见在 2008 年 1 月 14 日提交的权利要求书中删除了涉及超出原始申请文本记载范围的权利要求 15，从而克服了驳回决定和复审通知书中指出的权利要求 15 及说明书的修改不符合专利法第 33 条规定的缺陷。

至于本申请有无其他不符合专利法及其实施细则相关规定的问题留待实质审查部门继续审查。

根据以上事实和理由，合议组作出如下复审请求审查决定。

三、决定

撤销国家知识产权局于 2007 年 5 月 11 日对 97180388.9 号 PCT 发明专利申请作出的驳回决定。

由国家知识产权局实质审查部门依据请求人于2008年1月14日提交的权利要求第1~14项，2003年10月27日说明书第1~3页，2007年8月24日提交的说明书第20页，进入中国国家阶段时提交的说明书第4~19页、说明书附图第1~16页、说明书摘要及摘要附图继续审批程序。

请求人对本决定不服的，可以根据专利法第41条第2款的规定，自收到本决定之日起三个月内向北京市第一中级人民法院起诉。

046

X 射线发生器及使用该发生器的光电离器

复审请求审查决定（第 12737 号）

决　定　号　第 12737 号
决　定　日　2008 年 3 月 4 日
发明创造名称　X 射线发生器及使用该发生器的光电离器
国 际 分 类 号　H05G 2/00
复 审 请 求 人　滨松光子学株式会社
申　请　号　97122821.3
优 先 权 日　1996 年 9 月 27 日
申　请　日　1997 年 9 月 27 日
公　开　日　1998 年 5 月 27 日
合 议 组 组 长　黄玉平
主　审　员　宋　瑞
参　审　员　谢有成

法 律 依 据　专利法第 33 条
决 定 要 点

实质审查部门以对申请文件的修改超出了原申请文件记载的范围为由作出驳回决定的，复审请求人通过修改，使得修改后申请文件的内容均能够从原申请文件中直接且毫无疑义地确定，故所述修改后的申请文件符合专利法第 33 条的规定。

一、案由

本复审请求涉及申请号为 97122821.3、发明名称为“X 射线发生器及使用该发生器的光电离器”的发明专利申请（下称本申请），其申请日为 1997 年 9 月 27 日，优先权日为 1996 年 9 月 27 日，公开日为 1998 年 5 月 27 日，申请人为滨松光子学株式会社。本申请原始提交的权利要求书共包括 4 项权利要求，其内容如下：

“1. 一种 X 射线发生器，其保护壳内容纳有：

含有用电子束辐射靶的阴极的 X 射线管，X 射线管中具有地电位的靶固定于输出窗的内表面，然后固定在设置于管壳端上的导电和导热输出窗支承上；

驱动 X 射线管的电源，其中形成在输出窗支承上从而向外突出的突缘部分与导热保护壳接触并固定。

2. 根据权利要求 1 的 X 射线发生器，其特征是在电源壳上设置 X 射线管容纳单元，用于容纳电源，在形成于X射线管容纳单元前端上的第一支承板与设置在保护壳前端上并与第一支承板相对置的第二支承板之间，夹设突缘部分。

3. 根据权利要求2的X射线发生器，其特征是导热中间部件位于第一支承板与第二支承板之间，突缘部分经过中间部件夹在第一和第二支承板之间。

4. 采用上述任一项权利要求的X射线发生器的静电清除器。”

国家知识产权局专利局实质审查部门依法对本申请进行了实质审查，于2006年5月12日以申请人对本申请的修改不符合专利法第33条的规定为由作出驳回本申请的决定，驳回决定所针对的申请文件为：申请人于2004年7月5日提交的权利要求书第1~18项；于2004年1月19日提交的说明书第1~7页；于1998年1月15日提交的说明书附图第1~7页及摘要附图；于1997年9月27日提交的说明书摘要，其中权利要求书共包括18项权利要求，其内容如下：

“1. 一种X射线发生器，其包括：

保护壳（2），在其轴线方向上被拉长，所述保护壳（2）是由导热材料制成的，并且使用中被接地；

一X射线管（8），其设置在所述保护壳（2）之内，所述X射线管（8）包括：

一管壳（9），其具有第一端部和第二端部；

一灯丝（16），其设置在所述管壳（9）之内；

一输出窗口（13），其具有内表面；

一输出窗支承部件（12），其固定在所述管壳（9）的第一端部，以便与所述管壳电连接，并且支承所述输出窗口（13），所述输出窗支承部件（12）是由导热材料制成的；

一突缘部分（18），其形成在所述输出窗支承部件（12）之上，以便向外突出，所述突缘部分（18）是由导热和导电材料制成，并且被热连接和电连接到所述保护壳（2）；

一靶（14），其固定地连接到所述输出窗口（13）的内表面，并且具有一地电位，其中所述灯丝（16）向所述靶（14）辐射电子束，使所述靶（14）产生X射线，所述X射线从所述管壳（9）被向外引导通过所述输出窗口（13），和

一电源组件，其设置在所述保护壳（2）之内，所述电源组件包括：用于提供负电压到所述灯丝（16）的电源（21）；和用于将所述电源（21）设置在其中的电源壳（22），

借此所述靶（14），所述输出窗口（13），所述输出窗支承部件（12），所述突缘部分（18）和所述保护壳（2）被热连接和电连接。

2. 根据权利要求1的X射线发生器，其特征在于，所述电源壳（22）设置一X射线管支承单元，其包括第一支承板（24）和第二支承板（5），所述第一支承板（24）限定所述电源壳（22），所述第二支承板（5）设置成与所述第一支承板（24）相面对，并且其中所述突缘部分（18）被支承在所述第一支承板（24）和所述第二支承板（5）之间。

3. 如权利要求2所述的X射线发生器，其特征在于，所述X射线支承单元还包括一由导热材料制成的并且被设置在所述第一支承板（24）和所述第二支承板（5）之间的中间元件（25），并且其中所述突缘部分（18）通过所述中间元件（25）被设置在所述第一支承板（24）和所述第二支承板（5）之间，借此提供一传热通道，其用于将热量从所述突缘部分（18）传递到所述第二支承板（5），并且通过所述保护壳（2）加速热消散。

4. 如权利要求3所述的X射线发生器，其特征在于，在所述第一支承板（24）所述中间元件（25）和所述第二支承板（5）之中形成多个开口，用于将所述管壳（9）插入其中。

5. 如权利要求4所述的X射线发生器，其特征在于，所述中间部件（25）是由硅橡胶制成的。

6. 如权利要求 1 所述的 X 射线发生器，其特征在于，所述 X 射线管（8）和所述电源壳（22）被相互平行地设置。

7. 如权利要求 1 所述的 X 射线发生器，其特征在于，所述 X 射线管（8）和所述电源壳（22）沿着所述保护壳（2）的轴线方向串联地被设置。

8. 如权利要求 1 所述的 X 射线发生器，其特征在于，所述靶产生软 X 射线。

9. 如权利要求 1 所述的 X 射线发生器，其特征在于，所述保护壳（2）设置带有 X 射线辐射开口，该开口与所述输出窗口（13）对齐。

10. 一种光电离器，其用于去除产品上产生的静电荷，其包括：

一保护壳（2），在其轴线方向上被拉长，所述保护壳（2）是由导热材料制成的，并且使用中被接地；

一 X 射线管（8），其设置在所述保护壳（2）之内，所述 X 射线管（8）包括：

一管壳（9），其具有第一端部和第二端部；

一灯丝（16），其设置在所述管壳（9）之内；

一输出窗口（13），其具有内表面；

一输出窗支承部件（12），其固定在所述管壳（9）的第一端部，以便与所述管壳电连接，并且支承所述输出窗口（13），所述输出窗支承部件（12）是由导热材料制成的；

一突缘部分（18），其形成在所述输出窗支承部件（12）之上，以便向外突出，所述突缘部分（18）是由导热和导电材料制成，并且被热连接和电连接到所述保护壳（2）；

一靶（14），其固定地连接到所述输出窗口（13）的内表面，并且具有一地电位，其中所述灯丝（16）向所述靶（14）辐射电子束，使所述靶（14）产生 X 射线，所述 X 射线从所述管壳（9）被向外引导通过所述输出窗口（13），和

一电源组件，其设置在所述保护壳（2）之内，所述电源组件包括：用于提供负电压到所述灯丝（16）的电源（21）；和用于将所述电源（21）设置在其中的电源壳（22），

借此所述靶（14），所述输出窗口（13），所述输出窗支承部件（12），所述突缘部分（18）和所述保护壳（2）被热连接和电连接。

11. 权利要求 10 所述的光电离器，其特征在于，所述电源壳（22）设置一 X 射线管支承单元，其包括第一支承板（24）和第二支承板（5），所述第一支承板（24）限定所述电源壳（22），所述第二支承板（5）设置成与所述第一支承板（24）相面对，并且其中所述突缘部分（18）被支承在所述第一支承板（24）和所述第二支承板（5）之间。

12. 权利要求 11 所述的光电离器，其特征在于，所述 X 射线支承单元还包括一由导热材料制成的并且被设置在所述第一支承板（24）和所述第二支承板（5）之间的中间元件（25），并且其中所述突缘部分（18）通过所述中间元件（25）被设置在所述第一支承板（24）和所述第二支承板（5）之间，借此提供一传热通道，其用于将热量从所述突缘部分（18）传递到所述第二支承板（5），并且通过所述保护壳（2）加速热消散。

13. 如权利要求 12 所述的光电离器，其特征在于，在所述第一支承板（24）所述中间元件（25）和所述第二支承板（5）之中形成多个开口，用于将所述管壳（9）插入其中。

14. 如权利要求 13 所述的光电离器，其特征在于，所述中间部件（25）是由硅橡胶制成的。

15. 如权利要求 10 所述的光电离器，其特征在于，所述 X 射线管（8）和所述电源壳（22）被相互平行地设置。

16. 如权利要求 10 所述的光电离器，其特征在于，所述 X 射线管（8）和所述电源壳（22）沿

着所述保护壳（2）的轴线方向串联地被设置。

17. 如权利要求10所述的光电离器，其特征在于，所述靶产生软X射线。

18. 如权利要求10所述的光电离器，其特征在于，所述保护壳（2）设置带有X射线辐射开口，该开口与所述输出窗口（13）对齐。”

驳回决定认为：权利要求书和说明书相应部分的修改超出原始说明书和权利要求书记载的范围，不符合专利法第33条的规定。诸如：权利要求1中的“保护壳（2），在其轴线方向上被拉长……由导热材料制成”这一技术特征在原始申请文件中没有记载，也与原始记载有出入；“管壳（9），具有第一端部和第二端部”这一技术特征在原始申请文件中没有记载，而且也不能由附图唯一导出哪个是第一端部，哪个是第二端部；同理还有“其固定在所述管壳（9）的第一端部、以便与所述管壳电连接，并且支承所述输出窗口（13）”、“并且被加热连接和电连接到所述管壳（2）”这些技术特征都不能由原始申请文件直接地唯一导出，而且“突缘部分（18），其形成在所述输出窗支承部件（12）之上”这一技术特征还与原始记载不一致；从原始说明书的记载并不能直接导出“光电离器”这组权利要求。

申请人滨松光子学株式会社（下称复审请求人）不服上述驳回决定，于2006年8月28日向专利复审委员会提出复审请求，并于当日先后两次提交了权利要求书全文的修改替换页，两次修改均为4页，均包括18项权利要求，但内容不相同。

复审请求人在复审请求书中认为，修改后的申请文件克服了驳回决定指出的缺陷。

经形式审查合格后，专利复审委员会受理了上述复审请求，并于2006年10月26日向复审请求人发出复审请求受理通知书，同时向原实质审查部门发出前置审查通知书，并将本案送至原实质审查部门进行前置审查。

原实质审查部门对该复审请求作出前置审查意见，仍然坚持原驳回决定。

针对上述复审请求，专利复审委员会依法成立合议组对本案进行审理。

由于复审请求人于2006年10月26日提交了两份不同的权利要求书全文的修改替换页，本案合议组于2007年8月2日与本申请的代理人龙淳进行了电话会晤，要求复审请求人从其于2006年10月26日提交的两份权利要求书中确定一份作为最终请求审查的文本。代理人同意合议组的意见，答应尽快提交确认的文本。

复审请求人于2007年8月7日提交了意见陈述书，同时提交了权利要求全文的修改替换页共4页，复审请求人在此次意见陈述中表示所提交的权利要求书与其于2006年8月28日提交的两份权利要求书的其中一份内容完全一致，请求审查员按照该修改文本为准进行审查，该修改文本权利要求书共包括18项权利要求，其内容如下：

“1. 一种X射线发生器，其包括：

一保护壳（2），由导热性高的材料制成，并且使用中被接地；

一X射线管（8），其设置在所述保护壳（2）之内，和

一电源组件，其设置在所述保护壳（2）之内，

所述X射线管（8）包括：

一管壳（9），具有开放端；

一灯丝（16），其设置在所述管壳（9）之内；

一输出窗口（13），其具有内表面；

一输出窗支承部件（12），其固定在所述管壳（9）的开放端，以便与所述管壳电连接，并且支承所述输出窗口（13），所述输出窗支承部件（12）是由导热材料制成的；

一突缘部分（18），其一体成形在所述输出窗支承部件（12）之上，向外突出，所述突缘部分（18）是由导热和导电材料制成，并且被热连接和电连接到所述保护壳（2）；和

一靶（14），其固定地连接到所述输出窗口（13）的内表面，并且具有一地电位，其中所述灯丝（16）向所述靶（14）辐射电子束，使所述靶（14）产生X射线，所述X射线从所述管壳（9）被向外引导通过所述输出窗口（13）；

所述电源组件包括：用于提供负电压到所述灯丝（16）的电源（21）；和用于将所述电源（21）设置在其中的电源壳（22），其中，所述靶（14），所述输出窗口（13），所述输出窗支承部件（12），所述突缘部分（18）和所述保护壳（2）被热连接和电连接；

所述突缘部（18），被夹在与所述保护壳（2）的前端相对的第一支承板（24），和与所述第一支承板（24）相对地设置在所述保护壳（2）的前端的第二支承板（5）之间，并由此被固定在所述保护壳（2）内。

2. 根据权利要求1的X射线发生器，其特征在于，

在所述电源壳（22）一侧设置有一X射线管收容部（23），

所述突缘部分（18）被夹在形成于所述收容部（23）前端的所述第一支承板（24），和与所述第一支承板（24）相对地设置在所述保护壳（2）的前端的所述第二支承板（5）之间，并由此被固定在所述保护壳（2）内。

3. 如权利要求2所述的X射线发生器，其特征在于，所述X射线管收容部（23）还包括一由导热材料制成的并且被设置在所述第一支承板（24）和所述第二支承板（5）之间的中间元件（25），

并且所述突缘部分（18）通过所述中间元件（25）被夹在所述第一支承板（24）和所述第二支承板（5）之间，并由此被固定在所述保护壳（2）内，借此提供一传热通道，将来自所述突缘部分（18）的热量传递到所述第二支承板（5），加速通过所述保护壳（2）的热消散。

4. 如权利要求3所述的X射线发生器，其特征在于，在所述第一支承板（24）所述中间元件（25）和所述第二支承板（5）之中形成多个开口，用于将所述管壳（9）插入其中。

5. 如权利要求4所述的X射线发生器，其特征在于，所述中间部件（25）是由硅橡胶制成的。

6. 如权利要求1所述的X射线发生器，其特征在于，所述X射线管（8）和所述电源壳（22）被相互平行地设置。

7. 如权利要求1所述的X射线发生器，其特征在于，所述X射线管（8）和所述电源壳（22）沿着所述X射线管（8）的轴线方向串联地被设置。

8. 如权利要求1所述的X射线发生器，其特征在于，所述靶产生软X射线。

9. 如权利要求1所述的X射线发生器，其特征在于，所述保护壳（2）设置带有X射线辐射开口，该开口与所述输出窗口（13）对齐。

10. 一种光电离器，其用于去除产品上产生的静电荷，其包括：

一保护壳（2），由导热性高的材料制成，并且使用中被接地；

一X射线管（8），其设置在所述保护壳（2）之内，和

一电源组件，其设置在所述保护壳（2）之内，

所述X射线管（8）包括：

一管壳（9），具有开放端；

一灯丝（16），其设置在所述管壳（9）之内；

一输出窗口（13），其具有内表面；

一输出窗支承部件（12），其固定在所述管壳（9）的开放端，以便与所述管壳电连接，并且支

承所述输出窗口（13），所述输出窗支承部件（12）是由导热材料制成的；

一突缘部分（18），其一体成形在所述输出窗支承部件（12）之上，以便向外突出，所述突缘部分（18）是由导热和导电材料制成，并且被热连接和电连接到所述保护壳（2）；和

一靶（14），其固定地连接到所述输出窗口（13）的内表面，并且具有一地电位，其中所述灯丝（16）向所述靶（14）辐射电子束，使所述靶（14）产生X射线，所述X射线从所述管壳（9）被向外引导通过所述输出窗口（13）；

所述电源组件包括：用于提供负电压到所述灯丝（16）的电源（21）；和用于将所述电源（21）设置在其中的电源壳（22），其中所述靶（14），所述输出窗口（13），所述输出窗支承部件（12），所述突缘部分（18）和所述保护壳（2）被热连接和电连接；

所述突缘部（18），被夹在与所述保护壳（2）的前端相对的第一支承板（24），和与所述第一支承板（24）相对地设置在所述保护壳（2）的前端的第二支承板（5）之间，并由此被固定在所述保护壳（2）内。

11. 权利要求10所述的光电离器，其特征在于，

在所述电源壳（22）一侧设置有一X射线管收容部（23），

所述突缘部分（18）被夹在形成于所述收容部（23）前端的所述第一支承板（24），和与所述第一支承板（24）相对地设置在所述保护壳（2）的前端的所述第二支承板（5）之间，并由此被固定在所述保护壳（2）内。

12. 权利要求11所述的光电离器，其特征在于，所述X射线管收容部（23）还包括一由导热材料制成的并且被设置在所述第一支承板（24）和所述第二支承板（5）之间的中间元件（25），

并且所述突缘部分（18）通过所述中间元件（25）被夹在所述第一支承板（24）和所述第二支承板（5）之间，并由此被固定在所述保护壳（2）内，借此提供一传热通道，将来自所述突缘部分（18）的热量传递到所述第二支承板（5），加速通过所述保护壳（2）的热消散。

13. 如权利要求12所述的光电离器，其特征在于，在所述第一支承板（24）所述中间元件（25）和所述第二支承板（5）之中形成多个开口，用于将所述管壳（9）插入其中。

14. 如权利要求13所述的光电离器，其特征在于，所述中间部件（25）是由硅橡胶制成的。

15. 如权利要求10所述的光电离器，其特征在于，所述X射线管（8）和所述电源壳（22）被相互平行地设置。

16. 如权利要求10所述的光电离器，其特征在于，所述X射线管（8）和所述电源壳（22）沿着所述X射线管（8）的轴线方向串联地被设置。

17. 如权利要求10所述的光电离器，其特征在于，所述靶产生软X射线。

18. 如权利要求10所述的光电离器，其特征在于，所述保护壳（2）设置带有X射线辐射开口，该开口与所述输出窗口（13）对齐。”

在此基础上，本案合议组于2007年10月24日向复审请求人发出复审通知书指出：复审请求人对权利要求1~4、6、10~18以及说明书发明内容部分的修改超出了原始申请文件记载的范围，其主要表现在：修改后的权利要求1第10~12行的技术特征“一输出窗支承部件（12）……以便与所述管壳电连接，并且支承所述输出窗口（13），所述输出窗支承部件（12）是由导热材料制成的”超出了原申请文件中记载的范围，根据原申请文件说明书中记载的内容，所述输出窗支承部件是与保护壳电连接的，而不是与管壳电连接（参见说明书第4页第23行）；输出窗口（13）是固定于该支承部件（12），并没有指出支承部件支承所述输出窗口的记载（参见说明书第4页第18行）；输出窗支承部件是由导电、导热材料制成的，而不仅仅是导热材料制成的（参见说明书第4页第23~24行）；权

利要求1第18~19行的技术特征“所述X射线从所述管壳（9）被向外引导……”在原申请文件中并没有记载，也不能从原申请文件直接地、毫无疑义地确定；权利要求1第21~23行的技术特征“所述靶（14），所述输出窗口（13），所述输出窗支承部件（12），所述突缘部分（18）和所述保护壳（2）被热连接和电连接”在原申请文件中并没有记载，也不能从原申请文件直接地、毫无疑义地确定；权利要求1的第24~26行的技术特征“所述突缘部（18），被夹在与所述保护壳（2）的前端相对的第一支承板（24），和与所述第一支承板（24）相对地设置在所述保护壳（2）的前端的第二支承板（5）之间”和原申请文件中的表述不一致，也不能从原申请文件直接地、毫无疑义地确定，超出了原申请文件记载的范围；权利要求2第2行的技术特征“在所述电源壳（22）一侧设置有一X射线管收容部（23）”和原申请文件中的表述不一致，也不能从原申请文件直接地、毫无疑义地确定，超出了原申请文件记载的范围；权利要求2第3~5行的技术特征“所述突缘部分（18）被夹在形成于所述收容部（23）前端的所述第一支承板（24）……在所述保护壳（2）的前端的所述……”和原申请文件中的表述不一致，也不能从原申请文件直接地、毫无疑义地确定，超出了原申请文件记载的范围；权利要求3第4行的技术特征“所述突缘部分（18）通过所述中间元件（25）………”在原申请文件中并没有记载，也不能从原申请文件直接地、毫无疑义地确定，超出了原申请文件记载的范围，权利要求4的技术特征“在所述第一支承板（24）所述中间元件（25）和所述第二支承板（5）之中形成多个开口”在原申请文件中并没有记载，也不能从原申请文件直接地、毫无疑义地确定，超出了原申请文件记载的范围；权利要求6的技术特征“所述X射线管（8）和所述电源壳（22）被相互平行地设置”和原申请文件中的表述不一致，也不能从原申请文件直接地、毫无疑义地确定，超出了原申请文件记载的范围；权利要求10~18中存在与权利要求1~9中同样的不符合专利法第33条规定的问题；本申请说明书发明内容部分也存在修改不符合专利法第33条规定的问题，具体为：说明书第1~2页发明内容部分“……具有第一端部和第二端部”、“……其固定在所述管壳的第一端部、以便与所述管壳电连接，并且支承所述输出窗口”、“所述输出窗支承部件是由导热材料制成的”、“形成在所述输出窗支承部件之上”、“向外引导”、“借此所述靶，所述输出窗口，所述输出窗支承部件，所述突缘部分和所述保护壳被热连接和电连接”等内容和原申请文件中的表述不一致，也不能从原申请文件直接地、毫无疑义地确定，超出了原申请文件记载的范围，不符合专利法第33条的规定。

针对上述复审通知书，复审请求人于2007年12月10日向专利复审委员会提交了意见陈述书，同时还提交了权利要求书和说明书的全文修改替换页。

此后，复审请求人于2008年1月11日再次提交了意见陈述书，同时提交了权利要求书的全文修改替换页。此次修改后的权利要求书共包括18项权利要求，其内容为：

“1. 一种X射线发生器，其特征在于，包括：

保护壳（2），由高导热性的材料制成，并且使用中被接地；

X射线管（8），其设置在所述保护壳（2）之内，和

电源（21）以及电源壳（22），其设置在所述保护壳（2）之内，

其中，

所述X射线管（8）包括：具有开放端的管壳（9），管座管脚（15），设置在所述管壳（9）之内并固定在管座管脚（15）端部的灯丝（16），输出窗口（13），输出窗支承部件（12），突缘部分（18），靶（14）；

所述输出窗支承部件（12），由具有导电和导热性的材料制成，固定在所述管壳（9）的开放端，并与所述保护壳（2）电连接；

所述输出窗口（13）固定在所述输出窗支承部件（12）上；

所述突缘部分（18）与所述输出窗支承部件（12）一体地形成，从X射线管（8）向外突出，并固定接触于所述保护壳（2）的前板（5）；

从而，所述输出窗支承部件（12），所述突缘部分（18）和所述保护壳（2）导热且导电地连接，

所述靶（14），固定地连接到所述输出窗口（13）的内表面，并且具有地电位，其中所述灯丝（16）向所述靶（14）辐射电子束，使所述靶（14）产生X射线，所述X射线从所述输出窗口（13）向外辐射；

所述电源（21）设置在所述电源壳（22）内，并用于向管座管脚（15）提供负电压；

并且，在所述电源壳（22）上设置有第一支承板（24），所述第一支承板（24）与所述保护壳（2）的前板（5）平行面对，并构成X射线管容纳单元（23）的前端；所述突缘部（18）被夹在所述第一支承板（24）和所述前板（5）之间，并被固定在所述保护壳（2）内。

2. 如权利要求1所述的X射线发生器，其特征在于：

所述保护壳（2），由铝制成。

3. 如权利要求1所述的X射线发生器，其特征在于：

在所述第一支承板（24）和所述前板（5）之间，还夹有呈柔性并高度导热的中间部件（25）。

4. 如权利要求3所述的X射线发生器，其特征在于：

在所述第一支承板（24）和所述中间部件（25）上分别形成有开口部（24a、25a），以使所述管壳（9）穿过。

5. 如权利要求4所述的X射线发生器，其特征在于：

所述中间部件（25）是由硅橡胶制成的。

6. 如权利要求1所述的X射线发生器，其特征在于：

所述X射线管容纳单元设置在所述电源一侧并与之相邻。

7. 如权利要求1所述的X射线发生器，其特征在于：

所述电源和所述X射线管容纳单元被串联布置。

8. 如权利要求1所述的X射线发生器，其特征在于：

所述靶产生软X射线。

9. 如权利要求1所述的X射线发生器，其特征在于：

所述保护壳（2）设置带有X射线辐射开口，该开口与所述输出窗口（13）对准。

10. 一种光电离器，其用于去除产品上产生的静电荷，其包括：

保护壳（2），由高导热性的材料制成，并且使用中被接地；

X射线管（8），其设置在所述保护壳（2）之内，和

电源（21）以及电源壳（22），其设置在所述保护壳（2）之内，

所述X射线管（8）包括：具有开放端的管壳（9），管座管脚（15），设置在所述管壳（9）之内并固定在管座管脚（15）端部的灯丝（16），输出窗口（13），输出窗支承部件（12），突缘部分（18），靶（14）；

所述输出窗支承部件（12），由具有导电和导热性的材料制成，固定在所述管壳（9）的开放端，并与所述保护壳（2）电连接；

所述输出窗口（13）固定在所述输出窗支承部件（12）上；

所述突缘部分（18）与所述输出窗支承部件（12）一体地形成，从X射线管（8）向外突出，并固定接触于所述保护壳（2）的前板（5）；

从而，所述输出窗支承部件（12），所述突缘部分（18）和所述保护壳（2）导热且导电地连接，

所述靶（14），固定地连接到所述输出窗口（13）的内表面，并且具有地电位，其中所述灯丝（16）向所述靶（14）辐射电子束，使所述靶（14）产生X射线，所述X射线从所述输出窗口（13）向外辐射；

所述电源（21）设置在所述电源壳（22）内，并用于向管座管脚（15）提供负电压；

在所述电源壳（22）上设置有第一支承板（24），所述第一支承板（24）与所述保护壳（2）的前板（5）平行面对，并构成X射线管容纳单元（23）的前端；所述突缘部（18）被夹在所述第一支承板（24）和所述前板（5）之间，并被固定在所述保护壳（2）内。

11. 如权利要求10所述的光电离器，其特征在于，

所述保护壳（2），由铝制成。

12. 权利要求10所述的光电离器，其特征在于，

在所述第一支承板（24）和所述前板（5）之间，还夹有呈柔性并高度导热的中间部件（25）。

13. 权利要求12所述的光电离器，其特征在于：

在所述第一支承板（24）和所述中间部件（25）上分别形成有开口部（24a、25a），以使所述管壳（9）穿过。

14. 权利要求13所述的光电离器，其特征在于：

所述中间部件（25）是由硅橡胶制成的。

15. 如权利要求10所述的光电离器，其特征在于：

所述X射线管容纳单元设置在所述电源一侧并与之相邻。

16. 如权利要求10所述的光电离器，其特征在于：

所述电源和所述X射线管容纳单元被串联布置。

17. 如权利要求10所述的光电离器，其特征在于：

所述靶产生软X射线。

18. 如权利要求10所述的光电离器，其特征在于：

所述保护壳（2）设置带有X射线辐射开口，该开口与所述输出窗口（13）对准。”

经过上述审查程序，合议组认为本案事实已经清楚，可以依法作出审查决定。

二、决定的理由

1. 关于审查基础

本复审决定以复审请求人于2008年1月11日提交的权利要求第1至18项；于2007年12月10日提交的说明书第1至6页；于1998年1月15日提交的说明书附图第1至7页、摘要附图；于1997年9月27日提交的说明书摘要作为审查基础。

2. 关于专利法第33条

专利法第33条规定：申请人可以对其专利申请文件进行修改，但是，对发明和实用新型专利申请的修改不得超出原说明书和权利要求书记载的范围，对外观设计专利申请文件的修改不得超出原图片或者照片表示的范围。

（1）关于说明书。

复审请求人将本申请说明书的内容恢复为与原始申请文件说明书内容相同，因此克服了驳回决定和复审通知书中关于说明书修改超出原始申请文件记载范围的缺陷，故对本申请说明书的修改符合专利法第33条的规定。

（2）关于权利要求书。

复审请求人对权利要求书进行了修改，按照原说明书中记载的内容重新对权利要求请求保护的“X 射线发生器”和“光电离器”进行了限定，使得权利要求 1～18 中的全部技术特征均能够从原说明书和权利要求书中直接、毫无疑义地确定。

本申请在实审程序中增加了一组“光电离器”的权利要求（对应于复审请求人于 2008 年 1 月 11 日提交的权利要求 10～18），驳回决定中认为，在原始说明书中的记载仅为“如上所述的 X 射线发生器用于光电离器最为合适”、“上述 X 射线发生器尤其适用于光电离器。无需对上述 X 射线发生器做特别改进，即可用做光电离器”，由这些记载并不能直接导出这组光电离器权利要求。

合议组经审查后认为，根据本申请原始申请文件说明书中的记载，本申请涉及一种 X 射线发生器及使用该发生器的光电离器（见本申请发明名称），并且光电离器就是通过向产品辐射 X 射线以擦掉或去除产品上产生的的静电荷，进而去除由于静电吸引而产生的灰尘颗粒或其他污染物（见本申请说明书第 5 页第 20 行至 27 行）。本申请原始申请说明书中明确记载本申请的 X 射线发生器用于光电离器时最为适合（见本申请说明书第 5 页第 20 行）。无需对上述 X 射线发生器做特别改进，即可用做光电离器（见本申请说明书的 2 页第 16～17 行）。通过上述内容，可以直接且毫无疑义地确定：本申请原始申请文件中记载了一种光电离器，其使用本申请中的 X 射线发生器，用于除去产品上产生的静电荷。因此权利要求 10 至 18 中请求保护的主题为“光电离器”的权利要求能够从原说明书和权利要求书记载的范围直接且毫无疑义地确定，符合专利法第 33 条的规定。

综上所述，复审请求人对本申请权利要求 1～18 和说明书的修改符合专利法第 33 条的规定。

三、决定

复审请求人通过修改克服了驳回决定和复审通知书中指出的缺陷，因此撤销国家知识产权局于 2006 年 5 月 12 日对 97122821.3 号发明专利申请作出的驳回决定，由原实质审查部门以本复审决定所依据的审查文本为基础继续进行审查。

复审请求人对本决定不服的，可根据专利法第 41 条第 2 款的规定，自收到本决定之日起三个月内向北京市第一中级人民法院起诉。

047

实现扩景三维超声波图像的方法和超声波装置

复审请求审查决定（第12738号）

决　定　号　第12738号
决　定　日　2008年3月3日
发明创造名称　实现扩景三维超声波图像的方法和超声波装置
国际分类号　G01N 29/06，A61B 8/00，G01S 15/89，G06T 7/00
复审请求人　季　鹰
申　请　号　03146987.6
申　请　日　2003年9月28日
公　开　日　2004年9月15日
合议组组长　刘颖杰
主　审　员　周　航
参　审　员　高桂莲

法律依据　专利法第26条第3款
决定要点

如果一项利用计算机实现的发明专利申请相对于现有技术的改进之处仅在于基于计算机程序所实现的功能，而并不涉及对具体硬件结构的改变，说明书中对该计算机程序主要流程和实现的具体方案已经做出了足以使本领域技术人员编制出能够达到所述技术效果的计算机程序，且说明书中已经清楚完整地描述了技术方案中各种公知硬件的名称及其之间的连接操作关系，本领域技术人员在说明书描述的基础上可以实现其发明目的，那么即使没有记载这些部件的具体结构，该申请也符合专利法第26条第3款的规定。

一、案由

本复审请求涉及申请号为03146987.6、发明名称为“实现扩景三维超声波图像的方法和超声波装置”的发明专利申请（下称本申请），其申请日是2003年9月28日，公开日是2004年9月15日，申请人是季鹰。本申请公开时共有9项权利要求，其中权利要求1如下：

“1. 一种实现扩景三维超声波图像的方法，包括下列步骤：

（a）把超声波探头放在一个倾斜位置，就是使一维的超声波列阵发射的超声波所在平面相对于被探测诊断的物体表面之间有一个倾斜角度，开始扫描；

（b）改变超声波探头的倾斜位置为近似垂直或精确垂直位置，就是使一维的超声波列阵发射的超声波所在平面相对于被探测诊断的物体表面近似垂直或精确垂直，超声波探头然后沿单一的使超声波平面垒叠的方向对物体表面进行移动扫描；

（c）最后超声波探头改变位置在另一方向的倾斜位置上，就是使一维的超声波列阵发射的超声波所在平面相对于被探测诊断的物体表面之间有一个倾斜角度，并于（a）的倾斜方向相反，超声波探头扫描终止；

（d）将所有的在时间上连续的和在同一扫描平面内的两维数据组对齐配准，构造出同一扫描平面内的扩景的两维数据组；

（e）对齐每三个相互交叉平面的扩景的两维数据组的三维空间位置，构造出扩景的三维数据；

（f）显示扩景三维的超声波图像。”

申请人于2004年11月26日提交了说明书摘要、权利要求书全文和说明书第1、2、5、7页的主动修改替换页，其中对权利要求书和说明书部分作了一些文字上的修改。

应申请人的请求，国家知识产权局专利局实质审查部门依法对本申请进行了实质审查，于2005年3月25日向申请人发出第一次审查意见通知书，指出本申请权利要求1~8所要求保护的方法属于专利法第25条第1款第2项所述的智力活动的规则和方法，不能授予专利权；权利要求9中的技术特征“在超声波探头（1）和显示器（5）之间还设有信号控制和处理系统（4）”与说明书中记载不一致，因而得不到说明书支持，不符合专利法第26条第4款的规定；说明书中仅描述了数据处理系统具有的功能，并未说明该系统的具体组成，因此未做出清楚、完整的说明，不符合专利法第26条第3款的规定。

针对上述第一次审查意见通知书，申请人于2005年7月14日提交了意见陈述书和权利要求书的修改替换页，仅对权利要求9进行了修改，将其中的“在超声波探头（1）和显示器（5）之间还设有数据处理系统（4）”修改成“在超声波探头（1）和显示器（5）之间还设有系统控制和波束形成器（3）、数据处理系统（4）”。

申请人认为，通过上述修改，克服了权利要求9得不到说明书支持的问题。申请人还解释了本申请方案技术特征，认为本申请的方案达到了利用自然法则促进技术进步的有益效果，不属于智力活动的规则和方法；此外，申请人还指出，本申请的发明点在于数据处理系统，在说明书中对其各个子系统作用做出了详细的描述，结合说明书的其他说明，本领域技术人员通过现有技术普遍适用的逻辑电子电路或芯片、和/或控制指令、和/或软件程序等完全可以重复实施本申请的装置并利用该装置构造出精确的三维超声波图像，因此其说明书公开是充分的。

经过上述程序，国家知识产权局专利局实质审查部门于2005年9月2日以本申请说明书不符合专利法第26条第3款的规定为由驳回了本申请。驳回决定认为：本申请的改进之处在于数据处理系统，然而说明书中仅描述了数据处理系统具有的功能，将其分为7个子系统，除其中的子系统单元4.7存储器之外，对其他子系统的具体结构没有做出描述，致使本领域技术人员无法具体实施，至于申请人提到的本领域技术人员根据普遍使用的逻辑电子电路或芯片等装置可以实现本发明的意见陈述，驳回决定中认为系统的功能与其具体的结构和组成之间并不存在直接的对应关系，由于申请人没有提交任何相关的现有技术文件作为证明，故属于推测的内容，不能证明其说明书已经公开充分。驳回决定所针对的文本是：2005年7月14日提交的权利要求第1~9项，2004年11月26日提交的说明书第1、2、5、7页，说明书摘要，申请日提交的说明书第3、4、6页，附图第1~3页及摘要附图。

申请人季鹰（下称复审请求人）对上述驳回决定不服，于2005年12月16日向专利复审委员会提出了复审请求。复审请求人认为：（1）对于计算机领域来说，功能性描述本身也是对结构的一种约束，本领域的技术人员根据功能性描述，结合说明书中具体数学模型，即能联想到实现该功能的具体结构；（2）本申请中的数据处理系统在说明书第5~7页给出了包括功能、数学公式在内的详细说明，本领域技术人员完全可以据此实现本申请的技术方案。因此本申请符合专利法第26条第3款的规定。

经形式审查合格后，专利复审委员会受理了该复审请求，于2006年7月26日发出《复审请求受理通知书》，并将本申请案卷移交原审查部门进行前置审查。在前置审查中，原审查部门坚持原驳回决定。

2007年1月17日，复审请求人补充提交了意见陈述书，表示三维超声波图像领域的技术人员都可以明白本申请的说明书，同时附具了五份参考文献，如下：

附件1：高上凯编著的《医学成像系统》一书的封面、版权页和第144~149页的复印件，该书由清华大学出版社2000年3月印刷出版；

附件2：在 http：//www. medical007. com/Article/ShowArticle. aspArticleID = 907 网址上下载的《三维超声成像技术的发展》一文的网络打印件，共6页，作者佚名，首页页面上标记该文章为该网站原创，更新时间为2005年8月29日；

附件3：在www. 91zn. cn“生殖就医指南网”上下载的《三维超声成像技术与方法》一文的网络打印件，共5页，作者佚名，页面上标记该文章为该网站原创，更新时间为2005年10月31日；

附件4：在www. 91zn. cn“生殖就医指南网”上下载的《三维超声存在的问题与发展方向》一文的网络打印件，共5页，作者佚名，页面上标记该文章为该网站原创，更新时间为2005年10月26日；

附件5：在www. ultrasound. com. cn“中华超声网”上下载的《三维超声在肝脏疾病诊疗中的应用》一文的网络打印件，共4页，页面上标记作者为曾婕、罗葆明，时间为2006年9月5日。

针对上述复审请求，专利复审委员会依法成立合议组对该复审请求案进行审理。本案合议组仔细研究了本申请和复审请求人的意见陈述之后认为，本案事实已经清楚，可以依法作出审查决定。

二、决定的理由

1. 关于审查文本

由于复审请求人在提出复审请求时并未对申请文件进行修改，因此本决定以驳回决定针对的文本为审查基础，即复审请求人于2005年7月14日提交的权利要求第1~9项，2004年11月26日提交的说明书第1、2、5、7页，说明书摘要，申请日提交的说明书第3、4、6页，附图第1~3页及摘要附图。

2. 关于专利法第26条第3款

专利法第26条第3款规定：“说明书应当对发明或者实用新型做出清楚、完整的说明，以所属技术领域的技术人员能够实现为准。”

如果一项利用计算机实现的发明专利申请相对于现有技术的改进之处仅在于基于计算机程序所实现的功能，而并不涉及对具体硬件结构的改变，说明书中对该计算机程序主要流程和实现的具体方案已经做出了足以使本领域技术人员编制出能够达到所述技术效果的计算机程序，且说明书中已经清楚完整地描述了技术方案中各种公知硬件的名称及其之间的连接操作关系，本领域技术人员在说明书描述的基础上可以实现其发明目的，那么即使没有记载这些部件的具体结构，该申请也符合专利法第26条第3款的规定。

就本案而言，本申请涉及一种实现扩景三维超声波图像的方法及其装置，根据说明书所述，其所要解决的技术问题是，针对现有三维超声波探测诊断时一维扫描探头需要额外确定扫描位置的装置以及二、三维探头元件本身复杂的缺陷，设计一种基于一维扫描探头来实现三维超声波图像的方法，其所采用的技术手段是通过对被扫描物体的三维区域的非重复的连续性的两维数据的一次收集扫描而收集两维数据，对齐配准两维数据组和一维数据组，构造出扩景的三维的超声波图像（参见本申请说明书第1页背景技术和发明内容部分）。

合议组经审理认为，本申请并不涉及对具体硬件结构的改进，其相对于现有技术的改进之处在于对一维扫描探头扫描获得的数据进行处理从而实现三维图像的方法，这实际上是一种基于计算机程序的数据处理方法。换句话说，本申请技术方案与现有技术的不同之处在于，其超声波诊断图像装置中的数据处理系统4所实现的具体功能，至于该数据处理系统4本身的硬件结构，说明书中并未记载与现有技术中的常用的数据处理系统（如逻辑电子电路或芯片）相比具有任何区别。

驳回决定和复审请求人都认为，本申请相对于现有现有技术的改进之处在于上面所提到的数据处理系统4，其争议焦点在于，说明书对该数据处理系统4的描述仅是功能性的，没有任何关于其硬件结构的记载，这对于本领域技术人员是否是清楚而能够实现的。

对此合议组认为，根据本申请说明书第3页第1段和说明书附图1的记载可知，该数据处理系统4包括七个子系统4.1~4.7，其功能分别是：4.1两维数据组的配准对齐，4.2构造对齐后的扩景的两维数据，4.3一维数据组的配准对齐，4.4对齐扩景的两维数据组的三维空间位置，4.5构造三维格点和扫描转换，4.6三维图像显示处理，4.7存储器。接着，说明书第3页末段至第7页第1段通过举例说明如何确定侧面图N上两维坐标为X1和Z1的点在三维空间的位置的方式来详细解释了各子系统是如何实现各自功能的。其中，关于配准对齐两维数据组并将对齐后的两维数据组构造出来的子系统4.1和4.2的功能实现方式主要由说明书第3页末段至第4页第4段所记载的公式和参数获得方法实现；关于配准对齐一维数据组的子系统4.3的功能实现方式主要由说明书第5页第5段至第6页第3段所记载的公式和参数获得方法实现；关于对齐扩景的两维数据组的三维空间位置的子系统4.4的功能实现方式主要由说明书第6页第4段至该页末段第6行所记载的公式和参数获得方法实现；而构造三维格点和扫描转换的子系统4.5的功能实现方式主要由说明书第6页末段第6行至第7页第1行所记载的参数获得方法实现。

通过上述本申请说明书中对子系统4.1~4.5的具体功能和该功能实现方式的记载本领域技术人员可知，这些子系统实际上对应于一系列的计算机程序模块，同时根据说明书中列举的具体公式和参数获得方法，本领域技术人员完全能够编制出实现所述功能的计算机程序。此外，尽管说明书中对三维图像显示处理的子系统4.6和存储器子系统4.7没有详细描述，但根据其功能性描述本领域技术人员已经可以得知，该子系统4.6和4.7实际上就是将机读的原始数据转换成显示图像数据并存储在存储介质中，这是本领域普遍使用的一种公知技术手段，从而也能够得知其具体的实现方式。至于实现该数据处理系统4具体功能的硬件结构，由于其只是用于执行具体计算机程序的普通硬件，故可以使用常规的中央处理器或逻辑电子电路等系统，无需再提交进一步的证据证明。综上所述，本申请说明书中已经对数据处理系统4的各个子系统作出了适于本领域技术人员理解的充分说明，根据说明书中记载的各个子系统的功能以及实现这些功能的具体公式和参数获得方法，本领域技术人员能够编制出实现本申请说明书中记载的和权利要求中所保护的技术方案的计算机程序，并获得预期技术效果，故本申请说明书对于数据处理系统4的描述是清楚完整的。

此外，本申请说明书第3页第1段和附图1中对构成本申请超声波诊断图像装置的主要部件——超声波探头1、人员操作平台2、系统控制和波束形成器3、数据处理系统4和显示器5等硬件之间连接关系也已经进行了清楚完整的描述。综上所述，本申请说明书清楚完整地公开了其技术方案，符合专利法第26条第3款的规定。

基于以上事实和理由，本案合议组作出以下审查决定。

三、决定

撤销国家知识产权局于2005年9月2日对第03146987.6号发明专利申请作出的驳回决定，由原审查部门继续进行审查程序。

复审请求人对本决定不服的，可以根据专利法第41条第2款的规定，自收到本决定之日起三个月内向北京市第一中级人民法院起诉。

048

教学方法及系统

复审请求审查决定（第12741号）

决　定　号　第12741号
决　定　日　2008年2月26日
发明创造名称　教学方法及系统
国际分类号　G09B5/00，G09B7/00
复审请求人　海德斯普罗特有限公司
申　请　号　02804389.8
申　请　日　2002年1月16日
公　开　日　2004年6月2日
合议组组长　张宗任
主　审　员　程　华
参　审　员　邢文飞

法律依据　专利法实施细则第2条第1款
决定要点

由于权利要求的方案解决的问题不构成技术问题，所采用的手段是人为地制定教学规则，并按照规则的要求进行，不受自然规律的约束，因而未利用技术手段，其所获得的也不是符合自然规律的技术效果，因此，该权利要求不属于专利法实施细则第2条第1款规定受保护的客体。

一、案由

本复审请求涉及申请日为2002年1月16日，进入中国国家阶段的日期为2003年7月31日，申请号为02804389.8，名称为“教学方法及系统”的发明专利申请（以下简称本申请），申请人是海德斯普罗特有限公司，优先权日2001年1月31日。

国家知识产权局实质审查部门于2006年3月3日针对申请人于2003年8月28日提交的说明书第1~35页、说明书附图第1~34页、说明书摘要和摘要附图，2005年4月29日提交的权利要求第1~60项，以本申请属于专利法第25条规定的不授予专利权的范围为由驳回了本申请，驳回的主要理由是：权利要求1请求保护一种用于将数据提供给用户并且接收来自用户的数据的以计算机实现的方法，从属权利要求2~20则对该方法作了进一步限定，权利要求21请求保护一种用于将数据提供给用户并且从用户接收数据的以计算机实现的方法，从属权利要求22~30则对该方法作了进一步限定，但上述方法的实质都是在本领域公知的计算机系统上运行的计算机程序，其中的“组件”、“表示”等都属于计算机程序相关的信息，而上述方法总体上实现了网络中实质是网络教学中对数据特别是教学相关数据的控制和传输，因此权利要求1~30请求保护的主题实质都属于公知网络通信系统内运行的计算机教学程序，它们只利用常用的计算机语言定义的计算机系统、网络中的特定信息，利用人的思维活动产生抽象结果，所代表的仅是人类对信息进行思维、识别、判断和记忆的规则和方法；其解决的不是技术问题，所获得的效果也不是技术效果，属于智力活动的规则和方法，因此权利要求1~20、21~30都不属于可给予专利保护的客体，不符合专利法第25条第1款第（2）项规定。权利要求31请求保护一种用于将数据提供给用户并且接收来自用户的数据的设备，其从属权利要求32~50则对该设备作了进一步限定；权利要求51请求保护一种用于将数据提供给用户并且接收来自用户的数据的设备，其从属权利要求52~60则对该设备作了进一步限定，但由于上述设备所包含的硬件装置都是一般网络结构中必然具有的、公知的组成部分，并非是本申请相对现有技术作出贡献之处，权利要求31~60所要求保护的设备是一种运用抽象智力活动方法的公知设备，对现有技术的贡献仅在于属于智力活动的规则和方法部分，其解决的不是技术问题，所获得的效果也不是技术效果，因此权利要求31~60实质属于智力活动的规则和方法，不属于可给予专利保护的客体，不符合专利法第25条第1款第（2）项的规定。

驳回决定所依据的权利要求书中的独立权利要求内容如下：

“1. 一种用于将数据提供给用户并且接收来自用户的数据的以计算机实现的方法，该方法包括：

将第一组件提供给用户以进行识别；以及

将第二组件提供给用户以与第一组件区分。

21. 一种用于将数据提供给用户并且从用户接收数据的以计算机实现的方法，该方法包括：

将嵌入在具有第二组件的第一组合中的第一组件提供给用户以进行识别；以及

将嵌入在具有第二组件的第一组合中的第一组件提供给用户以与第二组件及第三组件中的一个区分开来。

31. 一种用于将数据提供给用户并且接收来自用户的数据的设备，该设备包括：

将第一组件提供给用户以进行识别的装置；以及

将第二组件提供给用户以与第一组件区分开来的装置。

51. 一种用于将数据提供给用户并且接收来自用户的数据的设备，该设备包括：

用于将嵌入在具有第二组件的第一组合中的第一组件提供给用户以进行识别的装置；以及

用于将嵌入在具有第二组件的第一组合中的第一组件提供给用户以与第二组件及第三组件中的一个区分开来的装置。”

申请人（下称复审请求人）不服上述驳回决定，于2006年6月19日向专利复审委员会提出复审请求，并提交了权利要求书替换页。复审请求人认为：修改后的权利要求1~15能够得到说明书第6~8页、第31、35页以及附图1内容的支持；修改后的权利要求1是一个解决技术问题的新的技术方案，不属于专利法第25条第2款所指的智力活动的规则和方法，而是可给予专利保护的客体；与现有的教学系统相比，新修改的独立权利要求1的独特技术方案及其达到的技术效果不是本领域技术人员不通过创造性的劳动可以获得的，因此具有专利法所规定的新颖性和创造性。

复审请求人提交的修改后的权利要求书内容如下：

“1. 一种教学系统，包括：

至少一个服务器，所述服务器通过通信网络与至少一个用户计算机连接以使得所述用户计算机的用户可使用所述系统，并且所述服务器通过所述通信网络从所述用户计算机收集该用户计算机的用户在使用所述系统时形成的反应数据，所述服务器包括至少一个与其耦合的处理单元，该处理单元对所述反应数据进行处理，并根据所述处理的结果形成的反馈数据，以通过所述通信网络提供给该用户计

算机，从而使得该用户计算机可将所述反馈数据呈现给所述用户；以及

存储装置，该存储装置耦合到所述服务器，以接收并存储所述反应数据，以供所述服务器的所述处理单元进行处理；其中所述服务器进一步包括下述模块：

建立模块，所述建立模块具有响应收集到的反应数据教用户识别组件以及从其他组件中区分该组件的例程；

引用模块，所述引用模块具有响应收集到的反应数据将以前学习的组件组合到新的组件集中而实际上无需单独地教授这些新的组件集的例程；以及

流利模块；所述流利模块具有响应收集到的反应数据将实践练习提供给所述用户来保留和应用从所述建立模块和所述引用模块中获得的结果的例程；

组合模块，所述组合模块具有响应收集到的反应数据教所述用户识别组件并且从其他组件和其他组件的组合中区分该组件的例程；并且，

其中在运行时，所述建立模块、所述引用模块、所述流利模块和所述组合模块通过通信网络从所述服务器被提供给所述用户计算机，以用于收集所述反应数据和呈现所述反馈数据。

2. 如权利要求1所述的系统，所述建立模块的例程包括：

从视觉上和听觉上对每个组件的声音单元进行配对的提示；

区分声音单元不存在和存在的提示；

在特定的声音元素和并置的相似声音元素之间进行区分的提示；以及

识别是否存在不同的声音元素的提示。

3. 如权利要求1所述的系统，还包括加强模块，所述加强模块具有教用户在没有听众在场的情况下说出和识别与组件有关的声音的例程。

4. 如权利要求3的所述系统，所述加强模块的例程包括；

让所述用户说出声音的提示；

让所述用户识别出现的声音和不表示声音的元素的提示；以及

让所述用户说出在其中具有混和声音的单词的提示。

5. 如权利要求1所述的系统，所述引用模块的例程包括：

识别以前没有学过的第一组件的提示；

识别以前学过并且和相似的组件并置的第二组件的提示；以及

识别至少由两个以前学习过的组件构成并且和相似的元素并置的元素的提示。

6. 如权利要求1所述的系统，所述组合模块的例程包括：

识别第一已学习过的组件的提示；

识别第二已学习过的组件的提示；

将第一已学习过的组件和第二已学习过的组件组合并读出表示组合组件的声音的提示；以及

在组合组件中识别第一已学习过的组件和第二已学习过的组件、并将第一已学习过的组件同第二已学习过的组件分隔开的提示。

7. 如权利要求1所述的系统，所述组合模块的例程包括：

显示具有和实例形成对比的非实例的度量的一个或多个实例；

提示所述用户选择实例；以及

随着所述用户继续进行，系统地改变非实例的度量值，直到非实例的度量值基本上不能和实例的度量值相区分。

8. 如权利要求 1 所述的系统，所述组合模块的例程包括：

显示根据相同的度量和非实例的度量相比具有不同度量值的一个或多个实例；

提示所述用户选择实例；以及

随着所述用户继续进行，系统地改变非实例的度量值，直到非实例的度量值基本上不能和实例的度量值相区分。

9. 如权利要求 1 所述的系统，其中所述存储装置包括与所述处理器单元耦合的数据库单元。

10. 如权利要求 1 所述的系统，其中所述存储装置还包括与处理器单元耦合的附加存储单元。

11. 如权利要求 1 所述的系统，其中所述存储装置还包括所述用户计算机的本地存储器。

12. 如权利要求 1 所述的系统，其中所述通信网络至少包括因特网、局域网、虚拟局域网和异步传输方式网络中的至少一种的部分。

13. 如权利要求 1 所述的系统，还包括与所述处理器单元耦合的通讯单元。

14. 如权利要求 3 所述的系统，其中所述至少一个服务器包括所述建立模块、所述引用模块、所述流利模块、所述组合模块所述加强模块。

15. 如权利要求 1 所述的系统，其中所述至少一个服务器执行网络服务器软件，并且，所述至少一个处理器单元执行多种方法、程序和算法。”

经形式审查合格，专利复审委员会受理了该复审请求，并于 2006 年 7 月 25 日向复审请求人发出复审请求受理通知书，同时向国家知识产权局实质审查部门发出前置审查通知书。

国家知识产权局实质审查部门对上述复审请求进行了前置审查，认为复审请求人于 2006 年 6 月 19 日提交的修改文本中，权利要求 1 中所述的“反应数据”既未明确地记载在原说明书和权利要求书中，也不能由原说明书和权利要求书所记载的内容直接确定，因此超出了原说明书和权利要求书记载的范围，坚持原驳回决定。

专利复审委员会依法成立合议组对本复审请求进行审查。合议组研究了国家知识产权局实质审查部门作出的驳回决定和复审请求人提交的复审请求书和申请文件后，于 2007 年 8 月 24 日发出复审通知书，指出：复审请求人于 2006 年 6 月 19 日提交的修改文本中权利要求 1 中出现的技术特征“反应数据”、权利要求 11 中出现的技术特征“本地存储器”既未明确地记载在原说明书和权利要求书中，也不能由原说明书和权利要求书所记载的内容直接确定，因此超出了说明书和权利要求书记载的范围，不符合专利法第 33 条的规定。

另外，该复审通知书还指出，即使复审请求人删除上述内容克服了权利要求 1、11 不符合专利法第 33 条规定的缺陷，本申请权利要求 1~15 也不符合专利法实施细则第 2 条第 1 款的规定，具体理由如下：

为了解决克服传统的课堂教学方法效率低、费时、令人厌烦，现有的“在线”课程或教育模块无法实现反馈，传统教学课堂与在线课程均缺乏掌握特定技术所需要的实践机会的缺陷，本申请在教学方式上提出了一些方法和系统，主要是用这些方法及系统向儿童、青少年和成人传授技能，即通过计算机网络如互联网将教学某种技能如阅读的过程/例程提供给学习者，如本申请说明书中所述，这种技能是在精神运动及简单和复杂的认知中形成的（下文中被定义为“技巧”），例如阅读、数学、推理，从而不构成技术问题。本申请所采用的解决方案是利用一组计算机程序功能模块构成教学系统，用于指导人们对各种技能的学习，该系统虽然通过服务器和存储装置执行计算机程序来实现对教学过程的控制，但该服务器和存储装置都是公知的电子设备，执行建立、引用、流利和组合功能既没有给服务器和存储装置的内部性能带来改进，也没有给服务器和存储装置的构成或功能带来任何技术上的改变。所采用的手段是人为地制定教学规则，并按照规则的要求来进行，不受自然规律的约束，因而未利用技术手段，所能获得的效果是在没有老师的情况下向学习者教学某些知识，以及获得某些反馈特性，例如提供各种刺激，然后提供用来判断某些练习是否正确执行的听觉和视觉确认，附有跟踪学习者进度的特性，而上述技能和反馈特性的获得必须依赖于人，是因人而异的。也就是说，本申请所获得的效果也不是符合自然规律的技术效果，因此本发明专利申请不符合专利法实施细则第 2 条第 1 款的规定，不属于专利保护的客体。

2007 年 10 月 8 日复审请求人对上述专利申请提出延长期限请求，请求延期 2 个月。经审查，专利复审委员会于 2007 年 10 月 25 日发出了延长期限审批通知书，允许其请求。

针对上述复审通知书，复审请求人于 2007 年 12 月 10 日提交了意见陈述书，并提交了权利要求书修改文本。复审请求人将权利要求 1 中的“反应数据”修改为“用户在使用所述系统时形成的数据”，并认为该特征可以得到本申请原始公开的说明书第 7 页第 1 段、第 17 页第 3 段、第 19 页第 1 段的支持，将权利要求 11 中的“本地存储器”修改为“所述用户计算机具有本地存储器，用于存储所述服务器提供的所述模块”，并认为该特征可得到原始图 1 中标号 26 的支持，因此，上述特征未超出本申请原始记载的范围。此外，经修改的权利要求 1 中的计算机系统，包括服务器和存储装置，通过网络，服务器可以将制定某种交互方式的模块提供给用户计算机，使得用户在用户计算机上运行该模块时，服务器可以从用户计算机上收集数据，并向用户计算机发送反馈数据。由于服务器可以提供多种模块，因此可以很方便地指定所述交互方式和信息收集方式，解决了如何根据需要向众多用户计算机收集数据并提供相应反馈的技术问题，由于本申请的技术特征特别符合教学领域的一些要求，因此在教学领域中有着很好的应用，但是不能因为本申请可以应用在教学环境中就否认本申请的技术性。

涉及有内容修改的权利要求 1、11 内容如下：

“1. 一种计算机系统，包括：

至少一个服务器，所述服务器通过通信网络与至少一个用户计算机连接以使得所述用户计算机的用户可使用所述系统，并且所述服务器通过所述通信网络从所述用户计算机收集该用户计算机的用户在使用所述系统时形成的数据，所述服务器包括至少一个与其耦合的处理单元，该处理单元对所述数据进行处理，并根据所述处理的结果形成的反馈数据，以通过所述通信网络提供给该用户计算机，从而使得该用户计算机可将所述反馈数据呈现给所述用户；以及

存储装置，该存储装置耦合到所述服务器，以接收并存储所述用户在使用所述系统时形成的数据，以供所述服务器的所述处理单元进行处理；

其中所述服务器进一步包括一模块，该模块指定了当该模块在所述用户计算机上运行时，所述用户计算机的用户与所述用户计算机交互的方式，并且该模块选择自至少包括下述模块的组：

建立模块，所述建立模块具有响应收集到的所述用户在使用所述系统时形成的数据教用户识别组件以及从其他组件中区分该组件的例程，

引用模块，所述引用模块具有响应收集到的所述用户在使用所述系统时形成的数据将以前学习的组件组合到新的组件集中而实际上无需单独地教授这些新的组件集的例程，

流利模块，所述流利模块具有响应收集到的所述用户在使用所述系统时形成的数据将实践练习提供给所述用户来保留和应用从所述建立模块和所述引用模块中获得的结果的例程，

组合模块，所述组合模块具有响应收集到的所述用户在使用所述系统时形成的数据教所述用户识别组件并且从其他组件和其他组件的组合中区分该组件的例程；

其中在运行时，所述模块通过所述通信网络从所述服务器被提供给所述用户计算机，以用于收集所述所述用户在使用所述系统时形成的数据和呈现所述反馈数据。

11. 如权利要求 1 所述的系统，其中所述用户计算机具有本地存储器，用于存储所述服务器提供的所述模块。”

在上述工作的基础上，合议组认为本案事实已经清楚，可以作出如下复审请求审查决定。

二、决定的理由

1. 关于审查文本

复审请求人于 2007 年 12 月 10 日答复复审通知书时对权利要求书进行了修改，首先，根据本申请原说明书第 7 页第 1 段的记载“存储单元 36 与/或数据库单元 32 可以存储文件、算法软件、授课过程中收集到的用户数据”；原说明书第 17 页第 3 段中记载的用户（孩子）在使用本发明的系统时可形成的各种数据，例如反应时间；原说明书第 19 页第 1 段提到了数据“点击次数”等等，都是“用户计算机的用户在使用本发明的系统时形成的数据”的实施例。因此，权利要求 1 中的有关特征“用户计算机的用户在使用本发明的系统时形成的数据”未超出本申请原说明书和权利要求书记载的范围。本申请说明书从第 8 页开始，以教学环境为背景，详细论述了运行不同的模块时，用户和客户计算机的交互方式，因此权利要求 1 中的技术特征“该模块指定了当该模块在所述用户计算机上运行时，所述用户计算机的用户与所述用户计算机交互的方式”也未超出本申请的原始记载范围。其次，权利要求 11 的特征“所述用户计算机具有本地存储器，用户存储所述服务器提供的所述模块”与原说明书附图 1 中的标记 26 表示的用户计算机存储器的含义一致。因此上述特征未超出本申请原说明书和权利要求书记载的范围。

经审查未发现上述修改存在不符合专利法第 33 条和专利法实施细则第 60 条的规定之处，因此，本复审决定所依据的文本是：2007 年 12 月 10 日提交的权利要求第 1~15 项，2003 年 8 月 28 日提交的说明书第 1~35 页、说明书附图第 1~34 页、说明书摘要及摘要附图。

2. 关于专利法实施细则第 2 条第 1 款

专利法实施细则第 2 条第 1 款规定：专利法所称发明，是指对产品、方法或者其改进所提出的新的技术方案。

审查指南第二部分第一章第 2 节对不符合专利法实施细则第 2 条第 1 款规定的客体作了具体规定。专利法所称的发明，是对产品、方法或者其改进所提出的新的技术方案，这是对可申请专利保护的发明客体的一般性定义，不是判断新颖性、创造性的具体审查标准。技术方案是对要解决的技术问题所采取的利用了自然规律的技术手段的集合。技术手段通常是由技术特征来体现的。未采用技术手段解决技术问题，以获得符合自然规律的技术效果的方案，不属于专利法实施细则第 2 条第 1 款规定的客体。

复审请求人在答复复审通知书时修改了权利要求书，克服了修改超范围的缺陷，但对权利要求的方案未作实质性修改，因此，本申请权利要求 1~15 仍不符合专利法实施细则第 2 条第 1 款的规定。具体理由是：根据本申请说明书的记载，本申请是为了解决传统的课堂教学方法效率低、费时、令人厌烦，现有的“在线”课程或教育模块无法实现反馈，传统教学课堂与在线课程均缺乏掌握特定技术所需要的实践机会的缺陷，在教学方式上提出了一些方法和系统，主要是用这些方法及系统向儿童、青少年和成人传授技能，即通过计算机网络如互联网将教学某种技能如阅读的过程/例程提供给学习者，如本申请说明书中所述，这种技能是在精神运动及简单和复杂的认知中形成的（下文中被定义为“技巧”），例如阅读、数学、推理，从而不构成技术问题。本申请所采用的解决方案是利用一组计算机程序功能模块构成教学系统，用于指导人们对各种技能的学习，该系统虽然通过服务器和存储装置执行计算机程序来实现对教学过程的控制，但该服务器和存储装置都是公知的电子设备，执行建立、引用、流利和组合功能既没有给服务器和存储装置的内部性能带来改进，也没有给服务器和存储装置的构成或功能带来任何技术上的改变。所采用的手段是人为地制定教学规则，并按照规则的要求来进行，不受自然规律的约束，因而未利用技术手段，所能获得的效果是在没有老师的情况下向学习者教学某些知识，以及获得某些反馈特性，例如提供各种刺激，然后提供用来判断某些练习是否正确执行的听觉和视觉确认，附有跟踪学习者进度的特性，而上述技能和反馈特性的获得必须依赖于人，是因人而异的；也就是说，本申请所获得的也不是符合自然规律的技术效果，因此本发明专利申请不符合专利法实施细则第2条第1款的规定，不属于专利保护的客体。

针对复审请求人在答复复审通知书时提出的意见，合议组认为，本申请是想要克服现有教学领域在传授技能时存在的上述缺陷而提出的，虽然在权利要求中记载有服务器和存储器的内容，但该服务器和存储装置都是公知的电子设备，执行建立、引用、流利和组合功能既没有给服务器和存储装置的内部性能带来改进，也没有给服务器和存储装置的构成或功能带来任何技术上的改变。而如上所述，由于该方案整体要解决的不是技术问题，未利用技术手段，也未获得符合自然规律的技术效果，因此本发明专利申请不符合专利法实施细则第2条第1款的规定，复审请求人的理由不能成立。

三、决定

维持国家知识产权局于2006年3月3日对02804389.8号发明专利申请作出的驳回决定。

根据专利法第41条第2款的规定，复审请求人对本决定不服的，可以在收到本通知之日起三个月内向北京市第一中级人民法院起诉。

049

在罐底具有稳定冷却水流装置的加压水核反应器罐

复审请求审查决定（第12744号）

决　　定　　号　第12744号
决　　定　　日　2008年2月25日
发明创造名称　在罐底具有稳定冷却水流装置的加压水核反应器罐
国 际 分 类 号　G21C 15/02，G21C 1/01
复 审 请 求 人　法玛通公司
专 利 申 请 号　99122814.6
优　先　权　日　1998年12月1日
申　　请　　日　1999年11月30日
公　　开　　日　2000年6月14日
合 议 组 组 长　钱　芸
主　　审　　员　刘颖杰
参　　审　　员　朱文广

法 律 依 据　专利法第33条，第26条第3款
决 定 要 点

在判断修改是否符合专利法第33条的规定，除了词语本身的含义之外，还要根据说明书的内容加以理解。

一、案由

本复审请求涉及法玛通公司于1999年11月30日向中华人民共和国国家知识产权局提出的名称为“在罐底具有稳定冷却水流装置的加压水核反应器罐”的发明专利申请，该申请（下称本申请）的申请号是99122814.6，优先权日是1998年12月1日，公开日是2000年6月14日。

本申请公开的权利要求1如下：

“1. 一种圆柱形的加压水核反应器罐，在工作时其轴（4）是垂直的，它的下端由拱形底（1b）封闭，在拱形底（1b）的上方包括一块用以支撑反应器芯（8）的支撑板（5），支撑板（5）水平放置，与拱形底（1b）一起限定一罐底空间（10），还具有将来自顶部的加压冷却水的环状蒸汽在罐底空间（10）的周边上、与稳定冷却水蒸汽的装置（12）一起向下引导的装置，该装置悬挂在支撑芯（8）的板（5）的下方，用以在冷却水通过支撑芯（8）的板（5）上的通孔（11）进入反应器芯（8）之前，来稳定和均匀罐底空间（10）的冷却水流，其特征在于：稳定装置（12）至少包括一个圆柱形壁（14），该壁的轴平行于罐轴（4），并在罐底空间（10）的轴向最大高度的15%～40%之间

的一个高度上延伸。”

国家知识产权局专利实质审查部门在对本申请作实质审查过程中，于2003年1月10日向申请人法玛通公司发出第一次审查意见通知书，认为本申请的说明书没有对发明作出清楚、完整的说明，所属技术领域的技术人员无法实现本发明，因而本申请不符合专利法第26条第3款的规定。通知书中指出，本申请说明书中有多个地方提及“冷却水蒸汽”和“冷却水的蒸汽”，而采用冷却水蒸汽作为压水反应堆的冷却剂是一种与现有技术中的压水反应堆完全不同的技术措施，但是申请人没有在说明书中对此作出清楚、完整的说明，本领域技术人员采用本申请的技术方案和实施例中的稳定装置不能解决所述技术问题。

申请人于2003年5月13日针对上述通知书进行了意见陈述，申请人认为在通常的压水反应堆罐中的冷却水流是公知的，本申请公开的是首先冷却水从顶部在环形空间中向下流，然后在罐底改变方向，最后穿过芯支撑板在垂直方向从底部向上。并且，本申请说明书中明确指出在罐底改变（冷却水）方向产生的缺点以及现有技术如何解决该问题，而在本发明申请的情况下，放在罐底的装置用来稳定和均匀罐底的冷却水流，进入罐底的总的水流是由从顶部向下的环流产生的。另一方面，申请人认为为了使本专业技术人员来实施本发明申请，没有必要完整的说明用在本申请装置上的流体力学的原理，通过公开的相关的结构和有用的参数，就足以使本专业技术人员能很好地实现本申请。申请人还提交了两份欧洲专利申请作为参考，认为该两份申请说明了在反应罐中的总的水流情况。

根据上述事实，国家知识产权局于2003年7月4日对本申请作出了驳回决定，所依据的理由是本申请不符合专利法第26条第3款的规定，并具体指出，申请人的陈述意见没有针对审查意见的主要观点进行答复，因而不能接受；审查员在第一次审查意见通知书中指出由于说明书中公开的反应器罐中的冷却剂是蒸汽，而公知的冷却剂是水，用蒸汽作冷却剂对于本领域技术人员而言在压水反应堆是无法实施的，而申请人作为证据提交的欧洲专利申请也是说明冷却剂是以“冷却水流”的形式存在的，从中本领域技术人员并不能导出任何有关蒸汽作为冷却剂的内容。该驳回决定所针对的文本是申请人于申请日提交的权利要求第1~11项、说明书第1~6页、说明书附图第1~3页、以及说明书摘要和摘要附图。

申请人不服国家知识产权局的上述驳回决定，于2003年7月18日向专利复审委员会提出复审请求，申请人（下称请求人）的复审理由是本申请中文说明书某些地方误将“水流”称作“水蒸汽”，从而导致说明书中某些句子不清楚。为了克服上述缺陷，请求人提交了说明书和权利要求书全文替换页，将其中的“水蒸汽”全部统一改为“水流”。请求人同时提交了权利要求书和说明书的替换页。修改后的权利要求1是：

“1. 一种圆柱形的加压水核反应器罐，在工作时其轴（4）是垂直的，它的下端由拱形底（1b）封闭，在拱形底（1b）的上方包括一块用以支撑反应器芯（8）的支撑板（5），支撑板（5）水平放置，与拱形底（1b）一起限定一罐底空间（10），还具有将来自顶部的加压冷却水的环状水流在罐底空间（10）的周边上、与稳定冷却水流的装置（12）一起向下引导的装置，该装置悬挂在支撑芯（8）的板（5）的下方，用以在冷却水通过支撑芯（8）的板（5）上的通孔（11）进入反应器芯（8）之前，来稳定和均匀罐底空间（10）的冷却水流，其特征在于：稳定装置（12）至少包括一个圆柱形壁（14），该壁的轴平行于罐轴（4），并在罐底空间（10）的轴向最大高度的15%~40%之间的一个高度上延伸。”

经形式审查合格，专利复审委员受理了上述复审请求，于2003年8月27日向复审请求人发出复审请求受理通知书，同时将案卷移交国家知识产权局原实质审查部门，对本申请进行前置审查。在前置审查中，原实质审查部门认为“水蒸气”和“水流”是两个不同的物理概念，从“水蒸汽”不能直接导出“水流”，因此复审请求人将原权利要求书和说明书中的“水蒸汽”全部改为“水流”超出了原申请文件公开的范围，不符合专利法第33条的规定。且由于原说明书没有对发明作出清楚、完整的说明，不符合专利法第26条第3款的规定，因此坚持驳回决定。

专利复审委员会依法组成合议组对本案进行审理，经合议组审查，于2005年8月9日向复审请求人发出复审通知书，合议组认为请求人将“水蒸汽”改为“水流”会导致说明书内容的变化，而这种变化不能从原说明书公开的内容直接地、毫无疑意地导出，因而这种修改不符合专利法第33条的规定。

复审请求人于2005年9月23日针对复审通知书提交了意见陈述，主要陈述了三点意见：（1）说明书的发明名称指出本申请是关于一种“在罐底具有稳定冷却水流装置的加压水核反应器罐”，冷却反应器芯的水在其顶部配置到环形空间中，从顶向下流入罐底空间，在罐底空间内冷却水穿过支撑板上的孔进入芯子，从底向上以垂直方向在芯组件上流动，而本申请的稳定装置不仅能稳定和均匀冷却水流，而且能将冷却水输送到芯子入口；在说明书附图说明中提出“下面以示例形式来描述在加压水的核反应器的罐底中稳定水流装置的几个实施例”，并且在说明书第5页第3和4段的内容中多次提及“冷却水流”和“冷却水”，由上述内容可以看出，从说明书整体上看说明书某些地方称“水蒸汽”是错误的，应改为“水流”才与整体描述的内容相一致。（2）从说明书中提到“水蒸汽”的地方的上下文来看，“水蒸汽”应当改成“水流”才是正确的。（3）对本领域技术人员而言，在压水堆的反应器压力罐中使用水作为冷却介质是公知常识，而不允许、也不会出现水蒸汽，因为水蒸汽的出现会导致反应堆的燃料原件表面传热能力下降，燃料的温度上升，进而会引起反应堆堆芯熔化，出现放射性物质向环境释放的危险。因此，本申请中部分地方出现“水蒸汽”应改成“水流”，本申请出现的“水蒸汽”是由于在翻译过程中，错将“stream of cooling water”理解为“steam of cooling water”造成的，该错误是本领域技术人员能够很容易识别的明显文字错误，而将“水蒸汽”改为“水流”，是本领域技术人员能从说明书整体和上、下文看出的唯一正确修改答案。

复审请求人于2006年7月14日向复审委员会再次提交意见陈述书，进一步陈述意见如下：（1）现有技术的加压水核反应器中是采用加压的冷却水来冷却反应器芯的，且加压水核反应器中冷却燃料组件的工作原理、冷却过程和采用的冷却介质（水）是该领域普通技术人员所熟知的。（2）现有技术的加压水核反应器中是采用稳定装置来稳定和均匀加压水核反应器罐底的冷却水流的，这一点在本申请的说明书中已有记载。（3）本申请的发明点仅涉及对现有技术中的稳定装置进行改进，并不涉及冷却介质的改变，这一点从说明书技术领域和实施例部分及权利要求1特征部分的记载可以看出。（4）同现有技术一样，本申请采用冷却水对反应器芯进行冷却，而不是采用水蒸汽。（5）本申请说明书和权利要求中某些地方出现的“水蒸汽”为明显的文字错误，对该文字错误进行修改符合专利法第33条的规定。

合议组经过合议，于2007年5月9日发出第二次复审通知书，其中指出，复审请求人认为本申请中的冷却介质只能是水而不能是水蒸汽是公知常识，但并没有提供相应的证据加以证明，复审请求人应当在通知书指定的期限内提供证据以支持其观点。

复审请求人于2007年6月25日提交了意见陈述书，同时提交了如下三份证据（复印件）：

证据1：《核反应堆工程原理》，凌备备、杨延州编著，原子能出版社，1982年，第3~7、60~66、75、246~248页；

证据2：《核反应堆安全分析》，朱继洲主编，原子能出版社，1988年，第4、207~209页；

证据3：《核电厂培训教程》，孔昭育等译，第60~61页，原子能出版社，1992年。

复审请求人在其意见陈述中指出：（1）证据1介绍了典型的压水堆的本体结构，将证据1中压水堆本体结构与本申请背景技术中的“加压水核反应器”对比，可知本申请所属的技术领域就是证据1中的压水堆技术领域。而证据1中记载了“水为慢化剂”、“水还兼作冷却剂”、“水从堆芯流过时将热量导出堆外”、“水的慢化性能以及导热性能都比较好”，“为了把反应堆的出口水温提高到300℃左右而不致沸腾，必须把压力提高到14~16兆帕左右”、“故把这种堆称为加压水慢化冷却反应堆，简称压水堆（PWR）”。由上述内容可知，压水堆中的冷却剂用于冷却燃料元件。(2) 证据1、2、3分别对压水堆所涉及的流体传热原理作了介绍，流体传热过程可以分为四种工况，即I自然对流、II泡核沸腾、III部分膜态沸腾、VI膜态沸腾，而证据1中指出“当包壳局部壁面的热通量过高而冷却条件又不好时，那里的气泡就可能练成一片片的汽膜，从而出现膜态沸腾。这将导致放热系数α值的显著降低，从而酿成元件的烧毁事故。”而如果采用“水蒸汽”作冷却剂，那么“水蒸汽”将用于压水堆的核燃料元件。这样，当“水蒸汽”流过核燃料元件时，核燃料元件将被“水蒸汽”包围，势必在核燃料元件的壁面周围长时间形成连续的上述“汽膜”。因此，也就会引起燃料元件的上述“烧毁”事故。因此，本申请不可能采用“水蒸汽”作为冷却剂。(3) 根据证据1中关于压水堆的定义可知，“压水堆”因采用“加压水”而得名，在压水堆中采用加压的水作为冷却剂，并没有采用其他物质，因此，本申请技术方案中的冷却剂只能是“水”而不可能是其他物质。综上所述，请求人认为将本申请说明书和权利要求书中有关的“水蒸汽”修改为“水流”，是所属技术领域的技术人员能从说明书的整体即上下文看出的惟一的正确答案，符合专利法第33条的规定，同时克服了原申请文件中存在的缺陷。

在上述意见陈述之后，请求人又于2007年6月29日提交了对上述证据1~3的进行公证的公证书，以证明上述三份证据的复印件（节本）与原件相符。

根据上述事实，合议组作出如下审查决定。

二、决定的理由

1. 审查文本

本复审决所针对的文本是请求人于2003年7月18日提出复审请求时提交的权利要求书和说明书全文、申请日提交的说明书附图和说明书摘要及摘要附图。

2. 关于专利法第33条

本申请被驳回时所依据的理由是其不符合专利法第26条第3款的规定，但本案的关键问题在于复审请求人能否将“水蒸汽”修改为“水流”，也就是说这种修改是否满足专利法第33条的规定。

专利法第33条规定，“申请人可以对其专利申请文件进行修改，但是，对发明和实用新型专利申请文件的修改不得超出原说明书和权利要求书记载的范围”。审查指南第二部分第八章第5.21节规定，“原说明书和权利要求书记载的范围包括原说明书和权利要求文字记载的内容和根据原说明书和权利要求书文字记载的内容以及说明书附图能直接地、毫无疑义地确定的内容。”

根据上述规定，可知将“水蒸汽”修改为“水流”是否符合专利法第33条的规定的关键，在于这种修改是否能根据原说明书和权利要求书记载的内容直接地、毫无疑义地确定。

从原说明书记载的内容来看，的确多处地方出现了“水蒸汽”，如在对现有技术的描述中出现了“在罐底空间内，冷却水的蒸汽向上转变180℃”、“然而这种装置不能有效地引导垂直朝向芯子入口的冷却水蒸汽”，甚至在对本申请发明目的的描述中也出现了“还具有将来自顶部的加压冷却水蒸汽在罐底空间周边上、与稳定冷却水蒸汽的装置一起向下引导的装置”，这些描述的确似乎表明本申请中采用的冷却剂是“水蒸汽”。

本申请的发明名称是“在罐底具有稳定冷却水流装置的加压水核反应器罐”，并且说明书的第一段也明确指出“本发明关于一种加压水核反应器罐，它包括在其底部稳定冷却水流的装置”。作为一件专利申请的名称，其应当全面的反映要求保护的发明的主题，而说明书的第一段更是对全文的总括，这两者可以有力的证明本申请内容涉及的是加压水核反应器罐，而根据本领域技术人员所知，加压水核反应器罐采用的冷却剂应当是水，这一点也可以通过证据1~3加以佐证。

同时，说明书中对于现有技术的缺陷的描述是“冷却水流在罐底空间中受到很大的干扰，在水流中可形成涡流，这对进入芯子在燃料组件纵向的芯子中流动的冷却水流的均匀性非常有害”，而本申请的加压水核反应器罐的装置“不仅能稳定和均匀冷却水流，而且能将该冷却水流输送到芯子入口，它还能很容易地安装到核反应器的下内部构件上，不会妨碍下内部构件的拆卸、处理和维护，或对罐底头部的观察。”由此可以明确的是，本申请的发明内容是对稳定装置进行的改进，目的是为了稳定和均匀冷却水流，而并非是对冷却剂的改进，说明书也没有任何地方提及本申请要对现有的冷却剂—水—加以改变，也就是说本申请的核反应器罐使用的冷却剂仍是常规使用的水。因此，结合复审请求人提交的证据，不能认为将“水蒸汽”改为“水流”违反了专利法第33条的规定。

3. 关于专利法第26条第3款

由于在压水反应堆中采用水作为冷却剂是本领域技术人员所公知的技术手段，在请求人将说明书中出现的“水蒸汽”替换为“水流”后，已经克服了驳回决定中指出的用水蒸汽作为冷却剂不符合专利法第26条第3款的缺陷。但是，本申请是否还存在其他问题可能导致不符合专利法第26条第3款规定，还需要实审部门进行进一步的审查。

三、决定

撤销国家知识产权局于2003年7月4日对99122814.6号发明专利申请作出的驳回决定。由原审查部门根据本复审决定针对的文本继续审查。复审请求人对本决定不服的，可以根据专利法第41条第2款的规定，自收到本决定之日起三个月内向北京市第一中级人民法院起诉。

050

用于便携通信装置如智能卡的个性化数据处理方法及装置

复审请求审查决定（第12770号）

决　定　号　第12770号
决　定　日　2008年3月13日
发明创造名称　用于便携通信装置如智能卡的个性化数据处理方法及装置
国际分类号　G07F 7/10
复审请求人　格姆普拉斯公司
申　请　号　02817211.6
优先权日　2001年7月2日
申　请　日　2002年7月2日
公　开　日　2004年12月1日
合议组组长　杨军艳
主　审　员　刘亚斌
参　审　员　李　礼

法律依据　专利法第25条第1款第（2）项，第22条第2款、第3款
专利法实施细则第20条第1款

决定要点

如果一项权利要求与对比文件相比存在区别特征，且现有技术中不存在将该区别特征应用到该权利要求的技术方案中以解决其技术问题的启示，同时该区别特征带来了有益效果，则该项权利要求具备创造性。

一、案由

本复审请求涉及申请号为02817211.6、名称为“用于便携通信装置如智能卡的个性化数据处理方法及装置”的发明专利PCT申请（下称本申请）。申请人为格姆普拉斯公司。本申请的申请日为2002年7月2日，优先权日为2001年7月2日，进入中国国家阶段日期为2004年3月2日，公开日为2004年12月1日。

经实质审查，国家知识产权局实质审查部门于2006年7月7日以本申请权利要求1、5、9~11、14、18、19不符合专利法第22条第2款的规定和权利要求2~4、6~8、12、13、15~17属于专利法第25条第1款第2项规定的不授权范围为由作出驳回决定。其中引用了如下一篇对比文件：

对比文件1：公开号为CN1222988A的中国发明专利申请公开说明书，公开日为1999年7月14日。

驳回决定所依据的文本为：申请人于2006年2月5日提交的权利要求第1~19项、说明书第1~14页，于进入中国国家阶段时提交的说明书附图第1~4页以及说明书摘要和摘要附图。驳回决定所针对的权利要求书包括6项独立权利要求，即权利要求1、5、10、11、14、19，其内容如下：

“1. 用于传输到例如智能卡（1）的便携通信装置的数据个性化或初始化处理方法，所述数据包含多个信息元（Vi），每个信息元都归于由所述通信装置管理的字段（Ei），

其特征在于，所述处理方法包括：在没有明确指定字段的情况下，按照由所述通信装置认出的协议利用按序接连的各自数据块（Bi）形成所述信息元（Vi）的链接（26）。

5. 在例如智能卡（1）的便携式通信装置中一种应用个性化或初始化的方法，所述个性化/初始化包括接收来自外部源（40-50）的数据以便从这些数据中提取要写入各自字段（Ei）中的信息元（Vi），

其特征在于，它包括：在输入端接收所述链接（26）形式的数据，其中所述的信息元（Vi）都是按照由所述外部源（40-50）以及所述通信装置（1）认出的协议，在没有明确指定字段的情况下，利用按序接连的各自数据块（Bi）确定的，从所述链接所接收的每个信息元（Vi）都是根据其数据块在所述链接中的位置及类型而识别的。

10. 在智能卡（1）中实施根据权利要求5至97中任一项所述的方法。

11. 用于传输到例如智能卡（1）的便携式通信装置的数据个性化或初始化处理器，数据包含多个信息元（Vi），每个信息元都归属于由所述处理器管理的一个字段（Ei），

其特征在于，它包括形成所述信息元（Vi）链接（26）的装置（48，50），链接是在未明确指定字段的情况下，按照由所述通信装置认出的协议利用按序接连的各自数据块（Bi）形成的。

14. 在例如智能卡（1）便携式通信装置中的应用个性化或初始化装置，所述个性化/初始化包括接收来自外部源（40-50）的数据以便从这些数据中提取要写入各自字段（Ei）中的信息元（Vi），

其特征在于，它包括用于在输入端接收链接（26）形式数据的装置（54），其中所述信息元（Vi）是在未明确指定字段的情况下，按照由所述外部源（40-50）及所述通信装置（1）认出的协议，利用按序接连的各自数据块（Bi）确定的，还有

装置（56，58）用于识别和提取所述链接的各个接收信息元（Vi），这要根据其相应数据块在所述链接中的位置及类型而变化。

19. 智能卡（1），其特征在于，它集成了根据权利要求14至16中任一项所述的装置。”

驳回决定认为：权利要求1请求保护一种用于传输到例如智能卡便携通信装置的数据个性化或初始化处理方法，对比文件1公开了一种用于智能卡个人化的系统和装置（同时公开了相应的方法），其中披露了如下技术特征：%L变量参数字段被设置成卡结构模板中$CHIP项中的SIZE字段的值……用卡结构模板记录中NAME项（相当于该权利要求所述的字段，其值相当于该权利要求所述的信息元）所定义的SIZE字段值“30”或十六进制的“1E”代替%L……（相当于在没有明确指定字段的情况下，按照由所述通信装置认出的协议利用按序接连的各自数据块形成所述信息元的链接），由此可见，权利要求1的全部技术特征被对比文件1公开，两者属于同一技术领域，采取的技术方案实质上相同，解决的技术问题相同，预期效果相同，因此权利要求1相对于对比文件1不具有专利法第22条第2款规定的新颖性；权利要求5请求保护权利要求1请求保护在例如智能卡的便携式通信装置中一种应用个性化或初始化的方法，对比文件1披露了如下技术特征：系统100还利用数据格式模板和卡应用记录922来验证数据952以保证正确的数据和格式，相当于“从所述链接所接收的每个信息元都是根据其数据块在所述链接中的位置及类型而识别的”这一技术特征，该权利要求的其他技术特征也被对比文件1公开，因此权利要求5相对于对比文件1不具有专利法第22条第2

款规定的新颖性；从属权利要求9、10的技术特征也被对比文件1公开，因此在权利要求5不具有新颖性的情况下，从属权利要求9、10也不具有专利法第22条第2款规定的新颖性；权利要求11、14请求保护的装置分别对应于权利要求1、5所述的方法，因此，参照前述理由，权利要求11、14相对于对比文件1也不具有专利法第22条第2款规定的新颖性，同理其从属权利要求18、19相对于对比文件1也不具有专利法第22条第2款规定的新颖性；从属权利要求2~4、6~8、12、13、15~17的附加技术特征实质上均在于信息表述方法，属于智力活动的规则和方法，即专利法第25条第1款第2项所列情形，因此，从属权利要求2~4、6~8、12、13、15~17不能被授予专利权。

申请人格姆普拉斯公司（下称复审请求人）对上述驳回决定不服，于2006年10月23日向专利复审委员会提出了复审请求，同时提交了权利要求书的全文修改替换页。修改后的权利要求书包括19项权利要求，其中有如下6项独立权利要求1、5、10、11、14、19：

“1. 用于对传输到例如智能卡（1）的便携通信装置的个性化或初始化数据进行格式化的方法，所述个性化或初始化数据包含多个信息元（Vi），每个信息元都归属于由所述便携式通信装置使用的字段（Ei），

其特征在于，所述方法包括以下步骤：在没有涉及任何所述信息元的明确的字段指定的情况下，在毗邻的各自数据块（Bi）中形成所述信息元（Vi）的链接（26），按照由所述便携式通信装置认出的协议对所述数据块进行格式化。

5. 涉及在例如智能卡（1）的便携式通信装置中的个性化或初始化应用的数据通信方法，所述个性化/初始化包括接收来自外部源（40-50）的数据以便从所述数据中提取要写入各自字段（Ei）中的信息元（Vi），

其特征在于，所述方法包括：在输入端接收所述链接（26）形式的数据，其中所述的信息元（Vi）都是按照由所述外部源（40-50）以及所述便携式通信装置（1）认出的协议，在没有涉及任何所述信息元的明确字段指定的情况下，利用毗邻的各自数据块（Bi）确定的，从所述链接所接收的每个信息元（Vi）都是根据该数据块在所述链接中所接收的信息元所属的数据块的位置及类型而识别的。

10. 在智能卡（1）中实施根据权利要求5至7中任一项所述的进行数据通信的方法。

11. 用于对传输到例如智能卡（1）的便携式通信装置的个性化或初始化数据进行格式化的装置，所述个性化或初始化数据包含多个信息元（Vi），每个信息元都归属于由所述便携式通信装置使用的一个字段（Ei），

其特征在于，所述便携式通信装置包括形成所述信息元（Vi）链接（26）的装置（48，50），链接是在未涉及任何所述信息元的明确的字段指定的情况下，在毗邻的各自数据块（Bi）形成的，所述数据块是按照由所述便携式通信装置认出的协议进行组织的。

14. 用于对在例如智能卡（1）的便携式通信装置中的应用进行个性化或初始化装置，所述个性化/初始化包括接收来自外部源（40-50）的数据以便从这些数据中提取要写入各自字段（Ei）中的信息元（Vi），

其特征在于，所述装置包括：

用于在输入端接收链接（26）形式的所述数据的装置（54），其中所述信息元（Vi）是利用毗邻的各自数据块（Bi）确定的，在未涉及任何所述信息元的明确字段指定的情况下，所述数据块（Bi）按照由所述外部源（40-50）及所述便携式通信装置（1）认出的协议进行组织，还有

装置（56，58）用于识别和提取所述链接的各个接收信息元（Vi），这要根据其相应数据块在所述链接中的位置及类型而变化。

19. 智能卡（1），其特征在于，智能卡（1）集成了根据权利要求 14 至 16 中任一项所述的装置。”

复审请求人认为：对比文件 1 没有公开权利要求 1 中的特征“在毗邻的各自数据块中的个性化数据进行格式化”，因而权利要求 1 具备新颖性，同理权利要求 5、9~11、14、18、19 也具备新颖性；本发明技术方案中的“数据块”不是“信息的表述方式”，权利要求 2 中限定了数据的排列方式或数据的表达方式而不仅仅是信息内容，权利要求 3 限定了预先确定的类型，权利要求 4 也是涉及数据的表达方式，因而权利要求 2~4 不属于专利法第 25 条所规定的智力活动的规则和方法的范围，同理，权利要求 6~8、12、13、15~17 也不属于专利法第 25 条所规定的智力活动的规则和方法的范围。

经形式审查合格，专利复审委员会依法受理了该复审请求，并于 2006 年 11 月 23 日向复审请求人发出复审请求受理通知书，同日向原实质审查部门发出前置审查通知书。

原实质审查部门在前置审查意见书中坚持原驳回决定。

针对上述复审请求，专利复审委员会依法成立合议组对本案进行审理。

合议组于 2007 年 2 月 28 日向复审请求人发出第一次复审通知书，指出：权利要求 10 要求保护的主题不清楚，不符合专利法实施细则第 20 条第 1 款的规定；权利要求 1 请求保护一种用于对传输到例如智能卡的便携通信装置的个性化或初始化数据进行格式化的方法，对比文件 1 公开了一种用于智能卡个人化的方法，其中对传输到智能卡的个人化数据进行格式转换，该个人化数据包括多个数据串，每个数据串对应于相应的字段，该方法包括：智能卡个人化系统根据预先接收到的数据格式模板记录确定所使用的数据格式模板，当个人化数据中的数据串是按照智能卡个人化系统的内部顺序排列的情况下，不需要任何字段指定，就可以连续读取数据流中的各个数据串并依次对应到数据格式模板中规定的各个字段，从而完成格式转换；可见，对比文件 1 已经公开了权利要求 1 的全部技术特征，二者同属于智能卡个人化技术领域，解决了相同的技术问题，即智能卡个人化技术中不明确指定字段而进行数据格式化的问题，具有相同的技术效果，因此权利要求 1 所要求保护的技术方案不具备专利法第 22 条第 2 款规定的新颖性，关于复审请求人认为对比文件 1 未公开“在毗邻的各自数据块中形成所述信息元的链接”这一观点，合议组认为“毗邻”并不意味着没有任何间隔，仅表示各数据块相邻，而对比文件 1 中恰恰已公开该内容，所以复审请求人的上述观点不成立；权利要求 5 请求保护一种涉及在例如智能卡的便携式通信装置中的个性化或初始化应用的数据通信方法，对比文件 1 公开了一种用于智能卡个人化的方法，其中从传输到智能卡的个人化数据中提取数据串并写入到相应的字段中，该方法包括：接收依次与各个字段对应的连续的数据串，其中智能卡个人化系统根据从卡发行人管理系统接收的数据格式模板记录确定所使用的数据格式模板，在个人化数据中的数据串是按照智能卡个人化系统的内部顺序排列的情况下，不需要任何字段指定，就可以连续读取数据流中的各个数据串并依次对应到数据格式模板中规定的各个字段，其中与每个字段对应的数据串是根据其在数据流中的位置来确定起始点，而以逗号标识该数据串的结束；可见，对比文件 1 已经公开了权利要求 5 的全部技术特征，二者同属于智能卡个人化技术领域，解决了相同的技术问题，即智能卡个人化技术中不明确指定字段而进行数据格式化的问题，具有相同的技术效果，因此权利要求 5 所要求保护的技术方案不具备新颖性；权利要求 11、14 分别是与权利要求 1、5 对应的装置独立权利要求，对比文件 1 中也公开了相应的装置，因而权利要求 11、14 也不具备专利法第 22 条第 2 款规定的新颖性；从属权利要求 4、8、18 的附加技术特征也分别被对比文件 1 公开，因而在权利要求 1、5、14 不具备新颖性的情况下，其从属权利要求 4、8、18 也不具备专利法第 22 条第 2 款规定的新颖性；权利要求 19 请求保护一种智能卡，其特征在于集成了根据权利要求 14~16 中任一项所述的装置，而对比文件 1 中已经披露了集成了如权利要求 14 所述装置的智能卡，因此在权利要求 14 不具备新颖性的情况下，权利要求 19 所要求保护的引用权利要求 14 的技术方案也不具备专利法第 22 条第 2 款所规定的新颖性。

针对上述第一次复审通知书，复审请求人于 2007 年 4 月 10 日提交了意见陈述书以及权利要求书的全文修改替换页，其中将独立权利要求 1、5、11、14 中的“在没有涉及任何所述信息元的明确的字段指定的情况下”修改为“在没有涉及任何所述信息元的明确的字段指定并且在不同数据块的数据之间没有插入任何分隔符的情况下”，并且将权利要求 10 修改为“根据权利要求 5 至 7 中任一项所述的进行数据通信的方法的应用，该应用被实施在智能卡（1）中”。复审请求人认为，对比文件 1 中仅公开了包含以分隔符分隔开的不同的数据块的数据结构，而没有公开修改后的独立权利要求的技术方案，因而修改后的独立权利要求 1、5、10、11、14 及其从属权利要求均具备新颖性和创造性，并且本申请的技术方案还实现了现有技术中无法预料的技术效果。

经审查，合议组于 2007 年 6 月 11 日发出第二次复审通知书，其中引用了如下一篇公知常识性证据（下称文献 1）：

文献 1：清华大学出版社出版的《智能卡技术》（第二版）封面、版权页、第 60~64 页的复印件，共 7 页，2000 年 10 月出版。

第二次复审通知书中指出：权利要求 10 没有说明其请求保护的主题是产品还是方法，并且该权利要求中所限定的技术特征也不明确，导致其技术方案不清楚，请求保护的范围不清楚，不符合专利法实施细则第 20 条第 1 款的规定；权利要求 1 与对比文件 1 公开的内容相比，其区别在于：权利要求 1 中在不同数据块的数据之间没有插入任何分隔符，而对比文件 1 中对应不同字段的数据串是以逗号间隔；而该区别技术特征属于本领域的公知常识，例如在可用作高等院校学习参考书的文献 1 中公开了类似的内容，本领域普通技术人员在对比文件 1 的基础上结合公知常识，能够想到通过添加有关长度信息的开始字段来代替用逗号分隔的方式传输以形成链接，从而得到权利要求 1 所要求保护的技术方案，因此权利要求 1 所要求保护的技术方案相对于对比文件 1 和公知常识的结合不具备专利法第 22 条第 3 款规定的创造性；同理，独立权利要求 5、11、14、19 也不具备专利法第 22 条第 3 款规定的创造性；从属权利要求 4、8、18 的附加技术特征分别被对比文件 1 公开，因而在权利要求 1、5、14 不具备创造性的情况下，其从属权利要求 4、8、18 也不具备专利法第 22 条第 3 款规定的创造性。

针对上述第二次复审通知书，复审请求人于 2007 年 9 月 26 日提交了意见陈述书以及权利要求书的全文修改替换页，其中将独立权利要求 1、5、14 中的“分隔符”修改为“附加数据”，并将权利要求 10 修改为“根据权利要求 5 至 7 中任一项所述的进行数据通信的方法，该方法被实施在智能卡（1）中”。复审请求人认为，对比文件 1 中的数据结构包含至少一个分隔符如逗号座位不同数据块之间的附加数据，而本申请的技术方案不需要插入任何附加数据；在文献 1 中涉及的是“命令数据”的传输，而本申请涉及的是传送应用程序的数据；并且该文献 1 中的数据结构包含在“开始字段”内进行分组的附加数据、代表后续的数据块中数据长度值的附加数据，因此也没有公开本申请独立权利要求中没有在属于不同数据块的数据之间插入附加数据的特征，因而对比文件 1 和文献 1 结合也不能破坏本申请独立权利要求的创造性。

经审查，合议组于 2007 年 11 月 20 日发出第三次复审通知书，指出：（1）文献 1 中也记载了关于应用数据的传输的内容；（2）本申请权利要求 1 的方案实质上也需要在八位字节表类型的数据块内部添加长度数据，这种通过在数据块内部插入长度数据从而不需要任何所述信息元的明确的字段指定就能在毗邻的各自数据块中形成信息元的链接的技术属于本领域的公知常识，例如文献 1 公开的关于在开始字段中存储了信息字段的字节数即长度数据以使得在传输多个分组数据时不需要明确的字段指定也不需要插入分隔符而最终形成链接的内容，本领域普通技术人员在对比文件 1 的基础上结合上述公知常识，能够想到通过在数据块中添加长度数据来代替用逗号分隔的方式传输以形成链接，而将作为长度数据的附加数据置于数据块的内部或外部没有实质上的差别，因此本领域普通技术人员在对比文件1的基础上结合上述公知常识得到权利要求1所要求保护的技术方案是显而易见的，故复审请求人的理由也不成立，权利要求1相对于对比文件1和公知常识的结合仍不具备专利法第22条第3款规定的创造性；同理，权利要求4、5、8、11、14、18、19也不具备专利法第22条第3款规定的创造性。

针对上述第三次复审通知书，复审请求人于2008年1月7日提交了意见陈述书以及权利要求书的全文修改替换页，其中在前次修改文本的基础上将从属权利要求2、3、7、12、13、16中的部分附加特征分别补入到相应的独立权利要求1、5、11、14中构成新的权利要求，本次修改后的权利要求书共包括13项权利要求，其中独立权利要求1、3、8、9、13以及从属权利要求7的内容如下：

“1. 用于对传输到例如智能卡（1）的便携通信装置的个性化或初始化数据进行格式化的方法，所述个性化或初始化数据包含多个信息元（Vi），每个信息元都归属于由所述便携式通信装置使用的字段（Ei），

其特征在于，所述方法包括以下步骤：在没有涉及任何所述信息元的明确的字段指定并且在不同数据块的数据之间没有插入任何附加数据的情况下，在毗邻的各自数据块（Bi）中形成所述信息元（Vi）的链接（26），按照由所述便携式通信装置认出的协议对所述数据块进行格式化，

所述数据块（Bi）按照预定的多个类型格式化，为了把信息元（Vi）写入属于所述信息元的给定数据块中所用的字节数与该所考虑的数据块（Bi）的类型有关，并且其中每一个所述预定类型是具有固定数目字节的固定类型。

3. 涉及在例如智能卡（1）的便携式通信装置中的个性化或初始化应用的数据通信方法，所述个性化/初始化包括接收来自外部源（40-50）的数据以便从所述数据中提取要写入各自字段（Ei）中的信息元（Vi），

其特征在于，所述方法包括：在输入端接收所述链接（26）形式的数据，其中所述的信息元（Vi）都是按照由所述外部源（40-50）以及所述便携式通信装置（1）认出的协议，在没有涉及任何所述信息元的明确字段指定并且在不同数据块的数据之间没有插入任何附加数据的情况下，利用毗邻的各自数据块（Bi）确定的，从所述链接所接收的每个信息元（Vi）都是根据该数据块在所述链接中所接收的信息元所属的数据块的位置及类型而识别的，其中所述类型是包含固定数目字节的固定类型。

7. 根据权利要求3至4中任一项所述的进行数据通信的方法，该方法被实施在智能卡（1）中。

8. 用于对传输到例如智能卡（1）的便携式通信装置的个性化或初始化数据进行格式化的装置，所述个性化或初始化数据包含多个信息元（Vi），每个信息元都归属于由所述便携式通信装置使用的一个字段（Ei），

其特征在于，所述便携式通信装置包括形成所述信息元（Vi）链接（26）的装置（48，50），链接是在未涉及任何所述信息元的明确的字段指定并且在不同数据块的数据之间没有插入任何分隔符的情况下，在毗邻的各自数据块（Bi）形成的，所述数据块是按照由所述便携式通信装置认出的协议进行组织的，

所述数据块（Bi）是按照多种预定类型格式化的，使信息元（Vi）写入到归属于所述信息元的数据块中所用的字节数与所考虑的该数据块（Bi）的类型有关，并且其中每一个所述预定类型是包含固定数目字节的固定类型。

9. 用于对在例如智能卡（1）的便携式通信装置中的应用进行个性化或初始化装置，所述个性化/初始化包括接收来自外部源（40-50）的数据以便从这些数据中提取要写入各自字段（Ei）中的

信息元（Vi），

其特征在于，所述装置包括：

用于在输入端接收链接（26）形式的所述数据的装置（54），其中所述信息元（Vi）是利用毗邻的各自数据块（Bi）确定的，在未涉及任何所述信息元的明确字段指定并且在不同数据块的数据之间没有插入任何附加数据的情况下，所述数据块（Bi）按照由所述外部源（40-50）及所述便携式通信装置（1）认出的协议进行组织，还有

装置（56，58）用于识别和提取所述链接的各个接收信息元（Vi），这要根据其相应数据块在所述链接中的位置及类型而变化，其中所述类型是包含固定数目字节的固定类型。

13. 智能卡（1），其特征在于，智能卡（1）集成了根据权利要求 9 至 10 中任一项所述的装置。”

在上述程序的基础上，合议组认为本案事实已经清楚，可以作出审查决定。

二、决定的理由

1. 关于审查文本

本决定针对的文本是：复审请求人于 2008 年 1 月 7 日提交的权利要求第 1～13 项，2006 年 2 月 5 日提交的说明书第 1～14 页，2004 年 3 月 2 日提交的附图第 1～4 页以及说明书摘要和摘要附图。

2. 关于专利法第 25 条第 1 款第 2 项

专利法第 25 条第 1 款规定：对下列各项，不授予专利权：（1）科学发现；（2）智力活动的规则和方法；（3）疾病的诊断和治疗方法；（4）动物和植物品种；（5）用原子核变换方法获得的物质。

审查指南第二部分第一章第 4.2 节规定：如果一项权利要求在对其进行限定的全部内容中既包含智力活动的规则和方法的内容，又包含技术特征，则该权利要求就整体而言并不是一种智力活动的规则和方法，不应当依据专利法第 25 条排除其获得专利权的可能性。

（1）权利要求 1～2、8 是否属于专利法第 25 条第 1 款第 2 项规定的智力活动和规则的范围。

本申请权利要求 1～2 请求保护一种用于对传输到例如智能卡的便携通信装置的个性化或初始化数据进行格式化的方法，其中涉及便携式通信装置以及按照由所述便携式通信装置认出的协议对数据块进行格式化，该格式化是按照预定的多个类型进行的，通过该认出的协议和预定的类型使得该方法能够在不涉及任何信息元的明确字段指定并且在不同数据块的数据之间不插入任何附加数据的情况下，在毗邻的数据块中形成信息元的链接，这些步骤是利用与智能卡相关的数据处理技术实现的，属于技术手段；该方法所要解决的问题是如何对智能卡上的数据进行远距离个性化和减少个性化代码所需的存储空间，是技术问题；通过应用该方法能够减少智能卡上存储的个性化代码数量，便于代码的远距离传输和远距离个性化，因而获得的是技术效果。因此，本申请权利要求 1～2 的解决方案包含有技术特征，解决了技术问题，采用了技术手段，获得了技术效果，不属于专利法第 25 条第 1 款第 2 项规定的智力活动和规则的范围。

权利要求 8 是与权利要求 1 所述的方法相对应的装置权利要求，因而基于相同的理由，权利要求 8 也不属于专利法第 25 条第 1 款第 2 项规定的智力活动和规则的范围。

（2）权利要求 3～7、9～13 是否属于专利法第 25 条第 1 款第 2 项规定的智力活动和规则的范围。

本申请权利要求 3～7 请求保护一种涉及在例如智能卡的便携式通信装置中的个性化或初始化应用的数据通信方法，其中涉及接收链接形式的数据、根据数据块的位置和类型来识别和提取信息元，该链接数据是按照由外部源和便携式通信装置认出的协议在不涉及任何信息元的明确字段指定并且在不同数据块的数据之间不插入任何附加数据的情况下在毗邻的数据块中形成的，上述这些步骤均是利用与智能卡相关的数据处理技术实现的，属于技术手段；该方法所要解决的问题是如何对智能卡上的

数据进行远距离个性化和减少个性化代码所需的存储空间，是技术问题；通过应用该方法能够减少智能卡上存储的个性化代码数量，便于代码的远距离传输和远距离个性化，因而获得的是技术效果。因此，本申请权利要求3~7的解决方案包含有技术特征，解决了技术问题，采用了技术手段，获得了技术效果，不属于专利法第25条第1款第2项规定的智力活动和规则的范围。

权利要求9~12是分别与权利要求3、4、6、7所述的方法相对应的装置权利要求，因而基于相同的理由，权利要求9~12也不属于专利法第25条第1款第2项规定的智力活动和规则的范围。

权利要求13请求保护一种智能卡，其特征在于智能卡集成了根据权利要求9~10中任一项所述的装置，因此，由于权利要求9~10不属于专利法第25条第1款第2项规定的智力活动和规则的范围的，权利要求13也不属于专利法第25条第1款第2项规定的智力活动和规则的范围。

3. 关于权利要求7是否符合专利法实施细则第20条第1款的规定

权利要求7（对应于第一次、第二次复审通知书所针对的权利要求10）是请求保护根据权利要求3至4中任一项所述的进行数据通信的方法，明确了其请求保护的主题是一种方法，同时其附加特征也修改为“该方法被实施在智能卡（1）中”，对该方案进行了清楚的限定，因此，修改后的权利要求7已经克服了第一次和第二次复审通知书中指出的保护范围不清楚的缺陷，符合专利法实施细则第20条第1款的规定。

4. 关于新颖性

专利法第22条第2款规定：新颖性，是指在申请日以前没有同样的发明或者实用新型在国内外出版物上公开发表过、在国内公开使用过或者以其他方式为公众所知，也没有同样的发明或者实用新型由他人向国务院专利行政部门提出过申请并且记载在申请日以后公布的专利申请文件中。

（1）权利要求1~2是否具备专利法第22条第2款规定的新颖性。

本申请权利要求1请求保护一种用于对传输到例如智能卡的便携通信装置的个性化或初始化数据进行格式化的方法，对比文件1公开了一种用于智能卡个人化的方法（尤其是说明书第13页第1~29行，第14页第25行至第17页第2行，第18页第9行至第25页第1行，图12等），其中对传输到智能卡的个人化数据进行格式转换（相当于权利要求1所述格式化），该个人化数据包括多个数据串（相当于权利要求1所述信息元），每个数据串对应于相应的字段，该方法包括：智能卡个人化系统根据预先接收到的数据格式模板记录确定所使用的数据格式模板（相当于权利要求1所述由便携式通信装置认出的协议），当个人化数据中的数据串是按照智能卡个人化系统的内部顺序排列并且对应不同字段的数据串以逗号间隔的情况下，不需要任何字段指定（相当于权利要求1所述没有涉及任何信息元的明确的字段指定），就可以连续读取数据流中的各个数据串并依次对应到数据格式模板中规定的各个字段（相当于权利要求1所述在毗邻的各自数据块中形成信息元的链接），从而完成格式转换。

由上可知，本申请权利要求1所要求保护的技术方案与对比文件1公开的内容相比，其区别在于：①本申请权利要求1中在不同数据块的数据之间没有插入任何附加数据，而对比文件1中对应不同字段的数据串是以逗号间隔；②本申请权利要求1中还包括“所述数据块（Bi）按照预定的多个类型格式化，为了把信息元（Vi）写入属于所述信息元的给定数据块中所用的字节数与该所考虑的数据块（Bi）的类型有关，并且其中每一个所述预定类型是具有固定数目字节的固定类型”。

上述区别特征均没有被对比文件1公开，而该区别特征使得权利要求1所要求保护的技术方案与对比文件1公开的技术方案实质上不同，因此权利要求1所要求保护的技术方案相对于对比文件1具备专利法第22条第2款规定的新颖性。

从属权利要求2引用了权利要求1，因此，在权利要求1具备新颖性的情况下，其从属权利要求

2 相对于对比文件 1 也具备专利法第 22 条第 2 款规定的新颖性。

（2）权利要求 3~7 是否具备专利法第 22 条第 2 款规定的新颖性。

本申请权利要求 3 请求保护一种涉及在例如智能卡的便携式通信装置中的个性化或初始化应用的数据通信方法，对比文件 1 公开了一种用于智能卡个人化的方法（尤其是说明书第 13 页第 1~29 行，第 14 页第 25 行至第 17 页第 2 行，第 18 页第 9 行至第 25 页第 1 行，图 12 等），其中从传输到智能卡的个人化数据中提取数据串并写入到相应的字段中（相当于本申请权利要求 3 所述接收来自外部源的数据以便从所述数据中提取要写入各自字段中的信息元），该方法包括：接收依次与各个字段对应的连续的数据串（相当于本申请权利要求 3 所述在输入端接收链接形式的数据），其中智能卡个人化系统根据从卡发行人管理系统接收的数据格式模板记录确定所使用的数据格式模板（相当于本申请权利要求 3 所述由外部源以及便携式通信装置认出的协议），在个人化数据中的数据串是按照智能卡个人化系统的内部顺序排列并且对应不同字段的数据串以逗号间隔的情况下，不需要任何字段指定（相当于本申请权利要求 3 所述没有涉及任何信息元的明确的字段指定），就可以连续读取数据流中的各个数据串并依次对应到数据格式模板中规定的各个字段（相当于本申请权利要求 3 所述在毗邻的各自数据块中形成信息元的链接），其中与每个字段对应的数据串是根据其在数据流中的位置来确定起始点，而以逗号标识该数据串的结束。

由上可知，本申请权利要求 3 所要求保护的技术方案与对比文件 1 公开的内容相比，其区别在于：①本申请权利要求 3 中在不同数据块的数据之间没有插入任何附加数据，而对比文件 1 中对应不同字段的数据串是以逗号间隔；②本申请权利要求 3 中是根据所属数据块的位置及类型来识别每个信息元，并且所述类型是包含固定数目字节的固定类型，而对比文件 1 中仅仅是根据逗号来标识数据串，也就是说对比文件 1 中仅考虑了位置信息而没有考虑类型。

上述区别特征均没有被对比文件 1 公开，而该区别特征使得本申请权利要求 3 所要求保护的技术方案与对比文件 1 公开的技术方案实质上不同，因此本申请权利要求 3 所要求保护的技术方案相对于对比文件 1 具备专利法第 22 条第 2 款规定的新颖性。

从属权利要求 4~7 引用了权利要求 3，因此，在权利要求 3 具备新颖性的情况下，其从属权利要求 4~7 相对于对比文件 1 也具备专利法第 22 条第 2 款规定的新颖性。

（3）权利要求 8 是否具备专利法第 22 条第 2 款规定的新颖性。

本申请权利要求 8 要求保护一种用于对传输到例如智能卡的便携通信装置的个性化或初始化数据进行格式化的装置，该装置与权利要求 1 所述的方法对应，而对比文件 1 中仅公开了一种用于智能卡个人化的方法以及与之相应的装置，因此，与权利要求 1 类似，本申请权利要求 8 相对于对比文件 1 也存在如下区别特征：①本申请权利要求 8 中在不同数据块的数据之间没有插入任何附加数据，而对比文件 1 中对应不同字段的数据串是以逗号间隔；②本申请权利要求 8 中还包括“所述数据块（Bi）按照预定的多个类型格式化，为了把信息元（Vi）写入属于所述信息元的给定数据块中所用的字节数与该所考虑的数据块（Bi）的类型有关，并且其中每一个所述预定类型是具有固定数目字节的固定类型”。

上述区别特征均没有被对比文件 1 公开，而该区别特征使得本申请权利要求 8 所要求保护的技术方案与对比文件 1 公开的技术方案实质上不同，因此本申请权利要求 8 所要求保护的技术方案相对于对比文件 1 具备专利法第 22 条第 2 款规定的新颖性。

（4）权利要求 9~12 是否具备专利法第 22 条第 2 款规定的新颖性。

本申请权利要求 9 要求保护一种用于对在例如智能卡的便携式通信装置中的应用进行个性化或初始化装置，该装置与权利要求 3 所述的方法对应，而对比文件 1 中仅公开了一种用于智能卡个人化的方法以及与之相应的装置，因此，与权利要求3类似，本申请权利要求9相对于对比文件1也存在如下区别特征：①本申请权利要求9中在不同数据块的数据之间没有插入任何附加数据，而对比文件1中对应不同字段的数据串是以逗号间隔；②本申请权利要求3中是根据所属数据块的位置及类型来识别每个信息元，并且所述类型是包含固定数目字节的固定类型，而对比文件1中仅仅是根据逗号来标识数据串，也就是说对比文件1中仅考虑了位置信息而没有考虑类型。

上述区别特征均没有被对比文件1公开，而该区别特征使得本申请权利要求9所要求保护的技术方案与对比文件1公开的技术方案实质上不同，因此本申请权利要求9所要求保护的技术方案相对于对比文件1具备专利法第22条第2款规定的新颖性。

从属权利要求10~12引用了权利要求9，因此，在权利要求9具备新颖性的情况下，其从属权利要求10~12相对于对比文件1也具备专利法第22条第2款规定的新颖性。

（5）权利要求13是否具备专利法第22条第2款规定的新颖性。

权利要求13请求保护一种智能卡，其特征在于该智能卡集成了根据权利要求9~10中任一项所述的装置。而由上可知，权利要求9~10所述的装置相对于对比文件1具备新颖性，因此，在权利要求9~10具备新颖性的情况下，权利要求13所要求保护的引用权利要求9~10的技术方案相对于对比文件1也具备专利法第22条第2款所规定的新颖性。

5. 关于创造性

专利法第22条第3款规定：创造性，是指同申请日以前已有的技术相比，该发明有突出的实质性特点和显著的进步，该实用新型有实质性特点和进步。

如果一项权利要求与对比文件相比存在区别特征，且现有技术中不存在将该区别特征应用到该权利要求的技术方案中以解决其技术问题的启示，同时该区别特征带来了有益效果，则该项权利要求具备创造性。

（1）权利要求1~2是否具备专利法第22条第3款规定的创造性。

由上面对于新颖性的评述可知，本申请权利要求1相对于对比文件1存在如下区别技术特征：①权利要求1中在不同数据块的数据之间没有插入任何附加数据，而对比文件1中对应不同字段的数据串是以逗号间隔；②权利要求1中还包括“所述数据块（Bi）按照预定的多个类型格式化，为了把信息元（Vi）写入属于所述信息元的给定数据块中所用的字节数与该所考虑的数据块（Bi）的类型有关，并且其中每一个所述预定类型是具有固定数目字节的固定类型”。

其中，关于区别技术特征①，合议组认为，结合本申请说明书中的描述可知（参见说明书第5页第17行至第7页第9行以及附图3），权利要求1的方案虽然没有在数据块之间没有插入附加数据，但是其实质上是通过在八位字节表类型的数据块内部（前两个字节）添加长度数据来实现的，这种长度数据实质上也是一种附加数据，而这种通过在数据块内部插入长度数据从而不需要任何所述信息元的明确的字段指定就能在毗邻的各自数据块中形成信息元的链接的技术属于本领域的公知常识，例如在文献1中公开了在智能卡中分组传输数据的技术，其中每个分组（相当于权利要求1所述的数据块）包括开始字段、信息字段和结尾字段，在开始字段中存储了信息字段的字节数即长度（相当于本申请中八位字节表类型数据块开头的长度数据），在传输多个分组数据时不需要明确的字段指定也不需要插入分隔符而最终形成链接（参见文献1第64页图3.14），因此上述区别技术特征①是本领域的公知常识。

关于区别技术特征②，合议组认为，对比文件1中没有公开关于预定多个数据类型以及按照预定的多个类型对数据格式化的内容，因而没有公开该区别技术特征，同时也没有给出相关的技术启示，并且也没有证据表明该区别技术特征是本领域的公知常识。该区别技术特征②使得权利要求1的技术方案能够根据具有固定数目字节的固定类型对数据块进行格式化，进而可以根据数据块对应的类型确定信息元的字节数，从而使得该技术方案具有了能够减少个性化代码在智能卡中所需的存储空间以及便于远距离个性化的技术效果，因此本申请权利要求 1 的技术方案相对于对比文件 1 具有突出的实质性特点和显著的进步，具备专利法第 22 条第 3 款规定的创造性。

（2）权利要求 3~7 是否具备专利法第 22 条第 3 款规定的创造性。

根据上面对于新颖性的评述可知，本申请权利要求 3 相对于对比文件 1 也存在如下区别技术特征：①权利要求 3 中在不同数据块的数据之间没有插入任何附加数据，而对比文件 1 中对应不同字段的数据串是以逗号间隔；②本申请权利要求 3 中是根据所属数据块的位置及类型来识别每个信息元，并且所述类型是包含固定数目字节的固定类型，而对比文件 1 中仅仅是根据逗号来标识数据串，也就是说对比文件 1 中仅考虑了位置信息而没有考虑类型。

由上面对于权利要求 1 创造性的评述可知，上述区别技术特征①是本领域的公知常识，在此不再赘述。

关于区别技术特征②，合议组认为，对比文件 1 中没有公开关于根据数据类型来识别数据串也即本申请中的信息元的内容，也没有公开关于包含固定数目字节的固定类型的内容，因而没有公开该区别技术特征，也没有给出相关的技术启示，并且也没有证据表明该区别技术特征是本领域的公知常识。该区别技术特征②使得权利要求 3 的技术方案能够根据具有固定数目字节的固定类型对数据块进行格式化，进而可以根据数据块对应的类型确定信息元的字节数，从而使得该技术方案具有了能够减少个性化代码在智能卡中所需的存储空间以及便于远距离个性化的技术效果，因此本申请权利要求 3 的技术方案相对于对比文件 1 具有突出的实质性特点和显著的进步，具备专利法第 22 条第 3 款规定的创造性。

因此，基于与权利要求 1 相同的理由，本申请权利要求 3 相对于对比文件 1 也具备专利法第 22 条第 3 款规定的创造性。

从属权利要求 4~7 均引用了权利要求 3，因此，在权利要求 3 具备创造性的情况下，其从属权利要求 4~7 相对于对比文件 1 也具备专利法第 22 条第 3 款规定的创造性。

（3）权利要求 8 是否具备专利法第 22 条第 3 款规定的创造性。

根据上面对于新颖性的评述可知，本申请权利要求 8 相对于对比文件 1 也存在如下区别技术特征：①权利要求 8 中在不同数据块的数据之间没有插入任何附加数据，而对比文件 1 中对应不同字段的数据串是以逗号间隔；②权利要求 8 中还包括“所述数据块（Bi）按照预定的多个类型格式化，为了把信息元（Vi）写入属于所述信息元的给定数据块中所用的字节数与该所考虑的数据块（Bi）的类型有关，并且其中每一个所述预定类型是具有固定数目字节的固定类型”。

因此，基于与权利要求 1 相同的理由，本申请权利要求 8 相对于对比文件 1 也具备专利法第 22 条第 3 款规定的创造性。

（4）权利要求 9~12 是否具备专利法第 22 条第 3 款规定的创造性。

根据上面对于新颖性的评述可知，本申请权利要求 9 相对于对比文件 1 也存在如下区别技术特征：①权利要求 9 中在不同数据块的数据之间没有插入任何附加数据，而对比文件 1 中对应不同字段的数据串是以逗号间隔；②权利要求 9 中是根据所属数据块的位置及类型来识别每个信息元，并且所述类型是包含固定数目字节的固定类型，而对比文件 1 中仅仅是根据逗号来标识数据串，也就是说对比文件 1 中仅考虑了位置信息而没有考虑类型。

因此，基于与权利要求 3 相同的理由，本申请权利要求 9 相对于对比文件 1 也具备专利法第 22 条第 3 款规定的创造性。

从属权利要求 10~12 均引用了权利要求 9，因此，在权利要求 9 具备创造性的情况下，其从属权利要求 10~12 相对于对比文件 1 也具备专利法第 22 条第 3 款规定的创造性。

（5）权利要求 13 是否具备专利法第 22 条第 3 款规定的创造性。

权利要求 13 请求保护一种智能卡，其特征在于该智能卡集成了根据权利要求 9~10 中任一项所述的装置。而由上可知，权利要求 9~10 所述的装置相对于对比文件 1 具备创造性，因此，在权利要求 9~10 具备创造性的情况下，权利要求 13 所要求保护的引用权利要求 9~10 的技术方案相对于对比文件 1 也具备专利法第 22 条第 3 款所规定的创造性。

基于上述事实和理由，合议组作出如下决定：

三、决定

在复审请求人于 2008 年 1 月 7 日提交的权利要求第 1~13 项、2006 年 2 月 5 日提交的说明书第 1~14 页、2004 年 3 月 2 日提交的附图第 1~4 页以及说明书摘要和摘要附图的基础上，撤销国家知识产权局于 2006 年 7 月 7 日对 02817211.6 号发明专利 PCT 申请作出的驳回决定，由国家知识产权局原实质审查部门以本决定所依据的审查文本对本发明专利申请继续审查。

如对本复审请求审查决定不服，根据专利法第 41 条第 2 款的规定，请求人可以自收到本决定之日起三个月内向北京市第一中级人民法院起诉。

051

应用于平面显示器上的储存电容结构及其形成方法

复审请求审查决定（第12774号）

决　定　号　第12774号
决　定　日　2008年3月12日
发明创造名称　应用于平面显示器上的储存电容结构及其形成方法
国际分类号　G02F 1/133，G02F 1/136，G02F 1/1343，H01L 21/3205
复审请求人　统宝光电股份有限公司
申　请　号　02131873.5
申　请　日　2002年9月5日
公　开　日　2003年3月19日
合议组组长　张　曦
主　审　员　陈　力
参　审　员　谢有成

法律依据　专利法第22条第3款
决定要点

如果权利要求所要保护的技术方案与对比文件公开的某一技术方案相比存在区别特征，而该对比文件的另一技术方案公开了所述区别特征，且可以达到相同的技术效果，则可认为该对比文件已经给出了技术启示，该权利要求不具备创造性。

一、案由

本复审请求涉及申请号为02131873.5、发明名称为“应用于平面显示器上的储存电容结构及其形成方法”的发明专利申请（下称本申请），其申请日是2002年9月5日，公开日是2003年3月19日，申请人是统宝光电股份有限公司。

国家知识产权局专利实质审查部门于2006年8月4日以本申请权利要求1~10项相对于对比文件1和公知常识的结合不具备专利法第22条第3款规定的创造性为由，对本申请作出了驳回决定。驳回决定所涉及的文本是申请人于2004年12月2日提交的权利要求第1~10项和说明书摘要、2006年3月10日提交的说明书第1~5页、2002年9月5日提交的说明书附图第1~9页和摘要附图。

其中引用的对比文件是：

对比文件1：US6063661A，授权公告日是2000年5月16日；

CN1053996C和CN1177208A在该驳回决定中仅作为公知常识性证据使用。

驳回所针对的权利要求具体如下：

“1. 一种应用于平面显示器上的储存电容结构，其特征在于，该储存电容结构包括：

一下电极层，其上表面具有经过光罩微影蚀刻制造过程所形成的凹凸结构；

一介电层，覆盖于该下电极层的上表面；以及

一上电极层，覆盖于该介电层之上。

2. 如权利要求1所述的应用于平面显示器上的储存电容结构，其特征在于，该下电极层的材质为多晶硅，该上电极层的材质为金属。

3. 一种应用于平面显示器上的储存电容形成方法，该方法包括下列步骤：

提供一基板；

于该基板上方形成一原始下电极层；

对该原始下电极层进行一光罩微影蚀刻制造过程，用以蚀刻去除该原始下电极层的部分上表面，进而形成上表面具有凹凸结构的一下电极层；

于该下电极层的上表面覆盖一介电层；以及

于该介电层的上表面上覆盖一上电极层。

4. 如权利要求3所述的应用于平面显示器上的储存电容结构形成方法，其特征在于，该下电极层的材质为多晶硅，该上电极层的材质为金属。

5. 一种应用于平面显示器上的储存电容结构，其特征在于，该储存电容结构包括：

一下电极层；

一介电层，覆盖于该下电极层之上，该介电层的上表面具有经过光罩微影蚀刻制造过程所形成的凹凸结构；以及

一上电极层，覆盖于该介电层的上表面上。

6. 如权利要求5所述的应用于平面显示器上的储存电容结构，其特征在于，该下电极层的材质为多晶硅，该上电极层的材质为金属。

7. 一种应用于平面显示器上的储存电容结构形成方法，应用于一平面显示器主矩阵的制造过程中，其特征在于，该方法包括下列步骤：

提供一基板；

于该基板上方形成一下电极层；

于该下电极层之上覆盖一原始介电层；

对该原始介电层进行一光罩微影蚀刻制造过程，用以蚀刻去除该原始介电层的部分上表面，进而形成上表面具有凹凸结构的一介电层；以及

于该介电层的上表面上覆盖一上电极层。

8. 如权利要求7所述的应用于平面显示器上的储存电容结构形成方法，其特征在于，该下电极层的材质为多晶硅，该上电极层的材质为金属。

9. 一平面显示器，包括一储存电容结构，其特征在于，该储存电容结构包括：

一下电极层，其上表面具有经过光罩微影蚀刻制造过程所形成的凹凸结构；

一介电层，覆盖于该下电基层的上表面，以及

一上电极层，覆盖于该介电层之上。

10. 一平面显示器，包括一储存电容结构，其特征在于，该储存电容结构包括：

一下电极层；

一介电层，覆盖于该下电极层之上，该介电层的上表面具有经过光罩微影蚀刻制造过程所形成的

凹凸结构；以及

一上电极层，覆盖于该介电层的上表面上。”

驳回决定认为：对比文件1已经公开了权利要求1、3、5、7、9、10的大部分技术特征，而采用光罩微影蚀刻是本领域的常用工艺，属于公知技术，权利要求2、4、6、8的附加技术特征为公知技术，因此权利要求1~10均不具备创造性。

申请人统宝光电股份有限公司（下称复审请求人）对上述驳回决定不服，于2006年11月6日向专利复审委员会提出复审请求，没有对申请文本进行修改。复审请求人认为：（1）本申请形成凹凸结构所采用的“光罩微影蚀刻”和对比文件1形成凹凸结构所采用的“磷酸溶液蚀刻”的处理工艺是完全不同的，而不同的处理工艺造成了凹凸结构在形状、分布等物理特性上的本质区别；（2）本申请和对比文件1形成的凹凸结构的尺寸在微观数量级上存在不同，对比文件1公开的方法还存在诸多缺陷，因此两者在构思上存在显著区别；（3）对比文件1以及公知常识性证据均未公开在极板或者介电层上形成可预期的凹凸结构进而增大电容的技术方案。据此认为本申请权利要求具备创造性。

经形式审查合格后，专利复审委员会受理了上述复审请求，于2006年12月6日向复审请求人发出了复审请求受理通知书，并于同日向国家知识产权局原实质审查部门发出前置审查通知书。

国家知识产权局原实质审查部门在前置审查意见书中坚持原驳回决定。

针对上述复审请求，专利复审委员会依法组成合议组，对本复审请求案进行了审理。本案合议组于2007年7月10日向复审请求人发出复审通知书，指出：权利要求1请求保护一种应用于平面显示器上的储存电容结构，对比文件1公开了一种形成动态随机存取存储器（DRAM）的堆栈储存电容器的方法以及利用该方法形成的电容器，权利要求1相对于对比文件1的区别在于：权利要求1要求保护的电容结构的下电极上的凹凸结构是经过光罩微影蚀刻制造过程形成的。其中所述的光罩微影蚀刻法就是本领域的光刻法，对比文件1（参见说明书第4栏第10~14行）公开了利用光刻法来将顶部多晶硅电极区域进行限定的方法，由此可见光刻法可以应用于对存储电容电极形状的蚀刻，因此是选择磷酸蚀刻法还是光刻蚀刻法对于本领域技术人员来说只是常规性的选择，采用何种蚀刻方法来对上电极或下电极的形状进行蚀刻，对于本领域技术人员也是常规性的选择，本领域技术人员可以根据具体的需要选择适合的蚀刻方法以及所需要进行蚀刻的电容电极，因此，权利要求1不具备突出的实质性特点和显著的进步，不具备专利法第22条第3款规定的创造性。并且针对复审请求人的意见，合议组认为：针对（1），“光罩微影蚀刻”与“磷酸溶液蚀刻”的处理工艺确实并不相同，在微观上会造成凹凸结构的差别，但是对比文件1和本申请都是解决同一技术问题，即如何在减小电容尺寸的情况下不减小电容甚至于还可以增大电容，并且采用了相同的解决问题的思路，即通过在电容电极的表面上形成凹凸的三维结构来增大电容电极的表面积由此来增大电容值。至于具体到在下电极上形成凹凸的方法两者略有不同的问题，合议组认为对于由制备方法特征来限定的产品，应该考虑所述的制备方法是否会导致产品具有某种特定的结构，采用磷酸蚀刻以及采用光罩微影蚀刻得到的凹凸尽管在微观上存在差异但是该差异并没有带来意想不到的技术效果。更何况，对比文件1还公开了在顶部多晶硅电极上利用光刻蚀刻法来形成图案的技术方案，其给出了使用光刻蚀刻法进行电容器电极蚀刻的启示。针对（2），复审请求人所强调的本申请的“光罩微影蚀刻”与对比文件1的“磷酸溶液蚀刻”两者之间的区别以及这两种方法形成的凹凸结构的尺寸在微观数量级上的差别、以及某种蚀刻方法的缺陷等，都是这两种处理工艺各自本身固有的特点，其各自的优点、缺点都属于本领域技术人员已经掌握的知识，本领域技术人完全可以根据其需要来选择合适的蚀刻方法，因此从现有技术中选择合适的蚀刻方法来进行电容器电极或类似的介电层表面的蚀刻对于本领域技术人员来说是显而易见的。针对（3），对比文件1说明书第1栏第13行~第33行明确记载了通过增加电容器中多晶硅电极的表面积来增大电容器的电容的技术方案，其具体采用的方法就是在电容器的多晶硅电极的表面上形成三维结构来增大其表面积，因此复审请求人的主张不能成立。

针对上述复审通知书，复审请求人于2007年8月27日提交了意见陈述书，没有对申请文件进行修改。复审请求人认为，(1) 通过对比文件1图6以及说明书第5栏第1~5行的记载可以看出：经磷酸蚀刻处理后的单层多晶硅的电容值甚至小于未经蚀刻处理的电容值，参考对比文件1第5栏第1~5行可以看出单层多晶硅的下电极经磷酸蚀刻后的最大电容值绝对不会大于未经磷酸蚀刻处理的电容值，由此认为从磷酸蚀刻电极可增大电容值根本不能直接推导出蚀刻电极就能增大电容值的结论，通过在电容电极的表面上形成凹凸的三维结构来增大电容电极的表面积并不一定能够增大电容值，对比文件1的主要诉求不在磷酸蚀刻而在双层多晶硅，因此本领域技术人员并不会认为仅选择不同的蚀刻方法即达到其要求，也没有其他现有技术明确记载采用光罩微影蚀刻工艺制备应用于平面显示器上的储存电容结构中下电极层上表面的凹凸结构的技术方案。(2) 本发明对于“在减小电容尺寸的情况下不减小电容甚至于还可以增大电容”带来了意想不到的效果，即本发明可以预测增加的电容而对比文件1即便严格地控制磷酸溶液的浓度、温度、时间仍然不能达到上述有益效果，并且不适用于工厂的批量生产。

经过上述审查过程，本合议组认为本案事实已经清楚，可以依法作出复审决定。

二、决定的理由

1. 审查基础

本决定是在复审请求人于2004年12月2日提交的权利要求第1~10项和说明书摘要、2006年3月10日提交的说明书第1~5页、2002年9月5日提交的说明书附图第1~9页和摘要附图的基础上作出的。

2. 关于权利要求1~10是否符合专利法第22条第3款的规定

中国专利法第22条第3款规定：创造性，是指同申请日以前已有的技术相比，该发明有突出的实质性特点和显著的进步，该实用新型有实质性特点和进步。

合议组认为，本申请的权利要求1~10均不具备创造性，具体理由为：

权利要求1请求保护一种应用于平面显示器上的储存电容结构，对比文件1（US6063661A）公开了一种形成动态随机存取存储器（DRAM）的堆栈储存电容器的方法以及利用该方法形成的电容器，并具体公开了以下技术特征（参见说明书第2栏第8行至第4栏第49行，图4a-5c）：该电容器包括，底部多晶硅电极（相当于该权利要求1中的下电极层），其上表面具有经过磷酸蚀刻所形成的凹凸结构；NO介电层，覆盖于该底部多晶硅电极的上表面上；以及，顶部多晶硅电极（相当于该权利要求1中的上电极层），覆盖于该NO介电层上。

对比文件1公开的堆栈存储电容器用于动态随机存取存储器（DRAM），而DRAM可以应用于显示器或计算机中来存储数据，因此该对比文件1与本申请的存储电容结构同属于数据存储的技术领域，该权利要求1与对比文件1中的上述实施方案相比，其区别在于：权利要求1要求保护的电容结构的下电极上的凹凸结构是经过光罩微影蚀刻制造过程形成的。

经审查，合议组认为：本申请中的光罩微影蚀刻法就是本领域的光刻法，该区别特征已在对比文件1的另一实施方案中公开（参见说明书第4栏第10~14行）：利用光刻法来将顶部多晶硅电极区域进行限定的方法，由此可见光刻法可以应用于对存储电容电极形状的蚀刻，其蚀刻效果是相同的，因此是选择磷酸蚀刻法还是光刻蚀刻法对于本领域技术人员来说是可以根据蚀刻的需要而进行选择的，至于是对上电极进行蚀刻还是对下电极进行蚀刻，对于本领域技术人员也是常规性的选择，在对比文件1的基础上本领域技术人员可以根据具体的需要选择适合的蚀刻方法以及所需要进行蚀刻的电容电极，综上所述，权利要求1不具备突出的实质性特点和显著的进步，不具备专利法第22条第3款规定的创造性。

对于复审请求人在意见陈述书中所提出的意见（1），合议组认为：根据对比文件1第1栏第1段、第2栏第2~5行、第3栏第3~20行、第4栏第61行至第5栏第5行图6、7的记载，在用磷酸对多晶硅层表面进行蚀刻通过增加电极的面积来增大电容值的思路不变的情况下，面对蚀刻单层多晶硅层电容值增大效果不好的情况，对比文件1采取了将单层多晶硅层换作双层多晶硅层作为磷酸蚀刻对象的方法来避免蚀刻过度造成的断路问题对电容值增加的影响，也就是说对比文件1公开的用磷酸对多晶硅层表面进行蚀刻通过增加电极的面积来增大电容值是可以实现的，其现有技术部分也列举了很多现有技术的文献证明该领域一直是通过在电极表面形成三维结构增加电容电极的表面积来增大电容值，对于其中所存在的蚀刻过度的问题对比文件1采取了增加蚀刻对象厚度的方式，并且还公开了另一种蚀刻电容电极的方式即光刻法，本领域技术人员都知道光刻法蚀刻是可以很容易控制蚀刻的时间和光的强度的（也就是蚀刻的强度）。因此在对比文件1的基础上为了解决在电容尺寸减小的情况下不减小电容的问题，本领域技术人员很容易想到在电容电极表面蚀刻三维结构来增大其表面积，本领域技术人员也会在对比文件1给出的技术启示下根据具体的要求来选择磷酸蚀刻法或光刻蚀刻法，由此获得权利要求1要求保护的技术方案。对于该意见陈述中所提出的意见（2），合议组认为，如上所述，对比文件1公开了采用光刻技术来对电极的顶部表面进行蚀刻，本申请权利要求1也是采用光罩微影蚀刻工艺来蚀刻电极层的表面，本申请中仅仅是将光刻法用于蚀刻电容表面，对光刻工艺本身并未有任何的改进，在此情况下对比文件1与权利要求1所采取的技术手段并无不同，该手段所要实施的对象也相同，因此当面对相同的要求时其所实现的功能、产生的效果也必然相同，并且同样能够对凹凸结构的形状和面积进行有效地控制。因此，复审请求人的理由不成立。

独立权利要求5请求保护的电容结构与权利要求1请求保护的电容结构相比，其区别仅在于权利要求5利用光罩微影蚀刻是在介电层上形成凹凸结构而不是在下电极层上形成凹凸结构，其所要解决的技术问题也是如何在减小电容尺寸的情况下不减小电容值甚至于还可以增大电容值，对比文件1已经给出了通过在电容电极上形成三维凹凸结构来增大电容电极的面积由此增大电容值以及采用光刻法在电容电极上进行蚀刻的技术启示，至于是通过增加介电层的面积来增大上电极的面积还是增大下电极的面积进而增大上电极的面积，最终所要达到的技术效果是相同的，本领域技术人员可以根据具体的设计要求进行选择。因此，权利要求5相对于对比文件1和公知技术的结合也不具备突出的实质性特点和显著的进步，不符合专利法第22条第3款有关创造性的规定。

独立权利要求9和独立权利要求10均请求保护一种平面显示器，分别包括权利要求1和权利要求5的储存电容结构，在这两种储存电容结构均不具备创造性的情况下，将其常规性地应用于平面显示器中也不能为权利要求9和10带来突出的实质性特点和显著的进步，因此权利要求9和10也不符合专利法第22条第3款有关创造性的规定。

独立权利要求3请求保护的是一种应用于平面显示器上的储存电容形成方法，对比文件1（US6063661A）公开了一种形成动态随机存取存储器（DRAM）的堆栈储存电容器的方法，并具体公开了以下技术特征（参见说明书第2栏第8行至第4栏第49行，图4a-5c）：提供硅基板的二氧化硅层（相当于该权利要求3中的基板）；在该二氧化硅层上沉积底部多晶硅电极层（相当于该权利要求3中的原始下电极层）；将该底部多晶硅层在$POCl_3$溶液中850°C下进行掺杂和激活20分钟，然后将该半成品沉浸在85%的140°C磷酸溶液中一预定时间后形成具有凹凸结构的底部多晶硅电极层（相当于该权利要求3的下电极层）；于该底部多晶硅电极层上覆盖NO介电层以及于该NO介电层上形成顶部多晶硅电极（相当于该权利要求3中的上电极层）。

对比文件 1 公开的方法所制造的堆栈存储电容器用于动态随机存取存储器（DRAM），而 DRAM 可以应用于显示器或计算机中来存储数据，因此对比文件 1 与本申请均属于数据存储的技术领域，该权利要求 3 与对比文件 1 中的上述实施方案相比，其区别在于：权利要求 3 要求保护的电容结构的形成方法，是通过光罩微影蚀刻来在下电极上形成凹凸结构。

经审查，合议组认为：本申请的光罩微影蚀刻法就是本领域的光刻法，该区别特征已在对比文件 1 的另一实施方案中公开（参见说明书第 4 栏第 10 行），通过光刻法来将顶部多晶硅电极区域进行蚀刻限定的方法，由此可见光刻法可以应用于存储电容电极形状的蚀刻，因此是选择磷酸蚀刻法还是光刻蚀刻法对于本领域技术人员来说只是常规性的选择，采用何种蚀刻方法来对上电极或下电极的形状进行蚀刻，对于本领域技术人员也是常规性的选择，本领域技术人员可以根据具体的需要选择适合的蚀刻方法以及需要进行蚀刻的电容电极，综上所述，权利要求 3 不具备突出的实质性特点和显著的进步，不具备专利法第 22 条第 3 款的规定。

独立权利要求 7 请求保护的储存电容结构形成方法与权利要求 3 请求保护的储存电容形成方法相比，其区别仅在于该方法是对原始介电层进行光罩微影蚀刻而不是对原始下电极层进行光罩微影蚀刻，其所要解决的技术问题也是如何在减小电容尺寸的情况下不减小电容值甚至于还可以增大电容值，正如评述权利要求 3 所述的，对比文件 1 已经给出了通过在电容电极上形成三维凹凸结构来增大电容电极的面积由此增大电容值以及采用光刻法在电容电极上进行蚀刻的技术启示，至于是通过增加原始介电层的面积来增大上电极的面积还是增加下电极的面积进而增大上电极的面积，最终所要达到的技术效果是相同的，本领域技术人员可以根据具体的设计要求进行选择。因此，权利要求 7 相对于对比文件 1 也不具备突出的实质性特点和显著的进步，不符合专利法第 22 条第 3 款有关创造性的规定。

从属权利要求 2、4、6、8 的附加技术特征均为：该下电极层的材质为多晶硅，该上电极层的材质为金属。而选择多晶硅还是金属作为电极层，对于本领域技术人员来说是该领域的常规选择，其并不能为本发明带来任何实质上的影响，因此当上述从属权利要求所引用的独立权利要求不具备创造性时，上述从属权利要求也不符合专利法第 22 条第 3 款规定的创造性。

综上所述，本申请的权利要求 1~10 不具备创造性，不符合专利法第 22 条第 3 款的规定。

三、决定

维持国家知识产权局于 2006 年 8 月 4 日针对 02131873.5 号发明专利申请作出的驳回决定。

复审请求人对本决定不服的，可以根据专利法第 41 条第 2 款的规定，自收到本决定之日起三个月内向北京市第一中级人民法院起诉。

052

高透气性防水复合物

复审请求审查决定（第12801号）

决　定　号　第12801号
决　定　日　2008年3月7日
发明创造名称　高透气性防水复合物
国际分类号　A61F 13/514
复审请求人　屈德加薄膜产品股份有限公司
申　请　号　02823893.1
优先权日　2001年11月29日
申　请　日　2002年11月26日
公　开　日　2005年3月16日
合议组组长　刘颖杰
主　审　员　李晓娜
参　审　员　周　航

法律依据　专利法第22条第3款
决定要点

如果权利要求所要求保护的技术方案与对比文件所公开的内容相比，存在区别特征，对于该区别特征，对比文件中存在与权利要求中不同或相反的教导，且现有技术也没有给出将该区别特征应用于对比文件中的技术启示，则对本领域技术人员而言该权利要求相对于对比文件是非显而易见的，该权利要求具备创造性。

一、案由

本复审请求涉及申请号为02823893.1、名称为“高透气性防水复合物”的PCT发明专利申请（下称本申请），其申请人为屈德加薄膜产品股份有限公司，优先权日为2001年11月29日，申请日为2002年11月26日，进入中国国家阶段的日期为2004年5月31日，公开日为2005年3月16日。本申请公开时权利要求共有33项，其中权利要求1、27、32和33为独立权利要求。

申请人于2004年10月20日对本申请提出实质审查请求时，提交了权利要求书的修改替换页，其中删除了原权利要求1，将原从属权利要求5修改为新的独立权利要求1，原权利要求6~33依次变为新的权利要求5~32，并增加了新的从属权利要求33~37。修改后的权利要求书共包括37项权利要求，其中权利要求1、26、31和32为独立权利要求，权利要求2~25、27~30、33~37分别为独立权利要求1、26、31的从属权利要求，其中独立权利要求1、26、31和32的内容如下：

"1. 一种具有面向身体的面及与所述面向身体的面相对的背面的吸收性制品，所述背面有一个外表面，其特征在于，所述吸收性制品包括：

面向身体的面上的上层；

面向身体的面和背面之间的吸收性芯层；及

在背面上的复合材料背层，它具有：

带有一凸面和一与之相对的凹面的穿孔成型薄膜，所述凸面面向吸附芯层，所述凹面有一个表面区域，所述表面区域比所述薄膜的其他区域有更强的亲水性；

与成型薄膜凹面 50% 以上的表面区域粘合的熔喷层；以及

在吸收性制品背面外表面上的、用于防止熔喷层磨损的防磨损措施。

……

26. 一种制造一种高透气性、防水、耐磨的背层的方法，其特征在于，包括以下步骤：

提供一种带有凸面和凹面的穿孔成型薄膜，所述薄膜的凹面有表面区域；

将熔喷层的第一面粘合到至少 50% 的成型薄膜凹面的表面区域；并且

在与成型薄膜相对的熔喷层的第二面施加防磨损措施。

……

31. 一种高透气性、防水、耐磨的复合材料，其特征在于包括：

具有凸面和与之相对的凹面的穿孔成型薄膜，所述凸面朝向第一方向，所述凹面具有表面区域，所述穿孔成型薄膜可抵御来自第一方向的湿气流而能让空气沿与所述第一方向相反的第二方向通过；

熔喷层，粘合在成型薄膜的凹面超过 50% 的表面区域；以及

防磨损涂层，施加于薄膜相对的熔喷层上，从而使有涂层的熔喷层朝向所述第二方向。

32. 一种高透气性、防水、耐磨复合材料，其特征在于包括：

具有凸面和与之相对的凹面的穿孔成型薄膜，所述凸面朝向第一方向，所述凹面具有表面区域，所述穿孔成型薄膜可抵御来自第一方向的湿气流，并且能让空气沿与所述第一方向相反的第二方向通过；

熔喷层，粘合在成型薄膜的凹面超过 50% 的表面区域；以及

非织造层，黏结在与成型薄膜相对的熔喷层上，从而使非织造层朝向第二方向。"

国家知识产权局实质审查部门依法对本申请进行了实质审查，于 2005 年 9 月 30 日发出第一次审查意见通知书，其中引用了如下一篇对比文件：

对比文件 1：EP0895766A1 号欧洲专利申请文献，其公开日为 1999 年 2 月 10 日。

该第一次审查意见通知书指出：本申请权利要求 1 与对比文件 1 的区别在于：①熔喷层与成型薄膜凹面 50% 以上的表面区域粘合；②凹面的表面区域比薄膜的其他区域有更强的亲水性。然而对本领域技术人员而言在对比文件 1 的基础上得出该权利要求 1 的技术方案是显而易见的，因此权利要求 1 的技术方案不具备创造性；其他权利要求 2~37 的技术方案相对于对比文件 1 也不具备创造性，不符合专利法第 22 条第 3 款的规定。

针对第一次审查意见通知书，申请人于 2006 年 2 月 13 日提交了意见陈述书，其中指出：对于上述第①点区别特征，本领域技术人员会预计到增加粘合面积会减弱水蒸气透过率，然而实际上与本领域技术人员所预期的刚好相反，在权利要求 1 的技术方案中，尽管有 50% 以上的粘合面积，水蒸气的透过性仍然良好；对于上述第②点区别特征，本领域技术人员会想到使凸面的亲水性更强以实现将水吸引到芯层，而权利要求 1 实际上与本领域技术人员所预期的恰好相反，使凹面的亲水性更强，这一特征也以意想不到的方式有利于液体的透过；因此与对比文件 1 相比，本申请权利要求 1 具有意想

不到的技术效果，因而具备创造性；其他的权利要求2~37也具备创造性，符合专利法第22条第3款的规定。

经过上述程序，国家知识产权局实质审查部门针对申请人于2004年10月20日提交的权利要求第1~37项、2004年5月31日提交的说明书第1~8页、说明书附图第1页、说明书摘要及摘要附图，于2006年4月7日作出驳回决定。其中指出，虽然本申请权利要求1与对比文件1相比存在两点区别特征：①熔喷层与成型薄膜凹面50%以上的表面区域粘合；②凹面的表面区域比薄膜的其他区域有更强的亲水性，但是本领域普通技术人员为了使熔喷层与成型薄膜凹面的粘合更牢固，想到使熔喷层与成型薄膜凹面50%以上的表面区域粘合是很容易的；而且本领域普通技术人员为了提高复合材料背层的性能，想到使凹面的表面区域比所述薄膜的其他区域有更强的亲水性是很容易的；因此在对比文件1的基础上得出该权利要求1的技术方案对本领域技术人员来说是显而易见的，权利要求1的技术方案不具备创造性；其他权利要求2~37相对于对比文件1也都不具备创造性，不符合专利法第22条第3款的规定。

申请人屈德加薄膜产品股份有限公司（下称复审请求人）对上述驳回决定不服，于2006年7月21日向专利复审委员会提出复审请求，同时提交了权利要求书的修改替换页，其中将技术特征“所述表面区域比薄膜的其他区域有更强的亲水性”添加到独立权利要求26、31和32中，对其他权利要求未进行修改，修改后的独立权利要求26、31和32如下：

“26. 一种制造一种高透气性、防水、耐磨的背层的方法，其特征在于，包括以下步骤：

提供一种带有凸面和凹面的穿孔成型薄膜，所述薄膜的凹面有表面区域，所述表面区域比薄膜的其他区域有更强的亲水性；

将熔喷层的第一面粘合到至少50%的成型薄膜凹面的表面区域；并且

在与成型薄膜相对的熔喷层的第二面施加防磨损措施。

……

31. 一种高透气性、防水、耐磨的复合材料，其特征在于包括：

具有凸面和与之相对的凹面的穿孔成型薄膜，所述凸面朝向第一方向，所述凹面具有表面区域，所述表面区域比薄膜的其他区域有更强的亲水性，所述穿孔成型薄膜可抵御来自第一方向的湿气流而能让空气沿与第一方向相反的第二方向通过；

熔喷层，粘合在成型薄膜的凹面超过50%的表面区域；以及

防磨损涂层，施加于薄膜相对的熔喷层上，从而使有涂层的熔喷层朝向所述第二方向。

32. 一种高透气性、防水、耐磨复合材料，其特征在于包括：

具有凸面和与之相对的凹面的穿孔成型薄膜，所述凸面朝向第一方向，所述凹面具有表面区域，所述表面区域比薄膜的其他区域有更强的亲水性，所述穿孔成型薄膜可抵御来自第一方向的湿气流，并且能让空气沿与所述第一方向相反的第二方向通过；

熔喷层，粘合在成型薄膜的凹面超过50%的表面区域；以及

非织造层，黏结在与成型薄膜相对的熔喷层上，从而使非织造层朝向第二方向。”

复审请求人认为：(1) 本申请权利要求1与对比文件1的区别在于：①熔喷层与成型薄膜凹面50%以上的表面区域粘合，和②凹面的表面区域比薄膜的其他区域有更强的亲水性；对于第①点区别特征，对比文件1中揭示了成型薄膜与纤维织物层之间较少的粘合，这可减小粘合剂对透气性的影响，对比文件1还揭示有利的是使背层之间的粘合最小化以提供较低的硬度等，而本申请（参见说明书第5页第17~18行）恰好相反地教导增强的粘合有助于产生更高的透气性；对第②点区别特征，对比文件1并没有揭示或暗示该区别特征，其教导了相反的内容，即背层的成型薄膜的面向衣服的面

（凹面）应该比面向使用者的面（凸面）更加疏水，而在本申请中，通过将穿孔成型薄膜的凹面处理为亲水性的，穿孔成型薄膜更适合与水基粘合剂粘合，从而增强成型薄膜与熔喷层之间的粘合；因此以上两点区别特征都是本领域技术人员不容易想到的，权利要求1的方案相对于对比文件1是非显而易见的，而且权利要求1的方案具有意想不到的极其优异的技术效果，即在提供相当大粘合面积的情况下，仍能保持良好的水蒸汽透过性，因此权利要求1具备创造性；（2）基于相同的原因，权利要求2~37也具备创造性，符合专利法第22条第3款的规定。

经形式审查合格后，专利复审委员会受理了该复审请求，并于2006年8月29日发出复审请求受理通知书，并向原实质审查部门发出前置审查通知书。

原实质审查部门在前置审查意见书中坚持原驳回决定。

基于上述复审请求，专利复审委员会依法成立合议组对本案进行了审理，本案合议组于2007年3月30日发出复审通知书（下称第一次复审通知书），其中指出：

（1）本申请独立权利要求1与对比文件1之间存在两点区别：①熔喷层与成型薄膜凹面50%以上的表面区域粘合和②凹面的表面区域比薄膜的其他区域有更强的亲水性。对第①点区别特征而言，对比文件1教导的是粘合剂数量越少，对制品透气性的影响越小，复审请求人在实审阶段答复第一次审查意见通知书时也认为，本领域普通技术人员的普遍认识是增加粘合面积会减弱水蒸汽透过率，而复审请求人在复审请求理由中却认为本申请发现了层间的“增强的粘合有助于产生更高得透气性”的相反性质从而具有非显而易见性，关于与对比文件1具有基本相同结构的本申请的方案为何能取得与普遍认识相反的技术效果，本申请说明书中并未对此进行充分的说明，因此合议组无法认定该第①点区别特征所取得的技术效果；同样，对于第②点区别特征所产生的技术效果，复审请求人在实审阶段答复第一次审查意见通知书时认为，与本领域普通技术人员所预期的恰好相反，该区别特征以意想不到的方式有利于液体的透过。而在提出复审请求时，请求人又指出该区别特征使得穿孔成型薄膜更适合与水基粘合剂粘合，从而增强成型薄膜和熔喷层之间的粘合强度；即对该第②点区别特征所取得的效果，复审请求人在答复第一次审查意见通知书时和提出复审请求时有不同的认识，而本申请说明书中并未记载该区别特征及其所取得的技术效果，因而合议组也无法认定该第②点区别特征所取得的技术效果。因此虽然复审请求人认为上述两点区别特征可以达到很好的技术效果，但所述主张是无法令人信服的，由此合议组不能认同复审请求人认为独立权利要求1具备创造性的主张；

（2）独立权利要求26与对比文件1相比，其区别在于：①熔喷层的第一面粘合到至少50%的成型薄膜凹面的表面区域，和②所述薄膜凹面的表面区域比其他区域有更强的亲水性；基于与权利要求1相同的审查理由，目前合议组无法认定这些区别特征所取得的技术效果，进而不能认同复审请求人认为权利要求26具备创造性的主张；

（3）独立权利要求31与对比文件1相比，其区别在于：①熔喷层粘合在成型薄膜的凹面超过50%的表面区域，②所述薄膜凹面的表面区域比其他区域有更强的亲水性，和③防磨损涂层；对于上述第③点区别特征，基于相同功能的已知手段的等效替代，本领域普通技术人员容易想到把对比文件1中防止熔喷层磨损的纺粘纤维基体替换为防磨损涂层，同时基于与权利要求1相同的审查理由，目前合议组无法认定上述第①点和第②点区别特征所取得的技术效果，进而不能认同复审请求人认为权利要求31具备创造性的主张；

（4）独立权利要求32与对比文件1相比，其区别在于：①熔喷层粘合在成型薄膜的凹面超过50%的表面区域，和②所述薄膜凹面的表面区域比其他区域有更强的亲水性；基于与权利要求1相同的审查理由，目前合议组无法认定上述两点区别特征所取得的技术效果，进而不能认同复审请求人认为权利要求32具备创造性的主张；

（5）从属权利要求2~25、27~30、33~37的附加技术特征也均未给其所引用的权利要求的技术方案带来突出的实质性特点和显著的进步，因而这些从属权利要求也都不具备创造性。

针对上述第一次复审通知书，复审请求人于2007年7月10日提交了意见陈述书和证据1：高透气性薄膜（HBF）报告。复审请求人声称证据1的报告是由意大利Chieti的Tredegar’s技术中心做出的，其中包括三个补充实验报告：（1）热熔层压对防水性能的影响，（2）薄膜的设计对防水性能的影响和（3）热熔层压对透气性的影响。实验报告（1）中的数据显示了与不用粘合剂的包括成型薄膜和熔喷织物的复合高透气性薄膜（HBF）样品相比，利用粘合剂将成型薄膜热熔层压到熔喷织物所得的HBF样品的防水性能要高108%、116%和22%，结论认为将熔喷织物热熔层压到成型薄膜上对HBF样品的防水性具有协同作用；实验报告（2）中所用的成型薄膜的圆锥形状、成型薄膜的开口面积以及桥表面的吸水性不同，其研究结论认为HBF样品的防水性能不受所用成型薄膜性质的影响；实验报告（3）中通过数据比较，认为粘合剂即胶水的量不会对层压物的透气性产生负面影响，即热熔层压的HBF样品的透气性仍旧保持相对恒定并且非常高。

复审请求人认可权利要求1与对比文件1相比存在的两点区别特征，但其认为：关于第①点区别特征的效果，报告（3）的结论证明了使用较多粘合剂进行层压时不会对高透气性产生负面的影响；而至于第②点区别特征的效果，薄膜凹面的亲水性使得粘合剂“润湿”薄膜的表面，该亲水性凹面薄膜的润湿性提供了极好的粘合剂覆盖率和薄膜与无纺织物的完全粘合，如所附实验报告（1）中数据所显示的，增大的粘合表面极大改善了层压物的耐液能力，故薄膜凹面更亲水使得层压物具有极好的液体阻隔性能。因此，权利要求1的技术方案相对于对比文件1是非显而易见的，而且取得了意想不到的效果，因此权利要求1具有创造性，相应地，权利要求2~37也具备创造性。

本案合议组于2007年8月6日发出第二次复审通知书，其中指出：（1）复审请求人在意见陈述书中声称这三个补充实验报告是由意大利Chieti的Tredegar’s技术中心做出的，但从证据1的形式上，无法确认其是否为意大利Chieti的Tredegar’s技术中心做出的，合议组对证据1的来源及其真实性有所质疑，因而对复审请求人的意见陈述也不能予以支持，复审请求人应在本通知书指定的答复期限内提交能够证实证据1的内容确为其所述的机构作出的证明，否则合议组对证据1及复审请求人的主张不予认可；（2）关于第②点区别特征即“所述凹面的表面区域比薄膜的其他区域有更强的亲水性”的效果，复审请求人在复审请求理由中认为“通过将穿孔成型薄膜的凹面处理为亲水性的，穿孔成型薄膜更适合与水基粘合剂粘合，从而增强成型薄膜和溶喷层之间的粘合强度”，复审请求人在本次意见陈述书中也认为“薄膜凹面的亲水性使得粘合剂“润湿”薄膜的表面，该亲水性凹面薄膜的润湿性提供了极好的粘合剂覆盖率和薄膜与无纺织物的完全粘合”；根据本领域技术人员的普通常识，当成型薄膜的凹面有更强亲水性时，只有与该凹面接触的水基粘合剂才能“润湿”薄膜的表面，压力活性或者热活性的粘合剂不会“润湿”所述“有更强亲水性”的薄膜凹面，也不会由此“增强成型薄膜和溶喷层之间的粘合强度”；然而本申请权利要求1中并未限定在成型薄膜与溶喷层之间进行粘合时使用“水基粘合剂”，说明书第5页也仅记载了上述两者之间的粘合剂层38优选包括吸收性粘合剂，而吸收性粘合剂与水基粘合剂是不同的，因此复审请求人的上述主张不能从原说明书和权利要求书所记载的内容导出，也无法在本申请文件中找到充分的依据，故关于第②点区别特征所取得的效果，合议组不予支持。综上，合议组无法认同复审请求人认为权利要求1具备创造性的主张。

针对第二次复审通知书，复审请求人于2007年11月16日提交了三份附件：（1）附件1，经公证并认证的High Breathable Film（HBF）Report，包括Lino Iulianetti签字的英文版本和意大利文版本的报告复印件，Lino Iulianetti于2007年8月29日出具的英文和意大利文声明，以及意大利文的公证文件复印件和中国驻意大利大使馆一等秘书马景莲签字的（2007）意领认字第0000860号中文认证书；（2）附件2，High Breathable Film（HBF）Report的中译文，包括上海专利商标事务所有限公司出具的、关于中文翻译内容与英文原件内容一致的声明，和Lino Iulianetti于2007年8月29日出具的声明的中文译文，以及High Breathable Film（HBF）Report的中文译文（即证据1）；（3）附件3，材料安全数据表（Material Safety Data Sheet），其中显示了National Starch 34-5637型产品不溶于水等相关数据。

复审请求人在意见陈述书中指出：（1）针对第二次复审通知书中的第一点意见，其提交了由意大利Chieti的Tredegar's研究中心的法人代表签字的声明，证明所附的报告是在意大利Chieti的Tredegar's研究中心完成的，测试数据也是在意大利Chieti的Tredegar's研究中心测试的；该声明还由意大利的公证机关进行公证，然后由中国驻意大利大使馆进行认证，并提供了一份公证、认证的中译文；因此复审请求人希望合议组对证据1的真实性予以认可，并对其在答复第一次复审通知书中关于第①区别特征的意见陈述也予以支持。（2）针对第二次复审通知书中的第二点意见，由于本申请并不限于水基粘合剂，凹面的亲水性也会使非水基粘合剂的粘合增强，而且申请人在高透气性薄膜（HBF）报告中所用的粘合剂是非水基粘合剂。如National Starch 34-5637型粘合剂（附件3的材料安全数据表证明了这一点），因此本申请不限于水基粘合剂，权利要求书中这也不需要将粘合剂限定为水基粘合剂。综上，与对比文件1相比，本申请权利要求1的技术方案是非显而易见的，且具有意想不到的技术效果，故具备创造性。（3）相应地，本申请的权利要求2~37也具有创造性，符合专利法第22条第3款的规定。

至此，本案事实已经清楚，现依法作出审查决定。

二、决定的理由

1. 本决定所针对的审查文本

复审请求人于2006年7月21日提出复审请求时提交了权利要求书的修改替换页，合议组经审查认为，该修改符合专利法第33条和专利法实施细则第60条第1款的规定。因此本复审决定所针对的审查文本是：复审请求人于2006年7月21日提交的权利要求第1~37项、2004年5月31日提交的说明书第1~8页、说明书附图第1页、说明书摘要以及摘要附图。

2. 关于复审请求人提交的证据1

复审请求人在答复第一次复审通知书时，提交了证据1即中文的高透气性薄膜（HBF）报告。合议组在第二次复审通知书中质疑了该证据的真实性，复审请求人在答复第二次复审通知书时，提交了附件1即公证并认证的High Breathable Film（HBF）Report及其中文译文（即附件2，其包括证据1的全部内容）。经审查，附件1中包括英文版本和意大利文版本的High Breathable Film（HBF）Report，其中每页都有意大利Chieti的Tredegar's研究中心的法人代表Lino Iulianetti的签字，并且附有Lino Iulianetti对该报告是在意大利Chieti的Tredegar's研究中心完成的声明，上述文件经意大利公证机关公证和中国驻意大利大使馆认证，因此合议组认为，上述附件在形式上已足以证明证据1的来源及其真实性，故对该证据1予以接受。

3. 关于创造性

专利法第22条第3款规定的创造性，是指同申请日以前已有的技术相比，该发明有突出的实质性特点和显著的进步。

如果权利要求所要求保护的技术方案与对比文件所公开的内容相比，存在区别特征，而对于该区别特征，对比文件中存在与权利要求1不同或者相反的教导，且现有技术也没有给出该区别特征应用于对比文件1中的技术启示，则对本领域技术人员而言该权利要求相对于对比文件1是非显而易见的，该权利要求具备创造性。

（1）独立权利要求1是否具备创造性。

本申请权利要求1请求保护一种吸收性制品。对比文件1（参见其全文，特别是说明书第0026段、第0029段、第0048段至0064段，以及图1~图3）也公开了一种吸收性制品20，并具体公开了以下内容：该吸收性制品20具有面向身体的面及与所述面向身体的面相对的背面，所述背面有一个外表面，所述吸收性制品20包括：面向身体的面上的顶片30（对应于权利要求1中的“上层”）、面向身体的面和背面之间的吸收性芯层60及在背面上的多层底片50（对应于权利要求1中“复合材料背层”），该多层底片50具有：①包括穿孔成型薄膜的第一层片52，所述薄膜具有凸面和与之相对的凹面，所述凸面面向吸收性芯层60，所述凹面有一个表面区域；②第二层片54，其优选包括由熔喷纤维所构成熔喷层的纺粘纤维基体（参见第0058段及图3），其中所述熔喷层与成型薄膜凹面的表面区域粘合；所述纺粘纤维基体位于吸收性制品背面的外表面上，用于防止熔喷层磨损（对应于权利要求1中的防磨损措施）。同时，对比文件1第0063段记载了“非常优选的是使连接吸收性制品的层片/部件的黏结剂的数量减至最少，从而使它们对透气性的影响减至最小”和“在本发明的一次性吸收性制品中尤其优选纵向分开的线状或珠状排列的粘合剂，因为它们使构成用品的部件之间具有较低的整体性，这样减小对透气性的影响”。对比文件1的第0050段和第0053段还分别记载了“短内裤衬垫20包括单方向传输流体的多层透气底片50。底片的主要作用是防止吸湿结构中所吸收和保持的排泄物浸湿与吸湿用品接触的物品，如内裤、短内裤、衬裤和内衣等”和“所述薄膜至少大致（如果不是全部的话）具有一个朝向吸湿芯的流体传输方向”，由此可知，在该多层底片50中，所述薄膜的朝向吸收芯的凸面应该更加亲水，朝向衣服的薄膜凹面应该更加疏水。

由此可知，本申请权利要求1所要求保护的技术方案与对比文件1所公开内容相比，其区别在于：①本申请权利要求1中限定了熔喷层与成型薄膜凹面50%以上的表面区域粘合，与之不同，对比文件1中优选的是使连接吸收性制品的层片/部件（如熔喷层与成型薄膜）的黏结剂的数量减至最少，这使得相邻层片之间的粘合面积减至最小；②本申请权利要求1中限定了所述凹面的表面区域比薄膜的其他区域有更强的亲水性，而与此相反，对比文件1中薄膜的凹面比薄膜的其他区域如凸面等更加疏水。

关于第①点区别特征所取得的效果，本申请说明书第5页记载“这种高度的粘合有助于创造出本领域一直所期望的既有高透气性又有高防水性的制品”，复审请求人也声称50%以上的表面区域粘合，使得吸收性制品的防水性（耐液性）更好，同时透气性仍然良好。为了证明其主张，复审请求人还提交了证据1，以进一步佐证本申请说明书中记载的所述效果。证据1包括三个补充实验报告：（1）热熔层压对防水性能的影响，（2）薄膜的设计对防水性能的影响和（3）热熔层压对透气性的影响。其中，实验报告（1）证明了使用粘合剂的高透气性薄膜（HBF）样品的防水性能要比不用粘合剂的复合HBF样品的防水性能要高108%、116%和22%，实验报告（3）证明了粘合剂即胶水的量不会对层压物的透气性产生负面影响。其中通过实验报告（1）、（3）中的数据比较，证明了使用粘合剂不会对层压物的透气性造成负面影响，并且比不用粘合剂的样品防水性有所提高。

上述实验报告虽然不是直接针对本申请制品作出的，但其实验对象与本申请产品具有相同的结构，因此可以佐证本申请产品中“熔喷层与成型薄膜凹面50%以上的表面区域粘合”的结构也可以在不影响透气性的情况下提高防水性，从而实现说明书中所述的“既有高透气性又有高防水性”的技术效果。

关于第②点区别特征即“所述凹面的表面区域比薄膜的其他区域有更强的亲水性”所取得的效果，复审请求人认为薄膜凹面更加亲水使得粘合剂“润湿”了薄膜的表面，由此增强了成型薄膜与熔喷层之间的粘合强度，提供了更好的防水性能；然而根据本领域技术人员的普通常识，当成型薄膜的凹面有更强亲水性时，只有与该凹面接触的水基粘合剂才能“润湿”薄膜的表面，其他类型的粘合剂如压力活性或热活性的粘合剂并不会“润湿”所述“有更强亲水性”的薄膜凹面，也不会由此增强成型薄膜与溶喷层的粘合强度；由于本申请权利要求1中并未限定在成型薄膜与溶喷层之间进行粘合时使用“水基粘合剂”，说明书第5页也仅记载了上述两者之间的粘合剂层38优选包括吸收性粘合剂，而吸收性粘合剂与水基粘合剂是不同的，因此复审请求人的上述主张不能从原说明书和权利要求书所记载的内容导出，也无法在本申请文件中找到充分的依据，对此合议组不予认可。

虽然复审请求人在答复第二次复审通知书时认为在证据1的高透气性薄膜（HBF）报告中所用的粘合剂是非水基粘合剂，如附件3中列出的National Starch 34-5637型粘合剂，由此本申请不限于水基粘合剂，但合议组经审查认为：证据1中的高透气性薄膜（HBF）报告并未涉及样品的成型薄膜凹面的表面区域比薄膜的其他区域有更强的亲水性，即该报告中的HBF样品并不具备上述第②点区别特征，因此其使用何种粘合剂与该第②点区别特征及其所得效果无关，而且证据1的实验报告（2）中所用的成型薄膜的圆锥形状、成型薄膜的开口面积以及桥表面的吸水性不同，其研究结果表明HBF样品的防水性能不受所用成型薄膜性质的影响，这与复审请求人先前声称的薄膜凹面更加亲水提供了更好的防水性能相矛盾。故关于第②点区别特征所取得的效果，合议组不能认可复审请求人的主张。

综上所述，本申请权利要求1的技术方案与对比文件1的公开内容相比，存在两点区别特征，所述第①点区别特征能够为本申请的技术方案带来有益的技术效果，且对比文件1中没有给出相关的技术启示，因此对本领域技术人员而言，权利要求1的技术方案相对于对比文件1是非显而易见的。故本申请权利要求1具有突出的实质性特点和显著的进步，符合专利法第22条第3款有关创造性的规定。

（2）独立权利要求26、31、32是否具备创造性。

独立权利要求26请求保护一种制造高透气性、防水、耐磨的背层的方法，其中包括以下2个特征：①将熔喷层的第一面粘合到至少50%的成型薄膜凹面的表面区域，和②所述薄膜凹面的表面区域比其他区域有更强的亲水性。

基于与权利要求1相同的理由，由于对比文件1没有公开具备上述特征①的背层，也没有给出这两点区别特征应用于对比文件1中的技术启示，因此独立权利要求26相对于对比文件1具备创造性，符合专利法第22条第3款的规定。

独立权利要求31请求保护一种高透气性、防水、耐磨的复合材料，该复合材料包括以下2个特征：①粘合在成型薄膜凹面超过50%表面区域的熔喷层；②所述薄膜凹面的表面区域比其他区域有更强的亲水性。

权利要求32请求保护一种高透气性、防水、耐磨的复合材料，该复合材料包括以下2个特征：①粘合在成型薄膜凹面超过50%表面区域的熔喷层；②所述薄膜凹面的表面区域比其他区域有更强的亲水性。

基于与权利要求1相同的理由，由于对比文件1没有公开具备上述特征①的复合材料，没有给出将这两点区别特征应用于对比文件1中的技术启示，因此独立权利要求31、32相对于对比文件1具备创造性，符合专利法第22条第3款的规定。

（3）从属权利要求是否具备创造性。

在独立权利要求1、26、31相对于对比文件1具备创造性的情况下，其相应的从属权利要求2~25、27~30、33~37相对于对比文件1也具备创造性，符合专利法第22条第3款的规定。

综上所述，本申请的权利要求1~37相对于对比文件1都符合专利法第22条第3款有关创造性的规定。

基于上述理由，合议组作出如下决定。

三、决定

撤销国家知识产权局于2006年4月7日对02823893.1号发明专利申请做出的驳回决定，由原实质审查部门以本复审决定所针对的文本为审查基础继续进行审查程序。

复审请求人对本决定不服的，可以根据专利法第41条第2款的规定，自收到本决定之日起三个月内向北京市第一中级人民法院起诉。

053

X-射线或γ-射线屏蔽设备

复审请求审查决定（第12860号）

决　定　号　第12860号
决　定　日　2008年3月27日
发明创造名称　X-射线或γ-射线屏蔽设备
国际分类号　G21F 7/005
复审请求人　株式会社荏原制作所
申　请　号　97191601.2
申　请　日　1997年3月12日
优先权日　1996年3月12日
公　开　日　1999年2月3日
合议组组长　杨军艳
主　审　员　刘　畅
参　审　员　王琦琳

法律依据　专利法第22条第4款、第26条第3款
决定要点

如果本领域技术人员按照说明书记载的内容，能够实现一项发明的技术方案，解决技术问题，并产生预期的技术效果，那么该项发明的说明书公开是充分的，符合专利法第26条第3款的有关规定。

一、案由

本复审请求涉及申请号为97191601.2、名称为“X-射线或γ-射线屏蔽设备”的发明专利PCT申请（下称本申请），其申请日为1997年3月12日，优先权日为1996年3月12日，进入中国国家阶段的日期为1998年7月7日，公开日为1999年2月3日，申请人为株式会社荏原制作所，本申请公开时的权利要求书共包括12项权利要求，其中权利要求1、9为独立权利要求。

国家知识产权局专利实质审查部门依申请人的请求对本申请进行了实质审查，于2002年8月16日发出第一次审查意见通知书，指出本申请权利要求1、2、6不具备专利法第22条第2款所规定的新颖性，权利要求7、8不具备专利法第22条第3款所规定的创造性，权利要求3~5、9~12不具备专利法第22条第4款所规定的实用性，说明书中公式（3）：“$I_n=I_n-1\times(\alpha\times L_n^2/S_n+\beta)^{-1}$”的推导过程公开不充分，不符合专利法第26条第3款的规定。其中引用了一篇对比文件：

昭62-274300A号日本专利文献（对比文件1），其公开日期为1987年11月28日。

申请人针对上述审查意见通知书于2003年2月28日提交了意见陈述书，同时提交了权利要求书

全文与说明书第1~7页、第10页的修改替换页，其中权利要求书的修改是，删除原权利要求1、2、6，将原权利要求3改写为新的权利要求1。修改后的权利要求书共有9项权利要求。申请人在此次意见陈述书中指出：修改后的权利要求1、7、8均具备新颖性和创造性。此外，申请人指出公式（3）是由"强度衰减率 $=I_n/I_0\propto 1/L_n^{\ 2}$"（下称式①）、"从放射源入射的放射线量比率 $=P_1/P_2\propto S_1/S_2$"（下称式②）、"从 C_{-n-1} 到 C_{-n} 的衰减率 $=\alpha\times L_n^{\ 2}/S_n+\beta$"（下称式③）以及"$I_n=I_{n-1}\times(\alpha\times L_n^{\ 2}/S_n+\beta)-1$"（下称式④）推导得出的，并对推导过程进行了解释说明。

经过继续审查，国家知识产权局专利实质审查部门于2003年4月11日发出第二次审查意见通知书，并指出：由于衰减率 $=I_N/I_n-1$，所以申请人由式③推导出式④是不合逻辑的、错误的；申请人所述的强度衰减率和放射线量比率是两个不同的概念，不能进行简单的运算；此外，申请人未对说明书中"S_n 是折弯 P_{n-1} 到折弯 P_n 的距离"作出解释说明，因而说明书公开不充分，不符合专利法第26条第3款的规定。

申请人针对上述审查意见于2003年8月26日提交了意见陈述书，并提交了说明书第11页的修改替换页，其中将"S_n 是折弯 P_{n-1} 到折弯 P_n 的距离"修改为"S_n 是折弯 P_{n-1} 到折弯 P_n 的截面积"，并再次对从式①、②、③、④推导出公式（3）进行了解释说明。

经过上述审查程序后，国家知识产权局专利实质审查部门于2003年10月10日以本申请的说明书不符合专利法第26条第3款的规定为理由驳回了本申请。驳回决定所针对的文本是：申请人于2003年2月28日提交的权利要求第1~9项、说明书第1~7页及第10页；2003年8月26日提交的说明书第11页；1998年7月7日进入中国国家阶段时提交的说明书第8、9、12~17页，说明书附图第1~10页、说明书摘要及摘要附图。

驳回决定认为：由于放射源强度 $I_n=I_{n-1}\times$衰减率，且申请人认为衰减率 $=\alpha\times L_n^{\ 2}/S_n+\beta$，那么应该导出放射源强度 $I_n=I_{n-1}\times(\alpha\times L_n^{\ 2}/S_n+\beta)$，而不是申请人所述的 $I_n=I_{n-1}\times(\alpha\times L_n^{\ 2}/S_n+\beta)^{-1}$，因此上述推导过程是错误的，由于描述本申请所述原理的数学公式不成立，导致本申请所述的隔板或隔墙单元数量与衰减率之间的关系不成立，本发明不能解决其技术问题，也无法产生预期的技术效果，因而本申请不符合专利法第26条第3款的有关规定。

申请人株式会社荏原制作所（下称复审请求人）不服上述驳回决定，于2004年1月20日向专利复审委员会提出复审请求，并在复审请求书中指出：在本申请中，衰减率定义为衰减放射线的能力，也就是说，如果从A点到B点的路径的衰减率为2时，B点的放射线的强度为A点的放射线强度的1/2，从放射线发出的放射线密度与距离的二次方成反比，随距离增大而减小，放射线强度的衰减率的公式成立：$I_0/I_n\propto L_n^{\ 2}$（下称公式①′），上式中 I_0 表示放射源强度，I_n 表示经过到达路径的衰减后在观测点的强度；此外放射线源距离相同时，放射光束和受照射面积成正比，即公式②成立；射线在通道内的各个反射点都可以看作是下一个反射点的放射源，从放射源 I_{n-1} 放射的放射束的密度到达反射点 C_{-n} 之前，根据式①，按距离L的负2次方比例衰减，同时放射光束的受光面积根据式②，和通过放射光束的截面积S成比例，这些式子表示，从放射源 I_{n-1} 到放射源 I_n 的衰减率可以表示为公式③，式③中，$L_n^{\ 2}/S_n$ 只是衰减率的理论值，在实际应用中需要引入α和β这两个修正系数，α是与隔墙的实际弯折角度相关的系数，β是将弯折间距L作为放射源间实际距离进行计算的修正系数，是一个取决于通路形状的定值，它们都是要在具体的实验中求得的系数，所以不存在算出式；通过公式③即可推导得出公式④，即说明书中的公式（3），从上述推导过程可知公式（3）所公开的内容是可以根据现有的光学及放射线物理学知识推出的。在提出复审请求时复审请求人没有对权利要求书进行修改。

经形式审查合格后，专利复审委员会受理了上述请求，并于2004年2月17日向复审请求人发出复审请求受理通知书，同时向原审查部门发出前置审查通知书。

原审查部门对该复审请求做出前置审查意见，认为复审请求人在复审请求的理由中没有提出任何具有说服力的理由和证据，有关概念和公式之间的关系也已经在以前的各次通知书中进行了详细说明，由于说明书中没有对发明作出清楚、完整的说明，因而不符合专利法第 26 条第 3 款的规定，因而坚持原驳回决定。

针对上述复审请求，专利复审委员会依法成立合议组对该复审请求案进行了审理，并于 2005 年 5 月 24 日发出复审通知书，指出：根据本领域的公知常识，放射线的强度是单位面积上的线量，也就是说，截面积的大小与强度是无关的，因而说明书中的公式（3）违反了自然规律，因而不具备专利法第 22 条第 4 款的有关规定。此外，合议组认为，关于公式（3）中两个修正值 α 和 β，即使是不同条件下对这两个修正值的计算方法不同，也只能说明这两个修正值的算出式不唯一，而并不能说明不存在算出式，也就是说，复审请求人没有对这两个修正值的计算方法给出清楚、明白、准确的说明。

复审请求人于 2005 年 7 月 7 日向专利复审委员会提交了意见陈述书，并指出：屏蔽通道包括多段折弯，从放射源产生的 X 射线不是直接从一个折弯处射向另一个折弯处，而是以不断地被屏蔽通道壁反射的形式在屏蔽通道内传播，根据本领域的公知常识，X 射线在每次反射时都会有衰减，由几何常识就可以看出，屏蔽通道的截面积越大，X 射线在其中被反射的次数就越少，使得 X 射线因反射而导致的衰减越小，屏蔽通道的截面积越小，X 射线在其中被反射的次数就越多，使得 X 射线因反射而导致的衰减越大。因此，本申请中，按照 X 射线传播的自然规律，屏蔽通道弯折处的射线强度的衰减率与屏蔽通道的截面积成反比。此外，关于 α 和 β 的计算方法，复审请求人指出，可以在试验设备中测量两个相邻折弯之间的距离及涉及要求之形状的屏蔽通道的截面积，再测量折弯处的射线强度，这样就可以很容易地根据公式（3）计算出 α 和 β，一旦计算出 α 和 β，以后人们就可以根据屏蔽设备的设计需要来设计屏蔽设备的具有相应截面形状的屏蔽通道、其中的折弯、隔板和隔墙，这对于本领域技术人员来说是不需要付出创造性劳动的，依据本领域的公知常识即可很容易做出相应判断和设计。

本案合议组于 2007 年 10 月 18 日向复审请求人发出了合议组成员告知通知书，告知其合议组成员变更的情况，并告知复审请求人：如对合议组成员有回避请求的，请于收到此通知书之日起 7 日内提交书面的请求书，并说明理由，必要时附具有关证据，逾期未答复的，视为无回避请求。

复审请求人逾期未答复。

至此合议组认为本案事实清楚，现依法作出复审决定。

二、决定的理由

1. 审查文本

本复审决定所依据的文本为复审请求人于 2003 年 2 月 28 日提交的权利要求第 1~9 项、说明书第 1~7 页及第 10 页；2003 年 8 月 26 日提交的说明书第 11 页；1998 年 7 月 7 日提交的说明书第 8、9、12~17 页、说明书附图第 1~10 页、说明书摘要及摘要附图。

2. 关于专利法第 26 条第 3 款

专利法第 26 条第 3 款规定：说明书应当对发明或者实用新型作出清楚、完整的说明，以所属技术领域的技术人员能够实现为准；必要的时候，应当有附图。摘要应当简要说明发明或者实用新型的技术要点。

具体就本案而言，本案的争议点在于本申请说明书中提及的公式（3）是否成立，驳回决定中指出：由于放射源强度 $I_n = I_{n-1} \times$ 衰减率，且申请人认为衰减率 $= \alpha \times L_n^2 / S_n + \beta$，那么应该导出放射源强度 $I_n = I_{n-1} \times (\alpha \times L_n^2 / S_n + \beta)$，而不是申请人所述的 $I_n = I_{n-1} \times (\alpha \times L_n^2 / S_n + \beta)^{-1}$。对此合议组认为，在本申

请说明书第3页最后一段中指出:“如果屏蔽通道出口处的X-射线或γ-射线强度是屏蔽通道入口处的X-射线或γ-射线强度的1/100，那么X-射线或γ-射线的衰减率就表示为100”，此外复审请求人在提出复审请求时也指出:在本申请中，衰减率定义为衰减放射线的能力，也就是说，如果从A点到B点的路径的衰减率为2时，B点的放射线的强度为A点的放射线强度的1/2，由此可见，本申请中衰减率的计算公式应为:衰减率 $=I_{n-1}/I_n$，进一步推导可得出: $I_n=I_{n-1}\times$（衰减率）-1，而不是驳回决定中认定的 $I_n=I_{n-1}\times$衰减率。结合复审请求人在提出复审请求时对公式（3）进行推导所使用的公式:式①′、式②、式③、式④可以进一步推导出 $I_n=I_{n-1}\times(\alpha\times L_n^2/S_n+\beta)^{-1}$，即说明书中提及的公式（3）。因此，公式（3）是可以根据现有的光学及放射线物理学知识推导得出的。

此外，关于α和β值的计算方法，合议组认为，本申请说明书第11页最后一段记载了:“α和β是由屏蔽通道的截面形状所决定的常数”，本领域技术人员可以通过在试验设备中测量两个相邻折弯之间的距离及涉及要求之形状的屏蔽通道的截面积，再测量折弯处的射线强度的方法，将多次测量的结果带入公式（3）就可以计算出对应于该屏蔽通道的α和β值，这对于本领域技术人员来说是一种常规的试验方法。

综上所述，本申请说明书已对公式（3）作出了清楚、完整的说明，并不会对所属技术领域人员实施本申请技术方案造成障碍，因而说明书的公开是充分的，符合专利法第26条第3款的规定，复审请求人提出的复审理由成立。

3. 关于专利法第22条第4款

专利法第22条第4款规定:实用性，是指该发明或者实用新型能够制造或者使用，并且能够产生积极效果。

审查指南第二部分第五章第3.2.2节指出:“具有实用性的发明或者实用新型专利申请应当符合自然规律。违背自然规律的发明或者实用新型专利申请是不能实施的，因此不具备实用性。”

具体就本案而言，复审通知书中指出放射线的强度是单位面积上的线量，因此，截面积的大小与强度是无关的，因而质疑公式（3）违反了自然规律。复审请求人在针对复审通知书作出的意见陈述中解释说明了通道截面积大小与放射线强度衰减的关系。合议组经合议后认为:由于本申请中从放射源产生的X射线不是直接从一个折弯处射向另一个折弯处，而是以不断地被屏蔽通道壁反射地形式在屏蔽通道内传播，根据本领域的公知常识，X射线在每次反射时都会有衰减，由几何常识可以得出，屏蔽通道的截面积越大，X射线在其中被反射的次数就越少，使得X射线因反射而导致的衰减越小;反之屏蔽通道的截面积越小，X射线在其中被反射的次数就越多，使得X射线因反射而导致的衰减越大，由此可见，本申请中屏蔽通道的截面积与放射线强度的衰减有一定关系。基于上述情况，合议组根据本申请说明书的记载以及复审请求人的意见陈述明确以下事实:本申请中屏蔽通道的截面积大小与放射线强度衰减的关系应基于本申请具体技术方案来理解，截面积的减小会使得放射线强度衰减的原因是增加了反射次数，因此公式（3）是可以根据现有的光学及放射线物理学知识推导得出的。综上所述，本申请中公式（3）的推导没有违反自然规律，本领域技术人员可以根据说明书的内容再现本发明，并且可以取得显著减少屏蔽通道空间和材料的积极效果，因而本申请符合专利法第22条第4款的规定。

三、决定

复审请求成立，撤销国家知识产权局于2003年10月10日针对97191601.2号发明专利PCT申请作出的驳回决定。

复审请求人对本决定不服的，可以根据专利法第41条第2款的规定，自收到本决定之日起三个月内向北京市第一中级人民法院起诉。

054

一种快速检测盐酸克伦特罗残留的胶体金试纸

复审请求审查决定（第12890号）

决　定　号　第12890号
决　定　日　2008年3月12日
发明创造名称　一种快速检测盐酸克伦特罗残留的胶体金试纸
国际分类号　G01N 33/558，G01N 21/78
复审请求人　万积成
申　请　号　200510083198.5
申　请　日　2005年7月15日
公　开　日　2006年1月25日
合议组组长　刘颖杰
主　审　员　周　航
参　审　员　杨加黎

法律依据　专利法实施细则第21条第2款，专利法第22条第2款、第3款
决定要点

如果权利要求请求保护的技术方案与对比文件存在具有一定技术效果的区别技术特征，且现有技术整体上不存在将该区别技术特征应用到对比文件中以解决其存在的技术问题的启示，则该权利要求对于本领域技术人员来说是非显而易见的。

一、案由

本复审请求涉及申请号为200510083198.5、发明名称为“一种快速检测盐酸克伦特罗残留的胶体金试纸”的发明专利申请（下称本申请），其申请日是2005年7月15日，公开日是2006年1月25日，申请人是万积成。本申请公开时的权利要求书如下：

“1. 一种快速检测盐酸克伦特罗残留的胶体金试纸，其特征在于是由底板（7）、吸水板（1）、硝酸纤维素膜（2）、盐酸克伦特罗单克隆抗体金标垫（5）、样品吸液层（6）组成；底板中部为硝酸纤维素膜，硝酸纤维素膜上有一条试验线（4）和一条多克隆抗体控制线（3），底板一端端头为吸水板，另一端端头为样品吸液层，硝酸纤维素膜两端分别与吸水板和盐酸克伦特罗单克隆抗体金标垫相互交叠连接，在盐酸克伦特罗单克隆抗体金标垫上压有样品吸液层，利用免疫胶体金法来检测畜类产品中的是否有盐酸克伦特罗残留。

2. 一种快速检测盐酸克伦特罗残留的胶体金试纸，其特征在于此试纸是利用双抗夹心原理制成。

3. 根据权利要求1所述的一种快速检测盐酸克伦特罗残留的胶体金试纸，其特征在于控制线是

由羊抗鼠多克隆抗体包被而成，当样品通过胶体金标记的盐酸克伦特罗单克隆抗体移动至羊抗鼠多克隆抗体控制线时，控制线便显示红色。

4. 根据权利要求 1 或 2 所述的一种快速检测盐酸克伦特罗残留的胶体金试纸，其特征在于配对单抗的建立是通过调整免疫剂量，高剂量为致死量的 50%，即 10~60ug 进行免疫；低剂量为 5ug 以下，低剂量免疫容易诱导出高选择性和高亲合性的抗体，而高剂量则相反，通过对低剂量所产生的抗体、高剂量所产生的抗体配对筛选，获得配对单抗几率较大，利用此原理构建胶体金双抗夹心法，筛选出两株配对单抗，其中一株抗体称为 I 用于包被试验线，另一株种抗体称为 II 用于胶体金标记。

5. 根据权利要求 1 或 4 所述的一种快速检测盐酸克伦特罗残留的胶体金试纸，其特征在于利用双抗夹心法制成试纸的试验线颜色深浅与待测样品中的盐酸克伦特罗含量高低成正比。

6. 根据权利要求 4 所述一种快速检测盐酸克伦特罗残留的胶体金试纸，其特征在于利用双抗夹心法制成试纸的试验线颜色为红色，即显色区为两条线时为阳性；只有一控制线为红色时为阴性。”

应申请人的请求，国家知识产权局专利局实质审查部门依法对本申请进行了实质审查，于 2006 年 10 月 13 日向申请人发出第一次审查意见通知书，指出本申请权利要求 1、3~6 不具备创造性，不符合专利法第 22 条第 3 款的规定，权利要求 2 不具备新颖性，不符合专利法第 22 条第 2 款的规定。其中所引用的对比文件如下：

对比文件 1：“胶体金免疫层析技术（GICA）及其在动物检疫中的应用前景”，段亮等，《畜禽业》，2004 年第 1 期。

针对上述第一次审查意见通知书，申请人于 2006 年 10 月 23 日提交了意见陈述书，对申请文件未做任何修改。申请人认为，本申请的创新之处在于将双抗夹心法用于盐酸克伦特罗的检测，通过免疫获得针对同一免疫原（盐酸克伦特罗-BSA/OVA）不同位点的配对单克隆抗体，这种改进是对比文件 1 没有涉及的，并且具有更好的技术效果，对本领域技术人员而言也不是显而易见的。

经过上述程序，国家知识产权局专利局实质审查部门于 2006 年 12 月 8 日以本申请权利要求 2 不符合专利法第 22 条第 2 款的规定，权利要求 1、3~6 不符合专利法第 22 条第 3 款的规定为由驳回了本申请。驳回决定所针对的文本是：申请人于 2005 年 7 月 15 日提交的权利要求第 1~6 项，说明书第 1~3 页，说明书附图第 1 页，说明书摘要及摘要附图。驳回决定中认为：（1）权利要求 1 要求保护一种快速检测盐酸克伦特罗残留的胶体金试纸，对比文件 1 公开了一种胶体金免疫层析技术及其在动物检疫中的应用前景，其中公开了权利要求 1 中的大部分技术特征，其区别在于①测试中使用的两个抗体都为盐酸克伦特罗单克隆抗体，②NC 膜与吸水板和金标垫的连接为相互交叠连接，由于免疫检测中使用单克隆抗体以及使用单克隆抗体能提高免疫检测特异性都是公知常识，区别特征②也是胶体金免疫层析领域的常用技术手段，因此在对比文件 1 的基础上结合公知常识得到权利要求 1 的技术方案对所属技术领域人员来说是显而易见的，权利要求 1 不具备创造性；（2）权利要求 2 要求保护一种快速检测盐酸克伦特罗残留的胶体金试纸，对比文件 1 公开了一种胶体金免疫层析技术及其在动物检疫中的应用前景，并具体公开了采用双抗夹心原理进行的技术特征，因此该对比文件 1 公开了权利要求 2 的全部技术特征，权利要求 2 不具备新颖性；（3）权利要求 3~6 直接或间接从属于权利要求 1，其中权利要求 3 的附加技术特征中除了控制线由羊抗鼠多克隆抗体包被而成是本领域公知常识之外，其余均被对比文件 1 所公开，权利要求 4~5 的附加技术特征是本领域的公知常识或常用技术手段，权利要求 6 的附加技术特征在对比文件 1 中已经公开，因此当其引用的权利要求不具备创造性时，权利要求 3~6 也不具备创造性。关于申请人的意见陈述，驳回决定中指出，意见陈述书中提到的具体抗体株并未在原始说明书和权利要求书中记载，不能作为权利要求具有新颖性和创造性的理由。

申请人万积成（下称复审请求人）对上述驳回决定不服，于 2007 年 2 月 9 日向专利复审委员会提出了复审请求，同时提交了军事医学科学院医药卫生科技查新站对“一种快速检测盐酸克伦特罗残留的胶体金试纸”做出的科技查新报告（原件和复印件）。复审请求人认为：驳回决定中提及的区别①正是本申请的最大创新点，即利用合成免疫方法生成盐酸克伦特罗单克隆抗体Ⅰ、Ⅱ，通过免疫剂量不同，人为建立盐酸克伦特罗两个不同的决定簇，通过免疫最终获得针对同一抗原不同决定簇的配对单克隆抗体；至于区别②的结构实现了双抗体（两个单克隆抗体）夹心法，是本申请的又一创新点。由于盐酸克伦特罗为小分子物质，现有技术的方法只能获得针对一个抗原决定簇的单克隆抗体，故不能实现双抗体夹心法，而利用本申请中的方法可以产生两种不同的单克隆抗体，从而实现双抗体夹心检测。对比文件1中以胶体金双抗体夹心法为例解释了GICA（胶体金免疫层析技术），但其中并没有说明盐酸克伦特罗可以用双抗体夹心法进行检测，实际上GICA包括双抗体夹心法和竞争法两种形式。虽然对比文件1结尾部分提到GICA的应用如我国河南农科院张改平研发的瘦肉精（即盐酸克伦特罗）检测条，但其中也没有提到是利用GICA中的双抗体夹心法，申请人通过查新检索到张改平的相关专利文献，均使用的是胶体金免疫竞争法。

经形式审查合格后，专利复审委员会受理了该复审请求，于2007年4月6日发出《复审请求受理通知书》，并将本申请案卷移交原审查部门进行前置审查。在前置审查中，原审查部门坚持原驳回决定。

专利复审委员会依法成立合议组对该复审请求案进行审理。本案合议组于2007年8月30日向复审请求人发出复审通知书，指出本申请中采用的盐酸克伦特罗单克隆抗体建立方法以及将所得到的两种单克隆抗体分别应用于检测试纸的金标垫和试验线上是其区别于现有技术、实现其发明目的所必不可少的技术特征，而本申请独立权利要求1和2的技术方案中并没有包含上述必要技术特征，因此不符合专利法实施细则第21条第2款的规定。此外，由于权利要求1和2缺少必要技术特征，不能完整地构成本申请的技术方案，因而请求人在其意见陈述中所述的本申请相对于对比文件1具备创造性的理由合议组不予认可。

针对上述复审通知书，复审请求人于2007年9月24日提交了意见陈述书和权利要求书的修改替换页，复审请求人表示同意复审通知书中的观点，并对权利要求进行了修改，修改后的权利要求书如下：

“1. 一种快速检测盐酸克伦特罗残留的胶体金试纸，是利用胶体金双抗夹心法制成，由底板（7）、吸水板（1）、硝酸纤维素膜（2）、单克隆抗体金标垫（5）、样品吸液层（6）组成，底板中部为硝酸纤维素膜，硝酸纤维素膜上有一条试验线（4）和一条多克隆抗体控制线（3），底板一端端头为吸水板，另一端端头为样品吸液层，硝酸纤维素膜两端分别与吸水板和金标垫相互交叠连接，其特征在于，采用高低两种剂量盐酸克伦特罗-BSA免疫小鼠诱导出抗体，通过配对筛选，获得针对同一抗原的不同决定簇的配对单抗Ⅰ、Ⅱ，抗体Ⅰ用于包被试验线，另一株抗体Ⅱ用于胶体金标记。

2. 根据权利要求1所述的一种快速检测盐酸克伦特罗残留的胶体金试纸，其特征在于进行免疫的高剂量盐酸克伦特罗-BSA为致死量的50%，即10~60ug、低剂量盐酸克伦特罗-BSA为5ug以下，低剂量免疫容易诱导出高选择性和高亲合性的抗体，而高剂量则相反。

3. 根据权利要求1所述的一种快速检测盐酸克伦特罗残留的胶体金试纸，其特征在于采用5ug/ml和60ug/ml两种剂量的盐酸克伦特罗-BSA分别免疫小鼠，获得能同时与小分子盐酸克伦特罗结合的，即针对小分子盐酸克伦特罗不同决定簇的两种盐酸克伦特罗单克隆抗体Ⅰ、Ⅱ。

4. 根据权利要求1所述的一种快速检测盐酸克伦特罗残留的胶体金试纸，其特征在于当待侧样品中存在盐酸克伦特罗时，样品沿试纸条上移，当通过盐酸克伦特罗单克隆抗体Ⅱ金标垫移动至盐酸克伦特罗单克隆抗体Ⅰ试验线时，试验线显示红色。

5. 根据权利要求 1 所述的一种快速检测盐酸克伦特罗残留的胶体金试纸，其特征在于无论样品中有无盐酸克伦特罗，当样品通过盐酸克伦特罗单克隆抗体 II 金标垫移动至羊抗鼠多克隆抗体控制线时，控制线便显示红色。

6. 根据权利要求 1 或 4 或 5 所述的一种快速检测盐酸克伦特罗残留的胶体金试纸，其特征在于所述的试验线、控制线均为红色时为阳性，只有一条红色控制线时为阴性，控制线无色代表操作有误或试纸过期。”

合议组经审理认为，本案事实已经清楚，可以依法作出审查决定。

二、决定的理由

1. 关于审查文本

复审请求人针对复审通知书于 2007 年 9 月 24 日提交了权利要求书的修改替换页，经合议组审查，上述修改文本符合专利法第 33 条的规定，因此本复审决定以复审请求人于 2007 年 9 月 24 日提交的权利要求第 1~6 项，2005 年 7 月 15 日提交的说明书第 1~3 页，说明书附图第 1 页，说明书摘要及摘要附图为审查基础。

2. 法律依据

根据审查指南第四部分第二章第 4. 1 节的规定，在复审程序中，合议组一般仅针对驳回决定所依据的理由和证据进行审查。除驳回决定所依据的理由和证据外，合议组发现审查文本中存在驳回决定未指出的明显实质性缺陷，可以对与之相关的理由及其证据进行审查。

在本案中，经审查合议组认为，尽管国家知识产权局专利局实质审查部门做出的驳回决定中只涉及权利要求的新颖性和创造性问题，然而由于其独立权利要求存在缺乏必要技术特征的问题，不能构成完整的技术方案，故影响了对其技术方案整体进行新颖性和创造性的评判，因而在本复审请求的审理过程中，合议组对本申请是否符合专利法实施细则第 21 条第 2 款，专利法第 22 条第 2 款、第 3 款均进行了审理。

3. 关于专利法实施细则第 21 条第 2 款

专利法实施细则第 21 条第 2 款规定，独立权利要求应当从整体上反映发明或者实用新型的技术方案，记载解决技术问题的必要技术特征。

在 2007 年 8 月 30 日向复审请求人发出的复审通知书中指出，本申请中采用的盐酸克伦特罗单克隆抗体建立方法以及将所得到的两种单克隆抗体分别应用于检测试纸的金标垫和试验线上是其区别于现有技术、实现其发明目的所必不可少的技术特征，而本申请独立权利要求 1 和 2 的技术方案中并没有包含上述必要技术特征，因此其不符合专利法实施细则第 21 条第 2 款的规定。

复审请求人针对上述复审通知书对权利要求书进行了修改，修改后的权利要求书只包括一项独立权利要求，即权利要求 1，该权利要求 1 是在原独立权利要求 1 的基础上增加了“是利用胶体金双抗夹心法制成”（即原独立权利要求 2 的特征部分）和“采用高低两种剂量盐酸克伦特罗-BSA 免疫小鼠诱导出抗体，通过配对筛选，获得针对同一抗原的不同决定簇的配对单抗 I、II，抗体 I 用于包被试验线，另一株抗体 II 用于胶体金标记”的技术特征，同时删除了“在盐酸克伦特罗单克隆抗体金标垫上压有样品吸液层，利用免疫胶体金法来检测畜类产品中的是否有盐酸克伦特罗残留”的技术特征。

合议组经审查认为，上述增加的技术特征包含了复审通知书中指出的本申请区别于现有技术的技术特征，即，盐酸克伦特罗单克隆抗体的建立方法以及将所得到的两种单克隆抗体分别应用于检测试纸的金标垫和试验线上；同时上述删除的技术特征作为本领域已知的技术手段，属于非必要技术特征，其删除并不影响独立权利要求 1 从整体上反映本申请的技术方案。因此上述修改使本申请独立权利要求1的技术方案克服了复审通知书中指出的独立权利要求1缺乏必要技术特征的缺陷。此外，由于修改文本中已经删除了原独立权利要求2，故复审通知书中指出的独立权利要求2缺乏必要技术特征的缺陷也不复存在。

4. 关于专利法第22条第2款、第3款

专利法第22条第2款规定，新颖性，是指在申请日以前没有同样的发明或者实用新型在国内外出版物上公开发表过，在国内公开使用过或者以其他方式为公众所知，也没有同样的发明或者实用新型由他人向国务院专利行政部门提出过申请并且记载在申请日以后公布的专利申请文件中。

专利法第22条第3款规定，创造性，是指同申请日以前已有的技术相比，该发明有突出的实质性特点和显著的进步。

驳回决定中指出，本申请权利要求2相对于对比文件1不具备专利法第22条第2款所规定的新颖性，权利要求1、3~6相对于对比文件1不具备专利法第22条第3款所规定的创造性。由于修改文本中删除了原独立权利要求2，故驳回决定中指出的其相对于对比文件1不具备新颖性的问题已不复存在。同时，修改后的独立权利要求1建立在原权利要求1、2和4基础之上，权利要求2~6从属于该独立权利要求1，因此本决定中仅针对修改后的权利要求1~6是否具备创造性进行评述。

对比文件1是一篇介绍胶体金免疫层析技术（GICA）的综述性文章，其中以单克隆双抗体夹心法为例介绍了GICA技术的操作方法（参见对比文件1第1.2节和第3节，以及图1），该方法中应用了一种试剂条（相当于权利要求1中的胶体金试纸），包括结合有多种试剂的塑料板（相当于权利要求1中的底板（7）），贴在该试剂条上端和下端的吸水材料（分别相当于权利要求1中的吸水板（1）和样品吸液层（6）），免疫金复合物干片贴在近下端（相当于权利要求1中的单克隆抗体金标垫（5）），NC（硝酸纤维素）膜紧贴其上（相当于权利要求1中的硝酸纤维素膜（2）），该NC膜上有两个反应区域：包有特异抗体的测试区（相当于权利要求1中的试验线（4）），和包有抗小鼠抗体的参照区（相当于权利要求1中的控制线（3））。该对比文件1结尾部分叙述GICA在动物检疫工作中的应用时提到“目前已有少量兽医用商品GICA检测条生产，如我国河南农业科学院张改平研发的瘦肉精检测条、鸡法氏囊、猪旋毛虫和新城疫检测条等”，其中所述的瘦肉精即本申请所述的盐酸克伦特罗的俗称。

对比本申请权利要求1和对比文件1可以看出，其区别在于：（1）对比文件1中未公开本申请权利要求1中“采用高低两种剂量盐酸克伦特罗-BSA免疫小鼠诱导出抗体，通过配对筛选，获得针对同一抗原的不同决定簇的配对单抗Ⅰ、Ⅱ，抗体Ⅰ用于包被试验线，另一株抗体Ⅱ用于胶体金标记”的技术特征；（2）权利要求1中硝酸纤维素膜两端分别与吸水板和金标垫相互交叠连接，而从对比文件1图显示，其硝酸纤维素膜与免疫金复合物和上端吸水材料是邻接关系。

对于区别技术特征（2），由于金标垫与其两端的材料无论采用交叠连接还是邻接方式连接在本领域都是常用的技术手段，并且采用交叠连接也没有给权利要求的技术方案带来意料不到的技术效果，因而该区别技术特征并不能使权利要求2的技术方案具备实质性的特点。

至于区别技术特征（1），在驳回决定针对原权利要求4的评述中曾指出，其是本领域筛选针对不同表位的单克隆抗体的常规技术手段。合议组经审理认为：首先，根据本领域的常识，盐酸克伦特罗是一种作为半抗原的小分子物质，不易制备出符合双抗体夹心法需要的两种针对同一抗原的不同决定簇的单克隆抗体，因而传统方法（包括免疫胶体金层析技术）多采用只需建立一种单克隆抗体的竞争性免疫测定法来检测，而其灵敏度较低，这在本申请说明书背景技术中也有所记载（参见本申请说明书第1页至第2页第1段），而权利要求1中记载的上述区别技术特征（1）使用了高低两种剂量的盐酸克伦特罗-BSA来诱导小鼠，经筛选后得到两株配对的单克隆抗体Ⅰ和Ⅱ，即可得到针对盐酸克伦特罗的不同抗原决定簇的单克隆抗体，进而实现了用双抗体夹心法检测盐酸克伦特罗的技术效果；第二，对比文件1中没有记载建立盐酸克伦特罗单克隆抗体的技术手段，尽管对比文件1第1.2节中披露了与本申请类似的胶体金免疫试纸条，其中也使用了两种单克隆抗体，但该对比文件1中仅一般性地介绍了单克隆双抗体夹心胶体金试纸条的结构和检测原理，并没有针对盐酸克伦特罗建立两种不同的单克隆抗体，也没有给出以高低两种剂量免疫诱导小鼠产生针对盐酸克伦特罗的不同单克隆抗体的技术启示；第三，尽管对比文件1的结尾部分提到瘦肉精检测条可以采用GICA法检测，但由于GICA法不仅包括单克隆双抗体夹心法，还包括竞争法等特异性较低的检测方法，在没有证据或充分理由表明本领域技术人员能够合理预期的情况下，不能因为该对比文件1以单克隆双抗体夹心法为例介绍了GICA法，就认为其结尾部分提及的内容给出了应用单克隆双抗体夹心法检测盐酸克伦特罗检测的技术启示；相反，正如第一点中所述的理由，现有技术中盐酸克伦特罗存在不易建立两种不同单克隆抗体的问题，即说明本领域技术人员在对比文件1基础上不会想到利用双抗体夹心法来检测盐酸克伦特罗，更没有动机进一步采用区别技术特征（1）中建立的技术手段。因此，对比文件1并没有给出应用上述区别技术特征（1）的技术启示。

综上所述，由于存在所述区别技术特征（1），对于本领域技术人员来说在对比文件1的基础上不能显而易见地获得权利要求1请求保护的技术方案并获得相应的技术效果。因此仅凭该对比文件1公开的内容不足以破坏本申请权利要求1的创造性，该权利要求1相对于对比文件1符合专利法第22条第3款的规定。

权利要求2~6从属于独立权利要求1，在其引用的权利要求相对于对比文件1具备创造性的情况下，该从属权利要求2~6相对于对比文件1也具备创造性，符合专利法第22条第3款的规定。

基于以上事实和理由，本案合议组作出以下审查决定。

三、决定

撤销国家知识产权局于2006年12月8日对200510083198.5号发明专利申请做出的驳回决定，由原审查部门以本复审决定针对的文本为审查基础继续进行审查程序。

复审请求人对本决定不服的，可以根据专利法第41条第2款的规定，自收到本决定之日起三个月内向北京市第一中级人民法院起诉。

055

电子交易系统

复审请求审查决定（第12902号）

决　定　号　第12902号
决　定　日　2008年1月4日
发明创造名称　电子交易系统
国 际 分 类 号　G07F 19/00，G07F 7/08，G07G 1/12，G06F 17/60，G06F 19/00
复 审 请 求 人　冲电气工业株式会社
申　请　号　97125518.0
申　请　日　1997年12月16日
公　开　日　1998年6月24日
优 先 权 日　1996年12月16日
合 议 组 组 长　高　雪
主　审　员　朱明雅
参　审　员　王丽颖

法 律 依 据　专利法第22条第3款
决 定 要 点

本申请权利要求所要保护的技术方案与现有技术相比，区别均为公知常识，本领域技术人员容易在现有技术的基础上结合公知常识得到权利要求所要保护的技术方案，因此，该技术方案不具有创造性，不符合专利法第22条第3款的规定。

一、案由

本复审请求涉及名称为"电子交易系统"、申请号为97125518.0的发明专利申请（下称本申请），其申请日为1997年12月16日，公开日为1998年6月24日，优先权日为1996年12月16日，申请人为冲电气工业株式会社。

国家知识产权局实质审查部门于2002年8月9日发出第一次审查意见通知书，指出：权利要求1~3相对于对比文件1（US4877947A，公开日为1989年10月31日）和对比文件2（CN87101740A，公开日为1987年10月14日）不具备创造性，不符合专利法第22条第3款的规定；权利要求1中的"便携式电子机器"概括了一个较宽的保护范围，而在说明书实施例中仅公开了"货币卡"一种形式，因此权利要求1得不到说明书支持，不符合专利法第26条第4款的规定。申请人2002年12月24日提交了意见陈述书并提交了说明书第1~2页、摘要第1页的修改替换页以及权利要求第1~6项的修改替换页第1~2页。

国家知识产权局实质审查部门于2004年10月1日发出第二次审查意见通知书，补充检索对比文件3（EP0348959A2，公开日为1990年1月3日）、对比文件4（US4197986A，公开日为1980年4月15日），并指出权利要求1相对于对比文件3和公知常识的结合不具备创造性；权利要求2的附加技术特征已经被对比文件1公开；权利要求3~5的附加技术特征为公知常识；权利要求6的附加技术特征也已经被对比文件1所公开，因此，从属权利要求2~6也均不具备创造性。申请人于2004年12月16日提交意见陈述书以及说明书第2页的替换页1页，权利要求第1~5项的替换页第1~2页。

国家知识产权局实质审查部门于2005年4月8日驳回了本申请，其驳回理由是本申请的权利要求1~5相对于对比文件3不具备创造性，不符合专利法第22条第3款的规定。驳回决定所依据的文本为：申请人于申请日提交的说明书第3~16页、说明书附图第1~8页以及摘要附图，2002年12月24日提交的说明书第1页、说明书摘要，2004年12月16日提交的说明书第2页、权利要求第1~5项。驳回决定所依据的权利要求书如下：

"1. 一种电子交易系统，该电子交易系统的特征在于设有把金钱价值存储为资金信息并且能够更新该存储的上述资金信息的便携式电子机器，该便携式电子机器分为上述金钱价值的支付者拥有和金钱价值的接受者拥有的2种类型，上述接受者拥有的便携式电子机器内装于或连接到该接受者所具有的具有结账处理功能的计算机或终端机，该计算机或终端机还具有：用于上述支付者输入交易信息的输入装置、用于显示资金信息的显示装置及确认装置，进而上述接受者拥有的便携式电子机器和上述支付者拥有的便携式电子机器之间能够进行上述金钱价值的移动交易，在这样的电子交易系统中，

设有契据保管卡，用于在从上述支付者拥有的便携式电子机器向上述接受者拥有的便携式电子机器移动资金信息之际，当把支付者拥有的便携式电子机器中存储的部分或全部资金信息移动到内装于或连接到上述计算机或终端机的接受者拥有的便携式的电子机器时，在直至正常结束上述资金信息的移动处理期间暂时保存移动的资金信息，

其中，在上述交易时，由上述计算机或终端机读出上述契据保管卡中存储的资金信息并把该资金信息显示在上述显示装置上，让上述支付者确认是否对应于支付者输入的交易量信息的金钱价值已由上述支付者拥有的便携式电子机器转移到了上述契据保管卡上，

当上述支付者通过上述确认装置确认了上述显示装置显示的交易时，对应于上述交易量信息的金钱价值从上述契据保管卡上转移到上述接受者拥有的便携式电子机器中。

2. 如权利要求1记述的电子交易系统，其特征在于：

具有能够对于被通知的资金移动信息指示确认操作或取消操作的输入操作部分，能够把上述确认操作或取消操作信息指示给上述计算机或终端机。

3. 如权利要求2记述的电子交易系统，其特征在于：

上述计算机或终端机在接受了确认操作信息时开始把上述契据保管卡中存储的资金信息移动到接受者的便携式电子机器中的处理，在接受了取消操作信息时开始把上述契据保管卡中存储的资金信息移动到上述支付者的便携式电子机器中的处理。

4. 如权利要求3记述的电子交易系统，其特征在于：

具有内装于或连接到上述计算机或终端机的记录了上述一系列交易处理的存储装置或输出装置。

5. 如权利要求3记述的电子交易系统，其特征在于：

在接收了上述确认操作信息的情况下，当把资金信息移动到上述契据保管卡中时，在预先存储着该交易以外的资金信息的上述接受者的便携式电子机器中追加存储该交易的资金信息。"

驳回决定的具体理由为：权利要求1不具备创造性。对比文件3公开了一种自动交易机的更新处理系统，并具体公开了以下技术特征：一个电子交易系统，包括一个顾客自动交易机的更新处理系

统；和与之连接的具有结帐处理功能的主计算机；与存储数据管理单元和主计算机连接的保持存储器29（相当于对比文件1中契据保管卡）（参见对比文件3说明书附图3），它是用于存储累计的数据AD，AD包括交易数据TD和参考数据RD，另外，虽然在对比文件3的图4中说明：保持存储累计的数据诸如非在线数据，但是本领域技术人员都明白，对比文件3的技术方案不局限于实施例所述的保持存储器29只存储非在线数据的（参见对比文件3的摘要，说明书第3~8栏，尤其是第5栏，附图3、4）；以及通过上述的主计算机读出保持存储器中存储的交易信息并将其通知给顾客，确认进行了正常的交易信息（参见对比文件3说明书第5栏第48行至第6栏第3行，图3）。

权利要求1与对比文件3相比区别仅在于：对比文件3没有明确公开该系统中包括一个支付者拥有的便携式电子机器（即一种顾客货币卡），然而对于本领域技术人员，在ATM机上进行交易是通过存储由各个顾客资金信息和相关数据的顾客货币卡进行的，这种区别是常用的技术手段，因此，在对比文件的基础上获得权利要求所要保护的技术方案对所属领域技术人员来说是显而易见的，因此权利要求1不具备创造性。权利要求2~4的附加技术特征是公知常识，权利要求5的附加技术特征已经在对比文件3中公开，因此权利要求1~5都不具备创造性。

申请人冲电气工业株式会社（下称复审请求人）不服上述驳回决定，于2005年7月25日提出复审请求并提交了意见陈述书，但未修改申请文本。复审请求人在意见陈述书中主张：对比文件3没有涉及在线交易数据的内容，没有公开如契据保管卡和用于顾客确认的确认装置，因此，权利要求1~5具备创造性。

经形式审查合格后，专利复审委员会受理了该复审请求，并于2005年11月7日向复审请求人发出复审请求受理通知书，同时向实质审查部门发出前置审查通知书。在前置审查中，实质审查部门坚持原驳回决定。

专利复审委员会依法成立合议组对本案进行审理，合议组在仔细阅读了全部案卷的基础上于2006年7月4日向复审请求人发出了复审通知书，指出：本申请的权利要求1~5相对于对比文件3仍不具有专利法第22条第3款规定的创造性。

复审请求人于2006年8月21日针对复审意见通知书进行了答复并提交了说明书第2页的修改替换页第2页、第2a页，权利要求第1~5项的修改替换页第1、2页。复审请求人在意见陈述书中主张：对比文件3中的保持存储器29完全不同于权利要求1的契据保管卡。保持存储器29用于存储离线交易数据OFD，而该数据不会被显示，因此，支付者就不可能确认该数据。在权利要求1中，契据保管卡用于存储从支付者所拥有的便携式电子机器中传送的资金信息，该资金信息要被显示以便由支付者进行确认，因此，两者并不能等同。修改后的权利要求书如下：

“1. 一种电子交易系统，该电子交易系统的特征在于设有把金钱价值存储为资金信息并且能够更新该存储的上述资金信息的便携式电子机器，该便携式电子机器具有两种类型，一类是上述金钱价值的支付者拥有的，另一类是金钱价值的接受者拥有的，上述接受者拥有的便携式电子机器内装于或连接到该接受者所具有的具有结帐处理功能的计算机或终端机，该计算机或终端机还具有：用于由上述支付者输入交易量信息的输入装置、用于显示资金信息的显示装置、及确认装置，并且所述便携式电子机器能够在上述接受者拥有的便携式电子机器和上述支付者拥有的便携式电子机器之间进行金钱价值的移动交易，在这样的电子交易系统中，

设有契据保管卡，用于在从上述支付者拥有的便携式电子机器向上述接受者拥有的便携式电子机器移动所述资金信息的交易期间，当把支付者拥有的、并且内装于或连接到上述计算机或终端机的便携式电子机器中存储的部分或全部资金信息移动到上述接受者拥有的便携式电子机器时，在直至正常结束上述资金信息的移动处理之前，暂时保存要移动的资金信息，

其中，在上述交易时，在将上述资金信息从上述支付者拥有的便携式电子机器移动到上述契据保管卡之后，更新上述支付者拥有的便携式电子机器，并且由上述计算机或终端机读出上述契据保管卡中存储的资金信息，并把该资金信息显示在上述显示装置上，以便让上述支付者确认对应于上述支付者输入的交易量信息的金钱价值是否已从上述支付者拥有的便携式电子机器转移到了上述契据保管卡上，

其中，当上述支付者通过上述确认装置确认了上述显示装置上显示的交易量时，将对应于上述交易量信息的金钱价值从上述契据保管卡上转移到上述接受者拥有的便携式电子机器中，并且更新上述接受者拥有的便携式电子机器中的上述资金信息。

2. 如权利要求 1 记述的电子交易系统，其特征在于：

具有能够对于被通知的资金移动信息指示确认操作或取消操作的输入操作部分，能够把上述确认操作或取消操作信息指示给上述计算机或终端机。

3. 如权利要求 2 记述的电子交易系统，其特征在于：

上述计算机或终端机在接受了确认操作信息时开始把上述契据保管卡中存储的资金信息移动到接受者的便携式电子机器中的处理，在接受了取消操作信息时开始把上述契据保管卡中存储的资金信息移动到上述支付者的便携式电子机器中的处理。

4. 如权利要求 3 记述的电子交易系统，其特征在于：

具有内装于或连接到上述计算机或终端机的记录了上述一系列交易处理的存储装置或输出装置。

5. 如权利要求 3 记述的电子交易系统，其特征在于：

在接收了上述确认操作信息的情况下，当把资金信息移动到上述契据保管卡中时，在预先存储着该交易以外的资金信息的上述接受者的便携式电子机器中追加存储该交易的资金信息。”

至此，合议组认为本案事实已经清楚，可以依法作出复审决定。

二、决定的理由

1. 审查文本

经审查，合议组认为复审请求人于 2006 年 8 月 21 日提交的说明书第 2、2a 页以及权利要求书第 1~5 项符合专利法第 33 条以及专利法实施细则第 60 条的规定。故本复审决定是以本申请于申请日提交的说明书第 3~16 页、说明书附图第 1~8 页以及摘要附图，2002 年 12 月 24 日提交的说明书第 1 页、说明书摘要，2006 年 8 月 21 日提交的说明书第 2 页、第 2a 页，权利要求第 1~5 项作为审查基础。

2. 关于专利法第 22 条第 3 款

专利法第 22 条第 3 款规定，创造性是指同申请日以前已有的技术相比，该发明具有突出的实质性特点和显著的技术进步，该实用新型具有实质性特点和进步。

（1）权利要求 1 请求保护一种电子交易系统，对比文件 3 公开了一种与主计算机相连的自动交易机的更新处理系统，其中具体公开了以下技术特征（参见对比文件 3 摘要，说明书第 3~8 栏，附图 3、4、7）：该自动交易机的更新处理系统包括一个与存储数据管理单元和主计算机连接的保持存储器 29，该保持存储器 29 用于存储累计的数据 AD，AD 包括交易数据 TD 和参考数据 RD；对比文件 3 所述的自动交易机也包括了输入装置、显示装置、确认装置以及读卡装置。其中，对比文件 3 中更新处理系统中的卡就相当于权利要求 1 中支付者拥有的便携式电子机器，该卡与自动交易机之间能进行金钱价值的移动交易；保持存储器 29 就相当于对比文件 1 中契据保管卡，在卡与自动交易机进行交易期间，该保持存储器存储交易数据，暂时保存要移动的资金信息。

权利要求 1 与对比文件 3 相比，区别在于：①对比文件 3 没有明确公开该自动交易机的更新处理

系统设有接受者拥有的便携式电子机器；②对比文件 3 没有明确公开权利要求 1 所述的交易确认以及更新过程：先将资金从支付者拥有的便携式电子机器中转移到契据保管卡，更新支付者拥有的便携式电子机器；然后由具有结账处理功能的计算机或终端机显示契据保管卡的内容，待支付者确认交易后将契据保管卡中的金钱价值转移到接受者拥有的便携式电子机器中，更新接受者拥有的便携式电子机器。

针对区别特征①，合议组认为，本申请设置接受者拥有的便携式电子机器的目的是为了使存储有资金数据的便携式电子机器方便转移，而日常生活中，人们广泛使用各种货币卡用以解决资金数据的转移，即使用货币卡解决资金数据的转移为本领域的惯用技术手段，例如，在本申请中，支付者所拥有的便携式电子机器即为其中的一种形式。在此基础上，将应用于支付者拥有的便携式电子机器应用于接受者对本领域技术人员来说是容易想到。

区别特征②所述的交易过程也是本领域的公知常识：例如，对于本领域技术人员公知的 ATM 机（自动交易机）的使用原理即为：每当使用者进行查询或取、存款时，ATM 机的屏幕上都会显示这些内容并提示使用者确认，并且，只有当使用者按下确认键之后，上述交易才会真正的传输到银行系统（相当于权利要求 1 中的接受者拥有的便携式电子机器）中；同时，使用者的卡的信息以及银行系统的信息都被更新，因此，暂时存储交易信息等待用户确认，当用户确认交易后将交易信息传送这个过程是本领域的公知常识。

综上，在对比文件 3 的基础上结合公知常识得到权利要求 1 所要保护的技术方案对本领域技术人员来说是显而易见的。权利要求 1 不具备突出的实质性特点和显著的进步，因而不具备专利法第 22 条第 3 款规定的创造性。

复审请求人在意见陈述书中主张对比文件 3 的保持存储器 29 完全不同于权利要求 1 的契据保管卡，保持存储器 29 用于存储离线交易数据 OFD，而该数据不会被显示，支付者就不可能确认该数据；而权利要求 1 的契据保管卡用于存储从支付者所拥有的便携式电子机器中传送的资金信息，该资金信息要被显示以便由支付者进行确认，因此两者并不能等同。对此，合议组认为，对比文件 3 没有明确公开契据保管卡中的交易数据是否被显示，但根据本领域的公知常识，交易信息都是要在 ATM 机上显示并需要使用者确认，因此对比文件 3 中的离线交易数据也应当是被显示的并经过使用者确认的，权利要求 1 中的契据保管卡与保持存储器 29 在这点上是没有区别的，因此，复审请求人的上述理由不能成立。

（2）权利要求 2 对权利要求 1 做了进一步限定，其限定部分的技术特征“具有能够对于被通知的资金移动信息指示确认或取消操作的输入部分，能够把上述确认或取消操作信息的指示给上述计算机或终端机”是公知常识：例如，现有技术中公知的 ATM 机也具有确认或取消的输入部分，同样也能将这些操作信息传输给计算机，上述附加技术特征的增加并不能使权利要求 2 所要保护的技术方案具备突出的实质性特点和显著的进步，因此，权利要求 2 不具备专利法第 22 条第 3 款规定的创造性。

（3）权利要求 3 对权利要求 2 做了进一步限定，其限定部分的技术特征“上述计算机或终端机在接受了确认操作信息时开始把上述契据保管卡中存储的资金信息移动到接受者的便携式电子机器中的处理，在接受了取消操作信息时开始把上述契据保管卡中存储的资金信息移动到上述支付者的便携式电子机器中的处理”也是公知常识：例如，现有技术中已有的 ATM 机在进行交易时，同样是在接收到确认操作信息后才将交易内容传输给银行系统。因此，上述附加技术特征的增加也不能使权利要求 3 所要保护的技术方案具备突出的实质性特点和显著的进步，因此，权利要求 3 不具备专利法第 22 条第 3 款规定的创造性。

（4）权利要求 4 对权利要求 3 做了进一步限定，其限定部分的技术特征“具有内装于或连接到上述计算机或终端机的记录了上述一系列交易处理的存储装置或输出装置”也是公知常识：例如，现有技术中公知的ATM机也具有存储装置，并能将交易内容打印输出，因此，上述附加技术特征的增加并不能使权利要求4所要保护的技术方案具备突出的实质性特点和显著的进步，因此，权利要求4也不具备专利法第22条第3款规定的创造性。

（5）权利要求5对权利要求3做了进一步限定，其限定部分的技术特征“在接收了上述确认操作信息的情况下，当把资金信息移动到上述契据保管卡中时，在预先存储着该交易以外的资金信息的上述接受者的便携式电子机器中追加存储该交易的资金信息”已经被对比文件3公开：对比文件3中的保持存储器29也能追加存储交易信息（参见对比文件3摘要），且其在对比文件3中所起的作用与其在权利要求5中所起的作用相同，都是追加存储交易信息，本领域技术人员容易将该特征应用到权利要求3中从而得到权利要求5所要保护的技术方案，因此在权利要求5所引用的权利要求3不具备创造性的情况下，权利要求5也不具备专利法第22条第3款规定的创造性。

综上所述，合议组认为权利要求第1~5项不具有创造性，不符合专利法第22条第3款的规定。复审请求人的请求不能成立。

三、决定

维持国家知识产权局于2005年4月8日作出的驳回97125518.0号发明专利申请的决定。

复审请求人对本决定不服的，可以根据专利法第41条第2款的规定，自收到本决定之日起三个月内向北京市第一中级人民法院起诉。

056

用于计算适合患者体重的酏剂剂量的装置

复审请求审查决定（第 12909 号）

决　定　号　第 12909 号
决　定　日　2007 年 12 月 26 日
发明创造名称　用于计算适合患者体重的酏剂剂量的装置
国际分类号　A61J7/00
复审请求人　布赖恩·卡普兰
申　请　号　01804514.6
优先权日　2000 年 2 月 16 日
申　请　日　2001 年 2 月 16 日
公　开　日　2003 年 2 月 19 日
合议组组长　任晓兰
主　审　员　侯　曜
参　审　员　吴红权

法律依据　专利法第 33 条，第 26 条第 4 款，专利法实施细则第 20 条第 1 款
决定要点

如果新提交文本的内容与原申请记载的信息相同，或者是所属领域的技术人员能够从原申请记载的信息中直接地、毫无疑义地确定的，那么应当认为这种修改是允许的，符合专利法第 33 条的规定。

如果一项权利要求所要求保护的技术方案是所属技术领域的技术人员能够从说明书充分公开的内容中得到或概括出得出的技术方案，并且没有超出说明书公开的范围，那么应当认为所述权利要求得到了说明书的支持。

对于由多个组件组成的产品权利要求来说，如果本领域技术人员从权利要求的整体来看，能够获知组件的含义以及各组件之间的关系，则所述权利要求清楚地描述了要求保护的技术方案。

一、案由

本复审请求案涉及发明名称为“用于计算适合患者体重的酏剂剂量的装置”的第 01804514.6 号发明专利申请（下称本申请），申请人为布赖恩·卡普兰，申请日为 2001 年 2 月 16 日，优先权日为 2000 年 2 月 16 日，公开日为 2003 年 2 月 19 日。

2004 年 9 月 10 日，针对申请人于 2003 年 2 月 17 日提交的权利要求书，2004 年 8 月 5 日提交的说明书第 1~7 页以及 2002 年 8 月 2 日提交的说明书附图和说明书摘要，国家知识产权局以权利要求 1 和 5 不符合专利法第 26 条第 4 款的规定，权利要求 1、4、5 和 7 不符合专利法实施细则第 20 条第 1

款的规定为由驳回了本申请。驳回决定针对的权利要求书如下：

"1. 一种用于药瓶的计算辅助器，所述计算辅助器包括：具有上端开口的瓶，用于密封所述上端开口的封盖，和根据输入的体重确定输出的酏剂给药量的计算装置，所述计算装置与所述封盖形成一体，其中所述封盖至少包括一行体重标记，一行适合具体体重的计算剂量标记，和一行与所述计算剂量对应的酏剂计算给药量标记，和允许有选择观看所述标记的开孔套管。

2. 权利要求 1 的计算辅助器，其中所述开孔套管可转动地与所述封盖锁合。

3. 权利要求 1 的计算辅助器，其中所述封盖是防篡改的。

4. 权利要求 1 的计算辅助器，其包括一行以磅或 kg 显示的体重标记。

5. 一种用于药瓶的计算辅助器，所述计算辅助器包括：具有上端开口的瓶，用于密封所述上端开口的瓶，和根据输入的体重确定输出的酏剂给药量的计算装置，所述计算装置与所述瓶形成一体，其中所述瓶至少包括一行体重标记，一行适合具体体重的计算剂量标记，和一行与所述计算剂量对应的酏剂计算给药量标记，和允许有选择观看所述标记的开孔套管。

6. 权利要求 5 的计算辅助器，其中所述开孔套管可转动地与所述瓶锁合。

7. 权利要求 5 的计算辅助器，其包括一行以磅或 kg 显示的体重标记。"

驳回决定认为：(1) 申请人将权利要求 1、5 中的技术方案加入说明书发明内容部分，仅仅是使其得到形式上的支持；说明书中记载了计算辅助器和药瓶一同使用，所述药瓶具有上端开口的瓶和封盖，瓶或封盖包含计算参考表，由此可知计算辅助器与药瓶是两种不同的部件，而权利要求 1 和 5 中要求保护的技术方案是所述计算辅助器包括瓶、封盖和计算装置，计算装置与封盖或瓶成一体，封盖或瓶至少包括一行计算计量标记，并且其中的计算装置在说明书中没有记载，因此权利要求 1 和 5 得不到说明书实质上的支持，不符合专利法第 26 条第 4 款的规定；(2) 权利要求 1 和 5 没有清楚地表述封盖或瓶的什么部件包含标记；也没有清楚地表述开孔套管与封盖或瓶之间的相对位置关系，使得所述权利要求请求保护的范围不清楚，不符合专利法实施细则第 20 条第 1 款的规定；(3) 权利要求 4 和 7 中的描述"其包括一行以磅或 kg 显示的体重标记"，没有清楚地表述这一行标记是其引用的相关独立权利要求 1 和 5 中已经记载的那一行体重标记，还是又包括了另外一行体重标记，使得请求保护的范围不清楚，不符合专利法实施细则第 20 条第 1 款的有关规定。

2004 年 12 月 27 日，申请人布赖恩 · 卡普兰（下称请求人）对上述驳回决定不服，向专利复审委员会提出复审请求，请求人在提出复审请求的同时修改了申请文件，以新的权利要求 1~13 替换原权利要求 1~7。修改后的权利要求书如下：

"1. 一种用于药瓶的剂量计算辅助器，所述剂量计算辅助器包括带有纵向列与横向行的刻度，其中所述的列包括病人体重的范围，与之相关的行包括剂量，所述剂量针对相关体重预先计算为最优剂量；和指示器，所述指示器覆盖在所述的刻度上并露出所述的相关行，所述的指示器沿着所述列移动以露出选定的体重和对于该体重预先计算出的所述最佳剂量。

2. 权利要求 1 的剂量计算辅助器，其中所述刻度包含在标签上，所述标签固定在所述药瓶上，且所述指示器为与所述药瓶摩擦性啮合的套管。

3. 权利要求 2 的剂量计算辅助器，其中所述套管具有至少两个开孔的行，所述开孔露出病人的体重及所述相关行的所述体重的最佳剂量。

4. 权利要求 1 的剂量计算辅助器，其中所述刻度被压印在所述药瓶上。

5. 权利要求 2 的剂量计算辅助器，其中所述指示器为与所述药瓶摩擦性啮合的套管。

6. 权利要求 2 的剂量计算辅助器，其中所述的列沿所述药瓶的纵轴取向，所述指示器在所述刻度上垂直滑动。

7. 权利要求 5 的剂量计算辅助器，其中所述的列沿所述药瓶的纵轴取向，所述指示器在所述刻度上垂直滑动。

8. 一种用于药瓶的剂量计算辅助器，所述剂量计算辅助器包括内部组件和外部组件，所述的内部组件具有剂量列，所述外部组件具有体重列，所述剂量列在行上与体重列相关；及可滑动地位于所述内部组件和所述外部组件之间的短小突出物，所述短小突出物上具有指示器，从而当所述短小突出物沿着所述列滑动时，可指示对于特定体重的具体剂量。

9. 权利要求 8 的剂量计算辅助器，其中所述的外部组件至少在所述的体重列之间是透明的。

10. 权利要求 9 的剂量计算辅助器，其中所述内部组件和所述外部组件在所述体重列之间连接。

11. 权利要求 8 的剂量计算辅助器，其中所述的指示器包括开孔，当所述短小突出物沿着所述体重列滑动时，所述开孔露出特定体重的所述剂量。

12. 权利要求 8 的剂量计算辅助器，其中所述内部组件具有体重列，所述外部组件具有剂量列。

13. 权利要求 8 的剂量计算辅助器，其中所述的体重列和所述的剂量列位于所述的内部组件上。”

2005 年 3 月 16 日，经形式审查合格后，专利复审委员会受理了该请求，并向请求人发出了《复审请求受理通知书》，同时将本申请转送至国家知识产权局原审查部门进行前置审查。

在《前置审查意见书》中，国家知识产权局原审查部门认为修改后的权利要求 1~13 超出了原说明书和权利要求书记载的范围，不符合专利法第 33 条的规定，因此仍坚持驳回决定。

专利复审委员会依法组成合议组，对本复审请求案进行了审理。

2007 年 5 月 25 日，专利复审委员会本案合议组向请求人发出《复审通知书》，指出：（1）请求人在提出复审请求时提交的修改文本中，权利要求 1~13 超出了原说明书和权利要求书记载的范围，不符合专利法第 33 条的规定。（2）就驳回决定针对的文本而言：权利要求 1 中的药瓶是计算辅助器的一个组成部分，而根据说明书的相关记载，计算辅助器和药瓶是各自独立的两个部件，本领域技术人员并不能推知当“药瓶作为计算辅助器的一部分”时也能达到相同的效果，因而权利要求 1 包括了请求人推测的其效果难以预先确定的内容，因此不符合专利法第 26 条第 4 款的规定；权利要求 1 中的计算辅助器包括瓶、计算装置和封盖，封盖至少包括三行标记和开孔套管，在本申请的原始申请文本中没有出现过术语“计算装置”，本领域技术人员也不能从权利要求 1 的描述中确定所述计算装置究竟对应于原始申请中的哪个部件，也无法从上述描述中获知所述标记位于封盖的哪个部位，以及开孔套管与封盖的相对位置关系，从而无法得知如何通过开孔套管观察到所述标记，因此权利要求 1 没有清楚地表述请求保护的范围，不符合专利法实施细则第 20 条第 1 款的规定。基于上述相同理由，权利要求 5 也不符合专利法第 26 条第 4 款和专利法实施细则第 20 条第 1 款的规定。

2007 年 9 月 3 日，请求人针对上述《复审通知书》提交了意见陈述书，同时提交了经修改的权利要求书全文替换页。

2007 年 12 月 4 日，请求人再次提交了补充意见陈述，以及经修改的权利要求书和说明书的全文替换页。修改后的权利要求书如下：

“1. 一种用于药瓶的计算辅助器，所述计算辅助器包括：具有上端开口的瓶，用于密封所述上端开口的封盖，和与所述封盖形成一体的计算参考表，所述计算参考表根据输入的体重给出酏剂给药量，其特征在于所述封盖包括内组件和开孔套管，所述内组件至少包括一行体重标记，一行适合具体体重的计算剂量标记，和一行与所述计算剂量对应的酏剂计算给药量标记，所述开孔套管允许有选择观看所述标记。

2. 权利要求 1 的计算辅助器，其中所述开孔套管可转动地与所述封盖锁合。

3. 权利要求 1 的计算辅助器，其中所述封盖是防篡改的。

4. 权利要求 1 的计算辅助器，其包括一行以磅或 kg 显示的体重标记。

5. 一种用于药瓶的计算辅助器，所述计算辅助器包括：具有上端开口的瓶，用于密封所述上端开口的封盖，和与所述瓶形成一体的计算参考表，所述计算参考表根据输入的体重给出酏剂给药量，其特征在于所述瓶包括可沿药瓶外表面滑动的开孔套管，所述计算参考表至少包括一行体重标记，一行适合具体体重的计算剂量标记，和一行与所述计算剂量对应的酏剂计算给药量标记，所述开孔套管允许有选择观看所述标记。

6. 权利要求 5 的计算辅助器，其中所述开孔套管可转动地与所述瓶锁合。

7. 权利要求 5 的计算辅助器，其包括一行以磅或 kg 显示的体重标记。”

综合上述两次修改的内容，请求人认为：（1）对于药瓶 10 和计算辅助器之间的关系，根据 PCT 原始公开文本的说明书第 5 页第 1 段的描述“……in which a calculation aid is used with medication bottle 10……”，请求人认为，将其译为“其中利用用于药瓶 10 的计算辅助器……”才符合原始公开的确切含义，在此基础上，权利要求 1 的技术方案可以得到说明书的支持，符合专利法第 26 条第 4 款的规定；（2）通过将原权利要求 1 和 5 中的“计算装置”修改为“计算参考表”，并按照说明书的相应描述明确了标记、封盖和套管之间的关系，修改后的权利要求 1 和 5 符合专利法实施细则第 20 条第 1 款的规定。

经过上述审查程序，合议组认为本案事实已经清楚，可以依法作出复审决定。

二、决定的理由

1. 决定依据的文本

本复审决定依据的文本是请求人于 2007 年 12 月 4 日提交的权利要求第 1~7 项和说明书第 1~7 页，以及 2002 年 8 月 2 日提交的说明书附图第 1~2 页、说明书摘要和摘要附图。

2. 关于专利法第 33 条

专利法第 33 条规定，申请人可以对其专利申请文件进行修改，但是，对发明和实用新型专利申请文件的修改不得超出原说明书和权利要求书记载的范围。

如果新提交文本的内容与原申请记载的信息相同，或者是所属领域的技术人员能够从原申请记载的信息中直接地、毫无疑义地确定的，那么应当认为这种修改是允许的，符合专利法第 33 条的规定。

本案中，针对请求人于 2007 年 5 月 25 日提交的修改文本，合议组在《复审通知书》中指出：（1）权利要求 1 的技术方案在原说明书和权利要求书中没有相应记载，其中的行和列的位置和内容也与原始申请方案记载的相关内容不同，且本领域技术人员不能确定其中的指示器对应原始申请中的哪个部件，即使所述指示器是指套管 16 或套管 54，权利要求 1 对其位置和运动方式概括也是本领域技术人员不能从原始申请文件中直接地、毫无疑义地推断出的方案，因此权利要求 1 不符合专利法第 33 条的规定；（2）由于独立权利要求 1 超出了原申请文件记载的范围，其从属权利要求 2~7 也不符合专利法第 33 条的规定，并且权利要求 2、4~7 本身的附加技术特征也超出了原申请文件记载的范围；（3）权利要求 8 的技术方案在原始申请文件中没有相应记载，本领域技术人员也不能从权利要求 8 的描述中确定其中各部件对应于原始申请文件中的哪些部件，且该权利要求所要求保护的技术方案与原始申请中记载的方案完全不同，不符合专利法第 33 条的规定；（4）权利要求 9~13 的附加技术特征进一步限定权利要求 8 中的内部组件、外部组件和指示器的位置关系和作用，基于对权利要求 8 内容的相同评述，权利要求 9~13 的内容也超出了原申请文件记载的范围。

在 2007 年 12 月 4 日答复《复审通知书》时提交的文本中，请求人的修改包括以下三个方面：（1）请求人根据 PCT 原始公开文本的说明书第 5 页第一段的描述“……in which a calculation aid is used with medication bottle10……”，将原始提交的说明书第 5 页第 1~2 行的“其中，计算辅助器和药瓶 10 一同使用”更正为“其中利用用于药瓶 10 的计算辅助器……”（参见修改后的说明书第 5 页第 19 行）；（2）请求人在新提交的权利要求 1 和 5 中，用“计算参考表”代替了“计算装置”；（3）将权利要求 1 中封盖或瓶、标记和开孔套管的位置关系修改为“所述封盖包括内组件和开孔套管，所述内组件至少包括一行体重标记，一行适合具体体重的计算剂量标记，和一行与所述计算剂量对应的酏剂计算给药量标记，所述开孔套管允许有选择观看所述标记”，将权利要求 5 中封盖或瓶、标记和开孔套管的位置关系修改为“所述瓶包括可沿药瓶外表面滑动的开孔套管，所述计算参考表至少包括一行体重标记，一行适合具体体重的计算剂量标记，和一行与所述计算剂量对应的酏剂计算给药量标记，所述开孔套管允许有选择观看所述标记”。

对于上述修改，合议组认为：①首先，本申请为 PCT 国际申请，根据专利合作条约的规定，国际申请在指定国内自国际申请日起具有正规的国家申请的效力，请求人可以根据国际申请文本修改；其次，根据说明书第 6 页第一段和最后一段的相关描述，本申请中的“计算辅助器”是一种能够实现分配非处方给药量的装置，其体现方式是带有计算参考表的药瓶，因此所述修改（1）也能在原始申请中找到依据；②根据说明书第 5~6 页的相关描述，有关计算辅助器，原说明书实际上记载了两种实施方案，两种计算辅助器均包括上端开口的瓶和用于密封所述上端开口的封盖，其中一种是计算参考表位于封盖的内组件上，通过旋转封盖的外组件，即开孔套管观看计算参考值，另一种是计算参考表位于瓶表面，通过旋转带有开孔的药瓶的外套管观看计算参考值，计算参考表均包括平行的四行刻写标记，分别对应于以磅和千克表示的体重以及以毫克和毫升表示的剂量，外套管均具有四个开孔组成的一列，用于观看所述刻写标记。因此，本申请中实现根据输入体重给出酏剂给药量这一功能的部件实际上是与封盖或瓶形成一体的计算参考表，本申请说明书中也称为计算参考物，因而，请求人将权利要求 1 和 5 中实现上述功能的术语“计算装置”修改为说明书中明确记载的“计算参考表”，是能够从原申请记载的信息中直接地、毫无疑义地确定的，没有超出原说明书和权利要求书记载的范围；③本申请中详细描述了第一种实施方案，即盖 12 由两组件构成，即用于锁定的内组件 14 和外组件 16 或具有开孔的套管，所述开孔用于观看计算参考物，内组件 14 用于提供常规防儿童触动的药瓶封盖，该组件包括在平行四行中的刻写标记……（参见说明书第 5 页第 18~24 行以及说明书附图 1），这与修改后的权利要求 1 的技术方案一致。本申请中也详细描述了第二种实施方案，其中计算参考物是药瓶的一部分。该实施方案中，药瓶 50 包括与药瓶表面形成一体的计算参考表。外套管 54 可沿药瓶外表面滑动，并且含有开孔行 56 用于观看计算参考值（参见说明书第 6 页第 11~19 行和说明书附图 2），这与修改后的权利要求 5 的技术方案一致。故修改后的权利要求 1 和 5 的技术方案没有超出原说明书和权利要求书记载的范围，符合专利法第 33 条的规定。

综上所述，请求人于 2007 年 12 月 4 日提交的文本已不存在修改超范围的问题，符合专利法第 33 条的规定。

3. 关于专利法第 26 条第 4 款

专利法第 26 条第 4 款规定，权利要求书应当以说明书为依据，说明要求专利保护的范围。

如果一项权利要求所要求保护的技术方案是所属技术领域的技术人员能够从说明书充分公开的内容中得到或概括出得出的技术方案，并且没有超出说明书公开的范围，那么应当认为所述权利要求得到了说明书的支持。

《驳回决定》和《复审通知书》指出：驳回文本的权利要求 1 和 5 的技术方案，其中所述的药瓶是计算辅助器的一个组成部分，而原说明书第 5 页中的相关描述为“计算辅助器和药瓶 10 一同使用”，计算辅助器和药瓶显然是各自独立的两个部件，故权利要求 1 和 5 得不到说明书的支持，不符合专利法第 26 条第 4 款的规定。请求人在 2007 年 12 月 4 日提交的说明书第 5 页中，将计算辅助器与药瓶 10 的关系修改为“其中利用用于药瓶 10 的计算辅助器……”，明确了计算辅助器是以药瓶的形式实现其分配非处方给药量这一功能的，即药瓶是计算辅助器的一个组成部分。因此，通过对说明书的修改，已经克服了《驳回决定》和《复审通知书》指出的权利要求 1 和 5 不符合专利法第 26 条第 4 款的规定的缺陷。

4. 关于专利法实施细则第 20 条第 1 款

专利法实施细则第 20 条第 1 款规定，权利要求书应当说明发明或者实用新型的技术特征，清楚、简要地表述请求保护的范围。

对于由多个组件组成的产品权利要求来说，如果本领域技术人员从权利要求的整体来看，能够获知组件的含义以及各组件之间的关系，则所述权利要求清楚地描述了要求保护的技术方案。

就本案而言，修改后的权利要求 1 要求保护一种用于药瓶的计算辅助器，其包括：具有上端开口的瓶，用于密封所述上端开口的封盖，和与所述封盖形成一体的计算参考表，所述计算参考表根据输入的体重给出酏剂给药量，其特征在于所述封盖包括内组件和开孔套管，所述内组件至少包括一行体重标记，一行适合具体体重的计算剂量标记，和一行与所述计算剂量对应的酏剂计算给药量标记，所述开孔套管允许有选择观看所述标记。根据这样的描述，本领域技术人员能够确定权利要求 1 的技术方案是一种包括上端开口的瓶和用于密封所述上端开口的封盖的计算辅助器，计算参考表位于封盖的内组件上，通过旋转封盖的外组件，即开孔套管观看包括至少一行体重标记，一行适合具体体重的计算剂量标记，和一行与所述计算剂量对应的酏剂计算给药量标记的计算参考表，因此，修改后的权利要求 1 使用与原始申请一致的组件名称清楚地描述了各个组件的组成及其相互之间的关系，克服了《驳回决定》和《复审通知书》指出的权利要求 1 中的组件与原申请文件中的组件不能对应，且各组件之间的关系不明确的缺陷，符合专利法实施细则第 20 条第 1 款的规定。

修改后的权利要求 5 要求保护一种用于药瓶的计算辅助器，其包括：具有上端开口的瓶，用于密封所述上端开口的封盖，和与所述瓶形成一体的计算参考表，所述计算参考表根据输入的体重给出酏剂给药量，其特征在于所述瓶包括可沿药瓶外表面滑动的开孔套管，所述计算参考表至少包括一行体重标记，一行适合具体体重的计算剂量标记，和一行与所述计算剂量对应的酏剂计算给药量标记，所述开孔套管允许有选择观看所述标记。根据这样的描述，本领域技术人员能够确定权利要求 5 的技术方案是一种包括上端开口的瓶和用于密封所述上端开口的封盖的计算辅助器，包括至少一行体重标记，一行适合具体体重的计算剂量标记，和一行与所述计算剂量对应的酏剂计算给药量标记的计算参考表与瓶身形成一体，通过旋转药瓶外的带有开孔的药瓶的外套管观看计算参考表上的计算参考值，因此，修改后的权利要求 5 使用与原始申请一致的组件名称清楚地描述了各个组件的组成及其相互之间的关系，克服了《驳回决定》和《复审通知书》指出的权利要求 1 中的组件与原申请文件中的组件不能对应，且各组件之间的关系不明确的缺陷，符合专利法实施细则第 20 条第 1 款的规定。

基于上述理由，合议组作出下述决定。

三、决定

撤销国家知识产权局于 2004 年 9 月 10 日针对第 01804514.6 号发明专利申请作出的驳回决定，由国家知识产权局原审查部门以 2007 年 12 月 4 日提交的权利要求第 1~7 项和说明书第 1~7 页，以及 2002 年 8 月 2 日提交的说明书附图第 1~2 页、说明书摘要和摘要附图为基础继续审查。

复审请求人对本决定不服的，可以根据专利法第 41 条第 2 款的规定，自收到本决定之日起三个月内向北京市第一中级人民法院起诉。

057

多元阵列电子扫描生物组织光声层析成像的方法及其装置

复审请求审查决定（第12913号）

决　定　号　第12913号
决　定　日　2008年3月17日
发明创造名称　多元阵列电子扫描生物组织光声层析成像的方法及其装置
国 际 分 类 号　A61B6/00，A61B6/02，A61B8/00
复 审 请 求 人　华南师范大学
申　请　号　03126896.X
申　请　日　2003年6月18日
公　开　日　2004年1月28日
合 议 组 组 长　张梅珍
主　审　员　刘　铭
参　审　员　高桂莲

法 律 依 据　专利法第22条第3款
决 定 要 点

如果本领域普通技术人员在现有技术的基础上结合本领域常用技术手段，无需付出创造性劳动就能得出一项权利要求请求保护的技术方案，则该权利要求请求保护的技术方案不符合专利法第22条第3款有关创造性的规定。

一、案由

本复审请求涉及申请号为03126896.X、名称为“多元阵列电子扫描生物组织光声层析成像的方法及其装置”的发明专利申请（下称本申请），申请日为2003年6月18日，公开日为2004年1月28日，申请人为华南师范大学。本申请公开时权利要求书包括10项权利要求，其中权利要求1和6为独立权利要求。

经过实质审查，国家知识产权局实质审查部门以本申请权利要求1~10不符合专利法第22条第3款的规定为由，于2005年12月2日做出了驳回本申请的决定，驳回决定所针对的文本是：2003年6月18日提交的权利要求第1~10项、说明书第1~7页、说明书附图第1~4页、说明书摘要及摘要附图。驳回决定所针对的权利要求书共包括10项权利要求，如下：

1. 一种多元阵列电子扫描生物组织光声层析成像方法，其特征在于包括如下步骤：

（1）脉冲激光入射到生物组织中产生光声信号；

（2）利用多元阵列电子扫描探测器同步接收光声信号，计算机同时采集、保存光声信号；

（3）重复采集至多元阵列电子扫描探测器振元中所有群元都采集一次；

（4）采集完毕后，计算机将光声信号滤波和积分处理，然后通过背向投影算法对组织层析成像。

2. 根据权利要求1所述的多元阵列电子扫描生物组织光声层析成像方法，其特征在于：所述步骤（1）中，脉冲激光波长为500nm~1064nm。

3. 根据权利要求1所述的多元阵列电子扫描生物组织光声层析成像方法，其特征在于：所述步骤（2）中，数据的采集和控制利用采集卡以及LABVIEW软件实现。

4. 根据权利要求1所述的多元阵列电子扫描生物组织光声层析成像方法，其特征在于：所述步骤（3）中，重复的次数为多元阵列电子扫描探测器中的群元数。

5. 根据权利要求1所述的多元阵列电子扫描生物组织光声层析成像方法，其特征在于：所述脉冲激光入射到生物组织与及多元阵列电子扫描探测器同步接收光声信号的操作可固定位置进行或者绕生物组织中心为圆心同步旋转进行。

6. 一种多元阵列电子扫描生物组织光声层析成像装置，其特征在于：包括激光器（1）、多元阵列电子扫描探测器（6）、高速采集卡（8）、计算机（9），激光器（1）与多元阵列电子扫描探测器（6）相对安装，多元阵列电子扫描探测器（6）、高速采集卡（8）、计算机（9）依次电气连接。

7. 根据权利要求6所述的多元阵列电子扫描生物组织光声层析成像装置，所述多元阵列电子扫描探测器包括控制电路（6-1）、探头二极管开关控制电路（6-2）、多振元探头（6-3）、前置放大器（6-4）、多路转换开关电路（6-5），其特征在于：所述控制电路（6-1）包括有分频电路。

8. 根据权利要求7所述的多元阵列电子扫描生物组织光声层析成像装置，其特征在于：所述分频电路的逻辑电路包括一个16位的计数器、一个12-输入的与门、一个2-输入的与门、2个非门。

9. 根据权利要求6所述的多元阵列电子扫描生物组织光声层析成像装置，其特征在于：所述多元阵列电子扫描探测器（6）为线形、弧形、圆形以及矩阵的形状。

10. 根据权利要求6所述的多元阵列电子扫描生物组织光声层析成像装置，其特征在于：激光器（1）与多元阵列电子扫描探测器（6）位于同一轴上并相对安装。

驳回决定中引用了如下四篇对比文件：

对比文件1：US5713356A，公开日为1998年2月3日；

对比文件2：US4611494，公开日为1986年9月16日；

对比文件3：CN1373362A，公开日为2002年10月9日；

对比文件4：CN1389179A，公开日为2003年1月8日。

具体的驳回理由为：权利要求1请求保护一种多元阵列电子扫描生物组织光声层析成像的方法，其与对比文件1中的区别技术特征为“阵列探测器由多个群元组成”和“重复采集过程来完成对所有的群元的采集”，这些区别技术特征都是本领域的常用技术手段，该权利要求相对于对比文件1和本领域常用技术手段的结合不具备创造性；其从属权利要求2~5分别相对于对比文件1与3及本领域常用技术手段的结合的、对比文件1与4及本领域常用技术手段的结合、对比文件1与本领域常用技术手段的结合不具备创造性。权利要求6请求保护的光声层析成像装置的大部分特征在对比文件1中公开，其与对比文件1的区别技术特征为用“高速采集卡”代替对比文件1中的“具有A/D转换器的电路”，这种替代是本领域的常用技术手段，因而该权利要求相对于对比文件1及本领域常用技术手段的结合不具备创造性；其从属权利要求7~10分别相对于对比文件1与2及本领域常用技术手段的结合或者相对于对比文件1与本领域常用技术手段的结合不具备创造性。

申请人华南师范大学（下称复审请求人）不服上述驳回决定，于2006年3月15日向专利复审委员会提出复审请求，同时提交了申请文件的全文修改替换页。修改后的权利要求书共包括10项权利要求，具体如下：

“1. 一种多元阵列电子扫描生物组织光声层析成像方法，其特征在于包括如下步骤：

（1）脉冲激光入射到生物组织中产生光声信号；

（2）利用多元阵列电子扫描探测器同步接收光声信号，具体为：多元阵列电子扫描探测器中的某一组探测器群元接收样品的光声信号，然后输入计算机进行存储，多元阵列电子扫描探测器中的下一组群元接收信号，依次循环至所有群元接收完毕后完成采集程序；计算机同时采集、保存光声信号；

（3）采集完毕后，计算机将光声信号滤波和积分处理，然后通过背向投影算法对组织层析成像。

2. 根据权利要求1所述的多元阵列电子扫描生物组织光声层析成像方法，其特征在于：所述步骤（1）中，脉冲激光波长为500nm~1064nm。

3. 根据权利要求1所述的多元阵列电子扫描生物组织光声层析成像方法，其特征在于：所述步骤（2）中，数据的采集和控制利用采集卡以及LABVIEW软件实现。

4. 根据权利要求1所述的多元阵列电子扫描生物组织光声层析成像方法，其特征在于：所述步骤（3）中，重复的次数为多元阵列电子扫描探测器中的总群元数减去每组接收信号的群元数的差值。

5. 根据权利要求1所述的多元阵列电子扫描生物组织光声层析成像方法，其特征在于：所述脉冲激光入射到生物组织与及多元阵列电子扫描探测器同步接收光声信号的操作可固定位置进行或者绕生物组织中心为圆心同步旋转进行。

6. 一种多元阵列电子扫描生物组织光声层析成像装置，其特征在于：包括激光器（1）、多元阵列电子扫描探测器（6）、高速采集卡（8）、计算机（9），激光器（1）与多元阵列电子扫描探测器（6）相对安装，多元阵列电子扫描探测器（6）、高速采集卡（8）、计算机（9）依次电气连接。

7. 根据权利要求6所述的多元阵列电子扫描生物组织光声层析成像装置，所述多元阵列电子扫描探测器包括控制电路（6-1）、探头二极管开关控制电路（6-2）、多振元探头（6-3）、前置放大器（6-4）、多路转换开关电路（6-5），其特征在于：所述控制电路（6-1）包括有分频电路。

8. 根据权利要求7所述的多元阵列电子扫描生物组织光声层析成像装置，其特征在于：所述分频电路的逻辑电路包括一个16位的计数器、一个12-输入的与门、一个2-输入的与门、2个非门。

9. 根据权利要求6所述的多元阵列电子扫描生物组织光声层析成像装置，其特征在于：所述多元阵列电子扫描探测器（6）为线形、弧形、圆形以及矩阵的形状。

10. 根据权利要求6所述的多元阵列电子扫描生物组织光声层析成像装置，其特征在于：激光器（1）与多元阵列电子扫描探测器（6）位于同一轴上并相对安装。”

其复审请求的理由是：权利要求1相对于对比文件1具备创造性，因为对比文件1没有公开权利要求1中的“阵列探测器方式接收超声信号”和“重复采集过程来完成对所有的群元的采集”，而这些特征不是本领域技术人员不付出创造性劳动而容易想到的，从对比文件1中可以看出，现有技术中多个探测器之间相互独立作用、互不相干，其信号采集的方式属于单点探测，而本申请权利要求1的技术方案公开的阵列探测器由多个群元组成，其接收超声信号的方式属于多点探测，图像的分辨率得到了提高；权利要求1的技术方案中所述的重复采集过程为依次采集，这与对比文件1中重复多次采集来实现数据的平均不同。在权利要求1具备创造性的前提下，其从属权利要求2~4也具备创造性；权利要求5作为权利要求1的从属权利要求同样具备创造性，而且其中的“或者绕生物组织中心为圆心同步旋转进行”在本领域的现有技术中并没有披露，也不是本领域的常用技术手段；权利要求6涉及的实现本发明方法的相关装置，基于上述关于权利要求1的分析，该装置与对比文件1中公开的装置明显不同，实现了更好的技术效果，因而也具备创造性；权利要求 7、8 请求保护的分频电路及其具体的结构特征，由于该电路的存在实现了同时探测 11 路信号并将其合成为 1 路输出，因而也具备创造性；在权利要求 6 具备创造性的前提下，其从属权利要求 9、10 都具备创造性。

经形式审查合格后，专利复审委员会依法受理了上述请求，并于 2006 年 8 月 8 日向复审请求人发出了复审请求受理通知书，同时向原审查部门发出前置审查通知书。

原审查部门对该复审请求做出前置审查意见，认为修改后的权利要求仍然不具备创造性，因此坚持原驳回决定。

专利复审委员会依法成立合议组，对该复审请求进行审查，于 2007 年 3 月 2 日发出复审通知书，指出：权利要求 1 请求保护的技术方案的大部分技术特征在对比文件 1 中已经被公开，其区别特征“阵列探测器包括多个群元，这些群元按组接收样品的光声信号并输入到计算机中存储，然后下一组群元接收信号，依次循环至所有群元接收完毕后完成采集程序”属于本领域的常用技术手段；对于复审请求人在复审请求时所强调的该权利要求具备创造性的理由，合议组认为对现有的多元探测器阵列的多个振元按照区域划分然后依次循环采集是本领域为提高图像的对比度而采用的常用技术手段，因而请求人所述的理由不成立；其从属权利要求 2~5 分别相对于对比文件 1 与 3 及本领域常用技术手段的结合的、对比文件 1 与 4 及本领域常用技术手段的结合、对比文件 1 与本领域常用技术手段的结合不具备创造性。权利要求 6 请求保护的光声层析成像装置的大部分特征在对比文件 1 中公开，其与对比文件 1 的区别技术特征为用“高速采集卡”代替对比文件 1 中的“具有 A/D 转换器的电路”，这种替代是本领域的常用技术手段，因而该权利要求相对于对比文件 1 及本领域常用技术手段的结合不具备创造性；其从属权利要求 7~10 分别相对于对比文件 1 与 2 及本领域常用技术手段的结合或者相对于对比文件 1 与本领域常用技术手段的结合不具备创造性。

针对上述复审通知书，复审请求人于 2007 年 4 月 13 日提交了意见陈述书，但未对申请文件进行修改。复审请求人在意见陈述书中认为：对现有的多元探测器阵列的多个振片进行划分以获得多路光声信号并不是简单的人为划分，而是基于技术上的严格考虑，既需要考虑接收信号的强度，还需要考虑波束的扩散角和振元间互耦的影响，采用振元组合方式，可较好地解决互耦、灵敏度、分辨率和工艺等几个方面的矛盾，并举例进行了说明；本申请所采用的技术方案属于多点探测，信号的信噪比高，提高了图像的分辨率；而在重建图像上使图像的对比度好、提高图像分辨率等一直是本领域技术人员需要实现的技术目的及效果，即存在这样的动机，但至今未见他人披露的与本技术方案相近似的技术内容，而且现有技术中不存在大量的相关文献，因此本申请的技术方案并非不付出创造性劳动就能实现的，具备创造性。复审请求人还提交了如下附件用以对本申请的技术方案作辅助说明，即以其说明利用本申请的技术与有限角度反投影算法结合快速光声成像，能够得到信噪比高的效果：

附件 1：Fast multielement phase-controlled photoacoustic imaging based on limited-field-filtered back-projection algorithm，Diwu Yang 等人，APPLIED PHYSICS LETTERS 87，194101，2005 年。

至此，合议组认为本案事实已经清楚，现依法作出复审决定。

二、决定的理由

1. 关于审查文本

本复审决定以复审请求人于 2006 年 3 月 15 日提交的权利要求第 1~10 项、说明书第 1~7 页、说明书附图第 1~4 页、说明书摘要及摘要附图作为审查基础。

2. 关于专利法第 22 条第 3 款

专利法第 22 条第 3 款规定：创造性，是指同申请日以前已有的技术相比，该发明有突出的实质性特点和显著的进步，该实用新型有实质性特点和进步。

如果本领域普通技术人员在现有技术的基础上结合本领域常用技术手段，无需付出创造性劳动就能得出一项权利要求请求保护的技术方案，则该权利要求请求保护的技术方案不符合专利法第 22 条第 3 款有关创造性的规定。

（1）独立权利要求 1 不符合专利法第 22 条第 3 款的规定。

权利要求 1 请求保护一种多元阵列电子扫描生物组织光声层析成像方法，对比文件 1（US5713356A）公开了一种使用光声乳腺扫描器得到组织切片图像的方法（见对比文件 1 的说明书第 2 栏第 50 行到第 16 栏第 9 行，说明书附图 1-21），其具体公开的内容如下：该光声乳腺扫描器的换能器（对应于权利要求 1 中的多元阵列电子扫描探测器）具有多个换能器单元，用于扫描组织并将收集到的光声信号转换为电信号，同时该换能器阵列以并行方式接收上述光声信号（对应于权利要求 1 的多元电子扫描探测器同步接收光声信号），在时间 t = 0 时刻由每个换能器单元记录的光声信号在计算机中被采集和存储（对应于权利要求 1 中的计算机同时采集、保存光声信号），在采集每个换能器记录的光声信号后，计算机通过滤波、积分、反投算法重建图像，形成扫描对象的切片图像（对应于权利要求 1 中的对组织层析成像），该扫描器所采用的脉冲源可以采用脉冲激光源照射生物组织产生光声信号。

权利要求 1 的技术方案与对比文件 1 所公开的技术方案相比，其区别在于：权利要求 1 中的阵列探测器包括多个群元，这些群元按组接收样品的光声信号并输入到计算机中存储，然后下一组群元接收信号，依次循环至所有群元接收完毕后完成采集程序。

然而，本申请利用的是现有技术中公开的 EUB-240 型超声诊断仪的 320 振元探测器，并对其进行适当改装（见本申请的说明书第 3 页最后一段）。对于本领域技术人员而言，根据技术上的需要，对多元探测器阵列的多个振片（振元）按照区域分布人为划分成组（群），比如每个组（群）包括 4 个或 8 个振片（振元）等，然后由一组（群）或者几组（群）依次接收并采集信号，对每组（群）重复一次采集过程，依次循环至所有组（群）都完成信号接收，然后对这些信号存储到计算机中用于图像重建是本领域所常用的技术手段，这些技术上的划分都是本领域普通技术人员无需付出创造性劳动就可完成的。在对比文件 1 的基础上，结合本领域的常用技术手段，得出该权利要求的技术方案是显而易见的，因此该权利要求不符合专利法第 22 条第 3 款有关创造性的规定。

复审请求人在陈述意见中强调：群元的构成并不是简单的人为划分，而是技术上的严格考虑，需要考虑接收信号的强度、波束的扩散角、振元间互耦的影响，并举例对其进行说明；本申请由于采用了多点探测，信号的信噪比高，重建的图像对比度好，据此认为本申请相对于对比文件 1 具备创造性，并以证据 1 中记载的内容来证明这一点。

合议组经审理认为：本申请采用的现有技术中的 EUB-240 型超声诊断仪的 320 振元探测器，并基于技术上的考虑对其振元进行划分来实现信号的依次采集。对于本领域技术人员而言，对现有的多元探测器阵列的多个振片（振元）按照区域分布人为划分成组（群），通过对分组（群）的振元进行控制获得多路光声信号并对其进行延时处理，然后对多个群元依次循环采集并存储到计算机中完成采集程序是光声信号采集领域为了提高图像的对比度而经常采用的技术手段，这种技术上的考虑并不需要付出创造性劳动，正如复审请求人在意见陈述中认可的那样，“动机”肯定存在。由于单个振元较小将影响其径向分辨率，常常采用同时激励一组振元的办法，并采用相控阵探头动态聚焦以进一步提高扫查处的径向分辨率对于本领域技术人员来说公知的。申请人所列举的需要考虑的方面诸如接收信号的强度、解决互耦、灵敏度等方面的矛盾所满足的条件等都是本领域普通技术人员在设定群元构成时所考虑的，且为其所掌握的技术内容，无需付出创造性劳动。在对比文件 1 的基础上，本领域技术人员有动机结合本领域常用技术手段对现有技术作出上述改进，从而无需付出创造性劳动就能得出权利要求 1 的技术方案。复审请求人所提出的附件 1 用于说明利用多元相控技术能够产生一些技术效果，但该技术效果是本领域技术人员根据现有技术的教导可以预料的，并且本领域技术人员在现有技术的基础上能够获得采用上述技术手段的启示，从而显而易见地得出本申请权利要求 1 请求保护的技术方案。因此，复审请求人的上述意见并不能证明本申请权利要求 1 的技术方案具备创造性，合议组对于复审请求人的上述主张不予支持。

（2）从属权利要求 2~5 不符合专利法第 22 条第 3 款的规定。

权利要求 2 对权利要求 1 进一步限定的附加技术特征脉冲激光波长范围在涉及测量生物组织中光致声信号方法的对比文件 3（CN1373362A）中已经被公开（见对比文件 3 说明书第 2 页第 16 行，权利要求 2），且其在对比文件 3 中所起的作用与本申请权利要求 2 的技术方案中所起的作用相同，都是用于照射生物组织产生光声信号。对比文件 1 与对比文件 3 都属于超声成像领域，在对比文件 1 的基础上，本领域技术人员有动机从对比文件 3 中获得启示，从而不需付出创造性劳动就可得出该权利要求的技术方案。当引用的权利要求 1 不具备创造性时，该权利要求不符合专利法第 22 条第 3 款有关创造性的规定。

权利要求 3 对权利要求 1 进一步限定的附加技术特征“数据的采集和控制利用采集卡以及 LAB-VIEW 软件实现”在涉及肿瘤声动力学成像方法的对比文件 4（CN1389179A）中已经被公开（见对比文件 4 说明书第 3 页第 27 行到第 4 页第 1 行）。对比文件 1 与对比文件 4 都属于超声成像领域，在对比文件 1 的基础上，本领域技术人员有动机从对比文件 4 中获得启示，从而不需付出创造性劳动就可得出该权利要求的技术方案。当引用的权利要求 1 不具备创造性时，该权利要求不符合专利法第 22 条第 3 款有关创造性的规定。

权利要求 4 对权利要求 1 进一步限定的附加技术特征为：“在所述步骤（3）中，重复的次数为多元阵列电子扫描探测器中的总群元数减去每组接收信号的群元数的差值。”对本领域技术人员而言，为实现每个组（群）的振元都接收光声信号，依据对振元分组（群）后按组（群）依次探测的需要来确定重复的次数是本领域的公知常识。当引用的权利要求 1 不具备创造性时，该权利要求不符合专利法第 22 条第 3 款有关创造性的规定。

权利要求 5 对权利要求 1 进一步限定的附加技术特征为激光入射到生物组织以及多元阵列电子扫描探测器的同步接收光声信号的两种操作方式：以固定位置进行或者绕生物组织中心为圆心同步旋转进行。其中以固定位置进行在对比文件 1 中被公开（见对比文件 1 说明书附图 5），因而采用该方式接收光声信号的技术方案在对比文件 1 中已经被公开；对于以绕生物组织中心为圆心同步旋转进行的方式而言，在现有的 CT 检查中已经存在许多这种以人体为圆心同步旋转进行的信号接收方式，对本领域技术人员而言是非常公知的技术手段，将这种公知的操作方式应用到本申请的成像方法中并不能使该权利要求的技术方案具备突出的实质性特点和显著的进步，因此该技术方案同样不具备创造性。因此当引用的权利要求 1 不具备创造性时，该权利要求不符合专利法第 22 条第 3 款有关创造性的规定。

（3）独立权利要求 6 不符合专利法第 22 条第 3 款的规定。

权利要求 6 请求保护一种多元阵列生物组织光声层析成像装置，对比文件 1 公开了一种光声乳腺扫描器（对应于光声层析成像装置）（见对比文件 1 的说明书第 2 栏第 50 行到第 16 栏第 9 行，说明书附图 1-21），其公开的具体内容包括：采用激光器作为脉冲光源，并具有用于扫描组织的多个换能器阵列（对应于多元阵列电子扫描探测器），用于将收集到的光声信号转换为电信号，该扫描器还包括具有 A/D 转换器的电路、计算机，激光器与换能器阵列分别安装在生物组织相对的表面处（相对安装），换能器阵列、具有 A/D 转换器的电路、计算机依次电气连接。

权利要求6请求保护的技术方案与对比文件1公开的技术方案的区别在于：用高速采集卡代替了对比文件1中具有A/D转换器的电路。

对本领域技术人员而言，根据采集信号的频率范围选择具有相应采集速度的采集卡，从而实现光声信号的有效采集是本领域的常用技术手段，在对比文件1的基础上，本领域技术人员结合常用技术手段，得出该权利要求的技术方案是显而易见的，因此该权利要求不符合专利法第22条第3款有关创造性的规定。

（4）从属权利要求7~10不符合专利法第22条第3款的规定。

权利要求7对权利要求6进一步限定的附加技术特征为：“所述多元阵列电子扫描探测器包括控制电路（6-1）、探头二极管开关控制电路（6-2）、多振元探头（6-3）、前置放大器（6-4）、多路转换开关电路（6-5），其特征在于：所述控制电路（6-1）包括有分频电路。”其中，控制电路、多振元探头、前置放大器、控制电路包括有分频电路在涉及数控超声成像装置的对比文件2（US4611494A）中已经被公开（见说明书第4栏第30~57行，说明书附图1-2），它们在对比文件2中所起的作用与权利要求7中完全相同。而且，使用探头二极管开关控制电路和多路转换开关电路来控制不同信号通道是本领域的常用技术手段。对比文件1与对比文件2都属于超声成像领域，在对比文件1的基础上，本领域技术人员有动机从对比文件2中获得启示，从而不需付出创造性劳动就可得出该权利要求的技术方案。当引用的权利要求的权利要求6不具备创造性时，该权利要求也不符合专利法第22条第3款有关创造性的规定。

权利要求8对权利要求7进一步限定的附加技术特征为分频电路的逻辑电路的具体构成。在对比文件2中公开了用计数器实现分频功能（见对比文件2说明书第4栏第30~35行），而为了得到相应的脉冲序列，选择具有不同进制的计数器及相应的外围逻辑门电路是本领域的常用技术手段。因此，当引用的权利要求7不具备创造性时，该权利要求也不符合专利法第22条第3款有关创造性的规定。

权利要求9对权利要求6进一步限定的附加技术特征为扫描探测器的形状，其中的弧形形状在对比文件1中已经被公开（见说明书第9栏第39行），而探测器的线型、圆形以及矩阵的形状是本领域的公知常识。当引用的权利要求6不具备创造性时，该权利要求也不符合专利法第22条第3款有关创造性的规定。

权利要求10对权利要求6进一步限定的附加技术特征激光器与多元阵列电子扫描器的安装方式在对比文件1中已经被公开（见对比文件1第8栏第61行到第9栏第23行，图1、5~7），当引用的权利要求6不具备创造性时，该权利要求也不符合专利法第22条第3款有关创造性的规定。

综上所述，本申请权利要求1~10不符合专利法第22条第3款有关创造性的规定。

根据上述事实和理由，本案合议组依法作出以下审查决定。

三、决定

维持国家知识产权局于2005年12月2日对03126896.X号发明专利申请作出的驳回决定。

复审请求人对本决定不服的，可以根据专利法第41条第2款的规定，自收到本决定之日起三个月内向北京市第一中级人民法院起诉。

058

显示器件

复审请求审查决定（第12932号）

决　定　号 第12932号
决　定　日 2008年3月20日
发明创造名称 显示器件
国际分类号 G02F 1/136，H01L 29/786
复审请求人 株式会社半导体能源研究所
申　请　号 02126893.2
申　请　日 1996年11月17日
优先权日 1995年11月17日
公　开　日 2003年2月26日
合议组组长 高　雪
主　审　员 朱明雅
参　审　员 王伟艳

法律依据 专利法实施细则第21条第2款
决定要点

复审请求人答复复审通知书时，将实质审查驳回决定中指出的缺少的必要技术特征添加入独立权利要求中，从而使修改后的权利要求符合专利法实施细则第21条第2款的规定，驳回决定指出的独立权利要求不符合专利法实施细则第21条第2款规定的缺陷已经克服。

一、案由

本复审请求涉及名称为“显示器件”、申请号为02126893.2的发明专利申请（下称本申请），其申请日为1996年11月17日，公开日为2003年2月26日，优先权为1995年11月17日，分案原申请号为96123320.6，申请人为株式会社半导体能源研究所，其于申请日提交的申请文本中包含36项权利要求。

国家知识产权局实质审查部门于2003年12月19日发出第一次审查意见通知书，指出：权利要求1~9没有以说明书为依据，不符合专利法第26条第4款的规定；说明书不符合专利法实施细则第18条第1款的规定；权利要求13~36请求保护的技术方案已经记载在申请号为02126894.0的申请案中，申请人应删除该权利要求13~36以避免重复授权。申请人2004年6月16日提交了意见陈述书并提交了权利要求书修改替换页2页、说明书全文替换页9页、说明书摘要替换页1页，其中，申请人删除了原权利要求13~36，并对其他权利要求作出了修改，新修改的权利要求包含12项权利要求。

国家知识产权局实质审查部门于2004年7月30日发出第二次审查意见通知书，指出：权利要求1、5、9缺少必要技术特征，不符合专利法实施细则第21条第2款的规定。申请人于2004年12月3日提交了意见陈述书并再次提交了权利要求书的修改替换页2页。

国家知识产权局实质审查部门于2005年3月4日驳回了本申请，其驳回理由是修改后的权利要求1、5、9缺少必要技术特征，不符合专利法实施细则第21条第2款的规定。

驳回决定所依据的文本为：申请人于申请日提交的说明书附图第1~5页以及摘要附图，2004年6月16日提交的说明书第1~9页、说明书摘要，2004年12月3日提交的权利要求第1~17项。其中，独立权利要求1、5、9如下：

“1. 一种显示器件，包括：

一个衬底；

一个开关元件，包含至少一个形成在所述衬底上的薄膜晶体管，所述薄膜晶体管包括：

与所述衬底相邻的由晶体硅构成的半导体岛区，所述半导体岛区具有至少一对掺杂区和位于所述一对掺杂区之间的沟道区；

与所述半导体岛区相邻的栅绝缘膜；

与所述沟道区相邻的栅电极，所述栅绝缘膜位于所述栅电极和所述沟道区之间；

形成在所述开关元件上由氮化硅构成的第一绝缘膜；

形成在所述第一绝缘膜上的有机树脂膜；和

形成在所述有机树脂膜上的像素电极，电连接到所述掺杂区之一。

5. 一种显示器件，包括：

一个衬底；

一个开关元件，包含至少一个形成在所述衬底上的薄膜晶体管，所述薄膜晶体管包括：

与所述衬底相邻的由晶体硅构成的半导体岛区，所述半导体岛区具有至少一对掺杂区和位于所述一对掺杂区之间的沟道区；

与所述半导体岛区相邻的栅绝缘膜；

与所述沟道区相邻的栅电极，所述栅绝缘膜位于所述栅电极和所述沟道区之间；

包括氮化硅和氧化硅的一个多层绝缘膜；

形成在所述绝缘膜上的有机树脂膜；和

形成在所述有机树脂膜上的像素电极，电连接到所述掺杂区之一。

9. 一种显示器件，包括：

一个衬底；

一个开关元件，包含至少一个形成在所述衬底上的薄膜晶体管，所述薄膜晶体管包括：

形成在所述衬底上的由晶体硅构成的半导体岛区，所述半导体岛区具有至少一对掺杂区和位于所述一对掺杂区之间的沟道区；

与所述半导体岛区相邻的栅绝缘膜；

与所述沟道区相邻的栅电极，所述栅绝缘膜位于所述栅电极和所述沟道区之间；

形成在所述开关元件上由氮氧化硅构成的绝缘膜；

形成在所述绝缘膜上的有机树脂膜；和

形成在所述有机树脂膜上的像素电极，电连接到所述掺杂区之一。”

具体驳回理由为：权利要求1请求保护一种显示器件，根据说明书的记载，应在第一绝缘膜上的有机树脂膜上形成用于遮蔽薄膜晶体管的遮蔽膜，之后在该遮蔽膜上形成第三绝缘膜，以实现本发明所要实现的用于遮蔽薄膜晶体管的遮蔽膜相关构造的目的，即上述技术特征为实现本发明目的的必要技术特征。因此权利要求 1 不符合专利法实施细则第 21 条第 2 款的规定，同样的缺陷还存在于权利要求 5 和 9 中。

申请人（下称复审请求人）不服国家知识产权局做出的驳回决定，于 2005 年 6 月 8 日向专利复审委员会提出了复审请求，未提交修改文本。

复审请求人在意见陈述书中指出：虽然本申请说明书的背景技术部分描述的现有技术中必须设置遮蔽装置（光屏蔽装置），但本发明的方案具有更通用的领域，如平板显示器。虽然遮蔽膜的特征是本发明的一个用于避免现有技术遮蔽膜的缺陷的特征，但本发明不仅仅限于解决遮蔽膜的缺陷，其更广泛的方案是适用于平板显示器的结构。例如实施例部分就可以不包含该遮蔽膜的特征。如在答复第二次审查意见通知书的意见陈述书中所述，本发明的基本特点是以下特征的组合：第一层间绝缘膜包括例如氮化硅的材料且在第一层间绝缘膜上的第二层间绝缘膜包括树脂。层间绝缘膜的优点是提供平坦的上表面，但是树脂膜通常会含有碘或水等杂质，这些杂质会影响显示器的可靠性和寿命。本发明中使用的氮化硅的第一层绝缘膜能阻断这些杂质的扩散。因此，审查员指出的“遮蔽膜”和“第三绝缘膜”对实现本发明的目的不是必须的技术特征，而是更优选的实施例。

经形式审查合格后，专利复审委员会受理了该复审请求，并于 2005 年 8 月 2 日向复审请求人发出复审请求受理通知书，同时向原实质审查部门发出前置审查意见通知书。审查员坚持原驳回决定。

专利复审委员会依法成立合议组对该复审请求案进行了审查。

本案合议组在仔细审阅了全部案卷后，于 2008 年 1 月 4 日发出复审通知书，指出：根据本申请说明书中背景技术的描述，传统结构中必须设置掩蔽装置（光屏蔽装置），通常用金属膜做掩蔽装置。但存在的问题是（1）掩蔽膜与薄膜晶体管之间容易产生电容，对薄膜晶体管的工作有不利影响；（2）掩蔽膜通常形成在不平整的衬底上，可能使掩蔽功能不充分（参见说明书第 1 页第 15~16 行）。为了解决这些技术问题，本申请提供一种能解决用于遮蔽薄膜晶体管的遮蔽膜相关的问题的结构，在有源矩阵显示器的像素结构中设置有效的掩蔽膜，可以构成具有高性能的有源矩阵显示器（参见说明书第 8 页最后一段）。

基于上述说明书的描述，合议组认为，（1）首先，本申请的目的不是为了在显示器件中取消掩蔽装置，而是为了解决传统掩蔽装置即掩蔽膜与薄膜晶体管之间存在电容或掩蔽膜下面不平整的问题，因此掩蔽膜应当是显示器件中必不可少的部件；其次，在本申请说明书的第二实施例中，明确提到了将金属材料如铬制成的遮蔽膜改用阳极氧化材料，以便避免来自金属材料的杂质弥散和金属材料与其他电极或导线之间的短路存在相关性。更进一步用铝或钽作为阳极氧化材料（参见说明书第 5 页第 28~30 行，第 6 页第 10~11 行）。即对掩蔽膜本身材料的改变也是实现本申请所述的技术效果的手段之一，由此可以认为，掩蔽膜应当是本申请独立权利要求的必要技术特征。（2）根据说明书的记载，在第一绝缘膜上的有机树脂膜上形成用于遮蔽薄膜晶体管的遮蔽膜之后，应在该遮蔽膜上形成第三绝缘膜，以实现本发明所要实现的用于遮蔽薄膜晶体管的遮蔽膜相关构造的目的；另外，在说明书中也明确记载，采用树脂材料作为第三层绝缘膜有利于解决后续工序将要形成的像素电极与掩蔽膜 115 之间产生电容的问题，并使其上将要形成像素电极的表面平整（参见说明书第 5 页第 14~16 行）。即对第三层绝缘膜材料的改变也是实现本申请所述的技术效果的手段之一。（3）在本申请的实施例以及相关技术介绍中，没有明确公开可以采用取消掩蔽膜和第三层绝缘膜且能实现本申请所述的技术效果的技术方案。综上，掩蔽膜和第三层绝缘膜这些技术特征均应是实现本发明目的的必要技术特征。因此权利要求 1 不符合专利法实施细则第 21 条第 2 款的规定，同样的缺陷还存在于权利要求 5 和 9 中。

针对复审请求人在提出复审请求的观点，合议组认为，（1）在本申请所适用的平板显示器中，掩蔽膜是必不可少的部件，复审请求人并没有足够的证据和理由说明是否存在不包括掩蔽膜的平板显示器；（2）本申请的所有实施例都具有掩蔽膜以及第三绝缘膜，请求人并未能具体说明本申请独立权利要求所要保护的技术方案如何能够在不包含掩蔽膜以及第三绝缘膜的情况下解决本申请所述的技术问题，因此，复审请求人的上述理由都不能成立。

复审请求人于2008年2月14日提交了意见陈述书以及权利要求第1~17项的全文替换页第1~3页。复审请求人在意见陈述书中表示同意合议组的上述意见，并修改了权利要求书，将掩蔽膜和第三绝缘膜相应的技术特征补充到独立权利要求1、5、9中。

修改后的独立权利要求1、5、9如下：

“1. 一种显示器件，包括：

一个衬底；

一个开关元件，包含至少一个形成在所述衬底上的薄膜晶体管，所述薄膜晶体管包括：

与所述衬底相邻的由晶体硅构成的半导体岛区，所述半导体岛区具有至少一对掺杂区和位于所述一对掺杂区之间的沟道区；

与所述半导体岛区相邻的栅绝缘膜；

与所述沟道区相邻的栅电极，所述栅绝缘膜位于所述栅电极和所述沟道区之间；

形成在所述开关元件上由氮化硅构成的第一绝缘膜；

形成在所述第一绝缘膜上的有机树脂膜；

形成在所述有机树脂膜上的掩蔽膜；

形成在所述掩蔽膜上的第三绝缘膜；和

形成在所述第三绝缘膜上的像素电极，电连接到所述掺杂区之一。

5. 一种显示器件，包括：

一个衬底；

一个开关元件，包含至少一个形成在所述衬底上的薄膜晶体管，所述薄膜晶体管包括：

与所述衬底相邻的由晶体硅构成的半导体岛区，所述半导体岛区具有至少一对掺杂区和位于所述一对掺杂区之间的沟道区；

与所述半导体岛区相邻的栅绝缘膜；

与所述沟道区相邻的栅电极，所述栅绝缘膜位于所述栅电极和所述沟道区之间；

包括氮化硅和氧化硅的一个多层绝缘膜；

形成在所述绝缘膜上的有机树脂膜；

形成在所述有机树脂膜上的掩蔽膜；

形成在所述掩蔽膜上的第三绝缘膜；和

形成在所述第三绝缘膜上的像素电极，电连接到所述掺杂区之一。

9. 一种显示器件，包括：

一个衬底；

一个开关元件，包含至少一个形成在所述衬底上的薄膜晶体管，所述薄膜晶体管包括：

形成在所述衬底上的由晶体硅构成的半导体岛区，所述半导体岛区具有至少一对掺杂区和位于所述一对掺杂区之间的沟道区；

与所述半导体岛区相邻的栅绝缘膜；

与所述沟道区相邻的栅电极，所述栅绝缘膜位于所述栅电极和所述沟道区之间；

形成在所述开关元件上由氮氧化硅构成的绝缘膜；

形成在所述绝缘膜上的有机树脂膜；

形成在所述有机树脂膜上的掩蔽膜；

形成在所述掩蔽膜上的第三绝缘膜；和

形成在所述第三绝缘膜上的像素电极，电连接到所述掺杂区之一。”

至此，合议组认为本案事实已经清楚，依法做出本复审请求决定。

二、决定的理由

1. 审查文本

经审查，复审请求人于2008年2月14日提交的修改后的权利要求书符合专利法第33条以及专利法实施细则第60条第1款的规定。故本决定所依据的文本为复审请求人于申请日提交的说明书附图第1~5页以及摘要附图，2004年6月16日提交的说明书第1~9页、说明书摘要，2008年2月14日提交的权利要求第1~17项。

2. 关于专利法实施细则第21条第2款

专利法实施细则第21条规定，权利要求书应当有独立权利要求，也可以有从属权利要求。独立权利要求应当从整体上反映发明或者实用新型的技术方案，记载解决技术问题的必要技术特征。

复审请求人于2008年2月14日提交的权利要求书中，将掩蔽膜和第三绝缘膜相应的技术特征补充到独立权利要求1、5、9中，即在原来的有机树脂膜与像素电极之间添加了形成在有机树脂膜上的掩蔽膜和形成在掩蔽膜上的第三绝缘膜这两个必要技术特征，这种修改使得独立权利要求所要保护的技术方案能够解决本申请所述的在传统掩蔽装置即掩蔽膜与薄膜晶体管之间存在电容或掩蔽膜下面不平整的技术问题，因此，修改后的独立权利要求1、5、9符合专利法实施细则第21条第2款的规定，驳回决定指出的本申请权利要求1、5、9不符合专利法第21条第2款规定的缺陷已经克服。至于本申请文本是否还存在其他不符合专利法以及专利法实施细则有关规定的问题，留待在以后的实质审查程序中继续审查。

三、决定

撤销国家知识产权局于2005年3月4日对02126893.2号发明专利申请作出的驳回决定。

由实质审查部门在复审请求人于申请日提交的说明书附图第1~5页以及摘要附图，2004年6月16日提交的说明书第1~9页、说明书摘要，2008年2月14日提交的权利要求第1~17项的文本基础上继续进行审查。

复审请求人对本决定不服的，可以根据专利法第41条第2款的规定，自收到本决定之日起三个月内向北京市第一中级人民法院起诉。

059

分馏装置

复审请求审查决定（第12951号）

决　定　号　第12951号
决　定　日　2008年4月1日
发明创造名称　分馏装置
国际分类号　G01N 30/80
复审请求人　株式会社岛津制作所
申　请　号　200410083300.7
申　请　日　2004年6月30日
优先权日　2003年9月24日
公　开　日　2005年5月11日
合议组组长　黄玉平
主　审　员　宋　瑞
参　审　员　关　刚

法律依据　专利法第33条
决定要点

判断修改是否超范围时，应当结合原始说明书所公开的整体内容来考虑，而不能仅以说明书某一部分记载的内容为依据来判断修改是否超范围，此外，如果修改的内容是能够从原始说明书中直接、毫无疑义地确定的，则其修改符合专利法第33条的规定。

一、案由

本复审请求涉及申请号为200410083300.7、发明名称为“分馏装置”的发明专利申请（下称本申请），其申请日为2004年6月30日，优先权日为2003年9月24日，公开日为2005年5月11日，申请人为株式会社岛津制作所。本申请原始申请文件中的权利要求书共包括6项权利要求，其内容如下：

“1. 一种分馏装置，包括：

探针，用于从其末端滴液滴；

平板，用于收集从所述探针滴下的液滴；

支撑机构，用于至少垂直地移动所述平板或所述探针；

距离测量单元，用于测量所述探针末端部分和所述平板之间的距离；以及

控制单元，用于控制所述支撑机构的移动，以便当从所述探针滴液滴时，根据所述距离测量单元

的测量结果，使所述探针末端和所述平板之间的距离与预设距离相同。

2. 如权利要求1所述的分馏装置，其中，当从所述探针滴液滴时，所述控制单元可变动地设定所述探针末端和所述平板之间的距离。

3. 如权利要求1所述的分馏装置，其中，所述探针连接到毛细管柱末端，通过该毛细管柱供给从液相色谱来的流出液。

4. 如权利要求2所述的分馏装置，其中，所述探针连接到毛细管柱末端，通过该毛细管柱供给从液相色谱来的流出液。

5. 如权利要求1所述的分馏装置，其中，所述平板为用于 MALDI-TOF 的样品板。

6. 如权利要求1所述的分馏装置，其中，所述平板为用于 FT-IR 的样品板。"

在实质审查程序中，国家知识产权局专利实质审查部门以申请人对本申请说明书和权利要求书的修改不符合专利法第33条的规定为由，于2007年6月29日作出了驳回本申请的决定。

驳回决定所针对的申请文本是申请人于2007年5月17日提交的权利要求第1~9项，于2006年12月4日提交的说明书第1~4页，于2004年6月30日提交的附图第1~2页、说明书摘要和摘要附图。驳回决定所针对的权利要求1、权利要求2和权利要求9的内容为：

"1. 一种分馏装置，其中多个单独的液滴被滴到平板上，其中每个液滴在不同的时间被滴到所述平板的不同位置，该分馏装置包括：

探针，具有末端，滴液从该末端被滴落；

平板，用于收集从所述探针滴下的液滴；

支撑机构，用于至少垂直地移动所述平板或所述探针；

距离测量单元，用于测量所述探针末端部分和所述平板之间的距离；以及

控制单元，用于控制所述支撑机构的移动，以便当从所述探针滴每一个液滴时，根据所述距离测量单元的测量结果，使所述探针末端和所述平板之间的距离与预设距离相同，其中，所述探针末端和所述平板之间的预设距离通过从所述液滴的滴落量计算所述液滴的直径来获得。

2. 如权利要求1所述的分馏装置，其中，当从所述探针滴每一个液滴时，所述控制单元可变动地设定所述探针末端和所述平板之间的距离。

9. 如权利要求1所述的分馏装置，其中，所述平板是定义了预定数量的滴落位置和样品板，具有多个滴下位置。"

驳回决定认为，权利要求1第1行的"多个单独的液滴"、第1~2行中的"每个液滴在不同的时间被滴到所述平板的不同位置"、权利要求2中的"每一个"、权利要求9中的"具有多个滴下位置"、说明书第1页第25行中的"多个单独的液滴"、第26行中的"每个液滴在不同的时间被滴到所述平板的不同位置"不能从原始申请文件记载的内容直接地、毫无疑义地导出，超出了原始申请文件记载的范围，不符合专利法第33条的规定。

申请人株式会社岛津制作所（下称复审请求人）不服上述驳回决定，于2007年9月27日向专利复审委员会提出复审请求，同时提交了权利要求书和说明书的全文修改替换页。其复审请求的理由为：复审请求人修改了权利要求书和说明书，修改后的权利要求1、2、9未超出原权利要求和说明书公开的范围，符合专利法第33条的规定。复审请求人此次修改后的权利要求书共包含9项权利要求，其内容如下：

"1. 一种分馏装置，将液滴滴到位于平板上的多个滴落位置的每一个上，该分馏装置包括：

单一的探针，具有末端，所述滴液从该末端被滴落；

支撑机构，用于至少垂直地移动所述平板或所述探针；

距离测量单元，用于对每一个所述滴落位置测量所述探针的所述末端和所述平板之间的距离；以及

控制单元，用于控制所述支撑机构的移动，以便当从所述探针滴所述液滴时，根据所述距离测量单元的测量结果以及所述液滴的大小，使所述探针的所述末端和所述平板之间的距离与预设距离相同，其中，该预设距离使所述液滴接触所述平板，但不使所述末端接触所述平板，所述控制单元对于每一个所述滴落位置控制所述移动。

2. 如权利要求1所述的分馏装置，其中，当从所述探针滴每一个液滴时，所述控制单元可变动地设定所述探针末端和所述平板之间的距离。

3. 如权利要求2所述的分馏装置，其中，所述探针连接到毛细管柱末端，通过该毛细管柱供给从液相色谱来的流出液。

4. 如权利要求1所述的分馏装置，其中，所述探针连接到毛细管柱末端，通过该毛细管柱供给从液相色谱来的流出液。

5. 如权利要求1所述的分馏装置，其中，所述平板为用于MALDI-TOF的样品板。

6. 如权利要求1所述的分馏装置，其中，所述平板为用于FT-IR的样品板。

7. 如权利要求1所述的分馏装置，其中，所述距离测量单元是接近传感器。

8. 如权利要求7所述的分馏装置，其中，所述接近传感器是超声波传感器和涡流传感器的其中一个。

9. 如权利要求1所述的分馏装置，其中，所述平板是定义了预定数量的滴落位置的样品板，具有多个滴下位置。”

经形式审查合格后，专利复审委员会受理了上述复审请求，并于2007年10月25日向复审请求人发出复审请求受理通知书，同时发出前置审查通知书，将本案送至原实质审查部门进行前置审查。

原审查部门对该复审请求做出前置审查意见，仍然坚持原驳回决定。

针对该复审请求，专利复审委员会依法成立合议组，对本案进行审理。

经过审查，本案合议组认为本案事实已经清楚，可以作出复审决定。

二、决定的理由

1. 关于审查文本

本复审决定是以复审请求人于2007年9月27日提交的权利要求第1~9项、说明书第1~4页，于2004年6月30日提交的附图第1~2页、说明书摘要和摘要附图为审查基础作出的。

2. 关于专利法第33条

专利法第33条规定：申请人可以对其专利申请文件进行修改，但是，对发明和实用新型专利申请文件的修改不得超出原说明书和权利要求书记载的范围，对外观设计专利申请文件的修改不得超出原图片或者照片表示的范围。

关于本申请：

（1）权利要求1和说明书中已经将驳回决定所针对的权利要求1和说明书中认为修改超范围的“其中多个单独的液滴被滴在平板上，其中每个液滴在不同的时间被滴到所述平板的不同位置”的内容删除。

（2）驳回决定中认为由于本发明中的探针有可能同时滴下两滴连续的液滴（当分馏物质的量很大时很容易出现这种情况），因此认为权利要求2中“当从所述探针滴每一个液滴时，所述控制单元可变动地设定所述探针末端和所述平板之间的距离”中的“每一个”属于修改超范围。

对此，合议组认为，根据本申请原说明书背景技术和发明内容中的记载，本申请的分馏装置应是

针对液滴量很少（少至1L或更少），无法自行滴下的情况使用的，否则显然就无需将样品板移近接触液滴而进行分馏，另外本申请说明书具体实施方式部分也公开了通过固定流出液的流速，样品板的等待时间预先设定了液滴量的技术内容，即本申请中液滴的大小是预先设定的，因此在本申请技术方案中不会发生驳回决定中推测的上述同时滴下两滴的可能性。其次，本申请原说明书具体实施方式中已经记载了本申请操作的流程（参见原说明书第3页最后一段至第4页第3段，附图2）——“如果在一个分馏位置的分馏结束，载物台10返回到初始位置，控制单元12控制载物台10的位置以便在样品板8上的下一个分馏位置进行分馏……通过重复这种操作，可在样品板的分馏位置上连续地进行分馏”，并明确指出样品板是FT-IR或MALDI-TOF样品板（这两种样品板所要求的滴液量都非常小）。因此，从本申请原说明书和附图记载的内容，能直接、毫无疑义地确定“当从所述探针滴每一个液滴时，所述控制单元可变动地设定所述探针末端和所述平板之间的距离”的内容。因此对权利要求2中上述内容的修改符合专利法第33条的规定。

（3）驳回决定中认为本申请中虽然样品板8限定的滴下位置可以有192个或384个，但并不表示这192个或384个位置都要滴液滴，也可能只需在一个位置滴液滴即可，因此不能直接、毫无疑义地确定权利要求1和说明书中关于“具有多个滴下位置”的记载。

对此，合议组认为，判断修改是否超范围时，应当结合原始说明书所公开的整体内容来考虑，而不能仅以说明书某一部分记载的内容为依据来判断修改是否超范围，此外，如果修改的内容是能够从原始说明书中直接得出的，则其修改符合专利法第33条的规定。具体到本案，根据本申请具体实施方式的记载，在完成一个分馏位置的分馏结束后，载物台返回初始位置，通过重复这种操作，可在样品板的下一个分馏位置上连续地进行分馏（参见原说明书第3页最后一段至第4页第3段，附图2），可见，从本申请原说明书和附图记载的内容，尤其是“通过重复这种操作”中的“重复”和“下一个分馏位置”，能直接得出“多个滴下位置”的内容，并且本申请原说明书也明确记载了具有如192个或384个滴下位置的样品板，因此本申请权利要求9和说明书中关于“多个”的记载符合专利法第33条的规定。

（4）结合上述第（2）、（3）点意见中的分析过程和结论，合议组认为，本申请权利要求1中“将液滴滴到位于平板上的多个滴落位置的每一个上”、“对每一个所述滴落位置”、“所述控制单元对于每一个所述滴落位置控制所述移动”以及说明书第1页第25~26行中的“将液滴滴到位于平板上的多个滴落位置的每一个上”、第28行中的“对每一个所述滴落位置”的内容均能够从原申请说明书和权利要求书记载的内容直接、毫无疑义地确定，因此上述修改同样符合专利法第33条的规定。

综上所述，复审请求人对本申请的修改符合专利法第33条的规定。

三、决定

鉴于复审请求人通过修改申请文件，已经克服了驳回决定中所指出的关于不符合专利法第33条规定的缺陷，故撤销国家知识产权局于2007年6月29日对200410083300.7号发明专利申请作出的驳回决定。

复审请求人对本决定不服的，可根据专利法第41条第2款的规定，自收到本决定之日起三个月内向北京市第一中级人民法院起诉。

060

治疗颈动脉狭窄的血管内膜炎系统及该系统的导液管

复审请求审查决定（第12990号）

决　定　号　第12990号
决　定　日　2008年4月3日
发明创造名称　治疗颈动脉狭窄的血管内膜炎系统及该系统的导液管
国际分类号　A61M 25/10，A61B 17/12
复审请求人　罗伯托·贝内蒂尼，安东尼奥·加尔代利，焦阿基诺·科皮
申　请　号　99815867.4
优先权日　1998年12月3日
申　请　日　1999年11月30日
公　开　日　2002年2月6日
合议组组长　刘颖杰
主　审　员　马　燕
参　审　员　关　刚

法律依据　专利法第22条第3款
决定要点

如果一项权利要求所要保护的技术方案与一份对比文件公开的技术方案存在区别，但该区别被另一份对比文件的技术方案公开，且该区别在所述另一份对比文件中所起的作用与在本申请中所起的作用相同，则该项权利要求相对于两份对比文件的结合不具备创造性，不符合专利法第22条第3款的规定。

一、案由

本复审请求涉及申请号为99815867.4、名称为“治疗颈动脉狭窄的血管内膜炎系统及该系统的导液管”的发明专利PCT申请（下称本申请），申请人为罗伯托·贝内蒂尼，共同申请人为安东尼奥·加尔代利、焦阿基诺·科皮，申请日为1999年11月30日，优先权日为1998年12月3日，进入中国国家阶段日期为2001年7月25日，公开日为2002年2月6日，本申请公开文本的权利要求书共包括14项权利要求。

国家知识产权局专利实质审查部门依法对本申请进行了实质审查，于2004年7月2日以本申请权利要求1~10不符合专利法第22条第3款有关创造性的规定为由驳回了本申请。驳回决定中引用了如下2篇对比文件：

对比文件1：US5833650A，公开日为1998年11月10日；

对比文件2：WO95/05209A1，公开日为1995年2月23日。

驳回决定所依据的文本为：申请人于2003年10月28日提交的权利要求第1~10项；于进入中国国家阶段时提交的说明书第1~9页、说明书附图第1~4页、说明书摘要和摘要附图。驳回决定所针对的权利要求书如下：

“1. 一种特别是用于血管内膜炎的导液管，其包括一个长的柔性中空管状体（1），所述管状体具有一个插入端（4）和一个用于保持在其外部的连接端（3），而且在插入端（4）至少包括两个元件（9，12），这两个元件是通过外部操作可膨胀/可收缩的而且位于所述管状体上彼此隔开一定距离，以便能在一个血管的给定部分的上游操作一个元件，而在下游操作另一个元件，相对于它们在膨胀状态下的直径，所述可膨胀的/可收缩的元件（9，12）适应和/或可以适应血管（10，210）的直径，其中它们将要位于所述血管内部，以便暂时阻塞所述部分的血液循环。

其特征在于：位于插入端（4）的所述两个元件（9，12）可以通过设置在管壁厚处的供给和排出管道（6，8）膨胀或缩小。

2. 根据权利要求1所述的导液管，其特征在于：它具有一个具有第一较大直径的中空管状形状，在其外部设有一个第一元件（9），该元件可通过设置在厚壁中的管道（6）之一膨胀/收缩，而厚壁中的至少另一管道（8）延伸一定的长度后进入一个具有基本和管道（8）尺寸相同的第二较小直径的延伸件（11），最后终止在一个第二可膨胀的/可收缩的元件（12）。

3. 根据权利要求1或2所述的导液管，其特征在于：它在壁厚处包括至少一个用于一根导线的辅助管道（7），其暴露在整个导液管最末端的端部，即一个具有较小直径延伸件（11）的末端。

4. 根据权利要求2所述的导液管，其特征在于：所述用于导线的管道（7）仅在所述导液管的末端部分中延伸并具有一个位于可膨胀的/可收缩的元件（9）和（12）之间的开口（21）。

5. 根据前述权利要求中任一个所述的导液管，其特征在于：它具有一个辅助的中央管道（2），其用于输送治疗工具（15，16），所述工具是在由狭窄所影响的血管部分中操作必需的。

6. 根据前述权利要求中任一个所述的导液管，其特征在于：包含在两个可膨胀的/可收缩的元件（9，12）之间的部分可以具有几厘米到大约10厘米的长度，即基本等于例如动脉血管（110，210）等的狭窄长度或阻塞主血管及分支所需的长度，从而堵塞了第二分支中的血液流动。

7. 根据前述权利要求中任一个所述的导液管，其特征在于：第一较大外径的大小为12~13弗伦奇（约3.9mm），最好不大于14弗伦奇（约4.2mm），而第二较小直径的大小为5弗伦奇（大约1.5mm）。

8. 根据前述权利要求中任一个所述的导液管，其特征在于：连接端（3）具有一个保留在患者体外的端部件（5），该端部件（5）设有连接到各个管道（6、7和8）的管状连接元件（13）。

9. 根据前述权利要求中任一个所述的导液管，其特征在于：所述管状体（1）和所述延伸部（11）具有不同的柔性。

10. 根据权利要求1所述的导液管，其特征在于：当囊（9，10）不膨胀时，其包含在它们被装配的导液管部分内部。”

驳回决定的具体理由为：权利要求1~10或者相对于对比文件1、2的结合不具备创造性，或者相对于对比文件1、2与公知常识的结合不具备创造性，不符合专利法第22条第3款的规定。

申请人罗伯托·贝内蒂尼、安东尼奥·加尔代利、焦阿基诺·科皮（以下称复审请求人）不服上述驳回决定，于2004年10月18日向专利复审委员会提出复审请求，同时提交了权利要求书全文的修改替换页，其中将驳回决定所针对的权利要求5的特征合并到权利要求1中，并在此基础上，将权利要求1中的导液管进一步限定成“包括一个圆的中央通道”，同时删除了该权利要求5。修改后的权利要求书共包括9项权利要求，其中权利要求1为独立权利要求。

复审请求人在复审请求书中认为：（1）对比文件1、2的中央管道具有非常复杂的截面形状，本申请具有圆的中央管道，由于所有的导液管都具有圆形外部截面，因此本申请可以很容易地将血管成形术用的导液管从中穿过；（2）从"这两个元件通过外部操作是可膨胀/可收缩的而且位于所述管体上彼此隔开一固定距离"可以看出，本申请的导液管至少相对于两个元件所处的部分是一个整体部件。

经形式审查合格后，专利复审委员会受理了该复审请求，并于2004年11月8日向复审请求人发出复审请求受理通知书，同日向原审查部门发出前置审查通知书。

原审查部门对本复审请求进行了前置审查，在前置审查中，原审查部门坚持原驳回决定。

针对上述复审请求，专利复审委员会依法成立合议组对本案进行了审查。

本案合议组于2007年6月6日发出复审通知书，指出：（1）在对比文件1的第二实施例中，可以明显地看出导液管176具有圆形的管腔191（如图13所示）；（2）对比文件2公开的导液管已经披露了两个可膨胀的密封构件位于一个导液管构件上这一技术特征，且对比文件1、2与本申请均属于相同的技术领域，因此，对比文件2给出了将上述区别技术特征应用于对比文件1的导液管以得到权利要求1请求保护的技术方案的启示，权利要求1相对于对比文件1、2的结合不具备创造性，不符合专利法第22条第3款的规定；（3）权利要求2~9的附加技术特征或者在对比文件1、2中公开，或者属于本领域的公知常识，因此，权利要求2~9也不具备创造性，不符合专利法第22条第3款的规定。

复审请求人针对上述复审通知书于2007年7月23日提交了意见陈述书，并提交了权利要求书全文的修改替换页，修改后的权利要求书共包括9项权利要求，其中权利要求1是独立权利要求。

复审请求人在意见陈述书中认为，修改后的权利要求1所限定的技术方案对应于本申请说明书图6的实施例，因此，修改没有超出原始说明书和权利要求书记载的范围；从修改后的权利要求1中可以看出，对比文件1和2都没有公开和暗示上述导液管，尤其没有公开该导液管的区别技术特征"导液管还包括仅设在导液管末端部分的用于一根导线的管道，并具有位于可膨胀的/可收缩的元件9和12之间的开口21"。因此，修改后的权利要求1相对于对比文件1和2是非显而易见的，具备创造性。相应地，其从属权利要求也具备创造性。

本案合议组于2007年11月13日再次发出复审通知书（下称第二次复审通知书），指出：在对比文件2中，第一管腔18作为在导液管构件12上提供的导线通道，且开口设置在该第一管腔18上。对比文件2中设置的开口所起的作用是导线的入口/出口，使导线位于管腔内并在该管腔内工作，本申请权利要求1中的开口所起的作用是使导线位于管道7和中央腔中，并在中央腔中工作，两者所起的作用相同。即对比文件2给出了可在第一管腔的适当位置设置开口以插入所需的导线和管的技术启示，在对比文件2的上述公开内容的基础上，本领域技术人员可以根据节省材料、简化结构等需要而不在导液管构件12上提供一个专门为导线通道而设计的管腔，则容纳导线30的第一管腔18不在导液管构件12内延伸，而是仅位于导液管构件12的末端部分，并且该第一管腔18上设置的开口位于两个可膨胀的密封构件之间。复审请求人认为对比文件1、2均未公开"导液管还包括仅设在导液管末端部分的用于一根导线的管道，并具有位于可膨胀的/可收缩的元件9和12之间的开口21"，但如上所述，该特征并不能使权利要求1的技术方案相对于对比文件1、对比文件2具备突出的实质性特点和显著的进步。因此，本申请权利要求1相对于对比文件1、2和公知常识的结合不具备专利法第22条第3款规定的创造性。

复审请求人针对上述复审通知书于2007年12月28日提交了意见陈述书，并提交了权利要求书全文的修改替换页，修改后的权利要求书共包括9项权利要求，其中权利要求1是独立权利要求。修改后的权利要求书共包括如下9项权利要求：

“1. 一种导液管，所述导液管包括一个长的柔性中空管状体（1），所述管状体具有一个插入端（4）和一个用于保持在其外部的连接端（3），而且在插入端（4）至少包括两个元件（9，12），这两个元件通过外部操作是可膨胀/可收缩的而且彼此隔开一预定的固定距离，该距离在使用中不会改变，以便能在一个血管的给定部分的上游操作一个元件，而在下游操作另一个元件，所述可膨胀/可收缩的元件（9，12）在膨胀状态下具有不同的直径，所述可膨胀/可收缩的元件之一（12）的完全膨胀的直径小于所述可膨胀/可收缩的元件的另一个（9）的完全膨胀的直径，所述导液管还包括中央管道（2），用于输送在被狭窄所影响的血管部分中进行操作所必需的治疗工具，所述中央管道（2）在其远端具有开口，所述开口限定在所述可膨胀/可收缩的两个元件（9，12）之间，所述可膨胀/可收缩的元件（9，12）就它们在膨胀状态下的直径而言适应和/或可以适应血管（10，210）的直径，其中它们将要位于所述血管内部，以便暂时阻塞所述部分的血管循环，

其中，位于插入端（4）的所述两个元件（9，12）可以借助设置在管壁厚处的供给和排出管道（6，8）膨胀或缩小，

其中，所述导液管具有一个具有第一较大直径的管状形状，在其外部设有一个第一元件（9），该元件可借助设置在厚壁中的管道之一（6）膨胀/收缩，而厚壁中的至少另一管道（8）延伸一定的长度后进入一个具有基本和管道（8）尺寸相同的第二较小直径的延伸件（11），最后终止在一个第二可膨胀的/可收缩的元件（12），

所述导液管还包括仅设在导液管末端部分延伸的用于一根导线的管道（7），并具有位于所述中央管道（2）的远端和所述第二可膨胀/可收缩的元件（12）之间的远端开口（21）。

2. 根据权利要求1所述的导液管，其特征在于：所述管道（7）包含的壁厚内，并暴露在整个导液管最末端的端部，即具有第二较小直径延伸件（11）的末端。

3. 根据权利要求1或2所述的导液管，其特征在于：具有一个辅助管道（2），用于输送在被狭窄所影响的血管部分中进行操作所必须的治疗工具（15，16）。

4. 根据前述权利要求中任一个所述的导液管，其特征在于：包含在两个可膨胀的/可收缩的元件（9，12）之间的部分可以具有几厘米到大约10厘米的长度，即基本等于例如动脉血管（110，210）等的狭窄部分（14）的长度或阻塞主血管及分支所需的长度，从而堵塞了第二分支中的血液流动。

5. 根据权利要求1所述的导液管，其特征在于：第一较大外径的大小为12~13弗伦奇（约3.9mm），最好不大于14弗伦奇（约4.2mm），而第二较小直径的大小为5弗伦奇（大约1.5mm）。

6. 根据前述权利要求中任一个所述的导液管，其特征在于：连接端（3）具有一个保留在患者体外的端部件（5），该端部件（5）设有连接到各个管道（6、7和8）的管状连接元件（13）。

7. 根据前述权利要求中任一个所述的导液管，其特征在于：所述导液管用于阻塞内颈动脉流向脑部的血液流动，在所述动脉内部存在狭窄部分（14）。

8. 根据权利要求1所述的导液管，其特征在于：所述管状体（1）和所述延伸部（11）具有不同的柔性。

9. 根据权利要求1所述的导液管，其特征在于：当囊（9、10）不膨胀时，其包含在它们被装配的导液管部分内部。”

复审请求人在意见陈述书中认为，此次修改增加的特征“所述可膨胀/可收缩的元件（9，12）在膨胀状态下具有不同的直径，所述可膨胀/可收缩的元件之一（12）的完全膨胀的直径小于所述可膨胀/可收缩的元件的另一个（9）的完全膨胀的直径”在对比文件2中没有公开；增加的特征“两

个元件彼此隔开一预定的固定距离，该距离在使用中不会改变”在对比文件1中没有公开；在元件9，12之间有两个不同的管道的开口（中央管道2的远端开口和管道7的近端开口21）在对比文件1和2中都没有公开。上述增加的特征足以使权利要求1的技术方案区别于对比文件1、2，并且相对于对比文件1和2具备创造性，相应地，其从属权利要求也具备创造性，因此，权利要求1~9符合专利法第22条第3款的规定。

至此，合议组认为本案事实已经清楚，现依法作出本复审请求审查决定。

二、决定的理由

1. 决定所依据的文本

本复审请求审查决定以复审请求人于2007年12月28日提交的权利要求第1~9项，进入中国国家阶段时提交的说明书第1~9页、说明书附图第1~4页、说明书摘要和摘要附图作为审查基础。

2. 关于专利法第22条第3款

专利法第22条第3款规定，创造性，是指同申请日以前已有的技术相比，该发明有突出的实质性特点和显著的进步，该实用新型有实质性特点和进步。

具体就本案而言，本申请权利要求1~9不具备创造性，不符合专利法第22条第3款的规定。

(1）权利要求1不具备创造性。

权利要求1请求保护一种导液管，对比文件1（参见说明书第9栏第34行至第14栏第57行，图11~15）公开了一种导液管176，两者都是用于血管治疗的导液管，属于相同的技术领域，并且两者都是为了治疗血管内的狭窄，即解决相同的技术问题。对比文件1的导液管176由柔性伸长的管状构件177（相当于本申请权利要求1中的“中空管状体”）形成，具有远端179（相当于本申请中的“插入端”）和近端178（相当于本申请权利要求1中的“连接端”），近端178保留在人体外面；在远端179上有囊181（相当于本申请权利要求1所述的“两个元件”之一)，管状构件177具有管腔196，用于容纳导线上具有气囊的导液管197，导线上具有气囊的导液管197由常规构造的导线231组成，由非弹性材料形成的气囊234（相当于本申请所述“两个元件”的另一个）安装在导线231的远端233；通过操作与气囊181或气囊234相关联的控制手柄277（相当于本申请权利要求1中的“外部操作”）使气囊181或气囊234膨胀或收缩；气囊181和气囊234彼此隔开一预定的固定距离（参见图15C、15D)，以便能够在血管的给定部分的上游操作一个，在下游操作另一个（参见图15C、15D)；气囊181和气囊234在膨胀状态下具有不同的直径（参见图15C、15D)，气囊234的完全膨胀的直径小于气囊181的完全膨胀的直径；导液管176包括圆的中央管腔191（参见说明书第10栏第5~6行，图13、14)，治疗气囊导液管192和灌流气囊导液管193可滑动地容纳在该管腔191中（参见说明书第10栏第7~8行，第12栏第1~4行，图13、15D，导液管192、193相当于本申请中的“治疗工具”)；中央管腔191在其远端具有开口（参见图15C、15D)，所述开口限定在气囊181和234之间；使气囊181膨胀，从而使其仅仅堵塞位于狭窄321附近的颈总动脉，使气囊234膨胀，从而阻塞颈外动脉168；管状构件177在其管壁中具有管腔182（相当于本申请权利要求1中的“供给和排出管道”)，该管腔用作气囊膨胀管腔，具有与气囊181的内部连通的端口183，用于通过该管腔使气囊181膨胀或缩小；管状构件236与置于该管状构件236和导线231的外表面之间的环形管腔238（相当于本申请权利要求1中的“供给和排出管道”）连通，环形管腔238与气囊234的内部连通，用于使气囊234膨胀和缩小；导液管176由第一较大直径的管状构件177构成，在管状构件177外部设有气囊181（相当于本申请权利要求1中的“第一元件”)，管状构件177在其管壁中具有管腔182，用于通过该管腔使气囊181膨胀或缩小；管状构件177还具有一个管腔196，用于容纳导线上具有气囊的导液管197（相当于本申请权利要求1中的“延伸件”)，导液管197由导线231组成，具有近端232和远端233，气囊234安装在远端233，管状构件236将一定长度的导线延伸到近端，并与置于管状构件236和导线231的外表面之间的环形管腔238（相当于本申请权利要求1中的“另一管道”）连通，环形管腔238终止于气囊234，用于使气囊234膨胀或收缩。

对比文件1虽然没有明确公开气囊181和气囊234之间的距离在使用中不会改变，但这是本领域在使用导液管时的常规做法。原因在于，当气囊膨胀时，气囊适应它们所处的血管直径，从而完全封闭它们并暂时堵塞所述部分的血液循环，因此，气囊在完全膨胀时受到血管壁的压力，这种压力将气囊保持在一定位置，使其不容易发生移动；而且，气囊的移动有可能造成该气囊不再堵塞其所处的血管内的血液循环，例如当颈内动脉中的气囊移动到颈总动脉时，因此在操作导液管时，不希望气囊发生相对移动；此外，气囊的移动致使其处于相对不固定、不稳定的状态，这样会给控制导液管造成一定的困难，是操作导液管的医师也不希望出现的情况。因此，在本领域中，通常会采取两个气囊隔开的距离在使用过程中不会发生变化的做法。

可见，权利要求1请求保护的导液管与对比文件1公开的导液管相比，其区别在于：①在权利要求1请求保护的导液管中，延伸件11是从中空管状体1延伸出来的部分，管道8贯穿中空管状体1和延伸件；而在对比文件1中的导液管176中，导液管197位于管状构件177的管腔196中，并延伸超过该管状构件177，环形管腔238贯穿导液管197，且实际上也贯穿了管状构件177；②在权利要求1中，导液管还包括仅在导液管末端部分延伸的用于一根导线的管道（7），并具有位于所述中央管道（2）的远端和所述第二可膨胀的/可收缩的元件（12）之间的远端开口（21）。

关于区别技术特征①，该区别仅在于权利要求1的延伸件是从中空管状体延伸出来的部分，而对比文件1的导液管197与管状构件177是两个单独的部件。对比文件2公开了一种导液管，其与本申请、对比文件1属于相同的技术领域，并且对比文件2也涉及去掉血管中的碎片，与本申请解决的技术问题相同。对比文件2具体公开了以下技术特征（参见说明书第6页第20~30行、第7页第12~13行、第9页第7~10行，图1~6）：该导液管包括伸长的多管腔的导液管构件12（相当于本申请权利要求1中的“中空管状体”），该导液管构件12具有第一管腔18（相当于本申请权利要求1中的“延伸件”），该第一管腔18延伸并终止在远端16，第二管腔20终止在开口22中。由此可知，对比文件2公开了第一管腔18、第二管腔20均是导液管构件12的一部分，第二管腔20终止于开口22而第一管腔18延伸至远端16的结构。

关于区别技术特征②，对比文件2公开了第一管腔18在导液管构件12内延伸，在导液管构件12和第一管腔18的共同的壁上有一个开口（参见图1、2），导线30经该开口进入第一管腔18（相当于本申请权利要求1中的管道7）并容纳在该第一管腔18中，因此该导线30也位于导液管构件12中，即在对比文件2中，第一管腔18作为在导液管构件12上提供的导线通道，且开口设置在该第一管腔18上。对比文件2中设置的开口所起的作用是导线的入口/出口，使导线位于管腔内并在该管腔内工作，本申请权利要求1中的开口所起的作用是使导线位于管道7和中央腔中，并在中央腔中工作，两者所起的作用相同。即对比文件2给出了可在第一管腔的适当位置设置开口以插入所需的导线和管的技术启示，在对比文件2的上述公开内容的基础上，本领域技术人员可以根据节省材料、简化结构等需要而不在导液管构件12上提供一个专门为导线通道而设计的管腔，则容纳导线30的第一管腔18不在导液管构件12内延伸，而是仅位于导液管构件12的末端部分，并且该第一管腔18上设置的开口位于导液管构件12的远端和可膨胀的密封构件26之间。

复审请求人认为，①增加的特征“所述可膨胀/可收缩的元件（9，12）在膨胀状态下具有不同直径，所述可膨胀/可收缩元件之一（12）的完全膨胀的直径小于所述可膨胀/可收缩元件的另一个（9）的完全膨胀的直径”在对比文件2中没有公开。对此合议组认为，对比文件1作为最接近的现有技术已经公开了该技术特征，对比文件2是否也公开了该技术特征并不影响对于本申请权利要求1请求保护的技术方案是否具备创造性的判定。

复审请求人认为，②增加的特征“两个元件彼此隔开一预定的固定距离，该距离在使用中不会改变”在对比文件1中没有公开。对此合议组认为，基于上面的分析可知，对比文件1公开了“两个元件彼此隔开一预定的固定距离”这一技术特征，而“该距离在使用中不会改变”是本领域的常规做法。

复审请求人认为，③在元件9，12之间有两个不同的管道的开口（中央管道2的远端开口和管道7的近端开口21）在对比文件1和2中都没有公开。对此合议组认为，如上所述，该技术特征并不能使权利要求1的技术方案相对于对比文件1、对比文件2和公知常识的结合具备突出的实质性特点和显著的进步。因此，基于以上分析，本申请权利要求1相对于对比文件1、2和公知常识的结合不具备专利法第22条第3款规定的创造性。

（2）权利要求2不具备创造性。

权利要求2对权利要求1中“所述管道（7）”的位置做了进一步的限定，对比文件1公开了一种导液管，并具体公开了以下技术特征：导液管197可滑动地安装在管腔196中，并由导线231组成，导线231容纳在环形管腔238中（参见说明书第10栏第47~64行，图13），其暴露在整个导液管最末端的端部。可见，权利要求2的附加技术特征也被对比文件1公开，因此，在其引用的权利要求1不具备创造性时，权利要求2也不具备专利法第22条第3款规定的创造性。

（3）权利要求3不具备创造性。

权利要求3在权利要求1或2的基础上进一步限定了“辅助管道（2）”。对比文件1（参见说明书第9栏第34行至第14栏第57行，图11~15）公开了一种导液管176，其包括圆的中央管腔191，治疗气囊导液管192和灌流气囊导液管193可滑动地容纳在该管腔191中（导液管192、193相当于本申请权利要求3中的“治疗工具”）。由此可见，权利要求3的附加技术特征也被对比文件1公开，因此，在其引用的权利要求1或2不具备创造性时，权利要求3也不具备专利法第22条第3款规定的创造性。

（4）权利要求4不具备创造性。

权利要求4在前述任一项权利要求的基础上对“包含在两个可膨胀的/可收缩的元件（9，12）之间的部分”做了进一步的限定。对比文件2公开了一种导液管，并具体公开了以下技术特征：两个可膨胀的密封构件24、26之间的距离是大约2~4cm（参见说明书第9页第8行，图1）。由此可知，权利要求4的附加技术特征已经在对比文件2中公开，因此在其引用的权利要求不具备创造性时，权利要求4也不具备专利法第22条第3款规定的创造性。

（5）权利要求5不具备创造性。

权利要求5对权利要求1中所述导液管的“第一较大外径”和“第二较小直径”的大小做了进一步的限定，对比文件2公开了一种导液管，并具体公开了以下技术特征：导液管构件的外径（相当于本申请权利要求5的“第一较大外径”）大约为0.105英寸（约为2.7mm），第二管腔20（相当于本申请权利要求5的“延伸件”）的有效工作直径（相当于本申请权利要求5的“第二较小直径”）是0.080英寸（约为2mm）（参见说明书第9页第27~29行）。尽管对比文件2公开的数值范围与权利要求5请求保护的数值范围不完全一致，但是将第一较大外径设置为12至13弗伦奇（约3.9mm）、第二较小直径设置为5弗伦奇（大约1.5mm）仅仅是本领域普通技术人员不需要付出创造性劳动就能完成的一种相近数值的简单选择，如在对比文件1中将管状构件177设置为5至14弗伦奇（约为1.5至4.2mm），优选是9至10弗伦奇（约为2.7至3.0mm）的尺寸范围（参见对比文件1

说明书第 9 栏第 56~58 行)。由此可知，权利要求 5 的附加技术特征属于简单的数值选择，因此，在其引用的权利要求 1 不具备创造性时，权利要求 5 也不具备专利法第 22 条第 3 款规定的创造性。

(6) 权利要求 6 不具备创造性。

权利要求 6 在前述任一项权利要求的基础上进一步限定了“保留在患者体外的端部件（5）”。对比文件 1 公开了一种导液管，并具体公开了以下技术特征：歧管 186 安装在近端 178 上，保留在人体外面（参见说明书第 10 栏第 1~2 行，图 11A、12)，管 242、187、246、251、253 安装在歧管 186 中（参见说明书第 10 栏第 2~3 行、第 65~66 行、第 11 栏第 1~8 行，图 11A、12)。由此可知，权利要求 6 的附加技术特征已经在对比文件 1 中公开，在其引用的权利要求不具备创造性时，权利要求 6 也不具备专利法第 22 条第 3 款规定的创造性。

(7) 权利要求 7 不具备创造性。

权利要求 7 在前述任一项权利要求的基础上进一步限定了导液管的作用。对比文件 1（参见说明书第 12 栏第 20~31 行，图 11~15）公开了一种导液管 176，其阻塞颈内动脉和颈外动脉流向大脑的血液流动，在颈内动脉内部存在狭窄 321。由此可知，权利要求 7 的附加技术特征已经在对比文件 1 中公开，在其引用的权利要求不具备创造性时，权利要求 7 也不具备专利法第 22 条第 3 款规定的创造性。

(8) 权利要求 8 不具备创造性。

权利要求 8 在权利要求 1 的基础上做了进一步的限定，其限定部分的附加技术特征为：所述管状体（1）和延伸部（11）具有不同的柔性。对于本领域的普通技术人员来说，根据待插入的血管的粗细、迂回程度的需要而将导液管的不同部分制成具有不同的柔性是容易想到的，因此，当其引用的权利要求不具备创造性时，权利要求 8 也不具备创造性，不符合专利法第 22 条第 3 款的规定。

(9) 权利要求 9 不具备创造性。

权利要求 9 在权利要求 1 的基础上对“囊（9，10）”做了进一步的限定，对比文件 1 公开了一种导液管，并具体公开了以下技术特征：当气囊不膨胀时，其包含在它们被装配的导液管部分内部(图 12)。由此可知，权利要求 9 的附加技术特征已经在对比文件 1 中公开，在其引用的权利要求不具备创造性时，权利要求 9 也不具备创造性，因而不符合专利法第 22 条第 3 款的规定。

根据上述事实和理由，本案合议组作出以下复审请求审查决定。

三、决定

维持国家知识产权局于 2004 年 7 月 2 日对 99815867. 4 号发明专利申请作出的驳回决定。

复审请求人对本决定不服的，可以根据专利法第 41 条第 2 款的规定，自收到本决定之日起三个月内向北京市第一中级人民法院起诉。

061

亚欧大运河系统工程

复审请求审查决定（第 13016 号）

决　定　号　第 13016 号
决　定　日　2008 年 4 月 14 日
发明创造名称　亚欧大运河系统工程
国 际 分 类 号　E02B 1/00
复 审 请 求 人　肖定周
申　请　号　02106392.3
申　请　日　2002 年 2 月 26 日
公　开　日　2003 年 9 月 10 日
合 议 组 组 长　李　隽
主　审　员　欧　岚
参　审　员　刘颖杰

法 律 依 据　专利法第 26 条第 3 款，专利法第 22 条第 4 款
决 定 要 点

若一项发明申请的说明书记载的内容未能涵盖在实现所要保护技术方案的过程中所会遇到的全部技术问题的解决手段和方案，那么本领域技术人员无法再现本申请所要保护的技术方案以及解决其技术问题，并且产生预期的技术效果，因此说明书不符合专利法第 26 条第 3 款的规定。

若该申请请求保护的技术方案必须依赖具体的地理环境和条件得以设计和实现，那么该申请请求保护的技术方案不可能重复实施并得到相同的实施结果，也就不符合专利法第 22 条第 4 款有关实用性的规定。

一、案由

本复审请求涉及的是申请日为 2002 年 2 月 26 日、公开日为 2003 年 9 月 10 日、发明名称是“亚欧大运河系统工程”的发明专利申请（以下称本申请），其申请号为 02106392.3，申请人是肖定周。本申请的公开文本中共有 8 项权利要求。

国家知识产权局专利局审查部门对本申请进行了实质审查，并于 2004 年 1 月 30 日发出了第一次审查意见通知书，通知书中指出：所述的技术方案为在亚欧大陆上建设大运河的系统工程，由于依赖现有亚欧大陆条件而最多只能唯一实现一次，因而不具有工业再现性。因此权利要求 1~9 不具有专利法第 22 条第 4 款所规定的实用性。申请人于 2004 年 2 月 28 日提交了新修改的权利要求书和说明书，并于 2004 年 4 月 2 日针对第一次审查意见通知书提交了意见陈述书，申请人在意见陈述书中陈

述根据需要和可能，运河工程可在世界五大洲陆地上建若干条，因此经过修改申请文本，本申请已完全符合专利法第22条第4款实用性的规定。修改后的权利要求书有6项权利要求。

经过上述审查程序后，国家知识产权局专利局审查部门于2004年6月11日作出驳回决定，理由是权利要求1~6不具有专利法第22条第4款所规定的实用性，驳回决定所针对的文本是申请日提交的说明书摘要和摘要附图、2004年2月28日提交的权利要求第1~6项和说明书第1~17页。

申请人（下称复审请求人）不服上述驳回决定，于2004年7月6日向专利复审委员会提出了复审请求，在复审请求书中再次陈述驳回决定针对的申请文件符合专利法第22条第4款实用性的理由，但未提交新的修改文本。

经形式审查合格后，专利复审委员会受理了该复审请求，于2004年10月14日向复审请求人发出了复审请求受理通知书，同时向原审查部门发出了前置审查通知书。原审查部门对该复审请求做出前置审查意见，坚持原驳回决定。

专利复审委员会依法成立合议组对本复审请求案进行了审理，于2005年10月8日向复审请求人发出复审通知书，复审通知书中指出本申请的权利要求2、4和6不符合专利法第22条第4款关于实用性的规定，说明书不符合专利法第26条第3款的规定。

复审请求人于2005年11月5日针对上述复审通知书提交了意见陈述书和经过修改的申请文件替换页，修改后的权利要求书共4项权利要求，于2007年1月26日再次提交了说明书第1页及说明书摘要的修改替换页。

合议组于2007年3月15日向复审请求人发出第二次复审通知书，复审通知书中指出复审请求人于2005年11月5日和2007年1月26日提交的修改文本不符合专利法第33条的规定，本申请的说明书存在不可克服的缺陷，本申请无授权前景。

复审请求人于2007年4月9日提交了意见陈述书和经过修改的全部申请文件替换页，修改后的权利要求书共4项权利要求；于2007年4月12日再次提交了说明书第3、4页的修改替换页；于2007年8月22日再次提交了意见陈述书和经过修改的申请文件替换页，修改后的权利要求书共5项权利要求，具体为：

"1. 大运河系统工程（简称巨龙工程）的技术特征：A. 设计运河工程；B. 设计岩体构件铺筑海洋工程水工建筑，是独立权利要求，下述是从属权利要求：

2. 从属权利要求1：A. 设计运河工程：a. 宽度：1100M，深度：▽450M，100-1000万T级巨轮航道：b. 宽度：0.5KM，深度：200M，100万T级巨轮航道。

3. 从属权利要求1：A. 运河工程施工，在岩石断层中，打入钢筋砼构件，施钻，灌足水泥浆液，促使断层固结连接两侧岩石成整体，促使松散岩层、粘土岩层、砂砾石层等固结达到岩块工程分类D级抗压力强度。

4. 从属权利要求1：A. 运河工程岩石分工段（KM），分层次，从下向上，设计岩管、图1-2长方型岩体和碴石，设计复合材料钢容器内装气囊充足气压，分层浮取载运岩体的总重量，小于上述器物的排水量容积，留足空量。设计拉锯锯磨岩体成碴块和岩管、分层长方形岩体，设计钢板捆绑长方形岩体四周，被钢容器气囊浮起取运的方法施工。

5. 从属权利要求1：B. 静水中，设较车钢绳、巨轮拖运，自然河流的水流入运河，

利用河水流放，洋流中，利用洋流推运岩体容器气囊。岩质较好的长方型岩体，运输途中，在岩体四周和上面，备足施工机具、设施。在岩体四周安装钢模和止水垫，排干水，拆去护岩钢板，在岩体上面和四周处理断层岩缝和浇筑钢筋砼。运到深海，在岩体四周，加系气囊，充足气压，浮起岩体。将原来的一侧气囊开关打开放气，岩体倾斜打翻，完成施工，制成海洋工程水工建筑构件。"

经过上述审查程序，合议组认为本案事实已经清楚，现依法作出复审决定。

二、决定的理由

1. 审查基础

本决定以复审请求人于2007年8月22日提交的权利要求第1~5项、说明书第1~16页和说明书附图1、2页以及说明书摘要、摘要附图作为审查基础。

2. 关于专利法第26条第3款

专利法第26条第3款规定，说明书应当对发明或者实用新型作出清楚、完整的说明，以所属技术领域的技术人员能够实现为准。

审查指南第二部分第二章第2.1.3节还规定：所属技术领域的技术人员能够实现，是指所属技术领域的技术人员按照说明书记载的内容，不需要创造性的劳动，就能够再现该发明或者实用新型的技术方案，解决其技术问题，并且产生预期的技术效果。

合议组经审查认为，本申请保护的大运河系统工程是一个复杂、庞大的工程，需要针对大运河所在的地理环境和条件设计具体、详细的实施方案；而本申请说明书中只是针对在整个系统工程中出现的一小部分施工问题给出了具体的施工方法，没有涵盖在实现大运河的过程中所会遇到的全部技术问题的解决手段和方案，故按照说明书中给出的技术手段无法让本领域的技术人员实现一个大运河系统工程，并实现所谓“运河能分流黄河、长江、珠江等江河中下游的洪水；免去南方、北方的水患灾害；为北方、西北地区引流水源；解决上述地区干旱用水”（参见说明书第2页第3段）的发明目的。也就是说按照说明书记载的内容，本领域技术人员无法再现本申请所要保护的技术方案以及解决其技术问题，并且产生预期的技术效果。因此说明书不符合专利法第26条第3款的规定。

3. 关于实用性

专利法第22条第4款规定：实用性，是指该发明或者实用新型能够制造或者使用，并且能够产生积极效果。

审查指南第二部分第五章第3.2.3节规定：具备实用性的发明或者实用新型专利申请不得是由自然条件限定的独一无二的产品。利用特定的自然条件建造的自始至终都是不可移动的唯一产品不具备实用性；第3.2.1节规定：具有实用性的发明或者实用新型专利申请主题，应当具有再现性。反之，无再现性的发明或者实用新型专利申请主题不具备实用性。再现性，是指所属技术领域的技术人员，根据公开的技术内容，能够重复实施专利申请中为解决技术问题所采用的技术方案。这种重复实施不得依赖任何随机的因素，并且实施结果应该是相同的。

合议组经审查认为，本申请请求保护大运河系统工程，虽然在权利要求书中没有了运河的具体地理位置，但是根据上述的本申请说明书记载的发明目的可知，本申请保护的大运河工程必须利用所在地区的特定地理环境和条件而设计和建造得以实现，本领域的技术人员在实现本申请记载的技术方案时，必然会碰到由于特定地理环境和条件带来的限制，因此根据不同地理环境和条件实现的大运河工程不可能完全相同，即无法重复实施本申请请求保护的技术方案并得到相同的实施结果，也就不具有再现性。故本申请权利要求1~5不具备实用性，不符合专利法第22条第4款的规定。

基于上述理由，合议组作出下述决定。

三、决定

维持国家知识产权局专利局于2004年6月11日作出的驳回02106392.3号发明专利申请的决定。

复审请求人对本决定不服的，可以根据专利法第41条第2款的规定，自收到本决定之日起三个月内向北京市第一中级人民法院起诉。

北京市第一中级人民法院
行政判决书

（2009）一中行初字第922号

原告肖定周，男，1941年3月18日出生，汉族，退休干部，住湖南省郴州市苏仙区北湖路93号。

被告国家知识产权局专利复审委员会，住所地北京市海淀区北四环西路9号银谷大厦10~12层。

法定代表人廖涛，副主任。

委托代理人欧岚，女，国家知识产权局专利复审委员会审查员。

委托代理人隋璐，女，国家知识产权局专利复审委员会审查员。

原告肖定周不服被告国家知识产权局专利复审委员会作出的行政决定，于2008年6月23日向本院提起行政诉讼。本院受理后，依法组成合议庭，于2009年5月13日公开开庭审理了本案。原告肖定周，被告的委托代理人欧岚、隋璐到庭参加了诉讼。本案现已审理终结。

被告于2008年4月14日针对原告提出的复审请求作出了第13016号复审请求审查决定（以下简称被诉决定），维持了国家知识产权局于2004年6月11日针对第02106392.3号发明专利申请（以下简称本申请）作出的驳回决定。

在法定期限内，被告向本院提交了下列证据的复印件以证明被诉决定的合法性：本申请公开说明书。

原告诉称：1. 本申请的核心关键技术和配套附属工程技术手段实施方案，能够在不同的地理环境和条件下设计施工大运河，解决了在实现大运河系统工程中所会遇到的全部技术问题。本申请说明书中描述了设计运河工程宽度、深度、功能数据和大运河工程岩体施工方法和配套附属工程，本领域技术人员可以按照本申请说明书记载的内容再现本申请所要保护的技术方案，以解决其技术问题，并产生预期的技术效果。因此，本申请符合《中华人民共和国专利法》（以下简称《专利法》）第二十六条第三款的规定；2. 本申请保护的技术方案没有限定大运河的具体地理位置，不是利用特定的自然地理环境和条件限定的独一无二的产品，技术方案能够重复实施，不依赖任何随机的因素，具有再现性。本领域技术人员按照本申请记载的技术方案进行设计施工，必然会得到完全相同的实施结果。因此，本申请符合《专利法》第二十二条第四款关于实用性的规定。综上，被诉决定认定事实不清，请求法院撤销被诉决定，责令被告重新作出复审决定。

在法定期限内，原告向本院提交了下列证据的复印件以支持其诉讼主张：1. 本申请公开说明书；2. 发明专利请求书（原始文本）；3. 亚欧大运河系统工程构思一文；4. 被诉决定；5. 意见陈述书。

被告辩称：大运河系统工程是一个复杂、庞大的工程，按照本申请说明书中给出的技术手段无法让本领域技术人员实现一个大运河系统工程，并实现其预期的技术目的。因此，被诉决定认定事实清楚、审查程序合法，适用法律正确、审查结论正确，原告的诉讼理由不能成立，故请求法院驳回原告诉讼请求，维持被诉决定。

经庭审质证，原告与被告对对方证据的关联性、合法性、真实性均无异议，但对对方证据的证明作用均有异议。本院经审查认为，被告和原告提交的证据均与本案被诉决定的合法性审查有关，可以作为认定本案事实的依据。

根据上述有效证据及各方当事人无争议的陈述，本院认定事实如下：

本申请的申请日为2002年2月26日、公开日为2003年9月10日、发明名称是“亚欧大运河系统工程”。本申请的公开文本中共有8项权利要求。

国家知识产权局专利局审查部门对本申请进行了实质审查，并于2004年1月30日发出了第一次审查意见通知书，通知书中指出：所述的技术方案为在亚欧大陆上建设大运河的系统工程，由于依赖现有亚欧大陆条件而最多只能唯一实现一次，因而不具有工业再现性。因此权利要求不具有《专利法》第二十二条第四款所规定的实用性。原告于2004年2月28日提交了新修改的权利要求书和说明书，并于2004年4月2日针对第一次审查意见通知书提交了意见陈述书，原告在意见陈述书中陈述根据需要和可能，运河工程可在世界五大洲陆地上建若干条，因此经过修改申请文本，本申请已完全符合《专利法》第二十二条第四款实用性的规定。修改后的权利要求书有6项权利要求。

经过上述审查程序后，国家知识产权局专利局审查部门于2004年6月11日作出驳回决定，理由是权利要求1~6不具有《专利法》第二十二条第四款所规定的实用性，驳回决定所针对的文本是申请日提交的说明书摘要和摘要附图、2004年2月28日提交的权利要求第1~6项和说明书第1~17页。

原告不服上述驳回决定，于2004年7月6日向被告提出了复审请求，在复审请求书中再次陈述驳回决定针对的申请文件符合《专利法》第二十二条第四款实用性的理由，但未提交新的修改文本。

经形式审查合格后，被告受理了该复审请求，于2004年10月14日向原告发出了复审请求受理通知书，同时向原审查部门发出了前置审查通知书。原审查部门对该复审请求作出前置审查意见，坚持原驳回决定。

被告对本复审请求案进行了审理，于2005年10月8日向原告发出复审通知书，复审通知书中指出本申请的权利要求2、4和6不符合《专利法》第二十二条第四款关于实用性的规定，说明书不符合《专利法》第二十六条第三款的规定。

原告于2005年11月5日针对上述复审通知书提交了意见陈述书和经过修改的申请文件替换页，修改后的权利要求书共4项权利要求，于2007年1月26日再次提交了说明书第1页及说明书摘要的修改替换页。

被告于2007年3月15日向原告发出第二次复审通知书，复审通知书中指出原告于2005年11月5日和2007年1月26日提交的修改文本不符合《专利法》第三十三条的规定，本申请的说明书存在不可克服的缺陷，本申请无授权前景。

原告于2007年4月9日提交了意见陈述书和经过修改的全部申请文件替换页，修改后的权利要求书共4项权利要求；于2007年4月12日再次提交了说明书第3、4页的修改替换页；于2007年8月22日再次提交了意见陈述书和经过修改的申请文件替换页，修改后的权利要求书共5项权利要求，具体为：

“1. 大运河系统工程（简称巨龙工程）的技术特征：A. 设计运河工程；B. 设计岩体构件铺筑海洋工程水工建筑，是独立权利要求，下述是从属权利要求：

2. 从属权利要求1：A. 设计运河工程：a. 宽度：1100M，深度：▽450M，100-1000万T级巨轮航道：b. 宽度：0.5KM，深度：200M，100万T级巨轮航道。

3. 从属权利要求1：A. 运河工程施工，在岩石断层中，打入钢筋砼构件，施钻，灌足水泥浆液，促使断层固结连接两侧岩石成整体，促使松散岩层、粘土岩层、砂砾石层等固结达到岩块工程分类D级抗压力强度。

4. 从属权利要求1：A. 运河工程岩石分工段（KM），分层次，从下向上，设计岩管、图1-2长方型岩体和碴石，设计复合材料钢容器内装气囊充足气压，分层浮取载运岩体的总重量，小于上述器物的排水量容积，留足空量。设计拉锯锯磨岩体成碴块和岩管、分层长方形岩体，设计钢板捆绑长方形岩体四周，被钢容器气囊浮起取运的方法施工。

5. 从属权利要求 1：B. 静水中，设较车钢绳、巨轮拖运，自然河流的水流入运河，利用河水流放，洋流中，利用洋流推运岩体容器气囊。岩质较好的长方型岩体，运输途中，在岩体四周和上面，备足施工机具、设施。在岩体四周安装钢模和止水垫，排干水，拆去护岩钢板，在岩体上面和四周处理断层岩缝和浇筑钢筋砼。运到深海，在岩体四周，加系气囊，充足气压，浮起岩体。将原来的一侧气囊开关打开放气，岩体倾斜打翻，完成施工，制成海洋工程水工建筑构件。”

经审查，被告认为：

1. 审查基础。

被诉决定以原告于 2007 年 8 月 22 日提交的权利要求第 1~5 项、说明书第 1~16 页和说明书附图 1、2 页以及说明书摘要、摘要附图作为审查基础。

2. 关于《专利法》第二十六条第三款。

《专利法》第二十六条第三款规定，说明书应当对发明或者实用新型作出清楚、完整的说明，以所属技术领域的技术人员能够实现为准。

《审查指南》第二部分第二章第 2. 1. 3 节规定：所属技术领域的技术人员能够实现，是指所属技术领域的技术人员按照说明书记载的内容，不需要创造性的劳动，就能够再现该发明或者实用新型的技术方案，解决其技术问题，并且产生预期的技术效果。

被告认为，本申请保护的大运河系统工程是一个复杂、庞大的工程，需要针对大运河所在的地理环境和条件设计具体、详细的实施方案；而本申请说明书中只是针对在整个系统工程中出现的一小部分施工问题给出了具体的施工方法，没有涵盖在实现大运河的过程中所会遇到的全部技术问题的解决手段和方案，故按照说明书中给出的技术手段无法让本领域的技术人员实现一个大运河系统工程，并实现所谓“运河能分流黄河、长江、珠江等江河中下游的洪水；免去南方、北方的水患灾害；为北方、西北地区引流水源；解决上述地区干旱用水”（参见说明书第 2 页第 3 段）的发明目的。也就是说按照说明书记载的内容，本领域技术人员无法再现本申请所要保护的技术方案以及解决其技术问题，并且产生预期的技术效果。因此说明书不符合《专利法》第二十六条第三款的规定。

3. 关于《专利法》第二十二条第四款。

《专利法》第二十二条第四款规定：实用性，是指该发明或者实用新型能够制造或者使用，并且能够产生积极效果。

《审查指南》第二部分第五章第 3. 2. 3 节规定：具备实用性的发明或者实用新型专利申请不得是由自然条件限定的独一无二的产品。利用特定的自然条件建造的自始至终都是不可移动的唯一产品不具备实用性；第 3. 2. 1 节规定：具有实用性的发明或者实用新型专利申请主题，应当具有再现性。反之，无再现性的发明或者实用新型专利申请主题不具备实用性。再现性，是指所属技术领域的技术人员，根据公开的技术内容，能够重复实施专利申请中为解决技术问题所采用的技术方案。这种重复实施不得依赖任何随机的因素，并且实施结果应该是相同的。

被告经审查认为，本申请请求保护大运河系统工程，虽然在权利要求书中没有了运河的具体地理位置，但是根据上述的本申请说明书记载的发明目的可知，本申请保护的大运河工程必须利用所在地区的特定地理环境和条件而设计和建造得以实现，本领域的技术人员在实现本申请记载的技术方案时，必然会碰到由于特定地理环境和条件带来的限制，因此根据不同地理环境和条件实现的大运河工程不可能完全相同，即无法重复实施本申请请求保护的技术方案并得到相同的实施结果，也就不具有再现性。故本申请权利要求 1~5 不具备实用性，不符合《专利法》第二十二条第四款的规定。

基于上述理由，被告作出被诉决定。原告不服被诉块定，在法定期限内向本院提起行政诉讼。

庭审中，原告明确表示对于被诉决定的下列内容不持异议：被诉决定作出的行政程序；被诉决定“案由”部分记载的内容；被诉决定确定的“审查基础”。

本院认为：对于被诉决定中原告明确表示不持异议的部分，本院经审查，对其合法性予以确认。在此基础上，本案的审查重点在于：被诉决定认定本申请不符合《专利法》第二十六条第三款、第二十二条第四款的规定是否合法。

1.《专利法》第二十六条第三款的问题。

《专利法》第二十六条第三款规定，说明书应当对发明或者实用新型作出清楚、完整的说明，以所属技术领域的技术人员能够实现为准。

本申请保护的大运河系统工程是一个复杂、庞大的工程，需要针对大运河所在的地理环境和条件设计具体、详细的实施方案；而本申请说明书中只是针对其中一小部分施工问题给出了具体的施工方法，没有涵盖在实现大运河的过程中所会遇到的全部技术问题的解决手段和方案，故按照说明书记载的内容，本领域技术人员无法再现本申请所要保护的技术方案以及解决其技术问题，并且产生预期的技术效果。因此被诉决定认定本申请说明书不符合《专利法》第二十六条第三款的规定正确。

2.《专利法》第二十二条第四款的问题。

《专利法》第二十二条第四款规定：实用性，是指该发明或者实用新型能够制造或者使用，并且能够产生积极效果。

本申请保护的大运河工程必须利用所在地区的特定地理环境和条件而设计和建造得以实现，因此根据不同地理环境和条件实现的大运河工程不可能完全相同，即无法重复实施本申请请求保护的技术方案并得到相同的实施结果，也就不具有再现性。故被诉决定认定本申请权利要求 1~5 不具备实用性的结论正确。

综上，被诉决定认定事实清楚、适用法律正确、程序合法，本院应予维持。原告的诉讼理由缺乏事实和法律依据，其诉讼请求本院不予支持。据此，依照《中华人民共和国行政诉讼法》第五十四条第（一）项之规定，判决如下：

维持被告国家知识产权局专利复审委员会于二〇〇八年四月十四日作出的第 13016 号复审请求审查决定。

案件受理费 100 元，由原告肖定周负担（已交纳）。

如不服本判决，各方当事人可在本判决书送达之日起 15 日内，向本院递交上诉状，并按对方当事人的人数提交副本，上诉于北京市高级人民法院。上诉人在上诉期满后 7 日内未预交上诉案件受理费又不提出缓交申请的，按自动撤回上诉处理。

审 判 长　强刚华
代理审判员　乔　军
代理审判员　司品华
二〇〇九年七月七日
书 记 员　赵　锋

062

一种英语词汇记忆玩具

复审请求审查决定（第13059号）

决　定　号　第13059号
决　定　日　2008年4月10日
发明创造名称　一种英语词汇记忆玩具
国际分类号　G09B1/40，G09B19/06，G09B19/22
复审请求人　李学文
申　请　号　02114378.1
申　请　日　2002年9月4日
公　开　日　2004年3月10日
合议组组长　左　一
主　审　员　毕艳红
参　审　员　武　磊

法律依据　专利法第22条第3款
决定要点

发明专利申请权利要求请求保护的技术方案相对于最接近对比文件的区别特征是所属技术领域的惯用手段或所属技术领域的技术人员基于统计分析能够得到的，则该权利要求不具备创造性。

一、案由

本复审请求涉及名称为"一种英语词汇记忆玩具"的发明专利申请（下称本申请），其申请日为2002年9月4日、申请号为02114378.1、公开日为2004年3月10日、申请人为李学文。

国家知识产权局实质审查部门于2004年12月10日以本申请权利要求1~3相对于对比文件1（CN1357866A，公开日为2002年7月10日）不符合专利法第22条第3款有关创造性的规定为由作出了驳回决定，驳回决定所针对的文本是申请人于申请日提交的说明书第1~6页、说明书摘要，2004年9月11日提交的权利要求第1~3项。驳回决定所针对的权利要求如下：

"1. 一种英语词汇记忆智力玩具，其特征在于，由28个正六面体色块组成，色块的每一个平面上印制或者刻制有互不相同的英文字母，且字母Q和U不在同一个色块上。

2. 根据权利要求1所述的英语词汇记忆智力玩具，其特征在于，每个六面体色块的六个平面涂装成三种不同颜色，而相互垂直的两面为同一种颜色，相互平行的两面为不同颜色，字母的颜色与其所在平面相平行的面的颜色相同。

3. 根据权利要求1或2所述英语词汇记忆智力玩具，其特征在于，各字母的数量分配为：A，19

个；E，12个；K和O各10个；I，9个；U，7个；Y，6个；其他字母各5个。”

驳回决定指出：（1）对比文件1公开了权利要求1大部分技术特征，其区别特征在于权利要求1中正六面体色块的个数为28个，且字母Q和U不在同一个色块上。由于权利要求1中的正六面体和对比文件1中的正方体骰子的结构是相同的，而根据需要选择合适数量的正六面体色块和将字母Q和U安排在不同的色块上对本领域技术人员来说无需付出创造性劳动，因此权利要求1相对于对比文件1不具有突出的实质性特点和显著的进步，也没有产生意想不到的技术效果，权利要求1不符合专利法第22条第3款有关创造性的规定；（2）权利要求2、3直接或间接引用权利要求1，其附加部分的技术特征是本领域技术人员根据实际需要很容易想到和实现的，在其引用的权利要求不具备创造性时，权利要求2、3也不符合专利法第22条第3款有关创造性的规定。

申请人（下称请求人）不服上述驳回决定，于2005年3月9日向专利复审委员会提出了复审请求并提交了权利要求书的全文替换页，请求人在驳回决定所针对的权利要求第1~3项的基础上增加了从属权利要求4~7。同时提交了附件1：请求人声称的2001年10月11日《北京青年报》上刊载的文章《英文拼不好教育需重视》的照片。请求人提交的权利要求书的内容如下：

“1. 一种英语词汇记忆智力玩具，其特征在于，由28个正六面体色块组成，色块的每一个平面上印制或者刻制有互不相同的英文字母，且字母Q和U不在同一个色块上。

2. 根据权利要求1所述的英语词汇记忆智力玩具，其特征在于，每个六面体色块的六个平面涂装成三种不同颜色，而相互垂直的两面为同一种颜色，相互平行的两面为不同颜色，字母的颜色与其所在平面相平行的面的颜色相同。

3. 根据权利要求1或2所述的英语词汇记忆智力玩具，其特征在于，各字母的数量分配为：A，19个；E，12个；K和O各10个；I，9个；U，7个；Y，6个；其他字母各5个。

4. 根据权利要求3所述英语词汇记忆智力玩具，其特征在于，每个色块的六个平面涂装成三种不同颜色，而相互垂直的两面为同一种颜色，相互平行的两面为不同颜色，字母的颜色与其所在平面相平行的面的颜色相同。

5. 根据权利要求1或者2所述的英语词汇记忆智力玩具，其特征在于，有1个字母‘O’和1个字母‘K’的底端有一短线‘-’。

6. 根据权利要求3所述的英语词汇记忆智力玩具，其特征在于，有1个字母‘O’和1个字母‘K’的底端有一短线‘-’。

7. 根据权利要求4所述的英语词汇记忆智力玩具，其特征在于，有1个字母‘O’和1个字母‘K’的底端有一短线‘-’。”

请求人提出的复审理由如下：（1）附件1披露了美国政府就当前美国中小学校的语文教学问题专门成立了一个特别工作组，负责研究阅读教学中出现的一些问题，本申请为解决这一问题作出了贡献；（2）如何使用尽量少的字母色块，又能将各种英语词汇拼写出来，而且是在一个有规则的具有赏心悦目、规范形状的平面上拼写多个单词，不是可以随意作出的发明，是非显而易见的；（3）对比文件1中骰子数量下限为30个，只能增加不能减少，本申请突破了这个下限，并且通过深入研究分析发现，只需28个，就可以将几乎所有英文单词拼读出来，具有突出的实质性特点；（4）本申请的字面Q和U不在同一色块上是非显而易见的，在本申请之前均未有人想到这一特征，仅靠逻辑推理分析，也不可能得出此特征；（5）本申请的技术效果是对比文件1所不能达到的，在玩法的多样性、趣味性以及英语词汇的记忆效率上远远超过对比文件1所能取得的效果，并使英语学习轻松有趣。

经形式审查合格，专利复审委员会于2006年12月18日受理了该复审请求，同时向请求人发出了复审请求受理通知书，向国家知识产权局实质审查部门发出了前置审查通知书。

在前置审查意见书中，国家知识产权局实质审查部门坚持驳回决定。

针对该复审请求，专利复审委员会依法成立合议组，对本复审请求案进行审理。合议组于2008年2月21日向请求人发出复审通知书，所引用的对比文件与驳回决定所引用的对比文件相同。

复审通知书指出：(1) 请求人于2005年3月9日对权利要求书所作的修改增加了权利要求4~7，上述修改并不是为了消除驳回决定所指出的权利要求1~3不具有创造性的缺陷而进行的，因此不符合专利法实施细则第60条第1款的规定，对该权利要求修改文本不予接受；(2) 又由于权利要求1~3相对于驳回决定所针对的权利要求1~3并未修改，为了节约程序，在本复审通知书中对权利要求1~3进行进一步的评述，并指出：对比文件1公开了权利要求1大部分技术特征，区别特征在于：权利要求1正六面体色块为28个，字母采用了刻制和印制的方式，并且字母Q和U不在同一个色块上；对比文件1中的正方体骰子为30个，字母采用印制方式。对于上述区别特征，合议组认为，正六面体色块的数量及Q和U不设置在同一色块上的区别特征均为本领域技术人员可以根据实际需要进行设置的，字母采用刻制或印制的方式是本领域的惯用手段，并且权利要求1的技术方案也未产生预料不到的技术效果，因此权利要求1请求保护的技术方案不具有突出的实质性特点和显著的进步，不符合专利法第22条第3款有关创造性的规定；权利要求2、3直接或间接从属于权利要求1，其附加技术特征是本领域技术人员容易想到和实现的，在其引用的权利要求不具有创造性的情况下，权利要求2、3也不符合专利法第22条第3款有关创造性的规定。

针对上述复审通知书，请求人于2008年3月29日提交了意见陈述书，未修改申请文件。请求人认为：(1) 根据对比文件1说明书公开了骰子的数量是30个，并公开了“骰子的数量也可适当增加”，对比文件1公开的上述内容给出的教导为骰子数量只能增加，不能减少，因此对比文件1不能给出本申请权利要求1中将正六面体设置为28的技术启示；对比文件1未公开权利要求1中字母Q和U安排在不同色块上这一技术特征也未给出任何技术启示，合议组未提供关于该技术特征为惯用手段的任何证据；合议组仅笼统否定本申请权利要求1的技术方案不具有显著的进步，未说明任何理由；(2) 对比文件1公开的对骰子着色的方案，没有任何规律，不可能从对比文件1直接导出，也不可能具有权利要求2附加技术特征所具有的技术效果；权利要求3附加技术特征的确是进行了大量统计分析比较才得出的，对于优化本申请的技术效果具有重要意义，并不是本领域技术人员容易想到的。因此，权利要求1~3请求保护的技术方案相对于对比文件1具有突出的实质性特定和显著的进步，符合专利法第22条第3款有关创造性的规定。

在上述工作的基础上，合议组认为本案事实已经清楚，可依法作出复审请求审查决定。

二、决定的理由

1. 审查文本

请求人答复复审意见通知书时未修改申请文件，而请求人于2005年3月9日提出复审请求时对权利要求书所作的修改增加了从属权利要求4~7，并不是为消除驳回决定所指出的权利要求1~3不具有创造性的缺陷而进行的修改，不符合专利法实施细则第60条第1款的规定，因此合议组对上述修改文本不予接受。由于提出复审请求时提交的权利要求1~3与驳回决定所针对的权利要求1~3相同，对驳回决定所针对的权利要求1~3不具有创造性的审查意见实际上在复审通知书中已经告知过请求人，因此本复审决定依据与驳回决定相同的文本进行审查，即请求人于2004年9月11日提交的权利要求第1~3项，申请日提交的说明书第1~6页、说明书摘要。

2. 关于专利法第22条第3款

专利法第22条第3款规定：创造性，是指同申请日以前已有的技术相比，该发明有突出的实质性特点和显著的进步，该实用新型有实质性特点和进步。

合议组评判本申请的权利要求1~3的创造性时所采用的对比文件与驳回决定所引用的对比文件相同，即对比文件1：CN1357866A，公开日为2002年7月10日。

（1）权利要求1请求保护一种英语词汇记忆智力玩具，其特征在于，由28个正六面体色块组成，色块的每一个平面上印制或者刻制有互不相同的英文字母，且字母Q和U不在同一个色块上。

对比文件1公开了一种英语字母骰子七巧板，由30个面上不同方向刻有英语字母的正方体骰子及一编盘组成（参见对比文件1说明书第4页最后1行至第5页第1行），同一个骰子中不出现相同的字母（参见对比文件1说明书第5页第10行），骰子的各个面可以着上不同的颜色，所有骰子面上所刻的字母均为相同的颜色，面上颜色以能够使骰子看上去变得活泼、美观，且能衬托面上的字母为宜（参见对比文件1说明书第5页第13~15行），骰子的数量也可适当增加，用来增加单词中出现频率高的字母（参见对比文件1说明书第5页第22行）。

将权利要求1要求保护的技术方案与对比文件1公开的上述内容对比可知，对比文件1公开了权利要求1的大部分技术特征，其中，对比文件1中的英语字母骰子七巧板，用于英语词汇的记忆，对应权利要求1中的英语词汇记忆智力玩具；对比文件1中的各面着不同颜色的正方体即对应于权利要求1中的正六面体色块；对比文件1中同一个骰子中不出现相同的字母，对应于权利要求1中的色块的每一个平面上印制或者刻制有互不相同的英文字母。

通过以上分析，权利要求1与对比文件1的区别特征在于，①权利要求1中的正六面体色块为28个，而对比文件1中的正方体骰子为30个；②对比文件1中字母是刻的，而权利要求1中字母除了刻之外，还可以使用印制的方式；③对比文件1未公开权利要求1中的字母Q和U不在同一个色块上的技术特征。

对于上述区别特征①，合议组认为，本领域技术人员在确定正六面体色块的数量时，会考虑以下因素：色块过少造成英文字母数过少，有些较长的英文单词无法拼写，但色块过多，则会浪费资源，基于上述考虑，本申请申请日提交的申请文件中指出色块数量可以为26~40个，优先为权利要求1中的28个，在对比文件1中公开的正六面体色块数量为30个的基础上，将色块数量减少2个，并不会给本申请带来突出的实质性特点和显著的进步；对于上述区别特征②，字母是刻还是印，均是本领域的惯用手段；对于上述区别特征③，将字母Q和U安排在不同的色块上，其目的在于充分发挥印有Q、U字母色块的组合功能，这样设置例如可以拼写类似“QUEEN”这样的英文单词，该区别特征是本领域技术人员为解决类似“QUEEN”这样的英文单词的拼写问题而采用的惯用手段，完全可以根据实际需要进行设置。因此，权利要求1请求保护的技术方案相对于对比文件1不具有突出的实质性特点和显著的进步，该方案也未产生任何意想不到的技术效果，权利要求1相对于对比文件1不符合专利法第22条第3款有关创造性的规定。

（2）权利要求2引用权利要求1，其附加部分的技术特征为“每个六面体色块的六个平面涂装成三种不同颜色，而相互垂直的两面为同一种颜色，相互平行的两面为不同颜色，字母的颜色与其所在平面相平行的面的颜色相同”。对比文件1公开了骰子的各个面可以着上不同的颜色，所有骰子面上所刻的字母均为相同的颜色，面上颜色以能够使骰子看上去变得活泼、美观，且能衬托面上的字母为宜（参见对比文件1说明书第5页第13~15行），在对比文件1公开的上述内容的基础上，为实现六面体色块各面颜色活波、美观、并能够衬托字母的目的，而得到权利要求2附加部分的特征是本领域技术人员容易想到和实现的。因此，当其所引用的权利要求没有创造性的情况下，权利要求2相对于对比文件1不具有突出的实质性特点和显著的进步，不符合专利法第22条第3款有关创造性的规定。

（3）权利要求3引用权利要求1或2，其附加部分的技术特征为“各字母数量分配为：A，19

个；E，12个；K和O各10个；I，9个；U，7个；Y，6个；其他字母各5个”。基于对英文单词中各个字母使用频率的统计分析而得出各英文字母在色块上分配的数量，是本领域技术人员容易想到的设置方式，当其所引用的权利要求没有创造性的情况下，权利要求3相对于对比文件1不具有突出的实质性特点和显著的进步，不符合专利法第22条第3款有关创造性的规定。

（4）针对请求人在答复复审意见通知书时所提出的意见，合议组认为，①色块数量的设置是基于大量的统计分析后确定的，这种统计分析或许需要付出很多的努力，但这一点并不能成为判断是否具有创造性的标准。本申请使用28个正六面体色块，虽然比对比文件1减少了2个色块的使用，但上述数量的略微减少并不会给能够拼写出的英语词汇的数量带来显著的影响，基于统计分析设置28个色块对于本领域技术人员来说是容易想到和实现的。另外，为了实现“Q”、“U”字母色块的组合功能，本领域技术人员在进行字母设置时，必然有不设置在同一色块上的字母Q和U，否则将无法完成类似“QUEEN”这些常见单词的拼写，因此字母“Q”、“U”不设置在同一色块上是本领域技术人员通过常规分析很容易推导出的，其不足以使该技术方案具有突出的实质性特点和显著的进步；②权利要求2、3的附加特征是对色块着色及各个字母数量的规定，其中色块着色是本领域技术人员可以根据设计需要随意设置的，而字母数量是基于各个字母使用频率的统计分析数据而设置的，上述设置均是本领域技术人员容易想到和实现的，如上所述创造性的有无与所付出的努力程度无关；③对于请求人所述的本申请是否具有显著进步的争议点，合议组认为，本申请与对比文件1均采用了正六面体色块，而且色块数量接近、颜色设置丰富多彩，均能够取得增加玩法的多样性、趣味性以及提高英语词汇的记忆效率等方面的效果，本申请相对于对比文件1并未取得任何意料不到的技术效果。因此，请求人陈述的本申请权利要求1~3具有创造性的理由不成立。

三、决定

维持国家知识产权局于2004年12月10日对02114378.1号发明专利申请作出的驳回决定。

当事人对本决定不服的，可以根据专利法第41条第2款的规定，自收到本决定之日起三个月内向北京市第一中级人民法院起诉。

063

发光二极管标志及其所用的半透明塑料片

复审请求审查决定（第13076号）

决　定　号　第13076号
决　定　日　2008年3月20日
发明创造名称　发光二极管标志及其所用的半透明塑料片
国际分类号　G09F 13/00，G09F 13/08，G02B 5/02
复审请求人　阿托费纳公司
申　请　号　03140906.7
申　请　日　2003年5月23日
公　开　日　2004年1月21日
合议组组长　左　一
主　审　员　冉建国
参　审　员　张　琳

法律依据　专利法第22条第2、3款
决定要点

权利要求的技术方案在一篇对比文件中得到披露，并且它们的技术领域、要解决的技术问题以及所达到的技术效果实质相同，则该权利要求不具备新颖性；而如果权利要求的技术方案与最接近的对比文件相比存在区别技术特征，并且现有技术给出了实现上述区别技术特征的技术启示，则该权利要求不具备创造性。

一、案由

本复审请求涉及申请日为2003年5月23日、最早优先权日为2002年5月23日、公开日为2004年1月21日、发明名称为“发光二极管标志及其所用的半透明塑料片”、申请号为03140906.7的发明专利申请（下称本申请），申请人为阿托费纳公司。

国家知识产权局实质审查部门于2006年11月17日对本申请作出了驳回决定，该驳回决定所依据的文本是：申请人于申请日提交的原始申请文件的权利要求第1~15项、说明书第1~17页以及说明书摘要；驳回决定中引用如下对比文件：

对比文件1：CN1344091A，公开日为2002年4月10日；

对比文件2：WO0172513A1，公开日为2001年10月4日；

对比文件3：CN1220283A，公开日为1999年6月23日。

驳回决定的具体理由是：权利要求1、4~8相对于对比文件1和2不具备专利法第22条第3款规

定的创造性；权利要求 2 相对于对比文件 1 和 3 不具备专利法第 22 条第 3 款规定的创造性；权利要求 3 相对于对比文件 1、2 和 3 不具备专利法第 22 条第 3 款规定的创造性；权利要求 9~11、15 相对于对比文件 3 不具备专利法第 22 条第 2 款规定的新颖性；权利要求 12~14 相对于对比文件 2 和 3 不具备专利法第 22 条第 3 款规定的创造性。

该驳回决定所针对的权利要求 1~15 的内容如下：

“1. 一种光漫射标志，所述标志包括：

（a）发光二极管（LED）光源；

（b）抛光的半透明共挤压薄片，所述薄片包括：

（i）颗粒层，它含有 1%~60% 平均粒度约为 4~100 微米，粒度分布为 1~110 微米范围的颗粒，颗粒和热塑性基体熔融混合，按照 ASTM D 542 进行测量，所述颗粒和基体的折射率指数相差大于 0.001单位；

（ii）至少一层基底层，所述基底层包含热塑性组合物，按照 ASTM D 542 进行测量，各基底层的折射指数在所述颗粒层基体折射指数的 0.2 单位以内。

2. 一种光漫射标志，所述标志包括：

（a）发光二极管（LED）光源

（b）抛光的半透明共挤压薄片，所述薄片含有：

（i）颗粒层，它含有 1%~60% 平均粒度约为 4~100 微米，粒度分布为 1~110 微米范围的颗粒，颗粒和热塑性基体熔融混合，按照 ASTM D 542 进行测量，所述颗粒和基体的折射率指数相差大于 0.001单位；

（ii）至少一层包含热塑性组合物的基底层，所述基底层在颗粒层背离 LED 光源的面上，按照 ASTM D 542 进行测量，各基底层的折射指数在所述颗粒层基体折射指数的 0.2 单位以内；

（iii）或可还有至少一层包含热塑性组合物的基底层，所述基底层在颗粒层面向所述 LED 光源的面上，按照 ASTM D 542 进行测量，各基底层的折射指数在所述颗粒层基体折射指数的 0.2 单位以内。

3. 一种光漫射标志，所述标志包括：

（a）发光二极管（LED）光源。

（b）抛光的半透明共挤压薄片，所述薄片厚度为 0.02~1.0 英寸，它包括：

（i）颗粒层，所述颗粒层的厚度为 0.001~0.1 英寸，含有 10%~50% 平均粒度约为 15~70 微米，粒度分布为 1~110 微米范围的颗粒，所述颗粒的折射指数为 1.46~1.59，颗粒和热塑性基体熔融混合，按照 ASTM D 542 进行测量，所述颗粒和基体的折射率指数相差大于 0.002 单位；

（ii）至少一层包含热塑性组合物的基底层，所述基底层在颗粒层背离 LED 光源的面上，按照 ASTM D 542 进行测量，各基底层的折射指数在所述颗粒层基体折射指数的 0.2 单位以内；

（iii）或可还有至少一层包含热塑性组合物的基底层，所述基底层位于颗粒层面向所述 LED 光源的面上，按照 ASTM D 542 进行测量，各基底层的折射指数在所述颗粒层基体折射指数的 0.2 单位以内。

4. 权利要求 1 所述的标志，其特征在于所述薄片是有色的。

5. 权利要求 1 所述的标志，其特征在于所述薄片是无色的。

6. 权利要求 1 所述的标志，其特征在于所述颗粒层的颗粒组成为 0~99.99% 苯乙烯、0~99.99% 甲基丙烯酸烷基酯或丙烯酸烷基酯或者两者的混合物，以及 0.01%~5% 交联剂，所述颗粒的折射指数为 1.46~1.59。

7. 权利要求 6 所述的标志，其特征在于所述颗粒层的基体为 90%~98% MMA 和 2%~10% EA。

8. 权利要求 7 所述的标志，其特征在于所述可任选的层各含有 90%～98% MMA 和2%～10% EA。

9. 一种半透明共挤压薄片，所述薄片包括：

（a）内部颗粒层，它含有 1%～60% 平均粒度约为 4～100 微米，粒度分布为 1～110 微米范围的颗粒，颗粒和热塑性基体熔融混合，按照 ASTM D 542 进行测量，所述颗粒和基体的折射率指数相差大于 0.001 单位；

（b）至少两层外部基底层，所述基底层包含热塑性组合物，当按照 ASTM D 542 进行测量，各基底层的折射指数在所述颗粒层基体折射指数的 0.2 单位以内。

10. 权利要求 9 所述的标志，其特征在于所述薄片是有色的。

11. 权利要求 9 所述的标志，其特征在于所述薄片的厚度为 0.002～1.0 英寸。

12. 权利要求 9 所述的标志，其特征在于所述颗粒层的颗粒组成为 0～99.99% 苯乙烯、0～99.99% 甲基丙烯酸烷基酯或丙烯酸烷基酯或者两者的混合物、以及 0.01%～5% 交联剂，所述颗粒的折射指数为 1.46～1.59。

13. 权利要求 12 所述的标志，其特征在于所述颗粒层的基体为 90%～98% MMA 和2%～10% EA。

14. 权利要求 9 所述的标志，其特征在于所述外层各包含 90%～98% MMA 和 2%～10% EA。

15. 权利要求 9 所述的标志，其特征在于所述薄片为三层。”

申请人（下称复审请求人）对该驳回决定不服，于 2007 年 2 月 28 日向国家知识产权局专利复审委员会提交了复审请求书，并提交了修改后的权利要求书全文替换页，在修改的权利要求书中，将权利要求 1～3 中的“发光二极管（LED）光源”修改为“直接位于光漫射器之后的发光二极管（LED）光源”。

修改后的独立权利要求 1～3 的内容如下：

“1. 一种光漫射标志，所述标志包括：

（a）直接位于光漫射器之后的发光二极管（LED）光源；

（b）抛光的半透明共挤压薄片，所述薄片包括：

（i）颗粒层，它含有 1%～60% 平均粒度约为 4～100 微米，粒度分布为 1～110 微米范围的颗粒，颗粒和热塑性基体熔融混合，按照 ASTM D 542 进行测量，所述颗粒和基体的折射率指数相差大于 0.001单位；

（ii）至少一层基底层，所述基底层包含热塑性组合物，按照 ASTM D 542 进行测量，各基底层的折射指数在所述颗粒层基体折射指数的 0.2 单位以内。

2. 一种光漫射标志，所述标志包括：

（a）直接位于光漫射器之后的发光二极管（LED）光源。

（b）抛光的半透明共挤压薄片，所述薄片含有：

（i）颗粒层，它含有 1%～60% 平均粒度约为 4～100 微米，粒度分布为 1～110 微米范围的颗粒，颗粒和热塑性基体熔融混合，按照 ASTM D 542 进行测量，所述颗粒和基体的折射率指数相差大于 0.001单位；

（ii）至少一层包含热塑性组合物的基底层，所述基底层在颗粒层背离 LED 光源的面上，按照 ASTM D 542 进行测量，各基底层的折射指数在所述颗粒层基体折射指数的 0.2 单位以内；

（iii）或可还有至少一层包含热塑性组合物的基底层，所述基底层在颗粒层面向所述 LED 光源的面上，按照 ASTM D 542 进行测量，各基底层的折射指数在所述颗粒层基体折射指数的 0.2 单位以内。

3. 一种光漫射标志，所述标志包括：

（a）直接位于光漫射器之后的发光二极管（LED）光源。

（b）抛光的半透明共挤压薄片，所述薄片厚度为0.02~1.0英寸，它包括：

（i）颗粒层，所述颗粒层的厚度为0.001~0.1英寸，含有10%~50%平均粒度约为15~70微米，粒度分布为1~110微米范围的颗粒，所述颗粒的折射指数为1.46~1.59，颗粒和热塑性基体熔融混合，按照ASTM D 542进行测量，所述颗粒和基体的折射率指数相差大于0.002单位；

（ii）至少一层包含热塑性组合物的基底层，所述基底层在颗粒层背离LED光源的面上，按照ASTM D 542进行测量，各基底层的折射指数在所述颗粒层基体折射指数的0.2单位以内；

（iii）或可还有至少一层包含热塑性组合物的基底层，所述基底层位于颗粒层面向所述LED光源的面上，按照ASTM D 542进行测量，各基底层的折射指数在所述颗粒层基体折射指数的0.2单位以内。”

复审请求人的复审理由是：修改后的权利要求1~15具备专利法第22条第2、3款规定的新颖性和创造性。其主要理由是：（1）本发明中的颗粒层的粒度分布极窄，这种极窄的粒度分布为产品提供了优良的光分布效果、优良的光学性能以及优良的遮蔽能力，同时保持了高的透光率，包含上述颗粒层的光漫射片优于对比文件2中的塑料片材；（2）对比文件2没有公开粒度分布为1~60微米，对比文件2中的“particle size diameters in the range of about 1 miron to about 60 microns”不应翻译为“粒度分布为1~60微米”，而应翻译为“粒度/粒度直径（的范围）为1~60微米”或者“平均粒度/粒径（的范围）为1~60微米”，并且对比文件2中的“60”存在打字错误，可能应为“160”；（3）对比文件3没有提及“粒径分布为3~70微米”这一特征。

经形式审查合格后，专利复审委员会受理了该复审请求，并于2007年4月17日发出复审请求受理通知书，同时向实质审查部门发出前置审查通知书。

在前置审查程序中，国家知识产权局实质审查部门认为复审请求人对权利要求1~3的修改超出了原权利要求书和说明书记载的范围，不符合专利法第33条的规定，坚持驳回决定。

在此基础上，专利复审委员会依法成立合议组，对本案进行审查。

合议组于2007年11月27日发出复审通知书，由于复审请求人在提出复审请求时修改了权利要求书，因此，该复审通知书所依据的文本是：2007年2月28日提交的权利要求第1~15项、申请日提交的原始申请文件的说明书第1~17页以及说明书摘要。该复审通知书中引用的对比文件与驳回决定中引用的对比文件相同，复审通知书中指出：

（1）复审请求人在提出复审请求时将权利要求1~3中的“发光二极管（LED）光源”修改为“直接位于光漫射器之后的发光二极管（LED）光源”，上述修改的内容在原权利要求书和说明书中没有文字记载，并且本领域技术人员也不能由原权利要求书和说明书文字记载的内容直接地、毫无疑义地确定。因此，权利要求1~3的修改超出了原权利要求书和说明书记载的范围，不符合专利法第33条的规定。

（2）合议组本着节约程序的原则，进一步指出，即使复审请求人克服了上述修改超范围的缺陷，权利要求1，4~8相对于对比文件1和2也不具备专利法第22条第3款规定的创造性；权利要求2相对于对比文件1和3也不具备专利法第22条第3款规定的创造性；权利要求3相对于对比文件1、2和3也不具备专利法第22条第3款规定的创造性；权利要求9~11，15相对于对比文件3也不具备专利法第22条第2款规定的新颖性；权利要求12~14相对于对比文件2和3也不具备专利法第22条第3款规定的创造性。同时，针对复审请求人提出的3点主要复审理由，合议组还指出：①由于对比文件中的颗粒分布数据公开了本申请中的颗粒分布数据，对比文件中的颗粒分布也是极窄的，因此，它具有与本申请中的产品同样的光分布效果、优良的光学性能和优良的遮蔽能力，同时还保持了高的透光率，也能遮蔽LED光源。并且复审请求人认为的本申请的的光散射片优于对比文件中的片材只是一种臆断，并没有证据支持；②对于复审请求人认为的对比文件2的翻译错误及打字错误也同样是一种臆断，合议组认为其翻译不存在错误，应当翻译为“粒度分布为1~60μm”，并且也不存在打字错误；③对比文件3中虽然没有提及“粒度分布为3~70μm”，但是它公开了（参见对比文件3说明书第11页表1）“粒度为3、5、11、70μm的光漫射剂”的上述特征，因此，对比文件3公开的上述特征破坏了数据范围特征“粒度分布为1~110微米”的新颖性。

复审请求人于2008年1月10日提交了复审意见陈述书以及修改后的权利要求书全文替换页，在修改的权利要求书中，将独立权利要求1~3中的“直接位于光漫射器之后的发光二极管（LED）光源”修改为“发光二极管（LED）光源”。

修改后的独立权利要求1~3的内容如下：

“1. 一种光漫射标志，所述标志包括：

（a）发光二极管（LED）光源；

（b）抛光的半透明共挤压薄片，所述薄片包括：

（i）颗粒层，它含有1~60%平均粒度约为4~100微米，粒度分布为1~110微米范围的颗粒，颗粒和热塑性基体熔融混合，按照ASTM D 542进行测量，所述颗粒和基体的折射率指数相差大于0.001单位；

（ii）至少一层基底层，所述基底层包含热塑性组合物，按照ASTM D 542进行测量，各基底层的折射指数在所述颗粒层基体折射指数的0.2单位以内。

2. 一种光漫射标志，所述标志包括：

（a）发光二极管（LED）光源。

（b）抛光的半透明共挤压薄片，所述薄片含有：

（i）颗粒层，它含有1%~60%平均粒度约为4~100微米，粒度分布为1~110微米范围的颗粒，颗粒和热塑性基体熔融混合，按照ASTM D 542进行测量，所述颗粒和基体的折射率指数相差大于0.001单位；

（ii）至少一层包含热塑性组合物的基底层，所述基底层在颗粒层背离LED光源的面上，按照ASTM D 542进行测量，各基底层的折射指数在所述颗粒层基体折射指数的0.2单位以内；

（iii）或可还有至少一层包含热塑性组合物的基底层，所述基底层在颗粒层面向所述LED光源的面上，按照ASTM D 542进行测量，各基底层的折射指数在所述颗粒层基体折射指数的0.2单位以内。

3. 一种光漫射标志，所述标志包括：

（a）发光二极管（LED）光源

（b）抛光的半透明共挤压薄片，所述薄片厚度为0.02~1.0英寸，它包括：

（i）颗粒层，所述颗粒层的厚度为0.001~0.1英寸，含有10%~50%平均粒度约为15~70微米，粒度分布为1~110微米范围的颗粒，所述颗粒的折射指数为1.46~1.59，颗粒和热塑性基体熔融混合，按照ASTM D 542进行测量，所述颗粒和基体的折射率指数相差大于0.002单位；

（ii）至少一层包含热塑性组合物的基底层，所述基底层在颗粒层背离LED光源的面上，按照ASTM D 542进行测量，各基底层的折射指数在所述颗粒层基体折射指数的0.2单位以内；

（iii）或可还有至少一层包含热塑性组合物的基底层，所述基底层位于颗粒层面向所述LED光源的面上，按照ASTM D 542进行测量，各基底层的折射指数在所述颗粒层基体折射指数的0.2单位以内。”

在意见陈述书中，复审请求人认为：

（1）“直接位于光漫射器之后的发光二极管（LED）光源”可以从说明书第3页第15~22行公开

的内容唯一且毫无疑义地导出，但为了早日授权，同意将其中“直接位于光漫射器之后的”删除。

（2）修改后的权利要求1~15具备专利法第22条第2、3款规定的新颖性和创造性。其主要理由是：①本发明中的颗粒层的粒度分布极窄，这种极窄的粒度分布为产品提供了优良的光分布效果、优良的光学性能以及优良的遮蔽能力，同时保持了高的透光率，包含上述颗粒层的光漫射片优于对比文件2中的塑料片材；②对比文件2没有公开粒度分布为1~60微米，从本发明产品以及竞争对手类似产品的粒度分布图可以看出，本发明产品与竞争对手的产品具有基本相同的平均粒度（或者对比文件中所谓的粒度直径），但是本发明产品具有极窄的粒度分布，而竞争对手的产品的粒度分布在相同平均粒度条件下明显宽很多。因此，“平均粒度”和“粒度分布”是不同的，对比文件2中的“particle size diameters in the range of about 1 miron to about 60 microns”不应翻译为“粒度分布为1~60微米”，而应翻译为“粒度度直径的范围为1~60微米”；③“粒度分布为1~60微米”的颗粒层在现有技术水平阶段在地球普通重力条件下是不可能实现的。

复审请求人于2008年1月17日再次提交了复审意见陈述书，但未提交修改文件。意见陈述书中的内容与2008年1月10日提交的意见陈述书的内容相同。

在上述工作的基础上，合议组认为本案事实已经清楚，可以作出本复审请求审查决定。

二、决定的理由

1. 审查文本

由于复审请求人于2008年1月10日提交了权利要求书，故本复审决定依据的文本是：2008年1月10日提交的权利要求第1~15项、申请日提交的原始申请文件的说明书第1~17页以及说明书摘要。

2. 关于专利法第33条

专利法第33条规定：申请人可以对其专利申请文件进行修改，但是，对发明和实用新型专利申请文件的修改不得超出原说明书和权利要求书记载的范围，对外观涉及专利申请文件的修改不得超出原图片或者照片表示的范围。

复审请求人在答复复审通知书时提交了修改的权利要求书，在上述权利要求书中，将权利要求1~3中的“直接位于光漫射器之后的发光二极管（LED）光源”修改为“发光二极管（LED）光源”。由于在原权利要求书以及说明书第4页记载了“发光二极管（LED）光源”，故上述修改的内容记载于原说明书和权利要求书中，因此，上述修改也就克服了复审通知书中所指出的权利要求1~3的修改不符合专利法第33条规定的缺陷。

3. 关于权利要求1~15的新颖性和创造性

专利法第22条第2款规定：新颖性，是指在申请日以前没有同样的发明或实用新型在国内外出版物上公开发表过、在国内公开使用过或者以其他方式为公众所知，也没有同样的发明或者实用新型由他人向国务院专利行政部门提出过申请并且记载在申请日以后公布的专利申请文件中。

专利法第22条第3款规定：创造性，是指同申请日以前已有的技术相比，该发明有突出的实质性特点和显著的进步，该实用新型有实质性特点和进步。

本审查决定中所引用的对比文件与驳回决定和复审通知书中所引用的对比文件相同，即：

对比文件1：CN1344091A，公开日为2002年4月10日；

对比文件2：WO0172513A1，公开日为2001年10月4日；

对比文件3：CN1220283A，公开日为1999年6月23日。

（1）关于权利要求1的创造性。

权利要求1请求保护一种光漫射标志，对比文件1（CN1344091A）公开了一种光漫射装置，其中（参见对比文件1说明书第1页、第7页第5~13行，附图1~4）披露了以下技术特征：发光二极管光源发射的光照亮光漫射器3，在其表面显示特定的字符标记，因而形成一种光漫射标志。

权利要求1与对比文件1相比，其区别在于：权利要求1中的光漫射标志所采用的抛光的半透明共挤压薄片与对比文件1中的光漫射装置所采用的光漫射器3不同。

对比文件2（WO01/72513A1）公开了一种可用于光漫射器的塑料片材。其中（参见对比文件2说明书第2页第5行至第10页第9行）披露了以下技术特征：塑料片材由半透明的热塑性聚合物挤压而成，它包括一芯层（相当于权利要求1中的基底层）和一个粘接在芯层表面的贴面层（相当于权利要求1中的颗粒层），该贴面层表面形成大量的颗粒，该颗粒的平均直径为40μm，直径范围是1~60微米。该贴面层由第二热塑性聚合物材料形成，颗粒分散在该聚合物中，颗粒的折射率不同于形成该贴面层的聚合物的折射率，其差值的范围是大约0.001~0.030（大于0.001）；该芯层由第一热塑性聚合物组成，在一实施方案中，形成芯层的第一热塑性聚合物和形成贴面层的第二热塑性聚合物相同，因此，它们的折射率也相同（则第一热塑性聚合物的折射率在第二热塑性聚合物的0.2单位以内）。由此可见，对比文件2公开了权利要求1与对比文件1的上述区别技术特征，即权利要求1中所采用的半透明共挤压薄片，并且还公开了具有上述特性的塑料片材可用于光漫射器中。也就是说对比文件2给出了将上述区别特征应用到对比文件1中以得到权利要求1请求保护的技术方案的启示。

对于复审请求人于2008年1月10日以及2008年1月17日提交的意见陈述书中的3点意见，合议组认为：①由于对比文件中的颗粒分布数据公开了本申请中的颗粒分布数据，对比文件中的颗粒分布也是极窄的，因此，它具有与本申请中的产品同样的光分布效果、优良的光学性能和优良的遮蔽能力，同时还保持了高的透光率，也能遮蔽LED光源。复审请求人并没有提供证据证明本申请的光散射片优于对比文件中的片材，基于目前的申请文件，合议组认为权利要求1所要求保护的光漫射标志中的光散射片并未体现出优于对比文件中片材的技术特征；②第一，“粒度分布”与“平均粒度”是两不同的概念，平均粒度是一个具体的数值点，它不是一个数值范围，而粒度分布是指一个数值范围，对比文件2中“particle size diameters in the range of about 1 miron to about 60 microns”应翻译为“粒度直径的范围约为1~60微米”，它是指颗粒层中的粒度直径的一个范围，并不是指代一个具体的数值点（例如平均粒径），因此，它相当于颗粒层的粒度分布，而并不是指粒度的平均粒径，对于“平均粒径”它的对应英文翻译应为“average particle size”，这从对比文件2的实施例1中可以看出，它对“平均粒径”采用了“average particle size”的表述方式。第二，复审请求人提供的竞争对手的产品的粒度分布图证据并不能说明上述分布图就是对比文件2中的塑料片材中的颗粒层所采用的粒度分布图，因此也就不能证明本发明的粒度分布优于对比文件2中的颗粒层的粒度分布；③复审请求人关于“粒度分布为1~60微米”的颗粒层在现有技术水平阶段在地球普通重力条件下是不可能实现的观点并没有提供证相关据支持，在本领域中，现有技术中不仅可以实现微米级的颗粒分布的颗粒层，而且对于亚微米级的颗粒分布的颗粒层也是可以实现的。

综上所述，在对比文件1的基础上结合对比文件2得到权利要求1对本领域技术人员来说是显而易见的。因此，权利要求1不具有突出的实质性特点和显著的进步，不具备专利法第22条第3款规定的创造性。

（2）关于权利要求2的创造性。

权利要求2请求保护一种光漫射标志。对比文件1（CN1344091A）公开了一种光漫射装置。其中（参见对比文件1说明书第1页、第7页第5~13行，附图1~4）披露了以下技术特征：发光二极管光源发射的光照亮光漫射器3，在其表面显示特定的字符标记，因而形成一种光漫射标志。

权利要求2与对比文件1相比，其区别在于：权利要求2中的光漫射标志所采用的抛光的半透明共挤压薄片与对比文件1中的光漫射装置所采用的光漫射器3不同。

对比文件3（CN1220283A）公开了一种用于光漫射的层压树脂片。其中（参见对比文件3权利要求1、说明书第1页至第12页）披露了以下特征：层压树脂片由一个作为中间层的树脂层A和两个作为表面层的树脂层B通过挤压工艺形成，其中该树脂层A由平均粒径为1~10微米、粒径分布为3、5、11、70的光漫射剂和特定成分的树脂熔融而成，且漫射剂颗粒的折射率与形成树脂层A的特定树脂的折射率的差值为0.02~0.13（大于0.001）。因而该树脂层A相当于权利要求2中的颗粒层，而树脂层B可以用与树脂层A相同组分的甲基丙烯酸甲酯树脂或苯乙烯树脂与橡胶状聚合物熔融而成，即树脂层B与树脂层A的折射率相同（必在树脂层A折射率的0.2单位以内），所以树脂层B相当于权利要求2中的基底层。又因为树脂层B设置在树脂层A两面，所以在光源照射该光漫射树脂片时，必有一树脂层B面向光源，而另一树脂层B背离光源。由此可见，对比文件3公开的用于光漫射的层压树脂片相当于权利要求2中的抛光的半透明共挤压薄片，也就是说对比文件3给出了将上述区别特征应用到对比文件1以得到权利要求2请求保护的技术方案的启示。

综上所述，在对比文件1的基础上结合对比文件3得到权利要求2对本领域技术人员来说是显而易见的。因此，权利要求2不具有突出的实质性特点和显著的进步，不具备专利法第22条第3款规定的创造性。

（3）关于权利要求3的创造性。

权利要求3请求保护一种光漫射标志。对比文件1（CN1344091A）公开了一种光漫射装置。其中（参见对比文件1说明书第1页、第7页第5~13行，附图1-4）披露了以下技术特征：发光二极管光源发射的光照亮光漫射器3，在其表面显示特定的字符标记，因而形成一种光漫射标志。

权利要求3与对比文件1相比，其区别在于：权利要求3中的光漫射标志所采用的抛光的半透明共挤压薄片与对比文件1中的光漫射装置所采用的光漫射器3不同。

对比文件3公开了一种光漫射的层压树脂片。其中（参见对比文件3权利要求1、说明书第1~12页）披露了以下技术特征：层压树脂片的由一个作为中间层的树脂层A和两个作为表面层的树脂层B通过挤压工艺形成，其中该树脂层A由0.1~10重量份、平均粒径为1~10微米、粒径分布为3、5、11、70的光漫射剂和特定成分的树脂熔融而成，且漫射剂颗粒的折射率与形成树脂层A的特定树脂的折射率的差值为0.02~0.13（大于0.002）；而树脂层B可以用与树脂层A相同组分的甲基丙烯酸甲酯树脂或苯乙烯树脂与橡胶状聚合物（相当于权利要求3中的热塑性组合物）熔融而成，即树脂层B与树脂层A的折射率相同（必在树脂层A折射率的0.2单位以内）；又因为树脂层B设置在树脂层A两面，所以在光源照射该光漫射树脂片时，必有一树脂层B面向光源，而另一树脂层B背离光源；三层结构的多层层压树脂片的厚度可以是0.1mm/1.8mm/0.1mm、0.3mm/2.4mm/0.3mm（权利要求3中的薄片厚度和颗粒层厚度数值范围内）。

对比文件3没有公开权利要求3中的半透明共挤压薄片的颗粒层的下述特征：颗粒的平均粒度为15~70微米、粒度分布为1~110微米、颗粒的折射率为1.46~1.59。但上述特征在对比文件2中得到公开（参见对比文件2说明书第5页第1~21行，第8~10页）：在用于光漫射器的塑料片材中，包含大量颗粒的贴面层的厚度为150~300μm，颗粒平均直径为40μm，直径范围是1~60μm，折射率为1.49~1.55。由此可见，对比文件2、3已经公开了权利要求3与对比文件1的区别技术特征，并且对比文件2、3公开的塑料片材和层压树脂片均是可以应用到光漫射器中。也就是说，对比文件2、3给出了将上述区别特定应用到对比文件1中以得到权利要求1请求保护的技术方案的启示。

综上所述，在对比文件1的基础上结合对比文件2、3得到权利要求3对本领域普通技术人员来说是显而易见的。因此，权利要求3不具有突出的实质性特点和显著的进步，不具备专利法第22条第3款规定的创造性。

（4）关于权利要求4、5的创造性。

权利要求4、5均引用权利要求1，其附加技术特征分别是“所述薄片是有色的”和“所述薄片是无色的”。对比文件2中公开的塑料片材一般情况下是无色的，但是颗粒中也可以包括一颜料（参见对比文件2权利要求21），从而使得该塑料片材显示特定颜色。因此，当权利要求1不具有创造性时，权利要求4、5也不具备专利法第22条第3款规定的创造性。

（5）关于权利要求6的创造性。

权利要求6引用权利要求1，其附加技术特征是“所述颗粒层的颗粒组成为0%～99.99%苯乙烯、0%～99.99%甲基丙烯酸烷基酯或丙烯酸烷基酯或者两者的混合物、以及0.01%～5%交联剂，所述颗粒的折射系数为1.46～1.59”。对比文件2中（参见对比文件2说明书第2～6页）公开了其颗粒层的折射系数为1.49～1.55，且颗粒由聚合物组成，其中该聚合物可以是甲基丙烯酸甲酯和苯乙烯的交联共聚物。此外，甲基丙烯酸甲酯属于甲基丙烯酸烷基酯（参见本申请说明书第6页第7～9行），又因为对比文件2中组成颗粒的该聚合物包含甲基丙烯酸甲酯和苯乙烯（每种的组分必在0%～99.99%范围内）。因此，权利要求6中甲基丙烯酸烷基酯和苯乙烯的组分已被公开。而该聚合物为甲基丙烯酸甲酯和苯乙烯的交联共聚物，则其中必包含交联剂，而交联剂所占的百分比可以由本领域普通技术人员根据常规实验手段得出，并不需要付出创造性的劳动。因此，当权利要求1不具备创造性时，权利要求6也不具备专利法第22条第3款规定的创造性。

（6）关于权利要求7的创造性。

权利要求7引用权利要求6，其附加技术特征是“所述颗粒层的基体为90%～98% MMA和2%～10% EA”。对比文件2中（参见对比文件2说明书第3页第12～15行）公开了贴面层基体可以用93wt%～97wt%的甲基丙烯酸甲酯（MMA）和3wt%～7wt%的丙烯酸甲酯（MA）构成。而丙烯酸甲酯（MA）和丙烯酸乙酯（EA）均属于丙烯酸烷基酯，而作为热塑性材料是丙烯酸烷基酯的共同性质，将丙烯酸甲酯替换为丙烯酸乙酯是本领域普通技术人员的常规选择。因此，当权利要求6不具备创造性时，权利要求7也不具备专利法第22条第3款规定的创造性。

（7）关于权利要求8的创造性。

权利要求8引用权利要求7，其附加技术特征是“所述可任选的层各含有90%～98% MMA和2%～10% EA”。对比文件2中（参见对比文件2说明书第3页第30行至第4页第2行）公开了用于形成贴面层（相当于权利要求8中的颗粒层）的聚合物可以和形成芯层（相当于权利要求8中的基底层）的聚合物成分相同，结合权利要求7的评述可知，当权利要求7不具备创造性时，权利要求8也不具备专利法第22条第3款规定的创造性。

（8）关于权利要求9的新颖性。

权利要求9请求保护一种半透明共挤压薄片。对比文件3公开了一种用于光漫射的层压树脂片。其中（参见对比文件3权利要求1、说明书第2页第7行至第12页）披露了以下技术特征：层压树脂片由一个作为中间层的树脂层A（半透明）和两个作为表面层的树脂层B（半透明）通过挤压工艺形成，其中该树脂层A由平均粒径为1～10μm，粒径分布为3、5、11、70μm的光漫射剂颗粒和特定成分的树脂熔融而成，且漫射剂颗粒的折射率与形成树脂层A的特定树脂的折射率的差值为0.02～0.13（大于0.001），因而该树脂层A相当于权利要求9中的颗粒层，而树脂层B可以用与树脂层A相同组分的甲基丙烯酸甲酯树脂或苯乙烯树脂与橡胶状聚合物熔融而成，即树脂层B与树脂层A的折射率相同（必在树脂层A折射率的0.2单位以内），所以树脂层B相当于权利要求9中的基底层。由此可见，对比文件3已经公开了权利要求9的全部技术特征，而且对比文件3公开的技术方案与权利要求9所要求保护的技术方案都属于“光漫射器”领域，所要解决的技术问题和产生的技术效果也相同。因此，权利要求9不具备专利法第22条第2款规定的新颖性。

（9）关于权利要求10、11的新颖性。

权利要求10、11均引用权利要求9。其附加技术特征分别为“所述薄片是有色的”、“所述薄片的厚度是0.002~1.0英寸”。对比文件3中（参见对比文件3说明书第5页第3行）公开了在树脂层中可以添加染料，即可以使得该树脂片有一定颜色；层压树脂片的厚度可以在0.1~10mm范围内（该范围包含在0.002~1.0英寸范围内）。由此可见，权利要求10、11的附加技术特征均被对比文件3公开。因此，当权利要求9不具备新颖性时，权利要求10、11也不具备专利法第22条第2款规定的新颖性。

（10）关于权利要求12的创造性。

权利要求12引用权利要求9。对比文件2中（参见对比文件2说明书第2~6页）公开了其颗粒层的折射系数为1.49~1.55，且颗粒由聚合物组成，其中该聚合物可以是甲基丙烯酸甲酯和苯乙烯的交联共聚物。此外，甲基丙烯酸甲酯属于甲基丙烯酸烷基酯（参见本申请说明书第6页第7~9行），又因为该聚合物中包含甲基丙烯酸甲酯和苯乙烯（二者含量必在0~99.99%范围内）。因此，权利要求12中的甲基丙烯酸烷基酯和苯乙烯的组分已被公开。而该聚合物为甲基丙烯酸甲酯和苯乙烯的交联共聚物，则其中必包含交联剂，而交联剂所占的百分比可以由本领域普通技术人员根据常规实验手段得出，并不需要付出创造性的劳动。因此，当权利要求9不具备新颖性时，权利要求12不具备专利法第22条第3款规定的创造性。

（11）关于权利要求13的创造性。

权利要求13引用权利要求12，其附加技术特征与权利要求7的附加技术特征相同。因此，基于与评述权利要求7相同的理由，当权利要求12不具备创造性时，权利要求13也不具备专利法第22条第3款规定的创造性。

（12）关于权利要求14的创造性。

权利要求14引用权利要求9，其附加技术特征与权利要求8的附加技术特征相同，故基于与评述权利要求8相类似的理由，当权利要求9不具备新颖性时，权利要求14不具备专利法第22条第3款规定的创造性。

（13）关于权利要求15的新颖性。

权利要求15引用权利要求9。对比文件3中（参见对比文件3说明书第9页）公开了该层压树脂片包括一个作为中间层的树脂层A和两个作为表面层的树脂层B。由此可见，权利要求15的附加技术特征已经被对比文件3公开。因此，当权利要求9不具备新颖性时，权利要求15也不具备专利法第22条第2款规定的新颖性。

综上所述，合议组认为：权利要求1、4~8相对于对比文件1和2不具备创造性，权利要求2相对于对比文件1和3不具备创造性，权利要求3相对于对比文件1、2和3不具备创造性，权利要求9~11、15相对于对比文件3不具备新颖性，权利要求12~14相对于对比文件2、3不具备创造性。根据上述事实和理由，本案合议组作出如下决定。

三、决定

维持国家知识产权局于2006年11月17日针对03140906.7号发明专利申请作出的驳回决定。

复审请求人如对本决定不服，可根据专利法第41条第2款的规定，自收到本决定之日起三个月内向北京市第一中级人民法院起诉。

064

往复运动机构

复审请求审查决定（第13081号）

决　　定　　号　第13081号
决　　定　　日　2008年4月18日
发明创造名称　往复运动机构
国 际 分 类 号　B06B1/16
复 审 请 求 人　陈　硕
申　　请　　号　200510044467.7
申　　请　　日　2005年8月25日
公　　开　　日　2006年2月8日
合 议 组 组 长　张宗任
主　　审　　员　张　巍
参　　审　　员　雷连虹

法 律 依 据　专利法第26条第3款
决 定 要 点

虽然本申请说明书未对与其解决的技术问题直接相关的某些内容进行文字描述，但本领域普通技术人员根据说明书其他部分的描述，可以清楚地了解本申请所要解决的技术问题，实现解决其技术问题的技术方案，并产生预期的技术效果，因此本申请符合专利法第26条第3款的规定。

一、案由

本复审请求涉及申请号为200510044467.7、发明名称为“往复运动机构”的发明专利申请（下称本申请），其申请日为2005年8月25日，公开日为2006年2月8日，申请人为陈硕。

在实质审查阶段，国家知识产权局实质审查部门于2007年10月19日作出驳回本申请的决定，驳回理由为本申请不符合专利法第26条第3款的规定，所依据的文本为申请日提交的权利要求第1~7项、说明书第1~2页、说明书附图第1~2页、说明书摘要及摘要附图。

具体驳回理由为：本申请要解决的技术问题是要提供一种能消除有害震动的振动器，其所采取的技术手段是使分别位于主动轴和被动轴上的两对完全相同的甩锤反向转动，且两对甩锤的重心能同时处于主动轴和被动轴所确定的平面内，这样，正如说明书第1页发明内容部分所述的那样，在两个位置点（即两对甩锤的重心同时位于主动轴和被动轴确定的平面内）上，甩锤产生的各种离心力的合力为0，机构不运动，但在接下来的八分之一周期内，甩锤合力迅速从0增长到最大值，机构的加速度很大，整个机构的震动必然加剧；也就是说，本申请仅是将甩锤某些方向上的离心力抵消从而提供一种能产生直线往复运动的振动器，而说明书中所提到的“现有技术中偏心质量相对旋转重心分布不均匀而产生的离心力”事实上是为了使机构产生椭圆等其他运动轨迹而没有将其消除的，而非说明书中所指的离心力的分布不均；本申请中要解决的振动器有害震动的问题，它的产生并非由于说明书中所说的离心力所致，而是零件、装配等的精度以及摩擦等其他问题存在的必然结果，因此在精度一定的情况下，可以采取措施缓解和较少有害震动，但是本申请所提供的技术方案并不能解决这一技术问题，从而致使本领域技术人员根据说明书中的记载，不能实现该发明。

申请人（以下称为请求人）对该驳回决定不服，于2007年11月1日提出了复审请求，并提交了权利要求书及说明书全文替换页、本申请技术方案中的受力分析图1页、放弃与本申请内容相同的第200520086581.1号实用新型专利的声明1页。请求人在复审请求书中提出了以下意见：（1）申请文件的修改是参照和本申请涉及相同技术内容的第200520086581.1号实用新型专利作出的；（2）结合本申请的原理及对在各个位置的甩锥进行了受力分析，本申请通过修改可以符合要求；（3）发明专利如能授权，放弃第20052008651.1号实用新型专利权。

专利复审委员会经过形式审查，于2007年12月13日向请求人发出复审请求受理通知书，同时向实质审查部门发出前置审查通知书。

在前置审查意见书中，实质审查部门认为本申请的申请文件中记载的技术方案不能解决其提出的技术问题，而请求人未针对上述问题提交新的理由和证据，因此坚持驳回决定的意见。

专利复审委员会依法成立合议组，对本复审请求进行审查。合议组认为，本复审请求案件事实清楚，可以作出复审决定。

二、决定的理由

1. 审查基础

请求人在提出复审请求时，提交了权利要求书、说明书全文替换页，并在意见陈述书中指出同时寄去按实用新型审查员的补正通知书内容修改的“专利文件”，所述实用新型已经授权，因此可以毫无疑义地确定上述权利要求书、说明书替换页为针对本申请的权利要求书、说明书替换页，其中针对驳回理由，根据本申请具体实施方式的内容修改了说明书的发明内容部分以及某些权利要求，上述修改的内容在原始提交的申请文件中都有相应记载，因此，上述修改符合专利法第33条和专利法实施细则第60条第1款的规定。本复审决定依据的文本为申请日提交的说明书附图第1~2页、说明书摘要及摘要附图，2007年11月1日提交的权利要求第1~5项、说明书第1~2页。

2. 关于专利法第26条第3款

专利法第26条第3款规定：说明书应当对发明或者实用新型作出清楚、完整的说明，以所属技术领域的技术人员能够实现为准。

根据本申请说明书的记载，其要解决的技术问题是克服现有技术中由于使用偏心或曲柄结构使运动部件的质量相对于旋转中心分布不均匀，运动时产生离心力而形成有害震动以及使用两专用震动电机时由于电机转速是一定的，运动频率不能改变的缺陷，从而提供的一种通过离心力能循环产生方向相反的力而运动，而其他方向的离心力则是平衡的往复运动机构，并且该往复运动机构可根据配置的皮带传动来设计需要的运动频率。根据其要解决的技术问题，本申请的技术方案是：主动轴、被动轴上分别装有两对完全相同的甩锤，通过齿轮连接主动轴、被动轴，使主动轴、被动轴上的甩锤等速反向旋转，且两对甩锤的重心能同时位于主动轴和被动轴轴线所确定的平面内；在主动轴上装有皮带轮，动力由此输入。根据本申请的技术方案，当主动轴的甩锤和被动轴的甩锤的重心处于主动轴和被动轴轴线所确定的平面内时，两对甩锤产生的离心力的合力为零；当两对甩锤的重心偏离主动轴和被动轴轴线所确定的平面时，两对甩锤产生的离心力在平行于主动轴和被动轴轴线所确定的平面的方向上的合力（下称为F1）始终为零，而在垂直于所述平面上的合力（下称为F2）则逐渐增大，当甩锤分别到达与主动轴和被动轴轴线所确定的平面成45°角的方向位置时，F2达到最大值。F2在甩锤的圆周运动中遵循的规则是由零逐渐增大为最大值，然后逐渐减小为零，依次类推。本申请的往复运动机构正是通过F2带动机构实现了往复运动，而由于F1在运动的过程中始终为零，使得机构在其他方向上不会出现不需要的震动，并且通过将动力由主动轴上的皮带轮输入，可以设计转速，从而达到要求的频率。因此，本申请的说明书对其要求保护的技术方案作出了清楚、完整的说明，所属技术领域的技术人员按照说明书记载的内容，可以实现该技术方案，解决本申请所要解决的技术问题，并且产生预期的技术效果。

对于驳回决定中的内容，合议组认为：首先，本申请所要解决的技术问题并不仅仅是提供一种能消除有害震动的振动器，在前一段中已经说明；其次，说明书中提到的“现有技术中偏心质量相对旋转重心分布不均匀而产生的离心力”并非是为了使机构产生椭圆等其他运动轨迹而没有将其消除的，现有技术中使用偏心或曲柄机构是为了将旋转运动转换为直线往复运动，产生直线往复运动的力并非是离心力，而是安装在偏心或曲柄机构的连杆对物体产生的拉力，而在物体往复运动的期间，由于使用的是偏心或曲柄机构，因此物体的质量相对于旋转重心不均匀，从而产生离心力，形成震动，该震动并非仅是零件、装配等的精度以及摩擦等问题存在的必然结果；最后，利用离心力产生往复运动的两专用震动电机的缺陷是不能调速、改变运动频率，本申请的技术方案通过将动力由主动轴上的皮带轮输入实现了可根据需要设计转速。因此，合议组认为本申请的技术方案可以解决其要解决的技术问题。

综上，本申请符合专利法第26条第3款的规定。至于本申请中是否还存在其他缺陷，有待实质审查部门继续进行审查。由于专利复审委员会不具有授予专利权的权力，因此对于请求人提出的如本申请能授权，则放弃相应的实用新型专利权的问题，也有待实质审查部门进一步审查，故对于请求人提交的放弃专利权声明也不转送专利局相关部门予以公告。

三、决定

撤销国家知识产权局于2007年10月19日针对第200510044467.7号发明专利申请作出的驳回决定，由实质审查部门以请求人于申请日提交的说明书附图第1~2页、说明书摘要及摘要附图，2007年11月1日提交的权利要求第1~5项、说明书第1~2页为基础继续进行审批程序。

请求人对本决定不服的，可以根据专利法第41条第2款的规定，自收到本决定之日起三个月内向北京市第一中级人民法院起诉。

065

穿戴用品的搭扣结构

复审请求审查决定（第13093号）

决　定　号　第13093号
决　定　日　2008年4月22日
发明创造名称　穿戴用品的搭扣结构
国际分类号　A44B 18/00
复审请求人　尤妮佳股份有限公司
申　请　号　97100386.6
申　请　日　1997年1月23日
公　开　日　1997年10月15日
合议组组长　欧　岚
主　审　员　刘敏飞
参　审　员　姜　岩

法律依据　专利法第33条
决定要点

如果申请的内容通过增加、改变和/或删除其中的一部分，致使所属技术领域的技术人员看到的信息与原始申请记载的信息不同，而且又不能从原始申请记载的信息中直接地、毫无疑义地确定，那么这种修改就是不允许的。

一、案由

本复审请求涉及申请日为1997年1月23日、发明名称为“穿戴用品的搭扣结构”的申请号为97100386.6的发明专利申请，申请人为尤妮佳股份有限公司。

国家知识产权局专利局审查部门于2003年10月31日针对申请人申请日提交的说明书附图第1~4页、说明书摘要及摘要附图、2003年7月25日提交的权利要求第1~3项及说明书第1~4页作出驳回决定，具体的驳回理由是权利要求1~3相对于对比文件1（WO9007313A1，公开日为1990年7月12日）与对比文件2（GB2284742A，公开日为1995年6月21日）的结合不具备创造性。

申请人（下称复审请求人）对上述驳回决定不服，于2004年2月10日向专利复审委员会提出复审请求，同时声称对权利要求1进行修改，但没有提交正式的修改替换页。复审请求人认为，权利要求1通过对基片的软硬度的限制，达到本发明的目的，对比文件2是针对穿戴者在运动场合的现有搭接带的接合程度、舒适性中存在的问题而进行的，接头90只是一个单纯的固定搭接带10的手段，并未教导其软硬度和接合强度的关系，因此对比文件2的目的与本专利申请的目的不同，审查员认为一般技术人员可容易地组合对比文件1和2是不妥的。

经形式审查合格，专利复审委员会受理了该复审请求，并于2004年2月25日向复审请求人发出了复审请求受理通知书、向前审部门发出了前置审查通知书。

在前置审查中，专利局原审查部门坚持原驳回决定。

2005年5月24日，复审请求人提交了正式的权利要求修改替换页，与驳回决定所针对的权利要求书相比，其技术方案没有实质的变化，仅是在原权利要求1中的“上述基片的格利法的软硬度为0.1g·cm以下”之前，增加了“其特征在于:”。

专利复审委员会依法成立合议组对本复审请求案进行了审理，于2005年6月27日向请求人发出复审通知书，在复审通知书中指出本申请修改后的权利要求1~3相对于对比文件1和对比文件2的结合不具备创造性，不符合专利法第22条第3款的规定。

复审请求人于2005年8月11日针对上述复审通知书提交了意见陈述书，并提交了权利要求书以及说明书第1~4页的修改替换页，将权利要求书修改为4项权利要求。复审请求人认为，修改后的权利要求1相对于对比文件1、2具备创造性。

专利复审委员会于2007年6月8日再次向请求人发出复审通知书，在复审通知书中指出修改后的权利要求1和说明书不符合专利法第33条的规定，权利要求1~4不符合专利法第22条第3款的规定。

复审请求人于2007年9月21日针对上述复审通知书提交了意见陈述书，并提交了权利要求书和说明书第1~4页的修改替换页。复审请求人认为，权利要求1的技术方案相对于对比文件1、2具备创造性。复审请求人修改后的权利要求书如下：

“1. 一种穿戴用品的搭扣结构，所述穿戴用品具有透水表面层（2）、不透水的里面层（3）和装在该表里两层（2、3）之间的吸水芯，并由前腰围部分（6）、后腰围部分（7）以及位于该两个腰围部分（6、7）之间的大腿间部分（8）构成，

在上述后腰围部分（7）的两侧设有搭扣带（10），所述搭扣带（10）由带（12）和位于所述带（12）的里面的搭钩部件（13）构成，所述带（12）具有在上述搭扣带（10）的长度方向相对的内端部（12A）和外端部（12B）且内端部（12A）固定在上述后腰围部分（7）的两侧缘，并在上述长度方向延伸；上述搭钩部件（13）由接合在上述带（12）的里面上的基片（16）和从上述带（12）的表面立起的多个搭钩（17）构成，

在上述前腰围部分（6）的上述里面层（3）上形成有在上述前腰围部分（6）的周围方向连续地延伸的搭扣部分（11），所述搭扣部分（11）上接合有具有与上述搭钩部件（13）相扣合脱离的多个圈扣（25）的圈扣部件（14），

上述基片（16）在其里面上具有对上述搭扣部分（11）接合的接合部位（20）和非接合部位（18），上述非接合部位（18）偏倚在上述外端部（12B）一侧并形成在与上述长度方向正交的上述基片（16）的整个宽度上，并且在与上述非接合部位（18）对应的上述表面上也立起有上述搭钩（17），其特征是：

在上述长度方向上的上述非接合部位（18）的长度（W）设定得比上述长度方向上的上述接合部位（20）的长度短，

上述基片（16）位于上述内端部（12A）和上述外端部（12B）之间，且从上述后腰围部分（7）的两边缘向上述外端部（12A）一侧离开地，上述接合部位（20）的整个表面通过黏结剂层（21）不可剥离地接合在上述带（12）的内表面，上述带（12）的上述外端部（12B）从上述接合部位（20）的外端缘经由上述非接合部位（18）向上述长度方向延伸出，并且上述外端部（12B）在从上

述圈扣部件（14）拉开与其扣合的搭扣部件（13）时，作为供上述搭扣带（10）的操作者抓住的抓住部而形成，

上述基片的格利法的软硬度为0.1g·cm以下。”

针对上述修改，专利复审委员会于2007年12月14日再次发出复审通知书，在此次复审通知书中指出：权利要求1中的特征：“上述搭钩部件（13）由接合在上述带（12）的里面上的基片（16）和从上述带（12）的表面立起的多个搭钩（17）构成”、“上述非接合部位（18）偏倚在上述外端部（12B）一侧并形成在与上述长度方向正交的上述基片（16）的整个宽度上，并且在与上述非接合部位（18）对应的上述表面上也立起有上述搭钩（17）”、“基片（16）位于上述内端部（12A）和上述外端部（12B）之间，且从上述后腰围部分（7）的两边缘向上述外端部（12A）一侧离开地”、“上述接合部位（20）的整个表面通过黏结剂层（21）不可剥离地接合在上述带（12）的内表面，上述带（12）的上述外端部（12B）从上述接合部位（20）的外端缘经由上述非接合部位（18）向上述长度方向延伸出”，而上述修改在原始申请文件中既没有明确记载，又不能从原申请记载的信息中直接地、毫无疑义地确定，所以这些修改不符合专利法第33条的规定。并且在说明书中存在同样的缺陷，导致说明书的修改也不符合专利法第33条的规定。

复审请求人于2008年2月26日针对上述复审通知书再次提交了意见陈述书，并提交了权利要求书和说明书第2~4页的修改替换页。复审请求人对权利要求1作了部分修改，但未对专利复审委员会于2007年12月14日发出的复审通知书中指出的修改超范围的特征“上述非接合部位（18）偏倚在上述外端部（12B）一侧并形成在与上述长度方向正交的上述基片（16）的整个宽度上”以及“上述接合部位（20）的整个表面通过黏结剂层（21）不可剥离地接合在上述带（12）的内表面”作出修改。复审请求人同时对说明书也做了适应性修改。复审请求人认为：参照说明书图2，可以得知非接合部位18（宽度W部分）与外端部分12B之间没有设置热熔性黏结剂21，显然非接合部位18和外端部分12B是相互倚靠、偏倚的，而不是黏结在一起的，上述特征没有超出原说明书的记载。复审请求人修改后的权利要求书如下：

“1. 一种穿戴用品的搭扣结构，所述穿戴用品具有透水表面层（2）、不透水的里面层（3）和装在该表里两层（2、3）之间的吸水芯，并由前腰围部分（6）、后腰围部分（7）以及位于该两个腰围部分（6、7）之间的大腿间部分（8）构成，

在上述后腰围部分（7）的两侧设有搭扣带（10），所述搭扣带（10）由带（12）和位于所述带（12）的里面的搭钩部件（13）构成，所述带（12）具有在上述搭扣带（10）的长度方向相对的内端部（12A）和外端部（12B）且内端部（12A）固定在上述后腰围部分（7）的两侧缘，并在上述长度方向延伸；上述搭钩部件（13）由接合在上述带（12）的里面上的基片（16）和从上述基片（16）的表面立起的多个搭钩（17）构成，

在上述前腰围部分（6）的上述里面层（3）上形成有在上述前腰围部分（6）的周围方向连续地延伸的搭扣部分（11），所述搭扣部分（11）上接合有具有与上述搭钩部件（13）相扣合脱离的多个圈扣（25）的圈扣部件（14），

上述基片（16）在其里面上具有对上述搭扣部分（11）接合的接合部位（20）和非接合部位（18），上述非接合部位（18）偏倚在上述外端部（12B）一侧并形成在与上述长度方向正交的上述基片（16）的整个宽度上，并且在与上述非接合部位（18）对应的上述基片（16）的表面上也立起有上述搭钩（17），其特征是：

在上述长度方向上的上述非接合部位（18）的长度（W）设定得比上述长度方向上的上述接合部位（20）的长度短，

上述基片（16）中，上述接合部位（20）的整个表面通过黏结剂层（21）不可剥离地接合在上述带（12）的内表面，上述带（12）的上述外端部（12B）在从上述圈扣部件（14）拉开与其扣合的搭扣部件（13）时，作为供上述搭扣带（10）的操作者抓住的抓住部而形成，

上述基片的格利法的软硬度为0.1g·cm以下。”

经过上述审查程序，合议组认为本案事实已经清楚，可以依法作出复审决定。

二、决定的理由

1. 审查基础

本决定以复审请求人申请日提交的说明书附图第1~4页、说明书摘要及摘要附图，2007年9月21日提交的说明书第1页，2008年2月26日提交的说明书第2~4页及权利要求第1项作为审查基础。

2. 关于专利法第33条

专利法第33条规定，申请人可以对其专利申请文件进行修改，但是，对发明专利申请文件的修改不得超出原说明书和权利要求书记载的范围。

如果申请的内容通过增加、改变和/或删除其中的一部分，致使所属技术领域的技术人员看到的信息与原始申请记载的信息不同，而且又不能从原始申请记载的信息中直接地、毫无疑义地确定，那么这种修改就是不允许的。

本决定所针对的权利要求1中存在合议组于2007年12月14日发出的复审通知书中指出的修改超范围的特征（1）“上述非接合部位（18）偏倚在上述外端部（12B）一侧并形成在与上述长度方向正交的上述基片（16）的整个宽度上”，以及特征（2）“上述接合部位（20）的整个表面通过黏结剂层（21）不可剥离地接合在上述带（12）的内表面”。

对于特征（1），虽然请求人认为，参照说明书图2，可以得知非接合部位18（宽度W部分）与外端部分12B之间没有设置热熔性黏结剂21，显然非接合部位18和外端部分12B是相互倚靠、偏倚的，而不是黏结在一起的，上述特征没有超出原说明书的记载，但合议组认为，结合本申请原始说明书第2、3页记载的“在带12的内端部12A与外端部12B之间，与带12的里面接合的搭钩部件13由基片16以及搭钩17构成，基片16除了长度为W、横贯整个基片16幅宽的外端部分18外，其余部分20用热熔性黏结剂21牢固地贴在带12上，外端部分18为与带12的非接合部分”及附图1~4可知，如请求人所述，本申请原始说明书中记载了非接合部分18与带的外端部12B之间没有设置热熔性黏结剂，但并没有明确记载非接合部位18偏倚在带12的外端部12B一侧，并且本领域技术人员也不能从原始申请记载的信息中直接地、毫无疑义地确定，而从非结合部位18和带的外端部12B不是黏结在一起，本领域技术人员并不能直接地、毫无疑义地得出非接合部位18偏倚在带的外端部12B一侧，因此请求人的上述主张不成立，特征（1）超出了原始申请文件记载的范围。对于特征（2），合议组认为，由于原始说明书中仅记载了“其余部分20用热熔性黏结剂21牢固地贴在带12上”，而并没有明确记载接合部位20通过黏结剂不可剥离地接合在带12的内表面上，并且由接合部分用黏结剂牢固地贴在带上，本领域技术人员也不能直接地、毫无疑义地得出接合部分通过黏结剂不可剥离地结合在带上，因此特征（2）也超出了原始申请文件记载的范围。所以权利要求1不符合专利法第33条的规定。另外，由于本决定所针对的说明书中存在同样的缺陷，因此说明书也不符合专利法第33条的规定。

综上所述，本申请权利要求1和说明书不符合专利法第33条的规定。

基于上述理由，合议组作出下述决定。

三、决定

维持国家知识产权局于2003年10月31日作出的驳回97100386.6号发明专利申请的决定。

复审请求人对本决定不服的，可以根据专利法第41条第2款的规定，自收到本决定之日起三个月内向北京市第一中级人民法院起诉。

066

带有用于消耗器的可重复使用的容器的打印或复印系统及容器应用的方法

复审请求审查决定（第13100号）

决　定　号　第13100号
决　定　日　2008年4月17日
发明创造名称　带有用于消耗器的可重复使用的容器的打印或复印系统及容器应用的方法
国 际 分 类 号　G03G 15/00，G03G 15/08，G03G 15/01，G03G 21/10，G03G 21/18
复 审 请 求 人　OCE印刷系统有限公司
申　请　号　99811472.3
优 先 权 日　1998年9月28日
申　请　日　1999年9月28日
公　开　日　2001年10月31日
合 议 组 组 长　宋　瑞
主　审　员　杨加黎
参　审　员　王琦琳

法 律 依 据　专利法第22条第3款
决 定 要 点

如果一项权利要求请求保护的技术方案虽然与对比文件公开的内容之间存在区别，但是这些区别属于其所属领域的公知常识或者在现有技术中已经给出了启示，则该权利要求不具备创造性。

一、案由

本复审请求涉及申请号为99811472.3、名称为“带有用于消耗器的可重复使用的容器的打印或复印系统及容器应用的方法”的PCT发明专利申请（下称本申请），其申请日为1999年9月28日，优先权日为1998年9月28日，进入中国国家阶段日期为2001年3月28日，申请人为OCE印刷系统有限公司。本申请公开时权利要求书共包括40项权利要求，其中权利要求1~5、16、26、32、34、40为独立权利要求。

经实质审查，国家知识产权局专利实质审查部门以本申请权利要求1~43不具备创造性，不符合专利法第22条第3款的规定为由，于2005年10月21日作出了驳回本申请的决定。驳回决定认为，权利要求1~43相对于对比文件1~4不符合专利法第22条第3款有关创造性的规定；对于申请人的意见陈述，驳回决定认为，虽然对比文件中没有公开具有“独特识别号”的容器，但是其容器都包含存储有容器以及内部色剂的特性数据，所述数据可以区分开两批不同的容器，在此基础上，本领域普通技术人员完全可以根据实际需要、进一步将每批容器中的两个彼此分开，这是显而易见的，无需付出任何创造性劳动。其中所引用的对比文件如下：

对比文件1：JP10-161411A，公开日为1998年6月19日；

对比文件2：JP7-121016A，公开日为1995年5月12日；

对比文件3：JP7-234578A，公开日为1995年9月5日；

对比文件4：JP10-221938A，公开日为1998年8月21日。

驳回决定所依据的文本为：2004年3月22日提交的权利要求第1～43项、说明书第1～6页，2001年3月28日提交的说明书第7～21页、说明书附图第1～8页、说明书摘要和摘要附图。

驳回决定所针对的权利要求书如下：

“1. 用于存放打印或复印机（1）消耗材料的容器（2）的编码方法，其中在容器（2）上借助于信息载体（13，50，35，38）可机器阅读编码地录入表示消耗材料特性的数据，其中每个容器（2）通过信息载体（13，30，35，38）固定配置一独特的识别号，所述独特的识别号作为硬件识别号存放在信息载体的一半导体存储器的可编程只读存储器区域内，以及所述可编程只读存储器区域只能读取、而不能再写入。

2. 将用于打印或复印机（1）的消耗材料的容器（2）多次应用于至少一台打印或复印机（1）的方法，其中容器（2）配备一信息载体（13，30，35，38），它含有位于容器（2）中的实际的或最终的消耗材料（59）的可机器阅读地编码的信息，并且如果容器（2）中装入一种新的消耗材料（59），那么信息将实时化，其中每个容器（2）通过信息载体（13，30，35，38）固定配置一特有的识别号。

3. 用于打印机或复印机（1）的消耗材料的配备一容器特有的识别号的容器（2）的装灌方法，其中容器（2）通过一与容器（2）固定连接的信息载体（13，30，35，38）配备至少一个相应于消耗材料（59）的、可机器阅读地编码的信息。

4. 打印或复印机（1）运行的方法，其中采用一带有一信息载体（13，30，35，38）的容器（2），容器上注明容器特有的识别号和关于装入的消耗材料（59）的可机器阅读地编码的信息，并且关于消耗材料（59）的信息用来控制打印过程的参数。

5. 多次应用用于打印或复印机的消耗材料的贮存容器的方法，包括以下特征：

a）容器特有的识别号通过固定安装在贮存容器（2）上的信息载体（13，30，35，38）配置在贮存容器（2）上；

b）用新鲜消耗材料（59）装灌贮存容器（2）；

c）将关于注入贮存容器（2）的消耗材料（59）的种类和/或数量的信息以可电子阅读的形式贮存在一可与容器（2）固定连接的信息载体（13）内；

d）贮存容器（2）放行，以使它在打印或复印机（1）中用掉；

e）贮存容器（2）在打印或复印过程中排空；

f）应用贮存在贮存容器（2）上的信息来控制打印或复印过程的参数；

g）至少部分用完的贮存容器（2）放行，以便将它重新装灌；

h）贮存容器（2）用新鲜的消耗材料重新装灌。

6. 按权利要求5的方法，其中附加地进行以下步骤：

在打印或复印过程期间将关于位于贮存容器（2）内的消耗材料（59）的剩余量和/或取用量的实时数据贮存在贮存容器（2）上。

7. 按权利要求1至6之任一项的方法，其中信息载体（13，30，35，38）可电子清除和书写。

8. 按权利要求 7 的方法，其中信息载体包括一可非接触地读写的电子开关回路。

9. 按权利要求 8 的方法，其中为了读和/或写贮存在应答器上的信息，应用一阅读工位（11），用它可以和应答器非接触地交换数据和能量。

10. 按权利要求 1~6 之任一项的方法，其中信息载体包括一磁带。

11. 按权利要求 1~6 之任一项的方法，其中信息载体包括一编码标签，它具有导电和/或非导电的元件（31，32）。

12. 按权利要求 1~6 之任一项的方法，其中贮存在信息载体上的数据额外地贮存在贮存容器（2）之外的一数据库（9，9a）中。

13. 按权利要求 12 的方法，其中设有一中央数据库（9），它里面共同贮存了许多装灌过程的数据。

14. 按权利要求 1~6 之任一项的方法，其中传输到贮存容器（2）上的信息包括装灌物类型、消耗材料种类、装灌物数量、装灌日期、装灌地点、测定地点、容器所有者和/或装灌物制造者。

15. 按权利要求 1~6 之任一项的方法，其中打印或复印机（1）是电子成像结构形式的，消耗材料（59）是色剂。

16. 带有一用来存放消耗材料（59）的、配备信息载体（13，30，35，38）的容器（2）的打印或复印机，信息载体含有关于配置给容器（2）的特有的识别号和关于位于容器（2）中的实际的或最终的消耗材料（59）的可机器阅读地编码的信息。

17. 按权利要求 16 的打印或复印机，其中信息载体包括一应答器，并且其中设有一读和/或写工位（11），它包括至少一个设置在容器（2）区域内的天线（12），以便对应答器非接触地供给能量和/或用来在读和/或写工位与应答器之间传输数据。

18. 按权利要求 16 或 17 的打印或复印机，其中设有各自带一个应答器（13a，13b，13c）的多个容器（2a，2b，2c），它们各自含有不同种类的消耗材料（59a，59b，59c）。

19. 按权利要求 17 的打印或复印机，其中读和/或写工位（11）包括多个天线（12a，12b，12c），其作用范围和位置分别这样设计，使它们只能分别正确地和一个应答器（13a，13b，13c）联系。

20. 按权利要求 18 的打印或复印机，其中每个容器含有色剂，并通过一容器特定的色剂输送通道（17a，17b，17c）与一配设于色剂贮存容器的显影剂工位（15a，15b，15c）连接，并且其中每条色剂输送通道（17a，17b，17c）机械地与一电编码导线（18a，18b，18c）这样固定连接，使得在建立色剂贮存容器和配设的显影剂工位（15a，15b，15c）之间的机械连接时，也强制地建立配设于容器（2）的电气开关回路和配设于显影剂工位（15a，15b，15c）的控制装置之间的电连接。

21. 按权利要求 20 的打印或复印机，其中显影剂工位（15a，15b，15c）含有一带存贮器的回路，存贮器内贮存着适合于显影剂工位（15a，15b，15c）的实际的颜色和/或色剂配方，因此可以检验，实际上连接在显影剂工位（15a，15b，15c）上的色剂输送单元和/或连接在它上面的色剂贮存容器（2a）是否具有正确配方的色剂。

22. 按权利要求 16 的打印或复印机，其中设有一用来测量贮存在容器（2）中的消耗材料数量的测量装置（19），以及一控制装置（26，26a），它促使对于规定的信号做出反应，使相应于贮存量的数值贮存在信息载体（13，30，35，38）内。

23. 按权利要求 22 的打印或复印机，其中当从打印或复印机（1）取出容器时，触发一信号。

24. 按权利要求 16 的打印或复印机，其中在容器（2）中包含的消耗材料包括色剂（59）和/或可磁化的基体微粒。

25. 按权利要求16的打印或复印机，具有一控制装置，它含有一数据库（9a）或者可以与中央数据库（9）连接，在数据库内同样贮存着先前装在打印或复印机内的容器（2）的容器识别数据以及贮存在各容器（2）的信息载体（13，30，35，38）内的数据。

26. 用于打印或复印机（1）的消耗材料的容器，具有一信息载体（13，30，35，38），它含有一特有的识别号和关于位于容器（2）中的实际或最终的消耗材料（59）的可机器阅读地编码的信息。

27. 按权利要求26的容器，其中信息载体（13，30，35，38）可机器读和/或写。

28. 按权利要求26或27的容器，其中信息载体包含一应答器。

29. 按权利要求26或27的容器，其中信息载体包含一磁带。

30. 按权利要求26或27的容器，其中信息载体包含一编码标签，它由许多导电和/或非导电的元件（31，32）组成。

31. 按权利要求26的容器，它包含作为消耗材料的色剂和/或可磁化的基体微粒。

32. 包含一打印或复印机（1）和一用于消耗材料的带有信息载体（13，30，35，38）的容器（2）的打印或复印系统，信息载体上注明关于容器特有的识别号和关于装入的消耗材料（59）的可机器阅读地编码的信息，其中关于消耗材料（59）的信息用来控制打印过程中打印或复印机（1）的参数。

33. 按权利要求32的打印或复印系统，包括一装灌工位（3）和一中央计算机（51），其中至少计算机（51）和打印或复印机（1）通过数据网络相互连接，以共同利用数据库（9）。

34. 用来以打印或复印机（1）的消耗材料装灌容器（2）的装灌工位，其中设有数据传输装置（11），用它可以借助于与容器（2）固定连接的、含有容器特有的识别号的信息载体（13，30，35，38）将可机器阅读地编码的信息传输到容器（2）上。

35. 按权利要求34的装灌工位，其中设有一读和/或写工位（11），以便将信息电子传输到信息载体（13，30，35，38）上。

36. 按权利要求34或35的装灌工位，其中读和/或写工位（11）包括一天线（12），以便既将信息又将能量非接触地传输到做成应答器的信息载体上。

37. 按权利要求34的装灌工位，具有一控制装置（26，26a），它将贮存在信息载体（13，30，35，38）上的数据额外地贮存在容器（2）以外的一中央数据库（9）内。

38. 按权利要求34的装灌工位，其中信息载体（13）上的数据通过一密码防止未授权的存取。

39. 按权利要求34的装灌工位，其中信息载体（13）上的数据通过一编码防止未经授权的存取。

40. 用来将信息读出和/或写入信息载体（13，30，35，38）的读和/或写工位，信息载体固定安装在一用于打印或复印机（1）的消耗材料的容器（2）上并含有容器特有的识别号，其中设有一数据传输装置（11），用它可以将可机器阅读地编码的信息传输到信息载体（13，30，35，38）上和/或从信息载体（13，30，35，38）中读出。

41. 按权利要求7的方法，其中信息载体包括一应答器。

42. 按权利要求13的方法，其中所述装灌过程是在不同装灌工位（3）上进行的。

43. 按权利要求18的打印或复印机，其中所述不同种类的消耗材料是不同颜色的色剂。”

申请人OCE印刷系统有限公司（下称复审请求人）不服上述驳回决定，于2006年1月24日向专利复审委员会提出复审请求，同时提交了权利要求书的全文修改替换页，修改后的权利要求书共包括33项权利要求，具体内容如下：

“1. 一种用于对存放打印或复印机（1）消耗材料的、设有一装入口的、可重新装灌的容器进行编码、独特化和装灌的方法，包括以下步骤：

设置一可非接触地读出和写入的信息载体（13）；

将一不可擦除的第一存储器设置在信息载体（13）中；

将一可擦和可写的第二存储器设置在信息载体（13）中；

设置一储存在信息载体（13）的所述不可擦除的第一存储器中的容器特有的识别号；

用消耗材料装灌容器；

将关于装入容器（2）中的消耗材料（59）的、可机器阅读的编码的信息储存在信息载体（13）的所述可擦和可写的第二存储器中。

2. 按照权利要求 1 所述的方法，其中，将容器（2）多次应用于一打印或复印机中，包括以下的其他步骤：

将装入容器（2）中的消耗材料（59）的类型和/或数量以可电子读取的形式储存于可擦除的存储器中；

将容器（2）放行，以便在打印或复印机中用掉；

将容器（2）在打印或复印过程中排空，

应用关于装入容器（2）中的消耗材料（59）的信息来控制打印或复印过程的参数；

将至少部分用完的容器（2）放行，以便进行重新装灌；以及

用新的消耗材料重新装灌容器（2）。

3. 按照权利要求 1 或 2 所述的方法，包括以下的其他步骤：

将关于位于容器（2）中的消耗材料（59）的剩余量和/或取用量的实时数据储存在信息载体的所述可擦除的存储器中。

4. 一种用于运行打印或复印机的方法，包括以下的步骤：

设置一可重复使用的、包括一装入口的、包含一种打印或复印机消耗材料的容器（2），具有一可非接触地读出和写入的信息载体（13），在该信息载体中设置一不可擦除的第一存储器和一可擦和可写的第二存储器；

从容器（2）的信息载体的所述可擦和可写的第二存储器中非接触地读出关于实时装入所述可重复使用的、包括一装入口的容器（2）中的消耗材料（59）的编码的信息；

非接触地读出容器（2）的一储存于信息载体的所述不可擦除的第一存储器中的容器特有的识别号；

将容器（2）的所述容器特有的识别号作为代码的组成部分，用来控制机器。

5. 按照权利要求 4 所述的方法，其特征在于，应用关于消耗材料（59）的信息来控制打印或复印过程的参数。

6. 按照权利要求 4 或 5 所述的方法，其特征在于，将关于位于容器（2）中的消耗材料（59）的剩余量和/或取用量的实时数据存储在信息载体的所述可擦除的存储器中。

7. 按照权利要求 1~6 之一所述的方法，其特征在于，所述信息载体具有一应答器。

8. 按照权利要求 7 所述的方法，其特征在于，为了读出和/或写入储存在应答器（13）上的信息，应用一读和/或写工位（11），借其可与应答器（13）非接触地交换数据和能量。

9. 按照上述权利要求之一所述的方法，其特征在于，将储存到信息载体上的数据额外地储存在容器之外（2）的一数据库（9、9a）中。

10. 按照权利要求 9 所述的方法，其特征在于，设有一中央数据库（9），其中共同储存了许多装灌过程尤其是在不同工位（3）上进行的装灌过程的数据。

11. 按照上述权利要求之一所述的方法，其特征在于，传输到容器（2）上的信息包括装灌物类

型、消耗材料种类、装灌物数量、装灌日期、装灌地点、测定地点、容器所有者和/或装灌物制造者。

12. 按照上述权利要求之一所述的方法，其特征在于，所述打印或复印机（1）是电子成像结构形式的，消耗材料（59）是色剂。

13. 一种带有一用于打印或复印机（1）消耗材料的容器（2）的打印或复印机（1），其中，

容器具有一装入口并且设计成可重新装灌的；

容器具有一信息载体（13），它可非接触地读出和写入；

信息载体（13）具有一不可擦除的第一存储器和一可擦和可写的第二存储器；

在所述可擦和可写的第二存储器中可擦除地储存关于实际或最终装入容器（2）中的消耗材料（59）的可机器阅读的编码的信息；和

在所述不可擦除的第一存储器中储存所述容器（2）的一容器特有的识别号。

14. 按照权利要求13所述的打印或复印机，其特征在于，所述信息载体包括一应答器（13），并且设有一读和/或写工位（11），它包括至少一个设置在容器（2）区域内的天线（12），用来给应答器（13）非接触地供应能量和或用来在读和/或写工位（11）与应答器（13）之间传输数据。

15. 按权利要求13或14所述的打印或复印机，其特征在于，设有各自带一个应答器（13a，13b，13c）的多个容器（2a，2b，2c），这些容器各自含有不同种类的消耗材料（59a，59b，59c），尤其是不同颜色的色剂。

16. 按权利要求14或15所述的打印或复印机，其特征在于，所述读和/或写工位（11）包括多个天线（12a，12b，12c），其作用范围和位置分别这样设计，使它们只能分别正确地和其中一个应答器（13a，13b，13c）联系。

17. 按权利要求15或16所述的打印或复印机，其特征在于，每个容器（13a，13b，13c）含有色剂，并通过一容器特定的色剂输送通道（17a，17b，17c）与一配设于色剂贮存容器（13a，13b，13c）的显影剂工位（15a，15b，15c）连接，并且其中每条色剂输送通道（17a，17b，17c）机械地与一电编码导线（18a，18b，18c）这样固定连接，使得在建立色剂贮存容器（13a，13b，13c）和配设的显影剂工位（15a，15b，15c）之间的机械连接时，也强制地建立配设于容器（2）的电气开关回路（22a）和配设于显影剂工位（15a，15b，15c）的控制装置（21a）之间的电连接。

18. 按权利要求13至17之一所述的打印或复印机，其特征在于，显影剂工位（15a，15b，15c）含有一带存储器的回路（21a），存储器内贮存着适合于显影剂工位（15a，15b，15c）的实际的颜色和/或色剂配方，因此可以检验，实际上连接在显影剂工位（15a，15b，15c）上的色剂输送单元（22a）和/或连接在它上面的色剂贮存容器（2a）是否具有正确配方的色剂。

19. 按权利要求13~18之一所述的打印或复印机，其特征在于，设有一用来测量储存在容器（2）中的消耗材料数量的测量装置（19），以及一控制装置（26，26a），它促使对于规定的信号做出反应，使相应于贮存量的数值储存在信息载体（13，30，35，38）内。

20. 按权利要求19所述的打印或复印机，其特征在于，当从打印或复印机（1）取出容器时，触发信号。

21. 按权利要求13~20之一所述的打印或复印机，其特征在于，在容器（2）中包含的消耗材料包括色剂（59）和/或可磁化的基体微粒。

22. 按权利要求13~21之一所述的打印或复印机，具有一控制装置，它含有一数据库（9a）或者可以与中央数据库（9）连接，在数据库内同样储存着先前装在打印或复印机内的容器（2）的容器识别数据以及储存在各容器（2）的信息载体（13，30，35，38）内的数据。

23. 一种用于打印或复印机（1）消耗材料的容器，该容器

具有一装入口并且设计成可重新装灌的；

带有一信息载体（13），它可非接触地读出和写入；

其中，信息载体（13）具有一不可擦除的第一存储器和一可擦和可写的第二存储器；

在所述可擦和可写的第二存储器中可擦除地储存关于实际或最终装入容器（2）中的消耗材料（59）的可机器阅读的编码的信息；和

在所述不可擦除的第一存储器中储存所述容器（2）的一容器特有的识别号。

24. 按权利要求23所述的容器，其特征在于，信息载体包含一应答器。

25. 按权利要求23或24所述的容器，其特征在于，所有的数据或一定的数据组加密地储存在数据载体上。

26. 按权利要求23~25之一所述的容器，它包含色剂（59）和/或可磁化的基体微粒，作为消耗材料。

27. 按权利要求23~26之一所述的容器，其特征在于，与带有其他的消耗材料的容器相比，容器（2）具有不同的机械的几何形状和/或颜色编码。

28. 一种用来装灌一设有一装入口的、可重新装灌的容器（2）的装灌工位，该容器具有一可非接触地读出和写入的信息载体（13）；其中，信息载体具有一不可擦除的第一存储器和一可擦和可写的第二存储器；以及在所述不可擦除的第一存储器中储存一容器特有的识别号；具有用来提供打印或复印机（1）消耗材料的装置；具有用来以消耗材料（59）装灌容器的装置；具有一读和/或写工位（11），用来将关于装入容器（2）中的消耗材料（59）的可机器阅读的编码的信息非接触地储存在信息载体（13）的所述可擦和可写的第二存储器中。

29. 按权利要求28所述的装灌工位，其特征在于，所述读和/或写工位（11）将信息电子地传输到信息载体（13，30，35，38）上。

30. 按权利要求28或29所述的装灌工位，其特征在于，所述装灌工位借助于读和/或写工位读取待装灌容器（2）的容器特有的识别号。

31. 按权利要求28~30之一所述的装灌工位，其特征在于，所述读和/或写工位（11）包括一天线（12），以便既将信息又将能量非接触地传输到设计成应答器（13）的信息载体上。

32. 按权利要求28~31之一所述的装灌工位，具有一控制装置（26，26a），它将储存在信息载体（13，30，35，38）上的数据额外地储存在容器（2）以外的一中央数据库（9）内。

33. 按权利要求28~32之一所述的装灌工位，其特征在于，所述信息载体（13）上的数据通过一密码防止未授权的存取。”

复审请求人认为，基于所引用的对比文件，而对权利要求进行进一步的限定，缩小其保护范围，以使新的权利要求1~33相对于现有技术具有创造性。

经形式审查合格后，专利复审委员会依法受理了上述请求，并于2006年3月2日向复审请求人发出了复审请求受理通知书，同时向原实质审查部门发出前置审查通知书。

原实质审查部门对该复审请求做出前置审查意见，仍然坚持原驳回决定。

针对上述复审请求，专利复审委员会依法成立合议组，对该复审请求进行审查，于2007年10月12日发出复审通知书，指出权利要求1~33相对于对比文件1~4不具备创造性，不符合专利法第22条第3款的规定。

针对上述复审通知书，复审请求人于2008年1月25日提交了意见陈述书，同时提交了权利要求书的全文修改替换页，修改后的权利要求书共包括31项权利要求，具体内容如下：

“1. 一种用于对存放打印或复印机（1）消耗材料的、设有一装入口的、可重新装灌的容器（2）

进行编码、独特化和装灌的方法，包括以下步骤：

设置一可非接触地读出和可非接触地写入的应答器（13）；

将一不可擦除的第一存储器设置在应答器（13）中；

将一可擦和可写的第二存储器设置在应答器（13）中；

设置一储存在应答器（13）的所述不可擦除的第一存储器中的、固定地配设于应答器（13）的硬件识别号，其中，在容器（2）应用于打印或复印机（1）中时硬件识别号作为代码的组成部分用于打印或复印机（1）的机器控制；

用消耗材料装灌容器（2）；

将关于装入容器（2）中的消耗材料（59）的、可机器阅读的编码的信息储存在应答器（13）的所述可擦和可写的第二存储器中。

2. 按照权利要求1所述的方法，其中，将容器（2）多次应用于一打印或复印机（1）中，包括以下的其他步骤：

将装入容器（2）中的消耗材料（59）的类型和/或数量以可电子读取的形式储存于所述可擦除的存储器中；

将容器（2）放行，以便在打印或复印机中用掉；

将容器（2）在打印或复印过程中排空，

应用关于装入容器（2）中的消耗材料（59）的信息来控制打印或复印过程的参数；

将至少部分用完的容器（2）放行，以便进行重新装灌；以及

用新的消耗材料重新装灌容器（2）。

3. 按照权利要求1或2所述的方法，包括以下的其他步骤：

将关于位于容器（2）中的消耗材料（59）的剩余量和/或取用量的实时数据储存在应答器（13）的所述可擦除的存储器中。

4. 一种用于运行打印或复印机的方法，包括以下的步骤：

设置一可重复使用的、包括一装入口的、包含一种打印或复印机（1）消耗材料的容器（2），它具有一可非接触地读出和可非接触地写入的应答器（13），在该应答器中设置一不可擦除的第一存储器和一可擦和可写的第二存储器；

从容器（2）的应答器（13）的所述可擦和可写的第二存储器中非接触地读出关于实时装入所述可重复使用的、包括一装入口的容器（2）中的消耗材料（59）的编码的信息；

非接触地读出一储存于应答器（13）的所述不可擦除的第一存储器中的、固定地配设于应答器（13）的硬件识别号并且将该硬件识别号用作为容器（2）的容器特有的识别号；

将容器（2）的所述容器特有的识别号作为代码的组成部分，用于打印或复印机的控制机器。

5. 按照权利要求4所述的方法，其特征在于，应用关于消耗材料（59）的信息来控制打印或复印过程的参数。

6. 按照权利要求4或5所述的方法，其特征在于，将关于位于容器（2）中的消耗材料（59）的剩余量和/或取用量的实时数据存储在应答器（13）的所述可擦除的存储器中。

7. 按照权利要求6所述的方法，其特征在于，为了读出和/或写入储存在应答器（13）上的信息，应用一读和/或写工位（11），借其可与应答器（13）非接触地交换数据和能量。

8. 按照上述权利要求之一所述的方法，其特征在于，将储存到应答器（13）上的数据额外地储存在容器之外（2）的一数据库（9、9a）中。

9. 按照权利要求8所述的方法，其特征在于，设有一中央数据库（9），其中共同储存了许多装

灌过程尤其是在不同工位（3）上进行的装灌过程的数据。

10. 按照上述权利要求之一所述的方法，其特征在于，传输到容器（2）上的信息包括装灌物类型、消耗材料种类、装灌物数量、装灌日期、装灌地点、测定地点、容器（2）所有者和/或装灌物制造者。

11. 按照上述权利要求之一所述的方法，其特征在于，所述打印或复印机（1）是电子成像结构形式的，消耗材料（59）是色剂。

12. 一种带有一用于打印或复印机（1）消耗材料的容器（2）的打印或复印机（1），其中，

容器（2）具有一装入口并且设计成可重新装灌的；

容器（2）具有一应答器（13），它可非接触地读出和可非接触地写入；

应答器（13）具有一不可擦除的第一存储器和一可擦和可写的第二存储器；

在所述可擦和可写的第二存储器中可擦除地储存关于实际或最终装入容器（2）中的消耗材料（59）的可机器阅读的编码的信息；和

在所述不可擦除的第一存储器中储存一固定地配设于应答器（13）的硬件识别号，其中，在容器（2）应用于打印或复印机（1）中时硬件识别号作为代码的组成部分用于打印或复印机（1）的机器控制。

13. 按照权利要求12所述的打印或复印机，其特征在于，设有一读和/或写工位（11），它包括至少一个设置在容器（2）区域内的天线（12），用来给应答器（13）非接触地供应能量和或用来在读和/或写工位（11）与应答器（13）之间传输数据。

14. 按权利要求12或13所述的打印或复印机，其特征在于，设有各自带一个应答器（13a，13b，13c）的多个容器（2a，2b，2c），这些容器各自含有不同种类的消耗材料（59a，59b，59c），尤其是不同颜色的色剂。

15. 按权利要求13或14所述的打印或复印机，其特征在于，所述读和/或写工位（11）包括多个天线（12a，12b，12c），其作用范围和位置分别设计成使其只能分别正确地与其中一个应答器（13a，13b，13c）联系。

16. 按权利要求14或15所述的打印或复印机，其特征在于，每个容器（13a，13b，13c）含有色剂，并通过一容器特定的色剂输送通道（17a，17b，17c）与一配设于色剂贮存容器（13a，13b，13c）的显影剂工位（15a，15b，15c）连接，并且其中每条色剂输送通道（17a，17b，17c）机械地与一电编码导线（18a，18b，18c）固定连接成，使得在建立色剂贮存容器（13a，13b，13c）和配设的显影剂工位（15a，15b，15c）之间的机械连接时，也强制地建立在配设于容器（2）的电器开关回路（22a）和配设于显影剂工位（15a，15b，15c）的控制装置（21a）之间的电连接。

17. 按权利要求12~16之一所述的打印或复印机，其特征在于，显影剂工位（15a，15b，15c）含有一带存储器的回路（21a），存储器内贮存着适合于显影剂工位（15a，15b，15c）的实际的颜色和/或色剂配方，因此可以检验，实际上连接在显影剂工位（15a，15b，15c）上的色剂输送单元（22a）和/或连接在它上面的色剂贮存容器（2a）是否具有正确配方的色剂。

18. 按权利要求12~17之一所述的打印或复印机，其特征在于，设有一用来测量储存在容器（2）中的消耗材料数量的测量装置（19），以及一控制装置（26，26a），该控制装置促使对于规定的信号做出反应，使相应于贮存量的数值储存在应答器（13，30，35，38）内。

19. 按权利要求18所述的打印或复印机，其特征在于，当从打印或复印机（1）取出容器（2）时，触发信号。

20. 按权利要求12~19之一所述的打印或复印机，其特征在于，在容器（2）中包含的消耗材料

包括色剂（59）和/或可磁化的基体微粒。

21. 按权利要求12~20之一所述的打印或复印机，具有一控制装置，它含有一数据库（9a）或者可以与中央数据库（9）连接，在数据库内同样储存着先前装在打印或复印机内的容器（2）的容器识别数据以及储存在各容器（2）的应答器（13）内的数据。

22. 一种用于打印或复印机（1）消耗材料的容器，该容器

具有一装入口并且设计成可重新装灌的；

带有一应答器（13），它可非接触地读出和非接触地写入；

其中，应答器（13）具有一不可擦除的第一存储器和一可擦和可写的第二存储器；

在所述可擦和可写的第二存储器中可擦除地储存关于实际或最终装入容器（2）中的消耗材料（59）的可机器阅读的编码的信息；和

在所述不可擦除的第一存储器中储存一固定地配设于应答器（13）的硬件识别号，其中，在容器（2）应用于打印或复印机（1）中时硬件识别号作为代码的组成部分用于打印或复印机（1）的机器控制。

23. 按权利要求22所述的容器，其特征在于，所有的数据或一定的数据组加密地储存在应答器（13）上。

24. 按权利要求22或23所述的容器，它包含色剂（59）和/或可磁化的基体微粒，作为消耗材料。

25. 按权利要求22~24之一所述的容器，其特征在于，与带有其他的消耗材料的容器相比，容器（2）具有不同的机械几何形状和/或颜色编码。

26. 一种用来装灌一设有一装入口的、可重新装灌的容器的装灌工位，该容器具有一可非接触地读出和可非接触地写入的应答器（13）；其中，该应答器具有一不可擦除的第一存储器和一可擦和可写的第二存储器；以及在所述不可擦除的第一存储器中储存一固定地配设于应答器（13）的硬件识别号；具有用来提供打印或复印机（1）消耗材料的装置，其中，在容器（2）应用于打印或复印机（1）中时硬件识别号作为代码的组成部分用于打印或复印机（1）的机器控制；具有用来以消耗材料（59）装灌容器的装置；具有一读和/或写工位（11），用来将关于装入容器（2）中的消耗材料（59）的可机器阅读的编码的信息非接触地储存在应答器（13）的所述可擦和可写的第二存储器中。

27. 按权利要求26所述的装灌工位，其特征在于，所述读和/或写工位（11）将信息电子地传输到应答器（13）上。

28. 按权利要求26或27所述的装灌工位，其特征在于，所述装灌工位借助于读和/或写工位读取待装灌容器（2）的硬件识别号作为容器特有的识别号。

29. 按权利要求26~29之一所述的装灌工位，其特征在于，所述读和/或写工位（11）包括一天线（12），以便既将信息又将能量非接触地传输到应答器（13）。

30. 按权利要求26~29之一所述的装灌工位，具有一控制装置（26，26a），它将储存在应答器（13）上的数据额外地储存在容器（2）以外的一中央数据库（9）内。

31. 按权利要求26~30之一所述的装灌工位，其特征在于，所述应答器（13）上的数据通过密码防止未授权的存取。"

复审请求人将附加技术特征均为"信息载体包含一应答器"的原从属权利要求7和24删除，将其他权利要求中的"信息载体"具体限定为"应答器"，并将原独立权利要求中有关"容器特有的识别号"进一步限定为"设置一储存在应答器（13）的所述不可擦除的第一存储器中的、固定地配设于应答器13的硬件识别号，其中，在容器（2）应用于打印或复印机（1）中时硬件识别号作为代码

的组成部分用于打印或复印机（1）的机器控制”。

复审请求人在意见陈述书中认为：修改后的权利要求1相对于对比文件1的区别为，（1）本申请的信息载体中同时设有不可擦除的第一存储器以及可擦和可写的第二存储器，而对比文件1只包括一种存储部件；（2）本申请的不可擦除的第一存储器中设置有容器特有的识别号，从而实现消耗材料在一个封闭系统内的输送受到完全的监控，并且从供货直到在打印或复印机之内打印都可以跟踪消耗材料的输送。关于区别（1），每个容器都需要有一个独特的识别号以便和其他容器区分，因此被存储在不可擦除的第一存储器中，而调色剂的信息时变化的，因此存储在可擦和可写的第二存储器中，这是需要创造性劳动的；关于区别（2），对比文件2中的“系列编号”与本申请的容器“特有的识别号”不同，第一，系列编号可能包括多个同属于该系列的相同的盒子，而识别号是每个容器特有而不能重复的，第二，从对比文件2的文字描述看不出系列编号的用处，从其发明目的来看，对比文件2也只需要识别单个盒及其内的调色剂的信息而无需像本申请中那样，在不同的盒之间能进行区分从而借助独特的识别号监控和跟踪每个容器，因此在对比文件2中系列编号不起“在盒间进行区分”的作用，与本申请作用不同，从而不存在将对比文件1和2相结合的启示。

至此，合议组认为本案事实已经清楚，现依法作出复审决定。

二、决定的理由

1. 决定所依据的文本

由于复审请求人于2008年1月25日提交了权利要求书的全文修改替换页，因此本决定所依据的文本是：复审请求人于2008年1月25日提交的权利要求第1~31项，于2004年3月22日提交的说明书第1~6页，于2001年3月28日提交的说明书第7~21页、说明书附图第1~8页、说明书摘要和摘要附图。

2. 关于专利法第22条第3款

专利法第22条第3款规定，创造性，是指同申请日以前已有的技术相比，该发明有突出的实质性特点和显著的进步，该实用新型有实质性特点和进步。

如果一项权利要求请求保护的技术方案虽然与对比文件公开的内容之间存在区别，但是这些区别属于其所属领域的公知常识或者在现有技术中已经给出了启示，则该权利要求不具备创造性。

（1）本申请权利要求1不符合专利法第22条第3款的规定。

本申请权利要求1请求保护一种用于对存放打印或复印机（1）消耗材料的、设有一装入口的、可重新装灌的容器（2）进行编码、独特化和装灌的方法，对比文件1公开了一种在可重复利用的调色剂处理盒中装入调色剂的方法，其中公开了（参见对比文件1说明书第0012、0015、0017~0019栏，附图2）以下技术特征：在处理盒1（相当于权利要求1的容器2）上安装半导体存储元件2，该处理盒内可具备使得存储元件2能够与成像装置主体之间进行信号发送和接收，并能利用IC连接器进行信息变更的功能性装置，所述装置与存储元件2构成的功能模块对应于权利要求1的应答器，该存储元件可以使用例如只读存储器、闪存、非易失性存储器、后备存储器等，或者可以使用可重写的存储元件，以存储关于调色剂特性或处理盒容器使用状况的信息（对应于权利要求1的可机器阅读的编码的信息），处理盒与成像装置主体之间的信号发送和接收可以通过非接触的方式来实现，从形成在处理盒的容器5端面上的开口处补充调色剂（相当于权利要求1的消耗材料59）。

由此可见，权利要求1请求保护的技术方案与对比文件1公开的上述技术方案相比，其区别特征在于：①权利要求1的应答器中同时设有用于储存硬件识别号的不可擦除的第一存储器，以及用于储存可机器阅读的编码信息的可擦和可写的第二存储器；②权利要求1的不可擦除的第一存储器中设置了硬件识别号，其在容器2应用于打印或复印机中时作为代码的组成部分用于打印或复印机的机器控制。

对于区别特征①：由于不可擦除的存储器和可擦写的存储器是本领域公知且常用的设备，对比文件1公开了其存储介质可使用只读存储器也可使用可重写的存储元件，因此根据存储信息的内容是否需要重写而选择适当的存储器，例如将不需重写的信息（硬件识别号）记录在只读存储器区，将需要重写的信息（可机器阅读的编码信息）记录在可擦写的存储器区，对本领域普通技术人员而言是容易想到的，无需付出创造性劳动。

对于区别特征②：对比文件2公开了（参见对比文件2说明书第0026栏）一种调色剂处理盒21，其上粘有可读取信息的条形码标签61，该标签上显示有各种信息，例如序列号。由此可见，对比文件2给出了用只读方式的存储介质（条形码标签）存储序列号信息以识别调色剂处理盒的技术启示，本领域普通技术人员在对比文件2给出的上述技术启示的基础上，容易想到在对比文件1的处理盒上设置只读存储介质并存储表示单个处理盒的序列号，以识别每个调色剂处理盒；此外，这种序列号的设置是用于识别调色剂处理盒，当处理盒安装到打印或复印机中时，打印或复印机会在识别出调色剂处理盒后执行打印或复印操作，因此这种用于识别的序列号实际上是作为代码的组成部分在打印或复印机的机器控制中起作用。

因此，权利要求1相对于对比文件1和2以及公知常识的结合不具有突出的实质性特点和显著的进步，权利要求1不具备创造性，不符合专利法第22条第3款的规定。

对于复审请求人在意见陈述书中认定的两点区别，合议组认为：如上所述，不可擦除的存储器和可擦写的存储器是本领域公知且常用的设备，而对比文件1也公开了其存储介质可使用只读存储器也可使用可重写的存储元件，在本领域公知的上述知识以及对比文件1已经公开的内容的基础上，本领域普通技术人员根据存储信息的内容是否需要重写容易选择适当的存储器，例如将不需重写的信息记录在只读存储器区，将需要重写的信息记录在可擦写的存储器区，并且由此将所述只读存储器区设置成第一存储器，将所述可擦写的存储器区设置成第二存储器是显而易见的，这种设置是无需付出创造性劳动的；由于对比文件2公开了在调色剂处理盒上设置例如为序列号的条形码标签的内容，即给出了用只读方式的存储介质（条形码标签）存储序列号信息以识别调色剂处理盒的技术启示，这种序列号用于识别处理盒也是本领域公知的常识，在此基础上，本领域普通技术人员容易想到在对比文件1的处理盒上设置只读存储介质并存储表示单个处理盒的序列号，以识别每个调色剂处理盒；虽然复审请求人在意见陈述书中强调对比文件2中公开的是“系列编号”，其与本申请的“特有的识别号”不同，然而，对比文件2中实际公开的是序列号，且就其用于区分的作用而言，对比文件2与本申请并无实质区别，即所述序列号能够起与本申请“特有的识别号”相同的识别作用，因此复审请求人的上述主张合议组不予认可。

（2）权利要求2、3不符合专利法第22条第3款的规定。

本申请从属权利要求2的附加技术特征是对本申请权利要求1的方法步骤的进一步限定。对比文件1也公开了（参见对比文件1说明书第0018~0021栏）其调色剂处理盒是可重复利用的，将调色剂特性写入可重写的半导体存储元件2中，将调色剂处理盒安装在成像装置上（对应于权利要求2的“将容器2放行”），并在成像过程中进行调色剂供给（对应于权利要求2的将容器2在打印或复印过程中排空），利用存储元件2中的调色剂信息控制成像，将用完的处理盒重复利用并装入新的调色剂（对应于用新的消耗材料重新装灌容器）。由于对比文件2已经公开了利用存储元件2中的调色剂信息能控制成像，即给出了利用调色剂信息控制成像过程的技术启示，本领域普通技术人员在此基础上容易想到利用调色剂信息来控制打印或复印过程的参数以控制成像。因此，在权利要求1不具备创造性的情况下，从属权利要求2也不具备创造性，不符合专利法第22条第3款的规定。

本申请从属权利要求 3 的附加技术特征是对本申请权利要求 1 或 2 的方法步骤的进一步限定。对比文件 1 也公开了（参见对比文件 1 说明书第 0019 栏）在可重写的半导体存储元件 2 中写入调色剂的剩余量、操作过程等。由此可见，对比文件 1 公开了权利要求 3 的全部附加技术特征，当权利要求 1、2 不具备创造性时，其从属权利要求 3 也不具备创造性，不符合专利法第 22 条第 3 款的规定。

（3）权利要求 4 不符合专利法第 22 条第 3 款的规定。

权利要求 4 请求保护一种用于运行打印或复印机的方法，对比文件 1 公开了一种运行例如为复印机、激光打印机的成像装置的方法，其中公开了（参见对比文件 1 说明书第 0001、0012、0015、0017~0019 栏，附图 2）以下技术特征：提供一具有装入口的、可重新装灌调色剂（相当于权利要求 4 的消耗材料 59）的调色剂处理盒 1（相当于权利要求 4 的容器 2），在处理盒 1 上安装半导体存储元件 2，该处理盒内可具备使得存储元件 2 能够与成像装置主体之间进行信号发送和接收，并能利用 IC 连接器进行信息变更的功能性装置，所述装置与存储元件 2 构成的功能模块对应于权利要求 4 的应答器，该存储元件可以使用例如只读存储器、闪存、非易失性存储器、后备存储器等，或者可以使用可重写的存储元件，以存储关于调色剂特性或处理盒容器使用状况的信息（对应于权利要求 4 的消耗材料的编码的信息）。

由此可见，权利要求 4 请求保护的技术方案与对比文件 1 公开的上述技术方案相比，其区别特征在于：①权利要求 4 的应答器中同时设有用于储存硬件识别号的不可擦除的第一存储器，以及用于储存可机器阅读的编码信息的可擦和可写的第二存储器；②权利要求 4 的不可擦除的第一存储器中设置了硬件识别号作为容器特有的识别号，该容器识别号能用于控制机器。

对于区别特征①：由于不可擦除的存储器和可擦写的存储器是本领域公知且常用的设备，对比文件 1 公开了其存储介质可使用只读存储器也可使用可重写的存储元件，因此根据存储信息的内容是否需要重写而选择适当的存储器，例如将不需重写的信息（硬件识别号）记录在只读存储器区，将需要重写的信息（可机器阅读的编码信息）记录在可擦写的存储器区，对本领域普通技术人员而言是容易想到的，无需付出创造性劳动。

对于区别特征②：对比文件 2 公开了（参见对比文件 2 说明书第 0026、0028 栏）一种调色剂处理盒 21，其上粘有可读取信息的条形码标签 61，该标签上显示有各种信息，例如序列号，控制部件能通过读取条形码 61 上的信息来识别调色剂处理盒 21，以控制机器运行。由此可见，对比文件 2 给出了用只读方式的存储介质（条形码标签）存储例如序列号信息以识别调色剂处理盒，并根据所识别的信息控制机器运行的技术启示，本领域普通技术人员在对比文件 2 给出的上述技术启示的基础上，容易想到在对比文件 1 的处理盒上设置只读存储介质并存储表示单个处理盒的序列号，以识别每个调色剂处理盒从而控制机器运行。

因此，权利要求 4 相对于对比文件 1 和 2 以及公知常识的结合不具有突出的实质性特点和显著的进步，权利要求 4 不具备创造性，不符合专利法第 22 条第 3 款的规定。

（4）权利要求 5~11 不符合专利法第 22 条第 3 款的规定。

本申请从属权利要求 5 的附加技术特征是对本申请权利要求 4 的方法步骤的进一步限定。对比文件 1 也公开了（参见对比文件 1 说明书第 0018~0021 栏）在运行例如为复印机、激光打印机的成像装置时，利用存储元件 2 中的调色剂（相当于权利要求 5 的消耗材料 59）信息控制成像，即给出了利用调色剂信息控制成像过程的技术启示，本领域普通技术人员在此基础上容易想到利用调色剂信息来控制打印或复印过程的参数以控制成像。因此，当权利要求 4 不具备创造性时，其从属权利要求 5 也不具备创造性，不符合专利法第 22 条第 3 款的规定。

本申请从属权利要求 6 的附加技术特征是对本申请权利要求 4 或 5 的方法步骤的进一步限定。基于评述权利要求3时的相同理由，权利要求6的附加技术特征已经被对比文件1所公开，因此，当权利要求4、5不具备创造性时，其从属权利要求6也不具备创造性，不符合专利法第22条第3款的规定。

本申请从属权利要求7的附加技术特征是权利要求6中对应答器的数据和能量的读写途径的限定。对比文件1公开了（参见对比文件1说明书第0022栏，权利要求1~3）在成像装置主体和处理盒上均装有能非接触地发送和接收存储元件上信息的设备，该设备还能非接触的供给电力。虽然对比文件没有公开权利要求7的读和/或写工位，但对比文件1已经公开了存储元件上的信息和电力能够借助发送和接受信号的设备进行非接触地传输，在对比文件1的基础上本领域普通技术人员容易想到利用可实现相同功能的公知读写操作工具例如读/写工位来进行这种信息和电力的传输，因此当权利要求6不具备创造性时，权利要求7也不具备创造性，不符合专利法第22条第3款的规定。

本申请从属权利要求8、9的附加技术特征分别是对上述权利要求之一中在应答器之外设置的数据库、及其存储的数据的限定。利用数据库对数据进行管理是本领域公知常识，由于对比文件1公开的调色剂处理盒是可重复利用的，并且处理盒的存储元件上存储有处理盒以及其中的调色剂的各种信息，为了便于对重复利用的处理盒进行管理，本领域普通技术人员容易想到在处理盒外设置数据库，将处理盒以及其中的调色剂信息存储于数据库中，以便对这些信息进行管理或备份。因此在权利要求1~7不具备创造性的情况下，权利要求8、9也不具备创造性，不符合专利法第22条第3款的规定。

本申请从属权利要求10、11的附加技术特征是对本申请前述权利要求之一中的方法步骤的进一步限定，而这些附加技术特征均已被对比文件1所公开（参见对比文件1说明书第0018栏，权利要求4），例如其半导体存储元件2中存储有调色剂特性、写入到该存储元件中的时间等信息，因此，当这两个权利要求引用的在先的权利要求均不具备创造性时，从属权利要求10、11也不具备创造性，不符合专利法第22条第3款的规定。

（5）权利要求12不符合专利法第22条第3款的规定。

权利要求12请求保护一种带有一用于打印或复印机消耗材料的容器的打印或复印机，对比文件1公开了一种带有调色剂处理盒的例如为打印机或复印机的成像装置，其中公开了（参见对比文件1说明书第0001、0012、0015、0017~0019栏，附图2）以下技术特征：该成像装置的调色剂处理盒1（相当于权利要求12的容器2）是可重新装灌的，其容器5端面上具有能补充调色剂（相当于权利要求12的消耗材料59）开口，处理盒1上安装有半导体存储元件2，该处理盒内可具备使得存储元件2能够与成像装置主体之间进行信号发送和接收，并能利用IC连接器进行信息变更的功能性装置，所述装置与存储元件2构成的功能模块对应于权利要求12的应答器，其与成像装置主体之间的信号发送和接收可以通过非接触的方式来实现，该存储元件可以使用例如只读存储器、闪存、非易失性存储器、后备存储器等，或者可以使用可重写的存储元件，其中存储关于调色剂特性或处理盒容器使用状况的信息（对应于权利要求12的可机器阅读的编码的信息）。

由此可见，权利要求12请求保护的技术方案与对比文件1公开的上述技术方案相比，其区别特征在于：①权利要求12的应答器中同时设有用于储存硬件识别号的不可擦除的第一存储器，以及用于储存可机器阅读的编码信息的可擦和可写的第二存储器；②权利要求12的不可擦除的第一存储器中设置了硬件识别号，其在容器2应用于打印或复印机中时作为代码的组成部分用于打印或复印机的机器控制。

对于区别特征①：由于不可擦除的存储器和可擦写的存储器是本领域公知且常用的设备，对比文件1公开了其存储介质可使用只读存储器也可使用可重写的存储元件，因此根据存储信息的内容是否需要重写而选择适当的存储器，例如将不需重写的信息（硬件识别号）记录在只读存储器区，将需要重写的信息（可机器阅读的编码信息）记录在可擦写的存储器区，对本领域普通技术人员而言是容易想到的，无需付出创造性劳动。

对于区别特征②：对比文件2公开了（参见对比文件2说明书第0026栏）一种调色剂处理盒21，其上粘有可读取信息的条形码标签61，该标签上显示有各种信息，例如序列号。由此可见，对比文件2给出了用只读方式的存储介质（条形码标签）存储序列号信息以识别调色剂处理盒的技术启示，本领域普通技术人员在对比文件2给出的上述技术启示的基础上，容易想到在对比文件1的处理盒上设置只读存储介质并存储表示单个处理盒的序列号，以识别每个调色剂处理盒；此外，这种序列号的设置是用于识别调色剂处理盒，当处理盒安装到打印或复印机中时，打印或复印机会在识别出调色剂处理盒后执行打印或复印操作，因此这种用于识别的序列号实际上是作为代码的组成部分在打印或复印机的机器控制中起作用。

因此，权利要求12相对于对比文件1和2以及公知常识的结合不具有突出的实质性特点和显著的进步，权利要求12不具备创造性，不符合专利法第22条第3款的规定。

（6）权利要求13~21不符合专利法第22条第3款的规定。

本申请从属权利要求13的附加技术特征是对本申请权利要求12的打印或复印机的进一步限定。对比文件4公开了（参见对比文件4说明书第0046栏，权利要求2）其调色剂处理盒具有应答元件，该应答元件通过天线与处理盒管理装置进行信号和数据的交换，该处理盒管理装置具有存储部件13，能够读出或写入地传输应答元件上数据载体内的信息。由此可见，对比文件4公开了权利要求13的附加技术特征。对比文件4与对比文件1、2属于相同技术领域，它们所解决的技术问题都是要让调色剂处理盒与成像装置更好的匹配，因此，本领域普通技术人员根据实际需要能够想到将对比文件4公开的利用天线读写而非接触地传输能量和数据的方式应用于对比文件1和2中，得到权利要求13请求保护的技术方案，因此，权利要求13相对于对比文件1、2、4的结合不具备突出的实质性特点和显著的进步，因此权利要求13不具备创造性，不符合专利法第22条第3款的规定。

本申请从属权利要求14的附加技术特征是对权利要求12或13的打印或复印机中设置的多个容器的限定。虽然对比文件1、2、4中均没有明确说明应用多个调色剂处理盒的技术方案，但是在彩色打印或复印系统尤其是全色打印或复印系统中设置有多个装有不同颜色调色剂的处理盒是本领域公知常识，本领域普通技术人员为了达到使处理盒内调色剂与打印或复印系统正确匹配的目的，容易想到在每个调色剂处理盒上都安装存储元件以对该处理盒以及其中的调色剂数据进行控制，而无需付出任何创造性劳动，因此，当权利要求12、13不具备创造性时，其从属权利要求14也不具备创造性，不符合专利法第22条第3款的规定。

本申请从属权利要求15的附加技术特征是对权利要求13或14的读和/或写工位中设置的多个天线的限定。基于评述权利要求14时的理由可知，打印或复印系统中可设置多个调色剂处理盒，为了控制这些处理盒，本领域普通技术人员容易想到在每个处理盒上安装存储元件，在此基础上，基于系统正常运行的需要，本领域普通技术人员也容易想到对应于每个处理盒的存储元件分别设置相应的天线，以便于每个处理盒与读和/或写工位之间的数据传输，因此，当权利要求13、14不具备创造性时，其从属权利要求15也不具备创造性，不符合专利法第22条第3款的规定。

本申请从属权利要求16的附加技术特征是对权利要求14或15中色剂输送通道的限定。为了正常地打印或复印，将调色剂处理盒中的调色剂通过输送通道提供给显影剂工位是本领域公知常识，为使所述调色剂的输送能正常进行，而在输送通道上设置控制装置也是本领域公知常识，在此基础上，根据实际需要选择本领域常用的设备例如电编码导线和电气开关回路来辅助控制装置对调色剂输送的控制，对本领域技术人员而言是显而易见的，这种选择也没有带来预料不到的技术效果，因此，当权利要求 14、15 不具备创造性时，其从属权利要求 16 也不具备创造性，不符合专利法第 22 条第 3 款的规定。

本申请从属权利要求 17 的附加技术特征是对权利要求 12 ~ 16 之一中向显影工位输送的色剂是否正确的判断的限定，对比文件 1 公开了在其调色剂处理盒上安装半导体存储元件是为了对处理盒中的调色剂信息进行监控，以防止处理盒的错误匹配，从而保证成像质量，因此，本领域普通技术人员容易想到在其存储元件中存储适合显影的实际颜色或调色剂配方，以检验实际输送到显影单元的调色剂是否正确，而无需付出任何创造性劳动。因此，当权利要求 12 ~ 16 不具备创造性时，其从属权利要求 17 也不具备创造性，不符合专利法第 22 条第 3 款的规定。

本申请从属权利要求 18 的附加技术特征是对权利要求 12 ~ 17 之一中测量容器中消耗材料的数量的测量装置和控制装置的限定。对比文件 1 公开了其半导体存储元件 2 能够写入调色剂剩余量、操作过程等信息，为了达到写入这些信息的目的，本领域普通技术人员容易想到设置测量和控制装置以测量调色剂处理盒中调色剂剩余量，再将测量数据写入存储元件 2 中，而无需付出任何创造性劳动。因此，当权利要求 12 ~ 17 不具备创造性时，其从属权利要求 18 也不具备创造性，不符合专利法第 22 条第 3 款的规定。

本申请从属权利要求 19 的附加技术特征是对本申请权利要求 18 的打印或复印机的进一步限定。当从成像装置中取出处理盒时，会触发信号属于公知常识，通常打印机或复印机均具备此功能。因此，当权利要求 18 不具备创造性时，其从属权利要求 19 也不具备创造性，不符合专利法第 22 条第 3 款的规定。

本申请从属权利要求 20 的附加技术特征是对权利要求 12 ~ 19 之一中打印或复印机的消耗材料的限定。对比文件 1 公开了（参见对比文件 1 说明书第 0018 栏）其调色剂可以为磁性或非磁性的，即调色剂中可以含有磁性基体微粒。由此可见，权利要求 20 的附加技术特征已经被对比文件 1 所公开，当权利要求 12 ~ 19 不具备创造性时，其从属权利要求 20 也不具备创造性，不符合专利法第 22 条第 3 款的规定。

本申请从属权利要求 21 的附加技术特征是对权利要求 12 ~ 20 之一中打印或复印机内控制装置的限定。而根据实际需要设置含有数据库或连接着数据库的控制装置，并根据数据库内存储的数据信息对容器进行管理和备份，是本领域公知常识，又由于对比文件 1 和 2 已经公开了其调色剂处理盒的存储元件中可以存储例如调色剂特性或处理盒容器使用状况的信息，以及处理盒本身的序列号信息，在此基础上本领域普通技术人员容易想到将这些信息汇总到中央数据库中以便对容器进行管理，因此在对比文件 1 和 2 的基础上结合上述公知常识得到权利要求 21 请求保护的技术方案，对本领域普通技术人员而言是无需付出任何创造性劳动的，因此当权利要求 12 ~ 20 不具备创造性时，权利要求 21 也不具备创造性，不符合专利法第 22 条第 3 款的规定。

（7）权利要求 22 不符合专利法第 22 条第 3 款的规定。

权利要求 22 请求保护一种用于打印或复印机消耗材料的容器，对比文件 1 公开了一种调色剂处理盒，其中公开了（参见对比文件 1 说明书第 0001、0012、0015、0017 ~ 0019 栏，附图 2）以下技术特征：该调色剂处理盒 1（相当于权利要求 22 的容器 2）是可重新装灌的，其容器 5 端面上具有能补充调色剂（相当于权利要求 22 的消耗材料 59）开口，处理盒 1 上安装有半导体存储元件 2，该处理盒内可具备使得存储元件 2 能够与成像装置主体之间进行信号发送和接收，并能利用 IC 连接器进行信息变更的功能性装置，所述装置与存储元件 2 构成的功能模块对应于权利要求 22 的应答器，其与成像装置主体之间的信号发送和接收可以通过非接触的方式来实现，该存储元件可以使用例如只读存储器、闪存、非易失性存储器、后备存储器等，或者可以使用可重写的存储元件，其中存储关于调色剂特性或处理盒容器使用状况的信息（对应于权利要求 22 的可机器阅读的编码的信息）。

由此可见，权利要求 22 请求保护的技术方案与对比文件 1 公开的上述技术方案相比，其区别特征在于：①权利要求 22 的应答器中同时设有用于储存硬件识别号的不可擦除的第一存储器，以及用于储存可机器阅读的编码信息的可擦和可写的第二存储器；②权利要求 22 的不可擦除的第一存储器中设置了硬件识别号，其在容器 2 应用于打印或复印机中时作为代码的组成部分用于打印或复印机的机器控制。

对于区别特征①：由于不可擦除的存储器和可擦写的存储器是本领域公知且常用的设备，对比文件 1 公开了其存储介质可使用只读存储器也可使用可重写的存储元件，因此根据存储信息的内容是否需要重写而选择适当的存储器，例如将不需重写的信息（硬件识别号）记录在只读存储器区，将需要重写的信息（可机器阅读的编码信息）记录在可擦写的存储器区，对本领域普通技术人员而言是容易想到的，无需付出创造性劳动。

对于区别特征②：对比文件 2 公开了（参见对比文件 2 说明书第 0026 栏）一种调色剂处理盒 21，其上粘有可读取信息的条形码标签 61，该标签上显示有各种信息，例如序列号。由此可见，对比文件 2 给出了用只读方式的存储介质（条形码标签）存储序列号信息以识别调色剂处理盒的技术启示，本领域普通技术人员在对比文件 2 给出的上述技术启示的基础上，容易想到在对比文件 1 的处理盒上设置只读存储介质并存储表示单个处理盒的序列号，以识别每个调色剂处理盒；此外，这种序列号的设置是用于识别调色剂处理盒，当处理盒安装到打印或复印机中时，打印或复印机会在识别出调色剂处理盒后执行打印或复印操作，因此这种用于识别的序列号实际上是作为代码的组成部分在打印或复印机的机器控制中起作用。

因此，权利要求 22 相对于对比文件 1 和 2 以及公知常识的结合不具有突出的实质性特点和显著的进步，权利要求 22 不具备创造性，不符合专利法第 22 条第 3 款的规定。

（8）权利要求 23~25 不符合专利法第 22 条第 3 款的规定。

本申请从属权利要求 23 的附加技术特征是对本申请权利要求 22 的容器的进一步限定。而根据实际需要将数据加密或不加密地存储在数据载体上是本领域常用技术手段，因此，当权利要求 22 不具备创造性时，其从属权利要求 23 也不具备创造性，不符合专利法第 22 条第 3 款的规定。

权利要求 24 的附加技术特征是对权利要求 22 或 23 中打印或复印机的消耗材料的限定。对比文件 1 公开了（参见对比文件 1 说明书第 0018 栏）其调色剂可以为磁性或非磁性的，即调色剂中可以含有磁性基体微粒。由此可见，权利要求 24 的附加技术特征已经被对比文件 1 所公开，当权利要求 22、23 不具备创造性时，其从属权利要求 24 也不具备创造性，不符合专利法第 22 条第 3 款的规定。

本申请从属权利要求 25 的附加技术特征是对权利要求 22~24 之一中容器（2）的限定。对比文件 1 公开了其半导体存储元件中存储有例如调色剂处理盒的形状变化情况等信息。由此可见，权利要求 25 的附加技术特征已经被对比文件 1 所公开，当权利要求 22~24 不具备创造性时，其从属权利要求 25 也不具备创造性，不符合专利法第 22 条第 3 款的规定。

（9）权利要求 26 不符合专利法第 22 条第 3 款的规定。

权利要求 26 请求保护一种用来装灌一设有装入口的、可重新装灌的容器的装灌工位。对比文件 1 公开了一种调色剂处理盒，其中公开了（参见对比文件 1 说明书第 0001、0012、0015、0017~0019 栏，附图 2）以下技术特征：该调色剂处理盒 1（相当于权利要求 26 的容器 2）是可重新装灌的，其容器 5 端面上具有能补充调色剂（相当于权利要求 26 的消耗材料 59）开口，处理盒 1 上安装有半导体存储元件 2，该处理盒内可具备使得存储元件 2 能够与成像装置主体之间进行信号发送和接收，并能利用 IC 连接器进行信息变更的功能性装置，所述装置与存储元件 2 构成的功能模块对应于权利要求 26 的应答器，其与成像装置主体之间的信号发送和接收可以通过非接触的方式来实现从而进行数据的读出和写入，该存储元件可以使用例如只读存储器、闪存、非易失性存储器、后备存储器等，或者可以使用可重写的存储元件，其中存储关于调色剂特性或处理盒容器使用状况的信息（对应于权利要求 26 的可机器阅读的编码的信息）。

由此可见，权利要求 26 请求保护的技术方案与对比文件 1 公开的上述技术方案相比，其区别在于：①权利要求 26 请求保护的主题是一装灌工位，并且该灌装工位具有读和/或写工位；②权利要求 26 的应答器中同时设有用于储存硬件识别号的不可擦除的第一存储器，以及用于储存可机器阅读的编码信息的可擦和可写的第二存储器；③权利要求 26 的不可擦除的第一存储器中设置了硬件识别号，其在容器 2 应用于打印或复印机中时作为代码的组成部分用于打印或复印机的机器控制。

对于区别特征①：由于装灌工位以及在该位置设置的提供消耗材料的装置和用消耗材料装灌容器的装置都是本领域公知的技术手段，而对比文件 1 已经公开了其调色剂处理盒是可重新装灌的，因此，本领域普通技术人员为了装灌该处理盒而设置一装灌工位，并在该工位设置提供调色剂的装置以及将调色剂装灌进处理盒的装置，从而对处理盒进行装灌是容易想到的；而读/写工位即进行读写操作时的工具，对比文件 1 已经公开了存储元件上的信息能够非接触地发送和接收，即能够非接触地读取和写入，因此本领域普通技术人员为了对这些信息进行读取和写入，就需要进行读写操作的工具，即会设置读/写工位对信息进行读/写。

对于区别特征②：由于不可擦除的存储器和可擦写的存储器是本领域公知且常用的设备，对比文件 1 公开了其存储介质可使用只读存储器也可使用可重写的存储元件，因此根据存储信息的内容是否需要重写而选择适当的存储器，例如将不需重写的信息（硬件识别号）记录在只读存储器区，将需要重写的信息（可机器阅读的编码信息）记录在可擦写的存储器区，对本领域普通技术人员而言是容易想到的，无需付出创造性劳动。

对于区别特征③：对比文件 2 公开了（参见对比文件 2 说明书第 0026 栏）一种调色剂处理盒 21，其上粘有可读取信息的条形码标签 61，该标签上显示有各种信息，例如序列号。由此可见，对比文件 2 给出了用只读方式的存储介质（条形码标签）存储序列号信息以识别调色剂处理盒的技术启示，本领域普通技术人员在对比文件 2 给出的上述技术启示的基础上，容易想到在对比文件 1 的处理盒上设置只读存储介质并存储表示单个处理盒的序列号，以识别每个调色剂处理盒；此外，这种序列号的设置是用于识别调色剂处理盒，当处理盒安装到打印或复印机中时，打印或复印机会在识别出调色剂处理盒后执行打印或复印操作，因此这种用于识别的序列号实际上是作为代码的组成部分在打印或复印机的机器控制中起作用。

因此，权利要求 26 相对于对比文件 1 和 2 以及公知常识不具有突出的实质性特点和显著的进步，权利要求 26 不具备创造性，不符合专利法第 22 条第 3 款的规定。

（10）权利要求 27~31 不符合专利法第 22 条第 3 款的规定。

本申请从属权利要求 27 引用权利要求 26，其附加技术特征中所述的“将信息电子地传输”的这种手段是本领域公知常识，因此当权利要求 26 不具备创造性时，其从属权利要求 27 也不具备创造性，不符合专利法第 22 条第 3 款的规定。

本申请从属权利要求 28 的附加技术特征是对本申请权利要求 26 或 27 的装灌工位的进一步限定。对比文件 2 公开了（参见对比文件 2 说明书第 0026 栏）利用信息读取设备读取调色剂处理盒的条形码标签 61 上的信息，该条形码标签 61 上的信息包括序列号。由于对比文件 2 的调色剂处理盒是可重复利用的，而且对比文件 2 也给出了用只读方式的存储介质（条形码标签）存储例如序列号信息以识别调色剂处理盒的启示，因此当重复利用的该处理盒在重新装灌时，为了在处理盒中装灌正确的调色剂，借助于信息读取设备读取条形码标签上的序列号，以辨别每个调色剂处理盒对本领域普通技术人员而言是公知常识。因此，在对比文件 1 和 2 的基础上结合上述公知常识得到权利要求 28 请求保护的技术方案，对本领域普通技术人员而言是显而易见的，因此当权利要求 26、27 不具备创造性时，权利要求 28 也不具备创造性，不符合专利法第 22 条第 3 款的规定。

权利要求 29 的附加技术特征是对本申请权利要求 26~28 之一的装灌工位的进一步限定。对比文件 4 公开了（参见对比文件 4 说明书第 0046 栏，权利要求 2）其调色剂处理盒具有应答元件，该应答元件通过天线与处理盒管理装置进行信号和数据的交换，该处理盒管理装置具有存储部件 13，能够读出或写入地传输应答元件上数据载体内的信息。由此可见，对比文件 4 公开了权利要求 29 的附加技术特征。对比文件 4 与对比文件 1、2 属于相同技术领域，它们所解决的技术问题都是要让调色剂处理盒与成像装置更好的匹配，因此，本领域普通技术人员根据实际需要能够想到将对比文件 4 公开的利用天线读写而非接触地传输能量和数据的方式应用于对比文件 1 和 2 中，得到权利要求 29 请求保护的技术方案，因此，权利要求 29 相对于对比文件 1、2、4 的结合不具备突出的实质性特点和显著的进步，因此权利要求 29 不具备创造性，不符合专利法第 22 条第 3 款的规定。

权利要求 30 的附加技术特征是对权利要求 26~29 之一中装灌工位内控制装置的限定。而根据实际需要设置含有数据库或连接着数据库的控制装置，并根据实际需要将存储元件内的数据额外地储存在容器以外的数据库内，是本领域公知常识，又由于对比文件 1 和 2 已经公开了其调色剂处理盒的存储元件中可以存储例如调色剂特性或处理盒容器使用状况的信息，以及处理盒本身的序列号信息，在此基础上本领域普通技术人员容易想到将这些信息汇总到中央数据库中以便对容器进行管理，因此在对比文件 1 和 2 的基础上结合上述公知常识得到权利要求 30 请求保护的技术方案，对本领域普通技术人员而言是无需付出任何创造性劳动的，因此当权利要求 26~29 不具备创造性时，权利要求 30 也不具备创造性，不符合专利法第 22 条第 3 款的规定。

本申请从属权利要求 31 的附加技术特征是对权利要求 26~30 之一的装灌工位中应答器的数据存储方式的限定，而设置密码以防止应答器上的数据未授权的存取是本领域常用技术手段，因此，当权利要求 26~30 不具备创造性时，其从属权利要求 31 也不具备创造性，不符合专利法第 22 条第 3 款的规定。

综上所述，本申请权利要求 1~31 不具备创造性，不符合专利法第 22 条第 3 款的规定。

根据上述事实和理由，本案合议组依法作出以下审查决定。

三、决定

维持国家知识产权局于 2005 年 10 月 21 日对 99811472.3 号发明专利申请作出的驳回决定。

复审请求人对本决定不服的，可以根据专利法第 41 条第 2 款的规定，自收到本决定之日起三个月内向北京市第一中级人民法院起诉。

067

一种空腔模壳构件

复审请求审查决定（第13110号）

决　定　号　第13110号
决　定　日　2008年4月15日
发明创造名称　一种空腔模壳构件
国际分类号　E04B 5/36
复审请求人　邱则有
申　请　号　200310101173.4
申　请　日　2003年10月21日
公　开　日　2005年4月27日
合议组组长　朱文广
主　审　员　姜　岩
参　审　员　王　博

法律依据　专利法第22条第2款、第3款
决定要点

如果一项权利要求所要求保护的技术内容与对比文件中的技术内容不同，且该区别不属于简单的文字变换或惯用手段的直接置换或具体概念与一般概念，则该对比文件与该权利要求所述技术方案实质不同，不能用该对比文件否定该权利要求的新颖性。

一、案由

本复审请求涉及复审请求人邱则有于2003年10月21日申请、2005年4月27日公开、名称为“一种空腔模壳构件”的第200310101173.4号发明专利申请（下称本申请）。

国家知识产权局实质审查部门于2005年11月25日发出第一次审查意见通知书，认为对比文件1（CN1348041A，公开日为2002年5月8日）与权利要求1相比，不同之处仅仅是文字表达方式上略有差别，而且公开了从属权利要求2~5、7~14、16~20、23的附加技术特征，因此以上权利要求相对于对比文件1不具备新颖性和创造性；权利要求6的附加技术特征是本领域常用技术，因此不具备创造性；权利要求15、21、22的附加技术特征是在对比文件1基础上结合本领域常用技术能够得到的。因此，权利要求15、21、22相对于对比文件1不具备创造性。权利要求24的附加技术特征被对比文件2（CN1401868A，公开日为2003年3月12日）公开，且所起到的作用与本申请中相同，因此相对于对比文件1和2的结合不具备创造性。

申请人于2006年3月17日提交了意见陈述书，认为虽然本申请与对比文件1属于相同的技术领

域，但是要解决的技术问题和技术方案不同，预期效果也不同。权利要求2~24由于其引用的独立权利要求1具备新颖性和创造性，因此也具备新颖性和创造性。

国家知识产权局实质审查部门于2007年4月6日驳回了本申请，针对申请人所陈述的对比文件1公开的钢筋网与叠合层不同、“叠合层”含有“重叠结合层”之意的观点，审查员认为对比文件1中的下底板4正是预制层（6，7）与砼的重叠结合层，也属于一种叠合层，审查员的其他理由与第一次审查意见通知书中一致。

驳回决定所针对的权利要求书为：

“1. 一种空腔模壳构件，包括上板（1）、周围侧壁（2）、下底板（3），上板（1）、周围侧壁（2）围成空腔模壳（4），在下底板（3）上有至少二个空腔模壳（4）相间排列，其周围侧壁（2）与下底板（3）构成至少一条现浇结构内肋模腔（5），空腔模壳（4）的其他外周围侧壁（2）构成现浇结构主肋或梁或墙的侧模板，其特征在于至少一条现浇结构内肋模腔（5）的下底板（3）为叠合层下底板，叠合层下底板包括至少一层预制层（6）。

2. 根据权利要求1所述的一种空腔模壳构件，其特征在于所述的叠合层下底板（3）为预制层（6）与预制层（6）叠合而成。

3. 根据权利要求1所述的一种空腔模壳构件，其特征在于所述的叠合层下底板（3）的预制层（6）上叠合有一层现浇现抹层（7）。

4. 根据权利要求3所述的一种空腔模壳构件，其特征在于所述的叠合层下底板（3）为一层预制层（6），一层现浇现抹层（7），再一层预制层（6）多层叠合而成。

5. 根据权利要求3所述的一种空腔模壳构件，其特征在于所述的叠合层下底板（3）为一层现浇现抹层（7），一层预制层（6），再一层现浇现抹层（7）多层叠合而成。

6. 根据权利要求1所述的一种空腔模壳构件，其特征在于所述的叠合层下底板（3）中的预制层（6）为与周围侧壁（2）连体的预制边或预制板或预埋片或带连接件的预制片。

7. 根据权利要求1所述的一种空腔模壳构件，其特征在于所述的叠合层下底板（3）中的预制层（6）为下底板（3）。

8. 根据权利要求1所述的一种空腔模壳构件，其特征在于所述的叠合层下底板（3）的预制层（6）与现浇现抹层（7）的材质不同。

9. 根据权利要求1所述的一种空腔模壳构件，其特征在于所述的空腔模壳构件的上板（1）、周围侧壁（2）、下底板（3）、预制层（6）、现浇现抹层（7）中的至少一个中含有增强物（8），并伸入相邻的基体中锚固，或者还向外露出有增强物（8）。

10. 根据权利要求1至9中任一权利要求所述的一种空腔模壳构件，其特征在于所述的叠合层下底板（3）的预制层（6）之间或与现浇现抹层（7）之间以胶结、粘合、咬合、焊合、压合、锚杆、拉丝、板合、螺钉、铆合的方式叠合成整体。

11. 根据权利要求1至9中任一权利要求所述的一种空腔模壳构件，其特征在于所述的空腔模壳构件上还设置有阴角（9）、倒角（10）、凹槽（11）、凹坑（12）、孔洞（13）、凸台模块（14）、凸条（15）、阳角（16）中的至少一个。

12. 根据权利要求11所述的一种空腔模壳构件，其特征在于所述的阴角（9）、倒角（10）、凹槽（11）、孔洞（13）、凸条（15）自身或相互呈平行、正交、斜交或立交设置或形成网格。

13. 根据权利要求1至9中任一权利要求所述的一种空腔模壳构件，其特征在于所述的空腔模壳构件的封闭空腔内设置有加劲肋（17）、加劲杆（18）、加强筋（19）中的至少一个，或者有加劲肋（17）、加劲杆（18）、加强筋（19）中的至少一个露出空腔模壳构件外，或者加劲肋（17）、加劲杆

（18）、加强筋（19）上还有增强物（8）露出，或者加劲肋（17）、加劲杆（18）、加强筋（19）与基层叠合或叠合后露筋、网增强物（8）。

14. 根据权利要求 1 至 9 中任一权利要求所述的一种空腔模壳构件，其特征在于所述的空腔模壳构件的封闭空腔内设置有轻质材料（20）。

15. 根据权利要求 1 至 9 中任一权利要求所述的一种空腔模壳构件，其特征在于所述的上板（1）或周围侧壁（2）中的至少一个为或有可拆卸的活动部件。

16. 根据权利要求 1 至 9 中任一权利要求所述的一种空腔模壳构件，其特征在于所述的空腔模壳构件的上板（1）、周围侧壁（2）的外表面中的至少一个为波纹形、锯齿形、拉毛形或者糙面外表面。

17. 根据权利要求 1 至 9 中任一权利要求所述的一种空腔模壳构件，其特征在于所述的空腔模壳构件上设置有定位构件（21）。

18. 根据权利要求 1 至 9 中任一权利要求所述的一种空腔模壳构件，其特征在于所述的空腔模壳构件上设置有空腔模壳构件之间彼此连接的连接件（22）。

19. 根据权利要求 1 至 9 中任一权利要求所述的一种空腔模壳构件，其特征在于所述的上板（1）或下底板（3）的至少一外侧伸出有挑边（23）。

20. 根据权利要求 19 所述的一种空腔模壳构件，其特征在于所述的上板（1）或下底板（3）伸出的挑边（23）为叠合层挑边。

21. 根据权利要求 1 至 9 中任一权利要求所述的一种空腔模壳构件，其特征在于所述的上板（1）或周围侧壁（2）或下底板（3）的至少一个上叠合有预制层（6）。

22. 根据权利要求 1 至 9 中任一权利要求所述的一种空腔模壳构件，其特征在于所述的下底板（3）或现浇现抹层（7）为水泥砂浆、砼、轻质砼、聚合物砼、聚合物砂浆的下底板或后浇后抹层，上板（1）或周围侧壁（2）的壁为水泥纤维、水泥纤维网、水泥钢筋网、水泥钢丝网、砼板、木胶板、塑料、金属压型板、轻质砼的壁，预制层（6）为轻骨料砼层、加气砼层、水泥砂浆层、水泥纤维层、水泥钢丝网层、水泥砼层、钢筋砼层、塑料板、金属压型板或木胶板。

23. 根据权利要求 1 至 9 中任一权利要求所述的一种空腔模壳构件，其特征在于所述的上板（1）、周围侧壁（2）、下底板（3）、挑边（23）、预制层（6）或现浇现抹层（7）中的至少一个是由多层粘有胶凝材料的筋或网的增强物（8）叠合而成。

24. 根据权利要求 1 至 9 中任一权利要求所述的一种空腔模壳构件，其特征在于所述的空腔模壳构件上设置有搬运件（24）。”

申请人（以下称复审请求人）对上述驳回决定不服，于 2007 年 6 月 25 日向专利复审委员会提出复审请求，请求人在提出复审请求时没有对原申请文件进行修改。请求人认为本申请与对比文件 1 属于不同的技术领域，所要解决的技术问题和技术方案不同，预期效果也不同，并强调对比文件 1 并没有公开本申请权利要求 1 中“下底板（3）上有至少二个空腔模壳（4）相间排列”及“至少一条现浇结构内肋模腔（5）的下底板（3）为叠合层下底板，叠合层下底板包括至少一层预制层（6）”的技术特征，钢筋 6 和钢筋网 7 仅仅是模壳构件中的结构底板内的增强物，与叠合层完全是不同的概念。本领域的技术人员不会把有钢筋或钢筋网的钢筋砼板叫做叠合板，只有在预制板上再浇一层现浇板才称为叠合板。因此国家知识产权局驳回的理由不成立。

形式审查合格后，专利复审委员会受理了该复审请求，并于 2007 年 9 月 12 日向请求人发出复审请求受理通知书，随后将本申请移交原实审部门进行前置审查。

原实质审查部门对本复审请求进行了前置审查，坚持原驳回决定。

请求人于2008年3月6日和2008年3月18日提交了两次权利要求书的修改替换页。最后一次修改文本相对于原始申请文本作出了如下修改：删除原权利要求23，将原权利要求1中的“叠合层下底板包括至少一层预制层（6）”修改为“叠合层下底板包括至少一层预制层（6），叠合层下底板包括至少两层。”修改后的权利要求书如下：

“1. 一种空腔模壳构件，包括上板（1）、周围侧壁（2）、下底板（3），上板（1）、周围侧壁（2）围成空腔模壳（4），在下底板（3）上有至少二个空腔模壳（4）相间排列，其周围侧壁（2）与下底板（3）构成至少一条现浇结构内肋模腔（5），空腔模壳（4）的其他外周围侧壁（2）构成现浇结构主肋或梁或墙的侧模板，其特征在于至少一条现浇结构内肋模腔（5）的下底板（3）为叠合层下底板，叠合层下底板包括至少一层预制层（6），叠合层下底板包括至少两层。

2. 根据权利要求1所述的一种空腔模壳构件，其特征在于所述的叠合层下底板（3）为预制层（6）与预制层（6）叠合而成。

3. 根据权利要求1所述的一种空腔模壳构件，其特征在于所述的叠合层下底板（3）的预制层（6）上叠合有一层现浇现抹层（7）。

4. 根据权利要求3所述的一种空腔模壳构件，其特征在于所述的叠合层下底板（3）为一层预制层（6），一层现浇现抹层（7），再一层预制层（6）多层叠合而成。

5. 根据权利要求3所述的一种空腔模壳构件，其特征在于所述的叠合层下底板（3）为一层现浇现抹层（7），一层预制层（6），再一层现浇现抹层（7）多层叠合而成。

6. 根据权利要求1所述的一种空腔模壳构件，其特征在于所述的叠合层下底板（3）中的预制层（6）为与周围侧壁（2）连体的预制边或预制板或预埋片或带连接件的预制片。

7. 根据权利要求1所述的一种空腔模壳构件，其特征在于所述的叠合层下底板（3）中的预制层（6）为下底板（3）。

8. 根据权利要求1所述的一种空腔模壳构件，其特征在于所述的叠合层下底板（3）的预制层（6）与现浇现抹层（7）的材质不同。

9. 根据权利要求1所述的一种空腔模壳构件，其特征在于所述的空腔模壳构件的上板（1）、周围侧壁（2）、下底板（3）、预制层（6）、现浇现抹层（7）中的至少一个中含有增强物（8），并伸入相邻的基体中锚固，或者还向外露出有增强物（8）。

10. 根据权利要求1至9中任一权利要求所述的一种空腔模壳构件，其特征在于所述的叠合层下底板（3）的预制层（6）之间或与现浇现抹层（7）之间以胶结、粘合、咬合、焊合、压合、锚杆、拉丝、板合、螺钉、铆合的方式叠合成整体。

11. 根据权利要求1至9中任一权利要求所述的一种空腔模壳构件，其特征在于所述的空腔模壳构件上还设置有阴角（9）、倒角（10）、凹槽（11）. 凹坑（12）、孔洞（13）、凸台模块（14）、凸条（15）、阳角（16）中的至少一个。

12. 根据权利要求11所述的一种空腔模壳构件，其特征在于所述的阴角（9）、倒角（10）、凹槽（11）、孔洞（13）、凸条（15）自身或相互呈平行、正交、斜交或立交设置或形成网格。

13. 根据权利要求1至9中任一权利要求所述的一种空腔模壳构件，其特征在于所述的空腔模壳构件的封闭空腔内设置有加劲肋（17）、加劲杆（18）、加强筋（19）中的至少一个，或者有加劲肋（17）、加劲杆（18）、加强筋（19）中的至少一个露出空腔模壳构件外，或者加劲肋（17）、加劲杆（18）、加强筋（19）上还有增强物（8）露出，或者加劲肋（17）、加劲杆（18）、加强筋（19）与基层叠合或叠合后露筋、网增强物（8）。

14. 根据权利要求1至9中任一权利要求所述的一种空腔模壳构件，其特征在于所述的空腔模壳构件的封闭空腔内设置有轻质材料（20）。

15. 根据权利要求 1 至 9 中任一权利要求所述的一种空腔模壳构件，其特征在于所述的上板（1）或周围侧壁（2）中的至少一个为或有可拆卸的活动部件。

16. 根据权利要求 1 至 9 中任一权利要求所述的一种空腔模壳构件，其特征在于所述的空腔模壳构件的上板（1）、周围侧壁（2）的外表面中的至少一个为波纹形、锯齿形、拉毛形或者糙面外表面。

17. 根据权利要求 1 至 9 中任一权利要求所述的一种空腔模壳构件，其特征在于所述的空腔模壳构件上设置有定位构件（21）。

18. 根据权利要求 1 至 9 中任一权利要求所述的一种空腔模壳构件，其特征在于所述的空腔模壳构件上设置有空腔模壳构件之间彼此连接的连接件（22）。

19. 根据权利要求 1 至 9 中任一权利要求所述的一种空腔模壳构件，其特征在于所述的上板（1）或下底板（3）的至少一外侧伸出有挑边（23）。

20. 根据权利要求 19 所述的一种空腔模壳构件，其特征在于所述的上板（1）或下底板（3）伸出的挑边（23）为叠合层挑边。

21. 根据权利要求 1 至 9 中任一权利要求所述的一种空腔模壳构件，其特征在于所述的上板（1）或周围侧壁（2）或下底板（3）的至少一个上叠合有预制层（6）。

22. 根据权利要求 1 至 9 中任一权利要求所述的一种空腔模壳构件，其特征在于所述的下底板（3）或现浇现抹层（7）为水泥砂浆、砼、轻质砼、聚合物砼、聚合物砂浆的下底板或后浇后抹层，上板（1）或周围侧壁（2）的壁为水泥纤维、水泥纤维网、水泥钢筋网、水泥钢丝网、砼板、木胶板、塑料、金属压型板、轻质砼的壁，预制层（6）为轻骨料砼层、加气砼层、水泥砂浆层、水泥纤维层、水泥钢丝网层、水泥砼层、钢筋砼层、塑料板、金属压型板或木胶板。

23. 根据权利要求 1 至 9 中任一权利要求所述的一种空腔模壳构件，其特征在于所述的空腔模壳构件上设置有搬运件（24）。"

至此，合议组认为本案事实清楚，可以作出审查决定。

二、决定的理由

1. 审查文本

请求人于 2008 年 3 月 6 日和 2008 年 3 月 18 日提交了两次权利要求书的修改替换页。最后一次修改文本相对于原始申请文本作出了如下修改：删除原权利要求 23，将原权利要求 1 中的"叠合层下底板包括至少一层预制层（6）"修改为"叠合层下底板包括至少一层预制层（6），叠合层下底板包括至少两层"。经审查，这种修改克服了原驳回决定所针对的文本中存在的不清楚的缺陷，具体理由如下：原权利要求 1 中仅限定"叠合层下底板包括至少一层预制层（6）"，这样限定包括了叠合层下底板仅由一层叠合的预制层构成的含义，而根据本申请说明书中的内容可知，叠合层下底板应该包括至少两层，这样限定导致了歧义；原权利要求 23 中限定了"上板（1）、周围侧壁（2）、下底板（3）、挑边（23）、预制层（6）或现浇现抹层（7）中的至少一个是由多层粘有胶凝材料的筋或网的增强物（8）叠合而成"，由顿号分隔了 6 个并列的部件，并限定它们中至少一个是由多层粘有胶凝材料的筋或网的增强物（8）叠合而成，但根据本申请说明书中内容可知预制层和现浇现抹层是下底板的组成部分，这样限定导致原权利要求 23 不清楚；修改后的权利要求书没有超出原说明书和原权利要求书记载的范围，符合专利法第 33 条的规定，而且克服了原申请文件中存在的上述缺陷，可以被视为是经审查员同意的、相当于按照通知书的要求进行的修改，因此修改后的文本可以被接受。本复审决定所针对的文本是请求人于 2008 年 3 月 18 日提交的权利要求 1~23 项，2003 年 10 月 21 日提交的说明书第1~13页、附图第1~8及说明书摘要和摘要附图。

2. 关于权利要求1~23是否具备新颖性和创造性

专利法第22条第2款规定的新颖性，是指在申请日以前没有同样的发明或者实用新型在国内外出版物上公开发表过、在国内公开使用过或者以其他方式为公众所知，也没有同样的发明或者实用新型由他人向国务院专利行政部门提出过申请并记载在申请日以后公布的专利申请文件中。

如果一项权利要求所要求保护的技术内容与对比文件中的技术内容不同，且该区别不属于简单的文字变换或惯用手段的直接置换或具体概念与一般概念，则该对比文件与该权利要求所述技术方案实质不同，不能用该对比文件否定该权利要求的新颖性。

创造性，是指同申请日以前已有的技术相比，该发明有突出的实质性特点和显著的进步，该实用新型具有实质性特点和进步。

权利要求1请求保护一种空腔模壳构件，对比文件1（CN1348041A，公开日为2002年5月8日）公开了一种现浇钢筋砼空心楼板，二者属于相同的技术领域，并具体公开了如下技术内容，空心楼板中的空腔模壳构件2为由四周侧壁和上底板（相当于本申请中的上板）构成的盆状模板3和下底板4构成的空腔多面体结构，其中上板和周围侧壁围成了盆状模板3，在下底板4上有多个空腔模壳2相间排列，在周围侧壁和下底板4之间构成用于形成现浇钢筋砼肋1的内肋模腔，空腔模壳2的其他外周围侧壁构成现浇结构主肋或梁或墙的侧模板（参见对比文件1实施例及附图）。

将本申请权利要求1与对比文件1相比，区别在于，对比文件1并未公开本申请权利要求1中限定的“下底板为叠合层下底板，叠合层下底板包括至少一层预制层，叠合层下底板包括至少两层”的技术特征。对比文件1中公开的是下底板为结构底板，并且该结构底板内由钢筋或预应力钢筋、钢筋网或钢丝网或两种以上的组合。因此，对比文件1并未公开权利要求1的全部技术特征，修改后的权利要求1相对于对比文件1具备新颖性。

驳回决定中认为：所谓“叠合层”含有“重叠结合层”的意思，所以对比文件1公开的下底板正是预制的钢筋或钢丝网层与砼的重叠结合层，因此也是一种叠合层。

合议组经合议后认为：由权利要求1中限定的技术特征可以得知，权利要求1中的下底板作为叠合层下底板必须由至少两个层状结构叠合而成，其中至少一层为预制层。对比文件1中所述的“结构底板4内有钢筋或预应力钢筋6、钢筋网或钢丝网7或两种以上的组合”，其实质是钢筋或预应力钢筋、钢筋网或钢丝网或其组合固化在混凝土中形成的单层钢筋混凝土结构，钢筋和钢筋网仅仅是模壳构件中的结构底板内的增强物，其被置于混凝土内部并与混凝土共同作用形成了一层钢筋砼板，并非两层或多层结构之间的叠合。因此，本申请权利要求1中的技术内容与对比文件1并不相同，也不是如驳回决定中所述的简单的文字变换，权利要求1相对于对比文件1不具备新颖性的理由不能成立。

本申请要解决的技术问题是现有空腔模壳构件生产制作不方便，生产效率低，不便于流水线生产，采用的技术手段是至少一条现浇内肋模腔的下底板为叠合层下底板，叠合层下底板包括至少一层预制层，叠合层包括至少两层。而对比文件1中没有公开上述技术特征，现有技术中也没有给出将上述技术特征应用于对比文件1中以解决本申请技术问题的技术启示，而且本申请一部分预制、一部分现浇可以实现“制作容易、生产效率高、成本低”的技术效果，因此，权利要求1相对于对比文件1具备创造性。

由于独立权利要求1相对于对比文件1具备新颖性和创造性，其从属权利要求2~22相对于对比文件1也具备新颖性和创造性。

驳回决定中使用对比文件2评价从属权利要求23（原权利要求24）的附加技术特征，对比文件2（CN1401868A，公开日为2003年3月12日）同样没有公开上述有关“叠合层”的区别技术特征，因此即使将对比文件1和2结合也不能破坏修改后的权利要求23的创造性。因此，权利要求23相对于对比文件1和2的结合不具备创造性的驳回理由不成立。

根据以上事实和理由，本案合议组作出如下审查决定。

三、决定

撤销国家知识产权局于2007年4月6日对200310101173.4号发明专利申请作出的驳回决定，由原审查部门在本决定依据的文本的基础上继续进行审查。

复审请求人对本决定不服的，可以根据专利法第41条第2款的规定，自收到本决定之日起三个月内向北京市第一中级人民法院起诉。

068

安全关断光学放大器的电路结构和方法

复审请求审查决定（第13180号）

决　定　号　第13180号
决　定　日　2008年4月15日
发明创造名称　安全关断光学放大器的电路结构和方法
国际分类号　G02F 1/39，H03G 3/20
复审请求人　诺基亚西门子通信有限责任两合公司
申　请　号　02142814.X
申　请　日　2002年9月18日
优先权日　2001年9月18日
公　开　日　2003年4月9日
合议组组长　杨军艳
主　审　员　宋　瑞
参　审　员　关　刚

法律依据　专利法第26条第4款，专利法实施细则第20条第1款、第21条第2款
决定要点

在复审程序中，如复审请求人提交的修改后申请文件已经克服了原驳回决定和复审通知书中指出的缺陷，且上述修改符合专利法第33条的规定，则应当在修改文本的基础上撤销驳回决定。

一、案由

本复审请求涉及申请号为02142814.X、发明名称为“安全关断光学放大器的电路结构和方法”的发明专利申请（下称本申请），其申请日为2002年9月18日，优先权日为2001年9月18日，公开日为2003年4月9日，申请人为西门子公司，后变更为诺基亚西门子通信有限责任两合公司。

经过实质审查程序，国家知识产权局专利实质审查部门以本申请权利要求8~11不符合专利法实施细则第20条第1款的规定为由，于2006年9月22日作出了驳回本申请的决定。该驳回决定认为，权利要求8~11的附加技术特征与它们各自引用的权利要求中的技术特征的关系不清楚，即这些技术特征所限定的步骤之间的顺序或者包含关系不清楚，因而造成权利要求8~11不清楚，不符合专利法实施细则第20条第1款。

驳回决定所针对的申请文本是申请人于2006年8月18日提交的权利要求第1~11项，于2002年9月18日提交的说明书第1~3页、说明书附图第1~2页以及说明书摘要和摘要附图。

驳回决定所针对的申请文本的权利要求7~11为：

“7. 安全关断光学放大器（V）的方法，其中对馈入光波导（L）的光学信号（LW）进行分析，

其特征在于：

测量馈入光波导（L）的放大自发发射（ASE），以及

形成被检测到的光学信号（LW）的、消除了放大自发发射（ASE）的测量值（SR）。

8. 如权利要求 7 所述的方法，

其特征在于：

从光波导（L）提取被检测到的光学信号（LW）分量，并馈送给一个带通滤波器（F）及其后布置的信号监视器（SM1）。

9. 如权利要求 8 所述的方法，

其特征在于：

至少要将位于带通滤波器（F）的导通范围之外的光谱分量的部分馈送给一个功率测量装置（SM2）。

10. 如权利要求 9 所述的方法，

其特征在于：

自带通滤波器的导通范围之内和之外的测量的信号分量确定信号功率。

11. 如权利要求 10 所述的方法，

其特征在于：

位于带通滤波器（F）的导通范围之外的信号功率与修正因子（KF）相乘并从位于带通滤波器（F）的导通范围之内的信号功率中减去。”

申请人西门子公司（下称复审请求人）不服上述驳回决定，于 2006 年 12 月 4 日向专利复审委员会提出复审请求，同时提交了权利要求书全文的修改替换页，修改后的权利要求书共包括 11 项权利要求。复审请求人认为修改后的权利要求 8~11 具有清楚的限定，符合专利法实施细则第 20 条第 1 款的规定。

经形式审查合格后，专利复审委员会受理了上述请求，并于 2007 年 1 月 11 日向复审请求人发出复审请求受理通知书，同时发出前置审查通知书，将本案送至原实质审查部门进行前置审查。

原实质审查部门对该复审请求做出前置审查意见，仍然坚持原驳回决定。

针对该复审请求，专利复审委员会依法成立合议组，对本案进行审理，本案合议组于 2007 年 8 月 15 日向复审请求人发出复审通知书（下称第一次复审通知书），指出：权利要求 1 中出现了“第 1 单元（E1）”的技术特征，但是没有对该“第 1 单元（E1）”的结构、作用进行任何说明，因此权利要求 1 的技术方案不清楚，不符合专利法实施细则第 20 条第 1 款的规定。权利要求 1 中仅仅包括关于 E2 单元和判定单元 ES，没有包含 E1 单元和连接单元 GW，不能构成完整的技术方案，因此权利要求 1 缺少必要技术特征，不符合专利法实施细则第 21 条第 2 款的规定。权利要求 7 的方法中缺少完成发明目的必要的步骤，不能构成完整的技术方案，因此权利要求 7 缺少必要技术特征，不符合专利法实施细则第 21 条第 2 款的规定。权利要求 8 中关于测量馈入光波导的放大自发发射步骤的描述实质上是将由 E1 单元中的 SM1 所完成的步骤也纳入其中了，这与本申请说明书中的记载不一致，因此权利要求 8 的技术方案得不到说明书的支持，不符合专利法第 26 条第 4 款的规定。

针对上述复审通知书的意见，复审请求人于 2007 年 9 月 19 日提交了意见陈述书、权利要求书全文的修改替换页以及修改后的权利要求书的德文原稿。

复审请求人于 2007 年 10 月 31 日再次提交了权利要求书全文的修改替换页，此次修改后的权利要求为：

“1. 用于安全关断光学放大器（V）的电路结构，其具有

第1单元（E1），该第1单元包括用于检测馈入光波导（L）的光信号（LW）的耦合器（K）以及与该耦合器（K）连接的带通滤波器（F）和随其后连接的用于功率测量的信号监视器（SM1），

第2单元（E2），该第2单元用于测量馈入光波导（L）的放大自发发射（ASE），

判定单元（ES），将检测到的光学信号（LW）的消除了放大自发发射（ASE）的测量值（SR）输送给该判定单元（ES），以及

设置在所述第1单元（E1）和第2单元（E2）之间的连接单元（GW），该连接单元（GW）用于估计耦合到光学放大器（V）中的光学信号（LW），其中该连接单元（GW）包括一个乘法器（MU）和一个减法器（SU），第2单元（E2）的输出信号与修正因子（KF）在乘法器（MU）中相乘，并在随后设置的减法单元（SU）中从第1单元（E1）中设置的信号监视器（SM1）的输出信号减去。

2. 如权利要求1所述的电路结构，其特征在于：

第2单元（E2）包括一个装置（SM2），该装置用于放大自发发射（ASE）或带通滤波器（F）输出信号分量的功率测量。

3. 如权利要求1或2所述的电路结构，其特征在于：

将连接单元（GW）的输出信号（RS）馈入该判定单元（ES），以及

用判定单元的输出信号（R，ES）可以实施控制光学放大器（V）。

4. 安全光断光学放大器（V）的方法，其中对馈入光波导（L）的光学信号（LW）进行分析，该方法包括如下步骤：

从光波导（L）中提取光学信号（LW）的分量，

将该光学信号（LW）的分量馈送给一个带通滤波器（F）及其后布置的信号监视器（SM1），

将位于带通滤波器（F）的导通范围之外的光谱分量的至少一部分馈送给一个功率测量装置（SM2），

将位于所述导通范围之外的信号功率与修正因子（KF）相乘，

将相乘结果从位于所述导通范围之内的信号功率中减去，并且

根据相减结果关断或不关断所述光学放大器。

5. 如权利要求4所述的方法，其特征在于：由在带通滤波器（F）的导通范围之内和之外测量的信号分量确定信号功率。"

在此基础上，本案合议组于2007年11月29日向复审请求人发出第二次复审通知书，指出权利要求1中先说明判定单元，后说明连接单元，然而根据本申请中的记载，应当先在连接单元中进行信号处理，然后再将连接单元的输出信号馈入判定单元，显然权利要求1中有关判定单元和连接单元的说明顺序不当，这导致权利要求1不清楚；权利要求1中关于判定单元部分的描述仅指出了提供给判定单元的输入信号，而没有说明判定单元的功能或作用，进而导致权利要求1中关于判定单元的描述不清楚；权利要求3引用权利要求1或2，其附加技术特征"将连接单元（GW）的输出信号（RS）馈入该判定单元（ES）"实际上已经体现在权利要求1的技术方案中，且权利要求1中的记载更详细，导致权利要求3整体保护范围的不清楚；权利要求5的附加技术特征"由在带通滤波器（F）的导通范围之内和之外测量的信号分量确定信号功率"已经体现在权利要求4的技术方案中，且权利要求4中的记载更详细，导致权利要求5整体保护范围的不清楚，因此权利要求1、3、5不符合专利法实施细则第20条第1款的规定。

针对第二次复审通知书的意见，复审请求人于2008年1月9日提交了意见陈述书、权利要求书全文修改替换页以及修改权利要求书的德文原稿，认为修改后的权利要求书符合专利法实施细则第20条第1款的规定，修改符合专利法第33条的规定。

此后，复审请求人于2008年3月5日再次提交补正书，同时提交了权利要求书全文的修改替换页（共2页），修改后的权利要求书共包含4项权利要求，内容如下：

“1. 用于安全关断光学放大器（V）的电路结构，其具有

第1单元（E1），该第1单元包括用于检测馈入光波导（L）的光信号（LW）的耦合器（K）以及与该耦合器（K）连接的带通滤波器（F）和随其后连接的用于功率测量的信号监视器（SM1），

第2单元（E2），该第2单元用于测量馈入光波导（L）的放大自发发射（ASE），

设置在所述第1单元（E1）和第2单元（E2）之间的连接单元（GW），该连接单元（GW）用于估计耦合到光学放大器（V）中的光学信号（LW），其中该连接单元（GW）包括一个乘法器（MU）和一个减法器（SU），第2单元（E2）的输出信号与修正因子（KF）在乘法器（MU）中相乘，并在随后设置的减法单元（SU）中从第1单元（E1）中设置的信号监视器（SM1）的输出信号减去，以及

判定单元（ES），将检测到的光学信号（LW）的消除了放大自发发射（ASE）的测量值（SR）输送给该判定单元（ES），并且由该判定单元（ES）根据所述消除了放大自发发射（ASE）的测量值（SR）引起所述光学放大器（V）的关断或者不关断。

2. 如权利要求1所述的电路结构，

其特征在于：

第2单元（E2）包括一个装置（SM2），该装置用于放大自发发射（ASE）或带通滤波器（F）输出信号分量的功率测量。

3. 如权利要求1或2所述的电路结构，

其特征在于：

所述判定单元（ES）包括阈值-判定器（SW），所述消除了放大自发发射（ASE）的测量值（SR）被输送给该阈值-判定器（SW），并且在低于可确定的阈值时，由该阈值-判定器（SW）引起所述光学放大器（V）的关断。

4. 安全关断光学放大器（V）的方法，其中对馈入光波导（L）的光学信号（LW）进行分析，该方法包括如下步骤：

从光波导（L）中提取光学信号（LW）的分量，

将该光学信号（LW）的分量馈送给一个带通滤波器（F）及其后布置的信号监视器（SM1），

将位于带通滤波器（F）的导通范围之外的光谱分量的至少一部分馈送给一个功率测量装置（SM2），

将位于所述导通范围之外的信号功率与修正因子（KF）相乘，

将相乘结果从位于所述导通范围之内的信号功率中减去，并且

根据相减结果关断或不关断所述光学放大器。”

经过上述审查程序，合议组认为本案事实已经清楚，可以作出复审决定。

二、决定的理由

1. 关于审查文本

本复审决定是以复审请求人于2008年3月5日提交的权利要求第1~4项，于2002年9月18日提交的说明书第1~3页、说明书附图第1~2页以及说明书摘要和摘要附图为审查基础作出的。

2. 关于专利法实施细则第20条第1款

专利法实施细则第20条第1款规定：权利要求书应当说明发明或者实用新型的技术特征，清楚、简要地表述请求保护的范围。

具体到本案中，驳回决定认为，本申请方法类权利要求 7 的从属权利要求 8~11 的附加技术特征中的步骤特征与其引用的在先权利要求中的步骤特征之间的先后关系或包含关系不清楚。第一次复审通知书认为权利要求 1 中没有对“第 1 单元”的结构、作用进行说明，第二次复审通知书认为权利要求 1 中“判定单元”和“连接单元”的说明顺序不当，权利要求 1 中没有说明“判定单元”的功能或作用，导致权利要求 1 不清楚；权利要求 3 引用权利要求 1 或 2，其附加技术特征限定了一个比其引用的权利要求 1 或 2 更大的保护范围，导致权利要求 3 整体保护范围不清楚；权利要求 5 引用权利要求 4，其附加技术特征限定了一个比其引用的权利要求 4 更大的保护范围，导致权利要求 5 整体保护范围不清楚。

对此，复审请求人通过修改，当前的权利要求书中仅包括一项方法权利要求 4，其中各步骤之间的先后关系清楚，因此已经克服了驳回决定中指出的上述缺陷。

当前的权利要求 1 中对“第 1 单元”的作用以及“判定单元”的功能和作用进行了具体的说明，并且调整了其中“连接单元”和“判定单元”的说明顺序，使其说明的顺序与说明书中的记载一致；在当前权利要求 3 中对“判定单元”重新进行了进一步的限定，使得权利要求 3 的保护范围变得清楚；删除了权利要求 5。从而克服了第一次及第二次复审通知书中所指出的不符合专利法实施细则第 20 条第 1 款规定的缺陷。

3. 关于专利法实施细则第 21 条第 2 款

专利法实施细则第 21 条第 2 款规定，独立权利要求应当从整体上反映发明或者实用新型的技术方案，记载解决技术问题的必要技术特征。

本案中，第一次复审通知书中指出权利要求 1 中仅仅包括关于 E2 单元和判定单元 ES，没有包括 E1 单元和连接单元 GW，不能构成完整的技术方案，因此权利要求 1 缺少必要技术特征，不符合专利法实施细则第 21 条第 2 款的规定，同时方法权利要求 7 中缺少完成发明目的的必要步骤，因此权利要求 7 也不符合专利法实施细则第 21 条第 2 款的规定。

对此，复审请求人进行了修改，当前的产品权利要求 1 和方法权利要求 4 中已经分别包含了全部的必要技术特征，符合专利法实施细则第 21 条第 2 款的规定，克服了第一次复审通知书中指出的上述缺陷。

4. 关于专利法第 26 条第 4 款

专利法第 26 条第 4 款规定，权利要求书应当以说明书为依据，说明要求专利保护的范围。

本案中，第一次复审通知书指出权利要求 8 中测量馈入光波导的放大自发发射步骤的描述实质上是将由 E1 单元中的 SM1 所完成的步骤也纳入其中了，这与本申请说明书中的记载不一致，因此权利要求 8 的技术方案得不到说明书的支持，不符合专利法第 26 条第 4 款的规定。

对此，复审请求人进行了修改，当前的方法权利要求 4 中的各步骤均与说明书中的记载一致，且各步骤之间不再存在相互包含的关系，故克服了第一次复审通知书中指出的上述缺陷。

综上所述，复审请求人通过对申请文件的修改，已经克服了驳回决定和复审通知书中指出的缺陷，且修改符合专利法第 33 条的规定，故本案合议组作出以下复审决定。

三、决定

在复审请求人于 2008 年 3 月 5 日所提交的修改文本的基础上撤销国家知识产权局于 2006 年 9 月 22 日对 02142814. X 号发明专利申请作出的驳回决定，由原实质审查部门以本复审决定所依据的审查文本为基础继续进行审查。

复审请求人对本决定不服的，可根据专利法第 41 条第 2 款的规定，自收到本决定之日起三个月内向北京市第一中级人民法院起诉。

069

电动机式风门装置

复审请求审查决定（第13243号）

决　定　号　第13243号
决　定　日　2008年4月24日
发明创造名称　电动机式风门装置
国际分类号　F25D 17/04
复审请求人　株式会社三协精机制作所
申　请　号　03124165.4
优先权日　2002年5月1日
申　请　日　2003年4月30日
公　开　日　2003年11月12日
合议组组长　于　萍
主　审　员　姜　岩
参　审　员　刘敏飞

法律依据　专利法第22条第3款
决定要点

若对比文件所公开的技术方案中的某部件与专利申请的权利要求所述技术方案中的某部件具有相同的功能，并且两者要解决的技术问题实质上也相同。那么对比文件中解决所述问题所采取的技术措施，对后者采取相同措施解决相同问题具有明显的技术启示。

一、案由

本复审请求涉及株式会社三协精机制作所（下称申请人）于2003年4月30日申请，国家知识产权局于2003年11月12日公开的，名称为“电动机式风门装置”的第03124165.4号发明专利申请（下称本申请）。

经实质审查，国家知识产权局专利局于2005年8月12日驳回了本申请，驳回决定针对的文本是申请人于2005年1月25日提交的权利要求1~8项及说明书的第1~3页、2003年4月30日提交的说明书第4~10页及附图第1~9页，驳回决定的理由是对比文件1（JP9264652A，公开日为1997年10月7日）公开了本申请权利要求1~8中的全部技术特征，因此，本申请权利要求1~8不符合专利法第22条第2款有关新颖性的规定。

驳回决定所针对的权利要求书为：

“1. 一种电动机式风门装置，具有带有电动机的挡板驱动装置、由该挡板驱动装置驱动的挡板、

形成由该挡板进行开闭的开口部的框架，其中，

所述挡板及所述开口部的周缘部中的一方侧具有缓冲构件，其由所述挡板将所述开口部关闭时陷入另一方侧而紧贴，

所述电动机，由其制动扭矩维持所述另一方侧与所述缓冲构件紧贴的状态，

其特征在于，还具有制动件，所述制动件通过阻止所述挡板的关闭动作，而阻止所述另一方侧过分陷入所述缓冲构件。

2. 根据权利要求 1 所述的电动机式风门装置，其特征在于，所述一方侧为所述挡板，所述另一方侧为所述开口部的周缘部。

3. 根据权利要求 1 所述的电动机式风门装置，其特征在于，所述电动机具有一扭矩，其能克服所述缓冲构件陷入该缓冲构件内、直到所述挡板的关闭动作被阻止的位置。

4. 根据权利要求 3 所述的电动机式风门装置，其特征在于，所述电动机直到由所述制动件使所述挡板的关闭动作被阻止的位置而被驱动，通过该制动扭矩维持与所述缓冲构件紧贴的状态。

5. 根据权利要求 4 所述的电动机式风门装置，其特征在于，一旦所述电动机的驱动停止在由所述制动件所产生的所述阻止位置，则在所述缓冲构件的恢复力与所述电动机的制动扭矩处于平衡的位置处，所述挡板维持与所述缓冲构件紧贴的状态。

6. 根据权利要求 1 所述的电动机式风门装置，其特征在于，所述挡板驱动装置，其外壳内具有所述电动机、将电动机的输出功率传递至所述挡板的减速齿轮列，所述制动件设置在所述外壳内。

7. 根据权利要求 6 所述的电动机式风门装置，其特征在于，所述制动件，在构成所述减速齿轮列的多个齿轮中在所述挡板将所述开口部从全开状态至全关状态的期间与旋转不到 1 转的齿轮干涉而使所述挡板停止，该挡板的停止位置，是阻止过分陷入所述缓冲构件内的位置。

8. 根据权利要求 1 所述的电动机式风门装置，其特征在于，在从所述挡板将所述开口部作成全关状态的停止预定位置进一步向关闭方向移动的位置中，所述制动件是使所述挡板停止的位置。”

申请人株式会社三协精机制作所（下称复审请求人）对上述驳回决定不服，于 2005 年 11 月 16 日向专利复审委员会提出复审请求，复审请求人认为，不能因为对比文件 1 的附图 8 公开了与本申请相当的结构而认为该附图 8 中公开了本申请那样的“伞形齿轮 79 与盖子 11 的螺纹底座 11b（制动件）抵接、阻止挡板 4 进一步的旋转”的结构，这是因为对比文件 1 也有可能设计成伞形齿轮 79 不与盖子 11 的螺纹座部 11b（制动件）抵接，因此，很难从对比文件的附图 8 想到本申请的“伞形齿轮 79 与盖子 11 的螺纹座部 11b（制动件）抵接，阻止挡板 4 的进一步的旋转，以阻止所述挡板的关闭动作，从而阻止所述另一方侧过分陷入所述缓冲构件”的结构。因此，本申请权利要求 1 相对于对比文件 1 具备新颖性，其从属权利要求 2~8 也因此具备新颖性。

复审请求人在提出复审请求时没有提交专利申请文件的修改文本。

形式审查合格后，专利复审委员会受理了该复审请求，并于 2006 年 3 月 22 日向请求人发出复审请求受理通知书，同时向专利局原审查部门发出前置审查通知书，随后将本申请移交原实审部门进行前置审查。

专利局实质审查原部门对本复审请求进行了前置审查，坚持原驳回决定。

专利复审委员会依法组成合议组，对本案的复审请求进行了审理。经合议，合议组于 2007 年 11 月 27 日向复审请求人发出复审通知书，复审通知书所针对的文本即驳回决定所针对的文本。复审通知书指出，权利要求 1 的技术方案是本领域技术人员在对比文件 1 的基础上容易想到的，因此，权利要求 1 不具备创造性；权利要求 3、8 首先是不清楚的，不符合专利法实施细则第 20 条第 1 款的规定；其次，如果根据说明书中的内容理解权利要求 2~8 中的技术方案，权利要求 2~8 也不符合专利

法第22条第3款规定的创造性。

针对复审通知书指出的问题，复审请求人于2008年1月11日提交了意见陈述书及经修改的权利要求书和说明书。权利要求书的修改方式为：删除原权利要求1和6，将原从属权利要求7作为新的独立权利要求1。说明书的修改与权利要求书的修改相适应。其中修改后的权利要求1~6为：

“1. 一种电动机式风门装置，具有带有电动机的挡板驱动装置、由该挡板驱动装置驱动的挡板、形成由该挡板进行开闭的开口部的框架，其中，

所述挡板及所述开口部的周缘部中的一方侧具有缓冲构件，其由所述挡板将所述开口部关闭时陷入另一方侧而紧贴，

所述电动机，由其制动扭矩维持所述另一方侧与所述缓冲构件紧贴的状态，

制动件，所述制动件通过阻止所述挡板的关闭动作，而阻止所述另一方侧过分陷入所述缓冲构件，

其特征在于，所述挡板驱动装置的外壳内内具有所述电动机、将电动机的输出功率传递至所述挡板的减速齿轮列，所述制动件设置在所述外壳内，并且

所述制动件在构成所述减速齿轮列的多个齿轮中在所述挡板将所述开口部从全开状态至全关状态的期间与旋转不到1转的齿轮干涉而使所述挡板停止，该挡板的停止位置，是阻止过分陷入所述缓冲构件内的位置。

2. 根据权利要求1所述的电动机式风门装置，其特征在于，所述一方侧为所述挡板，所述另一方侧为所述开口部的周缘部。

3. 根据权利要求1所述的电动机式风门装置，其特征在于，所述电动机具有一扭矩，所述扭矩能使所述另一方侧克服所述缓冲构件陷入该缓冲构件内、直到所述挡板的关闭动作被阻止的位置为止。

4. 根据权利要求3所述的电动机式风门装置，其特征在于，所述电动机直到由所述制动件使所述挡板的关闭动作被阻止的位置而被驱动，通过该制动扭矩维持与所述缓冲构件紧贴的状态。

5. 根据权利要求4所述的电动机式风门装置，其特征在于，一旦所述电动机的驱动停止在由所述制动件所产生的所述阻止位置，则在所述缓冲构件的恢复力与所述电动机的制动扭矩处于平衡的位置处，所述挡板维持与所述缓冲构件紧贴的状态。

6. 根据权利要求1所述的电动机式风门装置，其特征在于，所述制动件形成在从所述挡板将所述开口部作成全关状态的停止预定位置进一步向关闭方向移动的位置中。”

复审请求人认为，对比文件1的附图8公开了与本发明相同的、与构成减速齿轮列的齿轮抵接来阻止挡板的动作的制动机构，但对比文件1的目的是否是本发明这种“在开口部整周阻止缓冲构件的过分陷入”这样的目的并不明确。而且对比文件1中是使缓冲构件过分陷入来确保密闭性的。对比文件1中明显没有本发明这种阻止缓冲构件过分陷入的目的，相反地对比文件1是使缓冲构件过分陷入来确保密闭性的技术。由此，对比文件1的制动机构构成为不与挡板抵接，而是伞形齿轮与盖子接触来阻止该伞形齿轮的旋转，从而使挡板产生大的动作而破损。因此，对比文件1与本发明的目的、构成不同，不具有本申请说明书最后一段记载的下述效果：即使挡板重复进行开闭动作，缓冲构件每次都能恢复其形状，即使长期使用，开口部与挡板之间也不会产生间隙。因此，对比文件1没有明示或暗示出经修改后的独立权利要求1保护的技术方案，而且即使将它与其他公知常识结合，也不能在不付出创造性劳动的情况下得到独立权利要求1所要保护的技术方案。因此，权利要求1相对于对比文件1具备创造性。而且修改后的权利要求克服了前次复审通知书中指出的权利要求3、8不符合专利法实施细则第20条第1款规定的缺陷。另外，由于权利要求1具备创造性，其从属权利要求2~6也

具备创造性。

至此，合议组认为本案事实清楚，可以作出审查决定。

二、决定的理由

1. 审查的基础

针对复审通知书指出的问题，复审请求人于2008年1月11日提交了权利要求书及说明书的修改替换页，修改方式为：删除原权利要求1和6，将原从属权利要求7作为新的独立权利要求1；将原权利要求3中的“其能克服所述缓冲构件陷入该缓冲构件内、直到所述挡板的关闭动作被阻止的位置”。修改为“所述扭矩能使所述另一方侧克服所述缓冲构件而陷入该缓冲构件内、直到所述挡板的关闭动作被阻止的位置为止”。(现权利要求3)；将原权利要求8中的“在从所述挡板将所述开口部作成全关状态的停止预定位置进一步向关闭方向移动的位置中，所述制动件是使所述挡板停止的位置”修改为“所述制动件形成在从所述挡板将所述开口部作成全关状态的停止预定位置进一步向关闭方向移动的位置中”(现权利要求6)；说明书的修改与权利要求书的上述修改相适应。合议组经过审查认为，修改后的权利要求书及说明书中的内容在原权利要求书及原说明书中存在或可由原申请记载的信息中可以直接地、毫无疑义地确定，这种修改符合专利法第33条及专利法实施细则第60条第1款的规定。同时，修改后的权利要求3、6也克服了复审通知书中指出的不符合专利法实施细则第20条第1款规定的缺陷。因此，本复审请求审查决定以复审请求人于2008年1月11日提交的权利要求第1~6项、说明书第1~10页，2003年4月30日提交的说明书附图第1~9页、说明书摘要、说明书摘要附图为基础进行。

2. 权利要求1~6是否符合专利法第22条第3款的规定

创造性，是指同申请日以前已有的技术相比，该发明有突出的实质性特点和显著的进步，该实用新型具有实质性特点和进步。

若对比文件所公开的技术方案中的某部件与专利申请的权利要求所述技术方案中的某部件具有相同的功能，并且两者要解决的技术问题实质上也相同。那么对比文件中解决所述问题所采取的技术措施，对后者采取相同措施解决相同问题具有明显的技术启示。

修改后的权利要求1是原权利要求6、7的内容补入原权利要求1中得到的，其技术方案与复审通知书所评述的原权利要求7中的方案相同从属权利要求7，合议组认为：修改后的权利要求1请求保护一种电动机式风门装置，对比文件1（JP9264652A，公开日为1997年10月7日）公开了一种电动机式风门装置，并具体披露了如下技术内容：具有带电动机的挡板驱动装置、由该挡板驱动装置驱动的挡板4、形成由该挡板4进行开闭的开口部3的框架2（参见对比文件1第0019段），挡板4面向开口3侧固接一个缓冲部件软带13（参见对比文件1第0023段），挡板4对开口部3的开关是由步进马达1驱动的，当挡板4与开口部3关闭时，该步进马达1的驱动停止是在固定于挡板4上的软带13与开口部的凸出部3C接触后还做4步动作后才停止，开口部3陷入到软带13中形成可靠抵接（参见对比文件1第0033段），电动机1由制动扭矩维持另一方侧与缓冲构件紧贴（参见对比文件1第0035段），挡板驱动装置的盖子内装有电动机1、电动机的输出功率传递至减速齿轮列，制动件11设置在盖子内（参见对比文件1第0020段），对比文件1中采用在全关状态到全开状态旋转时旋转不到一周的伞形齿轮9与盖子11相抵接而使挡板4停止。

本申请权利要求1与对比文件1相比，其区别在于权利要求1中限定了“所述制动件通过阻止所述挡板的关闭动作，而阻止所述另一方侧过分陷入所述缓冲构件”。对比文件1中挡板4关闭运动的停止是靠步进马达1根据设定的步进数而停止。

合议组认为，对比文件1中第0031段公开了：在打开位置，电动机1停止驱动，如果由于故障导致电动机不能停止时，也会由于伞形齿轮9碰到盖子11而阻止了伞形齿轮9的进一步旋转，这样风门不会开得过大。参见对比文件1附图8可以得知，由于附件1中的伞形齿轮9同本申请一样，其打开角度是110度，运动范围β是大约90度。本领域普通技术人员由对比文件1能够得到可以采用伞形齿轮与盖子11的抵接来防止风门开得过大的技术启示，由于风门的动作只是打开和关闭开口，而这两个动作除运动方向相反外，动作方式完全相同，所以本领域技术人员根据对比文件1公开的上述内容会容易想到采取相应的措施来防止风门关得过紧而对缓冲部件造成损害，进而从对比文件1采用伞形齿轮与盖子抵接的方案容易想到在关闭位置如果电动机发生故障不能停止也可以用伞形齿轮与盖子11的抵接来防止风门关得过严，另外，由于在对比文件1附图8中可见盖子11的四个边角部分形成螺纹座，其同样可以起到阻止伞形齿轮过度转动的作用，因此本领域普通技术人员在面临该防止风门关闭过紧的技术问题时，容易想到也可以采用盖子的螺纹座或者盖子的壁等外围结构来阻挡伞形齿轮的继续旋转，从而得到本申请权利要求1的技术方案，而且其效果也是可以想到的，因此，权利要求1不具备创造性。

复审请求人认为“对比文件1的目的是否是本发明这种‘在开口部整周阻止缓冲构件的过分陷入’这样的目的并不明确，因此，对比文件1没有明示或暗示出经修改后的独立权利要求1保护的技术方案”。就此，合议组认为：对比文件1和本申请要解决的问题实质上都是控制风门的运动幅度，对比文件1是限定风门开启的幅度不能过大，本申请限定风门关闭的幅度不能过大，而且采用的技术手段也相同，都是通过对齿轮列运动的阻挡来实现发明目的。因此，二者的技术领域相同，要解决的技术问题实质上相同，本领域技术人员很容易将控制风门一方向运动幅度过大的装置应用于控制风门相反方向运动幅度过大。复审请求人关于本申请的权利要求1相对于对比文件1具有创造性的理由不能成立。

权利要求2是对权利要求1的进一步限定，其附加技术特征被对比文件1说明书第0022段公开了，因此，在其引用的权利要求不具备创造性的条件下，权利要求2也不具备创造性。

权利要求3引用权利要求1。对比文件1中在挡板4与凸出部3c接触后还驱动步进马达1，因此会在挡板4上施加步进马达的转矩，使具有弹性的软带13受到推压，突出部3c以陷入软带13的形式无间隙地与之可靠抵接，直到检测到电动机的步数到达一定值而使挡板的转动被阻止（参见对比文件1说明书0033、0034段），权利要求3的附加技术特征已经被对比文件1公开，在其引用的权利要求不具备创造性的条件下，权利要求3也不具备创造性。

权利要求4的附加技术特征中通过制动扭矩维持与所述缓冲构件紧贴状态的特征如上对权利要求1的评述，已经被对比文件1公开了；权利要求5的附加技术特征中“电动机驱动”已经在对比文件1中公开了，在对比文件1的说明书0034段中公开了如果切断了电动机的供电，软带13会产生一定的恢复力，该恢复力与步进电动机1的制动扭矩达到平衡状态时，风门4仍然处于紧密地关闭状态。权利要求4、5与对比文件1的区别在于权利要求4、5中限定电动机的停止位置在由制动件使挡板关闭动作被阻止所产生的位置，而对比文件1中电动机关闭动作的停止位置是由一个预先设定的脉冲数值而确定的位置。但是对比文件1中已经公开了阻止风门过度打开的制动件——盖子11，直到伞形齿轮与盖子11相抵接才能使电动机停止。本领域的技术人员在对比文件1的基础上，类比防止风门过度打开所采用的技术手段，很容易想到在防止风门过度关闭的情形下也采用同样的手段，即使用制动件与伞形齿轮的抵接防止风门过度关闭。因此，在其引用的权利要求不具备创造性的条件下，权利要求4、5也不具备创造性。

权利要求6引用权利要求1。对比文件1说明书0037段中公开了在防止风门过度打开的过程中将制动件11作为安全装置，而且对比文件1说明书0016中公开了风门在接触到开口后还使步进电动机继续移动几步后停止，因此本领域的技术人员在对比文件1的基础上，类比防止风门过度打开所采用的技术手段，很容易想到在防止风门过度关闭的情形下也采用同样的手段，即使用制动件与伞形齿轮的抵接作为安全装置防止风门过度关闭。因此，在其引用的权利要求不具备创造性的条件下，权利要求6也不具备创造性。

根据以上事实和理由，本案合议组作出如下审查决定。

三、决定

维持国家知识产权局于2005年8月12日对03124165.4号发明专利申请作出的驳回决定。

复审请求人对本决定不服的，可以根据专利法第41条第2款的规定，自收到本决定之日起三个月内向北京市第一中级人民法院起诉。

070

带滑盖的照相机

复审请求审查决定（第 13244 号）

决　定　号　第 13244 号
决　定　日　2008 年 4 月 28 日
发明创造名称　带滑盖的照相机
国 际 分 类 号　G03B17/04
复 审 请 求 人　株式会社尼康
申　请　号　96121329.9
优 先 权 日　1995 年 12 月 8 日
申　请　日　1996 年 12 月 8 日
公　开　日　1997 年 9 月 3 日
合 议 组 组 长　李　隽
主　审　员　王　婧
参　审　员　曹铭书

法 律 依 据　专利法第 22 条第 3 款
决 定 要 点

为了防止灰尘的落入，在物体表面设置一个外盖属于日常生活常识，因此，为了防止外部尘埃落入导向槽内，在对比文件 1 的导向槽外设置外盖，从而得到本申请权利要求 1 所要保护的技术方案，对本领域技术人员来说是显而易见的。

一、案由

本复审请求涉及名称为“带滑盖的照相机”的 96121329.9 号发明专利申请（下称本申请），申请人为株式会社尼康，申请日为 1996 年 12 月 8 日，优先权日为 1995 年 12 月 8 日，公开日为 1997 年 9 月 3 日。申请人于申请日提交的权利要求书共包括 17 项权利要求，其中权利要求 1、7、11、17 为独立权利要求。

2002 年 12 月 27 日，国家知识产权局以本申请权利要求 1 相对于对比文件 1 不具备创造性，不符合专利法第 22 条第 3 款的规定为由驳回了本申请。驳回决定所针对的文本是申请人于 2002 年 11 月 27 日提交的权利要求 1~6 项、说明书第 1~3 页、附图第 3、11 页、2002 年 2 月 9 日提交的说明书第 5 页和说明书摘要、1997 年 2 月 11 日提交的附图第 1~2、4~10、12~22 页和摘要附图以及申请日提交的说明书第 4、6~9 页。

驳回决定所针对的权利要求 1 如下：

“1. 一种照相机，包括：

一个照相机主体；

一个位于所述照相机主体上的摄影镜头；和

一个滑盖（1，10），所述滑盖能在所述滑盖盖住所述摄影镜头前表面的关闭位置和所述滑盖从所述摄影镜头的所述前表面缩回的打开位置间沿所述照相机主体的前表面滑动，其中：

所述照相机主体带有一个外盖（2B，2C）和一个位于所述外盖内的槽形成元件（3），在此形成一个在所述滑盖的滑动方向延伸的导向槽（3d）；和

所述滑盖带有一个伸出部分（1A），所述伸出部分插入在所述外盖（2B，2C）和所述槽形成元件（3）之间，所述滑盖还具有一个导向突起（1a），所述导向突起在所述外盖和所述槽形成元件之间的空间内可滑动地啮合所述导向槽（3d），以便对所述滑盖的滑动导向。”

驳回决定认为：权利要求 1 所要求保护的技术方案与对比文件 1 公开的技术内容相比，其区别仅在于：对比文件 1 的导向槽设在主体的内部，而权利要求 1 的导向槽设在安装在主体上的外盖的内部，然而无论导向槽设置在哪个元件上，其都是在照相机的内部，没有暴露在外，起的作用是相同的，在对比文件 1 的教导下，对导向槽的位置进行改变只是一种简单的常识，所属技术领域的技术人员很容易在该对比文件的基础上结合公知常识获得该权利要求所要求保护的技术方案，即其相对于对比文件 1 并无显著的进步。

申请人株式会社尼康（以下称请求人）对该驳回决定不服，于 2003 年 4 月 11 日向专利复审委员会提出了复审请求，并提交了新修改的权利要求 1~6 项，其中权利要求 1 为独立权利要求。新修改的权利要求 1 将导向槽（3d）进一步限定为“不被暴露地位于所述照相机主体的所述前表面之内部”。请求人认为，由于导向槽是不被暴露的，所以外部尘埃根本不可能进入到导向槽中，这使得滑盖总是能够平滑地移动，因此，本申请经实质性的修改之后，权利要求 1 请求保护的技术方案相对于对比文件 1 所公开的结构具有突出的实质性特点和显著的进步，是具备创造性的。

形式审查合格后，专利复审委员会受理了该复审请求，并于 2003 年 5 月 26 日向请求人发出了复审请求受理通知书，并将本案转送至国家知识产权局原实质审查部门进行前置审查。

在前置审查意见书中，原实质审查部门仍然坚持原驳回决定，并认为请求人将导向槽进一步限定成“不被暴露”并不能阻止外部尘埃粘附于其上。

专利复审委员会依法成立合议组，对本复审请求案进行了审查，于 2007 年 4 月 3 日发出复审通知书，指出修改后的权利要求 1 相对于对比文件 1 仍然不具备创造性，理由是：修改后的权利要求 1 中的导向槽和对比文件 1 中的导向槽实际上都设置在照相机的主体上，权利要求 1 中为了防止灰尘进入到导向槽中，又在导向槽的外面设置了外盖，但是，为了防止落入灰尘，在物体表面设置外盖属于生活常识，因此，在对比文件 1 的基础上结合公知常识从而得到权利要求 1 所要保护的技术方案对本领域技术人员来说是显而易见的；同时，由于滑盖打开时，前盖 2A 的敞开部分 2b 不被覆盖，因此，请求人所声称的“外部尘埃根本不可能进入到导向槽中”的技术效果是不可能达到的。

请求人于 2007 年 5 月 18 日提出延期答复上述复审通知书的请求，复审委员会同意其将答复期限延期至 2007 年 7 月 18 日。2007 年 7 月 18 日请求人针对上述复审通知书进行了答复，并进一步修改了权利要求 1。

修改后的权利要求 1 如下：

“1. 一种照相机，包括：

一个照相机主体；

一个位于所述照相机主体上的摄影镜头；和

一个滑盖（1，10），所述滑盖能在所述滑盖盖住所述摄影镜头前表面的关闭位置和所述滑盖从所述摄影镜头的所述前表面缩回的打开位置间沿所述照相机主体的前表面滑动，其中：

所述照相机主体带有一个具有一开口（2a）的外盖（2A，2B，2C）和一个位于所述外盖（2A，2B，2C）内侧的内盖（3）；

所述内盖（3）设置有前部分，和从所述前部分弯曲的上部分和下部分，当所述滑盖位于打开位置时通过所述开口（2a）使所述前部分暴露，所述上部分和下部分设置有槽形成元件（3），所述槽形成元件（3）具有在所述滑盖的滑动方向上延伸的导向槽（3d），当所述滑盖位于打开和关闭位置时所述导向槽（3d）通过所述外盖（2B，2C）位于被隐蔽的位置；

所述滑盖带在其两端带有一个伸出部分（1A），所述伸出部分（1A）通过形成在所述内盖（3）的上部分和下部分和所述外盖（2B，2C）之间的狭缝（2b）朝所述照相机主体的内侧延伸，所述伸出部分（1A）具有一个导向突起（1a）；

所述导向突起（1a）可滑动地啮合在所述照相机主体的所述前表面之内部的所述导向槽（3d）之中，以引导所述滑盖（1）的滑动；

所述外盖（2B，2C）带有一个开口，所述摄影镜头经所述开口曝光；和

在所述滑盖（1，10）处于所述关闭位置时所述滑盖（1，10）盖住所述开口而在所述滑盖（1，10）处于所述打开位置时所述滑盖（1，10）从所述开口缩回。”

至此，合议组认为本案事实清楚，可以做出复审决定。

二、决定的理由

1. 关于审查文本

经审查，请求人于2007年7月18日答复复审通知书时提交的权利要求书的修改文本符合专利法第33条的规定，合议组对此次修改文本予以接受。因此，本复审请求审查决定针对的文本是请求人于2007年7月18日提交的权利要求第1~5项、2002年11月27日提交的说明书第1~3页和附图第3、11页，2002年2月9日提交的说明书第5页和说明书摘要、1997年2月11日提交的附图第1~2、4~10、12~22页和摘要附图，以及申请日提交的说明书第4、6~9页。

2. 关于创造性

专利法第22条第3款规定：“创造性，是指同申请日以前已有的技术相比，该发明有突出的实质性特点和显著的进步，该实用新型有实质性特点和进步。”

本申请权利要求1请求保护一种照相机。对比文件1（US4367028A，公开日1983年1月4日）也公开了一种照相机，包括（参见对比文件1的说明书第2栏第36行至第3栏第46行以及附图3、4、8）：一个照相机主体（1）；一个位于所述照相机主体上的摄影镜头（2）；一个滑盖（6），该滑盖能在盖住所述摄影镜头前表面的关闭位置和从所述前表面缩回的打开位置间沿照相机主体的前表面滑动；所述照相机主体带有一个具有多个开口的壳体（相当于本申请权利要求1中的内盖），摄影镜头（2）通过其中一个开口曝光；壳体内带有导向槽（1c，1c′）；所述滑盖（6）在其两端各带有伸出部分，该伸出部分沿着与照相机主体前表面垂直的方向朝照相机主体延伸；所述伸出部分带有一个导向突起（6a，6a′），该导向突起可啮合在所述照相机主体内部的导向槽之中，以引导滑盖（6）的滑动；在所述滑盖处于关闭位置时滑盖盖住开口，而在所述滑盖位于打开位置时滑盖从开口缩回。

本申请权利要求1所要保护的技术方案与对比文件1公开的技术内容相比，其区别技术特征在于：权利要求1中的照相机主体还带有一具有一开口的外盖，摄影镜头经该开口曝光，导向槽通过该外盖位于被隐蔽的位置。基于上述区别技术特征可以确定，权利要求1所要保护的技术方案实际解决

的技术问题是：防止灰尘落入导向槽内，使得滑盖总是能平滑的移动。然而，为了防止灰尘落入而在物体表面设置一个外盖属于日常生活常识，同时，由于照相机要通过镜头曝光成像，所以必须为摄影镜头预留一开口，这是本领域技术人员很容易想到的。由此可见，在对比文件 1 的基础上结合上述公知常识从而获得权利要求 1 所要保护的技术方案，对本领域技术人员来说是显而易见的。实际上，即使在导向槽外设置一个外盖，也无法完全阻挡尘埃的进入，因为无论滑盖处于关闭位置还是打开位置，由于狭缝 2b 的存在，灰尘还是会通过该狭缝没有被滑盖遮挡的部分落入导向槽中，请求人在提出复审请求时声称的“外部尘埃根本不可能进入到如所述的导向槽中”的技术效果是不可能达到的。并且，当有灰尘落入导向槽使得滑盖不能平滑移动时，由于有外盖的存在，使用者无法像对比文件 1 中的照相机那样容易地清理导向槽中的灰尘，将会造成使用的不便。因此，该权利要求不具有突出的实质性特点和显著的进步，不符合专利法第 22 条第 3 款有关创造性的规定。

至于请求人在答复复审通知书时提到的“由于其修改后的新的独立权利要求 1 已经包括了经审查员审查后对其新颖性和创造性均未提出任何异议（即已认同其具有新颖性和创造性）的原先的权利要求 2 的附加技术特征内容，同样道理，该修改后的新的独立权利要求 1 相对于对比文件 1 也具有专利法第 22 条第 2 和 3 款所规定的新颖性和创造性”，合议组认为：原实质审查部门的审查员没有评述权利要求 2 的创造性，并不代表其认可了权利要求 2 的创造性。而通过上述对新修改的权利要求 1 的评述可以看出，包括了原权利要求 2 的附加技术特征的权利要求 1 仍然是不具备创造性的，因为其未能使权利要求 1 的技术方案发生实质性的改变。

三、决定

维持国家知识产权局于 2002 年 12 月 27 日做出的驳回 96121329.9 号发明专利申请的决定。

复审请求人如对本决定不服，可以依据专利法第 41 条第 2 款的规定，自收到本决定之日起三个月内向北京市第一中级人民法院起诉。

071

ODF 液晶面板的制造方法

复审请求审查决定（第 13246 号）

决　定　号　第 13246 号
决　定　日　2008 年 3 月 14 日
发明创造名称　ODF 液晶面板的制造方法
国际分类号　G02F 1/1333
复审请求人　瀚宇彩晶股份有限公司
申　请　号　01141956.3
申　请　日　2001 年 9 月 25 日
公　开　日　2003 年 4 月 16 日
合议组组长　张　曦
主　审　员　陈　力
参　审　员　关　刚

法律依据　专利法第 22 条第 3 款
决定要点

在创造性审查中，应当客观分析并确定权利要求所要求保护的技术方案相对于最接近的现有技术的区别特征以及所述区别特征实际所要解决的技术问题，如果现有技术中已经给出启示将所述区别特征应用于该最接近的现有技术中并客观上能够解决所要解决的技术问题，则该技术方案不具备创造性。

一、案由

本复审请求涉及申请号为 01141956.3、发明名称为“ODF 液晶面板的制造方法”的发明专利申请（下称本申请），其申请日是 2001 年 9 月 25 日，公开日是 2003 年 4 月 16 日，申请人是瀚宇彩晶股份有限公司。

国家知识产权局实质审查部门于 2005 年 10 月 14 日以本申请权利要求 1～20 相对于对比文件 1 和 2 的结合不具备创造性，不符合专利法第 22 条第 3 款的规定为理由，作出了驳回本申请的决定。驳回决定所涉及的文本是申请人于 2005 年 5 月 9 日提交的权利要求第 1～20 项、说明书第 1～21 页、申请日提交的说明书附图第 1～11 页、说明书摘要和摘要附图。

其中引用的对比文件如下：

对比文件 1 是公开号为 CN1305120A 号中国发明专利申请公开说明书，公开日是 2001 年 7 月 25 日；

对比文件 2 是公开号为 CN1256431A 号中国发明专利申请公开说明书，公开日是 2000 年 6 月 14 日。

驳回决定所针对的权利要求具体如下：

“1. 一种 ODF 液晶面板的制造方法，它包括如下步骤：

形成彩色滤光片基板及阵列基板，

提供分别包括相对应中央部及外围部的两基板；于一基板中央部设置彩色画素区及黑矩阵区，并令外围部形成外围基板区，以形成彩色滤光片基板；另一基板为阵列基板；

形成框胶区，

于彩色滤光片基板的外围基板区表面形成框胶区，令框胶区以既定间隙与黑矩阵区外围边缘间隔开来；

滴注液晶液滴，

于阵列基板表面中央部滴入至少一滴液晶液滴；

叠合，

以彩色滤光片基板形成彩色画素区、黑矩阵区、外围基板区及框胶区的一面与阵列基板滴有液晶液滴的一面对准，并于真空条件下将彩色滤光片基板与阵列基板叠合；

照射硬化；

其特征在于所述的照射硬化步骤是由彩色滤光片基板侧以 UV 光照射框胶区以使枢胶硬化。

2. 根据权利要求 1 所述的 ODF 液晶面板的制造方法，其特征在于所述的液晶液滴为由液晶材料与间隔物构成的液晶混合物液滴。

3. 一种 ODF 液晶面板的制造方法，它包括如下步骤：

形成彩色滤光片基板及阵列基板，

提供分别包括相对应中央部及外围部的两基板；于一基板中央部设置彩色画素区及黑矩阵区，并令外围部形成外围基板区，以形成彩色滤光片基板；另一基板为阵列基板；

形成框胶区，

于阵列基板表面形成对应于彩色滤光片基板表面外围基板区并与黑矩阵区外围边缘以既定间隙间隔开来位置的框胶区；

滴注液晶液滴，

于阵列基板表面中央部滴入至少一滴液晶液滴；

叠合，

以彩色滤光片基板形成彩色画素区、黑矩阵区及外围基板区的一面与阵列基板形成框胶区及滴有液晶液滴的一面对准，并于真空条件下将彩色滤光片基板与阵列基板叠合；

照射硬化；

其特征在于所述的照射硬化步骤是由彩色滤光片基板侧以 UV 光照射框胶区以使枢胶硬化。

4. 根据权利要求 3 所述的 ODF 液晶面板的制造方法，其特征在于所述的液晶液滴为由液晶材料与间隔物构成的液晶混合物液滴。

5. 一种 ODF 液晶面板的制造方法，它包括如下步骤：

形成彩色滤光片基板及阵列基板，

提供分别包括相对应中央部及外围部的两基板；于一基板中央部设置彩色画素区及黑矩阵区，并令外围部形成外围基板区，以形成彩色滤光片基板；另一基板为阵列基板；

形成框胶区，

于彩色滤光片基板外围基板区表面形成框胶区；

滴注液晶液滴 ，

于阵列基板表面中央部滴入至少一滴液晶液滴；

叠合，

以彩色滤光片基板形成彩色画素区、黑矩阵区、外围基板区、光间隔物区及框胶区的一面与阵列基板滴有液晶液滴的一面对准，并于真空条件下将彩色滤光片基板与阵列基板叠合；

照射硬化；

其特征在于所述的形成框胶区步骤之前还包含于彩色滤光片基板黑矩阵区外围边缘形成与黑矩阵区外围边缘重叠的光间隔物区的形成光间隔物区的形成光间隔物区步骤；形成框胶区步骤中的框胶区位于光间隔物区的外围；照射硬化步骤是由彩色滤光片基板侧以 UV 光照射框胶区以使枢胶硬化。

6. 根据权利要求 5 所述的 ODF 液晶面板的制造方法，其特征在于所述的液晶液滴为由液晶材料与间隔物构成的液晶混合物液滴。

7. 一种 ODF 液晶面板的制造方法，它包括如下步骤：

形成彩色滤光片基板及阵列基板，

提供分别包括相对应中央部及外围部的两基板；于一基板中央部设置彩色画素区及黑矩阵区，并令外围部形成外围基板区，以形成彩色滤光片基板；另一基板为阵列基板；

形成框胶区，

于阵列基板表面形成框胶区；

滴注液晶液滴，

于阵列基板表面中央部滴入至少一滴液晶液滴；

叠合，

以彩色滤光片基板形成彩色画素区、黑矩阵区、外围基板区及光间隔物区的一面与阵列基板形成框胶区及滴有液晶液滴的一面对准，并于真空条件下将彩色滤光片基板与阵列基板叠合；

照射硬化；

其特征在于所述的形成框胶区步骤之前还包含于彩色滤光片基板黑矩阵区外围边缘形成与黑矩阵区外围边缘重叠的光间隔物区的形成光间隔物区步骤；形成框胶区步骤中的框胶区与彩色滤光片基板表面光间隔物区外围相对应；照射硬化步骤是由彩色滤光片基板侧以 UV 光照射框胶区以使枢胶硬化。

8. 根据权利要求 7 所述的 ODF 液晶面板的制造方法，其特征在于所述的液晶液滴为由液晶材料与间隔物构成的液晶混合物液滴。

9. 一种 ODF 液晶面板的制造方法，它包括如下步骤：

形成彩色滤光片基板及阵列基板，

提供分别包括相对应中央部及外围部的两基板；于一基板中央部设置彩色画素区及黑矩阵区，并令外围部形成外围基板区，以形成彩色滤光片基板；另一基板为阵列基板；

形成框胶区，

于彩色滤光片基板外围基板区表面形成框胶区；

滴注液晶液滴，

于阵列基板表面中央部滴入至少一滴液晶液滴；

叠合，

以彩色滤光片基板形成彩色画素区、黑矩阵区、外围基板区及框胶区的一面与阵列基板形成光间隔物区及滴有液晶液滴的一面对准，并于真空条件下将彩色滤光片基板与阵列基板叠合；

照射硬化；

其特征在于所述的形成框胶区步骤之前还包含于阵列基板表面形成与彩色滤光片基板表面黑矩阵区外围边缘重叠位置相对应光间隔物区的形成光间隔物区步骤；形成框胶区步骤中的框胶区对应于阵列基板表面光间隔物区外围；照射硬化步骤是由彩色滤光片基板侧以 UV 光照射框胶区以使框胶硬化。

10. 根据权利要求 9 所述的 ODF 液晶面板的制造方法，其特征在于所述的液晶液滴为由液晶材料与间隔物构成的液晶混合物液滴。

11. 一种 ODF 液晶面板的制造方法，它包括如下步骤：

形成彩色滤光片基板及阵列基板，

提供分别包括相对应中央部及外围部的两基板；于一基板中央部设置彩色画素区及黑矩阵区，并令外围部形成外围基板区，以形成彩色滤光片基板；另一基板为阵列基板；

形成框胶区，

于阵列基板表面形成框胶区；

滴注液晶液滴，

于阵列基板表面中央部滴入至少一滴液晶液滴；

叠合，

以彩色滤光片基板形成彩色画素区、黑矩阵区及外围基板区的一面与阵列基板形成光间隔物区、框胶区及滴有液晶液滴的一面对准，并于真空条件下将彩色滤光片基板与阵列基板叠合；

照射硬化；

其特征在于所述的形成框胶区步骤之前还包含于阵列基板表面形成与彩色滤光片基板黑矩阵区外围边缘重叠位置相对应光间隔物区的形成光间隔物区步骤；形成框胶区步骤中的框胶区位于光间隔物区外围；照射硬化步骤是由彩色滤光片基板侧以 UV 光照射框胶区以使框胶硬化。

12. 根据权利要求 11 所述的 ODF 液晶面板的制造方法，其特征在于所述的液晶液滴为由液晶材料与间隔物构成的液晶混合物液滴。

13. 一种 ODF 液晶面板的制造方法，它包括如下步骤：

形成彩色滤光片基板及阵列基板，

提供分别包括相对应中央部及外围部的两基板；于一基板中央部设置彩色画素区及黑矩阵区，并令外围部形成外围基板区，以形成彩色滤光片基板；另一基板为阵列基板；

形成框胶区，

于彩色滤光片基板外围基板区表面形成框胶区；

滴注液晶液滴，

于阵列基板表面中央部滴入至少一滴液晶液滴；

叠合，

以彩色滤光片基板形成彩色画素区、黑矩阵区、外围基板区、光间隔物区及框胶区的一面与阵列基板滴有液晶液滴的一面对准，并于真空条件下将彩色滤光片基板与阵列基板叠合；

照射硬化；

其特征在于所述的形成框胶区步骤之前还包含于彩色滤光片基板外围基板区表面形成与黑矩阵区外围边缘以既定间隙间隔开来的光间隔物区的形成光间隔物区步骤；形成框胶区步骤中的框胶区位于光间隔物区的外围；照射硬化步骤是由彩色滤光片基板侧以 UV 光照射框胶区以使框胶硬化。

14. 根据权利要求 13 所述的 ODF 液晶面板的制造方法，其特征在于所述的液晶液滴为由液晶材料与间隔物构成的液晶混合物液滴。

15. 一种 ODF 液晶面板的制造方法，它包括如下步骤：

形成彩色滤光片基板及阵列基板，

提供分别包括相对应中央部及外围部的两基板；于一基板中央部设置彩色画素区及黑矩阵区，并令外围部形成外围基板区，以形成彩色滤光片基板；另一基板为阵列基板；

形成框胶区，

于阵列基板表面形成框胶区；

滴注液晶液滴，

于阵列基板表面中央部滴入至少一滴液晶液滴；

叠合，

以彩色滤光片基板形成彩色画素区、黑矩阵区、外围基板区及光间隔物区的一面与阵列基板形成框胶区及滴有液晶液滴的一面对准，并于真空条件下将彩色滤光片基板与阵列基板叠合；

照射硬化；

其特征在于所述的形成框胶区步骤之前还包括于彩色滤光片基板外围基板区表面形成与黑矩阵区外围边缘以既定间隙间隔开来的光间隔物区的形成光间隔物区步骤；形成框胶区步骤中的框胶区与彩色滤光片基板表面光间隔物区外围位置相对应；照射硬化步骤是由彩色滤光片基板侧以 UV 光照射框胶区以使枢胶硬化。

16. 根据权利要求 15 所述的 ODF 液晶面板的制造方法，其特征在于所述的液晶液滴为由液晶材料与间隔物构成的液晶混合物液滴。

17. 一种 ODF 液晶面板的制造方法，它包括如下步骤：

形成彩色滤光片基板及阵列基板；

提供分别包括相对应中央部及外围部的两基板；于一基板中央部设置彩色画素区及黑矩阵区，并令外围部形成外围基板区，以形成彩色滤光片基板；另一基板为阵列基板；

形成框胶区，

于彩色滤光片基板外围基板区表面形成框胶区；

滴注液晶液滴，

于阵列基板表面中央部滴入至少一滴液晶液滴；

叠合，

以彩色滤光片基板形成彩色画素区、黑矩阵区、外围基板区及框胶区的一面与阵列基板形成光间隔物区及滴有液晶液滴的一面对准，并于真空条件下将彩色滤光片基板与阵列基板叠合；

照射硬化；

其特征在于所述的形成框胶区步骤之前还包含于阵列基板表面形成与彩色滤光片基板表面黑矩阵区外围边缘以既定间隙间隔开来位置相对应的光间隔物区的形成光间隔物区步骤；形成框胶区步骤中的框胶区对应于阵列基板表面光间隔物区的外围；照射硬化步骤是由彩色滤光片基板侧以 UV 光照射框胶区以使枢胶硬化。

18. 根据权利要求 17 所述的 ODF 液晶面板的制造方法，其特征在于所述的液晶液滴为由液晶材料与间隔物构成的液晶混合物液滴。

19. 一种 ODF 液晶面板的制造方法，它包括如下步骤：

形成彩色滤光片基板及阵列基板，

提供分别包括相对应中央部及外围部的两基板；于一基板中央部设置彩色画素区及黑矩阵区，并令外围部形成外围基板区，以形成彩色滤光片基板；另一基板为阵列基板；

形成框胶区，

于阵列基板表面形成框胶区；

滴注液晶液滴，

于阵列基板表面中央部滴入至少一滴液晶液滴；

叠合，

以彩色滤光片基板形成彩色画素区、黑矩阵区及外围基板区的一面与阵列基板形成光间隔物区、框胶区及滴有液晶液滴的一面对准，并于真空条件下将彩色滤光片基板与阵列基板叠合；

照射硬化；

其特征在于所述的形成框胶区步骤之前还包含于阵列基板表面形成与彩色滤光片基板表面黑矩阵区外围边缘以既定间隙间隔开来位置相对应的光间隔物区的形成光间隔物步骤；形成框胶区步骤中的框胶区位于光间隔物区的外围；照射硬化步骤是由彩色滤光片基板侧以 UV 光照射框胶区以使枢胶硬化。

20. 根据权利要求 19 所述的 ODF 液晶面板的制造方法，其特征在于所述的液晶液滴为由液晶材料与间隔物构成的液晶混合物液滴。”

驳回决定中指出：

本申请独立权利要求 1 请求保护一种液晶面板的制造方法，对比文件 1（CN1305120A）公开了一种反射型液晶显示装置用彩色滤波器基板和液晶显示装置，权利要求 1 与对比文件 1 的区别在于：（1）粘合步骤是通过紫外光照射粘合材料使其硬化而成的；（2）框胶区形成在彩色滤光片基板上；（3）采取从彩色滤光片基板侧照射紫外光；其中区别特征（1）已在对比文件 2（CN1256431A）公开，区别特征（2）对本发明的改进没有实质性效果，区别特征（3）在结合了对比文件 1 中的面板结构和对比文件 2 中的粘接方式的基础上，对于本领域技术人员来说是显而易见的，由此在对比文件 1 的基础上结合对比文件 2 来获得权利要求 1 的技术方案是显而易见的，权利要求 1 不具备创造性。

同理，在对比文件 1 和对比文件 2 的基础上，如独立权利要求 3、5、7、9、11、13、15、17、19 限定的技术方案中，无论是将框胶区形成在不同的基板上还是以间隔物区的形成将框胶区与黑矩阵区分隔开均不能对上述权利要求的创造性产生实质性影响。

从属权利要求 2、4、6、8、10、12、14、16、18、20 的附加技术特征“液晶液滴是由液晶材料和间隔物组成的液晶混合物液滴”也已在对比文件 1 中相应地公开，且其在对比文件 1 中所起的作用与其在本发明中所起的作用相同，都是用于使液晶单元的厚度均匀化，在其所引用的独立权利要求不具备创造性的情况下，上述从属权利要求也不具备创造性。

申请人瀚宇彩晶股份有限公司（下称复审请求人）不服上述驳回决定，于 2005 年 12 月 28 日向专利复审委员会提出复审请求。复审请求人没有对申请文件进行修改。复审请求的主要理由是：

（1）对比文件 1 与本发明的发明目的不同，技术方案不同。（a）对比文件 1 的发明目的是为了解决液晶单元的单元厚度的分布不均而导致的对比度下降、显示颜色出现色差、显示性能恶化的问题，而本发明的目的是为了增强、提高紫外线照射的效果、确保胶框硬化，并杜绝胶框分子传染液晶。由此对比文件 1 与本发明所采取的技术方案不同，对比文件 1 通篇未提到如何利用影响紫外光照射粘合材料（密封）并使其固化，也未涉及解决密封材料污染液晶而将密封材料与黑矩阵区域之间进行间隔隔离的发明目的和解决方案。（b）虽然对比文件 1 揭示了本案方法中的某些涉及的部件及结构，但是人们都知道具有相同结构的产品可以用多种不同的加工方法来加工、来实现，并不能因为结构相近或相同就说实现其结构的方法也不具有创造性。（c）对比文件 1 公开的非显示区域 60 只是申请人的一种人为的划分，在对比文件 1 中没有公开非显示区域 60 就是本发明所指的间隙间隔区，更未提到这个间隙间隔区就是为解决紫外照射问题而设置的。由此，认为对比文件 1 中的非显示区域 60 不是本发明权利要求 1 中所要求保护的既定间隙间隔。即使该非显示区域 60 就是本发明所述的既定间隙间隔区，也不能证明这个非显示区域 60 就是为了解决紫外线照射受遮挡而设置的一个间隔区。（d）本案结构与对比文件 1 所示结构相比还存在区别特征“为了不使紫外光照射胶框区时受黑色矩阵区的干涉影响而采取了将胶框区设计在彩色滤光片外围基板区上，以使外围基板区处的胶框区与矩阵区之间有一周边间隔区分隔开来的技术手段”，也就是所述的既定间隙间隔。

（2）对比文件 2 的发明目的，技术手段也与本发明不同。（a）对比文件 2 通过设置许多凸凹的阻挡层或隔离凸起带来解决和防止因为采用一滴法时因薄膜电路阴影影响了紫外线照射环氧树脂固化效果而易引发的未固化环氧树脂与液晶易产生混合渗透的问题。（b）虽然对比文件 2 提出了其背景技术中存在因薄膜电路投射阴影影响紫外线照射固化环氧树脂的未解决的技术问题，但是它没有提出如何解决因电路投射的阴影或因电路阻挡紫外照射而影响固化环氧树脂固化效果的解决方案，而是采取了被动的解决方案，即设置凸起带来隔离阻挡未固化环氧树脂防止其液晶渗混，这与本发明采用主动的解决方案不同，本发明是设置既定隔离间隙区域，使需与胶框区的上下两面相重叠的遮蔽部分与胶框区之间有一定的间隔带分开，这个间隙间隔带的作用不是凸凹不平的阻挡带，而只是一个空开的可以使紫外光更易于均匀透过并均匀照射到其里侧全部框胶区，使框胶区能尽快很好地固化，由此就不会产生因固化不好而易于与液晶发生污染的问题。

基于对比文件 1 与对比文件 2 解决的是不同性质的技术问题，两者之间不存在任何相互的技术联系，不存在技术启示，复审请求人认为权利要求 1~20 具备创造性。

经形式审查合格，专利复审委员会依法受理了上述请求，并于 2006 年 4 月 26 日向复审请求人发出了复审请求受理通知书，同时向原实质审查部门发出前置审查通知书。

原实质审查部门对上述复审请求进行了前置审查，仍然坚持原驳回决定。

针对上述复审请求，专利复审委员会依法组成合议组，对本复审请求案进行了审理。本案合议组于 2007 年 6 月 18 日向复审请求人发出了复审通知书。针对复审请求人的意见，合议组认为：

（1）对于独立权利要求 1、3，其方法制造的液晶面板与对比文件 1 公开的方法制造的液晶面板在结构上是相同的，上述两液晶面板在制作流程上的本质差别仅在于密封材料的固化方法，这与液晶面板上的各部件的制作步骤无关。液晶面板的结构决定了在制作过程中一些基本部件的形成顺序必然是先形成什么、后形成什么，以及各个部件之间的位置关系。本发明要求保护的制造液晶面板的方法，在制造基本部件的步骤上没有任何改进，申请人所提到的一些其他差别，例如框胶区是先形成于滤光片基板还是阵列基板并不是本发明的关键，因为该框胶层的作用仅是将液晶材料密封在液晶显示板之间。为了合理利用空间不占据显示区域，液晶显示板的基本结构决定了该框胶层横向上必然设置在黑矩阵等部件的最外围，由此在两基板粘接前，其纵向上应该先设置在上述两个基板的哪一个上仅是本领域技术人员的一般常规选择并不能为本发明带来实质上的影响。至于在框胶区与黑矩阵之间形成间隙，对比文件 1 附图 6 已经清楚、明确地公开了。此外，对比文件 2 明确公开了在该领域可以采用环氧树脂粘合组成部分做密封层，通过紫外光照射进行固化的方法。至于紫外光从哪个基板照射的问题，本领域技术人员为了使固化效果好，很自然会选择从没有遮挡、透光性好的基板一侧来进行照射。也就是说在对比文件 1 的基础上，本领域技术人员很容易从对比文件 2 公开的紫外光照射的方法想到用该方法来替换原来的固化密封材料的方法，由此得到独立权利要求 1、3 的技术方案。

（2）对于独立权利要求 5、7、9、11、13、15、17、19，其方法制造的液晶面板与对比文件 1 公开的方法制造的液晶面板在结构上是相似的，只是在黑矩阵和框胶区之间还设置有光间隔物区，其作用是为了隔离没固化完全的框胶分子与液晶材料接触，其可以与黑矩阵重叠或与黑矩阵间隔一定间隙，这只是本领域的常规选择，并不是发明的关键，关键是只要该光间隔物区设置在框胶区之内阻挡其与液晶材料接触就可以了，因此上述两液晶面板在制作流程上的本质差别除了上面已经评述的密封材料的固化方法外，还有光间隔物区的设置。在对比文件1的制造方法中采用紫外光照射固化密封层的方法，同时对比文件2也公开了这种固化方法存在的弊端，就是密封材料可能没有固化完全以致于会污染到里面的液晶材料，针对这个弊端对比文件2也公开了在密封层和液晶材料之间设置阻挡层凸起带来防止其之间相互污染的技术方案，而至于阻挡层凸起带纵向上先设置于哪片基板上只是本领域的常规选择并不是关键所在，只要最后两基板叠合、粘接的时候阻挡层凸起带在横向上位于密封层和液晶材料之间就可以。因此，基于与权利要求1相似的理由，在对比文件1的基础上，本领域技术人员很容易从对比文件2公开的紫外光照射的方法中获得启示来替换原来的固化密封材料的方法并针对可能出现的问题采用设置阻挡层的方式来解决，由此得到权利要求5、7、9、11、13、15、17、19的技术方案。

权利要求2引用权利要求1、权利要求4引用权利要求3、权利要求6引用权利要求5、权利要求8引用权利要求7、权利要求10引用权利要求9、权利要求12引用权利要求11、权利要求14引用权利要求13、权利要求16引用权利要求15、权利要求18引用权利要求17、权利要求20引用权利要求19、其附加技术特征均是：所述的液晶液滴为由液晶材料与间隔物构成的液晶混合物液滴。该附加技术特征已被对比文件1公开了（参见说明书第2页第19~22行、第3页第11~13行，图6）两基板101、102之间封装有液晶103和为了使液晶单元的单元厚度均匀化的、由诸如玻璃、塑料和陶瓷等材料构成的、呈球状的间隔部件112。由此当其所引用的上述权利要求相对于对比文件1、2的结合不具备创造性时，上述从属权利要求也不具备创造性。

针对上述复审通知书，复审请求人于2007年8月2日提交了意见陈述书，未对申请文件进行修改。复审请求人认为：

（1）分析比较对比文件1、2和本发明：（a）对比文件1的发明内容部分未包括黑矩阵区，而本发明所要改进的显示器制造方法是针对包括了黑矩阵区的显示器类型，因此对比文件1的发明内容部分与本发明不相关，虽然对比文件1的现有技术部分即说明书第2页第13行至第4页第10行以及附图6公开了一种透射型液晶显示装置100，但该部分内容公开的是一种产品，并没有披露完整系统的制造方法，而且对比文件1不是与本发明最接近的现有技术。（b）对比文件2的工作原理是通过设置阻挡层凸起带3来阻隔液晶分子与密封剂接触，对比文件2中密封剂是两种组成部分2a、2b混合在一起以后才会凝固、硬化和交联的密封剂类型，不属于由紫外光照射能够固化的紫外线环氧树脂。（c）本发明是通过使密封剂充分固化来从根源上达到解决密封剂与液晶分子混染的技术问题，其原理是使密封剂在被紫外线照射时不受任何阻碍而达到完全固化，一方面使胶框区与黑矩阵层外围边缘拉开距离，这样胶框区与黑矩阵区5不再重叠，再从彩色滤光片基板侧照射以使框胶充分固化，从而使密封剂充分固化。

（2）权利要求1具备创造性：权利要求1与对比文件1相比存在以下（a）区别特征A：“于彩色滤光片基板的外围基板区表面形成框胶区，令框胶区以既定间隙与黑矩阵区外围边缘间隔开来”，虽然对比文件1图6中显示密封材料体104与遮光层106b之间具有间隙，但是两个间隙的作用是不相同的；（b）区别特征B：“框胶是紫外光照射固化类型的”，对比文件1中没有明确指出密封材料104究竟是何种材料；（c）区别特征C：“滴注液晶液滴，于阵列基板表面中央部滴入至少一滴液晶液滴；叠合，以彩色滤光片基板形成彩色画素区、黑矩阵区、外围基板区及框胶区的一面与阵列基板滴有液晶液滴的一面对准，并于真空条件下将彩色滤光片基板与阵列基板叠合”；和区别特征 D：“照射硬化，由彩色滤光片基板侧以 UV 光照射框胶区以使框胶硬化”，本发明由于具有了以上具有特定顺序和步骤的方法区别特征，从使框胶充分硬化这一角度来解决杜绝框胶分子污染液晶、提升液晶效能的技术问题。由此认为上述区别特征具有非显而易见性，由于框胶区与黑矩阵区以间隔分割开来，故在施行 UV 光照射硬化时，UV 光不会被黑矩阵区遮敝而使框胶充分硬化、杜绝框胶分子污染液晶，提升液晶效能具有有益效果，因此权利要求 1 所要求保护的方案相对于对比文件 1、2 具有突出的实质性特点和显著的进步，具有创造性。

与权利要求 1 具有创造性的理由相类似，独立权利要求 3 也具有创造性。

（3）独立权利要求 5 与权利要求 1 相比，还具有区别特征 E：包括在形成框胶区步骤之前于彩色滤光片基板黑矩阵区外围边缘形成与黑矩阵区外围边缘重叠的光间隔物区的步骤，该框胶区位于光间隔物区的外围，对比文件 1、2 中没有公开这一特征，现有技术中不存在启示将该区别特征 E 应用到对比文件 1 中，因此权利要求 5 具有创造性。

相似的理由，其余的独立权利要求 7、9、11、13、15、17、19 也具有创造性。由此，其各自的从属权利要求 2、4、6、8、10、12、14、16、18、20 也具有创造性。

本案合议组于 2007 年 11 月 7 日发出合议组成员告知通知书，告知请求人本案合议组成员变更为：合议组组长：张曦、主审员：陈力，参审员：关刚，并告知请求人如对上述合议组成员有回避请求，应于收到本通知之日起 7 日内提交书面的请求书，并说明理由，逾期未答复视为无回避请求。请求人逾期未答复。

经过上述审查过程，合议组认为本案事实已经清楚，可以依法作出复审决定。

二、决定的理由

1. 审查基础

本决定以复审请求人于 2005 年 5 月 9 日提交的权利要求第 1~20 项、说明书第 1~21 页和 2001 年 9 月 25 日提交的附图第 1~11 页、说明书摘要、摘要附图作为审查基础。

2. 关于权利要求 1~20 是否符合专利法第 22 条第 3 款的规定

专利法第 22 条第 3 款规定：创造性，是指同申请日以前已有的技术相比，该发明有突出的实质性特点和显著的进步，该实用新型有实质性特点和进步。

在创造性审查中，应当客观分析并确定权利要求所要保护的技术方案相对于最接近的现有技术的区别特征以及所述区别特征实际所要解决的技术问题，如果现有技术中已经给出启示将所述区别特征应用于该最接近的现有技术中并客观上能够解决所要解决的技术，则该技术方案不具备创造性。

本申请请求保护一种 ODF 液晶面板的制造方法，其所要解决的技术问题是当 UV 光由阵列基板侧照射光固化框胶区时由于阵列基板上的线路遮敝导致框胶区硬化程度不足，使得未硬化完全的框胶分子污染到液晶液滴；当 UV 光从彩色滤光片基板侧照射时，由于框胶区与部分黑矩阵区重叠，使得部分 UV 光被重叠处的黑矩阵区遮敝，同样会产生部分框胶区硬化不足污染到液晶液滴的问题。面对上述问题，本申请除了由彩色滤光基板侧以 UV 光照射框胶区以使框胶硬化外，还采取①使框胶区以既定间隙与黑矩阵区外围边缘间隔开来；②在黑矩阵区与框胶区之间设置光间隔物来隔离液晶材料与框胶，所设置的光间隔物或与黑矩阵外围边缘重叠或与黑矩阵外围边缘以既定间隙间隔，但只要是在黑矩阵与框胶之间即可，具体为独立权利要求 1、3、5、7、9、11、13、15、17、19 的技术方案。

（1）权利要求 1 请求保护一种液晶面板的制造方法，对比文件 1 公开了一种反射型液晶显示装置用彩色滤波器基板和液晶显示装置，其中具体公开了如下内容（参见说明书第 2 页第 13 行至第 4 页第 10 行，附图 6）：基板（下侧基板）101 和相对基板（上侧基板）102 在各基板的周向边缘部分处，通过密封材料体 104 按照预定间隔实施着粘接；而且在基板 101 与相对基板 102 之间还封装有液晶层 103；在相对基板 102 的内侧面上形成有呈条状的透明电极 109，在本领域，通常将内侧上设置有呈条状阵列排列的电极的基板称为阵列基板，因此该基板 102 也可以称作阵列基板；在基板 101 的内侧面上形成有由着色层 106a 和遮光层（黑色屏蔽层）106b 构成的彩色滤波器层 106，在本领域，通常将内侧上设置有彩色滤波器的基板称为彩色滤波器基板或彩色滤光片基板，因此该基板 101 也可以称作彩色滤光片基板；两基板上对应着有有效显示区域 150、非显示区域 160；在彩色滤波器层 106 中的着色层 106a 仅形成在有效显示区域 150 处，而遮光层（黑色屏蔽层）106b 仅形成在非显示区域 160 处，非显示区域 160 位于有效显示区域 150 外侧；密封材料 104 形成在非显示区域 160 外侧，从图 6 可以明显地看出密封材料 104 以一定间隙与遮光层 106b 外围边缘间隔开来。虽然权利要求 1 请求保护的是一种液晶面板的制造方法，但是权利要求 1 的方法中并未涉及具体制造工艺的特征，而仅仅是类似将某部件形成于另一部件上的描述，这样的关于制造方法的技术方案对于本领域技术人员来说是可以根据对比文件 1 中所公开的产品结构通过常规手段获得的。

由此可见，该权利要求 1 与对比文件 1 相比，其区别在于：①权利要求 1 中框胶区形成于彩色滤光片基板的外围基板区表面；②权利要求 1 中具体限定了滴注液晶液滴，与阵列基板表面中央部滴入至少一滴液晶液滴，叠合，以彩色滤光片基板形成彩色画素区、黑矩阵区、外围基板区及框胶区的一面与阵列基板滴有液晶液滴的一面对准，并于真空条件下将彩色滤光片基板与阵列基板叠合的步骤，而对比文件 1 中对这些步骤没有进行具体描述；③权利要求 1 中的方法还包括照射硬化的步骤，该照射硬化步骤是由彩色滤光片基板侧以 UV 光照射框胶区以使其框胶硬化。

针对上述区别特征，合议组经合议认为：对于区别特征①，虽然对比文件 1 中没有具体描述密封材料（框胶区）设置在哪个基板上，但无论密封材料是先形成于滤光片基板还是先形成于阵列基板，其最终都是将两个基板叠合、粘接，只要能将两个基板固定在一起即可，因此框胶区形成于阵列基板表面还是滤光片基板表面并不会给本发明带来实质上的贡献，也不会由此带来意想不到的技术效果，无论在哪个基板上形成密封材料仅是本领域的常规选择，而本申请说明书中也未就密封材料形成于不同基板上是否会产生不同效果进行阐述。对于区别特征②，对于本领域技术人员来说也是本领域的常规技术，正如对比文件 1 公开的，液晶面板的基本结构是将两个基板通过密封材料以预定间隔在其周围边缘部分粘接而成，且两个基板之间与密封材料形成的空间内有液晶材料。这样的结构本领域技术人员都能很容易地明了是以下述步骤制造而成的：以上、下基板中的某个基板（彩色滤波器基板或阵列基板）为载体，具体选择上基板还是下基板作为载体要根据具体制造的液晶面板的具体情况而定，然后在该基板中央区域滴注至少一滴的液晶液滴，然后将这两个基板叠合，通过密封材料将其粘住，再将密封材料硬化；如果选择的是以阵列基板为载体，那么就在阵列基板的中央区域滴上液晶液滴，然后为了显示性能良好、保持里面的液晶不被污染、不掺有杂质，在真空的条件下将彩色滤光片基板的内侧与该阵列基板的内侧叠合、粘接，再进一步硬化这两个基板的密封材料来完成该液晶面板的制造。由于是两个基板的内侧相对，因此彩色滤波器基板上的有效显示区域（也就是可以形成彩色像素的区域）、非显示区域（也就是遮光层区域）、非显示区域以外的区域，密封材料形成的区域的一面必然与阵列基板上滴有液晶的一面相对。对于区别特征③，对比文件 2 公开了一种液晶显示器的平板装置，其现有技术部分具体公开了一种快速填充技术（参见说明书第 1 页最后一段，附图 2），其中在将一个平板基板与另一个平板基片联接之前仅一个平板基片接受填充的液晶液滴，此外这样的单滴填充方法不能使用热凝固环氧树脂，而必须使用紫外线环氧树脂或在接近室温下固化的其他环氧树脂。由此可见，对比文件 2 给出了如下启示：对于单滴填充的液晶，液晶面板的密封材料要采用通过照射紫外光使其硬化的材料。至于光是从彩色滤光片基板侧还是阵列基板侧入射，显而易见的是阵列基板上通常为电极、线路等等遮光的元件，从阵列基板侧照射UV光会被这些元件等阻挡，导致密封剂硬化不足，而选择从彩色滤光片基板侧照射UV光，则不存在这个问题，为了使光敏胶更牢固固化，本领域技术人员很容易想到尽量避免阻挡UV光而从彩色滤光片基板侧照射。

由此可见，在对比文件1的基础上结合本领域常规的制造液晶面板的技术手段，采用对比文件2明确公开的用紫外光照射密封剂进行固化的方法，从而得到权利要求1请求保护的技术方案，对本领域的技术人员来说的显而易见的，因此权利要求1不具备突出的实质性特点和显著的进步，不具备创造性。

对于复审请求人的意见陈述（1）中的（a），合议组认为，现有技术中是否存在启示，是看现有技术整体上是否存在启示而不是现有技术的局部，对比文件1说明书第2页第13行至第4页第10行以及附图6明确公开了与权利要求1相关的内容，尤其是关于黑矩阵（黑色屏蔽层）的内容。此外，对比文件1与本发明属于相同的技术领域，并公开了本发明技术方案的大部分技术特征，权利要求1限定的各个步骤也能通过常规手段获得，因此可以将其作为最接近的现有技术；对于意见陈述（1）中的（b），合议组认为，对比文件2说明书第1页最后一段以及附图2明确公开了，在将一个平板基板与另一个平板基片联接之前仅一个平板基片接受填充的液晶液滴，这样的单滴填充方法不能使用热凝固环氧树脂，而必须使用紫外线环氧树脂或在接近室温下固化的其他环氧树脂。对比文件2给出了对于单滴填充的液晶，液晶面板的密封材料要采用通过照射紫外光使其硬化的材料的启示；对于意见陈述（1）中的（c），合议组认为，正如前面对权利要求1的评述，在对比文件1的基础上根据对比文件2给出的启示，同样能获得使框胶充分固化并避免污染液晶材料的技术方案。

对于意见陈述（2）中的（a），合议组认为，权利要求1中对黑矩阵只限定了其形成于彩色滤光片基板上且胶框区以既定间隙与黑矩阵区外围边缘间隔开来，而上述内容对比文件1中都已经公开了，由于其形成的位置与权利要求1中所限定的黑矩阵形成的位置相同，客观上必然能够产生相同的技术效果；对于意见陈述（2）中的（b），如前面对权利要求1的评述，在对比文件1和对比文件2公开的技术方案的启示下，本领域技术人员可以采用各种常规工序来制造液晶面板而权利要求1限定的各个步骤的顺序仅为一种常规选择，其宣称的技术效果并不是由这些技术手段的先后顺序带来的。

（2）权利要求3也请求保护一种ODF液晶面板的制造方法，其与权利要求1相比，区别仅在于：框胶区先形成在阵列基板，由此在彩色滤光片基板与阵列基板的叠合步骤中，彩色滤光片基板上就少了框胶区而相应的阵列基板上就多了框胶区。对于该区别合议组认为，由于在制造过程中该框胶区在横向的位置上并没有变化，其与权利要求1的区别仅仅是在制作过程中在纵向上是先形成于彩色滤光片基板上还是阵列基板上，而彩色滤光片基板与阵列基板最终是要依靠框胶区粘接在一起的，因此正如在权利要求1中所评述的该框胶区是起到密封保护作用的，其只要是位于液晶面板的横向最外侧即可，其在制造过程中先形成于哪个基板上并没有为本申请带来任何实质上的影响，由此也没有产生显著的效果，因此基于与权利要求1相同的理由，该权利要求3也不具备创造性，不符合专利法第22条第3款的规定。

（3）权利要求5也请求保护一种ODF液晶面板的制造方法，其与权利要求1的区别在于：①在形成框胶区步骤之前增加了于彩色滤光片基板黑矩阵区外围边缘形成与黑矩阵区外围边缘重叠的光间隔物区的步骤，以及框胶区位于光间隔物区的外围；②减少了一个技术特征，即框胶区在彩色滤光片基板上的位置没有具体限定为以既定间隔与黑矩阵区外围边缘间隔开。对于区别①，对比文件2公开了一种液晶显示器的平板装置，并具体公开了以下技术特征（参见说明书第4页第4行至第5页第5行，附图2）：LCD平板的基片1a、1b是通过环氧树脂粘合材料的组成部分2a、2b混合密封粘合在一起，该LCD平板中还具有阻挡层凸起带3，其设置在基片1a、1b之间，包围并限定了基片中间部分的液晶材料 4，用于防止液晶材料 4 与没有固化的密封层（环氧树脂的粘合材料的组成部分 2a、2b）接触。合议组认为，从附图 2 中可以明确地看到阻挡层凸起带 3 位于液晶材料 4 与密封层（环氧树脂的粘合材料的组成部分 2a、2b）之间，密封层位于最外侧。根据上述结构，本领域技术人员可以明确地了解，在制作过程中先进行形成阻挡层凸起带 3 的步骤，再在其外围设置密封层。尽管对比文件 2 没有公开阻挡层凸起带 3 与黑矩阵区外围边缘重叠以及阻挡层凸起带先是形成于彩色滤光片基板上的，但是由于在对比文件 2 公开的技术方案里设置该阻挡层凸起带的目的是为了防止未固化的密封层材料污染液晶材料，其目的与本发明设置光间隔物的目的是相同的，所起的作用也是相同的，因此在制造过程中阻挡层凸起带只要在横向上设置在液晶材料和密封层之间就可以了，而至于在叠合、粘接前阻挡层凸起带是形成于彩色滤波器基板还是阵列基板，对于本领域技术人员来说只是一种常规的选择，最终都是将两个基板叠合、粘接，阻挡层凸起带先形成于哪个基板上并没为本发明带来实质上的贡献，而且本领域技术人员为了使有效显示区域最大化，很容易会想到将该阻挡层凸起带设置在非有效显示区域也就是靠外围区域的黑矩阵区外、与黑矩阵区的外围边缘以既定间隙间隔开来或与黑矩阵重叠而在密封层区域之内的任何位置，这也属于本领域的常规选择，其并没有为本申请带来实质上的影响。综上所述，结合评述权利要求 1 的理由，在对比文件 1 公开的制造液晶面板方法的基础上结合本领域常规的制造液晶面板的技术手段，为了固化密封剂采用对比文件 2 公开的利用紫外光照射密封剂进行固化的方法以及根据用该方法照射密封剂产生问题时对比文件 2 给出的用阻挡层凸起带隔离液晶材料与未固化的密封层的技术启示，本领域技术人员获得权利要求 5 请求保护的技术方案是显而易见的，因此权利要求 5 不具备突出的实质性特点和显著的进步，不具备创造性。

对于复审请求人在意见陈述书中的意见（3），合议组认为：对比文件 2 公开了在 LCD 平板中，阻挡层凸起带 3（相当于权利要求 5 中的光间隔物）形成于液晶材料 4 与密封层之间，根据该阻挡层凸起带设置的位置，以及密封层最终是起到密封的作用，可以毫无疑义地确定阻挡层凸起带必然是在密封层（相当于权利要求 5 中的框胶）形成步骤之前形成，而且该阻挡层凸起带的作用与复审请求人所称的区别特征 E 在权利要求 5 中的作用相同，都是为了防止没有固化的密封层也就是框胶与液晶材料混合，防止污染了液晶材料，因此对比文件 2 中已经给出了足够的技术启示。至于将光间隔物形成于彩色滤光片基板黑矩阵区外围边缘并与黑矩阵区外围边缘重叠属于本领域技术人员的常规选择，为了不影响显示本领域技术人员很容易想到在液晶材料和框胶之间选择一个合适的位置来设置光间隔物，因此该区别特征 E 并没有为权利要求 5 的技术方案带来实质性影响，复审请求人的主张不成立。

（4）权利要求 7 也请求保护一种 ODF 液晶面板的制造方法，其与权利要求 5 相比，区别在于：框胶区先形成于阵列基板表面，由此在彩色滤光片基板与阵列基板的叠合步骤中，彩色滤光片基板上就少了框胶区而相应的阵列基板上就多了框胶区，且框胶区在阵列基板上的位置与该框胶区在权利要求 5 中所限定的位置相应，即与彩色滤光片基板表面光间隔物区外围相对应的位置。对于上述区别，合议组认为，由于该框胶区在横向的位置上并没有变化，其与权利要求 5 的区别仅仅是在制作过程中在纵向上该框胶区是先形成于彩色滤光片基板上还是阵列基板上，但是该框胶区的作用是密封液晶面板保护液晶面板内部，其只要位于液晶面板的横向最外侧即可使液晶面板内的液晶材料与外界隔绝，至于其在制造过程中先形成于哪个基板上并没有为本申请带来任何实质上的影响由此也没有产生显著的效果，因此基于与权利要求 5 相同的理由，该权利要求 7 也不具备创造性，不符合专利法第 22 条第 3 款的规定。

（5）权利要求 9 也请求保护一种 ODF 液晶面板的制造方法，其与权利要求 5 相比，其区别在于：光间隔物区是形成于阵列基板表面，其具体位置为该阵列基板上与权利要求 5 中彩色滤光片基板上光间隔物区的位置相应，即与彩色滤光片基板表面黑矩阵区外围边缘重叠位置相对应的位置，而在框胶区形成步骤中框胶区对应的是阵列基板表面的光间隔物区外围，而在彩色滤光片基板与阵列基板的叠合步骤中，彩色滤光片基板上就少了光间隔物区而相应的阵列基板上就多了光间隔物区。对于上述区别合议组认为，由于该光间隔物区在横向的位置上没有变化，其与权利要求5的区别仅仅是在制作过程中在纵向上是将光间隔物区先形成于彩色滤光片基板上还是阵列基板上，而正如在权利要求5中所评述的该光间隔物区是起到阻挡液晶材料与未固化的框胶层接触作用的，其必须位于液晶材料与框胶层之间，至于在制造过程中该光间隔物区先形成于哪个基板上并没有为本申请带来任何实质上的影响也没有产生显著的效果，而且本领域技术人员为了使有效显示区域最大化，很容易会想到将该光间隔物区设置在非有效显示区域也就是靠外围区域的黑矩阵外、与黑矩阵区的外围边缘以既定间隙间隔开来或与黑矩阵重叠而在框胶区区域之内，因此基于与权利要求5相同的理由，该权利要求9也不具备创造性，不符合专利法第22条第3款的规定。

（6）权利要求11请求保护一种ODF液晶面板的制造方法，与权利要求5相比，其区别在于：框胶区和光间隔物区形成于阵列基板表面，其中光间隔物区的具体位置为该阵列基板上与权利要求5中彩色滤光片基板上光间隔物区的位置相应，即与彩色滤光片基板表面黑矩阵区外围边缘重叠位置相对应的位置。而在框胶区形成步骤中框胶区位于光间隔物区外围，而在彩色滤光片基板与阵列基板的叠合步骤中，彩色滤光片基板上就少了框胶区和光间隔物区而相应的阵列基板上就多了框胶区和光间隔物区。对于上述区别由上述评述可知，框胶区和光间隔物区在制造过程中先形成于哪个基板上并没有为本申请带来任何实质上的影响也没有产生显著的效果，而且本领域技术人员为了使有效显示区域最大化，很容易会想到将该光间隔物区设置在非有效显示区域也就是靠外围区域的黑矩阵外、与黑矩阵区的外围边缘以既定间隙间隔开来或与黑矩阵重叠而在框胶区区域之内，因此基于与权利要求5相同的理由，该权利要求11也不具备创造性，不符合专利法第22条第3款的规定。

（7）权利要求13也请求保护一种ODF液晶面板的制造方法，与权利要求5相比其区别在于：光间隔物区在彩色滤光片基板上的具体形成位置为与黑矩阵区外围边缘以既定间隔间隔开来的位置。对于该区别，合议组认为：正如在权利要求5中所评述的，光间隔物区是起到阻挡液晶材料与未固化的框胶层相接触作用的，其必需位于液晶材料与框胶层之间，本领域技术人员为了使有效显示区域最大化，很容易会想到将该光间隔物区设置在非有效显示区域也就是靠外围区域的黑矩阵外、与黑矩阵区的外围边缘以既定间隙间隔开来或与黑矩阵重叠而在框胶区区域之内，其属于本领域的常规选择，这种选择在制造过程中并没有为本申请带来任何实质上的影响也没有产生显著的效果，因此基于与权利要求5相同的理由，该权利要求13也不具备创造性，不符合专利法第22条第3款的规定。

（8）权利要求15也请求保护一种ODF液晶面板的制造方法，与权利要求5相比，其区别在于：框胶区形成于阵列基板表面，由此在彩色滤光片基板与阵列基板的叠合步骤中，彩色滤光片基板上就少了框胶区而相应的阵列基板上就多了框胶区；光间隔物区在彩色滤光片基板上的具体形成位置为与黑矩阵区外围边缘以既定间隔间隔开来的位置，相应的框胶区在阵列基板上的位置为与彩色滤光片基板表面光间隔物区外围相对应。对于上述区别，如上述评述可知，在制造过程中该框胶区先形成于哪个基板上并没有为本申请带来任何实质上的影响也没有产生显著的效果，而对于光间隔物区，权利要求5中也评述了，光间隔物区是起到阻挡液晶材料与未固化的框胶层相接触的作用的，其必需位于液晶材料与框胶层之间，本领域技术人员为了使有效显示区域最大化，很容易会想到将该光间隔物区设置在非有效显示区域也就是靠外围区域的黑矩阵外、与黑矩阵区的外围边缘以既定间隙间隔开来或与黑矩阵重叠而在框胶区区域之内的任何位置，这属于本领域的常规选择，这种选择在制造过程中并没有为本申请带来任何实质上的影响也没有产生显著的效果，因此，该权利要求15也不具备创造性，不符合专利法第22条第3款的规定。

（9）权利要求 17 也请求保护一种 ODF 液晶面板的制造方法，与权利要求 5 相比其区别在于：光间隔物区形成于阵列基板表面，其具体位置为该阵列基板上与彩色滤光片基板表面黑矩阵区外围边缘以既定间隔间隔开来的位置，由此在框胶区形成步骤中框胶区对应的就是阵列基板表面的光间隔物区外围了，在下面的彩色滤光片基板与阵列基板的叠合步骤中，彩色滤光片基板上就少了光间隔物区而相应的阵列基板上就多了光间隔物区。对于上述区别，由上述评述可知其属于本领域的常规选择，这种常规选择在制造过程中并没有为本申请带来任何实质上的影响也没有产生显著的效果，因此该权利要求 17 也不具备创造性，不符合专利法第 22 条第 3 款的规定。

（10）权利要求 19 也请求保护一种 ODF 液晶面板的制造方法，其与权利要求 5 相比区别在于：框胶区和光间隔物区形成于阵列基板表面，由此在彩色滤光片基板与阵列基板的叠合步骤中，彩色滤光片基板上就少了框胶区和光间隔物区而相应的阵列基板上就多了框胶区和光间隔物区，其中该光间隔物区的具体位置是与彩色滤光基板表面黑矩阵外围边缘以既定间隙间隔开来的位置。对于上述区别，由上述评述可知，其属于本领域的常规选择，这种常规选择在液晶面板的制造过程中并没有为本申请带来任何实质上的影响也没有产生显著的效果，因此基于与权利要求 5 相同的理由，该权利要求 19 也不具备创造性，不符合专利法第 22 条第 3 款的规定。

（11）从属权利要求 2 引用权利要求 1、从属权利要求 4 引用权利要求 3、从属权利要求 6 引用权利要求 5、从属权利要求 8 引用权利要求 7、从属权利要求 10 引用权利要求 9、从属权利要求 12 引用权利要求 11、从属权利要求 14 引用权利要求 13、从属权利要求 16 引用权利要求 15、从属权利要求 18 引用权利要求 17、从属权利要求 20 引用权利要求 19、上述从属权利要求的附加技术特征均是：所述的液晶液滴为由液晶材料与间隔物构成的液晶混合物液滴。该附加技术特征已被对比文件 1 公开了（参见说明书第 2 页第 19~22 行、第 3 页第 11~13 行，图 6）两基板 101、102 之间封装有液晶 103 和为了使液晶单元的单元厚度均匀化的、由诸如玻璃、塑料和陶瓷等材料构成的、呈球状的间隔部件 112。由此当上述从属权利要求所各自引用的独立权利要求相对于对比文件 1、2 及公知技术的结合不具备创造性时，上述从属权利要求也不具备专利法第 22 条第 3 款规定的创造性。

综上所述，本申请主要是通过采用留间隙、设置间隔物的方式，使框胶区不受黑矩阵遮挡从而实现良好固化且避免框胶污染内部的液晶材料。对比文件 1 和 2 的结合已经给出了实现本申请权利要求 1~20 各个具体技术方案的技术启示，权利要求 1~20 所限定的方法步骤、顺序也仅是本领域技术人员的常规选择。因此权利要求 1~20 均不具备创造性。

基于上述理由，合议组作出下述决定。

三、决定

维持国家知识产权局专利局于 2005 年 10 月 14 日对申请号为 01141956.3 的发明专利申请作出的驳回决定。

复审请求人对本决定不服的，可以根据专利法第 41 条第 2 款的规定，自收到本决定之日起三个月内向北京市第一中级人民法院起诉。

072

痤疮治疗

复审请求审查决定（第13271号）

决　　定　　号　第13271号
决　　定　　日　2008年5月5日
发明创造名称　痤疮治疗
国 际 分 类 号　A61B 18/18
复 审 请 求 人　雷迪恩斯公司
申　　请　　号　01823404.6
申　　请　　日　2001年6月27日
公　　开　　日　2004年8月11日
合 议 组 组 长　刘颖杰
主　　审　　员　刘　畅
参　　审　　员　刘亚斌

法 律 依 据　专利法第22条第3款
决 定 要 点

如果一项权利要求与一篇现有技术的区别仅在于二者应用的对象不同，但是本领域技术人员能够从现有技术中获得实现该项权利要求所请求保护的技术方案的技术启示，那么该项权利要求不具备创造性。

一、案由

本复审请求涉及申请号为01823404.6、名称为“痤疮治疗”的发明专利PCT申请（下称本申请），其申请日为2001年6月27日，进入中国国家阶段的日期为2003年12月24日，公开日为2004年8月11日，申请人为雷迪恩斯公司，本申请公开时的权利要求书共包括51项权利要求，其中权利要求1、10、15、24为独立权利要求。

国家知识产权局专利实质审查部门依申请人的请求对本申请进行了实质审查，于2004年10月22日发出第一次审查意见通知书，指出本申请权利要求1~14、24~51涉及一种痤疮的治疗方法，属于专利法第25条第1款第3项所述的疾病的诊断和治疗方法的范畴，因而不能被授予专利权；权利要求15~18、20~23相对于对比文件1不具备专利法第22条第3款规定的创造性，权利要求19相对于对比文件1、2不具备专利法第22条第3款规定的创造性。其中引用了如下2篇对比文件：

（1）US6187001B1（对比文件1），其公开日为2001年2月13日；

（2）CN1086418A（对比文件2），其公开日为1994年5月11日。

申请人针对上述审查意见通知书于2005年4月21日提交了意见陈述书，并提交了权利要求书的修改替换页，其中，申请人删除了权利要求1~14及权利要求24~51，修改后的权利要求书包括9项权利要求。申请人在此次意见陈述书中指出：修改后的权利要求1~9相对于对比文件1、2具备专利法第22条第3款规定的创造性。

经过继续审查，国家知识产权局专利实质审查部门于2005年6月17日发出第二次审查意见通知书，并对本申请的权利要求1~9进行了补充检索，并指出：本申请的权利要求1~5相对于对比文件3不具备专利法第22条第3款规定的创造性，此外权利要求6不符合专利法实施细则第23条的规定，且即使申请人通过修改使得权利要求6克服了上述缺陷，该权利要求6也不具备创造性，同样，权利要求7~9也不具备创造性，其中引用的对比文件3如下：

（3）CN1300227A（对比文件3），其公开日为2001年6月20日。

申请人针对上述审查意见于2005年8月18日提交了意见陈述书，并提交了权利要求书的修改替换页，其中仅对权利要求6的主题名称进行了修改，修改后的权利要求书如下：

“1. 一种用于改善一个皮肤区域中痤疮症状的装置，该装置包括：

一个有开口的套，当开口置于与皮肤部位相接触的部位时，该套形成一个腔，封闭一定体积的空气；

一个放置在套内部的脉冲加热源，可快速加热该容积的空气，使其达到足以经由皮肤或毛发传导热量而破坏一个痤疮相关结构，而不引起皮肤或毛发的损伤的温度。

2. 根据权利要求1所述的装置，其中脉冲光热源在热源和皮肤之间形成温度梯度。

3. 根据权利要求1所述的装置，其中脉冲加热源不会将该容积空气的温度升高到足以损伤毛发或皮肤。

4. 根据权利要求1所述的装置，其中脉冲加热源发出热量的持续时间不足以升高皮肤或毛发的温度到它们发生损伤的温度。

5. 根据权利要求1所述的装置，该装置包括一个对皮肤温度有反应的热传感器，在温度升高到可引起毛发或皮肤损伤的水平前降低它们的温度。

6. 根据权利要求1至5中任一项所述的装置，其中所述的脉冲加热源为一脉冲热光源，用作传送脉冲辐射及通过传导到皮肤进行加热。

7. 根据权利要求6所述的装置，其中所述的脉冲热光源产生宽带脉冲光。

8. 根据权利要求6所述的装置，该装置包括一个可过滤宽带脉冲光的滤波器。

9. 根据权利要求6所述的装置，其中所述的脉冲光热源为一闪光灯或一弧光放电灯。”

申请人在此次意见陈述书中指出：本发明与对比文件3的区别在于，对比文件3的装置是通过提供足够的光和热量于一个皮肤区域以破坏该区域皮肤上的胎记、色痣以及治疗银屑病，而不区分该区域的皮肤、毛发或毛囊；而本发明是基于生成经由皮肤或毛发传导的足够的热量以破坏一个痤疮相关结构，同时不损伤皮肤或毛发，它们所要解决的问题和达到的效果是不同的，它们有着不同的治疗机理，对比文件3并没有考虑到皮肤下的毛囊，也没有对此给出暗示或提示。

经过上述审查程序后，国家知识产权局专利实质审查部门于2005年10月14日以本申请的权利要求1~5不符合专利法第22条第3款的规定为理由驳回了本申请。驳回决定所针对的文本是：申请人于本申请进入中国国家阶段时（2003年12月24日）提交的说明书第1~13页、说明书附图第1~2页、说明书摘要及摘要附图；申请人于2005年8月18日提交的权利要求第1~9项。

驳回决定中指出：对比文件3的装置是通过提供足够的光和热量于一个皮肤区域以破坏该区域皮肤上的胎记、色痣以及治疗银屑病，同时在对比文件3中还指出它可以不损伤周围健康的皮肤，因此对比文件3中同样考虑了在对治疗目标进行治疗的同时，避免损伤非治疗目标组织，并由此设置仪器的脉冲加热源发出热量和持续时间，而在治疗皮肤上的胎记、色痣、银屑病等疾病时，周围健康皮肤、毛发等都属于非治疗目标，本领域技术人员很自然地会想到在治疗时合理设置脉冲加热源发出热量及持续时间，使周围皮肤组织不受到损伤。此外，对于本发明和对比文件3在解决的问题和治疗效果上的比较，驳回决定中认为，基于上述理由，尽管权利要求1中的装置是用于改善痤疮症状，而对比文件3中的装置是用于破坏皮肤上的胎记、色痣以及治疗银屑病，但是由于二者都是用于对皮肤进行美容治疗，本领域技术人员很容易想到使用对比文件3中的装置来治疗其他皮肤疾病和皮肤上的瑕疵，例如痤疮的治疗，另外，毛发不是要加热破坏的目标组织，因此本领域技术人员很自然地会想到使脉冲加热源发出热量和持续时间不足以损伤毛发和毛囊，因而权利要求1~5相对于对比文件3不具备创造性。

申请人雷迪恩斯公司（下称复审请求人）不服上述驳回决定，于2006年1月18日向专利复审委员会提出复审请求，没有对权利要求书进行修改。复审请求人认为，对比文件3所应用的方法并不适用于本发明的痤疮治疗，其技术方案的基础是通过将周围健康皮肤加热到高于正常体温但又不高到会烧伤周围组织的温度，然后才把目标组织加热到凝固温度的方法，保证目标组织与周围组织之间的热梯度足够小，而不烧伤周围组织，而本申请是利用了痤疮中油脂的高热容量的特点，对其进行较低热度的重复加热，从而可以使痤疮结构的温度升高而不用将毛发加热到对其产生损害的程度，因而权利要求1具备创造性，在权利要求1具备创造性的基础上，其从属权利要求2~9也具备创造性。

经形式审查合格后，专利复审委员会受理了上述请求，并于2006年3月22日向复审请求人发出复审请求受理通知书，同时向原实质审查部门发出前置审查通知书。

原实质审查部门对该复审请求做出前置审查意见，坚持原驳回决定。

针对上述复审请求，专利复审委员会依法成立合议组对该复审请求案进行了审理，并于2007年11月15日发出复审通知书，复审通知书中指出：权利要求1~9相对于对比文件3及本领域的公知常识不具备专利法第22条第3款规定的创造性。此外，复审请求人所陈述的关于对比文件3与本申请的区别并未体现在权利要求1中，按照本申请目前的权利要求1所限定的技术方案来看，对比文件3已经公开了其绝大部分的技术特征，且如上所述，二者的区别仅在于用于治疗的皮肤疾病不同，属于相近领域的转用发明，而这种转用并未产生预料不到的技术效果，对于本领域技术人员来说是不需要付出创造性劳动就可以很容易想到的，因此，复审请求人的上述意见并不能证明本申请的权利要求1相对于对比文件3具备创造性，复审请求人的复审理由不能成立。

复审请求人于2008年2月29日向专利复审委员会提交了意见陈述书，并提交了权利要求书的全文修改替换页，其中，在未对权利要求1~9进行修改的基础上进一步增加了新的权利要求10~27。复审请求人认为：对比文件3中没有公开权利要求1中的至少一个技术特征，即"一个放置在套内部的脉冲加热源，可快速加热该容积的空气，使其达到足以经由皮肤或毛发传导热量而破坏一个痤疮相关结构、而不引起皮肤或毛发的损伤的温度"，此外，对比文件3中所述的装置是用于治疗银屑病这样的皮肤病以及破坏皮肤上的胎记、色痣，为此，所施加的温度水平应该能够破坏被治疗组织的血管，既然血管的破坏程度要高于毛发的破坏程度，就说明对比文件3的装置在治疗过程中必须破坏毛发，如果使用对比文件3中的装置来治疗痤疮，其结果将是，该装置加热皮肤的区域从而损伤该区域的毛发，此外，由于痤疮相关结构是关于毛囊生长起来的，因此使用任何已知的装置来治疗痤疮的本领域技术人员都会想到去破坏毛发，从而使得毛发不会影响到毛囊中痤疮相关结构的正常治疗，即使本领域技术人员采用对比文件3中的装置来治疗痤疮，也不会产生降低其温度水平以便在治疗过程中不损伤毛发的动机。另外，对比文件3中并没有公开从属权利要求3、4、5的附加技术特征。鉴于合议组在复审通知书中指出的复审请求人认为对比文件3与本申请之间的区别并没有体现在权利要求1中，复审请求人加入了两个独立权利要求10、19以体现上述区别。

至此合议组认为本案事实清楚，现依法作出复审决定。

二、决定的理由

1. 审查文本

本复审决定所依据的文本为复审请求人于2008年2月29日提交的权利要求第1~27项，于本申请进入中国国家阶段时（2003年12月24日）提交的说明书第1~13页、说明书附图第1~2页、说明书摘要及摘要附图。

2. 关于专利法第22条第3款

专利法第22条第3款规定：创造性，是指同申请日以前已有的技术相比，该发明有突出的实质性特点和显著的进步，该实用新型有实质性特点和进步。

（1）权利要求1不具备创造性。

权利要求1请求保护一种用于改善一个皮肤区域中痤疮症状的装置。对比文件3公开了一种选择性光热分解皮肤中目标组织的装置（参见对比文件3说明书第3页第18行至第5页第4行，第12页第8行至第17页第2行，附图7)，该装置可在不损伤周围健康皮肤的情况下破坏皮肤上的胎记、色痣、病变等，其包括一个有开口53的壳体52，当开口53置于与皮肤相接触的部位时，该壳体形成一个腔57，封闭一定体积的空气；一个放置在壳体内部的脉冲加热源，并设置有传感器和冷却装置，可快速加入该容积内的空气，使空气的温度达到足以经由皮肤传导热量而破坏皮肤上的目标组织，而不引起健康皮肤和周围组织损伤。对比文件3与权利要求1中的装置结构相同，两者的区别仅在于：对比文件3公开的装置用于破坏皮肤上的胎记、色痣、治疗银屑病等皮肤疾病，而权利要求1所公开的装置用于改善痤疮症状。

复审请求人认为鉴于对比文件3与本申请所治疗的目标组织是不同的，所以如果使用对比文件3中的装置必然会损伤毛发，且如果本领域技术人员使用对比文件3中的装置来治疗痤疮，也会想到采用破坏毛发的方法来治疗痤疮。对此合议组认为，对比文件3与本申请的区别仅在于所治疗的对象不同，虽然对比文件3中的装置用于破坏皮肤上的胎记、色痣、治疗银屑病等皮肤疾病，但是在对比文件3中已经给出了在不损伤周围皮肤及组织的前提下对皮肤疾病进行照射治疗的技术启示，此外，众所周知，痤疮属于一种常见的皮肤疾病，且毛发也属于痤疮周围的组织，因而本领域技术人员在对比文件3所给出的技术启示下可以想到采用对比文件3中的装置来对其他皮肤疾病（例如，痤疮）进行照射治疗而不会损伤周围的皮肤及组织（例如，毛发组织)，而这并不需要付出任何创造性劳动。此外，关于复审请求人所强调的“本申请是利用了痤疮中油脂的高热容量的特点，对其进行较低热度的重复加热，从而可以使痤疮结构的温度升高而不用将毛发加热到对其产生损害的程度”这一观点，合议组认为，正如复审通知书所指出的那样，上述区别并未体现在权利要求1中，因而，复审请求人所强调的区别并不能证明本申请的权利要求1具备创造性。综上所述，权利要求1不具备专利法第22条第3款所规定的创造性。

（2）从属权利要求2~5不具备创造性。

从属权利要求2的附加技术特征在对比文件3中已公开（参见对比文件3权利要求2)，在该装置中脉冲光热源在热源和皮肤之间形成温度梯度。因此在其引用的权利要求1不具备创造性时，该权利要求相对于对比文件3也不具备创造性。

从属权利要求3~4的附加技术特征分别为“其中脉冲加热源不会将该容积空气的温度升高到

足以损伤毛发或皮肤”和“其中脉冲加热源发出热量的持续时间不足以升高皮肤或毛发的温度到它们发生损伤的程度”。复审请求人认为，对比文件 3 中的装置为了破坏血管必然在治疗过程中损伤毛发，因而对比文件 3 并没有公开权利要求 3、4 的附加技术特征。对此合议组认为，对比文件 3 公开的装置中具有光传感器、冷却泵和控制器（参见对比文件 3 说明书第 12 页第 8 行至第 17 页第 2 行），控制器根据光传感器传来的信号确定皮肤温度达到一预定值时开动冷却泵，用于控制温度和冷却皮肤，因此脉冲加热源不会将该容积空气的温度升高到足以损伤毛发或皮肤，同时控制器控制脉冲的持续时间，从而有选择性地加热目标组织而不损伤周围皮肤组织，复审请求人所提出的设想是将对比文件 3 中的治疗色痣、胎记及银屑病时的温度设置应用于痤疮治疗中，但是，本领域技术人员可以清楚地认识到，当被破坏的目标组织不同时，通过使用对比文件 3 中的光传感器、冷却泵和控制器，并根据不同的目标组织选择合适的温度进行设置，从而可以达到治疗目标组织并最终不会损伤周围皮肤及组织的目的，其结果也不会是复审请求人所设想的那样会损伤毛发。另外，由于毛发不是要加热破坏的目标组织，因此本领域技术人员也容易想到使脉冲加热源发出热量和持续时间不足以损害毛发。因此在其引用的权利要求 1 不具备创造性时，从属权利要求 3~4 相对于对比文件 3 也不具备创造性。

从属权利要求 5 所加入的附加技术特征为“该装置包括一个对皮肤温度有反应的热传感器，在温度升高到可引起毛发或皮肤损伤的水平前降低它们的温度”。复审请求人认为对比文件 3 并没有公开权利要求 5 的附加技术特征，因为对比文件 3 的内容为温度升高到损伤毛发的功能，否则温度过低会使得对比文件 3 中的装置无法治疗血管。对此合议组认为，如上所述，对比文件 3 中的光传感器、冷却泵和控制器具有调节温度到不足以破坏周围皮肤及组织的的功能，也就是说，权利要求 5 的附加技术特征已经被对比文件 3 公开（参见对比文件 3 权利要求 6~7、12，说明书第 18 页第 21~23 行）。此外，如上所述，复审请求人所提出的设想是将对比文件 3 中的治疗色痣、胎记及银屑病时的温度设置应用于痤疮治疗中，但是，本领域技术人员可以清楚地认识到，当被破坏的目标组织不同时，通过使用对比文件 3 中的光传感器、冷却泵和控制器，并根据不同的目标组织选择合适的温度进行设置，从而可以达到治疗目标组织并最终不会损伤周围皮肤及组织的目的，其结果也不会是复审请求人所设想的那样会损伤毛发。另外，由于毛发不是要加热破坏的目标组织，因此本领域技术人员也容易想到使脉冲加热源发出热量和持续时间不足以损害毛发。因此在其引用的权利要求 1 不具备创造性时，从属权利要求 5 相对于对比文件 3 也不具备创造性。

（3）从属权利要求 6~9 不具备创造性。

从属权利要求 6 对权利要求 1~5 做了进一步的限定，并加入了如下附加技术特征：“其中所述的脉冲加热源为一脉冲热光源，用作传送脉冲辐射及通过传导到皮肤进行加热”。这一附加技术特征已经被对比文件 3 所公开（见对比文件 3 权利要求 1、28~34，说明书第 4 页第 2 段至第 5 页第 1 段），因此在其引用的权利要求 1~5 不具备创造性的情况下，该从属权利要求 6 相对于对比文件 3 也不具备创造性。

从属权利要求 7~9 对权利要求 6 做了进一步的限定，并加入了如下附加技术特征：“其中所述的脉冲热光源产生宽带脉冲光”、“该装置包括一个可过滤宽带脉冲光的滤波器”、“其中所述的脉冲光热源为一闪光灯或一弧光放电灯”。上述附加技术特征均已被对比文件 3 所公开（见对比文件 3 权利要求 1、28~34，说明书第 4 页第 2 段至第 5 页第 1 段），因此在其引用的权利要求 6 不具备创造性的情况下，该从属权利要求 7~9 相对于对比文件 3 也不具备创造性。

综上所述，由于本申请的权利要求 1~9 仍存在复审通知书中指出的不符合专利法第 22 条第 3 款规定的问题，根据专利法实施细则第 62 条第 1 款的规定，本案合议组作出以下审查决定。

三、决定

复审请求不成立，维持国家知识产权局于2005年10月14日针对01823404.6号发明专利PCT申请作出的驳回决定。

复审请求人对本决定不服的，可以根据专利法第41条第2款的规定，自收到本决定之日起三个月内向北京市第一中级人民法院起诉。

073

薄膜晶体管液晶显示器及其制造方法

复审请求审查决定（第13272号）

决　定　号　第13272号
决　定　日　2008年3月12日
发明创造名称　薄膜晶体管液晶显示器及其制造方法
国 际 分 类 号　G02F 1/136，H01L 29/786
复 审 请 求 人　友达光电股份有限公司
申　请　号　03149249.5
申　请　日　2003年6月16日
公　开　日　2005年1月19日
合 议 组 组 长　刘颖杰
主　审　员　刘　杰
参　审　员　马　燕

法 律 依 据　专利法第22条第3款
决 定 要 点

在判断创造性的过程中，要确定现有技术整体上是否存在技术启示。如果权利要求所要保护的技术方案与最接近现有技术的区别特征为与最接近的现有技术相关的技术手段，例如，同一份对比文件其他部分披露的技术手段，该技术手段在该其他部分所起的作用与该区别特征在要求保护的发明中为解决该重新确定的技术问题所起的作用相同，则该权利要求不具备创造性。

一、案由

本复审请求涉及申请号为03149249.5，发明名称为“薄膜晶体管液晶显示器及其制造方法”的发明专利申请（下称本申请），申请人为友达光电股份有限公司，其申请日为2003年6月16日，公开日为2005年1月19日。本申请公开时共有35项权利要求，其中权利要求1、16是独立权利要求。

应申请人的请求，国家知识产权局实质审查部门依法对本申请进行了实质审查，以原始申请文本作为审查基础，于2006年6月30日发出第一次审查意见通知书，其中引用了以下对比文件：

对比文件1：CN1290922A，公开日为2001年4月11日

第一次审查意见通知书指出：权利要求1~2，4~8，11~13，16~17，19~23，29，32~33不具备专利法第22条第2款规定的新颖性，权利要求9~10，14~15，24~25，34~35不具备专利法第22条第3款规定的创造性，权利要求3，7，10，13，18~19不符合专利法实施细则第20条第1款的规定。

申请人于2006年11月15日针对第一次审查意见通知书提交了意见陈述书和修改的权利要求书

全文，说明书第2、3页，修改后的权利要求书共有18项权利要求，其中权利要求1、9为独立权利要求。申请人在意见陈述书中认为：对比文件1没有公开“一保护层，覆盖该开关组件且在该像素电极与该彩色滤光层之间延伸”的技术特征，因此对比文件1没有公开权利要求1的技术方案，公知常识也未对权利要求1的技术方案进行教导，因而修改后的权利要求具备创造性。

国家知识产权局实质审查部门在此基础上继续审查，对修改后的权利要求1~18做了补充检索，并于2006年12月15日发出第二次审查意见通知书，其中引用以下对比文件：

对比文件2：US2003/0020851A1，公开日为2003年1月30日；

对比文件3：JP-特开平8-186267A，公开日为1996年7月16日；

对比文件4：JP-特开平9-230319A，公开日为1997年9月5日。

在第二次审查意见通知书中指出：权利要求1~12，16，18不具备专利法第22条第3款规定的创造性。其中，关于独立权利要求1、9，通知书中指出：权利要求1与对比文件1的区别在于：权利要求1还具有一保护层，覆盖该开关组件且在该像素电极与该彩色滤色层之间延伸。本领域技术人员在对比文件1的基础上，可以从公知常识（对比文件2~4证明本领域的公知常识）获得启示，在薄膜晶体管和像素电极形成一层平坦化膜，其中平坦化膜是全面覆盖的；这时，由于对比文件1中的滤色器31在薄膜晶体管与下绝缘基板10之间、且平坦化膜是全面覆盖，就自然导致有平坦化膜在该像素电极与滤色器31之间延伸的结果。因此，权利要求1、9不具备创造性。

申请人于2007年2月25日针对第二次审查意见通知书提交了意见陈述书。申请人在意见陈述书中认为权利要求1~12，16，18具备创造性，并陈述了理由。关于权利要求1、9，申请人认为：对比文件1在说明书第22页第24~25行进一步教导：由于可以减小栅绝缘层60的厚度，可以提高薄膜晶体管的质量；对比文件2~4的教导是在像素电极和栅绝缘层之间再设置绝缘层，在已经具备栅绝缘层的基础上再增加绝缘层，本领域技术人员可以预见这将会导致介电层厚度增大进而导致电容减小。因此，对比文件2~4与对比文件1没有结合的基础，不能将其结合。

国家知识产权局于2007年3月30日以本申请不符合专利法第22条第3款的规定为由驳回了本申请，驳回决定所依据的文本是：2006年11月15日提交的权利要求第1~18项、说明书第2~3页，申请日提交的说明书第1、4~19页，附图第1~23页、说明书摘要以及摘要附图。其中独立权利要求1和9如下：

“1. 一种薄膜晶体管液晶显示器，包括：

一第一基板；

一第二基板，具有一公共电极与该第一基板相对；

一开关组件，设置于该第一基板上，且耦接于一数据线和一像素电极之间；

一彩色滤光层，设置于该开关组件和该第一基板之间；

一保护层，覆盖该开关组件且在该像素电极与该彩色滤光层之间延伸；以及

该数据线，设置于该彩色滤光层和该第一基板之间。

9. 一种薄膜晶体管液晶显示器的制造方法，包括：

提供一基板；

在该基板上形成一数据线；

在该数据线和该基板上形成一彩色滤光层；

在该彩色滤光层上形成一覆盖层；

在该覆盖层上形成一开关组件，且该开关组件耦接于该数据线和一像素电极之间；以及

形成一保护层，该保护层覆盖该开关组件且在该覆盖层上方延伸，该像素电极位于该保护层

之上。”

具体驳回理由是：独立权利要求 1 和 9 相对于对比文件 1 和本领域公知常识的结合不具备专利法第 22 条第 3 款规定的创造性。从属权利要求 2~8、10~12、16、18 的附加技术特征被对比文件 1 公开或者属于公知常识，因而当其引用的权利要求不具备创造性时，权利要求 2~8、10~12、16、18 同样不具备专利法第 22 条第 3 款规定的创造性。针对申请人认为对比文件 2~4 与对比文件 1 不能结合的观点，驳回决定中认为：申请人引用的对比文件 1 的说明书部分仅是记载了不形成绝缘层的一些技术效果，说明书的该些部分并没有排除形成绝缘层以获得其他技术效果的可能。

申请人友达光电股份有限公司（以下称复审请求人）不服上述驳回决定，于 2007 年 6 月 29 日向专利复审委员会提出复审请求，未对申请文件进行修改，认为本申请相对于对比文件 1~4 具备创造性，其具体理由为：（1）对比文件 1 给出的所有实施例中，钝化层（即绝缘层）没有设置在像素电极与栅绝缘层之间，其并没有给出这种设置的教导。（2）由于对比文件 1 表明了不设置钝化层（即绝缘层）的有益效果，可以推知如果设置钝化层（即绝缘层）则会带来负面影响，因此，虽然对比文件2~4教导了在像素电极与栅绝缘层之间再设置绝缘层，但根据对比文件 1 的教导是无法将上述对比文件 2~4 与对比文件 1 相结合的。

经形式审查合格后，专利复审委员会受理了该复审请求，并于 2007 年 8 月 13 日向复审请求人发出复审请求受理通知书，同时向原实质审查部门发出前置审查通知书。

原实质审查部门对本复审请求进行了前置审查，在前置审查意见书中，原实质审查部门坚持原驳回决定。

针对上述复审请求，专利复审委员会依法成立合议组对该复审请求进行了审查。本案合议组于 2007 年 10 月 22 日发出复审通知书，指出：权利要求 1~12、16、18 相对于对比文件 1 不具备专利法第 22 条第 3 款规定的创造性。

2007 年 12 月 6 日，复审请求人针对上述复审通知书进行了意见陈述，并提交了权利要求书全文的修改替换页，其中分别将复审通知书所针对的权利要求 5 和权利要求 12 的附加技术特征补入权利要求 1 和权利要求 9 中，并删除了权利要求 16~18。修改后的权利要求书如下：

“1. 一种薄膜晶体管液晶显示器，包括：

一第一基板；

一第二基板，具有一公共电极与该第一基板相对；

一开关组件，设置于该第一基板上，且耦接于一数据线和一像素电极之间；

一彩色滤光层，设置于该开关组件和该第一基板之间；

一保护层，覆盖该开关组件且在该像素电极与该彩色滤光层之间延伸；以及

该数据线，设置于该彩色滤光层和该第一基板之间；

其中一局部导线连接该开关组件和该数据线，且该局部导线和该像素电极为透明导电材料。

2. 如权利要求 1 所述的薄膜晶体管液晶显示器，其中该数据线为一遮光结构。

3. 如权利要求 1 所述的薄膜晶体管液晶显示器，其中该开关组件为一背沟道蚀刻型薄膜晶体管。

4. 如权利要求 1 所述的薄膜晶体管液晶显示器，还包括：一覆盖层，设置于该彩色滤光层和该开关组件之间。

5. 如权利要求 4 所述的薄膜晶体管液晶显示器，其中该开关组件包括一栅极绝缘层设置于该保护层和该覆盖层之间。

6. 如权利要求 1 所述的薄膜晶体管液晶显示器，其中该开关组件包括一漏极电极连接至该像素电极，以及一源极电极延伸至与该数据线接触。

7. 如权利要求 6 所述的薄膜晶体管液晶显示器，其中该像素电极设置于该漏极电极上。

8. 一种薄膜晶体管液晶显示器的制造方法，包括：

提供一基板；

在该基板上形成一数据线；

在该数据线和该基板上形成一彩色滤光层；

在该彩色滤光层上形成一覆盖层；

在该覆盖层上形成一开关组件，且该开关组件耦接于该数据线和一像素电极之间；以及

形成一保护层，该保护层覆盖该开关组件且在该覆盖层上方延伸，该像素电极位于该保护层之上；

其中一局部导线连接该开关组件和该数据线，且该局部导线和该像素电极为透明导电材料。

9. 如权利要求 8 所述的薄膜晶体管液晶显示器的制造方法，其中该数据线为一遮光结构。

10. 如权利要求 8 所述的薄膜晶体管液晶显示器的制造方法，其中该开关组件为一背沟道蚀刻型薄膜晶体管。

11. 如权利要求 8 所述的薄膜晶体管液晶显示器的制造方法，其中在该覆盖层上形成该开关组件的步骤包括：

在该覆盖层上形成一栅极线；

在该栅极线和该覆盖层上依序形成一栅极绝缘层；

在该栅极线和该栅极绝缘层上形成一半导体层和一 n-掺杂层，并将其图案化；

在该半导体层和该栅极绝缘层上形成一金属层；

定义该金属层和该 n-掺杂层，使该金属层变成一源极电极和一漏极电极，且使该 n-掺杂层变成一源极和一漏极；

形成该保护层覆盖该源极电极、该漏极电极和该栅极绝缘层；

在该保护层中形成一第一开口和一第二开口，且在该保护层、该栅极绝缘层和该覆盖层中形成一第三开口；

在该保护层上形成一透明导电层，并填入该第一、第二和第三开口中；以及

定义该透明导电层，以形成该像素电极和该局部导线，其中该像素电极经由该第一开口连接至该漏极电极，且该局部导线经由该第二和第三开口分别连接至该源极电极和该数据线。

12. 如权利要求 8 所述的薄膜晶体管液晶显示器的制造方法，其中在该覆盖层上形成该开关组件的步骤包括：

在该覆盖层中形成一第一开口，以暴露出该数据线的表面；

在该覆盖层上形成一栅极线；

在该栅极线、该数据线和该覆盖层上形成一栅极绝缘层；

在该栅极线和该栅极绝缘层上形成一半导体层和一 n-掺杂层，并将其图案化；

在该半导体层和该栅极绝缘层上形成一金属层；

定义该金属层和该 n-掺杂层，使该金属层变成一源极电极和一漏极电极，且使该 n-掺杂层变成一源极和一漏极；

形成该保护层覆盖该源极电极、该漏极电极和该栅极绝缘层；

在该保护层中形成一第二开口和一第三开口，且在该保护层、该栅极绝缘层和该栅极绝缘层中形成一第一开口；

在该保护层上形成一透明导电层，并填入该第一、第二和第三开口中；以及

定义该透明导电层，以形成该像素电极和该局部导线，其中该像素电极经由该第二开口连接至该漏极电极，且该局部导线经由该第一和第三开口分别连接至该源极电极和该数据线。

13. 如权利要求8所述的薄膜晶体管液晶显示器的制造方法，其中在该覆盖层上形成该开关组件的步骤包括：

在该覆盖层中形成一第一开口，以暴露出该数据线的表面；

在该覆盖层上形成一栅极线；

在该栅极线和该覆盖层上形成一栅极绝缘层、一半导体层和一 n-掺杂层，并将其图案化；

在该半导体层和该覆盖层上形成一金属层；

定义该金属层和该 n-掺杂层，使该金属层变成一源极电极和一漏极电极，且使该 n-掺杂层变成一源极和一漏极；

形成该保护层覆盖该源极电极、该漏极电极和该覆盖层；

在该保护层中形成一第二开口和一第三开口，且使该第一开口延伸至保护层中；

在该保护层上形成一透明导电层，并填入该第一、第二和第三开口中；以及

定义该透明导电层，以形成该像素电极和该局部导线，其中该像素电极经由该第二开口连接至该漏极电极，且该局部导线经由该第一和第三开口分别连接至该源极电极和该数据线。"

在意见陈述书中，复审请求人认为：（1）对比文件1的实施例1和3都没有公开"局部导线"，二者即使结合也无法得到权利要求1和8的技术方案；（2）对比文件1的实施例1和3存在结构上的不同，无法结合。

至此，合议组认为本案事实已经清楚，依法作出本复审请求审查决定。

二、决定的理由

1. 审查文本

本复审决定针对的文本是：请求人于2007年12月6日提交的权利要求第1~13项，于2006年11月15日提交的说明书第2~3页，于申请日提交的说明书第1、4~19页、附图第1~23页、说明书摘要和摘要附图。

2. 关于本申请权利要求是否具备创造性

专利法第22条第3款规定，创造性，是指同申请日以前已有的技术相比，该发明有突出的实质性特点和显著的进步，该实用新型有实质性特点和进步。

具体就本案而言，

（1）独立权利要求1不具备创造性，不符合专利法第22条第3款的规定。

独立权利要求1要求保护一种薄膜晶体管液晶显示器；对比文件1（CN1290922A）公开了一种用于LCD的TFT阵列屏板，其中实施例三描述的TFT阵列屏板（说明书第19页第31行至第22页第25行，图23-24）包括：下绝缘基板10；上绝缘基板201，具有公用电极210与下绝缘基板10相对；栅极56、半导体层70、源ITO电极111和漏ITO电极113设置于下绝缘基板10上，源ITO电极111（其延伸部分形成局部导线）与数据线92相连，漏ITO电极113与像素电极112相连，滤色器31设置于栅极56、半导体层70、源ITO电极111和漏ITO电极113这四个部分与下绝缘基板10之间，数据线92设置于滤色器31与下绝缘基板10之间；显然栅极56、半导体层70、源ITO电极111和漏ITO电极113组成一TFT，即一开关组件；源ITO电极111（其延伸部分形成局部导线）和像素电极112为透明导电材料。

权利要求1与对比文件1的上述实施例三的区别是：权利要求1还具有一保护层，覆盖该开关组件且在该像素电极与该彩色滤色层之间延伸。

对比文件 1 的实施例一描述的 TFT 阵列屏板（说明书第 9~10 页，附图 1-4）包括：覆盖开关组件（栅极 56、半导体层 70、源 ITO 电极 111 和漏 ITO 电极 113 组成）的钝化层 100（相当于权利要求 1 中的“保护层”），在钝化层上形成像素电极 112，从而该钝化层在像素电极与滤色器之间延伸。可见，该区别技术特征已经被对比文件 1 的实施例一公开了，并且这种设置结构具有与本申请相同的“防止了元件的漏电，保护线路免遭腐蚀，且提高了基板的平坦性，使 LCD 性能改善”的功能。

由此可见，对比文件 1 的实施例一已经给出了将该区别技术特征结合到对比文件 1 的实施例三中以得到本申请权利要求 1 的技术方案的技术启示，这种结合对本领域技术人员来说是显而易见的。

复审请求人认为：①对比文件 1 的实施例 1 和 3 都没有公开“局部导线”，二者即使结合也无法得到权利要求 1 和 8 的技术方案；②对比文件 1 的实施例 1 和 3 存在结构上的不同，无法结合。

对此，合议组认为：

关于理由①——对比文件 1 中已经公开了关于“局部导线”的内容。对比文件 1 实施例三（参见说明书第 21 页第 15~19 行，附图 24）公开了：源 ITO 电极 111 与数据线 92 相连，而源 ITO 电极 111 的延伸部分形成了局部导线，从而实现了开关组件与数据线的电连接。并且，本申请说明书第 2 页也明确记载了“局部导线可以是设置于保护层上的独立导线，亦可以是延伸至源极电极的局部导线”，由此可见，这正表明了局部导线可以以源极电极的延伸部分的形式存在，而对比文件 1 实施例三公开的正是这种形式。

关于理由②——申请人经比较认为，对比文件 1 的实施例 1 和 3 之间存在结构上的不同，但这种比较方式并不能说明两个实施例无法结合。实际上，在创造性的评述中，判断是否有结合的启示的步骤是，要从最接近的现有技术和发明实际解决的技术问题出发，判断要求保护的发明对本领域的技术人员来说是否显而易见。判断过程中，要确定的是现有技术整体上是否存在某种技术启示，即现有技术中是否给出将上述区别特征应用到该最接近的现有技术以解决其存在的技术问题（即发明实际解决的技术问题）的启示，这种启示会使本领域的技术人员在面对所述技术问题时，有动机改进该最接近的现有技术并获得要求保护的发明。如果现有技术存在这种技术启示，则发明是显而易见的，不具有突出的实质性特点。

而权利要求 1 与最接近的现有技术——对比文件 1 的实施例三的区别要解决的技术问题是：防止元件的漏电，保护线路免遭腐蚀，且提高基板的平坦性，使 LCD 性能改善，而对比文件 1 的实施例一公开的相应结构同样实现了上述功能。由此可见，对比文件 1 的实施例一已经给出了技术启示，将该实施例一和三相结合得到权利要求 1 和 8 的技术方案，这对本领域技术人员来说是显而易见的。

综上所述，独立权利要求 1 不具备专利法第 22 条第 3 款规定的创造性。

（2）从属权利要求 2~7 不具备创造性，不符合专利法第 22 条第 3 款的规定。

从属权利要求 2~7 进一步限定了数据线的组成、开关组件的类型和结构、覆盖层以及部件之间的位置关系，这些附加技术特征都被对比文件 1 披露了（参见说明书第 19 页第 31 行至第 22 页第 25 行、图 24，特别是说明书第 22 页第 12 行、图 24，说明书第 10 页第 4~9 行，附图 4、24）。

因此，当其引用的权利要求不具备创造性时，权利要求 2~7 也不具备专利法第 22 条第 3 款规定的创造性。

（3）独立权利要求 8 不具备创造性，不符合专利法第 22 条第 3 款的规定。

独立权利要求 8 要求保护一种薄膜晶体管液晶显示器的制造方法；对比文件 1（CN1290922A）公开了一种用于 LCD 的薄膜晶体管阵列屏板的制造方法，其中实施例三描述的制造方法（说明书第 22 页第 26 行至第 26 页第 6 行，图 23-32）包括：在下基板 10 上形成数据线 92；在数据线 92 和下基板 10 上形成滤色器 31；在滤色器 31 上淀积有机绝缘层 40；在有机绝缘层 40 上形成栅极 56、半导体层 70、源 ITO 电极 111 和漏 ITO 电极 113，源 ITO 电极 111（其延伸部分形成局部导线）与数据线 92 相连，漏 ITO 电极 113 与像素电极 112 相连；显然栅极 56、半导体层 70、源 ITO 电极 111 和漏 ITO 电极 113 组成一 TFT，即一开关组件；源 ITO 电极 111（其延伸部分形成局部导线）和像素电极 112 为透明导电材料。

权利要求 8 与对比文件 1 的上述实施例三的区别是：权利要求 8 还形成一保护层，该保护层覆盖该开关组件且在该覆盖层上方延伸，像素电极位于该保护层之上。

对比文件 1 的实施例一描述的制造方法（说明书第 9~10 页，附图 1-4）包括：形成覆盖开关组件（栅极 56、半导体层 70、源 ITO 电极 111 和漏 ITO 电极 113 组成）的钝化层 100（相当于权利要求 8 中的“保护层”），在钝化层上形成像素电极 112。可见，该区别技术特征已经被对比文件 1 的实施例一公开了，并且这种设置结构具有与本申请相同的“防止了元件的漏电，保护线路免遭腐蚀，且提高了基板的平坦性，使 LCD 性能改善”的功能。

由此可见，对比文件 1 的实施例一已经给出了将该区别技术特征结合到对比文件 1 的实施例三中以得到本申请权利要求 8 的技术方案的技术启示，这种结合对本领域技术人员来说是显而易见的。

因此，独立权利要求 8 不具备专利法第 22 条第 3 款规定的创造性。

（4）从属权利要求 9、10 不具备创造性，不符合专利法第 22 条第 3 款的规定。

从属权利要求 9、10 进一步限定了数据线的组成、开关组件的类型，这些附加技术特征都被对比文件 1 披露了（参见说明书第 19 页第 31 行至第 22 页第 25 行、图 24，特别是说明书第 22 页第 12 行、图 24）。

因此，当其引用的权利要求不具备创造性时，权利要求 9、10 也不具备专利法第 22 条第 3 款规定的创造性。

根据上述事实和理由，本案合议组作出以下审查决定。

三、决定

维持国家知识产权局于 2007 年 3 月 30 日针对 03149249.5 号发明专利申请作出的驳回决定。

复审请求人对本决定不服的，可以根据专利法第 41 条第 2 款的规定，自收到本决定之日起三个月内向北京市第一中级人民法院起诉。

074

制程装置中金属污染与微粒子的检测方法

复审请求审查决定（第13283号）

决 定 号 第13283号
决 定 日 2007年12月14日
发明创造名称 制程装置中金属污染与微粒子的检测方法
国 际 分 类 号 G01N 23/223，G01N 1/28，H01L 21/66
复 审 请 求 人 旺宏电子股份有限公司
申 请 号 03122159.9
申 请 日 2003年4月22日
公 开 日 2004年10月27日
合 议 组 组 长 刘颖杰
主 审 员 李晓娜
参 审 员 高桂莲

法 律 依 据 专利法第22条第3款
决 定 要 点

如果权利要求的技术方案与最接近的现有技术相比，存在区别技术特征，而该区别技术特征是本领域技术人员根据现有技术的教导容易得出的，且并未带来预料不到的技术效果，则该权利要求不具备创造性。

一、案由

本复审请求涉及申请号为03122159.9，名称为“制程装置中金属污染与微粒子的检测方法”的发明专利申请（下称本申请），其申请人为旺宏电子股份有限公司，申请日为2003年4月22日，公开日为2004年10月27日。本申请公开时权利要求共有18项，权利要求的具体内容如下：

“1. 一种制程装置中金属污染与微粒子的检测方法，其特征在于，该方法包括以下步骤：

提供一控片；

将该控片传送至一制程装置中，并以该制程装置对该控片进行处理；

从该制程装置中取出该控片；

于该控片上形成硅材料层；以及

测量已形成该硅材料层的该控片上的粒子与缺陷数目。

2. 如权利要求1所述的制程装置中金属污染与微粒子的检测方法，其特征在于，该硅材料层包括多晶硅。

3. 如权利要求1所述的制程装置中金属污染与微粒子的检测方法，其特征在于，该硅材料层包括非晶硅。

4. 如权利要求1所述的制程装置中金属污染与微粒子的检测方法，其特征在于，该硅材料层包括磊晶硅。

5. 如权利要求1所述的制程装置中金属污染与微粒子的检测方法，其特征在于，该硅材料层的形成方法包括化学气相沉积法。

6. 如权利要求5所述的制程装置中金属污染与微粒子的检测方法，其特征在于，该硅材料层的形成温度包括600℃至750℃左右。

7. 一种制程装置中金属污染与微粒子的检测方法，其特征在于，该方法包括以下步骤：提供一控片，以该控片仿真产品在一制程装置的实际输送过程；

在该控片上形成一硅材料层，该硅材料层中的硅与该控片表面的金属反应形成金属硅化物而在该控片表面造成突起；以及

测量已形成该硅材料层的该控片上的粒子与缺陷数目。

8. 如权利要求7所述的制程装置中金属污染与微粒子的检测方法，其特征在于，该硅材料层包括多晶硅。

9. 如权利要求7所述的制程装置中金属污染与微粒子的检测方法，其特征在于，该硅材料层包括非晶硅。

10. 如权利要求7所述的制程装置中金属污染与微粒子的检测方法，其特征在于，该硅材料层包括磊晶硅。

11. 如权利要求7所述的制程装置中金属污染与微粒子的检测方法，其特征在于，该硅材料层的形成方法包括化学气相沉积法。

12. 如权利要求11所述的制程装置中金属污染与微粒子的检测方法，其特征在于，该硅材料层的形成温度包括600~750℃左右。

13. 一种金属污染与微粒子的检测方法，其特征在于，该方法包括以下步骤：

提供一控片，该控片表面附着有金属离子与微粒子；

在该控片上形成一硅材料层；以及

测量已形成该硅材料层的该控片上的粒子与缺陷数目。

14. 如权利要求13所述的金属污染与微粒子的检测方法，其特征在于，该硅材料层包括多晶硅。

15. 如权利要求13所述的金属污染与微粒子的检测方法，其特征在于，该硅材料层包括非晶硅。

16. 如权利要求13所述的金属污染与微粒子的检测方法，其特征在于，该硅材料层包括磊晶硅。

17. 如权利要求13所述的金属污染与微粒子的检测方法，其特征在于，该硅材料层的形成方法包括化学气相沉积法。

18. 如权利要求17所述的金属污染与微粒子的检测方法，其特征在于，该硅材料层的形成温度包括600~750℃左右。”

应申请人的请求，国家知识产权局专利局实质审查部门依法对本申请进行了实质审查，于2005年6月17日发出第一次审查意见通知书，其中指出本申请权利要求1~2、7~8、13~14不具备专利法第22条第2款规定的新颖性，权利要求3~6、9~12、15~18不具备专利法第22条第3款规定的创造性。该第一次审查意见通知书中引用了如下一篇对比文件：

对比文件1：US6258613B1号美国专利文献，其公开日为2001年7月10日。

针对第一次审查意见通知书，申请人于2005年11月1日提交了意见陈述书，但未对权利要求书进行修改，其认为对比文件1中的控片制作需要在硅基底上依序形成氧化层与SOI层，而本发明的控片仅为空白或无图形的晶片，其制作过程较对比文件1中的控片更为简单，因此本申请与对比文件1不但技术手段不同，而且具有实质性特点和显著的进步，具有新颖性和创造性。

经过上述程序，原实质审查部门于2006年2月24日作出驳回决定，其中指出：（1）对比文件1已经公开了独立权利要求1的全部技术特征，二者技术领域相同，采用同样的技术方案解决了相同的技术问题，并能产生相同的技术效果，因此独立权利要求1相对于对比文件1不具备专利法第22条第2款规定的新颖性；同理独立权利要求7、13以及从属权利要求2、8、14相对于对比文件1也不具备新颖性；（2）当独立权利要求1、7、13不具备新颖性时，它们相应的从属权利要求3~6、9~12、15~18相对于对比文件1也不具备专利法第22条第3款规定的创造性；（3）关于申请人的意见陈述，首先，在本申请的权利要求中，并未对控片的类型即控片为空白或无图形晶片进行限定；其次，本申请请求保护的主题是“制程装置中金属污染与微粒子的检测方法”，而并非控片的制作方法，就所述检测方法而言，本申请与对比文件1采用的技术手段相同，均是提供控片，通过控片上可能存在的金属污染或微粒子与硅材料层产生化学或物理反应的作用机制彰显金属污染或微粒子的位置，而且对比文件1中的监控片是于该检测方法进行前形成的，其在检测过程中的应用与本申请相同，都仅是在控片上形成硅材料层，即本申请的控片制作过程较对比文件1简单与否并不影响二者在检测方法中的相同原理、作用及过程；因此申请人的意见陈述并不能证明本申请具备新颖性和创造性。

申请人旺宏电子股份有限公司（下称复审请求人）对上述驳回决定不服，于2006年6月7日向专利复审委员会提出复审请求，同时提交了权利要求书、说明书第3~4页以及说明书摘要的修改替换页，其中将独立权利要求1、7、13中的“控片”修改为“空白芯片”，同时对说明书和说明书摘要进行了适应性修改。复审请求人认为：修改后本申请中的“空白芯片”与对比文件1中的“控片”并不相同，因此本申请的权利要求1~18均具备新颖性和创造性。

经形式审查合格后，专利复审委员会受理了该复审请求，并于2006年6月29日将案卷转送至原实质审查部门进行前置审查。

原实质审查部门在前置审查意见书中认为，修改后的独立权利要求1、7、13与对比文件1相比，区别仅在于对比文件1中的监控片并非空白芯片，然而两种片材的不同并未影响两者在检测方法中的相同原理、作用及过程，因而权利要求1~18相对于对比文件1不具备创造性，从而仍坚持原驳回决定。

专利复审委员会依法成立合议组对该复审请求案进行了审理，于2007年2月27日发出复审通知书（下称第一次复审通知书），其中指出：

（1）独立权利要求1与对比文件1的区别在于：①权利要求1所用的是空白芯片，而对比文件1中使用的是监控片，②权利要求1明确限定了所检测的是粒子与缺陷的数目；然而，空白芯片和监控片这两种片都是在实施检测杂质步骤之前形成的，在检测杂质的过程中，它们的不同并未对其上形成硅材料层和随后的测量评估步骤产生影响，也没有对最终的检测结果产生影响，即在检测方法中两种片的作用和功能都完全相同，又如本申请说明书第1页倒数第1段所述，空白芯片是现有制程装置检测方法中常用的控片，因而基于相同功能的已知手段的等效替代，用空白芯片代替对比文件1中的监控片对本领域技术人员是显而易见的；而且对比文件1中所用的测量方式与本申请中的完全相同，都是完全反射X射线荧光（TXRF），因而其检测结果也必然可以得到杂质如粒子与缺陷的数目。因此，该权利要求1相对于对比文件1和本领域公知常识的结合不具备专利法第22条第3款规定的创造性；

独立权利要求 1 的从属权利要求 2~6 也不具备创造性；

（2）独立权利要求 7 与对比文件 1 的区别在于：①权利要求 7 所用的是空白芯片，而对比文件 1 中使用的是监控片，②该权利要求 7 中明确限定了“硅材料层”中的硅与“空白芯片”表面的金属反应形成金属硅化物而在“空白芯片”表面造成突起，③权利要求 7 中明确限定了检测的是粒子与缺陷的数目；然而用空白芯片代替对比文件 1 中的监控片对本领域技术人员是显而易见的，而且第②、③点区别技术特征也不足以使本申请具备突出的实质性特点和显著的进步；因此该权利要求 7 相对于对比文件 1 和本领域公知常识的结合不具备创造性；独立权利要求 7 的从属权利要求 8~12 也不具备创造性；

（3）独立权利要求 13 与对比文件 1 的区别在于：①权利要求 13 所用的是空白芯片，而对比文件 1 中使用的是监控片，②权利要求 13 明确限定了所检测的是粒子与缺陷的数目；然而这两个区别技术特征并不能使该权利要求 13 的技术方案具备创造性，因此，权利要求 13 相对于对比文件 1 和本领域公知常识的结合不具备创造性；独立权利要求 13 的从属权利要求 14~18 也不具备创造性。

针对上述复审通知书，复审请求人于 2007 年 4 月 16 日提交了意见陈述书及权利要求书的修改替换页，其中对独立权利要求 1、7、13 和从属权利要求 6、12、18 进行了修改，修改后的权利要求 1、6、7、12、13、18 如下：

“1. 一种制程装置中金属污染与微粒子的检测方法，其特征在于，该方法包括以下步骤：

提供一空白芯片；

将该空白芯片传送至一制程装置中，并以该制程装置对该空白芯片进行处理；

从该制程装置中取出该空白芯片；以及

于该空白芯片上形成一硅材料层以显示出该空白芯片表面的金属与微粒子的位置，并直接进行检验以测量已形成该硅材料层的该空白芯片上的粒子与缺陷数目。

……

6. 如权利要求 5 所述的制程装置中金属污染与微粒子的检测方法，其特征在于，该硅材料层的形成温度在 600~750℃之间。

7. 一种制程装置中金属污染与微粒子的检测方法，其特征在于，该方法包括以下步骤：提供一空白芯片，以该空白芯片仿真产品在一制程装置的实际输送过程；以及

在该空白芯片上形成一硅材料层以显示出该空白芯片表面的金属与微粒子的位置，并直接进行检验以测量已形成该硅材料层的该控片上的粒子与缺陷数目，其中该硅材料层中的硅与该空白芯片表面的金属与微粒子反应而在该空白芯片表面造成突起。

……

12. 如权利要求 11 所述的制程装置中金属污染与微粒子的检测方法，其特征在于，该硅材料层的形成温度在 600~750℃之间。

13. 一种金属污染与微粒子的检测方法，其特征在于，该方法包括以下步骤：

提供一空白芯片，该空白芯片表面附着有金属离子与微粒子；以及

在该空白芯片上形成一硅材料层以显示出该空白芯片表面的金属与微粒子的位置，并直接进行检验以测量已形成该硅材料层的该空白芯片上的粒子与缺陷数目。

……

18. 如权利要求 17 所述的金属污染与微粒子的检测方法，其特征在于，该硅材料层的形成温度在 600~750℃之间。”

复审请求人认为，①对比文件 1 所披露的方法，是在监控片上形成氧化硅膜 4 之后，用 C-V 量

测来检测制程中污染的程度，本申请是以空白芯片进行检测，不需要将空白芯片制成 MOS 来进行检测；②本申请中的硅材料层会与金属及微粒子反应，而在某一方向形成突起，之后用微粒检测仪器（ex TENCO，KLA，AIT..）并可搭配 SEM 来测量，本申请是利用金属杂质对硅材料层不同晶格方向有降低其最小活化能的特性来进行检测；③对比文件 1 是在形成 MOS 组件后进行 C-V 量测，在形成 MOS 组件后无法利用本案所述的检测仪器来进行测量；因此本申请相对于对比文件 1 具备创造性。

本案合议组于 2007 年 8 月 13 日发出第二次复审通知书，其中指出：

（1）修改后的权利要求 1 与对比文件 1 的区别在于：①权利要求 1 所用的是空白芯片，而对比文件 1 中使用的是监控片；②权利要求 1 明确限定了在形成硅材料层之后直接进行检验以测量芯片上的粒子与缺陷的数目；然而这两点区别特征不足以使权利要求 1 具备突出的实质性特点和显著的进步，因此权利要求 1 相对于对比文件 1 和本领域公知常识的结合不具备创造性。

关于复审请求人的意见陈述，合议组认为，① 对比文件 1 所述在监控片上形成的氧化硅膜 4 是在制程装置即氧化炉中对该监控片进行处理的结果（参见对比文件 1 第 9 栏第 27~31 行），如本申请权利要求 1 所述，在实施检测方法时，包括“将该空白芯片传送至一制程装置中，并以该制程装置对该空白芯片进行处理”的步骤，当“从该制程装置中取出”时，原“空白芯片”就成了被制程装置处理过的“空白芯片”，对比文件 1 中其上形成有氧化硅膜 4 的监控片其实就相当于权利要求 1 中被制程装置处理过的“空白芯片”；而且对比文件 1 也公开了用 TXRF 来检测制程装置中污染的程度；本申请使用空白芯片进行检测也没有使权利要求 1 具备突出的实质性特点和显著的进步。② 根据说明书第 5 页的内容，在形成硅材料层之前，制程装置会对控片进行薄膜沉积等制程处理，由此可知本申请中的硅材料层并非与金属及微粒子直接反应；本申请说明书第 6 页倒数第 1~3 行记载了“本发明在已完成处理的控片上形成一硅材料层，再以既有量测仪器例如是完全反射 X 射线萤光（TXRF）测量已形成的硅材料层的控片上的粒子与缺陷数目，而不需额外添购昂贵的量测仪器”，说明书的其他部分也并未记载要使用其他量测仪器，因此本申请可以利用 TXRF 来进行测量；请求人所述的本申请“硅材料层会与金属及微粒子反应”、“以微粒检测仪器（ex TENCO，KLA，AIT）并可搭配 SEM 来测量”，“本申请是利用金属杂质对硅材料层不同晶格方向有降低其最小活化能的特性来进行检测”在说明书中并无记载、也不能从原申请文件记载的内容中唯一地确定得出，因此复审请求人的意见没有客观依据，对此合议组不予认可。③ 对比文件 1 也记载了利用完全反射 X 射线荧光（TXRF）检测杂质从而评估离子植入器（属于一种制程装置）的恶化情况，由此可知，即使对比文件 1 所述包括三层结构的监控片是一种 MOS 组件，也可以利用 TXRF 这种测试手段来检测杂质；因此复审请求人的上述主张不足以证明本申请权利要求 1 具备创造性。

（2）修改后的权利要求 7 与对比文件 1 的区别在于：①权利要求 7 所用的是空白芯片，而对比文件 1 中使用的是监控片。②权利要求 7 中明确限定了“硅材料层”中的硅与“空白芯片”表面的金属与微粒子反应而在“空白芯片”表面造成突起，而对比文件 1 中，在监控片 50 上的杂质与硅材料层 6 之间还有一层氧化硅膜 8。③权利要求 7 明确限定了在形成硅材料层之后直接进行检验以测量芯片上的粒子与缺陷的数目；然而上述三点区别技术特征都不足以使权利要求 7 具备创造性；因此权利要求 7 相对于对比文件 1 和本领域公知常识的结合不具备创造性。

（3）修改后的权利要求 13 与对比文件 1 的区别在于：①权利要求 13 所用的是空白芯片，而对比文件 1 中使用的是监控片；②权利要求 13 明确限定了在形成硅材料层之后直接进行检验以测量芯片上的粒子与缺陷的数目；然而上述两点区别技术特征并不足以使权利要求 13 具备创造性；因此权利要求 13 相对于对比文件 1 和本领域公知常识的结合不具备创造性。

（4）独立权利要求 1、7、13 不具备创造性时，从属权利要求 2~6、8~12、14~18 也都不具备创造性。

针对第二次复审通知书，复审请求人于2007年9月28日提交了意见陈述书，其中认为：（1）对比文件1中使用监控片，而本申请使用空白芯片，两者的性质以及对测量上的意义并不相同，且本申请可不需要将空白芯片制成MOS来进行检测。（2）本申请与对比文件1的差别还包括，本申请独立权利要求1、7、13明确限定了是用来“测量粒子与缺陷数目”，而该技术特征并未被对比文件1所披露，也无法由对比文件1轻易得知。（3）本领域技术人员应可明了对比文件1中公开的完全反射X射线荧光（TXRF）技术是一种分析“异常”的技术，并无法测量出粒子与缺陷的数目；因此独立权利要求1、7、13具备创造性，它们的从属权利要求也都具备创造性。

至此，合议组认为，本案事实已经清楚，现依法作出审查决定。

二、决定的理由

1. 本复审决定所针对的审查文本

本复审决定所针对的审查文本是：复审请求人于2007年4月16日提交的权利要求第1~18项，2006年6月7日提交的说明书第3、4页和说明书摘要，以及申请日提交的说明书第1~2、5~8页，说明书附图1~4页和摘要附图。

2. 关于创造性

专利法第22条第3款规定的创造性，是指同申请日以前已有的技术相比，该发明有突出的实质性特点和显著的进步，该实用新型有实质性特点和进步。

如果权利要求的技术方案与最接近的现有技术相比，存在区别技术特征，而该区别技术特征是本领域技术人员根据现有技术的教导容易得出的，且并未带来预料不到的技术效果，则该权利要求不具备创造性。

（1）权利要求1是否具备创造性。

权利要求1请求保护一种制程装置中金属污染与微粒子的检测方法，其中首先将空白芯片传送至一制程装置中，并以该制程装置对该空白芯片进行处理；然后，从该制程装置中取出该空白芯片；于该空白芯片上形成硅材料层以显示出该空白芯片表面的金属与微粒子的位置，并直接进行检验以测量已形成该硅材料层的该空白芯片上的粒子与缺陷数目。

对比文件1（参见对比文件1第1栏第11~13行，第4栏第27~42行，第6栏第48~55行，第9栏第25~42行，附图27~28）公开了一种半导体制造装置（对应于“制程装置”）的控制方法，该方法可以检测上述装置中的恶化情况如杂质的污染，其中披露了以下内容：（i）提供一监控片50，其包括硅基底、氧化层和SOI层三层。（ii）将监控片50置于半导体制造装置如氧化炉中，在氧化炉的热氧化作用下，氧化硅膜4形成在监控片50的SOI层3上，由于氧化炉的恶化，杂质5混入监控片50中。（iii）在监控片50上的氧化硅膜4上形成多晶硅膜6（对应于硅材料层），由于该氧化硅膜4的厚度或质量等特性与正常状态下的不同而彰显出杂质5的位置，因此通过测定氧化硅膜4的特性来检测监控片50上的杂质，从而评估氧化炉的恶化情况；此外，对比文件1中（参见第9栏第44~59行）还公开了利用完全反射X射线荧光（TXRF）作为测试手段来检测硅基板中的Fe杂质从而评估离子植入器中的恶化情况。

由此可知，权利要求1的技术方案与对比文件1的公开内容相比，其区别在于：①权利要求1所用的是空白芯片，而对比文件1中使用的是监控片；②权利要求1明确限定了在形成硅材料层之后直接进行检验以测量芯片上的粒子与缺陷的数目。

然而对于上述第①点区别，虽然对比文件1中的包括三层结构的监控片与该权利要求1中空白芯片的结构不同，但两种片都是在实施检测杂质步骤之前形成的，在检测杂质的过程中，它们的不同并未对其上形成硅材料层和随后的测量评估步骤产生影响，也没有对最终的检测结果产生影响，即在检测方法中两种片的作用和功能都完全相同；又如本申请说明书第1页倒数第1段所述，空白芯片是现有制程装置检测方法中常用的控片，因而基于相同功能的已知手段的等效替代，用空白芯片代替对比文件1中的监控片对本领域技术人员是显而易见的，而且空白芯片是否制成MOS，对权利要求1的检测方法而言，其作用、功能都并无差别；因此本申请使用空白芯片进行检测并不足以使权利要求1具备突出的实质性特点和显著的进步。

对于上述第②点区别，虽然对比文件1中没有明确限定直接进行检验以检测粒子与缺陷的数目，但在对比文件1中形成硅材料层6就是为了评估氧化硅膜4的特性以检测杂质的存在，在形成硅材料层6之后、检测之前并无其他步骤，这实质上就是“直接进行检验”，而且对比文件1也公开了利用完全反射X射线荧光（TXRF）来检测杂质从而评估离子植入器（属于一种制程装置）的恶化情况，由此在上述形成硅材料层6后直接进行检验时，本领域技术人员容易想到利用完全反射X射线荧光（TXRF）作为测试手段来评估硅材料层6的性质从而测量监控片上粒子与缺陷的数目。

复审请求人认为，对比文件1是在形成MOS组件后进行C-V量测，在形成MOS组件后无法利用本案所述的检测仪器来进行测量；而权利要求1明确限定了用来“测量粒子与缺陷数目”，该技术特征并未被对比文件1所披露，也无法由对比文件1轻易得知，而且，本领域技术人员应可明了对比文件1中公开的完全反射X射线荧光（TXRF）技术是一种分析“异常”的技术，并无法测量出粒子与缺陷的数目。对此，合议组认为，对比文件1公开了利用完全反射X射线荧光（TXRF）作为测试手段来检测混入硅基板中的杂质从而评估离子植入器（属于一种制程装置）的恶化情况（参见对比文件1说明书第9栏第58~59行），所述杂质实质上就是粒子等，在此基础上，本领域技术人员容易想到在监控片上形成多晶硅膜后进行检测时，利用TXRF这种测试手段来检测杂质的数目，这种检测与监控片是否为MOS组件无关；而且完全反射X射线荧光（TXRF）能够测量片材上的粒子与缺陷数目是由TXRF自身的固有属性决定的（参见本申请说明书第2页第1~3行、第6栏倒数第1~3行），因此在对比文件1的监控片上形成多晶硅膜6之后，使用TXRF进行测试时必然能够测得其上粒子与缺陷的数目。

因此，该权利要求1相对于对比文件1和本领域公知常识的结合不具备突出的实质性特点和显著的进步，不符合专利法第22条第3款有关创造性的规定。

（2）从属权利要求2~6是否具备创造性。

权利要求2引用权利要求1，其附加技术特征进一步限定了硅材料层包括多晶硅，然而对比文件1中已经公开了硅材料层为多晶硅膜，即权利要求2的附加技术特征已经在对比文件1中公开；因此当其引用的权利要求1不具备创造性时，权利要求2相对于对比文件1和本领域公知常识的结合也不具备创造性，不符合专利法第22条第3款的规定。

权利要求3、4分别为权利要求1的从属权利要求，其中分别进一步限定了硅材料层包括非晶硅或磊晶硅，然而用非晶硅或磊晶硅代替对比文件1中的多晶硅都是本领域技术人员根据需要做出的常规选择，并未产生意想不到的技术效果；因此当其引用的权利要求1不具备创造性时，权利要求3、4相对于对比文件1和本领域公知常识的结合也分别不具备创造性，不符合专利法第22条第3款的规定。

从属权利要求5的附加技术特征进一步限定了硅材料层的形成方法包括化学气相沉积法，然而对比文件1（参见其说明书第8栏第9~10行）中已经公开了采用CVD即化学气相沉积法在监控片SOI层3上的氧化物膜70a形成多晶硅膜；由此可知权利要求5的附加技术特征已经在对比文件1中公开，因此当其引用的权利要求1不具备创造性时，权利要求5相对于对比文件1和本领域公知常识的结合也不具备创造性，不符合专利法第 22 条第 3 款的规定。

权利要求 6 引用权利要求 5，其中进一步限定了硅材料层的形成温度，然而使用化学气相沉积法形成硅材料层时，根据所沉积材料等因素来选择不同的形成温度是本领域技术人员做出的常规选择，不必花费创造性的劳动，而且使用所述形成温度也没有产生预料不到的技术效果，因此当其引用的权利要求 5 不具备创造性时，权利要求 6 相对于对比文件 1 和本领域公知常识的结合也不具备创造性，不符合专利法第 22 条第 3 款的规定。

（3）权利要求 7 是否具备创造性。

权利要求 7 请求保护一种制程装置中金属污染与微粒子的检测方法，其包括提供一空白芯片，以该空白芯片仿真产品在一制程装置的实际输送过程；在该空白芯片上形成一硅材料层以显示出该空白芯片表面的金属与微粒子的位置，并直接进行检验以测量已形成该硅材料层的该控片上的粒子与缺陷数目，其中该硅材料层中的硅与该空白芯片表面的金属与微粒子反应而在该空白芯片表面造成突起。该方法中，空白芯片在该制程装置中的制程环境中滞留了一段时间，其改变所反映的是制程环境的变化。

对比文件 1（参见对比文件 1 第 4 栏第 50~63 行，第 10 栏第 19~48 行，附图 29~30）也公开了一种用于制造半导体装置的半导体制造环境的控制方法，其实质上是该半导体制造环境中杂质污染的检测方法，该方法包括：（i）制备一监控片 50；（ii）将监控片留在半导体制造环境中一段时间，期间杂质 7 沉积在监控片 50 的 SOI 层 3 上；（iii）在监控片的 SOI 层 3 上形成绝缘膜如氧化硅膜 8；（iv）在氧化硅膜 8 上形成多晶硅膜 6（对应于“硅材料层”）以评估氧化硅膜 8 的特性如厚度或质量，从而通过检测监控片上杂质的沉积来评估半导体制造环境的污染情况。对比文件 1（参见其第 10 栏 57~63 行）也公开了即使监控片上沉积的杂质数量相当少，氧化物膜的特性也会发生变化，由此可知，氧化物膜起到了“凸显”监控片上所存在杂质的作用。此外，对比文件 1 中（参见其第 9 栏 44~59 行）还公开了利用完全反射 X 射线荧光（TXRF）作为测试手段，通过检测混入监控片 50 中的 Fe 杂质来评估离子植入器的恶化情况。

由此可知，权利要求 7 的技术方案与对比文件 1 的公开内容相比，区别在于：①权利要求 7 所用的是空白芯片，而对比文件 1 中使用的是监控片；②该权利要求 7 中明确限定了“硅材料层”中的硅与“空白芯片”表面的金属与微粒子反应而在“空白芯片”表面造成突起，而对比文件 1 中，在监控片 50 上的杂质与硅材料层 6 之间还有一层氧化硅膜 8；③权利要求 7 明确限定了在形成硅材料层之后直接进行检验以测量芯片上的粒子与缺陷的数目。

然而，对于上述第①点区别，根据上述与权利要求 1 相关的审查理由，用空白芯片代替对比文件 1 中的监控片对本领域技术人员是显而易见的；对于上述第②点区别，由于对比文件 1 中的氧化物膜实质上“凸显”了监控片上所存在的杂质，当监控片上沉积有杂质时，杂质的存在必然使得其上氧化硅膜的特性（如厚度或者质量）发生较大的变化，这之后，当通过在氧化硅膜 8 上形成硅材料层 6 来评估氧化硅膜 8 的特性，由杂质存在而引起的氧化硅膜特性如厚度的变化必然会导致其上所形成硅材料层的变化，这样使得遭受杂质污染的位置更加明显，由此可知，虽然在对比文件 1 的监控片和硅材料层之间还存在氧化硅膜，但其中首先利用氧化硅膜来“凸显”杂质位置，之后再利用硅材料层来进一步彰显杂质污染的位置，这与权利要求 7 中直接用硅材料层彰显杂质污染位置的原理是相同的；而且，在对比文件 1 的背景技术中（参见其第 3 栏第 30~36 行）也记载了在氧化硅膜 105 上形成多晶硅膜 107 来评估氧化硅膜的特性，由此可知利用多晶硅膜来评估其所覆盖平面上的突起是本领域中的现有技术，因而上述第②点区别技术特征也不能使本申请权利要求 7 具备突出的实质性特点和显著的进步；对于上述第③点区别，对比文件 1（参见其第 9 栏第 59 行）公开了利用完全反射 X 射线荧光（TXRF）作为测试手段来评估离子植入器的恶化情况，可见将该测量方式用于半导体制造环境中杂质污染的检测方法中是本领域技术人员容易想到的，因此用 TXRF 检测半导体制造环境中杂质污染从而得到杂质如粒子与缺陷的数目是本领域技术人员通过现有技术易于实现的；综上可知，该权利要求 7 相对于对比文件 1 和本领域公知常识的结合不具备创造性，不符合专利法第 22 条第 3 款的规定。

（4）权利要求 13 是否具备创造性。

权利要求 13 请求保护一种金属污染与微粒子的检测方法，其中首先提供一空白芯片，该空白芯片表面附着有金属离子与微粒子；然后在该空白芯片上形成一硅材料层以显示出该空白芯片表面的金属与微粒子的位置，并直接进行检验以测量已形成该硅材料层的该空白芯片上的粒子与缺陷数目。上述对比文件 1 中（参见对比文件 1 第 1 栏第 11~13 行，第 4 栏第 27~42 行，第 6 栏第 48~55 行，第 9 栏第 25~42 行，附图 27~28）也公开了一种半导体制造装置中杂质的检测方法。该权利要求 13 所要求保护的技术方案与对比文件 1 所公开内容相比，其区别在于（i）权利要求 13 所用的是空白芯片，而对比文件 1 中使用的是监控片；（ii）权利要求 13 明确限定了在形成硅材料层之后直接进行检验以测量芯片上的粒子与缺陷的数目。基于权利要求 1 的审查意见可知，上述两个区别技术特征并不能使该权利要求 13 的技术方案具备创造性，因此相对于对比文件 1 和本领域公知常识的结合，权利要求 13 不符合专利法第 22 条第 3 款有关创造性的规定。

（5）从属权利要求 8~12、14~18 是否具备创造性。

从属权利要求 8~12 都直接或间接引用权利要求 7，从属权利要求 14~18 都直接或间接引用权利要求 13，它们的附加技术特征分别与从属权利要求 2~6 的附加技术特征相同，基于与以上权利要求 2~6相同的审查理由，当它们引用的权利要求不具备创造性时，从属权利要求 8~12、14~18 相对于对比文件 1 和本领域公知常识的结合也分别不具备创造性，不符合专利法第 22 条第 3 款的规定。

综上所述，本申请的权利要求 1~18 相对于对比文件 1 和本领域公知常识的结合都不具备专利法第 22 条第 3 款规定的创造性。

基于上述理由，合议组作出如下决定。

三、决定

维持国家知识产权局于 2006 年 2 月 24 日对 03122159. 9 号发明专利申请做出的驳回决定。

复审请求人对本决定不服的，可以根据专利法第 41 条第 2 款的规定，自收到本决定之日起三个月内向北京市第一中级人民法院起诉。

075

验证物品的系统和方法

复审请求审查决定（第13333号）

决　定　号　第13333号
决　定　日　2008年5月14日
发明创造名称　验证物品的系统和方法
国际分类号　G07F 7/08，G07D 7/00，G07D 7/20
复审请求人　产品集中鉴定控股有限公司
申　请　号　02819818.2
优先权日　2001年9月4日
申　请　日　2002年5月2日
公　开　日　2005年1月12日
合议组组长　宋　瑞
主　审　员　王琦琳
参　审　员　李　礼

法律依据　专利法第22条第3款，专利法第33条
决定要点

如果一项权利要求技术方案同现有技术相比存在区别特征，该区别特征带来一定技术效果，而且现有技术既未公开该区别特征也未针对该区别特征给出技术启示，并且该区别特征也不属于本领域公知常识，本领域技术人员在不付出创造性劳动的前提下无法从现有技术中得到该技术方案，则该权利要求具备突出的实质性特点和显著的进步，符合专利法第22条第3款有关创造性的规定。

一、案由

本复审请求涉及名称为“验证物品的系统和方法”、申请号为02819818.2的发明专利PCT申请（下称本申请），其优先权日为2001年9月4日，申请日为2002年5月2日，进入中国国家阶段的日期为2004年4月6日，公开日为2005年1月12日，申请人原为IP和创新控股有限公司，后于2007年4月20日变更为产品集中鉴定控股有限公司。

国家知识产权局原实质审查部门依法对本申请进行了实质审查，并于2006年8月11日以本申请权利要求1~5相对于对比文件1和对比文件2的结合不符合专利法第22条第3款关于创造性的规定为由作出驳回决定，该驳回决定所针对的文本为：申请人于进入中国国家阶段时根据国际初步审查报告附件修改的权利要求第1~5项，于进入中国国家阶段时所提交的说明书第1~8页，说明书附图第1~9页，说明书摘要和摘要附图。其中权利要求1~5如下：

“1. 一种认证多个物品的方法，该方法包含如下步骤：

选择该多个物品的一个共同固有特性，并且该共同固有特性以数字特性数据形式被数字化；

选择所述特性，使得上述多个物品被分成n类，其中n小于物品的数目，并且在每类中的所有物品由从上述特性导出的相应的唯一的数字类特性数据表示；

对于每个类中的每个物品形成一个标识码，包括上述相应的唯一的数字类特性数据和与执行该方法的一方的身份有关的数据；

使用与完成该方法的一方相关联的一对非对称密钥的私钥加密上述标识码，该对非对称密钥还包含一个公钥；

该私钥是一个秘密密钥，而公钥由可信第三方控制；

使该加密后的标识码可用。

2. 如权利要求1所述的方法，其中该加密后的标识码还包含与该物品有关的数据。

3. 如权利要求1或2所述的方法，其中以至少下述方式之一使该加密后的标识码可被公众使用：将该代码应用于该物品；将该代码应用于单独的证书；将该代码应用于伴随该物品的标签；以及把该代码包括在数字载体中。

4. 如前面各权利要求的任何一个所述的方法，其中该物品的固有特性是对该物品进行处理的结果。

5. 一种用于认证多个物品的系统，该系统包含：

用于分析该多个物品的一个共同固有特性并把该特性转换成数字特性数据的设备；所述特征被选择使得上述多个物品被分成n类，其中n小于物品的数目，并且在每类中的所有物品由从上述特性导出的相应的唯一的数字类特性数据表示；

用于形成一个标识码的装置，该标识码包括上述相应的唯一的数字类特性数据和与认证物品的一方有关的数据；

一个加密器，用于利用与认证该物品的一方有关的一个非对称加密密钥对的一个私钥对该标识码加密，该非对称加密密钥对还包括一个由可信第三方控制的公钥；

一个用于使该加密后的标识码可用的装置。”

驳回决定中引用的两篇对比文件如下：

对比文件1 WO9724699A1号PCT专利文献，其公开日期为1997年7月10日；

对比文件2 US5628410号美国专利文献，其公开日期为1997年5月13日。

驳回决定认为，本申请权利要求1相对于对比文件1所公开的一种技术方案而言，其区别特征在于“A. 公钥由可信第三方控制；B. 选择所述特性，使得上述多个物品被分成n类，其中n小于物品的数目，并且在每类中的所有物品由从上述特性导出的相应的唯一的数字类特性数据表示”，上述区别特征所解决的技术问题是，使物品的识别码不易复制，减少处理的数据从而减少时间和成本，而对比文件1的另一部分与上述A区别特征，以及对比文件2与上述B区别特征所要解决的技术问题相同，因此本领域技术人员可以从中得到启示，从而得到如权利要求1请求保护的技术方案，本申请权利要求1不具备创造性，相应地，从属权利要求2~5也不具备创造性。

申请人（下称复审请求人）对上述驳回决定不服，于2006年11月27日向专利复审委员会提出复审请求，提交了权利要求书全文的修改替换页，并陈述了本申请符合专利法第22条第3款的规定的理由。修改后的权利要求书共包括5项权利要求如下：

“1. 一种认证多个物品的方法，该方法包含如下步骤：

选择该多个物品的一个共同固有特性，并且该共同固有特性以数字特性数据形式被数字化；

选择所述特性，使得上述多个物品被分成n类，其中n小于物品的数目，并且在每类中的所有物品由从上述特性导出的相应的唯一的数字类特性数据表示；

对于每个类中的每个物品形成一个标识码，包括上述相应的唯一的数字类特性数据和与上述物品的起源有关的数据；

使用与完成该方法的一方相关联的一对非对称密钥的私钥加密上述标识码，该对非对称密钥还包含一个公钥；

该私钥是一个秘密密钥，而公钥由可信第三方控制；

使该加密后的标识码可用。

2. 如权利要求1所述的方法，其中该加密后的标识码还包含与该物品有关的数据。

3. 如权利要求1或2所述的方法，其中以至少下述方式之一使该加密后的标识码可被公众使用：将该代码应用于该物品；将该代码应用于单独的证书；将该代码应用于伴随该物品的标签；以及把该代码包括在数字载体中。

4. 如前面各权利要求的任何一个所述的方法，其中该物品的固有特性是对该物品进行处理的结果。

5. 一种用于认证多个物品的系统，该系统包含：

用于分析该多个物品的一个共同固有特性并把该特性转换成数字特性数据的设备；所述特征被选择使得上述多个物品被分成n类，其中n小于物品的数目，并且在每类中的所有物品由从上述特性导出的相应的唯一的数字类特性数据表示；

用于形成一个标识码的装置，该标识码包括上述相应的唯一的数字类特性数据和与物品的起源有关的数据；

一个加密器，用于利用与认证该物品的一方有关的一个非对称加密密钥对的一个私钥对该标识码加密，该非对称加密密钥对还包括一个由可信第三方控制的公钥；

一个用于使该加密后的标识码可用的装置。”

复审请求人认可驳回决定指出的本申请权利要求与对比文件1的区别特征，并且认为区别特征还包括新修改的“与物品的起源有关的数据”，此外，对比文件2涉及对矿石进行分类，技术领域不同，对于本领域技术人员来说没有技术启示，对比文件1和对比文件2结合评价本申请的创造性是不适当的；另外，本申请的技术方案的“足够唯一”与对比文件1所体现的“绝对唯一”相差很远，其解决了技术问题。

经形式审查合格专利复审委员会受理了上述请求，于2006年12月27日向复审请求人发出了复审请求受理通知书，并将本案送至原实质审查部门进行前置审查。

原实质审查部门对上述复审请求做出前置审查意见，仍然坚持原驳回决定。

在此基础上，专利复审委员会依法成立合议组，对本复审请求案进行了审理。

本案合议组于2007年10月15日发出复审通知书，指出：复审请求人将原权利要求1中的“与执行该方法的一方的身份有关的数据”改为“与上述物品的起源有关的数据”，将原权利要求5中的“与认证物品的一方有关的数据”改为“与物品的起源有关的数据”。然而上述修改内容既非来自原说明书和权利要求书文字记载的内容，也不能根据原说明书和权利要求书文字记载的内容以及说明书附图直接地、毫无疑义地确定，换句话说，复审请求人的上述修改超出了原说明书和权利要求书记载的范围，不符合专利法第33条的规定。

针对上述复审通知书，复审请求人于2008年1月22日提交了意见陈述书，未对申请文本进行任何修改。复审请求人认为：修改后的技术特征“与物品的起源有关的数据”已经记载在原始提交的说明书中，在原说明书第 2 页第 5~7 行中有记载，在原说明书附图 2 中的方框 44 以及原说明书第 5 页第 15~17 行和第 6 页第 20~23 行有上述修改的基础。

经过审理，本合议组认为本案事实已经清楚，可以依法作出复审决定。

二、决定的理由

1. 审查基础

本复审决定是在复审请求人于 2006 年 11 月 27 日提交的权利要求第 1~5 项、于进入中国国家阶段时提交的说明书第 1~8 页，说明书附图第 1~9 页，说明书摘要和摘要附图的基础上进行审查的。

2. 关于专利法第 33 条

专利法第 33 条规定：申请人可以对其专利申请文件进行修改，但是，对发明和实用新型专利申请文件的修改不得超出原说明书和权利要求书记载的范围，对外观设计专利申请文件的修改不得超出原图片或者照片表示的范围。

复审请求人在提出复审请求时对权利要求书进行了修改，其中将权利要求 1 中的“与执行该方法的一方的身份有关的数据”改为“与上述物品的起源有关的数据”，将权利要求 5 中的“与认证物品的一方有关的数据”改为“与物品的起源有关的数据”。原始说明书中记载了“该标识码还可包含更多的数据，如该物品的真实数据，例如与该物品有关的历史数据。这种数据可包含与该物品的起源和/或发布者有关的数据”，因此，说明书原始文本中已经记载了可将与物品的起源有关的数据作为标识码的内容。针对“物品的起源”的含义，复审请求人进一步明确，其应在说明书附图 2 中的方框 44 以及说明书第 5 页第 15~17 行和第 6 页第 20~23 行内容的基础上理解。即物品的起源可以是：“与物品事实有关的数据，（1）开采地，（2）开采日期”；“钻石身份和来源”；“与轮胎有关的其他数据，包括与制造商有关的数据”。在明确上述事实后，复审请求人在提出复审请求时所作的上述修改符合专利法第 33 条的规定。

3. 关于专利法第 22 条第 3 款

专利法第 22 条第 3 款规定：创造性，是指同申请日以前已有的技术相比，该发明有突出的实质性特点和显著的进步，该实用新型有实质性特点和进步。

（1）权利要求 1 是否具备创造性。

本申请独立权利要求 1 请求保护一种认证多个物品的方法，对比文件 1 公开了一种认证物品的方法和装置，其中公开了确定物品的一种物理或者化学特性，对该特性进行编码；对该编码进行加密得到加密数据，将该加密数据在应用时予以解密与物品的特性进行比对以实现认证应用（说明书第 2 页第 35 行至第 3 页第 12 行）；另外，还公开了可使用公钥加密系统来实现加密和解密（说明书第 5 页第 6~7 行）；而且，还公开了被编码的还可以包括其他附加的特性信息（说明书第 5 页第 12~14 行），还具体举例公开了对于钞票来说，附加特性信息可以包括币值、发行日等（说明书第 24 页第 12~14 行）。

将本申请独立权利要求 1 所请求保护的方案与对比文件 1 公开的内容进行对比如下：

首先，就整体方案而言，对比文件 1 同样选择物品的固有特性，并将该固有特性数字化，然后通过加密、解密方式来对物品进行验证，换句话说，本申请独立权利要求 1 的认证物品的方法的关于选择特性和加密解密的方法步骤已经被公开了。

此外，对于具体加密、解密的手段，对比文件 1 公开了可以使用公钥加密系统来实现加密、解密，对于本领域技术人员来说，如本申请独立权利要求 1 那样使用包括私钥和公钥的一对非对称密钥中的私钥加密标识码，将公钥由可信第三方控制就是一种常见的公钥加密系统，因此，对于本领域技术人员来说，在对比文件 1 公开内容的基础上选择如本申请那样的加密、解密方式是显而易见的。

而且，对比文件 1 已经公开了被编码的还可以包括附加的特性信息，并具体公开了钞票的情况，而根据本申请说明书中对“物品的起源”的解释，币值、发行日信息对于钞票来说，同样属于与钞票的起源相关的信息，因此对比文件 1 中被编码的信息就相当于本申请独立权利要求 1 中的包括特性数据和与物品起源有关的数据的标识码。

综上所述，本申请独立权利要求 1 相对于对比文件 1，其区别在于“选择所述特性，使得上述多个物品被分成 n 类，其中 n 小于物品的数目，并且在每类中的所有物品由从上述特性导出的相应的唯一的数字类特性数据表示；对于每个类中的每个物品形成一个标识码”。该分类使得在每个类中，标识码的信息能够作为物品的足够唯一的可数字化特征，并且能够实现如本申请说明书第 7 页所述技术效果，即，可使得该信息对于克隆而言是困难的和/或不经济的。

对比文件 2 涉及一种对对象进行分类的方法和装置，其是通过在一个照射区域内对对象进行照射和扫描并检查其辐射结果来对其进行分类。具体的，其可以应用于钻石分类领域，对钻石进行分类鉴别。

对比文件 2 仅是一种根据物品本身特性对其进行分类的方法和装置，而本申请以及对比文件 1 均是涉及一种对物品进行验证或者认证的方法，对比文件 1 中应用了特定的分类手段是为了对一类物品进行验证或者认证，而对比文件 2 中应用的一系列鉴定手段仅是为了对物品进行等级分类，对比文件 2 与本申请和对比文件 1 属于不同技术领域，本领域技术人员在对验证、认证物品的方法进行改进的时候，在不付出创造性劳动的情况下，既难以想到去了解对物品进行分类的方法，更难以想到将对物品进行分类的方法结合到对物品进行验证的方法中来，换句话说，本领域技术人员在不付出创造性劳动的情况下，难以将对比文件 1 和对比文件 2 这两种方案结合得到如本申请独立权利要求 1 那样的技术方案。综上所述，本申请独立权利要求 1 相对于对比文件 1 存在区别，该区别使得本申请独立权利要求 1 的技术方案具备一定技术效果，而对比文件 1 既未公开该特征也未给出任何启示，同样地，对比文件 2 也未公开在物品验证领域中应用物品分类方式的技术特征或者针对该技术特征给出任何启示，并且没有任何证据表明在物品验证领域中结合物品分类的应用属于本领域公知常识。因此，本申请独立权利要求 1 相对于对比文件 1 和对比文件 2 具备创造性，符合专利法第 22 条第 3 款的规定。

（2）权利要求 2~5 是否具备创造性。

权利要求 2~4 是直接或者间接从属于权利要求 1 的从属权利要求，其是在权利要求 1 基础上对其进行了进一步限定的技术方案，在独立权利要求 1 相对于对比文件 1 和对比文件 2 具备创造性的基础上，权利要求 2~4 相对于对比文件 1 和对比文件 2 来说，也具备创造性，符合专利法第 22 条第 3 款的规定。

独立权利要求 5 是与独立权利要求 1 的方法权利要求相对应的装置权利要求，基于与评述独立权利要求 1 时相同的理由，独立权利要求 5 相对于对比文件 1 和对比文件 2 具备创造性，符合专利法第 22 条第 3 款的规定。

基于上述理由，合议组作出下述决定。

三、决定

撤销国家知识产权局于 2006 年 8 月 11 日针对 02819818.3 号发明专利 PCT 申请作出的驳回决定，由原实质审查部门在复审请求人于 2006 年 11 月 27 日提交的权利要求第 1~5 项、于进入中国国家阶段时提交的说明书第 1~8 页，说明书附图第 1~9 页，说明书摘要和摘要附图的基础上继续审查。

复审请求人对本决定不服的，可以根据专利法第 41 条第 2 款的规定，自收到本决定之日起三个月内向北京市第一中级人民法院起诉。

076

在大型单一水箱内利用纤毛状接触材料对有机物、氮素、磷进行高度处理的装置及方法

复审请求审查决定（第13335号）

决　定　号　第13335号
决　定　日　2008年5月12日
发明创造名称　在大型单一水箱内利用纤毛状接触材料对有机物、氮素、磷进行高度处理的装置及方法
国际分类号　C02F9/14，C02F9/02//（C02F9/14，3：00，3：28，3：02，3：10）
复审请求人　H2L株式会社，王家廉，祝敬思
申　请　号　01125063.1
申　请　日　2001年8月3日
公　开　日　2003年3月5日
合议组组长　朱文广
主　审　员　姜　岩
参　审　员　赵　明

法律依据　专利法第33条
决定要点
如果申请的内容通过增加、改变和/或删除其中的一部分，致使所属技术领域的技术人员看到的信息和原始申请记载的信息不同，而且又不能从原申请记载的信息中直接地、毫无疑义地确定，那么，这种修改就是不允许的。

一、案由

本复审请求涉及申请人H2L株式会社、王家廉、祝敬思于2001年8月3日申请，2003年3月5日公开，名称为“在大型单一水箱内利用纤毛状接触材料对有机物、氮素、磷进行高度处理的装置及方法”的第01125063.1号发明专利申请（下称本申请）。

国家知识产权局于2004年5月14日驳回了该申请，理由是权利要求1~3相对于对比文件1（US6177007B1，授权公告日为2001年1月23日）和对比文件2（CN1075939A，公开日为1993年9月8日）不具备专利法第22条第3款规定的创造性。驳回决定所针对的权利要求书为：

“1. 一种在大型单一水箱内利用纤毛状接触材料对有机物、氮素、磷进行高度处理的装置，为了净化废水，由废水流入的流入口、厌氧组、无氧组、有氧组、沉淀组、浓缩组、机械室及排放组形成的大型单一水箱内反应组利用了纤毛状接触材料的有机物、氮素、磷的高度处理装置，其特征是：上

述装置在大型单一水箱内的流入口，在厌氧条件下1次处理废水的生物反应组厌氧组及无氧组，还有由在有氧条件下2次处理废水的有氧组形成的第一处理部；由将在上述第一处理部中被一次处理的废水的渣子进行沉淀的沉淀组，将从沉淀组出来的沉淀物进行浓缩的浓缩组及收集及放出沉淀组上层液的排放组形成的第二次处理部；为了脱氮处理从上述有氧组下部运送管供给的渣子而运往无氧组（3）的第一运送泵及为了使沉淀组低部沉淀的一部分渣子放出磷而运送到厌氧组（2），并将剩余渣子移送给浓缩组的第2运送泵；由包括为了向设置在有氧组下部的散气管供应空气的充气部的机械室形成为特点的大型单一水箱内的反应组，利用了纤毛状接触材料的有机物、氮、磷的高度处理装置。

2. 根据权利要求1所述的装置，其特征在于有氧组填充有纤毛状接触材料。

3. 一种利用权利要求1的装置，在大型单一水箱内利用纤毛状接触材料对有机物、氮素、磷的高度处理方法，其特征是：上述处理方法是大型单一水箱内的第一工程，是在厌氧组与无氧组厌氧条件下1次处理废水的阶段；在上述有氧组在有氧条件下2次处理废水的阶段；将上述1次及2次处理的废水沉淀于沉淀组的阶段；根据机械室的运送装置（12，13）为了使有氧组下部渣子得到脱氮处理运送到上述无氧组，并为了使上述沉淀组的下部渣子的一部分放出磷运送到厌氧组反复工程的阶段；及作为第二工程将沉淀组下部的剩余渣子运送到浓缩组浓缩后进行废弃处理，并在排放组收集沉淀组的上层液之后排放的阶段。”

申请人（以下称请求人）对上述驳回决定不服，于2004年8月11日向专利复审委员会提出复审请求，请求人认为，本申请与对比文件1的发明目的及结构不同，对比文件1是使用脱氮槽和浮游微生物对污水进行深度处理的技术，对比文件2是使用纤毛状载体对有机物进行处理的技术，是完全不同的两种分类，二者不容易结合，而且对比文件1和对比文件2中没有提到将这些处理装置安装在单一反应装置内。因此国家知识产权局驳回的理由不成立。

请求人在提出复审请求的同时没有提交新的专利申请文本。

形式审查合格后，专利复审委员会受理了该复审请求，并于2004年8月30日向请求人发出复审请求受理通知书，随后将本申请移交原实审部门进行前置审查。

原实审部门对本复审请求进行了前置审查，坚持原驳回决定。

专利复审委员会组成合议组，对本案的复审请求进行了审理。本案合议组于2006年1月16日向请求人发出复审通知书。复审通知书指出，权利要求1~3相对于对比文件1和2的结合不具备创造性。

针对复审通知书指出的问题，请求人于2006年3月27日提交了意见陈述书及权利要求和说明书第1~2页的修改替换页。权利要求书的修改方式为将原权利要求2中的内容补充到权利要求1中，并在权利要求1中加入了处理街道规模的少量污水这一特征从而形成新的独立权利要求1，在原独立权利要求3中加入处理街道规模的少量污水这一特征从而形成新的独立权利要求2，并对说明书进行了适应性修改。修改后的权利要求书如下：

“1. 一种在大型单一水箱内利用纤毛状接触材料对有机物、氮素、磷进行高度处理的装置，为了净化废水，由废水流入的流入口、厌氧组、无氧组、有氧组、沉淀组、浓缩组、机械室及排放组形成的大型单一水箱内，处理街道规模的少量污水，反应组利用了纤毛状接触材料的有机物、氮素、磷的高度处理装置，其特征是：上述装置在大型单一水箱内的流入口，在厌氧条件下1次处理废水的生物反应组厌氧组及无氧组，还有由在有氧条件下2次处理废水的有氧组形成的第一处理部；有氧组填充有纤毛状接触材料；由将在上述第一处理部中被一次处理的废水的渣子进行沉淀的沉淀组，将从沉淀组出来的沉淀物进行浓缩的浓缩组及收集及放出沉淀组上层液的排放组形成的第二次处理部；为了脱氮处理从上述有氧组下部运送管供给的渣子而运往无氧组（3）的第一运送泵及为了使沉淀组低部沉淀的一部分渣子放出磷而运送到厌氧组（2），并将剩余渣子移送给浓缩组的第2运送泵；由包括为了向设置在有氧组下部的散气管供应空气的充气部的机械室形成为特点的大型单一水箱内的反应组，利用了纤毛状接触材料的有机物、氮、磷的高度处理装置。

2. 一种利用权利要求1的装置，在大型单一水箱内利用纤毛状接触材料对处理街道规模的少量污水水，有机物、氮素、磷的高度处理方法，其特征是：上述处理方法是大型单一水箱内的第一工程，是在厌氧组与无氧组厌氧条件下1次处理废水的阶段；在上述有氧组在有氧条件下2次处理废水的阶段；将上述1次及2次处理的废水沉淀于沉淀组的阶段；根据机械室的运送装置（12，13）为了使有氧组下部渣子得到脱氮处理运送到上述无氧组，并为了使上述沉淀组的下部渣子的一部分放出磷运送到厌氧组反复工程的阶段；及作为第二工程将沉淀组下部的剩余渣子运送到浓缩组浓缩后进行废弃处理，并在排放组收集沉淀组的上层液之后排放的阶段。”

请求人认为：修改后的权利要求1~2具备新颖性和创造性。

本案合议组于2008年1月3日针对请求人2006年3月27日的意见陈述书及修改文本向请求人再次发出复审通知书。复审通知书指出，权利要求1、2中新增加的技术特征——“处理街道规模少量污水”与原说明书和/或权利要求书中记载的内容并不相同，而且也不能由原说明书和/或权利要求书记载的内容直接地、毫无疑义地确定。因此，这种修改超出了原始申请文件记载的范围，不符合专利法第33条的规定。同时指出，即使请求人通过删除以上产品使用场合的特征克服了上述缺陷，权利要求1~2也不符合专利法第22条第3款的规定。

针对第二次审查意见通知书，请求人于2008年2月15日进行了意见陈述，但没有提交修改文本。请求人认为，本申请的发明方法在单一水槽内实施多次水处理工序与仅实施一次相比较，其结果与对比文件1、2之间存在相异之处；另外厌氧、无氧、好氧是与生物学的下水高度处理相关的技术，因工序相关的排列及各工序之间的滞留时间，循环率的不同可得到不同的处理过程。即使是相同的厌氧槽、无氧槽、好氧槽构成的工序，当其好氧槽内存在细毛状载体时，还需考虑到与载体共同生长繁殖的微生物的特性及循环率、反应槽内的微生物的浓度，反应槽的容积等因素。一般来说，只通过反应槽的排列是很难正常得到处理效果的。因此，同时考虑到以街道为单位的小规模处理的特点，本申请具备创造性。

至此，合议组认为本案事实清楚，可以作出审查决定。

二、决定的理由

1. 审查基础

由于请求人针对第二次审查意见通知书没有提交修改文本，因此，本决定针对的文本是专利复审委员会本案合议组发出第二次审查意见通知书时所针对的文本：请求人2006年3月27日提交的权利要求第1~2项、说明书第1~2页，2001年8月3日提交的说明书第3~8页、说明书附图第1~5页、说明书摘要和摘要附图。

2. 关于权利要求1~2是否符合专利法第33条的规定

专利法第33条规定：申请人可以对其专利申请文件进行修改，但是，对发明和实用新型专利申请文件的修改不得超出原说明书和权利要求书记载的范围。

如果申请的内容通过增加、改变和/或删除其中的一部分，致使所属技术领域的技术人员看到的信息和原始申请记载的信息不同，而且又不能从原申请记载的信息中直接地、毫无疑义地确定，那么，这种修改就是不允许的。

请求人2006年3月27日提交了权利要求1、2，其中在权利要求1中加入了“处理街道规模的少量污水”这一特征，在原独立权利要求3中加入“处理街道规模的少量污水”这一特征从而形成新的独立权利要求2，但“处理街道规模的少量污水”这一特征与原说明书和/或权利要求书中记载的内容不同，在说明书中提及产品使用场合的内容如下：（1）在说明书背景技术中记载的“对家庭及大众接待顾客部门、餐厅、宾馆、浴池等排除的废水的处理……”（2）说明书实施例部分例举的对“G”市环境管理办公室的生活系列废水进行处理及对“S”大学污水进行处理的实施例。从以上内容中不能直接地、毫无疑义地确定本申请用于处理街道规模的少量污水。因此，上述修改内容不能从原说明书和权利要求书的记载中直接地、毫无疑义地确定的，超出了原始申请文件记载的范围，不符合专利法第33条的规定，是不允许的。

请求人在意见陈述中对修改文本不符合专利法第33条的规定的意见没有进行正面答复，仅提出坚持“本申请明细中记载的被应用于G市环境管理办公室生活废水和S大学污水处理的本申请明细中提到的发明方法和装置已被应用于街道规模的少量污水”，而说明书第6和7页中分别列举的“G”市环境管理办公室生活废水及“S”大学污水处理报告书的实施例中并未提到本申请是用于处理街道规模少量污水，说明书其他部分也均未提及，因此，权利要求1~2不符合专利法第33条的缺陷仍然没有克服。

根据以上事实和理由，本案合议组作出如下审查决定。

三、决定

维持国家知识产权局于2004年5月14日对01125063.1号发明专利申请作出的驳回决定。

复审请求人对本决定不服的，可以根据专利法第41条第2款的规定，自收到本决定之日起三个月内向北京市第一中级人民法院起诉。

077

卤化银彩色照相感光材料及形成彩色影像的方法

复审请求审查决定（第13339号）

决　定　号　第13339号
决　定　日　2008年5月13日
发明创造名称　卤化银彩色照相感光材料及形成彩色影像的方法
国 际 分 类 号　G03C 1/46，G03C 1/79，G03C 1/91
复 审 请 求 人　富士胶片株式会社
申　请　号　00130905.6
申　请　日　2000年11月20日
公　开　日　2002年6月19日
合 议 组 组 长　陈迎春
主　审　员　李晓娜
参　审　员　马　燕

法 律 依 据　专利法第33条，专利法第26条第4款，专利法实施细则第20条第1款
决 定 要 点

如果申请的内容通过增加、改变和/或删除其中的一部分，致使所属技术领域的技术人员看到的信息与原申请记载的信息不同，而且又不能从原申请记载的信息中直接地、毫无疑义地确定，那么，这种修改就是不允许的，反之，则是允许的。

一、案由

本复审请求涉及申请号为00130905.6、名称为“卤化银彩色照相感光材料及形成彩色影像的方法”的发明专利申请（下称本申请），申请人原为富士写真胶片株式会社，后于2007年5月18日变更为富士胶片株式会社，申请日为2000年11月20日，公开日为2002年6月19日。本申请公开时权利要求共有26项，权利要求1、25和26为独立权利要求，其中独立权利要求1如下：

“1. 反射支持体上含有彩色感光度互不相同的至少三种卤化银乳剂层的卤化银彩色照相感光材料，其中所述反射支持体选自以下（a）、（b）和（c）中的一种：

（a）反射支持体是涂有防水树脂的支持体，支持体和卤化银乳剂层之间的防水树脂层中至少一层是含微孔的双轴取向聚烯烃层。

（b）反射支持体是涂有防水树脂的支持体，支持体和卤化银乳剂层之间防水树脂层中的至少一层是含微孔的双轴取向聚烯烃层，而聚烯烃层和卤化银乳剂层之间有无微孔的聚烯烃层。

（c）所述反射支持体是通过在支持体表面上至少涂乳剂一面，用含有混合和分散在树脂中的白

色颜料组合物来涂布制得的支持体，所述树脂含至少50wt%的二羧酸与二醇缩聚反应合成的聚酯，而其中各卤化银乳剂层中的卤化银乳剂，各自都包括氯化银含量为95mol%或其以上的卤化银乳剂颗粒。”

国家知识产权局实质审查部门依法对本申请进行了实质审查，于2004年7月16日针对原始申请文件发出第一次审查意见通知书，指出权利要求1~9、11、12、15、18、22~24不符合专利法实施细则第20条第1款的规定，其中认为：

（1）权利要求1的（a）、（b）以及权利要求2、5、7、12、15中都限定了反射支持体是涂有防水树脂的支持体，然而这些权利要求中都没有给出“防水树脂”的具体定义，因此无法判断其组成和所包括的范围，致使这些权利要求的保护范围不清楚；

（2）权利要求2中没有给出“非光敏亲水胶体层”的具体定义，无法判断其组成和所包括的范围；权利要求2中“不形成彩色的油溶性有机化合物”的叙述没有对化合物的结构或者种类做出任何限定，无法确定其范围；因此权利要求2的保护范围不清楚；

（3）权利要求4中使用了外文词语“Hammett”，使得权利要求4的保护范围不清楚；

（4）权利要求22中的“非光敏层”、“油溶性成分”均不清楚，无法判断它们的定义范围；因此权利要求22的保护范围不清楚；

该通知书中还指出了权利要求1~4、6、8、9、11、18、23、24不符合专利法实施细则第20条第1款规定的其他理由。

针对第一次审查意见通知书，申请人于2005年1月31日提交了意见陈述书、权利要求书全文（共有27项权利要求）以及说明书第1、7、8和12页的修改替换页，其中在说明书中添加了小标题，在权利要求书中增加了新的独立权利要求27，对权利要求1~9、11、12、15、18、22~24进行了修改，相关的主要修改如下：

（1）将权利要求1、2、5、7、12、15中的“防水树脂”改为“聚烯烃”。

（2）将权利要求2中的“非光敏亲水胶体层”修改为“除光敏卤化银乳剂层之外的层”，将权利要求2中的“不形成彩色的油溶性有机化合物”具体限定为“所述不形成彩色的油溶性有机化合物选自高沸点有机溶剂、室温下在水中的溶解度为10%或更小的添加剂、室温下在水中的溶解度10%或更小的聚合物胶乳、毛面剂和润滑剂，不包括形成彩色的成色剂”。

（3）将权利要求4中的“Hammett”改为“哈米特”。

（4）将权利要求22中的“非光敏层”修改为“除光敏卤化银乳剂层之外的层”，将权利要求22中的“油溶性成分”具体限定为“所述油溶性成分是形成染料的成色剂、高沸点有机溶剂、彩色混合抑制剂、紫外吸收剂、室温下在水中的溶解度为10%或更小的添加剂、室温下在水中的溶解度10%或更小的聚合物或聚合物胶乳、毛面剂或润滑剂”；新增加的权利要求27中也存在与权利要求22的“油溶性成分”具体限定相同的内容。

修改后的权利要求1和27如下：

“1. 反射支持体上含有分别包含形成黄，品红和青色成色剂中至少一种的至少三层卤化银乳剂层的卤化银彩色照相感光材料，其中所述反射支持体选自以下（a）、（b）和（c）中的一种：

（a）反射支持体是涂有聚烯烃的支持体，支持体和卤化银乳剂层之间的聚烯烃层中至少一层是含微孔的双轴取向聚烯烃层。

（b）反射支持体是涂有聚烯烃的支持体，支持体和卤化银乳剂层之间聚烯烃层中的至少一层是含微孔的双轴取向聚烯烃层，而聚烯烃层和卤化银乳剂层之间有无微孔的聚烯烃层。

（c）所述反射支持体是通过在支持体表面上至少涂乳剂一面，用含有混合和分散在树脂中的白色颜料的树脂来涂布制得的支持体，所述树脂含至少50wt%的二羧酸与二醇缩聚反应合成的聚酯，而其中各卤化银乳剂层中的卤化银乳剂，各自都包括氯化银含量为95mol%或其以上的卤化银乳剂颗粒。”

“27. 反射支持体上含有分别包含形成黄，品红和青色成色剂中至少一种的至少三层卤化银乳剂层的卤化银彩色照相感光材料，其中所述反射支持体选自以下（a）、（b）和（c）中的一种：

（a）反射支持体是涂有聚烯烃的支持体，支持体和卤化银乳剂层之间的聚烯烃层中至少一层是含微孔的双轴取向聚烯烃层。

（b）反射支持体是涂有聚烯烃的支持体，支持体和卤化银乳剂层之间聚烯烃层中的至少一层是含微孔的双轴取向聚烯烃层，而聚烯烃层和卤化银乳剂层之间有无微孔的聚烯烃层。

（c）所述反射支持体是通过在支持体表面上至少涂乳剂一面，用含有混合和分散在树脂中的白色颜料的树脂来涂布制得的支持体，所述树脂含至少50wt%的二羧酸与二醇缩聚反应合成的聚酯，而其中各卤化银乳剂层中的卤化银乳剂，各自都包括氯化银含量为95mol%或其以上的卤化银乳剂颗粒，

油溶性成分的总量为4.0g/m2或以下，

所述油溶性成分是形成染料的成色剂、高沸点有机溶剂、彩色混合抑制剂、紫外吸收剂、室温下在水中的溶解度为10%或更小的添加剂、室温下在水中的溶解度10%或更小的聚合物或聚合物胶乳、毛面剂或润滑剂。”

国家知识产权局实质审查部门于2005年6月17日发出第二次审查意见通知书，指出权利要求1、2、5、7、9、12、15、18、22、27不符合专利法第33条的规定，其中认为：

（1）权利要求1和27的（a）、（b）以及权利要求2、5、7、12、15中的反射支持体是“涂有聚烯烃的支持体”的限定超出了原申请文件的记载范围，在原申请文件中只是记载了支持体涂有防水树脂和防水树脂层中具有一定结构特征的聚烯烃层，也不能根据原申请文件的记载推出防水树脂与聚烯烃为等同的概念，因此将“防水树脂”修改为“聚烯烃”超出了原申请文件的记载范围；而且，将“防水树脂”修改为“聚烯烃”后，在权利要求1和27的（b）中以及权利要求7中，在“聚烯烃层和卤化银乳剂层之间有无微孔的聚烯烃层”特征之前，都具有两种聚烯烃层即支持体和卤化银乳剂层之间的聚烯烃层和含微孔的双轴取向聚烯烃层，前述特征中的“聚烯烃层”在没有结构特征限定的情况下只能理解为支持体和卤化银乳剂层之间的聚烯烃层，而原申请文件中记载的是含微孔的双轴取向聚烯烃层与卤化银乳剂层之间有不含微孔的聚烯烃层，因此权利要求1和27的（b）中以及权利要求7中的限定内容与原申请文件的记载不相符合，也不能根据原申请文件直接推出，超出了原申请文件的记载范围；

（2）权利要求2有关“不形成彩色的油溶性有机化合物”的具体限定和权利要求22、27中有关“油溶性成分”的具体限定中均存在“室温下在水中的溶解度为10%或更小”的特征，然而原申请文件中“室温下在水中的溶解度为10%或更小”是对“亲油性”的限定，而不是对“亲脂”的限定，而“油”和“脂”的概念范围是不同的，因此上述限定也超出了原申请文件的记载范围；

（3）该通知书中还指出了权利要求1、2、9、18的其他不符合专利法第33条规定的相关理由。

针对第二次审查意见通知书，申请人于2005年11月2日提交了意见陈述书和权利要求第1~27项的全文修改替换页，其中对权利要求1、2、7、22和27的主要修改如下：

（1）将权利要求1和27的（b）中以及权利要求7中的“支持体和卤化银乳剂层之间聚烯烃层中的至少一层是含微孔的双轴取向聚烯烃层，而聚烯烃层和卤化银乳剂层之间有无微孔的聚烯烃层。”改为“在支持体和卤化银乳剂层之间提供了两个聚烯烃层，并且在这些聚烯烃层中的其中一层

是含微孔的双轴取向聚烯烃层，而另一层是形成在靠近所述双轴取向聚烯烃层处的并且涂在与卤化银乳剂层同一面上的不含微孔的聚烯烃层”；

（2）将权利要求2、22和27有关油溶性有机化合物或油溶性成分具体限定中的“室温下在水中的溶解度为10%或更小”特征改为“冲洗加工后保留在感光材料中的”。

申请人在意见陈述书中认为，本申请中的术语“防水树脂”是指难以吸收水分的树脂，虽然在本申请中没有具体地定义该术语，但是对照相领域的技术人员来说，所述的防水树脂明确包括一种聚烯烃，该聚烯烃是用于保护所得照片免受水分和潮湿成分损害的；而且上述对权利要求2、22和27的修改的基础在原说明书第69页第9~10行。

在上述工作的基础上，国家知识产权局实质审查部门于2006年5月26日以本申请的权利要求1、2、5、7、12、15、22和27不符合专利法第33条的规定为理由作出驳回决定。驳回决定所依据的文本为：申请人于2005年11月2日提交的权利要求第1~27项，于2005年1月31日提交的说明书第1、7、8、12页，于申请日提交的说明书第2~6、9~11、13~196页和说明书摘要。

驳回决定的具体理由为：

（1）在权利要求1中，（a）、（b）中限定的“反射支持体是涂有聚烯烃的支持体”，以及（a）中相应的叙述“支持体和卤化银乳剂层之间的聚烯烃层”超出了原申请文件的记载范围；聚烯烃只是众多种防水树脂中的一种，不能依据防水树脂这一上位概念毫无疑义地直接推出聚烯烃这一相对的下位概念；虽然在原申请文件的说明书中指出了防水树脂中的至少一层是含有微孔的双轴取向聚烯烃层，防水树脂层具体为聚乙烯层和聚丙烯层，但是这并不能说明所述的防水树脂层全部为聚烯烃组成的层，根据这样的叙述同样不能毫无疑义地直接推出防水树脂层为聚烯烃这一结论，因此权利要求1的修改超出了原始申请文件记载的范围，不符合专利法第33条的规定；权利要求2、5、7、12、15、27中也存在与权利要求1中所述类似的内容，因此也超出了原申请文件的记载范围，不符合专利法第33条的规定。

（2）权利要求2对不形成彩色的油溶性有机化合物进行了限定，原申请文件中相应的记载是“不形成彩色的油溶性有机化合物优选冲洗加工后保留在感光材料中的亲脂组分”、“亲脂添加物”、“亲脂聚合物胶乳”，而修改后权利要求2的不形成彩色的油溶性有机化合物的定义中没有“亲脂”的限定，超出了原申请文件的记载范围，也不能依据原申请文件毫无疑义地直接推出此修改后的定义，因此对权利要求2的修改不符合专利法第33条的规定；权利要求22和27中，修改后的油溶性成分的定义中也没有“亲脂”的限定，不符合专利法第33条的规定。

申请人（下称复审请求人）不服上述驳回决定，于2006年9月6日向专利复审委员会提出复审请求，并提交了权利要求书的全文修改替换页，修改后的权利要求书共有27项权利要求，其中将权利要求1、2、5、7、12、15、27中的“聚烯烃”改为“防水树脂”，将“亲脂”一词添加到权利要求2、22和27中有关油溶性成分的限定中。

修改后的权利要求1、7和27如下：

“1. 反射支持体上含有至少形成黄色的卤化银乳剂层、形成品红色的卤化银乳剂层和形成青色的卤化银乳剂层各一层的卤化银彩色照相感光材料，其中所述反射支持体选自以下（a）、（b）和（c）中的一种：

（a）反射支持体是涂有防水树脂的支持体，支持体和卤化银乳剂层之间的防水树脂层中至少一层是含微孔的双轴取向聚烯烃层。

（b）反射支持体是涂有防水树脂的支持体，在支持体和卤化银乳剂层之间提供了至少两个防水树脂层，并且在这些防水树脂层中的其中一层是含微孔的双轴取向聚烯烃层，而另一层是形成在靠近所述双轴取向聚烯烃层处的并且涂在与卤化银乳剂层同一面上的不含微孔的聚烯烃层。

（c）所述反射支持体是通过在支持体表面上至少涂乳剂一面，用含有混合和分散在树脂中的白色颜料的组合物来涂布制得的支持体，所述树脂含至少50wt%的二羧酸与二醇缩聚反应合成的聚酯，而其中各卤化银乳剂层中的卤化银乳剂，各自都包括氯化银含量为95mol%或其以上的卤化银乳剂颗粒。”

“7. 根据权利要求1的卤化银彩色照相感光材料，其中支持体是涂有防水树脂的支持体，在支持体和卤化银乳剂层之间提供了至少两个防水树脂层，并且在这些防水树脂层中的其中一层是含微孔的双轴取向聚烯烃层，而另一层是形成在靠近所述双轴取向聚烯烃层处的并且涂在与卤化银乳剂层同一面上的不含微孔的聚烯烃层，而当感光材料用10^{-4}秒曝光时间进行分级曝光时，冲洗加工后对于黄、品红和青密度在1.5至2.0的区域处其最大反差是1.1或其以上，但小于4.2，而黄、品红和青中最大反差的差值在1.0之内。”

“27. 反射支持体上含有至少形成黄色的卤化银乳剂层、形成品红色的卤化银乳剂层和形成青色的卤化银乳剂层各一层的卤化银彩色照相感光材料，其中所述反射支持体选自以下（a）、（b）和（c）中的一种：

（a）反射支持体是涂有防水树脂的支持体，支持体和卤化银乳剂层之间的防水树脂层中至少一层是含微孔的双轴取向聚烯烃层。

（b）反射支持体是涂有防水树脂的支持体，在支持体和卤化银乳剂层之间提供了至少两个防水树脂层，并且在这些防水树脂层中的其中一层是含微孔的双轴取向聚烯烃层，而另一层是形成在靠近所述双轴取向聚烯烃层处的并且涂在与卤化银乳剂层同一面上的不含微孔的聚烯烃层。

（c）所述反射支持体是通过在支持体表面上至少涂乳剂一面，用含有混合和分散在树脂中的白色颜料的组合物来涂布制得的支持体，所述树脂含至少50wt%的二羧酸与二醇缩聚反应合成的聚酯，而其中各卤化银乳剂层中的卤化银乳剂，各自都包括氯化银含量为95mol%或其以上的卤化银乳剂颗粒，

油溶性成分的总量为4.0g/m^2或以下，

所述油溶性成分是形成染料的成色剂、高沸点有机溶剂、彩色混合抑制剂、紫外吸收剂、冲洗加工后保留在感光材料中的亲脂添加物、冲洗加工后保留在感光材料中的亲脂聚合物或亲脂聚合物胶乳、毛面剂或润滑剂。”

复审请求人在复审理由中指出，由于驳回决定中认为将权利要求1、2、5、7、12和15中的“防水树脂”改为“聚烯烃”的修改以及权利要求2、22、27中的“添加剂、聚合物或聚合物胶乳”超出了原始记载的范围，因此将权利要求1、2、5、7、12和15中的“聚烯烃”改回原始记载的“防水树脂”，将“亲脂”的限定写进了权利要求2、22、27的“添加剂、聚合物或聚合物胶乳”中。

经形式审查合格后，专利复审委员会受理了该复审请求，并于2006年10月25日发出复审请求受理通知书，并于同日向原实质审查部门发出前置审查通知书。

原审查部门在前置审查意见书中认为，修改后的权利要求1、7、27（b）中“至少两个防水树脂层”的技术特征以及其相应的对防水树脂层进行限定的那些技术特征在原说明书和权利要求书中没有记载，修改后的权利要求1、7、27仍不符合专利法第33条的规定，因此坚持原驳回决定。

基于上述复审理由，专利复审委员会依法成立合议组对本案进行了审理，本案合议组于2007年4月3日发出复审通知书，其中指出：

（1）权利要求1、27的（b）和权利要求7中的“在支持体和卤化银乳剂层之间提供了至少两个防水树脂层”和“而另一层是……涂在与卤化银乳剂层同一面上的不含微孔的聚烯烃层”这样的技

术特征没有记载在原说明书和权利要求书中，也不能从原说明书和权利要求书文字记载的内容直接地、毫无疑义地确定，因此对权利要求1的修改不符合专利法第33条的规定；

(2) 权利要求2中存在“而且其中在反射支持体上提供除光敏卤化银乳剂层之外的层”这一技术特征，而原始申请文本中记载的是“而且其中在反射支持体上提供非光敏亲水胶体层”，即请求人用“除光敏卤化银乳剂层之外的层”替换了“非光敏亲水胶体层”，然而说明书中仅记载了“非光敏层是指除光敏卤化银乳剂层之外的所有层”，并未记载非光敏亲水胶体层是指除光敏卤化银乳剂层之外的所有层，因此权利要求2中的上述技术特征在原说明书和权利要求书中没有记载，也不能从原说明书和权利要求书文字记载的内容直接地、毫无疑义地确定，因此权利要求2不符合专利法第33条的规定；

(3) 权利要求4中存在“哈米特取代常数”，然而说明书中并未记载该技术特征，因此该权利要求4得不到说明书的支持，不符合专利法第26条第4款的规定；

(4) 独立权利要求27包括独立权利要求1的所有技术特征，即权利要求27不必要地重复了与权利要求1完全相同的内容，这使得构成权利要求书的所有权利要求作为一个整体不简明，因此权利要求27不符合专利法实施细则第20条第1款的规定。

针对上述复审通知书，复审请求人于2007年5月17日提交了权利要求书全文和说明书第10页的修改替换页，其中对说明书第10页的部分内容进行了修改，对权利要求1、2、7、27进行了修改，对其他权利要求并未进行修改。主要修改如下：

(1) 将权利要求1、27的(b)修改为“反射支持体是涂有防水树脂的支持体，在支持体和卤化银乳剂层之间提供了防水树脂层，并且所述防水树脂层包括含微孔的双轴取向聚烯烃层和形成在靠近所述双轴取向聚烯烃层处的不含微孔的聚烯烃层”，同时对权利要求7进行相应的修改；

(2) 将权利要求2中的“除光敏卤化银乳剂层之外的层”改回“非光敏亲水胶体层”；

(3) 在修改后的说明书中记载了“哈米特(Hammett)取代常数”；

(4) 采用引用在前权利要求1的方式撰写权利要求27。

修改后的权利要求1和27如下：

“1. 反射支持体上含有至少形成黄色的卤化银乳剂层、形成品红色的卤化银乳剂层和形成青色的卤化银乳剂层各一层的卤化银彩色照相感光材料，其中所述反射支持体选自以下(a)、(b)和(c)中的一种：

(a) 反射支持体是涂有防水树脂的支持体，支持体和卤化银乳剂层之间的防水树脂层中至少一层是含微孔的双轴取向聚烯烃层。

(b) 反射支持体是涂有防水树脂的支持体，在支持体和卤化银乳剂层之间提供了防水树脂层，并且所述防水树脂层包括含微孔的双轴取向聚烯烃层和形成在靠近所述双轴取向聚烯烃层处的不含微孔的聚烯烃层。

(c) 所述反射支持体是通过在支持体表面上至少涂乳剂一面，用含有混合和分散在树脂中的白色颜料的组合物来涂布制得的支持体，所述树脂含至少50wt%的二羧酸与二醇缩聚反应合成的聚酯，而其中各卤化银乳剂层中的卤化银乳剂，各自都包括氯化银含量为95mol%或其以上的卤化银乳剂颗粒。”

“27. 根据权利要求1的卤化银彩色照相感光材料，其中

油溶性成分的总量为4.0g/m^2或以下，

所述油溶性成分是形成染料的成色剂、高沸点有机溶剂、彩色混合抑制剂、紫外吸收剂、冲洗加工后保留在感光材料中的亲脂添加物、冲洗加工后保留在感光材料中的亲脂聚合物或亲脂聚合物胶

乳、毛面剂或润滑剂。”

复审请求人在意见陈述书中认为：(1) 修改后的权利要求1、7和27符合专利法第33条的规定，权利要求27符合专利法实施细则第20条第1款的规定，修改后的权利要求4符合专利法第26条第4款的规定；(2) 修改后的权利要求2中将“除光敏卤化银乳剂层之外的层”改回“非光敏亲水胶体层”，在说明书中“非光敏亲水胶体层”是指不包括光敏亲水胶体的层，这些层都包括一种亲水胶体(优选明胶)、但不对光敏感，复审请求人相信本领域技术人员能够理解“非光敏亲水胶体层”所代表的意思。

经审理，合议组认为本案事实已经清楚，现依法作出审查决定。

二、决定的理由

1. 本复审决定所针对的审查文本

本复审决定所针对的审查文本是：复审请求人于2007年5月17日提交的权利要求第1~27项及说明书第10页，于2005年1月31日提交的说明书第1、7、8、12页，以及于申请日提交的说明书第2~6、9、11、13~196页以及说明书摘要。

2. 关于专利法第33条

专利法第33条规定：申请人可以对其专利申请文件进行修改，但是，对发明和实用新型专利申请文件的修改不得超出原说明书和权利要求书记载的范围，对外观设计专利申请文件的修改不得超出原图片或者照片表示的范围。

如果申请的内容通过增加、改变和/或删除其中的一部分，致使所属技术领域的技术人员看到的信息与原申请记载的信息不同，而且又不能从原申请记载的信息中直接地、毫无疑义地确定，那么，这种修改就是不允许的，反之，则是允许的。

(1) 权利要求1、2、5、7、12、15、27是否符合专利法第33条的规定。

修改后的权利要求1中不存在技术特征“涂有聚烯烃”以及“支持体和卤化银乳剂层之间的聚烯烃层”，其中用“防水树脂”替换了“聚烯烃”，由于“防水树脂”明确记载在原说明书和权利要求书中，因而没有超出原申请文件记载的范围，符合专利法第33条的规定，由此消除了驳回决定中所指出的修改超范围的缺陷；修改后的权利要求2、5、7、12、15中也不存在上述技术特征，因而也消除了驳回决定中所指出的相应缺陷。

修改后权利要求1的(b)中删除了对防水树脂层数的限定“至少两个”和对不含微孔的聚烯烃层的限定“并且涂在与卤化银乳剂层同一面上的”，由此权利要求1不再限定防水树脂的层数，同时仅由“形成在靠近所述双轴取向聚烯烃层处的”来限定不含微孔的聚烯烃层。由于原申请文件中没有限定防水树脂的层数，同时原说明书第13页第23行记载了“不含微孔的聚烯烃层可形成在靠近含微孔的聚烯烃层”，在说明书第121~122页的实施例如反射支持体C和反射支持体D中记载了无微孔的聚烯烃层如聚丙烯层或聚乙烯层可以在“含微孔的双轴取向聚烯烃层”的上面或下面，只要是“靠近所述双轴取向聚烯烃层处”即可，因此即使权利要求1的(b)中删除了上述技术特征，其相应的技术方案也没有超出原说明书和权利要求书记载的范围，符合专利法第33条的规定，故修改后的权利要求1克服了复审通知书中所指出的缺陷。复审请求人以与权利要求1相同的方式修改了权利要求7和27，因此修改后的权利要求7和27符合专利法第33条的规定，克服了复审通知书中所指出的缺陷。

(2) 权利要求2、22、27是否符合专利法第33条的规定。

修改后的权利要求2、22、27在对油溶性成分进行限定时，都增加了“亲脂”的限定，使得修改后权利要求的内容与说明书记载的内容一致，因此没有超出原说明书和权利要求书记载的范围，符合专利法第 33 条的规定，消除了驳回决定中所指出的缺陷。

修改后的权利要求 2 中将“除光敏卤化银乳剂层之外的层”修改回“非光敏亲水胶体层”，修改后的内容与原始申请文件的权利要求 2 一致，没有超出原申请文件记载的范围，因此符合专利法第 33 条的规定，克服了复审通知书中所指出的缺陷。

3. 关于专利法第 26 条第 4 款

专利法第 26 条第 4 款规定：权利要求书应当以说明书为依据，说明要求专利保护的范围。

修改后的说明书第 10 页中记载了“哈米特（Hammett）取代常数”，因此权利要求 4 中的“哈米特取代常数”得到了说明书的支持，符合专利法第 26 条第 4 款的规定，因而克服了复审通知书中所指出的缺陷。

4. 关于专利法实施细则第 20 条第 1 款

专利法实施细则第 20 条第 1 款规定：权利要求书应当说明发明或者实用新型的技术特征，清楚、简要地表述请求保护的范围。

修改后的权利要求 27 以引用在前权利要求 1 的方式撰写了权利要求，这使得构成权利要求书的所有权利要求作为一个整体很简明，符合专利法实施细则第 20 条第 1 款的规定，因此克服了复审通知书中所指出的缺陷。

此外，原实质审查部门在第一次审查意见通知书中指出，权利要求 1、2、5、7、12、15 中没有给出“防水树脂”的具体定义，无法判断其组成和所包括的范围，因而造成了这些权利要求的保护范围不清楚，不符合专利法实施细则第 20 条第 1 款的规定；权利要求 2 中没有给出“非光敏亲水胶体层”的具体定义，无法判断它们的组成和所包括的范围，因此权利要求 2 也不符合专利法实施细则第 20 条第 1 款的规定。

对此，合议组经审查认为：根据审查指南第二部分第二章第 3.2.2 节的规定，“权利要求的保护范围应当根据其所用词语的含义来理解。一般情况下，权利要求中的用词应当理解为相关技术领域通常具有的含义”，因此如果权利要求中的用词在所属技术领域具有确定的含义，则不必要求在权利要求中限定该用词的具体定义或其组成。

对于本申请中的“防水树脂”，权利要求 1 中明确限定了“反射支持体是涂有防水树脂的支持体，支持体和卤化银乳剂层之间的防水树脂层中至少一层是含微孔的双轴取向聚烯烃层”，由此可知本申请中的“防水树脂”可以是含微孔的聚烯烃。在本申请说明书的背景技术中（参见说明书第 2 页第 3 段和第 5 页第 3、4 段）记载了“通过改善支持体的防水性和防止冲洗液渗透入纸中，聚乙烯叠压纸基是减轻水洗和干燥负担的有效技术”和“采用聚酯作为防水树脂”，可以看出，防水树脂是具有防水性能的树脂，本领域中通常将聚乙烯或聚酯用作防水树脂；同时本申请说明书第 120 页倒数第 9~11 行记载了“在纸支持体上形成具有下列组成的聚合物层……制得反射支持体”，第 121 页记载了所述聚合物层中包括有微孔的聚丙烯芯层，由此推知有微孔的聚丙烯是本申请中的一种防水树脂。因此，根据本申请权利要求书和说明书记载的内容，虽然本申请中未给出“防水树脂”的具体定义，但本领域技术人员能够理解，防水树脂是指具有防水性、难以吸收水分的树脂、用于保护所得感光材料免受水分和潮湿成分的损害，通常使用的防水树脂是聚烯烃如聚乙烯、聚丙烯等。因而对本领域技术人员来说“防水树脂”的含义是确定的、清楚的，该用语不会导致权利要求的保护范围不清楚。

对于本申请中的“非光敏亲水胶体层”，本申请说明书中第 64 页第 1 行记载了“非光敏层是指除光敏卤化银乳剂层之外的所有层”，根据该内容及本领域的普通常识，本领域技术人员也能够明白，“非光敏亲水胶体层”是指构成卤化银彩色照相感光材料的各层中、不包括光敏亲水胶体的层，这些层都包括一种亲水胶体、但不对光敏感，因而对本领域技术人员来说“非光敏亲水胶体层”是清楚的，没有造成权利要求 2 保护范围不清楚。

因此权利要求 1、2、5、7、12、15 都符合专利法实施细则第 20 条第 1 款的规定。

三、决定

在复审请求人于 2007 年 5 月 17 日提交的修改文本的基础上，撤销国家知识产权局于 2006 年 5 月 26 日对 00130905.6 号发明专利申请做出的驳回决定，由原实质审查部门以本复审决定所针对的文本为审查基础继续进行审查程序。

复审请求人对本决定不服的，可以根据专利法第 41 条第 2 款的规定，自收到本决定之日起三个月内向北京市第一中级人民法院起诉。

078

确定电极区域的方法

复审请求审查决定（第13343号）

决　　定　　号　第13343号
决　　定　　日　2008年5月21日
发明创造名称　确定电极区域的方法
国 际 分 类 号　G01N 27/40，G01N 27/403，B01D 61/38，B01D 65/00，B01D 69/00，C25B 9/10
复 审 请 求 人　利费斯坎公司
申　　请　　号　03125169.2
优 先 权 日　1995年4月12日
申　　请　　日　1996年4月11日
公　　开　　日　2004年4月7日
合 议 组 组 长　杨军艳
主　　审　　员　谢有成
参　　审　　员　王琦琳

法 律 依 据　专利法第33条
决 定 要 点
如果复审请求人对权利要求进行了修改，该修改的内容记载在原说明书中，则该修改没有超出原说明书和权利要求书记载的范围，符合专利法第33条的规定。

一、案由

本复审请求涉及名称为“确定电极区域的方法”的03125169.2号发明专利申请（下称本申请），其申请号为96193269.4的发明专利申请的分案申请，母案申请日为1996年4月11日，优先权日为1995年4月12日，该母案于2004年10月13日获得授权，本申请的分案提交日为2003年5月13日，公开日为2004年4月7日，申请人为利费斯坎公司。

国家知识产权局专利实质审查部门依法对本申请进行了实质审查，于2007年4月20日以权利要求1的修改不符合专利法第33条的规定为由作出驳回决定。驳回决定依据的文本是：申请人于分案提交日提交的说明书第1~2、4~7页、附图第1~5页、摘要和摘要附图，于2006年6月22日提交的说明书第3页，于2006年10月12日提交的权利要求第1~20项。其中独立权利要求1如下：

“1. 一种电化学检测设备，包括：一个多孔基底；以及该基底一侧上的一个电极；其中基底的一个区域被压缩到某个程度，以形成一个边界，它阻止在基底内电解液的迁移，该压缩的区域确定，或

者它与基底的边缘一起确定电极上的一个区，及

其中该压缩的区域是通过向基底的区域施加从30MPa到55MPa范围内的一个压力而形成的。”

驳回决定认为，权利要求1的修改中增加了技术特征“其中该压缩的区域是通过向基底的区域施加从30MPa到55MPa范围内的一个压力而形成的”，其中的数值范围“30MPa到55MPa”超出了原说明书和权利要求书记载的范围，不符合专利法第33条的规定。驳回决定还指出，如果申请人删掉“其中该压缩的区域是通过向基底的区域施加从30MPa到55MPa范围内的一个压力而形成的”的特征，则该权利要求与母案授权公告的权利要求20的保护范围实质相同，权利要求2~20与母案授权公告的权利要求21~39的保护范围实质相同。

申请人利费斯坎公司（下称复审请求人）对上述驳回决定不服，于2007年8月6日向专利复审委员会提出复审请求，同时提交了权利要求书全文的修改替换页，其修改了权利要求1，增加了从属权利要求21~28，并指出修改后的权利要求1中的“其中该压缩的区域的形成是通过向基底施加足够的压力，该压力将破坏基底的孔隙结构实现彻底的无空性，但又不足以破坏基底的力学结构完整性”在说明书中有记载，符合专利法第33条的规定。修改的独立权利要求1以及增加的从属权利要求21~28如下：

“1. 一种电化学检测设备，包括：一个多孔基底；以及该基底一侧上的一个电极；其中基底的一个区域被压缩到某个程度，以形成一个边界，它阻止在基底内电解液的迁移，该压缩的区域确定，或者它与基底的边缘一起确定电极上的一个区，及

其中该压缩的区域的形成是通过向基底施加足够的压力，该压力将破坏基底的孔隙结构实现彻底的无空性，但又不足以破坏基底的力学结构完整性。

21. 根据权利要求1的电化学检测设备，其中该压力至少是30MPa。

22. 根据权利要求1的电化学检测设备，其中该压力至少是55MPa。

23. 根据权利要求1的电化学检测设备，其中该压力至少是70MPa。

24. 根据权利要求1的电化学检测设备，其中该压力至少是80MPa。

25. 根据权利要求21的电化学检测设备，其中该压力是55MPa。

26. 根据权利要求21的电化学检测设备，其中该压力是70MPa。

27. 根据权利要求21的电化学检测设备，其中该压力是80MPa。

28. 根据权利要求21的电化学检测设备，其中该压力是100MPa。”

经形式审查合格后，专利复审委员会依法受理了上述请求，于2007年8月30日向复审请求人发出了复审请求受理通知书，并将本案送至原审查部门进行前置审查。

原审查部门对上述复审请求做出前置审查意见，认为增加的从属权利要求21~24超出了原权利要求书和说明书的范围，不符合专利法第33条的规定，因此仍然坚持原驳回决定。

针对上述复审请求，专利复审委员会依法组成合议组，对本复审请求案进行审理。

本案合议组于2008年3月19日向复审请求人发出复审通知书指出：从属权利要求21~28的技术方案包括对压力的限定，但原说明书中公开的与压力有关的技术方案还包括其他的技术特征，如对基底和阻滞剂的限定，在原说明书和权利要求书中没有公开如权利要求21~28所述的技术方案，其也不能从原说明书和权利要求书文字记载的内容以及说明书附图直接地、毫无疑义地确定，因此权利要求21~28的技术方案超出了原说明书和权利要求书记载的范围，不符合专利法第33条的规定。

针对上述复审通知书，复审请求人于2008年4月25日提交了意见陈述书以及权利要求书全文的修改替换页，将权利要求21~28全部删除，认为该修改克服了不符合专利法第33条的规定的缺陷，并且指出，当前权利要求1~20所限定的技术方案不同于本案母案中已授权的权利要求所限定的技术

方案，本申请不存在重复授权的问题。

经过审理，合议组认为本案事实已经清楚，现依法作出复审决定。

二、决定的理由

1. 审查基础

本决定是在复审请求人于分案提交日提交的说明书第 1～2、4～7 页、附图第 1～5 页、摘要和摘要附图，于 2006 年 6 月 22 日提交的说明书第 3 页，于 2008 年 4 月 25 日提交的权利要求第 1～20 项的基础上作出的。

2. 关于专利法第 33 条

专利法第 33 条规定：申请人可以对其专利申请文件进行修改，但是，对发明和实用新型专利申请文件的修改不得超出原说明书和权利要求书记载的范围，对外观设计专利申请文件的修改不得超出原图片或者照片表示的范围。

复审请求人在答复复审通知书时将该通知书指出的不符合专利法第 33 条规定的权利要求 21～28 全部删除，因此该修改文本克服了复审通知书中指出的缺陷。

驳回决定认为，权利要求 1 中技术特征“其中该压缩的区域是通过向基底的区域施加从 30MPa 到 55MPa 范围内的一个压力而形成的”的修改不符合专利法第 33 条的规定。复审请求人在提出复审请求时对上述权利要求 1 进行了修改，修改后的权利要求 1 将压缩区域的形成限定为“其中该压缩的区域的形成是通过向基底施加足够的压力，该压力将破坏基底的孔隙结构实现彻底的无空性，但又不足以破坏基底的力学结构完整性”，该内容在本申请说明书第 5 页第 1 段（对应于母案说明书第 4 页第 22～26 行）中有文字记载，并且通过阅读整个说明书可知，包括该内容的权利要求 1 的技术方案已记载于本申请的说明书中，其没有超出原说明书和权利要求书记载的范围，因此，本申请的上述修改符合专利法第 33 条的规定。另外，合议组经审查后认为，该权利要求 1 与授权母案的权利要求书中的任一项权利要求的保护范围均不相同，也即本申请经修改后不存在驳回决定中指出的可能出现的重复授权的问题。

基于上述理由，合议组作出下述决定。

三、决定

撤销国家知识产权局于 2007 年 4 月 20 日作出的驳回 03125169.2 号发明专利申请的决定，由原审查部门以复审请求人于分案提交日提交的说明书第 1～2、4～7 页、附图第 1～5 页、摘要和摘要附图，于 2006 年 6 月 22 日提交的说明书第 3 页，于 2008 年 4 月 25 日提交的权利要求第 1～20 项为基础继续审查。

复审请求人对本决定不服的，可以根据专利法第 41 条第 2 款的规定，自收到本决定之日起三个月内向北京市第一中级人民法院起诉。

079

运用半导体的冷热电器

复审请求审查决定（第 13380 号）

决　定　号　第 13380 号
决　定　日　2008 年 5 月 13 日
发明创造名称　运用半导体的冷热电器
国际分类号　F25B 21/02
复审请求人　陈传生
申　请　号　200410011212.6
申　请　日　2004 年 11 月 10 日
公　开　日　2005 年 5 月 11 日
合议组组长　于　萍
主　审　员　姜　岩
参　审　员　王　森

法律依据　专利法第 22 条第 3 款
决定要点

在对一项发明专利申请的创造性进行判断时，首先要将权利要求所述的技术方案和现有技术中最接近的一个技术方案进行对比，找出它们之间存在的区别技术特征，进而考察该区别技术特征的引入是否给该发明的权利要求的技术方案带来了突出的实质性特点和显著进步，如果没有，该发明的权利要求不具备创造性。

一、案由

本复审请求涉及申请人陈传生于 2004 年 11 月 10 日申请的、国家知识产权局于 2005 年 5 月 11 日公开的、名称为“运用半导体的冷热电器”的申请号为 200410011212.6 号发明专利申请（下称本申请）。

国家知识产权局实审部门于 2006 年 2 月 17 日发出第一次审查意见通知书，认为权利要求 1 和 2 相对于对比文件 1（CN2356278Y，公开日为 1999 年 12 月 29 日）和对比文件 2（CN2327068Y，公开日为 1999 年 6 月 30 日）的结合不符合专利法第 22 条第 3 款有关创造性的规定。

申请人于 2006 年 6 月 5 日针对第一次审查意见通知书提交了意见陈述书，未对原始申请文本进行修改，并在意见陈述书中论述了权利要求 1 和 2 相对于对比文件 1 和 2 具有新颖性和创造性的理由。

国家知识产权局针对原始申请文件于 2006 年 10 月 13 日驳回了该申请，理由是权利要求 1、2 相对于对比文件1和对比文件2的结合不符合专利法第22条第3款有关创造性的规定。

驳回决定所针对的权利要求书为：

“1. 一种运用半导体的冷热电器，其特征在于：主要包括有陶瓷半导体、冷热超导管、鳍片、温控器及风扇，其是将陶瓷半导体的处理可产生冷或热的作用，通过冷热超导管无障碍的传输，再通过鳍片将冷度或热能储存，以温控器使用介面的控制按键设定所需的温度，再透过风扇的输出与传导，结合于电气产品，使电气产品能获得并维持所需的冷度或热能。

2. 根据权利要求1所述的一种运用半导体的冷热电器，其特征在于：所说的温控器使用介面设有恒温控制按键及升降温控制按键。”

申请人（下称复审请求人）对上述驳回决定不服，于2006年12月14日向专利复审委员会提出复审请求，复审请求人认为，本申请与对比文件1、2虽然存在关联性，但各有其独立特点，本申请是冷热电器的整体装置，而对比文件1是热的超导，对比文件2是晶片散热，三者的主要构件不同。本申请是用于半导体的冷热装置，将其与电器结合可用于冷气机、热风机、电冰箱或冷藏箱等需要冷或热的电器，对比文件1是用于半导体制冷、热超导装置的特殊导热件，对比文件2是用于半导体散热的特殊附加装置，因此，三者运用范围不同。本申请的产品主体是结合有半导体的冷热功能并将之储存及传输装置的冷热电器，对比文件1的主体是用于半导体制冷、热装置特殊导热件，对比文件2的产品主体是晶片散热装置，因此，三者的产品主体不同。综上，本申请是结合有半导体的冷热功能并将之储存及传输装置的冷热电器，其利用高科技陶瓷半导体结合冷热超导管的作用原理制作而成，无需使用冷媒、压缩机或加热器，即可达到冷、热与恒温等使用需求，具有突出的实质性特点和显著的进步，国家知识产权局驳回的理由不成立。

复审请求人在提出复审请求的同时未对专利申请文本进行修改。

形式审查合格后，专利复审委员会受理了该复审请求，并于2007年1月22日向复审请求人发出复审请求受理通知书，随后将本申请移交国家知识产权局原实质审查部门进行前置审查。

国家知识产权局原实质审查部门对本复审请求进行了前置审查，坚持原驳回决定。

专利复审委员会组成合议组，对本案的复审请求进行了审理。于2007年9月26日向复审请求人发出复审通知书。复审通知书指出，本申请权利要求1请求保护一种运用半导体的冷热电器，对比文件1公开了一种半导体制冷、热超导装置，并公开了权利要求1的大部分技术特征，而且其中公开了该制冷、热超导装置可用于冰箱、空调等电气产品。权利要求1所要求保护的技术方案与对比文件1的区别技术特征均是本领域的公知常识，而且对比文件2佐证了“通过鳍片将冷度或热能储存”这一特征。因此，本领域技术人员在对比文件1所公开的半导体制冷、热超导装置的基础上结合本领域公知常识很容易得到权利要求1所要求保护的技术方案，因此权利要求1所要求保护的技术方案不具有突出的实质性特点，因而不具备专利法第22条第3款规定的创造性。权利要求2的附加技术特征是所属技术领域中的公知常识，这些公知常识的使用对本领域的技术人员来说是显而易见的，由此可见，从属权利要求2不具备专利法第22条第3款规定的创造性。

复审通知书中还指出，对比文件1明确公开了半导体制冷、热超导装置，可用于冰箱、空调等电气产品；本领域技术人员很容易想到将利用鳍片可增强散热等公知常识结合到对比文件1所公开的制冷热装置上，从而得到结合有半导体制冷热功能并将之储存及传输装置的冷热电器。因此，复审请求人的理由不能成立。

专利复审委员会于2007年10月21日收到了复审请求人提交的针对复审通知书的意见陈述书，复审请求人未对专利申请文本进行修改。意见陈述书的内容与提出复审请求时的意见大部分相同，复审请求人认为：第一，本申请与对比文件1和对比文件2的各构件名称也许近似，但内容结构并不相同；第二，本申请并非仅在使用晶片使之易于散热，也非仅是具有特殊效能的真空热导热件，而是免用压缩机而可以产生冷或热的整套冷热电器装置；第三，对比文件 1 是半导体的超导装置，对比文件 2 是半导体晶片的散热装置，与对比文件 1 和对比文件 2 相比较，本申请是运用半导体的整套冷热电器，是一个整体装置，并非产品的局部零件；第四，本申请可以提供一般消费者直接使用，而非提供厂商作为其商品的零件。

至此，合议组认为本案事实清楚，可以作出审查决定。

二、决定的理由

1. 审查基础

本决定以复审请求人于申请日提交的权利要求第 1~2 项、说明书第 1~3 页、附图 1 页、说明书摘要以及说明书摘要附图为审查基础。

2. 关于创造性

专利法第 22 条第 3 款规定，创造性，是指同申请日以前已有的技术相比，该发明有突出的实质性特点和显著的进步。

在对一项发明专利申请的创造性进行判断时，首先要将权利要求所述的技术方案和现有技术中最接近的一个技术方案进行对比，找出它们之间存在的区别技术特征，进而考察该区别技术特征的引入是否给该发明的权利要求的技术方案带来了突出的实质性特点和显著进步，如果没有，该发明的权利要求不具备创造性。

（1）权利要求 1 的创造性。

权利要求 1 请求保护一种运用半导体的冷热电器，根据说明书的记载，发明要解决的技术问题是现有冷热电器需要使用冷媒、压缩机或加热器，导致对环境的破坏和对能源的浪费。其采用的技术手段是提供一种运用半导体的冷热电器，由半导体处理产生冷或热，经由特殊冷热超导管无障碍地传输，再经由鳍片将该冷度或热能加以储存，以温控器使用介面所设的恒温与升温控制按键来控制所需的温度，然后再透过风扇输出，于短时间内达到所需的冷热温度。

对比文件 1 公开了一种半导体制冷、热超导装置，参见对比文件 1 说明书第 1 页第 3、4 段、第 3 页第 2 段及附图 1，其要解决的技术问题是现有的半导体制冷（热）装置中热端的散热效果和冷端的吸热效果差。采用的技术手段是在热电堆的热端和冷端设置装有超导温材料的导热件。对比文件 1 中具体公开了这样的半导体制冷、热超导装置：该装置包括有热电堆（1）、导热件（2、3）、风扇（4、5）和控制装置，其中热电堆（1）产生冷和热，由真空管及超导温材料构成的导热件进行热（冷）量传递以及散发，其中置于热电堆 1 的热端及冷端的真空管（21、31、23、33）（相当于本发明中的冷热超导管）中灌有液态超导温材料，制冷（热）量控制开关（15）控制制冷（热），并由风扇（4、5）将热量和冷量吹送到需要的场所，可用于冰箱、空调等电气产品。由此可见，对比文件 1 中已经公开了采用半导体产生冷或热，并通过超导温材料传输冷或热，然后通过风扇将导热件壁上传导的冷或热输出，并将该装置用于冰箱、空调等电气产品的技术方案。

权利要求 1 所要求保护的技术方案与对比文件 1 所公开的技术内容相比，其区别在于：（1）对比文件 1 产生冷（热）的部件为热电堆，而本申请为陶瓷半导体；（2）对比文件 1 没有公开通过鳍片将冷（热）储存以及“以温控器使用介面控制按键设定所需温度”。复审请求人所述的对比文件 1 中仅公开了用于半导体制冷、热装置的特殊导热件以及对比文件 1 和本申请产品的主体和运用范围不同的理由不能成立。

关于上述区别特征（1），合议组认为陶瓷半导体和热电堆均是半导体制冷（热）领域所通常采用的常规半导体，这是本领域的公知常识；关于上述区别特征（2），合议组认为在温控器使用介面中采用控制按键设定所需温度也是本领域的公知常识。而且对比文件1已经公开了热电堆制冷（热）以及制冷（热）量由控制开关15控制，在此基础上，对于本领域普通技术人员来说，很容易想到采用温控器使用介面上的按键设定温度。另外，在散热平面外加设鳍片以暂时储存热量和增强散热也是本领域通常采用的技术手段，例如对比文件2的半导体晶片散热装置就采用了鳍片进行散热，对比文件2公开了一种半导体晶片散热装置，在其说明书第2页第29行至第3页第1行以及图1中可知，半导体晶片产生的热量通过鳍片32进行散发。本领域普通技术人员在面临暂时储存热量和增强散热的技术问题时很容易想到在散热平面（例如对比文件1的真空管壁）上增加鳍片这种常规手段。综上，本领域技术人员在对比文件1所公开的半导体制冷、热超导装置的基础上结合本领域公知常识很容易得到权利要求1所要求保护的技术方案，因此权利要求1所要求保护的技术方案不具有突出的实质性特点，因而不具备专利法第22条第3款规定的创造性。

（2）权利要求2的创造性。

从属权利要求2对温控器的使用介面进行了进一步限定"所说的温控器使用介面设有恒温控制按键及升降温控制按键"，所属技术领域的技术人员基于其掌握的该领域技术常识，很容易想到在温控器使用介面上设置温控按键，而设置恒温控制按键及升降温控制按键是通常采用的技术手段，因此，权利要求2的附加技术特征是所属技术领域中的公知常识，这些公知常识的使用对本领域的技术人员来说是显而易见的，由此可见，在其引用的权利要求1不具备创造性的条件下，从属权利要求2不具备专利法第22条第3款规定的创造性。

复审请求人在意见陈述书中指出，本申请与对比文件1和对比文件2的各构件名称也许近似，但内部结构并不相同，对此合议组认为：根据专利法第56条的规定，发明的保护范围以其权利要求的内容为准，本申请权利要求1中仅给出了组成该冷热电器的各部件名称，并未限定各部件的具体结构，而且本专利中的各个部件与对比文件中的相应部件所能实现的功能相同，因此复审请求人关于本专利的部件结构与对比文件1、2中的部件结构不同的理由不成立。另外，请求人还认为本申请与对比文件1、2的不同在于提供整套的冷热电器装置可供消费者直接使用，对此合议组认为，对比文件1明确公开了半导体制冷、热超导装置，以及其可用于冰箱、空调等电气产品。因此复审请求人的上述理由不能成立。

三、决定

维持国家知识产权局于2006年10月13日对200410011212.6号发明专利申请作出的驳回决定。

复审请求人对本决定不服的，可以根据专利法第41条第2款的规定，自收到本决定之日起三个月内向北京市第一中级人民法院起诉。

080

低功率背照光组件

复审请求审查决定（第13381号）

决　定　号　第13381号
决　定　日　2008年5月22日
发明创造名称　低功率背照光组件
国 际 分 类 号　G02F 1/13357，H01J 61/00
复 审 请 求 人　明基电通股份有限公司
申　请　号　03110277.8
申　请　日　2003年4月8日
公　开　日　2004年10月13日
合 议 组 组 长　陈迎春
主　审　员　王琦琳
参　审　员　谢有成

法 律 依 据　专利法第22条第3款
决 定 要 点

如果一项权利要求技术方案同现有技术相比存在区别特征，但是现有技术针对该区别特征已经给出了足够的技术启示，本领域普通技术人员根据该技术启示无需付出创造性劳动就可以得到该技术方案，则该权利要求不具备突出的实质性特点和显著的进步，不符合专利法第22条第3款有关创造性的规定。

一、案由

本复审请求涉及名称为“低功率背照光组件”、申请号为03110277.8的发明专利申请（下称本申请），其申请日为2003年4月8日，公开日为2004年10月13日，申请人为明基电通股份有限公司。

国家知识产权局实质审查部门依法对本申请进行了实质审查，并于2007年2月9日以本申请不符合专利法第22条第3款的规定为由驳回了本申请，该驳回决定所针对的文本为：申请人于2003年4月8日提交的权利要求第1~7项、说明书第1~5页、说明书摘要和摘要附图，于2003年6月12日提交的说明书附图第1页，于2006年10月9日提交的说明书附图第2~3页。其中，驳回决定所针对的权利要求如下：

“1. 一种低功率背照光组件，包括

一导光板，该导光板具有一下表面、一上表面以及一与该上、下表面垂直的侧面；

一灯管，该灯管设置于该导光板的侧面，由该导光板的侧面将光线导入该导光板内部；

一反射片，该反射片设于该导光板的下表面，并可以将光线反射回该导光板内部；以及

一形成于该导光板的至少一表面上的萤光层，该萤光层包含一萤光剂，该萤光剂由多个漫射颗粒以及一透光性树脂所组成，该树脂可将射入的光线吸收，使光线在该树脂内部短暂停留之后再向外射出，而该漫射颗粒则可将射入的光束漫射以产生高均匀度的光线输出。

2. 如权利要求 1 所述的低功率背照光组件，其特征在于：该萤光剂涂布于该导光板的上表面、下表面、侧面的任一表面上。

3. 如权利要求 1 所述的低功率背照光组件，其特征在于：该灯管是冷阴极管。

4. 如权利要求 1 所述的低功率背照光组件，其特征在于：该导光板是透明的丙烯酸脂类板，其下表面设有多个漫射点，该漫射点可以使光线产生漫射效果。

5. 如权利要求 1 所述的低功率背照光组件，其特征在于：该导光板的上表面设有多个光学薄膜。

6. 一种低功率背照光组件，包括

一导光板，该导光板具有一下表面，一上表面以及一与该上、下表面垂直的侧面；

一灯管，该灯管设置于该导光板的侧面，由该导光板的侧面将光线导入该导光板内部；

一反射片，该反射片设于该导光板的下表面，其可以将光线反射回该导光板内部；以及

二个萤光层，所述二个萤光层分别形成于该导光板的该上表面以及该下表面上，每一萤光层包含一萤光剂，该萤光剂由多个漫射颗粒以及一透光性树脂所组成，该树脂可将射入的光线吸收，使光线在该树脂内部短暂停留之后再向外射出，而该漫射颗粒则可将射入的光束漫射以产生高均匀度的光线输出。

7. 一种低功率背照光组件，包括

一导光板，该导光板具有一下表面、一上表面以及一与该上、下表面垂直的侧面；

一灯管，该灯管设置于该导光板的侧面，由该导光板的侧面将光线导入该导光板内部；

一反射片，该反射片设于该导光板的下表面，并可以将光线反射回该导光板内部；以及

二个萤光层，所述二个萤光层分别形成于该导光板的该上表面以及该侧面上，每一萤光层包含一萤光剂，该萤光剂由多个漫射颗粒以及一透光性树脂所组成，该树脂可将射入的光线吸收，使光线在该树脂内部短暂停留之后再向外射出，而该漫射颗粒则可将射入的光束漫射以产生高均匀度的光线输出。”

驳回决定中引用了如下对比文件：

对比文件 2：CN1162757A 号发明专利申请公开说明书，其公开日为 1997 年 10 月 22 日；

对比文件 3：WO02/101447A1 号 PCT 专利文献，其公开日为 2002 年 12 月 19 日。

驳回决定认为，本申请权利要求 1~7 不符合专利法第 22 条第 3 款的规定，本申请权利要求 1 相对于对比文件 2 的区别特征在对比文件 3 中已经公开，对比文件 2、3 的技术领域相近，本申请权利要求 1 相对于对比文件 2 和 3 的结合不具备创造性，在此基础上，权利要求 2~7 也相对于对比文件 2 和 3 的结合不具备创造性；虽然申请人认为可将射入光线吸收，使光线在该树脂内部短暂停留之后再向外射出不是所有树脂都具备的性质，但是从本申请内容可以看出其是透光树脂的性质，其被对比文件 3 所公开；至于本申请的漫射颗粒是利用反射来实现漫射并没有在本申请的权利要求书和说明书中体现出来。

申请人明基电通股份有限公司（下称复审请求人）对上述驳回决定不服，于 2007 年 5 月 8 日向专利复审委员会提出复审请求，未对申请文本进行修改。复审请求人在提出复审请求时，陈述了本申请符合专利法第 22 条第 3 款规定的理由。

复审请求人认为：本申请权利要求1中利用了萤光剂的萤光性，而对比文件3中仅是普通的透光树脂；本申请利用了萤光剂的漫射颗粒将入射的光漫射，对比文件3是通过透光树脂和透光漫射剂之间的不同折射率而使光散射；本申请产生了高度均匀的光线输出并且降低了功耗。

经形式审查合格专利复审委员会受理了上述请求，于2007年6月27日向复审请求人发出了复审请求受理通知书，并将本案送至原实质审查部门进行前置审查。

原实质审查部门对上述复审请求做出前置审查意见，仍然坚持原驳回决定。

针对上述复审请求，专利复审委员会依法组成合议组，对本复审请求案进行了审理。

本案合议组于2007年8月24日向复审请求人发出复审通知书指出：本申请权利要求1~7相对于对比文件2和对比文件3不符合专利法第22条第3款的规定，本申请中仅限定采用了萤光层，说明书中对其材料限定也仅是“透光性树脂”和“漫射颗粒”，在此说明下本申请的萤光层与对比文件3公开的光散射层并无实质区别；对比文件3所限定的透射情况下的光漫射方式和本申请中限定的使用漫射颗粒进行光漫射的方式均是本领域常用来使光散射的技术手段，属于本领域公知常识；本申请说明书也未对透光树脂吸收光再将光射出的特征具备何等技术效果进行清楚、完整的说明，并不能说明本申请技术方案相对于现有技术具备突出的实质性特点和显著的进步。

针对上述复审通知书，复审请求人于2007年9月26日提交了意见陈述书，并未对申请文本进行修改。复审请求人认为：“萤光”的含义对于本领域技术人员而言是清楚的，本申请中“可将射入的光线吸收，使光线在该树脂内部短暂停留之后再向外射出”体现的就是萤光性，其与对比文件中利用了空气和导光板的不同折射率进行透射的技术方案存在差异，因此，本申请具有突出的实质性特点和显著的进步。

经过审理，本合议组认为本案事实已经清楚，可以依法作出复审决定。

二、决定的理由

1. 审查基础

鉴于复审请求人进入复审程序之后未对申请文本进行修改，本决定是在复审请求人于2003年4月8日提交的权利要求第1~7项、说明书第1~5页、说明书摘要和摘要附图，于2003年6月12日提交的说明书附图第1页，于2006年10月9日提交的说明书附图第2~3页的基础上进行审查的。

2. 关于专利法第22条第3款

专利法第22条第3款规定：创造性，是指同申请日以前已有的技术相比，该发明有突出的实质性特点和显著的进步，该实用新型有实质性特点和进步。

本申请独立权利要求1请求保护一种低功率背照光组件，它具有如下技术特征“一导光板，该导光板具有一下表面、一上表面以及一与该上、下表面垂直的侧面；一灯管，该灯管设置于该导光板的侧面，由该导光板的侧面将光线导入该导光板内部；一反射片，该反射片设于该导光板的下表面，并可以将光线反射回该导光板内部；以及一形成于该导光板的至少一表面上的萤光层，该萤光层包含一萤光剂，该萤光剂由多个漫射颗粒以及一透光性树脂所组成，该树脂可将射入的光线吸收，使光线在该树脂内部短暂停留之后再向外射出，而该漫射颗粒则可将射入的光束漫射以产生高均匀度的光线输出”。

对比文件2（CN1162757A）（说明书摘要、摘要附图）公开了一种具有背照明系统的液晶显示器，其包括一位于LCD面板下面的导光板37，沿导光板一侧并紧挨其放置的萤光管36，位于导光板上的散射板39，位于导光板下方的反射板38。

由此可见，本申请独立权利要求1与对比文件2的区别在于：“一形成于该导光板的至少一表面上的萤光层，该萤光层包含一萤光剂，该萤光剂由多个漫射颗粒以及一透光性树脂所组成，该树脂可将射入的光线吸收，使光线在该树脂内部短暂停留之后再向外射出，而该漫射颗粒则可将射入的光束漫射以产生高均匀度的光线输出”。

对比文件3（WO02/101447A1）（说明书摘要、摘要附图）公开了一种液晶显示装置用的偏振板，其上设置有透光树脂层4，透光树脂层内配置有光散射介质3作为光散射层。在本领域中导光板导出的光必须进行光发散处理使其成为漫射光，而使其成为漫射光的常用手段包括反射型散射板和透射型散射板，在采用反射型散射板的情况下，采用对比文件3给出的光散射层是无需付出任何创造性劳动的。对比文件3公开的光散射层中同样具备实现透光效果的透光树脂以及实现光发散效果的光散射介质，而且本申请的萤光层和对比文件3所公开的光散射层它们的功能和所要实现的技术效果都相同，即，本申请的萤光层与对比文件3所公开的光散射层并无实质区别。

对于本申请采用的“萤光层”是否能够使得本申请相对于对比文件2和对比文件3具备突出的实质性特点和显著的进步，复审请求人强调，“荧光”一词含义清楚；且本申请中透光性树脂体现了“可将射入的光线吸收，使光线在该树脂内部短暂停留之后再向外射出”的荧光性。

合议组认为，首先，在本申请说明书中始终使用的是“萤光”一词，而复审请求人在意见陈述中解释的是“荧光”。根据1983年第2版《现代汉语词典》中第1386页对荧光解释如下：“某些物质受光或其他射线照射时所发出的可见光”，而“萤”字则指的是一种昆虫，通称萤火虫。因此，根据本申请说明书技术方案的描述可以确认的是，本申请中的“萤光”应属于明显笔误，“萤光”应为“荧光”，而根据《现代汉语词典》的解释可知，荧光同样属于可见光，其产生原因是受光照而发光的。

本申请说明书说明书第3页第2段中指出“涂布在导光板的萤光剂具有与漫射片相同的漫射效果，使背照光组件产生均匀的光线输出”，“本发明的萤光层相较于漫射片而言，其遮光率相对较低，因此在灯管输出功率相同的情况下，本发明的背照光组件将可以产生较高的亮度以获得增光效果”，由此可见，本申请中涂布“萤光剂”构成的“萤光层”是复审请求人所认为的区别于现有技术的关键。在本申请中对“萤光剂”的组成进行了清楚限定，即、“该萤光层包含一萤光剂，该萤光剂由多个漫射颗粒以及一透光性树脂所组成”，其中漫射颗粒用来漫射射入的光束产生均匀的光输出；对比文件3中用以完成同样功能的光散射层的结构与本申请萤光层的组成完全对应，其同样具备作为漫射颗粒的光散射介质3和透光性树脂构成的透光树脂层4，即，对于本申请与对比文件3这样两个属于相同技术领域的技术方案，其用于完成同样功能的部件的结构完全对应，本申请技术方案的结构已经被对比文件3完全公开，在本申请未对所谓“萤光层”或者“萤光剂”作任何进一步具体说明的情况下，本领域技术人员根据本申请说明书无法理解与对比文件3具有同样结构的本申请技术方案如何能够实现“可将射入的光线吸收，使光线在该树脂内部短暂停留之后再向外射出”的荧光性。因此，本申请中的“萤光层”已经被对比文件3所公开。

综上所述，本申请独立权利要求1的技术方案相对于对比文件2和对比文件3的结合不具备突出的实质性特点和显著的进步，不符合专利法第22条第3款的规定。

权利要求2~5在权利要求1的基础上分别对萤光剂的涂布方式、选用何种灯管、导光板的材料和结构、导光板上表面结构作了进一步限定，其限定部分的附加技术特征属于本领域公知常识，在独立权利要求1不具备创造性的情况下，从属权利要求2~5也不具备创造性，不符合专利法第22条第3款的规定。

独立权利要求6请求保护一种低功率背照光组件，其与独立权利要求1技术方案的区别在于，权利要求6具体限定了分别在导光板的上表面以及下表面上形成了两个萤光层，而权利要求1限定了在导光板的至少一个表面上形成萤光层。这种分别设置两个起散射作用的层的技术手段，对于本领域普通技术人员来说属于公知常识。根据上面评价本申请独立权利要求1相同的理由，在本申请独立权利要求1相对于对比文件2和对比文件3不具备创造性的情况下，本申请独立权利要求6也不具备创造性，不符合专利法第22条第3款的规定。

独立权利要求7请求保护一种低功率背照光组件，其与独立权利要求1技术方案的区别在于，权利要求7具体限定了分别在导光板的上表面以及侧面上形成了两个萤光层，而权利要求1限定了在导光板的至少一个表面上形成萤光层。这种分别设置两个起散射作用的层的技术手段，对于本领域普通技术人员来说属于公知常识。根据上面评价本申请独立权利要求1相同的理由，在本申请独立权利要求1相对于对比文件2和对比文件3不具备创造性的情况下，本申请独立权利要求7也不具备创造性，不符合专利法第22条第3款的规定。

综上所述，本申请权利要求1~7相对于对比文件2和对比文件3不符合专利法第22条第3款的规定。

三、决定

维持国家知识产权局于2007年2月9日作出的驳回03110277.8号发明专利申请的决定。

复审请求人对本决定不服的，可以根据专利法第41条第2款的规定，自收到本决定之日起三个月内向北京市第一中级人民法院起诉。

081

水分子长效细化设备

复审请求审查决定（第13383号）

决　定　号　第13383号
决　定　日　2008年5月8日
发明创造名称　水分子长效细化设备
国际分类号　C02F 1/44
复审请求人　陈忠廷
申　请　号　200420083270.5
申　请　日　2004年8月20日
合议组组长　赵　明
主　审　员　王　森
参　审　员　刘　犨

法律依据　专利法第26条第3款
决定要点
所属技术领域的技术人员能够实现，是指所属技术领域的技术人员按照说明书记载的内容，就能够实现该实用新型的技术方案，解决其技术问题，并且产生预期的技术效果。

一、案由

本复审请求涉及申请号为200420083270.5，名称为“水分子长效细化设备”的实用新型专利申请（下称本申请），申请人为陈忠廷，申请日为2004年8月20日。

国家知识产权局审查部门于2005年9月16日发出了审查意见通知书，通知书中指出说明书没有说明矿石撞击装置如何对水蒸气进行撞击、矿石撞击装置的结构、如何使水蒸气中的水分子分解等内容，因此本申请不符合专利法第26条第3款的规定。

针对上述审查意见通知书，申请人于2005年11月16日提交了意见陈述书及以下五份附件：

附件1：水的大分子团与小分子团示意图复印件；

附件2：小分子团水的概略说明复印件；

附件3：申请人试产样机彩色打印图片；

附件4：申请人的小分子水的核磁共振检测报告书复印件；

附件5：申请人的归零水说明文件复印件。

申请人认为，水蒸气经由不同横断面的矿石构成的第一道多道矿石撞击装置裂解为水的小分子团，再将此小分子团经第二道多道矿石撞击装置来进行定型，本领域的技术人员根据申请文件公开的内容可以制造出完成本发明目的的设备，附件1~5用于证明本申请符合专利法第26条第3款的规定。

国家知识产权局审查部门于2006年3月24日作出了驳回决定，驳回决定中认为说明书没有说明利用第一多道矿石撞击装置将水蒸气中的水分子分解成小分子水的过程、矿石撞击装置如何对水蒸气进行撞击、矿石撞击装置的结构、如何使水分子分解等内容，而且说明书没有提供实验数据以证明本申请的发明目的及功能，因此本申请不符合专利法第26条第3款的规定。

申请人陈忠廷（下称复审请求人）对上述驳回决定不服，于2006年6月30日向专利复审委员会提出了复审请求，并提交了说明书第1~4页的修改替换页。复审请求人认为修改后的说明书已经将所涉及的水分子长效细化设备的结构及其连接关系描述清楚，并提交以下附件用以支持其主张（编号续前）：

附件6：复审请求人所述的水分子长效细化设备对水进行处理过程的公证书及光盘。

形式审查合格后，专利复审委员会受理了该复审请求，并于2006年9月12日向复审请求人发出了复审请求受理通知书，同时向原审查部门发出前置审查通知书，并随该通知书将本申请案卷转送至国家知识产权局原审查部门进行前置审查。

原审查部门对本复审请求进行了前置审查，在前置审查意见书中，原审查部门坚持原驳回决定。

专利复审委员会依法成立合议组，对本复审请求案进行了审理。

专利复审委员于2007年3月13日发出复审通知书，指出请求人于2006年6月30日提交的说明书第3页第30行至第4页第3行补入实验数据用来说明本申请的有益效果，但该试验数据不属于现有技术，所属技术领域的技术人员也不能根据原说明书和权利要求书文字记载的内容以及说明书附图直接地、毫无疑义地确定，所以请求人对说明书第3和4页进行的修改不符合专利法第33条的规定；本申请没有对蒸汽中的水分子与撞击分解而形成的水分子是否有所区别作出任何解释，也未对水蒸气与多道矿石撞击如何形成小分子水以及冷却后的小分子水与多道矿石撞击如何定型进行说明，而且又没有给出上述过程所依据的科学原理；同时请求人也没有提供采用本申请方法生产的水可达到长效细化效果的实验数据，因此本申请不符合专利法第26条第3款的规定。

复审请求人于2007年5月25日向专利复审委员会提交了意见陈述书，对蒸汽中的水分子与撞击分解而成的水分子是否有所区别及如何通过撞击形成小分子水和如何定型进行了解释，同时提交了说明书第1~3页的修改替换页。

经审查，合议组认为本案事实清楚，可以作出复审决定。

二、决定的理由

1. 审查文本

由于复审请求人于2007年5月25日提交的说明书第1~3页修改替换页与申请日提交的说明书第1~3页相同，因此上述修改文本克服了复审通知书指出的缺陷，符合专利法第33条的规定，合议组予以接受。

本复审决定以复审请求人于2004年8月20日提交的权利要求1~3项、说明书附图1~8、说明书摘要、说明书摘要附图以及2007年5月25日提交的说明书第1~3页为审查基础。

2. 关于专利法第26条第3款

专利法第26条第3款规定，说明书应当对发明或者实用新型作出清楚、完整的说明，以所属技术领域的技术人员能够实现为准。

所属技术领域的技术人员能够实现，是指所属技术领域的技术人员按照说明书记载的内容，就能够实现该实用新型的技术方案，解决其技术问题，并且产生预期的技术效果。

说明书应当清楚地记载实用新型的技术方案，详细地描述实现实用新型的具体实施方式，完整地公开对于理解和实现实用新型必不可少的技术内容，达到所属技术领域的技术人员能够实现该实用新型的程度。

具体到本申请，本申请所要解决的技术问题是提供一种可将水分子长效细化的设备，经该设备处理的水具有小分子水特性且小分子水的状态能长期定型。根据说明书的记载，要达到这一目的就必须通过加热将水形成水蒸气，并使水蒸气与矿石撞击，从而使蒸汽中的水分子因撞击分解而形成小水分子，然后经冷凝后继续进行矿石撞击而使小水分子定型，从而形成长效细化的小分子水。然而在申请文件中没有对蒸汽中的水分子与撞击分解而形成的水分子是否有所区别作出任何解释，也未对水蒸气与多道矿石撞击如何形成小分子水以及冷却后的小分子水与多道矿石撞击如何定型进行说明，而且又没有给出上述过程所依据的科学原理，即本申请未对该技术方案做出清楚、完整的说明，本领域技术人员按照说明书记载的内容无法实现该申请。

同时复审请求人在说明书中也没有提供采用该方法生产的水可达到长效细化效果的实验数据。在本申请中只是采用描述性的语言说明了该方法发所生产的水可达到长效细化的效果。而该实验效果是本领域技术人员所无法预测的，因此该方案必须依赖实验结果加以证实才能成立，由于说明书中未提供有关实验数据及必要的说明，导致所属技术领域的技术人员不能实现该实用新型。

综上所述，本申请说明书未对实用新型作出清楚、完整的说明，致使所属技术领域的技术人员不能够实现，不符合专利法第 26 条第 3 款的规定。

虽然复审请求人在答复复审通知书时对蒸汽中的水分子与撞击分解而成的水分子是否有所区别及如何通过撞击形成小分子水和如何定型进行了解释，但上述理由没有任何证据支持；而且复审请求人提交的附件 1~6 并不属于现有技术，同时上述附件也没有说明蒸汽如何与矿石进行撞击以及如何通过撞击来对小分子水定型，因此也不能够证明能够生产出请求人所述的“小分子水”。

基于上述事实和理由，合议组作出如下决定。

三、决定

维持国家知识产权局于 2006 年 3 月 24 日对 200420083270.5 号实用新型专利申请作出的驳回决定。

复审请求人对本决定不服的，可以根据专利法第 41 条第 2 款的规定，自收到本决定之日起三个月内向北京市第一中级人民法院起诉。

082

控制棒驱动装置及其试验方法、试验装置、扭矩传递装置

复审请求审查决定（第13387号）

决　定　号　第13387号
决　定　日　2008年5月22日
发明创造名称　控制棒驱动装置及其试验方法、试验装置、扭矩传递装置
国际分类号　G21C 7/12，G21C 7/14，G01M 19/00，H02P 15/00
复审请求人　株式会社东芝
申　请　号　00802104.X
申　请　日　2000年9月29日
优 先 权 日　1999年9月29日
公　开　日　2001年11月14日
合议组组长　宋　瑞
主　审　员　谢有成
参　审　员　周　航

法律依据　专利法第26条第4款，第31条第1款，第22条第3款
决定要点

一项权利要求与对比文件存在区别技术特征，由于发明目的不同，本领域技术人员不会想到在该对比文件中应用该区别技术特征从而获得权利要求1的技术方案，并且，该区别技术特征产生了有益的技术效果，则该权利要求相对于该对比文件具备创造性。

一、案由

本复审请求案涉及申请号为00802104.X、名称为“控制棒驱动装置及其试验方法、试验装置、扭矩传递装置”的PCT发明专利申请（下称本申请），其申请人原为东芝株式会社，2007年8月31日变更为株式会社东芝，其申请日为2000年9月29日，优先权日为1999年9月29日，进入中国国家阶段日期为2001年5月29日，公开日为2001年11月14日，本申请公开时包括23项权利要求，其中权利要求1~6、8~13、15~16、20~23为独立权利要求。

在实质审查程序中，国家知识产权局专利实质审查部门以本申请原始提交的国际申请的中文译文为基础，于2003年6月20日发出第一次审查意见通知书，指出权利要求1与权利要求2~6、10、11、22、23任一项之间不具备单一性，权利要求8与权利要求9、13任一项之间不具备单一性，权利要求12与权利要求15、16任一项之间不具备单一性，不符合专利法第31条第1款的规定；对比文件1公开了一种反应堆控制棒控制装置，其包含控制棒驱动机构9、保持用制动器5A、制动用制动器

5B、控制棒控制装置10、电动机7、位置检测器8、电源开关13B，且各部件的功能都是本领域的基本常识，因此权利要求5~7相对于对比文件1不具备创造性，不符合专利法第22条第3款的规定；对比文件2公开了一种控制棒驱动装置，其包含控制棒驱动机构（8、50）、位置检测装置（203、211）、控制装置，且各部件的功能是本领域的基本常识，因此权利要求11相对于对比文件2不具备创造性，不符合专利法第22条第3款的规定。该通知书还指出本申请中存在其他一些问题。其中所引用的对比文件1和2如下：

对比文件1：特开平11-153687A号日本专利文献，其公开日为1999年6月8日；

对比文件2：特开平10-10264A号日本专利文献，其公开日为1998年1月16日。

针对第一次审查意见通知书，申请人于2004年5月11日提交了意见陈述书，同时提交了说明书第1页和权利要求书全文的修改替换页，修改后的权利要求书删除了原权利要求1、5、9，修改了原权利要求8的前序部分，并对权利要求重新编号，申请人认为修改后的申请文件克服了有关单一性和创造性的缺陷。

在上述修改文本的基础上，国家知识产权局专利实质审查部门于2004年8月6日以原权利要求2~6、10、11、22、23之间不具备单一性，原权利要求8与原权利要求13之间不具备单一性，不符合专利法第31条第1款的规定，权利要求8（即原权利要求11）相对于对比文件2不具备创造性，不符合专利法第22条第3款的规定为由作出驳回决定。

申请人（以下称复审请求人）对上述驳回决定不服，于2004年11月22日向专利复审委员会提出复审请求，同时提交了权利要求书全文的修改替换页，修改后的权利要求书共包括7项权利要求，只保留了原始的权利要求2~4，6~9，并且对原权利要求8、9的前序部分作了修改，复审请求人认为修改后的权利要求克服了驳回决定所指出的缺陷。

经形式审查合格，专利复审委员会依法受理了该复审请求，于2004年12月23日发出复审请求受理通知书，并同时向国家知识产权局专利实质审查部门发出了前置审查通知书。

国家知识产权局专利实质审查部门在前置审查意见中坚持驳回决定。

在此基础上，专利复审委员会依法成立合议组，对该复审请求进行审查。本案合议组于2007年6月5日向复审请求人发出第一次复审通知书，指出权利要求1得不到说明书的支持，不符合专利法第26条第4款的规定；权利要求4与权利要求1~3、6、7之间不具备单一性，权利要求6与权利要求7之间不具备单一性，权利要求1与权利要求7之间不具备单一性，权利要求2~3与权利要求6、7之间不具备单一性，不符合专利法第31条第1款的规定。

针对上述第一次复审通知书，复审请求人于2007年9月20日提交了意见陈述书，同时提交了权利要求书全文的修改替换页，在第一次复审通知书针对的权利要求书的基础上删除了权利要求1~3、6、7，将权利要求4、5作为新的权利要求1、2（对应于原始的权利要求6、7），复审请求人认为修改后的申请文件克服了第一次复审通知书中指出的缺陷。修改后的权利要求书如下：

“1. 一种控制棒驱动装置，用于升降驱动核反应堆的控制棒，其特征在于备有驱动机构、第1制动器和第2制动器、控制装置；

上述驱动机构具有：感应电动机；和驱动力传递部件，将该感应电动机产生的驱动力传递给控制棒，使控制棒升降；

上述第1制动器和第2制动器，设在上述驱动机构上，对上述驱动机构的驱动力传递部件进行制动或保持动作；

上述控制装置控制上述第1及第2制动器，在控制棒的驱动开始时，解除第2制动器的保持动作，然后，解除第1制动器的保持动作。

2. 如权利要求1所述的控制棒驱动机构，其特征在于，上述控制装置在向上述电动机开始供给电力前，解除第2制动器的保持动作。”

针对上述意见陈述书和修改后的文本，本案合议组于2007年12月19日发出第二次复审通知书，指出对比文件1公开了权利要求1中的各部件，权利要求1与对比文件1的区别在于开始驱动控制棒时制动器的操作方式不同，但该区别对本领域技术人员来说是容易想到的，因此权利要求1相对于对比文件1不具备创造性，不符合专利法第22条第3款的规定；对比文件1还公开了权利要求2的附加技术特征，因此权利要求2相对于对比文件1也不具备创造性，不符合专利法第22条第3款的规定。

针对上述第二次复审通知书，复审请求人于2008年4月3日提交了意见陈述书，同时提交了权利要求书全文的修改替换页，其将权利要求1中的技术特征“解除第1制动器的保持动作”修改为“通过从电源装置向第1制动器进行通电来解除第1制动器的保持动作”，修改后的权利要求书如下：

“1. 一种控制棒驱动装置，用于升降驱动核反应堆的控制棒，其特征在于备有驱动机构、第1制动器和第2制动器、控制装置；

上述驱动机构具有：感应电动机；和驱动力传递部件，将该感应电动机产生的驱动力传递给控制棒，使控制棒升降；

上述第1制动器和第2制动器，设在上述驱动机构上，对上述驱动机构的驱动力传递部件进行制动或保持动作；

上述控制装置控制上述第1及第2制动器，在控制棒的驱动开始时，解除第2制动器的保持动作，然后，通过从电源装置向第1制动器进行通电来解除第1制动器的保持动作。

2. 如权利要求1所述的控制棒驱动机构，其特征在于，上述控制装置在向上述电动机开始供给电力前，解除第2制动器的保持动作。”

复审请求人认为，修改后的权利要求1与对比文件1不仅在对制动器的运用、控制上不同，而且在构成上也不同，另外，由于制动用的第1制动器是通过从电源装置通电而解除其保持动作的，因此，即使停电，第1制动器也可以使控制棒保持在原来的位置上，从而达到降低控制棒落下的危险性。因此权利要求1及其从属权利要求2相对于对比文件1具备创造性。

至此，合议组认为本案事实已清楚，现依法作出审查决定。

二、决定的理由

1. 审查基础

复审请求人于2008年4月3日提交了权利要求书全文的修改替换页，经审查，上述权利要求书的修改是针对复审通知书的意见进行的，并且没有超出原说明书和权利要求书记载的范围，符合专利法第33条以及专利法实施细则第60条第1款的规定。因此，本决定以复审请求人于本申请进入中国国家阶段时提交的说明书第2~25页、附图第1~7页、摘要和摘要附图，于2004年5月11日答复第一次审查意见通知书时提交的说明书第1页，于2008年4月3日答复第二次复审通知书时提交的权利要求第1~2项作为审查基础。

2. 关于专利法第31条第1款和第26条第4款

专利法第31条第1款规定，一件发明或者实用新型专利申请应当限于一项发明或者实用新型。属于一个总的发明构思的两项以上的发明或者实用新型，可以作为一件申请提出。

专利法第26条第4款规定，权利要求书应当以说明书为依据，说明要求专利保护的范围。

当前的权利要求书只包括两项权利要求，其中权利要求1请求保护一种控制棒驱动装置，权利要求2为权利要求1的从属权利要求，其附加技术特征是对权利要求1的进一步限定。因此，权利要求

1 和 2 之间不存在单一性问题，即，当前的权利要求书克服了驳回决定和第一次复审通知书中指出的单一性问题，符合专利法第 31 条第 1 款的规定。

复审请求人在答复第一次复审通知书时将其中指出的得不到说明书支持的权利要求删去，因此第一次复审通知书中指出的权利要求不符合专利法第 26 条第 4 款规定的问题也不复存在。

3. 关于专利法第 22 条第 3 款

专利法第 22 条第 3 款规定：创造性，是指同申请日以前已有的技术相比，该发明有突出的实质性特点和显著的进步，该实用新型有实质性特点和进步。

本申请权利要求 1 请求保护一种控制棒驱动装置，对比文件 1 也公开了一种核反应堆控制棒的控制装置（参见说明书第 3 栏第 0011 段、第 4 栏第 0015 段，附图 1、3），其用于控制核反应堆的控制棒的操作，包括驱动机构 9、制动器 5A 和 5B、控制装置 10，该驱动机构 9 包括感应电动机 7 以及由球螺杆 17 等组成的、将感应电动机 7 产生的驱动力传递给控制棒 4 以使控制棒 4 上下运动的驱动力传递部件，用于保持的制动器 5A 和用于制动的制动器 5B 通过作用于驱动机构 9 的驱动力传递部件而保持控制棒 4 的当前位置和停止控制棒 4 的运动，它们分别相当于权利要求 1 中的第 2 制动器和第 1 制动器。对比文件 1 还公开了在控制装置 10 的控制下如何对两个制动器 5A 和 5B 实施操作（参见说明书第 4 栏第 0018~0024 段，附图 1-3）：在制动控制棒 4 时，制动用制动器 5B 实施制动动作，使感应电动机 7 停止工作，从而使控制棒 4 的移动停止，之后，保持用制动器 5A 实施保持动作，同时制动用制动器 5B 解除保持动作；在启动控制棒 4 时，保持用制动器 5A 解除保持动作，并且通过电源开关 13B 和旋转方向切换装置 13A 使感应电动机 7 工作，从而使控制棒 4 上升或者下降。

本申请权利要求 1 与对比文件 1 相比，区别在于权利要求 1 中限定了“上述控制装置控制上述第 1 及第 2 制动器，在控制棒的驱动开始时，解除第 2 制动器的保持动作，然后，通过从电源装置向第 1 制动器进行通电来解除第 1 制动器的保持动作”的技术特征。

上述区别技术特征的技术效果在于，使得在本申请的控制棒驱动装置中，在控制棒停止驱动期间，保持用制动器 19 和制动用制动器 34 同时处于保持状态，从而提高控制棒驱动装置的可靠性；并且，由于制动用制动器 34 是在通电时解除保持动作且在非通电时实施保持动作的，故即使发生停电，制动器 34 也仍然处于保持状态，从而使控制棒保持在原来的位置，降低了控制棒落下的危险性。因此，本申请权利要求 1 请求保护的技术方案因具有上述区别技术特征而产生了有益的技术效果。

由于对比文件 1 技术方案的目的是要防止在从控制棒驱动机构中取出电动机和制动器 5B 时控制棒因自重而下落，以便对电动机和制动器 5B 进行检修，因此，其在控制棒停止驱动时要解除制动器 5B 的保持动作且将其断电，以便取下电动机和制动器 5B，可见对比文件 1 与本申请所解决的技术问题不同，所采用的技术手段也不同，对比文件 1 不涉及对降低停电时控制棒落下危险性、提高控制棒驱动装置的可靠性的考虑，也达不到这样的技术效果；故在对比文件 1 的技术方案的基础上，本领域技术人员不会想到这样控制制动器 5B：通电使其解除保持动作，断电实施保持动作。即，对比文件 1 没有给出使制动用制动器在通电时解除保持动作且在非通电时实施保持动作的启示，本领域技术人员不会想到在对比文件 1 中应用上述区别技术特征从而获得本申请权利要求 1 的技术方案。

综上所述，权利要求 1 相对于对比文件 1 具备创造性，符合专利法第 22 条第 3 款的规定。权利要求 2 是权利要求 1 的从属权利要求，因此其相对于对比文件 1 也具备创造性，符合专利法第 22 条第 3 款的规定。

基于上述理由，本案合议组依法作出以下审查决定。

三、决定

在复审请求人于2008年4月3日对申请文件修改的基础上，撤销国家知识产权局于2004年8月6日对00802104.X号PCT发明专利申请作出的驳回决定，由原专利实质审查部门在本决定针对的申请文本基础上继续进行审批程序。

复审请求人对本决定不服的，可以根据专利法第41条第2款的规定，自收到本决定之日起三个月内向北京市第一中级人民法院起诉。

083

电子照相成像设备的废墨收集装置、方法及电子照相打印机

复审请求审查决定（第13388号）

决　　定　　号　第13388号
决　　定　　日　2008年5月20日
发明创造名称　电子照相成像设备的废墨收集装置、方法及电子照相打印机
国 际 分 类 号　G03G 15/00，G03G 21/10
复 审 请 求 人　三星电子株式会社
申　　请　　号　200310123507.8
优 先 权 日　2002年12月27日
申　　请　　日　2003年12月24日
公　　开　　日　2004年7月14日
合 议 组 组 长　陈迎春
主　　审　　员　刘亚斌
参　　审　　员　谢有成

法 律 依 据　专利法第22条第3款
决 定 要 点

如果一项权利要求与最接近的现有技术相比存在区别特征，但是该区别特征被另一篇对比文件所披露，并且该区别特征在该对比文件中所起的作用与在该权利要求所要求保护的技术方案中所起的作用相同，则该权利要求不具备创造性。

一、案由

本复审请求涉及申请号为200310123507.8，名称为“电子照相成像设备的废墨收集装置、方法及电子照相打印机”的发明专利申请（下称本申请），申请人为三星电子株式会社，申请日为2003年12月24日，优先权日为2002年12月27日，公开日为2004年7月14日。

在实质审查程序中，国家知识产权局实质审查部门于2007年1月5日以本申请权利要求1~18不具备专利法第22条第3款规定的创造性为由作出驳回决定，其中引用了如下3篇对比文件：

对比文件1：专利号为4941022的美国专利文献，其公开日为1990年7月10日；

对比文件2：特许公开号为特开2002-302169的日本公开特许公报，其公开日为2002年10月15日；

对比文件3：公开号CN1217490A的中国发明专利申请公开说明书，其公开日为1999年5月26日。

驳回决定所依据的文本为：复审请求人于申请日提交的权利要求第1~18项、说明书第1~8页、说明书附图第1~11页以及说明书摘要和摘要附图。驳回决定所针对的权利要求书共包括4项独立权利要求1、9、17、18，其内容如下：

"1. 一种电子照相打印机的废墨收集装置，包括：

壳体，用于暂时保存从图像保持体上除去的废墨粉；

排放引导件，其包括排放孔，废墨粉通过该排放孔排出；

开闭单元，用于打开关闭所述排放孔；

入口引导件，具有入口通道以连接排放孔和废墨收集罐的入口；以及

弹性元件，该弹性元件弹性支承所述入口引导件，以便在排放引导件上升和下降时紧密保持排放孔与入口通道的入口侧之间的间隙。

9. 一种电子照相打印机，包括：

图像保持体，用于在形成图像时暂时保持墨粉图像；

废墨收集罐，用于保存从图像保持体上除去的废墨粉；以及

废墨收集装置，用于把从图像保持体上除去的废墨粉传送到废墨收集罐中，其中，所述废墨收集装置包括：

壳体，用于暂时保存废墨粉；

排放引导件，其提供一排放孔，废墨粉通过该排放孔排出；

开闭单元，用于打开和关闭所述排放孔；

入口引导件，其具有入口通道以连接排放孔和废墨收集罐的入口；以及

弹性元件，其弹性支承所述入口引导件，以便在排放引导件上升和下降时紧密保持排放孔与入口通道的入口侧之间的间隙。

17. 一种收集电子照相打印机的废墨粉的方法，所述电子照相打印机具有包括排放孔的排放引导件、包括入口通道的入口引导件、以及开闭单元，所述方法包括：

在排放孔关闭时使排放引导件下降；

使排放孔与入口通道的入口侧相互紧密贴附；

利用开闭单元打开排放孔；以及

在排放孔与入口通道的入口侧分离之前，利用开闭单元关闭排放孔。

18. 一种电子照相成像装置的废墨收集装置，包括：

壳体，用于保存从图像保持体上除去的废墨粉；

排放引导件，其设置在所述壳体的一端部；

排放孔，其设置在所述排放引导件上，废墨粉通过该排放孔排出；

开闭单元，用于打开和关闭所述排放孔；

废墨收集罐，用于接收废墨粉；

入口引导件，用于连接所述排放孔和废墨收集罐；以及

弹性元件，用于在排放引导件上升和下降时弹性调整入口引导件与排放孔之间的间隙。"

驳回决定认为：权利要求1与对比文件1相比，其区别特征是：权利要求1还具有入口引导件，具有入口通道以连接排放孔和废墨收集罐的入口；以及弹性元件，该弹性元件弹性支承所述入口引导件，以便在排放引导件上升和下降时紧密保持排放孔与入口通道的入口侧之间的间隙，其作用是避免排放孔和废墨收集灌入口之间的墨粉飞溅。该区别特征被对比文件2公开，且该特征在对比文件2中的作用与在本申请中的作用相同，因此权利要求1相对于对比文件1和2的结合不具备专利法第22

条第3款规定的创造性。从属权利要求2~8的附加技术特征分别被对比文件1~3公开，也不具备专利法第22条第3款规定的创造性。独立权利要求9与对比文件1相比，其区别特征是：权利要求9还具有入口引导件，具有入口通道以连接排放孔和废墨收集罐的入口；以及弹性元件，该弹性元件弹性支承所述入口引导件，以便在排放引导件上升和下降时紧密保持排放孔与入口通道的入口侧之间的间隙，其作用是避免排放孔和废墨收集罐入口之间的墨粉飞溅。该区别特征被对比文件2公开，且该特征在对比文件2中的作用与在本申请中的作用相同，因而权利要求9相对于对比文件1和2的结合不具备专利法第22条第3款规定的创造性。从属权利要求10~16的附加技术特征分别被对比文件1~3公开，也不具备专利法第22条第3款规定的创造性。同理，独立权利要求17、18相对于对比文件1和2的结合也不具备专利法第22条第3款规定的创造性。

申请人三星电子株式会社（下称复审请求人）对上述驳回决定不服，于2007年4月3日向专利复审委员会提出了复审请求，同时提交了权利要求书的全文修改替换页，其中删除了从属权利要求3、11，并将其附加技术特征分别补入独立权利要求1、9、17、18中，修改后的权利要求书包括16项权利要求，其中有4项独立权利要求1、8、15、16，其内容如下：

“1. 一种电子照相打印机的废墨收集装置，包括：

壳体，用于暂时保存从图像保持体上除去的废墨粉；

排放引导件，其包括排放孔，废墨粉通过该排放孔排出；

开闭单元，用于打开关闭所述排放孔；

入口引导件，具有入口通道以连接排放孔和废墨收集罐的入口；以及

弹性元件，该弹性元件弹性支承所述入口引导件，以便在排放引导件上升和下降时紧密保持排放孔与入口通道的入口侧之间的间隙

还包括：安装在入口通道的入口侧的弹性密封件，用来在排放引导件上升和下降时弹性封闭排放孔与入口通道的入口侧之间的间隙。

8. 一种电子照相打印机，包括：

图像保持体，用于在形成图像时暂时保持墨粉图像；

废墨收集罐，用于保存从图像保持体上除去的废墨粉；以及

废墨收集装置，用于把从图像保持体上除去的废墨粉传送到废墨收集罐中，其中，所述废墨收集装置包括：

壳体，用于暂时保存废墨粉；

排放引导件，其提供一排放孔，废墨粉通过该排放孔排出；

开闭单元，用于打开和关闭所述排放孔；

入口引导件，其具有入口通道以连接排放孔和废墨收集罐的入口；以及

弹性元件，其弹性支承所述入口引导件，以便在排放引导件上升和下降时紧密保持排放孔与入口通道的入口侧之间的间隙，

所述废墨收集装置还包括安装在入口通道的入口侧的弹性密封件，用来在排放引导件上升和下降时弹性封闭排放孔与入口通道的入口侧之间的间隙。

15. 一种收集电子照相打印机的废墨粉的方法，所述电子照相打印机具有包括排放孔的排放引导件、包括入口通道的入口引导件、以及开闭单元，所述方法包括：

在排放孔关闭时使排放引导件下降；

使排放孔与入口通道的入口侧相互紧密贴附；

利用开闭单元打开排放孔；

在排放孔与入口通道的入口侧分离之前，利用开闭单元关闭排放孔；

安装在入口通道的入口侧的弹性密封件在排放引导件上升和下降时弹性封闭排放孔与入口通道的入口侧之间的间隙。

16. 一种电子照相成像装置的废墨收集装置，包括：

壳体，用于保存从图像保持体上除去的废墨粉；

排放引导件，其设置在所述壳体的一端部；

排放孔，其设置在所述排放引导件上，废墨粉通过该排放孔排出；

开闭单元，用于打开和关闭所述排放孔；

废墨收集罐，用于接收废墨粉；

入口引导件，用于连接所述排放孔和废墨收集罐；

弹性元件，用于在排放引导件上升和下降时弹性调整入口引导件与排放孔之间的间隙；以及

安装在入口通道的入口侧的弹性密封件，用来在排放引导件上升和下降时弹性封闭排放孔与入口通道的入口侧之间的间隙。"

复审请求人认为：（1）对比文件 2 中的螺旋弹簧 34 不是弹性支持喷嘴，而是弹性偏压活门，其作用类似于本申请说明书附图 2 中的弹簧 14，而与权利要求 1 中的弹性元件完全不同；（2）对比文件 2 的活门元件设置在墨粉袋内部，而对比文件 1 的活门设置在废墨容器的外部，因此对比文件 2 没有公开用于排放废墨粉的排放引导件和入口引导件，无法与对比文件 1 结合；（3）修改后的权利要求 1 中还加入了"弹性密封件"，该特征也未被对比文件 1~3 公开。

经形式审查合格，专利复审委员会于 2007 年 5 月 9 日向复审请求人发出复审请求受理通知书，同日向原实质审查部门发出前置审查通知书。

原实质审查部门在前置审查意见书中坚持原驳回决定。

针对上述复审请求，专利复审委员会依法成立合议组对本案进行审理。

合议组于 2007 年 11 月 23 日向复审请求人发出复审通知书，指出：权利要求 1 请求保护一种电子照相打印机的废墨收集装置，对比文件 1 公开了一种电子照相记录设备的墨粉回收装置，其中公开了该墨粉回收装置包括：用于收集从感光鼓 11 上除去的废墨粉的壳体 311，用于传输废墨粉的墨粉运输管 41，该墨粉运输管 41 具有墨粉出口 41c 用于连接墨粉回收罐的入口 323，以及能够打开和关闭墨粉出口 41c 的快门 43，其中当快门 43 打开时墨粉运输管 41 中的墨粉通过墨粉出口 41c 排放到墨粉回收罐 32 中。权利要求 1 要求保护的技术方案与对比文件 1 公开的内容相比，其区别在于：权利要求 1 中还包括入口引导件、弹性元件、弹性密封件，其中该入口引导件具有入口通道以连接排放孔和废墨收集罐的入口，弹性元件弹性支承所述入口引导件，以便在排放引导件上升和下降时紧密保持排放孔与入口通道的入口侧之间的间隙，弹性密封件用来在排放引导件上升和下降时弹性封闭排放孔与入口通道的入口侧之间的间隙。而对比文件 2 公开了一种图像形成装置的墨粉补给装置，其中公开了以下该装置包括可动支撑架 61、弹簧 63、弹性密封件 64，分别对应于权利要求 1 中的入口引导件、弹性元件、弹性密封件，从而上述区别特征已经被对比文件 2 公开，该特征在对比文件 2 中所起的作用与权利要求 1 中相同，都是用于防止当墨粉容器与另一容器相结合或分离时在接触部分发生墨粉飞溅，并且对比文件 2 与本申请均属于打印机中的墨粉输送技术领域，因此，本领域技术人员在对比文件 1 的基础上，有动机将对比文件 2 与对比文件 1 相结合以得到权利要求 1 所要求保护的技术方案，因此权利要求 1 不具有突出的实质性特点和显著的进步，不具备专利法第 22 条第 3 款规定的创造性。从属权利要求 2~7 的附加技术特征分别被对比文件 1、2 或 3 公开，因而在权利要求 1 不具备创造性的情况下，其从属权利要求 2~7 也不具备专利法第 22 条第 3 款规定的创造性。同理，权利要求 8~16

也不具备专利法第22条第3款规定的创造性。

复审请求人于2008年1月8日提交了意见陈述书，但未修改申请文件。复审请求人认为：权利要求1中的特征“入口引导件具有入口通道以连接排放孔和废墨收集罐的入口”未被对比文件公开，本申请中的入口引导件由于具有该入口通道，所以可以同时起到墨粉通道的作用，而对比文件2中的活动支架61不具有同样的入口通道，也就不能提供这样的功能，上述特征使得入口引导件适于连接非嵌套的排放孔和废墨收集入口，而对比文件2中的活动支架则不适于使用在相同情况下，因此权利要求1具备创造性，同理，其余权利要求也均具备创造性。

在上述程序的基础上，合议组认为本案事实已经清楚，可以作出如下审查决定。

二、决定的理由

1. 关于审查文本

本决定以复审请求人于2007年4月3日提交的权利要求第1~16项，于申请日提交的说明书第1~8页、说明书附图第1~11页以及说明书摘要和摘要附图作为审查基础。

2. 关于创造性

专利法第22条第3款规定：创造性，是指同申请日以前已有的技术相比，该发明有突出的实质性特点和显著的进步，该实用新型有实质性特点和进步。

（1）权利要求1~7不具备专利法第22条第3款规定的创造性。

本申请权利要求1请求保护一种电子照相打印机的废墨收集装置，对比文件1（参见说明书第4栏第22行至第8栏第11行以及附图3~8）公开了一种电子照相记录设备（相当于权利要求1中的电子照相打印机）的墨粉回收装置，其中公开了该墨粉回收装置包括：用于收集从感光鼓11上除去的废墨粉的壳体311，用于传输废墨粉的墨粉运输管41（相当于权利要求1中的排放引导件），该墨粉运输管41具有墨粉出口41c（相当于权利要求1中的排放孔）用于连接墨粉回收罐的入口323，以及能够打开和关闭墨粉出口41c的快门43（相当于权利要求1中的开闭单元），其中当快门43打开时墨粉运输管41中的墨粉通过墨粉出口41c排放到墨粉回收罐32中。

由上可知，权利要求1要求保护的技术方案与对比文件1公开的内容相比，其区别在于：权利要求1中还包括入口引导件、弹性元件、弹性密封件，其中该入口引导件具有入口通道以连接排放孔和废墨收集罐的入口，弹性元件弹性支承所述入口引导件，以便在排放引导件上升和下降时紧密保持排放孔与入口通道的入口侧之间的间隙，弹性密封件用来在排放引导件上升和下降时弹性封闭排放孔与入口通道的入口侧之间的间隙。

对比文件2公开了一种图像形成装置（相当于权利要求1中的电子照相打印机）的墨粉补给装置，其中（参见说明书第10栏第0042段到第12栏第0050段以及附图3~7）公开了以下技术特征：该装置包括墨粉储存容器20和图像形成装置的安装部50，墨粉储存容器20的下端有管道36（相当于权利要求1中的排放孔），管道36上端延伸到墨粉储存容器20内部的支撑架31中，支撑架31上装有螺旋弹簧34和活塞32（相当于权利要求1中的开闭单元），当墨粉储存容器20没有被安装到图像形成装置上时活塞32封闭管道36并且螺旋弹簧34处于自然拉伸状态，安装部50上有一个可动支撑架61（相当于权利要求1中的入口引导件），喷嘴51（相当于权利要求1中的废墨收集罐的入口）插入在可动支撑架61中，喷嘴51的下端连接图像形成装置的墨粉传输管道，上端开口用于当墨粉储存容器20被安装后与管道36连接以注入墨粉，可动支撑架61底部有弹簧63弹性支撑（相当于权利要求1中的弹性元件），用于当墨粉储存容器20被安装时保持可动支撑架61中的喷嘴51与管道36之间的紧密接触，在可动支撑架61的上端入口处固定有弹性密封件64（相当于权利要求1中的弹性密封件）围绕在喷嘴51周围，用于弹性密封墨粉储存容器20的管道36与喷嘴51之间的间隙；其中该墨粉储存容器 20 的安装过程是：将活塞 32 处于封闭状态的墨粉储存容器 20 向下压到图像形成装置的安装部 50 上，使可动支撑架 61 与墨粉存储装置 20 的下端相接触，此时弹簧 63 被压缩以使得可动支撑架 61 与墨粉存储装置 20 保持紧密接触，同时螺旋弹簧 34 被压缩以使得喷嘴 51 穿过可动支撑架 61 与管道 36 相连接，然后喷嘴 51 继续向上压缩螺旋弹簧 34 推动活塞 32 直至管道 36 上端开口打开，以便使墨粉可以从墨粉储存容器 20 进入管道 36 中的喷嘴 51 中；当将墨粉储存容器 20 从安装部 50 上取下时，螺旋弹簧 34 向下回弹使活塞 32 回到原位封闭管道 36 上端，然后喷嘴 51 从管道 36 中退出，同时在弹簧 63 的推动下，可动支撑架 61 随着墨粉储存容器 20 一起向上运动直至喷嘴 51 上端从管道 36 中完全退回到可动支撑架 61 中，也即在墨粉储存容器 20 上升和下降时弹簧 63 始终保持着墨粉储存容器 20 的管道 36 与喷嘴 51 之间紧密接触，从而防止管道 36 与喷嘴 51 分离和结合时的墨粉飞溅。由此可见，对比文件 2 中的可动支撑架 61、弹簧 63、弹性密封件 64 分别对应于权利要求 1 中的入口引导件、弹性元件、弹性密封件，从而上述区别特征已经被对比文件 2 公开，该特征在对比文件 2 中所起的作用与权利要求 1 中相同，都是用于防止当墨粉容器与另一容器相结合或分离时在接触部分发生墨粉飞溅，并且对比文件 2 与本申请均属于打印机中的墨粉输送技术领域，因此，本领域技术人员在对比文件 1 的基础上，为了解决墨粉运输管与墨粉回收罐分离和结合时在接触部分之间发生墨粉飞溅的问题，有动机将对比文件 2 与对比文件 1 相结合以得到权利要求 1 所要求保护的技术方案，因此权利要求 1 不具有突出的实质性特点和显著的进步，不具备专利法第 22 条第 3 款规定的创造性。

复审请求人认为：权利要求 1 中的特征"入口引导件具有入口通道以连接排放孔和废墨收集罐的入口"未被对比文件公开，该特征使得本申请中的入口引导件可以同时起到墨粉通道的作用，适于连接非嵌套的排放孔和废墨收集入口，而对比文件 2 中的活动支架 61 不具有同样的入口通道，也就不能提供这样的功能，因此权利要求 1 具备创造性。

对此，合议组认为，由上述可知，对比文件 2 中的可动支撑架 61 对应于本申请权利要求 1 中的入口引导件，从对比文件 2 的图 5 中可以看出，在可动支撑架 61 的中央也有一个通道以使得喷嘴 51（相当于本申请权利要求 1 中的废墨收集罐入口）插入其中，该通道位于喷嘴 51 和管道 36（相当于本申请权利要求 1 中的排放孔）之间，可以起到连接喷嘴 51 和管道 36 的作用，因而上述特征实质上已经被对比文件 2 所公开；并且，由于对比文件 1 公开的就是一种具有非嵌套的排放孔和废墨收集罐入口的废墨收集装置，本领域普通技术人员在对比文件 1 的基础上为了解决墨粉运输管与墨粉回收罐分离和结合时在接触部分之间发生墨粉飞溅的问题，将对比文件 2 中的防止墨粉飞溅的结构结合到对比文件 1 中时，必然会在非嵌套的排放孔与废墨收集罐入口之间形成一个墨粉通道以使得墨粉从排放孔中流出并进入到废墨收集罐中，这是显而易见的，因此，复审请求人的上述观点不能成立。

权利要求 2 是权利要求 1 的从属权利要求，其附加技术特征是"当排放引导件下降时，开闭单元在排放孔与入口通道的入口侧相互紧密贴附的状态下，开始打开排放孔；且当排放引导件上升时，开闭单元在排放孔与入口通道的入口侧分离之前，完成对排放孔的关闭操作"，由上述对于权利要求 1 的分析可知，对比文件 2 中的活塞 32 对应于权利要求 2 中的"开闭单元"，活塞 32 在安装和取下墨粉储存容器 20 时的操作分别对应于该附加技术特征所述开闭单元在排放引导件下降和上升时的操作，从而该附加技术特征已经被对比文件 2 所公开，因此在权利要求 1 不具备创造性的情况下，其从属权利要求 2 相对于对比文件 1 和对比文件 2 的结合也不具备专利法第 22 条第 3 款规定的创造性。

权利要求 3 是权利要求 2 的从属权利要求，其附加技术特征是"所述开闭单元包括：活门，可旋转地安装在排放引导件上以打开和关闭排放孔；小齿轮，其形成在活门上；以及齿条，该齿条与小齿轮啮合以在排放引导件上升和下降时转动该活门"。对比文件 3 公开了一种电摄影成像装置（相当于权利要求 3 中的电子照相打印机），其中公开了如下内容（参见对比文件 3 的说明书第 11 页第 4~21 行以及附图 1、4）：活门 16 沿着圆周面滑动以打开和关闭调色剂排放口 11a（相当于权利要求 3 中的排放孔），活门 16 上啮合有啮合部件 22（相当于权利要求 3 中的小齿轮），以及另一啮合部件 21b，啮合部件 21b 与啮合部件 22 啮合以便转动活门 16，由图 4 可见啮合部件 21b 是齿轮。由此可见，上述附加技术特征中的大部分已经被对比文件 3 公开，区别仅在于权利要求 3 使用齿条与活门上的小齿轮啮合，而对比文件 3 中是使用齿轮与活门上的小齿轮啮合，但是这一区别特征仅仅是本领域普通技术人员根据具体应用情况所作的常规选择，是本领域普通技术人员不需要花费创造性劳动就能够想到的。因此，在权利要求 2 不具备创造性的情况下，其从属权利要求 3 相对于对比文件 1、2、3 的结合也不具备专利法第 22 条第 3 款规定的创造性。

权利要求 4 是权利要求 1 的从属权利要求，其附加技术特征是“还包括：螺旋输送器，该螺旋输送器将暂时保存在壳体中的废墨粉传送到排放引导件的排放孔”，而对比文件 1 中公开了该墨粉回收装置还包括螺旋输送器 40，其中墨粉被螺旋输送器 40 向前推动经过墨粉运输管 41 到达墨粉出口 41c，因此上述附加技术特征也已经被对比文件 1 所披露，在权利要求 1 不具备创造性的情况下，其从属权利要求 4 相对于对比文件 1 和对比文件 2 的结合也不具备专利法第 22 条第 3 款规定的创造性。

权利要求 5 是权利要求 1 的从属权利要求，其附加技术特征是“设置用来支承入口引导件的所述弹性元件是压缩弹簧”，而由上述对权利要求 1 的评述可知，这一特征已经被对比文件 2 中公开，即设置弹簧 63 来支承可动支撑架 61，因此在权利要求 1 不具备创造性的情况下，其从属权利要求 5 相对于对比文件 1 和对比文件 2 的结合也不具备专利法第 22 条第 3 款规定的创造性。

权利要求 6 是权利要求 1 的从属权利要求，其附加技术特征是“还包括：弹性密封件，用于弹性密封排放孔与入口通道之间的间隙”，而由上述对权利要求 1 的评述可知，这一特征已经被对比文件 2 公开，即利用弹性密封件 64 来弹性密封管到 36 与喷嘴 51 之间的间隙，因此在权利要求 1 不具备创造性的情况下，其从属权利要求 6 相对于对比文件 1 和对比文件 2 的结合也不具备专利法第 22 条第 3 款规定的创造性。

权利要求 7 是权利要求 6 的从属权利要求，其附加技术特征是“所述弹性密封件附连在入口通道上”，而由上述对权利要求 1 的评述可知，这一特征已经被对比文件 2 公开，即弹性密封件 64 被固定在可动支撑架 61 的上端入口处，因此在权利要求 6 不具备创造性的情况下，其从属权利要求 7 相对于对比文件 1 和对比文件 2 的结合也不具备专利法第 22 条第 3 款规定的创造性。

（2）权利要求 8~14 不符合专利法第 22 条第 3 款的规定。

权利要求 8 请求保护一种电子照相打印机，对比文件 1 公开了一种电子照相记录设备（相当于权利要求 8 中的电子照相打印机），其中（参见说明书第 1 栏第 1~14 行，第 4 栏第 22 行至第 8 栏第 11 行以及附图 3~8）公开了该设备包括：图像形成体（相当于权利要求 8 中的图像保持体），墨粉的静电潜像形成于该图像形成体上；墨粉回收罐 32（相当于权利要求 8 中的废墨收集罐）用于接收回收的墨粉；以及墨粉回收装置（相当于权利要求 8 中的废墨收集装置），该墨粉回收装置包括：用于收集从感光鼓 11 上除去的废墨粉的壳体 311，用于传输废墨粉的墨粉运输管 41（相当于权利要求 1 中的排放引导件），该墨粉运输管 41 具有墨粉出口 41c（相当于权利要求 1 中的排放孔）用于连接墨粉回收罐的入口 323，以及能够打开和关闭墨粉出口 41c 的快门 43（相当于权利要求 1 中的开闭单元），其中当快门 43 打开时墨粉运输管 41 中的墨粉通过墨粉出口 41c 排放到墨粉回收罐 32 中。

由上可知，权利要求 8 要求保护的技术方案与对比文件 1 公开的内容相比，其区别特征是：权利要求 8 中还包括入口引导件、弹性元件、弹性密封件，其中该入口引导件具有入口通道以连接排放孔和废墨收集罐的入口，弹性元件弹性支承所述入口引导件，以便在排放引导件上升和下降时紧密保持排放孔与入口通道的入口侧之间的间隙，弹性密封件用来在排放引导件上升和下降时弹性封闭排放孔与入口通道的入口侧之间的间隙。

然而，该区别特征实质上与上述权利要求 1 相对于对比文件 1 的区别特征相同，由上文中对于权利要求 1 的评述可知，该区别特征已经被对比文件 2 公开，且在对比文件 2 中所起的作用与权利要求 8 中相同，并且对比文件 2 与本申请均属于打印机中的墨粉输送技术领域，因此，本领域技术人员在对比文件 1 的基础上，有动机将对比文件 2 与对比文件 1 相结合以得到权利要求 8 所要求保护的技术方案，因此权利要求 8 不具有突出的实质性特点和显著的进步，不具备专利法第 22 条第 3 款规定的创造性。

权利要求 9 是权利要求 8 的从属权利要求，其附加技术特征是“当排放引导件下降时，在排放孔与入口通道的入口侧相互紧密贴附的状态下，开闭单元开始打开排放孔；且当排放引导件上升时，在排放孔与入口通道的入口侧分离之前，开闭单元完成对排放孔的关闭操作”，由上文对于权利要求 1 的评述可知，对比文件 2 中的活塞 32 对应于该权利要求 9 中的“开闭单元”，活塞 32 在安装和取下墨粉储存容器 20 时的操作分别对应于该附加技术特征所述开闭单元在排放引导件下降和上升时的操作，从而该附加技术特征也已经被对比文件 2 所公开，因此在权利要求 8 不具备创造性的情况下，其从属权利要求 9 相对于对比文件 1 和对比文件 2 的结合也不具备专利法第 22 条第 3 款规定的创造性。

权利要求 10 是权利要求 9 的从属权利要求，其附加技术特征是“所述开闭单元包括：活门，其可旋转地安装在排放引导件上以打开和关闭排放孔，并且其中形成有小齿轮；以及齿条，其与小齿轮啮合以在排放引导件上升和下降时转动所述活门”。对比文件 3 公开了一种电摄影成像装置（相当于权利要求 10 中的电子照相打印机），其中公开了如下内容（参见说明书第 11 页第 4~21 行以及附图 1、4）：活门 16 沿着圆周面滑动以打开和关闭调色剂排放口 11a（相当于权利要求 3 中的排放孔），活门 16 上啮合有啮合部件 22（相当于权利要求 3 中的小齿轮），以及另一啮合部件 21b，啮合部件 21b 与啮合部件 22 啮合以便转动活门 16，由图 4 可见啮合部件 21b 是齿轮。由此可见，上述附加技术特征中的大部分已经被对比文件 3 公开，区别仅在于权利要求 10 使用齿条与活门上的小齿轮啮合，而对比文件 3 中是使用齿轮与活门上的小齿轮啮合，但是这一区别特征仅仅是本领域普通技术人员根据具体应用情况所作的常规选择，是本领域普通技术人员不需要花费创造性劳动就能够想到的。因此，在权利要求 9 不具备创造性的情况下，其从属权利要求 10 相对于对比文件 1、2、3 的结合也不具备专利法第 22 条第 3 款规定的创造性。

权利要求 11 是权利要求 8 的从属权利要求，其附加技术特征是“所述废墨收集装置还包括：螺旋输送器，该螺旋输送器将暂时保存在壳体中的废墨粉传送到排放引导件的排放孔”，而对比文件 1 中公开了该墨粉回收装置还包括螺旋输送器 40，其中墨粉被螺旋输送器 40 向前推动经过墨粉运输管 41 到达墨粉出口 41c，因此该附加技术特征也已经被对比文件 1 所披露，在权利要求 8 不具备创造性的情况下，其从属权利要求 11 相对于对比文件 1 和对比文件 2 的结合也不具备专利法第 22 条第 3 款规定的创造性。

权利要求 12 是权利要求 8 的从属权利要求，其附加技术特征是“设置用来支承入口引导件的所述弹性元件是压缩弹簧”，而由上文对权利要求 1 的评述可知，这一特征已经被对比文件 2 公开，即设置弹簧 63 来支承可动支撑架 61，因此在权利要求 8 不具备创造性的情况下，其从属权利要求 12 相对于对比文件 1 和对比文件 2 的结合也不具备专利法第 22 条第 3 款规定的创造性。

权利要求 13 是权利要求 8 的从属权利要求，其附加技术特征是“所述废墨收集装置还包括弹性密封件，用于弹性密封排放孔与入口通道之间的间隙”，而由上述对权利要求 1 的评述可知，这一特征也已经被对比文件 2 公开，即利用弹性密封件 64 来弹性密封管到 36 与喷嘴 51 之间的间隙，因此在权利要求 8 不具备创造性的情况下，其从属权利要求 13 相对于对比文件 1 和对比文件 2 的结合也不具备专利法第 22 条第 3 款规定的创造性。

权利要求 14 是权利要求 13 的从属权利要求，其附加技术特征是"所述弹性密封件安装在入口通道上"，而由上述对权利要求 1 的评述可知，这一特征已经被对比文件 2 公开，即弹性密封件 64 被固定在可动支撑架 61 的上端入口处，因此在权利要求 13 不具备创造性的情况下，其从属权利要求 14 相对于对比文件 1 和对比文件 2 的结合也不具备专利法第 22 条第 3 款规定的创造性。

（3）权利要求 15 不符合专利法第 22 条第 3 款规定的创造性。

权利要求 15 请求保护一种收集电子照相打印机的废墨粉的方法，对比文件 1 公开了一种电照相记录设备（相当于权利要求 15 中的电子照相打印机）中的墨粉回收方法，其中（参见说明书第 4 栏第 22 行至第 8 栏第 11 行以及附图 3~8）公开了该电照相记录设备包括：用于收集从感光鼓 11 上除去的废墨粉的壳体 311，用于传输废墨粉的墨粉运输管 41（相当于权利要求 15 中的排放引导件），该墨粉运输管 41 具有墨粉出口 41c（相当于权利要求 15 中的排放孔）用于连接墨粉回收罐的入口 323，以及能够打开和关闭墨粉出口 41c 的快门 43（相当于权利要求 15 中的开闭单元），其中当快门 43 打开时墨粉运输管 41 中的墨粉通过墨粉出口 41c 排放到墨粉回收罐 32 中。

由上可知，权利要求 15 所要求保护的技术方案与对比文件 1 公开的内容相比，其区别在于权利要求 15 的方法包括：在排放孔关闭时使排放引导件下降；使排放孔与入口通道的入口侧相互紧密贴附；利用开闭单元打开排放孔；以及在排放孔与入口通道的入口侧分离之前，利用开闭单元关闭排放孔；安装在入口通道的入口侧的弹性密封件在排放引导件上升和下降时弹性封闭排放孔与入口通道的入口侧之间的间隙。

对比文件 2 公开了一种图像形成装置（相当于权利要求 1 中的电子照相打印机）的墨粉补给装置，其中（参见说明书第 10 栏第 0042 段到第 12 栏第 0050 段以及附图 3-7）公开了以下技术特征：该装置包括墨粉储存容器 20 和图像形成装置的安装部 50，墨粉储存容器 20 的下端有管道 36（相当于权利要求 15 中的排放孔），管道 36 上端延伸到墨粉储存容器 20 内部的支撑架 31 中，支撑架 31 上装有螺旋弹簧 34 和活塞 32（相当于权利要求 15 中的开闭单元），当墨粉储存容器 20 没有被安装到图像形成装置上时活塞 32 封闭管道 36 并且螺旋弹簧 34 处于自然拉伸状态，安装部 50 上有一个可动支撑架 61（相当于权利要求 15 中的入口引导件），喷嘴 51 插入在可动支撑架 61 中，喷嘴 51 的下端连接图像形成装置的墨粉传输管道，上端开口用于当墨粉储存容器 20 被安装后与管道 36 连接以注入墨粉，可动支撑架 61 底部有弹簧 63 弹性支撑，用于当墨粉储存容器 20 被安装时保持可动支撑架 61 中的喷嘴 51 与管道 36 之间的紧密接触，在可动支撑架 61 的上端入口处固定有弹性密封件 64（相当于权利要求 15 中的弹性密封件）围绕在喷嘴 51 周围，用于弹性密封墨粉储存容器 20 的管道 36 与喷嘴 51 之间的间隙；其中该墨粉储存容器 20 的安装过程是：将活塞 32 处于封闭状态的墨粉储存容器 20 向下压到图像形成装置的安装部 50 上（相当于权利要求 15 所述在排放孔关闭时使排放引导件下降），使可动支撑架 61 与墨粉存储装置 20 的下端相接触，此时弹簧 63 被压缩以使得可动支撑架 61 与墨粉存储装置 20 下端的管道 36 保持紧密接触（相当于权利要求 15 所述使排放孔与入口通道的入口侧相互紧密贴附），同时螺旋弹簧 34 被压缩以使得喷嘴 51 穿过可动支撑架 61 与管道 36 相连接，然后喷嘴 51 继续向上压缩螺旋弹簧 34 推动活塞 32 直至管道 36 上端开口打开，以便使墨粉可以从墨粉储存容器 20 进入管道 36 中的喷嘴 51 中（相当于权利要求 15 所述利用开闭单元打开排放孔）；当将墨粉储存容器 20 从安装部 50 上取下时，螺旋弹簧 34 向下回弹使活塞 32 回到原位封闭管道 36 上端（相当于权利要求 15 所述在排放孔与入口通道的入口侧分离之前，利用开闭单元关闭排放孔），然后喷嘴 51 从管道 36 中退出，同时在弹簧 63 的推动下，可动支撑架 61 随着墨粉储存容器 20 一起向上运动直至喷嘴51上端从管道36中完全退回到可动支撑架61中，在墨粉储存容器20的整个上升和下降的过程中，弹性密封件64始终弹性封闭墨粉储存容器20的管道36与喷嘴51之间的间隙，以防止管道36与喷嘴51分离和结合时的墨粉飞溅。由此可见，上述区别特征已经被对比文件2公开，该特征在对比文件2中所起的作用与权利要求15中相同，都是用于防止当墨粉容器与另一容器相结合或分离时在接触部分发生墨粉飞溅，并且对比文件2与本申请均属于打印机中的墨粉输送技术领域，因此，本领域技术人员在对比文件1的基础上，为了解决墨粉运输管与墨粉回收罐分离和结合时在接触部分之间发生墨粉飞溅的问题，有动机将对比文件2与对比文件1相结合以得到权利要求15所要求保护的技术方案，因此权利要求15不具有突出的实质性特点和显著的进步，不具备专利法第22条第3款规定的创造性。

（4）权利要求16不符合专利法第22条第3款的规定。

权利要求16请求保护一种电子照相打印机的废墨收集装置，对比文件1公开了一种电照相记录设备（相当于权利要求16中的电子照相打印机）的墨粉回收装置，其中（参见说明书第4栏第22行至第8栏第11行以及附图3~8）公开了该墨粉回收装置包括：用于收集从感光鼓11上除去的废墨粉的壳体311，用于传输废墨粉的墨粉运输管41（相当于权利要求16中的排放引导件），该墨粉运输管41具有墨粉出口41c（相当于权利要求16中的排放孔）用于连接墨粉回收罐的入口323，能够打开和关闭墨粉出口41c的快门43（相当于权利要求16中的开闭单元），以及用于回收废墨粉的墨粉回收罐32（相当于权利要求16中的废墨收集管），其中当快门43打开时墨粉运输管41中的墨粉通过墨粉出口41c排放到墨粉回收罐32中。

由上可知，权利要求16要求保护的技术方案与对比文件1公开的内容相比，其区别特征是：权利要求16中还包括入口引导件、弹性元件、弹性密封件，其中该入口引导件用于连接所述排放孔和废墨收集罐，弹性元件用于在排放引导件上升和下降时弹性调整入口引导件与排放孔之间的间隙，弹性密封件用来在排放引导件上升和下降时弹性封闭排放孔与入口通道的入口侧之间的间隙。

然而，该区别特征实质上与上述权利要求1相对于对比文件1的区别特征相同，由上文中对于权利要求1的评述可知，该区别特征已经被对比文件2公开，且在对比文件2中所起的作用与权利要求16中相同，并且对比文件2与本申请均属于打印机中的墨粉输送技术领域，因此，本领域技术人员在对比文件1的基础上，有动机将对比文件2与对比文件1相结合以得到权利要求16所要求保护的技术方案，因此权利要求16不具有突出的实质性特点和显著的进步，不具备专利法第22条第3款规定的创造性。

综上所述，本申请权利要求1~16不具备专利法第22条第3款规定的创造性。

三、决定

维持国家知识产权局于2007年1月5日对200310123507.8号发明专利申请作出的驳回决定。

如对本复审请求审查决定不服，根据专利法第41条第2款的规定，复审请求人可以自收到本决定之日起三个月内向北京市第一中级人民法院起诉。

084

扩散敏化成像方法和磁共振成像装置

复审请求审查决定（第13406号）

决　定　号　第13406号
决　定　日　2008年5月23日
发明创造名称　扩散敏化成像方法和磁共振成像装置
国 际 分 类 号　A61B 5/055，G01R 33/48
复 审 请 求 人　通用电器横河医疗系统株式会社
申　请　号　95120850.0
申　请　日　1995年12月15日
公　开　日　1997年6月18日
合 议 组 组 长　宋　瑞
主　审　员　刘　畅
参　审　员　佟仲明

法 律 依 据　专利法第22条第3款，专利法实施细则第60条第1款
决 定 要 点

如果一项权利要求与一篇对比文件的区别技术特征被本领域中另外一篇对比文件公开，且该技术特征在这两篇对比文件中所起的作用相同，或者该区别技术特征是本领域的公知常识，那么该项权利要求不具备创造性。

一、案由

本复审请求涉及申请号为95120850.0、名称为“扩散敏化成像方法和磁共振成像装置”的发明专利申请（下称本申请），其申请日为1995年12月15日，公开日为1997年6月18日，申请人为通用电器横河医疗系统株式会社，本申请公开时的权利要求书共包括4项权利要求，其内容如下：

“1. 一种扩散敏化成像方法，它通过收集含有扩散信息的MR数据而产生扩散敏化的图像，这种MR数据收集是使用在其上加有IVIM方式的脉冲序列而进行的，其特征在于，在K空间的中心的MR数据是按大体上的回波中心部分而收集的，同时MR数据是沿着螺旋形轨迹顺序收集的，这个轨迹以螺旋方式沿着大体上的回波中心部分从K空间的中心向边缘部分延伸。

2. 一种扩散敏化成像方法，它通过收集含有扩散信息的MR数据而产生扩散敏化的图像，这种MR数据收集是使用在其上加有IVIM方式的脉冲序列而进行的，其特征在于，在K空间的中心的MR数据是按大体上的回波中心的部分而收集的，同时MR数据是沿着螺旋形轨迹顺序收集的，这个轨迹以螺旋方式沿着大体上的回波中心部分从K空间的中心向边缘延伸，MR数据的相位是根据在K空间

的中心的MR数据的相位或在K空间的中心附近的MR数据的平均相位而修改的。

3. 一种通过收集含有扩散信息的MR数据以产生扩散敏化图像的扩散敏化成像装置，这种MR数据收集是通过使用在其上施加IVIM方式的脉冲序列而进行的，其特征在于，上述的装置包括螺旋扫描装置，以收集大体上在回波中心部分的K空间中心的MR数据和顺序收集沿着螺旋轨迹的MR数据，这些轨迹以螺旋方式沿着大体上的回波中心的部分从K空间的中心向边缘延伸。

4. 一种通过收集含有扩散信息的MR数据以产生扩散敏化图像的扩散敏化成象装置，这种MR数据收集通过使用在其上施加IVIM方式的脉冲序列而进行，其特征在于，上述的装置包括螺旋扫描装置，以收集大体上在回波中心的部分的K空间中心的MR数据并顺序收集沿着螺旋轨迹的MR数据，这种轨迹以螺旋方式沿着大体上的回波中心的部分从K空间的中心向边缘延伸；还包括相位修改装置，用于根据K空间的中心的MR数据的相位或在K空间中心的周围的MR数据的平均相位来修改MR数据的相位。”

国家知识产权局专利实质审查部门依申请人的请求对本申请进行了实质审查，于2002年2月1日发出第一次审查意见通知书，指出本申请权利要求1~4不具备专利法第22条第3款所规定的创造性。其中引用了三篇对比文件：

对比文件1：JP平4-314426A，其公开日为1992年11月5日；

对比文件2：US5270653A，其公开日为1993年12月14日；

对比文件3：US5406947A，其公开日为1995年4月18日。

第一次审查意见通知书中指出，独立权利要求1相对于对比文件1、2的结合不具备专利法第22条第3款所规定的创造性，独立权利要求2相对于对比文件1、2、3的结合不具备专利法第22条第3款规定的创造性，独立权利要求3、4分别要求保护的技术方案中的技术特征分别对应于独立权利要求1和独立权利要求2要求保护的技术方案中的技术特征，基于与上述独立权利要求1、2不具备创造性相同的理由，独立权利要求3、4也不具备创造性。

申请人针对上述审查意见通知书于2002年8月10日提交了意见陈述书，在此次意见陈述中，申请人没有对申请文件作出修改。申请人在此次意见陈述书中指出：本发明的技术方案中，在施加了RF脉冲后，对近似回波中心的区段在K空间的中心搜集MR数据，其次，MR数据是沿着螺旋形轨迹顺序收集的，这个轨迹以螺旋方式沿着大体上的回波中心部分之后的区段从K空间的中心向边缘部分延伸，利用这个过程，在K空间沿螺旋轨迹收集MR数据，降低了感应检测的次数，因此降低了图象采集时间，然而，对比文件1~3均没有建议或暗示这种过程，因而本发明的权利要求1~4具备新颖性和创造性。

经过上述审查程序后，国家知识产权局专利实质审查部门于2002年11月8日以本申请的权利要求1~4不符合专利法第22条第3款的规定为理由驳回了本申请。驳回决定所针对的文本是：申请人于申请日（1995年12月15日）提交的权利要求第1~4项、说明书第1~10页、说明书附图第1~6页、说明书摘要及摘要附图。

驳回决定认为：对比文件1公开了一种MR扩散成像方法，权利要求1与对比文件1的区别在于：（1）权利要求1要求保护一种扩散敏化成像方法，产生的是扩散敏化的图像；（2）权利要求1中限定了在K空间的中心的MR数据是按大体上的回波中心部分收集的，同时MR数据是沿着螺旋形轨迹顺序收集的，这个轨迹以螺旋方式沿着大体上的回波中心从K空间的中心向边缘部分延伸。对于区别特征（1），本领域技术人员知晓扩散成像方法就是一种敏化成像方法，此外，对比文件2公开了区别特征（2），且对比文件2给出了将上述区别技术特征应用到对比文件1的技术方案中以解决本申请的技术问题的启示，因而权利要求1相对于对比文件1、2的结合不具备创造性。独立权利要求2要求保护的技术方案与独立权利要求1要求保护的技术方案的区别仅在于它进一步增加了如下技术特征“MR数据的相位是根据在K空间的中心的MR数据的相位或在K空间的中心附近的MR数据的平均相位而修改的”，而上述特征已经被对比文件3公开了，因此权利要求2相对于对比文件1、2、3的结合不具备创造性。独立权利要求3、4分别要求一种保护的通过收集含有扩散信息的MR数据以产生扩散敏化图像的扩散敏化成像装置，其技术方案中的技术特征分别对应于独立权利要求1和独立权利要求2要求保护的技术方案中的技术特征，基于与上述独立权利要求1、2不具备创造性相同的理由，独立权利要求3、4也不具备创造性。针对申请人答复第一次审查意见通知书中的意见陈述，驳回决定中指出，意见陈述书中所强调的理由不足以证明本申请中的权利要求相对于现有技术具有创造性。

申请人通用电器横河医疗系统株式会社（下称复审请求人）不服上述驳回决定，于2003年2月12日向专利复审委员会提出复审请求，并对权利要求书进行了修改，修改后的权利要求书共包括4项权利要求，其内容如下：

“1. 一种扩散敏化成像方法，它通过收集含有扩散信息的磁共振（MR）数据而产生扩散敏化的图像，这种MR数据收集是使用在其上加有立体像素内部不相干运动（IVIM）方式的自旋回波脉冲序列而进行的，所述脉冲序列包括射频（RF）脉冲（R90、R180）以在诊断部分激励自旋回波信号和用于施加到任意轴线上的扩散敏化的运动探测梯度（G1、G2），所述方法的特征在于包括以下步骤：

在K空间中心部分中收集MR数据，

所述MR数据的收集是沿着螺旋形轨迹顺序收集的，这个轨迹以螺旋方式沿着回波中心部分从K空间的中心向边缘部分延伸；和

根据在K空间中心处的MR数据修改MR数据的相位，以降低身体运动的影响。

2. 根据权利要求1的扩散敏化成像方法，特征在于，所述修改MR数据相位的步骤是根据在K空间的中心的MR数据的相位而修改MR数据的相位的。

3. 根据权利要求1的扩散敏化成像方法，特征在于，所述修改MR数据相位的步骤是根据在K空间的中心部分的MR数据的平均相位而修改MR数据的相位的。

4. 一种扩散敏化成像装置，它通过收集含有扩散信息的磁共振（MR）数据而产生扩散敏化的图象，这种MR数据收集是使用在其上加有立体像素内部不相干运动（IVIM）方式的自旋回波脉冲序列而进行的，所述脉冲序列包括射频（RF）脉冲（S1、S2）以在诊断部分激励核自旋和用于施加到任意轴线上的扩散敏化的运动探测梯度（G1、G2），所述装置的特征在于包括：

螺旋扫描装置（4），以对应于扩散敏化图像的空间分辨率对回波中心部分收集在K空间中心的MR数据并顺序收集沿着螺旋轨迹的MR数据，这种轨迹以螺旋方式在回波中心周围的部分从K空间的中心向边缘延伸；和

相位修改装置，用于根据K空间的中心的MR数据的相位或在K空间中心的周围的MR数据的平均相位来修改MR数据的相位。”

复审请求人在复审请求书中指出：对比文件1~3中没有公开关于沿多个螺旋形轨迹进行MR数据的相位校正的技术特征。从对比文件1、2、3或者它们的结合不能得出本申请修改后的权利要求所请求保护的技术方案，对比文件1~3不能破坏本申请权利要求1~4的创造性。

经形式审查合格后，专利复审委员会受理了上述请求，并于2003年3月4日向复审请求人发出复审请求受理通知书，同时向原专利实质审查部门发出前置审查通知书。

原专利实质审查部门对该复审请求做出前置审查意见，仍然坚持原驳回决定。

针对上述复审请求，专利复审委员会依法成立合议组对该复审请求案进行了审理，并于2003年6月19日发出第一次复审通知书，指出：复审请求人在修改后的权利要求1、4中增加了“所述脉冲包括射频脉冲以在诊断部分激励自旋回波信号和用于施加到任意轴线上的扩散敏化的运动探测梯度”的特征，但该特征是采用IVIM方式进行磁共振成像的一个基本步骤，对本领域技术人员来说是不言而喻的；此外复审请求人在修改后的权利要求1中加入了“根据在K空间中心处的MR数据修改MR数据的相位”的特征，所述的“以降低身体运动的影响”只是该特征要实现的目的，该特征已被对比文件3披露，对比文件3公开了根据在K空间的中心的MR数据的相位或在K空间的中心附近的MR数据的平均相位来修改MR数据相位的具体方法和电路，因此，对比文件3也同样公开了权利要求2、3的附加技术特征；复审请求人强调对比文件1~3中没有公开沿多个螺旋形轨迹进行MR数据的相位校正，并且对于相位校正来说，单个螺旋扫描是没有意义的，但在本申请修改后的权利要求中并未体现出上述内容，权利要求4只是对应于前述方法的装置权利要求，并且所述的技术方案并没有具体限定该装置的具体结构，只进行了与前述方法基本相同的功能性限定，并且所述的功能均已经在对比文件1~3中公开了。因此，权利要求1~4仍不具备专利法第22条第3款所规定的创造性。

针对上述复审通知书，复审请求人于2003年7月19日向专利复审委员会提交了意见陈述书，同时提交了权利要求书的全文修改替换页，其中共包括5项权利要求，其内容如下：

“1. 一种扩散敏化成像方法，它通过收集含有扩散信息的磁共振（MR）数据而产生扩散敏化的图像，这种MR数据收集是使用在其上加有立体像素内部不相干运动（IVIM）方式的自旋回波脉冲序列而进行的，所述脉冲序列包括射频（RF）脉冲（R90、R180）以在诊断部分激励自旋回波信号和用于施加到任意轴线上的扩散敏化的运动探测梯度（G1、G2），所述方法的特征在于包括以下步骤：

在K空间中心部分中收集MR数据，

所述MR数据的收集是沿着多个螺旋形轨迹顺序收集的，这些轨迹以螺旋方式沿着回波中心部分从K空间的中心向边缘部分延伸；和

根据在K空间中心处的MR数据修改MR数据的相位，以降低身体运动的影响。

2. 根据权利要求1的扩散敏化成像方法，特征在于，所述修改MR数据相位的步骤是根据在K空间的中心的MR数据的相位而修改MR数据的相位的。

3. 根据权利要求1的扩散敏化成像方法，特征在于，所述修改MR数据相位的步骤是根据在K空间的中心部分的MR数据的平均相位而修改MR数据的相位的。

4. 一种扩散敏化成像装置，它通过收集含有扩散信息的磁共振（MR）数据而产生扩散敏化的图像，这种MR数据收集是使用在其上加有立体像素内部不相干运动（IVIM）方式的自旋回波脉冲序列而进行的，所述脉冲序列包括射频（RF）脉冲（S1、S2）以在诊断部分激励核自旋和用于施加到任意轴线上的扩散敏化的运动探测梯度（G1、G2），所述装置的特征在于包括：

螺旋扫描装置（4），以对应于扩散敏化图像的空间分辨率对回波中心部分收集在K空间中心的MR数据并顺序收集沿着多个螺旋轨迹的MR数据，这些轨迹以螺旋方式在回波中心周围的部分从K空间的中心向边缘延伸。

5. 根据权利要求4的扩散敏化成象装置，特征在于所述装置还根据K空间的中心的MR数据来修改MR数据的相位。”

复审请求人在此次意见陈述中再次强调了对比文件1~3中没有公开对MR数据的校正而提供多个螺旋形轨迹的特征，从对比文件1~3的任意组合中也不能得出使本领域普通技术人员将这个特征与其他技术方案结合的启示，此外，对比文件1~3中也没有公开“在K空间中心部分收集MR数据”

这一特征，因此，权利要求1~5具备专利法第22条第3款规定的创造性。

2008年3月10日，专利复审委员会向复审请求人发出了第二次复审通知书，指出在复审请求人2003年7月19日提交的权利要求书中，将权利要求4中的技术特征“相位修改装置，用于根据K空间的中心的MR数据的相位或在K空间中心的周围的MR数据的平均相位来修改MR数据的相位”删除，并将此特征作为引用权利要求4的新的从属权利要求5的附加技术特征，不是针对第一次复审通知书所指出的缺陷作出的修改，并且这种修改扩大了权利要求4的保护范围，因此，复审请求人的这一修改不符合专利法实施细则第60条第1款的有关规定。此外，在此次复审通知书中，合议组再次指出权利要求1~5不具备专利法第22条第3款所规定的创造性，并具体指出：对比文件1、2、3都属于磁共振成像领域的现有技术，为了解决由于病人的躯体运动及呼吸会引起伪影从而影响成像质量的这一技术问题，并且使得数据采集的时间缩短，本领域技术人员在对比文件1中公开内容的基础上，可以得到与对比文件2、3及本领域的公知常识进行结合的技术启示，从而得出权利要求1所请求保护的技术方案，这种结合不需要付出创造性劳动，并且对于本领域技术人员来说是显而易见的。

针对第二次复审通知书，复审请求人于2008年4月23日向专利复审委员会提交了意见陈述书，并对权利要求书进行了修改，将权利要求5的附加技术特征并入独立权利要求4中，其中，修改后的权利要求书如下：

“1. 一种扩散敏化成像方法，它通过收集含有扩散信息的磁共振（MR）数据而产生扩散敏化的图象，这种MR数据收集是使用在其上加有立体像素内部不相干运动（IVIM）方式的自旋回波脉冲序列而进行的，所述脉冲序列包括射频（RF）脉冲（R90、R180）以在诊断部分激励自旋回波信号和用于施加到任意轴线上的扩散敏化的运动探测梯度（G1、G2），所述方法的特征在于包括以下步骤：

在K空间中心部分中收集MR数据，

所述MR数据的收集是沿着多个螺旋形轨迹顺序收集的，这些轨迹以螺旋方式沿着回波中心部分从K空间的中心向边缘部分延伸；和

根据在K空间中心处的MR数据修改MR数据的相位，以降低身体运动的影响。

2. 根据权利要求1的扩散敏化成像方法，特征在于，所述修改MR数据相位的步骤是根据在K空间的中心的MR数据的相位而修改MR数据的相位的。

3. 根据权利要求1的扩散敏化成像方法，特征在于，所述修改MR数据相位的步骤是根据在K空间的中心部分的MR数据的平均相位而修改MR数据的相位的。

4. 一种扩散敏化成像装置，它通过收集含有扩散信息的磁共振（MR）数据而产生扩散敏化的图像，这种MR数据收集是使用在其上加有立体像素内部不相干运动（IVIM）方式的自旋回波脉冲序列而进行的，所述脉冲序列包括射频（RF）脉冲（S1、S2）以在诊断部分激励核自旋和用于施加到任意轴线上的扩散敏化的运动探测梯度（G1、G2），所述装置的特征在于包括：

螺旋扫描装置（4），以对应于扩散敏化图像的空间分辨率对回波中心部分收集在K空间中心的MR数据并顺序收集沿着多个螺旋轨迹的MR数据，这些轨迹以螺旋方式在回波中心周围的部分从K空间的中心向边缘延伸，和

相位修改装置，用于根据K空间的中心的MR数据的相位或在K空间中心的周围的MR数据的平均相位来修改MR数据的相位。”

在此次意见陈述书中，复审请求人还指出：（1）对比文件1没有公开权利要求1、4中的技术特征“沿多个螺旋形轨迹顺序收集MR数据”；（2）对比文件2中是沿三维空间中的螺旋形轨迹收集MR数据的，而本发明则是沿二维平面内的螺旋形轨迹收集MR数据的；（3）对比文件3的技术方案

是对由每个相位编码梯度得来的多个回波数据进行平均，而本发明是对MR数据的相位进行修改，且二者在计算公式上也存在着差异，因而权利要求1~4相对于对比文件1~3具备创造性。

至此合议组认为本案事实清楚，现依法作出复审决定。

二、决定的理由

1. 审查文本

本复审决定所依据的审查文本为复审请求人于2008年4月23日提交的权利要求第1~4项、复审请求人于1995年12月15日提交的说明书第1~10页、说明书附图第1~6页、说明书摘要及摘要附图。

2. 关于专利法实施细则第60条第1款

专利法实施细则第60条第1款规定：请求人在提出复审请求或者在对专利复审委员会的复审通知书作出答复时，可以修改专利申请文件；但是，修改应当仅限于消除驳回决定或者复审通知书指出的缺陷。

在专利复审委员会于2008年3月10日发出的第二次复审通知书中指出：复审请求人将权利要求4中的技术特征“相位修改装置，用于根据K空间的中心的MR数据的相位或在K空间中心的周围的MR数据的平均相位来修改MR数据的相位”删除，并将此特征作为引用权利要求4的新的从属权利要求5的附加技术特征。对此合议组认为，复审请求人所作出的上述修改并不是针对第一次复审通知书所指出的缺陷作出的修改，并且这种修改扩大了权利要求4的保护范围，因此，复审请求人的这一修改不符合专利法实施细则第60条第1款的有关规定。

在复审请求人于2008年4月23日向专利复审委员会提交的权利要求书中，将权利要求5的附加技术特征并入独立权利要求4中，因此，修改后的权利要求书克服了上述缺陷，符合专利法实施细则第60条第1款的规定。

3. 关于专利法第22条第3款

专利法第22条第3款规定：创造性，是指同申请日以前已有的技术相比，该发明有突出的实质性特点和显著的进步，该实用新型有实质性特点和进步。

（1）关于权利要求1是否具备创造性。

独立权利要求1请求保护一种扩散敏化成像方法。对比文件1公开了一种MR扩散成像方法，其中（说明书第1栏第12行至第2栏第5行）公开了以下技术特征：通过收集含有扩散信息的MR数据而产生扩散的图像，这种MR数据是使用在其上加有IVIM方式的脉冲序列而进行的，本领域技术人员根据本领域的公知常识可以了解，本申请权利要求1中所述的“扩散敏化成像方法”实质上就是对比文件1中公开的“扩散成像方法”。

将权利要求1与对比文件1相比较，其区别在于：①本申请权利要求1中还限定了“所述脉冲序列包括射频（RF）脉冲（R90、R180）以在诊断部分激励自旋回波信号和用于施加到任意轴线上的扩散敏化的运动探测梯度（G1、G2）”；②本申请权利要求1还限定了“在K空间中心部分中收集MR数据，所述MR数据的收集是沿着多个螺旋形轨迹顺序收集的，这些轨迹以螺旋方式沿着回波中心部分从K空间中心部分从K空间的中心向边缘部分延伸”；③本申请权利要求1还限定了：“根据在K空间中心处的MR数据修改MR数据的相位，以降低身体运动的影响”。

对于区别特征①，本领域技术人员根据本领域的公知常识可以了解，上述区别特征①是采用IVIM方式进行磁共振成像的一个基本步骤，此外在本申请的说明书相关部分的描述（参见本申请说明书第1页至第2页第2段、附图6-7）也表明上述区别特征属于本领域的公知常识；对于区别特征②，经合议组审查后认为：对比文件2公开了一种利用三维激励进行MR成像的方法，其中公开了以下技术特征：在一段时间内给已经存在的三个垂直的磁场梯度施加一系列的RF脉冲，限定一个包括一系列堆置的三维K空间螺旋的K空间轨迹，它包括成对的外螺旋和内螺旋（见对比文件2说明书第2栏第7~17行），这些轨迹以螺旋方式沿着大体上的回波中心部分从K空间的中心向边缘部分延伸（见对比文件2附图4、8A、8B），特别是在图4中明确记载了多条轨迹以螺旋方式沿着大体上的回波中心部分从K空间的中心向边缘部分延伸的示意图，根据本领域的公知常识可知，MR数据是沿着上述内外螺旋的K空间轨迹收集的，因此，上述区别特征②已经被对比文件2公开了；对于区别特征③，对比文件3公开了一种使用在其上加有IVIM方式的脉冲序列的MRI装置，其中（见对比文件3说明书第2栏第12行至第5栏第66行）公开了根据在K空间的中心的MR数据或在K空间的中心附近的MR数据的平均值来修改MR数据的具体方法和电路，也就是说，对比文件3给出了修改MR数据以消除伪影的技术启示，至于是直接对K空间中心附近的MR数据进行平均后修改其他位置的MR数据，还是对K空间中心附近的MR数据的相位进行平均后再修改其他位置的MR数据的相位，均属于本领域常用的技术手段，是本领域技术人员不需要付出创造性劳动就可以很容易想到的。由此可见，本领域技术人员在对比文件1、2、3公开的内容的基础上，可以得到与本领域的公知常识进行结合的技术启示，从而得出权利要求1所请求保护的技术方案，这种结合不需要付出创造性劳动，并且对于本领域技术人员来说是显而易见的。综上所述，该权利要求1不具备专利法第22条第3款所规定的创造性。

（2）关于权利要求2、3是否具备创造性。

权利要求2、3分别对权利要求1作了进一步的限定，并分别加入了如下附加技术特征："所述修改MR数据相位的步骤是根据在K空间的中心的MR数据的相位而修改MR数据的相位的"、" 所述修改MR数据相位的步骤是根据在K空间的中心部分的MR数据的平均相位而修改MR数据的相位的"。对比文件3公开了一种使用在其上加有IVIM方式的脉冲序列的MRI装置，其中（见对比文件3说明书第2栏第12行至第5栏第66行）公开了根据在K空间的中心的MR数据或在K空间的中心附近的MR数据的平均值来修改MR数据的具体方法和电路，如上所述，合议组认为对比文件3给出了修改MR数据以消除伪影的技术启示，至于是直接对K空间中心附近的MR数据进行平均后修改其他位置的MR数据，还是对K空间中心附近的MR数据的相位进行平均后再修改其他位置的MR数据的相位，均属于本领域常用的技术手段，且具体计算方式也是本领域技术人员不需要付出创造性劳动就可以很容易想到的，因而在其引用的权利要求1不具备创造性的情况下，该从属权利要求2、3也不具备专利法第22条第3款所规定的创造性。

（3）关于权利要求4是否具备创造性。

独立权利要求4请求保护一种扩散敏化成像装置。对比文件1公开了一种MR扩散成像方法，其中（说明书第1栏第12行至第2栏第5行）公开了以下技术特征：通过收集含有扩散信息的MR数据而产生扩散的图像，这种MR数据是使用在其上加有IVIM方式的脉冲序列而进行的。如上所述，本领域技术人员知晓对比文件1中的扩散成像就是权利要求4中的扩散敏化成像，二者没有本质区别。

将权利要求4与对比文件1相比较，其区别在于：①本申请权利要求4请求保护的是一种装置，而对比文件1公开的是一种方法；②本申请权利要求4中还限定了"所述脉冲序列包括射频（RF）脉冲（R90、R180）以在诊断部分激励自旋回波信号和用于施加到任意轴线上的扩散敏化的运动探测梯度（G1、G2）"；③本申请权利要求4还限定了"螺旋扫描装置（4），以对应于扩散敏化图像的空间分辨率对回波中心部分收集在K空间中心部分的MR数据并顺序收集沿着多个螺旋形轨迹的MR数据，这些轨迹以螺旋方式沿着回波中心部分从K空间中心部分从K空间的中心向边缘部分延伸"；

④本申请权利要求4中还限定了“所述装置还根据K空间中心的MR数据来修改MR数据的相位”的技术特征。

对于区别特征①，由于权利要求4是一个采用功能性限定的产品权利要求，因而本领域技术人员在对比文件1公开的方法的基础上可以很容易制造出对应于该方法的装置来实现其功能，这对于本领域技术人员来说是显而易见的；对于区别特征②，本领域技术人员根据本领域的公知常识可以了解，上述区别特征②是采用IVIM方式进行磁共振成像的一个基本步骤，此外在本申请的说明书相关部分的描述（参见本申请说明书第1页至第2页第2段、附图6-7）也表明上述区别特征属于本领域的公知常识；对于区别特征③，经合议组审查后认为：对比文件2公开了一种利用三维激励进行MR成像的装置，其中公开了以下技术特征：在一段时间内给已经存在的三个垂直的磁场梯度施加一系列的RF脉冲，限定一个包括一系列堆置的三维K空间螺旋的K空间轨迹，它包括成对的外螺旋和内螺旋（见对比文件2说明书第2栏第7~17行），这些轨迹以螺旋方式沿着大体上的回波中心部分从K空间的中心向边缘部分延伸（见附图4、8A、8B），特别是在图4中明确记载了多条轨迹以螺旋方式沿着大体上的回波中心部分从K空间的中心向边缘部分延伸的示意图，根据本领域公知常识可知，MR数据是沿着上述内外螺旋的K空间轨迹收集的，因而可以说在对比文件2中公开的装置包含了收集MR数据的装置，即区别技术特征③中的螺旋扫描装置，也就是说，上述区别特征③已经被对比文件2公开了；对于区别特征④，对比文件3公开了一种使用在其上加有IVIM方式的脉冲序列的MRI装置，其中（见对比文件3说明书第2栏第12行至第5栏第66行）公开了根据在K空间的中心的MR数据或在K空间的中心附近的MR数据的平均值来修改MR数据的具体方法和电路，也就是说，对比文件3给出了修改MR数据以消除伪影的技术启示，至于是直接对K空间中心附近的MR数据进行平均后修改其他位置的MR数据，还是对K空间中心附近的MR数据的相位进行平均后再修改其他位置的MR数据的相位，均属于本领域常用的技术手段，是本领域技术人员不需要付出创造性劳动就可以很容易想到的。由此可见，本领域技术人员在对比文件1、2、3中公开内容的基础上，可以得到与本领域的公知常识进行结合的技术启示，从而得出权利要求4所请求保护的技术方案，这种结合不需要付出创造性劳动，并且对于本领域技术人员来说是显而易见的。综上所述，该权利要求4不具备专利法第22条第3款所规定的创造性。

（4）关于复审请求人的意见陈述。

复审请求人在2008年4月23日提交的意见陈述书中指出：①对比文件1没有公开权利要求1、4中的技术特征“沿多个螺旋形轨迹顺序收集MR数据”；②对比文件2中是沿三维空间中的螺旋形轨迹收集MR数据的，而本发明则是沿二维平面内的螺旋形轨迹收集MR数据的；③对比文件3的技术方案是对由每个相位编码梯度得来的多个回波数据进行平均，而本发明是对MR数据的相位进行修改，且二者在计算公式上也存在着差异，因而权利要求1~4相对于对比文件1~3具备创造性。

对此合议组认为：①如上所述，“沿多个螺旋形轨迹顺序收集MR数据”这一技术特征已经被对比文件2公开了，且本领域技术人员在对比文件1、2、3公开内容的基础上，可以得到与本领域的公知常识进行结合的技术启示，从而得出权利要求1、4所请求保护的技术方案，这对于本领域技术人员来说是显而易见的；②虽然本发明是沿二维平面内的螺旋形轨迹收集MR数据，而对比文件2是沿三维空间的螺旋形轨迹收集MR数据的，但是在权利要求1~4中并没有具体限定所述螺旋形轨迹是存在于二维K空间中，因此复审请求人的这一理由不能成立；③虽然对比文件3中并没有具体公开根据在K空间的中心的MR数据的相位或在K空间的中心附近的MR数据的平均相位来修改MR数据的相位这一技术特征，但是根据本领域的公知常识可知，为了消除成像后不期望的伪影，根据K空间中心区域内的数据的相位对K空间数据的相位进行修改是一种常规的图像处理手段，是本领域技术人员不需要付出创造性劳动就可以很容易想到的。综上所述，复审请求人的上述意见并不能证明本申请的权利要求 1~4 具备专利法第 22 条第 3 款所规定的创造性。

三、决定

复审请求不成立，维持国家知识产权局于 2002 年 11 月 8 日针对 95120850.0 号发明专利申请作出的驳回决定。

复审请求人对本决定不服的，可以根据专利法第 41 条第 2 款的规定，自收到本决定之日起三个月内向北京市第一中级人民法院起诉。

085

X射线成像系统中自动确定自动亮度系统采样窗口大小和位置的方法和装置

复审请求审查决定（第13412号）

决　定　号　第13412号
决　定　日　2008年5月22日
发明创造名称　X射线成像系统中自动确定自动亮度系统采样窗口大小和位置的方法和装置
国际分类号　H05G 1/64
复审请求人　OEC医疗系统公司
申　请　号　00808555.2
优先权日　1999年5月7日
申　请　日　2000年5月5日
公　开　日　2002年8月14日
合议组组长　刘颖杰
主　审　员　佟仲明
参　审　员　刘　畅

法律依据　专利法第26条第4款
决定要点

如果一项产品权利要求中记载的某一组成部件与说明书中记载的相应部件所具有的功能不同，且从说明书公开的内容中无法毫无异议地得出该组成部件具有如权利要求中所述的功能，则该权利要求得不到说明书的支持，不符合专利法第26条第4款的规定。

一、案由

本复审请求涉及申请号为00808555.2、名称为“X射线成像系统中自动确定自动亮度系统采样窗口大小和位置的方法和装置”的发明专利PCT申请（下称本申请），申请日为2000年5月5日，优先权日为1999年5月7日，进入中国国家阶段的日期为2001年12月6日，申请人为OEC医疗系统公司。本申请公开时权利要求书包括27项权利要求，其中权利要求1、25、27为独立权利要求。

国家知识产权局实质审查部门依法对本申请进行了实质审查，于2003年12月19日发出第一次审查意见通知书，指出本申请权利要求1、2、4~8、13、22~24、26不符合专利法第26条第4款的规定，权利要求1、3、9、11、12、14~19、25、27不符合专利法实施细则第20条第1款的规定；说明书撰写不符合专利法实施细则第18条的规定。

针对上述审查意见通知书，申请人于2004年7月5日提交了意见陈述书和权利要求1~27项以及说明书1~5页的修改替换页。申请人认为：修改后的各项权利要求清楚地表明了要求保护的范围，并均得到说明书的支持。

针对申请人上述意见陈述，原实质审查部门继续审查，并于2004年8月27日发出第二次审查意见通知书，指出本申请权利要求1、2、4~8、13、22~24、26不符合专利法第26条第4款的规定，权利要求1、11、12、16、27不符合专利法实施细则第20条第1款的规定等缺陷。

针对第二次审查意见通知书，申请人于2005年1月11日提交了意见陈述书和权利要求1~25项的修改替换页。申请人认为：修改后的各项权利要求清楚地表明了要求保护的范围，并均得到说明书的支持。

经过上述实质审查程序后，国家知识产权局实质审查部门以本申请权利要求1、25的主题名称不清楚，不符合专利法实施细则第20条第1款的规定以及权利要求1、2、4~8、22~24要求保护的技术方案得不到说明书支持，不符合专利法第26条第4款的规定为由，于2005年4月8日作出了驳回本申请的决定。

该驳回决定所针对的文本是：申请人于2005年1月11日提交的权利要求1~25项、于2004年7月5日提交的说明书第1~5页，以及于2001年12月6日进入中国国家阶段时提交的说明书第6~13页、附图第1~8页、说明书摘要以及说明书摘要附图。

申请人OEC医疗系统公司（下称复审请求人）不服上述驳回决定，于2005年7月25日向专利复审委员会提出复审请求，其复审请求的理由是：修改后的权利要求1和权利要求25保护范围清楚，符合专利法实施细则第20条第1款的规定；权利要求1、2、4~8、22~24所要求保护的技术方案能得到说明书的支持，符合专利法第26条第4款的规定。复审请求人同时提交了权利要求书全文的修改替换页，修改后的权利要求书共包括25项权利要求。

经形式审查合格后，专利复审委员会于2005年11月7日依法受理了上述复审请求，并向复审请求人发出了复审请求受理通知书，同时向原实质审查部门发出前置审查通知书。

原实质审查部门对该复审请求做出前置审查意见，仍然坚持原驳回决定。

专利复审委员会依法成立合议组，对该复审请求进行审查，本案合议组于2007年8月31日发出复审请求口头审理通知书，指出本案合议组定于2007年10月17日对本案进行口头审理，并在口头审理通知书正文中指出：本申请权利要求1、2中分别对ABS采样窗口直径的计算方式和确定采样窗口位置的方式进行了上位概括，而说明书中仅给出一种实施方式，本领域普通技术人员不能明了除本发明实施方式中所述的方式外还有其他实现方式，因此该上位概括得不到说明书的支持；并且权利要求1的特征“基于在感兴趣的图像区域内的空间灰度分布……”、权利要求2中的特征“除以以……图像增强器尺寸”与说明书中的记载不一致，且无法从说明书公开的内容毫无异议地导出；权利要求4中记载“……图象接收器模式的函数”、权利要求23中记载的“删除一部分感兴趣……”在说明书实施方式中没有记载，且无法从说明书公开的内容毫无异议地导出，因此权利要求1、2、4、23分别得不到说明书的支持，不符合专利法第26条第4款的规定。权利要求25中的“位置处理器”、“尺寸处理器”和“形状处理器”在本申请说明书实施方式中没有记载，本申请说明书中记载的是用ABS采样窗口处理器完成确定ABS采样窗口尺寸、位置并剪切ABS采样窗口的功能；该权利要求中的“统计处理器”与说明书中对相应部件采用的术语“图像数据分析仪”不一致；该权利要求25中还采用了上位的功能性描述，说明书中仅给出一种实施方式，本领域普通技术人员不能明了除本发明实施方式中所述的方式外还有其他实现方式，因此该权利要求25得不到说明书的支持。权利要求25中记载的“……所述选择的分区……”指代不清楚，不符合专利法实施细则第20条第1款的规定。

针对上述口审通知书，复审请求人提出延长期限请求，并于2007年11月19日提交了意见陈述书和权利要求书全文的修改替换页，修改后的权利要求书共包括24项权利要求。其中，申请人在原权利要求1的步骤（a）中加入方程“ABS窗口直径（cm）=（kVp-40）÷2;”，并将原权利要求9的附加技术特征加入到步骤（b）同时删除权利要求9；删除权利要求2第2段，并将第3段和第4段修改为“将ABS采样窗口的直径除以图像增强器视域直径……”和“设置ABS采样窗口直径为ABS采样窗口百分比”；删除权利要求4；将原权利要求23中的附加技术特征部分修改为“忽略落在灰度值的设定范围的上界和下界之外的灰度值”；修改原权利要求25；修改原权利要求17中的“感兴趣的采样窗口图像区域（ROI）”，与其他权利要求中的“感兴趣的图像区域（ROI）采样窗口”相统一。复审请求人认为修改后的权利要求已经克服了上述口审通知书中所指出的问题。

2007年12月24日，专利复审委员会本案合议组发出复审通知书，指出复审请求人对原独立权利要求25进行的修改以及增加新的从属权利要求24不是为了消除驳回决定或复审通知书指出的缺陷而做出的修改，不符合专利法实施细则第60条第1款的规定；权利要求1中的“基于在该兴趣的图像区域内的空间灰度分布”与说明书中记载的“分区中的空间灰度分布”不一致，步骤（b）是对计算ABS采样窗口位置步骤的概括，得不到说明书的支持，不符合专利法第26条第4款的规定，同样的问题也存在于权利要求24中。权利要求23中对ABS采样窗口处理器进行的功能性概括得不到说明书的支持，不符合专利法第26条第4款的规定。

针对上述复审通知书，复审请求人于2008年3月28日提交了意见陈述书和权利要求书全文的修改替换页，复审请求人在意见陈述书中认为修改后的权利要求已经克服了复审通知书中所指出的所有缺陷。修改后的权利要求书共包括23项权利要求，其中权利要求1和权利要求23为独立权利要求，其内容如下：

“1. 一种方法，用于在X射线图像中确定自动亮度系统（ABS）采样窗口的尺寸、位置和形状并在闭环X射线成像系统中调节图像亮度，所述方法包括以下步骤：

（a）通过求解以下方程来确定ABS采样窗口的尺寸：

ABS窗口直径（cm）=（kVp-40）÷2;

（b）基于空间灰度分布，确定ABS采样窗口的位置，其中确定自动亮度系统（ABS）采样窗口的位置的步骤进一步包括以下的步骤：

（1）在正在处理的图像内选择感兴趣的区域；

（2）将感兴趣的区域分为多个分区；

（3）确定所有多个分区的平均灰度；

（4）计算多个分区中每个分区灰度分布的百分比；以及

（5）根据包括计算的灰度分布的百分比的参数，计算ABS采样窗口的偏移量，以确定ABS采样窗口的位置；

（c）基于系统中X射线的准直，确定ABS采样窗口的几何形状；以及

（d）根据从按步骤（a）-（c）中修改的ABS采样窗口得到的数据，调节图像的亮度控制，由此补偿患者不正确的位置、患者形体的变化以及躯干到肢端成像的迅速变化所带来的不利效果。

……

23. 一种装置，用于在X射线图像内确定自动亮度系统（ABS）采样窗口的尺寸、位置和形状并根据在被调整的ABS采样窗口内的灰度数据调节闭环X射线成像系统中图象的亮度，所述装置包括：

ABS采样窗口处理器（114），被配置为计算从X射线成像系统接收到的X射线图像中的ABS采样窗口的位置；

图象数据分析仪（116），被配置为通过利用从ABS采样窗口处理器（114）输出的修改的ABS

采样窗口信息（132）产生并输出关于X射线图像的统计信息（134）；以及

ABS控制器（118），被配置为基于所输出的特定统计数据（134）将增益信号（126）输出到照相机（110），并且还被配置为基于所输出的统计信息（134）将kVp（138）和mA（136）的信号输出到高压发生器（120）。”

至此，合议组认为经过上述审查程序，可以依法作出复审决定。

二、决定的理由

1. 关于审查文本

本复审决定以复审请求人于2008年3月28日提交的权利要求第1~23项、于2004年7月5日提交的说明书第1~5页，以及于2001年12月6日进入中国国家阶段时提交的说明书第6~13页、附图第1~8页、说明书摘要以及说明书摘要附图作为审查基础。

2. 关于专利法第26条第4款

专利法第26条第4款规定：权利要求书应当以说明书为依据，说明要求专利保护的范围。

在本案合议组于2007年12月24日发出的复审通知书中曾指出复审请求人于2007年11月19日提交的权利要求书的权利要求23中对ABS采样窗口处理器的限定不符合专利法第26条第4款的规定，因为说明书实施例中仅记载了一种实施方式，即该ABS采样窗口处理器114按照说明书中方法实施例所描述的方法来确定ABS采样窗口的大小、位置以及形状。本领域普通技术人员不能明了此功能还可以采取说明书中未提及的其他代替方式来完成。

但在请求人针对该复审通知书于2008年3月28日提交的权利要求书中，权利要求23对ABS采样窗口处理器的限定仍不符合专利法第26条第4款的规定。根据该权利要求23的记载，该装置包括ABS采样窗口处理器，该处理器配置成计算从X射线成象系统接收到的X射线图像中的ABS采样窗口的位置。然而，根据本申请说明书实施例的记载，为了实现在X射线图像内确定自动亮度系统（ABS）采样窗口的尺寸、位置和形状的目的，该装置中的ABS采样窗口处理器需要配置成能利用本申请描述的方法确定ABS采样窗口的尺寸、位置和形状，而不是仅用于确定ABS采样窗口的位置。此外，从本申请说明书实施例中无法推导出该装置可以包括一种仅完成确定ABS采样窗口位置这一功能的处理器，也无法推导出当ABS采样窗口处理器仅具有确定ABS采样窗口位置这一功能时，该装置仍可以实现在X射线图像内确定自动亮度系统采样窗口的尺寸、位置和形状的功能。可见，权利要求23中记载的装置与本申请说明书中记载的不同，且从说明书公开的内容中也不能毫无异议地推导出来。因此，该权利要求23没有以说明书为依据，不符合专利法第26条第4款的规定。

根据上述事实和理由，本案合议组依法作出以下审查决定。

三、决定

维持国家知识产权局于2005年4月8日对00808555.2号发明专利申请作出的驳回决定。

复审请求人对本决定不服的，可以根据专利法第41条第2款的规定，自收到本决定之日起三个月内向北京市第一中级人民法院起诉。

086

牙　刷

复审请求审查决定（第13417号）

决　定　号　第13417号
决　定　日　2008年5月21日
发明创造名称　牙刷
国际分类号　A46B7/06
复审请求人　加拿大吉勒特公司
申　请　号　01806615.1
优 先 权 日　2000年3月16日
申　请　日　2001年3月8日
公　开　日　2003年5月14日
合议组组长　任晓兰
主　审　员　李新芝
参　审　员　汪送来

法律依据　专利法第22条第3款，专利法第33条
决定要点

如果申请的内容通过增加、改变和/或删除其中的一部分，致使所属技术领域的技术人员看到的信息与原申请记载的信息不同，而且又不能从原申请记载的信息中直接地、毫无疑义地确定，那么，这种修改就是不允许的。

一、案由

本复审请求案涉及发明名称为“牙刷”的第01806615.1号发明专利申请（下称本申请），申请人为加拿大吉勒特公司，申请日为2001年3月8日，优先权日为2000年3月16日，公开日为2003年5月14日。

2005年8月12日，针对申请人于2003年6月19日提交的说明书第3页，进入中国国家阶段时提交的权利要求第1~13项，说明书第1~2、4~5页，说明书附图第1~3页及说明书摘要，国家知识产权局以权利要求1~13不具备创造性为由驳回了本申请。

驳回决定认为：(1) 对比文件1（JP特开平5-76416A，公开日为1993年3月30日）在其第二实施例中公开了一种牙刷，其包括刷柄、处于刷柄端部的刷头部8，沿刷头部的台座9延伸的每个牙齿清洁元件（每簇刷毛12）装在球形转动体11上，每个牙齿清洁元件可以独立于其他牙齿清洁元件独立转动；对比文件1的第一实施例中公开了两个牙齿清洁元件（两簇刷毛6）装在柱形转动体上，

从而使牙齿清洁元件绕柱形转动体的轴线转动。本领域技术人员根据对比文件1两个实施例的启示，很容易将第二实施例中的球形转动体换成第一实施例中的圆柱形转动体，从而得到权利要求1的技术方案，因此，权利要求1不具备创造性。(2) 在此基础上，由于对比文件1的第二实施例公开了权利要求2的附加技术特征，对比文件1的第一实施例公开了权利要求4~5、7和13的附加技术特征，因此，权利要求2、4~5、7和13相对于对比文件1不具备创造性；另外，由于对比文件2（US5896614A，公开日为1999年4月27日）、对比文件3（DE19817704A，公开日为1999年10月14日）、对比文件4（US2263802A，公开日为1941年11月25日）和对比文件5（US5269038A，公开日为1993年12月14日）分别公开权利要求3、6、8、9~10、12的附加技术特征，而权利要求11的附加技术特征又是本领域技术人员的公知常识，因此，权利要求3、6、8~12也不具备创造性。

驳回决定针对的权利要求书如下：

“1. 一种牙刷，包括：

一个刷柄；

一个从所述刷柄延伸的刷头；和

从所述刷头延伸的许多牙齿清洁元件，每个牙齿清洁元件被支持着基本上围绕一根轴线转动，每个牙齿清洁元件可以独立于其他牙齿清洁元件转动。

2. 根据权利要求1所述的牙刷，其特征在于，每个牙齿清洁元件是一个刷毛簇。

3. 根据权利要求1所述的牙刷，其特征在于，每个牙齿清洁元件是一个由下述材料之一制成的叶片，该材料包括塑料和橡胶。

4. 根据权利要求1所述的牙刷，其特征在于，每个牙齿清洁元件具有约60度的转动范围。

5. 根据权利要求1所述的牙刷，其特征在于，每个牙齿清洁元件能够向一个垂直位置的任一侧转动约30度，在所述垂直位置，所述元件垂直于所述刷头的一个顶部表面。

6. 根据权利要求1所述的牙刷，其特征在于，还包括一个或多个基本上不能转动的固定牙齿清洁元件。

7. 根据权利要求1所述的牙刷，其特征在于，每个牙齿清洁元件在其非刷牙端包括一个支承部，所述支承部的主体部分基本为圆柱形，每个支承部以其自身的中空空间固定在所述刷头中，每个支承部允许其相应的牙齿清洁元件转动。

8. 根据权利要求7所述的牙刷，其特征在于，所述刷头由至少两个构件组成，所述两个构件被连接在一起以便将所述支承部保持在所述刷头中。

9. 根据权利要求1所述的牙刷，其特征在于，所述刷头的一部分限制了每个牙齿清洁元件的转动。

10. 根据权利要求1所述的牙刷，其特征在于，牙刷自身的每一部分都不会使牙齿清洁元件转动。

11. 根据权利要求7所述的牙刷，其特征在于，在所述刷头中的每个中空空间中设置有粘性物质，以便为所述牙齿清洁元件的转动提供一定阻力。

12. 根据权利要求1所述的牙刷，其特征在于，每个牙齿清洁元件在其非刷牙端包括一个活铰链，每个活铰链被部分保持在所述刷头中，每个活铰链允许其相应的牙齿清洁元件转动。

13. 根据权利要求1所述的牙刷，其特征在于，每个牙齿清洁元件围绕其转动的轴线基本上垂直于所述元件的一根长轴。”

2005年11月14日，申请人加拿大吉勒特公司（下称请求人）对上述驳回决定不服，向专利复审委员会提出复审请求，请求人在提出复审请求时未对申请文件进行修改。

请求人认为：对比文件1的两个实施例分别代表了不同的一组问题，在第一实施例中，两个刷毛簇被固定在一个凸条部上，所以必须一起旋转，阻止了单独的刷毛簇获得优选的穿刺；而在第二实施例中，每个刷毛簇通过一个球和球窝装置固定到刷头上，允许每个刷毛簇独立旋转，刷毛可能会向外朝向刷头两侧倾斜，此时在刷牙过程中刷毛甚至不会接触牙齿，并且在刷牙后，刷毛的随机取向会使牙刷很难看。因此对比文件1没有给出任何将两个实施例结合在一起的建议，即使企图将两个实施例结合在一起，也需要对刷头进行改进，如切断圆柱形旋转体5。而且，最重要的是，权利要求1相对于对比文件1的两个实施例具有显著的进步。因此，权利要求1具有创造性。在此基础上，所有的从属权利要求也都具有创造性。

经形式审查合格后，专利复审委员会受理了该请求，并于2005年12月14日向请求人发出了《复审请求受理通知书》，同时将本申请转送至国家知识产权局原审查部门进行前置审查。

在《前置审查意见书》中，国家知识产权局原审查部门认为：申请人没有修改申请文件，因此在驳回决定中提及的缺陷依然存在，坚持驳回决定。

专利复审委员会组成合议组，对本复审请求案进行了审理。

合议组于2007年7月17日向请求人发出《复审通知书》，指出：

（1）对比文件1（说明书第1~3栏，图1~3）公开了第一实施例的牙刷，该牙刷包括刷柄1，在刷柄端部形成的刷头部2，沿刷头部的台座3延伸出的牙齿清洁元件，如装在圆柱形转动体5和凸条部5a上的两个刷毛簇6，每一牙齿清洁元件被支承部支持着且仅绕着与柄部纵轴线垂直的一个轴线方向转动，各牙齿清洁元件之间可以彼此独立地转动。由此可知，权利要求1的全部技术特征均已在对比文件1中公开，其技术方案实质相同，因此权利要求1不具有新颖性，不符合专利法第22条第2款的规定。

（2）从属权利要求7~10、13的附加技术特征均已在对比文件1中公开，因此从属权利要求7~10、13也不具有新颖性，不符合专利法第22条第2款的规定。

（3）从属权利要求3对权利要求1中牙齿清洁元件的材料与形状作了进一步的限定，在对比文件2（说明书第4栏，图1）中公开了由弹性塑料材料如尼龙制成的叶片状刷毛4，而且该片状刷毛与本申请叶片状清洁元件的作用相同，均是为了达到提高牙齿清洁效果的目的，也就是说对比文件2已经给出了使用由塑料制成的叶片状牙齿清洁元件的技术启示，因此本领域普通技术人员在对比文件1和2的基础上得到权利要求3的技术方案是显而易见的，从属权利要求3不具有创造性，不符合专利法第22条第3款的规定。

（4）从属权利要求4对权利要求1中牙齿清洁元件的转动范围作了限定，参见上述有关新颖性的评价，在对比文件1的第一实施例的牙刷中已经公开了每一牙齿清洁元件被支持着仅绕着与柄部纵轴线垂直的一个轴线方向在一定范围内转动，虽然在对比文件1中没有对转动角度进行限定，但对转动角度的确定属于本领域的公知常识，并且从本申请的说明书中并不能看出将该转动角度限定为60度会产生预料不到的技术效果，因此从属权利要求4不具有创造性，不符合专利法第22条第3款的规定。基于同样的理由，从属权利要求5也不具有创造性，不符合专利法第22条第3款的规定。

（5）从属权利要求6对权利要求1作了进一步的限定，其附加技术特征是“还包括一个或多个基本上不能转动的固定牙齿清洁元件”，在对比文件3（说明书第3栏第14~35行，权利要求3，图1~2）中已经公开了在可动刷毛束6之间设置固定刷毛束8可以更好地清洁，其所起到的作用与本发明相同，由此可知，对比文件3已经给出了在转动刷毛束之间设置固定刷毛束的技术启示，本领域普通技术人员在对比文件1和3的基础上得到权利要求6的技术方案是显而易见的，所以从属权利要求6不具有创造性，不符合专利法第22条第3款的规定。

（6）从属权利要求 11 对权利要求 7 作了进一步的限定，其中“在所述刷头中的每个中空空间中设置有粘性物质”，而在可动刷头的中空空间中设置粘性物质以防止牙齿清洁元件的任意转动是本领域技术人员容易想到的，在其引用的权利要求 7 不具有新颖性的前提下，权利要求 11 不具有创造性，不符合专利法第 22 条第 3 款的规定。

（7）从属权利要求 12 对权利要求 1 作了进一步的限定，其附加技术特征是：“每个牙齿清洁元件在其非刷牙端包括一个活铰链，每个活铰链被部分保持在所述刷头中，每个活铰链允许其相应的牙齿清洁元件转动”，在对比文件 5（说明书第 4 栏第 42 行至第 5 栏第 8 行，图 3~5）中已公开了固定牙齿非刷牙端的铰链 30、33，以允许相应的牙齿清洁元件绕铰链转动。由此可知，对比文件 5 已经给出了在非刷牙端使用铰链的技术启示，本领域普通技术人员在对比文件 1 和 5 的基础上得到权利要求 12 的技术方案是显而易见的，所以从属权利要求 12 不具有创造性，不符合专利法第 22 条第 3 款的规定。

针对上述《复审通知书》，请求人于 2007 年 10 月 19 日提交了意见陈述书，并对权利要求书进行了修改，删除了原权利要求 2 和 12，增加了新权利要求 12、13，修改了权利要求 1，在其中限定了“每个牙齿清洁元件具有一个支承部，并且其中所述支承部和所述牙齿清洁元件由相同材料制成”。

修改后的权利要求书如下：

“1. 一种牙刷，包括：

一个刷柄；

一个从所述刷柄延伸的刷头；和

从所述刷头延伸的许多可转动的牙齿清洁元件，每个牙齿清洁元件被支持着基本上围绕一根轴线转动，每个牙齿清洁元件可以独立于其他牙齿清洁元件转动，每个牙齿清洁元件具有一个支承部，并且其中所述支承部和所述牙齿清洁元件由相同材料制成。

2. 根据权利要求 1 所述的牙刷，其特征在于，每个牙齿清洁元件是一个由下述材料之一制成的叶片，该材料包括塑料和橡胶。

3. 根据权利要求 1 所述的牙刷，其特征在于，每个牙齿清洁元件具有约 60 度的转动范围。

4. 根据权利要求 1 所述的牙刷，其特征在于，每个牙齿清洁元件能够向一个垂直位置的任一侧转动约 30 度，在所述垂直位置，所述元件垂直于所述刷头的一个顶部表面。

5. 根据权利要求 1 所述的牙刷，其特征在于，还包括至少一个不能转动的牙齿清洁元件。

6. 根据权利要求 1 所述的牙刷，其特征在于，每个牙齿清洁元件在其非刷牙端包括一个支承部，所述支承部的主体部分基本为圆柱形，每个支承部固定在所述刷头中自身的中空空间中，每个支承部允许其相应的牙齿清洁元件转动。

7. 根据权利要求 6 所述的牙刷，其特征在于，所述刷头由至少两个构件组成，所述两个构件被连接在一起以便将所述支承部保持在所述刷头中。

8. 根据权利要求 1 所述的牙刷，其特征在于，所述刷头的一部分限制了每个牙齿清洁元件的转动。

9. 根据权利要求 1 所述的牙刷，其特征在于，牙刷自身的每一部分都不会使牙齿清洁元件转动。

10. 根据权利要求 6 所述的牙刷，其特征在于，在所述刷头中的每个中空空间中设置有粘性物质，以便为所述牙齿清洁元件的转动提供一定阻力。

11. 根据权利要求 1 所述的牙刷，其特征在于，由每个牙齿清洁元件围绕着可以转动的所述轴线基本上垂直于所述牙齿清洁元件的长轴。

12. 根据权利要求 1 所述的牙刷，其特征在于，还包括刚性地固定于所述刷头的许多第二牙齿清洁元件。

13. 根据权利要求 12 所述的牙齿清洁元件，其特征在于，所述许多可转动的牙齿清洁元件和所述许多第二牙齿清洁元件邻近所述刷头的外缘交替地设置。”

请求人认为：（1）新权利要求 1 限定了每个牙齿清洁元件具有一个支承部，并且所述支承部和牙齿清洁元件由相同材料制成，这些特征在对比文件 1 中都没有公开；（2）与对比文件 1 相比，由于支承部和牙齿清洁元件由相同材料制成，在形成牙齿清洁元件和支承部时降低了制造成本和加工复杂程度。同时，牙齿清洁元件和支承部将更加耐用并且在使用中不容易断裂或者分开，因此修改后的权利要求 1 及其从属权利要求具有新颖性和创造性。

针对以上修改文本，合议组于 2007 年 12 月 5 日再次向请求人发出《复审通知书》，指出：

（1）权利要求 13 的附加技术特征“所述许多可转动的牙齿清洁元件和所述许多第二牙齿清洁元件邻近所述刷头的外缘交替地设置”在原申请文件中无一致性的表述；而且原申请文件中并没有对可转动的牙齿清洁元件和刚性地固定于刷头上的所述第二牙齿清洁元件的位置关系进行描述，本领域技术人员根据原申请文件记载的内容无法毫无疑义地确定可转动的牙齿清洁元件与第二牙齿清洁元件在邻近所述刷头的外缘交替设置，因此请求人对该权利要求的修改超出了原申请文件记载的范围，不符合专利法第 33 条的规定。

（2）权利要求 1 与对比文件 1（说明书第 1~3 栏，图 1~3）所公开的内容相比，其区别仅在于：本申请权利要求 1 中支承部与牙齿清洁元件为相同材料制成，而对比文件 1 中没有具体公开该特征。由于使用相同材料制造支承部和牙齿清洁元件是本领域技术人员易于想到的，而且从说明书第 3 页倒数第 2 段的描述来看，其仅仅是支承部可供选择的制造方式之一，并没有产生任何预料不到的技术效果，因此权利要求 1 不具有创造性，不符合专利法第 22 条第 3 款的规定。

（3）从属权利要求 6~9、11 的附加技术特征均已在对比文件 1 中公开，因此在其引用的权利要求 1 不具有创造性的前提下，从属权利要求 6~9、11 也不具有创造性，不符合专利法第 22 条第 3 款的规定。

（4）从属权利要求 2 对权利要求 1 中牙齿清洁元件的材料与形状作了进一步的限定，在对比文件 2（说明书第 4 栏，图 1）中公开了由弹性塑料材料如尼龙制成的叶片状刷毛 4，而且该片状刷毛与本申请叶片状清洁元件的作用相同，均是为了达到提高牙齿清洁效果的目的，也就是说对比文件 2 已经给出了使用由塑料制成的叶片状牙齿清洁元件的技术启示，因此本领域普通技术人员在对比文件 1 和 2 的基础上得到权利要求 2 的技术方案是显而易见的，从属权利要求 2 不具有创造性，不符合专利法第 22 条第 3 款的规定。

（5）从属权利要求 3 对权利要求 1 中牙齿清洁元件的转动范围作了限定，参见上述有关权利要求 1 创造性的评价，在对比文件 1 的第一实施例的牙刷中已经公开了每一牙齿清洁元件被支持着仅绕着与柄部纵轴线垂直的一个轴线方向在一定范围内转动，虽然在对比文件 1 中没有对转动角度进行限定，但对转动角度的确定属于本领域的公知常识，并且从本申请的说明书中并不能看出将该转动角度限定为 60 度会产生预料不到的技术效果，因此从属权利要求 3 也不具有创造性，不符合专利法第 22 条第 3 款的规定。基于同样的理由，从属权利要求 4 也不具有创造性，不符合专利法第 22 条第 3 款的规定。

（6）从属权利要求 5 对权利要求 1 作了进一步的限定，其附加技术特征是：“还包括至少一个不能转动的牙齿清洁元件”，在对比文件 3（说明书第 3 栏第 14~35 行，权利要求 3，图 1~2）中已经公开了在可动刷毛束 6 之间设置固定刷毛束 8 可以更好地清洁，其所起到的作用与本发明相同，由此可知，对比文件 3 已经给出了在转动刷毛束之间设置固定刷毛束的技术启示，本领域普通技术人员在对比文件1和3的基础上得到权利要求5的技术方案是显而易见的，所以从属权利要求5不具有创造性，不符合专利法第22条第3款的规定。

(7) 从属权利要求10对权利要求6作了进一步的限定，其中“在所述刷头中的每个中空空间中设置有粘性物质”，而在可动刷头的中空空间中设置粘性物质以防止牙齿清洁元件的任意转动是本领域技术人员容易想到的，因此权利要求10不具有创造性，不符合专利法第22条第3款的规定；

(8) 从属权利要求12对权利要求1作了进一步的限定，其附加技术特征是：“还包括刚性地固定于所述刷头的许多第二牙齿清洁元件”，该权利要求实质上与权利要求5相当，均要求保护包括可转动牙齿清洁元件和不能转动牙齿清洁元件的牙刷。因此，基于与权利要求5相同的评述，从属权利要求12也不具有创造性，不符合专利法第22条第3款的规定。

针对上述《复审通知书》，请求人于2008年3月17日提交了意见陈述书，并对权利要求书进行了修改，其中对权利要求1和13进行了修改，权利要求2~12保持不变。修改后的权利要求1限定了“每个牙齿清洁元件是单个刷毛簇或叶片”，权利要求13限定了“许多可转动的牙齿清洁元件和许多第二牙齿清洁元件沿着刷头的侧面交替地设置”。

修改后的权利要求1、13如下：

“1. 一种牙刷，包括：

一个刷柄；

一个从所述刷柄延伸的刷头；和

从所述刷头延伸的许多可转动的牙齿清洁元件，每个牙齿清洁元件是被支持着基本上围绕一根轴线转动的单个刷毛簇或叶片，每个牙齿清洁元件可以独立于其他牙齿清洁元件转动，每个牙齿清洁元件具有一个支承部，并且其中所述支承部和所述牙齿清洁元件由相同材料制成。

13. 根据权利要求12所述的牙齿清洁元件，其特征在于，所述许多可转动的牙齿清洁元件和所述许多第二牙齿清洁元件沿着所述刷头的侧面交替地设置。”

请求人认为：(1) 通过对比文件1中固定有两个刷毛簇的实施例无法得到本发明只是一单个刷毛簇或者叶片的牙齿清洁元件，并且没有实现使所述刷毛簇或者叶片被支持着基本上围绕一根轴线转动，从而使每个牙齿清洁元件可以独立于其他牙齿清洁元件转动的效果，因此权利要求1及其从属权利要求具有创造性；(2) 从属权利要求13的附加特征可以从说明书附图1中直接地、毫无疑义地确定，因此未超出原始公开的范围。

至此，合议组认为本案事实已经清楚，可以作出审查决定。

二、决定的理由

1. 关于审查文本

本复审决定是以请求人于2008年3月17日提交的权利要求第1~13项以及驳回决定所针对的其他文本为基础作出的。

2. 关于专利法第33条

专利法第33条规定：如果申请的内容通过增加、改变和/或删除其中的一部分，致使所属技术领域的技术人员看到的信息与原申请记载的信息不同，而且又不能从原申请记载的信息中直接地、毫无疑义地确定，那么，这种修改就是不允许的。

具体到本申请而言，权利要求13要求保护一种根据权利要求12所述的牙齿清洁元件，其特征在于，所述许多可转动的牙齿清洁元件和所述许多第二牙齿清洁元件沿着所述刷头的侧面交替地设置。由权利要求12可知，所述的许多第二牙齿清洁元件是刚性地固定于刷头上的。

首先，该权利要求13的附加技术特征“所述许多可转动的牙齿清洁元件和所述许多第二牙齿清洁元件沿着所述刷头的侧面交替地设置”在原申请文件中并无记载；其次，原申请文件中文字部分并没有对可转动的牙齿清洁元件和刚性地固定于刷头上的所述第二牙齿清洁元件的位置关系进行描述，本领域技术人员根据原申请文件文字部分记载的内容无法毫无疑义地确定可转动的牙齿清洁元件与第二牙齿清洁元件沿着刷头的侧面交替设置；再者，就附图而言，附图2~5没有给出可转动的牙齿清洁元件与第二牙齿清洁元件之间的位置关系，对于附图1，在其最靠近和最远离刷柄的刷头端部分别示例有两个和三个固定元件14，在这两个位置之间固定元件14和可转动元件16交替排列。由于侧面是指区别于正面的旁边的一面，因此侧面是与正面相对而言的，其指示的位置或对象随着正面的变化而变化。基于在原申请文件中对于刷头的正面和侧面并没有明确的定义，因而如果以与刷毛垂直的一面作为刷头的正面，则与刷毛平行的刷头的全部外侧面（包括远离刷柄的刷头端部侧面）均可以看作刷头侧面，因此从附图1中并不能得出可转动的牙齿清洁元件与第二牙齿清洁元件在刷头侧面交替设置的关系。因此，本领域技术人员根据附图1的内容无法直接、毫无疑义地确定权利要求13的“可转动的牙齿清洁元件与固定于刷头上的第二牙齿清洁元件在邻近刷头的侧面交替设置”。因此，请求人对权利要求13的修改超出了原申请文件记载的范围，不符合专利法第33条的规定。

根据上述事实和理由，合议组作出如下审查决定。

三、决定

维持国家知识产权局于2005年8月12日针对第01806615.1号发明专利申请作出的驳回决定。

复审请求人对本决定不服的，可以根据专利法第41条第2款的规定，自收到本决定之日起三个月内向北京市第一中级人民法院起诉。

087

前列腺理疗内裤

复审请求审查决定（第13521号）

决　定　号　第13521号
决　定　日　2008年4月22日
发明创造名称　前列腺理疗内裤
国际分类号　A41B9/12
复审请求人　程志新
申　请　号　200420120070.2
申　请　日　2004年1月9日
合议组组长　张宗任
主　审　员　翁晓君
参　审　员　武　磊

法律依据　专利法实施细则第43条第1款
决定要点

如果分案申请的申请人与原申请的申请人不相同，也没有提交任何权利转移证明材料，那么该申请就不能认为是原申请的分案申请，不能以不符合专利法实施细则第43条第1款的规定为由来认定该申请超出原申请公开的范围。

一、案由

本复审请求涉及200420120070.2号实用新型专利申请（下称本申请），申请人为程志新，申请日为2004年1月9日，分案提交日为2004年12月22日、名称为“前列腺理疗内裤”，其所要求的原案申请号为：200420000983.0。

国家知识产权局于2004年12月23日向申请人发出专利申请受理通知书，将确定的申请号和申请日等内容通知给申请人：申请号：200420120070.2；申请日：2004年1月9日；分案提交日：2004年12月22日；申请人：程志新。

申请人针对国家知识产权局发出的专利申请受理通知书于2004年12月27日提交了意见陈述书，申请人提出：本申请不存在分案申请，因打字员在制作请求书时，未将前一分案申请的“原案申请号及申请日”删除，造成本申请不应有的分案申请，所以特声明放弃分案申请，请求以2004年12月22日作为本案的申请日。同时提交了补正后的本案实用新型专利请求书第1页，其中删除了分案申请栏中“原案申请号及申请日”的内容。

国家知识产权局实用新型审查部门于2006年1月20日向申请人发出审查意见通知书，其中指出：申请人提交的意见陈述要求变更误填的分案申请栏目，但是根据审查指南（2001）第一部分第一章第3.7节著录项目变更的规定，分案申请栏目不属于变更范围，无法通过变更途径解决误填问题，所以在误填问题不能解决的情况下，申请人在该分案申请中将原说明书记载的内容完全改变，超出了原申请公开的范围，致使本申请不符合专利法实施细则第43条第1款的规定。经申请人补正后，该分案申请仍然不符合上述规定。

申请人于2006年2月4日提交了意见陈述书，申请人认为：（1）专利法实施细则第43条第1款是针对专利法实施细则第42条而言的，而本申请不属于专利法实施细则第42条所规定的范畴，所以不存在超出原申请公开的范围的问题；（2）本申请属于审查指南（2001）第一部分第一章第2.6.1.2节第1款第（2）项及第2款规定的内容，即分案申请的申请人与原申请案的申请人不一致，也没有提交权利转移证明，分案申请的发明人与原申请案的发明人不一致，并且也不是其中的成员，所以根据审查指南上述条款的规定，“应当通知申请人在指定期限之内补正，期满未补正的，应当作出分案申请被视为撤回的决定”，而不是上述审查意见通知书所涉及的内容。

国家知识产权局实用新型审查部门于2006年4月7日向申请人发出审查意见通知书，其中指出：（1）由于申请人误填实用新型专利请求书第12栏（分案申请栏目）内容，其造成的法律后果就是专利局将其作为分案申请对待，所以本申请必然要适用专利法第43条第1款；（2）由于在审查员发出第一次审查意见书之前，申请人已经提出实用新型专利申请书的第12栏是误填，而且该申请最终的结果只能是被依法驳回，或通过变更删除请求书第12栏所填内容，因此没有通过申请人、发明人变更使其满足权利人一致的问题。

申请人于2006年6月9日提交了意见陈述书，申请人坚持其于2006年2月4日提交的意见陈述书中的意见，并同时认为审查指南是依据专利法和专利法实施细则，根据实际工作需要修订而成，作为国家知识产权局部门规章发布的，因此对于专利申请中出现尚未在专利法和实施细则中明确规定的事项，应当依据审查指南进行处理。

国家知识产权局实用新型审查部门于2006年12月29日以本申请不符合专利法实施细则第43条第1款的规定为由，驳回了本申请。驳回决定所依据的文本为申请人于2004年12月22日提交的权利要求第1~4项、说明书第1~3页、说明书附图第1页、说明书摘要和摘要附图。

申请人（下称请求人）对上述驳回决定不服，于2007年3月29日向专利复审委员会提出复审请求，请求人陈述的复审请求意见与2006年2月4日提交的意见陈述书中的意见相同，即认为专利法实施细则第43条第1款是针对专利法实施细则第42条而言的，而本分案申请出现的“填错分案申请栏目”问题不属于专利法实施细则第42条所规定的范畴，故不能用专利法实施细则第43条第1款驳回本申请；本申请放弃分案申请的情形是属于审查指南（2001）第一部分第一章第2.6.1.2节第1款第（2）项及第2款规定的内容，即本申请的申请人与原申请的申请人不一致，发明人也不是原申请的发明人或其中的成员，因此应针对分案申请的申请人、发明人与原案申请的申请人、发明人分别均不相同的缺陷发出补正通知书，期满未补正，应作为分案申请视为撤回的决定。

经形式审查合格后，专利复审委员会受理了该复审请求，并于2007年4月24日向请求人发出了复审请求受理通知书，同时向国家知识产权局实用新型审查部门发出了前置审查通知书。

在前置审查意见书中，国家知识产权局实用新型审查部门认为：（1）申请人在递交申请时，已经填写了分案申请栏，且填写的申请号与申请日本身正确，也就是说在受理时该申请已经被作为分案申请处理；（2）该申请是应申请人请求而开始分案请求审查的，正是专利法实施细则第42条第1款规定的情形，所以依据专利法实施细则第42条和专利法实施细则第43条第1款的规定进行审查是正确的；（3）针对请求人的复审意见，首先，所谓“分案申请视为撤回”的结论是在期满不答复的情形下作出的，如果申请人在期满前答复了仍不合格怎么处理，审查指南并未规定，所以申请人的上述意见错误；其次，在分案申请的审查中，应该审查本申请和原申请的申请人、发明人是否一致，也应该审查分案申请是否超范围，在审查指南中并没有规定审查的先后顺序，在审查中以“超范围”这一缺陷进行驳回，并不违反规定；最后，在本申请是分案申请的前提下，存在着分案申请超范围的实质缺陷，最终结果只能是驳回，所以从程序节约来考虑，以本申请不符合专利法实施细则第43条第1款规定的理由作出驳回决定是合理的。故仍坚持驳回决定。

专利复审委员会依法成立合议组对本案进行审理，在认真研究了国家知识产权局作出的驳回决定、请求人提交的复审请求，以及前置审查意见后，合议组认为本案事实已经清楚，可以依法作出审查决定。

二、决定的理由

1. 审查基础

由于请求人在提交复审请求时没有提交申请文件的修改文本，因此本复审决定依据的文本为驳回决定所依据的文本，即请求人于2004年12月22日提交的权利要求第1~4项、说明书第1~3页、说明书附图第1页、说明书摘要和摘要附图。

2. 法律依据和事实认定

专利法实施细则第43条第1款规定：依照本细则第42条规定提出的分案申请，可以保留原申请日，享有优先权的，可以保留优先权日，但是不得超出原申请公开的范围。

专利法实施细则第42条规：一件专利申请包括两项以上发明、实用新型或者外观设计的，申请人可以在本细则第54条第1款规定的期限届满前，向国务院专利行政部门提出分案申请；但是，专利申请已经被驳回、撤回或者视为撤回的，不能提出分案申请。

根据审查指南（2006）针对施行修订后审查指南的过渡办法中，对修订前、后审查指南的过渡事项的规定，虽然本申请是申请人于2004年12月22日提出的专利申请，但不属于所述的排除事项，所以本申请当前审查适用审查指南（2006）的规定。

审查指南（2006）第一部分第二章第10节规定：“根据专利法实施细则第42条和第43条的规定对实用新型分案申请进行审查。分案申请的审查适用本部分第一章第5.1节的规定，同时参照本指南第二部分第六章第3节的规定。”

审查指南（2006）第一部分第一章第5.1.1节对于分案申请的核实的第（4）部分规定：“分案申请不得改变申请人，即分案申请的申请人应当与原申请的申请人相同；不相同的，应当提交权利转移证明材料。分案申请的发明人也应当是原申请的发明人或者是其中的部分成员。对于不符合规定的，审查员应当发出补正通知书，通知申请人补正。期满未补正的，审查员应当发出视为撤回通知书”。

根据专利法实施细则第43条第1款的规定可知，判断分案申请是否超出原申请公开范围的前提是：该申请必须能够成为原申请的分案申请。同时根据专利法实施细则第42条的规定可知，只有与原申请相同的申请人才可以在一定期限内提出分案申请。根据审查指南（2006）的上述规定可知，对于分案申请的初步审查，应当根据原申请对申请人所提交分案申请的各项内容进行核实，其中规定了作为分案申请的前提是分案申请的申请人应当与原申请的申请人相同，若不相同，应当提交权利转移证明材料。而对于本申请，在请求人首次提交的实用新型专利请求书中，在第1页的第12栏即分案申请栏记载的原案申请号为：200420000983.0，经核实，200420000983.0申请的申请人为杭州珂瑞特机械制造有限公司，而本申请的申请人为程志新，所以请求人所提出的本分案申请的申请人与200420000983.0申请的申请人不相同，而且请求人在提出分案申请时也没有提交相关的权利转移证明材料。另外200420000983.0申请的发明人为李世锦、施建明、陈世尧，而本申请的发明人为程志新，所以请求人所提出的本分案申请的发明人与200420000983.0申请的发明人也不相同。

根据上述分析可知，由于本申请与200420000983.0申请的申请人和发明人均不相同，请求人也没有提交任何权利转移证明材料，所以本申请并不属于申请号为200420000983.0申请的分案申请，本申请的分案申请不成立。故在分案申请不成立的情况下，审查分案申请是否超范围无从谈起，即国家知识产权局实用新型审查部门所作出的驳回理由不能成立。

三、决定

撤销国家知识产权局于2006年12月29日对200420120070.2号实用新型专利申请作出的驳回决定。由国家知识产权局初步审查部门以请求人于2004年12月22日提交的权利要求第1~4项、说明书第1~3页、说明书附图第1页、说明书摘要和摘要附图为基础继续进行审查程序。

请求人对本决定不服的，可以根据专利法第41条第2款的规定，自收到本决定之日起三个月内向北京市第一中级人民法院起诉。

088

采用预扫描对脉冲序列进行优化的磁共振成像

复审请求审查决定（第13567号）

决　定　号　第13567号
决　定　日　2008年6月2日
发明创造名称　采用预扫描对脉冲序列进行优化的磁共振成像
国 际 分 类 号　A61B 5/055，G01R 33/50，G01R 33/54
复 审 请 求 人　株式会社东芝
申　请　号　02141421.1
优 先 权 日　2001年8月31日
申　请　日　2002年8月30日
公　开　日　2003年3月19日
合 议 组 组 长　刘颖杰
主　审　员　陈　力
参　审　员　周　航

法 律 依 据　专利法第22条第2款
决 定 要 点

如果一项权利要求与现有技术所公开的技术方案相比，存在区别技术特征，且该区别特征不是所属技术领域的惯用手段的直接替换，则该权利要求所要求保护的技术方案相对于该现有技术具备新颖性。

一、案由

本复审请求涉及申请号为02141421.1、发明名称为“采用预扫描对脉冲序列进行优化的磁共振成像”的发明专利申请（下称本申请），其优先权日是2001年8月31日，申请日是2002年8月30日，公开日是2003年3月19日，申请人是株式会社东芝。本申请公开时的权利要求书共16项权利要求，其中权利要求1、8~12是独立权利要求。

经实质审查，国家知识产权局专利实质审查部门于2006年6月9日以申请人于2005年11月2日提交的权利要求7~14项不具备专利法第22条第2款规定的新颖性为由，对本申请作出了驳回决定。其中引用了一篇对比文件，如下：

对比文件1：Journal of Magnetic Resonance Imaging 第12卷 第5期 第776~783页，公开日为2000年。

驳回决定所针对的文本是：2005年11月2日提交的权利要求第1~14项、2002年8月30日提交的说明书第 1~20 页、说明书附图第 1~13 页、说明书摘要和摘要附图。

驳回决定认为：对比文件 1 公开了一种无造影剂的磁共振血管造影术，其公开了预扫描以及通过在每个初步图像中改变脉冲序列所包含的参数来进行该预扫描，由此对比文件 1 公开了权利要求 7~14 的全部技术特征，且领域相同，采用了相同的技术手段来解决相同的技术问题，权利要求 7~14 相对于对比文件 1 不具备新颖性。该驳回决定所针对的权利要求 7~14 具体如下：

“7. 一种磁共振成像系统，用于在所需的脉冲序列的基础上进行成像扫描，以便获得被成像物体所需区域处的 MR 图像，该系统包括：

一预扫描执行装置，被构成为执行预扫描，以获得用于该物体所需区域处多个初步图像的数据，通过在每个初步图像中改变脉冲序列中所包含的反向时间来进行该预扫描，当将反向脉冲施加于物体的该区域时观察到反向时间；

一初步图像产生装置，被构成为从预扫描行为所获得的数据产生多个初步图像；

一显示装置，被构成为显示多个初步图像；

一选择装置，被构成为从所显示的多个初步图像中选择所需的初步图像；以及

一设定装置，被构成为将从所选择的初步图像给出的反向时间的周期设定到成像扫描中。

8. 一种对磁共振成像中成像扫描所使用的脉冲序列的参数进行优化的方法，进行成像扫描以提供被成像物体所需区域处的 MR 图像，

该方法包括以下步骤：

进行预扫描，以便获得用于该物体所需区域处的多个初步图像的数据，通过在每个初步图像中改变所需的脉冲序列参数的大小来进行该预扫描；

从预扫描行为所获得的数据产生多个初步图像；

显示多个初步图像；

从所显示的多个初步图像中选择所需的初步图像；以及

将由所选择的初步图像给出的所需参数的大小设定到成像扫描中，

其中所需的参数为从由下面的参数组成的组中选择出的至少一个参数：

用于抑制物体液流中空隙现象的脉冲的强度；

与物体的自旋行为有关的有效回波时间 TE_{eff}；

用于补偿由于物体中液流所导致的自旋运动的脉冲；

当将反向脉冲施加于物体时所观察到的自旋的反向时间；

赋予从物体获得的回波信号的回波序列间隔时间；

被用于抑制从物体的脂肪获得的信号的脂肪抑制脉冲的倒转角；

当将脂肪抑制脉冲施加给物体时所观察到的反向时间；

导致物体中自旋行为所产生的 MT 效应的磁转移强度；

用于减小物体中 MT 效应的再聚焦脉冲的角度；

脉冲序列所使用的 RF 脉冲的倒转角；

脉冲序列所使用的再聚焦脉冲的倒转角；以及

脉冲序列的重复时间。

9. 一种对磁共振成像中成像扫描所使用的脉冲序列的参数进行优化的方法，进行成像扫描以提供一被成像物体所需区域处的 MR 图像，该方法包括以下步骤：

进行二维预扫描，以便获得该物体所需区域处的多个初步图像，通过在每个初步图像中改变所需脉冲序列参数的大小而进行该预扫描；

从预扫描行为获得的数据产生多个初步图像；以及

在所产生的多个初步图像的基础上设定所需成像扫描参数的大小。

10. 一种磁共振成像系统，用于在脉冲序列的基础上进行三维成像扫描，以便获得设置于静磁场中的物体的所需区域处的 MR 图像，将磁梯度场施加于该物体，并从该物体探测回波，该系统包括：

一序列发生器，被构成为根据有关脉冲序列的信息进行操作，以便不仅使磁梯度场和 RF 信号施加于物体的该区域，而且接收回波；

由主机通过序列发生器进行操纵的第一装置，被构成为执行二维预扫描，以获得用于该物体所需区域处的多个初步图像的数据，通过在每个初步图像中改变所需的脉冲序列参数的大小，并且通过矩阵尺寸小于通过成像扫描所获得的 MR 图像的图像矩阵而进行该预扫描；

一计算器，被构成为从预扫描行为所获得的数据产生多个初步图像；

一显示装置，被构成为显示多个初步图像；

一输入装置，被构成为从所显示的多个初步图像中选择所需的初步图像，以及

一通过主机进行操纵的第二装置，被构成为将由所选择的初步图像给出的所需参数的大小设定于成像扫描中，

其中所需的参数为从由下面的参数组成的组中选择出的至少一个参数：

用于抑制物体液流中空隙现象的脉冲的强度；

与物体的自旋行为有关的有效回波时间 TE_{eff}；

用于补偿由于物体中液流所导致的自旋运动的脉冲；

当将反向脉冲施加于物体时所观察到的自旋的反向时间；

赋予从物体获得的回波信号的回波序列间隔时间；

被用于抑制从物体的脂肪获得的信号的脂肪抑制脉冲的倒转角；

当将脂肪抑制脉冲施加给物体时所观察到的反向时间；

导致物体中自旋行为所产生的 MT 效应的磁转移强度；

用于减小物体中 MT 效应的再聚焦脉冲的角度；

脉冲序列所使用的 RF 脉冲的倒转角；

脉冲序列所使用的再聚焦脉冲的倒转角；以及

脉冲序列的重复时间。

11. 根据权利要求 10 所述的磁共振成像系统，其中该预扫描执行装置被构成为在进行成像扫描之前执行预扫描。

12. 根据权利要求 11 所述的磁共振成像系统，还包括一屏息指示装置，被构成为在预扫描和成像扫描的每个周期指示其对象持续屏住其呼吸。

13. 根据权利要求 12 所述的磁共振成像系统，其中该脉冲序列由属于稳态自由进动系统的脉冲序列的一系列脉冲组成。

14. 根据权利要求 13 所述的磁共振成像系统，其中所需的脉冲序列参数为从下面的参数组成的组中选择出的至少一个参数：

用于抑制物体液流中空隙现象的脉冲的强度；

与物体的自旋行为有关的有效回波时间 TE_{eff}；

用于补偿由于物体中液流所导致的自旋运动的脉冲；

当将反向脉冲施加于物体时所观察到的自旋的反向时间；

赋予从物体获得的回波信号的回波序列间隔时间；

被用于抑制从物体的脂肪获得的信号的脂肪抑制脉冲的倒转角；

当将脂肪抑制脉冲施加给物体时所观察到的反向时间；

导致物体中自旋行为所产生的 MT 效应的磁转移强度；

用于减小物体中 MT 效应的再聚焦脉冲的角度；

脉冲序列所使用的 RF 脉冲的倒转角；

脉冲序列所使用的再聚焦脉冲的倒转角；以及

脉冲序列的重复时间。”

申请人株式会社东芝（下称复审请求人）对上述驳回决定不服，于 2006 年 9 月 25 日向专利复审委员会提出复审请求，其中没有对申请文本进行修改。

经形式审查合格后，专利复审委员会依法受理了上述复审请求，于 2006 年 11 月 15 日向复审请求人发出了复审请求受理通知书，并将本案送至原实质审查部门进行前置审查。

原实质审查部门对上述复审请求做出前置审查意见，仍然坚持原驳回决定。

专利复审委员会依法组成合议组，对本复审请求案进行了审理。

经过审理，本合议组认为本案事实已经清楚，可以依法作出复审决定。

二、决定的理由

1. 审查基础

由于复审请求人在提出复审请求时未对申请文件进行修改，因此本决定以驳回决定所针对的文本作为审查基础，即：复审请求人于 2005 年 11 月 2 日提交的权利要求第 1~14 项，2002 年 8 月 30 日提交的说明书第 1~20 页、说明书附图第 1~13 页、说明书摘要以及摘要附图。

2. 关于权利要求 7~14 是否符合专利法第 22 条第 2 款规定的问题

中国专利法第 22 条第 2 款规定：新颖性，是指在申请日以前没有同样的发明或者实用新型在国内外出版物上公开发表过、在国内公开使用过或者以其他方式为公众所知，也没有同样的发明或者实用新型由他人向专利局提出过申请并且记载在申请日以后（含申请日）公布的专利申请文件中。

具体到本案，驳回决定中认为本申请的权利要求 7~14 不符合专利法第 22 条第 2 款有关新颖性的规定。

（1）权利要求 7 请求保护一种磁共振成像系统，对比文件 1 公开了一种利用 3D 同步 ECG（心电图）半傅立叶快速自旋回波的无造影剂 MR（磁共振）血管造影术，为执行该方法，必然存在执行该造影术的系统，因此对比文件 1 隐含公开了一种磁共振成像系统，并具体公开了：

该造影术以及执行该造影术的系统是用于在所需的脉冲序列的基础上进行成像扫描，以获得成像物体所需区域处的 MR 图像（参见说明书摘要至说明书第 776 页右栏倒数第 3 段）；

先进行 ECG 预扫描，（即隐含公开了必然包括执行该预扫描的预扫描执行装置）在 0.5T，采用以下参数进行 ECG 预扫描：TR/TE_{eff} 3R-R 时间间隔/24.8 或 62.0 微秒；ETS 6.2 微秒，矩阵 128×256，TI140 微秒，获得的数量 1；切片厚度 40mm；视场（FOV）38×38cm，所需要的全部时间大约是 20 秒。在 1.5T，使用相似的参数：ETS 5.0 微秒，TE_{eff} 30 或 60 微秒以及 TI190 微秒。对于 128×256 矩阵，在 0.5T、ETS 6.2 微秒、TE_{eff} 24.8 微秒，单次发射所需窗口时间大约 420 微秒且在1.5T，ETS 5.0 微秒和 TE_{eff} 30 微秒，单次发射所需窗口时间大约 350 微秒。预扫描后，选择适当的延迟时间并应用于获取 3D FBI 中以便触发以 3D 的模式编码的每个切片。该 FBI 研究利用与 ECG 预扫描中相似的 TE_{eff}值以获得相似的对比度（参见说明书第 779 页左栏第 15~32 行）；

从预扫描行为所获得数据产生多个初步图像，并显示该多个初步图像，由此隐含公开了该系统必然包括一初步图像产生装置和一显示装置（参见说明书第 779 页右栏第 1 行至第 780 页左栏以及附图

2、4)；

从所显示的多个初步图像中选择所需的初步图像，由此隐含公开了该系统必然包括一选择装置（参见说明书第779页左栏倒数第一段至第780页左栏）；以及

将从所选择的初步图像给出的关于ECG延迟时间的大小设定到成像扫描中，由此隐含公开了该系统必然包括一设定装置（参见说明书第779页左栏第2段至第782页第2段）。

由此可见，权利要求7与对比文件1相比，区别在于：①权利要求7中包括的预扫描执行装置是通过在每个初步图像中改变脉冲序列中所包含的反向时间来进行该预扫描，当将反向脉冲施加于物体的该区域时观察到反向时间，而对比文件1中并没有主观地改变脉冲序列参数中的反向时间的大小来进行预扫描，其是在不同的磁场强度下进行ECG预扫描，目的是为了在不同的磁场强度下选取恰当的延迟时间，所述参数均不属于脉冲序列的参数；②权利要求7中设定装置被构成为将从所选择的初步图像给出的反向时间的周期设定到成像扫描中，而对比文件1是将从所选择的初步图像给出的关于ECG延迟时间的大小设定到成像扫描中。

此外，合议组认为：尽管对比文件1中公开了预扫描，且在预扫描的过程中一些参数，如（ETS、TE_{eff}、TI）发生了变化，但是这些变化是在磁场强度发生变化的情况下随之相应变化的，是被动的变化，并不是主动的人为的为了某种目的进行的改变，对比文件1公开的是在ECG（心电图）预扫描过程中，在保持其他条件参数基本不变的情况下，通过改变磁场强度来获得不同的ECG延迟时间，由此选取恰当的延迟时间，确定好触发系统开始的时机，应用于随后的实际扫描中以避免心脏跳动带来的成像阴影。对比文件1的本意（说明书第779页左边第23、36、43行一再强调）是尽量保持相关的参数（ETS、TE_{eff}、TI等）相似或相同，保持它们不变，由此在磁场强度变化的情况下可以有一个相对稳定不变的比较基础，而不是如本申请那样主动地改变一些参数尤其是改变脉冲序列的参数来获得图像。另外，磁场强度并不属于脉冲序列的参数，磁场强度属于整个系统的外在控制参数，而脉冲序列的参数属于系统内部的参数。

因此，合议组认为权利要求7的技术方案与对比文件1的技术方案存在实质上的区别，这些区别并不属于该领域中惯用手段的直接替换，且解决了不同的技术问题，产生了不同的预期效果，因此权利要求7相对于对比文件1具备新颖性，符合专利法第22条第2款的规定。

（2）权利要求8请求保护一种对磁共振成像中成像扫描所使用的脉冲序列的参数进行优化的方法，对比文件1公开了一种利用3D同步ECG（心电图）半傅立叶快速自旋回波的无造影剂MR（磁共振）血管造影术，并具体公开了：

进行成像扫描以提供被成像物体所需区域处的MR图像（参见说明书摘要至说明书第776页右栏倒数第3段）；

先进行ECG预扫描，在0.5T采用以下参数进行ECG预扫描：TR/TE_{eff} 3R-R时间间隔/24.8或62.0微秒；ETS 6.2微秒，矩阵128×256，TI140微秒，获得的数量1；切片厚度40mm；视场（FOV）38×38cm，所需要的全部时间大约是20秒。在1.5T，使用相似的参数：ETS 5.0微秒，TE_{eff} 30或60微秒以及TI190微秒。对于128×256矩阵，在0.5T、ETS 6.2微秒、TE_{eff} 24.8微秒，单次发射所需窗口时间大约420微秒且在1.5T，ETS 5.0微秒和TE_{eff} 30微秒，单次发射所需窗口时间大约350微秒。预扫描后，选择适当的延迟时间并应用于获取3D FBI中以便触发以3D的模式编码的每个切片。该FBI研究利用与ECG预扫描中相似的TE_{eff}值以获得相似的对比度（参见说明书第779页左栏第15~32行）；

从预扫描行为所获得数据产生多个初步图像，并显示多个初步图像（参见说明书第779页右栏第1行至第780页左栏以及附图2、4）；

从所显示的多个初步图像中选择所需的初步图像（参见说明书第 779 页左栏倒数第一段至第 780 页左栏）；以及

将从所选择的初步图像给出的关于 ECG 的延迟时间的大小设定到成像扫描中（参见说明书第 779 页左栏第 2 段至第 782 页第 2 段）。

由此可见，权利要求 8 与对比文件 1 相比，区别在于：①权利要求 8 请求保护的是对磁共振成像中成像扫描所使用的脉冲序列的参数进行优化的方法，对比文件 1 公开的是在磁共振成像中的成像扫描中选取恰当的 ECG 延迟时间的方法，而该延迟时间的选取是由与触发磁场有关的 ECG 所决定的，其并不属于脉冲序列的参数；②权利要求 8 中进行预扫描是通过在每个初步图像中改变所需的脉冲序列参数的大小来进行该预扫描；而对比文件 1 中并没有改变脉冲序列参数的大小来进行预扫描，其是在不同的磁场强度下进行 ECG 预扫描，目的是为了在不同的磁场强度下选取恰当的延迟时间，所述参数均不属于脉冲序列的参数；③权利要求 8 中预扫描过程中所需改变的参数是由多个参数组成的组中选择出的至少一个参数，对比文件 1 中公开的预扫描过程中主动所需改变的参数不包括上述参数。

因此，合议组认为权利要求 8 的技术方案与对比文件 1 的技术方案存在实质上的区别，这些区别并不属于该领域中惯用手段的直接替换，且解决了不同的技术问题，产生了不同的预期效果，因此权利要求 8 相对于对比文件 1 具备新颖性，符合专利法第 22 条第 2 款的规定。

（3）权利要求 9 请求保护一种对磁共振成像中成像扫描所使用的脉冲序列的参数进行优化的方法，对比文件 1 公开了一种利用 3D 同步 ECG（心电图）半傅立叶快速自旋回波的无造影剂 MR（磁共振）血管造影术，并具体公开了：

进行成像扫描以提供一被成像物体所需区域处的 MR 图像（参见说明书摘要至说明书第 776 页右栏倒数第 3 段）；

先进行二维 ECG 预扫描，在 0.5T 采用以下参数进行 ECG 预扫描：TR/TE_{eff}3R-R 时间间隔/24.8 或 62.0 微秒；ETS 6.2 微秒，矩阵 128×256，TI140 微秒，获得的数量 1；切片厚度 40mm；视场（FOV）38×38cm，所需要的全部时间大约是 20 秒。在 1.5T，使用相似的参数：ETS 5.0 微秒，TE_{eff} 30 或 60 微秒以及 TI190 微秒。对于 128×256 矩阵，在 0.5T、ETS 6.2 微秒、TE_{eff} 24.8 微秒，单次发射所需窗口时间大约 420 微秒且在 1.5T，ETS 5.0 微秒和 TE_{eff} 30 微秒，单次发射所需窗口时间大约 350 微秒。预扫描后，选择适当的延迟时间并应用于获取 3D FBI 中以便触发以 3D 的模式编码的每个切片。该 FBI 研究利用与 ECG 预扫描中相似的 TE_{eff}值以获得相似的对比度（参见说明书第 779 页左栏第 15~32 行）。

从预扫描行为所获得的数据产生多个初步图像（参见说明书第 779 页右栏第 1 行至第 780 页左栏以及附图 2、4）；

从所显示的多个初步图像中选择所需的初步图像（参见说明书第 780 页左栏 19~23 行）；以及

将从所选择的初步图像给出的所需 ECG 参数的大小设定到成像扫描中（参见说明书第 779 页左栏倒数第一段至第 782 页第 2 段）。

由此可见，权利要求 9 与对比文件 1 相比，区别在于：①权利要求 9 请求保护的是对磁共振成像中成像扫描所使用的脉冲序列的参数进行优化的方法，对比文件 1 公开的是在磁共振成像中的成像扫描中选取恰当的 ECG 延迟时间的方法，而该延迟时间的选取是由与触发磁场有关的 ECG 所决定，其并不属于脉冲序列的参数；②权利要求 9 中进行预扫描是通过在每个初步图像中改变所需的脉冲序列参数的大小而进行该预扫描；而对比文件 1 中并没有改变脉冲序列参数的大小来进行预扫描，其是在不同的磁场强度下进行 ECG 预扫描，目的是为了在不同的磁场强度下选取恰当的延迟时间，所述参数均不属于脉冲序列的参数。

因此，合议组认为权利要求 9 的技术方案与对比文件 1 的技术方案存在实质上的区别，这些区别并不属于该领域中惯用手段的直接替换，且解决了不同的技术问题，产生了不同的预期效果，权利要求 9 相对于对比文件 1 具备新颖性，符合专利法第 22 条第 2 款的规定。

（4）权利要求 10 请求保护一种磁共振成像系统，对比文件 1 公开了一种利用 3D 同步 ECG（心电图）半傅立叶快速自旋回波的无造影剂 MR（磁共振）血管造影术，为执行该方法，必然存在执行该方法的系统，因此对比文件 1 隐含公开了一种磁共振成像系统，并具体公开了：

该造影术以及执行该造影术的系统用于在所需脉冲序列的基础上进行三维成像扫描，以便获得设置于静磁场中的物体的所需区域处的 MR 图像；将梯度磁场施加于该物体，并从该物体探测回波（参见说明书摘要至说明书第 777 页右栏第 7 行）；

根据有关脉冲序列的信息进行操作，以便不仅使磁场梯度场和 RF 信号施加于物体的该区域，而且接收回波，为了完成这一步骤，必然包含一序列发生器，即对比文件 1 隐含公开了序列发生器（参见说明书第 779 页左栏倒数第 17~18 行、第 777 页左栏倒数第 7~4 行、图 1）；

先进行二维 ECG 预扫描，在 0.5T 采用以下参数进行 ECG 预扫描：TR/TE_{eff}3R-R 时间间隔/24.8 或 62.0 微秒；ETS 6.2 微秒，矩阵 128×256，TI140 微秒，获得的数量 1；切片厚度 40mm；视场（FOV）38×38cm，所需要的全部时间大约是 20 秒。在 1.5T，使用相似的参数：ETS 5.0 微秒，TE_{eff} 30 或 60 微秒以及 TI190 微秒。对于 128×256 矩阵，在 0.5T、ETS 6.2 微秒、TE_{eff} 24.8 微秒，单次发射所需窗口时间大约 420 微秒且在 1.5T，ETS 5.0 微秒和 TE_{eff} 30 微秒，单次发射所需窗口时间大约 350 微秒。预扫描后，选择适当的延迟时间并应用于获取 3D FBI 中以便触发以 3D 的模式编码的每个切片。该 FBI 研究利用与 ECG 预扫描中相似的 TE_{eff}值以获得相似的对比度，完成该步骤必然需要预扫描执行装置，而上述操作势必需要由计算机通过序列发生器接收和发射的信号来进行操纵（参见说明书第 779 页左栏第 15~32 行）；

从预扫描行为所获得的数据产生多个初步图像，并显示多个初步图像，其中由数据到图像必然需要计算机的处理，而显示图像必然需要一显示装置，即隐含公开了权利要求 10 中的计算机和显示装置（参见说明书第 779 页右栏第 1 行至第 780 页左栏以及附图 2、4）；

从所显示的多个初步图像中选择所需的初步图像，则必然包括一选择装置，即权利要求 10 中的输入装置（参见说明书第 779 页左栏倒数第一段至第 780 页左栏）；以及

将由所选择的初步图像给出的所需 ECG 参数的大小设定到成像扫描中，由此必然包括设定装置，即权利要求 10 中的通过主机进行操纵的第二装置（参见说明书第 779 页左栏第 2 段至第 782 页第 2 段）。

由此可见，权利要求 10 与对比文件 1 相比，区别在于：①权利要求 10 中第一装置是通过在每个初步图象中改变所需的脉冲序列参数的大小并通过矩阵尺寸小于通过成像扫描所获得 MR 图像的图像矩阵而进行该预扫描；而对比文件 1 中并没有改变脉冲序列参数的大小并通过矩阵尺寸小于通过成像扫描所获得 MR 图像的图像矩阵来进行预扫描，对比文件 1 公开的是在不同的磁场强度下进行 ECG 预扫描，目的是为了在不同的磁场强度下选取恰当的 ECG 延迟时间，所述参数均不属于脉冲序列的参数；②权利要求 10 中预扫描过程中所需改变的参数是由多个参数组成的组中选择出的至少一个参数，对比文件 1 中公开的预扫描过程中主动所需改变的参数不包括上述参数。

因此，合议组认为权利要求 10 的技术方案与对比文件 1 的技术方案存在实质上的区别，这些区别并不属于该领域中惯用手段的直接替换，且解决了不同的技术问题，产生了不同的预期效果，权利要求 10 相对于对比文件 1 具备新颖性，符合专利法第 22 条第 2 款的规定。

（5）权利要求 11~14 从属于权利要求 10，因此当权利要求 10 相对于对比文件 1 具备新颖性时，

上述权利要求 11~14 也具备新颖性，符合专利法第 22 条第 2 款的规定。

综上所述，本申请的权利要求 7~14 相对于对比文件 1 具备新颖性，符合专利法第 22 条第 2 款的规定。

三、决定

撤消国家知识产权局于 2006 年 6 月 9 日针对 02141421.1 号发明专利申请作出的驳回决定。

由原审查部门以本复审决定所依据的文本，即复审请求人于 2005 年 11 月 2 日提交的权利要求第 1~14 项，2002 年 8 月 30 日提交的说明书第 1~20 页、说明书附图第 1~13 页、说明书摘要、摘要附图为基础继续审查。

复审请求人对本决定不服的，可以根据专利法第 41 条第 2 款的规定，自收到本决定之日起三个月内向北京市第一中级人民法院起诉。

089

保健固齿牙擦

复审请求审查决定（第13571号）

决　定　号　第13571号
决　定　日　2008年6月5日
发明创造名称　保健固齿牙擦
国际分类号　A61C17/00
复审请求人　侯惠勋
申　请　号　200510020597.7
申　请　日　2005年3月28日
公　开　日　2005年9月28日
合议组组长　杨军艳
主　审　员　赵　鑫
参　审　员　陈　力

法律依据　专利法第22条第3款
决定要点
在进行创造性判断时，如果现有技术中没有给出将本申请的权利要求与最接近现有技术的区别特征应用到最接近现有技术中以解决本发明实际所要解决的技术问题的启示，则该权利要求具备创造性。

一、案由

本复审请求涉及申请号为200510020597.7、名称为“保健固齿牙擦”的发明专利申请（下称本申请），其申请日为2005年3月28日，申请人为侯惠勋，公开日为2005年9月28日。

经实质审查，国家知识产权局专利局实质审查部门于2007年9月28日以权利要求1~4不符合专利法第22条第3款的规定为由作出驳回决定，驳回了本申请。驳回决定所依据的文本为：申请人于申请日2005年3月28日提交的说明书第1~2页、附图第1页、说明书摘要、摘要附图、2007年5月9日提交的权利要求第1~4项。驳回决定所针对的权利要求1~4如下：

“1. 一种保健固齿牙擦，包括擦柄，其特征在于，在擦柄的前部有一软质擦体，擦体的表面为锯齿状波浪表面，擦体的表面中部开有放置牙膏的凹槽。

2. 根据权利要求1所述的保健固齿牙擦，其特征在于，所述的凹槽的表面为非常光洁的表面。

3. 根据权利要求1所述的保健固齿牙擦，其特征在于，所述的擦体为高分子密集无毒卫生的泡质塑料。

4. 根据权利要求 1 所述的保健固齿牙擦，其特征在于，所述的擦体热压粘贴在擦柄的前部。”

驳回决定所引用的对比文件为：

对比文件 1：授权公告号为 CN2193673Y 的实用新型专利说明书，其授权公告日为 1995 年 4 月 5 日；

对比文件 2：公开号为 CN1359273A 的发明专利申请公开说明书，其公开日为 2002 年 7 月 17 日；

驳回决定认为：（1）权利要求 1 请求保护一种保健固齿牙擦，对比文件 1 公开了一种牙刷，两者属于相同的技术领域，并且对比文件 1 公开了权利要求 1 中除有关“凹槽”之外的其余技术特征，对比文件 2 公开了一种牙齿清洁器，也与本申请属于相同的技术领域，具体披露了在刷毛的表面中部开有放置相当于牙膏的清洁牙齿介质的凹槽，该凹槽在对比文件 2 中的作用与在本申请中的作用相同，因此权利要求 1 相对于对比文件 1 与对比文件 2 的结合不具有创造性。（2）从属权利要求 2 的附加技术特征被对比文件 2 所公开，从属权利要求 3 和 4 的附加技术特征是本领域的常规选择和惯用手段，因此当其引用的权利要求 1 不具有创造性时，从属权利要求 2~4 也不具有创造性。

申请人侯惠勋（下称复审请求人）对上述驳回决定不服，于 2007 年 11 月 9 日向专利复审委员会提出了复审请求。复审请求人在复审请求书中表示对权利要求 1 进行了修改，并在修改后的权利要求 1 中加入了“该凹槽为在擦体内的凹槽，四周有壁”这一特征，同时未提交权利要求书的修改替换页。复审请求人认为：（1）经修改后的本申请中的凹槽与对比文件 2 中披露的凹槽能够区别开，两者存在根本的不同。权利要求 1 中的凹槽是用于放置牙膏的，而对比文件 2 中的凹槽是用于牙齿放置，便于清洁牙齿的，并认为对比文件 2 中所谓的凹槽实际上是本申请权利要求 1 中所述的擦体锯齿状波浪表面形成的高低状凹槽。（2）本申请采用锯齿状波浪表面的软质擦体，其波浪表面放置牙膏时容易脱落，因此在中部专门开出一个放置牙膏的体内凹槽，这是对牙膏放置的进一步改进，而对比文件 2 中的凹槽是用于放置牙齿，清洁牙齿的，其上面放置牙膏是由于刷牙的需要，这一点同普通的早已广泛使用的波浪形刷毛牙刷没有什么不同。（3）在权利要求 1 具有创造性的前提下，从属权利要求 2~4 具有创造性。

2007 年 12 月 26 日复审请求人提交了复审、无效宣告程序补正书，并再次提交了复审请求书，同时提交了权利要求书的修改替换页，修改后的权利要求书内容如下：

“1. 一种保健固齿牙擦，包括擦柄，其特征在于，在擦柄的前部有一软质擦体，擦体的表面为锯齿状波浪表面，擦体的表面中部开有放置牙膏的凹槽，该凹槽为在擦体内的凹槽，四周有壁。

2. 根据权利要求 1 所述的保健固齿牙擦，其特征在于，所述的凹槽的表面为非常光洁的表面。

3. 根据权利要求 1 所述的保健固齿牙擦，其特征在于，所述的擦体为高分子密集无毒卫生的泡质塑料。

4. 根据权利要求 1 所述的保健固齿牙擦，其特征在于，所述的擦体热压粘贴在擦柄的前部。”

经形式审查合格，专利复审委员会依法受理了该复审请求，于 2008 年 1 月 28 日向复审请求人发出复审请求受理通知书，并将案卷转送至原实质审查部门进行前置审查。

原实质审查部门在前置审查意见书中认为，权利要求 1 中限定的凹槽未给其所请求保护的技术方案带来创造性，坚持原驳回决定。

针对上述复审请求，专利复审委员会依法成立合议组对该复审请求案进行审理。本案合议组在仔细审阅了全部案卷后，认为本案事实已经清楚，现依法作出本审查决定。

二、决定的理由

1. 关于审查文本

本复审请求审查决定所针对的审查文本为：复审请求人于 2007 年 12 月 26 日提交的权利要求第 1~4项、2005 年 3 月 28 日提交的说明书第 1~2 页、说明书附图第 1 页、说明书摘要及摘要附图。

2. 关于专利法第 22 条第 3 款

专利法第 22 条第 3 款规定：创造性，是指同申请日以前已有的技术相比，该发明有突出的实质性特点和显著的进步，该实用新型有实质性特点和进步。

根据该款规定，在进行创造性判断时，如果现有技术中没有给出将本申请的权利要求与最接近现有技术的区别特征应用到最接近现有技术中以解决本发明实际要解决的技术问题的启示，则该权利要求具备创造性。

本申请权利要求 1 请求保护一种保健固齿牙擦，对比文件 1（CN2193673Y）公开了一种牙刷，两者都属于牙齿清洁领域。对比文件 1 公开的牙刷具体包括刷柄，在刷柄的前端具有软且有弹性的高密度海绵（相当于本申请权利要求 1 中的软质擦体），并且海绵的表面有搓板型的波纹（相当于本申请权利要求 1 中擦体的表面为锯齿状波浪表面）。

本申请权利要求 1 与对比文件 1 的区别之处在于，本申请权利要求 1 中还限定了擦体的表面中部开有放置牙膏的凹槽，该凹槽为擦体内的凹槽，四周有壁。上述区别特征所起的作用是方便牙膏置于擦体内。

对比文件 2（CN1359273A）公开了一种牙齿清洁器（参考对比文件 2 的说明书第 2 页第 30 行至第 4 页第 4 行，图 1~11），其与对比文件 1 和本申请同属于牙齿清洁领域。对比文件 2 中公开的牙齿清洁器包括一菱形横截面的弹性元件，它具有两个倾斜的上表面支持着向上竖立的刷毛，两个倾斜的下表面支持着向下竖立的刷毛；并且将向上立的刷毛和向下竖的刷毛的长度选择成使刷毛的顶端，在弹性元件的上部形成一个凹槽，而在弹性元件的下部形成一个反向凹槽；所形成的凹槽具有一个基本平坦的底面和两个倾斜的侧面；这种刷毛以一种辅助净牙材料的形式涂上一种感觉舒适的清洁牙齿的介质，这种介质可相当于牙膏的作用。使用时，将该清洁器至于上下牙齿之间，上牙处于上凹槽中，下牙处于反向凹槽中，通过上下牙齿咬合，由刷毛来清洁牙齿。

由上述对比文件 2 公开的内容可知，对比文件 2 中牙齿清洁器的凹槽并非是形成于刷毛内的封闭凹槽，而是两侧高于底部，前后畅通的开放式凹槽，其与本申请权利要求 1 中限定的四周有壁的擦体内凹槽结构不同。对比文件 2 中凹槽的作用是容置牙齿而不是放置牙膏，以便在牙齿咬合的压力作用下使刷毛更加贴合牙齿，从而能对牙齿壁部进行清洁，由此可见对比文件 2 中公开的凹槽与本申请权利要求 1 中的凹槽作用也不相同。

尽管对比文件 2 公开了刷毛上可以涂相当于牙膏的物质，但这与通常刷牙时在牙刷上涂有牙膏无异，并不能据此认定刷毛上形成的凹槽即为本申请中擦体上设置的用于放置牙膏的凹槽，也不能认定该凹槽对本申请中擦体上设置凹槽来放置牙膏有所启示。

综上所述，合议组认为，对比文件 1、对比文件 2 均没有公开权利要求 1 中的凹槽，也未给出在软质擦体上开设封闭凹槽来放置牙膏的技术启示，而本申请权利要求 1 中在擦体内开设了四周有壁的凹槽，可在其中容置牙膏，解决了在刷牙时牙膏易于从擦体上脱落的不便，具有有益的技术效果，因此权利要求 1 相对于对比文件 1 和对比文件 2 的结合具有创造性。

在权利要求 1 相对于对比文件 1 和对比文件 2 的结合具有创造性的情况下，其从属权利要求 2~4 相对于对比文件 1 和对比文件 2 的结合也具有创造性，符合专利法第 22 条第 3 款的规定。

根据上述事实和理由，本案合议组依法作出以下审查决定。

三、决定

撤销国家知识产权局于 2007 年 9 月 28 日对 200510020597.7 号发明专利申请做出的驳回决定，由原审查部门以本决定依据的文本作为审查基础继续进行审查程序。

复审请求人对本决定不服的，可以根据专利法第 41 条第 2 款的规定，自收到本决定之日起三个月内向北京市第一中级人民法院起诉。

090

磁共振成像方法、三维成像方法和磁共振成像系统

复审请求审查决定（第 13587 号）

决　定　号 第 13587 号
决　定　日 2008 年 6 月 11 日
发明创造名称 磁共振成像方法、三维成像方法和磁共振成像系统
国际分类号 G01N 24/00，A61B 5/055，G01R 33/20
复审请求人 GE 医疗系统环球技术有限公司
申　请　号 01141266.6
优先权日 2000 年 10 月 11 日
申　请　日 2001 年 10 月 11 日
公　开　日 2002 年 6 月 26 日
合议组组长 宋　瑞
主　审　员 刘　畅
参　审　员 杨加黎

法律依据 专利法实施细则第 20 条第 1 款
决定要点

如果一项权利要求的主题名称清楚，其包括的各项技术特征也清楚地表述了该项权利要求请求保护的产品的构成或请求保护的方法的各项步骤，即权利要求清楚地限定了其所要保护的范围，则该项权利要求符合专利法实施细则第 20 条第 1 款的规定。

一、案由

本复审请求涉及申请号为 01141266.6、名称为“磁共振成像方法、三维成像方法和磁共振成像系统”的发明专利申请（下称本申请），其申请日为 2001 年 10 月 11 日，优先权日为 2000 年 10 月 11 日，公开日为 2002 年 6 月 26 日，申请人为 GE 医疗系统环球技术有限公司，本申请公开时的权利要求书共包括 17 项权利要求。

国家知识产权局专利实质审查部门依申请人的请求对本申请进行了实质审查，于 2004 年 12 月 10 日以本申请的权利要求 1、6、11、13 不符合专利法实施细则第 20 条第 1 款的规定为理由驳回了本申请。驳回决定所针对的文本是：申请人于 2004 年 9 月 27 日提交的权利要求第 1~20 项，于 2004 年 5 月 8 日提交的说明书第 1~11 页，于 2001 年 10 月 11 日提交的说明书附图第 1~5 页、说明书摘要及摘要附图，其中驳回决定所针对的独立权利要求 1、6、11、13 的内容如下：

“1. 一种以正交的两个方向作为相位轴对划分为象限的 K 空间进行编码以便填充该 K 空间的磁

共振成像方法，该方法包括如下步骤：

根据从 K 空间的中心到各个编码点的距离和各个编码点位于其中的对应的象限确定多个独立编码点的编码顺序，以及

按照所确定的编码顺序对 K 空间进行编码。

……

6. 一种以 X 方向作为读取轴和以 Y 和 Z 方向作为相位轴对成像区进行 3D 扫描的 3D 成像方法，该方法包括如下步骤：

根据从 YZ-K 空间的中心到各个编码点的距离和已有的象限确定编码顺序，以及

按照所确定的编码顺序对 YZ-K 空间进行编码，由此执行 3D 扫描。

……

11. 一种以正交的两个方向作为相位轴对划分为象限的 K 空间进行编码以便填充该 K 空间由此采集数据的磁共振成像系统，该系统包括：

根据从 K 空间的中心到各个编码点的距离和每个编码点位于其中的对应的象限设定多个独立编码点的编码顺序的编码顺序设定装置，以及

其中以所设定的编码顺序对 K 空间进行编码由此采集数据。

……

13. 一种以 X 方向作为读取轴和以 Y 和 Z 方向作为相位轴对成像区进行 3D 扫描的的磁共振成像系统，该系统包括：

根据从 YZ-K 空间的中心到各个编码点的距离和各个编码点位于其中的对应的象限确定各个编码点的编码顺序的编码顺序设定装置，以及

其中以所设定的编码顺序对 YZ-K 空间进行编码由此执行 3D 扫描。

……”

驳回决定认为：权利要求 1 中没有明确限定如何确定“从 K 空间的中心到各个编码点的距离和各个编码点位于其中的对应的象限”，也没有限定如何确定“多个独立编码的编码顺序”以及如何“按照所确定的编码顺序对 K 空间进行编码”，同时“编码顺序和编码点所在的象限”之间对应的关系也不清楚；权利要求 6 中没有明确限定如何确定“从 YZ-K 空间的中心到各个编码点的距离和已有的象限”，也没有限定如何确定“编码顺序”以及如何“按照所确定的编码顺序对 YZ-K 空间进行编码”，同时“编码顺序和编码点所在的象限”之间对应的关系也不清楚；权利要求 11、13 中没有明确限定“编码顺序设定装置”是如何构成的，即申请人仅采用功能性限定对其保护范围进行限定，本领域技术人员无法知晓该系统到底是如何构成的，如何实现该技术方案，因而，权利要求 1、6、11、13 不符合专利法实施细则第 20 条第 1 款的规定。

申请人 GE 医疗系统环球技术有限公司（下称复审请求人）不服上述驳回决定，于 2005 年 3 月 14 日向专利复审委员会提出复审请求，但未对申请文件进行修改。复审请求人在复审请求书中指出：当前的权利要求 1 对本发明的技术方案的描述是清楚的，正如现有技术部分中所述，现有技术中确定编码顺序的依据是“从 K 空间的中心到编码点的距离”，那么根据从 K 空间的中心到编码点的距离来确定编码顺序的具体方法步骤属于已有技术，在此基础上，本发明将 K 空间划分为不同象限，在确定编码顺序时，不仅考虑所述距离，还考虑编码点所在的象限，在根据距离确定编码顺序的具体方法步骤的基础上，本领域技术人员完全可以理解如何根据距离和象限来确定编码顺序，因而权利要求 1 符合专利法实施细则第 20 条第 1 款的规定。至于权利要求 6，在其前序部分中叙述了 X、Y、Z 轴，所以必然存在象限，所以在特征部分对“已有的象限”的描述也是有根据的，结合前述对于权利要

求 1 的评述，权利要求 6 也符合专利法实施细则第 20 条第 1 款的规定，未对权利要求 11、13 不符合专利法实施细则第 20 条第 1 款的规定进行意见陈述。

经形式审查合格后，专利复审委员会受理了上述请求，并于 2005 年 4 月 8 日向复审请求人发出复审请求受理通知书，同时向原专利实质审查部门发出前置审查通知书。

原专利实质审查部门对该复审请求做出前置审查意见，仍然坚持原驳回决定。

针对上述复审请求，专利复审委员会依法成立合议组对该复审请求案进行了审理，并于 2008 年 3 月 14 日向复审请求人发出复审通知书，指出：权利要求 1 中记载的“根据从 K 空间的中心到各个编码点的距离和各个编码点位于其中的对应的象限确定多个独立编码点的编码顺序，以及按照所确定的编码顺序对 K 空间进行编码”只是指出了确定编码顺序所需要考虑的两个因素，而根据权利要求 1 所表述的内容，本领域技术人员不能知晓本申请究竟是采用何种编码原则来确定编码顺序的，在仅根据编码顺序所需要考虑的两个因素而不知晓编码原则的情况下，权利要求 1 所请求保护的范围表述不清楚，不符合专利法实施细则第 20 条第 1 款的规定；权利要求 6 中记载的“根据从 YZ-K 空间的中心到各个编码点的距离和已有的象限确定编码顺序”、权利要求 11 中记载的“根据从 K 空间的中心到各个编码点的距离和每个编码点位于其中的对应的象限设定多个独立编码点的编码顺序的编码顺序设定装置”，以及权利要求 13 中记载的“根据从 YZ-K 空间的中心到各个编码点的距离和各个编码点位于其中的对应的象限确定各个编码点的编码顺序的编码顺序设定装置”也存在着与权利要求 1 中相同的缺陷，致使权利要求 6、11、13 所请求保护的范围不清楚，基于同样的理由，权利要求 6、11、13 不符合专利法实施细则第 20 条第 1 款的规定。

针对上述复审通知书，复审请求人于 2008 年 4 月 29 日向专利复审委员会提交了意见陈述书，同时提交了权利要求书的全文修改替换页，其中对权利要求 1、6、11、13 具体限定了确定编码顺序的原则，并将所有权利要求的主题名称统一改为“成像方法（系统）”，其中修改后的独立权利要求 1、6、11、13 的内容如下：

“1. 一种以正交的两个方向作为相位轴对 K 空间进行编码以填充该 K 空间的成像方法，包括如下步骤：

考虑从所述 K 空间的中心到各个编码点的距离和所在的象限确定编码顺序，其中，按照距所述 K 空间的中心的距离减小的顺序依次定义多组编码点成为顺序段，接着以距所述 K 空间的中心的距离减小的顺序给在第一段和随后的各段中的第一到第四象限的编码点依次分配序号；以及

按照所确定的序号对所述 K 空间进行编码，从而收集数据。

……

6. 一种以 X 方向作为读取轴和以 Y 和 Z 方向作为相位轴对成像区进行 3D 扫描的 3D 成像方法，包括如下步骤：

考虑从所述 YZ-K 空间的中心到各个编码点的距离和所在的象限确定编码顺序，考虑从所述 YZ-K 空间的中心到各个编码点的距离和所在的象限确定编码顺序，其中，按照距所述 YZ-K 空间的中心的距离减小的顺序依次定义多组编码点成为顺序段，接着以距所述 YZ-K 空间的中心的距离减小的顺序给在第一段和随后的各段中的第一到第四象限的编码点依次分配序号；以及

按照所确定的序号对所述 YZ-K 空间进行编码，从而执行 3D 扫描。

……

11. 一种以正交的两个方向作为相位轴对 K 空间进行编码以填充该 K 空间从而采集数据的成像系统，包括：

编码顺序设定装置，用于考虑从所述 K 空间的中心到各个编码点的距离和所在的象限设定编码

顺序，其中，按照距所述 K 空间的中心的距离减小的顺序依次定义多组编码点成为顺序段，接着以距所述 K 空间的中心的距离减小的顺序给在第一段和随后的各段中的第一到第四象限的编码点依次分配序号；以及

编码装置，用于按照所设定的序号对 K 空间进行编码，从而采集数据。

……

13. 一种以 X 方向作为读取轴和以 Y 和 Z 方向作为相位轴对成像区进行 3D 扫描的成像系统，包括：

编码顺序设定装置，用于考虑从所述 YZ-K 空间的中心到各个编码点的距离和所在的象限设定编码顺序，其中，按照距所述 YZ-K 空间的中心的距离减小的顺序依次定义多组编码点成为顺序段，接着以距所述 YZ-K 空间的中心的距离减小的顺序给在第一段和随后的各段中的第一到第四象限的编码点依次分配序号；以及

编码装置，用于按照所设定的序号对 YZ-K 空间进行编码，从而执行 3D 扫描。”

复审请求人在此次意见陈述中指出，修改后的权利要求 1、6、11、13 由于加入了特征：“按照距所述 K（或 YZ-K）空间的中心的距离减小的顺序依次定义多组编码点成为顺序段，接着以距所述 K（或 YZ-K）空间的中心的距离减小的顺序给在第一段和随后的各段中的第一到第四象限的编码点依次分配序号”，因而符合专利法实施细则第 20 条第 1 款的规定。

至此合议组认为本案事实清楚，现依法作出复审决定。

二、决定的理由

1. 审查文本

本复审决定所依据的审查文本为复审请求人于 2008 年 4 月 29 日提交的权利要求第 1~20 项，于 2004 年 5 月 8 日提交的说明书第 1~11 页，于 2001 年 10 月 11 日提交的说明书附图第 1~5 页、说明书摘要及摘要附图。

2. 关于专利法实施细则第 20 条第 1 款

专利法实施细则第 20 条第 1 款规定：权利要求书应当说明发明或者实用新型的技术特征，清楚、简要地表述请求保护的范围。

具体就本案而言，驳回决定中指出，权利要求 1 中没有明确限定如何确定“从 K 空间的中心到各个编码点的距离和各个编码点位于其中的对应的象限”，也没有限定如何确定“多个独立编码点的编码顺序”以及如何“按照所确定的编码顺序对 K 空间进行编码”，同时“编码顺序和编码点所在的象限”之间对应的关系也不清楚；权利要求 6 中没有明确限定如何确定“从 YZ-K 空间的中心到各个编码点的距离和已有的象限”，也没有限定如何确定“多个编码点的编码顺序”以及如何“按照所确定的编码顺序对 YZ-K 空间进行编码”，同时“编码顺序和编码点所在的象限”之间对应的关系也不清楚；权利要求 11、13 中没有明确限定“编码顺序设定装置”是如何构成的，即申请人仅采用功能性限定对其保护范围进行限定，本领域技术人员无法知晓该系统到底是如何构成的，如何实现该技术方案，因而，权利要求 1、6、11、13 不符合专利法实施细则第 20 条第 1 款的规定。而复审请求人在 2008 年 4 月 29 日提交的权利要求书全文修改替换页中，将特征“按照距所述 K（或 YZ-K）空间的中心的距离减小的顺序依次定义多组编码点成为顺序段，接着以距所述 K（或 YZ-K）空间的中心的距离减小的顺序给在第一段和随后的各段中的第一到第四象限的编码点依次分配序号”补入独立权利要求 1、6、11、13 中。通过补入上述内容，权利要求 1、6 对如何确定“从 K（或 YZ-K）空间的中心中心到各个编码点的距离和各个编码点位于其中的对应的象限”、如何确定“多个编码点的编码顺序”、如何“按照所确定的编码顺序对 K（或 YZ-K）空间进行编码”以及“编码顺序和编码点所

在的象限”之间对应的关系进行了明确的限定，同时，由于补入了上述特征，权利要求 11、13 已清楚限定了“编码顺序设定装置”的具体功能及其工作原理。因此，通过上述修改后的，权利要求 1、6、11、13 的技术方案是清楚的，符合专利法实施细则第 20 条第 1 款的规定。

三、决定

复审请求成立，在复审请求人于 2008 年 4 月 29 日对申请文件进行修改的基础上，撤销国家知识产权局于 2004 年 12 月 10 日针对 01141266.6 号发明专利申请作出的驳回决定，由原专利实质审查部门在本复审决定所针对的审查文本基础上继续审查。

复审请求人对本决定不服的，可以根据专利法第 41 条第 2 款的规定，自收到本决定之日起三个月内向北京市第一中级人民法院起诉。

091

一种检测盐酸克伦特罗的试剂盒及其检测方法

复审请求审查决定（第13594号）

决　定　号　第13594号
决　定　日　2008年6月11日
发明创造名称　一种检测盐酸克伦特罗的试剂盒及其检测方法
国际分类号　G01N 33/543，G01N 33/532，G01N 21/76
复审请求人　江南大学
申　请　号　200510097304.5
申　请　日　2005年12月31日
公　开　日　2006年6月28日
合议组组长　宋　瑞
主　审　员　王琦琳
参　审　员　谢有成

法律依据　专利法第33条
决定要点

如果对申请文件的修改超出了原说明书和权利要求书记载的范围，即该修改属于原说明书和权利要求书文字未记载的内容且根据原说明书和权利要求书文字记载的内容以及说明书附图不能直接地、毫无疑义地确定的内容，那么该修改不符合专利法第33条的规定。

一、案由

本复审请求涉及名称为“一种检测盐酸克伦特罗的试剂盒及其检测方法”、申请号为200510097304.5的发明专利申请（下称本申请），其申请日为2005年12月31日，公开日为2006年6月28日，申请人为江南大学。

国家知识产权局实质审查部门依法对本申请进行了实质审查，并于2007年12月7日以本申请不符合专利法第22条第4款的规定为由驳回了本申请，该驳回决定所针对的文本为：申请人于申请日提交的权利要求第1~4项、说明书第1~9页，说明书附图第1页，说明书摘要和摘要附图。其中独立权利要求1如下：

“1. 一种检测盐酸克伦特罗的时间分辨荧光免疫分析法试剂盒，其特征是由96或48孔包被板（1），缓冲液（2），盐酸克伦特罗标准（3），盐酸克伦特罗的抗体冻干品（4），铕标记的羊抗兔抗体（5），洗涤液（6）和增强液（7）所组成；

包被板（1）：包被固相抗原，用 50mmol/L pH9.6 Na_2CO_3-$NaHCO_3$ 的缓冲液将盐酸克伦特罗-卵清蛋白稀释至 1mg/L 作为包被液，96 或 48 孔微孔板各孔加 100μL，4℃放置过夜，弃去包被液，冲洗三次，加 200μL 含质量浓度 0.2% 明胶的 50mmlo/LpH7.2 的 Tris-HCL 的缓冲液封闭，4℃放置过夜，弃去封闭液，真空抽干，板条密封后置-20℃冷冻保存；

缓冲液（2）：8mmol/L NaCL、质量浓度 0.1% 明胶、50μmol/L 二乙烯三胺五乙酸、0.1ml/L Tween-80 和含质量浓度 0.1% NaN_3 的 50mmol/L Tris-HCL pH7.8；

盐酸克伦特罗标准（3）：共 6 瓶，盐酸克伦特罗浓度分别为：0ng/ml，0.05ng/ml，0.25ng/ml，1ng/ml，5ng/ml，25ng/ml，稀释液为 pH7.4 10mmol/L 的 PBS；

盐酸克伦特罗的抗体冻干品（4）：用弗氏完全佐剂或弗氏不完全佐剂 1.2ml 混合 2mg 盐酸克伦特罗-牛血清白蛋白，用匀浆器混合 2 小时，制得油包水抗原乳化剂，取 600μL 制备好的油包水抗原乳化剂，在新西兰大白兔身上多位点地进行皮下注射，在免疫 3~4 次后，血清进行鉴定，合格后稀释、分装、冻干备用；

铕标记的羊抗兔抗体（5）：取溶解于 50mmol/L 的 PBS pH7.0 的 5g/L 羊抗兔抗体 1~2ml，经 PD-10柱转换缓冲条件，洗脱液为含 0.155mol/L NaCL 的 50mmol/L Na_2CO_3-$NaHCO_3$ pH8.5-9.0 缓冲液，收集蛋白峰，经紫外吸收分析定量，用上述洗脱液稀释羊抗兔抗体至 2g/L，取 500~1000μl 稀释后的羊抗兔抗体加入含 0.2~0.4mg 的 $Eu3^+$-N2-［p-异氰酸-苄基］-二乙酸三胺四乙酸的小瓶中，28~30℃磁力搅拌反应 16~20 小时，反应液经用 80mmol/L Tris-HCL pH7.8 缓冲液平衡的 1×40cm Sephadex-G50 柱层析，收集蛋白峰，稀释、分装备用；

洗涤液（6）：14.5mmol/L NaCL、0.2ml/L Tween-80 和含质量浓度 0.2% NaN_3 的 50mmol/L Tris-HCL pH7.8；

增强液（7）：1 升 pH3.2 邻苯二甲酸氢钾缓冲液含 15μmolβ-苯甲酰三氟丙酮，50μmol 三正辛基氧化膦和 1ml 曲拉通 X-100。”

驳回决定认为，权利要求 1~4 通过在新西兰大白兔身上多点位的进行皮下注射，在免疫 3~4 次后，血清进行鉴定，合格后稀释、分装、冻干备用，这种方法直接以有生命的动物体为实施对象，无再现性，无法在产业上利用，属于动物体的非治疗目的的外科手术方法，因此本申请不具备实用性，不符合专利法第 22 条第 4 款的规定。

申请人江南大学（下称复审请求人）对上述驳回决定不服，于 2007 年 12 月 29 日向专利复审委员会提出复审请求，并对本申请独立权利要求 1 进行了修改，其中将原权利要求 1 中“盐酸克伦特罗的抗体冻干品（4）：用弗氏完全佐剂……在新西兰大白兔身上多位点地进行皮下注射，在免疫 3~4 次后，血清进行鉴定，合格后稀释、分装、冻干备用”的部分删去。

在复审请求书中，复审请求人认为：其已删除了权利要求书中审查员所指出的“不具备实用性”的内容，因此请求复审。

经形式审查合格，专利复审委员会受理了上述请求，于 2008 年 2 月 13 日向复审请求人发出了复审请求受理通知书，并将本案送至原实质审查部门进行前置审查。

原实质审查部门对上述复审请求做出前置审查意见，仍然坚持原驳回决定。

针对上述复审请求，专利复审委员会依法组成合议组，对本复审请求案进行了审理。

本案合议组于 2008 年 4 月 14 日向复审请求人发出复审通知书指出：复审请求人对独立权利要求 1 进行删除修改后所得到的技术方案既不是原说明书和权利要求书文字记载的内容，也不能根据原说明书和权利要求书文字记载的内容以及说明书附图直接地、毫无疑义地确定，因此该修改不符合专利法第 33 条的规定；另外，原权利要求 1 中涉及“在新西兰大白兔身上多位点地进行皮下注射”的步骤，是以有生命的动物为实施对象，需要以大白兔为实施对象进行介入性注射采血操作，属于非治疗目的的外科手术方法，因此不符合专利法第22条第4款的规定。

针对上述复审通知书，复审请求人于2008年5月15日向专利复审委员会提出了意见陈述，复审请求人认为：其接受“在新西兰大白兔身上多位点地进行皮下注射”的步骤属于非治疗目的的外科手术方法，因此不具备实用性的结论，但是认为删除方式的修改是符合审查员意思表示的，而且本申请的主题是“试剂盒及其检测方法”，本申请仅删除了抗体冻干品（4）的制备过程，对其不再要求保护，不应该视为该修改不符合专利法第33条的规定。

经过上述审理程序，本合议组认为本案事实已经清楚，可以依法作出复审决定。

二、决定的理由

1. 审查基础

本决定是在复审请求人于2007年12月29日提交的权利要求第1~4项、于申请日提交的说明书第1~9页，说明书附图第1页，说明书摘要和摘要附图的基础上作出的。

2. 关于专利法第33条

专利法第33条规定：申请人可以对其专利申请文件进行修改，但是，对发明和实用新型专利申请文件的修改不得超出原说明书和权利要求书记载的范围，对外观设计专利申请文件的修改不得超出原图片或者照片表示的范围。

审查指南第二部分第八章第5.2.1节指出：原说明书和权利要求书记载的范围包括原说明书和权利要求书文字记载的内容和根据原说明书和权利要求书文字记载的内容以及说明书附图能直接地、毫无疑义地确定的内容。

本申请独立权利要求1所请求保护的试剂盒共包括7个组成部分，其中包括一个“盐酸克伦特罗的抗体冻干品（4）”，并且在原权利要求中对该“盐酸克伦特罗的抗体冻干品（4）”的制备过程作了具体限定。复审请求人在其于2007年12月29日所提出的权利要求书修改替换文本中，将上述权利要求1中涉及“盐酸克伦特罗的抗体冻干品（4）”制备过程的内容从权利要求1中删去了。然而，本申请独立权利要求1所请求保护的技术方案正是通过其特征部分对其7个组成部分的说明来进行限定，并由此确定其保护范围的。删除了其中涉及“盐酸克伦特罗的抗体冻干品（4）”制备过程的内容之后所得到的，对“盐酸克伦特罗的抗体冻干品（4）”的制备未作任何限定的技术方案并未记载在原说明书和权利要求书记载的范围之内，同时该方案也不能从原说明书和权利要求书文字记载的内容以及说明书附图中直接地、毫无疑义地确定得出。因此，复审请求人对上述权利要求1的修改不符合专利法第33条的规定。

复审请求人认为制备过程的删除仅仅是该制备过程不再保护，因此，不应该视为该修改不符合专利法第33条的规定。对此，合议组认为：独立权利要求1中涉及制备过程内容的删除实际上表示的是，本申请原独立权利要求1中所涉及的那种特定制备过程不再包含在独立权利要求1的保护范围中。然而，这样进行删除之后的独立权利要求1技术方案发生了改变，导致了其中“盐酸克伦特罗的抗体冻干品（4）”来源的不确定性，而这种改变既不是原说明书和权利要求书文字记载的内容，也不是可以根据原说明书和权利要求书文字记载的内容以及说明书附图能直接地、毫无疑义地确定的内容。

基于上述理由，合议组作出下述决定。

三、决定

维持国家知识产权局于2007年12月7日针对本申请所作出的驳回决定。

复审请求人对本决定不服的，可以根据专利法第41条第2款的规定，自收到本决定之日起三个月内向北京市第一中级人民法院起诉。

092

人形建筑

复审请求审查决定（第13596号）

决　　定　　号　第13596号
决　　定　　日　2008年6月3日
发明创造名称　人形建筑
国 际 分 类 号　E04H 1/00
复 审 请 求 人　张　军
申　　请　　号　02140816.5
申　　请　　日　2002年6月29日
优 先 权 日　2002年3月6日
公　　开　　日　2003年5月7日
合 议 组 组 长　朱文广
主　　审　　员　齐宏涛
参　　审　　员　郭建强

法 律 依 据　专利法第22条第3款
决 定 要 点

判断发明是否具有突出的实质性特点，就是要判断对本领域的技术人员来说，要求保护的发明相对于现有技术是否显而易见。在评价发明是否具有显著的进步时，主要应当考虑发明是否具有有益的技术效果。

一、案由

本复审请求涉及申请日为2002年6月29日，优先权日为2002年3月6日，公开日为2003年5月7日，发明名称为“人形建筑”的发明专利申请，其申请号为02140816.5，申请人为张军。

申请人于2004年3月26日主动提交了权利要求书的修改替换页1页，修改后的权利要求为8项。

国家知识产权局原审查部门于2004年6月4日发出第一次审查意见通知书，认为权利要求1~8相对于对比文件1（中国实用新型专利说明书CN2234480Y，公告日为1996年9月4日）不具备专利法第22条第3款规定的创造性。

申请人于2004年10月18日提交了意见陈述书，陈述了权利要求1~8相对于对比文件1具有创造性的理由。

国家知识产权局原审查部门于2005年10月14日对本申请作出了驳回决定，驳回理由是：本申请权利要求1~8不符合专利法第22条第3款的规定。

驳回决定所针对的文本是申请人于2004年3月26日提交的权利要求第1~8项、申请日提交的说明书第1~3页、说明书附图第1页、说明书摘要以及摘要附图。该文本的权利要求书如下：

“1. 一种高层建筑物，其特征在于：建筑物的下半部分由两座相同或相似的楼体构成，两楼体相邻，距离数米至数十米，从建筑物总体上看，其类似于人的两腿；上半部分至少在一个方位上形成了一个规则或近似的巨大四边形轮廓，四边形最下面的一条边的中部正好对着下半部分两楼体的空隙处且离地面在十米以上，从建筑物总体上看，其类似于人的身躯；从建筑物上半部分的两侧伸出两条巨大的条状或管状结构物，长度在3米以上，从建筑物整体上看，其类似于人的两臂；建筑物顶部中央有一个巨大的平面或立体的结构物，其中有一面布局成人的五官形状或者以满幅绘上人的五官形状，从建筑物整体上看，其类似于人的头部和面部；建筑物整体外观至少在一个方位上呈现出顶天立地的巨人形象。

2. 根据权利要求1所述的高层建筑物，其特征在于：所述的构成建筑物下半部分的两座相同或相似的楼体呈相向斜撑状态。

3. 根据权利要求1所述的高层建筑物，其特征还在于：两楼体在地下还有数层，并且在结构上连成一体。

4. 根据权利要求1所述的高层建筑物，其特征还在于：所述的从建筑物上半部分的两侧伸出的两个巨大的条状或管状类似人手臂的结构物，用细长连接物给予辅助加强固定。

5. 根据权利要求1所述的高层建筑物，其特征还在于：在“巨人”的两眼处设置彩色激光机，从两眼瞳孔处射出二束彩色激光。

6. 根据权利要求1所述的高层建筑物，其特征还在于：建筑物以两座形状结构相同或相似、位置相邻的分楼为主干，在此基础上进行连接和添加，使整体呈现出巨人轮廓形象。

7. 根据权利要求6所述的高层建筑物，其特征还在于：将两分楼的上半部分连接起来，形成‘巨人’的‘身躯’。

8. 根据权利要求7所述的高层建筑物，其特征还在于：将两分楼的上半部分被连接物自然分割而形成的平面间隙用平板型结构物遮封住。”

在驳回决定中，审查员指出：对比文件1公开的龙形建筑物，由多个房间组建成龙的形状。本申请中的人形建筑物虽然是将多个房间沿高度延伸形成的矩形建筑物，但其构思“将建筑物建筑成具有新颖外观和具有广告效果”已由对比文件所披露。其区别点为本申请的建筑物高大，而现今摩天大楼已非常普遍，本申请中的建筑在建筑结构上没有变化，只是在建筑造型上有所变化，而“造型”这一点已经由对比文件1所公开。由此对比文件1结合公知技术公开了权利要求的全部技术特征，权利要求1~8不具备创造性。

申请人（下称复审请求人）对上述驳回决定不服，于2006年2月5日向专利复审委员会提出了复审请求，复审理由主要为：首先，本申请的人形建筑与对比文件1的仿真建筑高度差别太大，因此并不容易想到将对比文件1改造成本申请要求保护的技术方案；其次，本申请与对比文件1在发明效果上存在着质和量的巨大差别，使得本申请具有创造性。

经形式审查合格后，专利复审委员会受理了该复审请求，并于2006年3月15日向复审请求人发出复审请求受理通知书，同时向原审查部门发出前置审查通知书。

原审查部门对本复审请求进行了前置审查，在前置审查意见书中，原审查部门坚持原驳回决定。

专利复审委员会依法成立合议组，对本案进行审理。经审查，合议组于2007年11月13日针对复审请求人的复审请求发出复审通知书，指出：将权利要求1与对比文件1相比，其区别仅有两点：

第一，用“人形”代替了“龙”等动物造型作为建筑外形；第二，本申请的建筑为高层建筑。针对上述第一点区别，将“龙形”替代为“人形”其效果实质相同，这种替换对本领域技术人员来说是易于想到的。针对上述第二点，本申请中的建筑在建筑结构上没有任何变化，而众所周知的是，高大建筑物较之一般建筑物更能吸引人的注意力，获得更好的广告效果，因此将这种造型的建筑建成高层建筑以实现“造型新颖、引人注目”的发明目的对本领域技术人员来说也是易于想到的。总之，在对比文件1的基础上结合本领域的公知常识得到权利要求1的技术方案是显而易见的，同时也没有产生预料不到的技术效果，因此，权利要求1不具备专利法第22条第3款规定的创造性。从属权利要求2~8的附加技术特征都是本领域常规的技术手段，因此也不具备创造性。

复审请求人于2007年12月28日针对上述复审通知书提交了意见陈述书，其认为，本申请与对比文件1在建筑结构上完全不同，对比文件1的建筑结构方案完全不能建成高层建筑，人形建筑存在着关于稳定性的极大技术困难和思维障碍，是任何人都难以设想和不敢设想的。因此，本申请由于解决了人形高层建筑的稳定性问题而并非是显而易见的。同时，本申请也产生了诸多价值巨大的有益效果，这也是对比文件1所不具有的。复审请求人未修改申请文件。

至此，合议组认为本案事实已经清楚，可以依法做出本复审请求决定。

二、决定的理由

1. 审查基础

复审请求人在提出复审请求以及答复复审通知书时均未对申请文本作出修改，因此本复审决定的审查基础与驳回决定所依据的文本相同，即请求人于2004年3月26日提交的权利要求第1~8项及2002年6月29日提交的说明书第1~3页、说明书附图第1页、说明书摘要以及摘要附图。

2. 关于专利法第22条第3款有关创造性的规定

专利法第22条第3款规定：“创造性，是指同申请日以前已有的技术相比，该发明有突出的实质性特点和显著的进步。”

具体到本案，驳回决定所针对的权利要求1内容为：

“1. 一种高层建筑物，其特征在于：建筑物的下半部分由两座相同或相似的楼体构成，两楼体相邻，距离数米至数十米，从建筑物总体上看，其类似于人的两腿；上半部分至少在一个方位上形成了一个规则或近似的巨大四边形轮廓，四边形最下面的一条边的中部正好对着下半部分两楼体的空隙处且离地面在十米以上，从建筑物总体上看，其类似于人的身躯；从建筑物上半部分的两侧伸出两条巨大的条状或管状结构物，长度在3米以上，从建筑物整体上看，其类似于人的两臂；建筑物顶部中央有一个巨大的平面或立体的结构物，其中有一面布局成人的五官形状或者以满幅绘上人的五官形状，从建筑物整体上看，其类似于人的头部和面部；建筑物整体外观至少在一个方位上呈现出顶天立地的巨人形象。”

对比文件1也公开了一种仿真建筑，并具体公开了以下技术特征：“建筑由多个房间组成，外形构成为龙形或凤、大象、长颈鹿等”（参见该对比文件1说明书以及附图）。将权利要求1所要求保护的技术方案与对比文件1所公开的内容相比，其区别仅有两点：第一，用“人形”代替了“龙”等动物造型作为建筑外形；第二，本申请的建筑为高层建筑。针对上述第一点区别，将“龙形”替代为“人形”对本领域技术人员来说是易于想到的。其次，本申请中的建筑在建筑结构上没有任何变化，而众所周知的是，高大或高层建筑本身是一种公知的建筑类型，并且本领域技术人员也在设计以不同的形式来展现高层建筑，因此将高层建筑以一种“造型新颖、引人注目”的“人形”方式设计出来对本领域技术人员来说也是易于想到的。总之，在对比文件1的基础上结合本领域的公知常识得到本申请权利要求1的技术方案是显而易见的，同时也没有产生预料不到的技术效果，因此，权利要求 1 不具备突出的实质性特点和显著的进步，从而不具备专利法第 22 条第 3 款规定的创造性。

从属权利要求 2、4、5、6、7、8 其附加技术特征是对“人形建筑”外形具体细节的进一步限定，对本领域技术人员来说，这些限定都是本领域常规的技术手段，在引用的权利要求 1 已经不具备创造性的情况下，这些从属权利要求也是显而易见的，同时也没有产生预料不到的技术效果，因而也不具备创造性。

从属权利要求 3 对“人形建筑”的结构做了进一步限定，其附件技术特征为“两楼体在地下还有数层，并且在结构上连成一体”，然而，对于本领域技术人员来说，将建筑物的地下层连接成一体，以使人更加方便的在不同建筑物中往来，也是本领域的惯用技术手段，在其引用的权利要求 1 已经不具备创造性的情况下，该从属权利要求也是显而易见的，同时也没有产生预料不到的技术效果，因而也不具备创造性。

针对请求人在复审程序中的意见陈述，合议组认为其理由不能成立。

第一，请求人认为本申请的人形建筑与对比文件 1 的仿真建筑高度差别太大，对比文件 1 的结构方案完全不能应用到高层建筑领域。由于高度带来的稳定性问题，人形建筑的设想存在极大的技术困难的思维障碍，因此本申请并非是显而易见的。对此，合议组认为，首先，高层建筑的建筑技术早已非常成熟，将本申请所述的“人形”建筑建成高层建筑都不需要付出创造性劳动，更何况目前具有奇特造型的高层建筑也比比皆是，因此对比文件与本申请的高度差异并不能构成本申请具有创造性的理由；其次，本申请请求保护的高层建筑物并未明确限定高度，故应当理解为其含义与现有技术相同，并且由于该建筑结构用于提高稳定性的手段也都是已有技术，因此本申请克服了现有技术所不能解决的高层建筑稳定性问题的主张不能成立。

第二，请求人认为本申请与对比文件 1 在发明效果上存在着质和量的巨大差别，使得本申请具有创造性。对此，合议组认为，一项发明专利申请必须同时具备突出的实质性特点和显著的进步才可以认为具备创造性，两者缺一不可，根据审查指南第二部分第四章有关发明创造性的审查基准：“判断发明是否具有突出的实质性特点就是要判断对本领域的技术人员来说，要求保护的发明相对于现有技术是否显而易见；在评价发明是否具有显著的进步时，主要应当考虑发明是否具有有益的技术效果。”因此，当本申请对本领域技术人员来说是显而易见之时，即便其具备一定的技术效果也不符合专利法第 22 条第 3 款有关创造性的规定，除非其具有预料不到的技术效果，但本申请的技术效果是本领域技术人员可以预见的。

第三，请求人认为本申请从属权利要求 2~8 的附加技术特征还能起到提高和增强该人形建筑的稳定性的作用，因此具备创造性。对此，合议组认为，这些附加技术特征都是建筑领域所公知的常规技术手段，对提高建筑物稳定性的技术效果是完全可以预期的，在独立权利要求不具备创造性的情况下，进一步采用这些技术手段并不能为上述从属权利要求带来创造性。

根据上述的事实和理由，本案合议组依法做出以下决定。

三、决定

维持国家知识产权局于 2005 年 10 月 14 日对第 02140816. 5 号发明专利申请作出的驳回决定。

复审请求人对本决定不服的，可以根据专利法第 41 条第 2 款的规定，自收到本决定之日起三个月内向北京市第一中级人民法院起诉。

北京市第一中级人民法院
行政判决书

（2009）一中行初字第780号

原告张军，男，1971年8月30日出生，汉族，杭州西湖区蓬童专利技术产品研发设计实验室主任，住浙江省杭州市西湖区曙光路白沙泉157号。

被告国家知识产权局专利复审委员会，住所地北京市海淀区北四环西路9号银谷大厦10~12层。

法定代表人廖涛，副主任。

委托代理人齐宏涛，男，国家知识产权局专利复审委员会审查员。

委托代理人朱茜，女，国家知识产权局专利复审委员会审查员。

原告张军不服被告国家知识产权局专利复审委员会作出的第13596号复审请求审查决定（下称被诉决定），向本院提起行政诉讼。本院受理后，依法组成合议庭，于2009年4月24日公开开庭审理了本案。原告张军，被告的委托代理人齐宏涛、朱茜到庭参加了诉讼。本案现已审理终结。

被告针对原告提出的复审请求，于2008年6月3日作出被诉决定：

本复审请求涉及申请日为2002年6月29日，优先权日为2002年3月6日，公开日为2003年5月7日，发明名称为"人形建筑"的发明专利申请，其申请号为02140816.5，申请人为原告。

原告于2004年3月26日主动提交了权利要求书的修改替换页1页，修改后的权利要求为8项。

国家知识产权局（下称国知局）原审查部门于2004年6月4日发出第一次审查意见通知书，认为权利要求1~8相对于对比文件1（中国实用新型专利说明书CN2234480Y，公告日为1996年9月4日）不具备《中华人民共和国专利法》（下称《专利法》）第二十二条第三款规定的创造性。

原告于2004年10月18日提交了意见陈述书，陈述了权利要求1~8相对于对比文件1具有创造性的理由。

国知局于2005年10月14日对本申请作出了驳回决定，驳回理由是：本申请权利要求1~8不符合《专利法》第二十二条第三款的规定。

驳回决定所针对的文本是原告于2004年3月26日提交的权利要求第1~8项、申请日提交的说明书第1~3页、说明书附图第1页、说明书摘要以及摘要附图。该文本的权利要求书如下：

"1. 一种高层建筑物，其特征在于：建筑物的下半部分由两座相同或相似的楼体构成，两楼体相邻，距离数米至数十米，从建筑物总体上看，其类似于人的两腿；上半部分至少在一个方位上形成了一个规则或近似的巨大四边形轮廓，四边形最下面的一条边的中部正好对着下半部分两楼体的空隙处且离地面在十米以上，从建筑物总体上看，其类似于人的身躯；从建筑物上半部分的两侧伸出两条巨大的条状或管状结构物，长度在3米以上，从建筑物整体上看，其类似于人的两臂；建筑物顶部中央有一个巨大的平面或立体的结构物，其中有一面布局成人的五官形状或者以满幅绘上人的五官形状，从建筑物整体上看，其类似于人的头部和面部；建筑物整体外观至少在一个方位上呈现出顶天立地的巨人形象。

2. 根据权利要求1所述的高层建筑物，其特征在于：所述的构成建筑物下半部分的两座相同或相似的楼体呈相向斜撑状态。

3. 根据权利要求1所述的高层建筑物，其特征还在于：两楼体在地下还有数层，并且在结构上连成一体。

4. 根据权利要求1所述的高层建筑物，其特征还在于：所述的从建筑物上半部分的两侧伸出的两个巨大的条状或管状类似人手臂的结构物，用细长连接物给予辅助加强固定。

5. 根据权利要求1所述的高层建筑物，其特征还在于：在“巨人”的两眼处设置彩色激光机，从两眼瞳孔处射出二束彩色激光。

6. 根据权利要求1所述的高层建筑物，其特征还在于：建筑物以两座形状结构相同或相似、位置相邻的分楼为主干，在此基础上进行连接和添加，使整体呈现出巨人轮廓形象。

7. 根据权利要求6所述的高层建筑物，其特征还在于：将两分楼的上半部分连接起来，形成‘巨人’的‘身躯’。

8. 根据权利要求7所述的高层建筑物，其特征还在于：将两分楼的上半部分被连接物自然分割而形成的平面间隙用平板型结构物遮封住。”

在驳回决定中，国知局指出：对比文件1公开的龙形建筑物，由多个房间组建成龙的形状。本申请中的人形建筑物虽然是将多个房间沿高度延伸形成的矩形建筑物，但其构思“将建筑物建筑成具有新颖外观和具有广告效果”已由对比文件所披露。其区别点为本申请的建筑物高大，而现今摩天大楼已非常普遍，本申请中的建筑在建筑结构上没有变化，只是在建筑造型上有所变化，而“造型”这一点已经由对比文件1所公开。由此对比文件1结合公知技术公开了权利要求的全部技术特征，权利要求1~8不具备创造性。

原告对上述驳回决定不服，于2006年2月5日向被告提出了复审请求，其认为：首先，原告的人形建筑与对比文件1的仿真建筑高度差别太大，因此并不容易想到将对比文件1改造成本申请要求保护的技术方案；其次，本申请与对比文件1在发明效果上存在着质和量的巨大差别，使得本申请具有创造性。

经形式审查合格后，被告受理了该复审请求，并于2006年3月15日向原告发出复审请求受理通知书，同时向国知局发出前置审查通知书。

国知局对本复审请求进行了前置审查，在前置审查意见书中，其坚持原驳回决定。

被告于2007年11月13日针对原告的复审请求发出复审通知书，指出：将权利要求1与对比文件1相比，其区别仅有两点：第一，用“人形”代替了“龙”等动物造型作为建筑外形；第二，本申请的建筑为高层建筑。针对上述第一点区别，将“龙形”替代为“人形”其效果实质相同，这种替换对本领域技术人员来说是易于想到的。针对上述第二点，本申请中的建筑在建筑结构上没有任何变化，而众所周知的是，高大建筑物较之一般建筑物更能吸引人的注意力，获得更好的广告效果，因此将这种造型的建筑建成高层建筑以实现“造型新颖、引人注目”的发明目的对本领域技术人员来说也是易于想到的。总之，在对比文件1的基础上结合本领域的公知常识得到权利要求1的技术方案是显而易见的，同时也没有产生预料不到的技术效果，因此，权利要求1不具备《专利法》第二十二条第三款规定的创造性。从属权利要求2~8的附加技术特征都是本领域常规的技术手段，因此也不具备创造性。

原告于2007年12月28日针对上述复审通知书提交了意见陈述书，其认为：本申请与对比文件1在建筑结构上完全不同，对比文件1的建筑结构方案完全不能建成高层建筑，人形建筑存在着关于稳定性的极大技术困难和思维障碍，是任何人都难以设想和不敢设想的。因此，本申请由于解决了人形高层建筑的稳定性问题而并非是显而易见的。同时，本申请也产生了诸多价值巨大的有益效果，这也是对比文件1所不具有的。其未修改申请文件。

至此，被告认为本案事实已经清楚，作出如下认定：

1. 审查基础。

原告在提出复审请求以及答复复审通知书时均未对申请文本作出修改，因此本复审决定的审查基础与驳回决定所依据的文本相同，即原告于2004年3月26日提交的权利要求第1~8项及2002年6月29日提交的说明书第1~3页、说明书附图第1页、说明书摘要以及摘要附图。

2. 关于《专利法》第二十二条第三款有关创造性的规定。

具体到本案，驳回决定所针对的权利要求1内容为：

"1. 一种高层建筑物，其特征在于：建筑物的下半部分由两座相同或相似的楼体构成，两楼体相邻，距离数米至数十米，从建筑物总体上看，其类似于人的两腿；上半部分至少在一个方位上形成了一个规则或近似的巨大四边形轮廓，四边形最下面的一条边的中部正好对着下半部分两楼体的空隙处且离地面在十米以上，从建筑物总体上看，其类似于人的身躯；从建筑物上半部分的两侧伸出两条巨大的条状或管状结构物，长度在3米以上，从建筑物整体上看，其类似于人的两臂；建筑物顶部中央有一个巨大的平面或立体的结构物，其中有一面布局成人的五官形状或者以满幅绘上人的五官形状，从建筑物整体上看，其类似于人的头部和面部；建筑物整体外观至少在一个方位上呈现出顶天立地的巨人形象。"

对比文件1也公开了一种仿真建筑，并具体公开了以下技术特征："建筑由多个房间组成，外形构成为龙形或凤、大象、长颈鹿等"（参见该对比文件1说明书以及附图）。将权利要求1所要求保护的技术方案与对比文件1所公开的内容相比，其区别仅有两点：第一，用"人形"代替了"龙"等动物造型作为建筑外形；第二，本申请的建筑为高层建筑。针对上述第一点区别，将"龙形"替代为"人形"对本领域技术人员来说是易于想到的。其次，本申请中的建筑在建筑结构上没有任何变化，而众所周知的是，高大或高层建筑本身是一种公知的建筑类型，并且本领域技术人员也在设计以不同的形式来展现高层建筑，因此将高层建筑以一种"造型新颖、引人注目"的"人形"方式设计出来对本领域技术人员来说也是易于想到的。总之，在对比文件1的基础上结合本领域的公知常识得到本申请权利要求1的技术方案是显而易见的，同时也没有产生预料不到的技术效果，因此，权利要求1不具备突出的实质性特点和显著的进步，从而不具备《专利法》第二十二条第三款规定的创造性。

从属权利要求2、4、5、6、7、8其附加技术特征是对"人形建筑"外形具体细节的进一步限定，对本领域技术人员来说，这些限定都是本领域常规的技术手段，在引用的权利要求1已经不具备创造性的情况下，这些从属权利要求也是显而易见的，同时也没有产生预料不到的技术效果，因而也不具备创造性。

从属权利要求3对"人形建筑"的结构做了进一步限定，其附件技术特征为："两楼体在地下还有数层，并且在结构上连成一体"，然而，对于本领域技术人员来说，将建筑物的地下层连接成一体，以使人更加方便的在不同建筑物中往来，也是本领域的惯用技术手段，在其引用的权利要求1已经不具备创造性的情况下，该从属权利要求也是显而易见的，同时也没有产生预料不到的技术效果，因而也不具备创造性。

针对原告在复审程序中的意见陈述，被告认为其理由不能成立。

第一，认为本申请的人形建筑与对比文件1的仿真建筑高度差别太大，对比文件1的结构方案完全不能应用到高层建筑领域。由于高度带来的稳定性问题，人形建筑的设想存在极大的技术困难的思维障碍，因此本申请并非是显而易见的。对此，被告认为，首先，高层建筑的建筑技术早已非常成熟，将本申请所述的"人形"建筑建成高层建筑都不需要付出创造性劳动，更何况目前具有奇特造型的高层建筑也比比皆是，因此对比文件与本申请的高度差异并不能构成本申请具有创造性的理由；其次，本申请请求保护的高层建筑物并未明确限定高度，故应当理解为其含义与现有技术相同，并且由于该建筑结构用于提高稳定性的手段也都是已有技术，因此本申请克服了现有技术所不能解决的高层建筑稳定性问题的主张不能成立。

第二，原告认为本申请与对比文件 1 在发明效果上存在着质和量的巨大差别，使得本申请具有创造性。对此，被告认为，一项发明专利申请必须同时具备突出的实质性特点和显著的进步才可以认为具备创造性，两者缺一不可，根据《审查指南》第二部分第四章有关发明创造性的审查基准："判断发明是否具有突出的实质性特点就是要判断对本领域的技术人员来说，要求保护的发明相对于现有技术是否显而易见；在评价发明是否具有显著的进步时，主要应当考虑发明是否具有有益的技术效果。"因此，当本申请对本领域技术人员来说是显而易见之时，即便其具备一定的技术效果也不符合《专利法》第二十二条第三款有关创造性的规定，除非其具有预料不到的技术效果，但本申请的技术效果是本领域技术人员可以预见的。

第三，原告认为本申请从属权利要求 2~8 的附加技术特征还能起到提高和增强该人形建筑的稳定性的作用，因此具备创造性。对此，被告认为，这些附加技术特征都是建筑领域所公知的常规技术手段，对提高建筑物稳定性的技术效果是完全可以预期的，在独立权利要求不具备创造性的情况下，进一步采用这些技术手段并不能为上述从属权利要求带来创造性。

据此，被告作出维持国知局于 2005 年 10 月 14 日对本申请作出的驳回决定。

被告向本院提交了被诉决定及以下证据：1. 被诉决定针对的审查文本（原告于 2004 年 3 月 26 日提交的权利要求 1~8 项及 2002 年 6 月 29 日提交的说明书第 1~3 页、说明书附图第 1 页、说明书摘要以及摘要附图）；2. 被诉决定中的对比文件 1。上述证据用以证明被诉决定认定事实清楚，适用法律正确、审查程序合法。

原告诉称：被诉决定认定本申请不具有创造性错误，应予撤销。理由如下：本申请在发明着眼点、目的、用途、建筑结构方案、象形方案、具体实施做法、发明效果上全面不同，差异大，本领域技术人员不能从对比文件 1 基础上显而易见地得到本申请方案；本申请产生了诸多的、可贵的有益效果，这些有益的效果全部都是对比文件所没有的，也是从对比文件之上难以设想和预料的。本申请使高层建筑具备人形外观，这在人类历史上从未有过，具有突出的实质性特点。综上，原告请求法院判决撤销被诉决定并承担本案诉讼费用。

原告向本院提交如下证据：1. 复审通知书；2. 复审意见陈述书；3. 本申请说明书；4. 对比文件 1。上述证据用以证明本申请具备创造性。

经庭审质证，原告对被告提交的证据的关联性、合法性、真实性无异议，但不同意被告的证明作用；被告对原告提交的证据的关联性、合法性、真实性无异议，但不同意原告的证明作用。

经庭审质证及合议庭评议，本院认为：被告提交的证据真实、合法，能够证明被告作出被诉决定的基本过程以及针对原告提出的复审请求、理由进行审理的。本院对上述证据予以采纳。原告提交的证据与本案有关联性，能够证明其向被告提出复审请求以及针对被告提出的审查意见通知进行书面答复和进行陈述的事实。

被告辩称，坚持被诉决定认定的事实及理由，原告的诉讼理由不能成立，被告请求法院驳回原告的诉讼请求、维持被诉决定。

根据上述有效证据及当事人无争议的陈述，本院认定如下事实：原告于 2002 年 6 月 29 日向国知局提出本申请，优先权日为 2002 年 3 月 6 日，公开日为 2003 年 5 月 7 日。原告于 2004 年 3 月 26 日向国知局提交了本申请权利要求书的修改替换页 1 页，修改后的权利要求为 8 项。国知局经审查，于 2005 年 10 月 14 日作出驳回决定：以本申请权利要求 1~8 不符合《专利法》第二十二条第三款的规定为由，驳回了本申请。原告不服，于 2006 年 2 月 5 日向被告提出复审请求。被告受理后，经审查于 2008 年 9 月 19 日作出被诉决定。

庭审中，原告明确表示对以下内容无争议：1. 被诉决定作出的行政程序；2. 被诉决定“案由”部分记载的内容；3. 被诉决定所针对的审查文本。

本院认为，对于原告在庭审中明确表示无争议的内容，经审查，本院对其合法性予以确认。

《专利法》第二十二条第三款规定：创造性，是指同申请日以前已有的技术相比，该发明有突出的实质性特点和显著的进步。本案的争议焦点是：本申请与对比文件1相比是否具备创造性。

本申请权利要求1保护的是一种高层建筑物；对比文件1公开了一种仿真建筑（参见该对比文件1说明书及附图）。本申请权利要求1所要求保护的技术方案与对比文件1所公开的内容相比，存在以下两点区别：第一，用“人形”代替了“龙”等动物造型作为建筑外形；第二，本申请的建筑为高层建筑。

关于上述区别特点，本院认为，将“龙形”替代为“人形”对本领域技术人员来说是容易想到的；其次，本申请中的建筑在建筑结构上没有任何变化，高大或高层建筑本身是一种公知的建筑类型，将高层建筑以一种“造型新颖、引人注目”的“人形”方式设计出来，对于本领域技术人员来说是容易想到的。因此，被诉决定认定“在对比文件1的基础上结合本领域的公知常识得到本申请权利要求1的技术方案是显而易见的，同时也没有产生预料不到的技术效果，权利要求1不具备突出的实质性特点和显著的进步，从而不具备《专利法》第二十二条第三款规定的创造性”结论正确，本院应予支持。

鉴于从属权利要求2、4、5、6、7、8的附加技术特征是对“人形建筑”外形具体细节的进一步限定，因此，被诉决定认定“对本领域技术人员来说，在引用的权利要求1已经不具备创造性的情况下，上述从属权利要求因而也不具备创造性”结论正确，本院应予支持。

从属权利要求3对“人形建筑”的结构做了进一步限定，其附加技术特征为：“两楼体在地下还有数层，并且在结构上连成一体”。上述技术特征对于本领域技术人员来说，将建筑物的地下层连接成一体，以使人更加方便的在不同建筑物中往来，是本领域的惯用技术手段。因此，被诉决定认定“在其引用的权利要求1已经不具备创造性的情况下，该从属权利要求也是显而易见的，同时也没有产生预料不到的技术效果，因而也不具备创造性”结论正确，本院应予支持。

原告关于本申请符合《专利法》第二十二条第三款规定的诉讼主张均不能成立，其请求撤销被诉决定的诉讼请求，因缺乏事实及法律依据，本院不予支持。综上，依照《中华人民共和国行政诉讼法》第五十四条第（一）项之规定，判决如下：

维持被告国家知识产权局专利复审委员会于二〇〇八年六月三日作出的第13596号复审请求审查决定。

案件受理费100元，由原告张军负担（已交纳）。

如不服本判决，可在本判决书送达之日起15日内向本院提交上诉状，并按对方当事人人数提出副本，上诉于北京市高级人民法院。上诉人在接到人民法院预交诉讼费用通知后7日内未预交又不提出缓交申请的，按自动撤回上诉处理。

审 判 长 张 杰
代理审判员 何君慧
人民陪审员 杨 旭
二〇〇九年七月二日
书 记 员 张 涵

093

前光背光膜片组固定结构

复审请求审查决定（第13623号）

决　定　号　第13623号
决　定　日　2008年6月10日
发明创造名称　前光背光膜片组固定结构
国际分类号　G02F 1/13357，G02F 1/1335，G02B 5/23
复审请求人　友达光电股份有限公司
申　请　号　03100729.5
申　请　日　2003年1月16日
公　开　日　2004年8月4日
合议组组长　宋　瑞
主　审　员　陈　力
参　审　员　马　燕

法律依据　专利法第33条
决定要点

原说明书和权利要求书记载的范围包括原说明书和权利要求书文字记载的内容和根据原说明书和权利要求书文字记载的内容以及说明书附图能直接地、毫无疑义地确定的内容。

一、案由

本复审请求涉及申请号为03100729.5、名称为“前光背光膜片组固定结构”的发明专利申请（下称本申请），其申请日为2003年1月16日，申请人原为广辉电子股份有限公司，后于2008年2月15日变更为友达光电股份有限公司，本申请公开时的权利要求共有7项，具体如下：

“1. 前光背光膜片组固定结构，包括：

一液晶光阀；

一照明机构，其用于照亮该液晶光阀，该照明机构具有一波导型平板的平面光源与一基板，该基板面朝该光源，且具有多层光学薄膜介于该基板与该光源间，以便选择性地反射部分由该波导型平板的平面光源发出的光，且不影响彩色滤光，而使得自该光源发出的光，发散范围小，且该多层光学薄膜可被分割成多个区块，每个区块彼此的传送度不同，该多个区块的分布，是将该光源发出的光达成均匀亮度分布；

其特征在于：

能以非黏着性的固定机构，固定该至少一薄膜，该薄膜介于该基板与该光源间，且于后续测试的程序中，不因高温高热，而影响到该薄膜的可靠性与可再利用性。

2. 如权利要求1所述的前光背光膜片组固定结构，其中该固定机构，包括：至少一固定销体。

3. 如权利要求1所述的前光背光膜片组固定结构，其中该固定结构，进一步地包括：

至少一固定孔，该固定孔为穿透该薄膜的孔道，以供固定销体穿透该薄膜用。

4. 如权利要求2所述的前光背光膜片组固定结构，其中该固定销体，包括：

一插销，为突状物，能穿越该薄膜；及

一固定座，与该插销相结合，完成固定该薄膜的功能，其结合固定是完全不使用具黏性的材料为辅助或媒介。

5. 如权利要求1所述的前光背光膜片组固定结构，其中该固定机构，包括：

至少一固定夹扣，该固定夹扣可为一体成型或分离于该照明机构。

6. 如权利要求5所述的前光背光膜片组固定结构，其中该固定夹扣可为两固定片与支持体相结合。

7. 如权利要求5所述的前光背光膜片组固定结构，其中该固定机构，进一步地包括：

至少一固定孔，该固定孔为穿透该薄膜的孔道，以供该固定夹扣穿透该薄膜用。"

国家知识产权局实质审查部门针对申请人于2006年11月27日提交的权利要求第1~7项、说明书第3页，于2006年5月11日提交的说明书第1、2、4~7页，于申请日2003年1月16日提交的说明书附图第1~5页、说明书摘要和摘要附图，于2007年2月16日以本申请权利要求1及说明书的修改不符合专利法第33条的规定为由作出了驳回决定。驳回决定认为：修改后的权利要求1提出了新的技术特征"在上述各光学薄膜的至少一个侧部的相同位置，分别设有在与上述光学薄膜的表面垂直的方向上穿通的通孔，固定部件穿过该通孔后固定上述光学薄膜，使上述光学薄膜在与上其表面平行的方向上不移动"致使所属技术领域的技术人员看到的信息与原申请公开的信息不同，原说明书具体实施方式中仅提到了"固定孔124"，并没有提到该固定孔在光学薄膜的对应位置；且原文中并没有提到通孔是设置在"与光学薄膜垂直的方向上"，也没有提到固定后可"使得光学薄膜在与其上表面平行的方向上不移动"，因此权利要求1及说明书的相应修改超出了原说明书和权利要求书记载的范围，不符合专利法第33条的规定。

申请人（下称复审请求人）对上述驳回决定不服，于2007年6月4日向专利复审委员会提出了复审请求，同时未对申请文件进行修改。复审请求人认为其对权利要求和说明书的修改符合专利法第33条的规定。

经形式审查合格，专利复审委员会受理了该复审请求，于2007年8月21日向复审请求人发出复审请求受理通知书，并于同日向原实质审查部门发出了前置审查通知书。

国家知识产权局原实质审查部门在前置审查意见书中仍然坚持原驳回决定。

在此基础上专利复审委员会依法成立合议组，对本案进行审查，本案合议组于2008年1月16日向复审请求人发出了复审通知书，指出：驳回决定所针对的权利要求2的附加技术特征为"上述固定部件为前端具有可穿过上述通孔的突出部的固定夹扣"，本申请原说明书和权利要求书中只记载了上述固定部件为前端可穿过上述通孔的固定夹扣，并没有记载其具有突出部，且其也不能从原说明书和权利要求书中直接地、毫无疑义地确定；驳回决定所针对的权利要求7的附加技术特征是"还具有设在上述照明机构上且位于上述销体附近的至少一个辅助销体，该辅助销体不穿过上述通孔；上述固定座还具有位置及数量与上述辅助销体相对应的至少一个辅助结合孔"，该附加技术特征中"至少一个"一词表达的含义是：一个或多个，即在照明机构上位于上述销体附近有一个或多个辅助销体，该辅助销体不穿过上述通孔；上述固定座还有具有位置及数量与上述辅助销体相对应的一个或多个辅助结合孔，但本申请原说明书和权利要求书中只记载了：固定销体附近具有两个辅助销体，辅助销体不穿过通孔，固定座上具有与上述两个辅助销体位置和数量相对应的两个辅助结合孔，没有记载：在固定销体附近具有一个或多于两个的辅助销体，固定座上具有与其相应的一个或多于两个的辅助结合孔，且根据原说明书和权利要求书的记载也不能直接地、毫无疑义地确定出上述没有记载的内容，因此权利要求2、7修改超范围，不符合专利法第33条的规定。

针对上述复审通知书，复审请求人于2008年2月29日提交了意见陈述书及权利要求书全文的修改替换页，其中对权利要求2、7进行了修改，将权利要求2中的“突出部”删除，将权利要求7中的“至少一个辅助销体”和“至少一个辅助结合孔”修改为“2个辅助销体”和“2个辅助结合孔”。修改后的权利要求书具体如下：

“1. 前光背光膜片组固定结构，包括：

一液晶光阀；

一照明机构，其用于照亮该液晶光阀，该照明机构具有一波导型平板的平面光源与一基板，且在该基板与该光源之间具有一个以上的光学薄膜；其特征在于，

在上述各光学薄膜的侧部的至少一个相同位置，分别设有在与上述光学薄膜的表面垂直的方向上穿通的通孔，固定部件穿过该通孔后固定上述光学薄膜，使上述光学薄膜在与上其表面平行的方向上不移动。

2. 如权利要求1所述的前光背光膜片组固定结构，其特征在于，

上述固定部件为前端可穿过上述通孔的固定夹扣。

3. 如权利要求2所述的前光背光膜片组固定结构，其特征在于，

上述固定夹扣一体成型于上述照明机构上。。

4. 如权利要求2所述的前光背光膜片组固定结构，其特征在于，

上述固定夹扣可拆卸地固定在上述照相机构上。

5. 如权利要求1所述的前光背光膜片组固定结构，其特征在于，

上述固定部件为插销，该插销具有可插入上述通孔的插入部和从上述插入部的顶部向两侧延伸的伸长部；

在上述照明机构侧设有与上述插销结合固定的固定座。

6. 如权利要求1所述的前光背光膜片组固定结构，其特征在于，

上述固定部件是被固定在上述照明机构上且可穿过上述通孔的销体；

还具有固定座，设有可插入结合上述销体的结合孔。

7. 如权利要求6所述的前光背光膜片组固定结构，其特征在于，

还具有设在上述照明机构上且位于上述销体附近的2个辅助销体，该辅助销体不穿过上述通孔；

上述固定座还具有与上述辅助销体相对应设置的2个辅助结合孔；

上述辅助销体与上述辅助结合孔相紧密结合，固定上述薄膜。”

至此，本案合议组认为，本案事实已经清楚，现依法作出审查决定。

二、决定的理由

1. 审查的基础

本复审决定以复审请求人于2008年2月29日提交的权利要求第1~7项，于2006年11月27日提交的说明书第3页，于2006年5月11日提交的说明书第1、2、4~7页，于申请日2003年1月16日提交的说明书附图第1~5页、说明书摘要和摘要附图作为审查基础。

2. 关于对申请文本的修改是否符合专利法第33条的规定

专利法第33条规定：申请人可以对其专利申请文件进行修改，但是，对发明和实用新型专利申请文件的修改不得超出原说明书和权利要求书记载的范围，对外观设计专利申请文件的修改不得超出原图片或者照片表示的范围。

审查指南第二部分第八章第5.2.1节中规定：

原说明书和权利要求书记载的范围包括原说明书和权利要求书文字记载的内容和根据原说明书和权利要求书文字记载的内容以及说明书附图能直接地、毫无疑义地确定的内容。

具体到本案，合议组认为：

修改后的独立权利要求1中的特征“在上述各光学薄膜的侧部的至少一个相同位置，分别设有在与上述光学薄膜的表面垂直的方向上穿通的通孔，固定部件穿过该通孔后固定上述光学薄膜，使上述光学薄膜在与上其表面平行的方向上不移动。”可以从原说明书文字部分和附图中直接地、毫无疑义地确定。根据本申请原说明书第4页第3、4段“固定机构……，但是至少存在一个固定夹扣11，以便达成固定的效果……为了有更好的固定效果，固定机构进一步地包括：至少一个固定孔118，固定孔118本是穿透该薄膜2，3，4，5的孔道，它的用途是为了要有更好的固定效果，以便于固定夹扣11能够穿透薄膜2，3，4，5，完成固定薄膜2，3，4，5的功能”以及相应的原说明书第5页第3段、第6页第3段的记载，特别是结合说明书附图1~3中所示的内容，可以直接地、毫无疑义地确定上述内容。因此，本申请权利要求1及其说明书相应部分的修改符合专利法第33条的规定。

此外，合议组认为：审查指南第二部分第八章第5.2.3.1节中规定的“不允许的增加”的情况(3)：“增加的内容是通过测量附图得出的尺寸参数技术特征”并不适用于本案。本案允许修改的内容并不是通过测量附图得出的尺寸参数技术特征，而是本领域技术人员结合原说明书文字部分和附图可以直接地、毫无疑义地确定的各个机械部件之间的位置关系。从本申请原说明书上述文字部分和附图1~3可以直接地、毫无疑义地确定通孔是在各光学薄膜侧部的相同位置，因为固定孔是与固定夹扣配合的，而固定夹扣要穿透薄膜2、3、4、5上的固定孔来完成固定薄膜2、3、4、5的功能，因此固定孔必须要位于各薄膜上的相同位置，使固定夹扣能够贯穿所有的光学薄膜以实现固定。附图2、3中的点划线清楚地示出了插销/固定销体以及固定孔的轴线，同时也表明了固定孔是位于各光学薄膜的相同位置上。而且，为了固定这些薄膜以及根据附图中记载的固定部件的结构和固定的方式，这些通孔必然是设置成与上述光学薄膜的表面呈垂直的方向，而将固定部件以垂直于这些光学薄膜的方向穿过通孔来固定这些光学薄膜必然使上述光学薄膜在与其表面平行的方向上不移动。

复审请求人在答复复审通知书时对权利要求2、7进行了修改，删除了其中没有记载在原说明书和权利要求书范围内的特征，经合议组审查，其修改已经克服了复审通知书中所指出的修改超范围的问题，符合专利法第33条的规定。

权利要求3~6的附加技术特征在原说明书和权利要求书中也有记载，因此其也符合专利法第33条的规定。

综上所述，本申请权利要求1~7及其说明书的修改已符合专利法第33条的规定。

三、决定

在复审请求人于2008年2月29日对申请文件修改的基础上，撤销国家知识产权局于2007年2月16日对03100729.5号发明专利申请作出的驳回决定。

由原实质审查部门以本复审决定所针对的申请文本作为审查基础继续进行审批程序。

复审请求人对本决定不服的，可以根据专利法第41条第2款的规定，自收到本决定之日起三个月内向北京市第一中级人民法院起诉。

094

背光系统及控制该背光系统的控制方法

复审请求审查决定（第13625号）

决 定 号 第13625号
决 定 日 2008年6月11日
发明创造名称 背光系统及控制该背光系统的控制方法
国 际 分 类 号 G02F 1/1335，G09G 3/36，H01L 33/00
复 审 请 求 人 友达光电股份有限公司
申 请 号 200410001525.3
申 请 日 2004年1月13日
公 开 日 2004年12月29日
合 议 组 组 长 宋 瑞
主 审 员 陈 力
参 审 员 马 燕

法 律 依 据 专利法第22条第3款
决 定 要 点

在判断创造性的过程中，要确定现有技术整体上是否存在某种技术启示，如果所述区别特征为另一篇对比文件中披露的相关技术手段，该技术手段在该对比文件中所起的作用与该区别特征在请求保护的技术方案中所起的作用相同，则应当认为现有技术中存在技术启示。

一、案由

本复审请求涉及申请号为200410001525.3、发明名称为“背光系统及控制该背光系统的控制方法”的发明专利申请（下称本申请），其申请日是2004年1月13日，公开日是2004年12月29日，申请人是友达光电股份有限公司。本申请公开时的权利要求书共包括6项权利要求，具体如下：

“1. 一种背光系统，包括：

一发光模块，具有多个发光单元，每一所述发光单元依据对应的多驱动信号而发光；

一亮度感测模块，具有多亮度感测单元分别感测所述发光单元的发光亮度，而取得多亮度讯号；

一温度感测模块，感测上述发光模块的温度，而取得一量测温度讯号；

一控制模块，耦接该量测温度讯号及所述亮度讯号，并将所述亮度讯号与多预设亮度讯号一对一进行比较，而输出所述驱动信号以驱动所述发光单元；

其中，该控制模块更依据该量测温度讯号而改变所述预设亮度讯号。

2. 如权利要求 1 所述的背光系统，其中，该控制模块，包括：

一存储单元，根据该量测温度讯号，输出所对应的预设亮度讯号；

一处理单元，将所述预设亮度讯号与所述亮度讯号比较结果，并根据比较结果，输出多控制信号

一驱动模块，根据所述控制信号，输出所述驱动信号。

3. 如权利要求 1 所述的背光系统，其中，所述发光单元为 LED 发光组件。

4. 一种背光系统的控制方法，适用于一发光模块，上述发光模块由多发光单元所组成，上述背光系统的控制方法，包括下列步骤：

提供多驱动信号给所述发光单元；

所述发光单元根据对应的所述驱动信号而发光；

感测所述发光单元的发光亮度，而取得多亮度讯号；

感测该发光模块的温度，而取得一量测温度讯号；

将所述亮度讯号与多预设亮度讯号一对一进行比较，用以输出所述驱动信号给所述发光单元；

其中，所述预设亮度讯号根据该量测温度讯号而变化。

5. 如权利要求 4 所述的背光系统的控制方法，其中，所述亮度讯号由一亮度感测模块所检测。

6. 如权利要求 4 所述的背光系统的控制方法，其中，该量测温度讯号由一温度感测模块所检测。”

国家知识产权局专利实质审查部门针对申请人于申请日 2004 年 1 月 13 日提交的权利要求第 1~6 项、说明书第 1~5 页、说明书附图第 1~4 页、说明书摘要和摘要附图，于 2007 年 5 月 11 日以本申请权利要求 1~6 相对于对比文件 1 和 2 的结合不具备专利法第 22 条第 3 款规定的创造性为由，作出了驳回决定。该驳回决定所涉及的对比文件如下：

对比文件 1：US6411046B1 的美国专利文献，公开日为 2002 年 6 月 25 日；

对比文件 2：US5786801A 的美国专利文献，公开日为 1998 年 7 月 28 日。

申请人友达光电股份有限公司（下称复审请求人）对上述驳回决定不服，于 2007 年 7 月 13 日向专利复审委员会提出复审请求，同时未对申请文件进行修改。

复审请求人认为：（1）对比文件 1 没有披露控制模块根据量测温度讯号而改变预设亮度讯号这一技术特征，因此对比文件 1 的技术方案没有包括权利要求 1 中的控制模块；（2）对比文件 2 的技术方案仅是将感测器检测的背光的亮度值与预定的亮度值比较而控制背光的亮度，其所针对的是亮度和色度不随温度而改变的冷阴极管，因而在其控制过程中不涉及温度，因此对比文件 1、2 无法结合；（3）本申请不需要复杂的运算过程，据此认为本申请相对于对比文件 1 和 2 具备创造性。

经形式审查合格后，专利复审委员会受理了上述复审请求，于 2007 年 8 月 22 日向复审请求人发出了复审请求受理通知书，并于同日向国家知识产权局原实质审查部门发出前置审查通知书。

国家知识产权局原实质审查部门在前置审查意见书中坚持原驳回决定。

专利复审委员会依法成立合议组，对本复审请求案进行了审理。本案合议组于 2008 年 3 月 14 日向复审请求人发出复审通知书，指出：权利要求 1 请求保护的背光系统相对于对比文件 1 公开的光源的区别在于：（1）权利要求 1 中是采用多亮度感测单元分别感测所述发光单元的发光亮度而获得多亮度讯号；（2）权利要求 1 中是将所述亮度讯号与多预设亮度讯号一对一进行比较来输出所述驱动信号驱动所述发光单元。但是区别特征（1）属于本领域的一种常规选择，区别特征（2）在对比文件 2 中已经给出了启示，因此在对比文件 1 的基础上结合对比文件 2 和本领域的公知常识从而得到本申请权利要求 1 请求保护的技术方案是显而易见的，权利要求 1 不具备创造性，不符合专利法第 22 条第 3 款的规定。针对复审请求人的意见（1），合议组认为：对比文件 1 公开的光源包括存储器、微

控制器、控制器，其中存储器用于存储作为温度的函数的CIExy坐标表达式，微控制器用于计算每个LED光源在不同的散热器温度下的CIExy坐标，控制器根据计算出的CIExy坐标和光通量输出来控制LED的光输出和色温，而由温度函数的CIExy坐标表达式计算出的光通量相当于本申请中的预设亮度讯号，其也是根据温度而改变的，由此存储器、微控制器、控制器的集成就起到本申请中控制模块的作用，其根据量测温度讯号而改变预设亮度讯号。对于意见（2）合议组认为：关于背光系统的亮度会随温度变化并根据需求来改变背光的启示在对比文件1中已经给出了，对比文件2涉及背光控制领域，其所给出的是实现将发光单元的亮度调整得与预设亮度相同的技术启示，由此在对比文件1的基础上，本领域技术人员在实现具体的反馈控制操作时可以很容易地想到将对比文件1、2的方案以及本领域公知常识相结合以得到权利要求1要求保护的技术方案。对于意见（3）合议组认为：本申请权利要求1中的预设亮度讯号也是通过量测和复杂的运算计算出来的，只是这些工作在之前已经做好，在权利要求1中直接将其拿过来进行比较了而已，对比文件1和本申请在这部分上的操作过程实质上是相同的。因此复审请求人的上述主张不能成立。此外，本申请权利要求2~6也不具备创造性，不符合专利法第22条第3款的规定。

针对上述复审通知书，复审请求人于2008年4月25日提交了意见陈述书，仍没有修改申请文件。

在意见陈述书中，复审请求人除了复审请求时已经提出的意见外，还认为：（1）本申请权利要求1中的控制模块并不同于对比文件1中公开的控制器30、微控制器34和存储器36的组合，本申请权利要求1的控制模块不需要利用复杂的矩阵来计算CIExy坐标、CIEx坐标和CIEy坐标，也不需要利用复杂的矩阵来适时计算作为散热温度的函数的CIExy坐标的表达式来予以存储，其在依据该量测温度讯号而改变预设亮度讯号的情况下，将多亮度讯号与多预设亮度讯号一对一进行比较，从而输出驱动信号以驱动发光单元，其运行方式与对比文件1中的控制器30、微控制器34和存储器36的组合完全不同；（2）尽管本申请的预设亮度讯号是通过测量和计算而预先得到的，但是由本申请说明书的具体实施例方式部分的记载可知，得到这些预设亮度讯号是不需要像对比文件1中那样利用复杂的矩阵来计算CIExy坐标、CIEx坐标和CIEy坐标的，因而其计算要简单得多。（3）本申请权利要求1的亮度感测模块与控制模块一起整体上构成了能够取得简单而有效的技术效果的技术方案，不宜将其孤立地分开，并且没有证据证明该亮度感测模块的技术特征在控制背光系统的发光领域是常用技术手段。

经过上述审查过程，本合议组认为本案事实已经清楚，可以依法作出复审决定。

二、决定的理由

1. 审查基础

本决定是在复审请求人于2004年1月13日提交的权利要求第1~6项、说明书第1~5页、说明书附图第1~4页、说明书摘要、摘要附图的基础上作出的。

2. 关于权利要求1~4是否符合专利法第22条第3款的规定

专利法第22条第3款规定：创造性，是指同申请日以前已有的技术相比，该发明有突出的实质性特点和显著的进步，该实用新型有实质性特点和进步。

在判断创造性的过程中，要确定现有技术整体上是否存在某种技术启示，如果所述区别特征为另一篇对比文件中披露的相关技术手段，该技术手段在该对比文件中所起的作用与该区别特征在请求保护的技术方案中所起的作用相同，则应当认为现有技术中存在技术启示。

合议组认为，本申请的权利要求1~6均不具备创造性，具体理由为：

（1）权利要求1请求保护一种背光系统，对比文件1公开了一种具有多色发光二极管阵列的光源（相当于该权利要求1中的背光系统），并具体公开了以下技术特征（参见说明书第2栏第62行至说明书第3栏第26行，图1）：所述光源包括多色发光二极管阵列（相当于该权利要求1中的发光模块），每种颜色的发光二极管阵列具有多个发光二极管（相当于权利要求1中的发光单元），每个发光二极管根据对应的驱动信号而发光；还包括光传感器24（相当于权利要求1中的亮度感测模块），用于读出阵列中所有LED的光强度，产生相应的电流信号（相当于权利要求1中的亮度讯号）并通过反馈线将其送至控制器30；还包括温度传感器33，它耦合至一微控制器或微处理器单元，用于计算每个LED光源在不同的散热器温度下的CIExy坐标，微控制器34被耦合至一存储器36，用于存储作为散热器温度函数的CIExy坐标的表达式，微控制器34推导CIEx和CIEy的坐标为散热器温度的函数的方程式，并即时的计算RGB LED阵列的CIExy坐标和光通量输出，由用户输入控制35，例如电位计，输入微控制器的设置，基于计算出的RGB LED阵列的CIExy坐标和光通量输出来控制LED的光输出和色温；其中由温度函数的CIExy坐标表达式计算出的光通量相当于本申请权利要求1中的预设亮度讯号，其也是根据温度而改变，控制器30、微控制器34、存储器36三者集成的模块相当于权利要求1中的控制模块，其耦接温度传感器33和光传感器34来获得关于温度和亮度的信号，并输出驱动信号来驱动所述LED阵列；并且对比文件1（参见说明书第1栏第65~67行）还公开了测量的光输出与可由用户控制设定的所希望的输出一起被反馈至控制器，并根据需要而改变彩色块的电源，可见对比文件1给出了使用所检测的光输出来进行光源反馈控制的启示。

权利要求1请求保护的背光系统与对比文件1公开的光源相比，其区别在于：1）权利要求1中是采用多亮度感测单元分别感测所述发光单元的发光亮度而获得多亮度讯号；2）权利要求1中是将所述亮度讯号与多预设亮度讯号一对一进行比较来输出所述驱动信号驱动所述发光单元。

经审查合议组认为：对于区别特征1），先对整个光源进行亮度感测然后再对各个发光单元进行亮度控制，或者先对该光源中各个发光单元进行亮度感测然后再对各个发光单元进行亮度控制，对于本领域技术人员来说属于该领域的常规选择；对于区别特征2），对比文件2公开了一种背光控制装置以及背光控制方法（具体参见说明书第5栏第7行至第6栏第41行），该设备包括背光控制器、背光单元、传感器，其通过将传感器测得的当前亮度和存储器中的预设亮度进行比较，并相应地产生控制信号以便控制背光的亮度。由于在对比文件1中公开了由于LED的光输出会随着温度而变化，因此利用光传感器和温度传感器来检测不同温度状态下LED的亮度，并根据用户的需要和所测量的温度和亮度讯号来对LED亮度进行反馈控制的基础上，为了将发光单元的亮度调整得与预设亮度相同，本领域技术人员很容易从对比文件2中获得启示，将量测到的亮度讯号与预设的亮度讯号进行比较以输出控制发光单元的驱动信号。并且为了可以分别地控制发光单元，本领域技术人员很容易想到将所述亮度讯号与预设亮度讯号进行一对一的比较而分别输出驱动各个发光单元的控制信号。因此本领域技术人员将对比文件1和2相结合并根据本领域的公知常识以获得权利要求1要求保护的技术方案是显而易见的，故权利要求1不具备创造性，不符合专利法第22条第3款的规定。

关于复审请求人答复复通所提出的意见：

①本申请权利要求1中的控制模块并不同于对比文件1中公开的控制器30、微控制器34和存储器36的组合，本申请权利要求1的控制模块不需要利用复杂的矩阵来计算CIExy坐标、CIEx坐标和CIEy坐标，也不需要利用复杂的矩阵来适时计算作为散热温度的函数的CIExy坐标的表达式来予以存储，其在依据该量测温度讯号而改变预设亮度讯号的情况下，将多亮度讯号与多预设亮度讯号一对一进行比较，从而输出驱动信号以驱动发光单元，其运行方式与对比文件1中的控制器30、微控制

器 34 和存储器 36 的组合完全不同。②尽管本申请的预设亮度讯号是通过测量和计算而预先得到的，但是由本申请说明书的具体实施例方式部分的记载可知，得到这些预设亮度讯号是不需要象对比文件 1 中那样利用复杂的矩阵来计算 CIExy 坐标、CIEx 坐标和 CIEy 坐标的，因而其计算要简单得多。③本申请权利要求 1 的亮度感测模块与控制模块一起整体上构成了能够取得简单而有效的技术效果的技术方案，不宜将其孤立地分开，并且没有证据证明该亮度感测模块的技术特征在控制背光系统的发光领域是常用技术手段。

对于意见①，合议组认为：在复审通知书评述权利要求 1 的时候已经详细阐述了，对比文件 1 公开的控制器 30、微控制器 34 和存储器 36 的组合耦接温度传感器 33 和光传感器 34 来获得关于温度和亮度的信号，与此同时由温度函数 CIExy 坐标表达式计算相当于预设亮度信号的光通量并根据测量的光输出与可由用户控制设定的所希望的输出一起反馈至控制器，根据需要输出驱动信号来驱动所述 LED 阵列。其运行方式与权利要求 1 中所限定的控制模块的运行方式是基本相同的，本领域技术人员在对比文件 1 的基础上结合对比文件 2 和公知技术来获得权利要求 1 的技术方案是容易想到。对于意见②，合议组认为：复审请求人也认可预设亮度讯号是通过测量和计算而预先得到的，但本申请说明书实施例中仅记载了存储单元 382 储存不同温度下的预设亮度信号并没有记载任何关于如何计算获得这些预设亮度信号的内容，显然其测量和计算是使用现有技术实现的。如果请求人认为本申请预设亮度信号的计算不是采用现有技术的方式预先计算好存储起来而是采用了具有创造性的方式来获得的，那么本申请也会因为没有记载这些实质性内容、无法实现而无法获得专利权。对于意见③合议组认为：合议组并没有孤立地看待亮度感测模块和控制模块，对比文件 1 公开的控制器 30、微控制器 34 和存储器 36 的组合耦接温度传感器及相当于亮度感测模块的光传感器来获得关于温度、亮度的信号，并且控制、反馈的过程都与温度传感器和光传感器有关，这些内容公开了权利要求 1 中亮度感测模块与控制模块的关系并具有相似的技术效果。而先对整个光源进行亮度感测然后再对各个发光单元进行亮度控制，或者先对该光源中各个发光单元进行亮度感测然后再对各个发光单元进行亮度控制，对于本领域技术人员而言确实属于该领域的常规选择，实现以上两种控制中的任何一种都不需要花费创造性的劳动。因此复审请求人的上述主张依旧不能成立。

（2）权利要求 2 不具备创造性，不符合专利法第 22 条第 3 款的规定。

权利要求 2 引用权利要求 1，其进一步限定了控制模块，对比文件 1（参见说明书第 3 栏第 12~26 行，图 1）公开了：控制器（相当于权利要求 2 中的驱动模块）、微控制器（相当于权利要求 2 中的处理单元）、存储器，三者所起的作用与权利要求 2 中控制模块所起的作用相同，至于控制器、微控制器、存储器这三者具体的操作内容本领域技术人员完全可以根据具体需要来进行常规选择，因此在其引用的权利要求 1 相对于对比文件 1、2 以及本领域公知常识的结合不具备创造性的前提下，该权利要求 2 也不具备创造性，不符合专利法第 22 条第 3 款的规定。

（3）权利要求 3 不具备创造性，不符合专利法第 22 条第 3 款的规定。

权利要求 3 引用权利要求 1，其附加技术特征为：所述发光单元为 LED 发光组件，对比文件 1 公开了一种具有多色发光二极管阵列的光源，所述光源包括多色发光二极管阵列，每种颜色的发光二极管阵列具有多个发光二极管（相当于权利要求 3 中的发光单元），每个发光二极管根据对应的驱动信号而发光。可见对比文件 1 公开了上述附加技术特征。因此当其引用的权利要求 1 相对于对比文件 1、2 以及本领域公知常识的结合不具备创造性时，该权利要求 3 也不具备创造性，不符合专利法第 22 条第 3 款的规定。

（4）权利要求 4 不具备创造性，不符合专利法第 22 条第 3 款的规定。

权利要求 4 要求保护一种背光系统的控制方法，对比文件 1 公开了一种具有多色发光二极管阵列的光源（相当于该权利要求4中的背光系统），并具体公开了调节该光源亮度的方法（参见说明书第2栏第62行至说明书第3栏第26行，图1）：所述光源包括多色发光二极管阵列（相当于该权利要求4中的发光模块），每种颜色的发光二极管阵列具有多个发光二极管（相当于权利要求4中的发光单元），每个发光二极管根据对应的驱动信号而发光；利用光传感器24读出阵列中所有LED的光强度，产生相应的电流信号（相当于权利要求4中的亮度讯号）并通过反馈线将其送至控制器30；还利用温度传感器33，它耦合至一微控制器或微处理器单元，用于计算每个LED光源在不同的散热器温度下的CIExy坐标，微控制器34被耦合至一存储器36，用于存储作为散热器温度函数的CIExy坐标的表达式，微控制器34推导CIEx和CIEy的坐标为散热器温度的函数的方程式，并即时的计算RGB LED阵列的CIExy坐标和光通量输出，由用户输入控制35，例如电位计，输入微控制器的设置，基于计算出的RGB LED阵列的CIExy坐标和光通量输出来控制LED的光输出和色温；其中由温度函数CIExy坐标表达式计算出的光通量相当于本申请权利要求4中的预设亮度讯号，其也是根据温度而改变；控制器30、微控制器34、存储器36三者作为控制模块，其耦接温度传感器33和光传感器34来获得关于温度和亮度的信号，并输出驱动信号来驱动所述LED阵列；并且对比文件1（参见说明书第1栏第65~67行）还公开了测量的光输出与可由用户控制设定的所希望的输出一起被反馈至控制器，并根据需要而改变彩色块的电源，可见对比文件1给出了使用所检测的光输出来进行光源反馈控制的启示。

权利要求4请求保护的背光系统与对比文件1公开的光源相比，其区别在于：①权利要求4中是感测所述发光单元的发光亮度而取得多亮度讯号（即分别量测发光单元的亮度讯号）；②将所述亮度讯号与预设亮度讯号一对一进行比较，用以输出所述驱动信号给所述发光单元。

经审查合议组认为：对于区别特征①，先对整个光源进行亮度感测然后再对各个发光单元进行亮度控制，或者先对该光源中各个发光单元进行亮度感测获得多亮度讯号然后再对各个发光单元进行亮度控制，对于本领域技术人员来说属于该领域的常规选择；对于区别特征②，对比文件2公开了一种背光控制装置以及背光控制方法（具体参见说明书第5栏第7行至第6栏第41行），该设备包括背光控制器、背光单元、传感器，其通过将传感器测得的当前亮度和存储器中的预设亮度进行比较，并相应地产生控制信号以便控制背光的亮度。由于在对比文件1中公开了LED的光输出会随着温度而变化，因此利用光传感器和温度传感器来检测不同温度状态下LED的亮度，并根据用户的需要和所测量的温度和亮度讯号来对LED亮度进行反馈控制的基础上，为了将发光单元的亮度调整得与预设亮度相同，本领域技术人员很容易从对比文件2中获得启示，将量测到的亮度讯号与预设的亮度讯号进行比较以输出控制发光单元的驱动信号。并且为了可以分别地控制发光单元，本领域技术人员很容易想到将所述亮度讯号与预设的亮度讯号进行一对一比的比较而分别输出驱动各个发光单元的控制信号。因此本领域技术人员将对比文件1和2相结合并根据本领域的公知常识以获得权利要求4要求保护的技术方案是显而易见的，故权利要求4不具备创造性，不符合专利法第22条第3款的规定。

（5）权利要求5、6不具备创造性，不符合专利法第22条第3款的规定。

权利要求5引用权利要求4，其附加技术特征是：所述亮度讯号由一亮度感测模块所检测；权利要求6引用权利要求4，其附加技术特征是：该量测温度讯号由一温度感测模块所检测。对比文件1公开了一种具有多色发光二极管阵列的光源，其包括光传感器24（相当于权利要求5中的亮度感测模块），用于读出阵列中所有LED的光强度并产生相应的电流信号（相当于权利要求5中的亮度讯号）并通过反馈线将其送至控制器30；还包括温度传感器33，它耦合至一微控制器或微处理器单元，用于计算每个LED光源在不同的散热器温度下的CIExy坐标。因此，当其所引用的权利要求4相对于对比文件1、2以及本领域公知常识的结合不具备创造性时，上述权利要求5、6也不具备创造性，不符合专利法第22条第3款的规定。

综上所述，本申请的权利要求1~6不具备创造性，不符合专利法第22条第3款的规定。

三、决定

维持国家知识产权局于2007年5月11日针对200410001525.3号发明专利申请作出的驳回决定。

复审请求人对本决定不服的，可以根据专利法第41条第2款的规定，自收到本决定之日起三个月内向北京市第一中级人民法院起诉。

095

光学膜片

复审请求审查决定（第13628号）

决　定　号 第13628号
决　定　日 2008年5月9日
发明创造名称 光学膜片
国际分类号 G02F 1/1335，G02B 1/04，G02B 5/02
复审请求人 统宝光电股份有限公司
申　请　号 200310121276.7
申　请　日 2003年12月17日
公　开　日 2005年6月22日
合议组组长 杨军艳
主　审　员 赵　鑫
参　审　员 谢有成

法律依据 专利法第22条第3款
决定要点

对比文件中某组件的结构、设置目的与本申请中所采用的结构、设置目的不同时，从该对比文件不能获得采用本申请所述的技术方案来解决本申请所要解决的技术问题的技术启示。

一、案由

本复审请求涉及申请号为200310121276.7、名称为“光学膜片”的发明专利申请（下称本申请），其申请日为2003年12月17日，申请人为统宝光电股份有限公司。

经实质审查，国家知识产权局专利实质审查部门于2007年8月17日以权利要求1~8不符合专利法第22条第3款的规定为由作出驳回决定。驳回决定所依据的文本为：申请人于2003年12月17日提交的说明书第1~6页、权利要求第1~8项、说明书附图第1~6页、说明书摘要和摘要附图。驳回决定所针对的权利要求第1~8项如下：

“1. 一种光学膜片，适于固定在一框架上，其中该框架具有多数个固定柱，其特征在于该光学膜片包括：

一主体；以及

多数个定位部，该些定位部凸伸于该主体的边缘并与该些定位柱相对应，其中每一该些定位部具有一开口，该开口位于每一该些定位部的一边缘上，且该边缘与该主体的边缘相连接。

2. 根据权利要求1所述的光学膜片，其特征在于其中所述的开口的形状包括圆形、椭圆形、U

字形及多边形其中之一。

3. 根据权利要求1所述的光学膜片，其特征在于其中所述的该些定位部至该主体的中心点的距离相等。

4. 根据权利要求1所述的光学膜片，其特征在于其中所述的该些定位部至该主体的中心点的距离不相等。

5. 根据权利要求1所述的光学膜片，其特征在于其中所述的开口更包括：

一嵌入部，该嵌入部位于每一该些定位部的该边缘上；以及

一嵌合部，该嵌合部位于每一该些定位部上，且与该嵌入部连通。

6. 根据权利要求5所述的光学膜片，其特征在于其中所述的嵌合部的形状包括圆形、椭圆形及多边形其中之一。

7. 根据权利要求5所述的光学膜片，其特征在于其中所述的嵌入部的最大宽度小于该嵌合部的最大宽度。

8. 根据权利要求1所述的光学膜片，其特征在于其中所述的光学膜片包括菱镜片、扩散片及保护片其中之一。”

驳回决定引用的对比文件为：

对比文件1：US2003/0223020A1号专利文献，其公开日为2003年12月4日。

驳回决定认为：(1) 权利要求1请求保护一种光学膜片，对比文件1公开了一种液晶显示器的背光装置，该背光装置包括光学膜片，权利要求1与对比文件1的区别在于，权利要求1中光学膜片的定位部上是开口，该开口位于与主体边缘相连的边缘。对比文件1中公开了具有开口411、412的底盘400，框架500上具有的凸起部分560、570分别嵌入底盘400的开口411、412中，底盘400与框架500通过开口与凸起部分的配合安装方式同样适用于光学膜片与框架500的安装上，本领域的普通技术人员能够想象到将光学膜片的固定凸部部分上的安装孔改为开口与相应的固定凸起相配合。由于在平行与开口所在边的方向上，所固定的光学膜片是稳固的，本领域普通技术人员能够根据实际情况，将开口设置在平行于需要被稳固的方向的一边上，因此权利要求1相对于对比文件1不具有创造性。(2) 从属权利要求2、4、6~8的附加技术特征都是本领域的技术人员很容易想到的；从属权利要求3和5的附加技术特征已经在对比文件1中公开，因此在独立权利要求1不具有创造性的情况下，从属权利要求2~8相对于对比文件1也不具有创造性。

申请人统宝光电股份有限公司（下称复审请求人）对上述驳回决定不服，于2007年11月12日向专利复审委员会提出了复审请求。复审请求人认为：(1) 对比文件1中光学膜片340固定于框架500的方式是利用框架500上的多个凸起575、565与光学膜片340上的安装孔343a、342b配合安装，而这种安装方式正是本发明说明书中提到的第一个现有技术，对比文件1没有解决由于光学膜片的定位孔径小时，使在裁切或是模具制造时会产生困难及因废料无法顺利排出造成良品率下降的问题。(2) 从对比文件1中提到的框架500与底盘400通过凸起与开口配合安装的方式只能得到本发明说明书背景部分中提到的第二种已有技术，而不能得到本发明权利要求1所要保护的技术方案。

经形式审查合格，专利复审委员会依法受理了该复审请求，于2007年12月12日向复审请求人发出复审请求受理通知书，并将其转送至原实质审查部门进行前置审查。

原实质审查部门在前置审查意见书中坚持认为本领域的普通技术人员根据对比文件1能够得到权利要求1~8的技术方案，认为权利要求1~8不具有创造性，因而坚持原驳回决定。

针对上述复审请求，专利复审委员会依法成立合议组对该复审请求案进行审理。本案合议组在仔细审阅了全部案卷后，作出本审查决定。

二、决定的理由

1. 关于审查文本

鉴于复审请求人在提出复审请求时未对申请文件进行修改，故本复审请求审查决定所针对的审查文本与驳回决定所针对的文本相同，即复审请求人于2003年12月17日提交的说明书第1~6页、权利要求第1~8项、说明书附图第1~6页、说明书摘要和摘要附图。

2. 关于专利法第22条第3款

专利法第22条第3款规定：创造性，是指同申请日以前已有的技术相比，该发明有突出的实质性特点和显著的进步，该实用新型有实质性特点和进步。

本申请权利要求1请求保护一种光学膜片，对比文件1（US2003/0223020A1）公开了一种背光组件和具有该背光组件的液晶显示装置（参考对比文件1的说明书第0045段至第0091段，图1~18），该背光组件中包括有光学膜片，因此对比文件1与本申请属于相同的技术领域。对比文件1具体公开了由显示单元200和背光组件300组成的显示部分，其中背光组件300包括光学膜片340，光学膜片340具有主体，以及多个凸伸于主体边缘并具有安装孔343a、342a的定位部；在显示部分的下方是接受容器，其包括用于接受显示单元200和背光组件300的底盘400以及用于接受底盘400的框架500，其中底盘400上具有开口411、412，框架500上具有多个凸起560、570，底盘上的开口与框架上的凸起配合安装，框架的每个凸起上有固定柱565、575与对应的光学膜片定位部上的安装孔343a、342a配合固定。

权利要求1中限定的光学膜片与对比文件1中公开的光学膜片一样都适于固定在框架上；所述光学膜片都具有一主体，以及多个凸伸于主体边缘并与框架上的固定柱相对应的定位部。权利要求1的光学膜片与对比文件1的光学膜片之间的区别之处在于，权利要求1中的光学膜片的每一定位部具有一开口，该开口位于每一该些定位部的一边缘上，且该边缘与该主体的边缘相连接。即权利要求1中的光学膜片通过定位部和主体边缘相连接的边缘上的开口与框架上的固定柱配合，从而将光学膜片牢固地固定到框架上。

本案的焦点在于权利要求1限定的上述区别技术特征能否从对比文件1公开的底盘400与框架500之间通过开口与凸起配合的安装方式得到启示，从而将底盘400与框架500之间的配合应用到光学膜片与框架上的固定柱之间的配合上，得到权利要求1所请求保护的技术方案。

对此，合议组认为，首先，对比文件1中框架500上的凸起560、570是从框架的侧边向框架所围区域的内部凸出，凸出的方向平行于框架所围区域构成的平面，因此该凸起仅有三边与框架的侧边分离，一边即为框架的内侧边，由此也决定了与之相配合的底盘400的开口411、412必然是向底盘主体内部凹进，开口的方向平行于底盘所在的平面；但在本申请中，与光学膜片定位部的开口进行配合的框架上的固定柱竖立于所在框架的边缘之外，固定柱的凸出方向是垂直于框架所围区域构成的平面，即固定柱的四周均不与框架侧边相连。由于对比文件1框架上的凸起与本申请框架上的固定柱结构并不相同，因此本领域技术人员根据对比文件1中公开的框架凸起与底盘开口的配合方式，不能够得出如底盘上那样的开口可用于与框架固定柱相配合固定的启示，没有动机对对比文件1中光学膜片定位部的孔进行改进。

其次，从本申请附图3A和3B以及说明书中的相应描述中可以知道，光学膜片并未嵌入到框架内，它们之间依靠光学膜片定位部上与主体边缘相连接的边缘上的开口与框架上的固定柱进行配合固定，从而避免由于光学膜片的重力作用而使光学膜片与框架相脱离的风险。而对比文件1中的框架500具有一定厚度的侧边，底盘400是嵌入到框架500内的。底盘400的开口411、412为平行于底盘平面的凹形开口，与框架500上的凸起560、570之间进行的是开口与突出的卡位配合，是为了使框架 500 能够与底盘 400 牢固卡位，避免晃动，起防止底盘由于重力作用而与框架脱离的是底盘 400 整体嵌入到具有一定宽度的框架 500 内的这种结构设计，而非其上的凸起与底盘上的开口之间的配合，可见对比文件 1 中底盘 400 上的开口 411、412 与框架 500 上的凸起 560、570 之间的配合作用也与本申请的技术方案中光学膜片的开口与框架固定柱之间的配合作用不同。

综上所述，合议组认为，本领域的技术人员由对比文件 1 中公开的底盘 400 上的开口 411、412 与框架 500 的凸起 560、570 之间的配合方式不能得到本申请权利要求 1 中光学膜片上的开口与框架固定柱配合的技术启示，不能得到权利要求 1 的技术方案，并且权利要求 1 中采用光学膜片定位部特定边缘上的开口与框架的固定柱配合连接的方式可起到提高良品率、防止光学膜片由于重力作用与框架的脱离的作用，因此权利要求 1 相对于对比文件 1 具有创造性。

在权利要求 1 相对于对比文件 1 具有创造性的情况下，其从属权利要求 2~8 相对于对比文件 1 也具有创造性，符合专利法第 22 条第 3 款的规定。

根据上述事实和理由，本案合议组依法作出以下审查决定。

三、决定

撤销国家知识产权局于 2007 年 8 月 17 日对 200310121276.7 号发明专利申请作出的驳回决定，由原审查部门以本决定依据的文本作为审查基础继续进行审查程序。

复审请求人对本决定不服的，可以根据专利法第 41 条第 2 款的规定，自收到本决定之日起三个月内向北京市第一中级人民法院起诉。

096

充气支架及其应用

复审请求审查决定（第13642号）

决　定　号　第13642号
决　定　日　2008年6月12日
发明创造名称　充气支架及其应用
国 际 分 类 号　E04H 15/20，A47C 27/08，A45B 9/02
复 审 请 求 人　宋孟光
申　请　号　03159623.1
申　请　日　2003年9月21日
公　开　日　2005年3月30日
合议组组长　朱文广
主　审　员　王　博
参　审　员　姜　岩

法 律 依 据　专利法第22条第2款、第3款
决 定 要 点

如果要求保护的发明或者实用新型与对比文件相比，其区别仅在于前者采用一般（上位）概念，而后者采用具体（下位）概念限定同类性质的技术特征，则具体（下位）概念的公开使采用一般（上位）概念限定的发明或者实用新型丧失新颖性。

一、案由

本复审请求涉及申请号为03159623.1，名称为“充气支架及其应用”的发明专利申请（下称本申请），其申请人为宋孟光，申请日为2003年9月21日，公开日为2005年3月30日。

2006年12月8日，国家知识产权局经实质审查后，驳回了本申请，驳回决定所针对的权利要求书如下：

“1. 本发明涉及充气支架的应用，其特征是：利用充气支架放气后柔软瘪缩，充气后坚韧强挺的特性，对人们经常需要携带、搬运、临时使用的带有支架的物体或设备进行充气支架设置的应用方法。

充气支架的应用与金属和炭塑材料支架的应用相比，具有重量轻、体积小、容易搬运、携带的特点。

2. 如要求书1所述，野外睡具，所设的充气支架可撑起防雨（遮阳）布、蚊帐。

3. 如要求书1所述，充气支架支起的阳伞（或雨伞）。

4. 如要求书 1 所述，充气支架支起的帐篷。”

驳回理由是本申请不符合专利法第 22 条第 2、3 款的规定。驳回决定所引用的对比文件如下：

对比文件 1：中国实用新型专利说明书 CN2143249Y，公开日为 1993 年 10 月 6 日；

对比文件 2：中国实用新型专利说明书 CN85205356U，公开日为 1986 年 11 月 30 日。

驳回决定认为：权利要求 1、2、4 相对于对比文件 1 不具有新颖性，权利要求 3 相对于对比文件 1 和 2 的结合不具有创造性。

申请人（下称复审请求人）对上述驳回决定不服，于 2007 年 3 月 7 日向专利复审委员会提交了复审请求，复审请求人在提出复审请求时声明“补正申请文件回归到原始申请文件，只更换权力要求书”。修改后的权利要求书如下：

“本发明涉及充气支架的应用，其特征为：充气支架，由充气材料再封闭情况下充气而成，可起到支撑支撑作用，具有放气后柔软瘪缩，冲气后坚韧强挺的特性，可代替其他材料支架，应用于人们经常需要携带、搬运、临时使用的带有支架的物件或设备中，从而降低其重量、体积、使之容易搬运、携带、安装、回收。

其应用方式方法：图示 a 为充气支架，此充气支架的功能，可与普通的金属支架、炭塑材料支架、或其他材料支架功用相提并论，可自然的配合应用。

范例 1、2、3、4、5 的实例说明，充分体现着充气支架的应用方式和方法，及应用中的灵活性和应变性。”

在复审请求书中，复审请求人认为对比文件所公开的都是单一产品设计，缺乏广泛的意义，缺乏充气支架的概念和认识，缺乏对充气支架的广泛的推广意义，而本专利提出了充气支架的概念，了解其价值、功用和方法，将它种植在人的思想中，将会很轻松自然的开发出相关的众多产品，实现此技术的应有贡献。

形式审查合格后，专利复审委员会受理了该请求，并于 2007 年 4 月 24 日向复审请求人发出了复审请求受理通知书，同时向原审查部门发出前置审查通知书，并随该通知书将本申请案卷转送至国家知识产权局原审查部门进行前置审查。

原审查部门对本复审请求进行了前置审查，在前置审查意见书中，原审查部门坚持原驳回决定。

专利复审委员会依法成立合议组，对本复审请求案进行了审理。

本案合议组于 2007 年 10 月 18 日发出复审通知书，指出复审请求人修改后的权利要求 1 仍不具有新颖性，对比文件 1 公开的属于下位概念的充气旅行小屋的支架的具体应用公开了权利要求 1 的属于上位概念的充气支架的应用。

针对上述复审通知书，复审请求人于 2007 年 11 月 20 日提交了意见陈述书，同时提交了权利要求书的修改文本。修改后的权利要求书如下：

“本发明涉及充气支架的应用，其特征为：充气支架，由充气材料在封闭情况下充气而成，可起到支架支撑作用，具有放气后柔软瘪缩，充气后坚韧强挺的特性，可代替其他材料支架，a 为充气支架，可与普通的金属支架、炭塑材料支架、或其他材料支架搭配，配合应用，应用于人们经常需要携带、搬运、临时使用的带支架的物件或设备中，从而降低其重量、体积、使之容易搬运、安装、回收。”

复审请求人认为，本申请以充气支架为中心，能寻求本位的、高层次的开发应用，并容入与其他材料支架相结合的创作技术，不管上位或下位，各自都有自己的权利，互不影响。

合议组于 2008 年 3 月 21 日发出复审通知书，指出复审请求人修改后的权利要求含有两种应用，其一是充气支架替代其他材料支架单独起到支承作用，其二是充气支架与其他材料支架配合应用。第一种应用相对于对比文件1的充气旅行小屋的支架的应用不具有新颖性，第二种应用在对比文件1公开的充气旅行小屋支架的应用基础上是容易想到的，不具有创造性。

针对上述复审通知书，复审请求人于2008年4月23日提交了意见陈述书并提交了说明书第1页的替换页。

至此，合议组认为本案事实已经清楚，可以作出复审决定。

二、决定的理由

1. 审查文本

本复审决定的审查基础为：复审请求人2008年4月23日提交的说明书第1页、2007年11月20日提交的权利要求书第1项、申请日提交的说明书第2页、说明书附图第1页、说明书摘要及摘要附图。

2. 关于权利要求的新颖性、创造性

专利法第22条第2款规定，新颖性，是指在申请日以前没有同样的发明或者实用新型在国内外出版物上公开发表过、在国内公开使用过或者以其他方式为公众所知，也没有同样的发明或者实用新型由他人向国务院专利行政部门提出过申请并且记载在申请日以后公布的专利申请文件中。

专利法第22条第3款规定，创造性，是指同申请日以前已有的技术相比，该发明有突出的实质性特点和显著的进步，该实用新型有实质性特点和进步。

如果要求保护的发明或者实用新型与对比文件相比，其区别仅在于前者采用一般（上位）概念，而后者采用具体（下位）概念限定同类性质的技术特征，则具体（下位）概念的公开使采用一般（上位）概念限定的发明或者实用新型丧失新颖性。

权利要求1请求保护一种充气支架的应用，根据该权利要求的撰写，可以得知充气支架存在两种应用，其一是充气支架替代其他材料支架单独起到支承作用，其二是充气支架与其他材料支架配合应用。

关于应用一，对比文件1（CN2143249Y，公开日1993年10月6日）公开了一种充气旅行小屋，其"将旅行小屋的支架设计成充气型，采用塑料布或橡胶布等不透气的软薄材料制成内部相通的管状弧形支架……使用时充气即成小屋……不使用时放气折叠，按前述装入遮雨布内即成小包"（参见对比文件1说明书第1页）。由此，公开了权利要求1中"充气支架，由充气材料在封闭情况下充气而成，可起到支架支撑作用，具有放气后柔软瘪缩，充气后坚韧强挺的特性"的特征。因此，充气支架的该应用不具有新颖性。

关于应用二，合议组认为，在充气支架与其他材料支架配合，其所起作用仍是支撑作用，根据对比文件1所公开的由充气支架形成的旅行小屋的应用，本领域技术人员也容易想到将充气支架与金属支架、炭塑材料支架或其他材料支架配合使用，实现的也是同样的目的。因此，充气支架的该应用不具有创造性。

针对复审请求人在意见陈述书中的陈述，关于应用一，复审请求人认为，以往充气支架虽然存在于某处，但并没有被发掘出来，被真正认识，所以它并没有被发现，得不到有效的应用。同时认为，本申请权利要求要求保护的范围与现有技术没有冲突。对此，合议组认为，复审请求人没有理解专利权利要求的含义。权利要求的目的是设定一个独占的权利范围，该范围应该排除先有技术，以免将他人的贡献纳入自己的保护范围。本申请要求保护一种充气支架的应用，如果授予其专利权，则授予了申请人在一定期限内对充气支架独占使用的权利，而本申请的充气支架所描述的只是利用充气支架支撑的抽象概念，该抽象概念涵盖了任何采用充气支架概念进行具体实现的方式，如充气小屋、充气伞等，因此一旦本申请得到授权，获得授权的专利权人就有权禁止他人实施利用充气支架实现的充气小屋、充气伞等，而后者本来已经为他人所知并实施，这显然违背了专利制度设计的意义。关于应用二，复审请求人认为，充气支架与其他材料支架配合后并不简单的仍起支撑作用，因为没有其他材料支架的配合，充气支架的支撑作用就起不到了，而且二者的结合也不属于本领域的常识。对此，合议组认为，现有技术公开了充气支架及其他材料支架的情况，本领域技术人员也能确知两者之间的特点，显然根据两者的特点，根据设计需要将二者进行组合对本领域技术人员是显而易见的，其带来的效果也是能够预料到的，因此，复审请求人的这一主张也不能成立。

基于上述事实和理由，合议组作出如下决定。

三、决定

驳回复审请求，维持国家知识产权局于2006年12月8日作出的驳回决定。

复审请求人对本决定不服的，可以根据专利法第41条第2款的规定，自收到本决定之日起三个月内向北京市第一中级人民法院起诉。

097

防内漏易弯曲腔内隔绝人工血管支架及人工血管

复审请求审查决定（第 13656 号）

决　定　号　第 13656 号
决　定　日　2008 年 6 月 13 日
发明创造名称　防内漏易弯曲腔内隔绝人工血管支架及人工血管
国际分类号　A61F 2/06，A61M 29/00，A61B 17/00
复审请求人　东南大学
申　请　号　200410013834.2
申　请　日　2004 年 1 月 8 日
公　开　日　2004 年 12 月 22 日
合议组组长　陈迎春
主　审　员　佟仲明
参　审　员　赵　鑫

法律依据　专利法第 22 条第 3 款
决定要点

如果一项权利要求要求保护的技术方案与对比文件存在区别特征，没有证据证明该区别技术特征属于本领域的公知常识，且该权利要求所记载技术方案由于采用了上述区别特征而解决了本申请中提出的技术问题，则该项权利要求相对于该对比文件具备专利法第 22 条第 3 款规定的创造性。

一、案由

本复审请求涉及申请号为 200410013834.2、名称为“防内漏易弯曲腔内隔绝人工血管支架及人工血管”的发明专利申请（下称本申请），申请日为 2004 年 1 月 8 日，申请人为东南大学。本申请公开时权利要求书包括 6 项权利要求，其内容如下：

“1. 一种防内漏易弯曲人工血管支架，由弹性金属丝编织而成，其特征在于该支架（1）由多个 Z 形圈（13）沿支架（1）的轴向顺序排列所组成，该多个 Z 形圈（13）由一根弹性金属丝构成，每两个 Z 形圈（13）之间由与 Z 形圈连为一体的连接杆（10）相连接；连接杆（10）有若干根，在该支架的圆周上等距分布；在最上层和最下层的 Z 形圈（13）上还设有锚定杆（11）。

2. 根据权利要求 1 所述的防内漏易弯曲人工血管支架，其特征在于连接杆（10）为交替分布式，即连接两个 Z 形圈（13）的连接杆部分为近似三角形的形状，而其中与上部 Z 形圈（13）连接的三角形连接杆（10）和与下部 Z 形圈（13）连接的三角形连接杆（10）其方向相反，该交替分布的连接杆（10）沿人造血管的轴线分布在支架（1）的外壁上。

3. 根据权利要求1所述的防内漏易弯曲人工血管支架，其特征在于连接杆（10）为螺旋分布式，即连接两个Z形圈（13）的连接杆部分呈阶梯状连接上层与下层之间的Z形圈（13），形成人工血管支架，该螺旋分布式连接杆以螺旋状分布在人工血管支架的周壁上。

4. 根据权利要求1或2或3所述的防内漏易弯曲人工血管支架，其特征在于在三角形或阶梯形的连杆（10）中，其连接杆的垂直杆部分设有增加弹性的“弓”形或“Ω”形或单正弦波形或弹簧形结构。

5. 根据权利要求1所述的防内漏易弯曲人工血管支架，其特征在于在最上两层Z形圈之间以及最下两层Z形圈之间设有附加杆（12），将两层Z形圈加固连接。

6. 一种用权利要求1所述的防内漏易弯曲人工血管支架制做的人工血管，由支架部分和血管壁部分所组成，其特征在于在支架（1）的近端或两头设有一圈密封段人造血管壁（2），中段人造血管壁（3）的近端或两头套在密封段人造血管壁（2）上，形成防内漏易弯曲人工血管。”

国家知识产权局专利局依法对本申请进行了实质审查，于2006年9月8日发出第一次审查意见通知书，认为本申请权利要求1~4不符合专利法第22条第3款的规定。

所引用的对比文件如下：

对比文件1：US 6283990 B1号专利文献，公开日为2001年9月4日；

对比文件2：US 6355056 B1号专利文献，公开日为2002年3月12日。

针对上述审查意见通知书，申请人于2006年10月17日提交了意见陈述书。申请人认为：对比文件1与本申请中的支架制作方法和使用场合不同，对比文件1中的“Z”形结构成角处没有弹簧圈结构，两端也不能形成本发明的喇叭口效果；对比文件2中的锚定杆跟本申请中的结构不同，并据此认为本申请权利要求符合专利法第22条第3款的规定。申请人未对本申请进行任何修改。

经过上述实质审查程序后，国家知识产权局专利局以本申请权利要求1~4不符合专利法第22条第3款的规定为由，于2006年12月1日作出了驳回本申请的决定。驳回决定认为：对比文件1与本申请属于相近的技术领域，对比文件1的血管支架与本申请的血管支架结构相近，在对比文件1的基础上结合对比文件2得到本申请权利要求1要求保护的技术方案对本领域普通技术人员而言是显而易见的，权利要求2~3的附加技术特征已经被对比文件1公开，从属权利要求4的附加技术特征是本领域公知手段的简单选择，因此权利要求1~4均不具备专利法第22条第3款规定的创造性。而申请人在意见陈述中认为本申请“弹簧圈”的结构和“锚定杆”的结构在对比文件中均未公开，但在本申请权利要求1~4中既未记载“弹簧圈”，也未记载“锚定杆”的具体结构。因此，申请人认为权利要求1~4具备创造性的理由不成立。

申请人东南大学（下称复审请求人）不服上述驳回决定，于2007年3月2日向专利复审委员会提出复审请求，其复审请求的理由是：本申请采用了双层层叠式覆膜结构解决内腔隔绝术的内漏问题，与对比文件1和对比文件2的发明目的和实施原理均不相同。对比文件1中支架杆与轴线成的角度与本申请中结构不同，Z形圈也没有弹簧圈结构，连接杆为简单的直杆；对比文件2中的锚定杆是可转动的直杆与本专利中的锚定杆不同。因此，本申请权利要求相对于对比文件1和对比文件2具备创造性。复审请求人未对本申请进行任何修改。

经形式审查合格后，专利复审委员会依法受理了上述请求，并于2007年4月18日向复审请求人发出了复审请求受理通知书，并将其转送至原实质审查部门进行前置审查。

原审查部门对该复审请求做出前置审查意见，仍然坚持原驳回决定。

专利复审委员会依法成立合议组，经审查，本案合议组于2008年3月27日发出复审通知书，指出：对比文件1是与本申请权利要求1最接近的现有技术，在对比文件1的基础上结合对比文件2公开的内容以及本领域的公知常识，从而得到本申请权利要求1要求保护的技术方案对于本领域普通技术人员而言是显而易见的。权利要求2和3的附加技术特征是本领域普通技术人员根据对比文件1公开的技术方案可以进行的简单选择。权利要求4的附加技术特征属于本领域的公知常识。因此本申请权利要求1~4不具备专利法第22条第3款规定的创造性。至于复审请求人陈述的“防内漏”效果，是由于人工血管的双层层叠式覆膜结构带来的，而支架本身并不具备防内漏的效果。复审请求人陈述的“支架与轴线的角度”、“弹簧圈”以及“锚定杆”的具体结构均未记载在权利要求中，因此不能成为权利要求1~4具备创造性的理由。

针对上述复审通知书，复审请求人于2008年5月4日提交了意见陈述书和权利要求书全文的修改替换页，其中，复审请求人删除了原独立权利要求1并将原独立权利要求6作为新的独立权利要求1，复审请求人未对从属权利要求的附加技术特征进行修改，仅对从属权利要求的主题名称进行了适应性修改，使其从属于新的独立权利要求1。修改后的权利要求书共包括5项权利要求，内容如下：

“1. 一种防内漏易弯曲人工血管，由支架部分和血管壁部分所组成，其特征在于在支架（1）的近端或两头设有一圈密封段人造血管壁（2），中段人造血管壁（3）的近端或两头套在密封段人造血管壁（2）上，形成防内漏易弯曲人工血管；所述的支架（1）由弹性金属丝编织而成的多个Z形圈（13）沿支架（1）的轴向顺序排列所组成，该多个Z形圈（13）由一根弹性金属丝构成，每两个Z形圈（13）之间由与Z形圈连为一体的连接杆（10）相连接；连接杆（10）有若干根，在该支架的圆周上等距分布；在最上层和最下层的Z形圈（13）上还设有锚定杆（11）。

2. 根据权利要求1所述的防内漏易弯曲人工血管，其特征在于连接杆（10）为交替分布式，即连接两个Z形圈（13）的连接杆部分为近似三角形的形状，而其中与上部Z形圈（13）连接的三角形连接杆（10）和与下部Z形圈（13）连接的三角形连接杆（10）其方向相反，该交替分布的连接杆（10）沿人造血管的轴线分布在支架（1）的外壁上。

3. 根据权利要求1所述的防内漏易弯曲人工血管，其特征在于连接杆（10）为螺旋分布式，即连接两个Z形圈（13）的连接杆部分呈阶梯状连接上层与下层之间的Z形圈（13），形成人工血管支架，该螺旋分布式连接杆以螺旋状分布在人工血管支架的周壁上。

4. 根据权利要求1或2或3所述的防内漏易弯曲人工血管，其特征在于在三角形或阶梯形的连杆（10）中，其连接杆的垂直杆部分设有增加弹性的“弓”形或“Ω”形或单正弦波形或弹簧形结构。

5. 根据权利要求1所述的防内漏易弯曲人工血管，其特征在于在最上两层Z形圈之间以及最下两层Z形圈之间设有附加杆（12），将两层Z形圈加固连接。”

复审请求人在意见陈述书中认为：本发明的主要目的是解决“内漏”问题，实现的关键是双层覆膜结构，这种双层覆膜结构是目前还没有发现文献提及的，因此本申请符合专利法第22条第3款的规定。

至此，合议组认为本案事实已经清楚，现依法作出复审决定。

二、决定的理由

1. 关于审查文本

本复审决定以复审请求人于2008年5月4日提交的权利要求第1~5项，2004年1月8日提交的说明书第1~8页、附图1~7页、说明书摘要及摘要附图作为审查的基础。

2. 关于专利法第22条第3款

专利法第22条第3款规定的创造性，是指同申请日以前已有的技术相比，该发明有突出的实质性特点和显著的进步，该实用新型有实质性特点和进步。

就本案而言，对比文件 1 公开了一种血管支架，并公开了以下技术特征（说明书第 3 栏第 60 行至第 4 栏第 6 行和附图 1~7）：支架 1 具有圆柱形形状，并且形成多个适于沿支架 1 纵向并排的结构段 1'。每个结构段 1'由结构 2 形成，并且在结构 2 的末端弯曲部分 2'以形成 Z 字形形状。一条或者多条弯管或者连接部分 3 将一个结构段的弯曲部分连接到相邻结构段 1'的弯曲部分。此外，从附图 1~3均可以看出部分 3 在圆周上为等距离分布。

对比文件 2（参见对比文件 2 说明书第 3 栏第 21 行至第 4 栏第 60 行，附图 1-2）公开了一种植入到血管内的修复物 100，该修复物由支架结构 20 和支架结构外覆的移植片 10 组成，其中 Z 字形支架 20 之间以结构 40 连接，支架 20 用于将修复物 100 的移植片 10 相对于血管壁 50 保持在膨胀位置。

由此可见，对比文件 1 并未公开“在支架的近端或两头设有一圈密封段人造血管壁，中段人造血管壁的近端或两头套在密封段人造血管壁上，形成防内漏易弯曲人工血管”。对比文件 2 虽然给出了将血管支架用于人工血管的技术启示，但同样未记载上述人造血管的具体结构。即，对比文件 1 和对比文件 2 均未公开上述人造血管的具体结构，也没有其他证据证明上述技术特征属于本领域的现有技术。此外，本申请中的人工血管由于采用了上述“双层层叠式覆膜结构”而能够防止内漏，产生了有益的技术效果，解决了本申请中提出的技术问题。因此，权利要求 1 相对于对比文件 1、对比文件 2 以及本领域的公知常识具备专利法第 22 条第 3 款所规定的创造性。

权利要求 2~5 分别直接或间接引用了独立权利要求 1，是对其进行的进一步限定，在独立权利要求 1 相对于对比文件 1、对比文件 2 以及本领域公知常识具备创造性的情况下，该权利要求 2~5 也分别具备专利法第 22 条第 3 款所规定的创造性。

综上所述，本专利权利要求 1~5 符合专利法第 22 条第 3 款有关创造性的规定。

三、决定

撤销国家知识产权局于 2006 年 12 月 1 日对 200410013834.2 号发明专利申请作出的驳回决定，由原审查部门以复审请求人在 2008 年 5 月 4 日提交的修改文本的基础上继续进行审查程序。

复审请求人对本决定不服的，可以根据专利法第 41 条第 2 款的规定，自收到本决定之日起三个月内向北京市第一中级人民法院起诉。

098

液晶显示装置和电子设备

复审请求审查决定（第13657号）

决　定　号　第13657号
决　定　日　2008年6月18日
发明创造名称　液晶显示装置和电子设备
国际分类号　G02F 1/13
复审请求人　精工爱普生株式会社
申　请　号　200410000441.8
优 先 权 日　2003年1月24日，2003年8月4日
申　请　日　2004年1月20日
公　开　日　2004年8月4日
合议组组长　李　礼
主　审　员　陈　力
参　审　员　谢有成

法律依据　专利法第22条第3款，专利法第33条，专利法实施细则第20条第1款
决定要点

如果一项权利要求相对于现有技术存在区别技术特征，且现有技术中并未给出采用该区别技术特征解决本发明所要解决的技术问题的技术启示，则该权利要求具备创造性。

一、案由

本复审请求涉及申请号为200410000441.8、发明名称为“液晶显示装置和电子设备”的发明专利申请（下称本申请），其优先权日为2003年1月24日和2003年8月4日，申请日是2004年1月20日，公开日是2004年8月4日，申请人是精工爱普生株式会社。

国家知识产权局实质审查部门依法对本申请进行了实质审查，于2007年2月2日以权利要求1~14不具备专利法第22条第3款规定的创造性为由对本申请作出了驳回决定。驳回决定所针对的文本是：2006年12月14日提交的权利要求第1~14项、申请日提交的说明书第1~20页、附图第1~12页、说明书摘要和摘要附图。

其中引用的对比文件是：

对比文件1：JP特开-2002-350853A，公开日是2002年12月4日；

对比文件2：JP特开-2001-174797A，公开日是2001年6月29日；

对比文件3：JP特开平6-301036A，公开日是1994年10月28日；

对比文件 4：JP 特开-2001-324717A，公开日是 2001 年 11 月 22 日。

驳回决定中指出，权利要求 1 要求保护一种液晶显示装置，对比文件 1 公开了一种液晶显示装置，权利要求 1 与对比文件 1 相比的区别在于：在第 1 基板上的反射显示区域形成光漫射发生单元，在第 1 基板上的透光显示区域上形成凹凸形状形成单元。对比文件 2 公开了该区别特征并且同样可以实现简化结构的效果，由此认为权利要求 1 相对于对比文件 1 和 2 的结合不具备创造性。权利要求 2 与权利要求 1 相比还限定了：光漫射发生单元和凹凸形状形成单元由上述第 1 基板上的相同层构成。该特征在对比文件 2 公开了且所起的作用相同，由此权利要求 2 相对于对比文件 1 和 2 的结合也不具备创造性。权利要求 3 与对比文件 1 相比，其区别在于：在上述第 1 基板上的反射显示区域和透光显示区域分别形成由指定的图案构成的树脂层。该区别特征在对比文件 2 中已经公开，且效果相同，因此权利要求 3 相对于对比文件 1 和 2 的结合不具备创造性。从属权利要求 4、12 的附加技术特征在对比文件 3 中公开了，从属权利要求 5 的附加技术特征在对比文件 1 中公开了，从属权利要求 6~9 的附加技术特征在对比文件 1 和 2 中公开了，从属权利要求 10、11 的附加技术特征属于常用技术手段，从属权利要求 13 的附加技术特征在对比文件 4 中公开了，权利要求 14 请求保护具备权利要求 1~3 所述液晶显示装置的电子设备，因此在上述从属权利要求所引用的权利要求 1~3 不具备创造性的情况下，权利要求4~14 也均不具备创造性。

驳回所针对的权利要求 1~14 中的权利要求 1~4 如下：

“1. 一种液晶显示装置，是将液晶层夹持在第 1 和第 2 基板间并在 1 个点区域内设置有进行透过显示的透过显示区域和进行反射显示的反射显示区域的液晶显示装置，其特征在于：

上述液晶层由介电各向异性为负的液晶构成；

在上述第 1 基板的上述反射显示区域具有使反射光漫射的光漫射发生单元；在上述第 1 基板的上述透过显示区域具有在与上述液晶层相对的一侧形成规定液晶分子的倾斜方向的凹凸形状的凹凸形状形成单元；

上述光漫射发生单元和上述凹凸形状形成单元由上述第 1 基板上的相同部件构成。

2. 一种液晶显示装置，是将液晶层夹持在第 1 和第 2 基板间并在 1 个点区域内设置有进行透过显示的透过显示区域和进行反射显示的反射显示区域的液晶显示装置，其特征在于：

上述液晶层由介电各向异性为负的液晶构成；

在上述第 1 基板的上述反射显示区域具有使反射光漫射的光漫射发生单元；在上述第 1 基板的上述透过显示区域具有在与上述液晶层相对的一侧形成规定液晶分子的倾斜方向的凹凸形状的凹凸形状形成单元；

上述光漫射发生单元和上述凹凸形状形成单元由上述第 1 基板上的相同层构成。

3. 一种液晶显示装置，是将液晶层夹持在第 1 和第 2 基板间并在 1 个点区域内设置有进行透过显示的透过显示区域和进行反射显示的反射显示区域的液晶显示装置，其特征在于：

上述液晶层由介电各向异性为负的液晶构成；

在上述第 1 基板的上述反射显示区域和上述透过显示区域分别形成由指定的图案构成的树脂层；

该树脂层在上述反射显示区域作为使反射光漫射的光漫射发生单元而发挥作用，在上述透过显示区域作为在与上述液晶层相对的一侧形成规定液晶分子的倾斜方向的凹凸形状的凹凸形状形成单元而发挥作用。

4. 按权利要求 1~3 的任意一项所述的液晶显示装置，其特征在于：在上述第 2 基板的上述反射显示区域，形成有电极，该电极具有规定液晶分子的倾斜方向的缝隙。”

申请人精工爱普生株式会社（下称复审请求人）对上述驳回决定不服，于2007年4月19日向专利复审委员会提出复审请求，并提交了权利要求书全文的修改替换页，其中将技术特征“在上述第1基板和上述第2基板中，在至少一个基板的上述反射显示区域，具有用于将上述反射显示区域处的上述液晶层的厚度变得比上述透过显示区域处的上述液晶层的厚度薄的液晶层厚控制层”添加到独立权利要求1~3中，修改后的权利要求书共包括14项权利要求。

经形式审查合格后，专利复审委员会受理了上述复审请求，于2007年5月29日向复审请求人发出了复审请求受理通知书，并将本案送至原实质审查部门进行前置审查。

原实质审查部门对上述复审请求做出前置审查意见，指出所添加的技术特征并未记载在原申请文件中，该修改不符合专利法第33条的规定，仍然坚持驳回决定。

针对上述复审请求，专利复审委员会依法组成合议组，对本复审请求案进行了审理。本案合议组于2007年10月10日向复审请求人发出复审通知书，合议组认为，复审请求人于2007年4月19日提交的权利要求书中所增加的特征超出了原说明书和权利要求书记载的范围，不符合专利法第33条的规定。基于节约程序的原则，该复审通知书针对驳回决定所针对的文本进行了审查，指出权利要求3相对于对比文件1和本领域的公知技术的结合不具备创造性，从属权利要求4~14的附加技术特征或为对比文件1、3所公开，或属于本领域公知技术，在其所引用的权利要求3不具备创造性的情况下，权利要求4~14也不具备创造性。

针对上述复审通知书，复审请求人于2007年11月9日提交了意见陈述书和权利要求书全文的修改替换页，其中将复审通知书指出的超范围的内容从权利要求1~3中删除，并在权利要求3中增加了技术特征“在上述第2基板的上述反射显示区域，形成有电极，该电极具有规定液晶分子的倾斜方向的缝隙”，该特征与权利要求4的附加技术特征相同，并将权利要求4的引用关系修改为引用在前的权利要求1或2。修改后的权利要求书共包括14项权利要求。

在此基础上，本案合议组继续对本案进行审查，于2007年12月20日与复审请求人进行第一次电话讨论，指出复审请求人针对复审通知书于2007年11月9日所提交的权利要求书中的权利要求3的内容与复审通知书中指出的不具备创造性的权利要求4的内容相同，即目前的权利要求3仍然不具备专利法第22条第3款规定的创造性。

复审请求人针对第一次电话讨论于2007年12月27日又提交了意见陈述书和权利要求书全文的修改替换页，其中将权利要求3中的特征“在上述第1基板的上述反射显示区域和上述透过显示区域分别形成由指定的图案构成的树脂层”修改为“在上述第1基板的上述反射显示区域和上述透过显示区域由同一部件形成按指定的图案构成的树脂层”，并将权利要求4的引用关系修改为引用在前的权利要求1~3的任意一项。

本案合议组经审查，于2008年3月13日与复审请求人进行第二次电话讨论，指出目前的权利要求4引用权利要求1~3中的任意一项，但其所引用的权利要求3中已包括了权利要求4的全部附加技术特征，因此权利要求4的上述引用方式导致其与所引用的权利要求3之间存在不简明的问题，不符合专利法实施细则第20条第1款的规定。

复审请求人于2008年3月14日再次提交了意见陈述书和权利要求书全文的修改替换页，其中将权利要求3中与权利要求4的附加技术特征相同的技术特征删除，修改后的权利要求书共包括14项权利要求。

其中权利要求1~4的内容如下：

“1. 一种液晶显示装置，是将液晶层夹持在第1和第2基板间并在1个点区域内设置有进行透过显示的透过显示区域和进行反射显示的反射显示区域的液晶显示装置，其特征在于：

上述液晶层由介电各向异性为负的液晶构成；

在上述第1基板的上述反射显示区域具有使反射光漫射的光漫射发生单元；在上述第1基板的上述透过显示区域具有在与上述液晶层相对的一侧形成规定液晶分子的倾斜方向的凹凸形状的凹凸形状形成单元；

上述光漫射发生单元和上述凹凸形状形成单元由上述第1基板上的相同部件构成。

2. 一种液晶显示装置，是将液晶层夹持在第1和第2基板间并在1个点区域内设置有进行透过显示的透过显示区域和进行反射显示的反射显示区域的液晶显示装置，其特征在于：

上述液晶层由介电各向异性为负的液晶构成；

在上述第1基板的上述反射显示区域具有使反射光漫射的光漫射发生单元；在上述第1基板的上述透过显示区域具有在与上述液晶层相对的一侧形成规定液晶分子的倾斜方向的凹凸形状的凹凸形状形成单元；

上述光漫射发生单元和上述凹凸形状形成单元由上述第1基板上的相同层构成。

3. 一种液晶显示装置，是将液晶层夹持在第1和第2基板间并在1个点区域内设置有进行透过显示的透过显示区域和进行反射显示的反射显示区域的液晶显示装置，其特征在于：

上述液晶层由介电各向异性为负的液晶构成；

在上述第1基板的上述反射显示区域和上述透过显示区域由同一部件形成按指定的图案构成的树脂层；

该树脂层在上述反射显示区域作为使反射光漫射的光漫射发生单元而发挥作用，在上述透过显示区域作为在与上述液晶层相对的一侧形成规定液晶分子的倾斜方向的凹凸形状的凹凸形状形成单元而发挥作用。

4. 按权利要求1~3的任意一项所述的液晶显示装置，其特征在于：在上述第2基板的上述反射显示区域，形成有电极，该电极具有规定液晶分子的倾斜方向的缝隙。”

经过审理，本合议组认为本案事实已经清楚，可以依法作出复审决定。

二、决定的理由

1. 审查基础

本决定是在复审请求人于2008年3月14日提交的权利要求第1~14项、申请日即2004年1月20日提交的说明书第1~20页、说明书附图第1~12页、说明书摘要和摘要附图的基础上作出的。

2. 关于权利要求书是否符合专利法第33条的规定

专利法第33条规定：申请人可以对其专利申请文件进行修改，但是，对发明和实用新型专利申请文件的修改不得超出原说明书和权利要求书记载的范围，对外观设计专利申请文件的修改不得超出原图片或者照片表示的范围。

由于复审请求人已将复审通知书中所指出的、超出原说明书和权利要求书记载范围的内容删除，且目前的权利要求书中所请求保护的技术方案在原申请文件中均有记载，因此本决定所针对的权利要求书符合专利法第33条的规定。

3. 关于权利要求3、4是否符合专利法实施细则第20条第1款的规定

专利法实施细则第20条第1款规定：权利要求书应当说明发明或者实用新型的技术特征，清楚、简要地表达请求保护的范围。

从属权利要求4引用权利要求1~3中的任意一项，经合议组审查，由于复审请求人已经将权利要求3中与权利要求4的附加技术特征相同的技术特征删除，因此权利要求3、4之间不再存在不简明的问题，符合专利法实施细则第20条第1款的规定。

4. 关于权利要求1~14是否符合专利法第22条第3款的规定

专利法第22条第3款规定：创造性，是指同申请日以前已有的技术相比，该发明有突出的实质性特点和显著的进步，该实用新型有实质性特点和进步。

审查指南第二部分第四章第3.2节对发明创造性的审查基准作出了明确规定，在判断要求保护的发明与现有技术相比有无突出的实质性特点，即是否为非显而易见时，通常可按以下三个步骤进行：(1) 确定最接近的现有技术，(2) 确定发明的区别特征和其实际解决的技术问题，(3) 判断要求保护的发明对本领域的技术人员来说是否显而易见。在评价发明是否具有显著的进步时，主要应当考虑发明是否具有有益的技术效果。

(1) 权利要求1请求保护一种液晶显示装置，对比文件1公开了一种液晶显示装置，并具体公开了以下技术特征（参见说明书全文，尤其是第53~56段和第58段，附图4）：液晶层3夹持于两基板1、2之间且在一个点区域内设置有进行透过显示的透过显示区域和进行反射显示的反射显示区域；上述液晶层3的液晶分子是介电各向异性为负的液晶；在下基板2（相当于权利要求1中的第1基板）的反射显示区域形成有凹凸图案形状的感光树脂层，该树脂层的凹凸结构（相当于权利要求1中的光漫射发生单元）在上述反射区域中起到使反射光漫射的作用，在透过区域中在与下基板2对置的上基板1（相当于权利要求1中的第2基板）上与液晶层相对的一侧形成有凸起13，该凸起13起到规定液晶分子倾斜方向的作用。即对比文件1中的光漫射发生单元与规定液晶分子倾斜方向的部件分别设置在两相对设置的基板上。由此可见，对比文件1没有公开本申请权利要求1中的在反射显示区域中使反射光漫射的光漫射发生单元与透过显示区域中规定液晶分子倾斜方向的凹凸形状形成单元是由第1基板上的相同部件构成，即两部分由相同基板上的相同部件构成，本申请如此设置光漫射发生单元以及用于规定液晶分子倾斜方向的凹凸形状形成单元，能够简化工艺、降低成本，同时还能够获得反射显示和透过显示都能均匀显示且视角宽的技术效果。对比文件1所要解决的技术问题并不同于本申请，且其中也没有给出关于如何以简单高效的工艺在反射显示和透过显示中均能实现宽视角的高质量显示的相关技术启示。

对比文件2公开了一种半透过型液晶显示装置（参见说明书第25~41段，图1-2），其包括：一对基板1、2，其中在基板2（相当于权利要求1中的第1基板）上形成有用于散射反射光的凸部19（相当于权利要求1中的光漫射发生单元），其与液晶层之间从下往上还依次覆盖有滤色片6、覆盖层7、透明电极8和配向膜9。尽管对比文件2公开了一种半透过型液晶显示装置，但是其图1公开的位于整个基板上的凸部只起到散射反射光的作用，其并未与液晶层直接接触，因此不具有规定液晶分子倾斜方向的作用，也就是说对比文件2也没有公开权利要求1中的在反射显示区域中使反射光漫射的光漫射发生单元与透过显示区域中规定液晶分子倾斜方向的凹凸形状形成单元是由第1基板上的相同部件构成，即由相同基板上的相同部件构成，而且对比文件2所要解决的技术问题不同于本申请，在其中也没有给出关于如何以简单高效的工艺在反射显示和透过显示中均能实现宽视角的高质量显示的技术启示。因此，在均未能给出相应技术启示的情况下，对比文件1和对比文件2的结合并不足以破坏权利要求1的创造性。

(2) 独立权利要求2请求保护的技术方案与权利要求1相比，区别仅在于：光漫射发生单元和凹凸形状形成单元由第1基板上的相同层构成，而不是如权利要求1中限定的由相同部件构成。如前面关于权利要求1的评述中所述，由于对比文件1与对比文件2均未公开“反射显示区域中使反射光漫射发生单元与透过显示区域中规定液晶分子倾斜方向的凹凸形状形成单元是由第1基板上的相同部件构成”，更未公开将具有上述功能的两部分形成在相同层上，也未给出相应的技术启示，因此对比文件1和对比文件2的结合不能否定权利要求2的创造性。

（3）权利要求3请求保护一种液晶显示装置，对比文件1公开了一种液晶显示装置，并具体公开了以下技术特征（参见说明书全文，尤其是第53~56段和第58段，附图4）：液晶层3夹持于两基板1、2之间且在一个点区域内设置有进行透过显示的透过显示区域和进行反射显示的反射显示区域；上述液晶层3的液晶分子是介电各向异性为负的液晶；在下基板2（相当于权利要求3中的第1基板）的反射显示区域形成有凹凸图案形状的感光树脂层，该树脂层的凹凸结构在上述反射区域中起到使反射光漫射的作用，在透过区域中在与下基板2对置的上基板1（相当于权利要求3中的第2基板）上与液晶层相对的一侧形成有凸起13，该凸起13起到规定液晶分子倾斜方向的作用。即对比文件1中的光漫射发生单元与规定液晶分子倾斜方向的部件分别设置在两相对设置的基板上。由此可见，对比文件1没有公开权利要求3中的："在上述第1基板的上述反射显示区域和上述透过显示区域由同一部件形成按指定的图案构成的树脂层，该树脂层在上述反射显示区域作为使反射光漫射的光漫射发生单元而发挥作用，在上述透过显示区域作为在与上述液晶层相对的一侧形成规定液晶分子的倾斜方向的凹凸形状的凹凸形状形成单元而发挥作用"，本申请如此设置光漫射发生单元以及用于规定液晶分子倾斜方向的凹凸形状形成单元，可以获得简化工艺，降低成本，同时反射显示和透过显示都能均匀显示且视角宽的技术效果。对比文件1所要解决的技术问题并不同于本申请，在其中也没有给出关于如何以简单高效的工艺在反射显示和透过显示中均能实现宽视角的高质量显示的相关技术启示。

对比文件2公开了一种半透过型液晶显示装置（参见说明书第25~41段，图1-2），其包括：一对基板1、2，其中在基板2（相当于权利要求3中的第1基板）上形成有用于散射反射光的凸部19（相当于权利要求3中的光漫射发生单元），其与液晶层之间从下往上还依次覆盖有滤色片6、覆盖层7、透明电极8和配向膜9。尽管对比文件2公开了一种半透过型液晶显示装置，但是其公开的位于整个基板上的凸部只起到散射反射光的作用，其并未与液晶层直接接触，因此该凸部并不具有规定液晶分子倾斜方向的作用，也就是说对比文件2也没有公开权利要求3中的在第1基板的反射显示区域和透过显示区域由同一部件形成按指定的图案构成的树脂层，该树脂层在反射显示区域作为使反射光漫射的光漫射发生单元而发挥作用，在透过显示区域作为在与液晶层相对的一侧形成规定液晶分子的倾斜方向的凹凸形状的凹凸形状形成单元而发挥作用，并且对比文件2所要解决的技术问题也不同于本申请，在其中也没有给出关于如何以简单高效的工艺在反射显示和透过显示中均能实现宽视角的高质量显示的技术启示。因此，对比文件1和对比文件2的结合并不足以破坏权利要求3的创造性。

此外，对比文件3公开了一种液晶显示装置（参见说明书全文以及图1-13），包括像素电极，液晶层，对向电极，开口部，TFT基板，第一垂直配向膜，第二垂直配向膜，遮光区域，第1偏光板，第2偏光板等。对比文件4公开了一种液晶显示装置用彩色滤光板以及制造具有该彩色滤光板的液晶显示装置的方法（参见说明书全文以及图1-6），包括透明基板，遮光层，配向层，彩色滤光层，透明导电膜，彩色滤光基板，液晶层等。上述两篇对比文件均没有公开权利要求1中的反射显示区域中使反射光漫射的光漫射发生单元与透过显示区域中规定液晶分子倾斜方向的凹凸形状形成单元是由第1基板上的相同部件构成，即两部分由相同基板上的相同部件构成；也没有公开权利要求2中"光漫射发生单元和凹凸形状形成单元由第1基板上的相同层构成"以及权利要求3中的"在上述第1基板的上述反射显示区域和上述透过显示区域由同一部件形成按指定的图案构成的树脂层，该树脂层在上述反射显示区域作为使反射光漫射的光漫射发生单元而发挥作用，在上述透过显示区域作为在与上述液晶层相对的一侧形成规定液晶分子的倾斜方向的凹凸形状的凹凸形状形成单元而发挥作用"的技术特征，并且上述对比文件3、4所要解决的技术问题均不同于本申请，在其中也没有给出关于如何以简单高效的工艺在反射显示和透过显示中均能实现宽视角的高质量显示的技术启示。因此，对比文件 3、4 和上述对比文件 1、2 结合也不足以破坏权利要求 1~3 的创造性。

（4）由于独立权利要求 1、2、3 相对于对比文件 1、2、3、4 的结合具备创造性，因此，直接或间接引用上述权利要求的从属权利要求 4~13 也具备创造性，符合专利法第 22 条第 3 款的规定。

（5）权利要求 14 请求保护一种电子设备，其特征在于具有权利要求 1~3 的任意一项所述的液晶显示装置，由于上述权利要求 1~3 具备创造性，因此权利要求 14 也具备创造性。

综上所述，对比文件 1 至对比文件 4 均不足以破坏本申请的权利要求 1~14 的创造性，本申请权利要求 1~14 符合专利法第 22 条第 3 款的规定。

三、决定

撤消国家知识产权局于 2007 年 2 月 2 日针对 200410000441. 8 号发明专利申请作出的驳回决定。

由原审查部门以本复审决定所依据的文本，即复审请求人于 2008 年 3 月 14 日提交的权利要求第 1~14 项、申请日 2004 年 1 月 20 日提交的说明书第 1~20 页、说明书附图第 1~12 页、说明书摘要和摘要附图为基础继续审查。

复审请求人对本决定不服的，可以根据专利法第 41 条第 2 款的规定，自收到本决定之日起三个月内向北京市第一中级人民法院起诉。

099

电吹风去屑梳小型吸尘鞋靴除湿被窝取暖五用机

复审请求审查决定（第 13669 号）

决　定　号 第 13669 号
决　定　日 2008 年 6 月 11 日
发明创造名称 电吹风去屑梳小型吸尘鞋靴除湿被窝取暖五用机
国际分类号 A45D20/48，A45D24/32，A47L5/00，A47L23/20
复审请求人 仲从宝
申　请　号 200410065093.2
申　请　日 2004 年 10 月 22 日
公　开　日 2005 年 4 月 27 日
合议组组长 高　栋
主　审　员 李玲玲
参　审　员 武　磊

法律依据 专利法第 33 条
决定要点

对于一件发明专利申请，如果请求人提交的修改文本的内容在原权利要求书中有明确的文字记载或者能够从原申请文件中文字记载的内容及附图直接地、毫无疑义地确定，则该修改文本符合专利法第 33 条的规定，应当予以接受。

一、案由

本复审请求涉及申请人于 2004 年 10 月 22 日提交的、公开日为 2005 年 4 月 27 日、名称为“电吹风去屑梳小型吸尘鞋靴除湿被窝取暖五用机”、申请号为 200410065093.2 的发明专利申请（下称本申请），申请人为仲从宝。

在实质审查阶段，国家知识产权局实质审查部门于 2008 年 2 月 15 日针对申请人于 2007 年 8 月 14 日提交的说明书第 1、2 页、权利要求第 1~10 项、2006 年 11 月 2 日提交的说明书摘要、申请日提交的说明书附图第 1~2 页和摘要附图，以本申请不符合专利法第 33 条的规定为由驳回了本申请。驳回决定所针对的权利要求书内容如下：

“1. 一种电吹风去屑梳小型吸尘鞋靴除湿被窝取暖五用机，电源经整流降压供电机，电机轴上装风叶轮，电机带风叶轮安置在风道间；其特征是：主机圆形弯管状，两端互为把柄；吸头、中间部分和出风道三部分依次相接；粗过滤器装在进风道内；细过滤袋与出风口相接；1、2 空档及通断开关分控主分电路；分离式电热丝组合架，在出风道内；软管式吸头，梳式吸头；中间空外有出气孔及埂条状间隙突出的被窝取暖棒及鞋靴除湿头；伸缩形鞋靴除湿头。

2. 根据权利要求1所述的电吹风去屑梳小型吸尘鞋靴除湿被窝取暖五用机，其特征是：中间部分机身壳（5）为弯形，在吹风、鞋靴除湿及被窝取暖或去头屑和小型吸尘使用时，主机两端互为把柄。

3. 根据权利要求1所述的电吹风去屑梳小型吸尘鞋靴除湿被窝取暖五用机，其特征是：中间部分一端固定装有电机（9）带风叶轮（8）的电机架，电机架两主筋内置插簧片为插坐，另一端置粗过滤器，两端与吸头及出风道壳（14）以螺口旋接，出风道壳口，外边台状高出，口内置出风网（13），壳内置耐高温绝缘套（12）与圈绕电热丝的组合架相套。

4. 根据权利要求1所述的电吹风去屑梳小型吸尘鞋靴除湿被窝取暖五用机，其特征是：粗过滤器置进风道于进风口，由圆台网（3）与罩网（4）组合。

5. 根据权利要求1所述的电吹风去屑梳小型吸尘鞋靴除湿被窝取暖五用机，其特征是：细过滤袋为细网袋状，与主机出风口相接。

6. 根据权利要求1所述的电吹风去屑梳小型吸尘鞋靴除湿被窝取暖五用机，其特征是：1、2、空档及通断开关分别控制总电路及与电机并联的电热丝分电路。

7. 根据权利要求1所述的电吹风去屑梳小型吸尘鞋靴除湿被窝取暖五用机，其特征是：电热丝（11）圈绕在电热丝组合架（10）架体上，与插桩头（15）相接，插桩头与固定在电机架（7）上的插坐插接，处在出风道内。

8. 根据权利要求1所述的电吹风去屑梳小型吸尘鞋靴除湿被窝取暖五用机，其特征是：软管式吸头可伸缩，吸口中央毛刷状，刷毛高于吸管口，梳式吸头，齿外孔内圆形排列，齿高于外沿边，在需要减风速、升温和增大吸力时，缩小进风口，用阻风塞（1）。

9. 根据权利要求1所述的电吹风去屑梳小型吸尘鞋靴除湿被窝取暖五用机，其特征是：被窝取暖棒和鞋靴除湿头都是中间空，外面有出气孔，并有埂条状间隙突出。

10. 根据权利要求1所述的电吹风去屑梳小型吸尘鞋靴除湿被窝取暖五用机，其特征是：鞋靴除湿头前后中三段，中间部分可伸缩。"

驳回的理由主要包括：（1）权利要求4中限定的"粗过滤器置进风道于进风口"、权利要求5中限定的"细过滤袋为细网袋状"、权利要求7中限定的"插桩头与固定在电机架上的插坐插接"以及权利要求8中限定的"吸口中央毛刷状"、"在需要减风速、升温和增大吸力时，缩小进风口，用阻风塞"的特征在原申请文件中没有记载，本领域技术人员根据原说明书和权利要求书所披露的信息也不能直接地、毫无疑义地确定，因此上述权利要求4、5、7、8的修改超出了原说明书和权利要求书所记载的范围，不符合专利法第33条的规定。（2）说明书第1页第34行出现的"吸口中央毛刷状"在原说明书中仅披露了"吸口中央内置起尘刷，在需要时中间可置阻风塞"，"吸口中央毛刷状"与"吸口中央内置起尘刷"的含义不相同，这样的修改本领域技术人员根据原说明书和权利要求书所披露的信息不能直接地、毫无疑义的确定，因此说明书的修改超出了原说明书和权利要求书所记载的范围，不符合专利法第33条的规定。

申请人（下称复审请求人）对上述驳回决定不服，于2008年3月3日向专利复审委员会提出复审请求，同时提交了说明书第1~2页和权利要求书全文的修改替换页，修改的内容包括：删除了权利要求5中"细过滤袋为细网袋状"的特征，将说明书和权利要求8中的"吸口中央毛刷状"修改为"吸口中央内置起尘刷"，修改后的权利要求书内容如下：

"1. 一种电吹风去屑梳小型吸尘鞋靴除湿被窝取暖五用机，电源经整流降压供电机，电机轴上装风叶轮，电机带风叶轮安置在风道间；其特征是：主机圆形弯管状，两端互为把柄；吸头、中间部分和出风道三部分依次相接；粗过滤器装在进风道内；细过滤袋与出风口相接；1、2 空档及通断开关分控主分电路；分离式电热丝组合架，在出风道内；软管式吸头，梳式吸头；中间空外有出气孔及埂条状间隙突出的被窝取暖棒及鞋靴除湿头；伸缩形鞋靴除湿头。

2. 根据权利要求 1 所述的电吹风去屑梳小型吸尘鞋靴除湿被窝取暖五用机，其特征是：中间部分机身壳（5）为弯形，在吹风、鞋靴除湿及被窝取暖或去头屑和小型吸尘使用时，主机两端互为把柄。

3. 根据权利要求 1 所述的电吹风去屑梳小型吸尘鞋靴除湿被窝取暖五用机，其特征是：中间部分一端固定装有电机（9）带风叶轮（8）的电机架，电机架两主筋内置插簧片为插坐，另一端置粗过滤器，两端与吸头及出风道壳（14）以螺口旋接，出风道壳口，外边台状高出，口内置出风网（13），壳内置耐高温绝缘套（12）与圈绕电热丝的组合架相套。

4. 根据权利要求 1 所述的电吹风去屑梳小型吸尘鞋靴除湿被窝取暖五用机，其特征是：粗过滤器置进风道于进风口，由圆台网（3）与罩网（4）组合。

5. 根据权利要求 1 所述的电吹风去屑梳小型吸尘鞋靴除湿被窝取暖五用机，其特征是：细过滤袋与主机出风口相接。

6. 根据权利要求 1 所述的电吹风去屑梳小型吸尘鞋靴除湿被窝取暖五用机，其特征是：1、2、空档及通断开关分别控制总电路及与电机并联的电热丝分电路。

7. 根据权利要求 1 所述的电吹风去屑梳小型吸尘鞋靴除湿被窝取暖五用机，其特征是：电热丝（11）圈绕在电热丝组合架（10）架体上，与插桩头（15）相接，插桩头与固定在电机架（7）上的插坐插接，处在出风道内。

8. 根据权利要求 1 所述的电吹风去屑梳小型吸尘鞋靴除湿被窝取暖五用机，其特征是：软管式吸头可伸缩，吸口中央内置起尘刷，刷毛高于吸管口，梳式吸头，齿外孔内圆形排列，齿高于外沿边，在需要减风速、升温和增大吸力时，缩小进风口，用阻风塞（1）。

9. 根据权利要求 1 所述的电吹风去屑梳小型吸尘鞋靴除湿被窝取暖五用机，其特征是：被窝取暖棒和鞋靴除湿头都是中间空，外面有出气孔，并有埂条状间隙突出。

10. 根据权利要求 1 所述的电吹风去屑梳小型吸尘鞋靴除湿被窝取暖五用机，其特征是：鞋靴除湿头前后中三段，中间部分可伸缩。”

复审请求人在复审请求书中陈述的理由主要有：（1）关于权利要求 4 中“粗过滤器置进风道于进风口”，从说明书附图 1 中附图标记 3、4 的位置可以看出，附图标记 3、4 在附图标记 5 的口部相叠，再被梳式吸头以螺口旋接而压住，被压住的正是进风道的进风口。（2）关于权利要求 5 中“细过滤袋为细网袋状”已作修改。（3）关于权利要求 7 中“插桩头与固定在电机架上的插坐插接”，原说明书第 19、20 行中记载“插簧片与电线相接，供电热丝组合架（10）上插桩头（15）插接，此插接为导电和稳固电热丝组合架”，再看说明书附图 1 中，插簧片被螺钉固定，据此，插簧片有固定的需要，也使用了固定的手段。（4）将权利要求 8 中“吸口中央毛刷状”修改为“吸口中央内置起尘刷”，权利要求 8 中“在需要减风速、升温和增大吸力时，缩小进风口，用阻风塞（1）”见原权利要求 2 第 3、4 行的记载。（5）关于说明书中“吸口中央毛刷状”修改同第 4）点。因此，本申请已经符合专利法第 33 条的规定。

经形式审查合格后，专利复审委员会受理了该复审请求，并于 2008 年 4 月 8 日向复审请求人发出了复审请求受理通知书，同时向国家知识产权局实质审查部门发出了前置审查通知书。

在前置审查意见书中，国家知识产权局实质审查部门仍坚持原驳回决定，理由包括：（1）权利要求 4 的附加技术特征中限定“粗过滤器置进风道于进风口”，而说明书附图 1 中附图标记 3（圆台网）和4（罩网）在附图标记5的口部相叠，再被梳式吸头以螺口旋接而压住从附图1中不能直接地、毫无疑义地确定，因此权利要求4不符合专利法第33条的规定。（2）权利要求7中限定“插桩头与固定在电机架上的插坐插接，处在出风道内”，首先，从说明书附图1中不能直接地、毫无疑义地确定插簧片被螺钉所固定，其次即使是有螺钉所固定，也不能将“螺钉固定”与“固定”等同，二者的含义不同，因此权利要求7不符合专利法第33条的规定。

国家知识产权局专利复审委员会依法成立合议组对本复审请求案进行审理，在认真研究国家知识产权局作出的驳回决定、复审请求人提交的复审请求后，合议组认为本案事实已经清楚，可依法作出本复审请求审查决定。

二、决定的理由

1. 审查文本

复审请求人在答复复审通知书时修改了说明书和权利要求书，经合议组审查，上述修改文本符合专利法实施细则第60条第1款的规定，本复审请求审查决定所针对的审查文本为：复审请求人于2008年3月3日提交的说明书第1~2页、权利要求第1~10项、2006年11月2日提交的说明书摘要、申请日提交的说明书附图第1~2页和摘要附图。

2. 关于专利法第33条

专利法第33条规定：申请人可以对其专利申请文件进行修改，但是，对发明和实用新型专利申请文件的修改不得超出原说明书和权利要求书记载的范围。

（1）关于权利要求4中限定的“粗过滤器置进风道于进风口”。

权利要求4中限定的“粗过滤器置进风道于进风口”在原权利要求3中有如下明确的文字记载：“粗过滤器置吸风道于吸风口”，该吸风道和吸风口即为进风道和进风口。另外，结合原说明书第1页发明内容部分第2段第10~11行以及说明书附图1中附图标记3（圆台网）和4（罩网）的位置可以看出，附图标记3、4在附图标记5（机身壳）的口部相叠，再被梳式吸头以螺口旋接而压住，被压住的正是进风道的进风口。因此，驳回决定关于权利要求4的修改不符合专利法第33条的规定的理由不成立。

（2）关于权利要求5中限定的“细过滤袋为细网袋状”。

复审请求人将权利要求5中限定的“细过滤袋为细网袋状，与主机出风口相接”修改为“细过滤袋与主机出风口相接”，即删除了“细过滤袋为细网袋状”的特征，克服了权利要求5的修改不符合专利法第33条的规定的缺陷。

（3）关于权利要求7中限定的“插桩头与固定在电机架上的插坐插接”。

原权利要求3中记载：“电热丝组合架（10）与机体在出风道用插接式组合，并以此插接导电稳固电热丝组合架。”另外，在原说明书第1页发明内容部分第2段中记载：“电机装在电机架（7）上，固定在机身壳一端口内，电机架有四条筋，两主筋内置插簧片为插坐，插簧片与电线相接，供电热丝组合架（10）上插桩头（15）插接，此插接为导电和稳固电热丝组合架”，由“电机架两主筋内置插簧片为插坐”可直接地、毫无疑义地确定插坐固定在电机架上，因此，修改后的权利要求7克服了驳回决定指出的该权利要求的修改不符合专利法第33条的规定的缺陷。

（4）关于权利要求8中限定的“吸口中央毛刷状”、“在需要减风速、升温和增大吸力时，缩小进风口，用阻风塞”。

复审请求人将权利要求8中“吸口中央毛刷状”修改为“吸口中央内置起尘刷”，后者在原说明书发明内容部分第2段倒数第4行以及原权利要求2中都有明确一致的文字记载，权利要求8中限定的“在需要减风速、升温和增大吸力时，缩小进风口，用阻风塞（1）”在原权利要求2中也有明确一致的文字记载，因此修改后的权利要求8克服了驳回决定指出的该权利要求的修改不符合专利法第33条的规定的缺陷。

(5) 关于说明书第1页中出现的“吸口中央毛刷状”。

与权利要求8的修改相同，复审请求人将说明书第1页中“吸口中央毛刷状”修改为“吸口中央内置起尘刷”，克服了驳回决定指出的说明书的修改不符合专利法第33条的规定的缺陷。

综上所述，复审请求人提交的修改文本已不存在驳回决定中指出的全部缺陷。至于本申请中是否还存在其他缺陷，有待后续程序进一步审查。

三、决定

撤销国家知识产权局于2008年2月15日作出的驳回200410065093.2号发明专利申请的决定，由原审查部门在复审请求人于2008年3月3日提交的说明书第1~2页、权利要求第1~10项、2006年11月2日提交的说明书摘要、申请日提交的说明书附图第1~2页和摘要附图的基础上继续进行审批程序。

复审请求人如对本复审决定不服，可根据专利法第41条第2款的规定，在收到本决定之日起三个月内向北京市第一中级人民法院起诉。

100

带称重功能的内脏脂肪测定设备

复审请求审查决定（第13683号）

决　定　号 第13683号
决　定　日 2008年6月13日
发明创造名称 带称重功能的内脏脂肪测定设备
国际分类号 A61B5/107，A61B5/053
复审请求人 大和制衡株式会社
申　请　号 01802649.4
优先权日 2000年8月31日
申　请　日 2001年8月30日
公　开　日 2003年1月1日
合议组组长 张梅珍
主　审　员 雒晓明
参　审　员 刘亚斌

法律依据 专利法第33条
决定要点

通过增加或变更权利要求的技术特征，来改变权利要求请求保护的范围，对于上述修改，虽然权利要求经过修改的内容在原说明书和权利要求书中没有明确的文字记载，但能从原说明书和权利要求书文字记载的内容以及说明书附图中直接地、毫无疑义地确定，那么这种修改就是允许的。

一、案由

本复审请求涉及名称为“带称重功能的内脏脂肪测定设备”的01802649.4号PCT发明专利申请（下称本申请），申请人为大和制衡株式会社，申请日为2001年8月30日，进入中国国家阶段日期为2002年4月30日，公开日为2003年1月1日。

国家知识产权局实质审查部门于2007年2月9日针对申请人于2006年11月16日提交的权利要求第1~31项、说明书第2页，进入中国国家阶段时提交的国际申请文件的中文译文中的说明书第1页和第16~26页、说明书附图第1~5页、说明书摘要及摘要附图以及2005年10月17日提交的说明书第3~15页作出了驳回决定，其驳回理由是申请人对权利要求1和说明书的修改超出了原说明书和权利要求书记载的范围，不符合专利法第33条的规定。驳回决定所针对的权利要求1如下：

“1. 一种带称重功能的内脏脂肪测定设备，其特征在于包括：测重装置，用于在受验者站在测量表面上时测量受验者的体重；输入装置，用于输入个人数据，包括腹围 W_L，即受验者躯干外围长度；数据处理单元，用于存贮个人数据，并根据个人数据计算受验者腹部内脏脂肪的定量信息，所述定量信息包括受验者腹部内脏脂肪横截面 VA 的估算值；和显示部，用于显示个人数据和数据处理单元的计算结果，其中，受验者腹部内脏脂肪的定量信息包括至少一个回归系数和一个回归常数，所述回归系数和回归常数是根据在随机抽样的人体的腹部 X 射线断层术中获得的腹部内脏脂肪横截面 VA 的实际测量值与至少抽样人群的腹围 W_L 的值之间的相关统计分析获得的，以及受验者腹部内脏脂肪横截面 VA 的估算值是根据受验者腹围 W_L 的值、腹围 W_L 的第一回归系数和第一回归常数获得的。”

驳回决定认为：修改后的权利要求 1 和说明书技术方案部分的相应内容中限定了“受验者腹部内脏脂肪的定量信息包括至少一个回归系数和至少一个回归常数”，该内容在原始说明书和权利要求书中没有记载，原说明书和权利要求书中只记载了通过确定的回归系数和回归常数计算腹部内脏脂肪的信息，在所记载的基础上不能推出存在至少一个回归系数和至少一个回归常数；其次，回归系数和回归常数是预先通过一定方法得到并贮存在数据处理单元，其并不是根据个人数据计算得到的定量信息。因此上述修改超出了原说明书和权利要求记载的范围，不符合专利法第 33 条的规定。

大和制衡株式会社（下称复审请求人）不服上述驳回决定，于 2007 年 5 月 18 日向专利复审委员会提出了复审请求，同时提交了权利要求第 1~5 项的修改替换页，其中对独立权利要求 1 进行了修改，复审请求人认为修改后的权利要求 1 的内容未超出原说明书和权利要求书记载的范围，符合专利法第 33 条的规定。

修改后的独立权利要求 1 如下：

“一种带称重功能的内脏脂肪测定设备，其特征在于包括：测重装置，用于在受验者站在测量表面上时测量受验者的体重；输入装置，用于输入个人数据，包括腹围 W_L，即受验者躯干外围长度；数据处理单元，用于存贮个人数据，并根据个人数据计算受验者腹部内脏脂肪的定量信息，所述定量信息包括受验者腹部内脏脂肪横截面 VA 的估算值；和显示部，用于显示个人数据和数据处理单元的计算结果，其中，受验者腹部内脏脂肪的定量信息包括回归系数 $a_1 \sim a_9$；$b_1 \sim b_4$；$d_1 \sim d_5$；$e_1 \sim e_3$；f_1，f_2；g_1；h_1；i_1，i_2；j_1 中的至少一个回归系数和回归常数 $c_1 \sim c_6$，$c_8 \sim c_{14}$ 中的一个回归常数，所述回归系数和回归常数是根据在随机抽样的人体的腹部 x 射线断层术中获得的腹部内脏脂肪横截面 VA 的实际测量值与至少抽样人群的腹围 W_L 的值之间校正的统计分析获得的，以及受验者腹部内脏脂肪横截面 VA 的估算值是根据受验者腹围 WL 的值、腹围 W_L 的第一回归系数和第一回归常数获得的。”

经形式审查合格后，国家知识产权局专利复审委员会受理了上述复审请求，于 2007 年 7 月 3 日向复审请求人发出复审请求受理通知书，并于同日向国家知识产权局原实质审查部门发出前置审查通知书。

在此基础上，原实质审查部门在前置审查通知书中坚持原驳回决定。

国家知识产权局专利复审委员会依法组成合议组，对上述复审请求进行了审理。合议组于 2007 年 9 月 26 日向复审请求人发出复审通知书，指出：（1）权利要求 1 增加的特征“受验者腹部内脏脂肪的定量信息包括回归系数 $a_1 \sim a_9$；$b_1 \sim b_4$；$d_1 \sim d_5$；$e_1 \sim e_3$；f_1，f_2；g_1；h_1；i_1，i_2；j_1 中的至少一个回归系数和回归常数 $c_1 \sim c_6$，$c_8 \sim c_{14}$ 中的一个回归常数”实质上包括了上述回归系数和回归常数的任意排列组合，上述增加的技术特征在原说明书和权利要求书中没有明确的文字记载，而原说明书第 20~22 页中仅记载了包括上述回归系数、回归常数的 13 种组合方式，即公式 1~13，显然还有多种其他的回归系数、回归常数的组合情况在说明书中并没有记载，并且根据原说明书中有限的 13 种组合情况也无法直接地、毫无疑义地确定上述增加的技术特征所包含的回归系数和回归常数的任意排列组合的情况，因此上述修改超出了原说明书和权利要求书记载的范围；（2）复审请求人增加的上述技术特征还包括“受验者腹部内脏脂肪的定量信息包括回归系数和回归常数”的含义，而在权利要求 1 中还记载了特征“根据个人数据计算受验者腹部内脏脂肪的定量信息”，因此复审请求人增加的上述特征的含义可进一步理解为：回归系数和回归常数是根据受验者的个人数据计算得到的，但是根据说明书第 18 页的记载可知，回归系数和回归常数是通过对随机选择的多个人的测量数据进行统计分析而预先得到并存储在数据处理单元中，并不是根据受验者的个人数据计算得到的，并且根据原始申请文件的记载无法直接地、毫无疑义地确定上述增加的技术特征所包括的含义，从而也导致上述修改超出了原说明书和权利要求书记载的范围。

复审请求人于 2007 年 11 月 9 日提交了意见陈述书和权利要求第 1~31 项的修改替换页，其中对独立权利要求 1 进行了修改；之后复审请求人于 2008 年 3 月 21 日提交了说明书第 1~15 页的修改替换页，其中根据修改后的权利要求 1 对说明书第 2 页的发明内容部分作了适应性修改。2008 年 4 月 17 日，复审请求人提交了权利要求第 1~2 项的修改替换页。2008 年 6 月 2 日，复审请求人再次提交了权利要求第 1~2 项的修改替换页。复审请求人认为：修改后的权利要求 1 排除了复审通知书指出的除公式 1~13 限定的组合情况之外的其他组合情况，并且修改后的权利要求排除了“将回归系数和回归常数”等同到“受验者腹部内脏脂肪的定量信息”的含义，进一步也就排除了“将回归系数和回归常数”理解为“是根据个人数据计算的”的含义，因此上述修改没有超出原申请文件记载的范围，符合专利法第 33 条的规定。

修改后的独立权利要求 1 如下：

“1. 一种带称重功能的内脏脂肪测定设备，其特征在于包括：测重装置，用于在受验者站在测量表面上时测量受验者的体重；输入装置，用于输入个人数据，包括腹围 W_L，即受验者躯干外围长度；数据处理单元，用于存贮个人数据，并根据个人数据计算受验者腹部内脏脂肪的定量信息，所述定量信息包括受验者腹部内脏脂肪横截面 VA 的估算值；和显示部，用于显示个人数据和数据处理单元的计算结果，其中，受验者腹部内脏脂肪的定量信息根据以下公式 1~13 与回归系数 a_1~a_9；b_1~b_4；d_1~d_5；e_1~e_3；f_1，f_2；g_1；h_1；i_1，i_2；j_1 中的至少一个回归系数和回归常数 c_1~c_6，c_8~c_{14}中的一个回归常数相关，所述回归系数和回归常数是根据在随机抽样的人体的腹部 x 射线断层术中获得的腹部内脏脂肪横截面 VA 的实际测量值与至少抽样人群的腹围 W_L 的值之间的相关统计分析获得的，以及受验者腹部内脏脂肪横截面 VA 的估算值是根据受验者腹围 W_L 的值、腹围 W_L 的第一回归系数和第一回归常数获得的，

$VA=a_1 \cdot W_L+c_1$ (1)

$VA=a_2 \cdot W_L+b_1 \cdot BMI+c_2$ (2)

$VA=a_3 \cdot W_L+d_1 \cdot FAT+c_3$ (3)

$VA=a_4 \cdot W_L+b_2 \cdot BMI+e_1 \cdot s+c_4$ (4)

$VA=a_5 \cdot W_L+d_2 \cdot FAT+e_2 \cdot s+c_5$ (5)

$VA=a_6 \cdot W_L+b_3 \cdot BMI+d_3 \cdot FAT+c_9$ (6)

$VA=a_7 \cdot W_L+b_4 \cdot BMI+d_4 \cdot FAT+e_3 \cdot s+c_{10}$ (7)

$VA=a_8 \cdot W_L+j_1 \cdot (TL_2/Z)+c_{11}$ (8)

$VA=a_9 \cdot W_L+g_1 \cdot Z+c_{12}$ (9)

$VA=f_1 \cdot (W_L{}^2/TL)+c_6$ (10)

$VA=f_2 \cdot (W_L/T_L)+c_8$ (11)

$VA=i_1 \cdot W_L{}^2 \cdot T_L \cdot \text{年龄}+h_1 \cdot W_L{}^2 \cdot T_L \cdot FAT-c_{13}$ (12)

$VA=i_2 \cdot W_L{}^2 \cdot T_L \cdot \text{年龄}+d_5 \cdot FAT-c_{14}$ (13)。”

至此，合议组认为本案事实已经清楚，可以作出如下审查决定。

二、决定的理由

1. 审查的基础

本决定依据的文本是：复审请求人于2008年6月2日提交的权利要求第1~2项，2007年11月9日提交的权利要求第3~31项，2008年3月21日提交的说明书第1~15页，进入中国国家阶段时提交的国际申请文件的中文译文的说明书第16~26页、说明书附图第1~5页、说明书摘要及摘要附图。

2. 关于专利法第33条

专利法第33条规定：申请人可以对其专利申请文件进行修改，但是，对发明和实用新型专利申请文件的修改不得超出原说明书和权利要求书记载的范围，对外观设计专利申请文件的修改不得超出原图片或者照片表示的范围。

具体的说，通过增加或变更权利要求的技术特征，来改变权利要求请求保护的范围，对于上述修改，虽然权利要求经过修改的内容在原说明书和权利要求书中没有明确的文字记载，但能从原说明书和权利要求书文字记载的内容以及说明书附图中直接地、毫无疑义地确定，那么这种修改就是允许的。

针对本申请而言，合议组认为：

（1）修改后的独立权利要求1增加了技术特征“受验者腹部内脏脂肪的定量信息根据以下公式1~13与回归系数$a_1 \sim a_9$；$b_1 \sim b_4$；$d_1 \sim d_5$；$e_1 \sim e_3$；f_1，f_2；g_1；h_1；i_1，i_2；j_1中的至少一个回归系数和回归常数$c_1 \sim c_6$，$c_8 \sim c_{14}$中的一个回归常数相关”，并且补入了说明书第20~22页中的公式1~13。虽然上述特征没有直接记载在原说明书和权利要求书中，但是原说明书第20~22页中记载了计算腹部内脏脂肪横截面VA估算值的公式1~13，而在权利要求1中已经限定了“所述定量信息包括受验者腹部内脏脂肪横截面VA的估算值”，因此本领域技术人员可以直接地、毫无疑义地确定原说明书中记载了“根据公式1~13计算受验者腹部内脏脂肪的定量信息”的内容，而公式1~13中则分别包括了回归系数$a_1 \sim a_9$；$b_1 \sim b_4$；$d_1 \sim d_5$；$e_1 \sim e_3$；f_1，f_2；g_1；h_1；i_1，i_2；j_1中的至少一个回归系数和回归常数$c_1 \sim c_6$，$c_8 \sim c_{14}$中的一个回归常数，由此可见，腹部内脏脂肪的定量信息显然是与公式1~13中的回归系数和回归常数相关的，即“受验者腹部内脏脂肪的定量信息根据以下公式1~13与回归系数$a_1 \sim a_9$；$b_1 \sim b_4$；$d_1 \sim d_5$；$e_1 \sim e_3$；f_1，f_2；g_1；h_1；i_1，i_2；j_1中的至少一个回归系数和回归常数$c_1 \sim c_6$，$c_8 \sim c_{14}$中的一个回归常数相关”。因此，本领域技术人员根据说明书中的上述记载，可以直接地、毫无疑义地确定复审请求人增加的上述技术特征。因此，修改后的独立权利要求1要求保护的技术方案没有超出原说明书和权利要求书记载的范围，符合专利法第33条的规定。

（2）复审请求人同时根据修改后的权利要求1对说明书的发明内容部分作出了适应性修改，由于权利要求1的修改没有超出原说明书和权利要求书记载的范围，因此对说明书的适应性修改也没有超出原说明书和权利要求书记载的范围，符合专利法第33条的规定。

因此，复审请求人对权利要求书和说明书进行的修改符合专利法第33条的规定。

三、决定

在复审请求人于2008年6月2日提交的修改文本的基础上，撤销国家知识产权局于2007年2月9日对01802649.4号PCT发明专利申请作出的驳回决定。由原实质审查部门依据本复审决定所依据的审查文本继续审查程序。

复审请求人对本决定不服的，可以根据专利法第41条第2款的规定，自收到本决定之日起三个月内向北京市第一中级人民法院起诉。

101

锥球装置

复审请求审查决定（第13689号）

决　定　号 第13689号
决　定　日 2008年6月18日
发明创造名称 锥球装置
国际分类号 A63B 67/00，A63B 59/00，A63B 43/00
复审请求人 薛德先
申　请　号 200510106189.3
申　请　日 2005年10月8日
公　开　日 2006年10月18日
合议组组长 穆丽娟
主　审　员 周雷鸣
参　审　员 田　宁

法律依据 专利法实施细则第20条第1款
决定要点

权利要求中描述了产品的具体部件、部件特征以及部件之间的连接关系，所属领域的技术人员根据上述描述能够清楚的理解产品的结构特征，则权利要求对该产品具体结构特征的描述是清楚的。

一、案由

本复审请求涉及申请号为200510106189.3、发明名称为“锥球装置”的发明专利申请（下称本申请），本申请的申请日为2005年10月8日、申请人为薛德先。

国家知识产权局原审查部门于2007年4月13日发出第一次审查意见通知书，指出：（1）本申请权利要求2不符合专利法实施细则第2条第1款的规定；（2）权利要求1不符合专利法实施细则第20条第1款的规定；（3）说明书不清楚，不符合专利法实施细则第18条第3款的规定；（4）权利要求2不符合专利法实施细则第20条第4款的规定。

针对第一次审查意见通知书，申请人于2007年5月18日提交了意见陈述书和说明书摘要、权利要求书及说明书的全文替换页，陈述的理由是：对权利要求1进行了修改，删除了原权利要求2，将原权利要求3~5修改为权利要求2~4，对说明书及说明书摘要进行了相应修改。

国家知识产权局实原查部门于2007年7月13日发出了第二次审查意见通知书，指出（1）本申请的权利要求1仍然不清楚，不符合专利法实施细则第20条第1款的规定；（2）说明书不符合专利法实施细则第18条的规定。

针对上述审查意见通知书，申请人于2007年8月8日提交了意见陈述书和权利要求书及说明书的全文替换页，对权利要求1以及说明书相应部分进行了修改。

国家知识产权局原审查部门于2007年10月19日发出了驳回决定，驳回决定所针对的文本是：申请日提交的的说明书附图第1、3~6页、说明书摘要附图，2006年11月13日提交的说明书附图第2页，2007年5月18日提交的说明书摘要，2007年8月8日提交的权利要求第1~4项、说明书第1~3页。其中权利要求1的内容为：

“1. 一种锥球装置，其特征在于：由锥球、锥球拍、锥球网组成，锥球球体两端锥形（5）为切球球面体，球体中部两个圆球相联形（6）为击球球面体，中部中间V字形凹槽（7）为卡球锁；锥球拍拍体前端的鱼体形拍面（11）为击球球拍面体，球拍中部有拍杆（14），拍面上下边延段（10）为切球球拍面体，拍面前端V字形凹槽（12）为卡球锁；锥球球网（3）两侧面为网状（16），无顶的不规则四边形，及图4锥球球网两侧面为网状（16），无底缺一面的三棱锥形，球网中部（17）为铰链相联。”

其驳回的理由是：（1）权利要求1中提到的“锥球球网两侧面为网状，无顶的不规则四边形”和“锥球球网两侧面为网状，无底缺一面的三棱锥形”两个技术特征之间的关系未写明；（2）“球网中部为铰链相联”同上述技术特征之间的关系也没有清楚说明，使得该权利要求中的“球网”的具体结构不清楚。因此权利要求1不符合专利法实施细则第20条第1款的规定。

申请人（下称复审请求人）对该驳回决定不服，于2007年11月8日向专利复审委员会提交了复审请求书和说明书摘要、权利要求书及说明书第1~3页的替换页，其中复审请求的主要理由是：（1）权利要求1中对两种结构形状不同的锥球网的限定中增加了“网球中部（17）为铰链相联”，克服了驳回决定指出的缺陷；（2）说明书和说明书摘要也做了相应的修改。其中权利要求1的内容为：

“1. 一种锥球装置，其特征在于：由锥球、锥球拍、锥球网组成，锥球球体两端锥形（5）为切球球面体，球体中部两个圆球相联形（6）为击球球面体，中部中间V字形凹槽（7）为卡球锁；锥球拍拍体前端的鱼体形拍面（11）为击球球拍面体，球拍中部有拍杆（14），拍面上下边延段（10）为切球球拍面体，拍面前端V字形凹槽（12）为卡球锁；锥球球网（3）两侧面为网状（16），无顶的不规则四边形，球网中部（17）为铰链相联；及图4锥球球网两侧面为网状（16），无底缺一面的三棱锥形，球网中部（17）为铰链相联。”

经形式审查合格，专利复审委员受理了本复审请求，并于2007年12月13日向复审请求人发出了复审请求受理通知书，同时向国家知识产权局实质审查部门发出了前置审查通知书。

在前置审查程序中，国家知识产权局实质审查部门仍坚持原驳回决定。

在此基础上，专利复审委员会依法成立合议组对本申请进行审查，并于2008年4月11日发出复审通知书。复审通知书针对的文本是：申请日提交的的说明书附图第1、3~6页、摘要附图，2006年11月13日提交的说明书附图第2页，2007年11月8日提交的说明书摘要、权利要求书及说明书第1~3页。通知书指出：（1）权利要求1中没有清楚的说明“锥球网”和“锥球球网”是否为相同的部件；锥球球网两侧面既为无顶的不规则四边形，又为无底缺一面的三棱锥形，且球网中部铰链连接，因此本领域的技术人员无法获知锥球球网的具体形状及结构，权利要求1所确定的保护范围不清楚，不符合专利法实施细则第20条第1款的规定。（2）权利要求2~4引用权利要求1，因此权利要求2~4也不符合专利法实施细则第20条第1款的规定。（3）说明书摘要中没有清楚的写明锥球球网的具体形状及结构，因此说明书摘要不符合专利法实施细则第24条第1款的规定。

复审请求人于2008年5月1日提交了意见陈述书和权利要求书第1页、说明书第1~3页、说明书摘要的替换页，其中陈述的主要理由是：对复审通知书指出的缺陷进行了修改。

复审请求人于2008年5月8日再次提交了意见陈述书和权利要求书第1页、说明书第1~4页、说明书附图第1~6页、说明书摘要的替换页，其中对权利要求书、说明书及其摘要中锥球球网的特征进行了修改，其中陈述的主要理由是：对复审通知书指出的缺陷进行了修改。

复审请求人于2008年6月11日再次提交了意见陈述书和权利要求书第1页、说明书第1~4页、摘要附图的替换页。将复审通知书所针对的权利要求1包含的两个技术方案修改为独立权利要求1和2，复审通知书所针对的从属权利要求2~4修改为从属权利要求3~5，其中权利要求1和2的内容为：

"1. 一种锥球装置，其特征在于：由锥球、锥球拍、锥球网组成，锥球球体两端锥形（5）为切球球面体，球体中部两个圆球相联形（6）为击球球面体，中部中间V字形凹槽（7）为卡球锁；锥球拍拍体前端的鱼体形拍面（11）为击球球拍面体，球拍中部有拍杆（14），拍面上下边延段（10）为切球球拍面体，拍面前端V字形凹槽（12）为卡球锁；锥球球网包括两片不规则四边形体，所述两片不规则四边形体的中部均为网状，其中所述两片不规则四边形体各有一边为铰链相联。

2. 一种锥球装置，其特征在于：由锥球、锥球拍、锥球网组成，锥球球体两端锥形（5）为切球球面体，球体中部两个圆球相联形（6）为击球球面体，中部中间V字形凹槽（7）为卡球锁；锥球拍拍体前端的鱼体形拍面（11）为击球球拍面体，球拍中部有拍杆（14），拍面上下边延段（10）为切球球拍面体，拍面前端V字形凹槽（12）为卡球锁；锥球球网包括两片三角形体，所述两片三角形体的中部均为网状，其中所述两片三角形体各有一边为铰链相联。"

经合议，合议组认为本案事实清楚，依法作出本复审请求审查决定。

二、决定的理由

1. 复审决定所依据的文本

复审请求人在答复复审通知书时提交了修改文本。本复审决定依据的文本是：复审请求人于2008年6月11日提交的权利要求书第1~5项、说明书第1~4页、摘要附图，2008年5月8日提交的说明书附图第1~6页及说明书摘要。

2. 关于权利要求1~5

专利法实施细则第20条第1款规定：权利要求书应当说明发明或者实用新型的技术特征，清楚、简要地表述请求保护的范围。

权利要求1请求保护一种锥球装置，该装置包括锥球、锥球拍和锥球网，其中锥球球网的特征为"锥球球网包括两片不规则四边形体，所述两片不规则四边形体的中部均为网状，其中所述两片不规则四边形体各有一边为铰链相联"。上述特征属于产品的具体结构特征，根据上述特征，所属领域的技术人员可以清楚的知道，锥球球网的组成部件为两片不规则四边形体，四边形体的中部为网状，部件之间的连接关系为两片不规则四边形体各有一边铰链连接；即权利要求1中清楚的描述了锥球球网具体结构形状。因此，权利要求1中关于锥球球网技术特征的描述是清楚的。

权利要求2请求保护一种锥球装置，该装置包括锥球、锥球拍和锥球网，其中锥球球网的特征为"锥球球网包括两片三角形体，所述两片三角形体的中部均为网状，其中所述两片三角形体各有一边为铰链相联"。上述特征属于产品的具体结构特征，根据上述特征，所属领域的技术人员可以清楚的知道，锥球球网的组成部件为两片三角形体，三角形体的中部为网状，部件之间的连接关系为两片三角形体各有一边铰链连接；即权利要求2中清楚的描述了锥球球网具体结构形状。因此，权利要求2中关于锥球球网技术特征的描述是清楚的。

因而权利要求1和2克服了驳回决定和复审通知书中指出的"锥球球网特征不清楚，不符合专利法实施细则第20条第1款"的缺陷。

权利要求3~5引用权利要求1或2，权利要求3~5也克服了驳回决定和复审通知书中指出的

"锥球球网特征不清楚，不符合专利法实施细则第20条第1款" 的缺陷。（具体理由参见对权利要求1和2的评述）

3. 关于说明书摘要

说明书摘要中删除了锥球球网具体特征的限定，克服了复审通知书指出的锥球球网特征描述不清楚的缺陷。

综上所述，合议组认为本申请权利要求1~5和说明书摘要克服了驳回决定和复审通知书中指出的缺陷。本申请是否存在其他缺陷，留待国家知识产权局原审查部门继续审查。

三、决定

撤销国家知识产权局原审查部门于2007年10月19日对200510106189.3号发明专利申请作出的驳回决定。

由国家知识产权局原审查部门以下述文本为基础继续进行审批程序：复审请求人于2008年6月11日提交的权利要求书第1~5项、说明书第1~4页、摘要附图，2008年5月8日提交的说明书附图第1~6页及说明书摘要。

复审请求人对本决定不服的，根据专利法第41条第2款的规定，可以在收到本通知之日起三个月内向北京市第一中级人民法院起诉。

102

黄芪凝集素蛋白及其制备方法

复审请求审查决定（第13739号）

决　定　号　第13739号
决　定　日　2008年6月19日
发明创造名称　黄芪凝集素蛋白及其制备方法
国 际 分 类 号　C07K7/08，A61K38/10，A61P7/02，A61P31/10
复 审 请 求 人　中国农业大学
申　请　号　200510011480.2
申　请　日　2005年3月25日
公　开　日　2005年10月26日
合 议 组 组 长　黄玉平
主　审　员　倪晓红
参　审　员　刘　铭

法 律 依 据　专利法第26条第3款
决 定 要 点

如果所属技术领域的技术人员按照说明书记载的内容，尚需花费创造性劳动，才能够再现一项发明要求保护的技术方案，解决其技术问题，并且产生预期的技术效果，则该说明书公开不充分。

一、案由

本复审请求涉及申请号为200510011480.2，名称为“黄芪凝集素蛋白及其制备方法”的发明专利申请（下称本申请）。申请人为中国农业大学。本申请的申请日为2005年3月25日，公开日为2005年10月26日。

经实质审查，国家知识产权局专利实质审查部门于2006年4月28日发出第一次审查意见通知书，其理由是：本申请的目的是提供一种黄芪凝集素蛋白及其制备方法，说明书虽给出相应的技术方案，但对于该方案中重要的离子交换层析步骤，去没有给出上柱和冲洗的所用的缓冲液pH，也没有说明其所采用的具体的梯度洗脱方式，因此本申请的说明书未能清楚、完整地公开发明，不符合专利法第26条第3款的规定。

申请人于2006年6月9日提交答复第一次审查意见通知书的意见陈述书，同时修改权利要求书，并且提交了如下附件：

附件1：“药物蛋白质分离纯化技术”，李校堃、袁辉，第119~137页的复印件，化学工业出版社北京2005年3月；

附件2："蛋白质技术手册"汪家政、范明主编，第189~211页的复印件，科学出版社2000年8月；

附件3：所选柱料使用说明书（QAE Sephadex A-25 instructions）复印件，共12页；

附件4：所选柱料使用说明书（Econo-Pac CM）复印件，共11页；

附件5：所选柱料使用说明书（Econo-Pac High Q）复印件，共11页。

申请人认为，离子交换柱层析方法属于常规的技术手段，在上述附件1和附件2中均详述了这些方法。本领域的技术人员依据离子交换柱的产品使用手册（如附件3、4、5）即可实施本申请。同时，在说明书中指出所用的洗脱缓冲液为"溶于磷酸缓冲液中的NaCl溶液"，通过不同离子强度的NaCl磷酸缓冲液进行洗脱，则可以分离不同的蛋白质，说明书中指出收集"具有凝集活性的组分"，并且在实施例中已介绍凝集组分的分析方法，因此本领域技术人员按照说明书记载的内容在不需要付出创造性劳动的情况下能够获得本申请所述的黄芪凝集素蛋白。因此复审请求人认为说明书符合专利法第26条第3款的规定。

经过上述实质审查程序后，国家知识产权局专利实质审查部门于2006年7月7日以本申请不符合专利法第26条第3款的规定为由，驳回了本发明专利申请，具体的驳回理由是：本申请的目的是提供一种黄芪凝集素蛋白及其制备方法，说明书虽给出相应的技术方案，但对于该方案中重要的离子交换层析步骤，去没有给出上柱和冲洗的所用的缓冲液pH，也没有说明其所采用的具体的梯度洗脱方式，更无从了解洗脱峰的情况和如何收集，由此可见，说明书未能清楚、完整地公开发明，不符合专利法第26条第3款的规定。驳回决定所依据的文本为2006年6月9日提交的权利要求第1~6项，申请日提交的原始申请文件的说明书第1~8页，附图第1页及说明书摘要。

申请人（下称复审请求人）对上述驳回决定不服，于2006年10月11日向专利复审委员会提出了复审请求，同时修改了权利要求书，并提交了4份证据，即附件6~9（编号继前）：

附件6："生物化学与分子生物学实验常用数据手册"吴冠芸、潘华珍、吴翚，第13~20页的复印件，科学出版社；

附件7：所选柱料使用说明书（QAE Sephadex A-25 instructions）复印件，共12页；

附件8：所选柱料使用说明书（Econo-Pac CM）复印件，共12页；

附件9：所选柱料使用说明书（Econo-Pac High Q）复印件，共12页。

复审请求人认为：缓冲液种类很多，其有效缓冲pH范围一般在离开其pKa一个单位左右，由于所纯化的黄芪凝集素对pH依赖性不强，在所用缓冲液的有效pH即可达到纯化效果。附件6中列出了常用缓冲液的pH范围，同时附件7~9中进一步限定所用缓冲液的pH范围。根据离子交换的一般原理和常识，结合所选用三种离子交换剂的特点，在专利申请说明书中已经给出所用离子交换剂的缓冲液种类的情况下，缓冲液的pH范围均已明确。此外，一般而言新蛋白只有纯化合才能进一步了解其内在性质如等电点等。纯化后发现其是一种糖蛋白，并附有附图2（凝集系纯化各步骤的SDS-PAGE），说明了申请人按照说明书所记载的方法和步骤得到凝集素蛋白质的各步骤的电泳图。说明书中在三步离子交换层析中均指出收集"具有凝集活性的组分"，并且在实施例中介绍了凝集活性的分析方法，因此本申请符合专利法第26条第3款的规定。

复审请求时新修改的权利要求书包括5项权利要求，其中独立权利要求1、3如下：

"1. 一种黄芪凝集素蛋白的制备方法，其特征在于，它包含下述步骤：

1）以黄芪为原料，粉碎成粗粉，添加磷酸缓冲液，搅拌下提取，离心收集上清液作为蛋白质粗提取液备用；

2）搅拌条件下，添加硫酸铵粉末至粗提取液中，使粗提取液中硫酸铵饱和度达15%~30%，搅拌充分混合后，离心，弃去沉淀收集上清液，继续添加硫酸铵粉末至上清液达50% ~70% 硫酸铵饱和度，搅拌混合后，离心收集沉淀，弃去上清液，用磷酸缓冲液溶解沉淀，保存备用；

3）上述蛋白用磷酸缓冲液透析以后，再经以下三步离子交换柱层析来进行活性蛋白的纯化：

第一步离子交换层析：采用 QAE Sephadex A-25 离子交换柱，先洗出未结合的蛋白，然后用溶于磷酸缓冲液中的 NaCl 溶液洗脱；收集具有凝集活性的组分，采用醋酸钠缓冲液充分透析后保存备用；

第二步离子交换层析：采用 Econo-Pac CM 离子交换柱，对第一步得到的粗蛋白进行层析，先洗出未结合的蛋白，然后用溶于磷酸缓冲液中的 NaCl 溶液洗脱，收集具有凝集活性的组分；

第三步离子交换层析：采用 Econo-Pac High Q 离子交换柱，将上一步层析所得到的收集液，经 Tris-HCl 缓冲液透析后，再过第三步离子交换柱，先洗出未结合的蛋白，然后用溶于磷酸缓冲液中的 NaCl 溶液洗脱，收集具有凝集活性的组分，得到黄芪凝集素蛋白。

3. 一种黄芪凝集素蛋白，其 N-端氨基酸序列为：

Glu-Ser-Gly-Iie-Asn-Leu-Gln-Gly-Asp-Ala-Thr-Leu-Ala-Asn-Asn，

天然状态下为两个亚基组成的同源二聚体，分子量为 61.1kDa，单一亚基的分子量为约 29.6kDa。”

经形式审查合格，专利复审委员会依法受理了该复审请求，于 2007 年 1 月 12 日发出《复审请求受理通知书》，并将原案转送至原审查部门进行前置审查。

原审查部门在前置审查意见书中认为，复审请求人在复审意见陈述中指出的“所纯化的黄芪凝集素对 pH 依赖性不强，在所用缓冲液的有效 pH 即可达到纯化效果”在本发明的说明书中根本没有记载，而所提供的证实分离过程中只发现一种凝集素蛋白的图 2（在复审意见陈述书中）在本发明说明书中亦无根据。因此无法用于佐证本发明的公开充分，因而坚持原驳回决定。

随后，专利复审委员会成立合议组对本案进行审理。

合议组于 2008 年 4 月 9 日向复审请求人发出复审通知书，指出从复审请求人提交的附件可知离子交换层析的一般原理和常识，附件 4~6 分别给出了三种离子交换柱的参数。但从上述附件中可知对于之前没有用这种方法纯化过的蛋白质，离子交换层析中上柱及洗脱的缓冲液的 pH 范围及离子强度对于离子交换和这种新的蛋白质的纯化是重要的，对于本领域技术人员来说需要付出创造性劳动才能提纯所谓的“新的凝集素蛋白”。并且该所谓的“新的凝集素蛋白”的内在性质也没有在说明书中公开，也就是说本领域技术人员按照说明书的内容，不经过创造性劳动是不能实现黄芪凝集素的制备和提纯的，因此不符合专利法第 26 条第 3 款的规定。

复审请求人于 2008 年 5 月 21 日提交了意见陈述书，未对申请文件进行修改。复审请求人认为：本申请中已经公开了该蛋白 N 端的 15 个氨基酸的序列、分子量、活性特征，并且说明书第 4~5页说明黄芪凝集素蛋白的制备方法，表明其是具有凝集活性的糖蛋白，即使没有公开缓冲液的 pH，也没有公开该凝集蛋白的内在性质，但在收集组分时可以将梯度洗脱收集的组分按说明书实施例中介绍的凝集活性的分析方法进行定性分析。本领域技术人员根据《生物化学与分子生物学实验常用数据手册》1999 第 2 页中能够获知各种缓冲液的 pH 范围，本领域技术人员按照说明书公开的所使用的离子交换柱，根据其说明书可以进一步获知磷酸缓冲液、醋酸钠缓冲液、Tris—HCL 缓冲液的 pH 范围。将获得的这些信息用于本发明的离子交换纯化步骤，利用离子浓度梯度的 NaCl 进行洗脱，则可以得到相应的洗脱峰。譬如，采用本申请公开的离子浓度梯度的 NaCl 进行洗脱时，第一步离子交换层析共有 4 个洗脱峰，选择具有凝集活性的洗脱峰用于第二步离子交换层析；第二步离子交换层析共有 2 个洗脱峰，同样选择具有凝集活性的洗脱峰用于第三步离子交换层析；第三步离子交换层析共有 2 个洗脱峰。本申请中以下范围的缓冲液均能用于本发明的纯化方法：磷酸缓冲溶液（pKa7.2，有效pH值为5.6~8.0）；醋酸钠缓冲液的（pKa4.76，有效pH值为3.6~5.6）；Tris—HCL缓冲液（pKa8.06，有效pH值为7.0~9.0）。另外，申请人针对复审通知书的主要意见提出了三点补充说明：1）“纯化的黄芪凝集素对pH依赖性不强，在所使用缓冲液的有效pH即可达到纯化效果”是否记载该内容和本领域技术人员能否得到该蛋白没有必然的关系，因此即使没有记载该内容，本领域技术人员仍然可以按照本申请公开的内容和本领域技术人员所熟知的常识得到该蛋白；2）这种凝集蛋白的内在性质均未公开，并不存在化学产品无法确认的问题；3）对于制备过程中“收集具有凝集活性的组分”对于本领域技术人员而言，梯度洗脱方式和凝集活性的分析是非常容易做到的。另外，申请人认为本申请的缓冲液的有效pH值范围均能用于本发明的纯化方法，具有良好的可行性和再现性。

此外，复审请求人还说明该意见陈述涉及到的证据（附件）同实质审查（2006年6月9日）过程中提交的证据（附件）。

综上所述，申请人认为本申请公开了黄芪凝集素蛋白，本领域技术人员完全说明书公开的内容实施本发明，符合专利法第26条第3款的规定。

在上述程序的基础上，合议组认为本案事实已经清楚，可以作出审查决定。

二、决定的理由

1. 决定所依据的文本

复审请求人在答复复审通知书没有对申请文件进行修改，因此本复审决定针对的文本是：复审请求人于2006年10月11日提交的权利要求第1~5项、申请日2005年3月25日提交的说明书第1~8页，说明书附图第1页及说明书摘要。

2. 关于专利法第26条第3款

专利法第26条第3款规定：说明书应当对发明或者实用新型作出清楚、完整的说明，以所属技术领域的技术人员能够实现为准。

根据审查指南相关规定，说明书中给出了技术手段，但对所属技术领域的技术人员来说，该手段是含糊不清的，根据说明书中记载的内容无法具体实施（参见审查指南第二部分第二章第2.1.3节），则认为由于缺乏解决技术问题的技术手段而被认为无法实现。应当指出，凡是所属技术领域的技术人员不能从现有技术中直接、唯一地得出的有关内容，均应当在说明书中描述（参见审查指南第二部分第二章第2.1.2节）。

本申请的目的是提供一种黄芪凝集素蛋白及其制备方法，但申请文本所披露的信息没有既没有给出该黄凝集素蛋白的氨基酸序列，也没有给出其完整的制备方法。理由如下：

本申请请求保护一种黄芪凝集素蛋白及其制备方法，在说明书中记载了该凝集素蛋白的制备方法，但对于该制备方法中重要的离子交换层析步骤，却没有给出上柱、冲洗和洗脱所用的缓冲液的pH范围，也没有公开所采用的NaCl具体梯度洗脱方式，即NaCl的离子浓度梯度，更无从了解其相应的洗脱峰，以及在洗脱过程中对哪部分洗脱成分进行收集，哪部分洗脱成分才是目的蛋白。而离子交换层析是一种常用的蛋白质分离纯化技术，其利用蛋白质的荷电性能分离蛋白质的组分，通过改变上柱、冲洗和洗脱缓冲液的pH范围和离子强度来改变蛋白与层析介质的结合，以达到分离纯化的目的，因此层析柱的性质、上柱、冲洗、洗脱缓冲液的pH范围和离子强度、具体的梯度洗脱方式以及对哪部分洗脱成分进行收集对于目标蛋白的纯化有重要的影响。在没有披露所采用的NaCl具体梯度洗脱方式时，无从了解其如何进行洗脱，每一步的离子交换层析洗脱出几个洗脱峰，对哪个峰进行收集，所谓“具有凝集活性的组分”是哪个洗脱峰。在说明书没有给出所得到的黄芪凝集素蛋白与纯化相关的一些内在性质（如等电点等）及氨基酸序列或对其进行编码的核酸序列的情况下，本领域技术人员按照说明书记载的内容，不付出创造性劳动无法实现上述发明的技术方案，解决其技术问题，并且得到上述发明中所述的黄芪凝集素蛋白。

其次，如果该凝集素蛋白质的等电点等内在性质在申请文件中公开，本领域技术人员可以根据说明书公开的蛋白质的等电点等内在性质进行合理推测，从而得到说明书中制备方法中的离子交换层析步骤中重要的洗脱步骤中的缓冲液的 pH 范围，从而达到分离纯化该蛋白的目的。但是在本申请的申请文本中没有公开所得到的黄芪凝集蛋白与纯化相关的一些内在性质（如等电点等）或该凝集素蛋白的氨基酸序列或对其进行编码的核酸序列，并且也没有完整地公开制备方法，特别是其中的离子交换层析中的缓冲液 pH 范围，以及具体的 NaCl 离子浓度梯度洗脱方式没有公开，所属领域技术人员无法对所述蛋白的离子交换层析条件，尤其是上柱、冲洗和洗脱缓冲液的 pH 范围及洗脱后的收集进行合理的推测，也无法按照常规方法对蛋白质进行人工合成，导致所属领域技术人员根据说明书公开的内容无法实施上述技术方案。

由此可见，本申请说明书没有对该发明作出清楚、完整的说明，既没有清楚描述该凝集素蛋白的结构，也没有公开本领域的技术人员可以根据原始申请文本记载的内容可以制备得到该蛋白质的完整的制备方法，致使本领域技术人员按照说明书记载的内容，不能够实现该发明的技术方案，解决其技术问题，并产生预期的技术效果，不符合专利法第 26 条第 3 款的规定。

3. 对复审请求人相关意见的评述

对于复审请求人在本案审查过程中提供的证据和本申请符合专利法第 26 条第 3 款的规定的意见，合议组经审理认为：复审请求人在实审阶段提交的附件 1、2 及在复审阶段提交的附件 6 只涉及离子交换层析的一般原理和常识，附件 7、8、9 分别与附件 3、4、5 披露的技术信息相同，分别给出 3 种离子交换柱的参数，但在上述附件所披露的信息中可见，洗脱的缓冲液的 pH 范围及离子强度梯度洗脱方式对于离子交换及蛋白质纯化是重要的。上述附件中给出的所谓缓冲液的 pH 有效范围是指用于保持缓冲液本身的缓冲能力或者保持离子交换柱能够正常工作的 pH 范围，而对于这种本申请中首次分离纯化的该特定的蛋白来说，有理由怀疑上述缓冲液的有效范围是否都能够内切实获得该蛋白。当本申请请求保护的该黄芪凝集素蛋白的氨基酸序列并没有完整公开时，也就是其结构无法清楚描述的情况下，应当描述其相应的物理化学参数，制备方法等。而如上所述的，本申请说明书中公开的制备该产品的方法并没有完整公开制备获得该蛋白的步骤，导致本领域技术人员按照原始申请文本公开的内容无法获得该蛋白，使该凝集素蛋白无法被清楚确认。

而且，正如复审请求人在意见陈述中所说的那样，将获得的这些信息用于本发明的离子交换纯化步骤，利用离子浓度梯度的 NaCl 进行洗脱，则可以得到相应的洗脱峰。也就证明必须先进行离子浓度梯度的洗脱，才可以得到相应的洗脱峰。而离子浓度梯度的洗脱方式的设计，以及洗脱后对于洗脱出来的洗脱峰进行凝集活性的分析，然后选择具有凝集活性的洗脱峰用于下一步的离子交换层析，纯化的蛋白还是需要再分析是否是本申请中请求保护的该蛋白。也就是说本领域技术人员按照本申请说明书中记载的方法还需要进行创造性劳动，首先必须先设计离子浓度梯度，同时配合相应的缓冲液的特定的 pH 值（上述两个数值均为变量），然后进行洗脱试验，还要对于各洗脱峰进行凝集活性的分析，才获知哪个洗脱峰具有凝集活性，收集该峰再进行下一步的离子交换层析，如上步骤循环两次以后，再进行 SDS-PAGE，看是否与说明书公开的图谱能够对应，还需要与说明书中公开的其他物理化学参数进行比对，即使如此也不能毫无疑义的确定得到的蛋白就是本申请中要求保护的该黄芪凝集素蛋白。由此可见，本领域技术人员按照说明书中记载的方法去实施时还需要付出创造性劳动，才能够解决该发明要解决的技术问题。因此复审请求人的主张不成立。

三、决定

维持国家知识产权局于2006年7月7日对本申请作出的驳回决定。

如对本复审请求审查决定不服，根据专利法第41条第2款的规定，请求人可以自收到本决定之日起三个月内向北京市第一中级人民法院起诉。

103

液体危险品压力试验仪

复审请求审查决定（第 13741 号）

决　定　号　第 13741 号
决　定　日　2008 年 5 月 22 日
发明创造名称　液体危险品压力试验仪
国 际 分 类 号　G01N 3/12，G01N 7/16 G06F 19/00，B65D 85/00
复 审 请 求 人　中华人民共和国天津出入境检验检疫局
申　请　号　00133493. X
申　请　日　2000 年 11 月 9 日
公　开　日　2002 年 6 月 12 日
合 议 组 组 长　陈迎春
主　审　员　高桂莲
参　审　员　李晓娜

法 律 依 据　专利法第 26 条第 3 款，第 33 条
决 定 要 点

当发明请求保护一种利用计算机程序来实现其测量操作及数据处理的产品时，如果说明书中涉及“特定算法”的程序步骤是解决本申请技术问题的重要步骤，在申请文件没有具体说明“特定算法”的情况下，本领域技术人员凭借其常规技术知识并不能知晓该算法的具体内容，进而不能实现发明的技术方案，解决其技术问题，并产生相应的技术效果，则本申请说明书的技术方案公开不充分。

一、案由

本复审请求涉及申请号为 00133493. X、名称为“液体危险品压力试验仪”的发明专利申请（下称本申请），其申请日为 2000 年 11 月 9 日，申请人为中华人民共和国天津出入境检验检疫局，公开日为 2002 年 6 月 12 日。本申请公开时权利要求书包括 2 项权利要求，其中独立权利要求 1 为：

“1. 一种液体危险品压力试验仪，其特征为：在箱体的上部装有加热罐体加热罐体从箱体上部穿出，大部分在箱体内，加热罐体上表面是密封盖，密封盖上有压力表和安全卸气阀，加热罐体上设有热电阻，箱体内有电热丝，电热丝为两组；安全卸气阀连接电磁继电器 SSR3，电热丝连接电磁继电器 SSR2、SSR1，热电阻连接 7013 模块，所有电磁继电器 SSR3、SSR1、SSR2 连接 7050 模块；压力表连接 7011 模块；7011 模块、7013 模块、7050 模块连接 7520 通讯模块，7520 通讯模块连接计算机、计算机连接打印机。”

在实质审查程序中，国家知识产权局专利局实质审查部门于 2003 年 7 月 25 日发出第一次审查意

见通知书，指出对于本申请说明书不符合专利法第26条第3款有关充分公开的规定，如“特定算法”一词在说明书中未公开其具体内容，该通知书还指出了权利要求书和说明书中存在的其他不符合专利法及其实施细则的问题。

针对第一次审查意见通知书，申请人于2003年9月13日提交了意见陈述书和权利要求第1~2项、说明书1~6页的修改替换页，其中将权利要求2和说明书中的“特定算法”一词删除，并对第一次审查意见通知书提出的其他问题做了适应性修改，但未对该修改文本是否克服说明书公开不充分的缺陷进行说明。

针对申请人的上述意见陈述，原实质审查部门于2005年4月8日发出第二次审查意见通知书，指出申请人删除说明书和权利要求2中的“特定算法”一词，并不能解决说明书公开不充分的问题，并且这种简单删除的做法导致了修改超范围，不符合专利法第33条的规定。

针对第二次审查意见通知书，申请人于2005年6月3日提交了意见陈述书和权利要求书的修改替换页，修改后的权利要求书删除了权利要求2，仅保留1项权利要求，该权利要求1的内容与本申请公开时提交的权利要求1完全相同，并且答复意见未对上述修改是否克服第二次审查意见通知书指出的缺陷作出明确答复。

经审查，国家知识产权局原实质审查部门以本申请说明书不符合专利法第33条的规定为由，于2006年10月13日作出驳回决定。驳回决定认为，申请人将说明书中的“特定算法”一词删除属于超范围修改，不符合专利法第33条的规定。

申请人中华人民共和国天津出入境检验检疫局（下称复审请求人）不服上述驳回决定，于2006年12月22日向专利复审委员会提出复审请求，同时提交了权利要求书的修改替换页，修改后的权利要求书仅包括1项权利要求，且与驳回决定所针对的权利要求书相同，也与本申请公开时提交的权利要求1相同。

经形式审查合格后，专利复审委员会依法受理了上述请求，并于2007年2月8日向复审请求人发出了复审请求受理通知书，同时向原实质审查部门发出前置审查通知书。

原实质审查部门对该复审请求做出前置审查意见，仍然坚持原驳回决定。

复审请求人又于2007年8月17日再次提交意见陈述书以及权利要求书和说明书的修改替换页，修改后的权利要求书包含1项权利要求，其内容与本申请公开时提交的原权利要求1相同，修改后的说明书内容与原始说明书一致，其中恢复了对“特定算法”一词的记载。

专利复审委员会依法成立合议组，对该复审请求进行审查。合议组于2008年1月31日发出复审通知书，指出：（1）虽然复审请求人于2007年8月17日提交的修改文本消除了驳回决定中所指出的修改超范围的问题，但该申请仍然未消除说明书公开不充分的问题，即本申请说明书中涉及的“特定算法”公开不充分。（2）此外，说明书中还存在一些未充分公开的内容，如说明书中涉及的“7011模块”、“7013模块”、“7050模块”、“7520通讯模块”，虽然说明书中记载了“热电阻连接7013模块，所有电磁继电器SSR3、SSR1、SSR2连接7050模块；压力表连接7011模块；7011模块、7013模块、7050模块连接7520通讯模块，7520通讯模块连接计算机”，但由于说明书和权利要求书中，对上述所称“7011模块”、“7013模块”、“7050模块”、“7520通讯模块”的具体功能、组成或结构等只字未提，而本领域技术人员根据现有的信息无法确定上述模块的功能和组成，从而也就无法实现本申请要求保护的试验仪；而且复审请求人在意见陈述中也没有对此作出合理的解释，因此本申请的说明书不符合专利法第26条第3款的规定。

针对上述复审通知书，复审请求人于2008年3月13日提交了意见陈述书和权利要求书的修改替换页，将权利要求1中涉及各个“电磁继电器”以及“模块”的连接关系的多个技术特征删除，修改后的权利要求书为：

"1. 一种液体危险品压力试验仪，其特征为：在箱体的上部装有加热罐体加热罐体从箱体上部穿出，大部分在箱体内，加热罐体上表面是密封盖，密封盖上有压力表和安全卸气阀，加热罐体上设有热电阻，箱体内有电热丝，电热丝为两组。"

复审请求人没有对该修改文本是否克服复审通知书指出的缺陷进行说明。

至此，合议组认为本案事实已经清楚，现依法作出如下复审决定。

二、决定的理由

1. 关于审查文本

本复审决定以复审请求人于2008年3月13日提交的权利要求第1项、2007年8月17日提交的说明书第1~6页、申请日提交的说明书附图第1~6页，说明书摘要及摘要附图作为审查基础。

2. 关于专利法第26条第3款

专利法第26条第3款的规定：说明书应当对发明或者实用新型作出清楚、完整的说明，以所属技术领域的技术人员能够实现为准。

根据审查指南第二部分第二章第2.1.3节的规定，所属技术领域的技术人员能够实现，是指所属技术领域的技术人员按照说明书记载的内容，就能够实现该发明或者实用新型的技术方案，解决其技术问题，并且产生预期的技术效果。

本案的主要问题涉及于说明书中的"特定算法"一词，驳回决定中指出本申请说明书中删除了"特定算法"一词导致其修改超范围，不符合专利法第33条的规定，但是若说明书中恢复对"特定算法"的记载，由于说明书没有披露"特定算法"的具体内容，则会导致说明书公开不充分，而且复审请求人自始至终没有针对该"特定算法"的具体内容给予正面解释，只是一再删除权利要求书中的权利要求或技术特征（在实质审查阶段答复第二次审查意见通知书时删除了涉及"特定算法"的权利要求2，在复审阶段答复复审通知书时删除了权利要求1中的部分技术特征），试图通过删除权利要求或其中技术特征的做法来达到使说明书充分公开的目的。

对此，合议组认为：首先，复审请求人于2008年3月13日提交的权利要求书的修改文本中，删除了独立权利要求1中涉及各个"电磁继电器"和"模块"连接关系的多个技术特征，由于上述技术特征是与本申请说明书记载的液体危险品压力试验仪相关的技术术语，而审查指南第二部分第八章第5.2.3.3节规定："不能允许删除某些内容的修改，包括以下几种。（1）……或者从权利要求中删除一个与说明书记载的技术方案有关的技术术语……"因此，对权利要求1中技术术语的删除属于不允许的删除。其次，判断说明书是否充分公开，本领域技术人员应以说明书记载的内容为准，判断是否能够实现发明为解决其技术问题而采用的技术方案，并且产生预期的技术效果。因此，复审请求人在不改变说明书记载内容的情况下，对未充分公开的内容又不作任何解释，仅仅通过删除权利要求或权利要求中涉及公开不充分技术特征的做法并不能克服说明书未充分公开的缺陷。

根据本申请说明书第4页第11~15行的记载，在检测液体危险品时，现有技术利用手工操作存在温度计读数误差，不能保证温度维持在标准试验温度范围内，从而不能保证测试结果的正确性。为了克服现有技术的上述缺陷和不足，实现测试的准确性，本申请提供一种液体危险品压力试验仪，该试验仪除了包括硬件设备外，还包括实现试验操作、进行数据处理的计算机程序，该计算机程序中的电热丝加热调节模块的步骤5中涉及"程序将当前温度值与标准试验温度值进行比较，通过特定算法，通断继电器，维持标准试验温度"。可见该"特定算法"对于维持标准试验温度，保证测量结果的准确性，进而取得本申请预期的效果是至关重要的，且其不是一般或常规算法，然而对该算法本申请说明书并未充分公开或作出合理解释，本领域技术人员根据常规技术知识也不能获知该"特定算法”的具体内容，从而导致本申请技术方案不能实施，不能解决其所述的技术问题，并且产生预期的技术效果。此外，复审请求人也未对本申请文件中涉及的多个“模块”的具体功能、组成或结构给予解释，本领域技术人员根据现有的信息和本领域的公知常识也无法确定上述模块的功能和组成。综上所述，本申请的说明书虽然给出了实现其所称液体危险品压力试验仪的技术手段，但对本领域技术人员来说，该手段是含糊不清的，根据说明书记载的内容无法具体实施，导致本申请的说明书公开不充分，不符合专利法第26条第3款的规定。

三、决定

维持国家知识产权局于2006年10月13日对00133493.X号发明专利申请作出的驳回决定。

复审请求人对本决定不服的，可以根据专利法第41条第2款的规定，自收到本决定之日起三个月内向北京市第一中级人民法院起诉。

104

液晶装置及电子设备

复审请求审查决定（第13748号）

决　　定　　号　第13748号
决　　定　　日　2008年6月19日
发明创造名称　液晶装置及电子设备
国 际 分 类 号　G02F1/13
复 审 请 求 人　精工爱普生株式会社
申　　请　　号　200410030973.6
优 先 权 日　2003年4月1日
申　　请　　日　2004年4月1日
公　　开　　日　2004年10月6日
合 议 组 组 长　张梅珍
主　　审　　员　雒晓明
参　　审　　员　佟仲明

法 律 依 据　专利法第22条第3款
决 定 要 点

在使用多篇对比文件评判技术方案的创造性时，如果多篇对比文件中存在将上述多篇对比文件相结合以获得该技术方案的技术启示，也就是说多篇对比文件的结合是显而易见的，则该技术方案相对于多篇对比文件不具备创造性。

一、案由

本复审请求涉及名称为“液晶装置及电子设备”的200410030973.6号发明专利申请，申请人为精工爱普生株式会社，申请日为2004年4月1日，公开日为2004年10月6日，优先权日为2003年4月1日。

应申请人的请求，国家知识产权局实质审查部门对该申请进行实质审查，于2007年5月11日针对申请人于2007年3月6日提交的权利要求第1~10项，申请日提交的说明书第1~10页、说明书附图第1~7页、说明书摘要及摘要附图作出了驳回决定，其驳回理由是权利要求1~10不具备专利法第22条第3款规定的创造性。其中引用了如下5篇对比文件：

对比文件1：US6040886A（公开日为2000年3月21日）

对比文件2：JP特开平6-301036A（公开日为1994年10月28日）

对比文件3：US2002/0041351A1（公开日为2002年4月11日）

对比文件4：JP2001-51231A（公开日为2001年2月23日）

对比文件5：US2002/0118327A1（公开日为2002年8月29日）

驳回决定所针对的独立权利要求1为：

“1. 一种液晶装置，其特征在于，包括：

矩阵状地排列形成有多个像素电极的阵列基板；

具有公用电极的对置基板；以及

被上述阵列基板和上述对置基板夹持的液晶层；

其中，上述公用电极由具有导电性的单层的遮光膜构成，并且在该公用电极的与上述像素电极相对的位置设置有开口部；

上述液晶层，由初始取向状态呈垂直取向的电介质各向异性为负的液晶构成，上述液晶由上述像素电极和上述遮光膜之间的电场进行取向控制；

上述遮光膜，与上述像素电极的外缘沿上述开口部重叠，并且覆盖在上述像素电极和与该像素电极相邻的像素电极之间。”

驳回决定认为：权利要求1的大部分技术特征已经被对比文件1公开了，权利要求1与对比文件1的区别技术特征是：液晶层初始取向状态呈垂直取向；遮光膜与像素电极的外缘沿上述开口部重叠，而上述区别技术特征已经分别被对比文件2和对比文件5公开了，并且在对比文件1的基础上结合对比文件2以及对比文件5得出权利要求1的技术方案，对本领域的技术人员来说是显而易见的，因此权利要求1相对于对比文件1、2、5不具备专利法第22条第3款规定的创造性；从属权利要求2的附加技术特征已经被对比文件1、2公开了，从属权利要求3的附加技术特征已经被对比文件1公开了，从属权利要求4、8的附加技术特征已经被对比文件3公开了，从属权利要求5~7的附加技术特征是本领域的公知常识，从属权利要求9的附加技术特征既是本领域的公知常识，同时也在对比文件4中公开了，因此权利要求1的从属权利要求2~9也不具备专利法第22条第3款规定的创造性。权利要求10要求保护一种具备权利要求1~9中任意一项所述的液晶装置的电子设备，但是其特征已经被对比文件1~5公开了，当权利要求1~9都不具备创造性时，权利要求10也不具备专利法第22条第3款规定的创造性。

申请人精工爱普生株式会社（下称复审请求人）不服上述驳回决定，于2007年8月21日向专利复审委员会提出了复审请求，在提出复审请求时未对申请文本进行修改。

复审请求的理由是：在对比文件1的技术方案中，液晶分子的取向状态基本上不会因为电场的有无而发生变化，所以对比文件1中所公开的“利用像素电极与遮光电极之间的电场对液晶层进行取向控制”不能够实现与本发明同样的技术效果。对比文件1的技术方案在构成和效果上与本发明都是完全不同的，即使将对比文件1与其他的对比文件相结合，也不能成为实现本发明的技术依据，并且将多篇对比文件1、2、5相结合本身就需要付出大量的创造性劳动。

经形式审查合格后，国家知识产权局专利复审委员会依法受理了上述复审请求，于2007年9月12日向复审请求人发出复审请求受理通知书，并于同日向国家知识产权局原实质审查部门发出前置审查通知书。

原实质审查部门在前置审查通知书中坚持原驳回决定。

在此基础上，国家知识产权局专利复审委员会依法组成合议组，对上述复审请求进行了审理。本案合议组于2008年3月17日向复审请求人发出复审通知书，指出：（1）权利要求1的大部分技术特征已经被对比文件2公开了，权利要求1与对比文件2的区别技术特征是：权利要求1中还记载了“上述公用电极由具有导电性的单层的遮光膜构成”，“上述遮光膜与上述像素电极的外缘沿上述开口部重叠”。而上述区别技术特征已经分别被对比文件1和对比文件5公开了，并且在对比文件2的基础上结合对比文件1以及对比文件5得出权利要求1的技术方案，对本领域的技术人员来说是显而易见的，因此权利要求1相对于对比文件2、1、5不具备专利法第22条第3款规定的创造性；从属权利要求2的附加技术特征已经被对比文件5公开了，从属权利要求3的附加技术特征已经被对比文件1公开了，从属权利要求4、8的附加技术特征已经被对比文件3公开了，从属权利要求5~7、9的附加技术特征则是本领域的公知常识，因此权利要求1的从属权利要求2~9也不具备专利法第22条第3款规定的创造性。权利要求10要求保护一种具备权利要求1~9中任意一项所述的液晶装置的电子设备，当权利要求1~9都不具备创造性时，权利要求10也不具备专利法第22条第3款规定的创造性。(2) 复审请求人关于“电场对液晶层进行取向控制”的意见实质上是认为权利要求1中的技术特征“上述液晶层，由初始取向状态呈垂直的电介质各向异性为负的液晶构成，上述液晶由上述像素电极和上述遮光膜之间的电场进行取向控制”在对比文件1中没有公开，而上述技术特征实质上在对比文件2中已经公开了。复审请求人还认为将多篇对比文件1、2、5相结合本身就需要付出大量的创造性劳动。合议组认为，创造性判断应当依据审查指南第二部分第四章第3节的创造性审查原则、审查基准以及判断方法进行判断，而评价创造性时引用的现有技术的数量并不是创造性判断的基准；另外，根据审查指南第四部分第六章第4节第2项的规定：对于发明专利而言，可以引用一项、两项或者多项现有技术评价其创造性。因此复审请求人的上述意见不成立。

针对上述复审通知书，复审请求人于2008年4月22日提交了意见陈述书和权利要求第1~8项的修改替换页，其中对独立权利要求1进行了修改，增加了技术特征“在上述开口部内侧”。

修改后的独立权利要求1如下：

“1. 一种液晶装置，其特征在于，包括：

矩阵状地排列形成有多个像素电极的阵列基板；

具有公用电极的对置基板；以及

被上述阵列基板和上述对置基板夹持的液晶层；

其中，上述公用电极由具有导电性的单层的遮光膜构成，并且在该公用电极的与上述像素电极相对的位置设置有开口部；

上述液晶层，由初始取向状态呈垂直取向的电介质各向异性为负的液晶构成，上述液晶，在上述开口部的内侧，由上述像素电极和上述遮光膜之间的电场进行取向控制；

上述遮光膜，与上述像素电极的外缘沿上述开口部重叠，并且覆盖在上述像素电极和与该像素电极相邻的像素电极之间。”

复审请求人认为：对比文件1不能使具有负的介电各向异性的液晶分子取向；对比文件2则仅记载了利用对置电极的开口部，不能使液晶分子取向，也没有记载本发明那样使液晶从像素电极的中心部向与遮光膜重叠的像素电极的外缘倾倒，并且对比文件2中需要另外形成遮光膜；对比文件5并未公开权利要求1中的技术特征“遮光膜，与像素电极的外缘沿上述开口部重叠”；此外，复审请求人指出本申请在日本及美国的相关申请已被授予专利权。

至此，合议组认为本案事实已经清楚，可以作出如下审查决定。

二、决定的理由

1. 审查的基础

经审查，合议组认为复审请求人于2008年4月22日提交的修改文本符合专利法第33条和专利法实施细则第60条第1款的规定，因此本决定依据的文本是：复审请求人于2008年4月22日提交的权利要求第1~8项，2007年3月6日提交的权利要求第9~10项，申请日提交的说明书第1~10

页、说明书附图第1~7页、说明书摘要及摘要附图。

2. 关于创造性

专利法第22条第3款规定：创造性，是指同申请日以前已有的技术相比，该发明有突出的实质性特点和显著的进步，该实用新型有实质性特点和进步。

（1）权利要求1的创造性。

复审请求人在答复复审通知书时，对权利要求1进行了修改，增加了技术特征"在上述开口部内侧"，但是在原权利要求1中记载的结构特征"被上述阵列基板和上述对置基板夹持的液晶层"和"上述公用电极由具有导电性的单层的遮光膜构成，并且在该公用电极的与上述像素电极相对的位置设置有开口部"已经可以确定构成液晶层的液晶是在"上述开口部的内侧"，即复审请求人所增加的特征实质上隐含于原权利要求1记载的方案中，修改后的权利要求1的技术方案与复审通知书针对的权利要求1的技术方案实质上相同。

权利要求1请求保护一种液晶装置。对比文件2公开了一种液晶装置，并具体公开了以下的技术特征（见其说明书第20~23节、说明书附图3-4）：矩阵状地排列形成有多个像素电极的阵列基板22；对向电极26（相当于权利要求1中的公用电极），对比文件2中虽然没有明确记载对置基板，但是对于本领域的技术人员来说，对向电极26必然是设置在对置基板上的，因此对置基板属于隐含的且可直接地、毫无疑义地确定的技术内容；被上述阵列基板22和上述对置基板夹持的液晶层24A；上述对向电极26在该对向电极26的与上述像素电极22A相对的位置设置有开口部26A；上述液晶层，由初始取向状态呈垂直取向的电介质各向异性为负的液晶构成，上述液晶，在上述开口部26A内侧，由上述像素电极和上述对向电极之间的电场进行取向控制；遮光膜28覆盖在上述像素电极和与该像素电极相邻的像素电极之间。

权利要求1与对比文件2的区别技术特征是，权利要求1中还记载了"上述公用电极由具有导电性的单层的遮光膜构成"，"上述遮光膜与上述像素电极的外缘沿上述开口部重叠"。由此可以得出权利要求1要求保护的技术方案实际解决的技术问题是：通过将遮光膜作为公用电极使用，从而省略了现有技术中的公用电极以及提高遮光性。

而其中的技术特征"上述公用电极由具有导电性的单层的遮光膜构成"在对比文件1中已经公开了。对比文件1公开了一种液晶装置，其中（见其说明书第6栏第12~16行、说明书附图11a、11b）具体公开了以下技术特征：基板20与基板19对置，基板20上设置有由遮光膜电极14构成的公用电极14a、14b，而对比文件1中明确指出：遮光膜也可以直接作为公用电极使用（见其说明书第6栏第12~16行），并且上述技术特征在对比文件1中的作用与其在权利要求1中的作用相同，都是通过将遮光膜作为公用电极使用从而省略了单独的公用电极。至于技术特征"上述遮光膜与上述像素电极的外缘沿上述开口部重叠"则在对比文件5中公开了。对比文件5也公开了一种液晶装置，其中具体公开了以下技术特征（见其说明书第26段，附图1）：遮光膜BM对像素电极1的边缘遮光，并且从附图1中可以明确看出遮光膜BM与像素电极1的外缘沿开口部重叠，并且上述技术特征在对比文件5中的作用与其在权利要求1中的作用相同，都是通过遮光膜遮蔽像素电极边缘而提高遮光性。由此可见，在对比文件2的基础上结合对比文件1以及对比文件5得出权利要求1的技术方案，对本领域的技术人员来说是显而易见的，因此权利要求1所要求保护的技术方案不具有突出的实质性特点和显著的进步，因而不具备创造性。

复审请求人在答复复审通知书时认为：对比文件1不能使具有负的介电各向异性的液晶分子取向；对比文件2则仅记载了利用对置电极的开口部，不能使液晶分子取向，也没有记载本发明那样使液晶从像素电极的中心部向与遮光膜重叠的像素电极的外缘倾倒，并且对比文件2中需要另外形成遮光膜；对比文件5并未公开权利要求1中的特征“遮光膜，与像素电极的外缘沿上述开口部重叠”。

对于复审请求人所强调的对比文件2“没有记载本发明那样使液晶从像素电极的中心部向与遮光膜重叠的像素电极的外缘倾倒”，合议组认为权利要求1中并没有记载上述技术特征，评价创造性时不予考虑。而复审请求人所指出的其他未被某篇对比文件公开的特征实际上已经被该篇或其他对比文件所公开，具体见上文对权利要求1的评述。因此复审请求人所有主张均不成立。

（2）权利要求2是权利要求1的从属权利要求，其限定部分的附加技术特征是：上述开口部，以上述遮光模的一部分围绕上述像素电极的外周的方式被配设。而上述特征在对比文件5中已经公开了（见其说明书第26段，附图1）：遮光膜BM的一部分围绕像素电极1的外周配设。因此当其引用的权利要求1不具备创造性时，权利要求2也不具备专利法第22条第3款规定的创造性。

（3）权利要求3是权利要求1或2的从属权利要求，其限定部分的附加技术特征是：上述遮光膜，由Al、Cr等遮光性导电膜构成。而上述特征在对比文件1中已经公开了（参见说明书第6栏第41~44行、第12栏第53~56行）：遮光膜电极14与扫描电极1的材料相同均为铬。因此当其引用的权利要求1、2不具备创造性时，权利要求3也不具备专利法第22条第3款规定的创造性。

（4）权利要求4是权利要求1~3中任一项的从属权利要求，其限定部分的附加技术特征是：上述像素电极在中央部具有突起或开口部。而上述特征在对比文件3中已经公开了，对比文件3公开了一种半透射半反射型液晶显示装置，其中具体公开了以下技术特征（参见说明书第12段，第15段，第18段，附图1-2）：像素电极19的中心具有开口部，并且上述附加技术特征在对比文件3中的作用与其在权利要求4中的作用相同，都是为了使液晶层在施加电场时避免液晶分子发生向错。因此当其引用的权利要求1~3不具备创造性时，权利要求4也不具备专利法第22条第3款规定的创造性。

（5）权利要求5是权利要求1~4中任一项的从属权利要求，其限定部分的附加技术特征是：在上述液晶层内添加有手性材料。对于本领域普通技术人员而言，在液晶层内添加有手性材料是本领域中用来更稳定地控制外加电场下液晶分子的取向的常用技术手段。因此当其引用的权利要求1~4不具备创造性时，权利要求5也不具备专利法第22条第3款规定的创造性。

（6）权利要求6是权利要求1~5中任一项的从属权利要求，其限定部分的附加技术特征是：上述像素电极的形状为没有锐角部的多角形。对于本领域普通技术人员而言，像素电极的形状是没有锐角的多角形是本领域中可以更稳定地控制液晶分子取向的公知常识。因此当其引用的权利要求1~5不具备创造性时，权利要求6也不具备专利法第22条第3款规定的创造性。

（7）权利要求7是权利要求1~5中任一项的从属权利要求，其限定部分的附加技术特征是：上述像素电极的形状为正多角形或圆形。对于本领域普通技术人员而言，像素电极的形状是正多角形或圆形是本领域中可以更稳定地控制液晶分子取向的公知常识。因此当其引用的权利要求1~5不具备创造性时，权利要求7也不具备专利法第22条第3款规定的创造性。

（8）权利要求8是权利要求1~6中任一项的从属权利要求，其限定部分的附加技术特征是：设置有用于相对于上述阵列基板及对置基板使圆偏振光入射的圆偏振光入射装置。而上述特征在对比文件3中已经公开了，对比文件3公开了一种半透射半反射型液晶显示装置，其中具体公开了以下技术特征（参见说明书第86段、第90段，附图9）：在上基板217设置有上半波片213和上四分之一波片215，在下基板229设置有下半波片233和下四分之一波片231，通过这些半波片和四分之一波片进行圆偏振光调制（相当于设置用于相对于上述阵列基板及对置基板使圆偏振光入射的圆偏振光入射装置），并且上述附加技术特征在对比文件3中的作用与其在权利要求8中的作用相同，都是将线偏振光转换成圆偏振光入射。因此当其引用的权利要求1~6不具备创造性时，权利要求8也不具备专利法第22条第3款规定的创造性。

(9) 权利要求9是权利要求1~8的从属权利要求，其限定部分的附加技术特征是：像素间距小于等于20m。而上述特征是本领域内用于获得足够高的分辨率的常用技术手段。因此当其引用的权利要求1~8不具备创造性时，权利要求9也不具备专利法第22条第3款规定的创造性。

(10) 权利要求10请求保护一种电子设备，其特征在于具备权利要求1~9中任意一项所述的液晶装置。而装有液晶装置的电子设备已属于公知常识，当权利要求1~9所要求保护的液晶装置都不具备创造性时，在电子设备中选择装备如权利要求1~9中的液晶装置是本领域技术人员无需付出创造性劳动就能完成的，因此权利要求10要求保护的具备权利要求1~9液晶装置的电子设备也不具备专利法第22条第3款规定的创造性。

此外，复审请求人在答复复审通知书时指出本申请在日本及美国的相关申请已被授予专利权，合议组认为本申请的相关申请在其他国家是否授予专利权对本申请在中国的审查不具有约束力，不能成为本申请具备创造性的理由。

三、决定

维持国家知识产权局于2007年5月11日对200410030973.6号发明专利申请作出的驳回决定。

复审请求人对本决定不服的，可以根据专利法第41条第2款的规定，自收到本决定之日起三个月内向北京市第一中级人民法院起诉。

105

解决人类水资源危机的人工水文网络法

复审请求审查决定（第13749号）

决　定　号 第13749号
决　定　日 2008年6月20日
发明创造名称 解决人类水资源危机的人工水文网络法
国际分类号 E02B 1/00
复审请求人 李云才
申　请　号 01102123.3
申　请　日 2001年1月21日
公　开　日 2002年9月4日
合议组组长 于　萍
主　审　员 樊延霞
参　审　员 刘敏飞

法律依据 专利法实施细则第20条第1款
决定要点

在判断权利要求中某术语的含义是否清楚、包含该术语的权利要求的保护范围是否清楚时，应综合考虑相关技术领域的技术人员所掌握的公知常识以及说明书对该术语的相应解释。

一、案由

本复审请求涉及国家知识产权局于2002年9月4日公开、申请号为01102123.3、申请日为2001年1月21日、名称为“解决人类水资源危机的人工水文网络法”的发明专利申请（下称本申请），申请人是李云才。经实质审查，国家知识产权局审查部门于2004年8月6日作出了驳回决定，理由是本申请的权利要求1、3、4、5分别相对于对比文件1、2、3、4不具备专利法第22条第2款规定的新颖性。其中对比文件1是“杨陵示范区水系工程人工湖设计探讨”，安梦雄，西北水资源与水工程，第11卷2000年第1期，第59~64页，公开日为2000年；对比文件2是“中小型生活污水处理工艺综述与展望”，王晓东等，新疆环境保护，2000，22（3），第189~191页，公开日为2000年；对比文件3是“我国城市污水工业回用的现状及其存在问题的探讨”，尹华，彭辉，重庆环境科学，第22卷第3期，第19~21页，公开日为2000年6月；对比文件4是“陇东旱原集雨节灌农业技术研究”，樊廷录等，干旱地区农业研究，第16卷第1期，第18~23页，公开日为1998年3月。驳回决定所针对的文本为本申请的原始申请文本，其中权利要求书内容如下：“本发明是一项水资源开拓的软件工程技术。主要技术特征是，发现人类水资源不是有限的是可以开拓的。通过科学的工程手段，建设密集的地面人工水文网络，使水资源的收入项——降雨增加，使水资源的地面储备增加，水污染杜绝。从而保持水资源的供需平衡。解决人类水资源危机难题。共有5项权利要求：（1）在江河两岸合理布置建造瓜腾式人工湖。（2）在河床上建造人工潭涡湖。（3）建造城市污水再生湖。（4）建造火电厂处理城市污水的二厂合一的城市污水厂。（5）建立沙漠干旱地区塑料大棚集水法。”

申请人（下称复审请求人）对上述驳回决定不服，于2004年11月2日向专利复审委员会提出复审请求，复审请求人在提出复审请求时没有修改申请文本。经形式审查合格，专利复审委员会受理了该复审请求，并于2005年3月7日向复审请求人发出复审请求受理通知书，向国家知识产权局原审查部门发出前置审查通知书。国家知识产权局原审查部门在前置审查过程中坚持驳回决定。专利复审委员会依法成立合议组对上述复审请求进行审查，并于2005年4月21日发出复审通知书，指出本申请的权利要求不清楚，不符合专利法实施细则第20条第1款的规定。复审请求人于2005年5月11日针对上述复审通知书进行了意见陈述，同时提交了经过修改的权利要求书（下称权利要求书修改文本1），其内容如下：“一种解决人类水资源危机的人工水文网络方法，通过建设密集的地面人工水文网络，使降水增加，从而使水资源的地面储备增加，杜绝水污染，从而保持水资源的供需平衡，以解决人类水资源危机的难题，其特征在于：在江河两岸布置建造瓜藤式人工湖，河湖之间用水渠连接，江河和人工湖相互连接分布在大地上；在河的支流及干旱地区的河床上，开挖人工潭涡湖，开挖深度为5~10米；对荒漠干旱地区，建造塑料大棚集水塘，在田间建立塑料大棚，用于种植农作物，在棚间修建硬化水渠，棚端修建人工塘，塘渠相互连接；对于城市，要修建城市污水再生湖，利用再生湖收集城市污水，并通过种植水生植物和养鱼形成氧化塘，净化污水；城市污水再生湖再与火电厂联结，利用火电厂水汽余热和冷却水凉水塔，对城市污水再生湖的水进一步进行生物净化处理并循环使用，形成城市污水再生水网，该再生水网可用作城市用水的补充和备用水源，重复利用。”合议组经审查于2005年5月25日做出第6355号复审请求审查决定，该决定认为：上述的权利要求书修改文本1符合专利法第33条的规定，并且该权利要求1相对于对比文件1~4的任何一篇都具备专利法第22条第2款规定的新颖性。故决定：撤销国家知识产权局专利局于2004年8月6日作出的驳回01102123.3号专利申请的决定，由国家知识产权局原审查部门在复审请求人于2005年5月11日提交的权利要求书，及申请日2001年1月21日提交的说明书和说明书摘要的基础上继续进行审查程序。

在此基础上，国家知识产权局原审查部门于2006年1月20日发出第二次审查意见通知书，指出权利要求书修改文本1中的“瓜藤式人工湖”和“潭涡湖”不清楚，不符合专利法实施细则第20条第1款的规定。

申请人李云才（下称申请人）针对第二次审查意见通知书于2006年3月12日提交了意见陈述书和经过修改的权利要求书和说明书第1~6页（下称修改文本2）。其中修改后的权利要求书如下：“一种解决人类水资源危机的人工水文网络方法，其特征在于：在天然河流两岸设计建造瓜藤式人工湖，河流和人工湖之间用水渠连接，形成瓜和藤的关系，洪水期和丰水期，河流中的水可自流进人工湖或用泵抽送到人工湖，而人工湖的水不能排放到天然河流中，像结瓜的秧杆（又称藤）和瓜的关系一样，水分和营养物只能从藤（秧杆）输送到瓜中去，瓜中的水分和营养物不能返回到藤（秧杆）中去；在河的支流及干旱地区的河床上，设计开挖人工潭涡湖，潭的词义为深水，涡即漩涡，系指天然河床上，因水流漩涡形成的深水区，计划在河床一定间隔处，人工开挖如潭涡一样的河床人工湖，水深以5~10米为宜，并命名为人工潭涡湖；对荒漠干旱地区，建造塑料大棚集水系统，即在田间建立塑料大棚，用于种植农作物，在棚间修建硬化水渠，棚端修建人工塘，塘渠相互连接，下雨时，通过塑料大棚收集雨水，经棚间硬化水渠汇流到棚端水塘内，然后从塘中抽水用滴灌的方式向塑料大棚内的农作物灌溉，可使雨水极大节约，节约在塘内的水作人们生活用水的水源；对于城市（包括县城及镇)，设计建造污水再生湖，利用再生湖收集城市污水，通过种植水生植物和水产养殖养鱼形成氧化塘，净化污水；城市污水再生湖再与火电厂联接，利用火电厂水汽余热和冷却水凉水塔或冷却水池，对城市污水再生湖的水进一步进行生物净化处理并循环使用，形成城市污水再生水网，城市之间的再生水网也可以相互连结，形成污水系统再生水网，再生水网作为城市重复循环使用的水源和天然水文网络及人工水文网络分离。”申请人在说明书修改文本中也做了相应的更为详细的修改。

针对上述修改文本2，国家知识产权局原审查部门于2007年2月2日发出第三次审查意见通知书，指出本申请中“瓜藤式人工湖”、“潭涡湖”这两个术语不是本领域的惯用术语，只是申请人自己杜撰的，且原始申请文件中也没有相关记载。而修改文本2中权利要求1及说明书中增加了对所谓的“瓜藤式人工湖”、“潭涡湖”的解释，而增加的解释内容在原始申请文件中没有记载，也不能从中毫无疑义地确定。故修改文本2超出了原始申请文件记载的范围，不符合专利法第33条的规定。

针对第三次审查意见通知书，申请人于2007年3月11日提交了意见陈述书，但未提交修改文本，申请人认为其对权利要求书及说明书中的修改只是增加了对“瓜藤式人工湖”、“潭涡湖”的解释，不存在超出原申请记载范围的问题。

在此基础上，国家知识产权局原审查部门于2007年6月8日再次驳回了本申请，驳回决定依据的审查文本为申请人于2006年3月12日提交的权利要求1和说明书第1~6页，以及申请人于申请日提交的说明书摘要。驳回决定认为：修改后的说明书及权利要求书中增加了对所谓的“瓜藤式人工湖”、“潭涡湖”的解释，如说明书第3页中所记载的“然后根据河流……开挖瓜藤式人工湖”，“人工湖与天然河流之间形成瓜与藤的关系”，“瓜藤式人工湖是一个比喻性术语”，“潭涡……不是凭空杜撰”，这些内容在原始申请文件中没有记载。而且，“瓜藤式人工湖”、“潭涡湖”这两个术语不是本领域的惯用术语，只是申请人自己杜撰的，且原始申请文件中也没有记载对这两个术语的相关解释内容，因而本领域技术人员也不能从原始申请文件记载的内容直接地、毫无疑义地确定上述解释的内容。申请人将上述解释的内容补入说明书和权利要求1中，超出了原始申请文件记载的范围，不符合专利法第33条的规定。申请人李云才（下称复审请求人）对上述驳回决定不服，于2007年8月29日向专利复审委员会提出复审请求，并提交了经修改的说明书第1~5页和权利要求书替换页。修改后的说明书中删除了驳回决定指出的超出原申请文件记载范围的内容。而权利要求书替换页包括了两份不同的文本，一份权利要求书（下称权利要求书修改文本A）与请求人于2005年5月11日提交的，即6355号复审决定所依据的权利要求书内容一致，另一份权利要求书（下称权利要求书修改文本B）与权利要求书修改文本A相比，两者的差别仅在文本A中的特征“开挖人工潭涡湖，开挖深度为5~10米”在文本B中为“还要人工开挖潭涡湖，即在一定间隔处，开挖5~10米深的人工潭涡湖”。而文本B中的这一描述可由原说明书第5页第11行所述的“在河床上隔一段距离，例如1公里，开挖一个水深5~10米的潭涡人工湖”直接、毫无疑义地确定。

经形式审查合格，专利复审委员会受理了该复审请求，并于2007年10月8日向复审请求人发出复审请求受理通知书，向国家知识产权局原审查部门发出前置审查通知书。

国家知识产权局原审查部门在前置审查过程中指出，在第二次和第三次审查意见通知书中均指出权利要求1中的“瓜藤式人工湖”、“潭涡湖”的具体含义不清楚，导致权利要求1的范围不清楚，从而权利要求1不符合专利法实施细则第20条第1款的规定，故坚持驳回决定。

专利复审委员会依法成立合议组对上述复审请求进行审查，针对复审请求人于2007年8月29日提交的权利要求书、说明书第1~5页以及申请日提交的说明书摘要为审查基础，于2008年3月3日发出复审通知书，指出说明书多处的修改不符合专利法第33条的规定，并例举了说明书第3页第2、4段，以及说明书第4页第2、5段的相关内容超出了原始申请文件的记载范围，不符合专利法第33

条的规定。复审请求人于2008年3月28日针对上述复审通知书提交了意见陈述书，同时提交了与原始申请说明书内容一致的说明书第1~10页。

复审请求人于2008年5月27日提交了意见陈述书，声称“放弃2007年8月29日向专利复审委员会提交的权利要求书，以本次提交的权利要求书为准”，同时提交了权利要求书修改文本替换页一式两份，该修改后的权利要求书的内容与复审请求人于2005年5月11日提交的权利要求书内容一致。至此，合议组认为本案事实已经清楚，可以作出审查决定。

二、决定的理由

1. 审查文本

本决定针对复审请求人于2008年5月27日提交的权利要求1、2008年3月28日提交的说明书第1~10页以及2001年1月21日提交的说明书摘要作出。

2. 关于专利法第33条

专利法第33条规定：申请人可以对其专利申请文件进行修改，但是，对发明和实用新型专利申请文件的修改不得超出原说明书和权利要求书记载的范围。

驳回决定认为，申请人于2006年3月12日提交的权利要求书及说明书中增加的对“瓜藤式人工湖”、“潭涡湖”解释的内容超出了原始申请文件记载的范围，不符合专利法第33条的规定。

另外，复审委员会本案合议组于2008年3月3日发出复审通知书，指出复审请求人于2007年8月29日提交的说明书文本中仍然存在不符合专利法第33条规定的问题，并例举了说明书第3页第2段中的“首先要对河流……设计计算应该科学合理”、“中间用渠道连接……将河水抽送到人工湖”、“瓜藤式人工湖设计开挖的标准……向河流排水的作用”，以及说明书第3页第4段中“在干旱地区的河流……开挖潭涡湖”、“人工潭涡湖……一定的农业用水需求”等不符合专利法第33条规定的内容。针对该复审通知，复审请求人于2008年3月28日提交了说明书修改文本，该文本与本申请原始说明书内容一致，上述驳回决定及复审通知书指出的不符合专利法第33条规定的问题在该说明书中均已被克服。另外复审请求人于2008年5月27日提交了权利要求书替换页，其内容与其于2005年5月11日提交的权利要求书内容一致，并且与第6355号复审决定依据的审查文本中的权利要求书内容一致，其中删除了驳回决定指出的不符合专利法第33条规定的内容，所以如上述认定的本决定所依据的审查文本，克服了驳回决定以及上述复审通知书指出的本申请不符合专利法第33条规定的缺陷。

3. 关于专利法实施细则第20条第1款

专利法实施细则第20条第1款规定：权利要求书应当说明发明或者实用新型的技术特征，清楚、简要地表述请求保护的范围。

在判断权利要求中某术语的含义是否清楚、包含该术语的权利要求的保护范围是否清楚时，应综合考虑相关技术领域的技术人员所掌握的公知常识以及说明书对该术语的相应解释。

专利局原审查部门在前置审查意见书中指出，不知道权利要求1中的“瓜藤式人工湖”、“潭涡湖”所指的具体含义，导致权利要求不清楚。

关于权利要求1中的“瓜藤式人工湖”，合议组经审查后认为，本申请说明书第5页第2行中记载了“人工湖在洪水期和丰水期进行开闸蓄水。枯水期作水源供使用”，另外根据现有技术中的常识可知，藤只向瓜输送水分和营养物，瓜不向藤返回水分和营养，综合本申请说明书的上述记载以及公知常识，本领域技术人员可以确定，瓜藤式人工湖为了在“枯水期作水源供使用”需像瓜一样不向天然河流返回水流，天然河流为了“人工湖在洪水期和丰水期进行开闸蓄水”需像藤一样只向人工湖供水，即“瓜藤式人工湖”是与天然河流之间形成像瓜与藤的关系的人工湖。从而，本领域技术人员能够清楚的知道“瓜藤式人工湖”的具体含义。

关于权利要求1中的“潭涡湖”，合议组经审查后认为，根据本领域水利常识可知：潭指深水，涡指漩涡，同时在天然河流的河床上，由于水利漩涡的作用，会在河床上形成深水区。另外本申请说明书第5页第6段中记载有“在河床上隔一段距离，例如1公里，开挖一个水深5-10米的潭涡人工湖。在雨季时储满了水，雨季后可养殖，并能净化排入河床中的污水，作为水资源使用”，根据本领域的公知常识以及本申请说明书的相关描述，本领域普通技术人员可以确定，人工“潭涡湖”是源于天然河流的河床上的天然潭涡，其具体指在天然河流的河床上人工开挖的深水区。

因此，合议组认为对于本领域技术人员来说，权利要求1中的“瓜藤式人工湖”和“潭涡湖”的具体含义是清楚的，因此符合专利法实施细则第20条第1款的规定。

基于上述理由，合议组作出下述决定。

三、决定

撤销国家知识产权局于2007年6月8日作出的驳回01102123.3号专利申请的决定，由专利局原审查部门以复审请求人于2008年5月27日提交的权利要求1、2008年3月28日提交的说明书第1~10页以及2001年1月21日提交的说明书摘要为基础继续进行审查程序。

复审请求人对本决定不服的，可以根据专利法第41条第2款的规定，自收到本决定之日起三个月内向北京第一中级法院起诉。

106

反射薄片以及使用该薄片的背光组件

复审请求审查决定（第13752号）

决　定　号　第13752号
决　定　日　2008年6月23日
发明创造名称　反射薄片以及使用该薄片的背光组件
国际分类号　G02B 1/04，G02B 1/10，G02F 1/1335
复审请求人　惠和株式会社
申　请　号　02128869.0
申　请　日　2002年8月16日
公　开　日　2004年2月18日
合议组组长　李　礼
主　审　员　关　刚
参　审　员　谢有成

法律依据　专利法第33条
决定要点

如果说明书中存在错误，但是这种错误的产生存在多种可能性，所属领域的技术人员不能根据说明书的整体及上下文得出该错误的修改的唯一正确答案，则这种修改不符合专利法第33条的规定。

一、案由

本复审请求涉及申请号为02128869.0、名称为“反射薄片以及使用该薄片的背光组件”的发明专利申请（下称本申请），申请人为惠和株式会社，申请日为2002年8月16日，公开日为2004年2月18日。

国家知识产权局实质审查部门依法对本申请进行了实质审查，于2006年7月21日以本申请说明书的修改不符合专利法第33条的规定为由作出驳回决定。驳回决定所针对的文本是申请人于申请日2002年8月16日提交的说明书第1、2、5~8页，附图第1~2页、说明书摘要和摘要附图，于2005年11月16日提交的说明书第3、4页，以及于2006年5月17日提交的权利要求第1~6项。具体驳回理由为：申请人将本申请原说明书第4页中的“白色颜料4的粒径（平均粒子直径）以在100μm以上30μm以下为佳，如为200μm以上20μm以下则更为理想”修改为“白色颜料4的粒径（平均粒子直径）以在100nm以上30μm以下为佳，如为200nm以上20μm以下则更为理想”；虽然可以明显看出原始数值范围存在错误，但却无法唯一地确定其正确形式，无法确定是数值错误或是单位错误或是两者都存在错误。申请人将上述内容中的“μm”修改为“nm”使得修改后的说明书超出了原始权利要求书以及说明书记载的范围，而且也无法从中毫无疑义地直接导出，因此修改后的说明书不符合专利法第33条的规定。

申请人惠和株式会社（下称复审请求人）不服上述驳回决定，于2006年10月31日向专利复审委员会提出复审请求，未对申请文件进行修改。复审请求人认为，（1）要修改说明书中所存在的"100μm以上30μm以下"以及"200μm以上20μm以下"这个错误，将上述数值范围的"100μm"和"200μm"中的单位μm修改为nm几乎是唯一可循的途径；（2）本申请原说明书记载有基材薄片层2的厚度设定为50~250μm，基于液晶显示装置薄形化的要求，不能超过其上限，因此说明书附图1、2中的高隐蔽层3薄于基材薄片层的厚度，而原说明书中白色颜料4的粒径呈现下限较上限为3.3~10倍的数值范围，显然不合理，因此，在进行补正时，即使将下限的数值范围删除，也不致影响其上限的数值表示；（3）由原说明书中第7页所记载的亮度测试［表1］实施例中，提出光波波长为450nm、550nm、600nm的数值范围，可证实白色颜料4的粒径下限应不大于该所列的光波波长，否则反射率将会高达百分之百。

经形式审查合格后，专利复审委员会依法受理了上述复审请求，并于2006年12月5日向复审请求人发出了复审请求受理通知书，同时向原实质审查部门发出前置审查通知书。

原实质审查部门对该复审请求做出前置审查意见，仍然坚持原驳回决定。

针对上述复审请求，专利复审委员会依法成立合议组对本案进行审理。本案合议组于2007年1月30日向复审请求人发出复审通知书。其中指出，（1）说明书附图中厚度及大小的绘制不能作为其具体尺寸的依据，从附图中看出高隐蔽层3薄于基材薄片层2的理由不能成立。另外，即使高隐蔽层3薄于基材薄片层的理由成立，也只能证明高隐蔽层3的厚度小于50~250μm，但并不能由此确定其中的白色颜料4的粒径的下限值的范围。再有，由于根据原说明书所述，如白色颜料4的粒径比前述范围小的情形，则难以有效达到前述高隐蔽性，因此如果如复审请求人所述没有白色颜料4粒径的下限范围，则高隐蔽层3就达不到高隐蔽性的技术效果。（2）按复审请求人的所述理由，若要使反射率不达到百分之百，白色颜料4的粒径的取值范围应该是上限值不大于所述光波波长，而不是如复审请求人所称的下限值不大于所述光波波长，因此复审请求人的该理由也不能成立。另外，复审请求人所修改的原说明书中的上述错误可能是由于数值错误或是单位错误两方面引起的，而从原说明书全文以及原权利要求书的描述中，没有任何内容能直接或间接地推定出该错误产生的原因，即从原说明书和权利要求书不能毫无疑义唯一推导出原说明书的上述错误是由于单位错误产生的，因此复审请求人对原说明书所进行的上述修改不符合专利法第33条的规定。

针对上述复审通知书，复审请求人于2007年3月14日提交了意见陈述书和权利要求书的全文替换页，并提交了如下证据：

证据1：声称是《无害化学——谈绿色化学与技术》（杨舜娟、张大经著，台湾省传胜出版社，2002年4月30日出版）的第197页、492页以及第508页的复印件共2页。

复审请求人认为，由证据1可以看出，如果粒子粒径为10~50nm的TiO2（二氧化钛）粒子，则没有遮盖力而可透过可见光。由于本申请说明书中所提到的氧化钛粒子的粒径下限值是具有一定的遮盖性，而不是透明的二氧化钛，因此，修改下限值为100nm为佳，200nm则更为理想，无论是从数值或是单位，都可以找到依据，因此说明书的修改没有超出原说明书的记载范围。

本案合议组在仔细审阅了全部案卷后，认为本案事实已经清楚，现依法作出复审决定。

二、决定的理由

1. 关于审查文本

本复审请求审查决定所针对的审查文本是复审请求人于申请日2002年8月16日提交的说明书第

1、2、5~8 页，附图第 1~2 页、说明书摘要和摘要附图，于 2005 年 11 月 16 日提交的说明书第 3、4 页，以及于 2007 年 3 月 14 日提交的权利要求第 1~6 项。

2. 关于本申请说明书修改是否符合专利法第 33 条的规定

专利法第 33 条规定，申请人可以对其专利申请文件进行修改，但是，对发明和实用新型专利申请文件的修改不得超出原说明书和权利要求书记载的范围，对外观设计专利申请文件的修改不得超出原图片或者照片表示的范围。

根据审查指南第二部分第八章第 5.2.2.2 节第（11）项的规定，修改由所属技术领域的技术人员能够识别出的明显错误，即语法错误、文字错误和打印错误。对这些错误的修改必须是所属技术领域的技术人员能从说明书的整体及上下文看出的唯一的正确答案。

具体到本案，复审请求人于 2005 年 11 月 16 日提交的说明书修改文本中，将原说明书中第 4 页第 21 行至 22 行的"白色颜料 4 的粒径（平均粒子直径）以在 100μm 以上 30μm 以下为佳，如为 200μm 以上 20μm 以下则更为理想"修改为"白色颜料 4 的粒径（平均粒子直径）以在 100nm 以上 30μm 以下为佳，如为 200nm 以上 20μm 以下则更为理想"。复审请求人认为上述修改更正了本申请说明书中的明显错误，且符合专利法第 33 条的规定。

合议组认为，对于原说明书的记载"白色颜料 4 的粒径（平均粒子直径）以在 100μm 以上 30μm 以下为佳，如为 200μm 以上 20μm 以下则更为理想"中数值范围的下限值大于上限值的错误，其可能是由于数值错误或是单位错误亦或是数值和单位两方面的错误共同引起的，而从本申请的原说明书的整体及上下文看，没有任何与之相关的内容能直接或间接地推定出该错误产生的原因，即不能证明该错误仅仅是由单位的错误引起的，其还存在是由数值上的错误或数值上的错误与单位上的错误共同作用的多种可能性，同时原说明书中也没有能够确定其正确答案为何的相关内容，因此本领域技术人员无法根据原说明书和权利要求书看出将"100μm"修改为"100nm"、将"200μm"修改为"200nm"是其唯一的正确修改方式，因此复审请求人对本申请说明书中的上述错误的修改不是唯一确定的正确答案，不满足审查指南所规定的"对这些错误的修改必须是所属技术领域的技术人员能从说明书的整体及上下文看出的唯一的正确答案"的要求，故复审请求人对原说明书所进行的上述修改超出了原说明书和权利要求书的范围。

复审请求人指出，由证据 1 可以看出，当粒子粒径达到 1μm 甚至小于 1μm 时出现了光的转移性，例如粒子粒径达到可见光波长（400~700nm）的一半时就具有一定的遮盖性，当粒子粒径达到纳米级时，则没有遮盖性，例如粒子粒径为 10~50nm 的 TiO_2（二氧化钛）粒子，则没有遮盖力而可透过可见光。由此可知，本申请说明书中所提到的氧化钛粒子的粒径下限值是具有一定的遮盖性，而不是透明的二氧化钛，因此，修改下限值为 100nm 为佳，200nm 则更为理想，无论是从数值或是单位，都可以找到修改的依据。

对于复审请求人的上述意见，合议组认为，证据 1 只能说明为了使本申请中的高隐蔽层具有良好的隐蔽性，涂料中所包含的白色颜料（以氧化钛为最佳）的粒径有一下限值。但是即便如证据 1 中所述的氧化钛在其粒径为 10~50nm 时就没有遮盖力（即本申请所称的隐蔽性），也只能说明白色颜料的粒径可能大于 50nm，但并不能以此确定将本申请说明书中下限值修改为 100nm 或 200nm 是唯一正确的修改方式，证据 1 所述内容无法排除对于原说明书中"200μm"和"100μm"除对其单位进行修改以外的其他修改方式，即证据 1 不足以证明将"100μm"修改为"100nm"、将"200μm"修改为"200nm"是唯一正确的修改方式，因此复审请求人的主张不能成立。

综上所述，合议组认为，复审请求人对本申请说明书的修改超出了原说明书和权利要求书记载的范围，不符合专利法第 33 条的规定。

根据上述事实和理由，本案合议组依法作出以下审查决定。

三、决定

维持国家知识产权局于2006年7月21日对02128869.0号发明专利申请作出的驳回决定。

复审请求人对本决定不服的，可以根据专利法第41条第2款的规定，自收到本决定之日起三个月内向北京市第一中级人民法院起诉。

107

用于伤口或切口闭合的绷带

复审请求审查决定（第13756号）

决　　定　　号　第13756号
决　　定　　日　2008年6月23日
发明创造名称　用于伤口或切口闭合的绷带
国 际 分 类 号　A61F13/00
复 审 请 求 人　克劳兹克斯医药有限责任公司
申　　请　　号　02824658.6
优 先 权 日　2001年12月11日
申　　请　　日　2002年12月11日
公　　开　　日　2005年3月30日
合 议 组 组 长　周　航
主　　审　　员　佟仲明
参　　审　　员　杨加黎

法 律 依 据　专利法第22条第3款
决 定 要 点

如果一项权利要求的技术方案相对于现有技术存在区别技术特征，但该区别技术特征是本领域普通技术人员根据需要并结合本领域的常识无需付出创造性劳动就能加以选择的，则该技术方案不具备创造性。

一、案由

本复审请求涉及申请号为02824658.6，名称为“用于伤口或切口闭合的绷带”的PCT发明专利申请，其申请日为2002年12月11日，优先权日为2001年12月11日，进入中国国家阶段的日期为2004年6月10日，公开日为2005年3月30日，申请人为克劳兹克斯医药有限责任公司。本申请公开时共有41项权利要求。

应申请人的请求，国家知识产权局实质审查部门依法对本申请进行了实质审查，于2006年1月27日向申请人发出第一次审查意见通知书，指出本申请权利要求16~18以及权利要求38~40属于专利法第25条第1款第3项规定的不授予专利权的情形；权利要求21~37、41相对于对比文件1和对比文件2的结合不具备创造性，不符合专利法第22条第3款的规定；权利要求3~5、15、23、26、27、37不符合专利法第26条第4款的规定；以及权利要求3、19、23、25、41不符合专利法实施细则第20条第1款的规定。所引用的对比文件如下：

对比文件1：WO01/39693 A2，公开日为2001年6月7日；

对比文件2：US5263970A，公开日为1993年11月23日。

针对上述审查意见通知书，申请人于2006年6月12日提交了意见陈述书和权利要求书全文的修改替换页，其中仅对权利要求3、16、19、23、25和41中的部分用语进行了修改或进一步限定。申请人认为：（1）权利要求16~18请求保护的技术方案主要涉及一种医学器件（绷带）的使用方法，而且伤口或切口并非疾病；权利要求38~40涉及用于皮肤伸展操作的医学器件的操作方法，并且没有教导或建议将这种方法运用于疾病的治疗过程中，因此权利要求16~18、38~40不属于专利法第25条第1款第3项所述的疾病的诊断和治疗方法的范围。（2）对比文件1没有公开牵引要素的下表面上有粘合剂，对比文件2中没有公开涂层与皮肤相连接的结构特征，因此权利要求21~37、41相对于对比文件1和对比文件2具备创造性。（3）修改后，权利要求3~5、15、23、26、27、37已经得到说明书的支持，符合专利法第26条第4款的规定，权利要求3、19、23、25、41的保护范围清楚，符合专利法实施细则第20条第1款的规定。

经过上述实质审查程序后，国家知识产权局实质审查部门于2007年4月6日以本申请权利要求38~40请求保护的技术方案属于专利法第25条第1款第3项规定的不授予专利权的范围为由做出驳回决定，驳回决定中指出：在权利要求38~40记载的方法中牵引要素附着到病人的皮肤上，即该方法在有生命的人体或动物体上实施；该方法用于在外科处理步骤前拉紧皮肤，是实施外科手术治疗方法所采用的辅助方法，其也属于治疗方法的范畴。因此，本申请权利要求38~40请求保护的技术方案属于专利法第25条第1款第3项规定的不能授予专利权的客体。此外，驳回决定在案由部分还指出，申请人的意见陈述以及对权利要求书的相应修改仍没有克服本申请权利要求21~37、41不具备创造性的缺陷，修改后的权利要求16的内容仍然属于疾病的诊断和治疗方法的范围。

该驳回决定所针对的文本是：2006年6月12日提交的权利要求第1~41项、2004年6月10日进入中国国家阶段时提交的说明书第1~12页、说明书附图第1~5页以及说明书摘要和摘要附图。

申请人克劳兹克斯医药有限责任公司（下称复审请求人）不服上述驳回决定，于2007年7月23日向专利复审委员会提出复审请求，同时提交了权利要求书全文的修改替换页，其中删除了权利要求16~18、38~40，但并未相应修改剩余权利要求的编号。复审请求人认为：删除权利要求16~18和38~40后的权利要求书已经克服了驳回决定中所指出的权利要求38~40请求保护的技术方案属于专利法第25条第1款第3项规定的不能授予专利权的客体的问题。此外，复审请求人还针对权利要求21~37、41相对于对比文件1和对比文件2是否具备创造性陈述了意见，认为对比文件1和对比文件2并未教导或暗示本申请中所述的下表面上具有粘合剂的第一和第二牵引元素，因此权利要求21~37、41请求保护的技术方案相对于对比文件1和对比文件2的结合具备创造性。

经形式审查合格后，专利复审委员会依法受理了上述复审请求，并于2007年8月22日向复审请求人发出了复审请求受理通知书，同时向原实质审查部门发出前置审查通知书。

原实质审查部门对该复审请求做出前置审查意见，认为虽然修改后的权利要求书中消除了驳回决定中指出的问题，但并未克服在第一次审查意见通知书中指出的权利要求21~37、41不具备创造性的问题，因此仍然坚持驳回决定。

专利复审委员会依法成立合议组，对该复审请求进行审查，本案合议组于2007年11月22日发出复审通知书，指出：权利要求21请求保护的技术方案与对比文件1公开的内容相比，区别仅在于第一和第二牵引要素下表面上有粘合剂，而该区别特征是本领域普通技术人员根据需要结合公知常识很容易想到的，因此，权利要求21相对于对比文件1与本领域公知常识的结合不具备创造性，不符合专利法第22条第3款的规定；从属权利要求22~37、41的附加技术特征也已经被对比文件1所公开，因此该从属权利要求22~37、41也不具备专利法第22条第3款所规定的创造性；此外，权利要求15和37中的特征“聚合物棒”在说明书中没有记载，因此权利要求15和37得不到说明书的支持，不符合专利法第26条第4款的规定。

针对上述复审通知书，复审请求人于2008年3月7日提交了意见陈述书和权利要求书全文的修改替换页，其中在权利要求1的（B）中加入特征“以补偿的方式”，并调整了权利要求的编号，将权利要求19~37、41分别顺序编号为16~35，并对引用关系做了相应调整，但未对权利要求18~35（即修改前的权利要求21~37、41）中的技术特征作任何修改。修改后的权利要求书共包括35项权利要求，权利要求1和权利要求18为独立权利要求，其中权利要求18~35的具体内容如下：

“18. 一种两个组成部分的医学器件，其中包括：

（A）第一组成部分，包括第一平坦的柔性的组成部分和许多按第一方向从其一边延伸出来的第一加长的连接部分；

（B）第二组成部分，包括第二平坦的柔性的组成部分和一个或多个按通常与第一方向相反的第二方向从其一边延伸出来的第二加长的连接部分；

（C）第一牵引要素，与所述的第一加长的连接部分连接而且适合向伤口边缘横向平移第一平坦的柔性的组成部分，第一牵引要素在下表面上有粘合剂；

（D）第二牵引要素，与所述的第二加长的连接部分连接而且适合向伤口边缘横向平移第二平坦的柔性的组成部分，第二牵引要素在下表面上有粘合剂；以及

（E）用来使第一加长的连接部分附着到第二平坦的柔性的组成部分上的手段和用来使第二加长的连接部分附着到第一平坦的柔性的组成部分上的手段。

19. 根据权利要求18的医学器件，其中要素（A）~（D）是用实质上非弹性的材料生产的，或者是用有非弹性的结构成分加固的弹性材料生产的，借此使器件实质上变成非弹性的。

20. 根据权利要求18的医学器件，它适合在通过小孔和划痕附着器件之后拆除第一和第二牵引要素。

21. 根据权利要求18的医学器件，其中所述的第一和第二加长的连接部分是交替插入的。

22. 根据权利要求18的医学器件，其中第一加长的连接部分是彼此相邻的而且是在中心定位的，而第二加长的连接部分在器件的外边缘与第一加长的连接部分侧面相接。

23. 根据权利要求18的医学器件，其中第一和第二牵引要素是刚性的。

24. 根据权利要求18的医学器件，其中第一和第二牵引要素是非刚性的，然而是用刚性要素增强的。

25. 根据权利要求18的医学器件，其中要素（A）~（D）是从片状原料上冲切下来的。

26. 根据权利要求18的医学器件，其中在伤口或切口两侧附着到皮肤上的第一和第二平坦的柔性的组成部分的边缘适合使皮肤边缘外翻以促进伤口痊愈。

27. 根据权利要求18的医学器件，其中第一和第二平坦的柔性的组成部分的边缘是呈某种角度或弯曲的，以使皮肤边缘外翻。

28. 根据权利要求18的医学器件，其中加长的连接部分的一部分被切掉，以便增大伤口上方通畅的表面区域，借此使渗出液引流和敷药变得容易。

29. 根据权利要求18的医学器件，其中第一和第二平坦的柔性的组成部分适合伤口闭合对线。

30. 根据权利要求29的医学器件，其中所述的适合对线包括在第一和第二平坦的柔性的组成部分上的标志彼此对线和/或与直接放在皮肤上的标志对线。

31. 根据权利要求18的医学器件，它适合通过皮肤的药物递送。

32. 根据权利要求 18 的医学器件，进一步包括弹性张力指示要素。

33. 根据权利要求 32 的医学器件，其中弹性张力指示要素可与牵引要素一起拆除。

34. 根据权利要求 18 的医学器件，进一步包括附在第一和第二平坦的柔性的组成部分的边缘上最接近而且实质上平行于伤口或切口的刚性的聚合物棒。

35. 根据权利要求 18 的医学器件，其中加长的连接部分被充分地隔开，以使相对第二平坦的柔性的组成部分横向调整第一平坦的柔性的组成部分变得容易。”

针对复审通知书中指出的问题，复审请求人认为：（1）对比文件 1 教导的是一种用于伤口闭合的绷带，而本申请是关于适于皮肤伸展的医学器件，并且本领域所熟知的皮肤伸展器件典型的是在皮下使用的，而没有教导使用皮肤表面的器件，因此对比文件 1 和现有技术未教导、建议或启示本申请权利要求的技术方案；此外，对比文件 1 记载的优选方案中描述了牵引元素是可移除的，即，使绷带尺寸减到最小，这种去除迁移要素来使伤口闭合完整的教导远远偏离了使涂有粘合剂的牵引要素成为一体来伸展皮肤。因此本申请权利要求 18~35（即修改前的权利要求 21~37、41）的技术方案相对于对比文件 1 具备创造性。（2）权利要求 15 和 37 中的“聚合物棒”可以得到说明书第 4 页第 6~14 行的充分支持，其中表示了刚性聚合物材料布置在沿平坦的柔性的组成部分的伤口边缘上，名词“棒”表示这种局部放置。“棒”一般解释为远远长于其宽度的条纹或带状物，因此说明书中沿着伤口边缘延伸而没有贯穿整个柔性组成部分的材料就是一种棒。

至此，合议组认为本案事实已经清楚，现依法作出复审决定。

二、决定的理由

1. 关于审查文本

本复审决定是以如下文本作为审查基础的：复审请求人于 2008 年 3 月 7 日提交的权利要求第 1~35 项，2004 年 6 月 10 日进入中国国家阶段时提交的说明书第 1~12 页、说明书附图第 1~5 页以及说明书摘要和摘要附图。

2. 关于专利法第 22 条第 3 款

专利法第 22 条第 3 款所规定的创造性，是指同申请日以前已有的技术相比，该发明有突出的实质性特点和显著的进步，该实用新型有实质性特点和进步。

（1）独立权利要求 18 不符合专利法第 22 条第 3 款的规定。

权利要求 18 请求保护一种两个组成部分的医学器件，对比文件 1 公开了一种包扎伤口及切口的绷带（属于医学器件的一种，从对比文件 1 附图可以看出其由两个部件构成），并具体公开了（参见对比文件 1 权利要求 1，说明书第 9 页第 30 行至第 10 页第 26 行，附图 1、2）：绷带 1 具有（a）第一平坦的柔性组成部分 5 和多个按第一方向从第一平坦的柔性组成部分 5 的一个侧边缘延伸出来的第一加长连接部分 15（该组成部分 5 和连接部分 15 构成的组件相当于本申请的“第一组成部分”）；（b）第二平坦的柔性组成部分 25 和一个或多个按第二方向从第二平坦的柔性组成部分 25 一个侧边缘伸展出来的第二加长连接部分 35（该组成部分 25 和连接部分 35 构成的组件相当于本申请的“第二组成部分”），该第二方向与第一方向相反；（c）第一牵引元件 40（相当于本申请中的“第一牵引要素”）与所述的第一加长连接部分 15 相连，并适于将第一平坦的柔性组成部分横向拉向伤口或切口；（d）第二牵引元件 45（相当于本申请中的“第二牵引要素”）与所述的第二加长连接部分 35 相连，并适于将第二平坦的柔性组成部分横向拉向伤口或切口；（e）用于将第一加长连接部分附着到第二平坦的柔性组成部分上的手段和用来使第二加长连接部分附着到第一平坦的柔性部分上的手段，优选采用粘合剂。

该权利要求请求保护的技术方案与对比文件 1 公开的内容相比，区别仅在于：权利要求 1 的第一和第二牵引要素下表面上有粘合剂。其作用在于增大器件的张力以拉伸较大伤口处的皮肤。

然而，如本领域普通技术人员所公知的，根据每个伤口或切口的深度、长度和宽度的不同，使这些伤口或切口对合所需的拉伸张力也不同，显然所需张力较大时，施加张力的组件的牢固程度应当越大，这种张力组件的牢固程度对于本申请和对比文件1中的由两个部件构成的绷带类医疗器件而言即体现为每个部件与皮肤固定（粘合）的面积，当所需张力越大时，则固定（粘合）面积应当越大。因此，在处理较大伤口时，本领域普通技术人员根据需要容易想到增大部件与皮肤的粘合面积，即，不将“牵引要素”去除，而将其也粘合在患者皮肤上以帮助固定。可见，在对比文件1的基础上结合本领域的公知常识，无需付出创造性劳动就能得到权利要求18的技术方案并实现其技术效果，即权利要求18的技术方案不具有突出的实质性特点和显著的进步，不具有专利法第22条第3款规定的创造性。

复审请求人认为：①对比文件1教导的是一种用于伤口闭合的绷带，而本申请是关于适于皮肤伸展的医学器件，并且本领域所熟知的皮肤伸展器件典型的是在皮下使用的，而没有教导使用皮肤表面的器件，因此对比文件1和现有技术未教导、建议或启示本申请权利要求的技术方案；②对比文件1记载的优选方案中描述了牵引元素是可移除的，即，使绷带尺寸减到最小，这种去除迁移要素来使伤口闭合完整的教导远远偏离了使涂有粘合剂的牵引要素成为一体来伸展皮肤。因此本申请权利要求18~35（即修改前的权利要求21~37、41）的技术方案相对于对比文件1具备创造性。

对此，合议组认为，首先，对比文件1的技术方案中的绷带是通过拉伸皮肤而实现伤口闭合的，而本申请权利要求18中的医学器件也是适于拉伸皮肤使伤口闭合的装置（参见该权利要求18的（C）和（D）中记载的“……而且适合向伤口边缘横向平移……”），因此对比文件1与本申请并不存在复审请求人所述的技术领域的差异。其次，对比文件1说明书第5页第8~24行记载的是“在优选的实施方式中，在绷带施用于皮肤之后，第一和第二拉伸部分可撕去……”，这是为了提高绷带的舒适度而采用的一种优选实施方式，其并没有排除保留第一和第二拉伸部分的技术方案，相反，如前所述，在对比文件1公开的整体技术方案以及本领域的公知常识的基础上，出于增大器件的张力以拉伸较大伤口处的皮肤的目的，本领域普通技术人员根据伤口大小需要容易想到将“牵引要素”也粘合在患者皮肤上以帮助固定，这无需付出创造性劳动。因此，复审请求人陈述的上述理由均不成立。

（2）从属权利要求19~35不符合专利法第22条第3款的规定。

从属权利要求19、23、24分别引用了在前的独立权利要求18，其附加技术特征分别是对所述医学器件各组件材料的限定。然而与这些附加技术特征完全相同的内容已经在对比文件1中公开（参见对比文件1权利要求2、6、7）。因此，在其引用的权利要求18不具备创造性的情况下，权利要求19、23、24也不具备专利法第22条第3款规定的创造性。

从属权利要求20引用了在前的独立权利要求18，其附加技术特征是“它适合在通过小孔和划痕附着器件之后拆除第一和第二牵引要素”。然而与这些附加技术特征完全相同的内容已经在对比文件1中公开（参见对比文件1说明书第5页第19~24行）。因此，在其引用的权利要求18不具备创造性的情况下，该权利要求20也不具备专利法第22条第3款规定的创造性。

从属权利要求21引用了在前的独立权利要求18，其附加技术特征是“其中所述的第一和第二加长的连接部分是交替插入的”。然而与这些附加技术特征完全相同的内容已经在对比文件1中公开（参见对比文件1权利要求4）。因此，在其引用的权利要求18不具备创造性的情况下，该权利要求21也不具备专利法第22条第3款规定的创造性。

从属权利要求22引用了在前的独立权利要求18，其附加技术特征是“其中第一加长的连接部分是彼此相邻的而且是在中心定位的，而第二加长的连接部分在器件的外边缘与第一加长的连接部分侧面相接”。然而与这些附加技术特征完全相同的内容已经在对比文件 1 中公开（参见对比文件 1 权利要求 5）。因此，在其引用的权利要求 18 不具备创造性的情况下，该权利要求 22 也不具备专利法第 22 条第 3 款规定的创造性。

从属权利要求 25 引用了在前的独立权利要求 18，其附加技术特征是“其中要素（A）～（D）是从片状原材料上冲切下来的”。然而与这些附加技术特征完全相同的内容已经在对比文件 1 中公开（参见对比文件 1 权利要求 8）。因此，在其引用的权利要求 18 不具备创造性的情况下，该权利要求 25 也不具备专利法第 22 条第 3 款规定的创造性。

从属权利要求 26 引用了在前的独立权利要求 18，其附加技术特征是“其中在伤口或切口两侧附着到皮肤上的第一和第二平坦的柔性的组成部分的边缘适合使皮肤边缘外翻以促进伤口痊愈”。然而与这些附加技术特征完全相同的内容已经在对比文件 1 中公开（参见对比文件 1 权利要求 9）。因此，在其引用的权利要求 18 不具备创造性的情况下，该权利要求 26 也不具备专利法第 22 条第 3 款规定的创造性。

从属权利要求 27 引用了在前的独立权利要求 18，其附加技术特征是“其中第一和第二平坦的柔性的组成部分的边缘是呈某种角度或弯曲的，以使皮肤边缘外翻”。然而与这些附加技术特征完全相同的内容已经在对比文件 1 中公开（参见对比文件 1 权利要求 10）。因此，在其引用的权利要求 18 不具备创造性的情况下，该权利要求 27 也不具备专利法第 22 条第 3 款规定的创造性。

从属权利要求 28 引用了在前的独立权利要求 18，其附加技术特征是“其中加长的连接部分的一部分被切掉，以便增大伤口上方通畅的表面区域，借此使渗出液引流和敷药变得容易”。然而与这些附加技术特征完全相同的内容已经在对比文件 1 中公开（参见对比文件 1 权利要求 11）。因此，在其引用的权利要求 18 不具备创造性的情况下，该权利要求 28 也不具备专利法第 22 条第 3 款规定的创造性。

从属权利要求 29 引用了在前的独立权利要求 18，其附加技术特征是“其中第一和第二平坦的柔性的组成部分适合伤口闭合对线”。然而与这些附加技术特征完全相同的内容已经在对比文件 1 中公开（参见对比文件 1 权利要求 12）。因此，在其引用的权利要求 18 不具备创造性的情况下，该权利要求 29 也不具备专利法第 22 条第 3 款规定的创造性。

从属权利要求 30 引用了在前的权利要求 29，其附加技术特征是“其中所述的适合对线包括在第一和第二平坦的柔性的组成部分上的标志彼此对线和/或与直接放在皮肤上的标志对线”。然而与这些附加技术特征完全相同的内容已经在对比文件 1 中公开（参见对比文件 1 权利要求 13）。因此，在其引用的权利要求 29 不具备创造性的情况下，该权利要求 30 也不具备专利法第 22 条第 3 款规定的创造性。

从属权利要求 31 引用了在前的独立权利要求 18，其附加技术特征是“它适合通过皮肤的药物递送”。然而与这些附加技术特征完全相同的内容已经在对比文件 1 中公开（参见对比文件 1 权利要求 14）。因此，在其引用的权利要求 18 不具备创造性的情况下，该权利要求 31 也不具备专利法第 22 条第 3 款规定的创造性。

从属权利要求 32 引用了在前的独立权利要求 18，其附加技术特征是“进一步包括弹性张力指示要素”。然而与这些附加技术特征完全相同的内容已经在对比文件 1 中公开（参见对比文件 1 权利要求 15）。因此，在其引用的权利要求 18 不具备创造性的情况下，该权利要求 32 也不具备专利法第 22 条第 3 款规定的创造性。

从属权利要求 33 引用了在前的权利要求 32，其附加技术特征是“其中弹性张力指示要素可与牵引要素一起拆除”。然而与这些附加技术特征完全相同的内容已经在对比文件 1 中公开（参见对比文件 1 权利要求 16)。因此，在其引用的权利要求 32 不具备创造性的情况下，该权利要求 33 也不具备专利法第 22 条第 3 款规定的创造性。

从属权利要求 34 引用了在前的独立权利要求 18，其附加技术特征是“进一步包括附在第一和第二平坦的柔性的组成部分的边缘上最接近而且实质上平行于伤口或切口的刚性的聚合物棒”。然而与这些附加技术特征完全相同的内容已经在对比文件 1 中公开（参见对比文件 1 权利要求 17)。因此，在其引用的权利要求 18 不具备创造性的情况下，该权利要求 34 也不具备专利法第 22 条第 3 款规定的创造性。

从属权利要求 35 引用了在前的独立权利要求 18，其附加技术特征是“其中加长的连接部分被充分地隔开，以使相对第二平坦的柔性的组成部分横向调整第一平坦的柔性的组成部分变得容易”。然而与这些附加技术特征完全相同的内容已经在对比文件 1 中公开（参见对比文件 1 权利要求 21)。因此，在其引用的权利要求 18 不具备创造性的情况下，该权利要求 35 也不具备专利法第 22 条第 3 款规定的创造性。

综上所述，由于本申请的权利要求 18~35 仍然存在复审通知书中所指出的不符合专利法第 22 条第 3 款规定的缺陷，根据专利法实施细则第 62 条第 1 款的规定，本案合议组作出以下审查决定。

三、决定

维持国家知识产权局于 2007 年 4 月 6 日对 02824658. 6 号 PCT 发明专利申请作出的驳回决定。

复审请求人对本决定不服的，可以根据专利法第 41 条第 2 款的规定，自收到本决定之日起三个月内向北京市第一中级人民法院起诉。

108

测定气体样品 N_2O 浓度中双进样口进样实现反吹的方法

复审请求审查决定（第 13758 号）

决　定　号　第 13758 号
决　定　日　2008 年 6 月 19 日
发明创造名称　测定气体样品 N_2O 浓度中双进样口进样实现反吹的方法
国 际 分 类 号　G01N 30/40，G01N 30/42，G01N 30/38，G01N 30/16
复 审 请 求 人　中国科学院沈阳应用生态研究所
申　请　号　200410050256. X
申　请　日　2004 年 8 月 13 日
公　开　日　2005 年 6 月 8 日
合 议 组 组 长　黄玉平
主　审　员　马　燕
参　审　员　李晓娜

法 律 依 据　专利法第 22 条第 3 款
决 定 要 点

如果一项权利要求与一篇对比文件之间存在区别技术特征，另一篇对比文件没有公开该区别技术特征，也未给出该技术启示，并且该区别技术特征不属于本领域的公知常识，则该项权利要求相对于这两篇对比文件的结合具有创造性，符合专利法第 22 条第 3 款的规定。

一、案由

本复审请求涉及申请号为 200410050256. X、名称为“测定气体样品 N_2O 浓度中双进样口进样实现反吹的方法”的发明专利申请（下称本申请），申请人为中国科学院沈阳应用生态研究所，申请日为 2004 年 8 月 13 日，公开日为 2005 年 6 月 8 日，本申请公开文本的权利要求书共包括 2 项权利要求。

应申请人的请求，国家知识产权局实质审查部门依法对本申请进行了实质审查，于 2007 年 7 月 6 日针对申请人于 2006 年 10 月 14 日提交的权利要求第 1~2 项、说明书第 2 页、说明书摘要，于 2006 年 5 月 26 日提交的说明书第 1、3、4 页，于申请日提交的附图第 1 页，以本申请权利要求 1~2 不符合专利法第 22 条第 3 款有关创造性的规定为由驳回了本申请。驳回决定所针对的权利要求书如下：

“1. 一种测定气体样品 N_2O 浓度中双进样口进样实现反吹的方法，其特征在于：在不改变硬件条件下于柱端进样口或定量管进样口进样进行反吹操作，从定量管进样口进样实现反吹操作通过控制程序（1）实现，从柱端进样口进样实现反吹操作通过控制程序（2）实现。

2. 按权利要求1所述测定气体样品 N_2O 浓度中双进样口进样实现反吹的方法，其特征在于：在定量管进样口进样情况下的控制程序（1）为：依次在0.01分钟和1.18分钟时分别执行十通阀由“OFF”至“ON”和由“ON”至“OFF”的切换，从而完成反吹及分离，最后进入信号检测器后续操作；从柱端进样口进样实现反吹操作的控制程序（2）为：先在十通阀处于“ON”状态时从柱端进样口注入样品，在注入样品的同时依次在1~2分钟和2~5分钟时分别执行十通阀由“ON”至“OFF”和由“OFF”至“ON”的切换，从而完成反吹及分离，最后进入信号检测器后续操作。”

驳回决定中引用的对比文件如下：

对比文件1：“气相色谱法检测大气中 N_2O 浓度”，王跃思等人，《分析测试技术与仪器》，1994年第2期，第19~24页，1994年6月；

对比文件2：“毛细管色谱切割-反吹法归一化分析汽油中芳烃”，王涵文等人，《分析化学》，第30卷第8期，第1012~1016页，2002年8月。

驳回决定的具体理由为：（1）本申请权利要求1相对于对比文件1的区别在于：①双进样口进样实现反吹；②从柱端进样口进样实现反吹操作通过控制程序实现。虽然对比文件1没有公开上述区别，但是，当采集到的气体样品体积较少不能通过定量管进样进行测定时，本领域普通技术人员自然可以想到将气体样品从柱端进样口注入（这是本领域最常用到的进样方式），即可以通过对比文件1的图2中的载气1入口进样，此时无需改变对比文件1中的气相色谱仪的结构，只需要改变其进样位置和进样时机（即在进样阀转到B位时从载气入口位置进样）仍然可以实现反吹操作，这是本领域普通技术人员通过图2可以毫无疑义地确定的，因此，在对比文件1的基础上结合上述公知常识以获得该权利要求请求保护的技术方案对所属技术领域的技术人员来说是显而易见的，因此该权利要求1不具备创造性。

（2）权利要求2的附加技术特征中的“在定量管进样口进样情况下的控制程序为……”已经在对比文件1中公开，而“从柱端进样口进样实现反吹操作的控制程序为……”中实现反吹操作的控制程序已经在对比文件2中公开，虽然对比文件2中没有明确指出由“ON”至“OFF”后再由“OFF”切换至“ON”，但其已经隐含公开了该技术特征，因为为了下一次进样，六通阀或十通阀必须再由“OFF”切换至“ON”，这是隐含的且可直接地、毫无疑义地确定的技术内容；而且，尽管对比文件2中公开的是六通阀而不是十通阀，但六通阀与十通阀都是本领域常用的技术手段，且其在对比文件2中所起的作用与在本申请权利要求2的技术方案中所起的作用相同；附加技术特征中的十通阀的切换时间与对比文件1和2中的不尽相同，但这是本领域技术人员根据公知常识可以推出的时间，因此权利要求2相对于对比文件1、2以及公知常识的结合也不具备创造性。

申请人中国科学院沈阳应用生态研究所（以下称复审请求人）不服上述驳回决定，于2007年9月21日向专利复审委员会提出复审请求，同时提交了权利要求书全文的修改替换页。修改后的权利要求书共包括2项权利要求，其中复审请求人仅将权利要求2中的“在0.01分钟和1.18分钟时”和“在1~2分钟和2~5分钟时”删除，对权利要求1未作修改。

复审请求人认为：（1）对比文件1涉及一种从定量管进样进行的常规反吹操作，这种技术背景下，如在体积少不能从定量管进样时，虽可以从柱端进样口进样，但它并不能同时完成反吹操作。在不改变程序的情况下只改变进样位置，须同时改动结构才能实现反吹。如本申请背景技术中指出的那样，反吹操作或者只能用于定量管进样或者只能用于柱端进样口进样，两者不可兼得，而本申请是在不改变硬件条件下通过控制程序于柱端进样口或定量管进样口进样进行反吹操作，特征有三：①双口分别进样；②配有双口分别进样的相应控制程序；③无论哪种进样均可实现反吹操作。（2）对比文件 1 为大进样量下常规技术，对比文件 2 为小进样量下常规技术，本申请是二者的结合。不改变结构、只改变位置和进样时机的情况下实现反吹操作是本申请贡献所在，并不是公知常识。原因是：如机器是从外国进口的，软件是带来的，从来没人想过要改软件，即改变进样位置、不改变结构不可能实现反吹操作这个事实早已为本领域技术人员所公知。本申请是为了改变进样位置而改变了进样时机即改变了程序，从而达到不改变结构的便利目的，这是本申请的创造性所在。

经形式审查合格后，专利复审委员会依法受理了该复审请求，并于 2007 年 10 月 25 日向复审请求人发出复审请求受理通知书，同日向原审查部门发出前置审查通知书。

原审查部门对本复审请求进行了前置审查，在前置审查中，原审查部门坚持原驳回决定。

针对上述复审请求，专利复审委员会依法成立合议组对本案进行了审查。

复审请求人于 2008 年 4 月 11 日主动提交了意见陈述书，并提交了权利要求书全文的修改替换页。修改后的权利要求书共包括 1 项权利要求，如下：

“1. 一种测定气体样品 N_2O 浓度中双进样口进样实现反吹的方法，其特征在于：在不改变硬件条件下于柱端进样口或定量管进样口进样进行反吹操作，从定量管进样口进样实现反吹操作通过控制程序（1）实现，从柱端进样口进样实现反吹操作通过控制程序（2）实现；具体如下：

在定量管进样口进样情况下的控制程序（1）为：依次分别执行十通阀由“OFF”至“ON”和由“ON”至“OFF”的切换，从而完成反吹及分离，最后进入信号检测器后续操作；从柱端进样口进样实现反吹操作的控制程序（2）为：先在十通阀处于“ON”状态时从柱端进样口注入样品，在注入样品的同时依次分别执行十通阀由“ON”至“OFF”和由“OFF”至“ON”的切换，从而完成反吹及分离，最后进入信号检测器后续操作；

其中：定量管进样口进样过程：在十通阀处于“OFF”状态时，从定量管处注入气体样品，气体样品暂存于定量管中，在十通阀由“OFF”状态切换至“ON”状态时，存留在定量管中的气体样品被来自载气及柱端进样口的载气带入分离系统，进行预分离，当十通阀由“ON”切换到“OFF”状态时进行反吹操作，然后气体样品再进一步被分离，最后进入信号检测器；柱端进样口进样过程：在十通阀处于“ON”状态时，从载气及柱端进样口注入气体样品，气体样品直接流经定量管，进入分离系统，进行预分离；在将十通阀由“ON”状态切换至“OFF”状态时进行反吹操作，由来自载气及柱端进样口的载气进行反吹，然后气体样品再进一步被分离，最后进入信号检测器。”

复审请求人认为修改后的权利要求 1 具备创造性。

复审请求人于 2008 年 5 月 24 日又主动提交了意见陈述书，并提交了说明书第 3 页的修改替换页，其相对于 2006 年 5 月 26 日提交的说明书第 3 页的改动如下：将说明书第 3 页倒数第 2 行“控制程序 2 为从定量管进样口进样的控制程序”修改为“控制程序 2 为由柱端进样口进样时的控制程序”，删除了第 3 页倒数第 1 行，同时在第 3 页第 1 行之前增加了“器，高纯氮作载气，两根填充柱，填料采用 Porapak Q，检测器温度 300℃，进样”（即于 2006 年 10 月 14 日提交的说明书第 2 页的倒数第 1 行）。也就是说，复审请求人于 2008 年 5 月 24 日提交的说明书第 3 页存在与 2006 年 10 月 14 日提交的说明书第 2 页重复的一行文字，同时删除了一行文字。

复审请求人于 2008 年 6 月 18 日再次主动提交了意见陈述书，并提交了说明书第 3 页的修改替换页，其相对于 2006 年 5 月 26 日提交的说明书第 3 页的改动如下：将说明书第 3 页倒数第 2 行“控制程序 2 为从定量管进样口进样的控制程序”修改为“控制程序 2 为由柱端进样口进样时的控制程序”。此次提交的说明书第 3 页与 2006 年 10 月 14 日提交的说明书第 2 页，以及 2006 年 5 月 26 日提交的说明书第 1、4 页形成连贯、完整的说明书。

至此，合议组认为本案事实已经清楚，现依法作出本复审请求审查决定。

二、决定的理由

1. 决定所依据的文本

本复审请求审查决定以复审请求人于 2008 年 4 月 11 日提交的权利要求第 1 项，于 2008 年 6 月 18 日提交的说明书第 3 页，于 2006 年 10 月 14 日提交的说明书第 2 页、说明书摘要，于 2006 年 5 月 26 日提交的说明书第 1、4 页，于申请日提交的说明书附图第 1 页作为审查基础。

复审请求人于 2008 年 4 月 11 日提交了权利要求 1 的修改替换页，经审查，修改后的权利要求 1 的内容属于根据原说明书和权利要求书文字记载的内容以及原说明书附图能直接地、毫无疑义地确定的内容，没有超出原始申请文件记载的范围，符合专利法第 33 条的规定。

复审请求人于 2008 年 6 月 18 日提交了说明书第 3 页的修改替换页，其修改是针对其于 2006 年 5 月 26 日提交的说明书第 3 页倒数第 2 行进行的，具体是将“控制程序 2 为从定量管进样口进样的控制程序”修改为“控制程序 2 为由柱端进样口进样时的控制程序”。修改后的内容在原说明书中有明确的记载，因此，复审请求人此次对说明书的修改符合专利第 33 条。

2. 关于专利法第 22 条第 3 款

专利法第 22 条第 3 款规定，创造性，是指同申请日以前已有的技术相比，该发明有突出的实质性特点和显著的进步，该实用新型有实质性特点和进步。

对本案而言，本申请基于现有的装有反吹装置的系统中不改变硬件条件就不能同时使用柱端进样口和定量管进样口进样实现反吹的缺点，通过改变相关的控制程序及操作次序，提供一种双进样口进样实现反吹的方法，由此使得系统稳定且效率高。

具体地，本申请权利要求 1 请求保护一种测定气体样品 N_2O 浓度中双进样口进样实现反吹的方法，对比文件 1 公开了检测大气中 N_2O 浓度的气相色谱法，并具体披露了以下内容（参见第 20 页第 10 行至第 22 页第 2 段，图 2）：该气相色谱仪（GC）内装电子捕获检测器（ECD），同时采用了 10 通进样反吹阀和 4 通切换阀，阀的转向由 GC 自身的微电脑控制（相当于本申请权利要求 1 中的通过控制程序实现），该系统采用了两根 Porpak Q 填充柱，其中一根为前置柱，一根为分析柱，柱子通过 10 通进样反吹阀与载气源连接。当进样阀处于 A 位时（相当于本申请权利要求 1 中的“OFF”状态），样品气充满 1mL 定量进样管。进样阀转到 B 位时（相当于本申请权利要求 1 中的“ON”状态），进样管中的样品气由载气 1 入口的载气带动，通过前置柱流入分析柱，再由分析柱另一端出口排出。当样品通过柱子的时间达到 2.3 分钟时，N_2O 组分已全部通过前置柱，这时，将 10 通阀从 B 位（相当于本申请权利要求 1 中的“ON”状态）转到 A 位（相当于本申请权利要求 1 中的“OFF”状态），使前置柱与分析柱被切断，N_2O 组分在分析柱中继续与其他组分分离，此时，前置柱被反吹。分析进行到 5.0 分钟时，样品中的 O_2 组分已全部流出分析柱，这时受时间程序控制的 4 通切换阀将分析柱出口与检测器（ECD）连通，N_2O 组分进入检测器。

本申请权利要求 1 请求保护的技术方案与对比文件 1 公开的内容相比，其区别在于：①本申请权利要求 1 请求保护一种双进样口进样实现反吹的方法，即本申请在定量管进样口和柱端进样口两种进样方式下均可实现反吹操作，而对比文件 1 仅能够在定量管进样口进样方式下实现反吹操作；②本申请权利要求 1 请求保护的方法能够从柱端进样口进样实现反吹操作，这一过程通过控制程序（2）实现；从柱端进样口进样实现反吹操作的控制程序（2）为：先在十通阀处于“ON”状态时从柱端进样口注入样品，在注入样品的同时依次分别执行十通阀由“ON”状态至“OFF”状态和由“OFF”状态至“ON”状态的切换，从而完成反吹及分离，最后进入信号检测器后续操作；柱端进样口进样过程：在十通阀处于“ON”状态时，从载气及柱端进样口处注入气体样品，气体样品直接流经定量管，进入分离系统，进行预分离；在将十通阀由“ON”状态切换至“OFF”状态时进行反吹操作，由来自载气及柱端进样口的载气进行反吹，然后气体样品再进一步被分离，最后进入信号检测器；而对比文件1仅公开了使用单一的定量管进样口进样实现反吹的方法，并未涉及从柱端进样口进样。

对比文件2公开了毛细管色谱切割-反吹法，并具体披露了以下内容（参见第1012页最后一行至第1013页第1段结尾，图1、2）：在图1所示位置处（相当于本申请权利要求1中的“ON”状态），样品由进样器导入，经过六通阀（6）进入预柱（4）完成族分离，部分馏出物经六通阀（6）、阻尼柱（2）和微型三通（3）进入检测器（7）。辅助载气（1）流经分析柱（5）进入微三通（3），同时起到分析柱吹扫和预柱尾吹的作用。当部分组分已馏出预柱而目标组分即将流出时，扳动六通阀（6）至图2所示位置（相当于本申请权利要求1中的“OFF”状态），反吹预柱（4）中未馏出物至分析柱（5）进行详细分离并通过微型三通（3）进入检测器检测。这时载气流经阻尼柱到达微型三通作为分析柱的尾吹气。对比文件2虽然没有明确指出将六通阀（6）由图1所示位置扳到图2所示位置之后再将其扳回到图1所示位置（相当于由本申请权利要求1中的“OFF”状态到“ON”状态再到“OFF”状态），但是，为了下一次由进样器导入样品，必须将六通阀（6）再从图2所示位置扳到图1所示位置（相当于由本申请权利要求1中的“OFF”状态至“ON”状态），这是可以从对比文件2直接地、毫无疑义地确定的内容。

由此可知，对比文件2公开了本申请权利要求1中从柱端进样口进样实现反吹的操作，以及从柱端进样口进样实现反吹操作的控制程序和进样过程。并且，虽然对比文件2公开的是六通阀（6）而非十通阀，但是六通阀与十通阀都是本领域常用的技术手段，其作用均为切换不同的通路，使气体沿其所切换的通路行进，因此，使用六通阀还是十通阀只是本领域普通技术人员根据需要进行的常规选择。

可见，对比文件2公开了上述区别技术特征（2），即，对比文件2给出了在“ON”状态时注入样品，并在注入样品的同时依次分别执行由“ON”状态到“OFF”状态和由“OFF”状态到“ON”状态的切换，从而完成反吹及分离的技术方案，但是，对比文件2仅提供了从一个进样口进样实现反吹的技术方案，而没有公开上述区别技术特征（1），也没有给出可以从双进样口进样实现反吹的技术方案且没有给出相应的技术启示。

驳回决定中认为，虽然在对比文件1中没有公开双进样口进样实现反吹的技术特征，但是，当采集到的气体样品体积较少不能通过定量管进样进行测定时，本领域普通技术人员自然可以想到将气体样品从柱端进样口注入（这是本领域最常用到的进样方式），即可以通过对比文件1的图2中的载气1入口进样，且此时无需改变对比文件1中的气相色谱仪的结构，只需要改变其进样位置和进样时机（即在进样阀转到B位时从载气入口位置进样）仍然可以实现反吹操作，这是本领域普通技术人员通过图2可以毫无疑义地确定的。

对此合议组认为，对比文件1和对比文件2均未公开上述区别技术特征（1），如本申请背景技术中所述，在本领域中，最常使用的两种进样方式是从定量管进样口进样和从柱端进样口进样，且从定量管进样口进样适用于气体样品体积较大时，而从柱端进样口进样适用于气体样品体积较小时，现有的气相色谱仪或者在定量管进样口进样条件下实现反吹，或者在柱端进样口进样条件下实现反吹操作，如果需要在两种进样条件下均实现反吹操作，就必须进行硬件条件的改变，这在本领域是非常公知且成熟的技术。因此，虽然当采集到的气体样品体积较少不能通过定量管进样进行测定时，本领域普通技术人员容易想到将气体样品从柱端进样口注入，但是，这么做时存在一定的困难，且就现有的气相色谱仪来说，本领域普通技术人员最容易想到的是改变其硬件条件，使其适用于从柱端进样口进样并实现反吹操作，而非改变控制程序，使气相色谱仪可从双进样口进样实现反吹操作。另外，根据对比文件1的记载，其样品采集地点设在周围1公里范围内无高大建筑物、近处无显著的人为局地源干扰的气象塔院内，每次同时采集两个样品，空气样品用 0.8L 的特制不锈钢瓶采集，因此，其涉及的是大进样量进样实现反吹操作的情况，并且，对比文件 1 所要解决的技术问题是如何排除样品中的 O_2、H_2O、CO_2 和氯氟烃的干扰，其所采用的技术手段是对气相色谱仪进行改进并利用定量管进样口进样实现反吹操作，其所达到的技术效果是提高了 N_2O 的分析灵敏度和精确度。可见，对比文件 1 仅涉及大进样量进样实现反吹操作的情况，而不涉及小进样量进样实现反吹操作的情况，本领域普通技术人员根据对比文件 1 记载的内容并不容易想到要设计一种适用于大、小进样量进样实现反吹操作的气相色谱仪，因此也就不容易想到改变对比文件 1 中的气相色谱仪的进样位置和进样时机以获得双进样口进样实现反吹操作的技术方案。而本申请权利要求 1 请求保护的双进样口进样实现反吹的方法，可以在不改变原系统硬件结构、只改变控制程序及其操作次序的情况下在定量管进样口和柱端进样口两种进样方式下均可实现反吹操作，并提高了系统效率。因此，本申请权利要求 1 相对于对比文件 1、2 的结合具备创造性，符合专利法第 22 条第 3 款的规定。

根据上述事实和理由，本案合议组作出以下复审请求审查决定。

三、决定

撤销国家知识产权局于 2007 年 7 月 6 日对 200410050256.X 号发明专利申请作出的驳回决定。

由原审查部门以本审查决定所依据的文本，即复审请求人于 2008 年 4 月 11 日提交的权利要求第 1 项，于 2008 年 6 月 18 日提交的说明书第 3 页，于 2006 年 10 月 14 日提交的说明书第 2 页、说明书摘要，于 2006 年 5 月 26 日提交的说明书第 1、4 页，于申请日提交的说明书附图第 1 页作为审查基础继续进行审查程序。

复审请求人对本决定不服的，可以根据专利法第 41 条第 2 款的规定，自收到本决定之日起三个月内向北京市第一中级人民法院起诉。

109

便携式生物数据测量装置

复审请求审查决定（第 13760 号）

决　定　号　第 13760 号
决　定　日　2008 年 6 月 16 日
发明创造名称　便携式生物数据测量装置
国 际 分 类 号　A61B 5/0402，A61B 5/02，A61B 5/00
复 审 请 求 人　株式会社帕拉马技术
申　请　号　02149581.5
优 先 权 日　2001 年 11 月 16 日
申　请　日　2002 年 11 月 15 日
公　开　日　2003 年 5 月 28 日
合 议 组 组 长　张梅珍
主　审　员　瞿晓峰
参　审　员　杨加黎

法 律 依 据　专利法第 22 条第 3 款
决 定 要 点

虽然权利要求请求保护的技术方案与最接近的对比文件相比具有区别技术特征，但是，如果区别技术特征属于本领域公知常识或者本领域技术人员根据现有技术公开的内容容易想到，那么该权利要求不具备创造性。

一、案由

本复审请求涉及申请号为 02149581.5、名称为“便携式生物数据测量装置”的发明专利申请（下称本申请），申请日为 2002 年 11 月 15 日，优先权日为 2001 年 11 月 16 日，公开日为 2003 年 5 月 28 日，申请人为株式会社帕拉马技术。本申请公开时权利要求书共包括 4 项权利要求，其中权利要求 1 为独立权利要求。

经实质审查，国家知识产权局实质审查部门以本申请权利要求 1~4 不符合专利法第 22 条第 3 款为由，于 2006 年 9 月 8 日作出了驳回本申请的决定。驳回决定所依据的文本为：申请人于 2005 年 8 月 9 日提交的权利要求第 1~4 项，于申请日提交的说明书第 1~7 页、附图第 1~6 页、摘要和摘要附图。驳回决定所针对的权利要求书如下：

“1. 一种便携式心电图波形和心率测量装置，包括：设置在近似为长方体形的机箱（11）相对侧面上的一 GND 电极（12B）和一负电极（12C）；一设置在与其上提供有所述 GND 电极（12B）和所述负电极（12C）的相对面相邻的面上的正电极（12A）；用于在其上显示心电图波形和心率的显示装置（17），其中以在时间基准方向被压缩的波形在所述显示装置上显示心电图波形，其中使用所述正电极（12A）、所述GND电极（12B）和所述负电极（12C）测量心电图波形和心率。

2. 根据权利要求1所述的便携式心电图波形和心率测量装置，还包括用于在其上显示心电图波形和心率的显示装置（17），其中在所述显示装置上显示心电图波形中包含的第一R波和第二R波，并且其中通过将第一R波的峰值部位设置为参考点，在表示时间基准的横坐标轴上显示出其上绘有代表心跳次数的数据的用于读出心跳次数的轴（17a）。

3. 根据权利要求1所述的便携式心电图波形和心率测量装置，其中所述正电极（12A）、所述GND电极（12B）和所述负电极（12C）在其面上具有凹凸不平形状。

4. 根据权利要求1所述的便携式心电图波形和心率测量装置，还包括用于在其上显示心电图波形和心率的显示装置（17），其中在所述显示装置上显示代表相邻R波之间心跳次数的时变的数据。”

驳回决定引用了如下对比文件：

对比文件1：US5226425A美国专利，其公开日为1993年7月13日；

对比文件2：US6149602A美国专利，其公开日为2000年11月21日；

对比文件3：CN1289240A中国发明专利申请公开说明书，其公开日为2001年3月28日；

对比文件4：US4550735A美国专利，其公开日为1985年11月5日；

对比文件5：特开平10-314134A日本公开特许公报，其公开日为1998年12月2日。

驳回决定认为：权利要求1与对比文件1相比，其区别技术特征在于权利要求1中的显示装置以在时间基准方向被压缩的波形来显示心电图波形，而该区别技术特征属于本领域公知常识，因此权利要求1请求保护的技术方案相对于对比文件1是显而易见的，没有突出的实质性特点和显著的进步，不具备创造性；权利要求2对权利要求1作了进一步限定，其附加技术特征属于本领域常用技术手段，因此权利要求2也不具备创造性；权利要求3对权利要求1作了进一步限定，其附加技术特征被对比文件1公开了，另外对比文件3~5也均给出了该附加技术特征的技术启示，因此权利要求3也不具备创造性；权利要求4对权利要求1作了进一步限定，其附加技术特征属于本领域公知常识，因此权利要求4也不具备创造性。

申请人株式会社帕拉马技术（下称复审请求人）对上述驳回决定不服，于2006年12月4日向专利复审委员会提出了复审请求，同时提交了权利要求书的全文修改替换页。复审请求人认为：独立权利要求1和4中的特征“所述正电极设置在所述机箱的端面上，所述端面弯成具有椭圆形并与设置有GND电极和负电极的相对面相邻”并没有被对比文件公开，因此独立权利要求1和4具备新颖性和创造性，权利要求2和3是权利要求1的从属权利要求，也具备新颖性和创造性。复审请求人修改后的权利要求如下：

“1. 一种便携式心电图波形和心率测量装置，包括：设置在近似为长方体形的机箱（11）相对侧面上的GND电极（12B）和负电极（12C）；设置在与其上提供有所述GND电极（12B）和所述负电极（12C）的相对面相邻的面上的正电极（12A）；用于在其上显示心电图波形和心率的显示装置（17），其中以在时间基准方向被压缩的波形在所述显示装置上显示心电图波形，其中所述正电极（12A）、所述GND电极（12B）和所述负电极（12C）在其面上具有凹凸不平形状，使用所述正电极（12A）、所述GND电极（12B）和所述负电极（12C）测量心电图波形和心率，

且所述正电极设置在所述机箱的端面上，所述端面弯成具有椭圆形并与设置有GND电极和负电极的相对面相邻。

2. 根据权利要求1所述的便携式心电图波形和心率测量装置，还包括用于在其上显示心电图波

形和心率的显示装置（17），其中在所述显示装置上显示心电图波形中包含的第一 R 波和第二 R 波，并且其中通过将第一 R 波的峰值部位设置为参考点，在表示时间基准的横坐标轴上显示出其上绘有代表心跳次数的数据的用于读出心跳次数的轴（17a）。

3. 根据权利要求 1 所述的便携式心电图波形和心率测量装置，还包括用于在其上显示心电图波形和心率的显示装置（17），其中在所述显示装置上显示代表相邻 R 波之间心跳次数的时变的数据。

4. 一种便携式心电图波形和心率测量装置，包括：设置在近似为长方体形的机箱（11）相对侧面上的 GND 电极（12B）和负电极（12C）；设置在与其上提供有所述 GND 电极（12B）和所述负电极（12C）的相对面相邻的面上的正电极（12A），其中所述正电极（12A）、所述 GND 电极（12B）和所述负电极（12C）在其面上具有凹凸不平形状，使用所述正电极（12A）、所述 GND 电极（12B）和所述负电极（12C）测量心电图波形和心率，

且所述正电极设置在所述机箱的端面上，所述端面弯成具有椭圆形并与设置有 GND 电极和负电极的相对面相邻。"

经形式审查合格，专利复审委员会依法受理了该复审请求，并于 2007 年 1 月 5 日向复审请求人发出了复审请求受理通知书，同时向原审查部门发出前置审查通知书。

原审查部门在前置审查意见书中认为：权利要求 1 和 4 的修改不符合专利法第 33 条的规定；权利要求 4 的修改不符合专利法实施细则第 60 条第 1 款的规定；即使克服上述缺陷，权利要求 1~4 仍不具备创造性，因而坚持原驳回决定。

专利复审委员会依法成立合议组对本案进行审理。

合议组于 2007 年 8 月 27 日向复审请求人发出复审通知书，指出权利要求 1 和 4 的修改不符合专利法第 33 条的规定，即使克服修改超范围的缺陷，权利要求 1~4 也不符合专利法第 22 条第 3 款的规定，权利要求 4 的修改不符合专利法实施细则第 60 条第 1 款的规定。具体理由如下：

（1）复审请求人删除了权利要求 1 和 4 中原有的限定 GND 电极、正电极、负电极个数的词"一"，导致修改后的权利要求 1 和 4 的技术方案在原说明书和权利要求书中没有记载，也不能根据原说明书和权利要求书记载的内容及说明书附图直接地、毫无疑义的确定，因此权利要求 1 和 4 的修改不符合专利法第 33 条的规定。

（2）在权利要求 1、4 中正电极、GND 电极和负电极的个数限定为一，克服修改超范围的前提下，权利要求 1 与对比文件 1 相比，具有三个区别技术特征，分别为：显示装置以在时间基准方向被压缩的波形来显示心电图波形；正电极、GND 电极和负电极在其面上具有凹凸不平形状；正电极所在端面弯成具有椭圆形。合议组认为，"显示装置以在时间基准方向被压缩的波形来显示心电图波形"属于本领域公知常识，对比文件 1、3~5 均给出了在正电极、GND 电极和负电极面上形成凹凸不平形状的技术启示，对比文件 1、2、4 均给出了将正电极所在端面弯成具有椭圆形的技术启示，因此，权利要求 1 不具备突出的实质性特点和显著的进步，不具备创造性，不符合专利法第 22 条第 3 款的规定。权利要求 2 和 3 是权利要求 1 的从属权利要求，其附加技术特征属于本领域惯用手段，因此权利要求 2 和 3 也不具备创造性。与对比文件 1 相比，权利要求 4 的区别技术特征为：正电极、GND 电极和负电极在其面上具有凹凸不平形状；正电极所在端面弯成具有椭圆形。对比文件 1、3~5 均给出了在正电极、GND 电极和负电极面上形成凹凸不平形状的技术启示，而对比文件 1、2、4 均给出了将正电极所在端面弯成具有椭圆形的技术启示，因此权利要求 4 也不具备突出的实质性特点和显著的进步，不具备创造性，不符合专利法第 22 条第 3 款的规定。

（3）权利要求 4 是复审请求人在提出复审请求时主动增加的，不是为了消除驳回决定指出的缺陷而作出的修改，不符合专利法实施细则第 60 条第 1 款的规定。

复审请求人于2007年10月8日提交了意见陈述书，同时提交了权利要求书的全文修改替换页以及与本申请相对应的美国授权专利US7149571B2和声称为本申请产品但产品名称为“心电图记录装置”的产品的《中华人民共和国医疗器械注册证》的复印件。修改后的权利要求书如下：

“1. 一种便携式心电图波形和心率测量装置，包括：设置在近似为长方体形的机箱（11）相对侧面上的一GND电极（12B）和一负电极（12C）；一设置在与其上提供有所述GND电极（12B）和所述负电极（12C）的相对面相邻的面上的正电极（12A）；用于在其上显示心电图波形和心率的显示装置（17），其中以在时间基准方向被压缩的波形在所述显示装置上显示心电图波形，其中所述正电极（12A）、所述GND电极（12B）和所述负电极（12C）在其面上具有细小的凹凸不平形状，使用所述正电极（12A）、所述GND电极（12B）和所述负电极（12C）测量心电图波形和心率，且所述正电极设置在所述机箱的端面上，所述端面弯成具有半椭圆形圆周形状并与设置有GND电极和负电极的相对面相邻。

2. 根据权利要求1所述的便携式心电图波形和心率测量装置，还包括用于在其上显示心电图波形和心率的显示装置（17），其中在所述显示装置上显示心电图波形中包含的第一R波和第二R波，并且其中通过将第一R波的峰值部位设置为参考点，在表示时间基准的横坐标轴上显示出其上绘有代表心跳次数的数据的用于读出心跳次数的轴（17a）。

3. 根据权利要求1所述的便携式心电图波形和心率测量装置，还包括用于在其上显示心电图波形和心率的显示装置（17），其中在所述显示装置上显示代表相邻R波之间心跳次数的时变的数据。”

复审请求人认为：在权利要求1中“GND电极”、“负电极”、“正电极”前加入了限定词“一”，修改后的权利要求1符合专利法第33条的规定；删除了权利要求4，克服了复审通知书指出的权利要求4不符合专利法实施细则第60条第1款的缺陷；对比文件1~5没有公开修改后权利要求1中“所述正电极（12A）、所述GND电极（12B）和所述负电极（12C）在其面上具有细小的凹凸不平形状”、“所述正电极设置在所述机箱的端面上，所述端面弯曲成具有半椭圆形圆周形状并与设置有GND电极和负电极的相对面相邻”等技术特征，上述技术特征使权利要求1相对于对比文件1~5具备新颖性和创造性，其从属权利要求2和3也具备新颖性和创造性。

在上述程序的基础上，合议组认为本案事实已经清楚，可以作出审查决定。

二、决定的理由

1. 审查文本的认定

针对复审通知书，复审请求人于2007年10月8日提交了意见陈述书，同时提交了权利要求书的全文修改替换页，经审查，该修改文本符合专利法第33条和专利法实施细则第60条第1款的规定，因此本复审决定所针对的文本是：复审请求人于2007年10月8日提交的权利要求1~3项；于2002年11月15日提交的说明书第1~7页、附图第1~6页、说明书摘要和摘要附图。

2. 关于权利要求1~3的创造性

专利法第22条第3款规定：创造性，是指同申请日以前已有的技术相比，该发明有突出的实质性特点和显著的进步，该实用新型有实质性特点和进步。

虽然权利要求请求保护的技术方案与最接近的对比文件相比具有区别技术特征，但是如果区别技术特征属于本领域公知常识或者本领域技术人员根据现有技术公开的内容容易想到，那么该权利要求不具备创造性。

权利要求1请求保护一种便携式心电图波形和心率测量装置，对比文件1公开了一种便携式心电信号测量装置，具体公开了以下内容（参见对比文件1附图1-3，说明书第2栏第57行至第5栏第53行）：所述测量装置10有一近似为长方体形的壳体11；在壳体11的一相对侧面上设置有一AGND

电极 15b 和一负电极 15c；在与设置有所述 AGND 电极 15b 和所述负电极 15c 的相对面相邻的面上设置有正电极 15a；使用所述的正电极 15a、AGND 电极 15b 和负电极 15c 测量心电信号，由心电信号可以得到心电图波形和心率；其中的 AGND 电极 15b、负电极 15c 表面都是圆形或椭圆形，为弯曲形状；所述测量装置还包括一显示心率的显示装置 19。

与对比文件 1 相比，权利要求 1 的区别技术特征为：（1）所述显示装置以在时间基准方向被压缩的波形来显示心电图波形，（2）所述正电极、所述 GND 电极和所述负电极在其面上具有细小的凹凸不平形状，以及（3）正电极所在端面弯成具有半椭圆形圆周形状。

合议组认为上述区别技术特征（1）属于本领域公知常识。对比文件 1 中使用 15a~15c 三个电极提取心电信号，经前置处理和 A/D 转换器转化成数字 ECG 信号，可以存储并输出。对本领域技术人员来说，在获取数字 ECG 信号后，存在多种惯用的显示模式。心电图各导联一般以电压为 Y 轴、时间为 X 轴来记录、显示心脏电变化曲线。在此显示模式下，心电波形的形状与时间轴的量程有关，当量程较小时，可以清晰、完整地显示心电波形，但显示装置上每屏显示的完整波形数目较少；当量程较大时，心电波形将被压缩，可仅以 R 波指示心跳，但此时每屏显示的 R 波较多，可以比较容易地判断心律不齐等问题。以上内容都是本领域的公知常识。另外，许多测量仪器（如示波器、监护仪器等）都设有可选的多种量程或调节单位，以便用户根据需要选择合适的量程显示测量的信号。因此，现有技术中存在关于显示装置以在时间基准方向被压缩的波形来显示心电图波形的技术启示。

对于区别技术特征（2），合议组认为，由于对比文件 1 附图 1A-1C、说明书第 3 栏第 2 段中公开了 AGND 电极 15b、负电极 15c 表面为弯曲形状，用以令使用者牢固地握持该装置，同时减小接触面积、降低接触噪声，以稳定地测量心电信号，即公开了便于使用者持握的弧形电极，在对比文件 1 公开的上述内容的基础上，本领域技术人员考虑到在多个手指握持的时候，需增大弧形电极的接触面积，同时也为了提高握持的稳定性，容易想到将电极设计成由多个弧形电极排列而成的细小的凹凸不平的形状，以更好地贴合待测部位，减小接触面积、增强抗噪声性，从而更稳定地测量心电信号。

区别技术特征（3）的作用是为了将正电极 12A 制作成易于贴合人体胸部或手掌等测量部位的曲线。对比文件 1 公开的测量装置 10 可佩戴在手腕或者脖颈处以测量腕部或胸部的生理数据，而将腕表的背面接触手腕的部位设计为弯曲形状以贴合手腕的形状是本领域常用的技术手段，由此，为了获得精确的测量结果，本领域技术人员将此种设计应用于对比文件 1 的测量装置，即将其端面设计成半椭圆形圆周形状以贴合测量部位的曲线，这容易想到也容易实现，没有产生意料不到的技术效果。

综上所述，权利要求 1 不具备突出的实质性特点和显著的进步，不具备创造性，不符合专利法第 22 条第 3 款的规定。

权利要求 2 对权利要求 1 作了进一步限定，但是，其附加技术特征属于本领域的惯用技术手段。对本领域技术人员来说，在获取了数字 ECG 信号后，存在多种惯用的显示模式，而波形显示方式就是其中常见的方式。由于心动周期和心率是反比关系，故根据使用需要即可以心率为横坐标，这只需根据基本专业知识通过简单换算即可实现，没有产生意料不到的技术效果，因此在权利要求 1 不具备创造性的情况下，权利要求 2 也不具备专利法第 22 条第 3 款规定的创造性。

权利要求 3 对权利要求 1 作了进一步限定，但是，其附加技术特征属于本领域的惯用技术手段。对本领域技术人员来说，在获取了数字 ECG 信号后，存在多种惯用的显示模式。为了清楚地反映心率随时间的变化情况，以心率为 Y 轴、时间为 X 轴进行显示，是本领域技术人员惯用的技术手段，因此在权利要求 1 不具备创造性的情况下，权利要求 3 也不具备专利法第 22 条第 3 款规定的创造性。

复审请求人在提交意见陈述的时，还提交了与本申请对应的在美国已授权的专利 US7149571B2 和声称为本申请产品但产品名称为“心电图记录装置”的产品的《中华人民共和国医疗器械注册证》

的复印件。对此，合议组认为，在中国提出的专利申请必须按照中国专利法及专利法实施细则进行审查，至于与本申请相对应的申请是否被其他国家授予专利权与本申请在中国的专利审查无关。另外，复审请求人所提交的《中华人民共和国医疗器械注册证》的复印件上的产品“心电图记录装置”与本申请名称不同，与本申请的专利审查没有关系，故不予考虑。

三、决定

维持国家知识产权局于 2006 年 9 月 8 日对本申请作出的驳回决定。

如对本复审请求审查决定不服，根据专利法第 41 条第 2 款的规定，请求人可以自收到本决定之日起三个月内向北京市第一中级人民法院起诉。

110

无声血压计

复审请求审查决定（第13771号）

决　定　号　第13771号
决　定　日　2008年6月13日
发明创造名称　无声血压计
国际分类号　A61B5/022
复审请求人　刘国树
申　请　号　200510055685.0
申　请　日　2005年3月23日
公　开　日　2005年8月3日
合议组组长　李玲玲
主　审　员　毕艳红
参　审　员　苏　青

法律依据　专利法第26条第3款
决定要点

说明书未完整地公开对于实现发明必不可少的技术内容，未达到所述技术领域的技术人员能够实现发明的程度，说明书由于缺乏解决技术问题的技术手段而被认为无法实现。

一、案由

本复审请求涉及名称为“无声血压计”的发明专利申请（下称本申请），其申请日为2005年3月23日、申请号为200510055685.0、公开日为2005年8月3日、申请人为刘国树。

国家知识产权局实质审查部门于2007年8月3日针对请求人于申请日提交的权利要求第1~5项、说明书第1~3页、说明书附图第1页、说明书摘要及摘要附图作出了驳回决定，驳回决定指出，本申请提供了一种无声血压计，包括弹力板、压力传感器和血压数据记录仪，根据说明书的记载该血压计使用弹力板阻断上肢肱动脉的血流，通过压力传感器测量该状态下的压力值得到血压数据。然而在现有技术的基础上，仅从阻断上肢肱动脉的血流时测得的压力值无法得到血压值——收缩压和舒张压，因此所属技术领域的技术人员采用说明书中的技术手段不能够得到血压值，更不可能提高血压测量的准确性，不能解决本申请所要解决的技术问题，无法实现本申请，因此本申请说明书公开不充分，不符合专利法第26条第3款的规定。

申请人（下称请求人）不服上述驳回决定，于2007年11月16日向专利复审委员会提出复审请求，未修改申请文件，请求人提出复审请求的意见如下：现有技术中的血压仪在测量血压过程中气囊装置充放气引起的较大的噪声，影响病人休息，造成测量血压与实际血压有所差异，影响临床医生的正确诊断与治疗方案的制定。本申请取消了气囊装置，代之以可滑动的弹力板联合结构装置，主要部件包括：有一定柔韧度的特殊材料制成的弹力板、设有微型轨道的凹槽；附于弹力板上的压力传感器。当给予指令后，带有压力传感器的弹力板按着一定方向自动在设有微型轨道的凹槽内向前呈弧形滑动，随着弹力板弧形半径越来越小，压迫肱动脉的力量越来越大，直到肱动脉血流被阻断为止。此时动脉内血液对管壁压力最大，而后弹力板自动缓慢（反方向）向回滑，动脉所受压力逐渐减少。当压力减到一定程度时，动脉内血流瞬间冲过阻力向前流动，此时电子显示器上所示的读数即为动脉收缩压，而后弹力板继续沿着轨道向回滑动，直至回到初始位置停止滑动，此间电子显示屏上可记录出舒张压数据及心率。因此，本申请符合专利法第26条第3款的规定。

专利复审委员会2007年12月13日发出的复审请求补正通知书，要求请求人在指定期限内提交复审文件一式两份。

针对上述复审请求补正通知书，请求人于2008年2月1日提交申请文件一式两份，申请文件包括权利要求第1~5项、说明书第1~3页、说明书附图第1页、说明书摘要及摘要附图。

经形式审查合格后，专利复审委员会受理了上述复审请求，并于2008年2月25日向请求人发出了复审请求受理通知书，同时向国家知识产权局实质审查部门发出了前置审查通知书。

在前置审查意见书中，国家知识产权局实质审查部门认为本申请申请文件中公开的技术方案与请求人在复审请求书正文中陈述的技术方案不同，申请文件中没有公开复审请求书正文中阐述的与弹力板压力调节有关的重要结构，因此从该复审请求书正文也可以看出原申请文件是公开不充分的。本申请公开不充分，具体理由参见驳回决定正文，坚持驳回决定。

专利复审委员会依法成立合议组，对本复审请求案进行审查。合议组于2008年4月30日针对请求人于2008年2月1日提交的权利要求第1~5项、说明书第1~3页、说明书附图第1页、说明书摘要及摘要附图发出了复审通知书，复审通知书对本申请所要解决的技术问题、所采用的技术手段及现有技术中带有气囊的血压计的工作原理进行了具体分析后指出：本申请使用弹力板代替气囊，但并未公开弹力板如何完成气囊所起到的充放气的作用，即本申请未公开如何调节弹力板从而增加其对患者上肢的压力以达到阻断患者上肢肱动脉血流的目的（相当于气囊的充气过程）、如何调节弹力板从而减小施加到患者上肢的压力（即相当于气囊的放气过程），由于未公开相当于上述气囊充放气过程如何实现的技术手段，因此本申请的血压计也无法测量在放气过程上述不同阶段中才能测得的动脉的收缩压和舒张压，即本申请所公开的技术手段无法测量血压值，提高测量准确性更无从谈起，因此本申请说明书缺少能够解决其所要解决的技术问题的技术手段，公开不充分，不符合专利法第26条第3款的规定。

2008年5月27日，请求人针对上述复审通知书提交了意见陈述书，未修改申请文件。请求人认为：本申请说明书第3页倒数第2段及说明书附图2可说明本申请的无声血压计是靠调节弹力板左、右页的距离来达到阻断上肢肱动脉血流的目的的，这个调节过程利用了弹力板固定装置，也就是说弹力板左、右页通过弹力板固定装置既得到了相互连接又可以进行相对运动，这样，在知道本申请的无声血压计的工作原理的情况下，参照附图2完全可以很容易地想到，可以对弹力板左、右页施加相向的外力而产生相向运动来调节二者的距离，调节所需外力的施加方式是常用的公知手段，而弹力板左、右页通过弹力板固定装置既能够相互连接又可以进行相对运动的设置是公知技术，而且附图2也进行了示意，所以从本申请公开的内容完全可以得知本申请的弹力板是如何完成气囊所起到的充气作用并达到阻断上肢肱动脉血流的目的的；被压迫的肌肉产生的弹力可以作为外力使弹力板左、右页进行相离运动而使上肢肱动脉得到舒张，当然也容易想到可以借助其他公知手段辅助施加其他外力。综上，对于所属技术领域的技术人员来说，本申请的说明书及附图已经充分公开了相当于普通气囊血压计充放气过程如何实现的技术手段，因此本申请符合专利法第 26 条第 3 款的规定。

在上述工作的基础上，合议组认为本案事实已经清楚，可依法作出复审请求审查决定。

二、决定的理由

1. 审查文本

请求人答复复审通知书时未修改申请文件，其于 2008 年 2 月 1 日提交的申请文件与申请日提交的申请文件相同，符合专利法第 33 条及其实施细则第 60 条第 1 款的规定，因此本复审决定针对的文本为请求人于 2008 年 2 月 1 日提交的权利要求第 1~5 项、说明书第 1~3 页、说明书附图第 1 页、说明书摘要及摘要附图。

2. 关于专利法第 26 条第 3 款

专利法第 26 条第 3 款规定：说明书应当对申请或者实用新型作出清楚、完整的说明，以所属技术领域的技术人员能够实现为准。

本申请请求保护一种无声血压计，其所要解决的是现有技术中的血压计在间隔一定时间自动测量血压的过程中气囊充气声音大，影响病人休息，并导致所测得的患者血压数值不准确的技术问题。根据说明书第 1 页最后一段至第 3 页最后一段、说明书附图 1、2 的记载，为解决上述技术问题，本申请所采用的技术手段如下：无声血压计采用弹力板代替现有技术中的气囊，该血压计与血压数据记录仪相连接，弹力板由左、右页及弹力板固定装置组成，弹力板固定装置连接上述左右页，并可调节二者相互距离，使弹力板的直径可以随不同患者的不同臂围调节，达到阻断上肢肱动脉血流的目的，弹力板左右页贴近上臂皮肤一侧设置有压力传感器，其位于全密闭的膜套装置内，膜套装置内充满纯净水或其他无腐蚀性的液体等添充液，用来传导压力，压力传感器可将测量到的压力信号转换成电信号。

分析现有技术中的血压计及本申请说明书记载的上述技术手段可知，现有技术中带有气囊的血压计在测量血压值时的原理如下：利用气囊装置充气后阻断患者肱动脉血流，然后放气，在放气过程中随压力的减小，血流瞬间冲破阻力向前流动时测得的动脉收缩压，放气完成时刻测得动脉舒张压。本申请使用弹力板代替气囊，但并未公开弹力板如何完成气囊充放气所起到的调节施加到患者上肢压力的作用的，具体地说，本申请未公开如何调节弹力板从而增加其对患者上肢的压力以达到阻断患者上肢肱动脉血流的目的（相当于气囊的充气过程）、如何调节弹力板从而减小施加到患者上肢的压力（即相当于气囊的放气过程），由于未公开相当于上述气囊充放气过程如何实现的技术手段，因此本申请的血压计也无法测量在放气过程上述不同阶段中才能测得的动脉的收缩压和舒张压，即本申请所公开的技术手段无法测量血压值，提高测量准确性更无从谈起，因此本申请说明书缺少能够解决其所要解决的技术问题的技术手段，公开不充分，不符合专利法第 26 条第 3 款的规定。

对于复审请求人答复复审通知书时陈述的意见，合议组认为，请求人所述的说明书第 3 页倒数第 2 段及附图 2 仅公开了弹力板是通过弹力板固定装置连接弹力板左、右页构成的，弹力板左右页的距离可调节。弹力板的这种结构仅能实现使其直径适应不同病人的不同臂围，这个过程相当于将普通气囊血压计的袖带缠绕到病人的胳膊上的过程。合议组认为，请求人关于上述弹力板结构即可实现血压测量的理由是不成立的，具体理由如下：本申请说明书中所公开的弹力板结构无法实现血压的测量。首先，固定到病人胳膊上测量血压的过程中所作的相向运动所需的特定结构并未公开，由于该特定结构未公开，因此以下技术手段在说明书中也并未公开，例如，在弹力板左、右页相向运动的过程中，克服被压迫的肌肉产生的弹力而继续作相向运动所需的反作用力如何产生；该反作用力持续作用直至阻断肱动脉血流时如何停止作用。同时，弹力板依靠被压迫的肌肉产生的弹力即可使其左、右页能够作相离运动的特定结构也未公开，从而无法测得血流冲破阻力瞬间所产生的动脉收缩压及相当于气囊血压计放气完成时刻的舒张压。也就是说，本申请说明书并未公开与弹力板压力自动调节相关的特定结构及工作过程，而且上述技术手段是对现有技术的改进点所在，并不属于请求人所认为的公知技术手段，所属领域技术人员根据说明书公开的内容无法实现本申请的无声血压计，无法解决本申请所要解决的现有技术中的气囊血压计间隔一定时间即可自动测量血压时产生的气囊充气声音大、影响病人休息和血压测量准确性的技术问题，请求人陈述的关于本申请说明书公开充分的理由不成立。

三、决定

维持国家知识产权局于 2007 年 8 月 3 日对 200510055685.0 号发明专利申请作出的驳回决定。

当事人对本决定不服的，可以根据专利法第 41 条第 2 款的规定，自收到本决定之日起三个月内向北京市第一中级人民法院起诉。

111

冰箱

复审请求审查决定（第 13799 号）

决 定 号 第 13799 号
决 定 日 2008 年 6 月 19 日
发明创造名称 冰箱
国 际 分 类 号 F25D 11/02，17/08
复 审 请 求 人 三洋电机株式会社
申 请 号 03138212.6
申 请 日 2003 年 5 月 27 日
公 开 日 2004 年 1 月 28 日
合 议 组 组 长 黄 颖
主 审 员 朱文广
参 审 员 刘敏飞

法 律 依 据 专利法第 33 条
决 定 要 点

如果申请的内容通过增加、改变和/或删除其中的一部分，致使所属技术领域的技术人员所看到的信息与原申请记载的信息不同，而且又不能从原申请记载的信息中直接地、毫无疑义地确定，那么，这种修改就是不允许的。

一、案由

本复审请求涉及申请日为 2003 年 5 月 27 日，名称为“冰箱”的发明专利申请，其申请号为 03138212.6，申请人为三洋电机株式会社。本申请原始公开的权利要求共有 15 项，其为：

“1. 一种冰箱，在绝热箱体内形成贮藏室，并借助制冷剂的融解热冷却上述的贮藏室，其特征在于，包括：

蓄冷室，其放置上述的制冷剂；

分隔部件，其将上述贮藏室划分成多个空间；

排出导管，其将上述制冷剂所冷却的冷气供给至所划分的各空间中；

连通口，其形成在上述分隔部件上，连通由该分隔部件所划分的各空间；

吸入口，其连通上述所划分的各空间中的位于上述蓄冷室侧的空间与该蓄冷室；以及

温度调节装置，其根据上述各空间的温度，独立调节供给各空间的冷气量。

2. 如权利要求 1 所述的冰箱，其特征在于，上述连通口设有冷气量调节装置。

3. 如权利要求1或2所述的冰箱，其特征在于，上述排出导管将上述制冷剂所冷却的冷气供给到位于蓄冷室侧的空间后供给到其他空间。

4. 如权利要求3所述的冰箱，其特征在于，还包括：

冷气排出口，其在对应上述排出导管的上述各空间的位置分别形成，并将冷气分别供给到各空间；

引导管，其形成于上述分隔部件，将供给到位于上述蓄冷室侧的空间的冷气引导至上述其他空间侧的上述导管，

在离开位于上述蓄冷室侧的空间的冷气排出口的位置形成该引导管的冷气流入口。

5. 如权利要求4所述的冰箱，其特征在于，在上述引导管的冷气流入口设有风向板，其向离开位于上述蓄冷室侧的空间的冷气排出口的方向突出。

6. 如权利要求4或5所述的冰箱，其特征在于，在上述引导管的冷气流入口施加内缘卷边加工。

7. 如权利要求1至6中任一项所述的冰箱，其特征在于，上述连通口在上述分隔部件上分段形成。

8. 如权利要求1至7中任一项所述的冰箱，其特征在于，包括分别供给冷气至各空间的冷气排出口，其分别形成于对应上述排出导管的上述各空间的上部的位置，各冷气排出口指向斜下方。

9. 如权利要求1至8中任一项所述的冰箱，其特征在于，在上述吸入口设有突出于上述贮藏室侧的吸入口护板。

10. 如权利要求1至9中任一项所述的冰箱，其特征在于，上述分隔部件可拆卸，在拆下的状态可沿上述贮藏室的壁面放置。

11. 如权利要求10所述的冰箱，其特征在于，包括安装具，其可拆卸地放置上述分隔部件，在该安装具的上面设有绝热材料。

12. 如权利要求1至11中任一项所述的冰箱，其特征在于，包括向外拉开式的一对门，其可自由开闭地关闭上述贮藏室的开口，关闭两门时各门的侧面互相触接。

13. 如权利要求12所述的冰箱，其特征在于，上述两门的侧面是台阶状的形状。

14. 如权利要求12所述的冰箱，其特征在于，上述两门的侧面是倾斜的。

15. 如权利要求12、13或14所述的冰箱，其特征在于，在上述两门的侧面设有当关闭两门时互相触接的绝热材料。”

在实质审查程序中，国家知识产权局专利局审查部门于2005年6月3日发出了第一次审查意见通知书，指出：权利要求1~15相对于对比文件1——WO01/29493A1（公开日为2001年4月26日）、对比文件2——CN87200026U（公告日为1987年10月14日）不具有创造性。

申请人于2005年10月13日针对第一次审查意见通知书进行了意见陈述。申请人认为：本发明相对于对比文件1和2具有突出的实质性的特点和显著的进步，具有创造性。

专利局审查部门于2006年1月6日作出了驳回决定。在驳回决定中，审查员坚持原第一次审查意见通知书的意见。

申请人（下称复审请求人）对上述驳回决定不服，于2006年4月6日向专利复审委员会提出了复审请求。复审请求人坚持认为审查员的意见不能成立，并提交了权利要求书的修改替换页，以及说明书第1、2、6、9页的替换页。其中，新修改的权利要求书为：

“1. 一种冰箱，在绝热箱体内形成贮藏室，并借助制冷剂的融解热冷却上述的贮藏室，其特征在于，包括：

蓄冷室，其放置上述的制冷剂；

分隔部件，其具有隔热的效果，且将上述贮藏室弹性划分成多个下储藏室、多个上储藏室与上述蓄冷室，其中，下储藏室邻接于蓄冷室的上侧；

排出导管，其将上述制冷剂所冷却的冷气供给至上述下储藏室后供给至其他上述上储藏室；

连通口，其形成在上述分隔部件上，连通由该分隔部件所划分的各空间；

吸入口，其连通上述所划分的各空间中的位于上述蓄冷室侧的空间与该蓄冷室；以及

温度调节装置，其根据上述各空间的温度，独立调节供给各空间的冷气量。

2. 如权利要求1所述的冰箱，其特征在于，上述连通口设有冷气量调节装置。

3. 如权利要求1所述的冰箱，其特征在于，还包括：

冷气排出口，其在对应上述排出导管的上述各空间的位置分别形成，并将冷气分别供给到各空间；

引导管，其形成于上述分隔部件，将供给到位于上述蓄冷室侧的空间的冷气引导至上述其他空间侧的上述导管，

在离开位于上述蓄冷室侧的空间的冷气排出口的位置形成该引导管的冷气流入口。

4. 如权利要求3所述的冰箱，其特征在于，在上述引导管的冷气流入口设有风向板，其向离开位于上述蓄冷室侧的空间的冷气排出口的方向突出。

5. 如权利要求3或4所述的冰箱，其特征在于，在上述引导管的冷气流入口施加内缘卷边加工。

6. 如权利要求1至5中任一项所述的冰箱，其特征在于，上述连通口在上述分隔部件上分段形成。

7. 如权利要求1至6中任一项所述的冰箱，其特征在于，包括分别供给冷气至各空间的冷气排出口，其分别形成于对应上述排出导管的上述各空间的上部的位置，各冷气排出口指向斜下方。

8. 如权利要求1至7中任一项所述的冰箱，其特征在于，在上述吸入口设有突出于上述贮藏室侧的吸入口护板。

9. 如权利要求1至8中任一项所述的冰箱，其特征在于，上述分隔部件可拆卸，在拆下的状态可沿上述贮藏室的壁面放置。

10. 如权利要求9所述的冰箱，其特征在于，包括安装具，其可拆卸地放置上述分隔部件，在该安装具的上面设有绝热材料。

11. 如权利要求1至10中任一项所述的冰箱，其特征在于，包括向外拉开式的一对门，其可自由开闭地关闭上述贮藏室的开口，关闭两门时各门的侧面互相触接。

12. 如权利要求11所述的冰箱，其特征在于，上述两门的侧面是台阶状的形状。

13. 如权利要求11所述的冰箱，其特征在于，上述两门的侧面是倾斜的。

14. 如权利要求11、12或13所述的冰箱，其特征在于，在上述两门的侧面设有当关闭两门时互相触接的绝热材料。”

经形式审查合格，专利复审委员会受理了该复审请求。并向复审请求人发出复审请求受理通知书，同时向专利局原审查部门发出了前置审查通知书。

专利局原审查部门于2006年6月13日作出前置审查意见，坚持原驳回决定。

专利复审委员会依法成立合议组对本复审请求进行审查。本案合议组于2006年8月28日发出复审通知书，指出：1修改后的权利要求1第4~5行中的“弹性划分”、“多个下储藏室”和“多个上储藏室”等内容超出了原权利要求书和说明书记载的范围；此外，说明书对应部分即说明书第1页倒数第1行到第2页第1行的修改亦超出了原权利要求书和说明书记载的范围。因此不符合专利法第33条的规定。

复审请求人于2006年10月10日针对上述复审通知书提交了意见陈述书及权利要求书和说明书第1、2页的修改替换页。修改后的权利要求书对权利要求1进行修改，修改后的权利要求1如下：

“1. 一种冰箱，在绝热箱体内形成贮藏室，并借助制冷剂的融解热冷却上述的贮藏室，其特征在于，包括：

蓄冷室，其放置上述的制冷剂；

分隔部件，其具有隔热的效果，且将上述贮藏室至少划分成下储藏室、上储藏室与上述蓄冷室，其中，下储藏室邻接于蓄冷室的上侧；

排出导管，其将上述制冷剂所冷却的冷气供给至上述下储藏室后供给至其他上述上储藏室；

连通口，其形成在上述分隔部件上，连通由该分隔部件所划分的各空间；

吸入口，其连通上述所划分的各空间中的位于上述蓄冷室侧的空间与该蓄冷室；以及

温度调节装置，其根据上述各空间的温度，独立调节供给各空间的冷气量。”

复审请求人认为修改是根据附图2和说明书第1页的倒数第1~2行以及原权利要求1所记载的内容进行的。

在上述工作的基础上，合议组经合议作出本决定。

二、决定的理由

1. 关于文本

本决定所针对的文本是：复审请求人于2006年10月10日提交的权利要求书和说明书第1、2页；2006年4月6日提交的说明书第6、9页；申请日提交的说明书第3~5、7、8、10~13页，说明书附图第1~11页以及摘要和摘要附图。

2. 关于专利法第33条

专利法第33条规定，申请人可以对其专利申请文件进行修改，但是，对发明和实用新型专利申请文件的修改不得超出原说明书和权利要求书记载的范围。

具体地讲，如果申请的内容通过增加、改变和/或删除其中的一部分，致使所属技术领域的技术人员所看到的信息与原申请记载的信息不同，而且又不能从原申请记载的信息中直接地、毫无疑义地确定，那么，这种修改就是不允许的。

本案中，复审请求人认为修改是根据附图2和说明书第1页的倒数第1~2行以及原权利要求1所记载的内容进行的。

合议组经审查后认为，根据原权利要求1、附图2、说明书第1页的倒数第1~2页以及说明书中有关附图2的文字说明（其中包括说明书第5页第1~3段和第6页第3段中“在绝热箱1的前下部构成与贮藏室2分离的蓄冷室17”）可以看到：在原权利要求书和说明书记载的冰箱中，包括绝热箱体，该绝热箱体包括放置物品用的贮藏室2以及放置制冷剂用的蓄冷室17；其中贮藏室2要么是如原权利要求1所述被划分成多个空间，要么是如附图2及文字说明所述被分隔部件5分成上贮藏室2A和下贮藏室2B。而修改后则变为“分隔部件，其具有隔热的效果，且将上述贮藏室至少划分成下储藏室、上储藏室与上述蓄冷室，其中，下储藏室邻接于蓄冷室的上侧”。显然，本领域技术人员由此看到了不同的信息，即贮藏室不仅包括下储藏室和上储藏室，而且还包括蓄冷室，并且除了包括上述三个室之外，还会有其他的特定空间。显然上述信息与前面所述能够从原说明书和权利要求书中看到的信息不同，并且也不能直接地、毫无疑义地确定，因此这种修改不能被允许，该文本仍不符合专利法第33条的规定。

三、决定

驳回复审请求，维持中华人民共和国国家知识产权局于 2006 年 1 月 6 日作出的驳回决定。

复审请求人对本决定不服的，可以根据专利法第 41 条第 2 款的规定，自收到本决定之日起三个月内向北京市第一中级人民法院起诉。

112

发光二极管阵列光源及使用此种光源的背光组件

复审请求审查决定（第13809号）

决　定　号　第13809号
决　定　日　2008年6月23日
发明创造名称　发光二极管阵列光源及使用此种光源的背光组件
国际分类号　G02F 1/13357，H01L 33/00
复审请求人　统宝光电股份有限公司
申　请　号　03123487.9
申　请　日　2003年5月9日
公　开　日　2004年11月24日
合议组组长　宋　瑞
主　审　员　刘亚斌
参　审　员　佟仲明

法律依据　专利法第33条，第22条第3款
决定要点

如果权利要求与现有技术相比存在区别技术特征，但是该区别技术特征是所属领域的公知常识，并且该公知常识的应用对于本领域技术人员来说是显而易见的，没有产生预料不到的技术效果，则该权利要求不具有创造性。

一、案由

本复审请求涉及申请号为03123487.9、名称为“发光二极管阵列光源及使用此种光源的背光组件”的发明专利申请（下称本申请）。申请人为统宝光电股份有限公司。本申请的申请日为2003年5月9日，公开日为2004年11月24日。

经实质审查，国家知识产权局实质审查部门于2006年9月8日以本申请权利要求1~12不具备专利法第22条第3款规定的创造性为由作出驳回决定。其中引用了1篇对比文件：

对比文件1：专利号为US6508564B1的美国专利说明书，公开日为2003年1月21日。

驳回决定所依据的文本为：申请人于申请日提交的权利要求第1~12项、说明书第1~6页、说明书附图第1~3页以及说明书摘要和摘要附图。其中，权利要求书包括4项独立权利要求1、2、8、9，内容如下：

“1. 一种发光二极管阵列光源，包括：

一承载器，该承载器具有一正面和一背面，其中该正面和该背面上具有多组接点；以及

配置于该承载器上的多个发光二极管，其中这些发光二极管是分别与这些组接点电连接，且这些发光二极管所提供的光源是由该承载器的一侧边出射。

2. 一种发光二极管阵列光源，是应用于一背光组件，该背光组件包括一导光板，该导光板具有一光入射面、一光出射面和一光散射面；其中，该发光二极管阵列光源包括：

一承载器，该承载器具有一正面和一背面，其中该正面和该背面上具有多组接点；以及

配置于该承载器上的多个发光二极管，其中这些发光二极管是分别与这些组接点电连接，且这些发光二极管所提供的光源是由该承载器的一侧边出射。

8. 一种发光二极管阵列光源，包括：

一对折的可挠性印刷电路薄膜，该对折的可挠性印刷电路薄膜具有一第一接合区域、一第二接合区域、连接该第一接合区域与该第二接合区域的一折弯区域，其中该第一接合区域上具有多组第一接点、而该第二接合区域上具有多组第二接点；以及

配置于该第一接合区域和该第二接合区域上的多个发光二极管，其中这些发光二极管是与这些组第一接点和这些组第二接点电连接，且这些发光二极管所提供的光源是由该对折的可挠性印刷电路薄膜的一侧边出射。

9. 一种发光二极管阵列光源，是应用于一背光组件，该背光组件包括一导光板，该导光板具有一光入射面、一光出射面和一光散射面；其中，该发光二极管阵列光源包括：

一对折的可挠性印刷电路薄膜，该对折的可挠性印刷电路薄膜具有一第一接合区域、一第二接合区域、连接该第一接合区域与该第二接合区域的一折弯区域，其中该第一接合区域上具有多组第一接点，而该第二接合区域上具有多组第二接点；以及

配置于该第一接合区域和该第二接合区域上的多个发光二极管，其中这些发光二极管是与这些组第一接点以及这些组第二接点电连接，且这些发光二极管所提供的光源是由该对折的可挠性印刷电路薄膜的一侧边出射。"

驳回决定的具体理由是：本申请权利要求 1 请求保护一种发光二极管阵列光源，对比文件 1 也公开了一种发光二极管阵列光源，其中公开了本申请权利要求 1 的大部分特征，二者的区别在于：本申请权利要求 1 中的承载器两个表面均具有发光二极管，发光二极管提供的光源从承载部件侧边出射。然而将固定发光二极管的表面设定为两个及侧边出射只是一种数量和发光位置的简单变化，这种要素关系的改变导致的效果的变化是完全可以预料到的，因此权利要求 1 不具备创造性。基于同样的理由，独立权利要求 2 也不具备创造性。从属权利要求 3~7 的附加技术特征均为本领域技术人员不需付出创造性劳动即可自行对承载器结构进行的设定，而这种设定不能产生任何预料不到的技术效果，因此从属权利要求 3~7 也不具备创造性。权利要求 8 请求保护一种发光二极管阵列光源，其大部分特征也被对比文件 1 所公开，二者的区别在于：本申请权利要求 8 的承载器采用可挠性印刷电路薄膜，可挠性印刷电路薄膜被折弯区域分为两接合区域，两接合区域具有发光二极管，发光二极管提供的光源从可挠性印刷电路薄膜侧边出射。上述区别仅在于将承载部件可以弯折、发光二极管与承载部件的相对位置及出射光位置的变化，相比于对比文件 1 所披露的采用二极管阵列提供光源降低背光组件厚度的内容不能产生任何预料不到的技术效果，因此权利要求 8 不具备创造性。基于与权利要求 8 相同的理由，独立权利要求 9 也不具备创造性。从属权利要求 10~12 的附加技术特征均为本领域技术人员不需付出创造性劳动即可自行对承载器结构进行的设定，而这种设定不能产生任何预料不到的技术效果，因此从属权利要求 10~12 也不具备创造性。

申请人统宝光电股份有限公司（下称复审请求人）对上述驳回决定不服，于 2006 年 12 月 6 日向专利复审委员会提出了复审请求。复审请求人认为：本申请权利要求 1 相对于对比文件 1 的区别特征

还在于承载器两个表面均具有发光二极管，这些发光二极管所提供的光源是由该承载器的一侧边出射，其效果是可以增加辉度、节省空间；根据对比文件1的教导，本领域技术人员不会想到将LED布置在基板的背对导光板的表面上，因为那样不能向导光板发射光线，反而增加功耗，并且本领域技术人员也不会想到将对比文件1中的基板横向放置，因为那样也不利于基板上LED的光入射到导光板。复审请求人未对申请文件进行修改。

经形式审查合格，专利复审委员会于2007年1月10日向复审请求人发出复审请求受理通知书，同日向原实质审查部门发出前置审查通知书。

原实质审查部门在前置审查意见书中坚持原驳回决定。

针对上述复审请求，专利复审委员会依法成立合议组对本案进行审理。

合议组于2007年9月25日向复审请求人发出第一次复审通知书，指出：本申请权利要求1与对比文件1的区别在于：权利要求1中的承载器的正面和背面上均配置有发光二极管，并且发光二极管是通过与承载器正面和背面上的多组接点电连接而配置的；而对比文件1中仅在基板的一个侧面上布置发光二极管，并且没有具体公开发光二极管与基板的电连接方式。但是权利要求1中仅要求保护一种发光二极管阵列光源，其中没有涉及其承载器与导光板的相对位置关系以及该承载器两个表面与导光板的相对位置关系，因此仅仅就其请求保护的发光二极管阵列光源来说，在承载器两个表面上均配置发光二极管的特征是本领域公知常识；而通过与多组接点电连接来配置发光二极管也是本领域的常用技术手段；因此权利要求1相对于对比文件1与公知常识的结合不具备创造性。权利要求2与对比文件1的区别在于：权利要求2中的承载器的正面和背面上均配置有发光二极管，并且发光二极管是通过与承载器正面和背面上的多组接点电连接而配置的；而对比文件1中仅在基板的一个侧面上布置发光二极管，并且没有具体公开发光二极管与基板的电连接方式。但是权利要求2中仅记载了该发光二极管阵列光源是应用于一包括导光板的背光组件，但是没有描述该承载器以及该承载器的两个表面与导光板的相对位置关系，因此仅仅就其请求保护的发光二极管阵列光源来说，上述在承载器两个表面上均配置发光二极管的特征是本领域公知常识；而通过与多组接点电连接来配置发光二极管也是本领域的常用技术手段；因此权利要求2相对于对比文件1与公知常识的结合不具备创造性。从属权利要求3~7的附加技术特征均属于本领域公知常识，因而权利要求3~7也不具备专利法第22条第3款规定的创造性。权利要求8与对比文件1的区别在于：权利要求8中是采用对折的可挠性印刷电路薄膜作为发光二极管的承载器，该可挠性印刷电路薄膜包括第一接合区域、第二接合区域和折弯区域，在第一接合区域和第二接合区域上配置多个发光二极管，并且发光二极管是通过与承载器正面和背面上的多组接点电连接而配置的；而对比文件1中是采用基板作为承载器，并且仅在基板的一个侧面上布置发光二极管，也没有具体公开发光二极管与基板的电连接方式。但是该区别特征是本领域公知常识，因此权利要求8相对于对比文件1与公知常识的结合不具备创造性。权利要求9与对比文件1的区别和权利要求8相同，因此基于同样的理由，权利要求9相对于对比文件1与公知常识的结合不具备创造性。从属权利要求10~12分别引用了权利要求8、9或2，其附加技术特征均属于本领域的公知常识，因而权利要求10~12也不具备创造性。

针对上述第一次复审通知书，复审请求人于2007年11月5日提交了意见陈述书和权利要求书的全文修改替换页，其中删除了原独立权利要求1、8，并在原独立权利要求2、9中增加了“其中所述侧边面对所述导光板的光入射面，使得该光源由该导光板的光入射面进入该导光板”。复审请求人认为：上述修改明确了承载器与导光板的相对位置关系以及该承载器两个表面与导光板的相对位置关系，修改后的权利要求1相对于对比文件1的区别特征在于“发光二极管位于承载器的正面和背面上，所述侧边面对所述导光板的光入射面，使得该光源由该导光板的光入射面进入该导光板”；根据对比文件 1 的教导，本领域技术人员不会想到将 LED 布置在基板的背对导光板的表面上，因为那样不能向导光板发射光线，反而增加功耗，并且本领域技术人员也不会想到将对比文件 1 中的 LED 基板横向放置，因为那样也不利于基板上 LED 的光入射到导光板。

合议组于 2008 年 4 月 14 日向复审请求人发出第二次复审通知书，指出：权利要求 7（修改前的权利要求 9）中的“对折的可挠性印刷电路薄膜的正面和背面”超出了原始说明书和权利要求书记载的范围，不符合专利法第 33 条的规定；权利要求 1 与对比文件 1 的区别在于：权利要求 1 中的发光二极管是通过与承载器正面和背面上的多组接点电连接而配置的，而对比文件 1 中没有具体公开发光二极管与基板的电连接方式；权利要求 1 中的承载器的正面和背面上均配置有发光二极管，并且其所提供的光源是由该承载器的一侧边出射，其中所述侧边面对所述导光板的光入射面，使得该光源由该导光板的光入射面进入该导光板，而对比文件 1 中仅在基板的一个侧面上布置发光二极管，其所提供的光源从基板面向导光板光入射面的一侧面出射；但是上述区别特征均是本领域公知常识，本领域普通技术人员为了解决增加辉度和减小厚度的问题，很容易想到将对比文件 1 与上述公知常识相结合而得到权利要求 1 所述的技术方案，因此权利要求 1 不具备创造性。关于复审请求人的意见，合议组认为，本领域技术人员为了解决增加发光二极管的数量和减小导光组件厚度的矛盾，根据基板本身所固有的两面均可布置发光二极管的特性，很容易想到在基板的背面也布置发光二极管以达到在不增大基板的前提下增加发光二极管数量的目的；而为了使基板正面和背面的发光二极管发出的光都能够射入到导光板中，本领域技术人员也很容易就能够想到把基板横向放置，这种方位关系的改变所产生的效果是本领域技术人员能够预见的，并没有带来预料不到的技术效果，而且也没有证据表明将对比文件 1 的基板横向放置会不利于基板上的 LED 的光入射到导光板，因为这种横向放置方式与本申请中的承载器横向放置方式是相同的，其所获得的技术效果也应该相同，因此复审请求人的观点不能成立。从属权利要求 2~6 的附加技术特征均是本领域公知常识，因此从属权利要求 2~6 相对于对比文件 1 与公知常识的结合也不具备创造性。此外，即使复审请求人将权利要求 7 中的“正面和背面”修改为“第一接合区域和第二接合区域”从而克服了不符合专利法第 33 条的缺陷，该权利要求 7 及其从属权利要求 8~10 仍然不具备专利法第 22 条第 3 款规定的创造性，权利要求 7 与对比文件 1 的区别在于：权利要求 7 中是采用对折的可挠性印刷电路薄膜作为承载器，而对比文件 1 中是采用基板作为承载器；权利要求 1 中的发光二极管是通过与承载器正面和背面上的多组接点电连接而配置的，而对比文件 1 中没有具体公开发光二极管与基板的电连接方式；权利要求 7 中的可挠性印刷电路薄膜包括第一接合区域、第二接合区域和折弯区域，在第一接合区域和第二接合区域上配置多个发光二极管，并且其所提供的光源是由该承载器的一侧边出射，其中所述侧边面对所述导光板的光入射面，使得该光源由该导光板的光入射面进入该导光板，而对比文件 1 中仅在基板的一个侧面上布置发光二极管，其所提供的光源从基板面向导光板光入射面的一侧面出射。但是上述区别特征均是本领域公知常识，因此基于与权利要求 1 相似的理由，权利要求 7 相对于对比文件 1 与公知常识的结合不具备创造性。从属权利要求 8~10 的附加技术特征或者是本领域公知常识或者被对比文件 1 公开，因此从属权利要求 8~10相对于对比文件 1 与公知常识的结合也不具备创造性。

针对上述第二次复审通知书，复审请求人于 2008 年 5 月 28 日提交了意见陈述书和权利要求书的全文修改替换页，其中将权利要求 7 中的“正面和背面”修改为“第一接合区域和第二接合区域”。复审请求人认为：修改后的权利要求 7 克服了超范围的问题；在对比文件 1 的基础上，要想增加阵列光源的辉度，除了增加 LED 的数量之外，还可以采用亮度更高的 LED 来实现，也可以采用贴片 LED 来实现增加 LED 的数量；本申请中将 LED 布置在承载器的两个表面上并不是一种必然的选择，而是一种创造性的构思，因此本申请权利要求 1~10 相对于对比文件 1 具有创造性。

在上述程序的基础上，合议组认为本案事实已经清楚，可以作出审查决定。

二、决定的理由

1. 关于审查文本

经审查，复审请求人于2008年5月28日提交的权利要求书已经克服了第二次复审通知书中指出的权利要求7修改超范围的缺陷，符合专利法第33条和专利法实施细则第60条第1款的规定，因此本决定以复审请求人于2008年5月28日提交的权利要求第1~10项，于申请日提交的说明书第1~6页、说明书附图第1~3页以及说明书摘要和摘要附图为审查基础。

2. 关于创造性

专利法第22条第3款规定：创造性，是指同申请日以前已有的技术相比，该发明有突出的实质性特点和显著的进步，该实用新型有实质性特点和进步。

（1）权利要求1不具备专利法第22条第3款规定的创造性。

权利要求1请求保护一种应用于背光组件的发光二极管阵列光源，对比文件1公开了一种用于背光组件的光源部件20（参见对比文件1说明书第4栏第53行至第5栏第67行，附图1~2），该背光组件具有导光板1，导光板1具有光入射面1a、光出射面12和光反射面11（相当于权利要求1所述的光入射面、光出射面和光散射面），该光源部件20具有基板21（相当于权利要求1所述的承载器），该基板21具有正面和背面，其中在朝向导光板的面上布置有多个发光二极管2，并且发光二极管2所提供的光源是从基板21的面向导光板光入射面的一侧面出射。

由上可见，权利要求1请求保护的技术方案与对比文件1公开的内容相比，其区别在于：①权利要求1中的发光二极管是通过与承载器正面和背面上的多组接点电连接而配置的，而对比文件1中没有具体公开发光二极管与基板的电连接方式；②权利要求1中的承载器的正面和背面上均配置有发光二极管，并且其所提供的光源是由该承载器的一侧边出射，其中所述侧边面对所述导光板的光入射面，使得该光源由该导光板的光入射面进入该导光板，而对比文件1中仅在基板的一个侧面上布置发光二极管，其所提供的光源从基板面向导光板光入射面的一侧面出射。

关于上述区别特征①，合议组认为关于通过与多组接点电连接来配置发光二极管的技术是本领域的常用技术手段，属于本领域的公知常识。

关于上述区别特征②，复审请求人认为：要想增加阵列光源的辉度，除了增加LED的数量之外，还可以采用亮度更高的LED来实现，也可以采用贴片LED来实现增加LED的数量；本领域技术人员不会考虑将LED布置在基板的背面，因为那些LED发出的光不会进入到导光板中，不但不能增加辉度，反而会增加功耗，因此本申请中将LED布置在承载器的两个表面上并不是一种必然的选择，而是一种创造性的构思。

对此，合议组认为，该区别特征所带来的效果是通过在承载器背面也布置发光二极管并将其横向设置而增加了该阵列光源的辉度和减小了背光组件的厚度。在此基础上，合议组进一步认为：在对比文件1公开内容的基础上，要想增加阵列光源的辉度，可以靠增加在基板上布置的发光二极管的数量或使用亮度更高的发光二极管来实现，这是本领域技术人员的常规选择，但是由于受到技术发展的限制，不可能无限地提高发光二极管的亮度，因此更主要的还是要靠增加发光二极管的数量来实现，而基板的表面积是一定的，如果仅仅单纯地增加发光二极管的数量必然会需要更大的基板而导致背光组件的总体厚度增加，这样的结果是不能接受的，因此为了解决这个矛盾，本领域普通技术人员根据基板本身所固有的两面均可布置发光二极管的特性，很容易想到在基板的背面也布置发光二极管以达到在不增大基板的前提下增加发光二极管数量的目的；然而这样设置仍然不能解决问题，因为虽然增加了发光二极管的数量，但是如果仍然保持基板正面面向导光板的相对方位关系不变，则背面的发光二极管发出的光不会进入导光板中，也就不能增加射入到导光板中的光量，为此，本领域技术人员很容易能够进一步想到将该基板横向设置，从而使得位于该基板正面和背面的发光二极管发出的光都能够从基板的一侧边发出并入射到导光板的入射面，这种方位关系的改变所产生的效果是本领域技术人员能够预见的，并没有带来预料不到的技术效果，而且也没有证据表明将对比文件1的基板横向放置会不利于基板上的LED的光入射到导光板，因为这种横向放置方式与本申请中的承载器横向放置方式是相同的，其所获得的技术效果也应该相同，因此，上述区别特征②是本领域技术人员很容易想到的，没有带来预料不到的技术效果。

因此，综上所述，区别特征①和②均是本领域公知常识，本领域普通技术人员为了解决增加辉度和减小厚度的问题，很容易想到将对比文件1与上述公知常识相结合而得到权利要求1所述的技术方案，这对于本领域普通技术人员来说是显而易见的，因此权利要求1不具备专利法第22条第3款规定的创造性。

（2）权利要求2~6不具备专利法第22条第3款规定的创造性。

权利要求2引用了权利要求1，其附加技术特征是“该承载器包括一印刷电路板”，而使用印刷电路板作为光源的承载器是本领域的公知常识，因此在其引用的权利要求1不具备创造性的情况下，从属权利要求2相对于对比文件1和公知常识的结合也不具备专利法第22条第3款规定的创造性。

权利要求3引用了权利要求1，其附加技术特征是“该承载器包括一可挠性印刷电路薄膜”，而使用可挠性印刷电路薄膜作为光源的承载器是本领域的公知常识，因此在其引用的权利要求1不具备创造性的情况下，从属权利要求3相对于对比文件1和公知常识的结合也不具备专利法第22条第3款规定的创造性。

权利要求4引用了权利要求3，其附加技术特征是“该可挠性印刷电路薄膜为一单层可挠性印刷电路薄膜和一多层可挠性印刷电路薄膜中的一个”，而可挠性印刷电路薄膜包括单层可挠性印刷电路薄膜和多层可挠性印刷电路薄膜是本领域的公知常识，因此在其引用的权利要求3不具备创造性的情况下，从属权利要求4相对于对比文件1和公知常识的结合也不具备专利法第22条第3款规定的创造性。

权利要求5引用了权利要求1，其附加技术特征是“每一这些发光二极管为一表面黏着型的发光二极管元件，每一这些发光二极管具有一组电极，且这些发光二极管是分别借助这些组电极与这些组接点电连接”，而关于表面黏着型的发光二极管元件以及发光二极管通过电极与接点电连接的特征是本领域的公知常识，因此在其引用的权利要求1不具备创造性的情况下，从属权利要求5相对于对比文件1和公知常识的结合也不具备专利法第22条第3款规定的创造性。

权利要求6引用了权利要求1，其附加技术特征是“这些发光二极管的配置方式是选自于下述列群组：彼此对称配置、彼此交错配置和彼此部分对称部分交错配置”，而发光二极管的这些配置方式是本领域的公知常识，因此在其引用的权利要求1不具备创造性的情况下，从属权利要求6相对于对比文件1和公知常识的结合也不具备专利法第22条第3款规定的创造性。

（3）权利要求7~10不具备专利法第22条第3款规定的创造性。

权利要求7请求保护一种应用于背光组件的发光二极管阵列光源，对比文件1公开了一种用于背光组件的光源部件20（参见说明书第4栏第53行至第5栏第67行，附图1-2），该背光组件具有导光板1，导光板1具有光入射面1a、光出射面12和光反射面11（相当于权利要求7所述的光入射面、光出射面和光散射面），该光源部件20具有基板21（相当于权利要求7所述的可挠性印刷电路薄膜），在该基板21的一个面上布置有多个发光二极管2（相当于权利要求7所述在可挠性印刷电路薄膜上配置多个发光二极管），并且发光二极管2所提供的光源是从基板21的面向导光板光入射面的一侧面出射。

由上可见，权利要求 7 请求保护的技术方案与对比文件 1 公开的内容相比，其区别在于：①权利要求 7 中是采用对折的可挠性印刷电路薄膜作为承载器，而对比文件 1 中是采用基板作为承载器；②权利要求 1 中的发光二极管是通过与承载器正面和背面上的多组接点电连接而配置的，而对比文件 1 中没有具体公开发光二极管与基板的电连接方式；③权利要求 7 中的可挠性印刷电路薄膜包括第一接合区域、第二接合区域和折弯区域，在第一接合区域和第二接合区域上配置多个发光二极管，并且其所提供的光源是由该承载器的一侧边出射，其中所述侧边面对所述导光板的光入射面，使得该光源由该导光板的光入射面进入该导光板，而对比文件 1 中仅在基板的一个侧面上布置发光二极管，其所提供的光源从基板面向导光板光入射面的一侧面出射。

关于上述区别特征①和②，合议组认为，区别特征①所述采用可挠性印刷电路薄膜作为发光二极管的承载器以及区别特征②所述通过与多组接点电连接来配置发光二极管的技术都是本领域的常用技术手段，属于本领域的公知常识。

关于上述区别特征③，合议组认为，该区别特征所带来的效果是通过采用在其第一接合区域和第二接合区域均布置发光二极管的对折的可挠性印刷电路薄膜并且并将其横向设置而增加了该阵列光源的辉度和减小了背光组件的厚度。在此基础上，合议组进一步认为：在对比文件 1 公开内容以及上述公知常识的基础上，要想增加阵列光源的辉度，可以靠增加在可挠性印刷电路薄膜上布置的发光二极管的数量或使用亮度更高的发光二极管来实现，这是本领域技术人员的常规选择，但是由于受到技术发展的限制，不可能无限地提高发光二极管的亮度，因此更主要的还是要靠增加发光二极管的数量来实现，而可挠性印刷电路薄膜的表面积是一定的，如果仅仅单纯地增加发光二极管的数量必然会需要更大的可挠性印刷电路薄膜而导致背光组件的总体厚度增加，这样的结果是不能接受的，因此为了解决这个矛盾，本领域普通技术人员根据可挠性印刷电路薄膜本身所固有的挠性，很容易想到将增大的可挠性印刷电路薄膜对折以减小其所占的空间，从而可以在对折后可挠性印刷电路薄膜的两个表面（即权利要求 7 所述第一接合区域和第二接合区域）均布置发光二极管以达到在不增加厚度的前提下增加发光二极管数量的目的；然而这样设置仍然不能解决问题，因为虽然增加了发光二极管的数量，但是如果仍然保持可挠性印刷电路薄膜相对于导光板竖立的方位关系不变，则该对折后可挠性印刷电路薄膜上背对导光板的一面上的发光二极管发出的光就不会进入导光板中，也就不能增加射入到导光板中的光量，为此，本领域技术人员很容易能够进一步想到将该对折后的可挠性印刷电路薄膜横向设置，从而使得位于该对折后可挠性印刷电路薄膜的两个表面上的发光二极管发出的光都能够从基板的一侧边发出并入射到导光板的入射面，这种方位关系的改变所产生的效果是本领域技术人员能够预见的，因此，经上述分析可知，区别特征②是本领域技术人员很容易想到的，没有带来预料不到的技术效果。

因此，综上所述，上述区别特征①、②、③均是本领域公知常识，本领域普通技术人员为了解决增加辉度和减小厚度的问题，很容易想到将对比文件 1 与上述公知常识相结合而得到权利要求 7 所述的技术方案，这对于本领域普通技术人员来说是显而易见的，因此权利要求 7 不具备专利法第 22 条第 3 款规定的创造性。

权利要求 8 引用了权利要求 7，其附加技术特征是“每一这些第一发光二极管为一表面黏着型的发光二极管元件，每一这些发光二极管具有一组电极，且这些发光二极管是分别借助这些组电极与这些组第一接点、这些组第二接点电连接”，而关于表面黏着型的发光二极管元件以及发光二极管通过电极与接点电连接的特征是本领域的公知常识，因此在其引用的权利要求 7 不具备创造性的情况下，从属权利要求 8 相对于对比文件 1 和公知常识的结合也不具备专利法第 22 条第 3 款规定的创造性。

权利要求9引用了权利要求7，其附加技术特征是“电连接于这些组第一接点的这些发光二极管以及电连接于这些组第二接点的这些发光二极管的配置方式是选自于下述列群组：彼此对称配置、彼此交错配置和彼此部分对称部分交错配置”，而发光二极管的这些配置方式是本领域的公知常识，因此在其引用的权利要求7不具备创造性的情况下，从属权利要求9相对于对比文件1和公知常识的结合也不具备专利法第22条第3款规定的创造性。

权利要求10引用了权利要求1或7，其附加技术特征是“还包括一反射板，其中该反射板是配置于该光散射面上”，而对比文件1中（参见说明书第4栏第53行至第5栏第67行，附图1~2）也披露了在光反射面11（相当于权利要求10中所述的光散射面）上设置有反射板5，因此在其引用的权利要求1和7均不具备创造性的情况下，从属权利要求10相对于对比文件1和公知常识的结合也不具备专利法第22条第3款规定的创造性。

三、决定

维持国家知识产权局于2006年9月8日对03123487.9号发明专利申请作出的驳回决定。

如对本复审请求审查决定不服，根据专利法第41条第2款的规定，请求人可以自收到本决定之日起三个月内向北京市第一中级人民法院起诉。

113

用荧光稀土纳米颗粒作为标记物的免疫层析方法及其检测试纸条

复审请求审查决定（第13811号）

决　定　号　第13811号
决　定　日　2008年6月13日
发明创造名称　用荧光稀土纳米颗粒作为标记物的免疫层析方法及其检测试纸条
国际分类号　G01N 33/547，G01N 33/543，G01N 33/533，G01N 33/52，G01N 21/64
复审请求人　厦门大学
申　请　号　200510052292.4
申　请　日　2005年2月3日
公　开　日　2005年7月27日
合议组组长　陈迎春
主　审　员　刘　畅
参　审　员　刘　铭

法律依据　专利法第22条第3款
决定要点

如果一项权利要求与一篇对比文件的区别技术特征被本领域中另外一篇对比文件公开，且该技术特征在这两篇对比文件中所起的作用相同，或者该区别技术特征是本领域的公知常识，那么该项权利要求不具备创造性。

一、案由

本复审请求涉及申请号为200510052292.4、名称为“用荧光稀土纳米颗粒作为标记物的免疫层析方法及其检测试纸条”的发明专利申请（下称本申请），其申请日为2005年2月3日，公开日为2005年7月27日，申请人为厦门大学，本申请公开时的权利要求书共包括9项权利要求，其中权利要求1、8为独立权利要求。

国家知识产权局专利实质审查部门依申请人的请求对本申请进行了实质审查，于2006年3月10日发出第一次审查意见通知书，指出本申请权利要求8、9不具备专利法第22条第2款所规定的新颖性，权利要求1~7不具备专利法第22条第3款所规定的创造性。其中引用了三篇对比文件：

对比文件1：“免疫层析技术及其在寄生虫病诊断中的应用”，华东师范大学寄生虫学研究室，杨晓洁，《国外医学寄生虫病分册》第30卷第1期，第13~18页，2003年1月出版；

对比文件2：公开号为CN1400467A的中国发明专利申请公开说明书，其公开日为2003年3月

5日；

对比文件3：授权公告号为CN2476023Y的中国实用新型专利说明书，其授权公告日为2002年2月6日。

第一次审查意见通知书中指出，独立权利要求1相对于对比文件1、2的结合不具备创造性，权利要求2、6的附加技术特征被对比文件2公开了，权利要求3、5的附加技术特征被对比文件1公开了，权利要求4的附加技术特征属于本领域的公知常识，权利要求7的附加技术特征“检测的方式”被对比文件1公开了，且对多个组分进行检测是本领域的公知常识，因而权利要求1~7不具备创造性，权利要求8、9所请求保护的技术方案全部被对比文件3公开了，因而权利要求8、9不具备新颖性。

申请人针对上述审查意见通知书于2006年4月18日提交了意见陈述书，并提交了权利要求书的全文修改替换页，其中将权利要求9的附加技术特征并入到独立权利要求8中。申请人认为：将“荧光稀土纳米颗粒”这一类标记物用于免疫层析是权利要求1的创新所在，这一新用途至今国内外均未见报道，一种纳米颗粒能否用于免疫层析取决于多种因素，而不仅仅依赖于尺寸，如果不是申请人对反应条件、标记条件等进行了创造性的劳动，不可能提出权利要求1所述的技术方案，并获得突出的效果，对比文件1仅是介绍试纸免疫层析原理的综述；对比文件2未涉及将标记物用于免疫层析，对比文件3采用的是传统的胶体金标记技术，因而修改后的权利要求1~8均具备新颖性和创造性。

经过上述审查程序后，国家知识产权局专利实质审查部门于2006年8月25日以本申请的权利要求1~7不符合专利法第22条第3款的规定，以及权利要求8不符合专利法第22条第2款的规定为理由驳回了本申请。

驳回决定认为：权利要求1与对比文件1的区别仅在于，对比文件1中没有明确公开使用荧光稀土纳米颗粒作为标记物对抗体进行标记的技术特征，而对比文件2已经明确公开了荧光稀土络合物硅纳米颗粒（即本申请中的荧光纳米颗粒）可以作为抗原或抗体标记物而用于免疫分析的技术特征，正如申请人所述“免疫层析检测是免疫分析的一个重要分支”，因此，对比文件2给出了将荧光稀土纳米颗粒用于对比文件1所述的免疫层析检测的技术启示。此外，对于反应条件、标记条件的选择，本领域技术人员只要通过有限次的试验即可获知，并不需要付出创造性劳动。即便上述反应条件、标记条件的选择需要付出创造性的劳动，但由于上述条件没有体现在权利要求中，因此，也就不足以支持本权利要求具有创造性的观点。对比文件1、2与本申请的技术领域相同，在对比文件1的基础上结合对比文件2得到权利要求1请求保护的技术方案，这对本领域技术人员来说是显而易见的。在此基础上，其从属权利要求2~7也不具备创造性，而独立权利要求8请求保护的技术方案在对比文件3中公开，该技术方案不具备新颖性。因此，申请人所强调的理由不足以证明权利要求1~7具备专利法第22条第3款规定的创造性，也不足以证明权利要求8具备专利法第22条第2款规定的新颖性。

申请人厦门大学（下称复审请求人）不服上述驳回决定，于2006年12月8日向专利复审委员会提出复审请求，并对权利要求书进行了修改，将原权利要求2、3、5的附加技术特征并入权利要求1中，修改后的权利要求书共包括5项权利要求，其中权利要求1、5为独立权利要求。

复审请求人认为：对比文件1仅公开了免疫层析方法中的一些基本方法而已，对比文件2虽然提到了荧光稀土络合物硅纳米颗粒类标记物可用于免疫分析，但免疫分析是一个很大的范畴，当应用到免疫分析中的一个特定的领域时，还需要对应用条件进行大量创造性的劳动，对比文件3应用了免疫层析中的一些基本方法，并将其具体化，以胶体金为标记物，具体检测HbsAg和AFP，驳回决定中所述的与对比文件3的相似之处均为免疫层析中的一些基本技术，也是本发明用来限定保护范围的。

经形式审查合格后，专利复审委员会受理了上述请求，并于2007年1月22日向复审请求人发出复审请求受理通知书，同时向原专利实质审查部门发出前置审查通知书。

原专利实质审查部门对该复审请求做出前置审查意见，仍然坚持原驳回决定。

针对上述复审请求，专利复审委员会依法成立合议组对该复审请求案进行了审理，并于2008年4月2日发出复审通知书，指出：在本申请的说明书第3页第2段中记载了荧光稀土络合物颗粒的标记方法，从本申请说明书记载的上述内容可以看出，权利要求1所请求保护的用荧光稀土纳米颗粒作为标记物的免疫层析方法所标记的对象以及与对象的结合方式与采用常规免疫层析方法所标记的对象以及与对象的结合方式均相同，且权利要求1所请求保护的技术方案中标记物与标记对象的结合并没有克服任何技术上的困难，因而在对比文件2已经给出了荧光稀土络合物硅纳米颗粒类标记物可用于免疫分析的启示的情况下，本领域技术人员可以在对比文件1、2的基础上，无需付出创造性劳动就可以想到采用荧光稀土纳米颗粒作为标记物进行免疫层析，从而得出权利要求1所请求保护的技术方案，这对于本领域技术人员来说是显而易见的，此外，复审请求人并没有对该独立权利要求5具备新颖性做出实质性的解释说明，因而权利要求1~4不具备专利法第22条第3款规定的创造性，权利要求5不具备专利法第22条第2款规定的新颖性。

针对上述复审通知书，复审请求人于2008年5月14日向专利复审委员会提交了意见陈述书，同时提交了权利要求书的全文修改替换页，其中共包括1项权利要求，其内容如下：

“1. 用荧光稀土纳米颗粒作为标记物的免疫层析方法，其特征在于其步骤为：

（1）将捕捉抗原或抗体通过物理吸附方式直接固定在层析膜上，对不能直接固定在层析膜上的分子量较小的抗原，先将小分子抗原与载体蛋白交联，再通过物理吸附的方式固定于层析膜上，所述的载体蛋白优选牛血清白蛋白或酪蛋白，所述的层析膜为尼龙膜、聚偏二氟乙烯膜、聚酯膜、硝酸纤维素膜、醋酸纤维素膜或硝酸纤维素与醋酸纤维素的混合膜中的一种；

（2）在层析膜的样品垫一侧加入样品液和标记抗体，经免疫反应形成免疫复合物，所述的标记抗体指的是用荧光稀土络合物纳米颗粒标记的与待测抗原结合的单克隆或多克隆抗体，所述的免疫复合物经免疫层析形成检测带和控制带，所述的荧光稀土络合物纳米颗粒指的是以二氧化硅纳米颗粒为载体的，通过共价或物理的方法掺杂有稀土络合物的荧光纳米粒子，所述的标记抗体或抗原是事先被滴加或浸泡到玻璃纤维膜上，经过冷冻干燥后，再装配到试纸条底衬上的；或者以溶液形式保存，在检测前滴加到样品垫靠近层析膜一端；

（3）对形成的检测带和控制带进行检测，所述的形成的检测带和控制带检测是指在紫外光下肉眼观察，或用数码相机进行辅助观察并记录结果，或通过专用的荧光测量仪进行检测，检测模式包括夹心模式和竞争模式，检测对象为单个组分或多个组分。”

复审请求人在此次意见陈述中再次强调了未见任何报道指出采用上述荧光稀土纳米颗粒标记物用于免疫层析，并进一步指出，目前已经出现的荧光纳米颗粒标记物种类繁多，这些纳米颗粒不少可用于免疫组化分析、原位杂交、微孔板式免疫分析中，但能否用于免疫层析检测，却不是显而易见的，免疫层析是一个综合毛细血管效应、免疫结合、连续洗脱和原位显示为一体的复杂过程，与静态式的免疫分析模式明显不同，众多早已商业化的荧光纳米颗粒标记物，不少已用于免疫组化或者原位杂交中，但是用于免疫层析标记物则极少，本申请是在对比文件2的基础上经过创造性的劳动所得到的新的技术方案。因此，修改后的权利要求1具备专利法第22条第3款规定的创造性。

至此合议组认为本案事实清楚，现依法作出复审决定。

二、决定的理由

1. 审查文本

本复审决定所依据的审查文本为复审请求人于2008年5月14日提交的权利要求第1项、复审请求人于2005年2月3日提交的说明书第1~9页、说明书附图第1~2页、说明书摘要及摘要附图。

2. 关于专利法第22条第3款

专利法第22条第3款规定：创造性，是指同申请日以前已有的技术相比，该发明有突出的实质性特点和显著的进步，该实用新型有实质性特点和进步。

（1）关于独立权利要求1是否具备创造性。

权利要求1请求保护一种荧光稀土纳米颗粒作为标记物的免疫层析方法。对比文件1公开了免疫层析原理及试纸条的制备过程（参见对比文件1第13~17页），其中公开了免疫层析的一般方法：使用纯化的抗原与载体分子BSA的交联物来以竞争性结合方式检测小分子抗原，其中采用的固相膜根据需要可选择硝酸纤维素膜、醋酸纤维素膜、玻璃纤维素膜，常用的固相膜为硝酸纤维素膜，通常试纸条由以下几部分组成：①样品垫，由吸水纸传递样品；②结合垫，采用玻璃纤维膜，将标记的抗原或抗体沉积其上，并加以干燥；③捕获垫，采用硝酸纤维素膜，固定能与待分析特异物反映的抗原或抗体条带；④吸收垫，由吸水纸吸收未反应的样品溶液。将以上组分，由上往下黏合到塑胶片上，切成纸条。在竞争类检验中，检测试剂是与乳胶颗粒或胶体金结合的抗体（Abl），而捕获试剂则是待测抗原或者抗原的模拟物，若样品中含有待测抗原，则样品和检测试剂形成复合物（Ag-Abl），即样品中的待测抗原将检测试剂中的抗体完全饱和，随后在通过已固化有捕获试剂的区域中时，不再发生反应，测试线处不显色，样品继续前移，复合物（Ag-Abl）被已固化在质控线处的抗Abl的抗体（二抗Ab2）所结合，形成Abl-Ag-Ab2复合物，使质控线显色，如用竞争性结合方式检测小分子抗原，则需要纯化的抗原或抗原与载体分子BSA的交联物，关于竞争模式，对比文件1中公开了竞争作用和非竞争作用免疫层析的原理（分别相当于本申请中的夹心模式和竞争模式）。

将对比文件1与权利要求1所请求保护的技术方案相比较可见，二者的区别仅在于：①权利要求1采用荧光稀土络合物纳米颗粒作为标记物对抗体进行标记，且所述荧光稀土络合物纳米颗粒指的是以二氧化硅纳米颗粒为载体的，通过共价或物理的方法掺杂有稀土络合物的荧光纳米粒子；②对比文件1中没有公开权利要求1中的如下技术特征：“所说的标记抗体或抗原是事先被滴加或浸泡到玻璃纤维膜上，经过冷冻干燥后，再装配到试纸条底衬上的；或者以溶液形式保存，在检测前滴加到样品垫靠近层析膜一端”；③对比文件1中没有公开权利要求1中的如下技术特征：“所说的形成的检测带和控制带检测是指在紫外光下肉眼观察，或用数码相机进行辅助观察并记录结果，或通过专用的荧光测试仪进行检测”。关于区别特征①，合议组认为，对比文件2（参见对比文件2说明书第6页第11行至第11页第15行）公开了一种荧光稀土络合物硅纳米颗粒类标记物及其制备方法，并公开了稀土络合物以掺入二氧化硅网格中的这一物理掺入方式形成硅纳米颗粒类标记物，大量稀土络合物以掺入或键合的方式形成荧光稀土络合物硅纳米颗粒，并且在对比文件说明书第6页第11~14行公开了荧光稀土络合物硅纳米颗粒可以作为标记物用于各种特异反应检测中，如作为抗原或抗体标记物用于免疫分析。由此可见，对比文件2中的荧光稀土络合物硅纳米颗粒与权利要求1中的荧光稀土纳米颗粒相同，且对比文件2中已经明确指出荧光稀土络合物硅纳米颗粒可作为标记物应用于各种免疫分析。关于区别特征②，合议组认为，该区别特征属于本领域进行免疫层析所常用的方法，对于本领域技术人员来说只是一种常规的技术选择。关于区别特征③，对比文件2（参见对比文件2说明书第1页第13~15行）公开了在波长为300~380nm的紫外光的激发下，稀土络合物发射出波长在500nm以上的荧光，可以为肉眼、数码相机或者荧光显微镜等专用荧光测量仪所辨识，可以利用它们对检测带和控制带进行检测。综上所述，本领域技术人员可以在对比文件1、2的基础上结合本领域的公知常识，无需付出创造性劳动就可以想到采用荧光稀土纳米颗粒作为标记物进行免疫层析，从而得出权利要求1所请求保护的技术方案，这对于本领域技术人员来说是显而易见的。因此，权利要求1不具备专利法第22条第3款所规定的创造性。

（2）关于复审请求人的意见陈述。

复审请求人在2008年5月14日提交的意见陈述书中指出：未见任何报道指出采用上述荧光稀土纳米颗粒标记物用于免疫层析，并进一步指出，目前已经出现的荧光纳米颗粒标记物种类繁多，这些纳米颗粒不少可用于免疫组化分析、原位杂交、微孔板式免疫分析中，但能否用于免疫层析检测，却不是显而易见的，免疫层析是一个综合毛细血管效应、免疫结合、连续洗脱和原位显示为一体的复杂过程，与静态式的免疫分析模式明显不同，众多早已商业化的荧光纳米颗粒标记物，不少已用于免疫组化或者原位杂交中，但是用于免疫层析标记物则极少。对此合议组认为，在本申请的说明书第3页第2段中记载了荧光稀土络合物颗粒的标记方法，从本申请说明书记载的上述内容可以看出，权利要求1所请求保护的用荧光稀土纳米颗粒作为标记物的免疫层析方法所标记的对象以及与对象的结合方式与采用常规免疫层析方法所标记的对象以及与对象的结合方式均相同，且权利要求1所请求保护的技术方案中标记物与标记对象的结合并没有克服任何技术上的困难，在对比文件2已经明确教导荧光稀土纳米颗粒可作为标记物用于免疫检测的基础上，本领域技术人员可以在对比文件1、2的基础上结合本领域的公知常识得出权利要求1所请求保护的技术方案，此外，复审请求人在意见陈述中指出的“用于免疫层析标记物则极少”实际上也承认了已经有荧光纳米颗粒标记物用于免疫层析。因此，复审请求人的上述意见并不能证明修改后的权利要求1具备专利法第22条第3款规定的创造性。

三、决定

复审请求不成立，维持国家知识产权局于2006年8月25日针对200510052292.4号发明专利申请作出的驳回决定。

复审请求人对本决定不服的，可以根据专利法第41条第2款的规定，自收到本决定之日起三个月内向北京市第一中级人民法院起诉。

114

改进的嘴唇产品涂抹器

复审请求审查决定（第13813号）

决　定　号　第13813号
决　定　日　2008年6月16日
发明创造名称　改进的嘴唇产品涂抹器
国际分类号　A45D40/00
复审请求人　黛安·C·布赖顿巴赫，劳伦斯·W·米尔
申　请　号　02816273.0
申　请　日　2002年8月17日
公　开　日　2004年11月10日
合议组组长　李　卉
主　审　员　郝海燕
参　审　员　刘　鹏

法律依据　专利法第33条
决定要点

如果对权利要求书的修改的内容与在原说明书中记载的内容相一致，则该修改不超出原说明书和权利要求书记载的范围，符合专利法第33条的规定。

一、案由

本复审请求涉及申请号为02816273.0、优先权日为2001年8月21日、申请日为2002年8月17日、进入国家阶段日为2004年2月20日、名称为“改进的嘴唇产品涂抹器”的PCT发明专利申请（下称本申请），申请人为黛安·C·布赖顿巴赫、劳伦斯·W·米尔。

国家知识产权局实质审查部门于2007年8月17日针对本申请作出了驳回决定。驳回决定所针对的文本是：2007年2月21日提交的权利要求第1~74项，进入中国国家阶段时提交的说明书第1~9页、说明书附图第1~6页、说明书摘要和摘要附图。驳回理由为：（1）权利要求1、28不符合专利法第33条的规定，其中的技术特征“所述顶端具有从所述内表面向所述外表面延伸的孔”在原说明书中没有记载；（2）权利要求1、28中的特征“从所述侧壁的所述内表面与所述顶端的所述内表面接触的部位到所述侧壁的所述内表面与所述推动件接触的部位，所述侧壁的厚度保持恒定”没有记载在原说明书中，由于图形只是示意图，即使参考附图11b、12b和图2也不能直接地、毫无疑义地确定，因此权利要求1、28不符合专利法第33条的规定；（3）权利要求72、73不符合专利法第33条的规定，权利要求72中所述“所述推动件在其整个表面上具有一个平的产品接触表面”以及权利

要求 73 中所述“所述顶面和所述底面在它们的整个面上基本彼此平行”在原说明书中没有记载，也不能从附图 6A、6B、6C 和图 2 中直接、毫无疑义地导出。

驳回决定所针对的权利要求 1、28、72、73 的内容如下：

“1. 一种用于将糊状或者半柔软的嘴唇产品涂抹到使用者的的嘴唇的改进的嘴唇产品涂抹器，其包括主体，所述主体具有从其延伸的产品容器，所述产品容器是空心的，且具有从所述主体的相对端延伸的顶端，所述顶端具有外表面和内表面，所述顶端具有从所述内表面向所述外表面延伸的孔，所述容器在其中具有推动件，该推动件与所述容器的内侧表面接触并且依靠螺旋装置来从所述顶端的孔推动产品，所述容器具有侧壁，该侧壁具有内表面和外表面，从所述侧壁的所述内表面与所述顶端的所述内表面接触的部位到所述侧壁的所述内表面与所述推动件接触的部位，所述侧壁的厚度保持恒定，并且使用者可以看到所述容器中的所述产品的颜色。”

“28. 一种用于将糊状或者半柔软的产品涂抹到使用者的改进的产品涂抹器，其包括主体，所述主体具有从其延伸的产品容器，所述产品容器是空心的，且具有从所述主体的相对端延伸的顶端，所述顶端具有外表面和内表面，所述顶端具有从所述内表面向所述外表面延伸的孔，所述顶端成锥形，且所述顶端当产品涂抹到使用者时保持所述的锥形形状，所述容器在其中具有推动件，该推动件与所述容器的内侧表面接触并且依靠螺旋装置来从所述顶端的孔推动产品，所述容器具有侧壁，该侧壁具有内表面和外表面，从所述侧壁的所述内表面与所述顶端的所述内表面接触的部位到所述侧壁的所述内表面与所述推动件接触的部位，所述侧壁的厚度保持恒定，并且所述顶端由允许使用者透过所述顶端看到所述产品的颜色的材料形成。”

“72. 如权利要求 28 所述的涂抹器，其特征在于，所述推动件在其整个表面上具有一个平的产品接触表面，并且使用者可以看到所述容器中的所述产品的颜色。”

“73. 如权利要求 28 所述的涂抹器，其特征在于，所述推动件是一个具有顶面和底面的平的盘，并且所述顶面和所述底面在它们的整个面上基本彼此平行，并且使用者可以看到所述容器中的所述产品的颜色。”

申请人（以下称为复审请求人）对上述驳回决定不服，于 2007 年 11 月 30 日提出了复审请求并提交了权利要求书全文替换页，对权利要求进行了修改，以克服超范围的问题。其中（1）将权利要求 1、28 中“所述顶端具有外表面和内表面，所述顶端具有从所述内表面向所述外表面延伸的孔”修改为“所述顶端具有外表面，一个在顶端中的孔从所述外表面延伸以连通所述产品容器”，并且删除了权利要求 1、28 中的“从所述侧壁的所述内表面与所述顶端的所述内表面接触的部位到所述侧壁的所述内表面与所述推动件接触的部位，所述侧壁的厚度保持恒定”；（2）将权利要求 72 中的“所述推动件在其整个表面上具有一个平的产品接触表面”修改为“所述推动件为具有多边形的周边”；（3）将权利要求 73 中的“所述推动件是一个具有顶面和底面的平的盘，并且所述顶面和所述底面在它们的整个面上基本彼此平行”修改为“所述推动件是一个盘（24）”；（4）将权利要求 19、68 中“手把握件附着到容器的周围的一部分”修改为“具有附着到容器的周围的一部分的手把握件”。其中权利要求第 72、73 项的内容如下：

“72. 如权利要求 28 所述的涂抹器，其特征在于，所述推动件为具有多边形的周边，并且使用者可以看到所述容器中的所述产品的颜色。”

“73. 如权利要求 28 所述的涂抹器，其特征在于，所述推动件是一个盘（24），并且使用者可以看到所述容器中的所述产品的颜色。”

经形式审查合格后，国家知识产权局专利复审委员会受理了上述复审请求，并于 2008 年 1 月 8 日发出复审请求受理通知书和前置审查通知书。

实质审查部门对本复审请求进行前置审查，认为：复审请求人对权利要求1的修改仍然超出了原说明书记载的范围，因此坚持驳回决定意见。

专利复审委员会依法成立合议组，对本复审请求进行审查。

专利复审委员会于2008年3月28日发出复审通知书，指出：权利要求1、28中的特征“所述顶端具有外表面，一个在顶端的孔从所述外表面延伸以连通所述产品容器”与原说明书中的记载不一致，权利要求1、28不符合专利法第33条的规定。

复审请求人针对复审通知书指出的问题，于2008年5月9日提交了意见陈述书和权利要求书第1、3页的替换页。复审请求人将权利要求1、28中的特征“所述顶端具有外表面，一个在顶端中的孔从所述外表面延伸以连通所述产品容器”修改为“所述顶端具有外表面和一个在顶端中的孔，所述在顶端中的孔从所述外表面延伸且经由管子（51）以连通所述产品容器”，请求人认为上述修改符合专利法第33条的规定。

此次修改后的权利要求1、28的内容如下：

“1. 一种用于将糊状或者半柔软的嘴唇产品涂抹到使用者的嘴唇的改进的嘴唇产品涂抹器，其包括主体，所述主体具有从其延伸的产品容器，所述产品容器是空心的，且具有从所述主体的相对端延伸的顶端，所述顶端具有外表面和一个在顶端中的孔，所述在顶端中的孔从所述外表面延伸且经由管子（51）以连通所述产品容器，所述容器在其中具有推动件，该推动件与所述容器的内侧表面接触并且依靠螺旋装置来从所述顶端的孔推动产品，所述容器具有侧壁，该侧壁具有内表面和外表面，并且使用者可以看到所述容器中的所述产品的颜色。”

“28. 一种用于将糊状或者半柔软的产品涂抹到使用者的改进的产品涂抹器，其包括主体，所述主体具有从其延伸的产品容器，所述产品容器是空心的，且具有从所述主体的相对端延伸的顶端，所述顶端具有外表面和一个在顶端中的孔，所述在顶端中的孔从所述外表面延伸且经由管子（51）以连通所述产品容器，所述顶端成锥形，且所述顶端当产品涂抹到使用者时保持所述的锥形形状，所述容器在其中具有推动件，该推动件与所述容器的内侧表面接触并且依靠螺旋装置来从所述顶端的孔推动产品，所述容器具有侧壁，该侧壁具有内表面和外表面，并且所述顶端由允许使用者透过所述顶端看到所述产品的颜色的材料形成。”

至此，合议组认为，本案事实已经清楚，在上述审查基础上可以作出复审决定。

二、决定的理由

1. 审查文本

复审请求人于2008年5月9日提交的权利要求书的第1、3页，2007年11月30日提交的权利要求书的第2、4~6页，进入中国国家阶段时提交的说明书第1~9页、说明书附图第1~6页、说明书摘要和摘要附图。

2. 关于专利法第33条

专利法第33条规定：申请人可以对其专利申请文件进行修改，但是，对发明和实用新型专利申请文件的修改不得超出原说明书和权利要求书记载的范围。

（1）权利要求1、28。

请求人在答复复审通知时，将其于2007年11月30日提交的权利要求第1、28项中的特征“所述顶端具有外表面，一个在顶端中的孔从所述外表面延伸以连通所述产品容器”已经修改为“所述顶端具有外表面和一个在顶端中的孔，所述在顶端中的孔从所述外表面延伸且经由管子（51）以连通所述产品容器”，原说明书第8页第20~24行、附图3中对容器33的顶端32的记载为“该顶端32具有表面50，其除泪珠形以外也最好沿着垂直轴线和水平轴线稍微凹进，以当嘴唇产品从容器33通过管子51且离开孔52推出时，允许嘴唇产品保留在表面上”，即该顶端32是通过管子51和孔52以连通该产品容器33，根据说明书的上述记载以及说明书附图3可以直接地、毫无疑义地确定权利要求1、28中的技术特征“所述顶端具有外表面和一个在顶端中的孔，所述在顶端中的孔从所述外表面延伸且经由管子（51）以连通所述产品容器”，因此上述修改是根据原说明书和权利要求书的文字记载的内容以及说明书附图直接地、毫无疑义地确定的内容。请求人对权利要求1、28的上述修改克服了驳回决定及复审通知书中所指出的相应特征超范围的缺陷。

同时，权利要求1、28中已经删除了“从所述侧壁的所述内表面与所述顶端的所述内表面接触的部位到所述侧壁的所述内表面与所述推动件接触的部位，所述侧壁的厚度保持恒定”的技术特征，因此上述修改克服了驳回决定中所指出的相应特征超范围的缺陷。

（2）权利要求72、73。

权利要求72中“所述推动件在其整个表面上具有一个平的产品接触表面”修改为“所述推动件为具有多边形的周边”，与原说明书第7页第7~14行中记载的“该推动装置可以是盘24，该盘24具有多边形的周边”内容一致，因此克服了驳回决定所指出的超范围的缺陷。

权利要求73中“所述推动件是一个具有顶面和底面的平的盘，所述顶面和所述底面在它们的整个面上基本彼此平行”修改为“所述推动件是一个盘（24）”，与原说明书第7页第7行中记载的“该推动装置可以是盘24”内容一致，因此克服了驳回决定所指出的超范围的缺陷。

综上所述，经修改，权利要求书克服了驳回决定和复审通知书所指出的修改超范围的缺陷，符合专利法第33条的规定。

三、决定

撤销国家知识产权局于2007年8月17日作出的针对申请号为02816273.0的发明专利申请的驳回决定，由实质审查部门在复审请求人于2008年5月9日提交的权利要求书的第1、3页，2007年11月30日提交的权利要求书的第2、4~6页，进入中国国家阶段时提交的说明书第1~9页、说明书附图第1~6页、说明书摘要和摘要附图的基础上，对本申请继续进行审查。

当事人对本决定不服的，可以根据专利法第41条第2款的规定，自收到本决定之日起三个月内向北京市第一中级人民法院起诉。

115

双面显示装置

复审请求审查决定（第 13822 号）

决　　定　　号　第 13822 号
决　　定　　日　2008 年 6 月 23 日
发明创造名称　双面显示装置
国 际 分 类 号　G09F 9/00
复 审 请 求 人　铼宝科技股份有限公司
申　　请　　号　200310114326.9
申　　请　　日　2003 年 11 月 12 日
公　　开　　日　2005 年 5 月 18 日
合 议 组 组 长　陈迎春
主　　审　　员　刘亚斌
参　　审　　员　李　礼

法 律 依 据　专利法第 22 条第 3 款，专利法实施细则第 20 条第 1 款
决 定 要 点

如果一项权利要求与对比文件相比存在区别特征，且现有技术中不存在将该区别特征应用到该权利要求的技术方案中以解决其技术问题的启示，同时该区别特征带来了有益效果，则该项权利要求具备创造性。

一、案由

本复审请求涉及申请号为 200310114326.9、名称为"双面显示装置"的发明专利申请（下称本申请）。申请人为铼宝科技股份有限公司。本申请的申请日为 2003 年 11 月 12 日，公开日为 2005 年 5 月 18 日。

经实质审查，国家知识产权局实质审查部门于 2007 年 1 月 26 日以申请人于申请日提交的权利要求 1~21 不具备专利法第 22 条第 3 款规定的创造性为由作出驳回决定。其中引用了如下 3 篇对比文件：

对比文件 1：特开 2000-58260A 号日本公开特许公报，公开日为 2000 年 2 月 25 日；

对比文件 2：特开 2003-228302A 号日本公开特许公报，公开日为 2003 年 8 月 15 日；

对比文件 3：特开 2001-332392A 号日本公开特许公报，公开日为 2001 年 11 月 30 日。

驳回决定所针对的权利要求书包括如下两项独立权利要求：

"1. 一种双面显示装置，包含：

一第一显示面板，其依序包含一第一透明基板、一第一电极、一第一有机官能层及一第二电极；

一第二显示面板，其依序包含一第二透明基板、一第三电极、一第二有机官能层及一第四电极，且第二电极与第四电极彼此相对；以及

一黏着胶，第一透明基板与第二透明基板以黏着胶封合。

12. 一种双面显示装置，包含：

一第一显示面板，其依序包含一第一透明基板、一第一电极、一第一有机官能层及一第二电极；

一第二显示面板，其依序包含一第二透明基板、一第三电极、一第二有机官能层及一第四电极，且第二电极与第四电极彼此相对；

一黏着胶，第一透明基板与第二透明基板以黏着胶封合；以及

一除水单元，其位于第一透明基板与第二透明基板之间。”

驳回决定认为：本申请权利要求 1 与对比文件 1 相比，其区别在于：权利要求 1 还包括一黏着胶，第一透明基板与第二透明基板以黏着胶封合；权利要求 1 包括一第二电极和一第四电极，且第二电极与第四电极彼此相对，而对比文件 1 中是包括一位于两块显示面板之间的共用电极；但是对比文件 2 公开了使用密封材料（相当于本申请的黏着胶）来粘贴显示装置中的两个基板的内容，而关于将一个共用电极分成两个彼此相对的电极的技术属于本领域技术常识，并且对比文件 1 也解决了本申请所要解决的双面显示装置体积较大、厚度较厚、重量较重的问题，因此权利要求 1 相对于对比文件 1、2 和公知常识的结合不具备创造性。独立权利要求 12 与对比文件 1 相比的区别特征与权利要求 1 相同，因此基于与权利要求 1 同样的理由，权利要求 12 也不具备创造性。从属权利要求 2~11、13~21 的附加技术特征分别被对比文件 1、2 或 3 公开或者属于本领域公知常识，因此从属权利要求 2~11、13~21 也不具备创造性。

申请人铼宝科技股份有限公司（下称复审请求人）对上述驳回决定不服，于 2007 年 5 月 8 日向专利复审委员会提出了复审请求，同时提交了权利要求书的全文修改替换页，其中分别在原权利要求 1、12 中增加了“其中，第一显示面板与第二显示面板是分别独立驱动而进行显示”，并将原权利要求 1、12 中的“以黏着胶封合”修改为“以黐着胶封合”。复审请求人认为：对比文件 1 的双面发光元件的显示内容是固定不变的，而本申请的双面显示内容会随着驱动内容而改变，对比文件 1 没有公开“第一显示面板与第二显示面板是分别独立驱动而进行显示”的特征；本申请中使用分开的第二电极、第四电极分别独立驱动第一显示面板与第二显示面板从而达到显示不同影像的效果，而对比文件 1 使用共用电极 3 是为了使有机发光层 2 能发出相同颜色、亮度的光，二者效果不同，本领域技术人员没有足够的动机将对比文件 1 的共用电极分成两个电极。

针对上述复审请求，专利复审委员会于 2007 年 6 月 7 日向复审请求人发出复审请求受理通知书，同日向原实质审查部门发出前置审查通知书。

原实质审查部门在前置审查意见书中认为修改后的独立权利要求 1、12 中新增的特征也已被对比文件 1 公开，因而坚持原驳回决定。

专利复审委员会依法成立合议组对本案进行审理。合议组于 2008 年 4 月 3 日向复审请求人发出复审通知书，指出：（1）权利要求 1、12 中所述“以黐着胶封合”含义不清楚，导致权利要求 1、12 保护范围不清楚，不符合专利法实施细则第 20 条第 1 款的规定，应该修改为“以黏着胶封合”。（2）由于修改后的独立权利要求 1、12 中新增的特征也已被对比文件 1 公开，因此权利要求 1~21 仍不具备专利法第 22 条第 3 款规定的创造性。（3）关于复审请求人的意见，合议组认为，首先，本申请权利要求 1 中并没有关于双面显示内容会随着驱动内容而改变的记载，而对比文件 1 中已经公开了分别通过电源 9a 和 9b 独立驱动第一显示面板和第二显示面板，这就相当于是公开了“第一显示面板与第二显示面板是分别独立驱动而进行显示”的特征；其次，本领域普通技术人员在对比文件 1 公开

的双面显示装置的基础上，为了解决根据接收的不同信息而显示不同内容的问题，很容易想到将共用电极分成两个电极，从而使得两个封闭回路能够独立工作以便分别接收不同的信息并相应地显示不同的内容，因此本领域普通技术人员有动机将共用电极分成两个电极而得到权利要求1的技术方案，综上所述，复审请求人的意见不能成立。

针对上述复审通知书，复审请求人于2008年5月15日提交了意见陈述书和权利要求书的全文修改替换页，其中将权利要求1、12中的“以豁着胶封合”修改为“以黏着胶封合”，将权利要求1、12中的“其中，第一显示面板与第二显示面板是分别独立驱动而进行显示”修改为“一驱动电路，与第一显示面板和第二显示面板相连接，其中，驱动电路分别独立驱动第一显示面板与第二显示面板使第一显示面板与第二显示面板各自的显示内容依据驱动电路所提供的驱动信息而改变”。复审请求人认为：本申请权利要求1、12中的第一和第二显示面板可以独立显示影像，而对比文件1的双面发光元件并不能自己独立显示影像，其显示内容是固定不变的（因其图像或文字是刻在基板上），因此两者的结构不同；对比文件1中没有给出任何动机使得本领域技术人员将一个共用电极分成两个电极，并且即使将对比文件1中的共用电极分成两个电极并如对比文件1所述分别通过电源9a和9b独立驱动两个显示面板，结果也只能是使得对比文件1的双面发光元件分别发出不同强度的光线，其本身并不能接收不同的信息而相应地显示不同的信息内容；本申请权利要求1、12所述的双面显示装置能够根据驱动信息轻易变换显示内容，这是对比文件1~3所达不到的技术功效，因此具有突出的实质性特点和显著的进步，具备创造性，在此基础上，其从属权利要求2~11、13~21也均具备创造性。

在上述程序的基础上，合议组认为本案事实已经清楚，可以作出审查决定。

二、决定的理由

1. 关于审查基础

本复审决定以复审请求人于2008年5月15日提交的权利要求第1~21项，于申请日提交的说明书第1~9页、说明书附图第1~7页以及说明书摘要和摘要附图为审查基础。

2. 关于专利法实施细则第20条第1款

专利法实施细则第20条第1款规定：权利要求书应当说明发明或者实用新型的技术特征，清楚、简要地表述请求保护的范围。

合议组在复审通知书中指出权利要求1、12中所述“以豁着胶封合”含义不清楚，不符合专利法实施细则第20条第1款的规定；修改后的权利要求1、12将“以豁着胶封合”修改为“以黏着胶封合”，合议组认为，该修改后的用语含义清楚，并且与该权利要求其他部分以及说明书中的相关描述一致，因此克服了上述复审通知书中指出的缺陷，符合专利法实施细则第20条第1款的规定。

3. 关于创造性

专利法第22条第3款规定：创造性，是指同申请日以前已有的技术相比，该发明有突出的实质性特点和显著的进步，该实用新型有实质性特点和进步。

本申请权利要求1请求保护一种双面显示装置，对比文件1公开了一种双面有机发光显示装置，其中公开了以下技术特征（参见说明书第3栏第5行至第7栏第40行，第8栏第21行至第9栏第6行，图1、2）：该双面有机发光显示装置包含第一显示面板和第二显示面板，其中第一显示面板依序包含第一基板5（相当于本申请权利要求1所述第一透明基板）、第一透明电极1（相当于本申请权利要求1所述第一电极）、第一电极发光材料层2（相当于本申请权利要求1所述第一有机官能层），第二显示面板依序包含第二基板6（相当于本申请权利要求1所述第二透明基板）、第二透明电极1（相当于本申请权利要求1所述第三电极）、第二电极发光材料层2（相当于本申请权利要求1所述第二有机官能层），其中在第一电极发光材料层与第二电极发光材料层之间有第一显示面板与第二显示面板共用的金属电极 3，电源 9a 与第一透明电极 1、第一电极发光材料层 2、金属电极 3 构成第一显示面板的封闭回路，电源 9b 与第二透明电极 1、第二电致发光材料层 2、金属电极 3 构成第二显示面板的封闭回路（参见图 1（b）），两个封闭回路均可以独立工作以分别驱动第一显示面板和第二显示面板。

由上可知，本申请权利要求 1 所请求保护的技术方案与对比文件 1 公开的内容相比，其区别在于：（1）本申请权利要求 1 还包括一黏着胶，第一透明基板与第二透明基板以黏着胶封合；（2）本申请权利要求 1 中的第一显示面板还包括一第二电极，第二显示面板还包括一第四电极，且第二电极与第四电极彼此相对，而对比文件 1 中公开的是第一显示面板和第二显示面板共用位于二者之间的金属电极 3；（3）本申请权利要求 1 中的驱动电路使第一显示面板与第二显示面板各自的显示内容依据驱动电路所提供的驱动信息而改变，而对比文件 1 中没有公开此内容。

关于上述区别特征（1），由本申请说明书可知，该黏着胶的作用是使第一透明基板与第二透明基板连接，并使二者之间保持一定间距防止二者接触而出现损坏。而对比文件 2 公开了一种显示装置（参见说明书第 2 栏第 41 行至第 7 栏第 24 行），其中公开了该显示装置包括阵列基板、第一电极、第二电极、有机电发光设备以及密封基板，并且阵列基板与密封基板之间包括用于封合两个基板的密封材料。因此，对比文件 2 中公开了利用类似黏着胶的密封材料来封合两个基板的技术，即上述区别特征（1）已经被对比文件 2 公开，且其在对比文件 2 中所起作用与本申请中相同，都是用于封合两个基板。

关于上述区别特征（2），本领域普通技术人员在对比文件 1 的两基板共用一个金属电极的基础上，根据实际应用需要，比如为了解决根据接收的不同信息而显示不同内容的问题，很容易想到将该共用电极分成两个彼此相对的电极，从而分别与第一显示面板和第二显示面板构成两个独立的封闭回路，这是本领域的常用技术手段，因此，在对比文件 2 所公开的利用类似黏着胶的密封材料来封合两个基板的技术的基础上，本领域普通技术人员很容易想到利用对比文件 2 公开的密封材料来对两个彼此相对的电极进行连接固定。

关于上述区别特征（3）所述的使第一显示面板与第二显示面板各自的显示内容依据驱动电路所提供的驱动信息而改变这一特征，在对比文件 1 和 2 中均没有披露，对比文件 1 中虽然公开了两个封闭回路分别独立驱动第一显示面板与第二显示面板，但是该两个封闭回路的实际作用是通过对于电源 9a、9b 的控制来分别控制两个显示面板的电致发光材料层是否发光或改变其发光强度的大小，在此基础上控制两个显示面板是否显示其上的文字，其中两个显示面板上显示的文字等内容是相对固定不变的（比如刻在该基板上），因此并没有披露上述区别特征（3），另外对比文件 2 中公开的是一种单面显示装置，其中也没有公开该特征；而本申请权利要求 1 的两个显示面板是通过接收驱动电路提供的驱动信息来获取所要显示的内容，并可依据驱动电路提供的驱动信息不同而发生变化，该显示内容并非固定不变的，这就使得本申请的双面显示装置具有了能够动态改变显示内容的效果。由此可见，本申请权利要求 1 的双面显示装置与对比文件 1 公开的双面显示装置、对比文件 2 公开的显示装置相比，存在区别特征，并且对比文件 1 和 2 中也没有给出任何与该区别特征相关的技术启示，本申请和对比文件 1、2 用于显示的工作原理不同，驱动电路的功能和结构不同，所获得的技术效果也不同，也没有证据证明这些区别特征属于本领域公知常识，因此本申请权利要求 1 相对于对比文件 1、2 和公知常识的结合具备专利法第 22 条第 3 款规定的创造性。

此外，对比文件 3 中也没有公开上述区别特征（3），并且也没有给出与该特征相关的技术启示，因此即使将对比文件 3 与对比文件 1、2 以及公知常识结合也不能破坏本申请权利要求 1 的创造性。

在权利要求 1 具备创造性的基础上，基于同样的理由，其从属权利要求 2~10 相对于对比文件 1、

2和公知常识的结合也具备专利法第22条第3款规定的创造性，从属权利要求11相对于对比文件1、2、3和公知常识的结合也具备专利法第22条第3款规定的创造性。

权利要求12实质上与引用权利要求1的从属权利要求8要求保护的技术方案完全相同，因此，基于与评述权利要求1同样的理由，权利要求12相对于对比文件1、2和公知常识的结合也具备专利法第22条第3款规定的创造性。

在权利要求12具备创造性的基础上，基于同样的理由，其从属权利要求13~20相对于对比文件1、2和公知常识的结合也具备专利法第22条第3款规定的创造性，从属权利要求21相对于对比文件1、2、3和公知常识的结合也具备专利法第22条第3款规定的创造性。

三、决定

在复审请求人于2008年5月15日提交的修改文本的基础上，撤销国家知识产权局于2007年1月26日对200310114326.9号申请作出的驳回决定。由国家知识产权局原实质审查部门以本决定所依据的文本作为审查基础对本发明专利申请继续审查。

如对本复审请求审查决定不服，根据专利法第41条第2款的规定，请求人可以自收到本决定之日起三个月内向北京市第一中级人民法院起诉。

116

液晶显示器件及其制造方法

复审请求审查决定（第 13832 号）

决　　定　　号　第 13832 号
决　　定　　日　2008 年 6 月 19 日
发明创造名称　液晶显示器件及其制造方法
国 际 分 类 号　G02F 1/136，G02F 1/1335，G02F 1/133
复 审 请 求 人　乐金显示有限公司
申　　请　　号　200410086220.7
优 先 权 日　2003 年 11 月 12 日
申　　请　　日　2004 年 10 月 27 日
公　　开　　日　2005 年 5 月 18 日
合 议 组 组 长　周　航
主　　审　　员　陈　力
参　　审　　员　刘亚斌

法 律 依 据　专利法第 22 条第 3 款
决 定 要 点
复审请求人通过修改专利申请文件，克服了驳回决定和复审通知书中指出的缺陷，并且这种修改符合专利法第 33 条和专利法实施细则第 60 条第 1 款的规定，则应当撤销原驳回决定，由原审查部门对该申请继续审查。

一、案由

本复审请求涉及申请号为 200410086220.7、发明名称为“液晶显示器件及其制造方法”的发明专利申请（下称本申请），其申请日是 2004 年 10 月 27 日，优先权日是 2003 年 11 月 12 日，公开日是 2005 年 5 月 18 日，申请人原为 LG. 菲利浦 LCD 株式会社，后于 2008 年 6 月 13 日变更为乐金显示有限公司。本申请公开时的权利要求书共包括 27 项权利要求，其中权利要求 1、10、17、23 是独立权利要求。

经实质审查，国家知识产权局专利局实质审查部门针对申请人于 2004 年 10 月 27 日提交的说明书第 1、2 页、说明书附图第 1～10 页、摘要附图以及于 2007 年 9 月 29 日提交的权利要求第 1～11 项、说明书第 3～8 页、说明书摘要，于 2007 年 11 月 2 日以本申请权利要求 1～8、10～11 相对于对比文件 4 不符合专利法第 22 条第 3 款规定的创造性为由作出驳回决定。其中引用的对比文件如下：

对比文件 4：特开平 6-202101A 号日本公开特许公报，其公开日为 1994 年 7 月 22 日。

该驳回决定所针对的权利要求书如下：

"1. 一种液晶显示器件，包括：

第一基板，它包括多个第一区和第二区，第一区和第二区彼此不重叠；

形成在第一基板上第二区内的黑矩阵层；

形成在第一区内并与黑矩阵层的边沿重叠的多个第一滤色片层，该第一滤色片层包括至少红滤色片、绿滤色片和蓝滤色片；

形成在黑矩阵层上的多个第二滤色片层，在相邻的第一滤色片层之间是各个第二滤色片层，该第二滤色片层包括至少红滤色片、绿滤色片和蓝滤色片，其中两个第一滤色片层和一个第二滤色片层形成在黑矩阵层上，并且其中形成在黑矩阵层上的第一滤色片层和第二滤色片层在颜色上彼此不同；

形成在包括该第一滤色片层和第二滤色片层的第一基板的整个表面上的公共电极层；以及

形成在该公共电极层上的定向层。

2. 按照权利要求 1 的液晶显示器，其特征在于，第一滤色片层包括第一红色滤色片，第一绿色滤色片和第一蓝色滤色片中的至少一个。

3. 按照权利要求 1 的液晶显示器，其特征在于，第二红色滤色片被形成在第一绿色滤色片与第一蓝色滤色片之间。

4. 按照权利要求 1 的液晶显示器，其特征在于，第二绿色滤色片被形成在第一红色滤色片与第一蓝色滤色片之间。

5. 按照权利要求 1 的液晶显示器，其特征在于，第二蓝色滤色片被形成在第一红色滤色片与第一绿色滤色片之间。

6. 按照权利要求 1 的液晶显示器，其特征在于，第一区对应着第二基板的象素区，第二基板与第一基板接合。

7. 按照权利要求 1 的液晶显示器，其特征在于，用在包括第一和第二滤色片层的第一基板的整个表面上形成的覆盖层而代替所述公共电极层。

8. 一种液晶显示器件的制造方法，包括：

制备一个包括多个第一区和第二区的第一基板，第一区和第二区彼此不重叠；

在第一基板上第二区内形成黑矩阵层；

在第一区内形成与黑矩阵层的边沿重叠的多个第一滤色片层，该第一滤色片层包括至少红滤色片、绿滤色片和蓝滤色片；

在黑矩阵层上形成多个第二滤色片层，各个第二滤色片层处在相邻的第一滤色片层之间，该第二滤色片层包括至少红滤色片、绿滤色片和蓝滤色片，其中两个第一滤色片层和一个第二滤色片层形成在黑矩阵层上，并且其中形成在黑矩阵层上的第一滤色片层和第二滤色片层在颜色上彼此不同；

在包括第一和第二滤色片层的第一基板的整个表面上形成一个公共电极层；以及

在公共电极层上形成定向层。

9. 按照权利要求 8 的方法，其特征在于，形成第一滤色片层的步骤和形成第二滤色片层的的步骤是同时执行的。

10. 按照权利要求 8 的方法，其特征在于，形成第一滤色片层的步骤包括在第一基板的整个表面上涂敷覆盖黑矩阵层的一种彩色树脂，并且对所涂敷的彩色树脂构图，形成第一滤色片层。

11. 按照权利要求 8 的方法，其特征在于，用在包括第一和第二滤色片层的第一基板的整个表面上形成的覆盖层代替所述公共电极层。"

驳回决定中认为：权利要求 1 相对于对比文件 4 的区别在于：（1）在公共电极层上还形成有定向

层，（2）第二滤色片层包括至少红滤色片、绿滤色片、蓝滤色片，并且其中形成在黑矩阵层上的第一滤色片层和第二滤色片层在颜色上彼此不同。其中，区别（1）属于公知常识，区别（2）未给权利要求1的技术方案带来显著的进步，因此权利要求1不具有创造性。权利要求8相对于对比文件4的区别在于：（3）最后还包括了在公共电极层上形成定向层的步骤，（4）第二滤色片层包括至少红滤色片、绿滤色片、蓝滤色片，并且其中形成在黑矩阵层上的第一滤色片层和第二滤色片层在颜色上彼此不同。其中，区别（5）属于公知常识，区别（6）未给权利要求8的技术方案带来显著的进步，因此权利要求8不具备创造性。从属权利要求2、10的附加技术特征在对比文件4中已公开，从属权利要求3~5的附加技术特征没有为该方案带来显著的进步，从属权利要求6、7、11的附加技术特征是公知常识，因此在其引用的权利要求不具有创造性的情况下，从属权利要求2~7、10、11也不具备创造性。

申请人LG. 菲利浦LCD株式会社，后变更为乐金显示有限公司（下称复审请求人）对上述驳回决定不服，于2008年2月5日向专利复审委员会提出复审请求，同时提交了权利要求书全文和说明书第2~4页的修改替换页，其中删除了权利要求9，并将其附加技术特征分别相应地添加到独立权利要求1和8中，即在独立权利要求1中添加了技术特征“其中第一滤色片层中的红滤色片、绿滤色片和蓝滤色片与第二滤色片层中的红滤色片、绿滤色片和蓝滤色片分别由相同的材料在相同的步骤中同时形成”，在独立权利要求8中添加了特征“其中形成第一滤色片层中的红滤色片、绿滤色片和蓝滤色片的步骤与形成第二滤色片层中的红滤色片、绿滤色片和蓝滤色片的步骤分别同时执行”，同时对说明书相应部分进行了适应性修改。复审请求人认为上述修改克服了驳回决定所指出的权利要求不具备创造性的缺陷。所增加的技术特征能够实现在简化工艺的同时还可以减少滤色片之间阶梯覆层的效果。

经形式审查合格后，专利复审委员会受理了上述复审请求，于2008年3月18日向复审请求人发出了复审请求受理通知书，并将本申请案卷送至原实质审查部门进行前置审查。

原实质审查部门对上述复审请求做出前置审查意见，认为：由于权利要求1中增加的特征为方法特征，对涉及产品的权利要求1不具有限定作用，故修改后的权利要求1~7相对于对比文件4仍然不具备专利法第22条第3款规定的创造性，修改后的权利要求8~10相对于对比文件4具备专利法第22条第3款规定的创造性。

针对上述复审请求，专利复审委员会依法成立合议组对本案进行了审理，本案合议组于2008年4月24日向复审请求人发出复审通知书，指出：权利要求1与对比文件4相比，区别在于对比文件4未公开以下技术特征：（1）第二滤色片层包括至少红滤色片、绿滤色片和蓝滤色片；（2）在该公共电极层上还形成有定向层；（3）第一滤色片层中的红滤色片、绿滤色片和蓝滤色片与第二滤色片层中的红滤色片、绿滤色片和蓝滤色片分别由相同的材料在相同的步骤中同时形成。其中，区别（1）、（3）并没有为权利要求1的技术方案带来区别于对比文件4的技术效果，区别（2）对于本领域技术人员来说属于公知技术，因此权利要求1相对于对比文件4和公知技术的结合不具备创造性。对于复审请求人的意见，合议组认为：修改后的权利要求1中增加的方法特征，即区别（3）并没有使本申请权利要求1的产品的第一、二滤色片层具有不同于对比文件4中彩色材料层和追加黑矩阵的特定结构，也没有使其具有与之不同的性能，该限定的内容只对产品的制造方法有影响。本申请所要实现的缩小第一滤色片层之间的阶梯敷层以提供一个平坦的表面的目的是由权利要求1的产品的结构来实现的，其与产品的材料与制造时机无关，对比文件4公开了相似的结构，并能实现相同的目的，因此权利要求1相对于对比文件4和公知技术的结合不具备创造性。至于简化制造工艺的目的，其属于制造方法所能实现的目的，其与产品本身无关，因此复审请求人的上述主张不能成立。此外，权利要求2

的附加技术特征已在对比文件4中公开，权利要求3、4、5的附加技术特征并没有给产品的结构本身带来实质性的影响，权利要求6、7的附加技术特征属于本领域的惯用技术手段，因此权利要求1~7相对于对比文件4和公知技术的结合均不具备创造性。

针对上述复审通知书，复审请求人于2008年5月19日提交了意见陈述书及权利要求书、说明书、说明书摘要的全文修改替换页。复审请求人认可合议组的意见，删除了权利要求1~7，并对说明书和说明书摘要进行了适应性修改，修改后的权利要求书如下：

“1. 一种液晶显示器件的制造方法，包括：

制备一个包括多个第一区和第二区的第一基板，第一区和第二区彼此不重叠；

在第一基板上第二区内形成黑矩阵层；

在第一区内形成与黑矩阵层的边沿重叠的多个第一滤色片层，该第一滤色片层包括至少红滤色片、绿滤色片和蓝滤色片；

在黑矩阵层上形成多个第二滤色片层，各个第二滤色片层处在相邻的第一滤色片层之间，该第二滤色片层包括至少红滤色片、绿滤色片和蓝滤色片，其中两个第一滤色片层和一个第二滤色片层形成在黑矩阵层上，并且其中形成在黑矩阵层上的第一滤色片层和第二滤色片层在颜色上彼此不同；

在包括第一和第二滤色片层的第一基板的整个表面上形成一个公共电极层；以及

在公共电极层上形成定向层，

其中形成第一滤色片层中的红滤色片、绿滤色片和蓝滤色片的步骤与形成第二滤色片层中的红滤色片、绿滤色片和蓝滤色片的步骤分别同时执行。

2. 按照权利要求1的方法，其特征在于，形成第一滤色片层的步骤包括在第一基板的整个表面上涂敷覆盖黑矩阵层的一种彩色树脂，并且对所涂敷的彩色树脂构图，形成第一滤色片层。

3. 按照权利要求1的方法，其特征在于，用在包括第一和第二滤色片层的第一基板的整个表面上形成的覆盖层代替所述公共电极层。”

经审理，合议组认为本案事实已经清楚，可以依法作出复审决定。

二、决定的理由

1. 审查基础

复审请求人于2008年5月19日提交了权利要求书、说明书及说明书摘要的全文修改替换页，经审查，上述修改文本符合专利法第33条和专利法实施细则第60条第1款的规定，因此本复审决定以复审请求人于2008年5月19日提交的权利要求第1~3项、说明书第1~8页、说明书摘要，于申请日即2004年10月27日提交的说明书附图第1~10页、摘要附图为审查基础。

2. 关于创造性

专利法第22条第3款规定：创造性，是指同申请日以前已有的技术相比，该发明有突出的实质性特点和显著的进步，该实用新型有实质性特点和进步。

在本案中，复审请求人删除了复审通知书中指出的不具备创造性的权利要求1~7，保留了复审通知书中没有涉及的权利要求8~10作为新的权利要求1~3，修改后的独立权利要求1的保护范围实质上对应于驳回决定所针对的权利要求9，修改后的权利要求2、3从属于该独立权利要求1，由于驳回决定中并未涉及权利要求9的创造性问题，且前置意见中认为，提出复审请求时提交的权利要求8~10（即分别对应于当前文本中的权利要求1~3）相对于对比文件4具备创造性，因此合议组认为，由于驳回决定和复审通知书中指出的不具备创造性的权利要求经过修改后均已不存在，故当前的文本已经克服了驳回决定和复审通知书中指出的缺陷。

基于上述理由，合议组作出如下决定。

三、决定

在复审请求人于2008年5月19日提交的权利要求第1~3项、说明书第1~8页、说明书摘要，于申请日即2004年10月27日提交的说明书附图第1~10页、摘要附图的基础上，撤销国家知识产权局于2007年11月2日针对200410086220.7号发明专利申请做出的驳回决定。由原审查部门以本复审决定所依据的文本继续审查。

复审请求人对本决定不服的，可以根据专利法第41条第2款的规定，自收到本决定之日起三个月内向北京市第一中级人民法院起诉。

117

危险品持续燃烧试验仪

复审请求审查决定（第13833号）

决　定　号　第13833号
决　定　日　2008年6月13日
发明创造名称　危险品持续燃烧试验仪
国 际 分 类 号　G01N 25/00，G06F 19/00，B65D 85/00
复 审 请 求 人　中华人民共和国天津出入境检验检疫局
申　请　号　00133492.1
申　请　日　2000年11月9日
公　开　日　2002年6月12日
合 议 组 组 长　陈迎春
主　审　员　高桂莲
参　审　员　李晓娜

法 律 依 据　专利法第33条，专利法第26条第3款
决 定 要 点

当发明请求保护一种利用计算机程序实现其测量操作及数据处理的产品时，如果说明书中涉及“特定算法”的程序步骤是解决本申请技术问题的重要步骤，在申请文件没有具体说明“特定算法”的情况下，本领域技术人员凭借其常规技术知识并不能知晓该算法的具体含义，进而不能实现发明的技术方案，解决其技术问题，并产生相应的技术效果，则本申请说明书的技术方案公开不充分。

一、案由

本复审请求涉及申请号为00133492.1、名称为“危险品持续燃烧试验仪”的发明专利申请（下称本申请），其申请日为2000年11月9日，申请人为中华人民共和国天津出入境检验检疫局，公开日为2002年6月12日。本申请公开时权利要求书共包括3项权利要求，其中权利要求1、2分别为：

“1. 一种危险品持续燃烧试验仪，其特征为：在箱体的上部装有加热金属块，加热金属块从箱体上部穿出，大部分在箱体内，加热金属块上表面由凹下的试样槽，试样槽上方有煤气喷嘴，煤气喷嘴安装在可摆动的煤气连接管的接头上，煤气连接管的接头安装在电机上，煤气连接管的接头连接煤气连接管，煤气连接管连接导气管；在煤气喷嘴的附近设有高压点火器，试样槽附近设置热电偶，箱体内有电热丝；加热金属块上方设有可移动的屏蔽罩；加热金属块上设有热电阻。

2. 根据权利要求1所述的危险品持续燃烧试验仪，其特征为：在煤气喷嘴的附近设的高压点火器是计算机远程高压点火器，高压点火器连接电磁继电器SSR，电机连接正反两个电磁继电器SSR

正、SSR 反，电热丝为两组，每组连接一个连接电磁继电器 SSR1、SSR2，热电偶为铂热电偶，铂热电偶个连接 7011 模块，热电阻连接 7013 模块，所有电磁继电器 SSR、SSR1、SSR2、SSR 正、SSR 反连接 7050 模块；7011 模块、7013 模块、7050 模块连接 7520 通讯模块，7520 通讯模块连接计算机、计算机连接打印机。”

在实质审查程序中，国家知识产权局专利局实质审查部门于 2003 年 7 月 18 日发出第一次审查意见通知书，指出本申请说明书不符合专利法第 26 条第 3 款的规定，如：“特定算法”、“特殊的燃烧判断算法”等内容未在说明书中充分公开，而针对所述问题的补充或删除技术内容将直接导致本申请修改超范围，不符合专利法第 33 条的规定。另外该通知书还指出了本申请文件存在的其他缺陷。

针对第一次审查意见通知书，申请人于 2003 年 9 月 20 日提交了意见陈述书和权利要求第 1~3 项、说明书第 1~6 页、说明书附图第 2 页的修改替换页。在修改文本中，删除了权利要求 3 和说明书中涉及公开不充分的用词“特定算法”、“特殊的燃烧判断算法”，并对第一次审查意见通知书提出的其他问题做了适应性修改，但答复意见未对该修改文本是否克服说明书公开不充分的缺陷进行说明。

针对申请人的上述意见陈述，原实质审查部门于 2005 年 4 月 8 日发出第二次审查意见通知书，指出申请人删除说明书和权利要求 3 中的“特定算法”、“特殊的燃烧判断算法”，并不能解决说明书公开不充分的问题，而且这种简单删除的做法导致了修改超范围，不符合专利法第 33 条的规定。

针对第二次审查意见通知书，申请人于 2005 年 6 月 3 日提交了意见陈述书和权利要求书的修改替换页，修改后的权利要求书删除了权利要求 3，保留的权利要求 1、2 与本申请公开时的权利要求 1、2 的内容完全相同，并且在答复意见中未对上述修改是否克服第二次审查意见通知书指出的缺陷作出明确答复。

经审查，国家知识产权局原实质审查部门以本申请说明书不符合专利法第 33 条的规定为由，于 2006 年 10 月 13 日作出驳回决定。驳回决定认为，申请人将说明书中的“特定算法”、“特殊的燃烧判断算法”删除属于超范围修改，不符合专利法第 33 条的规定。

申请人中华人民共和国天津出入境检验检疫局（下称复审请求人）不服上述驳回决定，于 2006 年 12 月 22 日向专利复审委员会提出复审请求，同时提交了权利要求书的修改替换页，修改后的权利要求书包括 2 项权利要求，且其内容与驳回决定所针对的权利要求书相同，也与本申请公开时的权利要求 1、2 的内容完全相同。

经形式审查合格后，专利复审委员会依法受理了上述复审请求，并于 2007 年 2 月 8 日向复审请求人发出了复审请求受理通知书，同时向原实质审查部门发出前置审查通知书。

原实质审查部门对该复审请求做出前置审查意见，仍然坚持原驳回决定。

复审请求人又于 2007 年 8 月 17 日再次提交意见陈述书以及权利要求书和说明书的修改替换页，修改后的权利要求书包含 2 项权利要求，其内容与申请日提交的原始权利要求 1、2 相同，修改后的说明书内容与原始说明书一致，其中恢复了对“特定算法”、“特殊的燃烧判断算法”的记载。

专利复审委员会依法成立合议组，对该复审请求进行审查。合议组于 2008 年 1 月 31 日发出复审通知书，指出：（1）虽然复审请求人于 2007 年 8 月 17 日提交的修改文本消除了驳回决定中所指出的修改超范围的问题，但该申请仍然未消除说明书公开不充分的问题，即本申请说明书中”特定算法”和“特殊的燃烧判断算法”的确切内容公开不充分。（2）此外，说明书中还存在一些未公开充分的内容，如说明书中涉及的“7011 模块”、“7013 模块”、“7050 模块”、“7520 通讯模块”，虽然说明书中记载了“铂热电偶个连接 7011 模块，热电阻连接 7013 模块，所有电磁继电器 SSR、SSR1、SSR2、SSR 正、SSR 反连接 7050 模块；7011 模块、7013 模块、7050 模块连接 7520 通讯模块”，但由于在说明书和权利要求书中，对上述所称“7011模块”、“7013模块”、“7050模块”、“7520通讯模块”的具体功能、组成或结构等只字未提，而本领域技术人员根据现有的信息无法确定上述模块的功能和组成，从而也就无法实现本申请要求保护的试验仪；而且复审请求人在答复意见中也没有对此进行合理的解释，因此本申请的说明书不符合专利法第26条第3款的规定。

针对上述复审通知书，复审请求人于2008年3月13日提交了意见陈述书和权利要求书的修改替换页，修改后的权利要求书删除了之前的权利要求2，保留的权利要求1的内容与本申请公开时的权利要求1的内容完全相同。

复审请求人在意见陈述书中仅认为其修改文本删除了从属权利要求，即克服了缺陷，并没有对其克服缺陷的具体理由进行说明。

至此，合议组认为本案事实已经清楚，现依法作出如下复审决定。

二、决定的理由

1. 关于审查文本

本复审决定以复审请求人于2008年3月13日提交的权利要求书第1项、2007年8月17日提交的说明书第1~6页、2003年9月20日提交的说明书附图第2页、申请日提交的说明书附图第1、3~9页，说明书摘要及摘要附图作为审查基础。

2. 关于专利法第26条第3款

专利法第26条第3款的规定：说明书应当对发明或者实用新型作出清楚、完整的说明，以所属技术领域的技术人员能够实现为准。

根据审查指南第二部分第二章第2.1.3节的规定，所属技术领域的技术人员能够实现，是指所属技术领域的技术人员按照说明书记载的内容，就能够实现该发明或者实用新型的技术方案，解决其技术问题，并且产生预期的技术效果。

本案的主要问题涉及说明书中的“特定算法”和“特殊的燃烧判断算法”这两个技术特征，驳回决定中指出本申请说明书中删除了“特定算法”和“特殊的燃烧判断算法”，导致其修改超范围，不符合专利法第33条的规定，但是若说明书中恢复对“特定算法”和“特殊的燃烧判断算法”的记载，由于说明书没有披露“特定算法”和“特殊的燃烧判断算法”的具体内容，则会导致说明书公开不充分，而且复审请求人自始至终没有针对该“特定算法”、“特殊的燃烧判断算法”的具体内容给予正面解释，只是一再删除权利要求书中涉及公开不充分技术特征的权利要求（在实质审查阶段答复第二次审查意见通知书时删除了涉及“特定算法”、“特殊的燃烧判断算法”的权利要求3，在复审阶段答复复审通知书时删除了涉及各个模块及其连接关系的权利要求2，试图通过删除权利要求的做法来达到使说明书充分公开的目的。

对此，合议组认为：判断说明书是否充分公开，本领域技术人员应以说明书记载的内容为准，判断是否能够实现发明为解决其技术问题而采用的技术方案，并且产生预期的技术效果。复审请求人在不改变说明书记载内容的情况下，对未充分公开的内容又不作任何解释，仅仅通过删除涉及公开不充分技术特征的权利要求的做法并不能克服说明书未充分公开的缺陷。

根据本申请说明书第4页第1~8行的记载，在检测危险品的持续燃烧能力时，现有技术利用手工操作存在温度值的误差，不能保证温度维持在标准实验温度范围内以及测试结果的正确性。为了克服现有技术的上述缺陷和不足，实现测试的准确性，本申请提供一种危险品持续燃烧试验仪，该试验仪除了包括硬件设备外，还包括实现试验操作、进行数据处理的计算机程序，该计算机程序的开始检测模块1、2中均涉及初始温度与终止温度值的采集与比较，并将二者比较的结果“通过特定算法判断是否燃烧”。而且本申请的说明书第4页第7、8行也记载了“通过特殊的燃烧判断算法，滤除了干扰信号，大大提高了试验的准确性”。可见上述所称的“特定算法”或“特殊的燃烧判断算法”对于维持测量结果的准确性，进而取得本申请预期的效果是至关重要的，且其不是一般或常规算法，但是对所述算法本申请说明书并未充分公开或具体说明，本领域技术人员根据常规技术知识也不能获知该“特定算法”或“特殊的燃烧判断算法”的具体内容，从而导致本申请技术方案不能实施，不能解决其所述的技术问题，并且产生预期的技术效果。此外，复审请求人也未对本申请文件中涉及的多个“模块”（如说明书中涉及的“7011 模块”、“7013 模块”、“7050 模块”、“7520 通讯模块”）的具体功能、组成或结构作出解释或说明，本领域技术人员根据现有的信息和本领域的公知常识也无法确定上述模块的功能和组成。综上所述，本申请的说明书虽然给出了实现其所称危险品持续燃烧试验仪的技术手段，但对本领域技术人员来说，该手段是含糊不清的，根据说明书记载的内容无法具体实施，导致本申请的说明书公开不充分，不符合专利法第 26 条第 3 款的规定。

三、决定

维持国家知识产权局于 2006 年 10 月 13 日对 00133492.1 号发明专利申请作出的驳回决定。

复审请求人对本决定不服的，可以根据专利法第 41 条第 2 款的规定，自收到本决定之日起三个月内向北京市第一中级人民法院起诉。

118

指纹检测装置

复审请求审查决定（第13835号）

决　　定　　号 第13835号
决　　定　　日 2008年6月24日
发明创造名称 指纹检测装置
国 际 分 类 号 A61B 5/117，G01B 7/28，G06T 1/00
复 审 请 求 人 索尼公司
申　　请　　号 02803463.5
优 先 权 日 2001年9月26日
申　　请　　日 2002年9月11日
公　　开　　日 2004年3月24日
合 议 组 组 长 宋　瑞
主　　审　　员 杨加黎
参　　审　　员 高桂莲

法 律 依 据 专利法第22条第3款
决 定 要 点

如果一项权利要求请求保护的技术方案相对于最接近的现有技术与所述领域常用技术手段的结合而言是显而易见的，则该项权利要求不具备创造性。

一、案由

本复审请求涉及申请号为02803463.5、名称为“指纹检测装置”的PCT发明专利申请（下称本申请），其申请日为2002年9月11日，优先权日为2001年9月26日，进入中国国家阶段的日期为2003年7月4日，公开日为2004年3月24日，申请人为索尼公司。

经实质审查，国家知识产权局实质审查部门以本申请权利要求1不符合专利法第22条第3款的规定为由，于2006年3月10日作出了驳回本申请的决定。

驳回决定中引用的对比文件如下：

对比文件1：特開2001-133213A号日本公開特許公報，其公开日期为2001年5月18日；

对比文件2：公开号为CN1161573A的中国发明专利申请公开说明书，其公开日期为1997年10月8日；

对比文件3：特開2000-260863A号日本公開特許公報，其公开日期为2000年9月22日。

驳回决定的理由是：本申请权利要求1与对比文件1的区别在于，检测电极下面的布线也由难熔金属或难熔金属的化合物制成，所述难熔金属选自 Ti、Ta、W、Mo 构成的组。但是这一区别特征是本领域技术人员的常规选择，并且采用 Ti 等难熔金属及其化合物作为布线在半导体领域是常用手段，而采用 Ta、W、Mo 等难熔金属是采用 Ti 的等效替换，因此在对比文件 1 的基础上结合本领域常规选择和常用手段以得到本申请权利要求 1 的技术方案，对本领域技术人员而言是容易想到的，权利要求 1 相对于对比文件 1 和本领域常规选择以及常用手段的结合不具备创造性。

驳回决定所依据的文本为：申请人于 2003 年 7 月 4 日提交的说明书第 1～5 页、说明书附图第 1～6页、说明书摘要和摘要附图，于 2005 年 1 月 31 日提交的权利要求书第 1 项。

驳回决定所针对的权利要求书如下：

“1. 一种使用电容检测方法的指纹检测装置，包括一传感器部分，在该传感器部分中形成一绝缘保护膜，以覆盖阵列状排列的检测电极，其特征在于

该检测电极和在该检测电极下面的布线由难熔金属或该难熔金属的化合物构成，该难熔金属选择有 Ti，Ta，W 和 Mo 构成的组。”

申请人索尼公司（下称复审请求人）不服上述驳回决定，于 2006 年 6 月 12 日向专利复审委员会提出复审请求，同时提交了权利要求书的全文修改替换页，内容如下：

“1. 一种使用电容检测方法的指纹检测装置，包括一传感器部分，在该传感器部分中形成一绝缘保护膜，以覆盖阵列状排列的检测电极，其特征在于

该检测电极和在该检测电极下面的布线由难熔金属或该难熔金属的化合物构成，该难熔金属选择自由 Ta，W 和 Mo 构成的组，

其中，所述布线包括行选择线，列读出线，源极电极和漏极电极。”

修改后的权利要求中删除了权利要求 1 的难熔金属组中的 Ti，并增加了技术特征“其中，所述布线包括行选择线，列读出线，源极电极和漏极电极”。

复审请求人认为：由于 Ta、W、Mo 的维氏硬度大于 Ti，因而采用 Ti 和采用 Ta、W、Mo 达到的技术效果不同，两者不能“等效替换”；采用维氏硬度大的材料作为检测电极而使保护膜的硬度改善是在现有技术中没有预料到的，据此认为本申请相对于对比文件 1～3 具备创造性。

经形式审查合格后，专利复审委员会于 2006 年 7 月 20 日依法受理了上述请求，并向复审请求人发出了复审请求受理通知书，同时向原实质审查部门发出前置审查通知书。

原实质审查部门对该复审请求做出前置审查意见，仍然坚持原驳回决定。

针对上述复审请求，专利复审委员会依法成立合议组，对该复审请求进行审查，于 2007 年 11 月 22 日发出复审通知书，指出本申请权利要求 1 相对于对比文件 1 和本领域常用技术手段以及公知常识的结合不具备创造性，不符合专利法第 22 条第 3 款的规定；对于复审请求人在复审请求书中的上述主张，通知书中指出，由于 Ti、Ta、W、Mo 四种材料均属于维氏硬度大的材料，虽然 Ta、W、Mo 的硬度大一些，但本领域普通技术人员都知道相应的维氏硬度大的材料制造的电极会更结实，这种效果是可预见的，那么对本领域普通技术人员来说用 Ta、W、Mo 替换 Ti 得到的技术方案是结合公知常识显而易见的；而现有技术中已经公开了形成传感垫电极、布线的材料可以为 Ti、W 等维氏硬度大的材料，使用这些维氏硬度大的材料制成上述电极、布线必然能达到改善保护膜的硬度的效果，因此，复审请求人的上述主张不予支持。

针对上述复审通知书，复审请求人于 2008 年 1 月 7 日提交了意见陈述书，但并未提交本申请的修改文本。复审请求人在意见陈述书中认为：对比文件 2 和 3 不是相关的现有技术，本领域技术人员无法将对比文件 2 和 3 中的布线施加到本申请的指纹检测装置中；对比文件 1～3 均未揭示由 Ta、W 和 Mo 形成的检测电极；对比文件 2 和 3 中涉及的 W 不是根据其硬度被使用，本领域技术人员没有理

由将其和对比文件1结合用于检测电极和下面的布线。

至此，合议组认为本案事实已经清楚，现依法作出复审决定。

二、决定的理由

1. 决定所依据的文本

本次复审请求审查决定所依据的文本为复审请求人于2003年7月4日提交的说明书第1~5页、说明书附图第1~6页、说明书摘要和摘要附图，于2006年6月12日提交的权利要求书第1项。

2. 关于专利法第22条第3款

专利法第22条第3款规定，创造性是指同申请日以前已有的技术相比，该发明有突出的实质性特点和显著的进步，该实用新型有实质性特点和进步。

如果一项权利要求请求保护的技术方案相对于最接近的现有技术与所述领域常用技术手段的结合而言是显而易见的，则该项权利要求不具备创造性。

权利要求1请求保护一种使用电容检测方法的指纹检测装置，对比文件1公开了（参见该对比文件说明书第0001、0020、0021、0030栏）一种电容式指纹传感器，该传感器的传感部分具有由氮化硅构成的保护膜14（对应于权利要求1的绝缘保护膜），该保护膜14覆盖着规则地以矩阵形状排列的传感垫电极SP（对应于权利要求1的检测电极），该传感垫电极SP下面设置有位线BL（对应于权利要求1的布线），其中所述传感垫电极SP例如含有Ti构成的阻挡金属层、Ti或Ti/TiN/Ti构成的叠层膜，即该传感垫电极SP由难熔金属或其化合物构成。

权利要求1请求保护的技术方案与对比文件1相比，其区别在于：①权利要求1中构成检测电极的难熔金属选自Ta、W和Mo；②权利要求1中构成布线的材料为选自Ta、W和Mo的难熔金属或其化合物；③权利要求1中的布线包括行选择线、列读出线、源极电极和漏极电极。

对此，合议组认为：对于区别①，由于对比文件1已经公开了Ti可以用于形成传感垫电极SP，而Ti、Ta、W和Mo同属于难熔金属，均具有硬度高的特性，并且都是半导体制造领域的公知材料，虽然Ta、W和Mo的维氏硬度大于Ti，但是本领域普通技术人员在对比文件1给出了启示的情况下，结合维氏硬度大的金属制作的电极其相关性能会更结实这一本领域公知常识，而选用更结实的难熔金属Ta、W和Mo作为检测电极是显而易见的。对于区别②，由于在半导体设备中形成布线层是半导体制造领域的常用技术手段，并且使用Ti、Ta、W、Mo等难熔金属或其化合物形成布线也是半导体制造领域的常用技术手段，例如对比文件2公开了（参见说明书第5页）其半导体集成电路器件的布线层例如由W膜、TiN膜和Ti膜构成，对比文件3也公开了（参见第0018~0036栏）构成其半导体装置的布线层的材料包括Ti/TiN、W，而本申请的指纹检测装置也属于半导体装置的一种，同样面临与其他半导体装置和电路相同的技术问题，在此基础上，本领域普通技术人员容易想到利用本领域常用技术手段选用上述难熔金属Ti、Ta、W、Mo或其化合物中的一种或多种来形成指纹检测装置的布线。对于区别③，布线包括行选择线、列读出线、源极电极和漏极电极都是选通或检测电路中常用的布置，属于本领域的公知常识，本领域普通技术人员根据实际需要能够选择将布线设置为包括行选择线、列读出线、源极电极和漏极电极，因此在本申请权利要求1中补入这一特征并不能使该权利要求相对于对比文件1具备突出的实质性特点和显著的进步。基于上述理由，在对比文件1的基础上结合本领域常用手段和公知常识得到权利要求1请求保护的技术方案，对本领域普通技术人员而言是显而易见的，因此权利要求1相对于对比文件1和本领域常用手段以及公知常识的结合不具备突出的实质性特点和显著的进步，因而权利要求1不具备创造性，不符合专利法第22条第3款的规定。

关于复审请求人在意见陈述书中的上述主张，合议组认为：使用对比文件2和3是用于说明在半导体设备中形成布线层、以及使用Ti、Ta、W、Mo等难熔金属或其化合物形成布线均是半导体制造领域的常用技术手段，本申请的指纹检测装置也属于半导体装置的一种，同样面临与其他半导体装置和电路相同的技术问题，在此基础上，本领域普通技术人员根据本领域常用技术手段，容易想到选用上述难熔金属 Ti、Ta、W、Mo 或其化合物中的一种或多种来形成指纹检测装置的布线。而由于 Ti、Ta、W 和 Mo 同属于难熔金属，均具有硬度高的特性，并且都是半导体制造领域的公知材料，虽然 Ta、W 和 Mo 的维氏硬度大于 Ti，但是本领域普通技术人员在对比文件 1 给出了技术启示的情况下，结合维氏硬度大的金属制作的电极其相关性能会更结实这一本领域公知常识，而选用更结实的难熔金属 Ta、W 和 Mo 作为布线和检测电极的选材是显而易见的。因此对于复审请求人的上述主张合议组不予支持。

根据上述事实和理由，本案合议组依法作出以下审查决定。

三、决定

维持国家知识产权局于 2006 年 3 月 10 日对 02803463.5 号发明专利申请作出的驳回决定。

复审请求人对本决定不服的，可以根据专利法第 41 条第 2 款的规定，自收到本决定之日起三个月内向北京市第一中级人民法院起诉。

119

家用门禁系统

复审请求审查决定（第13840号）

决　定　号　第13840号
决　定　日　2008年6月20日
发明创造名称　家用门禁系统
国际分类号　E05B 49/00
复审请求人　上海会其通电子有限公司
申　请　号　200510024862.9
申　请　日　2005年4月4日
公　开　日　2005年9月14日
合议组组长　温丽萍
主　审　员　汤元磊
参　审　员　郭建强

法律依据　专利法第26条第3款
决定要点

如果所属技术领域人员按照说明书记载的内容，能够实现该发明或者实用新型的技术方案，解决其技术问题，并且产生预期的技术效果，则该说明书就已达到能够实现的要求。

一、案由

本复审请求涉及申请号为200510024862.9、名称为“家用门禁系统”的发明专利申请（下称该申请）。该申请的申请人为上海会其通电子有限公司、申请日为2005年4月4日、公开日为2005年9月14日。

国家知识产权局实质审查部门（下称原审查部门）于2006年11月17日发出第一次审查意见通知书，指出该申请的说明书未对发明作出清楚、完整的说明，致使所属技术领域的技术人员不能实现该发明，不符合专利法第26条第3款的规定。

申请人于2007年4月2日提交意见陈述书，未对申请文件进行修改。申请人认为该申请符合专利法第26条第3款规定的主要理由为：原说明书第二段介绍备份系统的具体组成，说明书第三段介绍在主系统出现故障时怎样让系统过渡到备份系统工作，说明书最后一段介绍ID卡关于电源开关的改进结构，因此原申请文件已经对发明做出清楚、详细的说明，本领域的普通技术人员可以实现该发明。

经过上述程序，原审查部门针对申请日提交的原始申请文件的权利要求1～8项、说明书第1～4

页、说明书附图第1页、说明书摘要及摘要附图，于2007年8月10日以该申请不符合专利法第26条第3款的规定为由，依据中国专利法第38条的规定驳回该申请。驳回决定所针对的权利要求书如下：

"1. 一种家用门禁系统，其特征在于：包括主控制系统和备份控制系统，主控制系统和备份控制系统分别连接到电源，主控制系统工作时，切断备份控制系统，由主控制系统控制锁舌打开或关闭；备份系统工作时，切断主控制系统，由备份控制系统控制锁舌打开或关闭。

2. 如权利要求1所述的家用门禁系统，其特征在于：所述的电源所述的电源可采用交流电源、可充电电池或普通干电池，充电电池可采用交流电转换成直流电对充电电池充电。

3. 如权利要求1所述的家用门禁系统，其特征在于：还包括一外接电源插孔，外接电池盒通过外接电源插孔插到家用门禁系统作为电源。

4. 如权利要求1至3任意之一所述的家用门禁系统，其特征在于：主控制系统包括主控制电路、由主控制电路控制的主控制元件，以及由主控制元件驱动的主机械机构；备份控制系统包括备份控制电路、由备份控制电路控制的备份控制元件，以及由备份控制元件驱动的备份机械机构；主机械机构和备份机械机构具有机械传动结构，在其驱动下，锁舌打开或关闭。

5. 如权利要求4所述的家用门禁系统，其特征在于：主控制元件和备份控制元件可以是电机或电磁铁。

6. 如权利要求1至3任意之一所述的家用门禁系统，其特征在于：主控制系统包括主控制电路、由主控制电路控制的主控制元件，以及由主控制元件驱动的主机械机构；备份控制系统包括备份控制电路、由备份控制电路控制的备份控制元件、以及由备份控制元件驱动的主机械机构。

7. 如权利要求1至3任意之一所述的家用门禁系统，其特征在于：用户的ID卡中的线圈中设置有一开关。"

申请人上海会其通电子有限公司（下称复审请求人）对上述驳回决定不服，于2007年11月26日向专利复审委员会提出复审请求，同时提交了说明书和权利要求书修改替换页，其中权利要求书的修改方式是仅将权利要求1修改为"1. 一种家用门禁系统，其特征在于：包括主控制系统和备份控制系统，主控制系统和备份控制系统分别连接到电源，主控制系统工作时，通过开关切断备份控制系统的电源，由主控制系统控制锁舌打开或关闭；备份系统工作时，通过开关切断主控制系统的电源，由备份控制系统控制锁舌打开或关闭。"，其余权利要求未作修改。复审请求人认为该申请的说明书已充分公开，符合专利法第26条第3款的规定，请求撤销驳回决定。

经形式审查合格，专利复审委员会受理了该复审请求，并于2007年12月27日发出复审请求受理通知书和前置审查通知书，并将本案案卷转送至原审查部门进行前置审查。

原审查部门在规定期限内作出前置审查意见，坚持驳回决定。

复审请求人于2008年5月13日再次提交了说明书的修改替换页，修改后的说明书与原始申请时提交的说明书内容相同。

在此基础上，专利复审委员会依法成立合议组，对本案进行审查。经审查，合议组认为本案事实清楚，可以作出审查决定。

二、决定的理由

1. 关于审查文本

（1）复审请求人于2007年11月26日提交的权利要求书中，仅对权利要求1进行了修改，其余权利要求未作修改。其中，对权利要求1的修改方式为将"切断备份控制系统"修改为"通过开关切断备份控制系统的电源"、将"切断主控制系统"修改为"通过开关切断主控制系统的电源"，其余内容未作修改。原说明书文字部分明确记载了“在主用部分出现故障不能开门时，用户只要按一下系统的切换开关按钮，关闭主控制系统，启动备份控制系统”（参见原说明书第2页倒数第1~3行）以及“在主用部分出现故障不能开门时，用户只要按一下备份控制系统的电路开关按钮14，关闭主控制系统，启动备份控制系统，从而确保用户用同一张ID卡开门”（参见原说明书第4页第6~7行）。合议组认为：由原说明书上述技术内容可以看出权利要求1中修改后的内容“通过开关切断备份控制系统的电源”以及“通过开关切断主控制系统的电源”这些技术内容均已在原说明书文字部分明确记载。综上所述，权利要求1的修改没有超出原说明书和权利要书记载的范围，权利要求1~7符合专利法第33条的规定。

（2）复审请求人于2008年5月13日最后提交的说明书与原说明书内容相同，因此说明书的修改符合专利法第33条的规定，对于复审请求人于2007年11月26日提交的说明书是否超出原说明书和权利要书记载的范围不再进行评述。

基于此，本复审决定针对复审请求人于2007年11月26日提交的权利要求1~7项、2008年5月13日提交的说明书第1~4页以及申请日所提交的说明书摘要、摘要附图、说明书附图作出。

2. 关于专利法第26条第3款

专利法第26条第3款规定：“说明书应当对发明或者实用新型作出清楚、完整的说明，以所属技术领域的技术人员能够实现为准。”

如果所属技术领域人员按照说明书记载的内容，能够实现该发明或者实用新型的技术方案，解决其技术问题，并且产生预期的技术效果，则该说明书就已达到了能够实现的要求。

就该申请而言，其要解决的技术问题是如何使现有的门禁系统完全去掉机械锁头和机械钥匙，并且不会因电路故障导致无法打开门。其采用的技术手段是采用主控制系统、备份控制系统和锁舌组成的门禁系统，其中，主控制系统和备份控制系统同时分别连接到电源，两个系统相互完全独立，并且可自由切换。在同一时间内，只有一套系统工作，主控制系统工作时，由主控制系统控制锁舌打开或关闭，备份系统工作时，备份系统控制锁舌打开或者关闭。所述的主控制系统包括主控制电路、由主控制电路控制的主控制元件（电机或电磁铁），以及由主控制元件驱动的主机械机构；所述备份控制系统包括备份控制电路、由备份控制电路控制的备份控制元件（电机或电磁铁），以及由备份控制元件驱动的备份机械机构；主机械机构和备份机械机构具有各自独立的机械传动结构，在其驱动下，锁舌打开或者关闭。也可以使主控制系统和备份控制系统控制同一主控制元件和主机械机构，从而节省备份电机和备份机械机构（具体参见说明书第2页第2、3自然段及说明书具体实施方式部分、图1）。

原审查部门在驳回决定中认为：（1）原申请文件中没有记载具体的控制元件以及操作手段，本领域技术人员无从得知如何在主控制系统出现故障时让系统过渡到备份系统工作以及锁舌怎样从被主控制系统控制的状态转换到被备份系统控制的状态；原说明书没有公开如何保证当主系统出现故障时备份系统与主系统的控制状态相同，导致不能实现主、备份系统的交接。（2）原申请文件没有说明在ID卡中怎样设置电源开关以及设置开关的位置；而且，ID卡为一张薄板卡片，其上具有用于记载信息的1平方厘米左右的电磁芯片，而在1平方厘米左右的电磁芯片上设置开关不是本领域技术人员能够想到的。

复审请求人认为：（1）现有的门禁系统的结构及工作原理应该是本领域的普通技术人员应该了解的知识，本发明的技术方案强调的是本发明的门禁系统具有两套控制系统，本发明的两套控制系统与现有技术的一套控制系统结构相同，常用的一套叫主控制系统，备用的叫备份控制系统，本发明的两套控制系统可以只采用一套控制元件和机械结构，这一套控制元件和机械结构可以分别由两套控制电路控制，通过切换控制系统的控制电路即可实现主、备份系统的切换。锁舌是与同一机械结构相配合，锁舌不存在怎样从主控制系统的状态转换到被备份系统控制的状态的问题。在主控制系统与备用控制系统分别具有控制元件和机械结构时，只需要切换主控制系统和备用控制系统的控制电路，锁舌即由不同的机械结构驱动。(2) 原说明书记载了ID卡具有线圈，在具有线圈的ID卡的线圈中增设一个开关，平时把线圈断开，防止别人窃取卡中的卡号的技术方案，了解ID卡结构的普通技术人员可以根据本发明说明书实施。

在复审请求人于2008年5月13日提交的说明书中，明确记载了以下技术内容："在同一时间内，只有一套系统工作，以确保整个系统的可靠运行并防止两个系统之间出现的控制竞争，主系统工作时，由主系统控制锁舌打开或者关闭；备份系统工作时，备份控制系统控制锁舌打开或关闭"（参见该说明书第2页第2段），以及"所述的主控制系统包括主控制电路、由主控制电路控制的主控制元件（电机或电磁铁），以及由主控制元件驱动的主机械机构；备份控制系统包括备份控制电路、由备份控制电路控制的备份控制元件（电机或者电磁铁），以及由备份控制远见驱动的备份机械机构；主机械机构和备份机械机构具有各自独立的机械传动机构，在其驱动下，锁舌打开或者关闭。也可以使主控制系统和备份控制系统控制同一个主控制元件和主机械机构，从而节省了备份电机和备份机械机构"（参见该说明书第2页第3段）。

合议组认为：(1) 根据该说明书记载的内容，本领域技术人员能够实现一个锁舌被一套机械结构驱动，同时这套机械结构被两套控制系统独立地控制，也能够实现一个锁舌被两套机械结构独立地驱动，同时两套机械结构分别被两套控制系统独立地控制。例如：采用控制系统1控制的电机1驱动齿轮1和控制系统2控制的电机2驱动齿轮2从而分别驱动锁舌的打开和关闭，在控制系统1控制电机1驱动齿轮1从而驱动锁舌时，控制系统2是断电的，即便锁舌的动作同时驱动了非通电状态的电机2和齿轮2旋转，也不妨碍锁舌的打开和关闭；同样，在控制系统2控制电机2驱动齿轮2从而驱动锁舌时，控制系统1是断电的，即便锁舌的动作同时驱动了非通电状态的电机1和齿轮1旋转，也不妨碍锁舌的打开和关闭。对于采用控制系统1、2分别独立控制的同一个电机驱动齿轮从而驱动锁舌的打开和关闭的门禁系统，在控制系统1通电、控制系统2断电时，控制系统1控制电机旋转通过齿轮传动机构驱动锁舌，实现锁舌的打开和关闭；在控制系统2通电、控制系统1断电时，控制系统2控制电机旋转通过齿轮传动机构驱动锁舌，实现锁舌的打开和关闭。同理，采用电磁铁作为控制元件时，同样也可以实现由备份系统与主控制系统分别控制锁舌的打开和关闭。因此，根据该申请说明书的记载，不论所述家用门禁系统的主控制系统和备份控制系统共用同一套控制元件和机械结构来驱动锁舌，还是主控制系统和备份系统统采用各自的控制元件和各自的机械结构来驱动锁舌，当主系统出现故障时，都可以实现切换至备份控制系统通过备份控制系统来驱动锁舌，从而实现门的打开和关闭。(2) ID卡是申请日前已有的、具有圆形塑胶外壳的身份验证装置，所述外壳内设置线圈和芯片，所述线圈从读卡器发出的电磁场中获得能源使所述芯片工作，ID卡并非是一张薄板卡片。根据复审请求人于2008年5月13日提交的说明书第4页最后一段记载的内容，所属技术领域人员能够实现在ID卡中的线圈中设置开关。

综上所述，复审请求人于2008年5月13日提交的说明书已经对该申请作出了清楚、完整的说明，足以使本领域技术人员根据该说明书的记载实现权利要求所要求保护的技术方案，使得现有的门禁系统完全去掉机械锁头和机械钥匙后，在主控制系统电路故障时仍然可以使用ID卡通过备份控制系统开门。因此，复审请求人于2008年5月13日提交的说明书符合专利法第26条第3款的规定。

三、决定

撤销国家知识产权局于2007年8月10日对申请号为200510024862.9的发明专利申请所作出的驳

回决定。由国家知识产权局原审查部门在复审请求人于2007年11月26日提交的权利要求1~7项、2008年5月13日提交的说明书第1~4页以及申请日所提交的说明书摘要、摘要附图、说明书附图的基础上对该申请继续进行审查程序。

复审请求人对本决定不服的，可以根据专利法第41条第2款的规定，自收到本决定之日起三个月内向北京市第一中级人民法院起诉。

120

电岛记录的频率估计

复审请求审查决定（第13843号）

决　　定　　号　第13843号
决　　定　　日　2008年6月13日
发明创造名称　电岛记录的频率估计
国 际 分 类 号　A61B5/00
复 审 请 求 人　卡麦尔生物传感器有限公司
申　　请　　号　99806730. X
优　先　权　日　1998年5月28日
申　　请　　日　1999年5月28日
公　　开　　日　2001年7月11日
合 议 组 组 长　陈迎春
主　　审　　员　佟仲明
参　　审　　员　刘　畅

法　律　依　据　专利法第26条第4款
决　定　要　点

如果说明书中仅公开了一种关于算法的具体实施方式，而权利要求中对该算法采用了上位概括的表述，本领域普通技术人员不能预见除本申请说明书实施方式之外还有其他实施方式也能实现本发明的目的，则该权利要求得不到说明书的支持。

一、案由

本复审请求涉及申请号为99806730. X、名称为“电岛记录的频率估计”的发明专利PCT申请（下称本申请），申请日为1999年5月28日，优先权日为1998年5月28日，进入中国国家阶段的日期为2000年11月28日，申请人为卡麦尔生物传感器有限公司。本申请公开时权利要求书包括20项权利要求，其中权利要求1和权利要求14为独立权利要求。

在实质审查程序中，国家知识产权局实质审查部门以本申请独立权利要求1和权利要求14不符合专利法实施细则第20条第1款的规定为由，于2005年8月12日做出了驳回本申请的决定，驳回决定认为：权利要求1中的“由可检测信号估计事件发生基本频率”实质上为一种不清楚的功能性限定，并未对由可检测信号估计事件发生基本频率的这一功能所需要的具体方法步骤进行清楚的描述，因此导致了该权利要求1要求保护的范围不清楚，不符合专利法实施细则第20条第1款的规定；

基于相似的理由，权利要求 14 中采用的功能性限定“由可检测信号估计事件发生基本频率模块”也使得权利要求 14 要求保护的范围不清楚，不符合专利法实施细则第 20 条第 1 款的规定。

申请人卡麦尔生物传感器有限公司（下称复审请求人）不服上述驳回决定，于 2005 年 11 月 28 日向专利复审委员会提出复审请求，其复审请求的理由是：对于本领域普通技术人员而言，当其阅读本申请说明书时，完全能够清楚地明白本申请中“估计”一词在权利要求中所代表的含义，相应能够清楚地明白“由可检测信号估计事件发生基本频率”的含义以及如何实施，因此权利要求 1 和权利要求 14 是清楚的；在该特征清楚的情况下要求对其具体方法步骤进行描述会不合理地缩小本申请地保护范围。复审请求人未对本申请进行任何修改。

经形式审查合格后，专利复审委员会依法受理了上述请求，并于 2006 年 9 月 18 日向复审请求人发出了复审请求受理通知书，同时向原实质审查部门发出前置审查通知书。

原实质审查部门对该复审请求做出前置审查意见，仍然坚持原驳回决定。

针对上述复审请求，专利复审委员会依法成立合议组，经审查，本案合议组于 2007 年 9 月 24 日发出复审通知书，指出：权利要求 1 中使用的上位概念“该方法包括由可检测信号估计事件发生基本频率”概括了一个较宽的保护范围，而本申请说明书仅记载一种实施例，该实施例中记载了实现由可检测信号估计事件发生基本频率所需要进行的算法，包括诸如对信号进行非 EIG 信号检测、把信号划分成重叠分析窗口、对于每个分析窗口计算归一化偏置自相关转换、音调估计、后处理等各个具体步骤。所属技术领域的技术人员难以预见除本申请实施例之外还可以采用说明书中未提到的其他方式来实现本发明的目的，因此该权利要求得不到说明书的支持，不符合专利法第 26 条第 4 款的规定。相似的问题也出现在权利要求 14 中，使得该权利要求 14 同样不符合专利法第 26 条第 4 款的规定。

针对上述复审通知书，复审请求人于 2007 年 11 月 9 日提交了意见陈述书和权利要求书的替换页，其中复审请求人在独立权利要求 1 中加入特征“其中所述估计步骤包括执行自相关运算，以及找到和估计由相邻的自相关波峰之间的波谷代表的音调”，将原权利要求 13 改为权利要求 3，删除了原权利要求 6~9；在独立权利要求 10 中加入特征“其中所述估计步骤包括执行自相关运算，以及找到和估计由相邻的自相关波峰之间的波谷代表的音调的组件”，将原权利要求 19 和 20 变更为修改后的权利要求 13 和权利要求 12，添加权利要求 14，删除原权利要求 16、18，删除原权利要求 17 中的特征“用于根据位于几个相邻波峰中的较低自相关值，估计基本频率的子模块”；复审请求人还对各权利要求的编号和引用关系做了适应性调整。修改后的权利要求书共包括 15 项权利要求，其中独立权利要求 1 和 10 为：

“1. 一种用来监视生物微观结构活动的方法，所述生物微观结构活动产生表征事件的可检测信号，该方法包括由可检测信号估计事件发生基本频率，而不用检测各个事件的发生的步骤，其中所述估计步骤包括执行自相关运算，以及找到和估计由相邻的自相关波峰之间的波谷代表的音调。

……

10. 一种用来监视生物微观结构活动的系统，所述生物微观结构活动产生表征事件的可检测信号，在该系统中，传感器能够接收可检测信号，并且处理器包括用来由可检测信号估计事件发生基本频率，而不用首先检测各个事件的发生的模块，其中所述用来估计基本频率的模块包括被配置用来执行自相关运算，以及找到和估计由相邻的自相关波峰之间的波谷代表的音调的组件。”

复审请求人认为：修改后的独立权利要求 1 中限定了“估计步骤包括执行自相关运算，以及找到和估计由相邻的自相关波峰之间的波谷代表的音调”的特征，本发明是基于基本频率决定算法，本发明提供了一种从自相关值确定基本频率的改进的算法，根据本发明，在 EIG 中，有时真正的音调是由几个相邻波峰之间的波谷代表，本发明的算法是发现这些情况并且正确地估计音调，得到了更真实的 EIG 自相关值，从而改进了监测的结果。修改后的权利要求 1 已经符合了专利法第 26 条第 4 款的规定，基于相似的理由，修改后的权利要求 10 也符合专利法第 26 条第 4 款的规定。

至此，合议组认为本案事实已经清楚，现依法作出复审决定。

二、决定的理由

1. 关于审查文本

本复审决定以复审请求人于 2007 年 11 月 9 日提交的权利要求第 1~15 项、2004 年 12 月 14 日提交的说明书第 1~3 页、2000 年 11 月 28 日进入中国国家阶段时提交的说明书第 4~8 页，附图第 1~20 页，说明书摘要和摘要附图作为审查基础。

2. 关于专利法第 26 条第 4 款

专利法第 26 条第 4 款规定：权利要求书应当以说明书为依据，说明要求专利保护的范围。

就本案而言，本申请涉及一种用来处理电生理信号的方法和系统，并公开了计算各个事件的基本频率而不首先检测各个事件本身，而对于“由可检测信号估计事件发生基本频率”的方式，本申请说明书中仅记载了一种实施例，该实施例中记载了实现“由可检测信号估计事件发生基本频率”所需要进行的算法，包括诸如对信号进行非 EIG 信号检测、把信号划分成重叠分析窗口、对于每个分析窗口计算归一化偏置自相关转换、音调估计、后处理等各个具体步骤。

合议组在复审通知书中曾经指出，本申请的独立权利要求中使用上位概念“该方法包括由可检测信号估计事件发生基本频率”概括了一个较宽的保护范围，所属技术领域的技术人员难以预见除本申请实施例之外还可以采用说明书中未提到的其他方式来实现本发明的目的，因此该权利要求得不到说明书的支持。而复审请求人在答复该复审通知书时对权利要求 1 进行的修改是加入了特征“其中所述估计步骤包括执行自相关运算，以及找到和估计由相邻的自相关波峰之间的波谷代表的音调”，并且复审请求人在意见陈述书中认为：本发明提供了一种从自相关值确定基本频率的改进的算法，根据本发明，在 EIG 中，有时真正的音调是由几个相邻波峰之间的波谷代表，本发明的算法是发现这些情况并且正确地估计音调，得到了更真实的 EIG 自相关值，从而改进了监测的结果。

对此，合议组认为，首先，修改后的权利要求中仍未记载“对信号进行非 EIG 信号检测、把信号划分成重叠分析窗口、后处理”等具体步骤，而这些具体步骤是与基本频率估计相关的步骤，本领域普通技术人员根据说明书的内容也不能得知可采用不包括上述步骤或采用不同于上述步骤的方法可以实现本发明的目的；其次，“自相关运算”与本申请说明书实施例中所采用的“对于每个分析窗口计算归一化偏置自相关转换”步骤并不等同，自相关运算包括多种具体运算算法，而根据本申请说明书内容，本领域普通技术人员难以预见除本申请实施例中所应用的“对于每个分析窗口计算归一化偏置自相关转换”步骤之外还可以对其他对象执行自相关转换，也难以预见可以应用其他具体类型的自相关运算算法来实现本发明的发明目的；再次，修改后的权利要求中记载了“找到和估计由相邻的自相关波峰之间的波谷代表的音调”，但根据说明书以及说明书附图 4 的流程内容可以得知，在音调估计算法中，首先要进行“火山”效应检测，只有在确认音调是由几个相邻波峰之间的波谷代表时才通过寻找波谷来估计音调，在确认音调不是由波谷表示而是由波峰表示时不是通过寻找波谷来估计音调的，由此可见，修改后权利要求中加入的特征“所述估计步骤包括……找到和估计由相邻的自相关波峰之间的波谷代表的音调”与说明书记载的方案也不一致，此外，本领域普通技术人员根据说明书内容也无法得知除本申请记载的音调估计方法之外，还有其他音调估计方法可以实现本发明的目的；最后，本申请权利要求 1 和权利要求 10 正是由于采用了上位的描述且未具体记载该上位描述所对应的各个步骤从而无法体现本申请说明书实施例中公开的改进的算法，因此复审请求人在意见陈述书中所述的意见不能证明本申请权利要求得到说明书的支持。

综上所述，修改后的权利要求1中依然没有记载与“由可检测信号估计事件发生基本频率”这一上位概念相对应的各具体步骤，且所属技术领域的技术人员难以预见除本申请实施例之外还可以采用说明书中未提到的其他方式来实现本发明的目的，因此该权利要求得不到说明书的支持，不符合专利法第26条第4款的规定。

权利要求10是与该权利要求1相对应的装置权利要求，基于相类似的原因，权利要求10同样不符合专利法第26条第4款的规定。

三、决定

维持国家知识产权局于2005年8月12日对99806730.X号发明专利PCT申请作出的驳回决定。

复审请求人对本决定不服的，可以根据专利法第41条第2款的规定，自收到本决定之日起三个月内向北京市第一中级人民法院起诉。

121

A2 超基序亚单位疫苗

复审请求审查决定（第 13864 号）

决　定　号　第 13864 号
决　定　日　2008 年 6 月 23 日
发明创造名称　A2 超基序亚单位疫苗
国 际 分 类 号　G01N 33/68，G01N 33/569
复 审 请 求 人　埃皮缪纳股份有限公司
申　请　号　02804248.4
优 先 权 日　2001 年 1 月 29 日，2001 年 8 月 22 日
申　请　日　2002 年 1 月 29 日
公　开　日　2005 年 8 月 10 日
合 议 组 组 长　陈迎春
主　审　员　高桂莲
参　审　员　刘　铭

法 律 依 据　专利法第 33 条
决 定 要 点

虽然权利要求书的修改文本相比较原始文本是限定了一个更小的范围，但由于这种修改所限定的技术方案在原始权利要求书和说明书中没有记载，也不能从原始权利要求书和说明书中直接地、毫无疑义地确定，则这种修改仍然不符合专利法第 33 条的规定。

一、案由

本复审请求涉及申请号为 02804248.4、名称为“A2 超基序亚单位疫苗”的发明专利 PCT 申请（下称本申请），申请日为 2002 年 1 月 29 日，优先权日为 2001 年 1 月 29 日和 2001 年 8 月 22 日，申请人为埃皮缪纳股份有限公司，进入中国国家阶段的日期是 2003 年 7 月 29 日，公开日为 2005 年 8 月 10 日。本申请公开时权利要求书包括 28 项权利要求，其中权利要求 1、8、15、22 为独立权利要求，分别如下：

“1. 一种鉴定 HLA-A2 超基序限制肽的方法，其特征在于，所述方法包括：

使由 8~11 个氨基酸组成的肽与 A＊0201、A＊0202、A＊0203、A＊0204、A＊0205、A＊0206、A＊0207、A＊6802 和 A＊6901 等位基因编码的 3 种或多种 HLA 分子接触；：所述肽中从该肽 N 末端算起的第 2 位氨基酸是 L、I、V、M、A、T 或 Q，C 末端氨基酸是 L、I、V、M、A 或 T，

测定IC_{50}值；

鉴定能结合至少3种HLA分子且IC_{50}值小于500nM的肽，作为HLA-A2超基序限制肽。

8. 一种鉴定免疫原HLA-A2超基序限制肽的方法，其特征在于，所述方法包括：

使由8-11个氨基酸组成的肽与A*0201、A*0202、A*0203、A*0204、A*0205、A*0206、A*0207、A*6802和A*6901等位基因编码的3种或多种HLA分子接触以形成肽/HLA-A2复合物；所述肽中从该肽N末端算起的第2位氨基酸是L、I、V、M、A、T或Q，C末端氨基酸是L、I、V、M、A或T，

测定所述肽/HLA-A2复合物是否能诱导CTL应答；

鉴定在含有至少3种HLA分子的复合体中能诱导CTL应答的肽，作为HLA-A2超基序限制肽。

15. 一种制造HLA-A2超基序限制肽的方法，其特征在于，所述方法包括：

提供感兴趣抗原的氨基酸序列；

鉴定所述序列中推定的T细胞抗原表位，其中推定的抗原表位由8~11个氨基酸组成，其中从该表位N末端算起的第2位氨基酸是L、I、V、M、A、T或Q，C末端氨基酸是L、I、V、M、A或T。

制备感兴趣抗原的包含该抗原表位的一个或多个肽片断；

使该肽与A*0201、A*0202、A*0203、A*0204、A*0205、A*0206、A*0207、A*6802和A*6901等位基因编码的3种或多种HLA分子接触；

测定IC_{50}值；和

选择能结合至少3种的HLA分子，IC_{50}值小于500nM的肽，作为HLA-A2超基序限制肽。

22. 一种制造免疫原HLA-A2超基序限制肽的方法，其特征在于，所述方法包括：

提供感兴趣抗原的氨基酸序列；

鉴定所述序列中推定的T细胞抗原表位，其中推定的抗原表位由8~11个氨基酸组成，其中从该表位N末端算起的第2位氨基酸是L、I、V、M、A、T或Q，C末端氨基酸是L、I、V、M、A或T。

制备所述感兴趣抗原的包括该抗原表位的一个或多个肽片断；

测定肽/HLA-A2复合物是否能诱导CTL应答，

选择含有至少有3种HLA分子的复合物中能诱导CTL应答的肽，作为HLA-A2超基序限制肽。”

本申请于2003年7月29日进入中国国家阶段时，申请人根据PCT条约第41条提交了新的权利要求书替换页，修改后的权利要求书共包括29项权利要求，其中权利要求1、4、25、28为独立权利要求。同时提交了序列表纸件以及与之对应的计算机可读形式的序列表。

2005年11月4日申请人再次提交权利要求书的修改替换页，修改后的权利要求书共包括28项权利要求，其中独立权利要求为1、8、15、22，分别为：

“1. 一种鉴定HLA-A2超基序限制肽的方法，其特征在于，该方法包括：

使8~11个氨基酸组成的肽与A*0201、A*0202、A*0203、A*0205、A*0206、A*0207、A*6802和A*6901等位基因编码的3种或多种HLA分子接触；

其中所述肽具有如下定义的氨基酸序列：

1）如果所述肽由9个氨基酸组成，1位不是P，或如果所述肽由10个氨基酸组成，1位不是D、E或P；

2）2位是L、I、V、M、A、T或Q；

3）如果所述肽由9个氨基酸组成，3位不是D、E、R、或K，或如果所述肽由10个氨基酸组成，3位不是R、K、D、E或G；

4）如果所述肽由10个氨基酸组成，4位不是P；

5）如果所述肽由9个氨基酸组成，5位不是E；

6）如果所述肽由9个氨基酸组成，6位不是A；

7）如果所述肽由9个氨基酸组成，7位不是D或E，或如果所述肽由10个氨基酸组成，7位不是Q、N或P；

8）如果所述肽由10个氨基酸组成，8位不是D、Q或N；

9）如果所述肽由10个氨基酸组成，9位不是R、H或K；和

10）C末端氨基酸是L、I、V、M、A或T；测定所述肽和所述三种或多种HLA分子之间的结合亲和力，以确定IC_{50}值；

鉴定能结合至少3种HLA分子，IC_{50}值小于500nM的肽，作为免疫原性HLA-A2超基序限制肽。

8. 一种鉴定免疫原HLA-A2超基序限制肽的方法，其特征在于，该方法包括：

使8~11个氨基酸组成的肽与A*0201、A*0202、A*0203、A*0205、A*0206、A*0207、A*6802和A*6901等位基因编码的3种或多种HLA分子接触以形成肽/HLA-A2复合物；

其中所述肽具有如下定义的氨基酸序列：

1）如果所述肽由9个氨基酸组成，1位不是P，或如果所述肽由10个氨基酸组成，1位不是D、E或P；

2）2位是L、I、V、M、A、T或Q；

3）如果所述肽由9个氨基酸组成，3位不是D、E、R或K，或如果所述肽由10个氨基酸组成，3位不是R、K、D、E或G；

4）如果所述肽由10个氨基酸组成，4位不是P；

5）如果所述肽由9个氨基酸组成，5位不是E；

6）如果所述肽由9个氨基酸组成，6位不是A；

7）如果所述肽由9个氨基酸组成，7位不是D或E，或如果所述肽由10个氨基酸组成，7位不是Q、N或P；

8）如果所述肽由10个氨基酸组成，8位不是D、Q或N；

9）如果所述肽由10个氨基酸组成，9位不是R、H或K；和

10）C末端氨基酸是L、I、V、M、A或T；

测定该肽/HLA-A2复合物是否能诱导CTL应答；

鉴定在含有至少3种HLA分子的复合体中能诱导CTL应答的肽，作为免疫原性HLA-A2超基序限制肽。

15. 一种制造免疫原性HLA-A2超基序限制肽的方法，其特征在于，该方法包括：

提供感兴趣抗原的氨基酸序列；

鉴定该序列中推定的T细胞抗原表位，其中推定的抗原表位由8~11个氨基酸组成，

其中所述肽具有如下定义的氨基酸序列：

1）如果所述肽由9个氨基酸组成，1位不是P，或如果所述肽由10个氨基酸组成，1位不是D、E或P；

2）2位是L、I、V、M、A、T或Q；

3）如果所述肽由9个氨基酸组成，3位不是D、E、R或K，或如果所述肽由10个氨基酸组成，3位不是R、K、D、E或G；

4）如果所述肽由10个氨基酸组成，4位不是P；

5）如果所述肽由9个氨基酸组成，5位不是E；

6）如果所述肽由 9 个氨基酸组成，6 位不是 A；

7）如果所述肽由 9 个氨基酸组成，7 位不是 D 或 E，或如果所述肽由 10 个氨基酸组成，7 位不是 Q、N 或 P；

8）如果所述肽由 10 个氨基酸组成，8 位不是 D、Q 或 N；

9）如果所述肽由 10 个氨基酸组成，9 位不是 R、H 或 K；和

10）C 末端氨基酸是 L、I、V、M、A 或 T；

制备感兴趣抗原的包含该抗原表位的一个或多个肽片断；

使该肽与 A＊0201、A＊0202、A＊0203、A＊0205、A＊0206、A＊0207、A＊6802 和 A＊6901 等位基因编码的 3 种或多种 HLA 分子接触；

测定所述肽和所述三种或多种 HLA 分子之间的结合亲和力，以确定 IC_{50}值；和

选择能结合至少 3 种的 HLA 分子，IC_{50}值小于 500nM 的肽，作为免疫原性 HLA-A2 超基序限制肽。

22. 一种制造免疫原 HLA-A2 超基序限制肽的方法，其特征在于，该方法包括：

提供感兴趣抗原的氨基酸序列；

鉴定该序列中推定的 T 细胞抗原表位，其中推定的抗原表位由 8~11 个氨基酸组成，其中所述肽具有如下定义的氨基酸序列：

1）如果所述肽由 9 个氨基酸组成，1 位不是 P，或如果所述肽由 10 个氨基酸组成，1 位不是 D、E 或 P；

2）2 位是 L、I、V、M、A、T 或 Q；

3）如果所述肽由 9 个氨基酸组成，3 位不是 D、E、R 或 K，或如果所述肽由 10 个氨基酸组成，3 位不是 R、K、D、E 或 G；

4）如果所述肽由 10 个氨基酸组成，4 位不是 P；

5）如果所述肽由 9 个氨基酸组成，5 位不是 E；

6）如果所述肽由 9 个氨基酸组成，6 位不是 A；

7）如果所述肽由 9 个氨基酸组成，7 位不是 D 或 E，或如果所述肽由 10 个氨基酸组成，7 位不是 Q、N 或 P；

8）如果所述肽由 10 个氨基酸组成，8 位不是 D、Q 或 N；

9）如果所述肽由 10 个氨基酸组成，9 位不是 R、H 或 K；和

10）C 末端氨基酸是 L、I、V、M、A 或 T；

制备该感兴趣抗原的包括该抗原表位的一个或多个肽片断；

使该肽与 A＊0201、A＊0202、A＊0203、A＊0205、A＊0206、A＊0207、A＊6802 和 A＊6901 等位基因编码的 3 种或多种 HLA 分子接触；形成肽/HLA-A2 复合物；

测定肽/HLA-A2 复合物是否能诱导 CTL 应答，

选择含有至少有 3 种 HLA 分子的复合物中能诱导 CTL 应答的肽，作为免疫原性 HLA-A2 超基序限制肽。”

应申请人的请求，国家知识产权局实质审查部门依法对本申请进行了实质审查，于 2006 年 3 月 31 日发出第一次审查意见通知书，指出申请人于 2005 年 11 月 4 日提交的修改后的权利要求第 1、8、15、22 项对序列中某些位置的氨基酸进行的否定式限定，在原始说明书和权利要求书中没有公开，超出原始说明书和权利要求书记载的范围，不符合专利法第 33 条的规定；此外，申请人根据 PCT 条约第 41 条提交的序列表，在原始申请中没有公开其中的序列，不符合专利法第 33 条的规定。

针对上述审查意见通知书，申请人于2006年8月2日提交了意见陈述书以及修改后的序列表磁盘一张。申请人认为，权利要求1、8、15和22中的否定式限定是可以从说明书附图9中直接得出的技术方案，在该图中明确指出了9个氨基酸或10个氨基酸组成的HLA-A2基序中各位点上优选和有害的残基，这些权利要求仅仅是排除了有害的残基，并没有超出原始说明书和权利要求书记载的范围，符合专利法第33条的规定。同时申请人提交了表格以说明序列表中的序列与说明书中序列的对应关系。

经过上述实质审查程序后，国家知识产权局实质审查部门以本申请权利要求1、8、15、22的修改不符合专利法第33条的规定为由，于2006年12月29日做出了驳回本申请的决定，所针对的驳回文本是：申请人于2005年11月4日提交的权利要求第1~28项，本申请于2003年7月29日进入中国国家阶段时提交的国际申请中文译文的说明书第1~56页、说明书附图第1~16页、摘要以及摘要附图，依据专利合作条约第41条修改的序列表第1~39页。具体的驳回理由认为：权利要求1、8、15、22中对肽序列中的某些位置的氨基酸进行了否定式的限定，超出原始说明书和权利要求书记载的范围，不符合专利法第33条的规定。对于申请人在意见陈述书中认为原始说明书的附图9公开了上述否定式限定，驳回决定认为，原始说明书的附图9中仅仅表述为有害的残基，但并不等同于否定式的限定，而且说明书的文字部分并没有明确记载所述有害残基即是不能选择的残基，从说明书公开的内容可知，有害残基将导致肽的结合能力下降，但是其并不代表所述肽不具有结合能力或仅具有非常弱的结合能力，从而不能实现本申请的技术方案，即从说明书所公开的内容不能确定所述有害残基等同于不能选择的残基，因此认为从原始申请文本公开的内容不能直接、毫无疑义地确定所述否定式限定，两种表述方式的范围是不一致的，因此修改后权利要求1、8、15、22不符合专利法第33条的规定。同时还指出申请人没有提交SEQ ID Nos：63-69的序列长度有误的相应的序列表替换页。

申请人埃皮缪纳股份有限公司（下称复审请求人）不服上述驳回决定，于2007年4月13日向专利复审委员会提出复审请求，其复审请求的理由是：权利要求1、8、15、22的修改不能视为排除无法实现发明的技术方案，而是排除有害的残基，进一步限定了本发明的优选实施方式，即一个更小的范围，该修改没有超出原始说明书和权利要求书的范围，符合专利法第33条的规定。其中说明书第3页第3~5行中描述了“而且此肽在本文所确定的不包含负结合残基，如9个氨基酸长度的肽在1、3、6和/或7位和10个氨基酸长度的肽在1、3、4、5、7、8和/或9位”，并根据“负结合残基”的定义本领域技术人员可以明确“负结合残基”包括“有害的残基”，即那些会使得结合能力小于3倍的残基，由上述描述明确指出了负结合残基在某些位点会导致免疫原性丧失，所以排除这些残基是必须的。据此认为说明书中已经明确指出了可在免疫原性肽中排除这些有害于结合能力的残基，而图9中列出了这些位点上的有害残基，即负结合残基的下位概念。因此认为权利要求1、8、15、22符合专利法第33条的规定。同时提交了SEQ ID Nos：63-67的序列表替换页。

经形式审查合格后，专利复审委员会依法受理了上述请求，并于2007年5月29日向复审请求人发出了复审请求受理通知书，同时向原实质审查部门发出前置审查通知书。

原实质审查部门对该复审请求做出前置审查意见，仍然坚持原驳回决定。

专利复审委员会依法成立合议组，对该复审请求进行审查，于2007年9月24日发出复审通知书，指出：权利要求1、8、15、22中的否定式限定，在本申请的原权利要求书未记载，原说明书中也仅是在附图中指出了上述位置中存在有害的氨基酸，并且在原说明书中指出了所示有害残基是以小于3倍同一位置带其他残基的相同大小肽的平均结合能力相结合的残基（参见原说明书第5~6页中的附图说明部分），可见有害的残基并不等同于没有结合力的残基，而在原始权利要求书和说明书没有对该有害的残基作出排除的情况下，不能认定原权利要求书和说明书公开了不包含有害残基的技术方案。这种“排除”式修改不能够根据原始申请记载的内容直接地、毫无疑义地确定，因此这种修改不符合专利法第33条的规定。

针对复审请求人在提出复审请求时的意见，合议组认为虽然原说明书指出了本申请的肽序列不包含负结合残基，但是依据说明书中对负结合残基的有关解释可知负结合残基的位置在9个氨基酸长度的肽1、3、6和/或7位和10个氨基酸长度的肽1、3、4、5、7、8和/或9位，上述位置与说明书附图中披露的有害氨基酸的位置并不完全相符，如9聚氨基酸在5位有有害基（参见说明书附图5-9），可见该有害残基所处的位置要多于负结合残基，因此仅仅根据二者所处的位置并不能必然得出该负结合残基包括有害残基。另外，即使对申请文件的修改限定了一个更小的范围，但由于这种修改所限定的技术方案在原始申请文件中没有记载，也不能从原始申请文件中明确地、毫无疑义地确定，则这种修改仍然不符合专利法第33条的规定。综上所述，合议组认为该权利要求1的技术方案超出了原说明书和权利要求书记载的范围，不符合专利法第33条的规定。

针对上述复审通知书，复审请求人于2008年1月9日提交了意见陈述书，复审请求人重申了提出复审请求时的理由，认为根据说明书的记载本领域技术人员可以明确地了解，负结合残基包括“有害的残基”，说明书图9中所列的有害残基是负结合残基的下位概念，应当排除这些残基。并且这些残基都是共有序列（A2超基序）的有害残基，而不是针对特定的HLA分子的序列，该肽能够结合至少3种HLA分子，IC_{50}小于50nM的肽作为免疫原性HLA-A2超基序限制肽。因此它的免疫原性是针对至少3种HLA分子的，而不是针对一种特定的HLA分子。同时认为对于优选的实施方式，并不能片面地看作是特别有利的残基，也应当排除那些有害的残基，如说明书附图9所示的。而合议组认为上述位置与说明书附图披露的有害残基的位置不相符是错误地参考了附图5-8，附图5-8显示的是特定HLA-A2肽的基序图，因此在特定的氨基酸位点有不同于超型A2超基序序列的选择。本领域技术人员能够理解，在筛选能够对3种以上的HLA分子有结合能力的肽时，应当参考的是图9的超基序，而非图5~8中的任何一种，因此认为权利要求1中的超基序是和图9的超基序是完全一致的，符合专利法第33条的规定，相应的权利要求8、15和22也符合专利法第33条的规定。

至此，合议组认为本案事实已经清楚，现依法作出如下复审决定。

二、决定的理由

1. 关于审查文本

本复审决定以复审请求人于2005年11月4日提交的权利要求第1~28项，2003年7月29日进入中国国家阶段时提交的国际申请的中文译文的说明书第1~56页、说明书附图第1~16页、摘要以及摘要附图，依据专利合作条约第41条修改的序列表第1~31、37~39页，于2007年4月13日提交的序列表第32~36页作为审查文本。

2. 关于专利法第33条

专利法第33条规定，申请人可以对其专利申请文件进行修改，但是，对发明和实用新型专利申请文件的修改不得超出原说明书和权利要求书记载的范围，对外观设计专利申请文件的修改不得超出原图片或者照片表示的范围。

（1）权利要求1请求保护一种鉴定HLA-A2超基序限制肽的方法，其中定义肽序列的1、3~9位的氨基酸采用了排除式的撰写方式，例如“1）如果所述肽由9个氨基酸组成，1位不是P，或如果所述肽由10个氨基酸组成，1位不是D、E或P;”“3）……9）如果所述肽由10个氨基酸组成，9位不是R、H或K”。而本申请的原权利要求书中对上述位置的氨基酸并未作具体限定，原说明书中仅是在附图中指出了上述位置中存在的有害的氨基酸（参见原说明书附图9），但是在原说明书中指出了所示有害残基是以小于3倍同一位置带其他残基的相同大小肽的平均结合能力相结合的残基（参见原说明书第 5~6 页中的附图说明部分)，可见，根据原始说明书的记载所述“有害的残基”并不等同于没有结合力的残基，而从上述“以小于 3 倍同一位置带其他残基的相同大小肽的平均结合能力相结合的残基”中，也不能必然得出“小于 3 倍”的结合力即为弱结合残基。因此在原始权利要求书和说明书没有对该有害的残基作出排除的情况下，不能认定原权利要求书和说明书公开了不包含有害残基的技术方案。这种“排除”式修改不能够根据申请原始记载的内容直接地、毫无疑义地确定，因此这种修改不符合专利法第 33 条的规定。

至于复审请求人在答复意见中认为，本领域技术人员可以明确地了解，负结合残基包括“有害的残基”，说明书图 9 中所列的有害残基是负结合残基的下位概念，应当排除这些残基。并且这些残基都是共有序列（A2 超基序）的有害残基，而不是针对特定的 HLA 分子的序列，该肽能够结合至少 3 种 HLA 分子，IC_{50}小于 50nM 的肽作为免疫原性 HLA-A2 超基序限制肽。因此它的免疫原性是针对至少 3 种 HLA 分子的，而不是针对一种特定的 HLA 分子。同时认为对于优选的实施方式，并不能片面地看作是特别有利的残基，也应当排除那些有害的残基，如说明书附图 9 所示的。

对此合议组认为，虽然原说明书指出了本申请的肽序列不包含负结合残基，但是依据原说明书(参见原说明书第 4 页第 21~22 行）中对“负结合残基”的定义可知“负结合残基”是如果出现在某些位置会产生不结合或弱结合的肽进而没有免疫原性即不能诱导 CTL 应答的氨基酸。而通过上文的解释可知“有害的残基”并不必然是不结合或结合力弱的残基，可见本领域技术人员在阅读原始说明书得出的信息中，不能将“负结合残基”和“有害的残基”等同起来，或者认为二者为从属关系。复审请求人仅凭借认为“有害的残基”是“负结合残基”的下位概念而导出应当排除“有害的残基”的理由，是不成立的，合议组不予支持。而复审请求人排除有害残基的这种修改方式虽然相比较原始文本是限定了一个更小的范围，但由于这种修改所限定的技术方案在原始申请文件中没有记载，也不能从原始申请文件中直接地、毫无疑义地确定，则这种修改仍然不符合专利法第 33 条的规定。

(2）基于上述第（1）点对权利要求 1 的评述理由，权利要求 8、15、22 同样不符合专利法第 33 条的规定。

综上所述，本申请权利要求 1、8、15、22 的技术方案没有记载在原始权利要求书和说明书中，也不能从原始权利要求书和说明书中直接地、毫无疑义地确定，超出了原始权利要求书和说明书的范围，不符合专利法第 33 条的规定。

三、决定

维持国家知识产权局于 2006 年 12 月 29 日对 02804248. 4 号发明专利申请作出的驳回决定。

复审请求人对本决定不服的，可以根据专利法第 41 条第 2 款的规定，自收到本决定之日起三个月内向北京市第一中级人民法院起诉。

122

改进的医用针设计及制造方法

复审请求审查决定（第13867号）

决　定　号　第13867号
决　定　日　2008年6月23日
发明创造名称　改进的医用针设计及制造方法
国际分类号　A61M 25/00 5/00
复审请求人　巴克斯特国际公司
申　请　号　01820499.6
申　请　日　2001年5月25日
优先权日　2000年5月26日
公　开　日　2004年9月29日
合议组组长　程　强
主　审　员　朱明雅
参　审　员　张　鹏

法律依据　专利法第33条
决定要点

对修改后的申请文本的审查顺序，审查指南第二部分第八章第4.11节规定，如果申请人同时提交了经修改的说明书和/或权利要求书，审查员首先应当按照专利法第33条和专利法实施细则第51条第3款的规定，分别审查修改是否超出原说明书和权利要求书记载的范围以及修改是否按照审查意见通知书要求进行；如果修改符合上述规定，再进一步审查经过修改的申请是否克服了审查意见通知书中所指出的缺陷，是否出现新的不符合专利法及专法利实施细则有关规定的缺陷。

本申请修改后的说明书和权利要求书均不符合专利法第33条的规定，国家知识产权局实质审查部门应当首先指出该缺陷，而不能在此文本基础上直接评价其创造性。

一、案由

本复审请求涉及名称为“改进的医用针设计及制造方法”、申请号为01820499.6的发明专利申请（下称本申请），其申请日为2001年5月25日，公开日为2004年9月29日，优先权为2000年5月26日，申请人为巴克斯特国际公司。

本申请进入中国国家阶段时提交的国际申请文件的权利要求1、16如下：

“1. 一种用于制造包含针座部件和针管的针管装置的方法，包括如下步骤：

在针管的一部分上形成粗糙的外表面，使得针管的粗糙部分是粗糙的，而针管的另一部分是实质上光滑的；

将针管粗糙部分插入针座的中心孔内，其中，粗糙部分的半径大于孔的半径，以在其间形成紧配合。

16. 一种医用装置，包括：

（a）具有外表面的针管，具有经过粗糙化的外表面粗糙部分，该部分具有一个半径；和一个实质上光滑的外表面实质上光滑的部分，该部分也具有一个半径；以及

（b）具有孔的针座部件，至少针管的粗糙部分容纳在孔中，其中孔具有半径，使得位于孔内的针管外表面和孔表面之间存在紧配合。”

国家知识产权局实质审查部门于2005年9月16日发出第一次审查意见通知书，指出权利要求不符合专利法第22条第2款、第3款，专利法第26条第4款，专利法实施细则第20条以及专利法实施细则第22条第3款的规定。

针对第一次审查意见通知书，申请人于2006年2月5日提交了意见陈述书以及权利要求第1~29项的全文修改替换页，并陈述了权利要求具有新颖性和创造性的理由。

国家知识产权局实质审查部门于2006年8月18日发出了第二次审查意见通知书，指出修改后的权利要求1~29仍不具备创造性。针对第二次审查意见通知书，申请人于2006年11月2日提交了意见陈述书及说明书全文替换页4页和权利要求书全文替换页9页，并陈述了新修改的权利要求1~24具有创造性的理由。其中，修改后的独立权利要求1、13的内容如下：

“1. 一种用于制造包含针座部件和针管的针管装置的方法，包括如下步骤：

在针管的一部分上形成粗糙的外表面，使得所述针管包括粗糙部分，所述针管还包括光滑部分；以及

将针管粗糙部分插入针座的中心孔内，其中所述粗糙部分的半径比所述光滑部分的半径大出约2.5%到30%，其中光滑部分的半径等于或稍小于针座中心孔的半径，并且其中针座的中心孔的长度大约与粗糙部分的长度相等；

其中，在将针管粗糙部分插入针座的中心孔内后，在针管粗糙部分和针座的中心孔之间形成紧配合，其中针座的中心孔和针管之间的接触面不使用粘接剂。

13. 一种医用装置，包括

（a）具有外表面的针管，该外表面的粗糙部分具有第一半径，该外表面光滑部分具有第二半径，其中所述第一半径比所述第二半径大出约2.5%到30%；以及

（b）具有孔的针座部件，至少针管的粗糙部分容纳在该孔中，其中所述第二半径等于或稍小于所述孔的半径，其中所述孔具有的长度大约与粗糙部分的长度相等，使得在所述粗糙部分容纳在所述孔中后，针管外表面的粗糙部分和孔之间存在紧配合，其中孔不使用粘接剂，其中所述针座部件包括许多由槽分离的加强筋，所述加强筋以辐射形式布置，围绕所述孔并从所述孔延伸，从而所述许多加强筋减小了施加在针管上的侧向力，其中所述加强筋向内形成锥形从而限定出朝向针管尖端的通道。”

国家知识产权局实质审查部门于2007年2月16日发出第三次审查意见通知书，指出申请人提交的修改文本中出现的“约”、“大约”、“第一半径”、“第二半径”等内容超范围，并进一步指出，即使克服上述修改超范围缺陷，权利要求1~24仍不具备创造性。

针对第三次审查意见通知书，申请人于2007年7月3日提交了意见陈述书，未提交修改文本。在意见陈述书中申请人陈述了对本申请的修改不超范围以及具有创造性的理由，请求人认为，加入的“约”、“大约”等字在说明书和实施例中均有相关记载；“第一半径”、“第二半径”的内容可以从说明书中毫无疑义地确定。

国家知识产权局实质审查部门于2007年9月28日驳回了本申请，其驳回理由是权利要求1~24不符合专利法第22条第3款有关创造性的规定。

驳回决定所依据的文本即为申请人答复第二次审查意见通知书时提交的文本：申请人于2006年11月2日提交的权利要求第1~24项、说明书第1~9页，本申请进入中国国家阶段时提交的国际申请文件的说明书附图第1~5页、说明书摘要，2004年6月8日提交的摘要附图。

申请人（下称复审请求人）不服国家知识产权局做出的驳回决定，于2008年1月14日向专利复审委员会提出了复审请求，坚持认为权利要求1~24具有创造性，但未具体陈述理由，也未提交修改文本。

经形式审查合格后，专利复审委员会受理了该复审请求，并于2008年2月20日向复审请求人发出复审请求受理通知书，同时向实质审查部门发出前置审查通知书。审查员在前置审查意见中坚持原驳回决定。

专利复审委员会依法成立合议组对该复审请求案进行了审查。

至此，合议组认为本案事实已经清楚，现依法作出本复审请求决定。

二、决定的理由

专利法第33条规定，申请人可以对其专利申请文件进行修改，但是，对发明和实用新型专利申请文件的修改不得超出原说明书和权利要求书记载的范围。

由于复审请求人提出复审请求时未提交修改文本，故本复审决定所审查的文本为驳回决定所依据的文本即复审请求人答复第二次审查意见通知书时提交的文本以及原始申请文本。

1. 关于本申请说明书的修改

复审请求人于2006年11月2日提交的说明书，删除了原说明书第2页中“（a）对针管的一部分上加工粗糙表面（例如，通过喷砂处理）……其中针管相邻部分的内径大于针座孔的内径”这两段内容，该删除致使所属技术领域的技术人员看到的信息与原申请记载的信息不同，而这部分内容的删除亦不能从原申请记载的信息中直接地、毫无疑义地确定，因此本申请说明书的修改不符合专利法第33条的规定。

2. 关于本申请权利要求书的修改

修改后权利要求1的内容为：

“一种用于制造包含针座部件和针管的针管装置的方法，包括如下步骤：

在针管的一部分上形成粗糙的外表面，使得所述针管包括粗糙部分，所述针管还包括光滑部分；以及

将针管粗糙部分插入针座的中心孔内，其中所述粗糙部分的半径比所述光滑部分的半径大出约2.5%到30%，其中光滑部分的半径等于或稍小于针座中心孔的半径，并且其中针座的中心孔的长度大约与粗糙部分的长度相等；

其中，在将针管粗糙部分插入针座的中心孔内后，在针管粗糙部分和针座的中心孔之间形成紧配合，其中针座的中心孔和针管之间的接触面不使用粘接剂。”

在上述权利要求1中，粗糙部分的半径比光滑部分的半径大出约2.5%到30%，光滑部分的半径等于或稍小于针座中心孔的半径。而根据说明书的描述，孔半径RH则是光滑部分半径R2的100%到125%”（参见说明书第7页第27行）。

根据上面记载的比例数值范围，在孔半径RH是光滑部分半径R2的125%，而粗糙部分半径比光滑部分部分仅大出2.5%的情况下，粗糙部分半径显然要小于孔半径，即在一定的数值比例的情况下，上述权利要求1的粗糙部分半径小于孔半径。该结论与本申请原始公开的权利要求1以及说明书

中“粗糙部分的半径大于孔的半径”的内容不符，即修改后的权利要求1所要保护的技术方案与原始公开的权利要求1所要保护的技术方案不同，超出原说明书和权利要求书记载的范围。因此，修改后的权利要求1不能从原申请记载的信息中直接地、毫无疑义地确定，不符合专利法第33条的规定。

权利要求1中“其中光滑部分的半径等于或稍小于针座中心孔的半径”这部分内容在原申请中也没有记载。原始公开的说明书第7页仅记载了孔半径RH“是半径R2的100%到125%”。合议组认为，从说明书实施例1公开的“100%到125%”这个范围，无法直接、毫无疑义地确定光滑部分的半径是稍小于针座中心孔的半径，因为125%已经超出全部半径的1/4，不属于“稍小于”的范围，因此权利要求1的修改超出原申请记载的范围，不符合专利法第33条的规定。同样，修改后的权利要求13“其中所述第二半径等于或稍小于所述孔的半径”中的“稍小于”，也超出原申请记载的范围，不符合专利法第33条的规定。

3. 关于对修改后的申请文本的审查顺序

审查指南第二部分第八章第4.11节规定，如果申请人同时提交了经修改的说明书和/或权利要求书，审查员首先应当按照专利法第33条和专利法实施细则第51条第3款的规定，分别审查修改是否超出原说明书和权利要求书记载的范围以及修改是否按照审查意见通知书要求进行；如果修改符合上述规定，再进一步审查经过修改的申请是否克服了审查意见通知书中所指出的缺陷，是否出现新的不符合专利法及其实施细则有关规定的缺陷。

复审请求人于2006年11月2日提交的说明书和权利要求书均不符合专利法第33条的规定，国家知识产权局实质审查部门应当再次发出审查意见通知书，指出该修改超范围的缺陷，而不能在此文本基础上直接评价其创造性。

据此，根据审查指南第二部分第八章第4.11节以及审查指南第四部分第二章第5节的相关规定，本案合议组作出以下审查决定。

三、决定

撤销国家知识产权局于2007年9月28日对01820499.6号发明专利申请作出的驳回决定。

由原实质审查部门在复审请求人于2006年11月2日提交的权利要求第1~24项、说明书第1~9页，本申请进入中国国家阶段时提交的国际申请文件的说明书附图第1~5页、说明书摘要，2004年6月8日提交的摘要附图的基础上，重新进行审查。

复审请求人对本决定不服的，可以根据专利法第41条第2款的规定，自收到本决定之日起三个月内向北京市第一中级人民法院起诉。

123

电子交易系统

复审请求审查决定（第13916号）

决　　定　　号　第13916号
决　　定　　日　2008年6月25日
发明创造名称　电子交易系统
国际分类号　G07F19/00，G07F 7/08，GO7G 1/12，G06F 17/60，G06F 19/00
复审请求人　冲电气工业株式会社
申　　请　　号　97123034.X
申　　请　　日　1997年12月1日
优先权日　1996年12月2日
公　　开　　日　1998年6月17日
合议组组长　高　雪
主　　审　　员　余心蕾
参　　审　　员　杨存吉

法律依据　专利法第22条第3款
决定要点

如果本领域技术人员根据现有技术的启示，不需要付出创造性劳动即可获得一项权利要求请求保护的技术方案所要解决技术问题的技术手段，并可取得相同的技术效果，则该权利要求请求保护的技术方案不具有专利法第22条第3款规定的创造性。

一、案由

本复审请求涉及申请人冲电气株式会社于1997年12月1日提交的申请号为97123034.X、发明名称为“电子交易系统”的发明专利申请（下称本申请），其优先权日为1996年12月2日，公开日为1998年6月17日。

国家知识产权局实质审查部门于2005年4月8日以本申请全部权利要求1~8不符合专利法第22条第3款规定的创造性为由作出了驳回决定。驳回决定针对的文本是：申请人于1997年12月1日提交的说明书第4~19页、说明书附图第1~15页、摘要附图；2002年12月23日提交的说明书摘要；2004年12月16日提交的权利要求1~8项、说明书第1~3页。其独立权利要求如下：

“1.一种电子交易系统，具有把基于电子货币的金钱价值存储为资金信息并可以更新该存储的上述资金信息的顾客货币卡以及使资金信息在其与该顾客货币卡之间移动、并更新资金信息的银行货币卡，其特征在于包括：

契据保管卡，用于在上述顾客货币卡和上述银行卡之间进行电子交易时进行上述资金信息的移动；

在上述顾客货币卡和银行货币卡之间移动资金信息时，在把来自上述顾客货币卡的资金信息存入上述契据保管卡、且把来自银行货币卡的资金信息也存入上述契据保管卡之后，进行资金信息的更新，至少在下一次交易开始之前消除掉由顾客货币卡的资金信息存入在契据保管卡中的资金信息以及由银行货币卡的资金信息存入在上述契据保管卡中的资金信息。”

驳回决定指出：对比文件3（EP0619564A1，公开日为1994年10月12日）公开了权利要求1的大部分技术特征，在对比文件3的基础上获得权利要求1所要求保护的技术方案，对本领域技术人员来说是显而易见的，权利要求1请求保护的技术方案不具备创造性；从属权利要求2~5、8的附加技术特征已被对比文件3公开，故也均不具有创造性；权利要求6、7的附加技术特征均为本领域的公知常识，故均不具有创造性。

申请人（下称复审请求人）对上述驳回决定不服，于2005年7月19日向专利复审委员会提交了复审请求，复审请求人在提出复审请求时未对申请文件进行修改，其提出复审请求的理由主要是：对比文件3并未公开在移动资金信息时把资金信息存储到管理卡中的内容，从而也不可能公开消除掉资金信息的特征，而本发明的目的是在交易过程中记录这样的资金信息，并在结束后消除掉这些信息以保证交易安全，故对比文件3并未公开或教导本发明的上述技术特征，也达不到本发明的技术效果。

经形式审查合格后，专利复审委员会于2005年11月7日受理了该请求，并于同日向复审请求人发出了复审请求受理通知书，同时向国家知识产权局原实质审查部门发出了前置审查通知书。

在前置审查意见书中，国家知识产权局原实质审查部门坚持驳回决定。

专利复审委员会依法组成合议组，对本复审请求案进行了审理。

合议组于2007年5月17日发出了复审通知书，引用对比文件3，指出：（1）对比文件3公开了权利要求1的大部分技术特征，二者的区别仅在于，权利要求1还进一步包括如下技术特征：把顾客货币卡的资金信息存入契据保管卡，至少在下一次交易开始前消除由顾客货币卡的资金信息存入在契据包括卡中的资金信息以及由银行货币卡的资金信息存入在上述契据保管卡中的资金信息。而在对比文件3公开的技术方案的基础上，本领域技术人员很容易得到上述技术内容，权利要求1不具有创造性；（2）从属权利要求2~4、6、7的附加技术特征均为本领域的公知常识，在其引用的权利要求不具有创造性的情况下，上述权利要求均不具有创造性；（3）从属权利要求5、8的附加技术特征已经被对比文件3或对比文件3及公知常识所公开，在其引用的权利要求不具有创造性的情况下，从属权利要求5、8均不具有创造性。

复审请求人于2007年7月2日针对复审通知书提交了复审意见陈述书以及权利要求书全文、说明书第2~3页的修改替换页，修改后的权利要求书如下：

“1. 一种电子交易系统，具有把基于电子货币的金钱价值存储为余额信息并可以更新该存储的上述余额信息的顾客货币卡以及使余额信息在其与该顾客货币卡之间移动、并更新余额信息的银行货币卡，其特征在于包括：

契据保管卡，用于在上述顾客货币卡和上述银行卡之间进行电子交易时进行上述余额信息的移动；

在上述顾客货币卡和银行货币卡之间移动余额信息时，在把来自上述顾客货币卡的余额信息存入上述契据保管卡、且把来自上述银行货币卡的余额信息也存入上述契据保管卡之后，进行上述顾客货币卡的余额信息的更新以及上述银行货币卡的余额信息的更新，至少在下一次交易开始之前消除掉顾客货币卡的余额信息中存入在契据保管卡中的余额信息以及银行货币卡的余额信息中存入在上述契据保管卡中的余额信息。”

2. 如权利要求 1 所述的电子交易系统，其特征在于：

在使上述顾客货币卡和银行货币卡之间的余额信息移动后，读出存入了上述顾客货币卡和银行货币卡的余额信息并进行确认。

3. 如权利要求 2 所述的电子交易系统，其特征在于：

上述余额信息的移动确认能在与上述契据保管卡之间进行。

4. 如权利要求 2 所述的电子交易系统，其特征在于：

把存入在上述契据保管卡中的余额信息一直保持到上述顾客货币卡和上述银行货币卡之间完成余额信息的移动确认为止。

5. 如权利要求 1 所述的电子交易系统，其特征在于：

还包括一自动出纳装置，所述自动出纳装置设置为接受所述顾客货币卡，并能从所述顾客货币卡读取及写入上述余额信息。

6. 如权利要求 1 所述的电子交易系统，其特征在于：

设有多个契据保管卡，该多个契据保管卡对应于上述顾客货币卡的交易形态进行选择。

7. 如权利要求 6 所述的电子交易系统，其特征在于：

和上述自动出纳装置相独立地设置收纳了多组交易形态不同的上述契据保管卡和银行货币卡的卡阵。”

复审请求人认为修改后的权利要求 1~7 相对于对比文件 3 具有创造性，理由主要在于：（1）对比文件 3 中记录雇主卡余额等交易信息的是再充值终端，而非管理卡，因此对比文件 3 并未公开管理卡记录雇主卡的各项信息，尤其是雇主卡的余额信息；（2）尽管对比文件 3 公开了管理卡保存用户卡身份信息的内容，但并未公开管理卡记录雇主卡、用户卡余额信息的内容，并且管理卡的作用是为了防止雇主卡的不当使用，故本领域技术人员不可能容易想到将用户卡的余额信息存入管理卡，进而也就不可能容易想到“存储有银行卡的余额信息和用户卡的余额信息的契据保管卡”；（3）尽管对比文件 3 公开了“管理卡的记录可以被更新”，但由于管理卡保存了所有的再充值操作的交易记录，因此可推出对比文件 3 没有对管理卡进行消除交易记录的操作。故本领域技术人员在对比文件 3 的基础上不可能不经过创造性的劳动即得到本发明的技术方案。本申请的权利要求 1 具有创造性，其从属权利要求 2~7 也具有创造性。

在此基础上，合议组认为本案事实已经调查清楚，现依法作出本决定。

二、决定的理由

1. 关于审查文本

本复审决定针对的文本是：复审请求人于 1997 年 12 月 1 日提交的说明书第 4~19 页、说明书附图第 1~15 页、摘要附图；2002 年 12 月 23 日提交的说明书摘要；2004 年 12 月 16 日提交的说明书第 1 页；2007 年 7 月 2 日提交的权利要求 1~8 项、说明书第 2、3 页。

2. 关于创造性

专利法第 22 条第 3 款规定：“创造性，是指同申请日以前已有的技术相比，该发明有突出的实质性特点和显著的进步，该实用新型有实质性特点和进步。”

本决定所引用的对比文件和驳回决定以及复审通知书所引用的相同，即：

对比文件 3：EP0619564A1，公开日为 1994 年 10 月 12 日。

（1）权利要求 1 的创造性。

权利要求 1 请求保护一种电子交易系统，而对比文件 3 也公开了一种电子交易系统，其中公开了如下技术内容：一种电子交易系统，具有用户卡10，该卡可被用于在其上开一个新的交易记忆区，并在其上写入新的余额信息（见该对比文件说明书，特别是第21栏第35~37行，图10）（相当于本权利要求中的“具有把基于电子货币的金钱价值存储为余额信息并可以更新该存储的上述余额信息的顾客货币卡”）；具有雇主卡160，并且资金可在其上和用户卡之间转移（见该对比文件摘要，图10），而本领域技术人员根据该记载可以直接、毫无疑义地确定：在转移了资金信息后，顾客货币卡的资金信息必然要进行更新（相当于本权利要求中的“使余额信息在其与该顾客卡之间移动、并更新余额信息的银行货币卡”）；握手程序结束后，雇主卡的资金被记入借方，管理卡在用户卡上打开一个新的交易记忆区，并在其中写入新的余额信息（见该对比文件说明书，特别是第21栏第33~37行），而本领域技术人员根据该记载可以直接、毫无疑义的确定：该管理卡可以用于在用户卡和雇主卡之间进行电子交易时进行资金信息的移动（相当于本权利要求中的“契据保管卡，用于在上述顾客货币卡和上述银行卡之间进行电子交易时进行上述余额信息的移动”）；管理卡上记录所有充值操作的交易信息以及用户卡的身份信息（见该对比文件说明书，特别是第20栏第29行，第21栏第12~13行，图11第190步）；终端解冻雇主卡的账户资金，并进行记录雇主卡的序列号、余额、日期和其他交易信息的操作（见该对比文件说明书，特别是第20栏第20至58行，特别是第56~58行），在此后，在用户卡的新用户记忆存储区建立新的余额信息，并从雇主卡划去金额（见该对比文件图11第196步）（相当于权利要求1的“进行上述顾客货币卡的余额信息的更新以及上述银行货币卡的余额信息的更新”）；在更新资金信息后，可更新管理卡的记录（见该对比文件说明书，特别是第21栏第27~42行，图11第197步），而本领域技术人员根据该记载可直接、毫无疑义地确定：该管理卡记录的更新必然是在下一次交易开始之前进行的。此外，据上述记载可知，管理卡记录了所有充值操作的交易信息，而终端进行了记录雇主卡包括余额信息在内的交易信息的操作，而余额信息属于交易信息的一部分，尽管对比文件3并未明确记载该终端将雇主卡的余额等交易信息存储的位置，本领域技术人员结合上述记载可知，该余额信息是存储于管理卡上。

可见，对比文件3公开了权利要求1的大部分技术特征，二者的区别在于，权利要求1还包括如下技术特征：把顾客货币卡的余额信息存入契据保管卡；至少在下一次交易开始前消除由顾客货币卡的余额信息存入在契据保管卡中的余额信息以及由银行货币卡的余额信息存入在上述契据保管卡中的余额信息。而在对比文件3已经公开了可将雇主卡的资金信息存入管理卡中，并且将用户卡中的身份信息存入管理卡中的技术特征之后，本领域技术人员很容易想到为了防止资金转移过程中出现的风险从而导致金钱价值信息消失的责任点分界不明确，同样可以将用户卡中的资金信息存入管理卡中以实现上述目的。对比文件3公开了在下次交易前更新管理卡的记录，而消除信息作为更新信息的一种具体的常用技术手段，是本领域技术人员根据具体的需要容易作出的。

所以在对比文件3的基础上结合本领域的公知常识得出权利要求1请求保护的技术方案，对本领域技术人员来说是显而易见的，不需要付出创造性劳动，权利要求1请求保护的技术方案不具备突出的实质性特点和显著的进步，不具有专利法第22条第3款规定的创造性。

针对复审请求人在答复复审通知书时所陈述的理由，合议组认为：（1）如前面评述中所述，本领域技术人员结合对比文件3公开的内容可以得出，该余额、序号等交易信息应是由再充值终端记录于管理卡上的。此外，管理卡的作用是用于防止从雇主卡到用户卡进行资金转移时的不法操作或越权操作，那么必然需要保障转移到用户卡的资金数额是在雇主卡的现有资金数额范围之内，故由管理卡记录雇主卡的余额信息也是为实现对比文件3发明目的之必然需求。（2）如第（1）评述中所述，本领域技术人员根据对比文件3的记载可知，在管理卡中存储了雇主卡的余额、序号，以及用户卡的身份信息，尽管请求人认为由于对比文件3的发明目的是防止交易欺诈，从而本领域技术人员不可能从对比文件3中获得技术启示，将用户卡的余额信息也存入管理卡中，然而合议组认为，在对比文件3已经公开了可以将雇主卡的余额信息存入管理卡中、将用户卡的信息存入管理卡的基础上，为了实现为了防止资金转移过程中出现的风险从而导致金钱价值信息消失的责任点分界不明确的目的，很容易想到同样可将用户卡的资金信息也存入管理卡中，并且这在技术上也不存在任何的障碍或需要付出任何创造性劳动。(3) 针对请求人所认为的对比文件3不可能给出该“更新”可能是“消除”的技术启示，合议组认为：“更新”的手段毫无疑问包括“消除”，在对比文件3公开了可以更新信息的情况下，为了实现保密或安全等目的，本领域技术人员很容易想到可将该信息完全删除，并且，删除余额信息并未带来任何意想不到的技术效果。

综上，合议组认为复审请求人的意见陈述不能成立。

(2) 权利要求2的创造性。

从属权利要求2进一步限定了在完成资金移动后，读出存入顾客货币卡和银行货币卡的资金信息并进行确认。

为了进一步保证交易安全，在完成交易之后再次读出卡中的资金信息并进行确认，是本领域的常用技术手段，故在其引用的权利要求1不具有创造性的情况下，权利要求2也不具备专利法第22条第3款规定的创造性。

(3) 权利要求3的创造性。

从属权利要求3进一步限定了上述资金信息的移动确认能在与上述契据保管卡之间进行。

而由于契据保管卡中记录了顾客货币卡和银行货币卡的余额信息，在其上确认资金信息的移动可更加方便，并且这对于本领域技术人员来说是非常容易实现的，所以进行确认时在契据保管卡之间进行是本领域技术人员在进行资金移动确认时不需要付出创造性劳动即可作出的选择。故在其引用的权利要求2不具有创造性的情况下，权利要求3也不具备专利法第22条第3款规定的创造性。

(4) 权利要求4的创造性。

从属权利要求4的附加技术特征在于：“把存入在上述契据保管卡中的资金信息一直保持到上述顾客货币卡和上述银行货币卡之间完成资金信息的移动确认为止”。而具体将资金信息保存到何时是本领于技术人员根据具体需要可以作出的选择，在本申请中为了确保资金信息在交易过程中的安全性，本领域技术人员很容易想到将资金信息一直保持到上述顾客货币卡和上述银行货币卡之间完成资金信息的移动确认为止，这是根据实际需要即可作出的，不需要付出创造性的劳动。故在其引用的权利要求2不具有创造性的情况下，权利要求4也不具备专利法第22条第3款规定的创造性。

(5) 权利要求5的创造性。

从属权利要求5的附加技术特征进一步限定了该系统包括一自动出纳装置。而对比文件3也公开了一种充值终端（见该对比文件说明书）：该装置有第3插槽，用于插入用户卡，（见该对比文件第19栏第47~48行）可从该用户卡上读取资金交易历史，（见该对比文件第21栏第26~27行）并写入资金信息（见该对比文件第21栏第33~37行）。可见该充值终端相当于权利要求5中的“自动出纳装置”。权利要求5的附加技术特征在对比文件3中已经公开，故在其引用的权利要求1不具有创造性的情况下，权利要求5也不具备专利法第22条第3款规定的创造性。

(6) 权利要求6的创造性。

从属权利要求6的附加技术特征为“设有多个契据保管卡，该多个契据保管卡对应于上述顾客货币卡的交易形态进行选择”。而在银行系统中，顾客货币卡具有多种形态，针对不同形态顾客货币卡的交易需要，设置多个契据保管卡，是本领域技术人员根据银行系统的实际需要而不需要付出创造性劳动即可作出的，故在其引用的权利要求1不具有创造性的情况下，权利要求6也不具有专利法第22

条第 3 款规定的创造性。

（7）权利要求 7 的创造性。

从属权利要求 7 的附加技术特征在于“和上述自动出纳装置相独立地设置收纳了多组多种交易形态不同的上述契据保管卡和银行货币卡的卡阵”。而为了应用方便并节约设备，将卡阵和出纳装置相独立，是本领域技术人员很容易想到的，另外，在银行系统中发行多种形态的货币卡是公知常识，针对这种现实需求，采用多组多种交易形态不同的上述契据保管卡和银行货币卡的卡阵是本领域技术人员不需要创造性劳动即可作出的。故在其引用的权利要求 6 不具有创造性的情况下，权利要求 7 也不具有专利法第 22 条第 3 款规定的创造性。

综上所述，权利要求 1~7 相对于对比文件 3 和公知常识的结合不具有创造性，不符合专利法第 22 条第 3 款的规定，复审请求人的理由不能成立。

三、决定

维持国家知识产权局于 2005 年 4 月 8 日针对 97123034. X 号发明专利申请作出的驳回决定。

复审请求人对本决定不服的，可以根据专利法第 41 条第 2 款的规定，自收到本决定之日起三个月内向北京市第一中级人民法院起诉。

124

多时间段偏压调整的生物感测器及其方法

复审请求审查决定（第13924号）

决　定　号　第13924号
决　定　日　2008年6月16日
发明创造名称　多时间段偏压调整的生物感测器及其方法
国际分类号　G01N27/327，G01N27/416，G01N33/66
复审请求人　宇东科技股份有限公司
申　请　号　03178774.6
申　请　日　2003年7月18日
公　开　日　2005年1月26日
合议组组长　张梅珍
主　审　员　雒晓明
参　审　员　高桂莲

法律依据　专利法第26条第4款
决定要点

如果权利要求的概括包含申请人推测的内容，而其效果又难于预先确定和评价，应当认为这种概括超出了说明书公开的范围，权利要求得不到说明书的支持。

一、案由

本复审请求涉及名称为“多时间段偏压调整的生物感测器及其方法”，申请号为03178774.6的发明专利申请，申请人为力捷电脑股份有限公司，后于2005年10月14日变更为宇东科技股份有限公司，申请日为2003年7月18日，公开日为2005年1月26日。

应申请人的请求，国家知识产权局专利实质审查部门对本申请进行了实质审查，于2007年2月9日针对申请人于申请日提交的权利要求第1~20项、说明书第1~9页、说明书附图第1~5页、说明书摘要及摘要附图作出了驳回决定，其中引用了如下对比文件：

对比文件1：CN1427951A（公开日为2003年7月2日）。

驳回决定所针对的独立权利要求1、12分别为：

“1. 一种多时间段偏压调整生物感测器测量一检体的一特定成分浓度的方法，其特征在于，包括：

施予一第一作用电压于该生物感测器的一生物芯片上；

提供一检体于该生物芯片上，该生物芯片于该第一作用电压施予期间相应该检体中一特定成分产生一随时间变化的信号；

待检测到相应该检体中该特定成份的一信号阀值起经过一第一段作用时间，将该第一作用电压降至一第二作用电压；

取得相应该检体中该特定成分的一随时间变化的信号曲线；及

根据该随时间变化的信号曲线，以决定该检体中该特定成份的一浓度值。

12. 一种多时间段偏压调整的生物感测器，其特征在于，包括：

一生物芯片，于一作用电压施予在该生物芯片时，相应提供于该生物芯片上的一检体中一特定成分，产生一随时间变化的反应电流；

一可调式偏压产生器，用以提供该作用电压于该生物芯片上；

一电流/电压转换器，用以将该随时间变化的反应电流转换成一随时间变化的输出电压；及

一微处理器，用以控制该可调式偏压产生器在不同时间阶段下提供不同的作用电压予该生物芯片，及根据该随时间变化的输出电压，以决定该检体中该特定成分的一浓度值；

其中该检体提供在该生物芯片上之前，该可调式偏压产生器先施予一第一作用电压于该生物芯片，及在检测到相应该检体中该特定成分的一信号阀值起经过一第一段作用时间，该可调式偏压产生器将该第一作用电压降至一第二作用电压。”

驳回决定认为：在对比文件 1 的基础上，结合本领域的公知常识得到独立权利要求 1、12 的技术方案对本领域技术人员来说是显而易见的，因此独立权利要求 1、12 不具备专利法第 22 条第 3 款规定的创造性；从属权利要求 9~11、13~20 的附加技术特征是本领域中的公知常识，因此权利要求 9~11、13~20 也不具备专利法第 22 条第 3 款规定的创造性。

申请人宇东科技股份有限公司（下称复审请求人）不服上述驳回决定，于 2007 年 5 月 23 日向专利复审委员会提出了复审请求，在提出复审请求时未对申请文本进行修改。

复审请求的主要理由是：对比文件 1 所涉及的是培育期期间存在的问题，在对比文件 1 中，将第一电压降为较低的第二电压是本领域的公知手段，目的在于使被分析的材料培养出可被测量的电荷。但是本发明并不涉及所谓的培育期，本发明涉及的是培育期之后的处理，目的在于改善放电曲线的偏移和噪声干扰。本发明和对比文件 1 涉及不同的领域、解决不同的技术问题，因此本发明具备创造性。

经形式审查合格后，专利复审委员会受理了上述复审请求，于 2007 年 7 月 20 日向复审请求人发出复审请求受理通知书，并于同日向国家知识产权局原实质审查部门发出前置审查通知书。

在前置审查意见中，国家知识产权局原实质审查部门仍坚持原驳回决定。

在此基础上，专利复审委员会依法组成合议组，对上述复审请求进行了审理。合议组于 2007 年 12 月 11 日向复审请求人发出复审通知书，指出：权利要求 1 中没有对第一作用电压、第二作用电压的具体数值进行限定，只要第一作用电压高于第二作用电压即可。从对比文件 1 中可以看出，（0−t2）时间段施加的 300mv 显然大于（t2−t3）时间段施加的 74mv，上述电压范围在权利要求 1 所概括的电压范围内，但是正如复审请求人在复审请求的意见陈述中所称：对比文件 1 中的（t2−t3）时间段是培育期，不涉及放电曲线峰值测量的问题。由此可见，如果权利要求 1 中的第一电压取值为 300mv，第二电压取值为 74mv，显然是无法实现峰值测量的，即权利要求 1 中的上位概念所包含的某种具体方案不能解决本发明所要解决的技术问题，并达到相同的技术效果。因此，合议组认为权利要求 1 得不到说明书的支持，不符合专利法第 26 条第 4 款的规定。同理，权利要求 12 也得不到说明书的支持，不符合专利法第 26 条第 4 款的规定。

针对上述复审通知书，复审请求人于 2008 年 1 月 24 日提交了意见陈述书、权利要求第 1~20 项

的修改替换页、说明书第1~10页的修改替换页，其中在独立权利要求1、12中增加了技术特征“在培育期之后”，并且根据对比文件1的内容修改了说明书背景技术部分。复审请求人认为：由于修改后的权利要求1已经限定了“在培育期之后”，因此权利要求1所限定的“第一作用电压”和“第二作用电压”并非取任意数值，而必须是在培育期之后的工作电压，其必须能够使检体中的特定成分随时间变化。因此，本领域的技术人员基于相关现有技术和权利要求1的方案能够选取恰当的第一工作电压和第二工作电压的数值，以实现本发明的目的。

修改后的独立权利要求1、12分别如下：

“1. 一种多时间段偏压调整生物感测器测量一检体的一特定成份浓度的方法，其特征在于，包括：

在培育期之后，

施予一第一作用电压于该生物感测器的一生物芯片上；

提供一检体于该生物芯片上，该生物芯片于该第一作用电压施予期间相应该检体中一特定成分产生一随时间变化的信号；

待检测到相应该检体中该特定成分的一信号阀值起经过一第一段作用时间，将该第一作用电压降至一第二作用电压；

取得相应该检体中该特定成分的一随时间变化的信号曲线；及

根据该随时间变化的信号曲线，以决定该检体中该特定成分的一浓度值。

12. 一种多时间段偏压调整的生物感测器，其特征在于，包括：

一生物芯片，于一作用电压施予在该生物芯片时，相应提供于该生物芯片上的一检体中一特定成分，产生一随时间变化的反应电流；

一可调式偏压产生器，用以提供该作用电压于该生物芯片上；

一电流/电压转换器，用以将该随时间变化的反应电流转换成一随时间变化的输出电压；及

一微处理器，用以控制该可调式偏压产生器在不同时间阶段下提供不同的作用电压予该生物芯片，及根据该随时间变化的输出电压，以决定该检体中该特定成分的一浓度值；

其中该检体提供在该生物芯片上之前，在培育期之后，该可调式偏压产生器先施予一第一作用电压于该生物芯片，及在检测到相应该检体中该特定成份的一信号阀值起经过一第一段作用时间，该可调式偏压产生器将该第一作用电压降至一第二作用电压。”

至此，合议组认为本案事实已经清楚，现依法作出如下审查决定。

二、决定的理由

1. 审查的基础

本决定依据的文本是：复审请求人于2008年1月24日提交的权利要求第1~20项、说明书第1~10页，申请日提交的说明书附图第1~5页、说明书摘要及摘要附图。

2. 关于专利法第26条第4款

专利法第26条第4款规定：权利要求书应当以说明书为依据，说明要求专利保护的范围。

审查指南第二部分第二章第3.2.1节规定：对于用上位概念概括或用并列选择方式概括的权利要求，应当审查这种概括是否得到说明书的支持。如果权利要求的概括包含申请人推测的内容，而其效果又难以预先确定和评价，应当认为这种概括超出了说明书公开的范围，权利要求得不到说明书的支持。

在本案中，本发明的多时间段偏压调整生物感测器要解决的技术问题是提高检体中特定成分浓度值测量的准确性，其通过将检体置于生物芯片检测之前先施加一较高作用电压于生物芯片，当提供检

体后，该较高作用电压即可促使检体中的特定成分与生物芯片上的试剂短时间内快速反应完全，从而防止该特定成分与空气中的氧气或其他杂质反应，提高测量的准确性，并在接下来一段时间降低该较高电压从而减少生物感测器的功率消耗。对此权利要求 1 中限定了如下技术特征：“待检测到相应该检体中该特定成分的一信号阈值起经过一第一段作用时间，将该第一作用电压降至第二作用电压；取得相应该检体中该特定成分的一随时间变化的信号曲线；及根据该随时间变化的信号曲线，以决定该检体中该特定成分的一浓度值”。对此说明书第 7 页第 1 段中仅记载了一个相关的实施例：先施予电压范围在 500 毫伏特至 520 毫伏特之间的一第一作用电压于生物芯片上……经过一第一段作用时间约一秒，可调式偏压产生器 51 即将此第一作用电压调降至一第二作用电压，其电压范围在 300 毫伏特至 320 毫伏特之间。对于本领域技术人员来说，可以预见当施加的第一作用电压高于检测某一特定成分通常所适应的电压数值时能够解决其所称的技术问题。但是若施加的第一作用电压明显低于检测某一特定成分通常所适应的电压数值时，则并不能在短时间内使该特定成分反应完全，即完不成本发明所要解决的技术问题。复审请求人用上位概念“第一作用电压降至第二作用电压”对上述实施例进行了概括，并不能必然得出第一作用电压高于测定某一特定成分的通常所用的电压，因此解决不了本发明所要解决的技术问题。本领域技术人员难以预先确定或评价当第一和第二作用电压选择其他范围的工作电压时的效果，因此权利要求 1 得不到说明书的支持，不符合专利法第 26 条第 4 款的规定。同理，权利要求 12 也得不到说明书的支持，不符合专利法第 26 条第 4 款的规定。

复审请求人在答复复审通知书时认为：由于修改后的权利要求 1 已经限定了“在培育期之后”，因此权利要求 1 所限定的“第一作用电压”和“第二作用电压”并非取任意数值，而必须是在培育期之后的工作电压，其必须能够使检体中的特定成分随时间变化。因此，本领域的技术人员基于相关现有技术和权利要求 1 的方案能够选取恰当的第一工作电压和第二工作电压的数值，以实现本发明的目的。

对此，合议组认为：首先，即使考虑了“在培育期之后”这一特征，第一作用电压、第二作用电压也是在常规的工作电压范围这一较大范围内进行选择，也没有对第一作用电压要高于测定某一特定成分的通常适应的电压进行限定。本领域技术人员根据上述内容也无法确定其限定的工作电压范围都能够解决本发明所要解决的技术问题、并达到相应的技术效果。复审请求人认为本领域的技术人员基于相关现有技术和权利要求 1 的方案能够选取恰当的第一工作电压和第二工作电压的数值，但是复审请求人并没有提出充分的理由来说明本领域技术人员如何根据现有技术和权利要求 1 的方案选取第一工作电压和第二工作电压的数值。而复审请求人在答复国家知识产权局原实质审查部门的第一次审查意见通知书时声称：本发明中的“第一工作电压”高于现有技术（对比文件 1）的工作电压（300mv），从而加快反应速度；“第二工作电压”是现有技术中的正常工作电压（300mv）。由此可见，第一工作电压和第二工作电压并不是在常规的工作电压范围内任意选择的。因此合议组对复审请求人的意见不予支持。

三、决定

维持国家知识产权局于 2007 年 2 月 9 日对 03178774. 6 号发明专利申请作出的驳回决定。

复审请求人对本决定不服的，可以根据专利法第 41 条第 2 款的规定，自收到本决定之日起三个月内向北京市第一中级人民法院起诉。

125

具有含油成分层的薄片

复审请求审查决定（第13926号）

决　定　号　第13926号
决　定　日　2008年6月30日
发明创造名称　具有含油成分层的薄片
国际分类号　A61F 13/511
复审请求人　尤妮佳股份有限公司
申　请　号　01122160.7
优先权日　2000年5月10日
申　请　日　2001年5月10日
公　开　日　2001年11月28日
合议组组长　杨军艳
主　审　员　佟仲明
参　审　员　李　礼

法律依据　专利法第22条第3款
决定要点

如果一项要求保护的技术方案与一篇对比文件中公开的现有技术之间存在区别技术特征，但这些区别技术特征或者是被其他对比文件公开，或者是本领域的常用技术手段，且对于本领域普通技术人员而言，在第一篇对比文件的基础上结合上述第二篇对比文件以及本领域的常用技术手段从而得到该要求保护的技术方案是显而易见的，则要求保护的技术方案不具备创造性。

一、案由

本复审请求涉及申请号为01122160.7，名称为“具有含油成分层的薄片”的发明专利申请（下称本申请），其申请日为2001年5月10日，优先权日为2000年5月10日，公开日为2001年11月28日，申请人为尤妮佳股份有限公司。本申请公开时权利要求书包括17项权利要求，其中权利要求1、6、11为独立权利要求。

国家知识产权局专利实质审查部门依法对本申请进行了实质审查，经实质审查程序后，于2004年2月6日以申请人于2003年12月8日提交的权利要求1～17不符合专利法第22条第3款的规定为理由作出驳回决定，其中引用了如下2篇对比文件：

对比文件1：WO9922684A，公开日为1999年5月14日；

对比文件2：US 5106625A，公开日为1992年4月21日。

具体的驳回理由如下：对比文件1公开了一种具有含油成分层的薄片网状材料，其与本申请权利要求1的区别在于权利要求1中还记载了混合物层中有一种糊精与脂肪酸的酯化合物，其作用在于使油成分凝胶化，使混合物固定在薄片的表面，然而该区别技术特征已经被对比文件2公开，作用也相同，因此在对比文件1的基础上结合对比文件2从而得到本申请权利要求1的技术方案对本领普通技术人员而言是显而易见的，因此该权利要求1不具备专利法第22条第3款所规定的创造性；基于相似的理由，权利要求6、11相对于对比文件1和对比文件2的结合同样不具备专利法第22条第3款所规定的创造性；权利要求2、3、7、8、12、13的附加技术特征是本领域普通技术人员根据对比文件2公开内容可进行的常规选择，权利要求4、9、14中的附加技术特征被对比文件2公开，权利要求5、10、15~17中的附加技术特征被对比文件1公开，因此在其引用的权利要求不具备创造性的情况下，这些从属权利要求也均不具备专利法第22条第3款所规定的创造性。

该驳回决定所针对的文本是：申请人于2003年12月8日提交的权利要求第1~17项、2001年5月10提交的说明书第1~11页、说明书附图第1~4页以及说明书摘要。

申请人尤妮佳股份有限公司（下称复审请求人）不服上述驳回决定，于2004年5月21日向专利复审委员会提出复审请求，同时提交了权利要求书全文的修改替换页，修改后的权利要求共包括16项权利要求。复审请求人认为：对比文件1公开了油成分，对比文件2公开的是含有甘油脂肪酸酯和糊精脂肪酸酯的组成，但二者即使结合也不能获得本发明的油成分和糊精脂肪酸酯的组成，因此对比文件1和2的结合也不能获得本申请的技术方案。

经形式审查合格后，专利复审委员会依法受理了上述请求，并于2004年6月8日向复审请求人发出了复审请求受理通知书，同时向原审查部门发出前置审查通知书。

原审查部门对该复审请求做出前置审查意见，仍然坚持原驳回决定。

专利复审委员会依法成立合议组，对该复审请求进行审查，本案合议组于2007年4月2日发出复审通知书，指出：对比文件1公开了一种具有含油成分层的薄片网状材料，本申请权利要求1与对比文件1的区别技术特征在于本申请的权利要求1还包括用于抑制油成分渗透到薄片、并作为载体在所述薄片表面保持所述油成分的成分是糊精与脂肪酸的酯化合物。然而该区别技术特征已经被对比文件2公开，所起的作用也相同，因此在对比文件1的基础上结合对比文件2从而得到本申请权利要求1的技术方案对本领普通技术人员而言是显而易见的，因此该权利要求1不具备专利法第22条第3款所规定的创造性；基于相似的理由，权利要求6、11相对于对比文件1和对比文件2的结合同样不具备专利法第22条第3款所规定的创造性；权利要求2、3、4、7、9、12、14的附加技术特征被对比文件2公开，权利要求5、8、10、13、15、16中的附加技术特征被对比文件1公开，因此在其引用的权利要求不具备创造性的情况下，这些从属权利要求也均不具备专利法第22条第3款所规定的创造性。

针对上述复审通知书，复审请求人于2007年7月17日提交了意见陈述书和权利要求书全文的修改替换页，其中复审请求人在独立权利要求中加入特征“其中（a）、（b）混合物的涂覆面积占片总面积的30%~70%”，并加入新的从属权利要求6和从属权利要求8，同时对其他权利要求的编号和引用关系做了适应性调整。复审请求人在意见陈述书中认为，对比文件中均没有公开涂覆面积限制在30%~70%，因此本申请权利要求相对于对比文件具备创造性。

针对复审请求人的答复，本案合议组于2007年11月20日发出第二次审查意见通知书，指出：新增加的从属权利要求6和权利要求8并不是为了消除驳回决定或复审通知书中指出的缺陷而进行的修改，因此不符合专利法实施细则第60条第1款的相关规定；涂覆面积大小的选择是本领域普通技术人员根据需要无需付出创造性劳动就能完成的，并且基于与前次复审通知书所评述的理由相似的理由，本申请权利要求1~5、7、9~18仍不具备专利法第22条第3款规定的创造性。

针对第二次复审通知书，复审请求人于2008年3月5日提交了意见陈述书和权利要求书全文的修改替换页，其中复审请求人在独立权利要求中加入特征“且（a）、（b）混合物的涂布图案为条纹形图案、点阵图案或格子图案的至少一种”，并删除原从属权利要求6和从属权利要求8，并对其他权利要求的编号和引用关系做了适应性调整。复审请求人在意见陈述书中认为，对比文件中均没有体现涂覆面积和涂布图案的结合，这种结合能够减少涂布不必要的油成分，从而使造价更为低廉，对于本领域普通技术人员而言具有非显而易见性，因此本申请的权利要求相对于对比文件1和对比文件2的结合具备专利法第22条第3款所规定的创造性。

针对复审请求人的答复，本案合议组于2008年3月27日发出第三次审查意见通知书，指出：对比文件1公开了一种具有含油成分层的薄片网状材料，本申请权利要求1与对比文件1的区别技术特征在于：（1）本申请的权利要求1还包括用于抑制油成分渗透到薄片、并作为载体在所述薄片表面保持所述油成分的成分是糊精与脂肪酸的酯化合物；（2）其中混合物的涂覆面积占片总面积的30%~70%；（3）混合物的涂布图案为条纹图案、点阵图案或格子图案的至少一种。然而该区别技术特征（1）已经被对比文件2公开，区别技术特征（2）和（3）均为本领域的常用技术手段，因此在对比文件1的基础上结合对比文件2和本领域的常用技术手段从而得到本申请权利要求1的技术方案对本领普通技术人员而言使显而易见的，因此该权利要求1不具备专利法第22条第3款所规定的创造性；基于相似的理由，权利要求7、12相对于对比文件1和对比文件2同样不具备专利法第22条第3款所规定的创造性；从属权利要求2~6、8~11、13~16也不具备专利法第22条第3款规定的创造性。

针对第三次复审通知书，复审请求人于2008年5月12日提交了意见陈述书和权利要求书全文的修改替换页，其中复审请求人修改了独立权利要求1，并删除权利要求7，并对其他权利要求的编号和引用关系做了适应性调整。修改后的权利要求书共包括15项权利要求，权利要求1和权利要求11为独立权利要求，其内容如下：

“1. 一种表面与穿用者皮肤接触的薄片，它具有一层混合物层，该混合物层具有以下组成：

（a）一种在25℃下呈液体或者呈半固体状态的油成分，以及

（b）一种糊精与脂肪酸的酯化合物，该混合物以凝胶状存在于所述薄片的表面，至少可以抑制所述油成分渗透到薄片，同时作为载体在所述薄片表面保持所述油成分，

所述薄片被用于含有液体渗透顶片和底片以及夹在顶片和底片之间的吸收芯，和防止侧漏的防泄漏翻边和/或用于防止在吸收用品穿用者大腿周围泄漏的腿部翻边的吸收用品中，

在使用所述的吸收用品时，所述混合层涂覆于适应穿用者腹部的前部区域和/或适用臀部或背部的后部区域，以及所述的防泄漏翻边和/或腿部翻边，其中（a）、（b）混合物的涂覆面积占片总面积的30%~70%，且（a）、（b）混合物的涂布图案为条纹形图案、点阵图案或格子图案的至少一种。

11. 一种吸收用品，包括一层液体渗透顶片，一层底片，一个夹在顶片和底片之间的吸收芯，和防止侧漏的防泄漏翻边和/或用于防止在吸收用品穿用者大腿周围泄漏的腿部翻边，

用于形成上述防泄漏翻边和/或腿部翻边的薄片，具有与穿用者皮肤接触的表面，其具有一层混合物层，该混合物层包括：

（a）一种在25℃下呈液体或者呈半固体状态的油成分，以及

（b）一种糊精与脂肪酸的酯化合物，以凝胶状存在于所述薄片的表面，至少可以抑制所述油成分渗透到薄片，同时作为载体在所述薄片表面保持所述油成分，

其中（a）、（b）混合物的涂覆面积占片总面积的30%~70%，且（a）、（b）混合物的涂布图案为条纹形图案、点阵图案或格子图案的至少一种。”

复审请求人在意见陈述书中认为，对比文件1没有记载也没有给出在尿布的哪个位置涂布混合层的启示；对比文件2没有将薄片用于“含有顶片和底片以及吸收芯，和防泄漏翻边和/或腿部翻边的吸收用品”中的启示，本申请则清楚地记载了上述技术方案，能够解决同时确保薄片的液体透过性和液体难透过性这两种效果兼具的技术问题并产生相应的技术效果。此外，复审请求人认为，本领域普通技术人员不会凭空想到本申请中涂布面积和涂布图案，本领域普通技术人员即使看到对比文件1和对比文件2也不会想到本发明的技术方案组合。因此本申请的权利要求具备专利法第22条第3款所规定的创造性。

至此，合议组认为本案事实已经清楚，现依法作出复审决定。

二、决定的理由

1. 关于审查文本

复审请求人于2008年5月12日提交了权利要求书的修改替换页，其修改符合专利法第33条、专利法实施细则第60条第1款和审查指南的有关规定，因此本复审决定以复审请求人于2008年5月12日提交的权利要求第1~15项、2001年5月10日，提交的说明书第1~11页、说明书附图第1~4页以及说明书摘要作为审查基础。

2. 关于专利法第22条第3款

专利法第22条第3款规定：创造性，是指同申请日以前已有的技术相比，该发明有突出的实质性特点和显著的进步，该实用新型有实质性特点和进步。

（1）独立权利要求1不具备专利法第22条第3款所规定的创造性。

权利要求1请求保护一种表面与穿用者皮肤接触的薄片，对比文件1公开了一种其上分布有护肤组合物的网面或吸湿用品（参见说明书第4页第31行至第6页第5行，第41页第29行至第46页第31行，权利要求书，附图1~4，7~8，11~14），其中具体公开了以下内容：一种其上分布有皮肤组合物的网面或吸湿用品，该吸湿用品具有液体可透过的顶片38、与顶片连接的不透液底片42、位于顶片和底片之间的吸收芯44和防止侧漏的阻挡箍带62（相当于本申请中的防泄漏翻边）以及包住腿从而对腿产生密封作用的密封箍带56（相当于本申请中的腿部翻边），用网面材料形成上述吸湿用品，在该网面或者吸湿用品使用期间与穿着者的皮肤相接触的部分（相当于本申请权利要求1中的表面与穿用者皮肤接触的薄片）上分布有护肤组合物，其包括对护肤有益的活性成分，该活性成分是一种或者多种润肤剂，这些润肤剂在室温即20℃下具有塑性或者流体稠度（即，本申请中的在25℃下呈液体或者呈半固体状态的油成分）；这些护肤组合物中的另一种关键组分是能将润肤剂固定在所希望的位置中或者其上的试剂，该对比文件1还列举了各种适宜的固定试剂，该固定试剂可通过外部冷却而结晶，从而将该固定试剂“锁定”在所需的位置，该固定试剂具有使润肤剂在环境温度下为固态或半固态的熔点分布，固定试剂本身将不会有迁移或者流动的趋势（即本申请中所述的“以凝胶状存在于所述薄片的表面”），从而将润肤剂保持在所需的位置（即本申请所述的“抑制所述油成分渗透到薄片”），这些固定试剂可以与润肤剂混溶（即本申请中所述的“作为载体”）。

本申请权利要求1要求保护的技术方案与对比文件1公开的技术方案相比，其区别技术特征在于：①本申请的权利要求1还包括用于抑制油成分渗透到薄片、并作为载体在所述薄片表面保持所述油成分的成分是（b）糊精与脂肪酸的酯化合物；②其中（a）、（b）混合物的涂覆面积占片总面积的30%~70%；③（a）、（b）混合物的涂布图案为条纹图案，点阵图案，或格子图案的至少一种；④在使用所述的吸收用品时，所述混合层涂覆于适应穿用者腹部的前部区域和/或适用臀部或背部的后部区域，以及所述的防泄漏翻边和/或腿部翻边。

针对上述区别技术特征，合议组认为：

区别技术特征①已经被对比文件2公开（参见说明书第1栏第7行至第5栏第46行，权利要求书），对比文件2具体公开了一种外用的油质组合物：在熔点高于20℃的甘油脂肪酸酯和化妆品用油中加入糊精的脂肪酸酯化物，并且当该糊精的脂肪酸酯化物的含量低于一定含量后，该外用油质组合物的粘着力和保持力都会降低，也就是对比文件2中所公开的糊精的脂肪酸酯化物用于保持油成分并提高油成分的粘着力和保持力，且该对比文件2中公开的“糊精的脂肪酸酯化物”与本申请中的“糊精与脂肪酸的酯化合物”属于相同的物质，“糊精的脂肪酸酯化物”在对比文件2中所起的作用与其在本申请中所起的作用相同，都是增加油成分的粘着力和保持力，防止流动和迁移。虽然，复审请求人认为，对比文件2没有将薄片用于“含有顶片和底片、以及吸收芯，和防泄漏翻边和/或腿部翻边的吸收用品”中的启示。但合议组认为，对比文件2其中所描述的组合物同样属于护理皮肤所使用的配置品，对比文件2给出了在护理皮肤所使用的配置品中使用糊精的脂肪酸酯化物作为固定试剂的技术启示，其同样可以用于对比文件1的混合物层中。

区别技术特征②属于本领域的常用技术手段。虽然复审请求人认为，本领域普通技术人员不会凭空想到本申请中涂布面积。但合议组认为，对比文件1中已经公开了该网面材料具有与穿着者皮肤接触的表面分布有护肤组合物。护肤组合物必然要占网面材料的一定面积，至于该比例数值是多少，本领域普通技术人员会根据实际需要做出具体混合物涂覆面积大小的选择，这些均不需花费创造性劳动，并且由于本申请中未对为何选取该涂覆比例进行具体说明，也未对由于选取该比例所获得的技术效果进行特别说明，即该特征并未给该技术方案带来意想不到的技术效果，因此区别技术特征（2）对于本领域普通技术人员来说是显而易见的。

区别技术特征③属于本领域的常用技术手段。虽然复审请求人认为，本领域普通技术人员不会凭空想到本申请中涂布图案。但合议组认为，对比文件1中已经公开了该网面材料具有与穿着者皮肤接触的表面分布有护肤组合物。护肤组合物必然以一定图案涂布。另外，以一定图案形状涂布护肤组合物已经为本领域所公知，而条状、点阵图案、或格子图案以及螺旋状、方块状等形状也是本领域涂布护肤组合物时常用的几种图案，是本领域普通技术人员无需付出创造性劳动就能根据使用要求进行选择的。因此区别技术特征③对于本领域普通技术人员来说是显而易见的。

区别技术特征④属于本领域的公知常识。虽然，复审请求人在意见陈述书中认为，对比文件1没有记载也没有给出在尿布的哪个位置涂布混合层的启示。但合议组认为，对比文件1中公开了该混合物位于吸湿用品使用期间与穿着者的皮肤相接触的部分，并且该混合物的作用就在于护肤或润肤，因此该混合物层必然涂布在“适应穿用者腹部的前部区域和/或适用臀部或背部的后部区域，以及所述的防泄漏翻边和/或腿部翻边”，这对本领域普通技术人员而言属于公知常识。

因此，在对比文件1公开的技术方案的基础上，结合对比文件2和本领域的公知常识就可得到本申请权利要求1要求保护的技术方案，对于本领域普通技术人员来说上述结合是不需要付出创造性劳动就能完成的，而且其实现的技术效果也相同。因此本申请权利要求1不具备创造性，不符合专利法第22条第3款的规定。

（2）权利要求2和7不符合专利法第22条第3款的规定。

权利要求2和7均是权利要求1的从属权利要求，其附加技术特征均为：其中（b）中的脂肪酸含有12~22个碳原子。该附加技术特征已经被对比文件2公开。对比文件2中公开了所述脂肪酸优选地是具有14~18个碳原子（参见说明书第2栏第27~31行），也就是说，对比文件2公开的数值范围落在上述附加技术特征的范围内。因此，在权利要求1不具备创造性的情况下，从属于该权利要求1的权利要求2和7相对于上述现有技术也不具备专利法第22条第3款规定的创造性。

（3）权利要求3、8和13不符合专利法第22条第3款的规定。

权利要求3是权利要求1的从属权利要求，权利要求8是权利要求7的从属权利要求，权利要求13是权利要求8的从属权利要求，其附加技术特征均为：其中该混合物层含有30~98重量%的油成分和70~2重量%的酯化合物。该附加技术特征已经被对比文件1公开。对比文件1中公开了组合物含有10%~95%的润肤剂和5%~90%的固定试剂（参见权利要求第4项），也就是说，对比文件1公开的数值范围与上述限定的技术特征的数值范围部分重叠。因此，在其引用的权利要求不具备创造性的情况下，权利要求3、8和13相对于上述现有技术也不具备专利法第22条第3款规定的创造性。

（4）权利要求4、9和14不符合专利法第22条第3款的规定。

权利要求4是权利要求1的从属权利要求，权利要求9是权利要求7的从属权利要求，权利要求14是权利要求8的从属权利要求，其附加技术特征均为：其中（b）中的酯化合物是糊精棕榈酸酯。该附加技术特征已经被对比文件2公开（参见说明书第2栏第35~36行）。因此，在其引用的权利要求不具备创造性的情况下，该权利要求4、9和14相对于上述现有技术也不具备专利法第22条第3款规定的创造性。

（5）权利要求5、10和15不符合专利法第22条第3款的规定。

权利要求5是权利要求1的从属权利要求，权利要求9是权利要求7的从属权利要求，权利要求15是权利要求8的从属权利要求，其附加技术特征均为：它是一种无纺布。该附加技术特征已经被对比文件1公开（参见该权利要求第7项）。因此，在其引用的权利要求不具备创造性的情况下，该权利要求5、10和15相对于上述现有技术也不具备专利法第22条第3款规定的创造性。

（6）权利要求6不符合专利法第22条第3款的规定。

权利要求6是权利要求1的从属权利要求，其附加技术特征为：该薄片用于保护伤口。该附加技术特征已经被对比文件1公开（参见说明书第1页第18~24行）。因此，在权利要求1不具备创造性的情况下，从属于该权利要求1的权利要求6相对于上述现有技术也不具备专利法第22条第3款规定的创造性。

（7）权利要求12不符合专利法第22条第3款的规定。

权利要求12是权利要求8的从属权利要求，其附加技术特征为：其中（b）中的脂肪酸含有12~22个碳原子。该附加技术特征已经被对比文件2公开。对比文件2中公开了所述脂肪酸优选地是具有14~18个碳原子（参见说明书第2栏第27~31行），也就是说，对比文件2公开的数值范围落在上述附加技术特征的范围内。因此，在其引用的权利要求不具备创造性的情况下，从属于该权利要求的权利要求12相对于上述现有技术也不具备专利法第22条第3款规定的创造性。

（8）独立权利要求11不符合专利法第22条第3款的规定。

权利要求11请求保护一种吸收用品，上文中已经具体评述其组成结构已经在对比文件1中公开（参见说明书第4页第31行至第6页第5行，第41页第29行至第46页第31行，权利要求书，附图1~4，7~8，11~14）也详细评述了该权利要求11中所记载的“混合物”已经被对比文件1和对比文件2的结合所公开的理由，以及特征“其中（a）、（b）混合物的涂覆面积占片总面积的30%~70%，且（a）、（b）混合物的涂布图案为条纹图案、点阵图案、或格子图案的至少一种”属于本领域的常用技术手段的理由，在此不再重复。因此，该权利要求11相对于上述现有技术不具备创造性，不符合专利法第22条第3款的规定。

综上所述，本专利权利要求1~15不符合专利法第22条第3款的规定。

根据上述事实和理由，本案合议组依法作出以下审查决定。

三、决定

维持国家知识产权局于2004年2月6日对01122160.7号发明专利申请作出的驳回决定。

复审请求人对本决定不服的，可以根据专利法第41条第2款的规定，自收到本决定之日起三个月内向北京市第一中级人民法院起诉。

126

广告插入装置、广告插入方法及存储介质

复审请求审查决定（第 13941 号）

决　定　号　第 13941 号
决　定　日　2008 年 7 月 3 日
发明创造名称　广告插入装置、广告插入方法及存储介质
国 际 分 类 号　G09F 19/00，G06F 17/60，G06F 17/30，G05B 13/02，H04N 7/173
复 审 请 求 人　索尼公司
申　请　号　02802504.0
申　请　日　2002 年 6 月 6 日
优 先 权 日　2001 年 6 月 6 日
公　开　日　2003 年 12 月 31 日
合 议 组 组 长　刘颖杰
主　审　员　刘　杰
参　审　员　王琦琳

法 律 依 据　专利法实施细则第 2 条第 1 款
决 定 要 点

如果一项权利要求的解决方案未采用利用自然规律的技术手段、未解决技术问题、也未获得技术效果，则该权利要求的解决方案不属于专利法实施细则第 2 条第 1 款规定的技术方案，不属于专利保护的客体。

一、案由

本复审请求涉及申请号为 02802504.0、发明名称为“广告插入装置、广告插入方法及存储介质”的发明专利申请（下称本申请），其申请日为 2002 年 6 月 6 日，优先权日为 2001 年 6 月 6 日，公开日为 2003 年 12 月 31 日，申请人为索尼公司。

应申请人的请求，国家知识产权局实质审查部门依法对本申请进行了实质审查，以进入中国国家阶段时原始提交的国际申请的中文译文作为审查基础，于 2005 年 4 月 15 日发出第一次审查意见通知书。第一次审查意见通知书指出：权利要求 1～19 属于专利法第 25 条第 1 款第 2 项的情况，不是专利法保护的客体。

申请人于 2005 年 8 月 30 日针对第一次审查意见通知书提交了意见陈述书、修改的权利要求书以及说明书第 1 页的替换页。申请人在意见陈述书中陈述：其删除了不符合专利法规定的原权利要求 19，但认为权利要求 1～18 属于可给予专利保护的客体。

国家知识产权局于2005年11月25日以本申请权利要求1属于专利法第25条第1款第2项规定的不是专利法保护的客体为由驳回了本申请，驳回决定所依据的文本是：2005年8月30日提交的权利要求第1~18项、说明书第1页，以及进入中国国家阶段时提交的说明书第2~34页、附图第1~16页、说明书摘要和摘要附图。其中独立权利要求1如下：

“1. 一种用于从多个具有成本的候选广告中选择广告信息的广告插入装置，这些候选广告每个都用于插入到内容的空隙中，该广告插入装置包括：

一选择条件建立部件，用于建立作为选择条件的目标函数和限制表达式，所述目标函数是用来使要插入到空隙中的广告所包含的总的成本价值达到最大，所述限制表达式是用来均衡要插入的所述广告的总长度和所述空隙的长度；以及

一广告信息选择部件，用于利用线性规划来求解已建立的选择条件，从而从所述多个候选广告中选择要插入到所述空隙中的所述广告信息。”

申请人索尼公司（以下称复审请求人）不服上述驳回决定，于2006年2月23日向专利复审委员会提出复审请求，并提交了权利要求书全文的修改替换页。修改后的权利要求书共包括14项权利要求，其中权利要求1、8为独立权利要求。其具体理由为：权利要求1~14属于可给予专利保护的客体。其中独立权利要求1、8如下：

“1. 一种用于从多个具有成本的候选广告中选择广告信息的广告插入装置，这些候选广告每个都用于插入到将被提供给用户的内容的空隙中，该广告插入装置包括：

一处理装置，用于提供根据所述内容的请求条件与所述广告信息的属性信息的比较，所述广告信息的请求条件与所述内容的属性信息的比较，所述用户的请求信息与广告的属性信息的比较，以及所述广告信息的请求信息与所述用户的属性信息的比较而确定的所述广告信息的所述成本；

一选择条件建立部件，用于建立作为选择条件的目标函数和限制表达式，所述目标函数是用来使要插入到空隙中的广告所包含的总的成本价值达到最大，所述限制表达式是用来均衡要插入的所述广告的总长度和所述空隙的长度；以及

一广告信息选择部件，用于利用线性规划来求解已建立的选择条件，从而从所述多个候选广告中选择要插入到所述空隙中的所述广告信息。

8. 一种广告插入方法，用于从多个具有成本价值的候选广告中选择广告信息，以便将其插入到将被提供给用户的内容的空隙中，所述广告插入方法包括步骤：

提供根据所述内容的请求条件与所述广告信息的属性信息的比较、所述广告信息的请求条件与所述内容的属性信息的比较、所述用户的请求信息与广告的属性信息的比较，以及所述广告信息的请求信息与所述用户的属性信息的比较而确定的所述广告信息的所述成本；

建立作为选择条件的目标函数和限制表达式，所述目标函数是用来使要插入到空隙中的广告所包含的总的成本价值达到最大，所述限制表达式是用来均衡要插入的所述广告的总长度和所述空隙的长度；以及

利用线性规划来求解已建立的选择条件，从而从所述多个候选广告中选择要插入到所述空隙中的所述广告信息。”

经形式审查合格后，专利复审委员会受理了该复审请求，并于2006年4月26日向复审请求人发出复审请求受理通知书，同时向原实质审查部门发出前置审查通知书。

原实质审查部门对本复审请求进行了前置审查，在前置审查意见书中，原实质审查部门坚持原驳回决定。

针对上述复审请求，专利复审委员会依法成立合议组对该复审请求进行了审查。本案合议组于

2008年2月13日发出复审通知书，指出：权利要求1、8将原始说明书中使用的“OPTINOUT”的说法限定为“请求条件”的描述形式，而进入国家阶段时提交的说明书第15页第7行清楚定义了“OPTINOUT数据表示选择广告的准则和要求”，并且国际申请时提交的原始说明书中也不存在对应于上述描述形式的文字内容，则上述修改后的描述形式没有记载在原始权利要求书以及说明书中，而且也无法从中直接地、毫无疑义地确定，因此权利要求1、8修改超范围，不符合专利法第33条的规定；同时指出权利要求1~14仍然不符合专利法实施细则第2条第1款的规定。

2008年5月28日，复审请求人针对上述复审通知书进行了意见陈述，并提交了权利要求书的修改替换页，其是把涉及超范围的“请求条件”的描述形式按照原始说明书的定义修改为“选择广告的准则和要求”的描述形式。复审请求人在意见陈述书中指出：修改权利要求1、8使其符合专利法第33条的规定，并且权利要求1~14构成了专利法实施细则第2条第1款规定的技术方案。

其中，独立权利要求1、8如下：

“1. 一种用于从多个具有成本的候选广告中选择广告信息的广告插入装置，这些候选广告每个都用于插入到将被提供给用户的内容的空隙中，该广告插入装置包括：

一处理装置，用于提供根据由代表内容、广告和用户的属性的数据组成的属性信息与表示用于选择广告的准则和要求的数据之间的匹配结果来选择的所述广告信息的成本价值，其中所述匹配包括：将广告的属性信息与内容的用于选择广告的准则和要求的数据相比较；将内容的属性信息与广告的用于选择广告的准则和要求的数据相比较；将用户的属性信息和用户的用于选择广告的准则和要求的数据与广告的用于选择广告的准则和要求的数据相比较；将广告的属性信息与用户的用于选择广告的准则和要求的数据相比较；一选择条件建立部件，用于建立作为选择条件的目标函数和限制表达式，所述目标函数是用来使要插入到空隙中的广告所包含的总的成本价值达到最大，所述限制表达式是用来均衡要插入的所述广告的总长度和所述空隙的长度；以及

一广告信息选择部件，用于利用线性规划来求解已建立的选择条件，从而从所述多个候选广告中选择要插入到所述空隙中的所述广告信息。

8. 一种广告插入方法，用于从多个具有成本价值的候选广告中选择广告信息，以便将其插入到将被提供给用户的内容的空隙中，所述广告插入方法包括步骤：

提供根据由代表内容、广告和用户的属性的数据组成的属性信息与表示用于选择广告的准则和要求的数据之间的匹配结果来选择的所述广告信息的成本价值，其中所述匹配包括：将广告的属性信息与内容的用于选择广告的准则和要求的数据相比较；将内容的属性信息与广告的用于选择广告的准则和要求的数据相比较；将用户的属性信息和用户的用于选择广告的准则和要求的数据与广告的用于选择广告的准则和要求的数据相比较；将广告的属性信息与用户的用于选择广告的准则和要求的数据相比较；

建立作为选择条件的目标函数和限制表达式，所述目标函数是用来使要插入到空隙中的广告所包含的总的成本价值达到最大，所述限制表达式是用来均衡要插入的所述广告的总长度和所述空隙的长度；以及

利用线性规划来求解已建立的选择条件，从而从所述多个候选广告中选择要插入到所述空隙中的所述广告信息。”

至此，合议组认为本案事实已经清楚，依法作出本复审请求审查决定。

二、决定的理由

1. 审查文本

经审查，合议组认为复审请求人于2008年5月28日提交的修改文本符合专利法及专利法实施细

则和审查指南关于修改的相关规定。因此，本复审决定针对的文本是：复审请求人于2008年5月28日提交的权利要求第1~14项，2005年8月30日提交的说明书第1页以及进入中国国家阶段时提交的说明书第2~34页、附图第1~16页、说明书摘要和摘要附图。

2. 关于专利法实施细则第2条第1款

专利法实施细则第2条第1款规定：专利法所称发明，是指对产品、方法或者其改进所提出的新的技术方案。

（1）独立权利要求1请求保护一种用于从多个具有成本的候选广告中选择广告信息的广告插入装置，其中包括：处理装置、选择条件建立部件、广告信息选择部件。可以看到：本申请属于涉及计算机程序的发明，而上述部件实际上只是利用了计算机程序来实现相应功能的软件功能模块。

由此可见，独立权利要求1请求保护的是一个利用软件功能模块的方法形成的一个非实体装置，它实质上是运用软件模块的功能，限定了一个选择插入广告信息的实施装置；并不涉及对装置性能的改进或者对该装置构成或功能的改变。正如该权利要求1中描述的，该选择插入广告信息的过程是通过用软件模块方式实现的对信息的比较、选择和重新排列的过程，并未采用技术手段；其解决方案所要解决的问题是如何实现动态插入广告，不构成技术问题；所获得的效果仅仅是在现有显示限制条件下，向用户提供特定方式的信息，该效果仅是对信息表达方式的选择和改变，不属于遵循自然规律的技术效果。

复审请求人在2008年5月28日提交的意见陈述书中陈述：本申请所要解决的技术问题是通过动态地插入广告实现广告的成本价值最大化，所采用的技术手段是利用匹配比较、建立选择条件的目标函数和限制表达式、利用线性规划等利用了自然规律的技术手段的集合，所获得的技术效果是能够在广告插入中动态地优化成本并实现价值最大化；因而本申请利用了自然规律的技术手段、解决了技术问题、获得了技术效果，权利要求1~14满足专利法实施细则第2条第1款的规定。

对此，合议组认为：本申请所解决的问题、采用的手段和实现的效果均是围绕着“动态插入展示信息”的这个解决方案，其提供的是一种展示信息的方案。就本申请这样仅涉及信息展示方法、结果也只是改变信息的展示顺序的方案而言，其未利用任何自然规律。由此可见，本申请权利要求的解决方案并未采用利用了自然规律的技术手段、未解决技术问题、也未获得技术效果，其并不属于专利法实施细则第2条第1款规定的技术方案。

因此，复审请求人的观点不能成立。

综上所述，权利要求1不属于专利法实施细则第2条第1款规定的技术方案，不属于专利保护的客体。

（2）独立权利要求8请求保护一种广告插入方法，其包括以下步骤：比较确定广告信息的成本，建立作为选择条件的目标函数和限制表达式，利用线性规划来求解已建立的选择条件。该方法的各个步骤对应于权利要求1中各个软件功能模块的功能。根据相同的理由，该权利要求8同样未采用技术手段、未解决技术问题并且未获得技术效果。

因此，权利要求8不属于专利法实施细则第2条第1款规定的技术方案，不属于专利保护的客体。

（3）从属权利要求2~7是直接或间接从属于权利要求1的从属权利要求，其相对于权利要求1的广告插入装置，进一步限定了实现对信息的比较、选择和排列的软件功能模块；同样未采用技术手段、未解决技术问题并且未获得技术效果。

从属权利要求9~14是直接或间接从属于权利要求8的从属权利要求，其相对于权利要求8的广告插入方法，进一步限定了多个步骤，但是这些步骤对应于前述各个软件功能模块的功能；同样未采用技术手段、未解决技术问题并且未获得技术效果。

因此，权利要求 2~7、9~14 也不属于专利法实施细则第 2 条第 1 款规定的技术方案，不属于专利保护的客体。

根据上述事实和理由，本案合议组作出以下审查决定。

三、决定

维持国家知识产权局于 2005 年 11 月 25 日针对 02802504.0 号发明专利申请作出的驳回决定。

复审请求人对本决定不服的，可以根据专利法第 41 条第 2 款的规定，自收到本决定之日起三个月内向北京市第一中级人民法院起诉。

127

用于海水淡化的离心机

复审请求审查决定（第13958号）

决　定　号　第13958号
决　定　日　2008年6月23日
发明创造名称　用于海水淡化的离心机
国际分类号　C02F 1/48，C02F 1/38//C02F 103：08
复审请求人　孙华信
申　请　号　200410002377.7
申　请　日　2000年5月31日
公　开　日　2005年8月24日
合议组组长　赵　明
主　审　员　隋　璐
参　审　员　王　森

法律依据　专利法实施细则第43条第1款
决定要点

分案申请不得超出原申请公开的范围，该公开的范围包括原说明书和权利要求书文字记载的内容和根据原说明书和权利要求书文字记载的内容及说明书附图直接地、毫无疑义地确定的内容。

一、案由

本复审请求涉及申请日为2000年5月31日、申请号为00118212.9号发明专利申请（下称原申请）的分案申请，该分案申请的提交日为2004年1月6日，名称为“用于海水淡化的离心机”、申请人为孙华信、申请号为200410002377.7（下称本申请）。

2006年5月19日，国家知识产权局专利局经过实质审查，对本申请作出驳回决定。决定的理由是认为该分案申请不符合专利法实施细则第43条第1款的规定。驳回决定所针对的文本是2005年4月19日提交的权利要求第1~4项、说明书第2~3页、2005年1月24日提交的附图第1~3页，2005年12月6日提交的说明书第1页、附图第4~5页和2004年12月3日提交的说明书摘要。

驳回决定针对的权利要求书为：

“1. 海水是由多种离子组成的混合溶液。离子在电场中有向电荷相反电极移动的特点，本机通过电场与离心力的双重作用，迫使离子定向转移，实现海水淡化。

2. 本机在旋转桶（转鼓）内设置多级电场。每级都由一个独立的阴极、阳极、隔离栅等物和几个浓缩液排出孔组成。电极用石墨热压成型，两面均有凹凸旋纹，用以增加表面积，旋转时便于将附着物推出场外。离心机底部有淡水出水口，浓缩海水由外桶承接并引出。离心机轴上安装集电环，直流电源经此环引入机内与各正负电极联通。

3. 海水从顶部入水口注入，依次通过各级，每过一级，盐分降低一级。经多次分离，从最后一级出来的，便是含盐较少的淡水了。

4. 经本机处理过的海水，分为淡水和浓缩海水，浓缩海水中的正负离子群又可分开引出利用，经济效益极高。”

申请人（下称复审请求人）对该驳回决定不服，于2006年8月4日向专利复审委员会提出复审请求，并于2006年10月12日提交补充意见陈述，未提交修改文本。经形式审查合格后，专利复审委员会依法受理了此复审请求，并于2006年10月25日向复审请求人发出了复审请求受理通知书，同时向原审查部门发出了前置审查通知书。

原审查部门对本复审请求进行了前置审查，坚持原驳回决定。

专利复审委员会依法成立合议组对本案进行审查，于2007年7月20日向复审请求人发出复审通知书，指出本申请权利要求第1~3项和说明书的修改超出原申请公开的范围，不符合专利法实施细则第43条第1款的规定。

请求人于2007年8月13日提交了意见陈述书及权利要求书和说明书的修改文本，该修改文本的权利要求书如下：

“1. 海水是中等浓度的多种电解质组成的混合溶液。海水中的电解质已高度电离，离子在电场中有向电荷相反电极移动的特性，本机通过电场与离心力的双重作用，迫使离子转移，实现海水淡化。

2. 全机分为若干层，安装在同一个离心桶（转鼓）内，每层为一级，每级都有一个不锈钢阴极、石墨阳极、极幔、隔离栅、密封圈和几个浓缩液排放孔组成。阳极片用石墨粉热压成型，阴阳极片都有凹凸旋纹，便于将附着物推向场外。极幔是托在电极前面的一块布，起到分割并且滞留带不同电荷离子群的作用。离心机轴上安装两个集电环，直流电源经此环引入机内。

3. 海水从顶部入水口慢慢注入，自上而下依次通过各级，每级都有一个电场和力场，海水中的全部正离子都向电场的阴极移动，全部负离子都向电场的阳极移动，离心力加上极片上的旋纹又将它们分别推向边缘，加以浓缩，排出机外。经过多级连续分离，从最后一级出来的就是无离子‘海水’了。

4. 经本机处理过的海水，分为淡水和浓缩海水，多种资源可以利用。经济效益极高。”

合议组经审查，认为本案事实已经清楚，依法作出如下审查决定。

二、决定的理由

1. 关于审查文本

请求人在答复复审通知书时，提交了权利要求书和说明书的修改替换页，本复审请求审查决定所针对的文本是复审请求人于2007年8月13日提交的权利要求第1~4项、说明书第1页，2005年1月24日提交的附图第1~3页，2005年12月6日提交的附图第4~5页以及2004年12月3日提交的说明书摘要。

2. 关于专利法实施细则第43条第1款

根据专利法实施细则第43条的规定，分案申请不得超出原申请公开的范围，该公开的范围包括原说明书和权利要求书文字记载的内容和根据原说明书和权利要求书文字记载的内容及说明书附图直接地、毫无疑义地确定的内容。

修改后的权利要求2中的技术特征“阴阳极片都有凹凸旋纹，便于将附着物推向场外”、“极幔是托在电极前面的一块布”在原申请文本中没有记载，原申请文本中相应记载分别为“阴阳极片都压有凹凸螺纹或旋纹，旋转时便于将附着物向外推出”、“极片下方都托有极幔”、“极幔是托在电极下方的一块布”。可见，由原申请文本中的相应记载也无法直接地、毫无疑义地确定修改后的权利要求 2 中的上述技术内容。

修改后的说明书中记载的内容“离心机底部有淡水出口及浓缩液排放口”及“极幔是托在电极前面的一块布”在原申请文本中没有记载，原申请中相应记载分别为“离心机底部有淡水出水口，浓缩海水由外筒承接并引出”、“极幔是托在电极下方的一块布”、“极片下方都托有极幔”，可见，从原申请文本中的相应记载也无法直接地、毫无疑义地确定修改后的说明书的上述内容。

另外，修改后的说明书中删除了大量内容，致使所属领域的技术人员看到的信息与原申请记载的信息不同，导致修改后的说明书超出了原说明书和权利要求书记载的范围。

综上所述，修改文本仍然未满足专利法实施细则第 43 条第 1 款的规定。本案合议组作出如下决定。

三、决定

维持国家知识产权局于 2006 年 5 月 19 日对 200410002377.7 号发明专利申请作出的驳回决定。

复审请求人对本决定不服的，可以根据专利法第 41 条第 2 款的规定，自收到本决定之日起三个月内向北京市第一中级人民法院起诉。

128

电子照相感光体、成像处理盒及电子照相装置

复审请求审查决定（第13967号）

决　　定　　号　第13967号
决　　定　　日　2008年7月8日
发明创造名称　电子照相感光体、成像处理盒及电子照相装置
国 际 分 类 号　G03G 5/147，G03G 21/18
复 审 请 求 人　佳能株式会社
申　　请　　号　02158968.2
申　　请　　日　2002年12月19日
优 先 权 日　2001年12月21日
公　　开　　日　2003年7月16日
合 议 组 组 长　刘颖杰
主　　审　　员　刘　杰
参　　审　　员　谢有成

法 律 依 据　专利法实施细则第21条第2款
决 定 要 点

独立权利要求应当从整体上反映发明的技术方案，记载解决技术问题的必要技术特征。判断一项独立权利要求是否缺少必要技术特征，应当以该权利要求请求保护的技术方案是否能够解决发明所要解决的技术问题为判断标准，如果该权利要求记载的技术方案足以解决其技术问题，则该权利要求保护的技术方案符合专利法实施细则第21条第2款的规定。

一、案由

本复审请求涉及申请号为02158968.2、发明名称为“电子照相感光体、成像处理盒及电子照相装置”的发明专利申请（下称本申请），其申请日为2002年12月19日，优先权日为2001年12月21日，公开日为2003年7月16日，申请人为佳能株式会社。本申请公开时共有13项权利要求，其中权利要求1、12、13是独立权利要求。

应申请人的请求，国家知识产权局专利实质审查部门依法对本申请进行了实质审查，以原始申请文本作为审查基础，于2005年8月19日发出第一次审查意见通知书。第一次审查意见通知书指出：独立权利要求1、12、13缺少必要技术特征，不符合专利法实施细则第21条第2款的规定。

申请人于2005年12月22日针对第一次审查意见通知书提交了意见陈述书和修改的权利要求书全文替换页。申请人在意见陈述书中陈述：将从属权利要求4、5的附加技术特征补充到独立权利要

求中，成为新的独立权利要求1、10、11，因此修改后的独立权利要求1、10、11符合专利法实施细则第21条第2款的规定。

国家知识产权局实质审查部门在此基础上继续审查，于2006年4月28日发出第二次审查意见通知书。在第二次审查意见通知书中指出：修改后的独立权利要求1、10、11仍然缺少必要技术特征，不符合专利法实施细则第21条第2款的规定。

申请人于2006年7月5日针对第二次审查意见通知书提交了意见陈述书，未对申请文件进行修改。申请人在意见陈述书中陈述：独立权利要求1、10、11已经记载了完成发明目的的必要技术特征，因此符合专利法实施细则第21条第2款的规定。

国家知识产权局于2007年6月8日以本申请不符合专利法实施细则第21条第2款的规定为由驳回了本申请，驳回决定所依据的文本是：2005年12月22日提交的权利要求第1~11项，申请日提交的说明书第1~51页、附图第1~7页、说明书摘要以及摘要附图。其中独立权利要求1、10、11如下：

“1. 电子照相感光体，依次具有导电性支持体、电荷发生层、电荷输送层和保护层，其特征在于，导电性支持体母线方向中央部的电荷输送层的膜厚a_0、导电性支持体母线方向中央部的保护层的膜厚b_0、中央部以外的电荷输送层膜厚a以及该中央部以外的保护层膜厚b，在满足$0.8\mu m \leqslant (a_0-a) \leqslant 3.0\mu m$的区域内，满足下式（1）：

$$b_0 \times (a/a_0)^3 \leqslant b \leqslant b_0 \times (a/a_0)^{1/4} \quad \cdots (1)$$

并且，b_0为0.5~5.5μm，a_0为5~40μm。

10. 成像处理盒，包括电子照相感光体和带电装置，所说的电子照相感光体和带电装置被支持成一体，可在电子照相装置本体中自由地拆装，其中所说的电子照相感光体依次具有导电性支持体、电荷发生层、电荷输送层和保护层，其特征在于，导电性支持体母线方向中央部的电荷输送层的膜厚a_0、导电性支持体母线方向中央部的保护层的膜厚b_0、中央部以外的电荷输送层膜厚a以及该中央部以外的保护层膜厚b，在满足$0.8\mu m \leqslant (a_0-a) \leqslant 3.0\mu m$的区域内，满足下式（1）：

$$b_0 \times (a/a_0)^3 \leqslant b \leqslant b_0 \times (a/a_0)^{1/4} \quad \cdots (1)$$

并且，b_0为0.5~5.5μm，a_0为5~40μm。

11. 电子照相装置，包括电子照相感光体、带电装置、曝光装置、显影装置和转印装置，其中所说的电子照相感光体依次具有导电性支持体、电荷发生层、电荷输送层和保护层，其特征在于，导电性支持体母线方向中央部的电荷输送层的膜厚a_0、导电性支持体母线方向中央部的保护层的膜厚b_0、中央部以外的电荷输送层膜厚a以及该中央部以外的保护层膜厚b，在满足$0.8\mu m \leqslant (a_0-a) \leqslant 3.0\mu m$的区域内，满足下式（1）：

$$b_0 \times (a/a_0)^3 \leqslant b \leqslant b_0 \times (a/a_0)^{1/4} \quad \cdots (1)$$

并且，b_0为0.5~5.5μm，a_0为5~40μm。”

驳回的具体驳回理由是：本发明要解决的技术问题是“提供一种具有非常优越的电子照相特性的电子照相感光体，即控制感光体表面的电位”，正如说明书中描述的，电荷输送层、保护层等的厚度与本发明技术效果密切相关，而本领域技术人员熟知电荷输送层和保护层各自的组成及结构与涂布厚度密切相关，即仅满足厚度要求而不限定各层的组成及结构也不能实现本发明的目的。因此，独立权利要求1、10、11中仅给出涂层厚度无法解决要解决的技术问题，即它们缺少描述“电荷输送层和保护层各自的组成及结构”的必要技术特征，不符合专利法实施细则第21条第2款的规定。但驳回决定中并未明确“电荷输送层和保护层各自的组成及结构”包括哪些技术特征。

申请人佳能株式会社（以下称复审请求人）不服上述驳回决定，于2007年8月29日向专利复审委员会提出复审请求，并提交了权利要求书全文以及说明书第 14 页的修改替换页。其中，将权利要求 4、5 的附加技术特征以及原始说明书第 33 页的相关内容添加到独立权利要求中，成为的新的独立权利要求 1、8、9；并对权利要求 2、7 以及说明书第 14 页作出了修改。修改后的独立权利要求 1、8、9 如下：

“1. 电子照相感光体，依次具有导电性支持体、电荷发生层、电荷输送层和保护层，其特征在于，导电性支持体母线方向中央部的电荷输送层的膜厚 a_0、导电性支持体母线方向中央部的保护层的膜厚 b_0、中央部以外的电荷输送层膜厚 a 以及该中央部以外的保护层膜厚 b，在满足 $0.8\mu m \leqslant (a_0-a) \leqslant 3.0\mu m$ 的区域内，满足下式（1）：

$$b_0 \times (a/a_0)^3 \leqslant b \leqslant b_0 \times (a/a_0)^{1/4} \quad \cdots (1)$$

并且，b_0 为 $0.5 \sim 5.5\mu m$，a_0 为 $5 \sim 40\mu m$，

在所述电荷输送层中含有电荷输送物质和粘合树脂，在所述保护层中含有导电性粒子和电荷输送物质中的至少 1 种以及作为粘合树脂的固化性树脂，在所述电荷输送层上设置所述保护层。

8. 成像处理盒，包括电子照相感光体和带电装置，所说的电子照相感光体和带电装置被支持成一体，可在电子照相装置本体中自由地拆装，其中所说的电子照相感光体依次具有导电性支持体、电荷发生层、电荷输送层和保护层，其特征在于，导电性支持体母线方向中央部的电荷输送层的膜厚 a_0、导电性支持体母线方向中央部的保护层的膜厚 b_0、中央部以外的电荷输送层膜厚 a 以及该中央部以外的保护层膜厚 b，在满足 $0.8\mu m \leqslant (a_0-a) \leqslant 3.0\mu m$ 的区域内，满足下式（1）：

$$b_0 \times (a/a_0)^3 \leqslant b \leqslant b_0 \times (a/a_0)^{1/4} \quad \cdots (1)$$

并且，b_0 为 $0.5 \sim 5.5\mu m$，a_0 为 $5 \sim 40\mu m$，

在所述电荷输送层中含有电荷输送物质和粘合树脂，在所述保护层中含有导电性粒子和电荷输送物质中的至少 1 种以及作为粘合树脂的固化性树脂，在所述电荷输送层上设置所述保护层。

9. 电子照相装置，包括电子照相感光体、带电装置、曝光装置、显影装置和转印装置，其中所说的电子照相感光体依次具有导电性支持体、电荷发生层、电荷输送层和保护层，其特征在于，导电性支持体母线方向中央部的电荷输送层的膜厚 a_0、导电性支持体母线方向中央部的保护层的膜厚 b_0、中央部以外的电荷输送层膜厚 a 以及该中央部以外的保护层膜厚 b，在满足 $0.8\mu m \leqslant (a_0-a) \leqslant 3.0\mu m$ 的区域内，满足下式（1）：

$$b_0 \times (a/a_0)^3 \leqslant b \leqslant b_0 \times (a/a_0)\ 1/4 \quad \cdots (1)$$

并且，b_0 为 $0.5 \sim 5.5\mu m$，a_0 为 $5 \sim 40\mu m$，

在所述电荷输送层中含有电荷输送物质和粘合树脂，在所述保护层中含有导电性粒子和电荷输送物质中的至少 1 种以及作为粘合树脂的固化性树脂，在所述电荷输送层上设置所述保护层。”

复审请求人认为：在独立权利要求中补入了从属权利要求 4、5 的附加技术特征以及说明书中描述电荷输送层和保护层各自的组成及结构的技术特征，因此修改后的独立权利要求符合专利法实施细则第 21 条第 2 款的规定。

经形式审查合格后，专利复审委员会受理了该复审请求，并于 2007 年 9 月 19 日向复审请求人发出复审请求受理通知书，同时向原实质审查部门发出前置审查通知书。

原实质审查部门对本复审请求进行了前置审查，在前置审查意见书中，原实质审查部门认为修改后的独立权利要求仅增加了原驳回决定中提到的部分内容，而没有记载其中提到的全部内容，因而仍坚持原驳回决定。

针对上述复审请求，专利复审委员会依法成立合议组对该复审请求进行了审查。本案合议组于 2008 年 4 月 7 日发出复审通知书，指出：对权利要求 2、7 以及说明书第 14 页的修改不符合专利法实

施细则第 60 条第 1 款的规定。

2008 年 5 月 13 日，复审请求人针对上述复审通知书进行了意见陈述，并提交了权利要求书第 1、6 页以及说明书第 14 页的替换页，其中放弃了在提出复审请求时对权利要求 2、7 以及说明书第 14 页作出的主动修改。

至此，合议组认为本案事实已经清楚，依法作出本复审请求审查决定。

二、决定的理由

1. 审查文本

本复审决定针对的文本是：复审请求人于 2008 年 5 月 13 日提交的权利要求第 1~7 项（其中权利要求 1 与 2007 年 8 月 29 日提交的权利要求书中的权利要求 1 相同）、说明书第 14 页，2007 年 8 月 29 日提交的权利要求第 8、9 项，申请日提交的说明书第 1~13、15~51 页、附图第 1~7 页、说明书摘要以及摘要附图。

上述审查文本已经克服了复审通知书中指出的问题，其符合专利法实施细则第 60 条第 1 款的规定。

2. 关于专利法实施细则第 21 条第 2 款

专利法实施细则第 21 条第 2 款规定，独立权利要求应当从整体上反映发明或者实用新型的技术方案，记载解决技术问题的必要技术特征。

审查指南第二部分第二章第 3.1.2 节规定：必要技术特征是指，发明或者实用新型为解决其技术问题所不可缺少的技术特征，其总和足以构成发明或者实用新型的技术方案，使之区别于背景技术中所述的其他技术方案。

（1）独立权利要求 1。

根据必要技术特征的定义可知，判断独立权利要求是否记载了必要技术特征要根据本申请的背景技术加以判断。具体到本案，根据本申请说明书的记载，本申请背景技术涉及的电子照相感光体在感光层、保护层的端部容易发生膜厚不均，在不均的部分产生带电不均、感光度不均，而很难均匀成像；并且现有的涂布方法容易造成涂布不均。基于背景技术中存在的上述问题，本申请需要解决的技术问题是：控制电荷输送层的膜厚不均引起的表面电位不均。而根据说明书发明内容部分可知，本申请为了解决上述问题所采取的技术方案是控制电荷输送层、保护层的厚度；因此控制电荷输送层、保护层的厚度使其满足要求正属于解决技术问题的必要技术特征。

在独立权利要求 1 中记载了技术特征“导电性支持体母线方向中央部的电荷输送层的膜厚 a_0、导电性支持体母线方向中央部的保护层的膜厚 b_0、中央部以外的电荷输送层膜厚 a 以及该中央部以外的保护层膜厚 b，在满足 $0.8\mu m \leqslant (a_0 - a) \leqslant 3.0\mu m$ 的区域内，满足下式：$b_0 \times (a/a_0)^3 \leqslant b \leqslant b_0 \times (a/a_0)^{1/4}$，并且，$b_0$ 为 0.5~5.5μm，a_0 为 5~40μm”；这些技术特征限定了保护层的厚度。由于电荷输送层的膜厚不均影响表面电位不均的原因在于在电荷输送层和保护层间形成的界面上蓄积了电荷，而这些蓄积电荷所引起的表面电位增加的程度又依赖于保护层的膜厚；因此通过控制保护层的膜厚使其满足上述公式，从而抑制了电荷输送层的膜厚不均引起的表面电位不均。由于权利要求 1 中的技术特征所限定的方案不同于本申请的背景技术，并且解决了背景技术中存在的问题，因此独立权利要求 1 中已经记载了发明为解决其技术问题所不可缺少的技术特征，其总和足以构成发明或者实用新型的技术方案，使之区别于背景技术中所述的其他技术方案。

由此可见，只要控制保护层的膜厚使其满足上述对厚度的要求即可解决本申请要解决的技术问题。至于电荷输送层和保护层的组成及结构，虽然与涂布厚度存在一定关系，但是对本申请而言，无论采用何种组成及结构，只要满足厚度要求已经足以解决要解决的技术问题，因此电荷输送层和保护层的具体组成及结构并非本申请的必要技术特征。

因此，独立权利要求 1 已从整体上反映了本申请的技术方案，符合专利法实施细则第 21 条第 2 款的规定。

（2）独立权利要求 8、9。

独立权利要求 8、9 中同样已经记载了与权利要求 1 相同的上述必要技术特征，因此也符合专利法实施细则第 21 条第 2 款的规定。

根据上述事实和理由，本案合议组作出以下审查决定。

三、决定

撤销国家知识产权局于 2007 年 6 月 8 日针对 02158968.2 号发明专利申请作出的驳回决定，由原审查部门在本复审决定针对的文本的基础上继续审查程序。

复审请求人对本决定不服的，可以根据专利法第 41 条第 2 款的规定，自收到本决定之日起三个月内向北京市第一中级人民法院起诉。

129

使皮肤呈现青春、毛孔变小及光滑的方法和步骤

复审请求审查决定（第14032号）

决　定　号　第14032号
决　定　日　2008年7月8日
发明创造名称　使皮肤呈现青春、毛孔变小及光滑的方法和步骤
国际分类号　A61B17/00，A61B17/50，A61K31/74
复审请求人　黛安娜J. 帕森斯
申　请　号　02827126.2
优先权日　2002年1月14日
申　请　日　2002年8月28日
公　开　日　2005年5月11日
合议组组长　张梅珍
主　审　员　雒晓明
参　审　员　刘　畅

法律依据　专利法第22条第4款
决定要点
审查指南中所说的“介入性治疗或处置”是一个较为宽泛的概念，只要处理步骤进入到人体内部，而不是在人体外部表面的处理，都属于专利法意义上的介入性治疗或处置。

一、案由

本复审请求涉及名称为“使皮肤呈现青春、毛孔变小及光滑的方法和步骤”、申请号为02827126.2的PCT发明专利申请，申请人为黛安娜J. 帕森斯，申请日为2002年8月28日，进入中国国家阶段日期为2004年7月14日，公开日为2005年5月11日，优先权日为2002年1月14日。

应申请人的请求，国家知识产权局实质审查部门对本申请进行了实质审查，于2007年3月9日针对申请人于2007年1月26日提交的权利要求第1~15项、说明书第1~7页、说明书附图第1页、说明书摘要及摘要附图，进入中国国家阶段时提交的国际申请文件的中文文本中的说明书附图第2~4页作出了驳回决定，其驳回理由是权利要求第1~15项不具备专利法第22条第4款规定的实用性。

驳回决定所针对的权利要求书为：

“1. 一种改善皮肤外观的方法，包括如下步骤：

a）首先对皮肤施用视黄酸；

b）在步骤（a）之后首先通过使用激光在皮肤表面上爆裂沾染物，保持表皮的完整性，从而在

真皮浅层中刺激胶原沉积，所述激光的脉宽为约 0.001～1 微秒；

c）在步骤（b）之后将所述视黄酸每周 4～16 次慢性地施用于皮肤；和

d）在步骤（b）之后通过使用激光在皮肤表面上至少每 12 个月进行一次爆裂沾染物，保持表皮的完整性，从而在真皮浅层中慢性地刺激胶原沉积，所述激光的脉宽为约 0.001～1 微秒。

2. 权利要求 1 的方法，其中通过使用激光在皮肤表面上爆裂所述沾染物来实施步骤（b）和（d），其中所述沾染物能够吸收所述激光。

3. 权利要求 2 的方法，其中在步骤 a 之后至少 6 个月期间重复地实施步骤 b，而且将所述局部胶原促进剂重复地施用于皮肤。

4. 权利要求 3 的方法，其中在步骤（a）之后至少 6 个月期间每周将所述局部胶原促进剂每周两次施用于皮肤。

5. 权利要求 2 的方法，其中通过使用激光在皮肤表面上爆裂所述沾染物来实施步骤（b）和（d），所述激光的波长为约 800nM～1200nM，脉冲频率为约 1～20/秒，注量为约 1～3J/cm^2。

6. 权利要求 5 的方法，其中所述激光的波长为约 1064nM，脉冲频率为约 10/秒，脉宽为约 0.01 微秒，注量为约 2.5J/cm^2。

7. 权利要求 5 的方法，其中将所述视黄酸每周 1～4 次施用于皮肤。

8. 权利要求 7 的方法，其中将所述视黄酸每周 2 次施用于皮肤。

9. 权利要求 5 的方法，其中所述视黄酸以约 0.05%～1% 的浓度进行局部施用。

10. 权利要求 9 的方法，其中所述视黄酸以约 0.1% 的浓度进行局部施用。

11. 权利要求 9 的方法，其中步骤 a 的实施持续约 2 周。

12. 权利要求 9 的方法，其中使用激光在面部表面上爆裂所述沾染物在约 2～10 分钟内完成。

13. 权利要求 12 的方法，其中使用激光在面部表面上爆裂所述沾染物在约 4 分钟内完成。

14. 权利要求 12 的方法，其中所述改善皮肤外观的方法用于皮肤回春和/或去除坏死血管、血管瘤、瘢痕、细纹、皱纹、色素沉着，和/或皮肤发红。

15. 权利要求 12 的方法，其中所述改善皮肤外观的方法用于具有痤疮、疣、感冒疮、红疹、银屑病，和/或皮肤感染的皮肤。”

驳回决定认为：权利要求 1～15 均请求保护一种改善皮肤外观的方法，该方法首先对皮肤施用视黄酸，之后通过使用激光在皮肤表面上爆裂沾染物，以在真皮浅层中刺激胶原沉积；因此，该方法是对有生命的人体的皮肤实施了介入性的处置，属于外科手术方法；由于这种外科手术方法是以有生命的人为实施对象，无法在产业上使用，不具备专利法第 22 条第 4 款规定的实用性。

申请人黛安娜 J. 帕森斯（下称复审请求人）不服上述驳回决定，于 2007 年 6 月 4 日向专利复审委员会提出了复审请求，同时提交了权利要求第 1～18 项、说明书第 1～7 页、说明书摘要的修改替换页。修改后的权利要求书如下：

“1. 一种用于改善皮肤外观的组合物，包括：

a）用于对皮肤局部施用的胶原促进剂；和

b）能够在皮肤表面上爆裂的可爆裂性颗粒。

2. 权利要求 1 的组合物，其中采用激光爆裂皮肤上的所述可爆裂性颗粒，所述激光不对皮肤产生作用。

3. 权利要求 2 的组合物，其中所述激光的波长为 800nM～1200nM，脉冲频率为 1～20/秒，脉宽为 0.001～1 微秒，注量为 1～3J/cm^2。

4. 权利要求 1 的组合物，其中所述胶原促进剂是视黄酸，所述可爆裂性颗粒是碳颗粒。

5. 一种用于改善皮肤外观的组合物，包括：

a）用于对皮肤局部施用的视黄酸；和

b）能够响应激光而在皮肤表面上爆裂的可爆裂性碳颗粒，所述激光的波长为800nM~1200nM，脉冲频率为1~20/秒，脉宽为0.001~1微秒，注量为1~3J/cm^2，所述激光不对皮肤产生作用。

6. 权利要求5的组合物，其中视黄酸的浓度为0.05%~1%。

7. 一种用于改善皮肤外观的组合物，包括：

a）浓度为0.05%~1%的视黄酸；和

b）能够响应由Q-开关Nd：YAG激光产生的激光而在皮肤表面上爆裂的可爆裂性碳颗粒，所述激光的波长为800nM~1200nM，脉冲频率为1~20/秒，脉宽为0.001~1微秒，注量为1~3J/cm^2，所述激光不对皮肤产生作用。

8. 一种用于改善皮肤外观的试剂盒，包括：

a）用于对皮肤局部施用的胶原促进剂；和

b）能够在皮肤表面上爆裂的可爆裂性颗粒。

9. 权利要求8的试剂盒，其中采用激光爆裂皮肤上的所述可爆裂性颗粒，所述激光不对皮肤产生作用。

10. 权利要求9的试剂盒，其中所述激光的波长为800nM~1200nM，脉冲频率为1~20/秒，脉宽为0.001~1微秒，注量为1~3J/cm^2。

11. 权利要求8的试剂盒，其中所述胶原促进剂是视黄酸，所述可爆裂性颗粒是碳颗粒。

12. 权利要求8的试剂盒，进一步包括用于悬浮所述可爆裂性颗粒的油。

13. 权利要求8的试剂盒，进一步包括实施所述试剂盒的组分以便改善皮肤外观的说明书。

14. 一种用于改善皮肤外观的试剂盒，包括：

a）用于对皮肤局部施用的视黄酸；和

b）能够响应激光而在皮肤表面上爆裂的可爆裂性碳颗粒，所述激光的波长为800nM~1200nM，脉冲频率为1~20/秒，脉宽为0.001~1微秒，注量为1~3J/cm^2，所述激光不对皮肤产生作用。

15. 权利要求14的试剂盒，其中视黄酸的浓度为0.05%~1%。

16. 权利要求14的试剂盒，进一步包括用于悬浮所述可爆裂性颗粒的油。

17. 权利要求14的试剂盒，进一步包括实施所述试剂盒的组分以便改善皮肤外观的说明书。

18. 一种用于改善皮肤外观的试剂盒，包括：

a）浓度为0.05%~1%的视黄酸；和

b）能够响应由Q-开关Nd：YAG激光产生的激光而在皮肤表面上爆裂的可爆裂性碳颗粒，所述激光的波长为800nM~1200nM，脉冲频率为1~20/秒，脉宽为0.001~1微秒，注量为1~3J/cm^2，所述激光不对皮肤产生作用。

c）用于悬浮所述可爆裂性碳颗粒的油；和

d）实施所述试剂盒的组分以便改善皮肤外观的说明书。”

经形式审查合格后，专利复审委员会受理了上述复审请求，于2007年7月9日向复审请求人发出复审请求受理通知书，并于同日向国家知识产权局原实质审查部门发出前置审查通知书。

在前置审查意见书中，国家知识产权局原实质审查部门仍坚持原驳回决定。

在此基础上，专利复审委员会依法组成合议组，对上述复审请求进行了审理。合议组于2008年1月10日向复审请求人发出复审通知书，指出：（1）复审请求人在提出复审请求时提交了新的权利要求1~18，将驳回决定所针对的权利要求的主题“一种改善皮肤外观的方法”修改为“一种用于改善皮肤外观的组合物”以及“一种用于改善皮肤外观的试剂盒”，即复审请求人在提出复审请求时改变了权利要求的类型，因此复审请求时提交的修改文本不符合专利法实施细则第60条第1款的规定，合议组不予接受。(2) 驳回决定所针对的权利要求1~15均请求保护一种改善皮肤外观的方法，该方法首先对皮肤施用视黄酸，之后通过使用激光在皮肤表面上爆裂沾染物，以在真皮浅层中刺激胶原沉积。审查指南第二部分第一章第4.3.2.3节对外科手术方法进行了定义“外科手术方法，是指使用器械对有生命的人体或者动物体实施的剖开、切除、缝合、纹刺等创伤性或者介入性治疗或处置的方法”。权利要求1~15请求保护的改善皮肤外观的方法虽然没有涉及剖开、切除、缝合、纹刺等创伤，但是，由于对真皮浅层中胶原沉积进行了刺激，也就构成了对皮肤的介入性处置，因此，权利要求1~15仍然涉及外科手术方法；由于这种外科手术方法是以有生命的人为实施对象，无法在产业上使用，因此不具备专利法第22条第4款规定的实用性。

针对上述复审通知书，复审请求人于2008年2月18日提交了意见陈述书，没有对申请文本进行修改。请求人同时提交了如下附件：

附件1：张学琦主编、中国医药科技出版社出版、1997年10月第1版、1999年5月第2次印刷的《实用临床外科非手术学》的封面页、版权信息页和第300页的复印件；

附件2：李兆亭主编、山东科学技术出版社出版、2001年3月第1版第2次印刷的《实用普通外科》的封面页、版权信息页和有关章节的复印件。

复审请求人在意见陈述中首先声称同意采用驳回决定所针对的审查文本，并且认为：所述“介入性治疗或处置”在《实用临床外科非手术学》中定义为：介入治疗是在医学影像设备的导向下，利用穿刺外，导丝和导管等器械所进行的疾病诊断与治疗操作。在《实用普通外科》中也有介入治疗的说明：“介入治疗是近年来在介入诊断基础上发展起来的一门新兴学科。它通过导管技术，采用不同的方法，对各种疾病进行治疗。具有扩大治疗范围、避免手术之苦、住院时间短、恢复快、临床效果满意等优点。”由上述可知，本专利申请的方法并非“介入性治疗或处置”，而是在皮肤上施用视黄酸之后通过使用激光在皮肤表面上爆裂沾染物，保持表皮的完整性，从而在真皮浅层中刺激胶原沉积。因此，本专利申请不属于审查指南第二部分第一章第4.3.2.3节对外科手术方法所定义的范围。本申请具有实用性。

至此，合议组认为本案事实已经清楚，可以依法作出审查决定。

二、决定的理由

1. 关于审查文本

专利法实施细则第60条第1款规定：请求人在提出复审请求或者在对专利复审委员会的复审通知书作出答复时，可以修改专利申请文件；但是，修改应当仅限于消除驳回决定或者复审通知书指出的缺陷。

复审请求人在提出复审请求时提交了新的权利要求1~18，将驳回决定所针对的权利要求的主题“一种改善皮肤外观的方法”修改为“一种用于改善皮肤外观的组合物”以及“一种用于改善皮肤外观的试剂盒”，即复审请求人在提出复审请求时改变了权利要求的类型，因此复审请求时提交的修改文本不符合专利法实施细则第60条第1款的规定，合议组不予接受。此后，复审请求人在答复复审通知书时没有提交申请文本的修改替换页，即依然没有克服上述缺陷，因此合议组以驳回决定所针对的审查文本为基础作出本决定。

2. 专利法第22条第4款

专利法第22条第4款规定：实用性，是指该发明或者实用新型能够制造或者使用，并且能够产生积极效果。

审查指南第二部分第一章第 4. 3. 2. 3 节对外科手术方法进行了定义“外科手术方法，是指使用器械对有生命的人体或者动物体实施的剖开、切除、缝合、纹刺等创伤性或者介入性治疗或处置的方法”。

在本案中，权利要求 1～15 均请求保护一种改善皮肤外观的方法，该方法首先对皮肤施用视黄酸，之后通过使用激光在皮肤表面上爆裂沾染物，以在真皮浅层中刺激胶原沉积。权利要求 1～15 请求保护的改善皮肤外观的方法虽然没有涉及剖开、切除、缝合、纹刺等创伤，但是由于对真皮浅层中胶原沉积进行了刺激，也就构成了对皮肤的介入性处置，因此权利要求 1～15 仍然涉及外科手术方法。由于这种非治疗目的的外科手术方法是以有生命的人为实施对象，无法在产业上使用，因此不具备专利法第 22 条第 4 款规定的实用性。

复审请求人在答复复审通知书时认为：“介入性治疗或处置”在《实用临床外科非手术学》和《实用普通外科》中已经定义了。本专利申请的方法并非上述定义的“介入性治疗或处置”，因此本专利申请不属于审查指南第二部分第一章第 4. 3. 2. 3 节对外科手术方法所定义的范围。

对此，合议组认为：审查指南中所说的“介入性治疗或处置”是一个较为宽泛的概念，只要处理步骤进入到人体内部，而不是在人体外部表面的处理，都属于专利法意义上的介入性治疗或处置。而附件 1、2 中对“介入治疗”的定义是在具体医学应用领域进行的定义。由此可见，审查指南中所说的“介入性治疗或处置”与附件 1、2 中所说的“介入治疗”的范畴并不相同。因此合议组对复审请求人的意见不予支持。

三、决定

维持国家知识产权局于 2007 年 3 月 9 日对 02827126. 2 号发明专利申请作出的驳回决定。

复审请求人对本决定不服的，可以根据专利法第 41 条第 2 款的规定，自收到本决定之日起三个月内向北京市第一中级人民法院起诉。

130

平板显示装置、支座以及扬声器装置

复审请求审查决定（第14287号）

决　定　号　第14287号
决　定　日　2008年8月7日
发明创造名称　平板显示装置、支座以及扬声器装置
国 际 分 类 号　G09F 9/00，H04R 1/02
复 审 请 求 人　索尼株式会社
申　请　号　200510091390.9
优 先 权 日　2004年7月12日，2004年9月14日
申　请　日　2005年7月12日
公　开　日　2006年2月15日
合 议 组 组 长　周　航
主　审　员　刘亚斌
参　审　员　杨加黎

法 律 依 据　专利法第22条第3款
决 定 要 点

复审请求人通过修改专利申请文件，克服了驳回决定和复审通知书中所指出的缺陷，则应当撤销驳回决定，由原实质审查部门在修改文本的基础上继续进行审批程序。

一、案由

本复审请求涉及申请号为200510091390.9、名称为“平板显示装置、支座以及扬声器装置”的发明专利申请（下称本申请）。申请人为索尼株式会社。本申请的申请日为2005年7月12日，优先权日为2004年7月12日和2004年9月14日，公开日为2006年2月15日。

经实质审查，国家知识产权局实质审查部门于2007年10月12日以本申请权利要求12~14不符合专利法第22条第3款规定为理由作出驳回决定，其中引用了一篇对比文件：

对比文件1：公开号为CN1444090A的中国发明专利申请公开说明书，公开日为2003年9月24日。

驳回决定所依据的文本为：申请人于2007年7月3日提交的权利要求第1~17项、说明书第1~18页，于申请日提交的说明书附图第1~22页、说明书摘要和摘要附图。驳回决定所针对的权利要求书共包括17项权利要求，其中权利要求12~14的内容如下：

“12. 一用于一平板显示装置的支座，所述平板显示装置包括具有一内置扬声器的一平板显示器

主体和一用于放置和支撑所述平板显示器主体的支座，其中所述支座包括从一支承部分的两端延伸的多个支架，以沿其背面安装所述平板显示器主体，一具有一内置低音扬声器的扬声器箱被支撑在所述多个支架之间。

13. 根据权利要求 12 所述的支座，其中在所述平板显示器主体被放置在所述支座上的同时，所述平板显示器主体与所述低音扬声器互相电连接到一起。

14. 根据权利要求 12 所述的支座，其中所述扬声器箱通过衬垫材料被支撑到所述支架上。”

驳回决定中认为：本申请权利要求 12 相对于对比文件 1 的区别在于，所述支座包括从一支承部分的两端延伸的多个支架，一具有一内置低音扬声器的扬声器箱被支撑在所述多个支架之间；而这些区别特征是本领域的常用技术手段，因此权利要求 12 相对于对比文件 1 和公知常识的结合不具备创造性。从属权利要求 13 的附加技术特征被对比文件 1 公开，从属权利要求 14 的附加技术特征属于本领域公知常识，因而从属权利要求 13、14 也不具备创造性。

申请人索尼株式会社（下称复审请求人）对上述驳回决定不服，于 2008 年 1 月 14 日向专利复审委员会提出了复审请求，并提交了权利要求书的全文修改替换页，其中将权利要求 12 中的“一具有一内置低音扬声器的扬声器箱被支撑在所述多个支架之间”修改为“一具有一内置低音扬声器的扬声器箱被支撑在所述多个支架之间并位于所述平板显示器主体的背面”。复审请求人认为修改后的权利要求 12 相对于对比文件 1 具有区别特征，并且具有能够很容易实现使用低音扬声器的大功率音响系统而不需要额外的空间的技术效果，因此具备创造性。

针对上述复审请求，专利复审委员会于 2008 年 2 月 25 日向复审请求人发出复审请求受理通知书，同时向原实质审查部门发出前置审查通知书。

原实质审查部门在前置审查意见书中认为权利要求 12 中新增加的技术特征也属于本领域公知常识，因而坚持原驳回决定。

随后，专利复审委员会依法成立合议组对本案进行审理。

合议组于 2008 年 6 月 2 日向复审请求人发出复审通知书，指出：权利要求 12 的技术方案与对比文件 1 公开的内容相比，其区别在于：权利要求 12 中的支座包括从一支承部分的两端延伸的多个支架，以沿其背面安装所述平板显示器主体，具有一内置低音扬声器的扬声器箱被支撑在所述多个支架之间并位于所述平板显示器主体的背面；而对比文件 1 中的下部箱体 13 不具有支架，且低音扬声器箱 60 是被设置在下部箱体 13 中。但是，对比文件 1 中给出了将低音扬声器设置在屏幕背侧的现有技术的启示，而支座的支承部分是采用两端延伸的支架形式还是箱体的形式是本领域常规的技术手段，可以根据需要加以选择，本领域技术人员在对比文件 1 给出的启示和上述常规技术手段的基础上，为了解决低音扬声器箱占用空间较大的问题，很容易想到将低音扬声器箱设置在屏幕背面并用支架之类的设置进行固定，从而得到权利要求 12 的技术方案，因此权利要求 12 相对于对比文件 1 和公知常识的结合不具备创造性。从属权利要求 13 的附加技术特征被对比文件 1 公开，从属权利要求 14 的附加技术特征属于本领域公知常识，因而从属权利要求 13、14 也不具备创造性。

针对上述复审通知书，复审请求人于 2008 年 7 月 17 日提交了意见陈述书和权利要求书的全文修改替换页，其中在提出复审请求时提交的权利要求书的基础上删除了权利要求 12~14，将权利要求15~17 重新编号为权利要求 12~14。复审请求人认为修改后的权利要求书克服了复审通知书中指出的缺陷。

在上述程序的基础上，合议组认为本案事实已经清楚，可以作出审查决定。

二、决定的理由

1. 审查基础

本决定针对的文本是：复审请求人于 2008 年 7 月 17 日提交的权利要求第 1~14 项，于 2007 年 7

月 3 日提交的说明书第 1~18 页，于申请日提交的说明书附图第 1~22 页以及说明书摘要和摘要附图。

2. 关于创造性

本案中，驳回决定和复审通知书中均指出其分别针对的文本中的权利要求 12~14 不具备创造性，其所针对的文本中的权利要求 12~14 相对应，仅权利要求 12 在技术特征上略有差异，复审请求人为克服上述缺陷于 2008 年 7 月 17 日提交了修改的权利要求书，其中在复审通知书所针对的文本基础上删除了权利要求 12~14，该修改符合专利法第 33 条和专利法实施细则第 60 条第 1 款的规定，同时，驳回决定和复审通知书中指出的权利要求 12~14 不具备创造性的问题不复存在，因此应当撤销原驳回决定，由原实质审查部门继续进行审批程序。

基于以上事实和理由，本案合议组依法作出以下审查决定。

三、决定

在复审请求人于 2008 年 7 月 17 日提交的修改文本的基础上，撤销国家知识产权局于 2007 年 10 月 12 日对 200510091390.9 号发明专利申请作出的驳回决定。由国家知识产权局原实质审查部门以本决定所依据的文本为审查基础对本发明专利申请继续审查。

如对本复审请求审查决定不服，根据专利法第 41 条第 2 款的规定，请求人可以自收到本决定之日起三个月内向北京市第一中级人民法院起诉。

专利复审和无效审查决定汇编丛书

专利复审和无效审查决定汇编
（2008）

材　料（第二卷）

国家知识产权局专利复审委员会　编

知识产权出版社
全国百佳图书出版单位

图书在版编目（CIP）数据

专利复审和无效审查决定汇编．2008．材料/国家知识产权局专利复审委员会编．—北京：知识产权出版社，2016.1

ISBN 978-7-5130-1612-4

Ⅰ．①专…　Ⅱ．①国…　Ⅲ．①专利权法—案例—中国　Ⅳ．①D923.425

中国版本图书馆 CIP 数据核字（2012）第 246943 号

内容提要

本书汇集了专利复审委员会 2008 年作出的材料专利复审和无效审查决定及相关审查决定和司法判决（根据法律规定需要保密的除外），比较全面地反映了专利复审委员会的审查工作和人民法院专利行政案件审理工作取得的进展，对专利工作者具有一定的借鉴和指导作用，也有利于当事人及广大公众对专利复审委员会的审查工作进行监督。

责任编辑：宋　云　　　**责任校对**：董志英

责任出版：孙婷婷　　　**封面设计**：品　序

专利复审和无效审查决定汇编丛书

专利复审和无效审查决定汇编（2008）

材　料（第二卷）

国家知识产权局专利复审委员会　编

出版发行：知识产权出版社有限责任公司	**网　　址**：http：//www.ipph.cn
社　　址：北京市海淀区马甸南村 1 号（邮编：100088）	**天猫旗舰店**：http：//zscqcbs.tmall.com
责编电话：82000860 转 8388	**责编邮箱**：songyun@cnipr.com
发行电话：010-82000860 转 8101/8102	**发行传真**：010-82000893/82005070/82000270
印　　刷：北京中献拓方科技发展有限公司	**经　　销**：各大网上书店、新华书店及相关专业书店
开　　本：880mm×1230mm　1/16	**印　　张**：197
版　　次：2016 年 1 月第 1 版	**印　　次**：2016 年 1 月第 1 次印刷
字　　数：5600 千字	**定　　价**：800.00 元（全 4 卷）

ISBN 978-7-5130-1612-4

本书编委会

前　言

随着经济全球化和我国国民经济的飞速发展，专利制度在经济活动中的作用和地位越来越突出，国民的专利意识也在不断增强。目前，我国专利申请总量超过 1170 万件，每年专利复审与无效宣告请求案件已超过 2 万件，2012 年达到 20261 件。作为专利复审和无效宣告请求案件审查的专属机构，专利复审委员会每年都要作出数以千计的审查决定。与之相应，人民法院每年要作出数百篇司法判决。每一篇审查决定和判决书都凝聚着审查员和审判人员的心血和智慧。通过审查员和审判人员结合具体案情的创作型劳动，生硬的法律条文变得鲜活和丰满，形成一笔宝贵的精神财富和公共资源，并不断有专利代理机构、专利代理人以及审查员希望专利复审委员会能够出版专利复审和无效审查决定，作为学习和工作时的重要参考资料。

除根据法律规定需要保密的外，《专利复审和无效审查决定汇编（2008）》汇集了专利复审委员会 2008 年作出的审查决定，包括针对相应审查决定的司法判决，以便读者了解审查决定的法律状态并对照阅读和分析。本汇编按照技术专业领域将分为 8 大册，共 31 分卷：机械（5 卷）、电学（5 卷）、通信（2 卷）、医药（4 卷）、化学（2 卷）、材料（4 卷）、光电（4 卷）、外观设计（5 卷）。因此，本汇编比较全面地反映了专利复审委员会的审查工作和人民法院专利行政案件审理工作取得的进展。

我们相信，本汇编对专利工作者具有一定的借鉴和指导作用，也有利于当事人及广大公众对专利复审委员会的审查工作进行监督。本汇编也将为推动专利复审委员会的发展，促进专利代理业务水平的提高，为《国家知识产权战略纲要》进一步实施尽微薄之力。

本书编委会

2013 年 8 月

目　　录

无效宣告请求审查决定

131

具有包括抗菌剂的弹性部分的个人护理用品

复审请求审查决定（第14316号）

决　定　号　第14316号
决　定　日　2008年7月31日
发明创造名称　具有包括抗菌剂的弹性部分的个人护理用品
国际分类号　A46B 5/00，A61C 17/34，B26B 19/38，B26B 21/52，B25G 1/10
复审请求人　吉莱特公司
申　请　号　02817467.4
申　请　日　2002年8月28日
公　开　日　2004年12月1日
合议组组长　苏　青
主　审　员　李玲玲
参　审　员　武　磊

法律依据　专利法第22条第3款
决定要点

如果发明专利申请的一项权利要求所要求保护的技术方案与最接近的现有技术的区别特征为另一份对比文件中披露的相关技术手段，该技术手段在该对比文件中所起的作用与该区别特征在要求保护的发明中为解决重新确定的技术问题所起的作用相同，则认为现有技术中存在技术启示。

一、案由

本复审请求涉及申请人于2002年8月28日提出的发明专利申请，其优先权日为2001年9月5日、公开日为2004年12月1日、发明名称为“具有包括抗菌剂的弹性部分的个人护理用品”、申请号为02817467.4的PCT发明专利申请（下称本申请），申请人为吉莱特公司，进入中国国家阶段的日期是2004年3月5日。

在实质审查阶段，国家知识产权局实质审查部门针对申请人于2005年11月28日提交的权利要求第1~17项、说明书第1~6页、进入中国国家阶段时提交的说明书附图第1~2页、说明书摘要和摘要附图以本申请不符合专利法第22条第3款的规定为由驳回了本申请。驳回决定所依据的对比文件为：对比文件2：US6076223A，公开日为2000年6月20日；对比文件3：US4542169A，公开日为1985年9月17日。

驳回决定所针对的权利要求书内容如下：

“1. 一种个人护理用品，它包括：

一个手柄；

一个安装在手柄上的弹性部分，弹性部分包括一种弹性材料，其特征在于，所述弹性材料包含一种抗菌剂，该抗菌剂包括异噻唑啉酮；

该护理用品从由手动牙刷、剃须刀、电动牙刷和电动剃须刀组成的组中选择。

2. 如权利要求1所述的个人护理用品，其特征在于，抗菌剂是热稳定的。

3. 如权利要求1所述的个人护理用品，其特征在于，所述弹性材料中的抗菌剂的浓度为700~2000ppm。

4. 如权利要求1所述的个人护理用品，其特征在于，弹性材料包括一种苯乙烯嵌段共聚物。

5. 如权利要求4所述的个人护理用品，其特征在于，苯乙烯嵌段共聚物包括苯乙烯-乙烯-丁烯-苯乙烯。

6. 如权利要求1所述的个人护理用品，其特征在于，抗菌剂的最低抑制浓度小于100ppm。

7. 如权利要求1所述的个人护理用品，其特征在于，抗菌剂包括4，5-二氯-2-正-辛基-4-异噻唑啉-3-酮。

8. 如权利要求1所述的个人护理用品，其特征在于，抗菌剂同时具有抗真菌和抗细菌的特性。

9. 一种在具有一个弹性部分的个人护理用品上抑制霉菌生长的方法，其特征在于，该方法包括在弹性部分中加入一种抗菌剂，该抗菌剂包括异噻唑啉酮，以及该个人护理用品从由手动牙刷、剃须刀、电动牙刷和电动剃须刀组成的组中选择。

10. 如权利要求9所述的方法，其特征在于，抗菌剂是热稳定的。

11. 如权利要求9所述的方法，其特征在于，它包括向所述弹性部分中加入浓度为700~2000ppm的抗菌剂。

12. 如权利要求9所述的方法，其特征在于，弹性部分包括一种苯乙烯嵌段共聚物。

13. 如权利要求12所述的方法，其特征在于，苯乙烯嵌段共聚物包括苯乙烯-乙烯-丁烯-苯乙烯。

14. 如权利要求9所述的方法，其特征在于，它还包括选择一种最低抑制浓度小于100ppm的抗菌剂。

15. 如权利要求9所述的方法，其特征在于，抗菌剂包括4，5-二氯-2-正-辛基-4-异噻唑啉-3-酮。

16. 如权利要求9所述的方法，其特征在于，抗菌剂同时具有抗真菌和抗细菌的特性。

17. 如权利要求1所述的个人护理用品，其特征在于，弹性部分包括一个抓握部分。”

驳回决定的具体理由为：本申请权利要求1~17相对于对比文件2和3的结合不具备创造性，不符合专利法第22条第3款的规定。

申请人（下称复审请求人）对上述驳回决定不服，于2006年11月2日向专利复审委员会提出复审请求，复审请求人在提出复审请求时未提交修改文本，复审请求人在复审请求书中陈述理由如下：本申请涉及抗菌弹性体在个人护理产品上的应用，目的是为了防止产品霉变，对比文件3涉及生物医学装置中的细菌的控制，与提供具有抗菌特性的弹性材料不相关，因此个人护理品领域的技术人员不会把生物医学装置领域作为相关领域，因此也不会考虑对比文件3的教导或从对比文件3中得到任何技术启示，对比文件2和对比文件3都没有公开或暗示本申请权利要求的技术方案，因此本申请权利要求1~17具有创造性。

经形式审查合格后，专利复审委员会受理了该复审请求，并于2006年12月4日向复审请求人发出了复审请求受理通知书，同时向国家知识产权局实质审查部门发出了前置审查通知书。

在前置审查意见书中，国家知识产权局实质审查部门仍坚持驳回决定。

国家知识产权局专利复审委员会依法成立合议组对本复审请求案进行审理，本案合议组经合议审查，于2008年5月20日发出复审通知书，指出本申请权利要求1至17相对于对比文件2和3的结合不具备创造性，不符合专利法第22条第3款的规定。针对复审请求理由，合议组认为：对于发明专利而言，不仅要考虑该发明专利所属的技术领域，还要考虑其相近或者相关的技术领域，以及该发明所要解决的技术问题能够促使本领域的技术人员到其中去寻找技术手段的其他技术领域。由本申请权利要求1与对比文件2的区别技术特征的技术效果所确定的权利要求1的技术方案实际解决的技术问题是抑制弹性材料的霉菌生长。而对比文件3中异噻唑啉酮在对比文件3中所起的作用与其在本申请中所起的作用完全相同，都是使弹性材料具有抗菌性能。因此所属技术领域的技术人员有动机将对比文件2和对比文件3结合，从而得到本申请权利要求1的技术方案。因此，对比文件3中已经给出了解决现有技术中存在技术问题的技术启示。复审请求人关于本申请权利要求具有创造性的复审请求理由合议组不予支持。

针对上述复审通知书，复审请求人于2008年7月4日提交了意见陈述书，未修改申请文件，复审请求人陈述意见认为，本申请在弹性部分上应用抗菌剂可以在正常使用和存储期间防止霉菌和褪色，对比文件3使用异噻唑啉酮的目的与本申请不同，对比文件3没有给本领域技术人员提供任何将抗菌剂应用在弹性体、尤其是用于牙刷、剃刀等的弹性体上的技术启示。因此本申请权利要求1至17具备创造性。

至此，合议组认为本案事实已经清楚，可依法作出复审请求审查决定。

二、决定的理由

1. 审查文本

复审请求人在复审请求阶段没有对申请文本进行修改，本复审请求审查决定以驳回决定所依据的文本为基础，即复审请求人于2005年11月28日提交的权利要求第1~17项，说明书第1~6页，进入中国国家阶段时提交的说明书附图第1~2页，说明书摘要和摘要附图。

2. 关于专利法第22条第3款

专利法第22条第3款规定：创造性，是指同申请日以前已有的技术相比，该发明有突出的实质性特点和显著的进步，该实用新型有实质性特点和进步。

如果发明专利申请的一项权利要求所要求保护的技术方案与最接近的现有技术的区别特征为另一份对比文件中披露的相关技术手段，该技术手段在该对比文件中所起的作用与该区别特征在要求保护的发明中为解决重新确定的技术问题所起的作用相同，则认为现有技术中存在技术启示。

（1）本申请权利要求1请求保护一种个人护理用品，它包括：一个手柄；一个安装在手柄上的弹性部分，弹性部分包括一种弹性材料，其特征在于，所述弹性材料包含一种抗菌剂，该抗菌剂包括异噻唑啉酮；该护理用品从由手动牙刷、剃须刀、电动牙刷和电动剃须刀组成的组中选择。

对比文件2公开了一种牙刷（参见其说明书第2栏第57行至第3栏第8行，第3栏第66行至第4栏第22行，图1，实施例7），其手柄部分12具有不光滑表面26和28，不光滑表面26和28上含有多个上升突起27，形成手柄12上的不光滑区域，所述不光滑表面26和28可由弹性材料如氯丁橡胶、硅橡胶制成。由上述内容可见，对比文件2已经公开了权利要求1的大部分技术特征，对比文件2中的“牙刷”相当于本申请权利要求1中作为“手动牙刷”的“个人护理用品”；对比文件2中的“手柄部分12”相当于权利要求1中的“手柄”；对比文件2中“手柄部分12具有不光滑表面26和28，所述不光滑表面26和28可由弹性材料制成”相当于权利要求1中安装在手柄上的“弹性部分”和“弹性部分包括一种弹性材料”。将权利要求1的技术方案与对比文件2公开的上述内容相比，二者的区别仅在于：①权利要求1中的个人护理用品还可以从由剃须刀、电动牙刷和电动剃须刀组成的组中选择；②权利要求1中弹性材料包含一种抗菌剂，该抗菌剂包括异噻唑啉酮。

针对区别技术特征①，由于手动牙刷、电动牙刷、剃须刀和电动剃须刀均属于常见的个人护理用品，且具有对应的手柄、突起等结构，因此，将对比文件2中公开的具有上述结构的牙刷护理用品应用到电动牙刷、剃须刀和电动剃须刀中，对于本领域技术人员来说是显而易见的。针对区别技术特征②，根据本申请说明书的内容可知，该包括异噻唑啉酮的抗菌剂在本申请中所起的作用是使弹性材料具有抗菌性能。由此可知，由上述区别技术特征的技术效果所确定的本申请权利要求1的技术方案实际解决的技术问题是抑制弹性材料的霉菌生长。对比文件3公开了一种使用异噻唑啉酮控制生物医学装置中微生物生长的方法（参见其说明书第1栏第8行至第9栏第25行，实施例1~7），其中微生物包括病原性真菌、细菌、霉和酵母，所述生物医学装置包括：a）一种Tg在25℃以下的弹性体，选自天然橡胶、合成橡胶、硅橡胶、聚丙烯、聚酰胺或聚氨酯，以及b）有效量的异噻唑啉酮，对比文件3实施例1~7的结果说明了异噻唑啉酮对弹性材料上细菌和真菌生长的抑制活性，由上述内容可知，对比文件3已经公开了上述区别技术特征②，并且异噻唑啉酮在对比文件3中所起的作用与其在本申请中所起的作用完全相同，都是使弹性材料具有抗菌性能。为了解决弹性材料的霉菌生长问题，所属领域技术人员按照对比文件3的启示，容易想到将包括异噻唑啉酮的抗菌剂应用于弹性材料上，以解决弹性材料的霉菌生长问题。因此权利要求1相对于对比文件2和对比文件3的结合不具备突出的实质性特点和显著的进步，不符合专利法第22条第3款有关创造性的规定。

（2）权利要求9要求保护一种在具有一个弹性部分的个人护理用品上抑制霉菌生长的方法，其中所包括的技术特征与权利要求1所包括的技术特征相对应，根据评述权利要求1类似的理由，权利要求9相对于对比文件2和对比文件3的结合也不具备专利法第22条第3款规定的创造性。

（3）权利要求2、10的附加技术特征为“抗菌剂是热稳定的”，抗菌剂异噻唑啉酮的热稳定性是其本身的属性，该附加技术特征是所属技术领域公知的内容。因此在其各自所引用的权利要求不具备创造性的基础上，权利要求2、10相对于对比文件2和对比文件3的结合也不具备专利法第22条第3款规定的创造性。

（4）权利要求3、6、11、14的附加技术特征对抗菌剂的浓度作了进一步限定，这些附加技术特征在对比文件3中均已经公开（参见其说明书第3栏第22~23行，第5栏第10行至第9栏第25行，实施例1~7），抗菌剂的浓度小于1000ppm，且表I、表II、表III和表A中的最低浓度都小于100ppm，上述技术特征在对比文件3中所起的作用与附加技术特征在本申请中所起的作用相同，因此在其各自所引用的权利要求不具备创造性的基础上，权利要求3、6、11、14相对于对比文件2和对比文件3的结合也不具备专利法第22条第3款规定的创造性。

（5）权利要求4、12的附加技术特征为弹性材料包括一种苯乙烯嵌段共聚物，权利要求5、13的附加技术特征为苯乙烯嵌段共聚物包括苯乙烯-乙烯-丁烯-苯乙烯，这些共聚物均是现有技术中常见的热塑性弹性材料，因此在其各自所引用的权利要求不具备创造性的基础上，权利要求4、5、12、13相对于对比文件2和对比文件3的结合也不具备突出的实质性特点和显著的进步，不具备专利法第22条第3款规定的创造性。

（6）权利要求7、15的附加技术特征对抗菌剂作了进一步限定，该附加技术特征在对比文件3中均已经公开（参见其说明书第4栏第46~60行），抗菌剂包括4，5-二氯-2-正辛基-4-异噻唑啉-3-酮，该技术特征在对比文件3中所起的作用与附加技术特征在本申请中所起的作用相同，因此在其各自所引用的权利要求不具备创造性的基础上，权利要求7、15相对于对比文件2和对比文件3的结合也不具备专利法第22条第3款规定的创造性。

（7）权利要求8、16的附加技术特征对抗菌剂的特性作了进一步限定，这些附加技术特征在对比文件3中均已经公开（参见其说明书第5栏第1~60行，第8栏第11~21行，第8栏第55~58行），抗菌剂同时具有抗真菌和抗细菌的特性，上述技术特征在对比文件3中所起的作用与附加技术特征在本申请中所起的作用相同，因此在其各自所引用的权利要求不具备创造性的基础上，权利要求8、16相对于对比文件2和对比文件3的结合也不具备专利法第22条第3款规定的创造性。

（8）权利要求17的附加技术特征为“弹性部分包括一个抓握部分”，对比文件2（参见其说明书第2栏第65行至第3栏第8行）中公开了如下技术特征：不光滑表面26和28上含有多个上升突起27，形成手柄12上的不光滑区域，所述不光滑表面26和28可由弹性材料如氯丁橡胶、硅橡胶制成。因此在其所引用的权利要求1不具备创造性的基础上，权利要求17相对于对比文件2和对比文件3的结合也不具备专利法第22条第3款规定的创造性。

（9）复审请求人在提出复审请求和答复复审通知书时陈述的主要理由包括：本申请在弹性部分上应用抗菌剂可以在正常使用和存储期间防止霉菌和褪色，对比文件3涉及生物医学装置中的细菌的控制，对比文件3使用异噻唑啉酮的目的与本申请不同，对比文件3没有给本领域技术人员提供任何将抗菌剂应用在弹性体、尤其是用于牙刷、剃刀等的弹性体上的技术启示。因此本申请权利要求1至17具备创造性。

对此，合议组认为：本申请说明书中并没有明确记载其技术效果包括防止褪色，如果复审请求人认为防止褪色是指防止由于霉菌的生长导致的褪色，那么对比文件3中公开的使用异噻唑啉酮控制微生物生长的方法，说明了异噻唑啉酮具有对弹性材料上的细菌和真菌生长的抑制活性，因此对比文件3给出了防止霉菌和褪色的启示。另外，对于发明专利而言，不仅要考虑该发明专利所属的技术领域，还要考虑其相近或者相关的技术领域，以及该发明所要解决的技术问题能够促使本领域的技术人员到其中去寻找技术手段的其他技术领域。由于对比文件3是与本申请相近的技术领域，而且对比文件3中异噻唑啉酮在对比文件3中所起的作用与其在本申请中所起的作用相同，因此可以认为对比文件3中存在相应的技术启示。复审请求人关于本申请权利要求1至17具有创造性的上述理由合议组不予支持。

综上所述，本申请权利要求1~17相对于对比文件2和3的结合不具备创造性，不符合专利法第22条第3款的规定。

三、决定

维持国家知识产权局于2006年7月21日对02817467.4号发明专利申请作出的驳回决定。

请求人对本决定不服的，可以根据专利法第41条第2款的规定，自收到本决定之日起三个月内向北京市第一中级人民法院起诉。

132

液晶显示装置

复审请求审查决定（第 14347 号）

决　定　号　第 14347 号
决　定　日　2008 年 8 月 18 日
发明创造名称　液晶显示装置
国 际 分 类 号　G02F 1/1343，G02F 1/136，H01L 21/3205，G09F 9/35
复 审 请 求 人　株式会社半导体能源研究所
申　请　号　03106811.1
申　请　日　2003 年 3 月 3 日
优 先 权 日　2002 年 3 月 1 日
公　开　日　2003 年 9 月 17 日
合 议 组 组 长　宋　瑞
主　审　员　刘　杰
参　审　员　佟仲明

法 律 依 据　专利法第 22 条第 3 款，专利法第 33 条
决 定 要 点

如果权利要求的技术方案与现有技术公开的内容相比存在区别技术特征，并且现有技术对该区别技术特征没有给出任何启示，且该区别技术特征使权利要求的技术方案产生了有益效果，则该权利要求的技术方案相对于现有技术具备创造性。

一、案由

本复审请求涉及申请号为 03106811.1、发明名称为“液晶显示装置”的发明专利申请（下称本申请），其申请日为 2003 年 3 月 3 日，优先权日为 2002 年 3 月 1 日，公开日为 2003 年 9 月 17 日，申请人为株式会社半导体能源研究所。

国家知识产权局专利实质审查部门经过实质审查后，于 2007 年 6 月 8 日以本申请不符合专利法第 22 条第 3 款以及专利法第 33 条的规定为由驳回了本申请。驳回决定中引用了如下对比文件：

对比文件 1：特开平 11-281992A 号日本公开特许公报，公开日为 1999 年 10 月 15 日；

对比文件 2：公开号为 CN1311453A 的中国发明专利申请公开说明书，公开日为 2001 年 9 月 5 日；

对比文件 3：公开号为 CN1209565A 的中国发明专利申请公开说明书，公开日为 1999 年 3 月 3 日。

驳回决定所依据的文本是：2007年2月26日提交的权利要求第1~29项，申请日提交的说明书第1~19页、附图1~15页、说明书摘要以及摘要附图。其中独立权利要求1、5、9、13、17、21、25如下：

“1. 一种液晶显示装置，包括：

形成于绝缘表面上的透明导电膜；以及

形成于透明导电膜上的互连和多个岛状导电膜，

其中该多个岛状导电膜不规则排列在透明导电膜上，

其中透明导电膜、互连和多个岛状导电膜被电连接，

其中该多个岛状导电膜总体占透明导电膜面积的50%~90%的面积。

5. 一种液晶显示装置，包括：

形成于绝缘表面上的透明导电膜；以及

同时形成于透明导电膜上的多个岛状导电膜和互连，

其中该多个岛状导电膜不规则排列在透明导电膜上，

其中透明导电膜、互连和多个岛状导电膜被电连接，

其中该多个岛状导电膜总体占透明导电膜面积的50%~90%的面积。

9. 一种液晶显示装置，包括：

形成于衬底之上的薄膜晶体管；

通过绝缘膜形成于薄膜晶体管之上的透明导电膜；以及

形成于透明导电膜上的多个岛状导电膜和互连，

其中该多个岛状导电膜不规则排列在透明导电膜上，

其中薄膜晶体管和透明导电膜通过互连电连接，

其中该多个岛状导电膜总体占透明导电膜面积的50%~90%的面积。

13. 一种液晶显示装置，包括：

形成于绝缘表面上的透明导电膜；以及

形成于透明导电膜上的互连和多个岛状导电膜，

其中该多个岛状导电膜不规则排列在透明导电膜上，

其中透明导电膜、互连和多个岛状导电膜被电连接，

其中该多个岛状导电膜总体占透明导电膜面积的50%~90%的面积，

其中多个岛状导电膜的每个包括选自由铝、银和主要包含铝和银的合金构成的组中的材料。

17. 一种液晶显示装置，包括：

形成于绝缘表面上的透明导电膜；以及

同时形成于透明导电膜上的多个岛状导电膜和互连，

其中该多个岛状导电膜不规则排列在透明导电膜上，

其中透明导电膜、互连和多个岛状导电膜被电连接，

其中多个岛状导电膜的每个包括选自由铝、银和主要包含铝和银的合金构成的组中的材料。

21. 一种液晶显示装置，包括：

形成于绝缘表面上的透明导电膜；以及

形成于透明导电膜上的多个岛状导电膜，

其中该多个岛状导电膜不规则排列在透明导电膜上，

其中该多个岛状导电膜总体占透明导电膜面积的50%~90%的面积。

25. 一种液晶显示装置，包括：
形成于衬底之上的薄膜晶体管；
形成于薄膜晶体管之上的像素电极；以及
形成于像素电极上的多个岛状导电膜和互连，
其中该多个岛状导电膜不规则排列在像素电极上，
其中像素电极、互连和多个岛状导电膜被电连接，
其中该多个岛状导电膜总体占像素电极面积的50%～90%的面积。”

驳回决定的具体理由是：（1）权利要求3、7、11、15、19、23、27中的技术特征“透明导电膜包括选择由氧化铟锡、氧化铟和氧化锌构成的组中的至少一种材料”超出了原始权利要求书以及说明书记载的范围，不符合专利法第33条的规定。（2）独立权利要求1、5、9、13、17、21、25相对于对比文件1、3和本领域的公知常识不具备专利法第22条第3款规定的创造性；并且，从属权利要求3～4、7～8、11～12、15～16、19～20、23～24、27～28的附加技术特征或被对比文件1公开或属于公知常识，从属权利要求2、6、10、14、18、22、26的附加技术特征被对比文件2公开，因此，当其引用的权利要求不具备创造性时，这些从属权利要求也不具备专利法第22条第3款规定的创造性。

申请人株式会社半导体能源研究所（以下称复审请求人）不服上述驳回决定，于2007年9月19日向专利复审委员会提出复审请求，并提交了权利要求书以及说明书全文替换页。其中，修改后的权利要求书包括25项权利要求，权利要求1、5、9、13、17、21为独立权利要求。其对权利要求书的修改主要是在各独立权利要求中增加了“其中所述互连和所述多个岛状导电膜是分离的”技术特征，并将驳回决定中指出的权利要求3、7、11、15、19、23、27中超范围的技术特征“透明导电膜包括选择由氧化铟锡、氧化铟和氧化锌构成的组中的至少一种材料”修改为“透明导电膜包括氧化铟锡或混合有氧化锌的氧化铟”。修改后的独立权利要求1、5、9、13、17、21如下：

“1. 一种液晶显示装置，包括：
形成于衬底之上的薄膜晶体管；
通过绝缘膜形成于薄膜晶体管之上的透明导电膜；以及
形成于透明导电膜上的互连和多个岛状导电膜，
其中该多个岛状导电膜不规则排列在透明导电膜上，
其中透明导电膜通过互连电连接到薄膜晶体管，
其中该多个岛状导电膜总体占透明导电膜面积的50%～90%的面积，
其中所述互连和所述多个岛状导电膜是分离的。

5. 一种液晶显示装置，包括：
形成于衬底之上的薄膜晶体管；
通过绝缘膜形成于薄膜晶体管之上的透明导电膜；以及
同时形成于透明导电膜上的多个岛状导电膜和互连，
其中该多个岛状导电膜不规则排列在透明导电膜上，
其中透明导电膜通过互连电连接到薄膜晶体管，
其中该多个岛状导电膜总体占透明导电膜面积的50%～90%的面积，
其中所述互连和所述多个岛状导电膜是分离的。

9. 一种液晶显示装置，包括：
形成于衬底之上的薄膜晶体管；
通过绝缘膜形成于薄膜晶体管之上的透明导电膜；以及

形成于透明导电膜上的多个岛状导电膜和互连，
其中该多个岛状导电膜不规则排列在透明导电膜上，
其中薄膜晶体管和透明导电膜通过互连电连接，
其中该多个岛状导电膜总体占透明导电膜面积的50%~90%的面积，
其中多个岛状导电膜的每个包括选自由铝、银和主要包含铝和银的合金构成的组中的材料，
其中所述互连和所述多个岛状导电膜是分离的。
13. 一种液晶显示装置，包括：
形成于绝缘表面上的透明导电膜；以及
形成于透明导电膜上的互连和多个岛状导电膜，
其中该多个岛状导电膜不规则排列在透明导电膜上，
其中透明导电膜、互连和多个岛状导电膜被电连接，
其中该多个岛状导电膜总体占透明导电膜面积的50%~90%的面积，
其中所述互连和所述多个岛状导电膜是分离的。
17. 一种液晶显示装置，包括：
形成于绝缘表面上的透明导电膜；以及
同时形成于透明导电膜上的多个岛状导电膜和互连，
其中该多个岛状导电膜不规则排列在透明导电膜上，
其中透明导电膜、互连和多个岛状导电膜被电连接，
其中所述互连和所述多个岛状导电膜是分离的。
21. 一种液晶显示装置，包括：
形成于衬底之上的薄膜晶体管；
形成于薄膜晶体管之上的像素电极；以及
形成于像素电极上的多个岛状导电膜和互连，
其中该多个岛状导电膜不规则排列在像素电极上，
其中像素电极通过互连电连接到薄膜晶体管，
其中该多个岛状导电膜总体占像素电极面积的50%~90%的面积，
其中所述互连和所述多个岛状导电膜是分离的。”

复审请求人认为将驳回决定中指出的超范围的权利要求的相应技术特征修改为“透明导电膜包括氧化铟锡或混合有氧化锌的氧化铟”，使其符合了专利法第33条的规定；同时对相应的说明书第5页的相应文字进行修改。复审请求人在意见陈述书中陈述的本申请具备创造性的理由主要有：(1) 独立权利要求与对比文件1的区别技术特征之一在于：“多个岛状导电膜是不规则排列的”。对比文件1以及JP2001-194662、JP2000-089217和JP2001-194677中凹凸部分都是通过对反射电极下面的层间绝缘膜构图来形成；而本发明的多个岛状导电膜是由形成互连的相同步骤来形成，可以减少在通常形成凹凸结构中使用的光刻工艺。由此可见，本申请与参考文献的凹凸结构的制造方法不同。(2) 对比文件2、3虽然公开了金属薄膜的凹凸结构，但没有教授或暗示多个岛状导电膜不规则排列在透明导电膜上，因此即使将对比文件1、2和3结合也得不到独立权利要求。(3) 对比文件没有公开“互连和多个岛状导电膜是分离的”。

经形式审查合格后，专利复审委员会受理了该复审请求，并于2007年10月16日向复审请求人发出复审请求受理通知书，同时向原实质审查部门发出前置审查通知书。

原实质审查部门对本复审请求进行了前置审查，在前置审查意见书中，原实质审查部门认为对权

利要求1、3、5、7、9、11、13、15、17、19、21、23、25的修改不符合专利法第33条的规定，因而仍坚持原驳回决定。

针对上述复审请求，专利复审委员会依法成立合议组对本案进行审查。本案合议组于2008年3月27日发出复审通知书，指出：(1) 修改后权利要求1、5、9、13、17、21中描述了技术特征“所述互连和所述多个岛状导电膜是分离的”，修改后权利要求3、7、11、15、19、23中描述了技术特征“透明导电膜包括氧化铟锡或混合有氧化锌的氧化铟”，修改后说明书第5页第21~24行描述了“通过使用氧化铟-锡（ITO）或混合有2%~20［%］氧化锌（ZnO）的氧化铟的透明导电膜作为材料”，修改后权利要求25中描述了技术特征“多个岛状导电膜一致性地分布在透明导电膜上”；上述修改后的内容均超出了原始权利要求书以及说明书记载的范围，不符合专利法第33条的规定。(2) 关于创造性的问题，区别技术特征“多个岛状导电膜是不规则排列的”，虽然对比文件1~3没有公开，但该区别技术特征属于公知常识，在对比文件的基础上结合该公知常识从而得到本申请的技术方案，这是本领域技术人员无需付出创造性劳动即可完成的。因此，复审请求人的理由不充分。

2008年7月11日，复审委员会收到复审请求人针对上述复审通知书进行的意见陈述以及提交的权利要求书全文以及说明书第5页的替换页。其中，修改后的权利要求书包括18项权利要求，权利要求1、4、7、10、13、16为独立权利要求。其对权利要求书的修改主要是在各独立权利要求中增加了描述互连和多个岛状导电膜形成过程的技术特征，并且删除了复审通知书中指出的超范围的一些权利要求。修改后的独立权利要求1、4、7、10、13、16如下：

“1. 一种液晶显示装置，包括：

形成于衬底之上的薄膜晶体管；

通过绝缘膜形成于薄膜晶体管之上的透明导电膜；以及

形成于透明导电膜上的互连和多个岛状导电膜，

其中该多个岛状导电膜不规则排列在透明导电膜上，

其中透明导电膜通过互连电连接到薄膜晶体管，

其中该多个岛状导电膜总体占透明导电膜面积的50%~90%的面积，

其中，所述互连和所述多个岛状导电膜是通过下述步骤形成的：

在透明导电膜上形成反射性导电膜；

图形化所述反射性导电膜以同时形成多个岛状导电膜和互连，从而，独立的形成多个岛状导电膜。

4. 一种液晶显示装置，包括：

形成于衬底之上的薄膜晶体管；

通过绝缘膜形成于薄膜晶体管之上的透明导电膜；以及

同时形成于透明导电膜上的多个岛状导电膜和互连，

其中该多个岛状导电膜不规则排列在透明导电膜上，

其中透明导电膜通过互连电连接到薄膜晶体管，

其中该多个岛状导电膜总体占透明导电膜面积的50%~90%的面积，

其中，所述互连和所述多个岛状导电膜是通过下述步骤形成的：

在透明导电膜上形成反射性导电膜；

图形化所述反射性导电膜以同时形成多个岛状导电膜和互连，从而，独立的形成多个岛状导电膜。

7. 一种液晶显示装置，包括：
形成于衬底之上的薄膜晶体管；
通过绝缘膜形成于薄膜晶体管之上的透明导电膜；以及
形成于透明导电膜上的多个岛状导电膜和互连，
其中该多个岛状导电膜不规则排列在透明导电膜上，
其中薄膜晶体管和透明导电膜通过互连电连接，
其中该多个岛状导电膜总体占透明导电膜面积的50%~90%的面积，
其中多个岛状导电膜的每个包括选自由铝、银和主要包含铝和银的合金构成的组中的材料，
其中，所述互连和所述多个岛状导电膜是通过下述步骤形成的：
在透明导电膜上形成反射性导电膜；
图形化所述反射性导电膜以同时形成多个岛状导电膜和互连，从而，独立的形成多个岛状导电膜。

10. 一种液晶显示装置，包括：
形成于绝缘表面上的透明导电膜；以及
形成于透明导电膜上的互连和多个岛状导电膜，
其中该多个岛状导电膜不规则排列在透明导电膜上，
其中透明导电膜、互连和多个岛状导电膜被电连接，
其中该多个岛状导电膜总体占透明导电膜面积的50%~90%的面积，
其中，所述互连和所述多个岛状导电膜是通过下述步骤形成的：
在透明导电膜上形成反射性导电膜；
图形化所述反射性导电膜以同时形成多个岛状导电膜和互连，从而，独立的形成多个岛状导电膜。

13. 一种液晶显示装置，包括：
形成于绝缘表面上的透明导电膜；以及
同时形成于透明导电膜上的多个岛状导电膜和互连，
其中该多个岛状导电膜不规则排列在透明导电膜上，
其中透明导电膜、互连和多个岛状导电膜被电连接，
其中，所述互连和所述多个岛状导电膜是通过下述步骤形成的：
在透明导电膜上形成反射性导电膜；
图形化所述反射性导电膜以同时形成多个岛状导电膜和互连，从而，独立的形成多个岛状导电膜。

16. 一种液晶显示装置，包括：
形成于衬底之上的薄膜晶体管；
形成于薄膜晶体管之上的像素电极；以及
形成于像素电极上的多个岛状导电膜和互连，
其中该多个岛状导电膜不规则排列在像素电极上，
其中像素电极通过互连电连接到薄膜晶体管，
其中该多个岛状导电膜总体占像素电极面积的50%~90%的面积，
其中，所述互连和所述多个岛状导电膜是通过下述步骤形成的：
在像素电极上形成反射性导电膜；

图形化所述反射性导电膜以同时形成多个岛状导电膜和互连，从而，独立的形成多个岛状导电膜。”

复审请求人在意见陈述书中认为：（1）对涉及超范围的权利要求和说明书作出修改或删除，使其符合专利法第33条的规定。（2）在各独立权利要求中增加了描述互连和多个岛状导电膜形成过程的技术特征，使得修改后的独立权利要求具备创造性。

至此，合议组认为本案事实已经清楚，依法作出本复审请求审查决定。

二、决定的理由

1. 审查文本

本复审决定针对的文本是：复审请求人于2008年7月11日提交的权利要求第1~18项、说明书第5页，2007年9月19日提交的说明书第1~4、6~19页，申请日提交的附图1~15页、说明书摘要以及摘要附图。

2. 关于专利法第33条

专利法第33条规定，申请人可以对其专利申请文件进行修改，但是，对发明和实用新型专利申请文件的修改不得超出原说明书和权利要求书记载的范围，对外观设计专利申请文件的修改不得超出原图片或者照片表示的范围。

复审请求人删除了复审通知书中指出的存在超范围问题的权利要求3、7、11、15、19、23、25，从而使得相应的超范围问题得到克服。并且，修改了复审通知书中指出的存在超范围问题的权利要求1、5、9、13、17、21；以及说明书第5页第21~24行存在超范围的语句，上述修改后的内容在原始权利要求书以及说明书中均有相同的记载。

因此，修改后的权利要求以及说明书符合专利法第33条的规定。

3. 关于专利法第22条第3款

专利法第22条第3款规定，创造性，是指同申请日以前已有的技术相比，该发明有突出的实质性特点和显著的进步，该实用新型有实质性特点和进步。

（1）独立权利要求1。

复审请求人于2008年7月11日提交的权利要求书中对独立权利要求作出了修改，其中修改后的独立权利要求中增加了描述互连和多个岛状导电膜形成过程的技术特征——“其中所述互连和所述多个岛状导电膜是通过下述步骤形成的：在透明导电膜上形成反射性导电膜；图形化所述反射性导电膜以同时形成多个岛状导电膜和互连，从而，独立地形成多个岛状导电膜”。

对比文件1披露了一种液晶显示装置，其中披露了以下技术特征（参见说明书第4栏第3行至第7栏第33行，附图1-4）：该液晶显示装置包括形成在绝缘基板1（相当于衬底）上形成的薄膜晶体管，在薄膜晶体管上形成的层间绝缘膜10，在层间绝缘膜10上的透射电极8（相当于透明导电膜），以及形成于透射电极8上的具有多个凹凸的反射电极11（相当于岛状导电膜）和通过接触孔以及透明电极材料15连接到漏极9c的部分（相当于互连），其中透射电极8通过上述连接到漏极9c的部分和薄膜晶体管彼此电连接；其中包括在透明导电极上形成反射性电极（相当于权利要求中的反射性导电膜）的步骤。

权利要求1与对比文件1的区别在于：①多个岛状导电膜是不规则排列的；②该多个岛状导电膜总体占透明导电膜面积的50%~90%；③所述互连和所述多个岛状导电膜的形成步骤包括：图形化所述反射性导电膜以同时形成多个岛状导电膜和互连，从而，独立地形成多个岛状导电膜。

对于区别技术特征①，合议组认为对本领域技术人员而言，形成不规则的凹凸部分，进一步提高反射光散射性是本领域的公知常识。

对于区别技术特征②，合议组认为对比文件3披露了一种液晶显示装置（参见权利要求1~4，说明书第7页第24行至第10页第27行，附图1~6），其中像素区中包括反射区和透射区，其中反射区占据的面积为10%~90%，并披露了在透明导电膜21上形成金属膜23，该金属膜23用作用于限定反射区的反射电极区22，透明导电膜21未被金属膜23覆盖的部分构成透射电极区20，用于限定透射区。也就是对比文件3中披露了用作反射电极区22的金属膜23占透明导电膜21的面积的10%~90%，该数值范围与权利要求9中的数值范围部分重叠。而且，对比文件3中还披露了金属膜23可以形成具有凹凸形状（相当于岛状导电膜），所以上述区别技术特征②被对比文件3披露。

对于区别技术特征③，合议组认为权利要求1中描述的多个独立的岛状导电膜（反射导电膜）形成的结构与对比文件1中的凹凸的反射电极形成的结构具有不同的形状，这些多个独立的岛状导电膜可以露出下面的透明导电膜，而对比文件1的凹凸的反射电极是连续的，不会露出下面的透明电极。上述不同的反射电极结构相对应，导致在其制造过程中二者采用不同的工艺，权利要求1中的多个独立的岛状导电膜是通过图形化反射性导电膜而与互连同时形成的，而对比文件1的凹凸的反射电极是在下面的绝缘层进行蚀刻从而形成的。

此外，对比文件2、3中也没有公开上述区别特征③，并且也没有给出与该特征相关的技术启示。

由此可见，对比文件1~3以及上述专利文献没有公开上述区别技术特征③，其未给出任何技术启示，而且也没有证据表明上述区别技术特征属于本领域的公知常识。并且，权利要求1的技术方案，在液晶显示装置中采用了多个独立的岛状导电膜从而增强光的散射能力，并由此提高显示能见度；另外特定的多个独立的岛状反射电极，在制作过程中，通过图形化与互连同时形成，从而简化了工艺过程，节约了成本，而且不增加制作有源矩阵衬底所需的光掩模的数目，结果获得了制造成本降低和产量提高的技术效果，这对本领域技术人员来说是非显而易见的。

因此，修改后的独立权利要求1具备专利法第22条第3款规定的创造性。

（2）独立权利要求4、7、10、13、16。

复审请求人于2008年7月11日提交的权利要求书中的独立权利要求4、7、10、13、16都包括上述权利要求1的区别技术特征③。因此，参看针对权利要求1的评述可知，独立权利要求4、7、10、13、16也具备专利法第22条第3款规定的创造性。

（3）从属权利要求。

当其引用的独立权利要求1、4、7、10、13、16具备创造性时，其从属权利要求2~3、5~6、8~9、11~12、14~15、17~18也具备专利法第22条第3款规定的创造性。

根据上述事实和理由，本案合议组作出以下审查决定。

三、决定

撤销国家知识产权局于2007年6月8日针对03106811.1号发明专利申请作出的驳回决定，由原审查部门在本复审决定针对的文本的基础上继续审查程序。

复审请求人对本决定不服的，可以根据专利法第41条第2款的规定，自收到本决定之日起三个月内向北京市第一中级人民法院起诉。

133

滤色器基板及其制造方法、显示装置和光电装置

复审请求审查决定（第 14348 号）

决　定　号　第 14348 号
决　定　日　2008 年 8 月 18 日
发明创造名称　滤色器基板及其制造方法、显示装置和光电装置
国 际 分 类 号　G02F 1/1335，G02F 1/133，G02B 5/08
复 审 请 求 人　精工爱普生株式会社
申　请　号　200410071379.1
申　请　日　2004 年 7 月 23 日
优 先 权 日　2003 年 7 月 23 日，2003 年 9 月 10 日，2004 年 6 月 3 日
公　开　日　2005 年 2 月 9 日
合 议 组 组 长　刘颖杰
主　审　员　刘　杰
参　审　员　李晓娜

法 律 依 据　专利法第 22 条第 3 款，第 33 条，第 26 条第 4 款
决 定 要 点

如果权利要求的技术方案与对比文件公开的内容相比存在区别技术特征，并且现有技术对该区别技术特征没有给出任何启示，该区别技术特征使权利要求的技术方案产生了有益效果，则该权利要求的技术方案相对于现有技术具备创造性。

一、案由

本复审请求涉及申请号为 200410071379.1、发明名称为“滤色器基板及其制造方法、显示装置和光电装置”的发明专利申请（下称本申请），其申请日为 2004 年 7 月 23 日，优先权日为 2003 年 7 月 23 日、2003 年 9 月 10 日、2004 年 6 月 3 日，公开日为 2005 年 2 月 9 日，申请人为精工爱普生株式会社。

国家知识产权局原实质审查部门于 2007 年 5 月 11 日以本申请不符合专利法第 22 条第 3 款的规定为由驳回了本申请。具体驳回理由是：对比文件 2（JP-特开平 10-186347A，公开日为 1998 年 7 月 14 日）公开了一种液晶显示装置，即一种光电装置。权利要求 39 与对比文件 2 的区别在于，权利要求 39 中限定了具有作为分别对应于着色层的单独光源的有机 EL 部，而该区别技术特征为本领域的常用技术手段。在该对比文件的基础上再结合本领域的常用技术手段即可获得独立权利要求 39 的技术方案；权利要求 40 请求保护电子设备，装载有权利要求 39 所述的光电装置，而电子设备可具有光

电装置是本领域的常用技术手段。因此独立权利要求39、40相对于该对比文件2和本领域的常用技术手段不具备专利法第22条第3款规定的创造性。

驳回决定所依据的文本是：2007年2月8日提交的权利要求第1~40项，2006年10月24日提交的说明书第2页，申请日提交的说明书第1、3~36页、附图1~27页、说明书摘要以及摘要附图。其中独立权利要求39、40如下：

“39. 一种光电装置，其特征在于，由具有被包含透光性的边界层包围的着色层的滤色器部，以及作为分别对应于前述着色层的单独光源的有机EL部构成。

40. 一种电子设备，其特征在于，装载有权利要求39所述的光电装置。”

申请人精工爱普生株式会社（以下称复审请求人）不服上述驳回决定，于2007年8月27日向专利复审委员会提出复审请求，并提交了权利要求书全文的替换页。修改后的权利要求书包括40项权利要求，其中，在独立权利要求39中，将“包含透光性的边界层”修改为“边界层”，并增加了技术特征“所述边界层包括无色边界层和有色边界层”，对其他权利要求并未进行修改。修改后的独立权利要求39、40如下：

“39. 一种光电装置，其特征在于，由具有被边界层包围的着色层的滤色器部，以及作为分别对应于前述着色层的单独光源的有机EL部构成，所述边界层包括无色边界层和有色边界层。

40. 一种电子设备，其特征在于，装载有权利要求39所述的光电装置。”

复审请求人认为：修改后的权利要求39中补入了技术特征“所述边界层包括无色边界层和有色边界层”。对比文件2并没有提到非透明部分的存在，即该对比文件没有公开修改后的权利要求39所述的结构，因此修改后的权利要求39、40具备专利法第22条第3款规定的创造性。

经形式审查合格后，专利复审委员会受理了该复审请求，并于2007年9月20日向复审请求人发出复审请求受理通知书，同时向原实质审查部门发出前置审查通知书。

原实质审查部门对本复审请求进行了前置审查，在前置审查意见书中，原实质审查部门认为对权利要求39的修改不符合专利法第33条的规定，因而仍坚持驳回决定。

针对上述复审请求，专利复审委员会依法成立合议组对该复审请求进行了审查。本案合议组于2008年5月23日发出复审通知书，指出：（1）复审请求人对权利要求39进行了修改——将“包含透光性的边界层”修改为“边界层”，并增加了技术特征“所述边界层包括无色边界层和有色边界层”；由于修改后的权利要求39中没有对边界层的透光性进行限定，而这种没有透光性限定的边界层部件及其相应的技术方案没有记载在原始权利要求书以及说明书中，而且也无法从中直接地、毫无疑义地确定。因此上述修改超出了原始权利要求书以及说明书记载的范围，不符合专利法第33条的规定。（2）权利要求39中描述了两种边界层，但未限定它们分别的设置位置，而本申请说明书中仅记载了其相应的一种设置位置，即“在不同颜色的着色层的交界处设置透明无色边界层5，在相同颜色的着色层的交界处设置没有透光性的有色边界层21”；由此本领域技术人员无法确定权利要求39中包括的没有限定位置的任意的边界层设置情况都能够达到与说明书所述相同的技术效果；因此，权利要求39的技术方案得不到说明书支持，不符合专利法第26条第4款的规定。（3）由于权利要求39中未限定边界层的透光性，其是无法与对比文件2公开的内容相区分的。

2008年7月7日，复审请求人针对上述复审通知书进行了意见陈述，并提交了权利要求书全文的替换页，其中根据复审通知书的审查意见对权利要求39作出了修改，将“无色边界层”和“有色边界层”修改为“透光性的无色边界层”和“没有透光性的有色边界层”，并增加了描述上述边界层的设置位置的技术特征，对其他权利要求并未修改。修改后的独立权利要求39、40如下：

“39. 一种光电装置，其特征在于，由具有被边界层包围的着色层的滤色器部，以及作为分别对应应于前述着色层的单独光源的有机 EL 部构成，前述边界层包括透光性的无色边界层和没有透光性的有色边界层，而且在不同颜色的着色层之间设有前述无色边界层，相同颜色的着色层之间设有前述有色边界层。

40. 一种电子设备，其特征在于，装载有权利要求 39 所述的光电装置。”

至此，合议组认为本案事实已经清楚，依法做出本复审请求审查决定。

二、决定的理由

1. 审查文本

本复审决定针对的文本是：复审请求人于 2008 年 7 月 7 日提交的权利要求第 1~40 项，2006 年 10 月 24 日提交的说明书第 2 页，申请日提交的说明书第 1、3~36 页、附图 1~27 页、说明书摘要以及摘要附图。

2. 关于专利法第 33 条

专利法第 33 条规定，申请人可以对其专利申请文件进行修改，但是，对发明和实用新型专利申请文件的修改不得超出原说明书和权利要求书记载的范围，对外观设计专利申请文件的修改不得超出原图片或者照片表示的范围。

复审请求人于 2008 年 7 月 7 日提交的权利要求书中对独立权利要求 39 进行了修改，其修改后的技术特征限定了“透光性的无色边界层”和“没有透光性的有色边界层”以及上述边界层的设置位置，这些修改后的技术特征都与原始说明书中的记载是相同的，即修改后的内容及其相应的技术方案已经记载在原始权利要求书以及说明书中，这种修改符合专利法第 33 条的规定。

3. 关于专利法第 26 条第 4 款

专利法第 26 条第 4 款规定，权利要求书应当以说明书为依据，说明要求专利保护的范围。

复审请求人于 2008 年 7 月 7 日提交的权利要求书中对独立权利要求 39 进行了修改，其中描述了两种边界层的设置位置：“在不同颜色的着色层之间设有前述无色边界层，相同颜色的之间设有前述有色边界层”，这与说明书第 12~13 页的描述是一致的；并且，由于限定了两种边界层的设置位置，权利要求 39 的技术方案实现了与说明书所述相同的提高亮度、获得良好对比度和防止着色材料飞散的技术效果。

因此，结合本申请说明书的内容，本领域技术人员可知权利要求 39 的技术方案能够解决其技术问题并达到其技术效果，因此权利要求 39 得到了说明书的支持，符合专利法第 26 条第 4 款的规定。

4. 关于专利法第 22 条第 3 款

专利法第 22 条第 3 款规定，创造性，是指同申请日以前已有的技术相比，该发明有突出的实质性特点和显著的进步，该实用新型有实质性特点和进步。

(1) 独立权利要求 39。

复审请求人于 2008 年 7 月 7 日提交的权利要求书中对独立权利要求 39 进行了修改，修改后的独立权利要求 39 包括了技术特征“所述边界层包括透光性的无色边界层和没有透光性的有色边界层，而且在不同颜色的着色层之间设有前述无色边界层，相同颜色的之间设有前述有色边界层”。

对比文件 2 公开了一种液晶显示装置，即一种光电装置，包括（参见说明书第 25 段、第 37~38 段、第 42~43 段，附图 1~3）：在多个着色单元 14R、14G 和 14B 中的相互不同颜色的着色单元 a 的外围由涂覆在着色单元 a 上的透明绝缘层 16 形成的多个包围着色单元 a 的透明部分 b（相当于透明围堰）。

独立权利要求 39 相对于该对比文件，其区别技术特征在于：①具有作为分别对应于着色层的单独光源的有机 EL 部；②包括没有透光性的有色边界层，而且在不同颜色的着色层之间设有前述无色边界层，相同颜色的之间设有前述有色边界层。这些区别技术特征的作用是使得着色层的形成变得容易、同时提高对比度。

虽然区别技术特征①描述的使用有机 EL 部作为分别对应着色层的单独光源是本领域内用来形成光源的常用技术手段。但对于区别技术特征②，在该对比文件的显示装置并没有提到非透明部分的存在，即其没有公开权利要求 39 中限定的“没有透光性的有色边界层”，更不可能公开该“没有透光性的有色边界层”的设置位置。

由此可见，该对比文件没有公开上述区别技术特征②，其未给出任何技术启示，而且该区别技术特征也不属于本领域的公知常识，因此，对本领域技术人员而言，该权利要求 39 相对于该对比文件和本领域公知常识是非显而易见的。并且，根据本申请的内容，权利要求 39 的技术方案，可以从透光性的无色边界层获得明亮的反射光，提高显示亮度，可以利用没有透光性的有色边界层将形成着色层时的着色材料的飞散等对显示造成的影响降到可忽视的程度，从而获得了使着色层的形成变得容易、同时提高对比度的技术效果，即权利要求 39 产生了有益的技术效果。

因此，修改后的独立权利要求 39 相对于对比文件 2 和本领域公知常识具有突出的实质性特点和显著的进步，具备专利法第 22 条第 3 款规定的创造性。

（2）独立权利要求 40。

独立权利要求 40 请求保护一种电子设备，其包含了权利要求 39 的技术方案。由于权利要求 39 相对于对比文件 2 和本领域公知常识具备创造性，因而独立权利要求 40 的技术方案相对于该对比文件和本领域公知常识也具备专利法第 22 条第 3 款规定的创造性。

根据上述事实和理由，本案合议组作出以下审查决定。

三、决定

在复审请求人提交的修改文本的基础上，撤销国家知识产权局于 2007 年 5 月 11 日针对 200410071379.1 号发明专利申请作出的驳回决定，由原实质审查部门在本复审决定针对的申请文本的基础上继续审查程序。

复审请求人对本决定不服的，可以根据专利法第 41 条第 2 款的规定，自收到本决定之日起三个月内向北京市第一中级人民法院起诉。

134

变焦透镜控制装置

复审请求审查决定（第14371号）

决　定　号　第14371号
决　定　日　2008年8月22日
发明创造名称　变焦透镜控制装置
国际分类号　G03B 13/36
复审请求人　佳能株式会社
申　请　号　02125438.9
优先权日　2001年8月10日
申　请　日　2002年8月7日
公　开　日　2003年3月12日
合议组组长　宋　瑞
主　审　员　陈　力
参　审　员　谢有成

法律依据　专利法第33条
决定要点
复审请求人通过修改专利申请文件，克服了驳回决定和复审通知书中指出的修改不符合专利法第33条的缺陷，并且这种修改符合专利法实施细则第60条第1款的规定，应当撤销原驳回决定，由原审查部门对该申请继续审查。

一、案由

本复审请求涉及申请号为02125438.9、发明名称为“变焦透镜控制装置”的发明专利申请（下称本申请），其申请日是2002年8月7日，优先权日是2001年8月10日，公开日是2003年3月12日，申请人是佳能株式会社。本申请公开时的权利要求书共有9项，其中权利要求1、6为独立权利要求。

国家知识产权局实质审查部门于2006年6月9日作出了驳回决定，其理由是本申请权利要求1~4和6~9的修改超出了原说明书和权利要求书记载的范围，不符合专利法第33条的规定。

申请人佳能株式会社（下称复审请求人）对上述驳回决定不服，于2006年9月19日向专利复审委员会提出复审请求，没有修改申请文本。

复审请求人认为：本申请原始申请文件的图7以及说明书第5页中对图7的说明，图2及说明书第12页对图2中步骤S904的说明，图2中的步骤S910，说明书第12页第2段到第13页第12行，

图 9 及说明书第 6 页，说明书第 13 页记载了权利要求 1~4 中的特征，因此上述权利要求的修改符合专利法 33 条的规定。基于相同的理由权利要求 6~9 的修改也没有超出原始申请文本记载的范围。

经形式审查合格后，专利复审委员会受理了该复审请求，于 2006 年 11 月 1 日向复审请求人发出复审请求受理通知书，并于同日向国家知识产权局原实质审查部门发出前置审查通知书。

国家知识产权局原实质审查部门在前置审查意见书中坚持原驳回决定。

针对上述复审请求，专利复审委员会依法成立合议组，对本案进行审查。本案合议组于 2008 年 4 月 21 日向复审请求人发出复审通知书。该复审通知书指出：

复审请求人将权利要求 1 的主题名称"一种变焦透镜控制装置"修改为"一种控制装置"的这种修改超出了原说明书和权利要求书记载的范围；权利要求 1 中新增的特征"在可变倍数放大动作中，使第 2 透镜组偏离焦点地由焦点对准位置向无限远方向及最近方向强制地移动"、修改后的特征"无限远端的第 1 设定电路"、"在处于最无限远侧的状态下，伴随上述第 1 透镜组的移动使上述第 2 透镜组以与上述无限远端相比的最近侧为中心，偏离焦点地在无限远方向及最近方向强制地移动的第 2 设定电路"均没有记载在原说明书和权利要求书中，此外，该权利要求 1 要求保护的技术方案作为一个整体，也没有记载在原说明书和权利要求书中，因为将原申请中的几个分离的特征，改变成一种新的组合，并且原申请没有明确提及这些分离的特征彼此间的关联的这种修改也是超出原说明书和权利要求书记载范围的。因此，该权利要求 1 不符合专利法第 33 条的规定。

对于复审请求人在提出复审请求时的意见，合议组认为：该权利要求 1 中新增的特征"在可变倍数放大动作中，使第 2 透镜组偏离焦点地由焦点对准位置向无限远方向及最近方向强制地移动"没有记载在原说明书和权利要求书中，原说明书第 4 页倒数第一段、第 5 页中没有记载关于"强制移动"的内容，并且本领域技术人员根据说明书第 4 页倒数第 1 段，第 5 页第 1~5 行以及图 7A、B 均不能直接地、毫无疑义地确定关于"强制移动"的内容；修改后的特征"无限远端的第 1 设定电路"没有记载在原说明书和权利要求书中，本申请图 2 的步骤 S904 以及相应说明中仅记载了设定第 1 无限远端 fend1 而没有记载设定无限远端的第 1 设定电路，图 2 只是表示本申请实施方案中透镜控制微型计算机执行透镜驱动处理顺序的一部分流程图，并不是电路设计图；修改后的特征"在处于最无限远侧的状态下，伴随上述第 1 透镜组的移动使上述第 2 透镜组以与上述无限远端相比的最近侧为中心，偏离焦点地在无限远方向及最近方向强制地移动的第 2 设定电路"没有记载在原说明书和权利要求书中，且本领域技术人员也不能从原申请文件中直接地、毫无疑义地确定上述关于第 2 设定电路的内容。因此，权利要求 1 中上述特征的修改超出了原说明书和权利要求书记载的范围。复审请求人的上述主张不能成立。

对于权利要求 2~4，合议组认为：关于第 1、2 设定电路具体设定的内容、最无限远侧和透镜组的移动中心的内容均没有记载在原说明书和权利要求书中，特别是没有记载在复审请求人所述的原说明书第 12 页第 2 段至第 13 页第 12 行中；关于第 1、2 设定电路具体设定的内容、最无限远侧和透镜组的移动中心的内容没有记载在原说明书和权利要求书中，特别是没有记载在复审请求人所述的原说明书图 2 中；关于第 1、2 设定电路具体设定的内容、最无限远侧和透镜组的移动中心的内容没有记载在原说明书和权利要求书中，特别是没有记载在复审请求人所述的原说明书图 9、第 6 页、第 13 页中；且本领域技术人员也不能从原申请文件中直接地、毫无疑义地确定上述内容，因此复审请求人的上述主张不成立，上述权利要求的修改超范围。

权利要求 6~9 的修改与权利要求 1~4 的修改相应，基于相同的理由，权利要求 6~9 也不符合专利法第 33 条的规定。

由于权利要求 5 引用权利要求 1，因此当权利要求 1 修改超范围时，该权利要求 5 修改也超范围，不符合专利法第 33 条的规定。

针对上述复审通知书，复审请求人于 2008 年 6 月 6 日提交了意见陈述书和权利要求书全文的修改替换页，该权利要求书与 2005 年 2 月 28 日提交的权利要求书相同，具体如下：

“1. 一种变焦工作控制装置，具有实施可变倍数放大的第 1 透镜组、和在修正伴随上述第 1 透镜组的可变倍数放大动作的图像面的变动的同时，还起到聚焦作用的第 2 透镜组，在 AF 模式下，根据焦点调节信号驱动上述第 2 透镜组，其包括：

设定伴随上述第 1 透镜组的移动的上述第 2 透镜组的第 1 移动范围的第 1 设定电路，

设定伴随上述第 1 透镜组的移动的上述第 2 透镜组的比上述移动范围窄的第 2 移动范围的第 2 设定电路。

2. 如权利要求 1 所述的装置，其中上述第 2 移动范围比上述第 1 移动范围窄，当由广角侧向摄远侧变焦时，上述的第 2 移动范围被设定，当由摄远侧向广角侧变焦时，上述第 1 移动范围被设定。

3. 如权利要求 2 所述的装置，其中当由广角侧向摄远侧变焦，根据上述的焦点调节信号上述的第 2 透镜组被驱动时，上述第 2 移动范围被设定，而当不根据上述焦点调节信号上述第 2 透镜组被驱动时，上述第 1 移动范围被设定。

4. 如权利要求 1 所述的装置，其中上述第 1 移动范围，与在进行对从最近被摄体到无限远被摄体的焦点调节时，由上述第 2 透镜组的移动范围所包围的区域相比，超过上述无限远被摄体并更宽，上述第 2 移动范围比上述的第 1 移动范围更接近于无限远被摄体侧并范围较窄。

5. 如权利要求 1 所述的装置，其中上述第 1 和第 2 设定电路是微型计算机。

6. 一种变焦工作控制装置的控制程序，具有实施可变倍数放大的第 1 透镜组和在修正伴随上述第 1 透镜组的可变倍数放大动作的图像面的变动同时，还起到聚焦作用的第 2 透镜组，该方法在 AF 模式下根据焦点调节信号驱动上述的第 2 透镜组，其包括：

设定伴随上述第 1 透镜组的移动的上述第 2 透镜组的第 1 移动范围的第 1 设定步骤，

设定伴随上述第 1 透镜组的移动的上述第 2 透镜组的比上述移动范围窄的第 2 移动范围的第 2 设定步骤。

7. 如权利要求 6 所述的方法，其中上述第 2 移动范围比上述第 1 移动范围窄，当由广角侧向摄远侧变焦时，上述第 2 移动范围被设定，当由摄远侧向广角侧变焦时，上述第 1 移动范围被设定。

8. 如权利要求 7 所述的方法，其中当由广角侧向摄远侧变焦，根据上述的焦点调节信号上述第 2 透镜组被驱动时，上述第 2 移动范围被设定，而当不根据上述焦点调节信号上述第 2 透镜组被驱动时，上述第 1 移动范围被设定。

9. 如权利要求 6 所述的方法，其中上述第 1 移动范围，与在进行对从最近被摄体到无限远被摄体的焦点调节时，由上述第 2 透镜组的移动范围所包围的范围相比，超过上述无限远被摄体并更宽，上述第 2 移动范围比上述第 1 移动范围更接近于无限远被摄体侧并范围较窄。”

至此，本案合议组认为，本案事实已经清楚，现依法作出审查决定。

二、决定的理由

1. 审查的基础

本复审决定以复审请求人于 2008 年 6 月 6 日提交的权利要求第 1~9 项，2005 年 2 月 28 日提交的说明书第 8 页，2002 年 8 月 7 日提交的说明书第 1~7、9~14、说明书附图第 1~9 页、说明书摘要、摘要附图作为审查基础。

2. 关于专利法第 33 条的问题

专利法第 33 条规定：申请人可以对其专利申请文件进行修改，但是，对发明和实用新型专利申请文件的修改不得超出原说明书和权利要求书记载的范围，对外观设计专利申请文件的修改不得超出原图片或者照片表示的范围。

在本案中，复审请求人相对于申请时提交的原权利要求第1~9项对复审通知书中指出的不符合专利法第33条规定的权利要求第1~9项进行了修改，其中将权利要求1的主题名称由“一种变焦透镜控制装置”变更为“一种变焦工作控制装置”，将“该装置是根据焦点调节信号驱动上述第2透镜组的变焦透镜控制装置”变更为“在AF模式下，根据焦点调节信号驱动上述第2透镜组”，将“设定伴随上述第1透镜组的移动的上述第2透镜组的与上述移动范围不同的第2移动范围的第2设定电路”变更为“设定伴随上述第1透镜组的移动的上述第2透镜组的比上述移动范围窄的第2移动范围的第2设定电路”；将权利要求6的主题名称由“一种变焦透镜控制装置的控制程序”变更为“一种变焦工作控制装置的控制方法”，将“该程序是根据焦点调节信号驱动上述的第2透镜组的变焦透镜控制装置的控制程序”变更为“该方法在AF模式下根据焦点调节信号驱动上述的第2透镜组”，将“设定伴随上述第1透镜组的移动的上述第2透镜组的第1移动范围的第1设定程序”中的“程序”变更为“步骤”，将“设定伴随上述第1透镜组的移动的上述第2透镜组的与上述移动范围不同的第2移动范围的第2设定程序”变更为“设定伴随上述第1透镜组的移动的上述第2透镜组的比上述移动范围窄的第2移动范围的第2设定步骤”；将权利要求7~9主题名称中的“程序”变更为“方法”；没有对从属2~5的主题名称以及附加技术特征、权利要求7~9的附加技术特征进行修改。修改后的权利要求书的内容与答复第一次审查意见通知书时所提交的修改后的权利要求书的内容一致。

经审查，合议组认为：上述修改记载了在原说明书第6页第6行至第9页第5行中，因此上述权利要求1~9的修改符合专利法第33条的规定，克服了驳回决定和复审通知书中指出的缺陷。

基于上述理由，合议组作出如下决定。

三、决定

撤销国家知识产权局于2006年6月9日对02125438.9号发明专利申请作出的驳回决定。由原实质审查部门以本复审决定所依据的文本为基础继续审查。

复审请求人对本决定不服的，可以根据专利法第41条第2款的规定，自收到本决定之日起三个月内向北京市第一中级人民法院起诉。

135

球形玩具

复审请求审查决定（第14396号）

决　定　号　第14396号
决　定　日　2008年8月22日
发明创造名称　球形玩具
国际分类号　A63B 43/00
复审请求人　科乐美股份有限公司
申　请　号　02104651.4
申　请　日　2002年2月10日
公　开　日　2003年7月2日
合议组组长　张　琳
主　审　员　李　阳
参　审　员　刘　鹏

法律依据　专利法第22条第3款
决定要点
当权利要求与现有技术相比，存在区别特征，所述区别特征为本领域中解决该重新确定的技术问题的惯用手段，可认为现有技术存在技术启示，且技术方案没有产生预料不到的技术效果，则权利要求不具备突出的实质性特点和显著的进步，因而不具备创造性。

一、案由

本复审请求涉及申请日为2002年2月10日、公开日为2003年7月2日、优先权日为2001年12月17日、名称为“球形玩具”的发明专利申请（下称本申请），申请号为02104651.4，申请人为科乐美运动生活股份有限公司，后变更为科乐美股份有限公司。

国家知识产权局实质审查部门于2007年1月12日作出驳回决定，该驳回决定所针对的文本是申请人于2002年2月10日提交的说明书第2~16页、附图第1~21页、说明书摘要和摘要附图，2006年6月28日提交的权利要求第1~15项、说明书第1、1a页。驳回的理由是本申请权利要求1、2、4、8、11、12相对于对比文件1、2的结合不符合专利法第22条第3款所规定的创造性；权利要求3、5、7、9、10相对于对比文件1、2、3的结合不符合专利法第22条第3款所规定的创造性；权利要求6、13、14、15相对于对比文件1、2以及公知常识的结合不符合专利法第22条第3款所规定的创造性。该驳回决定引用了3篇对比文件，分别是：

对比文件1：JP2-57275A，公开日为1990年2月27日；

对比文件2：JP2001-187275A，公开日为2001年7月10日；

对比文件3：CN2221992Y，授权公告日为1996年3月13日。

驳回决定依据权利要求1内容如下：

“1. 一种相应冲击而发出声音的球形玩具，其特征在于，具备：

将外部的声音变换为电子信号的变换部；

记录基于所述电子信号的声音数据的记录部；

检测作用于所述球形玩具上的冲击的检测部；

在检测部检测出冲击时，根据记录于所述记录部中的所述声音数据发出声音的再现部；

可以从外部进行操作的操作部；

根据作用于所述操作部的操作向所述变换部或所述记录部中的至少一个发送动作信号的信号发送部；

在内部容纳有所述变换部、所述记录部、所述检测部和所述再现部容纳的外壳，

所述变换部和所述记录部中的至少一个是以接收动作信号为条件进行动作，

所述外壳具有凹部，

所述外壳的至少一部分由弹性体构成，将所述操作部不从上述外壳的表面突出地设置于所述凹部中，所述操作部是按压型的开关，配置在通过所述外壳的弹性体部分可以从外部按下的位置上，以便在所述球形玩具上施加了将由所述检测部检测到的冲击时，防止被按压下。”

申请人（下称请求人）对上述驳回决定不服，于2007年4月27日向专利复审委员会提出复审请求，请求人在提出复审请求时没有提交任何修改文本。其复审理由主要为：对比文件或者其组合都未能揭示或者暗示本申请所要保护的特征：操作部分设置在可通过外壳的弹性体部分从外部按下的位置上。因此，请求人认为本申请权利要求1相对于对比文件1和2是非显而易见的，在权利要求1具备创造性的情况下，其从属权利要求也具备创造性。

经形式审查合格后，专利复审委员会受理了上述复审请求，并于2007年6月4日发出复审请求受理通知书和前置审查通知书。

国家知识产权局实质审查部门对该复审请求进行了前置审查，坚持驳回决定。

在此基础上，专利复审委员会依法成立合议组，对本案进行审查。

本案合议组于2008年5月16日发出复审通知书，该复审通知书所依据的文本是与驳回决定依据的文本相同，该复审通知书使用的对比文件与驳回决定使用的对比文件相同，该通知书指出：本申请权利要求1、2、4、8、11相对于对比文件1、2的结合不符合专利法第22条第3款所规定的创造性；权利要求3、5、7、9、10相对于对比文件1、2、3的结合不符合专利法第22条第3款所规定的创造性；权利要求6、12、13、14、15相对于对比文件1、2以及公知常识的结合不符合专利法第22条第3款所规定的创造性。

请求人于2008年6月30日提交了意见陈述书以及权利要求书的全文修改替换页，请求人将权利要求2、3的附加技术特征记载到权利要求1中形成新的权利要求1，将权利要求5、7、9分别修改为新的独立权利要求，并认为：（1）原权利要求2、3的技术方案并入到新的权利要求1，新的权利要求1相对于对比文件1~3具备以下优点：在禁止开关禁止信号发送部动作时，信号发送部不管操作部的操作，不向第1记录部发送信号。因此在使用球形玩具时，用户即使对操作部进行了错误操作，也不会将第1记录部的第1声音数据错误地写入；（2）原权利要求5的技术方案相对于对比文件1~3具备以下优点：用户在预定时间内对多个操作部进行错误操作的可能性低，能够防止操作部被误操作；原权利要求7的技术方案相对于对比文件1~3具备以下优点：用户可以将多个声音记录在球形

玩具中，用户可以选择并再现期望的声音，本申请的球形玩具可以给用户提供更多的趣味性；原权利要求 9 的技术方案相对于对比文件 1-3 具备以下优点：用户不清楚是哪个第 1 声音数据再现，更增加了球形玩具的趣味性。由于原权利要求 5、7、9 具备创造性，因此将它们修改为新的独立权利要求，其技术方案没有改变，仍具备创造性；（3）请求人还认为合议组引用对比文件 1~3 并结合本领域惯用技术手段来评价原权利要求 1、5、7、9 的创造性，这种复杂的组合方式并非本领域普通技术人员所能够轻易实现。

修改后的独立权利要求内容如下：

“1. 一种相应冲击而发出声音的球形玩具，其特征在于，具备：

将外部的声音变换为电子信号的变换部；

记录基于所述电子信号的声音数据的记录部；

检测作用于所述球形玩具上的冲击的检测部；

在检测部检测出冲击时，根据记录于所述记录部中的所述声音数据发出声音的再现部；

可以从外部进行操作的操作部；

根据作用于所述操作部的操作向所述变换部或所述记录部中的至少一个发送动作信号的信号发送部；

在内部容纳有所述变换部、所述记录部、所述检测部和所述再现部容纳的外壳；

不管作用于所述操作部的操作，而禁止所述变换部和所述记录部中的至少一个的动作的禁止部；

所述变换部和所述记录部中的至少一个是以接收动作信号为条件进行动作；

所述外壳具有凹部；

所述外壳的至少一部分由弹性体构成，将所述操作部不从上述外壳的表面突出地设置于所述凹部中，所述操作部是按压型的开关，配置在通过所述外壳的弹性体部分可以从外部按下的位置上，以便在所述球形玩具上施加了将由所述检测部检测到的冲击时，防止被按压下；所述记录部具有容纳基于所述电子信号的声音数据的第 1 声音数据的第 1 记录部，和预先保持第 2 声音数据的第 2 记录部，在所述切换开关处于禁止所述信号发送部动作的期间而所述检测部已检测出冲击时，所述再现部提取容纳于所述第 2 记录部中的第 2 声音数据，并根据所述第 2 声音数据发出声音。”

“14. 一种相应冲击而发出声音的球形玩具，其特征在于，具备：

将外部的声音变换为电子信号的变换部；

记录基于所述电子信号的声音数据的记录部；

检测作用于所述球形玩具上的冲击的检测部；

在检测部检测出冲击时，根据记录于所述记录部中的所述声音数据发出声音的再现部；

可以从外部进行操作的操作部；

根据作用于所述操作部的操作向所述变换部或所述记录部中的至少一个发送动作信号的信号发送部；

在内部容纳有所述变换部、所述记录部、所述检测部和所述再现部容纳的外壳；

所述变换部和所述记录部中的至少一个是以接收动作信号为条件进行动作；

所述外壳具有凹部；

所述外壳的至少一部分由弹性体构成，将所述操作部不从上述外壳的表面突出地设置于所述凹部中，所述操作部是按压型的开关，配置在通过所述外壳的弹性体部分可以从外部按下的位置上，以便在所述球形玩具上施加了将由所述检测部检测到的冲击时，防止被按压下；

其中具备多个操作部，所述信号发送部被一个所述操作部操作之后，在预先设定的时间内被其他至少一个所述操作部操作，由此发送所述动作信号。”

“15. 一种相应冲击而发出声音的球形玩具，其特征在于，具备：

将外部的声音变换为电子信号的变换部；

记录基于所述电子信号的声音数据的记录部；

检测作用于所述球形玩具上的冲击的检测部；

在检测部检测出冲击时，根据记录于所述记录部中的所述声音数据发出声音的再现部；

可以从外部进行操作的操作部；

根据作用于所述操作部的操作向所述变换部或所述记录部中的至少一个发送动作信号的信号发送部；

在内部容纳有所述变换部、所述记录部、所述检测部和所述再现部容纳的外壳；

所述变换部和所述记录部中的至少一个是以接收动作信号为条件进行动作；

所述外壳具有凹部；

所述外壳的至少一部分由弹性体构成，将所述操作部不从上述外壳的表面突出地设置于所述凹部中，所述操作部是按压型的开关，配置在通过所述外壳的弹性体部分可以从外部按下的位置上，以便在所述球形玩具上施加了将由所述检测部检测到的冲击时，防止被按压下；

其中所述记录部可以相互识别地容纳多个声音数据，还具备可以从外部进行操作的、根据来自外部的操作在所述再现部提示提取所述多个声音数据之中的某一个的指示部。”

“16. 一种相应冲击而发出声音的球形玩具，其特征在于，具备：

将外部的声音变换为电子信号的变换部；

记录基于所述电子信号的声音数据的记录部；

检测作用于所述球形玩具上的冲击的检测部；

在检测部检测出冲击时，根据记录于所述记录部中的所述声音数据发出声音的再现部；

可以从外部进行操作的操作部；

根据作用于所述操作部的操作向所述变换部或所述记录部中的至少一个发送动作信号的信号发送部；

在内部容纳有所述变换部、所述记录部、所述检测部和所述再现部容纳的外壳；

所述变换部和所述记录部中的至少一个是以接收动作信号为条件进行动作；

所述外壳具有凹部；

所述外壳的至少一部分由弹性体构成，将所述操作部不从上述外壳的表面突出地设置于所述凹部中，所述操作部是按压型的开关，配置在通过所述外壳的弹性体部分可以从外部按下的位置上，以便在所述球形玩具上施加了将由所述检测部检测到的冲击时，防止被按压下；

其中所述记录部容纳多个声音数据，还具备对于所述再现部的每次处理，随机选择所述多个声音数据中的某一个的选择部，所述再现部根据所述选择部选择的所述声音数据而发出声音。”

至此，合议组认为本案事实已经清楚，可以依法作出如下复审请求审查决定。

二、决定的理由

1. 审查文本

本复审决定所依据的文本是：2002 年 2 月 10 日提交的说明书第 2~16 页、附图第 1~21 页、说明书摘要和摘要附图，2006 年 6 月 28 日提交的说明书第 1、1a 页，以及 2008 年 6 月 30 日提交的权利要求第 1~16 项。

2. 关于专利法第22条第3款

专利法第22条第3款规定：创造性，是指在申请日以前已有的技术相比，该发明有突出的实质性特点和显著的进步，该实用新型有实质性特点和进步。

本复审决定所引用的对比文件与驳回决定所引用的对比文件相同，即：

对比文件1：JP2-57275A，公开日为1990年2月27日；

对比文件2：JP2001-187275A，公开日为2001年7月10日；

对比文件3：CN2221992Y，公开日为1996年3月13日。

(1) 权利要求1请求保护一种响应冲击而发出声音的球形玩具，对比文件1公开了一种球形玩具，当球形玩具的外部受到物理冲击的时候可以发出声音，并公开以下内容（参见对比文件1的说明书第2页第3栏第4行至第4页第3栏第11行）：

该球形玩具包括第1声音回路72、第2声音回路73，用于存储声音信号，相当于本申请权利要求1“记录基于所述电子信号的声音数据的记录部”；检测作用于所述球形玩具上的物理冲击的传感器6，相当于本申请权利要求1“检测部”；在传感器6检测出冲击时，将记录于其中的声音发出的扬声器5（相当于本申请权利要求1“再现部”；开关11，可以相当于本申请权利要求1“操作部”；控制回路71，根据作用于所述开关的操作向声音回路发送动作信号，相当于“信号发送部”；上述各个部件容纳在球形外壳中；声音回路的播放与否以接收传感器动作信号为条件来进行（参见对比文件1附图8的流程图）；开关11（参见对比文件1附图7），只有当其处于闭合的情况下，球形玩具控制回路才能动作，相当于本申请权利要求1“禁止部”；其外壳由表面材料9构成，由对比文件1附图5可以看出，作为按压型开关11被布置在外壳上的凹部。

本申请权利要求1与对比文件1之间的区别特征在于：①该球形玩具包括将外部的声音变换为电子信号的变换部，在记录部记录的声音数据以及再现部发出的声音所依据的声音数据都基于该电子信号；②操作部不从外壳的表面突出，配置在通过所述外壳的弹性体部分可以从外部按下的位置上，以便在所述球形玩具施加了将由检测部检测到的冲击时，防止被按下；③所述记录部具有容纳基于所述电子信号的声音数据的第1声音数据的第1记录部，和预先保持第2声音数据的第2记录部，在所述切换开关处于禁止所述信号发送部动作的期间而所述检测部已检测出冲击时，所述再现部提取容纳于所述第2记录部中的第2声音数据，并根据所述第2声音数据发出声音。

对比文件2公开了一种玩具（参见对比文件2说明书第0007~0012段及附图1、2）：触摸传感器2感受到外界的触摸时，该玩具能够通过声音输入部3和AD变换部4将外部的声音变换为电子数据，记录在记录部6，当控制部1检测到一个触发信号时，通过声音输出部9将记录在记录部6中的声音数据转换为声音而发出。由此可见对比文件2中声音输入部3和AD变换部4能完成将外部声音变换为电子信号的工作，与本申请权利要求1中的“将外部的声音变换为电子信号的变换部”起到同样的作用，即权利要求1中的“变换部”已经被对比文件2所公开，故区别特征①被对比文件2所公开且给出了用于对比文件1的启示。关于区别特征②，在本申请权利要求1中的操作部是按压型的开关，是设置于玩具表面凹部中，并在外壳上设置弹性部分。本申请要求保护的是一个球形玩具，而球形玩具一般是提供给使用者滚动、拍打之用，所以如果需要在球体上设置开关，所属领域的技术人员很容易想到将开关设置在球体表面之下的凹陷部分，以避免在球体滚动、被拍打时误碰其开关，造成使用时的不便，且考虑到保护开关结构的完整清洁等因素，所属领域的技术人员也容易想到在开关之上也可以设置弹性材料覆盖于球体表面。因此，如上所述，在球形玩具的凹陷处设置开关并在其上设置弹性材料的技术手段属于所属技术领域的惯用技术手段。

对比文件3公开了一种语音智能玩具，其中就可以记录多组声音数据，而且可以根据具体的选择发出不同的声音（参见对比文件3说明书第4页第10行至第5页第12行），对比文件3能够给所属领域的技术人员以启示，即恰当地设置一个切换开关及记录部进而可以根据具体情况发出声音，而且对比文件3公开的技术方案与本申请属于相同技术领域，都是用于玩具上录放音，因此区别特征3）也被对比文件3所公开且给出了与对比文件1相结合的启示。由此可见，在对比文件1、2结合的基础上再结合对比文件3得出权利要求1请求保护的技术方案是显而易见的，而且它们的结合没有产生预料不到的技术效果，因此该权利要求不具备突出的实质性特点和显著的进步，因此权利要求1不具备专利法第22条第3款规定的创造性。

请求人在意见陈述中的意见①认为，权利要求1中相对于对比文件1~3具备的优点是可以防止将第1记录部的第1声音数据错误地写入，对此合议组认为：对比文件3中的语音智能玩具中就可以根据具体的选择发出不同的声音，能够给所属领域的技术人员以启示，即恰当地设置一个切换开关及记录部进而可以根据具体情况发出声音。当这样的切换开关一旦被设置在声音选择电路中，播放声音的时候就仅是被选择的发音电路进行播放，而其他的声音数据是不会被操作的，因此采用这种声音选择电路必然会有上述技术效果，对请求人上述观点，合议组不予支持。

（2）权利要求2的附加技术特征为“所述变换部和所述记录部中的至少一个是以预先设定的时间以上连续接收动作信号为条件进行动作”，根据对比文件2中的说明书第0018段的记载可知，只有声音接收部3持续接收2秒以上动作信号后才开始记录数据，因此该附加技术特征为对比文件2所公开。

权利要求6的附加技术特征为“还具备在内部容纳所述操作部的、至少一部分是由弹性体制造的外壳，所述操作部是按压型的开关，被配置在通过所述外壳的弹性体部分可以从外部按下的位置上”，本申请要求保护的是一个球形玩具，而球形玩具一般是提供给使用者滚动、拍打之用，所以如果需要在球体上设置开关，所属领域的技术人员很容易想到将开关设置在球体表面之下的凹陷部分，以避免在球体滚动、被拍打时误碰其开关，造成使用时的不便，且考虑到保护开关结构的完整清洁等因素，所属领域的技术人员也容易想到在开关之上也可以设置弹性材料覆盖于球体表面。因此，如上所述，在球形玩具的凹陷处设置开关并在其上设置弹性材料的技术手段属于所属技术领域的惯用技术手段。

权利要求9、10的附加技术特征分别为“所述再现部在所述检测部检测出冲击后又经过给定的时间之后，根据所述声音数据发出声音”、“所述给定的时间在0.1秒以上1秒以下”，由对比文件1的附图8中的流程图和说明书第3页第4栏第7~12行可知，在检测到冲击之后，经过给定的时间后（S8步骤），第1、2声音回路才开始工作输出。因此，权利要求9的附加技术特征为对比文件1所公开。权利要求10中关于给定时间的限制是所属领域的技术人员可以根据具体需要自行进行设定的，属于所属领域的惯用技术手段。

如上所述，权利要求2、6、9、10的附加技术特征或者被对比文件1或者被对比文件2所公开或者是所属领域的惯用技术手段，在其引用的权利要求1不具备创造性的情况下，权利要求2、6、9、10也不具备专利法第22条第3款规定的创造性。

（3）关于权利要求3、5，由对比文件3说明书第4页第18~21行的记载可知，在将开关K置于闭合位置，再按下按键开关12才开始录音工作，开关K和按键开关相当于权利要求5中的两个顺序操作的操作部，这样的设置可以防止误录音，故权利要求3的附加技术特征被对比文件3所公开；由对比文件3说明书第5页第1~12行的记载可知，记录部可以记录多个声音数据并且能够根据要求通过外部的操作来提取一个或多个数据，由此可见权利要求5的附加技术特征也被对比文件3所公开。因此，当引用的权利要求不具有创造性时，权利要求3、5也不具有创造性。

（4）权利要求4进一步限定了一个被覆部，一个球形玩具，其主要的用途就是滚动或者拍打，因此，对于其外露的部件进行覆盖保护是显然的，也即这样被覆部的增加对于所属领域的技术人员而言是容易想到的，因此，当权利要求4引用的权利要求不具备创造性时，权利要求4也不具备专利法第22条第3款规定的创造性。

（5）权利要求7、8限定了声音数据选择进行播放，而对文件3第5页第1~12行公开了玩具可以录音并可播放多个声音数据，而对数据选择播放则是所属领域的技术人员可以根据产品的应用环境和用户的需求而进行设置的，属于所属领域的惯用技术手段。因此，当权利要求7、8引用的权利要求不具备创造性时，权利要求7、8也不具备专利法第22条第3款规定的创造性。

（6）权利要求11、12、13不具备专利法第22条第3款规定的创造性。

权利要求11、12、13附加技术特征中进一步限定的内容涉及的是球形玩具中各个部件的布置，由对比文件1可以看出，各个部件是放置在一个外壳内，具有扩散声音的扩散孔（1a），显然，在这样的球形玩具中增加录音功能后，所属领域的技术人员能够结合球形玩具的特点和需要而设置采音孔，同时对各个部件进行合理的布置，这种部件上的布置属于所属领域的惯用技术手段，因此当权利要求11、12、13引用的权利要求不具备创造性时，这些特征的限定显然不能给请求保护的技术方案带来任何突出的实质性特点和显著的进步，因此权利要求11、12、13也不具备专利法第22条第3款规定的创造性。

（7）权利要求14的技术方案实际上为权利要求3的技术方案中除去“不管作用于所述操作部的操作，而禁止所述变换部和所述记录部中的至少一个的动作的禁止部”以及“所述记录部具有容纳基于所述电子信号……并根据所述第2声音数据发生声音”技术特征而构成的技术方案。因此关于权利要求14的创造性评述方式可以参见本决定针对权利要求1与权利要求3的评述，权利要求14不具备专利法第22条第3款规定的创造性。

请求人在意见陈述中的意见②认为，权利要求14的技术方案相对于对比文件1~3具备以下优点：用户在预定时间内对多个操作部进行错误操作的可能性低，能够防止操作部被误操作。对此合议组认为：对比文件3已经公开了将开关K置于闭合位置，再按下按键开关12才开始录音工作，开关K和按键开关相当于权利要求5中的两个顺序操作的操作部，这样的设置可以防止误录音，因此权利要求14并不具有突出的实质性特点和显著的进步。

（8）权利要求15的技术方案实际上为权利要求5的技术方案中除去“不管作用于所述操作部的操作，而禁止所述变换部和所述记录部中的至少一个的动作的禁止部”以及“所述记录部具有容纳基于所述电子信号……并根据所述第2声音数据发生声音”技术特征而构成的技术方案。因此关于权利要求15的创造性评述方式可以参见本决定针对权利要求1与权利要求5的评述，权利要求15不具备专利法第22条第3款规定的创造性。

请求人在意见陈述中的意见②认为，权利要求15的技术方案相对于对比文件1~3具备以下优点：用户可以将多个声音记录在球形玩具中，用户可以选择并再现期望的声音，本申请的球形玩具可以给用户提供更多的趣味性。对此合议组认为，对比文件3已经公开了玩具可以录音并可播放多个声音数据，用户同样可以选择并再现期望的声音，因此权利要求15并不具有突出的实质性特点和显著的进步。

（9）权利要求16的技术方案实际上为权利要求7的技术方案中除去“不管作用于所述操作部的操作，而禁止所述变换部和所述记录部中的至少一个的动作的禁止部”以及“所述记录部具有容纳基于所述电子信号……并根据所述第2声音数据发生声音”技术特征而构成的技术方案。因此关于权利要求16的创造性评述方式可以参见本决定针对权利要求1与权利要求7的评述，权利要求16不具备专利法第 22 条第 3 款规定的创造性。

请求人在意见陈述中的意见②认为，权利要求 16 的技术方案相对于对比文件 1~3 具备以下优点：用户不清楚是哪个第 1 声音数据再现，更增加了球形玩具的趣味性。对此合议组认为，对数据选择播放规则是所属领域的技术人员可以根据产品的应用环境和用户的需求而进行设置的，属于所属领域的惯用技术手段。随机选择某一种声音进行播放，也没有获得语料不到的技术效果，因此权利要求 16 并不具有突出的实质性特点和显著的进步。

综上所述，本申请权利要求 1~16 不具备专利法第 22 条第 3 款规定的创造性。

三、决定

维持国家知识产权局于 2007 年 1 月 12 日对 02104651. 4 号发明专利申请所作出的驳回决定。

请求人对本决定不服的，可以根据专利法第 41 条第 2 款的规定，自收到本决定之日起三个月内向北京市第一中级人民法院起诉。

136

免疫分析试剂和分析方法

复审请求审查决定（第14437号）

决　定　号　第14437号
决　定　日　2008年8月21日
发明创造名称　免疫分析试剂和分析方法
国际分类号　G01N 33/543
复审请求人　株式会社三菱化学药得论
申　请　号　01804853.6
优先权日　2000年12月11日
申　请　日　2001年12月11日
公　开　日　2003年3月19日
合议组组长　刘颖杰
主　审　员　周　航
参　审　员　李晓娜

法律依据　专利法第22条第3款
决定要点

如果权利要求请求保护的技术方案与最接近现有技术之间的区别为另一份对比文件中披露的相关技术手段，并且所起作用和技术效果相同，或者所述区别为本领域中解决同样技术问题时的常用技术手段，则该权利要求的技术方案相对于现有技术不具备创造性。

一、案由

本复审请求涉及申请号为01804853.6、名称为“免疫分析试剂和分析方法”的PCT发明专利申请，其申请日为2001年12月11日，优先权日为2000年12月11日，进入中国国家阶段的日期为2002年8月12日，公开日为2003年3月19日，申请人原为株式会社药得论，后于2005年1月7日变更为株式会社三菱化学药得论。

经实质审查，国家知识产权局专利实质审查部门于2006年6月16日以本申请权利要求1不符合专利法第22条第3款所规定的创造性为由驳回了本申请。驳回决定针对的文本是：申请人于2006年3月21日提交的权利要求第1项，说明书第2、2a页，本申请进入中国国家阶段时提交的国际申请文件的说明书第1、3、5~11页，说明书附图第1页，说明书摘要及摘要附图，2003年11月18日提交的说明书第4页。驳回决定所针对的权利要求书如下：

“1. 包括如下（1）和（2）步骤的胶乳凝集方法：

（1）首先使可能含有待分析物质的被检测样品与待分析物质的抗原或抗体结合了1分子生物素的缀合物接触，接下来再与结合了抗生物素蛋白的胶乳粒子接触的步骤；以及

（2）通过检测由待分析物质和缀合物之间形成的免疫复合物以及抗生物素蛋白结合胶乳粒子引起的凝集程度，分析待分析物质的步骤。”

驳回决定中引用了如下两篇对比文件：

对比文件1：WO87/04794A1（公开日为1987年8月13日）；

对比文件2：EP0302715A1（公开日为1989年2月8日）。

驳回决定的具体理由是：本申请权利要求1请求保护一种胶乳凝集方法，对比文件2公开了一种免疫分析方法，其中采用了胶乳粒子，本申请权利要求1与对比文件2的区别在于：（1）其中抗原或抗体结合生物素的量是一分子，（2）其中检测的是胶乳粒子引起的凝集程度。上述区别技术特征已被对比文件1中公开，对比文件1和2属于相同的技术领域，在对比文件1的启示之下，本领域技术人员很容易想到将对比文件1和2结合得到本申请权利要求1的技术方案，因此该权利要求不符合专利法第22条第3款有关创造性的规定。

申请人株式会社三菱化学药得论（下称复审请求人）对上述驳回决定不服，于2006年10月8日向专利复审委员会提出复审请求，同时提交了权利要求书的修改替换页以及两份抗体结构和反应原理示意图形式的附件。其中将权利要求1中的“抗原或抗体”修改为“抗体片段Fab′”，复审请求人认为：对比文件1和2都没有公开本申请权利要求1中一个生物素分子结合了抗体片段Fab′的技术特征，并认为根据本申请实施例1的方法就能够实现抗体片段与一个生物素分子结合，其提供的附件1用以说明Fab′片段的结构，附件2用以说明本申请与对比文件1所公开试剂的区别。其中修改之后的权利要求书如下：

“1. 包括如下（1）和（2）步骤的胶乳凝集方法：

（1）首先使可能含有待分析物质的被检测样品与待分析物质的抗体片段Fab’结合了1分子生物素的缀合物接触，接下来再与结合了抗生物素蛋白的胶乳粒子接触的步骤；以及

（2）通过检测由待分析物质和缀合物之间形成的免疫复合物以及抗生物素蛋白结合胶乳粒子引起的凝集程度，分析待分析物质的步骤。”

经形式审查合格后，专利复审委员会受理了该复审请求，并于2006年11月1日发出复审请求受理通知书，并将案卷移交原审查部门进行前置审查。在前置审查中，原审查部门认为采用抗体片段Fab′是本领域的常用手段，因此修改后的权利要求仍然不具备创造性，坚持原驳回决定。

专利复审委员会依法成立合议组对本复审请求案进行审理。

本案合议组于2008年2月20日发出复审通知书，其中指出：本申请权利要求1涉及一种胶乳凝集方法，对比文件1公开了一种通过免疫凝集反应检测分析物存在的方法，二者区别在于：（1）权利要求1涉及待测分析物与两种可以相互结合的试剂先后接触的步骤，而对比文件1中这两种试剂事先已经复合为一种试剂，从而同时与待测分析物相接触；（2）权利要求1中是将分析物的抗体片段Fab′与一分子生物素相结合，而对比文件1中是将分析物的抗体与生物素相结合，而且没有公开抗体与生物素的结合比例。其中区别（1）在本申请中产生的技术效果是防止胶乳离子过早自凝，从而提高灵敏度，该区别（1）已在对比文件2中公开，且所起的作用和所实现的技术效果与其在本申请中的相同，在对比文件2给出的启示之下，本领域技术人员很容易想到将其与对比文件1相结合以解决凝集反应中过早凝集而使试剂灵敏度降低的问题。至于区别点（2）是本领域技术人员很容易想到和实现的，并且没有给本申请的技术方案带来意料不到的技术效果。此外，复审请求人提供的附件1是

典型的抗体结构图，其所标注的抗体 Fab、Fc 片段与本领域所公知的并无二致；附件 2 仅示意性地表示了本申请和对比文件 1 中的试剂差异（主要是抗体结合的生物素分子数量不同）以及其对试验结果的影响，然而本领域技术人员出于改进凝集反应中过早凝集而导致试剂灵敏度降低的动机，在结合对比文件 1、2 和公知常识之后，所得到的技术方案能够破坏本申请权利要求 1 的创造性，即附件 1 和 2 的内容并不足以证明本申请权利要求 1 相对于对比文件 1 和 2 与公知常识的结合具备创造性。

针对上述复审通知书，复审请求人于 2008 年 5 月 27 日提交了意见陈述书，其中未对申请文件进行任何修改。复审请求人强调，（1）本申请技术方案中“首先将待测样品与偶联了一个生物素分子的 Fab′片段相接触”可以避免现有技术中因吸附于胶体颗粒表面的失活抗体（或抗原）所引起的非特异性反应；（2）对比文件 1 实施例中采用的生物素化试剂由于本身的性质，与抗原或抗体缀合时必然含有多个生物素分子，而本申请中采用“马来酰亚胺生物素”作生物素化试剂，用 Fab′片段作抗体，因此所得到的缀合物含有一个生物素分子，这种选择和组合并非本领域技术人员容易想到的。

本案合议组仔细研究了本申请和复审请求人的意见陈述之后认为，本案事实已经清楚，可以依法作出决定。

二、决定的理由

1. 关于审查文本

本决定针对的文本是：复审请求人于 2006 年 10 月 8 日提交的权利要求第 1 项，本申请进入中国国家阶段时提交的国际申请文件的说明书第 1、3、5~11 页，说明书附图第 1 页，说明书摘要及摘要附图，2003 年 11 月 18 日提交的说明书第 4 页，2006 年 3 月 21 日提交的说明书第 2、2a 页。

2. 关于专利法第 22 条第 3 款

专利法第 22 条第 3 款规定：“创造性，是指同申请日以前已有的技术相比，该发明有突出的实质性特点和显著的进步，该实用新型有实质性特点和进步。”

在本案中，独立权利要求 1 要求保护一种胶乳凝集方法，包括步骤（1）和（2），其中步骤（1）涉及使待测样品与待分析物质的抗体片段 Fab′结合了一分子生物素的缀合物接触，再与结合了抗生物素蛋白的胶乳粒子接触，步骤（2）涉及检测凝集程度，分析待分析物质。

对比文件 1 公开了一种通过免疫凝集反应检测分析物存在的方法（参见对比文件 1 第 10 页第 13 行至第 12 页第 11 行），包括将待测样品与一种试剂接触并检测凝集程度的步骤，其中所述试剂包括惰性颗粒如胶乳粒子（参见对比文件 1 第 11 页第 33 行），与该惰性颗粒非共价连接的多个抗生物素蛋白分子，以及与该抗生物素蛋白分子的至少一部分相复合的生物素衍生物，每个生物素衍生物上共价连接着对待测分析物特异性的配体。此外，对比文件 1 摘要部分记载，这种试剂适用于各种分析方法，包括凝集反应法和夹心测定法。

由此可见，对比文件 1 公开的内容与本申请权利要求 1 技术方案的区别在于：（1）权利要求 1 涉及待测分析物与两种可以相互结合的试剂先后接触的步骤，而对比文件 1 中这两种试剂事先已经复合为一种试剂，从而同时与待测分析物相接触；（2）权利要求 1 中是将分析物的抗体片段 Fab′与一分子生物素相结合，而对比文件 1 中是将分析物的抗体与生物素相结合，而且没有公开抗体与生物素的结合比例。

对于上述区别技术特征，复审请求人强调“首先将待测样品与偶联了一个生物素分子的 Fab′片段相接触”可以避免现有技术中因吸附于胶体颗粒表面的失活抗体（或抗原）所引起的非特异性反应；此外，对比文件 1 实施例中采用的生物素化试剂由于本身的性质，与抗原或抗体缀合时必然含有多个生物素分子，而本申请中采用“马来酰亚胺生物素”作生物素化试剂，用 Fab′片段作抗体，所得到的缀合物含有一个生物素分子，这一选择和组合并非本领域技术人员容易想到的。

对此，合议组认为：上述区别点（1）的目的在于防止胶乳离子过早地自凝，从而比对比文件1中采用一种复合的试剂的方案具有灵敏度提高的技术效果（参见本申请说明书第10页第3段）。而上述区别点已在对比文件2中公开并取得了同样的技术效果。

对比文件2涉及一种利用胶乳颗粒试剂进行免疫测定hCG的方法，包括在测定孔中加入生物素与hCG抗体复合物（相当于权利要求1中待分析物质的抗体结合生物素的缀合物），然后先后加入待测样品、酶标记二抗，再加入聚合物胶乳颗粒与抗生物素蛋白相复合的免疫反应性试剂（相当于权利要求1中的结合了抗生物素蛋白的胶乳粒子），显色后检测形成的复合物。

尽管对比文件2的方法是基于酶联免疫反应而不是免疫凝集反应进行的，其中除了分别与生物素和抗生物素蛋白结合的抗体和胶乳颗粒之外，还使用了酶标二抗试剂，但该对比文件2与本申请权利要求1技术方案的相同之处在于，在免疫反应中均利用了生物素与抗生物素蛋白之间能够特异性多位点结合以增强凝集程度的特性。根据对比文件2第2页第59行至第3页第3行所述，其希望避免诊断方法中与试剂共价连接的生物素和抗生物素蛋白之间过早交联和凝集的问题（意味着反应灵敏度提高），其中免疫性物质不直接与不溶载体（即胶乳颗粒）相连。由此可见，对比文件2公开了本申请与对比文件1之间的区别点（1），并且该区别点（1）在对比文件2中所起的作用与其在本申请中相同，即实现了相同的技术效果。因此，在对比文件2给出的启示之下，本领域技术人员很容易想到将其与对比文件1相结合以解决凝集反应中过早凝集而使试剂灵敏度降低的问题，即，在对比文件1的免疫凝集反应中，使分析物的抗体不直接与胶乳颗粒相连，而是如对比文件2中那样，分别形成分析物抗体与生物素的缀合物以及胶乳粒子与抗生物素蛋白的复合物两种试剂，并先后与待测样品相接触。故上述区别点（1）并不能给权利要求1的技术方案带来突出的实质性特点和显著的进步。

至于区别点（2），其是本领域技术人员很容易想到和实现的（即显而易见的），而且其也没有给本申请的技术方案带来意料不到的技术效果，具体原因如下：

首先，尽管对比文件1和2中都没有文字记载与生物素结合的是抗体片段Fab′，但如本领域所公知，抗体片段Fab′是抗体结构中具有抗原结合功能的区段，其获得手段是本领域常用的现有技术，况且本申请说明书第4页第5段记载了“与生物素结合的抗原或抗体只要是分别引起待分析物质和抗原抗体反应的抗原或抗体，并没有特别限定，作为抗体（包括单克隆抗体和多克隆抗体）可以使用免疫球蛋白本身，或抗体片段［例如，Fab、Fab′、F（ab′）2、Fv］”，由此表明在该技术方案中采用整个抗体还是抗体片段Fab′来与生物素相结合是本领域技术人员根据成本、测量精度等的需要很容易进行选择的，并且使用抗体片段Fab′与生物素结合并不会给整个技术方案带来意料不到的技术效果。

其次，尽管对比文件1和2中没有公开使一分子生物素结合抗体片段，但正如上面所论述，将抗体/抗体片段与生物素相连接的目的是为了避免测定之前分析物抗体直接与胶乳粒子连接而容易发生凝集反应，因此本领域技术人员基于上述目的在结合对比文件1和2时显然应当明白，在所得到的技术方案中应控制与抗体/抗体片段连接的生物素分子数量，使其尽量少而不至于在分析物不存在的情况下加入抗生物素蛋白与微粒缀合物也会产生凝集，而抗体/抗体片段上只结合一分子的生物素是达到上述要求的最理想试剂模式，故上述区别及其带来的相应技术效果对本领域技术人员来说也是显而易见的，并且由于抗体结构的稳定性和各种抗体片段制备技术的普遍公知性，本领域技术人员通过有限次的试验也容易做到使抗体/抗体片段上只结合一分子的生物素。此外，使一分子生物素结合抗体的显而易见性和容易实现性在本申请中也存在相关的描述，参见本申请说明书第4页第2段的记载“本发明中使用的缀合物可以根据众所周知的方法制备，例如，通过使用生物素化试剂，使1分子或1分子以上生物素（优选1分子）通过化学方式结合于抗原或抗体，或是使1分子或1分子以上生物素（优选1分子）通过物理方式吸附于抗原或抗体上，然后继续将没有与抗原或抗体结合或吸附的残存生物素除去后，通过用缓冲液稀释到最适浓度可以得到本发明使用的缀合物”。

通过上述可知，“使一分子生物素与抗体片段 Fab′连接” 是本领域常用的技术手段。

综上所述，在对比文件 1 和 2 的基础上结合本领域的公知常识得到本申请权利要求 1 的技术方案无需本领域技术人员付出创造性劳动，并且同样能够实现本申请技术方案中避免非特异性反应的技术效果。此外，复审请求人认为的本申请中采用“马来酰亚胺生物素” 作生物素化试剂以及 Fab′片段作抗体可以实现抗体/抗体片段上只结合一分子生物素，而对比文件 1 中采用的具体实施方式由于机理不同无法实现的观点，由于在本申请权利要求 1 的技术方案中并未体现上述特征，因此其也不能成为本申请权利要求 1 具备创造性的理由。

因此，本申请的权利要求 1 不符合专利法第 22 条第 3 款有关创造性的规定，基于以上事实和理由，本案合议组作出以下审查决定。

三、决定

维持国家知识产权局于 2006 年 6 月 16 日对申请号为 01804853.6 的发明专利申请作出的驳回决定。

复审请求人对本决定不服的，可以根据专利法第 41 条第 2 款的规定，自收到本决定之日起三个月内向北京市第一中级人民法院起诉。

137

一种伪装技术

复审请求审查决定（第 14443 号）

决　定　号　第 14443 号
决　定　日　2008 年 9 月 2 日
发明创造名称　一种伪装技术
国际分类号　G02F 1/01，G06T 1/00，G02B 27/22
复审请求人　刘晓华
申　请　号　200410024828. 7
申　请　日　2004 年 5 月 26 日
公　开　日　2005 年 2 月 23 日
合议组组长　杨军艳
主　审　员　赵　鑫
参　审　员　王琦琳

法律依据　专利法第 26 第 3 款
决定要点

虽然说明书中给出了技术手段，但对所属技术领域的技术人员来说，该手段是含糊不清的，根据说明书记载的内容无法具体实施，则认为所属技术领域的技术人员按照说明书记载的内容无法实现本发明，不符合专利法第 26 条第 3 款的规定。

一、案由

本复审请求涉及申请号为 200410024828. 7、名称为“一种伪装技术”的发明专利申请（下称本申请），其申请日为 2004 年 5 月 26 日，公开日为 2005 年 2 月 23 日，申请人为刘晓华。

根据本申请说明书中的记载，本申请是利用传感器吸收目标的特征波，然后由软件方式复原模拟的外部背景波场情况，最后将要伪装成另一物体的软件模型加入其中原物体所在的位置，由发射器发射另一物体的波，从而使目标显示为另一物体，实现对目标的伪装。

经实质审查，国家知识产权局专利实质审查部门于 2007 年 8 月 17 日以说明书的撰写不符合专利法第 26 条第 3 款的规定为由作出驳回决定，驳回了本申请。驳回决定所依据的文本为：申请人于 2004 年 5 月 26 日提交的说明书摘要；2006 年 10 月 10 日提交的说明书第 2～3 页；2007 年 6 月 6 日提交的权利要求第 1～3 项、说明书第 1 页。

驳回决定的具体理由是：本申请的说明书中多处存在着撰写不清楚、不完整的地方，例如说明书第 2 页第 1 段中提到“利用发射器发射出的发射波抑制残余的入射波造成的该物体的本身特征波”、

“由计算机根据此数据用软件方式复原模拟外部背景波场情况”、“以软件模拟的方式得到此时在如此外部波场环境下另一物体所应表现出的出射波特征数据”、“用隐身技术将该物体相对要伪装成的另一物体多出的部分消去”等等，然而，说明书中并没有公开如何利用发射波抑制该物体的本身特征波，也没有说明怎样用软件方式复原模拟外部背景波场情况、如何以软件模拟的方式得到在外部波场环境下另一物体所应表现出的出射波特征数据、如何用隐身技术将该物体相对要伪装成的另一物体多出的部分消去，说明书中给出的仅是一种设想，从而本领域的普通技术人员按照说明书记载的内容，在不付出创造性劳动的情况下并不能再现该申请的技术方案，解决其伪装的技术问题，并且达到瞬间切换软件模型、瞬间完全变成另一种物体的技术效果。因此，说明书的撰写不符合专利法第 26 条第 3 款关于说明书应对发明作出清楚完整说明的规定。

申请人刘晓华（下称复审请求人）对上述驳回决定不服，于 2007 年 11 月 14 日向专利复审委员会提出了复审请求，同时提交了说明书第 1~2 页和权利要求书全文的修改替换页，其中对一些语句进行了调整并增加了对“抑制现象”的注释，以及提供附件 1~8，其中附件 1 是《电视原理与现代电视系统》一书的部分内容的复印件共 4 页；附件 2 为网络上下载的一篇名为《虚拟现实技术在光学实验教学中的应用》的文章简介；附件 3 为网络上下载的北京理工大学光学工程专业介绍；附件 4 为网络上下载的一篇名为《重建案发现场，永保现场不破坏》的文章；附件 5 是复审请求人的普通高等学校毕业证书；附件 6 为网页上下载的有关日本研发虚拟现实电视的相关报道；附件 7 是复审请求人对附件 6 的前瞻性报道所写的意义分析；附件 8 是复审请求人的英文私人信件。复审请求人认为：本发明所涉及的所有技术部分，无论是采集外界波场特征，信息的计算机处理加工（如虚拟现实技术），还是发射出射特征波（如全息术），都是光学领域已经存在的现有技术，都是本领域的公知常识甚至是成熟的应用技术，因此在相关技术文件中不需额外详细说明，本发明所做的创造性工作主要还是在于将有关技术、器材进行适当组合、搭配从而形成一个全新的系统，达到一个全新的功能、效果。同时给出了这一组合、搭配的新系统达到新功能的相关学术性基础依据、条件及理论。

经形式审查合格，专利复审委员会依法受理了该复审请求，于 2007 年 12 月 18 日向复审请求人发出复审请求受理通知书，并将案件转送至原实质审查部门进行前置审查。

原实质审查部门在前置审查意见书中认为复审请求人声称其本发明的技术组成部分都是现有技术没有充分的证据，因而坚持原驳回决定。

针对上述复审请求，专利复审委员会依法成立合议组对该复审请求案进行审理。本案合议组在仔细审阅了全部案卷后，于 2008 年 5 月 27 日向复审请求人发出复审通知书。合议组在复审通知书中指出：首先，说明书中并没有记载所述传感器如何实现入射波的完全吸收；其次，本领域的技术人员不知道“利用发射器发射出的发射波抑制残余的入射波造成的该物体的本身特征波”与“然后控制整个物体表面的发射器于相应部位发射出具有另一物体特征的相应波”中，用于抑制作用的发射波与发射表现另一物体的相应波之间是怎样的关系；再有，说明书中没有记载所述计算机用什么样的软件程序如何复原模拟外部背景波场情况，以及采用何种手段将另一物体的软件模型加入其中原物体所在的位置；最后，复审请求人提交的用来辅助证明其观点的附件 1~8 均没有公开具体采用什么样的传感器和发射器，利用怎样的软件来实施本申请的技术构思，实现本申请所声称的技术效果，因此上述附件不能支持复审请求人的观点。

复审请求人针对上述复审通知书于 2008 年 6 月 21 日提交了意见陈述书，没有对申请文本进行修改，同时提交了三个新的附件（编号续前）：附件 9 是网上下载的教材《虚拟现实技术（第二版）》相关信息内容的简介和目录，附件 10 是网上下载的教材《虚拟现实技术》相关信息内容的简介和目录，附件 11 是网上下载的教材《虚拟现实系统：接口、应用与设计》相关信息内容的简介和目录。

复审请求人针对复审通知书中的审查意见，在意见陈述书中争辩称：首先，说明书并未说是用传感器来吸收入射波，传感器不参与入射波的吸收，吸收光波的技术方法与手段是公知技术；其次，经过吸收后的残余入射波其能量等级相对于发射器发射的表示另一物体特征的相应波在能量等级上存在巨大的量级级别差异，正符合强光抑制弱光的条件；再有，针对什么样的发射器如何才能发射出可从任何角度来隐藏原来物体的特征波而呈现伪装物体的特征波，在说明书中已经说明“在该伪装技术中出射波可以采用全息术或其他三维成像技术”；针对什么样的软件程序能够实现本申请的伪装技术，该问题事实上在“虚拟现实技术”这一公知的一般技术中早已解决了，本领域的技术人员由其专业素养，毫无疑问地应该知道如何采用何技术、何软件、算法、工作流程等，这无需在本申请中重复；最后，附件1~8的作用和目的本就不是为了提供传感器等信息，上述附件尤其是附件3用来证明本发明所涉及的所有具体技术都是光学领域的公知常识和公知一般技术，因此在如此公知常识及一般技术前提下，作为组合发明，只需要讲明所需的技术步骤，每个技术步骤的基本操作流程及技术要求、目的，相关技术人员根据专业常识就应该知道在每个步骤中具体应该采用何种技术手段和工具，就能够实施发明。

至此，合议组认为本案事实已经清楚，现依法作出如下复审决定。

二、决定的理由

1. 关于审查文本

鉴于复审请求人在提出复审请求时对申请文件进行了修改，故本复审请求审查决定所针对的审查文本为：复审请求人于2004年5月26日提交的说明书摘要；2006年10月10提交的说明书第3页以及2007年11月14日提交的说明书第1~2页和权利要求第1~3项。

2. 关于专利法第26条第3款

专利法第26条第3款规定：说明书应当对发明或者实用新型作出清楚、完整的说明，以所属技术领域的技术人员能够实现为准；必要的时候，应当有附图。摘要应当简要说明发明或者实用新型的技术要点。

审查指南第二部分第二章第2.1.3节中规定：所属技术领域的技术人员能够实现是指所属技术领域的技术人员按照说明书记载的内容，就能够实现该发明或者实用新型的技术方案，解决其技术问题，并且产生预期的技术效果。说明书中给出了技术手段，但对所属技术领域的技术人员来说，该手段是含糊不清的，根据说明书记载的内容无法具体实施，这属于由于缺乏解决技术问题的技术手段而被认为是无法实现的情况。

就本案而言，本申请请求保护一种伪装技术，说明书中对其技术方案的记载仅为“该伪装技术在物体表面存在传感器和发射器并连接有计算机，本伪装技术的过程为：a. 当有波照射至表面时，传感器完全采集入射波的特征：波的方向、波长、频率、强度，对于可见光则为：方向、亮度、色调、饱和度；然后将入射波完全吸收，或绝大部分完全吸收，然后利用发射器发射出的发射波抑制残余的入射波造成的该物体的本身特征波；（注：此处抑制一词指“抑制现象”，即强光抑制弱光这一自然现象，在这里指用最终发射出的具有另一物体特征的相应波抑制残余的入射波造成的该物体的本身特征波）。b. 将采集到入射波的特征数据汇总至计算机，由计算机根据此数据用软件方式复原模拟外部背景波场情况，然后将要伪装成的另一物体的软件模型加入其中原物体所在位置，以软件模拟的方式得到此时在如此外部波场环境下另一物体所应表现出的出射波特征数据。c. 然后控制整个物体表面的发射器于相应部位发射出具有另一物体特征的相应波。在该伪装技术中出射波可以采用全息术或其他三维成像技术。”

由此可见，本申请为了实现“伪装”的目的，采用传感器采集入射波特征，然后完全吸收或绝大部分完全吸收入射波，再利用发射器的发射波抑制残余入射波造成的该物体本身的特征波，然后用软件模拟外部环境波场下应表现出的出射波数据，发射器发射具有另一物体特征的相应波这些技术手段，然而上述技术手段只是本申请技术方案的原理性步骤，各步骤的具体操作对于本领域技术人员来说是含糊不清的，本领域的技术人员根据说明书记载的内容无法具体实施本申请的技术方案。

首先，说明书中并没有记载如何实现入射波的完全吸收。众所周知，自然界中的光波从全方位、各角度射向物体，本领域的技术人员不知道什么样的设备或方法能够从全方位、各角度地实现对射向物体的光波的完全吸收；针对复审请求人在意见陈述书中认为的传感器不参与入射波的吸收，吸收光波的技术与手段是公知技术的观点，合议组认为，本申请并未公开采用何种手段实现对光波全方位、各角度的完全吸收，也无任何证据能表明上述手段属于本领域的公知常识。

其次，说明书中没有记载所述计算机用什么样的软件程序如何复原模拟外部背景波场情况，以及采用何种手段将另一物体的软件模型加入其中原物体所在的位置。本领域的技术人员难于获知，本申请所用软件的具体工作流程为何，该软件中采用怎样的算法来复原模拟外部背景波场的情况，复原模拟外部背景波场都需要那些数据和条件；本领域的技术人员也难于理解本申请所记载的“将要伪装成的另一物体的软件模型加入其中原物体所在位置”中的另一物体的软件模型是怎样的模型，该模型具体需要体现另一物体的什么特征数据，以及如何将该软件模型加入到原物体所在的位置上。针对复审请求人在意见陈述书中认为公知的“虚拟现实技术”已经解答了上述问题并给出附件9~11来辅助说明这些都是本领域的公知技术的意见，合议组认为，复审请求人所提供的附件9~11仅涉及虚拟现实技术的介绍，它们只是虚拟现实技术的基础理论简介和目录，并未记载如何从该基础理论推导出本申请所使用的软件程序这一具体的技术手段；针对复审请求人认为在本领域公知一般技术前提下，技术人员由其专业素养，毫无疑问地应该知道如何采用何技术、何软件、算法、工作流程等的意见。合议组认为，审查指南第二部分第四章第2.4节中明确指出，“所属技术领域的技术人员，也可称为本领域的技术人员，是指一种假设的‘人’，假定他知晓申请日或者优先权日之前发明所属技术领域所有的普通技术知识，能够获知该领域中所有的现有技术，并具有应用该日期之前常规实验手段的能力，但他不具有创造能力”，根据审查指南定义的本领域技术人员所应掌握的知识和具备的能力来看，其虽然知晓基本的技术内容，但不能针对各种复杂的具体情况对上述基本技术内容作出进一步深入的应用改进，因此其无法根据本申请公开的内容进行具体实施，不能解决本申请所要解决的问题，实现本申请所声称的效果。因此，本申请中虽然给出了技术手段，但对于所属技术领域的技术人员来说，该手段是含糊不清的。

最后，复审请求人在意见陈述书中认为附件1~8是为了证明本发明所涉及的所有具体技术都是光学领域的公知常识和公知一般技术，因此，在如此公知常识及一般技术前提下，作为组合发明，只需要讲明所需的技术步骤，每个技术步骤的基本操作流程及技术要求、目的，相关技术人员根据专业常识就应该知道在每个步骤中具体应该采用何种手段和工具，就能够实施发明。对此，合议组认为，附件1~8只是一些部分书籍内容、简介、目录、信件、证书等，其没有记载要实现本申请所必须的具体的技术手段，本领域的技术人员根据专业常识及本说明书公开的内容难以获知具体采用本领域怎样的技术手段以及使用本领域什么样的具体工具，才能实施本申请的技术方案，实现其所声称的技术效果。

综上所述，合议组认为：本申请说明书中给出的技术手段对所属技术领域的技术人员来说是含糊不清的，其仅涉及了原理性的步骤，在各种具体环境中进行具体应用时，仍然需要具体的实施步骤、参数条件等特征的详细描述，因此本领域技术人员根据本申请所公开的内容不能具体实施该方案，更难以实现本申请所声称的将目标物体表现成另一物体的伪装效果，因此，本申请的说明书没有对发明做出清楚完整的说明，不符合专利法第 26 条第 3 款的规定。

根据上述事实和理由，本案合议组依法作出以下审查决定。

三、决定

维持国家知识产权局于 2007 年 8 月 17 日对 200410024828.7 号发明专利申请作出的驳回决定。复审请求人对本决定不服的，可以根据专利法第 41 条第 2 款的规定，自收到本决定之日起三个月内向北京市第一中级人民法院起诉。

138

有两个蒸发器的制冷系统的运行控制方法

复审请求审查决定（第14527号）

决　定　号　第14527号
决　定　日　2008年9月3日
发明创造名称　有两个蒸发器的制冷系统的运行控制方法
国际分类号　F25B 5/02，F25B 49/02
复审请求人　LG电子株式会社
申　请　号　02158383.8
申　请　日　2002年12月31日
优先权日　2002年7月4日
公　开　日　2004年1月14日
合议组组长　朱文广
主　审　员　郭建强
参　审　员　樊延霞

法律依据　专利法第22条第3款
决定要点

在创造性的判断中，判断要求保护的发明对本领域技术人员来说是否显而易见，关键是看现有技术是否给出了将发明与最接近的现有技术的区别技术特征应用到最接近的现有技术以解决其技术问题的启示，如果给出了上述技术启示，则认为是显而易见的。

一、案由

本复审请求涉及申请日为2002年12月31日、申请号为02158383.8、发明名称为“有两个蒸发器的制冷系统的运行控制方法”的发明专利申请（下称本申请），申请人为LG电子株式会社。

国家知识产权局原审查部门针对申请人2005年6月30日提交的权利要求第1~19项、2005年2月18日提交的说明书第1~20页、2002年12月31日提交的说明书附图第1~8页和说明书摘要及摘要附图，于2005年12月9日做出了驳回决定，指出权利要求1~4相对于对比文件1（JP平10-19400A，公开日为1998年1月23日）和对比文件2（CN2495960Y，授权公告日为2002年6月19日）的结合不具备创造性，权利要求10相对于对比文件1、2和3（CN2098657U，公告日为1992年3月11日）的结合不具备创造性，不符合专利法第22条第3款的规定。

驳回决定所针对的权利要求1~4、10如下：

1. 一种有两个蒸发器的制冷系统的运行控制方法，由以下步骤组成：

（c）测量各储藏室的温度；

（d）比较各储藏室的测量温度；

（e）根据各储藏室的温度比较结果，调整流入各储藏室的蒸发器的制冷剂量，其中，通过不同地调整安装在连通各储藏室蒸发器的制冷剂管的分支点处的阀门单元的开口比，来调整流入蒸发器的制冷剂量。

2. 如权利要求1的方法中，其特征在于，步骤（c）由安装在各储藏室的温度传感器完成。

3. 如权利要求1的方法中，还包括在执行步骤（c）之前为各食物储藏室的设置多个参考温度的步骤（a）。

4. 如权利要求3的方法中，其特征在于，参考温度包括上限温度和下限温度。

10. 如权利要求1的方法中，还包括步骤（b），即在执行步骤（c）之前，为各储藏室设置温度区。

申请人（下称复审请求人）对上述驳回决定不服，于2006年3月24日向专利复审委员会提出复审请求，同时提交了权利要求1~19的修改替换页，复审请求人主要对权利要求1进行了修改，增加了“以100%：0%和0%：100%之间的不同的开口比值”的特征，修改后的权利要求1如下：

“1. 一种有两个蒸发器的制冷系统的运行控制方法，由以下步骤组成：

（c）测量各储藏室的温度；

（d）比较各储藏室的测量温度；

（e）根据各储藏室的温度比较结果，调整流入各储藏室的蒸发器的制冷剂量，其中，通过以100%：0%和0%：100%之间的不同的开口比值调整安装在连通各储藏室蒸发器的制冷剂管的分支点处的阀门单元的开口比，来调整流入蒸发器的制冷剂量。”

复审请求人认为：在权利要求1中增加“以100%：0%和0%：100%之间的不同的开口比值”的特征未超出原始公开的范围，同时与对比文件2中仅有的100%：0%和0%：100%开口比值不同，使得权利要求1具备创造性。从属权利要求2~4和10也因此具备创造性。

经形式审查合格，专利复审委员会受理了该复审请求，并向复审请求人发出了复审请求受理通知书，向国家知识产权局原审查部门发出了前置审查通知书，并将案卷转送给原审查部门进行前置审查。

在前置审查中，原审查部门认为权利要求1~4和10仍然不具备创造性，因此坚持原驳回决定。

专利复审委员会依法成立合议组并对本复审请求案进行了审理，于2007年3月1日向复审请求人发出复审通知书，指出：权利要求1相对于对比文件2中实施例1和2的结合、权利要求2~4相对于对比文件2和1的结合、权利要求10相对于对比文件2和3的结合不具备创造性，不符合专利法第22条第3款的规定。

复审请求人针对上述复审通知书，于2007年4月9日提交了权利要求书的修改替换页，包括新的权利要求1~16，其中将复审通知书所针对的从属权利要求3、4和9的附加技术特征加入到了权利要求1中，并删除了该从属权利要求3、4、9。修改后的权利要求1如下：

“1. 一种有两个蒸发器的制冷系统的运行控制方法，由以下步骤组成：

（a）为各食物储藏室的设置多个参考温度，参考温度包括上限温度和下限温度；

（c）测量各储藏室的温度；

（d）比较各储藏室的测量温度；

（e）根据各储藏室的温度比较结果，调整流入各储藏室的蒸发器的制冷剂量，其中，如果各储藏室温度都低于下限温度，压缩机将停止运行，并且，通过以100%：0%和0%：100%之间的不同的开口比值调整安装在连通各储藏室蒸发器的制冷剂管的分支点处的阀门单元的开口比，来调整流入蒸发器的制冷剂量。”

复审请求人认为：对比文件1~3中均未公开权利要求1中的“如果各储藏室温度都低于下限温度，压缩机将停止运行”，即复审通知书所针对的原从属权利要求9的附加技术特征，而且本申请具有更好的节能效果，因此权利要求1具备创造性，其从属权利要求也因此具备创造性。

针对上述修改文本，本案合议组于2007年6月25日向复审请求人发出复审请求口头审理通知书，定于2007年8月13日举行口头审理，并随口头审理通知书转送了合议组对上述修改文本的审查意见书，认为：权利要求1~6相对于对比文件2和1的结合不具备创造性，权利要求7~16相对于对比文件1~3的结合也不具备创造性，不符合专利法第22条第3款的规定。

口头审理如期举行，复审请求人参加了口头审理。针对专利复审委员会于2007年6月25日提出的审查意见，复审请求人认为：对比文件2中的两个实施例即实施例1和2并未公开本申请权利要求1中的“100%：0%”和“0%：100%”两个端值，两个实施例构思不同不能结合，此外本申请与对比文件2构思不同，对比文件2中没有给出通过调整各个开口比调节制冷量的启示，因此权利要求1具有创造性。

经过上述审查程序，合议组认为本案事实已经清楚，可以做出复审决定。

二、决定的理由

1. 审查的基础

本复审决定所针对的文本为复审请求人于2007年4月9日提交的权利要求第1~16项、2005年2月18日提交的说明书第1~20页、2002年12月31日提交的说明书附图第1~8页和说明书摘要及摘要附图。

2. 关于本专利的创造性

专利法第22条第3款规定，创造性是指同申请日以前已有的现有技术相比，该发明具有突出的实质性特点和显著的进步。

在创造性的判断中，判断要求保护的发明对本领域技术人员来说是否显而易见，关键是看现有技术是否给出了将发明与最接近的现有技术的区别技术特征应用到最接近的现有技术以解决其技术问题的启示，如果给出了上述技术启示，则认为是显而易见的。

具体到本案来说：

（1）关于权利要求1。

对比文件2的实施例1（见说明书第3页第15行至第4页第18行和附图1）公开了一种具有两个蒸发器7和8的冰箱的控制方法，在该冰箱的冷冻室和冷藏室内装有控制电磁阀5、6以及压缩机1运行的冷冻温控探头和冷藏温控探头（即该方法必然包括测量冷冻室和冷藏室内温度的步骤），并且电磁阀的开通或关闭受温控器的控制，根据冷藏室和冷冻室内的温度要求来确定电磁阀5、6的开闭，则该实施例必然包括比较冷藏室和冷冻室的测量温度的步骤。重要的是在实施例1中，电磁阀5和6可以同时开通，对冷藏室和冷冻室同时进行制冷，也就是说制冷剂可以同时流入蒸发器7和8，二者可以同时工作。由上可知，权利要求1和对比文件2实施例1的区别在于：权利要求1中限定的方法还包括步骤（a）为各食物储藏室设置多个参考温度，参考温度包括上限温度和下限温度，权利要求1的方案还包括步骤“如果各储藏室温度都低于下限温度，压缩机将停止运行，并且通过以100%：0%和0%：100%之间的不同的开口比值调整位于连通各储藏室蒸发器的制冷剂管分支点处的阀门单元的开口比来调整流入蒸发器的制冷剂量。”

对比文件2的实施例2公开了下述信息：即在两蒸发器制冷剂管路的分支点处设置一个电磁阀

4 来实现开通和关闭两个蒸发器 7、8（见说明书第 5 页第 3 段和附图 2），即电磁阀 4 在 100%：0% 和 0%：100% 这两个不同的开口比之间转换，来调整进入两个蒸发器的制冷剂量。如同原审查部门在驳回决定中所述的那样，实际上实施例 2 公开了上述权利要求 1 限定的阀门单元开口比的两个端值。此外，由上可知，对比文件 2 的实施例 1 公开了制冷剂可以同时流入蒸发器 7 和 8，这两个蒸发器同时工作。这和该发明的主要发明构思是相同的。在对比文件 2 实施例 1 和 2 的基础上，本领域的技术人员很容易想到使实施例 2 中的电磁阀 4 具有在 100%：0% 和 0%：100% 之间的不同的开口比，从而来调整进入两个蒸发器的制冷剂量，实现蒸发器 7 和 8 同时工作。并且，用来同时调节两个支路中流体流量的三通调节阀在本领域是非常常见的。另外，对比文件 1 公开了一种冷藏库，该冷藏库的冷藏室和冷冻室各有一个参考温度上限值和下限值（即冷藏室和冷冻室都设置有两个参考温度）。并且，当冷冻室的温度达到下限值时，关闭压缩机（见说明书第 3 栏第 1 行至第 50 行，第 5 栏第 0015 段和附图 1）。在对比文件 1 公开的上述信息的基础上，本领域的技术人员很容易想到在冷冻室和冷藏室的温度都低于下限温度时关闭压缩机，以节约能源，这无需付出创造性的劳动，也没有带来意想不到的技术效果。因此在对比文件 1 和 2 的基础上，本领域的技术人员无需付出创造性劳动即可得到权利要求 1 的技术方案。因而，权利要求 1 不具备创造性，不符合专利法第 22 条第 3 款的规定。

（2）关于权利要求 2。

在对比文件 1 公开的冷藏库中，冷藏库冷藏室 10 和冷冻室 20 的温度是由位于各室内的温度传感器 42 和 43 测得的（见说明书第 3 栏第 1 行至第 22 行，第 5 栏第 0015 段和附图 1），并且这些特征在对比文件 1 中所起的作用与在权利要求 2 中的相同。因此在对比文件 2 的基础上结合对比文件 1 得到权利要求 2 所要求保护的技术方案对于本领域的技术人员而言是显而易见的，并且其结合也未产生预料不到的技术效果。故而权利要求 2 也不符合专利法第 22 条第 3 款的规定。

（3）关于权利要求 3~6。

为了确保各个储藏室都保持在理想的制冷温度范围内（即使储藏室内的温度低于上限温度，高于下限温度），当一个储藏室的温度在下限温度以上时，本领域的技术人员很容易想到使更多的制冷剂流向温度较高的储藏室，即使该储藏室的蒸发器具有更大的阀门开口比（权利要求 5 的技术方案）；当两个储藏室的温度都低于下限温度时，本领域的技术人员也很容易想到使制冷剂流入温度相对较高的储藏室的蒸发器内（权利要求 6 的技术方案）；而在两个储藏室都需要冷却（即储藏室温度都高于上限温度）或者都需要冷却并且温度相同时，本领域的技术人员很容易想到使流入两个蒸发器的制冷剂量相同，即阀门的开口比为 50%：50%（权利要求 3 和 4 的技术方案）。这是一种非常常规的选择，并且也没有产生任何意想不到的技术效果。因此，在权利要求 1 不具备创造性的情况下，权利要求 3~6 也不具备创造性，不符合专利法第 22 条第 3 款的规定。

另外，复审请求人在口头审理中所陈述的“对比文件 2 中的两个实施例即实施例 1 和 2 并未公开本申请权利要求 1 中的“100%：0%”和“0%：100%”两个端值，两个实施例构思不同不能结合，此外本申请与对比文件 2 构思不同，对比文件 2 中没有公开各个开口比调节制冷量的启示，因此权利要求 1 具有创造性”等意见并无说服力，也与事实不符，并不能影响对比文件 2 和 1 相结合来否定权利要求 1 的创造性的结论。

因此，综上，本申请权利要求 1~6 分别相对于对比文件 1~2 的结合均不具备创造性，仍然不符合专利法第 22 条第 3 款的规定。

根据以上事实和理由，本案合议组作出如下审查决定。

三、决定

维持中华人民共和国国家知识产权局于 2005 年 12 月 9 日对 02158383.8 号发明专利申请做出的驳回决定。

复审请求人对本决定不服的，可以根据专利法第 41 条第 2 款的规定，自收到本决定之日起三个月内向北京市第一中级人民法院起诉。

139

双重式平板显示装置

复审请求审查决定（第14550号）

决　定　号　第14550号
决　定　日　2008年9月4日
发明创造名称　双重式平板显示装置
国际分类号　G02F 1/136，G02F 1/133，H01L 29/00，G09G 3/36
复审请求人　三星SDI株式会社
申　请　号　200410082679.X
申　请　日　2004年9月27日
优先权日　2004年2月9日
公　开　日　2005年8月17日
合议组组长　杨军艳
主　审　员　谢有成
参　审　员　李晓娜

法律依据　专利法第33条、第26条第4款，专利法实施细则第20条第1款
决定要点

判断修改是否超范围要基于原说明书和权利要求书记载的技术方案的实质内容，当原说明书没有明确的文字记载，但是修改的内容可以从原说明书文字记载的内容以及说明书附图直接地、毫无疑义地确定时，应当认为上述修改内容没有超出原说明书和权利要求书记载的范围，符合专利法第33条的规定。

一、案由

本复审请求案涉及申请号为200410082679.X、名称为“双重式平板显示装置”的发明专利申请（下称本申请），其申请日为2004年9月27日，优先权日为2004年2月9日，公开日为2005年8月17日，申请人为三星SDI株式会社。

2007年12月7日，国家知识产权局实质审查部门以申请人于2007年10月25日提交的权利要求第1~30项、说明书第3~8页，申请日提交的说明书第1~2页、说明书附图第1~4页、摘要和摘要附图为基础，以独立权利要求1、19、28和说明书相应部分修改超范围，不符合专利法第33条的规定，从属权利要求22、24得不到说明书的支持，不符合专利法第26条第4款的规定，以及权利要求1、19、28不清楚，不符合专利法实施细则第20条第1款的规定为由作出驳回决定。驳回决定所针对的权利要求1、19、22、24、28如下：

“1. 一种双重式平板显示装置，包括：
第一平板显示器板；和
第二平板显示器板；
其中第一和第二平板显示器板每个包括：
像素区，包括：
多条在第一方向分布的扫描线，
多条在垂直于第一方向的第二方向分布的数据线，和
设置在由多条数据线和与数据线交叉的扫描线形成的区域中的像素电极；和非像素区，包括：
处于扫描线或数据线输入端的多个开/关转换器件，
其特征在于所述开/关转换器件分别连结所述多条扫描线或多条数据线，转换所述第一平板显示器板和第二平板显示器板的多条扫描线或数据线的开/关状态，使得其彼此相反。
19. 一种双重式平板显示装置，包括：
第一和第二平板显示器板，每个包括：
多条扫描线，
多条数据线，和
多个像素电极；
栅极驱动器，向多条扫描线输出栅极驱动信号和栅极驱动电压；
数据驱动器，根据接收到的数据驱动器驱动信号向多条数据线输出驱动电压；
控制单元，产生数据驱动器驱动信号和栅极驱动信号；
驱动电压发生单元，从控制单元接收栅极驱动信号并向栅极驱动器输出栅极驱动电压；和
开/关转换器件，分别连结所述多条扫描线或多条数据线，转换所述第一平板显示器板和第二平板显示器板的多条扫描线或数据线的开/关状态，使得其彼此相反。
22. 如权利要求 19 所述的装置，其特征在于开/关转换器件控制单元响应于对处于开状态的第一平板显示器板的扫描线或数据线的控制，同时将第二平板显示器板的扫描线或数据线控制在关状态。
24. 如权利要求 19 所述的装置，其特征在于开/关转换器件控制单元响应于对处于关状态的第一平板显示器板的扫描线或数据线的控制，同时将第二平板显示器板的扫描线或数据线控制在开状态。
28. 一种双重式平板显示装置，包括：
第一和第二平板显示器板，每个包括：
多条扫描线，和
多条数据线，
多个处于扫描线或数据线输入端的开/关转换器件；
其特征在于转换器件分别连结所述多条扫描线或多条数据线，转换所述第一平板显示器板和第二平板显示器板的多条扫描线或数据线的开/关状态，使得其彼此相反。”
驳回决定的具体理由是：（1）权利要求 1、19、28 及说明书第 3 页第 16~17 行、第 24~26 行、第 30~31 行中的“转换所述第一平板显示器板和第二平板显示器板的多条扫描线或数据线的开/关状态，使得其彼此相反”既未明确记载在原说明书和权利要求书中，也不能由原说明书和权利要求书文字记载的内容以及说明书附图直接地、毫无疑义地确定，超出原说明书和权利要求书记载的范围，不符合专利法第 33 条的规定，原说明书中指出开/关转换器件控制单元是对非像素区的开/关转换器件 50 进行开/关状态响应和控制，而不是对扫描线或数据线的开/关状态进行响应和控制；（2）权利要求 22、24 中的“开/关转换器件控制单元响应于对处于开状态的第一平板显示器板的扫描线或数据

线的控制，同时将第二平板显示器板的扫描线或数据线控制在关状态”和“开/关转换器件控制单元响应于对处于关状态的第一平板显示器板的扫描线或数据线的控制，同时将第二平板显示器板的扫描线或数据线控制在开状态”与说明书中描述不一致，说明书中指出开/关转换器件控制单元是对非像素区的开/关转换器件50进行开/关状态响应和控制，而不是对扫描线或数据线的开/关状态进行响应和控制，因此权利要求22、24得不到说明书的支持，不符合专利法第26条第4款的规定；（3）权利要求1、19、28中“使得其彼此相反”无法清楚地确定“其”具体指代什么，造成权利要求1、19、28请求保护的范围不清楚，不符合专利法实施细则第20条第1款的规定。

申请人三星SDI株式会社（以下称复审请求人）对上述驳回决定不服，于2008年3月7日向专利复审委员会提出复审请求，同时提交了权利要求书全文（共包括30项权利要求）和说明书第3页的修改替换页，其中对权利要求1、19、28以及说明书相应部分进行了修改，对其他的权利要求并未修改，修改后的权利要求1、19、28如下：

“1. 一种双重式平板显示装置，包括：

第一平板显示器板；和

第二平板显示器板；

其中第一和第二平板显示器板每个包括：

像素区，包括：

多条在第一方向分布的扫描线，

多条在垂直于第一方向的第二方向分布的数据线，和

设置在由多条数据线和与数据线交叉的扫描线形成的区域中的像素电极；和非像素区，包括：

处于扫描线或数据线输入端的多个开/关转换器件，

其特征在于所述开/关转换器件分别连结所述多条扫描线或多条数据线，使得所述第一平板显示器板和第二平板显示器板的多条扫描线的开/关状态彼此相反，或使得所述第一平板显示器板和第二平板显示器板的多条数据线的开/关状态彼此相反。

19. 一种双重式平板显示装置，包括：

第一和第二平板显示器板，每个包括：

多条扫描线，

多条数据线，和

多个像素电极；

栅极驱动器，向多条扫描线输出栅极驱动信号和栅极驱动电压；

数据驱动器，根据接收到的数据驱动器驱动信号向多条数据线输出驱动电压；

控制单元，产生数据驱动器驱动信号和栅极驱动信号；

驱动电压发生单元，从控制单元接收栅极驱动信号并向栅极驱动器输出栅极驱动电压；和

开/关转换器件，分别连结所述多条扫描线或多条数据线，使得所述第一平板显示器板和第二平板显示器板的多条扫描线的开/关状态彼此相反，或使得所述第一平板显示器板和第二平板显示器板的多条数据线的开/关状态彼此相反。

28. 一种双重式平板显示装置，包括：

第一和第二平板显示器板，每个包括：

多条扫描线，和

多条数据线，

多个处于扫描线或数据线输入端的开/关转换器件；

其特征在于转换器件分别连结所述多条扫描线或多条数据线，使得所述第一平板显示器板和第二平板显示器板的多条扫描线的开/关状态彼此相反，或使得所述第一平板显示器板和第二平板显示器板的多条数据线的开/关状态彼此相反。”

复审请求人认为，由原说明书中记载的内容可以毫无疑义地确定开/关转换器件50的开状态和关状态与扫描线或数据线的开（导通）状态与关（截止）状态一一对应，因此对权利要求1、19、28以及说明书相应部分的修改符合专利法第33条的规定，同理权利要求22、24符合专利法第26条第4款的规定，且修改后的权利要求1、19和28请求保护的范围清楚，符合专利法实施细则第20条第1款的规定。

经形式审查合格，专利复审委员会依法受理了该复审请求，于2008年4月8日发出复审请求受理通知书，并于同一日向国家知识产权局原实质审查部门发出了前置审查通知书。

国家知识产权局原实质审查部门在前置审查意见中，认为修改后权利要求1的技术方案包括使得第一平板显示器板的多条扫描线（数据线）的开/关状态与第二平板显示器板的多条扫描线（数据线）的开/关状态相反的情况，还包括使得第一平板显示器板的多条扫描线（数据线）之间的开/关状态彼此相反以及第二平板显示器板的多条扫描线的开/关状态彼此相反的情况，因此“使得所述第一平板显示器板和第二平板显示器板的多条扫描线的开/关状态彼此相反，或使得所述第一平板显示器板和第二平板显示器板的多条数据线的开/关状态彼此相反”超出了原说明书和权利要求书记载的范围，不符合专利法第33条的规定，仍然坚持原驳回决定。

针对上述复审请求，专利复审委员会依法成立合议组，对本案进行审查。合议组在仔细审阅了全部案卷后，认为事实已经清楚，现依法作出审查决定。

二、决定的理由

1. 审查文本

本决定针对的文本为：复审请求人于2008年3月7日提交的权利要求第1~30项、说明书第3页，于2007年10月25日提交的说明书第4~8页，在申请日提交的说明书第1~2页、说明书附图第1~4页、摘要和摘要附图。

2. 决定的理由

（1）关于专利法第33条。

专利法第33条规定，申请人可以对其专利申请文件进行修改，但是，对发明和实用新型专利申请文件的修改不得超出原说明书和权利要求书记载的范围，对外观设计专利申请文件的修改不得超出原图片或者照片表示的范围。

经审查，原说明书全文记载了如下内容：在现有的双重式平板显示装置中，对于两个LCD面板的总共2n条扫描线（或数据线），需要从扫描（或数据）驱动器引出2n条布线，因此造成空间失效、显示装置变大，针对该问题，本申请提出一种技术方案，即对两个LCD面板的2n条扫描线（或数据线），只设置n条布线作为公共布线，该两个LCD面板的2n条扫描线（或数据线）分别通过开/关转换器件连结至相应的一条公共布线，对应这两个LCD面板形成了两组开/关转换器件，每一个开/关转换器件的开/关状态直接决定着与其相连的那条LCD面板的扫描线（或数据线）的开/关状态（即导通/截止状态），这样本申请通过设置n条公共布线即可达到对两个LCD面板提供扫描（或数据）信号的目的，从而减少了布线数，使其占用的空间减少、显示装置变小。

由说明书记载的上述内容可知，在本申请中，每个开/关转换器件的开/关状态同与其相连的那条LCD面板的扫描线（或数据线）的开/关状态对应，本申请正是通过控制与扫描线（或数据线）相连的开/关转换器件来控制（或说转换）两个LCD面板的各条扫描线（或数据线）的开/关状态（开/

关转换器件进一步由开/关转换器件控制单元控制），使这两个 LCD 面板的扫描线（或数据线）的开/关状态彼此相反。因此，修改后权利要求 1 中的技术特征“所述开/关转换器件分别连结所述多条扫描线或多条数据线，使得所述第一平板显示器板和第二平板显示器板的多条扫描线的开/关状态彼此相反，或使得所述第一平板显示器板和第二平板显示器板的多条数据线的开/关状态彼此相反”属于根据原说明书文字记载的内容以及说明书附图能够直接地、毫无疑义地确定的内容，没有超出原说明书和权利要求书记载的范围，符合专利法第 33 条的规定。

驳回决定中认为根据原始申请中所述，控制的不是扫描线或数据线的开/关状态，而是开/关转换器件。对此，合议组认为，上面已经论述了由原说明书整体内容可知本申请是通过开/关转换器件控制 LCD 面板的扫描线（或数据线）的开/关状态，并且原说明书（第 5 页第 12~17 行）文字中也记载了“……使得在驱动第一 LCD 板 100 时转换器件 50 的转换器件 S11~S1n 处于开（ON）状态……”、“为了驱动第二 LCD 板 200，位于第二 LCD 板 200 输入端处的转换器件 S21~S2n 被转换到开（ON）状态……”，本领域技术人员清楚地知道“驱动”是指给 LCD 板输入扫描信号，也即使扫描线处于开（导通）状态，而“不驱动”即是使扫描线处于关（截止）状态，因此，从原说明书的内容可以确定其包括了对扫描线（或数据线）的开/关状态的控制这一内容，驳回决定中的意见不成立。

前置审查意见书中认为修改后的权利要求 1 的内容除包括使得第一平板显示器板的多条扫描线（数据线）的开/关状态与第二平板显示器板的多条扫描线（数据线）的开/关状态相反的技术方案外，还包括超出原说明书和权利要求书记载范围的技术方案，即包括使得第一平板显示器板的多条扫描线（数据线）之间的开/关状态彼此相反以及第二平板显示器板的多条扫描线的开/关状态彼此相反的技术方案。对此，合议组认为，本申请原说明书和权利要求书中针对控制扫描线和控制数据线的两种情况提出了两个并列的技术方案，修改后权利要求 1 中“所述开/关转换器件分别连结所述多条扫描线或多条数据线，使得……或使得……”正体现了这两个技术方案；对于“使得所述第一平板显示器板和第二平板显示器板的多条扫描线的开/关状态彼此相反”这句话的理解，由于“……和……彼此相反”这样的句式表示的是“和”前后的对象两者之间彼此相反的意思，“和”为介词，引进比较的对象（参见《现代汉语词典》第 5 版），因此这句话应理解为对第一平板显示器板的多条扫描线的开/关状态和第二平板显示器板的多条扫描线的开/关状态进行比较，比较的结果是两者相反；且对于多条扫描线来说，“彼此相反”的用语从文法上也解释不通，只有两条扫描线之间才有所谓“彼此”之说，因此这句话中不含有对第一以及第二平板显示器板内部自身各扫描线之间的开/关状态进行比较的意思，所以，修改后的内容没有包括超出原说明书和权利要求书记载范围的技术方案，前置审查意见书中的意见不成立。

权利要求 19、28 及说明书相应部分的修改与权利要求 1 中所述的修改内容相同，因此同理，这些修改也没有超出原说明书和权利要求书记载的范围，符合专利法第 33 条的规定。

（2）关于专利法第 26 条第 4 款。

专利法第 26 条第 4 款规定，权利要求书应当以说明书为依据，说明要求专利保护的范围。

驳回决定中认为从属权利要求 22、24 其附加技术特征与说明书中的描述不一致，因此得不到说明书的支持。合议组认为，如上所述，本申请说明书中包括了对扫描线（或数据线）的开/关状态的控制这一内容，开/关转换器件控制单元通过对开/关转换器件的控制实现对扫描线（或数据线）开/关状态的控制，当通过第一组开/关转换器件使得第一平板显示器板的扫描线（或数据线）处于开状态时，开/关转换器件控制单元通过第二组开/关转换器件将第二平板显示器板的扫描线（或数据线）控制在关状态，上述内容即为权利要求 22 的附加技术特征的内容，因此权利要求 22 得到说明书的支持，符合专利法第 26 条第 4 款的规定。权利要求 24 的附加技术特征与权利要求 22 的附加技术特征相对应，因此同理权利要求 24 也符合专利法第 26 条第 4 款的规定。

（3）关于专利法实施细则第 20 条第 1 款。

专利法实施细则第 20 条第 1 款规定，权利要求书应当说明发明或者实用新型的技术特征，清楚、简要地表述请求保护的范围。

驳回决定中认为权利要求 1、19、28 中“使得其彼此相反”中的“其”指代不清楚。复审请求人在提出复审请求时已经对此进行了修改，修改后的内容“使得所述第一平板显示器板和第二平板显示器板的多条扫描线的开/关状态彼此相反，或使得所述第一平板显示器板和第二平板显示器板的多条数据线的开/关状态彼此相反”意思清楚，表示的是使得所述第一平板显示器板的多条扫描线的开/关状态和第二平板显示器板的多条扫描线的开/关状态彼此相反，或使得所述第一平板显示器板的多条数据线的开/关状态和第二平板显示器板的多条数据线的开/关状态彼此相反的意思，因此权利要求 1、19、28 请求保护的范围清楚，符合专利法实施细则第 20 条第 1 款的规定。

基于上述理由，本案合议组依法作出以下审查决定。

三、决定

在复审请求人提出复审请求时提交的修改文本的基础上，撤销国家知识产权局于 2007 年 12 月 7 日对 200410082679. X 号发明专利申请作出的驳回决定，由原实质审查部门以本决定针对的文本作为审查基础继续进行审批程序。

复审请求人对本决定不服的，可以根据专利法第 41 条第 2 款的规定，自收到本决定之日起三个月内向北京市第一中级人民法院起诉。

140

节能式大气冷凝水冷强化散热制冷装置

复审请求审查决定（第 14667 号）

决　　定　　号　第 14667 号
决　　定　　日　2008 年 8 月 28 日
发明创造名称　节能式大气冷凝水冷强化散热制冷装置
国 际 分 类 号　F25D21/14，F24F13/22
复 审 请 求 人　颜怀玮
申　　请　　号　200510021462.2
申　　请　　日　2005 年 8 月 12 日
公　　开　　日　2006 年 2 月 8 日
合 议 组 组 长　高　栋
主　　审　　员　郝海燕
参　　审　　员　李玲玲

法 律 依 据　专利法第 33 条
决 定 要 点

如果申请的内容通过改变其中的一部分，致使所属技术领域的技术人员看到的信息与原申请记载的信息不同，而且又不能从原申请记载的信息中直接地、毫无疑义地确定，那么这种修改是不允许的。

一、案由

本复审请求涉及申请号为 200510021462.2、申请日为 2005 年 8 月 12 日、名称为“节能式大气冷凝水冷强化散热制冷装置”的发明专利申请（下称本申请），申请人为颜怀玮。

国家知识产权局实质审查部门于 2007 年 10 月 12 日针对本申请作出了驳回决定。驳回决定所针对的文本是：2007 年 3 月 11 日提交的权利要求第 1 项，2006 年 11 月 16 日提交的说明书第 1～4 页、说明书附图第 1 页、摘要附图，2005 年 8 月 12 日提交的说明书摘要。驳回理由是：说明书和说明书附图的修改超出了原说明书及其附图记载的范围，不符合专利法第 33 条的规定。说明书中将原说明书的技术术语“冷凝器 L”全部用“蒸发器 L”替换、第 3 页第 2 段中“制冷后的制冷剂通过输送管道 Y1 进入压缩机 Y 压缩”、“压缩后散热前的制冷剂通过输送管道 S1 进入散热器 S 散热，散热后的制冷剂由输送管道 L1 送进蒸发器 L 吸热进行循环制冷”以及说明书附图 1 超出了原说明书及其附图的范围，修改后的说明书中制冷循环方向与原说明书公开的制冷循环方向相反，且本领域技术人员不能够从原申请记载的信息中直接地、毫无疑义地确定说明书记载的上述内容。因此，说明书及其附图

1 的修改超出原说明书及其附图 1 记载的范围。

驳回决定所针对的权利要求书的内容如下：

"1. 一种节能式大气冷凝水冷强化散热制冷装置，其特征是其由整机外壳（K）固定整机内部的所有器件；制冷剂输送管道（L_1）连通冷凝器（L）、冷凝器（L）外壳（K_1）和散热器（S）、散热器（S）外壳（K_1）；冷凝水输送管道（L_2）连通冷凝器（L）、冷凝器（L）外壳（K_1）和冷凝水收集箱（J）；冷却水输送管道（J_1）将冷却水送到散热器（S）、散热器（S）外壳（K_2）；冷却水输送管道（J_2）将冷却水送到压缩机（Y）、压缩机（Y）外壳（K_3）；散热后的制冷剂输送管道（S_1）连通散热器（S）、散热器（S）外壳（K_2）和压缩机（Y）、压缩机（Y）外壳（K_3）；压缩后的制冷剂输送管道（Y_1）连通压缩机（Y）、压缩机（Y）外壳（K_1）和冷凝器（L）、冷凝器（L）外壳（K_1）；冷气吹风机（C）固定在冷凝器（L）及其外壳（K_1）的进风面；散热风扇（F）固定在散热器（S）及其外壳（K_2）和压缩机（Y）及其外壳（K_3）的进风面。"

申请人（下称请求人）对上述驳回决定不服，于 2007 年 11 月 8 日向专利复审委员会提交了复审请求书，请求人认为：本领域技术人员可以且应从说明书或/和任何场合中看出并直接和毫无疑义地得出任何明显的原理性错误的结论；修改制冷循环方向原理性错误和无法定名称组件的形象化叫法没有改变技术方案、其也不是本发明的技术方案，故本申请的修改应当依法允许。

经形式审查合格后，国家知识产权局专利复审委员会受理了上述复审请求，并于 2007 年 12 月 13 日发出复审请求受理通知书和前置审查通知书。

实质审查部门对本复审请求进行前置审查，坚持驳回决定意见。

专利复审委员会依法成立合议组，对本复审请求进行审查。

专利复审委员会于 2008 年 6 月 5 日发出复审通知书，指出：（1）将原说明书和权利要求书中的"冷凝器 L"修改为"蒸发器 L"超出了原说明书和权利要求书记载的范围；（2）说明书第 3 页第 2 段中"制冷后的制冷剂通过输送管道 Y1 进入压缩机 Y 压缩"、"压缩后散热前的制冷剂通过输送管道 S1 进入散热器 S 散热，散热后的制冷剂由输送管道 L1 送进蒸发器 L 吸热进行循环制冷"以及说明书附图 1 中对 Y1、S1、L1 的箭头指示与原说明书和权利要求书的记载不一致，超出了原说明书和权利要求书的记载范围；（3）说明书第 2 页第 5 行至第 7 行记载的"冷气吹风机（C）固定在蒸发器 L 及其外壳 K1 的进风面；散热风扇 F 固定在散热器（S）及其外壳（K2）和压缩机（Y）及其外壳（K3）的进风面"与原说明书第 2 页第 3 段中记载的"冷气吹风机 C 将冷气吹送到需制冷的空间如房间、冷藏室（库）、冷库等"和"散热风扇 F 将压缩机和散热器产生的热气（汽）吹到大气中而散热"不一致，超出了原说明书和权利要求记载的范围；（4）权利要求 1 中记载的"冷气吹风机（C）固定在冷凝器（L）及其外壳（K1）的进风面；散热风扇（F）固定在散热器（S）及其外壳（K2）和压缩机（Y）及其外壳（K3）的进风面"与原说明书和权利要求书的记载不一致，超出了原说明书和权利要求书记载的范围。因此权利要求 1、说明书以及说明书附图的修改不符合专利法第 33 条的规定。

请求人针对复审通知书指出的问题，于 2008 年 7 月 25 日提交了意见陈述书、权利要求书和说明书全文替换页。修改方式为：（1）将说明书和权利要求书中的"蒸发器 L"修改为"冷凝器 L"；（2）将说明书和权利要求书中的"冷气吹风机（C）固定在蒸发器 L 及其外壳 K1 的进风面；散热风扇 F 固定在散热器（S）及其外壳（K2）和压缩机（Y）及其外壳（K3）的进风面"修改为"冷气吹风机 C 将冷气吹送到需制冷的空间如房间、冷藏室（库）、冷库等"和"散热风扇 F 将压缩机和散热器产生的热气（汽）吹到大气中而散热"。请求人认为关于说明书第 3 页第 2 段中"制冷后的制冷剂通过输送管道 Y1 进入压缩机 Y 压缩"、"压缩后散热前的制冷剂通过输送管道 S1 进入散热器 S 散热，散热后的制冷剂由输送管道 L1 送进蒸发器 L 吸热进行循环制冷"以及说明书附图 1 中对 Y1、S1、L1 的箭头指示与原说明书和权利要求书的记载不一致的修改，其修改的内容是原理性错误，箭号标反是毫无疑义的原理性错误，对上述内容的修改属于明显错误的修改，审查指南没有禁止修改原理性错误的规定。

修改后的权利要求书的内容如下：

“1. 一种节能式大气冷凝水冷强化散热制冷装置，其特征是其由整机外壳（K）固定整机内部的所有器件；制冷剂输送管道（L_1）连通冷凝器（L）、冷凝器（L）外壳（K_1）和散热器（S）、散热器（S）外壳（K_2）；冷凝水输送管道（L_2）连通冷凝器（L）、冷凝器（L）外壳（K_1）和冷凝水收集箱（J）；冷却水输送管道（J_1）连通散热器（S）、散热器（S）外壳（K_2）；冷却水输送管道（J_2）连通压缩机（Y）、压缩机（Y）外壳（K_3）；制冷剂输送管道（S_1）连通散热器（S）、散热器（S）外壳（K_2）和压缩机（Y）、压缩机（Y）外壳（K_3）；制冷剂输送管道（Y_1）连通压缩机（Y）、压缩机（Y）外壳（K_3）和冷凝器（L）、冷凝器（L）外壳（K_1）；冷气吹风机（C）将冷气吹送到需制冷的空间；散热风扇（F）将压缩机（Y）和散热器（S）产生的热气吹到大气中。”

至此，合议组认为，本案事实已经清楚，在上述审查基础上可以作出复审决定。

二、决定的理由

1. 审查文本

经审查，请求人于2008年7月25日提交的文本符合专利法实施细则第60条第1款的规定，因此合议组以请求人于2008年7月25日提交的说明书第1~4页、权利要求第1项，2006年11月16日提交的说明书附图第1页以及摘要附图，申请日提交的说明书摘要为基础进行审查。

2. 关于专利法第33条

专利法第33条规定：申请人可以对其专利申请文件进行修改，但是，对发明和实用新型专利申请文件的修改不得超出原说明书和权利要求书记载的范围。

请求人对说明书和说明书附图的修改超出了原说明书和权利要求书记载的范围，不符合专利法第33条的规定。

说明书第3页第2段中“制冷后的制冷剂通过输送管道Y1进入压缩机Y压缩”、“压缩后散热前的制冷剂通过输送管道S1进入散热器S散热，散热后的制冷剂由输送管道L1送进冷凝器L吸热进行循环制冷”以及说明书附图1中对Y1、S1、L1的箭头指示与原说明书和权利要求书的记载不一致，修改后的说明书中制冷剂的循环输送方向与原说明书中公开的制冷剂循环输送方向相反，由于原说明书和权利要求书中记载的技术方案是在制冷循环中回收冷凝水并将其用于散热器和压缩机的散热，因此制冷剂循环输送方向不同，上述修改致使本申请的节能式大气冷凝水冷强化散热制冷装置所采用的技术方案也就不同，由此也就导致了产生与原申请文件记载的技术方案不同的技术方案。

请求人在复审请求和答复复审通知书时指出：因修改的只是一个原理性错误、而原理性错误本身不是、也不可能是专利法所称的技术方案。合议组认为：审查指南第二部分第八章第5.2节对允许的修改和不允许的修改都作出了明确的规定，其中允许的修改中对修改最佳实施方式或实施例作出了明确规定：这种修改中允许增加的内容一般限于补入原实施方式或者实施例中具体内容的出处以及已记载的反映发明的有益效果数据的标准测量方法（包括所使用的标准设备、器具）。制冷剂循环输送是产生冷凝水冷强化散热必不可少的一个程序，本申请请求保护的是一种“节能式大气冷凝水冷强化散热制冷装置”，该“节能式大气冷凝水冷强化散热制冷装置”的内部器件以及这些内部器件之间的连接、输送关系构成了本申请说明书和权利要求书以及附图中公开的的技术方案，因此修改的不是一个原理性错误，而是改变了说明书和附图1中的技术方案，使得修改后技术内容不同于原申请记载的内容，因此超出了原说明书和权利要求书记载的范围。

请求人还指出审查指南中无禁止修改原理性错误的最为明显的错误的规定，依据法无明确禁止就是允许、就应依法保护的原则，原理性错误就应当依法允许修改。对此，合议组认为：审查指南第二部分第八章第5.2.3节中规定，如果申请的内容通过增加、改变/或删除其中的一部分，致使所属技术领域的技术人员看到的信息与原申请记载的信息不同，而且又不能从原申请记载的信息中直接地、毫无疑义地确定，那么这种修改是不允许的。由于请求人修改了制冷剂的循环输送方向，所属领域技术人员看到的信息与原申请记载的制冷剂的循环输送方向不同，而且从原申请记载的制冷剂的循环输送方向中直接地、毫无疑义地确定修改后的“制冷后的制冷剂通过输送管道Y1进入压缩机Y压缩”、“压缩后散热前的制冷剂通过输送管道S1进入散热器S散热，散热后的制冷剂由输送管道L1送进冷凝器L吸热进行循环制冷”以及说明书附图1中对Y1、S1、L1的箭头指示。因此合议组对请求人的意见不予接受。

综上所述，合议组认为本申请的说明书修改超范围，不符合专利法第33条的规定。

三、决定

维持国家知识产权局于2007年10月12日作出的针对申请号为200510021462.2的发明专利申请的驳回决定。

当事人对本决定不服的，可以根据专利法第41条第2款的规定，自收到本决定之日起三个月内向北京市第一中级人民法院起诉。

北京市第一中级人民法院
行政裁定书

（2009）一中行初字第854号

原告颜怀玮，男，1958年2月8日出生，汉族，美利坚合众国永久居留证号码A#055-433-254，通信地址四川省农业管理干部学院。

被告国家知识产权局专利复审委员会，住所地北京市海淀区北四环西路9号银谷大厦。

法定代表人张茂于，副主任。

委托代理人李卉，国家知识产权局专利复审委员会审查员。

委托代理人杨存吉，国家知识产权局专利复审委员会审查员。

原告颜怀玮不服被告国家知识产权局专利复审委作出的第14667号复审请求审查决定，向本院提起行政诉讼。本院于2009年3月16日受理后，依法组成合议庭，对本案进行了审理。在审理期间，本院先后二次依法传唤原告出庭参加诉讼，原告未到庭，且未委托诉讼代理人代为出庭。

经审查本院认为，原告经本院二次合法传唤，无正当理由拒不到庭，应视为其申请撤回起诉。依照《中华人民共和国行政诉讼法》第四十八条、第五十一条之规定，裁定如下：准许原告颜怀玮撤回起诉。案件受理费100元，由原告颜怀玮负担（已交纳）。

审　判　长　李纪红
代理审判员　张靛卿
代理审判员　龙　非
二〇〇九年十一月二十六日
书　记　员　郎莉萍

141

基于上转换发光技术免疫层析试纸条

复审请求审查决定（第14682号）

决　定　号　第14682号
决　定　日　2008年9月23日
发明创造名称　基于上转换发光技术免疫层析试纸条
国 际 分 类 号　G01N 33/558，G01N 33/547，G01N 21/64，G01N 33/531
复 审 请 求 人　中国人民解放军军事医学科学院微生物流行病研究所
申　请　号　200410034104.0
申　请　日　2004年4月23日
公　开　日　2005年11月2日
合 议 组 组 长　高桂莲
主　审　员　刘　铭
参　审　员　谢有成

法 律 依 据　专利法第22条第3款
决 定 要 点

如果权利要求请求保护的技术方案与一份对比文件中公开的技术方案存在区别特征，该区别特征在其他对比文件中没有被公开，并且也不属于本领域的公知常识，则该权利要求请求保护的技术方案相对于所述对比文件公开的技术方案具备创造性。

一、案由

本复审请求涉及申请号为200410034104.0、名称为“基于上转换发光技术免疫层析试纸条”的发明专利申请（下称本申请），申请日为2004年4月23日，申请人为中国人民解放军军事医学科学院微生物流行病研究所。本申请公开时权利要求书包括15项权利要求，具体如下：

“1. 一种基于上转换发光技术的免疫层析试纸，其特征在于，采用上转换发光材料即UCP作为生物标记物对目标被检物进行定量检测。

2. 如权利要求1所述的试纸条，其特征在于，试纸条对目标被检物进行检测后，检测结果在红外光的照射下将以可见光光信号的形式表现出来。

3. 如权利要求1所述的试纸条，其特征在于，作为试纸条检测结果的可见光光信号可用仪器进行判读。

4. 如权利要求1所述的试纸条，其特征在于，包括：

a. 样品垫；

b. 结合垫或结合物释放垫，其上固定有UCP标记的生物活性分子，UCP所标记的生物活性分子选自抗原、抗体、葡萄球菌蛋白A、外源凝激素、多聚核苷酸、受体配体、药物、细胞；

c. 分析膜，其上有检测带和质控带；

d. 吸水垫，通过虹吸作用提供液体流过整个试纸条的动力，其上有一终点指示带；

e. 塑料背板，其中一面涂有粘胶；

上述样品垫、结合垫、膜、吸水垫通过粘胶固定于塑料背板上，各部分之间相互重叠。

5. 如权利要求1所述的试纸条，其特征在于，该试纸条包括一外壳，外壳上包括加样孔，结果判读窗口和终点指示窗口。

6. 如权利要求5所述的试纸条，其特征在于，该外壳的上下片合为一体用咬合齿钉压紧；六个挡板与三个倒钉可将试纸条牢固地卡在外壳内；将上下片盖紧后，压板的位置处于试纸条上样品垫与结合垫、结合垫与分析膜重叠处。

7. 如权利要求5所述的试纸条，其特征在于，通过所述加样孔，将生物样品添加到样品垫上；结果判读窗口对应于分析膜上的检测带和质控带；终点指示窗口对应于吸水垫上的终点指示带。

8. 如权利要求1所述的试纸条，其特征在于，结合垫上固定有UCP标记的第一特异性抗体，该特异性抗体可与待测物的一个位点相结合；分析膜的检测带上固定有与待测物的另一个位点相结合的第二特异性抗体，质控带上固定有可与第一特异性抗体发生特异性结合的抗体。

9. 如权利要求1所述的试纸条，其特征在于，结合垫上固定有UCP标记的抗原A；

分析膜的检测带上固定有抗原B，抗原A与抗原B可以结合于目标被检抗体的不同位点；质控带上固定有可与抗原A发生特异性结合的抗体。

10. 如权利要求1所述的试纸条，其特征在于，结合垫上固定有UCP标记的特异性抗体，该抗体可与待测物的一个位点相结合；

分析膜的检测带上固定有与待测物具有相同的上述位点的抗原，质控带上固定有可与上述特异性抗体发生特异性结合的抗体。

11. 如权利要求1所述的试纸条，其特征在于，结合垫上固定有UCP标记的葡萄球菌蛋白A；分析膜的检测带上固定有待测物的表面抗原，质控带上固定有IgG。

12. 如权利要求1~10所述试纸条的制备方法，其包括以下步骤：

(1) UCP-生物活性分子的制备：

对UCP颗粒进行表面修饰，与生物活性分子进行连接，在UCP保存液中进行保存；取一定量的保存于UCP保存液中的UCP-生物活性分子，离心，并弃去上清液；在沉降的UCP生物活性分子中加入稀释液，并充分混匀，制备成悬浊液；

(2) 样品垫的制备：

选用纤维素膜作为样品垫固相材料，剪切成具有一定规格的条带；

将样品垫放入样品垫封闭液中浸泡；

然后将样品垫从封闭液中取出，并烘干，使样品垫充分干燥；

(3) 结合垫的制备：

选用玻璃纤维素膜作为样品垫固相材料，剪切成具有一定规格的条带；

在该条带上加上UCP-生物活性分子的悬浊液；

烘干该条带，使结合垫充分干燥；

(4) 分析膜的制备：

选用纤维素膜作为固相材料，剪切成具有一定规格的条带；

在条带上的不同位置喷点生物活性分子，制成检测带和质控带；

烘干该条带，使结合垫充分干燥；

（5）装配该试纸条：

将处理过的分析膜粘贴于粘性底衬上，质控带向上，检测带向下；

将处理过的结合垫粘贴于粘性底衬上，上端压于分析膜的下端，并相互重叠；

将处理过的样品垫粘贴于粘性底衬上，下端与粘性底衬平齐，上端压于结合垫的下端，并与结合垫相重叠；

将吸水垫粘贴于粘性底衬上，上端与粘性底衬平齐，下端压于分析膜的上端，并与分析膜相互重叠；

将装配成形的条带剪切成一定规格的试纸条。

13. 如权利要求 11 所述的试纸条的制备方法，其特征在于：所述 UCP 保存液为 pH = 7. 2 的 0. 03mol/L 磷酸盐缓冲液，含有 0. 05% ~0. 3% BSA，0. 01% ~0. 1% Tween20，0. 01% ~0. 1% NaN_3；所述 UCP 生物活性分子的稀释液为 pH = 7. 2 的 0. 03mol/L 磷酸盐缓冲液，含有 0. 5% ~2% 蔗糖，0. 5% ~3% BSA；所述样品垫封闭液为 pH = 7. 2 的 0. 03mol/L 磷酸盐缓冲液，含有 1% ~10% BSA，0. 05% ~0. 2% Tween20。

14. 如权利要求 11 所述的试纸条的制备方法，其特征在于：还包括将装配好的试纸条放入外壳中的步骤。

15. 如权利要求 1 ~ 10 所述的试纸条在生物样品定量检测中的应用。”

国家知识产权局实质审查部门依法对本申请进行了实质审查，于 2006 年 8 月 18 日发出第一次审查意见通知书，指出本申请权利要求 1 ~ 5、7 ~ 12、14、15 不符合专利法第 22 条第 3 款的规定。

所引用的对比文件如下：

对比文件 1：CN1425918A，公开日为 2003 年 6 月 25 日；

对比文件 2：US6399397B1，公开日为 2002 年 6 月 4 日；

对比文件 3：CN2486973Y，授权公告日为 2002 年 4 月 17 日。

针对上述审查意见通知书，申请人于 2006 年 12 月 18 日提交了意见陈述书，但未对本申请进行任何修改。申请人认为：对比文件 2 中没有公开将 UCP 用于免疫层析检测装置；本申请针对 UCP 颗粒直径较大的特点研制了特殊的结合物稀释液以及样品垫封闭液，从而解决了 UCP 颗粒在硝酸纤维素膜内堵塞的问题，并设计了终点指示带和终点指示窗，因此本申请权利要求 1 ~ 15 相对于对比文件 1 ~ 3 具备创造性，符合专利法第 22 条第 3 款的规定。

经过上述实质审查程序后，国家知识产权局专利局以本申请权利要求 1 ~ 5、7 ~ 12、14、15 不符合专利法第 22 条第 3 款的规定为由，于 2007 年 7 月 6 日驳回了本申请，具体的驳回理由为：对比文件 1 公开了用于免疫层析的试纸条的组成部分，对比文件 2 公开了上转换发光技术可用于免疫检测装置，因此权利要求 1 请求保护的技术方案相对于对比文件 1 与 2 的结合不具备创造性，从属权利要求 2 ~ 4、8 ~ 11 进一步限定的附加技术特征分别在对比文件 1 或 2 中公开，从属权利要求 5、7、14 进一步限定的附加技术特征在对比文件 3 中公开，这些权利要求都不具备创造性；对比文件 1 公开了用于免疫层析的试纸条的制备方法，对比文件 2 公开了上转换发光技术可用于免疫检测，因此权利要求 12 请求保护的技术方案相对于对比文件 1 与 2 的结合不具备创造性；权利要求 15 请求保护的技术方案相对于对比文件 1 和 2 的结合也不具备创造性。

申请人（下称复审请求人）不服上述驳回决定，于 2007 年 10 月 11 日向专利复审委员会提出复审请求，同时提交了权利要求书全文和说明书第 6 ~ 10 页的替换页。复审请求人认为：修改后的权利要求 1~3 具备创造性，并且符合专利法第 33 条及专利法实施细则第 60 条第 1 款的规定。

修改后的权利要求书共包括 3 项权利要求，如下：

“1. 一种基于上转换发光技术的免疫层析试纸的制备方法，其特征在于该方法包括以下步骤：

UCP-生物活性分子的制备：对 UCP 颗粒进行表面修饰，与生物活性分子进行连接，在 UCP 保存液中进行保存；取一定量的保存于 UCP 保存液中的 UCP-生物活性分子结合物，离心，并弃去上清液；在沉降的 UCP 生物活性分子结合物中加入稀释液，并充分混匀，制备成悬浊液；样品垫的制备：选用纤维素膜作为样品垫固相材料，剪切成具有一定规格的条带；将样品垫放入样品垫封闭液中浸泡；然后将样品垫从封闭液中取出，并烘干，使样品垫充分干燥；结合垫的制备：选用玻璃纤维素膜作为样品垫固相材料，剪切成具有一定规格的条带；在该条带上加上 UCP-生物活性分子结合物的悬浊液；烘干该条带，使结合垫充分干燥；分析膜的制备：选用硝酸纤维素膜作为分析膜固相材料，剪切成具有一定规格的条带；在条带上的不同位置喷点生物活性分子，制成检测带和质控带；烘干该条带，使分析膜充分干燥；装配该试纸条：将处理过的分析膜粘贴于塑料背板上，质控带向上，检测带向下；将处理过的结合垫粘贴于塑料背板上，上端压于分析膜的下端，并相互重叠；将处理过的样品垫粘贴于塑料背板上，下端与塑料背板平齐，上端压于结合垫的下端，并相互重叠；将吸水垫粘贴于塑料背板上，上端与塑料背板平齐，下端压于分析膜的上端，并与分析膜相互重叠；将装配成形的条带剪切成一定规格的试纸条；其中，所述 UCP 保存液为 pH = 7.2 的 0.03mol/L 磷酸盐缓冲液，含有 0.1% BSA，0.05Tween20，0.02% NaN_3；所述 UCP 生物活性分子的稀释液为 pH = 7.2 的 0.03mol/L 磷酸盐缓冲液，含有 1% 蔗糖，1% BSA；所述样品垫封闭液为 pH = 7.2 的 0.03mol/L 磷酸盐缓冲液，含有 5% BSA，0.1% Tween20。

2. 如权利要求 1 所述的免疫层析试纸的制备方法，其特征在于该方法还包括以下步骤：将变色范围 5.5~9.0 的精密 pH 试纸贴于吸水垫作为终点指示带。

3. 一种基于上转换发光技术的免疫层析试纸的制备方法，其特征在于该方法为：采用上转换发光材料即 UCP 作为生物标记物对目标被检物进行定量检测；结合垫上固定有 UCP 标记的葡萄球菌蛋白 A；分析膜的检测带上固定有待测物的表面抗原，质控带上固定有 IgG；所述 UCP 保存液为 pH = 7.2 的 0.03mol/L 磷酸盐缓冲液，含有 0.05% ~0.3% BSA，0.01% ~0.1% Tween20，0.01% ~0.1% NaN_3；所述 UCP 生物活性分子的稀释液为 pH = 7.2 的 0.03mol/L 磷酸盐缓冲液，含有 0.5% ~2% 蔗糖，0.5% ~3% BSA；所述样品垫封闭液为 pH = 7.2 的 0.03mol/L 磷酸盐缓冲液，含有 1% ~10% BSA，0.05% ~0.2% Tween20。”

经形式审查合格后，专利复审委员会依法受理了上述请求，并于 2007 年 11 月 15 日向复审请求人发出了复审请求受理通知书，同时向原实质审查部门发出前置审查通知书。

在前置审查意见中，原实质审查部门认为修改后的权利要求相对于对比文件 1 和 2 的结合仍然不具备创造性，坚持原驳回决定。

专利复审委员会依法成立合议组对该复审请求案进行审理。本案合议组在仔细审阅了全部案卷后，作出本审查决定。

二、决定的理由

1. 关于审查文本

复审请求人于 2007 年 10 月 11 日提出复审请求时提交了权利要求书全文和说明书第 6~10 页的替换页，合议组经审理未发现该修改不符合专利法第 33 条及专利法实施细则第 60 条第 1 款之处，因此本复审决定所针对的文本是：复审请求人 2007 年 10 月 11 日提交的权利要求第 1~3 项、说明书第 6~10 页；申请日提交的说明书第 1~5、11~35 页，说明书附图第 1~13 页、说明书摘要。

2. 关于专利法第22条第3款

专利法第22条第3款规定："创造性，是指同申请日以前已有的技术相比，该发明有突出的实质性特点和显著的进步，该实用新型有实质性特点和进步。"

如果权利要求请求保护的技术方案与对比文件公开的技术方案存在区别特征，该区别特征在另外的对比文件中没有被公开，并且也不属于本领域的公知常识，则该权利要求请求保护的技术方案相对于对比文件公开的技术方案具备创造性。

权利要求1请求保护一种基于上转换发光技术的免疫层析试纸的制备方法，对比文件1公开了一种免疫试纸条的制备方法（参见对比文件1说明书第2页第1行到第6页第11行），并具体公开了如下内容：将PVC衬垫裁成5cm长，在中间贴上硝酸纤维素层析膜，上端贴上吸水垫，底端贴上样品垫，在其上设置检测线、对照线以及各部件装配等制备过程。权利要求1请求保护的技术方案与对比文件1公开的技术方案相比，其区别在于：（1）采用上转换发光材料即UCP作为标记物对目标进行检测；（2）所述UCP保存液为pH=7.2的0.03mol/L磷酸盐缓冲液，含有0.1%BSA，0.05Tween20，0.02%NaN_3；所述UCP生物活性分子的稀释液为pH=7.2的0.03mol/L磷酸盐缓冲液，含有1%蔗糖，1%BSA；所述样品垫封闭液为pH=7.2的0.03mol/L磷酸盐缓冲液，含有5%BSA，0.1%Tween20。对比文件2公开了一种用于生物测定的上转换发光技术，其中具体公开了UCP的具体制备过程，并指出UCP可用于多种免疫检测方法和装置中（参见对比文件2说明书第5栏第29行到第36栏第61行），因此，对比文件2公开了上述区别特征（1）。但是，对比文件2中没有公开上述区别特征（2），也没有给出UCP保存液、UCP生物活性分子稀释液、样品封闭液的具体组成成分及含量的技术启示，同时该区别特征对于本领域技术人员来说不属于公知常识；此外，由于存在上述区别特征（2），使颗粒较大的UCP颗粒可在免疫检测中正常泳动，提高了检测的灵敏度和稳定性，取得了有益的技术效果，在对比文件1的基础上结合对比文件2公开的内容，本领域技术人员仍然需要付出创造性的劳动才能得到权利要求1请求保护的技术方案，因此，该权利要求请求保护的技术方案相对于对比文件1与2的结合具备创造性，符合专利法第22条第3款的规定。

当权利要求1相对于对比文件1和2具备创造性时，其从属权利要求2相对于对比文件1和2也具备创造性。

权利要求3请求保护一种基于上转换发光技术的免疫层析试纸的制备方法，对比文件1公开了一种免疫试纸条的制备方法（参见对比文件1说明书第2页第1行到第6页第11行），并具体公开了如下内容：试纸条的层析膜上有羊抗人IgG形成的检测线和兔抗日本血吸虫可溶性虫卵抗原IgG划上的对照线。权利要求3请求保护的技术方案与对比文件1公开的技术方案相比，存在如下区别特征：（1）采用上转换发光材料即UCP作为标记物对目标进行检测；（2）结合垫上固定有UCP标记的葡萄球菌蛋白A；（3）所述UCP保存液为pH=7.2的0.03mol/L磷酸盐缓冲液，含有0.05%~0.3%BSA，0.01%~0.1% Tween20，0.01%~0.1% NaN_3；所述UCP生物活性分子的稀释液为pH=7.2的0.03mol/L磷酸盐缓冲液，含有0.5%-2%蔗糖，0.5%~3%BSA；所述样品垫封闭液为pH=7.2的0.03mol/L磷酸盐缓冲液，含有1%~10%BSA，0.05%~0.2%Tween20。对比文件2公开了一种用于生物测定的上转换发光技术，其中具体公开了UCP的具体制备过程，并指出UCP可用于多种免疫检测方法和装置中，其中UCP材料可与蛋白A结合（参见对比文件2说明书第5栏第29行到第36栏第61行），因此，对比文件2公开了上述区别特征（1）和（2）。但是，对比文件2中没有公开上述区别特征（3），基于与权利要求1的评述相同的理由，权利要求3请求保护的技术方案相对于对比文件1和2也符合专利法第22条第3款有关创造性的规定。

根据上述事实和理由，本案合议组依法作出以下审查决定。

三、决定

撤销国家知识产权局于 2007 年 7 月 6 日对 200410034104. 0 号发明专利申请作出的驳回决定，由原审查部门以本决定依据的文本作为审查基础继续进行审查程序。

复审请求人对本决定不服的，可以根据专利法第 41 条第 2 款的规定，自收到本决定之日起三个月内向北京市第一中级人民法院起诉。

142

采用温度补偿的基于光电容积描记信号的血压测量方法

复审请求审查决定（第14689号）

决　定　号　第14689号
决　定　日　2008年10月7日
发明创造名称　采用温度补偿的基于光电容积描记信号的血压测量方法
国际分类号　A61B 5/021
复审请求人　香港中文大学
申　请　号　03153805.3
申　请　日　2003年8月22日
公　开　日　2005年2月23日
合议组组长　刘颖杰
主　审　员　佟仲明
参　审　员　刘亚斌

法律依据　专利法第25条第1款第（3）项
决定要点

如果一种方法从整体上看是从人体测量信号并根据该信号获得检测信息，并且根据现有技术中的医学知识和该专利申请公开的内容，只要知晓该检测信息，就能够直接获得疾病的诊断结果或健康状况，则该方法属于一种诊断方法，属于不能授予专利权的客体。

一、案由

本复审请求涉及申请号为03153805.3、名称为“采用温度补偿的基于光电容积描记信号的血压测量方法”的发明专利申请（下称本申请），申请日为2003年8月22日，申请人为香港中文大学。本申请公开时权利要求书包括19项权利要求，其中权利要求1为独立权利要求。

应申请人的请求，国家知识产权局实质审查部门依法对本申请进行了实质审查。经实质审查程序后，国家知识产权局实质审查部门以本申请权利要求1~11是一种诊断方法，属于专利法第25条第1款第（3）项所规定的不授予专利权的范围为理由，于2006年9月8日作出了驳回本申请的决定，具体的驳回理由如下：权利要求1~11请求保护“一种对基于光电容积描记信号的血压测量值进行温度补偿的方法”，其以有生命的人体为直接实施对象，并且本领域普通技术人员根据本申请中方法获得修正后的血压参数后能够判断人体的健康状况，因此本方法属于与疾病诊断有关的方法，虽然请求人认为本申请的方法是对测量的血压值进行修正而不是获得血压值，但根据本申请的方法获得的最后结果还是血压值，因此其还是一种诊断方法。

该驳回决定所针对的文本是：2006年7月27日提交的权利要求第1~11项、说明书第1~11页、说明书摘要，2003年8月22日提交的附图1~5页、说明书摘要附图。

申请人香港中文大学（下称复审请求人）不服上述驳回决定，于2006年12月25日向专利复审委员会提出复审请求，其复审请求的理由是：本申请的发明目的是改进血压的测量精度而不是要测量血压，也不是以获得疾病的诊断结果为直接目的，本申请提供的是一种"温度补偿方法"而不是血压测量方法；本申请的方法适合应用于基于PTT的血压测量装置中，并脱离有生命的个体来实施，而且本申请依附于以其为基础和核心的电子血压测量装置来实现，与专利法第25条第1款第（3）项的立法本意不存在冲突；诊断高血压也并非是简单地通过对血压值的判断就能够确定；将血压测量法作为不授予专利权的主题是在本次审查指南修订时出现的，申请人提出申请之日早于修订版审查指南实施之日，部门规章的改变导致本申请不能得到专利保护，对申请人而言是不公正的。复审请求人未对本申请进行任何修改。

经形式审查合格后，专利复审委员会依法受理了上述请求，于2007年4月17日向复审请求人发出了复审请求受理通知书，同时向原审查部门发出前置审查通知书。

原审查部门对该复审请求做出前置审查意见，仍然坚持原驳回决定。

专利复审委员会依法成立合议组，对该复审请求进行审查，本案合议组于2007年8月16日发出复审通知书，指出：虽然复审请求人表示本发明的目的是提高血压测量的准确度，是提供一种"温度补偿的方法"，而不是"血压测量法"，其直接目的并不是测量血压，而是对血压测量值进行校正，但该方法无论是在校准步骤还是在补偿步骤中都需要从人体测量信号，即以有生命的人体或动物体为对象，而且实际上，该方法并非是对测量得到的血压值进行进一步的处理，而是通过在校准步骤获得的特征参量和从人体测得的参量计算血压值，这种计算方法不能称为"对血压测量值进行校正的方法"，其本质仍是一种血压的测量方法。因此目前的权利要求1~11属于疾病的诊断方法，属于专利法第25条第1款第（3）项规定的不能被授予专利权的内容。

针对上述复审通知书，复审请求人于2007年9月30日提交了意见陈述书和权利要求书全文的修改替换页，其中对权利要求1进行了修改，并调整了权利要求11等式右侧的顺序，修改后的权利要求书共包括11项权利要求，其中独立权利要求1为：

"1. 一种在基于光电容积描记信号的血压测量装置中对血压测量值进行温度补偿的方法，其特征在于包括以下步骤：

1）在所述血压测量装置处于血压测量校准模式时，测量并在存储单元中记录光电容积描记信号和所述光电容积描记信号本身的特征参量；以及

2）在所述血压测量装置处于血压测量模式时，根据所述存储单元中记录的所述光电容积描记信号本身的特征参量，对根据所述光电容积描记信号确定的血压值进行温度补偿修正。"

复审请求人在意见陈述书中认为：（1）本申请的方法实际上是对已有的血压计的设计改进，本申请的方案实际上就是一套在电子血压测量装置中由具有运算处理功能的处理器执行的应用程序，本申请的方法是实现在电子血压计中的，客观上并不会不合理地限制医生在诊断疾病过程中选择该方法的自由，不授予本申请专利权会给请求人带来不应有的严重损失。（2）本申请的方法是在常规的基于光电容积描记信号测得的收缩压和舒张压的基础上分别加入修正量，因此是对测量得到的血压值做进一步的处理。本申请的方法不可避免地涉及血压值，但在权利要求1所限定的步骤中并未包含如何测量血压的步骤，本申请不是血压测量方法，而只是与血压测量有关。（3）根据现有医学知识不能从检测步骤所检测的信息中直接获得任何疾病的诊断结果或健康状况。（4）2006年7月1日生效的审查指南明确把血压测量方法列为诊断方法之一，但本申请提出之日早于2006年，在提出本申请时

请求人不可能得知该规定。

至此，合议组认为本案事实已经清楚，现依法作出复审决定。

二、决定的理由

1. 关于审查文本

本复审决定以复审请求人于2007年9月30日提交的权利要求第1~11项，2006年7月27日提交的说明书第1~11页、说明书摘要，2003年8月22日提交的附图1~5页、说明书摘要附图作为审查的基础。

2. 关于专利法第25条第1款第（3）项

专利法第25条第1款第（3）项规定，对疾病的诊断和治疗方法不授予专利权。

审查指南第二部分第一章第4.3.1.1节指出：一项与疾病诊断有关的方法如果同时满足以下两个条件，则属于疾病的诊断方法，不能被授予专利权：

（1）以有生命的人体或动物体为对象；

（2）以获得疾病诊断结果或健康状况为直接目的。

如果请求专利保护的方法中包括了诊断步骤或者虽未包括诊断步骤但包括检测步骤，而根据现有技术中的医学知识和该专利申请公开的内容，只要知晓所说的诊断或检测信息，就能够直接获得疾病的诊断结果或健康状况，则该方法满足上述条件（2）。

就本案而言，本申请权利要求1请求保护的是“一种在基于光电容积描记信号的血压测量装置中对血压测量值进行温度补偿的方法”，虽然从其请求保护的主题上看似乎是一种对血压测量值进行补偿的方法，但是，根据其技术方案可知：首先，该方法无论是在校准步骤还是在补偿步骤中都需要从人体测量信号，并且其得到的最终结果也是人体的血压值，因此该方法符合上述条件（1）；其次，该方法是通过利用血压测量装置在校准步骤获得特征参量，并从人体测得参量，然后带入公式计算出血压值，这种方法本质仍是一种血压的测量方法，并且根据本申请权利要求1中记载的技术方案可以得到经过温度补偿修正的血压值，本领域普通技术人员根据现有技术中的医学知识和该专利申请公开的内容，在知晓所述血压值后，能够直接获得疾病的诊断结果或健康状况，即该方法满足上述条件（2）。

本申请的权利要求1中记载的方法同时满足了审查指南第二部分第一章第4.3.1.1节中规定的两个条件，并且该方法从整体上看仍是从人体测量基于光电容积描记信号并根据该信号获得血压值的方法，其本质上仍是一种血压测量方法，而根据审查指南第二部分第一章第4.3.1.1节的规定，血压测量方法属于疾病的诊断方法，是不能被授予专利权的。因此，权利要求1要求保护的技术方案是疾病的诊断方法，属于专利法第25条第1款第（3）项规定的情形，不能被授予专利权。

基于同样的理由，从属权利要求2~11中记载的方法也属于专利法第25条第1款第（3）项规定的情形，不能被授予专利权。

关于复审请求人的意见，合议组认为：

（1）虽然复审请求人修改了权利要求1，引入了“血压测量装置”和“存储单元”等技术特征，但本申请的权利要求1~11仍是方法权利要求而非装置权利要求，复审请求人实际上仅是将权利要求限定为使用带存储单元的血压测量装置实现的方法，而不足以使权利要求1~11成为“对已有血压计的设计改进”方法，也无法体现出仅“实现在电子血压计中”。

（2）如上所述，本申请的方法是通过在校准步骤获得的特征参量和从人体测得的参量计算出血压值，测量并记录光电容积描记信号、测量并记录光电容积描记信号本身的特征参量等步骤均是为了获得血压值而进行的测量步骤，也就是说本申请权利要求中记载了如何测量血压的步骤。并且，根据本申请的方法校准步骤获得的特征参量是充当血压值计算的参数，而并非作为对已经计算得到的血压值进行补偿的补偿因子，因此无法得出“该方法是在常规的基于光电容积描记信号测得的收缩压和舒张压的基础上分别加入修正量，因此是对测量得到的血压值做进一步的处理”的结论。

（3）根据权利要求 1 记载的方法可知，本领域普通技术人员获得的是经“温度补偿修正”的血压值，根据现有医学知识，高血压本身反映人体的健康状况，并且高血压本身也是一种疾病，本领域的技术人员根据由权利要求记载的方法所获得的血压值可以直接确定患者是否患有高血压症或患者是否健康状况良好。

（4）至于审查指南修改带来的问题，合议组认为，如复审请求人在复审请求书中已经知晓的那样，根据审查指南中“施行修订后审查指南的过渡办法”，本申请应当适用 2006 年修订版的审查指南，请求人这一主张没有依据。

综上所述，复审请求人关于本申请权利要求 1~11 不属于诊断方法的意见陈述不充分，合议组不予支持。

根据上述事实和理由，本案合议组依法作出以下审查决定。

三、决定

维持国家知识产权局于 2006 年 9 月 8 日对 03153805. 3 号发明专利申请作出的驳回决定。

复审请求人对本决定不服的，可以根据专利法第 41 条第 2 款的规定，自收到本决定之日起三个月内向北京市第一中级人民法院起诉。

143

节能式大气冷凝水冷强化散热冰箱和空调机

复审请求审查决定（第14780号）

决　定　号　第14780号
决　定　日　2008年8月28日
发明创造名称　节能式大气冷凝水冷强化散热冰箱和空调机
国际分类号　F25D21/14，F24F13/22
复审请求人　颜怀玮
申　请　号　200510021461.8
申　请　日　2005年8月12日
公　开　日　2006年2月8日
合议组组长　高　栋
主　审　员　郝海燕
参　审　员　李玲玲

法律依据　专利法第33条
决定要点

如果申请的内容通过改变其中的一部分，致使所属技术领域的技术人员看到的信息与原申请记载的信息不同，而且又不能从原申请记载的信息中直接地、毫无疑义地确定，那么这种修改是不允许的。

一、案由

本复审请求涉及申请号为200510021461.8、申请日为2005年8月12日、名称为“节能式大气冷凝水冷强化散热冰箱和空调机”的发明专利申请（下称本申请），申请人为颜怀玮。

国家知识产权局实质审查部门于2007年10月12日针对本申请作出了驳回决定。驳回决定所针对的文本是：2007年3月11日提交的权利要求第1项，2006年11月16日提交的说明书第1~4页、说明书附图第1页、摘要附图，2005年8月12日提交的说明书摘要。驳回理由是：说明书和说明书附图的修改超出了原说明书及其附图记载的范围，不符合专利法第33条的规定。说明书中将原说明书的技术特征“冷凝器L”全部用“蒸发器L”替换、第3页第2段中“制冷后的制冷剂通过输送管道Y1进入压缩机Y压缩”、“压缩后散热前的制冷剂通过输送管道S1进入散热器S散热，散热后的制冷剂由输送管道L1送进蒸发器L吸热进行循环制冷”以及说明书附图1超出了原说明书及其附图的范围，修改后的说明书中制冷循环方向与原说明书公开的制冷循环方向相反，且本领域技术人员不能够从原申请记载的信息中直接地、毫无疑义地确定说明书记载的上述内容。因此，说明书及其附图

1 的修改超出原说明书及其附图 1 记载的范围。

驳回决定所针对的权利要求书的内容如下：

"1. 一种节能式大气冷凝水冷强化散热冰箱和空调机，其特征是其由整机外壳（K）固定整机内部的所有器件；制冷剂输送管道（L_1）连通冷凝器（L）、冷凝器（L）外壳（K_1）和散热器（S）、散热器（S）外壳（K_2）；冷凝水输送管道（L_2）连通冷凝器（L）、冷凝器（L）外壳（K_1）和冷凝水收集箱（J）；冷却水输送管道（J_1）将冷却水送到散热器（S）、散热器（S）外壳（K_2）；冷却水输送管道（J_2）将冷却水送到压缩机（Y）、压缩机（Y）外壳（K_3）；散热后的制冷剂输送管道（S_1）连通散热器（S）、散热器（S）外壳（K_2）和压缩机（Y）、压缩机（Y）外壳（K_3）；压缩后的制冷剂输送管道（Y_1）连通压缩机（Y）、压缩机（Y）外壳（K_3）和冷凝器（L）、冷凝器（L）外壳（K_1）；冷气吹风机（C）固定在冷凝器（L）及其外壳（K_1）的进风面；散热风扇（F）固定在散热器（S）及其外壳（K_2）和压缩机（Y）及其外壳（K_3）的进风面。"

申请人（下称请求人）对上述驳回决定不服，于 2007 年 11 月 8 日向专利复审委员会提交了复审请求书，请求人认为：本领域技术人员可以且应从说明书或/和任何场合中看出并直接和毫无疑义地得出任何明显的原理性错误的结论；修改制冷循环方向原理性错误和无法定名称组件的形象化叫法没有改变技术方案、其也不是本发明的技术方案，故本申请的修改应当依法允许。

经形式审查合格后，国家知识产权局专利复审委员会受理了上述复审请求，并于 2007 年 12 月 13 日发出复审请求受理通知书和前置审查通知书。

实质审查部门对本复审请求进行前置审查，坚持驳回决定意见。

专利复审委员会依法成立合议组，对本复审请求进行审查。

合议组于 2008 年 6 月 5 日发出复审通知书，指出：（1）将原说明书和权利要求书中的"冷凝器 L"修改为"蒸发器 L"超出了原说明书和权利要求书记载的范围；（2）说明书第 3 页第 2 段中"制冷后的制冷剂通过输送管道 Y1 进入压缩机 Y 压缩"、"压缩后散热前的制冷剂通过输送管道 S1 进入散热器 S 散热，散热后的制冷剂由输送管道 L1 送进蒸发器 L 吸热进行循环制冷"以及说明书附图 1 中对 Y1、S1、L1 的箭头指示与原说明书和权利要求书的记载不一致，超出了原说明书和权利要求书的记载范围；（3）说明书第 2 页第 5~7 行记载的"冷气吹风机（C）固定在蒸发器 L 及其外壳 K1 的进风面；散热风扇 F 固定在散热器（S）及其外壳（K2）和压缩机（Y）及其外壳（K3）的进风面"与原说明书第 2 页第 3 段中记载的"冷气吹风机 C 将冷气吹送到需制冷的空间如房间、冷藏室（库）、冷库等"和"散热风扇 F 将压缩机和散热器产生的热气（汽）吹到大气中而散热"不一致，超出了原说明书和权利要求记载的范围；4. 权利要求 1 中记载的"冷气吹风机（C）固定在冷凝器（L）及其外壳（K1）的进风面；散热风扇（F）固定在散热器（S）及其外壳（K2）和压缩机（Y）及其外壳（K3）的进风面"与原说明书和权利要求书的记载不一致，超出了原说明书和权利要求书记载的范围。因此权利要求 1、说明书以及说明书附图的修改不符合专利法第 33 条的规定。

请求人针对复审通知书指出的问题，于 2008 年 7 月 25 日提交了意见陈述书、权利要求书和说明书全文替换页。修改方式为：（1）将说明书和权利要求书中的"蒸发器 L"修改为"冷凝器 L"；（2）将说明书和权利要求书中的"冷气吹风机（C）固定在蒸发器 L 及其外壳 K1 的进风面；散热风扇 F 固定在散热器（S）及其外壳（K2）和压缩机（Y）及其外壳（K3）的进风面"修改为"冷气吹风机 C 将冷气吹送到需制冷的空间如房间、冷藏室（库）、冷库等"和"散热风扇 F 将压缩机和散热器产生的热气（汽）吹到大气中而散热"。请求人认为关于说明书第 3 页第 2 段中"制冷后的制冷剂通过输送管道 Y1 进入压缩机 Y 压缩"、"压缩后散热前的制冷剂通过输送管道 S1 进入散热器 S 散热，散热后的制冷剂由输送管道 L1 送进蒸发器 L 吸热进行循环制冷"以及说明书附图 1 中对 Y1、

S1、L1 的箭头指示与原说明书和权利要求书的记载不一致的修改，其修改的内容是原理性错误，箭号标反是毫无疑义的原理性错误，对上述内容的修改属于明显错误的修改，审查指南没有禁止修改原理性错误的规定。

修改后的权利要求书的内容如下：

"1. 一种节能式大气冷凝水冷强化散热冰箱和空调机，其特征是其由整机外壳（K）固定整机内部的所有器件；制冷剂输送管道（L_1）连通冷凝器（L）、冷凝器（L）外壳（K_1）和散热器（S）、散热器（S）外壳（K_2）；冷凝水输送管道（L_2）连通冷凝器（L）、冷凝器（L）外壳（K_1）和冷凝水收集箱（J）；冷却水输送管道（J_1）连通散热器（S）、散热器（S）外壳（K_2）；冷却水输送管道（J_2）连通压缩机（Y）、压缩机（Y）外壳（K_3）；制冷剂输送管道（S_1）连通散热器（S）、散热器（S）外壳（K_2）和压缩机（Y）、压缩机（Y）外壳（K_3）；制冷剂输送管道（Y_1）连通压缩机（Y）、压缩机（Y）外壳（K_3）和冷凝器（L）、冷凝器（L）外壳（K_1）；冷气吹风机（C）将冷气吹送到需制冷的空间；散热风扇（F）将压缩机（Y）和散热器（S）产生的热气吹到大气中。"

至此，合议组认为，本案事实已经清楚，在上述审查基础上可以作出复审请求审查决定。

二、决定的理由

1. 审查文本

经审查，请求人于 2008 年 7 月 25 日提交的文本符合专利法实施细则第 60 条第 1 款的规定，因此合议组以请求人于 2008 年 7 月 25 日提交的说明书第 1~4 页、权利要求第 1 项，2006 年 11 月 16 日提交的说明书附图第 1 页以及摘要附图，申请日提交的说明书摘要为基础进行审查。

2. 关于专利法第 33 条

专利法第 33 条规定：申请人可以对其专利申请文件进行修改，但是，对发明和实用新型专利申请文件的修改不得超出原说明书和权利要求书记载的范围。

请求人对说明书和说明书附图的修改超出了原说明书和权利要求书记载的范围，不符合专利法第 33 条的规定。

说明书第 3 页第 2 段中"制冷后的制冷剂通过输送管道 Y1 进入压缩机 Y 压缩"、"压缩后散热前的制冷剂通过输送管道 S1 进入散热器 S 散热，散热后的制冷剂由输送管道 L1 送进冷凝器 L 吸热进行循环制冷"以及说明书附图 1 中对 Y1、S1、L1 的箭头指示与原说明书和权利要求书的记载不一致，修改后的说明书中制冷剂的循环输送方向与原说明书中公开的制冷剂循环输送方向相反，由于原说明书和权利要求书中记载的技术方案是在制冷循环中回收冷凝水并将其用于散热器和压缩机的散热，因此制冷剂循环输送方向不同，上述修改致使本申请的节能式大气冷凝水冷强化散热制冷装置所采用的技术方案也就不同，由此也就导致了产生与原申请文件记载的技术方案不同的技术方案。

请求人在复审请求和答复复审通知书时指出：因修改的只是一个原理性错误、而原理性错误本身不是、也不可能是专利法所称的技术方案。对此，合议组认为：审查指南第二部分第八章第 5.2 节对允许的修改和不允许的修改都作出了明确的规定，其中允许的修改中对修改最佳实施方式或实施例作出了明确规定：这种修改中允许增加的内容一般限于补入原实施方式或者实施例中具体内容的出处以及已记载的反映发明的有益效果数据的标准测量方法（包括所使用的标准设备、器具）。制冷剂循环输送是产生冷凝水冷强化散热必不可少的一个程序，本申请请求保护的是一种"节能式大气冷凝水冷强化散热冰箱和空调机"，该"节能式大气冷凝水冷强化散热冰箱和空调机"的内部器件以及这些内部器件之间的连接、输送关系构成了本申请说明书和权利要求书以及附图中公开的的技术方案，因此修改的不是一个原理性错误，而是改变了说明书和附图 1 中的技术方案，使得修改后技术内容不同于原申请记载的内容，因此超出了原说明书和权利要求书记载的范围。

请求人还指出审查指南中无禁止修改原理性错误的最为明显的错误的规定，依据法无明确禁止就是允许、就应依法保护的原则，原理性错误就应当依法允许修改。对此，合议组认为：审查指南第二部分第八章第5.2.3节中规定，如果申请的内容通过增加、改变/或删除其中的一部分，致使所属技术领域的技术人员看到的信息与原申请记载的信息不同，而且又不能从原申请记载的信息中直接地、毫无疑义地确定，那么这种修改是不允许的。由于请求人修改了制冷剂的循环输送方向，所属领域技术人员看到的信息与原申请记载的制冷剂的循环输送方向不同，而且从原申请记载的制冷剂的循环输送方向中直接地、毫无疑义地确定修改后的“制冷后的制冷剂通过输送管道Y1进入压缩机Y压缩”、“压缩后散热前的制冷剂通过输送管道S1进入散热器S散热，散热后的制冷剂由输送管道L1送进冷凝器L吸热进行循环制冷”以及说明书附图1中对Y1、S1、L1的箭头指示。因此合议组对请求人的意见不予接受。

综上所述，合议组认为本申请的说明书修改超范围，不符合专利法第33条的规定。

三、决定

维持国家知识产权局于2007年10月12日作出的针对申请号为200510021461.8的发明专利申请的驳回决定。

当事人对本决定不服的，可以根据专利法第41条第2款的规定，自收到本决定之日起三个月内向北京市第一中级人民法院起诉。

北京市第一中级人民法院
行政裁定书

（2009）一中行初字第855号

原告颜怀玮，男，1958年2月8日出生，汉族，美利坚合众国永久居留证号码A#055-433-254，通信地址四川省农业管理干部学院。

被告国家知识产权局专利复审委员会，住所地北京市海淀区北四环西路9号银谷大厦。

法定代表人张茂于，副主任。

委托代理人李卉，国家知识产权局专利复审委员会审查员。

委托代理人杨存吉，国家知识产权局专利复审委员会审查员。

原告颜怀玮不服被告国家知识产权局专利复审委作出的第14780号复审请求审查决定，向本院提起行政诉讼。本院于2009年3月16日受理后，依法组成合议庭，对本案进行了审理。在审理期间，本院先后二次依法传唤原告出庭参加诉讼，原告未到庭，且未委托诉讼代理人代为出庭。

经审查本院认为，原告经本院二次合法传唤，无正当理由拒不到庭，应视为其申请撤回起诉。依照《中华人民共和国行政诉讼法》第四十八条、第五十一条之规定，裁定如下：准许原告颜怀玮撤回起诉。案件受理费100元，由原告颜怀玮负担（已交纳）。

审　判　长　李纪红
代理审判员　张靛卿
代理审判员　龙　非
二〇〇九年十一月二十六日
书　记　员　郎莉萍

144

光源组件及其液晶显示装置

复审请求审查决定（第14786号）

决　定　号　第14786号
决　定　日　2008年10月17日
发明创造名称　光源组件及其液晶显示装置
国际分类号　G02F 1/13357
复审请求人　友达光电股份有限公司
申　请　号　200410048907.1
申　请　日　2004年6月9日
公　开　日　2005年2月23日
合议组组长　宋　瑞
主　审　员　孙茂宇
参　审　员　刘　铭

法律依据　专利法第22条第3款
决定要点

如果发明是本领域的技术人员在现有技术的基础上仅仅通过合乎逻辑的分析、推理可以得到的，则该发明是显而易见的，也就不具备突出的实质性特点。

一、案由

本复审请求涉及申请号为200410048907.1，名称为“光源组件及其液晶显示装置”的发明专利申请（下称本申请）。申请人为友达光电股份有限公司。本申请的申请日为2004年6月9日，公开日为2005年2月23日。

经实质审查，国家知识产权局原实质审查部门于2007年9月28日以本申请的权利要求1~6不符合专利法第22条第3款的规定为由作出驳回决定，其中引用了如下2篇对比文件：

（1）公开号为CN1252531A的中国发明专利申请公开说明书，公开日为2000年5月10日（下称对比文件1）；

（2）授权公告号为CN2588408Y的中国实用新型专利说明书，授权公告日为2003年11月26日（下称对比文件2）。

驳回决定所依据的文本为申请人于申请日提交的说明书第1~5页、说明书附图第1~3页、说明书摘要和摘要附图，2007年8月16日提交的权利要求第1~6项。

申请人（下称复审请求人）对上述驳回决定不服，于2007年11月26日向专利复审委员会提出了复审请求，同时修改了权利要求书。复审请求人认为：对比文件 1 中的光扩散部件容置于导引部件内，而本发明的扩散构件设置于光发射面上，两者的连接方式和空间位置均不同，故本申请权利要求 1 具有新颖性和创造性。复审请求时新修改的权利要求书如下：

“1. 一种光源组件，包括

一平面光源，具有一光发射面，该光发射面具有凹凸结构；以及

一扩散构件，设置于该光发射面上；

其特征在于，还包括一接合结构，设置于该光发射面上，并且该扩散构件接合于该接合构件上。

2. 如权利要求 1 所述的光源组件，其特征在于该扩散构件贴附于该光发射面。

3. 如权利要求 1 所述的光源组件，其特征在于该平面光源还包括一反射面，该反射面形成于该平面光源的一表面，该表面相对于该光发射面。

4. 如权利要求 1 所述的光源组件，其特征在于该平面光源还包括一背面光发射面，该背面光发射面相对于该光发射面。

5. 如权利要求 4 所述的光源组件，其特征在于还包括一背面扩散构件设置于该背面光发射面上。

6. 如权利要求 1 所述的光源组件，其特征在于该平面光源与该接合结构一体成型。”

经形式审查合格，专利复审委员会依法受理了上述复审请求，并于 2007 年 12 月 27 日向复审请求人发出了复审请求受理通知书，并将本申请转送至原实质审查部门进行前置审查。

原实质审查部门在前置审查意见书仍坚持原驳回决定。

随后，专利复审委员会成立合议组对本案进行审理。

合议组于 2008 年 5 月 27 日向复审请求人发出复审通知书，指出：本申请的权利要求 1~6 相对于对比文件 1 和 2 仍不具备专利法第 22 条第 3 款规定的创造性。对比文件 1 所要解决的技术问题是使光扩散部件组装时的定位和固定更容易，所采用的技术手段是在导光板上一体化地设置导引件，通过该导引件将光扩散部件准确固定在导光板上；本发明所要解决的技术问题是降低扩散构件与平面光源组装的困难度，所采用的技术手段是在光发射面上设置接合结构，通过该接合结构将扩散构件准确固定在平面光源上。如上可知，对比文件 1 与本发明实际解决的技术问题相同，所采用的技术手段相似。尽管在本发明中，扩散构件与光发射面的连接方式和空间位置与对比文件 1 相比略有不同，但两者都属于常用的固定连接方式，且权利要求 1 中的接合方式并没有带来任何意想不到的技术效果，本领域普通技术人员在对比文件 1 的技术方案的基础上通过合乎逻辑地分析、推理即可得到本发明的技术方案，故本发明的上述技术手段是显而易见的，其不具备突出的实质性特点。

针对上述复审通知书，复审请求人于 2008 年 6 月 30 日提交了意见陈述书，但未修改申请文件。复审请求人认为：扩散板和平面光源的材质是玻璃，在组装 LCD 时，扩散板、平面光源和 LCD 面板等部件容易发生碰撞造成破裂与损坏。本申请在光发射面设置一接合结构而将扩散构件接合于接合结构上，扩散构件的变焦不会在组装时与光发射面或接合结构发生碰撞。对比文件 1 是在导光板的主面上设置有一体成形的导引部件，在将光扩散部件推进导引部件限定的区域时，扩散部件的边角会与导光板或导引部件发生摩擦碰撞，造成组装的困难。因此，本申请的权利要求 1 与对比文件 1 相比具有显著的进步，具备专利法第 22 条第 3 款规定的创造性，其从属权利要求 2~6 也具备创造性。

在上述程序的基础上，合议组认为本案事实已经清楚，可以作出审查决定。

二、决定的理由

1. 关于审查文本

本复审决定所依据的文本为复审请求人于 2007 年 11 月 26 日提交的权利要求第 1~6 项、于申请日提交的说明书第 1~5 页、说明书附图第 1~3 页、说明书摘要和摘要附图。

2. 关于专利法第 22 条第 3 款

专利法第 22 条第 3 款规定：创造性，是指同申请日以前已有的技术相比，该发明有突出的实质性特点和显著的进步，该实用新型有实质性特点和进步。

（1）权利要求 1 不符合专利法第 22 条第 3 款的规定。

权利要求 1 要求保护一种光源组件，对比文件 1 涉及一种液晶显示装置，与本申请的技术领域相同，其中公开了（参见说明书第 3 页第 4 行至第 5 页倒数第 2 行，附图 1）：一种液晶显示装置具有导光板（相当于权利要求 1 的平面光源），该导光板具有能射出光的主面（相当于权利要求 1 的光发射面），在上述的主面上一体地形成导引部件（相当于权利要求 1 的接合构件），该导引部件用于将光扩散片部件（相当于权利要求 1 的扩散构件）导引到板体的主面上，由导引部件划成的区域可无间隙地收容光扩散片部件。权利要求 1 的技术方案与对比文件 1 的区别在于：①权利要求 1 中的光发射面具有凹凸结构，②权利要求 1 中的扩散构件接合于接合构件上，而对比文件 1 中的光扩散片部件被无间隙地收容于导引部件中。对于区别①而言，通过凹凸结构使光发生漫反射以提高光线分布品质属于本领域技术人员的常用技术手段，区别②属于本领域普通技术人员在对比文件 1 公开的技术方案的基础上通过合乎逻辑地分析、选择合适的技术手段即可得到的。故在对比文件 1 的基础上结合上述常用技术手段得出权利要求 1 所要求保护的技术方案，对本领域技术人员来说是显而易见的，因此权利要求 1 不具备创造性，不符合专利法第 22 条第 3 款的规定。

（2）权利要求 2、6 不符合专利法第 22 条第 3 款的规定。

权利要求 2、6 均引用权利要求 1，这两项权利要求的附加技术特征均已被对比文件 1 公开：导引部划成的区域的大小可无间隙地收容光扩散用片部件（参见对比文件 1 的说明书第 4 页第 17 ~ 18 行）；导光板的主面上一体地形成导引部件（参见对比文件 1 的说明书第 3 页第 3 段）。因此，在其引用的权利要求 1 不具备创造性的情况下，权利要求 2、6 也不具备专利法第 22 条第 3 款规定的创造性。

（3）权利要求 3 不符合专利法第 22 条第 3 款的规定。

权利要求 3 引用权利要求 1，其附加技术特征为“该平面光源还包括一反射面，该反射面形成于该平面光源的一表面，该表面相对于该光发射面”，这种在光发射面的相对表面设置反射面以提供光发射强度属于本领域的常用技术手段。因此，在其引用的权利要求 1 不具备创造性的情况下，权利要求 3 也不具备专利法第 22 条第 3 款规定的创造性。

（4）权利要求 4 不符合专利法第 22 条第 3 款的规定。

权利要求 4 引用了权利要求 1，其附加技术特征为“该平面光源还包括一背面光发射面，该背面光发射面相对于该光发射面”，上述附加技术特征的作用是使光源组件能够背面发光，对比文件 2 涉及一种双面发光背光源，其中公开了导光板的上、下表面均能发射光线，从而能实现两面发光（参见说明书第 4 页第 8 段，附图 5）。由此可见，对比文件 2 已公开了权利要求 4 的附加技术特征，并且其中所公开的内容所起的作用与附加技术特征在权利要求 4 中所起的作用相同。在对比文件 1 的基础上结合对比文件 2 得出权利要求 4 的技术方案，对本领域技术人员来说是显而易见的。因此，在其引用的权利要求 1 不具备创造性的情况下，权利要求 4 也不具备专利法第 22 条第 3 款规定的创造性。

（5）权利要求 5 引用了权利要求 4，其附加技术特征为“还包括一背面扩散构件设置于该背面光发射面上”，上述附加技术特征的作用是使背面发出的光分布均匀，对比文件 2 涉及一种双面发光背光源，其中公开了导光板的下表面设置有扩散膜 4（参见说明书第 4 页第 10 段，附图 5）。由此可见，对比文件 2 已公开了权利要求 5 的附加技术特征，并且其中所公开的内容所起的作用与附加技术特征在权利要求 5 中所起的作用相同。在对比文件 1 的基础上结合对比文件 2 得出权利要求 5 的技术方案，对本领域技术人员来说是显而易见的。因此，在其引用的权利要求4不具备创造性的情况下，权利要求5也不具备专利法第22条第3款规定的创造性。

复审请求人认为：扩散板和平面光源的材质是玻璃，在组装LCD时，扩散板、平面光源和LCD面板等部件容易发生碰撞造成破裂与损坏。本发明在光发射面设置一接合结构而将扩散构件接合于接合结构上，扩散构件的变焦不会在组装时与光发射面或接合结构发生碰撞。对比文件1是在导光板的主面上设置有一体成形的导引部件，在将光扩散部件推进导引部件限定的区域时，扩散部件的边角会与导光板或导引部件发生摩擦碰撞，造成组装的困难。本申请的权利要求1~6相对于对比文件1具备创造性。

合议组经审查认为，首先，本申请说明书的实施例二（参见本申请附图2B）中采用的是在接合结构上设置导引槽，将扩散构件导引到接合结构中的技术手段，其与对比文件1中采用的在导光板上设置一体成型的导引部件，将光扩散部件导引到导引部件中的技术手段相比无明显区别。其次，根据本申请的说明书中“若不慎于液晶显示装置的组装制程中产生瑕疵，使得扩散板13与平面光源11的相对固定位置有所偏差，则可能导致光线的分布变得不均匀”（参见本申请说明书第1页第14~16行）的叙述可知，本申请的光源组件中设置接合结构的目的是为了避免扩散板与平面光源的相对固定位置有所偏差，而在本申请的权利要求书和说明书中并没有提出能实现避免组装时扩散板与平面光源发生碰撞的技术效果。故复审请求人的上述意见，本案合议组不予支持。

根据上述事实和理由，本案合议组依法作出以下审查决定。

三、决定

维持国家知识产权局于2007年9月28日对200410048907.1号发明专利申请作出的驳回决定。

如对本复审请求审查决定不服，根据专利法第41条第2款的规定，复审请求人可以自收到本决定之日起三个月内向北京市第一中级人民法院起诉。

145

伤口敷料

复审请求审查决定（第 14791 号）

决　定　号　第 14791 号
决　定　日　2008 年 10 月 22 日
发明创造名称　伤口敷料
国 际 分 类 号　A61F 13/02
复 审 请 求 人　科洛普拉斯特公司
申　请　号　02823134.1
申　请　日　2002 年 11 月 18 日
优 先 权 日　2001 年 11 月 23 日
公　开　日　2005 年 3 月 2 日
合 议 组 组 长　张梅珍
主　审　员　刘　畅
参　审　员　刘　铭

法 律 依 据　专利法第 22 条第 3 款
决 定 要 点

如果一项权利要求与一篇对比文件的部分区别技术特征被本领域中另外一篇对比文件公开，且该技术特征在该对比文件与在本申请中所起的作用相同，另一部分区别技术特征是本领域的公知常识，那么该项权利要求不具备创造性。

一、案由

本复审请求涉及申请号为 02823134.1、名称为“伤口敷料”的发明专利 PCT 申请（下称本申请），其申请日为 2002 年 11 月 18 日，优先权日为 2001 年 11 月 23 日，进入中国国家阶段的日期为 2004 年 5 月 21 日，公开日为 2005 年 3 月 2 日，申请人为科洛普拉斯特公司。

国家知识产权局专利实质审查部门依申请人的请求对本申请进行了实质审查，并于 2006 年 4 月 7 日以本申请的权利要求 1~10 相对于对比文件 1、2 的结合不符合专利法第 22 条第 3 款的规定为理由驳回了本申请。驳回决定中引用了如下对比文件：

对比文件 1：EP0352086A1，其公开日为 1990 年 1 月 24 日；

对比文件 2：US6011194A，其公开日为 2000 年 1 月 4 日。

驳回决定认为：权利要求 1 与对比文件 1 的区别已经被对比文件 2 所公开了，因而权利要求 1 相对于对比文件 1、2 的结合不具备创造性；从属权利要求 2~10 的附加技术特征已经被对比文件 1 或对比文件 2 公开，或者是本领域的公知常识，因而也不具备创造性。

驳回决定所针对的权利要求 1~10 的内容如下：

“1. 一种伤口敷料，包括背垫层（1）、粘接剂层（3）以及在该背垫层（1）和粘接剂层（3）之间的吸收剂层（2），该吸收剂层与该背垫层直接接触且该粘接剂层（3）将吸收剂层（2）固定在背垫层（1）上，且该粘接剂层（3）在至少一个区域中中断，露出吸收剂层（2）的皮肤接触表面的至少一部分，其特征在于：至少粘接剂层（3）的面对着皮肤的表面提供有不可拆下的、无粘接剂的覆盖层（4）。

2. 根据权利要求 1 所述的敷料，其特征在于：覆盖层（4）为织物或无纺布、编织物、多孔膜或层压材料、或者泡沫材料的形式。

3. 根据权利要求 1 所述的敷料，其特征在于：覆盖层（4）为粘性层的形式。

4. 根据权利要求 1 所述的敷料，其特征在于：覆盖层（4）为粘接剂的面对着皮肤的表面的粉或软膏涂层的形式，例如氧化锌或滑石粉或锌软膏。

5. 根据权利要求 1~4 中任意一个所述的敷料，其特征在于：背垫层（1）和吸收剂层（2）可相互移动。

6. 根据权利要求 1~5 中任意一个所述的敷料，其特征在于：该粘接剂层（3）包括在覆盖吸收剂层（2）区域中的孔。

7. 根据权利要求 1~6 中任意一个所述的敷料，其特征在于：敷料的皮肤接触表面提供有粘性或高摩擦特性。

8. 根据权利要求 1~6 中任意一个所述的敷料，其特征在于：覆盖层（4）覆盖敷料的面对着皮肤的表面的粘接剂表面。

9. 根据权利要求 1~8 中任意一个所述的敷料，其特征在于：粘接剂包括水凝胶粘接剂。

10. 根据权利要求 1~9 中任意一个所述的敷料，其特征在于：敷料包括一种或多种活性组分。”

申请人科洛普拉斯特公司（下称复审请求人）不服上述驳回决定，于 2006 年 7 月 24 日向专利复审委员会提出复审请求，没有对申请文件进行修改，在复审请求书中复审请求人指出，对比文件 1 是两部分的结构，其包括一个可更换的吸收部分和附接到皮肤上的粘接剂凸出部分，如果具有在面向伤口的表面上的无粘接剂覆盖层的敷料借助对比文件 2 的启示将不是显而易见的，选择两部分的结构的目的就是要便于容易地更换敷料层而不用更换附接到皮肤上的粘接剂部分，如果需要无粘接剂的敷料，两部分的结构将是不必要的，或甚至是不方便的，因为两部分的结构泄露的危险性更高，因此本领域技术人员没有将对比文件 1 与对比文件 2 结合的动机，因而权利要求 1~10 相对于对比文件 1、2 的结合具备创造性。

经形式审查合格后，专利复审委员会受理了上述请求，并于 2006 年 8 月 24 日向复审请求人发出复审请求受理通知书，同时向原专利实质审查部门发出前置审查通知书。

原专利实质审查部门对该复审请求做出前置审查意见，仍然坚持原驳回决定。

针对上述复审请求，专利复审委员会依法成立合议组对该复审请求案进行了审理。本案合议组于 2008 年 3 月 27 日发出复审通知书，并指出：权利要求 1~10 相对于对比文件 1、2 的结合不具备创造性。关于复审请求人在提出复审请求时的意见陈述，合议组认为，对比文件 1 存在着粘接剂层直接与皮肤相接触，这会损伤到伤口周边的脆弱皮肤的技术问题，因而，在对比文件 2 的启发下，本领域技术人员可以想到在对比文件 1 的粘接剂层下方增加覆盖层，从而解决上述技术问题。也就是说，对比文件 1 与对比文件 2 的结合点在于是否在接触皮肤的粘接剂层下具有覆盖层，而不是复审请求人所强调的所谓“分体结构”，并且本申请的权利要求 1 中并没有限定吸收剂层是分体结构还是一体结构，因此复审请求关于权利要求1具备创造性的理由不能成立。

针对上述审查意见，复审请求人于2008年7月11日向专利复审委员会提交了意见陈述书，没有对申请文件进行修改。复审请求人指出，将对比文件2作为最接近的现有技术与本申请权利要求1所请求保护的技术方案相比，其区别技术特征未被对比文件1公开，因而权利要求1~10相对于对比文件1、2的结合具备创造性。

合议组经合议后认为本案事实清楚，现依法作出复审决定。

二、决定的理由

1. 审查文本

本复审决定所针对的审查文本为：复审请求人于2006年2月8日提交的权利要求书第1~10项，以及复审请求人于2004年5月21日国际申请进入中国国家阶段时提交的说明书的中文译文第1~12页、说明书附图第1页、说明书摘要及摘要附图。

2. 关于专利法第22条第3款

专利法第22条第3款规定：创造性，是指同申请日以前已有的技术相比，该发明有突出的实质性特点和显著的进步，该实用新型有实质性特点和进步。

（1）关于独立权利要求1是否具备创造性。

本申请涉及一种伤口敷料，对比文件1（EP0352086A1）公开了一种伤口敷料，并具体公开了以下技术特征（见对比文件1说明书第2栏第61行至第3栏第43行、权利要求书、附图）：一种伤口敷料，包括背垫层28、粘接剂层18以及在该背垫层28和粘接剂层18之间的敷料层24（相当于权利要求1中的吸收剂层），粘接剂层18将敷料层24固定在背垫层28上，且该粘接剂层18在至少一个区域中中断，露出敷料层24的皮肤接触表面的至少一部分。权利要求1所要求保护的技术方案与对比文件1所公开的技术方案相比，其区别在于：①权利要求1中的吸收剂层和背垫层直接接触，而对比文件1中敷料层24与背垫层28之间还有粘接剂层30；②对比文件1中没有公开权利要求1中限定的“至少粘接剂层的面对皮肤的表面提供有不可拆下的、无粘接剂的覆盖层”这一技术特征。对于区别特征①，正如复审请求人在提出复审请求时指出的那样，粘接剂层的作用是利用粘接剂将上下两层结构接合在一起，而通过本领域常规的结合方法，例如热压的方法也可以实现接合的目的，可见虽然对比文件1是采用粘接剂层将敷料层与背垫层接合在一起，但是在对比文件1的基础上本领域技术人员可以很容易想到采用其他不使用粘接剂的本领域常规接合方法来对这两层进行接合，这并不需要付出任何创造性的劳动；对于区别特征②，对比文件2（US6011194A）公开了一种伤口敷料，并具体公开了以下技术特征（见对比文件2中的说明书摘要、附图）：至少粘接剂层18的面对着皮肤的表面提供有不可拆下的、无粘接剂的覆盖层22。这一特征在对比文件2中所起的作用也是保护伤口周围的脆弱皮肤，与其在本发明中所起的作用相同，为了解决对比文件1中粘接剂层有可能损伤伤口周围的皮肤的这一技术问题，在对比文件2的启示下，本领域技术人员很容易想到将对比文件1中的粘接剂层对着皮肤的表面提供不可拆下的、无粘接剂的覆盖层，从而使对比文件1的伤口敷料成为无黏结剂敷料，这对于本领域技术人员来说是显而易见的，因而权利要求1所请求保护的技术方案相对于对比文件1、2的结合不具备专利法第22条第3款所规定的创造性。

关于复审请求人于2008年7月11日提交的意见陈述，合议组认为其实质上并未对复审通知书中所指出的在对比文件1的基础上结合对比文件2能够破坏权利要求1的创造性进行有针对性的辩驳，因此复审请求人的上述意见陈述不能证明其请求保护的权利要求1具备创造性。

（2）关于从属权利要求2~10是否具备创造性。

权利要求2对权利要求1作出了进一步的限定，并加入了附加技术特征“覆盖层（4）为织物或无纺布、编织物、多孔膜或层压材料、或者泡沫材料的形式"。对比文件2说明书第5栏第62行至第6栏第17行公开了覆盖层22可由无纺布、多孔膜等材料制成，因而在其引用的权利要求1不具备创造性的情况下，该从属权利要求2也不具备专利法第22条第3款所规定的创造性。

权利要求3对权利要求1作出了进一步的限定，并加入了如下附加技术特征："覆盖层（4）为粘性层的形式"。在本申请说明书第8页倒数第4段中对覆盖层的形式作出了解释："覆盖层可为粘接层的形式，例如没有粘性的粘接剂、弹性体或水凝胶"。在对比文件2说明书第5栏第64~66行公开了在覆盖层中包含有水凝胶的这一技术特征，因而在其引用的权利要求1不具备创造性的情况下，该从属权利要求3也不具备专利法第22条第3款所规定的创造性。

权利要求4对权利要求1作出了进一步的限定，并加入了如下附加技术特征："覆盖层（4）为粘接剂的面对着皮肤的表面的粉或软膏涂层的形式，例如氧化锌或滑石粉或锌软膏"。为了使对比文件1的粘合剂层避免损伤伤口周围的皮肤，本领域技术人员在不需要付出创造性劳动的情况下，很容易想到采用氧化锌、滑石粉或锌软膏来对粘接剂对着皮肤的表面进行涂敷，以中和粘接剂对皮肤的刺激。因此在对比文件1、2的基础上结合本领域的公知常识从而得到该权利要求4所请求保护的技术方案，对本领域技术人员来说是显而易见的。因而在其引用的权利要求1不具备创造性的情况下，该从属权利要求4也不具备专利法第22条第3款所规定的创造性。

权利要求5对权利要求1~4作出了进一步的限定，并加入了如下附加技术特征："背垫层（1）和吸收剂层（2）可相互移动"。在对比文件1的权利要求1中公开了以下技术特征："第一背垫层与敷料层（即吸收剂层）以可释放的方式连接"，也就是说，对比文件1中实质上已经将本申请权利要求5的附加技术特征公开了，因此在其引用的权利要求1~4不具备创造性的情况下，该从属权利要求5也不具备专利法第22条第3款所规定的创造性。

权利要求6对权利要求1~5作出了进一步的限定，并加入了如下附加技术特征："该粘接剂层（3）包括在覆盖吸收剂层（2）区域中的孔"。对比文件1（见对比文件1说明书第3栏第37~43行、权利要求书、附图）已经公开了上述附加技术特征，因此在其引用的权利要求1~5不具备创造性的情况下，该从属权利要求6也不具备专利法第22条第3款所规定的创造性。

权利要求7对权利要求1~6作出了进一步的限定，并加入了如下附加技术特征"敷料的皮肤接触表面提供有粘性或高摩擦特性"。为了使得敷料与伤口接触良好，并且不会产生滑动，在敷料的表面提供有一定的粘性以增强摩擦系数，这对于本领域技术人员来说是很容易想到的，因此在其引用的权利要求1~6不具备创造性的情况下，该从属权利要求7也不具备专利法第22条第3款所规定的创造性。

权利要求8对权利要求1~6作出了进一步的限定，并加入了如下附加技术特征"覆盖层（4）覆盖敷料的面对着皮肤的表面的粘接剂表面"。该特征已经被对比文件2（见对比文件2说明书摘要、附图）公开了，因而在其引用的权利要求1~6不具备创造性的情况下，该从属权利要求8也不具备专利法第22条第3款所规定的创造性。

权利要求9对权利要求1~8作出了进一步的限定，并加入了如下附加技术特征"粘接剂包括水凝胶粘接剂"。在对比文件2说明书第5栏第64~66行公开了在覆盖层中水凝胶的这一技术特征，因而在其引用的权利要求1~8不具备创造性的情况下，该从属权利要求9也不具备专利法第22条第3款所规定的创造性。

权利要求10对权利要求1~9作出了进一步的限定，并加入了如下附加技术特征"敷料包括一种或多种活性组分"。为了使对比文件1的敷料能够用于伤口的组合治疗，本领域技术人员在不需要付出创造性劳动的情况下，很容易想到使敷料包括一种或多种活性组分来解决这一技术问题。因此在对比文件1、2的基础上结合本领域的公知常识从而得出该权利要求所请求保护的技术方案，对本领域技术人员来说是显而易见的。因而在其引用的权利要求不具备创造性的情况下，该从属权利要求10也不具备专利法第22条第3款所规定的创造性。

三、决定

复审请求不成立，维持国家知识产权局于2006年4月7日针对02823134.1号发明专利申请作出的驳回决定。

复审请求人对本决定不服的，可以根据专利法第41条第2款的规定，自收到本决定之日起三个月内向北京市第一中级人民法院起诉。

146

一种延缓生命衰老的装置

复审请求审查决定（第14802号）

决　定　号　第14802号
决　定　日　2008年10月21日
发明创造名称　一种延缓生命衰老的装置
国际分类号　A61F 7/00
复审请求人　孙运健
申　请　号　02116772.9
申　请　日　2002年5月10日
公　开　日　2003年5月21日
合议组组长　刘颖杰
主　审　员　刘　畅
参　审　员　佟仲明

法律依据　专利法第22条第4款，专利法实施细则第20条第1款
决定要点

如果一项方法（或产品）权利要求的主题名称是清楚的，并且采用了方法特征（或结构特征）对其作进一步的限定，那么该项权利要求的类型是清楚的。

一、案由

本复审请求涉及申请号为02116772.9、名称为“一种延缓生命衰老的装置”的发明专利申请（下称本申请），其申请日为2002年5月10日，公开日为2003年5月21日，申请人为孙运健，本申请公开时的权利要求书共包括10项权利要求，其中权利要求1、3为独立权利要求。

国家知识产权局专利实质审查部门依申请人的请求对本申请进行了实质审查，并于2004年2月6日发出第一次审查意见通知书，该通知书中指出：本申请的独立权利要求1、3及其所有的从属权利要求请求保护的是一种延缓生命衰老的装置，但根据说明书的记载，其所述能够产生的有益积极效果均未经过科学理论或科学实验所验证，并且其能够产生的有益效果也不是本领域技术人员可以预料到的，因而本申请所涉及的技术方案不符合专利法第22条第4款有关实用性的规定；此外，独立权利要求1请求保护的主题是一种装置，但在权利要求1中仅用方法特征对其进行限定，因而不符合专利法实施细则第20条第1款的规定。

针对上述意见通知书，申请人于2004年5月19日提交了意见陈述，申请人指出：根据审查指南中关于实用性的规定，实用性与所申请的发明是怎样创造出来的或者是否已经实施无关，申请专利时

该发明不论是否能带来积极效果，只要有产生积极效果的可能性即可认定其有益性。本申请的说明书中已经记载了实验结果，因而符合有关实用性的规定；权利要求1中被清楚说明、限定的主题名称词义所表示的保护范围，它明显应限定为方法主题，应很清楚并非装置主题，因而符合专利法实施细则第20条第1款的规定。

国家知识产权局专利实质审查部门对本申请进行了继续审查，并于2004年9月3日以本申请的权利要求1不符合专利法实施细则第20条第1款的规定为理由驳回了本申请。

驳回决定认为：权利要求1请求保护的主题是一种装置，但在权利要求中没有用产品的结构特征而使用产品的方法特征对其进行限定，因而导致该权利要求不清楚，不符合专利法实施细则第20条第1款的规定。

驳回决定所针对的权利要求1的内容如下：

"一种延缓生命衰老的装置，由性励抗衰、神经激素抗衰、低温抗衰延寿方法，或由身体保护、感官愉悦方法为主组成，其特征在于，所述的使人体产生性腺、付交感神经、脑神经组织或性腺——脊髓——下丘轴系功能活动增加的体征，是通过对非病态人体进行非治疗目的的、在局部的盆壁或骶脊处即盆骶处肌肤按需要性能致冷或降温刺激诱导操作的局部降温抗衰方法实现的；所述的使人体产生基础代谢率降低、抗衰延寿、身体保护或感官愉悦的体征，是通过对非病态人体进行非治疗目的的、在局部的盆骶处肌肤按需要性能致冷或降温刺激诱导操作的局部降温抗衰方法实现的。"

申请人孙运健（下称复审请求人）不服上述驳回决定，于2004年9月24日向专利复审委员会提出复审请求，并提交了权利要求书第1页的修改替换页，其中对权利要求1进行了修改。复审请求人认为：修改后的权利要求1的发明类型与所限定的主题是清楚的，技术方案及权利要求所请求保护的范围也是清楚的，只是方法发明的主题名称欠准确，但属于允许修改的形式缺陷，以此作为驳回理由是不公正的。

经形式审查合格后，专利复审委员会受理了上述请求，并于2004年12月1日向复审请求人发出复审请求受理通知书，同时向原专利实质审查部门发出前置审查通知书。

原专利实质审查部门对该复审请求做出前置审查意见，仍然坚持原驳回决定。

针对上述复审请求，专利复审委员会依法成立合议组对该复审请求案进行了审理，并于2005年5月26日发出第一次复审通知书，指出：在本申请的说明书第10页中记载了本发明对比已有技术的有益效果，其中指出了"此法将能使人实现130~160岁左右的自然生物寿命"、"即在对比现世人寿命延长50年为目标"，而请求人并未在说明书中给出本发明影响身体产生各类有益效果的体征数据，并且延寿50年的定量效果也缺乏远期验证，也就是说，采用本发明的延缓生命衰老的装置达到说明书中所记载的积极效果没有具体的实验数据支持，所以本领域技术人员不能从说明书中公开的内容看出应用本发明能产生说明书中记载的全部积极效果，因而本发明不具备专利法第22条第4款所规定的实用性；此外，本申请的权利要求1的主题名称为"一种延缓生命衰老的装置，其用于特定用途的方法……"，合议组不清楚其究竟是一个产品的独立权利要求还是一个方法独立权利要求，因而权利要求1所请求保护的范围不清楚，而其从属权利要求2由于引用了权利要求1，其保护范围实际上也是不清楚的，另外本申请的权利要求3请求保护的是一种延缓生命衰老的装置，但权利要求3没有对该产品的结构特征进行限定，而是采用了该产品的作用机理去限定该产品，从而导致了权利要求3的保护范围不清楚，因此，权利要求1~3不符合专利法实施细则第20条第1款的有关规定。

针对上述复审通知书，复审请求人于2005年8月10日向专利复审委员会提交了意见陈述书，并提交了权利要求1~10、说明书摘要以及说明书第1、11页的修改替换页。其中，将原权利要求1修改为新的方法独立权利要求1，原权利要求2、3、7~10的内容分别构成方法从属权利要求2~7，原权利要求 3、4 的内容构成新的产品独立权利要求 8，原权利要求 5、6 的有关产品的内容构成新的产品从属权利要求 9、10，修改后的独立权利要求 1、8 为：

“1. 一种延缓生命衰老的方法，由性励抗衰、神经激素抗衰、低温抗衰延寿方法，或由身体保护、感官愉悦方法为主组成，其特征在于，使人体产生性腺、付交感神经、脑神经组织或性腺——脊髓——下丘轴系功能活动增加的体征，是通过对非病态人体进行非治疗目的的、在局部的盆壁或骶脊处即盆骶处肌肤按需要性能致冷或降温刺激诱导操作的局部降温抗衰方法实现的；使人体产生基础代谢率降低、抗衰延寿、身体保护或感官愉悦的体征，是通过对非病态人体进行非治疗目的的、在局部的盆骶处肌肤按需要性能致冷或降温刺激诱导操作的局部降温抗衰方法实现的。

8. 一种延缓生命衰老的装置，由冷眠装置、低温浴装置、制冷装置、散热装置或人体保护传感装置为主组成，其特征在于，能在人体局部盆骶处肌肤实施致冷、降温刺激诱导抗衰方法的具有特定性能、用途的制冷或散热装置；其制冷或散热元部件是由不同材料的金属热电材料对构成的金属热电制冷器，或由其配置的抗衰产品装置；或是由 P 型、N 型半导体固熔体合金热电材料对构成的半导体制冷器，或由其配置的抗衰产品装置；或是由液体填充工质构成的热管散热器，或由其配置的抗衰产品装置；或是由金属、非金属导热材料或其组合制品构成的冷桥散热器，或由其配置的抗衰产品装置。”

复审请求人认为，其对权利要求 1~10 的修改已经克服了复审通知书中指出的关于权利要求 1~3 不符合专利法实施细则第 20 条第 1 款的规定的缺陷。关于实用性，复审请求人认为，在说明书第 15 页已经明确记载了该发明的 5 项尚存问题或改进措施，其中第 1 项为“发明影响身体产生各类有益效果的细分体征数据有待充实”，第 3 项为“延寿 50 年的定量预测效果尚待完善生物模式后远期验证”，可见延寿 50 年只是一种推测，并不是本发明的积极效果，而本发明真正预期的积极效果应该是说明书第 6 页记载的降心率、降血压、降基础代谢率。综上所述，复审请求人认为修改后的申请文件符合专利法第 22 条第 4 款以及专利法实施细则第 20 条第 1 款的规定。

针对复审请求人的上述意见，合议组对本案继续进行审查，并于 2008 年 5 月 22 日发出第二次复审通知书，指出：在说明书第 11 页有益效果的第（7）点中，仍然存在使用本申请所述方法使得人类“延寿 50 年”、“实现 130~160 岁左右的自然寿命”的内容，基于与第一次复审通知书相同的理由，本申请仍不符合专利法第 22 条第 4 款的有关规定。

针对第二次复审通知书，复审请求人于 2008 年 6 月 22 日提交了意见陈述书，并提交了说明书第 1~19 页、权利要求 1~10、摘要附图及说明书附图第 2、3、7 页的修改替换页。其中复审请求人将说明书中涉及人类延寿 50 年、延寿 50 年后的人类社会远景规划、人类延寿 50 年后会出现的社会问题预测等内容及其相关附图全部删除，并指出之前作为说明书附图第 1 页由于打印错误，应为摘要附图，修改后的说明书附图第 2、3、7 页以及申请日提交的说明书附图 4~6 页（共 6 页）为说明书附图，此外复审请求人还对权利要求书作了字体上的调整，经合议组核实，此次提交的权利要求书修改替换页的内容与复审请求人于 2005 年 8 月 10 日提交的权利要求书的修改替换页的内容是一致的。

至此，合议组经合议后认为本案事实清楚，现依法作出复审决定。

二、决定的理由

1. 审查文本

经合议组审查，复审请求人对申请文件的修改符合专利法第 33 条以及专利法实施细则第 60 条第 1 款的规定，因而本复审决定所针对的审查文本为：复审请求人于 2008 年 6 月 22 日提交的说明书第 1~19 页、权利要求第 1~10 项、说明书附图第 2、3、7 页、说明书摘要及摘要附图；复审请求人于申请日（2002 年 5 月 10 日）提交的说明书附图第 4~6 页。其中说明书附图共 6 页，为复审请求人提交的附图第 2~7 页，而复审请求人提交的说明书附图第 1 页作为摘要附图。

2. 关于专利法第 22 条第 4 款

专利法第 22 条第 4 款规定：实用性，是指该发明或者实用新型能够制造或者使用，并且能够产生积极效果。

本申请原说明书中存在着使用本申请所述方法使得人类“延寿 50 年”、“实现 130~160 岁左右的自然寿命”的相关内容，但是，复审请求人并没有对采用本申请所述方法来实现上述效果提供相关的数据支持，所以本领域技术人员不能从说明书中公开的内容看出应用本发明能产生说明书中记载的全部积极效果，因而本发明不具备专利法第 22 条第 4 款所规定的实用性。复审请求人于 2005 年 8 月 10 日提交的意见陈述中指出，延寿 50 年只是一种推测，并不是本发明的积极效果，而本发明真正预期的积极效果应该是说明书第 6 页记载的降心率、降血压、降基础代谢率，此外，在复审请求人于 2008 年 6 月 22 日提交的说明书全文修改替换页中，将涉及人类延寿 50 年、延寿 50 年后的人类社会远景规划、人类延寿 50 年后会出现的社会问题预测等内容及其相关附图全部删除，因而，修改后的说明书已经克服了上述缺陷。

3. 关于专利法实施细则第 20 条第 1 款

专利法实施细则第 20 条第 1 款规定：权利要求书应当说明发明或者实用新型的技术特征，清楚、简要地表述请求保护的范围。

审查指南第二部分第二章第 3. 2. 2 节规定：权利要求的主题名称应当能够清楚地表明该权利要求的类型是产品权利要求还是方法权利要求。产品权利要求适用于产品发明或者实用新型，通常应当用产品的结构特征来描述。方法权利要求适用于方法发明，通常应当用工艺过程、操作条件、步骤或者流程等技术特征来描述。

驳回决定中指出，权利要求 1 请求保护的主题是一种装置，但在权利要求中没有用产品的结构特征而使用产品的方法特征对其进行限定，因而导致该权利要求不清楚。复审请求人在 2008 年 6 月 22 日提交的权利要求书的全文修改替换页中，将独立权利要求 1 的主题名称改为“一种延缓生命衰老的方法”，并采用“使人体产生性腺、付交感神经、脑神经组织或性腺——脊髓——下丘轴系功能活动增加的体征，是通过对非病态人体进行非治疗目的的、在局部的盆壁或骶脊处即盆骶处肌肤按需要性能致冷或降温刺激诱导操作的局部降温抗衰方法实现的”以及“使人体产生基础代谢率降低、抗衰延寿、身体保护或感官愉悦的体征，是通过对非病态人体进行非治疗目的的、在局部的盆骶处肌肤按需要性能致冷或降温刺激诱导操作的局部降温抗衰方法实现的”这样的方法技术特征对独立权利要求 1 作了进一步的限定。此外，复审请求人将独立权利要求 8 的主题名称限定为“一种延缓生命衰老的装置”，并对其中的制冷或散热装置的元部件所采用的材料作出了进一步的说明。由此可见，修改后的独立权利要求 1、8 的主题名称是清楚的，并且分别采用了方法特征和产品的结构特征对其作进一步的限定，因而修改后的独立权利要求 1、8 已经克服了驳回决定中所指出的缺陷。

三、决定

专利申请文件经复审请求人的修改已经克服了驳回决定所指出的缺陷，在其修改文本的基础上撤销国家知识产权局于 2004 年 9 月 3 日针对 02116772. 9 号发明专利申请作出的驳回决定，由原专利实质审查部门在本复审决定所针对的审查文本基础上继续审查。

复审请求人对本决定不服的，可以根据专利法第 41 条第 2 款的规定，自收到本决定之日起三个月内向北京市第一中级人民法院起诉。

147

具理疗装置的人体拉伸器

复审请求审查决定（第14874号）

决　　定　　号　第14874号
决　　定　　日　2008年10月21日
发明创造名称　具理疗装置的人体拉伸器
国 际 分 类 号　A61F5/042，A61H1/00
复 审 请 求 人　周福兴
申　　请　　号　200510059729.7
申　　请　　日　2005年3月29日
公　　开　　日　2005年8月10日
合 议 组 组 长　张　琳
主　　审　　员　李　卉
参　　审　　员　武　磊

法 律 依 据　专利法第22条第3款
决 定 要 点

如果一项权利要求所限定的技术方案仅仅是由现有技术通过简单叠加而成的技术方案，其总的技术效果是各组成部分技术效果的总和，组合后的各技术特征之间在功能上无相互作用关系，同时也未取得预想不到的技术效果，则该权利要求所限定的技术方案不具备创造性。

一、案由

本复审请求涉及申请号为200510059729.7、名称为“具理疗装置的人体拉伸器”的发明专利申请（下称本申请），其申请日为2005年3月29日、公开日为2005年8月10日，其申请人是周福兴。

在实质审查过程中，国家知识产权局实质审查部门针对申请人周福兴于申请日提交的说明书第1~5页、说明书附图第1页、说明书摘要以及摘要附图；2007年3月16日提交的权利要求第1~5项，于2007年10月12日驳回了本申请，其驳回理由为：本申请权利要求1~5不符合专利法第22条第3款的规定。

驳回决定所引用的对比文件为：

对比文件1：日本专利申请公开说明书特开平6-47068A，其公开日为1994年2月22日；

对比文件2：中国实用新型专利说明书CN2558398Y，其授权公告日为2003年7月2日；

对比文件3：中国发明专利说明书CN1062775C，其授权公告日为2001年3月7日；

对比文件4：中国发明专利说明书CN1108159C，其授权公告日为2003年5月14日；

对比文件5：中国实用新型专利说明书CN2319028Y，其授权公告日为1999年5月19日；

对比文件6：中国发明专利申请公开说明书CN1360868A，其公开日为2002年7月31日。

驳回决定所针对的权利要求书的内容如下：

"1. 一种具理疗装置的人体拉伸器，包括一个支架，支架上有一相对于支架可滑动的卧床，卧床的一端为一与支架固结的头枕，另一端为足部勾靠装置，拉伸驱动装置安装在头枕的下面，其特征在于：在头枕和卧床上相对于人体背部和腰部分别装有热垫和磁块，在头枕和卧床上相对于人体的背部、腰部和腿部处装有电动按摩头，其中，

所述的热垫包括一个电绝缘的带槽的橡胶垫，槽内嵌有绕有线圈的骨架，该骨架在制备时掺入铁和至少一种在电磁场能量的激发下产生二次能量辐射的元素，这些元素如钴、铬、锰、锌、锶、镍、钠、钾、钡、锑、铜、钒、铷等，在橡胶垫的槽背带线圈的骨架间放有活血化瘀，疏通经络的药物，所说的热垫还包括一个橡胶垫上的覆盖层，

所述的电动按摩头包括一个安装在电机座上的电机，一个装在电机输出轴上的偏心轮及一个橡胶套。

2. 按照权利要求1所述的具理疗装置的人体拉伸器，其中所述的药物包括龙胆草，生、熟地，草决明，夏枯草，怀山药，怀牛膝，灵磁石。

3. 按照权利要求2所述的具理疗装置的人体拉伸器，其中所述药物的配比为龙胆草10g，生、熟地各20g，草决明30g，夏枯草10g，怀山药20g，怀牛膝10g，灵磁石30g。

4. 按照权利要求1所述的具理疗装置的人体拉伸器，其中所述的电动按摩头可实现弱、中、强三种不同按摩强度，实现敲打、刮擦、捶击、指压、揉捏、滚动、擂击和振动八种不同的按摩动作，和定时。

5. 按照权利要求1所述的具理疗装置的人体拉伸器，其中所述的磁块的磁场强度为1000-4000高斯。"

申请人（下称请求人）对上述驳回决定不服，于2008年1月10日向专利复审委员会提出复审请求，并未修改申请文件。

请求人认为：（1）驳回决定不具有法律效力，驳回决定应当针对请求人2007年3月16日提交的权利要求书作出，而驳回决定中对权利要求1的评述有权利要求2的描述且与该文本的权利要求不符，因而该决定的作出针对的文本错误；（2）对比文件3不适用于本案，对比文件3公开了一种用于降低人体血压的装置，本申请是一个具有理疗装置的人体拉伸器，其中包含一个用热垫向人体导入活血化瘀，疏通经络的装置，两者属于两个不同的技术领域，对比文件3中找不到可以用于活血化瘀疏通经络的记载，仅通过药物经皮导入这一点无法证明两者属于相同的技术领域，同时，对比文件3的药物是经穴位导入，药物导入的途径也不相同，另外通过药物配方中有一味是怀牛膝也无法导出对比文件3的装置具有活血化瘀疏通经络的功能；（3）对比文件5不适用于本案，对比文件5的电动按摩头存在缺陷，本申请在此基础上进行了改进，通过在按摩头加装橡皮套予以克服，使得使用者感觉舒适，克服了已有技术的不足，因此本申请具备创造性。

经形式审查合格后，专利复审委员会受理了该复审请求，并于2008年3月6日向请求人发出了复审请求受理通知书，同时向国家知识产权局实质审查部门发出了前置审查通知书。

在前置审查程序中，国家知识产权局实质审查部门坚持驳回决定。

专利复审委员会依法成立合议组，对本复审请求案进行了审查。

合议组于2008年6月2日向请求人发出复审通知书。本复审通知书所依据的审查文本为：请求人于2007年3月16日提交的权利要求第1~5项，申请日提交的说明书第1~5页、说明书附图第1

页、说明书摘要以及摘要附图。复审通知书所引用的对比文件1、2、3、5与实质审查阶段相同，其中指出：本申请权利要求1~5相对于对比文件1、2、3、5的结合不具备创造性，不符合专利法第22条第3款的规定。

请求人针对上述复审通知书，于2008年7月8日提交了意见陈述书，并未修改申请文件。

请求人在意见陈述书中重申：（1）驳回决定是由于审查员的错误造成的，不具有法律效力；（2）增加橡胶套以使人体接触时更加舒适不是本领域的常用技术手段。

在上述工作的基础上，合议组认为本案事实已经清楚，可以依法作出本复审请求审查决定。

二、决定的理由

1. 关于审查文本

请求人在复审阶段未修改申请文件，本复审决定所依据的文本是：请求人于申请日提交的说明书第1~5页、说明书附图第1页、说明书摘要以及摘要附图，于2007年3月16日提交的权利要求第1~5项。

2. 关于创造性

专利法第22条第3款规定：创造性，是指同申请日以前已有的技术相比，该发明具有突出的实质性特点和显著的进步，该实用新型有实质性特点和进步。

本决定所引用的对比文件与实质审查阶段和复审通知书中引用的对比文件相同，即，

对比文件1：JP特开平6-47068A，其公开日期为1994年2月22日；

对比文件2：CN2558398Y，其授权公告日为2003年7月2日；

对比文件3：CN1062775C，其授权公告日为2001年3月7日；

对比文件5：CN2319028Y，其授权公告日为1999年5月19日；

（1）独立权利要求1不具备专利法第22条第3款规定的创造性。

权利要求1请求保护一种具有理疗装置的人体拉伸器，对比文件1公开了一种全身拉伸治疗机（参见说明书第0004~0009段，附图1、2）。全身拉伸治疗机可通过牵引治疗人体的腰、背、肩等部位的疼痛（相当于权利要求1中的人体拉伸器）；所述全身拉伸治疗机包括一个支架2；支架2上有相对于该支架2可滑动的下半身移动床4，其用于支持人体的下半身（相当于权利要求1中的卧床）；下半身移动床4的一端为上半身固定床3，其固定在支架2上，用于支持人体的头部及上半身（相当于权利要求1中的头枕）；下半身移动床4的另一端有足枷8（相当于权利要求1中的脚部勾靠装置）；在下半身移动床4的下面有电动机5，上半身固定床3的下部具有电动机11，分别用于驱动床的往复运动以实现对人体的拉伸，电动机5和11属于一种驱动人体拉伸的装置（相当于权利要求1中的拉伸驱动装置），其中，电动机11位于人的头枕部下方。

对比文件2公开了一种集静态牵引、磁疗、热复辐射器、按摩器等于一身的多功能颈、腰椎治疗仪（参见说明书第1页第3段，附图2），其中所述治疗仪包括泡沫型床体（相当于权利要求1的头忱和卧床），它具有静态牵引功能，且具有钕铁硼磁器（相当于权利要求1的磁块）、远红外热辐射器（相当于权利要求1中的热垫）、电磁型拍打器和电动振动按摩器（两者相当于权利要求1中的电动按摩头），所述远红外热辐射器和钕铁硼磁器安装在相对于人体肩井穴和腰椎3、4节或是命门穴的位置（相当于权利要求1中在人体背部和腰部装有热垫和磁块），所述拍打器和按摩器安装在相对于人体的膏盲穴、腰椎3、4节以及腿部的位置（相当于权利要求1中在人体背部、腰部和腿部装有电动按摩头）。

对比文件3公开了一种通过热电导入药物离子的主降压带（参见其对比文件3的权利要求1至7），它包括一个带槽的橡皮底板（相当于权利要求1中的橡胶垫），并且由于其是橡皮的，则必然是

绝缘的；槽内嵌有缠绕线圈的骨架，骨架含有铁和至少一种在电磁场作用下产生二次能量辐射的金属元素，包括钴、铬、锰、锌、镍、锶、钠、钾、钡、锑、铜、钒、铷等，在所述的槽和缠绕线圈的骨架间放有活血化瘀的药物怀牛膝；所述的主降压带还包括一个覆盖所述的槽上，也就是覆盖在所述的橡皮底板上的覆盖层。

对比文件5中公开了一种保健用按摩器（参见其权利要求1、附图1~4），其包括机座、固定在机座上的电机、接在电机的输出轴上的偏心轮以及按摩垫。

通过上述比较可见，权利要求1中仅有下述技术特征未被上述对比文件公开：权利要求1的电动按摩头还包含一个橡胶套。设置橡胶套的作用是为了增加使用者的舒适度，对于本领域技术人员来说，为了使人体接触按摩头时更加舒适，很容易想到选择有弹性的材料、例如橡胶作套罩于按摩头上，这种设置无需付出任何创造性的劳动。

由此可见，权利要求1所要保护的技术方案仅仅是在将本领域的现有技术组合在一起的同时对某些技术特征作了简单的变型，并且各现有技术以其常规方式工作，总的技术效果也是各部分效果的总和，组合后的各技术特征之间在功能上无相互作用关系，而仅仅是一种简单的叠加，因此，这种组合对于本领域技术人员来说是显而易见的，在对比文件1、2、3、5的基础上结合本领域的常用技术手段，得到该权利要求1的技术方案也是显而易见的，同时其也没有取得预料不到的技术效果。因此，权利要求1不具备突出的实质性特点和显著的进步，不具备专利法第22条第3款规定的创造性。

（2）从属权利要求2、3不具备专利法第22条第3款规定的创造性。

从属权利要求2进一步限定了所述药物包括龙胆草，生、熟地，草决明，夏枯草，怀山药，怀牛膝，灵磁石。而在对比文件3中（参见对比文件3说明书第1页第15行至第2页第8行），设置在所述的槽和缠绕线圈的骨架间的药物包括龙胆草，生、熟地，草决明，夏枯草，怀牛膝，灵磁石。由此可见，该从属权利要求2的附加技术特征与对比文件3公开的内容相比，区别仅在于其还包括怀山药。而怀山药用于活血化淤是本领域的常用技术手段。因此，对于本领域技术人员来说，为了更好地实现活血化淤的功效，很容易想到将怀山药应用于对比文件3公开的药方中。因此，当其引用的权利要求1不具备创造性时，权利要求2也不具备专利法第22条第3款规定的创造性。

从属权利要求3对权利要求2中所述的各个药物组分的含量配比作了进一步限定。除了怀山药之外，其他组分的配比值均已经被对比文件3公开（参见其权利要求4）。对于本领域技术人员来说，怀山药的配比量可以根据治疗的需要以及其他药物组分的含量自由选择，其间无需付出创造性的劳动。因此，当其引用的权利要求2不具备创造性时，权利要求3也不具备专利法第22条第3款规定的创造性。

（3）从属权利要求4不具备专利法第22条第3款规定的创造性。

从属权利要求4的附加技术特征为：所述的电动按摩头可实现弱、中、强三种不同按摩强度，实现敲打、刮擦、捶击、指压、揉捏、滚动、擂击和振动八种不同的按摩动作和定时。而将电动按摩头设置几个不同的按摩强度、不同的按摩动作以及设置定时的功能都是本领域的常用技术手段，并且，所述的敲打、刮擦、捶击等等按摩动作的实现也都是本领域的公知常识，对于本领域的技术人员来说，为了增加按摩的效果，很容易想到结合使用这些常用技术手段的和公知常识。因此，当其引用的权利要求1不具备创造性时，该权利要求4也不具备专利法第22条第3款规定的创造性。

（4）从属权利要求5不具备专利法第22条第3款规定的创造性。

从属权利要求5的附加技术特征为磁块的磁场强度为1000~4000高斯。而对比文件2中公开（参见对比文件2说明书第2页第23行）了：钕铁硼磁器，单片强度在500~1600高斯。因此，对比文件2中也公开了权利要求5的附加技术特征。因而，当其引用的权利要求1不具备创造性时，该权利要求5也不具备专利法第22条第3款规定的创造性。

针对请求人在答复复审通知书时所提出的意见，合议组认为：

（1）驳回决定首页中已经明确：本驳回决定所针对的权利要求正是请求人于2007年3月16日提交的权利要求第1~5项，同时从驳回决定正文第2~3页中对权利要求1的评述可以得到，在驳回决定正文第3页第8行中所提到的“权利要求2中的橡胶垫”是在评述权利要求1不具备创造性的驳回理由中进行评述，在此之后对权利要求1的方案不具备创造性进行了总结，随后再开始评述权利要求2~5。因而，从驳回决定正文对权利要求1不具备创造性的评述内容来看，驳回决定正文第3页第8行中撰写的“权利要求2中的橡胶垫”为明显笔误，应为“权利要求1中的橡胶垫”，此处虽然属于实质审查部门工作的笔误，但并不影响驳回决定的实质性内容，也不影响请求人对驳回决定意见的理解，在阅读驳回决定首页中确定文本以及理解驳回决定正文的评述之后，可以明确地、毫无疑义地确认该驳回决定正文第3页第8行的出现的“权利要求2”实际应为“权利要求1”，该驳回决定也是针对2007年3月16日提交的权利要求第1~5项作出的，因此，驳回决定所针对的文本是正确的。

（2）虽然对比文件5中未公开橡胶套这一特征，但是增加橡胶套以使人体接触时更加舒适这一手段是本领域的常用技术手段，例如，本领域技术人员结合所掌握的知识可以知道，早在2003~2004年之前广泛使用的户外健身器材上，与皮肤有可能接触的地方大多都使用了塑料或橡胶套，包括可以按摩腰背部肌肉的健身设施也具有塑料或橡胶套，以使人体接触时更加舒适。因而，在对比文件5公开的电动按摩头的基础上结合该常用技术手段做得出带有橡胶套的按摩头对本领域技术人员来说是显而易见的，权利要求1所保护的技术方案不具有突出的实质性特点，也没有带来预想不到的技术效果。

综上所述，本申请权利要求1~5不符合专利法第22条第3款有关创造性的规定。

三、决定

维持国家知识产权局于2007年10月12日对200510059729.7号发明专利申请所作出的驳回决定。

请求人对本决定不服的，可以根据专利法第41条第2款的规定，自收到本决定之日起三个月内向北京市第一中级人民法院起诉。

148

带有个人计算机结构的超声诊断成像系统

复审请求审查决定（第14940号）

决　定　号　第14940号
决　定　日　2008年11月4日
发明创造名称　带有个人计算机结构的超声诊断成像系统
国际分类号　A61B 8/14，G06F 19/00 // G06F159：00
复审请求人　ATL超声波公司
申　请　号　97121370.4
申　请　日　1997年9月12日
优先权日　1996年9月12日
公　开　日　1998年4月22日
合议组组长　杨军艳
主　审　员　刘　畅
参　审　员　刘　铭

法律依据　专利法第22条第3款
决定要点

如果一项权利要求与现有技术中的一项技术方案的区别对于本领域技术人员来说属于本领域中的公知常识，那么该项权利要求相对于现有技术不具备创造性。

一、案由

本复审请求涉及申请号为97121370.4、名称为“带有个人计算机结构的超声诊断成像系统”的发明专利申请（下称本申请），其申请日为1997年9月12日，公开日为1998年4月22日，优先权日为1996年9月12日，申请时的申请人为阿特兰蒂斯诊断国际有限公司，后于1999年7月23日变更为ATL超声波公司。

国家知识产权局专利实质审查部门依申请人的请求对本申请进行了实质审查，并于2004年4月12日以本申请的权利要求1~3相对于对比文件1不符合专利法第22条第3款的规定为理由驳回了本申请。

驳回决定中引用的对比文件如下：

对比文件1：WO9515521A2号专利文献，其公开日为1995年6月8日。

驳回决定认为：权利要求1所请求保护的技术方案与对比文件1相比，其区别仅在于权利要求1中的超声系统带有与CPU相连的波束成型器，但这属于本领域所公知的技术，因而独立权利要求1

不具备创造性；从属权利要求2的附加技术特征已经被对比文件1所公开，因而该从属权利要求2也不具备创造性；从属权利要求3的附加技术特征也是本领域的公知常识，因而不具备创造性。综上所述，权利要求1~3相对于对比文件1不具备专利法第22条第3款规定的创造性。

驳回决定针对的权利要求1~3的内容如下：

“1. 超声诊断成像系统，包括连接去接收处理过的射线信号的显示器，用于显示超声图像，其特征在于：

波束成型器，超声探头可以卸下地连接到其上，以获得超声回波信号和产生数字射线信号；和

连接到所说波束成型器的中央处理单元（CPU），用于信号处理和所说数字射线信号的显示处理。

2. 权利要求1的超声诊断成像系统，其特征在于，所说的信号处理包括两维（2D）或多普勒超声图像信号处理和所说显示处理包括扫描转换，

其中所说的信号处理和所说的显示处理均是在所说CPU的控制下由软件执行的。

3. 权利要求2的超声诊断成像系统，其特征在于，所说2D超声图像信号处理包括滤波和幅度检测功能，所说多普勒超声图像信号处理包括多普勒信号估计的功能。”

申请人ATL超声波公司（下称复审请求人）不服上述驳回决定，于2004年7月17日向专利复审委员会提出复审请求，并对权利要求书进行了修改，其中在独立权利要求1中增加了“存储器”、“存储软件”、“CPU”、“光栅数据”等技术特征，复审请求人认为，修改后的权利要求1限定了CPU执行用于对数字射线信号进行信号处理及显示处理的存储软件的内容，而对比文件1中的COU只处理在总线820上传送的信息及指令，因而修改后的权利要求1~3相对于对比文件1具备创造性。修改后的权利要求1的内容如下：

“1. 超声诊断成象系统，包括连接成接收处理过的射线信号的显示器，用于显示超声图象，其特征在于：

波束成型器，超声探头可以卸下地连接到其上，以获得超声回波信号和产生数字射线信号；

存储器装置，用于存储要执行信号处理以及显示处理的软件；和

连接到所说波束成型器的中央处理单元（CPU），其执行用于对所说的数字射线信号进行信号处理的所说的存储软件，该信号包括滤波、放大、检测和多普勒频率预测至少之一，所说的中央处理单元还执行用于对所说数字射线信号进行显示处理的所说的存储软件，该显示处理包括将信号处理过的射线信号变换为视频显示所用的光栅数据。”

经形式审查合格后，专利复审委员会受理了上述请求，并于2004年8月17日向复审请求人发出复审请求受理通知书，同时向原专利实质审查部门发出前置审查通知书。

原专利实质审查部门对该复审请求做出前置审查意见，仍然坚持原驳回决定。

针对上述复审请求，专利复审委员会依法成立合议组对该复审请求案进行了审理，并于2008年3月24日发出复审通知书，指出：虽然权利要求1是采用软件来实现信号处理及显示处理，而对比文件1是通过印刷电路板实现信号处理及显示处理，但不论是在权利要求1中还是在对比文件1中，CPU的作用都是传达指令从而实现操作，复审请求人所强调的对比文件1中的CPU与权利要求1中的CPU功能上的差异是由于二者在信号处理及显示处理过程中所使用的不同方式而造成的其表现形式上的不同，但是无论何种表现形式，CPU的作用实质上都是传达指令从而实现操作，不同表现形式下的CPU仍然实现着相同的功能，因此修改后的权利要求1~3相对于对比文件1不具备专利法第22条第3款规定的创造性。

复审请求人于2008年5月6日向专利复审委员会提交了意见陈述书，并对权利要求书作了文字上的调整，其中将权利要求1中的“多普勒频率预测”改为“多普勒频率估计”，修改后的权利要求

1 的内容如下：

"1. 超声诊断成像系统，包括连接成接收处理过的射线信号的显示器，用于显示超声图像，其特征在于：

波束成型器，超声探头可以卸下地连接到其上，以获得超声回波信号和产生数字射线信号；

存储器装置，用于存储执行信号处理以及显示处理的软件；和

连接到所说波束成型器的中央处理单元（CPU），其执行用于对所说的数字射线信号进行信号处理的所说的存储软件，该信号处理包括滤波、放大、检测和多普勒频率估计至少之一，所说的中央处理单元还执行用于对所说数字射线信号进行显示处理的所说的存储软件，该显示处理包括将信号处理过的射线信号变换为视频显示所用的光栅数据。"

复审请求人认为，本申请中 CPU 执行存储在存储软件中的软件以进行数字射线信号的信号处理和包括扫描转换的数字射线信号的显示处理，而在对比文件 1 中，这些类似的功能是由硬件印刷电路版执行，而不是由软件执行的，因而权利要求 1 相对于对比文件 1 具备创造性；权利要求 2 中明确限定了本发明的显示处理软件执行扫描转换，而在对比文件 1 中扫描转换是由硬件扫描转换印刷电路板 1116 执行的，权利要求 3 限定的软件信号处理包括"滤波和幅度检测"以及"多普勒信号估计"的功能，而对比文件 1 完全没有公开用于进行上述处理的软件，因而在独立权利要求 1 具备创造性的情况下，从属权利要求 2、3 也具备创造性。

合议组经合议后认为本案事实清楚，现依法作出复审决定。

二、决定的理由

1. 审查文本

本复审决定所针对的审查文本为：复审请求人于 2008 年 5 月 6 日提交的权利要求第 1~39 项、于 2003 年 11 月 20 日提交的说明书第 1~28 页、于 1998 年 1 月 31 日提交的说明书附图第 1~12 页以及于 2003 年 11 月 20 日提交的说明书摘要及 1998 年 1 月 31 日提交的摘要附图。

2. 关于专利法第 22 条第 3 款

专利法第 22 条第 3 款规定：创造性，是指同申请日以前已有的技术相比，该发明有突出的实质性特点和显著的进步，该实用新型有实质性特点和进步。

（1）关于独立权利要求 1 是否具备创造性。

独立权利要求 1 请求保护一种超声诊断成像系统，对比文件 1 公开了一种基于 PC 的超声成像系统，二者属于相同的技术领域，对比文件 1 具体公开了以下技术特征（参见对比文件 1 说明书第 25 页第 12 行至第 27 页第 3 行，图 25、26）：该超声成像系统包括接收射线信号的显示器（对比文件 1 附图标记 852）用于显示超声图像，超声探头（对比文件 1 附图标记 840）连接在系统中以获得超声回波信号并产生数字射线信号，此外该超声成像系统还包括用于进行信号处理和显示处理的标准的 PC 中央处理单元（CPU）（对比文件 1 附图标记 836），以及传统的存储器单元（对比文件 1 附图标记 1118）。

将对比文件 1 与权利要求 1 所请求保护的技术方案进行比较可知，二者的区别在于：①对比文件 1 中没有公开权利要求 1 中"波束成型器"这一技术特征；②权利要求 1 中还具体限定了存储器装置"用于存储要执行信号处理以及显示处理的软件"；③对比文件 1 中只公开了 CPU 用于进行信号处理和显示处理，而权利要求 1 具体限定了 CPU "执行用于对所说的数字射线信号进行信号处理的所说的存储软件，该信号处理包括滤波、放大、检测和多普勒频率预测至少之一，所说的中央处理单元还执行用于对所说数字信号进行显示处理的存储软件，该显示处理包括将信号处理过的射线信号变换为视频显示所用的光栅数据"。

对于区别特征①，波束成型器是超声成像领域所公知的元器件，将这样一种常规元器件结合到对比文件1的超声成像系统中，与探头和CPU相连，用于合成超声波束并提高回波信号的信噪比对于本领域技术人员来说是很容易想到的；对于区别特征②，虽然对比文件1没有对其存储器单元所具体存储的内容进行限定，但是为了提高超声图象的处理速度并改善图像处理效果，在超声成像中使用传统的存储器单元对要执行信号处理以及显示处理的软件进行储存，这对于本领域技术人员来说也只是一种常规的技术选择；对于区别特征③，采用软件对数字信号进行信号处理和显示处理对于本领域技术人员来说只是常规的技术选择而已，此外权利要求1中采用的信号处理和显示处理的具体处理方式，例如滤波、放大、检测和多普勒频率预测都是超声成像领域中常规的信号处理及显示处理手段。综上所述，在对比文件1公开的内容基础上结合本领域的公知常识，本领域技术人员能够在不付出创造性劳动的情况下得出权利要求1所请求保护的技术方案，因此，该独立权利要求1相对于对比文件1不具备专利法第22条第3款所规定的创造性。

复审请求人指出，本申请中CPU执行存储在存储软件中的软件以进行数字射线信号的信号处理和包括扫描转换的数字射线信号的显示处理，而在对比文件1中，这些类似的功能是由硬件印刷电路版执行，而不是由软件执行的，因而权利要求1相对于对比文件1具备创造性。对此合议组认为：如上所述，虽然权利要求1是采用软件来实现信号处理及显示处理，而对比文件1是通过印刷电路板实现信号处理及显示处理，但是无论是采用软件还是采用硬件对数字信号进行信号处理和显示处理都对于本领域技术人员来说都只是常规的技术选择而已，此外权利要求1中采用的信号处理和显示处理的具体处理方式，例如滤波、放大、检测和多普勒频率预测都是超声成象领域中常规的信号处理及显示处理手段。因而复审请求人的上述意见并不能证明权利要求1相对于对比文件1具备创造性。

（2）关于从属权利要求2、3是否具备创造性。

权利要求2对权利要求1作出了进一步的限定，并加入了如下附加技术特征“所说的信号处理包括两维（2D）或多普勒超声图像信号处理和所说显示处理包括扫描装换，其中所说的信号处理和所说的显示处理均是在所说CPU的控制下由所说存储器装置所存储的软件执行的”。对比文件1（参见对比文件1说明书第3页第17行至第4页第17行，第23页第3~9行，图23）中超声波诊断成像系统的显示处理是在CPU的控制下由软件实现的，且如上所述，对比文件1中超声波诊断成像系统也具有多普勒图像信号处理以及扫描转换等功能。基于与上述对权利要求1不具备创造性的评述相同的理由，无论是采用软件还是采用硬件对数字信号进行信号处理和显示处理都对于本领域技术人员来说都只是常规的技术选择而已。因此在其引用的权利要求1不具备创造性的情况下，该从属权利要求2相对于对比文件1也不具备专利法第22条第3款所规定的创造性。

权利要求3对权利要求2作出了进一步的限定，并加入了如下附加技术特征“所说2D超声图像信号处理包括滤波和幅度检测功能，所说多普勒超声图像信号处理包括多普勒信号估计的功能”。虽然对比文件1中没有公开上述附加技术特征，但是滤波、幅度检测都是本领域所使用的常规图像信号分析处理手段，多普勒信号估计也是在多普勒超声信号处理时所使用的常规技术手段。因而在其引用权利要求2不具备创造性的情况下，该从属权利要求3也不具备专利法第22条第3款所规定的创造性。

三、决定

复审请求不成立，维持国家知识产权局于2004年4月12日针对97121370.4号发明专利申请作出的驳回决定。

复审请求人对本决定不服的，可以根据专利法第41条第2款的规定，自收到本决定之日起三个月内向北京市第一中级人民法院起诉。

149

齿缝处理装置

复审请求审查决定（第14991号）

决　　定　　号　第14991号
决　　定　　日　2008年11月3日
发明创造名称　齿缝处理装置
国 际 分 类 号　A61C 15/00，A61C 17/34，A46B 13/00
复 审 请 求 人　特里沙控股公司
申　　请　　号　200410076875.6
优　先　权　日　1999年10月19日，1999年11月3日
申　　请　　日　2000年10月18日
公　　开　　日　2005年2月2日
合 议 组 组 长　杨军艳
主　　审　　员　佟仲明
参　　审　　员　刘　畅

法 律 依 据　专利法实施细则第43条第1款
决 定 要 点

如果复审请求人依照原申请修改了分案申请文件，从而克服了驳回决定和复审通知书所指出的分案申请文件超出原申请范围的问题，则应当认为修改后的分案申请文件已经克服了驳回决定和复审通知书中指出的不符合专利法实施细则第43条第1款规定的问题，应撤销驳回决定。

一、案由

本复审请求涉及申请号为200410076875.6、名称为“齿缝处理装置”的发明专利申请（下称本申请），申请日为2000年10月18日，优先权日分别为1999年10月19日和1999年11月3日，申请人为特里沙控股公司。本申请是申请号为00814515.6号发明专利PCT申请（下称原申请）的分案申请，分案提交日2004年9月8日。

国家知识产权局专利实质审查部门依法对本申请进行了实质审查后，以本申请权利要求书和说明书不符合专利法实施细则第43条第1款的规定为由，于2007年11月30日做出了驳回本申请的决定，具体的驳回理由是：独立权利要求1请求保护一种牙齿清洁装置，在原申请的权利要求书和说明书中并未记载“牙齿清洁装置”，而且从原申请的权利要求书和说明书记载的内容中也无法直接毫无疑义地确定出上述技术特征，因此权利要求1超出了原申请公开的范围，不符合专利法实施细则第43条第1款的有关规定；同理，权利要求2~13和本申请说明书也存在相同的问题，不符合专利法实

施细则第 43 条第 1 款的有关规定。此外，权利要求 8 中的表述中的“齿缝处理装置”未记载在原申请的权利要求书和说明书中，而且从原申请的权利要求书和说明书记载的内容中也无法直接毫无疑义地确定出上述技术特征，因此权利要求 8 中的上述特征也超出了原申请的范围。

该驳回决定所针对的文本是：分案提交日提交的附图第 1~2 页、摘要附图，2007 年 6 月 1 日提交的权利要求第 1~13 项、说明书第 1~6 页以及说明书摘要。其中的独立权利要求 1 内容如下：

“1. 一种牙齿清洁装置，包括：

一个容纳电源的柄部；

一个带有齿缝处理部分的齿缝处理头部；

一个位于柄部和头部之间的颈部；

一个包括使头部振动的驱动装置的机械振动装置，该机械振动装置位于至少头部和颈部之一内，并具有基本上定向在牙齿清洁装置的纵向上的旋转轴线；

电连接装置，该电连接装置与机械振动装置可操作地连接，并可与电源可操作地连接以通过电连接装置为机械振动装置提供电力。”

申请人（下称复审请求人）不服上述驳回决定，于 2008 年 3 月 11 日向专利复审委员会提出复审请求，其复审请求的理由是：复审请求人对申请文件进行了修改，将各权利要求的主题名称“牙齿清洁装置”和术语“齿缝处理装置”改为“牙刷”，修改了权利要求 1 中的术语“头部”，并对权利要求 10、12、13 中个别文字进行修改，适应性地修改了说明书和摘要，修改后的申请文件已经克服了驳回决定中指出的全部缺陷。复审请求人提交了权利要求书全文修改替换页、说明书全文修改替换页以及摘要修改替换页，修改后的权利要求书共包括 13 项权利要求，其中独立权利要求 1 和权利要求 13 内容如下：

“1. 一种牙刷，包括：

一个容纳电源的柄部；

一个用于带有配有不同的齿缝处理部分的适配体的头部；

一个位于柄部和头部之间的颈部；

一个包括使头部振动的驱动装置的机械振动装置，该机械振动装置位于至少头部和颈部之一内，并具有基本上定向在该机械振动装置所在的这部分牙刷的纵向上的旋转轴线；

电连接装置，该电连接装置与机械振动装置可操作地连接，并与电源可操作地连接以通过电连接装置为机械振动装置提供电力。

13. 根据权利要求 1 中所述的牙刷，其特征在于，振动装置（10）和电部分构成一个单元，该单元定位在注塑模制的第一材料中，并至少部分地封装在注塑模制的第二材料中。”

经形式审查合格后，专利复审委员会于 2008 年 4 月 21 日依法受理了上述请求，并于同日向复审请求人发出了复审请求受理通知书，同时向原实质审查部门发出前置审查通知书。

原实质审查部门对该复审请求做出前置审查意见，仍然坚持原驳回决定。

针对上述复审请求，专利复审委员会依法成立合议组，对本案进行审查，本案合议组于 2008 年 8 月 7 日发出复审通知书，指出：本申请中的“牙齿清洁装置”、“电连接装置”、“处理部分”、“处理头部”以及权利要求 13 中的“封装在注塑模制的第二材料中”与原申请中记载的不一致，且不能从原申请中直接地、毫无疑义地确定，因此不符合专利法实施细则第 43 条第 1 款的规定。

针对上述复审通知书，复审请求人于 2008 年 9 月 22 日提交了意见陈述书和说明书摘要、说明书全文以及权利要求书全文的修改替换页。复审请求人在意见陈述书中表示：已经按照复审通知书中的审查意见修改了说明书和权利要求书，将“牙齿清洁装置”修改为“牙刷”，将“电连接装置”修改为“电连接线”，将“处理部分”修改为“操作部分”，将“处理头部”修改为“操作头部”，并修改了权利要求13，从而克服了超范围的问题。修改后的权利要求1和权利要求13内容如下：

“1. 一种牙刷，包括：

一个容纳电源的柄部；

一个用于带有配有不同的齿缝操作部分的适配体的头部；

一个位于柄部和头部之间的颈部；

一个包括使头部振动的驱动装置的机械振动装置，该机械振动装置位于至少头部和颈部之一内，并具有基本上定向在该机械振动装置所在的这部分牙刷的纵向上的旋转轴线；

电连接线，该电连接线与机械振动装置可操作地连接，并与电源可操作地连接以通过电连接线为机械振动装置提供电力。

13. 根据权利要求1中所述的牙刷，其特征在于，振动装置（10）和电部分构成一个单元，该单元定位在注塑模制的第一材料中，并以至少另一种材料成分局部地加以外部喷注。”

至此，合议组认为本案事实已经清楚，现依法作出复审决定。

二、决定的理由

1. 关于审查文本

本复审决定以复审请求人于2008年9月22日提交的权利要求第1~13项、说明书1~6页、说明书摘要，以及2004年9月8日提交的说明书附图第1~2页、摘要附图作为审查基础。

2. 关于专利法实施细则第43条第1款

专利法实施细则第43条第1款规定：依照本细则第42条规定提出的分案申请，可以保留原申请日，享有优先权的，可以保留优先权日，但是不得超出原申请公开的范围。

就本案而言，驳回决定和复审通知书中均指出了其所针对的文本中存在修改超范围的内容，针对上述意见，复审请求人于2008年9月22日提交了修改文本，在修改后的本申请文件中将超出原申请的“牙齿清洁装置”、“电连接装置”、“处理部分”、“处理头部”分别修改为原申请中记载的“牙刷”、“电连接线”、“操作部分”以及“操作头部”；并且将复审通知书中指出权利要求13中的“封装在注塑模制的第二材料中”修改为原申请说明书中记载的“以至少另一种材料局部地加以外部喷注”。经审查后合议组认为，该修改后的申请文件已经克服了原驳回决定和复审通知书中指出的分案不符合专利法实施细则第43条第1款规定的缺陷。

基于上述理由，合议组作出下述决定。

三、决定

在复审请求人于2008年9月22日提交的修改文本的基础上，撤销国家知识产权局于2007年11月30日对200410076875.6号发明专利申请作出的驳回决定，由原审查部门以本决定依据的文本作为审查基础继续进行审查程序。

复审请求人对本决定不服的，可以根据专利法第41条第2款的规定，自收到本决定之日起三个月内向北京市第一中级人民法院起诉。

150

基于溶液的检测方法

复审请求审查决定（第14992号）

决　定　号 第14992号
决　定　日 2008年11月6日
发明创造名称 基于溶液的检测方法
国际分类号 G01N 33/574，G01N 33/53
复审请求人 MTM实验室公司
申　请　号 03818565.2
优先权日 2002年8月1日
申　请　日 2003年7月31日
公　开　日 2005年9月28日
合议组组长 周　航
主　审　员 佟仲明
参　审　员 刘亚斌

法律依据 专利法第25条第1款第（3）项
决定要点

在复审程序中，如果经过修改的专利申请文件消除了原驳回决定指出的缺陷，并且该修改符合专利法第33条和专利法实施细则第60条第1款的规定，则应当撤销原驳回决定，由原审查部门继续进行审查程序。

一、案由

本复审请求涉及申请号为03818565.2、名称为“基于溶液的检测方法”的发明专利PCT申请（下称本申请），申请日为2003年7月31日，优先权日为2002年8月1日，进入中国国家阶段的日期为2005年2月1日，公开日为2005年9月28日，申请人为MTM实验室公司。本申请进入中国国家阶段时根据PCT条约41条进行了修改，并提交了权利要求书的全文修改替换页，修改后的权利要求书共39项权利要求，其中权利要求1、23、29、35为独立权利要求。

国家知识产权局专利实质审查部门依法对本申请进行了实质审查后，于2007年11月2日以本申请权利要求1~22属于专利法第25条第1款第（3）项规定的不能授予专利权的客体为由作出了驳回本申请的决定，具体的驳回理由如下：本申请权利要求1虽然从形式上看是以离体样品为对象，但该离体样本是从病人身上获得的，而且根据现有技术中的医学知识和本申请中公开的内容能直接获得疾病的诊断结果或健康状况，因此权利要求1请求保护的技术方案属于一种诊断方法，其从属权利要求

2~22也同样属于诊断方法，是专利法第25条第1款第（3）项所规定的不能授予专利权的客体。

驳回决定所针对的文本是：申请人于2005年2月1日本申请进入中国国家阶段时提交的说明书第1~35页、附图第1~2页、说明书摘要、说明书摘要附图以及2007年4月12日提交的权利要求第1~39项。该驳回决定所针对的权利要求书中共包括权利要求1、权利要求23两项独立权利要求，其内容如下：

“1. 一种体外测定选自以下的医学相关状态的方法：

i）组织或体液成分；ii）是否存在特定细胞类型；iii）是否存在特定细胞类型的分化模式；iv）特定细胞类型的总数目；v）所有细胞任何细胞类型的总数目；vi）是否存在细胞的特定分化模式；vii）是否存在细胞的增殖特性；或viii）标本中是否存在特定特性的细胞或其总数目，包括步骤：

（a）从原始标本中制备标本溶液；

（b）检测一种或多种相关标记物的水平，该标记物为所述标本溶液中所述医学相关状态的特征性标记物；

（c）检测一种或多种标准标记物的水平，该标准标记物具有下述至少一种标准化参数的特征：

在标本溶液中出现的细胞之中是否存在特定的细胞类型，

在标本溶液中出现的细胞之中是否存在特定的分化模式，

在标本溶液中出现的细胞是否存在特定的增殖特性，

（d）相对于所述至少一种标准化参数而将检测到的所述一种或多种相关标记物的水平进行标准化；并且

（e）根据相关标记物相对于标准化参数的标准化的水平来检测选自以下的所述的医学相关状态：i）组织或体液成分；ii）是否存在特定细胞类型；iii）是否存在特定细胞类型的分化模式；iv）特定细胞类型的总数目；v）所有细胞任何细胞类型的总数目；vi）是否存在细胞的特定分化模式；vii）是否存在细胞的增殖特性；或viii）标本中是否存在特定特性的细胞或其总数目。

23. 一种用于权利要求1~22任一项方法的测试试剂盒，包括：

（a）至少一种试剂，用于检测医学相关状态的至少一种特征性标记物分子，其中所述标记物分子选自p13.5，p14，p15，$p16^{INK4a}$，p19，p21，p27，p53，pRb，p14ARF，细胞周期素A，细胞周期素B，细胞周期素E，MDM-2，MCM2，MCM5，MCM6，CDC2，CDC6，Id1，骨连接蛋白，GRP，肾二肽酶，her2/neu，TGF（Ⅱ受体，与HPV相关的标记物，claudin-1，MN，her2/neu，bcl-2，EGF-受体，指示人乳头状瘤病毒感染的标记物或Ki67；以及

（b）至少一种用于检测至少一种标准标记物分子的试剂，该标准标记物具有下述至少一种参数的特性：

在标本溶液中出现的细胞之中是否存在特定的细胞类型或分化模式，以及在标本溶液中出现的细胞是否存在特定增殖特性，其中所述标准标记物分子选自保管基因，肌动蛋白，gapdh，组蛋白，磷脂酶，（2-微球蛋白，Ki67，PCNA，抑制素，CK20细胞表面抗原，糖蛋白，蛋白多糖，外源凝集素受体，刀蛋白A受体，人上皮细胞表面糖蛋白，人上皮增殖40kD蛋白，人上皮抗原（34+39KD），细胞角蛋白18，细胞角蛋白8，粘液素抗原Tn、STn、MUC1和MUC2，GaLNac转移酶，寡多糖转移酶，外源凝集素，WGA，PNA，UEA Ⅰ，DBA，SBA，SNA，Plakophilin，波形蛋白，血红蛋白，CD16，CD56，CD68，CD19，CD20，CD3，CD4，CD8，$p16^{INK4a}$，P53，变异的P53，CEA，NMP22，BTA，PreproGRP，PCNA，Ki67，HPV E6，HPV L1，HPVL2，细胞角蛋白，E-钙粘着蛋白，包壳总苞，尿激酶状的血纤维蛋白溶酶原激活剂，SCCA，（-连接素，（-连接素，（-连接素CK8，CK13，CK18或Ep-Cam；

（c）用于溶解标本的缓冲液。”

申请人 MTM 实验室公司（下称复审请求人）不服上述驳回决定，于 2008 年 2 月 18 日向专利复审委员会提出复审请求，未对申请文件进行修改，同时提交了如下附件：

附件 1：《肿瘤临床诊疗指南》第二版第 14~15 页和第 212~219 页的复印件，共 5 页。

其复审请求的理由是：（1）审查指南中关于疾病的诊断和治疗方法的判断仅仅强调的是以有生命的人体或动物体为“直接实施对象”作为判断标准，而没有涉及“间接针对有生命的人体或者动物体”作为判断标准；（2）根据权利要求 1 的方法仅仅能得到体液或组织中是否存在特定的细胞类型、分化模式、细胞总数等生理参数，本领域技术人员仅仅通过这些生理参数，即使结合现有技术中的医学知识，也不能得到清楚明确的疾病诊断结果或健康状况，权利要求 1 获得的这些生理参数结合现有技术最多仅仅能提供某种提示或迹象，不能作为判断是否具有某种疾病的依据，仅仅能用作初级筛选测试，如果希望确定为某种具体疾病还必须根据公认的标准检测方法进行进一步的检测，附件 1 中记载了肿瘤定性诊断的标准方法。权利要求 1 中的方法获得的结果是一种中间信息或者辅助信息，不属于诊断方法。

经形式审查合格后，专利复审委员会依法受理了上述复审请求，并于 2008 年 3 月 10 日向复审请求人发出了复审请求受理通知书，同时向原审查部门发出前置审查通知书。

原审查部门对该复审请求做出前置审查意见，仍然坚持原驳回决定。

专利复审委员会依法成立合议组，对该复审请求进行审查。本案合议组于 2008 年 9 月 10 日发出复审通知书，指出：权利要求 1 涉及一种体外测定医学相关状态的方法，其检测来自人体的原始样本中与医学相关状态有关的特征标记物并结合标准标记物（用以排除无效测试），以获得检测结果。根据说明书可知，权利要求 1 测定的医学相关状态与有生命的人体的健康状况密切相关，其特征标记物能够表征疾病症状。因此，权利要求 1 的方案是以有生命的人体为对象，以获得疾病的诊断结果或健康状况为直接目的，属于诊断方法，是专利法第 25 条第 1 款第（3）项规定的不授予专利权的客体。至于复审请求人陈述的理由，首先，审查指南有关诊断方法的判断中，并没有强调是以有生命的人体或动物体为“直接”实施对象；其次，根据说明书的内容可知，本申请的目的是得到那些与疾病症状或健康状况密切相关的生理参数，本申请说明书中给出的各个实施方式也均涉及疾病状况的诊断，因此权利要求 1 只是采用了较上位的概念来概括测定的目标物和结果，其不仅包括了诊断人体异常状况、获得诊断结果的方法且实质目的也在于此，因此，合议组对于复审请求人的意见不予支持。

针对上述复审通知书，复审请求人于 2008 年 10 月 27 日提交了意见陈述书和权利要求书全文的修改替换页。在此次修改中，复审请求人删除了权利要求 1~22，并对其他权利要求的编号和引用关系进行了适应性修改。修改后的权利要求书共包括 17 项权利要求。复审请求人表示：修改后的申请文件已经克服了驳回决定和复审通知书中所指出的缺陷。

至此，合议组认为本案事实已经清楚，现依法作出复审决定。

二、决定的理由

1. 关于审查文本

复审请求人于 2008 年 10 月 27 日提交了权利要求书全文的修改替换页，经审查，上述修改符合专利法第 33 条和专利法实施细则第 60 条第 1 款的规定，因此本决定以复审请求人于 2005 年 2 月 1 日本申请进入中国国家阶段时提交的说明书第 1~35 页、附图第 1~2 页、说明书摘要、说明书摘要附图以及 2008 年 10 月 27 日提交的权利要求第 1~17 项作为审查的基础。

2. 关于专利法第 25 条第 1 款第（3）项

在本案中，复审请求人于 2008 年 10 月 27 日提交的修改文本中将驳回决定和复审通知书中认定的属于诊断方法从而属于专利法第 25 条第 1 款第（3）项规定不能授予专利保护的客体的权利要求 1 ~22 删除，由此克服了驳回决定和复审通知书中指出的缺陷，根据专利法实施细则第 62 条第 2 款的规定，应当撤销原驳回决定，由原审查部门对本申请继续进行审查程序。

根据上述事实和理由，本案合议组依法作出以下审查决定。

三、决定

在复审请求人修改的基础上，撤销国家知识产权局于 2007 年 11 月 2 日对 03818565. 2 号发明专利 PCT 申请作出的驳回决定，由原审查部门以本决定依据的文本作为审查基础继续进行审查程序。

复审请求人对本决定不服的，可以根据专利法第 41 条第 2 款的规定，自收到本决定之日起三个月内向北京市第一中级人民法院起诉。

151

用于分析存在于气体中的物质的方法

复审请求审查决定（第15012号）

决　定　号　第15012号
决　定　日　2008年11月10日
发明创造名称　用于分析存在于气体中的物质的方法
国际分类号　G01N 1/00
复审请求人　恩益禧电子股份有限公司
申　请　号　99100580.5
申　请　日　1999年2月4日
优先权日　1998年2月4日
公　开　日　1999年11月24日
合议组组长　刘颖杰
主　审　员　刘　畅
参　审　员　杨加黎

法律依据　专利法第33条，专利法第38条
决定要点
在作出驳回决定之前，如果没有将驳回决定所针对的事实、理由和证据通知申请人，也没有给申请人针对驳回决定至少一次陈述意见和/或修改申请文件的机会，那么该驳回决定的作出违反了听证原则。

一、案由

本复审请求涉及申请号为99100580.5、名称为“用于分析存在于气体中的物质的方法”的发明专利申请（下称本申请），其申请日为1999年2月4日，优先权日为1998年2月4日，公开日为1999年11月24日，申请人为日本电气株式会社，后变更为恩益禧电子股份有限公司，本申请公开时的权利要求书共包括8项权利要求，其中权利要求1为独立权利要求，本申请公开时的权利要求书如下：

“1. 一种分析存在于气体中的物质的方法，包含如下步骤：

（a）第一步，把一种要被分析的气体与一种吸附剂相接触，从而把存在于所述气体中的物质吸附到所述吸附剂上；

所述吸附剂由与要被在所述气体中处理的半导体材料相同的材料制成；

（b）第二步，加热所述吸附剂，以在特定的热还原温度下从所述吸附剂中热还原出所吸附的物

质；以及

（c）第三步，通过使用分析系统分离和识别所述被吸附的物质。

2. 如权利要求 1 所述的方法，其特征在于，在所述第一步骤中，所用的所述吸附剂是由硅颗粒所制成的。

3. 如权利要求 1 所述的方法，其特征在于，在所述第一步骤中，所用的所述吸附剂是由多晶硅颗粒所制成的。

4. 如权利要求 1 所述的方法，其特征在于，所述吸附剂位于一个中空的耐热管中，并且在第一步骤中把所述气体注入所述管道。

5. 如权利要求 1 所述的方法，其特征在于，所述第三步骤是通过利用一气体色谱仪而进行的。

6. 如权利要求 5 所述的方法，其特征在于，在所述第三步骤中，一个质谱仪与所述气体色谱仪一同使用。

7. 如权利要求 1 所述的方法，其特征在于，要被分析的所述气体是存在于用于制造半导体器件的净室中的气体。

8. 如权利要求 1 所述的方法，其特征在于，所述物质是有机物。"

国家知识产权局专利实质审查部门（下称原实质审查部门）依申请人的请求对本申请进行了实质审查，于 2002 年 7 月 12 日发出第一次审查意见通知书，并引用了如下对比文件：

对比文件 1：US5522918A，其公开日期为 1996 年 6 月 4 日

第一次审查意见通知书中指出：对比文件 1 将权利要求 1、4~8 的全部技术方案公开了，因而权利要求 1、4~8 相对于对比文件 1 不具备专利法第 22 条第 2 款规定的新颖性；此外，从属权利要求 2、3 的技术方案都属于本领域技术人员在对比文件 1 公开的技术方案的基础上不需要付出创造性劳动就可以得到的，且并未产生预料不到的技术效果，因而在其引用的独立权利要求 1 不具备新颖性的情况下，从属权利要求 2、3 也不具备专利法第 22 条第 3 款规定的创造性。

针对第一次审查意见通知书，申请人于 2002 年 11 月 22 日提交了意见陈述书及权利要求书的全文修改替换页，其中仅对权利要求 1 进行了修改，修改后的独立权利要求 1 的内容如下：

"1. 一种分析半导体制造中所用洁净室的气体环境中存在的气态污染物的方法，所述方法包括如下步骤：

（a）第一步，把一种要被分析的气体与一种吸附剂接触，从而把存在于所述气体中的气态污染物吸收到所述吸附剂中；

所述吸附剂包含在所述气体中制造所述半导体期间待处理之半导体材料的颗粒；

（b）第二步，加热所述吸附剂，以从所述吸附剂中热还原出所述所吸收的污染物；

（c）第三步，通过使用分析系统分离和识别所述被还原的污染物。"

申请人指出，第一次审查意见通知书中指出的独立权利要求 1 相对于对比文件 1 不具备新颖性，但是却结合了对比文件 1 中的不同实施例的不同技术方案来评述权利要求 1 的新颖性，因而不符合单独对比的新颖性审查原则，并且修改后的独立权利要求 1 相对于对比文件 1 具备新颖性和创造性。

经过对本案的继续审查，原实质审查部门于 2003 年 1 月 10 日以本申请的权利要求 1~8 不符合专利法第 22 条第 3 款的规定为理由驳回了本申请。

驳回决定认为：对比文件 1 公开了权利要求 1 中的大部分特征，将权利要求 1 所请求保护的技术方案与对比文件 1 所公开的技术方案相比，其区别在于：权利要求 1 还限定了"所述吸附剂包含在所述气体中制造所述半导体期间待处理之半导体材料的颗粒"的技术特征。相对于本申请的吸附剂，对比文件 1 中用的就是半导体处理期间的半导体基片，半导体材料的颗粒与半导体的基片相比，仅仅

是作为吸附剂吸收表面积的增加，它们使用的都是半导体材料对制造半导体器件产生不良影响的有机杂质的吸附作用，由半导体基片换成半导体材料的颗粒是本领域技术人员的基本技能，不需要付出创造性的劳动就可得到，并且这种变换并没有产生预料不到的技术效果，因此权利要求1相对于对比文件1不具备创造性。

申请人恩益禧电子股份有限公司（下称复审请求人）不服上述驳回决定，于2003年4月25日向专利复审委员会提出复审请求，并提交了权利要求书的全文修改替换页，其中修改了权利要求1，并新增了从属权利要求2。修改后的权利要求书共包括9项权利要求，其中权利要求1、2的内容如下：

“1. 一种分析半导体制造中所用清洁室的气体环境中存在的气态污染物的方法，其特征在于，所述方法包括如下步骤：

在具有第一开口端和第二开口端的中空管道内保持有作为吸附剂的半导体颗粒；

通过用泵经所述第一和第二开口端之一，把被分析的样本气体导入所述管道中，与所述颗粒接触，并通过另一个开口端放出所导入的气体，使包含于该样本气体中的气态污染物被吸附到所述颗粒上；

把载运气体提供给所述管道的同时，加热所述吸附剂，以从所述吸附剂中热还原出所吸收的污染物；

利用所述载运气体，把由所述吸附剂热还原出的所述污染物被载运到分析系统；

使用分析系统分离和识别所述被还原的污染物。

2. 如权利要求1所述的方法，其特征在于，所述的吸附剂包含在所述气体中制造所述半导体期间待处理之半导体材料的颗粒。”

复审请求人认为：①驳回决定违反听证原则：第一次审查意见通知书中认为权利要求1、4~8相对于对比文件1不具备新颖性，权利要求2、3相对于对比文件1不具备创造性，然而面对复审请求人对权利要求的修改及意见陈述，原实质审查部门直接作出了驳回决定，在驳回决定中认为权利要求1~8相对于对比文件1不具备创造性，且关于权利要求1、4~8不具备创造性的理由均未在作出驳回决定之前通知复审请求人，因而剥夺了复审请求人陈述意见及修改申请文件的机会，违反了听证原则；②此外，在提出复审请求时修改的权利要求1~9相对于对比文件1具备新颖性和创造性。

经形式审查合格后，专利复审委员会受理了上述请求，并于2003年8月28日向复审请求人发出复审请求受理通知书，同时向原实质审查部门发出前置审查通知书。

原实质审查部门对该复审请求做出前置审查意见，指出修改后的权利要求1~9相对于对比文件1仍不具备创造性。同时指出，复审请求人在针对第一次审查意见通知书对权利要求1进行修改时，将原权利要求2的“颗粒”加入了权利要求1中，且在第一次审查意见通知书中已经对权利要求2相对于对比文件1不具备创造性予以评述，因而驳回决定并未违反听证原则，故坚持原驳回决定。

针对上述复审请求，专利复审委员会依法成立合议组对该复审请求案进行了审理，并于2005年3月4日发出复审通知书，指出：复审请求人于2003年4月25日提出复审请求时提交的修改文本中权利要求2超出了原说明书和权利要求书的范围，不符合专利法第33条的有关规定。

针对上述复审通知书，复审请求人于2005年6月20日向专利复审委员会提交了意见陈述书，并提交了权利要求书的修改替换页，其中删除了权利要求2，用原始提交的权利要求3~5、8的附加技术特征进一步限定原始提交的权利要求1，组成新的独立权利要求1，以原始提交的权利要求6、7为基础，组合成新的权利要求2、3。修改后的独立权利要求1为：

“1. 一种分析存在于气体中的物质的方法，其特征在于，依次包含如下步骤：

（a）第一步，把一种要被分析的气体与一种吸附剂相接触，从而把存在于所述气体中的物质吸附到所述吸附剂上，其中所述物质为有机物；

所述吸附剂位于一个中空的耐热管中，并把所述气体注入所述管道；并且

所述吸附剂由与要被在所述气体中处理的半导体材料相同的材料，即多晶硅颗粒制成；

（b）第二步，加热所述吸附剂，以在特定的热还原温度下从所述吸附剂中热还原出所吸附的有机物质；以及

（c）第三步，通过使用分析系统，即气体色谱仪分离和识别所述被吸附的有机物质。”

复审请求人认为，①修改后的权利要求书可以从原始提交的说明书及权利要求书中直接地、毫无疑义的确定，因而克服了不符合专利法第 33 条规定的缺陷；②修改后的权利要求 1~3 相对于对比文件 1 具备新颖性及创造性；③此外，复审请求人再次强调了驳回决定违反听证原则：第一次审查意见通知书指出了原始提交的权利要求 1 不具备新颖性，复审请求人在答复第一次审查意见通知书时对原始提交的权利要求 1 进行了修改，表明审查基础已经改变，但驳回决定直接以上述已经修改的权利要求 1 不具备创造性为由驳回了本申请，这不符合审查指南中关于听证原则的相关规定，因而复审请求人请求专利复审委员会依法保证复审请求人的合法利益，将本案发回重审，恢复其被剥夺的申诉机会。

至此，合议组经合议后认为根据本案事实，可以依法作出复审决定。

二、决定的理由

1. 审查文本

本复审决定所针对的审查文本为：复审请求人于 2005 年 6 月 20 日提交的权利要求第 1~3 项；复审请求人于 1999 年 2 月 4 日提交的说明书第 1~9 页、说明书附图第 1 页、说明书摘要及摘要附图。

2. 关于专利法第 33 条

专利法第 33 条规定：申请人可以对其专利申请文件进行修改，但是，对发明和实用新型专利申请文件的修改不得超出原说明书和权利要求书记载的范围，对外观设计专利申请文件的修改不得超出原图片或者照片表示的范围。

具体就本案而言，在专利复审委员会发出的复审通知书中指出，复审请求人在其提出复审请求时提交的修改文本中权利要求 2 所限定的技术方案在原始提交的说明书和权利要求书中都没有记载，也不能从原始提交的说明书和权利要求书中直接地、毫无疑义地确定，因而复审请求人在提出复审请求时提交的权利要求 2 超出了原说明书和权利要求书的范围，不符合专利法第 33 条的有关规定。复审请求人于 2005 年 6 月 20 日向专利复审委员会提交的权利要求书的全文修改替换页中共包括 3 项权利要求，其中删去了不符合专利法第 33 条规定的权利要求 2，因而克服了复审通知书所指出的不符合专利法第 33 条规定的缺陷。

3. 关于专利法第 38 条

专利法第 38 条规定：发明专利申请经申请人陈述意见或者进行修改后，国务院专利行政部门仍然认为不符合本法规定的，应当予以驳回。

审查指南第二部分第八章第 6.1.1 节规定：审查员在作出驳回决定之前，应当将其经实质审查认定申请属于专利法实施细则第 53 条规定的应予驳回情形的事实、理由和证据通知申请人，并给申请人至少一次陈述意见和/或修改申请文件的机会。

具体就本案而言，第一次审查意见通知书中认为权利要求 1、4~8 相对于对比文件 1 不具备新颖性，权利要求 2、3 相对于对比文件 1 不具备创造性，复审请求人针对第一次审查意见通知书的意见对权利要求 1~8 进行了修改，原专利实质审查部门针对该修改后的权利要求 1~8 以本申请不具备创造性为由作出了驳回决定。前置审查意见中指出，复审请求人在针对第一次审查意见通知书对权利要

求 1 进行修改时，将原权利要求 2 的“颗粒”加入了权利要求 1 中，且在第一次审查意见通知书中已经对权利要求 2 相对于对比文件 1 不具备创造性予以评述，因而驳回决定并未违反听证原则。

合议组经审查后认为，在复审请求人针对第一次审查意见通知书的意见对权利要求 1 进行的修改中，增加了特征“所述吸附剂包含在所述气体中制造所述半导体期间待处理之半导体材料的颗粒”，而原始提交的权利要求 2 的附加技术特征是“所用的所述吸附剂是由硅颗粒所制成的”，由此可见，上述复审请求人在答复第一次审查意见通知书时增加到权利要求 1 中的技术特征与原始提交的权利要求 2 的附加技术特征实质上不同。此外，复审请求人还将原始提交的权利要求 1 的主题名称“分析存在于气体中物质的方法”改为“分析半导体制造中所用洁净室的气体环境中存在的气态污染物的方法”，并将原始提交的权利要求 1 中“物质”改为“污染物”或“气态污染物”，由此可见，复审请求人的上述修改并不是仅仅将原始提交的权利要求 2 的附加技术特征补入权利要求 1 中，且上述增加或修改的技术特征也不是原始提交的权利要求 3 中所进一步限定的附加技术特征，也就是说，进行上述修改后的权利要求 1 所限定的技术方案与原始提交的权利要求 2、3 中任一项权利要求所限定的技术方案实质上不同。而第一次审查意见通知书中仅仅指明权利要求 1 相对于对比文件 1、4~8 不具备新颖性，权利要求 2、3 相对于对比文件 1 不具备创造性，也即第一次审查意见通知书中并没有涉及权利要求 1、4~8 不具备创造性的理由，且修改后的权利要求 1、4~8 也与原始提交的权利要求 2、3 不同，在此种情况下驳回决定以权利要求 1、4~8 不具备创造性为由驳回本申请，使申请人丧失了对权利要求 1、4~8 的技术方案是否具备创造性陈述意见的机会，因而原实质审查部门对本申请作出的驳回决定不符合专利法第 38 条及审查指南的相关规定。

审查指南第四部分第二章第 5 节规定，对于“审查违反法定程序的，例如，在审查程序中没有给予申请人针对驳回决定所依据的事实、理由和证据陈述意见的机会”的，应当撤销驳回决定。根据上述规定，合议组决定撤销驳回决定，对于本申请是否具有新颖性和创造性不再作进一步审查。

三、决定

撤销国家知识产权局于 2003 年 1 月 10 日针对 99100580. 5 号发明专利申请作出的驳回决定，由原实质审查部门在本复审决定所针对的审查文本基础上继续审查。

复审请求人对本决定不服的，可以根据专利法第 41 条第 2 款的规定，自收到本决定之日起三个月内向北京市第一中级人民法院起诉。

152

多通道生物分离盒

复审请求审查决定（第15014号）

决　　定　　号　第15014号
决　　定　　日　2008年11月7日
发明创造名称　多通道生物分离盒
国 际 分 类 号　G01N 27/447
复 审 请 求 人　比奥卡尔技术公司
申　　请　　号　02805659.0
优 先 权 日　2001年1月26日
申　　请　　日　2002年1月28日
公　　开　　日　2004年5月5日
合 议 组 组 长　周　航
主　　审　　员　佟仲明
参　　审　　员　杨加黎

法 律 依 据　专利法第33条
决 定 要 点

在复审程序中，如果经过修改的专利申请文件消除了原驳回决定和复审通知书中指出的缺陷，则应当撤销原驳回决定，由原审查部门继续进行审查程序。

一、案由

本复审请求涉及申请号为02805659.0，名称为“多通道生物分离盒”的发明专利PCT申请（下称本申请），其申请日为2002年1月28日，优先权日为2001年1月26日，本申请进入中国国家阶段的日期为2003年8月28日，公开日为2004年5月5日。申请人为比奥卡尔技术公司。本申请公开时权利要求书包括15项权利要求，其中权利要求1和权利要求11为独立权利要求。

国家知识产权局专利实质审查部门依法对本申请进行了实质审查，于2007年5月25日以申请人对本申请权利要求1、5、6、11以及说明书的修改不符合专利法第33条的规定为由作出了驳回本申请的决定，具体的驳回理由如下：申请人在提交的修改文本中，将原始提交的国际申请文件中文译文的权利要求1、11及说明书中所记载的“一个方向”改为“任何方向”，将原始提交的国际申请文件中文译文的权利要求1、5、6、11中的“光学装置”改为“光学元件”，在原始提交的国际申请文件中文译文的权利要求1、11中增加了特征“所述存储器中的液体类型保持不变”，这些改变和增加的内容既未明确地记载在原说明书和权利要求书中，也不能由原说明书和权利要求书所记载的内容直接地、毫无疑义地确定，申请人的意见陈述也不充分，因此该修改超出了原说明书和权利要求书记载的范围，不符合专利法第33条的规定。

该驳回决定所针对的文本是：本申请于2003年8月28日进入中国国家阶段时提交的说明书第1~10、12~18页，说明书附图1~17页，说明书摘要；2006年6月1日提交的说明书第11页；2006年11月22日提交的权利要求1~15项；2003年11月7日提交的摘要附图。其中该驳回决定所针对的文本中的权利要求1、5、6、11的内容如下：

"1. 一种用于生物分离的多通道盒，该盒包括：

一主体；

多个分离通道，用于限定在主体中的待测物，每一个分离通道限定一检测区；

一主体内的小室，该小室限定一与各分离通道共用的液体连通的储存器，所述储存器中的液体类型保持不变，所述小室包括分离承载介质，当在任何方向操纵盒时被密封防止外漏；以及

一光学元件，相对于检测区对准，所述光学元件用于至少导引去往检测区的入射光或从检测区输出的辐射光。

5. 如权利要求1所述的多通道盒，其中该光学元件包括一光纤，其一端由主体对准到分离通道。

6. 如权利要求5所述的多通道盒，其中该光学元件进一步包括光纤，其另一端由主体定位，用于耦合到外部辐射光源。

11. 一种生物分离系统，包括：

一基座；

一用于生物分离的多通道盒，该多通道盒由基座支承，包括：

一主体；

多个在主体内限定的分离通道，每一个分离通道限定一检测区；

一在主体内的小室，该小室限定一与各分离通道共用的液体连通的储存器，所述储存器中的液体类型保持不变，所述小室包括分离承载介质，当在任何方向操纵盒时被密封防止外漏；以及

一光学元件，相对于检测区对准，所述光学元件用于至少导引去往检测区的入射光或从检测区输出的辐射光；

一由基座支承的定位装置，用于相对分离通道定位试样，并和分离通道流体连通；

一分离装置，用于沿分离通道对试样实现生物分离；以及

一控制装置，用于控制定位装置和分离装置的操作。"

申请人比奥卡尔技术公司（下称复审请求人）不服上述驳回决定，于2007年8月14日向专利复审委员会提出复审请求，同时提交了权利要求书全文的修改替换页，其中将权利要求1、5、6、11中的"光学元件"修改回"光学装置"，并将权利要求1、11中的特征"该小室限定一与各分离通道共用的液体连通的储存器，所述储存器中的液体类型保持不变，所述小室包括分离承载介质，当在任何方向操纵盒时被密封防止外漏"修改为"该小室通过密封的方式与所述主体共同限定一储存器，所述储存器中封装有分离承载介质，并仅与所述多个分离通道相连通"。复审请求人认为，修改后的申请文件已经克服了驳回决定中指出的问题。

经形式审查合格后，专利复审委员会依法受理了上述请求，并于2007年9月11日向复审请求人发出了复审请求受理通知书，同时向原审查部门发出前置审查通知书。

原实质审查部门对该复审请求做出前置审查意见，前置审查意见中指出：（1）权利要求1、11中的"该小室通过密封的方式与所述主体共同限定一储存器"在原说明书和权利要求书中记载的是"凝胶储存器利用作为密封件的O型环附着到盒中部主体上"，这种修改导致将一个具体的O型环密

封方式扩大到一切可能的密封方式，使所反映的技术内容超出原说明书和权利要求书记载的范围；（2）权利要求1、11中的“并仅与所述多个分离通道相连通”在原说明书和权利要求述中记载的是有关储存器与多个分离通道连通，增加的“仅”字，使所反映的技术内容不同于原申请记载的内容，也不能从原申请记载的内容中直接地、毫无疑义地确定。因此，复审请求人对权利要求1、11的修改仍超出原说明书和权利要求书记载的范围，不符合专利法第33条的规定，坚持原驳回决定。

针对上述复审请求，专利复审委员会依法成立合议组对该复审请求进行审查，本案合议组于2008年7月2日发出复审通知书，指出：独立权利要求1和11中的“主体内的小室……并仅与所述多个分离通道相连通”与原说明书和权利要求书中记载的内容不一致，也不能从原说明书和权利要求书公开的内容中毫无疑义地推导出来，因为根据原说明书和权利要求的记载可知，该小室不仅连通着多个分离通道，还与气压泵相连，故该修改不符合专利法第33条的规定。此外驳回决定中曾经指出说明书第11页第3段中的“一个方向”修改为“任何方向”不符合专利法第33条的规定，复审请求人在提交复审请求时并未对说明书进行修改，也未对此陈述意见，因此目前的说明书中仍存在驳回决定所指出的问题，不符合专利法第33条的规定。

针对上述复审通知书，复审请求人于2008年10月15日提交了意见陈述书和说明书第11页以及权利要求书全文的修改替换页，其中将权利要求1、11中关于主体内的小室的特征“该小室通过密封的方式与所述主体共同限定一储存器，所述储存器中封装有分离承载介质，并仅与所述多个分离通道相连通”修改为“该小室通过密封的方式与所述主体共同限定一储存器，所述储存器中封装有分离承载介质，并仅用所述多个分离通道连通所述分离承载介质”，并将说明书第11页第3段中的“任何方向”恢复为“一个方向”，复审请求人在意见陈述书中表示：经上述修改后，消除了复审通知书和驳回决定中指出的问题，符合专利法第33条的规定。修改后的权利要求1和11如下：

“1. 一种用于生物分离的多通道盒，该盒包括：

一主体；

多个分离通道，用于限定在主体中的待测物，每一个分离通道限定一检测区；

一主体内的小室，该小室通过密封的方式与所述主体共同限定一储存器，所述储存器中封装有分离承载介质，并仅用所述多个分离通道连通所述分离承载介质；以及

一光学装置，相对于检测区对准，所述光学装置用于至少导引去往检测区的入射光或从检测区输出的辐射光。

11. 一种生物分离系统，包括：

一基座；

一用于生物分离的多通道盒，该多通道盒由基座支承，包括：

一主体；

多个在主体内限定的分离通道，每一个分离通道限定一检测区；

一在主体内的小室，该小室通过密封的方式与所述主体共同限定一储存器，所述储存器中封装有分离承载介质，并仅用所述多个分离通道连通所述分离承载介质；以及

一光学装置，相对于检测区对准，所述光学装置用于至少导引去往检测区的入射光或从检测区输出的辐射光；

一由基座支承的定位装置，用于相对分离通道定位试样，并和分离通道流体连通；

一分离装置，用于沿分离通道对试样实现生物分离；以及

一控制装置，用于控制定位装置和分离装置的操作。”

至此，合议组认为本案事实已经清楚，现依法作出复审决定。

二、决定的理由

1. 关于审查文本

本复审决定是以如下文本作为审查的基础：复审请求人于2008年10月15日提交的权利要求第1~15项，说明书第11页；2003年8月28日进入中国国家阶段时提交的说明书第1~10、12~18页、说明书附图第1~17页和说明书摘要；以及2003年11月7日提交的摘要附图。

2. 关于专利法第33条

专利法第33条规定：申请人可以对其专利申请文件进行修改，但是，对发明和实用新型专利申请文件的修改不得超出原说明书和权利要求书记载的范围，对外观设计专利申请文件的修改不得超出原图片或者照片表示的范围。

就本案而言，复审请求人修改后的申请文件中，在驳回决定所针对的文本的基础上，将说明书中的“任何方向”改为“一个方向”，将权利要求1、5、6、11中的“光学元件”改为“光学装置”，从而与本申请原始文本中的相应内容保持一致，因此上述修改符合专利法第33条的规定。

同时，复审请求人还将驳回决定所针对的文本中的权利要求1和11中有关主体内小室的特征“该小室限定一与各分离通道共用的液体连通的储存器，所述储存器中的液体类型保持不变，所述小室包括分离承载介质，当在任何方向操纵盒时被密封防止外漏”修改为“该小室通过密封的方式与所述主体共同限定一储存器，所述储存器中封装有分离承载介质，并仅用所述多个分离通道连通所述分离承载介质”。经审查，合议组认为，根据本申请原说明书和权利要求书记载的内容（参见原说明书第16页末段至第17页第19行，原权利要求1、11）结合附图2、附图9可知：本申请技术方案的盒主体内集成有对所有的毛细管共用顶部/出口的储存器130，该储存器130是密封的，例如在盒主体内用气密的方式密封，（即盒主体内的空间，也就是本申请中所称的小室，通过密封的方式与盒主体共同限定了储存器130），储存器130装有作为分离承载介质的凝胶，储存器130连接到模块化的气压泵78并且该储存器130中的凝胶在气压泵78提供的气压下通过作为分离通道的毛细管排出。由于储存器130是集成在盒内的且是密封的，储存器中的凝胶只可能在气压泵提供的气压下从毛细管（即，分离通道）排出而不会通过其他方式与外界连通，即储存器“仅用所述多个分离通道连通所述分离承载介质”。需要说明的是，尽管原说明书第16页末段中还给出了凝胶储存器130利用作为密封件的O型环144附着到盒主体上的具体密封方式，但这并不影响本领域普通技术人员根据上下文直接地、毫无疑义地确定权利要求1和11中限定的有关小室密封方式的内容。因此，复审请求人的上述修改能够从原始文本公开的内容中直接地、毫无疑义地确定，该修改符合专利法第33条的规定。

综上可见，复审请求人提交的上述修改文本已经克服了驳回决定和复审通知书中指出的全部缺陷，根据专利法实施细则第62条第2款的规定，应当撤销原驳回决定，由原实质审查部门对本申请继续进行审查程序。

根据上述事实和理由，本案合议组依法作出以下审查决定。

三、决定

在复审请求人提交的修改文本的基础上，撤销国家知识产权局于2007年5月25日对02805659.0号发明专利申请作出的驳回决定，由原实质审查部门以本决定依据的文本作为审查基础继续进行审查程序。

复审请求人对本决定不服的，可以根据专利法第41条第2款的规定，自收到本决定之日起三个月内向北京市第一中级人民法院起诉。

153

液晶显示器及其制造方法

复审请求审查决定（第15060号）

决　定　号　第15060号
决　定　日　2008年11月10日
发明创造名称　液晶显示器及其制造方法
国际分类号　G02F1/136
复审请求人　三星电子株式会社
申　请　号　02827187.4
优　先　权　日　2002年1月15日，2002年5月9日
申　请　日　2002年7月24日
公　开　日　2005年5月11日
合议组组长　宋　瑞
主　审　员　马　骁
参　审　员　陈　力

法律依据　专利法第33条
决定要点

申请人可以对其专利申请文件进行修改，但是，对发明和实用新型专利申请文件的修改不得超出原说明书和权利要求书记载的范围。原说明书和权利要求书记载的范围包括原说明书和权利要求书文字记载的内容和根据原说明书和权利要求书文字记载的内容以及说明书附图能直接地、毫无疑义地确定的内容。

一、案由

本复审请求涉及申请号为02827187.4，名称为“液晶显示器及其制造方法”的发明专利PCT申请（下称本申请）。本申请的申请日为2002年7月24日，进入中国国家阶段日为2004年7月15日，申请人为三星电子株式会社。本申请的优先权日分别为2002年1月15日、2002年5月9日。

在进入中国国家阶段时，申请人根据国际初步审查报告附件的译文，提交了权利要求书（权利要求第1~11项）、说明书附图第1~12页、说明书摘要附图的全文修改替换页。

国家知识产权局实质审查部门依法对本申请进行了实质审查，于2008年2月22日作出驳回决定，驳回所针对的申请文本是：2004年7月15日提交的说明书摘要、摘要附图（按国际初步审查报告附件的修改部分的译文）、权利要求第1~11项（按国际初步审查报告附件的修改部分的译文）、说明书第1~12页（按原始提出的国际申请文件的译文）、说明书附图第1~12页（按国际初步审查报

告附件的修改部分的译文）。驳回理由是：申请人在修改时替换了说明书的整套附图（第 1~12 页）；修改后的说明书附图不能由原说明书和权利要求书直接地、毫无疑义地确定，因此超出了原说明书和权利要求书记载的范围，修改不符合专利法第 33 条的规定。

申请人（下称复审请求人）不服上述驳回决定，于 2008 年 5 月 23 日向专利复审委员会提出复审请求，在复审请求中，复审请求人仅陈述了如下内容：申请人放弃修改后的说明书附图，即，按国际初步审查报告附件的附图 1~12 页。复审请求人未提交相应的申请文件的修改替换页。

经形式审查合格后，专利复审委员会受理了上述复审请求，于 2008 年 6 月 19 日向复审请求人发出了复审请求受理通知书，并于同日向国家知识产权局原实质审查部门发出了前置审查通知书。

在前置审查意见书中，国家知识产权局原实质审查部门审查员坚持驳回决定。

专利复审委员会依法成立合议组对本案进行审理。

复审请求人于 2008 年 10 月 8 日提交了补正书，以及说明书摘要附图和说明书附图第 1~12 页的替换页。

本案合议组经合议后认为本案事实已经清楚，现依法作出复审决定。

二、决定的理由

1. 审查文本

本复审决定针对的文本是：复审请求人于 2004 年 7 月 15 日提交的说明书摘要、2008 年 10 月 8 日提交的摘要附图、2004 年 7 月 15 日提交的权利要求第 1~11 项（按国际初步审查报告附件的修改部分的译文）、2004 年 7 月 15 日提交的说明书第 1~12 页（按原始提出的国际申请文件的译文）、2008 年 10 月 8 日提交的说明书附图第 1~12 页。

2. 关于专利法第 33 条

专利法第 33 条规定：申请人可以对其专利申请文件进行修改，但是，对发明和实用新型专利申请文件的修改不得超出原说明书和权利要求书记载的范围，对外观设计专利申请文件的修改不得超出原图片或者照片表示的范围。

本案合议组经核查认为：复审请求人于 2008 年 10 月 8 日提交的说明书摘要附图及说明书附图第 1~12 页分别和本申请的原始文本的说明书摘要附图、说明书附图第 1~12 页一致，即本申请目前的附图第 1~12 页的内容记载在本申请原始文本中。因此驳回决定中所指出的缺陷已被克服。

基于上述理由，合议组作出如下决定。

三、决定

在复审请求人于 2008 年 10 月 8 日提交的修改文件的基础上，撤销国家知识产权局于 2008 年 2 月 22 日对 02827187.4 号发明专利申请作出的驳回决定，由原实质审查部门针对本决定所依据的文本继续进行审查程序。

复审请求人对本决定不服的，可以根据专利法第 41 条第 2 款的规定，自收到本决定之日起三个月内向北京市第一中级人民法院起诉。

154

一次性使用的裤衩式尿布

复审请求审查决定（第15063号）

决 定 号 第15063号
决 定 日 2008年11月6日
发明创造名称 一次性使用的裤衩式尿布
国际分类号 A61F13/15 A61F13/56
复审请求人 尤妮佳股份有限公司
申 请 号 99105023.1
优先权日 1998年4月24日
申 请 日 1999年4月23日
公 开 日 1999年11月3日
合议组组长 黄玉平
主 审 员 赵 鑫
参 审 员 高桂莲

法律依据 专利法第22条第3款
决定要点

一项权利要求与对比文件1的区别技术特征被与本申请相同技术领域的对比文件2所公开，且在对比文件2中所起的作用与在本申请中的作用相同，则认为对比文件2给出了将其应用到对比文件1中的技术启示，该权利要求相对于对比文件1和2的结合不具备创造性。

一、案由

本复审请求涉及申请号为99105023.1、名称为“一次性使用的裤衩式尿布”的发明专利申请（下称本申请），申请日为1999年4月23日，优先权日为1998年4月24日，公开日为1999年11月3日，申请人为尤妮佳股份有限公司。

经实质审查，国家知识产权局实质审查部门于2006年7月7日以权利要求1~6不符合专利法第22条第3款的规定为由作出驳回决定，驳回了本申请。驳回决定所依据的文本为：申请人于申请日提交的说明书第5页、说明书附图1~5页以及摘要附图；申请人于2003年8月22日提交的说明书第1、3、4页、说明书摘要；申请人于2005年8月29日提交的权利要求第1~6项，说明书第2页。驳回决定所针对的权利要求如下：

“1. 一种一次性使用的裤衩式尿布，它由裤衩型外罩构件与吸液性衬垫构件所构成，其中，裤衩型外罩构件沿其前后方向由前腰围区、后腰围区、位于两区间的裆区所构成，前述前后腰围区的侧缘部彼此连结而形成腰围开口与左右一对的腿周开口；吸液性衬垫构件安装于前述外罩构件内侧、并以前述裆区为中心向前述前后方向延伸，其特征在于，

前述裤衩型外罩构件具有在前述腰围开口近旁以伸长状态向腰围方向延伸的第1弹性构件和在前述腿周开口的顶部近旁以伸长状态向腰围方向延伸的第2弹性构件；

前述吸液性衬垫构件具有衬垫本体与防漏翻边，该衬垫由透液性表面层和不透液性背面层及夹于该两层间的吸液性芯所构成，并向前述的前后方向延伸；该防漏翻边具有基缘部与自由缘部，其中，基缘部是和从前述芯的两侧缘分别向侧方延伸出来的前述背面层成为一体，并沿前述芯的侧缘向前后方向延伸；该自由缘部则是与前述基缘部并行、可立起地向前述衬垫本体内侧倒伏、覆盖前述衬垫本体的表面层的一部分；

前述吸液性衬垫构件，其前后端部各自的外面，在前述第1弹性构件之中的位于前述腰围开口附近弹性构件和前述第2弹性构件之中的位于前述腿周开口附近的弹性构件之间分别与前述外罩构件的前后腰围区各自的内面相接合；

前述防漏翻边，在向前述衬垫本体内侧倒伏的状态下，其前后两端部内面接合于前述衬垫本体的表面层上；在前述自由缘部的顶缘设有以伸长状态向前述前后方向延伸的第3弹性构件，在前述基缘部设有以伸长状态向前述前后方向延伸的第4弹性构件；前述第4弹性构件中的至少一条分别在前述尿布前后部与前述第2弹性构件交叉；前述第2弹性构件不限制前述第4弹性构件的伸缩，前述第4弹性构件不限制前述第2弹性构件的伸缩，前述第2弹性构件与前述第4弹性构件相互协同地围绕前述尿布的穿着者的腿周围。

2. 按权利要求1所记述的尿布，其特征在于，前述第1、2弹性构件分别大致水平地环绕在前述腰围区中。

3. 按权利要求1所记述的尿布，其特征在于，前述第2弹性构件在前述前后腰围区的至少一方上，其腰围区的宽度方向的中央部分一边朝向前述裆区画弧线状地被设置一边环绕前述腰围区。

4. 按前述权利要求1~3中任一项所记述的尿布，其特征在于，前述背面层是塑料薄膜；前述防漏翻边是无纺布。

5. 按前述权利要求1~3中任一项所记述的尿布，其特征在于，前述防漏翻边在实质上是不透液性材料。

6. 按前述权利要求1~3中任一项所记述的尿布，前述外罩构件是由通气性无纺布形成。”

所引用的对比文件如下：

对比文件1：EP0761194A2号欧洲专利文献，其公开日为1997年3月12日；

对比文件2：EP0648482A2号欧洲专利文献，其公开日为1995年4月19日。

驳回决定认为：（1）本申请权利要求1请求保护一种一次性使用的裤衩式尿布，对比文件1公开了一种一次性尿布，并公开了权利要求1中的大部分特征，权利要求1与对比文件1的区别在于权利要求1中吸收性衬垫具有衬垫本体和防漏翻边，并记载了衬垫本体和防漏翻边的结构及相互间的结合方式，而对比文件2公开了一种一次性吸湿垫，其中吸湿垫的本体和防漏翻边与权利要求1的吸收性衬垫相同，所起的作用也相同，因此在对比文件1的基础上结合对比文件2得到权利要求1的技术方案是显而易见的，权利要求1不具备创造性。（2）从属权利要求2、3的附加技术特征被对比文件1所公开并且作用相同，从属权利要求4、5的附加技术特征被对比文件2所公开并且作用相同，从属权利要求6的附加技术特征是本领域的常用技术手段，因此，当其引用的在先权利要求不具备创造性时，从属权利要求2~6也不具备创造性。

申请人尤妮佳股份有限公司（下称复审请求人）对上述驳回决定不服，于2006年10月23日向

专利复审委员会提出了复审请求，同时提交了权利要求书全文的修改替换页，将本申请权利要求1中的“衬垫”改为“衬垫本体”，并对权利要求1中第2、4弹性构件的设置位置做了进一步的修改。修改后的权利要求共6项，具体内容如下：

“1. 一种一次性使用的裤衩式尿布，它由裤衩型外罩构件与吸液性衬垫构件所构成，其中，裤衩型外罩构件沿其前后方向由前腰围区、后腰围区、位于两区间的裆区所构成，前述前后腰围区的侧缘部彼此连结而形成腰围开口与左右一对的腿周开口；吸液性衬垫构件安装于前述外罩构件内侧、并以前述裆区为中心向前述前后方向延伸，其特征在于，

前述裤衩型外罩构件具有在前述腰围开口近旁以伸长状态向腰围方向延伸的第1弹性构件和在前述腿周开口的顶部近旁以伸长状态向腰围方向延伸的第2弹性构件；

前述吸液性衬垫构件具有衬垫本体与防漏翻边，该衬垫本体由透液性表面层和不透液性背面层及夹于该两层间的吸液性芯所构成，并向前述的前后方向延伸；该防漏翻边具有基缘部与自由缘部，其中，基缘部是和从前述芯的两侧缘分别向侧方延伸出来的前述背面层成为一体，并沿前述芯的侧缘向前后方向延伸；该自由缘部则是与前述基缘部并行、可立起地向前述衬垫本体内侧倒伏、覆盖前述衬垫本体的表面层的一部分；

前述吸液性衬垫构件，其前后端部各自的外面，在前述第1弹性构件之中的位于前述腰围开口附近弹性构件和前述第2弹性构件之中的位于前述腿周开口附近的弹性构件之间分别与前述外罩构件的前后腰围区各自的内面相接合；

前述防漏翻边，在向前述衬垫本体内侧倒伏的状态下，其前后两端部内面接合于前述衬垫本体的表面层上；在前述自由缘部的顶缘设有以伸长状态向前述前后方向延伸的第3弹性构件，在前述基缘部和前述自由缘部之间设有以伸长状态向前述前后方向延伸的第4弹性构件；前述第4弹性构件中的至少一条分别在前述尿布前后腰围区与前述第2弹性构件交叉；前述第2弹性构件不限制前述第4弹性构件的伸缩，前述第4弹性构件不限制前述第2弹性构件的伸缩，前述第2弹性构件与前述第4弹性构件相互协同地围绕前述尿布的穿着者的腿周围。

2. 按权利要求1所记述的尿布，其特征在于，前述第1、2弹性构件分别大致水平地环绕在前述腰围区中。

3. 按权利要求1所记述的尿布，其特征在于，前述第2弹性构件在前述前后腰围区的至少一方上，其腰围区的宽度方向的中央部分一边朝向前述裆区画弧线状地被设置一边环绕前述腰围区。

4. 按前述权利要求1~3中任一项所记述的尿布，其特征在于，前述背面层是塑料薄膜；前述防漏翻边是无纺布。

5. 按前述权利要求1~3中任一项所记述的尿布，其特征在于，前述防漏翻边在实质上是不透液性材料。

6. 按前述权利要求1~3中任一项所记述的尿布，其特征在于，前述外罩构件是由通气性无纺布形成。”

复审请求人认为：除了驳回决定中指出的权利要求1与对比文件1的区别之外，权利要求1与对比文件1之间还存在对比文件1衬垫构件的设置也与权利要求1所要求保护的技术方案有所不同；另外，对比文件2所公开的防漏翻边也与本发明的防漏翻边有所不同；而且，即使将对比文件2的具有防漏翻边的衬垫构件应用到对比文件1的一次性尿布中，也无法获得像本发明那样明确了第4弹性构件和第2弹性构件之间的相互关系的技术方案，因此修改后的权利要求1相对于对比文件1和2具备创造性。在权利要求1具备创造性的前提下，直接或间接从属于独立权利要求1的从属权利要求2~6也具备创造性。

经形式审查合格，专利复审委员会依法受理了该复审请求，于2006年12月7日向复审请求人发出复审请求受理通知书，并将案卷转送至原实质审查部门进行前置审查。

原实质审查部门在前置审查意见书中，坚持原驳回决定。

针对上述复审请求，专利复审委员会依法成立合议组对该复审请求案进行审理。本案合议组于2008年3月24日向复审请求人发出复审通知书（下称第一次复审通知书）。

第一次复审通知书中指出，(1) 对比文件1公开了权利要求1的裤衩式结构的特征，权利要求1与对比文件1的区别在于：吸液性衬垫构件的结构，特别是它的防漏翻边及其各弹性构件之间的位置关系，而对比文件2公开的具有防漏翻边的吸湿垫结构与权利要求1的吸液性衬垫结构相同并且作用也相同，而且其弹性构件之间的位置关系与配合方式也与对权利要求1相同，因此在权利要求1相对于对比文件1、2的结合不具备创造性。(2) 从属权利要求2~6的附加技术特征分别被对比文件1或2所公开，因此当其引用的在前权利要求不具备创造性时，从属权利要求2~6也不具备创造性。

复审请求人针对第一次复审通知书于2008年5月7日提交了意见陈述书，没有对申请文件进行修改。复审请求人认为对比文件2中弹性构件的配合方式不能等同于本申请中弹性构件的配合方式，认为对比文件2并未公开权利要求1与对比文件1的区别技术特征，因此权利要求1相对于对比文件1和2具备创造性，在独立权利要求1具备创造性的前提下，从属权利要求2~6也具备创造性。

针对复审请求人的上述意见陈述，合议组于2008年7月7日发出了第二次复审通知书。

第二次复审通知书中指出，(1) 权利要求1与对比文件1的区别在于：对比文件1中吸收垫的防漏翻边与权利要求1中吸液性衬垫的防漏翻边相比，对比文件1并未明确记载权利要求1中吸液性衬垫的防漏翻边的某些特征及弹性构件之间的配合方式。而对比文件2公开的吸湿垫中明确记载了权利要求1中吸液性衬垫的防漏翻边上述的相应区别特征，并给出了具有相同位置关系的弹性构件之间配合方式的技术启示，在对比文件1的基础上将对比文件2应用到对比文件1中得到权利要求1的技术方案对于本领域技术人员而言是显而易见的，无需付出创造性劳动。(2) 从属权利要求2~6的附加技术特征分别被对比文件1或2所公开，因此当其引用的在前权利要求不具备创造性时，从属权利要求2~6也不具备创造性。

复审请求人针对第二次复审通知书于2008年8月22日提交了意见陈述书，没有对申请文件进行修改。复审请求人坚持认为对比文件2中吸湿垫的弹性构件配合方式不同于权利要求1中弹性构件的配合方式，认为对比文件2没有公开权利要求1中弹性构件的配合方式，坚持认为权利要求1具备创造性。

至此，合议组认为本案事实已经清楚，现依法作出如下复审决定。

二、决定的理由

1. 关于审查文本

本复审请求审查决定所针对的审查文本为：复审请求人于申请日提交的说明书第5页、说明书附图1~5页以及摘要附图；于2003年8月22日提交的说明书第1、3、4页，说明书摘要；于2005年8月29日提交的说明书第2页；于2006年10月23日提交的权利要求第1~6项。

2. 关于专利法第22条第3款

专利法第22条第3款规定：创造性，是指同申请日以前已有的技术相比，该发明有突出的实质性特点和显著的进步，该实用新型有实质性特点和进步。

一项权利要求与对比文件1的区别技术特征被与本申请相同技术领域的对比文件2所公开，且在对比文件2中所起的作用与在本申请中的作用相同，则认为对比文件2给出了将其应用到对比文件1中的技术启示，该权利要求相对于对比文件1和2的结合不具备创造性。

就本案而言，

（1）权利要求 1 不符合专利法第 22 条第 3 款的规定。

权利要求 1 要求保护一种一次性使用的裤衩式尿布。对比文件 1（EP0761194A2）公开了一种一次性尿布（见对比文件 1 说明书第 2 栏 32 行至第 7 栏第 10 行及图 1~9），其与本申请属于相同的技术领域。对比文件 1 公开的一次性尿布由短裤 2（相当于本申请权利要求 1 的裤衩形外罩构件）和液体吸收垫 3（相当于本申请权利要求 1 的吸液性衬垫构件）构成，其中，短裤 2 沿其前后方向由前腰围区 6、后腰围区 7、位于两区间的裆区 8 构成，前后腰围区的侧缘部彼此连接而形成腰围开口 9 与左右一对腿周开口 10；液体吸收垫 3 安装于短裤 2 的内侧，并以裆区为中心向前后方向延伸，短裤 2 具有在腰围开口近旁以伸长状态向腰围方向延伸的弹性构件 13（相当于本申请权利要求 1 中第 1 弹性构件）和在腿周开口的顶部近旁以伸长状态向腰围方向延伸的弹性构件 14（相当于本申请权利要求 1 中第 2 弹性构件）（见对比文件 1 中第 2 栏第 35 行至第 3 栏第 15 行，图 1、3）；并且吸液衬垫 3 的前后端部 17、18 的外面可粘接于第一区域 W_1 下方的弹性构件 13、14 之间的 W_3 区域中，并分别与短裤前后腰围区域各自的内面相结合（见对比文件 1 中第 6 栏第 38~42 行，图 3）；吸液衬垫 3 包括垫条 25（相当于本申请权利要求 1 的衬垫本体），垫条 25 依次包括软毛浆纤维和覆盖棉纸的吸水性凝胶颗粒构成的定形混合物 37（相当于本申请权利要求 1 的吸液性芯），透液顶层 38 和不透液底层 39，并包括不透液侧片 42（相当于本申请权利要求 1 的防漏翻边）。不透液侧片 42 结合不透液底层 39 的侧向延伸的上表面，并且不透液侧片 42 的内侧边缘 40（相当于本申请权利要求 1 的基缘部）结合顶层 38 的上表面，不透液侧片 42 的外侧边缘 41（相当于本申请权利要求 1 的自由缘部）向外延伸超过底层 39 横向相对边缘，不透液侧片 42 的外层边缘折回形成衬套 43，衬套 43 内含有沿纵向收缩的弹性拉伸构件 45（相当于本申请权利要求 1 中的弹性构件 3），底层 39 连同侧片 42 沿对比文件 1 的图 5 的虚线所示进行翻卷，以便贴紧穿着者的腿部从而避免排泄物侧向泄漏（见对比文件 1 第 4 栏第 55 行至第 5 栏第 30 行，图 5）。

权利要求 1 与对比文件 1 的区别在于，权利要求 1 中明确记载了①防漏翻边的基缘部是和从前述芯的两侧缘分别向侧方延伸出来的前述背面层成为一体的。②防漏翻边的自由缘部可立起地向前述衬垫本体内侧倒伏、覆盖前述衬垫本体的表面层的一部分。③前述防漏翻边，在向前述衬垫本体内侧倒伏的状态下，其前后两端部内面接合于前述衬垫本体的表面层上；在前述基缘部和前述自由缘部之间设有以伸长状态向前述前后方向延伸的第 4 弹性构件。④前述第 4 弹性构件中的至少一条分别在前述尿布前后腰围区与前述第 2 弹性构件交叉；前述第 2 弹性构件不限制前述第 4 弹性构件的伸缩，前述第 4 弹性构件不限制前述第 2 弹性构件的伸缩，前述第 2 弹性构件与前述第 4 弹性构件相互协同地围绕前述尿布的穿着者的腿周围。而对比文件 1 对上述四点区别特征没有明述。

针对区别①、②、③，其是吸液性衬垫的防漏翻边的不同结构，使裆区变窄，防止侧漏。对比文件 2（EP0648482A2）也公开了一种一次性吸湿垫（参考对比文件 2 的说明书第 3 栏第 52 行至第 8 栏第 7 行、图 1-8），其与本申请属于相同的技术领域。对比文件 2 公开的一次性吸湿垫包括弹性腰带 2 作为支撑件和垫体 1（相当于权利要求 1 中的吸液性衬垫构件），垫体 1 由透液性顶片 3（相当于权利要求 1 中衬垫本体的透液性表面层），不透液性底片 4（相当于权利要求 1 中衬垫本体的不透液性背面层），以及夹于二者之间吸液性芯 5 构成，并向垫体的前后方延伸，顶片 3 和底片 4 向外延伸至吸液性芯 5 的横向相对侧边缘之外以形成侧叠边 7；每一侧叠边 7 都沿着靠近芯 5 的外侧边缘的线 11 向内折叠，形成一个向内折叠部分 7a（相当于权利要求 1 中防漏翻边），侧叠边 7 具有向垫体 1 中心倒伏的末端（相当于权利要求 1 中的自由缘部）和与不透液性底片 4 成为一体的端部（相当于权利要求 1 中的基缘部），并沿垫体的侧缘向前后方向延伸，覆盖垫体本身表面层的一部分（见对比文件 2

的第 3 栏第 56 行至第 4 栏第 42 行、图 4），每一块侧叠边 7 向垫体 1 中心倒伏的末端带有弹性件 14（相当于权利要求 1 中第 4 弹性构件），与不透液性底片 4 成为一体的端部包含有沿长度方向延伸的弹性件 9（相当于权利要求 1 中的第 3 弹性构件），弹性件 9、14 进一步延伸至相应的末端叠边 6 中（见对比文件 2 的图 4、5），从对比文件 2 的图 4 和 5 中可以看出侧叠边在向衬垫内部倒伏的状态下，其前后两端部内面接合于衬垫的表面层上，并且在向垫体 1 中心倒伏的末端设有以伸长状态前后延伸的弹性件 9，在与不透液性底片 4 成为一体的端部设有以伸长状态前后延伸的弹性件 14。可见对比文件 2 公开了具有上述区别特征的防漏翻边的、与权利要求 1 中的吸液性衬垫结构相同的衬垫，为了实现吸液性衬垫的结构使裆区变窄，能与穿着者的身体紧密贴合，同时具有良好的横向防漏功能，本领域的技术人员能够将对比文件 2 中公开的吸液衬垫应用到对比文件 1 中，这无需创造性劳动。

针对区别特征④，其是吸液性衬垫上的构件与裤衩形外罩构件之间的配合关系。对比文件 2 中的弹性件 9、14 分别在尿布前后部与弹性腰带 2 的弹性件 12 交叉，对于对比文件 2 中弹性件 9、14 与弹性件 12 的配合、作用关系，合议组认为，由于对比文件 2 中弹性件 9、14 与弹性件 12 交叉配置，其弹性件 9、14 的伸缩方向与腰带弹性件 12 的伸缩方向基本垂直，它们之间的配合关系与本申请中第 4 弹性构件与第 2 弹性构件之间的配合关系是相同的，垂直设置的弹性件的伸缩是否相互彼此影响是由其配置关系决定的，两者的弹性件之间具有相同的配置关系，则必然具有相同的作用、影响关系，即本申请权利要求 1 中第 2 弹性件与第 4 弹性件互不限制、互不影响，则对比文件 2 中的弹性件 9、14 也不限制腰带弹性件 12 的伸缩，腰带弹性件 12 也不限制弹性件 9、14 的伸缩，它们相互协同地围绕在尿布穿着者腿的周围。因此对比文件 2 给出了衬垫上的弹性构件与裤衩型外罩构件上的弹性构件交叉配置，互不影响的技术启示。此外，对比文件 1 公开的另一实施例中（见对比文件 1 第 6 栏 16 行至第 7 栏第 10 行，图 6~10），其中在第一弹性件 13 与第二弹性件 14 之间具有由弹性件 16 定义的弹性拉伸区域 W3，并且吸液垫 3 与该位于第一区域 W1 下方的弹性 W3 区域相结合，本领域的技术人员为了实现交叉配置的弹性构件之间的协同配合，能够将对比文件 2 中给出的弹性件 9、14 与腰带弹性件 12 之间的交叉配置、互不影响的关系的技术启示应用到对比文件 1 中的液体吸收垫 3 与弹性 W3 区域之间的交叉位置关系上，这无需创造性劳动。

因此本申请权利要求 1 相对于对比文件 1 和对比文件 2 的结合，不具有突出的实质性特点和显著的进步，不具有专利法第 22 条第 3 款规定的创造性。

复审请求人认为，对比文件 2 的弹性件 9、14 并不限制弹性件 12 的伸缩，而弹性件 12 也不限制弹性件 9、14 的伸缩，两者之间并不相互配合、换言之不相互影响，从而利用这两种弹性件、尿布不会围绕使用者的腿周，而本发明中，由于仅仅是衬垫构件的端部内面结合在外罩构件上，从而在交叉点附近，第 2 弹性构件与第 4 弹性构件相互配合、影响。对此合议组认为，在上述对权利要求 1 是否具备创造性的评述中，已经对对比文件 2 中弹性件 9、14 与弹性件 12 交叉配置与本申请中第 4 弹性构件与第 2 弹性构件之间的配合关系作出了详细的论述，在此不再赘述。

（2）从属权利要求 2~6 不符合专利法第 22 条第 3 款的规定。

权利要求 2、3 分别对权利要求 1 的尿布做进一步限定。由对比文件 1 附图 3 明显可以看出，弹性件 13 与 14 分别大致水平地环绕在尿布的腰围区中，即公开了权利要求 2 的附加技术特征；在后腰区，弹性件 15 在腰围区宽度方向的中央部分朝向裆区呈弧线状地设置，并且从一个腿部开口延伸至另一个腿部开口，即环绕该后腰围区（见对比文件 1 说明书第 3 栏第 38~53 行及图 3）。可见，权利要求 2 和 3 的附加技术特征在对比文件 1 中公开了，因此，当其引用的权利要求不具备创造性时，从属权利要求 2 和 3 也不具有专利法第 22 条第 3 款规定的创造性。

权利要求 4、5 分别对尿布的材质做了进一步的限定。对比文件 2 公开了底片 4 可以是塑料薄膜

（见对比文件2说明书第4栏第7~9行）；对比文件2图6~8公开的实施例中，公开第二侧叠边111可以是斥水型无纺布（见对比文件2说明书第8栏第6~7行），其能防止液体的渗透。因此，当其引用的权利要求不具备创造性时，从属权利要求4和5也不具有专利法第22条第3款规定的创造性。

权利要求6对尿布的外罩构件的材料进行限定。对比文件1公开了短裤2是由具有亲水性或疏水性的无纺布形成的顶片21和具有疏水性的无纺布形成的底片22结合在一起而构成的（见对比文件1说明书第4栏第10~15行）。尽管对比文件1没有公开构成短裤2的无纺布是通气性的，但是对于本领域的技术人员来说，采用通气性的外罩构件是提高吸湿用品舒适性的常用技术手段，因此，采用通气性的无纺布形成外罩构件，从而得到权利要求6的技术方案是显而易见的，并且没有产生预想不到的技术效果，因此，权利要求6的技术方案不具有专利法第22条第3款规定的创造性。

根据上述事实和理由，本案合议组依法作出以下审查决定。

三、决定

维持国家知识产权局于2006年7月7日对99105023.1号发明专利申请作出的驳回决定。

复审请求人对本决定不服的，可以根据专利法第41条第2款的规定，自收到本决定之日起三个月内向北京市第一中级人民法院起诉。

155

具有噪声屏蔽结构的显示面板

复审请求审查决定（第15112号）

决　定　号　第15112号
决　定　日　2008年11月20日
发明创造名称　具有噪声屏蔽结构的显示面板
国际分类号　G02F1/1333
复审请求人　株式会社电装
申　请　号　200410058801. X
申　请　日　2004年7月30日
优先权日　2003年7月31日
公　开　日　2005年2月16日
合议组组长　宋　瑞
主　审　员　谢有成
参　审　员　关　刚

法律依据　专利法第22条第3款
决定要点
一篇对比文件中公开了用于解决同一技术问题的两个实施方案，后一实施方案采取的技术手段与前一实施方案采取的技术手段有所不同，但所起的作用相同，则本领域技术人员容易想到根据后一实施方案给出的技术启示而将这两者结合起来。

一、案由

本复审请求涉及申请号为200410058801. X、名称为“具有噪声屏蔽结构的显示面板”的发明专利申请（下称本申请），其申请日为2004年7月30日，优先权日为2003年7月31日，公开日为2005年2月16日，申请人为株式会社电装。

国家知识产权局专利实质审查部门依法对本申请进行了实质审查，于2007年12月14日以权利要求1~11不符合专利法第22条第3款有关创造性的规定为由作出驳回决定，驳回决定针对的文本是申请人于2007年11月5日提交的权利要求第1~11项，于2007年6月7日提交的说明书第1~8页，于2004年7月30日提交的说明书附图第1~8页、说明书摘要和摘要附图，其中权利要求内容如下：

“1. 一种显示器件（1），包括：

具有电路板区（13）的显示面板（3），其中电子元件（14）安装在该电路板区中；

容纳该显示面板（3）的金属外部框架（2）；

连接该电路板区（13）和外部电子器件的连接部件（15），以及

屏蔽部件（18），用于屏蔽在该连接部件（15）中产生的噪声；其中

该连接部件（15）具有基板连接部分（15a）以及外部器件连接部分（15b）；

该连接部件（15）在基板连接部分（15a）内的表面上具有地（16）的区域（16a）；

连接部件（15）的表面上除上述区域（16a）之外覆盖有绝缘涂层；

所述屏蔽部件（18）的形状形成为覆盖所述基板连接部分（15a）的至少一部分以及所述连接部件（15）的外部器件连接部分（15b）的至少一部分；和

该屏蔽部件（18）黏结到所述连接部件（15），并通过所述区域（16a）与所述外部框架（2）电连接。

2. 根据权利要求 1 的显示器件（1），其中：

所述显示面板（3）由两个透明板（8、9）和填充在这两个透明板（8、9）之间的液晶构成；

该透明板（8、9）中的一个是玻璃基板（8）；和

所述电路板区（13）形成在该玻璃基板（8）上。

3. 根据权利要求 1 的显示器件（1），其中：

该柔性印刷电路板（15）具有第一和第二面；和

所述屏蔽层（18）黏结到该柔性印刷电路板（15）的第一和第二面的至少一面上。

4. 根据权利要求 1 的显示器件（1），其中：所述屏蔽部件（18）使用金属箔（18）形成。

5. 根据权利要求 4 的显示器件（1），其中：

所述连接部件（15）具有第一和第二面；

所述地（16）形成在该连接部件（15）的该第一和第二面的至少一面上；和

金属箔（18）设置在该第一和第二面的、其上形成有所述地（16）的至少一面上，以便所述金属箔（18）与所述地（16）的区域（16a）接触。

6. 根据权利要求 1~5 的任意一项的显示器件（1），其中：所述显示器件进一步包括连接部分（19、24、25），经由该连接部件（19、24、25），所述屏蔽部件（18）与所述外部框架电连接。

7. 根据权利要求 6 的显示器件（1），其中所述连接部件（19）是金属箔带（19）。

8. 根据权利要求 6 的显示器件（1），其中：

所述外部框架（2）具有突起部分（24）；

该突起部分（24）与所述屏蔽部件（18）接触，用于电连接所述屏蔽部件（18）与所述外部框架（2）。

9. 根据权利要求 6 的显示器件（1），其中：

所述连接部件（25）是通过将导电部件形成为圆筒状而提供的弹性管子（25）；和

该弹性管子（25）设置在所述屏蔽部件（18）和所述外部框架（2）之间，用于通过其弹性电连接所述屏蔽部件（18）与所述外部框架（2）。

10. 根据权利要求 9 的显示器件（1），其中所述弹性管子（25）由导电塑料构成。

11. 根据权利要求 1 的显示器件，进一步包括含有主体（20）的板上器件，其中，

所述主体（20）具有由金属制成的显示保持部分（20a）；

所述显示保持部分（20a）与所述外部电子器件的地连接；

所述外部框架（2）固定到所述显示保持部分（20a）；以及

所述外部框架（2）和屏蔽部件（18）与所述显示保持部分（20a）电连接。”

驳回决定中引用了如下 3 篇对比文件：

对比文件1：US4663670A（公开日为1987年5月5日）；

对比文件2：WO02/091340A1（公开日为2002年11月14日）；

对比文件3：CN1365220A（公开日为2002年8月21日）。

驳回决定中认为，对比文件1公开了权利要求1的大部分技术特征，权利要求1与对比文件1的区别技术特征为：（1）连接部件为柔性印刷电路板，连接部件的表面上覆盖有绝缘涂层，（2）连接部件在基板连接部分内的表面上具有地的区域，屏蔽部件黏结到所述连接部件，并通过区域与外部框架电连接，连接部件表面上的地区域没有覆盖绝缘涂层，它们分别被对比文件2和3所公开，因此权利要求1相对于对比文件1~3的结合不具备创造性，从属权利要求2~11的附加技术特征或者被对比文件所公开，或者是公知常识，因此也不具备创造性。

申请人株式会社电装（下称复审请求人）不服上述驳回决定，于2008年3月26日向专利复审委员会提出复审请求，其没有修改申请文件。复审请求人认为，对比文件2和3没有公开所述两点区别技术特征，因此权利要求1具备创造性，从而从属权利要求2~11也具备创造性。复审请求人强调本申请的重点在于屏蔽部件与连接部件的特定连接方式，即其间设置绝缘涂层以做到良好电绝缘，而屏蔽部件通过连接部件上未被涂覆绝缘的接地区域电连接至外部框架。

经形式审查合格，专利复审委员会依法受理了上述请求，并于2008年5月8日向复审请求人发出了复审请求受理通知书，同时向国家知识产权局原实质审查部门发出前置审查通知书。

国家知识产权局原实质审查部门在前置审查意见中，仍然坚持驳回决定。

基于上述复审请求，专利复审委员会依法成立合议组，对该复审请求案进行审查。合议组于2008年9月9日向复审请求人发出复审通知书，指出：对比文件2公开了权利要求1大部分技术特征，权利要求1与对比文件2的区别技术特征为（1）电子元件安装在显示面板的电路板区中；（2）在连接部件15的表面上具有地16的区域16a，屏蔽部件18与区域16a电连接，但合议组认为，区别技术特征（1）被对比文件1所公开，区别技术特征（2）可从对比文件2公开的另一个实施方式中获得技术启示，因此权利要求1相对于对比文件2和对比文件1的结合不具备创造性，不符合专利法第22条第3款的规定；从属权利要求2~11的附加技术特征或者被对比文件1或者2公开，或者为公知常识，因此在其引用的权利要求不具备创造性的情况下，权利要求2~11均不具备创造性，不符合专利法第22条第3款的规定。

针对上述复审通知书，复审请求人于2008年10月24日提交了意见陈述书，提交了权利要求书全文的修改替换页，其中仅对权利要求1进行了修改，即增加了对外部框架2的限定的技术特征“其中该金属外部框架（2）还设置成容纳所述电子元件（14）”，其余权利要求未作修改，修改后的权利要求1如下：

“1. 一种显示器件（1），包括：

具有电路板区（13）的显示面板（3），其中电子元件（14）安装在该电路板区中；

容纳该显示面板（3）的金属外部框架（2），其中该金属外部框架（2）还设置成容纳所述电子元件（14）；

连接该电路板区（13）和外部电子器件的连接部件（15），以及

屏蔽部件（18），用于屏蔽在该连接部件（15）中产生的噪声；其中

该连接部件（15）具有基板连接部分（15a）以及外部器件连接部分（15b）；

该连接部件（15）在基板连接部分（15a）内的表面上具有地（16）的区域（16a）；

连接部件（15）的表面上除上述区域（16a）之外覆盖有绝缘涂层；

所述屏蔽部件（18）的形状形成为覆盖所述基板连接部分（15a）的至少一部分以及所述连接部

件（15）的外部器件连接部分（15b）的至少一部分；和

该屏蔽部件（18）黏结到所述连接部件（15），并通过所述区域（16a）与所述外部框架（2）电连接。”

复审请求人强调，由于金属外部框架2中包容电子元件14，FPC-地（15，18）连接到包含有电子元件14的框架2，因此可降低来自驱动器IC 14以及FPC-地（15，18）的辐射噪声的泄漏，而对比文件2外壳30或与外壳30接触的FPC 23位于与TAB 16相对的表面上，它并不容纳TAB 16，因此它不能防止或降低由TAB 16辐射的噪声，对比文件1也未公开这一特征，因此权利要求1相对于对比文件1和2具备创造性。

至此，合议组认为本案事实已清楚，现依法作出审查决定。

二、决定的理由

1. 关于审查文本

本复审通知书以复审请求人于2008年10月24日提交的权利要求第1~11项，于2007年6月7日提交的说明书第1~8页，于2004年7月30日提交的说明书附图第1~8页、说明书摘要和摘要附图作为审查基础。

2. 关于专利法第22条第3款

专利法第22条第3款规定，创造性是指同申请日以前已有的技术相比，该发明有突出的实质性特点和显著的进步，该实用新型有实质性特点和进步。

（1）权利要求1不符合专利法第22条第3款的规定。

对比文件2涉及一种显示模块和显示装置，其具体公开了实施方案（说明书第7页第12行至第8页第26行，第10页第13~16、19~20行，第11页第3~21行，第12页第16~21行，权利要求7、11，附图1~7）：液晶显示模块1具有显示面板4，在显示面板4的前表面侧配置前面框2，在其背面侧配置背面外壳30，前面框2和背面外壳30固定在一起，前面框2和背面外壳30由Al等金属制成，显示面板4由玻璃衬底10和11以及液晶层形成，在玻璃衬底10上设置输入端子，输入端子通过TAB16与驱动电路板PWB8（相当于权利要求1中的电子元件14）相连，PWB8被前面框2覆盖，也即PWB8容纳在包括前面框2和背面外壳30在内的金属外部框架内，通过柔性印刷电路板FPC23（相当于权利要求1中的连接部件15）与外部控制电路板PWB24（相当于权利要求1中的外部电子器件）电连接，FPC23上具有布线图案，在与该布线图案绝缘的状态（此即表明FPC23与后述金属箔27之间为电绝缘状态）下，在FPC23上贴上用以防止电磁干扰（EMI）的金属箔27（相当于权利要求1中的屏蔽部件18），在FPC23的两个表面的大部分上形成金属箔27，金属箔27与背面外壳30相接触，通过背面外壳30接地。

权利要求1和对比文件2所公开的技术方案相比，区别技术特征为：①权利要求1限定电子元件安装在显示面板的电路板区中；②权利要求1限定在连接部件15的表面上具有地16的区域16a，屏蔽部件18与区域16a电连接。

对区别技术特征①，合议组认为，对比文件1涉及一种具有液晶显示设备的电视接收器，公开了对液晶显示面板电磁屏蔽的技术内容，并具体披露了以下技术特征：在液晶显示基板33上设有电路板区，其上安装有驱动电路IC36（说明书第3栏第19~20行，附图2），该技术特征在对比文件1中所起的作用与其在本申请中所起的作用相同，都是提供一种简单、常见的电路设计，因此，对比文件1给出了区别技术特征1的技术启示。

对区别技术特征②，合议组认为，对比文件2还公开了（权利要求7、13，说明书第14页第2~9行）另一实施方案：FPC23具有多层，在其中一层如外层中形成覆盖FPC23大部分的用于防止EMI

的地（GND）图案，并使该GND图案与背面外壳30电连接。这个实施方案是在FPC23上形成具有地图案的区域，不贴附金属箔而使该地图案直接与外部框架电连接，用以防止EMI。即对比文件2中前一个实施方案公开了在FPC上设置金属箔（即屏蔽元件）与外壳30电连接而接地，而后一个实施方案公开了FPC上设置的地（GND）图案与外壳30电连接，且两者都是用于防止EMI的，本领域技术人员在看到对比文件2后很容易想到将前一个实施方案和后一个实施方案简单地结合起来，即在FPC上既设置一个地区域，又设置一层金属箔（即屏蔽元件），并使它们都与外壳电连接，进而获得这样的技术方案：在使金属箔与FPC23电绝缘地贴在一起并使金属箔与金属外部框架电连接的基础上，在FPC23上形成一个地区域且使金属箔与该地区域电接触。因此，对比文件2本身给出了应用区别技术特征2的技术启示。

综合上面的论述可知，本领域技术人员在对比文件2的基础上结合对比文件1给出的技术启示从而得到本申请权利要求1的技术方案是显而易见的，不需要付出创造性的劳动，因此权利要求1相对于对比文件1和2的结合不具备突出的实质性特点和显著的进步，不符合专利法第22条第3款有关创造性的规定。

对于复审请求人的意见，合议组认为，第一，如上面下划线部分所述，对比文件2公开了（参见说明书第8页第13~14行，第10页第13~16、19~20行）驱动电路板PWB8被前面框2覆盖，前面框2和背面外壳30固定在一起，另外从附图5和7以及本领域的基本常识可知，TAB 16也容纳于整个框架内，因此对比文件2已经公开了权利要求1中增加的技术特征“该金属外部框架（2）还设置成容纳所述电子元件（14）”，另外，实际上，对比文件1也公开了这一技术特征（参见附图2），第二，如复审请求人所述，本申请所述发明的重点（即发明点）为屏蔽部件与连接部件的特定连接方式，至于驱动器IC是采取本申请中的设置方式（对比文件1与之相同，可参见对比文件1附图2），还是采取对比文件2中的设置方式（即通过TAB16与驱动电路板PWB8相连，可参见对比文件2附图3），这只是本领域的技术手段的常规选择，在从对比文件2两个实施方案的结合中可以获得本申请所述发明点的情况下，驱动器IC是采用何种设置方式仅为本领域的常规技术选择，当本领域技术人员选择如对比文件1中所述的设置方式时，即可获得权利要求1所要求保护的技术方案。

（2）权利要求2~11不具备创造性。

权利要求2引用权利要求1。对比文件1公开了以下技术特征：液晶显示板31由透明的上玻璃基板32和下玻璃基板33以及夹在该两玻璃基板中的液晶构成，集成电路36形成在下玻璃衬底33上（参见说明书第3栏第10~20行、图2）。该技术特征在对比文件1中所起的作用与其在本申请所述发明中所起的作用相同，都是形成液晶显示设备的常规布置，因此在其引用的权利要求1不具备创造性的情况下，该从属权利要求也不具备专利法第22条第3款规定的创造性。

权利要求3引用权利要求1。对比文件2公开了其附加技术特征：柔性印刷电路FPC23的两个表面贴有金属箔27（参见说明书第11页第11~21行）。并且该技术特征在对比文件2中所起的作用与其在本发明中所起的作用相同，都是用于电屏蔽，在其引用的权利要求1不具备创造性的情况下，权利要求3也不具备专利法第22条第3款规定的创造性。

权利要求4引用权利要求1。对比文件2公开了其附加技术特征：防止EMI的部件为Al或Cu的金属箔（参见说明书第11页第11~21行），且其在该对比文件中所起的作用与其在本发明中所起的作用相同，都是使用金属作为屏蔽部件，在其引用的权利要求1不具备创造性的情况下，权利要求4也不具备专利法第22条第3款规定的创造性。

权利要求5引用权利要求4。如上所述，对比文件2公开了在使金属箔与FPC23电绝缘地贴在一起并使金属箔与金属外部框架电连接的实施方案（出处同上），并且还公开了在FPC23的外层中形成覆盖 FPC 的大部分的地图案的实施方式（出处同上），由上分析可知，本领域技术人员在看到对比文件 2 后很容易想到将前一个实施方案和后一个实施方案结合起来，得到权利要求 5 的限定部分所限定的技术手段，因此在其引用的权利要求 4 不具备创造性的情况下，权利要求 5 也不具备专利法第 22 条第 3 款规定的创造性。

权利要求 6~10 直接或者间接引用权利要求 1，进一步限定外部框架与屏蔽部件的具体连接方式，包括利用一个金属箔带的连接部分使外部框架与屏蔽部件电连接（权利要求 6、7）、在外部框架上设置一个突起部分并使之与屏蔽部件接触（权利要求 8）、在外部框架与屏蔽部件之间设置一个弹性圆筒状导电性管子（权利要求 9、10）。但这些技术特征对本领域技术人员来说都是显而易见的，本领域技术人员结合显示器本身的结构可以很容易想到应用这些技术特征，比如在显示面板中就经常通过在上下面板之间形成一个弹性导电体来电连接上下面板上的布线电路。因此在其引用的权利要求不具备创造性的情况下，权利要求 6~10 也不具备专利法第 22 条第 3 款规定的创造性。

权利要求 11 引用权利要求 1。对比文件 1 也公开了显示模块 16 具有框架 25、与框架 25 固定连接的导电屏蔽层 26 和 28、以及电路模块 15，框架 25 通过屏蔽带 38 最终电连接到电路模块 15 的屏蔽层 21 或者地（参见说明书第 2 栏第 57 行至第 3 栏第 45 行，附图 2）。另外，本领域技术人员都知道，显示器件可具有包括显示保持部分的主体，且在涉及需要噪声屏蔽的场合下，可将显示保持部分与外部电子器件中的地连接以及将显示面板的框架和屏蔽部件电连接到显示保持部分。因此，本领域技术人员根据对比文件 1 所公开的内容结合本领域的公知常识很容易获得权利要求 11 的附加技术特征，在其引用的权利要求 1 不具备创造性的情况下，权利要求 11 也不具备专利法第 22 条第 3 款规定的创造性。

综上所述，本申请的权利要求 1~11 均不具备创造性，不符合专利法第 22 条第 3 款的规定。

根据上述事实和理由，本案合议组依法作出以下审查决定。

三、决定

维持国家知识产权局于 2007 年 12 月 14 日对 200410058801. X 发明专利申请作出的驳回决定。

复审请求人对本决定不服的，可以根据专利法第 41 条第 2 款的规定，自收到本决定之日起三个月内向北京市第一中级人民法院起诉。

156

微结构光学调制组件与装置

复审请求审查决定（第15123号）

决　　定　　号　第15123号
决　　定　　日　2008年11月18日
发明创造名称　微结构光学调制组件与装置
国 际 分 类 号　G02F1/01，G02F1/1335
复 审 请 求 人　财团法人工业技术研究院
申　　请　　号　200510073009.6
申　　请　　日　2005年5月27日
公　　开　　日　2006年11月29日
合 议 组 组 长　高桂莲
主　　审　　员　倪晓红
参　　审　　员　谢有成

法 律 依 据　专利法第33条
决 定 要 点

对于权利要求书或说明书的修改，致使所属技术领域的技术人员看到的信息与原申请记载的信息不同，而且又不能从原申请记载的信息中直接地、毫无疑义地确定，那么，这种修改不符合专利法第33条的规定。

一、案由

本复审请求涉及申请号为200510073009.6、名称为“微结构光学调制组件与装置”的发明专利申请（下称本申请），其申请日为2005年5月27日，申请人为财团法人工业技术研究院，公开日为2006年11月29日。本申请公开时权利要求书共包括20项权利要求，其中独立权利要求1、13的具体内容如下：

“1. 一种微结构光学调制组件，其特征在于：包括一第一光学面与可接收一入射光的一第二光学面，该微结构光学调制组件包含：

一扩散部，是由可透光材料所制成且可扩散该入射光，该扩散部是形成在该第一光学面的上；以及

一集光部，是由可透光材料所制成且可集中该入射光，该集光部是形成在该扩散部的上。

13. 一种微结构光学调制装置，其特征在于：包含：

一反射片；

一导光板，是位于该反射片的上；

至少一光源，是位于该导光板四周且可发射一入射光；以及

至少一微结构光学调制组件，是位于该导光板的上设有一第一光学面与可接收该入射光的一第二光学面，该至少一微结构光学调制组件是包含：

一扩散部，是由可透光材料所制成且可扩散该入射光，该扩散部是形成在该第一光学面的上；以及

一集光部，是由可透光材料所制成且可集中该入射光，该集光部是形成在该扩散部的上。”

应申请人的请求，国家知识产权局实质审查部门依法对本申请进行了实质审查，于2007年7月6日发出第一次审查意见通知书，指出本申请权利要求1、5~6、13、15不符合专利法第22条第2款，权利要求2~4、7~12、14、16~20不符合专利法第22条第3款的规定。

所引用的对比文件如下：

对比文件1：KR100487105B1，公开日为2005年5月4日；

对比文件2：JP2004311263A，公开日为2004年11月4日。

针对上述审查意见通知书，申请人于2007年9月10日提交了意见陈述书和权利要求第12~20项的修改替换页，仅对权利要求12的引用关系进行了调整，独立权利要求1、13未作修改。申请人认为：权利要求1与对比文件1公开的技术方案相比较，两者实质差异处在于权利要求1公开的集光部是“不连续”形成在扩散部之上，即在光线射出面上有部分的集光部与部分的扩散部（参见本申请图4、图6所示），而对比文件1的扩散部是完全被集光部所覆盖，权利要求1中集光部与扩散部是在同一材料上，而对比文件1审查员所认定的“扩散部”、“集光部”则分为两层材料，因此权利要求1具备创造性。故而引用其的权利要求2~12也具备了创造性。基于上述相同的理由权利要求13具备创造性，因此引用其的权利要求14~20也具备了创造性。

经过实质审查程序后，国家知识产权局专利实质审查部门以本申请权利要求1~20不符合专利法第22条的规定为由，于2007年11月9日作出了驳回本申请的决定，其中驳回决定针对的文本为：申请人于2005年5月27日提交的权利要求1~11项，说明书第1~6页，说明书附图第1~8页，说明书摘要及摘要附图，于2007年9月10日提交的权利要求12~20项。驳回决定认为：对比文件1的技术方案与独立权利要求1、13的技术方案技术领域相同，两者的技术方案实质上相同，解决的技术问题相同，达到了相同的技术效果，因此权利要求1、13相对于对比文件1均不具备新颖性。从属权利要求5~6、15的附加技术特征也在对比文件1中公开，因此权利要求5~6、15不具备新颖性。从属权利要求2~4、7~12、14、16~20不具备创造性。

申请人（下称复审请求人）不服上述驳回决定，于2008年1月2日向专利复审委员会提出复审请求，同时对权利要求书进行了修改，在独立权利要求1、13中加入新的技术特征“该集光部是不连续形成在该扩散部之上”，复审请求人认为修改后的权利要求1和13公开的集光部是“不连续”形成在扩散部之上，即在光线射出面上有部分的集光部与部分的扩散部（参见本申请说明书及图4、图6），而对比文件1的扩散部完全被集光部所覆盖（参见对比文件1的图9~11），本申请修改后的权利要求1和13中集光部与扩散部是在同一材料上（即第一光学面的上面，参见本申请图4），而对比文件1审查员所认定的“扩散部”、“集光部”是连续排布的关系（参见对比文件1的图9~12），另一方面复审请求人认为权利要求1和13“是在同一光学组件的一面上同时具有扩散部和集光部，此两部分对光线而言是彼此独立的，也就是说经过扩散部的光线并不会经过集光部，经过集光部的光线也不会经过扩散部”因此不会有“光线先被散射而后被集中”的过程，因此修改后的权利要求1和13相对于对比文件1具有新颖性。其次，修改后的权利要求1和13相对于对比文件1的区别技术特

征在于，该集光部是不连续形成在该扩散部之上，这种结构方式带来了更加节约成本的有益效果，因此修改后的权利要求 1 和 13 具有突出的实质性特点和显著的进步，具有创造性。其从属权利要求 2~12、14~20 也具备创造性。

经形式审查合格后，专利复审委员会依法受理了上述请求，并于 2008 年 2 月 13 日向复审请求人发出了复审请求受理通知书，同时向原实质审查部门发出前置审查通知书。

原实质审查部门在前置审查意见书中认为，（1）新提交的权利要求 1、13 中的“集光部是不连续形成在该扩散部之上”未明确地记载在原说明书和权利要求书中，也不能由原说明书和权利要求书所记载的信息及说明书附图直接地、毫无疑义地确定，不符合专利法第 33 条的规定。（2）即使申请人通过修改克服了上述缺陷，权利要求仍不具备新颖性或创造性。故仍然坚持驳回决定。

针对上述复审请求，专利复审委员会依法成立合议组，对该复审请求进行审查，本案合议组于 2008 年 8 月 26 日发出复审通知书，指出权利要求 1、13 中的内容“该集光部是不连续形成在该扩散部之上”既未明确记载在原说明书和权利要求书中，也不能由原说明书和权利要求书所记载的信息直接地、毫无疑义地确定，不符合专利法第 33 条的规定。

针对上述复审通知书，复审请求人于 2008 年 9 月 26 日提交了意见陈述书和权利要求书的全文修改替换页，在独立权利要求 1、13 中加入技术特征“其中，所述的集光部和扩散部是一体成型的”，修改后的权利要求书共包括 20 项权利要求，其中独立权利要求 1、13 具体内容如下：

“1. 一种微结构光学调制组件，其特征在于：包括一第一光学面与可接收一入射光的一第二光学面，该微结构光学调制组件包含：

一扩散部，是由可透光材料所制成且可扩散该入射光，该扩散部是形成在该第一光学面之上；以及

一集光部，是由可透光材料所制成且可集中该入射光，该集光部是不连续形成在该扩散部之上；

其中，所述的集光部和扩散部是一体成型的。

13. 一种微结构光学调制装置，其特征在于：包含：

一反射片；

一导光板，是位于该反射片的上；

至少一光源，是位于该导光板四周且可发射一入射光；以及

至少一微结构光学调制组件，是位于该导光板的上设有一第一光学面与可接收该入射光的一第二光学面，该至少一微结构光学调制组件是包含：

一扩散部，是由可透光材料所制成且可扩散该入射光，该扩散部是形成在该第一光学面的上；以及

一集光部，是由可透光材料所制成且可集中该入射光，该集光部是不连续形成在该扩散部之上；

其中，所述的集光部和扩散部是一体成型的。”

复审请求人认为，（1）将权利要求 1、13 中加入“其中，所述的集光部和扩散部是一体成型的”的技术特征，这样的修改，克服了权利要求 1、13 超范围的缺陷，使权利要求 1、13 符合专利法第 33 条的规定。而且权利要求 1、13 的内容是在本说明书的解释范围之内。（2）经过上述修改，权利要求 1 和 13 具有新颖性和创造性。说明书中集光部和扩散部的数量与排列方式只用于说明，并不是限制排列方式，在先前技术没有显著技术点的情况下，理当应获得较大的保护范围。在修改后的独立权利要求 1、13 具有新颖性和创造性的前提下，其从属权利要求 2~12、14~20 也具有创造性。

至此，合议组认为本案事实已经清楚，现依法作出如下复审决定。

二、决定的理由

1. 关于审查文本

复审请求人在答复复审通知书时于2008年9月26日提交了权利要求书的全文修改替换页，因此本复审决定以复审请求人于2008年9月26日提交的权利要求第1~20项、2005年5月27日提交的说明书第1~6页、说明书附图第1~8页及说明书摘要和摘要附图作为审查基础。

2. 关于专利法第33条

专利法第33条规定，申请人可以对其专利申请文件进行修改，但是，对发明和实用新型专利申请文件的修改不得超出原说明书和权利要求书记载的范围。

复审请求人在答复复审通知书时在权利要求1、13中增加了“其中，所述的集光部和扩散部是一体成型的”，并且仍然保留了“该集光部是不连续形成在该扩散部之上”的技术特征，据此认为该独立权利要求1、13符合专利法第33条的规定。对此，合议组认为本案关于专利法第33条的争议焦点在于权利要求1、13中加入技术特征“其中，所述的集光部和扩散部是一体成型的”是否会克服权利要求1、13中保留的技术特征“该集光部是不连续形成在该扩散部之上”的超范围的问题。根据本申请说明书的记载“本发明微结构光学调制组件非仅局限于一半圆柱单元的上搭配一个菱形单元，而亦可有多种搭配变化”。而对上述元件的具体形状及配置关系仅在本申请说明书及附图4、6中所示，其为一个半圆柱单元上搭配一个或四个菱形单元，由上述附图4、6及说明书中相应的记载所反映的仅是所述元件（集光部和扩散部）相互配置关系中的多种不连续形式中的两种具体实施方式，而目前权利要求1、13即使增加了技术特征“其中，所述的集光部和扩散部是一体成型的”，但由于所述一体成形对集光部和扩散部的相互配置关系并未给予限定，因此其技术方案中对集光部和扩散部的相互配置关系的限定实际上仍然涵盖了集光部形成在扩散部上的所有不连续方式，而所有的这些不连续方式并不是本领域技术人员通过本申请说明书及权利要求书能够直接地、毫无疑义地确定的，使所反映的技术内容超出了原说明书和权利要求书记载的范围，不符合专利法第33条的规定。

复审请求人认为权利要求1、13的内容是在本说明书的解释范围之内。对此，合议组认为，审查指南在第二部分第八章第5.2.3不允许的修改中指出，在判断修改超范围时，如果申请的内容通过增加、改变和/或删除其中的一部分，致使所属技术领域的技术人员看到的信息与原申请记载的信息不同，而且又不能从原申请记载的信息中直接地、毫无疑义地确定，那么，这种修改是不允许的；具体到本案中，由本申请原说明书和权利要求书的记载信息不能够明确得出集光部和扩散部所有的不连续方式，因此其相应的修改不能允许，合议组对复审请求人的主张不予以支持。

根据上述事实和理由，本案合议组依法作出以下审查决定。

三、决定

维持国家知识产权局于2007年11月9日对200510073009.6号发明专利申请作出的驳回决定。

复审请求人对本决定不服的，可以根据专利法第41条第2款的规定，自收到本决定之日起三个月内向北京市第一中级人民法院起诉。

北京市第一中级人民法院
行政判决书

（2009）一中行初字第1624号

原告财团法人工业技术研究院，住所地中华人民共和国台湾新竹县竹东镇中兴路四段一九五号。

法定代表人张进福，董事长。

委托代理人闫冬，男，1981年12月5日出生，住中华人民共和国黑龙江省哈尔滨市南岗区繁荣街130号。

被告中华人民共和国国家知识产权局专利复审委员会，住所地中华人民共和国北京市海淀区北四环西路9号银谷大厦10~12层。

法定代表人张茂于，副主任。

委托代理人倪晓红，中华人民共和国国家知识产权局专利复审委员会审查员。

委托代理人王婧，中华人民共和国国家知识产权局专利复审委员会审查员。

原告财团法人工业技术研究院（以下简称财团法人研究院）不服被告中华人民共和国国家知识产权局专利复审委员会（以下简称专利复审委员会）第15123号复审请求审查决定（以下简称第15123号决定），于法定期限内向本院提起行政诉讼。本院于2009年7月1日受理后，依法组成合议庭，于2009年9月2日公开开庭审理了本案。原告财团法人研究院的委托代理人闫冬，被告专利复审委员会的委托代理人倪晓红、王婧参加了诉讼。本案现已审理终结。

第15123号决定系被告专利复审委员会针对原告财团法人研究院所拥有的申请号为200510073009.6、名称为“微结构光学调制组件与装置”的发明专利申请（以下简称本申请）所提出的复审申请作出的。

专利复审委员会在该决定中认定：本申请说明书及附图4、6中的记载所反映的仅是所述元件（集光部和扩散部）相互配置关系中的多种不连续形式中的一个半圆柱单元上搭配一个或四个菱形单元这两种具体实施方式，而目前权利要求1、13即使增加了技术特征“其中，所述的集光部和扩散部是一体成型的”，但由于所述一体成型对集光部和扩散部的相互配置关系并未给予限定，因此其技术方案中对集光部和扩散部的相互配置关系的限定实际上仍然涵盖了集光部形成在扩散部上的所有不连续方式，而所有的这些不连续方式并不是本领域技术人员通过本申请说明书及权利要求书能够直接地、毫无疑义地确定的，使所反映的技术内容超出了原说明书和权利要求书记载的范围，不符合《专利法》第三十三条的规定。

基于上述理由，专利复审委员会作出第15123号决定，维持国家知识产权局于2007年11月9日对本发明专利申请作出的驳回决定。

原告财团法人研究院诉称：第15123号决定关于本申请不符合《专利法》第三十三条认定错误。1. 本申请原始申请文本的图4、图6已经直接、清楚的公开了“该集光部是不连续形成在该扩散部之上”的技术特征，说明书第8页第17~18行直接阐述的两个实施例不能作为一种局限，本领域技术人员显然已经能够通过这两种实施方式明确所有属于本发明限定的不连续方式，因此修改是符合《专利法》第三十三条的；2. 本申请原说明书第5页第12~16行以及图5可以清楚获得“所述集光部和所述扩散部是一体成型的”技术特征，因此上述修改也是符合《专利法》第三十三条的。综上，第15123号决定认定事实错误、违反法律规定，请求法院依法撤销该决定。

原告在法定期限内，向本院提交了如下证据：

证据1：第15123号复审决定；

证据2：复审通知书；

证据3：驳回决定；

证据4：本申请公开文本；

证据7：复审请求书和权利要求书替换页；

证据8：答复复审通知书的意见陈述书和修改的权利要求书；

被告专利复审委员会辩称：判断修改超范围的基础是原始申请文本，修改的内容相对于原始权利要求书和说明书能否直接地、毫无疑义地确定，而且也不能以克服新颖性或创造性为理由就增加原始申请文本中不能直接地、毫无疑义地确定的内容。综上所述，专利复审委员会作出的第15123号决定认定事实清楚、适用法律正确、审理程序合法、审查结论正确、原告的诉讼理由不能成立，请求法院驳回原告的诉讼请求，维持第15123号决定。

本院经审理查明如下事实：本申请涉及名称为“微结构光学调制组件与装置”、申请号为200510073009.6的发明专利申请，该专利的申请日为2005年5月27日，公开日为2006年11月29日，申请人为财团法人研究院。本申请公开时权利要求书共包括20项权利要求，其中独立权利要求1、13的具体内容如下：

“1. 一种微结构光学调制组件，其特征在于：包括一第一光学面与可接收一入射光的一第二光学面，该微结构光学调制组件包含：

一扩散部，是由可透光材料所制成且可扩散该入射光，该扩散部是形成在该第一光学面的上；以及

一集光部，是由可透光材料所制成且可集中该入射光，该集光部是形成在该扩散部的上。

13. 一种微结构光学调制装置，其特征在于：包含：

一反射片；

一导光板，是位于该反射片的上；

至少一光源，是位于该导光板四周且可发射一入射光；以及

至少一微结构光学调制组件，是位于该导光板的上设有一第一光学面与可接收该入射光的一第二光学面，该至少一微结构光学调制组件是包含：

一扩散部，是由可透光材料所制成且可扩散该入射光，该扩散部是形成在该第一光学面的上；以及

一集光部，是由可透光材料所制成且可集中该入射光，该集光部是形成在该扩散部的上。”

应申请人的请求，中华人民共和国国家知识产权局实质审查部门（简称审查部门）依法对本申请进行了实质审查，并于2007年11月9日以本申请权利要求1~20不符合《专利法》第二十二条的规定为由做出了驳回本申请的决定。

财团法人研究院不服国家知识产权局做出的驳回决定，于2008年1月2日向专利复审委员会提出了复审请求，同时提交了意见陈述书并对权利要求书进行了修改，此次的修改将独立权利要求1、13中的“该集光部是形成在该扩散部的上”修改为“该集光部是不连续形成在该扩散部之上”。

经形式审查合格后，专利复审委员会受理了该复审请求，并于2008年2月13日向财团法人研究院发出复审请求受理通知书，同时向原审查部门发出前置审查通知书。

原审查部门对本复审请求进行了前置审查，在前置审查中认为，（1）新提交的权利要求1、13中的“集光部是不连续形成在该扩散部之上”的特征未明确地记载在原说明书和权利要求书中，也

不能由原说明书和权利要求书所记载的信息及说明书附图直接地、毫无疑义地确定，因此上述修改不符合《专利法》第三十三条的规定。(2) 即使申请人通过修改克服了上述缺陷，权利要求仍不具备新颖性或创造性。故原审查部门仍坚持驳回决定。

专利复审委员会依法成立合议组，对该复审请求进行审查，于2008年8月26日发出复审通知书，指出权利要求1、13中的内容“该集光部是不连续形成在该扩散部之上”既未明确记载在原说明书和权利要求书中，也不能由原说明书和权利要求书所记载的信息直接地、毫无疑义地确定，不符合《专利法》第三十三条的规定。

针对上述复审通知书，复审请求人于2008年9月26日提交了意见陈述书和权利要求书的全文修改替换页，此次修改是在独立权利要求1、13中加入技术特征“其中，所述的集光部和扩散部是一体成型的”，修改后的权利要求书包括独立权利要求1、13及其从属权利要求2~12、14~20共20项，其中独立权利要求1、13具体内容如下：

“1. 一种微结构光学调制组件，其特征在于：包括一第一光学面与可接收一入射光的一第二光学面，该微结构光学调制组件包含：

一扩散部，是由可透光材料所制成且可扩散该入射光，

该扩散部是形成在该第一光学面之上；以及

一集光部，是由可透光材料所制成且可集中该入射光，

该集光部是不连续形成在该扩散部之上；

其中，所述的集光部和扩散部是一体成型的。

13. 一种微结构光学调制装置，其特征在于：包含：

一反射片；

一导光板，是位于该反射片的上；

至少一光源，是位于该导光板四周且可发射一入射光；以及

至少一微结构光学调制组件，是位于该导光板的上设有一第一光学面与可接收该入射光的一第二光学面，该至少一微结构光学调制组件是包含：

一扩散部，是由可透光材料所制成且可扩散该入射光，该扩散部是形成在该第一光学面之上；以及

一集光部，是由可透光材料所制成且可集中该入射光，该集光部是不连续形成在该扩散部之上；

其中，所述的集光部和扩散部是一体成型的。”

财团法人研究院认为，在权利要求1、13中加入“其中，所述的集光部和扩散部是一体成型的”的技术特征这样的修改，克服了权利要求1、13超范围的缺陷。而且权利要求1、13的内容是在本专利说明书的解释范围之内。并且经过上述修改，权利要求1和13具有新颖性和创造性。

据此，专利复审委员会于2008年11月18日作出第15123号决定。

以上事实有原告证据1~4、7、8及当事人陈述等证据在案佐证。

本院认为：

根据双方当事人的诉辩主张，本案的争议焦点为：修改后的权利要求1、13中是否超范围。

原告认为本申请原始申请文本的图4、图6已经直接、清楚的公开了“该集光部是不连续形成在该扩散部之上”的技术特征，同时说明书第8页第17~18行直接阐述的两个实施例不能作为一种局限，本领域技术人员显然已经能够通过这两种实施方式明确所有属于本发明限定的不连续方式，因此修改是符合《专利法》第三十三条的规定。对此，本院认为，权利要求中所限定的“该集光部是不连续形成在该扩散部之上”这一特征包括了集光部形成在扩散部上的所有不连续形式，根据本申请

说明书的记载“本发明微结构光学调制组件非仅局限于一半圆柱单元的上搭配一个菱形单元，而亦可有多种搭配变化”。对上述元件的具体形状及配置关系在本申请说明书及附图4、6中所示仅为一个半圆柱单元上搭配一个或四个菱形单元，由附图4、6及说明书中相应的记载所反映的仅是所述集光部和扩散部的两种相互配置关系的具体实施方式，上述内容能够明确的也只是当一个扩散部上具有四个集光部的时候，该集光部是连续的，具有该配置关系的多个扩散部并列形成时，多个扩散部上形成的集光部之间是不连续的。并不能由上述内容而直接地、毫无疑义的确定“该集光部是不连续形成在该扩散部之上”这一特征。并且权利要求1、13即使增加了技术特征“其中，所述的集光部和扩散部是一体成型的”，但由于所述一体成形对集光部和扩散部的相互配置关系并未给予限定，因此其技术方案中对集光部和扩散部的相互配置关系的限定实际上仍然涵盖了集光部形成在扩散部上的所有不连续方式，而所有的这些不连续方式并不是本领域技术人员通过本申请说明书及权利要求书能够直接地、毫无疑义地确定的，由此可见，上述修改使所反映的技术内容超出了原说明书和权利要求书记载的范围，不符合《专利法》第三十三条的规定。

综上，专利复审委员会作出的第15123号决定审查程序合法，认定事实清楚，适用法律正确，本院依法予以维持。

原告的诉讼请求缺乏事实与法律依据，本院不予支持。根据《中华人民共和国行政诉讼法》第五十四条第（一）项之规定，本院判决如下：

维持被告中华人民共和国国家知识产权局专利复审委员会作出的第15123号无效宣告请求审查决定。

案件受理费人民币100元，由原告财团法人工业技术研究院负担（已交纳）。

如不服本判决，原告财团法人工业技术研究院可在判决书送达之日起30日内，被告中华人民共和国国家知识产权局专利复审委员会可在判决书送达之日起15日内向本院递交上诉状，并按对方当事人的人数提交副本，并交纳上诉案件受理费人民币100元，上诉于中华人民共和国北京市高级人民法院。

审 判 长 强刚华
审 判 员 姜庶伟
人民陪审员 刘世昌
二〇〇九年十二月十日
书 记 员 袁 伟

157

通风系统的热交换器

复审请求审查决定（第15135号）

决　　定　　号　第15135号
决　　定　　日　2008年11月15日
发明创造名称　通风系统的热交换器
国 际 分 类 号　F28D 9/00，F28F 21/00，F28F 13/12，F24F 12/00
复 审 请 求 人　LG电子株式会社
申　　请　　号　02830179.X
申　　请　　日　2002年12月2日
公　　开　　日　2006年2月15日
合 议 组 组 长　张宗任
主　　审　　员　李玲玲
参　　审　　员　刘　鹏

法 律 依 据　专利法第33条
决 定 要 点

原说明书和权利要求书记载的范围包括原说明书和权利要求书文字记载的内容和根据原说明书和权利要求书文字记载的内容以及说明书附图能直接地、毫无疑义地确定的内容。说明书中没有文字记载，且根据原说明书和权利要求书文字记载的内容以及说明书附图也不能直接地、毫无疑义地确定的内容超出了原说明书和权利要求书记载的范围。

一、案由

本复审请求涉及申请人于2002年12月2日提出的发明专利申请，其公开日为2006年2月15日、进入中国国家阶段的日期是2005年7月26日、申请号为02830179.X、发明名称为“通风系统的热交换器”的PCT发明专利申请（下称本申请），申请人为LG电子株式会社。

在实质审查阶段，国家知识产权局实质审查部门针对申请人于进入中国国家阶段时提交的国际申请文本的中文文本的权利要求第1~10项、说明书第1~7页、说明书附图第1~6页、说明书摘要和摘要附图以本申请不符合专利法第22条第2款和第3款的规定为由驳回了本申请。驳回决定所依据的对比文件为：对比文件1：WO0127552A1，公开日为2001年4月19日，对比文件2：US20020011331A1，公开日为2002年1月31日，对比文件3：CN1143329A，公开日为1997年2月19日。

驳回决定所针对的权利要求书内容如下：

“1. 一种通风系统的热交换器，包括：

以预定的间隔层叠的多块热交换板；

层叠于所述热交换板之间的第一热交换部件，其被形成为网形，以增大流过第一空气通路同时附着在室外空气通过的第一空气通路上的室外空气的紊流；

第二热交换部件，其被层叠于所述热交换板之间、与所述第一热交换部件交叉并形成网形，以增大流过第二空气通路同时附着在室内空气通过的第二空气通路上的室内空气的紊流。

2. 按照权利要求1所述的热交换器，其中，所述热交换板由铝板或纸质材料制成。

3. 按照权利要求1所述的热交换器，其中，所述第一和第二热交换部件被设置成波纹形，以在所述热交换板之间获得所述第一和第二空气通路，其由网状铝材制成，使得流入所述第一和第二空气通路的室外空气和室内空气可从所述热交换部件的上表面流到下表面，或从所述下表面流到所述上表面。

4. 按照权利要求3所述的热交换器，其中，所述第一和第二热交换部件被设置成相对于所述空气流动方向仅倾斜预定角度。

5. 按照权利要求4所述的热交换器，其中，所述第一和第二热交换部件被设置成相对于所述空气流动方向倾斜30°~60°。

6. 按照权利要求1所述的热交换器，其中，所述第一和第二热交换部件被设置成波纹形，以在所述热交换板之间获得所述第一和第二空气通路，其被成形为设有多个通孔的板状，使得流入所述第一和第二空气通路的室外空气和室内空气可从所述热交换部件的上表面流到下表面，或从所述下表面流到所述上表面。

7. 按照权利要求6所述的热交换器，其中，所述第一和第二热交换部件由铝或纸质材料制成。

8. 按照权利要求6所述的热交换器，其中，所述第一和第二热交换部件由多孔树脂薄膜构成。

9. 按照权利要求6所述的热交换器，其中，所述第一和第二热交换部件被设置成相对于所述空气流动方向仅倾斜预定角度。

10. 按照权利要求6所述的热交换器，其中，所述第一和第二热交换部件被设置成相对于所述空气流动方向倾斜30°~60°。”

驳回的具体理由为：本申请权利要求1~2相对于对比文件1不具备新颖性，权利要求3相对于对比文件1和公知常识的结合不具备创造性，权利要求4~5相对于对比文件1和对比文件2以及公知常识的结合不具备创造性，权利要求6~8相对于对比文件1和对比文件3的结合不具备创造性，权利要求9~10相对于对比文件1、对比文件2和对比文件3的结合不具备创造性，因此本申请权利要求1~2不符合专利法第22条第2款的规定，权利要求3~10不符合专利法第22条第3款的规定。

申请人（下称复审请求人）对上述驳回决定不服，于2007年12月7日向专利复审委员会提出复审请求，同时提交权利要求书全文替换页，删除了权利要求6~10，在独立权利要求1中增加了技术特征“其中，所述第一和第二热交换部件形成为波纹形状并且基本上沿气流方向延伸，从而保障所述热交换板之间的第一和第二空气通路”，同时适应性地修改了权利要求3，修改后的权利要求1、3的内容如下：

“1. 一种通风系统的热交换器，包括：以预定的间隔层叠的多块热交换板；

层叠于所述热交换板之间的第一热交换部件，其被形成为网形，以增大流过第一空气通路同时附着在室外空气通过的第一空气通路上的室外空气的紊流；

第二热交换部件，其被层叠于所述热交换板之间、与所述第一热交换部件交叉并形成网形，以增大流过第二空气通路同时附着在室内空气通过的第二空气通路上的室内空气的紊流，其中，所述第一和第二热交换部件形成为波纹形状并且基本上沿气流方向延伸，从而保障所述热交换板之间的第一和第二空气通路。”

“3. 按照权利要求1所述的热交换器，其中，所述第一和第二热交换部件由网状铝材制成，使得流入所述第一和第二空气通路的室外空气和室内空气可从所述热交换部件的上表面流到下表面，或从所述下表面流到所述上表面。”

复审请求人在复审请求书中陈述理由认为：对比文件1只公开一种栅格结构片36，该栅格结构片36并没有将气流导引至出口，该对比文件1并没有公开本申请修改后的权利要求1的技术方案。对比文件2公开散热片中的通道相对于侧边倾斜一定角度的目的是使得流体分散开来，与本申请中使气流通向出口的技术方案不同。对比文件3也并非使流体导引至开口，也没有公开本申请的技术方案。因此本申请修改后的权利要求1~5具有新颖性和创造性。

经形式审查合格后，专利复审委员会受理了该复审请求，并于2007年12月27日向复审请求人发出了复审请求受理通知书，同时向国家知识产权局实质审查部门发出了前置审查通知书。

在前置审查意见书中，国家知识产权局实质审查部门仍坚持驳回决定，理由是：（1）权利要求1~5的修改不符合专利法第33条的规定。（2）原申请文件中的权利要求1~2不具备新颖性，权利要求3~5不具备创造性。

国家知识产权局专利复审委员会依法成立合议组对本复审请求案进行审理，本案合议组经审查，于2008年9月8日发出复审通知书，该复审通知书中指出：（1）本申请权利要求1~5中增加的内容与原说明书和权利要求书文字记载的内容不一致，并且也不能由原说明书和权利要求书文字记载的内容以及说明书附图直接地、毫无疑义地确定，因此权利要求1~5的修改不符合专利法第33条的规定。（2）如果复审请求人删除权利要求1~5中增加的上述内容以克服本申请不符合专利法第33条的规定的缺陷，那么删除上述内容的权利要求1仍不具备新颖性，不符合专利法第22条第2款的规定，权利要求2~5仍不具备创造性，不符合专利法第22条第3款的规定。（3）针对复审请求理由，合议组认为：首先，权利要求1中增加的第一和第二热交换部件“基本上沿气流方向延伸，从而保障所述热交换之间的第一和第二空气通路”超出了原说明书和权利要求书记载的范围，不符合专利法第33条的规定，因此权利要求中的上述增加的特征在本申请权利要求的新颖性和创造性的判断中不予考虑。其次，本申请权利要求4、5中第一和第二交换部件相对于空气流动方向的倾斜角度也即热交换部件相对于侧边的倾斜角度，其同样是为了使空气分散开来，提高传热效率，即对比文件2公开的内容与权利要求4、5具有相同的预期效果。因此复审请求人的上述复审请求理由不成立。

针对上述复审通知书，复审请求人于2008年10月23日提交了意见陈述书，同时提交了权利要求书全文修改替换页，将权利要求1中两处“网形”修改为“具有沿纵向方向和横向方向布置的多个通孔的波纹板形”，将权利要求3中的“网状”删除，同时，提出复审请求时在独立权利要求1中增加的内容并未删除。复审请求人在意见陈述书中认为：（1）虽然说明书第5页第25~29行中记载的热交换部件为倾斜的，但是这只是本申请的示例性实施例，除此之外还有很多可能的变形方案。同时，说明书第3页第14~25行中并没有记载热交换部件为倾斜的，这就说明本申请原始说明书和权利要求书记载的范围已经包含了基本上沿着气流方向延伸的热交换部件以及倾斜于气流方向的热交换部件。因此权利要求1~5的修改没有超出原说明书和权利要求书记载的范围。（2）权利要求1和权利要求3中修改后所包括的技术特征“具有沿纵向方向和横向方向布置的多个通孔的波纹板形”可根据说明书第5页第18~19行、第6页第13~17行、原权利要求6以及附图7直接地、毫无疑义地得到，因此没有超出原说明书和权利要求书记载的范围。（3）复审请求人陈述了修改后的权利要求1至5具备创造性的理由。修改后的权利要求1和权利要求3的内容如下：

“1. 一种通风系统的热交换器，包括：以预定的间隔层叠的多块热交换板；

层叠于所述热交换板之间的第一热交换部件，其被形成为具有沿纵向方向和横向方向布置的多个通孔的波纹板形，以增大流过第一空气通路同时附着在室外空气通过的第一空气通路上的室外空气的紊流；

第二热交换部件，其被层叠于所述热交换板之间、与所述第一热交换部件交叉并形成为具有沿纵向方向和横向方向布置的多个通孔的波纹板形，以增大流过第二空气通路同时附着在室内空气通过的第二空气通路上的室内空气的紊流，

其中，所述第一和第二热交换部件形成为波纹形状并且基本上沿气流方向延伸，从而保障所述热交换板之间的第一和第二空气通路。”

“3. 按照权利要求 1 所述的热交换器，其中，所述第一和第二热交换部件由铝材制成，使得流入所述第一和第二空气通路的室外空气和室内空气可从所述热交换部件的上表面流到下表面，或从所述下表面流到所述上表面。”

至此，合议组认为本案事实已经清楚，可依法作出复审请求审查决定。

二、决定的理由

1. 审查文本

本复审请求审查决定所依据的文本为复审请求人于 2008 年 10 月 23 日提交的权利要求第 1~5 项，进入中国国家阶段时提交的国际申请文本的中文文本的说明书第 1~7 页，说明书附图第 1~6 页，说明书摘要和摘要附图。

2. 关于专利法第 33 条

专利法第 33 条规定：申请人可以对其专利申请文件进行修改，但是，对发明和实用新型专利申请文件的修改不得超出原说明书和权利要求书记载的范围，对外观设计专利申请文件的修改不得超出原图片或者照片表示的范围。

审查指南第二部分第八章第 5. 2. 1 节修改的要求中规定：原说明书和权利要求书记载的范围包括原说明书和权利要求书文字记载的内容和根据原说明书和权利要求书文字记载的内容以及说明书附图能直接地、毫无疑义地确定的内容。

本申请权利要求 1~5 的修改不符合专利法第 33 条的规定，权利要求 1~5 中增加了“所述第一和第二热交换部件基本上沿气流方向延伸，从而保障所述热交换板之间的第一和第二空气通路”的内容，而本申请原始提交的国际申请文件的说明书第 10 页第 14~22 行记载：“The heat exchange members 54 and 58 are formed a predetermined angle slanted from the direction that air flows. That is, the heat exchange members 54 and 58 are positioned an angle θ slanted from the P direction that the air flows, and increase turbulence of the air passing from the upper surface to the flows, and increase turbulence of the air passing from the upper surface to the lower surface of the heat exchange members 54 and 58, or from the lower surface to the upper surface of the heat exchange members 54 and 58, thus to increase heat transfer efficiency. Here, it is desirable that the angle θ that the heat exchange member is positioned from the direction that the air flows is about 30°~60°”，本申请原始提交的国际申请的权利要求 4、9 记载：“wherein the first and second heat exchange members are positioned just a predetermined angle slanted from the direction that the air flows”，本申请原始提交的国际申请的权利要求 5、10 记载：“wherein the first and second heat exchange members are positioned 30°~60° slanted from the direction that the air flows”，即，本申请原说明书和权利要求书记载的是：热交换部件 54 和 58 形成为相对于空气流动方向倾斜预定角度，也就是说，将热交换部件 54 和 58 定位成与空气流动方向 P 的倾斜角度为 θ，并增大从热交换部件 54 和 58 的上表面流

到下表面、或从热交换部件 54 和 58 的下表面流到上表面的空气的紊流，以提高传热效率；并且优选将热交换部件定位成使其与空气流动方向的角度约为 30°~60°。可见，关于第一、二热交换部件的延伸方向，权利要求 1~5 中增加的上述内容与原说明书和权利要求书文字记载的内容不一致，并且也不能由原说明书和权利要求书文字记载的内容以及说明书附图直接地、毫无疑义地确定。

对于复审请求人于 2008 年 10 月 23 日提交的意见陈述书中陈述的意见（1），合议组认为：第一，本申请说明书第 5 页第 25~29 行中记载的热交换部件为倾斜的而没有记载基本上沿气流方向延伸，仅由本申请说明书中记载的热交换部件与空气流动方向倾斜一定角度并不能确定其必然是沿气流方向延伸；第二，本申请说明书第 3 页第 14~25 行的发明内容部分没有记载热交换部件为倾斜的，也没有记载热交换部件基本沿气流方向延伸，复审请求人依据该处得出热交换部件基本上沿气流方向延伸没有任何事实依据，说明书该部分没有记载并不表示其必然是沿气流方向延伸。因此，复审请求人的上述理由不能成立。

因此，权利要求 1~5 的修改超出了原说明书和权利要求书记载的范围，不符合专利法第 33 条的规定。

三、决定

维持国家知识产权局于 2007 年 9 月 7 日对 02830179. X 号 PCT 发明专利申请作出的驳回决定。

复审请求人对本决定不服的，可以根据专利法第 41 条第 2 款的规定，自收到本决定之日起三个月内向北京市第一中级人民法院起诉。

158

罗马浴盆的分流器组件

复审请求审查决定（第15139号）

决　　定　　号　第15139号
决　　定　　日　2008年11月18日
发明创造名称　罗马浴盆的分流器组件
国 际 分 类 号　E03C1/04
复 审 请 求 人　纽弗雷公司
申　　请　　号　200480002309.9
优 先 权 日　2003年1月17日
申　　请　　日　2004年1月13日
公　　开　　日　2006年2月22日
合 议 组 组 长　翁晓君
主　　审　　员　郭　琼
参　　审　　员　刘　鹏

法 律 依 据　专利法第33条、第26条第4款，专利法实施细则第21条第2款、第20条第1款

决 定 要 点

如果修改后的申请文件中文字记载的内容与原申请文字记载的内容相同，或者可以从原申请记载的内容直接地、毫无疑义地确定，则该修改未超出原说明书和权利要求书记载的范围。如果权利要求所保护的技术方案是所属技术领域的技术人员能够从说明书充分公开的内容中得到或概括得出的技术方案，并且没有超出说明书公开的范围，则权利要求能够得到说明书的支持。

一、案由

本复审请求涉及申请号为200480002309.9、发明名称为“罗马浴盆的分流器组件”的PCT发明专利申请（下称本申请），其优先权日是2003年1月17日、申请日是2004年1月13日、公开日是2006年2月22日，申请人是纽弗雷公司。

在实质审查审过程中，国家知识产权局实质审查部门依据申请人于2007年9月14日提交的权利要求第1~30项、说明书第3页，2007年4月13日提交的说明书第1、2、4页，2006年6月26日提交的附图第1~5页、说明书摘要及摘要附图为基础于2007年12月7日以本申请不符合专利法第33条的规定为由驳回了本申请。

驳回决定所针对的权利要求书的内容如下：

“1. 一种用于安装至基本水平表面的罗马浴盆出口组件，该出口包括：

一进水管；

一第一出口喷管；

一第二出口水管；

一构形为定位在基本水平表面上方并适于在第一位置和第二位置进行密封的分流器组件；

一具有入口的密封腔，与第一出口喷管流体连通的第一出口，以及第二出口，所述第二出口具有可拆卸地连接至所述第二出口水管的轴向通道，所述第二出口与所述第二出口水管流体连通；

一至少部分地贯穿所述密封腔设置并朝向出口组件外部延伸的柱塞，所述柱塞可在第一位置和第二位置之间移动；

一可操作地向所述第一位置偏移所述柱塞的弹簧部件；和

一位于所述密封腔内并连接所述柱塞用于与其协同运动的密封部件，当所述柱塞位于所述第一位置时，所述密封部件适于密封所述第二出口，由此允许在所述入口和所述第一出口之间贯穿所述密封腔进行流体连通，当所述柱塞位于第二位置时，所述密封部件还适于密封所述第一出口，由此允许在所述入口和第二出口之间进行流体连通。

2. 根据权利要求1所述的出口组件，其中所述柱塞反作用于施加到密封部件上所述密封腔中的水压力而在所述第二位置中被偏移。

3. 根据权利要求1所述的出口组件，其中所述密封部件适于设置在截头圆锥形表面上。

4. 根据权利要求1所述的出口组件，其中所述进口管与所述柱塞同轴。

5. 根据权利要求1所述的出口组件，其中所述进口管适于混合从至少两个水源流出的液体。

6. 根据权利要求1所述的出口组件，其中所述第二出口水管贯穿所述进口管延伸。

7. 根据权利要求6所述的出口组件，其中所述第二出口水管与所述进口管同轴。

8. 一种安装至罗马浴盆的完工表面的龙头，包括：

一分流器装置，包括：

一具有入口区域的密封腔，可与第一出口喷管流体连通的第一出口；和可与第二出口水管流体连通的第二出口；

一至少部分地贯穿所述密封腔并可朝向龙头外部延伸的柱塞，所述柱塞可在第一位置和第二位置之间移动；

一可操作地向所述第一位置偏移所述柱塞的弹簧；和

一位于所述密封腔内并连接所述柱塞用于与其协同运动的密封部件，当所述柱塞位于第一位置时，所述密封部件适于密封所述第二出口，由此允许在所述入口和所述第一出口之间贯穿所述密封腔进行流体连通，当所述柱塞位于第二位置时，所述密封部件还适于密封所述第一出口，由此允许所述分流器组件从进水管到所述第二出口同轴分流流体，

其中所述龙头适于安装在完工表面，至少有一部分所述龙头延伸到完工表面下方，第一出口喷管位于所述完工表面上方，并且所述分流器装置定位在龙头内位于所述完工表面上方。

9. 根据权利要求8所述的龙头，其中所述柱塞反作用于施加到密封部件上所述密封腔中的水压力而在所述第二位置中被偏移。

10. 根据权利要求8所述的龙头，其中所述密封部件适于设置在截头圆锥形表面上。

11. 一种分流器装置，包括：

一限定密封表面，入口区域，第一出口和第二出口的密封腔；

一位于所述密封腔内并可在第一位置和第二位置之间轴向移动的密封部件；当所述柱塞位于第一

位置时，所述密封部件适于密封所述第二出口，由此允许在所述入口和所述第一出口之间贯穿所述密封腔进行流体连通，当所述柱塞位于第二位置时，所述密封部件还适于密封所述第一出口，由此允许在所述入口和第二出口之间进行流体连通，

其中所述分流器装置适于可拆卸地插入到出口组件中。

12. 根据权利要求 11 所述的分流器装置，其中还包括将所述密封部件向所述第一位置偏移的弹簧。

13. 根据权利要求 11 所述的分流器装置，其中所述密封部件反作用于施加到密封部件上所述密封腔中的水压力而在所述第二位置中被偏移。

14. 根据权利要求 11 所述的分流器装置，其中部分所述密封表面为截头圆锥形表面，并且所述密封部件适于设置在所述密封表面上。

15. 根据权利要求 11 所述的分流器装置，其中所述密封腔还限定第二密封表面。

16. 一种可在喷管模式和淋浴手柄模式之间进行选择性操作的龙头组件，所述龙头组件包括：

一支撑在龙头嵌板的上表面上的喷管，所述喷管具有位于所述上表面上方并与喷管出口流体连通的内腔；

一位于在所述上表面下方的第一阀组件，并包括可操作的供水阀，以可选择地能从流体源到第一阀体流体连通，所述第一阀体具有第一出口和第二出口；

一可拆卸地位于在所述上表面上方所述喷管内腔内的第二阀组件，并包括第二阀体和位于所述第二阀体内的手动驱动柱塞，第二阀体具有与所述内腔流体连通的排水口；

一在所述第一阀体和所述第二阀体之间延伸的进水管，所述进水管具有第一流体通道，以提供从所述第一出口到所述第二阀体的流体连通，该进水管还带有所述第一流体通道内的同轴的第二流体通道，以提供从所述第二阀体到所述第一阀体内的第二出口的流体连通；和

一支撑在所述龙头嵌板上表面上的淋浴手柄，所述淋浴手柄具有与第一阀体的第二出口和喷管出口接合的挠性软管，

其中所述第二阀组件还包括弹簧部件，所述手动驱动柱塞延伸通过出口组件外部，并用所述弹簧部件在第一位置内偏移，以密封第二流体通道，并允许从所述第二阀体贯穿所述排水口和所述内腔到喷管出口进行流体连通，从而所述龙头组件可在喷管模式中进行操作；和

其中所述柱塞可滑动地适于直接手动运动第二位置，以密封所述排水口，并允许从所述第二阀体贯穿所述第二流体通道和第一阀体的第二出口到所述喷管出口进行流体连通，从而所述龙头组件可在淋浴模式中进行操作。

17. 根据权利要求 16 所述的龙头组件，其中所述第二阀组件与所述进水管接合。

18. 根据权利要求 17 所述的龙头组件，其中所述第二流体通道大致平行于所述第一流体通道，并且贯穿第一流体通道延伸。

19. 根据权利要求 16 所述的龙头组件，其中所述第二阀组件体包括锚定器，该锚定器适于在形成在设于所述锚定器中的内腔的所述进水管上滑动。

20. 根据权利要求 19 所述的龙头组件，其中当位于所述第一位置时，所述柱塞可选择地密封所述第一轴向通道，当位于所述第二位置时，所述柱塞可选择地密封所述第二轴向通道。

21. 一种维修上述类型的龙头组件的方法，该龙头组件包括供水阀组件，它具有位于龙头嵌板上表面下方的第一阀组件和第一阀体；分流器组件，它具有位于所述上表面上方的第二阀体和分流器阀；进水管，它在第一阀体和第二阀体之间延伸并且具有第一通道，该通道从所述第一阀体到所述第二阀体提供流体连通，还具有第二通道，该通道从第二阀体到所述第一阀体提供流体连通，所述第二

通道同轴地设置在所述第一通道中；支撑在所述上表面上的喷管，该喷管与第二阀体进行流体连通；以及支撑在所述上表面上的喷射器，它与所述第一阀体进行流体连通，所述方法包括：

从所述上表面拆除所述喷管以暴露所述第二阀体；

从所述上表面上方延伸的部分所述进水管上拆除所述第二阀体；

维修所述分流器组件；

将所述第二阀体连接到在所述上表面上方延伸的部分所述进水管；和

在所述上表面设置所述喷管以掩盖所述第二阀体。

22. 根据权利要求21所述的维修龙头组件的方法，还包括从所述第二阀体上拆除内腔，以通入所述分流器阀。

23. 一种用于安装至基本水平表面的双模式龙头组件，该龙头组件包括：

一具有喷管的出口组件，所述喷管安装在基本水平的平面上；

一位于所述喷管内的分流器组件，所述分流器组件包括具有第一出口的上管接头，具有第二出口的下管接头，以及锚定器，其中所述上管接头的下端连接到所述下管接头的上端，下管接头形成密封腔，以选择地与所述第一出口和所述第二出口流体连通，所述上管接头连接到所述锚定器；

一部分设在所述密封腔内并穿过所述上管接头延伸到所述外组件的外部的柱塞，所述柱塞连接到密封部件，用于在第一位量和第二位置之间与其配合滑动运动，其中当所述柱塞处于所述第一位置，所述密封部件密封所述第二出口，并允许与所述第一出口流体连通；其中当所述柱塞处于所述第二位置，所述密封部件密封所述第一出口，并允许与所述第二出口流体连通；

一可操作地向所述第一位置偏移所述柱塞的弹簧；

一与所述锚定器流体连通的进水管，所述进水管从位于水平表面下的流体源可操作地提供流体；和

一设在所述进水管中的第二出口管，所述第二出口管连接到所述下管接头的所述第二出口。

24. 如权利要求23所述的龙头组件，其中所述柱塞反作用于施加到密封部件上所述密封腔中的水压力而在所述第二位置中被偏移。

25. 如权利要求23所述的龙头组件，其中所述密封部件适于设置在截头圆锥形表面上。

26. 如权利要求23所述的龙头组件，其中所述进口管与所述柱塞同轴。

27. 如权利要求1所述的出口组件，其中，所述第二出口通过O形环凹槽可拆卸地连接至所述所述第二出口水管。

28. 如权利要求1所述的出口组件，还包括：

连接至所述柱塞的杆，该杆设置穿过所述分流器组件；

连接至所述杆的按钮；

其中，所述柱塞可通过所述按钮和所述杆进行手动移动。

29. 如权利要求8所述的龙头，还包括：

连接至所述柱塞的杆，该杆设置穿过所述分流器组件；

连接至所述杆的按钮；

其中，所述柱塞可通过所述按钮和所述杆进行手动移动。

30. 如权利要求23所述的双模式龙头组件，还包括：

连接至所述柱塞的杆，该杆设置穿过所述分流器组件；

连接至所述杆的按钮；

其中，所述柱塞可通过所述按钮和所述杆进行手动移动。”

驳回决定指出：权利要求23请求保护的技术方案属于申请人重新概括的，新概括的技术方案并没有明确记载在原说明书和权利要求书中，也不能由原说明书和权利要求书文字记载的内容以及说明书附图直接地、毫无疑义地确定，故不符合专利法第33条的规定。

申请人（下称请求人）对国家知识产权局实质审查部门驳回本申请的决定不服，于2008年2月26日向国家知识产权局专利复审委员会提出了复审请求，并提交权利要求书全文修改替换页。其中仅对权利要求23进行了修改，修改后的权利要求23的内容如下：

"23. 一种用于安装至基本水平表面的双模式龙头组件，该龙头组件包括：

一具有喷管的出口组件，所述喷管安装至基本水平的平面；

一位于所述喷管内的分流器组件，所述分流器组件包括具有第一出口的顶部管接头，具有第二出口的下部管接头，以及锚定器，其中所述顶部管接头的下端连接到所述下部管接头的上端，顶部管接头和下部管接头经连接以形成密封腔，所述密封腔选择地与所述第一出口和所述第二出口流体连通，所述顶部管接头连接到所述锚定器；

一部分设在所述密封腔内并穿过所述顶部管接头延伸到所述外组件的外部的柱塞，所述柱塞连接到密封部件，用于在第一位量和第二位置之间与其配合滑动运动，其中当所述柱塞处于所述第一位置，所述密封部件密封所述第二出口，并允许与所述第一出口流体连通；其中当所述柱塞处于所述第二位置，所述密封部件密封所述第一出口，并允许与所述第二出口流体连通；

一可操作地向所述第一位置偏移所述柱塞的弹簧；

一与所述锚定器流体连通的进水管，所述进水管从流体源可操作地提供流体；和

一设在所述进水管中的第二出口管，所述第二出口管连接到所述下部管接头的所述第二出口。"

请求人认为：修改后的权利要求23限定的技术方案已经明确地记载在原始说明书中，本领域技术人员在阅读原说明书的同时结合附图能够直接地、毫无疑义地确定该技术方案，因此符合专利法第33条的规定。

经形式审查合格，专利复审委员会受理了上述复审请求，于2008年3月18日向请求人发出复审请求受理通知书，向国家知识产权局实质审查部门发出前置审查通知书。

在前置审查过程中，国家知识产权局实质审查部门认为：请求人修改后的权利要求23请求保护的技术方案没有明确记载在原说明书和权利要求书中，也不能由原说明书和权利要求书文字记载的内容以及说明书附图直接地、毫无疑义地确定，仍不符合专利法第33条的规定，因此坚持原驳回决定。

专利复审委员会依法成立合议组对本案进行审查，合议组针对请求人于2008年2月26日提交的权利要求第1~30项，2007年9月14日提交的说明书第3页，2007年4月13日提交的说明书第1、2、4页，2006年6月26日提交的附图第1~5页、说明书摘要及摘要附图为基础进行审查。合议组于2008年7月31日向请求人发出复审通知书指出：（1）请求人修改后的权利要求21中出现的"一种维修上述类型的龙头组件的方法"为含义不确定的措辞，未清楚说明"上述类型"是何种类型，导致了该权利要求的保护范围不清楚，不符合专利法实施细则第20条第1款的规定。（2）独立权利要求23缺少解决技术问题的必要技术特征，不符合专利法实施细则第21条第2款的规定，要达到本申请在喷管模式和淋浴手柄模式之间进行选择性操作以及使技术人员从出口组件上方拆卸分流器阀的目的，该龙头组件中应当具有"热水阀操作机构"、" 冷水阀操作机构"、"淋浴手柄"、"按钮"和"杆"组成部分及其相互连接关系是完成本申请技术方案必不可少的技术特征，请求人应当将这些技术特征记载到该权利要求中，以使该权利要求形成一个完整的技术方案。（3）权利要求23没有以说明书为依据，不符合专利法第26条第4款的规定。权利要求23中记载的有关分流器组件的特征与说明书中的相应描述不一致；同时在权利要求23中记载了上位概念"双模式龙头组件"，但在本申请

说明书中仅仅给出了该龙头在喷管模式和淋浴手柄模式之间进行选择性操作的一个实施例，所属技术领域的技术人员难于预见该上位概念所概括的除本申请实施例之外的所有方式均能解决本申请所要解决的技术问题，因此该权利要求得不到说明书的支持，请求人应当将该上位概念具体限定为“在喷管模式和淋浴手柄模式之间进行选择性操作的龙头组件”。

请求人于2008年9月12日提交了延长期限请求书。

专利复审委员会于2008年10月8日向请求人发出延长期限审批通知书，同意其延长期限的请求。

请求人针对复审通知书于2008年10月15日提交意见陈述书以及权利要求书的全文修改替换页。其中修改后的权利要求21、23的内容如下：

“21. 一种维修可在喷管模式和淋浴手柄模式之间进行选择性操作的龙头组件的方法，该龙头组件包括供水阀组件，它具有位于龙头嵌板上表面下方的第一阀组件和第一阀体；分流器组件，它具有位于所述上表面上方的第二阀体和分流器阀；进水管，它在第一阀体和第二阀体之间延伸并且具有第一通道，该通道从所述第一阀体到所述第二阀体提供流体连通，还具有第二通道，该通道从第二阀体到所述第一阀体提供流体连通，所述第二通道同轴地设置在所述第一通道中；支撑在所述上表面上的喷管，该喷管与第二阀体进行流体连通；以及支撑在所述上表面上的喷射器，它与所述第一阀体进行流体连通，所述方法包括：

从所述上表面拆除所述喷管以暴露所述第二阀体；

从所述上表面上方延伸的部分所述进水管上拆除所述第二阀体；

维修所述分流器组件；

将所述第二阀体连接到在所述上表面上方延伸的部分所述进水管；和

在所述上表面设置所述喷管以掩盖所述第二阀体。”

“23. 一种用于安装至基本水平表面的可在喷管模式和淋浴手柄模式之间进行选择性操作的龙头组件，该龙头组件包括：

热水阀操作机构；

冷水阀操作机构；

淋浴手柄；

按钮；

杆；

一具有喷管的出口组件，所述喷管安装至基本水平的平面；

一位于所述喷管内的分流器组件，所述分流器组件包括密封腔，其中所述密封腔包括具有第一出口的顶部管接头，具有第二出口的下部管接头，以及锚定器，其中所述顶部管接头的下端连接到所述下部管接头的上端，顶部管接头和下部管接头经连接以形成所述密封腔，其中所述密封腔选择地与所述第一出口和所述第二出口流体连通，所述顶部管接头连接到所述锚定器；

其中，所述热水阀操作机构和所述冷水阀操作机构分别控制供给至所述分流器组件的热水和冷水；

一部分设在所述密封腔内并穿过所述顶部管接头延伸到所述外组件的外部的柱塞，其中所述柱塞连接到密封部件，用于在第一位量和第二位置之间与其配合滑动运动，其中当所述柱塞处于所述第一位置，所述密封部件密封所述第二出口，并允许与所述第一出口流体连通以向所述喷管提供流体；其中当所述柱塞处于所述第二位置，所述密封部件密封所述第一出口，并允许与所述第二出口流体连通以向所述淋浴手柄提供流体；

其中所述柱塞连接至所述杆，所述杆又连接至所述按钮以允许致动；

一可操作地向所述第一位置偏移所述柱塞的弹簧；

一与所述锚定器流体连通的进水管，所述进水管从流体源可操作地提供流体；和

一设在所述进水管中的第二出口管，所述第二出口管连接到所述下部管接头的所述第二出口。”

经审查，合议组认为本案事实已经清楚，可依法作出复审请求审查决定。

二、决定理由

1. 关于审查文本

请求人于2008年10月15日提交的权利要求书全文修改替换页符合专利法第60条第1款的规定，所以合议组以请求人于2008年10月15日提交的权利要求第1~30项，2007年9月14日提交的说明书第3页，2007年4月13日提交的说明书第1、2、4页，2006年6月26日提交的附图第1~5页、说明书摘要及摘要附图作为审查基础，作出本复审请求审查决定。

2. 关于专利法第33条

专利法第33条规定：申请人可以对其专利申请文件进行修改，但是，对发明和实用新型专利申请文件的修改不得超出原说明书和权利要求书记载的范围，对外观设计专利申请文件的修改不得超出原图片或者照片表示的范围。

驳回决定认为，权利要求23请求保护的技术方案属于申请人重新概括的，新概括的技术方案并没有明确记载在原说明书和权利要求书中，也不能由原说明书和权利要求书文字记载的内容以及说明书附图直接地、毫无疑义地确定。

请求人于2008年10月15日提交的权利要求书全文修改替换页中在权利要求23中请求保护一种可在喷管模式和淋浴手柄模式之间进行选择性操作的龙头组件，包括热水阀操作机构；冷水阀操作机构；淋浴手柄；按钮；杆；具有喷管的出口组件；分流器组件，所述分流器组件包括密封腔，其中所述密封腔包括具有第一出口的顶部管接头，具有第二出口的下部管接头，以及锚定器；柱塞；其中当所述柱塞处于所述第二位置，所述密封部件密封所述第一出口，并允许与所述第二出口流体连通以向所述淋浴手柄提供流体；其中所述柱塞连接至所述杆，所述杆又连接至所述按钮以允许致动；弹簧；进水管；设在所述进水管中的第二出口管。根据原说明书第2~4页第3行以及附图1~5的内容可知：一种罗马浴盆龙头，包括出口组件12，罗马浴盆龙头10最好安装在相邻浴盆22的水平表面20上。出口组件12包括喷管24，分流器组件26和按钮28（原说明书第2页第12~23行和图1、2），分流器组件26位于喷管24内（原说明书第2页第30行），分流器组件26包括杆60，密封腔组件62和锚定器64。密封腔组件62包括顶部管接头66，弹簧70，柱塞72，密封件74和下部管接头76（原说明书第3页第1~3行），顶部管接头66最好是一部件，其界定出在其下端92处的密封腔的部分90，在外表面96上开口的第一出口94。顶部管接头66的中心部分由柱塞导槽98，第一出口94和密封腔90贯穿相交。密封腔90的最上端部分由在第一出口94上开口的截头圆锥形表面104限定。下部管接头76最好适于在顶端110处与顶部管接头66可拆卸地接合……从而下部管接头76限定密封腔90的下部分。柱塞72包括第一端130，第二端132，轴134和止挡136。柱塞72适于滑动地缩进柱塞导槽98中。柱塞72在第一端130处与杆60接合，在第二端132处与密封件74接合。弹簧70位于轴134上以使柱塞72向下部管接头76偏移……当完全组装好分流器组件26时，弹簧70，柱塞72和密封件74位于密封腔90内。密封件74和柱塞72可在第一位置和第二位置之间移动，在第一位置中，密封件74与反向的截头圆锥形表面120密封接触，在第二位置中，密封件74与截头圆锥形表面104密封接触……当在第二位置时，密封件74还密封地抵靠截头圆锥表面104，由此阻断了密封腔90和第一出口94之间的流体连通……当出口组件12完全组装好时，入口管36与入口112流体连通，第二出口

管38与第二出口116流体连通……当密封件74位于第二位置并且在密封腔90和第一出口94之间的流体连通被阻断时，水从入口112通过密封腔90和第二出口116流到第二出水管38并进入淋浴手柄18（原说明书第3页第10行至第4页第12行）。由此可见，从本申请原说明书第2页第12行至第4页第12行以及附图1~5记载的内容可以直接、毫无疑义地确定修改后的权利要求23的技术方案，因此，请求人于2008年10月15日提交的权利要求23符合专利法第33条的规定。

同时合议组经过审查，修改后的权利要求21同样也符合专利法第33条的规定。

3. 关于专利法实施细则第21条第2款

专利法实施细则第21条第2款规定：权利要求书应当说明发明或者实用新型的技术特征，清楚、简要地表述请求保护的范围。

请求人于2008年10月15日提交的权利要求书全文修改替换页中，在权利要求23中增加了有关“热水阀操作机构”、“冷水阀操作机构”、“淋浴手柄”、“按钮”和“杆”等组成部分及其相互连接关系的技术特征，从而根据权利要求23的技术方案能够解决本申请的技术问题：提供一种带有淋浴手柄的罗马浴盆龙头，其可与竣工后的水平表面上方的分流器阀结合，以及提供有形成为喷管和容纳有分流器阀的出口组件，该分流器阀可由仅只能通达到浴盆区域的完工表面的技术人员从出口组件上拆卸下来，进而达到在喷管模式和淋浴手柄模式之间进行选择性操作以及使技术人员从出口组件上方拆卸分流器阀的目的。因而上述修改已克服了复审通知书中指出的权利要求23缺少必要技术特征的缺陷，即权利要求23符合专利法实施细则第21条第2款的规定。

4. 关于专利法第26条第4款

专利法第26条第4款规定：权利要求书应当以说明书为依据，说明要求专利保护的范围。

请求人将权利要求23中的技术特征“双模式龙头组件”具体限定为“在喷管模式和淋浴手柄模式之间进行选择性操作的龙头组件”，克服了复审通知书中指出的“在本申请说明书中仅仅给出了该龙头在喷管模式和淋浴手柄模式之间进行选择性操作的一个实施例，所属技术领域的技术人员难于预见该上位概念所概括的除本申请实施例之外的所有方式均能解决本申请所要解决的技术问题，因此该权利要求得不到说明书的支持”的缺陷。请求人将权利要求23中的技术特征“所述分流器组件包括具有第一出口的顶部管接头，具有第二出口的下部管接头，以及锚定器”修改为“所述分流器组件包括密封腔，其中所述密封腔包括具有第一出口的顶部管接头，具有第二出口的下部管接头，以及锚定器”，修改后的技术特征与本申请说明书第3页第1~2行记载的内容“分流器组件包括杆，密封腔组件和锚定器，密封腔组件包括顶部管接头，弹簧，柱塞，密封件和下部管接头”相符合。因此上述修改克服了复审通知书中所指出的权利要求23的技术方案不能得到说明书的支持，不符合专利法第26条第4款规定的缺陷。

5. 关于专利法实施细则第20条第1款

专利法实施细则第20条第1款规定：权利要求书应当说明发明或者实用新型的技术特征，清楚、简要地表述请求保护的范围。

请求人于2008年10月15日提交的权利要求书全文修改替换页中，将权利要求21中的“一种维修上述类型的龙头组件的方法”修改为“一种维修可在喷管模式和淋浴手柄模式之间进行选择性操作的龙头组件的方法”，即具体指明了龙头组件的类型，克服了复审通知书中指出的“上述类型”未清楚说明是何种类型，导致该权利要求的保护范围不清楚，不符合专利法实施细则第20条第1款规定的缺陷。

因此，请求人于2008年10月15日提交的权利要求书克服了驳回决定和复审通知书中所指出的所有缺陷。

三、决定

撤销国家知识产权局于2007年12月7日对200480002309.9号PCT发明专利申请作出的驳回决定，在请求人于2008年10月15日提交的权利要求第1~30项，2007年9月14日提交的说明书第3页，2007年4月13日提交的说明书第1、2、4页，2006年6月26日提交的附图第1~5页、说明书摘要及摘要附图的基础上，由实质审查部门继续进行审批程序。

请求人对本决定不服的，可以根据专利法第41条第2款的规定，自收到本决定之日起三个月内向北京市第一中级人民法院起诉。

159

板内切换模式液晶显示器件及其制造方法

复审请求审查决定（第15151号）

决　定　号　第15151号
决　定　日　2008年11月26日
发明创造名称　板内切换模式液晶显示器件及其制造方法
国 际 分 类 号　G02F1/136，G02F1/133
复 审 请 求 人　乐金显示有限公司
申　请　号　200510000119.X
申　请　日　2005年1月4日
优 先 权 日　2004年3月11日
公　开　日　2005年9月14日
合 议 组 组 长　李　礼
主　审　员　关　刚
参　审　员　刘亚斌

法 律 依 据　专利法第22条第3款
决 定 要 点

如果一项权利要求相对于一篇对比文件的区别技术特征已被另一篇对比文件所公开，本领域技术人员根据公知常识能够很容易地认识到所述另一篇对比文件所公开的所述区别技术特征也能解决本申请所要解决的技术问题，且客观上获得的技术效果也相同，则所述另一篇对比文件存在将所述区别技术特征应用于前一篇对比文件的技术启示，该项权利要求相对于上述两篇对比文件的结合不具备创造性。

一、案由

本复审请求涉及申请号为200510000119.X、名称为“板内切换模式液晶显示器件及其制造方法”的发明专利申请，申请日为2005年1月4日，优先权日为2004年3月11日，公开日为2005年9月14日，申请人为LG．菲利浦LCD株式会社，后于2008年6月13日变更为乐金显示有限公司。

国家知识产权局专利实质审查部门依法对本申请进行了实质审查，于2007年11月2日以本申请权利要求1~12不符合专利法第22条第3款的规定为由作出驳回决定，其中引用了以下2篇对比文件：

对比文件1：特开平9-269508A号日本公开特许公报，其公开日为1997年10月14日；

对比文件2：特开2000-28993A号日本公开特许公报，其公开日为2000年1月28日。

驳回决定所针对的文本是：申请人于申请日2005年1月4日提交的说明书第1~2页、说明书附图第1~9页、摘要附图；于2007年10月8日提交的权利要求第1~12项、说明书第3~11页、说明书摘要。其中所针对的权利要求书如下：

“1. 一种液晶显示器（LCD）包括：

彼此相对的第一和第二基板；

设置在所述第一基板上并限定多个像素区域的多条栅线和数据线；

交替设置在所述像素区域内以产生水平电场的多个公共电极和多个像素电极，其中所述的多个公共电极和多个像素电极中每个形成为多层结构，其中所述多层结构包括由不透明电极形成的下层和由透明电极形成的上层，并且

其中所述不透明电极的宽度比所述透明电极的宽度窄，所述透明电极和所述不透明电极之间的宽度影响所述透明电极白度的增加；以及

位于所述第一和第二基板之间的液晶层。

2. 按照权利要求1所述的液晶显示器件，其特征在于，所述多层结构是双层结构。

3. 按照权利要求1所述的液晶显示器件，其特征在于，所述多层结构为Z字形状。

4. 按照权利要求1所述的液晶显示器件，其特征在于，还进一步包括：通过第一接触孔与对应的像素电极电连接的像素电极线。

5. 按照权利要求1所述的液晶显示器件，其特征在于，还进一步包括：公共电极线，其沿对应于栅线的方向设置并通过第二接触孔与对应的公共电极电连接。

6. 按权利要求1所述的液晶显示器件，其特征在于，所述液晶显示器件是板内切换（IPS）模式液晶显示器件。

7. 一种液晶显示器（LCD）的制造方法，所述方法包括：

制备第一和第二基板；

在所述第一基板上形成栅极和栅线；

在所述第一基板上形成第一绝缘膜；

在所述第一基板的预定区域内形成有源层；

在所述有源层上形成源极/漏极并形成与所述栅线交叉以限定像素区域的数据线；

在所述第一基板上形成第二绝缘膜；

通过在所述第二绝缘层上形成第一和第二导电金属层并且选择性刻蚀所述第一和第二导电金属层形成多个公共电极和多个像素电极以形成水平电场，其中所述的多个公共电极和像素电极中的每个形成为多层结构，所述多层结构包括由不透明电极形成的下层和由透明电极形成的上层，并且其中所述不透明电极的宽度比所述透明电极的宽度窄，所述透明电极和所述不透明电极之间的宽度影响所述透明电极白度的增加；

在所述第一基板上形成第三绝缘膜；以及

粘接所述第一和第二基板。

8. 按照权利要求7所述的方法，其特征在于，形成多个公共电极和像素电极的步骤包括：

在所述第二绝缘膜上形成第一和第二导电金属层；

通过光刻工艺选择性地刻蚀第二导电金属层，以形成分别具有第一宽度的第一公共电极图形和第一像素电极图形；以及

选择性地刻蚀第一导电金属层，以形成分别具有第二宽度的第二公共电极图形和第二像素电极图形。

9. 按照权利要求 7 所述的方法，其特征在于，所述透明导电金属包括氧化铟锡、氧化铟锌（IZO）或氧化铟锡锌（ITZO），并且不透明导电材料包括钼（ Mo ）、铝（ Al ）、钕铝合金（ AlNd ）、铜（ Cu ）、铬（ Cr ）、钨（ W ）、钛（ Ti ）或其合金。

10. 一种液晶显示器（LCD）的形成方法，所述方法包括：

形成彼此相对的第一和第二基板；

形成设置在所述第一基板上并限定多个像素区域的多条栅线和数据线；

通过在第一基板上形成第一和第二导电金属层并且选择性蚀刻所述第一和第二导电金属层形成交替设置在所述像素区域内以产生水平电场的多个公共电极和多个像素电极，其中所述的多个公共电极和多个像素电极中的每个由多层结构形成，其中所述多层结构包括由不透明电极形成的下层和由透明电极形成的上层，并且所述不透明电极的宽度比所述透明电极窄，并且所述透明电极和不透明电极之间的宽度影响透明电极白度的增加；以及

在所述第一和第二基板之间形成液晶层。

11. 按照权利要求 10 所述的方法，其特征在于，所述多层结构具有 Z 字形状。

12. 按照权利要求 10 所述的方法，其特征在于，所述液晶显示器件是板内切换（IPS）模式液晶显示器件。”

申请人（下称复审请求人）不服上述驳回决定，于 2008 年 2 月 2 日向专利复审委员会提出复审请求，未对申请文件进行修改。复审请求人认为，（1）对比文件 1 中没有直接记载本专利中的“所述透明电极和所述不透明电极之间的宽度影响所述透明电极白度的增加”的技术特征；（2）对比文件 2 中所公开的金属层 109 和覆盖金属层的 ITO 层 108 的公共线结构所起的作用是为了降低公共线的电阻，其并未给出将透明 ITO 层覆盖在金属层上以防止金属层的氧化的技术启示，对比文件 1 和 2 缺少结合启示，因而本申请权利要求 1 相对于对比文件 1 和 2 的结合具备创造性，进而其从属权利要求也具备创造性。

经形式审查合格后，专利复审委员会依法受理了上述复审请求，并于 2008 年 3 月 11 日向复审请求人发出了复审请求受理通知书，同时向原实质审查部门发出前置审查通知书。

原实质审查部门对该复审请求做出前置审查意见，仍然坚持原驳回决定。

针对上述复审请求，专利复审委员会依法成立合议组对本案进行审理。本案合议组于 2008 年 9 月 26 日向复审请求人发出复审通知书，指出本申请权利要求 1~12 不具备专利法第 22 条第 3 款规定的创造性。合议组认为，（1）对比文件 1 中通过将遮光层的宽度设置为比透明层的宽度窄，能获得相对于仅使用透明层或仅使用遮光层时的亮度和对比度的中间值，有效改善仅使用遮光层时亮度较低以及仅使用透明层时对比度较差的缺陷，即对比文件 1 公开了遮光层和透明层的宽度会影响像素的亮度的技术特征；（2）由于 ITO 材料具有抗氧化的特性是公知的，因此 ITO 透明层在上、金属层在下的共通配线设置方式能起到防止金属层氧化的作用对于本领域技术人员来说也是显而易见的，也是如此设置结构所客观具备的效果，对比文件 2 的这种结构必然也具备抗氧化的效果，即对比文件 2 给出了将透明 ITO 层覆盖在金属层上以防止金属层的氧化的技术启示。因此复审请求人的主张不能成立。

针对上述复审通知书，复审请求人于 2008 年 11 月 11 日提交了意见陈述书，未对申请文件进行修改。复审请求人认为，对比文件 2 中由金属层和覆盖金属层的 ITO 层构成的公共线结构所要解决的技术问题是电阻降低导致的传输线延迟的技术问题，而不是电极暴露时容易氧化的技术问题，因此对比文件 2 未给出本专利所要解决的电极暴露时容易氧化的技术问题的技术启示，所属技术领域的技术人员没有动机将对比文件 1 和 2 结合。

本案合议组在仔细审阅了全部案卷后，认为本案事实已经清楚，现依法作出复审决定。

二、决定的理由

1. 关于审查文本

本决定所针对的审查文本与驳回决定所针对的审查文本相同，即复审请求人于申请日 2005 年 1 月 4 日提交的说明书第 1~2 页、说明书附图第 1~9 页、摘要附图；2007 年 10 月 8 日提交的权利要求第 1~12 项、说明书第 3~11 页、说明书摘要。

2. 关于本申请权利要求 1~12 是否具备创造性

专利法第 22 条第 3 款规定：创造性，是指同申请日以前已有的技术相比，该发明有突出的实质性特点和显著的进步，该实用新型有实质性特点和进步。

（1）本申请权利要求 1 请求保护一种液晶显示器，对比文件 1 公开了一种液晶显示器，其中具体公开了如下技术特征（参见对比文件 1 说明书第 3 栏第 0014 段，图 1）：所述液晶显示器为 ISP 模式的液晶显示器件，其包括有彼此相对的基板 11 和 12，以及位于所述两基板之间的液晶层 14，其像素区域具有像素电极 15 和对向电极 16（相当于本申请权利要求 1 的公共电极），所述像素电极 15 和对向电极 16 均由遮光层 41（相当于本申请权利要求 1 的不透明电极）和透明层 40（相当于本申请权利要求 1 的透明电极）构成，遮光层 41 的宽度比透明层 40 的宽度窄，并且遮光层 41 在透明层 40 上层，通过将遮光层 41 的宽度设置为比透明层 40 的宽度窄，能获得相对于仅使用透明层或仅使用遮光层时的亮度和对比度的中间值，有效改善仅使用遮光层时亮度较低以及仅使用透明层时对比度较差的缺陷（即遮光层和透明层的宽度会影响像素的亮度）。

本申请权利要求 1 与对比文件 1 相比，其区别在于：①本申请权利要求 1 具体限定了“设置在第一基板上并限定多个像素区域的多条栅线和数据线”的技术特征；②本申请权利要求 1 中的电极双层结构是不透明电极为下层、透明电极为上层，而对比文件 1 中的双层电极结构是不透明电极为上层、透明电极为下层。复审请求人认为区别②能额外实现抗氧化的技术效果。

对于区别①，对于本领域技术人员来说，液晶显示器包括设置在基板上限定出像素区域的多条栅线和数据线属于本领域公知常识；对于区别②，对比文件 2 公开了一种液晶显示装置，其中具体公开了如下技术特征（参见对比文件 2 说明书第 7 栏第 0027 段至第 8 栏第 0032 段，图 4、图 6）：所述液晶显示装置是以与基板平行的水平电场驱动型液晶显示装置（即 IPS 模式的液晶显示装置），其中该液晶显示装置的共通配线 103（相当于本申请权利要求 1 中的公共电极）由透明的 ITO 层 108 覆盖不透明的金属层 109 构成，其有遮光的功能。可见，对比文件 2 公开了一种透明层在上、金属层在下、形成遮光部分的共通配线的方式，即对比文件 2 已经公开了区别②，而 ITO 材料具有抗氧化的特性是公知的，因此 ITO 透明层在上、金属层在下的共通配线设置方式能起到防止金属层氧化的作用对于本领域技术人员来说也是显而易见的，即对比文件 2 的这种结构必然也具备抗氧化的效果，由于对比文件 2 的共通配线 103 在该液晶显示装置中也是作为与像素电极形成电场的电极，即对比文件 2 给出了将区别②应用于对比文件 1 的技术启示，因此本领域技术人员容易将对比文件 2 中 ITO 透明层在上，金属层在下的电极结构应用于对比文件 1，从而得到本申请权利要求 1 的技术方案。综上所述，本申请权利要求 1 的技术方案相对于对比文件 1、2 以及公知常识的结合不具备专利法第 22 条第 3 款规定的创造性。

复审请求人认为，对比文件 2 中由金属层和覆盖金属层的 ITO 层构成的公共线结构所要解决的技术问题是电阻降低导致的传输线延迟的技术问题，而不是电极暴露时容易氧化的技术问题，因此对比文件 2 未给出本专利所要解决的电极暴露时容易氧化的技术问题的技术启示。

对此合议组认为，由于金属层暴露于外界容易发生氧化是本领域技术人员常见的需要解决的技术问题，而 ITO 材料具有抗氧化特性又属于公知常识，对于对比文件 2 中所公开的 ITO 透明层在上、金属层在下的共通配线的设置方式，本领域技术人员根据公知常识在ITO层覆盖金属层的结构中能够很容易地认识到其能起到防止金属层氧化的作用，这也是如此设置结构所客观具备的效果，即对比文件2实质上给出了将透明ITO层覆盖在金属层上以防止金属层的氧化的技术启示，由于对比文件2中的这种设置结构同本申请一样也是用于液晶显示装置中形成电场的电极的，因此本领域技术人员有动机将对比文件2所公开的这种设置结构应用于对比文件1，从而得到本申请权利要求1的技术方案。因此复审请求人的主张不能成立。

（2）从属权利要求2和6分别引用权利要求1并进一步限定了“所述多层结构是双层结构”和“所述液晶显示器件是板内切换（IPS）模式液晶显示器件”的技术特征。由上所述，对比文件1已经公开了所述像素电极15和对向电极16均为由遮光层41和透明层40构成的双层结构，以及液晶显示器为ISP模式的液晶显示器件的技术特征，因此当其所引用的权利要求1不具备创造性时，权利要求2和6相对于对比文件1、2和公知常识的结合也不具备专利法第22条第3款规定的创造性。

（3）从属权利要求3引用权利要求1并进一步限定了“所述多层结构为Z字形状”。由上所述，对比文件1和2均为公共电极和像素电极在同一基板上交替设置的板内切换（IPS）模式的液晶显示器件，而在本领域中，在不影响电极交替设置的基础上，将交替设置的电极设置为特定的形状，例如Z字形状，属于本领域技术人员的常规选择。因此当其所引用的权利要求1不具备创造性时，权利要求3相对于对比文件1、2和公知常识的结合也不具备专利法第22条第3款规定的创造性。

（4）从属权利要求4和5分别引用权利要求1并进一步限定了“通过一接触孔与对应像素电极电连接的像素电极线”和“公共电极线，其沿对应于栅线的方向设置并通过第二接触孔与对应的公共电极电连接”的技术特征。在本领域中，通常电极与电极线位于不同的层，通过接触孔使电极线与电极电连接，以及公共电极线沿对应于栅线的方向设置均为本领域公知常识，因此当其所引用的权利要求1不具备创造性时，权利要求4和5相对于对比文件1、2和公知常识的结合也不具备专利法第22条第3款规定的创造性。

（5）独立权利要求7请求保护一种液晶显示器的制造方法。对比文件1公开了一种液晶显示器，其中具体公开了如下技术特征（参见对比文件1说明书第3栏第0014段，图1、图5）：所述液晶显示器为ISP模式的液晶显示器件，其包括有彼此相对的基板11和12，形成有源矩阵的多个薄膜晶体管（TFT）33，在薄膜晶体管33中具有半导体层34（相当于本申请权利要求7的有源层，由于薄膜晶体管具有源极和漏极，则对比文件1隐含公开了在有源层上形成有源极/漏极的技术特征），形成在基板上的绝缘膜38，其像素区域具有像素电极15和对向电极16（相当于本申请权利要求7的公共电极），所述像素电极15和对向电极16均由遮光层41（相当于本申请权利要求7的不透明电极）和透明层40（相当于本申请权利要求7的透明电极）构成，遮光层41的宽度比透明层40的宽度窄，并且遮光层41在透明层40上层，通过将遮光层41的宽度设置为比透明层40的宽度窄，能获得相对于仅使用透明层或仅使用遮光层时的亮度和对比度的中间值，有效改善仅使用遮光层时亮度较低以及仅使用透明层时对比度较差的缺陷（即遮光层和透明层的宽度会影响像素的亮度）。

权利要求7与对比文件1相比，其区别在于：①权利要求7是一种制造方法，并且权利要求7具体限定了在第一基板上形成有栅极和栅线，形成与所述栅线交叉以限定像素区域的数据线，通过选择性蚀刻导电金属层形成电极的工艺，以及粘接第一和第二基板等技术特征，而对比文件1中没有具体公开；②权利要求7中的电极双层结构是不透明电极为下层、透明电极为上层，而对比文件1中的双层电极结构是不透明电极为上层、透明电极为下层。

对于区别①，权利要求7虽然请求保护一种制造方法，但其能体现制造工艺的技术特征只有通过选择性蚀刻导电金属层形成电极，而蚀刻工艺在本领域属于一种形成图案化电极的常用技术手段。另外对比文件2公开了一种液晶显示装置，其中具体公开了如下技术特征（参见对比文件2说明书第6栏第0017段至第8栏第0032段，图4~7）：所述液晶显示装置的基板上形成有栅线101、数据线102以及有源区域121（相当于权利要求7中的有源层），栅线101与数据线102交叉以限定出像素区域。将液晶显示器的两基板粘接也属于公知常识。对于区别②，如前所述，该区别已被对比文件2公开。由此可见，权利要求7与对比文件1的区别技术特征或被对比文件2公开或属于本领域公知常识，本领域技术人员在对比文件1、2以及公知常识的基础上得到权利要求7的制造方法的技术方案是显而易见的，并不需要付出创造性的劳动，因此本申请权利要求7相对于对比文件1、2以及公知常识的结合不具备专利法第22条第3款规定的创造性。

（6）从属权利要求8引用了权利要求7并进一步限定了在第二基板上通过光刻工艺选择性地蚀刻形成电极的技术特征。由上所述，通过选择性蚀刻导电金属层形成电极在本领域属于一种形成图案化电极的常用技术手段，因此当其所引用的权利要求7不具备创造性时，权利要求8相对于对比文件1、2和公知常识的结合也不具备专利法第22条第3款规定的创造性。

（7）从属权利要求9引用了权利要求7并对透明电极和不透明电极的材料作了进一步限定。由上所述，对比文件2已经公开了其透明层为氧化铟锡（ITO），不透明层为金属，而作为电极的金属材料选用钼、铝、铜、铬等属于公知常识，而且这些材料的选择也不会带来预料不到的技术效果，因此当其所引用的权利要求7不具备创造性时，权利要求9相对于对比文件1、2和公知常识的结合也不具备专利法第22条第3款规定的创造性。

（8）独立权利要求10请求保护一种液晶显示器的形成方法。对比文件1公开了一种液晶显示器，其中具体公开了如下技术特征（参见对比文件1说明书第3栏第0014段，图1、图5）：所述液晶显示器为ISP模式的液晶显示器件，其包括有彼此相对的基板11和12，在两基板间设置有液晶层14，其像素区域具有像素电极15和对向电极16（相当于本申请权利要求10的公共电极），所述像素电极15和对向电极16均由遮光层41（相当于本申请权利要求10的不透明电极）和透明层40（相当于本申请权利要求10的透明电极）构成，遮光层41的宽度比透明层40的宽度窄，并且遮光层41在透明层40上层，通过将遮光层41的宽度设置为比透明层40的宽度窄，能获得相对于仅使用透明层或仅使用遮光层时的亮度和对比度的中间值，有效改善仅使用遮光层时亮度较低以及仅使用透明层时对比度较差的缺陷（即遮光层和透明层的宽度会影响像素的亮度）。

权利要求10与对比文件1相比，其区别在于：①权利要求10是一种形成方法，并且权利要求10具体限定了在第一基板上形成有栅极和栅线的技术特征，以及通过选择性蚀刻导电金属层形成电极的工艺；②权利要求10中的电极双层结构是不透明电极为下层、透明电极为上层，而对比文件1中的双层电极结构是不透明电极为上层、透明电极为下层。

对于区别①，权利要求10虽然请求保护一种形成方法，但其能体现制造工艺的技术特征只有通过选择性蚀刻导电金属层形成电极，而蚀刻工艺在本领域属于一种形成图案化电极的常用技术手段，而液晶显示器的基板上形成有限定多个像素区域的栅线和数据线也属于本领域公知常识；对于区别②，如前所述，该区别已被对比文件2所公开。由此可见，权利要求10与对比文件1的区别技术特征或被对比文件2公开或属于本领域公知常识，本领域技术人员在对比文件1、2以及公知常识的基础上得到权利要求10的形成方法的技术方案是显而易见的，并不需要付出创造性的劳动，因此本申请权利要求10相对于对比文件1、2以及公知常识的结合不具备专利法第22条第3款规定的创造性。

（9）从属权利要求11引用权利要求10并进一步限定了“所述多层结构为Z字形状”。由上所述，在本领域中，在不影响电极交替设置的基础上，将交替设置的电极设置为特定的形状，例如Z字形状，属于本领域技术人员容易进行的常规选择。因此当其所引用的权利要求10不具备创造性时，权利要求 11 相对于对比文件 1、2 和公知常识的结合也不具备专利法第 22 条第 3 款规定的创造性。

（10）从属权利要求 12 引用权利要求 10 并进一步限定了“所述液晶显示器件是板内切换（IPS）模式液晶显示器件”的技术特征。由上所述，对比文件 1 已经公开了其液晶显示器为 ISP 模式的液晶显示器件的技术特征，因此当其所引用的权利要求 10 不具备创造性时，权利要求 12 相对于对比文件 1、2 和公知常识的结合也不具备专利法第 22 条第 3 款规定的创造性。

综上所述，本申请权利要求 1~12 不具备专利法第 22 条第 3 款规定的创造性。

根据上述事实和理由，本案合议组依法作出以下审查决定。

三、决定

维持国家知识产权局于 2007 年 11 月 2 日对 200510000119. X 号发明专利申请作出的驳回决定。

复审请求人对本决定不服的，可以根据专利法第 41 条第 2 款的规定，自收到本决定之日起三个月内向北京市第一中级人民法院起诉。

160

背光模块和扩散模块及其扩散板

复审请求审查决定（第15250号）

决　定　号　第15250号
决　定　日　2008年12月2日
发明创造名称　背光模块和扩散模块及其扩散板
国际分类号　G02F 1/1335
复审请求人　友达光电股份有限公司
申　请　号　200510113362.2
申　请　日　2005年10月11日
公　开　日　2006年3月15日
合议组组长　刘颖杰
主　审　员　谢有成
参　审　员　陈　力

法律依据　专利法第22条第3款
决定要点

一篇对比文件与一项发明技术领域相同，虽然该对比文件公开的技术手段所应用的对象与该发明略有不同，但实现该技术手段的方式及其达到的技术效果与该发明中的相同，则可以认为该对比文件给出了技术启示。

一、案由

本复审请求涉及申请号为200510113362.2、名称为“背光模块和扩散模块及其扩散板”的发明专利申请（下称本申请），其申请日为2005年10月11日，公开日为2006年3月15日，申请人为友达光电股份有限公司。

经过实质审查，国家知识产权局专利实质审查部门于2008年3月14日以申请人于申请日提交的说明书第1~3页、附图第1~3页、说明书摘要和摘要附图，于2008年1月25日答复第三次实质审查意见通知书时提交的权利要求第1~2项为基础，以本申请全部权利要求1~2均不符合专利法第22条第3款的规定为由作出驳回决定。驳回决定所针对的权利要求如下：

“1. 一种背光模块，包括有：

一扩散板，包括至少一悬挂部，其一体形成在所述扩散板上；以及

一光学膜片，包括至少一孔；

其中，所述光学膜片通过设在所述扩散板的所述悬挂部结合而悬挂在所述扩散板上。

2. 如权利要求 1 所述的背光模块，其中所述悬挂部为柱状结构。”

在实质审查过程中共引用了 5 篇对比文件，在驳回决定中使用对比文件 4 作为评述上述权利要求 1~2 创造性的对比文件，即对比文件 4：KR10-2005-0006548A，公开日为 2005 年 1 月 17 日。

驳回决定中认为：对比文件 4 是与本申请最接近的对比文件，本申请权利要求 1 与对比文件 4 的区别特征在于，权利要求 1 中悬挂部一体形成在扩散板上，而对比文件 4 中相当于权利要求 1 中的悬挂部的定位柱 310 一体形成在导光板上。但是本申请和对比文件 4 都属于背光模块这一相同的技术领域，都能够提供光学片的精确定位、避免光学片产生刮伤、结构简单且降低成本等等，将对比文件 4 应用到本申请中属于同一技术领域中的简单转用，不具备专利法第 22 条第 3 款规定的创造性。

申请人友达光电股份有限公司（以下称复审请求人）对上述驳回决定不服，于 2008 年 4 月 29 日向专利复审委员会提出复审请求，没有修改申请文本。复审请求人强调对比文件 4 中的定位柱一体形成在导光板而不是扩散板上，因此不能给出悬挂部一体形成在扩散板上的技术启示，且驳回决定没有引用书面证据来证明这一区别是本领域中的简单转用，因此本申请权利要求 1 相对于对比文件 4 具备创造性。从而其从属权利要求 2 也具备创造性。

经形式审查合格，专利复审委员会依法受理了该复审请求，于 2008 年 5 月 21 日向复审请求人发出复审请求受理通知书，并于同一日向国家知识产权局专利实质审查部门发出了前置审查通知书。

国家知识产权局专利实质审查部门在前置审查意见中，仍然坚持原驳回决定。

针对上述复审请求，专利复审委员会依法成立合议组，对该复审请求进行审查。本案合议组于 2008 年 8 月 13 日向复审请求人发出复审通知书，指出本申请权利要求 1、2 相对于对比文件 4 不具备创造性，本申请权利要求 1 与对比文件 4 的区别在于，权利要求 1 中限定的是扩散板，而对比文件 4 中公开的是导光板，但对比文件 4 与本申请均涉及背光模块这一技术领域，导光板与扩散板均为背光模块中的光学元件，对比文件 4 所采取的通过凸设在导光板 300 上的固定凸起 310 来固定光学膜片 400 这一技术手段及其达到的技术效果与本申请权利要求 1 中通过在扩散板上设置悬挂部来固定光学膜片的技术手段及其达到的技术效果相同，因此对比文件 4 给出了将背光模块中导光板 300 与光学膜片 400 相结合的方式应用到类似的光学元件扩散板与光学膜片的结合中的技术启示，故本申请权利要求 1 相对于对比文件 4 不具备创造性，从属权利要求 2 的附加技术特征也被对比文件 4 所公开，因此权利要求 2 相对于对比文件 4 也不具备创造性。

针对上述复审通知书，复审请求人于 2008 年 8 月 25 日提交了意见陈述书，没有修改申请文件，复审请求人强调，导光板与扩散板在本领域中的作用不同，导光板只应用于侧光式背光模块中，扩散板还可应用于直下式背光模块中，这两者不能等同，扩散板上的悬挂部也不能等同于导光板上的固定凸起，因此本领域技术人员不会从对比文件 4 中得到启示，故权利要求 1 相对于对比文件 4 具备创造性，从而其从属权利要求 2 也具备创造性。

至此，合议组认为本案事实已清楚，现依法作出审查决定。

二、决定的理由

1. 审查基础

由于在复审阶段复审请求人没有修改申请文件，因此本决定针对的审查文本与驳回决定所针对的审查文本相同。

2. 关于创造性

专利法第 22 条第 3 款规定，创造性，是指同申请日以前已有的技术相比，该发明有突出的实质性特点和显著的进步，该实用新型有实质性特点和进步。

权利要求 1 请求保护一种背光模块，对比文件 4 公开了一种用于液晶显示器的背光模块（参见说明书第 1 页倒数第 13 行至第 2 页第 8 行，第 4 页第 8 行至倒数第 3 行，附图 1、4、5），其包括：一导光板 300，其上一体地形成有一柱状的固定凸起 310（相当于权利要求 1 中的悬挂部）；光学膜片 400，其上形成有一固定孔 410；光学膜片 400 通过其上的固定孔 410 与导光板 300 上的固定凸起 310 相结合而固定在导光板 300 上。

由上可知，权利要求 1 与对比文件 4 的区别在于，权利要求 1 中限定的是扩散板，而对比文件 4 中公开的是导光板。

但是，对比文件 4 与本申请均涉及液晶显示装置的背光模块，而且对比文件 4 中的导光板与本申请中的扩散板均为背光模块中常见的光学元件，并且其上均会设置一些光学膜片，对比文件 4 通过凸设在导光板 300 上的固定凸起 310 来固定光学膜片 400，从而提供光学膜片 400 的定位，并在将该背光模块应用于液晶显示器时可避免光学膜片产生位移而影响显示效果，其结构简单、成本低，这一实现方式与本申请权利要求 1 中通过在扩散板上设置悬挂部以固定光学膜片的实现方式相同，达到的技术效果也相同，因此对比文件 4 公开的内容可以启示本领域技术人员将对比文件 4 的背光模块中导光板 300 与光学膜片 400 相结合的实现方式应用到类似的光学元件扩散板与光学膜片的结合中，从而获得本申请权利要求 1 的技术方案，即在对比文件 4 的启示下获得权利要求 1 的技术方案对本领域技术人员而言是显而易见的，因此权利要求 1 相对于对比文件 4 不具备突出的实质性特点和显著的进步，不符合专利法第 22 条第 3 款有关创造性的规定。

复审请求人认为导光板应用于侧光式背光模块，用于引导光，扩散板应用于直下式背光模块，用于扩散光，它们作用不同。对此，合议组认为：首先，本申请与对比文件 4 均为背光模块领域，侧光式与直下式属于背光模块中两种具体的模式，本领域技术人员在某一模式的背光模块中遇到问题时有动机从另一模式的背光模块中寻找解决的办法，况且，对比文件 4 中导光板 300 与光学膜片 400 的结合方式和本申请中扩散板与光学膜片的结合方式并不依赖于背光模块中光源的设置方式是侧光式还是直下式，与所结合的光学膜片的具体功能也不直接相关，因此将对比文件 4 侧光式背光模块中的导光板与光学膜片结合的方式适应性地移植到直下式背光模块中是容易想到的；其次，对比文件 4 中导光板 300 与光学膜片 400 结合的方式及其达到的技术效果与本申请权利要求 1 的技术方案中的相同，而导光板与扩散板又都是背光模块中常见的光学元件且在背光模块中常与其他光学片结合，因此对比文件 4 中给出了将侧光式背光模块中导光板与光学膜片结合的方式应用到直下式背光模块中的技术启示，从而获得本申请权利要求 1 的技术方案。

权利要求 2 引用权利要求 1，其附加技术特征进一步限定所述悬挂部为柱状结构。如上所述，对比文件 4 中已经公开了固定凸起 310 为柱状，因此在其引用的权利要求 1 相对于对比文件 4 不具备创造性的情况下，权利要求 2 相对于对比文件 4 也不具备专利法第 22 条第 3 款规定的创造性。

根据上述事实和理由，本案合议组作出以下审查决定。

三、决定

维持国家知识产权局于 2008 年 3 月 14 日对 200510113362.2 号发明专利申请作出的驳回决定。

复审请求人对本决定不服的，可以根据专利法第 41 条第 2 款的规定，自收到本决定之日起 3 个月内向北京市第一中级人民法院起诉。

161

吸收性物品

复审请求审查决定（第 15267 号）

决　定　号　第 15267 号
决　定　日　2008 年 12 月 4 日
发明创造名称　吸收性物品
国 际 分 类 号　A61F 13/15
复 审 请 求 人　花王株式会社
申　请　号　97103775.2
申　请　日　1997 年 4 月 14 日
优 先 权 日　1996 年 4 月 12 日，1996 年 10 月 18 日，1996 年 10 月 22 日
公　开　日　1997 年 10 月 29 日
合 议 组 组 长　杨军艳
主　审　员　刘　畅
参　审　员　高桂莲

法 律 依 据　专利法第 22 条第 3 款
决 定 要 点

如果一项权利要求与现有技术中的一项技术方案的区别对于本领域技术人员来说属于本领域中的公知常识，那么该项权利要求相对于现有技术不具备创造性。

一、案由

本复审请求涉及申请号为 97103775.2、名称为“吸收性物品”的发明专利申请（下称本申请），其申请日为 1997 年 4 月 14 日，优先权日分别为 1996 年 4 月 12 日、1996 年 10 月 18 日及 1996 年 10 月 22 日，公开日为 1997 年 10 月 29 日，申请人为花王株式会社，本申请公开时的权利要求书共包括 15 项权利要求，其中权利要求 1、11 为独立权利要求。

国家知识产权局专利实质审查部门依申请人的请求对本申请进行了实质审查，于 2003 年 6 月 13 日发出第一次审查意见通知书，指出本申请权利要求 1～15 不具备专利法第 22 条第 3 款所规定的创造性；权利要求 1、11 不具备专利法第 31 条第 1 款所规定的单一性；权利要求 1、3、5、6、11～15 不清楚，不符合专利法实施细则第 20 条第 1 款的有关规定；权利要求 1、11 不符合专利法实施细则第 21 条第 2 款的有关规定；说明书的撰写不符合专利法实施细则第 18 条第 3 款有关规定。其中引用了 2 篇对比文件：

对比文件 1：公开号为 CN1126067A 的发明专利申请公开说明书，其公开日为 1996 年 7 月 10 日；

对比文件2：US5308904A号专利文献，其公开日为1994年5月3日。

申请人针对上述审查意见通知书于2003年10月28日提交了意见陈述书，同时提交了权利要求第1~15项与说明书第1~4页，第6、7页的修改替换页，其中对权利要求书作出的修改是：将权利要求1、2、3、5结合为新的独立权利要求1，并进一步限定了“包括纤维基底材料的层比包括超吸收聚合物或超吸收聚合物及纤维基料的混合物的层更接近底层材侧”的技术特征，将权利要求1、2、4、6结合为新的独立权利要求6，并进一步限定了“包括纤维基底材料的层比包括超吸收聚合物或超吸收聚合物及纤维基料的混合物的层更接近底层材侧”的技术特征，将原权利要求8~10作为从属权利要求3~5及8~10并分别从属于权利要求1、6，删除了原权利要求1中的括号及其中的“25mm（”，将说明书中的“条件（3）补入权利要求11，修改了权利要求14，将“上述吸收层之中”明确为“二者之间”，并删除了权利要求11~13、15中多余的括号。申请人认为：修改后的权利要求1、6、11具有相同的特定技术特征，即所述吸收体都包含满足说明书中所述“条件（3）”的超吸收聚合物，因而权利要求1、6、11具备单一性；此外申请人还认为本申请的独立权利要求不缺少必要技术特征；修改后的权利要求也是清楚的；关于创造性，申请人认为对比文件1中采用的吸收材料是吸收纸或扩散层材，其可以快速传送液体至吸收体，并使液体保留在所述层材或纸中，但其不能实现使保留在所述层材或纸中的液体再被超吸收聚合物吸收的优点，对比文件1中也没有教导或建议组合使用两种不同类型的聚合物的设置，因此权利要求1~15具备创造性。

针对上述修改文本，经过继续审查，国家知识产权局专利实质审查部门于2004年4月2日发出第二次审查意见通知书，在其中引入了对比文件3：EP0661030A2号专利文献，其公开日为1995年7月5日。通知书中对本申请的权利要求1~15进行了补充检索，并指出：本申请的权利要求1、2、6、7、11~15不具备专利法第22条第3款所规定的创造性，权利要求1、6、11得不到说明书的支持，不符合专利法第26条第4款的规定，独立权利要求1、6与独立权利要求11之间缺乏专利法第31条第1款所述的单一性，权利要求3~5，8~10的修改超范围，不符合专利法第33条的规定，权利要求1、6、11、15不清楚，不符合专利法实施细则第20条第1款的规定。

申请人针对上述审查意见于2004年8月17日提交了意见陈述书，并提交了权利要求1~15的修改替换页，其中将权利要求3、4、8、9中超范围的内容删除，并对权利要求1、11进行了进一步的限定，以克服权利要求得不到说明书支持的问题，关于创造性问题，申请人认为对比文件3中使用扩散吸收纸的目的是快速传输液体到吸收体中，扩散吸收纸并不具有权利要求1中纤维基料层的生理盐水饱和吸收度，且对比文件3中没有公开两个吸收层中含有不同的超吸收聚合物，因而独立权利要求1、11具备创造性，其从属权利要求也具备创造性。

经过上述审查程序后，国家知识产权局专利实质审查部门于2006年1月6日以本申请的修改不符合专利法第33条的规定为理由驳回了本申请。驳回决定所针对的文本是：申请人于2004年8月17日提交的权利要求第1~15项；申请人于2003年10月28日提交的说明书第1~4、6、7页；申请人于1997年4月14日提交的说明书第5、8~29页，说明书附图第1~4页，说明书摘要及摘要附图。

驳回决定中指出：权利要求1、11中的超吸收聚合物的液体通过时间为“0.2~20s”，但原申请文件仅在说明书第6页第4段记载了超吸收聚合物的液体通过时间为2~20s、实施例中选用的超吸收聚合物的液体通过时间为12s、17s，即修改后的端点值0.2s并未记载在原申请文件中，也不能从中毫无疑义地导出，因此，权利要求1、11的修改超出了原权利要求书和说明书的范围；在原始提交的申请文件中，仅在说明书第9页第3段至第11页第5段和附图5公开的第四个实施例记载了含有热塑性树脂颗粒或纤维的吸收体，但组成该吸收体的超吸收聚合物颗粒63、纤维基料64以及热塑性的树脂颗粒或纤维65三者几乎是均匀混合在一起的，并未记载含有两层、三层或多层结构的吸收体中，也含有热塑性树脂颗粒或纤维；虽然在原始提交的权利要求8中含有热塑性树脂颗粒和纤维，但其所引用的权利要求1中并未具体限定吸收体是两层、三层或多层结构，因此，尽管权利要求3、8的每个特征在原权利要求书和说明书中均有记载，但含有上述特征的权利要求3、8的完整技术方案并未记载在原权利要求书和说明书中，因此，权利要求3、8的修改超出了原权利要求书和说明书的范围；由于权利要求1、11和权利要求3、8均超出了原申请件文件的范围，因此引用上述权利要求的其他权利要求也超出了原权利要求书和说明书的范围，即权利要求1~15均不符合专利法第33条的规定。

申请人花王株式会社（下称复审请求人）不服上述驳回决定，于2006年3月29日向专利复审委员会提出复审请求，并提交了权利要求1~15的修改替换页，其中：将权利要求1、11中的“0.2~20s”修改为“2~20s”，将权利要求3、8中的“0.5~20重量%的热塑性树脂颗粒或纤维”删除，复审请求人认为修改后的权利要求克服了驳回决定中指出的缺陷。

经形式审查合格后，专利复审委员会受理了上述请求，并于2006年5月24日向复审请求人发出复审请求受理通知书，同时向原实质审查部门发出前置审查通知书。

原实质审查部门对该复审请求做出前置审查意见，坚持原驳回决定。其理由为：权利要求3、8的修改仍超出了原申请文件的范围，引用这两个权利要求的从属权利要求4、5、9、10也不符合专利法第33条的规定；此外，权利要求1、2、6、7、11~15相对于对比文件3仍不具备创造性，因为：本申请中纤维基料层也只是暂时保存液体，与对比文件3中扩散吸收纸的作用是类似的，都是暂时吸收液体，然后再将液体转移到吸收能力更强的超吸收聚合物中，并不能因为对比文件3中称2d为“扩散吸收纸”就否定其生理盐水饱和吸收小于0.1g/cm^2，且对比文件3中扩散吸收纸所用的材料与本发明中的纤维基料所用材料是相类似的，因而复审请求人强调的由于权利要求1中限定了所述吸收体的至少一个层包含纤维基料且总生理盐水饱和吸收不低于0.1g/cm^{2}这个技术特征而具备创造性的理由不具有说服力。

针对上述复审请求，专利复审委员会依法成立合议组对该复审请求案进行了审理。本案合议组于2007年2月5日发出复审通知书，指出：在原申请文件中，仅在说明书第9页第3段至第11页第5段和说明书附图5公开的第四个实施例以及原权利要求8中记载了吸收体和表层材中均含有热塑性树脂颗粒或纤维，以便将吸收体和表层材互相热粘接在一起，但上述技术方案中组成该吸收体的超吸收聚合物颗粒63、纤维基料64和热塑性的树脂颗粒或纤维65三者几乎是均匀混合在一起的，原申请文件并未记载含有两层、三层或多层结构的吸收体的吸收物品的表层材中也含有热塑性树脂颗粒或纤维，因而含有“表层材包含热塑性树脂纤维”的特征的权利要求3、8的完整技术方案，即多层结构吸收体的吸收物品的表层材中含有热塑性树脂纤维的技术方案并未记载于原说明书和权利要求书中，也不能从原说明书和权利要求书中直接地、毫无疑义地确定，因此权利要求3、8的修改不符合专利法第33条的规定，引用这些权利要求的权利要求4、5、9、10也不符合专利法第33条的规定。

针对上述审查意见，复审请求人于2007年3月20日向专利复审委员会提交了意见陈述书，并提交了权利要求1~15的修改替换页，其中将权利要求3、8中所限定的特征“表层材包含热塑性树脂纤维”删除，复审请求人认为上述修改已经克服了复审通知书中所指出的缺陷。

经过对上述修改文本的审查，本案合议组于2007年10月16日发出第二次复审通知书，指出权利要求1~15相对于对比文件3或对比文件2、3的结合不具备专利法第22条第3款所规定的创造性，其理由为：权利要求1与对比文件3的区别在于：权利要求1超吸收聚合物的液体透过时间不超过20s；而且纤维基料的生理盐水饱和吸收不低于0.1g/cm^2，但是经过本领域技术人员的换算可知，对比文件3中扩散吸收纸的生理盐水饱和吸收与权利要求1中的纤维基料是相近的，因而权利要求1相对于对比文件3不具备创造性；权利要求11与对比文件3的区别在于：权利要求11分别限定了上层超吸收聚合物A的液体通过时间不超过20s，下层超吸收聚合物B的生理盐水吸收率不少于5g/30sec/0.3g。但是，由于对比文件3中的吸收性聚合物的形状可采用不规则的形式，可保持液体的渗透速率较快，不发生凝胶堵塞，而且生理盐水吸收性大于25g/g，即吸收能力也较强。而本发明的吸收性聚合物只是采用了不同的参数进行限定，因此，权利要求11相对于对比文件3不具备创造性；在独立权利要求1、11不具备创造性的情况下，直接或间接引用其的从属权利要求的附加技术特征或被对比文件2、3公开，或是本领域的公知常识，因而也不具备创造性。

复审请求人于2008年1月30日向专利复审委员会提交了意见陈述书，并提交了权利要求1~15的修改替换页，其中在权利要求1、11中分别加入了特征“所述超吸收聚合物包括表面部分具有高交联密度的交联聚合物颗粒”，复审请求人认为，对比文件3所述的超吸收性聚合物并非表面部分的交联密度高的交联颗粒，因此不具有和本申请所用的超吸收性聚合物相同的吸收性能，且对比文件3中并没有关于“超吸收性聚合物包括表面部分具有高交联密度的交联颗粒”的任何记载或教导，本领域技术人员不能想到其超吸收聚合物具有本发明所规定的特定的吸收性能，由于对比文件3没有采用表面具有高交联密度的超吸收聚合物，因而无法实现本申请这样好的吸收效果，因而独立权利要求1相对于对比文件3具备创造性，基于同样的理由，独立权利要求11也具备创造性，引用独立权利要求1、11的从属权利要求也具备创造性。

复审请求人于2008年4月23日再次向专利复审委员会提交了意见陈述书，并提交了权利要求1~15的修改替换页，其中将权利要求11中超吸收聚合物B的生理盐水吸收率具体限定为“6~15g/30sec/0.3g”。

经继续审查，本案合议组于2008年7月1日发出第三次复审通知书，其中指出：虽然复审请求人在独立权利要求1、11中加入了特征“所述超吸收聚合物包括表面部分具有高交联密度的交联聚合物颗粒”，但是合议组认为，对比文件3公开了吸收聚合物具有交联聚合物颗粒这一技术特征，只是没有对其进一步限定为“表面部分具有高交联密度的交联聚合物颗粒”，然而，权利要求1与对比文件3中的吸收性聚合物的吸水性能是相近的，因而可以认为对比文件3中的交联聚合物颗粒的表面交联密度与权利要求1中的交联聚合物颗粒的表面交联密度也应该是相近的。因此修改后的权利要求1~15相对于对比文件3或对比文件2、3的结合仍不具备专利法第22条第3款所规定的创造性。

复审请求人于2008年10月16日向专利复审委员会提交了意见陈述书及权利要求1~15的修改替换页，其中在权利要求1中加入了特征“所述纤维基料的层是将精制的纸浆铺放成叠置的形式，然后用黏合剂将纤维黏接成片材”，复审请求人认为，对比文件3中所公开的吸收性物品包括扩散吸收纸，与本申请权利要求1中的片材不同，本申请中使用了片材形式的纤维基料层可以防止吸收体在使用时被撕破或变形，而且通过使用黏合剂将纤维基料层粘接成片材状，可以将纤维基料层形成得较薄，并可以保持片材状，且由于纤维间存在间隙，吸收性也优异，因此权利要求1相对于对比文件3具备创造性。修改后的权利要求1~15的内容如下：

“1. 一种吸收性物品，其具有透液性表层材、非透液性底层材和嵌于它们之间的储液性吸收体，所述吸收体包括二个或更多的层，至少一个层包含纤维基料且具有不低于0.1g/cm^{2}的总生理盐水饱和吸收，而且至少另一个层包括超吸收聚合物或者是所述超吸收聚合物与所述纤维基料的混合物，并且这些层相互交替叠放在一起，所述纤维基料的层是将精制的纸浆铺放成叠置的形式，然后用黏合剂将纤维黏结成片材，其中，包含所述纤维基料的层比包括超吸收聚合物或超吸收性聚合物及纤维基料的混合物的层更接近底层材侧，以及

所述吸收体满足以下条件（1），而包含在所述吸收体中的超吸收聚合物满足以下条件（2）和（3）：

（1）所述吸收体主要包括纤维基料和超吸收聚合物，以所述吸收体的总重计，所述超吸收聚合物的比例为53~67重量%，

（2）根据离心脱水法，所述超吸收聚合物的生理盐水吸收性为25~65g/g，

（3）所述超吸收聚合物包括表面部分具有高交联密度的交联聚合物颗粒，并且其液体通过时间为2~20s，这是根据以下方法测定的：将0.5g的所述超吸收聚合物放入装有生理盐水的、横截面积为4.91cm^{2}的圆筒中，以便用生理盐水使所述超吸收聚合物溶涨直至饱和，然后在溶涨的超吸收聚合物沉下去之后，测定50ml生理盐水通过所述超吸收聚合物所需的时间。

2. 如权利要求1的吸收性物品，其中，至少一个所述的包括所述纤维基料的层是由包括亲水性纤维片材制成的。

3. 如权利要求1的吸收性物品，其中，以所述吸收体的总重计，所述吸收体包含45~90重量%的所述超吸收聚合物。

4. 如权利要求3的吸收性物品，其中，所述底层材是含有热塑性树脂的非透液性片材。

5. 如权利要求3的吸收性物品，其中，所述底层材是通过至少单轴向拉伸含有聚烯烃树脂和填料之片材而得到的微孔片材。

6. 如权利要求1的吸收性物品，其中，所述吸收体包括三个层，其中一个层包含所述超吸收聚合物或者是所述超吸收聚合物与所述纤维基料的混合物，而该层夹在总生理盐水饱和吸收不低于0.1g/cm^{2}的两个包含相同或不同纤维基料的层之中。

7. 如权利要求6的吸收性物品，其中，至少一个所述的包括所述纤维基料的层是由包括亲水性纤维片材制成的。

8. 如权利要求6的吸收性物品，其中，以所述吸收体的总重计，所述吸收体包含45~90重量%的所述超吸收聚合物。

9. 如权利要求8的吸收性物品，其中，所述底层材是含有热塑性树脂的非透液性片材。

10. 如权利要求8的吸收性物品，其中，所述底层材是通过至少单轴向拉伸含有聚烯烃树脂和填料之片材而得到的微孔片材。

11. 一种吸收性物品，其具有透液性表层材、非透液性底层材和嵌于它们之间的储液性吸收体，其中，所述吸收体具有第一吸收层和第二吸收层，第一吸收层包含满足以下条件（3）的超吸收聚合物A，而第二吸收层包含满足以下条件（4）的超吸收聚合物B；所述超吸收聚合物A和所述超吸收聚合物B以不能混合在一起的方式而存在；而且所述的第一吸收层设置在靠近所述表层材一侧，而所述第二吸收层设置在靠近所述底层材一侧：

（3）所述超吸收聚合物A包括表面部分具有高交联密度的交联聚合物颗粒，并且其液体通过时间为2~20s，这是根据以下方法测定的：将0.5g的所述超吸收聚合物放入装有生理盐水的、横截面积为4.91cm^{2}的圆筒中，以便用生理盐水使所述超吸收聚合物溶涨直至饱和，然后在溶涨的超吸收聚合物沉下去之后，测定50ml生理盐水通过所述超吸收聚合物所需的时间，

（4）所述超吸收聚合物B的生理盐水吸收率6~15g/30sec/0.3g，此值是根据需容湿润性法测得的。

12. 如权利要求11的吸收性物品，其中，所述超吸收聚合物A和B的重量比为80~50：20~50。

13. 如权利要求11的吸收性物品，其中，所述第一吸收层和所述第二吸收层中至少一个是由所述超吸收聚合物A或B和亲水性纤维基料之混合物形成的。

14. 如权利要求11的吸收性物品，其中，所述第一吸收层和所述第二吸收层是通过设置于二者之间的纤维基料层而分开铺放的，该纤维基料层含有纤维基料。

15. 如权利要求11的吸收性物品，其中，以所述吸收体的总重计，所述超吸收聚合物A和所述超吸收聚合物B的总重量为45~90重量%。”

至此，合议组认为本案事实清楚，现依法作出复审决定。

二、决定的理由

1. 审查文本

本复审决定所依据的文本为：复审请求人于2008年10月16日提交的权利要求第1~15项；复审请求人于申请日（1997年4月14日）提交的说明书第5、8~29页，说明书附图第1~4页、说明书摘要及摘要附图；复审请求人于2003年10月28日提交的说明书第1~4、6、7页。

2. 关于专利法第22条第3款

专利法第22条第3款规定：创造性，是指同申请日以前已有的技术相比，该发明有突出的实质性特点和显著的进步，该实用新型有实质性特点和进步。

（1）关于独立权利要求1是否具备创造性。

权利要求1请求保护一种吸收性物品，对比文件3（EP0661030A2）也公开了一种吸收物品，二者涉及的技术领域相同，对比文件3公开了以下技术特征（见说明书第9页第9~20行、56行至第10页第2行、第15页第48~52行、第23页第31~39行和附图11）：该吸收性物品具有透液性表层材1、非透液性底层材3和位于它们之间的储液性吸收体2，所述吸收体包括多层，其中具有三层扩散吸收纸2d（相当于权利要求1中的纤维基料），两层吸收性聚合物2b（相当于权利要求1的超吸收聚合物），扩散吸收纸2d和吸收性聚合物2b交替排列，扩散吸收纸2d更靠近底层材侧，吸收体中吸收性聚合物2b的生理盐水的离心保持容量（相当于权利要求1的生理盐水吸收性）为30%~60%，吸收性聚合物2b占吸收体总重量的30%~60%。

权利要求1与对比文件3的区别在于：①权利要求1超吸收聚合物的液体透过时间不超过20s；而且纤维基料的生理盐水饱和吸收不低于$0.1g/cm^2$；②对比文件3中没有公开权利要求1中“所述超吸收聚合物包括表面部分具有高交联密度的交联聚合物颗粒”这一技术特征；③对比文件3中没有公开权利要求1中“所述纤维基料的层是将精制的纸浆铺放成叠置的形式，然后用粘合剂将纤维黏结成片材”这一技术特征。

对于区别①，由于对比文件3的吸收性聚合物是以非球形颗粒状存在，对生理盐水的渗透速率大于15ml/min，在吸湿溶胀后不容易发生凝胶堵塞，因此其渗透速率与权利要求1中的超吸收聚合物应是相近的，只是测试渗透速率的条件和表达渗透速率的方式不同。而且对比文件3中的扩散吸收纸可包括20~80重量份的交联纤维素纤维，80~20重量份的亲水性细纤维，这些纤维本身的吸收性又比较高，因此，扩散吸收纸的生理盐水饱和吸收至少与权利要求1中的纤维基料是相近的；对于区别②，合议组经审查后认为，对比文件3中公开了吸收性聚合物优选由不溶于水的、亲水的、交联的聚合物颗粒组成，这些聚合物颗粒是通过使丙烯酸、丙烯酸的碱金属盐（例如钠盐或钾盐）或类似物聚合，并将所产生的聚合物交联以及不溶解化而获得，由此可见，对比文件3公开了吸收聚合物具有交联聚合物颗粒这一技术特征，只是没有对其进一步限定为“表面部分具有高交联密度的交联聚合物颗粒”，然而如上所述，权利要求1与对比文件3中的吸收性聚合物的吸水性能是相近的，因而可以认为对比文件3中的交联聚合物颗粒的表面交联密度与权利要求1中的交联聚合物颗粒的表面交联密度也应该是相近的；对于区别③，合议组认为，将精制的纸浆铺放成叠置的形式，然后使用黏合剂将纤维基料层粘接成片材状是本领域中制作纤维基料的常规做法，且采用上述制作方法所取得的有益效果也是本领域技术人员所熟知的。因此，权利要求1的技术方案相对于对比文件3不具有突出的实质性特点和显著的进步，不符合专利法第22条第3款创造性的规定。

（2）关于从属权利要求 2~10 是否具备创造性。

权利要求 2 的附加技术特征限定了纤维基料层包括亲水性纤维片材。对比文件 3（见说明书第 14 页第 5~8 行）公开了渗透性吸收纸包括 50~98 重量份的交联纤维素纤维。由于交联纤维素纤维属于亲水性较强的纤维，因此，当其引用的权利要求 1 不具有创造性时，权利要求 2 不符合专利法第 22 条第 3 款创造性的规定。

权利要求 3 对吸收体的材料和含量进行了进一步限定。对比文件 3（见说明书第 10 页倒数第 3 行至第 11 页第 5 行和第 15 页最后 1 段）公开了吸收体中吸收性聚合物的用量为 20%~80%，优选为 30%~70%。当其所引用的权利要求 1 不具有创造性时，权利要求 3 不符合专利法第 22 条第 3 款规定的创造性。

权利要求 4、5 进一步限定了吸收性物品中的底层材。对比文件 3（见说明书第 45 页第 47 行）公开了底层材是聚乙烯薄片，而且利用底层材和吸收体中材料的热塑性将二者结合在一起也是本领域技术人员经常采用的技术手段。此外，对比文件 2（US5308904A）公开了一种含有聚烯烃树脂和填料且经单轴向拉伸形成的透气不透液的用于尿片的多孔膜（见说明书第 1 栏第 9~17 行、第 58 行至第 2 栏 19 行）。因此，当其所引用的权利要求 1 不具创造性时，权利要求 4~5 不符合专利法第 22 条第 3 款规定的创造性。

权利要求 6 进一步限定了吸收性物品包括三个层以及层的材料。对比文件 3（见附图 1 和第 14 页第 5~76 行）中的吸收体具有三层结构，其中渗透吸收纸 2c 的上下两个面相当于权利要求 6 中的两个纤维基料层，纤维素纤维 2a 和吸收性聚合物 2b 相当于权利要求 6 中的超吸收聚合物与纤维基料的混合物。其中的渗透吸收纸由 50~98 重量份的交联纤维素纤维和 2~50 重量份的热融性粘合纤维组成，渗透吸收纸由于交联纤维素的含量较高，其生理盐水的饱和吸收性也应是比较高的。基于评述权利要求 1 相类似的理由，权利要求 6 相对于对比文件 3 也不具有专利法第 22 条第 3 款规定的创造性。

权利要求 7 的附加技术特征限定了纤维基料层包括亲水性纤维片材。对比文件 3（见说明书第 14 页第 5~8 行）公开了渗透性吸收纸包括 50~98 重量份的交联纤维素纤维。由于交联纤维素纤维属于亲水性较强的纤维，因此，当其所引用的权利要求 6 不具有创造性时，权利要求 7 不符合专利法第 22 条第 3 款规定的创造性。

权利要求 8 对吸收体的材料和含量进行了进一步限定。对比文件 3（见说明书第 10 页倒数第 3 行至第 11 页第 5 行和第 15 页最后 1 段）公开了吸收体中吸收性聚合物的用量为 20%~80%，优选为 30%~70%。当其所引用的权利要求 6 不具有创造性时，权利要求 8 不符合专利法第 22 条第 3 款规定的创造性。

权利要求 9、10 进一步限定了吸收性物品中的底层材。对比文件 3（见说明书第 45 页第 47 行）公开了底层材是聚乙烯薄片，而且利用底层材和吸收体中材料的热塑性将二者结合在一起也是本领域技术人员经常采用的技术手段。此外对比文件 2（US5308904A）公开了一种含有聚烯烃树脂和填料且经单轴向拉伸形成的透气不透液的用于尿片的多孔膜（见说明书第 1 栏第 9~17 行、第 58 行至第 2 栏第 19 行）。因此，当其所引用的权利要求 8 不具创造性时，权利要求 9、10 不符合专利法第 22 条第 3 款规定的创造性。

（3）关于独立权利要求 11 是否具备创造性。

权利要求 11 请求保护一种吸收性物品。对比文件 3 也公开了一种吸收性物品（见说明书第 23 页第 31~39 行和附图 11），并具体公开了以下技术特征：该卫生巾包括透液性的表层材 1 和非透液性的底层材 3 和位于它们之间的吸收体 2，其中吸收体具有两层吸收性聚合物并通过扩散性吸收纸隔开。权利要求 11 与对比文件 3 的区别在于：①权利要求 11 分别限定了上层超吸收聚合物 A 的液体通过时间不超过 20 秒，下层超吸收聚合物 B 的生理盐水吸收率不少于 5g/30sec/0.3g；②对比文件 3 中没有公开权利要求 11 中“所述超吸收聚合物 A 包括表面部分具有高交联密度的交联聚合物颗粒”这一技术特征。

对于区别特征①，由于对比文件 3 中的吸收性聚合物的形状可采用不规则的形式，可保持液体的渗透速率较快，不发生凝胶堵塞，而且生理盐水吸收性大于 25g/g，即吸收能力也较强。而本发明的吸收性聚合物只是采用了不同的参数进行限定，并且如上所述，权利要求 11 中的吸收性聚合物与对比文件 3 中的吸收性聚合物的吸收性能是相近的；对于区别特征②，对比文件 3 中公开了吸收性聚合物优选由不溶于水的、亲水的、交联的聚合物颗粒组成，这些聚合物颗粒是通过使丙烯酸、丙烯酸的碱金属盐（例如钠盐或钾盐）或类似物聚合，并将所产生的聚合物交联以及不溶解化而获得，由此可见，对比文件 3 公开了吸收聚合物具有交联聚合物颗粒这一技术特征，只是没有对其进一步限定为“表面部分具有高交联密度的交联聚合物颗粒”，然而如上所述，权利要求 1 与对比文件 3 中的吸收性聚合物的吸水性能是相近的，因而可以看出对比文件 3 中的交联聚合物颗粒的表面交联密度与权利要求 11 中的交联聚合物颗粒的表面交联密度也应该是相近的。因此，权利要求 11 相对于对比文件 3 不具有突出的实质性特点和显著的进步，不符合专利法第 22 条第 3 款规定的创造性。

（4）关于从属权利要求 12~15 是否具备创造性。

权利要求 12 的附加技术特征限定了超吸收性聚合物 A 和 B 的重量比为 90~30：10~70。上述重量比值的范围非常宽，即可以是 A 的含量大于 B 的含量，也可以是 B 的含量大于 A 的含量，当然二者的含量也可以相等。尽管对比文件 3 没有限定两层吸收性聚合物的重量比，但根据其公开的内容可知，其重量比值也应该在上述范围之内。因此，当其所引用的权利要求不具有创造性时，权利要求 12 不符合专利法第 22 条第 3 款规定的创造性。

权利要求 13 的附加技术特征限定了其中的一个吸收层由超吸收性聚合物和亲水性纤维基料之混合物形成。由于在对比文件 3 说明书附图 1 的吸收体中，吸收性聚合物和亲水性的交联纤维素纤维是混合在一起的，因此，本领域技术人员将上述结构应用到对比文件 3 的附图 11 的吸收体中以得到不容易松散、吸收性强、不容易发生凝胶堵塞的的吸收体结构是显而易见的。因此，当其所引用的权利要求 11 不具有创造性时，权利要求 13 不符合专利法第 22 条第 3 款规定的创造性。

权利要求 14~15 的附加技术特征已在对比文件 3 中公开（见说明书第 10 页倒数第 3 行至第 11 页第 5 行和附图 11）。当其所引用的权利要求 11 不具有创造性时，权利要求 14~15 不符合专利法第 22 条第 3 款规定的创造性。

综上所述，权利要求 1~15 均不具备专利法第 22 条第 3 款规定的创造性。

三、决定

维持国家知识产权局于 2006 年 1 月 6 日针对 97103775.2 号发明专利申请作出的驳回决定。

复审请求人对本决定不服的，可以根据专利法第 41 条第 2 款的规定，自收到本决定之日起三个月内向北京市第一中级人民法院起诉。

162

具有带有挡气堰的排污通道的座便器

复审请求审查决定（第 15271 号）

决　　定　　号　第 15271 号
决　　定　　日　2008 年 9 月 24 日
发明创造名称　具有带有挡气堰的排污通道的座便器
国 际 分 类 号　E03D 11/00
复 审 请 求 人　科勒公司
专 利 申 请 号　200480002417.6
申　　请　　日　2004 年 1 月 16 日
公　　开　　日　2006 年 2 月 22 日
合 议 组 组 长　翁晓君
主　　审　　员　李玲玲
参　　审　　员　向　琳

法 律 依 据　专利法第 22 条第 3 款
决 定 要 点

如果对比文件的文字部分并未公开发明专利申请的权利要求的技术特征，而且该对比文件中公开的内容所达到的技术效果与该发明专利申请权利要求的该技术特征所能达到的技术效果刚好相反，则该对比文件并未给出解决该发明专利申请实际解决的技术问题的技术启示。

一、案由

本复审请求涉及申请日为 2004 年 1 月 16 日、优先权日为 2003 年 1 月 20 日、进入中国国家阶段的日期为 2005 年 7 月 19 日、公开日为 2006 年 2 月 22 日、发明名称为“具有带有挡气堰的排污通道的座便器”、申请号为 200480002417.6 的 PCT 发明专利申请（下称本申请），申请人为科勒公司。

在实质审查阶段，国家知识产权局实质审查部门于 2007 年 12 月 28 日针对申请人于 2007 年 9 月 25 日提交的权利要求第 1~7 项、进入中国国家阶段时提交的国际申请文件的中文文本说明书第 1~6 页、说明书附图第 1~3 页、说明书摘要和摘要附图驳回了本申请，驳回决定所依据的对比文件是：对比文件 1：US4145772A，其公开日为 1979 年 3 月 27 日；对比文件 4：JP 特开 2000-80712A，其公开日为 2000 年 3 月 21 日。驳回决定所针对的独立权利要求 1 的内容如下：

“1. 在具有排污通道的一类座便器中，该排污通道延伸于座盆开口与排水口之间，该排污通道具有一个弯曲的挡水堰区域，从座盆开口延伸至座盆开口上方，再延伸到一根向下支管，该向下支管在其下端连接到一根向外支管，该向外支管与排水口相连通，其改进包括：

该排污通道具有一个沿向外支管的上壁形成的挡气堰腔，其使得流经排污通道的流体在挡气堰的前缘从排污通道的内表面发生分离，

其中向下支管从其顶部到折流板沿向后的方向稍微倾斜，其斜度由垂直方向小于15度。”

驳回的具体理由是：本申请的独立权利要求1与对比文件1的区别技术特征为：权利要求1中包括“向下支管从其顶部到折流板沿向后的方向稍微倾斜，其斜度由垂直方向小于15度”，其中，对比文件4的附图1中公开的“扩张空间部4的外部从其顶部到折流板沿向后稍微倾斜”相当于本申请权利要求1中“向下支管从其顶部到折流板沿向后的方向稍微倾斜”，对比文件4中的扩张空间部4相当于权利要求1中的向下支管，本领域技术人员根据对比文件4的教导选择“其斜度由垂直方向小于15度”仅仅是从一些可能的技术方案中选择了一种，属于常规选择，因此权利要求1不具备创造性，从属权利要求2~7的附加技术特征均被对比文件1的附图2公开，也不具有创造性，因此权利要求1~7不符合专利法第22条第3款的规定。

申请人（下称复审请求人）不服该驳回决定，于2008年3月25日向专利复审委员会提出复审请求，复审请求人在复审请求书中陈述意见认为：本申请说明书第5页第21~24行记载了权利要求1中所包含的特征的作用是在冲洗周期过程中，使来自座盆的水完全快速地充满排污部分通道，向后倾斜的向下支管的作用是减少或消除在挡水堰处的、阻碍排污通道的虹吸作用的气阱的形成。与此相反，对比文件4中，扩张空间部4在排出口前，直接与排出口相连，来自座盆的水流动排出口时，一般不流过全部的扩张空间部4，而本申请中来自座盆的水必须流过向下支管才被排出。此外，如对比文件4第0013段所述：“由于扩张空间部4具有设置在比排水路3的顶部高的位置的上方部位4a，因此，阻止了排水路成为全部满水状态，抑制了产生强的虹吸作用”，即对比文件4中扩张空间部4的作用是为了抑制虹吸作用，其与本申请的向下支管的作用完全不同，因此对比文件4的扩张空间部4不能等同于本申请的向下支管，对比文件4没有公开本申请的向下支管的特征，本申请权利要求1~7具有创造性。

经形式审查合格后，专利复审委员会受理了该复审请求，并于2008年4月21日向复审请求人发出了复审请求受理通知书，同时向实质审查部门发出了前置审查通知书。

在前置审查意见书中，实质审查部门坚持驳回决定，理由是：对比文件4中扩张空间部4在结构上与向下支管可完全相当，对比文件4中扩张空间部4从挡水堰最高点到折流板处部分明显是倾斜的，客观上必然也减少或消除了在挡水堰的气阱的形成，进而减少或消除排水通道的虹吸作用的阻碍。

专利复审委员会依法成立合议组，对本复审请求案进行审查。经审查，合议组认为本案事实已经清楚，可依法作出复审请求审查决定。

二、决定的理由

1. 审查文本

复审请求人在提出复审请求时未修改申请文本，本复审请求审查决定所依据的文本与驳回决定所依据的文本相同，即复审请求人于2007年9月25日提交的权利要求第1~7项、进入中国国家阶段时提交的国际申请文件的中文文本说明书第1~6页、说明书附图第1~3页、说明书摘要和摘要附图。

2. 关于专利法第22条第3款

专利法第22条第3款规定：创造性，是指同申请日以前已有的技术相比，该发明有突出的实质性特点和显著的进步，该实用新型有实质性特点和进步。

本申请权利要求1的内容为：在具有排污通道的一类座便器中，该排污通道延伸于座盆开口与排水口之间，该排污通道具有一个弯曲的挡水堰区域，从座盆开口延伸至座盆开口上方，再延伸到一根

向下支管，该向下支管在其下端连接到一根向外支管，该向外支管与排水口相连通，其改进包括：该排污通道具有一个沿向外支管的上壁形成的挡气堰腔，其使得流经排污通道的流体在挡气堰的前缘从排污通道的内表面发生分离，其中向下支管从其顶部到折流板沿向后的方向稍微倾斜，其斜度由垂直方向小于15度。

对比文件1公开了一种塑料马桶（参见其说明书第3栏第24行至第8栏第2行和附图1、2），该塑料马桶具有由第一上转部23A、弯曲的肘弯曲部23B、弯曲部23C组成的排污管道23，在肘弯曲部23B处弯曲以在座盆21内形成一条水位线，弯曲部23C用来阻止水流以获得所需要的冲水效果。从附图2可以看出，该弯曲部23C在其下部连接到一根管道，该管道与排水口23D相连通，该排污管道23具有一个沿管道上壁形成的凹陷部（参见其说明书附图2中附图标记“27”的上方）。

可见，对比文件1中的肘弯曲部23B处相当于权利要求1中的挡水堰区域；对比文件1中与弯曲部23C下部连接的一根管道以及该管道与排水口23D相连通相当于权利要求1中的一根向外支管，该向外支管与排水口相连通；对比文件1中该排污管道具有一个沿管道上壁形成的凹陷部相当于权利要求1中该排污通道具有一个沿向外支管的上壁形成的挡气堰腔。将权利要求1的技术方案与对比文件1公开的上述内容相比可知，二者的区别在于：权利要求1还包括一根向下支管，该向下支管在其下端连接到一根向外支管；向下支管从其顶部到折流板沿向后的方向稍微倾斜，其斜度由垂直方向小于15度。由上述区别技术特征所能达到的技术效果确定本申请权利要求1实际解决的技术问题是：在低容积的座便器中减少或消除在座便器排污通道的挡水堰处的气阱的形成，以产生排污通道的强虹吸作用，从而实现低冲水量的座便器的快速冲水。

对比文件4（参见其说明书第2页第2栏第0007段，第3页第3栏第0012~0013段，说明书附图1、附图6）公开了一种座便器，实现非虹吸洗净方式，从回水湾2开始延伸的水封区域中间设置扩张空间部4来避免排水路3处于满水状态，扩张空间部4与排出口5相连。并且在其说明书第3页第3栏第0013段明确记载：扩张空间部4具有设置在比排水路3的顶部高的位置的上方部位4a，用于阻止排水路3处于全部满水状态，以抑制产生强的虹吸作用，仅在排除部5附近造成满水状态，从而基于回水湾2与排出管之间的高度差产生弱的虹吸作用。

驳回决定和前置审查意见书中认为从对比文件4的附图1中可以看出扩张空间部4的外部从其顶部到折流板沿向后稍微倾斜，对比文件4中的扩张空间部4相当于权利要求1中的向下支管，因而对比文件4公开了权利要求1中“向下支管从其顶部到折流板沿向后的方向稍微倾斜”的技术特征，本领域技术人员根据对比文件4的教导选择“其斜度由垂直方向小于15度”仅仅是从一些可能的技术方案中选择了一种，属于常规选择，因此权利要求1相对于对比文件1和对比文件4的结合不具备创造性。

合议组认为：首先，对于对比文件4的附图1来说，对比文件4的附图1显示扩张空间部4从其顶部到下部是一条略微内凸的曲线。其次，从对比文件4文字公开的内容来说，其说明书第3页第3栏第0013段明确记载：扩张空间部4具有设置在比排水路3的顶部高的位置的上方部位4a，用于阻止排水路3处于全部满水状态，以抑制产生强的虹吸作用。而且对比文件4的说明书第0012段（结合其说明书附图6）公开了：仅在排除部5附近造成满水状态，从而基于回水湾2与排出管之间的高度差产生弱的虹吸作用。由此可见，正常排水情况下，扩张空间4a不会被水充满，前置意见中所指出的“相当于本申请中的向下支管”的扩张空间部4下部的“倾斜段”与上方部位4a连成一体，其作用是为了抑制产生强的虹吸作用。而这种抑制产生强的虹吸作用的技术效果刚好与本申请权利要求1中向下支管实现的技术效果完全相反。在本申请说明书第3页第3~9行、第5页第21~29行记载：“排污通道12的设计使得在一个冲水循环中，座盆中的存水完全迅速地充满排污通道12的关键部分。

其实现是由于向后倾斜的向下支管 32 减少或消除了在挡水堰 34 处的气阱的形成，该气阱会阻碍排污通道 12 的虹吸作用”。“通过将流体从向下支管 32 的内壁分离，在排污通道 12 内形成一个流体薄层，用以阻碍空气试图从废水管道经排污通道 12 回流入处于挡水堰 34 下游的向下支管 42 内的某一低压区域”。因此对比文件 4 中的扩张空间 4 与本申请权利要求 1 中的向下支管没有可比性，也不能给出将扩张空间应用到对比文件 1 中以解决在低容积的坐便器中减少或消除在座便器排污通道的挡水堰处的气阱的形成，以产生排污通道的强虹吸作用，从而实现低冲水量的座便器的快速冲水的技术问题的启示，也就是说这样的结合并不是显而易见的。同时，也没有证据表明上述区别技术特征是所属技术领域的公知常识。而且，上述区别技术特征使得本申请权利要求 1 的技术方案具有如下有益的技术效果，即，在低容积的座便器中减少或消除在坐便器排污通道的挡水堰处的气阱的形成，以产生排污通道的强虹吸作用，从而实现低冲水量的座便器的快速冲水。因此，本申请独立权利要求 1 的技术方案相对于对比文件 1 和对比文件 4 的结合具备突出的实质性特点和显著的进步，符合专利法第 22 条第 3 款有关创造性的规定。

在本申请独立权利要求 1 相对于对比文件 1 和对比文件 4 的结合具备创造性的基础上，直接引用独立权利要求 1 的从属权利要求 2~7 分别相对于对比文件 1 和对比文件 4 的结合也符合专利法第 22 条第 3 款有关创造性的规定。

三、决定

撤销国家知识产权局于 2007 年 12 月 28 日对 200480002417. 6 号发明专利申请所作出的驳回决定，由实质审查部门在驳回决定所依据的文本的基础上继续进行审批程序。

复审请求人对本决定不服的，可以根据专利法第 41 条第 2 款的规定，自收到本决定之日起三个月内向北京市第一中级人民法院起诉。

163

药物注射装置的改进及其相关改进

复审请求审查决定（第15318号）

决　定　号　第15318号
决　定　日　2008年12月8日
发明创造名称　药物注射装置的改进及其相关改进
国际分类号　A61M 5/145
复审请求人　DCA设计国际有限公司
申　请　号　02826099.6
优先权日　2001年12月18日
申　请　日　2002年12月16日
公　开　日　2005年4月20日
合议组组长　刘颖杰
主　审　员　关　刚
参　审　员　佟仲明

法律依据　专利法实施细则第62条第2款
决定要点

如果复审请求人在复审程序中删除了驳回决定中所指出的存在缺陷的权利要求，从而克服了驳回决定中所指出的缺陷，则应依法撤销原审查部门作出的驳回决定，由原审查部门继续审批程序。

一、案由

本复审请求涉及申请号为02826099.6、名称为“药物注射装置的改进及其相关改进”的PCT发明专利申请（下称本申请），申请人为DCA设计国际有限公司，申请日为2002年12月16日，优先权日为2001年12月18日，进入中国国家阶段日为2004年6月25日，公开日为2005年4月20日。本申请公开时的权利要求书如下：

“1. 一种药物注射装置，其中一次注射操作之后经过的时间从一段预定时间结束时开始计算，在此段预定时间内可让药物在一次注射行程完成之后进行扩散。

2. 一种根据权利要求1的药物注射装置，其特征是，该药物注射装置发出注射操作结束的信号。

3. 一种根据权利要求1或权利要求2的药物注射装置，其特征是，该药物注射装置包括一驱动装置和一与控制装置相连的定时器，其中该定时器从该驱动装置操作完成时开始测量该段预定时间，并且该控制装置在该段预定时间结束时重新设定该定时器以测量该注射操作之后经过的时间。

4. 一种根据权利要求3的药物注射装置，其特征是，该药物注射装置还包括一指示该注射操作之后经过的时间的显示器。

5. 一种根据权利要求 3 或权利要求 4 的药物注射装置，其特征是，该药物注射装置还包括指示从该驱动装置的操作完成后该段预定时间结束的装置。

6. 一种根据前面任一项权利要求的药物注射装置的操作方法，该方法包括以下步骤：

i）操作该驱动装置，以从该药物筒中推出药物；

ii）在第 i）步完成时启动一定时器，以测量一段预定时间；

iii）在第 ii）步完成时重新设定该定时器，以测量自步骤 ii）后经过的时间。

7. 一种根据权利要求 6 的方法，其特征是，步骤 ii）还包括在步骤 ii）完成时产生一要发出的信号。

8. 一种根据权利要求 6 或权利要求 7 的方法，其特征是，与步骤 iii）同时显示自步骤 ii）后经过的时间。”

国家知识产权局专利实质审查部门依法对本申请进行了实质审查，于 2007 年 6 月 15 日以本申请权利要求 6~8 不符合专利法第 25 条第 1 款第 3 项的规定为由作出驳回决定，驳回决定所针对的文本是：本申请进入国家阶段时提交的权利要求第 1~8 项、说明书第 1~3 页、说明书附图第 1 页，以及摘要和摘要附图。驳回决定指出，在本申请的说明书中已明确表明所要求保护的药物注射装置用于人体给药、治疗疾病，而本申请权利要求 6~8 中也明确表明其操作方法是用于人体给药，因此本申请权利要求 6~8 不符合专利法第 25 条第 1 款第 3 项的规定。

申请人 DCA 设计国际有限公司（下称复审请求人）不服上述驳回决定，于 2007 年 9 月 17 日向专利复审委员会提出复审请求，并提交了权利要求书的全文修改替换页。其中复审请求人对权利要求 6~8 进行了修改，修改后的权利要求 6~8 为：

“6. 一种根据前面任一项权利要求的药物注射装置的操作方法，该方法包括以下步骤：

i）在操作驱动装置以从该药物筒中推出药物完成时，启动一定时器，以测量一段预定时间；

ii）在步骤 i）完成时重新设定该定时器，以测量自步骤 i）后经过的时间。

7. 一种根据权利要求 6 的方法，其特征是，步骤 i）还包括在步骤 i）完成时产生一要发出的信号。

8. 一种根据权利要求 6 或权利要求 7 的方法，其特征是，与步骤 ii）同时显示自步骤 i）后经过的时间。”

复审请求人认为，修改后的权利要求 6 去掉了原来的涉及从药物筒中推出药物的步骤，修改后的这些步骤直接针对的都是注射装置本身，而不是针对人体的，不会对人体产生影响，更不会实现任何治病的效果和目的，因此修改后的权利要求 6~8 符合专利法第 25 条第 1 款第 3 项的规定。

经形式审查合格后，专利复审委员会依法受理了上述请求，并于 2007 年 10 月 23 日向复审请求人发出了复审请求受理通知书，同时向原审查部门发出前置审查通知书。

原实质审查部门对本复审请求做出前置审查意见，仍然坚持原驳回决定。

专利复审委员会依法成立合议组对本复审请求案进行审理。本案合议组于 2008 年 6 月 11 日向复审请求人发出复审通知书，指出复审请求人于提出复审请求时提交的权利要求 6~8 不符合专利法第 25 条第 1 款第 3 项的规定。合议组认为，本申请权利要求 6~8 所要求保护的方法就其目的而言，涉及消除、缓解有生命的人体或动物体的病因或病灶，其结果是使得患者由病态恢复正常或者脱离处于病态的危险，其方法所针对的对象涉及有生命的人体，即患者，属于专利法第 25 条第 1 款第 3 项规定的疾病的诊断和治疗方法的范围，不能被授予专利权。

针对上述复审通知书，复审请求人于 2008 年 9 月 24 日提交了意见陈述书，并提交了权利要求书全文修改替换页，其中复审请求人将权利要求6~8删除，并将原从属于权利要求3或4的多项从属权利要求5修改为单独引用权利要求3的从属权利要求5和单独引用权利要求4的从属权利要求6。修改后的权利要求书如下：

“1. 一种药物注射装置，其中一次注射操作之后经过的时间从一段预定时间结束时开始计算，在此段预定时间内可让药物在一次注射行程完成之后进行扩散。

2. 一种根据权利要求1的药物注射装置，其特征是，该药物注射装置发出注射操作结束的信号。

3. 一种根据权利要求1或权利要求2的药物注射装置，其特征是，该药物注射装置包括一驱动装置和一与控制装置相连的定时器，其中该定时器从该驱动装置操作完成时开始测量该段预定时间，并且该控制装置在该段预定时间结束时重新设定该定时器以测量该注射操作之后经过的时间。

4. 一种根据权利要求3的药物注射装置，其特征是，该药物注射装置还包括一指示该注射操作之后经过的时间的显示器。

5. 一种根据权利要求3的药物注射装置，其特征是，该药物注射装置还包括指示从该驱动装置的操作完成后该段预定时间结束的装置。

6. 一种根据权利要求4的药物注射装置，其特征是，该药物注射装置还包括指示从该驱动装置的操作完成后该段预定时间结束的装置。”

本案合议组在仔细审阅了全部案卷后，认为本案事实已经清楚，现依法作出复审决定。

二、决定的理由

1. 关于审查文本

本复审请求审查决定所针对的审查文本是复审请求人于2008年9月24日提交的权利要求书第1~6项，于进入中国国家阶段时提交的说明书第1~3页、说明书附图第1页以及摘要和摘要附图。

2. 关于驳回决定所指出的缺陷

复审请求人在2008年9月24日提交的权利要求书修改替换页时，将驳回决定中指出的不符合专利法第25条第1款第3项规定的权利要求6~8删除了，因此修改后的申请文本克服了驳回决定中所指出的缺陷，根据专利法实施细则第62条第2款的规定，依法应撤销原审查部门作出的驳回决定，由原审查部门继续审批程序。

根据上述事实和理由，本案合议组依法作出以下审查决定。

三、决定

专利申请文件经复审请求人修改，克服了驳回决定指出的缺陷，在此基础上，撤销国家知识产权局于2007年6月15日对02826099.6号PCT发明专利申请作出的驳回决定，由原审查部门以本决定所依据的文本，即于2008年9月24日提交的权利要求书第1~6项，于进入中国国家阶段时提交的说明书第1~3页、说明书附图第1页以及摘要和摘要附图作为审查基础继续进行审查程序。

复审请求人对本决定不服的，可以根据专利法第41条第2款的规定，自收到本决定之日起三个月内向北京市第一中级人民法院起诉。

164

提升背光模块内暗区亮度的结构与方法

复审请求审查决定（第15322号）

决 定 号 第15322号
决 定 日 2008年12月2日
发明创造名称 提升背光模块内暗区亮度的结构与方法
国际分类号 G02F1/1335
复审请求人 友达光电股份有限公司
申 请 号 200410047434.3
申 请 日 2004年5月28日
公 开 日 2005年2月23日
合议组组长 刘颖杰
主 审 员 倪晓红
参 审 员 谢有成

法律依据 专利法实施细则第20条第1款，专利法第33条、第22条第3款
决定要点

如果权利要求相对于最接近的现有技术的区别技术特征在该对比文件中所起的作用与该区别技术特征在上述权利要求中所起的作用不同时，则不能认为现有技术中存在将上述区别技术特征应用到最接近的现有技术中以解决其存在的技术问题的技术启示。

一、案由

本复审请求涉及申请号为200410047434.3、名称为“提升背光模块内暗区亮度的结构与方法”的发明专利申请（下称本申请），申请日为2004年5月28日，申请人为友达光电股份有限公司，公开日为2005年2月23日。本申请公开时权利要求书包括10项权利要求，其中权利要求1为独立权利要求。

经过实质审查程序后，国家知识产权局以本申请权利要求1~10不符合专利法第22条第3款的规定为由，于2007年11月23日作出了驳回本申请的决定，所引用的对比文件如下：

对比文件1：CN1437056A，公开日为2003年8月20日；

对比文件2：CN1451999A，公开日为2003年10月29日。

驳回所针对的权利要求1~10项，具体内容如下：

“1. 一种背光模块，包括：

一导光板，该导光板包括一光输出面、一光入射面；以及

一光源，其中该光源系为一灯管，具有一光源电极以及一另一光源电极，该光源配置于该导光板的光入射面旁，并且该导光板在靠近该光源电极部位的角落具有一削角。

2. 根据权利要求 1 所述的背光模块，其特征在于，该削角的外型系为一导角。

3. 根据权利要求 1 所述的背光模块，其特征在于，该削角的外型系为一导圆角。

4. 根据权利要求 1 所述的背光模块，其特征在于，该导光板系为一平板型导光板。

5. 根据权利要求 1 所述的背光模块，其特征在于，该导光板系采用侧入式的光源入射方式。

6. 根据权利要求 1 所述的背光模块，其特征在于，该光源系由四个直线型灯管所组成，并且设置于该平板型导光板光四周。

7. 根据权利要求 1 所述的背光模块，其特征在于，该该导光板系采用直下式的光源入射方式。

8. 根据权利要求 1 所述的背光模块，其特征在于，该导光板系为一楔形导光板。

9. 根据权利要求 1 所述的背光模块，其特征在于，所述模块进一步包含在该导光板内相对该光输出面之一侧设置一反射件，使得自该侧折射出的光线可以反射回该导光板内。

10. 根据权利要求 1 所述的背光模块，其特征在于，该光源为一冷阴极管。”

具体的驳回理由如下：权利要求 1 请求保护一种背光模块。对比文件 1 公开了一种“照明装置”，公开了“导光部件 100、发光体 210 和 220（相当于权利要求 1 中的光源），该导光部件 100 包括入射光入射到其上的入射面 110，将入射到入射面上的光发射面上的光发射到显示单元的发射面 130（相当于权利要求 1 的光输出面），发光体 210 和 220 邻接到入射面 110；以从入射面 110 起的倒棱角 θ 垂直地切割导光部件 100 的第一侧面 150a 与入射面 110 之间的角部分而形成第一斜面 112”（参见对比文件 1 的说明书第 5 页第 27 行至第 6 页第 23 行，附图 3、4），且对比文件 1 的附图 3 中可以得出倒棱角 θ 的部位位于导光部件 100 的靠近发光体 210 和 220 的电极部位的角落。由此可见，权利要求 1 的技术方案和对比文件 1 的区别仅在于“其中该光源系为一灯管，具有一光源电极以及一另一光源电极”，然而在背光照明领域中，使用具有两个光源电极的灯管是本领域的惯用手段。因此权利要求 1 不具备创造性。从属权利要求 2~5、7~9 相对于对比文件 1 不具备创造性，权利要求 6、10 相对于对比文件 1 和 2 的结合也不具备创造性。

申请人（下称复审请求人）不服上述驳回决定，于 2007 年 12 月 25 日向专利复审委员会提出复审请求，其复审请求的理由是：本发明要解决的技术问题是背光模块在靠近灯管电极部位的角落区域因为亮度不足而产生暗区的问题，其特征在于将导光板靠近灯管不发光的电极处的暗区部位予以削角，使得光源能经由此削角部位而产生自然漏光的效果，而之后此漏光光线可通过反射件进行反射而使得暗区的亮度得以提升，并且增加背光模块整体光输出的均匀度。而对比文件 1 公开一种照明装置，其发明目的是为了使照明装置可在不降低显示器的显示质量的情况下减少发光二极管数量，导光部件的角部分被除去而形成了第一和第二斜面，使点光源 LED 发光体以预定角度向导光部件提供光并使其可更远地趋向于导光板的有效面积的角部，达到在不降低显示器的显示质量的情况下减少发光二极管数量的目的。两者的技术特征显然不同，且目的也不相同。对比文件 2 公开了 L 形灯管的形式，然而并未揭露本案之主要技术特征“导光板在靠近该光源电极部位的暗区具有一削角”，且其与对比文件 1 结合仍无法得至本发明。同时提交了权利要求书替换页，修改后的权利要求书共包括 10 项权利要求，如下：

“1. 一种背光模块，包括：

一导光板，该导光板包括一光输出面、一光入射面；以及

一光源，其中该光源系为一灯管，具有一光源电极以及一另一光源电极，该光源配置于该导光板的光入射面旁，并且该导光板在靠近该光源电极部位的暗区具有一削角。

2. 根据权利要求1所述的背光模块，其特征在于，该削角的外型系为一导角。

3. 根据权利要求1所述的背光模块，其特征在于，该削角的外型系为一导圆角。

4. 根据权利要求1所述的背光模块，其特征在于，该导光板系为一平板型导光板。

5. 根据权利要求1所述的背光模块，其特征在于，该导光板系采用侧入式的光源入射方式。

6. 根据权利要求1所述的背光模块，其特征在于，该光源系由四个直线型灯管所组成，并且设置于该平板型导光板光四周。

7. 根据权利要求1所述的背光模块，其特征在于，该该导光板系采用直下式的光源入射方式。

8. 根据权利要求1所述的背光模块，其特征在于，该导光板系为一楔形导光板。

9. 根据权利要求1所述的背光模块，其特征在于，所述模块进一步包含在该导光板内相对该光输出面之一侧设置一反射件，使得自该侧折射出的光线可以反射回该导光板内。

10. 根据权利要求1所述的背光模块，其特征在于，该光源为一冷阴极管。"

经形式审查合格后，专利复审委员会依法受理了上述请求，并于2008年2月13日向复审请求人发出了复审请求受理通知书，同时向原实质审查部门发出前置审查通知书。

原实质审查部门对该复审请求做出前置审查意见指出，修改后的权利要求1中描述了"该导光板在靠近该光源电极部位的暗区具有一削角"包含了暗区位于导光板的角落和侧边上的两种情况，后者也就是侧边上有削角的情况在原始申请文件中没有记载，也不能直接地、毫无疑义地确定，因此修改超范围，不符合专利法第33条的规定，因而不接受该修改文本，故仍然坚持原驳回决定。

针对上述复审请求，专利复审委员会依法成立合议组对该复审请求案进行审理，于2008年5月20日发出复审通知书，指出：复审请求人提交的修改后的权利要求1中记载的"该导光板在靠近该光源电极部位的暗区具有一削角"中存在不清楚的情况，不符合专利法实施细则第20条第1款的规定。在本案中，导光板在靠近光源电极部位的暗区可以在导光板角落处，也可以位于导光板侧边上，当靠近光源电极部位的暗区位于导光板角落时，则导光板在该角落暗区形成一削角区；当其暗区位于导光板侧边上时，在该侧边暗区形成一凹陷的沟槽结构（参见本申请说明书第5页第8~12行）。可见，说明书中说明了导光板不同位置暗区的所对应的不同的"削角区"和"凹陷的沟槽"，修改后的权利要求1的"削角"存在含义不清楚之处。

针对上述复审通知书，复审请求人于2008年6月20日提交了意见陈述书和权利要求第1~8项的修改替换页，其中仅对独立权利要求1作了修改，修改后的独立权利要求1为：

"1. 一种背光模块，包括：

一导光板，该导光板包括一光输出面、一光入射面；以及

一光源，其中该光源系为一灯管，具有一光源电极以及一另一光源电极，该光源配置于该导光板的光入射面旁，并且该导光板的角落在靠近该光源电极部位的暗区具有一削角；或该导光板的侧边在靠近该光源电极部位的暗区具有一凹陷的沟槽。"

复审请求人在意见陈述书中认为，修改后的独立权利要求1应已清楚得限定了其保护范围，符合专利法实施细则第20条第1款的规定。

至此，合议组认为本案事实已经清楚，现依法作出如下复审决定。

二、决定的理由

1. 关于审查文本

复审请求人于2008年6月20日答复复审通知书时提交权利要求第1~8项的修改替换页，因此本复审决定以复审请求人于2008年6月20日提交的权利要求第1~8项、2007年5月22日提交的权利要求第9~10项，2004年5月28日提交的说明书第1~5页、说明书附图第1~6页、说明书摘要及摘

要附图作为审查基础。

2. 关于专利法实施细则第 20 条第 1 款

专利法实施细则第 20 条第 1 款规定，权利要求书应当说明发明或者实用新型的技术特征，清楚、简要地表述请求保护的范围。

复审请求人在提出复审请求时提交的权利要求 1 中记载的“该导光板在靠近该光源电极部位的暗区具有一削角”中存在不清楚的情况，因为权利要求 1 中的“削角”在通常意义上仅指的是在角落形成的结构。而本案中，导光板在靠近光源电极部位的暗区可以在导光板的角落处，也可以位于导光板侧边上，当靠近光源电极部位的暗区位于导光板角落时，则导光板在该角落暗区形成一削角区；当其暗区位于导光板侧边上时，在该侧边暗区形成凹陷的沟槽结构。合议组在 2008 年 5 月 20 日发出的复审通知书中指出上述问题，复审请求人答复复审通知书时提交的权利要求 1 将暗区的上述两种情况进行了分别的限定：“该导光板的角落在靠近该光源电极部位的暗区具有一削角；或该导光板的侧边在靠近该光源电极部位的暗区具有一凹陷的沟槽”，因此清楚明确了暗区在导光板角落和侧边的情况，从而使权利要求 1 克服了上述不符合专利法实施细则第 20 条第 1 款的缺陷。

3. 关于专利法第 33 条

专利法第 33 条规定，申请人可以对其专利申请文件进行修改，但是，对发明和实用新型专利申请文件的修改不得超出原说明书和权利要求书记载的范围，对外观设计专利申请文件的修改不得超出原图片或者照片表示的范围。

原实质审查部门在前置审查意见书中指出复审请求人在提交复审请求时所提交的权利要求 1 中“该导光板在靠近该光源电极部位的暗区具有一削角”包括了两种情形：（1）当暗区位于导光板的角落时，该角落具有一削角；（2）当暗区不在导光板的角落，即位于导光板的侧边上时，该侧边上具有一削角。而情形（2）中“侧边上具有一削角”在原说明书和权利要求书中没有记载，也不能直接地、毫无疑义地确定，因而导致权利要求 1 的修改超出了原说明书和权利要求书记载的范围，不符合专利法第 33 条的规定。复审请求人在答复复审通知书时提交的修改后的权利要求 1 明确了上述这两种情况“该导光板的角落在靠近该光源电极部位的暗区具有一削角；或该导光板的侧边在靠近该光源电极部位的暗区具有一凹陷的沟槽”，该技术特征对应于说明书第 5 页第 8～12 行所述的“本发明就提出在导光板内对应这些暗区的位置形成一削角的结构（例如若采用两相对称的 L 形灯管时，导光板就可在靠近电极部位的两相对角落形成一削角区；而若是在导光板内对应灯管电极部位的位置不在角落，也可选择在导光板侧边上形成凹隐的沟槽结构来达到自然漏光的效果）”对于暗区形成的达到自然漏光效果的结构进行限定的内容，因此上述修改可从本申请原始说明书中直接地、毫无疑义地确定，克服了上述不符合专利法第 33 条的缺陷。

4. 关于专利法第 22 条第 3 款

专利法第 22 条第 3 款规定，创造性，是指同申请日以前已有的技术相比，该发明有突出的实质性特点和显著的进步，该实用新型有实质性特点和进步。

具体在本案中，对比文件 1 公开了一个照明装置和使用该照明装置的显示设备，在该照明装置中，在导光部件的一个或多个角部分别形成一个或多个斜面，发光体对应于斜面而设置，其光源部件诸如 LED 的点光源的发光体向导光板发光。

比较本申请与对比文件 1 的技术方案，区别技术特征是：本申请中光源系为一灯管，具有一光源电极以及一另一光源电极，导光板的削角或凹陷的沟槽在对应于靠近光源电极部分的暗区部位设置。由于本申请采用的光源是一灯管，具有一光源电极以及一另一光源电极，存在电极部位导致的暗区问题，而通过在暗区部位形成削角或凹陷的沟槽可以使光源能经由削角或凹陷的沟槽部位产生自然漏光的效果，从而使暗区亮度得以提升，并且增加背光模块整体光输出的均匀度。而对比文件 1 的照明装置虽然在导光板角落形成斜面，但该斜面是对应于光源部位设置的，其是为了不会因减少光源（LED）的数量而导致亮度下降，使点光源发光体以预定角度向导光板提供光并使其可更远得趋向于导光板的有效面积的角度，这与本申请所解决的技术问题不同。由于对比文件 1 采用的光源是体积小的点光源，如 LED，不存在因电极而导致暗区的问题，因此对比文件 1 无法给出在导光板对应于暗区部位对导光板进行削角的技术启示。由此可见，本申请和对比文件 1 相比并非显而易见的，因此独立权利要求 1 相对于对比文件 1 的技术方案具备创造性。另外，对比文件 2 没有公开在电极部位的导光板设置削角或凹陷的沟槽解决导光板存在暗区问题的技术特征，也没有给出相应的技术启示。因此权利要求 1 相对于对比文件 1、2 具备创造性，在此基础上，从属权利要求 2~10 也具备创造性。

根据上述事实和理由，本案合议组依法作出以下审查决定。

三、决定

撤销国家知识产权局于 2007 年 11 月 23 日对 200410047434.3 号发明专利申请作出的驳回决定，由原审查部门以本决定依据的文本作为审查基础继续进行审查程序。

复审请求人对本决定不服的，可以根据专利法第 41 条第 2 款的规定，自收到本决定之日起三个月内向北京市第一中级人民法院起诉。

165

背光组件

复审请求审查决定（第15323号）

决　定　号　第15323号
决　定　日　2008年11月24日
发明创造名称　背光组件
国际分类号　G02F 1/1335
复审请求人　友达光电股份有限公司
申　请　号　200410049239.4
申　请　日　2004年6月8日
公　开　日　2005年2月23日
合议组组长　李　礼
主　审　员　陈　力
参　审　员　谢有成

法律依据　专利法第33条，第26条第4款
决定要点

复审请求人通过修改专利申请文件，克服了驳回决定和复审通知书中指出的缺陷，并且这种修改符合专利法第33条和专利法实施细则第60条第1款的规定，则应当撤销原驳回决定，由原审查部门对该申请继续审查。

一、案由

本复审请求涉及申请号为200410049239.4、名称为“背光组件”的发明专利申请（下称本申请），其申请日是2004年6月8日，公开日是2005年2月23日，申请人是友达光电股份有限公司。本申请公开时的权利要求书共包括12项权利要求，具体如下：

“1. 一种背光组件，包括：

一外框；

一光源，该光源设置于该外框上；以及

至少一光学薄膜，其边缘具有四定位凸块，该二定位凸块位于另该二定位凸块的联机的二侧，该四定位凸块的边缘用以抵住该外框的边缘，借此在至少三相互垂直的方向上将该光学薄膜固定于该外框中。

2. 如权利要求1所述的背光组件，其特征在于：各该定位凸块的形状为一多边形。

3. 如权利要求1所述的背光组件，其特征在于：该光学薄膜的形状近似于一四边形。

4. 如权利要求 3 所述的背光组件，其特征在于：该四定位凸块位于该光学薄膜的四角落上。

5. 如权利要求 4 所述的背光组件，其特征在于：该光学薄膜可以从该外框的边缘滑进或滑出该外框。

6. 如权利要求 5 所述的背光组件，其特征在于：该外框的边缘具有二定位孔及二缺口，该定位孔及该缺口位于该另一定位孔及该另一缺口的联机的二侧，当该光学薄膜从该外框的边缘滑进该外框时，该二定位凸块用以对应地与该二定位孔扣接，该另外二定位凸块用以对应地与该二缺口嵌合。

7. 如权利要求 1 所述的背光组件，其特征在于：该三个相互垂直方向之一为该光学薄膜的表面的法线方向。

8. 一种光学薄膜，该光学薄膜设置于一外框上，该光学薄膜包括：

一光入射面；以及

四定位凸块，该四定位凸块设置于该光入射面的边缘上，该二定位凸块位于该另二定位凸块的联机的二侧，该四定位凸块的边缘用以抵住该外框的边缘，借此在至少三相互垂直的方向上将该光学薄膜固定于该外框中。

9. 如权利要求 8 所述的光学薄膜，其特征在于：各该定位凸块的形状为一多边形。

10. 如权利要求 8 所述的光学薄膜，其特征在于：该光学薄膜的形状近似于一四边形。

11. 如权利要求 10 所述的光学薄膜，其特征在于：该四定位凸块位于该光学薄膜的四角落上。

12. 如权利要求 8 所述的光学薄膜，其特征在于：该三个相互垂直方向之一为该光学薄膜的表面的法线方向。”

国家知识产权局专利实质审查部门对本申请进行了实质审查，并针对申请人于 2007 年 7 月 18 日提交的权利要求第 1~6 项，2006 年 8 月 15 日提交的说明书第 1~5 页、说明书摘要，2004 年 6 月 8 日提交的说明书附图第 1~7 页、摘要附图的申请文本，于 2008 年 3 月 7 日以权利要求 1 得不到说明书支持，不符合专利法第 26 条第 4 款的规定为由作出驳回决定。驳回决定中认为：权利要求 1 中记载了“一外框，其边缘具有多个定位凹部”，其中的上位概念“定位凹部”保护了一个较大的范围，其包括外框边缘同时具有定位孔和缺口的技术方案，也包括外框边缘仅具有缺口的技术方案，而说明书中仅记载了外框边缘同时具有定位孔和缺口的技术方案，且本领域技术人员根据说明书公开的内容可知，当外框边缘仅具有缺口时并不能实现在 z 方向上固定光学薄膜的效果，因此权利要求 1 不符合专利法第 26 条第 4 款的规定。

驳回决定所针对的权利要求具体如下：

“1. 一种背光组件，包括：

一外框，其边缘具有多个定位凹部；

一光源，该光源设置于该外框上；以及

至少一光学薄膜，其边缘具有四定位凸块，其中两个定位凸块位于另外两个定位凸块的连线的两侧，该四定位凸块的边缘用以抵住该外框的边缘，并且该四定位凸块与外框边缘上对应的定位凹部接合，借此将该光学薄膜固定于该外框中，该光学薄膜可在平行于光学薄膜的表面的方向上从该外框的边缘滑进或滑出该外框。

2. 如权利要求 1 所述的背光组件，其特征在于：各该定位凸块的形状为一多边形。

3. 如权利要求 1 所述的背光组件，其特征在于：该光学薄膜的形状为一四边形。

4. 如权利要求 3 所述的背光组件，其特征在于：该四定位凸块位于该光学薄膜的四角落上。

5. 如权利要求 1 所述的背光组件，其特征在于：所述定位凹部为二定位孔及二缺口，其中一定位孔及一个缺口位于另外一个定位孔及另外一个缺口的连线的两侧，当该光学薄膜从该外框的边缘滑进该外框时，所述两个定位凸块用以对应地与所述二定位孔扣接，所述另外两个定位凸块用以对应地与所述两个缺口嵌合。

6. 如权利要求1所述的背光组件，其特征在于：该光学薄膜在该光学薄膜的表面的法线方向上被固定。”

申请人友达光电股份有限公司（下称复审请求人）对上述驳回决定不服，于2008年4月7日向专利复审委员会提出复审请求，未对申请文件进行修改。

复审请求人认为：定位孔和缺口的定义并不明确，详细区分定位孔和缺口这样的技术细节没有必要，“在外框边框的两侧形成两个长槽”的方案应该属于缺口，这样就存在仅设置缺口的方案；驳回决定中“本领域技术人员根据说明书公开的内容可知，当……时并不能……”说明本领域技术人员根据说明书公开的内容知道什么样的方案适用本发明，什么样的方案不适用本发明，由此认为权利要求1得到说明书的支持。

经形式审查合格后，专利复审委员会受理了上述复审请求，于2008年5月23日向复审请求人发出了复审请求受理通知书，并于同日向国家知识产权局原专利实质审查部门发出前置审查通知书。

国家知识产权局原专利实质审查部门在前置审查意见书中坚持原驳回决定。

针对上述复审请求，专利复审委员会依法成立合议组，对本复审请求案进行了审理。本案合议组于2008年9月1日向复审请求人发出复审通知书，指出：（1）本申请权利要求1中的特征“该光学薄膜可在平行于光学薄膜的表面的方向上从该外框的边缘滑进或滑出该外框”未记载在本申请原说明书和权利要求书中，同时也无法从原说明书和权利要求书记载的内容中直接地、毫无疑义地确定，因此权利要求1不符合专利法第33条的规定。（2）本申请权利要求1中未对“定位凹部”的类型、形状等结构特征进行具体限定，仅采用功能性限定的方式，而上述限定无法得到本申请说明书的支持，不符合专利法第26条第4款的规定，同时由于直接或间接引用权利要求1的权利要求2、3、4、6中也均未对“定位凹部”进行具体限定，因而也无法得到本申请说明书的支持，不符合专利法第26条第4款的规定。

针对上述复审通知书，复审请求人于2008年9月24日提交了意见陈述书以及权利要求书的全文修改替换页。

复审请求人又分别于2008年11月3日以及2008年11月7日提交了权利要求书的全文修改替换页，其中于2008年11月7日提交的权利要求书中删除了复审通知书中所指出的权利要求1中修改超范围的特征“在平行于光学薄膜的表面的方向上”并将权利要求5的附加技术特征并入到权利要求1中构成新的权利要求1，适应性地删除权利要求5，并对其他权利要求的编号进行了适应性修改。修改后的权利要求书具体如下：

“1. 一种背光组件，包括：

一外框，其边缘具有多个定位凹部；

一光源，该光源设置于该外框上；以及

至少一光学薄膜，其边缘具有四定位凸块，该两个定位凸块位于另外两个定位凸块的连线的两侧，该四定位凸块的边缘用以抵住该外框的边缘，并且该四定位凸块与外框边缘上对应的定位凹部接合，借此将该光学薄膜固定于该外框中，该光学薄膜可从该外框的边缘滑进或滑出该外框，所述定位凹部为二定位孔及二缺口，其中一个定位孔及一个缺口位于另外一个定位孔及另外一个缺口的连线的两侧，当该光学薄膜从该外框的边缘滑进该外框时，所述两个定位凸块用以对应地与所述两个定位孔扣接，所述另外两个定位凸块用以对应地与所述两个缺口嵌合。

2. 如权利要求1所述的背光组件，其特征在于：各该定位凸块的形状为一多边形。

3. 如权利要求1所述的背光组件，其特征在于：该光学薄膜的形状为一四边形。

4. 如权利要求3所述的背光组件，其特征在于：该四定位凸块位于该光学薄膜的四角落上。

5. 如权利要求1所述的背光组件，其特征在于：该光学薄膜在该光学薄膜的表面的法线方向上被固定。"

经审查，本案合议组认为本案事实已经清楚，可以依法作出复审决定。

二、决定的理由

1. 审查基础

复审请求人于2008年11月7日提交了权利要求书全文修改替换页，因此本复审决定是在复审请求人于2008年11月7日提交的权利要求第1~5项，2006年8月15日提交的说明书第1~5页、说明书摘要，2004年6月8日提交的说明书附图第1~7页、摘要附图的基础上作出的。

2. 关于权利要求1是否符合专利法第33条的规定

专利法第33条规定：申请人可以对其专利申请文件进行修改，但是，对发明和实用新型专利申请文件的修改不得超出原说明书和权利要求书记载的范围，对外观设计专利申请文件的修改不得超出原图片或者照片表示的范围。

具体到本案，本案合议组于2008年9月1日向复审请求人发出复审通知书时指出权利要求1修改超范围。具体理由是：权利要求1将光学薄膜滑进或滑出的方向限定为"平行于"光学薄膜的表面方向的特征在原说明书和原权利要求书中没有记载，原说明书和原权利要求书文字部分中仅记载了"光学薄膜33可以从外框边缘31b处滑进或滑出外框31"以及"光学薄膜沿着-y方向从外框边缘31b处滑进外框31中"，从上述内容仅可得到光学薄膜是沿-y方向滑动进入外框内，这里的-y方向只能表示出其滑动的大体方向，并不能得出在滑进或滑出时光学薄膜是在与其平行的方向上滑动的，且从原说明书附图2~5中可以明显看出，为了实现在三相互垂直方向上固定光学薄膜，位于缺口31g一侧的轨道36a与缺口31g，31h以及定位孔31e、31f的下底面不在一个水平面上。因而上述内容既未记载在原说明书及权利要求书中，也无法从原说明书和权利要求书中直接地、毫无疑义地确定，不符合专利法第33条的规定。

由于复审请求人于2008年11月7日提交的权利要求书的修改替换页中已将权利要求1中的上述不符合专利法第33条规定的内容删除，因此，权利要求1已克服了复审通知书中指出的不符合专利法第33条规定的缺陷。

3. 关于权利要求1~5是否符合专利法第26条第4款的规定

专利法第26条第4款规定：权利要求书应当以说明书为依据，说明要求专利保护的范围。

本案合议组于2008年9月1日向复审请求人发出复审通知书时还指出权利要求1~4、6存在没有以说明书为依据，得不到说明书支持，因而不符合专利法第26条第4款规定的问题。具体理由是：权利要求1没有对"定位凹部"的类型、形状等结构特征进行具体限定，而是采用了功能性限定的描述方式，而本申请说明书中仅公开了一种特定的定位孔和缺口结合的定位凹部设置方式，即外框边缘具有二定位孔及二缺口，并且由于这种特定的凹部设置使得当该光学薄膜从该外框的边缘滑进该外框时，所述两个定位凸块可以相应地与所述两个定位孔扣接，所述另外两个定位孔凸块可以相应地与所述两个缺口嵌合，从而在三相互垂直方向上固定该光学薄膜，本领域技术人员根据本申请说明书所公开的该特定设置方式的内容不能合理地预测该功能还可以采用说明书中未提到的其他替代方式来完成，因此权利要求1不符合专利法第26条第4款的规定。权利要求2、3、6引用权利要求1，权利要求4引用权利要求3，其附加技术特征均没有对"外框"上的"定位凹部"做进一步限定，因此基于与权利要求1相同的理由，上述权利要求2~4、6也存在没有以说明书为依据的问题，不符合专利法

第 26 条第 4 款的规定。

鉴于复审请求人对权利要求 1 进行了修改，将定位凹部具体限定为“二定位孔及二缺口，其中一个定位孔及一个缺口位于另外一个定位孔及另外一个缺口的连线的两侧，当该光学薄膜从该外框的边缘滑进该外框时，所述两个定位凸块用以对应地与所述两个定位孔扣接，所述另外两个定位凸块用以对应地与所述两个缺口嵌合”，且上述内容与本申请说明书第 4 页第 6~18 行以及附图 2、3 的内容相应，所属技术领域的技术人员能够从本申请说明书充分公开的内容中得到权利要求 1 所请求保护的技术方案，因此权利要求 1 得到了说明书的支持，克服了驳回决定及复审通知书中所指出的不符合专利法第 26 条第 4 款的缺陷。

同时直接或间接引用权利要求 1 的从属权利要求 2~5 所要求保护的技术方案也可得到本申请说明书的支持，克服了复审通知书中所指出的不符合专利法第 26 条第 4 款规定的缺陷。

基于以上理由，专利复审委员会作出以下审查决定。

三、决定

在复审请求人于 2008 年 11 月 7 日提交的修改文本的基础上，撤销国家知识产权局于 2008 年 3 月 7 日对 200410049239.4 号发明专利申请做出的驳回决定。

由原实质审查部门以本复审决定所依据的文本为基础继续审查。

复审请求人对本决定不服的，可以根据专利法第 41 条第 2 款的规定，自收到本决定之日起三个月内向北京市第一中级人民法院起诉。

166

一种发光二极管光源

复审请求审查决定（第15324号）

决　定　号　第15324号
决　定　日　2008年11月19日
发明创造名称　一种发光二极管光源
国际分类号　G02F 1/1335，H01L 33/00
复审请求人　晶元光电股份有限公司
申　请　号　200510006337.4
申　请　日　2005年1月26日
公　开　日　2006年8月2日
合议组组长　宋　瑞
主　审　员　陈　力
参　审　员　倪晓红

法律依据　专利法第33条，专利法第22条第3款
决定要点

在判断创造性的过程中，要确定现有技术整体上是否存在某种技术启示，如果一项权利要求要求保护的技术方案相对于一份对比文件公开的技术方案存在区别特征，且所述区别特征属于本领域的常规技术手段，该技术手段在本领域中所公知的作用与该区别特征在请求保护的技术方案中所起的作用相同，则应当认为现有技术中存在技术启示，权利要求请求保护的技术方案不具备创造性。

一、案由

本复审请求涉及申请号为200510006337.4、发明名称为“一种发光二极管光源”的发明专利申请（下称本申请），其申请日是2005年1月26日，公开日是2006年8月2日，申请人是晶元光电股份有限公司。本申请公开时的权利要求书共包括19项权利要求，其中权利要求1、19是独立权利要求。

应申请人的请求，国家知识产权局实质审查部门依法对本申请进行了实质审查，并于2007年4月20日发出了第一次审查意见通知书，指出本申请的权利要求1~19不具备创造性，不符合专利法第22条第3款的规定。

其中引用如下对比文件：

对比文件1：CN1482497A，公开日是2004年3月17日；

对比文件2：CN2562040Y，授权公告日是2003年7月23日；

对比文件3：CN2591701Y，授权公告日是2003年12月10日；

对比文件4：CN1379270A，公开日是2002年11月13日；

对比文件5：CN1423138A，公开日是2003年6月11日。

该通知书具体指出：本申请的权利要求1、3、5~8、10、13~15相对于对比文件1和2的结合、权利要求2、18相对于对比文件1、2、3的结合、权利要求4、9、19相对于对比文件1、2和本领域公知技术的结合、权利要求11、12、16相对于对比文件1、2、4结合、权利要求17相对于对比文件1、2、5的结合均不具备专利法第22条第3款规定的创造性。

针对第一次审查意见通知书，申请人于2007年9月5日提交了意见陈述书，同时提交了权利要求书的全文修改替换页，其中将权利要求1、19中的特征“一覆盖在该导光器之上的扩散器”修改为“一覆盖在该导光器之上的非单一平面扩散器，形成一长条形光源”，即添加了特征“非单一平面”和“形成一长条形光源”。申请人认为所有的对比文件都没有公开该新添加的特征，由此认为权利要求1~19具备创造性。

国家知识产权局实质审查部门于2007年10月19日发出第二次审查意见通知书，指出权利要求1、19中新增特征“非单一平面扩散器”在原说明书和权利要求书中没有记载，因此其修改超出了原说明书和权利要求书记载的范围，不符合专利法第33条的规定。

针对第二次审查意见通知书，申请人于2007年11月28日提交了意见陈述书，没有对权利要求书进行修改。申请人认为：“非单一平面扩散器”在说明书附图2A和说明书第2页第25~20行以及第6页第6~16行记载的：“扩散器切面是包括选自圆形、椭圆形及多边形的群组”可以推导出，因此没有超出原始公开的范围。

经过上述审查程序后，国家知识产权局实质审查部门于2008年1月18日针对申请人于申请日2005年1月26日提交的说明书第1~6页、说明书附图第1~4页、说明书摘要和摘要附图，2007年9月5日提交的权利要求第1~19项为基础，以本申请修改后添加的特征“非单一平面扩散器”超出了原说明书和权利要求书记载的范围，不符合专利法第33条的规定为由对本申请作出了驳回决定。

申请人晶元光电股份有限公司（下称复审请求人）对上述驳回决定不服，于2008年4月8日向专利复审委员会提出复审请求，没有对申请文本进行修改。

复审请求人认为：从说明书附图2A和说明书第2页第25~20行以及第6页第6~16行记载的：“扩散器切面是包括选自圆形、椭圆形及多边形的群组”应当可以推导出“非单一平面扩散器”，“非单一平面扩散器”是对“圆形、椭圆形及多边形的群组”的适当的上位概括，切面是圆形、椭圆形及多边形的群组就是非单一平面的，这一概括是恰当和合适的。

经形式审查合格后，专利复审委员会受理了上述复审请求，于2008年5月12日向复审请求人发出了复审请求受理通知书，并于同日向国家知识产权局原实质审查部门发出前置审查通知书。

国家知识产权局原实质审查部门在前置审查意见书中坚持原驳回决定。

专利复审委员会依法组成合议组，对本复审请求案进行了审理。本案合议组于2008年8月15日向复审请求人发出复审通知书，指出：

（1）权利要求1、19中添加的特征“非单一平面扩散器”在原说明书和权利要求书中没有记载，且本领域技术人员从原说明书和权利要求书中，特别是原说明书附图2A和说明书第2页第25~20行以及第6页第6~16行记载的：“扩散器切面是包括选自圆形、椭圆形及多边形的群组”中不能直接地、毫无疑义地得到“非单一平面扩散器”的内容，因此上述内容超出了原说明书和权利要求书记载的范围，不符合专利法第33条的规定，复审请求人的主张不成立。

（2）基于节约程序的原则，合议组还指出：即使复审请求人将权利要求1、19的修改取消，恢复为原权利要求的状态，即恢复为原始申请的权利要求 1、19，或者仅将涉及修改超范围的特征“非单一平面”删除（两种修改方式仅差一个特征“形成一长条形光源”），按照上述方式修改后的权利要求 1、19 及其从属权利要求仍存在不具备创造性、不符合专利法第 22 条第 3 款规定的问题，并对权利要求 1~19 不具备创造性的问题进行了详细地评述。

针对上述复审通知书，复审请求人于 2008 年 10 月 6 日提交了意见陈述书以及权利要求书的全文修改替换页，其中复审请求人修改了独立权利要求 1、19，删除了权利要求 1、19 中的特征“非单一平面”和“形成一长条形光源”，将权利要求 9 的附加技术特征分别添加到上述两权利要求中，并将“覆盖”修改为“包覆”，同时删除了权利要求 9 并对随后的权利要求的序号进行了调整，修改后的权利要求书共包括 18 项权利要求，具体如下：

“1. 一种灯管式发光二极管光源，包括：

一光源产生装置，其中该光源产生装置包括多个发光二极管，所述多个发光二极管基本上呈长条状排列；

一导光器，该导光器具有一大致将所述多个发光二极管包住的凹槽入光面，一长条状凹槽导光面，由该长条状凹槽导光面来改变入射光的方向；以及

一包覆在该导光器之上的扩散器，其中该扩散器切面是包括选自圆形、椭圆形及多边形的群组。

2. 如权利要求 1 所述的灯管式发光二极管光源，其特征在于：该凹槽入光面的切面是包括选择圆形、椭圆形及多边形的群组。

3. 如权利要求 1 所述的灯管式发光二极管光源，其特征在于：该长条状凹槽导光面的凹槽位置大致对位于该发光二极管。

4. 如权利要求 1 所述的灯管式发光二极管光源，其特征在于：该长条状凹槽导光面的凹槽的切面可为 V 形、U 形或波浪状所构成的至少一种形状或其他可代替的形状。

5. 如权利要求 1 所述的灯管式发光二极管光源，其特征在于：所述多个发光二极管形成一基座之上。

6. 如权利要求 5 所述的灯管式发光二极管光源，其特征在于：所述多个发光二极管及该基座之间还包括一反射层。

7. 如权利要求 6 所述的灯管式发光二极管光源，其特征在于：该反射层可以为金属层、镜面、或其他可以产生光反射的装置或表面处理。

8. 如权利要求 1 所述的灯管式发光二极管光源，其特征在于：该光源产生装置外部还具有一散热装置用以达到装置散热的功能。

9. 如权利要求 1 所述的灯管式发光二极管光源，其特征在于：该凹槽入光面的凹槽为长条状。

10. 如权利要求 1 所述的灯管式发光二极管光源，其特征在于：该扩散器入光面可存在一印刷的分布式图案，通过该图案，使得光源产生装置产生的入射光经由反射及/或折射达到各光源彼此之间预先混合。

11. 如权利要求 1 所述的灯管式发光二极管光源，其特征在于：该扩散器入光面可存在一迭纹透镜，通过该透镜，使得光源产生装置产生的入射光经由反射及/或折射达到各光源彼此之间预先混合。

12. 如权利要求 1 所述的灯管式发光二极管光源，其特征在于：该光源产生装置的发光二极管产生的光源是包括选自白色、红色、蓝色及绿色等光源群组。

13. 如权利要求 1 所述的灯管式发光二极管光源，其特征在于：，该光源产生装置产生白色光源。

14. 如权利要求 13 所述的灯管式发光二极管光源，其特征在于：该白色光源是由一白色发光二极管或由多色发光二极管混光而成。

15. 如权利要求 1 所述的灯管式发光二极管光源，其特征在于：该导光器的材料可以为丙烯酸树脂、环烯烃聚合物、聚甲基丙烯酸甲酯、聚碳酸酯、聚醚醯亚胺、氟碳聚合物或硅胶所构成材料组群中的至少一种材料或其他可代替的材料。

16. 如权利要求 1 所述的灯管式发光二极管光源，其特征在于：该扩散器的材料可以为丙烯酸树脂、环烯烃聚合物、聚甲基丙烯酸甲酯、聚碳酸酯、聚醚醯亚胺、氟碳聚合物或硅胶所构成材料组群中的至少一种材料或其他可代替的材料。

17. 如权利要求 1 所述的灯管式发光二极管光源，其特征在于：该凹槽入光面的凹槽可以多个凹洞取代。

18. 一种平面显示器的发光二极管背光光源组件，包括：

多个灯管式发光二极管光源，其中该灯管式发光二极管光源包括一光源产生装置，该光源产生装置包括多个发光二极管，所述多个发光二极管基本上呈长条状排列；一导光器，该导光器具有一凹槽入光面大致将所述多个发光二极管包住，一长条状凹槽导光面，由该长条状凹槽导光面来改变入射光的方向；及一包覆在该导光器之上的扩散器，形成一长条形光源，其中该扩散器切面是包括选自圆形、椭圆形及多边形的群组；以及

一形成在所述多个灯管式发光二极管光源之上的菱镜片。"

复审请求人认为所有的对比文件都没有公开权利要求 1 中新加入的特征，即“一包覆在该导光器之上的扩散器，其中该扩散器切面是包括选自圆形、椭圆形及多边形的群组”，也没有任何对比文件证明上述特征是本领域中的公知常识，本发明的上述结构可以实现一种线光源结构设计，而对比文件所公开的是一种面光源结构设计。因此对比文件没有公开权利要求 1 的技术方案，修改后的权利要求 1~18 应当具备新颖性和创造性。

经过上述审查过程，本合议组认为本案事实已经清楚，可以依法作出复审决定。

二、决定的理由

1. 审查基础

本决定是在复审请求人于 2008 年 10 月 6 日提交的权利要求第 1~18 项，申请日 2005 年 1 月 26 日提交的说明书第 1~6 页、说明书附图第 1~4 页、说明书摘要、摘要附图的基础上作出的。

2. 关于权利要求 1、18 是否符合专利法第 33 条的规定

专利法第 33 条规定：申请人可以对其专利申请文件进行修改，但是，对发明和实用新型专利申请文件的修改不得超出原说明书和权利要求书记载的范围，对外观设计专利申请文件的修改不得超出原图片或者照片表示的范围。

具体到本案，复审请求人对复审通知书中指出的不符合专利法第 33 条规定的权利要求 1、19 项进行了修改，删除了其中涉及超范围的特征，将权利要求 9 的附加技术特征添加到权利要求 1、19 中，修改后的权利要求 1、18 中已不存在驳回决定和复审通知书中指出的修改超范围的特征，并且这种修改符合专利法第 33 条和专利法实施细则第 60 条第 1 款的规定，因此当前的文本已经克服了驳回决定和复审通知书中指出的有关修改超范围的缺陷。

3. 关于权利要求 1~18 是否符合专利法第 22 条第 3 款的规定

专利法第 22 条第 3 款规定：创造性，是指同申请日以前已有的技术相比，该发明有突出的实质性特点和显著的进步，该实用新型有实质性特点和进步。

具体到本案，合议组经审查认为，权利要求 1~18 均不具备专利法第 22 条第 3 款规定的创造性，具体理由为：

（1）权利要求 1 请求保护一种灯管式发光二极管光源，对比文件 1（CN1482497A）公开了一种

平面光源装置，并公开了以下技术特征（参见说明书第3页发明内容部分第3段，第5页第2、3段，附图5）：该平面光源装置包括：背光模组120（相当于权利要求1中的光源产生装置），其包括：多个线状光源，诸如灯管150（因此该平面光源为灯管式光源，灯管呈长条状排列）；一导光板180，其具有多个凹槽210位于其底部，用以容纳灯管150，以及多个切口220（相当于权利要求1中的长条状凹槽导光面）位于其顶部，该切口220的位置与该凹槽210的位置相对应（由此隐含公开了该切口是长条状），且该切口220的外形与该凹槽210共同作用，使得灯管150所发射的光线能够进入该导光板180中，并通过全反射于其中扩散，即改变入射光的方向；导光板180上覆盖有扩散片140。

权利要求1与对比文件1相比，其区别仅在于：①权利要求1中的光源是发光二极管而对比文件1中是灯管，这两种光源在本领域均属于常规的光源，使用长条状排列的发光二极管和使用线状灯管均属于本领域技术人员的常规选择，且权利要求1中发光二极管排列呈长条状，其作用与效果与对比文件1中线状的灯管是一样的；②权利要求1中扩散器的切面是包括选自圆形、椭圆形及多边形的群组，本领域技术人员公知扩散器的作用是将光均匀扩散，因此只要可以实现这个功能选择什么形状的扩散器切面是本领域技术人员可以根据需要而容易做出的常规选择，因此在对比文件1的基础上本领域技术人员结合本领域的常规技术很容易获得权利要求1要求保护的技术方案，故权利要求1不具备创造性，不符合专利法第22条第3款的规定。

针对复审请求人在答复复审通知书时的意见陈述，合议组认为：对比文件1公开了在导光板180上设置扩散片140，该扩散片的作用与本发明权利要求1中的扩散器作用相同，均是起到将光均匀扩散的作用，至于其具体的形状是本领域技术人员完全可以根据实际需要而进行的常规选择，对于柱状的线光源选择配合其形状的扩散器切面，如选自圆形、椭圆形及多边形的群组，对于面光线选择配合其形状的扩散片切面，如平面或类似平面的形状，这种选择并没有为本申请带来实质性的影响，做出这种选择对于本领域技术人员来说也不需要付出创造性劳动；而面光源与线光源属于本领域常用的光源类型，对比文件1与本申请属于相同的技术领域，因此本领域技术人员可以从对比文件1公开的技术方案中获得启示，因此复审请求人的主张不成立。

（2）权利要求2、17均引用权利要求1，权利要求2的附加技术特征是：该凹槽入光面的切面是包括选自圆形、椭圆形及多边形的群组；权利要求17的附加技术特征是：该凹槽入光面的凹槽可以多个凹洞取代。对比文件3（CN2591701Y）公开了一种使用发光二极管作为光源的平面显示装置，其与对比文件1属于相同的技术领域，其说明书第6页、附图4、6公开了该光源平面显示装置光导板14上有包住发光二极管的凹洞15，该凹洞15的切面可以是圆形、椭圆形或是多边形的一部分或者是其他的形状，由此能够使凹洞15的发光二极管在光导板14以更大的角度导入光导板14里。由此可见，对比文件3公开了权利要求2、17的附加技术特征，且作用相同，本领域技术人员在对比文件1的基础上结合对比文件3公开的内容很容易得到权利要求2、17要求保护的技术方案，因此权利要求2、17不具备创造性，不符合专利法第22条第3款的规定。

（3）权利要求3、4、9均引用权利要求1，权利要求3的附加技术特征是：该长条状凹槽导光面的凹槽位置大致对位于该发光二极管；权利要求4的附加技术特征是：该长条状凹槽导光面的凹槽的切面可为V形、U形或波浪状所构成的至少一种形状或其他可代替的形状；权利要求9的附加技术特征是：该凹槽入光面的凹槽为长条状。对比文件1第5页第3段以及附图5中公开了一导光板180，其具有多个凹槽210位于其底部，用以容纳灯管150，以及多个V形切口220（相当于权利要求3、4中的长条状凹槽导光面的凹槽）位于其顶部，该切口220的位置与该凹槽210的位置相对应（由此隐含公开了该切口是长条状），可见对比文件1公开了权利要求3、4、9的附加技术特征，因此当其引用的权利要求1相对于对比文件1和公知技术的结合不具备创造性时，该权利要求3、4、9也相对于对比文件 1 和公知技术的结合不具备创造性。

（4）权利要求 5~8、12~14 均直接或间接引用权利要求 1，权利要求 5 的附加技术特征是：所述多个发光二极管形成一基座之上；权利要求 6 的附加技术特征是：所述多个发光二极管及该基座之间还包括一反射层；权利要求 7 的附加技术特征是：该反射层可以为金属层、镜面，或其他可以产生光反射的装置或表面处理；权利要求 8 的附加技术特征是：该光源产生装置外部还具有一散热装置用以达到装置散热的功能；权利要求 12 的附加技术特征是：该光源产生装置的发光二极管产生的光源是包括选自白色、红色、蓝色及绿色等光源群组；权利要求 13 的附加技术特征是：该光源产生装置产生白色光源；权利要求 14 的附加技术特征是：该白色光源是由一白色发光二极管或由多色发光二极管混光而成。上述附加技术特征对于本领域技术人员而言属于该领域的公知技术，且上述特征没有为本申请带来实质上的影响，故在对比文件 1 的基础上本领域技术人员根据需要结合本领域的常规技术很容易获得上述权利要求的技术方案，因此上述权利要求 5~8、12~14 不具备创造性，不符合专利法第 22 条第 3 款的规定。

（5）权利要求 10、11 均引用权利要求 1，权利要求 10 的附加技术特征是：该扩散器入光面可存在一印刷的分布式图案，通过该图案，使得光源产生装置产生的入射光经由反射及/或折射达到各光源彼此之间预先混合；权利要求 11 的附加技术特征是：该扩散器入光面可存在一迭纹透镜，通过该透镜，使得光源产生装置产生的入射光经由反射及/或折射达到各光源彼此之间预先混合。对比文件 4（CN1379270A）公开了通过印刷的方式在导光板的前面设置具有光散射功能的图案的技术方案（参见说明书第 1 页第 3 段），其所要实现的效果与权利要求 10 中扩散器上的图案所要实现的效果相同；对比文件 4 说明书第 1 页第 3 段还公开了使用棱镜片作为光散射层的技术方案，给出了使用光学透镜实现光散射的技术启示，其所要实现的效果与权利要求 11 中迭纹透镜所要实现的效果相同，都是提高散射，由此也就可以实现各光源之间的预先混合，因此本领域技术人员在对比文件 1 的基础上很容易从对比文件 4 中获得启示在相应光学元件的入光面设置棱镜片、将图案印刷在相应的光学元件上，且选择哪个光学元件来印刷和设置对于本领域技术人员来说属于常规的选择，只要实现更好的散射，且达到各光源彼此之间预先混合的目的即可。综上所述，权利要求 10、11 不具备创造性，不符合专利法第 22 条第 3 款的规定。

（6）权利要求 15、16 均引用权利要求 1，权利要求 15 的附加技术特征是：该导光器的材料可以为丙烯酸树脂、环烯烃聚合物、聚甲基丙烯酸甲酯、聚碳酸酯、聚醚醯亚胺、氟碳聚合物或硅胶所构成材料组群中的至少一种材料或其他可代替的材料；权利要求 16 的附加技术特征是：该扩散器的材料可以为丙烯酸树脂、环烯烃聚合物、聚甲基丙烯酸甲酯、聚碳酸酯、聚醚醯亚胺、氟碳聚合物或硅胶所构成材料组群中的至少一种材料或其他可代替的材料。上述附加技术特征在对比文件 1 说明书第 2 页第 10~15 行公开了：导光板 80 一般以 PMMA（聚甲基丙烯酸甲酯）模造成形，扩散片通常以半透明的 PET 或聚碳酸酯、聚对苯二甲酸二乙酯塑胶所制造。因此，当权利要求 15、16 所引用的权利要求 1 相对于对比文件 1 和公知技术的结合不具备创造性时，该权利要求 15、16 相对于对比文件 1 和公知技术的结合也不具备创造性，不符合专利法第 22 条第 3 款的规定。

（7）权利要求 18 请求保护一种平面显示器的发光二极管背光光源组件，对比文件 1 公开了一种平面光源装置及液晶显示器（液晶显示器属于平面显示器），并公开了以下技术特征（参见说明书第 3 页发明内容部分第 3 段，第 5 页第 2、3 段、附图 5）：液晶显示器 100 包括液晶显示器背光源，包括：具有背光模组 120（相当于权利要求 18 中的光源产生装置）的平面光源装置，该背光模组 120 包括多个线状光源，诸如灯管 150（因此该平面光源为多个灯管式光源，灯管呈长条状排列）；一导光板 180，其具有多个凹槽 210 位于其底部，用以容纳灯管 150，以及多个切口 220（相当于权利要求

18 中的长条状凹槽导光面）位于其顶部，该切口 220 的位置与该凹槽 210 的位置相对应（由此隐含公开了该切口是长条状），且该切口 220 的外形与该凹槽 210 共同作用，使得灯管 150 所发射的光线能够进入该导光板 180 中，并通过全反射于其中扩散，即改变入射光的方向；导光板 180 上设置有扩散片 140。

权利要求 18 与对比文件 1 相比，其区别在于：（1）权利要求 18 中的光源是灯管式的发光二极管，呈长条状排列而对比文件 1 中是线状的灯管，但这两种光源在本领域均属于常规的光源，使用长条状排列的发光二极管和使用线状灯管均属于本领域技术人员的常规选择，且权利要求 18 中发光二极管排列呈长条状其作用与效果与对比文件 1 中线状的灯管是一样的；（2）权利要求 18 中的背光光源组件还包括一形成在所述多个灯管式发光二极管光源之上的菱镜片，但本申请说明书中没有对菱镜片的作用做任何说明，且菱镜片也不属于本领域的规范技术术语，尽管如此，对于本领域技术人员来说根据具体需要在光源上添加所需的光学元件例如棱镜片等是容易想到的；（3）权利要求 18 中扩散器的切面是包括选自圆形、椭圆形及多边形的群组，本领域技术人员公知扩散器的作用是将光均匀扩散，因此只要可以实现这个功能选择什么形状的扩散器切面是本领域技术人员可以根据需要而容易做出的常规选择，因此在对比文件 1 的基础上本领域技术人员结合本领域的常规技术很容易获得权利要求 18 要求保护的技术方案，权利要求 18 不具备创造性，不符合专利法第 22 条第 3 款的规定。

综上所述，本申请权利要求 1、18 的修改克服了驳回决定指出的有关修改超范围的缺陷，但本申请权利要求 1~18 不具备创造性，不符合专利法第 22 条第 3 款的规定。

三、决定

维持国家知识产权局于 2008 年 1 月 18 日针对 200410088994.3 号发明专利申请作出的驳回决定。

复审请求人对本决定不服的，可以根据专利法第 41 条第 2 款的规定，自收到本决定之日起三个月内向北京市第一中级人民法院起诉。

167

非磁性单组分调色剂及使用该调色剂的显影方法

复审请求审查决定（第15325号）

决　　定　　号　第15325号
决　　定　　日　2008年11月28日
发明创造名称　非磁性单组分调色剂及使用该调色剂的显影方法
国 际 分 类 号　G03G 9/08
复 审 请 求 人　夏普株式会社
申　　请　　号　200310124869.9
优　先　权　日　2002年11月14日
申　　请　　日　2003年11月14日
公　　开　　日　2004年6月2日
合 议 组 组 长　黄玉平
主　　审　　员　陈　力
参　　审　　员　刘　畅

法 律 依 据　专利法第22条第2款、第3款
决 定 要 点

如果一项权利要求相对于现有技术存在区别技术特征，且现有技术中并未给出采用该区别技术特征解决本发明所要解决的技术问题的技术启示，则该权利要求具备创造性。

一、案由

本复审请求涉及申请号为200310124869.9、发明名称为“非磁性单组分调色剂及使用该调色剂的显影方法”的发明专利申请（下称本申请），其申请日是2003年11月14日，优先权日为2002年11月14日，公开日是2004年6月2日，申请人是夏普株式会社。本申请公开时的权利要求共4项，其中权利要求1、3是独立权利要求，具体如下：

“1. 一种非磁性单组分调色剂，其是由至少含有黏合剂树脂、着色剂和蜡的着色粒子和平均粒径为0.04μm或0.04μm以上的至少1种外部添加剂组成的调色剂，其中所述着色粒子的维氏硬度和外部添加剂的平均粒径的关系由下式表示：

$$21 \leqslant A^2 \times B \leqslant 195 \qquad (式1)$$

A. 着色粒子的维氏硬度

B. 外部添加剂的平均粒径（μm）。

2. 如权利要求1所述的非磁性单组分调色剂，还包括一种体积平均粒径为0.03μm或0.03μm以

下的微粒作为第二种外部添加剂。

3. 一种非磁性单组分显影方法，它使用表面负载了构成单组分显影剂的调色剂薄层的显影剂载体和，与该显影剂载体邻接配置的在其表面上负载的使上述薄层厚度均匀的层厚控制部件，使所述显影剂载体与负载静电潜像的静电潜像载体接触以显影静电潜像，其中单组分调色剂使用非磁性单组分调色剂，该调色剂由至少含有黏合剂树脂、着色剂和蜡的着色粒子和平均粒径为 0.04μm 或 0.04μm 以上的至少一种外部添加剂构成，上述着色粒子的维氏硬度和外部添加剂的平均粒径之间的关系由下式表示：

$$21 \leqslant A^2 \times B \leqslant 195 \qquad (式 1)$$

A. 着色粒子的维氏硬度

B. 外部添加剂的平均粒径（μm）。

4. 如权利要求 3 所述的非磁性单组分显影方法，其中，所述非磁性单组分调色剂还包含体积平均粒径为 0.03μm 或 0.03μm 以下的微粒作为第二种外部添加剂。"

经过实质审查，国家知识产权局专利实质审查部门于 2007 年 12 月 7 日以本申请权利要求 1、2 不具备专利法第 22 条第 2 款规定的新颖性、权利要求 3、4 不具备专利法第 22 条第 3 款规定的创造性为由，对本申请作出了驳回决定。驳回决定所针对的文本为本申请提出申请时的原始文本，即申请人于 2003 年 11 月 14 日提交的权利要求 1~4 项、说明书 1~14 页、说明书附图 1 页、说明书摘要和摘要附图。

驳回决定中所使用的对比文件是：

对比文件 1：CN1131284A，公开日为 1996 年 9 月 18 日；

对比文件 2：CN1153928A，公开日为 1997 年 7 月 9 日。

驳回决定认为：对比文件 1 公开了权利要求 1、2 的全部技术特征，并且解决了相同的技术问题，因此权利要求 1、2 相对于对比文件 1 不具备新颖性；权利要求 3 与对比文件 2 相比区别在于：权利要求 3 对非磁性单组分显影方法使用的非磁性单组分调色剂作了进一步限定，但该区别已在对比文件 1 中公开，且作用相同，因此权利要求 3 相对于对比文件 1、2 的结合不具备创造性；权利要求 4 的附加技术特征已在对比文件 1 中公开，因此在其引用的权利要求 3 相对于对比文件 1、2 不具备创造性时，权利要求 4 也不具备创造性。

申请人夏普株式会社（下称复审请求人）对上述驳回决定不服，于 2008 年 3 月 24 日向专利复审委员会提出复审请求，没有对申请文本进行修改。

复审请求人认为：权利要求 1 中定义了外部添加剂的平均粒径和着色剂粒子的维氏硬度要满足关系式（1），而非分别限定外部添加剂的平均粒径和着色剂粒子的维式硬度，对比文件 1 没有披露或暗示着色剂粒子的维式硬度，且披露的调色剂不满足式（1），因此权利要求 1 相对于对比文件 1 具有新颖性。此外，通过采用上述构成的非磁性单组分调色剂，即使调色剂颗粒在单组分显影装置中受到压力，也可以防止外部添加剂颗粒渗入调色剂表面和从调色剂表面脱离，这样的调色剂抑制了调色剂充电性能和调色剂供应性的降低，并且在长期使用过程中可以保持稳定的图像质量，对比文件 1 没有披露或暗示这样构成的非磁性单组分调色剂的性能，因此权利要求 1 具有创造性。同理，权利要求 2~4也具有新颖性和创造性。

同时，复审请求人还提交了附件 1（JP05-341567）和附件 2（JP11-44964）用于分别证明着色剂粒子（调色剂、调色剂树脂）的硬度通常在 11~19 之间，硬度高达 25 的是特殊的硬度，因而本发明权利要求 1 中通过式（1）限定的着色剂粒子的硬度不属于通常的硬度范围。

经形式审查合格后，专利复审委员会受理了上述复审请求，于 2008 年 4 月 15 日向复审请求人发出了复审请求受理通知书，并将本案送至国家知识产权局原实质审查部门进行前置审查。

国家知识产权局原实质审查部门对上述复审请求作出前置审查意见，仍然坚持原驳回决定。

专利复审委员会依法组成合议组，对本复审请求案进行了审理。

经过审理，本合议组认为本案事实已经清楚，现依法作出复审决定。

二、决定的理由

1. 审查基础

由于复审请求人在提出复审请求时没有修改申请文本，因此本决定是在驳回决定所针对的文本的基础上作出的。

2. 关于新颖性、创造性

专利法第22条第2款规定：新颖性，是指申请日以前没有同样的发明或者实用新型在国内外出版物上公开发表过、在国内公开使用过或者以其他方式为公众所知，也没有同样的发明或者实用新型由他人向国务院专利行政部门提出过申请并且记载在申请日以后公布的专利申请文件中。

专利法第22条第3款规定：创造性，是指同申请日以前已有的技术相比，该发明有突出的实质性特点和显著的进步，该实用新型有实质性特点和进步。

具体就本案而言，权利要求1请求保护一种非磁性单组分调色剂，对比文件1公开了一种静电影像显影用的调色剂，并具体公开了以下技术特征（参见说明书第25页第5段至第6段以及实施例1~10）：制备一种青色调色剂颗粒（相当于权利要求1中的着色粒子），该调色剂颗粒包括：一种苯乙烯单体（属于黏合剂树脂）、青色着色剂、剥离剂-酯蜡，往100wt份调色剂颗粒中加入1.2wt份重均粒径为51nm（即0.051μm）的疏水无机细粉（α-1）和0.8wt份重均粒径为40nm（即0.04μm）的疏水硅化合物细粉（A）的外部添加剂，由此形成青色调色剂，这种调色剂中没有载体和黑色磁性材料，因此属于非磁性单组分调色剂。

由此可见，本申请权利要求1与对比文件1相比，其区别在于：权利要求1中将着色粒子的维式硬度和外部添加剂的平均粒径之间的关系具体限定为：$21 \leqslant A^2 \times B \leqslant 195$，A. 着色粒子的维氏硬度，B. 外部添加剂的平均粒径（μm）。

根据本申请说明的记载，如果$A^2 \times B$的值小于21，与基础调色剂（着色剂）表面的硬度相比，外部添加剂的粒径较小，因此当调色剂颗粒在显影设备内受到应力时，外部添加剂颗粒易于沉没，调色剂的充电性和流动性都会改变；当$A^2 \times B$的值超过195时，与基础调色剂（着色粒子）表面的硬度相比，外部添加剂的粒径比较大，因此外部添加剂难以保持在调色剂表面上，添加剂颗粒易于从调色剂表面脱离而积聚在显影装置中。即上述区别特征将着色粒子的维式硬度和外部添加剂的平均粒径之间的关系具体限定为$21 \leqslant A^2 \times B \leqslant 195$，A. 着色粒子的维氏硬度，B. 外部添加剂的平均粒径（μm），通过合适的调色剂表面硬度与合适的助剂粒径的组合，在调色剂颗粒受到应力时，进行外部添加剂极轻度嵌入着色粒子表面，仍能产生较强的黏合力，由此防止外部添加剂颗粒的嵌入造成的流动性降低，以及分离的外部添加剂颗粒的积聚造成的调色剂充电性能和调色剂供应性的降低，在长期使用过程中可以保持图像质量的稳定性。因此，该区别特征为本申请带来了有益的效果。

对比文件1没有公开着色颗粒的维式硬度，也没有公开着色颗粒的维式硬度和外部添加剂的平均粒径之间的关系要满足式（1），只公开了着色颗粒中的一个组成部分-剥离剂的Vickers硬度（即维式硬度）优选为0.3~5.0，更优选为0.5~3.0，其限定剥离剂维式硬度的目的在于防止剥离剂的颗粒在硬度小的时候会破裂，而在硬度大的时候需要耗费非常高的热固定压力，与权利要求1中限定着色粒子的维式硬度和外部添加剂的平均粒径之间的关系要满足式（1）的目的不同，且所取得的技术效果也不相同。对比文件1的目的在于提供具有小颗粒尺寸和高清洁能力的调色剂，由此提高转印能力，没有给出对调色剂中包含剥离剂的着色颗粒整体的维式硬度进行限定的技术启示。因此，在没有证据证明该区别特征属于该领域公知技术的情况下，权利要求1相对于对比文件1具备新颖性和创造性。

权利要求2引用权利要求1，由于权利要求1相对于对比文件1具备新颖性和创造性，因此该权利要求2也相对于对比文件1具备新颖性和创造性。

权利要求3请求保护一种非磁性单组分显影方法，对比文件2公开了一种具有感光鼓和显影辊的成像装置，并公开了以下技术特征（参见说明书第2页第1~7行以及图1）：显影辊256表面负载调色剂薄层253，其厚度由厚度调节刮刀257（相当于权利要求3中的层厚控制部件）进行控制调节，使显影辊256与感光鼓220接触以显影静电潜像。

由此可见，权利要求3与对比文件2相比，其区别在于：权利要求3中所使用的单组分调色剂是非磁性单组分调色剂，该调色剂由至少含有黏合剂树脂、着色剂和蜡的着色粒子和平均粒径为0.04μm或0.04μm以上的至少一种外部添加剂构成，上述着色粒子的维氏硬度和外部添加剂的平均粒径之间的关系由下式表示：

$$21 \leqslant A^2 \times B \leqslant 195 \qquad （式1）$$

A. 着色粒子的维氏硬度

B. 外部添加剂的平均粒径（μm）。

对比文件1公开了一种静电影像显影用的调色剂，并具体公开以下技术特征（参见说明书第25页第5段至第6段以及实施例1-10）：制备一种青色调色剂颗粒（相当于权利要求3中的着色粒子），该调色剂颗粒包括：一种苯乙烯单体（属于粘合剂树脂）、青色着色剂、剥离剂-酯蜡，往100wt份调色剂颗粒中加入1.2wt份重均粒径为51nm（即0.051μm）的疏水无机细粉（α-1）和0.8wt份重均粒径为40nm（即0.04μm）的疏水硅化合物细粉（A）的外部添加剂，由此形成青色调色剂，这种调色剂中没有载体和黑色磁性材料，因此属于非磁性单组分调色剂。

由此可见，对比文件1没有公开权利要求3中着色粒子的维式硬度和外部添加剂的平均粒径之间的具体关系，即：21≤A 2×B≤195，A. 着色粒子的维氏硬度，B. 外部添加剂的平均粒径（μm）。

基于与上述对权利要求1中该特征的评述相同的理由，对比文件1没有给出获得上述区别特征的相关技术启示，且该区别特征为本申请权利要求3的技术方案带来了有益的技术效果。

因此，在没有证据证明该区别特征属于该领域的公知技术的情况下，该权利要求3相对于对比文件1和对比文件2的结合具备创造性。

权利要求4引用权利要求3，由于权利要求3相对于对比文件1、2的结合具备创造性，因此该权利要求4也相对于对比文件1、2的结合具备创造性。

综上所述，本申请的权利要求1、2相对于对比文件1具备新颖性和创造性，符合专利法第22条第2款的规定，权利要求3、4相对于对比文件1和2的结合具备创造性，符合专利法第22条第3款的规定。

三、决定

撤销国家知识产权局于2007年12月7日针对200310124869.9号发明专利申请作出的驳回决定。由原实质审查部门以本复审决定所依据的文本为基础继续审查。

复审请求人对本决定不服的，可以根据专利法第41条第2款的规定，自收到本决定之日起三个月内向北京市第一中级人民法院起诉。

一种习字格及其应用

复审请求审查决定（第15330号）

决　定　号　第15330号
决　定　日　2008年11月28日
发明创造名称　一种习字格及其应用
国际分类号　G09B 11/00
复审请求人　黄小玲
申　请　号　200510074413.5
申　请　日　2005年5月18日
公　开　日　2006年5月3日
合议组组长　毕艳红
主　审　员　雷连虹
参　审　员　刘路尧

法律依据　专利法第25条、专利法实施细则第2条第1款
决定要点
由于本申请未采用技术手段以解决技术问题和产生技术效果，因而不构成技术方案。它既不符合专利法实施细则第2条第1款的规定，又属于专利法第25条第1款第（2）项规定的情形，不能被授予专利权。

一、案由

本复审请求涉及发明名称为“一种习字格及其应用”、申请号为200510074413.5的发明专利申请（下称本申请），其申请日为2005年5月18日、公开日为2006年5月3日，申请人为黄小玲。国家知识产权局于2008年2月15日作出驳回决定，驳回决定所针对的文本为：请求人于2005年12月31日提交的权利要求第1~2项、说明书第1~2页、说明书摘要，2005年10月9日提交的说明书附图第1页。驳回理由为本申请权利要求1~2不符合专利法实施细则第2条第1款的规定，属于专利法第25条第1款第（2）项规定的不授予专利权的情形。

驳回决定所针对的权利要求书的内容为：

“1. 此习字格是由外方口（实线）+内斜方口（虚线）+小方田（阴影）等三个大小不等的方块所组成。其面积大小则是：外方口=2内斜方口=4小方田（外方口的最佳边长为4.4厘米及7厘米等多种）。此图案稳中求变，布局合理，简洁明快，得体醒目。完全适合中文字的结构特点，即要圆可圆，要方可方，要长可长，要扁可扁，上平下尖，上尖下平……因此，拟采用此图案生产以下几种

产品：

①印制成16开的大字习字本。

②印制成16开的多种书体的大字习字贴。

③编制实用的书法快速入门新教材。

2. 此习字格是由外方口（实线）+内斜方口（虚线）两个大小不等的方块所组成。其外方口的大小=2内斜方口（相当于一般小字格的二倍，外方口的最佳边长约1.4厘米）。此习字格可扩大小孩习字时的视距，无形中起着预防近视之奇效。因此，拟采用此图案生产以下几种产品：

①印制成32开的小学小楷习字本。

②印制成16开的中学小楷习字本。

③编制硬笔书法快速入门新教材。”

申请人（下称为请求人）对上述驳回决定不服，于2008年3月31日提出复审请求，请求人提出复审请求时提交了说明书全文替换共1页、权利要求书替换页共1页1项、说明书附图第1页以及说明书摘要的替换页，同时提交了如下附件：杨国为先生用《回宫格》制作出版的字帖复印件共3页。请求人认为《习字格》不仅有“技术领域”，并且其“背景技术”的发展脉络很清晰，因此其是一种技术方案，并且由于《回宫格》已经获得了专利号为91300830.3的外观专利，说明其不属于专利法第25条第1款第（2）项规定的不授予专利权的范围。

请求人在提出复审请求时提交的权利要求书的内容为：

“《一种习字格及其应用》

本《习字格》是在《回字格》和《回宫格》的基础上发展起来的一种崭新的《习字格》。其构图特征是：由一个外方框+一个内斜方框+一个内田字方框等三个综合连体的几何图形组成，其中外方框的大小可以根据需要任意确定，其几何图形结构的本质特征都不会改变。此三个综合连体的几何图形的面积特征是：一个外方框的面积=二个内斜方框的面积=四个内田字方框的面积（见附图）。

附图是本《习字格》的最基本的三种款式的图形。而目前较前卫的《习字格》是《回宫格》，而《回宫格》是在《回字格》的基础上发展起来的。其结构特征是将《回字格》中的内宫“口”字扩大拉长，形成一个较大的立体内宫（见“附图四”）。较《回字格》有一定的技术优势。而本《一种习字格及其应用》的结构特征是由三个综合连体的几何图形组成，其技术优势一目了然。

利用本《习字格》与传统的名帖墨宝合二为一，创制出《配格习字帖》和《配格习字本》等书法成套产品。要求受到《专利法》第11条有关条款的保护。即未经发明人许可，任何单位或个人，均不得使用或变相使用本《习字格》从事制作生产等经营谋利活动。”

专利复审委员会于2008年5月8日向请求人发出了受理通知书，同时向国家知识产权局实质审查部门发出了前置审查通知书。在前置审查意见书中，实质审查部门坚持驳回决定。

专利复审委员会依法成立合议组，对本复审请求进行审查。合议组于2008年8月5日发出复审通知书，此复审通知书针对的文本为：请求人于2008年3月31日提交的说明书第1页、权利要求书、说明书附图第1页以及说明书摘要。复审通知书中指出：本申请权利要求所要求保护的方案既属于专利法第25条第1款第（2）项规定的不授予专利权的范围，又不符合专利法实施细则第2条第1款的规定，不能被授予专利权。针对请求人的意见陈述，合议组认为：首先，本申请所涉及的习字格未采取利用了自然规律的技术手段，因此该习字格本身不能构成技术方案；其次，请求人所述的《回宫格》是以外观设计获得专利号为91300830.3的外观设计专利权，其与本申请所要求保护的发明专利属于不同类型的发明创造，二者所要保护的客体不同。根据专利法实施细则第44条第（3）项的规定，外观设计的初步审查中并不审查其是否符合专利法第25条的规定，因此，获得上述外观设计专利权并不能证明本申请不属于专利法第25条规定不授予专利权的情形。

针对专利复审委员会于2008年8月5日发出的复审通知书，请求人于2008年9月6日提交了意见陈述书，请求人未提交修改文本。请求人在意见陈述书中认为：第一，申请人已经利用该《习字格》创制了十多种切实可行的《配格习字帖》和《配帖习字本》，因此，本申请的《习字格》既有先进的方法又有先进的产品，符合专利法实施细则第2条第1款的规定；第二，申请人所要求保护的是这种《习字格》创制出来的新产品、新工艺、新技术，其与专利法第25条第1款第（2）项无关。

至此，合议组认为本案的事实清楚，可以对本复审请求作出审查决定。

二、决定的理由

1. 关于审查文本

请求人提出复审请求时提交了修改文本，经审查所述修改符合专利法第33条和专利法实施细则第60条的规定，故本复审决定所依据的申请文本以请求人于2008年3月31日提交的说明书第1页、权利要求书、说明书附图第1页以及说明书摘要为基础进行审查。

2. 关于专利法第25条第1款第（2）项和专利法实施细则第2条第1款

专利法第25条第1款第（2）项规定：智力活动的规则和方法不授予专利权。

专利法实施细则第2条第1款规定：专利法所称发明，是指对产品、方法或者其改进所提出的新的技术方案。

根据审查指南第二部分第一章第4.2节的规定，“智力活动的规则和方法是指导人们进行思维、表述、判断和记忆的规则和方法。由于其没有采用技术手段或者利用自然规律，也未解决技术问题和产生技术效果，因而不构成技术方案。它既不符合专利法实施细则第2条第1款的规定，又属于专利法第25条第1款第（2）项规定的情形。因此，指导人们进行这类活动的规则和方法不能被授予专利权”；“‘教学、授课、训练和驯兽的方法’属于智力活动的规则和方法，不能被授予专利权”。

本申请权利要求所要求保护的是一种习字格及其应用。该习字格由一个外方框+一个内斜方框+一个内田字方框等三个综合连体的几何图形组成，其中外方框的大小可以根据需要任意确定，其几何图形结构的本质特征都不会改变，三个综合连体的几何图形的面积特征是：一个外方框的面积=二个内斜方框的面积=四个内田字方框的面积。上述习字格使得习字者根据该习字格给出的框架而容易习字，构成该习字格的图形和面积是根据人的经验所抽象出来的思维结果，并没有遵循自然规律；并且上述图形实质上形成了一种习字的规则，从而使得习字者可以根据该图形规定的规则进行习字。由此可见，该习字格实质上就是一种人为规定的指导人们练习书法的规则和方法，该规则和方法一方面是请求人抽象思维活动的直接体现，即人为设计和规划的图案，另一方面其实施还需要使用者抽象思维活动的参与，使用者需要按照相应规则在图案的相应位置书写汉字。由此可见，该习字格没有采用利用了自然规律的技术手段以解决技术问题和产生技术效果，因此，该习字格属于专利法第25条第1款第（2）项规定的智力活动规则，权利要求中的习字格应用于《配格习字帖》和《配格习字本》的方案，其本身仍然是关于习字格这种图形和面积的设置，并且该《配格习字帖》和《配格习字本》的目的也是用于指导人们进行习字训练，因此其实质上仍然属于智力活动规则和方法的范围。因此，本申请权利要求属于专利法第25条第1款第（2）项规定的智力活动的规则和方法的范畴，同时本申请权利要求也不符合专利法实施细则第2条第1款的规定，不能被授予专利权。

针对请求人的意见，合议组认为：由上述分析可见，本申请权利要求所要求保护的内容为《习字格》及其应用，其实质上仅涉及一种智力活动规则和方法，即这种习字格本身属于智力活动规则和方法，并且，即使请求人将该习字格应用于《配格习字帖》和《配格习字本》，其方案本身仍然是关于习字格这种图形和面积的设置，并且该《配格习字帖》和《配格习字本》的目的也是用于指导人们进行习字训练，因此，权利要求中所要求保护的《习字格》应用于《配格习字帖》和《配格习字本》仍然属于智力活动规则和方法。因此，合议组对请求人陈述的意见不予接受。

三、决定

维持国家知识产权局于2008年2月15日作出的驳回200510074413.5号发明专利申请的决定。

请求人如对本复审决定不服，可根据专利法第41条第2款的规定，自收到本决定之日起三个月内向北京市第一中级人民法院起诉。

北京市第一中级人民法院
行政裁定书

（2009）一中行初字第1196号

原告黄毅，男，1939年2月22日出生，汉族，江西余干人，退休，住湖南省郴州电业局17栋3单元206号。

被告国家知识产权局专利复审委员会，住所地北京市海淀区北四环西路9号银谷大厦10~12层。

法定代表人廖涛，副主任。

委托代理人毕艳红，女，国家知识产权局专利复审委员会审查员。

委托代理人杨存吉，男，国家知识产权局专利复审委员会审查员。

原告黄毅不服被告国家知识产权局专利复审委员会于2008年11月28日作出的第15330号复审请求审查决定，向本院提起行政诉讼。本院受理后，依法组成合议庭审查了本案。

本院认为，《中华人民共和国专利法》第四十一条第二款规定："专利申请人对专利复审委员会的复审决定不服，可以自收到通知之日起三个月内向人民法院起诉。"本案中，黄毅所诉的第15330号复审请求审查决定中专利申请人为黄小玲，并非原告黄毅。黄毅与第15330号复审请求审查决定亦不存在法律上的利害关系。故黄毅依法不具备针对第15330号复审请求审查决定提起行政诉讼的原告主体资格。

依照最高人民法院《关于执行〈中华人民共和国行政诉讼法〉若干问题的解释》第四十四条第（二）项之规定，裁定如下：

驳回原告黄毅的起诉。

如不服本裁定，各方当事人可在裁定书送达之日起10日内，向本院递交上诉状，并按对方当事人的人数提出副本，上诉于北京市高级人民法院。上诉人在上诉期满后未预交上 诉费，又不提出缓交申请的，按自动撤回上诉处理。

审 判 长 梁 菲
代理审判员 贾志刚
代理审判员 殷 悦
二〇〇九年七月一日
书 记 员 李 智

北京市高级人民法院
行政裁定书

（2009）高行终字第1348号

上诉人（一审原告）黄毅，男，1939年2月22日出生，汉族，江西余干人，退休，住湖南省郴州电业局17栋3单元206号。

被上诉人（一审被告）国家知识产权局专利复审委员会，住所地北京市海淀区北四环西路9号银谷大厦10~12层。

法定代表人张茂于，副主任。

委托代理人毕艳红，女，国家知识产权局专利复审委员会审查员。

委托代理人杨存吉，男，国家知识产权局专利复审委员会审查员。

上诉人黄毅因专利复审请求审查决定一案，不服北京市第一中级人民法院（2009）一中行初字第1196号行政裁定，向本院提起上诉。本院受理后依法组成合议庭对本案进行了审理。

2008年11月28日，国家知识产权局专利复审委员会（以下简称专利复审委）作出第15330号复审请求审查决定（以下简称第15330号决定），维持国家知识产权局（以下简称国知局）作出的驳回第200510074413.5号发明专利申请的决定。黄毅不服专利复审委作出的第15330号决定，向北京市第一中级人民法院（以下简称一审法院）提起行政诉讼。

一审法院经审理认为，本案黄毅所诉的第15330号决定中专利申请人为黄小玲，并非黄毅。黄毅与第15330号决定不存在法律上的利害关系，故黄毅依法不具备针对第15330号决定提起行政诉讼的原告主体资格。据此，依照最高人民法院《关于执行〈中华人民共和国行政诉讼法〉若干问题的解释》第四十四条第（二）项的规定，裁定驳回黄毅的起诉。

黄毅不服一审裁定，提出上诉。诉称，上诉人黄毅是本案申请专利的发明人，而发明人是任何专利申请的主要当事人。因此，黄毅具有本案原告的诉讼主体资格。一审法院裁定认定事实错误，请求二审法院撤销一审裁定。

专利复审委辨称，专利复审委所作的第15330号决定所针对的200510074413.5号发明专利申请的申请人及复审请求人均为黄小玲，并非黄毅。因此，黄毅不具有对第15330号决定提起行政诉讼的原告资格。一审法院裁定认定事实清楚，适用法律正确，请求二审法院驳回上诉，维持一审裁定。

本院认为，公民等提起行政诉讼，应当与被诉具体行政行为之间存在法律上的利害关系。本案黄毅所诉专利复审委作出的第15330号决定，其专利申请人及复审请求人均为黄小玲，而并非黄毅，由此可见，黄毅与专利复审委作出的第15330号决定之间并不存在法律上的利害关系，因此，黄毅依法不具有针对专利复审委作出的第15330号决定提起行政诉讼的原告主体资格。

综上，黄毅不具有本案诉讼的原告主体资格，一审法院裁定驳回黄毅的起诉正确，本院应予维持。依据《中华人民共和国行政诉讼法》第六十一条第（一）项的规定，裁定如下：

驳回上诉，维持一审裁定。

本裁定为终审裁定。

审　判　长　朱世宽
审　判　员　赵宇晖
代理审判员　胡华峰
二〇一〇年一月二十六日
书　记　员　果　然

169

热交换器管腐蚀监测传感器的制造方法

复审请求审查决定（第15339号）

决 定 号 第15339号
决 定 日 2008年12月4日
发明创造名称 热交换器管腐蚀监测传感器的制造方法
国际分类号 G01N 17/04，G01N 17/00，G01N27/90，G01N29/04，G01N21/64
复审请求人 西安热工研究院有限公司
申 请 号 03134526.3
申 请 日 2003年8月29日
公 开 日 2005年3月9日
合议组组长 周 航
主 审 员 刘亚斌
参 审 员 李晓娜

法 律 依 据 专利法第26条第3款
决 定 要 点

如果说明书中清楚地记载了发明的技术方案及其所要解决的技术问题，详细描述了发明的具体实施方式，所属技术领域的技术人员按照说明书记载的内容并结合本领域的普通技术常识，能够实现该发明的技术方案、解决其技术问题并且产生预期的技术效果，则应当认为说明书对发明作出了清楚、完整的说明。

一、案由

本复审请求涉及申请号为03134526.3、名称为“热交换器管腐蚀监测传感器的制造方法”的发明专利申请（下称本申请），申请人原为国电热工研究院，后于2005年7月15日变更为西安热工研究院有限公司。本申请的申请日为2003年8月29日，公开日为2005年3月9日。

经实质审查，国家知识产权局专利实质审查部门于2008年3月7日以本申请说明书不符合专利法第26条第3款的规定为由作出驳回决定。驳回决定所依据的文本为：申请人于2006年6月14日提交的权利要求第1~9项、说明书第2页，于申请日提交的说明书第1、3~6页、说明书附图第1~2页以及说明书摘要。驳回决定所针对的权利要求书包括如下1项独立权利要求：

“1. 一种热交换器管腐蚀监测传感器的制造方法，该方法包括以下步骤：

（1）从热交换器中选取热交换器管；

（2）从该热交换器管上选取构成传感器工作电极的坯件；

（3）采用保持内表面原始状态的坯件，制作成传感器的工作电极，使工作电极的工作表面为热交换器管的原始内表面；

（4）将工作电极间通过绝缘密封固连为连通的一体构成热交换器管腐蚀监测传感器。”

驳回决定中认为：申请人在答复第一次审查意见通知书的意见陈述书中指出“保持原始表面状态制作电极困难”，而且申请人声称“掌握保持电极原始表面状态的电极制作技术，可以制成电极表面状态与实际热交换器管表面状态相同的腐蚀速度传感器”，但是在本申请的申请文件中并没有记载申请人所声称的“保持电极原始表面状态的电极制作技术”；申请人在答复第二次审查意见通知书的意见陈述书中指出，答复第一次审查意见通知书时所称的“困难”是指认识困难，而不是纯粹的加工困难，该工作电极的制作过程比较简单，但是只有付出了创造性的劳动，才能想到这样的加工过程，本发明的设计思路只要公开，本领域技术人员只要理解本发明的设计思路就可以实施本发明；申请人在两次意见陈述书中的理由相互矛盾，而且综合本领域技术人员所理应掌握的知识判断得出，申请人在答复第二次审查意见通知书的意见陈述书中的理由没有根据，对于本领域技术人员来讲，仅仅给出保持原始表面状态的坯件制作腐蚀速度传感器的设计思路，如果不掌握保持电极原始表面状态的电极制作技术，想要制成电极表面状态与实际热交换器管表面状态相同的腐蚀速度传感器是不可能的，因此本申请的说明书未对发明作出清楚、完整的说明，致使本领域的技术人员不能实现该发明，不符合专利法第26条第3款的规定。

西安热工研究院有限公司（下称复审请求人）对上述驳回决定不服，于2008年6月10日向专利复审委员会提出了复审请求，同时提交了以本申请为优先权基础的US7310877B2号美国专利的全文及其专利证书的复印件，但未对申请文件进行修改。复审请求人认为：本申请的发明点在于如何选择腐蚀监测传感器的工作电极，而不是选择好材料后如何制作该工作电极；本申请的说明书详细提供了传感器制作方法所属技术领域、背景技术状况、所要解决的技术问题、采用的技术方案、有益效果、具体实施方式、发明原理以及应用传感器的具体检测方法、传感器结构附图以及附图说明，给出了所属技术领域的技术人员能够实施的技术手段，即选取管材采用涡流探伤的方法、无需表面加工即保持原始表面状态而直接制作工作电极；只要给出保持原始表面状态的坯件制作腐蚀监测传感器的设计思路，本领域技术人员都知道，要制成电极表面状态与实际热交换管表面状态相同的传感器，就是用取实际的热交换管并且不破坏或者加工其表面来制作电极；两次意见陈述仅仅是申请人意思表达不够严谨，并没有任何技术方案的前后矛盾，不影响所属技术领域的技术人员清楚地、正确地理解本申请。

经形式审查合格，专利复审委员会于2008年7月11日向复审请求人发出复审请求受理通知书，同日向原实质审查部门发出前置审查通知书。

原实质审查部门在前置审查意见书中坚持原驳回决定。

针对上述复审请求，专利复审委员会依法成立合议组对本案进行审理。

在上述程序的基础上，合议组认为本案事实已经清楚，可以作出审查决定。

二、决定的理由

1. 关于审查文本

由于复审请求人在提出复审请求时未对申请文件进行修改，因此本决定所依据的文本为：复审请求人于2006年6月14日提交的权利要求第1~9项、说明书第2页；于申请日提交的说明书第1、3~6页，说明书附图第1~2页以及说明书摘要。

2. 关于专利法第26条第3款

专利法第26条第3款规定，说明书应当对发明或者实用新型作出清楚、完整的说明，以所属技术领域的技术人员能够实现为准；必要的时候，应当有附图。摘要应当简要说明发明或者实用新型的技术要点。

具体到本案，根据说明书的记载，本申请涉及一种火力发电厂热交换器管腐蚀监测传感器的制造方法，其所要解决的技术问题是：针对现有的热交换器管腐蚀监测传感器表面状态与实际热交换器管表面状态不同而导致的测量结果不准确和防腐成本高的缺点，提供一种改进的热交换器管腐蚀监测传感器制造方法。本申请所采用的具体技术方案是从热交换器中选取一定腐蚀程度的实际热交换器管制成传感器工作电极，并使该热交换器管的原始内表面作为工作电极的工作表面，然后将工作电极间通过绝缘密封固连为连通的一体构成热交换器管腐蚀监测传感器。该方案使得传感器工作表面与实际热交换器管表面状态相同，从而实现了真实、快速反映热交换器管腐蚀速率和状态的技术效果，并降低了防腐成本。

本申请说明书中（参见说明书第3页第20行至第6页最后一行，附图1~2）记载了实现上述方法的两种具体实施方式，即热交换器管均匀腐蚀监测传感器的制造方法和热交换器管局部腐蚀监测传感器的制造方法，分别如下：（1）用涡流探伤法从热交换器中选择腐蚀程度出现机率最高或腐蚀最严重的热交换器管，从该热交换器管上取多个坯件，将坯件的切割面绝缘密封，并使坯件的外表面不与工作介质接触，坯件内表面作为传感器工作电极表面，将多个工作电极间通过绝缘密封固连为连通的一体构成热交换器管均匀腐蚀监测传感器；（2）用涡流探伤法从热交换器中选择带腐蚀坑的热交换器管，从该热交换器管上取一个带腐蚀坑的管状或片状坯件，以及一个无腐蚀坑或腐蚀痕迹较腐蚀坑轻的管状坯件，将带腐蚀坑的坯件的切割面和腐蚀坑以外的内表面进行密封绝缘从而构成传感器工作电极的阳极，其腐蚀坑为传感器的阳极表面，将无腐蚀坑或腐蚀痕迹较腐蚀坑轻的坯件的切割面进行密封绝缘构成传感器工作电极的阴极，其内表面为传感器工作电极的阴极表面，将传感器工作电极的阴极和阳极间通过绝缘密封固连为连通的一体构成热交换器管局部腐蚀监测传感器。

本申请说明书第5页第5行至第6页第11行还记载了本申请的技术方案所依据的电化学腐蚀反应的原理，即通过测量阴离子聚集的腐蚀坑底部流向周围的电流大小，定量计算出腐蚀坑的腐蚀速率。此外，说明书中第6页第12行至最后一行还记载了应用上述两种热交换器管腐蚀监测传感器的监测方法，具体包括：分别按照上述制造方法制造出热交换器管均匀腐蚀监测传感器和热交换器管局部腐蚀监测传感器后，将它们接于热交换器的循环回路中，使传感器的外表面不与工作介质接触，将热交换器管均匀腐蚀监测传感器的工作电极分别通过导线接于均匀腐蚀测量装置上，将热交换器管局部腐蚀监测传感器工作电极的阴、阳极分别通过导线接于局部腐蚀测量装置上；其后还举例说明了可以用作该均匀腐蚀测量装置和局部腐蚀测量装置的仪器。

由此，合议组认为，本申请说明书中已经清楚地记载了本申请涉及的技术方案和该技术方案所要解决的技术问题，并详细描述了该技术方案所依据的原理和多个具体实施方式，本领域技术人员根据说明书中的记载结合本领域的普通技术常识，能够实现该技术方案、解决其技术问题并产生预期的技术效果。因此，本申请说明书已经对本申请的技术方案作出了清楚、完整的说明，符合专利法第26条第3款的规定。

驳回决定中指出，仅给出设计思路，如果不掌握电极制作技术，本领域技术人员就不可能制成电极表面状态与实际热交换器管表面状态相同的腐蚀速度传感器，且复审请求人在实质审查阶段就电极制作问题所进行的两次意见陈述相互矛盾。对此，合议组认为：本申请技术方案相对于现有技术的改进之处在于腐蚀监测传感器材料的选取，即现有的传感器工作电极是采用与热交换器管材质相同的金属制成，而本申请中是直接选用发生了一定程度腐蚀的实际管件制成，由此减少了现有传感器不能准确反映实际表面状态所造成的测量误差；而如上所述，本申请说明书中已经记载了选取上述材料制作腐蚀监测传感器的具体步骤、传感器工作原理和具体监测方法，在此基础上，本领域技术人员完全可以理解“保持电极表面状态与实际热交换器管表面状态相同的腐蚀速度的传感器”就是指选取发生了所需程度腐蚀的实际热交器管作为传感器的工作电极，进而再结合本申请说明书中记载的方法步骤和本领域普通技术知识就可以制成本申请所述的传感器。虽然复审请求人在实质审查阶段的两次意见陈述中存在相互矛盾的表述，特别是在答复第一次审查意见通知书时提到的“保持原始电极表面状态制作电极困难”的理由容易让人形成“本申请中采用了特殊的电极制造工艺”的理解，但结合该次答复意见陈述的其他内容以及之后的历次意见陈述内容，合议组认为，复审请求人已经对上述矛盾之处进行了澄清，即所述“困难”是指认识上的困难，所述“保持原始电极表面状态制作电极”实质上是指不对坯件的内表面进行任何加工而直接将其作为工作电极的工作表面，而现有技术中没有给出要采用保持原始表面状态的材料制作电极的启示，这一点也与本申请说明书背景技术中记载的内容一致。因此，经过澄清之后，复审请求人意见陈述中存在的上述瑕疵并不足以造成本申请的技术方案不能实现。

基于上述事实和理由，合议组依法作出以下决定：

三、决定

撤销国家知识产权局于 2008 年 3 月 7 日对 03134526.3 号发明专利申请作出的驳回决定。由国家知识产权局原实质审查部门在本决定所依据文本的基础上对本发明专利申请继续审查。

如对本复审请求审查决定不服，根据专利法第 41 条第 2 款的规定，复审请求人可以自收到本决定之日起三个月内向北京市第一中级人民法院起诉。

170

放射治疗非接触测量胸腹肿瘤位置的方法

复审请求审查决定（第 15342 号）

决　定　号　第 15342 号
决　定　日　2008 年 12 月 9 日
发明创造名称　放射治疗非接触测量胸腹肿瘤位置的方法
国际分类号　A61B 6/04，A61B19/00，A61N 5/00
复审请求人　中国科学院等离子体物理研究所
申　请　号　200410065902. X
申　请　日　2004 年 12 月 23 日
公　开　日　2005 年 10 月 26 日
合议组组长　周　航
主　审　员　刘　畅
参　审　员　刘　铭

法律依据　专利法第 25 条第 1 款
决定要点

如果一项权利要求所限定的方法是以有生命的人体为实施对象、并且其目的在于治疗疾病，那么该方法属于专利法第 25 条第 1 款第（3）项所规定的疾病的治疗方法的范畴，不能被授予专利权。

一、案由

本复审请求涉及申请号为 200410065902. X、名称为“放射治疗非接触测量胸腹肿瘤位置的方法”的发明专利申请（下称本申请），其申请日为 2004 年 12 月 23 日，公开日为 2005 年 10 月 26 日，申请人为中国科学院等离子体物理研究所。

国家知识产权局专利实质审查部门依申请人的请求对本申请进行了实质审查，并于 2008 年 1 月 25 日以本申请的权利要求 1~3 属于专利法第 25 条第 1 款第（3）项所规定的疾病的诊断和治疗方法的范畴而不能被授予专利权为理由驳回了本申请。

驳回决定中指出：根据本申请说明书和权利要求书的记载，独立权利要求 1 所请求保护的方法是直接用于病人的胸腹肿瘤放射治疗，能够快速跟踪肿瘤位置并对肿瘤位置进行放射治疗，因此该方法是以有生命的人体为直接实施对象、以治疗为目的的疾病治疗方法，属于专利法第 25 条第 1 款第（3）项所规定的疾病的诊断和治疗方法的范畴，不能被授予专利权。基于同样的理由，引用权利要求 1 的从属权利要求 2、3 也属于专利法第 25 条第 1 款第（3）项所规定的疾病的诊断和治疗方法的范畴，也不能被授予专利权。

驳回决定所针对的权利要求 1~3 的内容如下：

“1. 一种放射治疗非接触测量胸腹肿瘤位置的方法，病人躺在治疗床上，CCD 摄像机固定在治疗床的正侧方；在制定放疗计划时，让病人躺在治疗床上保持满吸气状态做 CT 扫描，制定治疗计划；当病人治疗室精确摆位后，提取由摄像机摄取的图像中病人满吸气状态胸腹部轮廓线，并将该轮廓线作为基准轮廓线写入存储模块；此时伴随着病人正常呼吸，CCD 摄像机将病人侧面胸腹部图像输入到图像采集模块，并实时提取胸腹部轮廓线，随后将提取的胸腹部轮廓线与基准轮廓线进行匹配；当病人实时胸腹部轮廓线和基准轮廓线匹配的位置误差在允许范围内时，输出信号给治疗系统。

2. 根据权利要求 1 所述的方法，其特征在于胸腹部轮廓线和基准轮廓线匹配一次耗时 10 毫秒左右。

3. 根据权利要求 1 所述的方法，其特征在于病人放疗时采集侧面胸腹部图像的速度是 50 场/秒。”

申请人中国科学院等离子体物理研究所（下称复审请求人）不服上述驳回决定，于 2008 年 3 月 7 日向专利复审委员会提出复审请求，没有对申请文件进行修改，在复审请求书中复审请求人指出，权利要求 1~3 所述的方法是一种测量肿瘤位置的方法，并非以获得疾病诊断结果或者健康状况为直接目的，也非对生命体进行阻断、缓解或者消除病因或病灶的过程，只是从人体获取作为中间结果的信息，并处理该信息，所以本申请的权利要求 1~3 属于可授予专利权的客体。

经形式审查合格后，专利复审委员会受理了上述请求，并于 2008 年 4 月 8 日向复审请求人发出复审请求受理通知书，同时向原专利实质审查部门发出前置审查通知书。

原专利实质审查部门对该复审请求做出前置审查意见，仍然坚持原驳回决定。

针对上述复审请求，专利复审委员会依法成立合议组对该复审请求案进行了审理，并于 2008 年 8 月 28 日发出第一次复审通知书，其中指出：本申请权利要求 1~3 所请求保护的技术方案属于专利法第 25 条第 1 款第（3）项规定的疾病的治疗方法的范畴，不能被授予专利权。此外，针对复审请求人的复审请求意见，合议组认为，审查指南中有关治疗方法的规定并不涉及判断是否以获得疾病诊断结果或健康状况为直接目的，以治疗为目的的方法或具有治疗性质的各种方法均属于治疗方法的范畴。

针对第一次复审通知书，复审请求人于 2008 年 9 月 26 日向专利复审委员会提交了意见陈述书，没有对申请文件进行修改。在此次意见陈述书中复审请求人指出，本申请请求保护的技术方案仅仅是为了确定肿瘤位置，没有涉及阻断、缓解或清除病因或病灶的过程，审查指南中定义的治疗方法是以治疗为目的，应理解该目的是指直接目的，而非间接目的；虽然说明书中有放射治疗的内容，但是权利要求书中并没有涉及放射治疗的过程，因而权利要求 1~3 所请求保护的技术方案不属于专利法第 25 条第 1 款第（3）项所述的疾病的治疗方法的范畴。

针对复审请求人的上述意见，专利复审委员会本案合议组对本案进行了继续审查，并于 2008 年 10 月 22 日发出了第二次复审通知书，该通知书中指出：根据本申请权利要求 1 中包括的以下步骤：“在制定放疗计划时，让病人躺在治疗床上保持满吸气状态，制定治疗计划”可以看出，本申请所请求保护的技术方案包括了对患者制定放疗计划的内容，而制定放疗计划的目的就是为了治疗相关疾病。因此权利要求 1 所请求保护的技术方案仍然是以治疗为目的，属于专利法第 25 条第 1 款第（3）项所述治疗方法的范畴，不能被授予专利权。此外，关于复审请求人认为本申请所请求保护的技术方案的直接目的不在于治疗因而不属于治疗方法的这一观点，合议组认为，根据审查指南第二部分第一章第 4.3.2 节中的规定，治疗方法包括以治疗为目的的各种方法，并未限定该方法是否以治疗为直接目的，因此复审请求人的理由不能成立。

针对第二次复审通知书，复审请求人于 2008 年 11 月 20 日提交了意见陈述书，没有对申请文件进行修改。在此次意见陈述书中复审请求人再次强调了权利要求 1 所述方法是一种肿瘤位置测量方法，而并非直接以治疗为目的，并认为复审通知书中的意见对专利法和审查指南的规定作出了扩大的理解和解释。

至此，合议组经合议后认为本案事实已经清楚，现依法作出复审决定。

二、决定的理由

1. 审查文本

本复审决定所针对的审查文本为：复审请求人于 2007 年 8 月 10 日提交的权利要求书第 1~3 项；2004 年 12 月 23 日提交的说明书第 1~2 页、说明书附图第 1 页及说明书摘要。

2. 关于专利法第 25 条第 1 款

专利法第 25 条第 1 款规定，对下列各项，不授予专利权：（1）科学发现；（2）智力活动的规则和方法；（3）疾病的诊断和治疗方法；（4）动物和植物品种；（5）用原子核变换方法获得的物质。

审查指南第二部分第一章第 4.3.2 节规定，治疗方法，是指为使有生命的人体或者动物体恢复或获得健康或减少痛苦，进行阻断、缓解或者消除病因或病灶的过程。治疗方法包括以治疗为目的或者具有治疗性质的各种方法。

具体就本案而言，权利要求 1 请求保护一种放射治疗非接触测量胸腹肿瘤位置的方法，其中包括以下步骤："在制定放疗计划时，让病人躺在治疗床上保持满吸气状态，制定治疗计划"。由权利要求 1 的上述内容可以看出，本申请所请求保护的技术方案包括了对患者制定放疗计划的内容，而制定放疗计划的目的就是为了治疗相关疾病。因此权利要求 1 所请求保护的技术方案是以治疗为目的，属于专利法第 25 条第 1 款第（3）项所述治疗方法的范畴，不能被授予专利权。基于同样的理由，引用权利要求 1 的权利要求 2、3 也属于专利法第 25 条第 1 款第（3）项所述治疗方法的范畴，不能被授予专利权。

复审请求人认为：权利要求 1 所述方法是一种肿瘤位置测量方法，而并非以治疗为目的，复审通知书中的意见对专利法和审查指南的规定作出了扩大的理解和解释。

对此，合议组认为：判断一项权利要求请求保护的方法是否属于专利法意义上所说的"以治疗为目的"应当从本领域技术人员的角度出发，同时应结合现有医学知识和本申请说明书的内容综合判断方法本身与方法目的之间的联系。尽管本申请权利要求 1 中记载的方法仅涉及了患者胸腹肿瘤的定位，而没有直接包括对该肿瘤进行处理的步骤，但如上所述，由于其中包括了"制定放疗计划"的步骤，故可以得知该方法显然是以治疗为目的的。并且综合医学常识和本申请说明书的内容，本领域技术人员完全可以理解，本案合议组在审查过程中所指出的本申请的方法是以治疗为目的是指，该方法直接以有生命的人体为实施对象，并对肿瘤位置制定了治疗计划，构成了对患者实施放射治疗过程的一部分，因此复审通知书指出的本申请请求保护的方法属于专利法第 25 条第 1 款第（3）项规定的疾病的治疗方法的理由完全适用专利法和审查指南的相关规定。相反，复审请求人主张的治疗方法是指以治疗为"直接目的"的这一观点既没有从本领域技术人员的角度进行清楚的界定，也没有任何法律依据，因此复审请求人的主张不能成立。

基于上述事实，合议组作出如下审查决定。

三、决定

维持国家知识产权局于 2008 年 1 月 25 日针对 200410065902.X 号发明专利申请作出的驳回决定。

复审请求人对本决定不服的，可以根据专利法第 41 条第 2 款的规定，自收到本决定之日起三个月内向北京市第一中级人民法院起诉。

171

触控式液晶显示装置

复审请求审查决定（第15347号）

决　　定　　号　第15347号
决　　定　　日　2008年12月5日
发明创造名称　触控式液晶显示装置
国 际 分 类 号　G02F 1/133，G02F 1/1333
复 审 请 求 人　统宝光电股份有限公司
申　　请　　号　03159776.9
申　　请　　日　2003年9月25日
公　　开　　日　2005年3月30日
合 议 组 组 长　刘颖杰
主　　审　　员　马　燕
参　　审　　员　高桂莲

法 律 依 据　专利法第22条第3款，专利法实施细则第62条第2款
决 定 要 点
专利申请文件经复审请求人修改，克服了驳回决定指出的缺陷，应当撤销原驳回决定，由原审查部门继续进行审查程序。

一、案由

本复审请求涉及申请号为03159776.9、名称为"触控式液晶显示装置"的发明专利申请（下称本申请），申请人为统宝光电股份有限公司，申请日为2003年9月25日，公开日为2005年3月30日，本申请公开时共有10项权利要求，其中权利要求1是独立权利要求。

经实质审查之后，2007年12月7日，国家知识产权局专利实质审查部门针对申请人于2007年5月14日提交的权利要求第1~10项；于申请日即2003年9月25日提交的说明书第1~7页、说明书附图第1~5页、说明书摘要和摘要附图，以本申请权利要求1~4不具备专利法第22条第3款规定的创造性为由驳回了本申请。驳回决定所针对的权利要求1~10如下：

"1. 一种触控式液晶显示装置，包括：

一外壳，该外壳具有一显示开口；

一液晶显示组件，该液晶显示组件配置于该外壳内；

一触控面板，该触控面板配置于该外壳内，其中该触控面板位于该液晶显示组件之上，且该触控面板的部分区域通过该显示开口而外露；

一透明导电层，该透明导电层配置于该触控面板远离该液晶显示组件的一表面上；以及

一控制电路板，该控制电路板配置于该外壳内，其中该控制电路板与该液晶显示组件以及该触控面板电连接。

2. 如权利要求 1 所述的触控式液晶显示装置，其特征在于：还包括一配置于该外壳与该透明导电层之间的导电缓冲件，其中该外壳的材料包括导体，且该导电缓冲件通过该导体外壳电接地。

3. 如权利要求 1 所述的触控式液晶显示装置，其特征在于：该液晶显示组件包括：

一框架；

一液晶面板，该液晶面板配置于该框架内；

一背光组件，该背光组件配置于该框架内，且位于该液晶面板下方；以及

一导体组件外壳，该导体组件外壳将该框架、该液晶面板以及该背光组件固定于内。

4. 如权利要求 3 所述的触控式液晶显示装置，其特征在于：还包括一配置于该外壳与该透明导电层之间的导电缓冲件，其中该导电缓冲件通过该导体组件外壳电接地。

5. 如权利要求 1 所述的触控式液晶显示装置，其特征在于：该触控面板包括：

一第一基材；

一第一导电层，该第一导电层配置于该第一基材表面上；

一第二基材，该第二基材配置于该第一基材上方；

一第二导电层，该第二导电层配置于该第二基材邻近该第一基材的表面；

多个配置于该第一导电层与该第二导电层之间的间隙物；

一第一总线，该第一总线配置于该第一导电层上，并环绕该些间歇物；

一第二总线，该第二总线配置于该第一总线上方；以及

一黏着层，该黏着层配置于该第一总线与该第二总线之间，以使该第一总线与该第二总线电绝缘。

6. 如权利要求 5 所述的触控式液晶显示装置，其特征在于：该触控面板还包括一防刮层，该防刮层配置于该第二基材与该透明导电层之间。

7. 如权利要求 5 所述的触控式液晶显示装置，其特征在于：该第一基材和该第二基材为硬质材料或可挠性材料其中之一。

8. 如权利要求 5 所述的触控式液晶显示装置，其特征在于：该第一总线和该第二总线的材料包括银金属，其中该些间隙物的材料包括介电材料。

9. 如权利要求 2 所述的触控式液晶显示装置，其特征在于：该导电缓冲件包括导电橡胶，还包括多个掺杂于该导电缓冲件中的导电丝。

10. 如权利要求 4 所述的触控式液晶显示装置，其特征在于：该导电缓冲件包括导电橡胶，还包括多个掺杂于该导电缓冲件中的导电丝。”

驳回决定中引用的对比文件如下：

对比文件 1：US6590622B1 号专利文献，公开日为 2003 年 7 月 8 日；

对比文件 2：US5870160A 号专利文献，公开日为 1999 年 2 月 9 日；

对比文件 3：US6081259A 号专利文献，公开日为 2000 年 6 月 27 日。

驳回决定的具体理由为：本申请权利要求 1 请求保护的技术方案与对比文件 1 公开的技术方案相比，其区别在于：透明导电层配置于触控面板远离液晶显示组件的一表面上，对比文件 3 给出了将该区别技术特征用于对比文件 1 中的启示，在对比文件 1 的基础上结合对比文件 3 得出本申请权利要求 1 请求保护的技术方案对本领域技术人员来说是显而易见的，因此，权利要求 1 不具备创造性，不符

合专利法第22条第3款的规定。对比文件2分别公开了权利要求2、3、4的附加技术特征，给出了将权利要求2、3、4的附加技术特征分别应用到其所引用的权利要求以解决其技术问题的启示，因此，权利要求2、3、4也不具备创造性，不符合专利法第22条第3款的规定。

申请人统宝光电股份有限公司（以下称复审请求人）不服上述驳回决定，于2008年3月3日向专利复审委员会提出复审请求，未对申请文件进行修改。

复审请求人的具体理由为：对比文件1中未提到如本申请权利要求1的“透明导电层设置在触控面板远离液晶元件的一表面上”这样的特征，对比文件3的ITO涂层216属于触控面板内的一部分，且其所起的作用是消除手的作用，而本申请的透明导电层位于触控面板的一侧而非触控面板的内部，且其所起的作用是防止触控面板的静电导入其他装置中。因此，对比文件1、3及其结合都不能否定本申请权利要求1的创造性。其余权利要求直接或间接引用权利要求1，因此也具有创造性。

经形式审查合格后，专利复审委员会受理了该复审请求，并于2008年3月20日向复审请求人发出复审请求受理通知书，同日向原实质审查部门发出前置审查通知书。

原实质审查部门对本复审请求进行了前置审查，在前置审查中，原实质审查部门坚持原驳回决定。

针对上述复审请求，专利复审委员会依法成立合议组对本案进行了审查。

本案合议组于2008年9月27日发出复审通知书，指出：（1）在对比文件1的基础上对比文件3得出本申请权利要求1的技术方案，对本领域技术人员来说是显而易见的，因此权利要求1不具备创造性，不符合专利法第22条第3款的规定。另外，权利要求2、9也不具备创造性，不符合专利法第22条第3款的规定。（2）针对复审请求人的意见，合议组认为，本申请权利要求1中限定了“该透明导电层配置于该触控面板远离该液晶显示组件的一表面上”，该技术特征限定了透明导电层位于触控面板的一个表面上，而未限定该透明导电层是否在触控面板内。对比文件3明确记载了在玻璃书写表面的顶面上沉积ITO涂层图案，可见，该ITO涂层图案位于玻璃书写表面上，而非位于玻璃书写表面的内部。对比文件3中还公开了将ITO涂层图案沉积在玻璃书写表面的底面上的另一实施例，在该实施例中，ITO涂层图案所起的作用仍然是消除手的影响，可见，不管该ITO涂层图案沉积在玻璃书写表面的顶面上还是底面上，其所起到的作用都是相同的，即ITO涂层图案与玻璃书写表面之间的相对位置关系不影响其所起到的作用。虽然对比文件3中未明确记载ITO涂层图案接地是为了防止玻璃书写表面的静电导入其他装置中，但是将元件接地在客观上能够起到消除静电的作用，因此在客观上也能够防止玻璃书写表面的静电导入其他装置中。由此可知，对比文件3的ITO涂层图案在客观上所起到的作用与本申请中的透明导电层所起的作用相同。

2008年11月11日，复审请求人针对上述复审通知书进行了意见陈述，并提交了权利要求书全文的修改替换页，其中将驳回决定所针对的权利要求1中的“该透明导电层配置于该触控面板远离该液晶显示组件的一表面上”修改为“该透明导电层配置于该触控面板远离该液晶显示组件的外表面上”，同时将驳回决定所针对的权利要求书中的权利要求5的附加技术特征补入权利要求1中。修改后的权利要求书共包括9项权利要求，其中权利要求1是独立权利要求，修改后的权利要求1如下：

“1. 一种触控式液晶显示装置，包括：

一外壳，该外壳具有一显示开口；

一液晶显示组件，该液晶显示组件配置于该外壳内；

一触控面板，该触控面板配置于该外壳内，其中该触控面板位于该液晶显示组件之上，且该触控面板的部分区域通过该显示开口而外露；

一透明导电层，该透明导电层配置于该触控面板远离该液晶显示组件的外表面上；以及一控制电路板，该控制电路板配置于该外壳内，其中该控制电路板与该液晶显示组件以及该触控面板电连接；

其中，该触控面板包括：

一第一基材；

一第一导电层，该第一导电层配置于该第一基材表面上；

一第二基材，该第二基材配置于该第一基材上方；

一第二导电层，该第二导电层配置于该第二基材邻近该第一基材的表面上；

多个配置于该第一导电层与该第二导电层之间的间隙物；

一第一总线，该第一总线配置于该第一导电层上，并环绕该些间歇物；

一第二总线，该第二总线配置于该第一总线上方；以及

一黏着层，该黏着层配置于该第一总线与该第二总线之间，以使该第一总线与该第二总线电绝缘。”

复审请求人认为，将权利要求1与5合并，同时进行澄清性修改，克服了复审通知书中指出的问题。

至此，合议组认为本案事实已经清楚，现依法做出本复审请求审查决定。

二、决定的理由

1. 决定所依据的文本

本复审请求审查决定以复审请求人于2008年11月11日提交的权利要求第1~9项，于申请日即2003年9月25日提交的说明书第1~7页、说明书附图第1~5页、说明书摘要和摘要附图作为审查基础。

2. 关于驳回决定指出的缺陷

本申请被驳回的理由是权利要求1~4不具备创造性，在复审过程中，复审请求人将驳回决定针对的权利要求书中的权利要求5的附加技术特征补入权利要求1中，形成新的权利要求1~9。此时，驳回决定针对的权利要求1~4已经不复存在，同时，鉴于驳回决定中并未认定权利要求5不具备创造性。因此，合议组认为，修改后的权利要求1~9已经克服了驳回决定指出的缺陷。根据专利法实施细则第62条第2款的规定，专利申请文件经复审请求人修改，克服了驳回决定指出的缺陷，应当撤销原驳回决定，由原审查部门继续进行审查程序。

根据上述事实和理由，本案合议组作出以下复审请求审查决定。

三、决定

专利申请文件经修改克服了驳回决定指出的缺陷，在此基础上撤销国家知识产权局于2007年12月7日对03159776.9号发明专利申请作出的驳回决定。

由实质原审查部门以本审查决定所依据的文本作为审查基础继续进行审查程序。

复审请求人对本决定不服的，可以根据专利法第41条第2款的规定，自收到本决定之日起三个月内向北京市第一中级人民法院起诉。

172

用可变 X 射线源到影像间距离的三维重现系统及方法

复审请求审查决定（第 15349 号）

决　定　号　第 15349 号
决　定　日　2008 年 9 月 27 日
发明创造名称　用可变 X 射线源到影像间距离的三维重现系统及方法
国 际 分 类 号　A61 B6/00
复 审 请 求 人　GE 医药系统环球科技公司
申　请　号　02822519.8
申　请　日　2002 年 11 月 6 日
优 先 权 日　2001 年 11 月 23 日
公　开　日　2005 年 2 月 23 日
合 议 组 组 长　刘颖杰
主　审　员　赵　鑫
参　审　员　陈　力

法 律 依 据　专利法第 22 条第 3 款，第 25 条第 1 款第（3）项
决 定 要 点

对比文件没有公开权利要求的某技术特征，而且未有证据表明该技术特征应用在本申请的技术方案中是本领域的公知常识，且该技术特征具有有益的技术效果，则含有该技术特征的权利要求相对于对比文件具备创造性。

一、案由

本复审请求涉及申请号为 02822519.8、名称为“用可变 X 射线源到影像间距离的三维重现系统及方法”的 PCT 发明专利申请（下称本申请），其申请日为 2002 年 11 月 6 日，优先权日为 2001 年 11 月 23 日，2002 年 6 月 17 日，申请人为 GE 医药系统环球科技公司。

在实质审查过程中，国家知识产权局专利实质审查部门在审查意见通知书中指出本申请不符合专利法第 22 条第 3 款以及专利法第 25 条第 1 款第（3）项的有关规定，并于 2007 年 9 月 21 日以权利要求 1、3、5、8、20、21 不符合专利法第 22 条第 3 款的规定为由作出驳回决定。驳回决定所依据的文本为：申请人于 2006 年 11 月 10 日提交的权利要求第 1~31 项，于 2004 年 5 月 13 日进入国家阶段时提交的说明书第 1~10 页、说明书附图第 1~5 页、说明书摘要和摘要附图。驳回决定所针对的权利要求书中，权利要求第 1、13、20、29 项为独立权利要求，具体如下：

“1. 一医学诊断成像系统，包括：

一C形臂部件（12），具有一用来生成X射线的X射线源（36）及一用来从所接受的X射线获得影像曝光（32）的接受器（34），所述C形臂部件（12）沿着一个至少为第一及第二曝光位置之间的影像采集路径移动所述X射线源（36）及接受器（34），所述C形臂部件（12）绕着一中心轴线（133）转动；

分别将所述X射线源（36）及所述接受器（34）安装到所述C形臂部件（12）上并分别适于移动该X射线源及接受器的X射线源托架（127）和接受器托架（131），所述X射线源托架（127）及接受器托架（131）移动所述X射线源（36）及接受器（34）二者中的至少一个沿着径向作朝向和离开所述C形臂部件（12）的所述中心轴线（133）的运动，以保持患者（22）和所述X射线源（36）及接受器（34）二者中的所述至少一个之间的距离（420）为需要的值；

一影像处理器（16），从所述接受器（34）采集一系列影像曝光（32），该一系列影像曝光（32）至少包括在所述X射线源（36）和接受器（34）分别位于所述至少为第一及第二曝光位置时获得的第一及第二影像曝光，所述影像处理器（16）采集和所述一系列影像曝光（32）相对应的多个曝光位置的位置数据（30），所述影像处理器（16）根据所述一系列影像曝光（32）及对于所述多个曝光位置的所述位置数据（30）构成三维体数据集；以及

一个显示器（250），根据所述三维体数据集来显示影像。

13. 一个采集多个X射线影像的方法，该方法用于重现患者信息的三维体，该方法包括：

至少在第一及第二扫描角向位置（408、409）之间围绕着中心轴线（133）旋转X射线源（123）及接受器（124），所述中心轴线（133）对应于在患者体内的感兴趣区域；

提供用于移动X射线源及接受器沿着径向作朝向和背离C形臂部件的中心轴线的运动的托架；

当在所述第一扫描角向位置（408）时径向地移动所述X射线源（123）及接受器（124）二者中的至少一个至相对于所述中心轴线（133）的第一径向距离上，而当在所述第二扫描角向位置（409）时径向地移动所述X射线源（123）及接受器（124）二者中的至少一个至相对于所述中心轴线（133）的第二径向距离上；

在所述至少第一及第二扫描角向位置（408、409）上采集至少第一及第二影像；以及

根据所述至少是第一及第二影像重现三维体数据集。

20. 一个X射线设备，用于采集X射线影像（32）并重现患者信息的三维体，其中包括：

一个C形臂部件（112），具有一个用来生成X射线的X射线源（123）及一个用来从所接受的X射线获得影像曝光（32）的接受器（124），其中所述C形臂部件（112）沿着一个影像采集路径在一系列曝光位置之间移动所述X射线源（123）及接受器（124），以及，所述C形臂部件（112）具有一个对应于患者体内的感兴趣区域的中心轴线（133），该C形臂（112）绕着所述中心轴线（133）转动；

X射线源托架（127）及接受器托架（131），分别用来将所述X射线源（123）及所述接受器（124）安装到所述C形臂（112）上并分别适于移动X射线源和接受器，其中所述X射线源托架（127）及接受器托架（131）至少沿着径向朝向或背离所述中心轴线（133）移动所述X射线源（123）及接受器（124）二者中的一个，以保持患者（22）和所述X射线源（123）及接受器（124）二者中的至少一个之间的距离为需要的值；

一个数据处理器，根据所述接受器（124）、所述X射线源（123）及患者（22）三者之一和所述中心轴线（133）之间的距离的至少一个来跟踪部件坐标数据；

一影像处理器（16），采集来自所述接受器（124）的一系列当所述X射线源（123）和接受器

(124) 位于所述一系列曝光位置时获得的影像曝光 (32), 所述影像处理器 (16) 接受来自所述数据处理器的对应所述一系列影像曝光 (32) 的所述一系列曝光位置的所述部件坐标数据 (245), 并且根据所述一系列影像曝光 (32) 及所述一系列曝光位置的所述部件坐标数据 (245) 构成三维体数据集; 以及

一个显示器 (250), 根据所述三维体数据集来显示影像。

29. 一个采集多个 X 射线影像的方法, 该方法用于重现患者信息的三维体, 该方法包括:

至少在第一及第二扫描角向位置之间围绕着中心轴线旋转 X 射线源及接受器, 所述中心轴线对应于在患者体内的感兴趣区域;

当在所述第一扫描角向位置时移动所述 X 射线源及接受器至相对于所述中心轴线的第一距离以保持所述中心轴线, 而当在所述第二扫描角向位置时移动所述 X 射线源及接受器至相对于所述中心轴线的第二距离以保持所述中心轴线 (133);

在所述至少第一及第二扫描角向位置上采集至少第一及第二影像; 以及

根据所述至少第一及第二影像重现三维体数据集。"

驳回决定引用的对比文件为:

对比文件 1: US5654997A 号美国专利文献, 其公开日为 1997 年 8 月 5 日。

驳回决定认为: (1) 本申请权利要求 1 请求保护一种医学成像系统, 对比文件 1 公开了一种控制放射成像器位置的超声位置系统, 并公开了权利要求 1 的大部分技术特征。权利要求 1 与对比文件 1 的区别之处在于: 权利要求 1 限定的技术方案中 X 射线源也可以在径向上移动, 而对比文件 1 对此没有明述, 但由于对比文件 1 公开了探测器可以径向移动, 因此根据对比文件 1 给出的启示, 本领域技术人员可以容易做到将 X 射线源设置成在径向上移动, 因此本申请权利要求 1 相对于对比文件 1 不具有创造性。(2) 本申请独立权利要求 20 请求保护一种 X 射线设备, 基于与权利要求 1 相同的理由, 权利要求 20 相对于对比文件 1 也不具有创造性。(3) 权利要求 3、5、8 分别为权利要求 1 的从属权利要求, 权利要求 21 为权利要求 20 的从属权利要求。它们附加技术特征都已在对比文件 1 中公开或隐含公开, 因此当其引用的在前权利要求不具有创造性时, 从属权利要求 3、5、8、21 也不具有创造性。

申请人 GE 医药系统环球科技公司 (下称复审请求人) 对上述驳回决定不服, 于 2007 年 12 月 21 日向专利复审委员会提出了复审请求, 同时提交了权利要求书的全文修改替换页。其中将权利要求 4 的附加技术特征并入到权利要求 1 中形成新的权利要求 1, 并调整了其他权利要求的序号及各从属权利要求的引用关系。修改后的权利要求书共包括 30 项权利要求, 其中权利要求 1、12、19、24、28 为独立权利要求。修改后的独立权利要求 1、12、19、28 为:

"1. 一医学诊断成像系统, 包括:

一 C 形臂部件 (12), 具有一用来生成 X 射线的 X 射线源 (36) 及一用来从所接受的 X 射线获得影像曝光 (32) 的接受器 (34), 所述 C 形臂部件 (12) 沿着一个至少为第一及第二曝光位置之间的影像采集路径移动所述 X 射线源 (36) 及接受器 (34), 所述 C 形臂部件 (12) 绕着一中心轴线 (133) 转动;

分别将所述 X 射线源 (36) 及所述接受器 (34) 安装到所述 C 形臂部件 (12) 上并分别适于移动该 X 射线源及接受器的 X 射线源托架 (127) 和接受器托架 (131), 所述 X 射线源托架 (127) 及接受器托架 (131) 移动所述 X 射线源 (36) 及接受器 (34) 二者中的至少一个沿着径向作朝向和离开所述 C 形臂部件 (12) 的所述中心轴线 (133) 的运动, 以保持患者 (22) 和所述 X 射线源 (36) 及接受器 (34) 二者中的所述至少一个之间的距离 (420) 为需要的值;

一影像处理器（16），从所述接受器（34）采集一系列影像曝光（32），该一系列影像曝光（32）至少包括在所述X射线源（36）和接受器（34）分别位于所述至少为第一及第二曝光位置时获得的第一及第二影像曝光，所述影像处理器（16）采集和所述一系列影像曝光（32）相对应的多个曝光位置的位置数据（30），所述影像处理器（16）根据所述一系列影像曝光（32）及对于所述多个曝光位置的所述位置数据（30）构成三维体数据集；以及

一个显示器（250），根据所述三维体数据集来显示影像；

一个跟踪子系统（220），该跟踪子系统（220）根据所述中心轴线（133）分别和患者（22）、接受器（34）、仪器（24）之中一个之间的距离，接受包括至少患者坐标信息（225）、接受器坐标信息（230）、仪器坐标信息（235）三者之一的坐标数据，当所述X射线源（36）和接受器（34）位于所述的至少第一及第二曝光位置时，所述X射线源（36）和接受器（34）根据所述坐标数据以径向方向相对于所述中心轴线（133）移动。

12. 一个采集多个X射线影像的方法，该方法用于重现患者信息的三维体，该方法包括：

至少在第一及第二扫描角向位置（408、409）之间围绕着中心轴线（133）旋转X射线源（123）及接受器（124），所述中心轴线（133）对应于在患者体内的感兴趣区域；

提供用于移动X射线源及接受器沿着径向作朝向和背离C形臂部件的中心轴线的运动的托架；

当在所述第一扫描角向位置（408）时径向地移动所述X射线源（123）及接受器（124）二者中的至少一个至相对于所述中心轴线（133）的第一径向距离上，而当在所述第二扫描角向位置（409）时径向地移动所述X射线源（123）及接受器（124）二者中的至少一个至相对于所述中心轴线（133）的第二径向距离上；

在所述至少第一及第二扫描角向位置（408、409）上采集至少第一及第二影像；以及

根据所述至少是第一及第二影像重现三维体数据集。

19. 一个X射线设备，用于采集X射线影像（32）并重现患者信息的三维体，其中包括：

一个C形臂部件（112），具有一个用来生成X射线的X射线源（123）及一个用来从所接受的X射线获得影像曝光（32）的接受器（124），其中所述C形臂部件（112）沿着一个影像采集路径在一系列曝光位置之间移动所述X射线源（123）及接受器（124），以及，所述C形臂部件（112）具有一个对应于患者体内的感兴趣区域的中心轴线（133），该C形臂（112）绕着所述中心轴线（133）转动；

X射线源托架（127）及接受器托架（131），分别用来将所述X射线源（123）及所述接受器（124）安装到所述C形臂（112）上并分别适于移动X射线源和接受器，其中所述X射线源托架（127）及接受器托架（131）至少沿着径向朝向或背离所述中心轴线（133）移动所述X射线源（123）及接受器（124）二者中的一个，以保持患者（22）和所述X射线源（123）及接受器（124）二者中的至少一个之间的距离为需要的值；

一个数据处理器，根据所述接受器（124）、所述X射线源（123）及患者（22）三者之一和所述中心轴线（133）之间的距离的至少一个来跟踪部件坐标数据；

一影像处理器（16），采集来自所述接受器（124）的一系列当所述X射线源（123）和接受器（124）位于所述一系列曝光位置时获得的影像曝光（32），所述影像处理器（16）接受来自所述数据处理器的对应所述一系列影像曝光（32）的所述一系列曝光位置的所述部件坐标数据（245），并且根据所述一系列影像曝光（32）及所述一系列曝光位置的所述部件坐标数据（245）构成三维体数据集；以及

一个显示器（250），根据所述三维体数据集来显示影像。

28. 一个采集多个X射线影像的方法，该方法用于重现患者信息的三维体，该方法包括：

至少在第一及第二扫描角向位置之间围绕着中心轴线旋转X射线源及接受器，所述中心轴线对应于在患者体内的感兴趣区域；

当在所述第一扫描角向位置时移动所述X射线源及接受器至相对于所述中心轴线的第一距离以保持所述中心轴线，而当在所述第二扫描角向位置时移动所述X射线源及接受器至相对于所述中心轴线的第二距离以保持所述中心轴线（133）；

在所述至少第一及第二扫描角向位置上采集至少第一及第二影像；以及

根据所述至少第一及第二影像重现三维体数据集。”

复审请求人认为：（1）对比文件1没有公开修改后的权利要求1中的跟踪子系统这一技术特征，采用跟踪子系统可以处理各坐标信息并将其传输至影像处理装置，由此构成三维的患者数据体，因此修改后的权利要求1相对于对比文件1具有创造性。（2）修改后的独立权利要求19具有与修改后的权利要求1相同的技术特征：“根据所述接受器（124）、所述X射线源（123）及患者（22）三者之一和所述中心轴线（133）之间的距离的至少一个来跟踪部件坐标数据”，该技术特征也没有被对比文件所公开，因此基于与权利要求1相同的理由，权利要求19相对于对比文件1具有创造性。（3）当独立权利要求1、19具有创造性时，其相应的从属权利要求3、4、7、20也具有创造性。

经形式审查合格，专利复审委员会依法受理了该复审请求，于2008年1月28日向复审请求人发出复审请求受理通知书，并将其转送至原实质审查部门进行前置审查。

原实质审查部门在前置审查意见书中认为权利要求19~20仍然不具有创造性，并且提出权利要求12~18和权利要求28~30属于专利法第25条所述疾病的诊断和治疗方法的范围，也不能授予专利权，因而坚持原驳回决定。

针对上述复审请求，专利复审委员会依法成立合议组对该复审请求案进行审理。本案合议组在仔细审阅了案卷后，作出本审查决定。

二、决定的理由

1. 关于审查文本

鉴于复审请求人在提出复审请求时对权利要求书进行修改，故本复审请求审查决定所针对的审查文本为：复审请求人于2007年12月21日提交的权利要求第1~30项，于2004年5月13日本申请进入国家阶段时提交的说明书第1~10页、说明书附图第1~5页、说明书摘要和摘要附图。

2. 关于专利法第22条第3款

专利法第22条第3款规定：创造性，是指同申请日以前已有的技术相比，该发明有突出的实质性特点和显著的进步，该实用新型有实质性特点和进步。

就本案而言：

（1）本申请权利要求1请求保护一种医学诊断成像系统，该成像系统能够在系统的C形臂围绕患者进行旋转时，自动调节C形臂支架上X线源和接受器距患者的距离，从而保证X射线穿过检查区域的大小相同，避免由于几何放大作用的原因而造成成像区域大小不同，从而造成图像在三维重建过程中出现的聚焦光点锐度下降、图像模糊的缺陷。

对比文件1公开了一种放射成像设备上的超声定位测距系统，在对比文件1的具体实施例中所述放射成像设备是医学诊断用的C形臂X线成像系统，其中的超声定位测距系统用来在C形臂围绕患者旋转时，测定接受器距患者的距离，利用C形臂支架上的移动滑块使接受器在径向上靠近或背离患者，使C形臂能够自动调节接受器距患者的距离，以保持患者和探测器之间的距离为需要的值，避免接受器碰触到患者。对比文件1的放射成像系统具有操控台，这隐含公开了其具有用于显示数据的显示器。

本申请权利要求 1 与对比文件 1 的区别之处在于：权利要求 1 明确记载了①能够从一系列曝光位置采集影像曝光及其位置数据，并根据一系列影像曝光及各曝光位置数据构建三维体数据集的影像处理器（16）；②能够根据中心轴线（133）分别和患者（22）、接受器（34）、仪器（24）三者的距离，接受患者坐标信息（225）、接受器坐标信息（230）、仪器坐标信息（235）的坐标数据的跟踪子系统（220），使 X 射线源（36）和接受器（34）根据所述坐标数据以径向方向相对于所述中心轴线（133）移动，而对比文件 1 对此没有明述。

对于区别①，合议组认为，对比文件 1 中的处理器 250 与本申请权利要求 1 中的影像处理器作用不同，对比文件 1 公开的处理器 250 的作用是处理接受器距患者距离的坐标数据，并不涉及对影像曝光数据的采集和处理。本申请权利要求 1 中的影像处理器即采集各个曝光位置上的影像数据，又接受各个曝光位置的相关位置坐标数据，从而根据影像曝光数据及与之关联的位置坐标数据，在图像的三维重建中避免出现图像模糊的缺陷。因此对比文件 1 没有公开本申请权利要求 1 中“一影像处理器（16），采集来自所述接受器（124）的一系列当所述 X 射线源（123）和接受器（124）位于所述一系列曝光位置时获得的影像曝光（32），所述影像处理器（16）接受来自所述数据处理器的对应所述一系列影像曝光（32）的所述一系列曝光位置的所述部件坐标数据（245），并且根据所述一系列影像曝光（32）及所述一系列曝光位置的所述部件坐标数据（245）构成三维体数据集”的技术特征，同时对比文件 1 也没有给出能根据所述一系列影像曝光及所述一系列曝光位置的所述部件坐标数据构建三维体数据集这种影像处理器的技术启示，并且未有证据表明根据影像曝光数据和患者、仪器等的坐标数据进行三维重建的影像处理器是本领域的常见技术。

对于区别②，合议组认为，本申请的技术方案是 X 线源和接受器均可相对于患者进行径向移动，其移动的目的是避免由于几何放大作用的原因而造成成像区域大小不同，使图像在三维重建过程中出现的聚焦光点锐度下降、图像模糊的缺陷；而对比文件 1 的技术方案只是接受器相对于患者进行径向移动，其移动的目的是为了保持患者和探测器之间的距离为需要的值，避免接受器碰触到患者，因此对比文件 1 也没有给出获得该区别②的技术启示。

因此本申请权利要求 1 相对于对比文件 1 具有创造性，符合专利法第 22 条第 3 款的规定。

（2）本申请独立权利要求 19 请求保护一个 X 射线设备，该 X 射线设备能够在设备的 C 形臂围绕患者进行旋转时，自动调节 X 线源和接受器距患者的距离，从而保证 X 射线穿过检查区域的大小相同，避免由于几何放大作用的原因而造成成像区域大小不同，从而造成图像在三维重建过程中出现的聚焦光点锐度下降、图像模糊的缺陷。

权利要求 19 与对比文件 1 的区别之处在于：①权利要求 19 明确记载了 X 射线源托架（127）及接受器托架（131）分别用来将所述 X 射线源（123）及所述接受器（124）安装到所述 C 形臂（112）上并分别适于移动 X 射线源和接受器，而对比文件 1 的技术方案只是接受器能够在径向上进行移动；②权利要求 19 中记载的数据处理器能够根据所述接受器（124）、所述 X 射线源（123）及患者（22）三者之一和所述中心轴线（133）之间的距离的至少一个来跟踪部件坐标数据，而对比文件 1 中的处理器 250 适于提供接受器与患者的位置数据；③权利要求 19 明确记载了能够从一系列曝光位置采集影像曝光及其位置数据，并根据一系列影像曝光及各曝光位置数据构建三维体数据集的影像处理器（16），而对比文件 1 对此没有明述。

对于区别①，合议组认为，本申请的技术方案是 X 线源和接受器可分别相对于患者进行径向移动，其移动的目的是避免由于几何放大作用的原因而造成成像区域大小不同，使图像在三维重建过程中出现的聚焦光点锐度下降、图像模糊的缺陷；而对比文件 1 的技术方案只是接受器相对于患者进行径向移动，其移动的目的是保持患者和探测器之间的距离为需要的值，避免接受器碰触到患者。本申请的技术方案与对比文件 1 的技术方案的解决的问题有所不同，实现的效果也不相同。因此，对比文件 1 没有公开区别①的技术特征，也没有给出相应的技术启示。

对于区别②，合议组认为，在对比文件 1 给出的处理器 250 能够提供接受器与患者的位置数据的启示下，本领域的技术人员能够想到使处理器来跟踪患者、接受器等相对于中心轴线的坐标数据。

对于区别③，合议组认为，本申请权利要求 19 中的影像处理器即采集各个曝光位置上的影像数据，又接受各个曝光位置的相关位置坐标数据，从而根据影像曝光数据及与之关联的位置坐标数据，在图像的三维重建中避免出现图像模糊的缺陷。对比文件 1 没有公开本申请权利要求 19 中“一影像处理器（16），采集来自所述接受器（124）的一系列当所述 X 射线源（123）和接受器（124）位于所述一系列曝光位置时获得的影像曝光（32），所述影像处理器（16）接受来自所述数据处理器的对应所述一系列影像曝光（32）的所述一系列曝光位置的所述部件坐标数据（245），并且根据所述一系列影像曝光（32）及所述一系列曝光位置的所述部件坐标数据（245）构成三维体数据集”的技术特征，同时对比文件 1 也没有给出能根据所述一系列影像曝光及所述一系列曝光位置的所述部件坐标数据构建三维体数据集这种影像处理器的技术启示，并且未有证据表明根据影像曝光数据和患者、仪器等的坐标数据进行三维重建的影像处理器是本领域的常见技术。

因此本申请权利要求 19 相对于对比文件 1 具有创造性，符合专利法第 22 条第 3 款的规定。

在独立权利要求 1 和 19 分别相对于对比文件 1 具有创造性的情况下，分别从属于它们的权利要求 3、4、7、20 相对于对比文件 1 也具有创造性，符合专利法第 22 条第 3 款的规定。

3. 关于专利法第 25 条第 1 款第（3）项的规定

首先，在驳回决定中并未涉及专利法第 25 条第 1 款第（3）项的规定，但在前置审查中，实质审查部门指出本申请权利要求 12~18 和 28~30 不符合专利法第 25 条第 1 款第（3）项的规定。由于该事实和理由在实质审查程序中已经告知过复审申请人，根据审查指南第四部分第二章第 3.3 节的规定，实质审查部门可以在前置审查意见中指出该缺陷。

其次，合议组经审查认为，权利要求 12~18 请求保护一种采集多个 X 射线影像的方法，该方法是在围绕患者进行 X 射线成像时，径向移动 X 线源和接受器，从而使 X 线源、患者和接受器三者在各个曝光位置的径向上位于恰当的位置，以避免所得的图像在三维重建过程中出现聚焦光点锐度下降、图像模糊的缺陷，可见，权利要求 12~18 请求保护的方法的目的是提高图像质量，使其更适于进行三维重建，而非对所得 X 线图像的内容进行分析以得到诊断结果，因此权利要求 12~18 请求保护的技术方案不属于专利法第 25 条第 1 款第（3）项的情形。

基于与权利要求 12~18 相同的理由，权利要求 28~30 请求保护的采集多个 X 射线影像的方法也不属于专利法第 25 条第 1 款第（3）项的情形。

根据上述事实和理由，本案合议组依法作出以下审查决定。

三、决定

撤销国家知识产权局于 2007 年 9 月 21 日对 02822519.8 号 PCT 发明专利申请作出的驳回决定，由原审查部门以本决定依据的文本作为审查基础继续进行审查程序。

复审请求人对本决定不服的，可以根据专利法第 41 条第 2 款的规定，自收到本决定之日起三个月内向北京市第一中级人民法院起诉。

173

治疗或预防肥胖症和糖尿病的微生物及含有所述微生物的药物组合物

复审请求审查决定（第15354号）

决 定 号 第15354号
决 定 日 2008年12月1日
发明创造名称 治疗或预防肥胖症和糖尿病的微生物及含有所述微生物的药物组合物
国际分类号 C12N 1/20，A61K 35/74，A61P 3/10//（C12N 1/20，C12R 1：225，1：02）
复审请求人 株式会社百尼尔
申 请 号 01801286.8
优 先 权 日 2000年5月17日，2000年8月26日
申 请 日 2001年2月23日
公 开 日 2002年11月20日
合议组组长 宋 瑞
主 审 员 杨加黎
参 审 员 李晓娜

法 律 依 据 专利法第26条第3款、第4款，专利法实施细则第20条第1款
决 定 要 点

如果提交的修改文本克服了驳回决定和复审通知书所指出的全部缺陷，则应当在修改文本的基础上撤销原驳回决定，由原实质审查部门继续审查。

一、案由

本复审请求涉及申请号为01801286.8、名称为“治疗或预防肥胖症和糖尿病的微生物及含有所述微生物的药物组合物”的PCT发明专利申请（下称本申请），其申请日为2001年2月23日，优先权日为2000年5月17日和2000年8月26日，进入中国国家阶段的日期为2002年1月16日，公开日为2002年11月20日，申请人为株式会社百尼尔。

国家知识产权局专利实质审查部门依法对本申请进行了实质审查，于2006年8月11日以本申请说明书不符合专利法第26条第3款的规定，权利要求1不符合专利法实施细则第20条第1款的规定为由，作出了驳回本申请的决定。驳回决定所依据的文本为：申请人于2002年1月16日进入中国国家阶段时提交的说明书第1~28、30~34页，说明书附图第1~5页，说明书摘要和摘要附图；于2004年6月14日提交的说明书第29页；于2006年6月15日提交的权利要求第1~3项。

驳回决定所针对的权利要求书如下：

“1. 一种用于治疗和预防肥胖症或糖尿病的药物组合物，包括可药用载体和药物有效量的微生物，所述微生物选自能够在肠中将寡糖转化成非消化性多糖的醋酸杆菌种（Acetobactersp.）和乳杆菌种（Lactobacillussp.）。

2. 根据权利要求1所述的药物组合物，其中所述微生物选自醋杆菌（Acetobacter）KCTC 0773BP，乳杆菌（Lactobacillus）KCTC 0774BP，短乳杆菌（Lactobacillusbrevis），瑞士乳杆菌（Lactobacillushelveticus），保加利亚乳杆菌（Lactobacillusbulgaricus），干酪乳杆菌（Lactobacillus casei），高加索乳杆菌（Lactobacilluskefir），马乳酒样乳杆菌（Lactobacillus keriranofaciens），双歧乳杆菌（Lactobacillusbifidus），清酒乳杆菌（Lactobacillussake），路氏乳杆菌（Lactobacillusreuteri），乳乳杆菌（Lactobacilluslactis），德氏乳杆菌（Lactobacillusdelbrueckii）和瑞士葡萄糖乳杆菌jugurti变种（Lactobacillushelveticusglucosvar. jugurti.）。

3. 根据权利要求1所述的药物组合物，其特征在于所述微生物被肠衣物质所包衣。”

驳回决定的理由是：（1）本申请的说明书中仅公开了醋酸杆菌BC-Y058（KCTC 0773BP）和乳杆菌BC-Y009（KCTC 0774BP）具有降低血糖和控制肥胖以及改变血脂的试验数据，然而没有提供对于本领域技术人来说足以证明本申请的其他菌株也具有降低血糖和控制肥胖的实验室试验（包括动物试验）或者临床试验的定性或定量数据，因此导致本申请说明书公开不充分，不符合专利法第26条第3款的规定。（2）对于本申请权利要求1的描述“所述微生物选自能够在肠中将寡糖转化成非消化性多糖的醋酸杆菌种（Acetobactersp.）和乳杆菌种（Lactobacillussp.）”，本领域技术人员不清楚权利要求1的药物组合物中的微生物具体是哪一种醋酸杆菌和哪一种乳酸杆菌，因此权利要求1的保护范围不清楚，不符合专利法实施细则第20条第1款的规定。

申请人株式会社百尼尔（下称复审请求人）不服上述驳回决定，于2006年11月27日向专利复审委员会提出复审请求，并未提交修改文本。其复审请求的理由是：（1）本申请的发明点在于在肠中将寡糖转化为非消化性多糖以降低来源中寡糖的量并因此治疗或预防肥胖和糖尿病的微生物；本申请给出的实施例只是示例性目的，将本申请的范围限制至醋酸杆菌BC-Y058和BC-Y009不合理；且基于本申请公开的内容并结合现有技术的教导，本领域技术人员完全可以预计除醋酸杆菌BC-Y058和BC-Y009之外的其他菌株也能实现本申请的目的，因此权利要求2所保护的技术方案不仅被充分公开，而且得到说明书的支持。（2）醋酸杆菌种和乳酸杆菌种是本领域清楚的专业术语，且权利要求1还结合了功能性限定，表明所述醋酸杆菌种和乳酸杆菌种是“能够在肠中将寡糖转化为非消化性多糖的醋酸杆菌种和乳酸杆菌种”，因此权利要求1是清楚的。

经形式审查合格后，专利复审委员会依法受理了上述请求，并于2007年1月8日向复审请求人发出了复审请求受理通知书，同时向原实质审查部门发出前置审查通知书。

原实质审查部门对该复审请求作出前置审查意见，仍然坚持原驳回决定。

针对上述复审请求，专利复审委员会依法成立合议组，对该复审请求进行审查。本案合议组于2008年7月9日向复审请求人发出复审通知书，指出：（1）根据本申请说明书的记载，本申请涉及一种将微生物用作活性成分的药物组合物，所述微生物能在肠道中生存并将由消化酶制备的寡糖转化为不能被消化的多糖，通过从源头降低吸入人体肠道中的寡糖量，以治疗肥胖症或糖尿病。根据说明书的记载可知，本申请是涉及新的药物组合物的化学产品发明，然而，由于本申请技术方案中使用上述微生物作为活性成分来制备药物组合物，本领域普通技术人员有理由怀疑这种新的药物组合物在使用时是否能够实现治疗肥胖症或糖尿病的目的，因此本申请技术方案的效果必须依赖实验结果加以证实。故本申请的说明书中应当记载足以证明该药物组合物使用所述微生物作为活性成分确实能够达到治疗肥胖症或糖尿病的效果的实验数据。而说明书中只给出了使用所述微生物中的醋杆菌 BC-Y058（KCTC 0773BP）或乳杆菌 BC-Y009（KCTC 0774BP）这两种具体的菌制成的药物组合物能够降低血糖、控制体重的实验数据；对于使用除这两种菌之外的其他的菌制成的药物组合物，说明书中仅是文字性地表述了其所达到的效果，却没有给出任何实验数据来证明其确实能够达到所述治疗肥胖症或糖尿病的效果，因此本申请的说明书未对使用上述其他的菌制备的药物组合物的技术方案作出清楚、完整的说明，不符合专利法第 26 条第 3 款的规定。（2）本申请权利要求 1、2 请求保护用于治疗和预防肥胖症或糖尿病的药物组合物。权利要求 1 中用上位概念"醋酸杆菌种"和"乳杆菌种"概括了其请求保护的药物组合物中的微生物种类。权利要求 2 中以并列概括的方式用"醋杆菌 KCTC 0773BP，……和瑞士葡萄糖乳杆菌 jugurti 变种"限定了其请求保护的组合物中的微生物种类。如前所述，本申请说明书中没有给出任何实验数据证明使用除醋杆菌 BC-Y058 和乳杆菌 BC-Y009 之外的其他菌的药物组合物均能达到治疗肥胖症或糖尿病的效果，因此，本领域普通技术人员根据说明书公开的内容难于预测使用除所述两种菌之外的所有醋酸杆菌种或乳杆菌种均能实现治疗肥胖症或糖尿病的目的，因而权利要求 1 和 2 中使用除上述两种菌之外的其他菌的药物组合物的技术方案得不到说明书的支持，不符合专利法第 26 条第 4 款的规定。

针对上述复审通知书，复审请求人于 2008 年 10 月 13 日提交了意见陈述书，以及权利要求书全文的修改替换页。其中，将权利要求 1 中的醋酸杆菌和乳酸杆菌限定为"醋杆菌（Acetobacter）KCTC 0773BP 和乳杆菌（Lactobacillus）KCTC 0774BP"，删除了权利要求 2，并对修改后的权利要求重新编号。复审请求人恳请在修改后的权利要求书的基础上撤销驳回决定。修改后的权利要求书如下：

"1. 一种用于治疗和预防肥胖症或糖尿病的药物组合物，包括可药用载体和药物有效量的微生物，所述微生物选自醋杆菌（Acetobacter）KCTC 0773BP 和乳杆菌（Lactobacillus）KCTC 0774BP。

2. 根据权利要求 1 所述的药物组合物，其特征在于所述微生物被肠衣物质所包衣。"

至此，合议组认为本案事实已经清楚，现依法作出复审决定。

二、决定的理由

1. 决定所依据的文本

本复审请求审查决定所依据的文本为：复审请求人于 2002 年 1 月 16 日进入中国国家阶段时提交的说明书第 1~28、30~34 页，说明书附图第 1~5 页，说明书摘要和摘要附图；于 2004 年 6 月 14 日提交的说明书第 29 页；于 2008 年 10 月 13 日提交的权利要求第 1~2 项。

2. 法律依据

本决定的法律依据为：

专利法第 26 条第 3 款规定：说明书应当对发明或者实用新型作出清楚、完整的说明，以所属技术领域的技术人员能够实现为准。

专利法第 26 条第 4 款规定：权利要求书应当以说明书为依据，说明要求专利保护的范围。

专利法实施细则第 20 条第 1 款规定：权利要求书应当说明发明或者实用新型的技术特征，清楚、简要地表述请求保护的范围。

3. 关于复审请求人提交的修改文本是否克服驳回决定和复审通知书所指缺陷

（1）关于专利法第 26 条第 3 款。

驳回决定和复审通知书中均认为：本申请说明书中只给出了使用醋杆菌 BC-Y058（KCTC 0773BP）或乳杆菌 BC-Y009（KCTC 0774BP）这两种具体的菌制成的药物组合物能够降低血糖、控制体重的实验数据，对于使用除这两种菌之外的其他的菌制成的药物组合物却没有给出任何实验数据来证明其确实能够达到所述治疗肥胖症或糖尿病的效果，因此本申请的说明书未对使用上述其他的菌制备的药物组合物的技术方案作出清楚、完整的说明，不符合专利法第 26 条第 3 款的规定。

复审请求人于 2008 年 10 月 13 日提交的修改文本中：将权利要求 1 中的醋酸杆菌和乳酸杆菌限定为“醋杆菌（Acetobacter）KCTC 0773BP 和乳杆菌（Lactobacillus）KCTC 0774BP”，并删除了权利要求 2，将权利要求 3 的编号修改为权利要求 2。这种修改实际上是从权利要求书中的含有醋酸杆菌种和乳杆菌种的技术方案中，删除了除“醋杆菌（Acetobacter）KCTC 0773BP 和乳杆菌（Lactobacillus）KCTC 0774BP”之外的所有其他的菌的技术方案，修改后的权利要求书请求保护的技术方案是其中的微生物仅选自“醋杆菌（Acetobacter）KCTC 0773BP 和乳杆菌（Lactobacillus）KCTC 0774BP”的技术方案。

对此，合议组经审查后认为：由于本申请的关于微生物选自醋杆菌（Acetobacter）KCTC 0773BP 和乳杆菌（Lactobacillus）KCTC 0774BP 的技术方案在说明书中是公开充分的，复审请求人通过上述修改，已将公开不充分的技术方案从权利要求书中删除而不再纳入请求保护的范围，仅请求保护说明书中充分公开了的上述技术方案，故本申请说明书按照专利法第 26 条第 3 款的规定充分公开了请求保护的主题（即权利要求 1 和 2 的技术方案），克服了驳回决定和复审通知书中所指出的本申请说明书不符合专利法第 26 条第 3 款规定的上述缺陷。

（2）关于专利法第 26 条第 4 款和专利法实施细则第 20 条第 1 款。

驳回决定中指出：本领域技术人员不清楚权利要求 1 的药物组合物中的微生物具体是哪一种醋酸杆菌和哪一种乳酸杆菌，因此权利要求 1 的保护范围不清楚，不符合专利法实施细则第 20 条第 1 款的规定。对此，合议组在复审通知书中指出：权利要求 1 和 2 中使用除醋杆菌（Acetobacter）KCTC 0773BP 和乳杆菌（Lactobacillus）KCTC 0774BP 之外的其他菌的药物组合物的技术方案得不到说明书的支持，不符合专利法第 26 条第 4 款的规定。

如前所述，复审请求人将权利要求 2 删除，即克服了复审通知书所指的权利要求 2 得不到说明书支持的缺陷；并将权利要求 1 的醋酸杆菌和乳酸杆菌具体限定为“醋杆菌（Acetobacter）KCTC 0773BP 和乳杆菌（Lactobacillus）KCTC 0774BP”，由此修改后的权利要求 1 中具体限定了微生物选自在说明书中已详细说明的上述两种菌，即克服了驳回决定所指权利要求 1 不清楚的缺陷，同时，也克服了复审通知书所指权利要求 1 得不到说明书的支持的缺陷。

综上所述，复审请求人提交的修改文本克服了驳回决定和复审通知书所指全部缺陷。

根据上述事实和理由，本案合议组依法作出以下审查决定。

三、决定

在修改文本的基础上，撤销国家知识产权局于 2006 年 8 月 11 日对 01801286.8 号 PCT 发明专利申请作出的驳回决定，由原实质审查部门以本决定依据的文本作为审查基础继续进行审查程序。

复审请求人对本决定不服的，可以根据专利法第 41 条第 2 款的规定，自收到本决定之日起三个月内向北京市第一中级人民法院起诉。

174

处理卡盒及图像形成装置

复审请求审查决定（第15356号）

决　定　号　第15356号
决　定　日　2008年12月5日
发明创造名称　处理卡盒及图像形成装置
国际分类号　G03G 15/08，G03G 21/00
复审请求人　株式会社理光
申　请　号　200410006615.1
申　请　日　2004年2月25日
优　先　权　日　2003年2月28日，2004年1月16日
公　开　日　2004年9月1日
合议组组长　杨军艳
主　审　员　关　刚
参　审　员　王琦琳

法律依据　专利法第33条，专利法第22条第3款
决定要点

如果一项权利要求相对于一篇对比文件存在区别技术特征，而且该区别技术特征与其他的对比文件所公开的技术特征实质上不相同，解决的技术问题不相同，达到的技术效果也不相同的情况下，则该项权利要求相对于这些对比文件的结合具备创造性。

一、案由

本复审请求涉及申请号为200410006615.1、名称为“处理卡盒及图像形成装置”的发明专利申请（下称本申请），申请人为株式会社理光，申请日为2004年2月25日，优先权日为2003年2月28日和2004年1月16日，公开日为2004年9月1日。

国家知识产权局专利实质审查部门依法对本申请进行了实质审查，于2007年11月9日以本申请权利要求1~15不符合专利法第22条第3款的规定为由作出驳回决定，其中引用了以下4篇对比文件：

对比文件1：特开2002-297002 A号日本专利文献，其公开日为2002年10月9日；

对比文件2：公开号为CN1397851 A的中国发明专利申请公开说明书，其公开日为2003年2月19日；

对比文件3：公开号为CN1233330 A的中国发明专利申请公开说明书，其公开日为1999年10月

27日；

对比文件4：特开2000-284555 A号日本专利文献，其公开日为2000年10月13日。

驳回决定所针对的文本是：申请日2004年2月25日提交的说明书第1~13页、附图第1~6页、说明书摘要和摘要附图，2007年10月9日提交的权利要求第1~15项。驳回决定所针对的权利要求书如下：

"1. 一种处理卡盒，可装卸地设置于图像形成装置中，包括：

用于载置图像的像载置体；

至少一个用于实行图像形成处理的图像形成处理装置；

壳体，收纳上述像载置体以及至少一个图像形成处理装置，成为一体；

第一止滑握持部，设在上述壳体的局部表面上；

其中，该处理卡盒可在与上述像载置体长度方向大致平行的方向移动，当处理卡盒装到图像形成装置中，或从图像形成装置卸下处理卡盒时，图像形成装置的操作者通过握持上述第一止滑握持部以及该第一止滑握持部所在面的背面，抓住处理卡盒，并且上述壳体包括一开口，上述像载置体局部通过该壳体上开口露出，设有上述第一止滑握持部的壳体面的朝向，与上述像载置体露出面朝向相同，并且，

其中，设有上述第一止滑握持部的壳体面相对上述像载置体露出面具有阶梯差，并且，显影装置包括显影套、供给辊、搅拌辊，该显影装置相对于显影套的位置使供给辊及搅拌辊的位置设定为较低，从而设置阶梯差。

2. 根据权利要求1中所述的处理卡盒，其特征在于，进一步包括第二止滑握抓部，其设在上述第一止滑握持部所在面的背面，当处理卡盒装到图像形成装置中，或从图像形成装置卸下处理卡盒时，图像形成装置的操作者通过握持上述第一止滑握持部以及第二止滑握持部，抓住处理卡盒。

3. 根据权利要求1中所述的处理卡盒，其特征在于，设有上述第一止滑握持部的面比上述像载置体露出面位置低。

4. 根据权利要求1或2中所述的处理卡盒，其特征在于，处理卡盒可在与上述像载置体长度方向大致平行的方向，在插入位置和拉出位置间移动，上述插入位置是指处理卡盒插入到图像形成装置中的位置，上述拉出位置是指处理卡盒从图像形成装置中拉出时的位置，沿着从上述插入位置朝拉出位置的方向，上述第一止滑握持部设在壳体的前方侧。

5. 根据权利要求1或2中所述的处理卡盒，其特征在于，在垂直于处理卡盒装卸移动方向的水平方向，相对处理卡盒壳体的中心位置，上述第一止滑握持部设在像载置体的相反侧位置。

6. 根据权利要求1或2中所述的处理卡盒，其特征在于，进一步包括把手，当处理卡盒在插入位置与拉出位置之间移动时，操作者可以拉住该把手，沿着从上述插入位置朝拉出位置的方向，上述把手设在位于前方侧的壳体壁面上。

7. 根据权利要求6中所述的处理卡盒，其特征在于，相对通过像载置体回转轴线的垂直面，上述第一止滑握持部和把手分别设在相反侧位置。

8. 根据权利要求7中所述的处理卡盒，其特征在于，上述第一止滑握持部与像载置体回转中心轴线之间的距离设定为比上述把手与像载置体回转中心轴线之间的距离长。

9. 根据权利要求1或2中所述的处理卡盒，其特征在于，上述第一止滑握持部具有与壳体其他部分表面不同的区别构成。

10. 根据权利要求9中所述的处理卡盒，其特征在于，上述第一止滑握持部的摩擦力比壳体其他部分表面的摩擦力大。

11. 根据权利要求 10 中所述的处理卡盒，其特征在于，通过刻设壳体表面形成上述第一止滑握持部。

12. 根据权利要求 10 中所述的处理卡盒，其特征在于，通过在壳体表面粘贴摩擦系数大的部件形成上述第一止滑握持部。

13. 根据权利要求 1 或 2 中所述的处理卡盒，其特征在于，上述图像形成处理装置包括以下各装置中的至少一个：

显影装置，用于对像载置体上的潜像进行显影；

带电装置，使得像载置体表面带电；

清洁装置，用于清洁像载置体的表面。

14. 一种图像形成装置，设有处理卡盒，其特征在于，上述处理卡盒为上述权利要求 1~13 中任一个所述的处理卡盒。

15. 根据权利要求 14 中所述的图像形成装置，其特征在于，设有一个或多个处理卡盒，设有一个处理卡盒时，图像形成装置形成单色图像，设有多个处理卡盒时，图像形成装置形成多色图像。”

驳回决定中指出，本申请权利要求 1 相对于对比文件 1、2 和 4 的结合不具备专利法第 22 条第 3 款规定的创造性；从属或引用权利要求 1 的权利要求 2~15 的技术特征也被对比文件 1、2 和 4 所公开或属于本领域惯用技术手段，因此权利要求 2~15 相对于对比文件 1、2 和 4 的结合也不具备专利法第 22 条第 3 款规定的创造性。

申请人株式会社理光（下称复审请求人）不服上述驳回决定，于 2008 年 2 月 5 日向专利复审委员会提出复审请求，同时提交了权利要求书和说明书全文的修改替换页，其中仅修改了权利要求 1，并对说明书发明内容部分作了适应性修改。复审请求人认为，其提出复审请求时补入到独立权利要求 1 中的技术特征“设有所述第一止滑握持部的壳体面，相对于所述像载置体局部从所述壳体露出的方向，将所述供给辊及搅拌辊设定为比所述显影套低的较低位置，从而相对于设有所述开口部的面设置阶梯差”以及“在所述图像形成装置内，所述处理卡盒相对于所述像载置体局部从所述壳体露出的方向，与其他处理卡盒的壳体局部隔着空间而相互重叠地设置，设有所述第一止滑部握持部的壳体面面对所述空间”没有被驳回决定中所引用的对比文件 1~4 公开，因此修改后的独立权利要求 1 具备创造性，从属或引用权利要求 1 的权利要求 2~15 也具备创造性。

修改后的独立权利要求 1 为：

“1. 一种处理卡盒，可装卸地设置于图像形成装置中，包括：

用于载置图像的像载置体；

至少一个用于实行图像形成处理的图像形成处理装置，其至少包括具有显影套、供给辊、搅拌辊的显影装置；

壳体，收纳上述像载置体以及至少一个图像形成处理装置，成为一体；

第一止滑握持部，设在上述壳体的局部表面上；并且

该处理卡盒相对于图像形成装置本体，在与所述像载置体长度方向大致平行的方向移动，从而可装卸地设置于该图像形成装置本体内，

其特征在于，

所述壳体具有所述第一止滑握持部及该第一止滑握持部所在面的背面，以使操作者在装卸所述处理卡盒时握持所述处理卡盒，

所述第一止滑握持部设置于与设有开口部的壳体面的朝向相同的壳体面上，所述像载置体局部从所述壳体的开口部露出，

设有所述第一止滑握持部的壳体面，相对于所述像载置体局部从所述壳体露出的方向，将所述供给辊及搅拌辊设定为比所述显影套低的较低位置，从而相对于设有所述开口部的面设置阶梯差，

在所述图像形成装置内，所述处理卡盒相对于所述像载置体局部从所述壳体露出的方向，与其他处理卡盒的壳体局部隔着空间而相互重叠地设置，设有所述第一止滑部握持部的壳体面面对所述空间。”

经形式审查合格后，专利复审委员会依法受理了上述复审请求，并于2008年3月18日向复审请求人发出了复审请求受理通知书，同时向原实质审查部门发出前置审查通知书。

原实质审查部门对该复审请求做出前置审查意见，认为权利要求1的修改不符合专利法第33条的规定，其中：（1）权利要求1中增加的内容“设有所述第一止滑握持部的壳体面，相对于所述像载置体局部从所述壳体露出的方向，将所述供给辊及搅拌辊设定为比所述显影套低的较低位置，从而相对于设有所述开口部的面设置阶梯差”不能从原说明书和权利要求书中直接地、毫无疑义地确定，原说明书和权利要求书中并无“相对于所述像载置体局部从所述壳体露出的方向”设置为低这一记载，原说明书中的高低只是普通意义上的高低，即仅仅表现为竖直方向上的高低，而修改后的内容使得显影套沿某一特定方向设置为相对于供给辊及搅拌辊的位置低的位置，且该方向可为任意方向，从而使壳体面和开口部的面产生阶梯差，显然该内容不能从原说明书和权利要求中直接地、毫无疑义地确定；（2）对于权利要求1中增加的内容“在所述图像形成装置内，所述处理卡盒相对于所述像载置体局部从所述壳体露出的方向，与其他处理卡盒的壳体局部隔着空间而相互重叠地设置，设有所述第一止滑握持部的壳体面面对所述空间”，原说明书和权利要求中仅仅记载了露出方向为上时，各个处理卡盒沿水平方向间隔着并且沿竖直方向重叠设置，并未记载当开口方向向其他方向时，处理卡盒仍可沿开口方向间隔重叠设置的技术特征，或者处理卡盒沿竖直方向上下正对着重叠设置的技术特征，因此修改后的技术特征不能从原说明书和权利要求中直接地、毫无疑义地确定。仍然坚持原驳回决定。

本案合议组在仔细审阅了全部案卷后，认为本案事实已经清楚，现依法作出复审决定。

二、决定的理由

1. 关于审查文本

本复审请求审查决定所针对的审查文本是复审请求人于2008年2月5日提交的权利要求第1~15项、说明书第1~12页，于申请日2004年2月25日提交的说明书附图第1~6页、说明书摘要和摘要附图。

2. 关于专利法第33条

复审请求人在提交复审请求时对权利要求1进行了修改，其中修改后的技术特征“该处理卡盒相对于图像形成装置本体，在与所述像载置体长度方向大致平行的方向移动，从而可装卸地设置于该图像形成装置本体内”、“所述壳体具有所述第一止滑握持部及该第一止滑握持部所在面的背面，以使操作者在装卸所述处理卡盒时握持所述处理卡盒”、以及“所述第一止滑握持部设置于与设有开口部的壳体面的朝向相同的壳体面上，所述像载置体局部从所述壳体的开口部露出”只是在修改前的权利要求的技术特征基础上所进行的文字叙述和顺序上的变化，并且这些技术特征均能从申请日所提交的说明书和权利要求书（下称原说明书和权利要求书）记载的内容直接地、毫无疑义地确定。

对于修改后的技术特征“设有所述第一止滑握持部的壳体面，相对于所述像载置体局部从所述壳体露出的方向，将所述供给辊及搅拌辊设定为比所述显影套低的较低位置，从而相对于设有所述开口部的面设置阶梯差”，根据本申请原说明书第10页第24~28行记载的如下内容“沿着感光体鼓25K的回转方向，显影装置26K的配置位置位于感光体鼓露出部的前侧，相对显影套26K1的位置，

并列设置的供给辊 26K2 以及搅拌辊 26K3 的位置可以设定为较低。利用这种辊的配置位置，能相对感光体鼓 25K 的露出面具有阶梯差”能够直接地、毫无疑义地确定，其中感光体鼓即权利要求中的像载置体，相对显影套 26K1 的位置，并列设置的供给辊 26K2 以及搅拌辊 26K3 的位置可以设定为较低，即可得到“将所述供给辊及搅拌辊设定为比所述显影套低的较低位置”的技术特征，相对感光体鼓 25K 的露出面具有阶梯差即可得到“相对于像载置体局部从所述壳体露出的方向，显像套与搅拌辊和供给辊之间具有阶梯差”的技术特征，即原说明书中所记载的壳体面和露出面产生阶梯差可以直接得到壳体面和开口部产生阶梯差的技术内容，其中的像载置体的“露出面”即为“开口部”，这种术语的改变只是为了使权利要求的描述保持一致性的需要，是可以直接地、毫无疑义地确定的，本领域技术人员可以理解所谓阶梯差即是指竖直方向上的高低，而不会将其误理解为是任意方向上的，而修改后的权利要求中“相对于设有所述开口部的面设置阶梯差”不仅限定了产生阶梯差的方向，还描述了阶梯差与开口部的面的相互关系，并且这种限定是和原说明书中“相对感光体鼓 25K 的露出面具有阶梯差”的记载一致的，因此上述技术特征能从原说明书记载的内容直接地、毫无疑义地确定。

对于修改后的技术特征“在所述图像形成装置内，所述处理卡盒相对于所述像载置体局部从所述壳体露出的方向，与其他处理卡盒的壳体局部隔着空间而相互重叠地设置，设有所述第一止滑部握持部的壳体面面对所述空间”，根据本申请原说明书第 1 页第 21～23 行记载的“在使用若干个感光体的结构中，为了采用上述后一种形成彩色图像的方式，可以将形成各色图像的感光体沿作为上述中间转印体的带的伸展方向并行设置，即串列式结构”，和原说明书第 7 页第 13 行记载的“该图像形成装置采用串列式，是可形成彩色图像的彩色打印机”，并结合原说明书附图 1 能直接地、毫无疑义地确定本申请的图像形成装置包含多个成像装置（即处理卡盒）21Y、21C、21M、21K 沿中间转印带 22A 的伸展方向并行设置的内容，结合上面提及的在处理卡盒中相对感光体鼓 25K 的露出面显像套与搅拌辊和供给辊之间具有阶梯差的技术特征，能直接地、毫无疑义地确定并行设置的多个处理卡盒在相对于所述像载置体局部从所述壳体露出的方向，隔着由于所述阶梯差所产生的空间重叠设置，并且所述第一止滑部握持部的壳体面面对所述空间。而且由于图像形成装置中的多个处理卡盒的感光体鼓均需要与中间转印带接触且沿该中间转印带的伸展方向并行设置，才能实现其形成彩色图像的功能，因此多个处理卡盒的感光体鼓开口方向均必然是朝向中间转印带，且各个处理卡盒必然是沿中间转印带的伸展方向间隔重叠设置，即类似于在说明书附图 1 中显示的感光体鼓开口方向及各个处理卡盒设置情况，本领域技术人员不会将处理卡盒的感光体鼓开口方向理解成是任意方向。因此上述技术特征可以从原说明书和权利要求书记载的内容直接地、毫无疑义地确定。

综上所述，权利要求 1 的修改未超出原说明书和权利要求书记载的范围，符合专利法第 33 条以及专利法实施细则第 60 条的规定。

3. 关于本申请权利要求 1～15 是否具备创造性

专利法第 22 条第 3 款规定，创造性，是指同申请日以前已有的技术相比，该发明有突出的实质性特点和显著的进步，该实用新型有实质性特点和进步。

驳回决定指出，本申请权利要求 1 相对于对比文件 1、2 和 4 的结合不具备创造性。

经审查，本申请权利要求 1 请求保护一种处理卡盒。对比文件 1 公开了一种处理卡盒，两者都属于相同的技术领域。对比文件 1 具体公开了如下内容（参见对比文件 1 的说明书第 24、30～33 段以及附图 1～3）：该处理卡盒 31 包括形成静电潜的像感光体 1（相当于本申请中的像载置体）；静电图像通过显影单元 3（相当于本申请中的图像形成处理装置）形成调色剂图像；处理卡盒 31 能够从图像形成设备主体中沿与处理卡盒的长度方向平行的方向装上或卸下，即可在感光体 1 的长度方向上大致平行的方向移动；在处理卡盒装卸过程中，处理卡盒的一个表面上设置有导轨36（相当于本申请中的第一止滑握持部），在处理盒的一侧面还设置有洞41，以便左手握持处理卡盒的时候能够把手指深入其中，从而在处理卡盒安装和拆卸的时候更好的抓住处理卡盒；处理卡盒中的感光体1通过处理卡盒上的开口局部露出。

本申请权利要求1与对比文件1相比，其区别技术特征在于：（A）所述第一止滑部设置于与设有开口部的壳体面的朝向相同的壳体面上，还设有所述第一止滑部的壳体面，相对于所述像载置体局部从所述壳体露出的方向，将所述供给辊及搅拌辊设定为比所述显影套低的较低位置，从而相对于设有所述开口部的面设置阶梯差；（B）在所述图像形成装置内，所述处理卡盒相对于所述像载置体局部从所述壳体露出的方向，与其他处理卡盒的壳体局部隔着空间而相互重叠地设置，设有所述第一止滑握持部的壳体面面对所述空间。上述区别技术特征在本申请中所起的作用是能够避免直接接触像载置体的露出面，不必设置用于防止接触露出面的结构。

对比文件2公开了一种色粉盒盖、色粉盒、以及处理卡盒，其中具体公开了如下技术特征（参见对比文件2的说明书第10页第9~10行，第11页第9~14行以及附图13）：所述处理卡盒包括：包括一用于储入色粉的色粉盒11A的色粉室框架11，其连接于容放诸如图像显影辊9c这样的图像显影装置的图像显影室框架12，装有用于形成潜像的感光鼓7（相当于本申请中的像载置体）和诸如清洁刮板10a这样的清洁装置和充电辊8的清洁室框架13，所述清洁室框架13连接于前述两个框架11和12以形成处理卡盒（其中充电辊8、显影装置9、清洁装置10以及类似装置共同对图像进行处理，相当于本申请中的图像形成处理装置），在色粉室框架11的顶部11a具有一带凹槽部分17，位于顶部11a的长度方向中心部位处，并用作一把柄，成像设备操作者可以依靠顶部11a的带凹槽部分17和底部11b的面朝下一侧抓牢处理卡盒B而予以装卸，在底部11b的面朝下表面上沿底部11b长度方向伸展的各肋板11c用来防止处理卡盒B从操作者的手中滑脱。可见，对比文件2中处理卡盒的装卸是以处理卡盒中色粉室框架11的顶部的一凹槽部分17作为把柄，操作者依靠色粉室框架11的顶部的凹槽部分17和底部11b的面朝下一侧抓牢处理卡盒而实现的，即对比文件2是在垂直于处理卡盒中感光鼓的长度方向的方向对处理卡盒进行装卸的，其不同于对比文件1和本申请中在与感光体的长度方向上大致平行的方向装卸处理卡盒的方式，因此本领域技术人员难以将对比文件2公开的结构特征应用于对比文件1的结构中；而且由于对比文件2是在垂直方向装卸处理卡盒，因此其由凹槽7与带肋板11c的底部11b形成的把柄方向与感光鼓露出部分的开口方向并不完全相同，它们之间存在一定角度，肋板11c与感光鼓开口部之间为一斜面，没有形成阶梯差。即对比文件2虽然公开了类似于本申请权利要求1中的止滑握持部的技术特征肋板11c，但没有公开止滑握持部的壳体面与开口壳体面朝向相同，止滑握持部的壳体面与感光鼓、显影套部分的壳体设置有阶梯差的结构位置关系。

对比文件4公开了一种图像形成装置，并具体公开了如下内容（参见对比文件4的说明书第0023、0024段以及附图1）：所述图像形成装置包括多个沿中间转印带103延伸的方向并行设置的多个成像部件40C-40K（相当于本申请中的处理卡盒），每个成像部件包括感光体41C-41K（相当于本申请中的像载置体），所述多个成像部件40C-40K设置在所述中间转印带103的下方，每个成像部件的上表面设置开口，每个成像部件中的感光体从该开口露出。对比文件4公开的内容中没有涉及用于装卸处理卡盒的部件，对比文件4仅仅公开了本申请权利要求1中各处理卡盒相互重叠设置的技术特征，而没有公开本申请权利要求1中设置止滑部，止滑部壳体面的朝向，以及止滑部相对于感光体露出面开口部设置阶梯差的技术特征。

综上所述，对比文件2和4均没有公开本申请权利要求1中止滑部壳体面的朝向设置及止滑部相对于感光体露出面开口部设置阶梯差的技术特征，且对上述技术特征也没有给出技术启示，因此根据对比文件 1、2 和 4 无法得到本申请权利要求 1 的技术方案，而且本申请权利要求 1 中利用第一止滑握持部与像载置体露出面朝向相同，以及设有第一止滑握持部的壳体面相对于像载置体露出面具有阶梯差的技术方案能够获得在装卸时避免直接接触像载置体的露出面，不必设置用于防止接触露出面的结构的技术效果，因此本申请权利要求 1 相对于对比文件 1、2 和 4 具备专利法第 22 条第 3 款规定的创造性。

另外，本申请权利要求 2~13 为直接或间接引用权利要求 1 的从属权利要求，权利要求 14 和 15 引用了权利要求 1 的全部技术特征，因此当权利要求 1 具备创造性时，本申请权利要求 2~15 相对于对比文件 1、2 和 4 也具备专利法第 22 条第 3 款规定的创造性。

根据上述事实和理由，本案合议组依法作出以下决定。

三、决定

撤销国家知识产权局于 2007 年 11 月 9 日对 200410006615.1 号发明专利申请作出的驳回决定，由原审查部门以本决定所依据的文本，即于 2008 年 2 月 5 日提交的权利要求第 1~15 项、说明书第 1~12页，于申请日 2004 年 2 月 25 日提交的说明书附图第 1~6 页、说明书摘要和摘要附图作为审查基础继续进行审查程序。

复审请求人对本决定不服的，可以根据专利法第 41 条第 2 款的规定，自收到本决定之日起三个月内向北京市第一中级人民法院起诉。

175

可吸收神经导管及其制造方法

复审请求审查决定（第15359号）

决　　定　　号　第15359号
决　　定　　日　2008年12月9日
发明创造名称　可吸收神经导管及其制造方法
国际分类号　A61F 2/04，A61L 27/14，A61L 27/20，A61L 27/58
复审请求人　赵林森
申　　请　　号　200410067183.5
申　　请　　日　2004年10月15日
公　　开　　日　2005年3月2日
合议组组长　陈迎春
主　　审　　员　李　礼
参　　审　　员　李晓娜

法律依据　专利法第22条第3款
决定要点

若一项权利要求请求保护的技术方案与最接近现有技术之间存在区别特征，现有技术中也未给出将该区别特征应用到该最接近的现有技术以解决其存在的技术问题的技术启示，且该技术方案获得优于现有技术的技术效果，则该项权利要求请求保护的技术方案具备突出的实质性特点和显著的进步。

一、案由

本复审请求涉及申请号为200410067183.5、名称为“可吸收神经导管及其制造方法”的发明专利申请（下称本申请），其申请日为2004年10月15日，公开日为2005年3月2日，申请人为赵林森。

经过实质审查程序，国家知识产权局实质审查部门于2006年8月25日以本申请权利要求1不符合专利法第22条第2款、权利要求2~10项不符合专利法第22条第3款为由作出驳回决定。驳回决定所针对的权利要求书内容如下：

“1. 一种可吸收神经导管，它基本由80~120重量份壳聚糖和10~30重量份乳酸组成。

2. 如权利要求1所述的可吸收神经导管，其特征在于该神经导管的拉伸强度为5~7N、弹性伸长率为50%~70%。

3. 如权利要求1或2所述的可吸收神经导管，其特征在于其拉伸强度5~6N，弹性伸长率为50%~60%，所述神经导管管壁厚度为150~300μm。

4. 如权利要求1或2所述的可吸收神经导管，其特征在于所述导管表面具有许多直径小于1μm的径向通孔，所述可吸收神经导管的内径为1.5~5mm。

5. 一种可吸收神经导管的制备方法，它包括如下步骤：

a）提供壳聚糖在乳酸中的溶液，该溶液含有80~120重量份壳聚糖和10~30重量份乳酸；

b）将所述溶液均匀涂覆在一模具棒上，并加热使之干燥；

d）将得到的产物在0.2~2N的NaOH溶液中浸泡至导管可从模具棒上脱模。

6. 如权利要求5所述的方法，其特征在于在步骤b）和d）之间它还包括：

c）重复步骤b)，直至达到所需的涂层厚度，得到成型的神经导管，并且在步骤b）之前它还包括用200目的筛网过滤壳聚糖的乳酸溶液并除去气泡的步骤。

7. 如权利要求5或6所述的方法，其特征在于在步骤d）之前它还包括真空干燥产物的步骤。

8. 如权利要求5或6所述的方法，其特征在于加热干燥温度低于60℃。

9. 如权利要求5或6所述的方法，其特征在于在氢氧化钠浸泡时间为1~1.5h。

10. 如权利要求5或6所述的方法，其特征在于所述模具棒是以30~40rpm/min的转速匀速水平转动的。”

驳回决定引用对比文件如下：

对比文件1：CN1168505C号中国发明专利说明书，授权公告日为2004年9月29日；

对比文件2：李青峰等人撰写“不同通透性壳聚糖生物膜复合导管修复周围神经缺损的实验研究”，《上海医学》，2000年，第23卷第7期，第390~392页；

对比文件3：CN1404881A号中国发明专利申请公开说明书，公开日为2003年3月26日；

对比文件4：CN1100572C号中国发明专利说明书，授权公告日为2003年2月5日。

驳回决定中认为：对比文件1公开了本申请权利要求1的全部技术特征，因而本申请权利要求1相对于对比文件1不具备新颖性；在对比文件1的基础上通过有限次的试验即可得到本申请权利要求2请求保护的技术方案，因而本申请权利要求2不具备创造性；从属权利要求3、4的附加技术特征或被对比文件2所公开、或在对比文件2中已给出相应的技术启示，因而从属权利要求3、4也不具备创造性；本申请权利要求5请求保护的技术方案与对比文件1的区别是所用的氢氧化钠溶液浓度为0.2~2N和所属溶液在模具棒上均匀涂覆并经过加热干燥，其中第一个区别与对比文件1公开的溶液浓度范围相比未带来任何实质性效果，本领域技术人员在对比文件1的基础上可根据需要任意选择而无需付出任何创造性劳动，而对比文件3已公开第二个区别，因而权利要求5相对于对比文件1、3与本领域常规选择的结合不具备创造性；从属权利要求6~10的附加技术特征或被对比文件3或4公开，或属于本领域的常用技术手段或常规选择，因而也不具备创造性。

申请人赵林森（下称复审请求人）不服上述驳回决定，于2006年11月15日向专利复审委员会提出复审请求，并提交了权利要求书全文的修改替换页，将原权利要求2的附加技术特征加入到原权利要求1构成新的权利要求1，删除原权利要求2，并对其他权利要求引用关系进行了适应性修改。修改后的权利要求书包括9项权利要求。

复审请求人认为，对比文件1公开了一种壳聚糖医用神经的生产方法，其中提到将壳聚糖在弱酸溶液中溶解，并且随后提到所述弱酸可以是醋酸或者是磷酸、柠檬酸、乳酸，即对比文件1中的弱酸仅作为溶解壳聚糖的溶剂，对于具体使用哪种弱酸没有特别的限制，而本申请采用乳酸是因为它除了可作为溶剂溶解壳聚糖，其还可在充分干燥过程中发生自酯化形成线型聚酯，结果使得制备出的神经导管具有良好的弹性和拉伸强度，这是选用其他弱酸并不具备的，且生成的聚酯是可降解材料，生物相容性好，无毒副作用，由于本申请中的神经导管具有良好的弹性和拉伸强度，取得了意想不到的技术效果，因此相对于对比文件1不仅具有新颖性，还具有创造性。

经形式审查合格，专利复审委员会受理了该复审请求，于2006年12月29日发出了复审请求受理通知书及前置审查通知书。

原审查部门在前置审查意见书中认为，修改后的权利要求1与驳回决定所针对的权利要求2内容相同，在驳回决定中已对其不具备创造性进行了评述，此外驳回决定中也评述了其余权利要求并不具备创造性，因而仍坚持原驳回决定。

在此基础上，专利复审委员会依法成立合议组对本案进行审查，本案合议组于2008年4月2日向复审请求人发出了复审通知书，指出本申请权利要求1相对于对比文件1不具备创造性，对于复审请求人所述的本申请利用了乳酸在充分干燥过程中发生自酯化形成线型聚酯而获得优于现有技术的技术效果，合议组经审查认为，上述效果是由于乳酸其自身性质所决定的，该性质属于本领域技术人员所公知的，而对比文件1中已公开了使用乳酸作为溶剂的方案，所属技术领域的技术人员为了满足神经导管的使用要求，在对比文件1公开内容的基础上经过有限次实验可得到如本申请权利要求1中限定的拉伸强度和弹性伸长率。因此，复审请求人所陈述的本申请相对于对比文件1具备新颖性和创造性的理由不能成立，权利要求4相对于对比文件1和对比文件3的结合不具备创造性，从属权利要求2、3、5~9的附加技术特征或是被对比文件2、对比文件3或对比文件4所公开，或是属于本领域的常规选择，因而在其引用的权利要求不具备创造性的情况下，从属权利要求2、3、5~9也不具备创造性，均不符合专利法第22条第3款的规定。

针对上述复审通知书，复审请求人于2008年5月15日提交了意见陈述书，但未对其申请文件进行修改。复审请求人认为，“乳酸的自酯化形成线型聚酯”是乳酸本身固有的性能，但现有技术中并未提到或者暗示这种自酯化作用能给神经导管的制造带来怎样的效果或好处，从本领域普通技术人员的观点看，乳酸的自酯化和神经导管的性能是毫无关联的，因而利用乳酸的酯化性能制造神经导管对本领域的普通技术人员来说并非是显而易见的；此外，在对比文件1中将乳酸与其他弱酸并列列出且乳酸位列第四，当本领域技术人员依次使用所列弱酸作为溶剂时即便经过无限次实验也不能达到本申请的技术性能，同时由于对比文件1中将乳酸与其他不具有自酯化性能的弱酸并列列出，由此可见其并未提到或暗示自酯化作用可加以利用来改进神经导管的性能，因而本申请相对于对比文件1具备创造性。

合议组于2008年6月12日通过电话与复审请求人约定于2008年7月3日上午在复审委员会进行会晤。

会晤如期举行，复审请求人赵林森与本案合议组成员均出席会晤。本次会晤中，复审请求人详细介绍本申请的技术方案，强调本申请的关键步骤或其发明点是在于利用了乳酸受热后的自酯化特性，使两个乳酸分子的羟基和羧基脱水相结合，从而提高所制备出产品的强度，在本申请说明书中记载了“未酯化的乳酸”，说明在神经导管制备过程中发生了乳酸的自酯化反应。而对比文件1中的乳酸仅作为溶剂，其中并未利用乳酸的自酯化特性。本申请中乳酸除了起到溶剂的作用之外，在均匀稳定的加热温度下，一般是50℃时乳酸还会发生自酯化，与壳聚糖共混，形成丙交酯可提高强度，乳酸的自酯化发生在加热干燥过程中。合议组告知复审请求人：权利要求1~3所限定出的产品权利要求中未体现出该产品利用了自酯化特性，权利要求4中b步骤未记载温度因素，建议对上述权利要求进行修改，从而将区别于现有技术的内容限定到权利要求请求保护的技术方案中，对产品类型的权利要求，建议用其专用制备方法来限定产品。并告知复审请求人于本次会晤日起15日内提交修改文本及意见陈述书，逾期未答复视为撤回。

复审请求人于2008年7月10日提交了意见陈述书以及权利要求书全文修改替换页，并提交了高等教育出版社出版的、1995年3月第4次印刷的高等学校教材《有机化学》（第二版）的封面页、版权信息页、第4、321、323页复印件共5页作为参考资料。复审请求人认为：本申请的发明点在于利用乳酸的自酯化作用，虽然乳酸的自酯化作用是已知的（如《有机化学》中所述），但对比文献中未提到利用乳酸的自酯化作用来制备神经导管，在对比文献中仅将乳酸与其他弱酸一样作为溶剂，因此本申请是非显而易见的，同时所制备出的神经导管具有良好的弹性和拉伸强度，取得了意想不到的效果，修改后的方法类型的权利要求1中增加了本申请说明书第3页第14~15行记载的特征“加热温度低于70℃”，以突出乳酸在加热干燥过程中的自酯化作用，因此本申请具备创造性。

复审请求人于2008年7月10日所提交的权利要求书共包括9项权利要求，内容如下：

“1. 一种可吸收神经导管的制备方法，它包括如下步骤：

a）提供壳聚糖在乳酸中的溶液，该溶液含有80~120重量份壳聚糖和10~30重量份乳酸；

b）将所述溶液均匀涂覆在一模具棒上，并加热使之干燥，加热的温度低于70℃；

d）将得到的产物在0.2~2N的NaOH溶液中浸泡至导管可从模具棒上脱模。

2. 如权利要求1所述的方法，其特征在于在步骤b）和d）之间它还包括：

c）重复步骤b），直至达到所需的涂层厚度，得到成型的神经导管，并且在步骤b）之前它还包括用200目的筛网过滤壳聚糖的乳酸溶液并除去气泡的步骤。

3. 如权利要求1或2所述的方法，其特征在于在步骤d）之前它还包括真空干燥产物步骤。

4. 如权利要求1或2所述的方法，其特征在于加热干燥温度低于60℃。

5. 如权利要求1或2所述的方法，其特征在于在氢氧化钠浸泡时间为1~1.5h。

6. 如权利要求1或2所述的方法，其特征在于所述模具棒是以30~40rpm/min的转速匀速水平转动的。

7. 一种用权利要求1~6中任一项所述方法制得的可吸收神经导管，该神经导管的拉伸强度为5~7N、弹性伸长率为50%~70%。

8. 如权利要求7所述的可吸收神经导管，其特征在于其拉伸强度5~6N，弹性伸长率为50%~60%，所述神经导管管壁厚度为150~300μm。

9. 如权利要求7或8所述的可吸收神经导管，其特征在于所述导管表面具有许多直径小于1μm的径向通孔，所述可吸收神经导管的内径为1.5~5mm。”

经继续审查，合议组认为，本案事实已经清楚，可以依法作出复审决定。

二、决定的理由

1. 审查文本

本复审决定以复审请求人于2008年7月10日提交的权利要求第1~9项，申请日提交的说明书第1~7页、说明书附图第1页、说明书摘要作为审查基础。

2. 关于专利法第22条第3款

专利法第22条第3款规定：创造性，是指同申请日以前已有的技术相比，该发明有突出的实质性特点和显著的进步，该实用新型有实质性特点和进步。

本申请权利要求1请求保护一种可吸收神经导管的制备方法，包括向乳酸中提供壳聚糖、将所得溶液涂覆在模具棒上并在低于70℃的温度下进行加热干燥、以及将所得产物浸泡在NaOH溶液中直至脱模三个步骤，其中在a）步骤中的乳酸起到溶解壳聚糖的作用，在b）步骤中，在受热状态下乳酸会发生自酯化反应，借助于乳酸的该特性来改善所制备出的神经导管的性能。

对比文件1公开了一种壳聚糖医用神经及其生产方法，具体公开了以下内容（参见对比文件1说明书第1~3页）：在制备壳聚糖生物导管的步骤中，将脱乙酰度为85%~90%的壳聚糖在弱酸溶液中溶解，其中弱酸溶液为醋酸或磷酸、柠檬酸、乳酸，酸的浓度为2%～15%，待壳聚糖完全溶解后将溶液通过管状成型模具，并在碱性凝固液中成型，该碱性凝固液为含氢氧化钠8%～20%或氢氧化钾8%～20%或碳酸钠8%～20%的溶液，成型后将导管在水中浸泡以除去壳聚糖中的醋酸钠、磷酸钠或乳酸钠无机盐；并具体公开了若干个实施例，其中公开了将5克壳聚糖溶于50～150ml、浓度为2%～15%的弱酸溶液中，所用的弱酸为醋酸（或磷酸、柠檬酸、乳酸），即对比文件1公开了壳聚糖与乳酸重量比为5/22.5～5/1。

本申请权利要求1请求保护的技术方案与对比文件1所公开内容相比，其区别在于：（1）对比文件1公开的制备壳聚糖管的步骤中，不包括本申请权利要求1中（b）步骤的“加热使之干燥，加热的温度低于70℃”，而在本申请权利要求1的该步骤中受热的物质包括壳聚糖以及乳酸；（2）对比文件1中使用的氢氧化钠浓度是8%～20%，而本申请中所使用的氢氧化钠溶液的浓度为0.2～2N。

关于区别（1），如前所述，在本申请中使用加热步骤的作用在于对溶解有壳聚糖的乳酸溶液加热，在加热状态下乳酸发生自酯化反应以提高所制备出导管的性能，也就是说本申请权利要求1请求保护的技术方案中，乳酸除了在a）步骤中作为溶解壳聚糖的溶剂之外，在b）步骤中还利用了其受热自酯化的特性，以此提高导管性能。

在对比文件1所公开的制备壳聚糖生物导管方法中，虽然公开了使用乳酸的方案，但首先，纵观该方案，乳酸与其他弱酸的作用相同，均是仅作为溶解壳聚糖的溶剂，即将具有一定粘度的壳聚糖溶解在其中，以便待壳聚糖充分溶解后使用该溶液。其次，在对比文件1公开的制备壳聚糖生物导管的方案中，包括利用弱酸溶解壳聚糖、将壳聚糖充分溶解在其中的溶液通过管状成型模具、在碱性凝固液中成型、将成型后导管在蒸馏水中充分浸泡以除去壳聚糖中的无机盐步骤，其中并不包括加热干燥或其他加热步骤，因此，即便对比文件1中使用了乳酸，也没有使所用的乳酸受热进而发生自酯化反应。最后，虽然乳酸具备受热自酯化的特性属于本领域所公知的，但对比文件1中由于并未利用乳酸的该特性，因而也就未公开利用乳酸自酯化特性来制备壳聚糖神经导管的方案，同时也并未给出在制备壳聚糖神经导管中利用乳酸受热自酯化这一特性来提高导管性能的启示。

对比文件3（参见对比文件3说明书第1～4页）中也公开了一种制备多孔壳聚糖管的方法，首先在醋酸溶液中加入壳聚糖，并搅拌溶解、过滤、消除气泡，之后将芯模插入到溶液中，冷冻干燥，除去水分，取出干燥的壳聚糖管浸泡在氢氧化钠溶液中8～15min，除去残余的乙酸，再用去离子水洗涤至中性，用磷酸盐缓冲溶液平衡10～30min，用滤纸吸取壳聚糖管表面水分后置于60℃烘箱中干燥，最后取出芯模得到多孔壳聚糖。

由上可知，在对比文件3所公开的壳聚糖管制备方法中，是使用醋酸作为溶解壳聚糖的溶剂的，虽然在其制备方法中具有在60℃烘箱中加热干燥的步骤，但由于在该制备方法的制备材料中并不包括乳酸，因而即便在对比文件3中所公开的方法中包括了加热步骤，其中也不会发生乳酸的自酯化反应，由此该对比文件中并未公开利用该特性改善所制备出的神经导管性能的方案，即对比文件3中并未公开区别（1），同时也未给出利用乳酸受热自酯化来提高导管性能的技术启示。

综上所述，对比文件1和对比文件3均没有公开区别（1），同时也均未给出使用加热步骤促使乳酸发生自酯化以提高所制备导管性能的技术启示，虽然如《有机化学》中所述，乳酸在加热条件下会发生自酯化反应属于本领域所知晓的，但在对比文件1和对比文件3中均未公开利用该特性来制备壳聚糖神经导管的技术方案，同时也均未给出利用该特性来改进神经导管性能的技术启示，而本申请的制备方法中由于利用了该性能使得所制备出的壳聚糖导管能具有更好的弹性和韧性这一技术效果，因此，即便将对比文件1与对比文件3相结合也无法破坏本申请权利要求1的创造性。

此外，驳回决定中所引用的对比文件2公开了“不同通透性壳聚糖生物膜复合导管修复周围神经缺损的实验研究”，其中公开了水溶性壳聚糖所制成导管的内径、壁厚、长度等数据，但其中并未给出关于利用乳酸在加热条件下的自酯化特性的技术启示；而对比文件 4 公开的是用于神经修复的壳聚糖导管，其中使用醋酸作为溶解壳聚糖的溶剂，也未给出关于利用乳酸在加热条件下的自酯化特性的技术启示，因而，对比文件 1~4 均无法破坏本申请权利要求 1 的创造性。

鉴于本申请权利要求 1 相对于对比文件 1~4 具备创造性，因而直接或间接从属于权利要求 1 的从属权利要求 2~6、8、9 相对于对比文件 1~4 也具备创造性；本申请权利要求 7 虽为独立权利要求，但其请求保护的是利用本申请权利要求 1~6 中任意一项所述方法而制得的可吸收神经导管，即本申请独立权利要求 7 请求保护的技术方案中包括本申请权利要求 1 的技术方案，因此在对比文件1~4均无法破坏本申请权利要求 1 的创造性的情况下，对比文件 1~4 也无法破坏本申请权利要求 7 的创造性。因此本申请权利要求 1~9 相对于对比文件 1~4 符合专利法第 22 条第 3 款的规定。

三、决定

撤销国家知识产权局于2006 年8 月25 日对200410067183.5 号发明专利申请作出的驳回决定。专利实质审查部门在复审请求人于 2008 年 7 月 10 日提交的修改文本基础上继续进行审批程序。

复审请求人对本决定不服的，可以根据专利法第 41 条第 2 款的规定，自收到本决定之日起三个月内向北京市第一中级人民法院起诉。

176

显示面板粘合装置

复审请求审查决定（第15361号）

决　定　号　第15361号
决　定　日　2008年12月10日
发明创造名称　显示面板粘合装置
国际分类号　G02F 1/1339
复审请求人　优志旺电机株式会社
申　请　号　03127845.0
申　请　日　2003年8月12日
优先权日　2002年8月12日
公　开　日　2004年3月31日
合议组组长　杨军艳
主　审　员　谢有成
参　审　员　刘亚斌

法律依据　专利法第22条第3款
决定要点

一项权利要求的大部分技术特征被一篇对比文件公开了，在面临所要解决的技术问题时，如果本领域技术人员容易想到根据本领域的公知常识对该对比文件公开的技术方案作出改进，从而获得该权利要求请求保护的技术方案，那么该权利要求相对于该对比文件不具备创造性。

一、案由

本复审请求案涉及申请号为03127845.0、名称为“显示面板粘合装置”的发明专利申请（下称本申请），其申请日为2003年8月12日，优先权日为2002年8月12日，公开日为2004年3月31日，申请人为优志旺电机株式会社。本申请公开时的权利要求如下：

“1. 一种显示面板粘合装置，向被夹在两块透光基板之间的紫外线固化粘合剂照射紫外线，使所述两块透光基板粘合在一起，其特征在于，其具有：

遮光罩，在透光基板上留下对应于所述紫外线固化粘合剂的透光部，形成遮光部；

罩固定装置，由透过紫外线的部件形成，固定所述遮光罩；

罩台，其具有比所述遮光罩大的开口部，固定所述罩固定装置。

2. 根据权利要求1所述的显示面板粘合装置，其特征在于：

所述罩固定装置构成为能够将上述遮光罩固定在该遮光罩的遮光部上。”

经过实质审查，国家知识产权局专利实质审查部门于2006年7月28日以申请人于申请日提交的权利要求第1~2项、说明书第1~8页、说明书附图第1~4页、说明书摘要和摘要附图为基础，以本申请权利要求1~2不符合专利法第22条第3款的规定为由作出驳回决定。驳回决定中引用了如下两篇对比文件：

对比文件1：特开平9-211471A号日本公开特许公报，公开日为1997年8月15日；

对比文件2：特开平9-73096A号日本公开特许公报，公开日为1997年3月18日。

驳回决定中认为，对比文件1涉及一种显示板粘合装置，其包括辐射紫外线的光源12、掩模玻璃13（相当于本申请中的遮光罩）支撑并固定该遮光罩的固定装置以及支撑并与该固定装置结合固定的罩台，并且该罩台具有大于遮光罩的开口以及位于遮光罩下方的显示板支撑台，对比文件1没有明确说明掩模玻璃留有对应基板粘合部分的透光部，但这是本领域中常用的技术手段，如对比文件2披露了掩模上具有对应固化粘合剂部分并透过紫外线的透光部，因此权利要求1相对于对比文件1和2的结合不具备创造性；从属权利要求2的附加技术特征已被对比文件1披露，因而权利要求2也不具备创造性。

申请人优志旺电机株式会社（以下称复审请求人）对上述驳回决定不服，于2006年11月13日向专利复审委员会提出复审请求，同时提交了权利要求书全文和说明书第1~3页的修改替换页，在修改后的权利要求1中增加了对遮光罩进一步限定的技术特征（如下划线所示）。修改后的权利要求书如下：

“1. 一种显示面板粘合装置，向被夹在两块透光基板之间的紫外线固化粘合剂照射紫外线，使所述两块透光基板粘合在一起，其特征在于，其具有：

遮光罩，在与所述透光基板同样制造的透光基板上留下对应于所述紫外线固化粘合剂的透光部，而形成遮光部；

罩固定装置，由透过紫外线的部件形成、固定所述遮光罩；

罩台，其具有比所述遮光罩大的开口部，固定所述罩固定装置。

2. 根据权利要求1所述的显示面板粘合装置，其特征在于：

所述罩固定装置构成为能够将上述遮光罩固定在该遮光罩的遮光部上。”

复审请求人认为，对比文件1没有揭示其图1中具有开口的平台（相当于罩固定装置）是何材质，并推断其为不能透过紫外线的金属；并认为对比文件1在所述平台上设置了一个用于透过紫外线的开口，其周边用于保持掩模玻璃，因此掩模玻璃的“有效部分”一定不能小于玻璃基板的大小，并且掩模玻璃由于自重而弯曲，因此降低了曝光精度；对比文件1需要在掩模玻璃上设置“固定余量”，导致其需要比进行粘合的玻璃基板更大，因而其不能使用与透光基板同样制造的透光基板制造。此外，复审请求人还认为本申请可以达到以下技术效果：遮光罩的尺寸可以变小为与透光基板（玻璃基板）相同大小，并且可以采用与为工件用而制造的透光基板相同的透光基板作为遮光罩中所使用的光透过性基板，所以可使遮光罩的制造更加便宜。

经形式审查合格，专利复审委员会依法受理了该复审请求，于2007年1月8日发出复审请求受理通知书，同时向国家知识产权局原实质审查部门发出了前置审查通知书。

国家知识产权局原实质审查部门在前置审查意见中，仍然坚持原驳回决定。

针对上述复审请求，专利复审委员会依法成立合议组进行审查。本案合议组于2007年8月23日向复审请求人发出复审通知书，指出：本申请权利要求1和对比文件1的区别在于权利要求1限定用于制造遮光罩的透光基板是与液晶面板的透光基板同样制造的透光基板，但是，对比文件1中的掩模玻璃13（对应于本申请的遮光罩）可用透光玻璃制成以及普通的显示面板的透光基板由透光玻璃制成是本领域的公知常识，因此，在对比文件1的基础上，本领域技术人员会想到利用已有的显示面板的透光基板得到所需的遮光罩，从而获得本申请权利要求1的技术方案，故权利要求1相对于对比文件1和公知常识的结合不具备专利法第22条第3款规定的创造性。从属权利要求2的附加技术特征对本领域技术人员而言是容易想到的，因此也不具备创造性。对于复审请求人的意见，合议组认为：（1）对比文件1公开了用于固定掩模玻璃13的平台为可以透过紫外线的透明基准板14，并非复审请求人所推断的其为不能透过紫外线的金属；并且透明基准板14固定掩模玻璃13是利用其中央部分的透明玻璃来实现的，并非如复审请求人所述在该平台上设有用于透过紫外线的开口且开口的周边部分用于保持掩模玻璃，并且由于对比文件1中采用透明基准板14上的透明玻璃来支承掩模玻璃13，因此容易实现使掩模玻璃和液晶面板的透光基板的大小一样，且不会存在自重而弯曲的现象；（2）复审请求人强调本申请中的遮光罩不需要设置"固定余量"，从而其尺寸可以变小为与透光基板相同大小，并且可以采用与液晶显示面板用的透光基板相同的透光基板，但是权利要求1中并未体现上述内容。

针对上述复审通知书，复审请求人于2007年12月7日提交了意见陈述书，并提交了权利要求书和说明书第1~3页的修改替换页，在2006年11月13日提交的权利要求书的基础上删除权利要求2，对权利要求1修改了遮光罩的技术特征，增加了罩固定装置的技术特征（如下划线所示），修改后的权利要求书如下：

"1. 一种显示面板粘合装置，向被夹在两块透光基板之间的紫外线固化粘合剂照射紫外线，使所述两块透光基板粘合在一起，其特征在于，其具有：

遮光罩，在与为工件用而作成的透光基板相同的透光基板上保留对应于所述紫外线固化粘合剂的透光部，而形成遮光部；

罩固定装置，由透过紫外线的部件形成，其利用在下表面设置的吸附板面吸附所述遮光罩的遮光部来固定所述遮光罩；

罩台，其具有比所述遮光罩大的开口部，固定所述罩固定装置。"

复审请求人认为对比文件1没有公开或暗示本申请中的技术特征：（1）在罩固定装置的下表面设有面吸附遮光罩的遮光部从而保持该遮光罩用的吸附板，（2）遮光罩是由作为工件的透光基板制作的，对比文件2也没有公开或者暗示上述区别技术特征，并且本申请的发明能够达到有益的技术效果：遮光罩的尺寸可以变小为与透光基板（玻璃基板）相同大小，并且因可以采用与为工件而制造的透光基板相同的透光基板作为遮光罩中所使用的光透过性基板而使遮光罩的制造更加便宜。复审请求人还认为对比文件1中透明基准板14的中间透明玻璃需要随着工件用的透光基板的大型化而改变，因此透明基准板14需要特别制作。

针对上述文本，本案合议组于2008年4月25日再次发出复审通知书，指出：本申请权利要求1和对比文件1的区别在于，（1）权利要求1中用于制造遮光罩的透光基板采用的是为工件用而作成的透光基板，（2）权利要求1中的罩固定装置是通过在其下表面设置吸附板来面吸附所述遮光罩的遮光部来固定所述遮光罩，而对比文件1是采用透明基板14来支承固定掩模玻璃13。对于区别技术特征（1），合议组认为，在对比文件1中，掩模玻璃13是以支承方式固定在透明基准板14上，因此掩模玻璃13的大小可以制造得同显示面板的透光基板一样，并且，掩模玻璃13可用透光玻璃制成以及普通的显示面板的透光基板由透光玻璃制成是本领域的公知常识，因此，本领域技术人员在对比文件1的基础上结合本领域的公知常识容易想到该区别技术特征（1）。对于区别技术特征（2），合议组认为，本申请的罩固定装置在其下表面设置吸附板来吸附遮光罩和利用支承方式固定遮光罩均是本领域的常规技术选择，因此本领域技术人员容易想到在对比文件1公开的遮光罩与罩固定装置分开设置，从而无需在遮光罩上设置固定余量的情况下，采用吸附式的固定方式实现对遮光罩的固定。由上可知，在面临现有的掩模玻璃制造成本高的技术问题时，本领域技术人员能够从对比文件1中得到启示，获得本申请权利要求1请求保护的技术方案，因此权利要求1相对于对比文件1不具备专利法第22条第3款规定的创造性。对于复审请求人的意见，合议组认为，对比文件1公开了掩模玻璃13只承担自身的遮光和透光的功能，透明基准板14承担保持掩模玻璃的功能的技术方案，给出了将遮光罩与罩固定装置分开设置，从而在遮光罩上无需设置固定余量的技术启示，在此基础上，本领域技术人员容易结合本领域的公知常识获得权利要求1请求保护的技术方案。

针对上述复审通知书，复审请求人于2008年8月11日提交了意见陈述书，并提交了权利要求书全文和说明书第3页的修改替换页，在2007年12月7日提交的权利要求书的基础上对罩固定装置增加了进一步的限定（如下划线所示），修改后的权利要求1如下：

“1. 一种显示面板粘合装置，向被夹在两块透光基板之间的紫外线固化粘合剂照射紫外线，使所述两块透光基板粘合在一起，其特征在于，其具有：

遮光罩，在与为工件用而作成的透光基板相同的透光基板上保留对应于所述紫外线固化粘合剂的透光部，而形成遮光部；

罩固定装置，由透过紫外线的部件形成，其利用在下表面设置的多孔质的烧结体的吸附板面吸附所述遮光罩的遮光部来固定所述遮光罩；

罩台，其具有比所述遮光罩大的开口部，固定所述罩固定装置。”

复审请求人认为对比文件1和2中均没有公开通过在透过紫外线的部件的下表面所设置的多孔质的烧结体的吸附板，面吸附遮光罩的遮光部这样的罩固定装置的结构，该技术特征也不是本领域的公知常识，并且具有使开口率变大、增大吸附力、减小真空管数量的有益的技术效果，因此权利要求1具备专利法第22条第3款规定的创造性。

至此，合议组认为本案事实已清楚，现依法作出审查决定。

二、决定的理由

1. 审查基础

本复审请求审查决定以复审请求人于2003年8月12日提交的说明书第4~8页、说明书附图第1~4页、说明书摘要和摘要附图，于2007年12月7日提交的说明书第1~2页，于2008年8月11日提交的权利要求第1项、说明书第3页为审查基础。

2. 关于创造性

专利法第22条第3款规定，创造性，是指同申请日以前已有的技术相比，该发明有突出的实质性特点和显著的进步，该实用新型有实质性特点和进步。

权利要求1请求保护一种显示面板粘合装置，对比文件1与本申请的技术领域相同，其公开了一种显示面板贴合装置和贴合方法（说明书第2栏第0007段，第5栏第0021段至第6栏0026段，附图1、3），用于向夹在驱动基板3和对向基板2之间的密封剂4照射UV光，使驱动基板3和对向基板2粘合在一起，基板2和3为可以透光的玻璃基板；该贴合装置包括掩模玻璃13，掩模玻璃13将除液晶显示面板1的密封区之外的部分遮住，也即，在掩模玻璃13上有对应于密封剂4的透光部，其他部分为遮光部，因此，掩模玻璃13相当于本申请权利要求1中的遮光罩；该贴合装置还包括用于支承固定掩模玻璃13的透明基准板14，其中央部分为透明玻璃，能够透过紫外线，因此，透明基准板14相当于本申请权利要求1中的罩固定装置；另外，该贴合装置还包括用于将透明基准板14固定的部件15（参见附图2），该部件15具有比掩模玻璃13大的开口部，因此其相当于本申请权利要求1中的罩台。

由上可知，权利要求1和对比文件1相比，区别技术特征在于：（1）权利要求1中用于制造遮光罩的透光基板采用的是为工件用而作成的透光基板，（2）权利要求1中的罩固定装置是通过在其下表面设置多孔质的烧结体的吸附板面吸附所述遮光罩的遮光部来固定所述遮光罩，而对比文件1中是采用透明基准板14来支承固定掩模玻璃13。

对于上述区别技术特征（1），合议组认为，在对比文件1中，掩模玻璃13（相当于本申请中的遮光罩）是通过支承在透明基准板14上来固定的，由于只将遮光和透光的功能分配给掩模玻璃13，而将固定掩模玻璃13的功能分配给透明基准板14，因此掩模玻璃13的大小可以制造得同显示面板的透光基板一样，也即掩模玻璃13无需设置“固定余量”，并且，众所周知，掩模玻璃13可用透光玻璃制成，而普通的显示面板的透光基板也是由透光玻璃制成的，因此，本领域技术人员根据对比文件1公开的内容以及本领域的公知常识容易想到用为显示面板用而作成的透光基板来制造掩模玻璃13，也即本领域技术人员在对比文件1的基础上结合本领域的公知常识容易想到将用于制造遮光罩的透光基板采用为工件用而作成的透光基板。对于上述区别技术特征（2），合议组认为，罩固定装置利用吸附方式也即在其下表面设置吸附板来吸附遮光罩以及利用支承方式来固定遮光罩是本领域的常规技术选择，本申请说明书所公开的技术方案也是以这两种方式来说明的，对比文件1是利用支承方式将掩模玻璃13固定在透明基准板14上，在对比文件1已经公开了具有相当于本申请权利要求1中的遮光罩、罩固定装置和罩台的三个基本部件的基础上，本领域技术人员容易想到将支承方式变成吸附方式来实现透明基准板14对掩模玻璃13的固定，并且，本领域技术人员知道，多孔质的烧结体具有较大的吸附力，以该多孔质的烧结体作为吸附板可以减少吸附板的使用数量，获得增大开口率、降低成本等有益的效果，因此本领域技术人员在考虑吸附方式的固定时，会想到采用效果更好的多孔质的烧结体作为吸附板，另外，为了不影响掩模玻璃13的遮光和透光的功能，本领域技术人员知道应当使吸附板吸附掩模玻璃13的遮光部而不是透光部。由上可知，本领域技术人员在面临现有的掩模玻璃制造成本高（因其大小比显示面板的透光基板大而不能采用显示面板的透光基板来制造）的技术问题时，会想到对对比文件1公开的技术方案作出改进，从而获得本申请权利要求1请求保护的技术方案，故权利要求1相对于对比文件1不具备突出的实质性特点和显著的进步，不符合专利法第22条第3款有关创造性的规定。

复审请求人认为对比文件1和2中均没有公开通过在透过紫外线的部件的下表面所设置的多孔质的烧结体的吸附板，面吸附遮光罩的遮光部这样的罩固定装置的结构，该技术特征也不是本领域的公知常识，并且具有增大吸附力和开口率、减少真空管的数量的有益的技术效果。对此，合议组认为，如上所述，吸附方式的固定是本领域的常规技术选择，本领域技术人员容易将对比文件1结合本领域的公知常识从而获得上述技术特征；采用所述多孔质的烧结体作为吸附板是本领域的公知常识，本申请说明书第4页也记载了市场上有销售该使用多孔烧结体的板，因此本领域技术人员知道可以采用多孔质的烧结体作为吸附板，可以预知以多孔质的烧结体作为吸附板带来的有益的技术效果。因此合议组对复审请求人的主张不予支持。

三、决定

维持国家知识产权局于2006年7月28日对03127845.0号发明专利申请作出的驳回决定。

复审请求人对本决定不服的，可以根据专利法第41条第2款的规定，自收到本决定之日起三个月内向北京市第一中级人民法院起诉。

177

一种暗态下改进的液晶结构和使用这种液晶结构的投影仪

复审请求审查决定（第15362号）

决　定　号　第15362号
决　定　日　2008年12月10日
发明创造名称　一种暗态下改进的液晶结构和使用这种液晶结构的投影仪
国际分类号　G02F 1/133，G02B 27/28
复审请求人　国际商业机器公司
申　请　号　00101982.1
申　请　日　2000年2月1日
优 先 权 日　1999年3月2日
公　开　日　2000年9月6日
合议组组长　高桂莲
主　审　员　马　燕
参　审　员　谢有成

法律依据　专利法第26条第3款，专利法实施细则第20条第1款
决定要点

如果说明书中给出了技术手段，但对所属技术领域的技术人员来说，该手段是含糊不清的，根据说明书记载的内容无法具体实施，则该说明书不符合专利法第26条第3款的规定。

一、案由

本复审请求涉及申请号为00101982.1、名称为"一种暗态下改进的液晶结构和使用这种液晶结构的投影仪"的发明专利申请（下称本申请），申请人为国际商业机器公司，申请日为2000年2月1日，优先权日为1999年3月2日，公开日为2000年9月6日。本申请公开时共有18项权利要求，其中权利要求1、7是独立权利要求，本申请公开时的权利要求1如下：

"1. 一种用于提供改进的暗态的反射光阀，反射光阀包括：

一个透明基底；

一个具有带方向轴的液晶分子的扭曲向列相液晶层；和

一个通过扭曲向列相液晶层与透明基底分离的后面板，后面板包括具有边缘的反射电极，当方向轴伸向后面板的表面上时边缘平行或垂直于液晶层中分子的方向轴。"

经实质审查，国家知识产权局专利实质审查部门于2007年10月19日以本申请说明书不符合专利法第26条第3款的规定为由驳回了本申请。驳回决定认为：本申请涉及一种反射液晶光阀及具有

该结构的投影仪，在权利要求 1 中记载了“当方向轴伸向后面板的表面上时，反射电极的……边缘对准于液晶层中分子的方向轴”，以及在说明书的相应部分（说明书第 3 页倒数第 2 段）记载了“箭头精确地代表 LC 定向器伸到水平面上”、“在下基板上 LC 分子轴……与象素电极的边缘对准”。但是，何为“当方向轴伸向后面板的表面上时”及“……LC 定向器伸到水平面上”是不清楚的，其中的“伸向”表示怎样的过程，是本领域技术人员无法理解的；其次，“对准”所表示的相互位置关系也是不清楚，两条线怎样的相互关系可以被认为它们是对准的，在本领域中也没有清楚的定义。因此，本申请的说明书公开不充分，不符合专利法第 26 条第 3 款的规定。

申请人国际商业机器公司（以下称复审请求人）不服上述驳回决定，于 2008 年 1 月 30 日向专利复审委员会提出复审请求，同时提交了权利要求书全文的修改替换页，修改后的权利要求书共包括 18 项权利要求。修改后的权利要求 1 如下：

“1. 一种用于提供改进的暗态的反射光阀，反射光阀包括：

一个透明基底；

一个具有带方向轴的液晶分子的扭曲向列相液晶层；和

一个通过扭曲向列相液晶层与透明基底分离的后面板，后面板包括具有边缘的反射电极，当方向轴伸向后面板的表面上时，反射电极的边缘对准于液晶层中分子的方向轴。”

复审请求人认为：本领域技术人员根据本申请说明书第 3 页倒数第 2 段第 25~27 行，图 5a、5b 完全明了，由于 LC 层 4 的分子轴（取向）是从上表面到下表面是逐渐扭曲旋转，只有延伸到达后表面的分子轴 3 才与象素电极 10 的边缘是对齐的，采用“伸向”或者“伸到”的表述方式是非常清楚的一种表述方式。另外，根据说明书和附图并结合本领域技术人员对于“对准”含义的理解可知，权利要求 1 和说明书中“对准”一词准确地描述了方向轴 3 和反射象素电极 10 的边缘的关系。因此，本申请符合专利法第 26 条第 3 款的规定。

经形式审查合格后，专利复审委员会受理了该复审请求，并于 2008 年 3 月 19 日向复审请求人发出复审请求受理通知书，同日向原实质审查部门发出前置审查通知书。

原实质审查部门对本复审请求进行了前置审查，在前置审查中，原实质审查部门坚持原驳回决定。

针对上述复审请求，专利复审委员会依法成立合议组对本案进行了审查。

本案合议组于 2008 年 9 月 27 日向复审请求人发出复审通知书，指出：(1) 复审请求人所指出的上述说明书文字部分和附图部分仅能表明分子轴从上表面到下表面的扭曲旋转的趋势，而不能给出分子轴“伸向”或“伸到”水平面这一技术手段中“伸向”或“伸到”的明确含义以及分子轴与水平面之间的明确的位置关系，从而使这一技术手段含糊不清，致使本领域技术人员根据说明书记载的内容无法具体实施，因此本申请说明书不符合专利法第 26 条第 3 款的规定。(2) 权利要求 1 中出现了“当方向轴伸向后面板的表面上时，反射电极的边缘对准于液晶层中分子的方向轴”，其中“伸向”的含义不清楚，致使权利要求 1 请求保护的整个技术方案含糊不清，不符合专利法实施细则第 20 条第 1 款的规定。

2008 年 11 月 12 日，复审请求人针对上述复审通知书提交了意见陈述书，未对申请文件进行修改。

在意见陈述书中，复审请求人认为：(1) 本申请涉及扭曲向列相液晶，根据其原理和本申请图 5b 的箭头可知，(箭头精确地代表) LC 定向器伸到水平面上”指的就是水平面上的 LC 定向器，或者说水平面上（层）LC 分子的取向。(2) “入射偏振光在上基板 1 上平行或垂直于伸出的 LC 定向器”中的 LC 定向器也是指上述水平面上 LC 定向器。

至此，合议组认为本案事实已经清楚，依法作出本复审请求审查决定。

二、决定的理由

1. 审查文本

本复审请求审查决定以复审请求人于 2008 年 1 月 30 日提交的权利要求第 1~18 项，于 2005 年 7 月 30 日提交的说明书第 1~8 页，于申请日即 2000 年 2 月 1 日提交的说明书附图第 1~15 页、说明书摘要及摘要附图作为审查文本。

2. 关于专利法第 26 条第 3 款

专利法第 26 条第 3 款规定，说明书应当对发明或者实用新型作出清楚、完整的说明，以所属技术领域的技术人员能够实现为准；必要的时候，应当有附图。摘要应当简要说明发明或者实用新型的技术要点。

本申请涉及一种暗态下改进的反射型液晶光阀，该光阀包括一个扭曲向列相 LC 层，LC 层的分子在反射镜后面板与象素边缘对齐的，其目的之一是提出一种液晶结构，其中后面板在与象素边缘成直线的方向摩擦，给予 LC 层以与传统的 TN 光阀同样的扭曲旋转和双折射。其中，本申请说明书第 3 页第 20 行始对本申请优选实施例的图 5a 和图 5b 作了描述，其中提到“LC 分子的取向由图中的一系列箭头表示，起始于 LC 层 4 上表面的箭头 2，结束于底部的箭头 3。箭头从上到下的扭曲方向代表 LC 的扭曲。在下基板 6 上 LC 分子轴和摩擦方向与象素电极 10 的边缘对准”。结合附图 5b 可以得出，扭曲向列相液晶分子成层状排列，每一层的液晶分子的取向基本平行，而相邻层的分子取向却会有一定的夹角，结果整体看来，层间的液晶分子的取向是逐渐变化的，成螺旋状。可见，每一层的液晶分子基本上都在空间上平行于水平面。而本申请说明书第 3 页第 28~29 行记载的“箭头精确地代表 LC 定向器伸到水平面上”，其中“LC 定向器伸到水平面上”表达了 LC 定向器从水平面之外的空间某个位置延伸到达该水平面的含义，即该 LC 定向器与水平面在空间上是倾斜的、成一定角度相交的，而非位于某一水平面上或平行于水平面。另外，本申请说明书第 3 页第 29 行记载了“入射偏振光在上基板 1 上平行或垂直于伸出的 LC 定向器”，其中“伸出的 LC 定向器”指的是上一句中提到的伸到水平面上的 LC 定向器，因此，这里的“伸出”也表达了该 LC 定向器从水平面之外的空间某个位置延伸到达该水平面的含义，即该 LC 定向器与水平面在空间上是倾斜的、成一定角度相交的，而非位于某一水平面上或平行于水平面。因此，基于前面的评述可知，由“伸到”、“伸出的”所表达的具体含义，致使所述“LC 定向器”的空间位置关系前后描述不一致，导致本申请的光阀结构不清楚，致使本领域技术人员根据说明书记载的内容无法具体实施其技术方案。因此，本申请说明书不符合专利法第 26 条第 3 款的规定。

复审请求人认为，（1）本申请涉及扭曲向列相液晶，根据其原理和本申请图 5b 的箭头可知，(箭头精确地代表) LC 定向器伸到水平面上”指的就是水平面上的 LC 定向器，或者说水平面上（层）LC 分子的取向。（2）“入射偏振光在上基板 1 上平行或垂直于伸出的 LC 定向器”中的 LC 定向器也是指上述水平面上 LC 定向器。

对此，合议组认为，关于“伸到”水平面、“伸出的”对本领域技术人员来说指的是从水平面之外的空间某个位置延伸到达该水平面的含义，即与水平面在空间上是倾斜的、成一定角度相交的，而非复审请求人认为的位于水平面内。由于本申请说明书中用文字说明图 5b 的箭头所代表的 LC 分子的取向，前后出现了两种含义不一致的表述，且这两种表述之间并不存在其中之一必然推导出其中之二的逻辑关系，由此可知，本申请说明书中关于“LC 定向器”与水平面之间的空间位置关系不清楚，从而导致实施本申请光阀结构的技术手段含糊不清，因此复审请求人的复审理由不成立，合议组不予支持。

3. 关于专利法实施细则第 20 条第 1 款

专利法实施细则第 20 条第 1 款规定，权利要求书应当说明发明或者实用新型的技术特征，清楚、简要地表述请求保护的范围。

基于与上述第 2 点同样的理由，本申请权利要求 1 中出现了“当方向轴伸向后面板的表面上时，反射电极的边缘对准于液晶层中分子的方向轴”，其中“伸向”导致方向轴的空间位置关系不清楚，致使权利要求 1 请求保护的整个技术方案含糊不清，不符合专利法实施细则第 20 条第 1 款的规定。

综上所述，本申请的说明书不符合专利法第 26 条第 3 款的规定，权利要求 1 不符合专利法实施细则第 20 条第 1 款的规定，合议组作出如下决定。

三、决定

维持国家知识产权局于 2007 年 10 月 19 日对 00101982.1 号发明专利申请作出的驳回决定。

复审请求人对本决定不服的，可以根据专利法第 41 条第 2 款的规定，自收到本决定之日起三个月内向北京市第一中级人民法院起诉。

178

液晶显示装置及电子设备

复审请求审查决定（第15377号）

决　　定　　号　第15377号
决　　定　　日　2008年12月9日
发明创造名称　液晶显示装置及电子设备
国 际 分 类 号　G02F 1/133，G09F 9/00
复 审 请 求 人　精工爱普生株式会社
申　　请　　号　200510066267.1
优　先　权　日　2004年5月7日
申　　请　　日　2005年4月25日
公　　开　　日　2005年11月9日
合 议 组 组 长　刘颖杰
主　　审　　员　陈　力
参　　审　　员　关　刚

法 律 依 据　专利法第22条第3款
决 定 要 点

在判断一项权利要求要求保护的技术方案是否具备创造性时，要确定现有技术整体上是否存在将权利要求与对比文件的区别特征应用于对比文件的技术启示，如果所述区别特征在现有技术中存在技术启示，则认为该项权利要求要求保护的技术方案不具备创造性。

一、案由

本复审请求涉及申请号为200510066267.1、发明名称为“液晶显示装置及电子设备”的发明专利申请（下称本申请），其申请日是2005年4月25日，优先权日是2004年5月7日，公开日是2005年11月9日，申请人是精工爱普生株式会社。本申请公开时的权利要求书共包括6项权利要求，其中权利要求1、6是独立权利要求。

国家知识产权局专利实质审查部门对本申请进行了实质审查，并针对申请人于2007年11月7日提交的权利要求第1~4项，申请日2005年4月25日提交的说明书第1~12页、说明书附图第1~7页、说明书摘要和摘要附图，于2008年2月1日以权利要求1~4不具备创造性，不符合专利法第22条第3款的规定为由作出驳回决定。其中引用对比文件如下：

对比文件1：JP特开2001-235752A，公开日为2001年8月31日；

对比文件2：US6097467A，公开日是2000年8月1日。

驳回决定中认为：独立权利要求1与对比文件1相比，区别在于：（1）在两基板之一的一侧设置有限制液晶层厚度的衬垫，衬垫形成在岛状部分和枝状部分以外的非形成区域中并被岛状部分的像素电极包围；（2）通过对扫描线和信号线扩宽宽度来对衬垫进行遮光。其中区别特征（1）已在对比文件2中公开，区别特征（2）属于本领域常用技术手段，且对比文件2公开了漏极线5重叠在间隔19上并且比间隔19的面积大，完全覆盖了间隙19，并且作用相同，因此权利要求1不具备创造性。从属权利要求2、3的附加技术特征已分别在对比文件2、1中公开，权利要求4请求保护一种电子设备，其仅限定了该电子设备具备权利要求1的液晶显示装置，由于将液晶显示装置应用于电子设备属于该领域的常用技术手段，因此权利要求2~4也不具备创造性。

驳回决定所针对的权利要求具体如下：

"1. 一种把液晶层夹在一对基板之间构成的液晶显示装置，其特征在于：

上述液晶层，具有介电各向异性为负的液晶分子；

上述一对基板是元件基板和对向基板，上述元件基板具有多个开关元件，形成在该多个开关元件上的绝缘层，和形成在该绝缘层上的多个像素电极，上述开关元件和上述像素电极介由形成在上述绝缘层上的接触孔电连接；

上述开关元件上连接有信号线及扫描线，

在上述一对基板中的至少一方基板，设置有用于限制上述液晶层的层厚的衬垫，上述接触孔以及上述衬垫，以相互不同的位置形成于上述像素电极的非形成区域；

上述多个像素电极具有多个岛状部以及连接于上述多个岛状部间的连接部，在与上述多个岛状部分平面地重叠的位置上，设置有用于控制液晶分子的取向的取向控制单元；

上述衬垫形成于由多个岛状部包围的区域，并且在上述衬垫的形成位置通过扩宽宽度地形成的上述信号线或扫描线对上述衬垫进行遮光。

2. 根据权利要求1所述的液晶显示装置，其特征在于：

平面观看平面地重叠于上述衬垫的上述信号线或上述扫描线时的面积比平面观看上述衬垫时的面积大。

3. 根据权利要求1所述的液晶显示装置，其特征在于：

上述岛状部分的平面形状是大致圆形或者大致多边形。

4. 一种电子设备，其特征在于：

具备权利要求1所述的液晶显示装置。"

申请人精工爱普生株式会社（下称复审请求人）对上述驳回决定不服，于2008年2月28日向专利复审委员会提出复审请求，并提交了权利要求书的全文修改替换页，修改后的权利要求书共包括4项权利要求，其中将权利要求1中的特征"上述衬垫形成于由多个岛状部包围的区域，并且在上述衬垫的形成位置通过扩宽宽度地形成的上述信号线或扫描线对上述衬垫进行遮光"修改为"上述衬垫形成于由多个岛状部包围的区域，并且通过上述信号线或上述扫描线对上述衬垫进行遮光"并在该特征后添加了特征"通过部分地切除上述多个岛状部的角部，在上述衬垫的形成位置有选择地扩宽宽度地形成上述信号线或上述扫描线"，没有对其他权利要求进行修改。

复审请求人认为：对比文件2的漏极线5的宽度是整体上加宽的，而本申请是通过部分地切除上述多个岛状部的角部，在上述衬垫的形成位置有选择地扩宽宽度地形成上述信号线或上述扫描线，其在对衬垫遮光、对像素透光率的影响、材料的使用、布线的形成等方面的效果与对比文件2不同，即对比文件2没有公开上述特征且没有给出启示。据此认为修改后的权利要求1~4具备创造性。

经形式审查合格后，专利复审委员会受理了上述复审请求，于2008年3月20日向复审请求人发出了复审请求受理通知书，并于同日向国家知识产权局原实质审查部门发出前置审查通知书。

国家知识产权局原实质审查部门在前置审查意见书中认为修改后的权利要求 1~4 仍然不具备创造性，坚持原驳回决定。

针对上述复审请求，专利复审委员会依法组成合议组，对本复审请求案进行了审理。本案合议组于 2008 年 9 月 5 日向复审请求人发出复审通知书，指出权利要求 1~4 不具备创造性。具体理由为：权利要求 1 相对于对比文件 1 的区别在于：衬垫与接触孔以不同的位置形成于像素电极的非形成区域，上述衬垫形成于由多个岛状部包围的区域，并且通过上述信号线或上述扫描线对上述衬垫进行遮光，通过部分地切除上述多个岛状部的角部，在上述衬垫的形成位置有选择地扩宽宽度地形成上述信号线或上述扫描线；对比文件 2 公开了将该衬垫形成于像素电极非形成区域，而且被各个像素电极所包围，漏极线 5 和栅极线 4 由不透明半导体材料制成，且衬垫 19 的直径比上述漏极线 5 或栅极线 4 的宽度窄，即漏极线或栅极线的宽度比衬垫 19 形成的位置宽的技术内容。尽管对比文件 2 没有明确公开衬垫与接触孔以不同的位置形成以及通过部分地切除上述多个岛状部的角部来在上述衬垫的形成位置有选择地扩宽宽度地形成上述信号线或上述扫描线，但是对比文件 2 给出了相关的技术启示，因此权利要求 1 不具备创造性。权利要求 2 的附加技术特征在对比文件 2 中公开了，权利要求 3 的附加技术特征在对比文件 1 中公开了，权利要求 4 请求保护一种电子设备，其仅限定了该电子设备具备权利要求 1 所述的液晶显示装置，因此权利要求 2~4 也不具备创造性。

针对上述复审通知书，复审请求人于 2008 年 10 月 7 日提交了意见陈述书以及权利要求书的全文修改替换页，其中将权利要求 1 中的特征"通过部分地切除上述多个岛状部的角部，在上述衬垫的形成位置有选择地扩宽宽度地形成上述信号线或上述扫描线"修改为"上述衬垫配置于通过部分地切除上述多个岛状部的角部而形成的位置，在上述衬垫的形成位置有选择地扩宽宽度地形成上述信号线或上述扫描线"，没有对其他权利要求进行修改。修改后的权利要求书共包括 4 项权利要求，具体如下：

"1. 一种把液晶层夹在一对基板之间构成的液晶显示装置，其特征在于：

上述液晶层，具有介电各向异性为负的液晶分子；

上述一对基板是元件基板和对向基板，上述元件基板具有多个开关元件，形成在该多个开关元件上的绝缘层，和形成在该绝缘层上的多个像素电极，上述开关元件和上述像素电极介由形成在上述绝缘层上的接触孔电连接；

上述开关元件上连接有信号线及扫描线，

在上述一对基板中的至少一方基板，设置有用于限制上述液晶层的层厚的衬垫，上述接触孔以及上述衬垫，以相互不同的位置形成于上述像素电极的非形成区域；

上述多个像素电极具有多个岛状部以及连接于上述多个岛状部间的连接部，在与上述多个岛状部分平面地重叠的位置上，设置有用于控制液晶分子的取向的取向控制单元；

上述衬垫形成于由多个岛状部包围的区域，并且通过上述信号线或上述扫描线对上述衬垫进行遮光，

上述衬垫配置于通过部分地切除上述多个岛状部的角部而形成的位置，在上述衬垫的形成位置有选择地扩宽宽度地形成上述信号线或上述扫描线。

2. 根据权利要求 1 所述的液晶显示装置，其特征在于：

平面观看平面地重叠于上述衬垫的上述信号线或上述扫描线时的面积比平面观看上述衬垫时的面积大。

3. 根据权利要求 1 所述的液晶显示装置，其特征在于：

上述岛状部分的平面形状是大致圆形或者大致多边形。

4. 一种电子设备，其特征在于：

具备权利要求 1 所述的液晶显示装置。”

复审请求人认为：对比文件 2 没有公开修改后的权利要求 1 中的衬垫是配置于通过部分地切除上述多个岛状部的角部而形成的位置的特征，对比文件 2 并没有如本申请那样在衬垫的形成位置有选择地扩宽宽度地形成信号线或扫描线，而是将整条信号线都形成的比衬垫宽，由此认为修改后的权利要求 1~4 具备创造性。

经过上述审查过程，本合议组认为本案事实已经清楚，可以依法作出复审决定。

二、决定的理由

1. 审查基础

复审请求人于 2008 年 10 月 7 日提交了权利要求书全文修改替换页，因此本复审决定是在复审请求人于 2008 年 10 月 7 日提交的权利要求第 1~4 项，于申请日 2005 年 4 月 25 日提交的说明书第 1~12 页、说明书附图第 1~7 页、说明书摘要和摘要附图的基础上做出的。

2. 关于权利要求 1~4 是否符合专利法第 22 条第 3 款的规定

专利法第 22 条第 3 款规定：创造性，是指同申请日以前已有的技术相比，该发明有突出的实质性特点和显著的进步，该实用新型有实质性特点和进步。

合议组认为，本申请的权利要求 1~4 均不具备创造性，具体理由为：

（1）权利要求 1 请求保护一种液晶显示装置，对比文件 1 公开了一种多区域液晶显示装置，并具体公开以下技术特征（参见说明书第 0064、0069、0131~0135 段，附图 44-46）：该液晶显示装置由第一基板 11 和第二基板 12 夹持液晶层构成，上述液晶层具有垂直取向并且介电常数各向异性为负的液晶分子；在第一基板 11 上具有开关元件 TFT 141、保护绝缘层 65 和位于该绝缘层上的像素电极 71，上述开关元件 TFT141 通过接触孔 143 与像素电极 71 电连接；接触孔 143 形成在像素电极的非形成区域；开关元件 141 与栅极线 55 和源极线 56 连接（本领域技术人员公知，栅极线最终是与扫描线连接而源极线最终与数据线连接，即开关元件最终是与数据信号线和扫描线连接）；像素电极 71 形成为一个大致四边形的岛状部以及连接各岛状部之间的连接部；接触孔 143 形成在像素电极的岛状部分和连接部分之外的非显示区域；在像素电极 71 的中心部分具有开口部 74，以便用于控制液晶分子的取向。并且本领域技术人员均公知在液晶显示装置中在夹持液晶层的上下两基板之间、在某一基板上必然存在用以限制液晶层厚的衬垫否则两基板之间无法支撑，即对比文件 1 隐含公开了衬垫。

由此可见，权利要求 1 与对比文件 1 相比，其区别在于：衬垫与接触孔以不同的位置形成于像素电极的非形成区域，上述衬垫形成于由多个岛状部包围的区域，并且通过上述信号线或上述扫描线对上述衬垫进行遮光，上述衬垫配置于通过部分地切除上述多个岛状部的角部而形成的位置，在上述衬垫的形成位置有选择地扩宽宽度地形成上述信号线或上述扫描线。

对比文件 2 公开了一种具有间隔物的液晶显示装置，并具体公开以下技术特征（参见说明书第 5 栏第 1~11 行，25~26 行，56~58 行，第 6 栏第 16~18 行，第 7 栏第 31~35 行，附图 1B，3）：该液晶显示装置具有上基板 13 和下基板 1，在上基板 13 上形成有衬垫 19，用于限制两基板之间液晶层的厚度；衬垫 19 与基板的接触部分 3 形成在漏极线 5 和栅极线 4 交叉的部分，栅极线 4 和漏极线 5 所包围的区域限定一个像素，即该衬垫形成于像素电极非形成区域，而且被各个像素电极（相当于本申请权利要求 1 中的像素电极的岛状部）所包围；漏极线 5 和栅极线 4 由不透明半导体材料制成，且衬垫 19 的直径比上述漏极线 5 或栅极线 4 的宽度窄，从图 3 中也可以看到漏极线或栅极线的宽度比衬垫19形成的位置宽。

尽管对比文件2没有明确公开衬垫与接触孔以不同的位置形成。但是对比文件2（参见说明书第2栏第52~55行）公开了：由于衬垫位于薄膜晶体管（一种开关元件）上，当外部压力施加于该薄膜晶体管上时会影响该薄膜晶体管的性能，因此不将衬垫设置于薄膜晶体管上。即对比文件2给出了启示不能将衬垫这样的受力支撑体设置在开关元件上，而接触孔是开关元件与像素电极连接的部分，因此在对比文件2的启示下为了不影响开关元件的性能，本领域技术人员很容易想到将衬垫和接触孔以不同的位置来形成。至于衬垫配置于通过部分地切除上述多个岛状部的角部而形成的位置，在上述衬垫的形成位置有选择地扩宽宽度地形成上述信号线或上述扫描线的特征，合议组认为：首先，该特征与修改之前的特征"通过部分地切除上述多个岛状部的角部，在上述衬垫的形成位置有选择地扩宽宽度地形成上述信号线或上述扫描线"相比，并未使该权利要求1的技术方案产生实质性的改变；其次，尽管对比文件2没有明确公开该特征，但是对比文件2公开了衬垫形成于被各个像素电极包围的位置以及衬垫下的整个漏极线或栅极线的宽度比衬垫的直径大，即对比文件2中通过加宽漏极线的宽度使其完全覆盖衬垫，客观上能够实现对衬垫进行遮光的作用，由于衬垫形成在被各个像素包围的区域，本领域技术人员为了适应衬垫的尺寸、防止像素电极与衬垫之间产生干扰，很容易想到对上述围绕衬垫的像素电极进行适当切割，即衬垫形成于通过部分切除像素电极角部的位置，而出于节约成本以及适应电路结构的原则，在需要遮光的地方即有衬垫的地方扩大信号线的宽度在其他不需要的地方不扩大其宽度，对于本领域技术人员来说也是容易想到的。因此，复审请求人的主张不成立，在对比文件1的基础上根据对比文件2给出的启示，本领域技术人员很容易得到权利要求1请求保护的技术方案，权利要求1不具备创造性，不符合专利法第22条第3款的规定。

（2）权利要求2引用权利要求1，其附加技术特征已在对比文件2中公开（参见说明书第5栏第56~58行，第6栏第16~18行，图4）：衬垫19的直径比上述漏极线5或栅极线4的宽度窄，而且看俯视的平面图可以发现，重叠于衬垫19上的栅极线4和源极线5的面积大于该衬垫19的面积。因此，当其所引用的权利要求1相对于对比文件1、2的结合不具备创造性时，该权利要求2也不具备创造性。

（3）权利要求3引用权利要求1，其附加技术特征已在对比文件1中公开（参见对比文件1的附图44），其中可见像素电极71形成的岛状部分是大致的四边形。因此，当其所引用的权利要求1相对于对比文件1、2的结合不具备创造性时，该权利要求3也不具备创造性。

（4）权利要求4请求保护一种电子设备，其具备权利要求1所述的液晶显示装置，但对于本领域技术人员来说将液晶显示装置应用于电子设备属于该领域的公知技术，因此在权利要求1请求保护的液晶显示装置不具备创造性的情况下，具有这样液晶显示装置的电子设备也不具备创造性，不符合专利法第22条第3款的规定。

综上所述，本申请的权利要求1~4不具备创造性，不符合专利法第22条第3款的规定。

基于以上理由，专利复审委员会作出以下审查决定。

三、决定

维持国家知识产权局于2008年2月1日针对200510066267.1号发明专利申请作出的驳回决定。

复审请求人对本决定不服的，可以根据专利法第41条第2款的规定，自收到本决定之日起三个月内向北京市第一中级人民法院起诉。

179

一种拟南芥锌指蛋白基因 AtRINGF1 的耐干旱应用

复审请求审查决定（第 15452 号）

决　定　号　第 15452 号
决　定　日　2008 年 12 月 9 日
发明创造名称　一种拟南芥锌指蛋白基因 AtRINGF1 的耐干旱应用
国 际 分 类 号　C12N 15/29，C12N15/82，C07K 14/415
复 审 请 求 人　中山大学
申　请　号　200410052370.6
申　请　日　2004 年 11 月 25 日
公　开　日　2005 年 5 月 11 日
合 议 组 组 长　刘颖杰
主　审　员　刘　铭
参　审　员　倪晓红

法 律 依 据　专利法第 26 条第 3 款
决 定 要 点
如果说明书中给出了具体的技术方案，但未给出实验证据，而该方案又必须依赖实验结果加以证实才能成立，则说明书不满足能够实现的要求，没有充分公开发明内容。

一、案由

本复审请求涉及申请号为 200410052370.6，名称为“一种拟南芥锌指蛋白基因 AtRINGF1 的耐干旱应用”的发明专利申请，其申请人为中山大学。本申请的申请日为 2004 年 11 月 25 日，公开日为 2005 年 5 月 11 日。

经实质审查，国家知识产权局原审查部门于 2006 年 7 月 7 日以本申请不符合专利法第 26 条第 3 款为由，驳回了本发明专利申请，其具体理由是：本申请说明书中没有公开对 AtRINGF1 基因的表达产物进行验证的实验资料，从而无法证实确实导入了该基因并且由于其过量表达而导致植物耐干旱，因此本申请的说明书没有充分公开发明内容，不符合专利法第 26 条第 3 款的规定。驳回决定所依据的文本为：2004 年 11 月 25 日提交的说明书第 1~10 页、说明书附图第 1~6 页、权利要求第 1 项、说明书摘要和摘要附图。

申请人中山大学（下称复审请求人）对上述驳回决定不服，于 2006 年 9 月 22 日向专利复审委员会提出了复审请求。复审请求人认为：Northern blot 是国际上通用的检测特定 RNA 的存在及其表达量的常用实验手段，从本申请的附图 6C 中能够看出过量表达植株中 AtRINGF1 基因的表达量明显提高，另外 Northern blot 条带大小一般不用标出，本申请所使用的也是 AtRINGF1 基因的特异探针；对克隆的基因进行测序以保证其序列的正确无误是转基因操作的基本前提，虽然进行了该实验，但没有必要将测序结果一一列入说明书中。因此，本申请的说明书已经充分公开了发明内容，符合专利法第 26 条第 3 款的规定。

经形式审查合格，专利复审委员会依法受理了该复审请求，并于 2006 年 11 月 16 日发出复审请求受理通知书，同时将案卷转送至原审查部门进行前置审查。

原审查部门在前置审查意见书中认为：说明书中没有对基因表达产物进行鉴定，也没有提供任何数据，无法确定是否导入了 AtRINGF1 基因且其获得过量表达，因而坚持原驳回决定。

随后，专利复审委员会成立合议组对本案进行审理。

本案合议组于 2008 年 9 月 10 日向复审请求人发出复审通知书，指出：本申请的说明书中公开了 AtRINGF1 基因的表达、Northern blot 鉴定、RT-PCR 鉴定以及对 ABA 的敏感性实验等。但是，在说明书中没有公开对拟南芥锌指蛋白基因 AtRINGF1 的表达蛋白的任何实验验证，而在 Northern blot 鉴定和 RT-PCR 鉴定实验中，没有提供任何有关表达产物的条带大小、测序结果等数据，本领域技术人员根据说明书公开的内容，无法确定所表达的产物就是由拟南芥锌指蛋白基因 AtRINGF1 的表达产物，同样也无法确认在拟南芥中表达的能够对干旱响应产生变化的产物就是 AtRINGF1 的表达产物。因此，本申请的说明书没有充分公开发明内容，不符合专利法第 26 条第 3 款有关说明书应当充分公开发明内容的规定。

复审请求人于 2008 年 10 月 17 日提交了意见陈述书，但没有对申请文件进行修改。复审请求人认为：在进行前期的基因可能和转基因载体的构建过程中，对于每一步都进行了测序检查，对于 RT-PCT 的结果也进行了测序，所有测序的序列与附件序列文件中 AtRNF1 的序列完全一致，在 Northern blot 中只能检测到一条带。因此，所提供的内容能充分证明 AtRNF1 基因的过量表达提高了转基因植物对干旱的响应能力改变，有关本申请的基因的研究工作已发表于《植物细胞》杂志上。但在复审请求人所提交的文件中，并没有包含意见陈述中所涉及的序列文件（即附件）。

在上述程序的基础上，合议组认为本案事实已经清楚，可以作出审查决定。

二、决定的理由

1. 审查文本

本复审决定所针对的文本是：2004 年 11 月 25 日提交的说明书第 1～10 页、说明书附图第 1～6 页、权利要求第 1 项、说明书摘要和摘要附图。

2. 关于专利法第 26 条第 3 款

专利法第 26 条第 3 款规定：说明书应当对发明或者实用新型作出清楚、完整的说明，以所属技术领域的技术人员能够实现为准；必要的时候，应当有附图。摘要应当简要说明发明或者实用新型的技术要点。

如果说明书中给出了具体的技术方案，但未给出实验证据，而该方案又必须依赖实验结果加以证实才能成立，则说明书不满足能够实现的要求，没有充分公开发明内容。

本申请请求保护一种拟南芥锌指蛋白基因 AtRINGF1 在提高植物的耐干旱能力上的应用，在说明书中公开了拟南芥锌指蛋白基因 AtRINGF1 的表达蛋白具有泛素蛋白系统中泛素连接酶（E3）活性，并公开了 AtRINGF1 基因的表达、Northern blot 鉴定、RT-PCR 鉴定以及对 ABA 的敏感性实验等。但是，在说明书中没有公开对拟南芥锌指蛋白基因 AtRINGF1 的表达蛋白的任何实验验证，在 Northern blot 鉴定和 RT-PCR 鉴定实验中，没有提供任何有关表达产物的条带大小、测序结果等数据，导致本领域技术人员无法确认表达产物与 AtRINGF1 基因之间的关系。虽然根据说明书的描述，所采用的引物来自拟南芥的已公布序列，但在缺少实验验证的前提下，难以确认其扩增的产物就是 AtRINGF1 基因。本领域技术人员根据说明书公开的内容，无法确定所表达的产物就是由拟南芥锌指蛋白基因 AtRINGF1 的表达产物，同样也无法确认在拟南芥中表达的能够对干旱响应产生变化的产物就是 AtRINGF1 的表达产物。因此，本申请的说明书没有清楚完整地描述将 AtRINGF1 基因应用于提高植物耐旱能力并获得其声称的技术效果的任何实验证据，导致本领域技术人员根据说明书公开的内容，无法实施其发明内容，不符合专利法第 26 条第 3 款有关说明书应当充分公开发明内容的规定。

对于复审请求人答复复审通知书所陈述的意见，合议组经审理认为：判断本申请是否充分公开只能以专利法第 26 条第 3 款为标准，以本申请说明书公开的客观内容作为基础来判断。复审请求人所声称的各种测序和验证实验并没有记载在说明书中，也不能通过提交附件补充这些内容来证明说明书已经充分公开，如果引入复审请求人声称的附件的内容必然导致引入了原始申请文件中没有记载的技术内容，且复审请求人并没有提交其所声称的附件。而且，根据复审请求人的意见陈述，与本申请相关的研究论文 2007 年才发表，其公开日期在本申请的申请日（即 2004 年 11 月 25 日）之后，其中记载的内容不能作为现有技术的文献来证明本申请已经充分公开。因此，对于请求人有关本申请已经充分公开发明内容的主张合议组不予支持。

基于上述理由，本案合议组依法作出如下审查决定。

三、决定

维持国家知识产权局于 2006 年 7 月 7 日对 200410052370.6 发明专利申请作出的驳回决定。

如对本复审请求审查决定不服，根据专利法第 41 条第 2 款的规定，请求人可以自收到本决定之日起三个月内向北京市第一中级人民法院起诉。

180

扩张器

复审请求审查决定（第15455号）

决　定　号　第15455号
决　定　日　2008年11月21日
发明创造名称　扩张器
国 际 分 类 号　A61M 29/02
复 审 请 求 人　川澄化学工业株式会社，池内健，森浩二，岩田博夫，光藤和明
申　请　号　02820559.6
优 先 权 日　2001年10月16日，2001年10月19日
申　请　日　2002年10月16日
公　开　日　2005年1月26日
合 议 组 组 长　宋　瑞
主　审　员　刘　畅
参　审　员　杨加黎

法 律 依 据　专利法第33条
决 定 要 点

如果复审请求人对申请文件所作出的修改在原始提交的说明书和权利要求书中有明确记载，或者可以从原始提交的说明书及权利要求书所记载的内容中直接地、毫无疑义地确定，那么这种修改符合专利法第33条的规定。

一、案由

本复审请求涉及申请号为02820559.6、名称为“扩张器”的发明专利PCT申请（下称本申请），其申请日为2002年10月16日，优先权日为2001年10月16日和2001年10月19日，进入中国国家阶段日期为2004年4月16日，公开日为2005年1月26日，申请人为川澄化学工业株式会社、池内健、森浩二、岩田博夫、光藤和明。

依申请人的请求，国家知识产权局专利实质审查部门依法对本申请进行了审查，并于2007年11月9日以本申请的修改不符合专利法第33条的规定为由，对本申请作出了驳回决定，驳回决定中指出：申请人在权利要求1中增加了技术特征“其中每一所述的单元（6、6A、6B）具有这样一种构造……并且保证非常稳定的压缩单元构造”，但是原始提交的说明书和权利要求书中并没有记载可弯曲且可延伸的弯曲部12、两个大致直线的支架及其构成、容纳空间（AS）的构成、在扩张器被径向压缩时所述压缩由单元6的弯曲部12完成和保证非常稳定的压缩单元构造，并且上述内容也不能从

原始提交的说明书及权利要求书中直接地、毫无疑义地确定，因而申请人对权利要求 1 的修改不符合专利法第 33 条的规定。此外，申请人对权利要求 2、5 的修改也增加了上述技术特征，因而也不符合专利法第 33 条的规定。

其中驳回决定所针对的独立权利要求 1、2、5 的内容如下：

“1. 一种具有高弯折能力的扩张器（1、1A、1B），由多个单元构成的环状组件形成为大致管状体，而且在径向方向上可以从所述管状体的内部伸张，

所述多个单元（6、6A、6B）上下连接，从而多个所述单元（6、6A、6B）排列包围形成所述管状体的扩张器（1、1A、1B）的中心轴 C1 构成环状组件（4、4A、4B）；

多个所述环状组件（4、4A、4B）沿着形成所述管状体的扩张器（1、1A、1B）的轴向布置，所述相邻的环状组件（4、4A、4B）相互之间至少一个位置通过连接部（5、5A、5B）之一连接；

每一上述连接部（5、5A、5B）形成为由至少具有两个弧的弯曲部（8、8A、8B）和与所述弯曲部（8、8A、8B）连接的大致直线部（7、7A、7B）构成，其中每一所述单元（6、6A、6B）具有这样一种构造，该构造包括一个可弯曲且可延伸（B/E）的弯曲部（12、12A、12B）以及两个大致直线的支架，第一个支架包含一个部分（11、11A、11B），而第二个支架包含一个大致直线部分（15、15A、15B），这两个部分与所述弯曲部（12、12A、12B）相邻且连续，并且其中所述单元（6、6A、6B）以及所述连接部（5、5A、5B）被设置为在径向方向具有容纳空间（AS），该容纳空间包括下列空间中的至少一个：在相邻的支架之间的空间（Si），在所述可弯曲且可延伸（B/E）的弯曲部（12、12A、12B）和连接部的弧之间的空间（Sii），以及在连接部的相对的弧之间的空间（Siii），

并且当扩张器（1、1A、1B）在径向方向被压缩时，所述压缩是由弯曲每一单元（6、6A、6B）的 B/E 弯曲部（12、12A、12B）来完成的，从而所述单元（6、6A、6B）和所述连接部（5、5A、5B）中的每一个都可以被容纳进入所述容纳空间，并且保证非常稳定的压缩单元构造；以及

其中，在扩张器轴方向上在所述扩张器（1、1A、1B）的每 10mm 长度上设置 3 至 8 个所述单元（6、6A、6B）；而且

上述单元（6、6A、6B）沿着扩张器（1、1A、1B）的轴向的长度（6L、6AL、6BL）与上述连接部（5、5A、5B）沿着扩张器轴向的长度（5L、5AL、5BL）的比率形成为：如果上述单元（6、6A、6B）沿着扩张器的轴向的长度（6L、6AL、6BL）6L 为 100，则以此为基准，上述连接部（5、5A、5B）沿扩张器的轴向的长度（5L、5AL、5BL）为 50~100。

2. 一种具有高径向力和高弯折能力的扩张器（1、1A、1B），由多个单元构成的环状组件形成为大致管状体，而且在径向方向上可以从所述管状体的内部伸张，

所述多个单元（6、6A、6B）上下连接，从而多个所述单元（6、6A、6B）排列包围形成所述管状体的扩张器（1、1A、1B）的中心轴 C1 构成环状组件（4、4A、4B）；

每一所述环状组件（4、4A、4B）沿着形成所述管状体的扩张器（1、1A、1B）的轴向布置，所述相邻的环状组件（4、4A、4B）相互之间至少一个位置通过连接部（5、5A、5B）之一连接；

每一上述连接部（5、5A、5B）形成为由至少具有两个弧的弯曲部（8、8A、8B）和与所述弯曲部（8、8A、8B）连接的大致直线部（7、7A、7B）构成；

（i）其中每一上述单元（6、6A、6B）这样一种构造，该构造包括一个可弯曲且可延伸（B/E）的弯曲部（12、12A、12B）及两个大致直线的支架，第一个支架包括一个部分（11、11A、11B），而第二个支架包含一个大致直线部分（15、15A、15B），这两个部分与所述弯曲部（12、12A、12B）相邻且连续，其中所述单元（6、6A、6B）以及所述连接部（5、5A、5B）被设置为在径向方向具有容纳空间（AS），该容纳空间包括下列空间中的至少一个：在相邻的支架之间的空间（Si），在所述

可弯曲且可延伸（B/E）的弯曲部和连接部的弧之间的空间（Sii），以及在连接部的相对的弧之间的空间（Siii），

并且当扩张器（1、1A、1B）在径向方向被压缩时，所述压缩是由弯曲每一单元（6、6A、6B）的B/E弯曲部（12、12A、12B）来完成的，从而所述单元（6、6A、6B）和所述连接部（5、5A、5B）中的每一个都可以被容纳进入所述容纳空间（AS），并且保证非常稳定的压缩单元构造（CCC）；以及

当扩张器被扩张直到上述管状体的直径（φ）到2.5mm时，支架的上述大致直线部（11、11A、11B）和支架的大致直线部（15、15A、15B）在扩张后的角度（θ）为30°以上，而且

在扩张器（1、1A、1B）扩张后的管状体直径（φ）到3.0mm或以上情况下，上述单元（6、6A、6B）在径向方向上设置6个至12个，另外

（ii）其中在扩张器轴向上在所述扩张器（1、1A、1B）的每10mm长度上设置3至8个所述单元（6、6A、6B）；而且

上述单元（6、6A、6B）沿着扩张器（1、1A、1B）的轴向长度（6L、6AL、6BL）与上述连接部（5、5A、5B）沿着扩张器轴向长度（5L、5AL、5BL）的比率形成为如果上述单元（6、6A、6B）沿着扩张器的轴向长度（6L、6AL、6BL）为100，则以此为基准，上述连接部（5、5A、5B）沿扩张器轴向的长度（5L、5AL、5BL）为50~100。

5. 一种具有高径向力和高弯折能力的扩张器（1、1A、1B），由多个单元构成的环状组件形成为大致管状体，而且在径向方向上可以从所述管状体的内部伸张，

所述多个单元（6、6A、6B）上下连接，从而多个所述单元（6、6A、6B）排列包围形成所述管状体的扩张器（1、1A、1B）的中心轴C1构成环状组件（4、4A、4B）；

多个所述环状组件（4、4A、4B）沿着形成所述管状体的扩张器（1、1A、1B）的轴向布置，所述相邻的环状组件（4、4A、4B）相互之间至少一个位置通过连接部（5、5A、5B）之一连接；

每一上述连接部（5、5A、5B）形成为由至少具有两个弧的弯曲部（8、8A、8B）和与所述弯曲部（8、8A、8B）连接的大致直线部（7、7A、7B）构成；

其中每一上述单元（6、6A、6B）这样一种构造，该构造包括一个可弯曲且可延伸（B/E）的弯曲部（12、12A、12B）及两个大致直线的支架，第一支架包含一个部分（11、11A、11B），而第二个支架包含一个大致直线部分（15、15A、15B），这两个部分与所述弯曲部（12、12A、12B）相邻且连续，并且其中所述单元（6、6A、6B）以及所述连接部（5、5A、5B）被设置为在径向方向具有容纳空间（AS），该容纳空间包括下列空间中的至少一个：在相邻的支架之间的空间（Si），在所述可弯曲且可延伸（B/E）的弯曲部（12、12A、12B）和连接部的弧之间的空间（Sii），以及在连接部的相对的弧之间的空间（Siii），

并且当扩张器（1、1A、1B）在径向方向被压缩时，所述压缩是由弯曲每一单元（6、6A、6B）的B/E弯曲部（12、12A、12B）来完成的，从而所述单元（6、6A、6B）和所述连接部（5、5A、5B）中的每一个都可以被容纳进入所述容纳空间（AS），并且保证非常稳定的压缩单元构造（CCC）；以及

上述单元（6、6A、6B）的厚度形成在0.06~0.12mm范围内、宽度形成在0.08~0.15mm范围内；而且

上述连接部（5、5A、5B）的厚度形成在0.06~0.12mm范围内、宽度形成在0.04~0.10mm范围内。”

申请人川澄化学工业株式会社，池内健，森浩二，岩田博夫，光藤和明（下称复审请求人）不

服上述驳回决定，于2008年2月20日向专利复审委员会提出复审请求，并且提交了权利要求书的全文修改替换页，修改后的权利要求书共包括7项权利要求，复审请求人针对驳回决定的意见对权利要求1、2、5进行了修改，并表示修改后的权利要求1、2、5符合专利法第33条的规定。其中，修改后的权利要求1、2、5的内容如下：

“1. 一种具有高弯折能力的扩张器（1、1A、1B），由多个单元构成的环状组件形成为大致管状体，而且在径向方向上可以从所述管状体的内部伸张，

所述多个单元（6、6A、6B）上下连接，从而多个所述单元（6、6A、6B）排列包围形成所述管状体的扩张器（1、1A、1B）的中心轴C1构成环状组件（4、4A、4B）；

多个所述环状组件（4、4A、4B）沿着形成所述管状体的扩张器（1、1A、1B）的轴向布置，所述相邻的环状组件（4、4A、4B）相互之间至少一个位置通过连接部（5、5A、5B）之一连接；

每一上述连接部（5、5A、5B）形成为由至少具有两个弧的弯曲部（8、8A、8B）和与所述弯曲部（8、8A、8B）连接的大致直线部（7、7A、7B）构成，其中每一所述单元（6、6A、6B）具有这样一种构造，该构造包括一个可弯曲且可扩张（B/E）的弯曲部（12、12A、12B）并且每一所述单元（6、6A、6B）包含大致直线部分（11、11A、11B）和大致直线部分（15、15A、13B），并且其中单元（6、6A、6B）以及连接部（5、5A、5B）被设置为在各单元（6、6A、6B）之间以及在单元（6、6A、6B）和连接部（5、5A、5B）之间在扩张器的径向方向具有容纳空间（S），并且当扩张器的直径通过弯曲每一单元（6、6A、6B）的可弯曲且可扩张（B/E）的弯曲部（12、12A、12B）而减小时，单元（6、6A、6B）和连接部（5、5A、5B）能够被容纳进入所述容纳空间（S）；并且

其中，在扩张器轴方向上在所述扩张器（1、1A、1B）的每10mm长度上设置3个至8个所述单元（6、6A、6B）；而且

上述单元（6、6A、6B）沿着扩张器的轴向的长度（6L、6AL、6BL）与上述连接部（5、5A、5B）沿着扩张器轴向的长度（5L、5AL、5BL）的比率形成为：如果上述单元（6、6A、6B）沿着扩张器的轴向的长度（6L、6AL、6BL）为100，则以此为基准，上述连接部（5、5A、5B）沿扩张器的轴向的长度（5L、5AL、5BL）为50~100。

2. 一种具有高径向力和高弯折能力的扩张器（1、1A、1B），由多个单元构成的环状组件形成为大致管状体，而且在径向方向上可以从所述管状体的内部伸张，

所述多个单元（6、6A、6B）上下连接，从而多个所述单元（6、6A、6B）排列包围形成所述管状体的扩张器（1、1A、1B）的中心轴C1构成环状组件（4、4A、4B）；

每一所述环状组件（4、4A、4B）沿着形成所述管状体的扩张器（1、1A、1B）的轴向布置，所述相邻的环状组件（4、4A、4B）相互之间至少一个位置通过连接部（5、5A、5B）之一连接；

每一上述连接部（5、5A、5B）形成为由至少具有两个弧的弯曲部（8、8A、8B）和与所述弯曲部（8、8A、8B）连接的大致直线部（7、7A、7B）构成；

（i）其中每一所述单元（6、6A、6B）具有这样一种构造，该构造包括一个可弯曲且可扩张（B/E）的弯曲部（12、12A、12B）并且每一所述单元（6、6A、6B）包含大致直线部（11、11A、11B）和大致直线部（15、15A、13B），并且

其中单元（6、6A、6B）以及连接部（5、5A、5B）被设置为在各单元（6、6A、6B）之间以及在单元（6、6A、6B）和连接部（5、5A、5B）之间在扩张器的径向方向具有容纳空间（S），并且当扩张器的直径通过弯曲每一单元（6、6A、6B）的可弯曲且可扩张（B/E）的弯曲部（12、12A、12B）而减小时，单元（6、6A、6B）和连接部（5、5A、5B）能够被容纳进入所述容纳空间（S）；并且

当扩张器被扩张直到上述管状体的直径（ф）到 2.5mm 时上述大致直线部（11、11A、11B）和大致直线部（15、15A、13B）在扩张后的角度（θ）为 30°以上，而且

在扩张器（1、1A、1B）扩张后管状体的直径（ф）到 3.0mm 或以上情况下，上述单元（6、6A、6B）在径向方向上设置 6 至 12 个，另外

（ii）其中在扩张器轴向上在所述扩张器（1、1A、1B）的每 10mm 长度上设置 3 至 8 个所述单元（6、6A、6B）；而且

上述单元（6、6A、6B）沿着扩张器的轴向长度（6L、6AL、6BL）与上述连接部（5、5A、5B）沿着扩张器轴向长度（5L、5AL、5BL）的比率形成为如果上述单元（6、6A、6B）沿着扩张器的轴向长度（6L、6AL、6BL）为 100，则以此为基准，上述连接部（5、5A、5B）沿扩张器轴向的长度（5L、5AL、5BL）为 50~100。

5. 一种具有高径向力和高弯折能力的扩张器（1、1A、1B），由多个单元构成的环状组件形成为大致管状体，而且在径向方向上可以从所述管状体的内部伸张，

所述多个单元（6、6A、6B）上下连接，从而多个所述单元（6、6A、6B）排列包围形成所述管状体的扩张器（1、1A、1B）的中心轴 C1 构成环状组件（4、4A、4B）；

多个所述环状组件（4、4A、4B）沿着形成所述管状体的扩张器（1、1A、1B）的轴向布置，所述相邻的环状组件（4、4A、4B）相互之间至少一个位置通过连接部（5、5A、5B）之一连接；

每一上述连接部（5、5A、5B）形成为由至少具有两个弧的弯曲部（8、8A、8B）和与所述弯曲部（8、8A、8B）连接的大致直线部（7、7A、7B）构成；其中每一所述单元（6、6A、6B）具有这样一种构造，该构造包括一个可弯曲且可扩张（B/E）的弯曲部（12、12A、12B）并且每一所述单元（6、6A、6B）包含大致直线部分（11、11A、11B）和大致直线部分（15、15A、13B），并且其中单元（6、6A、6B）以及连接部（5、5A、5B）被设置为在各单元（6、6A、6B）之间以及在单元（6、6A、6B）和连接部（5、5A、5B）之间在扩张器的径向方向具有容纳空间（S），并且当扩张器的直径通过弯曲每一单元（6、6A、6B）的可弯曲且可扩张（B/E）的弯曲部（12、12A、12B）而减小时，单元（6、6A、6B）和连接部（5、5A、5B）能够被容纳进入所述容纳空间（S）；并且

上述单元（6、6A、6B）的厚度形成在 0.06~0.12mm 范围内、宽度形成在 0.08~0.15mm 范围内；而且

上述连接部（5、5A、5B）的厚度形成在 0.06~0.12mm 范围内、宽度形成在 0.04~0.10mm 范围内。”

经形式审查合格后，专利复审委员会受理了上述请求，并于 2008 年 3 月 24 日向复审请求人发出复审请求受理通知书，同时向原专利实质审查部门发出前置审查通知书。

原专利实质审查部门对该复审请求作出前置审查意见，仍然坚持原驳回决定，其具体理由为：权利要求 1 中没有限定两个大致直线部分与弯曲部分之间的位置关系，也就是说，根据权利要求 1 限定的技术方案，三者之间可具有任意的位置关系，然而原始提交的说明书及权利要求书中并没有记载三者可具有任意的位置关系，而且这也不能从原始提交的说明书及权利要求书中直接地、毫无疑义的确定；此外，原始提交的说明书及权利要求书中既没有记载各单元之间以及单元和连接部之间在扩张器的径向方向上具有容纳空间，也没有记载当扩张器的直径通过弯曲每一单元的单元部而减少时，单元和连接部能够被容纳进入该容纳空间内，并且上述内容也不能从原始提交的说明书及权利要求书中直接地、毫无疑义的确定，因而复审请求人对权利要求 1、2、5 的修改仍不符合专利法第 33 条的规定。

针对上述复审请求，专利复审委员会依法成立合议组对该复审请求案进行了审理，并于 2008 年 9 月 11 日向复审请求人发出复审通知书，指出：复审请求人在独立权利要求 1、2、5 中加入了“每

一所述单元（6、6A、6B）包含大致直线部分（11、11A、11B）和大致直线部分（15、15A、13B）”，然而在原始提交的说明书及其附图中仅仅记载了两个大致直线部和弯曲部是相邻设置的（参见原始提交的说明书第3页第8~10行、第4页第17~20行，说明书附图2、3、7、9），由此可见，修改后的权利要求没有对两个大致直线部与弯曲部的位置关系作出限定，然而修改后的权利要求1、2、5除了原始提交的说明书及附图中记载的两个大致直线部和弯曲部相邻设置的位置关系外，还包含了三者间存在其他位置关系的可能性，也就是说，复审请求人作出的这一修改后的内容没有记载于原始提交的说明书及权利要求书中，也不能从原始提交的说明书及权利要求书中直接地、毫无疑义的确定，因而复审请求人对独立权利要求1、2、5作出的上述修改不符合专利法第33条的规定。

针对上述复审通知书，复审请求人于2008年10月21日向专利复审委员会提交了意见陈述书，同时提交了权利要求书的全文修改替换页，修改后的权利要求书共包括7项权利要求，复审请求人对其中的权利要求1、2、5进行了修改，并认为修改后的权利要求1、2、5符合专利法第33条的规定。此次修改后的独立权利要求1、2、5的内容如下：

“1. 一种具有高弯折能力的扩张器（1、1A、1B），由多个单元构成的环状组件形成为大致管状体，而且在径向方向上可以从所述管状体的内部伸张，

所述多个单元（6、6A、6B）上下连接，从而多个所述单元（6、6A、6B）排列包围形成所述管状体的扩张器（1、1A、1B）的中心轴C1构成环状组件（4、4A、4B）；

多个所述环状组件（4、4A、4B）沿着形成所述管状体的扩张器（1、1A、1B）的轴向布置，所述相邻的环状组件（4、4A、4B）相互之间至少一个位置通过连接部（5、5A、5B）之一连接；

每一上述连接部（5、5A、5B）形成为由至少具有两个弧的弯曲部（8、8A、8B）和与所述弯曲部（8、8A、8B）连接的大致直线部（7、7A、7B）构成，其中每一所述单元（6、6A、6B）具有这样一种构造，该构造包括一个可弯曲且可扩张（B/E）的弯曲部（12、12A、12B）并且每一所述单元（6、6A、6B）包含大致直线部分（11、11A、11B）和大致直线部分（15、15A、13B），其中大致直线部分（11、11A、11B）和大致直线部分（15、15A、13B）与弯曲部（12、12A、12B）相邻设置，并且其中单元（6、6A、6B）以及连接部（5、5A、5B）被设置为在各单元（6、6A、6B）之间以及在单元（6、6A、6B）和连接部（5、5A、5B）之间在扩张器的径向方向具有容纳空间（S），并且当扩张器的直径通过弯曲每一单元（6、6A、6B）的可弯曲且可扩张（B/E）的弯曲部（12、12A、12B）而减小时，单元（6、6A、6B）和连接部（5、5A、5B）能够被容纳进入所述容纳空间（S）；并且

其中，在扩张器轴方向上在所述扩张器（1、1A、1B）的每10mm长度上设置3至8个所述单元（6、6A、6B）；而且

上述单元（6、6A、6B）沿着扩张器的轴向的长度（6L、6AL、6BL）与上述连接部（5、5A、5B）沿着扩张器轴向的长度（5L、5AL、5BL）的比率形成为：如果上述单元（6、6A、6B）沿着扩张器的轴向的长度（6L、6AL、6BL）为100，则以此为基准，上述连接部（5、5A、5B）沿扩张器的轴向的长度（5L、5AL、5BL）为50~100。

2. 一种具有高径向力和高弯折能力的扩张器（1、1A、1B），由多个单元构成的环状组件形成为大致管状体，而且在径向方向上可以从所述管状体的内部伸张，

所述多个单元（6、6A、6B）上下连接，从而多个所述单元（6、6A、6B）排列包围形成所述管状体的扩张器（1、1A、1B）的中心轴C1构成环状组件（4、4A、4B）；

每一所述环状组件（4、4A、4B）沿着形成所述管状体的扩张器（1、1A、1B）的轴向布置，所述相邻的环状组件（4、4A、4B）相互之间至少一个位置通过连接部（5、5A、5B）之一连接；

每一上述连接部（5、5A、5B）形成为由至少具有两个弧的弯曲部（8、8A、8B）和与所述弯曲部（8、8A、8B）连接的大致直线部（7、7A、7B）构成；

（i）其中每一所述单元（6、6A、6B）具有这样一种构造，该构造包括一个可弯曲且可扩张（B/E）的弯曲部（12、12A、12B）并且每一所述单元（6、6A、6B）包含大致直线部（11、11A、11B）和大致直线部（15、15A、13B），其中大致直线部分（11、11A、11B）和大致直线部分（15、15A、13B）与弯曲部（12、12A、12B）相邻设置；并且

其中单元（6、6A、6B）以及连接部（5、5A、5B）被设置为在各单元（6、6A、6B）之间以及在单元（6、6A、6B）和连接部（5、5A、5B）之间在扩张器的径向方向具有容纳空间（S），并且当扩张器的直径通过弯曲每一单元（6、6A、6B）的可弯曲且可扩张（B/E）的弯曲部（12、12A、12B）而减小时，单元（6、6A、6B）和连接部（5、5A、5B）能够被容纳进入所述容纳空间（S）；并且

当扩张器被扩张直到上述管状体的直径（φ）到2.5mm时上述大致直线部（11、11A、11B）和大致直线部（15、15A、13B）在扩张后的角度（θ）为30°以上，而且

在扩张器（1、1A、1B）扩张后管状体的直径（φ）到3.0mm或以上情况下，上述单元（6、6A、6B）在径向方向上设置6至12个，另外

（ii）其中在扩张器轴向上在所述扩张器（1、1A、1B）的每10mm长度上设置3至8个所述单元（6、6A、6B）；而且

上述单元（6、6A、6B）沿着扩张器的轴向长度（6L、6AL、6BL）与上述连接部（5、5A、5B）沿着扩张器轴向长度（5L、5AL、5BL）的比率形成为如果上述单元（6、6A、6B）沿着扩张器的轴向长度（6L、6AL、6BL）为100，则以此为基准，上述连接部（5、5A、5B）沿扩张器轴向的长度（5L、5AL、5BL）为50~100。

5. 一种具有高径向力和高弯折能力的扩张器（1、1A、1B），由多个单元构成的环状组件形成为大致管状体，而且在径向方向上可以从所述管状体的内部伸张，

所述多个单元（6、6A、6B）上下连接，从而多个所述单元（6、6A、6B）排列包围形成所述管状体的扩张器（1、1A、1B）的中心轴C1构成环状组件（4、4A、4B）；

多个所述环状组件（4、4A、4B）沿着形成所述管状体的扩张器（1、1A、1B）的轴向布置，所述相邻的环状组件（4、4A、4B）相互之间至少一个位置通过连接部（5、5A、5B）之一连接；

每一上述连接部（5、5A、5B）形成为由至少具有两个弧的弯曲部（8、8A、8B）和与所述弯曲部（8、8A、8B）连接的大致直线部（7、7A、7B）构成；其中每一所述单元（6、6A、6B）具有这样一种构造，该构造包括一个可弯曲且可扩张（B/E）的弯曲部（12、12A、12B）并且每一所述单元（6、6A、6B）包含大致直线部分（11、11A、11B）和大致直线部分（15、15A、13B），其中大致直线部分（11、11A、11B）和大致直线部分（15、15A、13B）与弯曲部（12、12A、12B）相邻设置，并且其中单元（6、6A、6B）以及连接部（5、5A、5B）被设置为在各单元（6、6A、6B）之间以及在单元（6、6A、6B）和连接部（5、5A、5B）之间在扩张器的径向方向具有容纳空间（S），并且当扩张器的直径通过弯曲每一单元（6、6A、6B）的可弯曲且可扩张（B/E）的弯曲部（12、12A、12B）而减小时，单元（6、6A、6B）和连接部（5、5A、5B）能够被容纳进入所述容纳空间（S）；并且

上述单元（6、6A、6B）的厚度形成在0.06~0.12mm范围内、宽度形成在0.08~0.15mm范围内；而且

上述连接部（5、5A、5B）的厚度形成在0.06~0.12mm范围内、宽度形成在0.04~0.10mm范

围内。”

至此合议组认为本案事实清楚，现依法作出复审决定。

二、决定的理由

1. 审查文本

本复审决定所依据的审查文本为复审请求人于2008年10月21日提交的权利要求第1~7项，于2004年4月16日提交的说明书第1~18页、说明书附图第1~12页、说明书摘要及摘要附图。

2. 关于专利法第33条

专利法第33条规定：申请人可以对其专利申请文件进行修改，但是，对发明和实用新型专利申请文件的修改不得超出原说明书和权利要求书记载的范围，对外观设计专利申请文件的修改不得超出原图片或者照片表示的范围。

驳回决定、前置审查意见以及复审通知书中指出了如下几处不符合专利法第33条规定：（1）可弯曲且可延伸的弯曲部12；（2）两个大致直线的支架及其构成；（3）容纳空间（AS）的构成；（4）在扩张器被径向压缩时所述压缩由单元6的弯曲部12完成和保证非常稳定的压缩单元构造；（5）两个大致直线部分与弯曲部分之间的位置关系；（6）各单元之间以及单元和连接部之间在扩张器的径向方向上具有容纳空间，且当扩张器的直径通过弯曲每一单元的单元部而减少时，单元和连接部能够被容纳进入该容纳空间内。由于上述内容没有在原始提交的说明书及权利要求书中记载，也不能从原始提交的说明书及权利要求书中直接地、毫无疑义地确定，因而申请人对权利要求1、2、5的修改不符合专利法第33条的规定。

合议组经审查后认为：

（1）驳回决定中指出：原始提交的说明书和权利要求书中并没有记载可弯曲且可延伸的弯曲部12，并且上述内容也不能从原始提交的说明书及权利要求书中直接地、毫无疑义地确定。在复审请求人于2008年10月21日提交的权利要求书修改替换页中，驳回决定所针对的权利要求1、2、5中“可弯曲且可延伸的弯曲部12”已被复审请求人改为了“可弯曲且可扩张的弯曲部12”，并且在原始提交的说明书第2页第4段、第4页第1段记载了如下内容：“一种具有高径向力和高弯折能力的扩张器（1，1A，1B），由多个单元构成的环状组件形成为大致管状体，而且在径向方向上可以从所述管状体的内部伸张”，由此可见，权利要求1修改后的这部分内容能够从原说明书中直接地、毫无疑义地确定，因此驳回决定指出的上述不符合专利法第33条规定的缺陷已经得到克服。

（2）驳回决定中指出：原始提交的说明书和权利要求书中并没有记载两个大致直线的支架及其构成，并且上述内容也不能从原始提交的说明书及权利要求书中直接地、毫无疑义地确定。在复审请求人于2008年10月21日提交的权利要求书修改替换页中，驳回决定所针对的权利要求1、2、5中“大致直线的支架”已被复审请求人改为了“大致直线部分”，与原始提交的说明书中记载的内容一致，且原始提交的说明书附图第2、5、7、9页也显示出了大致直线部分的具体形态，此外复审请求人于2008年10月21日提交的权利要求1、2、5中已将驳回决定所针对的权利要求1、2、5中对大致直线部分构成的相关描述删除，由此可见，驳回决定指出的上述不符合专利法第33条规定的缺陷已经得到克服。

（3）驳回决定中指出：原始提交的说明书和权利要求书中并没有记载容纳空间（AS）的构成，并且上述内容也不能从原始提交的说明书及权利要求书中直接地、毫无疑义地确定。在复审请求人于2008年10月21日提交的权利要求书修改替换页中，驳回决定所针对的权利要求1、2、5中“容纳空间（AS）”已被复审请求人改为了“容纳空间（S）”，并且原始提交的说明书第10页第4段记载了如下内容“单元6与连接部5各自在扩张器的半径方向上不立体重合。即，如图2所示，存在于单元6与连接部5相互之间的扩张器的半径方向空间S内，如图5所示，即使在扩张器1的口径缩小情况下，也能够把它们容纳在里面”，此外，在原始提交的说明书附图第2、5页也示出了容纳空间（S）的构成及其容纳状态下的形态，因而复审请求人的上述修改第（3）项可以从原始提交的说明书中直接地、毫无疑义地确定，由此可见，驳回决定指出的上述不符合专利法第33条规定的缺陷已得到克服。

（4）驳回决定中指出：原始提交的说明书和权利要求书中并没有记载在扩张器被径向压缩时所述压缩由单元6的弯曲部12完成和保证非常稳定的压缩单元构造，并且上述内容也不能从原始提交的说明书及权利要求书中直接地、毫无疑义地确定。在复审请求人于2008年10月21日提交的权利要求1、2、5中，已经删除了上述修改超范围的内容，因而驳回决定指出的上述不符合专利法第33条规定的缺陷已得到克服。

（5）前置意见与复审通知书中指出：原始提交的说明书和权利要求书中仅记载了两个大致直线部分与弯曲部分之间的位置关系为相邻设置的技术方案，但是复审请求人在提出复审请求时提交的权利要求1、2、5中并没有对两个大致直线部与弯曲部的位置关系作出限定，也就是说，其中除了原始提交的说明书及附图中记载的两个大致直线部和弯曲部相邻设置的位置关系外，还包含了三者间存在其他位置关系的可能性，因而复审请求人作出的这一修改后的内容没有记载于原始提交的说明书及权利要求书中，也不能从原始提交的说明书及权利要求书中直接地、毫无疑义的确定。在复审请求人于2008年10月21日提交的权利要求1、2、5中，明确记载了两个大致直线部分与弯曲部分之间的位置关系，即“其中大致直线部分（11、11A、11B）和大致直线部分（15、15A、13B）与弯曲部（12、12A、12B）相邻设置”，上述位置关系，在原始提交的说明书第2页第7段、第3页第4段、第4页第7段、第6页第5段等多处都有相关描述，在原始提交的说明书附图第2、5、7、9页也有说明，因而复审请求人作出的上述修改第（5）项可以从原始提交的说明书中直接地、毫无疑义地确定，由此可见，前置意见与复审通知书中指出的上述不符合专利法第33条规定的缺陷已经得到克服。

（6）前置意见中指出：原始提交的说明书和权利要求书中没有记载“各单元之间以及单元和连接部之间在扩张器的径向方向上具有容纳空间，且当扩张器的直径通过弯曲每一单元的单元部而减少时，单元和连接部能够被容纳进入该容纳空间内”，也不能从原始提交的说明书及权利要求书中直接地、毫无疑义地确定。但是，如上面的合议组审查意见第（3）点，原始提交的说明书第10页第4段记载了“单元6与连接部5各自在扩张器的半径方向上不立体重合。即，如图2所示，存在于单元6与连接部5相互之间的扩张器的半径方向空间S内，如图5所示，即使在扩张器1的口径缩小情况下，也能够把它们容纳在里面”，此外，原始提交的说明书附图2示出了在单元6之间、单元6与连接部5之间容纳空间S的几种形态，附图5也示出了在弯曲单元6从而使得扩张器的口径缩小时，由于扩张器本身具有高弯折能力并且可在扩张器的径向上延伸，因而单元6与连接部5发生了形变，从而进入容纳空间S内。由此可见，前置意见指出的上述不符合专利法第33条规定的内容实际上可以从原始提交的说明书中直接地、毫无疑义地确定。

综上所述，通过复审请求人的修改及意见陈述，驳回决定、前置审查意见以及复审通知书中指出的不符合专利法第33条规定之处均已得到克服，修改后的权利要求1、2、5符合专利法第33条的规定。

三、决定

在复审请求人于2008年10月21日对申请文件进行修改的基础上，撤销国家知识产权局于2007年11月9日针对02820559.6号PCT发明专利申请作出的驳回决定，由原专利实质审查部门在本复审决定所针对的审查文本基础上继续审查。

复审请求人对本决定不服的，可以根据专利法第41条第2款的规定，自收到本决定之日起三个月内向北京市第一中级人民法院起诉。

181

制造显示单元的方法

复审请求审查决定（第15485号）

决　定　号　第15485号
决　定　日　2008年12月15日
发明创造名称　制造显示单元的方法
国际分类号　G02F 1/1333
复审请求人　统宝香港控股有限公司
申　请　号　02800227.X
优先权日　2001年2月8日
申　请　日　2002年1月30日
公　开　日　2003年11月12日
合议组组长　宋　瑞
主　审　员　谢有成
参　审　员　王琦琳

法律依据　专利法第26条第3款
决定要点
如果说明书中描述的技术手段含糊不清或有相互矛盾之处，导致本领域技术人员根据说明书记载的内容无法具体实施，那么说明书公开不充分，不符合专利法第26条第3款的规定。

一、案由

本复审请求涉及申请号为02800227.X、名称为“制造显示单元的方法”的PCT发明专利申请（下称本申请），其申请日为2002年1月30日，优先权日为2001年2月8日，公开日为2003年11月12日，进入中国国家阶段日期为2002年9月29日，申请人为皇家菲利浦电子有限公司，后于2007年3月23日变更为统宝香港控股有限公司。

经过实质审查，国家知识产权局专利实质审查部门于2006年8月11日以本申请不符合专利法第33条的规定为由作出驳回决定。驳回决定所针对的文本为：申请人于2006年1月17日提交的权利要求第1~2项、说明书第1~5页、附图第1~3页、摘要附图，于2002年9月29日提交的说明书摘要。驳回决定的具体理由为：申请人对原说明书第4页第18行和第26行进行了修改，从而由原来的连接导体4′通过驱动IC8被提供需要的电压，变成了列电极4通过驱动IC8被提供需要的电压，以及平行于列电极4的连接导体通过驱动IC8被提供需要的电压，修改后的内容超出了原说明书和权利要求书记载的范围，不符合专利法第33条的规定。

申请人（下称复审请求人）对上述驳回决定不服，于2006年11月27日向专利复审委员会提出复审请求，同时提交了说明书全文和附图第2页的修改替换页。复审请求人认为依据一般常识将驱动IC8通过连接导体4′给列电极4提供需要的电压修改为列电极4通过驱动IC8被提供需要的电压并无不妥；原说明书中记载了“该连接导体15也通过用于驱动像素9的驱动IC8被提供需要的电压”，并且结合图4A所示将驱动IC8通过连接导体4′给所述连接导体提供需要的电压修改为所述连接导体通过驱动IC8被提供需要的电压也得到说明书的支持。

经形式审查合格，专利复审委员会依法受理了该复审请求，于2006年12月27日向复审请求人发出复审请求受理通知书，并于同一日向国家知识产权局专利实质审查部门发出了前置审查通知书。

国家知识产权局专利实质审查部门在前置审查意见中，仍然坚持原驳回决定。

针对上述复审请求，专利复审委员会依法成立合议组，对该复审请求进行审查。本案合议组于2008年4月3日向复审请求人发出复审通知书，指出：（1）修改后的说明书中记载的是列电极4“通过用于驱动像素9的驱动IC8被提供需要的电压”（说明书第4页第19行）、连接导体“通过驱动IC8被提供需要的电压”（说明书第4页第27行），原始提交的国际申请文件中文译文的说明书中记载的是列电极4“毗连连接导体4′，该连接导体4′通过用于驱动像素9的驱动IC8被提供需要的电压（说明书第4页第18行）”、连接导体“毗连连接导体4′，该连接导体4′通过驱动IC8被提供需要的电压（说明书第4页第26行）”。这种修改超出了原说明书和权利要求书记载的范围，不符合专利法第33条的规定。（2）修改后说明书中的“由于外部连接导体平行，它们能够共同地形成在一个轨道内，即，形成为分别用于多个单元的连续导体4′和15′”（第5页第13～14行）相对于修改前原说明书中的“由于外部连接导体4′，15′（图5）平行，它们能够共同地形成在一个轨道内，即，形成为分别用于多个单元的连续导体4，4′和15，15′”，以及修改后说明书中的“导体14”（第5页第1行）相对于修改前原说明书中的“导体轨道14”均超范围，不符合专利法第33条的规定。（3）如果复审请求人将申请文本修改回原始提交的申请文本，那么本申请还存在公开不充分的问题，即，原说明书中对于与连接导体4′和15′有关的内容的描述不清楚，导致本领域技术人员不清楚如何将连接列电极4和连接导体15同时通过连接导体4′连接到驱动IC8来给它们提供驱动信号，也不清楚所述导体15′与其他元件之间的关系等情况，从而无法实施本申请所述的技术方案。

针对上述复审通知书，复审请求人于2008年5月15日提交了意见陈述书以及说明书全文的修改替换页，其中将上述复审通知书中所指出的修改超范围之处全部进行了修改，使之与原始提交的申请文本的说明书的表述相一致，并且对上述复审通知书中所指出的公开不充分的问题进行了答复，认为连接导体4′可视为列电极4的延伸，连接导体15’可视为连接导体15的延伸，并且连接导体15也是通过连接导体4′由IC8来提供驱动信号，说明书公开充分。

针对复审请求人的上述意见陈述书，本案合议组于2008年7月7日再次向复审请求人发出复审通知书，指出：本申请说明书记载了列电极4毗连连接导体4′，驱动IC8通过该连接导体4′给列电极4提供电压，同时又记载了连接导体15毗连连接导体4′，驱动IC8通过该连接导体4′给连接导体15并通过连接体或通路16从而给行电极5提供电压，但是，按照本领域的基本常识可知，对于LCD来说，列电极和行电极不可能同时都毗连连接导体4′而通过连接导体4′与驱动IC8相连，因此，本申请说明书没有清楚描述如何将列电极4和连接导体15同时通过连接导体4′连接到驱动IC8来给它们提供驱动信号，不符合专利法第26条第3款的规定。

针对上述复审通知书，复审请求人于2008年8月15日提交了意见陈述书，没有修改申请文件。复审请求人表示：（1）本申请说明书中记载了“行电极通过连接体或通路16与垂直延伸的连接导体15连接，该连接导体15也通过用于驱动像素9的驱动IC8被提供需要的电压”以及“平行于垂直列电极 4 延伸的垂直延伸连接导体（在该例中透明）”，所述连接体是一种连接方式的举例，并不是连接导体 4′；（2）行电极 5 和列电极 4 与 IC8 的连接关系分别为：行电极 5-连接体-连接导体-IC8 中用于驱动行电极 5 的 IC，列电极 4-连接导体 4′-IC8 中用于驱动列电极 4 的 IC，即行电极 5 和列电极 4 是通过不同的通道分别与 IC8 连接并且 IC8 以不同的信号驱动行电极 5 和列电极 4 的。

至此，合议组认为本案事实已清楚，现依法作出审查决定。

二、决定的理由

1. 审查基础

本复审请求审查决定以复审请求人于 2002 年 9 月 29 日提交的说明书摘要，于 2006 年 1 月 17 日提交的权利要求第 1~2 项、附图第 1、3 页、摘要附图，于 2006 年 11 月 27 日提交的附图第 2 页，于 2008 年 5 月 15 日提交的说明书全文第 1~5 页为审查基础。

2. 关于专利法第 26 条第 3 款

专利法第 26 条第 3 款规定：说明书应当对发明或者实用新型作出清楚、完整的说明，以所属技术领域的技术人员能够实现为准；必要的时候，应当有附图。摘要应当简要说明发明或者实用新型的技术要点。

本申请说明书记载了如下内容：“在第一基片 2 上出现列电极 4（在该例中垂直列电极），该列电极延伸到基片 3 的边缘的第一部分（a）那么远，并且毗连连接导体 4′，该连接导体 4′通过用于驱动像素 9 的驱动 IC8 被提供需要的电压”（说明书第 4 页第 16~19 行），即，列电极 4 与连接导体 4′相连；“行电极 5（在该例中）出现在基片 2 上，该行电极通过连接体或通路 16（见图 4B 中的平面图）与垂直延伸的连接导体 15（在该例中是透明的）连接，该连接导体 15 也通过用于驱动像素 9 的驱动 IC8 被提供需要的电压”（说明书第 4 页第 19~22 行），“平行于垂直列电极 4 延伸的垂直延伸连接导体（在该例中透明），对应于每个行电极，并且也延伸到基片 3 的边缘的第一部分（a）那么远，并且毗连连接导体 4′，该连接导体 4′通过驱动 IC8 被提供需要的电压”（说明书第 4 页第 24~26 行），所述“垂直延伸连接导体”就是所述“垂直延伸的连接导体 15”，因此行电极 5 也通过连接体或通路 16、连接导体 15 与连接导体 4′相连。上述内容表明列电极 4 和行电极 5 均连接至连接导体 4′并由 IC8 提供驱动电压，但是，根据本领域的基本常识，对于 LCD 来说，列电极和行电极是通过不同的通路连接到驱动电路的，因此本申请说明书中的描述与本领域的基本常识相互矛盾。而说明书中其他涉及到该连接导体 4′与列电极 4 和连接导体 15 之处为说明书第 5 页第 12~14 行“由于外部连接导体 4′，15′（图 5）平行，它们能够共同地形成在一个轨道内，即，形成为分别用于多个单元的连续导体 4，4′和 15，15′，如图 8 中简要示出的”，然而该描述也不能解释上述矛盾。另外，说明书附图也没有清楚地示出该连接导体 4′与列电极 4、连接导体 15 之间的关系。因此，本申请说明书对如何将列电极 4 和行电极 5 同时通过连接导体 4′这一相同的通路连接到用于给它们提供驱动信号的驱动 IC8 这一技术手段的描述是含糊不清的，导致本领域技术人员根据说明书记载的内容无法具体实施，因此本申请说明书公开不充分，不符合专利法第 26 条第 3 款的规定。

对于复审请求人的意见（1），合议组认为：复审通知书中认为的是本申请说明书中记载的列电极 4 和连接导体 15 如何同时通过连接导体 4′连接到用于给它们提供驱动信号的驱动 IC8 的内容不清楚，而复审请求人引用的本申请说明书中有关所述连接体或通路 16 的结构并不能解释上述问题，因此对复审请求人的该意见合议组不予接受。对于复审请求人的意见（2），合议组认为：根据说明书的记载，与行电极 5 连接的连接导体 15 还与连接导体 4′连接（参见说明书第 4 页第 24~26 行），因此复审请求人的意见 2）并不能解释复审通知书中指出的关于如何将列电极 4 和连接导体 15 同时连接到连接导体 4′并进而连接到驱动 IC8 的疑问。

综上所述，复审请求人对复审通知书中提出的如何将连接列电极 4 和连接导体 15 同时连接到连接导体 4′并连接到驱动 IC8 的意见作出的解释不成立，合议组对其观点不予支持。

根据上述事实和理由，本案合议组作出以下审查决定。

三、决定

维持国家知识产权局于 2006 年 8 月 11 日对 02800227. X 号发明专利申请作出的驳回决定。

复审请求人对本决定不服的，可以根据专利法第 41 条第 2 款的规定，自收到本决定之日起三个月内向北京市第一中级人民法院起诉。

液晶显示面板

复审请求审查决定（第 15489 号）

决　定　号　第 15489 号
决　定　日　2008 年 12 月 16 日
发明创造名称　液晶显示面板
国 际 分 类 号　G02F 1/136，G02F1/1337，G02F 1/1335，G02F1/133，H01L 29/786，G09F 9/35
复 审 请 求 人　友达光电股份有限公司
申　请　号　200510071490. 5
申　请　日　2005 年 5 月 10 日
公　开　日　2005 年 10 月 5 日
合 议 组 组 长　周　航
主　审　员　关　刚
参　审　员　王琦琳

法 律 依 据　专利法第 22 条第 3 款
决 定 要 点
如果一项权利要求的技术方案与一篇对比文件的区别技术特征属于本领域技术人员容易进行的常规选择，则本领域技术人员在该对比文件的基础上得到该项权利要求的技术方案是显而易见的，该项权利要求不具备创造性。

一、案由

本复审请求涉及申请号为 200510071490. 5、名称为“液晶显示面板”的发明专利申请（下称本申请），申请人为友达光电股份有限公司，申请日为 2005 年 5 月 10 日，公开日为 2005 年 10 月 5 日。本申请公开时的权利要求书包括 45 项权利要求，其中权利要求 1、19 和 36 为独立权利要求。

国家知识产权局专利实质审查部门依法对本申请进行了实质审查，于 2007 年 11 月 16 日针对申请人于 2005 年 5 月 10 日提交的权利要求第 1~45 项、说明书第 1~10 页、附图第 1~4 页、说明书摘要和摘要附图，以本申请权利要求 1~45 不符合专利法第 22 条第 3 款规定的创造性为由作出了驳回决定。驳回决定中引用了以下 7 篇对比文件：

对比文件 1：公开号为 CN1246639 A 的中国发明专利申请公开说明书，其公开日为 2000 年 3 月 8 日；

对比文件 2：公开号为 CN1293770 A 的中国发明专利申请公开说明书，其公开日为 2001 年 5 月

2日；

对比文件3：公开号为CN1415999A的中国发明专利申请公开说明书，其公开日为2003年5月7日；

对比文件4：公开号为CN1128566A的中国发明专利申请公开说明书，其公开日为1996年8月7日；

对比文件5：公开号为CN1245484A的中国发明专利申请公开说明书，其公开日为2000年2月23日；

对比文件6：公开号为特开平10-311972的日本专利文献，其公开日为1998年11月24日；

对比文件7：公开号为特开2002-80850的日本专利文献，其公开日为2002年3月22日。

驳回决定中指出，本申请权利要求1相对于对比文件1不具备创造性；权利要求2~18的附加技术特征已被对比文件2公开或属于本领域公知常识，因此也不具备创造性；基于相同的理由权利要求19~45也不具备创造性；另外对比文件4可进一步说明梳状电极之间所产生的是与基板表面近似垂直的正负电场。其中本申请权利要求1与对比文件1的区别仅在于：本申请权利要求1中将第一与第二水平配向膜的水平配向方向设置为相互平行，而上述区别为本领域公知常识，因此，本申请权利要求1相对于对比文件1和本领域公知常识的结合不具有创造性。驳回决定还指出对比文件1中描述的是水平电场驱动类型的液晶显示装置，而非垂直电场驱动型液晶，因此申请人认为对比文件1使用的是扭绞向列型液晶或垂直电场驱动型液晶，对比文件1不需要产生垂直于基板表面的正负电场的理由不能成立。

申请人友达光电股份有限公司（下称复审请求人）不服上述驳回决定，于2008年1月17日向专利复审委员会提出复审请求，并提交了权利要求书全文的修改替换页。其中复审请求人删除了原权利要求1至18，并对其余权利要求进行了相应修改和重新编号。复审请求人认为，（1）本申请的液晶为层列型液晶，而对比文件1使用的是扭绞向列液晶或是垂直电场驱动型液晶，仅能施加直流电的电压差，却无法施加相反极性电极，因此无法如本申请施加驱动电压的波形为正电压、零电压及负电压相互交替交流电的交流方波。（2）有关网状聚合物的区别技术特征，虽然在对比文件2中有所揭示，但该特征在对比文件2中所起的作用与在本申请中所起的作用完全不同，因此不存在技术启示。修改后的权利要求书如下：

“1. 一种液晶显示面板，包括：

一第一基板，包括：

一第一衬底；

一主动矩阵像素阵列，其设置于该第一衬底上，包括一像素，且该像素是由设置于该第一基板上相邻的一第一扫描线和一第二扫描线以及相邻的一第一数据线和一第二数据线所界定而成；

一薄膜晶体管，其设置于该像素内，且该薄膜晶体管与该第一扫描线和该第一数据线电性连接；

一第一电极，其设置于该像素内，并与该薄膜晶体管电性连接，该第一电极具有复数个第一电极部；

一第二电极，其设置于该像素内，并具有复数个第二电极部，该些第二电极部是与该些第一电极部间隔排列，该些第一电极部及该些第二电极所形成的电场方向垂直于该第一衬底的表面，各该第一电极部及各该第二电极部上的电场方向相反，其中该第一电极及该第二电极被施加一驱动电压的波形为正电压、零电压及负电压相互交替的交流方波；及

一第一水平配向膜，其设置于该第一衬底之上，并覆盖该第一电极及该第二电极；

一第二基板，包括：

一第二衬底；及

一第二水平配向膜，其设置于该第二衬底上，该第二水平配向膜的水平配向方向是与该第一水平配向膜的水平配向方向平行；

一层列液晶层，其密封于该第一基板及该第二基板之间，并位于该第一水平配向膜及该第二水平配向膜之间；以及

一网状聚合物，其设置于该层列液晶层中。

2. 如权利要求1所述的液晶显示面板，其特征在于该层列液晶层包含铁电液晶。

3. 如权利要求1所述的液晶显示面板，其特征在于该层列液晶层包含反铁电液晶。

4. 如权利要求1所述的液晶显示面板，其特征在于该网状聚合物是由混在该层列液晶层中的复数个感旋光性单体经由紫外光线照光后聚合而完成。

5. 如权利要求4所述的液晶显示面板，其特征在于各该感旋光性单体包含液晶原属苯及联苯类的烃化物及氟化物。

6. 如权利要求5所述的液晶显示面板，其特征在于各该感旋光性单体的氟化物包含M个氟原子，M的值为0~8的整数。

7. 如权利要求5所述的液晶显示面板，其特征在于各该感旋光性单体是以一线状脂肪烃链作为连结基，该线状脂肪烃链的化学式为（CH_2）n，n的值为0~22的整数。

8. 如权利要求4所述的液晶显示面板，其特征在于该些感旋光性单体在该层列液晶层中的含量为0.1wt%~20wt%。

9. 如权利要求1所述的液晶显示面板，其特征在于液晶显示面板的穿透率决定于该驱动电压的该方波的波高。

10. 如权利要求1所述的液晶显示面板，其特征在于液晶显示面板的穿透率决定于该驱动电压的该方波的波宽。

11. 如权利要求1所述的液晶显示面板，其特征在于其设置于一第一偏光饭及一第二偏光板之间，该第一偏光板及该第二偏光板分别邻近于该第一基板及该第二基板，该第一偏光板及该第二偏光板的光穿透轴方向相互垂直。

12. 如权利要求11所述的液晶显示面板，其特征在于该第一偏光板设置于一背光组件上。

13. 如权利要求12所述的液晶显示面板，其特征在于该背光组件包含一光源，该光源具有一红光、一绿光及一蓝光。

14. 如权利要求1所述的液晶显示面板，其特征在于该第一电极及该第二电极包含铟锡氧化物、铟锌氧化物、镉锡氧化物、氧化锡或氧化锌。

15. 如权利要求1所述的液晶显示面板，其特征在于该第一衬底及该第二衬底包含玻璃基板、绝缘基板或塑料基板。

16. 如权利要求1所述的液晶显示面板，其特征在于该第一基板还包括：

一第一电极连接部，其设置于该像素内，用以与该些第一电极部电性连接；以及

一第二电极连接部，其设置于该像素内，用以与该些第二电极部电性连接。

17. 如权利要求1所述的液晶显示面板，其特征在于该第二基板还包括：

一彩色滤光片，其设置于该第二衬底及该第二水平配向膜之间。

18. 一种液晶显示器，包括：

一背光组件；

一第一偏光板，其设置于该背光组件上；

一液晶显示面板，其设置于该第一偏光板上，并包括：

一第一基板，包括：

一第一衬底；

一主动矩阵像素阵列，其设置于该第一衬底上，包括一像素，且该像素是由设置于该第一基板上相邻的一第一扫描线和一第二扫描线以及相邻的一第一数据线和一第二数据线间隔所界定而成；

一薄膜晶体管，其设置于该像素内，且该薄膜晶体管与该第一扫描线和该第一数据线电性连接；

一第一电极，其设置于该像素内，并与该薄膜晶体管电性连接，该第一电极具有复数个第一电极部；

一第二电极，设置于该像素内，并具有复数个第二电极部，该些第二电极部是与该些第一电极部间隔排列，该些第一电极部及该些第二电极所形成的电场方向垂直于该第一衬底的表面，相邻的该第一电极部及该第二电极部上的电场方向相反，其中该第一电极及该第二电极被施加一驱动电压的波形为正电压、零电压及负电压相互交替的交流方波；及

一第一水平配向膜，其设置于该第一衬底之上，并覆盖该第一电极及该第二电极；

一第二基板，包括：

一第二衬底；

一彩色滤光片，其设置于该第二衬底上；及

一第二水平配向膜，其设置于该彩色滤光片上，该第二水平配向膜的水平配向方向是与该第一水平配向膜的水平配向方向平行；

一层列液晶层，其密封于该第一基板及该第二基板之间，并位于该第一水平配向膜及该第二水平配向膜之间；及

一网状聚合物，其设置于该层列液晶层中；以及

一第二偏光板，其设置于该液晶显示面板上，该第二偏光板及该第一偏光板的光穿透轴方向相互垂直。

19. 如权利要求 18 所述的液晶显示器，其特征在于该层列液晶层包含铁电液晶。

20. 如权利要求 18 所述的液晶显示器，其特征在于该层列液晶层包含反铁电液晶。

21. 如权利要求 18 所述的液晶显示器，其特征在于该网状聚合物是由混在该层列液晶层中的复数个感旋光性单体经由紫外光线照光后聚合而完成。

22. 如权利要求 21 所述的液晶显示面板，其特征在于各该感旋光性单体包含液晶原属苯及联苯类的烃化物及氟化物。

23. 如权利要求 22 所述的液晶显示器，其特征在于各该感旋光性单体的氟化物包含 M 个氟原子，M 的值为 0~8 的整数。

24. 如权利要求 22 所述的液晶显示器，其特征在于各该感旋光性单体是以一线状脂肪烃链作为连结基，该线状脂肪烃链的化学式为（CH_2）n，n 的值为 0~22 的整数。

25. 如权利要求 21 所述的液晶显示器，其特征在于该些感旋光性单体在该层列液晶层中的含量为 0.1wt%~20wt%。

26. 如权利要求 18 所述的液晶显示器，其特征在于该第一基板还包括：

一第一电极连接部，其设置于该像素内，用以与该些第一电极部电性连接；以及

一第二电极连接部，其设置于该像素内，用以与该些第二电极部电性连接。

27. 如权利要求 18 所述的液晶显示器，其特征在于该背光组件包含一光源，该光源具有一红光、一绿光及一蓝光。”

经形式审查合格后，专利复审委员会依法受理了上述复审请求，并于2008年2月20日向复审请求人发出了复审请求受理通知书，同时向原审查部门发出前置审查通知书。

原审查部门对该复审请求做出前置审查意见，仍然坚持原驳回决定。

针对上述复审请求，专利复审委员会依法成立合议组对该复审请求案进行审理。本案合议组于2008年8月27日向复审请求人发出复审通知书，指出复审请求人于提出复审时提交的权利要求1~27相对于对比文件1、2和本领域公知常识的结合不具备专利法第22条第3款规定的创造性。针对复审请求人的复审理由，合议组指出，（1）对比文件1与本申请一样都是像素电极和公共电极位于同一基板上并呈梳状相互交叉排列的水平电场驱动类型的液晶显示装置，不存在复审请求人所称的对比文件1采用扭转向列型液晶，仅能施加直流电的电压差，却无法施加如本申请的交流方波的情况；（2）有关网状聚合物的区别技术特征，对比文件2已经公开了在液晶层中利用网状聚合物的技术手段，并且对比文件2中网状聚合物同样是用于作为液晶显示装置的液晶中，其形成方式也与本申请的网状聚合物相同，都是利用紫外线照射混合在液晶中的单聚物聚合而成，对于本领域技术人员来说根据网状聚合物本身的高度有序性很容易得知其在液晶层中能够起到使液晶分子均匀排列及配向的作用，对比文件2已经给出了在液晶层中使用网状聚合物的技术启示，因此将对比文件2中在液晶层中采用网状聚合物的技术手段应用于本申请显示装置的液晶层中是显而易见的，并不需要付出创造性的劳动，因而复审请求人认为对比文件2中的网状聚合物与本申请中的网状聚合物所起的作用完全不同的理由不充分。

针对上述复审通知书，复审请求人于2008年10月9日提交了意见陈述书，未对申请文件进行修改。复审请求人认为，（1）对比文件1虽然采用的是水平电场驱动液晶分子，但对比文件1的液晶分子不必然与本申请相同，因为以水平方向偏转的液晶驱动方式包括平面扭转型液晶（IPS LC）和层列型液晶（包括铁电液晶（FLC）以及反铁电液晶（AFLC））两类液晶分子，而通常来说会采用平面扭转型液晶，因为层列型液晶存在漏光问题，本领域技术人员碍于层列型液晶有难以克服的漏光问题，没有动机选用层列型液晶；（2）本申请是采用交流电来驱动层列型液晶，用以解决层列型液晶特有的漏光问题，而对比文件1和2都没有提及使用交流电驱动层列型液晶以解决漏光问题。此外，复审请求人还提供了两篇发明专利文献的公开号，即US20010005248（其公开日为2001年6月28日）和US20050237472（其公开日为2005年10月27日），用以说明现有技术中层列型液晶存在漏光问题。

至此，合议组认为本案事实已经清楚，现依法作出复审决定。

二、决定的理由

1. 关于审查文本

本复审决定针对的文本是复审请求人于申请日2005年5月10日提交的说明书第1~10页、附图第1~4页、说明书摘要和摘要附图；于2008年1月17日提出复审请求时提交的权利要求第1~27项。

2. 关于创造性

专利法第22条第3款规定，创造性，是指同申请日以前已有的技术相比，该发明有突出的实质性特点和显著的进步，该实用新型有实质性特点和进步。

（1）权利要求1请求保护一种液晶显示面板，对比文件1公开了一种有源矩阵型液晶显示器件，其中具体公开了如下技术特征（参见对比文件1说明书第1页第26行至第9页第19行，图1-11）：所述有源矩阵型液晶显示器件采用水平电场方案（说明书第8页倒数第2行），具有两个相对的衬底100和衬底200（相当于本申请权利要求1的第一基板和第二基板），液晶填充在所述两个相对的衬底中间，其中第一衬底100的第一透明绝缘衬底102带有相互正交的多个扫描线502和多个信号线103、薄膜晶体管503、像素电极104（相当于本申请权利要求1的第一电极）和公共电极106（相当于本申请权利要求1的第二电极），相互正交的多个扫描线502和多个信号线103界定出像素，薄膜晶体管503在扫描线502与信号线103的交点附近形成，公共电极106大致平行于扫描线502延伸，每个公共电极106具有多个向扫描线方向502延伸的梳状凸起，像素电极104在所述公共电极106的相邻梳状凸起之间的间隙中与梳状凸起大致平行地形成，每个像素电极104的至少一部分与插入有层间绝缘膜的公共电极106相对，通过加在像素电极104和公共电极106之间的电压产生大致平行于液晶层的电场来控制所述液晶，在插入有保护绝缘膜的公共电极106上形成有第一对准膜（相当于本申请权利要求1中的第一水平配向膜）；第二衬底200的第二透明绝缘衬底101上具有第二对准膜（相当于本申请权利要求1中的第二水平配向膜）。

由于对比文件1中为液晶层提供电场的公共电极106和像素电极104处于同一衬底上并且呈梳状电极相互交叉排列，其与本申请中为液晶层提供电场的第一电极和第二电极的结构是完全相同的，即本申请与对比文件1的液晶显示装置都是采用的是水平电场方案，本申请权利要求1中的技术特征“该些第一电极部及该些第二电极部所形成的电场方向垂直于该第一衬底的表面”与对比文件1中的技术特征“通过加在像素电极104和公共电极106之间的电压产生大致平行于液晶层的电场来控制所述液晶”只是描述的角度不同，本申请权利要求1中描述的是在接近衬底附近电极所产生的电场线方向，其是垂直于衬底并且在两个电极上的电场方向相反，而对比文件1中描述的是两个电极之间对液晶分子产生作用的电场线的方向，其是近似平行于衬底的，但两者所描述的电极结构及其所形成的电场实质上是相同的。另外，由于在液晶显示装置中两相对基板上的水平配向膜的作用是为了使液晶分子整齐排列并具有相同的取向，因此本领域技术人员可推知对比文件1中在两相对基板上的第一与第二对准膜（相当于本申请权利要求1中的水平配向膜）的水平配向方向也是相互平行的。因此，本申请权利要求1与对比文件1的区别仅在于对比文件1未具体公开如下内容：①使用层列型液晶层；②第一电极及第二电极被施加一驱动电压的波形为正电压、零电压及负电压相互交替的交流方波；③设置于该层列液晶层中的网状聚合物。

对于区别技术特征①，正如本申请说明书背景技术提到的“传统铁电液晶显示器”那样，对于本领域技术人员来说，将层列型液晶（例如铁电液晶）用于显示器中属于本领域常用的技术手段，故在对比文件1公开的水平电场驱动的液晶显示器件中使用层列型液晶属于一种常规选择；对于区别技术特征②，对于液晶显示器而言利用交流电压驱动是本领域技术人员常用的技术手段，而在交流驱动方式下具体选用交流方波进行驱动也属于本领域的一种常规选择；因此区别技术特征①和②对于本领域技术人员均属于常规的技术手段，且这些常规技术手段在液晶显示器中的应用对于本领域技术人员而言是十分常见的。

对于区别技术特征③，对比文件2公开了一种液晶显示装置及其制造方法，并具体公开了如下技术特征（参见对比文件2说明书第3页第3~8行，附图5）：在制造使用聚合物分散式液晶或聚合物网络式液晶的显示装置的情况下，向两块基板之间注入由单聚物和液晶的混合物构成的液晶材料，通过照射紫外线使液晶材料中的单聚物进行聚合，制作成由聚合物分散式液晶或聚合物网络式液晶形成的液晶层。可见，对比文件2已经公开了在液晶层中利用网状聚合物的技术手段，而且液晶层中使用网状聚合物客观上能起到调整液晶分子的均匀排列及配向的作用。本领域技术人员在对比文件1的基础上，为使液晶分子均匀排列并具有良好的配向性，很容易从对比文件2中获得将在液晶层中使用网状聚合物的技术手段应用于对比文件1的技术启示，这对于本领域技术人员也是显而易见的。

综上所述，本申请权利要求1相对于对比文件1、2和本领域公知常识的结合不具有突出的实质性特点和显著的进步，不符合专利法第 22 条第 3 款有关创造性的规定。

复审请求人认为，①对比文件 1 虽然采用的是水平电场驱动液晶分子，但对比文件 1 的液晶分子不必然与本申请相同，因为以水平方向偏转的液晶驱动方式包括平面扭转型液晶（IPS LC）和层列型液晶（包括铁电液晶（FLC）以及反铁电液晶（AFLC））两类液晶分子，而通常来说会采用平面扭转型液晶，因为层列型液晶存在漏光问题，本领域技术人员碍于层列型液晶有难以克服的漏光问题，没有动机选用层列型液晶；②本申请是采用交流电来驱动层列型液晶，用以解决层列型液晶特有的漏光问题，而对比文件 1 和 2 都没有提及使用交流电驱动层列型液晶以解决漏光问题。此外，复审请求人还提供了两篇发明专利文献的公开号，即 US20010005248 和 US20050237472，用以说明现有技术中层列型液晶存在漏光问题。

对此合议组认为，①虽然对比文件 1 中没有明确记载使用层列型液晶，但对本领域技术人员而言，在水平电场驱动模式的液晶显示器中使用属于层列型液晶的铁电液晶和反铁电液晶是本领域的常用技术手段，如表面效应型铁电液晶模式的表面稳定化铁电液晶（SSFLC）模式、反铁电液晶（AFLC）模式、高分子稳定化铁电液晶（PSFLC）模式等，均是以水平电场驱动模式实现显示的，并不存在由于层列型液晶存在漏光的缺陷而无法在液晶显示中使用层列型液晶的问题。在对比文件 1 公开了所述液晶显示器是采用水平电场驱动模式的情况下，在对比文件 1 的液晶显示器中选择使用层列型液晶尤其是铁电液晶或反铁电液晶是本领域技术人员容易想到的，因此复审请求所述的第 1 点理由不成立。②根据本申请说明书第 2 页第 1 段以及说明书第 8 页最后 1 段的记载可知，本申请中为解决层列型液晶层漏光的技术问题所采用的技术手段是在层列型液晶中设置网状聚合物，而采用交流驱动方式的目的是用以控制液晶显示器的穿透率，上面已经论述到，如对比文件 2 中所公开的，在液晶层中使用网状聚合物已是现有技术，而在铁电液晶系液晶显示器（FLC-LCD）中利用交流方波的波高和波宽控制液晶显示器的穿透率属于本领域常用的技术手段，因此复审请求人的第 2 点理由也不成立。此外，复审请求人提供的两篇参考文献仅表明层列型液晶存在漏光问题，但并不表示现有技术中液晶显示器无法使用层列型液晶，相反，如上所述，层列型液晶（尤其是铁电液晶和反铁电液晶）属于采用水平电场模式的液晶显示器中常用的液晶类型，而本申请中采用的网状聚合物和交流驱动方式也是液晶显示器领域的常规技术手段，因此复审请求人所提供的两篇参考文献并不能证明本申请权利要求 1 具备创造性。综上所述，复审请求人的主张均不能成立，合议组不予支持。

（2）从属权利要求 2、3 分别对权利要求 1 作了进一步限定。但由于铁电液晶和反铁电液晶均为本领域公知的液晶类型，因此，在其引用的权利要求 1 不具有创造性的情况下，权利要求 2、3 也不符合专利法第 22 条第 3 款有关创造性的规定。

（3）从属权利要求 4 对权利要求 1 中的网状聚合物作了进一限定。如上所述，对比文件 2 已经公开了向两块基板之间注入由单聚物和液晶的混合物构成的液晶材料，通过照射紫外线使液晶材料中的单聚物进行聚合，制作成由聚合物分散式液晶或聚合物网络式液晶形成的液晶层（见对比文件 2 说明书第 3 页第 3~8 行，附图 5）的技术特征，而感旋光性单体作为可由紫外线照射而聚合的单聚物对于本领域技术人员是公知的。因此在其引用的权利要求 1 不具有创造性的情况下，权利要求 4 也不符合专利法第 22 条第 3 款有关创造性的规定。

（4）从属权利要求 5~8 分别对感旋光性单体的构成以及在液晶层中的含量进行了限定，由于其所限定的感旋光性单体属于本领域惯常采用的单体结构，并且对单体含量的限定也是本领域技术人员在现有技术基础上仅需经过有限次实验就可得出的常规含量数值范围，因此，在其引用的权利要求不具有创造性的情况下，权利要求 5~8 也不符合专利法第 22 条第 3 款有关创造性的规定。

（5）从属权利要求 9、10 分别对权利要求 1 中控制液晶显示面板的穿透率的方式进行了限定，由于用于液晶显示面板的驱动电压为交流方波并且液晶面板的穿透率决定于方波的波高或波宽均属于本领域公知常识，因此，在其引用的权利要求不具有创造性的情况下，权利要求9、10也不符合专利法第22条第3款有关创造性的规定。

（6）直接或间接从属于权利要求1的从属权利要求11、12中进一步限定了液晶显示面板中的偏光板的设置方式。对比文件1已经公开了如下技术特征（参见说明书第2页第18行至第24行）：TFT侧偏光片145固定在TFT侧玻璃衬底102的表面，相对侧偏光片143固定在玻璃衬底101的表面，以使其发射轴与TFT侧偏光片145的发射轴正交。可见对比文件1已经公开了液晶显示面板具有相对设置的两个偏光板并且两个偏光板的光穿透轴方向相互垂直的技术特征，并且对于本领域技术人员而言将偏光板设置于背光组件上也属于惯常采用的技术手段。因此，在其引用的权利要求不具有创造性的情况下，权利要求11、12也不符合专利法第22条第3款有关创造性的规定。

（7）从属权利要求13对权利要求12的背光组件作了进一步限定。对于本领域技术人员而言，采用具有红、绿、蓝光的背光组件进行照明属于本领域惯常采用的技术手段。因此当其所引用的权利要求12不具备创造性时，权利要求13也不符合专利法第22条第3款有关创造性的规定。

（8）从属权利要求14、15分别引用权利要求1，进一步限定了电极和衬底所使用的材料。由于其所限定的材料均为本领域惯常采用的电极材料和衬底材料，因此，在其引用权利要求1的不具有创造性的情况下，权利要求14、15也不符合专利法第22条第3款有关创造性的规定。

（9）从属权利要求16对权利要求1的基板设置作了进一步限定。对于本领域技术人员来说，在像素中设置用以使如像素电极和公共电极的电极部与其他部件电性连接的电极连接部属于常用的技术手段。因此，在其引用权利要求1的不具有创造性的情况下，权利要求16也不符合专利法第22条第3款有关创造性的规定。

（10）从属权利要求17对权利要求1进一步限定了彩色滤光片。由于为了获得彩色显示，在液晶显示装置中采用彩色滤光片，以及将彩色滤光片设置于衬底与水平配向膜之间属于本领域公知结构，因此，在其引用权利要求1的不具有创造性的情况下，权利要求17也不符合专利法第22条第3款有关创造性的规定。

（11）权利要求18请求保护一种液晶显示器，对比文件1公开了一种有源矩阵型液晶显示器件，其中具体公开了如下技术特征（参见对比文件1说明书第1页第26行至第9页第19行，图1-11）：所述有源矩阵型液晶显示器件采用水平电场方案（说明书第8页倒数第2行），具有两个相对的衬底100和衬底200（相当于本申请权利要求18的第一基板和第二基板），液晶填充在所述两个相对的衬底中间，其中第一衬底100的第一透明绝缘衬底102带有相互正交的多个扫描线502和多个信号线103、薄膜晶体管503、像素电极104（相当于本申请权利要求18的第一电极）和公共电极106（相当于本申请权利要求18的第二电极），相互正交的多个扫描线502和多个信号线103界定出像素，薄膜晶体管503在扫描线502与信号线103的交点附近形成，公共电极106大致平行于扫描线502延伸，每个公共电极106具有多个向扫描线方向502延伸的梳状凸起，像素电极104在所述公共电极106的相邻梳状凸起之间的间隙中与梳状凸起大致平行地形成，每个像素电极104的至少一部分与插入有层间绝缘膜的公共电极106相对，通过加在像素电极104和公共电极106之间的电压产生大致平行于液晶层的电场来控制所述液晶，在插入有保护绝缘膜的公共电极106上形成有第一对准膜（相当于本权利要求18中的第一水平配向膜），在第一衬底100上设置有偏光板145；第二衬底200的第二透明绝缘衬底101上具有第二对准膜（相当于本权利要求18中的第二水平配向膜），并在第二衬底200上也设置有偏光板143，其中偏光板143的发射轴与偏光板145的发射轴正交。

结合评述权利要求1的理由可知，本申请权利要求18与对比文件1的区别仅在于对比文件1未具体公开如下内容：①使用层列液晶层；②第一电极及第二电极被施加一驱动电压的波形为正电压、零电压及负电压相互交替的交流方波；③设置于层列液晶层中网状聚合物；④设置于第二衬底上的彩色滤光片。

对于区别技术特征①、②和③，基于与对权利要求 1 的评述相同的理由，即区别技术特征①和②为本领域的常用技术手段，区别技术特征③在对比文件 2 中已经公开并给出了将其应用至对比文件 1 的液晶显示装置的启示，因此区别技术特征①、②和③并不能够使本申请权利要求 18 的技术方案具备创造性。

至于区别技术特征④，在液晶显示装置中使用彩色滤光片并将其设置于衬底上以获得彩色显示属于本领域常用的技术手段。因此该区别技术特征④也不能为本申请权利要求 18 的技术方案带来突出的实质性特点和显著的进步。

综上所述，本申请权利要求 18 相对于对比文件 1、2 和本领域公知常识的结合不具有突出的实质性特点和显著的进步，不符合专利法第 22 条第 3 款有关创造性的规定。

（12）权利要求 19~27 分别直接或间接引用权利要求 18，并且其附加技术特征分别与权利要求 2~8、16、13 的附加技术特征相同，基于上述相同的理由，在权利要求 18 不具有创造性时，权利要求 19~27 也不符合专利法第 22 条第 3 款有关创造性的规定。

综上所述，本申请权利要求 1~27 均不具备专利法第 22 条第 3 款规定的创造性。

根据上述事实和理由，本案合议组依法作出以下审查决定。

三、决定

维持国家知识产权局于 2007 年 11 月 16 日对 200510071490. 5 号发明专利申请作出的驳回决定。

复审请求人对本决定不服的，可以根据专利法第 41 条第 2 款的规定，自收到本决定之日起三个月内向北京市第一中级人民法院起诉。

183

间隙材料排列方法

复审请求审查决定（第15506号）

决　　定　　号　第15506号
决　　定　　日　2008年12月16日
发明创造名称　间隙材料排列方法
国 际 分 类 号　G02F 1/1339，G02F 1/1341
复 审 请 求 人　友达光电股份有限公司
申　　请　　号　200510096523.1
申　　请　　日　2005年8月22日
公　　开　　日　2006年2月8日
合 议 组 组 长　杨军艳
主　　审　　员　陈　力
参　　审　　员　赵　鑫

法 律 依 据　专利法第22条第3款
决 定 要 点

如果一项权利要求与现有技术相比存在区别特征，并且现有技术中不存在将该区别特征应用到现有技术的方案中以解决其技术问题的启示，同时该区别特征使得该权利要求的技术方案具有了有益的技术效果，则该权利要求具备创造性。

一、案由

本复审请求涉及申请号为200510096523.1、发明名称为“间隙材料排列方法”的发明专利申请（下称本申请），其申请日是2005年8月22日，公开日是2006年2月8日，申请人是友达光电股份有限公司。本申请公开时的权利要求书共包括10项权利要求，其中权利要求1是独立权利要求。

国家知识产权局专利实质审查部门对本申请进行了实质审查，并针对申请人于2007年8月15日提交的权利要求第1~10项、说明书第2~2a页，申请日2005年8月22日提交的说明书第1、3~6页、说明书附图第1~11页、说明书摘要和摘要附图，于2008年2月15日以权利要求1~10不具备创造性，不符合专利法第22条第3款的规定为由作出驳回决定。其中引用对比文件如下：

对比文件1：EP0831356B1号专利文献，公开日为2003年4月16日；

对比文件2：JP特开2005-17494A号专利文献，公开日是2005年1月20日。

驳回决定中认为：独立权利要求1与对比文件1相比，区别在于：每一行及每一列中存在一个该间隙材料，该区别特征已被对比文件2公开，且该区别特征在对比文件2中所起的作用与其在该权利要求中所起的作用相同，因此权利要求 1 不具备创造性；从属权利要求 2、3 的附加技术特征在对比文件 1 中公开了，从属权利要求 4~6、9、10 的附加技术特征在对比文件 2 中公开了，从属权利要求 7、8 的附加技术特征属于本领域的常用技术，因此从属权利要求 2~10 也不具备创造性。

驳回决定所针对的权利要求具体如下：

“1. 一种间隙材料排列方法，用于一平面显示装置且该平面显示装置至少包含至少一个间隙材料、一面板及一基板，该间隙材料设置在该面板与该基板之间以提供一固定距离；其中该间隙材料排列方法包括：

提供一面积单位，该面积单位由 N 乘 N 个子面积单位行列状配置构成；

提供 P 个间隙材料；以及

利用一排列方式使这些间隙材料均匀分布在这些子面积单位上，并使任一个该间隙材料设置在这些子面积单位的同一行及同一列中不具有其他该间隙材料，并且每一行及每一列中存在一个该间隙材料。

2. 如权利要求 1 所述的间隙材料排列方法，其中还包含：

重复排列该面积单位，以布满该面板上。

3. 如权利要求 2 所述的间隙材料排列方法，其中 N、P 皆为正整数。

4. 如权利要求 3 所述的间隙材料排列方法，其中 N 等于 P。

5. 如权利要求 1 所述的间隙材料排列方法，其中该排列方式还包含：

提供一移动参数，为 x 行个子面积单位；

决定一第 1 位置，预设第 1 列第 1 行的位置为该第 1 位置；

计算一第 2 位置，将该第 1 位置垂直位移至第 2 列，作为一起始位置，自该起始位置于同列水平位移 x 行子面积单位为该第 2 位置；以及

计算一第 n 位置，将一第 n-1 位置垂直位移至第 n 列，作为一起始位置，自该起始位置于同列水平位移 x 行子面积单位为第 n 位置，若该 x 行子面积单位大于该列剩余的行数时，自该列的首行接续。

6. 如权利要求 5 所述的间隙材料排列方法，其中该移动参数包含：

提供相对应且不大于 N 的任一个与 N 互质的整数或 1。

7. 如权利要求 6 所述的间隙材料排列方法，还包括重复排列该面积单位在四个象限位置，并通过等于该面积单位的一选取单位在该连续重复四个象限位置上进行选取，以作为这些间隙材料的该排列方式。

8. 如权利要求 7 所述的间隙材料排列方法，其中还包括：

重复排列该选取单位，以布满该面板上。

9. 如权利要求 8 所述的间隙材料排列方法，其中 N、P 皆为正整数。

10. 如权利要求 9 所述的间隙材料排列方法，其中 N 等于 P。”

申请人友达光电股份有限公司（下称复审请求人）对上述驳回决定不服，于 2008 年 4 月 28 日向专利复审委员会提出复审请求，没有对申请文本进行修改。

复审请求人认为：从对比文件 1 的附图 2~4、6 等可以看出，并非面积单位中每一行和每一列中均具有间隙材料；对比文件 2 的技术目的是建议随机布置间隙物，要排除图 5 的实施方式，由此对比文件 2 没有给出“每一行及每一列中存在一个间隙材料”的技术启示。据此认为本申请权利要求 1~10 具备创造性。

经形式审查合格后，专利复审委员会受理了上述复审请求，于 2008 年 5 月 21 日向复审请求人发

出了复审请求受理通知书，并于同日向国家知识产权局原专利实质审查部门发出前置审查通知书。

国家知识产权局原专利实质审查部门在前置审查意见书中坚持原驳回决定。

针对上述复审请求，专利复审委员会依法组成合议组，对本复审请求案进行了审理。本案合议组于2008年9月1日向复审请求人发出复审通知书，指出：权利要求1相对于对比文件2的区别仅在于：权利要求1的间隙材料排列方法是先提供一面积单位来排列而对比文件2没有提供面积单位直接在整个基板上进行排列。这种选择一面积单元进行排列然后以其为单位再在大面积范围上推广的排列方式属于该领域的常规技术手段，其没有为本发明的排列方法本身带来实质上的贡献，因此权利要求1不具备创造性，不符合专利法第22条第3款的规定。针对复审请求人认为对比文件2没有给出技术启示的问题，合议组认为：对比文件2在客观上已经公开了现有技术中存在的如图5所示的间隙物的布置方式，而本申请权利要求1的技术方案大面积排列出的情况包括了对比文件2中图5所示的情况，在对比文件2图5所示的情况中当选取以6×6个像素及其周边配置作为面积单位时满足权利要求1中每一行及每一列中存在一个间隙材料的要求，因此复审请求人的主张不能成立。从属权利要求2、3、7~9的附加技术特征属于公知技术，从属权利要求4~6、10的附加技术特征在对比文件2中公开了，因此从属权利要求2~10也不具备创造性。

针对上述复审通知书，复审请求人于2008年10月16日提交了意见陈述书以及权利要求书的全文修改替换页，其中复审请求人将前一文本权利要求5的附加技术特征添加到独立权利要求1中并适应性删除了权利要求5，修改后的权利要求书共包括9项权利要求，具体如下：

“1. 一种间隙材料排列方法，用于一平面显示装置且该平面显示装置至少包含至少一个间隙材料、一面板及一基板，该间隙材料设置在该面板与该基板之间以提供一固定距离；其中该间隙材料排列方法包括：

提供一面积单位，该面积单位由N乘N个子面积单位行列状配置构成；

提供P个间隙材料；以及

利用一排列方式使这些间隙材料均匀分布在这些子面积单位上，并使任一个该间隙材料设置在这些子面积单位的同一行及同一列中不具有其他该间隙材料，并且每一行及每一列中存在一个该间隙材料，

其中该排列方式还包含：

提供一移动参数，为x行个子面积单位；

决定一第1位置，预设第1列第1行的位置为该第1位置；

计算一第2位置，将该第1位置垂直位移至第2列，作为一起始位置，自该起始位置于同列水平位移x行子面积单位为该第2位置；以及

计算一第n位置，将一第n-1位置垂直位移至第n列，作为一起始位置，自该起始位置于同列水平位移x行子面积单位为第n位置，若该x行子面积单位大于该列剩余的行数时，自该列的首行接续。

2. 如权利要求1所述的间隙材料排列方法，其中还包含：

重复排列该面积单位，以布满该面板上。

3. 如权利要求2所述的间隙材料排列方法，其中N、P皆为正整数。

4. 如权利要求3所述的间隙材料排列方法，其中N等于P。

5. 如权利要求1所述的间隙材料排列方法，其中该移动参数包含：

提供相对应且不大于N的任一个与N互质的整数或1。

6. 如权利要求5所述的间隙材料排列方法，还包括重复排列该面积单位在四个象限位置，并通

过等于该面积单位的一选取单位在该连续重复四个象限位置上进行选取，以作为这些间隙材料的该排列方式。

7. 如权利要求 6 所述的间隙材料排列方法，其中还包括：

重复排列该选取单位，以布满该面板上。

8. 如权利要求 7 所述的间隙材料排列方法，其中 N、P 皆为正整数。

9. 如权利要求 8 所述的间隙材料排列方法，其中 N 等于 P。”

复审请求人认为：由于对比文件 2 的像素采取错位配置，在其图 5 中以一个平行四边形为例，当平行四边形的左上角为第一行第一列配置有间隙材料，第二列的间隙材料在第二行的位置，但其第三列的间隙材料的位置仍然在第二行，即第二行存在两间隙材料，并没有实现本申请的“使任意一个该间隙材料设置在这些子面积单位的同一行及同一列中不具有其他该间隙材料，并且每一行及每一列中存在一个该间隙材料”，即进行重复排列的时候，容易产生间隙材料 PS 分布不均的情况。且特征“垂直位移”也完全没有在对比文件 2 中公开。由此认为，对比文件 2 没有公开的本申请的技术方案且也没有给出任何启示，上述区别特征也不属于公知技术，因此本申请权利要求具备创造性。

经过上述审查过程，本合议组认为本案事实已经清楚，可以依法作出复审决定。

二、决定的理由

1. 审查基础

复审请求人于 2008 年 10 月 16 日提交了权利要求书全文修改替换页，因此本复审决定是在复审请求人于 2008 年 10 月 16 日提交的权利要求第 1～9 项，2007 年 8 月 15 日提交的说明书第 2～2a 页，申请日 2005 年 8 月 22 日提交的说明书第 1、3～6 页、说明书附图第 1～11 页、说明书摘要和摘要附图的基础上做出的。

2. 关于权利要求 1～9 是否符合专利法第 22 条第 3 款的规定

专利法第 22 条第 3 款规定：创造性，是指同申请日以前已有的技术相比，该发明有突出的实质性特点和显著的进步，该实用新型有实质性特点和进步。

合议组经审查认为，本申请的权利要求 1～9 均具备创造性，具体理由为：

（1）权利要求 1 请求保护一种间隙材料排列方法，对比文件 1 公开了一种液晶显示装置以及制造该显示装置的方法，其中公开了一种用于液晶显示装置的间隙物排列方法，并具体公开了以下技术特征（参见说明书第 0023～0028、0031～0036，0041～0042 段、图 1、6）：其中该液晶显示装置（属于平面显示装置的一种）包括至少一个柱状间隙物 118、一玻璃保护基板 116（相当于权利要求 1 中的面板）和一硅基板 100，该柱状间隔物设置在该基板 116 和基板 100 之间以提供一固定距离，其中以图 6 中左下角为例，以像素单元及其周边作为子面积单位，以 8×8 个像素单元及其周边作为一面积单位（即 N=8）时，其中 3（相当于 P=3）个柱状间隔物 10、12 和 14 分别位于该面积单位上的第 1 行第 7 列、第 4 行第 4 列、第 7 行第 1 列的像素单元周边上，即在该面积单位中任意一个间隔物在同一行及同一列中不具有其他间隙物，这 3 个柱状间隔物在该子面积单位中均匀分布。

由此可见，权利要求 1 与对比文件 1 相比区别在于：权利要求 1 的间隙材料排列方法是先提供一面积单位，然后再以该面积单位为基元进行推广排列而对比文件 1 没有提供面积单位直接在整个基板上进行排列，且对比文件 1 中也没有公开每一行及每一列中存在一个该间隙材料，以及提供一移动参数，为 x 行个子面积单位；决定一第 1 位置，预设第 1 列第 1 行的位置为该第 1 位置；计算一第 2 位置，将该第 1 位置垂直位移至第 2 列，作为一起始位置，自该起始位置于同列水平位移 x 行子面积单位为该第 2 位置；以及计算一第 n 位置，将一第 n-1 位置垂直位移至第 n 列，作为一起始位置，自该起始位置于同列水平位移 x 行子面积单位为第 n 位置，若该 x 行子面积单位大于该列剩余的行数时，自该列的首行接续的间隙物排列方法。

对比文件2公开了一种液晶显示装置中柱状间隔物的排列方法（参见说明书第14段、第44段，图3、图5）：其中该液晶显示装置（属于平面显示装置的一种）包括一上基板1（相当于权利要求1中的面板）和一下基板2，柱状间隔物18设置在两基板之间以提供一固定距离，对比文件2图5公开了一种柱状间隔物的排列方法：整个排列方阵的每一行的间隔物都比上一行的间隔物向右偏移一定距离，当排列到最后一行时，从该最后一行所在列向右移一定距离的第一行的位置重新开始，继续每一行的间隔物都比上一行的间隔物向右偏移一定距离，由此继续。

在对比文件2图5所示的间隔物设置方式中，由于像素采取错位配置，当以像素A及其周边作为子像素，以6×6个像素A及其周边所配置的平行四边形作为一面积单位（即N=6）时，其中的6个间隔物（即P=6，N=P=6）分别分布在该面积单位上的第1行第1列、第2行第2列、第3行第2列、第4行第3列、第5行第3列、第6行第4列的像素A的周边上。

由此可见，对比文件2也没有公开上述权利要求1与对比文件1之间的区别特征，且没有给出相应的技术启示，也没有证据证明上述区别特征属于本领域的公知技术，而且上述区别使得本申请的间隙材料在进行重复排列的时候，不会产生分布不均匀的问题，由此减小了产生缺陷像素的概率，具有有益的技术效果，因此本申请权利要求1相对于对比文件1和对比文件2的结合具备创造性，符合专利法第22条第3款的规定。

（2）由于权利要求2~9直接或间接引用权利要求1，因此当权利要求1相对于对比文件1、2的结合具备创造性时，上述从属权利要求2~9也相对于对比文件1、2的结合具备创造性，符合专利法第22条第3款的规定。

综上所述，本申请的权利要求1~9具备创造性，符合专利法第22条第3款的规定。

基于以上理由，专利复审委员会作出以下审查决定。

三、决定

撤销国家知识产权局于2008年2月15日针对200510096523.1号发明专利申请作出的驳回决定。

由原实质审查部门以本复审决定所依据的文本为基础继续审查。

复审请求人对本决定不服的，可以根据专利法第41条第2款的规定，自收到本决定之日起三个月内向北京市第一中级人民法院起诉。

184

人体组织氧合与还原血红蛋白浓度绝对量的检测方法

复审请求审查决定（第15566号）

决　　定　　号　第15566号
决　　定　　日　2008年12月19日
发明创造名称　人体组织氧合与还原血红蛋白浓度绝对量的检测方法
国 际 分 类 号　A61B 5/1455，G01N 21/17，G06F17/00
复 审 请 求 人　清华大学
申　　请　　号　200610112598.9
申　　请　　日　2006年8月25日
公　　开　　日　2007年2月14日
合 议 组 组 长　刘颖杰
主　　审　　员　佟仲明
参　　审　　员　关　刚

法 律 依 据　专利法第25条第1款第（3）项
决 定 要 点

如果一种方法虽然以有生命的人体作为了实施对象，并通过一系列检测和计算步骤获得人体的某种参数的具体数值，但本领域普通技术人员无法根据该参数直接获得疾病的诊断结果或健康状况，则该方法不是以获得疾病诊断结果或健康状况为直接目的，而是一种获得中间结果的信息的方法，不属于专利法第25条第1款第（3）项规定的不能授予专利权的客体。

一、案由

本复审请求涉及申请号为200610112598.9、名称为“人体组织氧合与还原血红蛋白浓度绝对量的检测方法”的发明专利申请（下称本申请），申请日为2006年8月25日，公开日为2007年2月14日，申请人为清华大学。本申请公开时权利要求书包括1项权利要求。

国家知识产权局专利实质审查部门依法对本申请进行了实质审查后，于2008年2月29日以本申请权利要求1属于专利法第25条第1款第（3）项规定的疾病的诊断方法，不能授予专利权为由，作出了驳回本申请的决定。

该驳回决定所针对的文本是：2006年8月25日提交的权利要求第1项，说明书第1~5页，附图第1~2页，说明书摘要以及摘要附图。

驳回决定所针对的权利要求 1 内容如下：

“1. 人体组织氧合与还原血红蛋白浓度绝对量及组织氧饱和度的检测方法，其特征在于依次含有以下各个步骤：

步骤（1）在待测生物组织表面保持设定间距的两个位置上各安放一个光电接收管，分别为（OPUS1），（OPUS2）；在上述两个光电接收管连线的延长线的一端，安放至少三个不同发光波长的发光二极管作为光源（LS），一般将多个发光波长对应的管芯集成在一个管壳中；两个光电接收管的中心距在 2mm~10mm，各光电接收管与光源的中心距在 20mm~50mm；光源发出红光或近红外光；

步骤（2）按以下步骤检测各光电接收管接收到的散射光强，并依此计算其光密度 OD，步骤如下：

步骤（2.1）微控制器驱动上述光源分时发出波长为 λ_i 的光，$i \geqslant 3$，用两个光电接收管（OPUS1），（OPUS2）依次在 0.5ms 内分别测量对应波长的散射光强值；

步骤（2.2）利用光密度的计算公式，由微控制器算出不同检测距离下，对应各个发光波长的光密度 $OD_k^{\lambda_i}$：

$$OD_k^{\lambda_i} = \log \frac{I_{0i}}{I_{ki}}$$

其中，k=1，2 分别表示从左到右的两个光电接收管（OPUS1）和（OPUS2），

λ_i 表示发光波长，其中 $i \geqslant 3$，

I_{0i} 为光源发出的第 i 个波长的光强，I_{ki} 为第 k 个位置的光电接收管检测到的经过待测生物组织内部散射之后的第 i 个波长的出射光强；

步骤（3）根据步骤（2）测定的 $OD_k^{\lambda_i}$，微控制器按以下步骤计算氧合血红蛋白 HbO_2 与还原血红蛋白 Hb 的浓度绝对量，显示并保存记录：

先把对应同一波长，在不同检测位置得到的光密度相减：

$$\Delta OD^{\lambda_i} = OD_2^{\lambda_i} - OD_1^{\lambda_i}$$

再按下列公式计算 HbO_2 与 Hb 的浓度绝对量：

$$Hb = \frac{a_2 (\Delta OD^{\lambda_1} - \Delta OD^{\lambda_3}) - a_1 (\Delta OD^{\lambda_2} - \Delta OD^{\lambda_3})}{a_2 b_1 - a_1 b_2}$$

$$HbO_2 = \frac{b_2 (\Delta OD^{\lambda_1} - \Delta OD^{\lambda_3}) - b_1 (\Delta OD^{\lambda_2} - \Delta OD^{\lambda_3})}{a_2 b_1 - a_1 b_2}$$

其中

$a_1 = -0.3M$，$a_2 = 0.25M$

$b_1 = 0.85M$，$b_2 = -0.05M$，

这里 $M = DP(r_1 - r_2)$；DP 为常数，肌肉组织取 4，新生儿脑组织可取 3；r_1 为光源到光电接收管（OPUS1）的直线距离，r_2 为光源到光电接收管（OPUS2）的直线距离；HbO_2 和 Hb 的单位为 μmol/l；

步骤（4）由 HbO_2 与 Hb 的浓度绝对量计算人体局部组织的氧饱和度 rSO_2：

$rSO_2 = \frac{HbO_2}{HbO_2 + Hb}$。”

具体的驳回理由如下：权利要求 1 请求保护一种人体组织氧合与还原血红蛋白浓度绝对量及组织氧饱和度的检测方法，该方法以有生命的人体为实施对象，该方法所获得的检测信息是人体组织的氧合血红蛋白浓度、还原血红蛋白浓度、组织氧饱和度。同时，本领域技术人员公知的：由于氧是生命

活动的基础，缺氧是导致许多疾病的根源，较为普遍的病症比如慢性低血氧症，脑与心血管供血不足以及运动后的疲劳等生理和病理现象都与人体氧含量有直接关系，氧合血红蛋白浓度、还原血红蛋白浓度、组织氧饱和度的高低等都是与人体健康状况密切相关的参数，氧饱和度过低严重时甚至能够直接威胁人的生命，氧饱和度是检测人体携带氧的能力的重要生理参数，通过对氧饱和度的监测可对人体携带氧的能力进行估计。因此，对于本领域技术人员来说，只要获得上述检测信息就能直接获得人体的健康状况，即该方法以获得人体健康状况为直接目的。因此，权利要求 1 的方法是疾病的诊断方法，依据专利法第 25 条第 1 款第（3）项的规定，不能被授予专利权。

申请人清华大学（下称复审请求人）不服上述驳回决定，于 2008 年 5 月 16 日向专利复审委员会提出复审请求，同时提交了 4 份附件，如下：

附件 1：授权公告号为 CN100344257C 的中国发明专利说明书，其授权公告日为 2007 年 10 月 24 日；

附件 2：授权公告号为 CN100346742C 的中国发明专利说明书，其授权公告日为 2007 年 11 月 7 日；

附件 3：《家庭医学全书 第三版》封面页、版权页和目录部分的复印件，上海世纪出版股份有限公司 上海科学技术出版社出版，1982 年 1 月第 1 版 ，2000 年 11 月第 3 版，2007 年 1 月第 35 次印刷；

附件 4：《专利审查概说》第 200~211 页复印件。

其复审请求的理由是：附件 4 表明了如何判断一项“与疾病有关的方法发明”是否属于“不能授予专利权的疾病诊断方法”，就本案而言，目前不同方法测得的人体组织中还原血红蛋白浓度、氧合血红蛋白浓度以及总血红蛋白浓度绝对量的差别很大，并且个体差异也很大，未形成可供参考的标准值或正常范围，无法用其评定健康或疾病，更不会直接用于诊断；此外，血红蛋白浓度绝对量的变化可能由多种因素引起，即使结合现有技术中的医学知识，也不能直接知道这种变化是疾病或者外界条件变化引起的，更无法进行疾病诊断。人体组织的血氧参数（原血红蛋白浓度，氧合血红蛋白浓度，总血红蛋白浓度绝对量，组织的氧饱和度，等）目的在于研究人体组织的生理过程，并且在测得组织血氧参数后一般还要进行相关的进一步处理，并结合其他检测手段，得到更多的生理参数，以进一步研究生理过程。作为人体组织的血氧参数，组织中血红蛋白浓度的绝对量这一信息本身并不能得到疾病的诊断结果。而且，在附件 3 所列的数百种疾病中没有“组织血红蛋白浓度增加/减少”这一疾病，附件 1、2 表明的确有“不属于疾病诊断方法”的生理参数检测方法的发明专利申请被授予了专利权。复审请求人未对本申请进行任何修改。

经形式审查合格后，专利复审委员会依法受理了上述请求，并于 2008 年 6 月 13 日向复审请求人发出了复审请求受理通知书，同时向原审查部门发出前置审查通知书。

原审查部门对该复审请求做出前置审查意见，其中认为：本申请权利要求 1 的方法最终得到的检测信息为组织氧饱和度，申请人已经给出了氧饱和度的正常范围是 62%、64% 左右，因此在获得组织氧饱和度信息后，可直接获得组织的缺氧与否这一健康状况的判断，因此该方法仍然属于疾病的诊断方法；而且尽管血红蛋白浓度绝对值变化可能由多种因素引起，但是对于一定环境下的该参数变化，根据现有技术是能够确定其所反应的人体的健康状况的。因此仍然坚持原驳回决定。

专利复审委员会依法成立合议组，对该复审请求进行审查。本案合议组于 2008 年 11 月 4 日发出复审通知书，指出：本申请权利要求 1 请求保护的方法以有生命的人体作为了实施对象，并通过一系列检测和计算步骤获得人体局部组织的氧饱和度的具体数值。而人体局部组织的氧饱和度是一项反映人体不同组织血氧水平的客观指标，广泛应用于临床检测和监护中，本领域技术人员根据现有技术中的医学知识和本申请公开的内容，只要知晓了人体局部组织的氧饱和度就能直接获得人体的健康状况。因此，该方法属于以有生命的人体为对象且以获得人体健康状况为直接目的，属于专利法第25条第1款第（3）项规定不能被授予专利权的范围。附件1~4也不能证明本申请的方法不属于疾病的诊断方法。

针对上述复审通知书，复审请求人于2008年11月28日提交了意见陈述书和权利要求书全文、说明书全文、说明书附图全文、说明书摘要以及说明书摘要附图的替换页，其中将涉及计算氧饱和度的内容删除。修改后的权利要求书共包括1项权利要求，其内容如下：

“1. 人体组织氧合与还原血红蛋白浓度绝对量的检测方法，其特征在于依次含有以下各个步骤：

步骤（1）在待测生物组织表面保持设定间距的两个位置上各安放一个光电接收管，分别为（OPUS1），（OPUS2）；在上述两个光电接收管连线的延长线的一端，安放至少三个不同发光波长的发光二极管作为光源（LS），一般将多个发光波长对应的管芯集成在一个管壳中；两个光电接收管的中心距在2mm~10mm，各光电接收管与光源的中心距在20mm~50mm；光源发出红光或近红外光；

步骤（2）按以下步骤检测各光电接收管接收到的散射光强，并依此计算其光密度OD，步骤如下：

步骤（2. 1）微控制器驱动上述光源分时发出波长为 λ_i 的光，$i\geqslant 3$，用两个光电接收管（OPUS1），（OPUS2）依次在0. 5ms内分别测量对应波长的散射光强值；

步骤（2. 2）利用光密度的计算公式，由微控制器算出不同检测距离下，对应各个发光波长的光密度 $OD_k^{\lambda_i}$：

$$OD_k^{\lambda_i}=\log\frac{I_{0i}}{I_{ki}}$$

其中，k=1，2分别表示从左到右的两个光电接收管（OPUS1）和（OPUS2），

λ_i 表示发光波长，其中 $i\geqslant 3$，

I_{0i}为光源发出的第i个波长的光强，I_{ki}为第k个位置的光电接收管检测到的经过待测生物组织内部散射之后的第i个波长的出射光强；

步骤（3）根据步骤（2）测定的 $OD_k^{\lambda_i}$，微控制器按以下步骤计算氧合血红蛋白 HbO_2 与还原血红蛋白Hb的浓度绝对量，显示并保存记录：

先把对应同一波长，在不同检测位置得到的光密度相减：

$$\Delta OD^{\lambda_i}=OD_2^{\lambda_i}-OD_1^{\lambda_i}$$

再按下列公式计算HbO2与Hb的浓度绝对量：

$$Hb=\frac{a_2\ (\Delta OD^{\lambda_1}-\Delta OD^{\lambda_3})\ -a_1\ (\Delta OD^{\lambda_2}-\Delta OD^{\lambda_3})}{a_2b_1-a_1b_2}$$

$$HbO_2=\frac{b_2\ (\Delta OD^{\lambda_1}-\Delta OD^{\lambda_3})\ -b_1\ (\Delta OD^{\lambda_2}-\Delta OD^{\lambda_3})}{a_2b_1-a_1b_2},$$

其中

$a_1=-0.\ 3M$，$a_2=0.\ 25M$

$b_1=0.\ 85M$，$b_2=-0.\ 05M$，

这里 $M=DP\ (r_1-r_2)$；DP为常数，肌肉组织取4，新生儿脑组织可取3；r_1 为光源到光电接收管（OPUS1）的直线距离，r_2 为光源到光电接收管（OPUS2）的直线距离；HbO_2 和Hb的单位为μmol/1；”

复审请求人在意见陈述书中认为：本申请的方法实际上是用于检测人体组织氧合血红蛋白、还原血红蛋白浓度的绝对量，而它们由于缺乏供参考的标准值和其变化的原因多样，目前仅处于医学研究

阶段，而不能用于直接获得疾病诊断结果或健康状况。因此，经修改后的申请文件不属于专利法第25条第1款第3项规定的“疾病的诊断方法。

至此，合议组认为本案事实已经清楚，现依法作出复审决定。

二、决定的理由

1. 关于审查文本

本复审决定以复审请求人于2008年11月28日提交的权利要求第1项、说明书第1~4页、说明书附图第1~2页、说明书摘要以及说明书摘要附图作为审查基础。

2. 关于专利法第25条第1款第（3）项

专利法第25条第1款第（3）项规定：对疾病的诊断和治疗方法不授予专利权。

就本案而言，在驳回决定针对的权利要求中记载了关于人体组织局部氧饱和度的技术特征，而氧饱和度是一项反映人体不同组织血氧水平的客观指标，广泛应用于临床检测和监护中，本领域技术人员根据现有技术中的医学知识和本申请公开的内容，只要知晓了人体局部组织的氧饱和度就能直接获得人体的健康状况。在复审请求人提交的修改文件中已经将涉及检测氧饱和度的步骤删除，修改后，本申请权利要求1请求保护一种人体组织氧合与还原血红蛋白浓度绝对量的检测方法，该方法所得到的是氧合血红蛋白与还原血红蛋白的浓度绝对量的计算结果。而氧合与还原血红蛋白的浓度绝对量与氧饱和度不同，氧饱和度已经存在有可供参考的标准值（62%、64%左右），而在现有技术中并未形成氧合与还原血红蛋白的浓度绝对量可供参考的标准值，仅从人体组织氧合与还原血红蛋白浓度绝对量自身难以获得有效的诊断结果，因此，合议组认为，本领域普通技术人员根据现有技术中的医学知识和本申请公开的内容，即使知晓人体组织氧合与还原血红蛋白浓度绝对量也无法直接获得疾病的诊断结果或健康状况，该方法不是以获得疾病诊断结果或健康状况为直接目的疾病的诊断和治疗方法，而是一种获得中间结果的信息的方法。因此，该方法不属于专利法第25条第1款第（3）项规定的不能被授予专利权的客体。

此外，驳回决定和前置意见中曾指出：氧合血红蛋白浓度、还原血红蛋白浓度的高低等都是与人体健康状况密切相关的参数，尽管血红蛋白浓度绝对值变化可能由多种因素引起，但是对于一定环境下的该参数变化，根据现有技术是能够确定其所反映的人体的健康状况的。对此合议组认为，对于氧合血红蛋白浓度、还原血红蛋白浓度是否能够直接获得人体的健康状况这一点，目前缺乏相应的依据，而在本申请公开的内容中没有记载如何通过氧合血红蛋白浓度绝对量、还原血红蛋白浓度绝对量的数值进行诊断。因此，在现有技术中缺少可供参考的标准值的情况下，仅获得氧合血红蛋白浓度绝对量、还原血红蛋白浓度绝对量数值尚不能直接确定出人体健康状况如何，权利要求1中请求保护的方法不属于专利法第25条第1款第（3）项规定的不能被授予专利权的客体。

根据上述事实和理由，本案合议组依法作出以下审查决定。

三、决定

在专利申请文件经修改的基础上，撤销国家知识产权局于2008年2月29日对200610112598.9号发明专利申请作出的驳回决定，由原审查部门以本决定依据的文本作为审查基础继续进行审查程序。

复审请求人对本决定不服的，可以根据专利法第41条第2款的规定，自收到本决定之日起三个月内向北京市第一中级人民法院起诉。

185

大气电针刺监控器

复审请求审查决定（第15567号）

决　　定　　号　第15567号
决　　定　　日　2008年12月18日
发明创造名称　大气电针刺监控器
国 际 分 类 号　A61H 39/00
复 审 请 求 人　约翰·F·韦特灵
申　　请　　号　03821167.X
优　先　权　日　2002年8月5日
申　　请　　日　2003年8月5日
公　　开　　日　2005年10月12日
合 议 组 组 长　周　航
主　　审　　员　佟仲明
参　　审　　员　关　刚

法 律 依 据　专利法第26条第3款
决 定 要 点

如果一件发明专利申请的说明书没有清楚地记载发明的技术方案，完整地公开对于理解和实现发明必不可少的技术内容，致使所属技术领域的技术人员根据说明书的内容不能实现该发明，则该申请不符合专利法第26条第3款的规定。

一、案由

本复审请求涉及申请号为03821167.X、名称为“大气电针刺监控器”的发明专利PCT申请（下称本申请），申请日为2003年8月5日，优先权日为2002年8月5日，进入中国国家阶段的日期为2005年3月7日，公开日为2005年10月12日，申请人为约翰·F·韦特灵。本申请公开时的权利要求书如下：

“1. 大气电针刺监控器图5，包括负离子发生器（1）、保持治疗对象（人或动物）电势的电缆（2）、控制对治疗对象（5）的曝光量与辐照剂量的反馈单元（4）和绝缘罩（3）。

2. 按照权利要求1的大气电针刺监控器，特征在于反馈单元（4）监控对对象（病员）的曝光量（单位时间释放的离子数）。

3. 按照权利要求1的大气电针刺监控器，特征在于反馈单元（4）监控对对象（病员）的辐照剂量（投射的总电荷）。

4. 按照权利要求 1 的大气电针刺监控器，特征在于反馈单元（4）监控曝光时间。

5. 按照权利要求 1 的大气电针刺监控器，特征在于能让治疗对象（人或动物）躺在或站在绝缘材料（3）上。

6. 按照权利要求 1 的大气电针刺监控器，特征在于反馈单元（4）能通过一根或多根电缆（2）使治疗对象（人或动物）保持在已知电势上。”

国家知识产权局专利实质审查部门依法对本申请进行了实质审查，于 2008 年 1 月 18 日以本申请不符合专利法第 26 条第 3 款的规定为由作出了驳回本申请的决定。

具体的驳回理由如下：本申请的说明书虽然给出了申请人声称的大气电针监控器的技术装置的框图，但没有清楚地记载该技术装置的具体技术指标，例如，本领域技术人员无法确定任何类型的离子发生器都能实现申请人声称的技术效果；也没有给出对于治疗对象所要求保持的电势的范围，本领域技术人员无法确定该电势指标是多少才能实现申请人声称的技术效果；对于反馈单元，由于离子发生器的技术指标和治疗对象的电势指标模糊导致该反馈单元在结构上和技术指标上也是模糊的；另外申请人声称本发明具有能够达到传统针刺的技术效果和改善传统针刺效果间巨大差别的特殊效果，但是在说明书中没有提供有力的证据来说明可以实现这样特殊的效果，因此本申请不符合专利法第 26 条第 3 款的规定。

申请人约翰·F·韦特灵（下称复审请求人）不服上述驳回决定，于 2008 年 5 月 4 日向专利复审委员会提出复审请求，其复审请求的理由是：本申请是基于公知的原理，如 WO80/00918 中可以得知将人或动物暴露在空气中的离子流下可以提高其总体良好水平和健康状态，且在 EP0267077、SU1762943、DA168903 和 FR2258598 等专利文件中描述了用于提高人的总体状态的离子产生设备和系统的例子。可见，离子发生器已用于治疗活体，专业人员知道该如何选取用于治疗的离子发生器。本申请仅仅设计利用反馈单元检测治疗的步骤，而专业人员知道商品化安培计可以很好地适用于该目的，而图 5 清楚地说明应当如何连接反馈单元，因此本申请符合专利法第 26 条第 3 款的规定。复审请求人同时提交了权利要求书全文的修改替换页，修改后的权利要求书如下：

“1. 一种利用负离子发生器监测电针刺的方法，所述方法包括步骤：提供一个反馈单元（4），该反馈单元适合于监测每单位时间测量的大量释放离子或监测传递给治疗对象（5）的总离子电荷，并利用固定在反馈单元与治疗对象之间的电缆（2）连接反馈单元，电缆（2）适合于保持治疗对象（5）的电势。

2. 按照权利要求 1 的设备，其特征在于，反馈单元适用于监控每单位时间测量的释放离子数。

3. 按照权利要求 1 或 2 的设备，其特征在于，反馈单元适用于监控投射给所述对象的总电荷。

4. 按照前述任一权利要求的设备，其特征在于，反馈单元适用于监控曝光离子的时间测量。

5. 按照前述任一权利要求的设备，其特征在于，反馈单元适用于保持所述对象在特定电势上。

6. 按照前述任一权利要求的设备，其特征在于，绝缘罩适用于在水平或垂直方向运载所述对象。”

经形式审查合格后，专利复审委员会依法受理了上述请求，并于 2008 年 5 月 23 日向复审请求人发出了复审请求受理通知书，同时向原审查部门发出前置审查通知书。

原审查部门对该复审请求做出前置审查意见，仍然坚持原驳回决定。

针对上述复审请求，专利复审委员会依法成立合议组对该复审请求进行了审查，本案合议组于 2008 年 8 月 12 日发出复审通知书指出：（1）复审请求人对权利要求 1、6 的修改在原权利要求书和说明书没有记载，也不能从原权利要求书和说明书的内容中直接毫无疑义地确定，因此不符合专利法第 33 条的规定。（2）本申请技术方案所依据的理论只是复审请求人提出的猜想，未得到任何证实，本申请说明书中也未对通过离子喷射的方式确实能够获得针刺的治疗效果给出具有说服力的证明，即所属领域的技术人员有理由怀疑采用本申请说明书中给出的技术手段并不能解决本申请所要解决的技术问题并达到所声称的技术效果；而且，本申请说明书中对于反馈单元的具体组成和结构或工作原理并未进行详细的描述，也缺少对电缆如何保持对象电势的工作原理进行详细描述，本领域普通技术人员根据本申请说明书的内容不能设计出能够实现本申请所声称的技术效果的负离子发生器、反馈单元、电缆等组件，进而也无法实现本申请所提出的设备；复审请求人列举的文件均不能证明本申请说明书符合专利法第 26 条第 3 款的规定。

针对上述复审通知书，复审请求人于 2008 年 11 月 27 日提交了意见陈述书和权利要求书全文的替换页，修改文本中调整了权利要求 4~6 的引用关系，并将权利要求 6 的附加技术特征修改为“绝缘罩适用于承载所述对象”，在复审请求人提交的权利要求书修改替换页中并未对权利要求 1~3 进行修改。复审请求人在意见陈述书中认为：经修改后的申请文件已经克服了复审通知书中指出的不符合专利法第 33 条规定的问题。至于本申请说明书是否符合专利法第 26 条第 3 款的规定，复审请求人认为：本申请是在众所周知的事实的基础上进行的发明创造，离子流具有提高人或动物健康水平的效应是公知的；而且考察如 WO80/00918、EP0267077、SU1762943、DA168903 和 FR2258598 等大量参考文献可知，离子发生器已用于治疗活体，专业人员知道如何选取用于治疗的离子发生器，本申请仅仅涉及利用反馈单元监测治疗的设备，而专业人员毫无疑问地知道商品化安培计可以很好地适用于该目的，图 5 也清楚地说明了应当如何连接反馈单元。

至此，合议组认为本案事实已经清楚，现依法作出复审决定。

二、决定的理由

1. 关于审查文本

本复审决定针对的文本是：2008 年 11 月 27 日提交的权利要求第 1~6 项、2007 年 3 月 2 日提交的说明书第 1~4 页、2005 年 3 月 7 日进入中国国家阶段时提交说明书附图第 1~5 页以及说明书摘要和摘要附图。

2. 关于专利法第 26 条第 3 款

专利法第 26 条第 3 款规定：说明书应当对发明或者实用新型作出清楚、完整的说明，以所属技术领域的技术人员能够实现为准；必要的时候，应当有附图。摘要应当简要说明发明或者实用新型的技术要点。

本申请的说明书未对技术方案作出清楚、完整的说明，致使所属技术领域的技术人员不能实现，不符合专利法第 26 条第 3 款的规定，具体理由如下：

（1）根据本申请说明书的记载，本申请的技术方案是以针刺概念为基础，希望利用喷射离子的方式获得类似于针刺的治疗效果，其所设计的装置实际上是一种通过离子发生器发生离子并将发生的离子喷向治疗对象的装置。然而，“针刺治疗是通过针的皮下插入增加了带电粒子向插入点传送而产生效果的”这一理论只是本申请中提出的一种猜想，在本申请说明书第 1 页末段至第 2 页第 2 段的记载也说明了上述理论仅仅是本申请作者所认为的可能原理，并未得到客观试验的验证，故本申请技术方案的前提本身由于未加证实而不能成立；而且通过针刺引入弱电流与通过离子喷射进行治疗，这两者在作用机理等方面具有较大差异，本申请中并未给出通过离子喷射的方式确实能够获得针刺的治疗效果的具有说服力的证明，故所属领域的技术人员非常有理由怀疑采用本申请说明书中给出的技术手段并不能解决本申请所要解决的技术问题并达到所声称的技术效果。

（2）根据本申请说明书的记载，本申请中提供的设备应当能够向更大的面积喷射离子，并能精确控制及测量曝光量和总辐照剂量，此外对治疗对象相对于地的电势要持续监控。然而，在本申请中仅列出测量并控制治疗对象曝光量和辐照剂量的是反馈单元，保持对象电势的是电缆，而对于所述反馈单元的具体组成和结构或工作原理并未进行详细的描述，也缺少对电缆如何保持对象电势的工作原理进行详细描述。也就是说，本申请中仅给出了方案中所采用装置应当具有的功能，但本领域普通技术人员根据本申请说明书公开的内容，既不知应采用何种具体手段来实现该装置功能，也无法得知在操作时应如何选择具体的参数，即，本申请说明书只给出了任务和结果，而未给出任何使本领域技术人员能够实施的技术手段，本领域普通技术人员根据本申请说明书的内容不能得知实现本申请所声称的技术效果的负离子发生器、反馈单元、电缆等组件的结构及其具体连接方式，进而也无法实现本申请所提出的设备技术方案。

（3）复审请求人认为：本申请是在众所周知的事实的基础上进行的发明创造，离子流具有提高人或动物健康水平的效应是公知的；而且考察如 WO80/00918、EP0267077、SU1762943、DA168903 和 FR2258598 等大量参考文献可知，离子发生器已用于治疗活体，专业人员知道如何选取用于治疗的离子发生器，本申请仅仅涉及利用反馈单元监测治疗的设备，而专业人员毫无疑问地知道商品化安培计可以很好地适用于该目的，图 5 也清楚地说明了应当如何连接反馈单元。

对此合议组认为：首先，复审请求人列举的文件仅能证明将人或动物暴露在离子流中会对其身体状态产生影响，但其中没有论证传统针刺的效果是通过插入的针增加带电离子传送量实现的假设性原理，也没有记载利用离子喷射方式能够实现传统针刺的治疗效果，因此复审请求人列举的文件并不能证明本申请说明书中给出的技术手段能解决本申请所要解决的技术问题并达到所声称的技术效果。

其次，复审请求人列举的文件中虽然都描述了采用离子治疗患者的装置，但这些装置的结构并不相同，且与本申请中的装置也存在差异，而且其中也没有关于反馈单元的记载，因此，这些文件并不能证明本领域普通技术人员按照说明书记载的内容能够清楚地得知本申请中的装置结构组成或工作模式，此外，反馈单元等组件的具体作用方式或结构是实现本申请必不可少的技术内容，应当记载在本申请的说明书中，以使说明书清楚和完整。

最后，图 5 只给出了本申请中装置的示意结构图，并未表明反馈单元等组件的具体结构以及控制曝光量和总辐照剂量的方式，也未表明电缆通过何种方式保持病员电势。至于复审请求人列举的安培计，其仅是一种测量装置，不具有控制曝光量、总辐照剂量以及人体对地电势等功能，因此复审请求人认为其能够适用于本申请方案中具有“测量并控制治疗对象曝光量和辐照剂量”功能的反馈单元的理由也不能成立。

综上所述，本领域普通技术人员根据本申请说明书的内容并不能实现本申请的技术方案，本申请不符合专利法第 26 条第 3 款的规定。

根据上述事实和理由，本案合议组依法作出以下审查决定。

三、决定

维持国家知识产权局 2008 年 1 月 18 日对 03821167. X 号发明专利申请作出的驳回决定。

复审请求人对本决定不服的，可以根据专利法第 41 条第 2 款的规定，自收到本决定之日起三个月内向北京市第一中级人民法院起诉。

186

液晶显示器的背光模块

复审请求审查决定（第15575号）

决　　定　　号　第15575号
决　　定　　日　2008年12月18日
发明创造名称　液晶显示器的背光模块
国 际 分 类 号　G02F1/13357，H01J61/00，G09F9/35
复 审 请 求 人　友达光电股份有限公司
申　　请　　号　03136035.1
申　　请　　日　2003年5月16日
公　　开　　日　2004年11月24日
合 议 组 组 长　苏　青
主　　审　　员　郝海燕
参　　审　　员　高　颖

法 律 依 据　专利法第22条第3款
决 定 要 点

如果权利要求请求保护的技术方案与最接近的现有技术相比存在区别技术特征，但该区别技术特征是所属领域的公知常识，该权利要求请求保护的技术方案也没有产生预料不到的技术效果，则该权利要求不具备突出的实质性特点和显著的进步，不具备创造性。

一、案由

本复审请求涉及申请号为03136035.1、申请日为2003年5月16日、名称为“液晶显示器的背光模块”的发明专利申请（下称本申请），申请人为友达光电股份有限公司。

国家知识产权局实质审查部门于2007年10月19日针对本申请作出了驳回决定。驳回决定所针对的文本是：2006年10月17日提交的权利要求第1~6项，申请日提交的原始申请文件的说明书第1~7页、说明书附图第1~4页、说明书摘要和摘要附图。驳回决定所引用的对比文件1为JP9258227A，公开日为1997年10月3日。

驳回决定所针对的独立权利要求1的内容如下：

“1. 一种液晶显示器的背光模块，其特征在于包括：

一个外框；以及

复数个冷阴极萤光平面灯，数组排列于该外框内，以构成一个面光源；

该外框的长度为每一个该些冷阴极萤光平面灯的长度或宽度的整数倍。”

驳回理由为：权利要求1请求保护的液晶显示器背光模块相对对比文件1公开的液晶显示器的背光模块和公知常识的结合不具备创造性，不符合专利法第22条第3款的规定；权利要求2~6附加的技术特征也是所属领域的惯用技术手段，因此也不符合专利法第22条第3款的规定。

申请人（以下称为请求人）对上述驳回决定不服，于2007年12月21日提出了复审请求并提交了权利要求书全文替换页。其中在独立权利要求1中增加特征“其中两冷阴极荧光平面灯是为紧密相邻排列”，修改后的独立权利要求1的内容如下：

“1. 一种液晶显示器的背光模块，其特征在于包括：

一个外框；以及

复数个冷阴极荧光平面灯，数组排列于该外框内，以构成一个面光源，其中两冷阴极荧光平面灯是为紧密相邻排列；

该外框的长度为每一个该些冷阴极荧光平面灯的长度或宽度的整数倍。”

经形式审查合格后，国家知识产权局专利复审委员会受理了上述复审请求，并于2008年2月28日发出复审请求受理通知书和前置审查通知书。

实质审查部门对本复审请求进行前置审查，认为：权利要求1的修改超范围，不符合专利法第33条的规定，因此坚持驳回决定意见。

专利复审委员会依法成立合议组，对本复审请求进行审查。

专利复审委员会于2008年8月20日发出复审通知书，指出：权利要求1中增加的特征“其中两冷阴极荧光平面灯是为紧密相邻排列”超出了原说明书和权利要求书记载的范围，上述技术特征既未在原申请文件中记载，也不能从原说明书和权利要求书文字记载的内容以及说明书附图中直接地、毫无疑义地确定，因此权利要求1不符合专利法第33条的规定。

请求人于2008年9月23日提交意见陈述书，针对国家知识产权局专利复审委员会于2008年8月20日发出的复审通知书进行了答复并对权利要求书进行了修改，提交了权利要求书全文替换页，其中，仅在权利要求1中增加特征“其中两冷阴极荧光平面灯是为相邻排列”，将“紧密”二字删除。修改后的独立权利要求1的内容如下：

“1. 一种液晶显示器的背光模块，其特征在于包括：

一个外框；以及

复数个冷阴极荧光平面灯，数组排列于该外框内，以构成一个面光源，其中两冷阴极荧光平面灯是为相邻排列；

该外框的长度为每一个该些冷阴极荧光平面灯的长度或宽度的整数倍。”

专利复审委员会于2008年10月30日发出复审通知书，指出：（1）请求人于2008年9月23日提交的权利要求书全文替换页，经审查未发现不符合专利法第33条和专利法实施细则第60条第1款之处；（2）权利要求1请求保护的背光模块与对比文件1公开的背光模块的区别在于：权利要求1中的萤光灯组为冷阴极萤光平面灯，由该区别重新确定其要解决的技术问题是：需要使用多个荧光灯管以形成面光源。对比文件1中使用多个冷阴极荧光灯管的目的也是为了形成面光源，而且冷阴极萤光平面灯的使用已是本领域的公知常识，因此权利要求1相对对比文件1和公知常识的结合不具备创造性，不符合专利法第22条第3款的规定；权利要求2、4~6附加的技术特征也是所属领域的公知常识，因此也不符合专利法第22条第3款的规定，权利要求3附加的技术特征被对比文件1公开了，因此不符合专利法第22条第3款的规定。

请求人于2008年12月8日提交意见陈述书，针对国家知识产权局专利复审委员会于2008年10月30日发出的复审通知书进行了答复并对权利要求书进行了修改，提交了权利要求书全文替换页。

其中仅在权利要求 1 中增加了特征“每一冷阴极荧光平面灯是由二片板状基材与边条所组成，所述边条配置于所述二片板状基材之间”和“使得该背光模块具有足够的结构强度，以满足所述液晶显示器尺寸日趋加大的需求”（根据本申请原说明书图 2C、图 4~7 的内容）。请求人在意见陈述书中指出：修改后的独立权利要求 1 具备创造性的理由如下：（1）权利要求 1 的技术方案中“每一冷阴极荧光平面灯是由二片板状基材与边条所组成，所述边条配置于所述二片板状基材之间”，且两冷阴极荧光平面灯是为相邻排列，所以本申请的液晶显示器的背光模块在其中间部分会有良好的支撑强度，可满足所述液晶显示器尺寸日趋加大的需求；（2）对比文件 1 中没有给出“在制作大尺寸背光模组时，使背光模组的中间部分能够获得支撑，而具有良好结构强度”的技术启示；（3）对比文件 1 中没有给出使得本领域的技术人员将对比文件 1 中的冷阴极荧光灯管换成冷阴极荧光平面灯的技术启示；（4）本申请使用外框 310 与多个冷阴极荧光平面灯 320 的搭配，能够产生有益的技术效果，因此本申请的独立权利要求 1 具备创造性。

修改后的权利要求 1 的内容如下：

“1. 一种液晶显示器的背光模块，其特征在于包括：

一个外框；以及

复数个冷阴极荧光平面灯，数组排列于该外框内，以构成一个面光源，其中，每一冷阴极荧光平面灯是由二片板状基材与边条所组成，所述边条配置于所述二片板状基材之间，两冷阴极荧光平面灯是为相邻排列；

该外框的长度为每一个该些冷阴极荧光平面灯的长度或宽度的整数倍，使得该背光模块具有足够的结构强度，以满足所述液晶显示器尺寸日趋加大的需求。”

至此，合议组认为，本案事实已经清楚，在上述审查基础上可以作出复审决定。

二、决定的理由

1. 审查文本

请求人在答复复审通知书时提交了修改文本，经审查，未发现请求人于 2008 年 12 月 8 日提交的权利要求第 1~6 项存在不符合专利法第 33 条和专利法实施细则第 60 条第 1 款规定之处，因此合议组以请求人于 2008 年 12 月 8 日提交的权利要求书第 1~6 项，于申请日提交的原始申请文件的说明书第 1~7 页、说明书附图第 1~4 页、说明书摘要和摘要附图为基础进行审查。本复审请求审查决定所引用的对比文件与驳回决定相同，即对比文件 1：JP9258227A，公开日为 1997 年 10 月 3 日。

2. 关于专利法第 22 条第 3 款

专利法第 22 条第 3 款规定：创造性，是指同申请日以前的已有的技术相比，该发明有突出的实质性特点和显著的进步，该实用新型有实质性特点和进步。

（1）权利要求 1 不符合专利法第 22 条第 3 款的规定。

权利要求 1 请求保护的是一种液晶显示器的背光模块，对比文件 1 也公开了一种液晶显示器背光模块（参见对比文件 1 的说明书［0011］部分至［0028］部分，附图 1）：具有外框，多个冷阴极萤光灯数组排列于外框内以构成光源（即相当于两冷阴极荧光灯是相邻排列，从对比文件 1 中附图 1 中也可以直接地、毫无疑义地得到），萤光灯组还具有自身夹持的支持框架（即对比文件 1 中附图 1 的附图标记 32），框架长度为荧光灯长度整数倍，宽度上是荧光灯宽度的整数倍。虽然没有明确记载在对比文件 1 的说明书中，所属领域技术人员可以从对比文件 1 中背光模块的框架和荧光灯组的结构中直接地、毫无疑义地确定所述结构具有使得背光模块具有足够的结构强度以满足所述液晶显示器尺寸日趋加大的需求的技术效果。

权利要求 1 请求保护的背光模块与对比文件 1 公开的背光模块的区别在于：权利要求 1 中的萤光

灯组为冷阴极萤光平面灯，每一冷阴极荧光平面灯是由二片板状基材与边条所组成，所述边条配置于所述二片板状基材之间。由于冷阴极萤光平面灯的使用以及冷阴极荧光平面灯的结构“每一冷阴极荧光平面灯是由二片板状基材与边条所组成，所述边条配置于所述二片板状基材之间”已是本领域的公知常识，因此，所属领域技术人员很容易想到用特定结构的冷阴极荧光平面灯代替对比文件1中的冷阴极荧光灯管以减少使用的灯管数量，即直接使用面光源代替线光源，再结合对比文件1中的数组排列方法以实现使得背光模块的强度加强以满足液晶显示器尺寸日趋加大的需求的技术效果，从而得到权利要求1所要求保护的技术方案，对所属技术领域的技术人员来说是显而易见的，也没有取得预料不到的技术效果，因此权利要求1所要求保护的技术方案相对对比文件1和本领域的公知常识的结合不具备突出的实质性特点和显著的进步，不符合专利法第22条第3款有关创造性的规定。

（2）权利要求2附加的技术特征是背光模块的外框宽度与冷阴极荧光平面灯的长度、外框长度与冷阴极荧光平面灯的宽度之间的关系是整数倍的关系，而对比文件1中公开的是背光模块的外框长度与冷阴极荧光灯的长度、外框宽度与冷阴极荧光灯的宽度之间的关系是整数倍的关系，权利要求2要解决的技术问题是使得冷阴极荧光灯可以竖直的放入背光模块的外框内，而冷阴极荧光灯无论是水平还是竖直的放入背光模块的外框内，对所属领域的技术人员来说是惯用技术手段，是随冷阴极荧光灯的尺寸变换的，因此权利要求2附加的技术特征是所属领域的公知常识，故在其引用的权利要求1不具备创造性的基础上，权利要求2相对对比文件1和公知常识的结合不具备专利法第22条第3款规定的创造性。

（3）权利要求3附加的技术特征被对比文件1公开了：框架长度为荧光灯长度整数倍，宽度上是荧光灯宽度的整数倍（参见参见对比文件1的说明书［0011］部分至［0028］部分，附图1）。故在其引用的权利要求1不具备创造性的基础上，权利要求3不具备专利法第22条第3款规定的创造性。

（4）权利要求4~6附加的技术特征是所属领域的公知常识，在液晶显示器的背光模块中，于外框中配置扩散板、光学模块，其中光学模块包括棱镜片，都是所属领域的公知技术，因此在其引用的权利要求1不具备创造性的基础上，权利要求4~6分别相对于对比文件1和公知常识的结合不具备专利法第22条第3款规定的创造性。

3. 关于请求人在意见陈述书中的意见

关于请求人针对复审通知书具体提出的权利要求1具有创造性的理由，合议组认为：

（1）对于请求人提出的第①点意见，权利要求1中增加的“每一冷阴极荧光平面灯是由二片板状基材与边条所组成，所述边条配置于所述二片板状基材之间”是根据原说明书背景技术部分的文字描述所作的修改（参见说明书第2页倒数第3行到倒数第1行，附图2C），本发明的技术方案在于使用多个冷阴极荧光数组排列于框架内，以解决大尺寸冷阴极荧光平面灯的结构强度不足的技术问题，其中冷阴极荧光平面灯本身的结构是所属领域的公知常识，因此权利要求1中增加了该冷阴极荧光平面灯本身的结构对于权利要求1的技术方案没有实质改变，因此合议组对于上述第①点意见不予支持。

（2）对于请求人提出的第②点意见，权利要求1中增加的“使得该背光模块具有足够的结构强度，以满足所述液晶显示器尺寸日趋加大的需求”是权利要求1中的采用的技术方案的有益效果，没有给权利要求1的技术方案带来改变，而且该效果在对比文件1中也可以直接地、毫无疑义地得到，因为对比文件1的背光模块也采用的是多个冷阴极荧光灯管数组排列于框架内，可以实现制作大尺寸背光模组时，使背光模组的中间部分能够获得支撑，而具有良好结构强度的技术效果。因此合议组对请求人的第②点意见不予支持。

（3）对于请求人提出的第③点意见，由于冷阴极荧光平面灯的使用已经被所属领域技术人员熟知，而且冷阴极荧光平面灯相比冷阴极荧光灯管具有更好的发光效率与均匀性，因此所属领域技术人员根据对比文件 1 的冷阴极荧光灯管为了达到具有更好的发光效率与均匀性的技术效果，很容易想到使用冷阴极荧光平面灯代替冷阴极荧光灯管，这对所属领域的技术人员来说是显而易见的。因此合议组对请求人的第③点意见不予支持。

（4）对于请求人提出的第④点意见，本申请使用外框 310 与多个冷阴极荧光平面灯 320 的搭配产生“使背光模组的中间部分能够获得支撑而具有良好结构强度的技术效果”与对比文件 1 中框架 32 和多个冷阴极荧光灯管的搭配产生的效果相同，因此本申请的技术方案不具备创造性。合议组对请求人的第④点意见不予支持。

综上所述，合议组认为本申请的权利要求 1~6 不符合专利法第 22 条第 3 款的规定。

三、决定

维持国家知识产权局于 2007 年 10 月 19 日对 03136035.1 号发明专利申请作出的驳回决定。

当事人对本决定不服的，可以根据专利法第 41 条第 2 款的规定，自收到本决定之日起三个月内向北京市第一中级人民法院起诉。

187

化妆用毛刷的制造方法及化妆用毛刷

复审请求审查决定（第15578号）

决　定　号　第15578号
决　定　日　2008年12月15日
发明创造名称　化妆用毛刷的制造方法及化妆用毛刷
国际分类号　A46D3/00，A46B9/02
复审请求人　边永光
申　请　号　200410018744.2
申　请　日　2004年3月15日
公　开　日　2005年1月12日
合议组组长　张　琳
主　审　员　高　颖
参　审　员　马桂丽

法律依据　专利法第22条第3款
决定要点

如果权利要求与最接近的现有技术存在区别，而现有技术没有给出技术启示，能够使得本领域的技术人员利用本领域公知常识得到上述区别，则该现有技术不能影响该权利要求的创造性。

一、案由

本复审请求涉及发明名称为“化妆用毛刷的制造方法及化妆用毛刷”的200410018744.2号发明专利申请（下称本申请），申请人为边永光，申请日为2004年3月15日，公开日为2005年1月12日。

经实质审查，国家知识产权局实质审查部门于2007年8月17日针对本申请作出驳回决定，驳回决定针对的文本为：申请日提交的权利要求第1~7项、说明书第1~4页、说明书附图1~4页、说明书摘要及摘要附图。驳回决定针对的权利要求第1~7项内容如下：

“1. 一种化妆用毛刷的制造方法，其特征在于它是由以下工艺步骤所构成：①备好可植入毛刷毛的字体或图案的模具；②内侧毛刷毛植入完成阶段；③外侧毛刷毛植入完成阶段；④整体化妆用毛刷产品完成阶段。

2. 根据权利要求1所说的一种化妆用毛刷的制造方法，其特征在于所说的内侧毛刷毛植入完成阶段②是由毛刷毛切断及植毛工程阶段、植毛的内侧毛刷的二次捆绑工程阶段、内侧毛刷的下端部切断工程阶段及内侧毛刷植入完成阶段所构成；所说的毛刷毛切断及植毛工程阶段是将备好的毛刷毛切断整齐涂胶成片状及向模具按其形状植入的过程；所说的植毛的内侧毛刷的二次捆绑工程阶段是将植入在模具内的内侧毛刷进行一次捆线，然后摘掉模具再进行底部的二次捆线；所说的内侧毛刷的下端部切断工程阶段是将带有两次捆线与的内侧毛刷的下端部切断，即去除二次捆线部分；所说的内侧毛刷植入完成阶段是将带有一次捆线的内侧毛刷进行造型整理即完成了内侧毛刷的制造过程。

3. 根据权利要求 1 所说的一种化妆用毛刷的制造方法，其特征在于所说的外侧毛刷毛植入完成阶段③是由毛刷毛植毛固定阶段、为植毛的内侧毛刷备好植入空间的工程阶段、外侧毛刷完成阶段所构成；所说的毛刷毛植毛固定阶段是毛刷毛置入于套毛头固定口内；所说的为植毛的内侧毛刷备好植入空间的工程阶段是用窜孔装置在置入于套毛头固定口内的毛刷毛间去除部分刷毛而备出一内侧毛刷的植入空间套毛孔来；所说的外侧毛刷完成阶段是完成了由套毛头固定口固定其内边沿部的毛刷毛及中心部有毛刷的植入空间套毛孔的外侧毛刷的制造过程。

4. 根据权利要求 1 所说的一种化妆用毛刷的制造方法，其特征在于所说的整体化妆用毛刷产品完成阶段④是由内、外侧毛刷结合工程阶段、内、外侧毛刷整理工程阶段及化妆毛刷完成阶段所构成；所说的内、外侧毛刷结合工程阶段是将制好的内侧毛刷插入于外侧毛刷的植入空间套毛孔内；所说的内、外侧毛刷整理工程阶段是将装配好的插入于外侧毛刷内的内侧毛刷进行整体整理，使其与的刷毛层次适当、匀整、自然；所说的化妆毛刷完成阶段是将整理好的化妆毛刷底端套上铝管或其他设计要求的刷柄。

5. 一种上述化妆用毛刷的制造方法所制得的妆用毛刷，其特征在于它是外侧毛刷内含有内侧毛刷所构成，所说的内侧毛刷上呈现有由模具规定的花纹，内侧毛刷与外侧毛刷具备一体的刷毛头的匀整、自然的层次。

6. 根据权利要求 5 所说的一种上述化妆用毛刷的制造方法所制得的妆用毛刷，其特征在于所说的内侧毛刷上呈现的由模具规定的花纹可以是图案或文字。

7. 根据权利要求 5 所说的一种上述化妆用毛刷的制造方法所制得的妆用毛刷，其特征在于所说的构成化妆用毛刷的外侧毛刷和内侧毛刷能够选择不同的颜色和质地刷毛。”

驳回理由是：权利要求 1~7 不具备专利法第 22 条第 3 款规定的创造性。驳回决定评价创造性使用的对比文件是对比文件 1：CN1176582 A，公开日为 1998 年 3 月 18 日。驳回决定指出：独立权利要求 1、5 相对于对比文件 1 不具备突出的实质性特点和显著的进步，因而不具备创造性，从属权利要求 2~4、6~7 在其引用的权利要求不具备创造性的情况下，相对于对比文件 1 与公知常识的结合也不具备突出的实质性特点和显著的进步，因而不具备创造性，其中权利要求 2~4 的附加技术特征是本领域的技术人员在对比文件 1 的启示下，结合本领域的常识，并通过有限次的试验很容易能够得到的，申请人所强调的为了达到美观性更强的技术效果是可预料到的。

申请人（下称请求人）对上述驳回决定不服，于 2007 年 12 月 3 日向专利复审委员会提出了复审请求，但未对申请文件进行修改。请求人认为：本申请的目的在于设计一种化妆用毛刷的制造方法及化妆用毛刷，能通过刷毛体现各种字体从而表达化妆用毛刷的制造商公司或其产品名称，由此达到广告效果；而对比文件 1 的目的是用外力将鬃毛束植入由橡胶弹性托座构成的凹槽；因此本申请解决了对比文件 1 没有提及的技术问题，相比对比文件 1 是具备创造性的。

经形式审查合格，专利复审委员会依法受理了该复审请求，并于 2008 年 1 月 8 日向请求人发出了复审请求受理通知书，同时向国家知识产权局实质审查部门发出了前置审查通知书。

在前置审查意见书中，国家知识产权局实质审查部门坚持驳回决定，理由与驳回决定相同。

专利复审委员会依法组成合议组对本案进行审理。

合议组经审查，于 2008 年 10 月 30 日向请求人发出复审通知书，针对的文本与驳回决定相同，即申请日提交的权利要求第1~7项、说明书第1~4页、说明书附图1~4页、说明书摘要及摘要附图，使用与驳回决定所引用相同的对比文件，即对比文件1，指出：（1）权利要求1、5相对于对比文件1与公知常识的结合不具备突出的实质性特点和显著的进步，因此不具备专利法第22条第3款规定的创造性。（2）从属权利要求3引用权利要求1，其附加技术特征部分被对比文件1公开，未被对比文件1公开的附加技术特征是本领域的技术人员在对比文件1给出的启示下，能够利用本领域的公知手段得到的；从属权利要求4引用权利要求1，其附加技术特征是本领域的技术人员在对比文件1给出的启示下，能够利用本领域的公知手段得到的；从属权利要求6引用权利要求5，其附加技术特征是本领域的常用技术手段，从属权利要求7引用权利要求5，其附加技术特征是可以通过人为选择得到的；综上，上述从属权利要求3、4、6、7在其引用的权利要求不具备创造性的情况下，也不具备突出的实质性特点和显著的进步，从而不具备创造性。（3）请求人需明确权利要求1中有关毛刷的内外侧的含义以及权利要求5对权利要求1~4的引用关系。

专利复审委员会于2008年11月24日收到请求人寄交的意见陈述书及权利要求书全文修改替换页。其中，请求人删除原权利要求1，将原权利要求2提升为新的权利要求1；将原权利要求3、4、5改为新的权利要求2、3、4，并改为引用新的权利要求1；将原权利要求6、7改为新的权利要求5、6，并改为引用新的权利要求4；将新的权利要求1、4中的内外侧刷毛重新限定为“处于模具内侧的刷毛”和“处于模具外侧的刷毛”；为新的权利要求1~6的特征加上了附图标记及引用附图的说明文字。请求人认为新的权利要求1相对于对比文件1是具有创造性的，同理新的权利要求2~6相对于对比文件1也是有创造性的。

专利复审委员会于2008年12月1日再次收到请求人寄交权利要求书全文修改替换页，其中相对于专利复审委员会于2008年11月24日收到的请求人提交的权利要求书修改替换页，修改仅涉及：（1）将权利要求4中的“根据权利要求1所说的方法”描述为权利要求1的方法的具体特征；（2）删去了权利要求1~6的附图标记及引用附图的说明文字。此次修改的权利要求书内容如下：

“1. 一种化妆用毛刷的制造方法，其特征在于它是由以下工艺步骤所构成：①备好可植入毛刷毛的字体或图案的模具；②相对于模具的内侧毛刷毛植入完成阶段；③相对于模具的外侧毛刷毛植入完成阶段；④整体化妆用毛刷产品完成阶段；其中：所说的相对于模具的内侧毛刷毛植入完成阶段②是由毛刷毛切断及植毛工程阶段、植毛的内侧毛刷的二次捆绑工程阶段、内侧毛刷的下端部切断工程阶段及内侧毛刷植入完成阶段所构成；所说的毛刷毛切断及植毛工程阶段是将备好的毛刷毛切断整齐涂胶成片状及向模具按其形状植入的过程；所说的植毛的相对于模具的内侧毛刷的二次捆绑工程阶段是将植入在模具内的内侧毛刷进行一次捆线，然后摘掉模具再进行底部的二次捆线；所说的相对于模具的内侧毛刷的下端部切断工程阶段是将带有两次捆线与的内侧毛刷的下端部切断，即去除二次捆线部分；所说的相对于模具的内侧毛刷植入完成阶段是将带有一次捆线的内侧毛刷进行造型整理即完成了内侧毛刷的制造过程。

2. 根据权利要求1所说的一种化妆用毛刷的制造方法，其特征在于所说的相对于模具的外侧毛刷毛植入完成阶段③是由毛刷毛植毛固定阶段、为植毛的相对于模具的内侧毛刷备好植入空间的工程阶段、相对于模具的外侧毛刷完成阶段所构成；所说的毛刷毛植毛固定阶段是毛刷毛置入于套毛头固定口内；所说的为植毛的相对于模具的内侧毛刷备好植入空间的工程阶段是用窜孔装置在置入于套毛头固定口内的毛刷毛间去除部分刷毛而备出一内侧毛刷的植入空间套毛孔来；所说的相对于模具的外侧毛刷完成阶段是完成了由套毛头固定口固定其内边沿部的毛刷毛及中心部有毛刷的植入空间套毛孔的外侧毛刷的制造过程。

3. 根据权利要求1所说的一种化妆用毛刷的制造方法，其特征在于所说的整体化妆用毛刷产品完成阶段④是由相对于模具的内、外侧毛刷结合工程阶段、相对于模具的内、外侧毛刷整理工程阶段及化妆毛刷完成阶段所构成；所说的相对于模具的内、外侧毛刷结合工程阶段是将制好的相对于模具的内侧毛刷插入于相对于模具的外侧毛刷的植入空间套毛孔内；所说的相对于模具的内、外侧毛刷整理工程阶段是将装配好的插入于外侧毛刷内的内侧毛刷进行整体整理，使其与的刷毛层次适当、匀整、自然；所说的化妆毛刷完成阶段是将整理好的化妆毛刷底端套上铝管或其他设计要求的刷柄。

4. 一种妆用毛刷，其特征在于它是由以下工艺方法制得：①备好可植入毛刷毛的字体或图案的模具；②相对于模具的内侧毛刷毛植入完成阶段；③相对于模具的外侧毛刷毛植入完成阶段；④整体化妆用毛刷产品完成阶段；其中：所说的相对于模具的内侧毛刷毛植入完成阶段②是由毛刷毛切断及植毛工程阶段、植毛的内侧毛刷的二次捆绑工程阶段、内侧毛刷的下端部切断工程阶段及内侧毛刷植入完成阶段所构成；所说的毛刷毛切断及植毛工程阶段是将备好的毛刷毛切断整齐涂胶成片状及向模具按其形状植入的过程；所说的植毛的相对于模具的内侧毛刷的二次捆绑工程阶段是将植入在模具内的内侧毛刷进行一次捆线，然后摘掉模具再进行底部的二次捆线；所说的相对于模具的内侧毛刷的下端部切断工程阶段是将带有两次捆线与的内侧毛刷的下端部切断，即去除二次捆线部分；所说的相对于模具的内侧毛刷植入完成阶段是将带有一次捆线的内侧毛刷进行造型整理即完成了内侧毛刷的制造过程；所说的妆用毛刷是由相对于模具的外侧毛刷内含有相对于模具的内侧毛刷所构成，所说的内侧毛刷上呈现有由模具规定的花纹，相对于模具的内侧毛刷与相对于模具的外侧毛刷具备一体的刷毛头的匀整、自然的层次。

5. 根据权利要求 4 所说的一种妆用毛刷，其特征在于所说的相对于模具的内侧毛刷上呈现的由模具规定的花纹可以是图案或文字。

6. 根据权利要求 4 所说的一种妆用毛刷，其特征在于所说的构成化妆用毛刷的相对于模具的外侧毛刷和内侧毛刷能够选择不同的颜色和质地刷毛。”

至此，合议组认为本案事实清楚，可以依法作出审查决定。

二、决定的理由

1. 审查文本的确定

对于专利复审委员会于 2008 年 12 月 1 日收到请求人提交的权利要求书全文修改替换页，经审查，未发现上述权利要求书修改文本不符合专利法第 33 条以及专利法实施细则第 60 条第 1 款的规定，因此，本复审决定依据的文本是：申请日提交的说明书第 1~4 页、说明书附图 1~4 页、说明书摘要、摘要附图，专利复审委员会于 2008 年 12 月 1 日收到的修改替换页的权利要求第 1~6 项。

2. 关于权利要求 1、5 的保护范围是否清楚

由于权利要求 1 中明确限定了毛刷的内外侧是相对于模具的内外侧，因此权利要求 1 中内外侧的含义是清楚的，其保护范围是清楚的；又由于权利要求 5 中引用权利要求 1~4 的语句已改为对权利要求 1 的方法的直接描述，因此权利要求 5 的保护范围也是清楚的。

3. 关于创造性

专利法第 22 条第 3 款规定：创造性，是指同申请日以前已有的技术相比，该发明有突出的实质性特点和显著的进步，该实用新型有实质性特点和进步。

权利要求 1 要求保护一种化妆用毛刷的制造方法。对比文件 1 公开了一种生产鬃毛制品的方法（参见对比文件 1 说明书第 1 页第 2 段、第 7 页倒数第 2 段，附图 2a~2c，附图 6~9），并具体公开了以下内容：鬃毛制品指的是所有的、将鬃毛束或单根的鬃毛固定于任意形状的托座上的产品。也可以涉及普通的刷子，例如牙刷、刷身体用的刷子、清洁刷、清洗刷或扫帚、地板刷、毛刷或鬃毛垫子。所述的托座可以是柄、把手或设备壳体，可以是条、带或类似物，或者也可以仅仅是初级产品，这种

产品插在一个柄、手把、一个设备或类似物中，或与一个大的单元相互连接。组成鬃毛束的鬃毛可以具有任意的横截面，例如圆形鬃束、多边形束、中空束束包及其类似物。(可见，对比文件 1 的方法也可以是一种毛刷的制造方法)。在根据图 2 的实施例中，鬃毛托座 1 上设有一个通孔 12，该通孔的段 13 的直径比较大，而其段 14 的直径较小。在这种情况中，使用一个中空束 15 形式的鬃毛束 2。同样将中空束 15 的固定端部熔融，以便形成一个环形的加厚部分 16，该部分经后定形被压平。为将中空束 15 插入，采用一个销类的冲头 17，该冲头 17 经台阶段 18 变细。变细段 19 穿过环形加厚部分 16 的自由内空间（图 2a)。按照图 2b 中的箭头 20 的方向使冲头 17 向下运动，段 19 将首先插入双台阶孔 12，加厚部分 16 接着插入。在环形加厚部分 16 嵌入时，大内径孔段 13 向外挤压，直至环形加厚部分 16 坐在孔的两个段 13，14 直径的台阶上为止。然后，通孔 12 的大直径段 13 部分的壁回弹，从而将环形加厚部分 16 嵌牢。此外，段 13 的壁从外面紧密地贴住鬃毛束，接着将冲头 17 抽出。(以上步骤相应于权利要求 1 的外侧毛刷毛植入完成阶段)。

此外，虽然权利要求 1 的整体化妆用毛刷产品完成阶段在对比文件 1 中没有记载，但是对比文件 1 的方案是要制成一种牙刷、刷身体的刷子……毛刷等产品（参见对比文件 1 说明书第 1 页第 2 段)，对本领域的技术人员来说，在对比文件 1 记载的步骤之外，要完成上述产品的制造显然必须要经过毛刷等产品的整体完成阶段，因此实际上，对比文件 1 隐含公开了权利要求 1 的整体化妆用毛刷产品完成阶段。

可见，权利要求 1 与对比文件 1 的区别在于：a. 权利要求 1 的方法需要备好可植入毛刷毛的字体或图案的模具，而对比文件 1 没有采用这样的模具；b. 权利要求 1 的方法包括相对于模具的内侧毛刷毛植入阶段，该内侧毛刷毛植入阶段包括毛刷毛切断及植毛工程阶段、植毛的内侧毛刷的二次捆绑工程阶段、内侧毛刷的下端部切断工程阶段、内侧毛刷植入完成阶段，对比文件 1 没有公开内侧毛刷毛植入阶段，也没有公开上述毛刷毛切断及植毛工程阶段、植毛的内侧毛刷的二次捆绑工程阶段、内侧毛刷的下端部切断工程阶段、内侧毛刷植入完成阶段的任一个阶段；c. 权利要求 1 的方法是用于制造化装用毛刷，对比文件 1 的方法是用于制造毛刷。

对于区别 a，由于对比文件 1 的方法是将鬃毛置入弹性材料托座的凹坑中，这样的凹坑本身具有一定形状（参见图 2a~2c)，并且可以有多个，对于本领域的技术人员来说，为了得到具有一定字体或图案的鬃毛制品，显然可以在对比文件 1 的基础上利用本领域的公知手段制成具有一定字体或图案的模具以置入鬃毛，并且这样的模具既可以形成托座的一部分，也可以在鬃毛置入托座前摘除，这对本领域的技术人员来说是显而易见的。

对于区别 b，首先，权利要求 1 的相对于模具的内侧毛刷毛植入阶段由毛刷毛切断及植毛工程阶段、植毛的内侧毛刷的二次捆绑工程阶段、内侧毛刷的下端部切断工程阶段、内侧毛刷植入完成阶段所构成，并且，上述毛刷毛切断及植毛工程阶段是将备好的毛刷毛切断整齐涂胶成片状及向模具按其形状植入的过程，上述植毛的内侧毛刷的二次捆绑工程阶段是将植入在模具内的内侧毛刷进行一次捆线，然后摘掉模具再进行底部的二次捆线，上述内侧毛刷的下端部切断工程阶段是将带有两次捆线与的内侧毛刷的下端部切断，即去除二次捆线部分，上述内侧毛刷植入完成阶段是将带有一次捆线的内侧毛刷进行造型整理即完成了内侧毛刷的制造过程；其次，在权利要求 1 的相对于模具的内侧毛刷毛植入阶段包括上述特征的基础上，对比文件 1 既未公开上述权利要求 1 的内侧毛刷毛植入阶段及其包括的毛刷毛切断及植毛工程阶段、植毛的内侧毛刷的二次捆绑工程阶段、内侧毛刷的下端部切断工程阶段及内侧毛刷植入完成阶段，也没有给出任何相关的启示或教导，所以，权利要求 1 的相对于模具的内侧毛刷毛植入阶段既未被对比文件 1 公开，并且也不能由本领域的技术人员根据对比文件 1 的启示利用本领域的公知常识得到，其能够实现使内侧毛刷更自然、匀整的技术效果，因此，权利要求 1

的相对于模具的内侧毛刷毛植入阶段相对于对比文件 1 及本领域的公知常识均是非显而易见的。

对于区别 c，由于对比文件 1 的鬃毛制品可以用于任何普通的刷子，例如毛刷，或者可以仅仅是初级产品（参见对比文件 1 说明书第 1 页第 2 段），因此对本领域的技术人员来说，对比文件 1 的毛刷可以用作化妆用毛刷，或者可以依照本领域的公知技术进行再加工制成化装用毛刷。

可见，权利要求 1 具备突出的实质性特点和显著的进步，具备专利法第 22 条第 3 款规定的创造性。并且其从属权利要求 2~3 也因此具备突出的实质性特点和显著的进步，从而具备专利法第 22 条第 3 款规定的创造性。

权利要求 4 要求保护一种毛刷，其是由权利要求 1 的方法制造，其进一步包括相对于模具的内外侧毛刷。由对比文件 1 公开的毛刷制造方法也能得到一种毛刷，但是，由于参见对权利要求 1 的评述可知，对于本领域的技术人员来说，权利要求 4 的毛刷的制造方法与对比文件 1 的方法或本领域公知的制造方法均不同，另外，对于本领域的技术人员来说，由该方法所制毛刷具备与现有方法所制毛刷不一样的层次结构，由该方法所得毛刷毛的层次结构应更匀整、自然，因此，权利要求 4 的毛刷与由对比文件 1 的方法和本领域的公知技术制得的毛刷在结构上均不相同，并且具备有益的技术效果。

所以，权利要求 4 相对于对比文件 1 及本领域的公知常识均具备突出的实质性特点和显著的进步，从而具备专利法第 22 条第 3 款规定的创造性。其从属权利要求 5~6 也因此具备突出的实质性特点和显著的进步，具备专利法第 22 条第 3 款规定的创造性。

针对驳回决定意见指出的：本领域的技术人员在对比文件 1 的启示下，结合本领域的常识，并通过有限次的试验很容易能够得出原权利要求 2 的附加技术特征，本申请的技术效果是可预料到的。合议组认为：原权利要求 2 的附加技术特征即新的权利要求 1 的相对于模具的内侧毛刷毛植入阶段包括：毛刷毛切断及植毛工程阶段、植毛的内侧毛刷的二次捆绑工程阶段、内侧毛刷的下端部切断工程阶段、内侧毛刷植入完成阶段，并且，上述毛刷毛切断及植毛工程阶段是将备好的毛刷毛切断整齐涂胶成片状及向模具按其形状植入的过程，上述植毛的内侧毛刷的二次捆绑工程阶段是将植入在模具内的内侧毛刷进行一次捆线，然后摘掉模具再进行底部的二次捆线，上述内侧毛刷的下端部切断工程阶段是将带有两次捆线与的内侧毛刷的下端部切断，即去除二次捆线部分，上述内侧毛刷植入完成阶段是将带有一次捆线的内侧毛刷进行造型整理即完成了内侧毛刷的制造过程；首先，权利要求 1 的相对于模具的内侧毛刷毛植入阶段包括的更具体更精细、顺序的工艺步骤，与驳回决定所说“有限次的实验”之间没有必然的因果联系，无法证明由“有限次的实验”必然得到上述工艺步骤，其次，上述工艺步骤均未被对比文件 1 公开，也不能由现有技术得到任何相关的启示或教导，故对本领域的技术人员来说，是非显而易见的，最后，本申请权利要求的技术方案能够达到比现有技术制成的毛刷更自然、匀整的技术效果，而本领域的技术人员在现有技术的基础上是预料不到的该效果的。

综上所述，本申请修改后的权利要求 1~6 已克服了驳回决定指出的缺陷，符合专利法第 22 条第 3 款的规定。

三、决定

撤销国家知识产权局于 2007 年 8 月 17 日针对 200410018744.2 号发明专利申请作出的驳回决定，由实质审查部门以下述文本为基础继续进行审批程序：申请日提交的说明书第 1~4 页、说明书附图第 1~4 页、说明书摘要、摘要附图，专利复审委员会于 2008 年 12 月 1 日收到的修改替换页的权利要求第 1~6 项。

请求人如对本决定不服，可以根据专利法第 41 条第 2 款的规定，自收到本决定之日起三个月内向北京市第一中级人民法院起诉。

无效宣告请求审查决定

001

一种与同屏单色像素管匹配兼容的四基色像素管

无效宣告请求审查决定（第 10615 号）

决　　定　　号　第 10615 号
决　　定　　日　2007 年 10 月 15 日
发明创造名称　一种与同屏单色像素管匹配兼容的四基色像素管
国 际 分 类 号　G09F 9/30
无效宣告请求人　深圳市同洲电子股份有限公司
专　利　权　人　上海三思科技发展有限公司
专　　利　　号　00259270.3
申　　请　　日　2000 年 11 月 22 日
授 权 公 告 日　2001 年 10 月 3 日
合 议 组 组 长　张田勇
主　　审　　员　张　曦
参　　审　　员　刘　畅

法　律　依　据　专利法第 22 条第 3 款、第 4 款，专利法实施细则第 20 条第 1 款
决　定　要　点

如果一项技术方案能够在产业上制造或使用，并实现了一定的功能和效果，满足了社会需要，并且没有明显无益之处，则该技术方案具备实用性。

一、案由

本无效宣告请求涉及国家知识产权局于 2001 年 10 月 3 日授权公告的名称为“一种与同屏单色像素管匹配兼容的四基色像素管”的 00259270.3 号实用新型专利权（下称本专利），其申请日是 2000 年 11 月 22 日，专利权人是上海三思科技发展有限公司。本专利授权公告时共包括 2 项权利要求，如下：

“1. 本实用新型一种与同屏单色像素管匹配兼容的四基色像素管，其结构由数目不等的红、绿、蓝三基色发光二极管和有别于上述三种基色的另一种单色（以下称为第四基色）发光二极管、像素管塑壳、电路印制底板、引线通过焊接固定灌胶封装而成，其特征在于：在达到白平衡的红、绿、蓝三基色发光二极管位置之间交叉增配了与红、绿、蓝三种基色有别的发出第四种光色的发光二极管，其数目、发光强度指标、位置布局和所处的像素管外框形状大小，与同一显示屏用于文字显示的其他单色像素管采用完全相同的方案，成为图形显示和文字显示完全兼容的四基色像素管。

2. 根据上述权利要求 1 所述的一种与同屏单色像素管匹配兼容的四基色像素管，其特征在于：

四基色像素管中的第四基色是有别于图形显示的红、绿、蓝三种基色以外的另一种单色。”

针对上述专利权，深圳市同洲电子股份有限公司（下称请求人）于2006年11月20日向专利复审委员会提出了无效宣告请求，请求人的具体理由是：本专利权利要求1的技术方案是现有技术的简单叠加，没有实质性特点和进步，不具备创造性，权利要求2的保护范围与权利要求1相同，因此也不具备创造性，权利要求1和2均不符合专利法第22条第3款的规定；不加入第四基色发光二极管已经可以实现文字与图形的兼容显示，加入第四基色发光二极管只是增加成本、不产生积极效果，不具备实用性，因此本专利不符合专利法第22条第4款的规定；权利要求1中“其他单色像素管所采用的方案”模糊不清，权利要求2的保护范围与权利要求1相同，因此权利要求1和2没有清楚、简要地表述请求保护的范围，不符合专利法实施细则第20条第1款的规定。请求人提交了如下证据：

证据1：本实用新型专利说明书；

证据2：国家知识产权局针对本专利于2005年11月11日作出的请求号为05-1382的实用新型专利检索报告复印件，共4页；

证据3：业主方（山东省高速公路有限责任公司）、总承包商（山东中创软件工程股份有限公司）、卖方（上海三思科技反展有限公司）于2001年1月15日会谈的会谈纪要复印件，共3页；

证据4：山东省潍坊市中级人民法院传票复印件，共1页；

证据5：山东省高级人民法院（2006）鲁民辖终字第161号《民事裁定书》复印件，共2页。

经形式审查合格后，专利复审委员会受理了上述无效宣告请求，于2006年11月24日向双方当事人发出无效宣告请求受理通知书，并将无效宣告请求书及附件清单中所列附件副本转送给专利权人，要求其在指定期限内答复。

2006年12月20日，请求人补充提交了意见陈述书，再次提交了与证据3内容相同的会谈纪要复印件，请求人除以上证据外未补充其他意见。

2007年1月9日，专利权人针对上述无效宣告请求提交了意见陈述书，专利权人对权利要求书进行了修改，将原权利要求2删除，仅保留了原权利要求1，因此修改后的权利要求书共包括1项权利要求。针对请求人提出的无效宣告请求理由，专利权人认为本领域技术人员可以明确知晓“单色像素管”所采用的方案，并且权利要求1的主题名称与权利要求的技术内容是相适应的，因此权利要求1符合专利法实施细则第20条第1款的规定；本领域技术人员根据本专利说明书的内容可以再现本专利所涉及的产品，本专利的技术方案已经实际应用，能够在产业上制造或使用，并且具有兼容了图形显示与文字显示、使可变信息标志产品的显示效果充分显示、提高了可变信息产品的性价比的技术效果，因而具备实用性，符合专利法第22条第3款的规定；由于本专利权利要求1的技术方案具备以上的技术效果，因此本专利权利要求1具有实质性特点和进步，符合专利法第22条第3款有关创造性的规定。专利权人提交了如下附件：

附件1：权利要求书替换页；

附件2：本专利技术工作项目实例举证一览表及四基色像素管使用实例工程举证复印件，共132页；

附件3：国家知识产权局针对本专利于2005年11月11日作出的请求号为05-1382的实用新型专利检索报告复印件，共3页。

2007年2月15日，专利复审委员会本案合议组向双方当事人发出无效宣告请求口头审理通知书，指出本案定于2007年4月9日进行口头审理，并随口审通知书向请求人转送了专利权人于2007年1月9日提交的意见陈述书及其附件清单中所列附件的副本，向专利权人转送了请求人于2006年12月20日提交的意见陈述书及其附件清单中所列附件的副本。

口头审理如期举行，双方均出席了口头审理。在口头审理过程中：

请求人明确其无效宣告请求的理由为本专利不符合专利法第 22 条第 3 款、第 4 款和专利法实施细则第 20 条 1 款的规定，依据本专利说明书作为证据进行评述，明确表示放弃证据 2~5 作为证据使用。专利权人明确表示放弃附件 2 和 3 作为证据使用。请求人的具体理由是：权利要求 1 中“数目不等”、“其数目、发光强度指标……其他单色像素管采用完全相同的方案”无法准确表达保护范围，权利要求 1 的保护主题不清楚，不清楚本专利所要保护的是四基色像素管还是其他单色像素管，本专利发明点在于增加了第四基色，而本专利的保护范围不只是这些，因此权利要求 1 不符合专利法实施细则第 20 条第 1 款的规定；本专利权利要求 1 前序部分和特征部分都是现有技术，在本专利说明书第 1 页第 3 段已经描述了本专利就是把现有技术相组合的专利，文字用单色，图像用红、绿、蓝三基色都是现有技术，是本领域的公知常识，在本专利的说明书第 3 页最后一段第 3 行可以看出文字显示的时候图像是不显示的，因此它们是不协同工作的，本专利权利要求 1 就是现有技术的叠加，实现它交替显示的电路并没有说明，这种图形显示和文字显示进行交替是很常用的方法，因此本专利权利要求 1 不具备专利法第 22 条第 3 款规定的创造性；本专利可以制造和使用，但不能产生积极的效果，增加了制造的成本，因此不符合专利法第 22 条第 4 款有关实用性的规定。专利权人认为：本专利的发明点不是在于红、绿、蓝的数目是多少，而是增加了一个基色，基色在本领域是专用词语，本专利要增加的是在红、绿、蓝以外的基色，数量是根据情况自主选择的，基色是原有的三基色管子不能产生的颜色，在本专利的权利要求书中限定了红绿蓝发光二极管的数目，是要达到白平衡才可以，本专利要保护的是带有红、绿、蓝和第四基色的像素管，因此权利要求 1 已经清楚地限定了所要保护的范围；本专利技术方案中没有不协同工作的状态，本专利也不是简单的叠加组合，产品生产过程中是需要有线路板、塑壳等必备常用要素，是常用的技术手段，但本专利的发明点，实现图形显示和文字显示的电路和控制系统也不是本专利的发明点，本领域技术人员根据本专利权利要求 1 的技术方案，可以设计出相应的控制电路，但是这种电路不是本领域的现有设计，因此权利要求 1 具备创造性；三基色配出来的颜色的纯度与增加第四基色的纯度是不同的，三基色配出来的颜色的光波长与增加第四基色的波长相比较是短的，由此能够产生积极效果，因此本专利具备实用性。

在上述事实的基础上，合议组经合议依法作出审查决定。

二、决定的理由

1. 关于审查基础

专利权人于 2006 年 12 月 20 日提交了权利要求书替换页，经审查，上述修改符合专利法实施细则第 68 条第 1 款以及审查指南第四部分第三章第 4.6 节的相关规定，因此本决定以该权利要求书替换页作为审查基础。

2. 关于证据

请求人在口审过程中明确表示依据本专利说明书作为证据进行评述，明确表示放弃证据 2~5 作为证据使用，因此本决定中不再对证据 2~5 进行评述，仅以证据 1（本实用新型专利说明书）作为证据进行评述。并且由于专利权人放弃了其提交的附件 2 和 3 作为证据使用，本决定中不予评价并不再涉及附件 2 和 3。

3. 本专利是否符合专利法第 22 条第 4 款的规定

专利法第 22 条第 4 款规定：实用性，是指该发明或者实用新型能够制造或者使用，并且能够产生积极效果。

请求人认可本专利产品可以制造和使用，但是不能产生积极效果，增加了制造成本。

根据说明书的记载，本专利所要解决的技术问题是，现有的可变信息标志产品，由于图形像素管和文字像素管元件构成有别，导致视觉效果差异，虽然在理论上由红绿蓝三种基色应该可以配出与文字像素管相一致的色彩，但在实际工程中，三基色的图形像素管难以与不具备相同基色的文字像素管显示兼容，更无法达到相同显示效果。本专利对用于图形显示的像素管进行了改进，在原有红绿蓝三基色的基础上，将同一显示屏上单色文字像素管选用的颜色加入到图形像素管中，使图形像素管也可显示文字，文字显示区域的幅容扩充到整个显示屏，克服了图形像素管导致文字显示功能削弱的弊端，并且使显示屏整体性更好。

合议组认为，本专利保护一种与同屏单色像素管匹配兼容的四基色像素管，根据该技术方案，可以对其进行制造和使用，并且由于本专利的图形像素光中添加了用于与文字像素管颜色相同的颜色，在仅需要显示文字而无需显示图形的情况下，图形像素管也可显示文字，由此使得图形像素管兼容了文字象素管的功能，同时使得进行文字显示时该显示屏的效率、整体性更好，本专利的技术方案能够解决技术问题，并产生了上述预期的技术效果，虽然在图形像素管中加入用于显示文字的发光二极管，并由此会对现有的发光控制电路进行改变，相比现有的可变信息标志产品势必会增加原材料的成本，但是不同的技术方案有不同的侧重和发明目的，并且衡量技术方案是否有益不能仅以成本为唯一标准，就本专利的技术方案而言，其增强了可变信息标志产品的显示功能和效果，满足了社会需要，并且没有明显无益之处，因此其具备实用性，符合专利法第 22 条第 4 款的规定。

4. 本专利权利要求 1 是否符合专利法实施细则第 20 条第 1 款的规定

专利法实施细则第 20 条第 1 款规定：权利要求书应当说明发明或者实用新型的技术特征，清楚、简要地表述请求保护的范围。

请求人认为，权利要求 1 中“数目不等”、“其数目、发光强度指标……其他单色像素管采用完全相同的方案”无法准确表达保护范围，权利要求 1 的保护主题不清楚，不清楚本专利所要保护的是四基色像素管还是其他单色像素管。

合议组认为，本领域技术人员根据本专利权利要求 1 的主题名称，可以清楚地确定权利要求 1 技术方案所要求保护的主题是一种四基色像素管，并且其具有与同屏单色像素管匹配兼容的特征，本专利的四基色介素管是为了解决现有显示屏中用于文字显示的单色像素管与用于图形显示的多色像素管不相兼容的技术问题而提出的，权利要求 1 中的技术内容均与四基色像素管相适应，虽然该技术方案中还包括了显示屏和同屏单色像素管，但本专利中主要对用于图形显示的多色像素管进行了改进，该四基色像素管是显示屏的局部结构与单色像素管协同工作，因此将权利要求 1 的主题名称确定为四基色像素管并无不妥，并且其保护主题清楚、明确；红、绿、蓝三基色发光二极管“数目不等”是本领域技术人员根据权利要求 1 的技术方案对相应的产品进行设计、制造时根据实际的使用情况或设计要求进行选择的，该权利要求中没有必要对具体的发光二极管数量进行限定；权利要求 1 中还限定了发出第四种光色的发光二极管，“其数目、发光强度指标、位置布局和所处的像素管外框形状大小，与同一显示屏用于文字显示的其他单色像素管采用完全相同的方案”，本专利中并未对单色像素管的外框形状大小以及其中发光二极管的数目、发光强度指标、位置布局等进行改进，并且这些方案均是本领域技术人员可以根据其掌握的现有技术和实际情况进行具体选择并确定的，该权利要求中没有必要具体限定这些方案，在这种情况下，根据权利要求 1 中限定的上述技术特征，本领域技术人员可以明确知晓四基色像素管以及其中发出第四种光色的发光二极管的配置方案。综上，本专利权利要求 1 说明了四基色像素管的技术特征，清楚、简要地表述请求保护的范围，符合专利法实施细则第 20 条第 1 款的规定。

5. 本专利权利要求 1 是否符合专利法第 22 条第 3 款的规定

专利法第 22 条第 3 款规定：创造性是指同申请日以前已有的技术相比，该实用新型有实质性特点和进步。

请求人根据本专利说明书的记载，认为本专利权利要求1的技术方案是现有技术的叠加，因此不具备创造性。

根据本专利说明书的记载，现有的可变信息标志产品，其用于图形显示的像素管仅包含三基色，即红绿蓝三种颜色的发光二极管，虽然理论上可以利用这三种基色配出与文字像素管相一致的颜色，但实际工程中，三基色的图形像素管难以与不具备相同基色的文字像素管显示兼容，无法达到相同显示效果，针对上述技术问题，在本专利权利要求1的四基色像素管中，在三基色发光二极管位置之间交叉增配了与三基色有别的发出第四种光色的发光二极管，而该发光二极管的发光强度指标等参数与用于文字显示的单色像素管采用相同的方案，由此在显示文字、不显示图形时，该象素管也能够以与文字像素管相同的颜色进行文字显示，具有文字、图形兼容的显示功能，解决了现有技术中存在的问题，在本专利说明书背景技术中并没有有关在图形像素管中添加发出第四种光色的发光二极管的技术启示，而且请求人也未提交其他证据证明上述技术手段已经成为现有技术，因此其主张不能成立，本专利权利要求1的技术方案具有实质性特点和进步，符合专利法第22条第3款有关创造性的规定。

综上所述，本专利符合专利法第22条第3款、第4款和专利法实施细则第20条第1款的规定。故此，本合议组作出如下决定。

三、决定

在专利权人于2006年12月20日提交的权利要求1基础上，维持00259270.3号实用新型专利权有效。

当事人对本决定不服的，可以根据专利法第46条第2款的规定，自收到本决定之日起三个月内向北京市第一中级人民法院起诉。根据该款的规定，一方当事人起诉后，另一方当事人应当作为第三人参加诉讼。

002

用于检测成衣配件的钮扣钳与夹布钳

无效宣告请求审查决定（第10697号）

决　　定　　号　第10697号
决　　定　　日　2007年12月5日
发明创造名称　用于检测成衣配件的钮扣钳与夹布钳
国 际 分 类 号　G01N 3/04，G01N 3/08，G01N 19/00
无效宣告请求人　YKK株式会社
专　利　权　人　嘉德仪器有限公司
专　　利　　号　200520005331.0
申　　请　　日　2005年3月3日
授 权 公 告 日　2006年4月26日
合 议 组 组 长　张　曦
主　　审　　员　杨加黎
参　　审　　员　周　航

法　律　依　据　专利法第22条第3款，第26条第3款，专利法实施细则第20条第1款
决　定　要　点

如果说明书中给出了技术手段，但是对本领域普通技术人员来说，该技术手段是含糊不清的，根据说明书记载的内容无法具体实施，则说明书没有达到充分公开的要求。

一、案由

本无效宣告请求涉及国家知识产权局于2006年4月26日授权公告的名称为“用于检测成衣配件的钮扣钳与夹布钳”的200520005331.0号实用新型专利权（下称本专利），其专利权人是嘉德仪器有限公司，申请日是2005年3月3日。本专利授权公告的权利要求书如下：

“1. 一种用于检测成衣配件的钮扣钳，其特征在于：包括有钮扣钳座、至少两个爪钳、爪钳固定座，所述爪钳可作径向扩张或收缩的固定在所述爪钳固定座上，所述爪钳固定座通过固定连接件与所述钮扣钳座固定连接，同时在所述爪钳固定座上设有一用于调整其作上下移动的调整装置，该调节装置的手动部分与所述爪钳用于抓取配件的端部间隔一段间距。

2. 根据权利要求1中所述的用于检测成衣配件的钮扣钳，其特征在于：所述连接件包括有一固定螺丝及一螺母，所述爪钳固定座设在所述固定螺丝的一端，该固定螺丝的另一端通过螺母固定在所述钮扣钳座上。

3. 根据权利要求2中所述的用于检测成衣配件的钮扣钳，其特征在于：所述调整装置包括有可

调上下式把手及快速上下螺丝，所述快速上下螺丝套置在所述固定螺丝外侧，且一端与所述爪钳固定座固定连接，另一端与可调上下式把手螺纹连接。

4. 根据权利要求 3 中所述的用于检测成衣配件的钮扣钳，其特征在于：所述可调上下式把手的螺纹较快速上下螺丝的螺纹细。

5. 根据权利要求 1 中所述的用于检测成衣配件的钮扣钳，其特征在于：所述爪钳具有三个，该三个爪钳通过橡皮圈、定位销固定在所述爪钳固定座内部。

6. 一种用于检测成衣配件的夹布钳，其特征在于：包括有便于与其他设备固定连接的固定座、用于固定成衣布料的顶板与压板，及用于驱动所述压板动作的操作装置，所述固定座的一端内部设有一插孔，所述顶板的直接插置在该插孔内，并且其顶部凸伸在所述固定座的顶部，所述压板通过压板固定座固定设在所述固定座上。

7. 根据权利要求 6 中所述的用于检测成衣配件的夹布钳，其特征在于：所述固定座在其底部外端设有便于与其他设备连接的外螺纹。

8. 根据权利要求 6 中所述的用于检测成衣配件的夹布钳，其特征在于：所述固定座在所述插孔内置有一弹性元件。

9. 根据权利要求 6 中所述的用于检测成衣配件的夹布钳，其特征在于：所述顶板在其顶部表面设有增加其与布料间摩擦力的凸牙。

10. 根据权利要求 6 中所述的用于检测成衣配件的夹布钳，其特征在于：所述操作装置包括有一操作手柄，该操作手柄通过上下固定座、导柱、可调丝杆与所述压板连接。

11. 根据权利要求 6 中所述的用于检测成衣配件的夹布钳，其特征在于：所述压板与所述压板固定座绞接。”

针对上述专利权，YKK 株式会社（下称请求人）于 2007 年 3 月 29 日向专利复审委员会提出无效宣告请求，理由是本专利说明书未清楚说明权利要求 1~5 的技术方案，不符合专利法第 26 条第 3 款的规定；权利要求 3~5 不符合专利法实施细则第 20 条第 1 款的规定；权利要求 1 不符合专利法实施细则第 21 条第 2 款的规定；权利要求 3、5~9、11 不符合专利法第 26 条第 4 款的规定；权利要求 1、2、5~7、9、11 不符合专利法第 22 条第 2 款的规定；权利要求 1、2、5~11 不符合专利法第 22 条第 3 款的规定。随同其专利权无效宣告请求书，请求人提交了如下五份附件：

附件 1：公开号为 CN1149131A 的中国发明专利申请公开说明书，其公开日为 1997 年 5 月 7 日（下称证据 1）；

附件 2：国际公开号为 WO03102525A1 的 PCT 专利申请说明书，其国际公开日为 2003 年 12 月 11 日（下称证据 2）；

附件 3：证据 2 的说明书和权利要求书的中文译文；

附件 4：商务印书馆出版的《现代汉语词典》的首页、出版信息页以及第 394~395 页的复印件，其印刷时间是 1979 年 3 月（下称证据 3）；

附件 5：本专利授权公告文本。

请求人的具体无效理由是：（1）本专利说明书文字部分记载的相互连接的可调上下式把手 7 和快速上下螺丝 8 之间的螺纹粗细不同，违背了技术常识，而其附图 2 中这两个部件之间的螺纹粗细相同，与说明书文字部分的内容相矛盾，并且本专利说明书中没有清楚指明通过怎样的结构和工作原理来实现“只需稍转动可调上下式把手 7 便能驱动快速上下螺纹 8 作较长距离的移动”，因此本专利的说明书不清楚，不符合专利法第 26 条第 3 款的规定，由于上述说明书的内容涉及本专利权利要求 1~5的技术方案，因而使本领域技术人员不能实施该权利要求 1~5 的技术方案。（2）从本专利权利要求3的附加技术特征可知，包括有可调上下式把手以及快速上下螺丝的调整装置相对于钮扣钳座不能上下运动，这与该权利要求所引用的在先的权利要求1的“在所述爪钳固定座上设有一用于调整其作上下移动的调整装置”相矛盾，导致该权利要求3不清楚；从本专利权利要求4的附加技术特征可知，快速上下螺丝与可调上下式把手不能螺纹连接，而其引用的在先的权利要求3中快速上下螺丝与可调上下式把手是螺纹连接的，因此导致该权利要求前后矛盾；从本专利权利要求5的附加技术特征可知，通过橡皮圈、定位销固定的三个爪钳不能相对于爪钳固定座内部移动，这与其引用的在先权利要求1中的“所述爪钳可作径向扩张或收缩的固定在所述爪钳固定座上”相矛盾，因此导致该权利要求5不清楚；基于上述理由认为本专利权利要求3~5不符合专利法实施细则第20条第1款的规定。(3) 本专利独立权利要求1没有记载用于使所述爪钳进行径向扩张或收缩动作的驱动机构，因此缺少实现发明目的的必要技术特征，不符合专利法实施细则第21条第2款的规定。(4) 本专利权利要求3的附加技术特征“快速上下螺丝”和“（快速上下螺丝的）另一端与可调上下式把手螺纹连接”得不到说明书支持；权利要求5的附加技术特征与说明书的图2、3表示的不相符；权利要求6中的“驱动机构”概括了较大的保护范围，没有以说明书为依据，在此基础上，引用该权利要求6的从属权利要求7~9、11也得不到说明书支持；基于上述理由认为本专利权利要求3、5~9、11不符合专利法第26条第4款的规定。(5) 本专利独立权利要求1和6相对于证据1或2均不具备新颖性和创造性，不符合专利法第22条第2款、第3款的规定，权利要求1的从属权利要求2和5、权利要求6的从属权利要求7、9和11的附加技术特征也已经被证据1或2所公开，因此这些从属权利要求也不具备新颖性和创造性，不符合专利法第22条第2款、第3款的规定，权利要求6的从属权利要求8和10的附加技术特征是本领域常用技术手段，因此当权利要求6不具备新颖性和创造性时，该权利要求8和10也不具备创造性，不符合专利法第22条第3款的规定。

经形式审查合格，专利复审委员会依法受理了上述无效宣告请求，于2007年4月16日向请求人和专利权人发出无效宣告请求受理通知书，同时将《专利权无效宣告请求书》及其附件清单所列附件的副本转给专利权人，要求其在指定期限内对该无效宣告请求陈述意见。

针对上述无效宣告请求，专利权人于2007年5月30日向专利复审委员会提交了意见陈述书，同时提交了权利要求书的全文修改替换页。其中，将原从属权利要求2、3的附加技术特征补入原独立权利要求1中形成新的独立权利要求1，并将原从属权利要求4和5修改为引用新的独立权利要求1的从属权利要求2和3；将原从属权利要求10的附加技术特征补入原独立权利要求6中形成新的独立权利要求4，并将原从属权利要求7~9、11修改为引用新的独立权利要求4的从属权利要求5~8。修改后的权利要求书具体内容如下：

“1. 一种用于检测成衣配件的钮扣钳，其特征在于：包括有钮扣钳座、至少两个爪钳、爪钳固定座，所述爪钳可作径向扩张或收缩的固定在所述爪钳固定座上，所述爪钳固定座通过固定连接件与所述钮扣钳座固定连接，所述连接件包括有一固定螺丝及一螺母，所述爪钳固定座设在所述固定螺丝的一端，该固定螺丝的另一端通过螺母固定在所述钮扣钳座上；同时在所述爪钳固定座上设有一用于调整其作上下移动的调整装置，该调节装置包括有可调上下式把手及快速上下螺丝，所述快速上下螺丝套置在所述固定螺丝外侧，且一端与所述爪钳固定座固定连接，另一端与可调上下式把手螺纹连接，所述可调上下式把手与所述爪钳用于抓取配件的端部间隔一段间距。

2. 根据权利要求1中所述的用于检测成衣配件的钮扣钳，其特征在于：所述可调上下式把手的螺纹较快速上下螺丝的螺纹细。

3. 根据权利要求1中所述的用于检测成衣配件的钮扣钳，其特征在于：所述爪钳具有三个，该三个爪钳通过橡皮圈、定位销固定在所述爪钳固定座内部。

4. 一种用于检测成衣配件的夹布钳，其特征在于：包括有便于与其他设备固定连接的固定座、用于固定成衣布料的顶板与压板，及用于驱动所述压板动作的操作装置，所述操作装置包括有一操作手柄，该操作手柄通过上下固定座、导柱、可调丝杆与所述压板连接；所述固定座的一端内部设有一插孔，所述顶板直接插置在该插孔内，并且其顶部凸伸在所述固定座的顶部，所述压板通过压板固定座固定设在所述固定座上。

5. 根据权利要求4中所述的用于检测成衣配件的夹布钳，其特征在于：所述固定座在其底部外端设有便于与其他设备连接的外螺纹。

6. 根据权利要求4中所述的用于检测成衣配件的夹布钳，其特征在于：所述固定座在所述插孔内置有一弹性元件。

7. 根据权利要求4中所述的用于检测成衣配件的夹布钳，其特征在于：所述顶板在其顶部表面设有增加其与布料间摩擦力的凸牙。

8. 根据权利要求4中所述的用于检测成衣配件的夹布钳，其特征在于：所述压板与所述压板固定座绞接。”

专利权人认为：通过对权利要求书进行修改，将原权利要求2和3的附加技术特征加入原独立权利要求1中，同时将原权利要求10的附加技术特征加入原独立权利要求6中，所得到的修改后的独立权利要求1和4相对于证据1或2均具备专利法第22条第2款、第3款规定的新颖性和创造性，在此前提下，其从属权利要求2、3、5~8也具备新颖性和创造性；对于请求人指出本专利说明书不符合专利法第26条第3款的规定，权利要求书不符合专利法实施细则第20条第1款、第21条第2款，专利法第26条第4款的规定，专利权人认为本专利完全符合这些法条的要求。

针对上述无效宣告请求，专利复审委员会依法组成合议组，对本案进行审理，合议组于2007年6月21日向双方当事人发出无效宣告请求口头审理通知书，告知双方当事人合议组定于2007年8月16日对本案进行口头审理，同时将专利权人于2007年5月30日提交的意见陈述书以及权利要求书的修改替换页转给请求人。

口头审理如期举行，双方当事人均出席了口头审理。在口头审理中，双方当事人对对方出庭人员的身份和资格无异议；对合议组成员没有回避请求；请求人当庭提交了证据3的原件，经核实，复印件与原件一致；专利权人对请求人提交的证据1~3的真实性无异议，对证据2的中文译文的准确性没有异议。请求人明确其无效宣告的理由和范围为：说明书对应于权利要求1~3的部分不符合专利法第26条第3款的规定，权利要求1不符合专利法第26条第4款、专利法实施细则第20条第1款和第21条第2款的规定，权利要求2和3均不符合专利法第26条第4款、专利法实施细则第20条第1款的规定，权利要求4~8相对于证据1和2不符合专利法第22条第3款的规定。此外，请求人放弃了本专利权利要求相对于证据1、2不具备新颖性的无效理由。双方当事人均结合证据对本专利是否符合专利法及其实施细则的规定充分发表了意见，具体内容如下：

（1）关于专利法第26条第3款。

请求人认为，本专利说明书第3页第20~21行记载了“可调上下式把手7的螺纹较快速上下螺丝8细”，但是螺距不同无法连接；此外，说明书该页第19~20行还记载了“该快速上下螺丝8套置在固定螺丝6外侧，其一端与爪钳固定座3固定连接，另一端与可调上下式把手7螺纹连接”，即爪钳固定座3与快速上下螺丝8固定连接，由于爪钳固定座3固定，因此与之固定连接的快速上下螺丝8也不能移动，在此前提下，无法实现本专利所述的“只需稍转动可调上下式把手7便能驱动快速上下螺丝8作较长距离的移动”，因此本专利的说明书不清楚，不符合专利法第26条第3款的规定。

对此，专利权人认为，说明书第3页第19行的“其一端”指的是固定螺丝6的一端，“另一端”

指的是快速上下螺丝 8 的一端，和爪钳固定座 3 连接是固定螺丝 6 而不是快速上下螺丝 8，因此旋转可调上下式把手 7 能带动快速上下螺丝 8 移动；“可调上下式把手 7 的螺纹较快速上下螺丝 8 细”是笔误，本领域技术人员能够理解其实际操作方式；固定螺丝 6 包括粗螺纹螺丝与细螺纹螺丝，且两者固定连接。

（2）关于专利法第 26 条第 4 款。

请求人认为，本专利独立权利要求 1 记载了可调上下式把手限定在快速上下螺丝的另一端，这与专利权人之前对说明书中“其一端”的解释以及对附图的解释不一致，因此得不到说明书支持，在此前提下，引用权利要求 1 的从属权利要求 2 也得不到说明书的支持，此外，根据证据 3 中记载的“固定”一词的含义可知，权利要求 3 所述“固定在所述爪钳固定座内部”中的“固定”是指不变动或不移动，这与本专利的附图 1、2 矛盾，因此该权利要求 3 得不到说明书和附图的支持，基于上述理由，认为本专利权利要求 1~3 不符合专利法第 26 条第 4 款的规定；

对此，专利权人认为，权利要求 1 与说明书第 3 页内容以及附图都是一致的，并坚持“其一端”指的是固定螺丝 6 的一端，“另一端”指的是快速上下螺丝 8 的一端，在此前提下，从属权利要求 2 也能得到说明书的支持，此外，根据说明书第 3 页第 15~16 行以及权利要求 1 第 2 行的记载可知，爪钳固定座 3 是可以作径向扩张与收缩的，只是“固定”一词用得不太恰当。

（3）关于专利法实施细则第 20 条第 1 款。

请求人认为，本专利独立权利要求 1 的调整装置是什么不清楚，导致该权利要求 1 不清楚，根据权利要求 2 的记载可知可调上下式把手和快速上下螺丝的螺纹螺距不同，而螺距不同无法连接，因此该权利要求 2 不清楚，权利要求 3 所述的“固定”导致该权利要求不清楚，基于上述理由，本专利权利要求 1~3 不符合专利法实施细则第 20 条第 1 款的规定；

对此，专利权人认为，从附图可以清楚看出调整装置指的是可调上下式把手 7 和快速上下螺丝 8，对于权利要求 2、3 的上述问题，在之前已经解释得很清楚。

（4）关于专利法实施细则第 21 条第 2 款。

请求人认为，本专利权利要求 1 缺少“径向扩张和收缩”的驱动装置的必要技术特征，不符合专利法实施细则第 21 条第 2 款的规定。

对此，专利权人认为，爪钳的具体驱动过程是通过上下调整装置来驱动爪钳的扩张和收缩，本领域技术人员可以通过说明书的启示以多种方式来实现“径向的扩张和收缩”。

（5）关于专利法第 22 条第 3 款。

请求人认为，以证据 1 作为最接近的对比文件，本专利权利要求 4~8 相对于证据 1、2 或其组合不具备创造性，不符合专利法第 22 条第 3 款的规定；

对此，专利权人认为，证据 1 和本专利权利要求 4 最大的区别就是操作装置，证据 1 的零件比本专利的多，结构比本专利的复杂，而证据 2 也没有公开本专利的操作装置，证据 2 公开的操作装置是旋转式的，本专利的是上下移动式的，因此证据 2 没有给出利用手柄进行上下移动的启示，据此认为本专利权利要求 4 相对于证据 1 和 2 具备创造性，在此基础上，本专利权利要求 5~8 也具备创造性。

至此，合议组认为本案事实已经清楚，现依法作出如下审查决定。

二、决定的理由

1. 关于证据和审查文本

请求人提交的证据 1~3 均属于公开出版物，其中证据 1、2 是专利文献，证据 3 是《现代汉语词典》的首页、出版信息页以及第 394~395 页的复印件，请求人当庭提交了证据 3 的原件，经核对，复印件与原件内容一致，专利权人对证据 1~3 的真实性无异议，请求人提交的附件 3 是证据 2 的说明书和权利要求书的中文译文，专利权人对其准确性无异议，合议组经审查认为证据1~3可以作为本案证据使用，证据1~3的公开日期均在本专利的申请日之前，其上记载的内容构成本专利的现有技术，可以用于评价本专利的创造性，证据2所公开的内容以其中文译文为准。

专利权人于2007年5月30日提交了权利要求书的全文修改替换页，合议组经审查认为：该修改文本为专利权人在针对无效宣告请求书指定的答复期限内提交的；在此次修改中，专利权人将原从属权利要求2、3的附加技术特征补入原独立权利要求1中形成新的独立权利要求1，实际上是删除了原独立权利要求1及其从属权利要求2，将原从属权利要求3修改为新的独立权利要求1，并且对原权利要求4的引用关系进行适应性修改成为新的权利要求2，将原从属权利要求5与原从属权利要求3合并成为新的权利要求3，同时，专利权人还将原从属权利要求10的附加技术特征补入原独立权利要求6中形成新的独立权利要求4，实际上是删除了原独立权利要求6，将原从属权利要求10修改为新的独立权利要求4，并且将原从属权利要求7~9、11分别与原从属权利要求10合并成为新的权利要求5~8；原从属权利要求3引用了在先的原独立权利要求1，即该权利要求3的技术方案中包括该权利要求3的附加技术特征以及原独立权利要求1的全部技术特征，由于该权利要求3的附加技术特征中限定了“所述调整装置包括有可调上下式把手及快速上下螺丝”，结合该权利要求3的整体技术方案可知，原独立权利要求1的技术特征“调节装置的手动部分”就是该权利要求3附加技术特征的调整装置中起手动作用的“可调上下式把手”，在此基础上，合议组认为，出于使通过删除、合并的方式修改后的权利要求在文字表述上连贯通顺的目的，将“调节装置的手动部分”替换成“可调上下式把手”所得到的新的独立权利要求1的技术方案与原从属权利要求3的技术方案的保护范围一致，因此，这种修改是允许的；基于上述理由，合议组认为这种删除、合并式修改符合专利法实施细则第68条的规定，因此本次无效宣告请求审查决定所针对的权利要求书为专利权人于2007年5月30日提交的权利要求书。

2. 关于本专利说明书对应于权利要求1~3的部分是否符合专利法第26条第3款的规定以及权利要求1~3是否符合专利法实施细则第20条第1款的规定

专利法第26条第3款规定，说明书应当对发明或者实用新型作出清楚、完整的说明，以所属技术领域的技术人员能够实现为准；必要的时候，应当有附图。

如果说明书中给出了技术手段，但是对本领域普通技术人员来说，该技术手段是含糊不清的，根据说明书记载的内容无法具体实施，则说明书没有达到充分公开的要求。

根据本专利说明书第3页第14~25行记载的内容可知，钮扣钳通过固定螺丝6、快速上下螺丝8和可调上下式把手7的配合来驱动钮扣钳的爪钳扩张和收缩。在本专利说明书的文字部分关于上述部件的相关记载主要是，固定螺丝6和螺母5将爪钳固定座3与钮扣钳座1固定连接，调整装置用于调整爪钳固定座3上下移动，该调整装置包括可调上下式把手7和快速上下螺丝8，其中，快速上下螺丝8的外形呈楔形结构，并且“该快速上下螺丝8套置在固定螺丝6的外侧，其一端与爪钳固定座3固定连接，另一端与可调上下式把手7螺纹连接”。本专利的说明书附图1为本专利的钮扣钳的结构示意图，附图2为本专利的钮扣钳的剖视示意图，从图中可以得知，驱动钮扣钳的爪钳扩张和收缩的部件由内向外依次包括：细螺纹螺丝（图中标记为6）、套置在细螺纹螺丝上的粗螺纹螺丝、套置在粗螺纹螺丝上的楔形结构、以及套置在粗螺纹螺丝和楔形结构上的可调上下式把手（图中标记为7）。但是由于附图1和2有所差异，图中标号为8的部件并不能唯一确定是指包括粗螺纹螺丝和楔形结构的复合结构还是单一的楔形结构，即使结合说明书的文字部分和附图所公开的内容，本领域普通技术人员也不能唯一地确定①快速上下螺丝8和固定螺丝6的具体结构，和②固定螺丝6、快速上下螺丝8和可调上下式把手7之间应当如何配合才能驱动爪钳正常工作。具体理由如下：

（1）本专利的说明书文字部分未具体记载固定螺丝6的结构，对快速上下螺丝8的结构仅记载了其外形“呈楔形结构”，而根据本专利附图1、2所示，在楔形结构与附图标记6所指的细螺纹螺丝之间套置有一截粗螺纹螺丝，据此本领域普通技术人员无法得知该粗螺纹螺丝是单独件还是属于固定螺丝6或具有楔形结构的快速上下螺丝8的一部分，即无法得知：固定螺丝6是附图中所示的细螺纹结构还是由细螺纹和粗螺纹构成的复合结构，或者，快速上下螺丝8是附图所示的粗螺纹与楔形结构构成的复合结构还是仅为楔形的单一结构。

此外，虽然本专利说明书涉及快速上下螺丝8的具体结构的记载（参见本专利说明书第3页第19~20行）还有“该快速上下螺丝8套置在固定螺丝6的外侧，其一端与爪钳固定座3固定连接，另一端与可调上下式把手7螺纹连接”，但是结合这一记载，本领域普通技术人员仍不能唯一地确定快速上下螺丝8的具体结构。根据说明书的上述记载可知：快速上下螺丝8的一端与爪钳固定座3固定连接，另一端与可调上下式把手7螺纹连接。按此理解附图1、2所示的粗螺纹螺丝应当属于快速上下螺丝8的一部分，才能使该螺丝8的两端分别与爪钳固定座3和可调上下式把手7连接，但是在此基础上，由于快速上下螺丝8与爪钳固定座3是“固定连接”的，那么，该螺丝8就不能相对于爪钳固定座3上下移动，这与本专利说明书记载的快速上下螺丝8能驱动爪钳作径向扩张和收缩是相矛盾的。

基于上述理由，本专利说明书中关于快速上下螺丝8和固定螺丝6的具体结构的描述不清楚。

（2）本专利中的钮扣钳是通过固定螺丝6、可调上下式把手7和快速上下螺丝8之间的配合运动来带动爪钳径向扩张和收缩，从而使钮扣钳正常工作，但是本专利说明书文字部分没有清楚地记载这些部件之间的配合运动关系，更具体地说，本专利没有清楚地限定附图2所示的细螺纹螺丝、粗螺纹螺丝、楔形结构和可调上下式把手7之间的配合运动关系，即没有描述清楚在使用时，应该驱动哪个部件，该部件如何带动其他部件运动，使其操作具有诸多不确定因素，例如，当细螺纹螺丝固定不动时，粗螺纹螺丝、楔形结构、可调上下式把手7的运动方向是一致、部分不同、还是完全不同，如果不同的话这三个部件又是如何配合运动，因此本专利关于固定螺丝6、可调上下式把手7和快速上下螺丝8之间的配合运动关系的记载是含糊不清的，导致本领域普通技术人员仅根据说明书记载的内容不能毫无疑义地得知该钮扣钳的使用方式和原理，也不能得知上述部件如何实现钮扣钳的正常工作，并且口头审理过程中专利权人对此也没有给以明确可实现的说明。

对于专利权人在口头审理过程中认为“其一端”的其指代固定螺丝6，而“另一端”却指代快速上下螺丝8的一端的观点，合议组认为，本专利说明书第3页第19~20行记载的内容是“该快速上下螺丝8套置在固定螺丝6外侧，其一端与爪钳固定座3固定连接，另一端与可调上下式把手7螺纹连接”，根据常规语法习惯可知，“其一端……另一端……”是由连词连接的简单的并列句，该并列句的含义应当是“其”所指代的物件的一端和另一端，因此专利权人的这一观点违背了常规语法习惯，合议组不予认可；对于专利权人认为“可调上下式把手7的螺纹较快速上下螺丝8细”是笔误的观点，合议组认为，根据本领域基本常识，相互配合的部件的螺纹应当相同，而本专利说明书第3页第20~22行记载的“其中可调上下式把手7的螺纹较快速上下螺丝8的螺纹细，使得只需稍转动可调上下式把手7便能驱动快速上下螺丝8作较长距离的移动”明显与常识不符，由于该说明书中对此再无更多记载，本领域普通技术人员不能从本专利原始授权文本中直接、毫无疑义地确定快速上下螺丝8运动的唯一正确方式，即使专利权人声称其为笔误，也客观上造成了本申请说明书不清楚的问题，导致本领域普通技术人员无法实施本专利中与上述内容相关的技术方案，因此对于专利权人的这一观点，合议组也不予认可；对于专利权人认为的本专利的固定螺丝6包括粗螺纹螺丝和细螺纹螺丝的观点，合议组在之前已经评述过固定螺丝6的结构不能唯一确定的理由，此外本专利说明书文字部分没有任何关于粗螺纹螺丝与细螺纹螺丝为固定连接的记载，而从本专利说明书附图中看到的是粗螺纹螺丝与细螺纹螺丝的螺纹连接，根据本领域普通技术知识，螺纹连接的部件之间是可相对移动而非固定的，由此可见，从本专利说明书整体均不能得出固定螺丝 6 由粗螺纹螺丝和细螺纹螺丝固定连接构成这一观点，因此专利权人的这一观点合议组也不予认可。

基于上述理由，合议组认为专利权人陈述的理由不能成立，本专利说明书中涉及钮扣钳的技术方案不清楚，不符合专利法第 26 条第 3 款的规定，导致本领域普通技术人员仅根据本专利说明书的内容无法实施涉及钮扣钳的技术方案。

专利法实施细则第 20 条第 1 款规定：权利要求书应当说明发明或者实用新型的技术特征，清楚、简要地表述请求保护的范围。

基于上述理由可知，本领域普通技术人员既不能唯一地确定快速上下螺丝 8 和固定螺丝 6 的具体结构，也不能唯一地确定固定螺丝 6、快速上下螺丝 8 和可调上下式把手 7 之间应当如何配合才能驱动爪钳正常工作，因此，本专利权利要求 1~3 的保护范围不清楚，不符合专利法实施细则第 20 条第 1 款的规定。

3. 关于本专利权利要求 4~8 是否符合专利法第 22 条第 3 款的规定

专利法第 22 条第 3 款规定，创造性，是指同申请日以前已有的技术相比，该发明有突出的实质性特点和显著的进步，该实用新型有实质性特点和进步。

具体到本案，合议组认为：

（1）本专利权利要求 4 要求保护一种用于检测成衣配件的夹布钳，其特征在于“包括有便于与其他设备固定连接的固定座、用于固定成衣布料的顶板与压板，及用于驱动所述压板动作的操作装置，所述操作装置包括有一操作手柄，该操作手柄通过上下固定座、导柱、可调丝杆与所述压板连接；所述固定座的一端内部设有一插孔，所述顶板直接插置在该插孔内，并且其顶部凸伸在所述固定座的顶部，所述压板通过压板固定座固定设在所述固定座上”。

证据 1 公开了（参见说明书第 1 页第 1 段，第 3 页倒数第 4 段至第 5 页第 1 段，权利要求 1，附图 4、5）一种用来测量连接于服装面料及类似物的揿钮件抗拉力的测量装置，该抗拉力测量装置包括用来在揿钮件周围压住固定有这一揿钮件的服装面料的装置（对应于权利要求 4 的夹布钳），在该装置中包括有以下部件：支承块 29、垂直圆筒件 28、底墩 27、压臂 30、压臂支承块 35、水平外螺纹 36、连杆 33、连杆保持件 32 和压臂调节盘 31；其中，支承块 29 支承测试台的面料支承台和将面料压在一定位置上的装置，垂直圆筒件 28 藉配套的螺纹而固定在该支承块 29 上，这两个部件的组合起到与支承座 14 固定连接的作用，对应于本专利权利要求 4 的固定座；底墩 27 用于放置固定着揿钮件的面料，对应于本专利权利要求 4 的顶板；压臂 30 压住揿钮件周围的面料部分，对应于本专利权利要求 4 的压板；压臂 30 与连杆 33 连接，连杆 33 再连接至连杆保持件 32，连杆保持件 32 支承在压臂调节盘 31 上，该压臂调节盘 31 与固定在压臂支承块 35 上的水平外螺纹轴 36 啮合，转动压臂调节盘 31 能推压连杆保持件 32 以推动连杆 33 从而驱动压臂 30 压住面料，由此可见，上述连杆 33、连杆保持件 32、通过水平外螺纹轴 36 与压臂支承块 35 固定连接的压臂调节盘及其连接这些部件的连接件构成了驱动压臂 30 的装置，对应于本专利权利要求 4 的操作装置；垂直圆筒件 28 具有垂直孔（对应于本专利权利要求 4 的插孔），底墩 27 的柱状腿部插入该垂直孔内，从图 5 可以明确得知，底墩 27 的纵向横截面呈 T 字形，除柱状腿部外的顶部部分凸伸在垂直圆筒件 28 的顶部，压臂 30 由水平轴 38 支承，该轴靠在藉螺栓而整体固定于支承块 29 的压臂支承块 35 上，即压臂支承块 35 对应于本专利权利要求 4 的压板固定座。

由此可见，本专利权利要求 4 与证据 1 相比，其区别在于：驱动压板/压臂运动的操作装置结构不同。本专利权利要求4中的操作装置包括操作手柄，该操作手柄通过上下固定座、导柱、可调丝杆与压板连接，当上下拉动操作手柄时可驱动压板与顶板闭合或分离；而证据1中驱动压臂30与顶板闭合或分离的装置是是一个压臂调节盘31，其通过轴承42、连杆保持件32、连杆33、销子34与压臂30连接，当转动压臂调节盘使之左右运动时可驱动压臂30枢轴运动。

合议组认为，无论是本专利权利要求4的上下固定座、导柱、可调丝杆还是证据1的压臂调节盘31、轴承42、连杆保持件32、连杆33、销子34，均构成一种联动装置，所起的作用均是将操作部件与待驱动的部件连接，并通过所述操作部件的运动来驱动压板/压臂与顶板的闭合或分离，因此这两组部件的作用相同，且均是本领域常用的联动传动手段，而本专利说明书第4页第18~20行也清楚的记载了“由于操作手柄17的结构采用现有技术，对于本技术领域的技术人员来说，可以在不经任何创造性劳动下就能实现，为此对操作手柄的具体结构及工作原理不再另行详细说明”，由此可见，本领域普通技术人员完全可以在证据1给出的技术启示下，根据实际需要对驱动压板/压臂与顶板闭合或分离的手段加以选择，因此本专利权利要求4相对于证据1的区别是相同功能的已知手段的等效替代，因此，本专利权利要求4相对于证据1不具备创造性，不符合专利法第22条第3款的规定。

（2）本专利权利要求5是权利要求4的从属权利要求，其附加技术特征为“所述固定座在其底部外端设有便于与其他设备连接的外螺纹”。证据2公开了（参见本证据2中文译文的说明书第1页倒数第2段至第2页第3段，附图11）一种测定按扣部件分离力的测定装置，该测定装置包括载物台11和布料压紧机构21，其中载物台11用于放置安装在布料上的按扣部件，布料压紧机构21在放置于该载物台11上的按扣部件的周围压紧布料，因此，该载物台11和布料压紧机构21的组合即对应于本专利权利要求5的夹布钳；载物台11包括固定在基座10上的支撑台12，支撑块14通过支撑螺栓13固定在该支撑台12上，从图11可以明确得知，固定在支撑台12上的支撑块14的底部设有与其他设备连接的外螺纹，由此可见，本专利权利要求5的附加技术特征已经被证据2所公开，由于证据1、证据2与本专利均属于相同技术领域，将证据2公开的上述内容应用于证据1得到本专利权利要求5要求保护的技术方案对本领域技术人员而言是显而易见的，且专利权人在口头审理过程中也认可了本专利权利要求5的附加技术特征是公知技术，因此，本专利权利要求5相对于证据1和2的结合不具备创造性，不符合专利法第22条第3款的规定。

（3）本专利权利要求6是权利要求4的从属权利要求，其附加技术特征为“所述固定座在所述插孔内置有一弹性元件”。

证据1公开了（参见说明书第3页倒数第2段，附图5）底墩27的柱状腿部19穿过柔性环后插入垂直圆筒件28的垂直孔内，这种配置防止压面料装置施加过大的压力，即能够提供相对稳定的钳力度，所述环为柔性环且例如由聚氨酯橡胶制成，即对应于本专利权利要求6的弹性元件。由此可见，本专利权利要求6的附加技术特征与证据1公开的上述内容相比，其区别在于，本专利权利要求6的弹性元件设置在插孔内，而证据1的柔性环设置在垂直孔上。

证据2公开了（参见本证据2中文译文的说明书第1页倒数第2段至第2页第3段，附图11）载物台11包括弹性弹簧部15，通过该弹性弹簧部15，用于放置安装在布料上的按扣部件且纵向横截面呈T字形的冲模16支撑在支撑块14上，所述弹性弹簧部15由多片碟形弹簧交互反向堆叠而成，即对应于本专利权利要求6的弹性元件。由此可见，本专利权利要求6的附加技术特征与证据2公开的上述内容相比，其区别在于，本专利权利要求6的弹性元件设置在插孔内，而证据2的弹性弹簧部设置在冲模16的柱状腿部。

专利权人认为，本专利的弹性元件设置在孔中是很稳定的弹性功能，而证据1和证据2的弹性元件放在外面会出现移位的可能，并且证据1和证据2中没有关于弹性元件可以设置在孔中的任何启示。

对此，合议组认为，无论弹性元件设置在孔内还是孔上，其所起作用都相同，均是为了提供稳定的钳力度，由于证据1和2均给出了在顶板的腿柱部分设置弹性元件以提供稳定钳力度的技术启示，在此基础上结合证据1公开的技术方案得到本专利权利要求6的技术方案是本领域普通技术人员无需创造性劳动即能实现的，此外，证据1的柔性环环绕于底墩27的柱状腿部19设置在垂直圆筒件28的垂直孔上，证据2的弹性弹簧部15也是环绕于纵向横截面呈T字形的冲模16的柱状腿部设置，两者均稳定的设置在柱状腿部周围，不会产生移位的可能，基于上述理由，在本专利权利要求4不具备创造性的前提下，本专利权利要求6也不具备创造性，不符合专利法第22条第3款的规定。

（4）本专利权利要求7是权利要求4的从属权利要求，其附加技术特征为“所述顶板在其顶部表面设有增加其与布料间摩擦力的凸牙”。从证据2的附图4中能明确的得知，用于放置布料的冲模16上具有相当于本专利权利要求7的凸牙的构造，由此可见，本专利权利要求7的附加技术特征已经被证据2所公开，由于证据1、证据2与本专利属于相同技术领域，将证据2公开的上述内容应用于证据1得到本专利权利要求7要求保护的技术方案对本领域技术人员而言是显而易见的，且专利权人在口头审理过程中也认可了本专利权利要求7的附加技术特征已经被证据2所公开，因此，本专利权利要求7相对于证据1和2的结合不具备创造性，不符合专利法第22条第3款的规定。

（5）本专利权利要求8是权利要求4的从属权利要求，其附加技术特征为“所述压板与所述压板固定座绞接”。证据1公开了（参见说明书第4页第1段）其压臂30由一个水平轴38支承，该轴靠在一个藉螺栓而整体固定于支承块29的压臂支承块25上。由此可见，证据1的压臂30（对应于权利要求8的压板）与压臂支承块25（对应于权利要求8的压板固定座）也是绞接的，即证据1公开了本专利权利要求8的附加技术特征，且专利权人在口头审理过程中也认可了本专利权利要求8的附加技术特征已经被证据1所公开，因此当本专利权利要求4不具备创造性时，其从属权利要求8也不具备创造性，不符合专利法第22条第3款的规定。

综上所述，本专利权利要求4~8均不具备创造性，不符合专利法第22条第3款的规定。

鉴于本专利权利要求1~3的技术方案不符合专利法实施细则第20条第1款的规定，权利要求4~8不符合专利法第22条第3款的规定，应予全部无效，因此本决定中对于请求人所提出的其他无效宣告理由和证据合议组不再予以评述。

三、决定

宣告200520005331.0号实用新型专利权全部无效。

当事人对本决定不服的，可以根据专利法第46条第2款的规定，在收到本决定之日起三个月内向北京市第一中级人民法院起诉。根据该款规定，一方当事人起诉后，另一方当事人应当作为第三人参加诉讼。

003

板状试样液压夹紧装置

无效宣告请求审查决定（第10707号）

决　定　号　第10707号
决　定　日　2007年10月15日
发明创造名称　板状试样液压夹紧装置
国际分类号　G01N 3/04
无效宣告请求人　邯郸市机床厂
专　利　权　人　齐齐哈尔华工机床制造有限公司
专　利　号　02256903.0
申　请　日　2002年10月9日
授权公告日　2003年9月10日
合议组组长　张田勇
主　审　员　王琦琳
参　审　员　高桂莲

法律依据　专利法第22条第3款
决定要点

如果一项权利要求的技术方案同现有技术相比存在区别特征，但是现有技术针对该区别特征已经给出了技术启示，本领域普通技术人员根据该技术启示无需付出创造性劳动就可以得到该项权利要求的技术方案，则该项权利要求不符合专利法第22条第3款规定的创造性。

一、案由

本无效宣告请求涉及国家知识产权局于2003年9月10日授权公告的名称为“板状试样液压夹紧装置”的02256903.0号实用新型专利权（下称本专利），其申请日是2002年10月9日，专利权人是齐齐哈尔华工机床制造有限公司。授权公告时的权利要求书如下：

“1. 一种板状试样液压夹紧装置，其特征在于该装置由顶梁（1）、底座（2）、支承板（3）、立柱（4）、活塞套（5）、活塞杆（6）、液压油缸（7）和连接板（13）组成；液压油缸（7）通过销钉（14）固定在顶梁（1）上，活塞杆（6）套装在活塞套（5）内，两者一并套装在液压油缸（7）内，底座（2）通过定位键（11）定位后，用螺栓（10）将其固定在机床的工作台（12）上，立柱（4）则支承在底座（2）上，连接板（13）与立柱（4）连接固定，顶梁（1）和连接板（13）通过螺栓（15）连接固定。

2. 根据权利要求1所述的装置，其特征在于该装置具有2个以上的液压油缸和相应的活塞杆。”

针对本专利，邯郸市机床厂（下称请求人）于2006年9月21日向专利复审委员会提出了无效宣告请求，其认为本专利不符合专利法第22条第2款规定的新颖性、专利法第22条第3款规定的创造性以及专利法实施细则第2条第2款的规定，并提交了如下证据：

证据1：请求人声称为专利权人在本专利申请日之前刻制并散发的VCD光盘1张；

证据2：请求人声称为《物理测试》杂志2002年第二期中的“齐齐哈尔华工机床制造有限公司”产品广告宣传页复印件，共1页；

证据3：QX6050-II试样专用双面铣床产品样本的复印件，共1页；

证据4：2002年5月16日的“钢坯、钢板试样加工全新设备演讨会签到簿”复印件4页，2002年5月17日至2002年5月20日的会议日程安排复印件3页，与会人员合影照片复印件1页，共8页；

证据5：专利号为02256903.0的实用新型专利说明书（本专利）；

证据6：机械工业出版社1975年6月出版的《组合机床设计》第一册机械部分封面、第435页、第442页、第443页复印件，共4页；

证据7：上海科学技术出版社1978年10月出版的《组合机床自动线》封面、第124~127页的复印件，共3页；

证据8：请求人声称为国内组合机床厂产品样本复印件，共2页；

证据9：请求人声称为国外双面铣床的图片、图纸复印件，共2页；

证据10：请求人声称为1984年12月出版的《机床液压传动》相关页复印件1页、1969年6月版2002年1月第22次印刷的《机械设计手册》相关页复印件1页、1995年12月出版的《机械设计手册》相关页复印件1页，共3页。

结合上述证据，请求人认为：证据1~5可以证明专利权人的专利产品在本专利申请日之前就已公开使用、公开发表、公开宣传，已经被公众所知，因而丧失了新颖性；证据6~10可以证明本专利的专利产品的技术特征与国内外已知的技术相比不具备创造性；此外，因为液压缸的数量是由力学计算结合工件形状按照夹具设计的标准设计出的，不是创造出的，本专利权利要求2也不具备创造性。

经形式审查合格，专利复审委员会受理了上述无效宣告请求，并于2006年11月16日向双方当事人发出了无效宣告请求受理通知书，随同无效宣告请求受理通知书将专利权无效宣告请求书及其附件清单中所列附件的副本转送给专利权人，要求其在指定的期限内答复。

针对上述专利权无效宣告请求书，专利权人于2007年1月15日向专利复审委员会提交了意见陈述书及附录，并提交了如下反证：

反证1：邯郸市机床厂于2004年7月29日向专利复审委员会提交的专利权无效宣告请求书复印件3页；针对上述专利权无效宣告请求书，专利复审委员会于2004年7月29日向专利权人发出的无效宣告请求受理通知书复印件1页；针对上述无效宣告请求，专利复审委员会向专利权人发出的无效宣告请求口头审理通知书复印件1页，共5页。

反证2：邯郸市机床厂提交的请求撤回针对专利号为20022569030的专利权提出的第5W06051号无效宣告请求的请求书复印件1页。

反证3：甲方（邯郸市机床厂）和乙方（齐齐哈尔华工机床制造有限公司）于2005年11月7日达成的和解协议书复印件1页。

反证4：（2004）石法民五初字第169号，河北省石家庄市中级人民法院民事裁定书复印件1页。

结合上述反证，专利权人认为：双方和解同样是专利复审的决定之一，上一次审理中，双方当事人当庭达成的和解已经使本案终止，根据专利法实施细则第65条的规定，对本次无效宣告请求，专利复审委员会应不予受理。在附录中，专利权人认为：请求人冒充邯郸钢铁公司技术人员参加国家有关部门举行的学术研讨会，窃取有关产品的专利技术；请求人曾经提出无效申请，又提出过和解，在和解协议生效后，请求人继续销售侵权产品；请求人的这种行为是钻法律的空子来维护自己的利益。

针对上述无效宣告请求，专利复审委员会依法成立合议组，并于2007年2月26日向双方当事人发出无效宣告请求口头审理通知书，定于2007年4月3日举行口头审理，随同无效宣告请求口头审理通知书，将专利权人于2007年1月15日提交的意见陈述书、附录及其附件的副本转送给请求人。

专利复审委员会于2007年3月21日向双方当事人发出合议组成员告知通知书，告知双方当事人本案合议组成员变更情况。

口头审理如期举行，双方当事人均参加了口头审理。在口头审理中，双方当事人对合议组成员变更无异议，对合议组成员无回避请求。请求人当庭提交了证据2、证据3、证据4中的照片以及证据6~8的原件，并表示证据9仅作为参考，不作为证据使用；专利权人对证据1~4、6~8、10的真实性无异议，认为证据3的原件与复印件相符，但对请求人获得证据1~2、证据4的方式表示质疑，并表示证据3是在本专利申请日之后散发的，证据8是在本专利申请日之后出版的。专利权人当庭提交了由全国冶金物理测试信息网出具的证明材料复印件1页以及2002年5月17日作出的双面卧式铣床设计研制鉴定意见复印件一份共3页作为反证5~6使用，合议组当庭将其转给请求人，请求人表示对反证5~6的真实性有异议。

请求人当庭明确其无效宣告的理由、范围、证据为：本专利权利要求1~2相对于证据1~5不符合专利法第22条第2款关于新颖性的规定；本专利权利要求1~2相对于证据6~8、10不符合专利法第22条第3款关于创造性的规定；请求人明确表示放弃本专利权利要求1~2不符合专利法实施细则第2条第2款的无效宣告理由。

关于本专利的新颖性：请求人认为证据1公开了本专利产品的结构，专利权人认可证据1公开了本专利产品的结构，但强调证据1是请求人非法获取的；请求人认为本专利权利要求1的所有技术特征均在证据2中公开，权利要求2的附加技术特征在证据2附图中公开，专利权人认为证据2并未公开本专利权利要求1~2的技术特征；请求人认为证据3公开了本专利权利要求1~2中除了液压油缸、连接板和销钉之外的其余技术特征，专利权人认为证据3的公开日期不能确定为本专利申请日之前；请求人明确表示证据4可证明其所涉及的会议不是学术会议，证据1和证据4可组成证据链影响本专利权利要求1~2的新颖性，而证据2与证据5则组成证据链影响本专利权利要求1~2的新颖性。

关于本专利的创造性：请求人认为证据6是最接近的现有技术，其中公开了顶梁、活塞杆、活塞套、立柱、油缸、连接螺栓、定位销，虽然没有公开连接板也没有示出工作台，但是连接板属于常用技术手段，而工作台则是必然要固定的，专利权人表示本专利是专门用于板状试样的，与证据6不同，本专利是用于物理试样加工的，请求人表示板状试样就是一个长方体工件，现有技术也可用于加工长方体工件；请求人表示证据6还可以与证据7、证据8结合评述本专利权利要求1~2的创造性，证据7公开了工作台，证据8公开了工作台、定位键、螺栓，证据10则用于证明液压缸、活塞套、活塞杆的连接关系是公知常识，专利权人认为证据7没有公开工作台、证据6的底座与本专利不同，认可连接板是常用技术手段，液压缸、活塞套、活塞杆的结构是公知常识，但是具体应用于本专利还需要对其具体参数进行限定。

至此，双方当事人均对各自证据的使用方式和双方的证据能否影响本专利权利要求的新颖性、创造性充分发表了意见。

合议组认为本案事实已经清楚，在此基础上，合议组经合议依法作出审查决定。

二、决定的理由

1. 关于本案是否属于专利法实施细则第 65 条第 2 款规定的应不予受理的情形

专利法实施细则第 65 条第 2 款规定：在专利复审委员会就无效宣告请求作出决定之后，又以同样的理由和证据请求无效宣告的，专利复审委员会不予受理。

审查指南第四部分第三章第 3.3 节第（3）项指出：在专利复审委员会就一项专利已作出无效宣告请求审查决定之后，又以同样的理由和证据提出无效宣告请求的，不予受理，但所述理由或者证据因时限等原因未被所述决定考虑的情形除外。

专利权人用反证 1~4 来证明本案请求人与专利权人曾经达成和解，请求人此次提出的无效宣告请求属于上述专利法实施细则第 65 条规定的情形，认为专利复审委员会应驳回请求人的无效要求不予受理。

对此，合议组认为：反证 1~3 为针对本专利权，本案请求人于 2004 年 7 月 29 日向专利复审委员会提交的，案件编号为 5W06051 号无效宣告请求中的相关文件，其真实性可以确认，可以作为本案证据使用。反证 4 为河北省石家庄市中级人民法院民事裁定书，与专利复审委员会是否受理请求人于 2006 年 9 月 21 日提出的无效宣告请求之间没有关联性，因此反证 4 不能作为本案证据使用。在 5W0651 号无效宣告请求案中，由于请求人撤回了专利权无效宣告请求，使该案件的审理结束，而专利复审委员会并未针对该无效宣告请求作出过审查决定。因此，专利复审委员会对请求人提出的本次无效宣告请求的受理不属于专利法实施细则第 65 条第 2 款规定的不予受理的情形。

2. 关于本专利权利要求 1~2 是否符合专利法第 22 条第 3 款的规定

（1）关于本专利权利要求 1 是否符合专利法第 22 条第 3 款的规定。

专利法第 22 条第 3 款规定：创造性，是指同申请日以前已有的技术相比，该发明有突出的实质性特点和显著的进步，该实用新型有实质性特点和进步。

请求人认为证据 6、证据 7 可用于评价本专利权利要求 1~2 的创造性，并表示证据 6 为最接近的现有技术。

证据 6 是机械工业出版社 1975 年 6 月出版的《组合机床设计》的部分内容复印件，证据 7 是上海科学技术出版社 1978 年 10 月出版的《组合机床自动线》的部分内容复印件，请求人当庭提交了证据 6、7 的原件，专利权人对其真实性无异议，合议组认为证据 6、7 可以作为本案证据使用，而且证据 6《组合机床设计》和证据 7《组合机床自动线》的出版印刷日期均在本专利的申请日之前，其上记载的内容构成本专利的现有技术。

证据 6 公开了一种用于组合机床的带抬起机构的框形夹具，其中证据 6 第 442 页上面的附图公开了该框形夹具的一个图，在图中在标号为 2 的压板上方具有的长形顶部部件相当于本专利权利要求 1 中的顶梁；在图中标号为 5 的挡铁所处的长形的底部部件相当于本专利权利要求 1 中的底座；在图中标号为 1 的定位销和标号为 2 的压板之间的长形部件相当于本专利权利要求 1 中的支承板；在图中标号为 3 的前导向处连接支承在上下部件之间的部件相当于本专利权利要求 1 中的立柱；在图中与标号为 2 的压板在上方连接的定位油缸系统相当于本专利权利要求 1 中的液压油缸，并且图中可以看出该定位油缸系统明显包括套装在活塞套中的活塞杆；在图中机床的底部设有向下方突出的长形销状结构和螺栓。

证据 7 公开了一种装在机床移动工作台上用于加工 V 型气缸体两端面的铣床夹具，其中证据 7 图 6-19 和第 125 页第 2 行至第 127 页第 9 行公开了该铣床夹具，装在夹具盖 13 上的两个油缸 12 相当于本专利权利要求 1 中的液压油缸，支承油缸 12 的顶部部件相当于本专利权利要求 1 中的顶梁，将上述夹具支持在移动工作台上的底部部件相当于本专利权利要求 1 中的底座，支承连接在上述顶部部件和底部部件之间的部件相当于本专利权利要求 1 中的立柱。

本专利权利要求 1 要求保护一种板状试样液压夹紧装置，与证据 6 其区别在于：A. 板状试样液压夹紧装置；B. 液压油缸通过销钉固定在顶梁上；C. 底座通过定位键定位后，用螺栓将其固定在机床的工作台上；D. 连接板与立柱连接固定，顶梁和连接板通过螺栓连接固定。

对此，合议组认为：关于区别特征 A，请求人强调本专利液压液压夹紧装置是板状试样的液压夹紧装置，不过对于本领域技术人员来说，将液压夹紧装置这样的定位装置用于板状试样是本领域常用技术手段；关于区别特征 B，证据 6 已经在图中明确表示油缸是与顶梁连接的，而销钉连接的方式属于本领域的常用技术手段，应用这种连接方式对于本领域普通技术人员来说无需付出任何创造性劳动；关于区别特征 C，证据 6 已经公开了在机床下部具有长形销状结构部件和螺栓，那么用销状结构部件进行定位属于本领域公知常识，其相当于本专利权利要求 1 中的定位键，另外，证据 7 给出了将夹具安装在工作台上的技术启示，在证据 6 已经公开了在其底部具备螺栓的情况下，用螺栓与工作台进行连接也是很容易想到的；关于区别特征 D，使用连接板是本领域的常用技术手段，专利权人也对此表示认可，使用连接板连接顶梁和立柱也是本领域普通技术人员容易想到的。

虽然专利权人认为：①本专利是用于物理试样加工的；②证据 6 的底座与本专利不同；③虽然液压缸、活塞套、活塞杆的结构是公知常识，但是具体应用于本专利还需要对其具体参数进行限定。

但是对此，合议组认为：①从本专利权利要求 1 的技术方案无法得出该装置是用于物理试样加工的；②专利权人仅简单陈述证据 6 的底座与本专利不同，但合议组认为证据 6 中的底部部件与本专利的底座均起到了支承的作用；③专利权人在权利要求 1 中并未对液压缸、活塞套、活塞杆的具体参数进行任何限定，在权利要求 1 与现有技术的对比之中，不予考虑。

综上所述，本专利权利要求 1 相对于证据 6、证据 7 以及本领域公知常识的结合不具备创造性，不符合专利法第 22 条第 3 款的规定。

（2）关于本专利权利要求 2 是否符合专利法第 22 条第 3 款的规定。

本专利权利要求 2 从属于权利要求 1，其限定部分的附加技术特征为："该装置具有 2 个以上的液压油缸和相应的活塞杆"，证据 7 第 127 页第 6 行公开了在夹具盖上具有两个油缸 12，而且在机械生产中重复采用多个相同部件同时对大批对象进行加工是本领域的公知常识。因此在权利要求 1 不具备创造性的情况下，本专利引用权利要求 1 的从属权利要求 2 也不具备创造性，不符合专利法第 22 条第 3 款的规定。

（3）关于专利权人提交的反证 5、6。

专利权人当庭提交了反证 5 和反证 6，其中反证 5 是全国冶金物理测试信息网于 2004 年 11 月 16 日出具的证明材料复印件 1 页，反证 6 是双面卧式铣床鉴定委员会于 2002 年 5 月 17 日作出的双面卧式铣床设计研制鉴定意见复印件一份共 3 页，专利权人用反证 5 证明参与"钢坯、钢板试样加工全新设备研讨会"的人员赋有保密义务，专利权人用反证 6 证明专利权人的设备在国内冶金行业板状试样加工领域处于领先水平。

对此，合议组认为：反证 5 和反证 6 的要证事实与本专利权利要求 1、2 相对于证据 6 和证据 7 是否具备创造性之间没有关联性，故在本决定中对反证 5 和反证 6 不予评述。

综上所述，本专利权利要求 1~2 相对于证据 6 与证据 7 以及本领域公知常识的结合不具备实质性特点和进步，不符合专利法第 22 条第 3 款规定的创造性。

对于请求人提出的其他无效宣告理由，合议组不再进行评述。

三、决定

宣告 02256903.0 号实用新型专利权全部无效。

当事人对本决定不服的，可以根据专利法第 46 条第 2 款的规定，自收到本决定之日起三个月内向北京市第一中级人民法院起诉。根据该款的规定，一方当事人起诉后，另一方当事人应当作为当事人参加诉讼。

004

软基处治大直径现浇管桩复合地基施工方法

无效宣告请求审查决定（第10740号）

决　定　号 第10740号
决　定　日 2007年11月16日
发明创造名称 软基处治大直径现浇管桩复合地基施工方法
国际分类号 E02D 27/01 E02D 5/38
无效宣告请求人 龚伟忠
专利权人 河海大学
专　利　号 02112538.4
申　请　日 2002年1月14日
授权公告日 2004年7月21日
合议组组长 刘　犟
主　审　员 刘敏飞
参　审　员 王　博

法律依据 专利法第22条第3款
决定要点

如果权利要求的技术方案与现有技术相比存在区别技术特征，而现有技术没有公开上述区别技术特征，也没有给出相应的技术启示，本领域技术人员需要花费创造性劳动才能获得该技术方案，并且该技术方案具有有益的技术效果，则该权利要求具备创造性。

一、案由

本无效宣告请求涉及中华人民共和国国家知识产权局于2004年7月21日授权公告的、名称为“软基处治大直径现浇管桩复合地基施工方法”的发明专利权（下称本专利），其申请号是02112538.4，申请日是2002年1月14日，专利权人是河海大学（下称专利权人）。本专利授权公告的权利要求书如下：

“1. 软基处治大直径现浇管桩复合地基施工方法，其特征在于：

（1）将套管成模大直径现浇管桩机布置在要打桩的地基处；

（2）启动振动头向下振动，带动与之连接的内外套管空腔结构向下；

（3）内外套管空腔结构在活瓣桩靴结构闭合的保护下打入地基中；

（4）在内外套管空腔结构沉入预定的设计深度时，通过混凝土分流器向内外套管空腔结构的腔体内均匀注入混凝土；

（5）振动头振动向上拔出内外套管空腔结构，同时活瓣桩靴结构顶部自动分开；

（6）直至内外套管空腔结构完全拔出地基，在环形域中土体与外部的土体之间形成混凝土管桩；

（7）待管桩中混凝土凝固后，在桩顶铺设砂石层，并在砂石层中放入土工格栅，形成复合地基褥垫层。

2. 根据权利要求 1 所述的软基处治大直径现浇管桩复合地基施工方法，其特征在于在内外套管空腔结构打入和拔出地基过程中，成模造浆器向内外套管空腔结构内外侧压入润滑泥浆。"

针对上述专利权，龚伟忠（下称请求人）于 2007 年 4 月 24 日向专利复审委员会提出无效宣告请求，理由是本专利权利要求 1、2 不符合专利法第 22 条第 3 款的规定，并提交了如下 2 份证据：

证据 1：授权公告号为 CN1089393C 的中国发明专利说明书，其申请日为 1998 年 11 月 24 日，授权公告日为 2002 年 8 月 21 日，共 6 页；

证据 2：机械工业出版社于 1999 年 9 月第 1 版第 1 次印刷的《地基加固新技术》封面页、版权信息页、第 66~68 页复印件，共 5 页。

请求人认为：证据 1 公开的技术方案与本专利请求保护的技术方案属于同一技术领域。证据 1 公开的是内外护壁套管双管结构及其施工方法，本专利权利要求 1 中披露的是内外套管空腔结构及其施工方法，两者"浇桩"时所使用的设备及其结构基本相同，施工方法也类似，其作用都是灌入混凝土，从而形成桩，因此，二者的发明目的、手段和效果基本相同。证据 1 中所述筒靴虽然最终埋设于软地基中且在结构上与本专利所描述的活瓣桩靴有所不同，但是，都起到排挤泥土的作用。本专利中混凝土分流器与证据 1 中的灌注口虽然位置和结构上不同，但是，目的都是为了灌注混凝土。本专利权利要求 2 中涉及的成模造浆器，意在打桩过程中为减少摩擦阻力，可在内外套管空腔结构的内外侧压入润滑泥浆。但是，不管是在日常生活中，还是在企业的生产、运输等过程中，在摩擦面之间加入润滑剂以减少摩擦阻力是通常所采用的技术，是容易想到的。在证据 1 的基础上结合证据 2 中的内容，得出本专利权利要求 1、2 所要求保护的技术方案不具备创造性。

经形式审查合格后，专利复审委员会受理了该无效请求，并于 2007 年 6 月 4 日向请求人及专利权人发出无效宣告请求受理通知书，并将请求人提交的专利权无效宣告请求书及其附件清单中所列附件副本转给了专利权人，要求专利权人在规定的期限内陈述意见。

专利权人于 2007 年 7 月 9 日提交了意见陈述书，专利权人认为，本专利权利要求 1、2 均具备创造性。本专利权利要求 1 是一种施工方法，它与证据 1 不同的部分有如何安装、使用活瓣桩靴结构、混凝土分流器、含土工格栅的砂石层。本专利中，活瓣桩靴结构、混凝土分流器、含土工格栅的砂石层围绕内外套管空腔结构所形成的管桩，活瓣桩靴结构的尖端结构帮助内外套管空腔结构进入土中，混凝土分流器向内外套管空腔结构内均匀注入混凝土，活瓣桩靴结构顶部自动分开保护已经形成的混凝土管桩不被破坏，含土工格栅的砂石层共同发挥桩、土的复合地基作用，其区别技术特征结合其他必要技术特征产生了远强于证据 1、证据 2 的技术效果。在证据 1 中没有与本发明中成模润滑造浆同样或类似的部件，自然也不具有同样的或类似的功能。从发明目的、发明内容和发明效果来看，都是与证据 1、证据 2 内容不同的。本专利克服了证据 1、证据 2 所存在的成桩过程长、混凝土灌注不均匀、成桩质量无法保证、筒靴丢弃成本高、桩土地基协调差等缺陷。

专利复审委员会依法成立合议组。本案合议组于 2007 年 8 月 8 日向双方当事人发出无效宣告请求口头审理通知书，定于 2007 年 9 月 25 日举行口头审理。随同口头审理通知书，将专利权人于 2007 年 7 月 9 日提交的意见陈述书副本转给请求人。

口头审理如期举行，双方当事人均参加了口头审理。

在口头审理中，（1）双方当事人对对方出席口头审理人员的身份和资格没有异议，对合议组成员没有回避请求；（2）请求人明确其无效宣告的理由、证据和范围为：本专利的权利要求1、2相对于证据1、2不具有创造性，不符合专利法第22条第3款的规定。请求人当庭提交了证据1的公开文本（即公开号为CN1221056A的中国发明专利申请公开说明书，公开日为1999年6月30日），合议组当庭将其转给专利权人。请求人表示仅仅使用证据1中与上述公开文本中相同的内容，用上述公开文本证明证据1的上述内容已经在本专利申请日之前公开。专利权人对此没有异议。请求人当庭出示了证据2的原件，专利权人核实后对证据1、2的真实性没有异议。（3）关于权利要求1的创造性。请求人认为：证据1是最接近的对比文件，使用证据1的说明书第2页最后一段至第3页第3段。本专利相对于证据1除了混凝土分流器、活瓣桩靴结构和步骤7外，其他特征都被公开了，证据1中的灌注口的作用与混凝土分流器相同，证据1中的筒靴与活瓣桩靴结构的作用相同。证据2中公开了褥垫层，土工格栅是本领域技术人员为了加固地基而常采用的手段。专利权人认为：证据1中的筒靴与灌注口与本专利的结构、作用不同，本专利的活瓣桩靴结构与证据1的结构不同，其与上层空腔结构连接在一起，在应用过程中打桩的时候是闭合的，以方便打入土层中，拔出的过程中可以反复使用，活瓣桩靴结构与证据中的筒靴相比结构和功能均不同，具有创造性，证据2没有公开褥垫层，本专利中的土工格栅和证据2的砂石层不同。（4）关于权利要求2的创造性。请求人认为：权利要求2的附加技术特征是非常容易想到的，是常识性的技术。专利权人认为：成模造浆器可以起到润滑的效果，以保护内外土层。

至此，合议组认为本案事实清楚，可以作出审查决定。

二、决定的理由

1. 关于证据

请求人提交的证据1为授权公告号为CN1089393C的中国发明专利说明书，其授权公告日为2002年8月21日，晚于本专利的申请日。专利权人对证据1的真实性没有异议。请求人当庭提交了证据1的公开文本，其公开日为1999年6月30日，早于本专利的申请日。请求人表示仅仅使用证据1中与上述公开文本中相同的内容，用上述公开文本证明证据1的上述内容已经在本专利申请日之前公开。专利权人对此没有异议。合议组经审查后认为，虽然证据1的公开文本是请求人当庭提交的，其提交日期超过了一个月的举证期限，但是请求人明确表示仅仅是用该公开文本证明证据1中与公开文本相同的内容已经于本专利申请日之前公开。由于证据1是请求人在提出无效宣告请求时提交的，专利权人早已得知证据1的内容，从而在口头审理当庭提出证据1中与其公开文本相同的内容已经在本专利的申请日之前公开。而且，由于该公开文本证明了证据1中与其相同的内容已经于本专利申请日之前公开，专利权人对此也没有异议，并认可证据1的真实性，因此证据1中与其公开文本相同的内容在本专利的申请日之前已经公开，能够作为本专利的现有技术。

请求人提交的证据2是机械工业出版社于1999年9月第1版第1次印刷的《地基加固新技术》，其公开日早于本专利的申请日，请求人当庭出示了证据2的原件，专利权人对证据2的真实性表示认可。合议组经审查认为，证据2能够作为本专利的现有技术。

2. 关于专利法第22条第3款

根据专利法第22条第3款的规定，创造性，是指同申请日以前已有的技术相比，该发明有突出的实质性特点和显著的进步，该实用新型有实质性特点和进步。

合议组认为，如果权利要求的技术方案与现有技术相比存在区别技术特征，而现有技术没有公开上述区别技术特征，也没有给出相应的技术启示，本领域技术人员需要花费创造性劳动才能获得该技术方案，并且该技术方案具有有益的技术效果，则该权利要求具备创造性。

请求人认为：本专利的权利要求1、2相对于证据1、2不具有创造性，不符合专利法第22条第3

款的规定。证据 1 是最接近的对比文件。

证据 1 公开了一种埋于软地基的混凝土筒体的施工方法，该施工方法包括：将筒靴 8 置于施工位置并在施力压头 5 上施压，筒靴 8 即随外护壁套管 2 和内护壁套管 3 进入土层，待筒靴 8 下沉至标定深度后，从设在外护壁套管 2 的灌注口 12 向筒孔 9 中灌注混凝土，并同时将外护壁套管 2 和内护壁套管 3 向上拉出，此时，筒靴 8 将离开筒孔 9 并同灌注形成的混凝土筒体连成一体埋设于软地基中。施加在施力压头 5 上使筒靴 8 下沉的压力可以是振动压力，将外护壁套管 2 同内护壁套管 3 拉起的力宜采用振动力。筒靴 8 一般采用混凝土或钢筋混凝土的预制构件。

将本专利权利要求 1 与证据 1 相比，证据 1 中的内外护壁套管相当于本专利中的内外套管空腔结构。本专利权利要求 1 与证据 1 的区别在于：活瓣桩靴结构、混凝土分流器、以及待管桩中混凝土凝固后，在桩顶铺设砂石层，并在砂石层中放入土工格栅，形成复合地基褥垫层。

证据 2 公开了一种褥垫层，由级配砂石、粗砂、碎石等散体材料组成褥垫。

请求人认为：证据 1 中的灌注口的作用与混凝土分流器相同，证据 1 中的筒靴与活瓣桩靴结构的作用相同。证据 2 中公开了褥垫层，土工格栅是本领域技术人员为了加固地基而常采用的手段。专利权人认为：证据 1 中的筒靴与灌注口与本专利的结构、作用不同，本专利的活瓣桩靴结构与证据 1 的结构不同，证据 2 没有公开褥垫层，本专利中的土工格栅和证据 2 的砂石层不同。

合议组经审查后认为，本专利权利要求 1 中的活瓣桩靴结构连接在内外套管空腔结构下部外管上，在内外套管空腔结构振动向下时，活瓣桩靴结构闭合，形成尖端，保护并利于内外套管空腔结构振动打入地基中，当内外套管空腔结构向上拨出时，活瓣桩靴结构顶部自动分开。而证据 1 中的筒靴为预制构件，其套入设在竖立的外护壁套管同内护壁套管之间，并在内外护壁套管拉出后，与混凝土筒体连成一体埋设于软地基中。可见，本专利中的活瓣桩靴结构与内外套管空腔结构连接，在内外套管空腔结构埋入和拔出时，其闭合和打开，最后随内外套管空腔结构一起从土层中拔出，可以重复使用，而证据 1 中的筒靴为预制件，最后埋设于软地基中，不能重复使用。因此，本专利的活瓣桩靴结构与证据 1 的筒靴的结构不同，并且证据 1 也没有给出关于活瓣桩靴结构的技术启示，在证据 2 中也没有公开活瓣桩靴结构。因而即使本领域技术人员将证据 1 和 2 结合起来，其方案中至少也没有活瓣桩靴结构，从而无法得出该权利要求 1 的技术方案。此外，本专利权利要求 1 的技术方案由于活瓣桩靴结构能够重复利用，从而节省了费用，取得了保护并利于内外套管空腔结构振动打入地基的有益效果。所以，在证据 1 和证据 2 的基础上，本领域技术人员需要花费创造性劳动才能获得权利要求 1 的技术方案，权利要求 1 相对于证据 1 和证据 2 的结合具备创造性。

从属权利要求 2 引用权利要求 1，对权利要求 1 的技术方案进行了进一步限定。因此，由于权利要求 1 相对于证据 1 和证据 2 的结合具备创造性，所以，从属权利要求 2 相对于证据 1 和证据 2 的结合也具备创造性。

综上所述，本专利权利要求 1、2 相对于证据 1 和证据 2 的结合具备创造性，符合专利法第 22 条第 3 款的规定。

基于上述理由，合议组依法作出如下决定。

三、决定

维持 02112538.4 号发明专利权有效。

当事人对本决定不服的，可以根据专利法第 46 条第 2 款的规定，自收到本决定之日起三个月内向北京市第一中级人民法院起诉。根据该款的规定，一方当事人起诉后，另一方当事人应当作为第三人参加诉讼。

005

钢筋砼用空心管及其制作方法、专用模具

无效宣告请求审查决定（第10837号）

决　　定　　号　第10837号
决　　定　　日　2007年12月20日
发明创造名称　钢筋砼用空心管及其制作方法、专用模具
国际分类号　B28B 21/56，21/82
无效宣告请求人　深圳市和昌建筑新材料技术开发有限公司
专　利　权　人　邱则有
专　　利　　号　02122558.3
申　　请　　日　2002年5月29日
授权公告日　2004年10月6日
合议组组长　朱文广
主　　审　　员　董晓静
参　　审　　员　姜　岩

法律依据　专利法第22条第3款
决定要点
如果发明是所属技术领域的技术人员在现有技术的基础上仅仅通过合乎逻辑的分析、推理或者有限的试验可以得到的，则该发明是显而易见的，不具备创造性。反之则具备创造性。

一、案由

本无效宣告请求涉及中华人民共和国国家知识产权局于2004年10月6日授权公告的、名称为“钢筋砼用空心管及其制作方法、专用模具”的发明专利权（下称本专利），其专利申请号是02122558.3，申请日是2002年5月29日，专利权人是邱则有。本专利授权公告时的权利要求书如下：

“1. 钢筋砼用空心管的制作方法，其特征在于：
（1）根据空心管的外形规格准备已制造的模具；
（2）制备水泥料浆或者含短纤维的水泥料浆；
（3）准备预制的管端封口板；
（4）在张合式弹性筒模上铺水泥纤维料浆或纤维网、布水泥料浆或两者形成复合管壁胚体；
（5）在管壁料浆胚体未凝结硬化时，将撑形件放在张合式弹性筒模内，然后将张合式弹性筒模包裹撑形件合拢，并用合紧件紧固张合式弹性筒模接口边或抱紧张合式弹性筒模；

（6）养护、打开张合式弹性筒模。

2. 钢筋砼用空心管的制作方法，其特征在于：

（1）根据空心管的外形规格准备已制造的模具；

（2）制备水泥料浆或者含短纤维的水泥料浆；

（3）准备预制的管端封口板；

（4）在张合式弹性筒模上铺水泥纤维料浆或纤维网、布水泥料浆或两者形成复合管壁胚体；

（5）在管壁料浆胚体未凝结硬化时，将管端封口板放置在管壁料浆胚体上的两端，合拢张合式弹性筒模，使管壁胚体包裹管端封口板，用合紧件紧固张合式弹性筒模接口边或抱紧张合式弹性筒模，使管端封口板与管内壁料浆胚体黏结成整体；

（6）养护、打开张合式弹性筒模。

3. 钢筋砼用空心管的制作方法，其特征在于：

（1）根据空心管的外形规格准备已制造的模具；

（2）制备水泥料浆或者含短纤维的水泥料浆；

（3）准备预制的管端封口板；

（4）在张合式弹性筒模上铺水泥纤维料浆或纤维网、布水泥料浆或两者形成复合管壁胚体；

（5）在管壁料浆胚体未凝结硬化时，将管端封口板放置在管壁料浆胚体上的一端，另一端放置撑形件，合拢张合式弹性筒模，使管壁胚体包裹管端封口板，胚体或筒模包裹撑形件，用合紧件紧固张合式弹性筒模接口边或抱紧张合式弹性筒模；

（6）养护、打开张合式弹性筒模。

4. 根据权利要求1或者3所述的钢筋砼用空心管的制作方法，其特征在于在工序5之后，在合紧的筒模的胚管内压实或补强胚体接口缝。

5. 根据权利要求1或者3所述的钢筋砼用空心管的制作方法，其特征在于在工序5之后，在合紧的筒模的胚管内压实或补强胚体接口缝，安装预制的管端封口板，并使之与胚管内壁胚体黏结成整体。

6. 根据权利要求1、2或者3所述的钢筋砼用空心管的制作方法，其特征在于对空心管接口缝进行加强或加固处理。

7. 根据权利要求1或者3所述的钢筋砼用空心管的制作方法，其特征在于对空心管未封堵的管端口进行封口处理。

8. 根据权利要求1或者3所述的钢筋砼用空心管的制作方法，其特征在于张合式弹性筒模端部的撑形件为长圆管时，在管壁料浆胚体未凝结硬化时，将长圆筒在已锁紧的弹性筒模内旋转压实管壁胚体及接缝后抽出，将管端封口板安装在管壁胚体端部内，并使之与管壁胚体黏结成整体。

9. 根据权利要求1或者3所述的钢筋砼用空心管的制作方法，其特征在于张合式弹性筒模端部的撑形件为撑形环时，在管壁料浆胚体未凝结硬化时，将管端封口板穿过撑形环，安装在管壁胚体端部内并使之与管壁胚体黏结成整体。

10. 根据权利要求1至3中任一权利要求所述的钢筋砼用空心管的制作方法，其特征在于张合式弹性筒模上铺纤维网、布水泥料浆形成复合管壁胚体的步骤是：

（1）在张合式弹性筒模上铺水泥料浆或含短纤维的水泥料浆；

（2）在所铺料浆之上铺一层或者多层增强层，增强层为纤维布或纤维网或金属丝网或纤维丝或者它们的组合；

（3）在其上再铺一层水泥料浆或含短纤维的水泥料浆，形成复合管壁胚体；

（4）或者重复步骤（2）和（3）形成有二层、三层或多层增强层和料浆层相叠合胶结的层状结构的复合管壁胚体。

11. 根据权利要求 1 至 3 中任一权利要求所述的钢筋砼用空心管的制作方法，其特征在于张合式弹性筒模上铺水泥纤维料浆形成复合管壁胚体是用含短纤维的水泥料浆，摊实抹平制成复合管壁胚体。

12. 根据权利要求 1 至 3 中任一权利要求所述的钢筋砼用空心管的制作方法，其特征在于在张合式弹性筒模上铺水泥纤维浆形成复合管壁胚体是用水泥料浆，通过喷射切割机将切割的纤维和水泥料浆混喷到伸展开了的张合式弹性筒模上，将料浆摊铺压实抹平制成复合管壁胚体。

13. 根据权利要求 1、2 或者 3 所述的钢筋砼用空心管的制作方法，其特征在于管端封口板由水泥、砂、水或外加剂或石子或轻质材料按比例混合成料浆，将料浆浇注在圈模或单面凹模或带凹槽单面凹模内抹平、密实，养护后形成成品。

14. 根据权利要求 1 或者 3 所述的钢筋砼用空心管的制作方法，其特征在于对空心管端口未封堵的，用通过一层水泥料浆一层纤维布再一层水泥料浆，形成多层的管端封口板胚，将其卷边封住管口并黏结于管端口外壁封堵。

15. 根据权利要求 1 至 3 中任一权利要求所述的钢筋砼用空心管的制作方法，其特征在于对空心管端口未封堵的，将砂浆或细石砼或轻质砼湿料浆，按与空心管内空截面相似的尺寸堆放一定厚度于平地上，将空心管立放，未封堵管口套住湿浆，振动使湿浆与空心管内壁紧密接触黏结成整体，形成封口；或先立放空心管将一定量的上述湿料浆从空心管上口倒入管内振动，使湿料浆与空心管内壁紧密接触黏结成整体，形成封口，再按前述方法封堵另一端。

16. 根据权利要求 1 至 3 中任一权利要求所述的钢筋砼用空心管的制作方法，其特征在于在张合式弹性筒模上铺水泥纤维浆或纤维网、布水泥料浆或上述两者形成复合管壁胚体时，在复合管壁胚体的边缘露出有接缝搭接用的纤维网。

17. 根据权利要求 1 至 3 中任一权利要求所述的钢筋砼用空心管的制作方法，其特征在于撑形件为固定的永久撑形板。

18. 根据权利要求 1 至 3 中任一权利要求所述的钢筋砼用空心管的制作方法，其特征在于撑形件为管端封口板。

19. 根据权利要求 18 所述的钢筋砼用空心管的制作方法，其特征在于撑形件为放置在管壁料浆胚体上的管端封口板。

20. 根据权利要求 1 至 3 中任一权利要求所述的钢筋砼用空心管的制作方法，其特征在于空心管管壁胚体纵向长度少于张合式弹性筒模的纵向长度。

21. 根据权利要求 1 至 3 中任一权利要求所述的钢筋砼用空心管的制作方法，其特征在于撑形件为活动撑形板。

22. 根据权利要求 1 至 3 中任一权利要求所述的钢筋砼用空心管的制作方法，其特征在于撑形件为撑形环或撑形圈。

23. 根据权利要求 1、2 或者 3 所述的钢筋砼用空心管的制作方法，其特征在于空心管两端封口板长度小于筒模长度。

24. 根据权利要求 1、2 或者 3 所述的钢筋砼用空心管的制作方法，其特征在于管壁胚体接合部位一边伸出有纤维网。

25. 根据权利要求 1、2 或者 3 所述的钢筋砼用空心管的制作方法，其特征在于管壁料浆胚体一边伸出的纤维网搭接在另一侧浆料胚体。

26. 一种钢筋砼用空心管，包括空心管体和管端封口板，管端封口板封闭空心管形成封闭空腔，其特征在于空心管体有一条沿纵向的管壁胚体的两料浆胚边接合而成的胶结接合缝，管端封口板包裹在空心管管端口内壁。

27. 根据权利要求26所述的一种钢筋砼用空心管，其特征在于所述的接合缝为通长接合缝。

28. 根据权利要求26所述的一种钢筋砼用空心管，其特征在于管体胶结接合缝管外侧有纵向的张合式弹性筒合缝的条痕。

29. 根据权利要求26所述的一种钢筋砼用空心管，其特征在于管体接合缝部位内侧有压实或补强胚体接合缝的构造。

30. 根据权利要求26所述的一种钢筋砼用空心管，其特征在于管体接合缝部位有管体硬固后进行的加强或加固构造。

31. 根据权利要求26所述的一种钢筋砼用空心管，其特征在于所述的接合缝为形成管的胚体的纵向胚边有搭接物，搭结到另一边形成所述的接合缝。

32. 根据权利要求26所述的一种钢筋砼用空心管，其特征在于所述的接合缝为形成管的胚体两纵向胚边对接胶结为一体的接合缝。

33. 根据权利要求26所述的一种钢筋砼用空心管，其特征在于管壁胚体两纵侧边对接，对接后在接合缝部位两胚体未合拢部位进行补强或压实以形成所述接合缝。

34. 根据权利要求26所述的一种钢筋砼用空心管，其特征在于管体端内壁与管端封口板，有二者胶结为一体的胶合界面。

35. 根据权利要求26所述的一种钢筋砼用空心管，其特征在于管体内壁与撑形件有二者胶结为一体的胶合界面。

36. 根据权利要求26所述的一种钢筋砼用空心管，其特征在于管端封口板边与管胚体边的胶结接合缝交接。

37. 根据权利要求26所述的一种钢筋砼用空心管，其特征在于撑形件边与管胚体边的胶结接合缝交接。

38. 根据权利要求26所述的一种钢筋砼用空心管，其特征在于管体外壁与管瑞封口板有二者胶结为一体的胶合界面。

39. 根据权利要求26所述的一种钢筋砼用空心管，其特征在于管壁为短纤维水泥浆或短纤维水泥砂浆管壁。

40. 根据权利要求26所述的一种钢筋砼用空心管，其特征在于管壁为纤维网或布水泥砂浆管壁。

41. 根据权利要求26所述的一种钢筋砼用空心管，其特征在于管壁为纤维网或布的水泥纤维砂浆管壁。

42. 根据权利要求26所述的一种钢筋砼用空心管，其特征在于管壁为钢丝网水泥砂浆或钢丝网水泥短纤维砂浆管壁。

43. 根据权利要求26所述的一种钢筋砼用空心管，其特征在于管壁端头的纤维网或布和料浆共同包裹管端封口板。

44. 根据权利要求26所述的一种钢筋砼用空心管，其特征在于管端封口板为轻质砼。

45. 根据权利要求26所述的一种钢筋砼用空心管，其特征在于包裹在管端内的预制的管端封口板为砼板或钢筋砼板或钢丝网砼板或钢筋网砼板。

46. 根据权利要求26所述的一种钢筋砼用空心管，其特征在于现浇封口板为在预制空心管内现浇的砂浆板、细石砼板、轻质砼板。

47. 根据权利要求 26 所述的一种钢筋砼用空心管，其特征在于空心管内壁包裹的封口板为湿料浆在管内凝结硬化而成的封口板。

48. 根据权利要求 26 所述的一种钢筋砼用空心管，其特征在于空心管内壁一端包裹的封口板为预制的封口板，另一端包裹的封口板为湿料浆在管内凝结硬化而成的封口板。

49. 根据权利要求 26 所述的一种钢筋砼用空心管，其特征在于现抹管壁浆胚包裹的管端封口板的至少一片为预制封口板。

50. 根据权利要求 26 所述的一种钢筋砼用空心管，其特征在于预制空心管包裹的两管端封口板为预制封口板。

51. 根据权利要求 26 所述的一种钢筋砼用空心管，其特征在于预制空心管包裹在管内壁的管端封口板为湿料浆硬化而成的封口板。

52. 根据权利要求 26 所述的一种钢筋砼用空心管，其特征在于预制空心管一端包裹湿料浆硬化而成的封口板，另一端包裹预制封口板。

53. 根据权利要求 26 所述的一种钢筋砼用空心管，其特征在于空心管壁接合缝一侧均为纤维网或纤维布的侧边。

54. 一种钢筋砼用空心管，包括空心管体和管端封口板，其特征在于管端封口板包裹在空心管管端外壁，管体上有一条沿管壁纵向的使管壁两料浆胚边接合而构成空心管的胶结接合缝。

55. 根据权利要求 54 所述的一种钢筋砼用空心管，其特征在于空心管端口用通过一层水泥料浆一层纤维布再一层水泥料浆，或者重复上述步骤，形成多层的管端封口板胚，将其卷边封住管口并黏结于管端口外壁封堵。

56. 一种张合式弹性筒模，其特征在于包括筒模板、合紧件、接口边，筒模板纵边设置有两条长条形接口边，合紧件将筒模板两接口边合紧并闭合，接口边合紧使筒模面闭合构成闭合的外模筒状模具，筒模板为弹性筒模板。

57. 根据权利要求 56 所述的一种张合式弹性筒模，其特征在于接口边外凸在闭合的筒模上。

58. 根据权利要求 56 所述的一种张合式弹性筒模，其特征在于接口边成 L 形连在筒模板上。

59. 根据权利要求 56 所述的一种张合式弹性筒模，其特征在于至少一条接口边为通长的板条状。

60. 根据权利要求 56 所述的一种张合式弹性筒模，其特征在于通长条状接口边只有一侧连有张合式弹性筒模板。

61. 根据权利要求 56 所述的一种张合式弹性筒模，其特征在于两条长条状接口边均只有一侧连有筒模板。

62. 根据权利要求 56 所述的一种张合式弹性筒模，其特征在于至少一条接口边设置于筒模板外侧。

63. 根据权利要求 62 所述的一种张合式弹性筒模，其特征在于至少一条长条状接口边凸出于筒模板外侧。

64. 根据权利要求 56 所述的一种张合式弹性筒模，其特征在于接口边凸出于合紧的闭合筒模外侧。

65. 根据权利要求 64 所述的一种张合式弹性筒模，其特征在于长条状接口边凸出于合紧的闭合筒模外侧。

66. 根据权利要求 56 所述的一种张合式弹性筒模，其特征在于合紧后，两板状接口边两板平行。

67. 根据权利要求 56 所述的一种张合式弹性筒模，其特征在于合紧后，两接口边平行并凸出于闭合筒模外侧。

68. 根据权利要求 56 所述的一种张合式弹性筒模，其特征在于两接口边合紧后接合部位形状为╨形。

69. 根据权利要求 56 所述的一种张合式弹性筒模，其特征在于合紧件为合紧接口边的合紧件。

70. 根据权利要求 56 所述的一种张合式弹性筒模，其特征在于合紧件为固定接口边的合紧件。

71. 根据权利要求 56 所述的一种张合式弹性筒模，其特征在于合紧件为合紧和固定接口边的合紧件。

72. 根据权利要求 56 所述的一种张合式弹性筒模，其特征在于合紧件为抱紧张合式弹性筒模并使接口边合紧的装置。

73. 根据权利要求 56 所述的一种张合式弹性筒模，其特征在于二个以上合紧件合紧于筒模外侧。

74. 根据权利要求 56 所述的一种张合式弹性筒模，其特征在于至少一个接口边合紧的面与筒模板成型模面交接。

75. 根据权利要求 56 所述的一种张合式弹性筒模，其特征在于接口边的合缝与筒模板成型模面交接。

76. 根据权利要求 56 所述的一种张合式弹性筒模，其特征在于接口边固定在筒模板上。

77. 根据权利要求 56 所述的一种张合式弹性筒模，其特征在于接口边与筒模板连接为一体。

78. 根据权利要求 56 所述的一种张合式弹性筒模，其特征在于接口边壁厚比筒模壁厚度大。

79. 根据权利要求 56 所述的一种张合式弹性筒模，其特征在于合紧件合紧在凸出于闭合筒模的接口边上。

80. 根据权利要求 56 所述的一种张合式弹性筒模，其特征在于合紧件合紧在凸出于闭合筒模的平行接口边上。

81. 根据权利要求 56 所述的一种张合式弹性筒模，其特征在于二条通长的条状接口边凸出张合式弹性筒外侧。

82. 根据权利要求 81 所述的一种张合式弹性筒模，其特征在于二条由合紧件紧固在一起的平行的通长的条状接口边凸出在张合式弹性筒外侧。

83. 根据权利要求 56 所述的一种张合式弹性筒模，其特征在于紧固在二条平行的通长的条状接口边上的合紧件有二个以上。

84. 根据权利要求 56 所述的一种张合式弹性筒模，其特征在于紧固在二条平行的通长的条状接口边上的合紧件有二个以上，合紧件和接口边均凸出在张合式弹性筒外侧。

85. 根据权利要求 56 所述的一种张合式弹性筒模，其特征在于合紧件压紧部位在接口边的外侧面上。

86. 根据权利要求 56 所述的一种张合式弹性筒模，其特征在于两个以上的合紧件压紧在接口边的外侧面上。"

针对本专利权，深圳市和昌建筑新材料技术开发有限公司于 2006 年 7 月 7 日向专利复审委员会提出无效宣告请求，同时提交了以下附件：

附件 1：本专利的专利说明书；

附件 2：申请日为 2001 年 11 月 15 日、授权公告日为 2002 年 10 月 9 日、专利权人为王本淼和刘喜平、授权公告号为 CN2515321Y 的中国实用新型专利说明书；

附件 3：申请日为 2001 年 11 月 15 日、授权公告日为 2003 年 1 月 15 日、专利权人为王本淼和刘喜平、授权公告号为 CN2531001Y 的中国实用新型专利说明书。

请求人认为本专利的权利要求 1 相对于附件 2 不具备新颖性，权利要求 26 相对于附件 3 不具备创造性，不符合专利法第22条第2、3款的规定。

经形式审查合格，专利复审委员会依法受理了上述无效宣告请求，并于2006年7月7日向请求人和专利权人发出无效宣告请求受理通知书，同时将专利权的无效宣告请求书及其附件清单中所列附件的副本转送给专利权人，并要求专利权人在指定的期限内陈述意见。

针对上述无效宣告请求受理通知书，专利权人在指定的期限内没有答复。

2006年8月7日，请求人向专利复审委员会提交了意见陈述书，补充了无效宣告的理由和证据。其中补充的证据为：

附件4：公开日为1997年12月16日的日本专利文献JP9-323306A（下称对比文件1）及其英文译文；

附件5：公开日为1998年12月15日的日本专利文献JP10-329125A（下称对比文件2）及其英文译文；

附件6：公开日为1994年11月22日的日本专利文献JP6-320525A（下称对比文件3）及其英文译文；

附件7：对比文件1的部分中文译文；

附件8：对比文件2的部分中文译文；

附件9：对比文件3的部分中文译文。

请求人认为权利要求56、59、66、69~72、76、77、85不具备新颖性，权利要求1~6、10、12、16、18~22、24~33、39、40~42、53、54、73、83、86不具备创造性，并具体陈述如下意见：（1）独立权利要求1~3相对于对比文件1、2的结合不具备创造性，从属权利要求4~6、10、12、16、18~20、22、24、25的附加技术特征是公知常识或本领域常用技术手段，从属权利要求11、21的附加技术特征分别被对比文件1和对比文件2公开，都不具备创造性。（2）独立权利要求26相对于对比文件1、2的结合不具备创造性，其从属权利要求27~28、32、39、40的附加技术特征被对比文件1公开，权利要求29、30、33的附加技术特征是公知常识，权利要求41、42、53的附加技术特征是已知手段的等效替代，都不具备创造性。（3）独立权利要求54相对于对比文件1、2的结合不具备创造性。（4）独立权利要求56及其从属权利要求59、66、69~72、76、77、85的技术特征被对比文件1公开，不具备新颖性，从属权利要求73、83、86的附加技术特征被对比文件3公开，不具备创造性。

专利复审委员会依法组成合议组对本案进行审理。

2007年1月9日，本案合议组向双方当事人发出口头审理通知书，定于2007年3月19日举行口头审理。随同口头审理通知书，将请求人于2006年8月7日提交的意见陈述书及其附件清单中所列附件的副本转送给专利权人，要求专利权人在接到该口头审理通知书的一周内或者在口头审理时对请求人所提的证据进行质证并对中文译文陈述意见，否则视为无异议。

2007年1月18日，寄给请求人的口头审理通知书被当地邮局以迁移新址不明为由退回。

2007年2月26日，本案合议组再次向双方当事人发出口头审理通知书，定于2007年5月28日举行口头审理，并定于在2007年4月4日的专利公报中对上述口头审理通知书进行公告。

2007年2月27日，专利权人针对专利复审委员会2007年1月9日发出的口头审理通知书提交意见陈述书，对对比文件1~3的中文译文准确性提出异议，并提交以下证据：

证据1：对比文件1的部分中文译文；

证据2：对比文件2的部分中文译文；

证据3：对比文件3的部分中文译文。

2007年4月25日，请求人到专利复审委员会面取合议组于2007年2月26日发出的口头审理通知书、专利权人于2007年2月27日提交的意见陈述书及其附件清单所列附件的副本。

2007年5月28日，口头审理如期举行，双方当事人均参加了口头审理并充分发表了意见：

（1）请求人明确放弃附件2、3及据此提出的无效理由，明确其无效宣告请求的理由、范围和证据是独立权利要求1~3及其从属权利要求4~6、10、12、16、18~22、24~25相对于对比文件1、2的结合不具备创造性；独立权利要求26及其从属权利要求27~33、39~42、53相对于对比文件1和公知常识的结合不具备创造性；独立权利要求54相对于对比文件1和公知技术的结合不具备创造性；权利要求56所记载的接口边技术特征未被对比文件1公开，放弃独立权利要求56及其从属权利要求59、66、69~72、76、77、85不具备新颖性的无效理由，但认为它们是显而易见的；权利要求73、83、86相对于对比文件1、3的结合不具备创造性。并明确以本次口头审理时陈述的意见为准，除此之外没有其他的证据、组合方式和理由。

（2）专利权人对对比文件1、2、3的真实性没有异议。请求人认为专利权人提供的对比文件1译文漏译第0007段倒数第2句的“整形用的构件7”，对对比文件1其他部分的译文及对比文件2、3的译文的准确性没有异议。专利权人主张对请求人未在提出无效宣告请求时提出的译文应不予考虑。

（3）合议组告知双方当事人，由于请求人虽然放弃了权利要求56不具备新颖性的理由，却主张权利要求56显而易见，并认为其从属权利要求73、83、86不具备创造性，因此合议组可能引入权利要求56不具备创造性的无效理由。在此基础上，合议组就权利要求56的创造性问题充分听取了专利权人的意见。

2007年7月3日，为了补充调查相关事实，本案合议组再次向双方当事人发出口头审理通知书，定于2007年8月14日进行第二次口头审理。

2007年8月14日，口头审理如期举行，专利权人单方出席。合议组就本专利的模具、撑形件、胶结接合缝、布等技术特征的含义和权利要求11、16、29、30、33、56的具体事实、理由进行了调查，告知专利权人若其对请求人在第一次口头审理中提出的对比文件1的附图标记7为整形构件的主张有异议，则应在口头审理结束后的7日内提交相应的译文，否则视为认可请求人对上述部件的解释。

专利权人未在指定的期限内进行答复。

至此，合议组认为本案事实已经清楚，可以作出审查决定。

二、决定的理由

1. 关于证据

请求人提交的证据是附件2、3和对比文件1~3。对于附件2、3，请求人在口头审理时明确放弃，合议组不予评述。对于对比文件1~3，专利权人对它们的真实性予以认可，合议组经审查后认为对比文件1~3可作为本案证据使用。同时由于它们的公开日均在本专利的申请日之前，因此可作为现有技术评价本专利的新颖性和创造性。

对于译文，合议组经审查后认为，（1）请求人提交的英文译文不符合专利实施细则第4条的规定，不予考虑。（2）专利权人提交对比文件1的译文，请求人除认为第0007段漏译倒数第二句，该处写到“加有整形用的构件7”之外，对该译文的其他部分表示认可，专利权人虽对请求人所述对比文件1的附图标记7是指整形用的构件的主张有异议，却未在合议组第二次口头审理指定的期限内提交相应译文，因此视为其认可请求人对附图标记7的解释，对比文件1的译文以专利权人提交的中文译文和双方无争议的附图标记7对应整形用的构件为准。（3）请求人对专利权人提交的对比文件2、3的中文译文准确性没有异议，因此对比文件2、3的内容以专利权人提交的中文译文为准。

2. 关于请求人无效宣告请求的理由

在口头审理时，请求人明确无效宣告请求的理由、范围和证据是独立权利要求1~3及其从属权利要求 4~6、10、12、16、18~22、24~25 相对于对比文件 1、2 的结合不具备创造性；独立权利要求 26 及其从属权利要求 27~33、39~42、53 相对于对比文件 1 和公知常识的结合不具备创造性；独立权利要求 54 相对于对比文件 1 和公知技术的结合不具备创造性；权利要求 56 及其从属权利要求 59、66、69~72、76、77、85 显而易见，权利要求 73、83、86 相对于对比文件 1、3 的结合不具备创造性，明确放弃附件 2、3 及据此提出的无效理由，以及独立权利要求 56 及其从属权利要求 59、66、69~72、76、77、85 不具备新颖性的无效理由，并明确以此意见为准，除此之外没有其他的证据、组合方式和理由。

合议组经审查后认为，对于请求人明确放弃的基于附件 2、3 提出的无效理由，以及 56、59、66、69~72、76、77、85 不具备新颖性的无效理由，合议组不予审理。对于请求人在口头审理时提出的权利要求 56、59、66、69~72、76、77、85 显而易见的理由，由于已经超过了专利法实施细则第 66 条规定的在提出无效宣告请求之日起 1 个月内可以增加理由的期限，因此合议组不予接受。但是，鉴于请求人主张独立权利要求 56 的从属权利要求 73、83、86 不具备创造性，而从属权利要求包括了独立权利要求的全部技术特征，因此合议组在口头审理中依职权引入权利要求 56 创造性的理由进行审查。

因此，本案的审理范围是权利要求 1~6、10、12、16、18~22、24~25 相对于对比文件 1、2 的结合是否具备创造性，权利要求 26~33、39~42、53、54 相对于对比文件 1 和公知常识的结合不具备创造性，权利要求 56 及其从属权利要求 73、83、86 相对于对比文件 1、3 的结合是否具备创造性。

3. 关于创造性

专利法第 22 条第 3 款规定，创造性，是指同申请日以前已有的技术相比，该发明有突出的实质性特点和显著的进步，该实用新型具有实质性特点和进步。

如果发明是所属技术领域的技术人员在现有技术的基础上仅仅通过合乎逻辑的分析、推理或者有限的试验可以得到的，则该发明是显而易见的，不具备创造性。反之则具备创造性。

（1）权利要求 1~6、10、12、16、18~22、24~25 的创造性。

本专利独立权利要求 1 请求保护钢筋砼用空心管的制作方法，包括在管壁料浆胚体未凝结固化时，将撑形件放在张合式弹性筒模内，然后将张合式弹性筒模包裹撑形件合拢，并用合紧件紧固张合式弹性筒模接口边或抱紧张合式弹性筒模。而对比文件 1 公开的技术方案是筒状水泥制品的成形方法，包括在薄铁板制成的底板上电磁吸住一块制品外周形状的由挠性材料制成的模板，然后用侧框架将外形模板围起来并向模板凹部浇注水泥砂浆，当水泥砂浆开始固化时，在筒状水泥板的弯曲部位用抹刀抹压或轻轻敲打等方法加以重拌，随后将浇注的水泥砂浆与外形模板一起，一边从弯曲的地方卷折、一边将其竖起，并将两个端面对接起来，再将对接部位抹平从而形成一个筒状体，此时用一块夹板固定，不让对接端脱开，而且如果是带底容器，在此处把一定数量的水泥砂浆注入筒状水泥砂浆内，然后轻轻捣匀，放置固化，固化后剥离外形模板，便得到成品筒状水泥砂浆制品；其中掺和材料可以是玻璃纤维、碳纤维等纤维加固材料（参见译文第 1 页［申请权项 1］段，第 2 页第 0005、0006、0007 段和附图 1、2）。由此可见，虽然本专利权利要求 1 记载的张合式弹性筒模、合紧件分别被对比文件 1 的外形模板及夹板公开，但权利要求 1 相对于对比文件 1 存在至少一个区别技术特征即张合式弹性筒模包裹撑形件合拢。

对此区别，请求人在口头审理时主张虽然对比文件 1 采用的整形用构件 7 是在外壁，没有公开撑形件放在内壁，但是在制造一些特定形状的空心管时对模板加以成型是显而易见的，而且对比文件 2 也公开了用保持框架保持面层材料为圆形。合议组经审查后认为，首先，对比文件 1 的外形模板合拢是通过使弯曲部分的水泥砂浆重拌然后卷折，没有公开卷折时内部放置撑形件，附图标记 7 对应的整形用的构件也是位于外形模板的外侧而非内侧，并没有给出围绕撑形件合拢的技术启示。其次，对比文件 2 公开的是混凝土制品成型模板的型芯盒，由例如挠性橡胶的平板状面层材料构成，内部并排设置的多根芯材从面层中伸出来通过一对保持框架定位，保持框架保持面层材料成形为筒形，然后型芯盒组装在混凝土模板中并向模板内充填混凝土，由型芯盒形成混凝土模制品的空心部件，脱模是通过用保持框架对面层材料进行挤压使芯材压弯，型芯盒扩径膨出，然后在混凝土固化后移动保持框架使芯材恢复，则型芯盒与混凝土之间存在间隙（参见译文的［申请权项 2］段和第 0006 段）。由此可知，对比文件 2 中的面层是诸如橡胶的材料，且最终从混凝土制品中脱模，与本专利实质上是以水泥料浆作为管壁材料不同，而且对比文件 2 的保持框架用来保持面层为筒形和脱模时使芯材变形和恢复，与本专利的撑形件用于放在铺水泥料浆的筒模内以包裹该撑形件合拢不同，没有为本领域技术人员提供与对比文件 1 相结合的技术启示。而且根据本专利说明书的描述（参见说明书第 2 页第 2 段），权利要求 1 的方法具有工艺简单、操作容易、生产效率高、便于工业化实施等特点。因此请求人关于权利要求 1 不具备创造性的理由不成立。

类似地，由于独立权利要求 2、3 在管壁料浆胚体未凝结固化时采用了将管端封口板放在管壁胚体的两端，或者将管端封口板放置在管壁料浆胚体上的一端，另一端放置撑形件，然后包裹合拢张合式弹性筒模的步骤，而对比文件 1 未公开管端封口板和/或撑形件，对比文件 2 也未给出启示，因此权利要求 2、3 相对于对比文件 1 和 2 的结合也具备创造性。

在请求人关于独立权利要求 1~3 相对于对比文件 1 和 2 的结合不具备创造性的主张不成立的基础上，基于同样的理由，其关于从属权利要求 4~6、10、12、16、18~22、24~25 不具备创造性的主张也不成立。

（2）权利要求 26~33、39~42、53 的创造性。

独立权利要求 26 请求保护一种钢筋砼用空心管。对比文件 1 则公开了筒状水泥制品的成形方法，包括在挠性材料制成的模板上被侧框架围起来形成的凹部浇注水泥砂浆，在水泥砂浆开始固化时将浇注的水泥砂浆与外形模板一起，一边从水泥重拌的地方卷折、一边将其竖起，并将两个端面对接起来，再将对接部位抹平从而形成一个筒状体，此时用一块夹板固定，不让对接端脱开，而且如果是带底容器，在此处把一定数量的水泥砂浆注入筒状水泥砂浆内，然后轻轻捣匀，放置固化，固化后剥离外形模板，便得到成品筒状水泥砂浆制品（参见译文第 1 页［申请权项 1］段，第 2 页第 0005、0006、0007 段和附图 1、2）。由此可以直接地、毫无疑义地确定对比文件 1 所述方法制得的筒状水泥产品在一侧端口内壁有底，筒体的对接抹平部位也将因为水泥的胶凝作用而形成纵向的胶结接合缝。因此权利要求 26 相对于对比文件 1 的区别技术特征在于限定管端封口板封闭空心管成封闭空腔。但是，对本领域的技术人员来说，考虑到在钢筋砼中的用途而在对比文件 1 的筒状水泥制品的另一端设置封口板是显而易见的，因此权利要求 26 不具备创造性。

从属权利要求 27、28、32、33 分别限定接合缝为通长接合缝，接合缝管外侧有纵向的张合式弹性筒合缝的条痕，接合缝为胚体两纵向胚边对接胶结为一体的接合缝，以及两纵侧边对接后在未合拢部位进行补强或压实以形成所述接合缝。由于对比文件 1 描述了用夹板固定和将对接部位抹平，本领域技术人员由此可以显而易见得到接合缝通长、存在合缝条痕以及两纵向胚边对接胶结为一体的技术方案，也容易想到对未合拢部位进行补强或压实从而形成所述接合缝，因此在权利要求 26 不具备创造性的基础上，其从属权利要求 27~28、32~33 也不具备创造性。

从属权利要求 29、30 分别限定接合缝内侧有压实或补强构造以及接合缝部位有管体硬固后进行的加强或加固构造。但是，对所属技术领域的技术人员来说，对比文件 1 的筒状水泥砂浆制品在接合缝处的整体性显然较差，因此很容易想到对接合缝内侧采用压实或补强构造和在管体硬固后进行加强或加固，因此在权利要求 26 不具备创造性的基础上，其从属权利要求 29、30 也不具备创造性。

权利要求 39~42 对管壁的材料进行进一步限定，由于对比文件 1 指出掺和材料可以是硅石结构等强化材料和玻璃纤维、碳纤维等纤维加固材料，而钢丝网也是本领域常见的水泥加固材料，因此本领域技术人员可以显而易见想到采用短纤维水泥浆或短纤维水泥砂浆、纤维网或布的水泥纤维砂浆、或钢丝网水泥砂浆或钢丝网水泥短纤维砂浆作为管壁，在权利要求 26 不具备创造性的基础上，其从属权利要求 39~42 也不具备创造性。

权利要求 31、53 均引用权利要求 26，分别进一步限定“所述的接合缝为形成管的胚体的纵向胚边有搭接物，搭结到另一边形成所述的接合缝”和“空心管壁接合缝一侧均为纤维网或纤维布的侧边”。由于对比文件 1 仅公开了以纤维加固材料作为掺和材料，没有公开权利要求 31、53 的附加技术特征，也未就此给出任何技术启示，因此请求人关于权利要求 31、53 不具备创造性的主张不成立。

（3）权利要求 54 的创造性。

独立权利要求 54 请求保护一种钢筋砼用空心管。如上所述，对比文件 1 公开了筒状水泥制品的成形方法，包括在模板凹部浇注水泥砂浆，在水泥砂浆开始固化时将浇注的水泥砂浆与外形模板一起一边从水泥重拌的地方卷折、一边竖起，并将两个端面对接、抹平从而形成一个筒状体，而且如果是带底容器，则把一定数量的水泥砂浆注入筒状水泥砂浆内，捣匀固化，剥离外形模板，得到成品筒状水泥砂浆制品（参见译文第 1 页［申请权项 1］段，第 2 页第 0005、0006、0007 段和附图 1、2）。由此可以直接地、毫无疑义地确定对比文件 1 所述方法制得的筒状水泥产品在一侧端口内壁有底，筒体的对接抹平部位也将因为水泥的胶凝作用而形成纵向的胶结接合缝。因此权利要求 54 相对于对比文件 1 的区别技术特征在于限定管端封口板封闭空心管成封闭空腔和限定管端封口板在管端外壁。但是，对本领域的技术人员来说，考虑到在钢筋砼中的用途而在对比文件 1 的筒状水泥制品的另一端设置封口板是显而易见的，封口板封在管端外壁也是容易想到的，因此权利要求 54 不具备创造性。

（4）权利要求 56、73、83、86 的创造性。

权利要求 56 请求保护一种张合式弹性筒模。如前所述，对比文件 1 公开了采用挠性材料制成的外形模板制造筒状水泥制品的方法，在外形模板相应部分浇注水泥砂浆，然后从弯曲的地方卷折并竖起，将两端面对接抹平，用一块夹板固定以不让对接端脱开，放置固化后剥离外形模板，得到筒状水泥砂浆制品（参见译文第 1 页［申请权项 1］，第 2 页第 0005、0006、0007 段和附图 1、2）。由此可见，权利要求 56 与对比文件 1 的区别在于限定合紧件是弹性筒模的一个部件，对比文件 1 则是用夹板作为外形模板合紧用的部件。但是，对所属技术领域的技术人员来说，在对比文件 1 给出了应防止对接端脱开的技术启示基础上显而易见可以想到将合紧件直接设置为外形模板的一个组成部分，因此权利要求 56 相对于对比文件 1 不具备创造性。

从属权利要求 73、83、86 引用权利要求 56，进一步限定二个以上合紧件合紧于筒模外侧、紧固在二条平行的通长的条状接口边上的合紧件有二个以上及两个以上的合紧件压紧在接口边的外侧面上。而对比文件 3 公开了混凝土圆柱体离心成型用的模板，模板自身具有弹性，外壁的开放部分在沿着模板的两块边缘部分上对置地设有多个卡具，在模板半径方向被施加压缩力的状态下，开放部分闭锁，边缘部分上设置的卡具结合起来，就能保持外壁的圆筒形状（参见译文的［申请权项 1］段和附图）。由此可见，对比文件 3 公开了在模板边缘部分设置多个卡具以使模板保持形状，本领域技术人员由此显而易见采用多个合紧件来对对比文件 1 进行改进，而且由对比文件 3 公开的卡具设置在内侧圆筒板外侧，也容易想到在筒模外侧将合紧件设置在接口边外侧面上，因此权利要求 73、83、86 相对于对比文件 1 和 3 的结合不具备创造性。

专利权人认为对比文件 1、3 均没有披露筒模板纵边设置两条长条形接口边的技术特征，对此合议组认为，根据权利要求 56 的上述描述，并不能与对比文件 1 的技术方案中外形模板在卷折后相互接口的边区分开来，且对比文件3的模板也包括用于对接闭锁接口的边缘部分即对应本专利权利要求56的接口边，因此专利权人的主张不成立。

根据上述的事实和理由，本案合议组依法作出以下决定。

三、决定

宣告02122558.3号发明专利权的权利要求26~30、32、33、39~42、54、56、73、83、86无效，在权利要求1~25、31、34~38、43~53、55、57~72、74~82、84、85的基础上维持本专利权继续有效。

当事人对本决定不服的，可以根据专利法第46条第2款的规定，自收到本决定之日起三个月内向北京市第一中级人民法院起诉。根据该款的规定，一方当事人起诉后，另一方当事人应当作为第三人参加诉讼。

北京市第一中级人民法院
行政判决书

（2008）一中行初字第410号

原告邱则有，男，1962年11月9日出生，汉族，住湖南省长沙市芙蓉区织机街18号。

委托代理人颜喜东，男，1977年11月22日出生，汉族，住湖南省吉首市吉首大学学生宿舍。

委托代理人李敏慧，男，1976年3月15日出生，汉族，住湖南省长沙市芙蓉区藩正街4号。

被告国家知识产权局专利复审委员会，住所地北京市海淀区北四环西路9号银谷大厦10~12层。

法定代表人廖涛，副主任。

委托代理人董晓静，国家知识产权局专利复审委员会行政诉讼处审查员。

委托代理人瞿晓峰，国家知识产权局专利复审委员会行政诉讼处审查员。

第三人深圳市和昌建筑新材料技术开发有限公司，住所地广东省深圳市罗湖区深南东路4117号湖北宝丰大厦1612室。

法定代表人陈光飞，总经理。

原告邱则有因不服被告国家知识产权局专利复审委员会（以下简称专利复审委员会）作出的第10837号无效宣告请求审查决定（以下简称第10837号决定），于法定期限内向本院提起行政诉讼。本院于2008年3月13日受理后，依法组成合议庭，并通知第10837号决定的相对方深圳市和昌建筑新材料技术开发有限公司（以下简称深圳和昌公司）作为第三人参加诉讼。本院于2008年5月14日公开开庭对本案进行了审理。原告邱则有的委托代理人颜喜东，被告专利复审委员会的委托代理人董晓静、瞿晓峰到庭参加了诉讼。第三人深圳和昌公司经本院依法传票传唤，无正当理由未到庭参加诉讼，本院依法进行了缺席审理。本案现已审理终结。

第10837号决定系被告专利复审委员会针对第三人深圳和昌公司就原告邱则有拥有的名称为“钢筋砼用空心管及其制作方法、专用模具”的第02122558.3号发明专利（以下简称本专利）所提起的无效宣告请求而作出的。第10837号决定中认为：

1. 关于证据。

对比文件1~3可作为本案证据使用。同时由于它们的公开日均在本专利的申请日之前，因此可作为现有技术评价本专利的新颖性和创造性。

对于译文，对比文件1的译文以专利权人邱则有提交的中文译文和双方无争议的附图标记7对应

"整形用的构件"为准。对比文件2、3的译文以邱则有提交的中文译文为准。

2. 关于无效宣告请求的理由。

确认无效宣告请求的理由是：权利要求1~6、10、12、16、18~22、24~25相对于对比文件1、2的结合是否具备创造性，权利要求26~33、39~42、53、54相对于对比文件1和公知常识的结合不具备创造性，权利要求56及其从属权利要求73、83、86相对于对比文件1、3的结合是否具备创造性。

3. 关于创造性。

如果发明是所属技术领域的技术人员在现有技术的基础上仅仅通过合乎逻辑的分析、推理或者有限的试验可以得到的，则该发明是显而易见的，不具备创造性。反之则具备创造性。

（1）权利要求1~6、10、12、16、18~22、24~25的创造性。

本专利独立权利要求1请求保护钢筋砼用空心管的制作方法，而对比文件1公开的技术方案是筒状水泥制品的成形方法，虽然本专利权利要求1记载的张合式弹性筒模、合紧件分别被对比文件1的外形模板及夹板公开，但权利要求1相对于对比文件1存在至少一个区别技术特征即张合式弹性筒模包裹撑形件合拢。

对比文件2公开的是混凝土制品成型模板的型芯盒，对比文件2中的面层是诸如橡胶的材料，且最终从混凝土制品中脱模，与本专利实质上是以水泥料浆作为管壁材料不同，而且对比文件2的保持框架用来保持面层为筒形和脱模时使芯材变形和恢复，与本专利的撑形件用于放在铺水泥料浆的筒模内以包裹该撑形件合拢不同，没有为本领域技术人员提供与对比文件1相结合的技术启示。而且根据本专利说明书的描述（参见说明书第2页第2段），权利要求1的方法具有工艺简单、操作容易、生产效率高、便于工业化实施等特点。因此，深圳和昌公司关于权利要求1不具备创造性的理由不成立。

类似地，由于独立权利要求2、3在管壁料浆胚体未凝结固化时采用了将管端封口板放在管壁胚体的两端，或者将管端封口板放置在管壁料浆胚体上的一端，另一端放置撑形件，然后包裹合拢张合式弹性筒模的步骤，而对比文件1未公开管端封口板和/或撑形件，对比文件2也未给出启示，因此权利要求2、3相对于对比文件1和2的结合也具备创造性。

基于同样的理由，深圳和昌公司关于从属权利要求4~6、10、12、16、18~22、24~25不具备创造性的主张也不成立。

（2）权利要求26~33、39~42、53的创造性。

独立权利要求26请求保护一种钢筋砼用空心管。对比文件1则公开了筒状水泥制品的成形方法，包括在挠性材料制成的模板上被侧框架围起来形成的凹部浇注水泥砂浆，在水泥砂浆开始固化时将浇注的水泥砂浆与外形模板一起，一边从水泥重拌的地方卷折、一边将其竖起，并将两个端面对接起来，再将对接部位抹平从而形成一个筒状体，此时用一块夹板固定，不让对接端脱开，而且如果是带底容器，在此处把一定数量的水泥砂浆注入筒状水泥砂浆内，然后轻轻捣匀，放置固化，固化后剥离外形模板，便得到成品筒状水泥砂浆制品（参见译文第1页［申请权项1］段，第2页［0005］、［0006］、［0007］段和附图1、2）。由此可以直接地、毫无疑义地确定对比文件1所述方法制得的筒状水泥产品在一侧端口内壁有底，筒体的对接抹平部位也将因为水泥的胶凝作用而形成纵向的胶结接合缝。因此权利要求26相对于对比文件1的区别技术特征在于限定管端封口板封闭空心管成封闭空腔。但是，对本领域的技术人员来说，考虑到在钢筋砼中的用途而在对比文件1的筒状水泥制品的另一端设置封口板是显而易见的，因此权利要求26不具备创造性。

从属权利要求27、28、32、33分别限定接合缝为通长接合缝，接合缝管外侧有纵向的张合式弹性筒合缝的条痕，接合缝为胚体两纵向胚边对接胶结为一体的接合缝，以及两纵侧边对接后在未合拢部位进行补强或压实以形成所述接合缝。由于对比文件1描述了用夹板固定和将对接部位抹平，本领域技术人员由此可以显而易见得到接合缝通长、存在合缝条痕以及两纵向胚边对接胶结为一体的技术方案，也容易想到对未合拢部位进行补强或压实从而形成所述接合缝，因此在权利要求26不具备创造性的基础上，其从属权利要求27~28、32~33也不具备创造性。

从属权利要求29、30分别限定接合缝内侧有压实或补强构造以及接合缝部位有管体硬固后进行的加强或加固构造。但是，对所属技术领域的技术人员来说，对比文件1的筒状水泥砂浆制品在接合缝处的整体性显然较差，因此很容易想到对接合缝内侧采用压实或补强构造和在管体硬固后进行加强或加固，因此在权利要求26不具备创造性的基础上，其从属权利要求29、30也不具备创造性。

权利要求39~42对管壁的材料进行进一步限定，由于对比文件1指出掺和材料可以是硅石结构等强化材料和玻璃纤维、碳纤维等纤维加固材料，而钢丝网也是本领域常见的水泥加固材料，因此本领域技术人员可以显而易见想到采用短纤维水泥浆或短纤维水泥砂浆、纤维网或布的水泥纤维砂浆、或钢丝网水泥砂浆或钢丝网水泥短纤维砂浆作为管壁，在权利要求26不具备创造性的基础上，其从属权利要求39~42也不具备创造性。

权利要求31、53均引用权利要求26，分别进一步限定“所述的接合缝为形成管的胚体的纵向胚边有搭接物，搭结到另一边形成所述的接合缝”和“空心管壁接合缝一侧均为纤维网或纤维布的侧边”。由于对比文件1仅公开了以纤维加固材料作为掺和材料，没有公开权利要求31、53的附加技术特征，也未就此给出任何技术启示，因此请求人关于权利要求31、53不具备创造性的主张不成立。

（3）权利要求54的创造性。

独立权利要求54请求保护一种钢筋砼用空心管。如上所述，对比文件1公开了筒状水泥制品的成形方法，包括在模板凹部浇注水泥砂浆，在水泥砂浆开始固化时将浇注的水泥砂浆与外形模板一起一边从水泥重拌的地方卷折、一边竖起，并将两个端面对接、抹平从而形成一个筒状体，而且如果是带底容器，则把一定数量的水泥砂浆注入筒状水泥砂浆内，捣匀固化，剥离外形模板，得到成品筒状水泥砂浆制品（参见译文第1页［申请权项1］段，第2页［0005］、［0006］、［0007］段和附图1、2）。由此可以直接地、毫无疑义地确定对比文件1所述方法制得的筒状水泥产品在一侧端口内壁有底，筒体的对接抹平部位也将因为水泥的胶凝作用而形成纵向的胶结接合缝。因此权利要求54相对于对比文件1的区别技术特征在于限定管端封口板封闭空心管成封闭空腔和限定管端封口板在管端外壁。但是，对本领域的技术人员来说，考虑到在钢筋砼中的用途而在对比文件1的筒状水泥制品的另一端设置封口板是显而易见的，封口板封在管端外壁也是容易想到的，因此权利要求54不具备创造性。

（4）权利要求56、73、83、86的创造性。

权利要求56请求保护一种张合式弹性筒模。如前所述，对比文件1公开了采用挠性材料制成的外形模板制造筒状水泥制品的方法，在外形模板相应部分浇注水泥砂浆，然后从弯曲的地方卷折并竖起，将两端面对接抹平，用一块夹板固定以不让对接端脱开，放置固化后剥离外形模板，得到筒状水泥砂浆制品（参见译文第1页［申请权项1］段，第2页［0005］、［0006］、［0007］段和附图1、2）。由此可见，权利要求56与对比文件1的区别在于限定合紧件是弹性筒模的一个部件，对比文件1则是用夹板作为外形模板合紧用的部件。但是，对所属技术领域的技术人员来说，在对比文件1给出了应防止对接端脱开的技术启示基础上显而易见可以想到将合紧件直接设置为外形模板的一个组成部分，因此权利要求56相对于对比文件1不具备创造性。

从属权利要求73、83、86引用权利要求56，进一步限定二个以上合紧件合紧于筒模外侧、紧固在二条平行的通长的条状接口边上的合紧件有二个以上及两个以上的合紧件压紧在接口边的外侧面上。而对比文件3公开了混凝土圆柱体离心成型用的模板，模板自身具有弹性，外壁的开放部分在沿着模板的两块边缘部分上对置地设有多个卡具，在模板半径方向被施加压缩力的状态下，开放部分闭锁，边缘部分上设置的卡具结合起来，就能保持外壁的圆筒形状（参见译文的［申请权项1］段和附图）。由此可见，对比文件3公开了在模板边缘部分设置多个卡具以使模板保持形状，本领域技术人员由此显而易见采用多个合紧件来对对比文件1进行改进，而且由对比文件3公开的卡具设置在内侧圆筒板外侧，也容易想到在筒模外侧将合紧件设置在接口边外侧面上，因此权利要求73、83、86相对于对比文件1和3的结合不具备创造性。

基于上述理由，专利复审委员会于2007年12月20日作出第10837号决定，宣告本专利权的权利要求26~30、32、33、39~42、54、56、73、83、86无效，在权利要求1~25、31、34~38、43~53、55、57~72、74~82、84、85的基础上维持本专利权继续有效。

原告邱则有不服第10837号决定，在法定期限内向本院提起行政诉讼，称：

1. 第10837号决定认定各独立权利要求所要求保护技术方案与对比文件披露技术方案的区别技术特征错误，对从属权利要求技术方案与对比文件公开的技术方案的区别技术特征认定错误。（1）权利要求26要求保护的方案相对于对比文件披露技术方案至少存在以下区别技术特征，第10837号决定认定区别技术特征错误：①钢筋砼用空心管与带底容器的区别技术特征；②管端封口板封闭空心管形成封闭空腔；③管端封口板包裹在空心管管端口内壁。（2）权利要求54要求保护的方案相对于对比文件披露技术方案至少存在以下区别技术特征，第10837号决定认定区别技术特征错误：①钢筋砼用空心管与带底容器的区别技术特征；②管端封口板包裹在空心管管端外壁。（3）权利要求56要求保护的方案相对于对比文件1披露技术方案有以下区别技术特征，第10837号决定认定区别技术特征错误：①张合式弹性筒模；②合紧件；③接口边；④筒模板纵边设置有两条长条形接口边；⑤合紧件将筒模板两接口边合紧并闭合，接口边合紧使筒模面闭合构成闭合的外模筒状模具；⑥筒模板为弹性筒模板。（4）基于独立权利要求26、56所要求保护方案与对比文件披露技术方案有区别技术特征，引用权利要求26的从属权利要求27~30、32、33、39~42和引用权利要求56的从属权利要求73、83、86在其引用的独立权利要求的基础上增加了技术特征或者对独立权利要求的技术特征进行了限定，这些从属权利要求相对于对比文件也至少存在前述区别技术特征。

2. 第10837号决定对公知常识认定错误。

深圳和昌公司仅提供了三篇对比文件，没有任何证据可以支持其有关技术手段为公知常识主张，第10837号决定涉及到相关技术手段为公知常识的认定均为错误认定。

3. 第10837号决定中证据的组合错误。

对比文件1与对比文件3不能组合，在对比文件1所披露的外形模板中不需要设置接口边，根据该对比文件所要解决的技术问题，其夹板也不能被置换为其他形式的构件，第10837号决定将证据3的卡具对夹板进行改进的组合显然错误。

基于以上理由，原告认为第10837号决定认定事实错误，本领域技术人员是否需要创造性劳动是相对主观的标准，并依据不能结合的证据进行组合后认定本专利相关权利要求无创造性的认定显属错误，故请求法院撤销第10837号决定，维持本专利权利要求全部有效。

被告专利复审委员会辩称：1. 关于权利要求26相对于对比文件1的区别技术特征，原告认为有3项“区别”，我委认为第1、2项实质相同，即第10837号决定所认定的区别技术特征；第3项则不是区别技术特征，理由是该特征已被对比文件1隐含公开。2. 关于权利要求54相对于对比文件1的区别技术特征，原告认为有2项，第10837号已评述。3. 关于权利要求56相对于对比文件1的区别技术特征，原告认为有6项“区别”，我委认为原告主张的第1、6项不是区别技术特征，理由是对比文件1公开了采用挠性材料制成的外形模板且该材料能卷折、竖起和剥离，显然就是张合式的弹性的筒模；第3、4项也不是区别技术特征，理由是对比文件1公开了在外形模板相应部分浇注水泥砂浆以及卷折时对接抹平，由此可以直接地毫无疑义地确定存在长条形的用于接口的边；第2、5项我委认为原告表述不正确，由于对比文件1公开了用夹板固定从而不让对接端脱开，显然起到了合紧的作用，因此仅就原告列举的“合紧件”和“合紧件将筒模板两接口边合紧并闭合，接口边合紧使筒模面闭合构成闭合的外模筒状模具”术语本身来说已被对比文件1公开，但是，权利要求56与对比文件1的区别实质上是在于限定“一种张合式弹性筒模包括合紧件”，也就是第10837号决定认定的区别“权利要求56限定合紧件是弹性筒模的一个部件”，这一点决定已经评述，在此不再赘述。3. 关于从属权利要求，我委坚持第10837号决定的论述。4. 关于公知常识，我委要强调的是，第10837号决定在决定理由部分并未对相关技术手段是公知常识作出认定。5. 关于证据组合方式，我委认为为了解决制造筒形水泥产品时需要定型、防止脱开的技术问题，本领域技术人员会显而易见地想到对合紧件进行改进，从而将对比文件1、3结合。综上所述，专利复审委员会作出的第10837号决定认定事实清楚、适用法律正确、审理程序合法，原告的诉讼理由不能成立，请求法院驳回原告诉讼请求，维持专利复审委员会的第10837号决定。

本院经审理查明：

本专利是名称为“钢筋砼用空心管及其制作方法、专用模具”的第02122558.3号发明专利，其申请日为2002年5月29日，授权公告日为2004年10月6日，专利权人为邱则有。

本专利授权公告的权利要求共86项，其中：

“26. 一种钢筋砼用空心管，包括空心管体和管端封口板，管端封口板封闭空心管形成封闭空腔，其特征在于空心管体有一条沿纵向的管壁胚体的两料浆胚边接合而成的胶结接合缝，管端封口板包裹在空心管管端口内壁。

27. 根据权利要求26所述的一种钢筋砼用空心管，其特征在于所述的接合缝为通长接合缝。

28. 根据权利要求26所述的一种钢筋砼用空心管，其特征在于管体胶结接合缝管外侧有纵向的张合式弹性筒合缝的条痕。

29. 根据权利要求26所述的一种钢筋砼用空心管，其特征在于管体接合缝部位内侧有压实或补强胚体接合缝的构造。

30. 根据权利要求26所述的一种钢筋砼用空心管，其特征在于管体接合缝部位有管体硬固后进行的加强或加固构造。

31. 根据权利要求26所述的一种钢筋砼用空心管，其特征在于所述的接合缝为形成管的胚体的纵向胚边有搭接物，搭结到另一边形成所述的接合缝。

32. 根据权利要求26所述的一种钢筋砼用空心管，其特征在于所述的接合缝为形成管的胚体两纵向胚边对接胶结为一体的接合缝。

33. 根据权利要求26所述的一种钢筋砼用空心管，其特征在于管壁胚体两纵侧边对接，对接后在接合缝部位两胚体未合拢部位进行补强或压实以形成所述接合缝。

34. 根据权利要求26所述的一种钢筋砼用空心管，其特征在于管体端内壁与管端封口板，有二者胶结为一体的胶合界面。

35. 根据权利要求26所述的一种钢筋砼用空心管，其特征在于管体内壁与撑形件有二者胶结为一体的胶合界面。

36. 根据权利要求26所述的一种钢筋砼用空心管，其特征在于管端封口板边与管胚体边的胶结接合缝交接。

37. 根据权利要求26所述的一种钢筋砼用空心管，其特征在于撑形件边与管胚体边的胶结接合缝交接。

38. 根据权利要求 26 所述的一种钢筋砼用空心管，其特征在于管体外壁与管瑞封口板有二者胶结为一体的胶合界面。

39. 根据权利要求 26 所述的一种钢筋砼用空心管，其特征在于管壁为短纤维水泥浆或短纤维水泥砂浆管壁。

40. 根据权利要求 26 所述的一种钢筋砼用空心管，其特征在于管壁为纤维网或布水泥砂浆管壁。

41. 根据权利要求 26 所述的一种钢筋砼用空心管，其特征在于管壁为纤维网或布的水泥纤维砂浆管壁。

42. 根据权利要求 26 所述的一种钢筋砼用空心管，其特征在于管壁为钢丝网水泥砂浆或钢丝网水泥短纤维砂浆管壁。

43. 根据权利要求 26 所述的一种钢筋砼用空心管，其特征在于管壁端头的纤维网或布和料浆共同包裹管端封口板。

44. 根据权利要求 26 所述的一种钢筋砼用空心管，其特征在于管端封口板为轻质砼。

45. 根据权利要求 26 所述的一种钢筋砼用空心管，其特征在于包裹在管端内的预制的管端封口板为砼板或钢筋砼板或钢丝网砼板或钢筋网砼板。

46. 根据权利要求 26 所述的一种钢筋砼用空心管，其特征在于现浇封口板为在预制空心管内现浇的砂浆板、细石砼板、轻质砼板。

47. 根据权利要求 26 所述的一种钢筋砼用空心管，其特征在于空心管内壁包裹的封口板为湿料浆在管内凝结硬化而成的封口板。

48. 根据权利要求 26 所述的一种钢筋砼用空心管，其特征在于空心管内壁一端包裹的封口板为预制的封口板，另一端包裹的封口板为湿料浆在管内凝结硬化而成的封口板。

49. 根据权利要求 26 所述的一种钢筋砼用空心管，其特征在于现抹管壁浆胚包裹的管端封口板的至少一片为预制封口板。

50. 根据权利要求 26 所述的一种钢筋砼用空心管，其特征在于预制空心管包裹的两管端封口板为预制封口板。

51. 根据权利要求 26 所述的一种钢筋砼用空心管，其特征在于预制空心管包裹在管内壁的管端封口板为湿料浆硬化而成的封口板。

52. 根据权利要求 26 所述的一种钢筋砼用空心管，其特征在于预制空心管一端包裹湿料浆硬化而成的封口板，另一端包裹预制封口板。

53. 根据权利要求 26 所述的一种钢筋砼用空心管，其特征在于空心管壁接合缝一侧均为纤维网或纤维布的侧边。

54. 一种钢筋砼用空心管，包括空心管体和管端封口板，其特征在于管端封口板包裹在空心管管端外壁，管体上有一条沿管壁纵向的使管壁两料浆胚边接合而构成空心管的胶结接合缝。

55. 根据权利要求 54 所述的一种钢筋砼用空心管，其特征在于空心管端口用通过一层水泥料浆一层纤维布再一层水泥料浆，或者重复上述步骤，形成多层的管端封口板胚，将其卷边封住管口并黏结于管端口外壁封堵。

56. 一种张合式弹性筒模，其特征在于包括筒模板、合紧件、接口边，筒模板纵边设置有两条长条形接口边，合紧件将筒模板两接口边合紧并闭合，接口边合紧使筒模面闭合构成闭合的外模筒状模具，筒模板为弹性筒模板。

57. 根据权利要求 56 所述的一种张合式弹性筒模，其特征在于接口边外凸在闭合的筒模上。

58. 根据权利要求 56 所述的一种张合式弹性筒模，其特征在于接口边成 L 形连在筒模板上。

59. 根据权利要求56所述的一种张合式弹性筒模，其特征在于至少一条接口边为通长的板条状。

60. 根据权利要求56所述的一种张合式弹性筒模，其特征在于通长条状接口边只有一侧连有张合式弹性筒模板。

61. 根据权利要求56所述的一种张合式弹性筒模，其特征在于两条长条状接口边均只有一侧连有筒模板。

62. 根据权利要求56所述的一种张合式弹性筒模，其特征在于至少一条接口边设置于筒模板外侧。

63. 根据权利要求62所述的一种张合式弹性筒模，其特征在于至少一条长条状接口边凸出于筒模板外侧。

64. 根据权利要求56所述的一种张合式弹性筒模，其特征在于接口边凸出于合紧的闭合筒模外侧。

65. 根据权利要求64所述的一种张合式弹性筒模，其特征在于长条状接口边凸出于合紧的闭合筒模外侧。

66. 根据权利要求56所述的一种张合式弹性筒模，其特征在于合紧后，两板状接口边两板平行。

67. 根据权利要求56所述的一种张合式弹性筒模，其特征在于合紧后，两接口边平行并凸出于闭合筒模外侧。

68. 根据权利要求56所述的一种张合式弹性筒模，其特征在于两接口边合紧后接合部位形状为形。

69. 根据权利要求56所述的一种张合式弹性筒模，其特征在于合紧件为合紧接口边的合紧件。

70. 根据权利要求56所述的一种张合式弹性筒模，其特征在于合紧件为固定接口边的合紧件。

71. 根据权利要求56所述的一种张合式弹性筒模，其特征在于合紧件为合紧和固定接口边的合紧件。

72. 根据权利要求56所述的一种张合式弹性筒模，其特征在于合紧件为抱紧张合式弹性筒模并使接口边合紧的装置。

73. 根据权利要求56所述的一种张合式弹性筒模，其特征在于二个以上合紧件合紧于筒模外侧。

74. 根据权利要求56所述的一种张合式弹性筒模，其特征在于至少一个接口边合紧的面与筒模板成型模面交接。

75. 根据权利要求56所述的一种张合式弹性筒模，其特征在于接口边的合缝与筒模板成型模面交接。

76. 根据权利要求56所述的一种张合式弹性筒模，其特征在于接口边固定在筒模板上。

77. 根据权利要求56所述的一种张合式弹性筒模，其特征在于接口边与筒模板连接为一体。

78. 根据权利要求56所述的一种张合式弹性筒模，其特征在于接口边壁厚比筒模壁厚度大。

79. 根据权利要求56所述的一种张合式弹性筒模，其特征在于合紧件合紧在凸出于闭合筒模的接口边上。

80. 根据权利要求56所述的一种张合式弹性筒模，其特征在于合紧件合紧在凸出于闭合筒模的平行接口边上。

81. 根据权利要求56所述的一种张合式弹性筒模，其特征在于二条通长的条状接口边凸出张合式弹性筒外侧。

82. 根据权利要求81所述的一种张合式弹性筒模，其特征在于二条由合紧件紧固在一起的平行的通长的条状接口边凸出在张合式弹性筒外侧。

83. 根据权利要求 56 所述的一种张合式弹性筒模，其特征在于紧固在二条平行的通长的条状接口边上的合紧件有二个以上。

84. 根据权利要求 56 所述的一种张合式弹性筒模，其特征在于紧固在二条平行的通长的条状接口边上的合紧件有二个以上，合紧件和接口边均凸出在张合式弹性筒外侧。

85. 根据权利要求 56 所述的一种张合式弹性筒模，其特征在于合紧件压紧部位在接口边的外侧面上。

86. 根据权利要求 56 所述的一种张合式弹性筒模，其特征在于两个以上的合紧件压紧在接口边的外侧面上。”

2006 年 7 月 7 日，深圳和昌公司针对本专利向专利复审委员会提出无效宣告请求，同时提交了 3 份附件。又于 2006 年 8 月 7 日提交了意见陈述书，补充了无效宣告请求的理由和证据，其中补充的证据为：

附件 4：公开日为 1997 年 12 月 16 日的日本专利文献 JP9-323306A（下称对比文件 1）及其英文译文；

附件 5：公开日为 1998 年 12 月 15 日的日本专利文献 JP10-329125A（下称对比文件 2）及其英文译文；

附件 6：公开日为 1994 年 11 月 22 日的日本专利文献 JP6-320525A（下称对比文件 3）及其英文译文；

附件 7：对比文件 1 的部分中文译文；

附件 8：对比文件 2 的部分中文译文；

附件 9：对比文件 3 的部分中文译文。

2007 年 2 月 27 日，专利权人邱则有对对比文件 1~3 的中文译文准确性提出异议，并提交以下证据：

证据 1：对比文件 1 的部分中文译文；

证据 2：对比文件 2 的部分中文译文；

证据 3：对比文件 3 的部分中文译文。

专利复审委员会受理后依法成立合议组，并于 2007 年 5 月 28 曰和 2007 年 8 月 14 日先后进行了两次口头审理。2007 年 12 月 21 日，专利复审委员会作出第 10837 号决定。

经查，从对比文件 1 的中文译文第 1 页［申请权项 1］段，第 2 页第［0005］、［0006］、［0007］段和附图 1、2 可知，对比文件 1 公开了筒状水泥制品的成形方法，包括在薄铁板制成的底板上电磁吸住一块制品外周形状的模板，这个外形模板是用里面贴有橡胶磁帖的挠性材料制成的，然后用数根侧框架将外形模板围起来并向模板的凹部内浇注水泥砂浆，当水泥砂浆开始固化时，在筒状水泥板的弯曲部位通过抹刀抹压或轻轻敲打等方法加以重拌，随后取下侧框架，再将浇注的水泥砂浆与外形模板一起，一边从弯曲的地方卷折、一边将其竖起，并将两个端面对接起来，再将对接部位抹平，从而形成一个筒状体，此时要使用一块夹板固定，不让对接端脱开，再有，如果是带底容器，在此处把一定数量的水泥砂浆注入筒状水泥砂浆内，然后轻轻捣匀，放置固化，固化后剥离外形模板，便得到成品筒状水泥砂浆制品。另外，对比文件 1 的中文译文的第［0001］段、第［0014］段记载：本发明是通过提供一种采用手工制作工艺之类的简易手段来制造筒状水泥制品；外形模板可以成形各种各样的其他形状，越下功夫，就越能制作出形形色色的理想筒制品，也就是说，这种乐趣横溢的头手并用工具，考虑作为老龄化社会中的终生学习用具是合适的。

从对比文件 3 的中文译文的第［申请权项 1］段和附图 1-9 可知，对比文件 3 公开了混凝土圆柱体离心成型用的模板，模板自身具有弹性，外壁的开放部分在沿着模板的两块边缘部分上对置地设有多个卡具，在模板半径方向被施加压缩力的状态下，开放部分闭锁，边缘部分上设置的卡具结合起来，就能保持外壁的圆筒形状。

上述事实，有本专利授权公告文本、对比文件1、对比文件3、第10837号决定、口头审理记录表、各方当事人陈述等在案佐证。

本院认为：

从原告诉讼主张中可知原告对第10837号决定中关于证据及其译文的采信以及无效宣告的理由的认定没有提出异议，本院予以确认。根据当事人的诉辩主张，本案审理主要涉及以下几方面的问题：

1. 第10837号决定中是否涉及公知常识的认定，认定是否正确。

由第10837号决定理由部分可知，被告在创造性评述中并未对相关技术手段是公知常识作出认定，而是从所属技术领域的技术人员的角度，认为在现有技术的基础上通过合乎逻辑的分析和推理的方式显而易见地得到权利要求所要求保护的技术方案，从而认定其不具备创造性。因此，原告关于“第10837号决定涉及到相关技术手段为公知常识的认定均为错误认定”的主张缺乏事实和法律依据，本院不予支持。

2. 对比文件1和3是否组合错误。

被告在对引用独立权利要求56的从属权利要求73、83、86的创造性评述中采用了对比文件1和3的结合。其附加技术特征分别是“二个以上合紧件合紧于筒模外侧”、“紧固在二条平行的通长的条状接口边上的合紧件有二个以上”、“两个以上的合紧件压紧在接口边的外侧面上”，都是对合紧件的个数和位置作了进一步限定，为了进一步解决使得模板保持形状、防止脱开的技术问题。由于对比文件3公开了在模板边缘部分设置多个卡具以使模板保持形状，本领域技术人员由此获得了对合紧件进行改进的技术启示，有动机将对比文件1和3结合，因此对比文件1和3的组合是正确的。

原告强调对比文件1和3中没有披露接口边，而且被告对接口边的公开的认定与其在先的第9656号无效宣告请求审查决定不一致。首先，第9656号无效宣告请求审查决定是与本案被诉行政行为无关的材料，该决定中涉及的并非本专利，因此该决定中的内容本院不予考虑。其次，权利要求56记载的接口边，并不能与对比文件1中公开的外形模板在卷折、端面对接后两个相互接口的边区分开来，且对比文件3的模板也包括用于对接闭锁接口的边缘部分即对应本专利权利要求56的接口边，因此原告的该诉讼主张缺乏事实和法律依据，本院不予支持。

3. 关于本专利权利要求26、54的区别技术特征的认定及权利要求26~30、32、33、39~42、54的创造性。

关于区别技术特征的认定。对比文件1公开的是筒状水泥制品及其成形方法，依其方法所形成的筒状体为空心的，相当于权利要求26中的“空心管体”；使用一块夹板固定的筒状体的对接端在水泥砂浆固化后形成了一条沿筒状体纵向通长的接合缝，相当于权利要求26中的“一条沿纵向的管壁胚体的两料浆胚边接合而成的胶结接合缝”；筒状水泥砂浆制品可以是带底的容器，通过水泥砂浆的固化形成的底部相当于权利要求26中的一个“管端封口板”，并且其“包裹于管端口内壁”。对比文件1中没有公开在空心管体的另一端端口内壁也设置有一个管端封口板，从而使空心管形成封闭空腔。被告对该区别技术特征的认定是正确的。但是，本专利权利要求26还包括主题名称中的一个用途特征即“钢筋砼用”，对于该用途特征应当要考虑其是否隐含了对产品空心管的结构和/或组成上的改变。在产品的组成上，与对比文件1相同，都用了水泥砂浆；在产品的结构上，与对比文件1不同，是必须两端设置封口板形成带有封闭空腔的空心管，这不是由产品本身固有的特性决定的，而是由其作为建筑物的钢筋砼用而决定的。可见，该用途特征隐含了对产品空心管的结构上的改变，具有实际的限定作用，必须予以考虑。因此，相对于对比文件1，本专利权利要求26的区别技术特征除被告在第10837号决定中认定的“管端封口板封闭空心管成封闭空腔”以外，还应当包括用途特征“钢筋砼用”。基于相同的理由，本专利权利要求54与对比文件1的区别技术特征除被告在第10837号决定中认定的“管端封口板封闭空心管成封闭空腔”、“管端封口板在管端外壁”之外，还应当包括“钢筋砼用”。综上，被告关于本专利权利要求26、54认定的区别技术特征不全面，认定事实有误，本院予以纠正。

关于创造性。对比文件1中公开的是通过提供一种采用手工制作工艺之类的简易手段来制造形形色色的筒状水泥制品，并且将这种乐趣横溢的头手并用工具考虑作为老龄化社会中的终生学习用具。可见，对比文件1中没有给出将其公开的带底的筒状水泥制品作为建筑物的钢筋砼用的技术启示，本领域技术人员没有动机在对比文件1的基础上将其另一端端口内壁也设置一个管端封口板，从而使空心管形成封闭空腔而作钢筋砼用。因此，本领域技术人员不能在对比文件1的基础上显而易见地得到本专利权利要求26的技术方案，因此权利要求26具备《中华人民共和国专利法》（以下简称《专利法》）第二十二条第三款规定的创造性。进一步，引用权利要求26的从属权利要求27~30、32、33、39~42也具备《专利法》第二十二条第三款规定的创造性。

基于前述相同的理由，对比文件1中没有给出将其公开的带底的筒状水泥制品作为建筑物的钢筋砼用的技术启示，本领域技术人员没有动机在对比文件1的基础上将其另一端也设置一个管端封口板并将封口板都置于管端口外壁，从而形成钢筋砼用的空心管。本领域技术人员不能在对比文件1的基础上显而易见地得到本专利权利要求54的技术方案，因此本专利权利要求54具备《专利法》第二十二条第三款规定的创造性。

4. 关于本专利权利要求56的区别技术特征的认定及权利要求56、73、83、86的创造性。

关于区别技术特征的认定。对比文件1公开了外形模板采用挠性材料制成，且该外形模板能卷折、竖起和剥离，因此可以确定该外形模板是张合式的、弹性的；对比文件1中还公开了“将两个端面对接起来，再将对接部位抹平，从而形成一个筒状体，此时要使用一块夹板固定，不让对接端脱开”，可以确定对比文件1中的两个对接端的纵边就是两条长条形的接口边，接口边合紧使得外形模板端面闭合构成筒状体，另外夹板用于固定从而不让对接端脱开，显然起到了合紧的作用，相当于合紧件，只是该夹板是独立的部件而不是外形模板的一部分，可见权利要求56与对比文件1的区别在于限定合紧件是弹性筒模的一个组成部件。因此，被告关于本专利权利要求56与对比文件1的区别技术特征的认定是正确的。原告的相关主张缺乏事实和法律依据，本院不予支持。

关于创造性。本专利权利要求56与对比文件1的区别在于限定合紧件是弹性筒模的一个部件，对比文件1则是用夹板作为外形模板合紧用的独立部件。但是，对所属技术领域的技术人员来说，在对比文件1给出了应防止对接端脱开的技术启示基础上显而易见可以想到将合紧件直接设置为外形模板的一个组成部分，因此本专利权利要求56相对于对比文件1不具备《专利法》第二十二条第三款规定的创造性。

进一步，对比文件3公开了在模板边缘部分设置多个卡具以使模板保持形状，本领域技术人员由此显而易见采用多个合紧件来对对比文件1进行改进，而且由对比文件3公开的卡具设置在内侧圆筒板外侧，也容易想到在筒模外侧将合紧件设置在接口边外侧面上，因此引用权利要求56的从属权利要求73、83、86相对于对比文件1和3的结合也不具备《专利法》第二十二条第三款规定的创造性。

综上所述，专利复审委员会作出的第10837号决定中部分事实认定不清楚，适用法律错误，原告邱则有请求撤销第10837号决定的部分理由成立，对其相关诉讼请求本院予以支持。依照《中华人民共和国行政诉讼法》第五十四条第（二）项第1目、第2目之规定，本院判决如下：

1. 撤销被告国家知识产权局专利复审委员会作出的第10837号无效宣告请求审查决定中关于“宣告02122558.3号发明专利权的权利要求26~30、32、33、39~42、54无效”的决定。

2. 维持被告国家知识产权局专利复审委员会作出的第10837号无效宣告请求审查决定中关于“宣告02122558.3号发明专利权的权利要求56、73、83、86无效”的决定。

3. 02122558.3号发明专利权在权利要求1~55、57~72、74~82、84、85的基础上继续维持有效。

案件受理费人民币100元，由被告国家知识产权局专利复审委员会承担（于本判决生效之日起7日内交纳）。

如不服本判决，各方当事人可在本判决送达之日起15日内，向本院递交上诉状及副本，并交纳上诉案件受理费100元，上诉于北京市高级人民法院。

审 判 长　赵　静
代理审判员　姜庶伟
人民陪审员　唐晓君
二〇〇八年九月十八日
书 记 员　李冰青

北京市高级人民法院
行政判决书

（2008）高行终字第713号

上诉人（原审原告）邱则有，男，汉族，1962年11月9日出生，住湖南省长沙市芙蓉区织机街18号。

委托代理人颜喜东，男，汉族，1977年11月22日出生，住湖南省吉首市吉首大学学生宿舍。

委托代理人李敏慧，男，汉族，1976年3月15日出生，住湖南省长沙市岳麓区银杉路459号2区3栋307房。

被上诉人（原审被告）国家知识产权局专利复审委员会，住所地北京市海淀区北四环西路9号银谷大厦10~12层。

法定代表人廖涛，副主任。

委托代理人朱文广，该委员会审查员。

委托代理人瞿晓峰，该委员会审查员。

原审第三人深圳市和昌建筑新材料技术开发有限公司，住所地广东省深圳市罗湖区深南东路4117号湖北宝丰大厦1612室。

法定代表人陈光飞，总经理。

上诉人邱则有因发明专利权无效行政纠纷一案，不服北京市第一中级人民法院（2008）一中行初字第410号行政判决，向本院提出上诉。本院2008年11月17日受理本案后，依法组成合议庭，于2008年12月8日公开开庭进行了审理。上诉人邱则有的委托代理人颜喜东，被上诉人国家知识产权局专利复审委员会（以下简称专利复审委员会）的委托代理人朱文广、瞿晓峰到庭参加了诉讼。原审第三人深圳市和昌建筑新材料技术开发有限公司（以下简称深圳和昌公司）经本院传票合法传唤，明确表示不参加本案开庭审理。本案现已审理终结。

北京市第一中级人民法院认定，本案涉及名称为“钢筋砼用空心管及其制作方法、专用模具”的02122558.3号发明专利（以下简称本专利），专利权人为邱则有。2006年7月7日，深圳和昌公司针对本专利权向专利复审委员会提出无效宣告请求。专利复审委员会经审查，于2007年12月21日做出第10837号无效宣告请求审查决定（以下简称第10837号决定），宣告本专利权利要求26~30、32、33、39~42、54、56、73、83、86无效，在本专利权利要求1~25、31、34~38、43~53、55、57~72、74~82、84、85的基础上维持本专利权继续有效。

北京市第一中级人民法院认为，专利复审委员会在创造性评述中并未对相关技术手段是公知常识做出认定，而是从所属技术领域的技术人员的角度，认为在现有技术的基础上通过合乎逻辑的分析和推理的方式显而易见地得到权利要求所要求保护的技术方案，从而认定其不具备创造性。由于对比文件3公开了在模板边缘部分设置多个卡具以使模板保持形状，本领域技术人员由此获得了对合紧件进行改进的技术启示，有动机将对比文件1和3结合，因此对比文件1和3的组合是正确的。本专利权利要求56记载的接口边，并不能与对比文件1中公开的外形模板在卷折、端面对接后两个相互接口的边区分开来，且对比文件3的模板也包括用于对接闭锁接口的边缘部分即对应本专利权利要求56的接口边。对比文件1中没有公开在空心管体的另一端端口内壁也设置有一个管端封口板，从而使空心管形成封闭空腔。本专利权利要求26还包括主题名称中的一个用途特征即“钢筋砼用”，该用途特征隐含了对产品空心管的结构上的改变，具有实际的限定作用，必须予以考虑。因此，相对于对比文件1，本专利权利要求26的区别技术特征除“管端封口板封闭空心管成封闭空腔”以外，还应当包括用途特征“钢筋砼用”。本专利权利要求54与对比文件1的区别技术特征也包括“钢筋砼用”。对比文件1中没有给出将其公开的带底的筒状水泥制品作为建筑物的钢筋砼用的技术启示，本领域技术人员没有动机在对比文件1的基础上将其另一端端口内壁也设置一个管端封口板，从而使空心管形成封闭空腔而作钢筋砼用，本专利权利要求26具备创造性。本领域技术人员不能在对比文件1的基础上显而易见地得到本专利权利要求54的技术方案，因此本专利权利要求54具备创造性。专利复审委员会关于本专利权利要求56与对比文件1的区别技术特征的认定是正确的。本专利权利要求56相对于对比文件1不具备创造性。引用本专利权利要求56的从属权利要求73、83、86相对于对比文件1和3的结合也不具备创造性。

北京市第一中级人民法院依照《中华人民共和国行政诉讼法》第五十四条第（二）项第1目、第2目的规定判决：1. 撤销专利复审委员会做出的第10837号决定中关于宣告本专利权利要求26~30、32、33、39~42、54无效的决定。2. 维持专利复审委员会做出的第10837号决定中关于宣告本专利权利要求56、73、83、86无效的决定。3. 本专利权在权利要求1~55、57~72、74~82、84、85的基础上继续维持有效。

邱则有不服原审判决，向本院提出上诉，请求维持原审判决第一项，撤销原审判决第二项，变更原审判决第三项为维持本专利权全部有效。其上诉理由是：原审判决及第10837号决定认定独立权利要求56所要求保护的技术方案与对比文件披露技术方案的区别技术特征错误，本专利权利要求56中与对比文件1中相比的区别技术特征有：（1）接口边；（2）筒模板纵边设置有两条长条形接口边；（3）合紧件将筒模板两接口边合紧并闭合，接口边合紧使筒模面闭合构成闭合的外模筒状模具。证据组合错误，对比文件1与对比文件3不能组合。对相关从属权利要求技术方案与对比文件公开的技术方案的区别技术特征认定错误。专利复审委员会、深圳和昌公司服从原审判决。

经审理查明，本专利是名称为“钢筋砼用空心管及其制作方法、专用模具”的发明专利，申请日为2002年5月29日，专利号为02122558.3，授权公告日为2004年10月6日，专利权人为邱则有。

本专利授权公告的权利要求共 86 项，其中：

56. 一种张合式弹性筒模，其特征在于包括筒模板、合紧件、接口边，筒模板纵边设置有两条长条形接口边，合紧件将筒模板两接口边合紧并闭合，接口边合紧使筒模面闭合构成闭合的外模筒状模具，筒模板为弹性筒模板。

73. 根据权利要求 56 所述的一种张合式弹性筒模，其特征在于二个以上合紧件合紧于筒模外侧。

83. 根据权利要求 56 所述的一种张合式弹性筒模，其特征在于紧固在二条平行的通长的条状接口边上的合紧件有二个以上。

86. 根据权利要求 56 所述的一种张合式弹性筒模，其特征在于两个以上的合紧件压紧在接口边的外侧面上。

2006 年 7 月 7 日，深圳和昌公司针对本专利权向专利复审委员会提出无效宣告请求，同时提交了 3 份附件。深圳和昌公司的无效理由是：本专利权利要求 1 相对于附件 2 不具备新颖性，权利要求 26 相对于附件 3 不具备创造性，不符合《专利法》第二十二条第二、三款的规定。2006 年 8 月 7 日，深圳和昌公司向专利复审委员会提交了意见陈述书，补充了无效宣告请求的理由和证据，其中补充的证据包括：

附件 4：公开日为 1997 年 12 月 16 日的日本专利文献 JP9-323306A（即对比文件 1）及其英文译文；

附件 5：公开日为 1998 年 12 月 15 日的日本专利文献 JP10-329125A（即对比文件 2）及其英文译文；

附件 6：公开日为 1994 年 11 月 22 日的日本专利文献 JP6-320525A（即对比文件 3）及其英文译文；

附件 7：对比文件 1 的部分中文译文；

附件 8：对比文件 2 的部分中文译文；

附件 9：对比文件 3 的部分中文译文。

2007 年 2 月 27 日，专利权人邱则有对对比文件 1-3 的中文译文准确性提出异议，并提交以下证据：

证据 1：对比文件 1 的部分中文译文；

证据 2：对比文件 2 的部分中文译文；

证据 3：对比文件 3 的部分中文译文。

专利复审委员会于 2007 年 5 月 28 日、8 月 14 日先后进行了两次口头审理。2007 年 12 月 21 日，专利复审委员会做出第 10837 号决定，宣告本专利的权利要求 26~30、32、33、39~42、54、56、73、83、86 无效，在权利要求 1~25、31、34~38、43~53、55、57~72、74~82、84、85 的基础上维持本专利权继续有效。专利复审委员会在该决定中认为：

1. 关于证据。

对比文件 1~3 可作为本案证据使用。同时由于它们的公开日均在本专利的申请日之前，因此可作为现有技术评价本专利的新颖性和创造性。

对于译文，对比文件 1 的译文以专利权人邱则有提交的中文译文和双方无争议的附图标记 7 对应“整形用的构件”为准。对比文件 2、3 的译文以邱则有提交的中文译文为准。

2. 关于无效宣告请求的理由。

确认无效宣告请求的理由是：权利要求 1~6、10、12、16、18~22、24~25 相对于对比文件 1、2 的结合是否具备创造性，权利要求 26~33、39~42、53、54 相对于对比文件 1 和公知常识的结合不具备创造性，权利要求 56 及其从属权利要求 73、83、86 相对于对比文件 1、3 的结合是否具备创造性。

3. 关于创造性。

如果发明是所属技术领域的技术人员在现有技术的基础上仅仅通过合乎逻辑的分析、推理或者有限的试验可以得到的，则该发明是显而易见的，不具备创造性。反之则具备创造性。

本专利权利要求 56、73、83、86 的创造性：

权利要求 56 请求保护一种张合式弹性筒模。如前所述，对比文件 1 公开了采用挠性材料制成的外形模板制造筒状水泥制品的方法，在外形模板相应部分浇注水泥砂浆，然后从弯曲的地方卷折并竖起，将两端面对接抹平，用一块夹板固定以不让对接端脱开，放置固化后剥离外形模板，得到筒状水泥砂浆制品（参见译文第 1 页［申请权项 1］段，第 2 页［0005］、［0006］、［0007］段和附图 1、2）。由此可见，权利要求 56 与对比文件 1 的区别在于限定合紧件是弹性筒模的一个部件，对比文件 1 则是用夹板作为外形模板合紧用的部件。但是，对所属技术领域的技术人员来说，在对比文件 1 给出了应防止对接端脱开的技术启示基础上显而易见可以想到将合紧件直接设置为外形模板的一个组成部分，因此权利要求 56 相对于对比文件 1 不具备创造性。

从属权利要求 73、83、86 引用权利要求 56，进一步限定二个以上合紧件合紧于筒模外侧、紧固在二条平行的通长的条状接口边上的合紧件有二个以上及两个以上的合紧件压紧在接口边的外侧面上。而对比文件 3 公开了混凝土圆柱体离心成型用的模板，模板自身具有弹性，外壁的开放部分在沿着模板的两块边缘部分上对置地设有多个卡具，在模板半径方向被施加压缩力的状态下，开放部分闭锁，边缘部分上设置的卡具结合起来，就能保持外壁的圆筒形状（参见译文的［申请权项 1］段和附图）。由此可见，对比文件 3 公开了在模板边缘部分设置多个卡具以使模板保持形状，本领域技术人员由此显而易见采用多个合紧件来对对比文件 1 进行改进，而且由对比文件 3 公开的卡具设置在内侧圆筒板外侧，也容易想到在筒模外侧将合紧件设置在接口边外侧面上，因此权利要求 73、83、86 相对于对比文件 1 和 3 的结合不具备创造性。

基于上述理由，专利复审委员会作出第 10837 号决定。经查，根据对比文件 1 的中文译文第 1 页［申请权项 1］段，第 2 页第［0005］、［0006］、［0007］段和附图 1、2 记载的内容，对比文件 1 公开了筒状水泥制品的成形方法，包括在薄铁板制成的底板上电磁吸住一块制品外周形状的模板，这个外形模板是用里面贴有橡胶磁帖的挠性材料制成的，然后用数根侧框架将外形模板围起来并向模板的凹部内浇注水泥砂浆，当水泥砂浆开始固化时，在筒状水泥板的弯曲部位通过抹刀抹压或轻轻敲打等方法加以重拌，随后取下侧框架，再将浇注的水泥砂浆与外形模板一起，一边从弯曲的地方卷折、一边将其竖起，并将两个端面对接起来，再将对接部位抹平，从而形成一个筒状体，此时要使用一块夹板固定，不让对接端脱开，再有，如果是带底容器，在此处把一定数量的水泥砂浆注入筒状水泥砂浆内，然后轻轻捣匀，放置固化，固化后剥离外形模板，便得到成品筒状水泥砂浆制品。另外，对比文件 1 的中文译文的第［0001］段、第［0014］段记载：本发明是通过提供一种采用手工制作工艺之类的简易手段来制造筒状水泥制品；外形模板可以成形各种各样的其他形状，越下功夫，就越能制做出形形色色的理想筒制品，也就是说，这种乐趣横溢的头手并用工具，考虑作为老龄化社会中的终生学习用具是合适的。

从对比文件 3 的中文译文的第［申请权项 1］段和附图 1-9 可知，对比文件 3 公开了混凝土圆柱体离心成型用的模板，模板自身具有弹性，外壁的开放部分在沿着模板的两块边缘部分上对置地设有多个卡具，在模板半径方向被施加压缩力的状态下，开放部分闭锁，边缘部分上设置的卡具结合起来，就能保持外壁的圆筒形状。

上述事实，有本专利授权公告文本、对比文件 1、对比文件 3、第 10837 号决定、口头审理记录表以及当事人陈述等证据在案佐证。

本院认为，本案争议焦点在于本专利权利要求56及其从属权利要求73、83、86是否具有创造性。

《专利法》规定，发明的创造性是指同申请日以前已有的技术相比，该发明有突出的实质性特点和显著的进步。

对比文件1公开了外形模板采用挠性材料制成，且该外形模板能卷折、竖起和剥离，因此可以确定该外形模板是张合式的、弹性的；对比文件1中还公开了“将两个端面对接起来，再将对接部位抹平，从而形成一个筒状体，此时要使用一块夹板固定，不让对接端脱开”。对比文件1中的两个对接端的纵边就是两条长条形的接口边，接口边合紧使得外形模板端面闭合构成筒状体，另外夹板用于固定从而不让对接端脱开，同样起到了合紧的作用，相当于合紧件。本专利权利要求56与对比文件1的区别技术特征仅仅在于限定合紧件是弹性筒模的一个部件，对比文件1是用夹板作为外形模板合紧用的部件。因此，对比文件1给出了使用固定部件将对接端面结合起来的技术启示，本领域技术人员容易想到将合紧件直接设置为外形模板的一个组成部分。本专利权利要求56相对于对比文件1不具备《专利法》第二十二条第三款规定的创造性。

引用本专利独立权利要求56的从属权利要求73、83、86的附加技术特征分别是“二个以上合紧件合紧于筒模外侧”、“紧固在一条平行的通长的条状接口边上的合紧件有二个以上”、“两个以上的合紧件压紧在接口边的外侧面上”，都是对合紧件的个数和位置作了进一步限定，为了进一步解决使得模板保持形状、防止脱开的技术问题。对比文件3公开了混凝土圆柱体离心成型用的模板，模板自身具有弹性，外壁的开放部分在沿着模板的两块边缘部分上对置地设有多个卡具，在模板半径方向被施加压缩力的状态下，开放部分闭锁，边缘部分上设置的卡具结合起来，就能保持外壁的圆筒形状。由此可见，对比文件3公开了在模板边缘部分设置多个卡具以使模板保持形状，与对比文件1中的夹板起到同样的合紧两接口边的作用，本领域技术人员在对比文件1的基础上结合对比文件3对合紧件进行改进是显而易见的。而且由对比文件3公开的卡具设置在内侧圆筒板外侧，也容易想到在筒模外侧将合紧件设置在接口边外侧面上，因此，本专利权利要求73、83、86相对于对比文件1和3的结合不具备创造性。

综上所述，邱则有的上诉理由缺乏事实和法律依据，其上诉请求本院不予支持。原审判决认定事实清楚，适用法律正确。依照《中华人民共和国行政诉讼法》第六十一条第一款第（一）项之规定，判决如下：

驳回上诉，维持原判。

一审案件受理费人民币100元，由国家知识产权局专利复审委员会负担（于本判决生效之日起7日内交纳）。二审案件受理费人民币100元，由邱则有负担（已交纳）。

本判决为终审判决。

审　判　长　刘　辉
代理审判员　岑宏宇
代理审判员　焦　彦
二〇〇八年十二月十二日
书　记　员　陈　明
书　记　员　迟雅娜

006

口腔局部麻醉仪

无效宣告请求审查决定（第10844号）

决　定　号　第10844号
决　定　日　2007年12月24日
发明创造名称　口腔局部麻醉仪
国际分类号　A61M 19/00，A61C 19/08，A61C 19/00
无效宣告请求人　王巨江
专　利　权　人　王圣时
专　利　号　200420029482.5
申　请　日　2004年8月6日
授权公告日　2005年9月7日
合议组组长　张梅珍
主　审　员　李　礼
参　审　员　刘　畅

法律依据　专利法第22条第2款、第3款
决定要点

对于实用新型专利创造性的判断而言，如果一项权利要求请求保护的技术方案与证据所公开内容存在区别技术特征，但该区别技术特征属于本领域的常用技术手段，且使用这些技术手段并未使整个方案获得意想不到的技术效果，则该权利要求请求保护的技术方案相对于这份证据不具有实质性特点和进步。

一、案由

本无效宣告请求涉及中华人民共和国国家知识产权局于2005年9月7日授权公告的、名称为“口腔局部麻醉仪”的200420029482.5号实用新型专利（下称本专利），其申请日为2004年8月6日，专利权人为王圣时。本专利授权公告时的权利要求书如下：

“1. 一种口腔局部麻醉仪，其特征在于包括：外壳、程控线路板、变压器、内旋式脉冲传动电机、传动轴、药量分配调节器、调速按钮及脚踏气动开关几部分组装构成。

2. 根据权利要求1所述的口腔局部麻醉仪，其特征在于：控制线路板、由电脑心片（AT89C205——24PI）场效应管组成。

3. 根据权利要求1所述的口腔局部麻醉仪，其特征在于：脉冲电动机，由两组定铁芯，两组线圈及中间带罗纹的通体动铁芯、两端带轴承压盖及中间传动轴组装构成。”

针对上述专利权，王巨江（下称请求人）于2007年3月29日向专利复审委员会提出无效宣告请求，认为本专利权利要求1~3不符合专利法实施细则第20条第1款，专利法实施细则第21条第2款，专利法第26条第3款以及专利法第22条第3款、第4款的规定，提交如下证据：

证据1：公开号为CN1276735A号中国发明专利申请公开说明书，公开日为2000年12月13日。

结合上述证据，请求人具体的无效理由是：（1）本专利权利要求1~3中未对各部件之间的机械构造或是相对位置关系、连接关系和必要的机械配合关系进行限定，因而不符合专利法实施细则第20条第1款的规定；（2）本专利说明书文字部分及附图部分中仅仅是各种零件的简单堆砌，没有相对位置关系、连接关系和必要的机械配合关系的说明，对一些零件如何实现其工作也未作说明，因而本专利说明书未对本专利作出清楚、完整的说明，所属技术领域的技术人员根据专利文件的说明书无法实现该发明，因而不符合专利法第26条第3款的规定；（3）本专利权利要求1中缺少各部件的相对位置关系、连接关系和必要的机械配合关系等技术特征，并且麻醉仪必要的手柄、针头、药剂储藏零件等技术特征也没有包括在权利要求1中，因而本专利权利要求1不符合专利法实施细则第21条第2款的规定；（4）证据1公开了本专利权利要求1的全部必要技术特征，破坏本专利权利要求1的新颖性，同时证据1破坏本专利权利要求2、3的创造性。

经形式审查合格，专利复审委员会依法受理了上述无效宣告请求，于2007年5月14日向双方当事人发出无效宣告请求受理通知书，并将无效宣告请求书及其附件清单中所列附件的副本转送给专利权人，并告知在一个月内对该无效宣告请求陈述意见，期满未答复的，不影响专利复审委员会审理。

专利权人期满未答复。

专利复审委员会依法成立合议组，对上述无效宣告请求进行审理。

本案合议组于2007年9月26日向双方当事人发出无效宣告请求口头审理通知书，指出本案定于2007年11月14日举行口头审理。

口头审理如期举行，请求人出席了口头审理，专利权人缺席口头审理。合议组当庭告知本案合议组成员变更情况，请求人表示对合议组成员无回避请求。

在口头审理中，请求人明确其无效宣告请求理由、证据和范围：（1）本专利权利要求1不符合专利法实施细则第20条第1款，专利法实施细则第21条第2款，专利法第22条第2款、第3款，专利法第26条第3款的规定；（2）本专利权利要求2~3不符合专利法实施细则第20条第1款、专利法第22条第3款、专利法第26条第3款的规定；请求人当庭明确放弃权利要求2、3不符合专利法实施细则第21条第2款的无效宣告理由。

关于本专利不符合专利法第26条第3款的无效宣告理由，请求人认为：本专利说明书中没有公开各零部件之间的相对位置、连接关系和必要的机械配合关系；说明书中也未对麻醉药筒如何与麻醉仪连接、手柄如何与其他部件连接以及其如何工作进行说明，从附图中仅看出脚踏气动开关连接在麻醉仪外壳上，而对于"用脚踏气动开关即开始自动注射"是如何注射、如何连接其他零件、如何完成工作的在说明书中均未说明，说明书中提及了"麻醉仪进行鸣示后自动复位"，但说明书中并未说明哪个零件会鸣示，什么零件会自动复位；并且本专利说明书中背景技术中指出现有技术中存在针管粗大、人工控制不佳的缺陷，本专利就是为了避免该不足而提出的，但其说明书中并未给出解决上述不足的具体技术手段。

关于本专利不符合专利法实施细则第21条第2款、第20条第1款的无效宣告理由，请求人认为：本专利独立权利要求中缺少各部件之间的相对位置关系、连接关系和必要的机械配合关系等技术特征，使得该独立权利要求的必要技术特征不完整；同时麻醉仪中必要的手柄、针头、药剂储藏零件等技术特征也未记载在独立权利要求中，因而本专利权利要求1不符合专利法实施细则第21条第2

款的规定，同时由于该权利要求中缺少各部件之间的相对位置关系、连接关系和必要的机械配合关系等技术特征，因而也不符合专利法实施细则第20条第1款的规定；由于本专利权利要求1不清楚，因而其从属权利要求2、3也不清楚，另外由于权利要求2、3附加技术特征中也并未记载各部件之间的连接关系，因而本专利权利要求2、3也不符合专利法实施细则第20条第1款的规定。

关于本专利不符合专利法第22条第2款、第3款的无效宣告理由，请求人认为：证据1公开了本专利权利要求1的全部技术特征，其认为证据1中的电动机就是本专利权利要求1中的内旋式脉冲传动电机，因而本专利权利要求1不符合专利法第22条第2款的规定；同时本专利权利要求1与证据1相比较没有实质性特点和进步，因而不符合专利法第22条第3款的规定；本专利权利要求2、3附加技术特征为本领域的公知常识，因而它们也不符合专利法第22条第3款的规定。

专利复审委员会于2007年11月15日向专利权人发出了合议组成员告知通知书，告知其本案合议组成员的变更情况，并指出如对合议组成员有回避请求，应于收到上述通知书之日起7日内提交书面的请求书，逾期未答复的，视为无回避请求。

专利权人期满未答复。

至此，在上述审查程序的基础上，合议组认为本案事实清楚，现依法作出审查决定。

二、决定的理由

1. 关于证据

证据1为中国专利文献，专利权人未对其真实性提出异议，因而，证据1可以作为本案证据使用，同时证据1的公开日在本专利申请日之前，其上记载的内容构成本专利的现有技术。

2. 关于专利法第22条第2款

专利法第22条第2款规定：新颖性，是指在申请日以前没有同样的发明或者实用新型在国内外出版物上公开发表过、在国内公开使用过或者以其他方式为公众所知，也没有同样的发明或者实用新型由他人向国务院专利行政部门提出过申请并且记载在申请日以后公布的专利申请文件中。

请求人认为证据1破坏本专利权利要求1的新颖性。

本专利权利要求1请求保护一种口腔局部麻醉仪，证据1公开了一种牙科麻醉剂和输送注射装置，两者均属于口腔麻醉注射仪器，即所属技术领域相同。其中证据1具体公开了以下内容（参见证据1说明书第3~11页，附图1、2、19、20）：该注射装置中用于向患者输送治疗剂的牙科注射输送系统11包括驱动装置13，用空气软管13连接至驱动装置13的脚踏板29，麻醉剂药柱支架17以及借助预定长度的微型管19与麻醉剂药柱支架17连接的手柄装置15。药柱支架17用于将麻醉剂药柱21保持在取得装置13内正确的啮合位置，以便将麻醉剂溶液受控制地分配至手柄装置15送出。整个系统11由电驱动，系统内的微处理器150接收来自位于壳体33内供电开关152、压力传感器65、重调按钮63，以及用于传感药柱传感器154的输入，微处理器150响应于这些信号接通电动机156，电动机带动驱动机构158使药柱支架17内的柱塞23往复运动，通过柱塞23的往复运动进行药液泵送。脚踏板29的功能是作为空气致动控制原件，用以选择性地控制系统11的送药速度，当轻压或部分压下脚踏板29时系统以低速度送药，当重压或完全压下脚踏板29时系统以高速度送药。在壳体33上还具有一组药量指示灯61，其安装在驱动装置13内部的印刷电路板上，药柱量指示灯61选择性地燃亮以指示系统11工作时药柱21内保持的麻醉剂溶液数量。

将本专利权利要求1请求保护的技术方案与证据1所公开内容相比较，证据1中的壳体33相当于本专利权利要求1中的外壳，证据1中安装在驱动装置13内部的印刷电路板相当于本专利权利要求1中的程控线路板，证据1中可以通过不同压力压下脚踏板29来调节供给药液的速度，该脚踏板相当于本专利权利要求1中的调速按钮及脚踏气动开关，证据1中通过微处理器保持流量计数，其根据柱塞 23 的位置给出由药柱压出多少溶液并激励指示灯 61 显示剩余量，微处理器与指示灯结合能够对药量的流出量进行计算和显示，具有对药量分配进行调节的作用，即证据 1 中微处理器及指示灯 61 相当于本专利权利要求 1 中的药量分配调节器，由于证据 1 中也是通过电动机产生动力驱动柱塞 23 往复运动，因而在其所公开的技术方案中，应包括用于传输驱动力的传动轴。

二者之间存在以下区别：（1）证据 1 中未公开包含有变压器；（2）证据 1 仅公开包括电动机 156，并未明确该电动机的具体种类，而本专利权利要求 1 限定其为“内旋式脉冲传动电机”。虽然请求人认为证据 1 中附图 2 中间“冂”形板下部方形突出部分为变压器，但合议组认为证据 1 所公开的文字及附图部分均无法确定在其方案中包含有变压器，因而请求人的上述观点不能成立；请求人认为证据 1 中的电动机就是本专利权利要求 1 中的内旋式脉冲传动电机，合议组认为，证据 1 中的电动机属于上位概念，而本专利中的内旋式脉冲传动电机属于下位概念，并且在口头审理中请求人也指出电动机包括内旋式、外旋式以及齿轮式等多种类型，可见证据 1 所公开的电动机为本专利请求保护的内旋式脉冲传动电机的上位概念，二者并不能等同。综上，本专利权利要求 1 请求保护的技术方案与证据 1 相比存在上述两个区别，两者的技术方案实质上存在差异，因而，本专利权利要求 1 相对于证据 1 具备新颖性，符合专利法第 22 条第 2 款的有关规定。

3. 关于专利法第 22 条第 3 款

专利法第 22 条第 3 款规定：创造性，是指同申请日以前已有的技术相比，该发明有突出的实质性特点和显著的进步，该实用新型有实质性特点和进步。

请求人认为证据 1 破坏本专利权利要求 1~3 的创造性。

如前关于新颖性的评述，本专利权利要求 1 请求保护的技术方案与证据 1 所公开内容存在以上两点区别。合议组经合议认为：对于本领域普通技术人员来说，在电子仪器内使用变压器以实现改变电压的目的属于本领域的常用技术手段，并且完全能够根据使用需要从各种公知类型的电动机中选择出相对适合的电动机，即使用内旋式脉冲传动电机也是本领域的常用技术手段，可见，将上述常用技术手段与证据 1 相结合而得到本专利权利要求 1 请求保护的技术方案对于本领域普通技术人员来说是显而易见的；并且，由于本专利说明书中未对为何选取这些设备进行具体说明，也未对由于选取这些设备所获得的技术效果进行特别说明，即这些特征也未给本专利带来意想不到的技术效果，因此，本专利权利要求 1 相对于证据 1 与常用技术手段的结合不具备创造性，不符合专利法第 22 条第 3 款的有关规定。

本专利权利要求 2、3 均为权利要求 1 的从属权利要求，它们附加技术特征分别为：控制线路板、由电脑心片场效应管组成；脉冲电动机，由两组定铁芯，两组线圈及中间带螺纹的通体动铁芯、两端轴承压盖及中间传动轴组装构成。合议组认为：现有技术中的控制线路板上一般均具有中央处理器部分及架构电路的功能性电子元器件，而将电脑芯片作为中央处理器部分、将场效应管架构电路均属于本领域的公知常识，由定铁芯、动铁芯、线圈、传动轴、轴承压盖等构成脉冲电动机也属于所属领域中的常规设计，对于本领域普通技术人员来说均是显而易见的，并且由于本专利说明书中未对为何选取这些设备进行具体说明，也未对由于选取这些设备所获得的技术效果进行特别说明，即这些特征也未给本专利带来意想不到的技术效果，因此，在其所引用的权利要求 1 不具备创造性的情况下，其从属权利要求 2、3 请求保护的技术方案也不具备创造性，不符合专利法第 22 条第 3 款的有关规定。

综上所述，本专利权利要求 1~3 相对于证据 1 均不具备创造性。

由于证据 1 已破坏本专利权利要求 1~3 的创造性，从而导致本专利全部无效，因此本决定不再对请求人所提出的其他无效理由进行评述。

三、决定

宣告 200420029482.5 号实用新型专利权全部无效。

当事人对本决定不服的，可以根据专利法第 46 条第 2 款的规定，自收到本决定之日起三个月内向北京市第一中级人民法院起诉。根据该款的规定，一方当事人起诉后，另一方当事人应当作为第三人参加诉讼。

007

冷管式造气炉炉体

无效宣告请求审查决定（第10871号）

决　定　号　第10871号
决　定　日　2007年11月29日
发明创造名称　冷管式造气炉炉体
国际分类号　C10J 3/20
无效宣告请求人　新乡市心连心化工设备有限公司
专利权人　董久明
专　利　号　200520001891.9
优先权日　2004年4月28日
申　请　日　2005年2月3日
授权公告日　2006年3月1日
合议组组长　赵　明
主　审　员　董晓静
参　审　员　王　琳

法律依据　专利法第22条第2款、第3款
决定要点

当请求人以国内公开销售为由请求宣告一项实用新型专利权无效时，如果其提供的证据不能形成一个完整的证据链以证明以下三个要件同时存在，则其关于本专利不具备新颖性的主张不成立。

第一，申请日前国内销售的事实；第二，该销售事实使某一技术方案处于公众想得知就能够得知的状态；第三，该技术方案与本专利要求保护的技术方案相同。

一、案由

本无效宣告请求涉及中华人民共和国国家知识产权局于2006年3月1日授权公告的、名称为"冷管式造气炉炉体"的实用新型专利权（下称本专利），其专利号是200520001891.9，优先权日是2004年4月28日，申请日是2005年2月3日，专利权人是董久明。本专利授权公告的权利要求书如下：

"1. 一种冷管式造气炉炉体，包括：内套、上、下环管，其特征在于：上、下环管的内侧设有开口，并分别与内套的上下端相连，上、下环管通过冷管相连，冷管上开有纵向敞口，并沿圆周方向与内套、相邻冷管连接在一起，上环管上设有汽液出口，下环管上设有液体进口、排污口。

2. 根据权利要求1所述冷管式造气炉炉体，其特征在于：上、下环管、冷管的外部设有保温层。

3. 根据权利要求 1 所述冷管式造气炉炉体，其特征在于：上、下环管之间设有加固连接架。

4. 根据权利要求 1 所述冷管式造气炉炉体，其特征在于：内套的上下端直径可以不等。

5. 根据权利要求 1 所述冷管式造气炉炉体，其特征在于：冷管可以是任何形状。”

针对上述专利权，新乡市心连心化工设备有限公司（下称请求人）于 2007 年 5 月 8 日向专利复审委员会提出无效宣告请求，并提交了如下附件：

附件 1：授权公告日为 1999 年 6 月 23 日、授权公告号为 CN2325393Y 的中国实用新型专利说明书；

附件 2：公开日为 2003 年 7 月 2 日、公开号为 CN1427879A 的中国发明专利申请公开说明书；

附件 3：授权公告日为 1997 年 3 月 5 日、授权公告号为 CN2248718Y 的中国实用新型专利说明书；

附件 4：本实用新型专利的专利说明书；

附件 5：工矿产品购销合同，复印件共 2 页，供方为唐山市天元化工设备有限公司（以下简称天元公司），法定代表人为董久明，需方为冀州市银海化肥有限责任公司（以下简称银海公司），法定代表人为聂平海，委托代理人为王洪安，产品为“DJM 型造气炉体 Φ2610（按山东博山 Φ2610 造气炉配套）”，约定 2004 年 2 月底交货；

附件 6：7 张照片，原件，拍摄日期分别为 2007/4/27、2007/4/29 和 2007/4/30，照片 1~4 据称为银海公司大门、厂区、造气车间和办公楼、造气车间外景，照片 5~7 据称为银海公司造气车间中的本专利产品外形照片、下环管和部分冷管照片以及上环管和部分冷管照片。

附件 7：天元公司关于 DJM 型无返混板式塔、DJM 型耐高压水夹套、DJM 型系列套管废热锅炉等的产品介绍和 DJM 型耐高压水夹套技术简介，复印件，共 3 页；

附件 8：据称来源自 2004 年小氮肥技术委员扩大会会议资料、时间为 2004 年 12 月 8 日的“DJM 型耐高压水夹套在我公司的应用”，作者为银海公司的王洪安，复印件，共 2 页。

请求人认为：（1）附件 5、6 证明销售行为成立，附件 7 证明购销合同涉及的产品即本专利产品，附件 8 的发言内容提到 DJM 耐高压水夹套于 2004 年 4 月安装、7 月运行，从而证明销售行为发生在本专利的优先权日之前，因此本专利的产品因使用公开而不具备专利法第 22 条第 2 款规定的新颖性。（2）本专利权利要求 1~5 相对于附件 1~3 的结合不具备专利法第 22 条第 3 款规定的创造性。

经形式审查合格，专利复审委员会依法受理了上述无效宣告请求，并于 2007 年 5 月 8 日向双方当事人发出无效宣告请求受理通知书，同时将专利权无效宣告请求书及其附件清单中所列附件的副本转送给专利权人，并要求专利权人在指定的期限内陈述意见。

请求人于 2007 年 6 月 7 日向专利复审委员会提交意见陈述书，并补充了无效的理由和证据，其中补充的证据为：

附件 9：授权公告日为 2000 年 8 月 30 日、授权公告号为 CN2393884Y 的中国实用新型专利说明书；

附件 10：授权公告日为 1993 年 7 月 21 日、授权公告号为 CN2138650Y 的中国实用新型专利说明书；

附件 11：银海公司水汽车间梁彦中出具的书面证言，复印件共 1 页，证言内容涉及银海公司水汽车间有 13 台 Φ2600 的造气炉，其中 DJM 型造气炉体 Φ2600 一台，购于天元公司，2004 年 3 月到厂，2004 年 4 月初安装，并投入运行。

请求人认为，（1）附件 11 的证言证明了本专利产品在优先权日之前已于国内公开销售，本专利不具备新颖性；（2）附件 9、10 用于证明本专利权利要求 5 不具备创造性。

针对专利复审委员会于2007年5月8日作出的上述无效宣告请求受理通知书，专利权人于2007年6月21日提交了意见陈述书，同时提交如下反证：

反证1：银海公司的书面证明，复印件共1页，内容是该公司于2004年向天元公司定购的造气炉体已于2005年2月份之前停炉，天元公司于2005年3月28日又为其提供一台新型结构的产品，随即拆除了2004年定购的炉体；

反证2：王洪安出具的书面证明1页，内容是其本人既未供稿，也未到会发言；

反证3：全国化肥工业信息总站出具的函，复印件共1页，主要内容是本专利解决了水夹套提高压力运行的问题，从而在节约原料煤的同时延长了使用寿命。

专利权人认为：（1）附件5~8不能证明本专利产品公开出售过，因为附件5未记载合同产品具有本专利所限定的结构，附件6的照片所示结构并非附件5出售的设备（反证1证明），附件7的印刷和发行时间晚于本专利申请日，附件8的真实性已被原作者否认（反证2证明）；（2）本专利权利要求1~5是本领域普通技术人员根据附件1~3的结合不能显而易见的，而且本专利解决了本行业长期未解决的问题（反证3证明），取得了商业上的成功。

专利复审委员会依法成立合议组对本无效宣告请求案进行审理。本案合议组于2007年7月9日向双方当事人发出无效宣告请求口头审理通知书，定于2007年9月13日举行口头审理。随同口头审理通知书，将请求人于2007年6月7日提交的意见陈述书及其附件清单中所列附件的副本转送给专利权人，将专利权人于2007年6月21日提交的意见陈述书及其附件清单中所列附件的副本转送给请求人，并要求双方当事人在口头审理时对收到的文件进行答复。

口头审理如期举行，双方当事人均参加口头审理，合议组对无效理由和证据进行了调查，充分听取了各方当事人的意见，并记录了以下事项：

（1）请求人和专利权人当庭提交文件和转送情况：

①专利权人当庭提交针对口头审理通知书的意见陈述书和反证4，用以证明请求人的附件11不具备真实性和合法性：

反证4：梁彦中出具的书面证言，复印件1页，内容主要是其所在车间对2004年天元公司提供的造气炉炉体的接管使用时间是在2004年下半年，该炉体因漏水已于2005年3月更换。

②请求人当庭提交以下附件8-1、8-2，附件8-1用于证明附件8的真实性，附件8-2针对专利权人的反证2提交，用于证明附件5的合同已实际履行、王洪安的确发表过文章以及合同所销售产品与本专利相同。

附件8-1：内容为“DJM型耐高压水夹套在我公司的应用”的小氮肥网的下载打印件，共2页；

附件8-2：《全国煤气化技术通讯》，2004年第6期，封面页、目次页、第2004/06/025、2004/06/026页，复印件共4页。

③合议组当庭将上述文件转送给对方当事人。请求人表示当庭答辩，口头审理后不再针对反证4答辩。合议组指定专利权人在口头审理结束后的15日内针对当庭转送的文件提交答辩意见。

（2）请求人明确其无效宣告的理由、证据和范围是：本专利不符合专利法第22条第2、3款的规定；用附件5~8、11证明权利要求1~5不具备新颖性；用附件1、2、3的结合评价权利要求1的创造性，权利要求2的附加技术特征既是公知常识又被附件1公开，权利要求3的附加技术特征既是公知常识又被附件1的外壳公开，权利要求4的附加技术特征被附件3公开，权利要求5的附加技术特征既是普通常识又被附件2或9或10公开，因此权利要求1~5都不具备创造性。

（3）关于证据的意见：

①请求人当庭提交盖有银海公司红章的附件5的复印件，以及附件7、8-2、11的原件。专利权

人对附件1~3、5、9、10真实性没有异议，认为附件5的销售产品不是本专利产品，到货时间是在2004年的4月底；附件6形式真实，但是不能证明是附件5所述合同的产品；附件7记载本专利专利号的事实说明是申请日之后印制，产品名称与附件5的合同不对应，并否认是天元公司印制的；附件8-1与附件8的排版不一致，显示的时间不能确定是文章发表时间还是录入时间，而且反证2证明该附件来源值得怀疑；附件8-2虽与原件一致，但根据原件可知其是企业办的内部刊物，没有刊号，因此不认可其公开性；附件11的内容前后矛盾，而且反证4证明附件11是梁彦中未经核实内容的情况下签的字，对其真实性、合法性不予认可。

②专利权人当庭提交附件反证1~4的原件，请求人认可反证1、3的真实性，对反证2、4的真实性提出异议，认为反证1可以证明合同已履行，反证2属于伪造，反证3不能证明本专利产品在优先权日前没有销售过，反证4不真实。

（4）关于新颖性，请求人用附件5和反证1证明所述合同已经履行，用附件6、7、8、8-1、8-2、11证明销售时间以及所售产品和本专利权利要求1~5要求保护的产品结构相同，其中附件8、8-1和8-2的内容是一致的；专利权人则认为附件5的到货时间是在4月底，附件6照片中所示设备的结构与本专利不对应，附件7是申请日之后印制的，不是现有技术，附件8、8-1、8-2没有覆盖本专利权利要求1的全部技术特征。

（5）关于创造性，附件1作为最接近的现有技术，使用附件1、2和3的结合评价权利要求1的创造性，请求人认为附件1公开了本专利的上下环管、排污口、气液出口和液体进口，附件3公开了内套，附件2公开了半边管冷管，根据附件2的横向敞口半边管和附件1的纵向冷管不需要创造性的劳动即可得到本专利的纵向半边管的技术方案，因此权利要求1不具备创造性；权利要求2~5的附加技术特征也均被公开，因此也不具有创造性。专利权人认为附件1没有公开内套，开口方向与本专利不同，上下环管通过直径较小的管和冷管连通，附件3的反应器物料与本专利不同，附件2的反应器类型与本专利不同，三者结合不能破坏本专利权利要求1的创造性，从属权利要求2~5也都具备创造性。

2007年9月20日，专利权人提交关于附件8-1和8-2的意见陈述书，坚持认为附件8-1不具备真实性、合法性，不应作为定案依据。

2007年9月27日，请求人提交意见陈述书和以下附件：

附件12：《二OO四年小氮肥技术委员会扩大会议资料汇编》，中国氮肥工业协会小氮肥分会，2004年10月，原件，以及封面、目录、第185~187页的复印件共5页；

附件12-1：中国氮肥工业协会于2007年9月18日出具的证明，原件以及复印件各1页，其证明内容主要是中国氮肥工业协会于2004年10月份在青岛召开小氮肥技术委员会扩大会议，组委会根据厂家供稿编制了“二OO四年小氮肥技术委员会扩大会议资料”，到会人员人均一本以供大家相互参阅，该汇编的第24篇文章是银海公司王洪安的“DJM型耐高压水夹套在我公司的应用”，会后将该文章录入该协会的“中国氮肥网”上；

附件13：《中国专利代理》2007年第2期的封面、目录以及中华全国专利代理人协会网站页的复印件，共3页。

请求人在意见陈述书中认为附件12和12-1可以证明附件8-1的真实性，并证明反证2是伪证；附件13可以证明行业内部期刊可以被所有行业内的代理人和单位订阅，所以附件8-2虽是行业内部资料，但是已经处于能够为公众所知的状态。并认为附件11真实有效，反证4不可信，本专利权利要求1~5相对于附件1、2、3的结合不具备创造性。

至此，合议组认为本案事实已经清楚，可以作出审查决定。

二、决定的理由

1. 关于新颖性

专利法第22条第2款规定，新颖性，是指在申请日以前没有同样的发明或者实用新型在国内外出版物上公开发表过、在国内公开使用过或者以其他方式为公众所知，也没有同样的发明或者实用新型由他人向国务院专利行政部门提出过申请并且记载在申请日以后公布的专利申请文件中。

当请求人以国内公开销售为由请求宣告一项实用新型专利权无效时，如果其提供的证据不能形成一个完整的证据链以证明以下三个要件同时存在，则其关于本专利不具备新颖性的主张不成立：第一，申请日前国内销售的事实；第二，该销售事实使某一技术方案处于公众想得知就能够得知的状态；第三，该技术方案与本专利要求保护的技术方案相同。

本案中，请求人提交附件5~8、8-1、8-2、11、12、12-1、13作为证据，以支持其关于本专利权利要求1~5要求保护的产品由于在先使用公开而不具备新颖性的主张，其中用附件5和反证1证明合同已经履行，用附件6、7、8、8-1、8-2、11证明合同销售的时间以及销售的产品与本专利权利要求1~5的技术方案相同，用附件12、12-1证明附件8-1的真实性，用附件13证明附件8-2的公开性。

合议组经审查后认为，

首先，没有证据证明附件6照片中所示的设备就是附件5合同中所销售的产品，其次，首先，附件12、12-1、13的提交时间是口头审理结束后，超出了专利法实施细则第66条规定的举证期限，因此合议组不予考虑。

其次，附件5涉及合同相关产品的名称“DJM型造气炉体”，反证1叙述了银海公司与天元公司定购造气炉体的停炉和更换情况，它们的真实性得到了对方的认可，可以证明合同得以履行，但是附件5和反证1并未公开销售所涉及的造气炉体的具体技术方案。

再次，经考察附件6、7、8、8-1、8-2和11可知：

（1）附件6的照片1~4分别是银海公司大门、厂区一角、造气车间和办公楼一角和造气车间的外景，不涉及造气炉的具体结构；照片5仅表示出外部设置保温层的设备的整体外形，照片6、7仅表示出所示设备去掉部分保温层之后的外部结构，由此仅能确定存在多个沿纵向延伸的拱形突起结构与上下部分连接，并不能直接地、毫无疑义地确定其内部构造和冷管连接方式，而且，附件6的照片拍摄日期是2007年4月27日、29日和30日，而根据反证1和附件5的内容并不能得出附件6照片中所示产品即附件5的合同涉及的产品的结论。

（2）附件7记载的内容是DJM型耐高压水夹套是在内筒外环形布置一圈冷管，示意图包括汽水混合物出口、上环管、内筒、冷管、降液进口、下环管、下环板、排污口、筋板和上环板部件。但是，该附件并没有披露本专利权利要求1的“冷管上开有纵向敞口，并沿圆周方向与内套、相邻冷管连接在一起”的技术特征，根据其描述“内筒外环形布置一圈冷管”也不能直接地、毫无疑义地确定所述冷管结构与本专利权利要求1所限定的冷管相同。而且，附件7记载的主题是“DJM型耐高压水夹套”，与附件5合同涉及的产品名称“DJM型造气炉体”不一致，即使考虑到附件7在“DJM型耐高压水夹套技术简介”下方记载有“专利号：2005200018919”，这也只说明附件7是在本专利申请日之后印制的材料，尚不能得出附件7所述的技术方案就是附件5的合同涉及的产品的技术方案的结论。

（3）附件8的内容涉及DJM型耐高压水夹套的结构形式及汽水循环，其结构形式是有内套和布置在内套外壁上的减温冷管、上下环管、支撑架等组成，夹套与炉顶和炉底的连接形式和水槽式夹套相同，其汽水循环式水从汽包降下进入设在下环管上的进水口，然后经下环管进入与下环管连接的每只减温冷管，水被加热后进入与每只减温冷管相连的上环管，最后由设在上环管上的汽水出口出来升入汽包，进行汽水分离（参见附件 8 第 1、2 页）。附件 8-1 的内容与附件 8 相同，附件 8-2 比附件 8 增加了表示 DJM 型耐高压水夹套结构形式及汽水循环方式的图 1。但是，根据附件 8、8-1、8-2 的图示和文字说明，没有披露本专利权利要求 1 限定的“冷管上开有纵向敞口，并沿圆周方向与内套、相邻冷管连接在一起”的技术特征，根据它们记载的“布置在内套外壁上的减温冷管”、“与下环管连接的每只减温冷管”也不能直接地、毫无疑义地确定其与本专利权利要求 1 限定的冷管结构相同。

（4）附件 11 的内容仅涉及银海公司购于天元公司的造气炉体于 2004 年 3 月到厂，2004 年 4 月初安装并投入运行，并未披露造气炉体的结构。而且该附件从属性上看属于证人证言，证人证言的真实性与出证人的记忆力、理解力、表达能力，以及对所证事物的介入程度等诸多主观因素有关，所以必须经过质证，并有其他证据佐证才能成为定案依据。由于证人未参加口审接受质证，同时又无其他证据予以佐证，因此尚不能支持请求人关于本专利权利要求 1~5 要求保护的产品因在先使用公开而不具备新颖性的主张

由上述评述可知，请求人的上述证据均未公开本专利的技术方案，而且也不能形成一个完整的证据链，以证明请求人关于本专利因优先权日之前已有同样的技术方案在国内公开使用过而不具备新颖性的主张，因此其关于权利要求 1~5 不具备新颖性的理由不成立。

2. 关于创造性

专利法第 22 条第 3 款规定，创造性，是指同申请日以前已有的技术相比，该发明有突出的实质性特点和显著的进步，该实用新型有实质性特点和进步。

判断一项权利要求是否具有创造性时，应将权利要求所述的技术方案与最接近的现有技术进行特征分析，确定二者之间的区别技术特征，然后考查由引入这些区别技术特征而得到的技术方案对于本领域技术人员来说是否显而易见，如果非显而易见，而且请求保护的发明实用新型产生了有益的技术效果，则该权利要求具备创造性。

请求人依据附件 1~3、9、10 提出本专利权利要求 1~5 不具备创造性的无效理由。由于专利权人对附件 1~3、9、10 的真实性没有异议，合议组经审查后认为可以作为本案证据使用，而且由于上述附件的公开时间均在本专利的优先权日之前，因此其上记载的内容可以作为本专利的现有技术。

（1）关于独立权利要求 1 的创造性。

附件 1 公开了一种煤气发生炉中的水夹套，其由上封头体 1、钢管 2、下封头体 3、进水管节 4、出水管节 7 等构成，一组钢管 2 以炉中心为轴线，均匀对称连续布置并焊接在一起，钢管的上端插入上封头体 1 底部，下端插入下封头体 3 的顶部，上、下封头体与钢管焊接成一个整体，上封头体 1 顶部插有出水管节 7 用于排放饱和水蒸汽，下封头体 3 底部插有进水管节 4 用于补充水份，下封头体 3 另一侧插有排污管节 5 用于排除水垢及水中杂质。在生产过程中煤炭在水夹套内侧燃烧，钢管 2 直接受热，钢管 2 内的水受热膨胀，饱和水蒸汽进入上封头体 1 内由出水管节 7 排出（参见附件 1 说明书第 1 页倒数第 1 段至第 2 页和附图 1、2）。由此可见，本专利权利要求 1 与附件 1 的区别在于：权利要求 1 的炉体包括内套，冷管开有纵向敞口并沿圆周方向与内套和相邻冷管连接在一起，而附件 1 则没有单独的内套部件，是由钢管 2 直接受热。

附件 2 公开了一种用于气化含碳物料的反应器，包括带外套的壳体，其中的套式冷却技术可以采用“半管”外套，多个半管式导管 56 被焊接到容器壳体 28 上以便为传热流体 36 流提供平行的通道，半管式外套主要包括一个沿纵向切开的管道，然后将该管焊接到壳体上（参见附件 2 说明书第 10 页第 20~29 行，第 14 页第 20~29 行和图 6B）。

附件 3 则公开了一种煤气发生炉新型水夹套，由外壁 1、内壁 2、进水管 3、出气管 4、排污管 5

构成，其中外壁1为圆筒状，内壁2为圆台状（参见附件3权利要求1和附图1、2)。

由此可见，附件2所述的沿纵向剖开的管道是沿着与反应器容器轴向垂直的方向平行排列的，不同于本专利权利要求1所限定的“冷管上开有纵向敞口，并沿圆周方向与内套、相邻冷管连接在一起”，附件3所述的内壁也不同于本专利权利要求1限定的内套与开有纵向敞口的冷管连接在一起。而且，附件1、2、3也没有给出任何启示以使所属技术领域的技术人员在附件1、2、3的基础上显而易见地得到本专利权利要求1所述的技术方案。根据本专利说明书第2页的描述，本专利的技术方案通过水在冷管内边流动边对内套进行冷却，可有效提高其使用寿命，冷管可以承受较高的工作压力，所以蒸发工作温度可以在露点温度以上，使炉体的腐蚀大大降低，产生了有益的技术效果。因此，权利要求1的技术方案是非显而易见的，权利要求1相对于附件1~3的结合具有创造性。

请求人认为附件1的多个冷管朝向炉心的表面构成了传热界面，相当于内套，并且根据附件1的纵向钢管和附件2的横向敞口可以显而易见得到本专利的纵向敞口，合议组认为，虽然附件1的钢管朝向炉心的表面构成传热界面，但是其整体结构上并不包括单独的内套部件，而是由钢管既作为冷管又直接受热，本专利则是由内套直接受热，二者结构不同，效果有异，而且附件1由纵向钢管直接受热和冷却，附件2则是壳体上设有水平半管，在没有技术启示的情况下所属技术领域的技术人员并不能显而易见地结合得到既有内套又有纵向半管冷管的技术方案。

综上，请求人关于本专利权利要求1相对于附件1、2、3的结合不具备创造性的理由不成立。

(2) 关于从属权利要求2~5的创造性。

本案中，请求人在主张权利要求1相对于附件1、2、3的结合不具备创造性的基础上，认为权利要求2、3的附加技术特征既是公知常识又被附件1公开，权利要求4的附加技术特征被附件3公开，权利要求5的附加技术特征既是普通常识又被附件2、9、10公开，也都不具备创造性。

合议组经审查后认为，在请求人关于独立权利要求1相对于附件1、2、3的结合不具备创造性的主张不成立的基础上，由于从属权利要求2~5的技术方案不仅包括各自的附加技术特征，还通过引用独立权利要求1而包括权利要求1的全部技术特征，因此请求人上述关于权利要求2~5的附加技术特征被公开的意见并不足以支持其关于权利要求2~5的整体技术方案不具备创造性的主张，也就是说，请求人关于权利要求2~5不具备创造性的理由也不成立。

根据上述的事实和理由，本案合议组依法作出以下决定。

三、决定

维持200520001891.9号实用新型专利权有效。

当事人对本决定不服的，可以根据专利法第46条第2款的规定，自收到本决定之日起三个月内向北京市第一中级人民法院起诉。根据该款的规定，一方当事人起诉后，另一方当事人应当作为第三人参加诉讼。

北京市第一中级人民法院
行政判决书

（2008）一中行初字第561号

原告新乡市心连心化工设备有限公司，住所地河南新乡经济技术开发区（小冀镇）。

法定代表人苗嘉莹，董事长。

委托代理人陈大通，郑州大通专利商标代理有限公司专利代理人。

委托代理人王银铃，女，1972年8月9日出生，新乡市心连心化工设备有限公司职员，住河南省新乡市卫滨区胜利路371号。

被告国家知识产权局专利复审委员会，住所地北京市海淀区北四环西路9号银谷大厦10~12层。

法定代表人廖涛，副主任。

委托代理人任颖丽，国家知识产权局专利复审委员会审查员。

委托代理人田华，国家知识产权局专利复审委员会审查员。

第三人董久明，男，1963年4月15日出生，汉族，住河北省丰南市城区化肥厂家属院。

委托代理人于文顺，唐山市钢联专利事务所专利代理人。

原告新乡市心连心化工设备有限公司（以下简称心连心公司）不服被告国家知识产权局专利复审委员会（以下简称专利复审委员会）于2007年11月29日作出的第10871号无效宣告请求审查决定（以下简称第10871号决定），在法定期限内向本院提起诉讼。本院于2008年4月14日受理后，依法组成合议庭，并通知董久明作为第三人参加诉讼，于2008年10月10日公开开庭进行了审理。原告心连心公司的法定代表人苗嘉莹及委托代理人陈大通、王银铃，被告专利复审委员会的委托代理人任颖丽、田华，第三人董久明的委托代理人于文顺到庭参加了诉讼。本案现已审理终结。

第10871号决定是专利复审委员会就心连心公司对董久明拥有的名称为“冷管式造气炉炉体”、专利号为200520001891.9的实用新型专利（以下简称本专利）提出的无效宣告请求而作出的。专利复审委员会在该决定中认定：

1. 关于新颖性。

附件12、12-1、13的提交时间是口头审理结束后，超出了《中华人民共和国专利法实施细则》（以下简称《专利法实施细则》）第六十六条规定的举证期限，因此专利复审委员会不予考虑。

附件5涉及合同相关产品的名称“DJM型造气炉体”，反证1叙述了冀州市银海化肥有限责任公司（简称银海公司）与唐山市天元化工设备有限公司（简称天元公司）定购造气炉体的停炉和更换情况，它们的真实性得到了对方的认可，可以证明合同得以履行，但是附件5和反证1并未公开销售所涉及的造气炉体的具体技术方案。

附件6的照片1~4分别是银海公司大门、厂区一角、造气车间和办公楼一角和造气车间的外景，不涉及造气炉的具体结构；照片5仅表示出外部设置保温层的设备的整体外形，照片6、7仅表示出所示设备去掉部分保温层之后的外部结构，由此仅能确定存在多个沿纵向延伸的拱形突起结构与上下部分连接，并不能直接地、毫无疑义地确定其内部构造和冷管连接方式，而且，附件6的照片拍摄日期是2007年4月27日、29日和30日，而根据反证1和附件5的内容并不能得出附件6照片中所示产品即附件5的合同涉及的产品的结论。

附件7并没有披露本专利权利要求1的“冷管上开有纵向敞口，并沿圆周方向与内套、相邻冷管连接在一起”的技术特征，根据其描述“内筒外环形布置一圈冷管”也不能直接地、毫无疑义地确定所述冷管结构与本专利权利要求 1 所限定的冷管相同。而且，附件 7 记载的主题是“DJM 型耐高压水夹套”，与附件 5 合同涉及的产品名称“DJM 型造气炉体”不一致，即使考虑到附件 7 在“DJM 型耐高压水夹套技术简介”下方记载有“专利号：2005200018919”，这也只说明附件 7 是在本专利申请日之后印制的材料，尚不能得出附件 7 所述的技术方案就是附件 5 的合同涉及的产品的技术方案的结论。

附件 8-1 的内容与附件 8 相同，附件 8-2 比附件 8 增加了表示 DJM 型耐高压水夹套结构形式及汽水循环方式的图 1。但是，根据附件 8、8-1、8-2 的图示和文字说明，没有披露本专利权利要求 1 限定的“冷管上开有纵向敞口，并沿圆周方向与内套、相邻冷管连接在一起”的技术特征，根据它们记载的“布置在内套外壁上的减温冷管”、“与下环管连接的每只减温冷管”也不能直接地、毫无疑义地确定其与本专利权利要求 1 限定的冷管结构相同。

附件 11 从属性上看属于证人证言，证人证言的真实性与出证人的记忆力、理解力、表达能力，以及对所证事物的介入程度等诸多主观因素有关，所以必须经过质证，并有其他证据佐证才能成为定案依据。由于证人未参加口审接受质证，同时又无其他证据予以佐证，因此尚不能支持心连心公司关于本专利权利要求 1~5 要求保护的产品因在先使用公开而不具备新颖性的主张。

由上述评述可知，心连心公司的上述证据均未公开本专利的技术方案，而且也不能形成一个完整的证据链，以证明本专利因优先权日之前已有同样的技术方案在国内公开使用过而不具备新颖性的主张，因此其关于权利要求 1~5 不具备新颖性的理由不成立。

2. 关于创造性。

关于独立权利要求 1 的创造性。

本专利权利要求 1 与附件 1 的区别在于：权利要求 1 的炉体包括内套，冷管开有纵向敞口并沿圆周方向与内套和相邻冷管连接在一起，而附件 1 则没有单独的内套部件，是由钢管直接受热。

附件 2 所述的沿纵向剖开的管道是沿着与反应器容器轴向垂直的方向平行排列的，不同于本专利权利要求 1 所限定的“冷管上开有纵向敞口，并沿圆周方向与内套、相邻冷管连接在一起”，附件 3 所述的内壁也不同于本专利权利要求 1 限定的内套与开有纵向敞口的冷管连接在一起。而且，附件 1、2、3 也没有给出任何启示以使所属技术领域的技术人员在附件 1、2、3 的基础上显而易见地得到本专利权利要求 1 所述的技术方案。根据本专利说明书第 2 页的描述，本专利的技术方案通过水在冷管内边流动边对内套进行冷却，可有效提高其使用寿命，冷管可以承受较高的工作压力，所以蒸发工作温度可以在露点温度以上，使炉体的腐蚀大大降低，产生了有益的技术效果。因此，权利要求 1 的技术方案是非显而易见的，权利要求 1 相对于附件 1~3 的结合具有创造性。

心连心公司认为附件 1 的多个冷管朝向炉心的表面构成了传热界面，相当于内套，并且根据附件 1 的纵向钢管和附件 2 的横向敞口可以显而易见得到本专利的纵向敞口，专利复审委员会认为，虽然附件 1 的钢管朝向炉心的表面构成传热界面，但是其整体结构上并不包括单独的内套部件，而是由钢管既作为冷管又直接受热，本专利则是由内套直接受热，二者结构不同，效果有异，而且附件 1 由纵向钢管直接受热和冷却，附件 2 则是壳体上设有水平半管，在没有技术启示的情况下所属技术领域的技术人员并不能显而易见地结合得到既有内套又有纵向半管冷管的技术方案。专利复审委员会据此作出第 10871 号决定，维持本专利权全部有效。

原告心连心公司不服第 10871 号决定，起诉称：1. 附件 7 的文字部分记载了“内筒外环形布置一圈冷管”，同时附件 7 的耐压水夹套示意图明确公开了上述冷管具有纵向敞口。2. 附件 8-2 的图 1 公开了“冷管具有纵向敞口、并沿圆周方向与内套、相邻冷管连接在一起”这一技术特征。3. 第

10871 号决定不认定附件 11 的理由不成立，附件 11 可以得到附件 5、附件 8、8-1、8-2 的佐证。4. 第 10871 号决定不认定附件 5 的理由不成立，所有的合同都是不写具体技术方案的。5. 附件 6 的照片可以明显看出冷管是具有纵向敞口的冷管，其为附件 7 的专利产品。6. 本专利内套与冷管是共存的，两者不能单独存在，只有焊接起来才能有冷管。而附件 1 公开了具有内套功能的功能部件和具有纵向敞口的冷管一样的功能部件，因此，附件 1 已经公开了内套部件。附件 2 中的敞口是纵向敞口，横向布置的。7. 附件 12、附件 12-1 和附件 13 应当被采纳，却没有采纳。综上，请求人民法院撤销第 10871 号决定。

被告专利复审委员会辩称：1. 附件 12、附件 12-1 和附件 13 的提交时间超出了举证期限，不符合《专利法实施细则》第六十六条的规定。第 10871 号决定对这些证据不予考虑的作法是恰当的。2. 被告坚持其在第 10871 号决定中关于本专利具有新颖性和创造性的意见。综上，第 10871 号决定认定事实清楚、适用法律正确，请求人民法院依法驳回原告的诉讼请求，维持第 10871 号决定。

第三人董久明没有提交书面答辩意见，其当庭表示同意被告的意见，请求人民法院驳回原告的诉讼请求，维持第 10871 号决定。

本院经审理查明：

本专利是名称为“冷管式造气炉炉体”的实用新型专利，申请日是 2005 年 2 月 3 日，优先权日是 2004 年 4 月 28 日，2006 年 3 月 1 日经国家知识产权局授权公告，专利号为 200520001891.9，专利权人为董久明。本专利授权公告的权利要求书如下：

“1. 一种冷管式造气炉炉体，包括：内套、上、下环管，其特征在于：上、下环管的内侧设有开口，并分别与内套的上下端相连，上、下环管通过冷管相连，冷管上开有纵向敞口，并沿圆周方向与内套、相邻冷管连接在一起，上环管上设有汽液出口，下环管上设有液体进口、排污口。

2. 根据权利要求 1 所述冷管式造气炉炉体，其特征在于：上、下环管、冷管的外部设有保温层。

3. 根据权利要求 1 所述冷管式造气炉炉体，其特征在于：上、下环管之间设有加固连接架。

4. 根据权利要求 1 所述冷管式造气炉炉体，其特征在于：内套的上下端直径可以不等。

5. 根据权利要求 1 所述冷管式造气炉炉体，其特征在于：冷管可以是任何形状。”

针对本专利，心连心公司于 2007 年 5 月 8 日向专利复审委员会提出无效宣告请求，理由是本专利不符合《中华人民共和国专利法》（以下简称《专利法》）第二十二条第二、三款的有关规定，并提交了 8 份附件，其中：

附件 1 是授权公告日为 1999 年 6 月 23 日、授权公告号为 CN2325393Y 的中国实用新型专利说明书。其公开了一种煤气发生炉中的水夹套，其由上封头体 1、钢管 2、下封头体 3、进水管节 4、出水管节 7 等构成，一组钢管 2 以炉中心为轴线，均匀对称连续布置并焊接在一起，上封头体与下封头体为一圆环状密封体，钢管的上端插入上封头体 1 底部，下端插入下封头体 3 的顶部，上、下封头体与钢管焊接成一个整体，上封头体 1 顶部插有出水管节 7 用于排放饱和水蒸汽，下封头体 3 底部插有进水管节 4 用于补充水份，下封头体 3 另一侧插有排污管节 5 用于排除水垢及水中杂质。在生产过程中煤炭在水夹套内侧燃烧，钢管 2 直接受热，钢管 2 内的水受热膨胀，饱和水蒸汽进入上封头体 1 内由出水管节 7 排出。钢管的厚度与材质应与目前水夹套内筒体相同，并在钢管的管与管之间焊有防磨筋板，防止钢管磨损

附件 2 是公开日为 2003 年 7 月 2 日、公开号为 CNl427879A 的中国发明专利申请公开说明书。其公开了一种用于气化含碳物料的反应器，包括带外套的壳体，其中的套式冷却技术可以采用“半管”外套，多个半管式导管 56 被焊接到容器壳体 28 上以便为传热流体 36 提供平行的通道 38，半管式外套主要包括一个沿纵向切开的管道，然后将该管焊接到壳体上。

附件3是授权公告日为1997年3月5日、授权公告号为CN2248718Y的中国实用新型专利说明书。其公开了一种煤气发生炉新型水夹套，由外壁1、内壁2、进水管3、出气管4、排污管5构成，其中外壁1为圆筒状，内壁2为圆台状。

附件5：工矿产品购销合同，供方为天元公司，法定代表人为董久明，需方为银海公司，法定代表人为聂平海，委托代理人为王洪安，产品为“DJM型造气炉体Φ2610（按山东博山Φ2610造气炉配套）”，约定2004年2月底交货，复印件，共2页。

附件6：7张照片，原件，拍摄日期分别为2007/4/27、2007/4/29和2007/4/30，照片1~4据称为银海公司大门、厂区、造气车间和办公楼、造气车间外景，照片5~7据称为银海公司造气车间中的本专利产品外形照片、下环管和部分冷管照片以及上环管和部分冷管照片。

附件7：天元公司关于DJM型无返混板式塔、DJM型耐高压水夹套、DJU型系列套管废热锅炉等的产品介绍和DJM型耐高压水夹套技术简介。其公开的DJM型耐高压水夹套是在内筒外环形布置一圈冷管，示意图包括汽水混合物出口、上环管、内筒、冷管、降液进口、下环管、下环板、排污口、筋板和上环板部件，其在“DJM型耐高压水夹套技术简介”标题下方记载有“专利号：2005200018919”。复印件，共3页。

附件8：据称来源自2004年小氮肥技术委员扩大会会议资料、时间为2004年12月8日的“DJM型耐高压水夹套在我公司的应用”，作者为银海公司的王洪安。其内容涉及DJM型耐高压水夹套的结构形式及汽水循环，其结构形式是有内套和布置在内套外壁上的减温冷管、上下环管、支撑架等组成，夹套与炉顶和炉底的连接形式和水槽式夹套相同，其汽水循环式水从汽包降下进入设在下环管上的进水口，然后经下环管进入与下环管连接的每只减温冷管，水被加热后进入与每只减温冷管相连的上环管，最后由设在上环管上的汽水出口出来升入汽包，进行汽水分离。复印件，共2页。

心连心公司于2007年6月7日向专利复审委员会提交了意见陈述书，并补充了无效的理由和3份附件，其中：

附件11：银海公司水汽车间梁彦中出具的书面证言，证言内容涉及银海公司水汽车间有13台Φ2600的造气炉，其中DJM型造气炉体Φ2600一台，购于天元公司，2004年3月到厂，2004年4月初安装，并投入运行。复印件，共1页。董久明于2007年6月21日提交了意见陈述书，同时提交了3份反证，其中：

反证1：银海公司的书面证明，内容是该公司于2004年向天元公司定购的造气炉体已于2005年2月份之前停炉，天元公司于2005年3月28日又为其提供一台新型结构的产品，随即拆除了2004年定购的炉体。复印件，共1页，

专利复审委员会于2007年9月13日举行了口头审理。在口头审理过程中董久明当庭提交了反证4，心连心公司当庭提交了附件8-1、8-2，其中：

附件8-1：内容为“DJM型耐高压水夹套在我公司的应用”的小氮肥网的下载打印件，其内容与附件8相同，共2页；

附件8-2：《全国煤气化技术通讯》，2004年第6期，封面页、目次页、第2004/06/025、2004/06/026页，其比附件8增加了表示DJM型耐高压水夹套结构形式及汽水循环方式的图1，复印件，共4页。

心连心公司明确其无效宣告的理由、证据和范围是：本专利不符合《专利法》第二十二条第二、三款的规定；用附件5~8、8-1、8-2、11证明权利要求1~5不具备新颖性；用附件1、2、3的结合评价权利要求1的创造性，权利要求2的附加技术特征既是公知常识又被附件1公开，权利要求3的附加技术特征既是公知常识又被附件1公开，权利要求4的附加技术特征被附件3公开，权利要求5

的附加技术特征既是普通常识又被附件2或9或10公开，因此权利要求1~5都不具备创造性。

董久明对附件1~3、5、9、10真实性没有异议，附件6形式真实，但是不能证明是附件5所述合同的产品，附件7记载本专利专利号的事实说明是申请日之后印制，产品名称与附件5的合同不对应，并否认是天元公司印制的，附件8-1与附件8的排版不一致，显示的时间不能确定是文章发表时间还是录入时间，附件8-2虽与原件一致，但根据原件可知其是企业办的内部刊物，没有刊号，因此不认可其公开性；附件11的内容前后矛盾，对其真实性、合法性不予认可。心连心公司认可反证1、3的真实性，对反证2、4的真实性提出异议。

2007年9月20日，董久明提交了关于附件8-1和8-2的意见陈述书，认为附件8-1不具备真实性、合法性，不应作为定案依据。

2007年9月27日，心连心公司提交了意见陈述书和附件12、附件12-1和附件13。

通过上述审理，专利复审委员会认为本案事实清楚，作出了第10871号决定。

上述事实有本专利授权公告文本、附件1、附件2、附件3、附件5、附件6、附件7、附件8、附件8-1、附件8-2、附件11、反证1、第10871号决定书、口头审理记录表以及当事人陈述等证据在案佐证。

本院认为：

针对当事人的诉辩主张，本案的争议焦点如下：

1. 关于新颖性。

《专利法》第二十二条第二款规定，新颖性，是指在申请日以前没有同样的发明或者实用新型在国内外出版物上公开发表过、在国内公开使用过或者以其他方式为公众所知，也没有同样的发明或者实用新型由他人向国务院专利行政部门提出过申请并且记载在申请日以后公布的专利申请文件中。

证明一项实用新型专利在国内公开销售使用过必须同时满足以下三个条件：第一，申请日前国内销售的事实；第二，该销售事实使该实用新型专利的技术方案处于公众想得知就能够得知的状态；第三，该技术方案与本专利要求保护的技术方案相同。

附件5和反证1表明银海公司与天元公司涉及“DJM型造气炉体”的合同已经实际履行，在本专利申请日之前“DJM型造气炉体”已经在国内销售且处于公众想得知就能够得知的状态，但是附件5和反证1并未公开“DJM型造气炉体”的具体技术方案。因此，不能证明“DJM型造气炉体”的技术方案与本专利要求保护的技术方案相同。

《审查指南》第二部分第八章5.2.1规定：说明书和权利要求书记载的范围包括说明书和权利要求书文字记载的内容和根据说明书和权利要求书文字记载的内容以及说明书附图能直接地、毫无疑义确定的内容。

附件7在“DJM型耐高压水夹套技术简介”下方记载有“专利号：2005200018919”，这说明附件7是在本专利申请日之后印制的材料，因此，附件7不属于现有技术。同时附件7的文字部分记载了“内筒外环形布置一圈冷管”，示意图公开了冷管的剖面图，但对本领域技术人员来说根据上述记载和示意图不能直接地、毫无疑义地确定所述冷管的具体结构，因此，附件7并没有披露本专利权利要求1的“冷管上开有纵向敞口，并沿圆周方向与内套、相邻冷管连接在一起”的技术特征。原告认为附件7已经公开了冷管上开有纵向敞口的诉讼主张没有事实依据，本院不予支持。

附件8的文字部分记载了“布置在内套外壁上的减温冷管”、“与下环管连接的每只减温冷管”，附件8-1的内容与附件8相同，附件8-2比附件8增加了表示DJM型耐高压水夹套结构形式及汽水循环方式的图1。但对本领域技术人员来说根据上述记载和图1不能直接地、毫无疑义地确定所述冷管的具体结构，因此，附件8、8-1、8-2并没有披露本专利权利要求1的“冷管上开有纵向敞口，并沿圆周方向与内套、相邻冷管连接在一起”的技术特征。原告认为附件8、8-1、8-2已经公开了冷管具有纵向敞口、并沿圆周方向与内套、相邻冷管连接在一起的诉讼主张没有事实依据，本院不予支持。而且，附件8、8-1、8-2记载的主题是“DJM型耐高压水夹套”，与附件5合同涉及的产品名称“DJM型造气炉体”不一致，因此，不能得出附件8、8-1、8-2所述的技术方案就是附件5的合同涉及的产品的技术方案的结论。

《审查指南》第四章第4.2节关于证人证言部分规定，未能出席口头审理作证的证人出具的书面证言不能单独作为认定案件事实的依据，但证人确有困难不能出席口头审理作证的除外。

附件11是证人出具的证言，上述出具证言的证人在口头审理时未出庭作证且无合理理由，因此上述证人证言不能单独作为定案的依据。同时附件11与附件5相互印证，仅能证明附件5的合同已经实际履行，不能证明“DJM型造气炉体”的技术方案与本专利要求保护的技术方案相同。

附件6的照片1~4分别是银海公司大门、厂区一角、造气车间和办公楼一角和造气车间的外景，不涉及造气炉的具体结构；照片5仅表示出外部设置保温层的设备的整体外形，照片6、7仅表示出所示设备去掉部分保温层之后的外部结构，由此仅能确定存在多个沿纵向延伸的拱形突起结构与上下部分连接，并不能直接地、毫无疑义地确定其内部构造和冷管连接方式，原告认为附件6的照片可以明显看出冷管是具有纵向敞口的冷管的诉讼主张没有事实依据，本院不予支持。而且，附件6的照片拍摄日期是2007年4月27日、29日和30日，而根据反证1和附件5的内容并不能得出附件6照片中所示产品即附件5的合同涉及的产品的结论。

综上，上述附件均未公开本专利的技术方案，而且也不能形成一个完整的证据链，以证明本专利因优先权日之前已有同样的技术方案在国内公开使用过而不具备新颖性的主张，因此原告关于权利要求1~5不具备新颖性的理由不成立。

2. 关于附件1是否公开了内套。

附件1的文字部分记载了“一种煤气发生炉中的水夹套，其由上封头体、一组钢管、下封头体、进水管节、出水管节等构成，钢管以炉中心为轴线均匀对称连续布置并焊接在一起，上封头体与下封头体为一圆环状密封体，钢管的上端插入上封头体底部，下端插入下封头体的顶部，上、下封头体与钢管焊接成一个整体，钢管的厚度与材质应与目前水夹套内筒体相同，并在钢管的管与管之间焊有防磨筋板，防止钢管磨损”。对本领域技术人员来说根据上述记载和附图不能直接地、毫无疑义地确定所述水夹套具有内套，因此，附件1并没有披露本专利权利要求1的“内套”的技术特征。原告认为附件1已经公开了内套的诉讼主张没有事实依据，本院不予支持。

3. 关于独立权利要求1的创造性。

《专利法》第二十二条第三款规定，创造性，是指同申请日以前已有的技术相比，该发明有突出的实质性特点和显著的进步，该实用新型有实质性特点和进步。

本专利权利要求1与附件1的区别在于：权利要求1的炉体包括内套，冷管开有纵向敞口并沿圆周方向与内套和相邻冷管连接在一起，而附件1则没有单独的内套部件，是由钢管直接受热。原告认为本专利内套与冷管是共存的，两者不能单独存在，只有焊接起来才能有冷管的诉讼主张没有事实依据，本院不予支持。

附件2所述的沿纵向剖开的管道是沿着与反应器容器轴向垂直的方向平行排列的，不同于本专利权利要求1所限定的“冷管上开有纵向敞口，并沿圆周方向与内套、相邻冷管连接在一起”，原告认为附件2中的敞口是纵向敞口，横向布置的诉讼主张没有事实依据，本院不予支持。附件3所述的内壁也不同于本专利权利要求1限定的内套与开有纵向敞口的冷管连接在一起。而且，附件1、2、3也没有给出任何启示以使本领域的技术人员在附件1、2、3的基础上显而易见地得到本专利权利要求1

所述的技术方案。因此，权利要求 1 的技术方案是非显而易见的，权利要求 1 相对于附件 1~3 的结合具有创造性。

综上，被告作出的第 10871 号决定认定事实清楚，适用法律正确，审理程序合法。原告的诉讼理由不能成立，对其诉讼请求，本院不予支持。依照《中华人民共和国行政诉讼法》第五十四条第（一）项之规定，本院判决如下：

维持被告国家知识产权局专利复审委员会作出的第 10871 号无效宣告请求审查决定。

案件受理费 100 元，由原告新乡市心连心化工设备有限公司负担（已交纳）。

如不服本判决，各方当事人在本判决书送达之日起 15 日内，向本院提交上诉状及其副本，并交纳上诉案件受理费 100 元，上诉于北京市高级人民法院。

审 判 长 任 进
代理审判员 芮松艳
人民陪审员 高 伟
二〇〇八年十月十四日
书 记 员 牛 捷

008

回收化纤废液中的碱及半纤维素的方法

无效宣告请求审查决定（第10876号）

决　定　号　第10876号
决　定　日　2007年12月20日
发明创造名称　回收化纤废液中的碱及半纤维素的方法
国际分类号　C02F 1/44 D01F 13/02
无效宣告请求人　三达膜科技（厦门）有限公司
专　利　权　人　凯能高科技工程（上海）有限公司
申　请　号　03116938.4
申　请　日　2003年5月15日
授权公告日　2005年4月20日
合议组组长　刘　翚
主　审　员　姜　岩
参　审　员　王　琳

法　律　依　据　专利法第22条第3款
决　定　要　点

一项权利要求所限定的技术方案与现有技术相比具有区别技术特征，并且现有技术中没有给出应用上述区别技术特征的启示，则该权利要求是非显而易见的，同时该技术方案具有有益的技术效果，则该权利要求具备创造性。

一、案由

本无效宣告请求涉及中华人民共和国国家知识产权局于2005年4月20日授权公告的、名称为“回收化纤废液中的碱及半纤维素的方法”的发明专利权（下称本专利），其专利号是03116938.4，申请日是2003年5月15日，专利权人是凯能高科技工程（上海）有限公司。本专利授权公告时的权利要求书如下：

“1. 一种回收化纤废液中的碱及半纤维素的方法，其特征在于，包括如下步骤：

将含有碱及半纤维素的压榨液进入以压力为驱动力的膜分离装置，获得含碱的透过液和含半纤维素的浓缩液；

所说的膜为超滤或/和纳滤膜，超滤膜的截留分子量为1000~50000，纳滤膜的截留分子量为150~1000，操作温度为10~60℃，压力为5~30kg/cm^{2}操作，在透过液的体积总量达到压榨液总量的75%~90%时，加入压榨液总量25%~40%的透洗水。

2. 根据权利要求 1 所述的方法，其特征在于，温度为 25 ~ 60℃，压力为 10 ~ 25kg/cm^2。

3. 根据权利要求 1 所述的方法，其特征在于，所说的分离膜的材质为有机或无机材料。

4. 根据权利要求 1 所述的方法，其特征在于，膜的组件为中空纤维膜、板式膜、卷式膜和管式膜中的一种或其组合。

5. 根据权利要求 1 ~ 4 任一项所述的方法，其特征在于，含有碱及半纤维素的压榨液经过预过滤及精密过滤进入膜分离装置。”

针对本专利权，三达膜科技（厦门）有限公司（下称请求人）于 2007 年 8 月 16 日向专利复审委员会提出无效宣告请求，请求人同时提交了如下附件：

附件 1：专利代理委托书；

附件 2：专利权无效宣告程序授权委托书；

附件 3：授权公告日为 2005 年 4 月 20 日、授权公告号为 CN1197784C 的中国发明专利说明书，共 6 页（即本专利）；

附件 4：厦门市科技技术情报研究所出具的编号为 2007413 的科技查新报告原件，共 8 页；

附件 5：冶金工业出版社出版、2000 年 1 月第 2 版第 2 次印刷的《膜法水处理技术》封面页、目录页、前言页、第 7 页复印件，共 14 页；

附件 6：《人造纤维》第 30 卷第 1 期，总第 155 期的封面页、出版信息页、第 1 ~ 5、28 页复印件，共 8 页；

附件 7：《工业用水与废水》2003 年 2 月，第 34 卷第 1 期，总第 133 期的封面页、出版信息页、第 36 ~ 38 页复印件，共 5 页；

附件 8：美国专利文献 US4270914 及其中文译文，其公开日期为 1981 年 6 月 2 日，共 10 页；

附件 9：美国专利文献 US6896810 及其中文译文，其公开日期为 2005 年 5 月 24 日，共 18 页。

请求人认为：附件 5 ~ 9 证明了在本专利申请日之前国内外已经有应用超滤膜、纳滤膜等膜分离技术回收胶粘纤维废液中的碱及半纤维素的文献报道，因此，本专利权利要求 1 ~ 5 不具有专利法第 22 条第 2 款和 3 款规定的新颖性和创造性。

经形式审查合格，专利复审委员会依法受理了上述无效宣告请求，并于 2007 年 8 月 16 日向请求人和专利权人发出无效宣告请求受理通知书，同时将专利权无效宣告请求书及其附件清单中所列附件的副本转给专利权人，并要求专利权人在指定的期限内陈述意见。

请求人于 2007 年 9 月 15 日再次向专利复审委员会提交了意见陈述书，并补充了证据（编号续前）：

附件 10：《山东环境》2003 年第 1 期中“纳滤在纺织废水回用中的应用”第 30、31 页复印件，共 2 页；

附件 11：《石化技术与应用》2002 年第 6 期中“膜分离除杂工艺在腈纶生产上的应用研究”第 385 ~ 387、391 及英文摘要页复印件，共 5 页；

附件 12：《天津工业大学学报》第 22 卷第 1 期中的“纳滤膜及其应用”，2003 年 2 月，第 47 ~ 50 页复印件，共 4 页；

附件 13：《福建轻纺》中的“膜分离技术的后起之秀——纳滤”，2001 年 2 月，第 26 页复印件，共 1 页。

针对专利复审委员会发出的上述无效宣告请求受理通知书，专利权人于 2007 年 9 月 19 日提交了意见陈述书以及权利要求书的修改替换页，其中修改后的权利要求书为：

“1. 一种回收化纤维废液中的碱及半纤维素的方法，其特征在于，包括如下步骤：

将含有碱及半纤维素的压榨液进入以压力为驱动力的膜分离装置，获得含碱的透过液和含半纤维素的浓缩液；

所说的膜为纳滤膜，纳滤膜的截留分子量为150～1000，操作温度为45～60℃，压力为5～30kg/cm²操作，在透过液的体积总量达到压榨液总量的75%～90%时，加入压榨液总量25%～40%的透洗水。

2. 根据权利要求1所述的方法，其特征在于，压力为10～25kg/cm²。"

专利权人认为：修改后的权利要求1、2相对于请求人提供的附件5～8具备创造性，并认为附件9的公开日期晚于本专利申请日，因此，不属于现有技术。

专利复审委员会依法成立合议组对本案进行审理，本案合议组于2007年9月28日向双方发出无效宣告请求口头审理通知书，定于2007年11月15日在专利复审委员会举行口头审理。随同口头审理通知书，将请求人于2007年9月15日提交的意见陈述书及其附件清单中所列附件的副本转给专利权人，将专利权人于2007年9月19日提交的意见陈述书及其权利要求书的修改替换页转给请求人。

口头审理如期举行，双方当事人均参加了口头审理。双方对对方出席人员的身份和资格没有异议，对合议组成员组长刘犨、主审员姜岩、参审员王琳没有回避请求。在口头审理中，专利权人当庭再次提交了权利要求书的修改文本，修改后的权利要求书如下：

"1. 一种回收化纤废液中的碱及半纤维素的方法，其特征在于，包括如下步骤：

将含有碱及半纤维素的压榨液进入以压力为驱动力的膜分离装置，获得含碱的透过液和含半纤维素的浓缩液；

所说的膜为纳滤膜，纳滤膜的截留分子量为150～1000，操作温度为10～60℃，压力为5～30kg/cm²操作，在透过液的体积总量达到压榨液总量的75%～90%时，加入压榨液总量25%～40%的透洗水。

2. 根据权利要求1所述的方法，其特征在于，温度为25～60℃，压力为10～25kg/cm 2 。"

合议组当庭将权利要求书转给请求人，并在听取双方意见之后当庭告知双方本次口头审理以专利权人当庭提交的权利要求书为基础进行。请求人明确其无效的理由、范围以及证据的使用情况为：附件6为最接近的对比文件，权利要求1、2相对于附件6、12、13的结合不符合专利法第22条第3款的规定，放弃其他附件的使用及其他的无效理由。针对专利权人提交的权利要求书，请求人认为其不符合专利法第33条的规定，认为专利权人将原权利要求1中的用"和/或"连接的三个并列技术方案删除了两个，仅剩下一个，因此，超出了原权利要求书和原说明书的记载范围。关于权利要求1的创造性，请求人认为，附件6超滤膜与本专利纳滤膜分离都是以压力为驱动力的装置。截留分子量在附件12、13中公开。虽然操作温度没有详细的表述，但是根据本领域的公知常识，根据分析推理和有限次试验可以得到。膜分离的操作压力都很低是本领域公知的，透析水也是本领域技术人员公知的。专利权人对附件6、12、13的真实性、公开日期没有异议。请求人表示已对本案充分发表意见，没有其他的无效理由、证据和事实，专利权人表示已针对请求人的无效理由、证据和事实充分发表意见，没有其他意见需要补充。

至此，合议组认为本案事实已经清楚，可以作出审查决定。

二、决定的理由

1. 关于证据和现有技术

请求人使用的证据为附件6、12和13，专利权人对附件6、12和13的真实性、公开日期没有异议，经合议组核查上述附件可以作为本案证据使用，且为公开出版物，其公开日期在本专利的申请日前，因此可以作为本专利的现有技术使用。

2. 文本的确定

专利法第 33 条规定：申请人可以对其专利申请文件进行修改，但是，对发明和实用新型专利申请的修改不得超出原说明书和权利要求书记载的范围。

专利法实施细则第 68 条规定：在无效宣告请求的审查过程中，发明或者实用新型的专利权人可以修改其权利要求书，但是不得扩大原专利的保护范围。

审查指南中规定在专利复审委员会作出审查决定之前，专利权人可以删除权利要求或者权利要求中包括的技术方案。

请求人认为修改后的权利要求书不符合专利法第 33 条的规定。理由是：专利权人将原权利要求 1 中的用“或/和”连接的三个并列技术方案删除了两个，仅剩下一个，因此，超出了原权利要求书和原说明书的记载范围。

合议组经审查后认为：专利权人于 2007 年 11 月 15 日提交了修改后的权利要求书，该权利要求书与授权的权利要求书相比，其删除了权利要求 3~5，并删除了权利要求 1 中的部分技术方案。首先，该修改符合专利法实施细则第 68 条以及审查指南中有关修改时机的规定；其次，关于请求人提出的“专利权人将原权利要求 1 中的用“和/或”连接的三个并列技术方案删除了两个，因此，超出了原权利要求书和原说明书的记载范围”的观点，合议组认为，由于专利权人采用了删除的方式对权利要求进行修改，即修改后的权利要求的技术方案在授权权利要求中有明确记载，请求人在口头审理时增加了专利法第 33 条的无效理由不符合专利法实施细则第 66 条的规定。再次，修改后的权利要求的技术方案在原始申请文件说明书第 1~2 页中也有记载，因此该修改未超出原说明书和权利要求记载的范围，符合专利法第 33 条的规定；综上所述，专利权人于 2007 年 11 月 15 日提交的权利要求书符合相关规定，本决定以该权利要求书为基础进行审查。

3. 本专利的权利要求 1、2 相对于附件 6、12、13 的结合不具有创造性

专利法第 22 条第 3 款规定，创造性，是指同申请日以前已有的技术相比，该发明有突出的实质性特点和显著的进步，该实用新型具有实质性特点和进步。

一项权利要求所限定的技术方案与现有技术相比具有区别技术特征，并且现有技术中没有给出应用上述区别技术特征的启示，则该权利要求是非显而易见的，同时该技术方案具有有益的技术效果，则该权利要求具备创造性。

权利要求 1 为一种回收化纤废液中的碱及半纤维素的方法，附件 6 中公开了应用膜分离技术中的超滤膜处理压榨碱液中半纤维素的方法，并具体公开了如下技术内容：膜分离技术以压力为推动力，在超滤过程中原液在压力推动下定向流经超滤膜表面，溶剂（水）及部分粒度小于膜孔的溶质透过微孔而成为透过液（超滤液）；较膜孔大的溶质被截留，并通随液流经过膜表面而被排出，成为截留液（浓缩液）；半纤的分子量大致在 300~32000。附件 12 中介绍了纳滤膜的发展概述、分离机理、研究现状、应用等，并公开了纳滤膜对二价离子和高价离子及分子量高于 200 的有机物有较高的截流率，纳滤膜分离技术可以回收分子量在 160~1000 之间的有机金属络合物催化剂，在用纳滤膜软化饮用水时操作压力在 0.5~0.7MPa。附件 13 中公开了纳滤是介于超滤和反渗透之间的一种膜分离技术，其截留分子量在 200~1000 的范围内。

合议组认为，首先，附件 6、12、13 中均未公开本专利权利要求 1 中用纳滤膜回收化纤废液中的碱及半纤维素时的温度参数、压力参数；其次，以上附件中均未公开加入透洗水的工艺步骤。请求人只是声称根据公知常识，本领域的技术人员通过逻辑分析、推理和有限次试验可以得到上述区别技术特征，然而请求人并没有证据证明现有技术中给出了应用上述区别技术特征的启示，即权利要求是非显而易见的，同时权利要求 1 中技术方案还可以对半纤维素分离产生良好的效果。综上所述，权利要

求 1 相对于附件 6、12 和 13 的结合具备创造性，符合专利法第 22 条第 3 款的规定。

基于权利要求 1 具备创造性，其从属权利要求 2 也具备创造性，符合专利法第 22 条第 3 款的规定。

根据上述的事实和理由，本案合议组依法作出以下决定。

三、决定

在专利权人于 2007 年 11 月 15 日提交的权利要求书的修改文本的基础上维持 03116938.4 号发明专利权有效。

当事人对本决定不服的，可以根据专利法第 46 条第 2 款的规定，自收到本决定之日起三个月内向北京市第一中级人民法院起诉。根据该款的规定，一方当事人起诉后，另一方当事人应当作为第三人参加诉讼。

009

底部带牙位标记的正畸托槽

无效宣告请求审查决定（第10877号）

决　定　号　第10877号
决　定　日　2007年12月21日
发明创造名称　底部带牙位标记的正畸托槽
国际分类号　A61C 7/12
无效宣告请求人　利昂股份公司
专利权人　杭州奥杰医疗器材有限公司
专　利　号　200420086382.6
申　请　日　2004年12月8日
授权公告日　2006年5月3日
合议组组长　张田勇
主　审　员　熊　茜
参　审　员　李　礼

法律依据　专利法实施细则第2条第2款，专利法第22条第2款、第3款
决定要点

如果一项权利要求请求保护的技术方案与现有技术所公开的技术方案相比，两者技术方案相同，能够产生相同的技术效果，则该权利要求的技术方案不具备新颖性。

一、案由

本无效宣告请求涉及中华人民共和国国家知识产权局于2006年5月3日授权公告的、名称为“底部带牙位标记的正畸托槽”的200420086382.6号实用新型专利权（下称本专利），申请日是2004年12月8日，专利权人是杭州奥杰医疗器材有限公司。该专利授权公告时的权利要求书如下：

“1. 底部带牙位标记的正畸托槽，具有托槽体（1）和网状基底部（2），其特征是在每颗托槽基底部的网状表面有对应牙位的标记。

2. 根据权利要求1所述的底部带牙位标记的正畸托槽，其特征是所说的标记是两位数，十位数的数字表示牙列区域，个位数的数字表示第几颗牙齿。

3. 根据权利要求1所述的底部带牙位标记的正畸托槽，其特征是基底部（2）的网状结构为单层网，双层网或多层网。

4. 根据权利要求1所述的底部带牙位标记的正畸托槽，其特征是托槽为方丝弓托槽、直丝弓托槽、滑动托槽或直接与人体牙面黏结的网底颊面管，网底舌侧管。”

针对上述专利权，利昂股份公司（下称请求人）于2006年12月11日向专利复审委员会提出无效宣告请求，其理由是：本专利权利要求1~4不符合专利法实施细则第2条第2款的规定；本专利的权利要求1、2不符合专利法第22条第2款、第3款关于新颖性、创造性的规定；本专利权利要求3、4不符合专利法第22条第3款关于创造性的规定，请求人提供作为证据使用的附件如下：

附件1：ZL98105801.9号中国发明专利说明书，授权公告日为2004年2月25日。

请求人认为：

（1）权利要求1~4的技术方案中的“标注与牙位对应的标记”为数字，属于“审查指南”第一部分第二章第6.4节规定的“产品表面的文字、符号、图表或者其结合的新方案”的情形，不属于实用新型专利保护的客体。

（2）附件1中揭示了本专利权利要求1的全部技术特征，并且属于同一技术领域，本专利权利要求1相对于附件1不符合专利法第22条第2款关于新颖性的规定，也不符合专利法第22条第3款关于创造性的规定。

（3）本专利权利要求2的附加技术特征被附件1公开，因此本专利权利要求2不符合专利法第22条第2款关于新颖性和第22条第3款关于创造性的规定。

（4）本专利权利要求3、4的附加技术特征是本领域的公知技术常识，因此本专利权利要求3、4不符合专利法第22条第3款的创造性规定。

经形式审查合格，专利复审委员会依法受理了上述无效宣告请求，并于2006年12月29日向双方当事人发出无效宣告请求受理通知书，随该无效宣告请求受理通知书将专利权无效宣告请求书及其附件清单中所列附件的副本转送给专利权人。

请求人于2007年1月10日向专利复审委员会提交意见陈述书及补充证据，以证明权利要求3、4的附加技术特征是该领域的公知技术常识。其中，补充的证据如下：

附件2：人民卫生出版社2004年1月第4版第17次印刷的供口腔医学类专业用的《口腔正畸学》封面、编者信息页、版权信息页、第126页~第150页复印件共28页。

针对上述无效宣告请求，专利权人于2007年1月27日向专利复审委员会提交意见陈述书，并且提供以下证据：

反证1：国家技术监督局1988年9月20日发布、1989年9月1日实施的中华人民共和国国家标准GB9938—88号《牙位和口腔区域的标示法》复印件共5页。

专利权人认为：

（1）本专利权利要求1~4的技术方案所要求保护的客体是可以通过工业方法制造的、占据一定空间的实体，即产品，并且权利要求1、2的技术方案解决了实际使用中的技术问题，并且符合GB9938—88号国家标准，属于实用新型专利保护的客体。

（2）本专利权利要求1中的“每颗托槽基底部的网状表面有对应牙位的标记”与附件1中的“所述固位基托（B）的背侧上的一可预识的标识构成……所述固位基托含有一至少3平方毫米的标记区”完全不同，符合GB9938—88号国家标准，在此前没有同样的发明或者实用新型，因此本专利权利要求1具有新颖性。同时与本专利与申请日以前的已有技术相比，具备突出的实质性特点和进步，也具有创造性。

（3）本专利权利要求2的附加技术特征“所说的标记是两位数，十位数的数字表示牙列区域，个位数的数字表示第几颗牙齿”与附件1的权利要求2中的“所述标识由两位数的数字构成”、权利要求3中的“所述标识由一位数的数字构成，一“+”号或一“-”号位于所述数字之前或之后”相比，具有创造性。

（4）本专利可以用现有的生产设备制造并能使临床医务人员方便可靠地使用、区分，从而达到良好的治疗效果，因此满足了实用性的要求。

针对上述无效宣告请求，专利复审委员会依法成立合议组，本案合议组于2007年2月14日向双方当事人发出无效宣告请求口头审理通知书，指出本案定于2007年3月29日举行口头审理。随同口头审理通知书，将请求人于2007年1月10日提交的意见陈述书及其附件清单中所列附件的副本转送给专利权人，将专利权人于2007年1月27日提交的意见陈述书及其附件清单中所列附件的副本转送给请求人。

口头审理如期举行，双方当事人均参加了口头审理。在口头审理中，请求人当庭提交了附件2的原件，专利权人对附件1、附件2的真实性无异议；对附件1的关联性提出异议，认为附件1与本专利领域不同，认为附件1不应被授权所以不具有合法性；对附件2的合法性、关联性表示无异议。请求人对反证1的真实性、合法性、关联性无异议。请求人当庭增加了权利要求3不符合专利法第22条第2款的无效宣告理由，合议组当庭告知请求人：权利要求3不符合第22条第2款的无效宣告理由属于当庭增加的理由，不予考虑。请求人明确其无效宣告请求的理由、证据和范围为：①本专利权利要求1、2不符合专利法第22条第2款、第3款关于新颖性、创造性的规定；②本专利权利要求3、4不符合专利法第22条第3款关于创造性的规定；③本专利权利要求1～4不符合专利法实施细则第2条第2款的规定。请求人认为：①本专利权利要求1“对应牙位的标记”不属于实用新型专利的保护客体，从属权利要求2～4也不属于实用新型专利的保护客体；②附件1公开了本专利权利要求1的全部技术特征，本专利权利要求1不具有新颖性，更不具有创造性；③本专利权利要求2的附加技术特征是依据反证1作出的，并且附件1公开了本专利权利要求2的附加技术特征，在本专利权利要求1不具有新颖性、创造性的基础上，本专利权利要求2也不具有新颖性、创造性；④本专利权利要求3的附加技术特征是现有技术中的公知常识，附件1用的是单层网，认可附件2没有对单层、双层和多层网进行描述，因此权利要求3不具有创造性；⑤本专利权利要求4的附加技术特征属于现有技术中已有的技术特征，因此权利要求4不具有创造性。专利权人认为：①根据审查指南及专利法实施细则的规定，本专利有结构构造，本专利权利要求1～4的技术方案属于实用新型保护的客体；②附件1没有对体件进行描述，本领域技术人员不能得知附件1是用来作什么的，附件1与本专利领域不同，并且本专利有对应牙位的标记，而附件1是3平方毫米的标记区；③认可本专利权利要求2的附加技术特征被反证1公开，但认为在本专利权利要求1具有新颖性、创造性的基础上，本专利权利要求2也具有新颖性、创造性；④认为附件2没有公开单层、双层和多层网，本专利权利要求3中的单层、双层和多层网均带牙位标记，并且网状结构不是公知技术，多层和双层在实际运用中可增加结合力度；⑤方丝弓托槽、直丝弓托槽、滑动托槽是公知常识，但带牙位标记的托槽不是公知的；⑥认为网底颊面管、网底舌侧管不是公知的。双方当事人对上述问题均充分发表了各自的意见。

至此，合议组认为本案事实清楚，现依法作出无效宣告请求审查决定。

二、决定的理由

1. 关于证据和现有技术

附件1是公开日期在本专利申请日之前的中国专利文献，专利权人对其真实性无异议，但认为附件1与本专利领域不同，与本案不具有关联性，并且不具备合法性。对此，经合议组审查认为，附件1是已公开的中国专利文献，任何人均可通过多种途径取得附件1，同时，专利权人并未提交证据证明附件1的是请求人非法获取的，所以合议组认可附件1的合法性；附件1公开了一种正牙器或正牙托，涉及牙齿整形领域，与本专利属于相同的技术领域，请求人利用附件1与本专利权利要求进行对比来评述本专利权利要求的创造性，所以附件 1 与本案待证事实之间具有关联性。因此，附件 1 可以作为本案的证据使用，并且其上记载的内容构成本专利的现有技术。

附件 2 是印刷日在本专利申请日之前的教科书，专利权人对其真实性无异议，经合议组审查，附件 2 可以作为本案的证据使用，并且其上公开的内容属于本领域的公知常识。

反证 1 是公开日期在本专利申请日之前的中国国家标准，请求人对其真实性、合法性、关联性无异议，经合议组审查，反证 1 可以作为本案的证据使用，并且其上公开的内容属于本领域的公知常识。

2. 关于专利法实施细则第 2 条第 2 款

专利法实施细则第 2 条第 2 款规定：专利法所称实用新型，是指对产品的形状、构造或者其结合所提出的适于实用的新的技术方案。

审查指南第一部分第二章第 6. 4 节规定：技术方案是对要解决的技术问题所采取的利用了自然规律的技术手段的集合。技术手段通常是由技术特征来体现的。未采用技术手段解决技术问题，以获得符合自然规律的技术效果的方案，不属于实用新型专利保护的客体。产品的形状以及表面的图案、色彩或者其结合的新方案，没有解决技术问题的，不属于实用新型专利保护的客体。产品表面的文字、符号、图表或者其结合的新方案，不属于实用新型专利保护的客体。

审查指南第一部分第二章第 6. 5 节规定：专利法实施细则第 2 条第 2 款是对可获得专利保护的实用新型的一般性定义，而不是判断新颖性、创造性、实用性的具体审查标准。因此，在初步审查中，对于要求保护的技术方案是否满足“新的”、“适于实用”的一般性要求，审查员通常仅需根据申请文件的描述判断其相对于背景技术是否作出了改进以及能否在产业上应用并产生有用的效果。

请求人认为本专利权利要求 1~4 不符合专利法实施细则第 2 条第 2 款的规定，具体为：权利要求 1~4 的技术方案中的“标注与牙位对应的标记”为数字，属于审查指南第一部分第二章第 6. 4 节规定的“产品表面的文字、符号、图表或者其结合的新方案”的情形，不属于实用新型专利保护的客体。

合议组认为：权利要求 1 的技术方案中限定了正畸托槽的结构，即“具有托槽体（1）和网状基底部（2）”，并且进一步限定“在每颗托槽基底部的网状表面有对应牙位的标记”，根据说明书的记载，该标记为两位数，十位数的数字表示牙列区域，个位数的数字表示第几颗牙齿，因此相对于背景技术，该标记可使临床医务人员方便可靠地区分辨认出各托槽所对应的牙位位置，从而使人体牙列按预期的要求进行矫正，达到良好的矫治效果。因此权利要求 1 的技术方案中包括有产品的构造特征，并且解决了技术问题，产生了有益的技术效果，能够在产业上应用，因此本专利权利要求 1 的技术方案符合专利法实施细则第 2 条第 2 款的规定。权利要求 2~4 均直接从属于权利要求 1，基于同样的理由，权利要求 2~4 也符合专利法实施细则第 2 条第 2 款的规定。

3. 本专利权利要求 1、2 是否具备新颖性

专利法第 22 条第 2 款规定：新颖性，是指在申请日以前没有同样的发明或者实用新型在国内外出版物上公开发表过、在国内公开使用过或者以其他方式为公众所知，也没有同样的发明或者实用新型由他人向国务院专利行政部门提出过申请并且记载在申请日以后公布的专利申请文件中。

请求人认为本专利权利要求 1~2 的全部技术特征已经被附件 1 公开，因而权利要求 1~2 相对于附件 1 不具有新颖性。

专利权人认为：附件 1 与本专利领域不同；本专利的对应牙位的标记与附件 1 中的 3 平方毫米的标记区的保护范围不一致；附件 1 体件 C 不等同于本专利中的托槽体 1，故权利要求 1、2 相对于附件 1 具有新颖性。

（1）本专利权利要求1要求保护一种底部带牙位标记的正畸托槽，附件1公开了一种正牙器（参见附件1的权利要求1，说明书第1页第6行、第2页第18~25行、第3页第14行至第4页第19行，图1-2），用于对牙齿畸形进行矫正，其具有件体C（相当于本专利权利要求1中的托槽体）和一个具有网状结构的固位基托B（相当于本专利权利要求1中的网状基底部），具有与所述牙齿相关的由一预识的标识构成的印记，所述标识越过所述固位基托的网状结构延伸。由此可见，附件1公开的技术内容与本专利权利要求1要求保护的技术方案均是用于牙齿畸形矫正的装置，即两者的技术领域相同，并且附件1公开了本专利权利要求1的全部特征，两者的技术方案相同，能够产生相同的技术效果。

此外，本专利权利要求1中并未对标记区的尺寸进行限定，不存在专利权人提出的"本专利的对应牙位的标记与附件1中的3平方毫米的标记区不一致"的问题；本专利中的托槽体与附件1中的体件C具有大体相同的构造，专利权人并未详细说明两者不同的具体理由，且本专利权利要求1中并未对"托槽体"除基底以外的部分进行限定，合议组不支持专利权人的上述主张。

因此本专利权利要求1相对于附件1不具备专利法第22条第2款规定的新颖性。

（2）本专利权利要求2是权利要求1的从属权利要求，其附加技术特征为："所说的标记是两位数，十位数的数字表示牙列区域，个位数的数字表示第几颗牙齿"。这一特征被附件1（说明书第3页第17~24行）中的内容"可以采用两位的递增数码对牙齿加以标识，通常从中线开始，其中前十个数码表示上右侧，第二个十个数码表示上左侧，第三个十个数码表示下左侧并且第四个十个数码表示下右侧"公开。因此当其引用的权利要求1相对于附件1不具有新颖性时，本专利权利要求2也不具备专利法第22条第2款规定的新颖性。

4. 本专利的权利要求3、4是否具备创造性

专利法第22条第3款规定：创造性，是指同申请日以前已有的技术相比，该发明有突出的实质性特点和显著的进步，该实用新型具有实质性特点和进步。

请求人认为：本专利权利要求1、2相对于附件1不具备创造性，而从属于权利要求1的本专利权利要求3的附加技术特征是公知常识，附件1用的就是单层网，附件2中第127页说明了网状结构的作用，本专利权利要求4的附加技术特征在附件2中公开且属于公知常识，因而本专利权利要求3、4也不具有创造性。

专利权人认为在本专利权利要求1~2具有新颖性的基础上其也具有创造性；本专利权利要求3限定的网状结构不是公知常识，多层和双层网可增加结合力度；认可本专利权利要求4中的方丝弓托槽、直丝弓托槽、滑动托槽是公知常识，但认为带牙位标记的托槽不是公知的，认为网底颊面管、网底舌侧管不是公知的。

合议组经审查认为：由于本专利权利要求1、2相对于附件1不具备新颖性，所以对于请求人提出的本专利权利要求1、2不具备创造性的无效宣告理由不再进行审查。

（1）本专利权利要求3是权利要求1的从属权利要求，其附加技术特征为："基底部（2）的网状结构为单层网，双层网或多层网"，附件1（参见其权利要求1、说明书第2页第23行）中公开了固位基托（相当于本专利权利要求1中的网状基底部）具有网状结构，并且作为公知常识性证据的附件2第127页中公开了"这类托槽具有金属网格的背板，以使粘合剂一侧与牙面粘着，另一侧进入网格而与托槽相连，使托槽牢固地粘合于牙面上"，即网状结构属于公知常识，同时本领域技术人员可以根据实际应用中的不同粘接强度的需要来分别选用单层、双层或多层的网状结构，因此当其引用的权利要求1不具有新颖性时，权利要求3不具备专利法第22条第3款规定的创造性。

（2）本专利本专利权利要求4是权利要求1的从属权利要求，其附加技术特征为："托槽为方丝

弓托槽、直丝弓托槽、滑动托槽或直接与人体牙面黏结的网底颊面管，网底舌侧管”，附件2公开了一种正畸矫正器，与本专利同属于正畸矫正领域，其公开了（参见第126~127、129、135~139页）以下技术特征：托槽为方丝弓托槽、直丝弓托槽、滑动托槽或多焊接带环颊面的颊面管。同时，专利权人也认可方丝弓托槽、直丝弓托槽、滑动托槽是本领域公知常识。对于托槽还可为直接与人体牙面黏结的网底舌侧管的技术方案而言，对于本领域技术人员来说，颊面管和舌侧管的区别仅在于这两种矫治器配件的佩带位置一个在颊面另一个在舌侧，并且经常替换使用，因此本领域技术人员很容易想到根据实际的需要是使用颊面管还是舌侧管。因此，在附件1的基础上结合公知常识获得本专利权利要求4的技术方案，对于本领域普通技术人员来说是显而易见的，本专利权利要求4不具备专利法第22条第3款规定的创造性。

5. 关于专利权人的反证1

专利权人提交的反证1是国家技术监督局1988年9月20日发布、1989年9月1日实施的中华人民共和国国家标准GB9938—88号《牙位和口腔区域的标示法》，其仅能证明本专利的相关内容符合该国家标准，不能以此证明本专利各项权利要求具备新颖性、创造性。

综上所述，本专利权利要求1、2不具备新颖性，本专利权利要求3、4不具备创造性。

三、决定

宣告200420086382.6号实用新型专利权全部无效。

当事人对本决定不服的，可以根据专利法第46条第2款的规定，自收到本决定之日起三个月内向北京市第一中级人民法院起诉。根据该款的规定，一方当事人起诉后，另一方当事人应当作为第三人参加诉讼。

010

一种新型家具锁

无效宣告请求审查决定（第 10878 号）

决　　定　　号　第 10878 号
决　　定　　日　2007 年 11 月 28 日
发明创造名称　一种新型家具锁
国 际 分 类 号　E05B 65/44
无效宣告请求人　周永珊
专　利　权　人　黎俊文
申　　请　　号　200320128862. X
申　　请　　日　2003 年 12 月 31 日
授 权 公 告 日　2005 年 2 月 2 日
合 议 组 组 长　朱文广
主　　审　　员　徐伟锋
参　　审　　员　姜　岩

法　律　依　据　专利法第 22 条第 2 款、第 3 款
决　定　要　点
如果一个申请要构成抵触申请破坏本实用新型专利的新颖性，必须满足的前提是该申请与本专利是同样的发明创造，如果两者的技术方案不一致，其区别也不是简单的文字替换或具体的上下位概念或惯用手段的直接置换，那么本实用新型专利就具备新颖性。

一、案由

本无效宣告请求涉及中华人民共和国国家知识产权局于 2005 年 2 月 2 日授权公告的、名称为“一种新型家具锁”的实用新型专利权（下称本专利），其专利号是 200320128862. X，申请日是 2003 年 12 月 31 日，专利权人是黎俊文。该专利授权公告时的权利要求书如下：

“1. 一种新型家具锁，包括锁壳（1）、锁芯体（2）及锁杆（3），其中所述锁壳（1）包括可套装锁芯体（2）的套筒及连接于套筒下端的锁底座，其特征在于所述套筒由相互套接的内、外套筒（11、12）组成，所述外套筒（11）的顶端向内弯折形成一限位环肩，所述内套筒（12）为由一中部及两侧开有长槽（121）且其底端设有若干卡凸（122）的板体一体弯折而成的柱形腔体，且所述锁底座包括可拆装地连接为一体的上底板（13）和下底板（14），所述内套筒（12）通过其上端顶置于外套筒（11）顶部的限位环肩和下端卡凸（122）弯折倒勾于上底板（13）的底面而定位于外套筒（11）内，所述锁芯体（2）内套于内套筒（12）中，且所述锁芯体（2）与内套筒（12）之间设有

由钢珠（51）及复位弹簧（52）组成的限位装置（5）。

2. 根据权利要求1所述的新型家具锁，其特征在于上述锁芯体（2）的侧壁设有可容置复位弹簧（52）及钢珠（51）的安装孔（21），所述复位弹簧（52）和钢珠（51）依序装置于该安装孔（21）中，上述内套筒（12）的侧壁对称设有可嵌置所述钢珠（51）的通孔（123）。

3. 根据权利要求1或2所述的新型家具锁，其特征在于上述锁杆（3）为通过螺钉固定于锁芯体（2）底部转轴上的可卡套于多用锁锁片（4）的卡位中并拔动锁片（4）滑动的偏心条形钩杆。

4. 根据权利要求1或2所述的新型家具锁，其特征在于上述锁杆为与锁芯体（2）底部的转轴键连接的可嵌套于多用锁锁片（4）的凹槽中并带动锁片（4）滑动的内装于锁座体内的偏心拔块。"

针对上述专利权，周永珊（下称请求人）于2007年4月20日向专利复审委员会提出无效宣告请求，其提交的附件如下：

附件1：申请日为2003年9月22日、授权公告日为2004年11月3日、授权公告号为CN2653079Y的中国实用新型专利说明书以及检索网页复印件，共5页；

附件2：绘图标注日期为2002年11月20日及2002年11月28日，所称绘制单位为金利利达五金厂的《101锁产品零件图》复印件，共16页；

附件3：高要市金利利达五金厂的《营业执照》、《国际标准认证证书》、法定代表人身份证复印件，共5页。

请求人认为：本专利的权利要求1~4相对于附件1或2不具备新颖性，本专利相对于附件2不具备创造性。

经形式审查合格，专利复审委员会依法受理了上述无效宣告请求，并于2007年4月23日向双方发出无效宣告请求受理通知书，同时将专利权无效宣告请求书及其附件清单中所列附件的副本转送给专利权人，并要求专利权人在指定的期限内陈述意见。

专利复审委员会于2007年5月24日收到请求人提交的意见陈述书，其中附件为：

附件1′：即附件1；

附件2′：即附件2；

附件3′：即附件3；

附件4：高要市金利利达五金厂出具的证明复印件，共1页。

请求人认为：本专利相对于附件1或2不具备新颖性；本专利相对于附件2不具备创造性。

针对专利复审委员会于2007年4月23日发出的上述无效宣告请求受理通知书，专利权人于2007年5月31日提交了意见陈述书。专利权人认为：本专利相对于附件1或2具有新颖性和创造性。

专利复审委员会依法成立合议组，对本案进行审查。

专利复审委员会本案合议组于2007年7月5日向双方发出无效宣告请求口头审理通知书，定于2007年9月3日举行口头审理，并转交了专利复审委员会于2007年5月24日收到的请求人提交的意见陈述书及其附件。

口头审理如期举行，双方当事人均参加了口头审理。口审时合议组当庭将专利权人于2007年5月31日提交的意见陈述书转送请求人，请求人当庭签收。请求人明确其无效理由、范围和证据的组合方式为：本专利的权利要求1相对于附件1或附件2~4不具有新颖性；本专利的权利要求1相对于附件2、3、4的结合不具有创造性，放弃权利要求2~4不具有新颖性和创造性的理由。请求人当庭提交了附件2、3的原件。专利权人对附件1的真实性没有异议，对附件2~4的公开时间和真实性有异议。合议组经过核实认为复印件与原件一致。

关于权利要求1相对于附件1的新颖性，双方均认可本专利与附件1存在以下区别：①本专利权利要求 1 的内套筒是两边都开有长槽，附件 1 中是一边开有长槽；②本专利权利要求 1 中的所述锁芯体（2）与内套筒（12）之间设有由钢珠（51）及复位弹簧（52）组成的限位装置（5）在附件 1 中没有公开。

关于权利要求 2~4 的新颖性和创造性。请求人认为，本专利的权利要求 1 的技术方案已经被附件 2 公开，所以不具备新颖性。专利权人认为，附件 2 的图纸只是反映零部件的尺寸，不能反映零部件的装配关系、连接关系，所以具备新颖性。请求人认为，附件 3、4 证明从 2002 年就开始生产本专利的锁，所以不具备新颖性。专利权人认为，不能证明附件 2 是本专利申请日之前的已有技术，附件 2 都是零部件，不知道组装之后是什么样的，无法与本专利进行对比。请求人表示已经针对所有无效宣告请求理由充分陈述意见，没有其他的无效宣告请求理由。

至此，合议组认为本案事实已经清楚，可以作出审查决定。

二、决定的理由

1. 关于证据和现有技术

由于请求人在提出无效请求（提出日 2007 年 4 月 20 日）后，通过民航快递（民航快递编号：CAE387714686）又提交了补充意见陈述书及其附件。该民航快递的民航快递单上发件人安志健填写的日期是 2007 年 5 月 18 日，而民航快递经办人填写的接收日期是 2007 年 5 月 21 日 17 时，经合议组向民航快递全国统一客服电话（95105886）核实该民航快递寄交日为 2007 年 5 月 21 日。按照审查指南第四部分第三章第 4. 3. 1 节的规定，请求人在提出无效宣告请求之日起一个月后补充证据的，一般不予考虑，同时请求人补充的证据也不属于该节规定的允许超期限举证的例外情形，因此请求人 2007 年 5 月 21 日提交的附件 4 及其相应新增加的无效理由，合议组不予考虑。

请求人在规定期限内提交的证据是附件 1~3，专利权人对附件 1 的真实性没有异议，因此附件 1 可以作为本案证据使用。请求人提交的附件 1 是本专利申请日前由他人向专利局提出的、在本专利申请日后公开的专利文献，因此其仅能用来评述本专利的新颖性。

合议组认为附件 2 并非公开出版物，仅仅是高要市金利利达五金厂内部使用的技术资料，并没有确切的信息证明附件 2 图纸的公开时间，尽管图纸上标注有时间 2002 年 11 月 20 日及 2002 年 11 月 28 日，但是该时间通常认为是图纸的绘制完成时间而并非公开使用时间，此外该证据的真实性还有待进一步证明。附件 3 是高要市金利利达五金厂的《营业执照》、《国际标准认证证书》、法定代表人身份证，请求人使用附件 3 用以证明附件 2 真实以及本专利的产品已经被公开使用。附件 3 可以证明高要市金利利达五金厂是确实存在的企业，但不能证明附件 2 的真实性及其公开时间，因此合议组认为附件 2~3 不能形成一个完整的证据链证明申请日前附件 2 所示的内容已经构成本专利的现有技术。请求人据此提出的新颖性、创造性的无效理由也不能成立。

2. 关于请求人无效宣告请求的理由、证据和范围

请求人的无效理由、证据和范围仅剩：权利要求 1 相对于附件 1 是否具备新颖性。

3. 关于新颖性

专利法第 22 条第 2 款规定，新颖性，是指在申请日以前没有同样的发明或者实用新型在国内外出版物上公开发表过、在国内公开使用过或者以其他方式为公众所知，也没有同样的发明或者实用新型由他人向专利局提出过申请并且记载在申请日以后公布的专利申请文件中。

具体而言，如果一个申请要构成抵触申请破坏本实用新型专利的新颖性，必须满足的前提是该申请与本专利是同样的发明创作，如果两者的技术方案不一致，其区别也不是简单的文字替换或具体的上下位概念或惯用手段的直接置换，那么该实用新型专利就具备新颖性。

权利要求 1 请求保护一种新型家具锁，附件 1 披露了一种抽屉锁，其包括锁芯 1、锁尺 2、锁壳 3

和底盘4，锁壳3由外套5、内套6和底盘7组成，外套5、内套6和底盘7用薄钢板冲压制成，带弹子槽8的内套6紧套于外套5内，并以外套5端头的内翻边51固定在一起，带内套6的外套5通过内套6端头置于底盘7的中心孔71内，以其外翻边61与底盘7紧固在一起，并以内套6的定位块62与底盘7中心孔71的定位缺口72配合来定位（参见附件1的权利要求1和附图1-3）。合议组审查认为，权利要求1与附件1至少存在以下区别：权利要求1中内套筒是两边都开有长槽，而附件1中是一边开有长槽；另外权利要求1中所述锁芯体（2）与内套筒（12）之间设有由钢珠（51）及复位弹簧（52）组成的限位装置（5）没有在附件1中披露。双方当事人在口头审理中对上述区别也予以认同。由于请求人没有证据证明这些区别是惯用手段的直接替换，而且上述区别也显然不属于简单的文字替换或具体的上、下位概念，因此基于现有证据不能认为附件1的技术方案与权利要求1的技术方案相同，所以请求人的无效理由不成立。

根据上述的事实和理由，本案合议组依法作出以下决定。

三、决定

维持200320128862.X号实用新型专利权有效。

当事人对本决定不服的，可以根据专利法第46条第2款的规定，自收到本决定之日起三个月内向北京市第一中级人民法院起诉。根据该款的规定，一方当事人起诉后，另一方当事人应当作为第三人参加诉讼。

011

尖锥头刷丝牙刷

无效宣告请求审查决定（第10894号）

决　　定　　号　第10894号
决　　定　　日　2007年12月25日
发明创造名称　尖锥头刷丝牙刷
国 际 分 类 号　A46D 1/00，A46B 3/00，A46B 9/04
无效宣告请求人　无锡市兴达尼龙有限公司
专　利　权　人　杨里江
专　　利　　号　200520076278.3
申　　请　　日　2005年10月10日
授 权 公 告 日　2006年10月25日
合 议 组 组 长　刘颖杰
主　　审　　员　周　航
参　　审　　员　陈　力

法　律　依　据　专利法第22条第2款、第3款
决　定　要　点
如果权利要求所请求保护的技术方案在对比文件中全部公开，二者技术领域、所解决的技术问题和预期效果也相同，则该权利要求不具备新颖性，进而也不具备创造性。

一、案由

本无效宣告请求涉及中华人民共和国国家知识产权局于2006年10月25日授权公告的、名称为“尖锥头刷丝牙刷”的实用新型专利（下称本专利），其专利号是200520076278.3，申请日是2005年10月10日，专利权人为杨里江。该专利授权公告时的权利要求书如下：

“1. 一种尖锥头刷丝牙刷，该牙刷是将合成单丝（3）束成毛束（2），将该毛束（2）在牙刷头部（1）植毛而成，其特征在于：所述的合成单丝（3）在其端部形成一种尖锥形（4）。

2. 根据权利要求1所述的一种尖锥头刷丝牙刷，其特征在于：所述的合成单丝（3）在其一端或两端形成一种尖锥形（4）。”

针对上述专利权，无锡市兴达尼龙有限公司（下称请求人）于2007年5月31日向专利复审委员会提出无效宣告请求，其理由是，本专利不符合专利法第22条第2款和第3款的规定，其提交的证据如下：

附件1：ZL93109040.7号中国发明专利说明书，其授权公告日为1999年3月3日；

请求人认为：附件1与本专利涉及同一类产品，其公开了本专利权利要求1和2中的所有技术特征，因而本专利不具备新颖性，更不具备创造性。

经形式审查合格后，专利复审委员会依法受理了上述无效宣告请求，并于2007年6月14日向双方当事人发出无效宣告请求受理通知书，同时将无效宣告请求书及其附件清单中所列附件的副本转给专利权人，要求其在指定期限内答复。

专利权人在指定期限内没有答复。

专利复审委员会依法成立合议组，对上述无效宣告请求进行审查。专利复审委员会于2007年9月24日向专利权人和请求人发出《无效宣告请求口头审理通知书》，指出本案定于2007年12月3日进行口头审理。

口头审理如期举行，请求人派代表张辉参加了此次口头审理，专利权人缺席。在口头审理过程中，请求人明确其无效宣告请求的范围、理由和证据是：本专利权利要求1和2相对于附件1不符合专利法第22条第2款有关新颖性的规定和第22条第3款有关创造性的规定。请求人认为，附件1与本专利涉及同一类产品，其公开了本专利权利要求1和2中的所有技术特征，因而本专利不具备新颖性，更不具备创造性。

至此，合议组认为本案事实已经清楚，可以依法作出审查决定。

二、决定的理由

1. 关于证据

请求人在本无效宣告程序中共提交了1份证据，即附件1。经合议组核实，该附件1是中国发明专利文件，其真实性可以得到确认。附件1的授权公告日在本专利的申请日之前，因此其可以作为本专利的现有技术来评价本专利的新颖性和创造性。

2. 关于权利要求的新颖性和创造性

专利法第22条第2款规定，新颖性是指在申请日以前没有同样的发明或者实用新型在国内外的出版物上公开发表过，在国内公开使用过或者以其他方式为公众所知，也没有同样的发明或者实用新型由他人向国务院专利行政部门提出申请并记载在申请日以后（含申请日）公布的专利申请文件中。

专利法第22条第3款规定，创造性是指同申请日以前已有的技术相比，该发明有突出的实质性特点和显著的进步，该实用新型有实质性特点和进步。

在本案中，请求人认为本专利权利要求1和2相对于附件1不具备新颖性和创造性。

经审查，附件1公开了一种牙刷（参见附件1的权利要求1），其包括由合成长丝（相当于本专利中的合成单丝3）制成并扎成许多束的填充物（相当于本专利中的毛束2）和一个手柄，其中所述填充物的每一根在其一端形成一种尖锥形（相当于本专利中的尖锥形4），手柄一端设置有一个填充物安插座（相当于本专利中的牙刷头部1），由多个填充物安插孔形成，所述填充物的束插在这些孔中，使每一根填充物的尖锥形端部向外伸出。

可以看出，附件1与本专利都涉及牙刷，属于相同的技术领域，并且附件1公开了本专利权利要求1中的全部技术特征（包括端部呈尖锥形的合成长丝/单丝），其解决了同样的技术问题并达到了预期效果，因此本专利权利要求1不具备新颖性，不符合专利法第22条第2款的规定。

本专利权利要求2从属于权利要求1，其附加技术特征进一步限定了所述合成单丝（3）在其一端或两端形成一种尖锥形（4）。附件1权利要求1中记载了一端呈尖锥形的合成长丝，附件1的权利要求3中记载了两端均呈尖锥形的合成长丝，因此该附加技术特征在附件1中也已经公开，在其引用的权利要求1不具备新颖性的基础上，该从属权利要求2也不具备新颖性，不符合专利法第22条第2款的规定。

由于权利要求1和2相对于附件1均不具备新颖性，进而其相对于附件1也没有实质性的特点和进步，即该权利要求1和2也不具备创造性，不符合专利法第22条第3款的规定。

综上所述，本专利的全部权利要求均不具备新颖性和创造性，不符合专利法第22条第2款和第3款的规定。

基于以上事实和理由，本案合议组依法作出如下审查决定。

三、决定

宣告200520076278.3号实用新型专利的权利要求全部无效。

当事人对本决定不服的，可以根据专利法第46条第2款的规定，在收到本决定之日起三个月内向北京市第一中级人民法院起诉。根据该款的规定，一方当事人起诉后，另一方当事人可以作为第三人参加诉讼。

012

快速反应电子体温计

无效宣告请求审查决定（第10901号）

决　　定　　号　第10901号
决　　定　　日　2007年12月24日
发明创造名称　快速反应电子体温计
国　际　分　类　号　A61B5/10，G01K 1/00
无效宣告请求人　博罗县众智电子厂
专　利　权　人　红电医学科技股份有限公司
专　　利　　号　02150330.3
申　　请　　日　2002年11月4日
授　权　公　告　日　2005年8月3日
合　议　组　组　长　杨军艳
主　　审　　员　刘　铭
参　　审　　员　李　礼

法　律　依　据　专利法第22条第2款
决　定　要　点

如果一份对比文件是由他人在本专利申请日之前向国务院专利行政部门提出申请、于申请日后公开的专利申请文件，其公开的技术方案与本专利权利要求保护的技术方案不同，则该份对比文件不构成本专利的抵触申请。

一、案由

本无效宣告请求涉及中华人民共和国国家知识产权局于2005年8月3日授权公告的、名称为“快速反应电子体温计”的发明专利（下称本专利），其申请号是02150330.3，申请日是2002年11月4日，专利权人是红电医学科技股份有限公司。该专利授权公告时的权利要求书如下：

“1. 一种快速反应电子体温计，其体温计本体在量测端端部通过粘着剂结合一金属头部，金属头部中设置一温度感应元件及与温度感应元件相连接的导线，其特征在于：

将感应元件及相连接的导线与金属头部的内壁接触紧贴，使导线部分不再成为感应元件周围热量散失的部分，更进一步成为热量补偿的来源，以快速显示正确温度，减少量测所需时间。

2. 如权利要求1所述的快速反应电子体温计，其中，感应元件及相连接的导线是以完全或大部分形态与金属头部的内壁接触紧贴。

3. 如权利要求1所述的快速反应电子体温计，其中，导线前半段是以直接贴靠、后半段是成环绕状接触紧贴于金属头部的内壁。

4. 如权利要求 1 所述的快速反应电子体温计，其中，在金属头部内设置一与金属头部内腔壁密合的固定件，以具有固定导线的功效，并可用作粘着剂的支撑，以防止粘着剂向金属头部前端内散布。

5. 如权利要求 4 所述的快速反应电子体温计，其中，固定件采用硬质、导热系数低的材料。

6. 如权利要求 4 所述的快速反应电子体温计，其中，固定件采用软质、导热系数低的材料。

7. 如权利要求 4 所述的快速反应电子体温计，在其中，固定件装入金属头部前为一直径大于金属头部内径的立体半圆球状，当装入金属头部后使固定件的周边环侧与金属头部的接触面积较小，以有效减少热容积。

8. 如权利要求 1 所述的快速反应电子体温计，其中，导线是以较金属头部内径为大的环绕直径，以旋转的方式强迫塞入金属头部内。

9. 如权利要求 1 所述的快速反应电子体温计，其中，量测端端部与金属头部相结合的端部外侧设有一凹槽。”

针对上述专利权，博罗县众智电子厂（下称请求人）于 2007 年 4 月 9 日向专利复审委员会提出无效宣告请求，并提交了如下证据：

证据 1：ZL02272319. 6 号实用新型专利说明书，申请日为 2002 年 8 月 7 日，授权公告日为 2003 年 7 月 23 日，专利权人为杨晓川；

证据 2：本专利的授权公开文本。

结合上述证据，请求人认为，证据 1 构成了本专利的抵触申请，故本专利的权利要求 1~6 不符合专利法第 22 条第 2 款、专利法第 9 条及专利法实施细则第 13 条第 1 款的规定。

经形式审查合格，专利复审委员会依法受理了上述无效宣告请求，并于 2007 年 4 月 9 日向双方当事人发出无效宣告请求受理通知书，同时将无效宣告请求书及其附件清单中所列附件的副本转送给专利权人。

专利权人于 2007 年 5 月 15 日向专利复审委员会提交了意见陈述书，认为：证据 1 并不构成本专利的抵触申请，其中没有公开本专利权利要求 1 中的“体温计本体在量测端端部通过粘着剂结合一金属头部”的技术特征，因此本专利权利要求 1 相对于证据 1 具备新颖性，其从属权利要求 2~6 同样也具备新颖性；此外，证据 1 还没有公开本专利权利要求 2 的“导线是以完全或大部分形态与金属头部内壁接触紧贴”、权利要求 3 中进一步限定的所有技术特征和权利要求 4 中“固定件对粘着剂做支撑”这些技术特征。

针对上述无效宣告请求，专利复审委员会依法成立合议组对本案进行审理。本案合议组于 2007 年 7 月 16 日向双方当事人发出无效宣告请求口头审理通知书，指出本案定于 2007 年 8 月 30 日举行口头审理。随同口头审理通知书，将专利权人于 2007 年 5 月 15 日提交的意见陈述书副本转送给请求人。

口头审理如期举行，双方当事人均参加了口头审理。

在口头审理中，请求人当庭明确其无效宣告请求的理由、证据和范围为：本专利权利要求 1~6 相对于证据 1 不符合专利法第 22 条第 2 款有关新颖性的规定。请求人当庭明确表示放弃本专利不符合专利法第 9 条及专利法实施细则第 13 条第 1 款的无效理由。专利权人对证据 1 的真实性没有异议。

关于本专利是否具备新颖性，请求人认为：证据 1 与本专利技术领域相同、解决的技术问题相同，证据 1 公开了感测头，公开了本专利权利要求 1“其特征在于将感应元件及相连的导线与金属头部的内壁紧贴”和本专利权利要求 1 的前序部分；认为本专利权利要求 1 的温度感应元件是上位概念，证据1公开了其下位概念热敏电阻，证据1与本专利发明目的是完全一致的，实现发明目的的手段可以不同，但本专利是上位概念，证据1是下位概念，除此之外没有区别；证据1没有公开本专利的“在量测端端部通过粘着剂结合一金属头部”，但其属于现有技术部分，金属头部和体温计的结合除粘合外也可采用螺合，但粘接是常规技术；本专利权利要求2的附加技术特征“感应元件”被证据1的权利要求2中的“热敏电阻”公开，本专利“与内壁紧贴”与证据1中的“压贴于内壁”与完全相同；本专利权利要求3的附加技术特征在证据1的权利要求2中公开，并且直线紧贴和环绕紧贴无实质性区别，都是传导线、导线紧贴于金属内壁；本专利权利要求4的附加技术特征在证据1的权利要求1中公开，二者仅是描述不同，其中的压合与本专利的密合无区别，证据1虽然没有公开权利要求4的功能性效果，但从现有技术看这个效果是必然的；本专利权利要求5~6的附加技术特征在证据1中虽然没有公开，但其属于现有技术。因此，本专利权利要求1~6相对于证据1不具备新颖性。

对于上述意见，专利权人认为：证据1与本专利的技术领域合解决的技术问题相同，但采用的方案不同，本专利权利要求1的前序部分体温计本体是整体的体温计，有量测端的技术特征，通过粘着剂结合一金属头部，而证据1公开的是感测头，证据1中没有公开本专利权利要求1中的“体温计本体在量测端端部通过粘着剂结合一金属头部”这一特征，另外，证据1中虽然公开了本专利权利要求1中的“金属头部设置一温度感应元件及与温度感应元件相连接的导线”，但导线的具体作用在证据1中没有公开；证据1未公开本专利权利要求2中的感应元件和传导线的紧贴程度；本专利权利要求3的环绕紧贴与证据1中的直线紧贴接触面积不同，环绕紧贴接触面积大，热传导快，测量时间短；本专利权利要求4的固定件强调与金属头部密合，其与证据1中的压合不同，而且证据1中要通过粘着剂，二者的解决方案及使用手段不同；本专利权利要求5~6的附加技术特征没有被证据1公开。因此，本专利权利要求1~6相对于证据1具备新颖性。

至此，合议组认为本案事实清楚，现依法作出审查决定。

二、决定的理由

1. 关于证据

证据1是中国专利文献，专利权人对其真实性没有异议，合议组经审查对证据1的真实性予以认可，其可以作为本案证据使用。但由于该证据是由他人在本专利申请日前向国务院专利行政部门申请的、并在本专利的申请日之后公开中国专利文献，因此不能作为涉案专利的现有技术使用，只能用于评价本专利权利要求是否具备新颖性。

2. 关于新颖性

专利法第22条第2款规定：新颖性，是指在申请日以前没有同样的发明或者实用新型在国内外出版物上公开发表过、在国内公开使用过或者以其他方式为公众所知，也没有同样的发明或者实用新型由他人向专利局提出过申请并记载在申请日以后（含申请日）公布的专利申请文件中。

所谓同样的发明或者实用新型，是指技术领域、所要解决的技术问题和技术方案实质上相同，预期效果相同的发明或者实用新型。

请求人认为证据1构成了本专利的抵触申请，可破坏本专利权利要求1~6的新颖性。

本专利权利要求1请求保护一种快速反应电子体温计，证据1公开了一种电子体温计感测头结构，其中感测头的金属外套内腔填充有不导热的固定材料，该固定材料将NTC热敏电阻及两传导线压持在金属外套的内壁上；NTC热敏电阻受压于金属外套内腔的顶端，两传导线可分开压贴于金属外套的内壁，也可紧贴设置在一起；NTC热敏电阻、传导线及固定材料可用粘胶粘贴于金属外套内壁上；金属外套连接于体温计本体的一端（参见证据1的说明书第2页第1行到第3页第4行、权利要求 1~3 及说明书附图 1-3)。

合议组经审理后认为：证据 1 公开了一种可连接于体温计本体的电子体温计感测探头，并具体公开了本专利权利要求 1 的如下技术特征：金属头部（即证据 1 中的“金属外套”）；温度感应元件（即证据 1 中的“NTC 热敏电阻”）；导线（即证据 1 中的“传导线”）；将感应元件及相连接的导线与金属头部的内壁接触紧贴，使导线部分不再成为感应元件周围热量散失的部分，更进一步地成为热量补偿的来源，以快速显示正确温度，减少量测所需时间（即证据 1 中的“固定材料压持 NTC 热敏电阻及两传导线于金属外套的内壁上”、“由此在测量体温时，NTC 热敏电阻及传导线同时加热升温，减少 NTC 热敏电阻与传导线之间的温差，避免不必要的热量损失，加快了测温速度”）等特征（见证据 1 说明书第 1 页第 15 行到第 3 页第 11 行，说明书附图 1-3，权利要求 1~3)。但是，本专利独立权利要求 1 中的“体温计本体在量测端端部通过粘着剂结合一金属头部”这一技术特征在证据 1 中既没有明确记载，也不能从证据 1 中公开的技术方案中直接、毫无疑义地推导出来，因为金属头部与温度计本体可有多种结合方式，因此证据 1 没有完全公开本专利独立权利要求 1 的全部技术方案，即独立权利要求 1 相对于证据 1 具有新颖性，符合专利法第 22 条第 2 款的规定。权利要求 2~6 都是直接或间接引用独立权利要求 1 的从属权利要求，在独立权利要求 1 具备新颖性的前提下，从属权利要求 2~6 相对于证据 1 也具备新颖性，也都符合专利法第 22 条第 2 款的规定。

对于请求人的意见，合议组经审理认为：通过上面证据 1 的技术方案与本专利的技术方案的技术特征比较可知，证据 1 与本专利不属于相同的发明创造，因此证据 1 不能破坏本专利独立权利要求 1 的新颖性，请求人有关权利要求 1~6 相对于证据 1 不具备新颖性的上述主张不成立。

基于上述事实和理由，本案合议组作出如下审查决定。

三、决定

维持 02150330.3 号发明专利权有效。

当事人对本决定不服的，可以根据专利法第 46 条第 2 款的规定，自收到本决定之日起三个月内向北京市第一中级人民法院起诉。根据该款的规定，一方当事人起诉后，另一方当事人应当作为第三人参加诉讼。

013

一种预应力钢筋混凝土井管专用钢箍

无效宣告请求审查决定（第10909号）

决　　定　　号　第10909号
决　　定　　日　2007年12月14日
发明创造名称　一种预应力钢筋混凝土井管专用钢箍
国 际 分 类 号　E03B3/16
无效宣告请求人　张春奇
专　利　权　人　衡水永丰水泥制品有限责任公司
专　　利　　号　200520146324.2
申　　请　　日　2005年12月9日
授 权 公 告 日　2007年1月10日
合 议 组 组 长　苏　青
主　　审　　员　毕艳红
参　　审　　员　瑜　佳

法　律　依　据　专利法第22条第2款
决　定　要　点

判断含有参数特征的权利要求的新颖性时，应当考虑权利要求中的参数特征是否隐含了要求保护的产品具有某种特定结构和/或组成。如果对于本领域技术人员来说，参数特征隐含了要求保护的产品具有区别于现有技术产品的结构和/或组成，则该权利要求具有新颖性。

一、案由

本无效宣告请求涉及国家知识产权局于2007年1月10日授权公告、申请号为200520146324.2、名称为“一种预应力钢筋混凝土井管专用钢箍”的实用新型专利（下称本专利），其申请日是2005年12月9日，专利权人是衡水永丰水泥制品有限责任公司。其授权公告的权利要求书如下：

“1. 一种预应力钢筋混凝土井管专用钢箍，是由钢箍圈和挂筋圈组成，挂筋圈固定在钢箍圈内，其特征在于：挂筋圈距钢箍圈的焊口的距离为10mm，钢箍圈的外周有一凹环槽，凹环槽的底边的宽为10mm，上口宽度为12mm，一角为直角，一角为钝角，凹环槽的直角边距焊口的距离为22mm。”

针对上述专利权，张春奇（下称请求人）于2007年6月22日向国家知识产权局专利复审委员会提出无效宣告请求，其无效理由为本专利权利要求1相对于附件1或附件2、3的结合不符合专利法第22条第3款有关创造性的规定。请求人提交了附件1~3作为证据：

附件1：200520008909.8号中国实用新型专利说明书，申请日为2005年3月23日，授权公告日为2006年4月12日，专利权人为张秋生；

附件2：200520008695.4号中国实用新型专利说明书，申请日为2005年3月25日，授权公告日为2006年4月12日，专利权人为张春奇；

附件3：200520008694.X号中国实用新型专利说明书，申请日为2005年3月25日，授权公告日为2006年4月12日，专利权人为张春奇。

经形式审查合格，专利复审委员会受理了上述无效宣告请求，并于2007年8月13日向双方当事人发出了无效宣告请求受理通知书，同时将请求人提交的无效宣告请求书及其附件清单中所列附件的副本转给专利权人。

针对上述无效宣告请求，专利权人于2007年9月4日提交意见陈述书，专利权人认为请求人提交的附件1~3均为本专利申请日之前申请、并在本专利申请日之后公开的专利文献，只能作为本专利的抵触申请使用，不能单独或结合使用评价本专利的创造性。另外，由于附件1~3均未公开本专利权利要求1的具体结构特征，特别是有关具体尺寸的特征，而本专利权利要求1的技术方案能够使锚固过程简单、加工时不跑浆、并且使混凝土井管外形美观、施工时方便，因此权利要求1的具体结构特征与现有技术相比较，具有实质性特点和进步，因此本专利权利要求1具有创造性。

请求人于2007年9月25日补充提交无效理由和如下附件：

附件4：99214994.0号中国实用新型专利说明书，授权公告日为2000年4月12日；

附件5：03276848.6号中国实用新型专利说明书，授权公告日为2004年9月1日；

附件6：200520104634.8号中国实用新型专利说明书，申请日为2005年11月12日，授权公告日为2006年12月13日，专利权人为张春奇；

附件7：200520104635.2号中国实用新型专利说明书，申请日为2005年11月12日，授权公告日为2006年12月13日，专利权人为张春奇；

附件8：200520104631.4号中国实用新型专利说明书，申请日为2005年11月12日，授权公告日为2006年12月13日，专利权人为张春奇。

请求人认为，本专利权利要求1相对于附件1、2、附件6~8不符合专利法第22条第2款有关新颖性规定，本专利权利要求1相对于附件4、5的结合不符合专利法第22条第3款有关创造性的规定。

本案合议组于2007年10月12日向双方当事人发出口头审理通知书，定于2007年11月27日对本案进行口头审理，随口审通知书将专利权人于2007年9月4日提交的意见陈述书转给请求人，并将请求人于2007年9月25日提交的意见陈述书转给专利权人。

口头审理如期举行，双方当事人均参加了口头审理。在口头审理中，双方当事人对合议组成员无回避请求、对对方出庭人员身份无异议。请求人当庭明确表示放弃2007年9月25日提交的无效理由及其证据，放弃附件3作为证据使用，同时放弃附件2、3的结合评价权利要求1创造性的无效理由；专利权人对附件1~3的真实性没有异议；请求人明确无效理由为：本专利权利要求1相对于附件1、2分别不符合专利法第22条第2款的规定。专利权人对请求人将无效理由由本专利权利要求1不符合专利法第22条第3款的规定变更为其不符合专利法第22条第2款的规定有异议。

在上述工作的基础上，合议组认为本案事实已经清楚，可以作出审查决定。

二、决定的理由

1. 证据的认定

请求人提出无效宣告请求时共提交了三份附件作为证据使用，其中，附件1是200520008909.8号中国实用新型专利说明书，申请日为2005年3月23日，授权公告日为2006年4月12日，专利权人为张秋生；附件2是200520008695.4号中国实用新型专利说明书，申请日为2005年3月25日，授权公告日为2006年4月12日，专利权人为张春奇；附件3为200520008694.X号中国实用新型专利说明书，申请日为2005年3月25日，授权公告日为2006年4月12日，专利权人为张春奇。也就是说附件1~3均是由他人在本专利申请日之前申请、在本专利申请日之后公开的专利文献，且专利权人对附件1~3的真实性没有异议，因此附件1~3均可作为评价本专利新颖性的证据使用，由于请求人放弃附件3作为证据使用，合议组对附件3不予考虑。

2. 无效理由的认定

审查指南第四部分第三章第4.2节中的（2）规定："请求人在提出无效宣告请求之日起一个月后增加无效宣告理由的，专利复审委员会一般不予考虑，但下列情形除外：（i）……；（ii）对明显与提交的证据不相对应的无效宣告理由进行变更的"。

请求人在提出无效宣告请求时提出的无效理由为本专利权利要求1相对于附件1或者相对于附件2、3的结合分别不符合专利法第22条第3款有关创造性的规定，在口头审理过程中请求人将无效理由变更为本专利权利要求1相对于附件1、2分别不符合专利法第22条第2款有关新颖性的规定，专利权人对无效理由的上述变更有异议。

对此，合议组认为，由于请求人提交的附件1~3均是由他人在本专利申请日之前申请、在本专利申请日之后公开的专利文献，只能用于评价本专利的新颖性，不能用于评价本专利的创造性，因此请求人将本专利权利要求1相对于附件1不具有创造性的无效宣告理由变更为本专利权利要求1相对于附件1不具有新颖性的无效宣告理由，符合审查指南的上述规定，合议组予以认可；但请求人将本专利权利要求1相对于附件2、3结合不具有创造性的无效理由变更为本专利权利要求1相对于附件2不具有新颖性的无效宣告理由，与审查指南上述规定的情况不相符，而属于超过举证期限增加新的无效理由，因此合议组对权利要求1相对于附件2不具有新颖性的无效理由不予考虑，仅基于权利要求1相对于附件1不具有新颖性的无效理由对本案进行审理。

3. 关于专利法第22条第2款

专利法第22条第2款规定：新颖性，是指在申请日以前没有同样的发明或者实用新型在国内外出版物上公开发表过、在国内公开使用过或者以其他方式为公众所知，也没有同样的发明或者实用新型由他人向国务院专利行政部门提出过申请并且记载在申请日以后公布的专利申请文件中。

审查指南第二部分第三章第3.2.5节（1）对于包含性能、参数特征的产品权利要求的审查原则进行了规定："对于这类权利要求，应当考虑权利要求中的性能、参数特征是否隐含了要求保护的产品具有某种特定结构和/或组成。如果该性能、参数隐含了要求保护的产品具有区别于对比文件产品的结构和/或组成，则该权利要求具有新颖性；相反，如果所属技术领域的技术人员根据该性能、参数无法将要求保护的产品与对比文件产品区分开，则可推定要求保护的产品与对比文件产品相同，因此申请的权利要求不具备新颖性，除非申请人能够根据申请文件或现有技术证明权利要求中包含性能、参数特征的产品与对比文件产品在结构和/或组成上不同。"

本专利权利要求1请求保护一种预应力钢筋混凝土井管专用钢箍，是由钢箍圈和挂筋圈组成，挂筋圈固定在钢箍圈内，钢箍圈的外周有一凹环槽（技术特征A）；挂筋圈距钢箍圈的焊口的距离为10mm，凹环槽的直角边距焊口的距离为22mm（技术特征B）；凹环槽的底边的宽为10mm，上口宽度为12mm，一角为直角，一角为钝角（技术特征C）。

附件1的权利要求1也公开了预应力钢筋混凝土井管，其由连接口及与其连接的管身组成，管身内预埋钢筋，连接口内壁设有挂筋环，连接口外壁开有用于锚固密封的凹槽，上述技术特征公开了本专利权利要求1的技术特征A，其中的挂筋环、连接口和凹槽分别相当于本专利权利要求1的挂筋圈、钢箍圈、凹环槽。本专利权利要求1与附件1的区别在于：（1）本专利权利要求1技术特征B、C中具体的参数在附件1中未公开；（2）本专利权利要求1中技术特征B中的“焊口”在附件1中未公开；（3）本专利权利要求1的技术特征C中将凹槽设置为直角梯形，而附件1中从属于权利要求1的权利要求4仅公开了凹槽断面可以为梯形。

请求人认为，（a）本专利权利要求1中的技术特征B中具体的数值范围是用于限定凹环槽位于钢箍圈上的挂筋圈的下端位置，附件1权利要求2的附加技术特征“所述的凹槽位于挂筋环以下”以及权利要求3的附加技术特征“所述的凹槽位于连接口外壁下端”也是对凹槽在连接口外壁上设置的位置进行的限定，结合附件1的附图1、2所示，附件1的该部分内容和本专利用具体数字限定凹环槽的位置是相同的。另外由于附件1连接口和钢箍圈实质上均为金属钢质材料，在张拉过程中不会变形，并且由于本专利产品不是精密管件，所以将凹环槽和挂筋环的相对位置用本专利技术方案中的精确数值限定显然没有任何意义，并且二者均可达到施工时不易跑浆的技术效果，属于审查指南第二部分第三章第3. 2. 5节（1）中参数限定未带来新颖性的情形；（b）附件1权利要求4附加技术特征限定凹槽断面为梯形、弧形、多边形的一种，公开了本专利权利要求1的技术特征C中的“直角梯形”；（c）由于附件1与本专利属于相同的技术领域，并且附件1公开了本专利权利要求1的全部技术特征，并且所要解决的技术问题及所达到的技术效果与本专利均相同，因此权利要求1相对于附件1不具有新颖性。

对于本专利权利要求1与附件1的上述区别及请求人的上述意见，合议组认为，（1）权利要求1中的“焊口”是两根井管焊接的部位，附件1中并未公开权利要求1中“焊口”的技术特征，而且由于施工时两根井管的相互连接的方式并不是只有焊接这一种方式，例如还可以利用在井管上设置的丝扣进行相互连接，所以在附件1未公开具体连接方式的情况下，本领域技术人员不能必然得出附件1中的井管也是通过焊接的方式进行连接的，因此“焊口”的技术特征也不属于附件1中隐含的且本领域技术人员可直接地、毫无疑义确定的技术特征；（2）本专利权利要求1的技术特征C中将凹槽设置为直角梯形，而附件1中虽然公开了凹槽断面可以为梯形，但并没有具体限定梯形为直角梯形，因此附件1没有公开权利要求1中“直角梯形”的技术特征。而且由于本专利权利要求1的凹槽采用了直角梯形，在浇注完成后的脱模过程中仅需要较小的力即可完成脱模过程，较附件1中的凹槽形状在脱模过程中具有更好的技术效果，也可使本领域技术人员将本专利产品与附件1的产品区分开；（3）附件1除未公开本专利的“焊口”、“直角梯形”的技术特征外，也未公开本专利权利要求1中具体的参数，这些具体参数限定了结构关系，同时带来了有益效果，例如挂筋圈到焊口的距离“10mm”，是根据插入挂筋圈的纵向钢丝端点形成的、用于纵向钢丝与挂筋圈锚固连接的镦帽的长度等因素而确定的，由于不同直径的钢筋形成的镦帽的高度不同，因此在确定上述距离时应防止上述距离过小可能导致的镦帽外露，从而直接影响其上端焊口的焊接效果。相比较于没有进行具体参数限定的附件1，本领域技术人员看到上述参数的限定后能够将本专利的产品与附件1的产品区分开，而并不像请求人所述的上述参数对产品结构没有任何意义。

综上，权利要求1与附件1存在上述区别技术特征，权利要求1相对于附件1符合专利法第22条第2款有关新颖性的规定。

三、决定

维持200520146324. 2号实用新型专利权有效。

当事人对本决定不服的，可以根据专利法第46条第2款的规定，自收到本决定之日起三个月内向北京市第一中级人民法院起诉。根据该款的规定，一方当事人起诉后，另一方当事人应当作为第三人参加诉讼。

014

多功能数学插板

无效宣告请求审查决定（第10936号）

决　　定　　号　第10936号
决　　定　　日　2007年12月24日
发明创造名称　多功能数学插板
国 际 分 类 号　G09B19/02
无效宣告请求人　北京能量时空文化发展有限公司
专　利　权　人　张　莳
专　　利　　号　98236929.8
申　　请　　日　1998年3月13日
授权公告日　1999年7月28日
合议组组长　苏　青
主　　审　　员　刘路尧
参　　审　　员　邢文飞

法　律　依　据　专利法第22条第2款、第3款
决　定　要　点

评价权利要求是否具有新颖性时，应当将权利要求的技术方案与对比文件公开的全部内容进行比较，如果两者的技术方案不同，则权利要求相对于对比文件具有新颖性。

对于实用新型专利，如果权利要求的技术方案相对于对比文件是非显而易见的，并且具有有益的技术效果，则权利要求相对于对比文件具有创造性。

一、案由

本无效宣告请求涉及国家知识产权局于1999年7月28日授权公告的、名称为“多功能数学插板”的第98236929.8号实用新型专利，其申请日为1998年3月13日，专利权人为张莳。授权公告的权利要求书的内容如下：

“1. 一种多功能数学插板，其特征在于：

a. 有一个均布有插孔的方形孔板；

b. 有一个上沿两侧有板槽的盒体；

c. 在盒体中装有阶梯圆孔的插柱，插柱外缘有凸环圈；插柱分为不同颜色的四至六组，插柱顶面注有1、2、3、4、5、6、7、8、9、0和+、−、×、÷符号。”

针对上述实用新型专利（下称本专利），北京能量时空文化发展有限公司（下称请求人）于2007

年8月8日向专利复审委员会提出无效宣告请求。在该无效宣告请求中，请求人提交如下附件作为证据使用：

附件1：本专利公开文本复印件，共3页；

附件2：申请号为89212251.X的实用新型专利申请说明书复印件，共6页，公告日为1990年7月11日（下称对比文件1）；

请求人提出的具体理由为：本专利的权利要求1相对于对比文件1不具有新颖性和创造性，不符合专利法第22条第2、3款的规定。

经形式审查合格，专利复审委员会受理了该无效宣告请求，并于2007年9月27日向双方当事人发出无效宣告请求受理通知书，并随上述无效宣告请求受理通知书将请求人提交的无效宣告请求书及其附件清单中所列附件副本转送专利权人，要求其在指定期限内对该无效宣告请求陈述意见。

专利权人于2007年11月9日提交了意见陈述书及其附件，该附件包括：本专利的实用新型专利证书复印件，共1页；本专利公开文本复印件，共3页。专利权人认为：本专利与对比文件1公开的内容相比，构造不同、外观不同、使用方法不同、使用对象不同，因此本专利的权利要求1符合专利法第22条规定的新颖性、创造性和实用性原则。

在此基础上，专利复审委员会依法成立合议组，对本案进行审查。合议组于2007年11月12日向双方当事人发出口头审理通知书，定于2007年12月20日对本案进行口头审理。双方当事人均提交了口头审理通知书回执，请求人表示不参加口头审理，专利权人表示参加口头审理。

口头审理如期举行，专利权人出席了口头审理，请求人未出席口头审理。在口头审理中，专利权人对合议组成员无回避请求；专利权人对请求人提交的附件1、对比文件1的真实性无异议，但认为其收到附件1的本专利公开文本缺少附图页1页，对比文件1中缺少附图页第3页，上述缺页导致其对理解对比文件1的技术方案有影响；专利权人明确对比文件1未公开本专利权利要求1中的技术特征a、b、c，因此本专利符合专利法第22条第2、3款有关新颖性、创造性的规定；专利权人当庭演示了声称为本专利产品的实物样品。

至此，合议组认为本案事实已经清楚，可以依法作出无效宣告请求审查决定。

二、决定的理由

1. 关于证据

对比文件1为一篇中国专利文献，专利权人对该对比文件的真实性无异议，合议组对对比文件1的真实性予以采信。对比文件1的公开日期为1990年7月11日，早于本专利的申请日1998年3月13日，因此对比文件1可以作为评价本专利新颖性、创造性的现有技术使用。

2. 关于新颖性

专利法第22条第2款规定的新颖性，是指在申请日以前没有同样的发明或者实用新型在国内外出版物上公开发表过、在国内公开使用过或者以其他方式为公众所知，也没有同样的发明或者实用新型由他人向专利局提出过申请并且记载在申请日以后（含申请日）公布的专利申请文件中。

对比文件1涉及一种多用教学教具学具板，其中（参见说明书第1页第7~13行，附图1~4）公开了如下内容：所述多用教学教具学具板，有均匀钻有插孔（4）的正方形板（3）；在进行5的乘法口诀的教学中，在第一横排插上5根插签（插签形状可多样）。

将本专利权利要求1与对比文件1公开的上述内容相比，对比文件1与本专利的技术领域相同，均是涉及教具产品，其中作为下位概念的对比文件1中的正方形板公开了作为上位概念的本专利中的方形孔板，即对比文件1中的有均匀钻有插孔的正方形板相当于本专利权利要求1中的有一个均布有插孔的方形孔板，两者的区别在于：权利要求1的技术方案中包括“b. 有一个上沿两侧有板槽的盒体；c. 在盒体中装有阶梯圆孔的插柱，插柱外缘有凸环圈；插柱分为不同颜色的 4 至六组，插柱顶面注有 1、2、3、4、5、6、7、8、9、0 和+、-、×、÷符号”的技术特征，上述区别特征没有被对比文件 1 中所公开，上述区别特征中中对所述插柱进行了具体限定，将其具体描述为阶梯园孔的插柱，插柱外缘有凸环圈，这与对比文件 1 中公开的所述插签不同，因此权利要求 1 的技术方案相对于对比文件 1 具有新颖性，符合专利法第 22 条第 2 款的规定。

3. 关于创造性

专利法第 22 条第 3 款规定的创造性，是指同申请日以前已有的技术相比，该发明有突出的实质性特点和显著的进步，该实用新型有实质性特点和进步。

如前所述，本专利权利要求 1 相对于对比文件 1 具有“b. 有一个上沿两侧有板槽的盒体；c. 在盒体中装有阶梯圆孔的插柱，插柱外缘有凸环圈；插柱分为不同颜色的 4 至六组，插柱顶面注有 1、2、3、4、5、6、7、8、9、0 和+、-、×、÷符号”的区别特征。基于上述区别特征，本专利权利要求 1 的技术方案相对于对比文件 1 重新确定的技术问题是设置盒体容纳保护所述插板和插柱插接。上述区别特征不属于所属技术领域的惯用手段，故所属技术领域的技术人员不能从对比文件 1 公开的内容中获得解决上述重新确定的技术问题的启示，由对比文件 1 公开的内容得到权利要求 1 的技术方案是非显而易见的。权利要求 1 相对于对比文件 1 具有所述盒体能够容纳保护所述插板以及所述插柱能够相互插接并与所述插板插接，形象地示范数学运算的更好的技术效果。因此，权利要求 1 的技术方案相对于对比文件 1 具有实质性特点和进步，符合专利法第 22 条第 3 款有关创造性的规定。

4. 其他问题

在口头审理中，专利权人认为收到附件 1 的本专利公开文本缺少附图页 1 页，对比文件 1 中缺少附图页第 3 页，上述缺页导致其对理解对比文件 1 的技术方案有影响。对此，合议组认为：请求人提交的对比文件 1 缺少附图页第 3 页即附图 5、6，该附图为教学实例 2、3 的演示图，但是由上述对本专利具有新颖性、创造性的评述中可知，引用对比文件 1 并没有涉及对比文件 1 中公开的教学实例 2、3 的内容，故上述缺页不影响对本专利新颖性、创造性的评述，专利权人的上述意见合议组不予考虑。

根据以上事实和理由，合议组作出如下无效宣告请求审查决定。

三、决定

维持 98236929.8 号实用新型专利权有效。

当事人对本决定不服的，可以根据专利法第 46 条第 2 款的规定，自收到本决定之日起三个月内向北京市第一中级人民法院起诉。根据该款的规定，一方当事人起诉后，另一方当事人应当作为第三人参加诉讼。

015

机制亮瓦

无效宣告请求审查决定（第 10937 号）

决　　定　　号　第 10937 号
决　　定　　日　2007 年 12 月 5 日
发明创造名称　机制亮瓦
国 际 分 类 号　E04D1/04
无效宣告请求人　大足县利民亮瓦厂
专　利　权　人　段太华
申　　请　　号　03237665.0
申　　请　　日　2003 年 9 月 28 日
授 权 公 告 日　2004 年 9 月 29 日
合 议 组 组 长　刘　犟
主　　审　　员　王　博
参　　审　　员　姜　岩

法　律　依　据　专利法第 22 条第 3 款
决　定　要　点

在判断一项权利要求是否具备创造性时，首先要将权利要求所述的技术方案和最接近的现有技术进行特征对比分析，确定两者之间的区别技术特征，进而考察对于所属技术领域的普通技术人员而言在最接近的现有技术的基础上引入上述区别技术特征从而获得权利要求所要保护的技术方案是否显而易见，如果是，则该权利要求不具备创造性，反之，则具备创造性。

一、案由

本无效宣告请求涉及中华人民共和国国家知识产权局于 2004 年 9 月 29 日授权公告的、名称为“机制亮瓦”的实用新型专利权（下称本专利），其专利号是 03237665.0，申请日是 2003 年 9 月 28 日，专利权人是段太华。本专利授权公告时的权利要求书如下：

“1. 一种机制亮瓦，包括有瓦体（1），其特征在于：瓦体（1）的横截面的两侧呈圆弧状（2）。”

针对本专利权，大足县利民亮瓦厂（下称请求人）于 2007 年 4 月 16 日向专利复审委员会提出无效宣告请求，认为本专利不符合专利法第 22 条第 2、3 款的规定，请求人同时提交了如下附件：

附件 1：中国建筑工业出版社 1985 年 4 月出版的《玻璃手册》，作花济夫等编著，封面页、出版信息页、2 页目录页、第 16、17、22、23、317、320、321 页复印件，共 11 页。

经形式审查合格，专利复审委员会依法受理了上述无效宣告请求，并于 2007 年 4 月 16 日向请求人和专利权人发出无效宣告请求受理通知书，同时将无效宣告请求书及其附件清单中所列附件的副本转送给专利权人，并要求专利权人在指定的期限内陈述意见。

请求人于2007年4月27日向专利复审委员会补充提交如下证据：

附件2：本专利的授权公告文本。

针对专利复审委员会发出的上述无效宣告请求受理通知书，专利权人于2007年5月28日提交了意见陈述书及如下证据：

证据1：化学工业出版社于2006年7月出版的《玻璃制造工艺》王承遇等主编，封面页、出版信息页、第246页复印件，共3页；

证据2：U型玻璃幕墙应用图例，共3页。

专利权人认为瓦与槽形玻璃没有可比性，二者结构形式、用途、装配方式均不相同，并且附件1未公开本专利“弧形”这个构造特征，本专利符合专利法第22条第2、3款的规定。

专利复审委员会依法成立合议组。本案合议组于2007年9月7日向双方发出无效宣告请求口头审理通知书，定于2007年10月23日在专利复审委员会举行口头审理。随同口头审理通知书，将专利权人于2007年5月28日提交的意见陈述书及其附件清单中所列附件的副本转送给请求人，将请求人与2007年4月27日提交的附件2转送给专利权人。

口头审理如期举行，双方当事人均参加了口头审理。

在口头审理中，(1) 请求人明确其无效的理由、证据、范围以及证据的使用情况为：权利要求1相对于附件1不具有新颖性、创造性。请求人明确表示没有其他的无效理由、证据、范围和证据组合形式。(2) 请求人当庭放弃2007年4月27日提交的附件2。(3) 专利权人对附件1真实性没有异议，请求人对证据1的真实性没有异议，对证据2的真实性有异议。在此基础上，合议组对本案进行了调查，充分听取了双方当事人的意见。

至此，合议组认为本案事实已经清楚，可以作出审查决定。

二、决定的理由

1. 关于证据和现有技术

请求人提交的证据包括附件1，专利权人对附件1的真实性没有异议，同时由于附件1为公开出版物，且其公开日期在本专利的申请日前，因此可以作为本专利的现有技术使用。

2. 关于专利法第22条第3款

专利法第22条第3款规定，创造性，是指同申请日以前已有的技术相比，该发明有突出的实质性特点和显著的进步，该实用新型有实质性特点和进步。

根据该规定，在判断一项专利权利要求是否具备创造性时，首先要将权利要求所述的技术方案和最接近的现有技术进行特征对比分析，确定两者之间的区别技术特征，进而考察对于所属技术领域的普通技术人员而言在最接近的现有技术的基础上引入上述区别技术特征从而获得权利要求所要保护的技术方案是否显而易见，如果不是，则该权利要求具备创造性。

请求人认为，附件1第22页图2.8公开了槽型玻璃的形状，槽形玻璃是建筑玻璃的一种，从附图上可以看到瓦体侧端呈圆弧状。所以附件1完全公开了权利要求1的全部技术特征，权利要求1不具有新颖性，也不具有创造性。

专利权人认为，附件1中的槽型玻璃和本专利的亮瓦是两个不同的产品，没有可比性。圆弧特征在附件1中没有文字说明，只是推测。从附件1图2.8的右图中可以看出右边是圆弧，而左边不是圆弧，如果要是圆弧的话，应该能看出两边都是圆弧，所以不能作出其侧边一定是圆弧的判断。证据1说明了槽型玻璃的特征，证据1第246页的槽型玻璃没有圆弧状侧边，并且槽型玻璃不是瓦。证据2

说明了槽型玻璃应用的范围，是用在房屋的外立面上，不是瓦，不用在屋顶上作为瓦片来使用。

合议组认为，附件 1 公开了一种槽形玻璃，其第 22 页图 2.8 公开了槽形玻璃形状，右图中可见槽形玻璃为 U 型截面，其两侧端部为圆弧形。第 23 页图 2.10 公开了槽形玻璃的施工安装形式，其中单层装 S-B、S-C 型的安装形式为搭接安装方式。附件 1 中还公开了槽形玻璃强度高，“把槽形玻璃的侧翼朝向室外，要比侧翼朝向室内强度为大，所以在计量耐风压强度时应该注意到这一点”，也就是说附件 1 还公开了槽形玻璃可以用于建筑结构，承受较强荷载的特点。将权利要求 1 的方案与附件 1 相比较，区别仅在于本专利的结构用于屋顶，即为一种瓦，而附件 1 只公开了槽形玻璃用于建筑结构可以承受风荷载，至于是用于建筑物外立面还是屋顶则没有明确公开。然而，本领域技术人员根据槽形玻璃的结构特点，容易想到将其应用于建筑物的屋顶，并以与瓦相同的安装方式即单层装 S-B、S-C 型的形式进行安装，从而实现与权利要求 1 完全相同的技术方案，并且这样的安装形式也能满足结构强度上的需求。因此，权利要求 1 不具有创造性。

针对专利权人关于附件 1 图 2.8 的右图看不出圆弧的主张，合议组认为，从该图中可以明显看出槽形玻璃截面两端部都是圆弧形的，专利权人的该主张不能成立。

针对专利权人提交的两份证据，请求人认可证据 1 的真实性。合议组认为，证据 1 中的槽形玻璃看不出端面有圆弧并不证明附件 1 中的槽形玻璃也没有圆弧。对于证据 2，请求人质疑证据 2 的真实性，但合议组认为即使证明其是真实的，证据 2 也仅能证明槽形玻璃可以用于建筑物外立面的玻璃幕墙，不能证明本领域技术人员不能得到启示将其应用于屋顶。

基于上述理由，本专利不具有创造性，合议组不再评述请求人提出的其他无效宣告请求的理由。

根据上述的事实和理由，本案合议组依法作出以下决定。

三、决定

宣告 03237665.0 号实用新型专利权全部无效。

当事人对本决定不服的，可以根据专利法第 46 条第 2 款的规定，自收到本决定之日起三个月内向北京市第一中级人民法院起诉。根据该款的规定，一方当事人起诉后，另一方当事人应当作为第三人参加诉讼。

016

叉式交换汽车搬运器

无效宣告请求审查决定（第10939号）

决　　定　　号　第10939号
决　　定　　日　2007年11月30日
发明创造名称　叉式交换汽车搬运器
国 际 分 类 号　E04H 6/22
无效宣告请求人　郭同进
专　利　权　人　深圳怡丰自动化停车设备有限公司
专　　利　　号　200420045210.4
申　　请　　日　2004年4月22日
授 权 公 告 日　2005年6月1日
合 议 组 组 长　朱文广
主　　审　　员　刘瑞斌
参　　审　　员　王　博

法　律　依　据　专利法第22条第2款
决　定　要　点

如果权利要求中含有对比文件中所不具有的技术特征，则该权利要求相对于该对比文件具有新颖性，反之，则不具有新颖性。

一、案由

本无效宣告请求涉及国家知识产权局于2005年6月1日授权公告、名称为“叉式交换汽车搬运器”的200420045210.4号实用新型专利权（下称本专利），其申请日为2004年4月22日，专利权人为深圳怡丰自动化停车设备有限公司。

本专利授权公告的权利要求书如下：

“1. 一种叉式交换汽车搬运器，包括：设置在两轨道间的扁平小车，扁平小车上配有可驱动其沿轨道行走的驱动装置，其特征在于：扁平小车上设有可向两侧伸展插入汽车轮胎下由伸缩叉型齿机构和升降机组成的升降式伸缩叉齿机构。

2. 根据权利要求1所述的叉式交换汽车搬运器，其特征在于：伸缩叉齿型机构由结构基本相同的伸缩前叉机构（117）、伸缩后叉机构（120）及伸缩叉底架（102）组成。

3. 根据权利要求2所述的叉式交换汽车搬运器，其特征在于：伸缩叉底架（102）为矩形结构，伸缩叉底架（102）两侧设有E形滑槽（127），其前、中、后三处各设有一对带柄轴承（123）。

4. 根据权利要求2或3所述的叉式交换汽车搬运器，其特征在于：伸缩前叉机构（117）和伸缩后叉机构（120）分别由伸缩叉（108、125）、驱动装置（104、124）、链轮（105、121）、链条（106、122）、齿轮（132）和一端分别与伸缩叉（108、125）端相连接的圆柱齿条（107）组成；伸缩叉（108、125）上分别设有带柄轴承（126），带柄轴承（126）与伸缩叉底架（102）的E形滑槽（127）相配合，伸缩叉（108、125）可在伸缩叉底架（102）的E形滑槽（127）中灵活滑动。

5. 根据权利要求1所述的叉式交换汽车搬运器，其特征在于：升降机由安装在偏平小车（101）上的驱动装置（103）、链轮（119）、链条（118）和三个可与伸缩叉底架（102）上六个带柄轴承（123）配合的螺旋凸轮（116）组成。"

针对上述专利权，郭同进（下称请求人）于2006年10月13日向专利复审委员会提出无效宣告请求，其理由是本专利权利要求1~5相对于附件1不符合专利法第22条的规定，请求宣告本专利权全部无效。请求人提交下列附件作为证据：

附件1：专利号为02803734.0的中国发明专利说明书，申请日为2002年3月13日，授权公告日为2005年2月23日，专利权人为埃利康亚洲股份有限公司，共20页。

经形式审查合格，专利复审委员会受理了该无效宣告请求，并于2006年10月16日向请求人和专利权人发出无效宣告请求受理通知书，随该通知书将请求人的无效宣告请求书及其附件清单中所列附件的副本转送给专利权人，要求其在指定的期限内答复。

针对专利复审委员会发出的上述无效宣告请求受理通知书，专利权人于2006年11月15日提交了意见陈述书，认为本专利符合专利法第22条的规定。专利权人同时提交了修改后的权利要求书以及下列证明文件：

附件A：由国家知识产权局出具的专利号为200420045210.4的实用新型检索报告，共4页。

专利权人提交的修改后的权利要求书如下：

"1. 一种叉式交换汽车搬运器，包括：设置在两轨道间的扁平小车，扁平小车上配有可驱动其沿轨道行走的驱动装置，其特征在于：扁平小车上设有可向两侧伸展插入汽车轮胎下由伸缩叉型齿机构和升降机组成的升降式伸缩叉齿机构，且伸缩后叉（125）型齿前端为导向锥型。

2. 根据权利要求1所述的叉式交换汽车搬运器，其特征在于：伸缩叉齿型机构由结构基本相同的伸缩前叉机构（117）、前端为导向锥型的伸缩后叉机构（125）及伸缩叉底架（102）组成。

3. 根据权利要求2所述的叉式交换汽车搬运器，其特征在于：伸缩叉底架（102）为矩形结构，伸缩叉底架（102）两侧设有E形滑槽（127），其前、中、后三处各设有一对带柄轴承（123）。

4. 根据权利要求2或3所述的叉式交换汽车搬运器，其特征在于：伸缩前叉机构（117）和伸缩后叉机构（120）分别由伸缩叉（108、125）、驱动装置（104、124）、链轮（105、121）、链条（106、122）、齿轮（132）和一端分别与伸缩叉（108、125）端相连接的圆柱齿条（107）组成；伸缩叉（108、125）上分别设有带柄轴承（126），带柄轴承（126）与伸缩叉底架（102）的E形滑槽（127）相配合，伸缩叉（108、125）可在伸缩叉在伸缩叉底架（102）的E形滑槽（127）中灵活滑动。

5. 根据权利要求1所述的叉式交换汽车搬运器，其特征在于：升降机由安装在偏平小车（101）上的驱动装置（103）、链轮（119）、链条（118）和三个可与伸缩叉底架（102）上六个带柄轴承（123）配合的螺旋凸轮（116）组成。

6. 根据权利要求1所述的叉式交换汽车搬运器，其特征在于：所述的叉式交换汽车搬运器，在平移时，采用接近开关作到位检测。

7. 根据权利要求 1 所述的叉式交换汽车搬运器，其特征在于：升降驱动装置 103 的减速机，采用的是 SEW 标准减速机 SA67。”

请求人于 2006 年 11 月 16 日提交了补充意见陈述书，认为本专利在申请日前已经被使用公开，并就其所主张的使用公开的事实提交了相关证据即附件 2~8 予以证明。

专利复审委员会依法成立合议组。本案合议组于 2007 年 3 月 14 日向双方当事人发出了口头审理通知书，定于 2007 年 4 月 24 日对本案进行口头审理，随该口头审理通知书向请求人转交专利权人于 2006 年 11 月 15 日提交的意见陈述书、权利要求书修改文本及附件 A，向专利权人转交请求人于 2006 年 11 月 16 日提交的补充意见陈述书及其附件清单中所列附件的副本。

2007 年 4 月 24 日，口头审理如期举行，专利权人未出席口头审理，仅请求人单方出席。

在口头审理中，请求人认为专利权人提交的权利要求书的修改文本不符合审查指南的相关规定，不应接受。合议组经审查当庭告知请求人该修改文本不符合审查指南的相关规定，本次口头审理以授权公告的权利要求书为基础进行。请求人明确其无效的理由、证据、范围以及证据的使用情况为：本专利相对于附件 1 不符合专利法第 22 条第 2、3 款的规定。请求人明确表示其提交的附件 2~8 的日期为 2006 年 11 月 16 日，合议组告知其附件 2~8 的提交日期超出了一个月的期限，因此对附件 2~8 不予考虑。请求人当庭提交本专利授权时的权利要求 1~5 同附件 1 的对比表，结合该表进行陈述。

合议组于 2007 年 4 月 25 日将本专利与附件 1 的权利要求对比表转送给专利权人，并告知其口审记录的内容。

请求人于 2007 年 5 月 8 日提交补充意见书及新的证据。

至此合议组认为本案事实已经清楚，可以作出审查决定。

二、决定的理由

1. 关于审查文本

审查指南第四部分第三章第 4.6 节在“无效宣告程序中专利文件的修改”中对修改原则、修改方式和修改方式的限制进行了规定。其中在修改原则中规定发明或者实用新型专利文件的修改仅限于权利要求书，其原则是：(1) 不得改变原权利要求的主题名称。(2) 与授权的权利要求相比，不得扩大原专利的保护范围。(3) 不得超出原说明书和权利要求书记载的范围。(4) 一般不得增加未包含在授权的权利要求书中的技术特征。其中在修改的方式中规定：修改权利要求书的具体方式一般限于权利要求的删除、合并和技术方案的删除。

专利权人于 2006 年 11 月 15 日提交了修改后的本专利权利要求书，其中权利要求 1 增加了特征“且伸缩后叉 (125) 型齿前端为导向锥型”，权利要求 2 增加了特征“前端为导向锥型的”，并增加了新的权利要求 6、7。

合议组认为，专利权人提交的权利要求书的修改文本不符合审查指南的上述规定中的第 4 项以及修改方式的规定，因此本决定以本专利授权公告的权利要求书为基础进行。

2. 关于证据及现有技术

专利法实施细则第 66 条规定：在专利复审委员会受理无效宣告请求后，请求人可以在提出无效宣告请求之日起 1 个月内增加理由或者补充证据。逾期增加理由或者补充证据的，专利复审委员会可以不予考虑。

请求人于 2006 年 10 月 13 日向专利复审委员会提出无效宣告请求，并于 2006 年 11 月 16 日和 2007 年 5 月 8 日补充提交了新的证据，并基于这些证据进行了意见陈述，但是这些补充提交的证据是请求人在提交无效宣告请求之日起一个月后才提交的，根据专利法实施细则第 66 条的上述规定，上述补充提交的证据合议组不予考虑，对于这些证据所涉及的意见陈述，合议组也不予支持。

请求人提交的附件1是他人在本专利申请日前向专利局提出的、在本专利申请日后公开的中国专利文献，且经合议组核实，确认其真实性，并查明其申请人为索特芬股份有限公司，与本专利申请人不同，因此该附件仅能用于评述本专利的新颖性。

3. 关于专利法第22条第2款

专利法第22条第2款规定，新颖性，是指在申请日以前没有同样的发明或者实用新型在国内外出版物上公开发表过、在国内公开使用过或者以其他方式为公众所知，也没有同样的发明或者实用新型由他人向专利局提出过申请并且记载在申请日以后公布的专利申请文件中。

根据该规定，如果权利要求中含有对比文件中所不具有的技术特征，则该权利要求相对于该对比文件具有新颖性，反之，则不具有新颖性。

（1）关于权利要求1。

合议组认为，附件1公开了一种自动的机械停车场中用于机动车水平传送的托架，其中公开了以下内容，“托架由带有铰链及铰链销2的铰接框架1所组成，以允许前部分及后部分之间的相对转动，所述框架1被分成前部分及后部分。前部分具有4个轮子3……后部分具有两个驱动轮3”，“所述框架1由作用在槽53的两侧边上的4个滚子7导向”，“这些对的框架58及59的每个框架由定中心杆18或18′组成，定中心杆18或18′被构造用来水平地靠住车轮22，23或22′，23′的内侧壁”，“每个杆18，18′具有金属支承19，19′，金属支承19，19′位于所述杆的底下并垂直于所述杆，以便通过从底下接合它们而分别地抬升车轮22，23和22′，23′”，“这些对框架58及59的每个框架……与相向的框架一起相对于托架纵轴线成水平地对称地移动”，“在框架1的前及后部分的每个部分上是可相对于该框架1垂直移动的一框架8……轴向凸轮16能使由这些凸轮承载的两个框架8被抬升”（参见附件1说明书第4页第24~28行、第5页第8~12行、第24~32行及相关附图）。附件1中的托架即相当于本专利中的扁平小车，附件1中的驱动轮等即相当于本专利中的驱动装置，其导向框架1沿槽53运动相当于本专利中驱动扁平小车沿轨道行走，附件1中的框架58、59即相当于本专利中的伸缩叉型齿机构，附件1中含有轴向凸轮16的系统即相当于本专利中的升降机。由此，附件1已经公开了本专利权利要求1的全部技术特征，且二者属于相同的技术领域，解决相同的技术问题，达到相同的预期效果。因此，附件1构成了本专利权利要求1的抵触申请，该权利要求不具有新颖性。

（2）关于权利要求2。

合议组认为，附件1说明书第5页第21~23行公开了以下内容：“一对相向的框架58布置在两个框架8上以支承机动车前轴的车轮22及22′，而相似地一对相向的框架59用以支承机动车后轴的车轮23及23′”，其中一对相向的框架58即公开了本专利中的伸缩前叉机构117，一对相向的框架59即公开了本专利中的伸缩后叉机构120，两个框架8即公开了本专利中的伸缩叉底架102。由此，权利要求2的附加技术特征也被附件1所公开，在权利要求1不具有新颖性的前提下，该权利要求也不具有新颖性。

（3）关于权利要求3。

合议组认为，附件1附图1公开了框架8为矩形结构，附图9公开了框架8的两侧设有带有E形滑槽的导向件10，说明书第5页第13~15行公开了“每个所述凸轮16具有两个相同的相互转过180°的平滑螺旋表面，依靠该螺旋表面，当凸轮转动时，连接于臂9的三对钢轮17滚动并被抬升或被降低”，从附图1中可以看出三对钢轮17分设于框架8的前中后三处，由此即公开了本专利中的带柄轴承123。由此，权利要求3的附加技术特征也被附件1所公开，在权利要求2不具有新颖性的前提下，该权利要求也不具有新颖性。

（4）关于权利要求4。

合议组认为，附件1说明书第5页第30~32行公开了“这些对框架58及59的每个框架，借助于齿条20，20′，齿轮30，马达/减速器组件31及链条32，与相向的框架一起相对于托架纵轴线成水平地对称地移动”，由此公开了本专利中的伸缩前后叉机构的结构，说明书第6页还公开了“所述各框架还装备有平衡杆24及24′，平衡杆24及24′经滚子25，26及25′，26′与框架8的导向件10接合，以对该框架提供稳定性及导向运动”，由此即公开了本专利中带柄轴承126与E形滑槽127可相配合滑动的特征，其中滚子25、26即相当于本专利中的带柄轴承126。其区别仅在于本专利中为圆柱齿条，而附件2中仅公开了齿条20、20′，未公开其为圆柱形的特征，因此，权利要求4中的该特征没有被附件1公开。因此，该权利要求具有新颖性。

（5）关于权利要求5。

合议组认为，附件1说明书第5页第8~16行公开了“在框架1的前及后部分的每个部分上是可相对于该框架1垂直移动的一框架8。经齿轮13、转向齿轮13′和链条14的作用，马达/减速器组件12同时地转动齿轮15及轴向凸轮16，有三个轴向凸轮16并且布置在托架的纵轴线上，并且经过各对臂9及安装在滚子轴承上的钢轮17，该轴向凸轮16能使由这些凸轮承载的两个框架8被抬升。每个所述凸轮16具有两个相同的相互转过180°的平滑螺旋表面，依靠该螺旋表面，当凸轮转动时，连接于臂9的三对钢轮17滚动并被抬升或被降低。”其中三对钢轮17即公开了本专利中的六个带柄轴承123，三个轴向凸轮16即公开了本专利中的螺旋凸轮116。由此，权利要求5的附加技术特征也被附件1所公开，在其所引用的权利要求1不具有新颖性的前提下，该权利要求也不具有新颖性。

专利权人在于2006年11月15日提交的意见陈述书中，仅将附件1的权利要求及说明书中的部分内容与本专利进行对比，而没有明确指出本专利权利要求1~5中的哪些特征没有被附件1公开，因此，专利权人据此认为本专利具有新颖性的主张不能成立。

4. 关于专利法第22条第3款

专利法第22条第3款规定，创造性，是指同申请日以前已有的技术相比，该发明有突出的实质性特点和显著的进步，该实用新型有实质性特点和进步。

根据前文的评述，请求人所提交的附件1仅能用于评价本专利的新颖性，不能用于评价本专利的创造性，因此，请求人所主张的本专利相对于附件1不具有创造性的理由不能成立。

根据上述的事实和理由，本案合议组依法作出以下决定。

三、决定

宣告200420045210.4号实用新型专利权权利要求1、2、3、5无效，在权利要求4的基础上维持该专利权继续有效。

当事人对本决定不服的，可以根据专利法第46条第2款的规定，自收到本决定之日起三个月内向北京市第一中级人民法院起诉。根据该款的规定，一方当事人起诉后，另一方当事人应当作为第三人参加诉讼。

北京市第一中级人民法院
行政判决书

（2008）一中行初字第562号

原告深圳怡丰自动化科技有限公司，住所地广东省深圳市龙岗区龙岗街道龙西社区高新技术园怡丰工业区B区。

法定代表人吴文岱，董事长。

委托代理人李日海，男，1966年4月12日出生，汉族，深圳怡丰自动化科技有限公司总工程师。

委托代理人张伟实，北京市航舵律师事务所律师。

被告国家知识产权局专利复审委员会，住所地北京市海淀区北四环西路9号银谷大厦10~12层。

法定代表人廖涛 副主任。

委托代理人王博 国家知识产权局专利复审委员会审查员。

委托代理人郭鹏鹏 国家知识产权局专利复审委员会审查员。

第三人郭同进，男，1964年8月19日出生，汉族，住北京市朝阳区洼里羊坊八号内集体。

委托代理人杨家睦，广州新诺专利商标事务所有限公司专利代理人。

原告深圳怡丰自动化科技有限公司不服被告国家知识产权局专利复审委员会作出的第10939号无效宣告请求审查决定（以下简称第10939号决定），于2008年3月25日向本院提起行政诉讼。本院受理后，依法组成合议庭，向被告送达了起诉状副本及应诉通知书，并依照《中华人民共和国行政诉讼法》第二十七条的规定，通知郭同进作为本案的第三人参加诉讼。本院于2008年9月9日对本案公开开庭进行了审理。原告的委托代理人张伟实、李日海，被告的委托代理人王博、郭鹏鹏，第三人的委托代理人杨家睦到庭参加了诉讼。本案现已审理终结。

2007年11月30日，被告作出第10939号决定，宣告原告名称为“叉式交换汽车搬运器”的200420045210.4号实用新型专利权权利要求1、2、3、5无效，在权利要求4的基础上维持该专利权继续有效。

为证明第10939号决定的合法性，在法定举证期限内，被告向本院提交并经当庭质证的证据包括：1. 专利号为02803734.0，名称为自动的机械停车场中用于机动车水平传送的托架的中国发明专利说明书，申请日为2002年3月13日，授权公告日为2005年2月23日，专利权人为埃利康亚洲股份公司；2. 本专利授权文本；3. 原告于2006年11月21日提交的本专利权利要求书修改文本；

原告诉称：本专利符合依照《中华人民共和国专利法》（以下简称《专利法》）第二十二条之规定，具有新颖性、创造性、实用性。第10939号决定认定本专利权部分无效有误。本专利修改后的权利要求1、2、5~7与埃利康亚洲股份公司专利号为02803734.0的发明专利公开的技术方案相比，均具有新颖性，按修改后的权利要求书认定，本专利全部有效。因此，请求撤销第10939号决定中关于本专利权权利要求1、2、3、5无效的决定，并由被告承担本案的诉讼费用。

原告为支持其诉讼主张，向本院提交并经当庭质证的证据包括：1. 本专利说明书；2. 专利号为02803734.0发明专利说明书；3. 原告于2006年11月21日向被告提交的叉式交换汽车搬运器实用新型专利陈述书；4. 原告2006年10月30日修改后的权利要求书。

被告辩称：原告对权利要求书的修改不符合《审查指南》第四部分第三章第4.6节有关“无效宣告程序中专利文件的修改”的规定，因此不能接受。第10939号决定是以本专利授权公告的权利要求书为审查基础的，被告坚持第10939号决定中的相关评述意见，认为第10939号决定认定事实清楚、适用法律正确、审理程序合法，请求驳回原告的诉讼请求，维持第10939号决定。

第三人述称：原告以修改后的权利要求书与专利号为02803734.0的发明专利说明书进行对比是完全错误的。本专利授权公告的权利要求1、2、3、5不具有新颖性，第10939号决定认定事实清楚、适用法律正确，请求予以维持并驳回原告的诉讼请求。

庭审中，原告坚持以修改后的文本作为审查文本，被告、第三人坚持认为该修改文本不能接受，应以授权公告文本作为审查文本。原告、第三人对被告证据1~3的形式均无异议，第三人、被告对原告证据1~4的形式均无异议。本院经审查认为，被告证据1~3，原告证据1~4，与第10939号决定的合法性审查有关，本院予以采纳。

根据上述证据及各方当事人在庭审中无争议的陈述，本院对本案事实作出如下认定：

国家知识产权局（以下简称国知局）于2005年6月1日授权公告了本专利。该专利的申请日为2004年4月22日，专利权人是本案原告深圳怡丰自动化科技有限公司。本专利授权公告的权利要求书如下：

“1. 一种叉式交换汽车搬运器，包括：设置在两轨道间的扁平小车，扁平小车上配有可驱动其沿轨道行走的驱动装置，其特征在于：扁平小车上设有可向两侧伸展插入汽车轮胎下由伸缩叉型齿机构和升降机组成的升降式伸缩叉齿机构。

2. 根据权利要求1所述的叉式交换汽车搬运器，其特征在于：伸缩叉齿型机构由结构基本相同的伸缩前叉机构（117）、伸缩后叉机构（120）及伸缩叉底架（102）组成。

3. 根据权利要求2所述的叉式交换汽车搬运器，其特征在于：伸缩叉底架（102）为矩形结构，伸缩叉底架（102）两侧设有E形滑槽（127），其前、中、后三处各设有一对带柄轴承（123）。

4. 根据权利要求2或3所述的叉式交换汽车搬运器，其特征在于：伸缩前叉机构（117）和伸缩后叉机构（120）分别由伸缩叉（108、125）、驱动装置（104、124）、链轮（105、121）、链条（106、122）、齿轮（132）和一端分别与伸缩叉（108、125）端相连接的圆柱齿条（107）组成；伸缩叉（108、125）上分别设有带柄轴承（126），带柄轴承（126）与伸缩叉底架（102）的E形滑槽（127）相配合，伸缩叉（108、125）可在伸缩叉底架（102）的E形滑槽（127）中灵活滑动。

5. 根据权利要求1所述的叉式交换汽车搬运器，其特征在于：升降机由安装在偏平小车（101）上的驱动装置（103）、链轮（119）、链条（118）和三个可与伸缩叉底架（102）上六个带柄轴承（123）配合的螺旋凸轮（116）组成。”

2006年10月13日，第三人针对本专利向被告提出无效宣告请求，认为本专利权利要求1~5与附件1公开的技术方案相比不具有新颖性，并在举证期限内提交了如下附件作为证据：

附件1：专利号为02803734.0发明专利说明书；

附件2：国知局出具的本专利检索报告。

被告受理后，将第三人的无效宣告请求及附件清单中所列附件的副本转送给原告。

原告于2006年11月15日针对第三人的无效宣告请求，向被告提交了意见陈述书，并将权利要求书修改如下：

“1. 一种叉式交换汽车搬运器，包括：设置在两轨道间的扁平小车，扁平小车上配有可驱动其沿轨道行走的驱动装置，其特征在于：扁平小车上设有可向两侧伸展插入汽车轮胎下由伸缩叉型齿机构和升降机组成的升降式伸缩叉齿机构，且伸缩后叉（125）型齿前端为导向锥型。

2. 根据权利要求1所述的叉式交换汽车搬运器，其特征在于：伸缩叉齿型机构由结构基本相同的伸缩前叉机构（117）、前端为导向锥型的伸缩后叉机构（125）及伸缩叉底架（102）组成。

3. 根据权利要求2所述的叉式交换汽车搬运器，其特征在于：伸缩叉底架（102）为矩形结构，伸缩叉底架（102）两侧设有E形滑槽（127），其前、中、后三处各设有一对带柄轴承（123）。

4. 根据权利要求2或3所述的叉式交换汽车搬运器，其特征在于：伸缩前叉机构（117）和伸缩后叉机构（120）分别由伸缩叉（108、125）、驱动装置（104、124）、链轮（105、121）、链条（106、122）、齿轮（132）和一端分别与伸缩叉（108、125）端相连接的圆柱齿条（107）组成；伸缩叉（108、125）上分别设有带柄轴承（126），带柄轴承（126）与伸缩叉底架（102）的E形滑槽（127）相配合，伸缩叉（108、125）可在伸缩叉在伸缩叉底架（102）的E形滑槽（127）中灵活滑动。

5. 根据权利要求1所述的叉式交换汽车搬运器，其特征在于：升降机由安装在偏平小车（101）上的驱动装置（103）、链轮（119）、链条（118）和三个可与伸缩叉底架（102）上六个带柄轴承（123）配合的螺旋凸轮（116）组成。

6. 根据权利要求1所述的叉式交换汽车搬运器，其特征在于：所述的叉式交换汽车搬运器，在平移时，采用接近开关作到位检测。

7. 根据权利要求1所述的叉式交换汽车搬运器，其特征在于：升降驱动装置103的减速机，采用的是SEW标准减速机SA67。"

原告认为上述修改后的权利要求1~7相对于证据2具有新颖性，因此符合《专利法》第二十二条第二款的规定。

后被告向原告和第三人发出无效宣告请求口头审理通知书，告知双方当事人定于2007年4月24日举行口头审理，同时将原告的意见陈述书转送给第三人。

原告和第三人均如期出席了口头审理。在口头审理中，原告承认附件1和附件2的真实性。第三人认为原告对权利要求书的修改不符合《审查指南》的有关规定。被告经审查认为上述修改文本不符合《审查指南》的相关规定，当庭告知双方当事人以授权公告的权利要求书为基础进行审查，双方当事人在此基础上对本专利是否符合《专利法》第二十二条第二款的规定进行了辩论。

被告经审查认为：原告提交的权利要求书的修改文本不符合《审查指南》的规定，因此第10939号决定以本专利授权公告的权利要求书为基础。《中华人民共和国专利法实施细则》（以下简称《专利法实施细则》）第六十六条规定："在专利复审委员会受理无效宣告请求后，请求人可以在提出无效宣告请求之日起1个月内增加理由或者补充证据。逾期增加理由或者补充证据的，专利复审委员会可以不予考虑。"第三人于2006年10月13日向被告提出无效宣告请求，并于2006年11月16日和2007年5月8日补充提交了新的证据，并基于这些证据进行了意见陈述，但是这些补充提交的证据是第三人在提交无效宣告请求之日起一个月后才提交的，由此，不予考虑。第三人提交的附件1是他人在本专利申请日前向国知局提出的、在本专利申请日后公开的中国专利文献，且经被告核实，能够确认其真实性，并查明其申请人与本专利申请人不同，因此该附件仅能用于评述本专利的新颖性。附件1公开了一种自动的机械停车场中用于机动车水平传送的托架，其中公开了以下内容，"托架由带有铰链及铰链销2的铰接框架1所组成，以允许前部分及后部分之间的相对转动，所述框架1被分成前部分及后部分。前部分具有4个轮子3……后部分具有两个驱动轮3"，"所述框架1由作用在槽53的两侧边上的4个滚子7导向"，"这些对的框架58及59的每个框架由定中心杆18或18′组成，定中心杆18或18′被构造用来水平地靠住车轮22，23或22′，23′的内侧壁"，"每个杆18，18′具有金属支承19，19′，金属支承19，19′位于所述杆的底下并垂直于所述杆，以便通过从底下接合它们而分别地抬升车轮22，23和22′，23′"，"这些对框架58及59的每个框架……与相向的框架一起相对于托架纵轴线成水平地对称地移动"，"在框架1的前及后部分的每个部分上是可相对于该框架1垂直移动的一框架 8……轴向凸轮 16 能使由这些凸轮承载的两个框架 8 被抬升”。附件 1 中的托架即相当于本专利中的扁平小车，附件 1 中的驱动轮等即相当于本专利中的驱动装置，其导向框架 1 沿槽 53 运动相当于本专利中驱动扁平小车沿轨道行走，附件 1 中的框架 58、59 即相当于本专利中的伸缩叉型齿机构，附件 1 中含有轴向凸轮 16 的系统即相当于本专利中的升降机。由此，附件 1 已经公开了本专利权利要求 1 的全部技术特征，且二者属于相同的技术领域，解决相同的技术问题，达到相同的预期效果。因此，附件 1 构成了本专利权利要求 1 的抵触申请，该权利要求不具有新颖性。附件 1 说明书第 5 页第 21~23 行公开了以下内容：“一对相向的框架 58 布置在两个框架 8 上以支承机动车前轴的车轮 22 及 22′，而相似地一对相向的框架 59 用以支承机动车后轴的车轮 23 及 23′”，其中一对相向的框架 58 即公开了本专利中的伸缩前叉机构 117，一对相向的框架 59 即公开了本专利中的伸缩后叉机构 120，两个框架 8 即公开了本专利中的伸缩叉底架 102。由此，权利要求 2 的附加技术特征也被附件 1 所公开，在权利要求 1 不具有新颖性的前提下，该权利要求也不具有新颖性。附件 1 附图 1 公开了框架 8 为矩形结构，附图 9 公开了框架 8 的两侧设有带有 E 形滑槽的导向件 10，说明书第 5 页第 13~15 行公开了“每个所述凸轮 16 具有两个相同的相互转过 180°的平滑螺旋表面，依靠该螺旋表面，当凸轮转动时，连接于臂 9 的三对钢轮 17 滚动并被抬升或被降低”，从附图 1 中可以看出三对钢轮 17 分设于框架 8 的前中后三处，由此即公开了本专利中的带柄轴承 123。由此，权利要求 3 的附加技术特征也被附件 1 所公开，在权利要求 2 不具有新颖性的前提下，该权利要求也不具有新颖性。附件 1 说明书第 5 页第 30-32 行公开了“这些对框架 58 及 59 的每个框架，借助于齿条 20，2′，齿轮 30，马达/减速器组件 31 及链条 32，与相向的框架一起相对于托架纵轴线成水平地对称地移动”，由此公开了本专利中的伸缩前后叉机构的结构，说明书第 6 页还公开了“所述各框架还装备有平衡杆 24 及 24′，平衡杆 24 及 24′经滚子 25，26 及 25′，26′与框架 8 的导向件 10 接合，以对该框架提供稳定性及导向运动”，由此即公开了本专利中带柄轴承 126 与 E 形滑槽 127 可相配合滑动的特征，其中滚子 25、26 即相当于本专利中的带柄轴承 126。其区别仅在于本专利中为圆柱齿条，而附件 2 中仅公开了齿条 20、20′，未公开其为圆柱形的特征，因此，权利要求 4 中的该特征没有被附件 1 公开。因此，该权利要求具有新颖性。附件 1 说明书第 5 页第 8-16 行公开了“在框架 1 的前及后部分的每个部分上是可相对于该框架 1 垂直移动的一框架 8。经齿轮 13、转向齿轮 13′和链条 14 的作用，马达/减速器组件 12 同时地转动齿轮 15 及轴向凸轮 16，有三个轴向凸轮 16 并且布置在托架的纵轴线上，并且经过各对臂 9 及安装在滚子轴承上的钢轮 17，该轴向凸轮 16 能使由这些凸轮承载的两个框架 8 被抬升。每个所述凸轮 16 具有两个相同的相互转过 180°的平滑螺旋表面，依靠该螺旋表面，当凸轮转动时，连接于臂 9 的三对钢轮 17 滚动并被抬升或被降低。”其中三对钢轮 17 即公开了本专利中的六个带柄轴承 123，三个轴向凸轮 16 即公开了本专利中的螺旋凸轮 116。由此，权利要求 5 的附加技术特征也被附件 1 所公开，在其所引用的权利要求 1 不具有新颖性的前提下，该权利要求也不具有新颖性。原告在于 2006 年 11 月 15 日提交的意见陈述书中，仅将附件 1 的权利要求及说明书中的部分内容与本专利进行对比，而没有明确指出本专利权利要求 1~5 中的哪些特征没有被附件 1 公开，因此，原告据此认为本专利具有新颖性的主张不能成立。第三人所提交的附件 1 仅能用于评价本专利的新颖性，不能用于评价本专利的创造性，因此，第三人所主张的本专利相对于附件 1 不具有创造性的理由不能成立。

据此，被告作出了宣告本专利权权利要求 1、2、3、5 无效，在权利要求 4 的基础上维持该专利权继续有效的第 10939 号决定。

诉讼中，原告和第三人对第 10939 号决定作出的程序，以及该决定书中关于本案处理经过的表述均无异议。

本院认为：《专利法实施细则》第六十八条第一款规定，发明或者实用新型专利的专利权人可以修改其权利要求书，但不得扩大原专利的保护范围。《审查指南》第四部分第三章第4.6节在“无效宣告程序中专利文件的修改”中对修改原则、修改方式和修改方式的限制进行了规定。其中在修改原则中规定发明或者实用新型专利文件的修改仅限于权利要求书，其原则是：（1）不得改变原权利要求的主题名称；（2）与授权的权利要求相比，不得扩大原专利的保护范围；（3）不得超出原说明书和权利要求书记载的范围；（4）一般不得增加未包含在授权的权利要求书中的技术特征。其中在修改的方式中规定：修改权利要求书的具体方式一般限于权利要求的删除、合并和技术方案的删除。本案中，原告于2006年11月15日向被告提交了修改后的本专利权利要求书，其中权利要求1增加了特征“且伸缩后叉（125）型齿前端为导向锥型”，权利要求2增加了特征“前端为导向锥型的”，并增加了新的权利要求6、7。新增加的权利要求6、7在授权公告的权利要求书中未记载，修改后的权利要求1、2中新增加的上述两个技术特征在授权公告的权利要求书中亦未记载，因此原告对权利要求书的修改不符合《专利法实施细则》和《审查指南》的上述规定。被告对该修改文本不予接受，以本专利授权公告的权利要求书为基础进行审查是正确的。

此外，本院亦认同第10939号决定中关于本专利的其他评述意见。

综上，第10939号决定认定事实清楚，适用法律正确，审查程序合法，本院应予维持。原告的诉讼理由不成立，其请求本院不予支持。据此，依据《中华人民共和国行政诉讼法》第五十四条第（一）项之规定，判决如下：

维持被告国家知识产权局专利复审委员会作出的第10939号无效宣告请求审查决定。

案件受理费100元，由原告深圳怡丰自动化科技有限公司负担（已交纳）。

如不服本判决，各方当事人可在本判决书送达之日起15日内，向本院递交上诉状，并按对方当事人的人数提交副本，预交上诉案件受理费100元，上诉于北京市高级人民法院。

审　判　长　吴　月
审　判　员　刘景文
代理审判员　胡华峰
二〇〇八年九月二十日
书　记　员　汪　明

北京市高级人民法院
行政判决书

（2009）高行终字第645号

上诉人（一审原告）深圳怡丰自动化科技有限公司，住所地广东省深圳市龙岗区龙岗街道龙西社区高新技术园怡丰工业区B区。

法定代表人吴文岱，董事长。

委托代理人张伟实，北京市航舵律师事务所律师。

被上诉人（一审被告）国家知识产权局专利复审委员会，住所地北京市海淀区北四环西路9号银谷大厦。

法定代表人张茂于，副主任。

委托代理人王博，男，国家知识产权局专利复审委员会审查员。

委托代理人刘新蕾，女，国家知识产权局专利复审委员会审查员。

被上诉人（一审第三人）郭同进，男，1964 年 8 月 19

日出生，汉族，住北京市朝阳区洼里羊坊八号内集体。

委托代理人杨家睦，男，广州新诺专利商标事务所有限公司专利代理人。

上诉人深圳怡丰自动化科技有限公司（以下简称怡丰公司）因专利无效宣告请求审查决定一案，不服北京市第一中级人民法院（2008）一中行初字第 562 号行政判决，向本院提起上诉。本院依法组成合议庭公开开庭审理了本案，上诉人怡丰公司的委托代理人张伟实，被上诉人国家知识产权局专利复审委员会（以下简称专利复审委员会）的委托代理人王博、刘新蕾，被上诉人郭同进的委托代理人杨家睦出庭参加了诉讼，本案现已审理终结。

2007 年 11 月 30 日，专利复审委员会作出第 10939 号无效宣告审查决定（以下简称第 10939 号决定），认为，第 200420045210.4 号实用新型专利（以下简称本专利）权利要求 1、2、3、5 不具有新颖性，遂宣告本专利权利要求 1、2、3、5 无效，在权利要求 4 的基础上维持本专利权继续有效。怡丰公司对第 10939 号决定不服，向北京市第一中级人民法院（以下简称一审法院）提起行政诉讼。

一审法院经审理认为，专利复审委员会以本专利授权公告的权利要求书为基础进行审查是正确的；一审法院认为专利复审委员会作出的本专利权利要求 1、2、3、5 不具有新颖性的认定也是正确的，遂判决维持了专利复审委员会作出的第 10939 号决定。

怡丰公司不服一审判决，提起上诉，请求判令撤销一审判决，撤销专利复审委员会作出的第 10939 号决定。主要理由是一审法院关于本专利权利要求 1、2、3、5 不具有新颖性的认定是错误的；怡丰公司在行政程序中没有参加口头审理，但是一审判决却认定怡丰公司也参加了专利复审委员会主持的口头审理，也属于认定事实错误。

专利复审委员会答辩称，一审法院认定事实清楚，适用法律妥当，请求二审法院驳回上诉人上诉请求，维持一审判决。

郭同进没有向本院提交书面答辩意见。

本案一审期间，专利复审委员会向一审法院提交了如下证据：1. 专利号为 02803734.0，名称为自动的机械停车场中用于机动车水平传送的托架的中国发明专利说明书，申请日为 2002 年 3 月 13 日，授权公告日为 2005 年 2 月 23 日，专利权人为埃利康亚洲股份公司；2. 本专利授权文本；3. 怡丰公司于 2006 年 11 月 21 日提交的本专利权利要求书修改文本。

本案一审期间，怡丰公司向一审法院提交的证据有：1. 本专利说明书；2. 专利号为 02803734.0 发明专利说明书；3. 怡丰公司于 2006 年 11 月 21 日向专利复审委员会提交的叉式交换汽车搬运器实用新型专利陈述书；4. 怡丰公司于 2006 年 10 月 30 日修改后的权利要求书。

本案一审期间，郭同进没有向一审法院提交证据。

一审法院经审查认为，专利复审委员会和怡丰公司提交的证据与被诉的第 10939 号决定有关，且合法、真实，能够作为认定本案事实的依据。

上述证据已随案移送本院。经本院审查，一审法院对上述证据的关联性、合法性、真实性的审查、认定是正确的，本院不持异议，予以确认。

根据上述证据，本院确认事实如下：

2004 年 4 月 22 日，怡丰公司向国家知识产权局提出名称为名称为“叉式交换汽车搬运器”的实用新型专利申请。2005 年 6 月 1，国家知识产权局授予其专利权，专利号为 200420045210.4。

本专利权利要求是：

1. 一种叉式交换汽车搬运器，包括：设置在两轨道间的扁平小车，扁平小车上配有可驱动其沿轨道行走的驱动装置，其特征在于：扁平小车上设有可向两侧伸展插入汽车轮胎下由伸缩叉型齿机构和升降机组成的升降式伸缩叉齿机构。

2. 根据权利要求1所述的叉式交换汽车搬运器，其特征在于：伸缩叉齿型机构由结构基本相同的伸缩前叉机构（117）、伸缩后叉机构（120）及伸缩叉底架（102）组成。

3. 根据权利要求2所述的叉式交换汽车搬运器，其特征在于：伸缩叉底架（102）为矩形结构，伸缩叉底架（102）两侧设有E形滑槽（127），其前、中、后三处各设有一对带柄轴承（123）。

4. 根据权利要求2或3所述的叉式交换汽车搬运器，其特征在于：伸缩前叉机构（117）和伸缩后叉机构（120）分别由伸缩叉（108、125）、驱动装置（104、124）、链轮（105、121）、链条（106、122）、齿轮（132）和一端分别与伸缩叉（108、125）端相连接的圆柱齿条（107）组成；伸缩叉（108、125）上分别设有带柄轴承（126），带柄轴承（126）与伸缩叉底架（102）的E形滑槽（127）相配合，伸缩叉（108、125）可在伸缩叉底架（102）的E形滑槽（127）中灵活滑动。

5. 根据权利要求1所述的叉式交换汽车搬运器，其特征在于：升降机由安装在偏平小车（101）上的驱动装置（103）、链轮（119）、链条（118）和三个可与伸缩叉底架（102）上六个带柄轴承（123）配合的螺旋凸轮（116）组成。

2006年10月13日，郭同进针对本专利向专利复审委员会提出无效宣告请求，认为本专利权利要求1~5与附件1公开的技术方案相比不具有新颖性，并在举证期限内提交了如下附件作为证据：

附件1：专利号为02803734.0发明专利说明书；

附件2：国知局出具的本专利检索报告。

怡丰公司于2006年11月15日针对郭同进的无效宣告请求，向专利复审委员会提交了意见陈述书，并将权利要求书修改为：

“1. 一种叉式交换汽车搬运器，包括：设置在两轨道间的扁平小车，扁平小车上配有可驱动其沿轨道行走的驱动装置，其特征在于：扁平小车上设有可向两侧伸展插入汽车轮胎下由伸缩叉型齿机构和升降机组成的升降式伸缩叉齿机构，且伸缩后叉（125）型齿前端为导向锥型。

2. 根据权利要求1所述的叉式交换汽车搬运器，其特征在于：伸缩叉齿型机构由结构基本相同的伸缩前叉机构（117）、前端为导向锥型的伸缩后叉机构（125）及伸缩叉底架（102）组成。

3. 根据权利要求2所述的叉式交换汽车搬运器，其特征在于：伸缩叉底架（102）为矩形结构，伸缩叉底架（102）两侧设有E形滑槽（127），其前、中、后三处各设有一对带柄轴承（123）。

4. 根据权利要求2或3所述的叉式交换汽车搬运器，其特征在于：伸缩前叉机构（117）和伸缩后叉机构（120）分别由伸缩叉（108、125）、驱动装置（104、124）、链轮（105、121）、链条（106、122）、齿轮（132）和一端分别与伸缩叉（108、125）端相连接的圆柱齿条（107）组成；伸缩叉（108、125）上分别设有带柄轴承（126），带柄轴承（126）与伸缩叉底架（102）的E形滑槽（127）相配合，伸缩叉（108、125）可在伸缩叉在伸缩叉底架（102）的E形滑槽（127）中灵活滑动。

5. 根据权利要求1所述的叉式交换汽车搬运器，其特征在于：升降机由安装在偏平小车（101）上的驱动装置（103）、链轮（119）、链条（118）和三个可与伸缩叉底架（102）上六个带柄轴承（123）配合的螺旋凸轮（116）组成。

6. 根据权利要求1所述的叉式交换汽车搬运器，其特征在于：所述的叉式交换汽车搬运器，在平移时，采用接近开关作到位检测。

7. 根据权利要求1所述的叉式交换汽车搬运器，其特征在于：升降驱动装置103的减速机，采用的是 SEW 标准减速机 SA67。”

专利复审委员会于 2007 年 4 月 24 日举行了口头审理，郭同进参加了口头审理，怡丰公司未出席。

专利复审委员会经审理认为，怡丰公司提交的权利要求书的修改文本不符合《审查指南》的规定，因此应以本专利授权公告的权利要求书为基础进行审理。

专利复审委员会认为，附件 1 公开了一种自动的机械停车场中用于机动车水平传送的托架，其中公开了以下内容，“托架由带有铰链及铰链销 2 的铰接框架 1 所组成，以允许前部分及后部分之间的相对转动，所述框架 1 被分成前部分及后部分。前部分具有 4 个轮子 3……后部分具有两个驱动轮 3”，“所述框架 1 由作用在槽 53 的两侧边上的 4 个滚子 7 导向”，“这些对的框架 58 及 59 的每个框架由定中心杆 18 或 18′组成，定中心杆 18 或 18′被构造用来水平地靠住车轮 22，23 或 22′，23′的内侧壁”，“每个杆 18，18′具有金属支承 19，19′，金属支承 19，19′位于所述杆的底下并垂直于所述杆，以便通过从底下接合它们而分别地抬升车轮 22，23 和 22′，23′”，“这些对框架 58 及 59 的每个框架……与相向的框架一起相对于托架纵轴线成水平地对称地移动”，“在框架 1 的前及后部分的每个部分上是可相对于该框架 1 垂直移动的一框架 8……轴向凸轮 16 能使由这些凸轮承载的两个框架 8 被抬升”。附件 1 中的托架即相当于本专利中的扁平小车，附件 1 中的驱动轮等即相当于本专利中的驱动装置，其导向框架 1 沿槽 53 运动相当于本专利中驱动扁平小车沿轨道行走，附件 1 中的框架 58、59 即相当于本专利中的伸缩叉型齿机构，附件 1 中含有轴向凸轮 16 的系统即相当于本专利中的升降机。由此，附件 1 已经公开了本专利权利要求 1 的全部技术特征，且二者属于相同的技术领域，解决相同的技术问题，达到相同的预期效果。因此，附件 1 构成了本专利权利要求 1 的抵触申请，该权利要求不具有新颖性。

附件 1 说明书第 5 页第 21~23 行公开了以下内容：“一对相向的框架 58 布置在两个框架 8 上以支承机动车前轴的车轮 22 及 22′，而相似地一对相向的框架 59 用以支承机动车后轴的车轮 23 及 23′”，其中一对相向的框架 58 即公开了本专利中的伸缩前叉机构 117，一对相向的框架 59 即公开了本专利中的伸缩后叉机构 120，两个框架 8 即公开了本专利中的伸缩叉底架 102。由此，权利要求 2 的附加技术特征也被附件 1 所公开，在权利要求 1 不具有新颖性的前提下，该权利要求也不具有新颖性。

附件 1 附图 1 公开了框架 8 为矩形结构，附图 9 公开了框架 8 的两侧设有带有 E 形滑槽的导向件 10，说明书第 5 页第 13~15 行公开了“每个所述凸轮 16 具有两个相同的相互转过 180°的平滑螺旋表面，依靠该螺旋表面，当凸轮转动时，连接于臂 9 的三对钢轮 17 滚动并被抬升或被降低”，从附图 1 中可以看出三对钢轮 17 分设于框架 8 的前中后三处，由此即公开了本专利中的带柄轴承 123。由此，权利要求 3 的附加技术特征也被附件 1 所公开，在权利要求 2 不具有新颖性的前提下，该权利要求也不具有新颖性。

附件 1 说明书第 5 页第 30~32 行公开了“这些对框架 58 及 59 的每个框架，借助于齿条 20，2′，齿轮 30，马达/减速器组件 31 及链条 32，与相向的框架一起相对于托架纵轴线成水平地对称地移动”，由此公开了本专利中的伸缩前后叉机构的结构，说明书第 6 页还公开了“所述各框架还装备有平衡杆 24 及 24′，平衡杆 24 及 24′经滚子 25，26 及 25′，26′与框架 8 的导向件 10 接合，以对该框架提供稳定性及导向运动”，由此即公开了本专利中带柄轴承 126 与 E 形滑槽 127 可相配合滑动的特征，其中滚子 25、26 即相当于本专利中的带柄轴承 126。其区别仅在于本专利中为圆柱齿条，而附件 2 中仅公开了齿条 20、20′，未公开其为圆柱形的特征，因此，权利要求 4 中的该特征没有被附件 1 公开。因此，该权利要求具有新颖性。

附件 1 说明书第 5 页第 8~16 行公开了“在框架 1 的前及后部分的每个部分上是可相对于该框架

1 垂直移动的一框架 8。经齿轮 13、转向齿轮 13′和链条 14 的作用，马达/减速器组件 12 同时地转动齿轮 15 及轴向凸轮 16，有三个轴向凸轮 16 并且布置在托架的纵轴线上，并且经过各对臂 9 及安装在滚子轴承上的钢轮 17，该轴向凸轮 16 能使由这些凸轮承载的两个框架 8 被抬升。每个所述凸轮 16 具有两个相同的相互转过 180°的平滑螺旋表面，依靠该螺旋表面，当凸轮转动时，连接于臂 9 的三对钢轮 17 滚动并被抬升或被降低。”其中三对钢轮 17 即公开了本专利中的六个带柄轴承 123，三个轴向凸轮 16 即公开了本专利中的螺旋凸轮 116。由此，权利要求 5 的附加技术特征也被附件 1 所公开，在其所引用的权利要求 1 不具有新颖性的前提下，该权利要求也不具有新颖性。

根据以上理由，专利复审委员会作出第 10939 号决定，宣告本专利权权利要求 1、2、3、5 无效，在权利要求 4 的基础上维持该专利权继续有效。怡丰公司不服第 10939 号决定，向一审法院提起行政诉讼。

本院认为，本院开庭审理本案过程中，怡丰公司表示对专利复审委员会作出的第 10939 号决定和一审判决没有新的意见。怡丰公司的主要意见是在行政程序中其没有参加口头审理，而一审判决中却认定其参加了口头审理，属于认定事实错误，故应当发回一审法院重新审理。因此，本案的争议焦点问题是，一审法院是否存在认定事实错误。

专利复审委员会作出的第 10939 号决定认定了以下事实：“2007 年 4 月 24 日，口头审理如期举行，专利权人未出席口头审理，仅请求人单方出席”。怡丰公司、郭同进对此均无异议，而一审法院判决中却认定“原告和第三人均如期出席了口头审理。在口头审理中，原告承认附件 1 和附件 2 的真实性”，因此，一审法院上述认定有误，本院予以纠正。

但是，行政诉讼制度的目的在于通过判断具体行政行为是否合法，达到保护公民、法人和其他组织的合法权益，维护和监督行政机关依法行使行政职权的目的。本案中，经本院审查，专利复审委员会作出的第 10939 号决定认定本专利权利要求 1、2、3、5 不具有新颖性，事实清楚，适用法律正确，审查程序合法，该决定应当予以维持。虽然一审判决存在一定瑕疵，但是并没有侵害怡丰公司的权利，因此，怡丰公司的上诉请求难以支持。

综上，依据《中华人民共和国行政诉讼法》第六十一条第（一）项的规定，判决如下：

驳回上诉，维持一审判决。

二审案件受理费人民币 100 元，由上诉人深圳怡丰自动化科技有限公司负担（已交纳）。

本判决为终审判决。

审　判　长　景　滔
代理审判员　朱海宏
代理审判员　马　军
二○○九年十二月十八日
书　记　员　王　芳

017

新结构空气冷却油热交换器

无效宣告请求审查决定（第10940号）

决　　定　　号　第10940号
决　　定　　日　2007年12月25日
发明创造名称　新结构空气冷却油热交换器
国 际 分 类 号　G12B 15/04，F16L 53/00，F28D 1/04
无效宣告请求人　海门市鼎威液压件厂
专　利　权　人　邢飞鸿
专　　利　　号　200520073771. X
申　　请　　日　2005年7月18日
授 权 公 告 日　2006年10月11日
合 议 组 组 长　杨军艳
主　　审　　员　张曦
参　　审　　员　王琦琳

法　律　依　据　专利法第22条第2款
决　定　要　点

如果请求人提交的证据能够构成证据链并且足以证明与专利相同的产品在专利申请日之前已经进行了公开销售，则该专利不具备新颖性。

一、案由

本无效宣告请求涉及国家知识产权局于2006年10月11日授权公告的名称为“新结构空气冷却油热交换器”的200520073771. X号实用新型专利（下称本专利），其申请日是2005年7月18日，专利权人是邢飞鸿。本专利授权公告的权利要求书如下：

“1. 一种新结构空气冷却油热交换器由在外壳内的风叶、电机、冷却管、散热翅片组装而成，其特征是上下一排或者多排水平设置的U形冷却管与按一定间距叠合在一起的多层散热翅片直角相交，U形冷却管两端的进出端口分别与垂直设置的热介质入口管和出口管直角机交并联连接，其间的管路相通。

2. 根据权利要求1所述的新结构空气冷却油热交换器，其特征是与外壳固定连接的电机与固定连接在电机轴上的风叶构成的轴流风机安装在散热翅片一侧的中部，散热翅片与风叶旋转平面在空间直角相交。

3. 根据权利要求1所述的新结构空气冷却油热交换器，其特征是所述的散热翅片与冷却管之间为紧配合固定连接。

4. 根据权利要求 1 所述的新结构空气冷却油热交换器，其特征是所述的电机为高效扁式电机。

5. 根据权利要求 1 所述的新结构空气冷却油热交换器，其特征是所述的冷却管为薄壁紫铜管，其壁厚为 0.50~1.50 毫米。

6. 根据权利要求 1 所述的新结构空气冷却油热交换器，其特征是所述的散热翅片为导热性良好的铜、铝、铝合金薄板、其厚度为 0.10~0.35 毫米。”

针对上述专利权，海门市鼎威液压件厂（下称请求人）于 2006 年 12 月 5 日向专利复审委员会提出了无效宣告请求，请求人提交了如下证据：

证据 1：海门市鼎威液压件厂（请求人）的合同编号为 05-07-005 的销售合同复印件，共 1 页，其供方确认日期为 2005 年 7 月 2 日；

证据 2：上海新新机器厂海门空调设备分厂开具的 No. 0001121 送货清单复印件，共 1 页，其日期为 1997 年 4 月 2 日；

证据 3：No. 01916143 江苏增值税专用发票复印件，共 1 页；

证据 4：合同号为“空 97-52”的液压产品购销合同复印件，共 1 页，其签订日期为 1997 年 10 月 15 日；

证据 5：请求人声称为产品设计图纸的复印件，共 1 页；

证据 6：公开号为 CN1611869A 的发明专利申请公开说明书，其公开日为 2005 年 5 月 4 日；

证据 7：授权公告号为 CN2573925Y 的实用新型专利说明书，其授权公告日为 2003 年 9 月 17 日；

证据 8：授权公告号为 CN2142958Y 的实用新型专利说明书，其授权公告日为 1993 年 9 月 29 日；

证据 9：授权公告号为 CN2507178Y 的实用新型专利说明书，其授权公告日为 2002 年 8 月 21 日；

证据 10：本专利授权公告文本。

请求人的具体无效宣告理由是：证据 1~5 证明在本专利申请日之前，相同产品已经在市场上公开销售，因此本专利不具备专利法第 22 条第 2 款规定的新颖性；证据 6 与证据 7~9 中任一个结合，或者证据 7 与证据 8 和 9 中任一个结合，均公开了本专利权利要求 1 的全部技术内容，因此权利要求 1 不具备专利法第 22 条第 3 款规定的创造性；权利要求 2 和 3 的附加技术特征分别被证据 6 和 7 中的任一个、证据 6~8 中的任一个公开，权利要求 4~6 的附加技术特征均为本领域普通技术人员的常规选择，因此权利要求 2~6 不具备专利法第 22 条第 3 款规定的创造性；说明书中有关“上下一排或者多排水平设置的 U 形管与按一定间距叠合在一起的多层散热翅片直角相交”的描述中“上下一排或者多排”、“一定间距”、“薄壳高效扁式电机”等内容描述不清楚，不符合专利法第 26 条第 3 款的规定；权利要求 1 中的“U 形冷却管两端的进出端口分别与垂直设置的热介质入口管和出口管直角机交并联连接”的描述得不到说明书的支持，权利要求 1 不符合专利法第 26 条第 4 款的规定；权利要求 1 中的“上下一排或者多排水平设置的 U 形管与按一定间距叠合在一起的多层散热翅片直角相交”的描述中“上下一排或者多排”、“一定间距”以及“U 形冷却管两端的进出端口分别与垂直设置的热介质入口管和出口管直角机交并联连接”等内容的描述不清楚，权利要求 4 中出现的“薄壳高效扁式电机”的描述也不清楚，权利要求 1 和 4 不符合专利法实施细则第 20 条第 1 款的规定。

经形式审查合格后，专利复审委员会受理了上述无效宣告请求，于 2006 年 12 月 5 日向双方当事人发出无效宣告请求受理通知书，并将专利权无效宣告请求书及附件清单中所列附件副本转送给专利权人，要求其在指定期限内答复。

2006 年 12 月 26 日，请求人向专利复审委员会提交了意见陈述书，并且补充提交了以下证据（编号续前）：

证据11：中华人民共和国湖北省黄石市公证处出具的“（2006）黄证字第2172号”公证书及附件的复印件，共5页；

证据12：中华人民共和国湖北省黄石市公证处出具的“（2006）黄证字第2173号”公证书及附件的复印件，共5页；

证据13：中华人民共和国湖北省黄石市公证处出具的“（2006）黄证字第2174号”公证书及附件的复印件，共3页；

证据14：中华人民共和国湖北省黄石市公证处出具的“（2006）黄证字第2175号”公证书及附件的复印件，共3页；

证据15：特开平10-44790号日本专利文献，其公开日为1998年2月17日；

证据16：证据15全文的中文译文；

证据17：公开号为CN1284646A的发明专利申请公开说明书，其公开日为2001年2月21日；

证据18：授权公告号为CN2417445Y的实用新型专利说明书，其授权公告日为2001年1月31日；

证据19：授权公告号为CN2563722Y的实用新型专利说明书，其授权公告日为2003年7月30日；

证据20：授权公告号为CN2563721Y的实用新型专利说明书，其授权公告日为2003年7月30日；

证据21：授权公告号为CN2485463Y的实用新型专利说明书，其授权公告日为2002年4月10日。

请求人认为：证据11~14能够证明在本专利申请日之前，请求人已经公开销售了与本专利相同的产品，因此本专利不符合专利法第22条第2款有关新颖性的规定；证据15与本专利权利要求1无实质区别，权利要求1相对于证据15不具备新颖性，相对于证据15与证据17、18的结合不具备创造性；权利要求2的附加技术特征在证据15和18~20中均已公开，权利要求2不具备新颖性和创造性；权利要求3~6的附加技术特征均为本领域公知常识或是本领域惯用技术手段的直接替换，有些材料特征也不属于实用新型保护的范畴，因此权利要求3~6不具备新颖性和创造性，因此权利要求1~6均不符合专利法第22条第2款、第3款的规定。

针对上述无效宣告请求，专利复审委员会于2007年1月8日收到了专利权人提交的意见陈述书，专利权人在其意见陈述书中表示请求人提交的证据1~5相互无关联，并且真实性不能确认，不能证明本专利不具备新颖性，证据6~9与本专利存在明显不同，不能破坏本专利的创造性，还认为本专利权利要求书的技术特征清晰、明确，权利要求保护范围清楚，说明书对该实用新型作出了清楚、完整的说明，该技术领域的技术人员完全可以实现本实用新型。

针对上述无效宣告请求，专利复审委员会依法成立合议组对本案进行审理。

2007年4月6日，专利复审委员会本案合议组向双方当事人发出无效宣告请求口头审理通知书，指出本案定于2007年5月16日举行口头审理，并随口头审理通知书向专利权人转送了请求人于2006年12月26日提交的意见陈述书及补充证据的副本，向请求人转送了专利复审委员会于2007年1月8日收到的专利权人的意见陈述书副本。

口头审理如期举行，请求人出席了口头审理，专利权人缺席口头审理。在口头审理过程中，请求人明确其无效宣告请求的理由是：本专利不符合专利法第22条第2款、第3款，不符合专利法第26条第3款，本专利权利要求1不符合专利法第26条第4款，本专利权利要求1、4不符合专利法实施细则第20条第1款的规定，使用证据11~14评价本专利权利要求1~6的新颖性，使用证据15~21评价本专利权利要求的创造性，使用证据15评价本专利权利要求1~3的新颖性；使用证据15结合公知常识评价本专利权利要求4~6的创造性。使用证据15结合证据17或者证据18或者证据21评价本专利权利要求1~6的创造性，证据15作为最接近的对比文件。请求人明确表示：放弃证据1~9，19~20，放弃本专利权利要求4~6相对于证据15不具备新颖性的理由，放弃使用证据19或者证据20结合证据17、证据18或者证据21评价本专利权利要求1~6的创造性的理由。请求人当庭提交了证据11~14公证书的原件，其中请求人表示证据14所粘连的销售合同是从需方处得来，传真时间与供方签订时间一致，其原件上需方的公章是该单位出具的红章。

请求人当庭对其无效宣告请求的具体理由进行了阐述：

（1）关于本专利权利要求不符合专利法实施细则第20条第1款规定的理由，请求人认为，本专利权利要求1中的“上下一排或者多排”、“一定间距”和“直角机交”三处；本专利权利要求4中的“高效扁式电机”。其中“一定间距”的限定方式没有对具体间距应该是多少进行限定，关于本专利权利要求不符合专利法实施细则第20条第1款的规定的其他理由与请求书中相同。

（2）关于本专利权利要求不符合专利法第26条第3款、第4款规定的理由，请求人表示均与请求书的理由相同。

（3）关于本专利权利要求不符合专利法第22条第2款规定的理由，请求人使用证据13、14公证书证明在2005年6月份已经签订了一份销售合同，并履行了上述销售合同所代表的销售行为；证据11、12公证书证明现场封存样品的过程，对其进行了公证和拍照，证据11照片中的产品就是证据13、14中销售合同所销售的产品，产品型号中的数字380是代表功率，50是代表频率。证据11中2/2.5-7中的2是指U型管有两排管子；2.5是指散热翅片之间的间距，其单位是毫米；7是冷却面积，为7平方米；056是机器的出厂编号。请求人认为，证据14中的销售合同中有需方的公章即可证明合同的有效性。其所提供的样品的翅片是铝制的，其所提供的冷却管也是紫铜的，从其样品的外观上就能够看出来。

合议组当庭对封存的样品的封存情况进行确定，请求人当庭提供的所封存的样品的封条完整，封条粘贴情况与证据12照片中的三张反映封存后箱子状态的照片相符，其中封条上的红章是黄石市中远物资有限公司（即证据14的销售合同中的需方）的公章，开箱后内部所封存产品的状态与证据12照片中反映该状态的照片情况相符，其样品实物表面没有明显拆装痕迹；请求人当庭拆开了上述实物样品，拆开过程中使用了电钻对样品外壳进行了破坏性操作，在样品外壳上留下了明显痕迹；请求人使用电钻拆开了进出口端的外壳和U形管侧的外壳，从一侧能够看见多个U形管并联排列，从另一侧能够看见两个平行排列的分别带有进口和出口的管道，上述U形管基本向垂直于上述带有进口出口的管道延伸，并相互联通，在U形管和带进出口的管道所在平面的外侧，设置有带风机罩的风机，上述风机的鼓风气流方向基本垂直于上述U形管和带进出口管道所在的平面。请求人继续使用螺丝刀拆开了样品外壳上与风机相对的平面的外罩，拆开上述外罩后能够看见U形管道上垂直设置有多个散热片，上述散热片彼此平行；合议组当庭对上述实物样品进行了拍照取证，共拍摄照片10张（附于本决定正文后）。请求人将冷却管的漆刮去后，能看出其材料是铜，估计其厚度在0.6~0.7毫米左右。

（4）关于本专利权利要求不符合专利法第22条第3款规定的理由，请求人认为，证据15说明书第2页第0007段公开了冷却风扇15相当于本专利的风扇，第0008小段公开了油压马达14相当于本专利的电机，第0009小段中的蛇形冷却管19，标号为21的散热翅片在图5中有标记，第0009小段中表明蛇型冷却管是多排水平设置的并分别与送油管20a和回油管20b垂直相通，证据15和本专利权利要求1的唯一区别在于证据15是蛇形管，而本专利是U形管，但是这种替代是本领域惯用技术手段的替换，所以认为本专利权利要求1相对于证据15并不具备新颖性，而且本专利的U形管也是常用技术手段，所以本专利权利要求1也并不具备创造性，证据17和证据18用于证明U形管是常用技术手段；从属权利要求2限定部分的附加技术特征可在证据15的图3中看出，而且证据15的图5中的标号22、23所包围的范围内中可以看到上述特征；从属权利要求3限定部分的附加技术特征可以从证据15图3和图5中看到；证据18图1中的标号1相当于本专利的散热翅片；其中也公开了电机、风机在翅片的中部，而且其中公开了U形管；从属权利要求2~3在证据15和18中都公开了；证据17说明书第2页第1段公开了U形管，从属权利要求2~3被证据15公开；证据21的文字虽然没有直接公开，但是从证据21的图1中附图标记为7的部分可以推测得知其是U形管，从属权利要求2被证据15公开，从属权利要求3限定部分的附加技术特征在证据21中的“轧片式翅片管”中可以看出；从属权利要求4~6限定部分的附加技术特征是本领域技术人员的常规选择，在请求人提交的证据中并未公开。

在上述事实的基础上，合议组经合议依法作出无效宣告请求审查决定。

二、决定的理由

请求人提交的证据11~证据14意欲证明在本专利申请日之前，与本专利的技术方案相同的产品已经公开销售，使得本专利的技术方案处于公众想得知就可以得知的状态。

1. 关于证据

证据11是湖北省黄石市公证处出具的“（2006）黄证字2172号”公证书，其中记载了公证员马玉文、公证工作人员周科、申请人海门市鼎威液压件厂的负责人李东盘和拍摄人员石方华于2006年12月6日到黄石市中远物资有限公司橡胶分公司，对型号为BFL-2/2.5-7的风冷器进行了拍照，并附有7张在现场拍摄的照片；证据12是湖北省黄石市公证处出具的“（2006）黄证字2173号”公证书复印件，其中记载了公证员马玉文、公证工作人员周科于2006年12月6日到黄石市中远物资有限公司橡胶分公司，对海门市鼎威液压件厂于黄石市中远物资有限公司的型号为BFL-2/2.5-7的风冷器的换货过程进行了监督，随后对风冷器进行了封装，并对封装情况进行了拍摄，并附有5张在现场拍摄的照片；证据13是湖北省黄石市公证处出具的“（2006）黄证字2174号”公证书，其证明了该公证书粘连的编号为“鄂30458653”的中国工商银行业务委托书（回单）复印件与原件相符；证据14是湖北省黄石市公证处出具的“（2006）黄证字2175号”公证书，其证明了该公证书粘连的合同编号为05-06-009的海门市鼎威液压件厂销售合同复印件与该销售合同的传真件相符。请求人当庭提交了证据11~证据14的原件以及型号为BFL-2/2.5-7的风冷器的实物，并且专利权人未在规定期限内对证据11~14提出异议。

合议组审查后认为：

（1）证据11和12能够证明2006年12月6日请求人从黄石市中远物资有限公司橡胶分公司获得了型号为BFL-2/2.5-7的风冷器，并拍得封装前后照片共12张，合议组在口头审理当庭对封存实物的封存情况进行确定，请求人当庭提供的所封存的实物，其封条完整，封条粘贴情况与证据12照片中的三张反映封存后箱子状态的照片相符，其中封条上的红章是黄石市中远物资有限公司的公章，开箱后内部所封存实物的状态与证据12照片中反映该状态的照片情况相符，其实物表面没有明显拆装痕迹，因此合议组认定该实物与证据11和12所附照片中的实物相同，并且从请求人当庭提交的该实物的新旧程度以及外部组装情况来看，并无明显瑕疵否定其真实性，在该实物的壳体上铆接了该冷却器的铭牌，该铭牌与壳体连接完好、牢固，无拆卸痕迹，因此认可该铭牌上所记载的出厂日期与型号；

（2）虽然证据14仅能够证明所附的销售合同复印件与该销售合同的传真件相符，但是根据《中华人民共和国合同法》第11条的规定以及实际商业买卖情况，合同是可以通过传真等可以有形地表现所载内容的形式订立完成的，因而销售合同的传真件效力应等同于销售合同的原件，并且从该销售合同的内容来看，其上盖有供需双方的公章，形式上无明显的伪造、变造痕迹，专利权人对其真实性也并未提出异议，因此在无其他相反证据的情况下，合议组认可该证据的真实性，其能够证明供方海门市鼎威液压件厂与需方黄石市中远物资有限公司于2005年6月24日订立了有关以2100元人民币销售规格为BFL-2/2.5-7-380/50的风冷器一台的销售合同；证据13所粘连的是编号为"鄂30458653"的中国工商银行业务委托书（回单），该业务委托书（回单）上盖有"中国工商银行黄石市挹江支行2005.06.27业务清讫"章，其上并无明显伪造、变造痕迹，在专利权人对其真实性也未提出异议的情况下，合议组认可其真实性，其能够证明黄石市中远物资有限公司于2005年6月27日向海门市鼎威液压件厂电汇了用于购风冷器的2100元人民币，证据13中该业务委托书（回单）的汇款人名称和收款人名称分别与证据14中的销售合同的需方名称和供方名称相对应，收款人帐号和开户银行均与该销售合同供方的帐号和开户银行一致，电汇的金额与销售合同约定的价格相同，因此证据13中的业务委托书（回单）和证据14中的销售合同以及实物铭牌所载的出厂时间可以相互印证，证明了在本专利申请日之前（2005年6月），黄石市中远物资有限公司以2100元人民币的价格向海门市鼎威液压件厂购买了规格为BFL-2/2.5-7-380/50的风冷器一台；

（3）请求人当庭提交的该冷却器实物型号为BFL-2/2.5-7，与证据14的销售合同中涉及的产品规格BFL-2/2.5-7-380/50的前三位参数均相同，而机电产品规格中的380/50通常是对该产品额定电压/频率的要求，并不涉及产品结构，并非型号表示所必须的参数，而机电产品的型号决定了该产品的结构，在这种情况下，可以认定证据11和12所附照片中的样品以及实物与证据14的销售合同中指向的是相同型号和结构的产品，因此请求人提交的证据11~14以及该实物可以作为本案证据使用，以判断是否存在与本专利相同的产品在本专利申请日之前公开使用过。

2. 关于本专利是否符合专利法第22条第2款

专利法第22条第2款规定，新颖性，是指在申请日以前没有同样的发明或者实用新型在国内外出版物上公开发表过、在国内公开使用过或者以其他方式为公众所知，也没有同样的发明或者实用新型由他人向国务院专利行政部门提出过申请并且记载在申请日以后公布的专利申请文件中。

（1）本专利权利要求1是否具备新颖性。

本专利权利要求1请求保护一种新结构空气冷却油热交换器，由在外壳内的风叶、电机、冷却管、散热翅片组装而成，其特征是上下一排或者多排水平设置的U形冷却管与按一定间距叠合在一起的多层散热翅片直角相交，U形冷却管两端的进出端口分别与垂直设置的热介质入口管和出口管直角机交并联连接，其间的管路相通。

请求人在口头审理当庭对其提交的风冷器实物进行破坏性拆卸之后，可以确定该风冷器的结构，该风冷器具有位于外壳内的风叶、电机、冷却管、散热翅片，冷却管呈U形、并联排列，并且垂直于按一定间距叠合在一起的多层散热翅片分别所在的平面，位于壳体一侧的是两个平行排列的分别带有进口和出口的热介质入口管和出口管，U形冷却管垂直于上述带有进口出口的管道延伸，并相互联通，在U形冷却管和带进出口的管道所在平面的外侧，设置有带风机罩的风机，上述风机的鼓风气流方向基本垂直于上述U型管和带进出口管道所在的平面。并且该风冷器的作用也是空气冷却热介质，而在液压领域中，可以毫无疑义地确定其所要冷却的热介质就是油，由此可见，证据11~14所涉及的风冷器与本专利权利要求1所要求保护的技术方案完全相同，因此本专利权利要求1不具备新颖性，不符合专利法第22条第2款的规定。

（2）本专利权利要求 2 是否具备新颖性。

本专利权利要求 2 进一步限定了与外壳固定连接的电机与固定连接在电机轴上的风叶构成的轴流风机安装在散热翅片一侧的中部，散热翅片与风叶旋转平面在空间直角相交。

如上所述，该风冷器样品实物同样具有设置有带风机罩的风机，该风机的电机固定在外壳上，风叶与电机固定连接，并且位于 U 形冷却管和带进出口的管道所在平面的一侧中部，其风叶旋转平面与散热翅片垂直，可见证据 11~14 所涉及的风冷器与本专利权利要求 2 所要求保护的技术方案也相同，因此本专利权利要求 2 不具备新颖性，不符合专利法第 22 条第 2 款的规定。

（3）本专利权利要求 3 是否具备新颖性。

本专利权利要求 3 进一步限定了所述的散热翅片与冷却管之间为紧配合固定连接。

证据 11~14 所涉及的风冷器实物中散热翅片与冷却管之间的连接处没有缝隙，并且不能相对移动，因此二者之间也为紧配合固定连接，因此本专利权利要求 3 不具备新颖性，不符合专利法第 22 条第 2 款的规定。

（4）本专利权利要求 4 是否具备新颖性。

本专利权利要求 4 进一步限定了所述的电机为高效扁式电机。

证据 11~14 所涉及的风冷器实物中的电机形状较扁并具有一定功效，因此本专利权利要求 4 不具备新颖性，不符合专利法第 22 条第 2 款的规定。

（5）本专利权利要求 5 和 6 是否具备新颖性。

本专利权利要求 5 和 6 分别限定了所述的冷却管为薄壁紫铜管，其壁厚为 0.50~1.50 毫米，以及所述的散热翅片为导热性良好的铜、铝、铝合金薄板、其厚度为 0.10~0.35 毫米。

通过将证据 11~14 所涉及的风冷器样品的冷却管表面油漆刮去，通过观察其性状，可以确定冷却管也是由紫铜制成，并且由 U 形冷却管底部的焊接处，即 U 形冷却管的弯管部分与直管部分的焊接处的宽度，可以确定其冷却管壁厚度也在 0.50~1.50 毫米范围内，并且通过观察散热翅片的性状，可以确定散热翅片是由铝或其合金材料制成，其厚度在 0.10~0.35 毫米范围之内，因此本专利权利要求 5 和 6 也不具备新颖性，不符合专利法第 22 条第 2 款的规定。

综上所述，本专利权利要求 1~6 均不具备新颖性，不符合专利法第 22 条第 2 款的规定。

鉴于此，本专利应予全部无效，因此在本决定中对于请求人提出的其他证据和理由不再予以评述。

三、决定

宣告 200520073771. X 号实用新型专利权全部无效。

当事人对本决定不服的，可以根据专利法第 46 条第 2 款的规定，自收到本决定之日起三个月内向北京市第一中级人民法院起诉。根据该款的规定，一方当事人起诉后，另一方当事人应当作为第三人参加诉讼。

018

弹力亚麻内裤及生产工艺

无效宣告请求审查决定（第10945号）

决　定　号　第10945号
决　定　日　2007年10月9日
发明创造名称　弹力亚麻内裤及生产工艺
国际分类号　A41B17/00，D04B1/14，D04B1/24
无效宣告请求人　海伦市顺发袜业有限责任公司
专　利　权　人　马　刚
专　利　号　03132514.9
申　请　日　2003年7月21日
授权公告日　2006年4月26日
合议组组长　高海燕
主　审　员　李婷婷
参　审　员　邢文飞

法律依据　专利法第33条、第26条第4款，专利法实施细则第21条第2款
决定要点

尽管说明书修改超范围，但超范围的内容与权利要求书的技术方案无关，因此其并不能导致权利要求不符合专利法的有关规定。

尽管说明书只给出了一个实施例，但如果所属领域的技术人员能够根据实施例的描述，很容易地想到该概括描述范围内、实施例以外其他的具有等同的技术效果的方式来实现本专利所要解决的技术问题，则该权利要求能够得到说明书的支持。

一项申请的独立权利要求中所记载的技术方案只要能够解决该申请提出的技术问题，就应当认为该独立权利要求包括了所有必要技术特征，而不应当把非常具体的限定或优化的方式都当作是必要技术特征。

一、案由

本无效宣告请求涉及国家知识产权局于2006年4月26日授权公告的03132514.9号发明专利（下称本专利），其名称为“弹力亚麻内裤及生产工艺”，申请日为2003年7月21日，专利权人为马刚。

本专利授权公告的权利要求如下：

“1. 一种弹力亚麻内裤，其特征是：以40～28Nm湿纺亚麻纱为主要原料，以2070～4070氨纶包

芯纱为辅助原料的弹力亚麻内裤，把湿纺纯亚麻纱与氨纶或氨纶包芯纱用纬编机交织在一起，织造成弹力亚麻针织布，缝制成弹力亚麻内裤，亚麻纤维含量在76%~84%，①在织造前对湿纺亚麻纱进行预处理，即在倒络工序中对亚麻纱进行清纱、柔软、加湿，用5%~8%的硅油液柔软、加湿亚麻纱；②织造时，氨纶用定长给纱器给纱；③对坯布进行预缩、煮练处理，常压煮练30分钟，水洗、甩干后松式定型。

2. 权利要求1所述弹力亚麻内裤的生产工艺，其特征在于包括以下步骤：

①亚麻纱预处理：把亚麻纱重新络筒，并在络筒过程中，让亚麻纱先通过清纱器清除麻结后，再通过粘有柔软剂的转轴，并密封存放24小时，柔软剂为5%~8%的硅油液，用量为倒络后亚麻纱增重6%~8%；

②纬编织造；

③预缩煮练，坯布定型：对下机坯布用烧碱液煮练30分钟，烧碱用量为布重的3%~4%，进一步去除亚麻纤维中的果胶质，同时去除柔软剂，然后将回缩的坯布水洗、甩干，用呢毯机松式定型后烘干；

④裁剪、缝合：在按照样板裁剪坯布时，合理安排，以保证坯布的利用率在90%以上，裁剪后，用缝合设备缝制成内裤，缝纫线为100D/2弹力锦纶丝；

⑤染色、定型：根据需要的颜色，对缝制好的内裤进行染色、水洗、甩干，套在定型板上定型、烘干，染色后，不再使用柔软剂对成品进行柔软，定型时气压为1.2~1.5MPa，温度为105~115℃；

⑥经上述工序，并对成品进行检验、包装，即成为弹力亚麻内裤。

3. 按照权利要求2的生产工艺，其特征是：纬编织造：采用40~28Nm湿纺亚麻纱和2070~4070亚麻纱在纬编机上织造，此种织物亚麻纤维含量在76%~84%，织造时调整给纱张力、使坯布的纵向延伸在160%~180%，横向延伸在180%~200%，调整喂纱角度，使亚麻纱覆盖在织物表面，织造工序中，车间温湿度的控制，冬季温度在18~20℃，相对湿度在65%~75%，夏季温度在24~26℃，相对湿度在70%~80%。

4. 按照权利要求2的生产工艺，其特征是：纬编织造：采用40~28Nm湿纺亚麻纱和30~70D氨纶丝在纬编机上织造，此种织物亚麻纤维含量在92%~97%，织造时调整给纱张力，氨纶使用定长给纱器给纱，使坯布的纵向延伸在180%~200%，横向延伸在200%~220%，调整喂纱角度，使亚麻纱覆盖在织物表面，织造工序中，车间温湿度的控制，冬季温度在18~20℃，相对湿度在65%~75%，夏季温度在24~26℃，相对湿度在70%~80%。”

2006年11月16日海伦市顺发袜业有限责任公司（以下称请求人）针对本专利权向国家知识产权局专利复审委员会提出无效宣告请求，认为本专利权利要求1、3、4不符合专利法第26条第4款的规定、权利要求1、2不符合专利法实施细则第21条第2款的规定、权利要求1、3、4以及说明书不符合专利法第33条的规定，请求宣告该专利无效。请求人提交了下述证据：

附件1：CN1253114C即本专利授权公告文本；

附件2：CN1478431A即本专利公开文本；

附件3：国家知识产权局实质审查部门针对本专利于2004年12月3日发出第一次审查意见通知书表格及正文复印件；

附件4：专利权人针对第一次审查意见通知书的答复复印件。

请求人提出无效宣告请求的具体理由是：（1）权利要求1中缺少“预缩煮练”的具体工艺手段，该种织物的坯布是一种新产品，没有文献和资料公开披露该产品及其处理工艺，除了该发明说明书所公开的“预缩煮练”的具体工艺手段外，本领域技术人员无从得知其具体工艺，因此权利要求1中因缺少“预缩煮练”的具体说明而得不到说明书支持，不符合专利法第26条4款的规定；权利要求3中记载的数值范围“40~28Nm”、“2070~4070”、“76%~84%”在说明书中没有体现，说明书的实施例1所述方案仅为具体的某一数值，因此权利要求3得不到说明书支持，不符合专利法第26条4款的规定；权利要求4中记载的数值范围“40~28Nm”、“30~70D”、“92%~97%”同样不符合专利法第26条4款的规定；（2）权利要求1缺少硅油液的用量，其仅记载了“用5%~8%的硅油液柔软”，并未给出“硅油液的用量为倒络亚麻纱增重6%~8%”这一必要技术特征，此外权利要求1中还缺少“预缩煮练”这一必要技术特征，而本专利说明书中特别强调了本专利的工艺区别于现有技术的不同之处就包含“煮练用烧碱液及烧碱的用量为布重的3%~4%”，因此权利要求1缺少必要技术特征，不符合专利法实施细则第21条2款的规定；权利要求2仅记载了“纬编织造”，没有记载纬编织造的具体工艺措施，缺少“氨纶用定长给纱器给纱”这一必要技术特征，而说明书中还强调“氨纶用定长给纱器给纱，以控制织物的弹力”是与已有技术的区别特征之一，因此权利要求2缺少必要技术特征，不符合专利法实施细则第21条2款的规定；（3）权利要求3中所述数值范围“40~28Nm”、“2070~4070”、“76%~84%”以及权利要求4所述数值范围“40~28Nm”、“30~70D”、“92%~97%”在原始申请说明书中均无记载，而专利权人将上述数值增加到了说明书内，因此权利要求3、4均修改超范围，不符合专利法第33条的规定；权利要求1中增加了原始申请权利要求1和原始申请说明书中都没有的技术特征“40~28Nm”、“2070~4070”、“亚麻纤维含量在76%~84%”，其修改超范围，权利要求1不符合专利法第33条的规定；本专利原始申请说明书中记载其发明效果时仅有数值范围“76%~96%”，而授权公告的说明书中此数值范围变成了“76%~97%”，这种扩大效果的修改没有任何新的证据支持，因此对说明书的修改不符合专利法第33条的规定。

经形式审查合格，专利复审委员会受理了上述请求，于2006年12月29日向双方当事人发出无效宣告请求受理通知书，并将专利权无效宣告请求书及其附件清单中所列附件副本转送给了专利权人，要求其在指定的期限内答复，并告知期满未答复的不影响专利复审委员会审理。

专利权人于2007年2月6日提交了意见陈述书，并陈述意见如下：（1）权利要求1的内容已经清楚完整的记载在说明书发明内容第3~10段中，所属领域技术人员根据说明书公开的技术内容即可直接得出权利要求1所要保护的技术方案，因此权利要求1得到了说明书支持，符合专利法第26条4款的规定；本专利实施例1为从上述数值范围中优选的一个方案，且说明书发明内容部分已经记载了上述数值，因此权利要求3中上述数值范围得到了说明书支持，符合专利法第26条4款的规定；同理，权利要求4中的数值范围同样得到了说明书支持，符合专利法第26条4款的规定；（2）权利要求1所述的技术方案中并不包括“如何节省硅油降低成本”这一技术问题，此外预煮为一种加工工艺参数，并非该产品上附带的结构形状的特征，因此权利要求1并不缺少必要技术特征，符合专利法实施细则第21条2款的规定；权利要求2所述“纬编织造”为现有技术，其中“用定长给纱器给纱”是现有技术中的一个特选，只要织物中含有氨纶，就能解决弹力均匀适度的技术问题，因此用定长给纱器给纱并非权利要求2的必要技术特征，因此其符合专利法实施细则第21条2款的规定；（3）专利权人所作修改只是将原始申请权利要求中即已公开的内容补充到说明书中，并无扩大性的描述，因此与其相应的权利要求3、4符合专利法第33条的规定；专利权人对权利要求1的修改均未超出原始申请说明书和权利要求书记载的范围，所有的内容在原始申请文件中均可以找到，因此权利要求1符合专利法第33条的规定；原始申请权利要求4中已经记载“亚麻纤维含量在92%~97%”，说明书中发明内容部分记载了“亚麻纤维含量在76%~96%”，因此将说明书修改为“亚麻纤维含量在76%~97%”亦未超范围，说明书符合专利法第33条的规定。

专利复审委员会依法成立合议组，合议组于2007年2月27日向双方当事人发出无效宣告请求口头审理通知书，定于2007年4月18日进行口头审理，并将专利权人于2007年2月6日提交的意见陈述书转送给请求人。

请求人以及专利权人分别于2007年3月6日以及2007年3月16日提交了无效宣告请求口头审理通知书回执，均表示参加2007年4月18日的口头审理。

口头审理如期进行，双方当事人均参加了口头审理。在口头审理中：

（1）双方当事人对合议组成员无回避请求，双方当事人对对方出庭人员身份无异议；

（2）请求人当庭放弃本专利权利要求1、3和4不符合专利法第33条的无效宣告请求理由；放弃权利要求2由于缺少“氨纶用定长给纱器给纱”而不符合专利法实施细则第21条2款的无效宣告请求理由；

（3）请求人明确无效宣告请求理由为：本专利权利要求1、2、3、4不符合专利法第26条第4款的规定，具体为权利要求1中的“40~28Nm、2070~4070”得不到说明书的支持（此为口头审理中新增加的事实点）、“5%~8%的硅油液”得不到说明书的支持（此为口头审理中新增加的事实点）、权利要求1缺少“预缩煮练”的具体工艺手段，因此得不到说明书的支持；权利要求2引用权利要求1，因此权利要求2也得不到说明书的支持（此为口头审理中新增加的理由）；权利要求3中的“40~28Nm、2070~4070、76%~84%”得不到说明书的支持；权利要求4中的“40~28Nm、30~70D、92%~97%”得不到说明书的支持，“横向延伸在200%~220%”得不到说明书的支持（此为口头审理中新增加的事实点）；权利要求1、2不符合专利法实施细则第21条第2款的规定，具体为权利要求1中“用5%~8%的硅油液柔软”，并未给出“硅油液的用量为倒络亚麻纱增重6%~8%”，因此缺少必要技术特征，此外缺少“预缩煮练”这一必要技术特征，最后缺少“编织的具体结构”这一必要技术特征（此为口头审理中新增加的事实点），权利要求2缺少纬编织造的具体工艺这一必要技术特征；说明书不符合专利法第33条的规定，具体为授权公告文本的说明书实施例2中增加了“横向延伸在200%~220%”（此为口头审理中新增加的事实点），因此修改超范围；原始申请说明书发明内容中亚麻纤维含量数值范围为“76%~96%”，而授权公告文本的说明书中相应处修改为“76%~97%”，因此修改超范围。请求人的无效宣告请求理由以本口头审理记录表中记录的上述内容为准。

（4）请求人当庭提交了意见陈述书，其中增加了说明书不符合专利法第26条3款的无效宣告请求理由，合议组当庭将该意见陈述书转交给专利权人，并明确表示由于该无效宣告请求理由为无效宣告请求日起一个月后增加的，因此合议组不予接受；

（5）专利权人对请求人增加及变更的理由和事实点均有异议；

（6）请求人应在口头审理结束之后七日内向合议组提交委托书；

（7）口头审理结束后合议组不再接受双方当事人提交的任何意见陈述和证据材料。

请求人于2007年4月19日提交了专利权无效宣告程序授权委托书，明确了出席口头审理人员的代理权限。

至此，合议组认为本案事实已经清楚，可依法作出审查决定。

二、决定的理由

1. 关于无效宣告请求理由

专利法实施细则第66条规定：在专利复审委员会受理无效宣告请求后，请求人可以在提出无效宣告请求之日起1个月内增加理由或者补充证据。逾期增加理由或者补充证据的，专利复审委员会可以不予考虑。

审查指南第四部分第三章第4.2节第（2）条规定：

“请求人在提出无效宣告请求之日起一个月后增加无效宣告理由的，专利复审委员会一般不予考虑，但下列情况除外：

（1）针对专利权人以合并方式修改的权利要求，在专利复审委员会指定期限内增加无效宣告理由，并在该期限内对所增加的无效宣告理由具体说明的；

（2）对明显与提交的证据不相对应的无效宣告理由进行变更的。”

请求人在口头审理时增加了以下无效宣告理由：

（1）说明书不符合专利法第26条第3款的规定；

（2）授权公告文本的说明书实施例2中增加了有关“横向延伸在200%~220%”的特征，导致说明书不符合专利法第33条的规定；

（3）权利要求1中有关“40~28Nm、2070~4070”、“5%~8%的硅油液”的特征得不到说明书的支持，导致权利要求1不符合专利法第26条第4款的规定；权利要求2引用权利要求1，导致权利要求2也不符合专利法第26条第4款的规定；权利要求4中有关“横向延伸在200%~220%”的特征得不到说明书的支持，导致权利要求4不符合专利法第26条第4款的规定；

（4）权利要求1缺少有关“编织的具体结构”的必要技术特征，不符合专利法实施细则第21条第2款的规定。

合议组认为：本案口头审理日期距离请求人提出无效宣告之日起已经超过一个月，上述新增加的理由不属于审查指南第四部分第三章第4.2节第（2）条规定的两种情况，因此合议组对上述新增加的无效理由不予接受。

因此，本无效宣告请求审查决定审理的无效宣告请求理由为：

（1）权利要求1缺少“预缩煮练”的具体工艺手段，是否导致权利要求1得不到说明书的支持，不符合专利法第26条第4款的规定；权利要求3中有关“40~28Nm、2070~4070、76%~84%”的特征是否得不到说明书的支持，导致权利要求3不符合专利法第26条第4款的规定；权利要求4中有关“40~28Nm、30~70D、92%~97%”的特征是否得不到说明书的支持，导致权利要求4不符合专利法第26条第4款的规定；

（2）权利要求1中未给出有关“硅油液的用量为倒络亚麻纱增重6%~8%”、“预缩煮练”的特征，是否导致权利要求1缺少必要技术特征，不符合专利法实施细则第21条第2款的规定；权利要求2缺少纬编织造的具体工艺是否导致权利要求2缺少必要技术特征，不符合专利法实施细则第21条第2款的规定；

（3）原始申请说明书发明内容中亚麻纤维含量数值范围为“76%~96%”，而授权公告文本的说明书中相应处修改为“76%~97%”，是否导致说明书修改超范围，不符合专利法第33条的规定。

2. 关于专利法第33条

专利法第33条规定：申请人可以对其专利申请文件进行修改，但是，对发明和实用新型专利申请文件的修改不得超出原说明书和权利要求记载的范围。

审查指南第二部分第八章第5.2.1节中，指出“原说明书和权利要求记载的范围”包括原说明书和权利要求书文字记载的内容和根据原说明书和权利要求书文字记载的内容以及说明书附图能直接地、毫无疑义地确定的内容。

请求人认为：本专利原始申请说明书发明内容中亚麻纤维含量数值范围为“76%~96%”，而授权公告文本的说明书中相应处修改为“76%~97%”，因此说明书修改超范围，不符合专利法第33条的规定。

合议组认为：本专利原始申请权利要求书的权利要求3中记载了采用40~28Nm的湿纺亚麻纱和

2070~4070氨纶包芯纱配合纬编织成的织物中，亚麻纤维的含量为76%~84%，原始申请权利要求书的权利要求4中记载了采用40~28Nm的湿纺亚麻纱和30~70D氨纶丝配合纬编织成的织物中，亚麻纤维的含量为92%~97%，在原始申请说明书第1页倒数第17行则记载了采用湿纺亚麻纱和氨纶包芯纱或氨纶丝配合纬编织成的织物中，亚麻纤维的含量为76%~96%，亦即无论采用上述两种组合中的任意一种均可使得亚麻纤维的含量达到76%~96%的范围，而在本专利授权公告文本的说明书相应部分，专利权人将数值范围“76%~96%”修改为“76%~97%”，由原始申请权利要求书的权利要求4中的记载可知，在采用湿纺亚麻纱和氨纶丝配合纬编织时亚麻纤维的含量能够达到92%~97%，但原始申请说明书及权利要求中均没有记载在采用湿纺亚麻纱和氨纶包芯纱配合纬编织时其亚麻纤维含量是否能够达到97%，本领域技术人员亦无法从原始申请申请文本中毫无疑义地确定，因此说明书的该处修改超范围，不符合专利法第33条的规定。

3. 关于专利法第26条第4款

专利法第26条第4款规定：权利要求书应当以说明书为依据，说明要求专利保护的范围。

审查指南第二部分第二章第3.2.1节中进一步规定，权利要求书应当以说明书为依据，是指权利要求应当得到说明书的支持。权利要求书中的每一项权利要求说要求保护的技术方结案应当是所属技术领域的技术人员能够从说明书充分公开的内容中得到或者概括得出的技术方案，并且不得超出说明书公开的范围。如果权利要求的概括包含申请人推测的内容，而其效果又难于预先确定和评价，应当认为这种概括得不到说明书的支持。

（1）关于权利要求1。

请求人认为：权利要求1中缺少“预缩煮练”的具体工艺手段，因此得不到说明书的支持。

合议组认为：本专利说明书实施例一记载了对坯布进行预缩煮练的具体过程，即用烧碱液煮练30分钟，烧碱用量为布重的3%~4%。而本领域技术人员公知，使用烧碱对坯布进行煮练为纺织领域常规的工艺流程中的一个步骤，其主要用于去除亚麻纤维中的果胶质以及柔软剂，并且由于亚麻纤维为耐碱纤维，烧碱用量的多少并不会影响到亚麻的质量，其具体用量可根据具体情况具体设置，因此权利要求1中尽管未对预缩煮练的具体工艺进行限定，其仍能得到说明书的支持。综上所述，权利要求1中未记载预缩煮练的具体工艺并不能导致权利要求1不符合专利法第26条第4款的规定。

（2）关于权利要求3。

请求人认为：权利要求3中的“40~28Nm”、“2070~4070”、“76%~84%”均为数值范围，而说明书中均仅公开了其中一点，因此权利要求3得不到说明书的支持。

合议组认为：首先，尽管“40~28Nm”及“2070~4070”的两个数值范围在原始申请说明书中没有表述，但其在原始申请权利要求书的权利要求3中均已有过记载，因此上述数值范围已在原始申请文本中公开，其次，所属领域技术人员公知，“40Nm”和“28Nm”均指纱支的粗细，此为国际通用的规格，在“40Nm”和“28Nm”之间，还可以有如说明书内所述的“36Nm”的织数，而“2070”和“4070”均指氨纶包芯纱的国际通用的规格，在“2070”和“4070”之间，还可以有如说明书内所述的“3070”的规格，因此，权利要求1中所述“40~28Nm”以及“2070~4070”并非一个连续的数值范围，而仅仅是指所述亚麻纱的粗细可以为40Nm、36Nm、或者28Nm等常用的规格，以及氨纶包芯纱可以为“2070”、“3070”、“4070”等常用的规格，而且在说明书中已经给出可以使用织数为“36Nm”的亚麻纱以及规格为“2070”的氨纶包芯纱制成弹力亚麻内裤的实施例一的情况下，所属领域技术人员能够合理预测，为适应市场的各种需要，将亚麻纱扩展为使用较粗的“40Nm”或较细的“28Nm”，以及使用氨伦含量较高的“3070”、“4070”规格的氨纶包芯纱均可制成具有弹力的亚麻内裤，以及所属领域技术人员可预料到采用其他数值范围也能解决其技术问题并获得同样的技术效果，因此本专利权利要求 3 中的上述数值范围“40～28Nm”、“2070～4070”能够得到说明书支持；其次，对于数值范围“76%～84%”，尽管其在原始申请说明书中没有表述，但在原始申请权利要求书的权利要求 3 中已有过表述，因此上述数值范围已在原始申请文本中公开，此外说明书中实施例一为使用织数为“36Nm”的亚麻纱以及规格为“2070”的氨纶包芯纱进行织造的情况下，该种织物亚麻纤维的含量在 80%，而权利要求 3 中所述技术方案中，亚麻纱采用 40Nm、36Nm、28Nm 等粗细不同的规格，氨纶包芯纱可采用 2070、3070、4070 等不同规格，因此当使用者分别采用上述不同规格之一两两组合进行织造时，由于亚麻纱和氨纶包芯纱的百分比含量在各种组合中各不相同，制成的织物的亚麻纤维的含量客观上必然为一个数值范围，因此权利要求 3 的该数值范围能够得到说明书的支持。综上所述，说明书内未记载相关的数值范围并不能导致权利要求 3 不符合专利法第 26 条第 4 款的规定。

（3）关于权利要求 4。

请求人认为：权利要求 4 中的“40～28Nm”、“30～70D”、“92%～97%”均为数值范围，说明书中均只公开了其中一个点，因此得不到说明书的支持。

合议组认为：首先，尽管上述数值范围在原始申请说明书中没有表述，但其在原始申请权利要求书的权利要求 4 中均已有过表述，因此上述数值范围已在原始申请文本中公开，其次，所属领域技术人员公知，“40Nm”和“28Nm”均指亚麻纱的国际通用的织数规格，在“40Nm”和“28Nm”之间，还可以有如说明书内所述的“36Nm”的织数，而“30D”和“70D”均指氨纶丝的国际通用的规格，在“30D”和“70D”之间，还可以有如说明书内所述的“40D”，即“40 旦尼尔”的规格以及“50D”、“60D”等，因此，权利要求 4 中所述“40～28Nm”以及“30～70D”并非一个连续的数值范围，而仅仅是指所述亚麻纱的织数可以为 40Nm、36Nm、或者 28Nm 等常用的规格，以及氨纶丝可以为“30D”、“40D”、“50D”、“60D”、“70D”等常用的规格，而且在说明书中已经给出可以使用织数为“36Nm”的亚麻纱以及规格为“40D”的氨纶丝制成弹力亚麻内裤的实施例二的情况下，所属领域技术人员能够预知，将亚麻纱扩展为使用较粗的“40Nm”或较细的“28Nm”，以及使用其他规格的如“30D”、“40D”、“50D”、“60D”、“70D”等的氨纶丝制成的具有弹力的亚麻内裤同样可以解决本专利所要解决的技术问题，并且当使用者分别采用上述不同规格之一俩俩组合进行织造时，由于亚麻纱和氨纶丝的百分比含量在各种组合中各不相同，制成的织物的亚麻纤维的含量客观上必然为一个数值范围，因此权利要求 4 的该数值范围能够得到说明书的支持。综上所述，说明书内未记载相关的数值范围并不能导致权利要求 4 不符合专利法第 26 条第 4 款的规定。

4. 关于专利法实施细则第 21 条第 2 款

专利法实施细则第 21 条第 2 款规定：独立权利要求应当从整体上反映发明或者实用新型的技术方案，记载解决技术问题的必要技术特征。

审查指南第二部分第二章第 3. 1. 2 节进一步规定：必要技术特征是指，发明或者实用新型为解决其技术问题所不可缺少的技术特征，其总和足以构成发明或者实用新型的技术方案，使之区别于背景技术中所述的其他技术方案。判断某一技术特征是否为必要技术特征，应当从所要解决的技术问题出发并考虑说明书描述的整体内容，不应简单地将实施例中的技术特征直接认定为必要技术特征。

（1）关于权利要求 1。

请求人认为：①权利要求 1 中仅仅表述了“用 5%～8% 的硅油液柔软”，并未给出硅油液的具体用量即“硅油液的用量为倒络亚麻纱增重 6%～8%”；②权利要求 1 缺少有关“预缩煮练”的具体工艺流程，因此权利要求 1 缺少上述两个必要技术特征，不符合专利法实施细则第 21 条第 2 款的规定。

合议组认为：根据本专利说明书的记载，本专利要解决的技术问题是现有的弹力内裤或者其材料不包含亚麻成分，因此透气性、吸湿散热性及抗菌性能不佳，或者尽管含有亚麻成分，但多为棉麻混纺、麻粘混纺纱等，因此亚麻成分含量低，弹性小，舒适性不佳。为解决上述技术问题，本专利采用的技术方案是通过将湿纺亚麻纱与氨纶或者湿纺亚麻纱与氨纶包芯纱配合，使用纬编机进行交织，由此使用织成的该种布匹制作的弹力亚麻内裤既具有氨伦的弹性，又具有亚麻材料的优点。而在本专利权利要求1中，记载了“以40~28Nm湿纺亚麻纱为主要原料，以2070~4070亚麻纱为辅助原料的弹力亚麻内裤，把湿纺纯亚麻纱与氨纶或亚麻纱用纬编机交织在一起。至于对亚麻进行预处理时柔软剂用量的多少、对坯布进行预缩煮练的具体工艺流程均与本发明要解决的技术问题无关，并且对于本领域技术人员来说，对亚麻使用柔软剂进行柔软，以及对坯布进行预缩、煮练，均为纺织领域常规工艺流程中的步骤之一，柔软剂用量的多少可根据具体的不同需求具体设置，进行煮练时烧碱的用量亦可根据具体需要进行具体设置，因此权利要求1未记载硅油液的具体用量、预缩煮练的具体工艺流程并不能导致权利要求1不符合专利法实施细则第21条第2款的规定。

（2）关于权利要求2。

请求人认为：权利要求2缺少纬编织造的具体工艺这一必要技术特征，因此不符合专利法实施细则第21条第2款的规定。

合议组认为：本专利要解决的技术问题与织布过程中纬编织造的具体工艺无关，且对于本领域技术人员来说，使用纬编法即意味着仅仅使用一根线进行编织而非如经编一样需要经线、纬线的配合进行编织为公知常识，亦即使用纬编法并不需要经、纬的配合，另外权利要求2为权利要求1的从属权利要求，因此权利要求2未记载纬编织造的具体工艺并不能导致权利要求2不符合专利法实施细则第21条第2款的规定。

综上所述，尽管说明书修改超范围，但所述超范围之处仅仅存在于说明书内，超范围所涉及的有关内容与本专利权利要求1~4所要保护的技术方案无关，因此说明书该处修改超范围并不能导致本专利权利要求不符合专利法的有关规定。因此，对于请求人提出的无效宣告请求理由，合议组不予支持。

三、决定

维持第03132514.9号发明专利权有效。

当事人对本决定不服的，可以根据专利法第46条第2款的规定，自收到本决定之日起三个月内向北京市第一中级人民法院起诉。根据该款的规定，一方当事人起诉后，另一方当事人应当作为第三人参加诉讼。

019

致冷器压缩机的连接封装

无效宣告请求审查决定（第 10954 号）

决　　定　　号　第 10954 号
决　　定　　日　2007 年 12 月 26 日
发明创造名称　致冷器压缩机的连接封装
国 际 分 类 号　F25B 31/00，H02K 5/22
无效宣告请求人　万宝冷机集团广州电器有限公司
专　利　权　人　森萨塔电子技术（韩国）有限公司
申　　请　　号　02146236.4
申　　请　　日　2002 年 10 月 15 日
优　先　权　日　2001 年 10 月 15 日
授 权 公 告 日　2004 年 12 月 8 日
合 议 组 组 长　朱文广
主　　审　　员　郭建强
参　　审　　员　王　博

法　律　依　据　专利法第 33 条、第 22 条第 3 款
决　定　要　点

如果申请的内容通过增加、改变和/或删除其中的一部分，致使所属技术领域的技术人员看到的信息与原申请公开的信息不同，而且又不能从原申请公开的信息中直接地、毫无疑义地确定，那么，这种修改就是不允许的。

如果涉案发明专利相对于一篇或者几篇对比文件的的结合，对本领域技术人员来说具有显而易见性，并且也未产生什么预料不到的技术效果，则涉案发明专利不具备突出的实质性特点和显著的进步，即不具备创造性。

一、案由

本无效宣告请求涉及中华人民共和国国家知识产权局于 2004 年 12 月 8 日授权公告的、名称为“致冷器压缩机的连接封装”的发明专利权（下称本专利），其专利号是 02146236.4，申请日是 2002 年 10 月 15 日，优先权日是 2001 年 10 月 15 日，专利权人是森萨塔电子技术（韩国）有限公司。本专利授权公告时的权利要求书如下：

“1. 一种致冷器压缩机的连接封装，它包括：

基体，它包括在其一侧的电动机过载保护器装载元件和在其另一侧的具有终端穿透槽的装载

部分；

盖，它包括：电动机过载保护器装载元件，该装载元件定位成与基体的电动机过载保护器装载元件相适应；及第一销连接孔和第二销连接孔，它们连接到电动机的电源中，盖与基体的顶部结合在一起；

电动机启动继电器元件，它包括第一和第二销连接器，在电动机启动继电器元件被安装在基体的装载部分上的情况下，这些销连接器被定位成与第一和第二销连接孔的位置相适应，并且安装在基体和盖之间；及

一个或者多个外部连接终端和螺丝接线端，它们布置在基体的装载部分上并与启动继电器元件相邻，且通过基体的穿透槽穿过基体，外部连接终端和螺丝接线端用来电连接到外部；

其中，过载保护器包括第三销连接器，该连接器连接到电动机的电源中，通过形成在过载保护器装载元件内的一个或多个支撑和固定突出部，该过载保护器可拆下地安装在过载保护器装载元件内。

2. 如权利要求1所述的连接封装，其特征在于，电动机启动继电器元件包括：

盘形正温度系数装置；

第一和第二矩形导电板，它们被定位成面对上述正温度系数装置并且各自被连接到第一销连接器和第二销连接器上；及

U形弹性连接件，该连接件的自由端弹性接触上述正温度系数装置，并且它的封闭端被固定到相应的导电板上，弹性连接件把相应的导电板与上述正温度系数装置电连接起来。

3. 如权利要求2所述的连接封装，其特征在于，第一销连接器和第二销连接器中的一个与第三销连接器被连接到电动机的主绕组侧上，并且第一销连接器和第二销连接器中的另一个被连接到电动机的次绕组侧上；

其中，一个导电板被连接到这样的销连接器上：该销连接器被连接到电动机的次绕组侧上，该导电板包括用来电连接到外部中的两个连接终端和螺丝接线端，该螺丝接线端被连接到导电板的一端上，螺丝接线端用来电连接到外部中；

用来电连接到外部中的连接终端形成于另一个导电板上，而该导电板被连接到另一个销连接器中；

及连接终端和螺丝接线端被装载成通过基体的连接终端穿透槽而伸出到外部中。

4. 如权利要求3所述的连接封装，其特征在于，用来提高电动机的工作效率的工作电容器与一个导电板的两个连接终端中的一个相适应，该两个连接终端中的一个被连接到第一销连接器和第二销连接器中的一个上；该电容器与另一个导电板的连接终端相适应，另一个导电板的连接终端被连接到另一个销连接器上。

5. 如权利要求1或2所述的连接封装，其特征在于，夹子装配槽的两端更宽并且相互被连接起来，这些夹子装配槽形成于基体和盖的下侧上，夹子的形状与夹子装配槽的形状相一致，该夹子布置在夹子装配槽内，因此基体和盖被相互结合在一起。

6. 如权利要求5所述的连接封装，其特征在于，夹子装配槽的两个较宽端部是圆形或者多边形。

7. 如权利要求4所述的连接封装，其特征在于，灯、温度控制器或者地线被连接到不包括导电板的连接终端的其他外部连接终端和螺丝接线端上，该导电板的连接终端装载有工作电容器。

8. 如权利要求1或2所述的连接封装，其特征在于，借助位于基体的过载保护器装载元件内的一个或者多个支撑下突出部来支撑装载在过载保护器装载元件中的过载保护器，并且借助位于基体的过载保护器装载元件内的一个或者多个固定侧突出部，使该过载保护器进行压配合并固定。”

针对上述专利权，万宝冷机集团广州电器有限公司（下称请求人）于2007年4月19日向专利复

审委员会提出无效宣告请求（一），其提交的证据如下：

证据1：授权公告日为1999年2月17日、授权公告号为CN2307936Y、专利号为97236869.8的中国实用新型专利说明书；

证据2：授权公告日为1998年8月5日、授权公告号为CN2287339Y、专利号为96223952.6的中国实用新型专利说明书；

证据3：机械工业出版社1998年1月第1版第1次印刷、刘景昌主编的《家用控制器应用技术手册》封面页、版权页、第254页复印件，共3页；

证据4：浙江科学技术出版社1998年4月第1版、2000年6月第4次印刷、金国砥主编的《电冰箱维修入门》封面页、版权页、第118、122、127、131页复印件，共6页。

请求人认为：本专利权利要求1~8不具备新颖性和创造性，不符合专利法第22条第2、3款的规定。

经形式审查合格，专利复审委员会依法受理了上述无效宣告请求，并于2007年4月19日向双方发出无效宣告请求受理通知书，同时将专利权无效宣告请求书及其附件清单中所列附件的副本转送给专利权人，并要求专利权人在指定的期限内陈述意见。

针对上述无效宣告请求受理通知书，专利权人于2007年6月4日提交了意见陈述书，专利权人认为：本专利权利要求1~8具备新颖性和创造性，符合专利法第22条第2、3款的规定。

专利复审委员会成立合议组对本案进行审理。

本案合议组于2007年7月12日向双方发出无效宣告请求口头审理通知书，定于2007年8月23日举行口头审理。此后，本案合议组又于2007年8月6日向请求人发出了转送文件通知书，将专利权人于2007年6月4日提交的上述意见陈述书转送给请求人。

口头审理如期举行，双方当事人均参加了口头审理。

在口头审理中，（1）请求人明确请求无效的理由和事实为：本专利权利要求1相对于证据1不具有新颖性；权利要求2、3、5、6、8相对于证据1不具有新颖性和创造性；权利要求1相对于证据1和2不具有创造性；权利要求4相对于证据1和3或者证据1和4的结合不具有创造性；权利要求7相对于证据1、3和4不具有创造性；（2）请求人当庭出示了证据3、4的原件，专利权人当庭核实了证据3、4的原件与复印件的一致性，并认可证据1~4的真实性。请求人当庭还提交了一份北京市第二中级人民法院作出的（2007）二中民初字第5431号的民事判决书，合议组将其复印件转给专利权人，专利权人表示对请求人所提交的判决书本身的真实性没有异议，但是认为其提交已经超过了一个月的举证期限。请求人认为判决书的形成时间是在一个月的期限之外，判决书中有专利权人对本专利的一些自认，所以合议组应该予以考虑。（3）双方就本专利权利要求1~8的新颖性或创造性充分发表了意见。

针对上述专利权，请求人万宝冷机集团广州电器有限公司于2007年8月15日再次向专利复审委员会提出了无效宣告请求（二），其提交的证据如下：

附件1：公开日为1997年9月3日的欧洲专利文献EP0793068A1及其中文译文；

附件2：授权公告日为1999年2月17日、专利号为97236869.8、授权公告号为CN2307936Y的中国实用新型专利说明书；

附件3：授权公告日为1998年8月5日、专利号为96223952.6、授权公告号为CN2287339Y的中国实用新型专利说明书；

附件4：公开日为2001年5月30日、申请号为99805137.3、公开号为CN1297522A的中国发明专利申请公开说明书；

附件5：机械工业出版社1998年1月第1版第1次印刷、刘景昌主编的《家用控制器应用技术手册》封面页、版权页、第254页复印件，共3页；

附件6：北京市第二中级人民法院作出的（2007）二中民初字第5431号民事判决书。

请求人认为：本专利权利要求1~8不具备创造性，不符合专利法第22条第3款的规定。

经形式审查合格，专利复审委员会依法受理了上述无效宣告请求，并于2007年8月15日向双方发出无效宣告请求受理通知书，同时将专利权无效宣告请求书及其附件清单中所列附件的副本转送给专利权人，并要求专利权人在指定的期限内陈述意见。

专利复审委员会分别于2007年8月22日和2007年8月31日收到请求人提交的意见陈述书，要求将涉及本专利的上述两个无效宣告请求合并审理。

请求人于2007年9月13日向专利复审委员会提交意见陈述书，补充了无效的理由和证据，其中补充的证据为：（编号续前）

附件7：授权公告日为1999年7月21日、专利号为98203870.4、授权公告号为CN2330109Y的中国实用新型专利说明书；

附件8：浙江科学技术出版社1998年4月第1版、2000年6月第4次印刷、金国砥主编的《电冰箱维修入门》封面页、版权页、第118、122、127、131页复印件，共6页。

请求人认为：本专利权利要求1的修改超出了原始申请文件记载的范围，不符合专利法第33条的规定，同时上述修改也得不到说明书的支持，不符合专利法第26条第4款的规定；补充的附件7或者附件8与附件1~6结合使用可以进一步破坏本专利权利要求1~8的创造性。

针对专利复审委员会于2007年8月15日发出的上述无效宣告请求受理通知书，专利权人于2007年9月29日提交了意见陈述书，专利权人认为：本专利权利要求1~8具备创造性。

专利复审委员会成立合议组对本案进行审理。

本案合议组于2007年10月12日向双方发出无效宣告请求口头审理通知书，定于2007年11月22日举行口头审理，同时将请求人于2007年9月13日提交的意见陈述书及其补充的附件的副本转送给专利权人，将专利权人于2007年9月29日提交的意见陈述书转送给请求人。

口头审理如期举行，双方当事人均参加了口头审理。

在口头审理中，（1）请求人明确其无效宣告的理由、证据和范围为：权利要求1不符合专利法第33条的规定，由于权利要求1修改超范围，因此从属权利要求2~8也修改超范围；权利要求1不符合专利法第26条第4款的规定；权利要求1~8相对于附件1~8的组合不符合专利法第22条第3款的规定。（2）请求人当庭出示了附件5、附件8的原件，专利权人当庭进行了核实，并对附件1~8的真实性均没有异议，专利权人对附件1中文译文的准确性也没有异议。（3）关于权利要求1的修改是否符合专利法第33条的规定，双方经过核实本专利申请时的案卷，均认可公开文本（CN1412503A）和原始申请文本一致，本专利在公开前没有进行修改，公开后答复审查员第一次审查意见通知书时有一次修改，形成了本专利的授权文本。请求人认为：授权文本的权利要求1第2段中的“它包括在其一侧的电动机过载保护器装载元件和在其另一侧的具有终端穿透槽的装载部分”、第5段中的“一个或者多个外部连接终端和螺丝接线端……与启动继电器元件相邻”、第6段中的“一个或多个支撑和固定突出部”属于修改超范围，不符合专利法第33条的规定。专利权人认为：上述三处修改分别在原说明书第5页第3段、图3A，原说明书第5页第3段到第6页第3段、图3A，以及原说明书第3页倒数第1段、第7页第2段、原权利要求8中有相应的记载，因此符合专利法第33条的规定。此外，请求人还认为：因为从属权利要求2~8都引用权利要求1，所以如果权利要求1修改超范围，那么从属权利要求2~8也修改超范围。专利权人认为：该意见属于请求人新增加的理由，同时，即使独立权利要求 1 超范围，并不会必然导致从属权利要求 2~8 也超范围。例如权利要求 8 在原始文本当中已经有记载了“一个或多个支撑下突出部和固定侧突出部”，因此权利要求 1 的修改放在权利要求 8 中就不超范围。关于权利要求 2~7 是否修改超范围的意见，专利权人表示在庭后补充。合议组当庭宣布：专利权人须在口头审理结束之日起 10 日内对从属权利要求 2~7 是否修改超范围作出意见陈述。(4) 就权利要求 1 是否符合专利法第 26 条第 4 款的问题，双方发表了意见，具体意见同关于修改超范围的意见。(5) 双方就本专利授权后权利要求 1~8 是否具备创造性充分发表了意见，请求人认为附件 2 是最接近的对比文件，并结合使用附件 1、2、6 或者附件 1、2、3、6 或者附件 2、4、6 来否定权利要求 1 的创造性，请求人认为附件 2 或者附件 7 公开了权利要求 2 的附加技术特征，附件 2 公开了权利要求 3 中除了螺丝接线端以外的其他所有附加技术特征，附件 5 或者附件 8 公开了权利要求 4 的附加技术特征，权利要求 5、6、8 的附加技术特征与附件 2 相比是等效替换，附件 1 公开了权利要求 7 的附加技术特征；专利权人认为附件 1~8 不能否定本专利的创造性。(6) 请求人表示已对本案充分发表意见，没有其他的无效理由、证据和事实需要补充，专利权人表示已针对请求人的无效理由、证据和事实充分发表意见，除了 10 日内补充对从属权利要求 2~7 是否修改超范围的意见陈述外，没有其他意见需要补充。口头审理到此结束。

口头审理结束之后，专利权人于 2007 年 12 月 3 日提交了意见陈述书，认为独立权利要求修改超范围，其从属权利要求并不必然超范围，并且本专利权利要求 1~8 未超范围，符合专利法第 33 条的规定。

至此，合议组认为本案事实已经清楚，可以作出审查决定。

二、决定的理由

1. 关于证据和现有技术

在无效宣告请求（二）中，请求人提交的证据包括附件 1~8，专利权人对其真实性均没有异议，合议组经审查，附件 1~8 的真实性得到确认，可以作为本案证据使用。同时由于附件 1~5、7、8 的公开日期均在本专利的申请日前，因此可以作为本专利的现有技术使用。专利权人对附件 1 的中文译文的准确性没有异议，因此附件 1 的公开内容以其中文译文为准。

2. 关于本专利的修改是否符合专利法第 33 条的规定

专利法第 33 条规定：申请人可以对其专利申请文件进行修改，但是，对发明和实用新型专利申请文件的修改不得超出原说明书和权利要求书记载的范围。

根据该规定，如果申请的内容通过增加、改变和/或删除其中的一部分，致使所属技术领域的技术人员看到的信息与原申请公开的信息不同，而且又不能从原申请公开的信息中直接地、毫无疑义地确定，那么，这种修改就是不允许的。

本案中，授权后的权利要求 1 相对于原始申请文件中的权利要求 1 发生了修改，其中原始的权利要求 1 如下：

“1. 一种致冷器压缩机的连接封装，它包括：

基体，它具有电动机过载保护器装载元件和终端穿透槽；

盖，它包括：电动机过载保护器装载元件，该装载元件定位成与基体的电动机过载保护器装载元件相适应；及第一销连接孔和第二销连接孔，它们连接到电动机的电源中，盖与基体的顶部结合在一起；

电动机启动继电器元件，它包括第一和第二销连接器，在电动机启动继电器元件被安装在基体上的情况下，这些销连接器被定位成与第一和第二销连接孔的位置相适应，并且安装在基体和盖之间；及一个或者多个外部连接终端和螺丝接线端，它们布置在基体和盖之间，并且穿过基体，外部连接终端和螺丝接线端用来电连接到外部；

其中，过载保护器包括第三销连接器，该连接器连接到电动机的电源中，该过载保护器可拆下地装载在基体和盖的过载保护器装载元件中。”

授权的即修改后的权利要求1如下：

“1. 一种致冷器压缩机的连接封装，它包括：

基体，它包括在其一侧的电动机过载保护器装载元件和在其另一侧的具有终端穿透槽的装载部分；

盖，它包括：电动机过载保护器装载元件，该装载元件定位成与基体的电动机过载保护器装载元件相适应；及第一销连接孔和第二销连接孔，它们连接到电动机的电源中，盖与基体的顶部结合在一起；

电动机启动继电器元件，它包括第一和第二销连接器，在电动机启动继电器元件被安装在基体的装载部分上的情况下，这些销连接器被定位成与第一和第二销连接孔的位置相适应，并且安装在基体和盖之间；及

一个或者多个外部连接终端和螺丝接线端，它们布置在基体的装载部分上并与启动继电器元件相邻，且通过基体的穿透槽穿过基体，外部连接终端和螺丝接线端用来电连接到外部；

其中，过载保护器包括第三销连接器，该连接器连接到电动机的电源中，通过形成在过载保护器装载元件内的一个或多个支撑和固定突出部，该过载保护器可拆下地安装在过载保护器装载元件内。”

合议组经审查认为：（1）授权后的权利要求1第5段中增加的特征“外部连接终端和螺丝接线端……与启动继电器元件相邻”与原始申请文件中记载的信息不同，专利权人所称的原说明书第5页第3段到第6页第3段中只是记载了连接终端35a和35a′以及螺丝接线端36与启动继电器元件中的矩形导电板35或35′电连接，但是另外的两组连接终端和螺丝接线端37和38却既不与启动继电器元件有电连接，同时在空间位置上（参见图3A），它们也“独立地”位于装载部分左下部和右侧的容纳空间内，即另外的两组连接终端和螺丝接线端37和38与启动继电器元件之间间隔有形成装载部分各个容纳腔体的“壁”和“槽”，因此无论在电连接关系上还是在空间位置关系上，其与启动继电器元件都不能算是“相邻”。因此该增加的特征“外部连接终端和螺丝接线端……与启动继电器元件相邻”超出了原说明书和权利要求书的范围。

（2）同样，授权后的权利要求1第6段中增加的特征“一个或多个支撑和固定突出部”限定了一个或多个结构，这种结构同时具有支撑和固定的功能，而这也与原说明书和权利要求书中记载的信息不同。专利权人所声称的原说明书第7页第2段中只是记载了本专利的过载保护器装载元件中有“支撑突出部”和“侧突出部”两种部件，原说明书第3页倒数第1段以及原权利要求8中进一步明确了其是“支撑下突出部”和“固定侧突出部”，即在原申请文件的方案中只含有具有支撑功能的部件和固定功能的部件，由此并不能直接地、毫无疑义地确定出本专利有同时具有支撑和固定两种功能的“支撑和固定突出部”这样的部件，因此该增加的特征“一个或多个支撑和固定突出部”也超出了原说明书和权利要求书的范围。

基于上述两个修改超范围之处，本专利授权后的权利要求1不符合专利法第33条的规定。

另外，关于其他从属权利要求是否也存在修改超范围的缺陷以及该无效理由合议组是否应该审理的问题，合议组经审查认为：①首先，虽然请求人在2007年9月13日补充提交的意见陈述书中仅仅主张了独立权利要求1具有修改超范围之处，而未提及从属权利要求2~8，但是由于从属权利要求都是引用独立权利要求1的，这种内在的逻辑关系使得独立权利要求1中的所有技术特征都应包括在从

属权利要求的保护范围之内，包括上述的需要审查是否超范围的技术特征，因此审查上述技术特征时必然涉及到所有的权利要求，包括从属权利要求，因此请求人在口头审理当庭明确的“由于权利要求1修改超范围，因此从属权利要求2~8也修改超范围”的无效理由不应视为是新的无效理由，合议组应当对所有权利要求进行审查；②其次，从属权利要求2~7中并不存在可以对权利要求1的上述两处修改超范围之处作出进一步限定的技术特征，而从属权利要求8中虽然有“支撑下突出部”和“固定侧突出部”的技术特征可以对第二处修改超范围之处进行补充限定，但对于第一处修改超范围之处却也没有进一步限定的技术特征，因此从属权利要求2~8都不能完全克服其引用的权利要求1修改超范围的缺陷；③最后，针对口头审理中合议组给予的10日内补充对从属权利要求2~7是否修改超范围的意见的机会，专利权人于口头审理结束后的2007年12月3日提交的意见陈述书中也仅仅是主张独立权利要求超范围，而从属权利要求未必超范围，但未对本专利的从属权利要求2~7是否超范围作出具体的分析和解释。因此合议组认为本专利从属权利要求2~8在其引用的独立权利要求1存在修改超范围的情形下，也未能克服上述缺陷，同样不符合专利法第33条的规定。

3. 关于授权文本的权利要求1~8的创造性

专利法第22条第3款规定，创造性，是指同申请日以前已有的技术相比，该发明有突出的实质性特点和显著的进步，该实用新型具有实质性特点和进步。

根据该规定，如果涉案发明专利相对于一篇或者几篇对比文件的结合，对本领域技术人员来说具有显而易见性，并且也未产生什么预料不到的技术效果，则涉案发明专利不具备突出的实质性特点和显著的进步，即不具备创造性。

（1）本案中，权利要求1要求保护一种致冷器压缩机的连接封装，包括基体，盖，电动机启动继电器元件，一个或者多个外部连接终端和螺丝接线端，以及包括第三销连接器的过载保护器这些主要的部件。

合议组经审查后认为，附件2作为与本专利最接近的对比文件，公开了一种制冷压缩机电机起动器，它包括：外壳1（相当于基体），外壳在一侧设有保护器插座12（相当于电动机过载保护器装载元件），在另一侧设有插孔2、3、4、5、6，其中插孔3、5为通孔（相当于具有终端穿透槽的装载部分）；盖板20（相当于盖），上面开有与电机主副绕组相连的通孔21、22（相当于连接到电动机电源中的第一、第二销连接孔），盖板通过嵌合件密封固定在外壳上（相当于盖与基体的顶部结合在一起）；芯片18、弹性接触片19和15、插簧13和16、插窝14和17等组成的电机起动器（相当于电动机起动继电器元件），其安装在插孔2、3、4、5、6中（相当于安装在基体的装载部分上），包括插窝17和14（相当于第一和第二销连接器），其分别通过盖板上的通孔22和21与电机相连（相当于第一、第二销连接器与第一、第二销连接孔相连，并安装在基体和盖之间）；插簧13、16（相当于一个或者多个外部连接终端），其设在弹性接触片15、19的一端，并插入通孔5和3中与电源接线头相连（相当于布置在基体装载部分上并与启动继电器元件相邻，且通过基体穿透槽电连接到外部）；保护器可插入保护器插座12内（相当于过载保护器装载元件可拆下地安装在过载保护器装载元件内），弹性插片8一端是插簧7，另一端是插窝9（相当于第三销连接器），保护器的一只脚插入插簧7内，另一只脚连接电源的另一接线头，插窝9通过通孔23与电机连接（相当于过载保护器与第三销连接器电连接，第三销连接器又通过过载保护器与电源连接），且从图1中可以明确地看出保护器插座12内有起支撑固定保护器作用的底部和侧边的突起或支撑件（相当于过载保护器装载元件内的一个或多个支撑和固定突出部）（参见附件2说明书第1~2页，附图1）。由此可见，本专利权利要求1相对于附件2的区别仅在于：①本专利权利要求1的盖上有与基体的电动机过载保护器装载元件相应的装载元件，而附件2的盖上没有装载元件，与外壳上的保护器插座12相应的部分是一个圆弧形的缺口；

②本专利权利要求1的过载保护器包括第三销连接器，而附件2的过载保护器只是和安装在基体上的第三销连接器电连接，本身并不包括第三销连接器；③本专利权利要求1中具有与外部电连接的螺丝接线端，而附件2中只有外部连接终端，没有螺丝接线端。

但是，关于区别①，合议组认为，无论盖上是一个与基体上的装载元件相应的圆弧形缺口（如附件2），还是盖上是一个与基体上的装载元件相应的装载元件（如本专利），对本领域技术人员来说只是一种安装方式上显而易见的等效替代，并无实质性的改变。关于区别②，合议组认为，无论第三销连接器是设置在过载保护器中（如本专利），还是安装在基体上但和过载保护器电连接（如附件2），对过载保护器以及第三销连接器的作用和功能并无实质性的影响，而且，这种第三销连接器安装位置的简单改变对本领域技术人员来说也是一种显而易见的等效替代。

关于区别③，合议组认为，虽然附件2中只有相当于外部连接终端的插簧，而没有螺丝接线端，但是该插簧也可以与外部电源连接，而且螺丝接线端作为电连接到外部电源的端子对本领域技术人员来说是公知的技术，设置插簧或者设置螺丝接线端也是一种显而易见的等效替代。

综上，合议组认为，本专利权利要求1与附件2的三个区别特征均属于本领域技术人员公知的等效替代，也没有产生预料不到的技术效果，因此本领域技术人员从附件2的技术方案得到本专利权利要求1的技术方案是显而易见的。所以本专利权利要求1相对于附件2来说不具备突出的实质性特点和显著的进步，即不具备专利法第22条第3款规定的创造性。

（2）本专利权利要求2对电动机启动继电器元件进行了进一步的限定，包括盘形正温度系数装置、第一和第二矩形导电板，及U形弹性连接件这些主要部件。合议组经审查认为：附件2本身已经公开了一种电动机启动继电器元件，包括圆盘形的PTC热敏电阻芯片18、弹性金属接触片19和15以及接触片上的弹性触角等，虽然附件2的启动继电器元件的细部结构（主要是U形弹性连接件）与本专利权利要求2存在一定的差异，但后者的启动继电器元件也是本领域技术人员所公知的一种启动继电器，早在1999年7月21日所公开的附件7中就披露了这样一种PTC起动器，包括利用正电阻温度系数特性制成的PTC芯片9（相当于盘形正温度系数装置）；长、短端子10和12（相当于第一和第二导电板），它们都面对着PTC芯片9并且各自都连接有插座11（相当于定位成面对上述正温度系数装置并且各自被连接到第一销连接器和第二销连接器上）；U形弹簧片13（相当于U形弹性连接件），其自由端接触PTC芯片9，封闭端碰焊在长、短端子10和12上，从而U形弹簧片13将长、短端子10、12和PTC芯片9电连接（相当于连接件的自由端弹性接触正温度系数装置，封闭端被固定到相应的导电板上，弹性连接件把相应的导电板与正温度系数装置电连接）（参见附件7的说明书第1~2页，附图2）。本专利中的电动机启动继电器元件与其相比，区别仅在于本专利中具体限定了第一、第二导电板为矩形的，但这种形状上的限定对于本领域技术人员而言也是容易想到。由于启动继电器元件的功能本领域技术人员是公知的，其在各种装置中所起的作用都是相同的，因此将附件7的PTC起动器应用到附件1中来并结合本领域技术人员的常识从而得到本专利权利要求2的技术方案，对本领域技术人员来说是显而易见的，因此本专利权利要求2相对于附件2、7来说也不具备突出的实质性特点，即不具备专利法第22条第3款规定的创造性。

（3）权利要求3对连接封装的三个销连接器和两个导电板的电连接关系作了进一步的限定。合议组经审查认为，附件2中公开了：插窝17、14（相当于第一、第二销连接器）分别与电机的主绕组、副绕组（相当于主、次绕组）相连，插窝9与电机的绕组公共端（相当于主绕组）连接；插窝14所连接的弹性片15（相当于一个导电板）上还包括有电连接到外部的插簧13（相当于连接终端）；插窝17所连接的弹性片19（相当于另一导电板）上还设有插簧16（相当于连接终端）；插簧13、16通过通孔3、5（相当于基体的穿透槽）与外部电连接（参见附件2说明书第1~2页，附图1）。由此可见，除了“螺丝接线端”外，附件2公开了从属权利要求3的其他附加技术特征。但是如前面评述权利要求1的区别特征③时一样的理由，螺丝接线端作为电连接到外部电源的端子对本领域技术人员来说是公知的技术，设置插簧或者设置螺丝接线端是一种显而易见的等效替代。因此，在所引用的权利要求2不具备创造性的基础上，权利要求3同样也不具备突出的实质性特点，即不具备专利法第22条第3款规定的创造性。

（4）权利要求4的附加技术特征描述了本专利的连接封装外接电容器，该电容器接在继电器元件两个导电板的两个连接终端之间，权利要求7的附加技术特征描述了导电板的其他连接终端外接灯、温度控制器或者地线。但是在致冷器压缩机连接封装中，启动继电器元件外接电容器、灯、温度控制器或者地线等外部设备对本领域技术人员来说是公知常识，在附件8《电冰箱维修入门》的第122页图5-23中可以看出，PTC启动继电器5两端并联一个电容器6，另外还外接灯1、温度控制器3以及地线。因此，本领域技术人员将该公知常识应用到附件2中，即将附件2的制冷压缩机电机起动器也外接电容器、灯、温度控制器或者地线是显而易见可以实现的。因此权利要求4和7同样也不具备突出的实质性特点，即不具备专利法第22条第3款规定的创造性。

（5）权利要求5对基体和盖的装配固定方式进行了进一步的限定，是使用夹子和夹子装配槽进行装配固定。附件2中公开了“在外壳1的外边缘设有若干个嵌合凸台25，在盖板20的外边缘设有若干个嵌合槽24，嵌合槽24与嵌合凸台25配合，使盖板20密封固定在外壳1上”（参见附件2说明书第1页最后一段，图1），即附件2中是使用凸台和槽相嵌合的方式进行装配固定。合议组认为，附件2并没有公开本专利权利要求5采用夹子和夹子装配槽来夹固的附加技术特征，请求人也没有其他证据证明权利要求5的附加技术特征是现有技术，同时请求人也不能证明该附加技术特征是本领域技术人员显而易见可以想到的。因此请求人认为权利要求5不具备创造性的主张，合议组不予支持。由于权利要求6引用权利要求5，因此，请求人认为权利要求6不具备创造性的主张，合议组也不予支持。

（6）权利要求8是对过载保护器安装在基体的过载保护器装载元件内的安装方式作的进一步限定，将“支撑和固定突出部”限定为“支撑下突出部”和“固定侧突出部”，并借助于“支撑下突出部”和“固定侧突出部”支撑或固定过载保护器。合议组认为，如同上文评价权利要求1的创造性时所述，从附件2的图1中可以明确地看出保护器插座12（相当于基体的过载保护器装载元件）内有起支撑保护器作用的底部（相当于支撑下突出部）和起固定保护器作用的侧边突起（相当于固定侧突出部），因此从属权利要求8的附加技术特征也被附件2公开或者对本领域技术人员来说是显而易见的，因此权利要求8也不具备突出的实质性特点，即不具备专利法第22条第3款规定的创造性。

综上，由于本专利权利要求1~8修改超范围，不符合专利法第33条的规定，同时授权后的权利要求1~4、7~8也不具备创造性，导致本专利授权的权利要求1~8应予全部无效，因此对于请求人在无效宣告请求（一）和（二）中提出的其他无效宣告理由合议组不再予以评述。

根据上述的事实和理由，本案合议组依法作出以下决定。

三、决定

宣告02146236.4号发明专利权全部无效。

当事人对本决定不服的，可以根据专利法第46条第2款的规定，自收到本决定之日起三个月内向北京市第一中级人民法院起诉。根据该款的规定，一方当事人起诉后，另一方当事人应当作为第三人参加诉讼。

北京市第一中级人民法院
行政判决书

（2008）一中行初字第1171号

原告森萨塔电子技术（韩国）有限公司，住所地大韩民国首尔江南区三成洞159-1号世界贸易中心29层。

授权代表Thomas Wroe Jr.，代表董事。

委托代理人谢志刚，中国国际贸易促进委员会专利商标事务所专利代理人。

委托代理人柳爱国，中国国际贸易促进委员会专利商标事务所专利代理人。

被告中华人民共和国国家知识产权局专利复审委员会，住所地中华人民共和国北京市海淀区北四环西路9号银谷大厦10~12层。

法定代表人廖涛，副主任。

委托代理人郭建强，中华人民共和国国家知识产权局专利复审委员会审查员。

委托代理人齐宏涛，中华人民共和国国家知识产权局专利复审委员会审查员。

第三人万宝冷机集团广州电器有限公司，住所地中华人民共和国广东省广州市花都区花山镇东湖安置区东华一路2号。

法定代表人蔡瑞雄，董事长。

委托代理人林建军，北京金之桥知识产权代理有限公司专利代理人。

委托代理人黄智航，男，1967年11月2日出生，万宝冷机集团广州电器有限公司总工程师，住中华人民共和国广东省广州市荔湾区杉木栏路99号903房。

原告森萨塔电子技术（韩国）有限公司（以下简称森萨塔公司）不服被告中华人民共和国国家知识产权局专利复审委员会（以下简称专利复审委员会）于2007年12月26日作出的第10954号无效宣告请求审查决定（以下简称第10954号决定），于法定期限内向本院提起诉讼。本院于2008年8月5日受理本案后，依法组成合议庭，并按照法律有关规定通知万宝冷机集团广州电器有限公司（以下简称万宝公司）作为第三人参加诉讼，于2008年10月6日公开开庭进行了审理。原告森萨塔公司的委托代理人谢志刚、柳爱国，被告专利复审委员会的委托代理人郭建强、齐宏涛，第三人万宝公司的委托代理人林建军、黄智航到庭参加了诉讼。本案现已审理终结。

2007年4月19日、2007年8月15日，第三人万宝公司针对原告森萨塔公司拥有的名称为“致冷器压缩机的连接封装”的第02146236.4号发明专利（以下简称本专利）向被告专利复审委员会提出两次无效宣告请求。2007年12月26日，被告专利复审委员会作出第10954号决定，认为：

1. 关于证据和现有技术。

在无效宣告请求（二）中，万宝公司提交的证据包括附件1~8，森萨塔公司对其真实性均没有异议，专利复审委员会经审查，附件1-8的真实性得到确认，可以作为本案证据使用。同时由于附件1~5、7、8的公开日期均在本专利的申请日前，因此可以作为本专利的现有技术使用。森萨塔公司对附件1的中文译文的准确性没有异议，因此附件1的公开内容以其中文译文为准。

2. 关于本专利的修改是否符合《中华人民共和国专利法》（以下简称《专利法》）第三十三条的规定。

（1）本案中，授权后的权利要求1相对于原始申请文件中的权利要求1发生了修改，授权后的权利要求1第5段中增加的特征“外部连接终端和螺丝接线端……与启动继电器元件相邻”与原始申请文件中记载的信息不同，森萨塔公司所称的原说明书第5页第3段到第6页第3段中只是记载了连接终端35a和35a′以及螺丝接线端36与启动继电器元件中的矩形导电板35或35′电连接，但是另外的两组连接终端和螺丝接线端37和38却既不与启动继电器元件有电连接，同时在空间位置上（参见图3A），它们也“独立地”位于装载部分左下部和右侧的容纳空间内，即另外的两组连接终端和螺丝接线端37和38与启动继电器元件之间间隔有形成装载部分各个容纳腔体的“壁”和“槽”，因此无论在电连接关系上还是在空间位置关系上，其与启动继电器元件都不能算是“相邻”。因此该增加的特征“外部连接终端和螺丝接线端……与启动继电器元件相邻”超出了原说明书和权利要求书的范围。

（2）同样，授权后的权利要求1第6段中增加的特征“一个或多个支撑和固定突出部”限定了一个或多个结构，这种结构同时具有支撑和固定的功能，而这也与原说明书和权利要求书中记载的信息不同。森萨塔公司所声称的原说明书第7页第2段中只是记载了本专利的过载保护器装载元件中有“支撑突出部”和“侧突出部”两种部件，原说明书第3页倒数第1段以及原权利要求8中进一步明确了其是“支撑下突出部”和“固定侧突出部”，即在原申请文件的方案中只含有具有支撑功能的部件和固定功能的部件，由此并不能直接地、毫无疑义地确定出本专利有同时具有支撑和固定两种功能的“支撑和固定突出部”这样的部件，因此该增加的特征“一个或多个支撑和固定突出部”也超出了原说明书和权利要求书的范围。

基于上述两个修改超范围之处，本专利授权后的权利要求1不符合《专利法》第三十三条的规定。

另外，关于其他从属权利要求是否也存在修改超范围的缺陷以及该无效理由是否应该审理的问题，专利复审委员会经审查认为：①首先，虽然万宝公司在2007年9月13日补充提交的意见陈述书中仅仅主张了独立权利要求1具有修改超范围之处，而未提及从属权利要求2~8，但是由于从属权利要求都是引用独立权利要求1的，这种内在的逻辑关系使得独立权利要求1中的所有技术特征都应包括在从属权利要求的保护范围之内，包括上述的需要审查是否超范围的技术特征，因此审查上述技术特征时必然涉及到所有的权利要求，包括从属权利要求，因此万宝公司在口头审理当庭明确的“由于权利要求1修改超范围，因此从属权利要求2~8也修改超范围”的无效理由不应视为是新的无效理由，专利复审委员会应当对所有权利要求进行审查；②其次，从属权利要求2~7中并不存在可以对权利要求1的上述两处修改超范围之处作出进一步限定的技术特征，而从属权利要求8中虽然有“支撑下突出部”和“固定侧突出部”的技术特征可以对第二处修改超范围之处进行补充限定，但对于第一处修改超范围之处却也没有进一步限定的技术特征，因此从属权利要求2~8都不能完全克服其引用的权利要求1修改超范围的缺陷；③最后，针对口头审理中专利复审委员会给予的10日内补充对从属权利要求2~7是否修改超范围的意见的机会，森萨塔公司于口头审理结束后的2007年12月3日提交的意见陈述书中也仅仅是主张独立权利要求超范围，而从属权利要求未必超范围，但未对本专利的从属权利要求2~7是否超范围作出具体的分析和解释。因此专利复审委员会认为本专利从属权利要求2~8在其引用的独立权利要求1存在修改超范围的情形下，也未能克服上述缺陷，同样不符合《专利法》第三十三条的规定。

3. 关于授权文本的权利要求1~8的创造性。

（1）本案中，权利要求1要求保护一种致冷器压缩机的连接封装，包括基体，盖，电动机启动继电器元件，一个或者多个外部连接终端和螺丝接线端，以及包括第三销连接器的过载保护器这些主要的部件。

附件2作为与体专利最接近的对比文件，本专利权利要求1相对于附件2的区别仅在于：①本专利权利要求 1 的盖上有与基体的电动机过载保护器装载元件相应的装载元件，而附件 2 的盖上没有装载元件，与外壳上的保护器插座 12 相应的部分是一个圆弧形的缺口；②本专利权利要求 1 的过载保护器包括第三销连接器，而附件 2 的过载保护器只是和安装在基体上的第三销连接器电连接，本身并不包括第三销连接器；③本专利权利要求 1 中具有与外部电连接的螺丝接线端，而附件 2 中只有外部连接终端，没有螺丝接线端。

但是，关于区别①，专利复审委员会认为，无论盖上是一个与基体上的装载元件相应的圆弧形缺口（如附件 2），还是盖上是一个与基体上的装载元件相应的装载元件（如本专利），对本领域技术人员来说只是一种安装方式上显而易见的等效替代，并无实质性的改变。

关于区别②，专利复审委员会认为，无论第三销连接器是设置在过载保护器中（如本专利），还是安装在基体上但和过载保护器电连接（如附件 2），对过载保护器以及第三销连接器的作用和功能并无实质性的影响，而且，这种第三销连接器安装位置的简单改变对本领域技术人员来说也是一种显而易见的等效替代。

关于区别③，专利复审委员会认为，虽然附件 2 中只有相当于外部连接终端的插簧，而没有螺丝接线端，但是该插簧也可以与外部电源连接，而且螺丝接线端作为电连接到外部电源的端子对本领域技术人员来说是公知的技术，设置插簧或者设置螺丝接线端也是一种显而易见的等效替代。

综上，本专利权利要求 1 与附件 2 的三个区别特征均属于本领域技术人员公知的等效替代，也没有产生预料不到的技术效果，因此本领域技术人员从附件 2 的技术方案得到本专利权利要求 1 的技术方案是显而易见的。所以本专利权利要求 1 相对于附件 2 来说不具备突出的实质性特点和显著的进步，即不具备《专利法》第二十二条第三款规定的创造性。

（2）本专利权利要求 2 对电动机启动继电器元件进行了进一步的限定，包括盘形正温度系数装置、第一和第二矩形导电板、及 U 形弹性连接件这些主要部件。专利复审委员会认为，虽然附件 2 的启动继电器元件的细部结构（主要是 U 形弹性连接件）与本专利权利要求 2 存在一定的差异，但后者的启动继电器元件也是本领域技术人员所公知的一种启动继电器，早在 1999 年 7 月 21 日所公开的附件 7 中就披露了这样一种 PTC 起动器。本专利中的电动机启动继电器元件与其相比，区别仅在于本专利中具体限定了第一、第二导电板为矩形的，但这种形状上的限定对于本领域技术人员而言也是容易想到。由于启动继电器元件的功能本领域技术人员是公知的，其在各种装置中所起的作用都是相同的，因此将附件 7 的 PTC 起动器应用到附件 2 中来并结合本领域技术人员的常识从而得到本专利权利要求 2 的技术方案，对本领域技术人员来说是显而易见的，因此本专利权利要求 2 相对于附件 2、7 来说也不具备突出的实质性特点，即不具备《专利法》第二十二条第三款规定的创造性。

（3）权利要求 3 对连接封装的三个销连接器和两个导电板的电连接关系作了进一步的限定。除了“螺丝接线端”外，附件 2 公开了从属权利要求 3 的其他附加技术特征。但是螺丝接线端作为电连接到外部电源的端子对本领域技术人员来说是公知的技术，设置插簧或者设置螺丝接线端是一种显而易见的等效替代。因此，在所引用的权利要求 2 不具备创造性的基础上，权利要求 3 同样也不具备突出的实质性特点，即不具备《专利法》第二十二条第三款规定的创造性。

（4）权利要求 4 的附加技术特征描述了本专利的连接封装外接电容器，该电容器接在继电器元件两个导电板的两个连接终端之间，权利要求 7 的附加技术特征描述了导电板的其他连接终端外接灯、温度控制器或者地线。但是在致冷器压缩机连接封装中，启动继电器元件外接电容器、灯、温度控制器或者地线等外部设备对本领域技术人员来说是公知常识，附件 8《电冰箱维修入门》的 PTC 启动继电器 5 两端并联一个电容器 6，另外还外接灯 1、温度控制器 3 以及地线。因此，本领域技术人员将该公知常识应用到附件 2 中，即将附件 2 的制冷压缩机电机起动器也外接电容器、灯、温度控制器或者地线是显而易见可以实现的。因此权利要求4和7同样也不具备突出的实质性特点，即不具备《专利法》第二十二条第三款规定的创造性。

（5）权利要求5对基体和盖的装配固定方式进行了进一步的限定，是使用夹子和夹子装配槽进行装配固定。附件2是使用凸台和槽相嵌合的方式进行装配固定，并没有公开本专利权利要求5采用夹子和夹子装配槽来夹固的附加技术特征，万宝公司也没有其他证据证明权利要求5的附加技术特征是现有技术，同时万宝公司也不能证明该附加技术特征是本领域技术人员显而易见可以想到的。因此万宝公司认为权利要求5不具备创造性的主张，专利复审委员会不予支持。由于权利要求6引用权利要求5，因此，万宝公司认为权利要求6不具备创造性的主张，专利复审委员会也不予支持。

（6）权利要求8是对过载保护器安装在基体的过载保护器装载元件内的安装方式作的进一步限定，将“支撑和固定突出部”限定为“支撑下突出部”和“固定侧突出部”，并借助于“支撑下突出部”和“固定侧突出部”支撑或固定过载保护器。如同上文评价权利要求1的创造性时所述，从附件2的图1中可以明确地看出保护器插座12（相当于基体的过载保护器装载元件）内有起支撑保护器作用的底部（相当于支撑下突出部）和起固定保护器作用的侧边突起（相当于固定侧突出部），因此从属权利要求8的附加技术特征也被附件2公开或者对本领域技术人员来说是显而易见的，因此权利要求8也不具备突出的实质性特点，即不具备《专利法》第二十二条第三款规定的创造性。

综上，由于本专利权利要求1~8修改超范围，不符合《专利法》第三十三条的规定，同时授权后的权利要求1~4、7~8也不具备创造性，导致本专利授权的权利要求1~8应予全部无效，因此对于万宝公司在无效宣告请求（一）和（二）中提出的其他无效宣告理由不再予以评述。

基于上述理由，专利复审委员会作出第10954号决定，宣告本专利权全部无效。

原告森萨塔公司不服该决定，在法定期限内向本院提起诉讼，称：

1. 被告对本专利申请权利要求修改超出原始公开范围的事实认定不清，本发明专利符合《专利法》第三十三条的规定。对于技术特征（A）外部连接终端和螺丝接线端……与启动继电器元件相邻，从被告对技术特征（A）的描述中可看出，被告将措辞“相邻”理解为相邻的两个物体一定要有连接关系，即在电或空间位置相接，而不能是间隔开的，这样才能称为“相邻”。按照《现代汉语词典》第798页对“邻”的解释，“邻”是指“邻接的”或“邻近的”，而“邻接的”含义为“接连”，“邻近的”含义为“位置接近”或“附近”，也就是说，“相邻”表达的含义为可以是相接的，但也可以是不相接的（即间隔开但靠近）”。技术特征（A）反映的正是这种相邻的关系，即：连接终端35a和35a′以及螺丝接线端36与启动继电器元件中的矩形导电板35或35′点连接（相接），而另外的两组连接终端和螺丝连接端37和38既不与启动继电器元件有电连接，同时在空间位置上也与启动继电器元件间隔开（即不相接），也就是说，外部连接终端和螺丝连接端与启动继电器元件既有相接的关系也有不相接的关系。因此，“相邻”是对这两种关系的特别合适的限定，技术特征（A）符合《专利法》第三十三条的规定。对于技术特征（B）一个或多个支撑和固定突出部，被告将表达“一个或多个支撑和固定突出部”仅仅局限地理解为“一个或多个同时具有支撑和固定功能的突出部”，被告对“A和B+中心词”这种表达方式理解是很局限的，也是不正确的。按照汉语的表达习惯，“A和B+中心词”可以理解为“A+中心词”和“B+中心词”，也可以理解为“A同时B+中心词”，因此，对于“A和B+中心词”的这种表达方式的含义，需要具体情况具体分析。在本专利中，仅仅从表达来看，“支撑和固定突出部”一般应理解为“支撑突出部和固定突出部”，即有两种突出部，其分别具有支撑和固定的功能；但特殊时也可以理解为“支撑固定突出部”，即同时具有支撑和固定的功能，因此，对于本专利权利要求1中的这种表达“支撑和固定突出部”，至多也只能说是该表达不是特别清楚。但是本领域普通技术人员通过阅读说明书和借助附图，在正确全面地理解本发明技术方案的情况下，能够很明确地知道在本发明的技术方案中有两种突出部，起支撑作用的突出部43a、43b、43c和起固定作用的侧突出部43d。同时，在权利要求8也提到了支撑下突出部和固定侧突出部。因此，借助说明书及附图对权利要求的解释，本领域技术人员很清楚地知道，权利要求1中的“支撑和固定突出部”就是指“支撑突出部和固定突出部”这两种突出部，而不会理解为一种突出部，技术特征（B）符合《专利法》第三十三条的规定。

2. 被告对本专利权利要求1~4、7~8不具有创造性的事实认定不清，本专利符合《专利法》第二十二条第三款的规定。（1）本专利权利要求1与对比文件2存在的三个区别特征，原告予以认同，但不认可被告关于等效替代的观点。本专利的外部连接终端和螺丝接线端与对比文件2的插簧13、16的作用不同，结构不同、发明目的不同，本领域技术人员通过对比文件2与被告所谓的等效替代的结合，根本得不到本专利权利要求1的技术方案，故权利要求1具有创造性。（2）本专利权利要求2~4、7~8具有创造性。由于本专利权利要求1具备创造性，从而其从属权利要求2~4、7~8也具备创造性；而且从属权利要求2~4、7−8的附加技术特征也都未被现有技术公开。第10954号决定所描述的附件7公开的技术特征大部分都是附件7附图中才能看出的，对此并没有明确的文字记载（比如U形弹性连接件），而且，矩形导电板也没有在附件7中披露，因此附件2与附件7的结合得不到权利要求2的技术方案。在权利要求1具备创造性的情况下，权利要求2也具备创造性。附件2至少没有披露权利要求3中的技术特征“连接终端和螺丝接线端被装载成通过基体的连接终端穿透槽而伸出到外部中”，因此，在权利要求2具备创造性的情况下，权利要求3也具备创造性。附件8的第122页图5−23中描绘的都是电路原理图，而不是具体的连接结构，因此，附件2和附件8的结合并不能导出权利要求4和7的技术方案，在权利要求3具备创造性的情况下，权利要求4也具备创造性；在权利要求4具备创造性的情况下，权利要求7也具备创造性。原告认同被告关于权利要求5、6的观点，权利要求5、6具备创造性。附件2文字部分中没有关于“突出部”的记载，而且在其附图中也没有示出“突出部”，从附件2的实施例部分的描述可知，在装配完成后，保护器实际上应该是安装在插座12内，而且是通过“插座12上的缺口、插簧7和盖20”进行固定，也就是说，保护器被夹在插座12上的缺口、插簧7和盖20之间，不需要借助“突出部”进行定位。因此，附件2并没有披露权利要求8的全部技术特征，在权利要求7具备创造性的情况下，权利要求8也具备创造性。

综上，请求人民法院撤销第10954号决定并责令被告对该无效宣告请求重新进行审查。

被告专利复审委员会辩称：1. 关于本专利权利要求的修改超范围问题，授权后权利要求1第5段中增加的特征“外部连接终端和螺丝接线端……与启动继电器元件相邻”以及第6段中增加的特征“一个或多个支撑和固定突出部”首先与原说明书和权利要求书中记载的信息不同，其次并不是直接地、毫无疑义地从原申请中确定的内容。原告对“相邻”一词引用词典固然可以使大家对词义本身减少争议，但是另外的两组连接终端和螺丝接线端37和38与启动继电器元件之间也并不存在原告所称的词典中意义上的“相邻”关系，因为另外的两组连接终端和螺丝接线端37和38与启动继电器元件之间间隔有形成装载部分各个容纳腔体的“壁”和“槽”，因此其与启动继电器元件不是“相邻”，它们之间的空间位置关系不能直接地、毫无疑义地确定为“相邻”关系。原告实际上已经承认了在权利要求中撰写出“一个或多个支撑和固定突出部”的特征对本领域技术人员产生了歧义，那么这种修改就不是直接地、毫无疑义地能够确定的内容。2. 关于权利要求1~8的创造性判断，重点在于权利要求1的创造性判断，焦点在于“外部连接终端和螺丝接线端”，虽然附件2中只有相当于外部连接终端的插簧，而没有螺丝接线端，但是该插簧也可以与外部电源连接，而且螺丝接线端作为电连接到外部电源的端子对本领域技术人员来说是公知的技术，设置插簧或者设置螺丝接线端也是一种显而易见的等效替代，因此本专利权利要求1与附件2的区别特征均属于本领域技术人员公知的等效替代，也没有产生预料不到的技术效果，因此本领域技术人员从附件2的技术方案得到本专利权利要求1的技术方案是显而易见的，权利要求1相对于附件2不具备创造性。其余从属权利要求的判断，坚持第10954号决定的意见。综上，第10954号决定认定事实清楚、适用法律正确、审理程序合法，审查结论正确，请求人民法院驳回原告请求，维持第10954号决定。

第三人万宝公司述称：第10954号决定认定本专利权利要求1~8不符合《专利法》第三十三条的规定，权利要求1~4、7~8不具备创造性是正确的，而认定权利要求5、6具备创造性是错误的，因此请求人民法院宣告本专利的权利要求1~8不具备创造性，维持被告认定本专利的权利要求1~8不符合《专利法》第三十三条的决定。

本院经审理查明：

本专利系名称为"致冷器压缩机的连接封装"的第02146236.4号发明专利，申请日是2002年10月15日，优先权日是2001年10月15日，授权公告日为2004年12月8日，专利权人为森萨塔公司。

本专利申请文本的权利要求1如下：

"1. 一种致冷器压缩机的连接封装，它包括：

基体，它具有电动机过载保护器装载元件和终端穿透槽；

盖，它包括：电动机过载保护器装载元件，该装载元件定位成与基体的电动机过载保护器装载元件相适应；及第一销连接孔和第二销连接孔，它们连接到电动机的电源中，盖与基体的顶部结合在一起；

电动机启动继电器元件，它包括第一和第二销连接器，在电动机启动继电器元件被安装在基体上的情况下，这些销连接器被定位成与第一和第二销连接孔的位置相适应，并且安装在基体和盖之间；及

一个或者多个外部连接终端和螺丝接线端，它们布置在基体和盖之间，并且穿过基体，外部连接终端和螺丝接线端用来电连接到外部；

其中，过载保护器包括第三销连接器，该连接器连接到电动机的电源中，该过载保护器可拆下地装载在基体和盖的过载保护器装载元件中。"

本专利申请文本的说明书第5页第3段到第6页第3段中记载了连接终端35a和35a′以及螺丝接线端36与启动继电器元件中的矩形导电板35或35′电连接，但是未记载另外的两组连接终端和螺丝接线端37和38与启动继电器元件有电连接，同时在空间位置上（参见图3A），它们也"独立地"位于装载部分左下部和右侧的容纳空间内，即另外的两组连接终端和螺丝接线端37和38与启动继电器元件之间间隔有形成装载部分各个容纳腔体的"壁"和"槽"；说明书第7页第2段中只是记载了本专利的过载保护器装载元件中有"支撑突出部"和"侧突出部"两种部件；本专利申请文本的说明书载明过载保护器装载元件包括当过载保护器被插入到过载保护器装载元件中时支撑过载保护器的三个支撑突出部43a、43b、43c和固定过载保护器使之不能移动的侧突出部43d；说明书第3页倒数第1段以及原权利要求8中进一步明确了其是"支撑下突出部"和"固定侧突出部"。

本专利授权公告的权利要求如下：

"1. 一种致冷器压缩机的连接封装，它包括：

基体，它包括在其一侧的电动机过载保护器装载元件和在其另一侧的具有终端穿透槽的装载部分；

盖，它包括：电动机过载保护器装载元件，该装载元件定位成与基体的电动机过载保护器装载元件相适应；及第一销连接孔和第二销连接孔，它们连接到电动机的电源中，盖与基体的顶部结合在

一起；

电动机启动继电器元件，它包括第一和第二销连接器，在电动机启动继电器元件被安装在基体的装载部分上的情况下，这些销连接器被定位成与第一和第二销连接孔的位置相适应，并且安装在基体和盖之间；及

一个或者多个外部连接终端和螺丝接线端，它们布置在基体的装载部分上并与启动继电器元件相邻，且通过基体的穿透槽穿过基体，外部连接终端和螺丝接线端用来电连接到外部；

其中，过载保护器包括第三销连接器，该连接器连接到电动机的电源中，通过形成在过载保护器装载元件内的一个或多个支撑和固定突出部，该过载保护器可拆下地安装在过载保护器装载元件内。

2. 如权利要求 1 所述的连接封装，其特征在于，电动机启动继电器元件包括：

盘形正温度系数装置；

第一和第二矩形导电板，它们被定位成面对上述正温度系数装置并且各自被连接到第一销连接器和第二销连接器上；及

U 形弹性连接件，该连接件的自由端弹性接触上述正温度系数装置，并且它的封闭端被固定到相应的导电板上，弹性连接件把相应的导电板与上述正温度系数装置电连接起来。

3. 如权利要求 2 所述的连接封装，其特征在于，第一销连接器和第二销连接器中的一个与第三销连接器被连接到电动机的主绕组侧上，并且第一销连接器和第二销连接器中的另一个被连接到电动机的次绕组侧上；

其中，一个导电板被连接到这样的销连接器上：该销连接器被连接到电动机的次绕组侧上，该导电板包括用来电连接到外部中的两个连接终端和螺丝接线端，该螺丝接线端被连接到导电板的一端上，螺丝接线端用来电连接到外部中；

用来电连接到外部中的连接终端形成于另一个导电板上，而该导电板被连接到另一个销连接器中；

及连接终端和螺丝接线端被装载成通过基体的连接终端穿透槽而伸出到外部中。

4. 如权利要求 3 所述的连接封装，其特征在于，用来提高电动机的工作效率的工作电容器与一个导电板的两个连接终端中的一个相适应，该两个连接终端中的一个被连接到第一销连接器和第二销连接器中的一个上；该电容器与另一个导电板的连接终端相适应，另一个导电板的连接终端被连接到另一个销连接器上。

5. 如权利要求 1 或 2 所述的连接封装，其特征在于，夹子装配槽的两端更宽并且相互被连接起来，这些夹子装配槽形成于基体和盖的下侧上，夹子的形状与夹子装配槽的形状相一致，该夹子布置在夹子装配槽内，因此基体和盖被相互结合在一起。

6. 如权利要求 5 所述的连接封装，其特征在于，夹子装配槽的两个较宽端部是圆形或者多边形。

7. 如权利要求 4 所述的连接封装，其特征在于，灯、温度控制器或者地线被连接到不包括导电板的连接终端的其他外部连接终端和螺丝接线端上，该导电板的连接终端装载有工作电容器。

8. 如权利要求 1 或 2 所述的连接封装，其特征在于，借助位于基体的过载保护器装载元件内的一个或者多个支撑下突出部来支撑装载在过载保护器装载元件中的过载保护器，并且借助位于基体的过载保护器装载元件内的一个或者多个固定侧突出部，使该过载保护器进行压配合并固定。”

2007 年 4 月 19 日，万宝公司针对本专利向专利复审委员会提出无效宣告请求，认为本专利权利要求 1~8 不具备新颖性和创造性，并提交了 4 份证据。

2007 年 8 月 23 日，专利复审委员会进行了口头审理。在口头审理中，(1) 万宝公司明确请求无效的理由和事买为：本专利权利要求 1 相对于证据 1 不具有新颖性；权利要求 2、3、5、6、8 相对于

证据 1 不具有新颖性和创造性；权利要求 1 相对于证据 1 和 2 不具有创造性；权利要求 4 相对于证据 1 和 3 或者证据 1 和 4 的结合不具有创造性；权利要求 7 相对于证据 1、3 和 4 不具有创造性；（2）森萨塔公司认可证据 1~4 的真实性。万宝公司还提交了一份北京市第二中级人民法院作出的（2007）二中民初字第 5431 号的民事判决书，森萨塔公司表示对该判决书的真实性无异议，但是认为其提交已经超过了一个月的举证期限。万宝公司认为该判决书的形成时间是在一个月的期限之外，判决书中有森萨塔公司对本专利的一些自认，所以专利复审委员会应该予以考虑。

2007 年 8 月 15 日，万宝公司再次针对本专利向专利复审委员会提交了无效宣告请求书，认为：本专利权利要求 1 的修改超出了原始申请文件记载的范围，不符合专利法第三十三条的规定，同时上述修改也得不到说明书的支持，不符合《专利法》第二十六条第四款的规定；附件 7 或者附件 8 与附件1~6结合使用可以进一步破坏本专利权利要求 1~8 的创造性。为此，万宝公司提交了 8 份附件。

2007 年 11 月 22 日，专利复审委员会进行了口头审理。口头审理中，（1）万宝公司明确其无效宣告的理由、证据和范围为：本专利权利要求 1 不符合《专利法》第三十三条的规定，由于权利要求 1 修改超范围，因此从属权利要求 2~8 也修改超范围；权利要求 1 不符合专利法第二十六条第四款的规定；权利要求 1~8 相对于附件 1~8 的组合不符合《专利法》第二十二条第三款的规定；（2）森萨塔公司对附件 1~8 的真实性均没有异议，对附件 1 中文译文的准确性也没有异议；（3）关于本专利权利要求 1 的修改是否符合《专利法》第三十三条的规定，双方经过核实本专利申请时的案卷，均认可公开文本（CN1412503A）和原始申请文本一致，本专利在公开前没有进行修改，公开后答复审查员第一次审查意见通知书时有一次修改，形成了本专利的授权文本。万宝公司认为：授权文本的权利要求 1 第 2 段中的“它包括在其一侧的电动机过载保护器装载元件和在其另一侧的具有终端穿透槽的装载部分”、第 5 段中的“一个或者多个外部连接终端和螺丝接线端……与启动继电器元件相邻”、第 6 段中的“一个或多个支撑和固定突出部”属于修改超范围，不符合《专利法》第三十三条的规定。森萨塔公司认为：上述三处修改分别在原说明书第 5 页第 3 段、图 3A，原说明书第 5 页第 3 段到第 6 页第 3 段、图 3A，以及原说明书第 3 页倒数第 1 段、第 7 页第 2 段、原权利要求 8 中有相应的记载，因此符合《专利法》第三十三条的规定。此外，万宝公司还认为：因为从属权利要求 2~8 都引用权利要求 1，所以如果权利要求 1 修改超范围，那么从属权利要求 2~8 也修改超范围。森萨塔公司认为：该意见属于万宝公司新增加的理由，同时，即使独立权利要求 1 超范围，并不会必然导致从属权利要求 2~8 也超范围。例如权利要求 8 在原始文本当中已经有记载了“一个或多个支撑下突出部和固定侧突出部”，因此权利要求 1 的修改放在权利要求 8 中就不超范围。关于权利要求 2~7 是否修改超范围的意见，森萨塔公司表示在庭后补充。专利复审委员会当庭宣布：森萨塔公司须在口头审理结束之日起 10 日内对从属权利要求 2~7 是否修改超范围作出意见陈述。（4）就权利要求 1 是否符合《专利法》第二十六条第四款的问题，双方发表了意见，具体意见同关于修改超范围的意见。（5）双方就本专利授权后权利要求1~8是否具备创造性充分发表了意见，万宝公司认为附件 2 是最接近的对比文件，并结合使用附件 1、2、6 或者附件 1、2、3、6 或者附件 2、4、6 来否定权利要求 1 的创造性，万宝公司认为附件 2 或者附件 7 公开了权利要求 2 的附加技术特征，附件 2 公开了权利要求 3 中除了螺丝接线端以外的其他所有附加技术特征，附件 5 或者附件 8 公开了权利要求 4 的附加技术特征，权利要求 5、6、8 的附加技术特征与附件 2 相比是等效替换，附件 1 公开了权利要求 7 的附加技术特征；森萨塔公司认为附件 1~8 不能否定本专利的创造性。（6）万宝公司表示已对本案充分发表意见，没有其他的无效理由、证据和事实需要补充，森萨塔公司表示已针对万宝公司的无效理由、证据和事实充分发表意见，除了 10 日内补充对从属权利要求 2~7 是否修改超范围的意见陈述外，没有其他意见需要补充。

2007年12月6日，专利复审委员会作出第10954号决定。

在行政诉讼庭审中，森萨塔公司认可，在本专利权利要求1被认定修改超范围的前提下，权利要求2~8的修改也超范围。

上述事实，有第10954号决定、口头审理记录表、附件2、附件7、附件8和当事人的陈述等证据在案佐证。

本院认为：

《专利法》第三十三条规定：申请人可以对其专利申请文件进行修改，但是，对发明和实用新型专利申请文件的修改不得超出原说明书和权利要求书记载的范围。

根据该规定，如果申请的内容通过增加、改变和/或删除其中的一部分，致使所属技术领域的技术人员看到的信息与原申请记载的信息不同，而且又不能从原申请记载的信息中直接地、毫无疑义地确定，那么，这种修改就是不允许的。

本专利权利要求书在实质审查阶段进行了修改，相对于原始申请文本，授权文本的权利要求1中“外部连接终端和螺丝接线端，它们布置在基体的装载部分上并与启动继电器元件相邻”和“一个或多个支撑和固定突出部”是两个增加的技术特征。

关于上述增加的技术特征“外部连接终端和螺丝接线端，它们布置在基体的装载部分上并与启动继电器元件相邻”，原始说明书及附图未载明连接终端和螺丝接线端37和38与启动继电器电连接，在空间位置上，其与启动继电器之间也被基体的“槽”和“壁”隔开，因此，专利复审委员会认定上述两组连接终端和螺丝接线端与启动继电器不相邻并无不妥。故该技术特征与原申请记载的信息不同，也不能从原申请记载的信息中直接地、毫无疑义地确定。关于上述增加的技术特征“一个或多个支撑和固定突出部”，原始说明书载明过载保护器装载元件包括当过载保护器被插入到过载保护器装载元件中时支撑过载保护器的三个支撑突出部43a、43b、43c和固定过载保护器使之不能移动的侧突出部43d；而原始说明书第3页倒数第1段和权利要求8均明确为一个或者多个支撑下突出部、一个或者多个固定侧突出部。由此，原申请记载的突出部均为分别具有支撑功能和固定功能的突出部，而增加的技术特征含义为一个或多个兼具支撑功能和固定功能的突出部，所以，该技术特征与原申请记载的信息不同，也不能从原申请记载的信息中直接地、毫无疑义地确定。综上，上述增加的两个技术特征均超出原说明书和权利要求书记载的范围，导致权利要求1不符合《专利法》第三十三条的规定。本专利权利要求2~8是直接或间接从属于权利要求1的权利要求，其均未克服修改超范围的缺陷，并且，在本专利权利要求1修改超范围的前提下，森萨塔公司认可权利要求2~8修改也超范围，因此，权利要求2~8不符合《专利法》第三十三条的规定。

基于上述理由，专利复审委员会认定本专利权利要求1~8不符合《专利法》第三十三条的规定，并据此宣告本专利权全部无效并无不当。由于上述理由直接能够宣告本专利权全部无效，故第10954号决定所评述的其他无效理由，本院不再进行审查和评述。

综上所述，专利复审委员会作出的第10954号决定，针对本专利权利要求1~8不符合《专利法》第三十三条规定的问题，认定事实清楚，适用法律正确，结论并无不当，本院予以维持。本院依照《中华人民共和国行政诉讼法》第五十四条第（一）项之规定，判决如下：

维持被告中华人民共和国国家知识产权局专利复审委员会作出的第10954号无效宣告请求审查决定。

案件受理费100元，由原告森萨塔电子技术（韩国）有限公司负担（已交纳）。

如不服本判决，原告森萨塔电子技术（韩国）有限公司可在本判决书送达之日起30日内，被告中华人民共和国国家知识产权局专利复审委员会和第三人万宝冷机集团广州电器有限公司可在本判决书送达之日起15日内，向本院提交上诉状及其副本，并交纳上诉案件受理费100元，上诉于中华人民共和国北京市高级人民法院。

审　判　长　彭文毅
代理审判员　江建中
代理审判员　侯占恒
二〇〇八年十二月三十一日
书　记　员　严　哲

北京市高级人民法院
行政判决书

（2009）高行终字第520号

上诉人（原审原告）森萨塔电子技术（韩国）有限公司，住所地大韩民国首尔江南区三成洞159-1号世界贸易中心29层。

授权代表Thomas Wroe Jr.，代表董事。

委托代理人陈健，男，汉族，1954年6月28日出生，中国国际贸易促进委员会专利商标事务所专利代理人，住中华人民共和国北京市西城区文兴街3号1楼1门8号。

委托代理人陈昕，男，汉族，1971年3月15日出生，中国国际贸易促进委员会专利商标事务所专利代理人，住中华人民共和国北京市西城区复兴门外大街一号。

被上诉人（原审被告）中华人民共和国国家知识产权局专利复审委员会，住所地中华人民共和国北京市海淀区北四环西路9号银谷大厦10~12层。

法定代表人廖涛，副主任。

委托代理人郭建强，该委员会审查员。

委托代理人齐宏涛，该委员会审查员。

原审第三人万宝冷机集团广州电器有限公司，住所地中华人民共和国广东省广州市花都区花山镇东湖安置区东华一路2号。

法定代表人蔡瑞雄，董事长。

委托代理人林建军，男，汉族，1963年10月9日出生，北京金之桥知识产权代理有限公司专利代理人，住中华人民共和国北京市海淀区双榆树知春路49号院A座108号。

委托代理人黄智航，男，汉族，1967年11月2日出生，万宝冷机集团广州电器有限公司总工程师，住中华人民共和国广东省广州市荔湾区杉木栏路99号903房。

上诉人森萨塔电子技术（韩国）有限公司（以下简称森萨塔公司）因发明专利权无效行政纠纷一案，不服中华人民共和国北京市第一中级人民法院（下称北京市第一中级人民法院）（2008）一中行初字第1171号行政判决，向本院提起上诉。本院2009年4月13日受理本案后，依法组成合议庭，于2009年6月9日公开开庭进行了审理。上诉人森萨塔公司的委托代理人陈健、陈昕，被上诉人中华人民共和国国家知识产权局专利复审委员会（以下简称专利复审委员会）的委托代理人郭建强、齐宏涛，原审第三人万宝冷机集团广州电器有限公司（以下简称万宝公司）的委托代理人林建军、黄智航到庭参加了诉讼。本案现已审理终结。

北京市第一中级人民法院认定，森萨塔公司拥有的名称为“致冷器压缩机的连接封装”的发明专利（以下简称本专利）。2007年4月19日、2007年8月15日，万宝公司针对本专利权两次向专利复审委员会提出无效宣告请求。2007年12月26日，专利复审委员会做出第10954号无效宣告请求审查决定（以下简称第10954号决定），宣告本专利权全部无效。

北京市第一中级人民法院认为，本专利权利要求1授权文本增加的技术特征“外部连接终端和螺丝接线端，它们布置在基体的装载部分上并与启动继电器元件相邻”，原始说明书及附图未载明连接终端和螺丝接线端37和38与启动继电器电连接，在空间位置上，其与启动继电器之间也被基体的“槽”和“壁”隔开，上述两组连接终端和螺丝接线端与启动继电器不相邻。故该技术特征与原申请记载的信息不同，也不能从原申请记载的信息中直接地、毫无疑义地确定。对于本专利权利要求1授权文本增加的技术特征“一个或多个支撑和固定突出部”，原申请记载的突出部均为分别具有支撑功能和固定功能的突出部，而增加的技术特征含义为一个或多个兼具支撑功能和固定功能的突出部，所以，该技术特征与原申请记载的信息不同，也不能从原申请记载的信息中直接地、毫无疑义地确定。综上，上述增加的两个技术特征均超出原说明书和权利要求书记载的范围，导致权利要求1不符合《中华人民共和国专利法》（以下简称《专利法》）第三十三条的规定。本专利权利要求2~8是直接或间接从属于权利要求1的权利要求，其均未克服修改超范围的缺陷。因此，本专利权利要求2~8不符合《专利法》第三十三条的规定。

北京市第一中级人民法院依照《中华人民共和国行政诉讼法》第五十四条第（一）项之规定，判决：维持专利复审委员会做出的第10954号决定。

森萨塔公司不服原审判决，向本院提起上诉，请求撤销原审判决，撤销第10954号决定，维持本专利权全部有效。其理由为：原审判决对本专利申请权利要求修改超出原始公开范围的事实认定不清，本发明专利符合《专利法》第三十三条的规定。1. 对于技术特征（A）外部连接终端和螺丝接线端……与启动继电器元件相邻，专利复审委员会将措辞“相邻”理解为相邻的两个物体一定要有连接关系，但“相邻”表达的含义为可以是相接的，但也可以是不相接的（即间隔开但靠近），技术特征（A）反映的正是这种相邻的关系，故技术特征（A）符合《专利法》第三十三条的规定。2. 对于技术特征（B）一个或多个支撑和固定突出部，专利复审委员会将表达“一个或多个支撑和固定突出部”仅仅局限地理解为“一个或多个同时具有支撑和固定功能的突出部”是不正确的。在本专利中，借助说明书及附图对权利要求的解释，本领域技术人员很清楚地知道，权利要求1中的“支撑和固定突出部”就是指“支撑突出部和固定突出部”这两种突出部，而不会理解为一种突出部，技术特征（B）符合《专利法》第三十三条的规定。专利复审委员会、万宝公司服从原审判决。

本院经审理查明，本专利系名称为“致冷器压缩机的连接封装”的第02146236.4号发明专利，申请日是2002年10月15日，优先权日是2001年10月15日，授权公告日为2004年12月8日，专利权人为森萨塔公司。

本专利申请文本的权利要求1如下：

“1. 一种致冷器压缩机的连接封装，它包括：

基体，它具有电动机过载保护器装载元件和终端穿透槽；

盖，它包括：电动机过载保护器装载元件，该装载元件定位成与基体的电动机过载保护器装载元件相适应；及第一销连接孔和第二销连接孔，它们连接到电动机的电源中，盖与基体的顶部结合在一起；

电动机启动继电器元件，它包括第一和第二销连接器，在电动机启动继电器元件被安装在基体上的情况下，这些销连接器被定位成与第一和第二销连接孔的位置相适应，并且安装在基体和盖之

间；及

一个或者多个外部连接终端和螺丝接线端，它们布置在基体和盖之间，并且穿过基体，外部连接终端和螺丝接线端用来电连接到外部；

其中，过载保护器包括第三销连接器，该连接器连接到电动机的电源中，该过载保护器可拆下地装载在基体和盖的过载保护器装载元件中。”

本专利申请文本的说明书第5页第3段到第6页第3段中记载了连接终端35a和35a′以及螺丝接线端36与启动继电器元件中的矩形导电板35或35′电连接，但是未记载另外的两组连接终端和螺丝接线端37和38与启动继电器元件有电连接，同时在空间位置上（参见图3A），它们也“独立地”位于装载部分左下部和右侧的容纳空间内，即另外的两组连接终端和螺丝接线端37和38与启动继电器元件之间间隔有形成装载部分各个容纳腔体的“壁”和“槽”；说明书第7页第2段中只是记载了本专利的过载保护器装载元件中有“支撑突出部”和“侧突出部”两种部件；本专利申请文本的说明书载明过载保护器装载元件包括当过载保护器被插入到过载保护器装载元件中时支撑过载保护器的三个支撑突出部43a、43b、43c和固定过载保护器使之不能移动的侧突出部43d；说明书第3页倒数第1段以及原权利要求8中进一步明确了其是“支撑下突出部”和“固定侧突出部”。

本专利授权公告的权利要求如下：

“1. 一种致冷器压缩机的连接封装，它包括：

基体，它包括在其一侧的电动机过载保护器装载元件和在其另一侧的具有终端穿透槽的装载部分；

盖，它包括：电动机过载保护器装载元件，该装载元件定位成与基体的电动机过载保护器装载元件相适应；及第一销连接孔和第二销连接孔，它们连接到电动机的电源中，盖与基体的顶部结合在一起；

电动机启动继电器元件，它包括第一和第二销连接器，在电动机启动继电器元件被安装在基体的装载部分上的情况下，这些销连接器被定位成与第一和第二销连接孔的位置相适应，并且安装在基体和盖之间；及

一个或者多个外部连接终端和螺丝接线端，它们布置在基体的装载部分上并与启动继电器元件相邻，且通过基体的穿透槽穿过基体，外部连接终端和螺丝接线端用来电连接到外部；

其中，过载保护器包括第三销连接器，该连接器连接到电动机的电源中，通过形成在过载保护器装载元件内的一个或多个支撑和固定突出部，该过载保护器可拆下地安装在过载保护器装载元件内。

2. 如权利要求1所述的连接封装，其特征在于，电动机启动继电器元件包括：

盘形正温度系数装置；

第一和第二矩形导电板，它们被定位成面对上述正温度系数装置并且各自被连接到第一销连接器和第二销连接器上；及

U形弹性连接件，该连接件的自由端弹性接触上述正温度系数装置，并且它的封闭端被固定到相应的导电板上，弹性连接件把相应的导电板与上述正温度系数装置电连接起来。

3. 如权利要求2所述的连接封装，其特征在于，第一销连接器和第二销连接器中的一个与第三销连接器被连接到电动机的主绕组侧上，并且第一销连接器和第二销连接器中的另一个被连接到电动机的次绕组侧上；

其中，一个导电板被连接到这样的销连接器上：该销连接器被连接到电动机的次绕组侧上，该导电板包括用来电连接到外部中的两个连接终端和螺丝接线端，该螺丝接线端被连接到导电板的一端上，螺丝接线端用来电连接到外部中；

用来电连接到外部中的连接终端形成于另一个导电板上，而该导电板被连接到另一个销连接器中；

及连接终端和螺丝接线端被装载成通过基体的连接终端穿透槽而伸出到外部中。

4. 如权利要求 3 所述的连接封装，其特征在于，用来提高电动机的工作效率的工作电容器与一个导电板的两个连接终端中的一个相适应，该两个连接终端中的一个被连接到第一销连接器和第二销连接器中的一个上；该电容器与另一个导电板的连接终端相适应，另一个导电板的连接终端被连接到另一个销连接器上。

5. 如权利要求 1 或 2 所述的连接封装，其特征在于，夹子装配槽的两端更宽并且相互被连接起来，这些夹子装配槽形成于基体和盖的下侧上，夹子的形状与夹子装配槽的形状相一致，该夹子布置在夹子装配槽内，因此基体和盖被相互结合在一起。

6. 如权利要求 5 所述的连接封装，其特征在于，夹子装配槽的两个较宽端部是圆形或者多边形。

7. 如权利要求 4 所述的连接封装，其特征在于，灯、温度控制器或者地线被连接到不包括导电板的连接终端的其他外部连接终端和螺丝接线端上，该导电板的连接终端装载有工作电容器。

8. 如权利要求 1 或 2 所述的连接封装，其特征在于，借助位于基体的过载保护器装载元件内的一个或者多个支撑下突出部来支撑装载在过载保护器装载元件中的过载保护器，并且借助位于基体的过载保护器装载元件内的一个或者多个固定侧突出部，使该过载保护器进行压配合并固定。”

2007 年 4 月 19 日，万宝公司针对本专利向专利复审委员会提出无效宣告请求，认为本专利权利要求 1~8 不具备新颖性和创造性，并提交了 4 份证据。

2007 年 8 月 15 日，万宝公司再次针对本专利向专利复审委员会提交了无效宣告请求书，认为：本专利权利要求 1 的修改超出了原始申请文件记载的范围，不符合《专利法》第三十三条的规定，同时上述修改也得不到说明书的支持，不符合《专利法》第二十六条第四款的规定；附件 7 或者附件 8 与附件1~6结合使用可以进一步破坏本专利权利要求 1~8 的创造性。为此，万宝公司提交了 8 份附件。

2007 年 12 月 6 日，专利复审委员会做出第 10954 号决定。专利复审委员会认为：

1. 本专利授权后的权利要求 1 相对于原始申请文件中的权利要求 1 发生了修改，授权后的权利要求 1 第 5 段中增加的特征“外部连接终端和螺丝接线端……与启动继电器元件相邻”与原始申请文件中记载的信息不同，森萨塔公司所称的原说明书第 5 页第 3 段到第 6 页第 3 段中只是记载了连接终端 35a 和 35a′以及螺丝接线端 36 与启动继电器元件中的矩形导电板 35 或 35′电连接，但是另外的两组连接终端和螺丝接线端 37 和 38 却既不与启动继电器元件有电连接，同时在空间位置上（参见图 3A），它们也“独立地”位于装载部分左下部和右侧的容纳空间内，即另外的两组连接终端和螺丝接线端 37 和 38 与启动继电器元件之间间隔有形成装载部分各个容纳腔体的“壁”和“槽”，因此无论在电连接关系上还是在空间位置关系上，其与启动继电器元件都不能算是“相邻”。因此该增加的特征“外部连接终端和螺丝接线端……与启动继电器元件相邻”超出了原说明书和权利要求书的范围。

2. 同样，授权后的权利要求 1 第 6 段中增加的特征“一个或多个支撑和固定突出部”限定了一个或多个结构，这种结构同时具有支撑和固定的功能，而这也与原说明书和权利要求书中记载的信息不同。森萨塔公司所声称的原说明书第 7 页第 2 段中只是记载了本专利的过载保护器装载元件中有“支撑突出部”和“侧突出部”两种部件，原说明书第 3 页倒数第 1 段以及原权利要求 8 中进一步明确了其是“支撑下突出部”和“固定侧突出部”，即在原申请文件的方案中只含有具有支撑功能的部件和固定功能的部件，由此并不能直接地、毫无疑义地确定出本专利有同时具有支撑和固定两种功能的“支撑和固定突出部”这样的部件，因此该增加的特征“一个或多个支撑和固定突出部”也超出了原说明书和权利要求书的范围。

基于上述两个修改超范围之处，本专利授权后的权利要求 1 不符合《专利法》第三十三条的规定。从属权利要求 2~7 中并不存在可以对权利要求 1 的上述两处修改超范围之处作出进一步限定的技术特征，而从属权利要求 8 中虽然有“支撑下突出部”和“固定侧突出部”的技术特征可以对第二处修改超范围之处进行补充限定，但对于第一处修改超范围之处却也没有进一步限定的技术特征，因此从属权利要求 2~8 都不能完全克服其引用的权利要求 1 修改超范围的缺陷，同样不符合《专利法》第三十三条的规定。

基于上述理由，专利复审委员会做出第 10954 号决定，宣告本专利权全部无效。

上述事实，有第 10954 号决定、口头审理记录表、本专利公告文本、本专利授权文本和当事人的陈述等证据在案佐证。

本院认为，《专利法》第三十三条规定，申请人可以对其专利申请文件进行修改，但是，对发明和实用新型专利申请文件的修改不得超出原说明书和权利要求书记载的范围。根据该规定，如果申请的内容通过增加、改变和/或删除其中的一部分，致使所属技术领域的技术人员看到的信息与原申请文件记载的信息不同，而且又不能从原申请文件记载的信息中直接地、毫无疑义地确定，那么，这种修改就是不允许的。

本专利权利要求在实质审查阶段进行了修改，相对于原始申请文本，授权文本的权利要求 1 中“外部连接终端和螺丝接线端，它们布置在基体的装载部分上并与启动继电器元件相邻”和“一个或多个支撑和固定突出部”是两个增加的技术特征。据此，本案的核心问题在于上述两个技术特征的增加是否符合《专利法》第三十三条。

关于上述增加的技术特征“外部连接终端和螺丝接线端，它们布置在基体的装载部分上并与启动继电器元件相邻”，原始说明书及附图只是记载了连接终端 35a 和 35a′以及螺丝接线端 36 与启动继电器元件中的矩形导电板 35 或 35′电连接，未载明另外的两组连接终端和螺丝接线端 37 和 38 与启动继电器电连接；在空间位置上，其与启动继电器之间也被基体的“槽”和“壁”隔开，因此，无论在电连接关系上还是在空间位置关系上，其与启动继电器元件都不能算是“相邻”。因此该增加的特征“外部连接终端和螺丝接线端……与启动继电器元件相邻”超出了原说明书和权利要求书的范围，不符合《专利法》第三十三条的规定。

关于上述增加的技术特征“一个或多个支撑和固定突出部”，原始说明书载明过载保护器装载元件包括当过载保护器被插入到过载保护器装载元件中时支撑过载保护器的三个支撑突出部 43a、43b、43c 和固定过载保护器使之不能移动的侧突出部 43d；而原始说明书第 3 页倒数第 1 段和权利要求 8 均明确为一个或者多个支撑下突出部、一个或者多个固定侧突出部。由此，原申请记载的突出部均为分别具有支撑功能和固定功能的突出部，而增加的技术特征含义为一个或多个兼具支撑功能和固定功能的突出部，所以，该技术特征与原申请记载的信息不同，也不能从原申请记载的信息中直接地、毫无疑义地确定。

由此可见，上述增加的两个技术特征均超出原说明书和权利要求书记载的范围，导致权利要求 1 不符合《专利法》第三十三条的规定，森萨塔公司关于本专利权利要求 1 修改没有超范围的上诉主张没有事实和法律依据，本院不予支持。本专利权利要求 2~8 是直接或间接从属于权利要求 1 的权利要求，其均未克服修改超范围的缺陷，并且，在本专利权利要求 1 修改超范围的前提下，本专利权利要求2~8修改也超范围。

综上所述，原审判决认定事实清楚，适用法律正确。森萨塔公司的上诉主张于法无据，本院不予支持。依照《中华人民共和国行政诉讼法》第六十一条第（一）项之规定，本院判决如下：

驳回上诉，维持原判。

一审案件受理费人民币100元，由森萨塔电子技术（韩国）有限公司负担（已交纳）；二审案件受理费100元，由森萨塔电子技术（韩国）有限公司负担（已交纳）。

本判决为终审判决。

审 判 长 刘 辉
代理审判员 岑宏宇
代理审判员 焦 彦
二〇〇九年六月十五日
书 记 员 陈 明
书 记 员 刘 悠

020

一种非可燃性电子喷雾香烟

无效宣告请求审查决定（第10957号）

决　　定　　号　第10957号
决　　定　　日　2007年12月25日
发明创造名称　一种非可燃性电子喷雾香烟
国 际 分 类 号　A24F47/00
无效宣告请求人　刘会良
专　利　权　人　韩　力
专　　利　　号　03212882.7
申　　请　　日　2003年4月29日
授 权 公 告 日　2004年10月20日
合 议 组 组 长　马文霞
主　　审　　员　张家祥
参　　审　　员　刘　亚

法　律　依　据　专利法第26条第3款，第22条第3款
决　定　要　点

如果实用新型权利要求的技术方案与现有技术相比存在区别特征，并且现有技术中没有给出采用该区别特征的技术启示，同时该区别特征的引入能够带来有益的技术效果，则该权利要求具有实质性特点和进步，具有创造性。

一、案由

本无效宣告请求案涉及国家知识产权局于2004年10月20日授权公告的、名称为“一种非可燃性电子喷雾香烟”的第03212882.7号实用新型专利权（以下简称本专利），其申请日为2003年4月29日，专利权人为韩力。本专利授权公告的权利要求书如下：

“1. 一种非可燃性电子喷雾香烟，其特征在于该香烟包括壳体、电池、烟碱贮液容器、控制电路板、传感器、气化喷管及附件，安装在壳体（6）内尾部吸气端与传感器相接的气化喷管（17），经电控泵（11）连至与控制电路板上高频发生器相接的贮液胶囊（13）；壳体（6）内的前端装有电池和红色发光二极管，共同构成一个烟嘴形、烟斗形或笔形的整体。

2. 按照权利要求1所述的非可燃性电子喷雾香烟，其特征在于气化喷管连热驱动泵（111）和与热驱动泵相接的贮液胶囊（113），控制电路板（108）上的2个输出端接电热器、泵或阀，一个人体电阻传感器（119）连接在控制电路的输入端。

3. 按照权利要求1所述的非可燃性电子喷雾香烟，其特征在于气化喷管经气动阀门连至贮液胶囊（213），超弹性元件（210）接至与贮液胶囊压靠的压板（211）。

4. 按照权利要求1所述的非可燃性电子喷雾香烟，其特征在于气化喷管经连有计量腔（320）的电控阀（311）与贮液胶囊（313）构成液体输送通道，贮液胶囊外周有一个充入高压氮气的气体容器。

5. 按照权利要求1所述的非可燃性电子喷雾香烟，其特征在于所说控制电路板（8）上的高频发生器的频率为35KHz至3.3MHz。

6. 按照权利要求1所述的非可燃性电子喷雾香烟，其特征在于贮液胶囊（13）由硅橡胶制成。

7. 按照权利要求1所述的非可燃性电子喷雾香烟，其特征在于贮液胶囊上的单向注液阀（12）经球状物或锥状物与弹簧相接。

8. 按照权利要求1所述的非可燃性电子喷雾香烟，其特征在于气流传感器（18）为集成薄膜热敏电阻阵列。

9. 按照权利要求1所述的非可燃性电子喷雾香烟，其特征在于传感器的电极是在烟嘴末端由上下两个金属薄膜构成。

10. 按照权利要求1所述的非可燃性电子喷雾香烟，其特征在于电控泵（11）经联轴器与电动机或直线电机相连。

11. 按照权利要求1所述的非可燃性电子喷雾香烟，其特征在于气化喷管（17）是用低热导率的耐高温材料制成，内径为0.05~2mm的细管，长度为3~20mm，管内装有电加热元件；气化喷管（17）为普通陶瓷，或硅酸铝陶瓷、氧化钛、氧化锆、氧化钇陶瓷，溶融硅、二氧化硅，溶融氧化铝制成，形状为直管状或螺旋状，或选用聚四氟乙烯、碳纤维、玻璃纤维材料制成。

12. 按照权利要求1所述的非可燃性电子喷雾香烟，其特征在于气化喷管（17）内的电加热元件用镍铬合金丝、铁铬铝合金丝、不锈钢丝、金丝、铂丝、钨钼合金丝制成，形状为直线状、单螺旋状、双螺旋状、集束状、集束螺旋状，其中以直线状和集束螺旋状为优选。

13. 按照权利要求1所述的非可燃性电子喷雾香烟，其特征在于用于雾化的烟碱溶液是由烟碱，丙二醇，丙三醇，有机酸，抗氧剂，香精，水，乙醇构成；其中烟碱的含量0.1%~6%、丙二醇含量80%~90%、有机酸含量0.2%~20%、余量为丙三醇、香精、抗氧剂、水和乙醇。

14. 按照权利要求2所述的非可燃性电子喷雾香烟，其特征在于热驱动泵是由镍钛记忆合金或铜基记忆合金丝制成的电热收缩胶管蠕动泵。

15. 按照权利要求1所述的非可燃性电子喷雾香烟，其特征在于所说的电控泵或阀为热收缩阀。

16. 按照权利要求4所述的非可燃性电子喷雾香烟，其特征在于连有计量腔的阀上的计量腔是具有液体进口和出口的缸体，缸体内有带有微孔的活塞及连接在活塞上的复位弹簧。”

针对上述专利权，刘会良（以下简称请求人）于2007年3月2日向专利复审委员会提出无效宣告请求，认为本专利不符合专利法第22条第3款和第26条第3款的规定，并提交了下述附件作为证据：

附件1：第97216131.7号中国实用新型专利说明书，授权公告日为1998年10月14日，复印件共6页；

附件2：第97190727.7号中国发明专利申请公开说明书，公开日为1998年10月21日，复印件共27页；

附件3：第89207339.X号中国实用新型专利申请说明书，公告日为1989年11月15日，复印件共6页；

附件4：US6443146B1，公开日为2002年9月3日，复印件共14页。

请求人认为，（1）本专利的权利要求1~16与附件2和附件1、附件3或附件4的结合相比不符合专利法第22条第3款的规定。本专利与附件1和附件2属于相同的技术领域，附件2的壳体与本专利的壳体相同，附件2的电源与本专利的电池相同，附件2的原料容器与本专利的烟碱贮液容器和贮液胶囊相同，附件2的控制机构与本专利的控制机构相同，附件2具有与本专利相同的传感器和气化机构等，附件2的抽吸口相当于本专利的气化吸管，附件2的外形也为笔形，至于烟斗形是公知的外形结构，并无技术效果，附件2公开了除发光二极管之外的本专利权利要求1的全部技术特征。附件1说明书第1页中公开了发光二极管，与本专利中的发光二极管作用相同，附件1和附件2公开了本专利权利要求1的全部技术特征，因此，权利要求1无创造性。附件3与本专利的技术领域相同，其说明书公开了发光二极管，本专利权利要求1相对于附件2和附件3的结合无创造性。附件2公开了本专利权利要求2的全部技术内容，在权利要求1无创造性的前提下，本专利权利要求2无创造性。附件2公开了在液体原料排出机构可采用加压方式以及在原料容器的排出口设置阀的技术内容，还公开了用操作杆76进行加压方式使原料排出，本领域技术人员通过附件2的上述内容，会显而易见的采用权利要求3的技术方案使原料容器中的液体排出，因此，在权利要求1无创造性的基础上，权利要求3不具有创造性。附件2说明书第12页公开的“关于液体状原料36的排出机构……另外，也可以采用将液体状原料36作为加压液体、通过开闭配设在排出口35的阀进行控制的排出机构”与本专利权利要求2的特征基本相同，因此，在权利要求1无创造性的前提下，权利要求4无创造性。本专利权利要求5描述的是高频发生器的频率参数，权利要求6描述的是贮液胶囊的材质，这些都是本领域的公知常识，因此，在权利要求1无创造性的前提下，权利要求5~6无创造性。附件2所述的注入口的作用及结构与本专利权利要求7单向注液阀的作用完全相同，本领域技术人员很容易的会想到在注入口上安装注入阀的技术方案，而球状物或锥状物与弹簧相接的单向阀是本领域的公知技术，而且本专利说明书并没有说明其球状物或锥状物与弹簧相接的单向阀有何不同，因此，权利要求7无创造性。附件2的有关传感器的内容与权利要求8和9基本相同，因此，权利要求8~9无创造性。本专利权利要求10~16的内容也均在附件2或附件1、3、4中公开或是本领域的公知常识，因此无创造性。（2）本专利的说明书没有清楚完整地表述高频发生器与贮液胶囊的结构及连接关系，通过说明书本领域技术人员也不能清楚地了解说明书中高频发生器的作用、功能及连接结构，因此，本专利的权利要求1不符合专利法第26条第3款的规定。

经形式审查合格后，专利复审委员会受理了上述请求，于2007年4月16日向双方当事人发出《无效宣告请求受理通知书》，并将《专利权无效宣告请求书》及其附件的副本转送给专利权人，要求其在指定的期限内答复，同时成立合议组对本无效宣告请求案进行审理。

2007年4月1日，请求人提交了意见陈述书，同时补交了附件4的中文译文，共17页。

请求人认为，附件4与本专利涉及相同的技术领域，该附件的第3页第10行至第12页公开了“气流传感器、雾化器高频振荡器、高频振荡器接计数电路、显示屏、频率自动微调电路与压电片谐振，塑胶容器由硅胶制成，极化压电片”等技术特征，与本专利权利要求1~16的技术特征基本相同。该附件的第3页第15~17行的内容“目前为止还没有任何装置能够令人满意地根据用于要求调节在每次吸入中所提供的尼古丁量和/或在所计量出的剂量中保持足够的精度和准确度。另外，这些装置不能充分模拟在吸烟期间所获的感觉”与本专利的技术效果基本相同。以上内容可以说明，附件4公开了本专利的大部分技术特征，而附件1、附件2和附件3分别公开了本专利的其他技术特征，因此，本专利的权利要求1~16与附件4和附件1的结合、附件4和附件2的结合或附件4和附件3的结合相比均无创造性。

2007年5月11日，本案合议组向双方当事人发出《无效宣告请求口头审理通知书》，定于2007年7月10日对该专利权的无效宣告请求进行口头审理。同时将请求人于2007年4月1日提交的意见陈述书及其附件转送给专利权人。

专利权人于2007年6月15日针对上述《无效宣告请求受理通知书》作出答复，具体意见概括如下：(1) 本专利权利要求1的电控泵、高频振荡器、气化喷管没有在附件2中公开，也没有任何启示。另外，本专利权利要求1中各部件的连接关系在该附件中也没有公开，因此，本专利具有创造性。(2) 附件1、3虽然公开了发光二极管，但除此之外，所用的技术手段和技术方案与本专利均不相同，即使与附件2结合也不能破坏本专利的创造性。(3) 说明书具体描述了“高频振荡器是集成电路与功放管组成的三点式电容振荡器、三点式电感振荡器或变压器式振荡电路”，本领域技术人员会掌握这些最基本的电子振荡电路，不存在实现上的难度；对于“……气流传感器经……连至用于启动经管与贮存烟碱溶液相接的雾化器高频振荡器”，其含义清楚，并且请求人没有具体说明道理。(4) 本专利权利要求2中的热驱动泵、贮液胶囊、阀在附件2中没有公开，也没有类似的启示，因此，权利要求2具有创造性。本专利权利要求3中的气动阀门、超弹性元件、气化喷管和贮液胶囊，权利要求4中的计量腔、电控阀、贮液胶囊、高压氮气的气体容器，权利要求5、6中的高频发生器、频率35KHZ至3.3MHZ、贮液胶囊、硅橡胶，权利要求7中的贮液胶囊、单向注液阀、球状物、锥状物、弹簧，权利要求8、9中的气流传感器、集成薄膜热敏电阻、上下两个金属薄膜，均在附件2中没有公开，自然也不存在相应的连接关系，因此，上述权利要求具有创造性。对于权利要求10~16，请求人没有具体指出无效理由对应的具体事实，依法不应审理。(5) 附件4第3页第21行的发明目的没有记载任何技术手段，并不能破坏具体技术手段的创造性，请求人没有具体指出在该附件第3页第10行至12页何处公开什么具体技术特征，根据审查指南的规定，应不予审理，该附件第3页第15~17行的功能效果无论是否与本专利相同，但功能效果的公开并不必然导致技术手段的公开，因此，也不能破坏具体技术手段的创造性。

2007年7月10日，口头审理如期进行，请求人的代理人和专利权人出席了口头审理。双方当事人对对方出庭人员的身份和资格无异议，对合议组成员及书记员均无回避请求。口头审理过程中确认并记录了以下事项：(1) 请求人明确其无效理由为：权利要求1不符合专利法第26条第3款的规定，权利要求1~16相对于附件2（最接近的对比文件）与附件1、3或4的结合不具有创造性，不符合专利法第22条第3款的规定；专利权人对附件1~4的真实性以及附件4中文译文的准确性均无异议。(2) 合议组当庭将专利权人于2007年6月15日提交的意见陈述书转交给请求人。

至此，合议组认为本案的事实清楚，可以作出审查决定。

二、决定的理由

1. 关于审查文本

本无效宣告请求审查决定是以本专利授权公告时的权利要求书和说明书为基础作出的。

2. 关于证据

由于专利权人对附件1~4的真实性以及附件4中文译文的准确性均无异议，而附件1~4的公开日均早于本专利的申请日，因此，上述附件可以作为评价本专利是否具有创造性的有效证据。

3. 关于专利法第26条第3款

专利法第26条第3款规定：说明书应当对发明或者实用新型作出清楚、完整的说明，以所属技术领域的技术人员能够实现为准；必要的时候，应当有附图。

请求人认为，本专利权利要求1描述有“包括……经电控泵（11）连至与控制电路板上高频发生器相接的贮液胶囊（13）”，本专利的说明书没有清楚完整地表述高频发生器与贮液胶囊的结构及连接关系，通过说明书本领域技术人员也不能清楚地了解说明书中高频发生器的作用、功能及连接结构。

对此，合议组认为，权利要求1中的上述技术特征在说明书第2页第2~3行存在一致性的描述，由上述内容可知，高频发生器位于电路板上，电控泵在高频发生器和贮液胶囊的中间，说明书的附图1也进一步佐证了这种连接关系。另外，控制电路板8上的高频发生器是由三点式电容振荡器、三点式电感振荡器或由变压器式振荡电路构成，频率在35KHz至3.3MHz，电路中带有频率自动微调电路与压电片20谐振。烟碱贮液胶囊13由硅橡胶制成，不被烟碱浸入的高分子化合物也可使用（说明书第3页第7~10行），由附图2也可以看出，高频振荡器与压电片相连。因此，说明书已经清楚地说明了高频发生器与贮液胶囊的结构及连接关系以及高频发生器的作用和功能，符合专利法第26条第3款的规定。

4. 关于专利法第22条第3款

专利法第22条第3款规定：创造性，是指同申请日以前已有的技术相比，该发明有突出的实质性特点和显著的进步，该实用新型有实质性特点和进步。

如果实用新型权利要求的技术方案与现有技术相比存在区别特征，并且现有技术中没有给出采用该区别特征的技术启示，同时该区别特征的引入能够带来有益的技术效果，则该权利要求具有实质性特点和进步，具有创造性。

本专利权利要求1要求保护一种非可燃性电子喷雾香烟，包括壳体、电池、烟碱贮液容器、控制电路板、传感器、气化喷管及附件，安装在壳体（6）内尾部吸气端与传感器相接的气化喷管（17），经电控泵（11）连至与控制电路板上高频发生器相接的贮液胶囊（13）；壳体（6）内的前端装有电池和红色发光二极管，共同构成一个烟嘴形、烟斗形或笔形的整体。

附件2公开了一种香味生成物品10，具有圆筒形壳体12，壳体的第1部分12a的里侧、从气体流路26被壁31分隔的空间内，可装卸地固定着原料容器32，该原料容器内贮藏着生成使用者所抽吸香味等的液体状原料36，该香味生成物品中还备有传感器和控制机构，上述传感器设有抽吸口周围、配设在前述壳体上的压力传感器，上述控制机构根据来自前述传感器的信号，控制气化机构，用于检测使用者抽吸动作的传感器73与抽吸口22相邻地配设在壳本体14周围，在电源62与原料容器32之间设置了用于控制排出驱动部38及陶瓷加热器42的驱动控制电路72，该电路根据传感器73的信号，与使用者的抽吸动作相吻合地使排出驱动部38及加热器42起动，使液体状原料排出并气化（说明书第2页第19行、23~27行，第4页第24~26行，第5页第13~15行，第8页第8~9、14~15、20~22行）。

将权利要求1所要求保护的技术方案与附件2所公开的内容相比，壳体相当于壳本体，电池相当于电源，烟碱贮液容器相当于原料容器，控制电路板相当于驱动控制电路72，传感器相当于传感器73，电控泵相当于排出驱动部38，气化喷管相当于加热器42，尾部吸气端相当于抽吸口22，笔形相当于圆筒形，二者的区别在于：权利要求1中的控制电路板上设有高频发生器，并且在壳体的前端装有红色发光二极管，而附件2没有公开上述内容。

附件1公开了一种电子控烟器，在附图1中，3为外壳，可用无毒聚乙烯塑料件或薄膜纸卷绕而成，大小与普通香烟相近，15为电池筒，筒内放有扣式电池16，17为发光二极管，18为位于顶部的红色灯帽。

由此可见，附件1已经公开了权利要求1中的红色发光二极管，并且所起的作用相同。但是，对于权利要求1中的高频发生器，附件1和2均没有公开，也没有给出使用高频发生器的启示，也就是说，权利要求1所要求保护的技术方案对于附件1和2来说是非显而易见的。并且，根据说明书的记载“气化喷管外侧粘附的超声压电片接控制电路板内的高频发生器……液体在气化喷管中的高温高频振动波条件下，迅速气化喷出冷凝成烟雾状”（说明书第2页第5~11行）和“控制电路板上的高频发生器是由三点式电容振荡器、三点式电感振荡器或由变压器式振荡电路构成，频率在35KHz至3.3MHz，电路中带有频率自动微调电路与压电片20谐振”（说明书第3页第7~10行）以及“喷管上附有超声压电片20的作用是：一是使处于高压不稳定热气流中的大液滴充分与加热元件接触气化，二是对处于喷管中的液滴直接破碎雾化，三是解决液体在高于沸点时的爆沸问题”（说明书第10~13行）可知，权利要求1中的高频发生器使其技术方案产生了有益的技术效果。因此，权利要求1相对于附件2和附件1的结合具有实质性特点和进步，符合专利法第22条第3款的规定。

附件3（说明书第1页）公开了一种电子香烟，包括外壳，壳内的一端装有烟嘴，滤尘器，滤尘器的前方装有香料盒，音乐机构，电源，发光二极管，烟帽。

附件4（说明书第4页第12~13行）公开了一种吸入器，包括具有相连部分2、3的卷烟状中空管状体1。

附件3和4也没有公开权利要求1中的高频发生器，并且也没有给出启示或教导使得本领域技术人员有动机引入高频发生器。基于上文相同的理由，权利要求1相对于附件2与附件3或4的结合也具有创造性，符合专利法第22条第3款的规定。

权利要求2~16是权利要求1的从属权利要求，在权利要求1具有创造性的前提下，上述权利要求也具有创造性，符合专利法第22条第3款的规定。

基于以上事实和理由，本案合议组作出如下审查决定。

三、决定

维持03212882.7号实用新型专利权有效。

当事人对本决定不服的，可以根据专利法第46条第2款的规定，自收到本决定之日起三个月内向北京市第一中级人民法院起诉。根据该款的规定，一方当事人起诉后，另一方当事人应当作为第三人参加诉讼。

021

一种非可燃性电子雾化香烟

无效宣告请求审查决定（第 10958 号）

决　　定　　号　第 10958 号
决　　定　　日　2007 年 12 月 25 日
发明创造名称　一种非可燃性电子雾化香烟
国 际 分 类 号　A24F47/00，A24B15/00
无效宣告请求人　刘会良
专 利 权 人　韩　力
专　　利　　号　03211903.8
申　　请　　日　2003 年 3 月 14 日
授 权 公 告 日　2004 年 9 月 29 日
合 议 组 组 长　马文霞
主　　审　　员　张家祥
参　　审　　员　刘　亚

法　律　依　据　专利法第 26 条第 3 款、第 22 条第 3 款
决　定　要　点

如果实用新型权利要求的技术方案与现有技术相比存在区别特征，并且现有技术中没有给出采用该区别特征的技术启示，同时该区别特征的引入能够带来有益的技术效果，则该权利要求具有实质性特点和进步，具有创造性。

一、案由

本无效宣告请求案涉及国家知识产权局于 2004 年 9 月 29 日授权公告的、名称为“一种非可燃性电子雾化香烟”的第 03211903.8 号实用新型专利权（以下简称本专利），其申请日为 2003 年 3 月 14 日，专利权人为韩力。本专利授权公告的权利要求书如下：

“1. 一种非可燃性电子雾化香烟，其特征是构成香烟的尾端烟嘴处设置的气流传感器经信号传输导线连至电路板上用于启动经供液管与贮存烟碱溶液相接的雾化器高频振荡器，带连接旋口的前部壳体内的高频振荡器接计数电路和显示屏，前部壳体内的电路板经电池和弹簧至香烟前端装有发光二极管的端罩。

2. 按照权利要求 1 所述的电子雾化香烟，其特征是壳体外形是直管状，也可以略有曲线形，还可以是通常的烟嘴形，笔形。

3. 按照权利要求 1 所述的电子雾化香烟，其特征是高频振荡器的振荡频率在 35KHz 至 2.2MHz，

电路中带有频率自动微调电路与压电片谐振。

4. 按照权利要求 1 所述的电子雾化香烟，其特征是塑胶容器由硅橡胶制成，注液单向阀是由球状物或锥状物在弹簧压力下密封的，气流传感器是由薄膜状热敏电阻阵列或硅芯片制成的。

5. 按照权利要求 1 所述的电子雾化香烟，其特征是与该雾化膜片对应的振动膜片上粘合一个圆形单层或多层纵向极化压电片，此振动膜片上开有凹槽或加入垫圈以同雾化膜片组成液体腔，该液体腔边缘开一小孔以连接具有阻尼作用的供液管。

6. 按照权利要求 1 所述的电子雾化香烟，其特征是两个压电片各有两个压电信号输入端，压电信号的频率可以不同。

7. 按照权利要求 1 所述的电子雾化香烟，其特征是振动膜片和雾化膜片是由单晶硅片加工成的，也可用耐腐蚀金属或合金制成，如镍片、镍钴合金片、镍钯合金片、镍铬钴铑合金片。

8. 按照权利要求 1 所述的电子雾化香烟，其特征是振动膜片和雾化膜片粘合后组成液体腔，液体腔中有由天然纤维或合成纤维制作的供液纤维团。

9. 按照权利要求 1 所述的电子雾化香烟，其特征是烟碱浓度在 0.1% ~30% 之间。”

针对上述专利权，刘会良（以下简称请求人）于 2007 年 3 月 2 日向专利复审委员会提出无效宣告请求，认为本专利不符合专利法第 22 条第 3 款和第 26 条第 3 款的规定，并提交了下述附件作为证据：

附件 1：第 97190727.7 号中国发明专利申请公开说明书，公开日为 1998 年 10 月 21 日，复印件共 27 页；

附件 2：第 97216131.7 号中国实用新型专利说明书，授权公告日为 1998 年 10 月 14 日，复印件共 6 页；

附件 3：第 89207339.X 号中国实用新型专利申请说明书，公告日为 1989 年 11 月 15 日，复印件共 6 页；

附件 4：US6443146B1，公开日为 2002 年 9 月 3 日，复印件共 14 页。

请求人认为，（1）本专利的权利要求 1~9 与附件 1 和附件 2、附件 3 或附件 4 的结合相比不符合专利法第 22 条第 3 款的规定。本专利与附件 1 和附件 2 属于相同的技术领域，附件 1 的抽吸口相当于本专利的烟嘴，附件 1 的控制机构相当于本专利的电路板，附件 1 的排出机构和气化机构相当于本专利的高频振荡器，附件 1 的壳体也是分开两部分并具有传感器和信号电路等，附件 2 中包括发光二极管，与本专利中的发光二极管作用相同，附件 1 和附件 2 公开了本专利权利要求 1 的全部技术特征，权利要求 1 无创造性。附件 3 与本专利属于相同的技术领域，该附件中的吸烟用品包括外壳、烟嘴、电源和发光二极管等，结合附件 1 和附件 3，本专利权利要求 1 的技术特征已全部公开，该权利要求无创造性。本专利的权利要求 2 是权利要求 1 的从属权利要求，壳体外形是直管状，也可以略有曲线形，还可以是通常的烟嘴形，笔形。附件 1 公开的香味生成物品也为笔形或直管状，至于曲线形，烟嘴形只是其外观造型，并无实质的技术效果，因此不具有创造性。本专利权利要求 3~9 的内容被附件 1 和附件 2、附件 3 或附件 4 公开，或者是公知技术，因此无创造性。（2）本领域技术人员不能清楚地了解说明书中高频发生器的作用、功能及连接结构以及权利要求 1 中的“……气流传感器经……连至用于启动经管与贮存烟碱溶液相接的雾化器高频振荡器”，本专利的权利要求 1 和说明书不符合专利法第 26 条第 3 款的规定。

经形式审查合格后，专利复审委员会受理了上述请求，于 2007 年 4 月 16 日向双方当事人发出《无效宣告请求受理通知书》，并将《专利权无效宣告请求书》及其附件的副本转送给专利权人，要求其在指定的期限内答复，同时成立合议组对本无效宣告请求案进行审理。

2007 年 4 月 1 日，请求人提交了意见陈述书，同时补交了附件 4 的中文译文，共 17 页。

请求人认为，附件 4 与本专利涉及相同的技术领域，该附件的第 3 页第 10 行至第 12 页公开了“气流传感器、雾化器高频振荡器、高频振荡器接计数电路、显示屏、频率自动微调电路与压电片谐振，塑胶容器由硅胶制成，极化压电片”等技术特征，与本专利权利要求 1~9 的技术特征基本相同。该附件的第 3 页第 15~17 行的内容“目前为止还没有任何装置能够令人满意地根据用于要求调节在每次吸入中所提供的尼古丁量和/或在所计量出的剂量中保持足够的精度和准确度。另外，这些装置不能充分模拟在吸烟期间所获的感觉”与本专利的技术效果基本相同。以上内容可以说明，附件 4 公开了本专利的大部分技术特征，而附件 1、附件 2 和附件 3 分别公开了本专利的其他技术特征，因此，本专利的权利要求 1~9 与附件 4 和附件 1 的结合、附件 4 和附件 2 的结合或附件 4 和附件 3 的结合相比均无创造性。

2007 年 5 月 11 日，本案合议组向双方当事人发出《无效宣告请求口头审理通知书》，定于 2007 年 7 月 10 日对该专利权的无效宣告请求进行口头审理。同时将请求人于 2007 年 4 月 1 日提交的意见陈述书及其附件转送给专利权人。

专利权人于 2007 年 6 月 15 日针对上述《无效宣告请求受理通知书》作出答复，具体意见如下：(1) 本专利的气流传感器并没有在附件 1 中公开，该附件的传感器设在外壳的外边，并且形成一圈，由其位置可得出传感器 73 是接点型传感器，是靠接触后产生传感信号，而本专利的气流传感器设在壳体内才能感受到所需的气流；附件 1 的接触传感器很容易导致误发信号，既费电又费溶液，本专利的气流传感器在所有证据中均没有公开，也没有启示。本专利权利要求 1 的高频振荡器提供给雾化器一个振荡驱动信号，通过雾化器将溶液雾化，该技术手段在附件 1 中没有公开，也没有启示。本专利权利要求 1 记载的计数电路和显示屏并没有在附件 1 中公开，吸烟者往往需要控制吸烟的次数，而每一次吸吮的气流均导致电路导通并准确计数，本专利的计数电路与气流传感器很好的配合才能准确地实现这一目的，通过显示器显示计数形成高档次的产品，提供了很实用的功能效果。另外，附件 1 中也没有公开本专利权利要求 1 中各部件的连接关系。(2) 附件 2、3 虽然公开了发光二极管，但除此之外，所用的技术手段和技术方案与本专利均不相同，即使与附件 1 结合也不能破坏本专利的创造性。(3) 本专利说明书具体描述了“高频振荡器是集成电路与功放管组成的三点式电容振荡器、三点式电感振荡器或变压器式振荡电路”，本领域技术人员会掌握这些最基本的电子振荡电路，不存在实现上的难度；对于“……气流传感器经……连至用于启动经管与贮存烟碱溶液相接的雾化器高频振荡器”，其含义清楚，并且请求人没有具体说明道理。(4) 附件 4 第 3 页第 21 行的发明目的没有记载任何技术手段，并不能破坏具体技术手段的创造性，请求人没有具体指出在该附件第 3 页第 10 行至第 12 页何处公开什么具体技术特征，根据审查指南的规定，应不予审理，该附件第 3 页第 15~17 行的功能效果无论是否与本专利相同，但功能效果的公开并不必然导致技术手段的公开，因此，也不能破坏具体技术手段的创造性。

2007 年 7 月 10 日，口头审理如期进行，请求人的代理人和专利权人出席了口头审理。双方当事人对对方出庭人员的身份和资格无异议，对合议组成员和书记员均无回避请求。口头审理过程中确认并记录了以下事项：(1) 请求人明确其无效宣告请求的理由为：权利要求 1 不符合专利法第 26 条第 3 款的规定，权利要求 1~9 相对于附件 1（最接近的对比文件）与附件 2、3 或 4 的结合不具有创造性，权利要求 1~9 不符合专利法第 22 条第 3 款的规定，另外，请求人当庭增加权利要求 4~9 不符合专利法实施细则第 20 条第 1 款的规定和权利要求 9 中的烟碱浓度不是实用新型保护范围的无效宣告理由；(2) 合议组当庭宣布依职权引入权利要求 4~9 不符合专利法实施细则第 20 条第 1 款规定的无效宣告理由，对于请求人提出权利要求 9 中的烟碱浓度不是实用新型保护范围的无效宣告理由不予接受；（3）专利权人对附件1~4的真实性以及附件4中文译文的准确性均无异议；（4）合议组当庭将专利权人于2007年6月15日提交的意见陈述书转交给请求人。

2007年7月16日，专利权人提交了口审代理词，其认为：在无效宣告程序中，专利复审委员会通常仅针对当事人提出的无效宣告请求的范围、理由和提交的证据进行审查，不承担全面审查专利有效性的义务。从请求人提交的所有文字材料中也没有看到具体说明权利要求3~9不清楚的问题，因此，不同意专利复审委员会引入专利法实施细则第20条第1款的无效宣告理由。

至此，合议组认为本案的事实清楚，可以作出审查决定。

二、决定的理由

1. 关于审查文本

本无效宣告请求审查决定是以本专利授权公告时的权利要求书和说明书为基础作出的。

2. 关于证据

由于专利权人对附件1~4的真实性以及附件4中文译文的准确性均无异议，而附件1~4的公开日均早于本专利的申请日，因此，合议组认为，上述附件可以作为评价本专利是否具有创造性的有效证据。

3. 关于无效宣告理由

审查指南第四部分第三章第4.1节规定：专利权存在请求人未提及的缺限而导致无法针对请求人提出的无效宣告理由进行审查的，专利复审委员会可以依职权针对专利权的上述缺限引入相关无效宣告理由并进行审查。

请求人在口头审理过程中当庭提出了权利要求4~9的保护范围不清楚的问题。由于该无效理由影响合议组对所述权利要求创造性的有效审查，因此，合议组决定依职权引入权利要求4~9不符合专利法实施细则第20条第1款规定的无效宣告理由。

对于请求人提出的权利要求9中烟碱浓度不是实用新型保护范围的无效宣告理由，合议组认为，该理由不是在无效宣告请求之日起一个月内提出的，故不予考虑。

因此，请求人的无效宣告理由为：本专利不符合专利法第26条第3款的规定；权利要求1~9相对于附件1与附件2、3或4的结合不符合专利法第22条第3款的规定；权利要求4~9不符合专利法实施细则第20条第1款的规定。

4. 关于专利法第26条第3款

专利法第26条第3款规定：说明书应当对发明或者实用新型作出清楚、完整的说明，以所属技术领域的技术人员能够实现为准；必要的时候，应当有附图。

请求人认为，本领域技术人员不能清楚地了解说明书中高频振荡器的作用、功能及连接结构以及权利要求1中的"……气流传感器经……连至用于启动经管与贮存烟碱溶液相接的雾化器高频振荡器"，本专利的权利要求1不符合专利法第26条第3款的规定。

权利要求1的技术方案及其工作原理在说明书中的相应描述为："构成香烟的尾端烟嘴处设置的气流传感器经信号传输导线连至电路板上用于启动经供液管与贮存烟碱溶液相接的雾化器高频振荡器，带连接旋口的前部壳体内的高频振荡器接计数电路和显示屏，前部壳体内的电路板经电池和弹簧至香烟前端装有发光二极管的端罩。它的基本工作原理是当把烟嘴放在嘴上吸气时，气流传感器输出电信号启动电路，装置在电路板上的高频振荡电路启动向雾化器提供驱动电压，另一组直流渐变信号供给红色发光二极管发出渐变的红光。雾化器上的双压电片发射超声波用于雾化（说明书第1页第27至第2页第1行）"。由上述内容可知，高频发生器装置在前部壳体内的电路板上，接计数电路和显示屏，启动向雾化器提供启动电压，而雾化器通过供液管与烟碱溶液相连，说明书的附图1也进一步佐证了这种连接关系。另外，高频振荡器是集成电路与功放管组成的三点式电容振荡器、三点式电感振荡器或由变压器式振荡电路，频率在35KHz至3.3MHz，电路中带有频率自动微调电路与压电片谐振。液晶显示器显示该装置的启动次数和贮液量（说明书第2页第19~23行）。由附图2也可以看出，高频振荡器与压电片相连。因此，说明书已经清楚地说明了高频振荡器的作用、功能及连接结构以及权利要求1中的“……气流传感器经……连至用于启动经管与贮存烟碱溶液相接的雾化器高频振荡器”，说明书对权利要求1的方案已经作出清楚、完整的说明，符合专利法第26条第3款的规定。

5. 关于专利法实施细则第20条第1款

专利法实施细则第20条第1款规定，权利要求书应当说明发明或者实用新型的技术特征，清楚、简要地表述请求保护的范围。

权利要求4是权利要求1的从属权利要求，是对其技术方案的进一步限定。但是，权利要求4中的技术特征“塑胶容器”和“注液单向阀”在权利要求1中并没有记载，本领域技术人员无法清楚地了解上述技术特征在电子雾化香烟中的位置以及连接关系，从而导致该权利要求的保护范围不清楚，不符合专利法实施细则第20条第1款的规定。

基于同样理由，权利要求5、7~8中的“雾化膜片”和“振动膜片”以及权利要求6中的“压电片”在权利要求1也没有记载，上述权利要求也不符合专利法实施细则第20条第1款的规定。

权利要求9中的“烟碱浓度”在权利要求1中未明确提及，但权利要求1中提及了烟碱溶液，由此，不难理解权利要求9中的“烟碱浓度”应指“烟碱溶液”的浓度，因此，权利要求9的保护范围是清楚的，符合专利法实施细则第20条第1款的规定。

6. 关于专利法第22条第3款

专利法第22条第3款规定：创造性，是指同申请日以前已有的技术相比，该发明有突出的实质性特点和显著的进步，该实用新型有实质性特点和进步。

如果实用新型权利要求的技术方案与现有技术相比存在区别特征，并且现有技术中没有给出采用该区别特征的技术启示，同时该区别特征的引入能够带来有益的技术效果，则该权利要求具有实质性特点和进步，具有创造性。

本专利权利要求1要求保护一种非可燃性电子雾化香烟，其特征是构成香烟的尾端烟嘴处设置的气流传感器经信号传输导线连至电路板上用于启动经供液管与贮存烟碱溶液相接的雾化器高频振荡器，带连接旋口的前部壳体内的高频振荡器接计数电路和显示屏，前部壳体内的电路板经电池和弹簧至香烟前端装有发光二极管的端罩。

附件1公开了一种香味生成物品，包括有壳体、原料容器、排出驱动机构、气化机构和电源，上述壳体具有使用者抽吸香味的抽吸口，还备有传感器和控制机构，该传感器用于检测使用者的抽吸动作，控制机构根据来自前述传感器的信号，控制前述排出驱动机构，使前述原料从前述原料容器中排出，上述传感器设有抽吸口周围、配设在前述壳体上的压力传感器，壳体由通过电线连接的第1和第2部分构成，通过连接部可装卸，连接部13可采用上螺丝头或嵌接等公知构造，在电源62与原料容器32之间设置了用于控制排出驱动部38及陶瓷加热器42的驱动的控制电路72，控制电路72具有信号电路72a、驱动电路72b和电源电路72c，驱动电路72b连接着排出驱动部38和陶瓷加热器42。（说明书第2页第7~23行、第3页第4~8行，第4页第24~30行，第8页第8~13行）。

将权利要求1所要求保护的技术方案与附件1所公开的内容相比，尾部烟嘴相当于抽吸口，气流传感器相当于传感器73，信号传输导线相当于信号电路72a，电路板相当于控制电路，供液管相当于排出驱动部38，烟碱贮液容器相当于原料容器，雾化器相当于加热器42，旋口相当于螺丝头，电池相当于电源，二者的区别在于：权利要求1中的前部壳体内设有高频振荡器，高频振荡器接计数电路和显示屏，前部壳体内的弹簧至香烟前端装有发光二极管的端罩，而附件 1 没有公开上述内容。

附件 2 公开了一种电子控烟器，在附图 1 中，3 为外壳，13 为集成电路，15 为电池筒，筒内放有扣式电池 16，17 为发光二极管，18 为位于顶部的红色灯帽。

由此可见，附件 2 已经公开了权利要求 1 中的红色发光二极管和端罩，并且所起的作用相同。另外，为了使电池与发光元件保持良好的接触，一般会设置弹性装置，这在本领域是公知的常识。但是，对于权利要求 1 中的高频发生器、计数电路以及显示屏，附件 1 和 2 均没有公开，也没有给出使用高频发生器、计数电路和显示屏的启示，也就是说，权利要求 1 所要求保护的技术方案对于附件 1 和 2 来说是非显而易见的。并且，根据本专利说明书的记载"当把烟嘴放在嘴上吸气时，气流传感器输出电信号启动电路，装置在电路板上的高频振荡电路启动向雾化器提供驱动电压，另一组直流渐变信号供给红色发光二极管发出渐变的红光。雾化器上的双压电片发射超声波用于雾化……通过液晶显示屏可分别显示出烟碱溶液的消耗量，每天吸烟的次数，对使用者提供警示信息。"（说明书第 1 页第 31 行至第 2 页第 6 行）和"高频振荡器是集成电路与功放管组成的三点式电容振荡器、三点式电感振荡器或变压器式振荡电路，频率在 35KHz 至 2. 2MHz，电路中带有频率自动微调电路与压电片谐振。液晶显示器显示该装置的启动次数和贮液量"（说明书第 2 页第 19~22 行）以及"高频振荡器中带有频率自动微调的目的是使压电片始终处于谐振点"（说明书第 3 页第 12~13 行）可知，权利要求 1 中的高频振荡器、计数电路和显示屏使其技术方案产生了有益的技术效果。因此，权利要求 1 相对于附件 1 和附件 2 的结合具有实质性特点和进步，符合专利法第 22 条第 3 款的规定。

附件 3（说明书第 1 页）公开了一种电子香烟，包括外壳，壳内的一端装有烟嘴，滤尘器，滤尘器的前方装有香料盒，音乐机构，电源，发光二极管，烟帽。

附件 4（说明书第 4 页第 12~13 行）公开了一种吸入器，包括具有相连部分 2、3 的卷烟状中空管状体 1。

可见，附件 3 和 4 也没有公开权利要求 1 中的高频振荡器、计数电路和显示屏，并且也没有给出启示或教导使得本领域技术人员有动机引入这些部件。基于上文相同的理由，权利要求 1 相对于附件 1 与附件 3 或 4 的结合也具有创造性，符合专利法第 22 条第 3 款的规定。

权利要求 2~3、9 是权利要求 1 的从属权利要求，在权利要求 1 具有创造性的前提下，上述权利要求也具有创造性，符合专利法第 22 条第 3 款的规定。

鉴于已经得出本专利权利要求 4~8 不符合专利法实施细则第 20 条第 1 款规定的结论，合议组对于上述权利要求是否符合专利法第 22 条第 3 款的规定不予评述。

基于以上事实和理由，本案合议组作出如下审查决定。

三、决定

宣告 03211903. 8 号实用新型专利权的权利要求 4~8 无效，在权利要求 1~3 和 9 的基础上维持该实用新型专利权有效。

当事人对本决定不服的，可以根据专利法第 46 条第 2 款的规定，自收到本决定之日起三个月内向北京市第一中级人民法院起诉。根据该款的规定，一方当事人起诉后，另一方当事人应当作为第三人参加诉讼。

022

基于闪光视觉诱发电位原理的无创颅内压监测方法及装置

无效宣告请求审查决定（第 10962 号）

决　　定　　号　第 10962 号
决　　定　　日　2007 年 12 月 25 日
发明创造名称　基于闪光视觉诱发电位原理的无创颅内压监测方法及装置
国 际 分 类 号　A61B 5/03
无效宣告请求人　重庆名希医疗器械有限公司
专　利　权　人　重庆海威康医疗仪器有限公司
专　　利　　号　02133601.6
申　　请　　日　2002 年 8 月 13 日
授 权 公 告 日　2005 年 8 月 24 日
合 议 组 组 长　刘颖杰
主　　审　　员　刘　畅
参　　审　　员　佟仲明

法　律　依　据　专利法第 25 条第 1 款，专利法第 22 条第 2 款、第 3 款
决　定　要　点

如果一项权利要求所限定的方法是以有生命的人体为实施对象、并且其直接目的在于获得被实施对象的诊断结果或健康状况的方法，那么该方法属于专利法第 25 条第 1 款第（3）项所规定的疾病的诊断方法的范畴。

一、案由

本无效宣告请求涉及中华人民共和国国家知识产权局于 2005 年 8 月 24 日授权公告的、名称为“基于闪光视觉诱发电位原理的无创颅内压监测方法及装置”的发明专利权（下称本专利），其申请号是 02133601.6，申请日是 2002 年 8 月 13 日，专利权人是重庆海威康医疗仪器有限公司。该专利授权公告时的权利要求书如下：

“1. 一种基于闪光视觉诱发电位原理的无创颅内压监测方法，该方法包括：

设置刺激人眼的可控脉冲式闪光信号，由其构成诱发电位的激励信号；通过电极拾取该信号，经过放大、滤波处理及模数转换后输入计算机，首先确定闪光视觉诱发电位信号潜伏期，再利用闪光视觉诱发电位信号潜伏期与颅内压的对应关系找出颅内压数值；其特征在于：

（1）设置的刺激人眼的可控脉冲式闪光信号的闪光频率、闪光脉冲宽度、闪光次数、光亮度值分别为：

0.75Hz～1.0Hz、5.33ms～7.33ms、50～60次、20000cd/m^2～25000 cd/m^2；

光亮度定量控制，并维持稳定不变的闪光刺激强度，以保证无创颅内压检测的适应性和一致性；

（2）采用无创性电极拾取来自被测者头颅 F_{PZ}、F_Z、O_1、O_2 点位的闪光视觉诱发电位信号；

（3）将拾取的 F_{PZ}、F_Z、O_1、O_2 点位的闪光视觉诱发电位信号通过放大器放大后、经 A/D 转换为数字信号输入计算机，由计算机对闪光视觉诱发电位-潜伏期波形进行动态聚类叠加、截断法数字滤波、以及滑动平移法光顺，显示闪光视觉诱发电位-潜伏期特征曲线，并确定该曲线Ⅲ波波峰处的潜伏期值；

（4）根据颅内压与Ⅲ波波峰潜伏期值的函数关系，确定颅内压值，即

①根据公式 ICP＝a×ⅢLatency+b 确定急性颅内压增高患者的颅内压，其中 ICP 为颅内压，a 的取值范围为 4.732×（1±5%），b 的取值范围为-326.17×（1±5%）；

或②根据公式 ICP＝α×EXP（β×ⅢLatency）确定非急性颅内压增高患者及正常人的颅内压，其中 ICP 为颅内压，α 的取值范围为 9.3356×（1±5%），β 的取值范围为 0.0199×（1±5%），ⅢLatency 为Ⅲ波波峰潜伏期值；

在显示屏上即显示出闪光视觉诱发电位-潜伏期曲线上Ⅲ波波峰负相点所对应的颅内压值。

2. 一种基于闪光视觉诱发电位原理的无创颅内压监测装置，其特征在于：

（1）包括信号与数据处理计算机，该计算机完成颅内神经诱发电位时序信号的检测采样、特征曲线的滤波和光顺处理、颅内压计算、检测单或监护记录单的生成与打印、检测数据文件管理，保证光闪烁触发和检测采样的精确定时和同步；

（2）包括眼罩式闪烁光源及发光体，该闪烁光源为脉冲式，由计算机触发控制，发光体由发光二极管阵列构成，并布置于一对眼罩内；

（3）包括光强探测器；

（4）包括无创性电极，与超微信号放大器输入端连接；

（5）超微信号放大器，它包括两函数陷波器和一个低频带通滤波器电路，用以消除外界无用干扰信号，从中提取所需的闪光视觉诱发电位信号进行放大，该放大器特定频段：0Hz～ 30Hz；

（6）超微信号放大器、眼罩式闪烁光源通过控制转换及调整模块电路和数据采集卡及 I/O 控制电路接受计算机的控制，光强探测器及超微信号放大器通过数据采集卡及 I/O 控制电路向计算机输入信号。

3. 根据权利要求 1 所述的基于闪光视觉诱发电位原理的无创颅内压监测方法，其特征在于：所述无创性电极为葵花状电极。

4. 根据权利要求 1 所述的基于闪光视觉诱发电位原理的无创颅内压监测方法，其特征在于：所述动态聚类叠加、截断法数字滤波、滑动平移法光顺处理为：

①动态聚类叠加：对 N 次检测采样曲线进行叠加并平均，再经聚类分析后剔除 n 个奇异样本，所述 N 代表闪光次数，所述 n＝N×10%；

②截断法数字滤波：包括低通数字滤波、工频截频滤波、肌电截频滤波，其中截断法为：

设欲取用的闪光视觉诱发电位-潜伏期特征曲线长度为 L，则事先提取长度为 2L 的区段进行数字滤波处理，然后掐头 1/2L 去尾 1/2L，最终只取用所需的中间段 L；

③滑动平移法光顺。

5. 根据权利要求 2 所述的基于闪光视觉诱发电位原理的无创颅内压监测装置，其特征在于：所述发光体为发光二极管，亮度 9000cd/m^2±5%、波长 590±5nm、发射角 15^0、恒压源为 2.0V、正向电流 21.5mA±7%；其排列方式：在 a＝29.8mm、b＝25.0mm 的椭圆面积内点阵式密布，其电路由稳压

集成器 SCA015 与发光二极管构成。

6. 根据权利要求 2 所述的基于闪光视觉诱发电位原理的无创颅内压监测装置，其特征在于：超微信号放大器由开关转换电路（10），输入级保护电路（11），前置放大器（12），中置放大器（13），隔离放大器（15），所述两个函数陷波器（14）、（17）及所述低频带通滤波器（16）电路组合而成的，所述两个函数陷波器（14）、（17）分别构成第一级函数陷波器和第二级函数陷波器；其中：开关转换电路（10）由光继电器组成接收信号电路；前置放大器（12）由微信号差分放大器构成；中置放大器（13）由微信号放大器构成；函数陷波器（14）、（17）由有源函数型带阻放大电路构成；隔离放大器（15）由一个输出、输入、电源三端隔离的放大器构成；低频带通滤波器（16）由五阶椭圆低通有源滤波电路构成；闪光视觉诱发电位信号经开关转换电路（10）分别由两条信号线通过前置放大器（12）的输入端与前置放大器连接，再通过输出端与中置放大器（13）的输入端连接，再通过中置放大器的输出端与第一级函数陷波器（14）的输入端连接，再通过第一级函数陷波器的输出端与隔离放大器（15）的输入端连接，再通过隔离放大器的输出端与低频带通滤波器（16）的输入端连接，再通过低频带通滤波器的输出端与第二级函数陷波器（17）的输入端连接，最后再通过第二级函数陷波器的输出端输出至数据采集卡（6）；该电路的放大倍数≥2.8×10^5；信号输入范围：0.01μV～10.00μV；信号频率范围：0Hz～30Hz；共模抑制比≥60dB；幅频特性：在 10Hz～30Hz 范围内输出信号变化幅度不超过 1V；阻带特性：50Hz 时，输出电压不大于 0.08V。”

针对上述专利权，重庆名希医疗器械有限公司（下称请求人）于 2007 年 4 月 6 日向专利复审委员会提出无效宣告请求，其提交的证据如下：

证据 1：重庆医科大学硕士学位论文《闪光视觉诱发电位与颅内压的相关性研究》复印件共 10 页，其封面上标注了“2000.5.1”的字样；

证据 2：《无创性颅内压监测技术研究进展》，国外医学脑血管疾病分册，2000 年 8 月，第 8 卷第 4 期，复印件共 3 页；

证据 3：《颅内压监测技术研究进展》，中国急救医学，2002 年 2 月，第 22 卷，第 2 期，复印件共 1 页；

证据 4：重庆市药品监督管理局于 2002 年 3 月 18 日签发的编号为“渝药管械（试）字 2002 第 2040037 号”的《中华人民共和国医疗器械注册证》复印件共 1 页；

证据 5：生产企业为专利权人、产品名称为“无创颅内压监测仪”、产品规格型号为“NIP-200”的医疗器械产品生产制造认可表复印件共 1 页；

证据 6：重庆市药品监督管理局于 2001 年 11 月 20 日签发的编号为“药管械生产许 20010061 号”的医疗器械生产企业许可证复印件共 1 页，其中被授予许可证的单位为重庆海威康医疗仪器有限公司；

证据 7：名称为“重庆海威康医疗仪器有限公司”、注册号为“渝高 5009012106782”的企业法人营业执照复印件 1 页；

证据 8：《NIP-200 无创颅内压监测仪使用说明书》复印件共 4 页，其封面上标注了“二〇〇二年三月”字样；

证据 9：名称为《NIP-200 无创颅内压监测仪》的产品宣传册复印件共 10 页；

证据 10：重庆医科大学附属第一医院科研处于 2002 年 12 月 8 日出具的用户报告复印件共 1 页；

证据 11：重庆医科大学附属第二医院科技科于 2002 年 12 月 3 日出具的用户报告复印件共 1 页；

证据 12：西安交通大学第一医院神经外科于 2002 年 12 月 11 日出具的应用证明复印件共 1 页；

证据 13：复旦大学华山医院神经病学研究所于 2002 年 11 月出具的用户使用报告复印件共 1 页；

证据14：云南省红十字医院神经外科于2002年12月10日出具的“NIP-200无创颅内压监测仪”使用报告复印件共1页；

证据15：《视觉诱发电位的临床应用》，临床脑电学杂志，1995年第4卷第4期，复印件共5页；

证据16：《闪光视诱发电位正常值测定》，医学理论与实践，2002年第15卷第12期，复印件共2页；

证据17：《视觉电生理的临床应用》，牡丹江医学院学报，2000年第21卷第1期，复印件共1页。

请求人认为；（1）本专利的权利要求1、3、4属于专利法第25条第1款第（3）项所述的疾病的诊断和治疗方法的范围，应予以无效；（2）本专利的权利要求1、3、4相对于证据1、2、3不具备新颖性及创造性；（3）证据4~7可证明专利权人早在本专利的申请日之前经过临床试验已获得相关部门的生产许可证明，证据8~9可证明专利权人于2002年3月印刷了NIP-200无创性颅内压监测仪的使用说明书，由此可证明无创性颅内压监测仪在本专利的申请日之前是公知产品，证据10~14可证明请求人生产的无创性颅内压监测仪在许多医院大量公开使用，因此，本专利的权利要求2、5、6不具备新颖性，权利要求2、5、6的装置相对于公知技术不具备创造性。

经形式审查合格后，专利复审委员会依法受理了上述无效宣告请求，并于2007年4月9日向双方发出无效宣告请求受理通知书，并将无效宣告请求书及其附件清单中所列附件的副本转送给专利权人。

请求人于2007年5月1日向专利复审委员会提交了意见陈述书，并补充提交了以下证据：

证据19：重庆医科大学附属第一医院国家药品临床研究基地对产品名称为“无创颅内压监测仪”、规格型号为“NIP-200”的医疗器械出具的《医疗器械临床试验报告》复印件共6页，报告出具日期为2002年1月15日；

证据20：重庆医科大学附属第二医院国家药品临床研究基地对产品名称为“无创颅内压监测仪”、规格型号为“NIP-200”的医疗器械出具的《医疗器械临床试验报告》复印件共6页，报告出具日期为2002年1月16日；

证据21：《闪光视觉诱发电位对颅内压水平的监测及其与血压、心率的关系》，中华物理医学与康复杂志2005年10月第27卷第10期，复印件共6页；

证据22：重庆市海威康医疗仪器有限公司2002年3月的《NIP-200无创颅内压监测仪报价单》复印件1页；

证据23：重庆海威康医疗仪器有限公司的《售后服务承诺书》复印件1页；

证据24：《视觉诱发电位和脑干听觉诱发电位无创监测颅内压的可行性》，中华麻醉学杂志，1998年第3期第18卷，复印件共4页；

证据25：《视觉诱发电位和颅内压之间的关系》，神经外科杂志，1981年10月，Vol. 55（6），英文版复印件共1页及其中文译文；

证据26：《一种颅内压估计的无创监测方法的进一步研究》，神经外科，1984年4月，Vol. 14（4），英文版复印件共1页及其中文译文；

证据27：《视觉诱发响应用于高渗性血脑障蔽破裂期间的颅内压监测》，acta neurochirurgica（增刊），1994年，Vol. 60，英文复印件共2页及其中文译文；

证据28：重庆泰克医电仪器产业有限责任公司生产的视觉电生理检查系统的产品宣传单复印件1页、TEC-350T视觉电生理检查系统技术参数及主要性能介绍复印件2页、重庆泰克医电仪器产业有限责任公司的企业法人营业执照（副本）复印件1页、重庆市信息产业局颁发的软件产品登记证书复印件 1 页；

证据 29：科学出版社出版的《临床视觉电生理学》，其出版日期为 1999 年 5 月，包括内页、第 286~300 页，第 330~336 页，复印件共 23 页；

证据 30：上海科学普及出版社出版的《视觉电生理的原理和实践》，其出版日期为 2002 年 5 月，包括内页、版权页、第 67~110 页、第 190~204 页，复印件共 59 页。

请求人认为：（1）证据 19~23 与证据 10~14 形成完整的证据链，充分证明了专利权人在本专利的申请日之前使用公开的事实，因此权利要求 2、5、6 不具备新颖性；（2）证据 26~30 可证明本专利的权利要求 1~6 不具备创造性。

专利权人于 2007 年 5 月 24 日向专利复审委员会提交意见陈述，专利权人认为：（1）本发明直接只能得到闪光视觉诱发电位的潜伏期值，属于中间结果的信息，颅内压增高只是临床多种疾病的一种共有体征，根据颅内压增高与否不能诊断患者患有何种疾病，临床医师根据获取的患者潜伏期及颅内压信息，还需要集合临床分析判断才能对症治疗，因此本专利的权利要求 1、3、4 不属于专利法第 25 条第 1 款第（3）项所规定的疾病的诊断治疗方法的范畴；（2）证据 1~3 没有公开本专利权利要求 1、3、4 的技术方案，不能破坏本专利权利要求 1、3、4 的新颖性；（3）证据 4~7 只能说明专利权人具备合法生产相关医疗产品的资格，不能证明本专利的产品在申请日前公开使用和销售的事实，证据 8、9 不是专利法意义上的公开出版物，不能证明其是在本专利的申请日前印刷的，专利权人对证据 10~14 的真实性表示质疑，所以，附件 4~14 不能证明本专利的权利要求 2、5、6 不具备新颖性；（4）证据 15~17 没有公开本专利的权利要求 2、5、6 的内容，因而不能破坏权利要求 2、5、6 不具备创造性；（5）已有的眼电图仪不同于本专利的无创颅内压监测仪。随此次意见陈述书，专利权人还提交了如下反证：

反证：重庆市食品药品监督管理局 2006 年颁发的、注册号为“渝食药监械（准）字 2006 第 2210007 号”的《中华人民共和国医疗器械注册表》复印件共 2 页。

针对上述无效宣告请求，专利复审委员会依法组成合议组，对本案进行审理，本案合议组于 2007 年 6 月 20 日向请求人和专利权人发出口头审理通知书，告知双方当事人合议组定于 2007 年 8 月 14 日举行口头审理。并将请求人于 2007 年 5 月 1 提交的意见陈述及补充证据副本转送给专利权人，将专利权人于 2007 年 5 月 24 日提交的意见陈述副本转送给请求人。

口头审理如期举行，双方当事人均委托代理人参加了口头审理。

在口头审理中，请求人明确其无效宣告请求的理由、证据和范围是：本专利权利要求 1、3、4 属于专利法第 25 条第 1 款第（3）项规定的疾病的诊断和治疗方法的范围；权利要求 2、5、6 不具备专利法第 22 条第 2 款所规定的新颖性，使用证据 4~14；权利要求 2、5、6 不具备专利法第 22 条第 3 款所规定的创造性，使用证据 28~30。请求人当庭表示放弃关于权利要求 1、3、4 不具备新颖性的无效理由，并当庭表示放弃使用证据 15、16、17、24、26、27 对权利要求 2、5、6 的创造性进行评述。

请求人当庭提交了从网上下载的加盖公章的证据 3，并提交了证据 4~7、10~13 加盖专利权人公司公章的复印件、证据 14 加盖“云南省红十字医院神经外科”公章的复印件以及证据 8、9 的原件，并表示这些原件都是专利权人在销售时给客户的，请求人当庭还提交了证据 1、2、25、28、29、30 的原件，其中证据 25 只有摘要部分。对此专利权人表示对证据 8 的真实性不予认可，并认为证据 8 不是专利权人公司的说明书，且证据 8 中公章加盖时间不能确定，表示认可证据 3 属于出版物，表示证据 4 复印件上加盖公章的时间不能确定，且无法确定证据 5~9 的来源，认可证据 1 为公开出版物，并表示对证据 25 的译文准确性没有异议，对证据 19、20、21 的真实性没有异议，但对证据 22 的真实性表示怀疑，并认为证据 10~14、19、20 上的公章盖的不清楚且没有原件，也没有证人证言和相关公证，因而无法核实其真实性。专利权人表示提交的反证可从重庆市视频药品监督管理局的网站上查到，对此请求人表示对专利权人提交的反证的真实性没有异议。

请求人认为本专利权利要求1、3、4属于专利法第25条第1款第（3）项规定的疾病的诊断及治疗方法的范畴，对此专利权人认为本专利是在2002年申请的，授权时间是在2006版审查指南实施之前，对本专利的审查应该适用2001版审查指南，合议组当庭告知专利权人，根据在2006版审查指南的过渡办法中的相关规定，对本案的审查应使用2006版审查指南。专利权人认为，颅内高压不是一种疾病，本专利不是以获得诊断结果为目的，因而本专利权利要求1、3、4不是一种诊断方法。

请求人认为权利要求1、3、4相对于证据1~3不具备创造性。专利权人表示证据1中光源、电极和波形都是不同的，且函数关系也是不同的。请求人表示最接近的现有技术是证据1，对权利要求1的创造性评述使用证据1和25、29、30结合来评述，请求人认为权利要求1与证据1的区别在于：证据1没有说明光的强度，而权利要求1中说明了光的强度，证据1中使用的不是无创电极，证据1中没有权利要求1中所记载的第二个公式。

请求人认为证据4~14证明了专利权人在本专利的申请日之前公开生产、销售的事实，因而权利要求2、5、6不具备新颖性，对此专利权人认为请求人提交的用户报告在格式上和署名都存在问题。

请求人当庭表示使用证据28~30来证明权利要求2、5、6不具备创造性，其中证据30为最接近的现有技术，证据30与权利要求2的特征完全相同，证据30公开了发光眼罩的外形、发光体的材料、颜色等特征，证据29和30都是通过眼罩来测量数据，与本专利的原理相同，本专利是在证据28、29、30的启发下发明的，权利要求5是对发光体的亮度和排列方式进行进一步的特征限定，而对于本领域技术人员来说是显而易见的，权利要求6中放大器等特征已经被证据30公开。对此专利权人认为证据28是眼电仪，与本专利的颅压仪是完全不同的两种仪器，眼电仪是红光、颅压仪是黄光，二者的光波长是不同的。

合议组告知专利权人，在口审后10日内专利权人可针对请求人新提出的权利要求1、3、4不具备创造性的理由提交意见陈述。

2007年8月24日专利权人提交了意见陈述书，认为：证据1没有披露本专利全部技术特征，证据25、28、29属于本专利的背景技术，其中也没有披露危及本专利创造性的内容，因此权利要求1、3、4相对于证据1、25、29、30具备创造性。

至此，合议组认为本案事实清楚，现依法作出审查决定。

二、决定的理由

1. 关于权利要求1、3、4是否属于专利法第25条第1款第（3）项所述的疾病的诊断及治疗方法

专利法第25条第1款第（3）项规定，对疾病的诊断和治疗方法不授予专利权。

审查指南第二部分第一章第4.3.1.1节规定：一项与疾病诊断有关的方法如果同时满足以下两个条件，则属于疾病的诊断方法，不能被授予专利权：（1）以有生命的人体或者动物体为对象；（2）以获得疾病诊断结果或健康状况为直接目的。如果请求专利保护的方法中包括了诊断步骤或者虽未包括诊断步骤但包括检测步骤，而根据现有技术中的医学常识和该专利申请公开的内容，只要知晓所说的诊断或监测信息，就能够直接获得疾病的诊断结果或健康状况，则该方法满足上述条件（2）。

具体就本案而言，权利要求1涉及一种基于闪光视觉诱发电位原理的无创颅内压监测方法，该方法通过对人眼进行闪光刺激，随后采集人脑各相关部位的闪光视觉诱发电位信号，再经过一系列的计算机处理后得出颅内压值，由此可见，该方法是一种以有生命的人体为实施对象的方法，即满足上述

条件（1）；另外，关于颅内压，在说明书第1页第2段中有如下解释："颅内压是反映脑功能状态的一项重要指标"、"颅内压监测结果就是为准确诊断、积极治疗及疗效评估提供直接依据"。根据说明书的上述解释不难看出，临床医师在获得颅内压监测结果后根据现有技术中的医学常识就可以作出诊断结果，也就是说，该方法满足上述条件（2）。综上所述，权利要求1是一种以有生命的人体为实施对象、以获得疾病的诊断结果或健康状况为直接目的的方法，属于专利法第25条第1款第（3）项所述疾病的诊断及治疗方法的范畴，应予以无效。

基于同样的道理，引用权利要求1的从属权利要求3、4也属于专利法第25条第1款第（3）项所述疾病的诊断及治疗方法的范畴，应予以无效。

鉴于权利要求1、3、4属于专利法第25条第1款第（3）项所述疾病的诊断及治疗方法的范畴，应予以无效，故本案合议组对请求人提出的涉及权利要求1、3、4的其他无效理由和证据不再进行评述。

2. 关于权利要求2、5、6是否具备新颖性

请求人表示，证据8中的NIP-200型监测仪为本专利产品，证据4~7证明了在本专利的申请日之前专利权人已获得相关部门的许可来生产NIP-200型无创颅内压监测仪，证据10~14是一些声称在本专利的申请日之前使用过专利权人生产的NIP-200型无创颅内压监测仪的单位出具的使用证明及报告，证据19、20证明专利权人于2002年1月完成临床实验，证据21证明早在2002年3月NIP-200型无创颅内压监测仪已公开使用并与证据10内容吻合，是对证据10的进一步印证。证据4~14、19~23形成了证据链证明了专利权人在申请日前公开生产、销售的事实，因此权利要求2、5、6不具备新颖性。

（1）关于证据。

请求人表示当庭提交证据4~14、19~23的原件，其中证据4~8、10~13、22和23为盖有专利权人公司公章的复印件，证据11为加盖有"重庆医科大学附属第二医院科技处"公章的复印件，证据14为加盖有"云南省红十字会医院科教科"和"云南省红十字会医院神经外科"公章的复印件，其中"云南省红十字会医院神经外科"公章不完整，请求人表示证据4~7、9~14、22、23是专利权人在销售时候给用户的，证据4~7、9在工商局也有备案，证据8是与产品一起销售的说明书。专利权人认为证据4、证据8的盖章时间无法确认，证据5、6、7、9的来源也无法确认，附件10到14、19、20上的公章不清楚且没有原件，也没有证人证言和相关公证，请求人提交的实验报告上缺少牵头人的签名，并认为医疗器械临床实验报告是拿不到的，临床实验方和委托方存在保密义务，因此对证据4~14、19、20、22、23的真实性不予确认。认可证据21的真实性。

合议组经审查后认为，证据4~8、10~13、22、23上清楚地盖有专利权人公司公章，该公章印记与案卷中专利权人在"专利权无效宣告程序授权委托书"中所用公章印记相一致，且请求人也说明了证据来源，在专利权人没有证据证明证据4~8、10~13不真实的情况下，应对证据4~8、10~13、22、23的真实性予以确认，其中证据8封面页上印刷有"二〇〇二年三月"字样，其应当为证据8的印刷发行日期，该日期早于本专利的申请日，可以用做本专利的现有技术进行特征对比。证据9和证据14是请求人声称专利权人提供给用户的，然而其上并未加盖专利权人公司公章，专利权人对该证据9和证据14的真实性也不予认可，且证据9上并未标记任何日期，因此合议组认为证据9和证据14不能作为本案的证据使用。证据19和20是医疗器械临床试验报告，合议组认为虽然专利权人未出示其与被委托方之间的保密规定或协议，但在商业习惯上临床实验中被委托方对委托方通常存在保密义务，即默契保密的情形，请求人没有进一步提供其证据来源的情况下，证据19和20不能作为本案的证据使用。证据21来自带有出版号的公开出版物，证据复印件与原件相符，且专利权人也认

可证据 21 的真实性，因此证据 21 可以用作本案的证据。

（2）关于权利要求 2、5、6 是否具备新颖性的具体理由。

在证据 8 中对 NIP-200 型监测仪的构造进行了详细的描述：

“本监测仪主要由以下部件构成：

信号与数据处理计算机：该计算机完成颅内神经诱发电位时序信号的检测采样、特征曲线的滤波和光顺处理、颅内压计算、检测单或监护记录单的生成与打印、检测数据文件管理。相应的软件在 MS-DOS 操作系统下运行，以保证光闪烁出发和检测采样的精确定时和同步。

闪烁光源：该闪烁光源为脉冲式，由计算机出发控制，构成了诱发电位的激励信号。发光体由发光二极管阵列构成，并布置于一对眼罩之中，以便于临床使用。

光强探测器：为高精度光强监测装置。

电极：电极为诱发电位检测的拾取器，检测时用弹性绑带安装于被检测者的头颅表皮上。安装电极前只须对皮肤和其上毛发做清洁处理，对被检测者无任何创伤。

超微电信号放大器 ：该放大器为高精度、高抗扰性电子设备，负责对电极采集到的微弱的诱发电位信号进行放大和滤波处理。内置高性能的放大、滤波、共模干扰抑止电路。

信号采集卡：该卡置与计算机箱内，负责将放大和滤波处理后的诱发电位信号转换为数字信号，以便于计算机的处理。”

将证据 8 公开的 NIP-200 型无创颅内压监测仪的结构与权利要求 2 相比较，可以看出，二者存在以下区别技术特征：（1）证据 8 没有公开权利要求 2 中“超微信号放大器”包括的“两函数陷波器和一个低频带通滤波器电路”；（2）证据 8 中没有公开权利要求 2 中“I/O 控制电路”及其与其他部件的连接关系这一特征；（3）证据 8 中没有公开权利要求 2 中放大器的特定频段范围。由此可见，证据 8 公开的 NIP-200 型无创颅内压监测仪与权利要求 2 中的无创颅内压监测仪并不相同，因而不能认定 NIP-200 型无创颅内压监测仪就是本专利权利要求 2 所限定的无创颅内压监测仪。综上所述，请求人提出的证据 4~14、19~23 证明了专利权人在本专利的申请日前公开制造、销售本专利产品的这一主张不能成立，本专利权利要求 2 符合专利法第 22 条第 2 款关于新颖性的规定。

在独立权利要求 2 具备新颖性的情况下，从属权利要求 5、6 也具备专利法第 22 条第 2 款规定的新颖性。

3. 关于权利要求 2、5、6 是否具备创造性

请求人当庭表示使用证据 28~30 来评述权利要求 2、5、6 的创造性，并表示证据 30 为最接近的现有技术。

（1）关于证据。

请求人当庭提供了证据 28~30 的原件。

证据 28 中涉及 TEC-350 视觉电生理检查系统的技术参数的信息页中均没有能证明其公开日期的内容，无法核实其公开日期，因此，证据 28 第 1~3 页公开的内容不能作为本案证据使用。在请求人提交的证据 28 的原件第 4 页中《软件产品登记证书》，第 5 页中的企业法人营业执照（副本）与评述权利要求 2、5、6 的创造性的无关。综上所述，证据 28 不能作为本案证据使用。

证据 29、30 均为带有出版号的出版物，且其印刷日期均在本专利的申请日之前，专利权人对证据 29、30 的真实性也表示认可，因此证据 29、30 可作为本案证据使用，其上记载的内容构成本专利的现有技术。

（2）关于权利要求 2、5、6 是否具备创造性的具体理由。

权利要求 2 涉及一种基于闪光视觉诱发电位原理的无创颅内压监测装置。证据 30 第 74~75 页公

开了电极，第 83 页公开了一种发光二极管图像刺激器，第 84 页公开了一种生物放大器、第 97 页公开了生物电信号的处理方法，同样，证据 29 中仅公开了放大器、平均叠加技术、电极等特征，合议组认为，证据 29 和 30 公开的内容为诱发、采集、处理视觉诱发电位设备的一般性原理，并没有具体公开本专利权利要求 2 中无创颅内压监测装置的各个部件以及各个部件之间的连接关系。而对各部件进行设计和选择，并设计它们之间的连接关系从而得到本专利权利要求 2 中要求保护的无创颅内压监测装置，并解决本专利提出的技术问题，达到无创、准确、广泛适用的技术效果，对本领域普通技术人员来说仅根据证据 29 和证据 30 中公开的一般性原理是不够的，其必须付出创造性的劳动才能完成，因而权利要求 2 相对于证据 29、30 具备专利法第 22 条第 3 款规定的创造性。

在权利要求 2 相对于证据 29、30 具备创造性的情况下，从属权利要求 5、6 相对于证据 29、30 也具备专利法第 22 条第 3 款规定的创造性。请求人关于权利要求 2、5、6 相对于证据 29、30 不具备创造性的这一主张不能成立。

三、决定

宣告 02133601.6 号发明专利权的权利要求 1、3、4 无效，在权利要求 2、5、6 的基础上继续有效。

当事人对本决定不服的，可以根据专利法第 46 条第 2 款的规定，自收到本决定之日起三个月内向北京市第一中级人民法院起诉。根据该款的规定，一方当事人起诉后，另一方当事人应当作为第三人参加诉讼。

023

一种改良的自毁式注射器

无效宣告请求审查决定（第 10963 号）

决　定　号　第 10963 号
决　定　日　2007 年 12 月 25 日
发明创造名称　一种改良的自毁式注射器
国 际 分 类 号　A61M 5/178，A61M 5/31，A61M5/50
无效宣告请求人　名高生化科技股份有限公司
专　利　权　人　常州晓春医疗器材有限公司
专　利　号　200320101967.6
申　请　日　2003 年 10 月 27 日
授 权 公 告 日　2004 年 10 月 20 日
合 议 组 组 长　刘颖杰
主　审　员　刘　畅
参　审　员　佟仲明

法　律　依　据　专利法第 22 条第 3 款
决　定　要　点

如果一项权利要求与一篇对比文件的区别特征是本领域的公知常识，那么该项权利要求不具备创造性。

一、案由

本无效宣告请求涉及国家知识产权局于 2004 年 10 月 20 日授权公告的名称为“一种改良的自毁式注射器”的 200320101967.6 号实用新型专利权（下称本专利），其申请日是 2003 年 10 月 27 日，专利权人是常州晓春医疗器材有限公司。授权公告时的权利要求书如下：

“1. 一种改良的自毁式注射器，包括一空心针管（1），一安装在所述针管（1）内的推杆（3）和一安装在所述推杆（3）前端的胶塞（2），所述针管（1）的前端成形有一针座（11），所述针座（11）上安装有一针头，所述针座（11）内腔成形有一凸环（12），所述推杆（3）前端有一卡芯（5），其特征在于：所述推杆（3）与所述卡芯（5）为分体结构，所述卡芯（3）安装在所述推杆（3）的前端，所述卡芯（5）表面上对称成形有两个倒刺状凸起（51），所述凸起（51）能够卡入所述凸环（12）前端的凹腔内，所述卡芯（5）能够将所述针座（11）内腔堵塞，所述卡芯（5）的中部成形有一通孔（52），所述通孔（52）的位置与所述凸起（51）对应。

2. 如权利要求 1 所述的一种改良的自毁式注射器，其特征在于：所述卡芯（5）的后端成形有一轴向盲孔（53），所述盲孔（53）与设在所述推杆（3）前端的一圆柱体（31）相配合。

3. 如权利要求1或2所述的一种改良的自毁式注射器，其特征在于：所述通孔（52）为条形通孔。

4. 如权利要求1或2所述的一种改良的自毁式注射器，其特征在于：所述卡芯（5）的后端外表面上成形有多个倒刺（54）。

5. 如权利要求1或2所述的一种改良的自毁式注射器，其特征在于：所述凸起（51）成形于所述卡芯（5）的中部。

6. 如权利要求1或2所述的一种改良的自毁式注射器，其特征在于：所述推杆（3）上设有一缺损部（32），所述推杆（3）能够沿所述缺损部（32）折断。

7. 如权利要求1或2所述的一种改良的自毁式注射器，其特征在于：所述针管（1）的后端部设有一标识块（14），所述标识块（14）的一端与所述针管（1）连接在一起，另一端卡入与所述推杆（3）上的一缺口（33）内。”

针对本专利权，名高生化科技股份有限公司（下称请求人）于2007年6月15日向专利复审委员会提出了无效宣告请求，并提交了如下证据：

证据1：ZL02239125.8号中国实用新型专利说明书，其授权公告日为2003年5月21日；

证据2：ZL02246814.5号中国实用新型专利说明书，其授权公告日为2003年6月25日；

证据3：ZL02253763.5号中国实用新型专利说明书，其授权公告日为2003年9月3日。

结合上述证据，请求人认为：本专利的权利要求1~7相对于证据1、3或证据2、3的组合不具备创造性；权利要求4中的附加技术特征与权利要求1中的倒刺发生冲突，导致了保护范围不清楚，因而不符合专利法实施细则第20条第1款的规定。

经形式审查合格，专利复审委员会受理了上述无效宣告请求，并于2007年8月3日向双方当事人发出了无效宣告请求受理通知书，随同无效宣告请求受理通知书将专利权无效宣告请求书及其附件清单中所列附件副本转送给专利权人，要求其在指定的期限内答复，并告知其期满未答复不影响专利复审委员会的审理。

专利权人逾期未答复。

针对上述无效宣告请求，专利复审委员会依法成立合议组，并以口头审理通知书的形式告知双方当事人本案定于2007年11月28日举行口头审理。

口头审理如期举行，请求人委托代理人参加了口头审理，专利权人缺席此次口头审理。在口头审理中，请求人明确其无效宣告请求的理由为：本专利权利要求1~7不符合专利法第22条第3款的规定，权利要求4不符合专利法实施细则第20条第1款的规定，并明确表示证据证据1与证据3组合，或证据2与证据3组合。请求人表示证据1与证据2公开的技术特征及附图均相同，因此对证据1、2的陈述意见也相同。

关于本专利权利要求1是否具有创造性，请求人认为：证据1第5页公开本专利权利要求1的技术特征：空芯针孔、推杆、针管、针座，证据1图3或图1公开注射针头，证据1落差扣环13相当于本专利扣环；证据1塞体、扣耳相当于本专利卡芯；证据1图2、图7及说明书第5页倒数第2段公开分体结构；证据1标记6安装推杆前端；证据1与本专利基本结构相同；证据1图3公开扣耳通过卡和动作嵌入凸环13上；本专利通孔在证据1中没有明确的文字公开，但根据图3可以得到启示，并认为图3中扣耳前端的分叉结构可以起到与本专利中通孔的作用是相同的；其他技术特征均被证据1公开。

请求人认为：本专利是在证据1基础上进行的改良，但没有实质性改良，本专利说明书第1页下数第7行描述了证据1存在的缺点，认为本专利没有对证据1的技术进行具体的了解，证据1中的管塞体与扣头不是一体的，证据1第5页下数第3段第3行“该……固接……”对管塞体进行说明，固接不等于一体结构，证据1说明书也没有描述其是一体的，证据1第6页倒数第1段第2行说明了自毁的过程，认为塞体和推杆不是一体的，并从附图2中也可以看到；认为证据1也是断头结构，只是与本专利名称不同，都是从顶部断裂，本专利附图7圆柱体相当于证据1中的扣头，必须连接的很紧密；本专利形式上的改进是芯体的中部形成通孔，使卡芯5容易穿过凸环，但认为是惯常技术手段，证据1是否需要较大的力没有进行描述，回抽的时候需要特别的小心，用力都不是很大，使用的时候需要推到头再往回拉。

关于本专利权利要求2是否具有创造性，请求人明确表示：本专利权利要求2相对于证据1不具有创造性；证据1图3上方标号42为扣头，相当于本专利中的圆柱体31，证据1标记6类似于盲孔，只是简单的套接技术，本专利权利要求2的附加技术特征没有取得意想不到的技术效果。

关于本专利权利要求3是否具有创造性，请求人认为：本专利权利要求3的附加技术特征为公知常识，认为条形通孔内部要进入药液，对药液的剂量计算非常复杂，此技术在临床上通常得不到应用。

关于本专利权利要求4是否具有创造性及是否符合专利法实施细则第20条第1款的规定，请求人认为：本专利权利要求4的附加技术特征是矛盾的，只能在后面形成两个倒刺；此外还认为本专利权利要求4的倒刺与本专利权利要求1所述倒刺不同，因而不具有创造性，不能起到意想不到的技术效果，多个倒刺没有作用。

关于本专利权利要求5是否具有创造性，请求人认为：本专利权利要求5相对于证据1及公知常识不具有创造性；认为本专利中的凸起51与证据1中的扣耳的功能效果相同；设置在前部、中部和后部可以在公知常识中得到技术启示。

关于本专利权利要求6是否具有创造性，请求人认为：本专利权利要求6的附加技术特征相对于证据3不具有创造性；证据3附图2及说明书第8页下数第2段倒数第2行公开本专利权利要求6的附加技术特征，证据3中的“折沟23”与本专利中的“缺损部32”的结构、功能、效果完全相同，本领域技术人员看到证据3完全可以实现本专利权利要求6的附加技术特征。

关于本专利权利要求7是否具有创造性，请求人认为：本专利权利要求7的附加技术特征相对于证据1不具有创造性；证据1附图5公开结构与本专利基本相同，只是证据1标识块与推杆连接，但所达到的效果相同。

请求人当庭表示：证据1与证据2所公开的技术方案完全相同，对证据2的使用方式与证据1也完全相同。

至此，合议组认为事实已经清楚，在此基础上，合议组经合议依法作出无效宣告请求审查决定。

二、决定的理由

1. 关于证据和现有技术

证据1、2、3均为中国实用新型专利说明书，且其授权公告日均在本专利的申请日之前，专利权人也未对证据1、2、3的真实性表示异议，经审查证据1、2、3可以作为本案证据使用，其上所记载的内容构成本专利的现有技术。

2. 关于创造性

专利法第22条第3款规定：创造性，是指同申请日以前已有的技术相比，该发明有突出的实质性特点和显著的进步，该实用新型有实质性特点和进步。

具体就本案而言，请求人当庭表示权利要求1~7相对于证据1、3的组合或证据2、3的组合不具备创造性。

（1）关于权利要求1是否具备创造性。

本专利涉及一种自毁式注射器。证据1公开了一种改良的针筒，与本专利属于相同的技术领域，证据1具体公开了以下技术特征（见证据1说明书第3、4页及说明书附图2-6）：该注射器包括一空心针筒1（相当于本专利中的针管）、针座2（相当于本专利中的针头）、针筒内由推杆4和胶头5组成推杆结构，其中针筒前端向前突出以供针座套设于其上（该突出部相当于本专利中的针座），针筒前端骤缩有一落差形成为一接头11，并于该接头内部设有一落差扣环13（相当于本专利中的凸环），推杆前端设有管塞体6（相当于本专利中的卡芯），管塞体6与推杆前端的扣头42的端部固接，在管塞体表面上对称成形有两个倒扣部（相对于本专利中的倒刺状凸起），该倒扣可对应扣置于落差扣环13上，所述管塞体可将针筒内腔堵塞。

由此可见，证据1公开了权利要求1中的大部分技术特征，将权利要求1所限定的技术方案与证据1相比较可以看出，二者的区分在于：（a）权利要求1中的推杆与卡芯是分体结构，而证据1中的管塞体6与推杆前端的扣头42的端部是固接在一起的；（b）证据1中没有公开权利要求1中的卡芯的中部成形有一通孔且该通孔的位置与所述凸起对应这一特征。

对于区别特征（a），合议组认为，固接并不是一体结构，而是表明管塞体6与推杆前端的扣头42的端部之间存在的一种固定连接关系，推杆与卡芯不论是分体连接还是固定连接，对于本领域技术人员来说，都是一种对常见连接方式的简单选择，且本申请中选择为“分体连接”相对于“固定连接”而言并不会产生技术效果；对于区别特征（b），根据本专利说明书的记载并结合本领域的公知常识可以知道，权利要求1之所以采用在卡芯中部设置通孔的技术方案，是由于卡芯倒刺状凸起51的径向长度大于凸环的内径，这样会使得卡芯整体难以插入凸环内，而采用带有通孔的卡芯，使其在插入凸环时可以产生形变，这一形变使得倒刺状凸起51的径向长度变小，从而使得倒刺状凸起可轻易插入凸环，而针对这一技术问题，证据1所采用的技术方案则为在管塞体的最前端设置开口结构，在其插入落差扣环的过程中，尤其是当倒扣部进入落差扣环的期间，由于落差扣环的内壁对倒扣部的挤压使得管塞体前端的开口向外打开，且倒扣部向其轴向收缩，这样倒扣部就能够很顺利地进入落差扣环内并与其扣合在一起。由此可见，证据1中给出了采用机械形变的原理来解决上述插入问题的技术启示，并且，对于本领域普通技术人员而言，在卡芯中部设置通孔以便于带有倒刺状凸起的卡芯插入凸环是本领域中为解决插入问题而经常采用的技术手段，是本领域普通技术人员根据证据1中的技术启示无需付出创造性劳动就能想到的。综上所述，本领域技术人员在证据1的基础上结合本领域的公知常识可以在不付出创造性劳动的情况下得出权利要求1所限定的技术方案，这对于本领域技术人员来说是显而易见的，因此，本专利相对于证据1不具备专利法第22条第3款所规定的创造性。

（2）关于权利要求2是否具备创造性。

权利要求2对权利要求1作了进一步的限定，并加入了如下附加技术特征：“所述卡芯（5）的后端成形有一轴向盲孔（53），所述盲孔（53）与设在所述推杆（3）前端的一圆柱体（31）相配合”。证据1中的管塞体6与推杆前端的扣头42的端部是固接在一起的，对于本领域技术人员来说，采用本专利中这种插接的连接方式不过是众多公知连接方式中的一种，且采用这种插接的方式并未给本专利带来意想不到的技术效果，因而在其引用的权利要求1不具备创造性的情况下，该从属权利要求2也不具备专利法第22条第3款所规定的创造性。

（3）关于权利要求3是否具备创造性。

权利要求3对权利要求1或2作了进一步的限定，并加入了如下附加技术特征“所述通孔（52）为条形通孔”。然而，在上文针对权利要求1的的“区别特征（b）”的评述中已经详细说明了在卡芯的中部成形有通孔以便于卡芯插入到凸环中是本领域普通技术人员很容易就能想到的，由于卡芯在针筒内是做轴向运动的，因此为了其能沿轴向逐步通过凸环，本领域普通技术人员通常将此类通孔也选择为沿其轴向形成的长条形通孔，可见该附加技术特征属于本领域的常用技术手段，因此，在其引用的权利要求 1、2 不具备创造性的情况下，该从属权利要求 3 也不具备专利法第 22 条第 3 款所规定的创造性。

（4）关于权利要求 4 是否具备创造性。

权利要求 4 对权利要求 1 或 2 作了进一步的限定，并加入了如下附加技术特征“所述卡芯（5）的后端外表面上成形有多个倒刺（54）”。根据本专利说明书的记载并结合本领域的公知常识可以得知，设置倒刺状凸起的目的就是为了使插入更牢固，且不易脱落，在证据 1 中已经公开了在管塞体后端设置倒扣的技术特征，本领域技术人员在证据 1 的基础上，可以得到在本专利的卡芯后端设置多个倒刺状凸起的技术启示，且设置了多个倒刺并未给本发明带来任何意想不到的技术效果，因此在其引用的权利要求 1、2 不具备创造性的情况下，该从属权利要求 4 也不具备专利法第 22 条第 3 款所规定的创造性。

（5）关于权利要求 5 是否具备创造性。

权利要求 5 对权利要求 1 或 2 作了进一步的限定，并加入了如下附加技术特征：“所述凸起（51）成形于所述卡芯（5）的中部”。如上所述，设置倒刺状凸起的目的就是为了使插入更牢固，且不易脱落，在证据 1 中已经公开了在管塞体后端设置倒扣的技术特征，本领域技术人员在证据 1 的基础上，可以得到在本专利的卡芯设置倒刺状凸起的技术启示，由于卡芯在针筒内是做轴向运动的，只要在其运动方向上设置倒刺状凸起就可以实现上述目的，至于设置倒刺状凸起的具体位置，对于本领域技术人员来说只是一种简单选择，且在卡芯中部设置倒刺状凸起并未给本发明带来任何意想不到的技术效果，因此，在其引用的权利要求 1、2 不具备创造性的情况下，该从属权利要求 5 也不具备专利法第 22 条第 3 款所规定的创造性。

（6）关于权利要求 6 是否具备创造性。

权利要求 6 对权利要求 1 或 2 作了进一步的限定，并加入了如下附加技术特征：“所述推杆（3）上设有一缺损部（32），所述推杆（3）能够沿所述缺损部（32）折断”。证据 3 公开了一种安全针筒，与本专利属于相同的技术领域，在证据 3 中公开了在推杆上设置折沟的这一技术方案（见证据 3 附图 2 及说明书第 8 页下数第 2 段倒数第 2 行），且证据 3 中的折沟与本专利中的缺损部的构造及功能完全相同，证据 3 给出了在安全针筒的推杆上设置折沟的技术启示，在证据 1 的基础上结合证据 3 给出的技术启示从而得到该权利要求 6 要求保护的技术方案对本领域普通技术人员而言是显而易见的。因此，在其引用的权利要求 1、2 不具备创造性的情况下，该从属权利要求 6 也不具备专利法第 22 条第 3 款所规定的创造性。

（7）关于权利要求 7 是否具备创造性。

权利要求 7 对权利要求 1 或 2 作了进一步的限定，并加入了如下附加技术特征“所述针管（1）的后端部设有一标识块（14），所述标识块（14）的一端与所述针管（1）连接在一起，另一端卡入与所述推杆（3）上的一缺口（33）内”。根据本专利的说明书的记载并结合本领域的公知常识可知，标识块与缺口的配合是为了防止误操作带来的卡芯提前卡入并造成自毁的后果。证据 1 中推杆的推压部设置有安全扣片与一对应的扣槽（见证据 1 说明书第 3 页最后一段至第 4 页第 1 段），证据 1 中的安全扣片-扣槽结构与权利要求 7 中所述的标识块-缺口结构都是用于防止误操作使得注射器自毁的，即证据 1 给出了在安全针管上设置安全装置的技术启示。虽然权利要求 7 中的标识块通过卡入推杆的缺口来防止针管向前移动，证据 1 中的安全扣片是抵靠住针管来防止推杆移动，但是对于本领域技术人员来说，这两种机械配合方式都是为了实现防止误操作而设置的一种常规技术手段。因此，在其引用的权利要求1、2不具备创造性的情况下，该从属权利要求7也不具备专利法第22条第3款所规定的创造性。

综上所述，权利要求1~7相对于证据1、3不具备专利法第22条第3款所规定的创造性，应予以无效。鉴于此，对请求人提出的其他无效宣告请求的理由，本案合议组不再进行评述。

三、决定

宣告200320101967.6号实用新型专利权全部无效。

当事人对本决定不服的，可以根据专利法第46条第2款的规定，自收到本决定之日起三个月内向北京市第一中级人民法院起诉。根据该款的规定，一方当事人起诉后，另一方当事人应当作为第三人参加诉讼。

024

屏蔽房

无效宣告请求审查决定（第10991号）

决　　定　　号　第10991号
决　　定　　日　2008年1月10日
发明创造名称　屏蔽房
国 际 分 类 号　E04H 1/12，G21F 7/00
无效宣告请求人　益迈得可科技股份有限公司
专　利　权　人　常州利明屏蔽有限公司
专　　利　　号　200420054452. X
申　　请　　日　2004年12月17日
授 权 公 告 日　2006年2月22日
合 议 组 组 长　于　萍
主　　审　　员　任颖丽
参　　审　　员　董晓静

法　律　依　据　专利法第22条第2款、第3款，专利法第5条
决　定　要　点

如果权利要求要求保护的技术方案与现有技术公开的技术方案之间的区别技术特征是本领域技术人员可以根据实际应用的需要进行常规选择而确定的，不需要付出创造性的劳动，则该权利要求不具备创造性；反之，如果现有技术没有给出得出所述权利要求技术方案的任何技术启示，本领域技术人员需要付出创造性的劳动才能得出该权利要求的技术方案，且该技术方案具有有益效果，则该权利要求具有创造性。

一、案由

本无效宣告请求涉及中华人民共和国国家知识产权局于2006年2月22日授权公告的、名称为“屏蔽房”的实用新型专利权（下称本专利），其专利号是200420054452. X，申请日是2004年12月17日，专利权人是常州利明屏蔽有限公司。本专利授权公告时的权利要求书如下：

“1. 一种屏蔽房，其特征在于它包括设置在四周面及顶面的木质框架、地面、周面上的屏蔽门及屏蔽观察窗，四周面及顶面的木质框架内均镶装有吸声保温材料墙，木质框架向房间外的一侧均设有金属层，木质框架向房间内的一侧均设置有装饰墙，地面设有金属层、绝缘层及防水层，屏蔽房的四周、顶面及地面的金属层相互之间紧密连接，使金属层连接成一体。

2. 根据权利要求1所述的屏蔽房，其特征在于所述屏蔽房还包括通风系统及照明系统。

3. 根据权利要求1所述的屏蔽房，其特征在于所述屏蔽观察窗为透明的玻璃材料制成，窗体的四周面包覆有金属层，该金属层与四周面的的金属层紧密连接。

4. 根据权利要求1所述的屏蔽房，其特征在于所述吸声保温材料墙采用盐棉板材料，所述装饰墙采用双贴面人造板。

5. 根据权利要求1所述的屏蔽房，其特征在于屏蔽房的四周面、顶面及地面的金属层均采用片状的金属板。

6. 根据权利要求1、2、3、4或5所述的屏蔽房，其特征在于所述屏蔽门包括门体、门框及门体与门框间的连接部件，其特征在于所述门体设有金属板，门体四周镶装有紧密排列成一体的金属弹簧梳形片，且该金属弹簧梳形片与门体的金属板相连，门框四周的内表面均嵌装有成一体的金属板，使得门体与门框闭合时，它们之间形成良好的电气连接。

7. 根据权利要求6所述的屏蔽房，其特征在于所述门体的金属板设置于门体两侧的包覆层内。

8. 根据权利要求7所述的屏蔽房，其特征在于所述金属板采用铜板制成，两侧包覆层采用人造板制成。

9. 根据权利要求6所述的屏蔽房，其特征在于所述金属板、门体的金属弹簧梳形片均采用铜质材料。

10. 根据权利要求5或9所述的屏蔽房，其特征在于所述金属板的厚度为0.1~0.2mm的铜板。”

针对本专利权，益迈得可科技股份有限公司（下称请求人）于2007年1月25日向专利复审委员会提出无效宣告请求，认为本专利不符合专利法第5条和第22条第2、3款的规定，请求人同时提交了如下证据：

证据1：公告日为2003年9月30日、公开号为US6626264B1的美国专利文献，共18页；

证据2：钱照明、程肇基编著、浙江大学出版社出版、2000年12月第1版、2004年1月第3次印刷的《电力电子系统电磁兼容设计基础及干扰抑制技术》封面、内页、版权页、封底、第61~65、第72~89页的复印件，共27页；

证据3：刘昭如编著、科学出版社出版、2000年9月第1版、2005年1月第4次印刷的《建筑构造设计基础》封面、内页、版权页、封底、第19~25页的复印件，共11页；

证据4：公告日为2003年2月18日、公开号为US6519899B1的美国专利文献，共12页；

证据5：ⅠMEDCO“Protective shielding for MRⅠ equipment”宣传册复印件，共4页；

证据6：1998年7月15日，由Dietschi AG开给Ⅰmedco AG的帐单复印件，共1页；

证据7：美国US6626264专利审查档案经证明的副本复印件，共7页；

证据8：瑞士ⅠMEDCO AG公司（甲方）和常州利明屏蔽有限公司（乙方）于2004年8月10日签订的《常州明瑞电子制造有限公司合同书》复印件，共10页。

请求人认为：本专利权利要求1~5相对于证据1和公知常识不具备新颖性；权利要求1~10相对于证据1、4以及公知常识的结合不具备创造性；权利要求1~6相对于证据5不具备新颖性；权利要求1~10相对于证据5、4的结合不具备创造性；权利要求1~10不符合专利法第5条的规定。

经形式审查合格，专利复审委员会依法受理了上述无效宣告请求，并于2007年3月12日向请求人和专利权人发出无效宣告请求受理通知书，同时将专利权无效宣告请求书及其附件清单中所列附件的副本转送给专利权人，并要求专利权人在指定的期限内陈述意见。

2007年2月16日，请求人向专利复审委员会提交了意见陈述书，并补充提交了证据1、4~7的中文译文。

2007年4月28日，专利权人针对上述受理通知书提交了意见陈述书，认为请求人未提交附件1、

4~7的中文译文。

专利复审委员会依法成立合议组。本案合议组于2007年6月1日发出转文通知书，将请求人于2007年2月16日提交的意见陈述书及其附件转给专利权人。

专利权人于2007年7月13日针对上述转文通知书提交了意见陈述书。专利权人认为，本专利符合专利法第5条和第22条第2、3款的规定。

本案合议组于2007年7月31日向双方发出无效宣告请求口头审理通知书，定于2007年9月11日在专利复审委员会举行口头审理。

2007年9月11日，口头审理如期举行，双方当事人均参加了口头审理。

在口头审理中，请求人明确其无效宣告的理由、证据和范围是：权利要求1~5相对于证据1~3不具有新颖性和创造性，其中证据2和3用于证明公知常识；权利要求6~10相对于证据1~4不具有创造性；权利要求1~6相对于证据5、6、7、1不具有新颖性和创造性，其中证据6、7、1用于证明证据5的真实性和公开时间；权利要求7~10相对于证据4、5不具有创造性；权利要求1~10不符合专利法第5条的规定。请求人当庭出示了证据2、3、5、7的原件和证据5、6、8的公证认证文本，专利权人当庭进行了核实。专利权人对证据1~8的真实性没有异议，对证据1、4~7的译文的准确性没有异议，对证据1、2、4~8的公开性没有异议，但认为证据3的印刷日晚于本专利的申请日，不能作为本专利的对比文件。合议组经合议后，要求请求人在口头审理结束后一个月内提交证据3的同一版次但印刷日在本专利申请日之前的原件。专利权人表示在请求人按规定提交原件后由合议组核实，专利权人不再进行核实。

2007年10月15日，请求人提交了证据3所对应的《建筑构造设计基础》一书的2000年9月第1版、2000年9月第1次印刷的原件及复印件。

至此，合议组认为本案事实已经清楚，可以作出审查决定。

二、决定的理由

1. 关于证据和现有技术

请求人请求使用证据1~8作为证据，专利权人对证据1~8的真实性没有异议，对证据1、4~7的译文的准确性没有异议，但认为证据3的印刷日晚于本专利的申请日，不能作为本专利的对比文件。合议组经审查认为：

（1）由于专利权人对证据1~8的真实性没有异议，合议组对上述证据的真实性予以认可；同时由于证据1、2、4的公开日期早于本专利的申请日，因此可以作为本案的现有技术使用；专利权人对证据1、4、6、7的译文准确性没有异议，因此证据1、4、6、7的内容以其中文译文为准；

（2）关于证据3，2007年10月15日请求人提交了证据3所对应书籍的2000年9月第1版、2000年9月第1次印刷的原件及复印件，经合议组核实，证据3第19~25页的内容与该书籍同一版次的2000年9月第1次印刷的相应内容一致，因此证据3的相应页的内容已于2000年9月30日公开，可以作为本案的现有技术使用；

（3）关于证据5，请求人认为证据6、7、1可以证明证据5的公开时间早于本专利的申请日，专利权人对证据5的真实性和公开性没有异议，合议组经审查认为：证据1和7声称2001年10月30日之前发表了益迈得可科技股份有限公司MRⅠ设备的保护性屏蔽宣传册，证据6能够证明1998年7月15日之前Dietschi AG印刷出版社为Ⅰmedco AG印刷了“屏蔽保护”宣传册，但根据证据6、7、1的描述尚不能得出它们涉及的宣传册就是证据5的宣传册的结论，请求人也没有提供证据证明证据1、7、6所涉及的宣传册就是证据5，因此，请求人关于证据1、6、7足以证明证据5的公开日早于本专利的申请日、证据5能作为本案的现有技术使用的主张不成立。

2. 关于专利法第 5 条

专利法第 5 条规定，对违反国家法律、社会公德或者妨害公共利益的发明创造，不授予专利权。

请求人认为证据 8 显示了专利权人和请求人进行了合作上的磋商，专利权人不正当的用从请求人处得知的材料申请了本专利，明显违背了诚实信用原则，因此本专利违反了社会公德，不符合专利法第 5 条的规定。

专利权人认为专利法第 5 条的内容是针对专利本身的，因此请求人所提的意见不能成立。

合议组经审查后认为：专利法第 5 条的规定是指发明创造的公开、使用、制造违反了国家法律、社会公德或妨害公共利益的，不能被授予专利权。本专利权利要求 1~10 的技术方案涉及一种屏蔽房，用于电磁环境复杂的场所，如军队、医院、保密系统、涉外机构等，能有效防止外界信号干扰和防止室内信号泄漏，其技术方案本身不违背国家法律和社会公德，其技术方案的实施和使用也不会给公众或社会造成危害或者使国家和社会的正常秩序受到影响；证据 8 只能表明常州利明屏蔽有限公司与瑞士 I MEDCO AG 公司之间存在经济往来，但是不能体现本专利的公开、使用、制造违反国家法律、社会公德和妨害公共利益，因此请求人的理由不能成立。

3. 关于专利法第 22 条第 2、3 款

专利法第 22 条第 2 款规定，新颖性，是指在申请日以前没有同样的发明或者实用新型在国内外出版物上公开发表过、在国内公开使用过或者以其他方式为公众所知，也没有同样的发明或者实用新型由他人向国务院专利行政部门提出过申请并且记载在申请日以后公布的专利申请文件中。

专利法第 22 条第 3 款规定，创造性，是指同申请日以前已有的技术相比，该实用新型具有实质性特点和进步。

如果权利要求所限定的技术方案与现有技术公开的技术内容相比，存在区别技术特征，使得二者技术方案不同，则该权利要求具备新颖性。

如果权利要求要求保护的技术方案与现有技术公开的技术方案之间的区别技术特征是本领域技术人员可以根据实际应用的需要进行常规选择而确定的，不需要付出创造性的劳动，则该权利要求不具备创造性；反之，如果现有技术没有给出得出所述权利要求技术方案的任何技术启示，本领域技术人员需要付出创造性的劳动才能得出该权利要求的技术方案，且该技术方案具有有益效果，则该权利要求具有创造性。

（1）权利要求 1~5 相对于证据 1~3 的新颖性和创造性。

请求人认为：权利要求 1~5 相对于证据 1~3 不具有新颖性和创造性，其中证据 2 和 3 用于证明公知常识；权利要求 1 中除了屏蔽门和屏蔽观察窗没有被证据 1 公开，其余技术特征均已经被证据 1 公开，但是屏蔽门和观察窗是本领域的公知常识，例如证据 2 中公开了门、通风孔和窥视窗，因此权利要求 1 不具有新颖性，更不具有创造性；证据 1 公开了天花板上包括墙和灯，通风系统是屏蔽房技术的公知技术内容，证据 2 也公开了门、开孔、通风孔，因此权利要求 2 也不具有新颖性和创造性；“屏蔽观察窗为透明的玻璃材质制成”不属于结构特征，而且是公知常识，另外证据 2 中也公开了“导电玻璃”，紧密连接也是公知常识，因此权利要求 3 也不具有新颖性和创造性；权利要求 4 的附加技术特征是两个材料选择，材料的选择属于公知常识，没有任何实质性技术内容，并且证据 3 也公开了人造板材，权利要求 5 的附加技术特征片状金属板在证据 1 的很多地方都公开了，因此权利要求 4 和 5 也不具有新颖性和创造性。

专利权人认为：权利要求 1 中的屏蔽门和屏蔽窗没有被证据 1 公开，其他技术特征都已经被证据 1 公开，但屏蔽门和屏蔽窗不是公知常识，屏蔽房不一定要有门和窗，因此权利要求 1 具有新颖性和创造性；由于权利要求 1 具有新颖性和创造性，权利要求 2~5 也具有新颖性和创造性；并且权利要

求3保护的是窗的结构，证据2中只是公开了观察窗的名称，没有公开其具体结构，本专利的窗体包覆有金属层，该金属层与四周面的金属板紧密连接，因此权利要求3具有新颖性和创造性。

合议组经审查后认为：

权利要求1请求保护一种屏蔽房，证据1也公开了一种射频屏蔽且隔音的闭合空间10，闭合空间10坐落于建筑物12中，建筑物12包括天花板14、地板16以及多个墙面18，闭合空间10包括框架20，框架20是木质的，框架20确定了多个空腔22，空腔22可被一或数层隔音层24填充，一层射频屏蔽层或铜制屏蔽层26安装在框架20的外侧，框架20的内侧附有装饰墙28，一层电绝缘层54铺在地面16的上方，一层硬质纤维板或绝缘纤维板56铺在电绝缘层54的顶上，一层射频屏蔽层58（相当于本专利中设于地面的金属层）铺在硬质纤维板或绝缘纤维板56的顶上，射频屏蔽层58与闭合空间10的墙壁及天花板中的射频屏蔽层26相焊接或者电连接，在另一实施例中闭合空间的地面可以额外包括一层厚层81，厚层81是一或数层高分子防水榫槽企口刨花板（参见证据1中文译文的第8~11、13页）。可见，证据1至少没有公开权利要求1中的“屏蔽门及屏蔽观察窗”。由于新颖性判断适用单独对比原则，而权利要求1与证据1存在上述区别，因此二者是不同的技术方案，权利要求1相对于证据1具备专利法第22条第2款规定的新颖性。

在独立权利要求1具备新颖性的基础上，其从属权利要求2~5也具备专利法第22条第2款规定的新颖性。

如上所述，权利要求1相对于证据1的区别技术特征是“屏蔽门及屏蔽观察窗”，但该区别技术特征是本领域的公知常识，同时证据2也公开了屏蔽体上可以有门、盖、各种开孔、通风孔等（参见第72页第4段），本领域普通技术人员可以根据实际应用的需要来选择设置屏蔽门和观察窗，不需要付出创造性的劳动，并且本专利说明书中也没有记载该区别技术特征为本专利带来了任何预料不到的技术效果，因此权利要求1不具有实质性特点和进步，不具备专利法第22条第3款规定的创造性。

权利要求2是权利要求1的从属权利要求，其附加技术特征为“屏蔽房还包括通风系统和照明系统”。该技术特征是本领域的公知常识，同时证据1也公开了天花板进一步包括灯52（参见译文第12页第16~17行），证据2也公开了屏蔽体上有通风孔（参见第72页第4段），本领域普通技术人员可以根据实际应用的需要来选择设置通风系统和照明系统，不需要付出创造性的劳动，并且本专利说明书中也没有记载该技术特征为本专利带来了任何预料不到的技术效果，因此在其所引用的权利要求1不具备创造性的前提下，该权利要求2也不具有实质性特点和进步，不具备专利法第22条第3款规定的创造性。

权利要求3是权利要求1的从属权利要求，其附加技术特征为“屏蔽观察窗为透明的玻璃材料制成，窗体的四周面包覆有金属层，该金属层与四周面的的金属层紧密连接”。采用透明玻璃材料作为屏蔽观察窗是本领域的常规技术手段，为了减小观察窗对屏蔽效果的影响，本领域技术人员很容易想到在窗体四周包覆与其他金属层相连接的金属层，不需要付出创造性的劳动，并且本专利说明书中也没有记载该技术特征带来了任何预料不到的技术效果，因此在其所引用的权利要求1不具备创造性的前提下，该权利要求3也不具有实质性特点和进步，不具备专利法第22条第3款规定的创造性。

权利要求4是权利要求1的从属权利要求，其附加技术特征为“吸声保温材料墙采用盐棉板材料，装饰墙采用双贴面人造板”。证据1公开了隔音层24是矿物棉如岩棉（参见译文第8页倒数第6行），装饰墙可选择刨花板（参见译文第9页第5~6行），证据3也公开了人造块材和板材（参见译文第21页），同时吸声保温材料墙和装饰墙的材质是本领域技术人员可以根据实际应用的需要来选择和确定的，而盐棉板和双贴面人造板是常用的吸声保温材料和装饰墙材料，并且本专利说明书中也没有记载该技术特征为本专利带来了任何预料不到的技术效果，因此在其所引用的权利要求1不具备创造性的前提下，该权利要求 4 也不具有实质性特点和进步，不具备专利法第 22 条第 3 款规定的创造性。

权利要求 5 是权利要求 1 的从属权利要求，其附加技术特征为“屏蔽房的四周面、顶面及地面的金属层均采用片状的金属板”。采用片状金属板作为金属层是本领域的常规技术手段，并且本专利说明书中也没有记载该技术特征为本专利带来了任何预料不到的技术效果，因此在其所引用的权利要求 1 不具备创造性的前提下，该权利要求 5 也不具有实质性特点和进步，不具备专利法第 22 条第 3 款规定的创造性。

综上所述，权利要求 1~5 不具备创造性。

(2) 权利要求 6~10 相对于证据 1~4 的创造性。

请求人认为：权利要求 6 中所述的“屏蔽门包括门体、门框及门体与门框间的连接部件”属于普通技术人员可以想到的公知内容，证据 4 公开了权利要求 6 中的门体、门框、门体设有金属板，证据 4 中的门铰链机构相当于权利要求 6 中的门体和门框间的连接部件，门框的四个部分就是门框四周，手指形弹性部件相当于权利要求 6 中的金属弹簧梳形片，将证据 4 中的两面的梳形片和附接的金属层改装成四面的或者嵌装的，是一般的技术人员可以想到的，因此权利要求 6 的全部附加技术特征都已经被证据 4 公开，权利要求 6 不具有创造性。权利要求 7、9、10 的附加技术特征在证据 4 中公开了，权利要求 8 的附加技术特征在证据 4 和 2 中公开了，因此权利要求 7~10 也不具有创造性。

专利权人认为：本专利权利要求 6 和证据 4 有两方面不同，梳形齿和指形弹簧不同，嵌装的金属板与附接的不同。本专利四周全部都是梳形齿，屏蔽性更好，金属板是嵌装到门框上的，可以防止刮伤过往的人、物；证据 4 只是上下有指形弹簧，两边是金属板，金属板是附接到门框上的，证据 4 的电器密封性和屏蔽性不如本专利。在权利要求 1 和 6 具有创造性的情况下，权利要求 7~10 也具有创造性。

合议组经审查后认为：权利要求 6 引用权利要求 1~5，进一步限定了屏蔽门的具体结构，其附加技术特征没有被证据 1 所公开。证据 4 公开了一种射频屏蔽且隔音的门 10，包括门板 14 及门框 16，在打开位置门 10 最好露出一个门铰链机构 44（相当于权利要求 6 门体与门框间的连接部件），门板 14 有第一外侧部分 68 及第二外侧部分 70，接近第二外侧部分 70 的一层最好由铜制成的传导材料 82（相当于权利要求 6 的门体设有金属板）最好沿第二外侧部分 70 长度方向延伸；为了在门板 14 与门框 16 间提供连续的射频屏蔽，许多射频屏蔽接触部件 90 或手指形部件弹性地安装在门板 14 的顶部和底部，接触部件 90 沿门板部件的长度方向延伸，并位于接近门框 16 相应的顶部和底部，因此当门 10 处于关闭位置时在门板 14 与门框 16 间提供电连接；门板 14 最好具有夹心或层状设计，门框 16 最好有 4 个门框部分组成，顶部 62、第一侧部 58 与第二侧部 60 分别包括支撑材料以及附加在支撑材料上的传导材料（参见译文第 4 页第 1 行，第 5 页第 1、3、4 段，第 6 页第 2、5 段，第 7 页第 3 段，附图 1、4）。将权利要求 6 的附加技术特征与证据 4 相比，其区别在于：(1) 权利要求 6 中门体四周镶装有紧密排列成一体的金属弹簧梳形片，且该金属弹簧梳形片与门体的金属板相连，而证据 4 是在门板 14 的顶部和底部弹性地安装有接触部件或手指形部件，而不是四周镶装；(2) 权利要求 6 门框四周的内表面均嵌装有成一体的金属板，而证据 4 在顶部 62、第 1 侧部 58 和第 2 侧部 60 分别包括附加在支撑材料上的传导材料，即在门板的三个方向上附加传导材料，而不是在四周嵌装。证据1~3也均没有公开上述 2 个区别技术特征，并且，证据 1~4 均没有给出在门板四周镶装金属弹簧梳形片和将金属板嵌装在门框内表面的技术启示，因此权利要求 6 的技术方案相对于证据 1~4 是不容易想到的。并且权利要求 6 由于使用了金属弹簧梳形片及门框四周嵌装金属板可以使得门体与门框之间形成良好的电气连接，具有良好的屏蔽效果（见本专利说明书第 2 页第 2 段和第 3 页第 4 段），因此权利要求

6请求保护的技术方案具有实质性特点和进步，具备专利法第22条第3款所规定的创造性。

权利要求7~9直接或间接引用了权利要求6，在权利要求6具备创造性的前提下，权利要求7~9也都具备创造性。

权利要求10分别引用了权利要求5和9，当引用权利要求9时，在其所引用的权利要求9具备创造性的前提下，该权利要求10具备创造性。

证据4公开了传导材料层最好由铜制成，厚度为0.14~0.21mm（参见第6页第5段）。本领域技术人员根据证据4公开的上述内容很容易想到用约0.1~0.2mm的铜板作为屏蔽房的四周面、顶面及地面的金属层。因此当引用权利要求5时，权利要求10的技术方案不具有实质性特点和进步，不具备专利法第22条第3款规定的创造性。

（3）权利要求1~6相对于证据5的新颖性和创造性、权利要求7~10相对于证据4、5的创造性。

请求人认为：权利要求1~6相对于证据5、6、7、1不具有新颖性和创造性，权利要求7~10相对于证据4、5不具有创造性，其中证据6、7、1用于证明证据5的真实性和公开时间；证据5的图与本专利的附图一致，已经公开了权利要求1~3、5、6的相应技术内容，证据5公开了权利要求1中的屏蔽房，屏蔽房包括六面，证据5是彩图，可以看出铜质的屏蔽层，屏蔽层外侧的装饰层等都可以看出，唯一不能看出的是各个屏蔽层之间的紧密连接，这个是本领域的公知常识；权利要求4的附加技术特征是公知常识并且证据3可证明；因此权利要求1~6不具有新颖性，更不具有创造性；权利要求7、9、10的附加技术特征在证据4中公开了，权利要求8的附加技术特征在证据4和2中公开了，因此权利要求7~10相对于证据4、5不具有创造性。

专利权人认为：证据5只有附图和有限的文字说明，文字上没有披露任何本专利的结构内容，图上也看不出具体结构，因此不足以破坏权利要求1的新颖性和创造性；由于权利要求1具有新颖性和创造性，权利要求2、4、5也具有新颖性和创造性；证据5中看不出权利要求3、6的内容，因此权利要求3、6也具有新颖性和创造性；在权利要求1和6具有创造性的情况下，权利要求7~10也具有创造性。

合议组经审查后认为，首先，如前所述，权利要求1~5以及权利要求10引用权利要求5的技术方案因不具备创造性，应予无效，因此对请求人关于上述权利要求的其他无效理由和证据结合方式，本决定不再予以评述。对请求人的上述理由和证据使用方式，合议组仅审查其关于权利要求6相对于证据5是否具备新颖性和创造性，权利要求7~9及权利要求10引用权利要求9的技术方案相对于证据4、5是否具备创造性。但是，如前所述，证据5不能作为本案的现有技术使用，因此请求人的上述理由不能成立。其次，从证据5公开的技术内容来看，请求人的主张也不能成立，具体理由如下：

权利要求6是权利要求1的从属权利要求，包括了权利要求1的全部技术特征，还进一步限定了屏蔽门的具体结构。从证据5的图和文字说明中能够确定：屏蔽空间有门，门包括门体、门框，门体和门框之间有连接部件，门是完全RF屏蔽的，门上覆盖有白色层压板，铜质门槛有一个极低的门框。证据5中至少没有公开权利要求6中的“门体四周镶装有紧密排列成一体的金属弹簧梳形片”和“门框四周的内表面均镶装有成一体的金属板”等技术特征，因此权利要求6相对于证据5具备新颖性，符合专利法第22条第2款的规定。而且，由于证据5也没有给出得到上述区别特征的任何技术启示，因此权利要求6的技术方案相对于证据5是非显而易见的。并且权利要求6由于使用了金属弹簧梳形片可以使得门体与门框之间形成良好的电气连接，具有良好的屏蔽效果（见本专利说明书第2页第2段和第3页第4段），因此权利要求6请求保护的技术方案与证据5相比具有实质性特点和进步，具备专利法第22条第3款所规定的创造性。

证据7~9均直接或间接引用了权利要求6，因此证据7~9都含有权利要求6的全部技术特征。如前所述，证据4、5及证据2都没有公开权利要求6中的“门体四周镶装有紧密排列成一体的金属弹簧梳形片”和“门框四周的内表面均镶装有成一体的金属板”这两个技术特征，也没有给出相应的技术启示，因此权利要求7~9的技术方案相对于证据4或2和证据5的结合是非显而易见的。并且本专利由于使用了金属弹簧梳形片可以使得门体与门框之间形成良好的电气连接，具有良好的屏蔽效果(见本专利说明书第2页第2段和第3页第4段)，因此在请求人关于权利要求6相对于证据5不具备新颖性和创造性的理由不成立的基础上，其关于权利要求7~9请求保护的技术方案相对于证据4、5及证据2不具备创造性的理由也不成立。同理，当引用权利要求9时，权利要求10具备创造性。

根据上述的事实和理由，本案合议组依法作出以下决定。

三、决定

宣告200420054452.X号实用新型专利权的权利要求1~5、权利要求10引用权利要求5的技术方案无效，在权利要求6~9、权利要求10引用权利要求9的技术方案的基础上维持该专利权继续有效。

当事人对本决定不服的，可以根据专利法第46条第2款的规定，自收到本决定之日起三个月内向北京市第一中级人民法院起诉。根据该款的规定，一方当事人起诉后，另一方当事人应当作为第三人参加诉讼。

025

多功能摄影三脚架

无效宣告请求审查决定（第11002号）

决 定 号 第11002号
决 定 日 2008年1月8日
发明创造名称 多功能摄影三脚架
国际分类号 G03B 17/56，F16M 11/12
无效宣告请求人 沈伟宏
专 利 权 人 刘 昊
专 利 号 200520065227.0
申 请 日 2005年9月30日
授权公告日 2006年10月4日
合议组组长 张梅珍
主 审 员 李晓娜
参 审 员 谢有成

法 律 依 据 专利法第22条第2款
决 定 要 点

如果本专利权利要求与对比文件的公开内容相比，其技术领域、技术方案、所解决的技术问题和预期的效果实质上相同，则本专利权利要求相对于该对比文件不具备新颖性。

一、案由

本无效宣告请求涉及国家知识产权局于2006年10月4日授权公告的名称为“多功能摄影三脚架”、专利号为ZL 200520065227.0的实用新型专利（下称本专利），其申请日是2005年9月30日，专利权人是刘昊。本专利授权公告时的权利要求书如下：

“1. 多功能摄影三脚架，它具有一个本体（10），本体（10）的中部与支撑杆（20）配合，其外端则铰接有三根支腿（30）；其特征在于：所述的本体（10）上端套设有一个水平旋转支架（40），该水平旋转支架（40）通过锁紧旋钮（60）与一垂直旋转支架（50）相连；另外，垂直旋转支架（50）上还设有用于锁定支撑杆（20）的锁紧旋钮（70）。

2. 根据权利要求1所述的多功能摄影三脚架，其特征在于：所述的水平旋转支架（40）的下端呈管状，并套设在本体（10）内，上端则呈弧面状，其外侧成型有耳状连接部（41）；垂直旋转支架（50）在其外侧亦成型有与水平旋转支架（40）的连接部（41）配合的耳状连接部（51），连接部（41）和（51）通过锁紧旋钮（60）相连。

3. 根据权利要求 2 所述的多功能摄影三脚架，其特征在于：垂直旋转支架（50）的外端还凸设有一呈开口状的锁紧部（52），该锁紧部（52）与锁紧旋钮（70）配合。

4. 根据权利要求 3 所述的多功能摄影三脚架，其特征在于：水平旋转支架（40）和垂直旋转支架（50）的连接部（41）和（51）在其相对的端面上分别成型有可相互咬合的离合齿（411）、（511）。"

针对上述专利权，沈伟宏（下称请求人）于 2007 年 4 月 25 日向专利复审委员会提出了无效宣告请求，并提交了如下证据：

证据 1（下称对比文件 1）：专利号为 ZL 03256434. 1 的中国实用新型专利说明书，共 17 页，其授权公告日为 2004 年 5 月 26 日；

证据 2（下称对比文件 2）：专利号为 ZL 00816719. 2 的中国发明专利说明书，共 9 页，其授权公告日为 2005 年 9 月 28 日。

结合上述证据，请求人在无效宣告请求书中认为：

（1）对比文件 1 的公开内容与本专利权利要求 1～4 相比，对比文件 1 中的支撑座 1、中心轴杆 6、脚管 12 分别与权利要求 1 中的本体 10、支撑杆 20、支腿 30 基本对应，对比文件 1 中的旋转体 2、套环 4、锁固旋钮 45、迫紧旋钮 49 分别与权利要求 1 中的水平旋转支架 40、垂直旋转支架 50、锁紧旋钮 60、锁紧旋钮 70 基本对应；对比文件 1 中枢孔 41 和棘齿 42 的结构部分与权利要求 2 中的连接部 51 对应，对比文件 1 中枢接臂 22 的结构部分与权利要求 2 中的连接部 41 基本对应；对比文件 1 中夹片 46、47 的结构与权利要求 3 中呈开口状的锁紧部 52 基本对应；对比文件 1 中的棘齿 222、42 分别与权利要求 4 中的离合齿 411、511 基本对应；而且对比文件 1 公开了本专利权利要求 1～4 的全部技术特征，两者的技术方案仅是文字描述上有所不同，实质上完全一样，因而本专利的权利要求 1～4 不具备新颖性，不符合专利法第 22 条第 2 款的规定；

（2）对比文件 1 和 2 相结合公开了本专利的全部技术特征，技术方案完全相同，因此本专利权利要求 1～4 不具备创造性，不符合专利法第 22 条第 3 款的规定。

经形式审查合格，专利复审委员会受理了上述无效宣告请求，并于 2007 年 7 月 16 日向双方当事人发出了无效宣告请求受理通知书，随同无效宣告请求受理通知书将专利权无效宣告请求书及其附件清单中所列附件副本转送给专利权人，要求其在指定的期限内答复。

专利权人逾期未提交意见陈述。

专利复审委员会依法组成合议组，对本案进行审理，合议组于 2007 年 10 月 12 日向请求人和专利权人发出无效宣告请求口头审理通知书，告知双方当事人合议组定于 2007 年 12 月 4 日对本案进行口头审理，同时告知专利权人应当于口头审理时对对方提交的证据的真实性发表意见或者在提交口头审理回执的期限内提交书面意见，否则视为未提出反对意见。

专利权人在提交口头审理回执的期限内未提交书面意见。

口头审理如期举行，请求人参加了口头审理，专利权人缺席本次口头审理。

在口头审理中，合议组调查了以下事项：

（1）合议组告知本案合议组成员有所变更，请求人对变更后的合议组成员没有回避请求。请求人明确其无效的理由、证据和范围为：以对比文件 1 和对比文件 2 作为证据，本专利权利要求 1～4 相对于对比文件 1 不符合专利法第 22 条第 2 款的规定，权利要求 1～4 相对于对比文件 1 和 2 的结合不符合专利法第 22 条第 3 款的规定。

（2）关于本专利权利要求 1～4 是否具备新颖性，请求人声称其具体意见与无效宣告请求书的意见一致，同时认为对比文件 1 与本专利所达到的技术效果及领域均相同；关于本专利权利要求 1～4

是否具备创造性，请求人声称其具体意见与请求书的意见一致。

口头审理结束后，鉴于专利权人未出席本次口头审理，本案合议组于2007年12月5日发出合议组成员告知通知书，告知其本案合议组成员发生变更，专利权人应陈述是否有回避请求，逾期未答复，视为无回避请求。

专利权人逾期未提交意见陈述。

至此，合议组认为本案事实已经清楚，现依法作出如下审查决定。

二、决定的理由

1. 关于证据

请求人共提交了两份证据即对比文件1和对比文件2，这两份对比文件均为中国专利说明书，专利权人对其真实性未提出异议。合议组经核实，认为对比文件1和对比文件2可以作为本案的证据使用。对比文件1和2的公开日均在本专利申请日之前，因此其上记载的内容构成本专利的现有技术。

2. 关于本专利的新颖性

专利法第22条第2款规定的新颖性，是指在申请日以前没有同样的发明或者实用新型在国内外出版物上公开发表过、在国内公开使用过或者以其他方式为公众所知，也没有同样的发明或者实用新型由他人向国务院专利行政部门提出过申请并且记载在申请日以后公布的专利申请文件中。

请求人认为：对比文件1公开了本专利权利要求1~4的全部技术特征，两者的技术方案仅是文字描述上有所不同，实质上完全一样，同时对比文件1与本专利所达到的技术效果及领域均相同，因而本专利的权利要求1~4不具备新颖性，不符合专利法第22条第2款的规定。

（1）关于本专利的权利要求1。

本专利权利要求1保护一种多功能摄影三脚架，对比文件1（参见其说明书第1页第10~12行、第3页第23~27行、第4页第14~17行、第22~25行、第5页第3~17行和第6页第1~11行，及附图2）公开了一种万向回转式脚架，其是专业相机的重要配备，该脚架具有支撑座1（对应于权利要求1中的本体10）、旋转体2、套环4、中心轴杆6（对应于权利要求1中的支撑杆20），该旋转体2可以在水平面内转动（其对应于权利要求1中的水平旋转支架40），该套环4可使中心轴杆6垂直升降，也可使其在垂直方向内作倾斜调整（套环4对应于权利要求1中的垂直旋转支架50）；其中支撑座1的中部与中心轴杆6相配合，该支撑座1的外端铰接有多个脚管12（对应于权利要求1中的支腿30），由附图2可确定有三个脚管，旋转体2套设在支撑座1上端的中心孔10内，该旋转体2通过锁固旋钮45（对应于权利要求1中的锁紧旋钮60）与套环4相连，套环4上还设有用于锁定中心轴杆6的迫紧旋钮49（对应于权利要求1中的锁紧旋钮70）。对比文件1的目的在于使得万向回转式脚架的中心轴杆6能作垂直升降、倾斜调整与水平转动，实现万向回转的方位变换并能加以定位；而本专利的目的在于提供一种可满足任意方位和角度的拍摄需要的多功能摄影三脚架。

将本专利权利要求1与对比文件1进行比较可知，对比文件1与本专利的技术领域相同，两者的技术方案仅是文字描述上有所不同，实质上是相同的，而且所解决的技术问题和预期效果也实质上相同，因此本专利权利要求1相对于对比文件1不具备新颖性，不符合专利法第22条第2款的规定。

（2）关于本专利的从属权利要求2~4。

从属权利要求2进一步对水平旋转支架和垂直旋转支架作了限定，而由对比文件1的附图2和其说明书的内容（参见其说明书第4页第14~17行、第22~25行，说明书第5页第3~17行）可知，对比文件1中旋转体2的下端呈管状，并套设在支撑座1的中心孔10内，旋转体2的上端则呈弧面状，其外侧凸设有耳状的枢接臂22（对应于权利要求2中的耳状连接部41），套环4上成型有耳状的、具有枢孔41和棘齿42的结构（对应于权利要求2中的耳状连接部51），该枢孔41通过锁固旋钮

45 与旋转体 2 中枢接臂 22 的枢孔 221 相连，其中棘齿 42 啮合于棘齿 222。因此对比文件 1 公开了权利要求 2 的全部附加技术特征。

从属权利要求 3 进一步对垂直旋转支架进行了限定，而对比文件 1（参见其说明书第 5 页第 11~13 行）还公开了在套环 4 的外侧还凸设有两个夹片 46、47（对应于权利要求 3 中的呈开口状的锁紧部 52），这两个夹片与迫紧旋钮 49（对应于权利要求 3 中的锁紧旋钮 70）相配合；因此对比文件 1 公开了权利要求 3 的全部附加技术特征。

从属权利要求 4 进一步对水平旋转支架和垂直旋转支架的连接部作了限定；而对比文件 1（参见其说明书第 5 页第 3~7 行）还公开了在旋转体 2 和套环 4 上相连的端面上分别成型有可相互啮合在一起的棘齿 222（对应于权利要求 4 中的离合齿 411）和棘齿 42（对应于权利要求 4 中的离合齿 511）。因此对比文件 1 公开了权利要求 4 的全部附加技术特征。

由于对比文件 1 公开了权利要求 2~4 的附加技术特征，因此当其引用的权利要求相对于对比文件 1 不具备新颖性时，从属权利要求 2~4 相对于对比文件 1 也不具备新颖性，不符合专利法第 22 条第 2 款的规定。

鉴于已得出本专利的所有权利要求都不具备新颖性的结论，从而使本专利全部无效，因此本决定对请求人提出的其他无效宣告理由不再进行评述。

三、决定

宣告 200520065227.0 号实用新型专利权全部无效。

一方当事人对本决定不服的，可以根据专利法第 46 条第 2 款的规定，在收到本决定之日起三个月内向北京市第一中级人民法院起诉。根据该款规定，一方当事人起诉后，另一方当事人应当作为第三人参加诉讼。

026

高效、环保、节能制酒蒸汽炉

无效宣告请求审查决定（第11008号）

决　　定　　号　第11008号
决　　定　　日　2007年12月22日
发明创造名称　高效、环保、节能制酒蒸汽炉
国 际 分 类 号　F22B13/10
无效宣告请求人　邓广永
专 利 权 人　李　君
申　　请　　号　200520132884.2
申　　请　　日　2005年11月16日
授 权 公 告 日　2007年1月31日
合 议 组 组 长　赵　明
主　　审　　员　徐伟锋
参　　审　　员　王　冬

法　律　依　据　专利法第22条第2款、第3款
决　定　要　点

如果一项权利要求的技术方案与最接近的现有技术相比存在区别技术特征，则具有新颖性。如果该区别技术特征对本领域技术人员来说是非显而易见的，且与现有技术相比具有有益效果，该权利要求相对于现有技术则具备创造性。

一、案由

本无效宣告请求涉及中华人民共和国国家知识产权局于2007年1月31日授权公告的、名称为“高效、环保、节能制酒蒸汽炉”的实用新型专利权（下称本专利），其专利号是200520132884.2，申请日是2005年11月16日，专利权人是李君。该专利授权公告时的权利要求书如下：

“1. 一种高效、环保、节能制酒蒸汽炉，其特征在于，包括炉体和加热内胆，炉体内壁与加热内胆外壁之间为容水腔，炉体顶部设有排气管道，炉体前面设有与加热内胆前端相对应的炉门，炉体后面与加热内胆后端相对应的排气口。

2. 根据权利要求1所述的高效、环保、节能制酒蒸汽炉，其特征在于，所述加热内胆包括燃烧室和排气管道，燃烧室与排气管道之间设有挡火板，挡火板顶部与燃烧室内壁的顶部之间为排气喉口，排气管道呈折弯状，燃烧室的进料口和排气管道的末端分别与炉体的炉门和排气口相对应，加热内胆两端与炉体内壁之间密封连接。

3. 根据权利要求 2 所述的高效、环保、节能制酒蒸汽炉，其特征在于，所述排气管道来回弯曲成连续的“S”形。

4. 根据权利要求 3 所述的高效、环保、节能制酒蒸汽炉，其特征在于，所述排气管道的转向处呈直角折弯状。

5. 根据权利要求 4 所述的高效、环保、节能制酒蒸汽炉，其特征在于，所述排气喉口处间隔适当距离设有若干直立的、与容水腔相贯通的水管。

6. 根据权利要求 5 所述的高效、环保、节能制酒蒸汽炉，其特征在于，所述排气管道与燃烧室相适配，两者连接后在整体上呈具有矩形截面的长条形。

7. 根据权利要求 6 所述的高效、环保、节能制酒蒸汽炉，其特征在于，所述燃烧室内设有加热芯，该加热芯为空心结构，位于燃烧室内腔顶部，其两侧分别通过一排向下倾斜的管道与容水腔相连通。

8. 根据权利要求 1~7 任一所述的高效、环保、节能制酒蒸汽炉，其特征在于，所述加热内胆悬设在炉体内部。

9. 根据权利要求 1~7 任一所述的高效、环保、节能制酒蒸汽炉，其特征在于，所述炉体顶部设有一出入口，该出入口由一顶盖封闭。

10. 根据权利要求 1~7 任一所述的高效、环保、节能制酒蒸汽炉，其特征在于，所述炉体外设有与容水腔相连通的水位计，所述炉体侧面靠近底部处设有与容水腔相贯通的排污口，所述炉体侧面设有与排气管道底部相对应的排渣口，所述炉体侧面靠近底部处设有与容水腔相贯通的除垢口。”

针对上述专利权，邓广永（下称请求人）于 2007 年 4 月 5 日向专利复审委员会提出无效宣告请求，并提交了如下附件：

附件 1：授权公告日为 2005 年 4 月 27 日、授权公告号为 CN2695790Y、专利号为 200420018817.3 的实用新型专利说明书（下称对比文件 1）；

附件 2：授权公告日为 2005 年 9 月 14、授权公告号为 CN2725777Y、专利号为 200420063428.2 的实用新型专利说明书（下称对比文件 2）。

请求人认为：（1）权利要求 1、2、5、7~9 相对于对比文件 1 不具备新颖性，权利要求 6 相对于对比文件 2 不具备新颖性；（2）权利要求 1~6、权利要求 10 相对于对比文件 1 不具备创造性。

经形式审查合格，专利复审委员会依法受理了上述无效宣告请求，并于 2007 年 4 月 6 日向双方发出无效宣告请求受理通知书，同时将专利权无效宣告请求书及其附件清单中所列附件的副本转送给专利权人，并要求专利权人在指定的期限内陈述意见。

针对专利复审委员会于 2007 年 4 月 6 日发出的上述无效宣告请求受理通知书，专利权人于 2007 年 5 月 11 日提交了意见陈述书。专利权人认为：对比文件 1 需要安装很多水套，而本专利的加热内胆前后通体布置，与炉体直接形成完整的容水腔，无需另行加装水套；对比文件 1 的烟道环绕外胆，烟气环绕排出，本专利产生的烟气直接从燃烧室一直向后运行排出。对比文件 1 和 2 都没有披露权利要求 1 的上述区别技术特征，即便结合也不能获得本专利的权利要求 1 的技术方案。由于独立权利要求 1 具备新颖性和创造性，因此从属权利要求 2~10 也具备新颖性和创造性。

专利复审委员会依法成立合议组，对本案进行审查。

专利复审委员会本案合议组于 2007 年 6 月 14 日向双方发出无效宣告请求口头审理通知书，定于 2007 年 8 月 13 日举行口头审理。随同口头审理通知书，将专利权人于 2007 年 5 月 11 日提交的意见陈述书转送给请求人。

口头审理如期举行，双方当事人均参加了口头审理。

在口头审理中，请求人明确无效宣告请求的理由和范围是：权利要求1~5相对于对比文件1或者对比文件2不具有新颖性，权利要求1~7、10相对于对比文件1和对比文件2的结合不具有创造性，其中对比文件1是最接近的现有技术，专利权人对对比文件1和2的真实性、合法性和关联性没有异议。

至此，合议组认为本案事实已经清楚，可以作出审查决定。

二、决定的理由

1. 关于证据和现有技术

请求人提交的证据是对比文件1和2，专利权人对其真实性没有异议，因此对比文件1和2可以作为本案证据使用。同时由于对比文件1和2的公开日期均在本专利的申请日前，因此可以作为本专利的现有技术使用。

2. 关于新颖性和创造性

专利法第22条第2款规定，新颖性，是指在申请日以前没有同样的发明或者实用新型在国内外出版物上公开发表过、在国内公开使用过或者以其他方式为公众所知，也没有同样的发明或者实用新型由他人向国务院专利行政部门提出过申请并记载在申请日以后（含申请日）公布的专利申请文件中。

专利法第22条第3款规定，创造性，是指同申请日以前已有的技术相比，该实用新型有实质性特点和进步。

具体而言，如果一项权利要求的技术方案与最接近的现有技术相比存在区别技术特征，则具有新颖性。如果该区别技术特征对本领域技术人员来说是非显而易见的，且与现有技术相比具有有益效果，该权利要求相对于现有技术则具备创造性。

（1）关于权利要求1的新颖性。

权利要求1请求保护一种高效、环保、节能制酒蒸汽炉，包括炉体和加热内胆，炉体内壁与加热内胆外壁之间为容水腔，炉体顶部设有排气管道，炉体前面设有与加热内胆前端相对应的炉门，炉体后面与加热内胆后端相对应的排气口。

对比文件1公开了一种酿酒节能锅炉，其包括炉体12，蒸气室7，内炉胆1（相当于加热内胆），加热水管2，外炉胆3，环形烟道4，烟道加热水管5，烟火通道6，排烟口10，进煤口11，给水管8，出水管9，出汽口13和炉盖14（参见对比文件1的说明书第2页具体实施例）。权利要求1与对比文件1相比，区别在于“炉体内壁与加热内胆外壁之间为容水腔”、“炉体前面设有与加热内胆前端相对应的炉门，炉体后面与加热内胆后端相对应的排气口”这两个技术特征并没有在对比文件1中公开。因此权利要求1的技术方案与对比文件1中所公开的技术方案并不相同，因此权利要求1相对于对比文件1具备新颖性。

对比文件2公开了一种新型酿酒锅炉，由炉体，炉胆4（相当于加热内胆），热水管5、7和环形烟道8组成，炉体内上部为蒸气室1，中下部炉膛内设置有方形炉胆4，炉胆外周设有水套6，炉胆水套6与炉体水套9相连通；热水管5为双排，分左右两侧倾斜设置在炉胆内壁上与炉胆上方，炉胆上方为水层（参见对比文件2的说明书第2页具体实施方式）。权利要求1与对比文件2相比，至少“炉体内壁与加热内胆外壁之间为容水腔”、“炉体前面设有与加热内胆前端相对应的炉门，炉体后面与加热内胆后端相对应的排气口”这两个技术特征没有在对比文件2中公开，因此权利要求1的技术方案与对比文件2所公开的技术方案并不相同，权利要求1相对于对比文件2具备新颖性。

（2）关于权利要求2~5的新颖性。

权利要求2~5是直接或间接引用权利要求1的从属权利要求，在独立权利要求1相对于对比文件 1 或 2 具备新颖性的前提下，从属权利要求 2~5 同样具备新颖性。

（3）关于权利要求 1 的创造性。

根据上述对权利要求 1 新颖性的评述可知，对比文件 1 和对比文件 2 均没有公开“炉体内壁与加热内胆外壁之间为容水腔”、“炉体前面设有与加热内胆前端相对应的炉门，炉体后面与加热内胆后端相对应的排气口”这两个技术特征。对比文件 1 和对比文件 2 只是提出在内、外炉胆之间设置水套，因此并没有给出在内胆和炉体之间形成容水腔的启示；同时在对比文件 1 和 2 中也没有给出将排气口设置在炉体后面与加热内胆后端相对应的位置，以使燃烧气体所携带的热量通过排气管对水进行加热的启示；因此，对于本领域技术人员而言，权利要求 1 的技术方案是非显而易见的，具有实质性特点，同时，本专利通过这样的结构设置，可以提高传热效率，具有有益的技术效果，因此权利要求 1 相对于对比文件 1 和 2 的结合具备创造性。

（4）关于权利要求 2~7、10 的创造性。

权利要求 2~7 和 10 是直接或间接引用权利要求 1 的从属权利要求，在独立权利要求 1 相对于对比文件 1 和 2 具备创造性的前提下，从属权利要求 2~7 和 10 相对于对比文件 1 和 2 的结合同样具备创造性。

根据上述的事实和理由，本案合议组依法作出以下决定。

三、决定

维持 200520132884. 2 号实用新型专利权有效。

当事人对本决定不服的，可以根据专利法第 46 条第 2 款的规定，自收到本决定之日起三个月内向北京市第一中级人民法院起诉。根据该款的规定，一方当事人起诉后，另一方当事人应当作为第三人参加诉讼。

027

放射器

无效宣告请求审查决定（第11009号）

决　　定　　号　第11009号
决　　定　　日　2007年9月28日
发明创造名称　放射器
国 际 分 类 号　F24J 3/00，H05B 3/00，H05B 3/84
无效宣告请求人　珠海经济特区越盈电器有限公司
专　利　权　人　环球拔萃有限公司
专　　利　　号　200520001917. X
申　　请　　日　2005年1月31日
授 权 公 告 日　2006年5月10日
合 议 组 组 长　于　萍
主　　审　　员　巩克栋
参　　审　　员　刘小静

法 律 依 据　专利法第26条第3款，第22条第2款、第3款
决 定 要 点

如果一项实用新型专利所保护的技术方案与最接近的现有技术存在区别技术特征，而现有技术给出了将该区别技术特征应用到最接近的现有技术以解决其存在的技术问题的启示，则所属技术领域的技术人员有动机采用该区别技术特征来改进该最接近的现有技术，从而获得实用新型专利保护的技术方案，即从现有技术得到实用新型保护的技术方案是容易想到的，则实用新型专利不具有创造性。

一、案由

本无效宣告请求涉及国家知识产权局于2006年5月10日授权公告、申请日为2005年1月31日、发明名称为“放射器”的第200520001917. X号实用新型专利权（下称本专利），本专利的专利权人是环球拔萃有限公司，本专利授权公告时的权利要求书如下：

“1. 一个放射器，其特征为所述放射器包含：

一个传热层；

一个由能量源提供能量的辐射层，该辐射层包含至少一个辐射组件嵌入于传热层的至少一个部份；及

一个隔热层面向传热层。

2. 根据权利要求 1 的放射器，其特征为：
传热层包含一个定有焦点区的部份球状形态；
辐射层包含一个定有焦点区的部份球状形态；及
传热层的焦点区与辐射层的焦点区作一般重迭。
3. 根据权利要求 2 的放射器，其特征为：
隔热层包含一个定有焦点区的部份球状形态；及
隔热层的焦点区与辐射层的焦点区及传热层的焦点区作一般重迭。
4. 根据权利要求 2 的放射器，其特征为，隔热层包含一个面向传热层凸面的凹面，以至辐射层的辐射组件增加传热层的温度，并集中能量于辐射层的焦点区。
5. 根据权利要求 4 的放射器，其特征为，包含一组光学纤维的一端放置于辐射层的焦点区以接收能量，以至该光学纤维将接收到的能量从该光学纤维的一端传输至该光学纤维的另一端。
6. 根据权利要求 2 的放射器，其特征为，隔热层包含一个面向传热层凹面的凸面，以至辐射层的辐射组件增加传热层的温度，并将能量发散离开辐射层的焦点区。
7. 根据权利要求 1 的放射器，其特征为，隔热层连接一个汀泡底座，而该底座包含正负电极的接触体，并接驳电源至辐射层及该底座是适合于从一个电灯插座接收电源。
8. 根据权利要求 1 的放射器，其特征为，传热层包含一种金属氧化物资。
9. 根据权利要求 1 的放射器，其特征为，辐射层是位于隔热层及传热层之间。
10. 一个放射器，其特征为所述放射器包含：
一个由能量源提供能量的一般螺旋形圆顶状辐射成员；及
一个圆顶状反射成员包含一个面向辐射成员的反射面。
11. 根据权利要求 10 的放射器，其特征为，
一般螺旋形圆顶状辐射成员定有一个焦点区；
一般圆顶状反射成员定有一个焦点区；及
辐射成员的焦点区与反射成员的焦点区作一般重迭。
12. 根据权利要求 10 的放射器，其特征为，反射成员的反射面包含一个一般凹面，
而该反射成员的反射凹面面向辐射成员的凸面，以至辐射成员将能量集中于辐射成员的焦点区。
13. 根据权利要求 10 的放射器，其特征为，反射成员的反射面包含一个一般凸面，而该反射成员的反射凸面面向辐射成员的凹面，以至辐射成员将能量发散离开辐射成员的焦点区。
14. 根据权利要求 10 的放射器，其特征为，一般螺旋形圆顶状辐射成员包含一个被传热物资涵盖着的电阻圈。
15. 一个放射器，其特征为所述放射器包含：
一个定有焦点区的部份球状结构成员；及
一个由能量源提供能量的辐射层，而辐射层与该部份球状结构成员连接，以及该辐射层集中能量至该焦点区以实现该焦点区与其周边环境的温度差别，以提供力量予该天文仪器及/或对象。
16. 根据权利要求 15 的一个放射器，其特征为：
该部份球状结构包含传热层及一个隔热层；隔热层包含一个面向传热层凸面的凹面；及
辐射层包含至少一个辐射组件嵌入于传热层的至少一个部份。
17. 根据权利要求 15 的一个的放射器，其特征为，辐射层包含设置于该部份球状结构成员的凹面的一组红外线放射装置。

18. 一个放射器，其特征为所述放射器包含：

一个由能量源提供能量的辐射成员；

一个反射成员包含一个面向该辐射成员及至少一部份环状的反射凹面以散布能量至一个至少一部份环状的区域。

19. 根据权利要求 18 的放射器，其特征为，辐射成员包含至少一部份环状。

20. 根据权利要求 18 的放射器，其特征为，辐射成员位于反射面的一个焦点区。

21. 根据权利要求 18 的放射器，其特征为，辐射成员包含一个被传热物资涵盖着的电阻圈。

22. 根据权利要求 18 的放射器，其特征为，反射成员为一般环状。

23. 根据权利要求 18 的放射器，其特征为，辐射成员为一般环状。

24. 一个放射器包含：

一部份球状的传热层：

一个辐射组件与传热层接触；及

一个面向传热层的部份球状隔热层。

25. 根据权利要求 24 的放射器，其特征为：

传热层定有第一个焦点区；

隔热层定有第二个焦点区：及

第一个焦点区与第二个焦点区作一般重迭。

26. 根据权利要求 25 的放射器，其特征为，隔热层包含一个面向传热层凸面的凹面，以至辐射组件增加传热层的温度，并集中能量于辐射层的焦点区。

27. 根据权利要求 26 的放射器，包含一组光学纤维的一端放置于辐射层的焦点区以接收能量，以至该光学纤维将接收到的能量从该光学纤维的一端传输至该光学纤维的另一端。

28. 根据权利要求 27 的放射器，其特征为，光学纤维包含一种传热物资。

29. 根据权利要求 27 的放射器，其特征为，光学纤维包含一种辐射物资。

30. 根据权利要求 27 的放射器，其特征为，隔热层包含一个面向传热层凹面的凸面，以至辐射组件增加传热层的温度，并将能量发散离开辐射层的焦点区。

31. 根据权利要求 24 的放射器，其特征为，隔热层连接一个灯泡底座，而该底座包含正负电极的接触体，并接驳电源至辐射层及该底座为适合于从一个电灯插座接收电源。

32. 根据权利要求 24 的放射器，其特征为，传热层包含一种金属氧化物资。

33. 根据权利要求 24 的放射器，其特征为，辐射组件是位于隔热层及传热层之间。

34. 根据权利要求 24 的放射器，其特征为，辐射组件部份嵌入传热层。

35. 根据权利要求 24 的放射器，其特征为，辐射组件全部嵌入传热层。

36. 一个放射器，其特征为所述放射器包含：

一个至少一部份椭圆形或圆形的反射面；

一个由能量源提供能量的至少一部份椭圆形或圆形的辐射成员，该辐射成员一般位于或接近反射凹面的焦点区，反射面为凹面以散布能量至一个至少部份椭圆形或圆形的照射区域。

37. 根据权利要求 36 的放射器，其特征为，辐射成员包含一个被传热物资涵盖的电阻圈。

38. 根据权利要求 36 的放射器，其特征为，反射成员为一般椭圆形或圆形。

39. 根据权利要求 36 的放射器，其特征为，辐射成员为一般椭圆形或圆形。”

2006 年 6 月 26 日，珠海经济特区越盈电器有限公司（下称请求人）针对本专利权向国家知识产权局专利复审委员会提出无效宣告请求。请求人认为本专利的权利要求 1 ~ 39 不具备新颖性和创造性，不符合专利法第22条第2、3款的规定；说明书不符合专利法第26条第3款的规定，本专利不符合专利法第26条第4款的规定；本专利不符合专利法实施细则第20条第1款以及第21条第2款的规定。请求人同时提交了如下附件：

附件1：本专利的专利说明书；

附件2：公告日为1992年5月27日、公开号为CN2105632U的中国实用新型专利申请说明书，共13页；

附件3：公开日为2003年4月9日、公开号为CN1409048A的中国发明专利申请公开说明书，共15页；

附件4：公开日为2003年4月2日、公开号为CN1407283A的中国发明专利申请公开说明书，共15页；

附件5：授权公告日为2003年5月28日、授权公告号为CN2553286Y的中国实用新型专利说明书，共13页；

附件6：公开日为2003年11月9日、公开号为CN3337417的外观设计专利文献一份，共1页；

附件7：授权公告日为2004年6月2日、授权公告号为CN2619182Y的中国实用新型专利说明书，共5页。

附件8：律师函复印件，共2页。

请求人认为：附件7、2、3、4、6公开了权利要求1的全部技术特征，权利要求1不具备新颖性和创造性；从属权利要求2~9也不具备新颖性和创造性；权利要求10的辐射成员为常规的现有技术，并且已被附件2~7公开，因此不具备新颖性和创造性；从属权利要求11~14也不具备新颖性和创造性；附件2~7均已经公开权利要求15的全部技术特征，因此权利要求15不具备新颖性和创造性；权利要求16、17也不具备新颖性和创造性；权利要求18所述的部分环状反射凹面已被附件6公开，并且该环状或球状也是一种简单的工程选择，因此不具备新颖性和创造性；权利要求19~23不具备新颖性和创造性；附件2~7均已公开了权利要求24的全部技术特征，其不具备新颖性和创造性；从属权利要求25~35不具备新颖性和创造性；附件2~7均已公开了权利要求36的全部技术特征，其不具备新颖性和创造性；从属权利要求37~39也不具备新颖性和创造性；本专利说明书中多处技术不符合专利法第26条第3款的规定；本专利的权利要求在撰写上不符合专利法实施细则第20条第1款和第21条第2款的规定。

经形式审查合格，专利复审委员会依法受理了上述无效宣告请求，并于2006年7月13日向请求人和专利权人发出无效宣告请求受理通知书，同时将专利权无效宣告请求书及其附件清单中所列附件的副本转送给专利权人，并要求专利权人在指定的期限内陈述意见。

请求人于2006年7月26日向专利复审委员会提交了意见陈述书，并补充了无效宣告的理由和证据，其中补充的证据为：

附件9：授权公告日为1996年9月11日、授权公告号为CN2235179Y的中国实用新型专利说明书，共5页；

附件10：公告日为1987年3月18日、公开号为CN86201531U的中国实用新型专利申请说明书，共7页；

附件11：公开日为2002年10月9日、公开号为CN1373497A的中国发明专利申请公开说明书，共8页；

附件12：公告日为1992年12月2日、公开号为CN2123713U的中国实用新型专利申请说明书，共8页；

附件13：公开日为2002年1月23日、公开号为CN1332351A的中国发明专利申请公开说明书，共11页；

附件14：授权公告日为1993年10月13日、授权公告号为CN2143743Y的中国实用新型专利说明书，共8页；

附件15：授权公告日为2000年6月7日、授权公告号为CN2381956Y的中国实用新型专利说明书，共7页；

附件16：公开日为1987年10月7日、公开号为CN86102226A的中国发明专利申请公开说明书，共13页；

附件17：公开日为2001年8月29日、公开号为CN1310793A的中国发明专利申请公开说明书，共11页；

附件18：公告日为1992年5月20日、公开号为CN2105012U的中国实用新型专利申请说明书，共6页。

请求人认为：补交的证据披露了本专利相关权利要求的技术特征，本专利的全部权利要求不具备新颖性和创造性。

针对专利复审委员会发出的上述无效宣告请求受理通知书，专利权人于2006年8月28日提交了意见陈述书。专利权人认为请求人的无效理由均不能成立。

专利复审委员会依法成立合议组。

本案合议组于2007年1月11日向双方发出无效宣告请求口头审理通知书，定于2007年3月27日在专利复审委员会举行口头审理。随同口头审理通知书，将请求人于2006年7月26日提交的意见陈述书及其附件清单中所列附件的副本转送给专利权人，将专利权人于2006年8月28日提交的意见陈述书转送给请求人。

口头审理如期举行，双方当事人均参加了口头审理。请求人当庭提交了意见陈述书，合议组当庭转送给专利权人，专利权人当庭签收。请求人明确表示放弃专利法第26条第4款、专利法实施细则第20条第1款作为无效理由。

请求人在当庭提交的意见陈述书中认为：（1）权利要求1相对于附件9不具备新颖性，相对于附件9或附件9与附件2~7之一的结合不具备创造性；（2）权利要求2的附加技术特征在附件9中公开，权利要求2不具备新颖性，且相对于附件9或附件9与附件2~6之一的结合不具备创造性；（3）权利要求3的附加技术特征在附件9中披露，不具备新颖性，且相对于附件9或附件9与附件2~6之一的结合不具备创造性；（4）权利要求4相对于附件9不具备新颖性，相对于附件9或附件9与附件2~6之一的结合不具备创造性；（5）权利要求5的附加技术特征为公知常识，权利要求5不具备创造性；（6）权利要求6的附加技术特征在附件9中披露，不具备新颖性，且相对于附件9或附件9与附件2~6之一的结合不具备创造性；（7）权利要求7的附加技术特征为公知常识或在附件9中公开，权利要求7不具备创造性；（8）权利要求8的附加技术特征分别在附件9和10中披露，该权利要求8不具备新颖性和创造性；（9）权利要求9的附加技术特征在附件9中公开，不具备新颖性和创造性；（10）权利要求10相对于附件9不具备新颖性，相对于附件9或附件9与附件2~6之一的结合不具备创造性；（11）权利要求11的附加技术特征在附件9与附件2~6之一的结合中披露，因而不具备创造性；（12）权利要求12的附加技术特征在附件9中披露，不具备新颖性和创造性，相对于附件9与附件2~6之一的结合不具备创造性；（13）权利要求13的附加技术特征在附件9中披露，不具备新颖性和创造性，相对于附件9与附件2~6之一的结合不具备创造性；（14）权利要求14的附加技术特征在附件9和10、或在附件9与公知常识、或附件9与附件2~6之一的结合中披露，不具备创造性；（15）权利要求 15 相对于附件 9 不具备新颖性，相对于附件 9 或附件 9 与附件 2~6 之一的结合不具备创造性；（16）权利要求 16 的附加技术特征在附件 9 中披露，不具备新颖性，相对于附件 9 与附件 2~6 之一的结合不具备创造性；（17）权利要求 17 的附加技术特征在附件 9 中披露，不具备新颖性，相对于附件 9 与附件 2~6 之一的结合不具备创造性；（18）权利要求 18 相对于附件 6 或 7 不具备新颖性和创造性；（19）权利要求 19 的附加技术特征在附件 6 或 7 中披露，不具备新颖性和创造性；（20）权利要求 20 的附加技术特征在附件 6 中公开，不具备新颖性和创造性；（21）权利要求 21 的附加技术特征在附件 6 或 7 中披露，不具备新颖性和创造性；（22）权利要求 22 的附加技术特征在附件 6 或 7 中披露，不具备新颖性和创造性；（23）权利要求 23 的附加技术特征在附件 6 或 7 中披露，不具备新颖性和创造性；（24）权利要求 24 相对于附件 9 不具备新颖性，相对于附件 9 或附件 9 与附件 2~6 之一的结合不具备创造性；（25）权利要求 25 的附加技术特征在附件 9 中披露，不具备新颖性，且相对于附件 9 或附件 9 与附件 2~6 之一的结合，不具备创造性；（26）权利要求 26 的附加技术特征在附件 9 中披露，不具备新颖性，且相对于附件 9 或附件 9 与附件 2~6 之一的结合，不具备创造性；（27）权利要求 27 的附加技术特征为公知常识，不具备创造性；（28）本专利的说明书中没有披露权利要求 28 的技术方案中加入的传热物质是什么，加热比率是多少，如何能不影响光纤的基本性能，因此权利要求 28 不符合专利法第 26 条第 3 款的规定；如果上述信息是本申请申请日前的已有技术，则权利要求 28 不具备创造性；（29）类似地，权利要求 29 不符合专利法第 26 条第 3 款的规定；且不具备创造性；（30）权利要求 30 相对于附件 9 或附件 9 与公知常识或附件 2~6 之一的结合，不具备创造性；（31）权利要求 31 相对于附件 9 与附件 2~6 之一或公知常识的结合，不具备创造性；（32）权利要求 32 的附加技术特征被附件 9 与公知常识的结合披露，不具备创造性；（33）权利要求 33~35 的附加技术特征在附件 9 中公开，不具备新颖性和创造性；（34）权利要求 36 相对于附件 12 或附件 6 不具备新颖性，且相对于附件 2 与附件 11 的结合不具备创造性；（35）权利要求 37 相对于附件 12 或附件 7 或公知常识，或者附件 12 与附件 10 的结合披露，不具备创造性；(36 权利要求 38 的附加技术特征已经在附件 2~7 之一或附件 12 中披露，或者相对于附件 11 与附件 2~6 之一的结合，不具备创造性；（37）权利要求 39 的附加技术特征被附件 6 披露，不具备新颖性，或被附件 12 披露，不具备新颖性和创造性。

在口头审理中，请求人又对其无效宣告请求的理由及其范围和所依据的证据做了补充陈述：（1）说明书未说明哪种辐射物质、传热物质可以保证光学纤维性能，因此权利要求 28、29 不符合专利法第 26 条第 3 款的规定；（2）权利要求 1 相对于附件 7、9 不符合专利法第 22 条第 2 款有关新颖性的规定，权利要求 1 不具备新颖性所以也不具备创造性，不符合专利法第 22 条第 3 款的规定；（3）权利要求 2 相对于附件 9 不具备新颖性，附件 9 结合公知常识或附件 9 与附件 2~6 之一结合使得权利要求 2 不具备创造性；（4）权利要求 3 相对于附件 9 不具备新颖性，附件 9 或附件 9 与附件 2~6之一结合使得权利要求 3 不具备创造性；（5）权利要求 4 相对于附件 9 与附件 2~6 之一的结合不具备创造性；（6）权利要求 5 的附加技术特征是公知常识，所以权利要求 5 不具备新颖性、创造性；（7）权利要求 6 相对于附件 9 与公知常识或附件 9 与附件 2~6 之一的结合不具备创造性；（8）权利要求 7 相对于附件 9 与公知常识的结合不具备创造性；（9）权利要求 8 的附加技术特征为公知常识或被附件 10 的背景技术公开，权利要求 8 不具备创造性；（10）权利要求 9 相对于附件 9 不具备新颖性；（11）权利要求 10 相对于附件 14、17 之一与附件 2~6 之一的结合不具备创造性；（12）附件 14 披露了权利要求 11~12 的附加技术特征，附件 9 与附件 2~6 之一的结合也披露了权利要求 12 的附加技术特征，由附件 14 很容易想到权利要求 13 的附加技术特征，附件 10 的背景技术公开了权利要求 14 的附加技术特征，因此权利要求 11~14 不具备创造性；（13）权利要求 15 相对于附件 9 与附件 2~

6之一的结合不具备创造性；（14）权利要求16~17相对于附件9、或者附件9与附件2~6之一的简单组合，不具备创造性；（15）权利要求18不具备新颖性和创造性。附件7中的电热管、反射板5对于权利要求18中的辐射成员、反射成员，且附件7中的安全盖板9必然形成环状区域。附件14中的5也起遮挡的作用。（16）请求人关于权利要求19~39不具备新颖性、创造性意见，同请求人当庭提交的书面意见陈述书。

在此基础上，合议组对请求人提出的无效理由和事实进行了调查，并充分听取了双方当事人的意见。

2007年4月10日，专利权人针对请求人当庭提交的意见陈述书，提交了意见陈述书并对权利要求书进行了修改，其中删除了原独立权利要求1、10，并将引用原权利要求1的权利要求原2、7、8、9，及引用原权利要求10的原权利要求11、12、13、14改为独立权利要求，并将权利要求的序号作了适用性修改。修改后的权利要求内容如下：

“1. 一个放射器，其特征为所述放射器包括：

一个传热层，该传热层包含一个定有焦点区的部分球状形态；

一个由能量源提供能量的辐射层，该辐射层包含至少一个辐射组件嵌入于传热层的至少一个部分，该辐射层包含一个定有焦点区的部分球状形态；

传热层的焦点区与辐射层的焦点区作一般重迭；及

一个隔热层面向传热层。

2. 根据权利要求1的放射器，其特征为：

隔热层包含一个定有焦点区的部分球状形态；及

隔热层的焦点区与辐射层的焦点区及传热层的焦点区作一般重迭。

3. 根据权利要求1的放射器，其特征为：隔热层包含一个面向传热层凸面的凹面，以至辐射层的辐射组件增加传热层的温度，并集中能量于辐射层的焦点区。

4. 根据权利要求3的放射器，其特征为：包含一组光学纤维的一端放置于辐射层的焦点区以接收能量，以至该光学纤维将接收到的能量从该光学纤维的一端传输至该光学纤维的另一端。

5. 根据权利要求1的放射器，其特征为：隔热层包含一个面向传热层的凹面的凸面，以至该辐射层的辐射组件增加传热层的温度，并将能量发散离开辐射层的焦点区。

6. 一个放射器，其特征为所述放射器包括：

一个传热层；

一个由能量源提供能量的辐射层，该辐射层包含至少一个辐射组件嵌入于传热层的至少一个部分；

一个隔热层面向传热层；及

隔热层连接一个灯泡底座，而该底座包含正负电极的接触体，并接驳电源至辐射层及该底座是适合于从一个电灯插座接收电源。

7. 一个放射器，其特征为所述放射器包括：

一个传热层；

一个由能量源提供能量的辐射层，该辐射层包含至少一个辐射组件嵌入于传热层的至少一个部分；

一个隔热层面向传热层；及

传热层包含一种金属氧化物资。

8. 一个放射器，其特征为所述放射器包括：
一个传热层；
一个由能量源提供能量的辐射层，该辐射层包含至少一个辐射组件嵌入于传热层的至少一个部分；
一个隔热层面向传热层；及
辐射层是位于隔热层及传热层之间。
9. 一个放射器，其特征为所述放射器包含：
一个由能量源提供能量的一般螺旋形圆顶状辐射成员；
一个圆顶状反射成员包含一个面向辐射成员的反射面；
所述的一般螺形圆顶状辐射成员定有一个焦点区；
所述的一般圆顶状反射成员定有一个焦点区；及
辐射成员的焦点区与反射成员的焦点区作一般重迭。
10. 一个放射器，其特征为所述放射器包含：
一个由能量源提供能量的一般螺旋形圆顶状辐射成员；
一个圆顶状反射成员包含一个面向辐射成员的反射面；
反射成员的反射面包含一个一般凹面，而该反射成员的反射凹面面向辐射成员的凸面，以至辐射成员将能量集中于辐射成员的焦点区。
11. 一个放射器，其特征为所述放射器包含：
一个由能量源提供能量的一般螺旋形圆顶状辐射成员；
一个圆顶状反射成员包含一个面向辐射成员的反射面；
反射成员的反射面包含一个一般凸面，而该反射成员的反射凸面面向辐射成员的凹面，以至辐射成员将能量发散离开辐射成员的焦点区。
12. 一个放射器，其特征为所述放射器包含：
一个由能量源提供能量的一般螺旋形圆顶状辐射成员；
一个圆顶状反射成员包含一个面向辐射成员的反射面；
所述的一般螺旋形圆顶状辐射成员包含一个被传热物资涵盖着的电阻圈。
13. 一个放射器，其特征为所述放射器包含：
一个定有焦点区的部分球状结构成员；及
一个由能量源提供能量的辐射层，而辐射层与该部份球状结构成员连接，以及该辐射层集中能量至该焦点区以实现该焦点区与其周边环境的温度差别，以提供力量予该放射器及/或对象。
14. 根据权利要求13的放射器，其特征为：
该部份球状结构包含传热层及一个隔热层；
隔热层包含一个面向传热层凸面的凹面；及辐射层包含至少一个辐射组件嵌入于传热层的至少一个部分。
15. 根据权利要求13的放射器，其特征为，辐射层包含设置于该部份球状结构成员的凹面的一组红外线放射装置。
16. 一个放射器，其特征为所述放射器包含：
一个由能量源提供能量的辐射成员；
一个反射成员包含一个面向该辐射成员及至少一部份环状的反射凹面以散布能量至一个至少一部份环状的区域。

17. 根据权利要求 16 的放射器，其特征为，辐射成员包含至少一部份环状。

18. 根据权利要求 16 的放射器，其特征为，辐射成员位于反射面的一个焦点区。

19. 根据权利要求 16 的放射器，其特征为，辐射成员包含一个被传热物资涵盖着的电阻圈。

20. 根据权利要求 16 的放射器，其特征为，反射成员为一般环状。

21. 根据权利要求 16 的放射器，其特征为，辐射成员为一般环状。

22. 一个放射器，其特征为所述放射器包含：

一部份球状的传热层；

一个辐射组件与传热层接触；及

一个面向传热层的部份球状隔热层。

23. 根据权利要求 22 的放射器，其特征为：

传热层定有第一个焦点区；

隔热层定有第二个焦点区；及

第一个焦点区与第二个焦点区作一般重迭。

24. 根据权利要求 23 的放射器，其特征为，隔热层包含一个面向传热层凸面的凹面，以至辐射组件增加传热层的温度，并集中能量于辐射层的焦点区。

25. 根据权利要求 24 的放射器，包含一组光学纤维的一端放置于辐射层的焦点区以接收能量，以至该光学纤维将接收到的能量从该光学纤维的一端传输至该光学纤维的另一端。

26. 根据权利要求 25 的放射器，其特征为，光学纤维包含一种传热物资。

27. 根据权利要求 25 的放射器，其特征为，光学纤维包含一种辐射物资。

28. 根据权利要求 25 的放射器，其特征为，隔热层包含一个面向传热层凹面的凸面，以至辐射组件增加传热层的温度，并将能量发散离开辐射层的焦点区。

29. 根据权利要求 22 的放射器，其特征为，隔热层连接一个灯泡底座，而该底座包含正负电极的接触体，并接驳电源至辐射层及该底座为适合于从一个电灯插座接收电源。

30. 根据权利要求 22 的放射器，其特征为，传热层包含一种金属氧化物资。

31. 根据权利要求 22 的放射器，其特征为，辐射组件是位于隔热层及传热层之间。

32. 根据权利要求 22 的放射器，其特征为，辐射组件部份嵌入传热层。

33. 根据权利要求 22 的放射器，其特征为，辐射组件全部嵌入传热层。

34. 一个放射器，其特征为所述放射器包含：

一个至少一部份椭圆形或圆形的反射面；

一个由能量源提供能量的至少一部份椭圆形或圆形的辐射成员，该辐射成员一般位于或接近反射凹面的焦点区，反射面为凹面以散布能量至一个至少部份椭圆形或圆形的照射区域。

35. 根据权利要求 34 的放射器，其特征为，辐射成员包含一个被传热物资涵盖的电阻圈。

36. 根据权利要求 34 的放射器，其特征为，反射成员为一般椭圆形或圆形。

37. 根据权利要求 34 的放射器，其特征为，辐射成员为一般椭圆形或圆形。”

专利权人在意见陈述书中认为：（1）所属技术领域的技术人员根据说明书的教导结合自己的专业知识完全可以选择常规的辐射物质和传热物质，常规的辐射物质可以是碳或金属铝、铁、镍、银等，常规的传热物质可以是金属铝、铁、镍、银、铅等物质，因此本发明符合专利法第 26 条第 3 款；（2）修改后的权利要求具备新颖性和创造性。

2007 年 4 月 12 日，合议组以电传方式将专利权人于 2007 年 4 月 10 日提交的意见陈述书及其附件清单中所列附件转送给请求人。

针对专利权人的意见陈述，请求人于2007年4月18日提交了意见陈述书。请求人认为：（1）光纤的芯纤是透明的，而碳是非金属，铝、铁、镍、银、铅是有色金属，上述物质对光的通透性极差，光纤中加入上述物质将导致光的折射、散射和反射，甚至使光无法透过光纤，从而失去光纤的基本作用，因此本专利不符合专利法第26条第3款的规定。（2）关于本专利创造性，请求人坚持其在口头审理过程中提供的意见陈述。

至此，合议组认为本案的事实已经调查清楚，可以依法作出审查决定。

二、决定的理由

1. 关于决定针对的文本

专利权人在无效宣告程序中于2007年4月10日提出的修改后的权利要求书与授权公告的权利要求书相比，只是删除了原独立权利要求1、10，并对其余权利要求的序号做了适应性修改。该修改符合专利法第33条、专利法实施细则第68条以及审查指南的相应规定，可以接受作为本决定的审查文本。

本无效决定针对的文本为：专利权人于2007年4月10日提交的权利要求第1~37项，国家知识产权局于2006年5月10日授权公告的本专利说明书及其附图。

2. 关于证据和现有技术

在口头审理时，专利权人对附件1~18的真实性无异议，本案合议组经审查后认为附件1~18可以作为本案证据使用，其中附件8为律师函，其余的附件2~7、9~18均为公开出版物，且公开时间早于本专利的申请日，因此附件2~7、9~18可以作为本专利的现有技术。

3. 关于专利法第26条第3款

“26. 根据权利要求25的放射器，其特征为，光学纤维包含一种传热物资。

27. 根据权利要求25的放射器，其特征为，光学纤维包含一种辐射物资。”

请求人认为本专利权利要求26、27中的辐设物质、传热物质在说明书未具体披露，而辐射物质和传热物质有很多种，因此权利要求26、27不符合专利法第26条第3款的规定。

专利法第26条第3款规定，说明书应当对发明或者实用新型作出清楚、完整的说明，以所属技术领域的技术人员能够实现为准。

所属技术领域的技术人员能够实现，是指所属技术领域的技术人员按照说明书记载的内容，就能够实现该发明或者实用新型的技术方案，解决其技术问题，并且产生预期的技术效果。

权利要求26的附加技术特征为“光学纤维包含一种传热物资”。在本专利的说明书中，没有记载具体的传热物资（质），也没有记载光学纤维包含一种传热物资（质）的作用。合议组认为，对于所属技术领域的技术人员来说，光学纤维的作用是使光以波导方式传输，即光学纤维用来传导光，其主要由玻璃或聚合物制成，由于其材料的限制，不能直接传导热量，因此所属技术领域的技术人员难以按照说明书的记载选择具体的传热物质（资），也就不能实现该权利要求26的技术方案，因此说明书未对该权利要求作出清楚、完整的说明，所属技术领域的技术人员不能够实现该技术方案，该权利要求26不符合专利法第26条第3款的规定。

权利要求27的附加技术特征为“光学纤维包含一种辐射物资”。合议组认为，光学纤维主要由玻璃或聚合物制成，其作用是使光以波导方式传输。对于所属技术领域的技术人员来说，在光纤中添加特定的金属来调节光纤的性能是已知技术，例如，镧系金属和锕系金属是其中常用的金属。由于镧系金属和锕系金属具有放射性，因此镧系金属和锕系金属属于辐射物质（资）。所属技术领域的技术人员按照说明书记载的“光学纤维包含一种辐射物资”，可以根据常识选择具体的辐射物质来改变光学纤维的性能，即该技术方案是所属技术领域的技术人员能够实现的。因此权利要求27符合专利法

第26条第3款的规定。

4. 关于专利法第22条第2、3款

专利法第22条第2款规定，新颖性，是指在申请日以前没有同样的发明或者实用新型在国内外出版物上公开发表过、在国内公开使用过或者以其他方式为公众所知，也没有同样的发明或者实用新型由他人向国务院专利行政部门提出过申请并且记载在申请日以后公布的专利申请文件中。

专利法第22条第3款规定，创造性，是指同申请日以前已有的技术相比，该发明有突出的实质性特点和显著的进步，该实用新型有实质性特点和进步。

如果专利所保护的技术方案与最接近的现有技术存在区别技术特征，现有技术给出了将该区别技术特征应用到最接近的现有技术以解决其存在的技术问题的启示，则所属技术领域的技术人员有动机采用该区别技术特征来改进该最接近的现有技术，从而获得保护的实用新型，即从现有技术得到保护的实用新型是容易想到的，该实用新型专利不具有创造性。

（1）关于权利要求1。

本专利权利要求1内容如下："一个放射器，其特征为所述放射器包括：一个传热层，该传热层包含一个定有焦点区的部分球状形态；一个由能量源提供能量的辐射层，该辐射层包含至少一个辐射组件嵌入于传热层的至少一个部分，该辐射层包含一个定有焦点区的部分球状形态；传热层的焦点区与辐射层的焦点区作一般重迭；及一个隔热层面向传热层。"

现权利要求1同授权公告的原权利要求2。

请求人在当庭提交的意见陈述书中认为，权利要求2（现权利要求1）相对于附件9不具备新颖性，相对于附件9或附件9与附件2~6之一的结合不具备创造性；请求人在口审中认为，权利要求2（现权利要求1）相对于附件9不具备新颖性，相对于附件9与公知常识的结合或附件9与附件2~6之一的结合不具备创造性。

附件9公开了一种定向辐射远红外加热器，该加热器包括一个辐射板6，辐射板中嵌有电热丝3，辐射板底面涂有强辐射远红外涂料层2，辐射板上方设有反射层5和隔热层4（见附件9说明书第1页第4段，图3），反射层和辐射板可以加工成弧形（见附件9说明书第1页第5段，图2、4），辐射板6、涂料层2、电热丝3组成的层和隔热层同心设置（附件9图4），其均具有焦点并且焦点重叠。辐射板6和涂料层2用来吸收电热丝3产生的热量并将该热量转换成红外光进行定向辐射，由此可知附件9中的辐射板6和涂料层2对应本专利的传热层，电热丝3构成的层对应本专利的辐射层。权利要求1保护的技术方案与附件9公开的技术方案的不同在于：本专利传热层和辐射层均为部分球状形态，而附件9为同心的弧形。然而，合议组认为对于所属技术领域的技术人员来说，弧形和球形都是所属技术领域的常见形态，根据使用场合和具体的要求，所属技术领域的技术人员可以选择放射器的具体形态，即放射器形态的改变是容易想到的。因此根据实际情况不设反射层也是容易想到的。因此权利要求1保护的技术方案相对于附件9不具备实质性特点和进步，不符合专利法第22条第3款有关创造性的规定。

鉴于权利要求1相对于附件9已不具备创造性，对于请求人提出该权利要求相对于其他证据不具备新颖性、创造性的理由，不再予以评述。

（2）关于权利要求2。

本专利权利要求2内容如下："根据权利要求1的放射器，其特征为：隔热层包含一个定有焦点区的部分球状形态；及隔热层的焦点区与辐射层的焦点区及传热层的焦点区作一般重迭。"

现权利要求2同授权公告的原权利要求3。

请求人在当庭提交的书面意见陈述书及口头陈述中认为，权利要求3（现权利要求2）相对于附件9不具备新颖性，相对于附件9或附件9与附件2~6之一的结合不具备创造性。

在附件9中披露了如下内容：隔热层、反射层和辐射板可以加工成弧形（参见附件9说明书第1页第5段，图2、4），辐射板6、涂料层2、电热丝3组成的层和隔热层同心设置（参见附件9图4），其均具有焦点并且焦点重叠。本专利权利要求2保护的技术方案与附件9公开的技术方案的不同在于：本专利隔热层为部分球形形态，而附件9中的隔热层为弧形。如前所述，弧形与球形的变换，对所属技术领域的技术人员来说是容易想到的，因此在其引用的权利要求1不具备创造性时，权利要求2保护的技术方案不具备实质性特点和进步，不符合专利法第22条第3款有关创造性的规定。

（3）关于权利要求3。

本专利权利要求3内容如下："根据权利要求1的放射器，其特征为：隔热层包含一个面向传热层凸面的凹面，以至辐射层的辐射组件增加传热层的温度，并集中能量于辐射层的焦点区。"

现权利要求3同授权公告的原权利要求4。

请求人在当庭提交的意见陈述书中认为，权利要求4（现权利要求3）相对于附件9不具备新颖性，相对于附件9或附件9与附件2~6之一的结合不具备创造性；请求人在口审中认为，权利要求4（现权利要求3）相对于附件9与附件2~6之一的结合不具备创造性。

如上所述，附件9中的辐射板6中嵌有电热丝3，隔热层4面向辐射板6，很显然，通电后电热丝3发热从而增加辐射板6和涂料层2的温度。本专利权利要求3的进一步限定与附件9披露的技术方案的不同在于：本专利隔热层的凹面面向传热层的凸面，能量集中于辐射层的焦点区。合议组认为，附件9披露了反射层5和辐射板6可以加工成弧形（附件9说明书第1页第5段），并给出了隔热层4的凸面面向辐射板6的凹面以发散能量的实施例（附件9图4）。在这一启示下，本领域技术人员在需要能量会聚的场合，将附件9上述实施例的弧形进行反向变换即可获得如权利要求3进一步限定的结构，即隔热层的凹面面向传热层的凸面，以使辐射层的辐射组件增加传热层的温度，并集中能量于辐射层的焦点区。因此所属技术领域的技术人员在附件9的基础上，可以根据具体应用场合和具体要求，任意选择具体的弧形弯曲方式，即在附件9的基础上得到权利要求3保护的技术方案是容易想到的，在其引用的权利要求1不具备创造性时，权利要求3不具备实质性特点和进步，不符合专利法第22条第3款有关创造性的规定。

（4）关于权利要求4。

本专利权利要求4的内容如下："根据权利要求3的放射器，其特征为：包含一组光学纤维的一端放置于辐射层的焦点区以接收能量，以至该光学纤维将接收到的能量从该光学纤维的一端传输至该光学纤维的另一端。"

现权利要求4同授权公告的原权利要求5。

请求人在当庭提交的书面意见陈述书及口头陈述中认为，权利要求5（现权利要求4）的附加技术特征为公知常识，该权利要求不具备创造性。

合议组认为，对于所属技术领域的技术人员来说，利用光纤的光导特性将光线（包括远红外光）从一端传导到另一端使用为公知常识，而附件9披露的定向辐射远红外加热器产生的能量为远红外光线，因此所属技术领域的技术人员结合公知常识得到权利要求4保护的技术方案是容易想到的，在其引用的权利要求3不具备创造性时，权利要求4相对于附件9与公知常识的结合不具备实质性特点和进步，不符合专利法第22条第3款有关创造性的规定。

（5）关于权利要求5。

本专利权利要求5的内容如下："根据权利要求1的放射器，其特征为：隔热层包含一个面向传热层的凹面的凸面，以至该辐射层的辐射组件增加传热层的温度，并将能量发散离开辐射层的焦点区。”

现权利要求5同授权公告的原权利要求6。

请求人在当庭提交的意见陈述书中认为，权利要求6（现权利要求5）的附加技术特征在附件9中公开，不具备新颖性，且相对于附件9或附件9与附件2~6之一的结合不具备创造性；请求人在口审中认为，权利要求6（现权利要求5）相对于附件9与公知常识或附件9与附件2~6之一的结合不具备创造性。

附件9中披露了如下内容：隔热层4面向辐射板6，电热丝3组成的层增加辐射板6和涂料层2的温度，隔热层4的凸面面向辐射板6的凹面以将能量发散离开焦点区（附件9图4），由此可知附件9披露了权利要求5的全部附加技术特征，在其引用的权利要求1不具备创造性时，权利要求5保护的技术方案不具备实质性特点和进步，不符合专利法第22条第3款有关创造性的规定。

（6）关于权利要求6。

本专利权利要求6内容如下：“一个放射器，其特征为所述放射器包括：一个传热层；一个由能量源提供能量的辐射层，该辐射层包含至少一个辐射组件嵌入于传热层的至少一个部分；一个隔热层面向传热层；及隔热层连接一个灯泡底座，而该底座包含正负电极的接触体，并接驳电源至辐射层及该底座是适合于从一个电灯插座接收电源。”

现权利要求6同授权公告的原权利要求7。

请求人在当庭提交的意见陈述书中认为，权利要求7（现权利要求6）引用原权利要求1，原权利要求1相对于附件9不具备新颖性、相对于附件9或附件9与附件2~7之一的结合不具备创造性，权利要求7的附加技术特征为公知常识或在附件9中公开，权利要求7不具备创造性；请求人在口审中认为，权利要求7（现权利要求6）相对于附件9与公知常识的结合不具备创造性。

附件9公开了一种定向辐射远红外加热器，该加热器包括一个辐射板6，辐射板底面涂有强辐射远红外涂料层2，辐射板中嵌有电热丝3，辐射板上方设有反射层5与隔热层4（见附件9说明书第1页第4段，图3），辐射板6和涂料层2用来吸收电热丝3的热量并转换成红外进行定向辐射，由此可知附件9中的辐射板6和涂料层2对应本专利的传热层，电热丝3构成的层对应本专利的辐射层，隔热层4面向辐射板以阻止热量向背面传递（附件9图4）。除了在隔热层与辐射层之间没有反射层之外，本专利权利要求6保护的技术方案与附件9公开的技术方案的不同在于：本专利隔热层连接一个灯泡底座，而该底座包含正负电极的接触体，并接驳电源至辐射层及该底座是适合于从一个电灯插座接收电源。如前所述，设与不设反射层均是所属技术领域的常规设计，另外对于所属技术领域的技术人员来说，将附件9公开的定向辐射远红外加热器的电源接口部分做成与电灯底座相适应，以从电灯底座接受电源方便使用，是公知常识。因此附件9与公知常识的结合是容易想到的，权利要求6保护的技术方案相对于附件9与公知常识的结合不具备实质性特点和进步，不符合专利法第22条第3款有关创造性的规定。

（7）关于权利要求7。

本专利权利要求7内容如下：“一个放射器，其特征为所述放射器包括：一个传热层；一个由能量源提供能量的辐射层，该辐射层包含至少一个辐射组件嵌入于传热层的至少一个部分；一个隔热层面向传热层；及传热层包含一种金属氧化物资。”

现权利要求7同授权公告的原权利要求8。

请求人在当庭提交的意见陈述书中认为，权利要求8（现权利要求7）引用原权利要求1，原权利要求1相对于附件9不具备新颖性、相对于附件9或附件9与附件2~7之一的结合不具备创造性，权利要求8的附加技术特征分别在附件9和10中公开，权利要求8不具备新颖性和创造性；请求人在口审中认为，权利要求 8（现权利要求 7）的附加技术特征为公知常识或被附件 10 的背景技术部分公开，不具备创造性。

附件 9 公开了一种定向辐射远红外加热器，该加热器包括一个辐射板 6，辐射板底面涂有强辐射远红外涂料层 2，辐射板中嵌有电热丝 3，辐射板上方设有反射层 5 和隔热层 4（见附件 9 说明书第 1 页第 4 段，图 3），辐射板 6 和涂料层 2 用来吸收电热丝 3 的热量并转换成红外进行定向辐射，由此可知附件 9 中的辐射板 6 和涂料层 2 对应本专利的传热层，电热丝 3 构成的层对应本专利的辐射层，隔热层 4 面向辐射板以阻止热量向背面传递（附件 9 图 4）。权利要求 6 保护的技术方案与附件 9 公开的技术方案的不同在于：本专利传热层包含一种金属氧化物资。由于附件 9 公开了辐射板 6 和涂料层 2 吸收电热丝的热量并转换为远红外以定向辐射，而金属氧化物质是所属技术领域常用的热能转换成远红外的物质，是所属技术领域的公知常识，因此附件 9 与上述公知常识的结合是容易想到的。因此权利要求 7 保护的技术方案相对于附件 9 不具备实质性特点和进步，不符合专利法第 22 条第 3 款有关创造性的规定。

（8）关于权利要求 8。

本专利权利要求 8 内容如下："一个放射器，其特征为所述放射器包括：一个传热层；一个由能量源提供能量的辐射层，该辐射层包含至少一个辐射组件嵌入于传热层的至少一个部分；一个隔热层面向传热层；及辐射层是位于隔热层及传热层之间。"

现权利要求 8 同授权公告的原权利要求 9。

请求人在当庭提交的意见陈述书中认为，权利要求 9（现权利要求 8）引用原权利要求 1，原权利要求 1 相对于附件 9 不具备新颖性、相对于附件 9 或附件 9 与附件 2~7 之一的结合不具备创造性，权利要求 9 的附加技术特征在附件 9 中公开，不具备新颖性和创造性；请求人在口审中认为，权利要求 9（现权利要求 8）相对于附件 9 不具备新颖性。

专利权人在口审之后提交的意见陈述中认为，附件 9 中的辐射层并非位于隔热层及传热层质检，因此本专利授权公告的权利要求 9（现权利要求 8）具有新颖性，同时由于该技术方案可以使辐射能量集中或发散，因此也具有创造性。

附件 9 公开了一种定向辐射远红外加热器，该加热器包括一个辐射板 6，辐射板底面涂有强辐射远红外涂料层 2，辐射板中嵌有电热丝 3，辐射板上方设有反射层 5 和隔热层 4（见附件 9 说明书第 1 页第 4 段，图 3），辐射板 6 和涂料层 2 用来吸收电热丝 3 的热量并转换成红外光进行定向辐射，隔热层 4 面向辐射板以阻止热量向背面传递（附件 9 图 4）。由此可知附件 9 中的辐射板 6 和涂料层 2 对应本专利的传热层，电热丝 3 构成的层对应本专利的辐射层，附件 9 中的隔热层 4 对应本专利的隔热层。权利要求 8 保护的技术方案与附件 9 公开的技术方案的不同在于：辐射层位于隔热层和传热层之间，而附件 9 的辐射层位于传热层内。对于所属技术领域的技术人员来说，将辐射层设置于隔热层和传热层之间、或将辐射层置于传热层内，属于位置的简单变换，这种变换所产生的效果也是预料之中的。因此权利要求 8 保护的技术方案相对于附件 9 不具备实质性特点和进步，不符合专利法第 22 条第 3 款有关创造性的规定。

（9）关于权利要求 9。

本专利权利要求 9 内容如下："一个放射器，其特征为所述放射器包含：一个由能量源提供能量的一般螺旋形圆顶状辐射成员；一个圆顶状反射成员包含一个面向辐射成员的反射面；所述的一般螺形圆顶状辐射成员定有一个焦点区；所述的一般圆顶状反射成员定有一个焦点区；及辐射成员的焦点区与反射成员的焦点区作一般重迭。"

现权利要求 9 同授权公告的原权利要求 11。

请求人在当庭提交的意见陈述书中认为，权利要求 11（现权利要求 9）引用原权利要求 10，原权利要求 10 相对于附件 9 不具备新颖性，相对于附件 9 或附件 9 与附件 2~6 之一的结合不具备创造性，权利要求 11（现权利要求 9）的附加技术特征在附件 9 与附件 2~6 之一的结合中披露，权利要求 11（现权利要求 9）不具备创造性；请求人在口审中认为，权利要求 11（现权利要求 9）引用原权利要求 10，原权利要求 10 相对于附件 14、17 之一与附件 2~6 之一的结合不具备创造性，权利要求 11（现权利要求 9）的附加技术特征被附件 14 公开，不具备创造性。

权利要求 9 保护一种放射器，附件 14 披露了一种红外线电加热器，该电加热器包含由蘑菇状双辐射面发热体芯 5，其头部是内凹的圆锥面 15，凹槽 14 内螺旋盘放有电阻丝 3（附件 14 图 3），电加热器还包含一个光滑的抛物面反射屏 2，反射屏 2 面向发热体芯 5（附件 14 图 1），反射屏具有焦点区。通过对比可知，附件 14 中的电热丝 3 对应本专利中的辐射成员，抛物面反射屏 2 对应本专利的反射成员。本专利权利要求 9 与附件 14 的不同在于：（1）本专利中的反射成员为圆顶状，附件 14 的反射屏为抛物面状；（2）本专利中辐射成员具有焦点区并与反射成员的焦点区作一般重叠没有被附件 14 公开。然而，抛物面反射屏 2 与圆顶状反射屏，两者是惯用方式的置换。至于区别特征（2）合议组认为，对于所属技术领域的技术人员来说，正如附件 2~6 之一所示的反射成员所示，这类放射器辐射能量的方式（聚焦、发散或形成平行光），由反射成员的结构及辐射成员与反射成员的相对位置决定，而不受辐射成员形状的影响。因此所属技术领域的技术人员在反射成员确定的条件下，可以选择具体的辐射成员的形状，包括具有焦点区并与反射成员的焦点区重合的形状，而实现相同的技术效果，均属于常规设计，因此辐射成员的形状改变是容易想到的，因此权利要求 9 保护的技术方案不具备实质性特点和进步，不符合专利法第 22 条第 3 款有关创造性的规定。

（10）关于权利要求 10。

本专利权利要求 10 内容如下：“一个放射器，其特征为所述放射器包含：一个由能量源提供能量的一般螺旋形圆顶状辐射成员；一个圆顶状反射成员包含一个面向辐射成员的反射面；反射成员的反射面包含一个一般凹面，而该反射成员的反射凹面面向辐射成员的凸面，以至辐射成员将能量集中于辐射成员的焦点区。”

现权利要求 10 同授权公告的原权利要求 12。

请求人在当庭提交的意见陈述书中认为，权利要求 12（现权利要求 10）引用原权利要求 10，原权利要求 10 相对于附件 9 不具备新颖性，相对于附件 9 或附件 9 与附件 2~6 之一的结合不具备创造性，权利要求 12（现权利要求 10）的附加技术特征在附件 9 中披露，不具备新颖性和创造性，权利要求 12（现权利要求 10）相对于附件 9 与附件 2~6 之一的结合不具备创造性；请求人在口审中认为，权利要求 12（现权利要求 10）引用原权利要求 10，原权利要求 10 相对于附件 14、17 之一与附件 2~6 之一的结合不具备创造性，权利要求 12（现权利要求 10）的附加技术特征被附件 14 公开，或被附件 9 与附件 2~6 之一的结合公开，权利要求 12（现权利要求 10）不具备创造性。

权利要求 10 保护一种放射器，附件 14 披露了一种红外线电加热器，该电加热器包含由蘑菇状双辐射面发热体芯 5，其头部是内凹的圆锥面 15，凹槽 14 内螺旋盘放有电阻丝 3（附件 14 图 3），电加热器还包含一个光滑的抛物面反射屏 2，反射屏 2 面向发热体芯 5（附件 14 图 1），反射屏具有焦点区。通过对比可知，附件 14 中的电热丝 3 对应本专利中的辐射成员，抛物面反射屏 2 对应本专利的反射成员。本专利权利要求 10 与附件 14 的不同在于：（1）本专利中的反射成员为圆顶状，附件 14 的反射屏为抛物面状；（2）本专利中辐射成员的形状，即螺旋圆顶状，以及反射成员的凹面并面向辐射成员的凸面，以将能量集中于辐射成员的焦点区，没有被附件 14 明确公开。然而，抛物面反射屏 2 与圆顶状反射屏，两者是惯用方式的置换。至于区别特征（2）合议组认为，对于所属技术领域的技术人员来说，正如附件2~6之一所示的反射成员所示，这类放射器辐射能量的方式（聚焦、发散或形成平行光），由反射成员的结构及辐射成员与反射成员的相对位置决定，而不受辐射成员形状的影响，因此所属技术领域的技术人员在反射成员固定不变的条件下，可以选择具体的辐射成员的形状，而实现相同的技术效果，均属于常规设计，因此辐射成员的具有螺旋形圆顶状是容易想到的，其次，附件14披露了反射组件为凹面来辐射能量，对所属技术领域的技术人员来说，采用凹面反射面汇聚辐射能量是公知常识。因此权利要求10保护的技术方案不具备实质性特点和进步，不符合专利法第22条第3款有关创造性的规定。

（11）关于权利要求11。

本专利权利要求11内容如下："一个放射器，其特征为所述放射器包含：一个由能量源提供能量的一般螺旋形圆顶状辐射成员；一个圆顶状反射成员包含一个面向辐射成员的反射面；反射成员的反射面包含一个一般凸面，而该反射成员的反射凸面面向辐射成员的凹面，以至辐射成员将能量发散离开辐射成员的焦点区。"

现权利要求11同授权公告的原权利要求13。

请求人在当庭提交的意见陈述书中认为，权利要求13（现权利要求11）引用原权利要求10，原权利要求10相对于附件9不具备新颖性，相对于附件9或附件9与附件2~6之一的结合不具备创造性，权利要求13（现权利要求11）的附加技术特征在附件9中披露，不具备新颖性和创造性，相对于附件9与附件2~6之一的结合不具备创造性；请求人在口审中认为，权利要求13（现权利要求11）引用原权利要求10，原权利要求10相对于附件14、17之一与附件2~6之一的结合不具备创造性，权利要求13（现权利要求11）的附加技术特征由附件14很容易想到，不具备创造性。

权利要求11保护一种放射器，附件14披露了一种红外线电加热器，该电加热器包含由蘑菇状双辐射面发热体芯5，其头部是内凹的圆锥面15，凹槽14内螺旋盘放有电阻丝3（附件14图3），电加热器还包含一个光滑的抛物面反射屏2，反射屏2面向发热体芯5（附件14图1），反射屏具有焦点区。通过对比可知，附件14中的电热丝3对应本专利中的辐射成员，抛物面反射屏2对应本专利的反射成员。权利要求11与附件14的不同在于：①本专利中的反射成员为圆顶状，附件14的反射屏为抛物面状；②本专利中辐射成员的形状，即螺旋形圆顶状，以及反射成员包含一个凸面并面向辐射成员的凹面，以将能量发散离开辐射成员的焦点区，没有被附件14公开。然而，如上所述，抛物面反射屏2与圆顶状反射屏，两者是惯用方式的置换。至于区别特征②合议组认为，对所属技术领域的技术人员来说，采用凸面发散能量、凹面汇聚平行光是公知常识，在附件14披露了反射组件为凹面并用来汇聚辐射能量的情况下，根据实际需要，将附件14中的反射凹面替换为反射凸面以发散能量，是容易想到的，另外，于辐射成员的形状，如上所述，对于所属技术领域的技术人员来说，正如附件2~6之一所示的反射成员所示，这类放射器辐射能量的方式（聚焦、发散或形成平行光），由反射成员的结构及辐射成员与反射成员的相对位置决定，而不受辐射成员形状的影响。因此所属技术领域的技术人员在反射成员确定的条件下，可以选择具体的辐射成员的形状，包括螺旋形圆顶状，而实现相同的技术效果，属于常规设计。因此权利要求11保护的技术方案不具备实质性特点和进步，不符合专利法第22条第3款有关创造性的规定。

（12）关于权利要求12。

本专利权利要求12内容如下："一个放射器，其特征为所述放射器包含：一个由能量源提供能量的一般螺旋形圆顶状辐射成员；一个圆顶状反射成员包含一个面向辐射成员的反射面；所述的一般螺旋形圆顶状辐射成员包含一个被传热物资涵盖着的电阻圈。"

现权利要求12同授权公告的原权利要求14。

请求人在当庭提交的意见陈述书中认为，权利要求14（现权利要求12）引用原权利要求10，原权利要求10相对于附件9不具备新颖性，相对于附件9或附件9与附件2~6之一的结合不具备创造性，权利要求14的附加技术特征在附件9和10、或在附件9与公知常识、或附件9与附件2~6之一的结合中披露，不具备创造性；请求人在口审中认为，权利要求14（现权利要求12）引用原权利要求10，原权利要求10相对于附件14、17之一与附件2~6之一的结合不具备创造性，权利要求14的附加技术特征被附件10的背景技术公开，因此不具备创造性。

附件14披露了一种红外线电加热器，该电加热器包含由蘑菇状双辐射面发热体芯5，其头部是内凹的圆锥面15，凹槽14内螺旋盘放有电阻丝3（附件14图3），电加热器还包含一个光滑的抛物面反射屏2，反射屏2面向发热体芯5（附件14图1）。通过对比可知，附件14中的电热丝3对应本专利中的辐射成员，抛物面反射屏2对应本专利的反射成员。本专利权利要求12与附件14的不同在于：本专利电阻圈涵盖着传热物资。然而附件10披露了用氧化锆、碳化硅及氧化铝等辐射材料直接封涂在发热丝外部做成发热体（附件10说明书第2段），由于上述封涂材料吸收电热丝的热量因此其均为传热物质，其作用为将电热丝的热量转化为可辐射能量，其作用与在本申请中的相同，因此附件10给出了将上述传热物质封涂到附件14的电阻丝上以解决其技术问题的启示，因此由附件14和附件10得到权利要求12保护的技术方案是容易想到的，权利要求12相对于附件14与附件10的结合，不具备实质性特特点和进步，不符合专利法第22条第3款有关创造性的规定。

（13）关于权利要求13。

本专利权利要求13内容如下：“一个放射器，其特征为所述放射器包含：一个定有焦点区的部分球状结构成员；及一个由能量源提供能量的辐射层，而辐射层与该部份球状结构成员连接，以及该辐射层集中能量至该焦点区以实现该焦点区与其周边环境的温度差别，以提供力量予该放射器及/或对象。”

现权利要求13同授权公告的原权利要求15。

请求人在当庭提交的意见陈述书中认为，权利要求15（现权利要求13）相对于附件9不具备新颖性，相对于附件9或附件9与附件2~6之一的结合不具备创造性；请求人在口审中认为，权利要求15（现权利要求13）相对于附件9与附件2~6之一的结合不具备创造性。

附件9披露了一种定向辐射远红外加热器，该加热器包含一个弧柱形的辐射板6，辐射板6中嵌有电热丝3，辐射板6上方设有隔热层隔热层和反射层，隔热层和反射层与辐射板形状相同，也为弧柱形。将附件9公开的上述内容与本专利权利要求13进行对比，附件9中的隔热层和反射层构成的结构成员对应本专利中的球状结构成员，电热丝3组成的辐射层对应本专利中的辐射层。权利要求13与附件9的不同在于：本专利中的球状结构成员为具有焦点区的结构成员，辐射层集中能量至焦点区以实现焦点区与周边环境的温度差别，以提供力量予该放射器及/或对象。然而对于所属技术领域的技术人员来说，弧形和部分球形都是所属技术领域的已知形态，根据使用场合和具体的要求，在附件9披露的弧柱形结构成员（附件9说明书第5段）的基础上，所属技术领域的技术人员可以选择放射器的具体形态，即放射器形态改变成部分球状是容易想到的。附件2（附件2附图3b和说明书第2页倒数第1行至第3页第1段）披露了一种远红外线辐射取暖器，该取暖器将辐射组件与椭球面反射成员保持一定距离设置，以将能量集中于焦点区从而实现焦点区与周边环境温度差别，进而提供能量于放射器或其他对象，由此可知附件2的设置方式作用与本专利的相同，其给出了将所述设置用于附件9以解决其技术问题的启示，即附件9与附件2结合从而得出权利要求13保护的技术方案是容易想到的，因此权利要求13保护的技术方案相对于附件9与附件2的结合不具备实质性特点和进步，不符合专利法第22条第3款有关创造性的规定。

（14）关于权利要求14。

本专利权利要求14内容如下："根据权利要求13的放射器，其特征为：该部份球状结构包含传热层及一个隔热层；隔热层包含一个面向传热层凸面的凹面；及辐射层包含至少一个辐射组件嵌入于传热层的至少一个部份。"

现权利要求14同授权公告的原权利要求16。

请求人在当庭提交的意见陈述书中认为，权利要求16（现权利要求14）的附加技术特征在附件9中披露，不具备新颖性，相对于附件9或附件9与附件2~6之一的结合不具备创造性；请求人在口审中认为，权利要求16（现权利要求14）的附加技术特征被附件9披露，不具备创造性。

在附件9中公开了如下内容：一种定向辐射远红外加热器，该加热器包含一个弧柱形的辐射板6，辐射板6中嵌有电热丝3，辐射板6上方设有隔热层隔热层和反射层，隔热层和反射层与辐射板形状相同，也为弧柱形，弧柱形辐射板6下面有远红外涂料层2，构成了传热层，，隔热层的凸面面向辐射板6的凹面。将附件9公开的上述内容与本专利权利要求14进行对比，附件9中的电热丝对应本专利中的辐射组件，附件9中的辐射板6及远红外涂层2对应本专利的传热层，附件9中的隔热层6对应本专利中的隔热层。权利要求14与附件9的不同在于：本专利的隔热层的凹面面向传热层的凸面；而附件9中的隔热层的凸面面向辐射板（传热层）的凹面。然而合议组认为，由于附件9披露了反射层5和辐射板6可以加工成弧形（附件9说明书第1页第5段），并给出了隔热层4凸面面向辐射板6凹面以发散能量的实施例（附件9图4），而加工成弧形只能加工成隔热层4凸面面向辐射板6凹面以发散能量、或隔热层4面凹面向辐射板6凸面以聚集能量两种弧形，同时附件9公开的加热器为定向强辐射加热器，加工成弧形以后，也只有发散能量或汇聚能量两种定向辐射方式，因此所属技术领域的技术人员在附件9的基础上，可以根据具体应用场合和具体要求，任意选择具体的弧形弯曲方式，即在附件9的基础上得到权利要求14保护的技术方案是容易想到的，在其引用的权利要求13不具备创造性时，权利要求14不具备实质性特点和进步，不符合专利法第22条第3款有关创造性的规定。

（15）关于权利要求15。

本专利权利要求15内容如下："根据权利要求13的放射器，其特征为，辐射层包含设置于该部份球状结构成员的凹面的一组红外线放射装置。"

现权利要求15同授权公告的原权利要求17。

请求人在当庭提交的意见陈述书中认为，权利要求17（现权利要求15）的附加技术特征在附件9中披露，不具备新颖性，相对于附件9或附件9与附件2~6之一的结合不具备创造性；请求人在口审中认为，权利要求17的附加技术特征被附件9披露，权利要求17不具备创造性。

权利要求15的附加特征已经被附件9的如下内容所公开：在辐射板的底面涂有强辐射远红外涂料层2（附件9说明书第4段，图3）。由于该强辐射远红外涂料层的作用为将红外线辐射出去，因此其为红外线放射装置。由此可知，附件9披露了权利要求15的全部附加技术特征，在其引用的权利要求13不具备创造性时，权利要求15保护的技术方案不具备实质性特点和进步，不符合专利法第22条第3款有关创造性的规定。

（16）关于权利要求16。

本专利权利要求16内容如下："一个放射器，其特征为所述放射器包含：一个由能量源提供能量的辐射成员；一个反射成员包含一个面向该辐射成员及至少一部份环状的反射凹面以散布能量至一个至少一部份环状的区域。"

现权利要求16同授权公告的原权利要求18。

请求人在当庭提交的意见陈述书中认为，权利要求18（现权利要求16）相对于附件6或7不具备新颖性和创造性；请求人在口头审理中认为，权利要求18不具备新颖性和创造性。附件7中的电热管、反射板对应于权利要求18中的辐射成员、反射成员，且附件7中的安全盖板9必然形成环状区域。附件14中的部件5也起遮挡作用。

附件7披露了一种辐射式电暖器，该电暖器包含一个发热管2，发热管为远红外管，由于要辐射远红外光线，因此其必然具有为远红外管提供能量的能量源，一曲面状的反射板5从中央隆起，在隆起的反射板外围环绕有发热管2，反射板5下方选择向下凹陷式弯曲（见附件7图1-2）。由该辐射式电暖器的结构可知，反射板中央隆起部分必然遮挡光线，形成圆形的阴影区，因此该辐射式电暖器将能量辐射至一个至少一部分环状的区域。由此可知，附件7披露了权利要求16的全部技术特征，附件7与权利要求16属于相同的技术领域，解决相同的技术问题，因此相对于附件7披露的技术方案，权利要求16不符合专利法第22条第2款有关新颖性的规定。

（17）关于权利要求17。

本专利权利要求17内容如下："根据权利要求16的放射器，其特征为：辐射成员包含至少一部份环状。"

现权利要求17同授权公告的原权利要求19。

请求人在当庭提交的意见陈述书中认为，权利要求19（现权利要求17）的附加技术特征在附件6或7中披露，不具备新颖性和创造性。

该附加技术特征已经被附件7中如下内容所披露：该辐射式电暖器的辐射成员为发热管2，反射成员为反射板5，由附件7图1可明显得知发热管2为环状，反射板5也为环状。因此在其引用的权利要求16不具备新颖性时，权利要求17也不具备新颖性，不符合专利法第22条第2款有关新颖性的规定。

（18）关于权利要求18。

本专利权利要求18内容如下："根据权利要求16的放射器，其特征为，辐射成员位于反射面的一个焦点区"。

现权利要求18同授权公告的原权利要求20。

请求人在当庭提交的意见陈述书中认为，权利要求20（现权利要求18）的附加技术特征被附件6披露，不具备新颖性和创造性。

附件7已经披露了反射板5为曲面状，其下方为向下凹陷式弯曲，附件6公开了一种名称为放射发热器的外观设计图片，所属技术领域的技术人员从该外观设计的名称及图片反映的外观可以得知，该放射发热器的反射部件为曲面状对于所属技术领域的技术人员来说，辐射成员缩小半径时显然可以位于反射面的一个焦点区，以形成最大的平行辐射，这是本领域的公知常识，因此在附件7或6的基础上，将辐射成员设置于反射板的焦点区是容易想到的，因此在其引用的权利要求16不具备新颖性时，权利要求18不具备实质性特点和进步，不符合专利法第22条第3款有关创造性的规定。

（19）关于权利要求19。

本专利权利要求19内容如下："根据权利要求16的放射器，其特征为，辐射成员包含一个被传热物资涵盖着的电阻圈"。

现权利要求19同授权公告的原权利要求21。

请求人在当庭提交的意见陈述书中认为，权利要求21（现权利要求19）的附加技术特征在附件6和7以及附件10的背景技术部分披露，不具备新颖性和创造性。

附件7公开了发热管选择石英管、卤素管或远红外管中的一种，对于所属技术领域的技术人员来说，用电阻丝或电热丝涂覆一层传热物资以将热量转化为红外光线从而形成远红外管，是所属技术领域的公知常识。因此在其引用的权利要求16不具备新颖性时，权利要求19不具备实质性特点和进步，不符合专利法第22条第3款有关创造性的规定。

（20）关于权利要求20。

本专利权利要求20内容如下：“根据权利要求16的放射器，其特征为，反射成员为一般环形。”

现权利要求20同授权公告的原权利要求22。

请求人在当庭提交的意见陈述书中认为，权利要求22（现权利要求20）的附加技术特征已经在附件6和7中公开，不具备新颖性和创造性。

上述附加技术特征也已经被附件7如下内容披露：该辐射式电暖器的反射成员为反射板5，由附件7图1可明显得知反射板5也为环状。因此在其引用的权利要求16不具备新颖性时，权利要求20不具备新颖性，不符合专利法第22条第2款有关新颖性的规定。

（21）关于权利要求21。

本专利权利要求21内容如下：“根据权利要求16的放射器，其特征为，辐射成员为一般环形。”

现权利要求21同授权公告的原权利要求23。

请求人在当庭提交的意见陈述书中认为，权利要求23（现权利要求21）的附加技术特征已经在附件6和7中公开，不具备新颖性和创造性。

上述附加技术特征也已经被附件7如下内容披露：该辐射式电暖器的辐射成员为发热管2，由附件7图1可明显得知发热管2为环状。因此在其引用的权利要求16不具备新颖性时，权利要求21不具备新颖性，不符合专利法第22条第2款有关新颖性的规定。

（22）关于权利要求22。

本专利权利要求22内容如下：“一个放射器，其特征为所述放射器包含：一部份球状的传热层；一个辐射组件与传热层接触；及一个面向传热层的部份球状隔热层。”

现权利要求22同授权公告的原权利要求24。

请求人在当庭提交的意见陈述书中认为，权利要求24（现权利要求22）相对于附件9不具备新颖性，且相对于附件9或附件9与附件2~6之一的结合不具备创造性。

附件9披露了一种定向辐射远红外加热器，该远红外加热器包含一个由辐射板6，电热丝3嵌入辐射板6内，辐射板6下表面设有强辐射远红外涂料层2，反射层5及隔热层4面向隔热层以阻止热量向背面传递，反射层和辐射板加工成弧形（附件9说明书第1页及图2-4）。将附件9公开的上述内容与本专利权利要求22进行对比，附件9中的辐射板6及其下表面的远红外涂层2对应本专利的传热层，电热丝3对应本专利的的辐射组件，附件9中的隔热层对应本专利的隔热层。权利要求22与附件9的不同在于：本专利传热层与隔热层均为部分球状，而附件9为同心的弧形。对于所属技术领域的技术人员来说，弧形和球形都是所属技术领域的已知形态，根据使用场合和具体的要求，所属技术领域的技术人员可以选择放射器的具体形态，即放射器形态的改变是容易想到的，因此权利要求22保护的技术方案相对于附件9不具备实质性特点和进步，不符合专利法第22条第3款有关创造性的规定。

（23）关于权利要求23。

本专利权利要求23内容如下：“根据权利要求22的放射器，其特征为：传热层定有第一个焦点区；隔热层定有第二个焦点区；及第一个焦点区与第二个焦点区作一般重迭。”

现权利要求23同授权公告的原权利要求25。

请求人在当庭提交的意见陈述书中认为，权利要求25（现权利要求23）的附加技术特征已经被附件9披露，不具备新颖性，且相对于附件9或附件9与附件2~6之一的结合，不具备创造性。

在附件9中披露了如下内容：由辐射板6和涂料层2组成的传热层具有焦点区，隔热层4具有焦点区，传热层与隔热层4同心设置（附件9），因此二者焦点区重叠。由此可知附件9披露了权利要求23的全部附加技术特征，在其引用的权利要求22不具备创造性时，权利要求23相对于附件9不具备实质性特点和进步，不符合专利法第22条第3款有关创造性的规定。

（24）关于权利要求24。

本专利权利要求24内容如下："根据权利要求23的放射器，其特征为，隔热层包含一个面向传热层凸面的凹面，以至辐射组件增加传热层的温度，并集中能量于辐射层的焦点区。"

现权利要求24同授权公告的原权利要求26。

请求人在当庭提交的意见陈述书中认为，权利要求26的附加技术特征在附件9中披露，不具备新颖性，且相对于附件9或附件9与附件2~6之一的结合不具备创造性。

在附件9中披露了如下内容：隔热层4的凸面向辐射板6的凹面，嵌在辐射板6内的电热丝3组成的层增加辐射板6和涂料层2的温度。权利要求24保护的技术方案与附件9披露的技术方案的不同在于：本专利的隔热层的凹面面向传热层的凸面，能量集中于辐射层的焦点区。然而合议组认为，由于附件9披露了反射层5和辐射板6可以加工成弧形（附件9说明书第1页第5段），并给出了隔热层4凸面面向辐射板6凹面以发散能量的实施例（附件9图4），由于加工成弧形只能加工成隔热层4凸面面向辐射板6凹面以发散能量、或隔热层4面凹面向辐射板6凸面以聚集能量两种弧形，同时附件9公开的加热器为定向强辐射加热器，加工成弧形以后，也只有发散能量或汇聚能量两种定向辐射方式，因此所属技术领域的技术人员在附件9的基础上，可以根据具体应用场合和具体要求，任意选择具体的弧形弯曲方式，即在附件9的基础上得到权利要求24保护的技术方案是容易想到的，在其引用的权利要求23不具备创造性时，权利要求24不具备实质性特点和进步，不符合专利法第22条第3款有关创造性的规定。

（25）关于权利要求25。

本专利权利要求25内容如下："根据权利要求24的放射器，其特征为，包含一组光学纤维的一端放置于辐射层的焦点区以接收能量，以至该光学纤维将接收到的能量从该光学纤维的一端传输至该光学纤维的另一端。"

现权利要求25同授权公告的原权利要求27。

请求人认为：权利要求27的附加技术特征为公知常识，权利要求27不具备创造性。

对于所属技术领域的技术人员来说，利用光纤的光导特性将光线从一端传导到另一端使用为公知常识，而附件9披露的定向辐射远红外加热器产生的能量为远红外光线，适用于光纤传输，这是公知常识，因此所属技术领域的技术人员结合公知常识得到权利要求25保护的技术方案是容易想到的，在其引用的权利要求24不具备创造性时，权利要求25相对于附件9与公知常识的结合不具备实质性特点和进步，不符合专利法第22条第3款有关创造性的规定。

（26）关于权利要求26。

鉴于如上所述，权利要求26不符合专利法第26条第3款的规定，对该权利要求的新颖性、创造性不再予以评述。

（27）关于权利要求27。

本专利权利要求27内容如下："根据权利要求25的放射器，其特征为，光学纤维包含一种辐射物资。"

现权利要求27同授权公告的原权利要求29。

请求人在当庭提交的意见陈述书中认为，权利要求29（现权利要求27）的附加技术特征是公知常识，不具备创造性。

对于所述技术领域的技术人员来说，在光纤中添加镧系金属或锕系金属来调节光纤的性能是公知常识，而镧系金属和锕系金属均属于辐射物质，因此权利要求27的附加技术特征为公知常识，在其引用的权利要求25不具备创造性时，权利要求27相对于附件9与公知常识的结合不具备实质性特点和进步，不符合专利法第22条第3款有关创造性的规定。

（28）关于权利要求28。

本专利权利要求28内容如下："根据权利要求25的放射器，其特征为，隔热层包含一个面向传热层凹面的凸面，以至辐射组件增加传热层的温度，并将能量发散离开辐射层的焦点区。"

现权利要求28同授权公告的原权利要求30。

请求人在当庭提交的意见陈述书中认为，权利要求30（现权利要求28）的附加技术特征被附件9或附件9与公知常识或附件2~6之一的结合披露，不具备创造性。

在附件9中披露了如下内容：隔热层4面向辐射板6，电热丝3组成的层增加辐射板6和涂料层2的温度，隔热层4的凸面面向辐射板6的凹面以将能量发散离开焦点区（附件9图4），由此可知附件9披露了权利要求28的全部附加技术特征。另外，对于本领域普通技术人员来说，将光源或发射源放置在反射罩的焦点区，从而使能量发散离开焦点区，是公知常识，因此在其引用的权利要求25不具备创造性时，权利要求28保护的技术方案不具备实质性特点和进步，不符合专利法第22条第3款有关创造性的规定。

（29）关于权利要求29。

本专利权利要求29内容如下："根据权利要求22的放射器，其特征为，隔热层连接一个灯泡底座，而该底座包含正负电极的接触体，并接驳电源至辐射层及该底座是适合于从一个电灯插座接收电源。"

现权利要求29同授权公告的原权利要求31。

请求人在当庭提交的意见陈述书中认为，权利要求31（现权利要求29）相对于附件9或附件9与附件2~6之一或者公知常识的结合，不具备创造性。

对于所属技术领域的技术人员来说，将附件9公开的定向辐射远红外加热器的电源接口部分做成与电灯底座相适应，以从电灯底座接受电源方便使用，是公知常识。因此附件9与公知常识的结合是容易想到的，权利要求6保护的技术方案相对于附件9与公知常识的结合不具备实质性特点和进步，不符合专利法第22条第3款有关创造性的规定。

（30）关于权利要求30。

本专利权利要求10内容如下："根据权利要求22的放射器，其特征为，传热层包含一种金属氧化物资。"

现权利要求30同授权公告的原权利要求32。

请求人在当庭提交的意见陈述书中认为，权利要求32（现权利要求30）相对于附件9及公知常识的结合不具备创造性。

由于附件9公开了辐射板6和涂料层2吸收电热丝的热量并转换为远红外以定向辐射，而金属氧化物质是所属技术领域常用的热能转换成远红外的物质，因此附件9与上述技术特征的结合是容易想到的，在其引用的权利要求22不具备创造性时，权利要求30保护的技术方案相对于附件9不具备实质性特点和进步，不符合专利法第22条第3款有关创造性的规定。

（31）关于权利要求31。

本专利权利要求31内容如下："根据权利要求22的放射器，其特征为，辐射组件是位于隔热层及传热层之间。"

现权利要求31同授权公告的原权利要求33。

请求人在当庭提交的意见陈述书中认为，权利要求33（现权利要求31）相对于附件9不具备新颖性和创造性。

附件9公开了电热丝3全部嵌入辐射板6内，即辐射组件位于传热层内。对于所属技术领域的技术人员来说，将辐射组件设置于隔热层和传热层之间、或将辐射组件置于传热层内，属于位置的简单变换，这种变换所产生的效果是相同的，是容易想到的，因此在其引用的权利要求22不具备创造性时，权利要求31保护的技术方案相对于附件9不具备实质性特点和进步，不符合专利法第22条第3款有关创造性的规定。

（32）关于权利要求32。

本专利权利要求32内容如下："根据权利要求22的放射器，其特征为，辐射组件部分嵌入传热层。"

现权利要求32同授权公告的原权利要求34。

请求人在当庭提交的意见陈述书中认为，权利要求34（现权利要求32）相对于附件9不具备新颖性和创造性。

附件9公开了电热丝3全部嵌入辐射板6内，即辐射组件全部位于传热层内。对于所属技术领域的技术人员来说，将辐射组件部分嵌入传热层内、或将辐射组件全部嵌入传热层内，属于位置的简单变换，这种变换所产生的效果是相同的，是容易想到的，因此在其引用的权利要求22不具备创造性时，权利要求31保护的技术方案相对于附件9不具备实质性特点和进步，不符合专利法第22条第3款有关创造性的规定。

（33）关于权利要求33。

本专利权利要求33内容如下："根据权利要求22的放射器，其特征为，辐射组件全部嵌入传热层。"

现权利要求33同授权公告的原权利要求35。

请求人在当庭提交的意见陈述书中认为，权利要求35（现权利要求33）相对于附件9不具备新颖性和创造性。

权利要求33的附加技术特征已经在附件9中公开：电热丝3全部嵌入辐射板6内，即辐射组件全部位于传热层内。因此在其引用的权利要求22不具备创造性时，权利要求33保护的技术方案相对于附件9不具备实质性特点和进步，不符合专利法第22条第3款有关创造性的规定。

（34）关于权利要求34。

本专利权利要求34内容如下："一个放射器，其特征为所述放射器包含：一个至少一部份椭圆形或圆形的反射面；一个由能量源提供能量的至少一部份椭圆形或圆形的辐射成员，该辐射成员一般位于或接近反射凹面的焦点区，反射面为凹面以散布能量至一个至少部份椭圆形或圆形的照射区域。"

现权利要求34同授权公告的原权利要求36。

请求人在当庭提交的意见陈述书中认为，权利要求36（现权利要求34）相对于附件6或附件12不具备新颖性，相对于附件2与附件11的结合不具备创造性。

附件2披露了一种全反射型远红外线线辐射取暖器，该取暖器包括一个反射镜2，镜面21采用旋转抛物面或旋转椭球面的反射镜2（对应本专利的至少一部份椭圆形或圆形的反射面），一个辐射板

(对应本专利中的辐射成员)，辐射板包含石英管和炉盘，因此该辐射板必然连接能量源，该辐射板位于反射镜面焦点附近，由于反射镜面为凹面，因此其散布能量于至少部分椭球形或圆形的照射区域。权利要求 34 与附件 2 的不同在于：本专利中的辐射成员为部分椭圆形或圆形。附件 11 披露了一种带卤素灯的辐射加热器，该辐射加热器采用一个固定在头部和支撑凸块之间的反射镜和反射镜罩，以及一个固定在支撑凸块前面的卤素灯罩，用来将远红外线分配给反射镜，卤素灯由一个灯支架支撑(附件 11 说明书第 1 页第 6 段至第 2 页第 1 段)，由附件 11 图 1 可以看出，卤素灯呈部分圆形。对于所属技术领域的技术人员来说，附件 11 中的卤素灯的作用是提供远红外线，并通过反射镜向外散发能量，其与本专利的辐射成员以及附件 2 中的辐射板作用相同，因此将附件 11 中的部分圆形卤素灯替换附件 2 中的辐射板，属于已知手段的等效替换，这种替换是容易想到的，因此权利要求 34 相对于附件 2 与附件 11 的结合，不具备实质性特点和进步，不符合专利法第 22 条第 3 款有关创造性的规定。

(35) 关于权利要求 35。

本专利权利要求 35 内容如下："根据权利要求 34 的放射器，其特征为，辐射成员包含一个被传热物资涵盖的电阻圈。"

现权利要求 35 同授权公告的原权利要求 37。

请求人在当庭提交的意见陈述书中认为，权利要求 37（现权利要求 35）的附加技术特征被附件 12 或附件 7 或公知常识、或者附件 12 与附件 10 或公知常识的结合披露，不具备创造性。

对于所属技术领域的技术人员来说，用电阻丝或电热丝涂覆一层传热物资以将热量转化为远红外光线从而形成远红外管，是所属技术领域的公知常识，因此在其引用的权利要求 34 不具备创造性时，权利要求 35 不具备实质性特点和进步，不符合专利法第 22 条第 3 款有关创造性的规定。

(36) 关于权利要求 36。

本专利权利要求 36 内容如下："根据权利要求 34 的放射器，其特征为，反射成员为一般椭圆形或圆形。"

现权利要求 36 同授权公告的原权利要求 38。

请求人在当庭提交的意见陈述书中认为，权利要求 38（现权利要求 36）的附加技术特征已经在附件 2~7 之一或附件 12 中披露，或者相对于附件 11 与附件 2~6 之一的结合，不具备创造性。

权利要求 36 的附加技术特征已经在附件 2 中如下内容所披露：反射镜 2 的镜面 21 采用旋转抛物面或旋转椭球面，因此反射镜为一般椭圆形，因此在其引用的权利要求 34 不具备创造性时，权利要求 36 不具备实质性特点和进步，不符合专利法第 22 条第 3 款有关创造性的规定。

(37) 权利要求 37。

本专利权利要求 37 内容如下："根据权利要求 34 的放射器，其特征为，辐射成员为一般椭圆形或圆形。"

现权利要求 37 同授权公告的原权利要求 39。

请求人在当庭提交的意见陈述书中认为，权利要求 39（现权利要求 37）的附加技术特征被附件 6 或附件 12 公开，不具备新颖性和创造性。

合议组认为，将辐射成员设置为一般圆形或椭圆形，是所属技术领域的常见形式，如附件 11、12 中的卤素灯（相对于本专利中的辐射成员）的形状均为近似圆形或圆形。因此所属技术领域的技术人员可以根据具体应用场合和需要将其形状简单变化为一般圆形或椭圆形，该形状变换所产生的技术效果与变换前相同，因此该形状的简单变换是容易想到的，在其引用的权利要求 34 不具备创造性时，权利要求 37 不具备实质性特点和进步，不符合专利法第 22 条第 3 款有关创造性的规定。

由于权利要求26公开不充分，权利要求16~17、20~21不具备新颖性，权利要求1~15、18~19、22~25、27~37不具备创造性，应予以无效，因此对涉及上述权利要求的其他证据、无效理由，本决定不予以评述。

基于以上事实和理由，本案合议组作出如下审查决定。

三、决定

宣告第200520001917.X实用新型专利权全部无效，。

当事人对本决定不服的，可以根据专利法第46条第2款的规定，自收到本决定之日起三个月内向北京市第一中级人民法院起诉。根据该款的规定，一方当事人起诉后，另一方当事人应当作为第三人参加诉讼。

028

自动隐藏式爆走轮

无效宣告请求审查决定（第11018号）

决　　定　　号　第11018号
决　　定　　日　2007年12月26日
发 明 创 造 名 称　自动隐藏式爆走轮
国 际 分 类 号　A63C17/20
无 效 宣 告 请 求 人　周育荣，瑞安市意贝尔鞋业有限公司
专　利　权　人　缪林弟
专　　利　　号　200420000710.6
申　　请　　日　2004年1月12日
授 权 公 告 日　2005年3月9日
合 议 组 组 长　左　一
主　　审　　员　马桂丽
参　　审　　员　乔东峰

法 律 依 据　专利法第22条第3款
决 定 要 点

本专利与对比文件的技术领域和所要解决的技术问题相同，两篇对比文件公开了本专利权利要求的大部分技术特征，在两篇对比文件结合的基础上结合公知常识得出本专利权利要求所要求保护的技术方案，对所属技术领域的技术人员来说是显而易见的，且并没有产生预料不到的效果，因此本专利权利要求不具备实质性特点和进步，不符合专利法第22条第3款关于创造性的规定。

一、案由

本无效宣告请求涉及国家知识产权局于2005年3月9日授权公告的名称为“自动隐藏式爆走轮”的实用新型专利（下称本专利），其专利号为200420000710.6，申请日为2004年1月12日，专利权人是缪林弟。

本专利授权公告的权利要求书的内容如下：

“1. 一种自动隐藏式爆走轮，由爆走轮（2）、爆走轮支架（11）构成，所述爆走轮（2）位于所述爆走轮支架（11）中夹的孔内，所述爆走轮支架（11）框的两侧边上设有开口凹槽（10），所述爆走轮（2）的转动轴位于所述凹槽（10）内，其特征在于，所述爆走轮支架（11）框侧边设有连杆（9）穿过，所述凹槽（10）的槽口处设有挡板（5），所述连杆（9）和挡板（5）平行，所述连杆（9）一端与所述挡板（5）是通过拉杆（8）连接，所述连杆（9）另一端设有推动杆（6）。

2. 根据权利要求1所述的自动隐藏式爆走轮，其特征在于，所述连杆（9）上套有一弹簧（4），所述弹簧（4）位于所述推动杆（6）和所述爆走轮支架（11）框之间。

3. 根据权利要求3所述的自动隐藏式爆走轮，其特征在于，所述推动杆（6）上设有按钮（3）。

4. 根据权利要求4所述的自动隐藏式爆走轮，其特征在于，所述凹槽（10）开口处覆盖有固定板（7）。"

针对本专利，周育荣（下称请求人I）于2007年7月17日向专利复审委员会提出了无效宣告请求，无效理由是该实用新型专利的权利要求1~4不符合专利法第22条第3款的规定。请求人I所提供的证据如下：

附件1-1：中国实用新型专利CN2520912Y号授权公告文本复印件，共11页，其授权公告日为2002年11月20日；

附件1-2：中国发明专利CN1345195A号公开文本复印件，共5页，其公开日为2002年4月17日。

请求人I在无效宣告请求书中指出：（1）附件1-1公开了一种自动隐藏式爆走轮结构，并且公开了本专利的权利要求1的所有技术特征（参见附件1-1的说明书具体实施方式部分及附图1-3，下面所述的附图标记为附件1-1中的附图标记）：它由爆走轮12、爆走轮支架11构成，所述爆走轮12位于所述爆走轮支架11中间夹的孔内，所述爆走轮支架11框的两侧边上设有长型槽孔111，所述爆走轮12的转动轴13位于所述长型槽孔111内，所述爆走轮支架11框侧边设有连杆164穿过，所述长型槽孔111中设有挡杆165，所述连杆164和挡杆165平行，所述连杆164一端与所述挡杆165是通过连接板166连接，所述连杆164另一端设有推动杆162。本专利的权利要求1与附件1-1的区别技术特征在于：①所述长型槽孔为开口凹槽；②所述挡杆为挡板；③所述连接板为拉杆。对于区别技术特征①来说，长型槽孔在附件1-1中的作用与开口凹槽在本专利中的作用相同，即"提供一个供转动轴上下移动的空间"，两者实质上是相等同的技术特征，并且开口凹槽可以在附件1-2中得到相应的技术启示（参见附件1-2的说明书第10页至第12页以及附图4-6，下面所述附图标记为附件1-2中的附图标记）："转动轴62被安装在爆走轮支架70框的两侧边74和76上的开口凹槽78中"，而对于区别技术特征②来说，所述挡板即为所述挡杆，所起作用完全相同，两者是相等同的技术特征；而对于区别技术特征③来说，所述连接板和拉杆都是将连杆与挡杆连接在一起，均起到连接作用，两者实质上也是相等同的技术特征，因此对于区别技术特征②、③来说均属本领域技术人员的惯用技术手段；总之针对上述区别技术特征①、②、③对于本领域的普通技术人员来说，在附件1-1的基础上结合附件1-2得出本专利的权利要求1所要求保护的技术方案不需要付出创造性劳动（即对于本技术领域的普通技术人员来说是显而易见的），不具有实质性特点和进步，因此本专利的权利要求1不具备专利法第22条第3款规定的创造性，应该被宣告无效。（2）从属权利要求2、3的附加技术特征均已被附件1-1公开（参见附件1-1的说明书具体实施方式部分及附图1-3），因此，权利要求2、3所要求保护的技术方案仍不具备专利法第22条第3款规定的创造性，应该被宣告无效。3、从属权利要求4的附加技术特征已被附件1-1公开（参见附件1-1的说明书具体实施方式部分及附图1-3），对于本技术领域的普通技术人员来说，当在爆走轮支架上采用开口凹槽时，为了防止在使用中爆走轮从开口凹槽中脱出，很容易想到在开口凹槽的开口处覆盖固定板，并且也可以从附件1-1中得到相应的技术启示（附件1-1中的长型槽孔111下端封闭），因此，权利要求4所要求保护的技术方案仍不具备专利法第22条第3款规定的创造性，应该被宣告无效。

经形式审查合格后，专利复审委员会受理了上述请求，于2007年7月19日向涉及本案的双方当事人发出了无效宣告请求受理通知书，并将无效宣告请求书及其他有关文件的副本转送给专利权人，要求其在指定的期限内答复。同时，向浙江省温州市中级人民法院经济一庭发出了无效宣告案件审查状态通知书（一）。

专利复审委员会成立合议组，对本无效宣告请求案进行审理。

2007 年 10 月 19 日，本案合议组向请求人 I 和专利权人双方当事人发出口头审理通知书，定于 2007 年 12 月 4 日对本案进行口头审理。

针对本专利，瑞安市意贝尔鞋业有限公司（下称请求人 II）也于 2007 年 7 月 17 日向专利复审委员会提出了无效宣告请求，无效理由是本专利的权利要求 1~4 不符合专利法第 22 条第 3 款的规定。请求人 II 所提供的证据如下：

附件 2-1：中国实用新型专利 CN2520912Y 号授权公告文本复印件，共 11 页，其授权公告日为 2002 年 11 月 20 日；

附件 2-2：中国发明专利 CN1345195A 号公开文本复印件，共 5 页，其公开日为 2002 年 4 月 17 日。

请求人 II 在无效宣告请求书中指出：（1）附件 2-1 公开了一种自动隐藏式爆走轮结构，并且公开了本专利的权利要求 1 的所有技术特征（参见附件 2-1 的说明书具体实施方式部分及附图 1-3，下面所述的附图标记为附件 2-1 中的附图标记）：它由爆走轮 12、爆走轮支架 11 构成，所述爆走轮 12 位于所述爆走轮支架 11 中间夹的孔内，所述爆走轮支架 11 框的两侧边上设有长型槽孔 111，所述爆走轮 12 的转动轴 13 位于所述长型槽孔 111 内，所述爆走轮支架 11 框侧边设有连杆 164 穿过，所述长型槽孔 111 中设有挡杆 165，所述连杆 164 和挡杆 165 平行，所述连杆 164 一端与所述挡杆 165 是通过连接板 166 连接，所述连杆 164 另一端设有推动杆 162。本专利的权利要求 1 与附件 2-1 的区别技术特征在于：①所述长型槽孔为开口凹槽；②所述挡杆为挡板；③所述连接板为拉杆。对于区别技术特征①来说，长型槽孔在附件 2-1 中的作用与开口凹槽在本专利中的作用相同，即“提供一个供转动轴上下移动的空间”，两者实质上是相等同的技术特征，并且开口凹槽可以在附件 2-2 中得到相应的技术启示（参见附件 2-2 的说明书第 10 页至第 12 页以及附图 4-6，下面所述附图标记为附件 2-2中的附图标记）：“转动轴 62 被安装在爆走轮支架 70 框的两侧边 74 和 76 上的开口凹槽 78 中”，而对于区别技术特征②来说，所述挡板即为所述挡杆，所起作用完全相同，两者是相等同的技术特征；而对于区别技术特征③来说，所述连接板和拉杆都是将连杆与挡杆连接在一起，均起到连接作用，两者实质上也是相等同的技术特征，因此对于区别技术特征②、③来说均属本领域技术人员的惯用技术手段；总之针对上述区别技术特征①、②、③对于本领域的普通技术人员来说，在附件 2-1 的基础上结合附件 2-2 得出本专利的权利要求 1 所要求保护的技术方案不需要付出创造性劳动（即对于本技术领域的普通技术人员来说是显而易见的），不具有实质性特点和进步，因此本专利的权利要求 1 不具备专利法第 22 条第 3 款规定的创造性，应该被宣告无效。（2）从属权利要求 2、3 的附加技术特征均已被附件 2-1 公开（参见附件 2-1 的说明书具体实施方式部分及附图 1-3），因此，权利要求 2、3 所要求保护的技术方案仍不具备专利法第 22 条第 3 款规定的创造性，应该被宣告无效。（3）从属权利要求 4 的附加技术特征已被附件 2-1 公开（参见附件 2-1 的说明书具体实施方式部分及附图 1-3），对于本技术领域的普通技术人员来说，当在爆走轮支架上采用开口凹槽时，为了防止在使用中爆走轮从开口凹槽中脱出，很容易想到在开口凹槽的开口处覆盖固定板，并且也可以从附件 2-1 中得到相应的技术启示（附件 2-1 中的长型槽孔 111 下端封闭），因此，权利要求 4 所要求保护的技术方案仍不具备专利法第 22 条第 3 款规定的创造性，应该被宣告无效。

经形式审查合格后，专利复审委员会受理了上述请求，于 2007 年 7 月 19 日向涉及本案的双方当事人发出了无效宣告请求受理通知书，并将无效宣告请求书及其他有关文件的副本转送给专利权人，要求其在指定的期限内答复。同时，向浙江省温州市中级人民法院经济一庭发出了无效宣告案件审查状态通知书（一）。

专利复审委员会成立合议组，对本无效宣告请求案进行审理。

2007 年 8 月 27 日，专利权人向专利复审委员会寄交了意见陈述书，针对请求人 II 提出的专利无效宣告请求，请求根据专利法实施细则第 68 条的规定修改其权利要求书，修改方式为修改权利要求 3、4 的引用关系，将权利要求 3、4 分别引用权利要求要求 3、4 改为分别引用权利要求 1。

2007 年 10 月 19 日，本案合议组向请求人 II 和专利权人双方当事人发出口头审理通知书，定于 2007 年 12 月 4 日对本案进行口头审理，同时将专利权人提交的答复意见转交请求人 II。

2007 年 12 月 4 日上午，针对请求人 I、II 提出的专利无效请求的口头审理如期举行。根据审查指南第四部分第三章第 4.5 节的规定，合议组决定对上述两项无效宣告请求（案件编号 5W08992、5W08993）进行合并审理。请求人委托代理人参加了口头审理，专利权人未参加口头审理（由于请求人 I、请求人 II 均委托相同的代理人到庭参加口头审理，且无效理由和相关证据完全相同，因此，下文统称为请求人，附件 1-1 和附件 2-1 内容完全相同，下文统称其为附件 1，附件 1-2 和附件 2-2 内容完全相同，下文统称其为附件 2，并对 5W08992 和 5W08993 两份无效请求的评述合并撰写）。在口头审理中，请求人对合议组成员无回避请求。合议组当庭告知请求人，由于专利权人于 2007 年 8 月 27 日提出修改其权利要求的修改方式不属于审查指南规定允许的在无效宣告请求程序中修改权利要求的方式，因此本案合议组不接受专利权人提出的修改其权利要求书的请求，本次口头审理的审查文本为本专利的授权公告文本的权利要求书。请求人明确无效理由为本专利权利要求1-4相对于附件 1、附件 2 的结合不具备专利法第 22 条第 3 款的规定的创造性。

2007 年 12 月 5 日，本案合议组向专利权人发出无效宣告请求审查通知书，指出本案合议组不接受专利权人提出的修改其权利要求书的请求，原因是根据审查指南第四部分第三章第 4.6.2 节的规定，在无效宣告请求程序中对实用新型专利文件修改权利要求书的具体方式一般限于权利要求的删除、合并和技术方案的删除。专利权人提出的上述修改不属于权利要求的删除、合并和技术方案的删除的范畴，也就是说上述修改方式不属于审查指南规定允许的在无效宣告请求程序中修改权利要求的方式，因此本案合议组不接受专利权人提出的修改其权利要求书的请求。

2007 年 12 月 17 日，专利权人向本案合议组寄交了意见陈述书，其中表示已经收到了专利复审委员会于 2007 年 12 月 5 日发出的无效宣告请求审查通知书，并对通知书的内容清楚、无异议。

至此，合议组经合议，认为本案事实已经清楚，可以依法作出本审查决定。

二、决定的理由

1. 证据的认定

请求人提交的附件 1 为授权公告号为 CN2520912Y 的中国实用新型专利授权公告文本复印件，附件 2 为公开号为 CN1345195A 的中国发明专利公开文本复印件，专利权人对附件 1、附件 2 的真实性没有异议，同时合议组也核实确认了这两份证据的真实性。附件 1 的授权公告日为 2002 年 11 月 20 日，早于本专利的申请日 2004 年 1 月 12 日，附件 2 的公开日为 2002 年 4 月 17 日，也早于本专利的申请日 2004 年 1 月 12 日，附件 1 和附件 2 可作为评价本专利是否具有创造性的现有技术使用。

2. 关于专利法第 22 条第 3 款

专利法第 22 条第 3 款规定：创造性，是指同申请日以前已有的技术相比，该发明有突出的实质性特点和显著的进步，该实用新型有实质性特点和进步。

本案合议组认为，本专利独立权利要求 1 不具备创造性，不符合专利法第 22 条第 3 款的规定。附件 1 与本专利属于相同的技术领域，公开了一种独轮步行滑行多功能鞋，并具体公开了以下特征

（参见附件 1 说明书第 3 页倒数第 4 行至第 5 页倒数第 5 行，图 1）：该多功能鞋包括滑轮组结构 1，滑轮组结构由支架 11（对应于本专利权利要求 1 的爆走轮支架 11）、滚轮 12（对应于本专利权利要求 1 的爆走轮 12）构成，滚轮 12 位于支架 11 中夹的孔内，支架 11 框的两侧边上设有长型槽孔 111（对应于本专利权利要求 1 的开口凹槽 10），滚轮 12 的轮轴 13（对应于本专利权利要求 1 的转动轴）位于长型槽孔 111 内，支架 11 框侧边有连接螺杆 164（对应于本专利权利要求 1 的连杆 9）穿过，长型槽孔 111 的设有顶杆 165（对应于本专利权利要求 1 的挡板 5），所述连接螺杆 164 和顶杆 165 平行，连接螺杆 164 一端与顶杆 165 通过前连接板 166（对应于本专利权利要求 1 的拉杆 8）连接，连接螺杆的另一端设有后连接板 162（对应于本专利权利要求 1 的推动杆 6）。本专利权利要求 1 的技术方案与附件 1 所公开的内容相比，区别在于：①权利要求 1 中开口凹槽 10 是一个在爆走轮支架 11 侧边底部有直通开口的凹槽，而附件 1 中的长型槽孔 111 在支架 11 侧边底部没有开口；②权利要求 1 中使用了档板 5，附件 1 中使用的是顶杆 165；③权利要求 1 中使用的是拉杆 8，附件 1 中使用的是前连接板 166。其中区别特征①已经在附件 2 中公开（参见附件 2 的说明书第 10 页第 13 行~第 11 页倒数第 4 行及图 4、5），附件 2 与本专利属于相同的技术领域，也公开了一种后跟部装有轮子的滑行鞋，其中轮子 60（对应于本专利权利要求 1 的爆走轮 12）的轴 62（对应于本专利权利要求 1 的转动轴）位于第一部件 74 和第二部件 76（对应于本专利权利要求 1 的爆走轮支架 11）上的开口 78（对应于本专利权利要求 1 的开口凹槽 10）内，并且该开口也是在第一部件和第二部件的底部有直通开口的，该开口 78 与附件 1 中的长型槽孔 111 都是用于容纳爆走鞋上的滚轮的轮轴的，所属技术领域的技术人员能够从附件 2 中得到启示将开口 78 这样的技术特征应用到附件 1 的技术方案中来代替附件 1 中的长型槽孔 111。对于区别②，挡板和顶杆都属于所属技术领域的技术人员用于阻挡配件任意活动的常用技术手段，不论是杆状还是板状，在爆走鞋中的作用都是阻挡转轴的随意运动；对于区别③，拉杆 8 的作用是拉动连杆动作以控制爆走轮的转动轴的上下动作，前连接板 164 在爆走鞋中的作用与此相同，也是拉动连接螺杆动作以控制爆走轮的转轴的上下动作，对所属技术领域的技术人员来说使用拉杆和前连接板都属于常用的技术手段。因此，所属技术领域的技术人员在附件 1、附件 2 的基础上结合得到权利要求 1 的技术方案是显而易见的，并且并没有产生预料不到的技术效果，权利要求 1 的技术方案不具有实质性特点和进步，不具备专利法第 22 条第 3 款规定的创造性。

权利要求 2 的附加技术特征是对连杆上套装的弹簧的进一步限定，在附件 1（参见附件 1 说明书第 4 页第 19~21 行，第 4 页倒数第 2 行至第 5 页倒数第 5 行，图 1）中也公开了顶杆组件 16 由顶杆头 161、后连接板 162（对应于本专利权利要求 2 的推动杆 6）、压簧 163（相当于本专利权利要求 2 中弹簧 4）、顶杆连接螺杆 164 等组成，压簧 163 套在连接螺杆 164 上，压簧 163 位于后连接板 162 和支架 11（对应于本专利权利要求 1 的爆走轮支架 11）框之间。由此可见，权利要求 2 的附加技术特征已经在对比文件 1 中公开，因此，当其引用的权利要求 1 不具有创造性时，从属权利要求 2 所要求保护的技术方案也不具有实质性特点和进步，不具备专利法第 22 条第 3 款规定的创造性。

在本专利授权公告的权利要求书中，权利要求 3 引用了权利要求 3 本身，权利要求 4 引用了权利要求 4 本身，很明显这种引用关系是不适当的，因为作为从属权利要求，权利要求 3 只能引用其在前的权利要求 1 或权利要求 2，同样，权利要求 4 只能引用其在前的权利要求 1、权利要求 2 或权利要求 3 中的一个。基于上述原因，本决定在随后的正文中将假设权利要求 3 引用权利要求 1 或权利要求 2，权利要求 4 引用权利要求 1、权利要求 2 或权利要求 3 中的任一个。

权利要求 3 的附加技术特征是对推动杆上的按钮的进一步限定，在附件 1（具体参照附件 1 说明书第 4 页第 19~21 行，第 4 页倒数第 2 行至第 5 页倒数第 5 行，图 1）中也公开了按钮顶杆头 161（相当于本专利权利要求 3 中的按钮 3）设在后连接板 162（对应于本专利权利要求 2 的推动杆 6）。

由此可见，权利要求3的附加技术特征已经在对比文件1中公开，因此，当其引用的权利要求1、2不具有创造性时，从属权利要求3所要求保护的技术方案也不具有实质性特点和进步，不具备专利法第22条第3款规定的创造性。

权利要求4的附加技术特征是所述凹槽开口处覆盖有固定板，在附件1中（参见附件1说明书第4页第2~14行，图1）与本专利权利要求中的开口凹槽10对应的长型槽孔111是一个上下封闭的通孔，其封闭的下端实际上也起到了和本专利权利要求4中的固定板相同的作用，也就是阻挡爆走轮的转动轴掉落的作用。在本专利采用了开口凹槽来容纳爆走轮的转动轴，所属技术领域的技术人员根据公知常识必然要在开口凹槽的开口处覆盖固定板，从而防止转动轴掉落，实现将爆走轮的转动轴限制在凹槽内的目的。由此可见，所属技术领域的技术人员在附件1、附件2的基础上结合公知常识得到权利要求4的技术方案是显而易见的。因此，当其引用的权利要求1、2、3不具有创造性时，从属权利要求4所要求保护的技术方案也不具有实质性特点和进步，不具备专利法第22条第3款规定的创造性。

综上所述，相对于请求人提交的附件1、附件2的结合，本专利的权利要求1~4不具备专利法第22条第3款规定的创造性，请求人的无效宣告请求理由成立。

三、决定

宣告200420000710.6号实用新型专利权全部无效。

当事人对本决定不服的，可以根据专利法第46条第2款的规定，自收到本决定之日起三个月内向北京市第一中级人民法院起诉。根据该款的规定，一方当事人起诉后，另一方当事人应当作为第三人参加诉讼。

029

双车台板同时交换汽车搬运器

无效宣告请求审查决定（第11022号）

决　　定　　号　第11022号
决　　定　　日　2008年1月29日
发明创造名称　双车台板同时交换汽车搬运器
国 际 分 类 号　E04H 6/22
无效宣告请求人　王丽珠
专　利　权　人　深圳怡丰自动化停车设备有限公司
专　　利　　号　200420045204.9
申　　请　　日　2004年4月22日
授 权 公 告 日　2005年6月1日
合 议 组 组 长　朱文广
主　　审　　员　刘瑞斌
参　　审　　员　王　博

法 律 依 据　专利法第22条第2款
决 定 要 点
如果对比文件公开了权利要求中所有的技术特征，二者属于相同的技术领域，解决相同的技术问题，达到相同的预期效果，则该权利要求不具有新颖性。

一、案由

本无效宣告请求涉及国家知识产权局于2005年6月1日授权公告、名称为“双车台板同时交换汽车搬运器”的200420045204.9号实用新型专利权（下称本专利），其申请日为2004年4月22日，专利权人为深圳怡丰自动化停车设备有限公司。

本专利授权公告的权利要求书如下：

“1. 双车台板同时交换汽车搬运器，包括：搬运器底架，其特征在于：搬运器底架上设有可左右移动的双层输送机架，双层输送机架上设有可独立正反向输送的上层车台板输送机和下层车台板输送机。

2. 根据权利要求1所述的双车台板同时交换汽车搬运器，其特征在于：搬运器底架（101）为矩形钢结构框架，由矩形钢管组焊而成，搬运器底架（101）二侧设置有八组导向轮（123）；搬运器底架（101）设置驱动双层输送机架（114）移动的动力装置（103）、驱动轴（109）、驱动齿轮

(108)。

3. 根据权利要求1所述的双车台板同时交换汽车搬运器，其特征在于：双层输送机架（114）为矩形钢结构框架，双层输送机架（114）二侧设置导轨（102），导轨（102）下设置齿条（124）；双层输送机架（114）通过导轨（102）支承在搬运器底架（101）的八组导向轮（123）上，双层输送机架（114）凭借导向轮（123）可沿导轨（102）在搬运器底架（101）上作水平移动；双层输送机架（114）二侧上层设置车台板侧边导轮（119）和下层车台板侧边导轮（120）。

4. 根据权利要求1所述的双车台板同时交换汽车搬运器，其特征在于：上层车台板输送机121由动力装置（104）、驱动轴（111）、驱动链轮（110）、驱动链条（125）和可与上层车台板接触的磨擦驱动轮（107）构成。

5. 根据权利要求1所述的双车台板同时交换汽车搬运器，其特征在于：下层车台板输送机（122）由动力装置（105）、驱动轴（113）、驱动链轮（112）、驱动链条（126）和可与下层车台板接触的磨擦驱动轮（106）构成。”

针对上述专利权，王丽珠（下称请求人）于2006年10月13日向专利复审委员会提出无效宣告请求，其理由是本专利权利要求1~5相对于附件2~9不符合专利法第22条第2款的规定，请求宣告本专利权全部无效。请求人提交了下列附件：

附件1：意见陈述书；

附件2：Otto Wöhr GmbH与怡锋工业设备（深圳）有限公司于2001年12月11日签订的“机械车库深圳中国银行项目合同（HKC130/01）”复印件，英文文本共16页，其中文译本共7页；

附件3：基于合同号HKC130/01的自动化停车系统的移交证书，卖方为Otto Wöhr GmbH，买方为怡锋工业设备（深圳）有限公司，落款日期为2003年11月14日，复印件，英文文本及中文译本，各1页；

附件4：附件2的合同的配套图纸（英文文本及中文译本），共22页；

附件5：“深圳中国银行”自动化停车系统的安装施工过程的照片，共138张；

附件6：东门金融大厦的中国银行自动化停车场的运行过程的现场录像资料光盘，共1份；

附件7：2004年4月12日《深圳特区报》头版及E16版复印件，共4页；

附件8：深圳怡丰自动化停车设备有限公司工商注册登记资料复印件，共1页；

附件9：怡锋工业设备（深圳）有限公司工商注册登记资料复印件，共1页。

请求人认为，附件2、3、7~9证明深圳中国银行自动化停车系统WOHR Multiparker 710在本专利申请日之前投入使用，附件4~6证明该停车系统完全公开了本专利权利要求1~5的技术方案，由此证明本专利权利要求1~5不具有新颖性。

经形式审查合格，专利复审委员会受理了该无效宣告请求，并于2006年10月16日向请求人和专利权人发出无效宣告请求受理通知书，随该通知书将请求人的无效宣告请求书及其附件清单中所列附件的副本转送给专利权人，要求其在指定的期限内答复。

针对专利复审委员会发出的上述无效宣告请求受理通知书，专利权人于2006年11月15日提交了意见陈述书，认为请求人所提交的证据均无法证明本专利的技术方案已于本专利申请日之前被使用公开，因此本专利符合专利法第22条的规定。

专利复审委员会依法成立合议组。本案合议组于2007年3月14日向双方当事人发出了口头审理通知书，定于2007年4月24日对本案进行口头审理，随该口头审理通知书向请求人转交专利权人于2006年11月15日提交的意见陈述书。

口头审理于2007年4月24日如期举行，专利权人缺席口头审理，仅请求人单方出席。

在口头审理中，（1）请求人明确其无效的理由、范围以及证据的使用情况为：本专利权利要求1～5相对于附件2～9形成的证据链不符合专利法第22条第2款的规定。（2）请求人当庭提交了附件2、4的公证认证手续及其翻译文本，出示了附件8、9的原件，出示了盖有广州市图书馆印章的附件7的复印件，以此证明上述附件的真实性。请求人还出示了声称是附件6光盘原始来源的录像带。（3）请求人使用附件7证明在本专利申请日之前已经有相同的产品被使用公开，使用附件4中的第21、22页的图是其公证认证手续所附相应图纸的局部放大图，请求人称威尔与澳特活是同一公司名称的两种不同译法。附件5和附件6用于显示搬运器上下车台板可以正反向移动。请求人声称其提交的附件2～5来源于德国澳特活公司。（4）请求人申请一名德国威尔公司员工出庭作证，证明东门金融大厦是客观存在的，且附件5的照片是证人拍摄。合议组告知请求人，由于在提出无效请求时及一个月内没有提交过证人证言，因此证人出庭作证属于新证据，在此不予考虑。

针对同一请求人对于同一专利权人的另两项专利权（200420045202.X、200420045458.0）所提出的无效宣告请求，由同一合议组于2007年4月25日在复审委员会举行了口头审理，在这两项无效宣告请求中，请求人所提交的证据（附件2～9）与本案完全相同，待证事实中部分相同，均用附件2～9证明深圳东门金融大厦在这三项专利的申请日之前投入使用，其自动化停车系统的不同部分分别公开了三项专利的全部技术方案。口头审理中，记录了如下事项：（1）对于请求人当庭提交附件2、4的公证认证手续的翻译文本，专利权人当庭签收，并表示对其译文的准确性无异议。专利权人对附件2的中文译文的准确性有异议，认为没有有资质的翻译部门确认，但是专利权人并未指出翻译件中其认为不准确的部分。专利权人对附件2公证认证行为本身没有异议，但对公证书中声明的内容有异议。（2）请求人当庭出示了附件3的原件，专利权人对附件3中李日海的的签名有异议，认为该签名不是本人签署。（3）关于附件4，专利权人认为从图纸上不能看出技术内容，且公证认证书所附图纸是英文的，附件4当中是有中文的，对此请求人表示中文标注是自己标注的。（4）关于附件5，专利权人对照片本身的真实性没有异议，但是认为照片只能反映停车系统的外观不能证明技术方案。（5）关于附件6，专利权人对录像资料的真实性没有异议，认为现在东门金融大厦的停车系统的运行情况与录像资料相同，但对该录像资料与本案的关联性提出异议。（6）关于附件7，请求人表示附件7用于证明东门金融大厦落成的时间和停车系统的投入使用时间在2004年4月12日之前，专利权人对大厦的落成时间没有异议，但对停车系统的投入使用时间有异议。（7）关于附件8、9，请求人用于证明深圳怡丰自动化停车设备有限公司与怡锋工业设备（深圳）有限公司关系紧密，专利权人认为这两份证据充分证明上述两个企业是独立的，专利权人对附件8、9的真实性没有异议。（8）合议组要求专利权人在一个月内就以下事实举证：①附件2、4的真实性；②中国实用新型专利200420045204.9、200420045202.X、200420045458.0的权利要求所记载的技术方案与东门金融大厦自动化停车系统的结构是否存在区别特征。

合议组于2007年4月25日将请求人提交的本专利权利要求与附件4的对比表转送给专利权人，并告知其口审记录的内容。

专利权人期满没有答复。

至此，合议组认为本案事实已经清楚，可以作出审查决定。

二、决定的理由

1. 关于证据

请求人提交的证据包括附件2～9，其中专利权人对附件5～9的真实性没有异议，因此附件5～9合议组予以采信。

请求人还提交了附件2、4及其公证文本，该公证文本为德国斯图加特公证员Notar Ellwanger出具的公证书（编号为1286/2007E），并经我国驻法兰克福总领事馆认证，因此，附件2、4在形式上已经履行了域外证据的证明手续。请求人提交了该公证书的中文译文，专利权人对该译文准确性虽有异议，但并没有明确指出译文错误之处。合议组经核实，确认附件2、4由Volker Blickle提供，其在公证员面前声明其提交的文件为Otto Wöhr GmbH与怡锋工业设备（深圳）有限公司在合同“机械车库深圳中国银行项目合同（HKC130/01）”中所使用的合同及配套图纸，提供者当时为该项目的项目经理，并声明就其所作的陈述负全责。专利权人对公证认证行为本身没有异议，但对声明的内容有异议。

请求人提交的附件3是基于附件2的合同的移交证书，表明合同的卖方于2003年11月14日将合同的标的物MULT I PARKER 710移交给买方，该停车系统能成功按合同要求进行全自动化操作。虽然请求人当庭出示了附件3的原件，但专利权人不认可其真实性。

合议组经过审查发现以下事实：由附件8、9可知，怡锋工业设备（深圳）有限公司是由怡丰自动化科技有限公司出资的全资子公司，这两家公司又共同出资成立了深圳怡丰自动化停车设备有限公司，二者分别占有70%和30%的股份。深圳怡丰自动化停车设备有限公司即为本案的专利权人，而怡锋工业设备（深圳）有限公司则是附件2中所反映的自动化停车系统的购买方。另外，合同中的卖方Otto Wöhr GmbH与请求人所称的德国澳特活、德国威尔均指同一家公司，只是译法不同，以下均称“德国澳特活”。深圳中国银行、中国银行深圳分行、东门金融大厦所涉及的也是同一建筑，以下均称“东门金融大厦”。从附件7的2004年4月12日报纸中刊登的新闻《东门金融大厦投入使用》中，可知东门金融大厦采用了德国澳特活自动化停车系统，该系统于“目前已正式投入使用”。在附件5中，照片127为一张铭牌，其上记载以下内容：“中行金融大厦机械式立体停车库 车库型号Wohr Multiparker 710……制造商：怡丰工业 TEL：0755-84878829 FAX：0755-84879429”。

合议组认为，第一，从时间上看，附件3中的停车系统的移交日为2003年11月14日，而附件7中的停车系统于2004年4月12日“目前已正式投入使用”，两个日期一前一后，逻辑上并不矛盾，且相隔一定时间，符合常理。第二，从型号上看，附件2合同标的物的型号为“Wöhr Multiparker 710”，而从附件5的照片127中可知，东门金融大厦采用的车库型号为Wohr Multiparker 710，二者相互印证。虽然其中一个为“Wohr”，另一个为“Wöhr”，但据分析，后者为德语，其变元音“ö”很有可能被简化为“o”。第三，从合同买卖双方看，附件2中的卖方为Otto Wöhr GmbH，买方为怡锋工业设备（深圳）有限公司，而附件7中的停车系统为“德国澳特活”（即Otto Wöhr GmbH）”，附件5照片127上标明的制造商为怡丰工业，其上所留的电话0755-84879829与本专利申请人深圳怡丰自动化停车设备有限公司在申请时所留的电话完全相同。第四，从地点上看，附件2的标的物位于深圳中国银行，而从附件5、6中都反映出东门金融大厦设有中国银行，且附件5照片127中铭牌的项目名称为“中行金融大厦机械式立体停车库”，这些信息也都能相互印证。第五，附件2本身也符合合同的一般形式，其中包含了当事人的名称、住所、标的、数量、质量、价款、履行期限、地点和方式、违约责任、解决争议的方法等条款，且附件2、3、4之间在合同编号、项目名称、公司名称等信息方面也都互相印证，并无矛盾。综合上面的这些因素，真实性得到认可的附件5~9在多个方面都印证了真实性尚未得到确认的附件2~4的真实性存在较高的可信度。

因此，根据上面的信息判断，附件2、4具有较高的真实性。请求人声称附件2、4为怡锋工业设备（深圳）有限公司与德国澳特活公司签订的买卖合同及其附件，鉴于怡锋工业设备（深圳）有限公司是本案专利权人怡丰停车设备的控股股东，且二者的法定代表人相同、董事长及董事会成员也完全相同，显示出二者具有密切的关系，另外专利权人在申请时所留的电话与东门金融大厦自动化停车系统的铭牌上制造商所留的电话也完全相同，因此合议组认为，专利权人很容易核对附件2、4是否为怡锋工业设备（深圳）有限公司所签订的，因此合议组将附件2、4真实性的举证责任转移给本案的专利权人，要求其在口头审理结束后的一个月内就附件2、4的真实性进行举证。由于期满专利权人没有答复，因此，对附件2、4的真实性合议组予以采信，其中附件2的签章日2001年12月11日即为该合同的签订日。

虽然专利权人对附件3的真实性提出异议，但由于其没有提供相应的证据证明其主张，在附件2、4的真实性予以认可的基础上，同时由于请求人当庭出示了附件3的原件，且附件2、3能够相互印证，因此，合议组对附件3也予以采信。

其中附件2原文为英文，专利权人对请求人提交的附件2的译文提出异议，但仅是认为翻译机构没有资质，并没有明确指出具体错误之处，也未提交相应的中文译文，审查指南第四部分第八章第2.2.1节规定，“当事人对中文译文有异议的，应当在指定期限内对有异议的部分提交中文译文。没有提交中文译文的，视为无异议。”，因此，视为专利权人对中文译文无异议，附件2公开的内容以请求人提交的译文为准。在请求人提交的声称用于核对真实性的附件4的原件中，部分位置有外文标注，而在请求人作为证据提交的附件4中，只有部分外文标注的中文译文被请求人一同标注于旁边的空白处，对这部分译文的准确性，专利权人没有明确提出异议，因此，附件4公开的内容以图纸及其中的中文标注为准。

2. 关于使用公开

本案中，请求人主张位于深圳市的东门金融大厦自动化停车系统在本专利申请日之前已经使用公开，并以设计图纸（附件4）、大厦及停车系统的照片（附件5）、停车系统工作录像（附件6）来证明该停车系统的结构与本专利权利要求的方案相同。

附件5是深圳中国银行自动化停车系统的安装施工过程照片，其中照片1、3、128反映出该建筑即为东门金融大厦，因此这些照片从客观上反映了东门金融大厦及其停车系统的部分特征。

在照片130上显示出车库入口的上方悬挂有一块铭牌，在照片127上显示该铭牌上具体记载了以下内容：“中行金融大厦机械式立体停车库 车库型号 Wohr Multiparker 710……制造商：怡丰工业 TEL：0755-84878829 FAX：0755-84879429”。从这两张照片上，可以看出，挂在卷闸门上方的铭牌上记载了自动化停车库的型号、制造厂商、联系方式等信息。合议组认为，一方面，该铭牌的作用是给出产品信息，因此，按照工程习惯，该铭牌应该在该立体停车库落成时即已悬挂于车库入口的上方，另一方面，该铭牌还具有广告的功能，任何对该类型停车库感兴趣的人都可以由此与制造商联系购买事宜，而作为制造商，通常也不存在其不愿客户与其联系的可能性。因此，从该铭牌的功能上，可以推断出下面的结论：任何人如果有意使用这种停车库，都可以通过铭牌上的电话与制造商联系并购买该设备，本领域普通技术人员通过常规手段即可得知该停车库的结构及各机械部件的连接、驱动关系。因此，根据该铭牌可以推断该停车库的机械结构已经处于公众想得知即可得知的状态，即已经使用公开。此外，附件2所反映出的合同销售事实本身也证明了该停车系统处于公众想得知即可得知的状态。

附件7的报纸发行日期为2004年4月12日，其E16版上刊登了新闻《东门金融大厦投入使用》，该新闻介绍了东门金融大厦已经正式投入使用，该大厦采用了德国澳特活自动化停车系统。虽然请求人主张东门金融大厦投入使用并不意味着自动化停车系统也投入使用，但合议组认为，该新闻中明确说明“东门金融大厦各项系统测试验收已结束”，由此推断，作为大厦配套设施的自动化停车系统也应该已测试验收结束并同时投入使用。因此，在没有相反证据的情况下，附件7证明在本专利申请日之前东门金融大厦的自动化停车系统已经投入使用。

综上所述，合议组认为请求人提供的证据能够证明东门金融大厦中所采用的自动化停车系统在申请日之前已经处于公众想得知即可得知的状态，该自动化停车系统构成了本专利的现有技术。

3. 关于本专利的新颖性

专利法第 22 条第 2 款规定，新颖性，是指在申请日以前没有同样的发明或者实用新型在国内外出版物上公开发表过、在国内公开使用过或者以其他方式为公众所知，也没有同样的发明或者实用新型由他人向专利局提出过申请并且记载在申请日以后公布的专利申请文件中。

如果对比文件公开了权利要求中所有的技术特征，二者属于相同的技术领域，解决相同的技术问题，达到相同的预期效果，则该权利要求不具有新颖性。

请求人所提交的附件 4~6 都是用于证明东门金融大厦自动化停车系统的结构的，因此，附件 4~6 可以相结合使用来评价本专利权利要求的新颖性。

（1）关于权利要求 1。

附件 6 包括 5 段连续的视频文件：VTS_ 01_ 1. DVD、VTS_ 01_ 2. DVD、VTS_ 01_ 3. DVD、VTS_ 01_ 4. DVD、VTS_ 01_ 5. DVD，以下分别简称为视频 1、视频 2、视频 3、视频 4、视频 5。观看该视频，可以得知以下内容：

①车辆入库就位。在东门金融大厦旁的街道上（视频 1，0 分 2 秒至 0 分 17 秒），一辆牌号为“粤 A NS803”的轿车驶入东门金融大厦车库内的停车间内（视频 1，0 分 32 秒至 1 分 43 秒）。司机下车，空车停在车库内的 A 台板上，该停车间为一个小房间，具有内外两道卷闸门，外卷闸门将该停车间与外面的街道隔开，内卷闸门将该停车间与车库隔开（视频 1，1 分 44 秒至 1 分 55 秒）。

②车辆进入搬运器。车库外卷闸门关闭，内卷闸门开启（视频 2，0 分 1 秒至 0 分 26 秒），位于内卷闸门内侧、处于 A 台板下方平面上的空载的 B 台板向内卷闸门外侧水平移动（视频 2，0 分 27 秒至 0 分 31 秒），载有汽车的 A 台板向内卷闸门内侧水平移动，A 台板与 B 台板在纵向空间上平行运动，最后二者同时完成空间上的水平位置置换，其间，可见停车间地面上具有一个大体上为圆盘结构的台板 C，大体为矩形的 A 台板内嵌于该台板中（视频 2，0 分 32 秒至 0 分 42 秒），B 台板完全移到内卷闸门外侧，处于 A 台板的初始位置的下方，即顶面低于 C 台板的顶面（视频 2，0 分 43 秒），A 台板完全移到内卷闸门内侧的搬运器上（视频 2，0 分 52 秒），二者实现空间水平方向上的位置置换。

③车辆移送到停车位前。A 台板载着汽车向车库内运动，与此同时，B 台板向上升起，直到与 C 台板处于同一平面内，内卷闸门关闭（视频 2，0 分 52 秒至 1 分 9 秒）。通过龙门机架在轨道上的水平运动和龙门机架上载有 A 台板的车架整体的上下运动，载有汽车的 A 台板被运送到相应的停车库空位处的前方，准备将 A 台板送入停车位（视频 2，0 分 52 秒至 1 分 14 秒）。

④车辆移送到停车位内。停车库位上有水平位置低于 A 台板的空载的 D 台板，载有 A 台板的车架整体沿底架先向左侧方向水平移动，到达与 D 台板接驳的位置（视频 2，1 分 19 秒至 1 分 22 秒）。接下来，位于视角左下方的 D 台板与位于视角右上方的 A 台板同时相向运动，最后同时实现空间上的水平位置置换（视频 2，1 分 23 秒至 1 分 35 秒），载有 D 台板的车架沿底架向右侧整体移动，脱离与停车位的接驳状态（视频 2，1 分 36 秒至 1 分 54 秒）。

⑤车库内部情况。在视野中，左、右侧均有多个结构层，每层有多个停车位，中间为龙门机架，龙门机架为纵向竖立的矩形结构，车架也为矩形结构，其水平设置在龙门机架的一侧。下方地面上是沿长度方向布置的水平导轨，停车间设置在车库右侧的顶层（视频 3，0 分 1 秒至 1 分 9 秒）。

⑥车辆出库。车架再次向左平移与停车位接驳，A、D 台板交错换位，结束后车架沿底架向右平移回位，龙门机架载着车架回到车库入口，此时内卷闸门已经开启，停车间内的 B 台板下沉于 C 台板表面下方（视频 3，1 分 9 秒至 1 分 55 秒）。车架向右平移与停车间接驳，紧接着 A、B 台板交错换位，车架脱离与停车间的接驳状态（视频 4，0 分 1 秒至 0 分 29 秒）。A、C 台板同时转动，内卷闸

门关闭，最后实现车头朝向外卷闸门的状态，车辆出库（视频4，0分30秒至0分58秒）。

综合分析上述内容，在从车辆的停车入库再到取车出库的视频全过程中，虽然只有A台板承载了车辆，B、D台板并未承载车辆，但在系统的运行中可以看到下台板B在进入到停车间的C台板内后，升起到A台板的初始位置，再根据附件5照片63中上下台板的结构来看，二者都具有用于定位车轮的凹槽，其结构是一样的，因此，根据C台板的结构及其运动方式，可以推断B台板具有和A台板完全相同的功能，也是用于承载车辆的。同样的，根据D台板的运动方式判断，也可以推断其具有完全相同的功能。附件6中虽然无法看到车台板输送机及其具体位置，但从台板的运动可以推断该系统一定含有车台板输送机，并可以进行正反向输送。另外，附件5照片65、66反映出上下层车台板下有链轮、链条及摩擦轮，综合视频中可看到的链条链轮的运动，可以推断上下层车台板的输送机安装在双层输送机架内。从视频中看到的车架与停车间及停车位的接驳过程，可以推断该车架可以在底架上左右运动。由此，可以得知东门金融大厦的自动化停车系统已经完全公开了权利要求1的技术方案，该权利要求不具有新颖性。

（2）关于权利要求2。

附件5照片64、65、67、69可以看到搬运器底架的局部，为截面为方形的管材所形成的框型结构，另一侧不可见，由于其上承载的车台板为矩形，因此，可推知搬运器底架也为矩形结构框架。另外，附件4图纸22中也反映出底架为矩形框架结构。虽然附件4、5中均没有明确记载该框架的材料及成型方式，但根据其功能及用途分析，这样的机械结构采用的应当是钢结构焊接而成，虽然在连接方式上也可能采用螺栓连接等其他方式，但这些连接方式与焊接的连接方式包括前面的结构都属于惯用手段的直接替换。附件5照片65、67中，左下侧露出框架为搬运器底架，其上支承着发生了一定水平位移的双层输送机架。在搬运器底架外侧的端部上，有一空载的轮子，同一侧在距端部一定距离的位置上，有另一个支承着双层输送机架的轮子，两个轮子的外周上呈铁锈色，轴心部分具有类似轴承的结构，根据其外观并结合附件6视频中所反映出来的双层输送机架与搬运器底架的相对运动状态，可以推知该轮子即为导向轮，虽然其数量并没有被附件4~6明确公开，但即使数量上与本专利的方案确有不同，本专利在导向轮数量上的限定也属于惯用手段的直接置换。同时，根据附件6视频中所反映出来的双层输送机架与搬运器底架的相对运动状态并结合附件4图纸22、附件5照片64、67，可以看到底架上设置有驱动马达、驱动轴及驱动齿轮。综合上面的分析，权利要求2的技术方案相对于附件4~6所反映的自动化停车系统不具有新颖性。

（3）关于权利要求3。

从附件4图纸22及附件5照片64~69并结合附件6，可知双层输送机架为矩形结构框架，虽然附件4、5中均没有明确记载该框架的材料，但根据其功能及用途分析，这样的机械结构采用的应当是钢材。附件5照片69、71中可见双层输送机架下设置的导轨，照片67~69中可见导轨下设置的齿条。结合前文关于权利要求2的分析，搬运器底架两侧设置有导向轮，双层输送机架可以在搬运器底架上沿导轨水平移动，虽然导向轮的数量并没有被附件4~6明确公开，但即使数量上与本专利的方案确有不同，这一区别也属于惯用手段的直接置换。附件5照片67、68中可见双层输送机架侧边上设置了上下两层白色的侧边轮，同时在附件6视频3的车辆进出停车位的过程中，可见车台板平动时上述白色侧边轮转动，由此可推知其为导向轮。综合上面的分析，权利要求3的技术方案相对于附件4~6所反映的自动化停车系统不具有新颖性。

（4）关于权利要求4、5。

附件5照片66反映了双层输送机架的局部，其中可见上层车台板的一角支承在一个暗红色的轮子上，该轮子的外侧有与其同轴的链轮，链轮外有链条，照片47反映了车架在没有车台板时的状况，可以看到链条在侧边沿长度方向上设置。结合附件6视频4可以看到，车架先向右运动与停车间接驳，在完成车台板交换后，该车架又向左运动推出与停车间的接驳状态，在该过程中，可以看到上层车台板外侧的下方有条索状物在抖动（视频4，0分8秒至0分18秒），最后可以看到该条索状物在车架的侧面靠近上层车台板一侧一直延伸到车架的端部（视频4，0分31秒）。对应于附件5中的照片66，可以看到视频4中看到的条索状物就是照片中位于上层的链轮旁的链条。因此可以推断，在车架水平运动时，链条带动链轮运动，与链轮同轴的红色轮子通过摩擦作用引导上层车台板运动，而动力装置及驱动轴虽然在照片及视频中均没有明确显示出来，但从其运动方式可以推断出该系统必然含有动力装置及输出轴。由此，即公开了权利要求4的附加技术特征，在其所引用的权利要求1不具有新颖性的前提下，该权利要求也不具有新颖性。

权利要求5的附加技术特征与权利要求4的类似，限定了下层车台板输送机的结构，其结构与上层车台板输送机的结构完全相同。从附件5照片66中也可以看到在上层的红色摩擦轮下方，也有红色轮子，透过框架的空隙可以看到下层的链轮及链条，照片68中透过框架的空隙也可以看到上述结构。根据附件6中所反映出的停车系统运行状态以及照片中反映出的上下车台板结构相同的特征，可以得知上下层车台板输送机的工作状态、方式都相同，结合照片中所反映出的关于下层车台板输送机的局部特征，可以推断下层车台板输送机的结构与上层车台板输送机的结构也相同，因此，权利要求5也不具有新颖性。

综合上面的分析，合议组认为权利要求1~5相对于附件4~6所反映出的东门金融大厦自动化停车系统的结构不具有新颖性。此外，合议组在口头审理时曾要求专利权人就本专利与东门金融大厦自动化停车系统的结构是否存在区别特征进行举证，专利权人期满没有举证，由此，也进一步证明了权利要求1~5不具有新颖性。

根据上述的事实和理由，本案合议组依法作出以下决定。

三、决定

宣告200420045204.9号实用新型专利权全部无效。

当事人对本决定不服的，可以根据专利法第46条第2款的规定，自收到本决定之日起三个月内向北京市第一中级人民法院起诉。根据该款的规定，一方当事人起诉后，另一方当事人应当作为第三人参加诉讼。

北京市第一中级人民法院
行政判决书

（2008）一中行初字第714号

原告深圳怡丰自动化科技有限公司，住所地广东省深圳市龙岗区龙岗街道龙西社区高新技术园怡丰工业区B区。

法定代表人吴文岱，董事长。

委托代理人张伟实，北京市航舵律师事务所律师。

委托代理人李日海，男，1966年4月12日出生，深圳怡丰自动化科技有限公司总工程师，住广东省深圳市龙岗区中心城碧湖玫瑰园2-704。

被告国家知识产权局专利复审委员会，住所地北京市海淀区北四环西路9号银谷大厦10~12层。

法定代表人廖涛，副主任。

委托代理人张华，国家知识产权局专利复审委员会审查员。

委托代理人王博，国家知识产权局专利复审委员会审查员。

第三人王丽珠，女，1939年12月25日出生，汉族，住广东省汕头市金厦街道金环路60号3座306房。

委托代理人杨家睦，广州新诺专利商标事务所有限公司专利代理人。

委托代理人冼为成，男，1960年9月22日出生，香港特别行政区公民，住香港特别行政区田湾石排湾道55号汇贤大厦1708室。

原告深圳怡丰自动化科技有限公司（以下简称怡丰公司）不服被告国家知识产权局专利复审委员会（以下简称专利复审委员会）于2008年1月29日作出的第11022号无效宣告请求审查决定（以下简称第11022号决定），于法定期限内向本院提起行政诉讼。本院于2008年5月26日受理后，依法组成合议庭，并通知王丽珠作为第三人参加本案诉讼，于2008年9月8日公开开庭进行了审理。原告怡丰公司的委托代理人张伟实、李日海，被告专利复审委员会的委托代理人王博，第三人王丽珠的委托代理人杨家睦、冼为成到庭参加了诉讼。本案现已审理终结。

第11022号决定系专利复审委员会针对王丽珠就怡丰公司所拥有的200420045204.9号“双车台板同时交换汽车搬运器”实用新型专利（简称本专利）所提出的无效宣告请求而作出的。专利复审委员会在第11022号决定中认定：

1. 关于证据。

王丽珠提交的证据包括附件2~9，其中怡丰公司对附件5~9的真实性没有异议，因此予以采信。附件2、3、4之间在合同编号、项目名称、公司名称等信息方面也都互相印证，并无矛盾。附件5~9也在多个方面都印证了附件2~4的真实性，因此，对附件2、3、4的真实性也予以采信，其中附件2的签章日2001年12月11日即为该合同的签订日。附件2公开的内容以王丽珠提交的译文为准。附件4公开的内容以图纸及其中的中文标注为准。

2. 关于使用公开。

附件5是深圳中国银行自动化停车系统的安装施工过程照片，其中照片1、3、128反映出该建筑即为东门金融大厦，因此这些照片从客观上反映了东门金融大厦及其停车系统的部分特征。

在照片130上显示出车库入口的上方悬挂有一块铭牌，在照片127上显示该铭牌上具体记载了以下内容："中行金融大厦机械式立体停车库车库型号 WohrMultiparker710……制造商：怡丰工业 TEL：0755-84878829FAX：0755-84879429"。从这两张照片上，可以看出，挂在卷闸门上方的铭牌上记载了自动化停车库的型号、制造厂商、联系方式等信息。专利复审委员会认为，一方面，该铭牌的作用是给出产品信息，因此，按照工程习惯，该铭牌应该在该立体停车库落成时即已悬挂于车库入口的上方，另一方面，该铭牌还具有广告的功能，任何对该类型停车库感兴趣的人都可以由此与制造商联系购买事宜，而作为制造商，通常也不存在其不愿客户与其联系的可能性。因此，从该铭牌的功能上，可以推断出下面的结论：任何人如果有意使用这种停车库，都可以通过铭牌上的电话与制造商联系并购买该设备，本领域普通技术人员通过常规手段即可得知该停车库的结构及各机械部件的连接、驱动关系。因此，根据该铭牌可以推断该停车库的机械结构已经处于公众想得知即可得知的状态，即已经使用公开。此外，附件 2 所反映出的合同销售事实本身也证明了该停车系统处于公众想得知即可得知的状态。

附件 7 的报纸发行日期为 2004 年 4 月 12 日，其 E16 版上刊登了新闻《东门金融大厦投入使用》，该新闻介绍了东门金融大厦已经正式投入使用，该大厦采用了德国澳特活自动化停车系统。虽然怡丰公司主张东门金融大厦投入使用并不意味着自动化停车系统也投入使用，但专利复审委员会认为，该新闻中明确说明"东门金融大厦各项系统测试验收已结束"，由此推断，作为大厦配套设施的自动化停车系统也应该已测试验收结束并同时投入使用。因此，在没有相反证据的情况下，附件 7 证明在本专利申请日之前东门金融大厦的自动化停车系统已经投入使用。

综上所述，专利复审委员会认为王丽珠提供的证据能够证明东门金融大厦中所采用的自动化停车系统在申请日之前已经处于公众想得知即可得知的状态，该自动化停车系统构成了本专利的现有技术。

3. 关于本专利的新颖性。

王丽珠所提交的附件 4~6 都是用于证明东门金融大厦自动化停车系统的结构的，因此，附件4~6 可以相结合使用来评价本专利权利要求的新颖性。

（1）关于权利要求 1。

附件 6 包括 5 段连续的视频文件：VTS_ 01_ 1. DVD、VTS_ 01_ 2. DVD、VTS_ 01_ 3. DVD、VTS_ 01_ 4. DVD、VTS_ 01_ 5. DVD。在从车辆的停车入库再到取车出库的视频全过程中，虽然只有 A 台板承载了车辆，B、D 台板并未承载车辆，但在系统的运行中可以看到下台板 B 在进入到停车间的 C 台板内后，升起到 A 台板的初始位置，再根据附件 5 照片 63 中上下台板的结构来看，二者都具有用于定位车轮的凹槽，其结构是一样的，因此，根据 C 台板的结构及其运动方式，可以推断 B 台板具有和 A 台板完全相同的功能，也是用于承载车辆的。同样的，根据 D 台板的运动方式判断，也可以推断其具有完全相同的功能。附件 6 中虽然无法看到车台板输送机及其具体位置，但从台板的运动可以推断该系统一定含有车台板输送机，并可以进行正反向输送。另外，附件 5 照片 65、66 反映出上下层车台板下有链轮、链条及摩擦轮，综合视频中可看到的链条链轮的运动，可以推断上下层车台板的输送机安装在双层输送机架内。从视频中看到的车架与停车间及停车位的接驳过程，可以推断该车架可以在底架上左右运动。由此，可以得知东门金融大厦的自动化停车系统已经完全公开了权利要求 1 的技术方案，该权利要求不具有新颖性。

（2）关于权利要求 2。

附件 5 照片 64、65、67、69 可以看到搬运器底架的局部，为截面为方形的管材所形成的框型结构，另一侧不可见，由于其上承载的车台板为矩形，因此，可推知搬运器底架也为矩形结构框架。另外，附件 4 图纸 22 中也反映出底架为矩形框架结构。虽然附件 4、5 中均没有明确记载该框架的材料及成型方式，但根据其功能及用途分析，这样的机械结构采用的应当是钢结构焊接而成，虽然在连接方式上也可能采用螺栓连接等其他方式，但这些连接方式与焊接的连接方式包括前面的结构都属于惯用手段的直接替换。附件5照片65、67中，左下侧露出框架为搬运器底架，其上支承着发生了一定水平位移的双层输送机架。在搬运器底架外侧的端部上，有一空载的轮子，同一侧在距端部一定距离的位置上，有另一个支承着双层输送机架的轮子，两个轮子的外周上呈铁锈色，轴心部分具有类似轴承的结构，根据其外观并结合附件6视频中所反映出来的双层输送机架与搬运器底架的相对运动状态，可以推知该轮子即为导向轮，虽然其数量并没有被附件4-6明确公开，但即使数量上与本专利的方案确有不同，本专利在导向轮数量上的限定也属于惯用手段的直接置换。同时，根据附件6视频中所反映出来的双层输送机架与搬运器底架的相对运动状态并结合附件4图纸22、附件5照片64、67，可以看到底架上设置有驱动马达、驱动轴及驱动齿轮。综合上面的分析，权利要求2的技术方案相对于附件4~6所反映的自动化停车系统不具有新颖性。

（3）关于权利要求3。

从附件4图纸22及附件5照片64~69并结合附件6，可知双层输送机架为矩形结构框架，虽然附件4、5中均没有明确记载该框架的材料，但根据其功能及用途分析，这样的机械结构采用的应当是钢材。附件5照片69、71中可见双层输送机架下设置的导轨，照片67~69中可见导轨下设置的齿条。结合前文关于权利要求2的分析，搬运器底架两侧设置有导向轮，双层输送机架可以在搬运器底架上沿导轨水平移动，虽然导向轮的数量并没有被附件4~6明确公开，但即使数量上与本专利的方案确有不同，这一区别也属于惯用手段的直接置换。附件5照片67、68中可见双层输送机架侧边上设置了上下两层白色的侧边轮，同时在附件6视频3的车辆进出停车位的过程中，可见车台板平动时上述白色侧边轮转动，由此可推知其为导向轮。综合上面的分析，权利要求3的技术方案相对于附件4~6所反映的自动化停车系统不具有新颖性。

（4）关于权利要求4、5。

附件5照片66反映了双层输送机架的局部，其中可见上层车台板的一角支承在一个暗红色的轮子上，该轮子的外侧有与其同轴的链轮，链轮外有链条，照片47反映了车架在没有车台板时的状况，可以看到链条在侧边沿长度方向上设置。结合附件6视频4可以看到，车架先向右运动与停车间接驳，在完成车台板交换后，该车架又向左运动推出与停车间的接驳状态，在该过程中，可以看到上层车台板外侧的下方有条索状物在抖动（视频4，0分8秒至0分18秒），最后可以看到该条索状物在车架的侧面靠近上层车台板一侧一直延伸到车架的端部（视频4，0分31秒）。对应于附件5中的照片66，可以看到视频4中看到的条索状物就是照片中位于上层的链轮旁的链条。因此可以推断，在车架水平运动时，链条带动链轮运动，与链轮同轴的红色轮子通过摩擦作用引导上层车台板运动，而动力装置及驱动轴虽然在照片及视频中均没有明确显示出来，但从其运动方式可以推断出该系统必然含有动力装置及输出轴。由此，即公开了权利要求4的附加技术特征，在其所引用的权利要求1不具有新颖性的前提下，该权利要求也不具有新颖性。

权利要求5的附加技术特征与权利要求4的类似，限定了下层车台板输送机的结构，其结构与上层车台板输送机的结构完全相同。从附件5照片66中也可以看到在上层的红色摩擦轮下方，也有红色轮子，透过框架的空隙可以看到下层的链轮及链条，照片68中透过框架的空隙也可以看到上述结构。根据附件6中所反映出的停车系统运行状态以及照片中反映出的上下车台板结构相同的特征，可以得知上下层车台板输送机的工作状态、方式都相同，结合照片中所反映出的关于下层车台板输送机的局部特征，可以推断下层车台板输送机的结构与上层车台板输送机的结构也相同，因此，权利要求5也不具有新颖性。

综合上面的分析，专利复审委员会认为权利要求1~5相对于附件4~6所反映出的东门金融大厦自动化停车系统的结构不具有新颖性。此外，专利复审委员会在口头审理时曾要求怡丰公司就本专利与东门金融大厦自动化停车系统的结构是否存在区别特征进行举证，怡丰公司期满没有举证，由此，也进一步证明了权利要求1~5不具有新颖性。综上，专利复审委员会作出第11022号决定，宣告本专利权全部无效。

原告怡丰公司不服，向本院提起行政诉讼，其诉称：第11022号决定对于本专利权利要求认定有误，王丽珠以本专利申请之前就有相同的技术在国内公开使用过为由要求宣告本专利无效无事实根据。被告采信的王丽珠所提交的附件2只能说明两者之间发生了该设备的买卖关系，无论该合同能否为有效证据都不能证明该设备所含的技术与本专利技术方案同等，也不能证明本专利技术已使用公开。被告所采信的王丽珠所提交的附件3只是一份自动化停车系统的移交证书，无论该移交证书是否真实，它都不能证明本专利技术已在申请日前被使用公开。被告所采信的王丽珠所提交的附件4只是一份自动化停车系统的配套图纸，无论该图纸能否成为有效证据，它均不能证明与本专利技术等同，更不能说明本专利技术被使用公开。被告所采信的王丽珠所提交的附件5只是照片，无论该照片是否真实，均不能证明本专利技术与照片上所反映的产品的技术等同，更不能说明本专利技术已被使用公开。被告所采信的王丽珠所提交的附件6只是一份自动化停车场的运行过程的现场录像资料，无论该录像是否真实，它均不能证明该自动化停车场的技术与本专利技术一致，更不能证明本专利技术已被使用公开。被告所采信的王丽珠所提交的附件7只是一份报纸中的某一新闻报道，该证据与本专利技术是否使用公开毫无因果关系。被告所采信的王丽珠所提交的附件8、9只是企业的工商登记资料，它与本专利技术是否使用公开之间并无必然联系。原告认为本专利并没有在申请日前在国内外刊物上公开发表，也没有由于使用而导致技术方案内容处于公众可以得知的状态，因此本专利具有专利法意义上的新颖性、创造性、实用性，请求人民法院撤销第11022号决定。

被告专利复审委员会辩称：口头审理中，怡丰公司对附件5~9真实性没有异议，因此附件5~9予以采信，怡丰公司承认附件6的录像是东门金融大厦停车系统的工作录像，从该停车系统运转状态可以分析出其公开的部分技术特征，同时附件5的照片结合附件6的录像也能得到部分技术信息，由此可以与本专利权利要求进行对比，附件7反映了东门金融大厦停车系统的使用公开时间，附件8、9反映了怡丰公司与合同一方存在密切关系，考虑到距离证据的远近、核实证据的难易等因素，专利复审委员会将附件2、4真实性的举证责任转移给怡丰公司，怡丰公司期满没有答复，视为其认可附件2、4的真实性，附件3与附件2、4可以互相印证，因此附件3的真实性也得到确认。综上所述，第11022号决定认定事实清楚、适用法律正确，请求人民法院依法予以维持。

第三人王丽珠述称：第11022号决定认定事实清楚，适用法律适当，请求人民法院予以维持。

本院经审理查明：

本案涉及国家知识产权局于2005年6月1日授权公告的名称为“双车台板同时交换汽车搬运器”的实用新型专利，其申请日为2004年4月22日，专利号为200420045204.9，专利权人为深圳怡丰自动化停车设备有限公司（怡丰公司前身）。本专利授权公告的权利要求书为：

1. 双车台板同时交换汽车搬运器，包括：搬运器底架，其特征在于：搬运器底架上设有可左右移动的双层输送机架，双层输送机架上设有可独立正反向输送的上层车台板输送机和下层车台板输送机。

2. 根据权利要求1所述的双车台板同时交换汽车搬运器，其特征在于：搬运器底架为矩形钢结构框架，由矩形钢管组焊而成，搬运器底架二侧设置有八组导向轮；搬运器底架设置驱动双层输送机架移动的动力装置、驱动轴、驱动齿轮。

3. 根据权利要求1所述的双车台板同时交换汽车搬运器，其特征在于：双层输送机架为矩形钢结构框架，双层输送机架二侧设置导轨，导轨下设置齿条；双层输送机架通过导轨支承在搬运器底架的八组导向轮上，双层输送机架凭借导向轮可沿导轨在搬运器底架上作水平移动；双层输送机架二侧上层设置车台板侧边导轮和下层车台板侧边导轮。

4. 根据权利要求1所述的双车台板同时交换汽车搬运器，其特征在于：上层车台板输送机由动力装置、驱动轴、驱动链轮、驱动链条和可与上层车台板接触的磨擦驱动轮构成。

5. 根据权利要求1所述的双车台板同时交换汽车搬运器，其特征在于：下层车台板输送机由动力装置、驱动轴、驱动链轮、驱动链条和可与下层车台板接触的磨擦驱动轮构成。

针对本专利，王丽珠于2006年10月13日以本专利权利要求1~5相对于附件2~9不符合《中华人民共和国专利法》第二十二条第二款的规定为由，向专利复审委员会提出无效宣告请求，并提交了9份附件：

附件1：意见陈述书。

附件2：OttoWöhrGmbH与怡锋工业设备（深圳）有限公司于2001年12月11日签订的《机械车库深圳中国银行项目合同（HKC130/01）》英文文本及中文译文。

附件3：基于合同号HKC130/01的《自动化停车系统的移交证书》的英文文本及中文译文，卖方为OttoWöhrGmbH，买方为怡锋工业设备（深圳）有限公司，落款日期为2003年11月14日。

附件4：附件2的合同的配套图纸（英文文本及中文译文）。

附件5："深圳中国银行"自动化停车系统的安装施工过程的照片。

附件6：东门金融大厦的中国银行自动化停车场的运行过程的现场录像资料光盘。观看该视频，可以得知以下内容：

①车辆入库就位。在东门金融大厦旁的街道上（视频1，0分2秒至0分17秒），一辆牌号为"粤ANS803"的轿车驶入东门金融大厦车库内的停车间内（视频1，0分32秒至1分43秒）。司机下车，空车停在车库内的A台板上，该停车间为一个小房间，具有内外两道卷闸门，外卷闸门将该停车间与外面的街道隔开，内卷闸门将该停车间与车库隔开（视频1，1分44秒至1分55秒）。

②车辆进入搬运器。车库外卷闸门关闭，内卷闸门开启（视频2，0分1秒至0分26秒），位于内卷闸门内侧、处于A台板下方平面上的空载的B台板向内卷闸门外侧水平移动（视频2，0分27秒至0分31秒），载有汽车的A台板向内卷闸门内侧水平移动，A台板与B台板在纵向空间上平行运动，最后二者同时完成空间上的水平位置置换，其间，可见停车间地面上具有一个大体上为圆盘结构的台板C，大体为矩形的A台板内嵌于该台板中（视频2，0分32秒-0分42秒），B台板完全移到内卷闸门外侧，处于A台板的初始位置的下方，即顶面低于C台板的顶面（视频2，0分43秒），A台板完全移到内卷闸门内侧的搬运器上（视频2，0分52秒），二者实现空间水平方向上的位置置换。

③车辆移送到停车位前。A台板载着汽车向车库内运动，与此同时，B台板向上升起，直到与C台板处于同一平面内，内卷闸门关闭（视频2，0分52秒至1分9秒）。通过龙门机架在轨道上的水平运动和龙门机架上载有A台板的车架整体的上下运动，载有汽车的A台板被运送到相应的停车库空位处的前方，准备将A台板送入停车位（视频2，0分52秒至1分14秒）。

④车辆移送到停车位内。停车库位上有水平位置低于A台板的空载的D台板，载有A台板的车架整体沿底架先向左侧方向水平移动，到达与D台板接驳的位置（视频2，1分19秒至1分22秒）。接下来，位于视角左下方的D台板与位于视角右上方的A台板同时相向运动，最后同时实现空间上的水平位置置换（视频2，1分23秒至1分35秒），载有D台板的车架沿底架向右侧整体移动，脱离与停车位的接驳状态（视频2，1分36秒至1分54秒）。

⑤车库内部情况。在视野中，左、右侧均有多个结构层，每层有多个停车位，中间为龙门机架，龙门机架为纵向竖立的矩形结构，车架也为矩形结构，其水平设置在龙门机架的一侧。下方地面上是沿长度方向布置的水平导轨，停车间设置在车库右侧的顶层（视频3，0分1秒至1分9秒）。

⑥车辆出库。车架再次向左平移与停车位接驳，A、D台板交错换位，结束后车架沿底架向右平移回位，龙门机架载着车架回到车库入口，此时内卷闸门已经开启，停车间内的B台板下沉于C台板表面下方（视频3，1分9秒至1分55秒）。车架向右平移与停车间接驳，紧接着A、B台板交错换位，车架脱离与停车间的接驳状态（视频4，0分1秒至0分29秒）。A、C台板同时转动，内卷闸门关闭，最后实现车头朝向外卷闸门的状态，车辆出库（视频4，0分30秒至0分58秒）。

附件7：2004年4月12日《深圳特区报》头版及E16版。

附件8：深圳怡丰自动化停车设备有限公司工商注册登记资料。

附件9：怡锋工业设备（深圳）有限公司工商注册登记资料。

专利复审委员会经审理认为，本专利权利要求1~5相对于附件4~6所反映出的东门金融大厦自动化停车系统的结构不具有新颖性，于2008年1月29日作出第11022号决定，宣告本专利权全部无效。

上述事实，有本专利权利要求书、说明书及附图，附件2~9、第11022号决定、口头审理记录表、庭审笔录及各方当事人的陈述等证据在案佐证。

本院认为：

根据各方当事人的诉辩主张，本案的焦点问题仅限于王丽珠提交的附件能否破坏本专利的新颖性。

根据查明的事实可以确认，第11022号决定对王丽珠提交的证据进行了评述，原告虽提出异议，但未提交相反的证据，且在本案中并未对涉案证据的真实性提交异议，因此本院对涉案证据的真实性予以确认。

本专利权利要求1载明的技术方案为：双车台板同时交换汽车搬运器，包括：搬运器底架，其特征在于：搬运器底架上设有可左右移动的双层输送机架，双层输送机架上设有可独立正反向输送的上层车台板输送机和下层车台板输送机。而根据附件6所证明的内容可以证实车辆从停车入库到取车出库的过程中，车辆由A台板承载，B、D台板未承载。在系统的运行中可见下台板B在进入停车间的C台板内后，又起升到A台板的初始位置。从附件5的第63张照片中反映的上下台板结构来看，二者都具有用于定位车轮的凹槽且结构相同。故根据C台板的结构及运动方式，可以认定B台板也是用于承载车辆，具有和A台板完全相同的功能。同时根据D台板的运动方式，也可以认定其具有完全相同的功能。附件6所披露的系统中含有车台板输送机，可进行正反向输送。此外，在附件5中第65、66张照片中可见上下层车台板下有链轮、链条及摩擦轮。在附件6中可以看到链条和链轮的运动，综上可以认定上下层车台板的输送机系安装在双层输送机架内，且可以在底架上左右运动。因此安装在深圳市东门金融大厦的自动化停车系统已经完全公开了本专利权利要求1的技术方案，故本专利权利要求1不具有新颖性。

本专利权利要求2载明的技术方案为：根据权利要求1所述的双车台板同时交换汽车搬运器，其特征在于：搬运器底架为矩形钢结构框架，由矩形钢管组焊而成，搬运器底架二侧设置有八组导向轮；搬运器底架设置驱动双层输送机架移动的动力装置、驱动轴、驱动齿轮。在附件5第64、65、67、69的照片可以看到搬运器底架的局部为截面为方形的管材所形成的框型结构，由于其上承载的车台板为矩形，因此，可认定搬运器底架也为矩形结构框架。另外，附件4图纸22中也反映出底架为矩形框架结构。虽然附件4、5中均没有明确记载该框架的材料及成型方式，但根据其功能及用途可以认定该机械结构系采用钢结构焊接而成，虽然在连接方式上也可能采用螺栓连接等其他方式，但上述连接方式与焊接的连接方式包括前面的结构都属于惯用手段的直接替换。附件5第65、67照片中，左下侧露出框架为搬运器底架，其上支承着发生了一定水平位移的双层输送机架。在搬运器底架外侧的端部上，有一空载的轮子，同一侧在距端部一定距离的位置上，有另一个支承着双层输送机架的轮子，两个轮子的外周上呈铁锈色，轴心部分具有类似轴承的结构，根据上述结构并结合附件6所反映出的双层输送机架与搬运器底架的相对运动状态，可知该轮子即为导向轮，虽然其数量并没有被附件4~6明确公开，但即使数量上与本专利的方案确有不同，本专利在导向轮数量上的限定也属于惯用手段的直接置换。同时，根据附件6所反映出的双层输送机架与搬运器底架的相对运动状态并结合附件4图纸22、附件5照片64、67，可以看到底架上设置有驱动马达、驱动轴及驱动齿轮。故本专利权利要求2相对于附件4~6不具有新颖性。

本专利权利要求3载明的技术方案为：根据权利要求1所述的双车台板同时交换汽车搬运器，其特征在于：双层输送机架为矩形钢结构框架，双层输送机架二侧设置导轨，导轨下设置齿条；双层输送机架通过导轨支承在搬运器底架的八组导向轮上，双层输送机架凭借导向轮可沿导轨在搬运器底架上作水平移动；双层输送机架二侧上层设置车台板侧边导轮和下层车台板侧边导轮。根据附件4图纸22及附件5第64~69张照片并结合附件6，可知双层输送机架为矩形结构框架，虽然附件4、5中均没有明确记载该框架的材料，但根据其功能及用途分析，该框架结构采用的应当是钢材。附件5第69、71照片中可见双层输送机架下设置的导轨，第67~69张照片中可见导轨下设置的齿条，可以认定搬运器底架两侧设置有导向轮，双层输送机架系在搬运器底架上沿导轨水平移动，虽然导向轮的数量并没有被附件4~6明确公开，但即使数量上与本专利的方案确有不同，这一区别也属于惯用手段的直接置换。附件5第67、68张照片中可见双层输送机架侧边上设置了上下两层白色的侧边轮，同时在附件6所示车辆进出停车位的过程中，可见车台板平动时上述白色侧边轮转动，可知其为导向轮。故权利要求3相对于附件4~6不具有新颖性。

本专利权利要求4载明的技术方案为：根据权利要求1所述的双车台板同时交换汽车搬运器，其特征在于：上层车台板输送机由动力装置、驱动轴、驱动链轮、驱动链条和可与上层车台板接触的磨擦驱动轮构成。在附件5第66张照片中反映了双层输送机架的局部，可见上层车台板的一角支承在一个暗红色的轮子上，该轮子的外侧有与其同轴的链轮，链轮外有链条；第47张照片中可见车架在没有车台板时的状况，可以看到链条在侧边沿长度方向上设置。结合附件6可以看到，车架先向右运动与停车间接驳，在完成车台板交换后，车架又向左运动推出与停车间的接驳状态；亦可以看到上层车台板外侧的下方有条索状物在抖动，且可以看到该条索状物在车架的侧面靠近上层车台板一侧一直延伸到车架的端部。结合附件5第66张照片可见条索状物为位于上层链轮旁的链条。由此可知，在车架水平运动时链条带动链轮运动，与链轮同轴的红色轮子通过摩擦作用引导上层车台板运动，而动力装置及驱动轴虽然在照片及视频中均没有明确显示出来，但从其运动方式可以推断出该系统必然含有动力装置及输出轴。上述内容公开了权利要求4的附加技术特征，在其所引用的权利要求1不具有新颖性的前提下，权利要求4也不具有新颖性。

本专利权利要求5载明的技术方案为：根据权利要求1所述的双车台板同时交换汽车搬运器，其特征在于：下层车台板输送机由动力装置、驱动轴、驱动链轮、驱动链条和可与下层车台板接触的磨擦驱动轮构成。权利要求5的附加技术特征与权利要求4的类似，其区别仅限于限定的是下层车台板输送机的结构，该结构与上层车台板输送机的结构完全相同。在附件5第66张照片中可见在上层的红色摩擦轮下方，也有红色轮子，透过框架的空隙可以看到下层的链轮及链条；第68张照片中透过框架的空隙也可以看到上述结构。根据附件6中所反映出的停车系统运行状态以及照片中反映出的上下车台板结构相同的特征，可知上下层车台板输送机的工作状态、方式均相同，结合照片中所反映的下层车台板输送机局部特征，可以认定下层车台板输送机的结构与上层车台板输送机的结构相同，故权利要求5也不具有新颖性。

综上所述，被告作出的11022号决定认定事实清楚，程序合法，应予维持。原告的诉讼请求没有事实和法律依据，本院不予支持。根据《中华人民共和国行政诉讼法》第五十四条第（一）项之规定，本院判决如下：

维持被告国家知识产权局专利复审委员会作出的第11022号无效宣告请求审查决定。

案件受理费100元，由原告深圳怡丰自动化科技有限公司负担（已交纳）。

如不服本判决，各方当事人可在判决书送达之日起15日内，向本院递交上诉状，并按对方当事人的人数提交副本，交纳上诉案件受理费100元，上诉于北京市高级人民法院。

审　判　长　刘海旗
代理审判员　周云川
人民陪审员　唐晓君
二〇〇八年十二月三十日
书　记　员　高　颖

北京市高级人民法院
行政判决书

（2009）高行终字第224号

上诉人（原审原告）深圳怡丰自动化科技有限公司，住所地广东省深圳市龙岗区龙岗街道龙西社区高新技术园怡丰工业区B区。

法定代表人吴文岱，董事长。

委托代理人张伟实，北京市航舵律师事务所律师。

被上诉人（原审被告）国家知识产权局专利复审委员会，住所地北京市海淀区北四环西路9号银谷大厦10~12层。

法定代表人廖涛，副主任。

委托代理人张华，该委员会审查员。

委托代理人王博，该委员会审查员。

原审第三人王丽珠，女，汉族，1939年12月25日出生，住广东省汕头市金厦街道金环路60号3座306房。

委托代理人杨家睦，男，汉族，1974年3月4日出生，广州新诺专利商标事务所有限公司专利代理人，住广东省汕头市金厦街道金环路60号3座306房。

委托代理人冼为成，男，1960年9月22日出生，香港特别行政区公民，住香港特别行政区田湾石排湾道55号汇贤大厦1708室。

上诉人深圳怡丰自动化科技有限公司（以下简称怡丰公司）因实用新型专利权无效行政纠纷一案，不服北京市第一中级人民法院（2008）一中行初字第714号行政判决，向本院提起上诉。本院2009年2月23日受理后，依法组成合议庭，于2009年3月10日公开开庭进行了审理。上诉人怡丰公司的委托代理人张伟实，被上诉人国家知识产权局专利复审委员会（以下简称专利复审委员会）的委托代理人张华、王博，原审第三人王丽珠的委托代理人杨家睦到庭参加了诉讼。本案现已审理终结。

北京市第一中级人民法院认定，怡丰公司系名称为“双车台板同时交换汽车搬运器”实用新型（以下简称本专利）的专利权人。2006 年 10 月 13 日，王丽珠以本专利权利要求 1~5 不符合《专利法》第二十二条第二款的规定为由，向专利复审委员会提出无效宣告请求。2008 年 1 月 29 日，专利复审委员会做出第 11022 号无效宣告请求审查决定（以下简称第 11022 号决定），宣告本专利权全部无效。

北京市第一中级人民法院认为，安装在深圳市东门金融大厦的自动化停车系统已经完全公开了本专利权利要求 1 的技术方案，故本专利权利要求 1 不具有新颖性。本专利权利要求 2、3 相对于附件 4~6不具有新颖性。在所引用的权利要求 1 不具有新颖性的前提下，本专利权利要求 4 也不具有新颖性。本专利权利要求 5 也不具有新颖性。

北京市第一中级人民法院根据《中华人民共和国行政诉讼法》第五十四条第（一）项之规定，判决：维持专利复审委员会做出的第 11022 号决定。

怡丰公司不服原审判决，向本院提起上诉，请求撤销原审判决，撤销第 11022 号决定。其理由为：证据 1~7 均不能证明本专利由于使用而导致技术方案内容处于公众可以得知的状态，因此本专利具有专利法意义上的新颖性。专利复审委员会、王丽珠服从原审判决。

经审理查明，本案涉及国家知识产权局于 2005 年 6 月 1 日授权公告的名称为“双车台板同时交换汽车搬运器”的实用新型专利，其申请日为 2004 年 4 月 22 日，专利号为 200420045204. 9，现专利权人为怡丰公司。本专利授权公告的权利要求为：

“1. 双车台板同时交换汽车搬运器，包括：搬运器底架，其特征在于：搬运器底架上设有可左右移动的双层输送机架，双层输送机架上设有可独立正反向输送的上层车台板输送机和下层车台板输送机。

2. 根据权利要求 1 所述的双车台板同时交换汽车搬运器，其特征在于：搬运器底架为矩形钢结构框架，由矩形钢管组焊而成，搬运器底架二侧设置有八组导向轮；搬运器底架设置驱动双层输送机架移动的动力装置、驱动轴、驱动齿轮。

3. 根据权利要求 1 所述的双车台板同时交换汽车搬运器，其特征在于：双层输送机架为矩形钢结构框架，双层输送机架二侧设置导轨，导轨下设置齿条；双层输送机架通过导轨支承在搬运器底架的八组导向轮上，双层输送机架凭借导向轮可沿导轨在搬运器底架上作水平移动；双层输送机架二侧上层设置车台板侧边导轮和下层车台板侧边导轮。

4. 根据权利要求 1 所述的双车台板同时交换汽车搬运器，其特征在于：上层车台板输送机由动力装置、驱动轴、驱动链轮、驱动链条和可与上层车台板接触的磨擦驱动轮构成。

5. 根据权利要求 1 所述的双车台板同时交换汽车搬运器，其特征在于：下层车台板输送机由动力装置、驱动轴、驱动链轮、驱动链条和可与下层车台板接触的摩擦驱动轮构成。”

2006 年 10 月 13 日，王丽珠以本专利权利要求 1~5 相对于附件 2~9 不符合《专利法》第二十二条第二款的规定为由，向专利复审委员会提出无效宣告请求，并提交了 9 份附件：

附件 1：意见陈述书。

附件 2：Otto Wŏhr GmbH 与怡锋工业设备（深圳）有限公司于 2001 年 12 月 11 日签订的《机械车库深圳中国银行项目合同》的英文文本和中文译文。

附件 3：自动化停车系统的移交证书（卖方为 Otto WŏhrGmbH，买方为怡锋工业设备（深圳）有限公司，落款日期为2003年11月14日）的英文文本及中文译文。

附件4：《机械车库深圳中国银行项目合同》的配套图纸（含英文文本及中文译文）。

附件5："深圳中国银行"自动化停车系统的安装施工过程的照片。

附件6：东门金融大厦的中国银行自动化停车场的运行过程的现场录像资料光盘。观看该视频，可以得知以下内容：

①车辆入库就位。在东门金融大厦旁的街道上（视频1，0分2秒至0分17秒），一辆牌号为"粤A NS803"的轿车驶入东门金融大厦车库内的停车间内（视频1，0分32秒至1分43秒）。司机下车，空车停在车库内的A台板上，该停车间为一个小房间，具有内外两道卷闸门，外卷闸门将该停车间与外面的街道隔开，内卷闸门将该停车间与车库隔开（视频1，1分44秒至1分55秒）。

②车辆进入搬运器。车库外卷闸门关闭，内卷闸门开启（视频2，0分1秒至0分26秒），位于内卷闸门内侧、处于A台板下方平面上的空载的B台板向内卷闸门外侧水平移动（视频2，0分27秒至0分31秒），载有汽车的A台板向内卷闸门内侧水平移动，A台板与B台板在纵向空间上平行运动，最后二者同时完成空间上的水平位置置换，其间，可见停车间地面上具有一个大体上为圆盘结构的台板C，大体为矩形的A台板内嵌于该台板中（视频2，0分3 2秒至0分42秒），B台板完全移到内卷闸门外侧，处于A台板的初始位置的下方，即顶面低于C台板的顶面（视频2，0分43秒），A台板完全移到内卷闸门内侧的搬运器上（视频2，0分52秒），二者实现空间水平方向上的位置置换。

③车辆移送到停车位前。A台板载着汽车向车库内运动，与此同时，B台板向上升起，直到与C台板处于同一平面内，内卷闸门关闭（视频2，0分52秒至1分9秒）。通过龙门机架在轨道上的水平运动和龙门机架上载有A台板的车架整体的上下运动，载有汽车的A台板被运送到相应的停车库空位处的前方，准备将A台板送入停车位（视频2，0分52秒至1分14秒）。

④车辆移送到停车位内。停车库位上有水平位置低于A台板的空载的D台板，载有A台板的车架整体沿底架先向左侧方向水平移动，到达与D台板接驳的位置（视频2，1分19秒至1分22秒）。接下来，位于视角左下方的D台板与位于视角右上方的A台板同时相向运动，最后同时实现空间上的水平位置置换（视频2，1分23秒至1分35秒），载有D台板的车架沿底架向右侧整体移动，脱离与停车位的接驳状态（视频2，1分36秒至1分54秒）。

⑤车库内部情况。在视野中，左、右侧均有多个结构层，每层有多个停车位，中间为龙门机架，龙门机架为纵向竖立的矩形结构，车架也为矩形结构，其水平设置在龙门机架的一侧。下方地面上是沿长度方向布置的水平导轨，停车间设置在车库右侧的顶层（视频3，0分1秒至1分9秒）。

⑥车辆出库。车架再次向左平移与停车位接驳，A、D台板交错换位，结束后车架沿底架向右平移回位，龙门机架载着车架回到车库入口，此时内卷闸门已经开启，停车间内的B台板下沉于C台板表面下方（视频3，1分9秒至1分55秒）。车架向右平移与停车间接驳，紧接着A、B台板交错换位，车架脱离与停车间的接驳状态（视频4，0分1秒至0分29秒）。A、C台板同时转动，内卷闸门关闭，最后实现车头朝向外卷闸门的状态，车辆出库（视频4，0分30秒至0分58秒）。

附件7：2004年4月12日《深圳特区报》头版及E16版。

附件8：深圳怡丰自动化停车设备有限公司工商注册登记资料。

附件9：怡锋工业设备（深圳）有限公司工商注册登记资料。

2008年1月29日，专利复审委员会做出第11022号决定。专利复审委员会在第11022号决定中认定：

1. 关于证据。

王丽珠提交的证据包括附件2~9，其中怡丰公司对附件5~9的真实性没有异议，因此予以采信。

附件 2、3、4 之间在合同编号、项目名称、公司名称等信息方面也都互相印证，并无矛盾。附件 5~9 也在多个方面都印证了附件 2~4 的真实性，因此，对附件 2、3、4 的真实性也予以采信，其中附件 2 的签章日 2001 年 12 月 11 日即为该合同的签订日。附件 2 公开的内容以王丽珠提交的译文为准。附件 4 公开的内容以图纸及其中的中文标注为准。

2. 关于使用公开。

附件 5 是深圳中国银行自动化停车系统的安装施工过程照片，其中照片 1、3、128 反映出该建筑即为东门金融大厦，因此这些照片从客观上反映了东门金融大厦及其停车系统的部分特征。

在照片 130 上显示出车库入口的上方悬挂有一块铭牌，在照片 127 上显示该铭牌上具体记载了以下内容："中行金融大厦机械式立体停车库车库型号 Wohr Multiparker 710……制造商：怡丰工业 TEL：0755-84878829 FAX：0755-84879429"。从这两张照片上，可以看出，挂在卷闸门上方的铭牌上记载了自动化停车库的型号、制造厂商、联系方式等信息。一方面，该铭牌的作用是给出产品信息，因此，按照工程习惯，该铭牌应该在该立体停车库落成时即已悬挂于车库入口的上方，另一方面，该铭牌还具有广告的功能，任何对该类型停车库感兴趣的人都可以由此与制造商联系购买事宜，而作为制造商，通常也不存在其不愿客户与其联系的可能性。因此，从该铭牌的功能上，可以推断出下面的结论：任何人如果有意使用这种停车库，都可以通过铭牌上的电话与制造商联系并购买该设备，本领域普通技术人员通过常规手段即可得知该停车库的结构及各机械部件的连接、驱动关系。因此，根据该铭牌可以推断该停车库的机械结构已经处于公众想得知即可得知的状态，即已经使用公开。此外，附件 2 所反映出的合同销售事实本身也证明了该停车系统处于公众想得知即可得知的状态。

附件 7 的报纸发行日期为 2004 年 4 月 12 日，其 E16 版上刊登了新闻《东门金融大厦投入使用》，该新闻介绍了东门金融大厦已经正式投入使用，该大厦采用了德国澳特活自动化停车系统。虽然王丽珠主张东门金融大厦投入使用并不意味着自动化停车系统也投入使用，但是，该新闻中明确说明"东门金融大厦各项系统测试验收已结束"，由此推断，作为大厦配套设施的自动化停车系统也应该已测试验收结束并同时投入使用。因此，在没有相反证据的情况下，附件 7 证明在本专利申请日之前东门金融大厦的自动化停车系统已经投入使用。

综上所述，王丽珠提供的证据能够证明东门金融大厦中所采用的自动化停车系统在申请日之前已经处于公众想得知即可得知的状态，该自动化停车系统构成了本专利的现有技术。

3. 关于本专利的新颖性。

王丽珠所提交的附件 4~6 都是用于证明东门金融大厦自动化停车系统的结构的，因此，附件4~6 可以相结合使用来评价本专利权利要求的新颖性。

（1）关于本专利权利要求 1。

附件 6 包括 5 段连续的视频文件：VTS_ 01_ 1. DVD、VTS_ 01_ 2. DVD、VTS_ 01_ 3. DVD、VTS_ 01_ 4. DVD、VTS_ 01_ 5. DVD。在从车辆的停车入库再到取车出库的视频全过程中，虽然只有 A 台板承载了车辆，B、D 台板并未承载车辆，但在系统的运行中可以看到下台板 B 在进入到停车间的 C 台板内后，升起到 A 台板的初始位置，再根据附件 5 照片 63 中上下台板的结构来看，二者都具有用于定位车轮的凹槽，其结构是一样的，因此，根据 C 台板的结构及其运动方式，可以推断 B 台板具有和 A 台板完全相同的功能，也是用于承载车辆的。同样的，根据 D 台板的运动方式判断，也可以推断其具有完全相同的功能。附件 6 中虽然无法看到车台板输送机及其具体位置，但从台板的运动可以推断该系统一定含有车台板输送机，并可以进行正反向输送。另外，附件 5 照片 65、66 反映出上下层车台板下有链轮、链条及摩擦轮，综合视频中可看到的链条链轮的运动，可以推断上下层车台板的输送机安装在双层输送机架内。从视频中看到的车架与停车间及停车位的接驳过程，可以推断该车架可以在底架上左右运动。由此，可以得知东门金融大厦的自动化停车系统已经完全公开了本专利权利要求 1 的技术方案，该权利要求不具有新颖性。

（2）关于本专利权利要求 2。

附件 5 照片 64、65、67、69 可以看到搬运器底架的局部，为截面为方形的管材所形成的框型结构，另一侧不可见，由于其上承载的车台板为矩形，因此，可推知搬运器底架也为矩形结构框架。另外，附件 4 图纸 22 中也反映出底架为矩形框架结构。虽然附件 4、5 中均没有明确记载该框架的材料及成型方式，但根据其功能及用途分析，这样的机械结构采用的应当是钢结构焊接而成，虽然在连接方式上也可能采用螺栓连接等其他方式，但这些连接方式与焊接的连接方式包括前面的结构都属于惯用手段的直接替换。附件 5 照片 65、67 中，左下侧露出框架为搬运器底架，其上支承着发生了一定水平位移的双层输送机架。在搬运器底架外侧的端部上，有一空载的轮子，同一侧在距端部一定距离的位置上，有另一个支承着双层输送机架的轮子，两个轮子的外周上呈铁锈色，轴心部分具有类似轴承的结构，根据其外观并结合附件 6 视频中所反映出来的双层输送机架与搬运器底架的相对运动状态，可以推知该轮子即为导向轮，虽然其数量并没有被附件 4~6 明确公开，但即使数量上与本专利的方案确有不同，本专利在导向轮数量上的限定也属于惯用手段的直接置换。同时，根据附件 6 视频中所反映出来的双层输送机架与搬运器底架的相对运动状态并结合附件 4 图纸 22、附件 5 照片 64、67，可以看到底架上设置有驱动马达、驱动轴及驱动齿轮。综合上面的分析，本专利权利要求 2 的技术方案相对于附件 4~6 所反映的自动化停车系统不具有新颖性。

（3）关于本专利权利要求 3。

从附件 4 图纸 22 及附件 5 照片 64~69 并结合附件 6，可知双层输送机架为矩形结构框架，虽然附件 4、5 中均没有明确记载该框架的材料，但根据其功能及用途分析，这样的机械结构采用的应当是钢材。附件 5 照片 69、71 中可见双层输送机架下设置的导轨，照片 67~69 中可见导轨下设置的齿条。结合前文关于权利要求 2 的分析，搬运器底架两侧设置有导向轮，双层输送机架可以在搬运器底架上沿导轨水平移动，虽然导向轮的数量并没有被附件 4~6 明确公开，但即使数量上与本专利的方案确有不同，这一区别也属于惯用手段的直接置换。附件 5 照片 67、68 中可见双层输送机架侧边上设置了上下两层白色的侧边轮，同时在附件 6 视频 3 的车辆进出停车位的过程中，可见车台板平动时上述白色侧边轮转动，由此可推知其为导向轮。综合上面的分析，本专利权利要求 3 的技术方案相对于附件 4~6 所反映的自动化停车系统不具有新颖性。

（4）关于本专利权利要求 4、5。

附件 5 照片 66 反映了双层输送机架的局部，其中可见上层车台板的一角支承在一个暗红色的轮子上，该轮子的外侧有与其同轴的链轮，链轮外有链条，照片 47 反映了车架在没有车台板时的状况，可以看到链条在侧边沿长度方向上设置。结合附件 6 视频 4 可以看到，车架先向右运动与停车间接驳，在完成车台板交换后，该车架又向左运动推出与停车间的接驳状态，在该过程中，可以看到上层车台板外侧的下方有条索状物在抖动（视频 4，0 分 8 秒至 0 分 18 秒），最后可以看到该条索状物在车架的侧面靠近上层车台板一侧一直延伸到车架的端部（视频 4，0 分 31 秒）。对应于附件 5 中的照片 66，可以看到视频 4 中看到的条索状物就是照片中位于上层的链轮旁的链条。因此可以推断，在车架水平运动时，链条带动链轮运动，与链轮同轴的红色轮子通过摩擦作用引导上层车台板运动，而动力装置及驱动轴虽然在照片及视频中均没有明确显示出来，但从其运动方式可以推断出该系统必然含有动力装置及输出轴。由此，即公开了本专利权利要求 4 的附加技术特征，在其所引用的权利要求 1 不具有新颖性的前提下，该权利要求也不具有新颖性。

本专利权利要求 5 的附加技术特征与本专利权利要求 4 的类似，限定了下层车台板输送机的结构，其结构与上层车台板输送机的结构完全相同。从附件5照片66中也可以看到在上层的红色摩擦轮下方，也有红色轮子，透过框架的空隙可以看到下层的链轮及链条，照片68中透过框架的空隙也可以看到上述结构。根据附件6中所反映出的停车系统运行状态以及照片中反映出的上下车台板结构相同的特征，可以得知上下层车台板输送机的工作状态、方式都相同，结合照片中所反映出的关于下层车台板输送机的局部特征，可以推断下层车台板输送机的结构与上层车台板输送机的结构也相同，因此，本专利权利要求5也不具有新颖性。

综合上面的分析，本专利权利要求1~5相对于附件4~6所反映出的东门金融大厦自动化停车系统的结构不具有新颖性。

综上，专利复审委员会做出第11022号决定，宣告本专利权全部无效。

上述事实，有本专利权利要求书，说明书及附图，附件1~9，第11022号决定，口头审理记录表，庭审笔录及各方当事人的陈述等证据在案佐证。

本院认为，根据各方当事人的诉辩主张，本案的焦点问题仅限于王丽珠提交的附件能否破坏本专利的新颖性。新颖性，是指在申请日以前没有同样的发明或者实用新型在国内外出版物上公开发表过、在国内公开使用过或者以其他方式为公众所知，也没有同样的发明或者实用新型由他人向国务院专利行政部门提出过申请并且记载在申请日以后公布的专利申请文件中。

本案中，各方当事人对王丽珠提交的证据1~9的真实性、关联性及合法性均无异议，本院予以认定。在上述证据的基础上，本院对本专利技术方案是否已经在先公开从而破坏其新颖性进行了审查。

本专利权利要求1载明的技术方案为：双车台板同时交换汽车搬运器，包括：搬运器底架，其特征在于：搬运器底架上设有可左右移动的双层输送机架，双层输送机架上设有可独立正反向输送的上层车台板输送机和下层车台板输送机。而根据附件6所证明的内容可以证实车辆从停车入库到取车出库的过程中，车辆由A台板承载，B、D台板未承载。在系统的运行中可见下台板B在进入停车间的C台板内后，又起升到A台板的初始位置。从附件5的第63张照片中反映的上下台板结构来看，二者都具有用于定位车轮的凹槽且结构相同。故根据C台板的结构及运动方式，可以认定B台板也是用于承载车辆，具有和A台板完全相同的功能。同时根据D台板的运动方式，也可以认定其具有完全相同的功能。附件6所披露的系统中含有车台板输送机，可进行正反向输送。此外，在附件5中第65、66张照片中可见上下层车台板下有链轮、链条及摩擦轮。在附件6中可以看到链条和链轮的运动，综上可以认定上下层车台板的输送机系安装在双层输送机架内，且可以在底架上左右运动。因此安装在深圳市东门金融大厦的自动化停车系统已经完全公开了本专利权利要求1的技术方案，故本专利权利要求1不具有新颖性。

本专利权利要求2载明的技术方案为：根据本专利权利要求1所述的双车台板同时交换汽车搬运器，其特征在于：搬运器底架为矩形钢结构框架，由矩形钢管组焊而成，搬运器底架二侧设置有八组导向轮；搬运器底架设置驱动双层输送机架移动的动力装置、驱动轴、驱动齿轮。在附件5第64、65、67、69的照片可以看到搬运器底架的局部为截面为方形的管材所形成的框型结构，由于其上承载的车台板为矩形，因此，可认定搬运器底架也为矩形结构框架。另外，附件4图纸22中也反映出底架为矩形框架结构。虽然附件4、5中均没有明确记载该框架的材料及成型方式，但根据其功能及用途可以认定该机械结构系采用钢结构焊接而成，即使采用螺栓连接等其他方式，但上述连接方式与焊接的连接方式包括前面的结构都属于惯用手段的直接替换。附件5第65、67照片中，左下侧露出框架为搬运器底架，其上支承着发生了一定水平位移的双层输送机架。在搬运器底架外侧的端部上，有一空载的轮子，同一侧在距端部一定距离的位置上，有另一个支承着双层输送机架的轮子，两个轮子的外周上呈铁锈色，轴心部分具有类似轴承的结构，根据上述结构并结合附件 6 所反映出的双层输送机架与搬运器底架的相对运动状态，可知该轮子即为导向轮，虽然其数量并没有被附件 4~6 明确公开，但即使数量上与本专利的方案确有不同，本专利在导向轮数量上的限定也属于惯用手段的直接置换。同时，根据附件 6 所反映出的双层输送机架与搬运器底架的相对运动状态并结合附件 4 图纸 22、附件 5 照片 64、67，可以看到底架上设置有驱动马达、驱动轴及驱动齿轮。故本专利权利要求 2 相对于附件 4~6 不具有新颖性。

本专利权利要求 3 载明的技术方案为：根据权利要求 1 所述的双车台板同时交换汽车搬运器，其特征在于：双层输送机架为矩形钢结构框架，双层输送机架二侧设置导轨，导轨下设置齿条；双层输送机架通过导轨支承在搬运器底架的八组导向轮上，双层输送机架凭借导向轮可沿导轨在搬运器底架上作水平移动；双层输送机架二侧上层设置车台板侧边导轮和下层车台板侧边导轮。根据附件 4 图纸 22 及附件 5 第 64~69 照片并结合附件 6，可知双层输送机架为矩形结构框架，虽然附件 4、5 中均没有明确记载该框架的材料，但根据其功能及用途分析，该框架结构采用的应当是钢材。附件 5 第 69、71 照片中可见双层输送机架下设置的导轨，第 67~69 照片中可见导轨下设置的齿条，可以认定搬运器底架两侧设置有导向轮，双层输送机架系在搬运器底架上沿导轨水平移动，虽然导向轮的数量并没有被附件 4~6 明确公开，但即使数量上与本专利的方案确有不同，这一区别也属于惯用手段的直接置换。附件 5 第 67、68 照片中可见双层输送机架侧边上设置了上下两层白色的侧边轮，同时在附件 6 所示车辆进出停车位的过程中，可见车台板平动时上述白色侧边轮转动，可知其为导向轮。故本专利权利要求 3 相对于附件 4~6 不具有新颖性。

本专利权利要求 4 载明的技术方案为：根据本专利权利要求 1 所述的双车台板同时交换汽车搬运器，其特征在于：上层车台板输送机由动力装置、驱动轴、驱动链轮、驱动链条和可与上层车台板接触的磨擦驱动轮构成。在附件 5 第 66 张照片中反映了双层输送机架的局部，可见上层车台板的一角支承在一个暗红色的轮子上，该轮子的外侧有与其同轴的链轮，链轮外有链条；第 47 张照片中可见车架在没有车台板时的状况，可以看到链条在侧边沿长度方向上设置。结合附件 6 可以看到，车架先向右运动与停车间接驳，在完成车台板交换后，车架又向左运动推出与停车间的接驳状态；亦可以看到上层车台板外侧的下方有条索状物在抖动，且可以看到该条索状物在车架的侧面靠近上层车台板一侧一直延伸到车架的端部。结合附件 5 第 66 张照片可见条索状物为位于上层链轮旁的链条。由此可知，在车架水平运动时链条带动链轮运动，与链轮同轴的红色轮子通过摩擦作用引导上层车台板运动，而动力装置及驱动轴虽然在照片及视频中均没有明确显示出来，但从其运动方式可以推断出该系统必然含有动力装置及输出轴。上述内容公开了权利要求 4 的附加技术特征，在其所引用的权利要求 1 不具有新颖性的前提下，本专利权利要求 4 也不具有新颖性。

本专利权利要求 5 载明的技术方案为：根据权利要求 1 所述的双车台板同时交换汽车搬运器，其特征在于：下层车台板输送机由动力装置、驱动轴、驱动链轮、驱动链条和可与下层车台板接触的摩擦驱动轮构成。权利要求 5 的附加技术特征与权利要求 4 的类似，其区别仅限于限定的是下层车台板输送机的结构，该结构与上层车台板输送机的结构完全相同。在附件 5 第 66 张照片中可见在上层的红色摩擦轮下方，也有红色轮子，透过框架的空隙可以看到下层的链轮及链条；第 68 张照片中透过框架的空隙也可以看到上述结构。根据附件 6 中所反映出的停车系统运行状态以及照片中反映出的上下车台板结构相同的特征，可知上下层车台板输送机的工作状态、方式均相同，结合照片中所反映的下层车台板输送机局部特征，可以认定下层车台板输送机的结构与上层车台板输送机的结构相同，故本专利权利要求 5 也不具有新颖性。

综上，怡丰公司关于现有证据不能证明本专利已经被在先公开的上诉主张不能成立。原审判决认定事实清楚，适用法律正确。依照《中华人民共和国行政诉讼法》第六十一条第（一）项之规定，判决如下：

驳回上诉，维持原判。

一审案件受理费人民币 100 元，由深圳怡丰自动化科技有限公司负担（已交纳）；二审案件受理费人民币 100 元，由深圳怡丰自动化科技有限公司负担（已交纳）。

本判决为终审判决。

审　判　长　刘　辉
代理审判员　岑宏宇
代理审判员　焦　彦
二〇〇九年三月二十日
书　记　员　陈　明
书　记　员　刘　悠

030

双车台板同时交换汽车搬运堆垛机

无效宣告请求审查决定（第11023号）

决　　定　　号　第11023号
决　　定　　日　2008年2月4日
发明创造名称　双车台板同时交换汽车搬运堆垛机
国 际 分 类 号　E04H 6/22
无效宣告请求人　王丽珠
专　利　权　人　深圳怡丰自动化停车设备有限公司
专　　利　　号　200420045202. X
申　　请　　日　2004年4月22日
授 权 公 告 日　2005年10月19日
合 议 组 组 长　朱文广
主　　审　　员　刘瑞斌
参　　审　　员　王　博

法　律　依　据　专利法第22条第2款
决　定　要　点

如果权利要求中含有对比文件中没有公开的技术特征，且该特征不属于惯用手段的直接替换，则该权利要求具有新颖性。

一、案由

本无效宣告请求涉及国家知识产权局于2005年10月19日授权公告、名称为“双车台板同时交换汽车搬运堆垛机”的200420045202. X号实用新型专利权（下称本专利），其申请日为2004年4月22日，专利权人为深圳怡丰自动化停车设备有限公司。

本专利授权公告的权利要求书如下：

“1. 一种双车台板同时交换汽车搬运堆垛机，包括：由L形堆垛升降机主框架、L形升降台、升降机构、行走机构、配重装置、轨道及设置在轨道二端的缓冲器组成的堆垛升降机，其特征在于：

a. 一双车台板同时交换汽车搬运器，它由搬运器底架、设置在搬运器底架上设有可左右移动的双层输送机架、双层输送机架上设有可独立正反向输送的上层车台板输送机和下层车台板输送机组成；

b. 双车台板同时交换汽车搬运器固定安装在堆垛升降机的L形升降台上。

2. 根据权利要求1所述的双车台板同时交换汽车搬运堆垛机，其特征在于：搬运器底架（101）为矩形钢结构框架，由矩形钢管组焊而成，搬运器底架（101）二侧设置有八组导向轮（123）；搬运器底架（101）设置驱动双层输送机架（114）移动的动力装置（103）、驱动轴（109）和可与双层输送机架（114）二侧导轨（102）下齿条（124）配合的驱动齿轮（108）。

3. 根据权利要求1所述的双车台板同时交换汽车搬运堆垛机，其特征在于：双层输送机架（114）为矩形钢结构框架，双层输送机架（114）二侧设置导轨（102），导轨（102）下设置可与搬运器底架上驱动齿轮（108）配合的齿条（124）；双层输送机架（114）通过导轨（102）支承在搬运器底架（101）的八组导向轮（123）上，双层输送机架（114）凭借导向轮（123）可沿导轨（102）在搬运器底架（101）上作水平移动；双层输送机架（114）二侧上层设置车台板侧边导轮（119）和下层车台板侧边导轮（120）。

4. 根据权利要求1所述的双车台板同时交换汽车搬运堆垛机，其特征在于：上层车台板输送机（121）由动力装置（104）、驱动轴（111）、驱动链轮（110）、驱动链条（125）和可与上层车台板接触的磨擦驱动轮（107）构成。

5. 根据权利要求1所述的双车台板同时交换汽车搬运堆垛机，其特征在于：下层车台板输送机（122）由动力装置（105）、驱动轴（113）、驱动链轮（112）、驱动链条（126）和可与下层车台板接触的磨擦驱动轮（106）构成。

6. 根据权利要求1所述的双车台板同时交换汽车搬运堆垛机，其特征在于：运行轨道（215）一端设置有用于堆垛升降机（200）行走位置测量与定位的激光测距仪（213）。

7. 根据权利要求1或6所述的双车台板同时交换汽车搬运堆垛机，其特征在于：堆垛升降机（200）的行走架（201）上设置有用于L形升降台（203）升降位置测量与定位激光测距仪（227）。”

针对上述专利权，王丽珠（下称请求人）于2006年10月13日向专利复审委员会提出无效宣告请求，其理由是本专利权利要求1~7相对于附件2~9不符合专利法第22条第2款的规定，请求宣告本专利权全部无效。请求人提交下列附件作为证据：

附件1：意见陈述书；

附件2：Otto Wöhr GmbH与怡锋工业设备（深圳）有限公司于2001年12月11日签订的“机械车库深圳中国银行项目合同（HKC130/01）”复印件，英文文本共16页，其中文译本共7页；

附件3：基于合同号HKC130/01的自动化停车系统的移交证书，卖方为Otto Wöhr GmbH，买方为怡锋工业设备（深圳）有限公司，落款日期为2003年11月14日，复印件，英文文本及中文译本，各1页；

附件4：附件2的合同的配套图纸（英文文本及中文译本），共22页；

附件5：“深圳中国银行”自动化停车系统的安装施工过程的照片，共138张；

附件6：东门金融大厦的中国银行自动化停车场的运行过程的现场录像资料光盘，共1份；

附件7：2004年4月12日《深圳特区报》头版及E16版复印件，共4页；

附件8：深圳怡丰自动化停车设备有限公司工商注册登记资料复印件，共1页；

附件9：怡锋工业设备（深圳）有限公司工商注册登记资料复印件，共1页。

请求人认为，附件2、3、7~9证明深圳中国银行自动化停车系统WOHR Multiparker 710在本专利申请日之前投入使用，附件4~6证明该停车系统完全公开了本专利权利要求1~7的技术方案，由此证明本专利权利要求1~7不具有新颖性。

经形式审查合格，专利复审委员会受理了该无效宣告请求，并于2006年10月16日向请求人和专利权人发出无效宣告请求受理通知书，随该通知书将请求人的无效宣告请求书及其附件清单中所列附件的副本转送给专利权人，要求其在指定的期限内答复。

针对专利复审委员会发出的上述无效宣告请求受理通知书，专利权人提交意见陈述书，认为请求人所提交的证据无法形成一个完整的证据链以证明本专利使用公开，因此本专利符合专利法第22条的规定。

专利复审委员会依法成立合议组。本案合议组于2007年2月25日向双方当事人发出了口头审理通知书，定于2007年4月25日对本案进行口头审理，随该口头审理通知书向请求人转交专利权人提交的意见陈述书。

口头审理于2007年4月25日如期举行，双方当事人均出席了口头审理。

在口头审理中，（1）请求人明确其无效的理由、范围以及证据的使用情况为：本专利权利要求1~7相对于附件2~9形成的证据链不符合专利法第22条第2款的规定。（2）请求人当庭提交附件2、4的公证认证手续的翻译文本，专利权人当庭签收，并表示对其译文的准确性无异议。专利权人对附件2的中文译文的准确性有异议，认为没有有资质的翻译部门确认，但是专利权人并未指出翻译件中其认为不准确的部分。（3）请求人表示附件2用来证明两个公司有签订销售合同的事实。专利权人对公证认证行为本身没有异议，但对声明的内容有异议。（4）请求人表示附件3用来证明2003年11月14日附件2销售合同涉及的停车系统已经施工完毕，请求人当庭出示了附件3的原件。专利权人对附件3中李日海的的签名有异议，认为该签名不是本人签署。（5）请求人表示附件4用于证明其图纸所示内容与本专利的技术是完全相同的。专利权人认为从图纸上不能看出技术内容，且公证认证书所附图纸是英文的，附件4当中是有中文的。请求人表示中文标注是自己标注的。（6）请求人表示附件5的照片用于证明停车系统实际运作情况，能够反映一定的技术特征，照片的拍摄日期在施工过程中，在投入使用之前。专利权人对照片本身的真实性没有异议，但是认为照片只能反映停车系统的外观不能证明技术方案。（7）请求人表示附件6用于证明双车台板交换的运行过程。专利权人对录像资料的真实性没有异议，认为现在东门大厦的停车系统的运行情况与录像资料相同，但对该录像资料与本案的关联性提出异议。（8）请求人表示附件7用于证明东门金融大厦落成的时间和停车系统的投入使用时间在2004年4月12日之前，专利权人对这个事实没有异议。（9）附件8、9用于证明深圳怡丰自动化停车设备有限公司与怡锋工业设备（深圳）有限公司关系紧密。专利权人认为这两份证据充分证明上述两个企业是独立的，专利权人对附件8、9的真实性没有异议。（10）请求人当庭提交本专利权利要求与附件4的对比表，合议组当庭将其副本转交给专利权人。请求人结合该表及附件5具体陈述了本专利不具有新颖性的意见，专利权人认为本专利所有技术特征都没有被公开，但专利权人没有具体指出区别所在。（11）合议组要求专利权人在一个月内就以下事实举证：①附件2、4的真实性；②本专利的权利要求所记载的技术方案与东门金融大厦自动化停车系统的结构是否存在区别特征。

专利权人期满没有答复。

至此，合议组认为本案事实已经清楚，可以作出审查决定。

二、决定的理由

1. 关于证据

请求人提交的证据包括附件2~9，其中专利权人对附件5~9的真实性没有异议，因此附件5~9合议组予以采信。

请求人还提交了附件2、4及其公证文本，该公证文本为德国斯图加特公证员Notar Ellwanger出具的公证书（编号为1286/2007E），并经我国驻法兰克福总领事馆认证，因此，附件2、4在形式上已经履行了域外证据的证明手续。请求人提交了该公证书的中文译文，专利权人对该译文准确性虽有异议，但并没有明确指出译文错误之处。合议组经核实，确认附件2、4由Volker Blickle提供，其在公证员面前声明其提交的文件为Otto Wöhr GmbH与怡锋工业设备（深圳）有限公司在合同“机械车库深圳中国银行项目合同（HKC130/01）”中所使用的合同及配套图纸，提供者当时为该项目的项目经理，并声明就其所作的陈述负全责。专利权人对公证认证行为本身没有异议，但对声明的内容有异议。

请求人提交的附件3是基于附件2的合同的移交证书，表明合同的卖方于2003年11月14日将合同的标的物MULT I PARKER 710移交给买方，该停车系统能成功按合同要求进行全自动化操作。虽然请求人当庭出示了附件3的原件，但专利权人不认可其真实性。

合议组经过审查发现以下事实：由附件8、9可知，怡锋工业设备（深圳）有限公司是由怡丰自动化科技有限公司出资的全资子公司，这两家公司又共同出资成立了深圳怡丰自动化停车设备有限公司，二者分别占有70%和30%的股份。深圳怡丰自动化停车设备有限公司即为本案的专利权人，而怡锋工业设备（深圳）有限公司则是附件2中所反映的自动化停车系统的购买方。另外，合同中的卖方Otto Wöhr GmbH与请求人所称的德国澳特活、德国威尔均指同一家公司，只是译法不同，以下均称“德国澳特活”。深圳中国银行、中国银行深圳分行、东门金融大厦所涉及的也是同一建筑，以下均称“东门金融大厦”。从附件7的2004年4月12日报纸中刊登的新闻《东门金融大厦投入使用》中，可知东门金融大厦采用了德国澳特活自动化停车系统，该系统于“目前已正式投入使用”。在附件5中，照片127为一张铭牌，其上记载以下内容：“中行金融大厦机械式立体停车库 车库型号Wohr Multiparker 710……制造商：怡丰工业 TEL：0755-84878829 FAX：0755-84879429”。

合议组认为，第一，从时间上看，附件3中的停车系统的移交日为2003年11月14日，而附件7中的停车系统于2004年4月12日“目前已正式投入使用”，两个日期一前一后，逻辑上并不矛盾，且相隔一定时间，符合常理。第二，从型号上看，附件2合同标的物的型号为“Wöhr Multiparker 710”，而从附件5的照片127中可知，东门金融大厦采用的车库型号为Wohr Multiparker 710，二者相互印证。虽然其中一个为“Wohr”，另一个为“Wöhr”，但据分析，后者为德语，其变元音“ö”很有可能被简化为“o”。第三，从合同买卖双方看，附件2中的卖方为Otto Wöhr GmbH，买方为怡锋工业设备（深圳）有限公司，而附件7中的停车系统为“德国澳特活”（即Otto Wöhr GmbH）”，附件5照片127上标明的制造商为怡丰工业，其上所留的电话0755-84879829与本专利申请人深圳怡丰自动化停车设备有限公司在申请时所留的电话完全相同。第四，从地点上看，附件2的标的物位于深圳中国银行，而从附件5、6中都反映出东门金融大厦设有中国银行，且附件5照片127中铭牌的项目名称为“中行金融大厦机械式立体停车库”，这些信息也都能相互印证。第五，附件2本身也符合合同的一般形式，其中包含了当事人的名称、住所、标的、数量、质量、价款、履行期限、地点和方式、违约责任、解决争议的方法等条款，且附件2、3、4之间在合同编号、项目名称、公司名称等信息方面也都互相印证，并无矛盾。综合上面的这些因素，真实性得到认可的附件5~9在多个方面都印证了真实性尚未得到确认的附件2~4的真实性存在较高的可信度。

因此，根据上面的信息判断，附件2、4具有较高的真实性。请求人声称附件2、4为怡锋工业设备（深圳）有限公司与德国澳特活公司签订的买卖合同及其附件，鉴于怡锋工业设备（深圳）有限公司是本案专利权人怡丰停车设备的控股股东，且二者的法定代表人相同、董事长及董事会成员也完全相同，显示出二者具有密切的关系，另外专利权人在申请时所留的电话与东门金融大厦自动化停车系统的铭牌上制造商所留的电话也完全相同，因此合议组认为，专利权人很容易核对附件2、4是否为怡锋工业设备（深圳）有限公司所签订的，因此合议组将附件2、4真实性的举证责任转移给本案的专利权人，要求其在口头审理结束后的一个月内就附件2、4的真实性进行举证。由于期满专利权人没有答复，因此，对附件2、4的真实性合议组予以采信，其中附件2的签章日2001年12月11日即为该合同的签订日。

虽然专利权人对附件3的真实性提出异议，但由于其没有提供相应的证据证明其主张，在附件2、4的真实性予以认可的基础上，同时由于请求人当庭出示了附件3的原件，且附件2、3能够相互印证，因此，合议组对附件3也予以采信。

其中附件2原文为英文，专利权人对请求人提交的附件2的译文提出异议，但仅是认为翻译机构没有资质，并没有明确指出具体错误之处，也未提交相应的中文译文，审查指南第四部分第八章2.2.1节规定，“当事人对中文译文有异议的，应当在指定期限内对有异议的部分提交中文译文。没有提交中文译文的，视为无异议。”，因此，视为专利权人对中文译文无异议，附件2公开的内容以请求人提交的译文为准。在请求人提交的声称用于核对真实性的附件4的原件中，部分位置有外文标注，而在请求人作为证据提交的附件4中，只有部分外文标注的中文译文被请求人一同标注于旁边的空白处，对这部分译文的准确性，专利权人没有明确提出异议，因此，附件4公开的内容以图纸及其中的中文标注为准。

2. 关于使用公开

本案中，请求人主张位于深圳市的东门金融大厦自动化停车系统在本专利申请日之前已经使用公开，并以设计图纸（附件4）、大厦及停车系统的照片（附件5）、停车系统工作录像（附件6）来证明该停车系统的结构与本专利权利要求的方案相同。

附件5是深圳中国银行自动化停车系统的安装施工过程照片，其中照片1、3、128反映出该建筑即为东门金融大厦，因此这些照片从客观上反映了东门金融大厦及其停车系统的部分特征。

在照片130上显示出车库入口的上方悬挂有一块铭牌，在照片127上显示该铭牌上具体记载了以下内容“中行金融大厦机械式立体停车库 车库型号 Wohr Multiparker 710……制造商：怡丰工业 TEL：0755-84878829 FAX：0755-84879429”。从这两张照片上，可以看出，挂在卷闸门上方的铭牌上记载了自动化停车库的型号、制造厂商、联系方式等信息。合议组认为，一方面，该铭牌的作用是给出产品信息，因此，按照工程习惯，该铭牌应该在该立体停车库落成时即已悬挂于车库入口的上方，另一方面，该铭牌还具有广告的功能，任何对该类型停车库感兴趣的人都可以由此与制造商联系购买事宜，而作为制造商，通常也不存在其不愿客户与其联系的可能性。因此，从该铭牌的功能上，可以推断出下面的结论：任何人如果有意使用这种停车库，都可以通过铭牌上的电话与制造商联系并购买该设备，本领域普通技术人员通过常规手段即可得知该停车库的结构及各机械部件的连接、驱动关系。因此，根据该铭牌可以推断该停车库的机械结构已经处于公众想得知即可得知的状态，即已经使用公开。此外，附件2所反映出的合同销售事实本身也证明了该停车系统处于公众想得知即可得知的状态。

附件7的报纸发行日期为2004年4月12日，其E16版上刊登了新闻《东门金融大厦投入使用》，该新闻介绍了东门金融大厦已经正式投入使用，该大厦采用了德国澳特活自动化停车系统。虽然请求人主张东门金融大厦投入使用并不意味着自动化停车系统也投入使用，但合议组认为，该新闻中明确说明“东门金融大厦各项系统测试验收已结束”，由此推断，作为大厦配套设施的自动化停车系统也应该已测试验收结束并同时投入使用。因此，在没有相反证据的情况下，附件7证明在本专利申请日之前东门金融大厦的自动化停车系统已经投入使用。

综上所述，合议组认为请求人提供的证据能够证明东门金融大厦中所采用的自动化停车系统在申请日之前已经处于公众想得知即可得知的状态，该自动化停车系统构成了本专利的现有技术。

3. 关于本专利的新颖性

专利法第 22 条第 2 款规定，新颖性，是指在申请日以前没有同样的发明或者实用新型在国内外出版物上公开发表过、在国内公开使用过或者以其他方式为公众所知，也没有同样的发明或者实用新型由他人向专利局提出过申请并且记载在申请日以后公布的专利申请文件中。

如果权利要求中含有对比文件中没有公开的技术特征，且该特征不属于惯用手段的直接替换，则该权利要求具有新颖性。

请求人所提交的附件 4~6 都是用于证明东门金融大厦自动化停车系统的结构的，因此，附件 4~6 可以相结合使用来评价本专利权利要求的新颖性。

合议组认为，在附件 4~6 中都至少没有公开权利要求 1 中的“配重装置”及“缓冲器”这两个特征。附件 4 为图纸，其中只在部分位置有很简单的文字说明，附件 5 的照片也缺少相关的文字说明，其中并没有明确公开系统中具有“配重装置”及“缓冲器”，即使附件 4、5 中均出现了这两个部件，也不能仅从图纸的示意性描述或照片所显示的外观中直接毫无疑义的确定出存在这两个部件。另外，在附件 6 的录像中，拍摄者从车库外透过窗户拍摄了车辆从入库存车再到取车出库的全过程，但从中也无法仅凭借系统的工作状态来确定其中含有配重装置和缓冲器。因此，上述两个特征在附件 4~6 中都不能直接毫无疑义的确定，请求人主张权利要求 1 不具有新颖性的理由不能成立。

在请求人关于权利要求 1 不具有新颖性的主张不能成立的基础上，其从属权利要求 2~7 不具有新颖性的主张也不能成立。

根据上述的事实和理由，本案合议组依法作出以下决定。

三、决定

维持 200420045202. X 号实用新型专利权有效。

当事人对本决定不服的，可以根据专利法第 46 条第 2 款的规定，自收到本决定之日起三个月内向北京市第一中级人民法院起诉。根据该款的规定，一方当事人起诉后，另一方当事人应当作为第三人参加诉讼。

北京市第一中级人民法院
行政判决书

（2008）一中行初字第 719 号

原告王丽珠，女，1939 年 12 月 25 日出生，汉族，住广东省汕头市金厦街道金环路 60 号 3 座 306 房。

委托代理人杨家睦，广州新诺专利商标事务所有限公司专利代理人。

委托代理人冼为成，男，1960 年 9 月 22 日出生，香港特别行政区公民，住香港特别行政区田湾石排湾道 55 号汇贤大厦 1708 室。

被告国家知识产权局专利复审委员会，住所地北京市海淀区北四环西路 9 号银谷大厦 10~12 层。

法定代表人廖涛，副主任。

委托代理人张华，国家知识产权局专利复审委员会审查员。

委托代理人王博，国家知识产权局专利复审委员会审查员。

第三人深圳怡丰自动化科技有限公司，住所地广东省深圳市龙岗区龙岗街道龙西社区高新技术园怡丰工业区B区。

法定代表人吴文岱，董事长。

委托代理人徐兴根，江苏苏州威尔曼律师事务所律师。

委托代理人顾介通，江苏苏州威尔曼律师事务所律师。

原告王丽珠不服被告国家知识产权局专利复审委员会（以下简称专利复审委员会）于2008年2月4日作出的第11023号无效宣告请求审查决定（以下简称第11023号决定），于法定期限内向本院提起行政诉讼。本院于2008年5月26日受理后，依法组成合议庭，并通知深圳怡丰自动化科技有限公司（以下简称怡丰公司）作为第三人参加本案诉讼，于2008年9月8日公开开庭进行了审理。原告王丽珠的委托代理人杨家睦、冼为成，被告专利复审委员会的委托代理人张华、王博，第三人怡丰公司的委托代理人顾介通到庭参加了诉讼。本案现已审理终结。

第11023号决定系专利复审委员会针对王丽珠就怡丰公司所拥有的200420045202. X号“双车台板同时交换汽车搬运堆垛机,，实用新型专利（简称本专利）所提出的无效宣告请求而作出的。专利复审委员会在第11023号决定中认定：

1. 关于证据。

王丽珠提交的证据包括附件2~9，其中怡丰公司对附件5~9的真实性没有异议，因此予以采信。附件2、3、4之间在合同编号、项目名称、公司名称等信息方面也都互相印证，并无矛盾。附件5~9也在多个方面都印证了附件2~4的真实性，因此，对附件2、3、4的真实性也予以采信，其中附件2的签章日2001年12月11日即为该合同的签订日。附件2公开的内容以王丽珠提交的译文为准。附件4公开的内容以图纸及其中的中文标注为准。

2. 关于使用公开。

附件5是深圳中国银行自动化停车系统的安装施工过程照片，其中照片1、3、128反映出该建筑即为东门金融大厦，因此这些照片从客观上反映了东门金融大厦及其停车系统的部分特征。

在照片130上显示出车库入口的上方悬挂有一块铭牌，在照片127上显示该铭牌上具体记载了以下内容：“中行金融大厦机械式立体停车库车库型号 Wohr Multiparker 710……制造商：怡丰工业 TEL：0755-84878829 FAX：0755-84879429”。从这两张照片上，可以看出，挂在卷闸门上方的铭牌上记载了自动化停车库的型号、制造厂商、联系方式等信息。专利复审委员会认为，一方面，该铭牌的作用是给出产品信息，因此，按照工程习惯，该铭牌应该在该立体停车库落成时即已悬挂于车库入口的上方，另一方面，该铭牌还具有广告的功能，任何对该类型停车库感兴趣的人都可以由此与制造商联系购买事宜，而作为制造商，通常也不存在其不愿客户与其联系的可能性。因此，从该铭牌的功能上，可以推断出下面的结论：任何人如果有意使用这种停车库，都可以通过铭牌上的电话与制造商联系并购买该设备，本领域普通技术人员通过常规手段即可得知该停车库的结构及各机械部件的连接、驱动关系。因此，根据该铭牌可以推断该停车库的机械结构已经处于公众想得知即可得知的状态，即已经使用公开。此外，附件2所反映出的合同销售事实本身也证明了该停车系统处于公众想得知即可得知的状态。

附件7的报纸发行日期为2004年4月12日，其E16版上刊登了新闻《东门金融大厦投入使用》，该新闻介绍了东门金融大厦已经正式投入使用，该大厦采用了德国澳特活自动化停车系统。虽然怡丰公司主张东门金融大厦投入使用并不意味着自动化停车系统也投入使用，但专利复审委员会认为，该新闻中明确说明“东门金融大厦各项系统测试验收已结束”，由此推断，作为大厦配套设施的自动化停车系统也应该已测试验收结束并同时投入使用。因此，在没有相反证据的情况下，附件7证明在本专利申请日之前东门金融大厦的自动化停车系统已经投入使用。

综上所述，专利复审委员会认为王丽珠提供的证据能够证明东门金融大厦中所采用的自动化停车系统在申请日之前已经处于公众想得知即可得知的状态，该自动化停车系统构成了本专利的现有技术。

3. 关于本专利的新颖性。

王丽珠所提交的附件4~6都是用于证明东门金融大厦自动化停车系统的结构的，因此，附件4~6可以相结合使用来评价本专利权利要求的新颖性。

专利复审委员会认为，在附件4~6中都至少没有公开权利要求1中的“配重装置”及“缓冲器”这两个特征。附件4为图纸，其中只在部分位置有很简单的文字说明，附件5的照片也缺少相关的文字说明，其中并没有明确公开系统中具有“配重装置”及“缓冲器”，即使附件4、5中均出现了这两个部件，也不能仅从图纸的示意性描述或照片所显示的外观中直接毫无疑义地确定出存在这两个部件。另外，在附件6的录像中，拍摄者从车库外透过窗户拍摄了车辆从入库存车再到取车出库的全过程，但从中也无法仅凭借系统的工作状态来确定其中含有配重装置和缓冲器。因此，上述两个特征在附件4~6中都不能直接毫无疑义地确定，王丽珠主张权利要求1不具有新颖性的理由不能成立。

在王丽珠关于权利要求1不具有新颖性的主张不能成立的基础上，其从属权利要求2~7不具有新颖性的主张也不能成立。综上，专利复审委员会作出第11023号决定维持本专利权有效。

原告王丽珠不服，向本院提起行政诉讼，其诉称：原告提供的附件包括反映本专利的图纸、照片和录像等，已经十分清晰地反映出“配重装置”及“缓冲器”两个技术特征，故此本专利不具有新颖性，第11023号决定完全是错误的。综上，原告请求人民法院撤销第11023号决定，判令本专利无效。

被告专利复审委员会辩称：“配重装置”和“缓冲器”没有被王丽珠所提交的证据公开，这两个部件也不能直接的毫无疑义地从王丽珠所提交的证据中得到，第11023号决定认定事实清楚、适用法律正确，审理程序合法，原告的诉讼理由不能成立，请求人民法院驳回原告请求，维持被告第11023号决定。

第三人怡丰公司述称：第11023号决定认定事实清楚，适用法律适当，完全符合专利法要求，请求人民法院予以维持。

本院经审理查明：

本案涉及国家知识产权局于2005年10月19日授权公告的名称为“双车台板同时交换汽车搬运堆垛机”的实用新型专利，其申请日为2004年4月22日，专利号为200420045202. X，专利权人为深圳怡丰自动化停车设备有限公司（怡丰公司前身）。本专利授权公告的权利要求书为：

“1. 一种双车台板同时交换汽车搬运堆垛机，包括：由L形堆垛升降机主框架、L形升降台、升降机构、行走机构、配重装置、轨道及设置在轨道二端的缓冲器组成的堆垛升降机，其特征在于：

a. 一双车台板同时交换汽车搬运器，它由搬运器底架、设置在搬运器底架上设有可左右移动的双层输送机架、双层输送机架上设有可独立正反向输送的上层车台板输送机和下层车台板输送机组成；

b. 双车台板同时交换汽车搬运器固定安装在堆垛升降机的L形升降台上。

2. 根据权利要求1所述的双车台板同时交换汽车搬运堆垛机，其特征在于：搬运器底架（101）为矩形钢结构框架，由矩形钢管组焊而成，搬运器底架（101）二侧设置有八组导向轮（123）；搬运器底架（101）设置驱动双层输送机架（114）移动的动力装置（103）、驱动轴（109）和可与双层输送机架（114）二侧导轨（102）下齿条（124）配合的驱动齿轮（108）。

3. 根据权利要求1所述的双车台板同时交换汽车搬运堆垛机，其特征在于：双层输送机架

（114）为矩形钢结构框架，双层输送机架（114）二侧设置导轨（102），导轨（102）下设置可与搬运器底架上驱动齿轮（108）配合的齿条（124）；双层输送机架（114）通过导轨（102）支承在搬运器底架（101）的八组导向轮（123）上，双层输送机架（114）凭借导向轮（123）可沿导轨（102）在搬运器底架（101）上作水平移动；双层输送机架（114）二侧上层设置车台板侧边导轮（119）和下层车台板侧边导轮（120）。

4. 根据权利要求1所述的双车台板同时交换汽车搬运堆垛机，其特征在于：上层车台板输送机（121）由动力装置（104）、驱动轴（111）、驱动链轮（110）、驱动链条（125）和可与上层车台板接触的磨擦驱动轮（107）构成。

5. 根据权利要求1所述的双车台板同时交换汽车搬运堆垛机，其特征在于：下层车台板输送机（122）由动力装置（1 05）、驱动轴（113）、驱动链轮（112）、驱动链条（126）和可与下层车台板接触的磨擦驱动轮（106）构成。

6. 根据权利要求1所述的双车台板同时交换汽车搬运堆垛机，其特征在于：运行轨道（215）一端设置有用于堆垛升降机（200）行走位置测量与定位的激光测距仪（213）。

7. 根据权利要求1或6所述的双车台板同时交换汽车搬运堆垛机，其特征在于：堆垛升降机（200）的行走架（201）上设置有用于L形升降台（203）升降位置测量与定位激光测距仪（227）。"

针对上述专利权，王丽珠于2006年10月13日以本专利权利要求1~7相对于附件2~9不符合《中华人民共和国专利法》第二十二条第二款为由，向专利复审委员会提出无效宣告请求，并提交下列附件作为证据：

附件1：意见陈述书。附件2：Otto Wöhr GmbH与怡锋工业设备（深圳）有限公司于2001年12月11日签的《机械车库深圳中国银行项目合同（HKC130/01）》英文文本及中文译文。

附件3：基于合同号HKC130/01的《自动化停车系的移交证书》的英文文本及中文译文，卖方为Otto Wöhr GmbH，买方为怡锋工业设备（深圳）有限公司，落款日期为2003年11月14日。

附件4：附件2的合同的配套图纸（英文文本及中文译文）。

附件5："深圳中国银行"自动化停车系统的安装施工过程的照片。

附件6：东门金融大厦的中国银行自动化停车场的运行过程的现场录像资料光盘。

附件7：2004年4月12日《深圳特区报》头版及E16版。

附件8：深圳怡丰自动化停车设备有限公司工商注册登记资料。

附件9：怡锋工业设备（深圳）有限公司工商注册登记资料。

专利复审委员会经审理，于2008年2月4日作出第11023号决定，维持本专利权有效。

在本案庭审过程中，本院对原告在无效程序中提交的附件6及附件5中的相关照片进行了勘验。经勘验证实，在附件6中可见配重装置，在相关照片中可见缓冲器。各方当事人均对上述证据发表了意见。

上述事实，有本专利权利要求书、说明书及附图，附件2~9、第11023号决定、口头审理记录表、庭审笔录及各方当事人的陈述等证据在案佐证。

本院认为：

根据各方当事人的诉辩主张，本案的焦点问题仅限于王丽珠提交的相关证据是否存在配重装置及缓冲器，从而在先公开了本专利权利要求1中的前述特征，导致本专利权利要求1丧失新颖性。

根据本院查明的事实可以确认，在附件5和6中可见配重装置和缓冲器，附件4的图纸中也可见配重装置及缓冲器。在上述证据所披露的技术方案，本领域普通技术人员根据掌握的一般常识性知识可知，涉案自动化停车系统为机电结合的升降结构。由于该系统需对入库或出库的车辆进行垂直升降，为减少电动机及相应传动系统的扭矩并实现平稳升降，采用配重装置是必须的，同时也是力学原理的基本常识。由于该系统还需将入库或出库的车辆进行水平移动，为避免系统在水平移动至端部时发生碰撞，采用缓冲器进行缓冲是常见的技术手段。虽然在附件4的图纸中缺乏相关文字说明，但通过图纸所示并结合附件5的相关照片及附件6的图像，可以毫无异议地得出该系统中存在配重装置和缓冲器部件。综上，本专利权利要求1中的配重装置和缓冲器已在本专利申请日前通过使用公开，专利复审委员会关于配重装置和缓冲器没有被原告所提交的证据公开，也不能直接的毫无疑义地从原告所提交的证据中得到的抗辩理由，没有事实依据，本院不予支持。

综上所述，被告作出的第11023号决定认定事实不清，主要证据不足，应予撤销。原告的诉讼请求成立，本院予以支持。被告应在此基础上对本专利权利要求2~7进行评述并重新作出决定。依照《中华人民共和国行政诉讼法》第五十四条第（二）项之规定，本院判决如下：

1. 撤销被告国家知识产权局专利复审委员会作出的第11023号无效宣告请求审查决定。

2. 被告国家知识产权局专利复审委员会就第200420045202.X号“双车台板同时交换汽车搬运堆垛机”实用新型专利重新作出无效宣告请求审查决定。

案件受理费100元，由被告国家知识产权局专利复审委员会负担（于本判决生效之日起7日内交纳）。

如不服本判决，各方当事人可在判决书送达之日起15日内，向本院递交上诉状，并按对方当事人的人数提交副本，交纳上诉案件受理费100元，上诉于北京市高级人民法院。

审　判　长　刘海旗
代理审判员　周云川
人民审判员　唐晓君
二〇〇八年十二月三十日
书　记　员　高　颖

北京市高级人民法院
行政判决书

（2009）高行终字第328号

上诉人（原审被告）国家知识产权局专利复审委员会，住所地北京市海淀区北四环西路9号银谷大厦10~12层。

法定代表人廖涛，副主任。

委托代理人王博，该委员会审查员。

委托代理人王婧，该委员会审查员。

被上诉人（原审原告）王丽珠，女，汉族，1939年12月25日出生，住广东省汕头市金厦街道金环路60号3座306房。

委托代理人杨家睦，男，汉族，1974年3月4日出生，广州新诺专利商标事务所有限公司专利代理人，住广东省汕头市金厦街道金环路60号3座306房。

委托代理人冼为成，男，1960年9月22日出生，香港特别行政区公民，住香港特别行政区田湾石排湾道55号汇贤大厦1708室。

原审第三人深圳怡丰自动化科技有限公司，住所地广东省深圳市龙岗区龙岗街道龙西社区高新技术园怡丰工业区 B 区。

法定代表人吴文岱，董事长。

上诉人国家知识产权局专利复审委员会（以下简称专利复审委员会）因实用新型专利权无效行政纠纷一案，不服北京市第一中级人民法院（2008）一中行初字第 719 号行政判决，向本院提起上诉。本院 2009 年 3 月 9 日受理后，依法组成合议庭，于 2009 年 5 月 12 日公开开庭进行了审理。上诉人专利复审委员会的委托代理人王博、王婧，被上诉人王丽珠的委托代理人杨家睦、冼为成到庭参加了诉讼。原审第三人深圳怡丰自动化科技有限公司（以下简称怡丰公司）经本院合法传票传唤，未说明理由未到庭。本案现已审理终结。

北京市第一中级人民法院认定，怡丰公司是名称为“双车台板同时交换汽车搬运堆垛机”实用新型专利（以下简称本专利）的专利权人。2006 年 10 月 13 日，王丽珠向专利复审委员会提出宣告本专利权无效的请求。专利复审委员会经审查，于 2008 年 2 月 4 日作出第 11023 号无效宣告请求审查决定（以下简称第 11023 号无效决定），维持本专利权有效。王丽珠不服第 11023 号无效决定，提起诉讼。在法院审理过程中，经对王丽珠在无效宣告请求审查程序中提交的附件 6 及附件 5 中的相关照片进行勘验，在附件 6 中可见配重装置，在相关照片中可见缓冲器。

北京市第一中级人民法院认为，本领域技术人员根据附件 4、5、6 披露的技术方案，根据掌握的一般常识性知识可知，涉案自动化停车系统为机电结合的升降结构。由于该系统需对入库或出库的车辆进行垂直升降，为减少电动机及相应传动系统的扭矩并实现平稳升降，采用配重装置是必须的，同时也是力学原理的基本常识。由于该系统还需将入库或出库的车辆进行水平移动，为避免系统在水平移动至端部时发生碰撞，采用缓冲器进行缓冲是常见的技术手段。通过附件 4 的图纸所示并结合附件 5 的相关照片及附件 6 的图像，可以毫无异议地得出该系统中存在配重装置和缓冲器部件。本专利权利要求 1 中的配重装置和缓冲器已在本专利申请日前通过使用公开。专利复审委员会作出的第 11023 号无效决定认定事实不清，主要证据不足，应予撤销。

北京市第一中级人民法院依据《中华人民共和国行政诉讼法》第五十四条第（二）项的规定，判决：（1）撤销专利复审委员会作出的第 11023 号无效决定；（2）专利复审委员会就本专利重新作出无效宣告请求审查决定。

专利复审委员会不服一审判决，向本院提起上诉。理由是：王丽珠在附件 4、附件 5、附件 6 中所指认的配重装置和缓冲器本领域技术人员并不能直接地、毫无疑义地确定。请求撤销一审判决，维持专利复审委员会第 11023 号无效决定；由王丽珠承担一、二审诉讼费。王丽珠、怡丰公司服从一审判决。

经审理查明，本专利是名称为“双车台板同时交换汽车搬运堆垛机”的实用新型专利。本专利的申请日是 2004 年 4 月 22 日，于 2005 年 10 月 19 日由国家知识产权局公告授权，专利号是 200420045202. X。本专利的专利权人是深圳怡丰自动化停车设备有限公司，该公司于 2007 年 6 月 27 日变更名称为怡丰公司。本专利的权利要求是：

“1. 一种双车台板同时交换汽车搬运堆垛机，包括：由 L 形堆垛升降机主框架、L 形升降台、升降机构、行走机构、配重装置、轨道及设置在轨道二端的缓冲器组成的堆垛升降机，其特征在于：

a、一双车台板同时交换汽车搬运器，它由搬运器底架、设置在搬运器底架上设有可左右移动的双层输送机架、双层输送机架上设有可独立正反向输送的上层车台板输送机和下层车台板输送机组成；

b、双车台板同时交换汽车搬运器固定安装在堆垛升降机的 L 形升降台上。

2. 根据权利要求 1 所述的双车台板同时交换汽车搬运堆垛机，其特征在于：搬运器底架（101）为矩形钢结构框架，由矩形钢管组焊而成，搬运器底架（101）二侧设置有八组导向轮（123）；搬运器底架（101）设置驱动双层输送机架（114）移动的动力装置（103）、驱动轴（109）和可与双层输送机架（114）二侧导轨（102）下齿条（124）配合的驱动齿轮（108）。

3. 根据权利要求 1 所述的双车台板同时交换汽车搬运堆垛机，其特征在于：双层输送机架（114）为矩形钢结构框架，双层输送机架（114）二侧设置导轨（102），导轨（102）下设置可与搬运器底架上驱动齿轮（108）配合的齿条（124）；双层输送机架（114）通过导轨（102）支承在搬运器底架（101）的八组导向轮（123）上，双层输送机架（114）凭借导向轮（123）可沿导轨（102）在搬运器底架（101）上作水平移动；双层输送机架（114）二侧上层设置车台板侧边导轮（119）和下层车台板侧边导轮（120）。

4. 根据权利要求 1 所述的双车台板同时交换汽车搬运堆垛机，其特征在于：上层车台板输送机（121）由动力装置（104）、驱动轴（111）、驱动链轮（110）、驱动链条（125）和可与上层车台板接触的磨擦驱动轮（107）构成。

5. 根据权利要求 1 所述的双车台板同时交换汽车搬运堆垛机，其特征在于：下层车台板输送机（122）由动力装置（105）、驱动轴（113）、驱动链轮（112）、驱动链条（126）和可与下层车台板接触的磨擦驱动轮（106）构成。

6. 根据权利要求 1 所述的双车台板同时交换汽车搬运堆垛机，其特征在于：运行轨道（215）一端设置有用于堆垛升降机（200）行走位置测量与定位的激光测距仪（213）。

7. 根据权利要求 1 或 6 所述的双车台板同时交换汽车搬运堆垛机，其特征在于：堆垛升降机（200）的行走架（201）上设置有用于 L 形升降台（203）升降位置测量与定位激光测距仪（227）。”

2006 年 10 月 13 日，王丽珠向专利复审委员会提出宣告本专利权无效的请求，其无效理由是，本专利权利要求 1~7 相对于附件 2~9 不符合《专利法》第二十二条第二款。王丽珠向专利复审委员会提交了如下附件：

附件 1：意见陈述书。

附件 2：Otto Wöhr GmbH 与怡锋工业设备（深圳）有限公司于 2001 年 12 月 11 日签订的《机械车库深圳中国银行项目合同（HKC130/01）》英文文本及中文译文。

附件 3：基于合同号 HKC130/01 的《自动化停车系统的移交证书》的英文文本及中文译文，卖方为 Otto Wöhr GmbH，买方为怡锋工业设备（深圳）有限公司，落款日期为 2003 年 11 月 14 日。

附件 4：附件 2 的合同的配套图纸（英文文本及中文译文）。

附件 5：“深圳中国银行”自动化停车系统的安装施工过程的照片。

附件 6：东门金融大厦的中国银行自动化停车场的运行过程的现场录像资料光盘。

附件 7：2004 年 4 月 12 日《深圳特区报》头版及 E16 版。

附件 8：深圳怡丰自动化停车设备有限公司工商注册登记资料。

附件 9：怡锋工业设备（深圳）有限公司工商注册登记资料。

专利复审委员会经审查，于 2008 年 2 月 4 日作出第 11023 号无效决定，宣告维持本专利权有效。专利复审委员会认为：

1. 关于证据。

王丽珠提交的证据包括附件 2~9，其中怡丰公司对附件 5~9 的真实性没有异议，因此予以采信。附件 2、3、4 之间在合同编号、项目名称、公司名称等信息方面也都互相印证，并无矛盾。附件 5~9 也在多个方面都印证了附件 2~4 的真实性，因此，对附件 2、3、4 的真实性也予以采信，其中附件 2

的签章日 2001 年 12 月 11 日即为该合同的签订日。附件 2 公开的内容以王丽珠提交的译文为准。附件 4 公开的内容以图纸及其中的中文标注为准。

2. 关于使用公开。

附件 5 是深圳中国银行自动化停车系统的安装施工过程照片，其中照片 1、3、128 反映出该建筑即为东门金融大厦，因此这些照片从客观上反映了东门金融大厦及其停车系统的部分特征。

在照片 130 上显示出车库入口的上方悬挂有一块铭牌，在照片 127 上显示该铭牌上具体记载了以下内容："中行金融大厦机械式立体停车库车库型号 Wohr Mul tiparker710……制造商：怡丰工业 TEL：0755-84878829 FAX：0755-84879429"。从这两张照片上，可以看出，挂在卷闸门上方的铭牌上记载了自动化停车库的型号、制造厂商、联系方式等信息。专利复审委员会认为，一方面，该铭牌的作用是给出产品信息，因此，按照工程习惯，该铭牌应该在该立体停车库落成时即已悬挂于车库入口的上方，另一方面，该铭牌还具有广告的功能，任何对该类型停车库感兴趣的人都可以由此与制造商联系购买事宜，而作为制造商，通常也不存在其不愿客户与其联系的可能性。因此，从该铭牌的功能上，可以推断出下面的结论：任何人如果有意使用这种停车库，都可以通过铭牌上的电话与制造商联系并购买该设备，本领域普通技术人员通过常规手段即可得知该停车库的结构及各机械部件的连接、驱动关系。因此，根据该铭牌可以推断该停车库的机械结构已经处于公众想得知即可得知的状态，即已经使用公开。此外，附件 2 所反映出的合同销售事实本身也证明了该停车系统处于公众想得知即可得知的状态。

附件 7 的报纸发行日期为 2004 年 4 月 12 日，其 E16 版上刊登了新闻《东门金融大厦投入使用》，该新闻介绍了东门金融大厦已经正式投入使用，该大厦采用了德国澳特活自动化停车系统。虽然怡丰公司主张东门金融大厦投入使用并不意味着自动化停车系统也投入使用，但专利复审委员会认为，该新闻中明确说明"东门金融大厦各项系统测试验收已结束"，由此推断，作为大厦配套设施的自动化停车系统也应该已测试验收结束并同时投入使用。因此，在没有相反证据的情况下，附件 7 证明在本专利申请日之前东门金融大厦的自动化停车系统已经投入使用。

王丽珠提供的证据能够证明东门金融大厦中所采用的自动化停车系统在申请日之前已经处于公众想得知即可得知的状态，该自动化停车系统构成了本专利的现有技术。

3. 关于本专利的新颖性。

王丽珠所提交的附件 4~6 都是用于证明东门金融大厦自动化停车系统的结构的，因此，附件4~6 可以相结合使用来评价本专利权利要求的新颖性。

在附件 4~6 中都至少没有公开权利要求 1 中的"配重装置"及"缓冲器"这两个特征。附件 4 为图纸，其中只在部分位置有很简单的文字说明，附件 5 的照片也缺少相关的文字说明，其中并没有明确公开系统中具有"配重装置"及"缓冲器"，即使附件 4、5 中均出现了这两个部件，也不能仅从图纸的示意性描述或照片所显示的外观中直接毫无疑义地确定出存在这两个部件。另外，在附件 6 的录像中，拍摄者从车库外透过窗户拍摄了车辆从入库存车再到取车出库的全过程，但从中也无法仅凭借系统的工作状态来确定其中含有配重装置和缓冲器。因此，上述两个特征在附件 4~6 中都不能直接毫无疑义地确定，王丽珠主张权利要求 1 不具有新颖性的理由不能成立。

在王丽珠关于权利要求 1 不具有新颖性的主张不能成立的基础上，其从属权利要求 2~7 不具有新颖性的主张也不能成立。

基于上述理由，专利复审委员会作出第 11023 号无效决定。

王丽珠不服专利复审委员会作出的第 11023 号无效决定，在法定期限内向一审法院提起诉讼。

在一审法院审理过程中，一审法院根据王丽珠的申请，于 2008 年 10 月 11 日派员对位于深圳市罗湖区金融大厦的中国银行深圳分行东门支行内部停车场所使用的自动化停车系统的结构进行了拍摄录像。2008 年 12 月 8 日，一审法院就其拍摄的录像组织专利复审委员会、王丽珠、怡丰公司进行播放。专利复审委员会、王丽珠、怡丰公司均陈述了意见。

在本院于 2009 年 5 月 20 日公开开庭审理本案时，王丽珠陈述，其在本案无效宣告请求审查程序中要求专利复审委员会原合议组到中国银行深圳分行东门支行内部停车场对该停车场使用的自动化停车系统进行现场勘验。但专利复审委员会原合议组答复一般程序不会到现场。专利复审委员会陈述，专利复审委员会审查本案的现合议组没有收到王丽珠的现场勘验请求。

上述事实，有本专利权利要求书、说明书及附图，附件 2~9、第 11023 号无效决定、专利复审委员会口头审理记录表及当事人的陈述等证据在案佐证。

本院认为，新颖性是指在申请日以前没有同样的发明或者实用新型在国内外出版物上公开发表过，在国内公开使用过或者以其他方式为公众所知，也没有同样的发明或者实用新型由他人向国务院专利行政部门提出过申请并且记载在申请日以后公布的专利申请文件中。专利复审委员会、王丽珠、怡丰公司均认可，本案争议的焦点是王丽珠提交的附件与本专利相比，是否存在配重装置及缓冲器，从而在先公开了本专利权利要求 1 中的前述特征，导致本专利权利要求 1 丧失新颖性。

王丽珠提交的附件 4 的图纸中虽缺乏文字说明，但该图纸作为中国银行深圳分行东门支行内部停车场所使用的自动化停车系统设备买卖合同的配套图纸，本领域技术人员应能够理解该图纸记载的内容。同时，王丽珠提交的附件 5、附件 6 作为中国银行深圳分行东门支行内部停车场所使用的自动化停车系统实物的录像和照片结合附件 4 的图纸，本领域技术人员应能够毫无疑义地得出该系统中存在配重装置和缓冲器部件。故本专利权利要求 1 与附件 4、5、6 相比不具备新颖性。

一审法院在审理本案过程中，派员对位于深圳市罗湖区金融大厦的中国银行深圳分行东门支行内部停车场所使用的自动化停车系统的结构进行了拍摄录像，其目的和性质是对王丽珠提交的附件 5、6 所记载的内容的核实，而不是调取新证据，且一审法院是依据附件 4、5、6 对本专利是否具备新颖性作出的评价。

专利复审委员会的上诉理由不能成立，其上诉请求本院不予支持。

综上，一审判决认定事实清楚，适用法律正确。依据《中华人民共和国行政诉讼法》第六十一条第（一）项的规定，判决如下：

驳回上诉，维持原判。

一审案件受理费 100 元，由国家知识产权局专利复审委员会负担（自本判决生效之日起 7 日内交纳）；二审案件受理费 100 元，由国家知识产权局专利复审委员会负担（已交纳）。

本判决为终审判决。

审 判 长 刘 辉
代理审判员 岑宏宇
代理审判员 谢甄珂
二〇〇九年六月一日
书 记 员 陈 明
书 记 员 刘 悠

031

双车台板同时交换式机械立体停车库

无效宣告请求审查决定（第11024号）

决　定　号　第11024号
决　定　日　2008年2月4日
发明创造名称　双车台板同时交换式机械立体停车库
国际分类号　E04H 6/18，E04 H6/22，E04H 6/28
无效宣告请求人　王丽珠
专　利　权　人　深圳怡丰自动化停车设备有限公司
专　利　号　200420045458.0
申　请　日　2004年4月27日
授权公告日　2005年5月25日
合议组组长　朱文广
主　审　员　刘瑞斌
参　审　员　王　博

法律依据　专利法第22条第2款
决定要点

如果权利要求中含有对比文件中没有公开的技术特征，且该特征不属于惯用手段的直接替换，则该权利要求具有新颖性。

一、案由

本无效宣告请求涉及国家知识产权局于2005年5月25日授权公告、名称为“双车台板同时交换式机械立体停车库”的200420045458.0号实用新型专利权（下称本专利），其申请日为2004年4月27日，专利权人为深圳怡丰自动化停车设备有限公司。

本专利授权公告的权利要求书如下：

“1. 一种双车台板同时交换式机械立体停车库，包括：设置在轨道（404）上的堆垛升降机（200）和车台板（405），其特征在于：

a. 一由堆垛升降机（200）与安装在其L升降台（203）上的双车台板同时交换汽车搬运器（204）构成双车台板同时交换汽车搬运堆垛机（401）；

所述双车台板同时交换汽车搬运器（204）由配有动力装置（103）的搬运器底架（101）、设置在搬运器底架（101）上设有可左右移动的双层输送机架（114）、双层输送机架（114）上设有可独立正反向输送的上层车台板输送机（121）和下层车台板输送机（122）组成；

b. 一设置在车库出入库口的由转盘架（309）、转盘旋转机构、车台板架（301）、上车台板架外翻转机构、车台板顶升机构、旋转轨道（305）组成的旋转式车台板顶升装置（402）；

所述的转盘架（309）由方型和矩形钢管组焊而成的一个圆形框架，其可依靠旋转装置（303）驱动旋转磨擦轮（304），在旋转轨道（305）上作圆周运动；

所述的转盘架（309）上安装有下层车台板导轮（311）；

所述的上车台板架外翻转机构由翻转装置（308）、曲臂连杆（302）、上车台板架（301）及上车台板导轮（310）组成；

所述的车台板顶升机构由二个驱动装置（306）、二个顶升臂（307）组成；

c. 设置在堆垛升降机轨道两侧的钢架结构之双层停车架（403）。

2. 根据权利要求1所述的双车台板同时交换式机械立体停车库，其特征在于：轨道（215）的一端设置有用于堆垛升降机（200）行走位置测量与定位的激光测距仪（213）。

3. 根据权利要求1所述的双车台板同时交换式机械立体停车库，其特征在于：堆垛升降机（200）走行架（201）上设置有用于L升降台（203）升降位置测量与定位的激光测距仪（227）。”

针对上述专利权，王丽珠（下称请求人）于2006年10月13日向专利复审委员会提出无效宣告请求，其理由是本专利权利要求1~3相对于附件2~9不符合专利法第22条第2款的规定，请求宣告本专利权全部无效。请求人提交下列附件作为证据：

附件1：意见陈述书；

附件2：Otto Wöhr GmbH与怡锋工业设备（深圳）有限公司于2001年12月11日签订的“机械车库深圳中国银行项目合同（HKC130/01）”复印件，英文文本共16页，其中文译本共7页；

附件3：基于合同号HKC130/01的自动化停车系统的移交证书，卖方为Otto Wöhr GmbH，买方为怡锋工业设备（深圳）有限公司，落款日期为2003年11月14日，复印件，英文文本及中文译本，各1页；

附件4：附件2的合同的配套图纸（英文文本及中文译本），共22页；

附件5：“深圳中国银行”自动化停车系统的安装施工过程的照片，共138张；

附件6：东门金融大厦的中国银行自动化停车场的运行过程的现场录像资料光盘，共1份；

附件7：2004年4月12日《深圳特区报》头版及E16版复印件，共4页；

附件8：深圳怡丰自动化停车设备有限公司工商注册登记资料复印件，共1页；

附件9：怡锋工业设备（深圳）有限公司工商注册登记资料复印件，共1页。

请求人认为，附件2、3、7~9证明深圳中国银行自动化停车系统WOHR Multiparker 710在本专利申请日之前投入使用，附件4~6证明该停车系统完全公开了本专利权利要求1~3的技术方案，由此证明本专利权利要求1~3不具有新颖性。

经形式审查合格，专利复审委员会受理了该无效宣告请求，并于2006年10月16日向请求人和专利权人发出无效宣告请求受理通知书，随该通知书将请求人的无效宣告请求书及其附件清单中所列附件的副本转送给专利权人，要求其在指定的期限内答复。

针对专利复审委员会发出的上述无效宣告请求受理通知书，专利权人提交了意见陈述书，认为请求人所提交的证据无法形成一个完整的证据链以证明本专利使用公开，因此本专利符合专利法第22条的规定。

专利复审委员会依法成立合议组。本案合议组于2007年2月25日向双方当事人发出了口头审理通知书，定于2007年4月25日对本案进行口头审理，随该口头审理通知书向请求人转交专利权人提交的意见陈述书。

口头审理于2007年4月25日如期举行，双方当事人均出席了口头审理。

在口头审理中，（1）请求人明确其无效的理由、范围以及证据的使用情况为：本专利权利要求1~3相对于附件2~9形成的证据链不符合专利法第22条第2款的规定。（2）请求人当庭提交附件2、4的公证认证手续的翻译文本，专利权人当庭签收，并表示对其译文的准确性无异议。专利权人对附件2的中文译文的准确性有异议，认为没有有资质的翻译部门确认，但是专利权人并未指出翻译件中其认为不准确的部分。（3）请求人表示附件2用来证明两个公司有签订销售合同的事实。专利权人对公证认证行为本身没有异议，但对声明的内容有异议。（4）请求人表示附件3用来证明2003年11月14日附件2销售合同涉及的停车系统已经施工完毕，请求人当庭出示了附件3的原件。专利权人对附件3中李日海的的签名有异议，认为该签名不是本人签署。（5）请求人表示附件4用于证明其图纸所示内容与本专利的技术是完全相同的。专利权人认为从图纸上不能看出技术内容，且公证认证书所附图纸是英文的，附件4当中是有中文的。请求人表示中文标注是自己标注的。（6）请求人表示附件5的照片用于证明停车系统实际运作情况，能够反映一定的技术特征，照片的拍摄日期在施工过程中，在投入使用之前。专利权人对照片本身的真实性没有异议，但是认为照片只能反映停车系统的外观不能证明技术方案。（7）请求人表示附件6用于证明双车台板交换的运行过程。专利权人对录像资料的真实性没有异议，认为现在东门大厦的停车系统的运行情况与录像资料相同，但对该录像资料与本案的关联性提出异议。（8）请求人表示附件7用于证明东门金融大厦落成的时间和停车系统的投入使用时间在2004年4月12日之前，专利权人对这个事实没有异议。（9）附件8、9用于证明深圳怡丰自动化停车设备有限公司与怡锋工业设备（深圳）有限公司关系紧密。专利权人认为这两份证据充分证明上述两个企业是独立的，专利权人对附件8、9的真实性没有异议。（10）请求人当庭提交本专利权利要求与附件4的对比表，合议组当庭将其副本转交给专利权人。请求人结合该表及附件5具体陈述了本专利不具有新颖性的意见，专利权人认为本专利所有技术特征都没有被公开，但专利权人没有具体指出区别所在。（11）合议组要求专利权人在一个月内就以下事实举证：①附件2、4的真实性；②本专利的权利要求所记载的技术方案与东门金融大厦自动化停车系统的结构是否存在区别特征。

专利权人期满没有答复。

至此，合议组认为本案事实已经清楚，可以作出审查决定。

二、决定的理由

1. 关于证据

请求人提交的证据包括附件2~9，其中专利权人对附件5~9的真实性没有异议，因此附件5~9合议组予以采信。

请求人还提交了附件2、4及其公证文本，该公证文本为德国斯图加特公证员 Notar Ellwanger 出具的公证书（编号为1286/2007E），并经我国驻法兰克福总领事馆认证，因此，附件2、4在形式上已经履行了域外证据的证明手续。请求人提交了该公证书的中文译文，专利权人对该译文准确性虽有异议，但并没有明确指出译文错误之处。合议组经核实，确认附件2、4由 Volker Blickle 提供，其在公证员面前声明其提交的文件为 Otto Wöhr GmbH 与怡锋工业设备（深圳）有限公司在合同“机械车库深圳中国银行项目合同（HKC130/01）”中所使用的合同及配套图纸，提供者当时为该项目的项目经理，并声明就其所作的陈述负全责。专利权人对公证认证行为本身没有异议，但对声明的内容有异议。

请求人提交的附件3是基于附件2的合同的移交证书，表明合同的卖方于2003年11月14日将合同的标的物 MULT I PARKER 710 移交给买方，该停车系统能成功按合同要求进行全自动化操作。虽然请求人当庭出示了附件 3 的原件，但专利权人不认可其真实性。

合议组经过审查发现以下事实：由附件 8、9 可知，怡锋工业设备（深圳）有限公司是由怡丰自动化科技有限公司出资的全资子公司，这两家公司又共同出资成立了深圳怡丰自动化停车设备有限公司，二者分别占有 70% 和 30% 的股份。深圳怡丰自动化停车设备有限公司即为本案的专利权人，而怡锋工业设备（深圳）有限公司则是附件 2 中所反映的自动化停车系统的购买方。另外，合同中的卖方 Otto Wöhr GmbH 与请求人所称的德国澳特活、德国威尔均指同一家公司，只是译法不同，以下均称“德国澳特活”。深圳中国银行、中国银行深圳分行、东门金融大厦所涉及的也是同一建筑，以下均称“东门金融大厦”。从附件 7 的 2004 年 4 月 12 日报纸中刊登的新闻《东门金融大厦投入使用》中，可知东门金融大厦采用了德国澳特活自动化停车系统，该系统于“目前已正式投入使用”。在附件 5 中，照片 127 为一张铭牌，其上记载以下内容：“中行金融大厦机械式立体停车库 车库型号 Wohr Multiparker 710……制造商：怡丰工业 TEL：0755-84878829 FAX：0755-84879429”。

合议组认为，第一，从时间上看，附件 3 中的停车系统的移交日为 2003 年 11 月 14 日，而附件 7 中的停车系统于 2004 年 4 月 12 日“目前已正式投入使用”，两个日期一前一后，逻辑上并不矛盾，且相隔一定时间，符合常理。第二，从型号上看，附件 2 合同标的物的型号为“Wöhr Multiparker 710”，而从附件 5 的照片 127 中可知，东门金融大厦采用的车库型号为 Wohr Multiparker 710，二者相互印证。虽然其中一个为“Wohr”，另一个为“Wöhr”，但据分析，后者为德语，其变元音“ö”很有可能被简化为“o”。第三，从合同买卖双方看，附件 2 中的卖方为 Otto Wöhr GmbH，买方为怡锋工业设备（深圳）有限公司，而附件 7 中的停车系统为“德国澳特活”（即 Otto Wöhr GmbH）”，附件 5 照片 127 上标明的制造商为怡丰工业，其上所留的电话 0755-84879829 与本专利申请人深圳怡丰自动化停车设备有限公司在申请时所留的电话完全相同。第四，从地点上看，附件 2 的标的物位于深圳中国银行，而从附件 5、6 中都反映出东门金融大厦设有中国银行，且附件 5 照片 127 中铭牌的项目名称为“中行金融大厦机械式立体停车库”，这些信息也都能相互印证。第五，附件 2 本身也符合合同的一般形式，其中包含了当事人的名称、住所、标的、数量、质量、价款、履行期限、地点和方式、违约责任、解决争议的方法等条款，且附件 2、3、4 之间在合同编号、项目名称、公司名称等信息方面也都互相印证，并无矛盾。综合上面的这些因素，真实性得到认可的附件 5~9 在多个方面都印证了真实性尚未得到确认的附件 2~4 的真实性存在较高的可信度。

因此，根据上面的信息判断，附件 2、4 具有较高的真实性。请求人声称附件 2、4 为怡锋工业设备（深圳）有限公司与德国澳特活公司签订的买卖合同及其附件，鉴于怡锋工业设备（深圳）有限公司是本案专利权人怡丰停车设备的控股股东，且二者的法定代表人相同、董事长及董事会成员也完全相同，显示出二者具有密切的关系，另外专利权人在申请时所留的电话与东门金融大厦自动化停车系统的铭牌上制造商所留的电话也完全相同，因此合议组认为，专利权人很容易核对附件 2、4 是否为怡锋工业设备（深圳）有限公司所签订的，因此合议组将附件 2、4 真实性的举证责任转移给本案的专利权人，要求其在口头审理结束后的一个月内就附件 2、4 的真实性进行举证。由于期满专利权人没有答复，因此，对附件 2、4 的真实性合议组予以采信，其中附件 2 的签章日 2001 年 12 月 11 日即为该合同的签订日。

虽然专利权人对附件 3 的真实性提出异议，但由于其没有提供相应的证据证明其主张，在附件 2、4 的真实性予以认可的基础上，同时由于请求人当庭出示了附件 3 的原件，且附件 2、3 能够相互印证，因此，合议组对附件 3 也予以采信。

其中附件 2 原文为英文，专利权人对请求人提交的附件 2 的译文提出异议，但仅是认为翻译机构没有资质，并没有明确指出具体错误之处，也未提交相应的中文译文，审查指南第四部分第八章第2.2.1节规定，“当事人对中文译文有异议的，应当在指定期限内对有异议的部分提交中文译文。没有提交中文译文的，视为无异议”，因此，视为专利权人对中文译文无异议，附件2公开的内容以请求人提交的译文为准。在请求人提交的声称用于核对真实性的附件4的原件中，部分位置有外文标注，而在请求人作为证据提交的附件4中，只有部分外文标注的中文译文被请求人一同标注于旁边的空白处，对这部分译文的准确性，专利权人没有明确提出异议，因此，附件4公开的内容以图纸及其中的中文标注为准。

2. 关于使用公开

本案中，请求人主张位于深圳市的东门金融大厦自动化停车系统在本专利申请日之前已经使用公开，并以设计图纸（附件4）、大厦及停车系统的照片（附件5）、停车系统工作录像（附件6）来证明该停车系统的结构与本专利权利要求的方案相同。

附件5是深圳中国银行自动化停车系统的安装施工过程照片，其中照片1、3、128反映出该建筑即为东门金融大厦，因此这些照片从客观上反映了东门金融大厦及其停车系统的部分特征。

在照片130上显示出车库入口的上方悬挂有一块铭牌，在照片127上显示该铭牌上具体记载了以下内容：“中行金融大厦机械式立体停车库 车库型号 Wohr Multiparker 710……制造商：怡丰工业 TEL：0755-84878829 FAX：0755-84879429”。从这两张照片上，可以看出，挂在卷闸门上方的铭牌上记载了自动化停车库的型号、制造厂商、联系方式等信息。合议组认为，一方面，该铭牌的作用是给出产品信息，因此，按照工程习惯，该铭牌应该在该立体停车库落成时即已悬挂于车库入口的上方，另一方面，该铭牌还具有广告的功能，任何对该类型停车库感兴趣的人都可以由此与制造商联系购买事宜，而作为制造商，通常也不存在其不愿客户与其联系的可能性。因此，从该铭牌的功能上，可以推断出下面的结论：任何人如果有意使用这种停车库，都可以通过铭牌上的电话与制造商联系并购买该设备，本领域普通技术人员通过常规手段即可得知该停车库的结构及各机械部件的连接、驱动关系。因此，根据该铭牌可以推断该停车库的机械结构已经处于公众想得知即可得知的状态，即已经使用公开。此外，附件2所反映出的合同销售事实本身也证明了该停车系统处于公众想得知即可得知的状态。

附件7的报纸发行日期为2004年4月12日，其E16版上刊登了新闻《东门金融大厦投入使用》，该新闻介绍了东门金融大厦已经正式投入使用，该大厦采用了德国澳特活自动化停车系统。虽然请求人主张东门金融大厦投入使用并不意味着自动化停车系统也投入使用，但合议组认为，该新闻中明确说明“东门金融大厦各项系统测试验收已结束”，由此推断，作为大厦配套设施的自动化停车系统也应该已测试验收结束并同时投入使用。因此，在没有相反证据的情况下，附件7证明在本专利申请日之前东门金融大厦的自动化停车系统已经投入使用。

综上所述，合议组认为请求人提供的证据能够证明东门金融大厦中所采用的自动化停车系统在申请日之前已经处于公众想得知即可得知的状态，该自动化停车系统构成了本专利的现有技术。

3. 关于本专利的新颖性

专利法第22条第2款规定，新颖性，是指在申请日以前没有同样的发明或者实用新型在国内外出版物上公开发表过、在国内公开使用过或者以其他方式为公众所知，也没有同样的发明或者实用新型由他人向专利局提出过申请并且记载在申请日以后公布的专利申请文件中。

如果权利要求中含有对比文件中没有公开的技术特征，且该特征不属于惯用手段的直接替换，则该权利要求具有新颖性。

请求人所提交的附件4~6都是用于证明东门金融大厦自动化停车系统的结构的，因此，附件

4~6 可以相结合使用来评价本专利权利要求的新颖性。

在本专利中，转盘处的下车台板可以升起形成上车台板，空的上车台板也可以下沉形成下车台板，而车台板是支承于车台板导轮上的，由于导轮的存在车台板无法直接升起或下沉，因此本专利中设计了上车台板架外翻转机构以在车台板竖向运动时导轮不产生防碍。本专利权利要求 1 中具体限定了含有该上车台板架外翻转机构由“翻转装置、曲臂连杆、双车台板架及上车台板导轮组成”，根据说明书中的描述，翻转装置驱动曲臂连杆的一端作圆周运动，曲臂连杆的另一端通过销轴，拉动上层车台板架绕销轴作摆动外翻运动。

在附件 6 的录像中，拍摄者从车库外透过窗户拍摄了车辆从入库存车再到取车出库的全过程，其中虽然公开了转盘处的车台板可以升降，但无法看到转盘架内部的工作状态，附件 5 照片 44~46、58、62 中虽然公开了转盘架内部静态结构，也均无法反映其工作方式，而附件 4 为图纸，其中只在部分位置有很简单的文字说明，也无法得知其工作状态，因此，无论这些附件单独使用还是相结合，都不能直接毫无疑义的确定出东门金融大厦的停车系统必然公开了本专利中的上车台板架外翻转机构及其具体组成部件。事实上，实现本专利中的这一功能的方式可以是多种多样的，例如可以在车台板升降的过程中将支承导轮回缩，也能实现该功能，因此也不能仅从车台板升降的过程确定出系统中必然含有本专利这样的上车台板架外翻转机构。

因此，至少本专利权利要求 1 中的上车台板架外翻转机构及其具体组成部件在附件 4~6 中都不能直接毫无疑义的确定，请求人主张权利要求 1 不具有新颖性的理由不能成立。

在请求人关于权利要求 1 不具有新颖性的主张不能成立的基础上，其从属权利要求 2、3 不具有新颖性的主张也不能成立。

根据上述的事实和理由，本案合议组依法作出以下决定。

三、决定

维持 200420045458.0 号实用新型专利权有效。

当事人对本决定不服的，可以根据专利法第 46 条第 2 款的规定，自收到本决定之日起三个月内向北京市第一中级人民法院起诉。根据该款的规定，一方当事人起诉后，另一方当事人应当作为第三人参加诉讼。

032

空调式地板

无效宣告请求审查决定（第11025号）

决　定　号　第11025号
决　定　日　2008年1月14日
发明创造名称　空调式地板
国际分类号　E04F 15/02，F24D 3/16
无效宣告请求人　陈晋民
专　利　权　人　天津锐新科技开发有限公司
专　利　号　01248604.3
申　请　日　2001年7月10日
授权公告日　2002年4日24日
合议组组长　刘　犟
主　审　员　刘敏飞
参　审　员　王　博

法律依据　专利法第22条第3款
决定要点

在权利要求创造性的判断中，如果权利要求所述技术方案与现有技术公开的技术方案之间存在区别技术特征，而现有技术没有给出结合该区别技术特征得出所述技术方案的技术启示，本领域技术人员需要付出创造性的劳动才能得出该权利要求所述的技术方案，且该技术方案具有有益效果，则该权利要求具有创造性，反之，该权利要求不具有创造性。

一、案由

本无效宣告请求涉及中华人民共和国国家知识产权局于2002年4月24日授权公告的、名称为“空调式地板”的实用新型专利权（下称本专利），其专利号是01248604.3，申请日是2001年7月10日，专利权人是天津锐新科技开发有限公司（变更前为刘学礼）。本专利授权公告的权利要求书如下：

“1. 一种可取暖的空调式地板，它包括有板式型材，其特征是在板式型材的内部贯穿设置有至少一根通水管，在平行于通水管两侧板式型材的侧壁上对应设置带有凸棱和凹槽的镶嵌式结构，在相临两块板式型材的端部密封连接有相连通的弯管。

2. 根据权利要求1所述的空调式地板，其特征是在板式型材的内部贯穿有1~4根通水管

3. 根据权利要求1所述的空调式地板，其特征是通水管采用与型材相同一体结构的塑钢型材。

4. 根据权利要求 1 或 2 所述的空调式地板，其特征在于板式型材为塑钢型材。”

针对上述专利权，陈晋民（下称请求人）于 2006 年 11 月 24 日向专利复审委员会提出无效宣告请求，理由是本专利权利要求 1~4 不符合专利法第 22 条第 3 款的规定，并提交了如下 3 份附件作为证据：

附件 1：授权公告号为 CN2394129Y 的中国实用新型专利说明书，其授权公告日为 2000 年 8 月 30 日，共 5 页；

附件 2：公开号为 CN1202601A 的中国发明专利申请公开说明书，其公开日为 1998 年 12 月 23 日，共 9 页；

附件 3：授权公告号为 CN2434377Y 的中国实用新型专利说明书，其授权公告日为 2001 年 6 月 13 日，共 9 页。

请求人认为：本专利权利要求 1 与附件 1 的区别在于：在平行于通水管两侧板式型材的侧壁上对应设置带有凸棱和凹槽的镶嵌式结构，上述区别技术特征为地板装配公知常识，并且已经被附件 2 公开，因此权利要求 1 相对于附件 1 和 2 的结合不具备创造性。权利要求 2 的附加技术特征在附件 1 中公开，因此权利要求 2 也不具备创造性。附件 3 给出了将权利要求 3 的附加技术特征应用于附件 1 和 2 以解决权利要求 3 的技术问题的启示，因此权利要求 3 不具备创造性。附件 3 公开以塑钢制作地板模板的技术特征，因此权利要求 4 也不符合专利法第 22 条第 3 款关于创造性的规定。

经形式审查合格后，专利复审委员会受理了该无效请求，并于 2006 年 12 月 20 日向请求人及专利权人发出无效宣告请求受理通知书，并将请求人提交的专利权无效宣告请求书及其附件清单中所列附件副本转给了专利权人，要求专利权人在规定的期限内陈述意见。

专利复审委员会于 2007 年 2 月 6 日收到专利权人提交的意见陈述书，专利权人认为，附件 1 是地板取暖器专利公告文件，附件 2 是地板供暖装置的上铺式木质供暖垫块专利公告文件，附件 3 是用于制造无尘室楼层地板的模块专利公告文件。附件 1、2、3 与本专利权利要求书中所保护的内容对比，不足以无效本专利。

专利复审委员会依法成立合议组对本无效宣告请求进行审查。本案合议组于 2007 年 9 月 26 日向双方当事人发出无效宣告请求口头审理通知书，定于 2007 年 11 月 14 日举行口头审理。随同口头审理通知书，将专利复审委员会于 2007 年 2 月 6 日收到的专利权人提交的意见陈述书转给请求人。

口头审理如期举行，双方当事人均参加了口头审理。请求人委托任延以公民代理身份出席，请求人的另一委托人——天津市杰盈专利代理有限公司的代理人赵敬没有出席本次口头审理。

在口头审理中，请求人对专利权人出席人员的身份和资格没有异议，专利权人对请求人代理人赵敬的身份有异议，认为赵敬曾经是本专利申请时的代理人，因此不符合专利代理条例第 10 条的规定。专利权人认为请求人应当解除与赵敬的委托关系。专利权人对请求人的代理人任延的身份和资格没有异议。请求人明确其无效的理由、证据、范围以及证据的使用情况为：权利要求 1 相对于附件 1、2 的结合不具有创造性；权利要求 2 的附加技术特征在附件 1 中公开，所以不具有创造性；权利要求 3、4 附加技术特征在附件 3 中公开，所以不具有创造性。专利权人对附件 1~3 的真实性没有异议。关于权利要求 1 的创造性：请求人认为：附件 1 是最接近的对比文件。附件 1 没有公开本专利权利要求 1 的板式型材的侧壁上对应设置带有凸棱和凹槽的镶嵌式结构。但是此特征被附件 2 说明书第 3 页第 1 行及附图 2 公开。专利权人认为：附件 1 主要是热量的采集，本专利是地板散热，从背景技术来说两篇文件不一样。型材有固定的结构，地板没有固定结构，可以随时铺。附件 2 是地板上局部的镶嵌式，本专利是整体，附件 1 与本专利没有可比性。本专利通水管与型材是一体成型的。附件 1 是地板中间夹的通水管，本专利是相同材料的通水的管。附件 2 图 2 中是凸棱和凹槽的镶嵌式结构，但是是局部的。关于权利要求 2 的创造性：请求人认为：权利要求 2 的附加技术特征在附件 1 附图 3 中公开。专利权人认为：附件 1 中地板和管是不同的材料组合在一起，盘着的，本专利型材是直的、开放的。关于权利要求 3 的创造性：请求人认为：权利要求 3 的附加技术特征在附件 3 说明书第 2 页及附图 1 公开。附件 3 是塑钢用在地板上，不是一体形成的是浇铸的。专利权人认为：附件 3 是建筑用的模板，与本专利是不同的技术领域，且其是用塑钢作的水泥浇灌用模板，是不同材料埋设的，附件 3 不能证明管和模板是一体结构。关于权利要求 4 的创造性：请求人认为：权利要求 4 的附加技术特征被附件 3 说明书第 2 页及附图 1 公开。专利权人认为：因为权利要求 1 有创造性，所以权利要求 4 有创造性，且没有板式型材用做散热用地板。

复审委员会于 2007 年 11 月 21 日收到请求人提交的解除代理声明，解除了与天津市杰盈专利代理有限公司的代理关系。

至此，合议组认为本案事实清楚，可以作出审查决定。

二、决定的理由

1. 关于代理资格

专利权人于口头审理当庭指出由于请求人的代理人赵敬曾经是本专利申请时的代理人，不符合专利代理条例第 10 条的规定，因此对其身份有异议，认为请求人应当解除与赵敬的委托关系，并对出席口头审理的请求人的代理人的身份和资格没有异议。

口头审理结束后，请求人提交了解除代理声明，解除了与天津市杰盈专利代理有限公司的代理关系，而赵敬是该公司委派代理本专利无效宣告请求的代理人，因此请求人已经解除了与赵敬的委托关系，并且专利权人对出席口头审理的请求人的公民代理人任延的身份和资格没有异议，所以专利权人指出的请求人委托的代理不符合专利代理条例第 10 条规定的缺陷已经被克服。

2. 关于证据

附件 1、2、3 均为中国专利申请文件，其公开日均早于本专利的申请日，并且专利权人对附件 1、2、3 的真实性没有异议，因此合议组经审查后认为，附件 1、2、3 公开的内容可以作为本专利的现有技术。

3. 关于专利法第 22 条第 3 款

专利法第 22 条第 3 款规定，创造性，是指同申请日以前已有的技术相比，该发明有突出的实质性特点和显著的进步，该实用新型有实质性特点和进步。

在权利要求创造性的判断中，如果权利要求所述技术方案与现有技术公开的技术方案之间存在区别技术特征，而现有技术没有给出结合该区别技术特征得出所述技术方案的技术启示，本领域技术人员需要付出创造性的劳动才能得出该权利要求所述的技术方案，且该技术方案具有有益效果，则该权利要求具有创造性，反之，该权利要求不具有创造性。

请求人认为权利要求 1 相对于附件 1、2 的结合不具备创造性；权利要求 2 的附加技术特征在附件 1 中公开，权利要求 3、4 附加技术特征在附件 3 中公开。附件 1 是最接近的对比文件。

本专利权利要求 1 请求保护一种可取暖的空调式地板。附件 1 公开了一种可取暖的地板，地板 9 可为发泡塑料的保温材料，加热器 14 将水加热，被加热的水经汽水分离器 17 经过进水管 11 至地板 9 内的水管 12，使地板 9 被加热，然后水管 12 内的水经水泵 13 抽吸到出水管 10 再至加热器 14，相邻两块地板端部的水管 12 为弯管。

将本专利权利要求 1 与附件 1 相比较，附件 1 中的地板 9、水管 12、进水管 11 和出水管 10 分别相当于权利要求 1 中的板式型材、通水管和弯管。虽然专利权人认为型材有固定的结构，地板没有固定结构，并且本专利通水管与型材是一体成型的，附件 1 是地板中间夹的通水管，本专利是相同材料的通水管。但合议组经审查认为，地板一般都是板状，并且结构相对固定，具备板式型材的特征，因此附件 1 中的地板相当于本专利中的板式型材；至于专利权人认为的本专利通水管与型材是一体成型的、是相同材料的通水的管，上述特征在本专利权利要求 1 中并未对此作出限定，从而专利权人的理由不能成立，合议组对上述特征不予考虑。本专利权利要求 1 与附件 1 的区别在于：在平行于通水管两侧板式型材的侧壁上对应设置带有凸棱和凹槽的镶嵌式结构，弯管密封连接在相临两块板式型材的端部。在附件 2 中公开了一种地面供暖装置的上铺式木质供暖垫块，木片 2 内设置有热水管 9，木片 2 彼此相互以凹凸嵌合。专利权人认为，附件 2 是地板上局部的镶嵌式，本专利是整体。合议组认为，附件 2 中公开了地板材料的内表面，即木片 2 的内表面上粘接着挠性衬垫 6，将各木片 2 及纵边材 3 连接起来，以及木质供暖垫块因多块细长板片的槽榫构造和将各木片 2 的槽榫对接拼紧由挠性衬垫 6 连接结构而可卷起。由此可见，虽然附件 2 中木片 2 彼此除以凹凸嵌合的连接方式外，还在木片内表面上粘接了挠性衬垫 6，但挠性衬垫 6 主要起将木质供暖垫块卷起的作用，而由于附件 2 中的木片也是铺设于地面上并用于取暖，其对应于附件 1 中的地板，因此本领域技术人员能够从附件 2 公开的木片 2 彼此凹凸嵌合的镶嵌式结构得到启示，在附件 1 地板的侧壁上对应设置带有凸棱和凹槽的镶嵌式结构，至于将通水管两侧与板式型材的侧壁之间平行设置，则是本领域技术人员经常采用的技术手段。另外，附件 1 中公开了水从进水管 11 进入，流经地板内的水管 12，进入到出水管 10，并公开了相邻两块地板端部的水管 12 为弯管，以实现相邻地板内水管 12 之间的连通，与本专利采用在相邻两块板式型材的端部密封连接相连通的弯管，以将整个地板内的通水管串连成一体相比，两者所起的作用相同，从而将附件 1 所公开的相邻两块地板端部为弯管直接相连改为用弯管将相邻两块板式型材的端部密封连接起来，是本领域技术人员很容易想到的。由此可见，在附件 1 的基础上结合附件 2 得到权利要求 1 的技术方案，对本领域技术人员来说是显而易见的，不需付出创造性劳动，权利要求 1 相对于附件 1 和附件 2 的结合不具备创造性，不符合专利法第 22 条第 3 款的规定。

从属权利要求 2 引用权利要求 1，其附加技术特征为：在板式型材的内部贯穿有 1~4 根通水管。在附件 1 中公开了在地板 9 的内部设置若干根水管 12，并且设置水管的数量是本领域技术人员根据实际供暖等的需要而选择的。因此，当权利要求 2 所引用的权利要求 1 不具备创造性时，权利要求 2 也不具备创造性，不符合专利法第 22 条第 3 款的规定。专利权人认为，附件 1 中地板和管是不同的材料组合在一起，盘着的，本专利型材是直的、开放的。合议组认为，由于在权利要求 2 中并没有对型材是直的、开放的作出限定，从而专利权人的主张不能成立。

从属权利要求 3 引用权利要求 1，其附加技术特征为：通水管采用与型材相同一体结构的塑钢型材。请求人认为上述附加技术特征在附件 3 中公开。附件 3 中公开了一种用于制造无尘室楼层地板的模板，包括以塑钢为材质一体成型内部光滑且外部为粗糙面的梯型模板 10，该梯型模板 10 上形成有数个中空的圆管 20，圆管 20 内部为光滑面且外部为粗糙面，模板 10 与圆管 20 外部的粗糙面处的作用是易于与灌浆后的混凝土相互结合稳固，模板 10 与圆管 20 内部的光滑面是为了不易沾上灰尘，以维持无尘之用。可见附件 3 所公开的是在模板 10 之间进行灌浆以成型出楼板，而本专利权利要求 3 是空调式地板，通水管采用与型材相同一体结构的塑钢型材，二者为不同的技术领域，其梯型模板不同于本专利的板式型材及附件 1 和 2 中的地板和木条，并且圆管 20 内也不是用作热水管，其与模板 10 也不是一体结构。因此，附件 3 没有给出通水管采用与型材相同一体结构的塑钢型材的技术启示，本领域技术人员需要花费创造性劳动才能获得权利要求 3 的技术方案，并且该权利要求的技术方案取得了比传统混凝土地热减少厚度，使施工工艺实现工业化生产简便易行的有益效果。因此权利要求 3 相对于附件 1、2 和 3 的结合具备创造性。请求人关于权利要求 3 不具备创造性的主张不成立。

从属权利要求 4 引用权利要求 1 或 2，其附加技术特征为：板式型材为塑钢型材。请求人认为上述附加技术特征在附件 3 中公开。如上所述，附件 3 所公开的是在模板 10 之间进行灌浆以成型出楼板，其梯型模板不同于本专利的板式型材及附件 1 和 2 中的地板和木条，因此附件 3 没有给出板式型材为塑钢型材的技术启示，本领域技术人员需要花费创造性劳动才能获得权利要求 4 的技术方案，因此权利要求 4 相对于附件 1、2 和 3 的结合具备创造性。请求人关于权利要求 4 不具备创造性的主张不成立。

基于上述理由，合议组依法作出如下决定。

三、决定

宣告 01248604.3 号实用新型专利权的权利要求 1、2 无效，在权利要求 3 和 4 的基础上维持该专利权继续有效。

当事人对本决定不服的，可以根据专利法第 46 条第 2 款的规定，自收到本决定之日起三个月内向北京市第一中级人民法院起诉。根据该款的规定，一方当事人起诉后，另一方当事人应当作为第三人参加诉讼。

033

产品防伪方法

无效宣告请求审查决定（第11039号）

决　　定　　号　第11039号
决　　定　　日　2007年12月10日
发明创造名称　产品防伪方法
国 际 分 类 号　G09F3/00
无效宣告请求人　中国中轻产品质量保障中心
专　利　权　人　魏中振
专　　利　　号　02111039.5
申　　请　　日　2002年3月12日
授 权 公 告 日　2004年12月29日
合 议 组 组 长　孙跃飞
主　　审　　员　李新芝
参　　审　　员　张家祥

法　律　依　据　专利法第22条第2款、第3款
决　定　要　点

在判断一项权利要求的创造性时，如果该权利要求的技术方案和现有技术相比存在区别技术特征，而对于本领域技术人员来讲，二者的区别都是易于实现的等效手段，并且上述区别技术特征的引入也没有产生预料不到的技术效果，则该权利要求的技术方案不具备创造性。

一、案由

本无效宣告请求案涉及国家知识产权局于2004年12月29日公告授予的、名称为“产品防伪方法”的第02111039.5号发明专利权（以下简称本专利），其申请日为2002年3月12日，专利权人为魏中振。本专利授权公告的权利要求书如下：

“1. 一种产品防伪方法，其特征是在产品或产品的外包装上设有一组经密封处理后的密码，该密封装置为一层密封膜，可用手指轻轻刮开，另外在密码的前面还标有全国唯一的专门管理该密码的机构的电话号码，每个产品只对应一组密码，该密码已在管理机构的密码库中有记录，当人们购买某个产品后刮开密码，并拨通管理机构的电话，请求查询该密码的真实性，由管理机构反馈信息指出其密码的真实性。”

针对上述专利权，中国中轻产品质量保障中心（下称请求人）于2007年7月5日向专利复审委员会提出无效宣告请求，同时提交了如下证据：

证据1：专利号为ZL94114862.9、授权公告号为CN1044749C的发明专利说明书，授权公告日为1999年8月18日，复印件共5页；

证据2：专利号为ZL99110247.9、授权公告号为CN1116663C的发明专利说明书，授权公告日为2003年7月30日，复印件共5页；

证据3：申请号为96107726.3、公开号为CN1169002A的发明专利申请公开说明书，公开日为1997年12月31日，复印件共13页；

证据4：申请号为95105228.4、公开号为CN1123944A的发明专利申请公开说明书，公开日为1996年6月5日，复印件共9页；

证据5：江苏省质量技术监督局发布的“关于江苏省重点保护产品加贴数码防伪标识的通知”，苏质技监监函［2001］35号，2001年3月15日，复印件共5页；

证据6：“商品真伪一拨电话便知”，《江苏经济报》，1999年12月8日第2版，复印件共1页；以及由“江苏经济报社办公室”出具的“情况说明”，复印件共1页。

请求人认为：证据1~6已经完全披露了涉案专利的技术方案，在涉案专利的申请日前，该技术已经存在，并已公开和广泛使用，因此涉案专利不符合专利法第22条第2款和第3款有关新颖性和创造性的规定。

形式审查合格后，专利复审委员会受理了上述请求，于2007年7月6日向双方当事人发出《无效宣告请求受理通知书》，并将《专利权无效宣告请求书》及其他有关文件的副本转送给专利权人，要求其在指定的期限内答复。

针对上述无效宣告请求，专利权人于2007年7月30日向专利复审委员会提交了意见陈述书，认为本发明权利要求1保护的技术特征有两项：（1）在产品或产品的外包装上设有一组经密封处理后的密码；（2）设有全国唯一的专门管理该密码的机构的电话号码。其中第（2）项技术特征包括如下含义：a. 管理密码的机构是全国唯一的；b. 用来查询密码的电话号码是该管理机构的电话号码。按照上述方法需要采取该防伪措施的厂家，必须到该全国唯一的密码管理机构申请密码，而不是自行设置密码和电话号码。而证据1~6公开的防伪方法，其密码和查询密码的电话号码是各企业和地区自行设置的，假冒厂家照样可以自行设置假冒的密码和电话号码，消费者无法判断真伪，根本达不到防伪效果。因此，权利要求1相对于证据1~6具有新颖性和创造性。

2007年9月3日，本案合议组向请求人和专利权人发出《无效宣告请求口头审理通知书》，定于2007年10月23日对该专利权的无效请求进行口头审理，同时向请求人转送了专利权人于2007年7月30日提交的意见陈述书副本。

2007年10月23日，口头审理如期进行。请求人的代理人及专利权人本人参加了口头审理。庭审过程中，合议组就本案的无效理由及证据逐一进行了调查，双方当事人充分陈述了各自的意见。在此基础上，合议组记录了以下重要事项：

（1）请求人表示放弃证据2。

（2）专利权人对证据1~5的真实性没有异议；对证据6的真实性有异议，因为证据6的内容歪斜；对证据5的公开性有异议。

（3）请求人当庭提交了证据5的原件以及证据6的盖有“江苏经济报社办公室”红章的原件。

2007年11月1日，请求人针对证据5的公开性提交了如下3份补充证据的原件和复印件：

补充证据1：加盖有“江苏省质量协会”红章的证明，1页；

补充证据2：加盖有“江苏省盐业集团有限责任公司”红章的证明，1页；

补充证据3：加盖有“江苏瑞德信息产业有限公司”红章的证明，1页；

2007年11月2日，本案合议组向请求人和专利权人发出《转送文件通知书》，定于2007年11月28日对请求人提交的补充证据1~3进行质证，并随《转送文件通知书》向专利权人转送了请求人于2007年11月1日提交的3份补充证据副本。

2007年11月28日，请求人的代理人及专利权人本人参加了对上述补充证据1~3的质证，专利权人对补充证据1~3的真实性及其能够证明证据5的公开性没有异议。

至此，合议组认为本案的事实清楚，可以作出审查决定。

二、决定的理由

1. 关于审查文本

本决定是在国家知识产权局于2004年12月29日授权公告的第02111039.5号发明专利说明书的基础上作出的。

2. 关于证据

对于证据2，由于请求人放弃使用，故合议组不予考虑。

对于证据1、3、4，合议组经审核后认为，证据1、3、4均为中国专利文献，其公开日均在本申请的申请日之前，且请求人对证据1、3、4的真实性没有异议，因此合议组对证据1、3、4予以采信，可以作为评价本发明新颖性和创造性的基础。

关于证据5和补充证据1、2、3，由于请求人当庭提交了证据5的原件且请求人提交的补充证据1、2、3均有原件，因此在专利权人认可证据5和补充证据1、2、3的真实性、合法性及关联性的情况下，合议组对证据5及补充证据1、2、3的真实性、合法性和关联性予以认可；关于证据5的公开性，合议组认为，该证据为江苏省质量技术监督局发给各有关企业的通知，而且由请求人提交的补充证据1~3可知，证据5中的产品防伪方法早在2001年就已经在各有关企业中发布施行，因此在专利权人认可证据5的公开性的情况下，合议组对证据5的公开性也予以认可，可以作为评价本发明新颖性和创造性的基础。

关于证据6，由于请求人当庭提交了加盖有“江苏经济报社办公室”红章的证据6的原件，且证据6为1999年12月8日刊登在《江苏经济报》上的文章，虽然专利权人认为证据6的内容歪斜而对其真实性有异议，但由于证据6是复印件，在复印过程中边缘部分有所歪斜是正常现象，因此在专利权人对证据6的真实性未提出合理质疑的情况下，合议组对证据6的真实性、合法性、关联性以及公开性予以认可，可以作为评价本发明新颖性和创造性的基础。

3. 关于创造性

专利法第22条第3款规定，创造性是指同申请日以前已有的技术相比，该发明有突出的实质性特点和显著的进步。

在判断一项权利要求的创造性时，如果该权利要求的技术方案和现有技术相比存在区别技术特征，而对于本领域技术人员来讲，二者的区别都是易于实现的等效手段，并且上述区别技术特征的引入也没有产生预料不到的技术效果，则该权利要求的技术方案不具备创造性。

本专利权利要求1要求保护一种产品防伪方法，其特征是在产品或产品的外包装上设有一组经密封处理后的密码，该密封装置为一层密封膜，可用手指轻轻刮开，另外在密码的前面还标有全国唯一的专门管理该密码的机构的电话号码，每个产品只对应一组密码，该密码已在管理机构的密码库中有记录，当人们购买某个产品后刮开密码，并拨通管理机构的电话，请求查询该密码的真实性，由管理机构反馈信息指出其密码的真实性。

证据5中公开了如下一种产品防伪方法，其中每件产品对应唯一的数字防伪码，并将数字防伪码隐印在防伪标贴内，消费者购买商品后，只需刮开标识物的保护层，就会看到唯一的数码，然后拨打印在标贴上的电话 025-4315315，按语音提示输入该组防伪数码，即可通过数码防伪查询系统鉴别商品真伪，该数码防伪系统只有一个中心数据库，全国联网（见证据 5 第 1 页，附件 1）。由此可知，本专利权利要求 1 的产品防伪方法与证据 5 的产品防伪方法相比，其区别仅在于：本专利权利要求 1 的电话号码标在密码前面，而证据 5 所述的电话号码印在防伪标贴上。而无论将电话号码印在密码前面还是印在防伪标贴上均是本领域技术人员易于实现的等效手段，而且该电话号码的位置对于实现本发明所述的产品防伪功能也没有实质性影响。本领域技术人员在证据 5 的基础上得到本专利权利要求 1 的技术方案是显而易见的，因此权利要求 1 相对于证据 5 不具有创造性，不符合专利法第 22 条第 3 款的规定。

请求人认为，本申请权利要求 1 所述的管理密码的机构是全国唯一的，而且查询电话号码是该管理机构的电话号码，而证据 1~6 所公开的防伪方法虽然包括密码和用来查询该密码的电话号码，但其密码和查询该密码的电话号码是各自企业自行设置的，假冒厂家照样可以自行设置假冒的密码和电话号码，消费者无法判断，因此与本发明有质的区别。

对此，合议组认为，在证据 5 所述的数码防伪系统中，该数码防伪系统是独立于各个生产企业之外存在的，因此其印于产品上的防伪数码和电话号码并不是由各个企业自行设置的，而是由独立于各生产企业存在的数码防伪系统设置的，并且该数码防伪系统只有一个全国联网的中心数据库，即为本专利权利要求 1 中的“全国唯一的专门管理该密码的机构”，其电话号码“025-4315315”也是全国唯一的，证据 5 的数码防伪方法同样也解决了假冒厂家自行设置假冒密码和电话号码的问题，因此专利权人的争辩不能成立，本专利权利要求 1 不具有创造性。

基于以上事实和理由，本案合议组作出如下审查决定。

三、决定

宣告 02111039.5 号发明专利全部无效。

当事人对本决定不服的，可以根据专利法第 46 条第 2 款的规定，自收到本决定之日起三个月内向北京市第一中级人民法院起诉。根据该款的规定，一方当事人起诉后，另一方当事人应当作为第三人参加诉讼。

北京市第一中级人民法院
行政裁定书

（2009）一中行初字第 976 号

原告魏中振，男，1956 年 11 月 16 日出生，铁道部南昌局南昌客运段列车员，现住江西省鹰潭市铁路双水坑单人宿舍。

被告国家知识产权局专利复审委员会，住所地北京市海淀区北四环西路 9 号银谷大厦 10~12 层。

法定代表人廖涛，副主任。

委托代理人李新芝，国家知识产权局专利复审委员会审查员。

委托代理人郭鹏鹏，国家知识产权局专利复审委员会审查员。

第三人中国中轻产品质量保障中心，住所地北京市东城区东长安街 6 号。

法定代表人唐欣，主任。

委托代理人刘二兵，男，1952 年 9 月 30 日出生，中国中轻产品质量保障中心办公室主任，住北京市海淀区复兴路83号西22楼2号。

原告魏中振不服被告国家知识产权局专利复审委员会（以下简称专利复审委员会）于2007年12月10日作出的第11039号无效宣告请求审查决定（以下简称第11039号决定），于法定期限内向本院提起诉讼。本院于2009年3月31日受理本案后，依法组成合议庭，并按照法律有关规定通知中国中轻产品质量保障中心（以下简称中轻中心）作为第三人参加诉讼，于2009年6月3日公开开庭进行了审理。原告魏中振，被告专利复审委员会的委托代理人李新芝、郭鹏鹏，第三人中轻中心的委托代理人刘二兵到庭参加了诉讼。本案现已审理终结。

原告魏中振诉称：被告专利复审委员会宣告本专利无效，缺乏充分的事实依据，与《中华人民共和国专利法》（以下简称《专利法》）第二十二条第二、三款相违背，请求人民法院依法撤销第11039号决定。

被告专利复审委员会辩称：第11039号决定的发文日期为2008年2月19日，原告魏中振的起诉日期为2008年11月26日，原告魏中振的起诉日期已经远远超过法定的三个月起诉期限，要求驳回原告魏中振的起诉。

第三人中轻中心同意被告专利复审委员会的答辩意见。

本院经审理查明：

2007年7月5日，第三人中轻中心针对原告魏中振拥有的名称为“产品防伪方法”的第02111039.5号发明专利（以下简称本专利）向被告专利复审委员会提出无效宣告请求。2007年12月10日，被告专利复审委员会作出第11039号决定，宣告本专利全部无效。第11039号决定还载明：“当事人对本决定不服的，可以根据专利法第四十六条第二款的规定，自收到本决定之日起三个月内向北京市第一中级人民法院起诉。”

2008年2月22日，被告专利复审委员会以邮寄方式向原告魏中振申请本专利所聘请的代理人段惠存发送第11039号决定。

2008年3月31日，原告魏中振以邮寄方式向本院递交《发名专利“产品防伪方法”提请重新复议报告》（以下简称《报告》）。该报告内容表明：原告魏中振认为被告专利复审委员会宣告本专利无效，缺乏充分的事实依据，与《专利法》第二十二条第二、三款相违背，提请国知局专利局法律事务处重新审定复议。

2008年8月22日，本院以《报告》不符合立案要求，向原告魏中振发送《退件通知》，并将《报告》退回原告魏中振。

2008年11月26日，原告魏中振向本院递交起诉状。

上述事实，有第11039号决定、交寄大宗挂号邮件清单收据、《报告》、《退件通知》、起诉状及当事人庭审陈述在案佐证。

本院认为：

《中华人民共和国行政诉讼法》第四十一条规定，提起诉讼应当符合下列条件：（一）原告是认为具体行政行为侵犯其合法权益的公民、法人或者其他组织；（二）有明确的被告；（三）有具体的诉讼请求和事实根据；（四）属于人民法院受案范围和受诉人民法院管辖。本案中，被告专利复审委员会于2008年2月22日向原告魏中振邮寄送达第11039号决定。虽然原告魏中振于2008年3月31日向本院以邮寄方式递交的《报告》，但是报告并非原告魏中振的起诉书，而是向国知局专利局法律事务处提出的复议申请，人民法院不是行政复议机关，且该报告不具备起诉书应当具备的基本内容，即不具备明确的被告和明确的诉讼请求，因此，原告魏中振向本院递交《报告》不能视为原告魏中振就第11039号决定对被告专利复审委员会提起诉讼的行为。

专利法第四十六条第二款规定，对专利复审委员会宣告专利权无效或者维持专利权的决定不服的，可以自收到通知之日起3个月内向人民法院起诉。第11039号决定已经明确告知原告魏中振应于收到第11039号决定之日起三个月内向本院起诉，原告魏中振于2008年3月31日向本院递交的《报告》表明其已收到第11039号决定，但其于2008年11月26日才向本院提交起诉书，就第11039号决定对被告专利复审委员会提起诉讼，显然已经超过法定期限，本院不应予以受理。由于本院业已受理本案，根据《最高人民法院关于执行〈中华人民共和国行政诉讼法〉若干问题的解释》第四十四条第一款第（六）项的规定，原告魏中振的起诉应予驳回。

根据《中华人民共和国行政诉讼法》第四十一条、《最高人民法院关于执行〈中华人民共和国行政诉讼法〉若干问题的解释》第四十四条第一款第（六）项之规定，本院裁定如下：

驳回原告魏中振对被告国家知识产权局专利复审委员会的起诉。

如不服本裁定，各方当事人可于本裁定送达之日起10日内，向本院提交上诉状及副本，上诉于北京市高级人民法院。

审 判 长　彭文毅
代理审判员　江建中
人民陪审员　郝志国
二〇〇九年六月十四日
书 记 员　瞿文伟

北京市高级人民法院
行政裁定书

（2009）高行终字第1146号

上诉人（原审原告）魏中振，男，汉族，1956年11月16日出生，铁道部南昌局南昌客运段列车员，现住江西省鹰潭市铁路双水坑单人宿舍。

被上诉人（原审被告）国家知识产权局专利复审委员会，住所地北京市海淀区北四环西路9号银谷大厦10~12层。

法定代表人张茂于，副主任。

委托代理人李新芝，该委员会审查员。

委托代理人郭鹏鹏，该委员会审查员。

原审第三人中国中轻产品质量保障中心，住所地北京市东城区东长安街6号。

法定代表人李国都，主任。

委托代理人刘二兵，男，汉族，1952年9月30日出生，该中心办公室主任，住北京市海淀区复兴路83号西22楼2号。

上诉人魏中振因发明专利权无效行政纠纷一案，不服北京市第一中级人民法院（2009）一中行初字第976号行政裁定，向本院提起上诉。本院2009年3月31日受理后，依法组成合议庭审理了本案。

经审理查明，2007年7月5日，中国中轻产品质量保障中心（以下简称中轻中心）于2007年7月5日，向国家知识产权局专利复审委员会（以下简称专利复审委员会）提出宣告专利权人为魏中振、名称为“产品防伪方法”、专利号为02111039.5的发明专利（以下简称本专利）无效的请求。

专利复审委员会经审查，于 2007 年 12 月 10 日作出第 11039 号无效宣告请求审查决定（以下简称第 11039 号无效决定），宣告本专利权全部无效。第 11039 号无效决定中载明："当事人对本决定不服的，可以根据《专利法》第四十六条第二款的规定，自收到本决定之日起三个月内向北京市第一中级人民法院起诉。"

2008 年 2 月 22 日，专利复审委员会以邮寄方式向魏中振在申请本专利时所聘请的代理人段惠存发送第 11039 号无效决定。

魏中振于 2008 年 3 月 31 日以邮寄方式向一审法院递交《发名专利"产品防伪方法"提请重新复议报告》（以下简称《报告》）。该报告台头是"国知局专利局法律事务处"，内容为：魏中振认为专利复审委员会宣告本专利权无效，缺乏充分的事实依据，与《专利法》第二十二条第二、三款相违背，提请国知局专利局法律事务处重新审定复议。

2 008 年 8 月 22 日，一审法院以《报告》不符合立案要求，向魏中振发送《退件通知》，并将《报告》退回魏中振。

2008 年 11 月 26 日，魏中振向一审法院递交起诉状。

以上事实，有第 11039 号无效决定、专利复审委员会交寄大宗挂号邮件清单收据、《报告》、《退件通知》、起诉状及当事人陈述等证据在案佐证。

本院认为，《行政诉讼法》第四十一条规定，提起诉讼应当符合下列条件：（一）原告是认为具体行政行为侵犯其合法权益的公民、法人或者其他组织；（二）有明确的被告；（三）有具体的诉讼请求和事实根据；（四）属于人民法院受案范围和受诉人民法院管辖。

专利复审委员会于 2008 年 2 月 22 日向魏中振邮寄送达的第 11039 号无效决定中已经明确告知魏中振，对该无效决定不服的，可以根据《专利法》第四十六条第二款的规定，自收到该无效决定之日起 3 个月内向一审法院起诉。然而，魏中振于 2008 年 3 月 31 日向一审法院以邮寄方式递交的《报告》是向国家知识产权局专利局法律事务处提出的复议申请，不是向一审法院提起诉讼的起诉书。人民法院不是行政复议机关，且《报告》不具备起诉书应当具备的基本内容，即不具备明确的被告和明确的诉讼请求，因此，魏中振向一审法院递交的《报告》的行为，不能视为魏中振就第 11039 号无效决定对专利复审委员会提起诉讼的行为。

《专利法》第四十六条第二款规定，对专利复审委员会宣告专利权无效或者维持专利权的决定不服的，可以自收到通知之日起 3 个月内向人民法院起诉。《最高人民法院关于执行〈中华人民共和国行政诉讼法〉若干问题的解释》第四十四条第一款第（六）项规定，起诉超过法定期限且无正当理由的，应当裁定不予受理，已经受理的，裁定驳回起诉。

第 11039 号无效决定也明确告知魏中振应于收到该无效决定之日起 3 个月内向一审法院提起诉讼，魏中振于 2008 年 3 月 31 日向一审法院递交《报告》，证明其已收到第 11039 号无效决定。由于魏中振向一审法院递交《报告》的行为，不能认定是向一审法院提起诉讼的行为，因此，在专利法有明确规定，专利复审委员会在第 11039 号无效决定中也明确告知魏中振在何期限内，向何人民法院提起诉讼的情况下，魏中振于 2008 年 11 月 26 日向一审法院提交起诉书，就第 11039 号决定对专利复审委员会提起诉讼，已经超过法定期限，一审法院不应予以受理。由于一审法院已经受理，因此，一审法院驳回魏中振的起诉并无不当。

魏中振的上诉理由不能成立，其上诉请求本院不予支持。

依据《中华人民共和国行政诉讼法》第六十一条第（一）项、《最高人民法院关于执行〈中华人民共和国行政诉讼法〉若干问题的解释》第六十三条的规定，裁定如下：

驳回上诉，维持原裁定。

本裁定为终审裁定。

审 判 长 刘 辉
代理审判员 岑宏宇
代理审判员 焦 彦
二〇〇九年十月二十日
书 记 员 耿巍巍

034

无吊带自粘性胸罩

无效宣告请求审查决定（第11040号）

决　　定　　号　第11040号
决　　定　　日　2008年1月17日
发明创造名称　无吊带自粘性胸罩
国 际 分 类 号　A41C 3/00，A41C 3/06
无效宣告请求人　张果庄
专　利　权　人　余杰鑫
专　　利　　号　200420088818.5
申　　请　　日　2004年8月23日
授 权 公 告 日　2005年10月12日
合 议 组 组 长　孙跃飞
主　　审　　员　危　峰
参　　审　　员　汪送来

法　律　依　据　专利法第22条第3款
决　定　要　点

如果权利要求所要求保护的技术方案与对比文件公开的技术方案相比，两者的区别仅为本领域常规技术手段的选择，且依据说明书的内容无法看出这种选择带来了预料不到的效果，则该权利要求相对于对比文件不具备创造性。

一、案由

本无效宣告请求案涉及国家知识产权局于2005年10月12日公告授予的第200420088818.5号、名称为“无吊带自粘性胸罩”的实用新型专利权（以下简称本专利），其申请日为2004年8月23日，专利权人为余杰鑫。本专利授权公告的权利要求如下：

“1. 一种无吊带自粘性胸罩，由罩杯（1）、罩环（2）两部分组成，其特征还在于，罩杯（1）部分由硅胶层（3）和布料层（4）复合组成。

2. 根据权利要求（1）所述的一种无吊带自粘性胸罩，其特征还在于：硅胶层（3）为粘性硅胶层，布料层（4）为防水布料层。”

针对上述专利权，张果庄（下称请求人）于2007年5月10日向专利复审委员会提出无效宣告请求，认为本专利不符合专利法第22条第1、2、3款的规定，并提交了下述证据：

证据1：第200420046782.4号中国实用新型专利说明书，复印件共6页，申请日为2004年6月4

日，授权公告日为2005年6月8日，专利权人为孔志雄；

证据2：第03257524.6号中国实用新型专利说明书，复印件共8页，授权公告日为2004年4月7日；

证据3：第02141924.8号中国发明专利说明书，复印件共22页，申请日为2002年8月27日，授权公告日为2005年8月24日，专利权人为布莱吉尔国际公司；

证据4：第02285717.6号中国实用新型专利说明书，复印件共24页，授权公告日为2004年1月21日。

请求人认为：(1) 证据1公开了一种无扣带胸罩，图2表示有两个罩杯，其权利要求2揭示了该无扣带胸罩是由PU罩杯、布层和压敏胶层组成的，权利要求5又揭示了该胸罩的罩杯是由有机硅凝胶和弹性PU膜组成，有机硅凝胶以弹性PU膜包裹，在罩杯内覆上一层压敏胶层，由此，本专利权利要求1和2均被公开且目的效果均相同，权利要求1和2不具备新颖性。(2) 证据2公开了一种自黏及穿戴两用式胸罩，图1表示有两个罩杯，说明书（参见摘要第4~5行和技术领域第3~5行）披露了利用硅胶天然黏性紧紧贴附于胸口乳房，而具有布料层及布料层为防水层是公知常识，且材料的选择也没有任何结构特征，再加上证据3或4均公开了织物层，由此，证据2单独或者与证据3或4结合均导致本专利权利要求1和2不具备创造性。(3) 证据3公开了一种黏贴式乳形提升系统及操作方法，其权利要求1揭示了一对乳形体，各乳形体包括一定量的硅胶，其被封装于热塑性薄膜材料间，且热塑性薄膜材料上结合一对压力敏感的黏着层，使该乳形体可直接贴附于乳房上，说明书第6页第17~20行公开了织物（层），第8页第1~5行描述了织物层40，并在图3上有所表示，由此，证据3单独或者与证据2、4之一结合同样导致本专利权利要求1和2不具备创造性。(4) 证据4公开了一种无背无带式乳罩，其权利要求1或16揭示了一对乳罩罩杯（图1），乳罩罩杯内表面具有一压敏胶黏剂层，使该罩杯可直接贴附于乳房上，权利要求19即包括织物材料，说明书第7页第6~12行公开了织物层36，再参考图3a、b，由此，证据4单独或者与证据2、3结合导致本专利权利要求1和2不具备创造性。

经形式审查合格后，专利复审委员会受理了上述请求，于2007年6月11日向双方当事人发出《无效宣告请求受理通知书》，并将《专利权无效宣告请求书》及其他有关文件的副本转送给专利权人余杰鑫，要求其在指定的期限内答复，同时成立合议组对本无效请求案进行审理。

2007年7月17日，专利复审委员会于2007年6月11日向专利权人邮寄的上述函件被退回。专利复审委员会于2007年9月5日将《无效宣告请求受理通知书》公告送达专利权人。

2007年9月28日，本案合议组向双方当事人发出《无效宣告请求口头审理通知书》，并于2007年11月7日将该通知书公告送达专利权人，拟定于2008年1月15日对该专利权的无效宣告请求案进行口头审理。

2008年1月15日，口头审理如期进行，请求人的代理人出席了口头审理，而专利权人没有出席，合议组在专利权人缺席的情况下就本无效宣告请求案进行了庭审调查。庭审过程中，合议组就本案的无效理由及证据逐一进行了调查，请求人充分陈述了意见；在此基础上，经调查明确了以下事项：

请求人明确其全部无效理由为：权利要求1和2相对于证据4或者证据4与证据2的结合不符合专利法第22条第3款的规定；放弃其他无效理由、证据以及证据使用方式。

至此，合议组认为本案的事实清楚，可以作出审查决定。

二、决定的理由

1. 关于审查文本

本决定是在国家知识产权局于2005年10月12日授权公告文本的基础上作出的。

2. 关于证据

请求人提交了证据1~4，其中证据1和3被请求人在口头审理中放弃，故请求人使用的证据只有证据2和证据4。证据2和证据4均为中国实用新型专利公报，属于公开出版物，合议组依职权予以核实后对其真实性、关联性、合法性予以确认。证据2和证据4的公开日均在本专利的申请日之前，因此证据2和证据4均可用于评价本专利的创造性。

3. 关于专利法第22条第3款

专利法第22条第3款规定：创造性，是指同申请日以前已有的技术相比，该发明有突出的实质性特点和显著的进步，该实用新型有实质性特点和进步。

如果权利要求所要求保护的技术方案与对比文件公开的内容相比，两者的区别仅为本领域常规技术手段的选择，且由说明书的描述推断不出这种选择带来了预料不到的效果，则该权利要求相对于对比文件不具备创造性。

本专利权利要求1保护一种无吊带自粘性胸罩，由罩杯（1）、罩环（2）两部分组成，其特征还在于，罩杯（1）部分由硅胶层（3）和布料层（4）复合组成。

证据4（参见说明书第5页倒数第2段至第7页第2段，附图3a）公开了一种无背无带式乳罩，其包括一对乳罩罩杯，其内表面30具有一置于其上的压敏胶黏剂层33，其中乳罩罩杯具有一片热塑性材料34，及后者结合于织物层36。该热塑性材料可为任何类型塑胶或聚合物。

将本专利权利要求1的技术方案与证据4所公开的技术方案相比较可知，二者的区别在于：（1）证据4中并未明确公开权利要求1中的“罩环”，且（2）证据4中并未明确公开罩杯中的热塑性材料34为何种热塑性材料。

合议组认为：（1）对于本领域技术人员来说，在胸罩中使用“罩环”属于本领域的常规技术手段；（2）硅胶为热塑性材料的下位概念，本领域技术人员在制备胸罩时会十分容易地想到在热塑性材料中选择具有良好生物相容性的硅胶等热塑性材料。由此，权利要求1保护的技术方案与证据4的区别技术特征为本领域常规技术手段或选择。此外，从本专利说明书记载的内容来看，没有证据表明上述区别技术特征给本专利的胸罩带来了任何预料不到的效果。因此，权利要求1保护的技术方案不具备实质性特点和进步，不符合专利法第22条第3款关于创造性的规定。

权利要求2进一步限定权利要求1中的硅胶层（3）为粘性硅胶层，布料层（4）为防水布料层。证据4公开了在罩杯内表面上具有压敏胶黏剂层，该压敏胶黏剂层与热塑性材料一起实现了与本专利的粘性硅胶相同的、使胸罩可粘贴于人体上的功能，因此权利要求2所限定的粘性硅胶层是证据4中内表面具有压敏胶黏剂层的热塑性材料的等效替代；另一方面，防水布料为织物的下位概念，本领域技术人员在制备胸罩时可以根据是否需要防水而选择防水或非防水的布料；此外，从本专利说明书记载的内容来看，没有证据表明上述区别技术特征给本专利的胸罩带来任何预料不到的效果。因此，权利要求2保护的技术方案也不具备实质性特点和进步，不符合专利法第22条第3款关于创造性的规定。

鉴于本专利所有权利要求相对于证据4都不具备创造性，本决定对于其他的无效宣告理由和证据不再进行评述。

基于以上事实和理由，本案合议组作出如下审查决定。

三、决定

宣告200420088818.5号实用新型专利权无效。

当事人对本决定不服的，可以根据专利法第46条第2款的规定，自收到本决定之日起三个月内向北京市第一中级人民法院起诉。根据该款的规定，一方当事人起诉后，另一方当事人应当作为第三人参加诉讼。

035

一种滑轮鞋

无效宣告请求审查决定（第 11056 号）

决　　定　　号　第 11056 号
决　　定　　日　2007 年 9 月 24 日
发明创造名称　一种滑轮鞋
国 际 分 类 号　A63C17/04，A63C17/20
无效宣告请求人　朱威谚
专　利　权　人　田明周，林进来
专　　利　　号　03246880.6
申　　请　　日　2003 年 6 月 4 日
授 权 公 告 日　2004 年 6 月 16 日
合 议 组 组 长　于　萍
主　　审　　员　刘　翚
参　　审　　员　董晓静

法　律　依　据　专利法第 22 条第 2 款、第 3 款
决　定　要　点

评价一项专利之权利要求创造性时，将被评述的权利要求与最接近的现有技术进行比较，确定区别技术特征以及根据该区别技术特征所能达到的技术效果确定该权利要求实际解决的技术问题，最后判断现有技术中是否给出了将上述区别技术特征应用到该最接近现有技术以解决其实际要解决的技术问题的启示，若给出了启示则该权利要求相对于现有技术是显而易见的，无实质性特点；反之则是非显而易见的，具有实质性特点。

一、案由

本无效宣告请求涉及中华人民共和国国家知识产权局于 2004 年 6 月 16 日授权公告的，名称为“一种滑轮鞋”的实用新型专利权（下称本专利），其专利号为 03246880.6，申请日为 2003 年 6 月 4 日，专利权人为田明周、林进来（下称专利权人）。其授权公告的权利要求书为：

“1. 一种滑轮鞋，包括：鞋底（1）和安装在鞋底（1）内的滑轮机构（2），其中鞋底（1）上开设有用于安装滑轮机构（2）的容腔（11），其特征在于：滑轮机构（2）主要包括基座（21）、铰接在基座（21）内的滑轮（22）以及下端与基座（21）销孔连接的连接件（23），其中连接件（23）的上端位于容腔（11）内开设的一滑槽（111）内，且连接件（23）的上端凸设有用于限位的延伸块（231）；压簧（24）连接于连接件（23）与鞋底（1）顶面之间；基座（21）的侧壁开设有若干的定

位孔（211），通过通孔（12）安装在鞋底（1）侧面的定位按键（3）内设有与定位孔（211）对应的定位钉（31）。

2. 根据权利要求 1 所述的一种滑轮鞋，其特征在于：容腔（11）位于鞋底（1）的鞋跟部位。

3. 根据权利要求 1 所述的一种滑轮鞋，其特征在于：定位按键（3）包括定位钉（31）、连杆（32）、键帽（33）以及弹簧（34），其中键帽（33）位于鞋底（1）的通孔（12）内，连杆（32）中部铰接于鞋底（1）上，键帽（33）与弹簧（34）位于连杆（32）的一侧，且弹簧（34）抵压在连杆（32）上，活动连接于连杆（32）一端的定位钉（31）位于连杆（32）的另一侧。

4. 根据权利要求 1 所述的一种滑轮鞋，其特征在于：滑轮（22）包括两个单个滑轮（221）、（222），即滑轮（211）、（222）套设在同转轴上。”

针对上述专利权，朱威谚（下称请求人）于 2004 年 8 月 23 日向专利复审委员会提出无效宣告请求，其理由是本专利不符合第 22 条第 2、3 款的规定，并提交了以下附件作为证据：

附件 1：专利号为 01264387.4 的中国实用新型专利说明书，授权公告日为：2002 年 10 月 30 日。

请求人在无效宣告请求书中指出，附件 1 的说明书和权利要求 3 及其从属权利要求已公开了本专利全部权利要求的技术内容，因此本专利的全部权利要求既不具有新颖性，也不具有创造性，不符合专利法第 22 条第 2、3 款的规定。

经形式审查合格，专利复审委员会于 2004 年 10 月 10 日受理了上述无效宣告请求，同日将宣告专利权无效请求书及其附件副本转送给了专利权人，要求其在指定的期限内答复。

针对上述无效宣告请求，专利权人于 2004 年 11 月 6 日寄交了意见陈述书。专利权人认为本专利不属于现有技术，具有新颖性；而且与接近的技术相比，本专利的特点在于①如图 8 所示其内部小翘翘板原理形成的固定按钮装置，不易损坏，②如图 2 所示铝支撑架内置双轮，增加稳定同时速度加快，③如图 2 所示轮子为双轮 PU 灌注轮和图 6 所示大底采用 PU 原料制成，使鞋体减轻重量而且耐磨防震，④图 5 所示此装置用于跟大底一体成型，更加牢固，因而本专利符合创造性的审查要求。

2005 年 8 月 11 日，合议组主持了双方均出席了的口头审理。在口头审理中，请求人明确其无效宣告请求的理由、范围和证据为：权利要求 1~4 相对于附件 1 不具备专利法第 22 条第 2、3 款规定的新颖性和创造性。

专利复审委员会于 2005 年 8 月 29 日做出第 7474 号无效宣告请求审查决定，其中认为本专利权利要求 1~4 符合专利法第 22 条第 2 款有关新颖性的规定；本专利权利要求 1~3 相对于附件 1 不具有实质性特点和进步，不符合专利法第 22 条第 3 款有关创造性的规定；同时认为根据附件 1 尚不足以认定本专利权利要求 4 不具有创造性。综上所述，宣告本专利权利要求 1~3 无效，维持权利要求 4 有效。

请求人不服上述决定，向北京市第一中级人民法院提起诉讼，北京市第一中级人民法院于 2006 年 9 月 25 日作出（2006）一中行初字第 67 号行政判决书，其中认为第 7474 号决定中对权利要求 4 具有创造性的认定属于认定事实不清，具体为：上述决定对权利要求 4 创造性审查中所认定的“本专利较对比文件滑行摩擦阻力小、滑行速度快”这一事实认定与本领域公知常识不符，因此撤销了第 7474 号无效宣告请求审查决定。

在上述法院判决生效之后，专利复审委员会依法重新成立合议组。本案合议组于 2007 年 4 月 6 日向双方当事人发出口头审理通知书，定于 2007 年 6 月 13 日举行口头审理。口头审理如期举行，仅请求人单方出席了口头审理。在口头审理中，请求人表示服从已生效的（2006）一中行初字第 67 号行政判决，同时还强调将一个轮改成两个轮是普通技术人员可以想到的，即权利要求 4 的附加技术特征是所属领域的技术人员很容易想到的，因而该权利要求 4 相对于附件 1 不具备创造性，不符合专利法第 22 条第 3 款的规定。

至此，本案合议组认为本案事实清楚，现依法作出审查决定。

二、决定的理由

1. 关于证据

请求人所提交的附件 1 是一篇授权公告日在本专利申请日之前的中国实用新型专利说明书，经合议组审查，该附件可以作为评价本专利的现有技术。

2. 关于新颖性

专利法第 22 条第 2 款规定的新颖性，是指在申请日以前没有同样的发明或者实用新型在国内外出版物上公开发表过、在国内公开使用过或者以其他方式为公众所知，也没有同样的发明或者实用新型由他人向专利局提出过申请并且记载在申请日以后公布的专利申请文件中。

附件 1 公开了一种可用于步行和滑行的多用途鞋，与本专利请求保护的技术方案属于同一技术领域。其中说明书和权利要求 3 及其从属权利要求具体公开了以下技术特征（参见其说明书第 2 页至第 4 页及附图 9~18）：该多用途鞋包括鞋具的鞋底和安装在鞋底内的滑行装置，其中鞋底上开设有容置室，在容置室内固设定位体，所述定位体为一个开口朝下的中空罩状体，用于安装滑行装置，所述的滑行装置由滑轮基座和安装在滑轮基座上的滑轮构成，滑轮基座的两侧利用螺丝与装设杆的槽孔相连，所述装设杆的上端位于容置室的定位体中两侧边开设的纵向滑槽内，装设杆可在纵向滑槽内上下滑动，且装设杆的上端凸设有用于限位的勾扣件，在容置室的定位体顶缘内壁上设有弹簧；滑轮基座的侧面对应于定位体穿孔设有定位孔，所述多用途鞋还包括一设于容置室的定位体侧面的卡制装置，该装置包括壳体和固设在壳体内的按钮、拨杆和卡销，按钮位于鞋底侧面的通孔内，通过按钮可控制卡销轴向凸伸和退出定位体穿孔和滑轮基座定位孔。

将附件 1 公开的上述内容与本专利权利要求 1 进行对比，附件 1 中的“鞋具的鞋底、滑行装置、容置室及定位体、滑轮基座、滑轮、装设杆、纵向滑槽、勾扣件、滑轮基座侧面的定位孔、卡制装置的按钮、鞋底侧面的通孔以及设在卡制装置内的卡销”分别与本专利中的“鞋底（1）、滑轮机构（2）、容腔（11）及壳体（13）、基座（21）、滑轮（22）、连接件（23）、滑槽（111）、延伸块（231）、定位孔（211）、定位按键（3）、通孔（12）以及设在定位按键机构内的定位钉（31）”相对应，且附件 1 前述的各部件在多用途鞋中所起的作用和效果与本专利中对应的部件所起的作用完全相同，仅是名称不同。由此可见，附件 1 已经公开了本专利权利要求 1 的大部分技术特征。权利要求 1 所要求保护的技术方案与附件 1 所公开的技术方案相比，其区别在于：压簧（24）连接于连接件（23）与鞋底（1）顶面之间。附件 1 中公开的是“在容置室的定位体顶缘内壁上设有弹簧”，而没有公开与连接件（23）相对应的装设杆与鞋底顶面之间设有弹簧。由此可见，权利要求 1 与附件 1 相比存在区别技术特征，不属于相同的实用新型，因此合议组认为相对于附件 1 公开的技术方案，本专利独立权利要求 1 具备新颖性，符合专利法第 22 条第 2 款的规定。由于独立权利要求 1 具备新颖性，因此引用它的从属权利要求 2~4 也具备新颖性。

3. 关于创造性

专利法第 22 条第 3 款规定的创造性，是指同申请日以前已有的技术相比，该发明有突出的实质性特点和显著的进步，该实用新型有实质性特点和进步。

本专利权利要求 1 所保护的技术方案与附件 1 所公开技术方案的区别在于，权利要求 1 中的压簧（24）是设置在连接件（23）与鞋底（1）顶面之间的，而附件 1 中的弹簧是设置在容置室的定位体顶缘内壁上。由本专利说明书可知，设置压簧（24）的作用是使得连接件（23）以及与其连接的滑轮机构（2）在压簧的弹力作用下具有向下运动的趋势，这样滑轮机构将在压簧的弹力作用下弹出容腔；在附件1中为了使滑行装置顺利从容置室的定位体中顶出并翻转呈滑行状态，也设置了弹簧（24）来借助它的弹力，由于附件1中的弹簧与权利要求1中的压簧设置的目的、所起到的作用和所使用的工作原理完全相同，而且将压簧隐设在可滑动的连接件上也是本领域常用的方式之一，并没有因此带来新的有益技术效果，因此本领域普通技术人员在设置弹簧时由附件1中设在定位体顶缘内壁上、悬在滑轮机构的上部正中间位置，会很容易想到将其移至与滑轮机构侧面相连的滑动连接件中，所以权利要求1相对于附件1不具有实质性特点和进步，不符合专利法第22条第3款有关创造性的规定。

从属权利要求2是对权利要求1的进一步限定，其附加技术特征为“容腔（11）位于鞋底（1）的鞋跟部位”。这一特征已被附件1所公开，故当其引用的权利要求1不具备创造性时，从属权利要求2也不具备创造性。

从属权利要求3也是对权利要求1的进一步限定，其附加技术特征是关于定位按键的结构。附件1与之相应的部件为卡制装置，该卡制装置包括壳体和固设在壳体中的按钮、拨杆、卡销，壳体与卡销间设有一顶擎弹簧，其中按钮位于鞋底侧边的通孔内，由附件1的图13可看出拨杆的中部是铰接固定在鞋底上，拨杆与卡销相连，顶擎弹簧抵压着卡销，并和按钮设在卡销及拨杆的同一侧，卡销的另一侧设成与定位体的穿孔、滑行装置的定位孔配合的形状，如图13所示当按下按钮时，按钮顶推拨杆，进而控制卡销向右作轴向运动而挤压顶擎弹簧，使得卡销的左端从滑行装置的定位孔和定位体的穿孔中拔出而呈解锁状态。将附件1公开的上述内容与从属权利要求3进行比较，附件1中“卡制装置”包括的“按钮和顶擎弹簧”分别对应于权利要求3中“定位按键”包括的“键帽和弹簧”，而“卡制装置”中“卡销和拨杆”的组成对应于“定位按键”中“定位钉和连杆”的组成，虽然卡销和拨杆的形状与权利要求3中所述的定位钉和连杆略有不同，但它们的作用原理和技术效果完全相同，都是利用杠杆原理以及弹簧的弹力。因此，本领域普通技术人员在设计滑轮鞋时根据附件1公开的内容以及考虑到鞋底内的空间布置，会依据实际情况对“卡销和拨杆”的形状作适当调整，从而很容易地得到从属权利要求3记载的技术方案。故从属权利要求3也不具有实质性特点和进步，不具备创造性。

从属权利要求4是对权利要求1的进一步限定，其附加技术特征为滑轮（22）包括了两个套设在同转轴上的单个滑轮，而附件1中公开了在滑行装置内设置一个单滑轮用于滑行。对于本领域技术人员而言，在滑行装置内设置两个套设在同转轴上的滑轮或在滑行装置内设置单滑轮均是本领域的常规技术手段，是本领域技术人员容易想到的；同时，该附加技术特征也未给技术方案带来了意想不到的技术效果，因此在该权利要求所引用的权利要求1相对于附件1不具备创造性的基础上，该权利要求相对于附件1也不符合专利法第22条第3款有关创造性的规定。

三、决定

宣告03246880.6号实用新型专利权利要求1~4全部无效。

当事人对本决定不服的，可以根据专利法第46条第2款的规定，自收到本决定之日起三个月内向北京市第一中级人民法院起诉。根据该款的规定，一方当事人起诉后，另一方当事人应当作为第三人参加诉讼。

036

固定式连续搅拌器

无效宣告请求审查决定（第11057号）

决　定　号 第11057号
决　定　日 2008年2月14日
发明创造名称 固定式连续搅拌器
国 际 分 类 号 B28C 5/10，B28C 7/14
无效宣告请求人 摩泰克机械设备有限公司
专　利　权　人 南京天印科技有限公司
专　利　号 200520070014.7
申　请　日 2005年3月23日
授 权 公 告 日 2006年3月22日
合 议 组 组 长 欧　岚
主　审　员 刘敏飞
参　审　员 王　博

法　律　依　据 专利法第22条第3款
决　定　要　点

在权利要求创造性的判断中，如果权利要求所述技术方案与现有技术公开的技术方案之间存在区别技术特征，而现有技术没有给出结合该区别技术特征得出所述技术方案的技术启示，本领域技术人员需要付出创造性的劳动才能得出该权利要求所述的技术方案，且该技术方案具有有益效果，则该权利要求具备创造性。

一、案由

本无效宣告请求涉及中华人民共和国国家知识产权局于2006年3月22日授权公告的、名称为"固定式连续搅拌器"的实用新型专利权（下称本专利），其申请号是200520070014.7，申请日是2005年3月23日，原专利权人是南京天印专用汽车有限公司，后变更为南京天印科技有限公司（下称专利权人）。本专利授权公告的权利要求书如下：

"1. 一种固定式连续搅拌器，包括进料斗总成（7），进料斗总成（7）上设有与储料罐的出口相通的进料口，其特征是进料斗总成（7）的一端活动连接有动力装置（1），其另一端活动连接有搅拌器总成（10），搅拌器总成（10）上设有出料口（17），在搅拌器总成（10）靠近进料斗总成（7）的一端上设有与其内腔相通的进水口（18）；进料斗总成（7）中安装有带有螺旋式叶片（801）的推进轴（8），推进轴（8）的一端通过连轴器（6）与动力装置（1）的输出轴活动连接，其另一端设有插孔，位于搅拌器总成（10）中的带有搅拌叶片（101）的搅拌轴（102）的一端插入该插孔中，搅拌轴（102）的另一端间隙支承在固定在搅拌器总成（10）上的出料口（17）附近的轴承（12）中，搅拌轴（102）、推进轴（8）、动力装置（1）的输出轴三轴活动套接后作为固定式连续搅拌器的主轴呈同轴线布置，其一端由动力装置（1）支承，另一端由轴承（12）间隙支承。

2. 根据权利要求1所述的固定式连续搅拌器，其特征是所述的动力装置（1）或为低速电机或为带动减速器的电机，它通过法兰总成（2）、（3）与进料斗总成（7）相连，法兰总成（2）的一边与法兰总成（3）的一边通过铰链（14）铰接，另一连通过锁扣组件（15）压紧在法兰总成（3）上；法兰总成（2）与动力装置（1）固定相连，法兰总成（3）与进料斗总成（7）固定相连，在法兰总成（3）的内侧连接有防尘用的挡板（5），在挡板（5）与法兰（3）之间安装有密封用橡胶垫（4）；连轴器（6）的一端穿过法兰总成（2）、（3）与作为动力装置（1）输出的输出轴固定相连，其另一端套装在推进轴（8）的一端上。

3. 根据权利要求1或2所述的固定式连续搅拌器，其特征是所述的连轴器（6）与推进轴（8）相连的一端设有与推进轴（8）上的连接销相配的带有圆滑过渡段的槽口（601）。

4. 根据权利要求1所述的固定式连续搅拌器，其特征是所述的进料斗总成（7）由相通的落料腔（701）和推进腔（702）组成，且推进腔（702）的腔径小于落料腔（701）的腔径。

5. 根据权利要求1所述的固定式连续搅拌器，其特征是所述的进料斗总成（7）的一端与搅拌器总成（10）的一端通过相应的铰轴（19）及锁扣组件（15）活动相连。

6. 根据权利要求1所述的固定式连续搅拌器，其特征是所述的搅拌器总成（10）的出料口（17）上活动连接有出料口总成（11），二者通过锁扣组件（20）实现可拆卸式连接，轴承（12）固定安装在出料口总成（11）的内壁上。

7. 根据权利要求1所述的固定式连续搅拌器，其特征是所述的进水口（18）的轴心线与搅拌器总成（10）中心水平面的夹角α等于15~60度。

8. 根据权利要求1所述的固定式连续搅拌器，其特征是所述的搅拌轴（102）插入推进轴（8）的一端由锥体部分（103）、圆柱部分（104）组成，圆柱部分还连接有销轴（105），相应地推进轴（8）上的插孔也由锥孔部分、柱孔部分组成，其端部开有插装销轴（105）的槽口。"

针对上述专利权，摩泰克机械设备有限公司（下称请求人）于2007年3月28日向专利复审委员会提出无效宣告请求，理由是本专利权利要求1~8不符合专利法第22条第2、3款的规定，并提交了如下13份附件证据：

附件1：本专利说明书；

附件2：美国US4449826号专利说明书，其公开日为1984年5月22日（对比文件1）；

附件3：附件2的中文译文复印件，共34页；

附件4：美国US4223996号专利说明书，其公开日为1980年9月23日（对比文件2）；

附件5：附件4的中文译文复印件，共19页；

附件6：美国US4256217号专利说明书，其公开日为1981年3月17日（对比文件3）；

附件7：附件6的中文译文复印件，共19页；

附件8：德国DE7240026号专利说明书，其公开日为1973年2月21日（对比文件4）；

附件9：附件8的中文译文复印件，共7页；

附件10：德国DE3104751C2号专利说明书，其授权公告日为1986年10月30日（对比文件5）；

附件11：附件10的中文译文复印件，共12页；

附件12：德国DE3013280C2号专利说明书，其授权公告日为1983年11月17日（对比文件6）；

附件13：附件13的中文译文复印件，共13页。

请求人认为：本专利权利要求1的技术方案与对比文件1、2实质上相同，技术领域相同，解决相同的技术问题，具有相同的技术效果，权利要求1不具备新颖性和创造性。虽然在对比文件2和3中没有记载防尘用的挡板和挡板与法兰之间的密封橡胶圈，但是使用挡板和密封橡胶圈是本领域人员熟知的技术，而且没有给本专利带来不可预料的技术效果，权利要求2相对于对比文件1和对比文件2和3的结合不具备创造性。权利要求3的附加技术特征都已经在对比文件4中公开，权利要求3相对于对比文件1和对比文件4的结合不具备创造性。权利要求4的附加技术特征在对比文件1中都已经公开，权利要求4相对于对比文件1不具备新颖性和创造性。权利要求5、6的附加技术特征都已经在对比文件2中公开，权利要求5、6相对于对比文件1和对比文件2的结合不具备创造性。权利要求7的技术方案相对于对比文件1结合对比文件5不具备创造性。对比文件6结合对比文件1公开了权利要求8全部技术方案，权利要求8不具备创造性。

经形式审查合格后，专利复审委员会受理了该无效请求，并于2007年4月19日向请求人及专利权人发出无效宣告请求受理通知书，并将请求人提交的专利权无效宣告请求书及其附件清单中所列附件副本转给了专利权人，要求专利权人在规定的期限内陈述意见。

专利权人于2007年6月1日提交了意见陈述书，并提交了权利要求书的修改替换页。专利权人将原权利要求1、2、3、7删除，同时将原权利要求1、2、3、7合并后形成新的权利要求1，但将原权利要求2中的特征“或为带动减速器的电机”改为“或为带减速器的电机”。专利权人修改后的权利要求书如下：

“1. 一种固定式连续搅拌器，包括进料斗总成（7），进料斗总成（7）上设有与储料罐的出口相通的进料口，其特征是进料斗总成（7）的一端活动连接有动力装置（1），其另一端活动连接有搅拌器总成（10），搅拌器总成（10）上设有出料口（17），在搅拌器总成（10）靠近进料斗总成（7）的一端上设有与其内腔相通的进水口（18），该进水口（18）的轴心线与搅拌器总成（10）中心水平面的夹角α等于15~60度；进料斗总成（7）中安装有带有螺旋式叶片（801）的推进轴（8），推进轴（8）的一端通过连轴器（6）与动力装置（1）的输出轴活动连接，该连轴器（6）与推进轴（8）相连的一端设有与推进轴（8）上的连接销相配的带有圆滑过渡段的槽口（601），推进轴（8）的另一端设有插孔，位于搅拌器总成（10）中的带有搅拌叶片（101）的搅拌轴（102）的一端插入该插孔中，搅拌轴（102）的另一端间隙支承在固定在搅拌器总成（10）上的出料口（17）附近的轴承（12）中，搅拌轴（102）、推进轴（8）、动力装置（1）的输出轴三轴活动套接后作为固定式连续搅拌器的主轴呈同轴线布置，其一端由动力装置（1）支承，另一端由轴承（12）间隙支承；所述的动力装置（1）或为低速电机或为带减速器的电机，它通过法兰总成（2）、（3）与进料斗总成（7）相连，法兰总成（2）的一边与法兰总成（3）的一边通过铰链（14）铰接，另一连通过锁扣组件（15）压紧在法兰总成（3）上；法兰总成（2）与动力装置（1）固定相连，法兰总成（3）与进料斗总成（7）固定相连，在法兰总成（3）的内侧连接有防尘用的挡板（5），在挡板（5）与法兰（3）之间安装有密封用橡胶垫（4）；连轴器（6）的一端穿过法兰总成（2）、（3）与作为动力装置（1）输出的输出轴固定相连，其另一端套装在推进轴（8）的一端上。

2. 根据权利要求1所述的固定式连续搅拌器，其特征是所述的进料斗总成（7）由相通的落料腔（701）和推进腔（702）组成，且推进腔（702）的腔径小于落料腔（701）的腔径。

3. 根据权利要求1所述的固定式连续搅拌器，其特征是所述的进料斗总成（7）的一端与搅拌器总成（10）的一端通过相应的铰轴（19）及锁扣组件（15）活动相连。

4. 根据权利要求1所述的固定式连续搅拌器，其特征是所述的搅拌器总成（10）的出料口（17）

上活动连接有出料口总成（11），二者通过锁扣组件（20）实现可拆卸式连接，轴承（12）固定安装在出料口总成（11）的内壁上。

5. 根据权利要求1所述的固定式连续搅拌器，其特征是所述的搅拌轴（102）插入推进轴（8）的一端由锥体部分（103）、圆柱部分（104）组成，圆柱部分还连接有销轴（105），相应地推进轴（8）上的插孔也由锥孔部分、柱孔部分组成，其端部开有插装销轴（105）的槽口。”

同时，针对原权利要求书，专利权人认为：对比文件1的主轴与驱动电机的连接与本专利的连接方式完全不同，它实际上是一个整体式结构，与本专利的三段分段式活动连接的结构相比有着本质上的区别，因此相对于对比文件1本专利具备新颖性和创造性。对比文件2未公开进水口的及其位置，也未公开电机输出轴与搅拌轴的连接结构，而且从图上也无法看出是插接式结构，同时对比文件2也未公开搅拌轴的支承方式，因此相对于对比文件2本专利具备新颖性和创造性。对比文件1未公开权利要求2的防尘挡板及橡胶垫的技术特征，权利要求2具备创造性。从对比文件4中不能直接推导出连接件8的槽–销钉联轴节结构与本专利相同，而且它不具备本专利所特有的圆滑过渡的槽口，而槽口使得本专利拆装时自动对准功能得到大大提高，因此权利要求3具备创造性。对比文件1没有给出进水口的位置，更未给其安装角度作出任何限度，对比文件5是一种带有二种或二种以上原料输入口的搅拌器，可认为进水口紧邻进料口，而且注水口前也没有设置相应的推进腔，因此权利要求7具备创造性。在权利要求1具备创造性的前提下，权利要求4、5、6同样具备创造性。

专利复审委员会依法成立合议组。本案合议组于2007年9月4日向双方当事人发出无效宣告请求口头审理通知书，定于2007年10月30日举行口头审理。同时，合议组于同一日向请求人发出转送文件通知书，将专利权人于2007年6月1日提交的意见陈述书及其所附附件转给请求人。

口头审理如期举行，双方当事人均参加了口头审理。

在口头审理中，（1）双方当事人对对方出席口头审理人员的资格没有异议，对合议组成员没有回避请求。（2）专利权人当庭提交了权利要求书的修改替换页。合议组当庭将该修改后的权利要求书转给专利权人。合议组经审查后当庭告知双方本次口头审理以该修改后的权利要求书为基础进行。（3）请求人明确其无效理由、事实、证据为：权利要求1~5不符合专利法第22条第3款关于创造性的规定。权利要求1相对于对比文件1、2的结合或对比文件1~3的结合不具备创造性。权利要求2的附加技术特征在对比文件1中公开。权利要求3、4的附加技术特征在对比文件2中公开。权利要求5的附加技术特征在对比文件6中公开。请求人当庭补充提出本专利权利要求1不符合专利法第26条第3、4款的规定。请求人明确表示没有其他的无效理由、证据、范围和证据组合形式。请求人当庭放弃对比文件4和5。专利权人对对比文件1~6的真实性、译文的准确性没有异议。（4）关于权利要求1的创造性（对比文件1和2组合）。请求人认为，对比文件1是最接近的对比文件，权利要求1中的进水口角度、带有圆滑过渡段的槽口、低速电机或带动减速器的电机以及在法兰总成（3）的内侧连接有防尘用的挡板（5），在挡板（5）与法兰（3）之间安装有密封用橡胶垫（4）在对比文件1~3、6中都没有被公开。槽口在任何一篇对比文件中均没有被公开但认为是现有技术。低速电机或带减速器的电机没有被目前任何一篇对比文件公开。法兰安装有橡胶垫没有被公开，但密封橡胶圈是本领域人员熟知的技术没有特殊的效果。对比文件1第13栏第56行端壁（14）可以构成挡板，所以挡板被对比文件1公开。出水口的角度在本专利说明书中没有写明特殊的效果。没有间隙支承的特殊的技术效果。密封橡胶垫已经是现有技术没有任何意想不到的技术效果。专利权人认为，本专利权利要求1中至少有进水口的角度，间隙支承，圆滑过渡端槽口，法兰内侧加挡板加橡胶垫没有被所有对比文件1~6公开。（5）关于权利要求1的创造性（对比文件1、2、3的组合）。请求人认为，对比文件1、2公开的内容同上述内容，对比文件3公开了法兰。（6）请求人当庭提出权利要求1中的圆滑过渡段槽口在说明书及附图中没有清楚的描述，不符合专利法第26条第3、4款的规定。专利权人认为，由于专利法第26条第3、4款是请求人当庭提出的无效理由，超出了期限，因此不应当被接受。附图是示意图。本领域技术人员仅从文字描述就能清楚知道，所以符合专利法第26条第3、4款的规定。（7）关于权利要求2的创造性。请求人认为，对比文件1图1及第10栏公开了权利要求2的附加技术特征。（8）关于权利要求3的创造性。请求人认为，对比文件2中公开了权利要求3的附加技术特征。（9）关于权利要求4的创造性。请求人认为，权利要求4的附加技术特征被对比文件2图1、4及第16栏下面一段公开。（10）关于权利要求5的创造性。请求人认为，权利要求5的附加技术特征被对比文件6中图6、7公开及说明书第8页公开。说明书第8页都清楚的说明了销钉和销拴是怎样穿过连轴节。

至此，合议组认为本案事实清楚，可以作出审查决定。

二、决定的理由

1. 审查文本

专利权人于2007年6月1日针对无效宣告请求书提交了意见陈述书，并提交了权利要求书的修改替换页。专利权人将原权利要求1、2、3、7删除，同时将原权利要求1、2、3、7合并后形成新的权利要求1，但将原权利要求2中的特征“或为带动减速器的电机”改为“或为带减速器的电机”。专利权人为了克服上述对权利要求中的特征也进行了修改而不符合审查指南相关规定的缺陷，又于口头审理当庭提交了权利要求书的修改替换页，相对于专利权人于2007年6月1日提交的权利要求书，此次提交的权利要求书仅是将特征“或为带减速器的电机”改为“或为带动减速器的电机”，从而使得该特征与本专利授权公告时的记载相同。合议组经审查后认为，专利权人于口头审理当庭提交的权利要求书替换页相对于授权文本所做的修改仅是以删除和合并的方式进行的，这样的修改方式符合审查指南有关修改权利要求的相关规定，因此合议组接受专利权人于口头审理当庭提交的权利要求书。本决定以专利权人于口头审理当庭提交的权利要求书为基础。专利权人于口头审理当庭提交的权利要求书如下：

“1. 一种固定式连续搅拌器，包括进料斗总成（7），进料斗总成（7）上设有与储料罐的出口相通的进料口，其特征是进料斗总成（7）的一端活动连接有动力装置（1），其另一端活动连接有搅拌器总成（10），搅拌器总成（10）上设有出料口（17），在搅拌器总成（10）靠近进料斗总成（7）的一端上设有与其内腔相通的进水口（18），该进水口（18）的轴心线与搅拌器总成（10）中心水平面的夹角α等于15~60度；进料斗总成（7）中安装有带有螺旋式叶片（801）的推进轴（8），推进轴（8）的一端通过连轴器（6）与动力装置（1）的输出轴活动连接，该连轴器（6）与推进轴（8）相连的一端设有与推进轴（8）上的连接销相配的带有圆滑过渡段的槽口（601），推进轴（8）的另一端设有插孔，位于搅拌器总成（10）中的带有搅拌叶片（101）的搅拌轴（102）的一端插入该插孔中，搅拌轴（102）的另一端间隙支承在固定在搅拌器总成（10）上的出料口（17）附近的轴承（12）中，搅拌轴（102）、推进轴（8）、动力装置（1）的输出轴三轴活动套接后作为固定式连续搅拌器的主轴呈同轴线布置，其一端由动力装置（1）支承，另一端由轴承（12）间隙支承；所述的动力装置（1）或为低速电机或为带动减速器的电机，它通过法兰总成（2）、（3）与进料斗总成（7）相连，法兰总成（2）的一边与法兰总成（3）的一边通过铰链（14）铰接，另一连通过锁扣组件（15）压紧在法兰总成（3）上；法兰总成（2）与动力装置（1）固定相连，法兰总成（3）与进料斗总成（7）固定相连，在法兰总成（3）的内侧连接有防尘用的挡板（5），在挡板（5）与法兰（3）之间安装有密封用橡胶垫（4）；连轴器（6）的一端穿过法兰总成（2）、（3）与作为动力装置（1）输出的输出轴固定相连，其另一端套装在推进轴（8）的一端上。

2. 根据权利要求1所述的固定式连续搅拌器，其特征是所述的进料斗总成（7）由相通的落料腔（701）和推进腔（702）组成，且推进腔（702）的腔径小于落料腔（701）的腔径。

3. 根据权利要求1所述的固定式连续搅拌器，其特征是所述的进料斗总成（7）的一端与搅拌器总成（10）的一端通过相应的铰轴（19）及锁扣组件（15）活动相连。

4. 根据权利要求1所述的固定式连续搅拌器，其特征是所述的搅拌器总成（10）的出料口（17）上活动连接有出料口总成（11），二者通过锁扣组件（20）实现可拆卸式连接，轴承（12）固定安装在出料口总成（11）的内壁上。

5. 根据权利要求1所述的固定式连续搅拌器，其特征是所述的搅拌轴（102）插入推进轴（8）的一端由锥体部分（103）、圆柱部分（104）组成，圆柱部分还连接有销轴（105），相应地推进轴（8）上的插孔也由锥孔部分、柱孔部分组成，其端部开有插装销轴（105）的槽口。”

2. 关于证据

对比文件1、2、3、6均是专利文献，专利权人对对比文件1、2、3、6的真实性、译文的准确性没有异议，并且对比文件1、2、3、6的公开日均早于本专利的申请日。合议组经审查后认为，对比文件1、2、3、6记载的内容可以作为本专利的现有技术，对比文件1、2、3、6公开的内容以其中文译文为准。

由于请求人放弃对比文件4、5，因此合议组对对比文件4、5不再进行评述。

3. 关于专利法第26条第3、4款

请求人当庭提出权利要求1中的圆滑过渡段槽口在说明书及附图中没有清楚的描述，不符合专利法第26条第3、4款的规定。专利权人认为由于专利法第26条第3、4款是请求人当庭提出的无效理由，超出了期限，因此不应当被接受。

本案中，专利权人在答复无效宣告请求书时，提交了权利要求书的修改替换页，合议组向请求人发出转送文件通知书，将专利权人提交的上述权利要求书的修改替换页转送给请求人，并指出请求人可以在口头审理当庭对此进行答复。专利权人在口审当庭再次提交了权利要求书的修改替换页，合议组经审查后当庭确认其为口头审理的基础，请求人遂针对该修改后的权利要求书在口头审理当庭提出了权利要求1不符合专利法第26条第3、4款规定的无效理由，并对上述无效理由进行了具体说明。合议组经审查认为，修改后的权利要求1是将原权利要求1、2、3、7合并而得，因此专利权人对权利要求1的修改属于以合并方式的修改。根据审查指南第四部分第三章第4.2节中的规定“请求人在提出无效宣告请求之日起一个月后增加无效宣告理由的，专利复审委员会一般不予考虑，但下列情形除外：（Ⅰ）针对专利权人以合并方式修改的权利要求，在专利复审委员会指定期限内增加无效宣告理由，并在该期限内对所增加的无效宣告理由具体说明的”，因此合议组对请求人当庭提出的权利要求1不符合专利法第26条第3、4款规定的无效理由予以接受。

专利法第26条第3款规定：说明书应当对发明或者实用新型作出清楚、完整的说明，以所属技术领域的技术人员能够实现为准。

专利法第26条第4款规定：权利要求书应当以说明书为依据，说明要求专利保护的范围。

请求人认为权利要求1中的圆滑过渡段槽口在说明书及附图中没有清楚的描述，不符合专利法第26条第3、4款的规定。

合议组经审查后认为，本专利说明书中清楚的记载了“为便于与推进轴8的连接，在连轴器6与推进轴8相连的一端上设有与推进轴8上的连接销相配的带有圆滑过渡段的槽口601（如图10所示），该槽口601使得其对中更为快速方便”，由说明书中的上述文字记载可知，在连轴器上设置有与推进轴上的连接销相配的槽口，为了实现推进轴的连接销与槽口快速对中，而使槽口带有圆滑过渡段。从而仅从说明书中文字记载的“带有圆滑过渡段的槽口”，本领域技术人员结合本领域常识就能够清楚知道如何实现具有上述功能的结构，因此本专利说明书已经对权利要求1中的圆滑过渡段槽口进行了清楚的描述，权利要求1中的上述特征也得到了说明书的支持。请求人提出的权利要求1中的圆滑过渡段槽口在说明书及附图中没有清楚的描述，不符合专利法第26条第3、4款规定的主张不成立。

4. 关于专利法第22条第3款

根据专利法第22条第3款的规定，创造性，是指同申请日以前已有的技术相比，该发明有突出的实质性特点和显著的进步，该实用新型有实质性特点和进步。

合议组认为，在权利要求创造性的判断中，如果权利要求所述技术方案与现有技术公开的技术方案之间存在区别技术特征，而现有技术没有给出结合该区别技术特征得出所述技术方案的技术启示，本领域技术人员需要付出创造性的劳动才能得出该权利要求所述的技术方案，且该技术方案具有有益效果，则该权利要求具备创造性。

请求人认为，权利要求1相对于对比文件1、2的结合或对比文件1~3的结合不具备创造性。权利要求2的附加技术特征在对比文件1中公开。权利要求3、4的附加技术特征在对比文件2中公开。权利要求5的附加技术特征在对比文件6中公开。对比文件1是最接近的对比文件。

本专利权利要求1请求保护一种固定式连续搅拌器。对比文件1公开了一种灰浆等的制备设备，包括扩散室3，扩散室3上设有漏斗用于进料，扩散室的一端连接有原动机4，其另一端活动连接有辅助混合装置8，辅助混合装置上设有出口17，在辅助混合装置靠近扩散室的一端上设有与其内腔相通的液体入口9，原动机的水平输出轴5伸入扩散室内，水平输出轴带有螺旋式叶片，水平输出轴有一个沿轴向延伸、且超过辅助混合装置8的独立外伸段5a，它通过一个联轴节10与水平输出轴5的主体部分相连，端壁14的外侧与支承件16的托架15相连，支承件能够以旋转方式支承外伸段5a的前端部分，水平输出轴5与独立外伸段5a同轴线布置。将本专利权利要求1与对比文件1相比较，其区别在于：进料斗总成的一端活动连接有动力装置，进水口的轴心线与搅拌器总成中心水平面的夹角α等于15~60度，推进轴的一端通过连轴器与动力装置的输出轴活动连接，该连轴器与推进轴相连的一端设有与推进轴上的连接销相配的带有圆滑过渡段的槽口，推进轴的另一端设有插孔，位于搅拌器总成中的带有搅拌叶片的搅拌轴的一端插入该插孔中，搅拌轴的另一端间隙支承在固定在搅拌器总成上的出料口附近的轴承中；所述的动力装置或为低速电机或为带动减速器的电机，它通过法兰总成2、3与进料斗总成相连，法兰总成2的一边与法兰总成3的一边通过铰链铰接，另一连通过锁扣组件压紧在法兰总成上；法兰总成2与动力装置固定相连，法兰总成3与进料斗总成固定相连，在法兰总成3的内侧连接有防尘用的挡板，在挡板与法兰之间安装有密封用橡胶垫；连轴器的一端穿过法兰总成2、3与作为动力装置输出的输出轴固定相连，搅拌轴另一端套装在推进轴8的一端上。

对比文件2公开了一种固体与液体成分的混合设备，电动机3A与第一段7之间活动连接，第一段内的转轴11与电动机的输出构件之间通过联轴节111活动连接，电动机3A通过法兰33、32与第一段相连，法兰33的一边通过锁定装置30压紧在法兰32上，法兰33与电动机相连，法兰32与第一段7相连，联轴节111的一端与电动机的输出构件相连，转轴11经由一个可拆式联轴节121驱动转轴21，中间段9通过法兰23、24与混合室5相连，法兰23的一边与法兰24的一边通过铰链16铰接，法兰23的另一边通过锁定装置22压紧在法兰24上。

对比文件3公开了一种灰浆与类似物质的位置可调式贮存及输送设备，连接构件13构成料仓状容器3的出口部分6。在连接构件13远离容器3其他部分的末端配有另外一个法兰15或类似的联接部分，最好使其与连接构件13采用刚性连接，此外，还配有一个附加法兰16或类似装置，它大体上与法兰15对应。

虽然请求人认为对比文件1中的端壁14可以构成挡板，但是合议组经审查后认为，对比文件1中的端壁14为辅助混合装置8的端壁，其外侧与支承件16的托架15相连，而本专利权利要求1中的挡板位于连接进料口总成7与动力装置的法兰总成3的内侧，用于防止进料口总成内的砂料进入动力装置，从而避免对其造成损害。因此权利要求1中的挡板与对比文件1中的端壁的位置不同，其所起的作用也不相同。由此可见，即使将对比文件1、2、3结合起来，至少还没有公开本专利权利要求1中的特征：进水口的轴心线与搅拌器总成中心水平面的夹角α等于15~60度，在法兰总成的内侧连接有防尘用的挡板，在挡板与法兰之间安装有密封用橡胶垫，同时对比文件1~3均没有给出得出上述特征的技术启示，并且本专利权利要求1的技术方案由于使进水口的轴心线与搅拌器总成中心水平面成一定角度，以及在法兰总成3的内侧连接有防尘用的挡板，取得了延长设备使用寿命，促进水与进料充分混合的有益效果。因此，本领域技术人员在对比文件1和2或者对比文件1、2和3的基础上，需要付出创造性的劳动才能得出本专利权利要求1的技术方案，并且该技术方案具有有益的技术效果，所以权利要求1相对于对比文件1和2的结合或者对比文件1、2和3的结合具备创造性。

从属权利要求2、3、4均引用权利要求1，对权利要求1的技术方案进行了进一步限定。请求人认为权利要求2的附加技术特征在对比文件1中公开。权利要求3、4的附加技术特征在对比文件2中公开。由于权利要求1相对于对比文件1和2的结合或者对比文件1、2和3的结合具备创造性，因此，从属权利要求2、3、4相对于对比文件1和2的结合或者对比文件1、2和3的结合也具备创造性。

从属权利要求5引用权利要求1，对权利要求1的技术方案进行了进一步限定，请求人用对比文件6仅是证明权利要求5的附加技术特征被公开，因此，当其引用的权利要求1相对于对比文件1和2的结合或者对比文件1、2和3的结合具备创造性时，权利要求5相对于对比文件1、2和6的结合或者对比文件1、2、3和6的结合具备创造性。

综上所述，请求人关于本专利权利要求1~5不具备创造性的主张不成立。

基于上述理由，合议组依法作出如下决定。

三、决定

在专利权人于2007年10月30日提交的权利要求1~5的基础上，维持200520070014.7号实用新型专利权继续有效。

当事人对本决定不服的，可以根据专利法第46条第2款的规定，自收到本决定之日起三个月内向北京市第一中级人民法院起诉。根据该款的规定，一方当事人起诉后，另一方当事人应当作为第三人参加诉讼。

037

一种钢筋混凝土拼装楼板

无效宣告请求审查决定（第11064号）

决　　定　　号　第11064号
决　　定　　日　2008年2月1日
发明创造名称　一种钢筋混凝土拼装楼板
国 际 分 类 号　E04B 5/36，E04G 15/06
无效宣告请求人　长沙巨星轻质建材股份有限公司
专　利　权　人　吴方伯
专　　利　　号　200410100982.8
申　　请　　日　2004年12月16日
授 权 公 告 日　2006年12月27日
合 议 组 组 长　朱文广
主　　审　　员　刘敏飞
参　　审　　员　王　博

法　律　依　据　专利法第22条第3款
决　定　要　点

如果权利要求所述技术方案与现有技术公开的技术方案之间存在区别技术特征，但现有技术给出了结合该区别技术特征得出所述技术方案的技术启示，本领域技术人员不需要付出创造性的劳动就能得出该权利要求的技术方案，则该权利要求不具备创造性。

一、案由

本无效宣告请求涉及中华人民共和国国家知识产权局于2006年12月27日授权公告的、名称为“一种钢筋混凝土拼装楼板”的发明专利权（下称本专利），其申请号是200410100982.8，申请日是2004年12月16日，优先权日为2004年6月23日，专利权人是吴方伯。本专利授权公告的权利要求书如下：

“1. 一种钢筋混凝土拼装楼板，包括钢筋混凝土预制板、密肋，楼板由多块钢筋混凝土预制板拼装在密肋上组成，其特征在于：钢筋混凝土预制板分为顶板和底板，顶板上设置有连接钢筋，顶板和底板之间设有空心支撑框或实心支撑块，顶板和底板支撑、固定在密肋上，形成拼装楼板。

2. 根据权利要求1所述的钢筋混凝土拼装楼板，其特征在于：所述的顶板为盒形顶板。

3. 根据权利要求1所述的钢筋混凝土拼装楼板，其特征在于：所述的空心支撑框或实心支撑块内设有加强肋。

4. 根据权利要求1所述的钢筋混凝土拼装楼板，其特征在于：所述的顶板或底板上设有加强肋。”

针对本专利权，请求人于2007年8月17日向专利复审委员会提出无效宣告请求，理由是本专利权利要求1~4不符合专利法第22条第1、2、3款，专利法实施细则第20条第1款的规定，并提交了如下9份附件作为证据：

附件1：公开号为CN1455065A的中国发明专利申请公开说明书，其公开日为2003年11月12日；

附件2：公开号为CN1455066A的中国发明专利申请公开说明书，其公开日为2003年11月12日；

附件3：授权公告号为CN2522494Y的中国实用新型专利说明书，其授权公告日为2002年11月27日；

附件4：授权公告号为CN2522495Y的中国实用新型专利说明书，其授权公告日为2002年11月27日；

附件5：授权公告号为CN2419292Y的中国实用新型专利说明书，其授权公告日为2001年2月14日；

附件6：授权公告号为CN2498234Y的中国实用新型专利说明书，其授权公告日为2002年7月3日；

附件7：授权公告号为CN2160693Y的中国实用新型专利说明书，其授权公告日为1994年4月6日；

附件8：公告号为CN2076141U的中国实用新型专利申请说明书，其公告日为1991年5月1日；

附件9：公告号为CN2072898U的中国实用新型专利申请说明书，其公告日为1991年3月13日。

请求人认为：本专利权利要求1在表述上前后矛盾，表述不清楚，不符合专利法实施细则第20条第1款的规定。权利要求1相对于附件1没有新颖性和创造性，相对于附件1、2或附件1、3或附件1、4或附件1、5或附件2、3或附件2、4或附件2、5或附件1、2、3或附件1、2、4或附件1、2、5的组合没有创造性。权利要求2相对于附件1没有新颖性和创造性，相对于附件1、2或附件1、3或附件1、4或附件1、5或附件2、3或附件2、4或附件2、5或附件1、2、3或附件1、2、4或附件1、2、5或附件1、6或附件1、2、6或附件1、3、6或附件1、4、6或附件1、5、6或附件2、3、6或附件2、4、6或附件2、5、6的组合没有创造性。权利要求3相对于附件1没有新颖性和创造性，相对于附件1、2或附件1、3或附件1、4或附件1、5或附件1、7或附件2、3或附件2、4或附件2、5或附件1、2、3或附件1、2、4或附件1、2、5或附件1、2、7或附件1、3、7或附件1、4、7或附件1、5、7或附件2、3、7或附件2、4、7或附件2、5、7的组合没有创造性。权利要求4相对于附件1没有新颖性和创造性，相对于附件1、2或附件1、3或附件1、4或附件1、5或附件1、7或附件2、3或附件2、4或附件2、5或附件1、2、3或附件1、2、4或附件1、2、5或附件1、2、7或附件1、3、7或附件1、4、7或附件1、5、7或附件2、3、7或附件2、4、7或附件2、5、7的组合没有创造性。另外，权利要求1相对于附件1、8或附件1、9或附件2、8或附件2、9或附件1、2、8或附件1、2、9或附件1、3、8或附件1、4、8或附件1、5、8或附件1、3、9或附件1、4、9或附件1、5、9或附件2、3、8或附件2、4、8或附件2、5、8或附件2、3、9或附件2、4、9或附件2、5、9或附件1、2、3、8或附件1、2、4、8或附件1、2、5、8或附件1、2、3、9或附件1、2、4、9或附件1、2、5、9的组合没有创造性；权利要求2相对于前述关于评价权利要求1的全部组合均无创造性，相对于在前述组合的基础上分别增加附件6进行组合的方案也没有创造性；权利要求

3、4 相对于前述关于评价权利要求 1 的全部组合均无创造性，相对于在前述组合的基础上分别增加附件 7 进行组合的方案也没有创造性。

经形式审查合格后，专利复审委员会受理了该无效请求，并于 2007 年 8 月 20 日向请求人及专利权人发出无效宣告请求受理通知书，并将请求人提交的专利权无效宣告请求书及其附件清单中所列附件副本转给了专利权人，要求专利权人在规定的期限内陈述意见。

专利权人于 2007 年 9 月 12 日提交了意见陈述书，并提交了如下 3 份证据：

证据 1：教育部颁发的证书号为 2006-133 的获奖证书复印件，共 2 页；

证据 2：关于中院审判大楼附楼工程设计图纸问题汇报复印件，共 1 页；

证据 3：中国建筑工业出版社于 1980 年 12 月第一次印刷的《钢筋混凝土结构》的版权页、目录第 3 页、第 1、35 页复印件，共 4 页。

专利权人认为：附件 1 是现浇空心楼盖（楼板现浇），本专利是装配式空心楼盖（楼板预制），是空心楼盖中两种不同的技术领域（见证据 3）。附件 2、3、4、5、6、7 都是采用模壳的现浇空心楼盖，与本专利是不同的技术领域和技术方案。附件 8 由现浇底板、现浇肋和开口预制盒子组成空心楼板，附件 9 由现浇肋和相扣预制盒组成空心楼板，与本专利的技术方案不同。空心楼盖中，对结构性能有影响的是楼面板、底板和肋，模壳只是形成空腔的填充物。本专利省去了制作、运输、施工难的模壳，是空心楼盖最简单、合理的形式。证据 1、2 说明本发明解决了技术难题、克服了技术偏见、取得了预料不到的技术效果，具有新颖性和创造性。

专利复审委员会依法成立合议组对本案进行审理。合议组于 2007 年 9 月 21 日向双方当事人发出无效宣告请求口头审理通知书，定于 2007 年 11 月 6 日举行口头审理。随同口头审理通知书，将专利权人于 2007 年 9 月 12 日提交的意见陈述书及其意见陈述附件清单中所列附件副本转送给请求人。

口头审理如期举行，双方当事人均参加了口头审理。

在口头审理中，(1) 双方当事人对对方出席口头审理人员的资格没有异议，对合议组成员没有回避请求。(2) 请求人明确其无效理由、事实、证据为：权利要求 1~4 不符合专利法实施细则第 20 条第 1 款的规定。权利要求 1~4 不符合专利法第 22 条第 2、3 款的规定，新颖性使用附件 1 评价，创造性的评述中，附件的组合方式同无效宣告请求书。请求人表示没有其他无效理由。3、专利权人对附件 3~9 的真实性无异议。认为附件 1、2 的公开文本在网上无法查阅到，仅查阅到附件 1、2 对应的授权文本。合议组告知可到国家知识局文献馆进行查阅，并同意专利权人在 10 天之内对附件 1、2 的真实性进一步查阅并发表意见，否则视为对附件 1、2 的真实性无异议。(4) 关于专利法实施细则第 20 条第 1 款。请求人：权利要求 1 限定了“楼板由多块钢筋混凝土预制板拼装在密肋上组成”，为采用封闭式写法，但又限定“顶板和底板之间设有空心支撑框或实心支撑块”，即楼板又包括空心支撑框或实心支撑块，因此前后矛盾。权利要求 2~4 由于权利要求 1 不清楚，所以也不清楚。(5) 关于权利要求 1 相对于附件 1 的新颖性。请求人：权利要求 1 的全部特征在附件 1 中公开。(6) 关于权利要求 2~4 的新颖性。请求人：附件 1 公开了扣接的连接方式、加劲肋、顶板或底板设置加强肋、加强筋，因此公开了权利要求 2~4 的附加技术特征。(7) 关于权利要求 1~4 的创造性。请求人：附件 1、3、4、5、8、9 分别作为最接近的对比文件。专利权人：由于附件 1 中没有指出权利要求 1 中由三个部件组成，不同于本专利的技术方案。附件 1、3、4、5 是现浇楼盖，附件 2、6、7 公开的是用于现浇空心楼盖中作为填充物的模壳，与本专利的楼盖在组成、技术领域、技术方案和技术特征上均不同。附件 1~7 由现浇楼面板、现浇密肋和模壳组成。楼板预制和楼板现浇属于不同领域。附件采用模壳作为填充物在模壳上现浇混凝土楼面板和密肋，形成现浇空心楼盖。附件中现浇楼面板、模壳和模壳底板不同于本专利中的预制楼面板、支撑框或支撑块和预制底板。本领域技术人员无法从附件 1

~9 的简单组合中得到本专利权利要求 1~4 的技术方案和全部技术特征。附件 8 和 9 都是盒形构件，与本专利技术方案和技术特征不同。因此附件 1~9 不能破坏本专利的新颖性和创造性。证据 2 说明本专利克服了人们认为装配式密肋空心楼盖整体性和抗裂性差的技术偏见。证据 1 说明本专利取得了预料不到的技术效果，得到了同行的认可。证据 3 说明现浇楼板与装配楼板属于不同的技术领域。专利权人当庭出示证据 1~3 的原件。请求人：对证据 1~3 的真实性无异议，但证据 1、2、3 不能说明本专利具备创造性。(8) 合议组准予请求人和专利权人在 10 日内提交意见陈述。

请求人于 2007 年 11 月 16 日提交了意见陈述书，重复了无效宣告请求书中和其在口头审理过程中陈述过的意见。

专利权人在指定的期限内没有提交意见陈述。

至此，合议组认为本案事实清楚，可以作出审查决定。

二、决定的理由

1. 关于证据

附件 1、2 均为中国专利文献的公开文本。在口头审理过程中，专利权人指出，附件 1、2 在网上无法查阅到，仅查阅到附件 1、2 对应的授权文本。合议组告知可到国家知识局文献馆进行查阅，并同意专利权人在 10 天之内对附件 1、2 的真实性进一步查阅并发表意见，否则视为对附件 1、2 的真实性无异议。专利权人在指定的期限内没有对附件 1、2 的真实性发表意见。因此视为专利权人对附件 1、2 的真实性没有异议。合议组经审查后对附件 1、2 的真实性予以认可。此外，由于附件 1、2 的公开日期均早于本专利的申请日，因此附件 1、2 记载的内容可以作为本专利的现有技术。

附件 3~9 均为中国专利文献，专利权人对附件 3~9 的真实性无异议，并且附件 3~9 的公开日均早于本专利的申请日。合议组经审查后认为，附件 3~9 记载的内容可以作为本专利的现有技术。

2. 关于专利法第 22 条第 3 款

根据专利法第 22 条第 3 款的规定，创造性，是指同申请日以前已有的技术相比，该发明有突出的实质性特点和显著的进步，该实用新型有实质性特点和进步。

合议组认为，如果权利要求所述技术方案与现有技术公开的技术方案之间存在区别技术特征，但现有技术给出了结合该区别技术特征得出所述技术方案的技术启示，本领域技术人员不需要付出创造性的劳动就能得出该权利要求的技术方案，则该权利要求不具备创造性。

请求人认为附件 1、9 分别作为最接近的对比文件，权利要求 1 相对于附件 1 没有创造性、相对于附件 1、9 的组合没有创造性；权利要求 2 相对于前述关于评价权利要求 1 的全部组合均无创造性，相对于在前述组合的基础上分别增加附件 6 进行组合的方案也没有创造性；权利要求 3、4 相对于前述关于评价权利要求 1 的全部组合均无创造性，相对于在前述组合的基础上分别增加附件 7 进行组合的方案也没有创造性。

本专利权利要求 1 请求保护一种钢筋混凝土拼装楼板。附件 1 的实施例 36 公开了一种空心钢筋砼楼盖，楼板有多个模壳拼装在现浇钢筋砼肋 2 上，模壳 3 包括上顶板 4 和下底 6，上顶板和下底之间有侧壁 5，模壳内有空腔 7，上顶板和下底支撑、固定在肋 2 上，空腔模壳 3 的上顶板 4 上没有现浇钢筋砼上板 1，上顶板 4、下底 6 同时外露，形成网格现浇砼肋网杆件式空心钢筋砼楼盖。

将本专利权利要求 1 与附件 1 的实施例 36 相比，附件 1 中的上顶板、下底、侧壁和肋分别相当于本专利中的顶板、底板、空心支撑框和密肋，其区别在于：顶板和底板为钢筋混凝土预制板、顶板上设置有连接钢筋、顶板和底板之间设有实心支撑块。在附件 1 说明书第 2~6 页中还公开了模壳的上顶板与周围侧壁为钢筋砼板；下底为砼；下底内有增强物，增强物为钢筋、预应力钢筋；周围侧壁 5 与上顶板 4 或下底 6 之间的连接 26 为胶接、焊接、扣接、卡接、铆接、铰接、穿孔锚固；从上顶板

4 或下底 6 或两者伸出有露锚固筋 12 或露网 13 或网孔带凸凹棘头铁片 14 或同时伸出有两者或三者，与现浇钢筋砼肋 2 连接；空腔 7 内填充有轻质材料 48，轻质材料为膨胀珍珠岩；在附件 1 说明书第 14 页第 3 自然段公开了在施工时，先铺设空腔模壳构件 3，然后放置并绑扎现浇钢筋砼肋 2。可见，附件 1 中的露锚固筋 12 或露网 13 或网孔带凸凹棘头铁片 14 相当于本专利中的连接钢筋，其所起作用与连接钢筋相同，附件 1 中在空腔内填充轻质材料就相当于本专利中的实心支撑块，附件 1 中模壳的上顶板和下底也为钢筋混凝土板。并且附件 1 中还公开了将模壳周围侧壁与上顶板或下底之间的连接方式，以及先铺设模壳再现浇肋的施工方式，由此可以推断出，模壳是预制的，模壳的上顶板、周围侧壁和下底均是预先制成之后，再彼此连接在一起。由此可见，本领域技术人员不需花费创造性劳动就能得出权利要求 1 的技术方案，权利要求 1 相对于附件 1 不具备创造性，不符合专利法第 22 条第 3 款的规定。

另外，在附件 9 中公开了一种复合型带肋楼板，它由一对对相扣的预制小盒子和后浇的平面网格肋相结合而成，每对小盒子由一个向上开口的预制小盒子和另一个向下开口的预制小盒子相扣而成，小盒子之间形成封闭空腔，每对盒子衬在网格肋的空格内，盒子的两个外面板作为复合后带肋楼板的上下面板，其外不再有结构性受力的钢筋混凝土面层。将本专利权利要求 1 与附件 9 相比较，附件 9 中的预制向上开口的盒子、预制向下开口的盒子和网格肋分别相当于权利要求 1 中的预制底板、顶板和密肋，并且向上开口的盒子的周围侧壁相当于权利要求 1 中的空心支撑框，权利要求 1 与附件 9 的区别在于：顶板和底板为钢筋混凝土板、顶板上设置有连接钢筋以及实心支撑块。如上所述，附件 1 中公开了模壳的上顶板与周围侧壁为钢筋砼板，下底为砼；从上顶板 4 或下底 6 或两者伸出有露锚固筋 12 或露网 13 或网孔带凸凹棘头铁片 14 或同时伸出有两者或三者，与现浇钢筋砼肋 2 连接；空腔 7 内填充有轻质材料 48，轻质材料为膨胀珍珠岩。可见，附件 1 中的露锚固筋 12 或露网 13 或网孔带凸凹棘头铁片 14 相当于本专利中的连接钢筋，其所起作用与连接钢筋相同，附件 1 中在空腔内填充轻质材料就相当于本专利中的实心支撑块，附件 1 中模壳的上顶板和下底也为钢筋混凝土板。因此，在附件 9 的基础上结合附件 1 而得出权利要求 1 的技术方案，对本领域技术人员来说是不需花费创造性劳动的，权利要求 1 相对于附件 9 和附件 1 的结合不具备创造性，不符合专利法第 22 条第 3 款的规定。

从属权利要求 2 引用权利要求 1，其附加技术特征为：所述的顶板为盒形顶板。附件 6 中公开一种混凝土楼盖填充用薄壁盒，具有盒体顶面和敞开式壳体，然后将其叠合。可见，附件 6 公开了顶板为盒形顶板的技术特征，其所起作用与在本专利中所起作用相同，均为通过顶板扣合在空心支撑框上而其到既可防渗漏，又可对空心支撑框或实心支撑块其限位作用。另外，在附件 9 中公开了向下开口的盒子，从而公开了权利要求 2 的附加技术特征。因此，当其引用的权利要求 1 相对于附件 1 或附件 9 和附件 1 的结合不具备创造性时，权利要求 2 相对于附件 1 和附件 6 的结合、或附件 9 和附件 1 的结合、或附件 9 和附件 1 和附件 6 的结合不具备创造性，不符合专利法第 22 条第 3 款的规定。

从属权利要求 3 引用权利要求 1，其附加技术特征为：所述的空心支撑框或实心支撑块内设有加强肋。在附件 1 中还公开了模壳体内设置有至少一片加劲肋，加劲肋为实心的或空心的。可见附件 1 中的加劲肋就相当于权利要求 3 中的加强肋，其所起作用均为增加模壳上顶板和下底的刚度和承载力，并可对周围侧壁起到限位作用。另外，在附件 7 中还公开了一种模壳构件，在模壳体内设加强肋，并且其所起作用与权利要求 3 中的加强肋所起作用相同。因此，当其引用的权利要求 1 相对于附件 1 或附件 9 和附件 1 的结合不具备创造性时，权利要求 3 相对于附件 1 或附件 1 和附件 7 的结合、或附件 9 和附件 1 的结合、或附件 9 和附件 1 和附件 7 的结合不具备创造性，不符合专利法第 22 条第 3 款的规定。

从属权利要求 4 引用权利要求 1，其附加技术特征为：所述的顶板或底板上设有加强肋。在附件 1 中还公开了上顶板或下底的内表面有加强筋。可见，附件 1 公开了权利要求 4 的附加技术特征。因此，当其引用的权利要求 1 相对于附件 1 或附件 9 和附件 1 的结合不具备创造性时，权利要求 4 相对于附件 1 或附件 9 和附件 1 的结合也不具备创造性，不符合专利法第 22 条第 3 款的规定。

鉴于本专利权利要求 1~4 均不具备创造性，合议组对请求人提出的其他无效理由和附件不再进行评述。

专利权人共提交了 3 份证据，请求人对证据 1-3 的真实性无异议。其中证据 1 为教育部颁发的证书号为 2006-133 的“混凝土双向密肋装配式空心楼盖”的技术发明奖获奖证书复印件，证据 2 为关于中院审判大楼附楼工程设计图纸问题汇报复印件，证据 3 为中国建筑工业出版社于 1980 年 12 月第一次印刷的《钢筋混凝土结构》的版权页、目录第 3 页、第 1、35 页复印件。专利权人指出，证据 1 说明本专利取得了预料不到的技术效果，得到了同行的认可。证据 2 说明本专利克服了人们认为装配式密肋空心楼盖整体性和抗裂性差的技术偏见。证据 3 说明现浇楼板与装配楼板属于不同的技术领域。合议组经审查后认为，证据 1 的获奖证书不能证明本专利权利要求 1~4 具备创造性；证据 2 与本专利无关联性，并且也不能证明本专利权利要求 1~4 具备创造性；证据 3 虽然记载了钢筋混凝土梁板结构主要有现浇和预制两大类，并介绍了装配式钢筋混凝土楼盖，证据 3 也不能说明本专利权利要求 1~4 具备创造性。

综上所述，本专利权利要求 1~4 均不具备创造性，不符合专利法第 22 条第 3 款的规定。

基于上述理由，合议组依法作出如下决定。

三、决定

宣告 200410100982.8 号发明专利权全部无效。

当事人对本决定不服的，可以根据专利法第 46 条第 2 款的规定，自收到本决定之日起三个月内向北京市第一中级人民法院起诉。根据该款的规定，一方当事人起诉后，另一方当事人应当作为第三人参加诉讼。

北京市第一中级人民法院
行政判决书

(2008) 一中行初字第 756 号

原告吴方伯，男，1959 年 11 月 6 日出生，汉族，湖南大学教授，住湖南省长沙市天心区三府坪 42 号。

委托代理人曹万鹏，北京市康达律师事务所律师。

被告国家知识产权局专利复审委员会，住所地北京市海淀区北四环西路 9 号银谷大厦 10~12 层。

法定代表人廖涛，副主任。

委托代理人王博，男，国家知识产权局专利复审委员会审查员。

委托代理人瞿晓峰，男，国家知识产权局专利复审委员会审查员。

第三人长沙巨星轻质建材股份有限公司，住所地湖南省长沙市高新技术产业开发区 C4 组团。

法定代表人蒋暾，董事长。

委托代理人颜喜东，男，长沙巨星轻质建材股份有限公司职员。

委托代理人李敏慧，男，长沙巨星轻质建材股份有限公司职员。

原告吴方伯不服被告国家知识产权局专利复审委员会专利无效宣告请求审查决定，于2008年5月22日向本院提起行政诉讼。本院受理后，依法组成合议庭并通知被诉具体行政行为的利害关系人长沙巨星轻质建材股份有限公司作为第三人参加诉讼。本院于2008年7月11日公开开庭审理了本案。原告吴方伯及其委托代理人曹万鹏，被告的委托代理人王博、瞿晓峰，第三人的委托代理人颜喜东到庭参加了诉讼。本案现已审理终结。

2008年2月1日，被告作出第11064号无效宣告请求审查决定（以下简称第11064号决定），宣告200410100982.8号发明专利权（以下简称本专利）全部无效。决定认为：

1. 关于证据。

附件1、2均为中国专利文献的公开文本。被告经审查后对附件1、2的真实性予以认可。此外，由于附件1、2的公开日期均早于本专利的申请日，因此附件1、2记载的内容可以作为本专利的现有技术。

附件3~9均为中国专利文献，原告对附件3~9的真实性无异议，并且附件3~9的公开日均早于本专利的申请日。被告经审查后认为，附件3~9记载的内容可以作为本专利的现有技术。

2. 关于《中华人民共和国专利法》（以下简称《专利法》）第二十二条第三款。

第三人认为附件1、9分别作为最接近的对比文件，权利要求1相对于附件1没有创造性、相对于附件1、9的组合没有创造性；权利要求2相对于前述关于评价权利要求1的全部组合均无创造性，相对于在前述组合的基础上分别增加附件6进行组合的方案也没有创造性；权利要求3、4相对于前述关于评价权利要求1的全部组合均无创造性，相对于在前述组合的基础上分别增加附件7进行组合的方案也没有创造性。

本专利权利要求1请求保护一种钢筋混凝土拼装楼板。附件1的实施例36公开了一种空心钢筋砼楼盖，楼板有多个模壳拼装在现浇钢筋砼肋2上，模壳3包括上顶板4和下底6，上顶板和下底之间有侧壁5，模壳内有空腔7，上顶板和下底支撑、固定在肋2上，空腔模壳3的上顶板4上没有现浇钢筋砼上板1，上顶板4、下底6同时外露，形成网格现浇砼肋网杆件式空心钢筋砼楼盖。

将本专利权利要求1与附件1的实施例36相比，附件1中的上顶板、下底、侧壁和肋分别相当于本专利中的顶板、底板、空心支撑框和密肋，其区别在于：顶板和底板为钢筋混凝土预制板、顶板上设置有连接钢筋、顶板和底板之间设有实心支撑块。在附件1说明书第2~6页中还公开了模壳的上顶板与周围侧壁为钢筋砼板；下底为砼；下底内有增强物，增强物为钢筋、预应力钢筋；周围侧壁5与上顶板4或下底6之间的连接2 6为胶接、焊接、扣接、卡接、铆接、铰接、穿孔锚固；从上顶板4或下底6或两者伸出有露锚固筋12或露网13或网孔带凸凹棘头铁片14或同时伸出有两者或三者，与现浇钢筋砼肋2连接；空腔7内填充有轻质材料48，轻质材料为膨胀珍珠岩；在附件1说明书第14页第3自然段公开了在施工时，先铺设空腔模壳构件3，然后放置并绑扎现浇钢筋砼肋2。可见，附件1中的露锚固筋12或露网13或网孔带凸凹棘头铁片14相当于本专利中的连接钢筋，其所起作用与连接钢筋相同，附件1中在空腔内填充轻质材料就相当于本专利中的实心支撑块，附件1中模壳的上顶板和下底也为钢筋混凝土板。并且附件1中还公开了将模壳周围侧壁与上顶板或下底之间的连接方式，以及先铺设模壳再现浇肋的施工方式，由此可以推断出，模壳是预制的，模壳的上顶板、周围侧壁和下底均是预先制成之后，再彼此连接在一起。由此可见，本领域技术人员不需花费创造性劳动就能得出权利要求1的技术方案，权利要求1相对于附件1不具备创造性，不符合《专利法》第二十二条第三款的规定。

另外，在附件9中公开了一种复合型带肋楼板，它由一对对相扣的预制小盒子和后浇的平面网格肋相结合而成，每对小盒子由一个向上开口的预制小盒子和另一个向下开口的预制小盒子相扣而成，小盒子之间形成封闭空腔，每对盒子衬在网格肋的空格内，盒子的两个外面板作为复合后带肋楼板的上下面板，其外不再有结构性受力的钢筋混凝土面层。将本专利权利要求1与附件9相比较，附件9中的预制向上开口的盒子、预制向下开口的盒子和网格肋分别相当于权利要求1中的预制底板、顶板和密肋，并且向上开口的盒子的周围侧壁相当于权利要求1中的空心支撑框，权利要求1与附件9的区别在于：顶板和底板为钢筋混凝土板、顶板上设置有连接钢筋以及实心支撑块。如上所述，附件1中公开了模壳的上顶板与周围侧壁为钢筋砼板，下底为砼；从上顶板4或下底6或两者伸出有露锚固筋1 2或露网1 3或网孔带凸凹棘头铁片14或同时伸出有两者或三者，与现浇钢筋砼肋2连接；空腔7内填充有轻质材料48，轻质材料为膨胀珍珠岩。可见，附件1中的露锚固筋12或露网13或网孔带凸凹棘头铁片14相当于本专利中的连接钢筋，其所起作用与连接钢筋相同，附件1中在空腔内填充轻质材料就相当于本专利中的实心支撑块，附件1中模壳的上顶板和下底也为钢筋混凝土板。因此，在附件9的基础上结合附件1而得出权利要求1的技术方案，对本领域技术人员来说是不需花费创造性劳动的，权利要求1相对于附件9和附件1的结合不具备创造性，不符合《专利法》第二十二条第三款的规定。

从属权利要求2引用权利要求1，其附加技术特征为：所述的顶板为盒形顶板。附件6中公开一种混凝土楼盖填充用薄壁盒，具有盒体顶面和敞开式壳体，然后将其叠合。可见，附件6公开了顶板为盒形顶板的技术特征，其所起作用与在本专利中所起作用相同，均为通过顶板扣合在空心支撑框上而其到既可防渗漏，又可对空心支撑框或实心支撑块其限位作用。另外，在附件9中公开了向下开口的盒子，从而公开了权利要求2的附加技术特征。因此，当其引用的权利要求1相对于附件1或附件9和附件1的结合不具备创造性时，权利要求2相对于附件1和附件6的结合，或附件9和附件1的结合、或附件9和附件1和附件6的结合不具备创造性，不符合《专利法》第二十二条第三款的规定。

从属权利要求3引用权利要求1，其附加技术特征为：所述的空心支撑框或实心支撑块内设有加强肋。在附件1中还公开了模壳体内设置有至少一片加劲肋，加劲肋为实心的或空心的。可见附件1中的加劲肋就相当于权利要求3中的加强肋，其所起作用均为增加模壳上顶板和下底的刚度和承载力，并可对周围侧壁起到限位作用。另外，在附件7中还公开了一种模壳构件，在模壳体内设加强肋，并且其所起作用与权利要求3中的加强肋所起作用相同。因此，当其引用的权利要求1相对于附件1或附件9和附件1的结合不具备创造性时，权利要求3相对于附件1、或附件1和附件7的结合、或附件9和附件1的结合、或附件9和附件1和附件7的结合不具备创造性，不符合《专利法》第二十二条第三款的规定。

从属权利要求4引用权利要求1，其附加技术特征为：所述的顶板或底板上设有加强肋。在附件1中还公开了上顶板或下底的内表面有加强筋。可见，附件1公开了权利要求4的附加技术特征。因此，当其引用的权利要求1相对于附件1、或附件9和附件1的结合不具备创造性时，权利要求4相对于附件1、或附件9和附件1的结合也不具备创造性，不符合《专利法》第二十二条第三款的规定。

鉴于本专利权利要求1~4均不具备创造性，被告对第三人提出的其他无效理由和附件不再进行评述。

原告共提交了3份证据，第三人对证据1-3的真实性无异议。其中证据1为教育部颁发的证书号为2006-133的“混凝土双向密肋装配式空心楼盖”的技术发明奖获奖证书复印件，证据2为关于中院审判大楼附楼工程设计图纸问题汇报复印件，证据3为中国建筑工业出版社于1980年12月第一次印刷的《钢筋混凝土结构》的版权页、目录第3页、第1、35页复印件。原告指出，证据1说明本专利取得了预料不到的技术效果，得到了同行的认可。证据2说明本专利克服了人们认为装配式密肋空心楼盖整体性和抗裂性差的技术偏见。证据3说明现浇楼板与装配楼板属于不同的技术领域。被告经审查后认为，证据1的获奖证书不能证明本专利权利要求1~4具备创造性；证据2与本专利无关联性，并且也不能证明本专利权利要求1~4具备创造性；证据3虽然记载了钢筋混凝土梁板结构主要有现浇和预制两大类，并介绍了装配式钢筋混凝土楼盖，证据3也不能说明本专利权利要求1~4具备创造性。

综上所述，本专利权利要求1~4均不具备创造性，不符合《专利法》第二十二条第三款的规定。

被告在法定的举证期限内向本院提交了如下证据，用以证明第11064号决定认定事实清楚、适用法律法规正确、审查程序合法：1. 第200410100982.8号口头审理记录表（附页）；2. ZL200410100982.8发明专利说明书（本专利说明书）共9页；3. 公开号为CN1455065A的中国发明专利申请公开说明书（即附件1）；4. 授权公告号为CN2498234Y的中国实用新型专利说明书（即附件6）；5. 授权公告号为CN2160693Y的中国实用新型专利说明书（即附件7）；6. 公告号为CN2072898U的中国实用新型专利申请说明书（即附件9）；7. 教育部颁发的证书号为2006-133的获奖证书复印件（即被诉决定中的证据1）；8. 关于中院审判大楼附楼工程设计图纸问题汇报复印件（即被诉决定中的证据2）；9. 中国建筑工业出版社于1980年12月第一次印刷的《钢筋混凝土结构》的版权页、目录第3页、第1、35页复印件（即被诉决定中的证据3）。

原告诉称：1. 对比文件1、对比文件9和对比文件1的结合不能破坏本专利权利要求1的创造性。（1）本专利权利要求1与对比文件1的实施例36和对比文件9具有区别特征；（2）本专利与最接近的现有技术对比有显著的进步。本专利便于制作、运输、施工和节约材料，提高了楼盖的抗裂性能，便于形成保温隔热楼盖；（3）本专利权利要求1所保护的发明对本领域的技术人员来说不是显而易见的；（4）无效决定没有针对本专利权利要求1限定的技术方案整体进行评价，而只是评价某一技术特征或某一区别技术特征是否具备创造性。连接钢筋是本专利权利要求1公开的技术方案中的必要技术特征，应结合技术方案整体进行评价。2. 对比文件不能破坏本专利从属权利要求2、3、4的创造性。综上，被诉决定认定事实不清、适用法律错误，原告请求法院撤销第11064号决定。

原告向本院提交了如下证据，用以证明第11064号决定认定事实不清、适用法律错误：1. 公开号为CN1455065A的中国发明专利申请公开说明书（即附件1）；2. 公开号为CN1455066A的中国发明专利申请公开说明书（即附件2）；3. 授权公告号为CN2522494Y的中国实用新型专利说明书（即附件3）；4. 授权公告号为CN2522495Y的中国实用新型专利说明书（即附件4）；5. 授权公告号为CN2419292Y的中国实用新型专利说明书（即附件5）；6. 授权公告号为CN2498234Y的中国实用新型专利说明书（即附件6）；7. 授权公告号为CN2160693Y的中国实用新型专利说明书（即附件7）；8. 公告号为CN2076141U的中国实用新型专利申请说明书（即附件8）；9. 公告号为CN2072898U的中国实用新型专利申请说明书（即附件9）。

被告辩称，被告坚持无效决定中的认定理由，认为第11064号决定认定事实清楚、适用法律正确，审查程序合法，请求法院维持第11064号决定。

第三人同意被告的答辩意见，请求法院维持第11064号决定。

第三人向法院提交了第三人在无效程序中的意见陈述书，用以证明第11064号决定合法。

经庭审质证，原告对被告提交的证据的关联性、合法性、真实性均无异议，但不同意被告主张的证明作用。第三人对被告提交的证据没有异议。被告及第三人对原告提交的证据的关联性、合法性、真实性没有异议，但不同意原告主张的证明作用。原告对第三人提交的证据的关联性、合法性、真实性均无异议，但不同意第三人主张的证明作用。被告对第三人提交的证据没有异议。本院认为，各方当事人提交的证据与本案具有关联性，且真实、合法，能够作为认定具体行政行为合法性的事实依据。

根据上述有效证据及各方当事人在庭审中无争议的陈述，本院确认如下事实：

本案涉及申请日为2004年12月16日，优先权日为2004年6月23日，授权公告日为2006年12月27日，专利号为200410100982.8，名称为“一种钢筋混凝土拼装楼板”的发明专利权（即本专利）。专利权人是吴方伯（即本案原告）。该专利授权公告的权利要求书如下：

“1. 一种钢筋混凝土拼装楼板，包括钢筋混凝土预制板、密肋，楼板由多块钢筋混凝土预制板拼装在密肋上组成，其特征在于：钢筋混凝土预制板分为顶板和底板，顶板上设置有连接钢筋，顶板和底板之间设有空心支撑框或实心支撑块，顶板和底板支撑、固定在密肋上，形成拼装楼板。

2. 根据权利要求1所述的钢筋混凝土拼装楼板，其特征在于：所述的顶板为盒形顶板。

3. 根据权利要求1所述的钢筋混凝土拼装楼板，其特征在于：所述的空心支撑框或实心支撑块内设有加强肋。

4. 根据权利要求1所述的钢筋混凝土拼装楼板，其特征在于：所述的顶板或底板上设有加强肋。”

针对本专利权，第三人于2007年8月17日向被告提出无效宣告请求，理由是本专利权利要求1~4不符合《专利法》第二十二条第一、二、三款，《（中华人民共和国专利法实施细则》（以下简称《专利法实施细则》）第二十条第一款的规定，并提交了如下9份附件作为证据：

附件1：公开号为CN1455065A的中国发明专利申请公开说明书，其公开日为2003年11月12日；

附件2：公开号为CN1455066A的中国发明专利申请公开说明书，其公开日为2003年11月12日；

附件3：授权公告号为CN2522494Y的中国实用新型专利说明书，其授权公告日为2 002年11月27日；

附件4：授权公告号为CN2522495Y的中国实用新型专利说明书，其授权公告日为2002年11月27日；

附件5：授权公告号为CN2419292Y的中国实用新型专利说明书，其授权公告日为2001年2月14日；

附件6：授权公告号为CN2498234Y的中国实用新型专利说明书，其授权公告日为2002年7月3日；

附件7：授权公告号为CN2160693Y的中国实用新型专利说明书，其授权公告日为1994年4月6日；

附件8：公告号为CN2076141U的中国实用新型专利申请说明书，其公告日为1991年5月1日；

附件9：公告号为CN2072898U的中国实用新型专利申请说明书，其公告日为1991年3月13日；

第三人认为：本专利权利要求1在表述上前后矛盾，表述不清楚，不符合《专利法实施细则》第二十条第一款的规定。权利要求1相对于附件1没有新颖性和创造性，相对于附件1、2或附件1、3或附件1、4或附件1、5或附件2、3或附件2、4或附件2、5或附件1、2、3或附件1、2、4或附件1、2、5的组合没有创造性。权利要求2相对于附件1没有新颖性和创造性，相对于附件1、2或附件1、3或附件1、4或附件1、5或附件2、3或附件2、4或附件2、5或附件1、2、3或附件1、2、4或附件1、2、5或附件1、6或附件1、2、6或附件1、3、6或附件1、4、6或附件1、5、6或附件2、3、6或附件2、4、6或附件2、5、6的组合没有创造性。权利要求3相对于附件1没有新颖性和创造性，相对于附件1、2或附件1、3或附件1、4或附件1、5或附件1、7或附件2、3或附件2、4或附件2、5或附件1、2、3或附件1、2、4或附件1、2、5或附件1、2、7或附件1、3、7或附件1、4、7或附件1、5、7或附件2、3、7或附件2、4、7或附件2、5、7的组合没有创造性。权利要求4相对于附件1没有新颖性和创造性，相对于附件1、2或附件1、3或附件1、4或附件1、5或附件1、7或附件2、3或附件2、4或附件2、5或附件1、2、3或附件1、2、4或附件1、2、5或附件1、2、7或附件1、3、7或附件1、4、7或附件1、5、7或附件2、3、7或附件2、4、7或附件2、5、7的组合没有创造性。另外，权利要求1相对于附件1、8或附件1、9或附件2、8或附件2、9或附件1、2、8或附件1、2、9或附件1、3、8或附件1、4、8或附件1、5、8或附件1、3、9或附件1、4、9或附件1、5、9或附件2、3、8或附件2、4、8或附件2、5、8或附件2、3、9或附件2、4、9或附件2、5、9或附件1、2、3、8或附件1、2、4、8或附件1、2、5、8或附件1、2、3、9或附件1、2、4、9或附件1、2、5、9的组合没有创造性；权利要求2相对于前述关于评价权利要求1的全部组合均无创造性，相对于在前述组合的基础上分别增加附件6进行组合的方案也没有创造性；权利要求3、4相对于前述关于评价权利要求1的全部组合均无创造性，相对于在前述组合的基础上分别增加附件7进行组合的方案也没有创造性。

被告受理了第三人的无效请求，并于2007年8月20日向第三人及原告发出无效宣告请求受理通知书，并将第三人提交的专利权无效宣告请求书及其附件清单中所列附件副本转给了原告，要求原告在规定的期限内陈述意见。

原告于2007年9月12日提交了意见陈述书，并提交了如下3份证据：

证据1：教育部颁发的证书号为2006-133的获奖证书复印件，共2页；

证据2：关于中院审判大楼附楼工程设计图纸问题汇报复印件，共1页；

证据3：中国建筑工业出版社于1980年12月第一次印刷的《钢筋混凝土结构》的版权页、目录第3页、第1、35页复印件，共4页；

原告认为：附件1是现浇空心楼盖（楼板现浇），本专利是装配式空心楼盖（楼板预制），是空心楼盖中两种不同的技术领域（见证据3）。附件2、3、4、5、6、7都是采用模壳的现浇空心楼盖，与本专利是不同的技术领域和技术方案。附件8由现浇底板、现浇肋和开口预制盒子组成空心楼板，附件9由现浇肋和相扣预制盒组成空心楼板，与本专利的技术方案不同。空心楼盖中，对结构性能有影响的是楼面板、底板和肋，模壳只是形成空腔的填充物。本专利省去了制作、运输、施工难的模壳，是空心楼盖最简单、合理的形式。证据1、2说明本发明解决了技术难题、克服了技术偏见、取得了预料不到的技术效果，具有新颖性和创造性。

被告于2007年9月21日向双方当事人发出无效宣告请求口头审理通知书，定于2007年11月6日举行口头审理。随同口头审理通知书，将原告于2007年9月12日提交的意见陈述书及其意见陈述附件清单中所列附件副本转送给第三人。

口头审理如期举行，双方当事人均参加了口头审理。

在口头审理中，1. 双方当事人对对方出席口头审理人员的资格没有异议，对合议组成员没有回避请求。2. 第三人明确其无效理由、事实、证据为：权利要求1~4不符合《专利法实施细则》第二十条第一款的规定。权利要求1~4不符合《专利法》第二十二条第二、三款的规定，新颖性使用附件1评价，创造性的评述中，附件的组合方式同无效宣告请求书。第三人表示没有其他无效理由。3. 原告对附件3~9的真实性无异议。认为附件1、2的公开文本在网上无法查阅到，仅查阅到附件1、2对应的授权文本。被告告知可到国家知识产权局文献馆进行查阅，并同意原告在10天之内对附件1、

2 的真实性进一步查阅并发表意见，否则视为对附件 1、2 的真实性无异议。4. 关于《专利法实施细则》第二十条第一款。第三人认为，权利要求 1 限定了“楼板由多块钢筋混凝土预制板拼装在密肋上组成”，为采用封闭式写法，但又限定“顶板和底板之间设有空心支撑框或实心支撑块”，即楼板又包括空心支撑框或实心支撑块，因此前后矛盾。权利要求 2~4 由于权利要求 1 不清楚，所以也不清楚。5. 关于权利要求 1 相对于附件 1 的新颖性。第三人认为，权利要求 1 的全部特征在附件 1 中公开。6. 关于权利要求 2~4 的新颖性。第三人认为，附件 1 公开了扣接的连接方式、加劲肋、顶板或底板设置加强肋、加强筋，因此公开了权利要求 2~4 的附加技术特征。7. 关于权利要求 1~4 的创造性。第三人认为，附件 1、3、4、5、8、9 分别作为最接近的对比文件。原告认为，由于附件 1 中没有指出权利要求 1 中由三个部件组成，不同于本专利的技术方案。附件 1、3、4、5 是现浇楼盖，附件 2、6、7 公开的是用于现浇空心楼盖中作为填充物的模壳，与本专利的楼盖在组成、技术领域、技术方案和技术特征上均不同。附件 1~7 由现浇楼面板、现浇密肋和模壳组成。楼板预制和楼板现浇属于不同领域。附件采用模壳作为填充物在模壳上现浇混凝土楼面板和密肋，形成现浇空心楼盖。附件中现浇楼面板、模壳和模壳底板不同于本专利中的预制楼面板、支撑框或支撑块和预制底板。本领域技术人员无法从附件 1~9 的简单组合中得到本专利权利要求 1~4 的技术方案和全部技术特征。附件 8 和 9 都是盒形构件，与本专利技术方案和技术特征不同。因此附件 1~9 不能破坏本专利的新颖性和创造性。证据 2 说明本专利克服了人们认为装配式密肋空心楼盖整体性和抗裂性差的技术偏见。证据 1 说明本专利取得了预料不到的技术效果，得到了同行的认可。证据 3 说明现浇楼板与装配楼板属于不同的技术领域。原告当庭出示证据 1~3 的原件。第三人对证据 1~3 的真实性无异议，但证据 1、2、3 不能说明本专利具备创造性。8. 被告准予双方当事人在 10 日内提交意见陈述。

第三人于 2007 年 11 月 16 日提交了意见陈述书，重复了无效宣告请求书中和其在口头审理过程中陈述过的意见。

原告在指定的期限内没有提交意见陈述。

至此，被告认为本案的事实清楚，作出第 11064 号决定。原告不服该决定诉至我院。

本院认为，鉴于原告明确表示对于第 11064 号决定案由部分记载的主要内容、关于证据的认定以及被告的审查程序认定均无异议，本院经审查，对其合法性予以确认。

根据《专利法》第二十二条第三款的规定，创造性，是指同申请日以前已有的技术相比，该发明有突出的实质性特点和显著的进步，该实用新型有实质性特点和进步。如果权利要求所述技术方案与现有技术公开的技术方案之间存在区别技术特征，但现有技术给出了结合该区别技术特征得出所述技术方案的技术启示，本领域技术人员不需要付出创造性的劳动就能得出该权利要求的技术方案，则该权利要求不具备创造性。

本案中，第三人即无效宣告请求审查程序中的请求人将附件 1、9 分别作为最接近的对比文件，认为本专利权利要求 1 相对于附件 1 没有创造性、相对于附件 1、9 的组合没有创造性。将本专利权利要求 1 与附件 1 的实施例 36 相比，附件 1 中的上顶板、下底、侧壁和肋分别相当于本专利中的顶板、底板、空心支撑框和密肋，其区别在于：顶板和底板为钢筋混凝土预制板、顶板上设置有连接钢筋、顶板和底板之间设有实心支撑块。在附件 1 说明书第 2~6 页中还公开了模壳的上顶板与周围侧壁为钢筋砼板；下底为砼；下底内有增强物，增强物为钢筋、预应力钢筋；周围侧壁 5 与上顶板 4 或下底 6 之间的连接 26 为胶接、焊接、扣接、卡接、铆接、铰接、穿孔锚固；从上顶板 4 或下底 6 或两者伸出有露锚固筋 12 或露网 13 或网孔带凸凹棘头铁片 14 或同时伸出有两者或三者，与现浇钢筋砼肋 2 连接；空腔 7 内填充有轻质材料 48，轻质材料为膨胀珍珠岩；在附件 1 说明书第 14 页第 3 自然段公开了在施工时，先铺设空腔模壳构件 3，然后放置并绑扎现浇钢筋砼肋 2。可见，附件 1 中的露锚固筋 12 或露网 13 或网孔带凸凹棘头铁片 14 相当于本专利中的连接钢筋，其所起作用与连接钢筋相同，附件 1 中在空腔内填充轻质材料就相当于本专利中的实心支撑块，附件 1 中模壳的上顶板和下底也为钢筋混凝土板。并且附件 1 中还公开了将模壳周围侧壁与上顶板或下底之间的连接方式，以及先铺设模壳再现浇肋的施工方式，由此可以推断出，模壳是预制的，模壳的上顶板、周围侧壁和下底均是预先制成之后，再彼此连接在一起。因此，本领域技术人员不需要花费创造性劳动就能得出权利要求 1 的技术方案，权利要求 1 相对于附件 1 不具备创造性，不符合《专利法》第二十二条第三款的规定。

另外，将本专利权利要求 1 与附件 9 相比较，附件 9 中的预制向上开口的盒子、预制向下开口的盒子和网格肋分别相当于权利要求 1 中的预制底板、顶板和密肋，并且向上开口的盒子的周围侧壁相当于权利要求 1 中的空心支撑框，权利要求 1 与附件 9 的区别在于：顶板和底板为钢筋混凝土板、顶板上设置有连接钢筋以及实心支撑块。如上所述，附件 1 中公开了模壳的上顶板与周围侧壁为钢筋砼板，下底为砼；从上顶板 4 或下底 6 或两者伸出有露锚固筋 12 或露网 13 或网孔带凸凹棘头铁片 14 或同时伸出有两者或三者，与现浇钢筋砼肋 2 连接；空腔 7 内填充有轻质材料 48，轻质材料为膨胀珍珠岩。可见，附件 1 中的露锚固筋 12 或露网 13 或网孔带凸凹棘头铁片 14 相当于本专利中的连接钢筋，其所起作用与连接钢筋相同，附件 1 中在空腔内填充轻质材料就相当于本专利中的实心支撑块，附件 1 中模壳的上顶板和下底也为钢筋混凝土板。因此，在附件 9 的基础上结合附件 1 而得出权利要求 1 的技术方案，对本领域技术人员来说是不需要花费创造性劳动的，权利要求 1 相对于附件 9 和附件 1 的结合不具备创造性，不符合《专利法》第二十二条第三款的规定。

原告及第三人在庭审中明确表示，在本专利权利要求 1 不具备创造性的前提下，同意被告关于本专利权利要求 2、3、4 不具有创造性的认定。经本院审查，对被告认定本专利权利要求 2、3、4 不具有创造性的合法性予以确认。

综上，被告作出的第 11064 号决定认定事实清楚、适用法律正确、审查程序合法，本院应予支持。原告的诉讼理由缺乏事实及法律依据，其诉讼请求本院不予支持。据此，依照《中华人民共和国行政诉讼法》第五十四条第（一）项之规定，判决如下：

维持被告国家知识产权局专利复审委员会于二〇 〇八年二月一日作出的第 11064 号无效宣告请求审查决定。

案件受理费 100 元，由原告吴方伯负担（已交纳）。

如不服本判决，当事人可在判决书送达之日起 15 日内，向本院递交上诉状，并按对方当事人的人数提出副本，预交上诉案件受理费 100 元，上诉于北京市高级人民法院。

审 判 长 齐 莹
代理审判员 乔 军
人民陪审员 原 琪
二〇〇八年九月十六日
书 记 员 王 丽

北京市高级人民法院
行政判决书

（2008）高行终字第699号

上诉人（一审原告）吴方伯，男，1959年11月6日出生，汉族，湖南大学教授，住湖南省长沙市天心区三府坪42号。

委托代理人曹万鹏，北京市康达律师事务所律师。

被上诉人（一审被告）国家知识产权局专利复审委员会，住所地北京市海淀区北四环西路9号银谷大厦10~12层。

法定代表人廖涛，副主任。

委托代理人王博，男，国家知识产权局专利复审委员会审查员。

委托代理人齐宏涛，男，国家知识产权局专利复审委员会审查员。

被上诉人（一审第三人）长沙巨星轻质建材股份有限公司，住所地湖南省长沙市高新技术产业开发区C4组团。

法定代表人蒋暾，董事长。

委托代理人颜喜东，男，长沙巨星轻质建材股份有限公司职员。

委托代理人李敏慧，男，长沙巨星轻质建材股份有限公司职员。

上诉人吴方伯因专利无效宣告请求审查决定一案，不服北京市第一中级人民法院（2008）一中行初字第756号行政判决，向本院提出上诉。本院依法组成合议庭，公开开庭审理了本案。上诉人吴方伯及其委托代理人曹万鹏；被上诉人国家知识产权局专利复审委员会（以下简称专利复审委）的委托代理人王博、齐宏涛；被上诉人长沙巨星轻质建材股份有限公司（巨星公司）的委托代理人颜喜东出庭参加了诉讼。本案现已审理终结。

2008年2月1日，专利复审委作出第11064号无效宣告请求审查决定（以下简称第11064号决定），认定吴方伯的第200410100982.8号发明专利权（以下简称本专利），不符合《中华人民共和国专利法》（以下简称《专利法》）第二十二条第三款的规定，宣告本专利全部无效。吴方伯遂诉至北京市第一中级人民法院（以下简称一审法院）。

一审法院经审理认为，如果权利要求所述技术方案与现有技术公开的技术方案之间存在区别技术特征，但现有技术给出了结合该区别技术特征得出所述技术方案的技术启示，本领域技术人员不需要付出创造性的劳动就能得出该权利要求的技术方案，则该权利要求不具备创造性。本案中，将本专利权利要求1与附件1的实施例36相比，附件1中的上顶板、下底、侧壁和肋分别相当于本专利中的顶板、底板、空心支撑框和密肋，其区别在于：顶板和底板为钢筋混凝土预制板、顶板上设置有连接钢筋、顶板和底板之间设有实心支撑块。在附件1说明书第2~6页中还公开了模壳的上顶板与周围侧壁为钢筋砼板；下底为砼；下底内有增强物，增强物为钢筋、预应力钢筋；周围侧壁5与上顶板4或下底6之间的连接26为胶接、焊接、扣接、卡接、铆接、铰接、穿孔锚固；从上顶板4或下底6或两者伸出有露锚固筋12或露网13或网孔带凸凹棘头铁片14或同时伸出有两者或三者，与现浇钢筋砼肋2连接；空腔7内填充有轻质材料48，轻质材料为膨胀珍珠岩；在附件1说明书第14页第3自然段公开了在施工时，先铺设空腔模壳构件3，然后放置并绑扎现浇钢筋砼肋2。可见，附件1中的露锚固筋12或露网13或网孔带凸凹棘头铁片14相当于本专利中的连接钢筋，其所起作用与连接钢筋相同，附件1中在空腔内填充轻质材料就相当于本专利中的实心支撑块，附件1中模壳的上顶板和下底也为钢筋混凝土板。并且附件1中还公开了将模壳周围侧壁与上顶板或下底之间的连接方式，以及先铺设模壳再现浇肋的施工方式，由此可以推断出，模壳是预制的，模壳的上顶板、周围侧壁和下底均是预先制成之后，再彼此连接在一起。因此，本领域技术人员不需要花费创造性劳动就能得出权利要求1的技术方案，权利要求1相对于附件1不具备创造性，不符合《专利法》第二十二条第三款的规定。

另外，将本专利权利要求1与附件9相比较，附件9中的预制向上开口的盒子、预制向下开口的盒子和网格肋分别相当于权利要求1中的预制底板、顶板和密肋，并且向上开口的盒子的周围侧壁相当于权利要求1中的空心支撑框，权利要求1与附件9的区别在于：顶板和底板为钢筋混凝土板、顶板上设置有连接钢筋以及实心支撑块。如上所述，附件1中公开了模壳的上顶板与周围侧壁为钢筋砼板，下底为砼；从上顶板4或下底6或两者伸出有露锚固筋12或露网13或网孔带凸凹棘头铁片14或同时伸出有两者或三者，与现浇钢筋砼肋2连接；空腔7内填充有轻质材料48，轻质材料为膨胀珍珠岩。可见，附件1中的露锚固筋12或露网13或网孔带凸凹棘头铁片14相当于本专利中的连接钢筋，其所起作用与连接钢筋相同，附件1中在空腔内填充轻质材料就相当于本专利中的实心支撑块，附件1中模壳的上顶板和下底也为钢筋混凝土板。因此，在附件9的基础上结合附件1而得出权利要求1的技术方案，对本领域技术人员来说是不需要花费创造性劳动的，权利要求1相对于附件9和附件1的结合不具备创造性，不符合《专利法》第二十二条第三款的规定。同时，在本专利权利要求1不具备创造性的前提下，确认专利复审委对本专利权利要求2、3、4不具有创造性的认定合法。依照《中华人民共和国行政诉讼法》第五十四条第（一）项之规定，判决维持专利复审委所作第11064号决定。

吴方伯不服一审判决，向本院提起上诉。其主要理由是：1. 对比文件1、对比文件9和对比文件1的结合不能破坏本专利权利要求1的创造性。本专利与已有技术相比，有突出的实质性特点和显著的进步；本专利制作成本低、便于运输、施工和节约材料，提高了楼盖的抗裂性能，便于形成保温隔热楼盖；2. 本专利权利要求1所保护的发明对本领域的技术人员来说不是显而易见的；3. 本专利克服了技术偏见。4. 对比文件不能破坏本专利从属权利要求2、3、4的创造性。综上，请求二审法院撤销一审判决，撤销专利复审委所作第11064号决定，并判令由被上诉人承担诉讼费用。

专利复审委答辩认为，本专利权利要求1相对于附件1、相对于附件9和附件1的结合均不具有创造性；从属权利要求2~4亦不具备创造性，因此，本专利权利要求1~4不符合《专利法》第二十二条第三款的规定。一审判决认定事实清楚，适用法律正确，审理程序合法，上诉人的上诉理由不能成立，请求本院驳回上诉，维持一审判决。

巨星公司未向本院提交书面答辩意见。

一审法院审理期间，专利复审委在法定期限内向法院提交了以下证据：1. 口头审理记录表（附页）；2. 本专利说明书；3. 附件1，即公开号为CN1455065A的中国发明专利申请公开说明书；4. 附件6，即授权公告号为CN2498234Y的中国实用新型专利说明书；5 、附件7，即授权公告号为CN2160693Y的中国实用新型专利说明书；6. 附件9，即公告号为CN2072898U的中国实用新型专利申请说明书；7. 教育部颁发的证书号为2006-133的获奖证书复印件；8. 关于审判大楼附楼工程设计图纸问题汇报复印件；9. 中国建筑工业出版社于1980年12月第一次印刷的《钢筋混凝土结构》的版权页、目录第3页、第1、35页复印件。

吴方伯向一审法院提交了以下证据：1. 附件1，即公开号为CN1455065A的中国发明专利申请公开说明书；2. 附件2，即公开号为CN1455066A的中国发明专利申请公开说明书；3. 附件3，即授权公告号为 CN2522494Y 的中国实用新型专利说明书；4. 附件 4，即授权公告号为 CN2522495Y 的中国实用新型专利说明书；5. 附件 5，即授权公告号为 CN2419292Y 的中国实用新型专利说明书；6. 附件 6，即授权公告号为 CN2498234Y 的中国实用新型专利说明书；7. 附件 7，即授权公告号为 CN2160693Y 的中国实用新型专利说明书；8. 附件 8，即公告号为 CN2076141U 的中国实用新型专利申请说明书；9. 附件 9，即公告号为 CN2072898U 的中国实用新型专利申请说明书。

巨星公司向一审法院提交了其在无效程序中的意见陈述书。

一审法院经审查认为，各方当事人提交的证据与本案具有关联性，且真实、合法，能够作为认定具体行政行为合法性的事实依据。

上述证据均已随案移送本院。经庭审质证并审查，本院认为一审期间各方当事人提交的证据能够证明本案相关事实，一审法院的认证意见正确，本院予以确认。二审期间，吴方伯向本院提交了湖南大学的硕士论文《WFB 装配式现浇密肋空心楼盖的试验研究》。因吴方伯在二审中提交的该新证据，并非专利复审委所作第 11064 号决定事实依据的证据，不符合最高人民法院《关于行政诉讼证据若干问题的规定》的相关规定，本院不予接纳。

根据以上有效证据，本院确认如下事实：

2004 年 12 月 16 日，吴方伯向国家知识产权局申请名称为“一种钢筋混凝土拼装楼板”的发明专利权。2006 年 12 月 27 日被授权公告，专利号为 200410100982.8，即本专利。本专利权利要求书载明：

1. 一种钢筋混凝土拼装楼板，包括钢筋混凝土预制板、密肋，楼板由多块钢筋混凝土预制板拼装在密肋上组成，其特征在于：钢筋混凝土预制板分为顶板和底板，顶板上设置有连接钢筋，顶板和底板之间设有空心支撑框或实心支撑块，顶板和底板支撑、固定在密肋上，形成拼装楼板。

2. 根据权利要求 1 所述的钢筋混凝土拼装楼板，其特征在于：所述的顶板为盒形顶板。

3. 根据权利要求 1 所述的钢筋混凝土拼装楼板，其特征在于：所述的空心支撑框或实心支撑块内设有加强肋。

4. 根据权利要求 1 所述的钢筋混凝土拼装楼板，其特征在于：所述的顶板或底板上设有加强肋。

2007 年 8 月 17 日，巨星公司针对本专利，向专利复审委提出无效宣告请求，其理由是：本专利权利要求 1~4 不符合《专利法》第二十二条第一、二、三款，《中华人民共和国专利法实施细则》（以下简称《专利法实施细则》）第二十条第一款的规定，并提交了以下九份附件作为证据：

附件 1：公开号为 CN1455065A 的中国发明专利申请公开说明书，其公开日为 2003 年 11 月 12 日；

附件 2：公开号为 CN1455066A 的中国发明专利申请公开说明书，其公开日为 2003 年 11 月 12 日；

附件 3：授权公告号为 CN2522494Y 的中国实用新型专利说明书，其授权公告日为 2002 年 11 月 27 日；

附件 4：授权公告号为 CN2522495Y 的中国实用新型专利说明书，其授权公告日为 2002 年 11 月 27 日；

附件 5：授权公告号为 CN2419292Y 的中国实用新型专利说明书，其授权公告日为 2001 年 2 月 14 日；

附件 6：授权公告号为 CN2498234Y 的中国实用新型专利说明书，其授权公告日为 2002 年 7 月 3 日；

附件 7：授权公告号为 CN2160693Y 的中国实用新型专利说明书，其授权公告日为 1994 年 4 月

6日；

附件8：公告号为CN2076141U的中国实用新型专利申请说明书，其公告日为1991年5月1日；

附件9：公告号为CN2072898U的中国实用新型专利申请说明书，其公告日为1991年3月13日。

巨星公司结合上述证据，认为本专利权利要求1表述前后矛盾、不清楚，不符合《专利法实施细则》第二十条第一款的规定。权利要求1相对于附件1没有新颖性和创造性，相对于附件1、2或附件1、3或附件1、4或附件1、5或附件2、3或附件2、4或附件2、5或附件1、2、3或附件1、2、4或附件1、2、5的组合没有创造性。权利要求2相对于附件1没有新颖性和创造性，相对于附件1、2或附件1、3或附件1、4或附件1、5或附件2、3或附件2、4或附件2、5或附件1、2、3或附件1、2、4或附件1、2、5或附件1、6或附件1、2、6或附件1、3、6或附件1、4、6或附件1、5、6或附件2、3、6或附件2、4、6或附件2、5、6的组合没有创造性。权利要求3相对于附件1没有新颖性和创造性，相对于附件1、2或附件1、3或附件1、4或附件1、5或附件1、7或附件2、3或附件2、4或附件2、5或附件1、2、3或附件1、2、4或附件1、2、5或附件1、2、7或附件1、3、7或附件1、4、7或附件1、5、7或附件2、3、7或附件2、4、7或附件2、5、7的组合没有创造性。权利要求4相对于附件1没有新颖性和创造性，相对于附件1、2或附件1、3或附件1、4或附件1、5或附件1、7或附件2、3或附件2、4或附件2、5或附件1、2、3或附件1、2、4或附件1、2、5或附件1、2、7或附件1、3、7或附件1、4、7或附件1、5、7或附件2、3、7或附件2、4、7或附件2、5、7的组合没有创造性。另外，权利要求1相对于附件1、8或附件1、9或附件2、8或附件2、9或附件1、2、8或附件1、2、9或附件1、3、8或附件1、4、8或附件1、5、8或附件1、3、9或附件1、4、9或附件1、5、9或附件2、3、8或附件2、4、8或附件2、5、8或附件2、3、9或附件2、4、9或附件2、5、9或附件1、2、3、8或附件1、2、4、8或附件1、2、5、8或附件1、2、3、9或附件1、2、4、9或附件1、2、5、9的组合没有创造性；权利要求2相对于前述关于评价权利要求1的全部组合均无创造性，相对于在前述组合的基础上分别增加附件6进行组合的方案也没有创造性；权利要求3、4相对于前述关于评价权利要求1的全部组合均无创造性，相对于在前述组合的基础上分别增加附件7进行组合的方案也没有创造性。

2007年9月12日，吴方伯提交了意见陈述书，同时提交以下三份证据：

证据1：教育部颁发的证书号为2006-133的获奖证书复印件，共2页；

证据2：关于中院审判大楼附楼工程设计图纸问题汇报复印件，共1页；

证据3：中国建筑工业出版社于1980年12月第一次印刷的《钢筋混凝土结构》的版权页、目录第3页、第1、35页复印件，共4页；

吴方伯认为，附件1是现浇空心楼盖（楼板现浇），本专利是装配式空心楼盖（楼板预制），是空心楼盖中两种不同的技术领域。附件2~7均采用模壳的现浇空心楼盖，与本专利是不同的技术领域和技术方案。附件8由现浇底板、现浇肋和开口预制盒子组成空心楼板，附件9由现浇肋和相扣预制盒组成空心楼板，与本专利的技术方案不同。空心楼盖中，对结构性能有影响的是楼面板、底板和肋，模壳只是形成空腔的填充物。本专利省去了制作、运输、施工难的模壳，是空心楼盖最简单、合理的形式。证据1、2说明本发明解决了技术难题、克服了技术偏见、取得了预料不到的技术效果，具有新颖性和创造性。

2007年11月6日，专利复审委举行口头审理。

2007年11月16日，巨星公司向专利复审委提交了意见陈述书，重复了无效宣告请求书中和其在口头审理过程中陈述过的意见。吴方伯在指定期限内未提交意见陈述。

专利复审委审查后，作出第11064号决定。认为：附件1~9均为中国专利文献的公开文本，公开日期均早于本专利的申请日，因此附件1~9已载的内容可以作为本专利的现有技术。本专利权利要求1请求保护一种钢筋混凝土拼装楼板。附件1的实施例36公开了一种空心钢筋砼楼盖，楼板有多个模壳拼装在现浇钢筋砼肋2上，模壳3包括上顶板4和下底6，上顶板和下底之间有侧壁5，模壳内有空腔7，上顶板和下底支撑、固定在肋2上，空腔模壳3的上顶板4上没有现浇钢筋砼上板1，上顶板4、下底6同时外露，形成网格现浇砼肋网杆件式空心钢筋砼楼盖。

将本专利权利要求1与附件1的实施例36相比，附件1中的上顶板、下底、侧壁和肋分别相当于本专利中的顶板、底板、空心支撑框和密肋，其区别在于：顶板和底板为钢筋混凝土预制板、顶板上设置有连接钢筋、顶板和底板之间设有实心支撑块。在附件1说明书第2~6页中还公开了模壳的上顶板与周围侧壁为钢筋砼板；下底为砼；下底内有增强物，增强物为钢筋、预应力钢筋；周围侧壁5与上顶板4或下底6之间的连接26为胶接、焊接、扣接、卡接、铆接、铰接、穿孔锚固；从上顶板4或下底6或两者伸出有露锚固筋12或露网13或网孔带凸凹棘头铁片14或同时伸出有两者或三者，与现浇钢筋砼肋2连接；空腔7内填充有轻质材料48，轻质材料为膨胀珍珠岩；在附件1说明书第14页第3自然段公开了在施工时，先铺设空腔模壳构件3，然后放置并绑扎现浇钢筋砼肋2。可见，附件1中的露锚固筋12或露网13或网孔带凸凹棘头铁片14相当于本专利中的连接钢筋，其所起作用与连接钢筋相同，附件1中在空腔内填充轻质材料就相当于本专利中的实心支撑块，附件1中模壳的上顶板和下底也为钢筋混凝土板。并且附件1中还公开了将模壳周围侧壁与上顶板或下底之间的连接方式，以及先铺设模壳再现浇肋的施工方式，由此可以推断出，模壳是预制的，模壳的上顶板、周围侧壁和下底均是预先制成之后，再彼此连接在一起。由此可见，本领域技术人员不需花费创造性劳动就能得出权利要求1的技术方案，权利要求1相对于附件1不具备创造性，不符合《专利法》第二十二条第三款的规定。

附件9公开了一种复合型带肋楼板，它由一对对相扣的预制小盒子和后浇的平面网格肋相结合而成，每对小盒子由一个向上开口的预制小盒子和另一个向下开口的预制小盒子相扣而成，小盒子之间形成封闭空腔，每对盒子衬在网格肋的空格内，盒子的两个外面板作为复合后带肋楼板的上下面板，其外不再有结构性受力的钢筋混凝土面层。将本专利权利要求1与附件9相比较，附件9中的预制向上开口的盒子、预制向下开口的盒子和网格肋分别相当于权利要求1中的预制底板、顶板和密肋，并且向上开口的盒子的周围侧壁相当于权利要求1中的空心支撑框，权利要求1与附件9的区别在于：顶板和底板为钢筋混凝土板、顶板上设置有连接钢筋以及实心支撑块。如上所述，附件1中公开了模壳的上顶板与周围侧壁为钢筋砼板，下底为砼；从上顶板4或下底6或两者伸出有露锚固筋12或露网13或网孔带凸凹棘头铁片14或同时伸出有两者或三者，与现浇钢筋砼肋2连接；空腔7内填充有轻质材料48，轻质材料为膨胀珍珠岩。可见，附件1中的露锚固筋12或露网13或网孔带凸凹棘头铁片14相当于本专利中的连接钢筋，其所起作用与连接钢筋相同，附件1中在空腔内填充轻质材料就相当于本专利中的实心支撑块，附件1中模壳的上顶板和下底也为钢筋混凝土板。因此，在附件9的基础上结合附件1而得出权利要求1的技术方案，对本领域技术人员来说是不需花费创造性劳动的，权利要求1相对于附件9和附件1的结合不具备创造性，不符合《专利法》第二十二条第三款的规定。

从属权利要求2引用权利要求1，其附加技术特征为：所述的顶板为盒形顶板。附件6中公开一种混凝土楼盖填充用薄壁盒，具有盒体顶面和敞开式壳体，然后将其叠合。可见，附件6公开了顶板为盒形顶板的技术特征，其所起作用与在本专利中所起作用相同，均为通过顶板扣合在空心支撑框上而其到既可防渗漏，又可对空心支撑框或实心支撑块其限位作用。另外，在附件9中公开了向下开口的盒子，从而公开了权利要求2的附加技术特征。因此，当其引用的权利要求1相对于附件1或附件

9和附件1的结合不具备创造性时，权利要求2相对于附件1和附件6的结合、或附件9和附件1的结合、或附件9和附件1和附件6的结合不具备创造性，不符合《专利法》第二十二条第三款的规定。

从属权利要求3引用权利要求1，其附加技术特征为：所述的空心支撑框或实心支撑块内设有加强肋。在附件1中还公开了模壳体内设置有至少一片加劲肋，加劲肋为实心的或空心的。可见附件1中的加劲肋就相当于权利要求3中的加强肋，其所起作用均为增加模壳上顶板和下底的刚度和承载力，并可对周围侧壁起到限位作用。另外，在附件7中还公开了一种模壳构件，在模壳体内设加强肋，并且其所起作用与权利要求3中的加强肋所起作用相同。因此，当其引用的权利要求1相对于附件1或附件9和附件1的结合不具备创造性时，权利要求3相对于附件1、或附件1和附件7的结合、或附件9和附件1的结合、或附件9和附件1和附件7的结合不具备创造性，不符合《专利法》第二十二条第三款的规定。

从属权利要求4引用权利要求1，其附加技术特征为：所述的顶板或底板上设有加强肋。在附件1中还公开了上顶板或下底的内表面有加强筋。可见，附件1公开了权利要求4的附加技术特征。因此，当其引用的权利要求1相对于附件1、或附件9和附件1的结合不具备创造性时，权利要求4相对于附件1、或附件9和附件1的结合也不具备创造性，不符合《专利法》第二十二条第三款的规定。

鉴于本专利权利要求1~4均不具备创造性，专利复审委对巨星公司提出的其他无效理由和附件不再进行评述。

对于吴方伯提交的3份证据，经审查，专利复审委认为，证据1获奖证书不能证明本专利权利要求1~4具备创造性；证据2与本专利无关联性，并且也不能证明本专利权利要求1~4具备创造性；证据3虽然记载了钢筋混凝土梁板结构主要有现浇和预制两大类，并介绍了装配式钢筋混凝土楼盖，证据3也不能说明本专利权利要求1~4具备创造性。

本专利权利要求1~4均不具备创造性，不符合《专利法》第二十二条第三款的规定。专利复审委作出第11064号决定，宣告本专利全部无效。吴方伯不服，遂诉至一审法院。

本院认为，鉴于吴方伯对于第11064号决定中关于证据的认定以及行政审查程序均无异议，本院经审查，确认其合法性。

根据《专利法》第二十二条第三款的规定，创造性，是指同申请日以前已有的技术相比，该发明有突出的实质性特点和显著的进步。

本案中，将本专利权利要求1与附件1的实施例36相比，附件1中的上顶板、下底、侧壁和肋分别相当于本专利中的顶板、底板、空心支撑框和密肋，其区别在于：顶板和底板为钢筋混凝土预制板、顶板上设置有连接钢筋、顶板和底板之间设有实心支撑块。在附件1说明书中公开了模壳的上顶板与周围侧壁为钢筋砼板；下底为砼；下底内有增强物，增强物为钢筋、预应力钢筋；周围侧壁5与上顶板4或下底6之间的连接26为胶接、焊接、扣接、卡接、铆接、铰接、穿孔锚固；从上顶板4或下底6或两者伸出有露锚固筋12或露网13或网孔带凸凹棘头铁片14或同时伸出有两者或三者，与现浇钢筋砼肋2连接；空腔7内填充有轻质材料48，轻质材料为膨胀珍珠岩。在附件1说明书中还公开了在施工时，先铺设空腔模壳构件3，然后放置并绑扎现浇钢筋砼肋2。可见，附件1中的露锚固筋12或露网13或网孔带凸凹棘头铁片14相当于本专利中的连接钢筋，其所起作用与连接钢筋相同；附件1中在空腔内填充轻质材料就相当于本专利中的实心支撑块，附件1中模壳的上顶板和下底也为钢筋混凝土板。并且附件1中还公开了将模壳周围侧壁与上顶板或下底之间的连接方式，以及先铺设模壳再现浇肋的施工方式，由此可推断出模壳是预制的，模壳的上顶板、周围侧壁和下底均是预先制成之后，再彼此连接在一起。因此，专利复审委认定本领域技术人员不需要花费创造性劳动就能得出权利要求1的技术方案，权利要求1相对于附件1不具备创造性，不符合《专利法》第二十二条第三款的规定正确。

本专利权利要求1与附件9相比，附件9中的预制向上开口的盒子、预制向下开口的盒子和网格肋分别相当于权利要求1中的预制底板、顶板和密肋，并且向上开口的盒子的周围侧壁相当于权利要求1中的空心支撑框。权利要求1与附件9的区别在于：顶板和底板为钢筋混凝土板、顶板上设置有连接钢筋以及实心支撑块。附件1中公开了模壳的上顶板与周围侧壁为钢筋砼板，下底为砼；从上顶板4或下底6或两者伸出有露锚固筋12或露网13或网孔带凸凹棘头铁片14或同时伸出有两者或三者，与现浇钢筋砼肋2连接；空腔7内填充有轻质材料48，轻质材料为膨胀珍珠岩。可见，附件1中的露锚固筋12或露网13或网孔带凸凹棘头铁片14相当于本专利中的连接钢筋，其所起作用与连接钢筋相同，附件1中在空腔内填充轻质材料就相当于本专利中的实心支撑块，附件1中模壳的上顶板和下底也为钢筋混凝土板。因此，专利复审委认定在附件9的基础上结合附件1而得出权利要求1的技术方案，对本领域技术人员来说是不需要花费创造性劳动的，权利要求1相对于附件9和附件1的结合不具备创造性，不符合《专利法》第二十二条第三款的规定正确。

鉴于在本专利权利要求1已不具备创造性的前提下，经本院审查，对专利复审委认定本专利权利要求2、3、4不具有创造性的合法性予以确认。

综上，专利复审委所作第11064号决定宣告本专利权无效正确。一审法院判决维持专利复审委所作第11064号决定，认定事实清楚，适用法律正确，审理程序合法，本院应予维持。上诉人吴方伯的上诉理由缺乏事实和法律依据，本院不予支持。依照《中华人民共和国行政诉讼法》第六十一条第（一）项的规定，判决如下：

驳回上诉，维持一审判决。

二审案件受理费人民币100元，由上诉人吴方伯负担（已交纳）。

本判决为终审判决。

审　判　长　朱世宽
代理审判员　赵宇晖
代理审判员　高京雯
二〇〇八年十二月十八日
书　记　员　张　怡

038

铆接式空心地板

无效宣告请求审查决定（第11084号）

决　　定　　号 第11084号
决　　定　　日 2008年2月4日
发明创造名称 铆接式空心地板
国 际 分 类 号 E04F 15/02
无效宣告请求人 常州市红日防静电地板制造有限公司，张云飞
专　利　权　人 常州市华一防静电活动地板有限公司
专　　利　　号 200520075692.2
申　　请　　日 2005年9月19日
授 权 公 告 日 2006年11月15日
合 议 组 组 长 朱文广
主　　审　　员 任颖丽
参　　审　　员 郭建强

法　律　依　据 专利法第22条第2款
决　定　要　点

如果要求保护的发明或者实用新型中存在以数值范围限定的技术特征，其余技术特征与对比文件相同，而对比文件公开的数值落在上述限定的技术特征的数值范围内，将破坏要求保护的发明或者实用新型的新颖性。

一、案由

本无效宣告请求涉及中华人民共和国国家知识产权局于2006年11月15日授权公告的、名称为"铆接式空心地板"的实用新型专利权（下称本专利），其专利号是200520075692.2，申请日是2005年9月19日，专利权人是常州市华一防静电活动地板有限公司。本专利授权公告时的权利要求书如下：

"1. 一种铆接式空心地板，具有上板面（1）和下板面（2），其特征是：上板面（1）上有上板面孔（11），下板面（2）上设置有杯形凹（21），下板面（2）的杯形凹（21）底部有下板面孔（22），上板面（1）和下板面（2）通过相对应的上板面孔（11）和下板面孔（22）铆接连接。

2. 根据权利要求1所述的铆接式空心地板，其特征是：所述上板面（1）在上板面孔（11）处具有下凹翻边，下板面（2）的下板面孔（22）设置在下凹翻边内。

3. 根据权利要求1所述的铆接式空心地板，其特征是：所述相对应的上板面孔（11）和下板面

孔（22）的数量为每块地板 30~80 个。”

针对本专利权，常州市红日防静电地板制造有限公司（下称第一请求人）于 2007 年 7 月 12 日向专利复审委员会提出无效宣告请求，认为本专利权利要求 1、2 不符合专利法第 22 条第 2 款的规定，权利要求 3 不符合专利法第 22 条第 3 款的规定，第一请求人同时提交了如下附件：

附件 1：授权公告日为 2003 年 1 月 1 日、授权公告号为 CN2528829Y（专利号为 01208101.9）的中国实用新型专利说明书，共 15 页；

附件 2：授权公告日为 2005 年 8 月 24 日、授权公告号为 CN2719988Y（专利号为 200420066694.0）的中国实用新型专利说明书，共 13 页。

第一请求人认为：附件 1（权利要求 2、说明书第 6 页第 23~26 行）和附件 2（权利要求 1、2、说明书第 5 页第 11~21 行）都分别公开了本专利权利要求 1、2 的全部技术特征，因此权利要求 1 和 2 不具备新颖性；附件 1 或附件 2 结合公知常识导致权利要求 3 不具有创造性。

经形式审查合格，专利复审委员会依法受理了上述无效宣告请求，并于 2007 年 8 月 21 日向第一请求人和专利权人发出无效宣告请求受理通知书，同时将专利权无效宣告请求书及其附件清单中所列附件的副本转送给专利权人，并要求专利权人在指定的期限内陈述意见。专利权人逾期未答复。

针对本专利权，张云飞（下称第二请求人）于 2007 年 7 月 24 日向专利复审委员会提出无效宣告请求，同时提交了证据 1（同上述附件 2）。第二请求人认为，证据 1（说明书第 5 页第 8~16 行、权利要求 1、2、附图 2A、2B、3）已经公开了本专利权利要求 1~3 的全部技术特征，因此权利要求 1~3不具有新颖性，不符合专利法第 22 条第 2 款的规定。

经形式审查合格，专利复审委员会依法受理了上述无效宣告请求，并于 2007 年 9 月 10 日向第二请求人和专利权人发出无效宣告请求受理通知书，同时将专利权无效宣告请求书及其附件清单中所列附件的副本转送给专利权人，并要求专利权人在指定的期限内陈述意见。专利权人逾期未答复。

专利复审委员会依法成立合议组。本案合议组于 2007 年 11 月 1 日向三方发出无效宣告请求口头审理通知书，定于 2008 年 1 月 16 日在专利复审委员会举行口头审理。

2008 年 1 月 16 日，口头审理如期举行，三方当事人均参加了口头审理。

在口头审理中，专利权人当庭提交了意见陈述书和权利要求书的修改替换页，修改后的权利要求书如下：

“1. 一种铆接式空心地板，具有上板面（1）和下板面（2），其特征是：上板面（1）上有上板面孔（11），下板面（2）上设置有杯形凹（21），下板面（2）的杯形凹（21）底部有下板面孔（22），上板面（1）和下板面（2）通过相对应的上板面孔（11）和下板面孔（22）铆接连接；所述上板面（1）在上板面孔（11）处具有下凹翻边，下板面（2）的下板面孔（22）设置在下凹翻边内；所述相对应的上板面孔（11）和下板面孔（22）交叉布置，数量为每块地板 41 个。”

专利权人认为其对权利要求书的修改是把原权利要求 1、2、3 作了合并，属于合并式修改，符合审查指南的规定，并且将孔的数量限定为 41 个是一种删除式修改，缩小了原权利要求的保护范围，得到了说明书的支持。第一请求人和第二请求人均认为专利权人提交的权利要求书的修改文本已经超过了修改期限，而且修改方式不符合审查指南的相关规定，其中的“上板面孔和下板面孔交叉布置，数量为每块地板 41 个”在原权利要求 1~3 中没有记载。合议组经合议后当庭告知三方，专利权人当庭提交的权利要求书修改替换页不符合审查指南第四部分第三章第 4.6 节的相关规定，因此不予接受，口头审理以授权公告的权利要求书为基础进行。

第一请求人明确其无效宣告的理由、证据和范围是：权利要求 1、2 相对于附件 1 或 2 不具备新颖性，权利要求 3 相对于附件 1 或 2 不具备创造性。第二请求人明确其无效宣告的理由、证据和范围是：权利要求1~3相对于附件2不具备新颖性。专利权人对附件1、2的真实性没有异议。

口头审理中，三方当事人对本专利的新颖性和创造性充分发表了意见。

第一请求人认为：附件1公开了“平面铁板”和“凹弧铁板”，分别对应于本专利权利要求1的上板面和下板面，附件1的“平面铁板等间隔设有多个冲孔柱”对应于权利要求1的上板面孔，附件1的“凹弧铁板设有多个凹弧，凹弧中央设有开孔”对应于权利要求1的杯型凹及下板面孔，附件1的“平面铁板的冲孔柱穿设铆合于凹弧铁板的开孔内”对应于权利要求1的上板面孔和下板面孔铆接连接，因此权利要求1的全部技术特征均已经被附件1公开，权利要求2的下凹翻边在附件1图2及说明书第6页中公开了，因此权利要求1、2相对于附件1不具有新颖性。附件2也公开了铆接的连接状态，附件2的权利要求1、2以及附图2B完全公开了本专利权利要求1、2的所有技术特征，因此权利要求1、2相对于附件2也不具有新颖性。权利要求3中的上板面孔和下板面孔的数量在本领域是常规的选择，附件1、2的附图也都公开了36个孔，因此权利要求3不具有创造性。

第二请求人关于权利要求1、2相对于附件2不具有新颖性的意见与第一请求人相同，关于权利要求3，第二请求人认为附件2的附图2A公开了36个孔，正好落在了权利要求3所限定的30-80个孔的范围内，因此附件2破坏了权利要求3的新颖性。

专利权人认可本专利权利要求1、2相对于附件1或2不具有新颖性，但认为附件1、2中只公开了36个孔，权利要求3中是30~80个孔，附件1、2仅仅破坏了36个孔的新颖性，不能影响30~80范围内除36以外的其他数值的新颖性；并且30~80中除36以外的其他的数值不是完全和36平等的对象，孔的数量不同效果不完全一样，本专利中孔的排列方式解决了铆接结构带来的技术上的不足，解决了施工过程遇到墙边、柱子等部位的异形切割带来的地板强度破坏问题，因此权利要求3具有新颖性和创造性。专利权人请求把修改文本的权利要求1中的“交叉布置”删除。

至此，合议组认为本案事实已经清楚，可以作出审查决定。

二、决定的理由

1. 关于审查文本

专利法实施细则第68条规定，在无效宣告请求的审查过程中，发明或者实用新型专利的专利权人可以修改其权利要求书，但是不得扩大原专利的保护范围。

审查指南第四部分第三章第4.6.2节规定：在满足修改原则的前提下，修改权利要求书的具体方式一般限于权利要求的删除、合并和技术方案的删除。权利要求的合并是指两项或两项以上相互无从属关系但在授权公告文本中从属于同一独立权利要求的权利要求的合并。在此情况下，所合并的从属权利要求的技术特征组合在一起形成新的权利要求。该新的权利要求应当包含被合并的从属权利要求中的全部技术特征。第4.6.3节规定：仅在下列三种情形的答复期限内，专利权人可以以合并的方式修改权利要求书：（1）针对无效宣告请求书；（2）针对请求人增加的无效宣告理由或者补充的证据；（3）针对专利复审委员会引入的请求人未提及的无效宣告理由或者证据。

本案中，专利权人在口审当庭提交了权利要求书的修改替换页，删除了原权利要求1、3，将原权利要求2的全部技术特征与“所述相对应的上板面孔（11）和下板面孔（22）交叉布置，数量为每块地板41个”这一新的技术特征组合在一起形成了新的权利要求1。合议组经审查后认为：专利权人对权利要求书的修改方式不属于权利要求的删除、合并或技术方案的删除，不符合审查指南的规定，因此合议组不予接受。另外，即使如专利权人口头审理当庭表示的对权利要求1再次修改，删除“交叉布置”的特征，但是该修改中仍存在原权利要求书中未包含的特征“数量为每块地板41个”，此外，口审时也已超出了合并式修改的时机要求。因此本决定以授权公告的文本作为审查基础。

2. 关于证据和现有技术

第一请求人请求使用附件 1、2 作为证据，第二请求人请求使用附件 2 作为证据，专利权人对附件 1、2 的真实性没有异议，合议组经审查后认可附件 1、2 的真实性，因此附件 1、2 可以作为本案证据使用，同时由于附件 1、2 的公开日期早于本专利的申请日，因此可以作为本专利的现有技术使用。

3. 关于专利法第 22 条第 2 款

专利法第 22 条第 2 款规定，新颖性，是指在申请日以前没有同样的发明或者实用新型在国内外出版物上公开发表过，在国内公开使用过或者以其他方式为公众所知，也没有同样的发明或者实用新型由他人向国务院专利行政部门提出过申请并且记载在申请日以后公布的专利申请文件中。

如果要求保护的发明或者实用新型中存在以数值范围限定的技术特征，其余技术特征与对比文件相同，而对比文件公开的数值落在上述限定的技术特征的数值范围内，将破坏要求保护的发明或者实用新型的新颖性。

本专利权利要求 1 请求保护一种铆接式空心地板，具有上板面和下板面，上板面上有上板面孔，下板面上设置有杯形凹，杯形凹底部有下板面孔，上板面和下板面通过相对应的上板面孔和下板面孔铆接连接。附件 2 公开了一种高架地板结构（参见权利要求 1、2、说明书第 3 页第 2 段、附图 2B），包含一具有一上板体 20（相当于本专利中的上板面）及一下板体 30（相当于本专利中的下板面）的地板主体，下板体 30 具有数个碗形凹槽 31（相当于本专利中的杯形凹），各凹槽 31 槽体的顶部设有一槽孔 33（相当于本专利中的下板面孔），各槽孔 33 于上板体 20 的相对处设有一孔径相对应于槽孔 33 的抽孔 21（相当于本专利中的上板面孔），抽孔 21 的内缘产生延伸片 23 套入各凹槽 31 的槽孔 33 后锤击紧密固定，形成上板体 20 与下板体 30 铆合状态。由此可见，附件 2 已经公开了权利要求 1 的全部技术特征，且附件 2 所公开的技术方案与权利要求 1 所要求保护的技术方案属于同一技术领域，并能产生相同的技术效果，因此权利要求 1 不具备专利法第 22 条第 2 款规定的新颖性。

权利要求 2 是对权利要求 1 的进一步限定，其附加技术特征为“上板面（1）在上板面孔（11）处具有下凹翻边，下板面（2）的下板面孔（22）设置在下凹翻边内”。附件 2 也公开了（参见说明书第 3 页第 2 段、附图 2B）抽孔 21 的内缘产生延伸片 23（相当于本专利中的下凹翻边），延伸片 23 套入各凹槽 31 的槽孔 33。由此可见，权利要求 2 的附加技术特征也已经被附件 2 所公开，因此在其所引用的权利要求 1 不具备新颖性的前提下，权利要求 2 也不具备新颖性。

权利要求 3 是对权利要求 1 的进一步限定，其附加技术特征为“相对应的上板面孔（11）和下板面孔（12）的数量为每块地板 30~80 个”。附件 2 的附图 2A 为一块地板的立体示意图，由该图可以明显看出该地板上抽孔 21 的数量为 36 个，附件 2 公开的数值 36 落在权利要求 3 限定的 30~80 的数值范围内，因此权利要求 3 的附加技术特征也已经被附件 2 所公开，在其所引用的权利要求 1 不具备新颖性的前提下，权利要求 3 也不具备新颖性。

由于本专利权利要求 1~3 相对于附件 2 都不具备新颖性，应予全部无效，因此对第一请求人的其他无效理由不再予以评述。

根据上述的事实和理由，本案合议组依法作出以下决定。

三、决定

宣告第 200520075692. 2 号实用新型专利权全部无效。

当事人对本决定不服的，可以根据专利法第 46 条第 2 款的规定，自收到本决定之日起三个月内向北京市第一中级人民法院起诉。根据该款的规定，一方当事人起诉后，另一方当事人应当作为第三人参加诉讼。

039

干熄焦除尘设备

无效宣告请求审查决定（第11091号）

决　定　号　第11091号
决　定　日　2007年10月19日
发明创造名称　干熄焦除尘设备
国际分类号　C10B 39/00
无效宣告请求人　山东煤矿莱芜机械厂
专　利　权　人　于彦奎
申　请　号　00256971.X
申　请　日　2000年12月8日
授权公告日　2001年10月17日
合议组组长　朱文广
主　审　员　刘　翚
参　审　员　巩克栋

法律依据　专利法第26条第3款
决定要点

根据专利法第26条第3款的规定，所属技术领域的技术人员按照说明书记载的内容，不需要创造性的劳动，就能够再现该实用新型的技术方案，解决其技术问题，并且产生预期的技术效果。

一、案由

本无效宣告请求涉及国家知识产权局于2001年10月17日授权公告的、名称为“干熄焦除尘设备”的实用新型专利（下称本专利），其申请号是00256971.X，申请日为2000年12月8日，专利权人为于彦奎（下称专利权人）。本专利授权公告的权利要求书为：

“1. 一种干熄焦除尘设备，包括至少一个带有旋风子（18）、直管（16）及螺旋导向机构（17）的除尘单元，其特征是：螺旋导向机构（17）内外侧与直管（16）和旋风子（18）之间紧密配合。

2. 根据权利要求1所述的干熄焦除尘设备，其特征是：螺旋导向机构（17）与直管（16）和旋风子（18）制为一体。

3. 根据权利要求1或2所述的干熄焦除尘设备，其特征是：各除尘单元串联。

4. 根据权利要求1或2所述的干熄焦除尘设备，其特征是：各除尘单元并联。

5. 根据权利要求1或2所述的干熄焦除尘设备，其特征是：各除尘单元串联后再并联。

6. 根据权利要求1或2所述的干熄焦除尘设备，其特征是：它包括至少两组串联的除尘单元，各组中的除尘单元并联构成一级多管除尘机构。

7. 根据权利要求5所述的干熄焦除尘设备，其特征是：前部的多管除尘机构的除尘单元中旋风子的内径大于后部多管除尘机构的除尘单元的旋风子内径。

8. 根据权利要求6所述的干熄焦除尘设备，其特征是：它由串联的两个除尘组组成。”

针对上述专利权，山东煤矿莱芜机械厂（下称请求人）于2003年8月8日向专利复审委员会提出无效宣告请求。在该无效宣告请求中，请求人提交了以下证据：

证据1：《工业防尘手册》，劳动人事出版社，1989年10月第1版，1989年10月第1次印刷，第968~979、1032~1033、1044~1049页及出版信息页，共22页，复印件；

证据2：《烧结设计手册》，冶金工业出版社，1990年2月第1版，1998年8月第2次印刷，第136~137页、封面及出版信息页，共4页，复印件；

证据3：第95232328.1号中国实用新型专利说明书，授权公告号CN2232320Y，公告日1996年8月7日，以及涉及该专利法律状态的实用新型专利公报第16卷第45号第214页和山东省知识产权局检索报告，共8页；

证据4：第97205303.4号中国实用新型专利说明书，授权公告号CN2294117Y，公告日1998年10月14日，以及涉及该专利法律状态的实用新型专利公报第17卷第13号第173页和山东省知识产权局检索报告，共7页。

证据5：本专利说明书。

经形式审查合格后，专利复审委员会受理了该无效宣告请求案，并于2003年8月8日向双方当事人发出了《无效宣告请求受理通知书》，并将《专利权无效宣告请求书》及其他有关文件的副本转送给专利权人。

2003年9月5日，请求人提交了意见陈述，及补充证据6（下称为对比文件1）：中国实用新型专利申请说明书，授权公告号为CN87201805U，公告日为1988年1月27日。

2003年9月8日，请求人再次提交意见陈述，并再次提交了证据6和证据1的复印件。

2003年9月18日，专利权人针对请求人提出的无效宣告请求提交了意见陈述。

2004年2月11日，专利复审委员会向双方发出转送文件通知书，将请求人于2003年9月5日及2003年9月8日提交的意见陈述书及其附件清单中所列的附件的副本转送给专利权人，将专利权人于2003年9月18日提交的意见陈述书转送给请求人。

2004年3月1日，专利权人提交了意见陈述书并附具本专利的除尘器照片。

2004年3月8日，请求人提交了意见陈述书。

2004年3月22日，专利复审委员会向双方当事人发出口头审理通知书，定于2004年5月18日进行口头审理，并将请求人于2004年3月8日提交的意见陈述书转送给专利权人，将专利权人于2004年3月1日提交的意见陈述书转送给请求人。

2004年5月18日，口头审理如期进行，双方均参见了口头审理，口头审理中，请求人明确了其无效宣告请求的理由和范围是：权利要求1~5不符合专利法第22条第2款、第3款所规定的新颖性和创造性，权利要求1不符合专利法第26条第4款的规定，权利要求1不符合专利法实施细则第21条第2款的规定；请求人声明放弃使用证据3和4。专利权人对证据1、2、6真实性没有异议。双方在口头审理中充分陈述了意见。

专利复审委员会于2004年6月11日作出第6223号无效宣告请求审查决定，认为：权利要求1符合专利法第26条第4款及专利法实施细则第21条第2款的规定；权利要求1、2相对对比文件1不具备新颖性，具体为对比文件1公开了一种立式多管除尘器上的多管除尘器陶瓷整体单组管，其由旋风子、排气管、2~10片螺旋进气导向叶片组成，旋风子、排气管、2~10片螺旋进气导向叶片是由陶瓷一体烧结成的整体，与本专利权利要求1对比，对比文件1的排气管相当于权利要求1的直管，对比文件1中的螺旋进气导向叶片相当于权利要求1的螺旋导向机构，并且从对比文件1的图1和图2可以看出螺旋进气导向叶片内外侧与排气管及旋风子之间紧密配合，因此对比文件1公开了权利要求1的全部技术特征，权利要求1不具备新颖性；从属权利要求2的附加技术特征“螺旋导向机构（17）与直管（16）和旋风子（18）制为一体”同样也被对比文件1公开，因此也不具有新颖性；权利要求3不具备创造性；权利要求4、5不具有创造性。因此宣告本专利权利要求1~5无效，维持权利要求6~8有效。

专利权人不服上述决定，向北京市第一中级人民法院提起诉讼，北京市第一中级人民法院于2004年12月10日作出（2004）一中行初字第786号行政判决书，在该判决中，认定了对比文件1所公开的本专利权利要求1的技术特征为：“包括至少一个带有旋风子、直管及螺旋导向机构的除尘单元。”；并且在该判决中还表述了，“本专利权利要求1与对比文件1的区别在于：本专利‘螺旋导向机构内外侧与直管和旋风子之间紧密配合’，而对比文件1相应的‘旋风子、排气管、2~10片螺旋进气导向叶片是由陶瓷一体烧结成的整体’。本院认为，本专利权利要求1中各部件之间是各自独立的，是通过紧密配合的方式而成为一体。而对比文件1中各部件是通过一体烧结而成为不可拆分的整体。因此，二者是不同的技术方案，对比文件1没有公开本专利权利要求1‘螺旋导向机构内外侧与直管和旋风子之间紧密配合’的技术特征，因此权利要求1符合专利法第22条第2款的规定。权利要求2是权利要求1的从属权利要求，当其引用的权利要求1具有新颖性时，权利要求2也符合专利法第22条第2款的规定。专利复审委员会在第6223号决定中认定本专利权利要求1~2不具有新颖性是错误的，本院予以纠正”。基于权利要求1新颖性的认定是错误的结论，要求专利复审委员会对权利要求2的新颖性及权利要求1~5的创造性重新作出评价。

北京市高级人民法院于2005年6月10日作出（2005）高行终字第136号终审行政判决书，认为，“权利要求1中的‘紧密配合’并非某种具体的连接方式，而是功能性的描述。结合权利要求2中的‘制为一体’的限定、说明书中有关连接方式的说明以及本案专利的发明目的，作为本领域的普通技术人员对‘紧密配合’的理解应当是，各组件之间相互独立，通过某种连接方式使各组件之间间隙最小或无间隙。如果将本案专利的‘紧密配合’和‘制为一体’理解成对比文件1的‘旋风子、排气管、2~10片螺旋导向叶片是由陶瓷一体烧结的整体’的连接方式，显然与本案专利的说明书中实施例将‘制为一体’具体描述为‘三部分制为一体，旋风导向机构的外端及内端与旋风子和直管分别相接且没有间隙’不符。”因此，认为专利复审委员会认定本案专利权利要求1和2不具有新颖性证据不足，维持了一审判决。

根据两审法院判决专利复审委员会依法成立合议组，再次进行口头审理之后，并于2005年12月9日作出第7798号无效宣告请求审查决定，认为：基于两审法院的认定，权利要求1具备专利法第22条第3款规定的创造性。同时，合议组认为：权利要求1中“干熄焦除尘设备”的结构为三部分，而权利要求2中“干熄焦除尘设备”的结构为一体，因此权利要求2只是权利要求1形式上从属权利要求，实质上是独立权利要求，并认为权利要求2及引用权利要求2的权利要求3~5不具备创造性。因此宣告本专利权利要求2及引用权利要求2时的权利要求3~5无效。

专利权人不服上述决定，向北京市第一中级人民法院提起诉讼，北京市第一中级人民法院于2006年6月20日作出（2006）一中行初字第327号行政判决书，在第9页中详细表述了：“在本案中，本专利权利要求2包含了权利要求1中的所有技术特征。对于权利要求1中的‘紧密配合’并未描述某种具体的连接方式，仅是功能性的描述。而权利要求2中的‘制为一体’结合说明书中有关连接方式的说明以及本专利的发明目的，可以解释为‘制为一体’区别于焊接、粘接等其他方式，是对权利要求1中‘紧密配合’的进一步限定。作为本领域的普通技术人员对‘紧密配合’的理解应当为各组件之间相互独立，通过某种连接方式使各组件之间间隙最小或无间隙。因此，权利要求2从形式到内容均为权利要求1的从属权利要求。在其引用的权利要求1具有创造性的前提下，权利要求2也具有创造性。权利要求3~5在引用权利要求1或2的前提下，也具有创造性”。北京市高级人民法院于2006年11月2日作出（2006）高行终字第391号终审行政判决书，维持了一审判决。

根据上述法院的判决专利复审委员会依法成立本合议组，再次进行审理（案件编号为5w08551），并于2007年2月7日向双方当事人发出口头审理通知书，定于2007年3月29日举行口头审理。

请求人于2006年9月21日再次向专利复审委员会提出无效宣告请求，请求人同时提交了以下证据：

附件1：公告日为1988年1月27日，申请号CN87201805U的中国实用新型专利申请说明书，共7页；

附件2：中国建筑工业出版社出版的《除尘技术》封面页，版权信息页，目录页，内容第1、18~21、36~43页，复印件共10页；

附件3：冶金工业出版社出版的《烧结设计手册》封面页，版权信息页，前言，内容135~137页，复印件共7页；

附件4：中国环境科学出版社出版的《中、小型燃煤锅炉烟气除尘、脱硫实用技术指南》封面页，版权信息页，目录页，内容第22~25页，复印件共5页；

附件5：劳动人事出版社出版的《工业防尘手册》封面页，版权信息页，序言，内容第972~974、1032~1034、1044~1048页，复印件共15页；

请求人认为本专利全部权利要求不符合专利法第26条第3、4款以及专利法第22条第2、3款的规定。

经形式审查合格后，专利复审委员会受理了该无效宣告请求案（案件编号为5w08164），并于2006年9月27日向双方当事人发出了《无效宣告请求受理通知书》，并将《专利权无效宣告请求书》及其他有关文件的副本转送给专利权人。

本案合议组于2007年2月7日向双方当事人发出口头审理通知书，定于2007年3月29日举行口头审理。

上述两案件（即案件编号为5w08551和5w08164）的口头审理如期举行，请求人单方出席了口头审理。请求人明确其无效的理由、证据、范围以及证据的使用情况为：权利要求1~8不符合专利法第26条第3、4款；权利要求2相对于附件1不符合专利法第22条第2、3款的规定；权利要求7不符合专利法实施细则第20条第1款的规定；权利要求8不符合专利法第26条第4款的规定；权利要求3~8的附加技术特征被附件2、3、5公开，相对于附件1分别与附件2、3、5的结合不具备创造性。请求人明确表示没有其他的无效理由、证据、范围和证据组合形式。请求人当庭出示附件2、3、5的原件。合议组经过核实复印件与原件相符。关于专利法第26条第3款，请求人的具体主张为：说明书中没有以具体的实施方式来解释权利要求1的“紧密配合”。根据生效的北京市第一中级法院行政判决书（2006）一中行初字第327号中第9页所述权利要求2中的“制为一体”区别于焊接、粘接等其他方式，是对权利要求1紧密配合的进一步限定。而本专利说明书中并没有对制为一体进行详细说明，“制为一体”只是结果，并没有详细说明是怎样制为一体的，所以权利要求2公开不充分。因为权利要求1包括权利要求2的“制为一体”的形式，所以权利要求1也公开不充分。因为从属权利要求3~8分别引用了权利要求1、2，所以权利要求3~8也公开不充分。

2007年4月2日，本案合议组向专利权人发出无效宣告请求审查通知书，随本次通知书将第5w08164和5w08551号案件的口头审理记录表及附表复印件共5页转送给专利权人，并请专利权人针对请求人提出的无效理由陈述意见，特别是针对专利法第26条第3款的无效理由陈述意见。

2007年4月28日，专利权人针对无效宣告请求审查通知书提交了意见陈述，专利权人认为，关于权利要求2中的“制为一体”，在本专利说明书第2页第10行记载了，每个多管除尘部分由多个除尘单元组成，每个除尘单元包括其旋风子（18）、直管（16）以及旋风子（18）和直管（16）之间的旋风导向机构（17），上述三部分制为一体。通过上述已说明三个独立的零部件垂直组合的位置，即旋风导向机构（17）在旋风子（18）与直管（16）之间。组装时在箱体内，先摆放旋风子，旋风子之间用填料填空，然后把螺旋导向器座装在旋风子上端，它是上下面与面的对接，面与面的间隙用矾土水泥混合料密封，这样制为一体除尘单元它不仅不漏风，提高了除尘效率，而且如果螺旋导向机构（易损件）磨损坏，可利用专用工具从上部吊出来进行更换。它是可以拆卸的。通过本发明图2、装配图3、业内人士一看就知道这三个零部件是怎样制为一体的。同时，专利权人还提交了本专利说明书、北京市第一中级法院（2006）一中行初字第327号行政判决书和北京市第一中级法院（2004）一中行初字第786号行政判决书用以说明山东煤矿莱芜机械厂再次无效宣告请求复审委立案，不符合法律程序。

至此，合议组认为本案事实已经调查清楚，依法作出如下决定。

二、决定的理由

1. 关于复审委对案件编号为5w08164和5w08551号的无效宣告请求案的审理

审查指南的规定，无效宣告请求审查决定被人民法院的生效判决撤销后，专利复审委员会应当重新作出审查决定。

已生效北京市第一中级人民法院行政判决书（2006）一中行初字第327号中撤销了专利复审委员会作出的第7798号决定，并且北京市高级人民法院行政判决书（2006）高行终字第391号对上述行政判决书予以维持。根据审查指南的规定，专利复审委员会应当对上述被撤销的第7798号决定重新作出审查。而案件编号为5w08551号的案件正是专利复审委员会对上述被撤销的第7798号决定重新作出审查而成立的案件，因此专利权人认为该案件立案不符合法律程序的主张不能成立。

专利法第45条规定，自国务院专利行政部门公告授予专利权之日，任何单位或者个人认为该专利权的授予不符合本法有关规定的，可以请求专利复审委员会宣告该专利权无效。

因此山东煤矿莱芜机械厂再次向专利复审委员会请求无效宣告并无不当，专利权人认为山东煤矿莱芜机械厂再次提出无效宣告请求并且复审委员会立案不符合法律程序的主张不能成立。

2. 关于专利法第26条第3款

专利法第26条第3款规定，说明书应当对发明或者实用新型作出清楚、完整的说明，以所属技术领域的技术人员能够实现为准。

根据该款规定，所属技术领域的技术人员按照说明书记载的内容，不需要创造性的劳动，就能够再现该实用新型的技术方案，解决其技术问题，并且产生预期的技术效果。

具体到本案中，请求人认为说明书中没有以具体的实施方式来解释权利要求1的“紧密配合”。根据生效的北京市第一中级法院行政判决书（2006）一中行初字第327号中第9页所述权利要求2中的“制为一体”是区别于焊接、粘接等的其他方式，是对权利要求1紧密配合的进一步限定，而本专利说明书中并没有对制为一体进行详细说明，“制为一体”只是结果，并没有详细说明是怎样制为一体的，所以对权利要求2公开不充分。因为权利要求1包括权利要求2的“制为一体”的形式，所以对权利要求1也公开不充分。因为从属权利要求3~8分别引用了权利要求1、2所以对权利要求3~8也公开不充分。

合议组认为：

本专利权利要求2中具有“制为一体”这个技术特征。已生效法院判决对本专利技术方案进行了解释，即在已生效的北京市第一中级法院行政判决书（2004）一中行初字第786号中第7页中“本专利权利要求1中各部件之间是各自独立的，是通过紧密配合的方式而成为一体的”，这说明了旋风子18、直管16以及旋风导向机构17这三个部件是各自独立的；在已生效的北京市第一中级法院行政判决书（2006）一中行初字第327号中第9页中认为“对于权利要求1中的‘紧密配合’并未描述某种具体的连接方式，仅是功能性的描述。而权利要求2中的‘制为一体’结合说明书中有关连接方式的说明以及本专利的发明目的，可以解释‘制为一体’区别于焊接、粘接等其他方式，是对权利要求1中‘紧密配合’的进一步限定”，这对“制为一体”进行了解释。

并且，在本专利说明书中对“制为一体”的解释出现在说明书第2页中，即“每个多管除尘部分由多个除尘单元组成，如图2所示，每个除尘单元包括其旋风子18、直管16以及旋风子18和直管16之间的旋风导向机构17，上述三部分制为一体，旋风导向机构17的外端及内端与旋风子18和直管16分别相接并且没有间隙”。

因此，合议组基于上述法院判决及本专利说明书的解释，可以看出旋风子18、直管16以及旋风导向机构17这三个各自独立的部件是以“制为一体”的方式紧密配合在一起，并且这种“制为一体”是以焊接、粘接等之外的方式实现的。然而本专利中并没有解释“制为一体”是怎样的使各部件紧密配合在一起的，同时也未说明焊接、粘接等之外以一种怎样的方式实现“制为一体”，因此所属领域技术人员根据说明书的记载并不能够知晓如何实现“制为一体”并使各部件紧密配合在一起。

专利权人对“制为一体”进行了意见陈述，其认为“组装时在箱体内，先摆放旋风子，旋风子之间用填料填空，然后把螺旋导向器座装在旋风子上端，它是上下面与面的对接，面与面的间隙用矾土水泥混合料密封，这样制为一体除尘单元它不仅不漏风，提高了除尘效率，而且如果螺旋导向机构（易损件）磨损坏。可利用专用工具从上部吊出来进行更换。它是可以拆卸的。”然而，首先专利权人说明了螺旋导向器和旋风子之间采用了“矾土水泥混合料密封”即“粘接”的方式，也就是说专利权人的意见陈述中也没有说明不同于焊接、粘接等其他方式的“制为一体”到底是何种方式；其次专利权人并未说明直管16与螺旋导向器和旋风子之间的连接方式，其也没有说明这三个部件之间不同于焊接、粘接等其他方式的“制为一体”到底是何种方式。

综上所述，所属领域技术人员按照本专利记载的内容无法实现权利要求2所要求保护的技术方案，因此本专利权利要求2所请求保护的技术方案在本专利说明书中没有清楚、完整的说明，所属领域技术人员不能实现该方案，因此对权利要求2所请求保护的技术方案公开不充分，不符合专利法第26条第3款的规定。

由于权利要求1包括权利要求2的“制为一体”的这个技术方案，因此对权利要求1也公开不充分，不符合专利法第26条第3款的规定。从属权利要求3~8分别引用了权利要求1、2，并且从属权利要求3~8的附加技术特征并未对“制为一体”进行进一步解释或说明，因此对权利要求3~8也公开不充分，不符合专利法第26条第3款的规定。

基于以上事实和理由，本案合议组作出如下审查决定。

三、决定

宣告00256971.X号实用新型专利的权利要求1~8无效。

当事人对本决定不服的，可以根据专利法第46条第2款的规定，自收到本决定之日起三个月内向北京市第一中级人民法院起诉。根据该规定，一方当事人起诉后，另一方当事人应当作为第三人参加诉讼。

北京市第一中级人民法院
行政判决书

（2008）一中行初字第751号

原告于彦奎，男，1940年10月26日出生，汉族，住山东省济南市槐荫区机床二厂北村13号楼。

委托代理人邓金山，男，1962年7月11日出生，济南环保陶瓷除电技术研究所职员，住山东省济南市天桥区北园大街607号1号楼。

被告国家知识产权局专利复审委员会，住所地北京市海淀区北四环西路9号银谷大厦10~12层。

法定代表人廖涛，副主任。

委托代理人王森，国家知识产权局专利复审委员会审查员。

委托代理人张华，国家知识产权局专利复审委员会审查员。

第三人山东煤矿莱芜机械厂，住所地山东省莱芜市凤城西大街329号。

法定代表人刘春峰，厂长。

委托代理人刘俊仕，北京市新元律师事务所律师。

委托代理人张建峰，男，1975年3月1日出生，山东煤矿莱芜机械厂职工，住山东省莱芜市莱城区杨庄镇康通路75号院。

原告于彦奎不服被告国家知识产权局专利复审委员会（以下简称专利复审委员会）于2007年10月19日作出的第11091号无效宣告请求审查决定（以下简称第11091号决定），在法定期限内向本院提起诉讼。本院于2008年6月2日受理后，依法组成合议庭，并通知山东煤矿莱芜机械厂（以下简称莱芜机械厂）作为第三人参加诉讼，于2008年11月4日公开开庭进行了审理。原告于彦奎的委托代理人邓金山，被告专利复审委员会的委托代理人王森、张华，第三人莱芜机械厂的委托代理人刘俊仕到庭参加了诉讼，本案现已审理终结。

第11091号决定是专利复审委员会就莱芜机械厂针对于彦奎拥有的名称为“干熄焦除尘设备”专利号为00256971.X的实用新型专利（以下简称本专利）提出的无效宣告请求而作出的。专利复审委员会在该决定中认定：关于本专利是否符合《中华人民共和国专利法》（以下简称《专利法》）第二十六条第三款。本专利权利要求2中具有“制为一体”这个技术特征。已生效法院判决对本专利技术方案进行了解释，即在已生效的北京市第一中级人民法院（2004）一中行初字第786号行政判决书（简称第786号判决）第7页中认为“本专利权利要求1中各部件之间是各自独立的，是通过紧密配合的方式而成为一体的”，这说明了旋风子18、直管16以及旋风导向机构17这三个部件是各自独立的；在已生效的北京市第一中级人民法院（2006）一中行初字第327号行政判决书（简称第327号判决）第9页中认为“对于权利要求1中的‘紧密配合’并未描述某种具体的连接方式，仅是功能性的描述。而权利要求2中的‘制为一体’结合说明书中有关连接方式的说明以及本专利的发明目的，可以解释‘制为一体’区别于焊接、粘接等其他方式，是对权利要求1中‘紧密配合’的进一步限定”，这对“制为一体”进行了解释。并且，在本专利说明书中对“制为一体”的解释出现在说明书第2页中，即“每个多管除尘部分由多个除尘单元组成，如图2所示，每个除尘单元包括其旋风子18、直管16以及旋风子18和直管16之间的旋风导向机构17，上述三部分制为一体，旋风导向机构17的外端及内端与旋风子18和直管16分别相接并且没有间隙”。因此，专利复审委员会认为，基于上述法院判决及本专利说明书的解释，可以看出旋风子18、直管16以及旋风导向机构17这三个各自独立的部件是以“制为一体”的方式紧密配合在一起，并且这种“制为一体”是以焊接、粘接等之外的方式实现的。然而本专利中并没有解释“制为一体”是怎样使各部件紧密配合在一起的，同时也未说明如何焊接、粘接之外的方式实现“制为一体”，因此所属领域技术人员根据说明书的记载并不能够知晓如何实现“制为一体”并使各部件紧密配合在一起。于彦奎对“制为一体”进行了意见陈述，其认为“组装时在箱体内，先摆放旋风子，旋风子之间用填料填空，然后把螺旋导向器座装在旋风子上端，它是上下面与面的对接，面与面的间隙用矾土水泥混合料密封，这样制为一体除尘单元不仅不漏风，提高了除尘效率，而且如果螺旋导向机构（易损件）磨损坏，可利用专用工具从上部吊出来进行更换。它是可以拆卸的。”然而，首先于彦奎说明了螺旋导向器和旋风子之间采用了“矾土水泥混合料密封”即“粘接”的方式，也就是说于彦奎的意见陈述中也没有说明不同于焊接、粘接等其他方式的“制为一体”到底是何种方式；其次于彦奎并未说明直管 16 与螺旋导向器和旋风子之间的连接方式，其也没有说明这三个部件之间不同于焊接、粘接等其他方式的“制为一体”到底是何种方式。综上所述，所属领域技术人员按照本专利说明书记载的内容无法实现权利要求 2 所要求保护的技术方案，因此本专利权利要求 2 所请求保护的技术方案在本专利说明书中没有清楚、完整的说明，所属领域技术人员不能实现该方案，因此对权利要求 2 所请求保护的技术方案公开不充分，不符合《专利法》第二十六条第三款的规定。由于权利要求 1 包括权利要求 2 的“制为一体”的这个技术方案，因此权利要求 1 也公开不充分，不符合《专利法》第二十六条第三款的规定。从属权利要求 3~8 分别引用了权利要求 1、2，并且从属权利要求 3~8 的附加技术特征并未对“制为一体”进行进一步解释或说明，因此权利要求 3~8 也公开不充分，不符合《专利法》第二十六条第三款的规定。据此，专利复审委员会作出第 11091 号决定，宣告本专利全部无效。

原告于彦奎不服第 11091 号决定，起诉称：1. 在先生效判决已认定本专利权利要求全部有效，所以被告不应再次进行审查。2. 第三人在 2004 年 2 月 25 日给被告的意见陈述书中已提出过公开不充分的问题，因此，其不是新的无效理由，被告不应对此问题再次审理。3. 第三人早已实现了本专利的技术方案，因此，本专利能够实现，没有公开不充分。4. 螺旋导向器和旋风子之间采用“矾土水泥混合料密封”不是“粘接”的方式，从本专利附图 3 中可以看出在箱体内先摆放旋风子，旋风子之间用填料填空，然后把螺旋导向器座装在旋风子上端，它是上下面与面的对接，面与面的间隙用矾土水泥混合料密封，这样制为一体除尘单元。被告是把“密封”和“粘接”的含义理解错误，所以被告对原告技术方法的理解错误，并不是原告公开不充分。5. 被告以权利要求 1 包括权利要求 2 的‘制为一体’的这个技术方案为由认定权利要求 1 也公开不充分存在错误。综上，请求人民法院撤销第 11091 号决定。

被告专利复审委员会辩称：1. 在先的决定适用的是《专利法》第二十二条第二款和第三款，与本案决定并不是基于同一个事实和理由。案件编号为 5w08551 号的案件是被告对被撤销的第 7798 号无效宣告请求审查决定（简称第 7798 号决定）重新作出审查而成立的案件，因此，被告对其进行审查符合法律程序的规定。2. 案件编号为 5w08164 号的案件是第三人再次向被告请求无效宣告成立的案件，其符合《专利法》第四十五条的规定。3. 本专利说明书文字部分并未记载“在箱体内先摆放旋风子，旋风子之间用填料填空，然后把螺旋导向器座装在旋风子上端，它是上下面与面的对接，面与面的间隙用矾土水泥混合料密封，这样制为一体除尘单元”的内容，同时附图 3 是附图 1 的部分剖视图，而附图 1 为本专利所述系统的结构示意图，所以附图 3 不可能为装配图，也不可能得出原告所声称的上述装配内容。本专利并未说明“制为一体”到底是何种方式，因此本专利公开不充分。综上，第 11091 号决定认定事实清楚、适用法律正确，请求人民法院依法驳回原告的诉讼请求，维持第 11091 号决 定。

第三人莱芜机械厂未提交书面陈述意见，其当庭述称：1. 第 11091 号决定是以本专利不符合《专利法》第二十六条第三款作出的，在先的决定和判决都没有适用这一条款。2. 原告对“制为一体”作了超范围的解释。综上，第 11091 号决定认定事实清楚、适用法律正确，请求人民法院依法驳回原告的诉讼请求，维持第 11091 号决定。

本院经审理查明：

本专利是名称为“干熄焦除尘设备”的实用新型专利，申请日是 2000 年 12 月 8 日，2001 年 10 月 17 日经国家知识产权局授权公告，专利号为 00256971. X，专利权人为于彦奎。

本专利授权公告的权利要求书如下：

“1. 一种干熄焦除尘设备，包括至少一个带有旋风子（18）、直管（16）及螺旋导向机构（17）的除尘单元，其特征是：螺旋导向机构（17）内外侧与直管（16）和旋风子（18）之间紧密配合。

2. 根据权利要求 1 所述的干熄焦除尘设备，其特征是：螺旋导向机构（17）与直管（16）和旋风子（18》制为一体。

3. 根据权利要求 1 或 2 所述的干熄焦除尘设备，其特征是：各除尘单元串联。

4. 根据权利要求 1 或 2 所述的干熄焦除尘设备，其特征是：各除尘单元并联。

5. 根据权利要求 1 或 2 所述的干熄焦除尘设备，其特征是：各除尘单元串联后再并联。

6. 根据权利要求 1 或 2 所述的干熄焦除尘设备，其特征是：它包括至少两组串联的除尘单元，各组中的除尘单元并联构成一级多管除尘机构。

7. 根据权利要求 5 所述的干熄焦除尘设备，其特征是：前部的多管除尘机构的除尘单元中旋风子的内径大于后部多管除尘机构的除尘单元的旋风子内径。

8. 根据权利要求 6 所述的干熄焦除尘设备，其特征是：它由串联的两个除尘组组成。”

针对本专利，莱芜机械厂于 2003 年 8 月 8 日以本专利权利要求 1~5 不符合《专利法》第二十二条第二款和第三款有关新颖性和创造性的规定、权利要求 1 不符合《专利法》第二十六条第四款的规定、权利要求 1 不符合《中华人民共和国专利法实施细则》（以下简称《专利法实施细则》》第二十一条第二款的规定为由向专利复审委员会提出无效宣告请求。

经审理，专利复审委员会于 2004 年 6 月 11 日作出第 6223 号无效宣告请求审查决定（以下简称第 6223 号决定），认为权利要求 1 符合《专利法》第二十六条第四款及《专利法实施细则》第二十一条第二款的规定，权利要求 1、2 不具备新颖性，权利要求 1~5 不具有创造性。因此宣告本专利权利要求 1~5 无效，维持权利要求 6~8 有效。

于彦奎对第 6223 号决定中关于权利要求 1、2 不具备新颖性，权利要求 1~5 不具备创造性的认定不服，向本院提起行政诉讼，本院于 2004 年 12 月 10 日作出（2004）一中行初字第 786 号判决，认为：权利要求 1 符合《专利法》第二十二条第二款有关新颖性的规定。且该判决同时认为“本专利权利要求 1 中各部件之间是各自独立的，是通过紧密配合的方式而成为一体。”因此，判决撤销专利复审委员会第 6223 号决定。专利复审委员会和莱芜机械厂不服，提起上诉，于彦奎服从该判决。北京市高级人民法院于 2005 年 6 月 10 日作出（2005）高行终字第 136 号终审行政判决书（简称第 136 号判决），维持一审判决。第 786 号判决生效后，专利复审委员会重新成立了合议组对上述无效宣告请求进行了审查，并于 2005 年 12 月 9 日作出第 7798 号决定，认为权利要求 1 具备《专利法》第二十二条第三款规定的创造性，同时权利要求 2 只是权利要求 1 形式上的从属权利要求，实质上是独立权利要求，并认为权利要求 2 具备新颖性，权利要求 2 及引用权利要求 2 的权利要求 3~5 不具备创造性。因此宣告本专利权利要求 2 及引用权利要求 2 的权利要求 3~5 无效。

于彦奎对第 7798 号决定中关于权利要求 2 是独立权利要求，权利要求 2~5 不具备创造性的认定不服，向本院提起行政诉讼，本院于2006年6月20日作出（2006）一中行初字第327号判决，认为权利要求2是独立权利要求1的从属权利要求，在其引用的权利要求1具有创造性的前提下，权利要求2~5具有创造性。且该判决同时认为“权利要求1中的‘紧密配合’并未描述某种具体的连接方式，仅是功能性的描述。而权利要求2中的‘制为一体’结合说明书中有关连接方式的说明以及本专利的发明目的，可以解释为‘制为一体’区别于焊接、粘接等其他方式，是对权利要求1中‘紧密配合’的进一步限定。作为本领域的普通技术人员对‘紧密配合’的理解应当为各组件之间相互独立，通过某种连接方式使各组件之间间隙最小或无间隙。”因此，判决撤销专利复审委员会第7798号决定，维持本专利权有效。专利复审委员会和莱芜机械厂不服，提起上诉，于彦奎服从该判决。北京市高级人民法院于2006年11月2日作出（2006）高行终字第391号终审行政判决书（简称第391号判决），维持了一审判决。

第327号判决生效后，专利复审委员会重新成立了合议组对上述无效宣告请求进行了审查（案件编号为5w08551）。

莱芜机械厂于2006年9月21日以本专利权利要求1~8不符合《专利法》第二十六条第三款和第四款的规定、权利要求2不符合《专利法》第二十二条第二款有关新颖性的规定、权利要求2~8不符合《专利法》第二十二条第三款有关创造性的规定、权利要求7不符合《专利法实施细则》第二十条第一款的规定为由再次向专利复审委员会提出无效宣告请求（案件编号为5w08164）。专利复审委员会于2007年3月29日对上述两案件（即案件编号为5w08551和5w08164）合并进行了口头审理，莱芜机械厂单方出席了口头审理。2007年10月19日专利复审委员会认为本案事实已经清楚，作出第11091号决定。

另查，2004年2月25日莱芜机械厂向专利复审委员会提交的意见陈述书中没有涉及本专利权利要求是否公开不充分的问题。

上述事实有本专利授权公告文本、第6223号决定、第7798号决定、第786号判决、第136号判决、第327号判决、第391号判决、2004年2月25日莱芜机械厂的意见陈述书、第10191号决定书以及当事人陈述等证据在案佐证。

本院认为：

针对当事人的诉辩主张，本案的争议焦点在于：

1. 关于被告对案件编号为5w08164和5w08551号的无效宣告请求案的审理是否合法。

《审查指南》第四部分第一章第八节规定，无效宣告请求审查决定被人民法院的生效判决撤销后，专利复审委员会应当重新作出审查决定。

生效的第327号判决撤销了被告作出的第7798号决定，根据《审查指南》的上述规定，被告应当对上述被撤销的第7798号决定所涉无效宣告请求重新作出审查。而案件编号为5w08551号的案件是被告对上述被撤销的第7798号决定重新作出审查而成立的案件，因此原告认为被告对案件编号为5w08551号的案件进行审理不符合法律程序的诉讼主张没有法律依据，本院不予支持。

《专利法》第四十五条规定，自国务院专利行政部门公告授予专利权之日，任何单位或者个人认为该专利权的授予不符合本法有关规定的，可以请求专利复审委员会宣告该专利权无效。

第三人于2006年9月21日再次向被告就本专利提出无效宣告请求（案件编号为5w08164号），被告对该无效宣告请求案的审理符合上述《专利法》第四十五条的规定，并无不当。因此原告认为被告对案件编号为5w08164号的案件进行审理不符合法律程序的诉讼主张没有法律依据，本院不予支持。

原告认为第三人在2004年2月25日给被告的意见陈述书中已提出过公开不充分的问题，因此，其不是新的无效理由，被告不应对此问题再次审理。但由查明的事实可知，第三人在该意见陈述书中并未提出本专利说明书公开不充分的理由。鉴于该诉讼主张缺乏事实依据，故本院不予支持。

2. 关于本专利权利要求 1~8 是否公开不充分。

《专利法》第二十六条第三款规定，说明书应当对发明或者实用新型作出清楚、完整的说明，以所属技术领域的技术人员能够实现为准。

根据该款规定，说明书对实用新型作出清楚、完整的说明是指，所属技术领域的技术人员按照说明书记载的内容，不需要创造性的劳动，就能够再现该实用新型的技术方案，解决其技术问题，并且产生预期的技术效果。

（1）关于权利要求 2 是否公开不充分。

根据生效的在先判决的认定，"本专利权利要求 1 中各部件之间是各自独立的，是通过紧密配合的方式而成为一体的"，"对于权利要求 1 中的'紧密配合'并未描述某种具体的连接方式，仅是功能性的描述。而权利要求 2 中的'制为一体'结合说明书中有关连接方式的说明以及本专利的发明目的，可以解释'制为一体'区别于焊接、粘接等其他方式，是对权利要求 1 中'紧密配合'的进一步限定"。然而本专利说明书中并没有解释"制为一体"具体是怎样使各部件紧密配合成为一体的，同时也未说明除焊接、粘接之外以何种方式实现"制为一体"，因此所属领域技术人员根据说明书的记载并不能够知晓如何实现"制为一体"并使各部件紧密配合在一起。因此，权利要求 2 公开不充分，不符合《专利法》第二十六条第三款的规定。

原告主张所述螺旋导向器和旋风子之间采用"矾土水泥混合料密封"不是"粘接"的方式，从本专利附图 3 中可以看出在箱体内先摆放旋风子，旋风子之间用填料填空，然后把螺旋导向器座装在旋风子上端，它是上下面与面的对接，面与面的间隙用矾土水泥混合料密封，这样制为一体除尘单元。本院认为，首先本专利说明书文字部分并未记载上述内容，其次附图 3 是附图 1 的部分剖视图，而附图 1 为本专利所述系统的结构示意图，所以对所属领域技术人员来说根据附图 3 以及说明书中相应的文字记载也不可能直接地、毫无疑义地导出原告所声称的上述内容。因此原告的上述诉讼主张没有事实和法律依据，本院不予支持。至于原告认为第三人早已实现了本专利的技术方案，因此，本专利能够实现，没有公开不充分的诉讼主张，本院认为，第三人是否实际实现本专利与本专利说明书是否充分公开并无必然的因果关系，故原告的上述诉讼主张由于没有事实和法律依据，本院不予支持。

（2）关于权利要求 1 是否公开不充分。

根据生效的在先判决的认定，"本专利权利要求 1 中各部件之间是各自独立的，是通过紧密配合的方式而成为一体的"，而说明书中亦记载了"本专利可以通过焊接、粘接等其他方式实现"。因此，所属领域技术人员根据说明书的记载能够知晓如何实现权利要求 1 的技术方案。因此，权利要求 1 已经充分公开，符合《专利法》第二十六条第三款的规定。同时，被告以权利要求 1 包括权利要求 2 的"制为一体"的这个技术方案为前提，以权利要求 2 公开不充分为由，认定权利要求 1 也公开不充分没有法律依据，因此，被告对权利要求 1 公开不充分的认定错误，本院在此予以纠正。

由于被告是在认定权利要求 1 和 2 公开不充分的前提下，进而以从属权利要求 3~8 的附加技术特征并未对"制为一体"进行进一步解释或说明为由，认定权利要求 3~8 也公开不充分的。由于被告对权利要求 1 公开不充分的认定错误，因此其认定从属权利要求 3~8 在引用权利要求 1 时，不符合《专利法》第二十六条第三款的规定亦存在错误；被告以引用权利要求 2 时公开不充分，从属权利要求 3~8 不符合《专利法》第二十六条第三款的规定的认定并无不妥，本院予以支持。

综上所述，被告作出的第 11091 号决定认定的部分事实有误，应当予以撤销。依照《中华人民共和国行政诉讼法》第五十四条第（二）项第2目之规定，本院判决如下：

1. 撤销被告国家知识产权局专利复审委员会作出的第11091号无效宣告请求审查决定；

2. 国家知识产权局专利复审委员会重新就00256971. X号“干熄焦除尘设备”的实用新型专利权作出无效宣告请求审查决定。

案件受理费100元，由被告国家知识产权局专利复审委员会负担（于本判决生效之日起7日内交纳）。

如不服本判决，各方当事人可在本判决书送达之日起15日内，向本院提交上诉状及其副本，并交纳上诉案件受理费100元，上诉于北京市高级人民法院。

审　判　长　姜　颖
代理审判员　芮松艳
人民陪审员　高　伟
二〇〇九年一月九日
书　记　员　牛　捷

北京市高级人民法院
行政判决书

（2009）高行终字第509号

上诉人（原审被告）国家知识产权局专利复审委员会，住所地北京市海淀区北四环西路9号银谷大厦10~12层。

法定代表人廖涛，副主任。

委托代理人朱文广，该委员会审查员。

委托代理人张华，该委员会审查员。

上诉人（原审第三人）山东煤矿莱芜机械厂破产管理人，住所地山东省莱芜市风城西大街329号。

代表人孙廷华，该厂破产管理人组长。委托代理人刘俊仕，北京市新元律师事务所律师。

委托代理人张建峰，男，汉族，1975午3月1日出生，山东煤矿莱芜机械厂破产管理人法律事务组工作人员，住山东省莱芜市莱城区杨庄镇康通路75号院4室。

被上诉人（原审原告）于彦奎，男，汉族，1940年10月26日出生，济南环保陶瓷除尘技术研究所所长，住山东省济南市槐荫区机床二厂北村13号楼2单元102号。

委托代理人邓金山，男，汉族，1962年7月11日出生，济南环保陶瓷除电技术研究所职员，住山东省济南市天桥区北园大街607号1号楼1单元101号。

上诉人国家知识产权局专利复审委员会（以下简称专利复审委员会）、山东煤矿莱芜机械厂破产管理人（以下简称莱芜机械厂）因实用新型专利权无效行政纠纷一案，不服北京市第一中级人民法院（2008）一中行初字第751号判决，向本院提起上诉。本院2009年4月131日受理后，依法组成合议庭，于2009年6月3日公开开庭进行了审理。上诉人专利复审委员会的委托代理人朱文广、张华，上诉人莱芜机械厂的委托代理人刘俊仕，被上诉人于彦奎及其委托代理人邓金山到庭参加了诉讼。本案现已审理终结。

北京市第一中级人民法院认定，于彦奎拥有名称为“干熄焦除尘设备”、专利号为00256971. X的实用新型专利（简称本专利）的专利权。2007年10月19日，专利复审委员会做出第11091号无效宣告请求审查决定（简称第11091号决定），宣告本专利权全部无效。

北京市第一中级人民法院认为，本专利权利要求2公开不充分，不符合《专利法》第二十六条第三款的规定。根据生效的在先判决的认定，“本专利权利要求1中各部件之间是各自独立的，是通过紧密配合的方式而成为一体的”，而说明书中亦记载了“本专利可以通过焊接、粘接等其他方式实现”。因此，所属领域技术人员根据说明书的记载能够知晓如何实现本专利权利要求1的技术方案。因此，本专利权利要求1已经充分公开，符合《专利法》第二十六条第三款的规定。同时，专利复审委员会以本专利权利要求1包括权利要求2的“制为一体”的这个技术方案为前提，以权利要求2公开不充分为由，认定权利要求1也公开不充分没有法律依据，应予纠正。北京市第一中级人民法院依照《中华人民共和国行政诉讼法》第五十四条第（二）项第2目之规定，判决：1. 撤销专利复审委员会做出的第11091号决定；2. 专利复审委员会重新就本专利权做出无效宣告请求审查决定。专利复审委员会，莱芜机械厂均不服原审判决，向本院提起上诉，请求撤销原审判决，维持第11091号决定。专利复审委员会的上诉理由为：1. 原审判决关于本专利权利要求1是否公开不充分的认定错误。根据已经生效的法院判决可知，权利要求2是权利要求1的从属权利要求，权利要求2公开不充必然导致权利要求1公开不充分。2. 原审判决与已经生效的北京市第一中级人民法院（2004）一中行初字第786号行政判决（简称第786号判决）矛盾。原审判决认定本专利权利要求1的紧密配合包括“焊接、连接以及其他连接方式”，在紧密配合方式为“焊接、连接”的情况下，本专利权利要求1中的旋风子、直管以及螺旋导向机构必然为一体化，则本专利权利要求1相对于第786号判决中的对比文件1不具备新颖性。这一结论与第786号判决结果相矛盾。莱芜机械厂的上诉理由为：于彦奎在此前的诉讼中已经承认本专利权利要求2是本专利权利要求1的从属权利要求，而且原审判决已经认定本专利权利要求2公开不充分，因此本专利权利要求1公开也不充分。于彦奎服从原审判决。

经审理查明，本专利是名称为“干熄焦除尘设备”的实用新型专利，申请日为2000年12月8日，2001年10月17日经国家知识产权局公告授权，专利号为00256971. X，专利权人为于彦奎。

本专利授权公告的权利要求如下：

“1. 一种干熄焦除尘设备，包括至少一个带有旋风子（18）、直管（16）及螺旋导向机构（17）的除尘单元，其特征是：螺旋导向机构（17）内外侧与直管（16）和旋风子（18）之间紧密配合。

2. 根据权利要求1所述的干熄焦除尘设备，其特征是：螺旋导向机构（17）与直管（16）和旋风子（18）制为一体。

3. 根据权利要求1或2所述的干熄焦除尘设备，其特征是：各除尘单元串联。

4. 根据权利要求1或2所述的干熄焦除尘设备，其特征是：各除尘单元并联。

5. 根据权利要求1或2所述的干熄焦除尘设备，其特征是：各除尘单元串联后再并联。

6. 根据权利要求1或2所述的干熄焦除尘设备，其特征是：它包括至少两组串联的除尘单元，各组中的除尘单元并联构成一级多管除尘机构。

7. 根据权利要求5所述的干熄焦除尘设备，其特征是：前部的多管除尘机构的除尘单元中旋风子的内径大于后部多管除尘机构的除尘单元的旋风子内径。

8. 根据权利要求6所述的干熄焦除尘设备，其特征是：它由串联的两个除尘组组成。”

针对本专利，莱芜机械厂于2003年8月8日以本专利权利要求1~5不符合《专利法》第二十二条第二款和第三款有关新颖性和创造性的规定、权利要求1不符合《专利法》第二十六条第四款的规定、权利要求1不符合《专利法实施细则》第二十一条第二款的规定为由向专利复审委员会提出无效宣告请求。莱芜机械厂提交的对比文件1是申请号为CN87201805U的实用新型专利说明书，其中旋风子、排气管、2~10片螺旋进气导向叶片是由陶瓷一体烧结成的整体。

专利复审委员会经审查，于2004年6月11日做出第6223号无效宣告请求审查决定（以下简称第6223号决定），认为本专利权利要求1符合《专利法》第二十六条第四款及《专利法实施细则》第二十一条第二款的规定，本专利权利要求1、2不具备新颖性，本专利权利要求1~5不具备创造性。因此宣告本专利权利要求1~5无效，维持权利要求6~8有效。

于彦奎对第6223号决定中关于权利要求1、2不具备新颖性，权利要求1~5不具备创造性的认定不服，向北京市第一中级人民法院提起行政诉讼。该院于2004年12月10日做出第786号判决。该判决认为：本专利权利要求1符合《专利法》第二十二条第二款有关新颖性的规定。该判决还认为“本专利权利要求1中各部件之间是各自独立的，是通过紧密配合的方式而成为一体。”因此，判决撤销专利复审委员会第6223号决定。专利复审委员会和莱芜机械厂不服，向本院提起上诉，于彦奎服从该判决。2005年6月10日，本院做出（2005）高行终字第136号行政判决（以下简称第136号判决），驳回上诉，维持原判。

专利复审委员会重新成立了合议组对上述无效宣告请求进行了审查，并于2005年12月9日做出第7798号专利无效宣告审查决定（以下简称第7798号决定）。该决定认为：本专利权利要求1具备《专利法》第二十二条第三款规定的创造性，同时本专利权利要求2只是权利要求1形式上的从属权利要求，实质上是独立权利要求，并认为本专利权利要求2具备新颖性，本专利权利要求2及引用权利要求2的权利要求3~5不具备创造性。因此宣告本专利权利要求2及引用权利要求2的权利要求3~5无效。

于彦奎对第7798号决定中关于本专利权利要求2是独立权利要求，本专利权利要求2~5不具备创造性的认定不服，向北京市第一中级人民法院提起行政诉讼。该院于2006年6月20日做出（2006）一中行初字第327号行政判决（简称第327号判决）。该判决认为：本专利权利要求2是独立权利要求1的从属权利要求，在其引用的权利要求1具有创造性的前提下，权利要求2~5具备创造性。该判决认为“权利要求1中的‘紧密配合’并未描述某种具体的连接方式，仅是功能性的描述。而本专利权利要求2中的‘制为一体’结合说明书中有关连接方式的说明以及本专利的发明目的，可以解释为‘制为一体’区别于焊接、粘接等其他方式，是对本专利权利要求1中‘紧密配合’的进一步限定。作为本领域的普通技术人员对‘紧密配合’的理解应当为各组件之间相互独立，通过某种连接方式使各组件之间间隙最小或无间隙。”因此，判决撤销专利复审委员会第7798号决定，维持本专利权有效。专利复审委员会和莱芜机械厂不服，向本院提起上诉，于彦奎服从该判决。2006年11月2日，本院做出（2006）高行终字第391号行政判决（以下简称第391号判决），驳回上诉，维持原判。

专利复审委员会重新成立了合议组对上述无效宣告请求进行审查（案件编号为5w08551）。

莱芜机械厂于2006年9月21日以本专利权利要求1~8不符合《专利法》第二十六条第三款和第四款的规定、权利要求2不符合《专利法》第二十二条第二款有关新颖性的规定、权利要求2~8不符合《专利法》第二十二条第三款有关创造性的规定、权利要求7不符合《专利法实施细则》第二十条第一款的规定为由再次向专利复审委员会提出无效宣告请求（案件编号为5w08164）。专利复审委员会于2007年3月29日对上述两案件（即案件编号为5w08551和5w08164）合并进行了口头审理，莱芜机械厂单方出席了口头审理。

2007年10月19日，专利复审委员会做出第11091号决定。专利复审委员会在该决定中认定：

关于本专利是否符合《专利法》第二十六条第三款。

本专利权利要求2中具有“制为一体”这个技术特征。已生效法院判决对本专利技术方案进行了解释，即在已生效的第786号判决第7页中认为“本专利权利要求1中各部件之间是各自独立的，是通过紧密配合的方式而成为一体的”，这说明了旋风子18、直管16以及旋风导向机构17这三个部件是各自独立的；在已生效的第327号判决第9页中认为“对于权利要求1中的‘紧密配合’并未描述某种具体的连接方式，仅是功能性的描述。而权利要求2中的‘制为一体’结合说明书中有关连接方式的说明以及本专利的发明目的，可以解释‘制为一体’区别于焊接、粘接等其他方式，是对权利要求1中‘紧密配合’的进一步限定”，这对“制为一体”进行了解释。并且，在本专利说明书中对“制为一体”的解释出现在说明书第2页中，即“每个多管除尘部分由多个除尘单元组成，如图2所示，每个除尘单元包括其旋风子18、直管16以及旋风子18和直管16之间的旋风导向机构17，上述三部分制为一体，旋风导向机构17的外端及内端与旋风子18和直管16分别相接并且没有间隙”。基于上述法院判决及本专利说明书的解释，可以看出旋风子18、直管16以及旋风导向机构17这三个各自独立的部件是以“制为一体”的方式紧密配合在一起，并且这种“制为一体”是以焊接、粘接等之外的方式实现的。然而本专利中并没有解释“制为一体”是怎样使各部件紧密配合在一起的，同时也未说明如何焊接、粘接之外的方式实现“制为一体”，因此所属领域技术人员根据说明书的记载并不能够知晓如何实现“制为一体”并使备部件紧密配合在一起。于彦奎对“制为一体”进行了意见陈述，其认为“组装时在箱体内，先摆放旋风子，旋风子之间用填料填空，然后把螺旋导向器座装在旋风子上端，它是上下面与面的对接，面与面的间隙用矾土水泥混合料密封，这样制为一体除尘单元不仅不漏风，提高了除尘效率，而且如果螺旋导向机构（易损件）磨损坏，可利用专用工具从上部吊出来进行更换。它是可以拆卸的。”然而，首先于彦奎说明了螺旋导向器和旋风子之间采用了“矾土水泥混合料密封”即“粘接”的方式，也就是说于彦奎的意见陈述中也没有说明不同于焊接、粘接等其他方式的“制为一体”到底是何种方式；其次，于彦奎并未说明直管16与螺旋导向器和旋风子之间的连接方式，其也没有说明这三个部件之间不同于焊接、粘接等其他方式的“制为一体”到底是何种方式。综上所述，所属领域技术人员按照本专利说明书记载的内容无法实现权利要求2所要求保护的技术方案，因此本专利权利要求2所请求保护的技术方案在本专利说明书中没有清楚、完整的说明，所属领域技术人员不能实现该方案，因此对权利要求2所请求保护的技术方案公开不充分，不符合《专利法》第二十六条第三款的规定。由于本专利权利要求1包括权利要求2的“制为一体”的这个技术方案，因此本专利权利要求1也公开不充分，不符合《专利法》第二十六条第三款的规定。从属权利要求3~8分别引用了权利要求1、2，并且从属权利要求3~8的附加技术特征并未对“制为一体”进行进一步解释或说明，因此权利要求3~8也公开不充分，不符合《专利法》第二十六条第三款的规定。据此，专利复审委员会做出第11091号决定，宣告本专利权全部无效。

另查，2008年5月5日，山东省莱芜市中级人民法院裁定受理莱芜机械厂破产申请，并于同日指定了破产管理人。2008年6月12日，山东省莱芜市中级人民法院裁定宣告莱芜机械厂破产。

上述事实有本专利授权公告文本、第6223号决定、第7798号决定、第786号判决、第136号判决、第327号判决、第391号判决、第11091号决定书、莱芜中级人民法院（2008）莱中破字第1号民事裁定、莱芜中级人民法院（2008）莱中破字第1-10号民事裁定、莱芜中级人民法院（2008）莱中破字第1-2号制定企业破产管理人决定书以及当事人陈述等证据在案佐证。

本院认为，本案各方当事人争议的问题在于本专利权利要求1是否符合《专利法》第二十六条第三款的规定，而核心问题是本专利权利要求2公开不充分是否导致权利要求1也公开不充分。《专利法》第二十六条第三款规定，说明书应当对发明或者实用新型做出清楚、完整的说明，以所属技术领域的技术人员能够实现为准。换言之，所属技术领域的技术人员按照说明书记载的内容，不需要创造性的劳动，就能够再现该实用新型的技术方案，解决其技术问题，并且产生预期的技术效果。

根据生效的第786号判决的认定，“本专利权利要求1中各部件之间是各自独立的，是通过紧密配合的方式而成为一体的”，同时，已经生效的第327号判决认定“作为本领域的普通技术人员对‘紧密配合’的理解应当为各组件之间相互独立，通过某种连接方式使各组件之间间隙最小或无间隙。”因此，所属领域技术人员根据说明书的记载能够知晓如何实现本专利权利要求1的技术方案，即只要达到各个部件相互紧密的配合即可。因此，本专利权利要求1已经充分公开，符合《专利法》第二十六条第三款的规定。

关于权利要求2公开不充分是否导致其引用的权利要求1也公开不充分这一问题，专利复审委员会及莱芜机械厂均认为权利要求2公开不充分必然导致其所引用的权利要求1也公开不充分。对此，本院认为：

第一，以本专利权利要求2公开不充分为由，认定权利要求1也公开不充分没有法律依据，也不符合客观情况。事实上，从属权利要求包含了独立权利要求中的所有技术特征，且对独立权利要求的技术方案作了进一步的限定，如对其中某个技术特征进一步进行限定。虽然绝大多数情况下这种限定是越来越明确、保护范围也越来越小，但是，特殊情况下也有可能出现说明书中对这种限定的描述是不清楚的。本案即为这种情况。

第二，《审查指南》虽然没有对此情况做出规定，但是，《审查指南》第二部分第二章第3.2.1节规定，对于包括独立权利要求和从属权利要求或者不同类型权利要求的权利要求书，需要逐一判断各项权利要求是否都得到了说明书的支持。独立权利要求得到说明书支持并不意味着从属权利要求也必然得到支持；方法权利要求得到说明书支持也并不意味着产品权利要求必然得到支持。以此类比，独立权利要求公开充分并不意味着从属权利要求也必然公开充分。

第三，应当指出，专利申请文件的撰写水平不高导致专利文件存在一定不足，但本领域技术人员通过仔细阅读本专利权利要求书及说明书可以明确理解其含义。在未损害社会公共利益或他人合法权益的前提下，由于文件撰写方面的原因便导致该专利被宣告无效，不利于我国专利制度的发展。

因此，专利复审委员会及莱芜机械厂关于权利要求2公开不充分必然导致其所从属的权利要求1也公开不充分的上诉主张没有事实和法律依据，本院不予支持。

本院注意到，已经生效的第327号判决认定本专利权利要求2为权利要求1的从属权利要求。同时，该判决认定“权利要求1中的‘紧密配合’并未描述某种具体的连接方式，仅是功能性的描述。而权利要求2中的‘制为一体’结合说明书中有关连接方式的说明以及本专利的发明目的，可以解释为‘制为一体’区别于焊接、粘接等其他方式，是对本专利权利要求1中‘紧密配合’的进一步限定。作为本领域的普通技术人员对‘紧密配合’的理解应当为各组件之间相互独立，通过某种连接方式使各组件之间间隙最小或无间隙。”由此可知，无论“紧密配合”采取哪种方式，其必然是几个相互独立的部件的组合。第786号判决中的对比文件所采用的“旋风子、排气管、2~10片螺旋进气导向叶片是由陶瓷一体烧结成的整体”显然不同于本专利的各个部件“紧密配合”。因此，原审判决与第786号判决并不矛盾。专利复审委员会关于原审判决与已经生效的在先判决相矛盾的上诉主张没有事实依据，本院不予支持。

综上，原审判决认定事实清楚，适用法律正确。专利复审委员会及莱芜机械厂的上诉主张均不能成立。依照《中华人民共和国行政诉讼法》第六十一条第（一）项之规定，判决如下：

驳回上诉，维持原判。

一审案件受理费人民币100元，由国家知识产权局专利复审委员会负担（于本判决生效之日起7

日内交纳）；二审案件受理费人民币 100 元，由国家知识产权局专利复审委员会负担 50 元（已交纳），由山东煤矿莱芜机械厂破产管理人负担 50 元（已交纳）。

本判决为终审判决。

审　判　长　刘　辉
代理审判员　岑宏宇
代理审判员　焦　彦
二〇〇九年六月十五日
书　记　员　陈　明
书　记　员　刘　悠

040

超低轻多功能网络架空活动地板

无效宣告请求审查决定（第11101号）

决　定　号　第11101号
决　定　日　2008年2月27日
发明创造名称　超低轻多功能网络架空活动地板
国际分类号　E04F 15/00
无效宣告请求人　常州市华一防静电活动地板有限公司
专　利　权　人　费龙仁，张耀明，费杏凤
专　利　号　03210632.7
申　请　日　2003年9月15日
授权公告日　2004年12月15日
合议组组长　刘敏飞
主　审　员　郭建强
参　审　员　姜　岩

法律依据　专利法第22条第3款
决定要点

如果涉案实用新型专利的权利要求与最接近的对比文件的区别特征在另一份对比文件中被披露，且该技术特征在该对比文件中所起的作用与在涉案专利中的作用相同，则应该认为现有技术中存在将该区别特征应用于最接近的对比文件，以解决其技术问题的技术启示，涉案实用新型专利的权利要求是显而易见的，不具有实质性特点，即不具备创造性。

一、案由

本无效宣告请求涉及中华人民共和国国家知识产权局于2004年12月15日授权公告的、名称为“超低轻多功能网络架空活动地板”的实用新型专利权（下称本专利），其专利号是03210632.7，申请日是2003年9月15日，专利权人是费龙仁、张耀明、费杏凤。本专利授权公告时的权利要求书如下：

“1. 一种超低轻多功能网络架空活动地板，其钢地板（1）的块与块之间留有可用于布置网络线路的空隙，空隙的上部用边盖板（4）及角盖板（5）连接相邻间的钢地板（1），角地板（5）、边盖板（4）上均设有若干凹槽，其下表面设有若干加强筋，而其侧面及地板（1）侧面设有若干槽；钢地板及角盖板由支架支撑，支架通过螺栓与钢地板连接，并置于角底板的沉孔中；角盖板（5）的四角为内凹角，边盖板（4）二侧设凸柱并与地板侧面的槽相匹配，其特征在于：地板（1）的四边均

设沟槽（32），角盖板（5）、边盖板（4）四边设折边（30）、（31）。”

针对本专利，常州市华一防静电活动地板有限公司（下称请求人）于2007年11月2日向专利复审委员会提出无效宣告请求，认为本专利权利要求1不符合专利法第22条第3款的规定，请求人同时提交了如下附件：

附件1：授权公告日为2003年5月14日、授权公告号为CN2550442Y（专利号为02267108.0）的中国实用新型专利说明书；

附件2：授权公告日为2003年9月3日、授权公告号为CN2570360Y（专利号为02254428.3）的中国实用新型专利说明书。

请求人认为：本专利与附件1的区别仅在于设置“面板沟槽和盖板折边”，但该区别特征被附件2所公开，而且附件1、2与本专利的技术领域相同，均为高架活动地板，附件2中“面板扣槽和盖板折边”的作用是连接面板和盖板以及强化盖板边缘，这和本专利中相应部件的技术效果完全相同，因此本专利权利要求1相对于附件1和2的结合不具备专利法第22条第3款规定的创造性。

经形式审查合格，专利复审委员会依法受理了上述无效宣告请求，并于2007年12月18日向请求人和专利权人发出无效宣告请求受理通知书，同时将专利权无效宣告请求书及其附件清单中所列附件的副本转送给专利权人，并要求专利权人在指定的期限内陈述意见。

专利权人逾期未针对上述无效宣告请求书作出答复。

专利复审委员会依法成立合议组对本无效宣告请求进行审查。

本案合议组于2007年12月24日向双方发出无效宣告请求口头审理通知书，定于2008年1月24日在专利复审委员会举行口头审理。

口头审理如期举行，双方当事人均参加了口头审理。

在口头审理中，（1）请求人明确其无效的理由、范围和证据为：本专利的权利要求1不符合专利法第22条第3款的规定，附件1和附件2结合使用来评价本专利权利要求1的创造性，最接近的对比文件是附件1。（2）专利权人对附件1和2的真实性没有异议。（3）双方就本专利权利要求1相对于附件1和2的结合是否具备创造性充分发表了意见。请求人认为：附件1的摘要部分公开了本专利权利要求1前序部分的所有特征，区别特征在于特征部分，区别特征1是“地板的四边均设沟槽”，区别特征2是“角盖板、边盖板四边设折边”，该两个区别特征在附件2中被公开，附件2的权利要求1第2~6行记载了上述区别特征，本专利中沟槽和折边所起的作用是通过沟槽和折边来连接盖板和地板，而附件2中的沟槽和折边所起的作用也是连接地板和盖板，作用是完全相同的，因此本专利权利要求1相对于附件1和2的结合不具备创造性。专利权人认为：对本专利权利要求1前序部分的特征均被附件1公开没有疑义，针对特征部分，也认可区别特征2“角盖板、边盖板四边设折边”被附件2公开，但是不认可区别特征1“地板的四边均设沟槽”被附件2公开。由附件2图4中可见扣槽是地板先向下弯曲再向上弯曲形成的，是挂在地板本体的外侧的，而本专利图6中可以看出沟槽仅仅是通过地板的上钢板向下凹陷所形成的，沟槽的位置不同，本专利与附件2的主要区别在于沟槽设置的位置不同以及其所带来的效果不同。专利权人认可沟槽的设置是为了边盖板、角盖板与地板的连接。

至此，合议组认为本案事实已经清楚，可以作出审查决定。

二、决定的理由

1. 关于证据和现有技术

请求人提交的证据包括附件1和2，专利权人对附件1和2的真实性没有异议，合议组经审查，认可附件1和2的真实性，因此附件1和2可以作为本案证据使用。同时由于附件1和2为中国专利文献，且其公开日期均在本专利的申请日之前，因此附件 1 和 2 可以作为本专利的现有技术使用。

2. 关于本专利权利要求 1 的创造性

专利法第 22 条第 1、3 款规定，授予专利权的发明和实用新型应当具备创造性。创造性，是指同申请日以前已有的技术相比，该发明有突出的实质性特点和显著的进步，该实用新型有实质性特点和进步。

根据上述规定，如果涉案实用新型专利的权利要求与最接近的对比文件的区别特征在另一份对比文件中被披露，且该技术特征在该对比文件中所起的作用与在涉案专利中的作用相同，则应该认为现有技术中存在将该区别特征应用于最接近的对比文件，以解决其技术问题的技术启示，涉案实用新型专利的权利要求是显而易见的，不具有实质性特点，即不具备创造性。

本案中，请求人认为附件 1 公开了本专利权利要求 1 的前序部分的技术特征，附件 2 公开了特征部分的技术特征，因此本专利权利要求 1 相对于附件 1 和 2 的结合不具备创造性。专利权人认可权利要求 1 的前序部分被附件 1 所公开，以及特征部分中的“角盖板、边盖板四边设折边”被附件 2 所公开，但是认为特征部分中的特征“地板的四边均设沟槽”没有被附件 2 所公开，因此本专利权利要求 1 相对于附件 1 和 2 的结合具备创造性。

附件 1 公开了如下技术内容“一种网络架空活动地板，其钢地板的块与块之间留有可用于布置网络线路的空隙，空隙的上部用边盖板及角盖板连接相邻间的钢地板，角地板、边盖板上均设有若干凹槽，其下表面设有若干加强筋，而其侧面及地板侧面设有若干槽；钢地板及角盖板由支架支撑，支架通过螺栓与钢地板连接，并置于角底板的沉孔中；角盖板的四角为内凹角，边盖板二侧设凸柱并与地板侧面的槽相匹配”（参见附件 1 说明书摘要、说明书第 1 页第 14 行至第 2 页第 4 行、第 2 页第 25 行至第 3 页第 14 行、附图 1–12）。合议组经审查后认为：附件 1 公开了本专利权利要求 1 前序部分的所有技术特征，对此专利权人也予以认可。因此，本专利权利要求 1 与附件 1 的区别特征仅在于其特征部分，即“地板的四边均设沟槽，角盖板、边盖板四边设折边”。该区别特征的作用即本专利实际要解决的技术问题是通过“沟槽–折边”的设置来连接地板和角、边盖板，以及提高角、边盖板边缘的强度。但是在附件 2 中公开了如下内容：一种高架地板，各单元地板于周边形成有向上弯折的扣片，并与本体间形成有扣槽（相当于本专利的沟槽），又于相邻二单元地板间设有槽盖板（相当于本专利的边盖板），其周边形成有向下弯折的侧片（相当于本专利的折边），于相邻的四单元地板的角落处设有端盖板（相当于本专利的角盖板），于端盖板的周边亦形成有向下弯折的侧片（相当于本专利的折边），前述的端、槽盖板所设的侧片可扣置在扣槽处，并由扣片予以抵顶底端面（参见附件 2 的权利要求 1 第 2~6 行、附图 1 和 4）。同时，上述特征在附件 2 中所起的作用也是通过“沟槽–折边”的设置来连接地板和角、边盖板，以及提高角、边盖板边缘的强度，与其在本专利中所起的作用完全相同。因此合议组认为，附件 2 中公开了上述区别技术特征，并给出了在地板和角、边盖板之间采用“沟槽–折边”设置来彼此连接的技术启示，进而使得本领域的技术人员有动机将附件 2 和附件 1 结合起来得到本专利权利要求 1 的技术方案，故本专利权利要求 1 要求保护的技术方案相对于附件 1 和 2 的结合是显而易见的，不具有实质性特点，即不具备专利法第 22 条第 3 款规定的创造性。

专利权人认为，本专利的沟槽是设置在地板的肩上并通过地板的上钢板向下凹陷所形成的，而附件 2 的沟槽是设置在地板本体外通过弯曲钢板而成，因此两者设置的位置不同，进而否定“地板的四边均设沟槽”的特征被附件 2 所公开。对此，合议组认为：首先，在本专利权利要求 1 中只是限定了“在地板的四边均设沟槽”，并没有对沟槽的具体位置进行进一步的限定，因此附件 2 中所公开的地板周边的扣槽完全披露了该技术特征；其次，即使如专利权人所述的“沟槽设置在地板的肩上”，然而在附件 1 中公开了地板的肩上设置有边盖板和角盖板，并且附件 2 中已经给出了在地板和角、边盖板之间采用“沟槽-折边”设置来彼此连接的技术启示，本领域技术人员也完全可以容易地想到在地板的肩上设置沟槽，从而得到本专利权利要求 1 的技术方案。因此，专利权人的争辩理由并不能成立。

综上，本专利权利要求 1 不符合专利法第 22 条第 3 款的规定。

根据上述的事实和理由，本案合议组依法作出以下决定。

三、决定

宣告 03210632.7 号实用新型专利权全部无效。

当事人对本决定不服的，可以根据专利法第 46 条第 2 款的规定，自收到本决定之日起三个月内向北京市第一中级人民法院起诉。根据该款的规定，一方当事人起诉后，另一方当事人应当作为第三人参加诉讼。

041

塑料拼接美发用铝箔

无效宣告请求审查决定（第11108号）

决　　定　　号　第11108号
决　　定　　日　2008年2月26日
发明创造名称　塑料拼接美发用铝箔
国 际 分 类 号　A45D 6/00，A45D 19/00
无效宣告请求人　谢　亮
专　利　权　人　苏州欧林特工业品进出口有限公司
申　　请　　号　200520072012.1
申　　请　　日　2005年5月20日
授 权 公 告 日　2006年6月28日
合 议 组 组 长　黄玉平
主　　审　　员　关　刚
参　　审　　员　杨加黎

法　律　依　据　专利法第22条第3款
决　定　要　点

如果一项权利要求的全部技术特征已由两篇与其属于相同技术领域的对比文件所公开，并且对于本领域技术人员来说将这两篇对比文件结合得出该权利要求的技术方案不需付出创造性的劳动，则该权利要求不具有创造性。

一、案由

本无效宣告请求涉及中华人民共和国国家知识产权局于2006年6月28日授权公告的、名称为“塑料拼接美发用铝箔”的实用新型专利权（下称本专利），其申请号为200520072012.1，申请日是2005年5月20日，专利权人是苏州欧林特工业品进出口有限公司。本专利授权公告时的权利要求书如下：

“1. 一种塑料拼接美发用铝箔，由铝箔本体［1］与塑料片［3］拼接构成，其特征在于：所述铝箔本体［1］上设置有凹凸结构，每一凸起［2］的宽度不大于3毫米，相邻凸起［2］的间距不大于3毫米。

2. 根据权利要求1所述的塑料拼接美发用铝箔，其特征在于：每一凸起［2］的宽度不大于1毫米，相邻凸起［2］的间距不大于1毫米。

3. 根据权利要求1所述的塑料拼接美发用铝箔，其特征在于：每平方厘米铝箔本体上的凸起

[2] 个数不少于 20 个。

4. 根据权利要求 1 所述的塑料拼接美发用铝箔，其特征在于：所述塑料片 [3] 位于铝箔本体 [1] 的一端。

5. 根据权利要求 1 所述的塑料拼接美发用铝箔，其特征在于：所述塑料片 [3] 位于铝箔本体 [1] 的中间。"

针对上述专利权，无效宣告请求人谢亮（下称请求人）于 2007 年 7 月 26 日向专利复审委员会提出无效宣告请求，其理由是：本专利说明书不符合专利法第 26 条第 3 款的规定，权利要求 1~5 不符合专利法实施细则第 20 条第 1 款的规定；权利要求 1 不符合专利法实施细则第 21 条第 2 款的规定；权利要求 1~5 不符合专利法第 22 条第 2 款、第 3 款的规定。随同其专利权无效宣告请求书，请求人提交了如下证据：

证据 1：日本专利文献 JP 特开平 9-191922A 的复印件，共 4 页，公开日为 1997 年 7 月 29 日；

证据 2：美国专利文献 US6666215B1 的复印件，共 4 页，公开日为 2003 年 12 月 23 日；

证据 3：请求书附件清单栏中声称为中国外观设计专利 ZL200430050077.7 的复印件，共 3 页，公告日为 2005 年 1 月 19 日（所提交的证据 3 首页载明的专利号为 200430050076.2）；

证据 4：中国外观设计专利 ZL200330120703.0 的复印件，共 3 页，公告日为 2004 年 7 月 28 日；

证据 5：德国专利文献 DE20313707U1 的复印件，共 10 页，公开日为 2003 年 11 月 12 日；

证据 6：美国专利文献 US3910290 的复印件，共 7 页，公开日为 1975 年 10 月 7 日。

请求人认为：(1) 本专利的技术方案中限定了美发用铝箔"由铝箔本体与塑料片拼接构成"，但说明书中没有公开具体的拼接方式；本专利中将附图标记 2 解释为凸起，而附图 1 和 4 中的附图标记 2 所表示的凸起为较大矩形，难以实现本专利权利要求 1 中对凸起限定的特征，因此本专利说明书不清楚，不符合专利法第 26 条第 3 款的规定。另外基于上述说明书不清楚的相同理由，本专利权利要求 1~5 也不清楚，不符合专利法实施细则第 20 条第 1 款的规定。(2) 本专利独立权利要求 1 仅仅对凸起结构的尺寸和相邻凸起的间距的上限进行了限定，没有对这些尺寸的下限进行限定，没有清楚地界定出本专利与现有技术的区别，因此本专利权利要求 1 不符合专利法实施细则第 21 条第 2 款的规定。(3) 本专利权利要求 1~3、5 相对于证据 1 不具有新颖性，权利要求 4 相对于证据 3 不具有新颖性，不符合专利法第 22 条第 2 款的规定。本专利权利要求 1~5 相对于证据 1 和证据 2 的结合不具有创造性，权利要求 4 相对于证据 3 和证据 2 的结合不具有创造性，不符合专利法第 22 条第 3 款的规定。另外，本专利相对于证据 1 与证据 4、证据 3 与证据 2、证据 3 与证据 4、证据 1 与证据 6、证据 5 与证据 6、证据 3 与证据 6 以及证据 5 与证据 2 的结合也不具有创造性，不符合专利法第 22 条第 3 款的规定。

经形式审查合格，专利复审委员会依法受理了上述无效宣告请求，并于 2007 年 8 月 22 日向双方当事人发出无效宣告请求受理通知书，并将无效宣告请求书及其附件清单中所列附件的副本转送给专利权人，要求其在指定期限内对该无效宣告请求陈述意见。

请求人于 2007 年 8 月 24 日提交了补正书，并提交了证据 1 的部分中文译文共 4 页以及证据 2 的说明书全文的中文译文共 3 页。

专利复审委员会依法成立合议组，对本案进行审理，合议组于 2007 年 10 月 30 日向双方当事人发出无效宣告请求口头审理通知书，告知双方当事人合议组定于 2007 年 12 月 3 日就本案进行口头审理。随同口头审理通知书，将请求人于 2007 年 8 月 24 日提交的补正书以及证据 1 和证据 2 的中文译文的副本转送给专利权人。

口头审理如期举行，请求人出席了口头审理，专利权人缺席口头审理。在口头审理中，合议组当庭告知请求人由于其未在举证期限内提交外文证据 5 和 6 的中文译文，因此该外文证据 5 和 6 视为未提交。请求人当庭表示放弃证据 5 和证据 6；请求人声称其提交的证据 3 的首页有误，将专利号为 ZL200430050077.7 的外观设计专利的首页误提交成专利号为 ZL200430050076.2 的外观设计专利的首页，但所提交的证据 3 的第 2、3 页正是专利号为 ZL200430050077.7 的外观图形，而且无效宣告请求书的附件清单栏中也记载的是专利号为 ZL200430050077.7 的外观设计专利，因此，希望以专利号为 ZL200430050077.7 的外观设计专利作为证据 3 使用，并且当庭提交了专利号为 ZL200430050077.7 的外观设计专利证书复印件、铝箔实物一份以及铝箔实物图片复印件 1 页。

请求人明确其无效宣告请求的理由和范围为：本专利说明书不符合专利法第 26 条第 3 款的规定，本专利权利要求 1~5 不符合专利法实施细则第 20 条第 1 款的规定，本专利权利要求 1 不符合专利法实施细则第 21 条第 2 款的规定，本专利权利要求 1~3、5 相对于证据 1 不具有新颖性，本专利权利要求 4 相对于证据 3 不具有新颖性，不符合专利法第 22 条第 2 款的规定，本专利权利要求 1~3、5 相对于证据 1 和证据 2 的结合不具有创造性，本专利权利要求 4 相对于证据 3 和 2 的结合不具有创造性，本专利权利要求 1~5 相对于证据 1 和 4 的结合不具有创造性，不符合专利法第 22 条第 3 款的规定。

（1）关于新颖性：请求人认为，证据 1 中金属箔可以为铝箔，证据 1 中的叠层为拼接的一种实施方式，从证据 1 的附图中可以看出铝箔上有颗粒，本领域技术人员一看到这种轧点、轧纹就知道是凸起，虽然证据 1 未公开本专利权利要求 1~3 中的具体尺寸，但这些尺寸属于公知常识，因此本专利权利要求 1~3 相对证据 1 不具有新颖性。本专利权利要求 5 的附加技术特征也被证据 1 的附图 1 所公开，因此也不具有新颖性。证据 3 的名称为“美发烫发用铝箔”，其由下面是塑料上面是带颗粒的铝箔构成，其中颗粒相当于本专利凹凸结构，虽然其对颗粒间距没有文字描述，但从公知常识上来讲颗粒间距宽度必然小于 3 毫米，因此本专利权利要求 4 相对于证据 3 不具有新颖性。

（2）关于创造性，请求人认为，证据 1 为与本专利最接近的对比文件，证据 1 与本专利权利要求 1 的区别在于没有用文字明确说明铝箔上带有凸起及凸起尺寸范围。证据 2 公开了带有凸起的美发用铝箔，其译文及附图公开了凸起及凸起的间距在 2~4 毫米之间，虽然证据 2 没有公开本专利权利要求 2~3 的尺寸范围，但凸起的间距以及个数对于本领域技术人员来说都是容易进行选择的，因此本专利权利要求 1~3 相对证据 1 和 2 的结合不具有创造性。本专利权利要求 5 的附加技术特征被证据 1 的附图所公开，因此本专利权利要求 5 也不具有创造性。本专利权利要求 4 与证据 3 的区别在于如本专利权利要求 1 中所限定的尺寸范围，而这一区别特征在证据 2 中被公开，因此本专利权利要求 4 相对于证据 3 和 2 的结合不具有创造性。从证据 4 的附图能明显看出铝箔上有凸起，尽管其没有公开凸起的具体尺寸，但是本领域技术人员从证据 4 中的铝箔和颗粒的大小比例容易推算出其中凸起的尺寸在本专利尺寸范围内，结合前述证据 1 所公开的内容可知，本专利权利要求 1~5 相对于证据 1 和 4 的结合不具有创造性。

（3）请求人认为本专利说明书第 4 页的“凸起”在其附图 1 和 4 中可看出凸起 2 是大的矩形，其很难实现所规定的尺寸范围，因此本专利说明书公开不充分，不符合专利法第 26 条第 3 款的规定，同时基于上述理由本专利权利要求 1~5 的保护范围不清楚，不符合专利法实施细则第 20 条第 1 款的规定。此外，请求人认可本专利的技术特征“拼接”是清楚的。

（4）本专利权利要求 1 只限定了凸起以及凸起之间间距的尺寸范围的上限而没有下限，而下限是凹凸结构的必要技术特征，否则任意小的凹凸都在其范围内，甚至没有凹凸也可以，因此权利要求 1 缺少必要技术特征，不符合专利法实施细则第 21 条第 2 款的规定。

至此，合议组认为本案事实清楚，现依法作出审查决定。

二、决定的理由

1. 关于证据

请求人在提出无效宣告请求时共提交了6份证据，其中证据1、2、5、6为外文证据，请求人在举证期限内提交了证据1和2的中文译文，而未提交证据5和6的中文译文，并且请求人在口头审理中明确表示放弃证据5和证据6作为证据使用，故合议组不再对所述证据5和证据6进行评述。请求人所提交的证据1、2和4均为专利文献，属于公开出版物。专利权人在指定期限内未对所述证据1、2和4的真实性以及请求人提交的证据1、2的中文译文的准确性提出异议，合议组经核实可确认所述证据的真实性，故证据1、2和4可以作为本案证据使用，其中证据1、2的文字部分内容以其中文译文的内容为准。证据1、2和4的公开日期均在本专利的申请日之前，因此可以作为本专利的现有技术使用。

2. 关于本专利的创造性

专利法第22条第3款规定：创造性，是指同申请日以前已有的技术相比，该发明有突出的实质性特点和显著的进步，该实用新型具有实质性特点和进步。

根据请求人在无效宣告请求书以及口头审理当庭所陈述的意见，请求人认为本专利权利要求1~5相对于证据1和证据2的结合不具备创造性，本专利权利要求1~5相对于证据1和证据4的结合不具备创造性。

（1）关于本专利权利要求1、2、4和5的创造性。

本专利权利要求1的技术方案为：一种塑料拼接美发用铝箔，由铝箔本体（1）与塑料片（3）拼接构成，其特征在于：所述铝箔本体（1）上设置有凹凸结构，每一凸起（2）的宽度不大于3毫米，相邻凸起（2）的间距不大于3毫米。

证据1公开了一种头发染色操作工具，其中具体公开了如下技术特征（参见证据1中文译文第2页第19行至第3页第15行、附图1）：所述头发染色操作工具是由透明塑料薄膜20和辅助材料叠层或黏结构成，其中辅助材料可以是铝箔等金属箔30，从证据1的图1中可明确看出塑料薄膜20位于铝箔30中间。

由此可见，证据1中公开了由铝箔和塑料薄膜经过叠层或黏结的方式构成的头发染色操作工具（相当于本专利权利要求1中的美发用铝箔），根据本领域的普通技术知识可知，“拼接”属于上位概念，包括黏结、部分叠层等多种方式，并且本专利说明书中对“拼接”的方式也无具体的限定，因此证据1中的叠层或黏结属于本专利权利要求1所限定的“拼接”的一种具体实施方式。

请求人认为，从证据1的附图1中可看出铝箔30上有颗粒，其必然是凹凸结构，本领域技术人员一看到这种轧点、轧纹就知道是凸起。对此，合议组认为，由于证据1的中文译文中没有关于金属箔上有凸起结构的记载，而就证据1的附图1中金属箔30上所显示的黑点（即请求人声称的“颗粒”）而言，其可能存在多种理解，如其可能是出于在制图时将铝箔和透明塑料薄膜区分开的需要等，因此在说明书中没有文字记载的情况下，仅凭附图1中所显示的黑点尚不能直接地、毫无疑义地确定其就是凸起结构，故合议组对请求人的上述主张不予支持。因此，本专利权利要求1与证据1相比存在区别技术特征，即证据1未公开权利要求1中的技术特征“所述铝箔本体上设置有凹凸结构，每一凸起的宽度不大于3毫米，相邻凸起的间距不大于3毫米”。

证据2公开了一种选择性施用于头发处理的装置和方法，其中具体公开了一种用于头发处理的箔片（参见证据2中文译文第2页第1行至第2页第17行、附图1），箔片优选为铝箔，所述箔片上具有脊结构，脊宽优选于1mm至2.5mm之间，脊峰距优选于2mm至4mm之间。证据2中的脊结构属于凹凸结构的一种，其对应于本专利权利要求1中的凸起，所述脊结构的脊宽（相当于本专利权利要求 1 中的凸起宽度）在 1mm 至 2.5mm 之间，落在本专利权利要求 1 中“每一凸起的宽度不大于 3 毫米”的范围内，脊峰距为两个相邻脊的 1/2 脊宽与脊间距（相当于本专利权利要求 1 的相邻凸起的间距）之和，脊峰距为 2mm 至 4mm 之间，则脊间距必然小于 2mm 至 4mm 的范围，其与本专利权利要求 1 的“相邻凸起的间距不大于 3 毫米”的尺寸范围重叠。可见上述区别技术特征已被证据 2 所公开，由于证据 1 和 2 与本专利同属于美发用箔片领域，因此本领域普通技术人员容易从证据 2 中得到技术启示，将其所公开的内容应用于证据 1 中从而得到本专利权利要求 1 的技术方案，而这并不需要付出创造性的劳动，因此本专利权利要求 1 相对于证据 1 和证据 2 的结合不具有实质性特点和进步，不具有专利法第 22 条第 3 款规定的创造性。

从属于本专利权利要求 1 的权利要求 2 的附加技术特征进一步限定了“每一凸起（2）的宽度不大于 1 毫米，相邻凸起（2）的间距不大于 1 毫米”，证据 2 中所公开的脊宽为 1mm 至 2.5mm 之间与本专利权利要求 2 中的“凸起宽度不大于 1 毫米”部分重叠，证据 2 公开了脊峰距为 2mm 至 4mm 之间，脊峰距是从两个相邻脊的脊峰算起的，其等于两个相邻脊的 1/2 脊宽与脊间距（相当于本专利权利要求 2 的相邻凸起的间距）之和，当证据 2 所公开的脊峰距选其端值 2mm，并且脊宽选其端值 1mm，可得出脊间距为 1mm，落在本专利权利要求 2 中的“相邻凸起的间距不大于 1 毫米”的尺寸范围内，可见对比文件 2 已经公开了本专利权利要求 2 的附加技术特征。因此当其所引用的权利要求 1 不具备创造性时，本专利权利要求 2 相对于证据 1 和证据 2 的结合也不具有实质性特点和进步，不具有专利法第 22 条第 3 款规定的创造性。

从属于本专利权利要求 1 的权利要求 4 的附加技术特征进一步限定了“所述塑料片位于铝箔本体的一端”，而美发烫发用铝箔中塑料片与铝箔本体的位置关系的设置对于本领域技术人员来说是容易想到的，本领域技术人员可根据具体需求加以设置，并且这种位置关系的设置也未产生预料不到的技术效果，因此当其所引用的权利要求 1 不具有创造性时，本专利权利要求 4 相对于证据 1 和证据 2 的结合也不具有专利法第 22 条第 3 款规定的创造性。

从属于本专利权利要求 1 的权利要求 5 的附加技术特征进一步限定了“所述塑料片位于铝箔本体的中间”，从证据 1 的附图 1 中可明显看出，塑料薄膜位于铝箔的中间。可见本专利权利要求 5 的附加技术特征已被证据 1 所公开，因此当其所引用的权利要求 1 不具有创造性时，本专利权利要求 5 相对于证据 1 和证据 2 的结合也不具有专利法第 22 条第 3 款规定的创造性。

（2）关于本专利权利要求 3 的创造性。

本专利权利要求 3 为权利要求 1 的从属权利要求，包括权利要求 1 的全部技术特征和其附加技术特征“每平方厘米铝箔本体上的凸起（2）个数不少于 20 个”。结合前述内容可知，本专利权利要求 3 与证据 1 相比，证据 1 未公开本专利的技术特征“所述铝箔本体上设置有凹凸结构，每一凸起的宽度不大于 3 毫米，相邻凸起的间距不大于 3 毫米，每平方厘米铝箔本体上的凸起个数不少于 20 个”。

证据 4 为专利号为 ZL200330120703.0 的外观设计专利，其外观设计名称为“美发烫发用铝箔”，从证据 4 的第 2、3 页的外观图形中均可以明显看出，该“美发烫发用铝箔”为长方形，其铝箔上密布凸点。合议组认为，本专利权利要求 3 中的技术特征“每一凸起的宽度不大于 3 毫米，相邻凸起的间距不大于 3 毫米，每平方厘米铝箔本体上的凸起个数不少于 20 个”是为了表示其铝箔上的凸起是呈密布方式设置的，由于证据 1 和证据 4 与本专利同属于美发用箔片领域，在证据 4 的外观图形所示的密布有凸点的铝箔以及本领域中通常使用的美发烫发用铝箔的规格大小的基础上，本领域技术人员根据具体需求，在对铝箔上凸起的尺寸、间隔和数量进行合理选择时，很容易得出本专利权利要求 3 所限定的上述尺寸范围，因此本专利权利要求 3 所限定的上述尺寸范围对本领域技术人员来说是显而易见的，并且这样的尺寸选择也未能带来预料不到的技术效果，因此本专利权利要求 3 相对于证据 1

和证据 4 的结合也不具有实质性特点和进步，不具有专利法第 22 条第 3 款规定的创造性。

综上所述，本专利权利要求 1~5 不具有专利法第 22 条第 3 款规定的创造性，应予全部无效。因此，对于请求人提出的其他的无效宣告请求的理由以及证据在本决定中不再评述。

基于以上事实和理由，本案合议组作出如下审查决定。

三、决定

宣告 200520072012.1 号实用新型专利权全部无效。

当事人对本决定不服的，可以根据专利法第 46 条第 2 款的规定，自收到本决定之日起三个月内向北京市第一中级人民法院起诉。根据该款的规定，一方当事人起诉后，另一方当事人应当作为第三人参加诉讼。

042

现浇钢筋砼填充用纤维增强型薄壁盒及其制造方法

无效宣告请求审查决定（第 11128 号）

决　定　号　第 11128 号
决　定　日　2008 年 2 月 18 日
发明创造名称　现浇钢筋砼填充用纤维增强型薄壁盒及其制造方法
国际分类号　E04B 5/36
无效宣告请求人　肖国友
专利权人　邱则有
专　利　号　99115666.8
申　请　日　1999 年 11 月 29 日
授权公告日　2005 年 5 月 18 日
合议组组长　朱文广
主　审　员　刘敏飞
参　审　员　徐伟锋

法律依据　专利法第 22 条第 3 款
决定要点

如果权利要求所述技术方案与现有技术公开的技术方案之间存在区别技术特征，但现有技术给出了结合该区别技术特征得出所述权利要求技术方案的技术启示，进而本领域技术人员不需花费创造性的劳动就能得出该权利要求所述的技术方案，则该权利要求不具备创造性。

一、案由

本无效宣告请求涉及中华人民共和国国家知识产权局于 2005 年 5 月 18 日授权公告的、名称为“现浇钢筋砼填充用纤维增强型薄壁盒及其制造方法”的发明专利权（下称本专利），其专利号是 99115666.8，申请日是 1999 年 11 月 29 日，专利权人是邱则有（下称专利权人）。本专利授权公告的权利要求 1~61 如下：

“1. 一种现浇钢筋砼填充用纤维增强型薄壁盒，包括下盒壁、周围侧盒壁，其特征在于下盒壁与周围侧盒壁围合构成开口薄壁盒，开口薄壁盒为整体的开口薄壁盒，薄壁盒的盒壁由胎体和胶结材料复合而成。

2. 根据权利要求 1 所述的现浇钢筋砼填充用纤维增强型薄壁盒，其特征在于所述的胶结材料和胎体分层交叠复合。

3. 根据权利要求 1 所述的现浇钢筋砼填充用纤维增强型薄壁盒，其特征在于所述的胎体为玻璃纤维或碳纤维或有机纤维。

4. 根据权利要求 1 所述的现浇钢筋砼填充用纤维增强型薄壁盒，其特征在于所述的胎体为无纺布。

5. 根据权利要求 1 所述的现浇钢筋砼填充用纤维增强型薄壁盒，其特征在于所述的胎体为纤维编织物。

6. 根据权利要求 1 所述的现浇钢筋砼填充用纤维增强型薄壁盒，其特征在于所述的胶结材料为硅酸盐水泥或硫铝酸盐水泥或铁铝酸盐水泥或快硬水泥。

7. 根据权利要求 1 所述的现浇钢筋砼填充用纤维增强型薄壁盒，其特征在于所述的胶结材料为有机树脂。

8. 根据权利要求 1 所述的现浇钢筋砼填充用纤维增强型薄壁盒，其特征在于所述的胶结材料为水泥、填料混合物。

9. 根据权利要求 1 所述的现浇钢筋砼填充用纤维增强型薄壁盒，其特征在于所述的胎体和胶结材料为二层或二层以上，构成多层复合的硬质薄壁盒。

10. 根据权利要求 1 所述的现浇钢筋砼填充用纤维增强型薄壁盒，其特征在于所述的薄壁盒是圆形。

11. 根据权利要求 1 所述的现浇钢筋砼填充用纤维增强型薄壁盒，其特征在于所述的薄壁盒是方形。

12. 根据权利要求 1 所述的现浇钢筋砼填充用纤维增强型薄壁盒，其特征在于所述的薄壁盒是多边形或弧角多边形或其他异形。

13. 根据权利要求 1 所述的现浇钢筋砼填充用纤维增强型薄壁盒，其特征在于所述的纤维增强型开口薄壁盒内设置有加强肋。

14. 根据权利要求 13 所述的现浇钢筋砼填充用纤维增强型薄壁盒，其特征在于所述的加强肋为十字形或井字形或单向形结构。

15. 根据权利要求 13 所述的现浇钢筋砼填充用纤维增强型薄壁盒，其特征在于所述的薄壁盒内的加强肋由胎体和胶结材料复合而成或由单一结构材料构成。

16. 根据权利要求 13 所述的现浇钢筋砼填充用纤维增强型薄壁盒，其特征在于所述的薄壁盒内的加强肋为嵌入式加强肋。

17. 根据权利要求 1 至 12 中任一权利要求所述的现浇钢筋砼填充用纤维增强型薄壁盒，其特征在于所述的开口薄壁盒至少一盒壁转角为弧角。

18. 根据权利要求 13 至 16 中任一权利要求所述的现浇钢筋砼填充用纤维增强型薄壁盒，其特征在于所述的带加强肋开口薄壁盒至少一盒壁转角为弧角。

19. 根据权利要求 1 至 12 中任一权利要求所述的现浇钢筋砼填充用纤维增强型薄壁盒，其特征在于所述的开口薄壁盒至少一盒壁转角部位的壁面为曲面。

20. 根据权利要求 13 至 16 中任一权利要求所述的现浇钢筋砼填充用纤维增强型薄壁盒，其特征在于所述的带加强肋开口薄壁盒至少一盒壁转角部位的壁面为曲面。

21. 根据权利要求 1 至 16 中任一权利要求所述的现浇钢筋砼填充用纤维增强型薄壁盒，其特征在于所述的薄壁盒的至少两个相对的壁面平行。

22. 一种现浇钢筋砼填充用纤维增强型薄壁盒，包括下盒壁、周围侧盒壁，其特征在于下盒壁与周围侧盒壁围合构成开口薄壁盒，开口薄壁盒为整体的开口薄壁盒，薄壁盒的盒壁由胎体和胶结材料复合而成，开口薄壁盒的开口处设置有封口，构成全封闭的薄壁盒，封闭薄壁盒内不含有加强肋。

23. 根据权利要求 22 所述的现浇钢筋砼填充用纤维增强型薄壁盒，其特征在于所述的胶结材料和胎体分层交叠复合。

24. 根据权利要求 22 所述的现浇钢筋砼填充用纤维增强型薄壁盒，其特征在于所述的胎体和胶结材料为二层或二层以上，构成多层复合的硬质薄壁盒。

25. 根据权利要求 22 所述的现浇钢筋砼填充用纤维增强型薄壁盒，其特征在于所述的封口由胎体和胶结材料层状复合而成。

26. 根据权利要求 22 所述的现浇钢筋砼填充用纤维增强型薄壁盒，其特征在于所述的封口由单一结构材料构成。

27. 根据权利要求 22 所述的现浇钢筋砼填充用纤维增强型薄壁盒，其特征在于所述的封口为预制板。

28. 根据权利要求 22 所述的现浇钢筋砼填充用纤维增强型薄壁盒，其特征在于所述的封口为现涂抹的板。

29. 根据权利要求 22 所述的现浇钢筋砼填充用纤维增强型薄壁盒，其特征在于所述的开口薄壁盒的封口为在开口处盒壁上涂上胶结材料料浆，与封口材料粘接为一体。

30. 根据权利要求 22 所述的现浇钢筋砼填充用纤维增强型薄壁盒，其特征在于所述的封口封接在开口薄壁盒的开口盒壁顶端。

31. 根据权利要求 22 所述的现浇钢筋砼填充用纤维增强型薄壁盒，其特征在于所述的封口封接在开口薄壁盒的开口盒壁顶端，封口边缘壁从周围侧壁外露。

32. 根据权利要求 22 所述的现浇钢筋砼填充用纤维增强型薄壁盒，其特征在于所述的封口封接在开口薄壁盒的开口盒壁顶端，封口边缘壁与周围侧壁齐平。

33. 根据权利要求 22 所述的现浇钢筋砼填充用纤维增强型薄壁盒，其特征在于所述的封闭的开口薄壁盒有开口处盒壁与封口黏结为一体的胶结界面。

34. 根据权利要求 33 所述的现浇钢筋砼填充用纤维增强型薄壁盒，其特征在于所述的胶结界面位于盒壁开口处顶端。

35. 根据权利要求 33 或者 34 所述的现浇钢筋砼填充用纤维增强型薄壁盒，其特征在于所述的胶结界面为开口薄壁盒开口处盒壁上与现涂封口材料的结合界面。

36. 根据权利要求 33 或者 34 所述的现浇钢筋砼填充用纤维增强型薄壁盒，其特征在于所述的胶结界面为开口薄壁盒开口处盒壁上与预制封口的胶结界面。

37. 根据权利要求 33 或者 34 所述的现浇钢筋砼填充用纤维增强型薄壁盒，其特征在于所述的胶结界面为现涂盒壁与预制封口的结合界面。

38. 根据权利要求 22 所述的现浇钢筋砼填充用纤维增强型薄壁盒，其特征在于所述的封闭薄壁盒至少一盒壁转角为弧角。

39. 根据权利要求 22 所述的现浇钢筋砼填充用纤维增强型薄壁盒，其特征在于所述的封闭薄壁盒至少一盒壁转角部位的壁面为曲面。

40. 一种现浇钢筋砼填充用纤维增强型薄壁盒，包括下盒壁、周围侧盒壁，其特征在于下盒壁与周围侧盒壁围合构成开口薄壁盒，开口薄壁盒为整体的开口薄壁盒，薄壁盒的盒壁由胎体和胶结材料复合而成，薄壁盒内有加强肋，带加强肋的整体的开口薄壁盒开口处设置有封口，构成全封闭的薄壁盒。

41. 根据权利要求 40 所述的现浇钢筋砼填充用纤维增强型薄壁盒，其特征在于所述的胶结材料和胎体分层交叠复合。

42. 根据权利要求 40 所述的现浇钢筋砼填充用纤维增强型薄壁盒，其特征在于所述胎体和胶结材料为二层或二层以上，构成多层复合的硬质薄壁盒。

43. 根据权利要求 40 所述的现浇钢筋砼填充用纤维增强型薄壁盒，其特征在于所述的加强肋为十字形或井字形或单向形结构。

44. 根据权利要求 40 所述的现浇钢筋砼填充用纤维增强性薄壁盒，其特征在于所述的薄壁盒内的加强肋由胎体和胶结材料两者复合而成或由单一结构材料构成。

45. 根据权利要求 40 所述的现浇钢筋砼填充用纤维增强型薄壁盒，其特征在于所述的薄壁盒内的加强肋为嵌入式加强肋。

46. 根据权利要求 40 所述的现浇钢筋砼填充用纤维增强型薄壁盒，其特征在于所述的封口封接在带加强肋的开口薄壁盒的开口盒壁顶端。

47. 根据权利要求 40 所述的现浇钢筋砼填充用纤维增强型薄壁盒，其特征在于所述的封口封接在带加强筋的开口盒壁顶端，封口边缘壁从周围侧壁外露。

48. 根据权利要求 40 所述的现浇钢筋砼填充用纤维增强型薄壁盒，其特征在于所述的封口封接在带加强筋的开口盒壁顶端，封口边缘壁与周围侧壁齐平。

49. 根据权利要求 40 所述的现浇钢筋砼填充用纤维增强型薄壁盒，其特征在于所述的封口由胎体和胶结材料层状复合而成。

50. 根据权利要求 40 所述的现浇钢筋砼填充用纤维增强型薄壁盒，其特征在于所述的封口由单一结构材料构成。

51. 根据权利要求 40 所述的现浇钢筋砼填充用纤维增强型薄壁盒，其特征在于所述的封口为预制板。

52. 根据权利要求 40 所述的现浇钢筋砼填充用纤维增强型薄壁盒，其特征在于所述的封口为现涂抹的板。

53. 根据权利要求 40 所述的现浇钢筋砼填充用纤维增强型薄壁盒，其特征在于所述的开口薄壁盒的封口为在开口处盒壁上涂上胶结材料料浆，与封口材料粘接为一体。

54. 根据权利要求 40 所述的现浇钢筋砼填充用纤维增强型薄壁盒，其特征在于所述的带加强肋的封闭的开口薄壁盒有开口处盒壁与封口粘接为一体的胶结界面。

55. 根据权利要求 54 所述的现浇钢筋砼填充用纤维增强型薄壁盒，其特征在于所述的胶结界面位于盒壁开口处顶端。

56. 根据权利要求 54 所述的现浇钢筋砼填充用纤维增强型薄壁盒，其特征在于所述的胶结界面为开口薄壁盒开口处盒壁上与现浇封口的胶结界面。

57. 根据权利要求 54 所述的现浇钢筋砼填充用纤维增强型薄壁盒，其特征在于所述的胶结界面为开口薄壁盒开口处盒壁上与现浇封口的结合界面。

58. 根据权利要求 54 所述的现浇钢筋砼填充用纤维增强型薄壁盒，其特征在于所述的胶结界面为现涂盒壁与预制封口的结合界面。

59. 根据权利要求 40 所述的现浇钢筋砼填充用纤维增强型薄壁盒，其特征在于所述的带加强肋封闭薄壁盒至少一盒壁转角为弧角。

60. 根据权利要求 40 所述的现浇钢筋砼填充用纤维增强型薄壁盒，其特征在于所述封闭加强肋薄壁盒至少一盒壁转角部位的壁面为曲面。

61. 根据权利要求 40 所述的现浇钢筋砼填充用纤维增强型薄壁盒，其特征在于所述的薄壁盒的至少两个相对的壁面平行。”

针对上述专利权，肖国友（下称请求人）于2007年6月4日向专利复审委员会提出无效宣告请求，理由是本专利权利要求1~61不符合专利法第22条第3款的规定，并提交了如下2份附件作为证据：

附件1：授权公告号为CN2160693Y的中国实用新型专利说明书，其授权公告日为1994年4月6日，共6页；

附件2：授权公告号为CN2343240Y的中国实用新型专利说明书，其授权公告日为1999年10月13日，共5页。

请求人认为：附件1为最接近对比文件，附件1未公开权利要求1、22、40中“薄壁盒的盒壁由胎体和胶结材料复合而成”，为增强附件1中盒体强度，本领域技术人员在附件2的启示下，很容易想到盒壁由胎体（如玻璃纤维网）和胶结材料（胶凝材料）复合而成的技术方案。因此权利要求1、22、40相比附件1和附件2的组合无创造性。权利要求2~10、23~25、29、36、37、41、49、51~53的附加技术特征在附件2中公开或与其等同，权利要求11~15、42~44、50、55~57、61的附加技术特征在附件1中公开，权利要求26的附加技术特征相比附件2中复合结构强度差，权利要求27、28的附加技术特征为本领域技术人员公知的选择，权利要求30~35的附加技术特征可由附件2得出，权利要求45中加强肋为嵌入式加强肋为本领域技术人员为加强构件强度的惯常手段，权利要求46的附加技术特征是本领域技术人员的惯常思维，权利要求47、48的附加技术特征相比附件1无实质性区别，权利要求54、58的附加技术特征很容易由附件1和附件2的结合得出。

经形式审查合格后，专利复审委员会受理了该无效宣告请求，并于2007年6月4日向请求人及专利权人发出无效宣告请求受理通知书，并将请求人提交的专利权无效宣告请求书及其附件清单中所列附件副本转给了专利权人，要求专利权人在规定的期限内陈述意见。

专利权人在规定的期限内没有提交意见陈述。

专利复审委员会于2007年9月3日向双方当事人发出无效宣告请求口头审理通知书，定于2007年10月15日举行口头审理。

口头审理如期举行，双方当事人均参加了口头审理。

在口头审理中，（1）请求人明确其无效的理由、证据、范围以及证据的使用情况为：权利要求1~61相对于附件1、2的结合不具有创造性。请求人明确表示没有其他的无效理由、证据、范围和证据组合形式。专利权人对附件1、2的真实性没有异议。（2）关于权利要求1。请求人认为：附件1是最接近的对比文件。附件1与本专利权相比区别在于附件1没有公开“盒壁有胎体和胶结材料复合而成”。附件2公开了“盒壁由胎体和胶结材料复合而成”，在夹芯板中本领域技术人员可以得到不带封口的技术启示，所以权利要求1不具有创造性。专利权人认为：本专利的薄壁盒是整体的开口薄壁盒，而且开口薄壁盒没有被公开，附件1是闭合的。请求人没有证据证明得到不带封口的启示。权利要求1中的整体盒壁和侧壁之间不需要其他连接方式，他是整体成型。（3）关于权利要求22。请求人认为：附件1是最接近的对比文件，盒壁有胎体和胶结材料复合而成在附件2中公开，其他特征在附件1中公开。专利权人认为：开口薄壁盒没有被公开，权利要求22中的整体盒壁和侧壁之间不需要其他连接方式，他是整体成型。（4）关于权利要求40。请求人认为：附件1是最接近的对比文件，盒壁有胎体和胶结材料复合而成在附件2中公开，其他特征在附件1中公开。专利权人认为：开口薄壁盒没有被公开，权利要求40中的整体盒壁和侧壁之间不需要其他连接方式，他是整体成型。（5）关于权利要求16~21、38、39、59、60的创造性的无效理由。专利权人认为：请求人未在一个月内具体说明，其中公知常识没有证据证明，其中使用到附件1、2的没有具体说明。

至此，合议组认为本案事实清楚，可以作出审查决定。

二、决定的理由

1. 关于证据

附件 1、2 均为中国实用新型专利说明书，专利权人对其真实性没有异议，并且附件 1、2 的授权公告日均早于本专利的申请日，因此合议组认为，附件 1、2 公开的内容可以作为本专利的现有技术。

2. 关于权利要求 16~21、38、39、59、60 的创造性的无效理由

专利权人在口头审理当庭主张，请求人未在一个月内具体说明权利要求 16~21、38、39、59、60 的创造性的无效理由。合议组经审查认为，请求人在提出无效宣告请求时提出的无效理由为专利法第 22 条第 3 款，涉及的权利要求为 1~61，依据的证据为附件 1、2，并且指出附件 1 为最接近的现有技术，权利要求 16~21、38、39、59、60 所分别引用的独立权利要求 1、22、40 相对于附件 1、2 无创造性。从而专利权人实际上已经知道评述权利要求 16~21、38、39、59、60 的证据的使用方式也是相对于附件 1、2 无创造性，并且附件 1 为最接近的现有技术。因此合议组对权利要求 16~21、38、39、59、60 的创造性的无效理由予以考虑。

3. 关于专利法第 22 条第 3 款

根据专利法第 22 条第 3 款的规定，创造性，是指同申请日以前已有的技术相比，该发明有突出的实质性特点和显著的进步，该实用新型有实质性特点和进步。

如果权利要求所述技术方案与现有技术公开的技术方案之间存在区别技术特征，但现有技术给出了结合该区别技术特征得出所述权利要求技术方案的技术启示，进而本领域技术人员不需花费创造性的劳动就能得出该权利要求所述的技术方案，则该权利要求不具备创造性。

请求人认为：权利要求 1~61 相对于附件 1、2 的结合不具备创造性。附件 1 是最接近的对比文件。

本专利权利要求 1 请求保护一种现浇钢筋砼填充用纤维增强型薄壁盒。附件 1 公开了一种模壳构件，该构件包括上底、下底和侧壁，侧壁与上、下底构成全封闭空腹型多面体结构，在施工时，将模壳构件摆放在楼层间的支撑物上，模壳构件间留出一定的间隙空间，布置钢筋，并用水泥进行浇注，模壳构件与钢筋水泥一起即成上下表面都十分平整的整体楼板结构。将权利要求 1 与附件 1 相比，附件 1 中下底和侧壁相当于权利要求 1 中的下盒壁和周围侧盒壁，其区别在于：薄壁盒为整体的开口薄壁盒，薄壁盒的盒壁由胎体和胶结材料复合而成。由于在薄壁盒的实际制造过程中，采用阴模或者阳模而进行整体浇注来形成整体薄壁盒是本领域技术人员经常采用的技术手段，并且本领域技术人员可以根据楼板施工的要求而选择将薄壁盒制成开口还是封闭的，例如当用于夹芯楼层板时，就会将薄壁盒制成开口的。附件 2 中公开了一种混凝土薄壁筒体构件，由筒管和封闭筒管两端管口的筒底组成，筒管和筒底以至少二层以上的玻璃纤维布叠合而成，各层玻璃纤维布之间由一层硫铝酸盐水泥无机胶凝材料相粘接，筒管内腔表面与外柱面亦分别覆盖有一层硫铝酸盐水泥无机胶凝材料或铁铝酸盐水泥无机胶凝材料。其中附件 2 中的玻璃纤维布相当于权利要求 1 中的胎体，硫铝酸盐水泥无机胶凝材料或铁铝酸盐水泥无机胶凝材料相当于权利要求 1 中的胶结材料，并且其所起作用与本专利中所起作用相同，均为增强薄壁盒壁的强度。可见附件 2 给出了薄壁构件的壁由胎体和胶结材料复合而成的技术启示。因此，本领域技术人员在附件 1 的基础上结合附件 2 得出权利要求 1 的技术方案，是不需要花费创造性劳动的，权利要求 1 不符合专利法第 22 条第 3 款的规定。

本专利权利要求 22 请求保护一种现浇钢筋砼填充用纤维增强型薄壁盒。如上所述，附件 1 公开了一种模壳构件，该构件包括上底、下底和侧壁，侧壁与上、下底构成全封闭空腹型多面体结构，在施工时，将模壳构件摆放在楼层间的支撑物上，模壳构件间留出一定的间隙空间，布置钢筋，并用水泥进行浇注，模壳构件与钢筋水泥一起即成上下表面都十分平整的整体楼板结构。将权利要求 22 与

附件 1 相比，其区别在于：薄壁盒为整体的开口薄壁盒，薄壁盒的盒壁由胎体和胶结材料复合而成，封闭薄壁盒内不含有加强肋。由于在薄壁盒的实际制造过程中，采用阴模或者阳模而进行整体浇注来形成整体薄壁盒是本领域技术人员经常采用的技术手段，并且本领域技术人员可以根据楼板施工的要求而选择将薄壁盒制成开口还是封闭的，例如当用于夹芯楼层板时，就会将薄壁盒制成开口的。附件 2 中公开了一种混凝土薄壁筒体构件，由筒管和封闭筒管两端管口的筒底组成，筒管和筒底以至少二层以上的玻璃纤维布叠合而成，各层玻璃纤维布之间由一层硫铝酸盐水泥无机胶凝材料相粘接，筒管内腔表面与外柱面亦分别覆盖有一层硫铝酸盐水泥无机胶凝材料或铁铝酸盐水泥无机胶凝材料。其中附件 2 中的玻璃纤维布相当于权利要求 22 中的胎体，硫铝酸盐水泥无机胶凝材料或铁铝酸盐水泥无机胶凝材料相当于权利要求 22 中的胶结材料，并且其所起作用与本专利中所起作用相同，均为增强薄壁盒壁的强度。可见附件 2 给出了薄壁构件的壁由胎体和胶结材料复合而成的技术启示。而对于是否在封闭薄壁盒内设置加强肋，是本领域技术人员根据施工中对薄壁盒强度的需要而选择设置的，当薄壁盒自身就能满足强度要求时，则不需在薄壁盒内设置加强肋。因此，本领域技术人员在附件 1 的基础上结合附件 2 得出权利要求 22 的技术方案，是不需要花费创造性劳动的，权利要求 22 不符合专利法第 22 条第 3 款的规定。

本专利权利要求 40 请求保护一种现浇钢筋砼填充用纤维增强型薄壁盒。如上所述，附件 1 公开了一种模壳构件，该构件包括上底、下底和侧壁，侧壁与上、下底构成全封闭空腹型多面体结构，在模壳体内设置加强肋，在施工时，将模壳构件摆放在楼层间的支撑物上，模壳构件间留出一定的间隙空间，布置钢筋，并用水泥进行浇注，模壳构件与钢筋水泥一起即成上下表面都十分平整的整体楼板结构。将权利要求 40 与附件 1 相比，其区别在于：薄壁盒为整体的开口薄壁盒，薄壁盒的盒壁由胎体和胶结材料复合而成。由于在薄壁盒的实际制造过程中，采用阴模或者阳模而进行整体浇注来形成整体薄壁盒是本领域技术人员经常采用的技术手段，并且本领域技术人员可以根据楼板施工的要求而选择将薄壁盒制成开口还是封闭的，例如当用于夹芯楼层板时，就会将薄壁盒制成开口的。附件 2 中公开了一种混凝土薄壁筒体构件，由筒管和封闭筒管两端管口的筒底组成，筒管和筒底以至少二层以上的玻璃纤维布叠合而成，各层玻璃纤维布之间由一层硫铝酸盐水泥无机胶凝材料相粘接，筒管内腔表面与外柱面亦分别覆盖有一层硫铝酸盐水泥无机胶凝材料或铁铝酸盐水泥无机胶凝材料。其中附件 2 中的玻璃纤维布相当于权利要求 40 中的胎体，硫铝酸盐水泥无机胶凝材料或铁铝酸盐水泥无机胶凝材料相当于权利要求 40 中的胶结材料，并且其所起作用与本专利中所起作用相同，均为增强薄壁盒壁的强度。可见附件 2 给出了薄壁构件的壁由胎体和胶结材料复合而成的技术启示。因此，本领域技术人员在附件 1 的基础上结合附件 2 得出权利要求 40 的技术方案，是不需要花费创造性劳动的，权利要求 40 不符合专利法第 22 条第 3 款的规定。

从属权利要求 2 引用权利要求 1，其附加技术特征为：所述的胶结材料和胎体分层交叠复合。由上述对权利要求 1 的评述可知，该附加技术特征也已经被附件 2 公开，并且专利权利人也认为该附加技术特征被公开。因此，当其引用的权利要求 1 不具备创造性时，该权利要求也不符合专利法第 22 条第 3 款有关规定创造性的规定。

从属权利要求 3 引用权利要求 1，其附加技术特征为：所述的胎体为玻璃纤维或碳纤维或有机纤维。如上对权利要求 1 的评述，附件 2 公开了胎体为玻璃纤维。专利权人认为，玻璃纤维被公开，碳纤维和有机纤维是现有技术，但碳纤维和有机纤维用在本领域是没有的。合议组认为，本领域技术人员能够从附件 2 中公开的胎体为玻璃纤维得到启示，而本领域技术人员根据纤维材料的特性以及产品所需特性，在现有的纤维材料中选择碳纤维或有机纤维作为胎体是不需花费创造性劳动的。因此，当其引用的权利要求 1 不具备创造性时，权利要求 3 也不符合专利法第 22 条第 3 款的规定。

从属权利要求 4、5 均引用权利要求 1，其附加技术特征分别为：所述的胎体材料为无纺布和所述的胎体材料为纤维编织物。由于附件 2 已经公开了胎体材料为玻璃纤维布，从而本领域技术人员很容易由此想到选择用无纺布或者纤维编织物作为胎体，并且专利权利人也认为上述附加技术特征被公开。因此，当权利要求 4、5 引用的权利要求 1 不具备创造性时，权利要求 4、5 也不符合专利法第 22 条第 3 款的规定。

从属权利要求 6、8 均引用权利要求 1。如上对权利要求 1 的评述，附件 2 公开了胶结材料为硫铝酸盐水泥或铁铝酸盐水泥，而本领域技术人员从附件 2 公开的胶结材料得到启示，不需花费创造性劳动就能想到选择用硅酸盐水泥或快硬水泥或水泥、填料混合物作为胶结材料。并且专利权人也认为从属权利要求 6、8 的附加技术特征被公开。因此，当权利要求 6、8 引用的权利要求 1 不具备创造性时，权利要求 6、8 也不符合专利法第 22 条第 3 款的规定。

从属权利要求 7 引用权利要求 1，其附加技术特征为：所述的胶结材料为有机树脂。由于附件 2 公开了各层玻璃纤维布之间由一层硫铝酸盐水泥无机胶凝材料相粘接，可见胶结材料用于将两层胎体材料粘接在一起，并起到一定的增加强度的作用。从而本领域技术人员能够得到启示，在现有的材料中选择有机树脂作为胶结材料是不需花费创造性劳动的。因此，当其引用的权利要求 1 不具备创造性时，权利要求 7 也不符合专利法第 22 条第 3 款关于创造性的规定。

从属权利要求 9 引用权利要求 1，其附加技术特征为：所述的胎体和胶结材料为二层或二层以上，构成多层复合的硬质薄壁盒。如上对权利要求 1 的评述可知，附件 2 已经公开了上述附加技术特征，并且专利权人也认可上述附加技术特征被附件 2 公开。因此，当其引用的权利要求 1 不具备创造性时，权利要求 9 也不符合专利法第 22 条第 3 款关于创造性的规定。

从属权利要求 10～12 均引用权利要求 1。由于附件 1 中公开了模壳为方形，附件 2 公开了薄壁筒体为圆形，而薄壁盒采用多边形或弧角多边形或其他异形是本领域技术人员很容易想到的。并且专利权人也认为权利要求 10～12 的附加技术特征是显而易见的。因此，当其引用的权利要求 1 不具备创造性时，权利要求 10～12 也不符合专利法第 22 条第 3 款的规定。

从属权利要求 13 引用权利要求 1。在附件 1 中公开了在模壳构件中设置加强肋。因此，当其引用的权利要求 1 不具备创造性时，权利要求 13 也不符合专利法第 22 条第 3 款的规定。

从属权利要求 14 引用权利要求 13。在附件 1 中公开了加强肋为十字形或井字形或单向形结构。因此，当其引用的权利要求 13 不具备创造性时，权利要求 14 也不符合专利法第 22 条第 3 款的规定。

从属权利要求 15 引用权利要求 13。附件 1 中公开了模壳构件的上、下底、侧壁以及加强肋采用快硬水泥抗碱玻璃纤维或氯化镁 GRC 或无砂陶粒水泥制造。可见附件 1 公开了加强肋由单一结构材料制成以及加强肋与模壳构件由相同材料制成的技术方案。如上所述，附件 2 公开了薄壁构件由胎体和胶结材料复合而成的技术方案，因此，本领域技术人员在附件 1 的基础上结合附件 2，不需花费创造性就能得出加强肋由胎体和胶结材料复合而成的技术方案。所以，当其引用的权利要求 13 不具备创造性时，权利要求 15 也不符合专利法第 22 条第 3 款有关创造性的规定。

从属权利要求 16 引用权利要求 13。由于加强肋采用嵌入式是本领域技术人员经常采用的技术手段，因此，当其引用的权利要求 13 不具备创造性时，权利要求 16 也不符合专利法第 22 条第 3 款有关创造性的规定。

从属权利要求 17、18 分别引用权利要求 1～12 中任一权利要求、权利要求 13～16 中任一权利要求。由于采用何种形状的薄壁盒是本领域技术人员根据施工的情况，增强受力的需要以及薄壁盒的加工制造过程的需要等而容易想到的，例如附件 2 中就公开了一种圆筒形薄壁盒，因此，本领域技术人员很容易想到将盒壁转角设置成弧角。所以，当其引用的权利要求 1～16 均不具备创造性时，权利要求 17、18 不符合专利法第 22 条第 3 款的规定。

从属权利要求 19、20 分别引用权利要求 1 ~ 12 中任一权利要求、权利要求 13 ~ 16 中任一权利要求。由于采用何种形状的薄壁盒是本领域技术人员根据施工的情况，增强受力的需要等而容易想到的，例如附件 2 中就公开了一种圆筒形薄壁盒，因此，本领域技术人员很容易想到将盒壁转角部位的壁面设置成曲面。所以，当其引用的权利要求 1 ~ 16 均不具备创造性时，权利要求 19、20 不符合专利法第 22 条第 3 款有关创造性的规定。

从属权利要求 21 引用权利要求 1 ~ 16 中任一权利要求。由于附件 1 公开了模壳构件两个相对的侧壁平行设置，因此，当权利要求 21 引用的权利要求 1 至 16 均不具备创造性时，权利要求 21 也不符合专利法第 22 条第 3 款的规定。

从属权利要求 23、24 的附加技术特征为：所述的胶结材料和胎体分层交叠复合，以及所述的胎体和胶结材料为二层或二层以上，构成多层复合的硬质薄壁盒。参见权利要求 2 和 9 中对上述附加技术特征的评述，上述附加技术特征也已经被公开。因此，当其引用的权利要求 22 不具备创造性时，权利要求 23、24 也不符合专利法第 22 条第 3 款有关创造性的规定。

从属权利要求 25 引用权利要求 22。在附件 2 中公开了筒底由硫铝酸盐水泥无机胶凝材料或铁铝酸盐水泥无机胶凝材料与玻璃纤维布层状复合而成。可见该权利要求的附加技术特征也已经被公开。因此，当其引用的权利要求 22 不具备创造性时，该权利要求也不符合专利法第 22 条第 3 款有关创造性的规定。

从属权利要求 26 ~ 28 均引用权利要求 22，其附加技术特征分别为：所述的封口由单一材料构成、所述的封口为预制板，以及所述的封口为现涂抹的板。由于封口由单一材料构成以及采用现涂抹的板都是本领域的公知技术，专利权人也认为封口由单一结构材料构成以及封口为现涂抹的板被公开。并且封口采用预制板，然后与模壳侧壁粘接在一起，也是本领域技术人员经常采用的技术手段。因此，当其引用的权利要求 22 不具备创造性时，权利要求 26 ~ 28 也不符合专利法第 22 条第 3 款有关创造性的规定。

从属权利要求 29 ~ 33 均引用权利要求 22。在附件 2 中还公开了形成筒管后，在筒管两端管口粘上其圆径与筒管管口管径匹配的筒底。并且，使封口边缘壁与周围侧壁外露是本领域技术人员很容易想到的。因此，当其引用的权利要求 22 不具备创造性时，权利要求 29 ~ 33 也不符合专利法第 22 条第 3 款有关创造性的规定。

从属权利要求 34 引用权利要求 33，其附加技术特征为：所述的胶结界面位于盒壁开口处顶端。由于上述附加技术特征已经被附件 2 公开，因此当其引用的权利要求 33 不具备创造性时，权利要求 34 也不符合专利法第 22 条第 3 款有关创造性的规定。

从属权利要求 35 ~ 37 引用权利要求 33 或者 34。由于封口采用现涂封口、预制封口以及盒壁为现涂盒壁都是本领域技术人员经常采用的技术手段，从而在附件 2 的基础上，使胶结界面为开口薄壁盒开口处盒壁上与现涂封口、预制封口的胶结界面，或者胶结界面为现涂盒壁与预制封口的结合界面都是本领域技术人员很容易想到的。因此当其引用的权利要求 33 或者 34 不具备创造性时，权利要求 35 ~ 37 也不符合专利法第 22 条第 3 款有关创造性的规定。

从属权利要求 38、39 均引用权利要求 22。参见对权利要求 17 ~ 20 的附加技术特征的评述，从属权利要求的附加技术特征对本领域技术人员来说是很容易想到的。因此，当其引用的权利要求 22 不具备创造性时，权利要求 38、39 也不符合专利法第 22 条第 3 款的规定。

从属权利要求 41、42、43 ~ 45、46 ~ 48、49 ~ 53、54 均引用权利要求 40。参见对权利要求 2、9、14 ~ 16、30 ~ 32、25 ~ 29、33 的附加技术特征的评述。因此，当其引用的权利要求 40 不具备创造性时，权利要求41~54也不符合专利法第22条第3款的规定。

从属权利要求55~58均引用权利要求54。参见对权利要求34、35、36、37的附加技术特征的评述，上述从属权利要求的附加技术特征均已经被公开，因此，当其引用的权利要求54不具备创造性时，权利要求55~58也不符合专利法第22条第3款的规定。

从属权利要求59、60均引用权利要求40。参见对权利要求17~20的附加技术特征的评述，从属权利要求的附加技术特征对本领域技术人员来说是很容易想到的。因此，当其引用的权利要求40不具备创造性时，权利要求59、60也不符合专利法第22条第3款的规定。

从属权利要求61引用权利要求40。由于附件1公开了模壳构件两个相对的侧壁平行设置，因此，当权利要求61引用的权利要求40不具备创造性时，权利要求61也不符合专利法第22条第3款的规定。

综上所述，本专利权利要求1~61不具备创造性，不符合专利法第22条第3款的规定。

基于上述理由，合议组依法作出如下决定。

三、决定

宣告99115666.8号发明专利权的权利要求1~61无效，在权利要求62~76的基础上维持该专利权继续有效。

当事人对本决定不服的，可以根据专利法第46条第2款的规定，自收到本决定之日起三个月内向北京市第一中级人民法院起诉。根据该款的规定，一方当事人起诉后，另一方当事人应当作为第三人参加诉讼。

北京市第一中级人民法院
行政判决书

（2008）一中行初字第1269号

原告邱则有，男，1962年11月9日出生，汉族，住湖南省长沙市芙蓉区织机街18号。

委托代理人颜喜东，男，1977年11月22日出生，住湖南省吉首市吉首大学学生宿舍。

委托代理人李敏慧，男，1976年3月15日出生，住湖南省长沙市芙蓉区藩正街4号。

被告国家知识产权局专利复审委员会，住所地北京市海淀区北四环西路9号银谷大厦10~12层。

法定代表人廖涛，副主任。

委托代理人刘敏飞，国家知识产权局专利复审委员会审查员。

委托代理人齐宏涛，国家知识产权局专利复审委员会审查员。

第三人肖国友，男，1971年10月21日出生，汉族，住河南省信阳市平桥区黄堂村村委会肖王乡黄堂村。

原告邱则有不服被告国家知识产权局专利复审委员会（以下简称专利复审委员会）作出的第11128号无效宣告请求审查决定（以下简称第11128号决定），于法定期限内向本院提起行政诉讼。本院受理后，依法组成合议庭，并通知肖国友作为本案的第三人参加诉讼，于2009年3月20日公开开庭审理了本案。原告邱则有的委托代理人颜喜东，被告专利复审委员会的委托代理人刘敏飞、齐洪涛参加了诉讼。第三人肖国友经公告送达未到庭参加诉讼，本院依法缺席审理，本案现已审理终结。

第11128号决定系专利复审委员会就第三人肖国友针对原告邱则有拥有的第99115666.8号名称

为“现浇钢筋砼填充用纤维增强型薄壁盒及其制造方法”的发明专利（以下简称本专利）提出的无效宣告请求而作出的。专利复审委员会在该决定中认定：

1. 证据的认定。

附件1、2均为中国实用新型专利说明书，邱则有对此真实性没有异议，并且附件1、2的授权公告日均早于本专利的申请日，因此可以作为本专利的现有技术。

2. 关于《中华人民共和国专利法》（以下简称《专利法》）第二十二条第三款。

本专利权利要求1请求保护一种现浇钢筋砼填充用纤维增强型薄壁盒，附件1公开了一种模壳构件，权利要求1的技术方案与附件1的技术方案相比，其区别在于本专利权利要求1的薄壁盒为整体的开口薄壁盒，薄壁盒的盒壁由胎体和胶结材料复合而成。由于在薄壁盒的实际制造过程中，采用阴模或者阳模而进行整体浇注来形成整体薄壁盒是本领域技术人员经常采用的技术手段，并且本领域技术人员可以根据楼板施工的要求而选择将薄壁盒制成开口还是封闭的，例如当用于夹芯楼层板时，就会将薄壁盒制成开口的。附件2中公开了一种混凝土薄壁筒体构件，由筒管和封闭筒管两端管口的筒底组成，其筒管和筒底以至少二层以上的玻璃纤维布叠合而成，各层玻璃纤维布之间由一层硫铝酸盐水泥无机胶凝材料相粘接，筒管内腔表面与外柱面亦分别覆盖有一层硫铝酸盐水泥无机胶凝材料或铁铝酸盐水泥无机胶凝材料。其中附件2中的玻璃纤维布相当于权利要求1中的胎体，硫铝酸盐水泥无机胶凝材料或铁铝酸盐水泥无机胶凝材料相当于权利要求1中的胶结材料，并且其所起作用与本专利中所起作用相同，均为增强薄壁盒壁的强度。可见附件2给出了薄壁构件的壁由胎体和胶结材料复合而成的技术启示。因此，本领域技术人员在附件1的基础上结合附件2得出权利要求1的技术方案，是不需要花费创造性劳动的，权利要求1不符合《专利法》第二十二条第三款的规定。

从属权利要求2~21的附加技术特征或者是分别被附件1和2公开，或者是本领域技术人员在制造纤维增强型薄壁盒时很容易想到的技术，由此可见，当其引用的权利要求不具有创造性时，权利要求2~21也不具有创造性，不符合《专利法》第二十二条第三款的规定。

本专利权利要求22请求保护一种现浇钢筋砼填充用纤维增强型薄壁盒。其与附件1的技术方案区别在于：薄壁盒为整体的开口薄壁盒，薄壁盒的盒壁由胎体和胶结材料复合而成，封闭薄壁盒内不含有加强肋。由于在薄壁盒的实际制造过程中，采用阴模或者阳模而进行整体浇注来形成整体薄壁盒是本领域技术人员经常采用的技术手段，并且本领域技术人员可以根据楼板施工的要求而选择将薄壁盒制成开口还是封闭的，例如当用于夹芯楼层板时，就会将薄壁盒制成开口的。附件2中公开了一种混凝土薄壁筒体构件，其筒管和筒底以至少二层以上的玻璃纤维布（相当于权利要求22中的胎体）叠合而成，各层玻璃纤维布之间由一层硫铝酸盐水泥无机胶凝材料相粘接，筒管内腔表面与外柱面亦分别覆盖有一层硫铝酸盐水泥无机胶凝材料或铁铝酸盐水泥无机胶凝材料（相当于权利要求22中的胶结材料）。上述材料所起作用与本专利中所起作用相同，均为增强薄壁盒壁的强度。可见附件2给出了薄壁构件的壁由胎体和胶结材料复合而成的技术启示。而对于是否在封闭薄壁盒内设置加强肋，是本领域技术人员根据施工中对薄壁盒强度的需要而选择设置的，当薄壁盒自身就能满足强度要求时，则不需在薄壁盒内设置加强肋。因此，本领域技术人员在附件1的基础上结合附件2得出权利要求22的技术方案，是不需要花费创造性劳动的，权利要求22不符合《专利法》第二十二条第三款的规定。

从属权利要求23~39的附加技术特征或者分别被附件1和2公开，或者是本领域技术人员在制造纤维增强型薄壁盒时很容易想到的技术，由此可见，当其引用的权利要求不具有创造性时，权利要求23~39也不具有创造性，不符合《专利法》第二十二条第三款的规定。

本专利权利要求40请求保护一种现浇钢筋砼填充用纤维增强型薄壁盒。其与附件1的区别在于：

薄壁盒为整体的开口薄壁盒，薄壁盒的盒壁由胎体和胶结材料复合而成。由于在薄壁盒的实际制造过程中，采用阴模或者阳模而进行整体浇注来形成整体薄壁盒是本领域技术人员经常采用的技术手段，并且本领域技术人员可以根据楼板施工的要求而选择将薄壁盒制成开口还是封闭的，例如当用于夹芯楼层板时，就会将薄壁盒制成开口的。附件2中公开了一种混凝土薄壁筒体构件，由筒管和封闭筒管两端管口的筒底组成，其筒管和筒底以至少二层以上的玻璃纤维布叠合而成，各层玻璃纤维布之间由一层硫铝酸盐水泥无机胶凝材料相粘接，筒管内腔表面与外柱面亦分别覆盖有一层硫铝酸盐水泥无机胶凝材料或铁铝酸盐水泥无机胶凝材料。其中附件2中的玻璃纤维布相当于权利要求40中的胎体，硫铝酸盐水泥无机胶凝材料或铁铝酸盐水泥无机胶凝材料相当于权利要求40中的胶结材料，并且其所起作用与本专利中所起作用相同，均为增强薄壁盒壁的强度。可见附件2给出了薄壁构件的壁由胎体和胶结材料复合而成的技术启示。因此，本领域技术人员在附件1的基础上结合附件2得出权利要求40的技术方案，是不需要花费创造性劳动的，权利要求40不符合《专利法》第二十二条第三款的规定。

权利要求41~61的附加技术特征分别被附件1和2公开，或者是本领域技术人员在制造纤维增强型薄壁盒时很容易想到的技术，由此可见，当其引用的权利要求不具有创造性时，权利要求41~61也不具有创造性，不符合《专利法》第二十二条第三款的规定。

综上所述，本专利权利要求1~61不具备创造性，不符合《专利法》第二十二条第三款的规定。

基于上述理由，专利复审委员会作出第11128号决定，宣告本专利权利要求1~61无效，在权利要求62~76的基础上维持该专利权继续有效。

原告邱则有不服第11128号决定，在法定期限内向本院提起行政诉讼，其诉称：第11128号决定关于本专利不符合《专利法》第二十二条第三款的认定错误。1. 被告在第11128号决定中认定了独立权利要求1、22、40相对于附件1的技术方案具有的区别技术特征，并且所述区别技术特征没有在其他对比文件中公开，但是被告却主观认定相关权利要求没有创造性，并且认为“由于在薄壁盒的实际制造过程中，采用阴模或者阳模而进行整体浇注来形成整体薄壁盒是本领域技术人员经常采用的技术手段，并且本领域技术人员可以根据楼板施工的要求而选择将薄壁盒制成开口还是封闭，例如当用于夹芯楼层板时，就会将薄壁盒制成开口的”，被告作出的该认定显然错误。首先，附件1、2中没有关于阴模或者阳模的记载，上述手段更不是本领域技术人员经常采用的技术手段，本领域普通技术人员不经过创造性劳动就无法做到根据施工要求选择将薄壁盒制成开口的或者封闭的，其次，在被告未引述相关文献证明夹芯楼层板为现有技术的情况下，用对比文件中未出现过的夹芯楼层板来评述权利要求的创造性是不恰当的。2. 第11128号决定中关于下列权利要求的对应关系认定错误：权利要求45对应于权利要求30，权利要求47对应于权利要求31，权利要求52对应于权利要求28，权利要求56对应于权利要求35，权利要求58对应权利要求37，权利要求59对应权利要求17，权利要求60对应权利要求19，同时对于权利要求35~39的认定事实错误，在其引用的独立权利要求1、22、40具有创造性时，其从属权利要求2~21、23~39、41~61也应具有创造性。综上，被告作出的第11128号决定认定事实及适用法律错误，请求法院依法撤销该决定。

被告专利复审委员会坚持第11128号决定中的意见，认为第11128号决定认定事实清楚、适用法律正确、审理程序合法、审查结论正确、原告的诉讼理由不能成立，请求法院驳回原告的诉讼请求，维持第11128号决定。

第三人肖国友未提交书面意见。

本院经审理查明如下事实：

本专利涉及的是国家知识产权局于2005年5月18日授权公告的、名称为“现浇钢筋砼填充用纤维增强型薄壁盒及其制造方法”的第99115666.8号发明专利，该专利的申请日为1999年11月29日，专利权人为邱则有。本专利授权公告的权利要求共76项，其中的权利要求16~61如下：

“1. 一种现浇钢筋砼填充用纤维增强型薄壁盒，包括下盒壁、周围侧盒壁，其特征在于下盒壁与周围侧盒壁围合构成开口薄壁盒，开口薄壁盒为整体的开口薄壁盒，薄壁盒的盒壁由胎体和胶结材料复合而成。

2. 根据权利要求1所述的现浇钢筋砼填充用纤维增强型薄壁盒，其特征在于所述的胶结材料和胎体分层交叠复合。

3. 根据权利要求1所述的现浇钢筋砼填充用纤维增强型薄壁盒，其特征在于所述的胎体为玻璃纤维或碳纤维或有机纤维。

4. 根据权利要求1所述的现浇钢筋砼填充用纤维增强型薄壁盒，其特征在于所述的胎体为无纺布。

5. 根据权利要求1所述的现浇钢筋砼填充用纤维增强型薄壁盒，其特征在于所述的胎体为纤维编织物。

6. 根据权利要求1所述的现浇钢筋砼填充用纤维增强型薄壁盒，其特征在于所述的胶结材料为硅酸盐水泥或硫铝酸盐水泥或铁铝酸盐水泥或快硬水泥。

7. 根据权利要求1所述的现浇钢筋砼填充用纤维增强型薄壁盒，其特征在于所述的胶结材料为有机树脂。

8. 根据权利要求1所述的现浇钢筋砼填充用纤维增强型薄壁盒，其特征在于所述的胶结材料为水泥、填料混合物。

9. 根据权利要求1所述的现浇钢筋砼填充用纤维增强型薄壁盒，其特征在于所述的胎体和胶结材料为二层或二层以上，构成多层复合的硬质薄壁盒。

10. 根据权利要求1所述的现浇钢筋砼填充用纤维增强型薄壁盒，其特征在于所述的薄壁盒是圆形。

11. 根据权利要求1所述的现浇钢筋砼填充用纤维增强型薄壁盒，其特征在于所述的薄壁盒是方形。

12. 根据权利要求1所述的现浇钢筋砼填充用纤维增强型薄壁盒，其特征在于所述的薄壁盒是多边形或弧角多边形或其他异形。

13. 根据权利要求1所述的现浇钢筋砼填充用纤维增强型薄壁盒，其特征在于所述的纤维增强型开口薄壁盒内设置有加强肋。

14. 根据权利要求13所述的现浇钢筋砼填充用纤维增强型薄壁盒，其特征在于所述的加强肋为十字形或井字形或单向形结构。

15. 根据权利要求13所述的现浇钢筋砼填充用纤维增强型薄壁盒，其特征在于所述的薄壁盒内的加强肋由胎体和胶结材料复合而成或由单一结构材料构成。

16. 根据权利要求13所述的现浇钢筋砼填充用纤维增强型薄壁盒，其特征在于所述的薄壁盒内的加强肋为嵌入式加强肋。

17. 根据权利要求1至12中任一权利要求所述的现浇钢筋砼填充用纤维增强型薄壁盒，其特征在于所述的开口薄壁盒至少一盒壁转角为弧角。

18. 根据权利要求13至16中任一权利要求所述的现浇钢筋砼填充用纤维增强型薄壁盒，其特征在于所述的带加强肋开口薄壁盒至少一盒壁转角为弧角。

19. 根据权利要求1至12中任一权利要求所述的现浇钢筋砼填充用纤维增强型薄壁盒，其特征在于所述的开口薄壁盒至少一盒壁转角部位的壁面为曲面。

20. 根据权利要求 13 至 16 中任一权利要求所述的现浇钢筋砼填充用纤维增强型薄壁盒，其特征在于所述的带加强肋开口薄壁盒至少一盒壁转角部位的壁面为曲面。

21. 根据权利要求 1 至 16 中任一权利要求所述的现浇钢筋砼填充用纤维增强型薄壁盒，其特征在于所述的薄壁盒的至少两个相对的壁面平行。

22. 一种现浇钢筋砼填充用纤维增强型薄壁盒，包括下盒壁、周围侧盒壁，其特征在于下盒壁与周围侧盒壁围合构成开口薄壁盒，开口薄壁盒为整体的开口薄壁盒，薄壁盒的盒壁由胎体和胶结材料复合而成，开口薄壁盒的开口处设置有封口，构成全封闭的薄壁盒，封闭薄壁盒内不含有加强肋。

23. 根据权利要求 22 所述的现浇钢筋砼填充用纤维增强型薄壁盒，其特征在于所述的胶结材料和胎体分层交叠复合。

24. 根据权利要求 22 所述的现浇钢筋砼填充用纤维增强型薄壁盒，其特征在于所述的胎体和胶结材料为二层或二层以上，构成多层复合的硬质薄壁盒。

25. 根据权利要求 22 所述的现浇钢筋砼填充用纤维增强型薄壁盒，其特征在于所述的封口由胎体和胶结材料层状复合而成。

26. 根据权利要求 22 所述的现浇钢筋砼填充用纤维增强型薄壁盒，其特征在于所述的封口由单一结构材料构成。

27. 根据权利要求 22 所述的现浇钢筋砼填充用纤维增强型薄壁盒，其特征在于所述的封口为预制板。

28. 根据权利要求 22 所述的现浇钢筋砼填充用纤维增强型薄壁盒，其特征在于所述的封口为现涂抹的板。

29. 根据权利要求 22 所述的现浇钢筋砼填充用纤维增强型薄壁盒，其特征在于所述的开口薄壁盒的封口为在开口处盒壁上涂上胶结材料料浆，与封口材料粘接为一体。

30. 根据权利要求 22 所述的现浇钢筋砼填充用纤维增强型薄壁盒，其特征在于所述的封口封接在开口薄壁盒的开口盒壁顶端。

31. 根据权利要求 22 所述的现浇钢筋砼填充用纤维增强型薄壁盒，其特征在于所述的封口封接在开口薄壁盒的开口盒壁顶端，封口边缘壁从周围侧壁外露。

32. 根据权利要求 22 所述的现浇钢筋砼填充用纤维增强型薄壁盒，其特征在于所述的封口封接在开口薄壁盒的开口盒壁顶端，封口边缘壁与周围侧壁齐平。

33. 根据权利要求 22 所述的现浇钢筋砼填充用纤维增强型薄壁盒，其特征在于所述的封闭的开口薄壁盒有开口处盒壁与封口黏结为一体的胶结界面。

34. 根据权利要求 33 所述的现浇钢筋砼填充用纤维增强型薄壁盒，其特征在于所述的胶结界面位于盒壁开口处顶端。

35. 根据权利要求 33 或者 34 所述的现浇钢筋砼填充用纤维增强型薄壁盒，其特征在于所述的胶结界面为开口薄壁盒开口处盒壁上与现涂封口材料的结合界面。

36. 根据权利要求 33 或者 34 所述的现浇钢筋砼填充用纤维增强型薄壁盒，其特征在于所述的胶结界面为开口薄壁盒开口处盒壁上与预制封口的胶结界面。

37. 根据权利要求 33 或者 34 所述的现浇钢筋砼填充用纤维增强型薄壁盒，其特征在于所述的胶结界面为现涂盒壁与预制封口的结合界面。

38. 根据权利要求 22 所述的现浇钢筋砼填充用纤维增强型薄壁盒，其特征在于所述的封闭薄壁盒至少一盒壁转角为弧角。

39. 根据权利要求22所述的现浇钢筋砼填充用纤维增强型薄壁盒，其特征在于所述的封闭薄壁盒至少一盒壁转角部位的壁面为曲面。

40. 一种现浇钢筋砼填充用纤维增强型薄壁盒，包括下盒壁、周围侧盒壁，其特征在于下盒壁与周围侧盒壁围合构成开口薄壁盒，开口薄壁盒为整体的开口薄壁盒，薄壁盒的盒壁由胎体和胶结材料复合而成，薄壁盒内有加强肋，带加强肋的整体的开口薄壁盒开口处设置有封口，构成全封闭的薄壁盒。

41. 根据权利要求40所述的现浇钢筋砼填充用纤维增强型薄壁盒，其特征在于所述的胶结材料和胎体分层交叠复合。

42. 根据权利要求40所述的现浇钢筋砼填充用纤维增强型薄壁盒，其特征在于所述胎体和胶结材料为二层或二层以上，构成多层复合的硬质薄壁盒。

43. 根据权利要求40所述的现浇钢筋砼填充用纤维增强型薄壁盒，其特征在于所述的加强肋为十字形或井字形或单向形结构。

44. 根据权利要求40所述的现浇钢筋砼填充用纤维增强性薄壁盒，其特征在于所述的薄壁盒内的加强肋由胎体和胶结材料两者复合而成或由单一结构材料构成。

45. 根据权利要求40所述的现浇钢筋砼填充用纤维增强型薄壁盒，其特征在于所述的薄壁盒内的加强肋为嵌入式加强肋。

46. 根据权利要求40所述的现浇钢筋砼填充用纤维增强型薄壁盒，其特征在于所述的封口封接在带加强肋的开口薄壁盒的开口盒壁顶端。

47. 根据权利要求40所述的现浇钢筋砼填充用纤维增强型薄壁盒，其特征在于所述的封口封接在带加强筋的开口盒壁顶端，封口边缘壁从周围侧壁外露。

48. 根据权利要求40所述的现浇钢筋砼填充用纤维增强型薄壁盒，其特征在于所述的封口封接在带加强筋的开口盒壁顶端，封口边缘壁与周围侧壁齐平。

49. 根据权利要求40所述的现浇钢筋砼填充用纤维增强型薄壁盒，其特征在于所述的封口由胎体和胶结材料层状复合而成。

50. 根据权利要求40所述的现浇钢筋砼填充用纤维增强型薄壁盒，其特征在于所述的封口由单一结构材料构成。

51. 根据权利要求40所述的现浇钢筋砼填充用纤维增强型薄壁盒，其特征在于所述的封口为预制板。

52. 根据权利要求40所述的现浇钢筋砼填充用纤维增强型薄壁盒，其特征在于所述的封口为现涂抹的板。

53. 根据权利要求40所述的现浇钢筋砼填充用纤维增强型薄壁盒，其特征在于所述的开口薄壁盒的封口为在开口处盒壁上涂上胶结材料料浆，与封口材料粘接为一体。

54. 根据权利要求40所述的现浇钢筋砼填充用纤维增强型薄壁盒，其特征在于所述的带加强肋的封闭的开口薄壁盒有开口处盒壁与封口粘接为一体的胶结界面。

55. 根据权利要求54所述的现浇钢筋砼填充用纤维增强型薄壁盒，其特征在于所述的胶结界面位于盒壁开口处顶端。

56. 根据权利要求54所述的现浇钢筋砼填充用纤维增强型薄壁盒，其特征在于所述的胶结界面为开口薄壁盒开口处盒壁上与现浇封口的胶结界面。

57. 根据权利要求54所述的现浇钢筋砼填充用纤维增强型薄壁盒，其特征在于所述的胶结界面为开口薄壁盒开口处盒壁上与现浇封口的结合界面。

58. 根据权利要求 54 所述的现浇钢筋砼填充用纤维增强型薄壁盒，其特征在于所述的胶结界面为现涂盒壁与预制封口的结合界面。

59. 根据权利要求 40 所述的现浇钢筋砼填充用纤维增强型薄壁盒，其特征在于所述的带加强肋封闭薄壁盒至少一盒壁转角为弧角。

60. 根据权利要求 40 所述的现浇钢筋砼填充用纤维增强型薄壁盒，其特征在于所述封闭加强肋薄壁盒至少一盒壁转角部位的壁面为曲面。

61. 根据权利要求 40 所述的现浇钢筋砼填充用纤维增强型薄壁盒，其特征在于所述的薄壁盒的至少两个相对的壁面平行。"

针对本专利，第三人肖国友于 2007 年 6 月 4 日以本专利权利要求 1~61 不符合《专利法》第二十二条第三款的规定为由向专利复审委员会提出无效宣告请求。2007 年 10 月 15 日，专利复审委员会对本案进行了口头审理，肖国友在口头审理过程中将无效理由明确为本专利权利要求 1~61 相对于附件 1、2 的结合不具备创造性。其中：

附件 1 是授权公告号为 CN2160693Y 的中国实用新型专利说明书，其授权公告日为 1994 年 4 月 6 日。附件 1 公开了一种模壳构件，该构件包括上底、下底和侧壁，侧壁与上、下底构成全封闭空腹型多面体结构，模壳体内有加强肋，加强肋有单向形结构、十字形结构、井字形结构，还可以成其他排布形式，以增加模壳构件的整体支撑强度，在施工时，将模壳构件摆放在楼层间的支撑物上，模壳构件间留出一定的间隙空间，布置钢筋，并用水泥进行浇注，模壳构件与钢筋水泥一起即成上下表面都十分平整的整体楼板结构，模壳构件在楼板中既是内模又是填充配套构件；

附件 2 是授权公告号为 CN2343240Y 的中国实用新型专利说明书，其授权公告日为 1999 年 10 月 13 日。附件 2 中公开了一种混凝土薄壁筒体构件，由筒管和封闭筒管两端管口的筒底组成，筒管和筒底由至少二层以上的玻璃纤维布筒套叠而成，每层玻璃纤维布之间由一层硫铝酸盐或铁铝酸盐水泥无机胶凝材料相粘接，筒管的管腔与管柱表面以及筒底两侧分别覆盖一层上述胶凝材料。

2008 年 2 月 18 日，专利复审委员会作出第 11128 号决定。

上述事实有本专利授权公告文本、附件 1、附件 2、第 11128 号决定以及当事人陈述等证据在案佐证。

本院认为，针对当事人的诉辩主张，本案的争议焦点为本专利权利要求 1~61 是否具有创造性。

我国《专利法》第二十二条第三款规定：创造性，是指同申请日以前已有的技术相比，发明具有突出的实质性特点和显著的进步，实用新型有实质性特点和进步。

1. 关于权利要求 1、22、40 的创造性。

（1）关于权利要求 1 的创造性。

权利要求 1 保护一种现浇钢筋砼填充用纤维增强型薄壁盒。附件 1 公开了一种模壳构件，包括上底、下底（相当于权利要求 1 中的下盒壁）及侧壁（相当于权利要求 1 中的周围侧盒壁）构成，权利要求 1 的技术方案与附件 1 的技术方案的区别在于：权利要求 1 中的薄壁盒为整体的开口薄壁盒，薄壁盒的盒壁由胎体和胶结材料复合而成，而附件 1 的模壳构件为全封闭结构。对于本领域技术人员来讲，在薄壁盒/模壳的浇注成型过程中，根据楼板施工的要求而选择将薄壁盒制成开口还是封闭的整体形状，是本领域技术人员所常用的技术。附件 2 所公开的混凝土薄壁筒体构件的筒管和筒底由至少二层以上的玻璃纤维布筒（相当于权利要求 1 中的胎体）套叠而成，每层玻璃纤维布之间由一层硫铝酸盐或铁铝酸盐水泥无机胶凝材料（相当于权利要求 1 中的胶结材料）相粘接，上述技术特征在附件 2 中的作用与本专利中所起作用相同，均为增强薄壁盒壁的强度。附件 2 给出了薄壁构件的壁由胎体和胶结材料复合而成的技术启示。因此，本领域技术人员在附件 1

的基础上结合附件 2 得出权利要求 1 的技术方案是显而易见的，权利要求 1 不符合《专利法》第二十二条第三款的规定。

（2）关于权利要求 22 的创造性。

权利要求 22 保护一种现浇钢筋砼填充用纤维增强型薄壁盒。其与附件 1 的技术方案的区别在于：权利要求 22 所保护的薄壁盒为整体的开口薄壁盒，薄壁盒的盒壁由胎体和胶结材料复合而成，封闭薄壁盒内不含有加强肋。而附件 1 的模壳构件为全封闭结构且内设加强肋。对于本领域技术人员来讲，在薄壁盒/模壳的浇注成型过程中，根据楼板施工的要求而选择将薄壁盒制成开口还是封闭的整体形状，是本领域技术人员所常用的技术，同时对于是否在封闭薄壁盒内设置加强肋，是本领域技术人员根据施工中对薄壁盒强度的需要而选择设置的，当薄壁盒自身结构满足强度要求时，则不需在薄壁盒内设置加强肋。附件 2 所公开的混凝土薄壁筒体构件的筒管和筒底由至少二层以上的玻璃纤维布筒（相当于权利要求 22 中的胎体）套叠而成，每层玻璃纤维布之间由一层硫铝酸盐或铁铝酸盐水泥无机胶凝材料（相当于权利要求 22 中的胶结材料）相粘接，上述技术特征在附件 2 中的作用与本专利中所起作用相同，均为增强薄壁盒壁的强度。附件 2 给出了薄壁构件的壁由胎体和胶结材料复合而成的技术启示。因此，本领域技术人员在附件 1 的基础上结合附件 2 得出权利要求 22 的技术方案是显而易见的，权利要求 22 不符合《专利法》第二十二条第三款的规定。

（3）关于权利要求 40 的创造性。

权利要求 40 保护一种现浇钢筋砼填充用纤维增强型薄壁盒。其与附件 1 的技术方案区别在于：权利要求 40 所保护的薄壁盒为整体的开口薄壁盒，薄壁盒的盒壁由胎体和胶结材料复合而成。而附件 1 的模壳构件为全封闭结构。对于本领域技术人员来讲，在薄壁盒/模壳的浇注成型过程中，根据楼板施工的要求而选择将薄壁盒制成开口还是封闭的整体形状，是本领域技术人员所常用的技术。附件 2 所公开的混凝土薄壁筒体构件的筒管和筒底由至少二层以上的玻璃纤维布筒（相当于权利要求 40 中的胎体）套叠而成，每层玻璃纤维布之间由一层硫铝酸盐或铁铝酸盐水泥无机胶凝材料（相当于权利要求 40 中的胶结材料）相粘接，上述技术特征在附件 2 中的作用与本专利中所起作用相同，均为增强薄壁盒壁的强度。附件 2 给出了薄壁构件的壁由胎体和胶结材料复合而成的技术启示。因此，本领域技术人员在附件 1 的基础上结合附件 2 得出权利要求 40 的技术方案是显而易见的，权利要求 40 不符合《专利法》第二十二条第三款的规定。

原告认为第 11128 号决定中将附件中没有公开的区别技术特征认定为本领域技术人员的常用技术手段从而得出权利要求不具有创造性是不恰当的，本院认为，在钢筋砼填充用薄壁盒/模壳制造过程中，采用模具来制造预定形状的薄壁盒/模壳是本领域技术人员常用的技术手段，而阴模或者阳模则是本领域技术人员根据薄壁盒/模壳的预定形状以及制造工艺不同而可选择采用的常用模具，附件 1 中所公开的模壳构件在楼板中既是内模又是填充配套构件（即本专利中的夹心楼层板），本领域技术人员根据楼板施工的要求可选择将薄壁盒/模壳制成开口或是封闭形状，例如将薄壁盒/模壳作为填充件时，为了实现空腹效果而采用全封闭结构，而当薄壁盒/模壳的上、下底面与模板接触时，为节省工序，则将薄壁盒/模壳做成开口结构，上述变化对于本领域技术人员来讲都是很容易想到的，据此，原告的上述主张缺乏事实和法律依据，本院不予支持。被告在第 11128 号决定中认定的权利要求 1、22、40 不具有创造性的认定正确，本院予以维持。

2. 关于从属权利要求的评述以及对应关系。

原告认为权利要求 45、47、52、56、58、59、60 的对应关系认定错误，其中权利要求 45 对应权利要求 30，权利要求 47 对应权利要求 31，权利要求 52 对应权利要求 28，权利要求 56 对应权利要求 35，权利要求 58 对应权利要求 37，权利要求 59 对应权利要求 17，权利要求 60 对应权利要求19，并且权利要求35~39的认定事实错误，对此，本院认为，第11128号决定中对于从属权利要求的对应关系的认定具体表述为“从属权利要求41、42、43~45、46~48、49~53、54均引用权利要求40。参见对权利要求2、9、14~16、30~32、25~29、33的附加技术特征的评述”、“从属权利要求55~58均引用权利要求54。参见对权利要求34、35、36、37的附加技术特征的评述”、“从属权利要求59、60均引用权利要求40。参见对权利要求17~20的附加技术特征的评述”，由此可见，第11128号决定中认定的权利要求的对应关系除权利要求45以外，其他权利要求对应关系和原告所指出的对应关系相同，本专利权利要求45的附加技术特征为“其特征在于所述的薄壁盒内的加强肋为嵌入式加强肋”，本专利权利要求16的附加技术特征为“其特征在于所述的薄壁盒内的加强肋为嵌入式加强肋”，本专利权利要求30的附加技术特征为“其特征在于所述的封口封接在开口薄壁盒的开口盒壁顶端”，由此可见，权利要求45的附加技术特征和权利要求30的附加技术特征相同，所以权利要求45所对应的权利要求是权利要求30，第11128号决定中所认定的从属权利要求对应关系正确，本院予以确认，原告所提出的权利要求45对应于权利要求16的主张与事实不符，本院不予支持。由于原告对从属权利要求2~21、23~39、41~61的创造性评述不持异议，因此本院对此不予评述。

综上，专利复审委员会作出的第11128号决定审查程序合法，认定事实清楚，适用法律正确，本院依法予以维持。原告的诉讼请求缺乏事实与法律依据，本院不予支持。依据《中华人民共和国行政诉讼法》第五十四条第（一）项之规定，本院判决如下：

维持被告国家知识产权局专利复审委员会作出的第11128号无效宣告请求审查决定。

案件受理费100元，由原告邱则有负担（已交纳）。

如不服本判决，各方当事人可在判决书送达之日起15日内，向本院递交上诉状，并按对方当事人的人数提交副本，并交纳上诉案件受理费100元，上诉于北京市高级人民法院。

审　判　长　芮松艳

代理审判员　周　波

人民陪审员　刘世昌

二〇〇九年六月二十九日

书　记　员　牛　捷

043

光学影像检测器的亮度控制方法

无效宣告请求审查决定（第 11176 号）

决　定　号　第 11176 号
决　定　日　2008 年 3 月 18 日
发明创造名称　光学影像检测器的亮度控制方法
国 际 分 类 号　G03B 7/08，G02F 1/00
无效宣告请求人　深圳市富业达实业发展有限公司
专　利　权　人　艾勒博科技股份有限公司
专　利　号　01124181.0
申　请　日　2001 年 8 月 21 日
优　先　权　日　2001 年 4 月 2 日
授 权 公 告 日　2005 年 5 月 4 日
合 议 组 组 长　张　曦
主　审　员　李晓娜
参　审　员　高桂莲

法　律　依　据　专利法第 22 条第 3 款
决　定　要　点

如果某一证据公开的部件与本专利中的相应部件具有相同的用途或功能，同时本专利中除了利用所述用途或功能对该部件进行限定之外，并未对该部件进行其他限定，则由此可以认为该证据中的部件公开了本专利中的相应部件。

一、案由

本无效宣告请求涉及国家知识产权局于 2005 年 5 月 4 日授权公告的名称为“光学影像检测器的亮度控制方法”、专利号为 01124181.0 的发明专利（下称本专利），其申请日是 2001 年 8 月 21 日，优先权日是 2001 年 4 月 2 日，专利权人是艾勒博科技股份有限公司。本专利授权公告时的权利要求书如下：

“1. 一种光学影像检测器的亮度控制方法，其特征在于：该光学影像检测器包括一影像传感器及一电气快门，用以通过检测由一物体反射的入射光线来撷取一光学信号，一影像处理器，用以输出对应于该光学信号的一光学影像信号，以及一系统控制器，用以依据该光学影像信号驱动系统，该亮度控制方法包括通过来自该影像处理器的一控制信号直接控制一光源的亮度。

2. 根据权利要求 1 所述的方法，其特征在于：该影像处理器通过使用一脉冲波宽度调变 PWM 的一信号或是一脉冲持续时间调变PDM的一信号来控制该光源的亮度。

3. 根据权利要求1所述的方法，其特征在于：该影像处理器通过使用电流或电压来控制该光源的亮度。

4. 根据权利要求1所述的方法，其特征在于：该系统控制器控制该光源的亮度。

5. 根据权利要求1所述的方法，其特征在于：该影像处理器依据该光学影像信号分别控制该光源及该电气快门。

6. 根据权利要求5所述的方法，其特征在于：该影像处理器依据该光学影像信号通过使用该些信号之一的一脉冲宽度调变PWM的一信号、一脉冲持续时间调变PDM的一信号、电流及电压来控制该电气快门。”

针对上述专利权，深圳市富业达实业发展有限公司（下称请求人）于2007年10月12日向专利复审委员会提出了无效宣告请求，其无效宣告请求的理由是本专利权利要求1~6不符合专利法第22条第2款、第3款的规定，也不符合专利法第26条第3款、第4款的规定。随同其无效宣告请求书，请求人提交了以下附件：

附件1（下称证据1）：专利号为US5514864A的美国专利说明书复印件，共7页，其授权公告日为1996年5月7日；

附件2（下称证据2）：公开号为特开平9-163238的日本公开特许公报复印件，共10页，其公开日为1997年6月20日；

附件3（下称证据3）：公开号为特开2000-307188的日本公开特许公报复印件，共7页，其公开日为2000年11月2日；

附件4（下称证据4）：专利号为US6081612A的美国专利说明书复印件，共37页，其授权公告日为2000年6月27日；

附件5（下称证据5）：专利号为US5744795A的美国专利说明书复印件，共8页，其授权公告日为1998年4月28日。

结合上述证据，请求人在无效宣告请求书中认为：

（1）本专利权利要求1的方案通过来自影像处理器的一控制信号直接控制一光源的亮度，根据本专利的内容可知以负反馈控制快门为申请前的现有技术，而证据1、3或5均给出了将“通过来自该影像处理器的一控制信号直接控制一光源的亮度”这一技术特征用于解决所述问题的技术启示，证据2或4中也公开了类似的光负反馈机制，因此在本专利的现有技术基础上结合证据1~5中任意一个即可得到权利要求1的方案，故权利要求1不具备专利法第22条第2款、第3款规定的新颖性、创造性；

（2）权利要求2中与PWM相关的附加技术特征被证据3或5公开，其中与PDM相关的并列技术方案属于公知常识，因此权利要求2不具备专利法第22条第2款、第3款规定的新颖性、创造性；

（3）权利要求3、4和5的附加技术特征均被证据1、3或5公开，权利要求6的附加技术特征被证据3或5公开，因此当它们所引用的权利要求不具备创造性时，权利要求3~6也不具备专利法第22条第2款、第3款规定的新颖性、创造性。

请求人在其请求书中未对专利法第26条第3款、第4款的无效宣告请求理由进行相关的意见陈述。

经形式审查合格，专利复审委员会受理了上述无效宣告请求，并于2007年10月12日向双方当事人发出了无效宣告请求受理通知书，随同无效宣告请求受理通知书，将专利权无效宣告请求书及其附件清单中所列附件副本转送给专利权人，要求其在指定的期限内答复。

请求人又于2007年11月12日提交了意见陈述书，并补充了如下附件：

附件1.1（下称证据1.1）：证据1的部分中文译文，共2页；

附件2.1（下称证据2.1）：证据2的部分中文译文，共2页；

附件3.1（下称证据3.1）：证据3的部分中文译文，共2页；

附件4.1（下称证据4.1）：证据4的部分中文译文，共1页；

附件5.1（下称证据5.1）：证据5的部分中文译文，共6页；

附件6（下称证据6）：公开号为CN1208862A的中国发明专利申请公开说明书复印件，共18页，其公开日为1999年2月24日；

附件7（下称证据7）：专利号为US5636040A的美国专利说明书复印件，共4页，其授权公告日为1997年6月3日；

附件7.1（下称证据7.1）：证据7的部分中文译文，共1页；

附件8（下称证据8）：专利号为US5991044A的美国专利说明书复印件，共8页，其授权公告日为1999年11月23日；

附件8.1（下称证据8.1）：证据8的部分中文译文，共1页；

附件9（下称证据9）：国家知识产权局专利检索咨询中心于2007年10月25日出具的、编号为G072132的检索报告的复印件，共4页；

附件10（下称证据10）：请求人声称为韩国对本专利的优先权专利KR17349/2001的驳回决定的中文译文，共5页。

请求人在意见陈述书中认为：（1）本专利的背景技术及图1中提到了公知的光学影像检测器及公知的光学影像检测器亮度控制方法方框图，其中是通过控制电气快门的曝光时间来控制亮度，可见以负反馈控制快门为现有技术。（2）证据1公开了本专利权利要求1的全部技术特征，证据2公开了通过电子快门脉冲进行曝光控制，证据3、4、5、7均给出了将“通过来自该影像处理器的一控制信号直接控制一光源的亮度”这一技术特征用于解决光学影像检测器在电气快门的曝光时间很长时所产生残留影像的问题的技术启示，证据6公开的快门的作用与本专利中电气快门的作用一样，证据8也公开了根据入射光学影像、通过来自影像处理器的控制信号来控制光源亮度，因此在本专利现有技术基础上结合证据1~8中的任何一个即可得到本专利权利要求1的技术方案，故权利要求1不具备新颖性和创造性；证据9和证据10也都说明权利要求1没有创造性。（3）当权利要求1不具备新颖性和创造性时，从属权利要求2~6也均不具备新颖性和创造性。（4）权利要求1的叙述不清楚、不完整，说明书中没有具体的实施例支持权利要求1，本领域技术人员也无法实施权利要求1的技术方案，因此权利要求1不具备专利法第26条第3款、第4款的规定。

2007年11月26日，专利权人针对上述无效宣告请求书，向专利复审委员会提交了意见陈述书。专利权人认为：（1）关于权利要求1，证据1涉及用于控制诸如CCD扫描仪等不需要电气快门的光学影像检测器的亮度的方法，其目的在于消除由CCD器件的光电特性的偏差而引起的光学扫描仪的特性差异，而本专利的目的在于克服当电气快门的曝光时间太长时所导致的影像噪声和残留影像的问题，且证据1中的A/D转换器13、CPU15、D/A转换器17、加法器和电源3对应于本专利中的影像处理器，证据1中没有公开本专利中的电气快门和系统控制器，因此两者的目的和技术方案都不同；（2）本专利权利要求1与证据3、4、5的目的、技术方案均不同，证据4与权利要求1的技术方案无关；（3）本领域技术人员不能通过证据1~5的结合容易地得到权利要求1的技术方案，因此权利要求1具备新颖性和创造性，相应地，从属权利要求2~6也符合新颖性和创造性的规定。

针对上述无效宣告请求，专利复审委员会依法组成合议组，对本案进行审理，合议组于2008年

1月4日向请求人和专利权人发出无效宣告请求口头审理通知书，告知双方当事人合议组定于2008年3月6日对本案进行口头审理。随同口头审理通知书，将专利权人于2007年11月26日提交的意见陈述书转给请求人，将请求人于2007年11月12日补充提交的证据1.1~5.1、证据6~8、证据7.1~8.1、证据9~10及相关的意见陈述转给专利权人。

口头审理如期举行，双方当事人均委派代理人参加了口头审理。

在口头审理中，合议组调查了以下事项：

（1）请求人明确其无效宣告请求的理由、范围为：本专利权利要求1、3不符合专利法第22条第2款有关新颖性的规定，本专利权利要求1~6不符合专利法第22条第3款有关创造性的规定；本专利权利要求1、4、5不符合专利法第26条第3款、第4款的规定。请求人明确表示，放弃本专利权利要求2、4、5、6不具备新颖性的无效理由。

合议组当庭告知请求人：由于请求人在无效宣告请求书及其补充的意见陈述中没有涉及权利要求4、5不符合专利法第26条第3款、第4款规定的无效理由，因此根据专利法实施细则第66条的规定，针对本专利权利要求4~5不符合专利法第26条第3款、第4款的无效理由，合议组不予审查。

关于新颖性和创造性的无效理由，请求人明确证据的使用方式为：本专利权利要求1、3相对于证据1不具备新颖性；本专利权利要求1相对于证据1分别与证据2~8的结合不具备创造性；本专利权利要求2相对于证据1分别与证据2、证据3、证据5的结合不具备创造性；本专利权利要求3相对于证据1、证据7的结合不具备创造性；本专利权利要求4相对于证据1与证据7结合不具备创造性；本专利权利要求5相对于证据1分别与证据2、证据5、证据6、证据7的结合不具备创造性；本专利权利要求6相对于证据1分别与证据2、证据3、证据5、证据7的结合不具备创造性。

请求人当庭明确表示：证据9和10作为参考，不作为证据使用。

专利权人认可证据1~8的真实性，并表示对其中外文证据的中文译文的准确性无异议。

（2）关于专利法第26条第3款、第4款。

请求人认为：本专利权利要求1的方法中没有具体描述各部件的连接关系，其中各部件的功能如何实现不清楚，本领域普通技术人员根据附图3无法实现本专利的方法；其中影像处理器的控制信号如何直接控制光源亮度；不清楚，说明书中也没有相关描述，因此权利要求1不清楚且得不到说明书支持。

专利权人认为：权利要求1中各部件是现有的、公知的部件，本专利是影像处理器与光源直接连接，如何控制是公知技术，PWM、PDM都是现有技术中的控制。本领域技术人员看到此方案可以得到如何控制的启示。

（3）关于本专利权利要求1是否具有新颖性。

请求人认为：证据1的中文译文（即证据1.1）的第1页第2段公开了电路，证据1附图2中公开了光源5、平板7，证据1中的CCD 11相当于本专利中的传感器52和电气快门53，证据1中的A/D 13相当于本专利中的A/D转换器54，证据1中的CPU 15相当于本专利中标号55的影像处理器，证据1中的D/A转换器直接控制光源。系统控制器为公知技术。证据1.1中第2段第2行的“电荷耦合器11”就是CCD，CCD包括电气快门是公知技术。证据1保护的是扫描仪，不管任何领域用到CCD都有电气快门，否则光学影像信号不准确。

专利权人认为：本专利与证据1不同，证据1没有公开电气快门、影像处理器、系统控制器，证据1中是光学信号直接到CPU，该CPU只控制光源，与本专利的影像处理器不同。系统控制器作用是控制其他部件。本专利用于相机、摄像机、光学鼠标等，与证据1的应用范围不同。

（4）关于本专利权利要求 3 是否具有新颖性。

请求人认为：证据 1 的中文译文（即证据 1.1）的第 2 段倒数第 7 行公开了电压控制，因此公开了本专利权利要求 3 的附加技术特征。

专利权人认为：证据 1 没有公开电流控制。

（5）关于本专利权利要求 1 是否具有创造性。

请求人认为：证据 1 是最接近的现有技术。证据 2 附图没有明确公开电子快门，但其中文译文（即证据 2.1）中 008 段和 017 段公开了利用电子快门进行曝光控制。证据 2 中标号 10 相当于本专利影像处理器，证据 2 中标号 14 相当于本专利系统控制器。证据 3 的中文译文（即证据 3.1）中第 0010 段公开了 PWM 调变控制 LD 光源。证据 4 的中文译文（即证据 4.1）的第 1 段公开了控制光源，证据 5 的中文译文（即证据 5.1）的第 3 页第 2 段至第 4 页第 2 段公开的资料输出 140 相当于本专利系统控制器，其他特征也被证据 5 公开，证据 5 标号 130、160 为影象处理器。证据 5、证据 1 结合是可以得到技术启示的，能够解决本专利的问题。证据 6 公开了快门；证据 7 也是通过图象处理装置控制光源，证据 7 中的标号 114 相当于本专利标号 55 的影像处理器；证据 8 公开了控制光源亮度的方法。

专利权人认为：证据 2 公开了电气快门，但与证据 1 没有结合启示，证据 2 标号 14 功能上的描述与本专利不同。证据 2 没有公开影像处理器、系统控制器。证据 1、证据 3 都没有公开系统控制器等特征。证据 5 中的标号 130、标号 140 分别与本专利的影像处理器、系统控制器不同，证据 5 与证据 1 都不能结合解决本专利的问题。证据 6 是本专利实质审查一通中提到的对比文件，经过答复一通后认为本专利具有创造性；证据 7.1 中没有对证据 7 标号 114 的名称等进行翻译，即使翻译了也与本专利不同；证据 7 解决的技术问题与本专利也不同。证据 1~8 中都没有解决本发明的技术问题，不存在结合启示。

（6）关于本专利权利要求 2 是否具有创造性。

请求人认为：权利要求 2 的附加技术特征在证据 2、证据 3、证据 5 中均有公开；证据 2 的中文译文（即证据 2.1）的第 017 段、证据 3.1 第 1 段、证据 5.1 第 4 页第 2 段均公开了权利要求 2 中与 PWM 相关的附加技术特征，而 PDM、PWM 两个可以变通，并且该附加技术特征为公知技术。

专利权人认为：证据 2 是为了控制电子快门的，控制关系与本专利不同，证据 2、证据 3 没有公开权利要求 2 的附加技术特征，证据 5 是控制闪射的，不是控制亮度的。

（7）关于本专利权利要求 3 是否具有创造性。

请求人认为：证据 7 公开通过电压控制。

专利权人认为：证据 7 没有公开通过电流控制。

（8）关于本专利权利要求 4 是否具有创造性。

请求人认为：本领域技术人员从证据 7 及其附图可以得到本发明的方案。

专利权人认为：权利要求 4 提供多一种的控制方式，但对控制效果没有影响。

（9）关于本专利权利要求 5 是否具有创造性。

请求人认为：证据 2、证据 5、证据 6、证据 7 均公开了电气快门，分别与证据 1 结合评述本专利权利要求 5 的创造性。

专利权人认为：证据 2、证据 5、证据 6、证据 7 没有公开本专利权利要求 5 的附加技术特征，本专利权利要求 5 中一个影象处理器分别控制快门和光源，实现两个功能，但不是同时控制。

（10）关于本专利权利要求 6 是否具有创造性。

请求人认为：本专利权利要求 6 的附加技术特征被证据 2、证据 3、证据 5、证据 7 公开。

专利权人没有新的意见。

至此，合议组认为本案事实已经清楚，现依法作出如下审查决定。

二、决定的理由

1. 关于证据

请求人在口头审理当庭明确表示，证据 9 和 10 作为参考，不作为证据使用。请求人明确使用的共有八份证据，其中证据 1~5、7~8 均为外国专利文献，证据 6 为中国专利文献。请求人还提交了证据 1~5、7~8 的部分中文译文即证据 1.1、2.1、3.1、4.1、5.1、7.1 和 8.1。

专利权人对证据 1~8 的真实性无异议，对以上外文证据的中文译文的准确性无异议。

合议组经核实，对证据 1~8 这八篇专利文献的真实性予以认可，证据 1~8 可以作为本案的证据使用。证据 1~8 的公开日均在本专利的优先权日之前，因此证据 1~8 所记载的内容构成了本专利的现有技术。专利权人对证据 1~5、7~8 的中文译文的准确性未提出异议，因此证据 1~5、7~8 所使用部分公开的内容以其相应的中文译文的内容为准。

2. 关于本专利的创造性

专利法第 22 条第 3 款规定的创造性，是指同申请日以前已有的技术相比，该发明有突出的实质性特点和显著的进步，该实用新型有实质性特点和进步。

(1) 关于权利要求 1 是否具备创造性。

本专利权利要求 1 保护一种光学影像检测器的亮度控制方法，其中由“用以……”的措辞、以用途或功能性限定的方式对各部件进行了限定。

证据 1（参见其附图 2 及其中文译文即证据 1.1 的第 1 页第 1~2 段）涉及一种通过反馈控制成像系统光源的装置，其中公开了一幅流程框图，其中预设电压 1 在加法器的作用下施加给光源的电源 3，光源 5 所发出的光经白板 7 反射之后输入到光学系统 9 中，由该光学系统 9 输出的光随后进入电荷耦合器件即 CCD11 中，由该 CCD11 转换得到的电压 12 经过 A/D 转换器 13 被转换为数字图像输出信号 14，该信号 14 的一部分经由中央处理器 CPU15 转换为数字控制信号 16 之后、进入 D/A 转换器 17 并产生模拟反馈电压控制信号 18，该信号 18 与预设电压 1 相加后，产生一新电压，以重新驱动光源 5。根据该框图可知，证据 1 中公开了利用 CCD11 拾取光学信号，利用 CPU15 输出对应于所述光学信号的光学影像信号，再依据该光学影像信号驱动光源并控制光源的亮度，即证据 1 公开了各部件的连接关系以及利用所拾取的光学影像信号来负反馈控制光源亮度的方法，其附图 2 示出的实质上是一种光学影像检测器的亮度控制方法框图。

证据 1 中，光源 6 照射白板 7，CCD11 通过检测由白板 7 反射的光线来拾取光学信号，因此 CCD11 对应于本专利权利要求 1 中的影像传感器。由 CCD11 输出的信号经过 A/D 转换器 13 之后转换为数字图像输出信号 14，该信号 14 的一部分输入 CPU15，随后 CPU15 输出对应于以上光学信号的数字控制信号 16（即对应于本专利权利要求 1 中的光学影像信号），该来自 CPU15 的数字控制信号 16 反馈控制光源 5 的亮度。由此看出，证据 1 中 CPU15 的功能与本专利影像处理器的功能相同，均是通过输出对应于影像传感器所拾取光学信号的光学影像信号，因此证据 1 中的 CPU15 对应于本专利中的影像处理器。由 CPU15 所输出的数字控制信号 16 经过 D/A 转换器 17、加法器后控制光源的电源 5，进而驱动光源。数字电子领域的技术人员显而易见的是，本领域常规的中央处理器（CPU）是执行相关命令、中央控制其他部件的单元，通常也是对整个系统进行控制的部件，因此该 CPU15 也可以实现本专利系统控制器所具备的功能。

本专利权利要求 1 中影像处理器和系统控制器为两个部件，但这两个部件都是本领域所公知的，专利权人在口头审理当庭的意见陈述也证明了这一点；证据 1 中的 CPU15 虽然仅为一个部件，但由上述分析可知，其兼备了本专利中影像处理器和系统控制器两个部件所具备的功能，而且即使 CPU15 这个单一部件，也实现了利用所拾取的光学影像信号来负反馈控制光源亮度的方法，因此证据 1 中的 CPU15 对应于本专利权利要求 1 中的影像处理器和系统控制器。本专利中也并未因为设置上述两个部件分别控制光源和系统而产生任何意想不到的技术效果，换言之，在证据 1 的基础上，影像处理器和系统控制器在本专利中仅是起到了其自身所本来具备的作用。

根据以上分析，本专利权利要求 1 与证据 1 的区别在于，证据 1 中没有公开电气快门这一部件，也未明确指出 CPU 直接控制光源的亮度。本专利中，使用电气快门是为了准确地控制曝光量，这是电气快门的常规作用。而快门是本领域技术人员公知的部件，如现有的照相机中通常都有快门这一部件，如通过机械结构控制的机械快门，或控制 CCD 电荷累积的电气快门，它们的作用均是准确地控制曝光时间；专利权人在口头审理当庭也陈述了权利要求 1 中各部件包括电气快门是现有的、公知的部件。

证据 1 中的电荷耦合器件 CCD11 在拾取到光学信号后，随着其中电荷的累积，必然要由快门装置来控制曝光时间或曝光量，否则 CCD 中电荷累积过多之后就如同已曝光的胶卷一样，最终只能显示一片空白而不能正确地采集图像；因而为了准确地得到图像，在证据 1 的 CCD 中引入快门部件是本领域技术人员容易想到的，在此情况下，本领域技术人员可以根据具体需要来选择电子或机械快门，而且无论选择何种快门进行控制，均不会产生意想不到的技术效果。

证据 2（参见其中文译文即证据 2.1 中第 0017 段）涉及一种摄像装置，其中也公开了利用电子快门对 CCD 进行进行曝光控制，该电子快门与本专利中电气快门的作用相同，均是控制曝光量，因此根据本领域的公知常识或在该证据 2 的启示下，将电气快门这一部件用于证据 1 中来控制曝光量对本领域技术人员是显而易见的，另外，虽然在证据 1 中 CPU 之后还具有 D/A 转换器等部件，但这些部件并不起控制作用，仅仅是将 CPU 输出的数字信号转变为光源能够接受的信号以进行控制，实质上就控制而言，也是由 CPU 直接对光源进行控制的，因此本专利权利要求 1 的技术方案相对于证据 1 和 2 的结合不具备突出的实质性特点和显著的进步。

专利权人认为，CPU15 只控制光源，与本专利的影像处理器不同，本专利系统控制器的作用是控制其他部件，因此证据 1 并没有公开系统控制器。对此，合议组经审查认为，本专利权利要求 1 中除了由“用以输出对应于该光学信号的一光学影像信号”的用途或功能特征对影像处理器进行限定之外，并没有其他结构等特征对其进行限定，同时也仅由“用以依据该光学影像信号驱动系统”来限定系统控制器，而且本专利说明书第 5 页倒数第 3 段中也仅记载了“影像处理器 55 控制 A/D 转换器 54 转换的数字信号，借以输出一光学影像信号”，同时本专利中也未对系统控制器进行详细说明；然而由于证据 1 中的 CPU15 是通过控制由 A/D 转换器所得的数字信号来输出对应于影像传感器所拾取光学信号的光学影像信号，同时驱动光源，并且根据本领域的公知常识，该 CPU 同样能够控制整个系统的工作，实现影像处理器和系统控制器的功能，由此可见证据 1 公开了影像处理器和系统控制器。

专利权人在针对无效宣告请求书的意见陈述书中认为，证据 1 与本专利的目的不同，同时专利权人在口头审理当庭表示，两者的应用范围不同，证据 1~8 中都没有解决本发明的技术问题，不存在结合启示。

对此，合议组经审查认为，本专利中正是由于光源的亮度不足等、才需要延长电气快门的曝光时间从而产生了所述的影像噪声和残留影像问题，因而本专利实质上解决的是如何通过负反馈、补偿控制光源亮度不足的问题；而证据 1 公开了光学影像检测器中各部件的连接控制关系以及利用所拾取的光学影像信号、通过负反馈来控制光源亮度的方法，证据 2 也涉及成像装置控制领域，其与证据 1 都属于成像系统的控制领域，应用范围或技术领域相近，并且证据2中公开了其作用与本专利电气快门作用相同的电子快门部件以及通过控制电子快门来控制曝光量的技术手段，因此证据1和2均公开了通过控制不同部件来实现对成像质量进行控制的技术方案，两者存在相互结合的技术启示，同样也能够解决与本专利相同的技术问题。故专利权人的上述观点均不成立。

综上所述，本专利权利要求1相对于证据1和2的结合不具备创造性，不符合专利法第22条第3款的规定。

（2）关于权利要求2是否具备创造性。

权利要求2对权利要求1进一步限定了影像处理器通过PWM信号或者PDM信号来控制光源的亮度。证据2（参见证据2的中文译文即2.1中的第0017段）中披露了利用脉冲信号对电子快门进行控制。对于本领域技术人员而言，脉冲波宽度调变PWM和脉冲持续时间调变PDM均是常规的脉冲控制信号，因而在该证据2公开的利用脉冲进行控制的启示下，本领域技术人员容易想到通过使用PWM或PDM作为控制信号来控制光源的亮度，而且本专利采用这两种信号仅仅是实现脉冲信号的常规控制作用，也并未取得预料不到的技术效果，因此权利要求2的附加技术特征不足以使其技术方案具备突出的实质性特点和显著的进步，故当其引用的权利要求1不具备创造性时，该权利要求2也不具备创造性，不符合专利法第22条第3款有关创造性的规定。

（3）关于权利要求3是否具备创造性。

权利要求3对权利要求1进一步限定了影像处理器使用电流或电压来控制光源的亮度。证据1中公开了CPU15（对应于影像处理器）通过模拟反馈电压控制信号18来控制光源亮度，因此权利要求3与电压相关的附加技术特征在证据1中已经公开，同时利用常规部件如电压/电流转换器使电压信号改变为电流信号对本领域技术人员而言是显而易见的，而且使用电流信号也未取得预料不到的技术效果，因此当其引用的权利要求1不具备创造性时，该权利要求3也不具备创造性，不符合专利法第22条第3款有关创造性的规定。

（4）关于权利要求4是否具备创造性。

权利要求4对权利要求1进一步限定了系统控制器控制光源的亮度。证据1中公开了CPU15（对应于系统控制器）通过模拟反馈电压控制信号18来控制光源亮度，同时不管是影像处理器还是系统控制器控制光源的亮度，均是利用所拾取的光学图像信号来进行控制，如同评述权利要求1时所述的，中央处理器CPU可以实现系统控制器的功能，由于中央处理器或系统控制器均能够对系统的各部件进行控制，因而将负反馈的功能施加于系统控制器还是影像处理器并不能产生意想不到的技术效果，仅仅是负反馈流程的实现部件有所变化而已；由于这些部件是本领域公知的，因此本领域技术人员可以根据需要选择采用哪个部件来进行信号反馈和系统控制，这对本领域技术人员是显而易见的；专利权人在口头审理当庭也声称本专利中无论采用哪个部件，“对控制效果没有影响”；因此权利要求4的附加技术特征不足以使其技术方案具备突出的实质性特点和显著的进步，故当其引用的权利要求1不具备创造性时，该权利要求4也不具备创造性，不符合专利法第22条第3款的规定。

（5）关于权利要求5是否具备创造性。

权利要求5进一步限定了影像处理器依据光学影像信号分别控制光源及电气快门。然而本专利背景技术记载了，通过控制电气快门来控制光学影像检测器的亮度为现有技术，如同生活中所用的照相机，利用预先所拾取的光学影像信号，通过闪光灯补偿光源的亮度、通过光圈、快门控制光量和曝光时间来力求得到质量好的图像一样，本领域技术人员为了得到清晰影像，容易想到对可能影像成像质量的各个参数如曝光时间、亮度、光量大小进行控制从而分别控制光源和电气快门等部件；而且证据1中已经公开了CPU15（可对应于影像处理器）依据其输出的控制信号控制光源，证据2公开了电子快门，本领域技术人员在证据 1 和 2 的基础上得到具有电子快门的光学影像检测器之后，分别控制快门和光源以得到权利要求 5 的技术方案对本领域技术人员来说是显而易见的，同时本专利分别控制快门和光源的方案也未取得预料不到的技术效果，因此权利要求 5 的附加技术特征不足以使其具备突出的实质性特点和显著的进步，故当其引用的权利要求 1 不具备创造性时，该权利要求 5 也不具备创造性，不符合专利法第 22 条第 3 款的规定。

（6）关于权利要求 6 是否具备创造性。

权利要求 6 对权利要求 5 进一步限定了影像处理器通过 PWM、PDM、电流或电压中的一种信号来控制电气快门。然而如评述权利要求 2 和 3 时所述的，证据 1 中公开了利用电压信号来进行控制，证据 2（参见其中文译文即证据 2.1 中第 0017 段）中披露了利用脉冲信号对电子快门进行控制，在该证据 1 和 2 的启示下，本领域技术人员容易想到通过使用脉冲波宽度调变 PWM 或脉冲持续时间调变 PDM、电压或电流来控制电子快门，这均是本领域技术人员的常规选择，并未使本专利取得预料不到的技术效果，因此其引用的权利要求 5 不具备创造性时，该权利要求 6 也不具备创造性，不符合专利法第 22 条第 3 款的规定。

鉴于已得出本专利不符合专利法第 22 条第 3 款的规定的结论，从而使本专利无效，因此本决定对请求人提出的其他证据和其他无效宣告理由不再进行评述。

三、决定

宣告 01124181.0 号的发明专利权全部无效。

一方当事人对本决定不服的，可以根据专利法第 46 条第 2 款的规定，在收到本决定之日起三个月内向北京市第一中级人民法院起诉。根据该款规定，一方当事人起诉后，另一方当事人应当作为第三人参加诉讼。

北京市第一中级人民法院
行政判决书

（2008）一中行初字第 944 号

原告艾勒博科技股份有限公司，住所地大韩民国京畿道龙仁市水枝区丰德川洞 1082-12 石岩大厦 3 层。

法定代表人李芳远，代表理事。委托代理人张国良，北京路浩知识产权代理有限公司专利代理人。

委托代理人蒋贤起，北京集佳知识产权代理有限公司专利代理人。

被告中华人民共和国国家知识产权局专利复审委员会，住所地中华人民共和国北京市海淀区北四环西路 9 号银谷大厦 10~12 层。

法定代表人廖涛，副主任。

委托代理人李晓娜，中华人民共和国国家知识产权局专利复审委员会审查员。

委托代理人齐宏涛，中华人民共和国国家知识产权局专利复审委员会审查员。

第三人深圳市富业达实业发展有限公司，住所地中华人民共和国广东省深圳市宝安区大浪街道同胜社区新贵路 1 号 A、B 栋 1~4 层。

法定代表人朱怀照，董事长。

委托代理人舒邦思，北京市华和律师事务所律师。

委托代理人饶黄裳，北京中原华和知识产权代理有限责任公司专利代理人。

原告艾勒博科技股份有限公司（以下简称艾勒博公司）不服被告中华人民共和国国家知识产权局专利复审委员会（以下简称专利复审委员会）于2008年3月18日作出的第11176号无效宣告请求审查决定（以下简称第11176号决定），于法定期限内向本院提起行政诉讼。本院于2008年7月1日受理本案后，依法组成合议庭，并通知第11176号决定的请求人深圳市富业达实业发展有限公司（以下简称富业达公司）作为第三人参加本案诉讼。本院于2008年9月18日公开开庭进行了审理。原告艾勒博公司的委托代理人张国良、蒋贤起，被告专利复审委员会的委托代理人李晓娜、齐宏涛，第三人富业达公司的委托代理人舒邦思到庭参加了诉讼。本案现已审理终结。

被告专利复审委员会针对第三人富业达公司就原告艾勒博公司的名称为“光学影像检测器的亮度控制方法”的发明专利（专利号为01124181.0，以下简称本专利）所提出的无效宣告请求作出第11176号决定，该决定认定：

关于本专利的创造性：

（1）关于权利要求1是否具备创造性。

本专利权利要求1保护一种光学影像检测器的亮度控制方法，其中由“用以……”的措辞、以用途或功能性限定的方式对各部件进行了限定。

证据1（参见其附图2及其中文译文即证据1.1的第1页第1~2段）涉及一种通过反馈控制成像系统光源的装置，其中公开了一幅流程框图，其中预设电压1在加法器的作用下施加给光源的电源3，光源5所发出的光经白板7反射之后输入到光学系统9中，由该光学系统9输出的光随后进入电荷耦合器件即CCD11中，由该CCD11转换得到的电压12经过A/D转换器13被转换为数字图像输出信号14，该信号14的一部分经由中央处理器CPU15转换为数字控制信号16之后、进入D/A转换器17并产生模拟反馈电压控制信号18，该信号18与预设电压1相加后，产生一新电压，以重新驱动光源5。根据该框图可知，证据1中公开了利用CCD11拾取光学信号，利用CPU15输出对应于所述光学信号的光学影像信号，再依据该光学影像信号驱动光源并控制光源的亮度，即证据1公开了各部件的连接关系以及利用所拾取的光学影像信号来负反馈控制光源亮度的方法，其附图2示出的实质上是一种光学影像检测器的亮度控制方法框图。

证据1中，光源6照射白板7，CCD11通过检测由白板7反射的光线来拾取光学信号，因此CCD11对应于本专利权利要求1中的影像传感器。由CCD11输出的信号经过A/D转换器13之后转换为数字图像输出信号14，该信号14的一部分输入CPU15，随后CPU15输出对应于以上光学信号的数字控制信号16（即对应于本专利权利要求1中的光学影像信号），该来自CPU15的数字控制信号16反馈控制光源5的亮度。由此看出，证据1中CPU15的功能与本专利影像处理器的功能相同，均是通过输出对应于影像传感器所拾取光学信号的光学影像信号，因此证据1中的CPU15对应于本专利中的影像处理器。由CPU15所输出的数字控制信号16经过D/A转换器17、加法器后控制光源的电源5，进而驱动光源。数字电子领域的技术人员显而易见的是，本领域常规的中央处理器（CPU）是执行相关命令、中央控制其他部件的单元，通常也是对整个系统进行控制的部件，因此该CPU15也可以实现本专利系统控制器所具备的功能。

本专利权利要求1中影像处理器和系统控制器为两个部件，但这两个部件都是本领域所公知的，艾勒博公司在口头审理当庭的意见陈述也证明了这一点；证据1中的CPU15虽然仅为一个部件，但由上述分析可知，其兼备了本专利中影像处理器和系统控制器两个部件所具备的功能，而且即使CPU15这个单一部件，也实现了利用所拾取的光学影像信号来负反馈控制光源亮度的方法，因此证据 1 中的 CPU15 对应于本专利权利要求 1 中的影像处理器和系统控制器。本专利中也并未因为设置上述两个部件分别控制光源和系统而产生任何意想不到的技术效果，换言之，在证据 1 的基础上，影像处理器和系统控制器在本专利中仅是起到了其自身所本来具备的作用。

根据以上分析，本专利权利要求 1 与证据 1 的区别在于，证据 1 中没有公开电气快门这一部件，也未明确指出 CPU 直接控制光源的亮度。本专利中，使用电气快门是为了准确地控制曝光量，这是电气快门的常规作用。而快门是本领域技术人员公知的部件，如现有的照相机中通常都有快门这一部件，如通过机械结构控制的机械快门，或控制 CCD 电荷累积的电气快门，它们的作用均是准确地控制曝光时间；艾勒博公司在口头审理当庭也陈述了权利要求 1 中各部件包括电气快门是现有的、公知的部件。

证据 1 中的电荷耦合器件 CCD11 在拾取到光学信号后，随着其中电荷的累积，必然要由快门装置来控制曝光时间或曝光量，否则 CCD 中电荷累积过多之后就如同已曝光的胶卷一样，最终只能显示一片空白而不能正确地采集图像；因而为了准确地得到图像，在证据 1 的 CCD 中引入快门部件是本领域技术人员容易想到的，在此情况下，本领域技术人员可以根据具体需要来选择电子或机械快门，而且无论选择何种快门进行控制，均不会产生意想不到的技术效果。

证据 2（参见其中文译文即证据 2. 1 中第［0017］段）涉及一种摄像装置，其中也公开了利用电子快门对 CCD 进行曝光控制，该电子快门与本专利中电气快门的作用相同，均是控制曝光量，因此根据本领域的公知常识或在该证据 2 的启示下，将电气快门这一部件用于证据 1 中来控制曝光量对本领域技术人员是显而易见的，另外，虽然在证据 1 中 CPU 之后还具有 D/A 转换器等部件，但这些部件并不起控制作用，仅仅是将 CPU 输出的数字信号转变为光源能够接受的信号以进行控制，实质上就控制而言，也是由 CPU 直接对光源进行控制的，因此本专利权利要求 1 的技术方案相对于证据 1 和 2 的结合不具备突出的实质性特点和显著的进步。

艾勒博公司认为，CPU15 只控制光源，与本专利的影像处理器不同，本专利系统控制器的作用是控制其他部件，因此证据 1 并没有公开系统控制器。对此，专利复审委员会经审查认为，本专利权利要求 1 中除了由“用以输出对应于该光学信号的一光学影像信号”的用途或功能特征对影像处理器进行限定之外，并没有其他结构等特征对其进行限定，同时也仅由“用以依据该光学影像信号驱动系统”来限定系统控制器，而且本专利说明书第 5 页倒数第 3 段中也仅记载了“影像处理器 55 控制 A/D 转换器 54 转换的数字信号，借以输出一光学影像信号”，同时本专利中也未对系统控制器进行详细说明；然而由于证据 1 中的 CPU15 是通过控制由 A/D 转换器所得的数字信号来输出对应于影像传感器所拾取光学信号的光学影像信号，同时驱动光源，并且根据本领域的公知常识，该 CPU 同样能够控制整个系统的工作，实现影像处理器和系统控制器的功能，由此可见证据 1 公开了影像处理器和系统控制器。

艾勒博公司在针对无效宣告请求书的意见陈述书中认为，证据 1 与本专利的目的不同，同时艾勒博公司在口头审理当庭表示，两者的应用范围不同，证据 1 ~ 8 中都没有解决本发明的技术问题，不存在结合启示。

对此，专利复审委员会经审查认为，本专利中正是由于光源的亮度不足等，才需要延长电气快门的曝光时间从而产生了所述的影像噪声和残留影像问题，因而本专利实质上解决的是如何通过负反馈、补偿控制光源亮度不足的问题；而证据 1 公开了光学影像检测器中各部件的连接控制关系以及利用所拾取的光学影像信号、通过负反馈来控制光源亮度的方法，证据 2 也涉及成像装置控制领域，其与证据 1 都属于成像系统的控制领域，应用范围或技术领域相近，并且证据 2 中公开了其作用与本专利电气快门作用相同的电子快门部件以及通过控制电子快门来控制曝光量的技术手段，因此证据 1 和 2 均公开了通过控制不同部件来实现对成像质量进行控制的技术方案，两者存在相互结合的技术启示，同样也能够解决与本专利相同的技术问题。故艾勒博公司的上述观点均不成立。

综上所述，本专利权利要求1相对于证据1和2的结合不具备创造性，不符合《中华人民共和国专利法》（以下简称《专利法》）第二十二条第三款的规定。

（2）关于权利要求2是否具备创造性。

权利要求2对权利要求1进一步限定了影像处理器通过PWM信号或者PDM信号来控制光源的亮度。证据2（参见证据2的中文译文即2.1中的第［0017］段）中披露了利用脉冲信号对电子快门进行控制。对于本领域技术人员而言，脉冲波宽度调变PWM和脉冲持续时间调变PDM均是常规的脉冲控制信号，因而在该证据2公开的利用脉冲进行控制的启示下，本领域技术人员容易想到通过使用PWM或PDM作为控制信号来控制光源的亮度，而且本专利采用这两种信号仅仅是实现脉冲信号的常规控制作用，也并未取得预料不到的技术效果，因此权利要求2的附加技术特征不足以使其技术方案具备突出的实质性特点和显著的进步，故当其引用的权利要求1不具备创造性时，该权利要求2也不具备创造性，不符合《专利法》第二十二条第三款有关创造性的规定。

（3）关于权利要求3是否具备创造性。

权利要求3对权利要求1进一步限定了影像处理器使用电流或电压来控制光源的亮度。证据1中公开了CPU15（对应于影像处理器）通过模拟反馈电压控制信号18来控制光源亮度，因此权利要求3与电压相关的附加技术特征在证据1中已经公开，同时利用常规部件如电压/电流转换器使电压信号改变为电流信号对本领域技术人员而言是显而易见的，而且使用电流信号也未取得预料不到的技术效果，因此当其引用的权利要求1不具备创造性时，该权利要求3也不具备创造性，不符合《专利法》第二十二条第三款有关创造性的规定。

（4）关于权利要求4是否具备创造性。

权利要求4对权利要求1进一步限定了系统控制器控制光源的亮度。证据1中公开了CPU15（对应于系统控制器）通过模拟反馈电压控制信号18来控制光源亮度，同时不管是影像处理器还是系统控制器控制光源的亮度，均是利用所拾取的光学图像信号来进行控制，如同评述权利要求1时所述的，中央处理器CPU可以实现系统控制器的功能，由于中央处理器或系统控制器均能够对系统的各部件进行控制，因而将负反馈的功能施加于系统控制器还是影像处理器并不能产生意想不到的技术效果，仅仅是负反馈流程的实现部件有所变化而已；由于这些部件是本领域公知的，因此本领域技术人员可以根据需要选择采用哪个部件来进行信号反馈和系统控制，这对本领域技术人员是显而易见的；艾勒博公司在口头审理当庭也声称本专利中无论采用哪个部件，“对控制效果没有影响”；因此权利要求4的附加技术特征不足以使其技术方案具备突出的实质性特点和显著的进步，故当其引用的权利要求1不具备创造性时，该权利要求4也不具备创造性，不符合《专利法》第二十二条第三款的规定。

（5）关于权利要求5是否具备创造性。

权利要求5进一步限定了影像处理器依据光学影像信号分别控制光源及电气快门。然而本专利背景技术记载了，通过控制电气快门来控制光学影像检测器的亮度为现有技术，如同生活中所用的照相机，利用预先所拾取的光学影像信号，通过闪光灯补偿光源的亮度、通过光圈、快门控制光量和曝光时间来力求得到质量好的图像一样，本领域技术人员为了得到清晰影像，容易想到对可能影像成像质量的各个参数如曝光时间、亮度、光量大小进行控制从而分别控制光源和电气快门等部件；而且证据1中已经公开了CPU15（可对应于影像处理器）依据其输出的控制信号控制光源，证据2公开了电子快门，本领域技术人员在证据1和2的基础上得到具有电子快门的光学影像检测器之后，分别控制快门和光源以得到权利要求5的技术方案对本领域技术人员来说是显而易见的，同时本专利分别控制快门和光源的方案也未取得预料不到的技术效果，因此权利要求 5 的附加技术特征不足以使其具备突出的实质性特点和显著的进步，故当其引用的权利要求 1 不具备创造性时，该权利要求 5 也不具备创造性，不符合《专利法》第二十二条第三款的规定。

（6）关于权利要求 6 是否具备创造性。

权利要求 6 对权利要求 5 进一步限定了影像处理器通过 PWM、PDM、电流或电压中的一种信号来控制电气快门。然而如评述权利要求 2 和 3 时所述的，证据 1 中公开了利用电压信号来进行控制，证据 2（参见其中文译文即证据 2.1 中第［0017］段）中披露了利用脉冲信号对电子快门进行控制，在该证据 1 和 2 的启示下，本领域技术人员容易想到通过使用脉冲波宽度调变 PWM 或脉冲持续时间调变 PDM、电压或电流来控制电子快门，这均是本领域技术人员的常规选择，并未使本专利取得预料不到的技术效果，因此其引用的权利要求 5 不具备创造性时，该权利要求 6 也不具备创造性，不符合《专利法》第二十二条第三款的规定。

鉴于已得出本专利不符合《专利法》第二十二条第三款的规定的结论，从而使本专利无效，因此第 11176 号决定对富业达公司提出的其他证据和其他无效宣告理由不再进行评述。

被告专利复审委员会第 11176 号决定宣告 01124181.0 号的发明专利权全部无效。

原告艾勒博公司不服该决定，于法定期限内向本院提起诉讼，诉称：1. 在本案无效程序中，第三人仅提供了相应外文证据的部分翻译，不能用以确定该证据的技术领域，以及是否构成本专利的现有技术。2. 第 11176 号决定认定事实不清。（1）证据 1 图 2 表明，CPU15 仅输出一路信号 16，但专利复审委员会认定 CPU15 输出两路信号，即光学影像信号和控制信号。（2）专利复审委员会对本专利中影像处理器和系统控制器及其连接关系的评价与客观事实不符。证据 1 中 CPU15 所公开的具体功能就是一个比较器，其他功能是专利复审委员会直接引入的，证据 1 并没有公开。第 11176 号决定将 CPU15 简单扩大至与本专利的影像处理器+系统控制器相当，由此得出本专利权利要求 1 不具备创造性的结论是错误的。（3）本专利所解决的技术问题是通过负反馈、补偿控制光源亮度不足的问题，其发明目的之一是解决“由于延长曝光时间而导致的影像噪声和残留影像的不足”问题，而证据 1 所解决的技术问题是将电荷耦合器件的光电特性调整在最佳的工作范围，其也不存在可以调节的快门。证据 1 不存在解决本专利技术问题的启示。（4）本专利权利要求 5 的附加技术特征还包括：对快门和光源的控制是由影像处理器这个单一装置完成的。这样不仅可去除影像噪声及残留影像，也可控制特殊效果。专利复审委员会没有注意到该附加技术特征，忽略了说明书中记载的技术效果。综上，请求法院依法撤销专利复审委员会第 11176 号决定。

被告专利复审委员会辩称：1. 关于证据。在复审程序中，原告对第三人提交的中文译文的准确性无异议，这些证据公开的内容以其中文译文为准。2. 关于认定事实。（1）由本专利说明书可知，本专利的影像处理器是根据数字信号借以输出光学影像信号，而控制信号是由光学影像信号所产生，两者均来源于 A/D 转换器转换得到的数字信号。证据 1 的 CPU15 也是由数字信号 14 借以输出的数字控制信号 16，数字控制信号 16 相当于与光学信号对应的光学影像信号。故 CPU15 虽仅输出一路信号 16，但该信号既可看作光学影像信号，也可看作反馈控制光源亮度的控制信号。（2）根据本专利说明书记载，只能将本专利中的系统理解为常规的、具有本领域中一般意义的系统。由于证据 1 的 CPU15 能够驱动系统，故该 CPU15 相当于本专利权利要求 1 的“系统控制器”；又因 CPU15 数字控制信号 16 相当于本专利的光学影像信号，故该 CPU15 相当于本专利权利要求 1 的“影像处理器”。另外，由于影像处理器和系统控制器都是本领域公知的，本领域技术人员容易想到利用 CPU 对系统进行控制。（3）根据本专利申请背景技术记载，之所以要延长曝光时间，是因为光源的亮度不足，因此，本专利要解决的技术问题实际上是补偿光源的亮度。（4）关于权利要求 5，在第 11176 号决定中已有充分论述，原告所述的特殊效果，可以通过改变控制信号强度的方法实现。综上，专利复审委员会第 11176 号决定认定事实清楚、适用法律法规正确、审理程序合法，审查结论正确，请求法院维持第 11176 号决定。

第三人富业达公司述称：同意被告专利复审委员会的意见。本专利所表述的许多部件及其功能不具有物理学或电子光学工程学技术意义，仅从字面意义去理解无法讲清其技术原理。本专利是用含混的非科学术语表述已经公开公知的具有实际产品的光学影像检测技术。请求法院维持第 11176 号决定。

本院经审理查明：

艾勒博公司于 2001 年 8 月 21 日向国家知识产权局专利局申请了名称为“光学影像检测器的亮度控制方法”的发明专利（即本专利）。本专利于 2005 年 5 月 4 日被授权公告，专利号为第 01124181.0 号。优先权日为 2001 年 4 月 2 日。本专利授权公告的权利要求书的内容为：

“1. 一种光学影像检测器的亮度控制方法，其特征在于：该光学影像检测器包括一影像传感器及一电气快门，用以通过检测由一物体反射的入射光线来撷取一光学信号，一影像处理器，用以输出对应于该光学信号的一光学影像信号，以及一系统控制器，用以依据该光学影像信号驱动系统，该亮度控制方法包括通过来自该影像处理器的一控制信号直接控制一光源的亮度。

2. 根据权利要求 1 所述的方法，其特征在于：该影像处理器通过使用一脉冲波宽度调变 PWM 的一信号或是一脉冲持续时间调变 PDM 的一信号来控制该光源的亮度。

3. 根据权利要求 1 所述的方法，其特征在于：该影像处理器通过使用电流或电压来控制该光源的亮度。

4. 根据权利要求 1 所述的方法，其特征在于：该系统控制器控制该光源的亮度。

5. 根据权利要求 1 所述的方法，其特征在于：该影像处理器依据该光学影像信号分别控制该光源及该电气快门。

6. 根据权利要求 5 所述的方法，其特征在于：该影像处理器依据该光学影像信号通过使用该些信号之一的一脉冲宽度调变 PWM 的一信号、一脉冲持续时间调变 PDM 的一信号、电流及电压来控制该电气快门。”

针对上述专利权，富业达公司于 2007 年 10 月 12 日向专利复审委员会提出了无效宣告请求，其无效宣告请求的理由是本专利权利要求 1~6 不符合《专利法》第二十二条第二款、第三款的规定，也不符合《专利法》第二十六条第三款、第四款的规定。富业达公司提交了以下证据：

证据 1：专利号为 US5514864A 的美国专利说明书复印件，共 7 页，其授权公告日为 1996 年 5 月 7 日；

证据 2：公开号为特开平 9-163238 的日本公开特许公报复印件，共 10 页，其公开日为 1997 年 6 月 20 日；

证据 3：公开号为特开 2000-307188 的日本公开特许公报复印件，共 7 页，其公开日为 2000 年 11 月 2 日；

证据 4：专利号为 US6081612A 的美国专利说明书复印件，共 37 页，其授权公告日为 2000 年 6 月 27 日；

证据 5：专利号为 US5744795A 的美国专利说明书复印件，共 8 页，其授权公告日为 1998 年 4 月 28 日。

经形式审查合格，专利复审委员会受理了上述无效宣告请求。

富业达公司又于 2007 年 11 月 12 日提交了意见陈述书，并补充了如下证据：

证据1.1：证据1的部分中文译文，共2页；

证据2.1：证据2的部分中文译文，共2页；

证据3.1：证据3的部分中文译文，共2页；

证据4.1：证据4的部分中文译文，共1页；

证据5.1：证据5的部分中文译文，共6页；

证据6：公开号为CN1208862A的中国发明专利申请公开说明书复印件，共18页，其公开日为1999年2月24日；

证据7：专利号为US5636040A的美国专利说明书复印件，共4页，其授权公告日为1997年6月3日；

证据7.1：证据7的部分中文译文，共1页；

证据8：专利号为US5991044A的美国专利说明书复印件，共8页，其授权公告日为1999年11月23日；

证据8.1：证据8的部分中文译文，共1页；

证据9：国家知识产权局专利检索咨询中心于2007年10月25日出具的、编号为G072132的检索报告的复印件，共4页；

证据10：富业达公司声称为韩国对本专利的优先权专利KR17349/2001的驳回决定的中文译文，共5页。

2007年11月26日，艾勒博公司针对上述无效宣告请求书，向专利复审委员会提交了意见陈述书。

2008年3月6日，口头审理如期举行。

2008年3月18日，专利复审委员会作出第11176号决定。

上述事实，有第11176号决定、本专利说明书、美国专利US5514864A号专利文献、公开号为特开平9-163238的日本特许公报文献以及当事人陈述等证据在案佐证。

本院认为：

根据各方当事人的诉辩主张，本案争议的焦点是：1. 仅提供部分中文翻译的外文证据能否构成本专利的现有技术。2. 证据1中的CPU15是否输出两路信号及该CPU15是否相当于本专利的影像处理器和系统控制器。3. 证据1是否给出了解决本专利技术问题的启示。4. 专利复审委员会是否忽略了本专利权利要求5的附加技术特征，即对快门和光源的控制是由影像处理器这个单一装置完成的。

1. 关于外文证据的提交。根据《审查指南》第四部分第八章第2.2.1节的规定，当事人可以仅提交外文证据的部分中文译文，该外文证据中没有提交中文译文的部分，不作为证据使用。在复审程序中，原告并未对第三人提交的中文译文的准确性表示异议，其现在提出仅凭部分中文译文不足以确定是否构成本专利的现有技术于法无据，而且其并未提供相反证据证明该译文不能构成本专利的现有技术，故本院对该主张不予支持。

2. 关于证据1中的CPU15的作用。根据本专利说明书的记载，本专利的影像处理器和系统控制器的作用为：影像处理器控制转换后的数字信号，借以输出光学影像信号，系统控制器接受该信号，借以驱动系统；使用影像处理器中产生的预定控制信号控制光源亮度；系统控制器施加输出信号控制光源亮度；另外，影像处理器也可以输出信号至电气快门。证据1中的CPU15的作用为：接收数字信号，并与预设值进行比较，进而生成数字控制信号，借以调整光源的输出功率，驱动光源。由上述比对可见，本专利由影像处理器接收数字信号，经检测后使用预定控制信号控制光源亮度或电气快门，同时输出光学影像信号给系统控制器，系统控制器可以驱动系统，也可以控制光源亮度；证据1

中的 CPU15 同样接收数字信号，并且其通过比较预设值与数字信号，同样可以生成调整光源的数字控制信号。由于本专利的主要发明目的是通过检测入射光学影像来控制光源亮度，而证据 1 中的 CPU15 可以起到本专利影像处理器和系统控制器所起的控制光源亮度的作用，故可以认为该 CPU15 相当于本专利的影像处理器和系统控制器。

3. 关于证据 1 是否给出了解决本专利技术问题的启示。根据本专利说明书记载，本专利的目的在于在一光源的光线反射物体时检测入射光学影像，并依据检测结果来控制该光源的亮度，本专利可以去除影像噪声和残留影像并得到较佳的影像，还可以减少对光源的电源供应。可见，本专利所要解决的技术问题是通过检测光学影像来控制光源的亮度。而证据 1 解决的技术问题之一是通过比较预设值与数字信号，生成调整光源的数字控制信号，用以调整光源的发光亮度至更高的水平。因此，本专利与对比文件所要解决的技术问题相同，并且技术方案都是通过检测光学信号来控制光源的亮度，故证据 1 已经给出了解决本专利技术问题的启示。原告称本专利发明目的之一是解决“由于延长曝光时间而导致的影像噪声和残留影像的不足”问题，对此本院认为，本专利说明书记载，当入射光线的总量不足时，电气快门会延长曝光时间……当曝光时间很长时，会造成残留影像。可见，曝光时间的延长实际上是由于光源的亮度不足，造成入射光线的总量不足，而证据 1 已经给出的调整光源亮度的技术方案，故本专利所要解决的该技术问题已经被证据 1 公开。

4. 关于本专利权利要求 5 的附加技术特征的创造性问题。本专利权利要求 5 的附加技术特征还包括：对快门和光源的控制是由影像处理器这个单一装置完成的。原告认为这样不仅可去除影像噪声及残留影像，也可控制特殊效果。根据本专利说明书记载，现有技术中已经公开了电气快门，并且公开了影像处理器控制电气快门的曝光时间的技术方案。证据 2 也已公开了电子快门，本领域技术人员通过结合证据 1 和证据 2 的相应内容，容易得到本专利权利要求 5 的技术方案。原告所称的控制特殊效果也可以通过改变控制信号强度的方法实现，本领域技术人员可以轻易实现。故在权利要求 1 不具有创造性的情况下，权利要求 5 也不具有创造性。

综上，本专利不符合《专利法》第二十二条第三款的规定，原告艾勒博公司的诉讼请求缺乏事实和法律依据，本院不予支持。被告专利复审委员会作出的第 11176 号决定认定事实清楚，程序合法，应予维持。依照《中华人民共和国行政诉讼法》第五十四条第（一）项之规定，本院判决如下：

维持被告中华人民共和国国家知识产权局专利复审委员会作出的第 11176 号无效宣告请求审查决定。

案件受理费人民币 100 元，由原告艾勒博科技股份有限公司负担（已交纳）。

如不服本判决，原告艾勒博科技股份有限公司可在本判决书送达之日起 30 日内，被告中华人民共和国国家知识产权局专利复审委员会、第三人深圳市富业达实业发展有限公司可在本判决书送达之日起 15 日内，向本院递交上诉状，并按对方当事人人数提交副本，交纳上诉案件受理费人民币 100 元，上诉于中华人民共和国北京市高级人民法院。

审 判 长 任 进
代理审判员 邢 军
人民陪审员 郝建欣
二〇〇八年十二月九日
书 记 员 袁 伟
书 记 员 谭北川

044

汽车中央门锁执行器

无效宣告请求审查决定（第11199号）

决　　定　　号 第11199号
决　　定　　日 2008年3月17日
发明创造名称 汽车中央门锁执行器
国 际 分 类 号 E05B 65/22
无效宣告请求人 李昌玉，东莞市迅东机械有限公司
专　利　权　人 张　威
专　　利　　号 02208838.5
申　　请　　日 2002年4月1日
授 权 公 告 日 2003年1月1日
合 议 组 组 长 欧　岚
主　　审　　员 郭建强
参　　审　　员 王　森

法 律 依 据 专利法第22条第3款
决 定 要 点

如果要素关系的改变没有导致发明创造的技术效果、功能及用途的变化，或者技术效果、功能及用途的变化是可预料到的，则发明创造不具备创造性。

一、案由

本无效宣告请求涉及中华人民共和国国家知识产权局于2003年1月1日授权公告的、名称为“汽车中央门锁执行器”的实用新型专利权（下称本专利），其专利号是02208838.5，申请日是2002年4月1日，专利权人是张威。本专利授权公告时的权利要求书如下：

“1. 一种汽车中央门锁执行器，包括马达、马达齿轮、中间齿轮轴、大齿轮、小齿轮及齿条，马达齿轮安装在马达轴上，其特征在于：中间齿轮轴与马达轴平行安置，大齿轮和小齿轮均安装在中间齿轮轴上，大齿轮置于小齿轮的下方，大齿轮与马达齿轮啮合，小齿轮与齿条啮合。

2. 根据权利要求1所述的汽车中央门锁执行器，其特征在于：所述的马达为直流马达，马达的启动与关闭由中央控制器控制。”

针对本专利，李昌玉（下称请求人1）于2007年10月23日向专利复审委员会提出无效宣告请求（一），认为本专利权利要求1和2不符合专利法第22条第2、3款的规定，请求人1同时提交了如下附件作为证据：

附件1：授权公告日为1993年11月24日、授权公告号为CN2147312Y、专利号为93203799.2的中国实用新型专利说明书，共7页；

附件2：授权公告日为2001年1月31日、授权公告号为CN2417254Y、专利号为00206847.8的中国实用新型专利说明书，共7页；

附件3：授权公告日为2001年8月15日、授权公告号为CN2442866Y、专利号为00225803.X的中国实用新型专利说明书，共5页。

请求人1认为：附件1或2都公开了本专利权利要求1的技术方案，因此权利要求1相对于附件1或2不具备新颖性和创造性，权利要求2的附加技术特征是公知技术，同时该特征也被附件3公开，因此权利要求2也不具备新颖性和创造性。

经形式审查合格，专利复审委员会依法受理了上述无效宣告请求，并于2007年11月20日向请求人1和专利权人发出无效宣告请求受理通知书，同时将专利权无效宣告请求书及其附件清单中所列附件的副本转送给专利权人，并要求专利权人在指定的期限内陈述意见。

专利权人于2007年12月24日提交了意见陈述书，认为本专利权利要求1中大齿轮置于小齿轮下方，而附件1或2中都是大齿轮置于小齿轮上方；本专利权利要求1中马达齿轮安装在马达齿轮轴下方，而附件1或2中马达齿轮安装在马达齿轮轴上方；本专利权利要求1中中间齿轮轴在马达轴左边，而附件1或2中中间齿轮轴在马达齿轮轴右边；因此本专利权利要求1相对于附件1或2具备新颖性。同时上述区别特征的引入使得本专利的执行器传动结构紧凑，齿轮间不产生干涉，体积小，齿条及锁扣往返行程两端的极限位置距离加大，因此本专利权利要求1相对于附件1或2也具备创造性。

针对本专利，东莞市迅东机械有限公司（下称请求人2）于2007年8月17日向专利复审委员会提出无效宣告请求（二），认为本专利权利要求1和2不符合专利法第22条第2、3款的规定，请求人2同时提交了如下附件作为证据：

附件1：采用被请求宣告无效专利的产品照片，共1张；

附件2：采用先前技术的产品照片，共1张；

附件3：采用被请求宣告无效专利的产品以及采用先前技术的产品放在一起的照片，共1张。

请求人2认为：本专利说明书的背景技术部分以及附图1都公开了现有技术的汽车中央门锁执行机构，与本专利的不同之处仅在于大齿轮和小齿轮方位调换，同时马达齿轮的位置下移，但该区别属于惯用手段的直接置换，因此本专利权利要求1不具备新颖性；同时本专利权利要求1与现有技术相比没有任何进步和积极效果，因此也不具备创造性。权利要求2的附加技术特征是本领域普通技术人员的公知常识，因此权利要求2也不具备新颖性和创造性。

经形式审查合格，专利复审委员会依法受理了上述无效宣告请求，并于2007年9月19日向请求人2和专利权人发出无效宣告请求受理通知书，同时将专利权无效宣告请求书及其附件清单中所列附件的副本转送给专利权人，并要求专利权人在指定的期限内陈述意见。

专利权人于2007年11月27日提交了意见陈述书，认为本专利权利要求1与现有技术存在如下区别技术特征：本专利权利要求1中大齿轮置于小齿轮下方，而现有技术中都是大齿轮置于小齿轮上方；本专利权利要求1中马达齿轮安装在马达齿轮轴下方，而现有技术中马达齿轮安装在马达齿轮轴上方；本专利权利要求1中中间齿轮轴在马达轴左边，而现有技术中中间齿轮轴在马达齿轮轴右边。同时上述区别特征的引入使得本专利的执行器传动结构紧凑，齿轮间不产生干涉，体积小，齿条及锁扣往返行程两端的极限位置距离加大，因此本专利权利要求1相对于现有技术具备新颖性和创造性。

专利复审委员会依法成立合议组，并根据审查指南第四部分第三章4.5节的规定，对上述无效宣告请求（一）和无效宣告请求（二）进行合并审理。

本案合议组于2008年1月17日向请求人1和请求人2以及专利权人三方发出无效宣告请求口头审理通知书，定于2008年2月28日在专利复审委员会举行合并口头审理。

口头审理如期举行，三方当事人均参加了口头审理。

在口头审理中，（1）关于无效宣告请求（一）：①请求人1明确其无效宣告请求的理由、范围和证据为：本专利的权利要求1相对于附件1或2不具有新颖性和创造性，本专利的权利要求2相对于附件1和附件3的结合或者附件2和附件3的结合不具有创造性。专利权人对附件1~3的真实性没有异议。②请求人1和专利权人就本专利的新颖性和创造性充分发表了意见。请求人1认为附件1或2都公开了权利要求1的技术方案，因此权利要求1相对于附件1或者2不具有新颖性，更不具备创造性。同时，请求人1也承认附件1或2中都是马达位于上方时，大齿轮才会置于小齿轮下方。专利权人认为本专利权利要求1与附件1或者2之间存在着大、小齿轮的位置、马达齿轮在轴上的位置、以及马达齿轮轴与中间齿轮轴的相对位置的三个区别技术特征，同时认为上述区别特征的引入给本专利带来了结构紧凑、齿轮之间不产生干涉等技术效果，因此本专利权利要求1具有新颖性和创造性。关于权利要求2的创造性，请求人1认为权利要求2中的“马达的起动与关闭由中央控制器控制”已经被附件3公开，“马达为直流马达”是公知技术，因此在权利要求1没有新颖性或创造性的基础上，权利要求2没有创造性。专利权人对请求人1关于权利要求2的附加技术特征的主张并无异议，但坚持认为由于权利要求1具有新颖性和创造性，所以权利要求2也具有创造性。

（2）关于无效宣告请求（二）：①请求人2明确其无效宣告请求的理由、范围和证据为：本专利的权利要求1、2不具有新颖性和创造性，权利要求2不具有创造性，不符合专利法第22条第2、3款的规定。评价权利要求1的新颖性用的是本专利的说明书附图1结合公知常识（大小齿轮相互换位是惯用技术手段的置换），权利要求2的附加技术特征是公知常识，附件1~3以及当庭提交的实物仅供合议组参考，不作为证据使用。②请求人2和专利权人就本专利的新颖性和创造性充分发表了意见。关于利要求1的新颖性和创造性，请求人2认为：本专利与背景技术的区别特征仅在于大齿轮置于小齿轮的下方，其余技术特征都被说明本专利背景技术的附图1所公开，但大小齿轮之间互换位置是惯用手段的直接置换，因此权利要求1不具有新颖性和创造性。专利权人认可本专利与背景技术的区别特征是大齿轮置于小齿轮的下方，其余特征都被说明现有技术的本专利的附图1公开，但认为必须要倒装齿轮才能达到汽车厂的安装要求，本专利不是将齿轮直接倒装过来就能实现的，还要对外壳进行改进，同时否认大小齿轮上下颠倒是惯用手段的置换，坚持认为大齿轮放在小齿轮下面之后，本专利的结构紧凑，不产生干涉，整个齿条行程加长。关于权利要求2的创造性，请求人2认为：附加技术特征是本领域技术人员的公知常识，所以在权利要求1不具备新颖性和创造性的基础上，权利要求2也不具备创造性。专利权人对请求人2关于权利要求2的附加技术特征是公知常识的主张表示认可，但坚持认为因为权利要求1具有新颖性和创造性，所以权利要求2也具备创造性。

至此，合议组认为本案事实已经清楚，可以作出审查决定。

二、决定的理由

1. 关于证据和现有技术

在无效宣告请求（一）中，请求人1提交的证据包括附件1~3，专利权人对附件1~3的真实性没有异议，合议组经审查，认可附件1~3的真实性，因此附件1~3可以作为本案的证据使用。同时由于附件1~3均为中国专利文献，且其公开日期均在本专利的申请日之前，因此附件1~3均可以作为本专利的现有技术使用。

2. 关于本专利的创造性

专利法第 22 条第 1、3 款规定，授予专利权的发明和实用新型应当具备创造性；创造性，是指同申请日以前已有的技术相比，该发明有突出的实质性特点和显著的进步，该实用新型有实质性特点和进步。

同时，根据审查指南第二部分第四章第 4.6.1 节的相关规定，要素关系改变的发明创造，是指发明创造与现有技术相比，其形状、尺寸、比例、位置及作用关系等发生了变化。如果要素关系的改变没有导致发明创造的技术效果、功能及用途的变化，或者技术效果、功能及用途的变化是可预料到的，则发明创造不具备创造性。

本案中，本专利权利要求 1 要求保护一种汽车中央门锁执行器，包括马达、马达齿轮、中间齿轮轴、大齿轮、小齿轮及齿条，马达齿轮安装在马达轴上，其特征在于：中间齿轮轴与马达轴平行安置，大齿轮和小齿轮均安装在中间齿轮轴上，大齿轮置于小齿轮的下方，大齿轮与马达齿轮啮合，小齿轮与齿条啮合。附件 1 或者附件 2 作为现有技术，都公开了一种汽车门锁控制装置，并都公开了权利要求 1 中的如下技术内容：汽车中央门锁执行器，包括马达、马达齿轮、中间齿轮轴、大齿轮、小齿轮及齿条，马达齿轮安装在马达轴上，中间齿轮轴与马达轴平行安置，大齿轮和小齿轮均安装在中间齿轮轴上，大齿轮与马达齿轮啮合，小齿轮与齿条啮合。附件 1 或者附件 2 中的大齿轮置于小齿轮的上方（参见附件 1 说明书第 2 页、附图 2，附件 2 说明书第 2 页、附图 1）。

请求人 1 认为，本专利权利要求 1 与附件 1 或者附件 2 的区别仅在于：①权利要求 1 中大齿轮置于小齿轮的下方，而附件 1 或者附件 2 中的大齿轮置于小齿轮的上方（以马达位于整体装置的下方为参照系）。专利权人认为，本专利权利要求 1 与附件 1 或者附件 2 的区别不仅在于上述区别特征①，还在于区别特征②：本专利中马达齿轮安装在马达齿轮轴下方，而附件 1 或者附件 2 中马达齿轮安装在马达齿轮轴上方，以及区别特征③：本专利中中间齿轮轴在马达轴左边，而附件 1 或者附件 2 中中间齿轮轴在马达齿轮轴右边。同时正是由于这些区别特征的引入，使得本专利相对于附件 1 或者附件 2 具备如下技术效果：（1）结构紧凑、体积小，（2）齿轮啮合稳定、齿轮间不产生干涉，（3）齿条行程加大。

合议组经审查认为，首先，区别特征②和③仅是专利权人根据本专利说明书附图 2 与附件 1 或者附件 2 对比所得出的区别，但在本专利权利要求 1 中并没有任何记载和限定，而且权利要求 1 的保护范围也完全包含了“马达齿轮安装在马达齿轮轴上方”以及“中间齿轮轴在马达齿轮轴右边”的技术方案。因此本专利权利要求 1 与附件 1 或者附件 2 的区别仅在于上述区别特征①，并不存在专利权人所说的区别特征②和③。

其次，分析上述区别特征①，其仅仅是将现有技术中由大齿轮和小齿轮所组成的从动齿轮组上下颠倒方向，使得大齿轮在下，小齿轮在上。但是这种变化并没有改变任何一个齿轮的形状，也没有改变齿轮副之间的传动关系，即仍然采用“马达齿轮啮合大齿轮转动，使得小齿轮与大齿轮同轴旋转，小齿轮再啮合齿条，最终实现齿条的往复移动”的传动方式。无论是从动齿轮组中的大齿轮在上、小齿轮在下，还是小齿轮在上、大齿轮在下，这仅是实现相同的传动功能的一种齿轮位置关系的改变，因此本专利权利要求 1 的技术方案相对于附件 1 或者附件 2 来说，仅属于零部件位置关系改变的“要素关系改变的发明创造”。根据审查指南第四部分第六章第 4 节“实用新型专利创造性的审查”以及第二部分第四章第 4.6.1 节“要素关系改变的发明”的规定，要判断本专利权利要求 1 相对于附件 1 或者附件 2 是否具备创造性，则需要考察本专利权利要求 1 与附件 1 或者附件 2 的上述区别特征①是否导致本专利的技术效果、功能及用途产生变化，或者技术效果、功能及用途的变化对本领域技术人员来说是否可预料到。

再者，由于本专利权利要求 1 与现有的门锁控制器在功能和用途上显然并未发生改变，而且专利权人也并未有此主张，而仅是强调本专利的区别特征所带来的技术效果（1）结构紧凑、体积小，（2）齿轮啮合稳定、齿轮间不产生干涉，（3）齿条行程加大。因此本案的焦点即在于专利权人所称的上述技术效果是否存在，或者即使存在但是对本领域技术人员来说否可预料。

对此，合议组认为：（1）关于专利权人所称的技术效果（1）结构紧凑、体积小。本领域技术人员公知，整体传动结构的体积只与单个传动部件的尺寸以及传动部件之间的传动关系相关，而本专利仅是颠倒从动齿轮组的上下方向，并未改变从动齿轮组的形状和尺寸，也未改变其与其他传动件之间的传动关系，因此并不能使得整个转动装置的体积发生任何改变。（2）关于专利权人所称的技术效果（2）齿轮啮合稳定、齿轮间不产生干涉。由于现有技术中从动齿轮组中的大齿轮在小齿轮上方时，借助于马达齿轮轴和中间齿轮轴的轴向固定作用，以及齿轮副之间清晰的空间位置设置和传动关系，现有技术完全可以实现啮合稳定、齿轮相互间不产生干涉的传动。而专利权人并不能证明仅仅颠倒从动齿轮组的上下方位就能使得上述稳定的齿轮传动关系改善多少。（3）关于专利权人所称的技术效果（3）齿条行程加大。本领域技术人员公知，门锁执行器中齿条的行程只与齿条上的齿长以及门锁执行器的外壳体积对齿条位移的限制有关，而本专利仅是颠倒从动齿轮组的上下方向，并未涉及齿条上的齿长以及门锁执行器的外壳体积的改变，因此并不能使得门锁执行器的齿条行程发生任何改变。

综上，专利权人并不能证明上述区别特征①“大齿轮置于小齿轮的下方”的引入给本专利带来了其所称的预料不到的技术效果。因此根据审查指南第四部分第六章第 4 节“实用新型专利创造性的审查”以及第二部分第四章第 4.6.1 节“要素关系改变的发明”的规定，本专利权利要求 1 相对于附件 1 或者 2 不具备专利法第 22 条第 3 款规定的创造性。

关于从属权利要求 2，其附加技术特征中“马达为直流马达”是公知常识，本领域技术人员都公知现有的汽车中是依靠电瓶输出的直流电驱动汽车上的各电器元件，附加技术特征中的“马达的启动与关闭由中央控制器控制”被附件 3 所公开（参见附件 3 说明书第 2 页最后一段）。对此，专利权人也表示认可。因此在所引用的权利要求 1 相对于附件 1 或者附件 2 不具备创造性的基础上，权利要求 2 相对于附件 1、3 的结合或者附件 2、3 的结合也不具备专利法第 22 条第 3 款规定的创造性。

综上，由于本专利权利要求 1~2 不具备创造性，不符合专利法第 22 条第 3 款的规定，导致本专利权利要求 1~2 应予全部无效，因此对于请求人 1 和请求人 2 分别在无效宣告请求（一）和（二）中提出的其他无效宣告理由本决定中不再予以评述。

根据上述的事实和理由，本案合议组依法作出以下决定。

三、决定

宣告 02208838.5 号实用新型专利权全部无效。

当事人对本决定不服的，可以根据专利法第 46 条第 2 款的规定，自收到本决定之日起三个月内向北京市第一中级人民法院起诉。根据该款的规定，一方当事人起诉后，另一方当事人应当作为第三人参加诉讼。

045

一种预制墙板组合结构墙

无效宣告请求审查决定（第11210号）

决　定　号　第11210号
决　定　日　2008年3月19日
发明创造名称　一种预制墙板组合结构墙
国际分类号　E04B 2/74，E04B 2/56
无效宣告请求人　刘东轩
专　利　权　人　深圳市轩德科技有限责任公司
申　请　号　200620055240.2
申　请　日　2006年2月22日
授权公告日　2007年5月16日
合议组组长　刘敏飞
主　审　员　姜　岩
参　审　员　樊延霞

法律依据　专利法第22条第2款
决定要点

引用对比文件判断发明或者实用新型的新颖性或创造性时，应当以对比文件公开的技术内容为准。该技术内容不仅包括明确记载在对比文件中的内容，而且包括对于所属技术领域的技术人员来说，隐含的且可直接地、毫无疑义地确定的技术内容。对比文件中包括附图的，也可以引用附图。但是，在引用附图时必须注意，只有能够从附图中直接地、毫无疑义地确定的技术特征才属于公开的内容，由附图中推测的内容，不应当作为已公开的内容。

一、案由

本无效宣告请求涉及中华人民共和国国家知识产权局于2007年5月16日授权公告的、名称为“一种预制墙板组合结构墙”的实用新型专利权（下称本专利），其专利号是200620055240.2，申请日是2006年2月22日，专利权人是深圳市轩德科技有限责任公司。本专利授权公告时的权利要求书如下：

“1. 一种预制墙板组合结构墙，包括若干竖龙骨、横龙骨和预制墙板，其特征在于竖龙骨固定在天花板和底板上或固定在天梁和地梁上，每两根竖龙骨之间固定有若干横龙骨，竖龙骨的两面固装有若干预制墙板。

2. 根据权利要求1所述的预制墙板组合结构墙，其特征在于所述竖龙骨与预制墙板上设有对应的用于两者相互固定的固定安装孔，通过膨胀栓固定。

3. 根据权利要求 1 或 2 所述的预制墙板组合结构墙，其特征在于所述竖龙骨、横龙骨和预制墙板上设有安装水、电管线孔。

4. 根据权利要求 1 所述的预制墙板组合结构墙，其特征在于所述竖龙骨通过连接铁件固定在天花板和底板上或固定在天梁和地梁上。

5. 根据权利要求 4 所述的预制墙板组合结构墙，其特征在于所述链接铁件是膨胀螺栓。

6. 根据权利要求 1 所述的预制墙板组合结构墙，其特征在于所述竖龙骨上设有若干牛耳，横龙骨至于每 2 根竖龙骨的牛耳上。

7. 根据权利要求 1 所述的预制墙板组合结构墙，其特征在于所述龙骨与预制墙板是由水泥、石灰、陶粒、珍珠岩、锯木灰、粉煤灰、矿渣、水、丝网格、外加剂按一定配合比例或者预制而成。”

针对本专利，刘东轩（下称请求人）于 2007 年 8 月 30 日向专利复审委员会提出无效宣告请求，认为本专利不符合专利法第 22 条第 2、3 款的规定，请求人同时提交了如下附件：

附件 1：申请日为 2005 年 11 月 23 日、授权公告日为 2007 年 8 月 8 日、专利权人为刘东轩、授权公告号为 CN2931620Y（专利号为 200520143278.0）的中国实用新型专利说明书，共 7 页；

附件 2：授权公告日为 2003 年 1 月 29 日、授权公告号为 CN2533172Y（专利号为 01263968.0）的中国实用新型专利说明书，共 5 页；

附件 3：《深圳市轩德体育发展有限公司与刘东轩合作合同书》共 8 页复印件；

附件 4：《解除合同协议书》共 1 页复印件。

请求人认为：（1）附件 1 与本专利权利要求 1 主要特征实质上相同，附件 1 的混凝土龙骨包括了竖龙骨和横龙骨，在工程上横、竖龙骨统称龙骨，附件 1 的说明书附图第 1 页附图标记 5 表示的就是横龙骨，拼装墙体是由铁码固定于建筑结构上，权利要求 1 不具有新颖性、创造性。（2）本专利权利要求 2 的附加技术特征被附件 1 公开了，所以权利要求 2 也不具有新颖性。（3）本专利权利要求 3 中在墙板及构件上为水、电管线预留孔洞是建筑工程技术领域中的公知常识，并且附件 1 说明书第 2 页对水电线管已有描述，所以权利要求 3 不具有新颖性。（4）本专利权利要求 4 被附件 1 的权利要求 1 及说明书第 2 页第 1 段公开，所以权利要求 4 不具有新颖性。（5）本专利权利要求 5 所述的链接铁件是膨胀螺栓，附件 1 中公开的是角码和铁码，附件 1 附图 2 中的标号“4”是膨胀螺丝，工程上通常都是打膨胀螺丝固定铁码，属于公知常识，所以权利要求 5 不具有新颖性。（6）本专利权利要求 6 与附件 1 原理相同，是采用木块当牛耳，所以权利要求 6 没有创造性。（7）本专利权利要求 7 中采用的配方的混凝土在工程上统称轻集料混凝土，附件 1 中采用的材料是混凝土，混凝土包括轻集料混凝土，证明了权利要求 7 没有新颖性。权利要求 7 中龙骨没有配筋，附件 1 中龙骨的钢筋混凝土柱内配置钢筋，因此权利要求 7 不具备创造性。另外，权利要求 7 中增加的“锯木灰”对建筑的防火安全不利，所以也不具备创造性。（8）请求人曾与专利权人合作，详见附件 3，合作项目是利用附件 2 的技术开发轻质墙体，该合作合同已解除，见附件 4。

经形式审查合格，专利复审委员会依法受理了上述无效宣告请求，并于 2007 年 10 月 25 日向请求人和专利权人发出无效宣告请求受理通知书，同时将专利权无效宣告请求书及其附件清单中所列附件的副本转送给专利权人，并要求专利权人在指定的期限内陈述意见。

针对专利复审委员会发出的上述无效宣告请求受理通知书，专利权人于 2007 年 11 月 30 日提交了意见陈述书。专利权人认为：附件 1 仅能用来评价新颖性；附件 1 至少没有公开权利要求 1 中“每两根竖龙骨之间固定有若干横龙骨”这一技术特征，并且不同意附件 1 附图 2 中的附图标记 5 表示横龙骨的观点。因此权利要求 1~7 相对于附件 1 具备新颖性。而且相对于附件 2 权利要求 7 中增加的

“锯木灰”可以增加墙板韧性以及防火性能，因此权利要求7具有创造性。

专利复审委员会依法成立合议组对本案进行审理。本案合议组于2008年1月4日向双方发出无效宣告请求口头审理通知书，定于2008年2月28日在专利复审委员会举行口头审理。随同口头审理通知书，将专利权人于2007年11月30日提交的意见陈述书及其附件清单中所列附件的副本转送给请求人。

口头审理如期举行，双方当事人均参加了口头审理。在口头审理中，请求人明确无效的理由、范围和证据为：权利要求1~7被附件1公开不具有新颖性；权利要求1、6、7被附件1公开不具有创造性；请求人明确表示没有其他的无效理由、证据及使用方式；附件2、3、4证明通过请求人与专利权人之间的合作从而得到了附件1、2的技术。请求人当庭出示了附件3、4的原件。专利权人认为：附件1是本专利的抵触申请，不能用于评价创造性；对附件1、2的真实性没有异议；认为附件3、4的复印件与原件相符；对附件3的真实性没有异议；但附件4中甲方的署名是深圳市轩德科技有限公司，签章是深圳市轩德科技有限责任公司，所以对其真实性有异议；认为附件2、3、4所证明的内容与本案无关。请求人认为通过附件3可以看出法定代表人是相同的，因此附件4也是真实的。合议组当庭宣布附件1仅能用于评述新颖性，因此对于使用附件1来评价创造性的无效理由，合议组不予考虑。

至此，合议组认为本案事实已经清楚，可以作出审查决定。

二、决定的理由

1. 关于无效理由和证据的认定

（1）请求人提交的证据包括附件1，专利权人对附件1的真实性没有异议，并认为其不能用于评价本专利的创造性。合议组经审查，认为附件1可以作为本案的证据使用，又由于本专利的专利权人为深圳市轩德科技有限责任公司、申请日为2006年2月22日，附件1的专利权人为刘东轩、申请日为2005年11月23日、授权公告日为2007年8月8日，属于由他人在本专利申请日前向专利局提出的、在本专利申请日后公布的专利申请文件，因此其仅能用来评述本专利的新颖性。

（2）请求人使用附件1评述权利要求1、6、7的创造性。根据如上原因，附件1是本专利申请日后公布的专利申请文件，不属于本专利的现有技术，从而附件1只能用来评述本专利的新颖性，不能用于评述本专利的创造性。因此合议组对请求人提出的权利要求1、6、7相对于附件1不具备创造性的无效理由不予考虑。

（3）请求人使用附件2、3、4证明“通过请求人与专利权人之间的合作从而得到了附件1、2的技术”。

专利法实施细则第64条规定：“依照专利法第四十五条的规定，请求宣告专利权无效或者部分无效的，应当向专利复审委员会提交专利权无效宣告请求书和必要的证据一式两份。无效宣告请求书应当结合提交的所有证据，具体说明无效宣告请求的理由，并指明每项理由所依据的证据。

前款所称无效宣告请求的理由，是指被授予专利的发明创造不符合专利法第22条、第23条、第26条第3款、第4款、第33条或者本细则第2条、第13条第1款、第20条第1款、第21条第2款的规定，或者属于专利法第5条、第25条的规定，或者依照专利法第9条规定不能取得专利权。”

审查指南第四部分第三章第3.3节中规定：“无效宣告理由不属于专利法实施细则第六十四条第二款规定的理由的，不予受理。”

经合议组一再询问，请求人坚持附件2、3、4仅用于证明“通过请求人与专利权人之间的合作从而得到了附件1、2的技术”，因此，请求人使用附件2、3、4所证明的内容不属于专利法实施细则第六十四条第二款规定的无效理由。另外，请求人在口头审理中明确其无效理由为仅使用附件1评述本专利的新颖性和创造性，从而请求人使用附件2、3、4证明通过合作得到附件1、2的技术与本专利的新颖性和创造性并无关联，根据审查指南中的上述规定，合议组对附件2、3、4不予评述。

综上，合议组审查的请求人提出的无效理由、证据和范围为：权利要求1~7相对于附件1是否具备新颖性。

2. 本专利的权利要求1~7是否具备新颖性

新颖性，是指在申请日以前没有同样的发明或者实用新型在国内外出版物上公开发表过、在国内公开使用过或者以其他方式为公众所知，也没有同样的发明或者实用新型由他人向国务院专利行政部门提出过申请并且记载在申请日以后（含申请日）公布的专利申请文件中。

引用对比文件判断发明或者实用新型的新颖性或创造性时，应当以对比文件公开的技术内容为准。该技术内容不仅包括明确记载在对比文件中的内容，而且包括对于所属技术领域的技术人员来说，隐含的且可直接地、毫无疑义地确定的技术内容。对比文件中包括附图的，也可以引用附图。但是，在引用附图时必须注意，只有能够从附图中直接地、毫无疑义地确定的技术特征才属于公开的内容，由附图中推测的内容，不应当作为已公开的内容。

请求人认为，附件1公开了权利要求1的全部技术特征，其中说明书附图2中的标号5是本专利的横龙骨。另外，预制墙体可以没有横龙骨，本领域技术人员可以根据需要加横龙骨或者不加龙骨。在附件1中没有明确反映有横龙骨，但作为专业的技术人员一看附图就可以看出横龙骨。

专利权人认为，从附件1中看不出横龙骨，也没有公开每两根竖龙骨之间固定有若干横龙骨。本专利的横龙骨可以增强整个墙体的抗冲击力。附件1也没有公开竖龙骨固定的位置。

附件1公开了一种拼装墙体（参见附件1第2页实施例部分及附图1、2），并具体公开了如下技术内容：轻质混凝土薄板2（对应于本专利权利要求1中的预制墙板）以及龙骨3，龙骨3通过铁码1和膨胀螺栓4与建筑结构梁、板连接（相当于本专利权利要求1中竖龙骨固定在天花版和底板上或固定在天梁和地梁上），龙骨3的两边固定有预制混凝土薄板。由此可见，权利要求1相对于附件1的区别在于：附件1中并未明确公开权利要求1中限定的横龙骨以及每两根竖龙骨之间固定有若干横龙骨这些区别技术特征。虽然请求人认为附件1的附图标记5表示的即是横龙骨，本领域技术人员一看附图就知道。但是，合议组经审查后认为：附件1的权利要求书、说明书中没有文字记载上述区别技术特征，本领域技术人员也不能由附件1的权利要求书、说明书文字部分的记载及附图直接地、毫无疑义地确定附图标记5为横龙骨及横龙骨设置于两根竖龙骨之间，而且如请求人所述在预制墙板墙体中并不一定要有横龙骨，因此合议组认为附件1中没有公开本专利权利要求1中的横龙骨以及横龙骨设置在竖龙骨之间这些技术特征。所以权利要求1相对于附件1具备新颖性。

由于权利要求1相应于附件1具备新颖性，因此，其从属权利要求2~7相对于附件1也具备新颖性。

综上所述，本专利权利要求1~7相对于附件1具备新颖性。

根据上述的事实和理由，本案合议组依法作出以下决定。

三、决定

维持200620055240.2号实用新型专利权有效。

当事人对本决定不服的，可以根据专利法第46条第2款的规定，自收到本决定之日起三个月内向北京市第一中级人民法院起诉。根据该款的规定，一方当事人起诉后，另一方当事人应当作为第三人参加诉讼。

046

按摩机

无效宣告请求审查决定（第11220号）

决　定　号　第11220号
决　定　日　2008年3月24日
发明创造名称　按摩机
国 际 分 类 号　A61H 7/00，A61H 15/00，A61H39/04
无效宣告请求人　北京京安投资有限公司
专 利 权 人　丸高科技株式会社
专　利　号　200310113620.8
申　请　日　2003年11月13日
优 先 权 日　2003年9月12日
授 权 公 告 日　2006年6月14日
合 议 组 组 长　张梅珍
主　审　员　杨军艳
参　审　员　关　刚

法 律 依 据　专利法第22条第2款
决 定 要 点

当被评价的权利要求与现有技术的技术方案实质上不同时，该权利要求相对于该现有技术具备新颖性。

一、案由

本无效宣告请求涉及中华人民共和国国家知识产权局于2006年6月14日授权公告的、名称为“按摩机”的发明专利权（下称本专利），其专利号是200310113620.8，申请日是2003年11月13日，优先权日是2003年9月12日，专利权人是丸高科技株式会社。本专利授权公告的权利要求书如下：

“1. 一种按摩机，具有一对通过以驱动装置来驱动驱动轴的旋转来夹住接受按摩者的脚揉捏的揉捏按摩头和设在揉捏按摩头之间支撑接受按摩者脚底的底面按摩头，其特征在于，上述揉捏按摩头沿着接受按摩者的脚背形成，上述揉捏按摩头包括相对于驱动轴在旋转方向和轴向被同时固定的揉捏基台，相对于驱动轴被倾斜插入该揉捏基台的外周并且在轴向被固定的揉捏板，和形成于该揉捏板上端的按压板。

2. 根据权利要求1所述的按摩机，其特征在于，上述揉捏按摩头的按压板相对于揉捏板做成截面呈大致L字形，一直延伸到接受按摩者的脚尖两侧的背部，并且在脚脖子处的导向部形成沿着接受按摩者的脚脖子的形状。

3. 根据权利要求1所述的按摩机，其特征在于，在上述揉捏按摩头面对上述接受按摩者的脚背的面具有能够从上部按压上述接受按摩者的脚背的按摩凸部。

4. 根据权利要求1所述的按摩机，其特征在于，上述揉捏按摩头沿脚的长度方向上配置两个以上。

5. 根据权利要求3所述的按摩机，其特征在于，上述按摩凸部是由空气囊组成的弹性体做成的。

6. 根据权利要求1至5中任何一项所述的按摩机，其特征在于，上述底面按摩头由对接受按摩者的脚底有凸部的滚轮体做成。

7. 根据权利要求1至5中任何一项所述的按摩机，其特征在于，上述底面按摩头由相对于接受按摩者的脚底突出并对接受按摩者的脚底有凸部的薄板做成。

8. 根据权利要求1至5中任何一项所述的按摩机，其特征在于，上述底面按摩头具有相对于接受按摩者的脚底在突出的位置和陷没的位置之间灵活移动的凸部。"

针对上述专利权，北京京安投资有限公司（下称请求人）于2007年4月6日向专利复审委员会提出无效宣告请求，理由是本专利不符合专利法第22条第2款、第3款的规定，其提交的附件如下：

附件1：授权公告号为CN2607995Y的中国实用新型专利说明书，其申请日为2003年3月3日，授权公告日为2004年3月31日，专利权人为曾荣俊；

附件2：授权公告号为CN2661163Y的中国实用新型专利说明书，其申请日为2003年6月6日，授权公告日为2004年12月8日，专利权人为谢文旭；

附件3：授权公告号为CN2649067Y的中国实用新型专利说明书，其申请日为2003年9月9日，授权公告日为2004年10月20日，专利权人为上海久工实业有限公司；

附件4：授权公告号为CN2385716Y的中国实用新型专利说明书，其授权公告日为2000年7月5日；

附件5：授权公告号为CN2582588Y的中国实用新型专利说明书，其申请日为2002年12月6日，授权公告日为2003年10月29日，专利权人为林彬；

附件6：公开号为CN1229634A的中国发明专利申请公开说明书，其公开日为1999年9月29日；

附件7：授权公告号为CN2227952Y的中国实用新型专利说明书，其授权公告日为1996年5月29日；

附件8：授权公告号为CN2212989Y的中国实用新型专利说明书，其授权公告日为1995年11月22日；

附件9：授权公告号为CN2446983Y的中国实用新型专利说明书，其授权公告日为2001年9月12日。

请求人认为：本专利权利要求1的全部技术特征已被附件1、附件2或附件3所公开，本专利权利要求3的全部技术特征已被附件3公开，本专利权利要求5的全部技术特征已被附件2公开，因此本专利权利要求1、3、5不具备新颖性；本专利权利要求2的技术方案本领域普通技术人员可以由附件5和7的技术启示予以组合，本专利权利要求4的技术方案本领域普通技术人员可以由附件4和5或由附件4和6的技术启示予以组合，因此在它们所引用的权利要求不具有新颖性的前提下，权利要求2和4不具备创造性；本专利权利要求6至8是对底面按摩头的进一步限定，所涉及的都是公知常识，特例举附件4、6、8、9为证，因此在它们所引用的权利要求不具有新颖性或创造性的前提下，权利要求6至8不具备创造性。

经形式审查合格，专利复审委员会依法受理了上述无效宣告请求，于2007年6月11日向请求人和专利权人发出无效宣告请求受理通知书，随同该受理通知书将无效宣告请求书及其附件清单中所列附件的副本转送给专利权人。

2007年7月30日，专利复审委员会收到了专利权人提交的意见陈述书。专利权人认为：本专利权利要求1分别与附件1、2、3相比均具有区别技术特征，且本专利与附件1、2、3所解决的技术问题、采用的技术手段及取得的技术效果均不同，因此本专利权利要求1具备新颖性，其从属权利要求3和5也具备新颖性；附件1、2、3的公开日均在本专利申请日之后，不能用来评价本专利的创造性，因此该无效宣告请求中用于评价创造性的前提不能成立；该无效宣告请求所引用的附件4~9仅是用来对比本专利权利要求2、6~8的附加技术特征，没有从整个权利要求的技术方案来进行比较，附件4~9都没有公开本专利权利要求1~8的所有技术特征和技术方案，因此本领域的技术人员在附件4~9的基础上并不能获得本专利权利要求2、6~8的技术方案，本专利权利要求2、6~8具备创造性。

针对上述无效宣告请求，专利复审委员会依法成立合议组。本案合议组于2007年11月7日向双方当事人发出无效宣告请求口头审理通知书，指出本案定于2008年1月8日举行口头审理。随同口头审理通知书，将专利复审委员会于2007年7月30日收到的专利权人提交的意见陈述书转给请求人。

口头审理如期举行，双方当事人均派代理人参加了本次口头审理。

在口头审理中，请求人明确其无效宣告请求的理由、范围及使用的证据为：本专利权利要求1、3、5相对于附件2不符合专利法第22条第2款有关新颖性的规定，权利要求3相对于附件3不符合专利法第22条第2款有关新颖性的规定。

请求人当庭明确表示放弃附件1，放弃针对本专利权利要求2、4、6~8不符合专利法第22条第3款有关创造性规定的无效宣告请求理由及相应的证据，即附件4~9。

专利权人对请求人所提交的附件2和3的真实性没有异议。

关于权利要求1，请求人认为：附件2公开了本专利权利要求1的全部技术特征；附件2中的气囊在摆动的过程中超过了90度就有向下压的力；附件2中的按摩机是腿和脚都可以使用的按摩机。专利权人认为：本专利权利要求1和附件2所解决的技术问题不同，本专利针对将脚往上推的技术问题要使脚背得到按摩，故揉捏按摩头是沿脚背形成的，附件2是腿部按摩装置，其摆板组和按摩辊都没有对脚的揉捏作用，其按摩气囊是安装在摆板相对应的内侧面，是对腿的侧面进行按摩。

关于权利要求3，请求人认为：附件2中提到的按摩气囊公开了本专利权利要求3的附加技术特征；附件3公开了本专利权利要求3的全部技术特征，其中的橡胶凸块是本专利中的按摩凸部；附件3中公开了按摩部位包括小腿、脚、足底，其中脚包括脚背。专利权人认为：附件2中的气囊起不到本专利按摩凸部向下按摩脚背的作用；本专利权利要求中的按摩凸部是设置在脚背上，与附件3左右两组斜轮设置的位置不同，附件3没有公开向下按摩的技术特征。

关于权利要求5，请求人认为：附件2中的气囊相当于本专利权利要求5中的弹性体。

至此，合议组认为本案事实已清楚，现依法作出审查决定。

二、决定的理由

1. 关于证据和现有技术

附件2和3均为专利文献，专利权人对它们的真实性没有异议，合议组经审查对附件2和3的真实性予以认可，其可以作为本案证据使用。

附件2和3均为他人在本专利申请日之前向专利局提出并在本专利申请日之后公布的专利文献，

因此其上记载的内容不能构成本专利的现有技术，仅能够在关于本专利是否具备新颖性的评述中使用。

2. 关于本专利的新颖性

新颖性，是指在申请日以前没有同样的发明或者实用新型在国内外出版物上公开发表过、在国内公开使用过或者以其他方式为公众所知，也没有同样的发明或者实用新型由他人向国务院专利行政部门提出过申请并且记载在申请日以后公布的专利申请文件中。

(1) 本专利权利要求 1、3、5 相对于附件 2 是否具备新颖性。

经审查，附件 2 公开了一种腿部按摩装置，其包含有一传动机构 10、二按摩辊 20、由二外摆板 31、33 与二内摆板 32、34 所构成的摆板组 30 以及二按摩轮组 50；传动机构 10 中设有齿轮传动组 18，其一端连接于动力源，另一端连接驱动转轴 13；二按摩辊 20 分别以同轴动作的方式设于驱动转轴 13 的二端侧；二按摩轮组 50 分别以同轴动作的方式设于二按摩辊 20 的周侧，并分别置于外摆板 31 与内摆板 32 以及外摆板 33 与内摆板 34 之间，通过旋转对人体腿部作按摩动作；二按摩辊 20 上各自装有一对呈左右相对状的枢转盘 22，枢转盘 22 分别呈预定角度倾斜而相对枢设于二按摩辊 20；摆板组 30 分为二外摆板 31、33 与二内摆板 32、34，其外摆板 31 与内摆板 32 以及外摆板 33 与内摆板 34 以两两相对配合的方式分别装设于枢转盘 22 上，各摆板组相对应的内侧面则自装设有充气式的按摩气囊 35，通过摆板组左右旋摆地往复扭动进行捶压及搓揉；当使用者操作传动机构 10 的调整架 11 调整动作呈垂下放置固定的状态时，使用者的脚腕部位能够放置于外摆板 31 与内摆板 32 以及外摆板 33 与内摆板 34 之间，以对人体脚腕部位以及脚底作按摩动作。

将本专利权利要求 1 请求保护的技术方案与附件 2 所公开的内容进行比较：两者均涉及按摩装置这一技术领域；附件 2 中的驱动转轴 13 相当于本专利中的驱动轴；附件 2 传动机构中的齿轮传动组 18 将动力传动给驱动转轴 13，该齿轮传动组相当于本专利中驱动驱动轴的驱动装置；附件 2 中按摩轮组 50 位于相对配合的外摆板与内摆板之间，通过旋转运动对人体部位进行按摩，当附件 2 中的按摩装置调整为垂下放置固定的状态时，该按摩轮组将对使用者脚底作按摩动作，因此该按摩轮组相当于本专利中支撑接受按摩者脚底的底面按摩头。

本专利权利要求 1 与附件 2 的区别在于：本专利权利要求 1 中还包括揉捏按摩头，该揉捏按摩头沿着接受按摩者的脚背形成，可夹住接受按摩者的脚揉捏，其包括揉捏基台、揉捏板和按压板。附件 2 中虽然由枢转盘 22、装设于枢转盘上的两组内外摆板和在各摆板相对应的内侧面上装设的按摩气囊 35 构成了另一种按摩头，但是这种按摩头呈倾斜的板状，不是沿着接受按摩者的脚背形成的，在它旋摆扭动进行捶压及搓揉时不能够夹住接受按摩者的脚；并且，附件 2 这种按摩头中的枢转盘枢设于与驱动轴连接的按摩辊上，工作时会相对于驱动轴枢转，因此附件 2 中的枢转盘与本专利中相对于驱动轴的旋转方向和轴向被同时固定的揉捏基台不同。针对请求人认为附件 2 中的气囊在摆动的过程中超过了 90 度就有向下压的力的观点，合议组认为：附件 2 中没有公开当该按摩装置对使用者的脚进行按摩时摆板组所摆动的角度，不能认定在这种情况下气囊将会摆动到超过 90 度的位置；而且，附件 2 中的气囊形状不是沿着接受按摩者的脚背形成的，该气囊在随着摆板组的旋摆扭动中也不能够保持对接受按摩者的脚的固定。因此，附件 2 中所公开的由枢转盘、摆板组和按摩气囊构成的按摩头不同于本专利权利要求 1 中所述的揉捏按摩头。

由于本专利权利要求 1 与附件 2 相比存在上述区别技术特征，因此两者的技术方案实质上不同；并且，两者技术方案所实现的效果不同，本专利权利要求 1 的技术方案通过沿接受按摩者的脚背形成一对可夹住接受按摩者的脚揉捏的揉捏按摩头，实现了给予脚底有效的按摩刺激的技术效果。因此本专利权利要求 1 相对于附件 2 具备新颖性，符合专利法第 22 条第 2 款的规定。

在权利要求1相对于附件2具备新颖性的情况下，其从属权利要求3和5相对于附件2也具备新颖性，符合专利法第22条第2款的规定。

（2）本专利权利要求3相对于附件3是否具备新颖性。

经审查，附件3公开了一种腿脚按摩器，它包括有按摩座1，按摩座内设有小型电机和与其构成传动联接的蜗轮蜗杆变速箱6，蜗轮轴即是横轴3；横轴3上固定有左、右两组斜轮4，斜轮带键槽的内孔供横轴3穿过，按摩板7通过滚珠轴承与斜轮4形成活动联接，当横轴3旋转时，按摩板7左右摆动，同一组的两块按摩板摆动方向相反，形成夹紧、再放松、再夹紧、再放松的按摩动作；按摩板7由基板22和按摩片21结合而成，按摩片21不与基板结合的一面有多个橡胶凸块以强化按摩作用；按摩座1底板上还安装有左、右振动按摩头8、8′，振动按摩头8、8′设在每一组按摩板的两块按摩板7的中间部位，当腿脚夹在两块按摩板7中间时，同时也就贴在振动按摩头8、8′上面；该按摩器主要用于小腿、脚和足底的按摩。

将本专利权利要求3请求保护的技术方案与附件3所公开的内容进行比较：两者均涉及按摩装置这一技术领域；附件3中的蜗轮轴，即横轴3，相当于本专利中的驱动轴；附件3中与电机构成传动联接的蜗轮蜗杆变速箱6将动力传动给横轴13，相当于本专利中驱动驱动轴的驱动装置；附件3中振动按摩头8、8′设在每一组按摩板的两块按摩板的中间部位，当脚夹在两块按摩板中间时，脚就会贴在振动按摩头8、8′上面，因此该振动按摩头相当于本专利中支撑接受按摩者脚底的底面按摩头。

本专利权利要求3与附件3的区别在于：本专利权利要求3中还包括揉捏按摩头，该揉捏按摩头沿着接受按摩者的脚背形成，可夹住接受按摩者的脚揉捏，其包括揉捏基台、揉捏板和按压板，该揉捏按摩头面对接受按摩者的脚背的面具有能够从上部按压接受按摩者脚背的按摩凸部。附件3中虽然由斜轮4和通过滚珠轴承与斜轮形成活动联接的两组按摩板7构成了另一种按摩头，但是这种按摩头呈倾斜的板状，不是沿着接受按摩者的脚背形成的，在它进行夹紧、放松的按摩动作时不能够保持对接受按摩者的脚的固定；并且，由于附件3中的按摩板7为一平板，其没有面对接受按摩者脚背的一面，因此附件3中按摩板7的按摩片21上所带有的橡胶凸块与本专利中位于揉捏按摩头面对接受按摩者脚背的一面上、具有能够从上部按压接受按摩者脚背的按摩凸部不同。可见，附件3中所公开的由斜轮4和按摩板7构成的按摩头不同于本专利权利要求3中所述的揉捏按摩头。

由于本专利权利要求3与附件3相比存在上述区别技术特征，因此两者的技术方案实质上不同；并且，两者技术方案所实现的效果不同，本专利权利要求3的技术方案通过沿接受按摩者的脚背形成一对可夹住接受按摩者的脚揉捏的揉捏按摩头、且在该揉捏按摩头面对接受按摩者脚背的面具有能够从上部按压接受按摩者脚背的按摩凸部，实现了给予脚底有效的按摩刺激的技术效果。因此本专利权利要求3相对于附件3具备新颖性，符合专利法第22条第2款的规定。

三、决定

维持200310110.8号发明专利权有效。

当事人对本决定不服的，可以根据专利法第46条第2款的规定，自收到本决定之日起三个月内向北京市第一中级人民法院起诉。根据该款的规定，一方当事人起诉后，另一方当事人应当作为第三人参加诉讼。

047

土体锚杆的施工方法及其所采用的锚杆组合件

无效宣告请求审查决定（第11224号）

决　　定　　号　第11224号
决　　定　　日　2008年3月26日
发明创造名称　土体锚杆的施工方法及其所采用的锚杆组合件
国 际 分 类 号　E02D5/76
无效宣告请求人　李宪德，孙平平
专　利　权　人　李　鹤
申　　请　　号　01144443.6
申　　请　　日　2001年12月18日
授 权 公 告 日　2004年2月25日
合 议 组 组 长　朱文广
主　　审　　员　刘　犟
参　　审　　员　任颖丽

法　律　依　据　专利法第22条第3款
决　定　要　点
判断发明是否具有突出的实质性特点就是要判断对本领域的技术人员来说，要求保护的发明相对于现有技术是否显而易见；在评价发明是否具有显著的进步时，主要应当考虑发明是否具有有益的技术效果。

一、案由

本无效宣告请求涉及中华人民共和国国家知识产权局于2004年2月25日授权公告的、名称为“土体锚杆的施工方法及其所采用的锚杆组合件”的发明专利权（下称本专利），其专利号是01144443.6，申请日是2001年12月18日，专利权人是李鹤。本专利授权公告时的权利要求书如下：

“1. 一种土体锚杆的施工方法，该土体的锚杆施工方法包括下述步骤：

a）以可拆卸的方式将锚杆组合件装配到钻杆的前端；

b）一边通过旋转上述钻杆，在土体中进行钻孔，一边将上述锚杆组合件带入土体中，
直至规定位置；

c）通过上述钻杆内的中空通道，向该孔底部灌注固化液，形成锚固大头；

d）将上述钻杆前端与上述锚杆组合件拆开，将上述钻杆提出，使上述锚杆组合件保留在孔中。

2. 根据权利要求1所述的土体锚杆的施工方法，其特征在于在上述步骤b）中所述的旋转上述钻

杆，在土体中进行钻孔的同时，通过上述钻杆内的中空通道，向周围的土体灌注固化液，并进行搅拌，形成由钻削下来的土体和固化液形成的加固体。

3. 根据权利要求1所述的土体锚杆的施工方法，其特征在于在上述步骤d）中所述的提出钻杆的同时，通过上述钻杆内的中空通道，向周围的土体灌注固化液，并进行搅拌，形成由钻削下来的土体和固化液形成的加固体。

4. 根据权利要求1所述的土体锚杆的施工方法，其特征在于在上述步骤b）中所述的旋转上述钻杆，在土体中进行钻孔的同时，通过上述钻杆内的中空通道，对周围土体进行高压旋喷，或定喷处理，形成加固体。

5. 根据权利要求1所述的土体锚杆的施工方法，其特征在于在上述步骤d）中所述的提出钻杆的同时，通过上述钻杆内的中空通道，对周围土体进行高压旋喷，或定喷处理，形成加固体。

6. 根据权利要求1所述的土体锚杆的施工方法，其特征在于在上述步骤c）中，在孔底形成较大孔，多次以较大的压力进行注浆，以便形成较大的锚固大头。

7. 一种权利要求1所述的锚杆施工方法所采用的锚杆组合件，该锚杆组合件包括钻头，该钻头的后部与空心连接杆的一端连接，该空心连接杆的侧壁上开设有灌浆孔，另外，在该空心连接杆的侧壁上形成有搅拌叶片，该空心连接杆的侧壁上的，位于上述搅拌叶片后部的位置固定有锚锭板，锚筋穿过该锚锭板，借助锚具锚固于上述锚锭板上，该空心连接杆的另一端，即后端以可脱开的方式与空心钻杆的前端连接，上述空心钻杆中的通道与空心连接杆内的通道连通。

8. 根据权利要求7所述的锚杆组合件，其特征在于上述空心连接杆的另一端的外壁上带有多条相互平行的肋，另外设置有连接外套，该外套中的与空心连接杆的另一端连接的一端的内部形成有多个凹槽，该多个凹槽与上述空心连接杆的另一端外壁上形成的多条肋相对应，由此，上述空心连接杆的另一端与该外套的一端实现可拆卸式配合，上述空心钻杆通过螺纹方式与该外套的另一端连接。

9. 根据权利要求7所述的锚杆组合件，其特征在于上述锚筋之间通过定位架实现定位。”

针对本专利权，李宪德（下称请求人Ⅰ）于2007年4月4日向专利复审委员会提出无效宣告请求，认为本专利权利要求1~9不符合专利法第22条第2、3款的规定，请求人同时提交了如下证据：

附件Ⅰ-1：中国建筑工业出版社出版、1991年8月第一次印刷的《基础工程学》出版信息页、第478、479、486~489页的复印件，共7页；

附件Ⅰ-2：中国环境科学出版社出版、1996年2月第一次印刷的《地基处理技术》出版信息页、第268、269、312、368页的复印件，共5页；

附件Ⅰ-3：中国铁道出版社出版、1984年8月第一次印刷的《旋喷注浆加固地基技术》出版信息页、第212页的复印件，共2页；

附件Ⅰ-4：中国建筑工业出版社出版、1994年4月第五次印刷的《地基处理手册》出版信息页、第332~333、507~510、518、519、521~523、526页以及第11章锚固技术页的复印件，共14页；

附件Ⅰ-5：地震出版社出版、1992年4月第一次印刷的《岩土工程中的锚固技术》出版信息页、第106、107、197页的复印件，共4页；

附件Ⅰ-6：授权公告号为CN2240609Y的中国实用新型专利说明书，授权公告日为1996年11月20日。

经形式审查合格，专利复审委员会依法受理了上述无效宣告请求，并于2007年4月4日向请求人和专利权人发出无效宣告请求受理通知书，同时将专利权无效宣告请求书及其附件清单中所列附件的副本转送给专利权人，并要求专利权人在指定的期限内陈述意见。

请求人Ⅰ于2007年4月30日再次向专利复审委员会提交了意见陈述书，陈述了如下内容：

(1) 本专利权利要求1~6相对于证据Ⅰ-1~Ⅰ-6不具备新颖性；（2）权利要求1~6相对于证据Ⅰ-1~Ⅰ-6的结合不具备创造性。同时，请求人还对证据进行了补充，补充后的证据为：

证据Ⅰ-1：同附件Ⅰ-1；

证据Ⅰ-2：中国环境科学出版社出版、1996年2月第一次印刷的《地基处理技术》出版信息页、第268、269、270~275、277、278、312、368页的复印件，共13页；

证据Ⅰ-3：中国铁道出版社出版、1984年8月第一次印刷的《旋喷注浆加固地基技术》出版信息页、第25、212页的复印件，共3页；

证据Ⅰ-4：中国建筑工业出版社出版、1994年4月第五次印刷的《地基处理手册》出版信息页、第8章高压喷射注浆法页、第332~333页、第11章锚固技术页、第507~510、518、519、521~523、526页的复印件，共15页；

证据Ⅰ-5：同附件Ⅰ-5；

证据Ⅰ-6：同附件Ⅰ-6。

请求人Ⅰ于2007年5月8如再次向专利复审委员会提交了意见陈述书，具体意见与其于2007年4月30日陈述的意见相同。

针对专利复审委员会发出的上述无效宣告请求受理通知书，专利权人于2007年5月13日提交了意见陈述书。专利权人认为请求人Ⅰ所提交的证据中并没有与本专利权利要求1所述方法完全相同的步骤，也没有给出任何利用钻杆把钢绞线及组合件带入土层和灌浆一次性成锚杆的启示，因此本专利具有新颖性、创造性。

专利复审委员会依法成立合议组。

本案合议组于2007年6月4日向双方发出无效宣告请求口头审理通知书，定于2007年8月7日在专利复审委员会举行口头审理。随同口头审理通知书，将请求人Ⅰ于2007年4月30日提交的意见陈述书及其附件以及请求人于2007年5月8日所提交的意见陈述书转给专利权人，同时将专利权人于2007年5月13日提交的意见陈述书转送给请求人。

针对本专利权，孙平平（请求人Ⅱ）于2007年5月31日向专利复审委员会提出无效宣告请求，认为本专利权利要求1~9不符合专利法第22条第2、3款的规定，请求人同时提交了如下证据：

证据Ⅱ-1：中国建筑工业出版社出版、1991年8月第一次印刷的《基础工程学》出版信息页、第478、479、486、487、489页的复印件，共6页；

证据Ⅱ-2：中国环境科学出版社出版、1996年2月第一次印刷的《地基处理技术》出版信息页、第268、269、270~275、277、278、312页的复印件，共12页；

证据Ⅱ-3：同证据Ⅰ-3；

证据Ⅱ-4：同证据Ⅰ Ⅰ-4；

证据Ⅱ-5：同证据Ⅰ-5；

证据Ⅱ-6：同证据Ⅰ-6。

经形式审查合格，专利复审委员会依法受理了上述无效宣告请求，并于2007年5月31日向请求人Ⅱ和专利权人发出无效宣告请求受理通知书，同时将专利权无效宣告请求书及其附件清单中所列附件的副本转送给专利权人，并要求专利权人在指定的期限内陈述意见。

请求人Ⅱ于2007年6月26日向专利复审委员会提交了意见陈述书，并补充了如下证据：

证据Ⅱ-7：公开日为1997年7月8日，公开号为特开平9-177073的日本专利文献及其中文译文，共17页；

证据Ⅱ-8：公开日为1994年9月20日，专利号为US5348424的美国专利文献及其中文译文，共

31页；

证据Ⅱ-9：公开日为1995年8月2日，公开号为CN1106096A的中国发明专利申请公开说明书，共7页；

证据Ⅱ-10：公开日为1976年8月10日，专利号为US3973409的美国专利文献及其中文译文，共20页；

证据Ⅱ-11：国家知识产权局专利检索咨询中心出具的，编号为G071107号的检索报告的复印件，共4页。

根据合案审理原则，合议组决定将请求人Ⅰ和请求人Ⅱ的无效宣告请求合案审理。因此将于2007年6月4日针对请求人Ⅰ的无效宣告请求案所发出口头审理通知书中的口头审理时间进行了变更，合议组于2007年7月31日分别向请求人Ⅰ、请求人Ⅱ和专利权人发出口头审理通知书，定于2007年9月13日在专利复审委员会举行口头审理。并将请求人于2007年6月26日提交的意见陈述书及其附件转送给专利权人。

2007年8月26日，专利权人针对请求人Ⅱ的无效宣告理由进行了意见陈述，认为从本专利权利要求1的a）和c）步骤可知，本专利中的中空通道不是兼作放置作为锚杆的主要部件的中心拉杆或受拉钢筋或钢绞线的通道，而是仅用于灌注浆液；而且专利权人还认为请求人Ⅱ所提交证据中的钻杆要兼作套管，而本专利是不采用套管的，因此本专利具备新颖性和创造性。

口头审理如期举行，三方当事人均参加了口头审理。在口头审理中，合议组当庭将专利权人于2007年8月26日提交的意见陈述书转交给请求人Ⅱ。请求人Ⅰ明确其无效的理由为：权利要求1相对于证据Ⅰ-1不符合专利法第22条第2、3款的规定；权利要求2的附加技术特征被证据Ⅰ-2或Ⅰ-5公开；权利要求3的附加技术特征被Ⅰ-4或Ⅰ-6公开；权利要求4、5、6的附加技术特征是公知常识且在证据Ⅰ-2~Ⅰ-5中公开，因此权利要求2~6相对于证据Ⅰ-1与上述证据的组合不具有创造性。请求人Ⅱ明确其无效的理由为：权利要求1相对于证据Ⅱ-1、证据Ⅱ-7~Ⅱ-10之一不符合专利法第22条第2、3款的规定，权利要求2相对于证据Ⅱ-2或证据Ⅱ-5分别与证据Ⅱ-1、证据Ⅱ-7~Ⅱ-10之一的结合不符合专利法第22条的第3款的规定，权利要求3相对于证据Ⅱ-4或证据Ⅱ-6与证据Ⅱ-1、证据Ⅱ-7~Ⅱ-10之一的结合不符合专利法第22条第3款的规定，权利要求4、5相对于公知常识、证据Ⅱ-2、证据Ⅱ-3、证据Ⅱ-4或证据Ⅱ-5与证据Ⅱ-1、证据Ⅱ-7~Ⅱ-10之一的结合不符合专利法第22条第3款的规定，权利要求6相对于公知常识、证据Ⅱ-2、证据Ⅱ-3、证据Ⅱ-4、证据Ⅱ-5或证据Ⅱ-10与证据Ⅱ-1、Ⅱ-7~Ⅱ-10之一的结合不符合专利法第22条第3款的规定。请求人Ⅱ明确放弃使用证据Ⅱ-11。专利权人对证据Ⅱ-7、Ⅱ-8和Ⅱ-10的中文译文的准确性没有异议。

专利复审委员会于2007年12月12日，再次分别向请求人Ⅰ、请求人Ⅱ和专利权人发出口头审理通知书，定于2008年1月21日在专利复审委员会举行口头审理。

口头审理如期举行，三方当事人均参加了口头审理。在口头审理中，三方就锚固大头、高压旋喷等问题进行了充分的阐述。

至此，合议组认为本案事实已经清楚，可以作出审查决定。

二、决定的理由

1. 关于证据和现有技术

请求人Ⅰ提交的证据包括证据Ⅰ-1~Ⅰ-6，专利权人对上述证据的真实性没有异议，同时由于上述证据为公开出版物，且其公开日期在本专利的申请日前，因此可以作为本专利的现有技术使用。

请求人Ⅱ提交的证据包括证据Ⅱ-1, Ⅱ-11。请求人Ⅱ在口头审理时明确放弃使用证据Ⅱ-11，因此合议组对该证据不再进行评述。而专利权人对证据Ⅱ-1，Ⅱ-10的真实性没有异议，同时由于上述证据为公开出版物，且其公开日期在本专利的申请日前，因此可以作为本专利的现有技术使用。专利权人对请求人Ⅱ提交的证据Ⅱ-7、Ⅱ-8和Ⅱ-10的中文译文的准确性没有异议，因此上述证据的内容以请求人Ⅱ提交的中文译文为准。

2. 关于创造性

创造性，是指同申请日以前已有的技术相比，该发明有突出的实质性特点和显著的进步，该实用新型具有实质性特点和进步。

判断发明是否具有突出的实质性特点就是要判断对本领域的技术人员来说，要求保护的发明相对于现有技术是否显而易见；在评价发明是否具有显著的进步时，主要应当考虑发明是否具有有益的技术效果。

（1）关于本专利权利要求1的新颖性和创造性。

合议组认为：相同技术领域的证据Ⅱ-10公开了一种筑锚施工方法，所使用的钻具为钻轴16，杆7位于该钻轴16之内，且杆7与钻头3相连（相当于本专利权利要求1中的锚杆组合件）。通过旋转钻轴从而将与钻头相连的杆7带入到土体中，达到预定的深度后通过钻头3上方的可扩展叶片4形成扩大孔6，在该扩大孔形成之后，通过该钻轴内部空间8向扩大的孔6和钻孔5内充入砂浆，从而形成锚固大头，在退回土螺钻时将钻头3和与之相连的杆7留在土里。由上可知，钻头3与杆7最后是要和土螺钻分离的，可见钻头3与杆7构成的锚杆组合件装配在了钻杆的前端并通过可拆卸方式连接的。该证据公开了权利要求1的技术方案，因此权利要求1不符合专利法第22条第2款有关新颖性的规定。

专利权人认为，证据Ⅱ-10的钻轴不同于本专利权利要求1中的钻杆，证据Ⅱ-10没有本专利权利要求1中的锚杆组合件。同时，专利权人还认为从本专利权利要求1的a）和c）步骤可知，本专利中的钻杆中空通道不是兼作放置作为锚杆的主要部件的中心拉杆或受拉钢筋或钢绞线的通道，而是仅用于灌注浆液；而且专利权人还认为请求人Ⅱ所提交证据中的钻杆要兼作套管，而本专利是不采用套管的。

对此，合议组认为，证据Ⅱ-10中的钻轴是向土中钻进的工具，而本专利权利要求1中的钻杆同样也是向土中钻进的工具，因此二者并没有本质区别；对于锚杆组合件而言，该证据中是杆7与钻头3相连，同时二者还留在土中作为锚杆组合件而起锚固作用，而本专利权利要求1中对锚杆组合件并无特别限定，即该锚杆组合件为起到锚固作用的组合件，同时，本专利权利要求1中也未限定钻杆的中空通道内不能放置锚杆只能用于灌注浆液，因此证据Ⅱ-10公开了本专利权利要求1所述的锚固组合件。对于专利权人所述的请求人Ⅱ所提交证据中的钻杆还要兼作套管，合议组认为，可以兼作套管并不影响其作为钻杆的使用，同时，本专利权利要求1中也未限定不用套管。所以，专利权人的上述主张不能成立。

同时，合议组认为：相同技术领域的证据Ⅱ-8公开了一种锚杆施工方法，其将锚固用心棒（相当于锚杆）置于中空旋转轴之内，通过将中空旋转轴钻入从而将心棒插入到土中，然后将该中空旋转轴退出土中，同时将心棒留在了土内。并且在中空旋转轴钻进及退出的同时，灌注水泥砂浆。由上可知，心棒最后要与中空旋转轴分离，即该心棒是以可拆卸方式与中空旋转轴相联的；将Ⅱ-8与本专利权利要求1相比，该心棒相当于本专利权利要求1中的锚杆组合件，中空旋转轴相当于本专利权利要求1中的钻具，二者的差别在于Ⅱ-8中没有公开要在锚杆底部形成锚固大头。然而，本领域技术人员熟知在锚杆底部形成锚固大头可以增加锚固强度，例如可以通过注塞加压灌浆形成扩大孔径来进行局部扩大，因此本领域技术人员在常规技术的基础上，不需要花费创造性劳动就可以想道要进行灌浆以形成锚固大头从而加强锚固强度，因此，权利要求 1 不符合专利法第 22 条第 3 款有关创造性的规定。

专利权人认为，证据Ⅱ-8 中的钻具不同于本专利中的钻杆。同时，专利权人还认为从本专利权利要求 1 的 a）和 c）步骤可知，本专利中的钻杆中空通道不是兼作放置作为锚杆的主要部件的中心拉杆或受拉钢筋或钢绞线的通道，而是仅用于灌注浆液；而且专利权人还认为请求人Ⅱ所提交证据中的钻杆要兼作套管，而本专利是不采用套管的。

合议组认为，该证据中的钻轴是向土中钻进的工具，而本专利权利要求 1 中的钻杆同样也是向土中钻进的工具，因此二者并没有本质区别。并且，本专利权利要求 1 中也未限定钻杆的中空通道内不能放置锚杆只能用于灌注浆液。对于专利权人所述的请求人Ⅱ所提交证据中的钻杆还要兼作套管，合议组认为，可以兼作套管并不影响其作为钻杆的使用，同时，本专利权利要求 1 中也未限定不用套管。所以，专利权人的上述主张不能成立。

（2）关于本专利权利要求 2~3 的创造性。

合议组认为：权利要求 2、3 的附加技术特征分别说明了在钻杆钻进或退出时都要进行灌浆处理形成加固体。证据Ⅱ-8 中公开了在钻进的过程中将搅拌土壤使之与固定剂混合形成一个稳定的土壤外层，即在钻进的时侯进行了灌浆处理形成了加固体；该证据中还公开了在退出的时侯，继续从中空旋转轴中排出稳定剂以形成加强块，即在退出时也进行了灌浆处理形成了加固体。可见，该证据公开了权利要求 2、3 的附加技术特征，当其引用的权利要求 1 不具备新颖性或创造性时，上述权利要求也不符合专利法第 22 条第 3 款有关创造性的规定。

（3）关于本专利权利要求 4~5 的创造性。

合议组认为：权利要求 4、5 的附加技术特征分别说明了在钻杆钻进或退出时通过高压旋喷、定喷处理灌浆方式形成加固体。如上所述，证据Ⅱ-8 中公开了在钻杆钻进或退出时都要进行灌浆处理形成加固体，而高压旋喷、定喷灌浆方式是本领域常用的灌浆方式，因此，当其引用的权利要求 1 不具备新颖性或创造性时，上述权利要求也不符合专利法第 22 条第 3 款有关创造性的规定。

（4）关于本专利权利要求 6 的创造性。

合议组认为：权利要求 6 的附加技术特征为锚固大头的形成方法，其通过形成较大孔以形成较大的锚固大头。证据Ⅱ-10 公开了一种形成锚固大头的方法，其中通过形成扩大孔，在该扩大孔中灌浆以形成较大的锚固大头。由此可见，该证据公开了权利要求 6 的附加技术特征，因此，在其引用的权利要求 1 不具备创造性时，该权利要求也不符合专利法第 22 条第 3 款有关创造性的规定。

根据上述的事实和理由，本案合议组依法作出以下决定。

三、决定

宣告 01144443.6 号发明专利权的权利要求 1~6 无效，在权利要求 7~9 的基础上维持该专利权继续有效。

当事人对本决定不服的，可以根据专利法第 46 条第 2 款的规定，自收到本决定之日起三个月内向北京市第一中级人民法院起诉。根据该款的规定，一方当事人起诉后，另一方当事人应当作为第三人参加诉讼。

北京市第一中级人民法院
行政判决书

（2008）一中行初字第958号

原告李鹤，男，1978年12月12日出生，汉族，沈阳智顺岩土工程专利技术有限公司董事长，住广东省珠海市香洲区乐园路42号3栋16C宁海花园。

委托代理人裴云，辽宁开宇律师事务所律师。

委托代理人李宪奎（李鹤之父），1953年5月18日出生，汉族，珠海智顺岩土工程公司经理，住广东省珠海市香洲区拱北粤海东路1031号A座1栋701房。

被告国家知识产权局专利复审委员会，住所地北京市海淀区北四环西路9号银谷大厦10~12层。

法定代表人廖涛，副主任。

委托代理人朱文广，男，国家知识产权局专利复审委员会审查员。

委托代理人齐宏涛，男，国家知识产权局专利复审委员会审查员。

第三人李宪德，男，1951年7月9日出生，汉族，辽宁省建设基础工程公司经理，住辽宁省沈阳市皇姑区戴云山路84号3-3-3。

第三人孙平平，男，1955年3月4日出生，汉族，辽宁省地质矿产局高级工程师，住辽宁省沈阳市皇姑区白龙江街40-2号522。

二第三人之共同委托代理人郭元艺，男，1964年5月9日出生，汉族，沈阳亚泰专利商标代理有限公司专利代理人，住辽宁省沈阳市和平区南宁南街15号3-5-1。

原告李鹤不服被告国家知识产权局专利复审委员会作出的第11224号专利无效宣告请求审查决定，向本院提起行政诉讼。本院受理后，依法组成合议庭，依照《中华人民共和国行政诉讼法》第二十七条的规定，通知与本案有利害关系的李宪德、孙平平为本案第三人参加诉讼，并于2008年9月9日公开开庭审理了本案。原告李鹤及其委托代理人裴云、李宪奎，被告的委托代理人朱文广、齐宏涛，第三人李宪德、孙平平及其委托代理人郭元艺均到庭参加了诉讼。本案现已审理终结。

2008年3月26日，被告作出第11224号无效宣告请求审查决定（以下简称被诉决定户，宣告原告所有的专利号为01144443.6.名称为“土体锚杆的施工方法及其所采用的锚杆组合件”的发明专利权（下称本专利）的权利要求1~6无效，在权利要求7~9的基础上维持该专利权继续有效。

为证明被诉决定合法，被告在法定举证期限内向本院提交了以下证据：

1. 中国建筑工业出版社出版、1991年8月第一次印刷的《基础工程学》出版信息页、第478、479、486、487、489页的复印件，共6页（被诉决定中的证据Ⅱ—1）。

2. 中国环境科学出版社出版、1996年2月第一次印刷的《地基处理技术》出版信息页、第268、269、270~275、277、278、312页的复印件，共12页（被诉决定中的证据Ⅱ—2）。

3. 中国铁道出版社出版、1984年8月第一次印刷的《旋喷注浆加固地基技术》出版信息页、第25、212页的复印件，共3页（被诉决定中的证据Ⅱ—3）。

4. 中国建筑工业出版社出版、1994年4月第五次印刷的《地基处理手册》出版信息页、第8章高压喷射注浆法页、第332~333页、第11章锚固技术页、第507~510、518、519、521~523、526页的复印件，共15页（被诉决定中的证据Ⅱ—4）。

5. 地震出版社出版、1992年4月第一次印刷的《岩土工程中的锚固技术》出版信息页、第106、

107、197 页的复印件，共 4 页（被诉决定中的证据Ⅱ—5）。

6. 授权公告号为 CN2240609Y 的中国实用新型专利说明书，授权公告日为 1996 年 11 月 20 日（被诉决定中的证据Ⅱ—6）。

7. 公开日为 1997 年 7 月 8 日，公开号为特开平 9-177073 的日本专利文献及其中文译文，共 17 页（被诉决定中的证据Ⅱ—7）。

8. 公开日为 1994 年 9 月 20 日，专利号为 US5348424 的美国专利文献及其中文译文，共 31 页（被诉决定中的证据Ⅱ—8）。

9. 公开日为 1995 年 8 月 2 日，公开号为 CN1106096A 的中国发明专利申请公开说明书，共 7 页（被诉决定中的证据Ⅱ—9）。

10. 公开日为 1976 年 8 月 10 日，专利号为 US3973409 的美国专利文献及其中文译文，共 20 页（被诉决定中的证据Ⅱ—10）。

11. 日期为 2007 年 9 月 13 日，案卷编号为 4W01758 的口头审理记录表。

12. 日期为 2007 年 9 月 13 日，案卷编号为 4W01700 的口头审理记录表。

13. 日期为 2008 年 1 月 21 日，案卷编号为 4W01758 和 4W01700 的口头审理记录表。

上述证据用以证明被诉决定认定事实清楚、适用法律法规正确、审理程序合法。

原告诉称：1. 关于新颖性。被诉决定混淆了“公知的施工方法与钻具”和“本专利的施工方法与组合构件”的本质区别，理由如下：原告发明专利权利要求 1 中的第 a）步骤和第 c）步骤可知，锚杆组合件安装于钻杆的前端，钻杆有中空通道，综合两者的步骤可以认定，本专利没有将中心拉杆或受拉钢筋插入钻杆中的步骤；而被告作为证据使用的相同技术领域Ⅱ-10 施工工艺中没有这一点，其是将中心拉杆或受拉钢筋插入钻杆内的步骤。另外，由于该施工工艺采用长螺旋钻杆，故只能将作为锚杆的主要部件的中心拉杆或受拉钢筋或钢绞线设置于钻杆内，而不可能将受拉钢筋或钢绞线设置于长螺旋钻杆的外侧，因为这样会妨碍螺旋钻孔。因此与本专利有本质区别，并非公开了权利要求 1 的技术方案。被告认为“本专利权利要求 1 中未限定钻杆的中空通道内不能放置锚杆只能用于灌注浆液，同时，本专利权利要求 1 中也未限定不用套管”，这种认定完全是孤立的对比，而不是从整体上把握整个方案，再来考虑各步骤或特征在整体方案中的作用。综上，原告认为，本专利符合《中华人民共和国专利法》（以下简称《专利法》）第二十二条第二款关于新颖性的特征。2. 关于创造性。（1）公知的施工方法与钻具是采用长螺旋套管钻进套管中带钻杆，钻到设计预定深度套管退出钻杆留在土内。而本专利是钻杆外件挂钢线同组合件钻到预定深度钻杆退出，钢线同组合件自留在土内。二者对比可以得知方法有本质上的区别。（2）权利要求 1 文字限定了钻杆心棒当锚杆用的描素即：钢线和特殊锚头指定了锚筋材料。（3）权利要求 1 文字限定了只用钻杆外挂钢线，完成锚杆施工即：A）以可拆卸方法将锚杆组合件装配到钻杆的前端。（4）权利要求 1 文字限定了钻杆的中空通道不能放置钻杆，只用于带钢线和注浆液，普通技术人员都知道钻杆中再插钻杆是不可能的事。（5）本专利扩大头是采用特殊工艺形成的即：通过钻杆内中空通道，向该孔底部注浆，形成扩大头，常规技术是采用高压旋喷形成的，二者是工艺不同、特征不同、结构不同常规的扩大头不含有专利的锚定板的特征及维形体。本专利权利要 1 和 7 是有不可分离的因果关系，撤掉了本专利方法，创新的锚杆技术就无法实现，只能又回到采用套管护壁的旧技术上，对此，被告对本专利的部分无效决定缺乏事实和法律依据，据此，请求法院撤销被诉决定中宣告本专利的权利要求 1~6 无效的部分，维持在权利要求 7~9 的基础上维持该专利权继续有效的部分。

原告为支持其诉讼请求，向本院提交了以下证据：

1. 专利登记簿副本。

2. 本专利的发明专利说明书。

被告辩称：1. 原告认为从本专利权利要求1的a）和c）步骤可知，本专利中的钻杆中空道没有将中心拉杆或受拉钢筋插入钻杆中的步骤；而证据Ⅱ-10所述的施工工艺则有该步骤。对此，首先本专利的权利要求1采用了可开放式的表达方法，也就是说该权利要求的保护范围也包含了上述步骤。并且按照原告在口头审理中的陈述“本专利中的钻杆中空通道不是兼作放置作为锚杆的主要部件的中心拉杆或受拉钢筋或钢绞线的通道，而是仅用于灌注浆液”，即使按照原告的理解，那么权利要求1中还应当有灌注浆液的步骤，然而在该权利要求中并没有描述，也就是说权利要求1并非将该施工方法的每一步骤都写入到其中，即权利要求1也可以包含将中心拉杆或受拉钢筋插入钻杆中的步骤。原告还认为本专利权利要求1施工工艺中，是将受拉钢筋或钢绞线设置于长螺旋钻杆的外侧，然而在该权利要求中并未限定采用上述特定的长螺旋钻杆。因此，原告关于新颖性诉讼理由的第1点不能成立。2. 原告认为被诉决定中的认定是孤立的对比，然而在对本专利的专利性进行评述中，我委决定采用的是技术方案对比，从整体上把握，在本领域技术人员的角度考虑了整个技术方案。因此，原告关于新颖性诉讼理由的第2点不能成立。3. 原告认为本专利权利要求1所述使用方法中采用的锚杆组合件应当为本专利权利要求7所述的锚杆组合件，因此本专利权利要求1~6都均有新颖性和创造性。对此，我委认为本专利权利要求1并未写明采用权利要求7的锚杆组合件，相反，权利要求7采用了“一种权利要求1所述的锚杆施工方法所采用的锚杆组合件”这样的表达方式，原告在撰写权利要求时也认为权利要求1所采用的锚杆组合件并非本专利权利要求7所采用的锚杆组合件；其次，从权利要求1的施工方法本身也不能看出权利要求1中所采用的锚杆组合件就是本专利权利要求7所述的锚杆组合件。因此，原告关于创造性诉讼理由的第1~4点不能成立。4. 原告认为本专利的锚固大头是采用了“通过上述钻杆的内中空通道，向该孔底部灌注固化液，形成锚固大头”这种特殊工艺形成的，而非通过高规高压旋喷形成的，然而，本领域技术人员熟知在锚杆底部形成锚固大头可以增加锚固强度，例如可以通过注塞加压灌浆形成扩大孔径来进行局部扩大，因此本领域技术人员在常规技术的基础上，不需要花费创造性劳动就可以想到要进行灌浆以形成锚固大头从而加强锚固强度。因此原告关于创造性诉讼理由的第5点不能成立。综上所述，被诉决定认定事实清楚、适用法律法规正确、审理程序合法，审查结论正确，原告的诉讼理由不能成立，请求法院驳回原告的请求，维持被诉决定。

第三人李宪德、孙平平述称：第三人完全赞同被告的答辩意见。被告作出的被诉决定认定事实清楚，适用法律正确，程序合法。从本专利权利要求1来看，在撰写方式和步骤本身来讲都用的是上位概念。这种施工方法实际上是包括内置式的和外置式的结构方式。从权利要求1来看，原告并没有排除现有技术当中所体现的所谓内置式。第三人认为对比文件10记载的技术特征已经完全披露了本专利权利要求1的所有技术特征。所以，本专利相对于对比文件10没有新颖性，请求法院维持被诉决定。

第三人李宪德、孙平平未向本院提交证据。

庭审质证中，各方当事人对对方当事人的证据均发表了充分的质证意见。经审查本院认为，原、被告证据均与审查被诉行为的合法性具有关联，且符合合法性、真实性要求，本院均予以确认。

根据以上确认的有效证据及各方当事人无争议的事实陈述，本院认定事实如下：

本专利的申请日为2001年12月18日，专利权人是原告。本专利授权公告时的权利要求书如下：

“1. 一种土体锚杆的施工方法，该土体的锚杆施工方法包括下述步骤：

a）以可拆卸的方式将锚杆组合件装配到钻杆的前端；

b）一边通过旋转上述钻杆，在土体中进行钻孔，一边将上述锚杆组合件带入土体中，直至规定位置；

c）通过上述钻杆内的中空通道，向该孔底部灌注固化液，形成锚固大头；

d）将上述钻杆前端与上述锚杆组合件拆开，将上述钻杆提出，使上述锚杆组合件保留在孔中。

2. 根据权利要求1所述的土体锚杆的施工方法，其特征在于在上述步骤b）中所述的旋转上述钻杆，在土体中进行钻孔的同时，通过上述钻杆内的中空通道，向周围的土体灌注固化液，并进行搅拌，形成由钻削下来的土体和固化液形成的加固体。

3. 根据权利要求1所述的土体锚杆的施工方法，其特征在于在上述步骤d）中所述的提出钻杆的同时，通过上述钻杆内的中空通道，向周围的土体灌注固化液，并进行搅拌，形成由钻削下来的土体和固化液形成的加固体。

4. 根据权利要求1所述的土体锚杆的施工方法，其特征在于在上述步骤b）中所述的旋转上述钻杆，在土体中进行钻孔的同时，通过上述钻杆内的中空通道，对周围土体进行高压旋喷，或定喷处理，形成加固体。

5. 根据权利要求1所述的土体锚杆的施工方法，其特征在于在上述步骤d）中所述的提出钻杆的同时，通过上述钻杆内的中空通道，对周围土体进行高压旋喷，或定喷处理，形成加固体。

6. 根据权利要求1所述的土体锚杆的施工方法，其特征在于在上述步骤c）中，在孔底形成较大孔，多次以较大的压力进行注浆，以便形成较大的锚固大头。

7. 一种权利要求1所述的锚杆施工方法所采用的锚杆组合件，该锚杆组合件包括钻头，该钻头的后部与空心连接杆的一端连接，该空心连接杆的侧壁上开设有灌浆孔，另外，在该空心连接杆的侧壁上形成有搅拌叶片，该空心连接杆的侧壁上的，位于上述搅拌叶片后部的位置固定有锚锭板，锚筋穿过该锚锭板，借助锚具锚固于上述锚锭板上，该空心连接杆的另一端，即后端以可脱开的方式与空心钻杆的前端连接，上述空心钻杆中的通道与空心连接杆内的通道连通。

8. 根据权利要求7所述的锚杆组合件，其特征在于上述空心连接杆的另一端的外壁上带有多条相互平行的肋，另外设置有连接外套，该外套中的与空心连接杆的另一端连接的一端的内部形成有多个凹槽，该多个凹槽与上述空心连接杆的另一端外壁上形成的多条肋相对应，由此，上述空心连接杆的另一端与该外套的一端实现可拆卸式配合，上述空心钻杆通过螺纹方式与该外套的另一端连接。

9. 根据权利要求7所述的锚杆组合件，其特征在于上述锚筋之间通过定位架实现定位。”

针对本专利权，第三人李宪德（下称请求人Ⅰ）于2007年4月4日向被告提出无效宣告请求，认为本专利权利要求1~9不符合《专利法》第二十二条第二、三款的规定，其同时提交了6份附件作为证据。

经形式审查合格，被告依法受理了上述无效宣告请求，并于2007年4月4日向请求人Ⅰ和原告发出无效宣告请求受理通知书，同时将专利权无效宣告请求书及其附件清单中所列附件的副本转送给原告，并要求原告在指定的期限内陈述意见。

请求人Ⅰ于2007年4月30日再次向被告提交了意见陈述书，内容如下：1. 本专利权利要求1~6相对于证据Ⅰ-1至Ⅰ-6不具备新颖性；2. 权利要求1~6相对于证据Ⅰ-1至Ⅰ-6的结合不具备创造性。同时对已提交过的证据进行了补充。

请求人Ⅰ于2007年5月8日再次向被告提交了意见陈述书，具体意见与其于2007年4月30日陈述的意见相同。

针对被告发出的上述无效宣告请求受理通知书，原告于2007年5月13日提交了意见陈述书。被告于2007年6月4日向双方发出无效宣告请求口头审理通知书，定于2007年8月7日在被告处举行口头审理。随同口头审理通知书，将请求人Ⅰ于2007年4月30日提交的意见陈述书及其附件以及请求人Ⅰ于2007年5月8日所提交的意见陈述书转给原告，同时将原告于2007年5月13日提交的意见陈述书转送给请求人Ⅰ。

针对本专利权，孙平平（请求人Ⅱ）于2007年5月31日向被告得出无效宣告请求，认为本专利权利要求Ⅱ-9不符合《专利法》第二十二条第二、三款的规定，同时补充提交了6份证据。

经形式审查合格，被告依法受理了上述无效宣告请求，并于2007年5月31日向请求人Ⅱ和原告发出无效宣告请求受理通知书，同时将专利权无效宣告请求书及其附件清单中所列附件的副本转送给原告，并要求原告在指定的期限内陈述意见。

请求人Ⅱ于2007年6月26日向被告提交了意见陈述书，并补充了包括证据Ⅱ-8、证据Ⅱ-10在内的5份证据。

根据合案审理原则，被告决定将请求人Ⅰ和请求人Ⅱ的无效宣告请求合案审理。因此将于2007年6月4日针对请求人Ⅰ的无效宣告请求案所发出口头审理通知书中的口头审理时间进行了变更，被告于2007年7月31日分别向请求人Ⅰ、请求人Ⅱ和原告发出口头审理通知书，定于2007年9月13日在被告处举行口头审理。并将请求人Ⅱ于2007年6月26日提交的意见陈述书及其附件转送给原告。2007年8月26日，原告针对请求人Ⅱ的无效宣告理由进行了意见陈述。

口头审理如期举行，三方当事人均参加了口头审理。在口头审理中，被告当庭将原告于2007年8月26日提交的意见陈述书转交给请求人Ⅱ。请求人Ⅰ明确其无效的理由为：权利要求1相对于证据Ⅰ-1不符合《专利法》第二十二条第二、三款的规定；权利要求2的附加技术特征被证据Ⅰ-2或Ⅰ-5公开；权利要求3的附加技术特征被Ⅰ-4或Ⅰ-6公开；权利要求4、5、6的附加技术特征是公知常识且在证据Ⅰ-2—证据Ⅰ-5中公并，因此权利要求2~6相对于证据Ⅰ-1与上述证据的组合不具有创造性。请求人Ⅱ明确其无效的理由为：权利要求1相对于证据Ⅱ-1、证据Ⅱ-7至Ⅱ-10之一不符合《专利法》第二十二条第二、三款的规定，权利要求2相对于证据Ⅱ-2或证据Ⅱ-5分别与证据Ⅱ-1、证据Ⅱ-7至Ⅱ-10之一的结合不符合《专利法》第二十二条的第三款的规定，权利要求3相对于证据Ⅱ-4或证据Ⅱ-6与证据Ⅱ-1、证据Ⅱ-7至Ⅱ-10之一的结合不符合《专利法》第二十二条第三款的规定，权利要求4、5相对于公知常识、证据Ⅱ-2、证据Ⅱ-3、证据Ⅱ-4或证据Ⅱ-5与证据Ⅱ-1、证据Ⅱ-7至Ⅱ-10之一的结合不符合《专利法》第二十二条第三款的规定，权利要求6相对于公知常识、证据Ⅱ-2、证据Ⅱ-3、证据Ⅱ-4、证据Ⅱ-5或证据Ⅱ-10与证据Ⅱ-1、Ⅱ-7至Ⅱ-10之一的结合不符合《专利法》第二十二条第三款的规定。请求人Ⅱ明确放弃使用证据Ⅱ-11。原告对证据Ⅱ-7、Ⅱ-8和Ⅱ-10的中文译文的准确性没有异议。

被告于2007年12月12日，再次分别向请求人Ⅰ、请求人Ⅱ和原告发出口头审理通知书，定于2008年1月21日在被告处举行口头审理。

口头审理如期举行，三方当事人均参加了口头审理。在口头审理中，三方就锚固大头、高压旋喷等问题进行了充分的阐述。

被告经审查认为，请求人Ⅰ提交的证据包括证据Ⅰ-1至Ⅰ-6，原告对上述证据的真实性没有异议，同时由于上述证据为公开出版物，且其公开日期在本专利的申请日前，因此可以作为本专利的现有技术使用。原告权对证据Ⅱ-1至证据Ⅱ-10真实性没有异议，同时由于上述证据为公开出版物，且其公开日期在本专利的申请日前，因此可以作为本专利的现有技术使用。原告对请求人Ⅱ提交的证据Ⅱ-7、Ⅱ-8和Ⅱ-10的中文译文的准确性没有异议，因此上述证据的内容以请求人Ⅱ提交的中文译文为准。

针对本专利权利要求1的新颖性和创造性的问题，被告认为：相同技术领域的证据Ⅱ-10公开了一种筑锚施工方法，所使用的钻具为钻轴16，杆7位于该钻轴16之内，且杆7与钻头3相连（相当于本专利权利要求 1 中的锚杆组合件)。通过旋转钻轴从而将与钻头相连的杆 7 带入到土体中，达到预定的深度后通过钻头 3 上方的可扩展叶片 4 形成扩大孔 6，在该扩大孔形成之后，通过该钻轴内部空间 8 向扩大的孔 6 和钻孔 5 内充入砂浆，从而形成锚固大头，在退回土螺钻时将钻头 3 和与之相连的杆 7 留在土里。由上可知，钻头 3 与杆 7 最后是要和土螺钻分离的，可见钻头 3 与杆 7 构成的锚杆组合件装配在了钻杆的前端并通过可拆卸方式连接的。该证据公开了权利要求 1 的技术方案，因此权利要求 1 不符合《专利法》第二十二条第二款有关新颖性的规定。

原告认为，证据Ⅱ-10 的钻轴不同于本专利权利要求 1 中的钻杆，证据Ⅱ-10 没有本专利权利要求 1 中的锚杆组合件。同时，原告还认为从本专利权利要求 1 的 a）和 c）步骤可知，本专利中的钻杆中空通道不是兼作放置作为锚杆的主要部件的中心拉杆或受拉钢筋或钢绞线的通道，而是仅用于灌注浆液；而且原告还认为请求人Ⅱ所提交证据中的钻杆要兼作套管，而本专利是不采用套管的。对此，被告认为，证据Ⅱ-10 中的钻轴是和土中钻进的工具，而本专利权利要求 1 中的钻杆同样也是向土中钻进的工具，因此二者并没有本质区别；对于锚杆组合件而言，该证据中是杆 7 与钻头 3 相连，同时二者还留在土中作为锚杆组合件而起锚固作用，而本专利权利要求 1 中对锚杆组合件并无特别限定，即该锚杆组合件为起到锚固作用的组合件，同时，本专利权利要求 1 中也未限定钻杆的中空通道内不能放置锚杆只能用于灌注浆液，因此证据Ⅱ-10 公开了本专利权利要求 1 所述的锚固组合件。对于原告所述的请求人Ⅱ所提交证据中的钻杆还要兼作套管，被告认为，可以兼作套管并不影响其作为钻杆的使用，同时，本专利权利要求 1 中也未限定不用套管。所以，原告的上述主张不能成立。

同时，由于相同技术领域的证据Ⅱ-8 公开了一种锚杆施工方法，其将锚固用心棒（相当于锚杆）置于中空旋转轴之内，通过将中空旋转轴钻入从而将心棒插入到土中，然后将该中空旋转轴退出土中，同时将心棒留在了土内。并且在中空旋转轴钻进及退出的同时，灌注水泥砂浆。由上可知，心棒最后要与中空旋转轴分离，即该心棒是以可拆卸方式与中空旋转轴相联的；将Ⅱ-8 与本专利权利要求 1 相比，该心棒相当于本专利权利要求 1 中的锚杆组合件，中空旋转轴相当于本专利权利要求 1 中的钻具，二者的差别在于Ⅱ-8 中没有公开要在锚杆底部形成锚固大头。然而，本领域技术人员熟知在锚杆底部形成锚固大头可以增加锚固强度，例如可以通过注塞加压灌浆形成扩大孔径来进行局部扩大，因此本领域技术人员在常规技术的基础上，不需要花费创造性劳动就可以想到要进行灌浆以形成锚固大头从而加强锚固强度，因此，权利要求 1 不符合《专利法》第二十二条第三款有关创造性的规定。

原告认为，证据Ⅱ-8 中的钻具不同于本专利中的钻杆。同时，原告还认为从本专利权利要求 1 的 a）和 c）步骤可知，本专利中的钻杆中空通道不是兼作放置作为锚杆的主要部件的中心拉杆或受拉钢筋或钢绞线的通道，而是仅用于灌注浆液；而且原告还认为请求人Ⅱ所提交证据中的钻杆要兼作套管，而本专利是不采用套管的。

被告认为，该证据中的钻轴是向土中钻进的工具，而本专利权利要求 1 中的钻杆同样也是向土中钻进的工具，因此二者并没有本质区别。并且，本专利权利要求 1 中也未限定钻杆的中空通道内不能放置锚杆只能用于灌注浆液。对于原告所述的请求人Ⅱ所提交证据中的钻杆还要兼作套管，被告认为，可以兼作套管并不影响其作为钻杆的使用，同时，本专利权利要求 1 中也未限定不用套管。所以，原告的上述主张不能成立。

关于本专利权利要求 2、3 的创造性问题，被告认为：权利要求 2、3 的附加技术特征分别说明了在钻杆钻进或退出时都要进行灌浆处理形成加固体。证据Ⅱ-8 中公开了在钻进的过程中将搅拌土壤使之与固定剂混合形成一个稳定的土壤外层，即在钻进的时侯进行了灌浆处理形成了加固体；该证据中还公开了在退出的时侯，继续从中空旋转轴中排出稳定剂以形成加强块，即在退出时也进行了灌浆处理形成了加固体。可见，该证据公开了权利要求 2、3 的附加技术特征，当其引用的权利要求 1 不具备新颖性或创造性时，上述权利要求也不符合《专利法》第二十二条第三款有关创造性的规定。

针对本专利权利要求4、5的创造性问题，被告认为，权利要求4、5的附加技术特征分别说明了在钻杆钻进或退出时通过高压旋喷、定喷处理灌浆方式形成加固体。如上所述，证据Ⅱ-8中公开了在钻杆钻进或退出时都要进行灌浆处理形成加固体，而高压旋喷、定喷灌浆方式是本领域常用的灌浆方式，因此，当其引用的权利要求1不具备新颖性或创造性时，上述权利要求也不符合《专利法》第二十二条第三款有关创造性的规定。

针对本专利权利要求6的创造性问题，被告认为：权利要求6的附加技术特征为锚固大头的形成方法，其通过形成较大孔以形成较大的锚固大头。证据Ⅱ-10公开了一种形成锚固大头的方法，其中通过形成扩大孔，在该扩大孔中灌浆以形成较大的锚固大头。由此可见，该证据公开了权利要求6的附加技术特征，因此，在其引用的权利要求1不具备创造性时，该权利要求也不符合《专利法》第二十二条第三款有关创造性的规定。

综上，被告作出被诉决定。原告不服，诉至本院。

另查明，原告在无效宣告审查程序中，明确表示对证据中所涉及的外文证据的中文译文的准确性无争议。

本案开庭审理中，原告、第三人对被告关于本专利权利要求7~9有效的认定无争议。第三人对被告关于证据及现有技术的认定无争议。原告在诉讼中提出对证据Ⅱ-10中文译文的准确性提出异议，对被告关于其他证据及现有技术的认定无争议。

本院认为，针对原告、第三人对被诉决定中无争议的内容，经审查，本院对其合法性予以确认。由于原告在行政程序中对证据Ⅱ-10中文译文的准确性无争议，故被告在被诉决定中予以采信并无不当。原告无正当理由在诉讼中提出上述争议，本院不予支持。

本案争议焦点在于本专利权利要求1~6是否具有新颖性、创造性。将本专利权利要求1~6与证据Ⅱ-8、Ⅱ-10相比，从证据Ⅱ-8、Ⅱ-10或者公知常识中均能得出本专利权利要求1~6中记载的技术特征及附加的技术特征。经审查，被告在被诉决定中的相关论述正确，其认定本专利权利要求1不具有新颖性、创造性，权利要求2~6不具有创造性的理由充分，本院均予以确认。被告据此作出的被诉决定认定事实清楚，适用法律正确，行政程序合法，本院应予维持。原告针对本专利权利要求1~6的新颖性、创造性提出的争议理由均缺乏事实及法律依据，本院不予支持。原告要求本院确定本专利有效的诉讼请求非人民法院审判权限，本院不予接纳。

综上，依照《中华人民共和国行政诉讼法》第五十四条第（一）项之规定，判决如下：

维持被告国家知识产权局专利复审委员会于二〇〇八年三月二十六日作出的第11224号无效宣告请求审查决定。

案件受理费100元，由原告李鹤负担（已交纳）。

如不服本判决，各方当事人可在判决书送达之日起15日内，向本院递交上诉状，并按对方当事人的人数提出副本，预交上诉案件受理费100元，上诉于北京市高级人民法院。上诉人在上诉期满后7日内未预交上诉费，又不提出缓交申请的，按自动撤回上诉处理。

审 判 长　梁　菲
代理审判员　司品华
人民陪审员　杨　旭
二〇〇八年十二月三日
书 记 员　王　丽

北京市高级人民法院
行政判决书

（2009）高行终字第342号

上诉人（一审原告）李鹤，男，1978年12月12日出生，汉族，沈阳智顺岩土工程专利技术有限公司董事长，住广东省珠海市香洲区乐园路42号3栋16C宁海花园。

委托代理人李宪奎（李鹤之父），1953年5月18日出生，汉族，珠海智顺岩土工程公司经理，住广东省珠海市香洲区拱北粤海东路1031号A座1栋701房。

被上诉人（一审被告）国家知识产权局专利复审委员会，住所地北京市海淀区北四环西路9号银谷大厦10~12层。

法定代表人廖涛，副主任。

委托代理人任颖丽，女，国家知识产权局专利复审委员会审查员。

委托代理人曹铭书，女，国家知识产权局专利复审委员会审查员。

被上诉人（一审第三人）李宪德，男，1951年7月9日出生，汉族，辽宁省建设基础工程公司经理，住辽宁省沈阳市皇姑区戴云山路84号3-3-3。

被上诉人（一审第三人）孙平平，男，1955年3月4日出生，汉族，辽宁省地质矿产局高级工程师，住辽宁省沈阳市皇姑区白龙江街40-2号522。

上诉人李鹤因专利无效宣告请求审查决定一案，不服北京市第一中级人民法院（2008）一中行初字第958号行政判决，向本院提起上诉。本院依法组成合议庭公开开庭审理了本案。上诉人李鹤的委托代理人李宪奎，被上诉人国家知识产权局专利复审委员会的委托代理人任颖丽、曹铭书，被上诉人李宪德、孙平平出庭参加了诉讼。本案现已审理终结。

2008年3月26日，国家知识产权局专利复审委员会（以下简称专利复审委）依据《中华人民共和国专利法》（以下简称《专利法》）第二十二条第三款的规定，作出第11224号无效宣告请求审查决定（以下简称第11224号决定），宣告01144443.6号发明专利权（以下简称本专利）的权利要求1~6无效，在权利要求7~9的基础上维持该专利权继续有效。李鹤不服，向北京市第一中级人民法院（以下简称一审法院）提起行政诉讼。

一审法院判决认定，针对李鹤、李宪德、孙平平对第11224号决定中无争议的内容，经审查，对其合法性予以确认。由于李鹤在行政程序中对证据Ⅱ-10中文译文的准确性无争议，故专利复审委在第11224号决定中予以采信并无不当。李鹤无正当理由在诉讼中提出上述争议，不予支持。

本案争议焦点在于本专利权利要求1~6是否具有新颖性、创造性。将本专利权利要求1~6与证据Ⅱ-8、Ⅱ-10相比，从证据Ⅱ-8、Ⅱ-10或者公知常识中均能得出本专利权利要求1~6中记载的技术特征及附加的技术特征。经审查，专利复审委在第11224号决定中的相关论述正确，其认定本专利权利要求1不具有新颖性、创造性，权利要求2~6不具有创造性的理由充分，均予以确认。专利复审委据此作出的第11224号决定认定事实清楚，适用法律正确，行政程序合法，应予维持。李鹤针对本专利权利要求1~6的新颖性、创造性提出的争议理由均缺乏事实及法律依据，不予支持。李鹤要求一审法院确定本专利有效的诉讼请求非人民法院审判权限，不予接纳。综上，依照《中华人民共和国行政诉讼法》第五十四条第（一）项之规定，判决维持专利复审委作出的第11224号决定。

李鹤不服一审判决，提出上诉。诉称，1. 一审判决没有对证据及事实进行认真的对比和分析，混淆了本专利的技术特征“钻杆外测挂钢线”与公知技术“钻轴或螺旋套管内插入心棒”有明显的区别和差异，这是两种截然不同的技术方法和技术，属于认定事实不清，适用法律不当。2. 一审判决认为由于李鹤在行政程序中对证据Ⅱ-10中文译文的准确性无争议，认定本专利同公知技术相同是错误的。本专利与公知技术主要区别是机械设备、方法工艺、使用材料、文字不同，本专利同本案公知技术比，是前所未有的创新技术，故认定本专利不具有新颖性、创造性不能成立。3. 一审判决将本专利权利要求1~6与证据Ⅱ-10相比得出本专利权利要求1~6中记载的技术特征及附加的技术特征不具有新颖性、创造性予以确认，属于认定事实错误。故请求二审法院判决撤销一审判决和第11224号决定，判令被上诉人承担本案全部诉讼费用。

专利复审委答辩认为，1. 本专利权利要求1中没有限定“钻杆外测挂钢线”这一技术特征。权利要求1采用了开放式的表达方法，并没有将施工方法的每一步骤都写入其中，其保护范围包含了将中心拉杆或受拉钢筋插入钻杆中的步骤。因此，权利要求1的方法已经被证据Ⅱ-10公开。2. 第11224号决定所涉及的权利要求1~6所请求保护的是施工方法，而施工方法已经被证据Ⅱ-8到Ⅱ-10所公开，李鹤的上诉理由不成立。3. 关于本专利权利要求1~6不具有新颖性、创造性的具体理由，仍持第11224号决定意见。综上，一审判决认定事实清楚，适用法律正确，审理程序合法，请求二审法院判决驳回李鹤的上诉请求，维持一审判决。

李宪德、孙平平同意专利复审委的答辩意见。

一审法院审理期间，专利复审委在法定期限内向法院提交了以下证据：

1. 中国建筑工业出版社出版、1991年8月第一次印刷的《基础工程学》出版信息页、第478、479、486、487、489页的复印件，共6页（第11224号决定中的证据Ⅱ-1）。

2. 中国环境科学出版社出版、1996年2月第一次印刷的《地基处理技术》出版信息页、第268、269、270~275、277、278、312页的复印件，共12页（第11224号决定中的证据Ⅱ-2）。

3. 中国铁道出版社出版、1984年8月第一次印刷的《旋喷注浆加固地基技术》出版信息页、第25、212页的复印件，共3页（第11224号决定中的证据Ⅱ-3）。

4. 中国建筑工业出版社出版、1994年4月第五次印刷的《地基处理手册》出版信息页、第8章高压喷射注浆法页、第332~333页、第11章锚固技术页、第507~510、518、519、521~523、526页的复印件，共15页（第11224号决定中的证据Ⅱ-4）。

5. 地震出版社出版、1992年4月第一次印刷的《岩土工程中的锚固技术》出版信息页、第106、107、197页的复印件，共4页（第11224号决定中的证据Ⅱ-5）。

6. 授权公告号为CN2240609Y的中国实用新型专利说明书，授权公告日为1996年11月20日（第11224号决定中的证据Ⅱ-6）。

7. 公开日为1997年7月8日，公开号为特开平9—177073的日本专利文献及其中文译文，共17页（第11224号决定中的证据Ⅱ-7）。

8. 公开日为1994年9月20日，专利号为US5348424的美国专利文献及其中文译文，共31页（第11224号决定中的证据Ⅱ-8）。

9. 公开日为1995年8月2日，公开号为CNl106096A的中国发明专利申请公开说明书，共7页（第11224号决定中的证据Ⅱ-9）。

10. 公开日为1976年8月l0日，专利号为US3973409的美国专利文献及其中文译文，共20页（第11224号决定中的证据Ⅱ-10）。

11. 日期为2007年9月13日，案卷编号为4W01758的口头审理记录表。

12. 日期为2007年9月13日，案卷编号为4W01700的口头审理记录表。

13. 日期为2008年1月21日，案卷编号为4W01758和4W01700的口头审理记录表。

一审法院审理期间，李鹤向法院提交了以下证据：1. 专利登记簿副本；2. 本专利的发明专利说明书。

一审法院审理期间，李宪德、孙平平未向法院提交证据。

一审法院对于上述证据认证认为，专利复审委、李鹤提交的证据均与审查被诉行为的合法性具有关联，且符合合法性、真实性要求，均予以确认。

上述证据均随案移送本院，经开庭审查，本院认可一审法院的认证意见，予以确认。本院根据合法有效的证据及当事人的有关陈述，查明如下事实：

本专利的申请日为2001年12月18日，专利权人是李鹤。本专利授权公告时的权利要求书如下：

“1. 一种土体锚杆的施工方法，该土体的锚杆施工方法包括下述步骤：

a）以可拆卸的方式将锚杆组合件装配到钻杆的前端；

b）一边通过旋转上述钻杆，在土体中进行钻孔，一边将上述锚杆组合件带入土体中，直至规定位置；

c）通过上述钻杆内的中空通道，向该孔底部灌注固化液，形成锚固大头；

d）将上述钻杆前端与上述锚杆组合件拆开，将上述钻杆提出，使上述锚杆组合件保留在孔中。

2. 根据权利要求1所述的土体锚杆的施工方法，其特征在于在上述步骤b）中所述的旋转上述钻杆，在土体中进行钻孔的同时，通过上述钻杆内的中空通道，向周围的土体灌注固化液，并进行搅拌，形成由钻削下来的土体和固化液形成的加固体。

3. 根据权利要求1所述的土体锚杆的施工方法，其特征在于在上述步骤d）中所述的提出钻杆的同时，通过上述钻杆内的中空通道，向周围的土体灌注固化液，并进行搅拌，形成由钻削下来的土体和固化液形成的加固体。

4. 根据权利要求1所述的土体锚杆的施工方法，其特征在于在上述步骤b）中所述的旋转上述钻杆，在土体中进行钻孔的同时，通过上述钻杆内的中空通道，对周围土体进行高压旋喷，或定喷处理，形成加固体。

5. 根据权利要求1所述的土体锚杆的施工方法，其特征在于在上述步骤d）中所述的提出钻杆的同时，通过上述钻杆内的中空通道，对周围土体进行高压旋喷，或定喷处理，形成加固体。

6. 根据权利要求1所述的土体锚杆的施工方法，其特征在于在上述步骤c）中，在孔底形成较大孔，多次以较大的压力进行注浆，以便形成较大的锚固大头。

7. 一种权利要求1所述的锚杆施工方法所采用的锚杆组合件，该锚杆组合件包括钻头，该钻头的后部与空心连接杆的一端连接，该空心连接杆的侧壁上开设有灌浆孔，另外，在该空心连接杆的侧壁上形成有搅拌叶片，该空心连接杆的侧壁上的，位于上述搅拌叶片后部的位置固定有锚锭板，锚筋穿过该锚锭板，借助锚具锚固于上述锚锭板上，该空心连接杆的另一端，即后端以可脱开的方式与空心钻杆的前端连接，上述空心钻杆中的通道与空心连接杆内的通道连通。

8. 根据权利要求7所述的锚杆组合件，其特征在于上述空心连接杆的另一端的外壁上带有多条相互平行的肋，另外设置有连接外套，该外套中的与空心连接杆的另一端连接的一端的内部形成有多个凹槽，该多个凹槽与上述空心连接杆的另一端外壁上形成的多条肋相对应，由此，上述空心连接杆的另一端与该外套的一端实现可拆卸式配合，上述空心钻杆通过螺纹方式与该外套的另一端连接。

9. 根据权利要求7所述的锚杆组合件，其特征在于上述锚筋之间通过定位架实现定位。”

2007年4月4日，李宪德以本专利权利要求1~9不符合《专利法》第二十二条第二、三款的规定为由，向专利复审委提出无效宣告请求，其同时提交了6份附件作为证据。

经形式审查合格，专利复审委依法受理了上述无效宣告请求，并于2007年4月4日向李宪德和李鹤发出无效宣告请求受理通知书，同时将专利权无效宣告请求书及其附件清单中所列附件的副本转送给李鹤，并要求李鹤在指定的期限内陈述意见。

2007年4月30日，李宪德再次向专利复审委提交了意见陈述书，内容如下：1. 本专利权利要求1~6相对于证据Ⅰ-1至Ⅰ-6不具备新颖性；2. 权利要求1~6相对于证据Ⅰ-1至Ⅰ-6的结合不具备创造性。同时对已提交过的证据进行了补充。

2007年5月8日，李宪德再次向专利复审委提交了意见陈述书，具体意见与其于2007年4月30日陈述的意见相同。

针对专利复审委发出的上述无效宣告请求受理通知书，李鹤于2007年5月13日提交了意见陈述书。专利复审委于2007年6月4日向双方发出无效宣告请求口头审理通知书，定于2007年8月7日在专利复审委处举行口头审理。随同口头审理通知书，将李宪德于2007年4月30日提交的意见陈述书及其附件以及李宪德于2007年5月8日所提交的意见陈述书转给李鹤，同时将李鹤于2007年5月13日提交的意见陈述书转送给李宪德。

2007年5月31日，孙平平以本专利权利要求1~9不符合《专利法》第二十二条第二、三款的规定为由，向专利复审委提出无效宣告请求，同时补充提交了6份证据。

经形式审查合格，专利复审委依法受理了上述无效宣告请求，并于2007年5月31日向孙平平和李鹤发出无效宣告请求受理通知书，同时将专利权无效宣告请求书及其附件清单中所列附件的副本转送给李鹤，并要求李鹤在指定的期限内陈述意见。

孙平平于2007年6月26日向专利复审委提交了意见陈述书，并补充了包括证据Ⅱ-8、证据Ⅱ-10在内的5份证据。

根据合案审理原则，专利复审委决定将李宪德和孙平平的无效宣告请求合案审理。因此将于2007年6月4日针对李宪德的无效宣告请求案所发出口头审理通知书中的口头审理时间进行了变更，专利复审委于2007年7月31日分别向李宪德、孙平平和李鹤发出口头审理通知书，定于2007年9月13日在专利复审委举行口头审理。并将孙平平于2007年6月26日提交的意见陈述书及其附件转送给李鹤。2007年8月26日，李鹤针对孙平平的无效宣告理由进行了意见陈述。

口头审理如期举行，三方当事人均参加了口头审理。在口头审理中，专利复审委当庭将李鹤于2007年8月26日提交的意见陈述书转交给孙平平。李宪德明确其无效的理由为：权利要求1相对于证据Ⅰ-1不符合《专利法》第二十二条第二、三款的规定；权利要求2的附加技术特征被证据Ⅰ-2或Ⅰ-5公开；权利要求3的附加技术特征被Ⅰ-4或Ⅰ-6公开；权利要求4、5、6的附加技术特征是公知常识且在证据Ⅰ-2一证据Ⅰ-5中公开，因此权利要求2~6相对于证据Ⅰ-1与上述证据的组合不具有创造性。孙平平明确其无效的理由为：权利要求1相对于证据Ⅱ-1、证据Ⅱ-7至Ⅱ-10之一不符合《专利法》第二十二条第二、三款的规定，权利要求2相对于证据Ⅱ-2或证据Ⅱ-5分别与证据Ⅱ-1、证据Ⅱ-7至Ⅱ-10之一的结合不符合《专利法》第二十二条的第三款的规定，权利要求3相对于证据Ⅱ-4或证据Ⅱ-6与证据Ⅱ-1、证据Ⅱ-7至Ⅱ-10之一的结合不符合《专利法》第二十二条第三款的规定，权利要求4、5相对于公知常识、证据Ⅱ-2、证据Ⅱ-3、证据Ⅱ-4或证据Ⅱ-5与证据Ⅱ-1、证据Ⅱ-7至Ⅱ-10之一的结合不符合《专利法》第二十二条第三款的规定，权利要求6相对于公知常识、证据Ⅱ-2、证据Ⅱ-3、证据Ⅱ-4、证据Ⅱ-5或证据Ⅱ-10与证据Ⅱ-1、Ⅱ-7至Ⅱ-10之一的结合不符合《专利法》第二十二条第三款的规定。孙平平明确放弃使用证据Ⅱ-11。李鹤对证据II-7、Ⅱ-8和Ⅱ-10的中文译文的准确性没有异议。

专利复审委于2007年12月12日，再次分别向李宪德、孙平平和李鹤发出口头审理通知书，定于2008年1月21日在专利复审委举行口头审理。

口头审理如期举行，三方当事人均参加了口头审理。在口头审理中，三方就锚固大头、高压旋喷等问题进行了充分的阐述。

专利复审委经审查认为，李宪德提交的证据包括证据Ⅰ-1至Ⅰ-6，李鹤对上述证据的真实性没有异议，同时由于上述证据为公开出版物，且其公开日期在本专利的申请日前，因此可以作为本专利的现有技术使用。李鹤对证据Ⅱ-1至证据Ⅱ-10的真实性没有异议，同时由于上述证据为公开出版物，且其公开日期在本专利的申请日前，因此可以作为本专利的现有技术使用。李鹤对孙平平提交的证据Ⅱ-7、Ⅱ-8和Ⅱ-10的中文译文的准确性没有异议，因此上述证据的内容以孙平平提交的中文译文为准。

针对本专利权利要求1的新颖性和创造性的问题，专利复审委认为：相同技术领域的证据Ⅱ-10公开了一种筑锚施工方法，所使用的钻具为钻轴16，杆7位于该钻轴16之内，且杆7与钻头3相连（相当于本专利权利要求1中的锚杆组合件）。通过旋转钻轴从而将与钻头相连的杆7带入到土体中，达到预定的深度后通过钻头3上方的可扩展叶片4形成扩大孔6，在该扩大孔形成之后，通过该钻轴内部空间8向扩大的孔6和钻孔5内充入砂浆，从而形成锚固大头，在退回土螺钻时将钻头3和与之相连的杆7留在土里。由上可知，钻头3与杆7最后是要和土螺钻分离的，可见钻头3与杆7构成的锚杆组合件装配在了钻杆的前端并通过可拆卸方式连接的。该证据公开了权利要求1的技术方案，因此权利要求1不符合《专利法》第二十二条第二款有关新颖性的规定。

李鹤认为，证据Ⅱ-10的钻轴不同于本专利权利要求1中的钻杆，证据Ⅱ-10没有本专利权利要求1中的锚杆组合件。同时，李鹤还认为从本专利权利要求1的a）和c）步骤可知，本专利中的钻杆中空通道不是兼作放置作为锚杆的主要部件的中心拉杆或受拉钢筋或钢绞线的通道，而是仅用于灌注浆液；而且李鹤还认为孙平平所提交证据中的钻杆要兼作套管，而本专利是不采用套管的。

对此，专利复审委认为，证据Ⅱ-10中的钻轴是向土中钻进的工具，而本专利权利要求1中的钻杆同样也是向土中钻进的工具，因此二者并没有本质区别；对于锚杆组合件而言，该证据中是杆7与钻头3相连，同时二者还留在土中作为锚杆组合件而起锚固作用，而本专利权利要求1中对锚杆组合件并无特别限定，即该锚杆组合件为起到锚固作用的组合件，同时，本专利权利要求1中也未限定钻杆的中空通道内不能放置锚杆只能用于灌注浆液，因此证据Ⅱ-10公开了本专利权利要求1所述的锚固组合件。对于李鹤所述的请求人Ⅱ所提交证据中的钻杆还要兼作套管，专利复审委认为，可以兼作套管并不影响其作为钻杆的使用，同时，本专利权利要求1中也未限定不用套管。所以，李鹤的上述主张不能成立。

同时，由于相同技术领域的证据Ⅱ-8公开了一种锚杆施工方法，其将锚固用心棒（相当于锚杆）置于中空旋转轴之内，通过将中空旋转轴钻入从而将心棒插入到土中，然后将该中空旋转轴退出土中，同时将心棒留在了土内。并且在中空旋转轴钻进及退出的同时，灌注水泥砂浆。由上可知，心棒最后要与中空旋转轴分离，即该心棒是以可拆卸方式与中空旋转轴相联的；将Ⅱ-8与本专利权利要求1相比，该心棒相当于本专利权利要求1中的锚杆组合件，中空旋转轴相当于本专利权利要求1中的钻具，二者的差别在于Ⅱ-8中没有公开要在锚杆底部形成锚固大头。然而，本领域技术人员熟知在锚杆底部形成锚固大头可以增加锚固强度，例如可以通过注塞加压灌浆形成扩大孔径来进行局部扩大，因此本领域技术人员在常规技术的基础上，不需要花费创造性劳动就可以想到要进行灌浆以形成锚固大头从而加强锚固强度，因此，权利要求1不符合《专利法》第二十二条第三款有关创造性的规定。

李鹤认为，证据Ⅱ-8中的钻具不同于本专利中的钻杆。同时，李鹤还认为从本专利权利要求1

的a）和c）步骤可知，本专利中的钻杆中空通道不是兼作放置作为锚杆的主要部件的中心拉杆或受拉钢筋或钢绞线的通道，而是仅用于灌注浆液；而且李鹤还认为孙平平所提交证据中的钻杆要兼作套管，而本专利是不采用套管的。

专利复审委认为，该证据中的钻轴是向土中钻进的工具，而本专利权利要求1中的钻杆同样也是向土中钻进的工具，因此二者并没有本质区别。并且，本专利权利要求1中也未限定钻杆的中空通道内不能放置锚杆只能用于灌注浆液。对于李鹤所述的孙平平所提交证据中的钻杆还要兼作套管，专利复审委认为，可以兼作套管并不影响其作为钻杆的使用，同时，本专利权利要求1中也未限定不用套管。所以，李鹤的上述主张不能成立。

关于本专利权利要求2、3的创造性问题，专利复审委认为：权利要求2、3的附加技术特征分别说明了在钻杆钻进或退出时都要进行灌浆处理形成加固体。证据Ⅱ-8中公开了在钻进的过程中将搅拌土壤使之与固定剂混合形成一个稳定的土壤外层，即在钻进的时侯进行了灌浆处理形成了加固体；该证据中还公开了在退出的时侯，继续从中空旋转轴中排出稳定剂以形成加强块，即在退出时也进行了灌浆处理形成了加固体。可见，该证据公开了权利要求2、3的附加技术特征，当其引用的权利要求1不具备新颖性或创造性时，上述权利要求也不符合《专利法》第二十二条第三款有关创造性的规定。

针对本专利权利要求4、5的创造性问题，专利复审委认为，权利要求4、5的附加技术特征分别说明了在钻杆钻进或退出时通过高压旋喷、定喷处理灌浆方式形成加固体。如上所述，证据Ⅱ-8中公开了在钻杆钻进或退出时都要进行灌浆处理形成加固体，而高压旋喷、定喷灌浆方式是本领域常用的灌浆方式，因此，当其引用的权利要求1不具备新颖性或创造性时，上述权利要求也不符合《专利法》第二十二条第三款有关创造性的规定。

针对本专利权利要求6的创造性问题，专利复审委认为：权利要求6的附加技术特征为锚固大头的形成方法，其通过形成较大孔以形成较大的锚固大头。证据Ⅱ-10公开了一种形成锚固大头的方法，其中通过形成扩大孔，在该扩大孔中灌浆以形成较大的锚固大头。由此可见，该证据公开了权利要求6的附加技术特征，因此，在其引用的权利要求1不具备创造性时，该权利要求也不符合《专利法》第二十二条第三款有关创造性的规定。

2008年3月26日，专利复审委作出第11224号决定，宣告本专利权利要求1~6无效，在权利要求7~9的基础上维持该专利权继续有效。李鹤不服，诉至一审法院。

本院认为，在一审审理期间，李鹤、李宪德、孙平平对专利复审委关于本专利权利要求7~9有效的认定无争议；李宪德、孙平平对专利复审委关于证据及现有技术的认定无争议；李鹤在无效宣告审查程序中，明确表示对证据中所涉及的外文证据的中文译文的准确性无争议，在诉讼中提出对证据Ⅱ-10中文译文的准确性有异议，对专利复审委关于其他证据及现有技术的认定无异议。本院经审查，针对李鹤、李宪德、孙平平在一审审理期间对第11224号决定中无争议的内容，对其合法性予以确认。由于李鹤在行政程序中对证据Ⅱ-10中文译文的准确性无争议，在诉讼中无正当理由提出争议，本院不予支持。

根据《专利法》第二十二条第二款、第三款规定，新颖性，是指在申请日以前没有同样的发明或者实用新型在国内外出版物上公开发表过、在国内公开使用过或者以其他方式为公众所知，也没有同样的发明或者实用新型由他人向国务院专利行政部门提出过申请并且记载在申请日以后公布的专利申请文件中。创造性，是指同申请日以前已有的技术相比，该发明有突出的实质性特点和显著的进步，该实用新型有实质性特点和进步。本案中，将与本专利属于相同技术领域的证据Ⅱ-10与本专利权利要求1相比，证据Ⅱ-10已经公开了本专利权利要求1的技术方案，专利复审委据此认定本专利权利要求1不符合《专利法》第二十二条第二款有关新颖性的规定正确。结合与本专利属于相同技术领域的证据Ⅱ-8或者公知常识，本领域技术人员不需要经过创造性劳动就可以想到通过灌浆来形成锚固大头从而加强锚固强度，专利复审委据此认定本专利权利要求1不符合《专利法》第二十二条第三款有关创造性的规定正确。结合证据Ⅱ-8、证据Ⅱ-10或者公知常识，专利复审委认定在本专利权利要求1不具备新颖性或创造性时，其从属权利要求2~6也不符合《专利法》第二十二条第三款有关创造性的规定正确。

综上，专利复审委作出的第11224号决定合法，一审判决维持正确，本院应予维持。李鹤的诉讼请求缺乏事实和法律依据，本院不予支持。依据《中华人民共和国行政诉讼法》第六十一条第（一）项的规定，判决如下：

驳回上诉，维持一审判决。

二审案件受理费人民币100元，由上诉人李鹤负担（已交纳）。

本判决为终审判决。

审 判 长 程 琥
代理审判员 马 军
代理审判员 刘 行
二〇〇九年六月十九日
书 记 员 张 怡

048

全自动生化仪用一次性反应杯

无效宣告请求审查决定（第11234号）

决　定　号　第11234号
决　定　日　2008年2月20日
发明创造名称　全自动生化仪用一次性反应杯
国 际 分 类 号　G01N 21/03，G01N33/48，C12Q1/00
无效宣告请求人　浙江拱东医用塑料厂
专　利　权　人　深圳迈瑞生物医疗电子股份有限公司
专　利　号　03223330.2
申　请　日　2003年1月21日
授 权 公 告 日　2004年1月21日
合 议 组 组 长　刘颖杰
主　审　员　张梅珍
参　审　员　刘　铭

法 律 依 据　专利法第22条第2款、第3款，专利法第26条第3款、第4款，专利法实施细则第20条第1款

决 定 要 点

术语的含义应当根据其在发明创造所属领域的技术人员的理解为准，如果所属领域的技术人员能够确定其含义，从而能够根据说明书描述的内容实现该发明创造的技术方案，则不应当认为该术语导致说明书公开不充分。

在实用新型创造性审查中，权利要求与现有技术的一个技术方案的区别技术特征未被其他技术方案所披露，且该特征在现有技术中也未有相应的技术启示，则该权利要求的技术方案相对于上述现有技术具备创造性。

一、案由

本无效宣告请求涉及中华人民共和国国家知识产权局于2004年1月21日授权公告的、名称为“全自动生化仪用一次性反应杯”的实用新型专利（下称本专利），其申请号为03223330.2，申请日是2003年1月21日，专利权人是深圳迈瑞生物医疗电子股份有限公司。该专利授权公告时的权利要求书如下：

“1. 一种全自动生化仪用一次性反应杯，由至少三个上端开口的小杯（11）组成扇形杯链（1），两相邻小杯（11）的顶部及前后面的上端之间均有连接筋（14），所述小杯（11）下部为光学表面

(16)，其特征在于：

所述各小杯（11）的左右壁下部向前、向后各延伸有垂直于所述前后光学表面（16）的加强筋（12）。

2. 如权利要求1所述的全自动生化仪用一次性反应杯，其特征在于：所述扇形杯链（1）的后表面上部有向内凹入的竖向抓压柱面（13），前表面上部有竖向抓举空腔（15）。

3. 如权利要求2所述的全自动生化仪用一次性反应杯，其特征在于：所述竖向抓压柱面（13）是在所述反应杯链（1）后面的两处连接筋部位；所述竖向抓举空腔（15）在所述反应杯链（1）前面从连接筋处向前突出。

4. 如权利要求2所述的全自动生化仪用一次性反应杯，其特征在于：所述竖向抓压柱面（13）是半圆弧形柱面；所述竖向抓取空腔（15）是矩形断面的空腔。

5. 如权利要求4所述的全自动生化仪用一次性反应杯，其特征在于：所述竖向抓压柱面（13）的半圆形柱面直径为4毫米，两弧形柱面中心距为39.5毫米。

6. 如权利要求1所述的全自动生化仪用一次性反应杯，其特征在于：所述扇形杯链（1）包括10个小杯（11）。”

针对上述专利权，浙江拱东医用塑料厂（下称请求人）于2007年7月9日向专利复审委员会提出无效宣告请求，其无效理由是本专利不符合专利法第26条第3款、第4款，专利法第22条第2款、第3款，专利法实施细则第20条第1款的规定，提交的证据如下：

证据1：专利号为92240102.0的中国实用新型专利，其授权公告日为1993年12月22日；

证据2：公开号为CN3230170号的中国外观设计专利网络下载页1页，其公告日为2002年4月3日；

证据3：《中国医疗器械信息》2001年第7卷第1期的封面页以及该杂志内关于“浙江拱东医用塑料厂”产品宣传页复印件共2页；

证据4：《中国医疗器械信息》2001年第7卷第2期的封面页以及该杂志内关于“浙江拱东医用塑料厂”产品宣传页复印件共2页；

证据5：《中国医疗器械信息》2002年第8卷第1期的封面页以及该杂志内关于“浙江拱东医用塑料厂”产品宣传页复印件共2页。

请求人认为：(1) 权利要求1中提出了“光学表面”的概念，然而“光学表面”在说明书中没有进一步的解释。“光学表面”的概念起自测量、计量用的标准校正，在生化分析领域并不需要。而且，“光学表面”包含的内容很多，包括反射面、透射面、折射面等，本领域技术人员在阅读了说明书后很难做出合理正确的选择，即不能实施本专利的方案，因此本专利不符合专利法第26条第3款的规定；由于“光学表面”包括多种情况，权利要求1的保护范围不清楚，不符合专利法实施细则第20条第1款的规定；由于权利要求1中的“光学表面”是一个上位概念，无法从说明书中归纳得出，因此不符合专利法第26条第4款的规定。(2) 在证据3~5中，浙江拱东医用塑料厂的产品图样6公开了本专利权利要求1中所有技术特征，因此权利要求1不具备新颖性。(3) 证据1~5中公开了本专利独立权利要求1的前序部分中除“光学表面”外的其他技术特征，本专利权利要求1与证据的区别技术特征在于“所述各小杯（11）的左右壁下部向前、向后各延伸有垂直于所述前后光学表面的加强筋（12）”，但该特征没有给本专利带来有益的效果，证据3~5中公开的血凝仪比色杯在上部前后都有加强筋，同样可以达到本专利的技术效果，因此权利要求1不具备创造性；权利要求2的竖向抓压柱面和抓举空腔与证据3~5中的加强筋、空腔为惯用手段的替换，权利要求3、5的附加技术特征未带来新的效果，权利要求4中的限定属于公知常识，权利要求6的附加技术特征在证据2中公开，综上所述，权利要求1~6也不具备创造性。

另外，请求人在无效宣告请求书首页中提出的关于新颖性的无效范围是权利要求1~6，但在正文的意见陈述中并未对权利要求2~6不具备新颖性进行任何论述。

经形式审查合格，专利复审委员会依法受理了上述无效宣告请求，并于2007年7月10日将无效宣告请求书及其附件清单中所列附件的副本转送给专利权人。

专利复审委员会于2007年7月20日收到请求人提交的意见陈述书及补充证据（编号续前）：

证据6：（2007）京国证民字第06525号公证书复印件，并附有以下附件：

附件1：现场工作记录复印件；

附件2：《中国医疗器械信息》2001年第7卷第1期的封面页、宣传页、中、英文目录页复印件共4页；

附件3：《中国医疗器械信息》2001年第7卷第2期的封面页、宣传页、中、英文目录页共4页；

附件4：《中国医疗器械信息》2002年第8卷第1期的封面页、宣传页、中、英文目录页共4页。

该公证书中记载公证员金平和公证人员孟令凯以及委托代理人王君昌于2007年7月12日到中国国家图书馆，王君昌在公证人员现场监督下向中国国家图书馆借阅《中国医疗器械信息》2001年第7卷第1期、第2期以及2002年第8卷第1期，并对上述期刊中的部分内容进行复印。该公证书所附的《现场工作记录》复印件是公证员对王君昌的上述取证过程的记录。该公证书证明以下内容：1. 所附的《现场工作记录》复印件与原件相符；2. 所附的上述期刊部分内容的复印件与原件相符。请求人指出上述经过公证的附件2、3、4分别对应于证据3~5。

专利复审委员会于2007年9月4日收到专利权人提交的意见陈述书及如下反证：

反证1：ZL03140020.5号中国发明专利；

反证2：《现代紫外—可见光谱学基础-导论》封面页、扉页、版权页、序言页、目录页以及第66~67页复印件共7页；

反证3：《Tietz Fundamentals of Clinical chemistry》第65页及其他相关页复印件（共6页）以及第65页左栏第2段的中文译文。

专利权人指出：在生化仪器测量领域的技术人员称反应杯或测量杯或比色杯的某个面为“光学表面”，该表面是让特定波长光线射入杯中以对杯中待测样品进行检测读数的表面，因此该表面不同于其他表面，不能污染或磨损等。“光学表面”在本专利申请日前已是国内外本领域技术人员的常用词汇，提及该词汇时无需加以进一步解释，如反证2、3中均提到了“光学表面”一词。另外，本专利涉及“一种全自动化生化仪用一次性反应杯”，在该背景下，反应杯的“光学表面”的含义是确定的，因此本专利符合专利法第26条第3款、第4款以及专利法实施细则第20条第1款的规定；证据3~5的图6仅为平面图案，而且很不清晰，该图案并未反应本专利权利要求1中的“连接筋”、“光学表面”以及“加强筋”的特征，同样证据1~2也未公开权利要求1的特征，而本专利中的加强筋带来了有益的技术效果，因此权利要求1具备创造性；权利要求2~6的附加技术特征均产生了一定的积极技术效果，因此在权利要求1具备创造性的情况下，上述权利要求2~6也具备创造性；此外，专利权人认为反证1为中国发明专利授权文本，其中第7页清楚地描述了本专利反应杯与反证1中反应杯传送系统之间的配合关系，反证1的授权充分佐证本专利具有新颖性及创造性。

专利复审委员会于2007年11月12日向双方发出无效宣告请求口头审理通知书，指出本案合议组定于2007年12月27日举行口头审理。随同口头审理通知书，将专利复审委员会于2007年7月20日收到请求人提交的意见陈述及补充证据转送给专利权人，将于2007年9月4日收到专利权人提交的意见陈述及反证转送给请求人。

口头审理如期举行，双方当事人均参加了口头审理。在口头审理中，双方当事人发表了以下意见：

（1）请求人明确表示放弃本专利权利要求2~6不具有新颖性的理由，放弃证据2作为证据使用，明确其无效理由为：本专利不符合第26条第3款的规定，权利要求1不符合专利法第26条第4款、专利法实施细则第20条第1关的规定；权利要求1相对于证据3~5不符合专利法第22条第2款的规定；权利要求1~5相对于证据3~5不符合专利法第22条第3款的规定；权利要求6相对于证据1、证据3~5不符合专利法第22条第3款的规定；证据7用于证明证据3~5与原件相符。专利权人对证据1~7的真实性无异议。

（2）专利权人当庭出示了反证2~3的原件，并指出反证1用于辅助说明本专利具有创造性，本专利附图3中的机械手31与反证1相关。请求人核对反证2~3的原件与复印件一致，对反证1的真实性表示无异议，但认为反证1在本专利申请日之后公开，与本案无关；对反证2的真实性无异议；对反证3的译文表示无异议，但认为反证3为国外书籍，未履行相关公证认证手续。专利权人认为已经对反证3进行翻译，其中注明反证3在中国印刷，是在中国形成的，不属于域外证据。请求人认为即便反证3在中国印刷，也不一定属于中国出版物。

（3）关于专利法第26条第3款、第4款以及专利法实施细则第20条第1款的规定。

请求人认为，本专利“光学表面”不清楚，导致本专利不符合专利法第26条第3款、本专利权利要求1不符合专利法第26条第4款以及专利法实施细则第20条第1款的规定。

专利权人认为，“光学表面”对本领域技术人员是清楚的、可以实施的，反证2第66页最后一段、第67页第2段第3行对光学表面有所描述，反证3译文最后一段第2行对光学表面也有所描述；本专利附图1、2中的标号16就是光学表面，是用来使一束光通过光学表面入射，光学表面主要用来做检测的，光学表面需要完全透明。

请求人认为，入射和透光在本专利说明书中找不到，没有对光学表面进行描述；反证3第2行说明除了平面的光学表面还有非平面的光学表面，不能说在其他文章中没有对光学表面进行解释，就说明光学表面是通用的词语。本实用新型名称为反应杯，反应杯与比色杯是有区别的，反应杯不一定非具有光学表面，本专利光学表面不是普通意义上的光学表面。

专利权人认为，光学表面词语本身含义是确定的，不是说光学表面一定是平行或是平面的；本发明是实用新型专利，就本发明目的而言指出光学表面的位置，只要是本领域技术人员都能够清楚光学表面。本专利不是就光学表面本身进行的发明创造，仅仅是从加强筋本身防止光学表面造成污染解决影响准确率的问题。反应杯既作比色杯又作反应杯，实际使用时先用于反应后进行比色，在二者中对光学表面有类似的要求。

（4）关于本专利权利要求1是否具有新颖性。

请求人明确表示证据3~5是相同的，认为本专利权利要求1相对于证据3~5不具有新颖性。证据3宣传页右上角的第一个图公开比色杯，其中公开了一排三个开口小杯，组织成扇形环面，证据3照片前后有两个筋连接小杯，比色杯下部就是光学表面，比色杯上端、前后都延伸有筋并垂直于光学表面，公开了本专利权利要求1全部技术特征。

专利权人认为，证据3公开了多个小杯组成扇形杯面，看不出连接筋、光学表面、加强筋，即便能够看出也不能证明与本专利部件相对应，没有文字描述。本专利有适用自动化的特定结构，并且采用的是单独的加强筋。

（5）关于本专利权利要求1~6的创造性。

请求人认为，本专利权利要求1相对于证据3宣传页左上角及右上角的图不具有创造性，左上角的图清楚地公开连接筋，加强筋在右上角图公开，并且两个横向加强筋同样可以起到抓举的效果。

专利权人认为，证据 3 连接筋与本专利加强筋不同，本专利光学表面在小杯下面，加强筋在小杯左右壁下部，本专利附图 1、附图 2 中的加强筋设置在小杯下部，如此加强筋可以充分的保护光学表面不受污染，便于机械手抓取，不能看出证据 3 连接筋是否为加强筋。

请求人认为，本专利权利要求 2 的附加技术特征在证据 3 宣传页左上角的图公开，其连接筋、小杯之间形成空腔，本专利权利要求 2 只是把抓举空腔位置进行了改变，但是这种改变没有起到好的技术效果，证据 3 中的比色杯可以自动操作也可以手动操作，自动操作的时候就可以用机械手抓举。

专利权人认为，证据 3 左上角图的空腔用于连接，看不出空腔是穿透的还是封闭的，是不确定的，如果是穿透的，会污染光学表面，如果是不穿透的，不便于机械手的抓举；本专利权利要求 2 界定的竖向抓压柱面和竖向抓举空腔明确了位置关系，竖向抓压柱面是设定在连接筋背面，充分利用杯子本身结构的特征节省空间，竖向抓举空腔在前表面的上部，设在加强筋的上部，本专利更为稳定，在本专利权利要求 1 具有创造性的基础上，本专利权利要求 2 也具有创造性。

请求人认为，本专利权利要求 3~5 的附加技术特征在证据 3 宣传页左上角和右上角的图公开，左上角图给出了反应杯上设立抓举空腔的技术启示，本专利权利要求 4 的附加技术特征是简单的公知常识，本专利权利要求 3~5 的限定在说明书均没有具体解释，在本专利权利要求 2 不具有创造性的基础上，本专利权利要求 3~5 也不具有创造性。

专利权人认为，本专利说明书具体实施方式部分清楚的描述了权利要求 3~5 附加技术特征的有益效果，权利要求 3~5 具备创造性。

请求人认为，本专利权利要求 6 的附加技术特征在证据 1 中公开。

专利权人认为，证据 1 反应杯与本专利小杯的概念不同。

经过双方当事人的意见陈述以及口头审理，合议组认为本案事实已经清楚，现依法作出审查决定。

二、决定的理由

1. 关于证据和现有技术

请求人在本次无效程序中提交了 6 份证据，即证据 1~6，在口头审理时明确表示放弃证据 2，并说明证据 6 用于证明证据 3~5 的真实性，专利权人对证据 1~6 的真实性没有异议，因此上述证据可以作为本案证据使用。同时由于证据 1、证据 3~5 的公开日期均在本专利的申请日前，因此可以作为本专利的现有技术使用。

专利权人提交了反证 2 的原件，请求人对该证据的真实性无异议，因此该证据可以作为本案的证据使用。

2. 关于专利法第 26 条第 3 款、第 4 款以及专利法实施细则第 20 条第 1 款

专利法第 26 条第 3 款规定：说明书应当对发明或者实用新型作出清楚、完整的说明，以所属技术领域的技术人员能够实现为准；必要的时候，应当有附图。摘要应当简要说明发明或者实用新型的技术要点。

专利法第 26 条第 4 款规定：权利要求书应当以说明书为依据，说明要求专利保护的范围。

专利法实施细则第 20 条第 1 款规定：权利要求书应当说明发明或者实用新型的技术特征，清楚、简要地表述请求保护的范围。

请求人认为本专利“光学表面”不清楚，“光学表面”包含的内容很多，包括反射面、投射面、部分折射等，本领域技术人员在阅读了说明书后很难做出合理正确的选择，因此本专利不符合专利第 26 条第 3 款的规定；由于“光学表面”包括多种情况，权利要求 1 的保护范围不清楚，不符合专利

法实施细则第 20 条第 1 款的规定；权利要求 1 中的“光学表面”是一个上位概念，无法从说明书中归纳得出，因此不符合专利法第 26 条第 4 款的规定。

合议组经审查后认为：在生化领域通常使用反应杯进行生化反应，并通过将反应杯置于光路中检测透过的光线，继而得到生化分析结果。上述工作原理要求反应杯必须能够很好的透光，该透光表面即为“光学表面”，因而“光学表面”对于生化领域的技术人员而言含义是确定的、清楚的。此外，涉及紫外-可见光谱学的反证 2 中第 66 页描述了对样品处理及测定的内容，该页最后一段记载有“样品池放在光路上后，就成为一个工作的光学组件，不平整或不平行的光学表面都会使光束偏离，引起表观吸光度误差（见第 71 页“样品形状”），最好的样品池应有平整、严格平行的光学表面使其影响最小”，从上述描述可知作为样品池的反应杯也具备光学表面，其含义是清楚的。至于请求人所述的“光学表面”包括反射面、透射面、折射面等，造成本领域技术人员难于做出合理的选择，合议组认为对于术语的理解应当结合发明创造所涉及的具体领域考虑，如果所属技术领域的技术人员能够确定其含义，从而能够作出合理的选择，则该词语所具体限定的内容是否在专利说明书中记载并不影响其能否实现。由于本专利涉及生化仪用反应杯，“光学表面”就是反应杯透过光路中的光线的表面，其不可能是反射面或折射面，因此本领域技术人员根据说明书的描述能够合理的选择光学表面，不存在因为“光学表面”无法选取而造成发明创造无法实施，因此合议组对请求人上述关于“光学表面”不清楚、无法选取造成本专利不符合专利法第 26 条第 3 款规定的主张不予支持。

基于上述相同的原因，合议组认为本专利权利要求 1 中的“光学平面”清楚地限定了权利要求的保护范围，符合专利法实施细则第 20 条第 1 款的规定。

本专利在说明书以及权利要求中均使用“光学平面”的术语，且该术语的含义是清楚、确定的，并不是在说明书中使用下位概念，在权利要求 1 中使用上位概念，因此对于请求人所述的“光学表面”是上位概念无法从说明书中归纳得出的主张合议组不予支持，其不能说明本专利权利要求 1 不符合专利法第 26 条第 4 款的规定。

3. 关于本专利的新颖性和创造性

新颖性，是指在申请日以前没有同样的发明或者实用新型在国内外出版物上公开发表过、在国内公开使用过或者以其他方式为公众所知，也没有同样的发明或者实用新型由他人向专利局提出过申请并记载在申请日以后（含申请日）公布的专利申请文件中。所谓同样的发明或者实用新型，是指技术领域、所要解决的技术问题和技术方案实质上相同，预期效果相同的发明或者实用新型。

创造性，是指同申请日以前已有的技术相比，该发明有突出的实质性特点和显著的进步，该实用新型有实质性特点和进步。

本案中，请求人认为权利要求 1 相对于证据 3~5 不具有新颖性，而证据 3~5 是相同的，证据 3 右上角第一个图公开了血凝仪比色杯，从图中可看到一排开口小杯组织成扇形环面，证据 3 照片前后有两个筋连接小杯，比色杯下部的就是光学表面，比色杯上端、前后都延伸有筋并垂直于光学表面，公开了本专利权利要求 1 全部技术特征。

合议组经审查后认为，证据 3 宣传页右上角第一个图中公开了由多个小杯构成扇形图案，该图片不清晰，并且也不能看到其包含本专利权利要求 1 的如下特征：各小杯的左右壁下部向前、向后各延伸有垂直于所述前后光学表面的加强筋。因此，证据 3 并未公开权利要求 1 的全部技术特征，权利要求 1 相对于证据 3 具备新颖性，符合专利法第 22 条第 2 款的规定。由于证据 3~5 所使用部分的内容完全相同，因此权利要求 1 相对于证据 4、证据 5 也符合专利法第 22 条第 2 款的规定。

请求人认为本专利权利要求 1~5 相对于证据 3~5 宣传页左上角及右上角的图不具有创造性。

合议组经审查认为，证据 3 左上角的图公开了由多个小杯构成的血凝仪比色杯链，两个小杯之间在上部具有连接筋。但同样该图也未公开上述特征：各小杯的左右壁下部向前、向后各延伸有垂直于所述前后光学表面的加强筋，因此即使请求人将证据 3 左上角和右上角的两个图案结合起来，仍旧不能得到本专利权利要求 1 的技术方案，并且现有技术也不存在将该特征结合进来得到本专利权利要求 1 的技术启示，而上述特征能够带来如下技术效果：操作者在对反应杯手工操作时捏住的是前后加强筋，从而无须担心污染或损伤光学表面，能避免相邻反应杯的光学表面在送料机构的推动过程中和装载机构在抓取过程中相互摩擦，在送料机构中，保证相邻反应杯上部质检隔开一段举例便于装载机构的机械手手指插入。可见权利要求 1 相对于证据 3 具备实质性特点和进步，符合专利法第 22 条第 3 款关于创造性的规定。在权利要求 1 具备创造性的基础上，从属权利要求 2~5 相对于证据 3 也具备创造性。由于证据 3~5 所使用部分的内容完全相同，因此权利要求 1 相对于证据 4、证据 5 也具备创造性。

请求人认为证据 1 公开了权利要求 6 的附加技术特征。

合议组经审查认为，证据 1 涉及一种分光光度计超微量比色检测仪，其中公开了十联反应杯。但其同样没有公开上述特征：各小杯的左右壁下部向前、向后各延伸有垂直于所述前后光学表面的加强筋，因此即使将证据 1 与证据 3 结合仍旧不能得到本专利权利要求 1 的技术方案，并且现有技术也不存在将该特征结合进来得到本专利权利要求 1 的技术启示，而该特征能够带来如上所述的有益技术效果，因此权利要求 1 相对于证据 1 和证据 3 的结合具备创造性。由于权利要求 6 从属于权利要求 1，因此其相对于证据 1 和证据 3 的结合也具备创造性。由于证据 3~5 所使用部分的内容完全相同，因此权利要求 1 及其从属权利要求 6 相对于证据 1 和证据 4 的结合或证据 1 和证据 5 的结合也具备创造性。

综上所述，本专利符合专利法第 22 条第 2 款、第 3 款，第 26 条第 3 款、第 4 款以及专利法实施细则第 20 条第 1 款的规定，请求人所有的无效理由均不成立，因此本案合议组依法作出如下审查决定。

三、决定

维持 03223330.2 号实用新型专利权有效。

当事人对本决定不服的，可以根据专利法第 46 条第 2 款的规定，自收到本决定之日起三个月内向北京市第一中级人民法院起诉。根据该款的规定，一方当事人起诉后，另一方当事人应当作为第三人参加诉讼。

049

水力自动化全塑水处理系统

无效宣告请求审查决定（第11240号）

决　　定　　号　第11240号
决　　定　　日　2008年3月28日
发明创造名称　水力自动化全塑水处理系统
国 际 分 类 号　C02F1/00，B01D24/16，C02F1/50
无效宣告请求人　北京市碧波水处理设备厂
专　利　权　人　北京王清熙水处理技术发展有限公司
专　　利　　号　97103652.7
申　　请　　日　1997年3月26日
授 权 公 告 日　2003年1月29日
合 议 组 组 长　刘　犟
主　　审　　员　王　琳
参　　审　　员　王　冬

法　律　依　据　专利法第22条3款
决　定　要　点

如果一项权利要求与现有技术的区别是本领域常规使用的技术手段，而且该技术手段的使用未带来意料不到的技术效果，则该权利要求不具备专利法第22条第3款所规定的创造性。

一、案由

本无效宣告请求案涉及国家知识产权局于2003年1月29日授权公告的、名称为“水力自动化全塑水处理系统”的第97103652.7号发明专利权（下称本专利），其申请日为1997年3月26日，专利权人为北京王清熙水处理技术发展有限公司（变更前为王清熙），该专利授权公告的权利要求如下：

“1. 一种水力自动化全塑水处理系统，主要由水泵、管路、加药机、过滤机、消毒机、出水管、进水管组成，其特征在于：过滤机是全塑结构，有四个并列、并相互连通的滤筒，滤筒上方设有配水筒，配水筒设底部进水管，由U形管与四个滤筒连通；在四个并列的滤筒内设有多层复合滤料，筒顶和侧壁设有反冲洗用的虹吸管和虹吸破坏筒，虹吸管底部设水封箱，底部设有箅式板块支撑隔栅，侧壁有四个冲洗水管；

加药机是全塑自动加药机，溶药罐内设有扣钟形导流罩，上沿溢流口处设有隔栅，侧壁开有观察窗口，侧壁底部处射水口与动力管道相连接；贮药罐底部设有浮子和滤阀，蛇形软管与投药器连通；贮药罐外壁设置投药器、溶药定时器、电气控制盘、管道的控制阀门、液位指示和报警装置；贮药罐底设置射水动力装置和供水动力装置。”

针对本专利，北京市碧波水处理设备厂（下称请求人）于2007年7月25日向专利复审委员会提出无效宣告请求，并提交了下述证据：

附件1：授权公告日为1994年7月20日，授权公告号为CN2172285Y的中国实用新型专利说明书，共6页；

附件2：授权公告日为1992年7月8日，授权公告号为CN2109388U的中国实用新型专利申请说明书，共7页；

附件3：GF-90-0102号工矿产品订货合同，供方为通县塑料结构厂，需方为海军游泳馆，签订时间为1993年4月6日，复印件共1页；

附件4：声称为海军游泳馆的水处理照片，彩色打印件共6张。

请求人认为，附件3和4可以证明本专利的产品已经在申请日前公开销售，因此本专利不具备新颖性和创造性。附件1公开了一种水力自动高效滤机，与权利要求1相比，区别在于：权利要求1中还含有①水泵、管路和消毒机；以及②全塑自动加药机，但水处理系统配制水泵、管路和消毒机是本领域的公知常识，且全塑自动加药机被附件2公开了，因此权利要求1不具备新颖性和创造性。

经形式审查合格，专利复审委员会依法受理了上述无效宣告请求，并于2007年9月11日向请求人和专利权人发出无效宣告请求受理通知书，同时将专利权无效宣告请求书及其附件清单中所列附件的副本转给专利权人，并要求专利权人在指定的期限内陈述意见。

2007年10月26日专利权人提交了意见陈述书，认为附件4并未显示时间，请求人也没有证据证明附件3中的设备就是附件4中的设备，而且，附件4中的设备与本专利也不同，所以附件3、4不能证明本专利产品在申请日前已被公开销售、使用。本专利相对于附件1和2的区别在于本专利为全塑结构，耐腐蚀性强，且本专利的过滤机无阀门、无转动件、无维修、无换件、无冲洗水泵和无冲洗水箱，冲洗工作是利用水力特性自动形成和停止；加药机体积小，是全塑结构，可防止锈蚀，能将各种形状的药块直接在储药箱内溶解、效率高，自动投入系统水泵前端水管上，便于系统进行处理，达到更好的处理效果。

专利复审委员会依法成立合议组，对本案进行审理。

本案合议组于2007年11月13日向双方发出无效宣告请求口头审理通知书，定于2008年1月29日举行口头审理。

口头审理如期举行，双方当事人出席了口头审理。

口头审理中，合议组当庭将专利权人于2007年10月26日提交的意见陈述书转给请求人。请求人明确其无效的理由、范围以及证据的使用情况为：本专利相对于附件1、2与公知技术的结合不符合专利法第22条第3款的规定。请求人当庭提出附件3、4作为现有技术的参考，不作为证据使用，并放弃本专利不符合专利法第22条第2款的无效理由。专利权人对附件1和2的真实性无异议。

至此，合议组认为本案事实已经清楚，可以作出审查决定。

二、决定的理由

1. 关于证据

请求人最终确定使用的证据为附件1和2，附件1和2均为中国专利文献，专利权人对附件1和2的真实性没有异议，因此，合议组对附件1和2的真实性予以认可，同时由于附件1和2公开日期均在本专利的申请日前，因此可以作为本专利的现有技术使用。

2. 关于创造性

创造性，是指同申请日以前已有的技术相比，该发明有突出的实质性特点和显著的进步，该实用新型具有实质性特点和进步。

如果一项权利要求与现有技术的区别是本领域常规使用的技术手段，而且该技术手段的使用未带来意料不到的技术效果，则该权利要求不具备专利法第22条第3款所规定的创造性。

本案中，请求人认为，附件1和2公开了本专利权利要求1的大部分技术方案，它们与本专利的区别仅在于本专利的过滤机和加药机是全塑结构，而过滤机和加药机采用塑料材质是本领域的公知常识。

专利权人认为，传统的水处理系统采用的是铸铁和玻璃钢，本专利的水处理系统采用的是塑料，解决了水处理系统容易腐蚀的问题。塑料虽然是常用材料，但水处理系统采用全塑结构是现有技术中没有的。专利权人还认为，水处理系统通常都包括水泵、管路、加药机、过滤机、消毒机、出水管和进水管。

合议组经审查后认为，权利要求1请求保护一种水力自动化全塑水处理系统，附件1公开了一种水力自动高效过滤机，由滤筒、进水管、出水管组成，其在四个并列的滤筒的上方设有配水筒，配水筒设底部进水管，用U形管与四个滤筒连通，滤筒顶部设虹吸管，虹吸管底部设水封箱，在四个并列的滤筒内，设有性质不同的多层复合滤料，筒顶和侧壁设有反冲洗用的虹吸管和虹吸破坏筒，底部设有箅式板块支撑隔栅，侧壁有四个冲洗水管，四个滤筒的出水管相互连通（参见其权利要求1和说明书第1页）。两者相比，区别特征在于：① 权利要求1要求保护一种水力自动化全塑水处理系统，其主要由水泵、管路、加药机、过滤机、消毒机、出水管、进水管组成，而附件1仅公开了一种水力自动高效过滤机；② 权利要求1的水处理系统中还含有加药机；③ 权利要求1中限定其中的过滤机和加药机采用了全塑结构。

对于区别特征①，合议组认为，首先，根据本领域技术人员的常识，水处理系统通常都是由水泵、管路、加药机、过滤机、消毒机、出水管、进水管组成的，专利权人对此也予以认可；其次，本专利说明书背景技术中也明确记载，水质净化处理系统由水泵、管路、加药机、过滤机、消毒机、出水管、进水管组成，因此，该区别技术特征对本领域技术人员来说是显而易见的。

对于区别特征②，合议组认为，附件2公开了一种多功能溶药、贮药、投药机，由贮药罐和设置在贮药罐内的溶药罐组成，溶药罐侧壁底部设有射水口，侧壁上沿设有溢流口，溶药罐内设有扣钟形导流罩，上沿溢流口处设有隔污栅，侧壁开设有观察窗口，侧壁底部处射水口与动力管道相连接；贮药罐底部要局部加深，加深部位的上部设置浮子和滤网，蛇形软管与投药器连通；贮药罐外壁设置投药器、溶药定时器、电气控制盘、管道的控制阀门、液位指示和报警装置；贮药罐底设置射水动力装置和供水动力装置（参见其权利要求1）。该多功能溶药、贮药、投药机与本专利权利要求1中的加药机的结构、功能相同，可见该区别技术特征已被附件2公开了。并且对本领域技术人员来说，水处理系统中包含加药机是本领域的公知常识，因此，附件2给出了将该区别技术特征应用到附件1的技术启示。

对于区别特征③，合议组认为，塑料本身具有耐腐蚀、耐老化以及韧性大等性质，并且在附件1中的说明书中明确记载过滤机全部采用无毒、耐老化、高强度、大韧性的材料制成。也就是说，将过滤机和加药机采用全塑材质是本领域技术人员容易想到的，且该手段的使用也未带来意料不到的技术效果。

对于专利权人“水处理系统采用全塑结构是现有技术中没有的”的意见，合议组认为，附件1和2中虽然未明确记载水处理系统可以采用全塑结构，但是根据附件1说明书的记载以及塑料本身的性质已足以使本领域技术人员得到启示将水处理系统采用全塑材质。

综上所述，权利要求1相对于附件1、2和公知常识的结合不具有突出的实质性特点，不具备专利法第 22 条第 3 款规定的创造性。

基于上述理由，本案合议组作出如下决定。

三、决定

宣告 97103652.7 号发明专利权全部无效。

当事人对本决定不服的，可以根据专利法第 46 条第 2 款的规定，自收到本决定之日起三个月内向北京市第一中级人民法院起诉。根据该款的规定，一方当事人起诉后，另一方当事人应当作为第三人参加诉讼。

北京市第一中级人民法院
行政判决书

（2008）一中行初字第 1039 号

原告北京王清熙水处理技术发展有限公司，住所地北京市海淀区八里庄街道玉孔桥 35 号 68 号楼 445 室。

法定代表人王清熙，总经理。

委托代理人杜修群，男，北京王清熙水处理技术发展有限公司技术开发经理。

委托代理人张利民，男，北京王清熙水处理技术发展有限公司经理。

被告国家知识产权局专利复审委员会，住所地北京市海淀区北四环西路 9 号银谷大厦 10~12 层。

法定代表人廖涛，副主任。

委托代理人王琳，国家知识产权局专利复审委员会审查员。

委托代理人刘妍，国家知识产权局专利复审委员会审查员。

第三人北京市碧波水处理设备厂，住所地北京市通州区通州南大街 122 号。

原告北京王清熙水处理技术发展有限公司不服被告国家知识产权局专利复审委员会作出的第 11240 号无效宣告请求审查决定（以下简称被诉决定），向本院提起行政诉讼。本院受理后，依法组成合议庭，向被告送达了起诉状副本及应诉通知书，并依照《中华人民共和国行政诉讼法》第二十七条之规定，通知北京市碧波水处理设备厂作为本案第三人参加诉讼。本院于 2008 年 10 月 10 日公开开庭审理了本案。原告的委托代理人杜修群、张利民，被告的委托代理人王琳、刘妍到庭参加了诉讼。第三人经合法传唤未到庭参加诉讼。本案现已审理终结。

被告于 2008 年 3 月 28 日依照《中华人民共和国专利法》（以下简称《专利法》）第二十二条第三款的规定作出被诉决定：宣告 97103652.7 号发明专利权（以下简称本专利）全部无效。

被告为证明被诉决定的合法性，在法定举证期限内向本院提供了以下证据：1. 本专利说明书；2. 中国专利 CN2172285Y 的全文（即被诉决定的附件 1，同原告诉讼证据 4）；3. 中国专利 CN2109388U 的全文（即被诉决定的附件 2，同原告诉讼证据 3）；4. 本专利无效宣告审查口头审理记录表。

原告诉称：1. 本专利的“全塑”水处理机是以前从没有过的，是本专利的创新，在水处理机上使用“塑料”代替其他材料需要特殊的技术工艺，并非常规使用的技术手段。对比文件没有揭示这一全新的技术特征，不能由附件 1 和附件 2 结合得出本专利的技术方案。“水泵”作为本专利的系统的外部组成部分而独立存在，“管路”、“过滤机”、“加药机”均为全塑结构，本专利系统的过滤无阀门、无转动件、无维修、无换件、无冲洗水泵和冲洗水箱，冲洗工作是利用水力特性自动形成和停止，本专利明确提出节水节电 90%，这些都是附件 1 所不具备的创新点。2. 两篇对比文件均是同一发明人，即原告的法定代表人王清熙，用这些对比文件无效本专利不公平。基于以上理由，请求法院撤销被诉决定，判令被告继续审查，并由被告承担诉讼费用。

原告为支持其诉讼主张，向本院提供了以下证据：1. 专利无效宣告请求受理通知书；2. 本专利说明书；3. 92200633.4 实用新型专利申请公开说明书；4. 93217916.9 实用新型专利申请公开说明书；5. 通县塑料结构厂合同及海军游泳馆照片；6. 涉及本专利的纠纷调解请求受理书；7. 涉及本专利纠纷调解案件的陈述意见通知书；8. 请求调解书；9. 调解事项会议纪要。

被告辩称：本专利权利要求 1 相对于附件 1、2 和公知常识的结合不具有突出的实质性特点，不具备《专利法》第二十二条第三款规定的创造性。评述发明的创造性时要与该发明申请日以前的已有技术进行对比，并未对其发明人是否为同一人作出限制，附件 1、2 均为公告日期在本专利的申请日前的中国专利文献，可以作为本专利的已有技术使用，用以评价本专利的创造性。被告坚持其被诉决定中的相关认定，认为被诉决定认定事实清楚，适用法律正确，程序合法，结论正确，请求法院驳回原告的诉讼请求，维持被诉决定。

第三人未发表诉讼意见，亦未向本院提供证据。

经庭审质证，本院审查认为，被告提供的证据和原告提供证据 1~5 与本案均具有关联性、且合法，对方当事人对其真实性亦不持异议，均为有效证据。原告提供的证据 6~9 与本案被诉决定的合法性审查缺乏关联性，本院不予采纳。根据有效证据及各方当事人在庭审中无争议的陈述，本院对本案事实作出如下认定：

本专利是名称为“水力自动化全塑水处理系统”的发明专利权，其申请日为 1997 年 3 月 26 日，专利权人为本案原告北京王清熙水处理技术发展有限公司（变更前为王清熙），国家知识产权局于 2003 年 1 月 29 日授权公告，该专利授权公告的权利要求如下：

“1. 一种水力自动化全塑水处理系统，主要由水泵、管路、加药机、过滤机、消毒机、出水管、进水管组成，其特征在于：过滤机是全塑结构，有四个并列、并相互连通的滤筒，滤筒上方设有配水筒，配水筒设底部进水管，由 U 形管与四个滤筒连通；在四个并列的滤筒内设有多层复合滤料，筒顶和侧壁设有反冲洗用的虹吸管和虹吸破坏筒，虹吸管底部设水封箱，底部设有箅式板块支撑隔栅，侧壁有四个冲洗水管；

加药机是全塑自动加药机，溶药罐内设有扣钟形导流罩，上沿溢流口处设有隔栅，侧壁开有观察窗口，侧壁底部处射水口与动力管道相连接；贮药罐底部设有浮子和滤阀，蛇形软管与投药器连通；贮药罐外壁设置投药器、溶药定时器、电气控制盘、管道的控制阀门、液位指示和报警装置；贮药罐底设置射水动力装置和供水动力装置。”

针对本专利，请求人北京市碧波水处理设备厂（即本案第三人）于 2007 年 7 月 25 日向被告提出无效宣告请求，并提交了下述证据：

附件 1：授权公告日为 1994 年 7 月 20 日，授权公告号为 CN2172285Y 的中国实用新型专利说明书，共 6 页；

附件 2：授权公告日为 1992 年 7 月 8 日，授权公告号为 CN2109388U 的中国实用新型专利申请说明书，共 7 页；

附件 3：GF-90-0102 号工矿产品订货合同，供方为通县塑料结构厂，需方为海军游泳馆，签订时间为 1993 年 4 月 6 日，复印件共 1 页；

附件 4：声称为海军游泳馆的水处理照片，彩色打印件共 6 张。

请求人认为，附件3和4可以证明本专利的产品已经在申请日前公开销售，因此本专利不具备新颖性和创造性。附件1公开了一种水力自动高效滤机，与权利要求1相比，区别在于：权利要求1中还含有①水泵、管路和消毒机；以及②全塑自动加药机，但水处理系统配制水泵、管路和消毒机是本领域的公知常识，且全塑自动加药机被附件2公开了，因此权利要求1不具备新颖性和创造性。

经形式审查合格，被告依法受理了上述无效宣告请求，并于2007年9月11日向请求人和专利权人发出无效宣告请求受理通知书，同时将专利权无效宣告请求书及其附件清单中所列附件的副本转给专利权人，并要求专利权人在指定的期限内陈述意见。

2007年10月26日专利权人提交了意见陈述书，认为附件4并未显示时间，请求人也没有证据证明附件3中的设备就是附件4中的设备，而且，附件4中的设备与本专利也不同，所以附件3、4不能证明本专利产品在申请日前已被公开销售、使用。本专利相对于附件1和2的区别在于本专利为全塑结构，耐腐蚀性强，且本专利的过滤机无阀门、无转动件、无维修、无换件、无冲洗水泵和无冲洗水箱，冲洗工作是利用水力特性自动形成和停止；加药机体积小，是全塑结构，可防止锈蚀，能将各种形状的药块直接在储药箱内溶解、效率高，自动投入系统水泵前端水管上，便于系统进行处理，达到更好的处理效果。

被告成立合议组，对本案进行审理。

被告于2007年11月13日向双方发出无效宣告请求口头审理通知书，定于2008年1月29日举行口头审理。

口头审理如期举行，双方当事人出席了口头审理。

口头审理中，被告当庭将专利权人于2007年10月26日提交的意见陈述书转给请求人。请求人明确其无效的理由、范围以及证据的使用情况为：本专利相对于附件1、2与公知技术的结合不符合《专利法》第二十二条第三款的规定。请求人当庭提出附件3、4作为现有技术的参考，不作为证据使用，并放弃本专利不符合《专利法》第二十二条第二款的无效理由。专利权人对附件1和2的真实性无异议。

经审查，被告作为被诉决定，具体理由如下：

1. 关于证据。

请求人最终确定使用的证据为附件1和2，附件1和2均为中国专利文献，专利权人对附件1和2的真实性没有异议，因此，被告对附件1和2的真实性予以认可，同时由于附件1和2公开日期均在本专利的申请日前，因此可以作为本专利的现有技术使用。

2. 关于创造性。

创造性，是指同申请日以前已有的技术相比，该发明有突出的实质性特点和显著的进步，该实用新型具有实质性特点和进步。

如果一项权利要求与现有技术的区别是本领域常规使用的技术手段，而且该技术手段的使用未带来意料不到的技术效果，则该权利要求不具备《专利法》第二十二条第三款所规定的创造性。

本案中，请求人认为，附件1和2公开了本专利权利要求1的大部分技术方案，它们与本专利的区别仅在于本专利的过滤机和加药机是全塑结构，而过滤机和加药机采用塑料材质是本领域的公知常识。

专利权人认为，传统的水处理系统采用的是铸铁和玻璃钢，本专利的水处理系统采用的是塑料，解决了水处理系统容易腐蚀的问题。塑料虽然是常用材料，但水处理系统采用全塑结构是现有技术中没有的。专利权人还认为，水处理系统通常都包括水泵、管路、加药机、过滤机、消毒机、出水管和进水管。

被告经审查后认为，权利要求1请求保护一种水力自动化全塑水处理系统，附件1公开了一种水力自动高效过滤机，由滤筒、进水管、出水管组成，其在四个并列的滤筒的上方设有配水筒，配水筒设底部进水管，用U形管与四个滤筒连通，滤筒顶部设虹吸管，虹吸管底部设水封箱，在四个并列的滤筒内，设有性质不同的多层复合滤料，筒顶和侧壁设有反冲洗用的虹吸管和虹吸破坏筒，底部设有箅式板块支撑隔栅，侧壁有四个冲洗水管，四个滤筒的出水管相互连通（参见其权利要求1和说明书第1页）。两者相比，区别特征在于：①权利要求1要求保护一种水力自动化全塑水处理系统，其主要由水泵、管路、加药机、过滤机、消毒机、出水管、进水管组成，而附件1仅公开了一种水力自动高效过滤机；②权利要求1的水处理系统中还含有加药机；③权利要求1中限定其中的过滤机和加药机采用了全塑结构。

对于区别特征①，被告认为，首先，根据本领域技术人员的常识，水处理系统通常都是由水泵、管路、加药机、过滤机、消毒机、出水管、进水管组成的，专利权人对此也予以认可；其次，本专利说明书背景技术中也明确记载，水质净化处理系统由水泵、管路、加药机、过滤机、消毒机、出水管、进水管组成，因此，该区别技术特征对本领域技术人员来说是显而易见的。

对于区别特征②，被告认为，附件2公开了一种多功能溶药、贮药、投药机，由贮药罐和设置在贮药罐内的溶药罐组成，溶药罐侧壁底部设有射水口，侧壁上沿设有溢流口，溶药罐内设有扣钟形导流罩，上沿溢流口处设有隔污栅，侧壁开设有观察窗口，侧壁底部处射水口与动力管道相连接；贮药罐底部要局部加深，加深部位的上部设置浮子和滤网，蛇形软管与投药器连通；贮药罐外壁设置投药器、溶药定时器、电气控制盘、管道的控制阀门、液位指示和报警装置；贮药罐底设置射水动力装置和供水动力装置（参见其权利要求1）。该多功能溶药、贮药、投药机与本专利权利要求1中的加药机的结构、功能相同，可见该区别技术特征已被附件2公开了。并且对本领域技术人员来说，水处理系统中包含加药机是本领域的公知常识，因此，附件2给出了将该区别技术特征应用到附件1的技术启示。

对于区别特征③，被告认为，塑料本身具有耐腐蚀、耐老化以及韧性大等性质，并且在附件1中的说明书中明确记载过滤机全部采用无毒、耐老化、高强度、大韧性的材料制成。也就是说，将过滤机和加药机采用全塑材质是本领域技术人员容易想到的，且该手段的使用也未带来意料不到的技术效果。

对于专利权人“水处理系统采用全塑结构是现有技术中没有的”的意见，被告认为，附件1和2中虽然未明确记载水处理系统可以采用全塑结构，但是根据附件1说明书的记载以及塑料本身的性质已足以使本领域技术人员得到启示将水处理系统采用全塑材质。

综上所述，权利要求1相对于附件1、2和公知常识的结合不具有突出的实质性特点，不具备《专利法》第二十二条第三款规定的创造性。

本院认为：根据《专利法》第二十二条第三款规定，创造性是指同申请日以前已有的技术相比，该发明有突出的实质性特点和显著的进步。如果一项权利要求与现有技术的区别是本领域常规使用的技术手段，而且该技术手段的使用未带来意料不到的技术效果，则该权利要求不具备该款所规定的创造性。本案中，附件1和2公开日期均在本专利的申请日前，可以作为本专利的现有技术使用。原告认为附件1和2的发明人均为原告的法定代表人王清熙，因此用以上对比文件与本专利比对不公平的诉讼观点缺乏法律依据，本院不予支持。本专利权利要求1请求保护一种水力自动化全塑水处理系统，附件1公开了一种水力自动高效过滤机，两者相比，区别特征在于：①权利要求1要求保护一种水力自动化全塑水处理系统，其主要由水泵、管路、加药机、过滤机、消毒机、出水管、进水管组成，而附件1仅公开了一种水力自动高效过滤机；②权利要求1的水处理系统中还含有加药机；③权利要求 1 中限定其中的过滤机和加药机采用了全塑结构。原告主张的本专利具有过滤无阀门、无转动件、无维修、无换件、无冲洗水泵和冲洗水箱，冲洗工作是利用水力特性自动形成和停止，明确提出节水节电 90% 等创新特征系对技术效果的描述，并非技术方案本身，亦未在权利要求 1 中明确记载，对其相关主张本院不予支持，被告对于本专利和附件 1 区别特征的认定并无不当。根据本领域技术人员的常识，水处理系统通常都是由水泵、管路、加药机、过滤机、消毒机、出水管、进水管组成的，区别技术特征①对本领域技术人员来说是显而易见的。本专利权利要求 1 中的加药机与附件 2 公开的一种多功能溶药、贮药、投药机在结构、功能方面相同，其技术特征已被附件 2 公开，同时，水处理系统中包含加药机是本领域的公知常识，附件 2 给出了将区别技术特征②应用到附件 1 的技术启示。附件 1 中的说明书中明确记载过滤机全部采用无毒、耐老化、高强度、大韧性的材料制成，而塑料本身具有耐腐蚀、耐老化以及韧性大等性质，将过滤机和加药机采用全塑材质是本领域技术人员容易想到的，且该手段的使用也未带来意料不到的技术效果，被告认定附件 1 说明书的记载以及塑料本身的性质已足以使本领域技术人员得到启示将水处理系统采用全塑材质并无不当。原告所主张将水处理系统采用全塑材质时，具体需要解决的其他技术问题并非本专利技术方案中的内容，亦未在本专利权利要求书中记载，与本案被诉决定的合法性审查缺乏关联性，其主张本院不予采纳。本专利权利要求 1 相对于附件 1、2 和公知常识的结合不具有突出的实质性特点，被告认定其不具备《专利法》第二十二条第三款规定的创造性并无不当。

综上，被诉决定认定事实清楚，适用法律正确，审查程序合法，本院应予维持。原告的诉讼理由不能成立，其请求本院不予支持。据此，依照《中华人民共和国行政诉讼法》第五十四条第（一）项之规定，判决如下：

维持被告国家知识产权局专利复审委员会作出的第 11240 号无效宣告请求审查决定。

案件受理费 100 元，由原告北京王清熙水处理技术发展有限公司负担（已交纳）。

如不服本判决，可在本判决书送达之日起 15 日内，向本院递交上诉状，并按对方当事人的人数提出副本，预交上诉案件受理费 100 元，上诉于北京市高级人民法院。

审　判　长　吴　月
代理审判员　毛天鹏
人民陪审员　张燕宾
二〇〇九年十月十三日
书　记　员　汪　明

050

医用监护粘贴电极

无效宣告请求审查决定（第 11253 号）

决　定　号 第 11253 号
决　定　日 2008 年 4 月 7 日
发明创造名称 医用监护粘贴电极
国 际 分 类 号 A61B 5/0492
无效宣告请求人 陶明阳
专　利　权　人 翟映川
专　利　号 200520079313.7
申　请　日 2005 年 8 月 26 日
授 权 公 告 日 2006 年 12 月 13 日
合 议 组 组 长 张梅珍
主　审　员 刘　铭
参　审　员 刘　畅

法 律 依 据 专利法第 22 条第 2 款、第 3 款
决 定 要 点

如果一项权利要求保护的技术方案与一份对比文件中公开的一项技术方案存在区别特征并且实质内容也不相同，则该权利要求具备新颖性；但如果该区别特征是本领域的公知常识，则该权利要求不具备创造性。如果一项权利要求保护的技术方案被两份现有技术的结合所公开，则该权利要求不具备创造性。

一、案由

本无效宣告请求涉及中华人民共和国国家知识产权局于 2006 年 12 月 13 日授权公告的、名称为“医用监护粘贴电极”的实用新型专利（下称本专利），其申请号是 200520079313.7，申请日是 2005 年 8 月 26 日，专利权人为翟映川。该专利授权公告时的权利要求书如下：

“1. 一种医用监护粘贴电极，其特征是：具有多层结构的自粘电极（3）装配到导线（2）的一端，该导线（2）的另一端连接监护仪专用插头（1）。

2. 如权利要求 1 所述的医用监护仪粘贴电极，其特征是所述的自粘电极（3）是具有四层结构的完整复合体，从上到下分别为绝缘基层（4）、导电银浆层（5）、保护网层（6）和导电凝胶层（7），在导电银浆层（5）中有导线埋插口（8）。”

针对上述专利权，陶明阳（下称请求人）于 2007 年 9 月 29 日向专利复审委员会提出无效宣告请

求，并提交了如下证据：

证据1：专利号为US4911169、公开日期为1990年3月27日的美国专利文件的复印件及其中文译文，共13页；

证据2：专利号为US4852572、公开日期为1989年8月1日的美国专利文件的复印件及其中文译文，共16页；

证据3：国家知识产权局专利检索咨询中心作出的编号为G070231的专利检索报告复印件，共4页；

证据4：声称为“Medicotest Inc.”公司1998年的广告宣传册的标有“Neurology Supplies Catalogue 1998-99”字样的文件复印件一份，其中英文部分标有相应的中文译文，共3页；

证据5：声称为“Nicolet Biomedical Inc.”公司1998年的广告宣传册的标有“1998 Supplies Catalogue”字样的文件复印件一份，其中英文部分标有相应的中文译文，共3页；

证据6：声称为“Faith Medical Inc.”公司2004年的广告宣传册的标有“Neurology/Sleep Products”、“2004”等字样的文件复印件一份，其中英文部分标有相应的中文译文，共3页；

证据7：声称为“产品目录类出版物”的标有“INTEGRA NeuroSUPPLIES Fall/Winter 2002-2003”字样的文件复印件一份，其中英文部分标有相应的中文译文，共2页。

结合上述证据，请求人认为：本专利独立权利要求1相对于证据1不具备新颖性和创造性，相对于证据4~7不具备新颖性；本专利从属权利要求2相对于证据1和证据2的结合不具备创造性。

经形式审查合格，专利复审委员会依法受理了上述无效宣告请求，并于2007年11月21日向双方当事人发出无效宣告请求受理通知书，同时将无效宣告请求书及其附件清单中所列附件的副本转送给专利权人。

专利权人于2007年11月28日向专利复审委员会提交了意见陈述书，认为：本专利权利要求表述不清晰，其重点是“导电银浆层”，该导电银浆层工艺复杂，其化学成分、比例、组织结构、制作工艺国内绝无仅有，必须受到专利保护。

针对上述无效宣告请求，专利复审委员会依法成立合议组对本案进行审理。本案合议组于2008年1月10日向双方当事人发出无效宣告请求口头审理通知书，指出本案定于2008年2月28日举行口头审理。随同口头审理通知书，将专利权人于2007年11月28日提交的意见陈述书副本转送给请求人。

口头审理如期举行，双方当事人均参加了口头审理。请求人一方出庭人员为吴照幸、张怀芹，专利权人一方出庭人员为专利权人翟映川。

在口头审理中，请求人当庭明确其无效宣告请求的理由、证据和范围为：本专利权利要求1相对于证据1不符合专利法第22条第2款、第3款有关新颖性、创造性的规定；本专利权利要求2相对于证据1与证据2的结合不符合专利法第22条第3款有关创造性的规定。请求人当庭明确表示放弃本专利权利要求1相对于证据4~7不具备新颖性的无效理由。专利权人对证据1~3的真实性没有异议，也没有对证据1和2的中文译文提出异议。请求人当庭表示使用证据1单独评述本专利权利要求2的创造性，合议组告知请求人，该理由没有在提出无效宣告请求时提及，属于新增加的无效理由，且超过了举证期限，合议组对此不予考虑。

关于本专利权利要求1是否具备新颖性创造性，请求人认为：证据1的译文第4~7页、附图1公开了权利要求1的全部技术特征，其中的第7页的权利要求8中公开了“衬背片——圆盘部分——粘胶层”的多层结构。因此，本专利权利要求1相对于证据1不具备新颖性和创造性。

对于上述意见，专利权人表示：证据1中没有公开本专利权利要求1中的“多层结构”这一技术特征，而且本专利的材料、结构与证据 1 不同。因此，本专利权利要求 1 相对于证据 1 具备新颖性和创造性。

关于本专利权利要求 2 是否具备创造性，请求人认为：证据 1 中的衬背片、圆盘部分、固体粘胶层分别相当于权利要求 2 中的绝缘基层、导电银浆层、导电凝胶层；证据 1 中没有公开保护网层和插口两个特征；证据 2 中的基座元件相当于本专利权利要求 2 中的保护网层，而本领域技术人员从证据 1 的附图 1 中可以看出其中具有导线，因此本专利权利要求 2 相对于证据 1 与 2 的结合不具备创造性。

对于上述意见，专利权人认为：证据 1 是在金属纽扣上镀银，而本专利是在碳膜上通过水墨印刷的方式镀纳米氯化银和银两种材料，可以在更大的范围内采集信号，并解决了核磁共振中不能使用金属的问题，本专利中的导电银浆层与证据 1 中的圆盘部分是不同的，因此本专利权利要求 2 相对于证据 1 与 2 的结合具备创造性。

双方均表示已充分发表意见，没有新的意见需要补充。

至此，合议组认为本案事实已经清楚，现依法作出审查决定。

二、决定的理由

1. 关于证据和现有技术

证据 1 和 2 是专利文献，专利权人对其真实性没有异议，合议组经审查对证据 1 和 2 的真实性予以认可，其可以作为本案证据使用。由于证据 1 和 2 都是在本专利申请日前公开的专利文献，因此可以作为涉案专利的现有技术使用，可用于评价本专利权利要求的新颖性和创造性，其公开的内容以其中文译文为准。

2. 关于新颖性和创造性

专利法第 22 条第 2 款规定：新颖性，是指在申请日以前没有同样的发明或者实用新型在国内外出版物上公开发表过、在国内公开使用过或者以其他方式为公众所知，也没有同样的发明或者实用新型由他人向专利局提出过申请并记载在申请日以后（含申请日）公布的专利申请文件中。

专利法第 22 条第 3 款规定：创造性，是指同申请日以前已有的技术相比，该发明有突出的实质性特点和显著的进步，该实用新型具有实质性特点和进步。

所谓同样的发明或者实用新型，是指技术领域、所要解决的技术问题和技术方案实质上相同，预期效果相同的发明或者实用新型。

根据专利法实施细则第 30 条的规定，专利法第 22 条第 3 款所称已有的技术即现有技术。

如果一项权利要求保护的技术方案与一份现有技术中公开的一项技术方案存在区别特征并且实质内容也不相同，则该权利要求具备新颖性；但如果该区别特征是本领域的公知常识，则该权利要求不具备创造性。如果一项权利要求请求保护的技术方案被多份现有技术的结合所公开，则该权利要求不具备创造性。

（1）关于本专利权利要求 1 的新颖性和创造性。

请求人认为证据 1 公开的技术方案破坏了本专利权利要求 1 的新颖性和创造性。

专利权人认为本专利权利要求 1 的技术方案相对于证据 1 具备新颖性创造性。专利权人认为，证据 1 没有公开权利要求 1 中“多层结构”这一技术特征，而且本专利的材料、结构与证据 1 不同，因此本专利权利要求 1 相对于证据 1 具备新颖性、创造性。

证据 1 公开了一种生物医学电极，该电极具有复合电极片 10，其包括导电电极元件 15。优选导电电极元件 15 包括一个圆盘部分 15a，其下表面与固体粘胶层 17 相接触，该圆盘部分的上侧有一接头 15b，用于将导电元件与外部监视或感应设备相连接。该导电元件 15 可由导电金属如银或镀银塑料如 ABS 等材料制成，在下表面镀有银-氯化银。圆盘部分 15a 的上表面有由密贴的不导电材料制成的衬背片，粘胶层17与衬背片的外围部分粘贴并接触，其下有释放片21。该电极元件还连接有一导线（参见证据1的说明书附图1、中文译文的第4页第21~33行；权利要求8）。

合议组经审理后认为：证据1公开了一种生物医学电极，其中具体公开了本专利权利要求1的如下技术特征：该电极具有多层结构的自粘电极（即证据1中具有衬背片——圆盘部分——粘胶层的电极）；该电极连接有一导线（参见证据1的说明书附图1、中文译文的第4页第21~33行；权利要求8）。本专利权利要求1的技术方案与对比文件1公开的方案相比，其区别在于：证据1中没有公开本专利权利要求1中的“该导线（2）的另一端连接监护仪专用插头”这一技术特征，该特征也不能从证据1中公开的内容直接、毫无疑义地确定，因为导线还可以通过其他方式，例如不经过插头而直接与监护仪连接。因此，证据1没有公开本专利权利要求1的全部技术特征，而且其中公开的技术方案与本专利权利要求1的技术方案实质上也不相同，本专利权利要求1相对于证据1具备新颖性。但是，对于本领域技术人员而言，导线与监护仪的连接方式是本领域公知的，而通过插头与监护仪的连接是本领域技术人员在面对连接方式的选择时经常采用的常规技术手段，因此，在证据1公开的技术方案的基础上结合公知常识，本领域技术人员无需付出创造性劳动就可得出本专利权利要求1的技术方案能，因此本专利权利要求1相对于证据1与公知常识的结合不具备实质性特点和进步，不符合专利法第22条第3款有关创造性的规定。

对于专利权人的意见，合议组经审理认为：证据1中已经公开了具有多层结构的自粘电极，而专利权人所称本专利的材料、结构特征在权利要求1中没有记载，因此对于专利权人有关本专利权利要求1相对于证据1具备创造性的意见合议组不予支持。

（2）关于本专利权利要求2的创造性请求人认为：证据1与证据2的结合破坏本专利权利要求2的创造性。

专利权人认为：证据1时金属钮扣上镀银，而本专利是采用在碳膜上通过水墨印刷的方式镀纳米氯化银和银两种材料，可以在更大范围内采集信号，并解决了核磁共振中不能使用金属的问题，所以本专利中的导电银浆层与证据1中的圆盘部分是不同的，并当庭演示了自粘电极的产品实物。

证据1公开的内容见上面的描述。证据2公开了一种多电极型心电图仪电极结构，其中包括由非纺布制成的基座元件，其与导电墨水紧密接触，导电墨水是包括银金属粉末、银与氯化银的混合物，所述基座元件可以使导电墨水印入或渗入（见证据2的中文译文的第5页第12~23行）。

合议组经审理认为：证据1公开了一种生物医学电极，其中具体公开了本专利权利要求2的如下附加技术特征：该电极具有多层结构的复合自粘电极，从上到下依次为衬背片、圆盘部分（导电元件）和导电凝胶层粘胶层；该电极连接有一导线；其中的衬背片相当于本专利权利要求2的绝缘基层（4），圆盘部分（导电元件，其可由导电金属如银或镀银塑料如ABS等材料制成，在下表面镀有银-氯化银）相当于本专利权利要求2的导电银浆层（5），固体粘胶层相当于本专利权利要求2的导电凝胶层，所述电极连接有导线W（参见证据1的说明书附图1、中文译文的第4页第21~33行；权利要求8）。本专利权利要求2的技术方案与证据1公开的技术方案的区别在于：（1）本专利权利要求2还含有保护网层；（2）导电银浆层中有导线埋插口。根据本专利的技术方案，这些特征在本专利权利要求2中所起的作用为：保护网层将导电银浆层和导电凝胶层隔离，并使二者电连接；导线埋插口与导线连接，以便连接监护仪等。证据2中公开了由非纺布制成的基座元件，其同样也起隔离的作用，并能通过渗透墨水而实现电连接，因此证据2公开了上述区别特征（1）。对于区别特征（2），在电极的相应部分中设置导线埋插口以便连接导线进而与监护仪等连接是本领域常用的技术手段。因此，当引用的权利要求1不具备创造性时，在证据1公开的技术方案的基础上，结合证据2和本领域常用技术手段，本领域技术人员无需付出创造性劳动就可得出本专利权利要求2保护的技术方案，该权利要求不具备实质性特点和进步，不符合专利法第 22 条第 3 款有关创造性的规定。

对于专利权人有关本专利权利要求 2 具备创造性的意见，合议组经审理认为：有关导电银浆层的形成方式及其构成形式在本专利权利要求 2 中并没有记载，不能用于证明其相对于证据 1 和 2 的结合具备创造性，因此合议组对于该意见不予支持。

基于上述事实和理由，本案合议组作出如下审查决定。

三、决定

宣布 200520079313.7 号实用新型专利权全部无效。

当事人对本决定不服的，可以根据专利法第 46 条第 2 款的规定，自收到本决定之日起三个月内向北京市第一中级人民法院起诉。根据该款的规定，一方当事人起诉后，另一方当事人应当作为第三人参加诉讼。

051

用于高速铁路轨道板的钢筋

无效宣告请求审查决定（第11259号）

决　　定　　号　第11259号
决　　定　　日　2008年3月28日
发明创造名称　用于高速铁路轨道板的钢筋
国际分类号　E01B3/32，E01B25/00，E04C5/01
无效宣告请求人　李群英
专　利　权　人　厦门新钢金属制品有限公司
专　　利　　号　200520065316.5
申　　请　　日　2005年9月26日
授权公告日　2007年1月3日
合议组组长　刘　犟
主　　审　　员　王　博
参　　审　　员　齐宏涛

法　律　依　据　专利法第22条第2款
决　定　要　点
如果对比文件公开了权利要求中所有的技术特征，并且二者属于相同的技术领域，能够解决相同的技术问题，达到相同的预期效果，则该权利要求不具有新颖性。

一、案由

本无效宣告请求涉及中华人民共和国国家知识产权局于2007年1月3日授权公告的、名称为“用于高速铁路轨道板的钢筋”的实用新型专利权（下称本专利），其专利号是200520065316.5，申请日是2005年9月26日，专利权人是厦门新钢金属制品有限公司。本专利授权公告时的权利要求书如下：

“1. 一种用于高速铁路轨道板的钢筋，其特征在于：该钢筋上涂覆有环氧树脂保护层。

2. 如权利要求1所述的用于高速铁路轨道板的钢筋，其特征在于：环氧树脂保护层的厚度为0.25mm~0.35mm。”

针对本专利权，李群英（下称请求人）于2007年7月31日向专利复审委员会提出无效宣告请求，并同时提交了如下附件：

附件1：授权公告日为1999年10月13日，授权公告号为CN2343241Y的中国实用新型专利说明书；

附件2:《环氧树脂涂层钢筋》，中华人民共和国建筑工业行业标准JG3402-1997，1997年10月8日发布，1997年12月1日实施，复印件，共15页；

附件3:“《解决无碴轨道电路问题的技术途径》”一文，刊载于铁道部科学技术信息研究所2004年12月10日出版的《中国铁路》杂志2004年第12期，原件，共3页；

附件4:中华人民共和国广东省深圳市公证处于2007年7月23日做出的（2007）深证字第131237号公证书原件；

附件5:授权公告日为2006年9月13日、授权公告号为CN2816106Y的中国实用新型专利说明书；

附件6:授权公告日为2006年2月15日、授权公告号为CN2758309Y的中国实用新型专利说明书；

附件7:授权公告日为2006年9月6日、授权公告号为CN2813685Y的中国实用新型专利说明书。

请求人提出的无效理由包括：权利要求1、2相对于附件3不具有新颖性，认为该附件中公开了在无碴轨道的轨道板中使用环氧树脂涂层钢筋的技术方案，并公开了权利要求2中的涂层厚度范围，所以权利要求1、2不具有新颖性。

经形式审查合格，专利复审委员会依法受理了上述无效宣告请求，并于2007年9月7日向请求人和专利权人发出无效宣告请求受理通知书，同时将专利权无效宣告请求书及其附件清单中所列附件的副本转送给专利权人，并要求专利权人在指定的期限内陈述意见。

专利权人逾期未答复。

专利复审委员会依法成立合议组，对本案进行审理。

本案合议组于2007年12月7日向双方发出无效宣告请求口头审理通知书，定于2008年1月24日在专利复审委员会举行口头审理。请求人于2007年12月24日提交了口头审理回执。

口头审理如期举行，专利权人单方参加了口头审理。

在口头审理中，专利权人对附件3的真实性无异议，专利权人认可权利要求1相对于附件3不具有新颖性，认为附件3公开的范围与本专利权利要求2的范围有交叉但不重合，权利要求2有新颖性。

合议组经合议后当庭宣布口头审理结果：权利要求1、2相对于附件3不具有新颖性，对于请求人的其他无效理由及证据组合方式不再审理。

二、决定的理由

1. 关于证据和现有技术

请求人提交的证据包括附件3，专利权人对其真实性没有异议，因此其可以作为本案证据使用，同时附件3作为公开出版物，其公开日期在本专利的申请日前，可以作为本专利的现有技术使用。

2. 权利要求1、2的新颖性

新颖性，是指在申请日以前没有同样的发明或者实用新型在国内外出版物上公开发表过、在国内公开使用过或者以其他方式为公众所知，也没有同样的发明或者实用新型由他人向国务院专利行政部门提出过申请并记载在申请日以后公布的专利申请文件中。

如果一篇对比文件公开了权利要求中所有的技术特征，并且二者属于相同的技术领域，能够解决相同的技术问题，达到相同的预期效果，则该权利要求不具有新颖性。

合议组经审查后认为，附件3是一篇题为《解决无碴轨道电路问题的技术途径》的科技文献，其中在“问题的提出”部分指出无碴轨道被应用于高速铁路轨道结构，在“解决轨道电路问题的技术途径”一节的最后，公开了将环氧树脂涂层钢筋用于无碴轨道的技术方案。由此可见，附件3公开了权利要求1的全部技术特征，并且二者属于相同的技术领域，能够解决相同的技术问题，达到相同的预期效果，因此该权利要求不具有新颖性。

在附件3“涂层钢筋的应用及关键技术”一节中，公开了涂层厚度为0.18～0.30mm的特征，该范围与权利要求2所述范围“0.25mm～0.35mm”有重叠，根据审查指南第二部分第三章第3.2.4节的规定：“对比文件公开的数值范围与上述限定的技术特征的数值范围部分重叠或者有一个共同的端点，将破坏要求保护的发明或者实用新型的新颖性”，因此，附件3公开了权利要求2的全部技术特征，并且二者属于相同的技术领域，能够解决相同的技术问题，达到相同的预期效果，权利要求2相对于附件3也不具有新颖性。

根据上述的事实和理由，本案合议组依法作出以下决定。

三、决定

宣告200520065316.5号实用新型专利权全部无效。

当事人对本决定不服的，可以根据专利法第46条第2款的规定，自收到本决定之日起三个月内向北京市第一中级人民法院起诉。根据该款的规定，一方当事人起诉后，另一方当事人应当作为第三人参加诉讼。

052

浮置道床

无效宣告请求审查决定（第11264号）

决　　定　　号　第11264号
决　　定　　日　2008年3月28日
发明创造名称　浮置道床
国 际 分 类 号　E01B19/00，E01B26/00
无效宣告请求人　北京世纪静业噪声与振动控制技术有限公司
专　利　权　人　尹学军，隔而固（青岛）减振技术有限公司
申　　请　　号　200410035441.1
申　　请　　日　2004年7月23日
授 权 公 告 日　2007年1月31日
合 议 组 组 长　于　萍
主　　审　　员　王　博
参　　审　　员　刘敏飞

法　律　依　据　专利法第22条第3款
决　定　要　点

在判断一项权利要求是否具备创造性时，首先要将权利要求所述的技术方案和最接近的现有技术进行特征对比分析，如果该权利要求与最接近的现有技术对比存在区别技术特征，并且该区别技术特征能够解决该最接近的现有技术中存在的某一技术问题，则应进一步考察对于所属技术领域的普通技术人员而言，在最接近的现有技术的基础上引入上述区别技术特征来解决所述技术问题从而获得权利要求所要保护的技术方案是否显而易见，如果是，则该权利要求不具备创造性，反之，则具备创造性。

一、案由

本无效宣告请求涉及中华人民共和国国家知识产权局于2007年1月31日授权公告的、名称为“浮置道床”的发明专利权（下称本专利），其专利号是200410035441.1，申请日是2004年7月23日，专利权人是尹学军、隔而固（青岛）减振技术有限公司。本专利授权公告时的权利要求书如下：

“1. 一种浮置道床，包括浮置板和弹簧隔振器，浮置板弹性地支承于弹簧隔振器上，弹簧隔振器由弹簧和弹簧壳体构成，弹簧置于弹簧壳体之中，其特征在于弹簧的至少部分表面设有约束阻尼，或者弹簧至少局部嵌入阻尼材料之中。

2. 根据权利要求1所述的浮置道床，其特征在于弹簧至少局部嵌入固体阻尼材料之中。

3. 根据权利要求 1 所述的浮置道床，其特征在于弹簧壳体上设置密封结构，弹簧壳体中设置液体阻尼材料，弹簧下部浸在液体阻尼材料中。

4. 根据权利要求 1 所述的浮置道床，其特征在于弹簧隔振器设置在浮置板的预留通孔内，通孔的内壁上设置支承挡块，或者通孔内嵌有联结套筒，支承挡块再固定在联结套筒内壁上，浮置板通过支承挡块支承于弹簧隔振器上。

5. 根据权利要求 4 所述的浮置道床，其特征在于在预留通孔内壁或连接套筒内壁上设置顶升挡块，并在弹簧隔振器与支承挡块之间设置垫片，垫片的中央留有顶升通孔。

6. 根据权利要求 4 所述的浮置道床，其特征在于在弹簧隔振器与支承挡块之间设置可以调节两者之间间距的调节螺栓和调节支承板。

7. 根据权利要求 5 或 6 所述的浮置道床，其特征在于支承档块和顶升挡块的开口及形状与弹簧壳体上顶面、垫片或调节支承板的大小相容，并可错位交叠。

8. 根据权利要求 1 所述的浮置道床，其特征在于浮置板为板状、框架形或梯子形，弹簧隔振器均匀分布于浮置板两侧，弹簧隔振器设置在浮置板的下方，支承在浮置板的外侧底面上。

9. 根据权利要求 8 所述的浮置道床，其特征在于其由多块浮置板纵向对接而成，板与板之间留有热胀伸缩间隙，并通过连接器连接。

10. 根据权利要求 9 所述的浮置道床，其特征在于所述连接器包括连接杆和滑动套筒，它们之间形成轴向滑动配合，径向相互约束，连接杆和滑动套筒分别固定于相邻浮置板上或预埋于相邻浮置板中。

11. 根据权利要求 8 所述的浮置道床，其特征在于所述浮置板由多块预制的子板构成，其端面为粗糙表面或设有凹凸配合，子板与子板之间的间隙用阻尼材料、弹性材料或混凝土填充并形成联接。

12. 根据权利要求 8 所述的浮置道床，其特征在于与其他道床相邻的浮置板内的弹簧隔振器，其刚度相同但排列密度不同，向端部方向密度逐渐增大或减小；或者刚度不同但排列密度相同，向端部方向刚度逐渐增大或减小。

13. 根据权利要求 1 所述的浮置道床，其特征弹簧隔振器的上下表面设有防止其水平移位的联接装置，该联接装置上下分别与浮置板和基础联结，联接装置为螺栓，或者凹凸结构。

14. 根据权利要求 1 所述的浮置道床，其特征在于浮置板上设有阻尼元件或约束阻尼结构。"

针对本专利权，北京世纪静业噪声与振动控制技术有限公司（下称请求人）于 2007 年 7 月 5 日向专利复审委员会提出无效宣告请求，认为本专利不符合专利法第 22 条第 3 款的规定，请求人同时提交了如下附件：

附件 1a：中国科学技术出版社出版、2002 年 10 月第 1 版第 1 次印刷的《城市轨道交通振动和噪声控制简明手册》，封面页、出版信息页、第 164~167 页，复印件共 3 页。

请求人认为：权利要求 1 相对于附件 1a 不具备新颖性和创造性，权利要求 2~16 也不具备新颖性和/或创造性。

经形式审查合格，专利复审委员会依法受理了上述无效宣告请求，并于 2007 年 8 月 3 日向请求人和专利权人发出无效宣告请求受理通知书，同时将专利权无效宣告请求书及其附件清单中所列附件的副本转送给专利权人，并要求专利权人在指定的期限内陈述意见。

2007 年 8 月 17 日专利复审委员会收到请求人于 2007 年 8 月 2 日提交的意见陈述书，请求人补充了无效宣告的理由和证据，其中补充的证据为：

附件 1：中国科学技术出版社出版、2002 年 10 月第 1 版第 1 次印刷的《城市轨道交通振动和噪声控制简明手册》，封面页、出版信息页，第 162~167、180、181 页，复印件共 5 页；

附件2：授权公告日为1993年6月9日、授权公告号为CN2135684Y（专利号为91217637.7）的中国实用新型专利说明书，共15页；

附件3：授权公告日为2004年1月7日、授权公告号为CN2597521Y（专利号为03226901.3）的中国实用新型专利说明书，共8页；

附件4：中国铁道出版社出版、2003年2月第1版、2003年2月第1次印刷的《地铁与轻轨.1》,封面页、出版信息页、目录页、第30~34页，复印件共9页；

附件5：铁道科学研究院铁道建筑研究所2003年1月出版的《铁道建筑》2003年增刊，封面页、出版信息页、第31~33页，复印件共5页；

附件6：铁道科学研究院铁道建筑研究所2003年1月出版的《铁道建筑》2003年增刊，封面页、出版信息页、第34~36页，复印件共5页；

附件7：日本公开特许公报特开平8-277595，公开日为1996年10月22日，及其中文译文，共11页。

请求人认为：权利要求1相对于附件1不具备新颖性和创造性，权利要求2相对于附件1不具备创造性，权利要求3相对于附件1和公知常识不具备创造性，权利要求4、5相对于附件1和公知常识或附件1、2、3的结合不具备创造性，权利要求6相对于附件1和附件4或5的结合不具备创造性，权利要求7相对于附件1、6和公知常识的结合不具备创造性，权利要求8相对于附件1和6的结合不具备创造性，权利要求9、10相对于附件1、6、7的结合不具备创造性，权利要求11、12、14相对于附件1和公知常识不具备创造性，权利要求13相对于附件1、4的结合不具备创造性，权利要求15相对于附件1、4和公知常识不具备创造性，权利要求16相对于附件1、4不具备创造性。

专利复审委员会依法成立合议组对本无效宣告请求进行审查。

本案合议组于2007年9月27日向双方发出无效宣告请求口头审理通知书，拟定于2007年12月4日在专利复审委员会举行口头审理。随同口头审理通知书，将请求人于2007年8月2日提交的意见陈述书及其附件清单中所列附件的副本转送给专利权人。

合议组于2007年10月18日向请求人发出无效宣告请求审查通知书，指出请求人的无效宣告请求所针对的文本为本专利的公开文本，合议组要求请求人针对本专利的授权公告文本，结合已经提交的证据，针对新颖性、创造性的无效理由，重新提交新的书面意见。

针对该通知书，请求人于2007年11月7日提交了意见陈述书，针对本专利的授权公告文本重新提交了书面意见，请求人认为权利要求1~3相对于附件1和公知常识或相对于附件1、2和3不具备创造性，权利要求4相对于附件1、6和公知常识不具备创造性，权利要求5相对于附件1和6不具备创造性，权利要求6相对于附件1、6、7不具备创造性，权利要求7的附加技术特征是公知常识，权利要求8、9、11相对于附件1和公知常识不具备创造性，权利要求10相对于附件1、4不具备创造性，权利要求12相对于附件1、4和公知常识不具备创造性，权利要求13相对于附件1和4不具备创造性，权利要求14相对于附件1和公知常识不具备创造性。

合议组于2007年11月26日向双方再次发出无效宣告请求口头审理通知书，定于2008年1月16日在专利复审委员会举行口头审理，原定于2007年12月4日举行的口头审理取消。随同口头审理通知书，将请求人于2007年11月7日提交的意见陈述书的副本转送给专利权人。

专利权人于2008年1月11日提交了意见陈述书及权利要求书的修改文本。此次修改中，专利权人删除了权利要求1、4，将权利要求5作为独立权利要求1，并修改了其他从属权利要求的引用关系，专利权人认为修改后的权利要求1~12相对于对比文件具有新颖性和创造性。修改后的权利要求书如下：

“1. 一种浮置道床，包括浮置板和弹簧隔振器，浮置板弹性地支承于弹簧隔振器上，弹簧隔振器由弹簧和弹簧壳体构成，弹簧置于弹簧壳体之中，弹簧的至少部分表面设有约束阻尼，或者弹簧至少局部嵌入阻尼材料之中，弹簧隔振器设置在浮置板的预留通孔内，通孔的内壁上设置支承挡块，或者通孔内嵌有联结套筒，支承挡块再固定在联结套筒内壁上，浮置板通过支承挡块支承于弹簧隔振器上，其特征在于在预留通孔内壁或连接套筒内壁上设置顶升挡块，并在弹簧隔振器与支承挡块之间设置垫片，垫片的中央留有顶升通孔。

2. 根据权利要求1所述的浮置道床，其特征在于弹簧至少局部嵌入固体阻尼材料之中。

3. 根据权利要求1所述的浮置道床，其特征在于弹簧壳体上设置密封结构，弹簧壳体中设置液体阻尼材料，弹簧下部浸在液体阻尼材料中。

4. 根据权利要求1所述的浮置道床，其特征在于在弹簧隔振器与支承挡块之间设置可以调节两者之间间距的调节螺栓和调节支承板。

5. 根据权利要求1或4所述的浮置道床，其特征在于支承档块和顶升挡块的开口及形状与弹簧壳体上顶面、垫片或调节支承板的大小相容，并可错位交叠。

6. 根据权利要求1所述的浮置道床，其特征在于浮置板为板状、框架形或梯子形，弹簧隔振器均匀分布于浮置板两侧，弹簧隔振器设置在浮置板的下方，支承在浮置板的外侧底面上。

7. 根据权利要求6所述的浮置道床，其特征在于其由多块浮置板纵向对接而成，板与板之间留有热胀伸缩间隙，并通过连接器连接。

8. 根据权利要求7所述的浮置道床，其特征在于所述连接器包括连接杆和滑动套筒，它们之间形成轴向滑动配合，径向相互约束，连接杆和滑动套筒分别固定于相邻浮置板上或预埋于相邻浮置板中。

9. 根据权利要求6所述的浮置道床，其特征在于所述浮置板由多块预制的子板构成，其端面为粗糙表面或设有凹凸配合，子板与子板之间的间隙用阻尼材料、弹性材料或混凝土填充并形成联接。

10. 根据权利要求6所述的浮置道床，其特征在于与其他道床相邻的浮置板内的弹簧隔振器，其刚度相同但排列密度不同，向端部方向密度逐渐增大或减小；或者刚度不同但排列密度相同，向端部方向刚度逐渐增大或减小。

11. 根据权利要求1所述的浮置道床，其特征弹簧隔振器的上下表面设有防止其水平移位的联接装置，该联接装置上下分别与浮置板和基础联结，联接装置为螺栓，或者凹凸结构。

12. 根据权利要求1所述的浮置道床，其特征在于浮置板上设有阻尼元件或约束阻尼结构。”

口头审理如期举行，双方当事人均参加了口头审理。

在口头审理中，（1）合议组将专利权人于2008年1月11日提交的意见陈述书及修改后的权利要求书的副本当庭转送给请求人。

（2）专利权人当庭又对权利要求书进行了修改，即在上述提交的修改的权利要求书中再删除权利要求4及权利要求5引用权利要求4的技术方案，修改后的权利要求书（下称修改文本3）内容如下：

“1. 一种浮置道床，包括浮置板和弹簧隔振器，浮置板弹性地支承于弹簧隔振器上，弹簧隔振器由弹簧和弹簧壳体构成，弹簧置于弹簧壳体之中，弹簧的至少部分表面设有约束阻尼，或者弹簧至少局部嵌入阻尼材料之中，弹簧隔振器设置在浮置板的预留通孔内，通孔的内壁上设置支承挡块，或者通孔内嵌有联结套筒，支承挡块再固定在联结套筒内壁上，浮置板通过支承挡块支承于弹簧隔振器上，其特征在于在预留通孔内壁或连接套筒内壁上设置顶升挡块，并在弹簧隔振器与支承挡块之间设置垫片，垫片的中央留有顶升通孔。

2. 根据权利要求 1 所述的浮置道床，其特征在于弹簧至少局部嵌入固体阻尼材料之中。

3. 根据权利要求 1 所述的浮置道床，其特征在于弹簧壳体上设置密封结构，弹簧壳体中设置液体阻尼材料，弹簧下部浸在液体阻尼材料中。

4.（删除）。

5. 根据权利要求 1 所述的浮置道床，其特征在于支承档块和顶升挡块的开口及形状与弹簧壳体上顶面、垫片或调节支承板的大小相容，并可错位交叠。

6. 根据权利要求 1 所述的浮置道床，其特征在于浮置板为板状、框架形或梯子形，弹簧隔振器均匀分布于浮置板两侧，弹簧隔振器设置在浮置板的下方，支承在浮置板的外侧底面上。

7. 根据权利要求 6 所述的浮置道床，其特征在于其由多块浮置板纵向对接而成，板与板之间留有热胀伸缩间隙，并通过连接器连接。

8. 根据权利要求 7 所述的浮置道床，其特征在于所述连接器包括连接杆和滑动套筒，它们之间形成轴向滑动配合，径向相互约束，连接杆和滑动套筒分别固定于相邻浮置板上或预埋于相邻浮置板中。

9. 根据权利要求 6 所述的浮置道床，其特征在于所述浮置板由多块预制的子板构成，其端面为粗糙表面或设有凹凸配合，子板与子板之间的间隙用阻尼材料、弹性材料或混凝土填充并形成联接。

10. 根据权利要求 6 所述的浮置道床，其特征在于与其他道床相邻的浮置板内的弹簧隔振器，其刚度相同但排列密度不同，向端部方向密度逐渐增大或减小；或者刚度不同但排列密度相同，向端部方向刚度逐渐增大或减小。

11. 根据权利要求 1 所述的浮置道床，其特征弹簧隔振器的上下表面设有防止其水平移位的联接装置，该联接装置上下分别与浮置板和基础联结，联接装置为螺栓，或者凹凸结构。

12. 根据权利要求 1 所述的浮置道床，其特征在于浮置板上设有阻尼元件或约束阻尼结构。”

请求人对专利权人的上述修改无异议。合议组宣布本次口头审理的基础是专利权人口审当庭修改的如上所述的权利要求书。

（3）请求人当庭出示附件 1、5、6 的原件。请求人明确其无效宣告的理由、证据、范围及证据组合方式为：权利要求 1~3、权利要求 5~12 不具有创造性。权利要求 1 相对于附件 1、3、6 的结合不具有创造性，权利要求 2、3 的附加技术特征被附件 3 公开，权利要求 5 的附加技术特征被附件 6 公开，权利要求 6、7、9、12 的附加技术特征是公知常识，权利要求 8、10、11 的附加技术特征被附件 4 公开。请求人放弃新颖性的无效理由，明确表示没有其他的无效理由、证据、范围及证据组合方式。

（4）专利权人对附件 1~7 的真实性均没有异议，对附件 7 译文的准确性没有异议。

（5）合议组同意请求人于 10 日内提交本案的意见陈述书。

在此基础上，合议组对本案进行了审查，充分听取了双方当事人的意见。

请求人于 2008 年 2 月 1 日提交意见陈述书，认为权利要求 1 的前序部分是现有技术的组合，特征部分和附件 1、6、7 比较没有实质性特点，因此权利要求 1 不具有创造性，权利要求 2~12 的特征也被公开，不具有创造性。

至此，合议组认为本案事实已经清楚，可以作出审查决定。

二、决定的理由

1. 关于证据和现有技术

请求人提交的证据包括附件 1a、1~7，其中附件 1 含有附件 1a 中的全部内容，因此附件 1、1a 的公开内容以附件 1 为准，专利权人对附件 1~7 的真实性没有异议，合议组经审查后认为附件 1~7

可以作为本案的证据使用。同时由于附件1~6为公开出版物，附件7为专利文献，且它们的公开日期在本专利的申请日前，因此附件1~7可以作为本专利的现有技术使用。

其中请求人提交的附件7为日本专利文献及其中文译文，专利权人对该日本专利文献的中文译文的准确性也没有异议，因此附件7的公开内容以附件7中所附的中文译文为准。

2. 审查的基础

专利权人在2008年1月16日口头审理中当庭修改的权利要求书（修改文本3）与本专利授权公告的权利要求书相比，删除了原权利要求1、4、6，将原权利要求5作为了新的独立权利要求1，修改后的各从属权利要求也均是由原权利要求合并形成的，如修改后的权利要求2为原权利要求5与原权利要求2的合并，上述修改方式符合审查指南第四部分第三章的规定，并且修改后的各项权利要求的内容也未超出本专利原始申请记载的范围，符合专利法第33条的规定，同时也符合实施细则第68条以及审查指南第四部分第三章的规定，因此可以被接受，作为本无效宣告请求审查决定的审查基础。

3. 关于权利要求1~12的创造性

专利法第22条第3款规定，创造性，是指同申请日以前已有的技术相比，该发明有突出的实质性特点和显著的进步，该实用新型有实质性特点和进步。

在判断一项权利要求是否具备创造性时，首先要将权利要求所述的技术方案和最接近的现有技术进行特征对比分析，如果该权利要求与最接近的现有技术对比存在区别技术特征，并且该区别技术特征能够解决该最接近的现有技术中存在的某一技术问题，则应进一步考察对于所属技术领域的普通技术人员而言，在最接近的现有技术的基础上引入上述区别技术特征来解决所述技术问题从而获得权利要求所要保护的技术方案是否显而易见，如果是，则该权利要求不具备创造性，反之，则具备创造性。

请求人认为，权利要求1相对于附件1、3、6的结合不具备创造性。

附件1图7-18公开了一种弹簧整体道床，在该系统中钢筋混凝土整体道床块置放在由柔性弹簧组成的隔振器上，由此达到减振效果。将权利要求1的技术方案与附件1相比较，权利要求1的方案中，通孔或联接套筒内设有支承挡块及顶升档块两个独立结构，而附件1中仅能辨识出存在与弹簧接触并传递荷载的支承挡块，而无法辨识出存在顶升挡块。同时由于顶升挡块无法辨识，相应的顶升通孔在附件1中也无法辨识。

附件6公开了一种内置式钢弹簧浮置板的施工技术，其图2中公开了钢弹簧浮置板道床的断面结构，但是从中也无法辨识出顶升挡块的存在。另外，尽管其中第4点公开了内置式浮置板顶升、调平的具体步骤，其中第（3）点公开了顶升浮置板的步骤为“先放入一块调平钢板，用专用顶升工具压缩隔振器内组件，达到预定压缩量后，旋转调平钢板至承载角度，顶升工具卸载后弹簧回弹，将压缩力通过调平钢板传递到外套筒上，然后顺序向前逐个顶升”，虽然其中公开了借助专用工具压缩弹簧顶升浮置板的特征，但并没有明确公开隔振器的具体结构，而且其具体结构相对于本领域技术人员也不是容易想到的。

附件3公开了一种钢弹簧加阻尼隔振器，其中公开了将钢弹簧与弹性胶泥组合在一起的阻尼隔振器，但并没有公开有关顶升挡块及顶升通孔的特征。

由此可见，附件1、3、6中均没有公开顶升挡块及顶升通孔的特征，也没有给出设置这些部件的相应的启示。而根据说明书第2页倒数第2段的记载，本专利中的顶升挡块是用于在安装过程中顶升浮置板的，支承挡块则是在工作状态下由浮置板向弹簧传递荷载的。因此，顶升挡块与支承挡块的用途不同，本专利中由于顶升挡块的设置，使得浮置板在顶升过程中可以具有不同于支承挡块的位置的顶升受力点，从而可以调节在弹簧隔振器与支承挡块之间的垫片，实现将浮置板顶升到预定高度的效果。因此，权利要求 1 相对于附件 1、3、6 的结合具有创造性。

请求人在口头审理中，认为顶升挡块和支承挡块可以结合在一起使用也可以分开使用，附件 1 图 7-18 中的顶升挡块可以位于最上面，也可以是与支承挡块合二为一。对此，合议组认为，在附件 1 的附图中并不能明确辨识出顶升挡块的存在，附件 1 中也没有文字明确说明顶升挡块的存在，并且附件 1 中也没有公开支承挡块用于顶升浮置板，即使通过一个挡块来同时实现顶升和支承两个作用，也与本专利权利要求 1 的方案并不相同，因此附件 1 没有公开上述区别特征或给出相应的启示。

如上所述，权利要求 1 相对于附件 1、3、6 的结合具备创造性，而请求人使用附件 4 仅是说明权利要求 8、10、11 的附加技术特征被附件 4 公开，对权利要求 2、3、5~7、9、12 创造性的评价也没有引入其他的对比文件，因此，在请求人所主张的权利要求 1 不具有创造性的理由不成立的前提下，其主张的从属权利要求 2、3、5 及 6~12 不具有创造性的理由也不能成立。

根据上述的事实和理由，本案合议组依法作出以下决定。

三、决定

在专利权人于 2008 年 1 月 16 日口审当庭修改的权利要求 1~3 及权利要求 5~12 的基础上维持 200410035441.1 号发明专利权有效。

当事人对本决定不服的，可以根据专利法第 46 条第 2 款的规定，自收到本决定之日起三个月内向北京市第一中级人民法院起诉。根据该款的规定，一方当事人起诉后，另一方当事人应当作为第三人参加诉讼。

053

圆筒高、低水箱洁具

无效宣告请求审查决定（第 11272 号）

决　　定　　号　第 11272 号
决　　定　　日　2008 年 3 月 26 日
发明创造名称　圆筒高、低水箱洁具
国 际 分 类 号　E03D1/00
无效宣告请求人　广东省佛陶集团钻石陶瓷有限公司，中山市丹丽陶瓷洁具有限公司
专　利　权　人　蔡朗春
专　　利　　号　95103333.6
申　　请　　日　1995 年 4 月 8 日
授 权 公 告 日　2001 年 12 月 5 日
合 议 组 组 长　于　萍
主　　审　　员　欧　岚
参　　审　　员　王　森

法　律　依　据　专利法第 22 条第 2 款、第 3 款，专利法第 26 条第 3 款、第 4 款，专利法实施细则第 20 条第 1 款
决　定　要　点

若专利权利要求限定的技术方案无论是具体结构还是操作方式与现有技术均不相同，本领域技术人员根据该现有技术不能获得该专利权利要求技术方案的启示，同时该技术方案带来了有益效果时，则该权利要求具有创造性。

一、案由

本无效宣告请求涉及中华人民共和国国家知识产权局于 2001 年 12 月 5 日授权公告的、名称为“圆筒高、低水箱洁具 ” 的发明专利权（下称本专利），其申请号是 95103333.6 ，申请日是 1995 年 4 月 8 日，专利权人是蔡朗春。本专利授权公告时的权利要求书如下：

“1. 一种圆筒高、低水箱洁具，包括一个防漏、冲洗装置和一个相应的操作装置，其特征在于一根垂直设置的薄壁圆筒，一个装在该圆筒底部的密封圈（11），一个开口在该圆筒顶端的溢水口（15）和提拉链或索固定点，该筒沿二根垂直设置的导向杆（6）作上下移动，用于控制高、低水箱内冲洗水的流出和封闭，当人力用开关（1）通过提拉链或索提升该筒向上移动时即开启出水口（8），水箱产生冲洗水流，当冲洗过程结束后，该筒在重力系统作用下自动下落，密封圈在该筒的重力和该筒所受水的垂直压力作用下密封出水口；该筒下部水平伸出的定位片（5），使筒身沿导向杆

上下移动，并且在密封状态下不产生大于导向杆半径的水平位移，当定位片向上移动至自动钩位置时与该钩啮合；有二根垂直对称固定于出水口水平法兰盘的导向杆，当圆筒沿导向杆下落时密封圈与出水口水平法兰盘不发生水平方向的位移和磨擦；在一根导向杆中上部套装自动钩，对圆筒的移动起限位和暂停作用，当水箱内水位下降至设定水位时，浮球杠杆受重力的作用向下转动并压下自动钩水平杆（10），使自动钩与定位片脱离，圆筒在自身重力的作用下回落至密闭出水口状态。

2. 按照权利要求 1 所述的圆筒高、低水箱洁具，其特征是薄壁圆筒上下两端有开放孔，并且上端孔面积小于下端孔面积；纵向筒身外表没有透空孔洞，并且呈光滑双向曲面。

3. 按照权利要求 1 所述的圆筒高、低水箱洁具，其特征是在水平溢水口的中心处有提位链或索固定点，由此外引提拉链或索与手动开关系统连接。

4. 按照权利要求 1 所述的圆筒高、低水箱洁具，其特征浮球杠杆可绕浮球阀转动，当水箱内冲洗水位达到预定的位置时，使杠杆与自动钩水平杆接触，并且使自动钩与定位片脱离。

5. 按照权利要求 1 所述的圆筒高、低水箱洁具，其特征是出水口具有水平上端面，并且对称地固定二根垂直金属导向杆，导引薄壁圆筒上下移动。

6. 按照权利要求 5 所述的圆筒高、低水箱洁具，其特征是自动钩套装在导向杆上，控制与定位片的啮合和脱离；并且可使自动钩不发生动作，由人力控制薄壁圆筒，使任意流量的冲洗水通过圆筒底部和出水口从水箱中流出。

（1）案件编号 W401278。

针对本专利权，广东省佛陶集团钻石陶瓷有限公司（下称第一请求人）于 2006 年 1 月 9 日向专利复审委员会提出无效宣告请求，第一请求人同时提交了如下附件：

附件 1-1：公告日 1988 年 8 月 3 日，公告号为 CN87205293U 的中国实用新型专利申请说明书；

附件 1-2：公告日 1989 年 8 月 9 日，申请号为 89210732.4、公告号为 CN2042483U 的中国实用新型专利申请说明书；

附件 1-3：公告日 1992 年 2 月 19 日，申请号为 91216569.3、公告号为 CN2096583U 的中国实用新型专利申请说明书。

第一请求人认为本专利相对于附件 1-1 和附件 1-3 的结合或附件 1-2 和附件 1-3 的结合不符合专利法第 22 条第 3 款的规定；说明书不符合专利法第 26 条第 3 款的规定；权利要求 1~6 不符合专利法实施细则第 2 条第 1 款、第 20 条第 1 款和第 21 条第 2 款的规定、专利法第 26 条第 4 款的规定。

经形式审查合格，专利复审委员会依法受理了上述无效宣告请求，并于 2006 年 1 月 11 日向第一请求人和专利权人发出无效宣告请求受理通知书，同时将专利权无效宣告请求书及其证据清单中所列证据的副本转送给专利权人，并要求专利权人在指定的期限内陈述意见。

针对专利复审委员会发出的上述无效宣告请求受理通知书，专利权人于 2006 年 2 月 21 日提交了意见陈述书及以下证据：

反证 1-1：国家知识产权局专利复审委员会作出的第 7138 号无效宣告请求审查决定，复印件一份；

反证 1-2：中华人民共和国北京市高级人民法院（2005）高行终字第 22 号行政判决书，复印件一份；

反证 1-3：授权公告日 1997 年 8 月 27 日，授权公告号 CN2260828Y（专利号 96202820.7）的实用新型专利说明书；

反证 1-4：授权公告日 1998 年 5 月 6 日，授权公告号 CN2280726Y（专利号 97201303.2）的实用新型专利说明书；

反证 1-5：授权公告日 2000 年 7 月 5 日，授权公告号 CN2386093Y（专利号 99236677.1）的实用新型专利说明书；

反证 1-6：授权公告日 2001 年 2 月 14 日，授权公告号 CN2419281Y（专利号 99236678.X）的实用新型专利说明书；

反证 1-7：授权公告日 2001 年 10 月 17 日，授权公告号 CN2454425Y（专利号 00240338.2）的实用新型专利说明书。

专利权人认为：本专利具备创造性，符合专利法第 26 条第 3、4 款，专利法实施细则第 2 条第 1 款和第 20 条第 1 款的规定，并用反证 1-1 证明第一请求人的附件 1-3 没有证明力；用反证 1-1、1-3~1-7证明自动钩与定位杆的套装以及自动钩与定位片的啮合根据本领域的公知技术是容易实现的，不需要付出创造性的劳动，反证 1-2 是一份涉及对权利要求是否符合专利法实施细则第 20 条第 1 款规定判断的高院行政判决书，专利权人引用其说明本专利的权利要求记载的技术方案是清楚的。

第一请求人于 2006 年 4 月 16 日向专利复审委员会提交了意见陈述书和补充证据，其中补充的附件为：

附件 1-4：公开日为 1994 年 4 月 19 日，公开号为特开平 6-108507A 的日本公开专利公报及中文译文，复印件共 18 页；

附件 1-5：公告日为 1994 年 1 月 19 日，公开号为 0578892A1 的欧洲专利申请公报及中文译文，复印件共 21 页；

附件 1-6：公告号为 2355129 的法国专利局专利公报，复印件共 11 页；

附件 1-7：第一请求人所称 ETABLⅠSSEMENTS PORCHER 公司 1993 年产品样本，复印件共 4 页；

附件 1-8：第一请求人所称 ETABLⅠSSEMENTS PORCHER 公司 1988 年产品样本，复印件共 4 页。

第一请求人认为根据上述附件可知本专利不符合专利法和专利法实施细则的相关规定。

专利权人于 2006 年 11 月 30 日提交了如下证据：

反证 1-8：北京市第一中级人民法院（2005）一中行初字第 1169 号行政判决书，复印件共 12 页；

反证 1-9：北京市第一中级人民法院（2006）一中行初字第 194 号行政判决书，复印件共 15 页。

（2）案件编号 W401402。

针对本专利权，中山市丹丽陶瓷洁具有限公司（下称第二请求人）于 2006 年 5 月 26 日向专利复审委员会提出无效宣告请求，其认为本专利不符合专利法第 22 条第 2、3 款，第 26 条第 3、4 款及专利法实施细则第 20 条第 1 款，第 21 条第 2 款的规定，第二请求人同时提交了如下附件：

附件 2-1：公开日为 1994 年 4 月 19 日，公开号为特开平 6-108507A 的日本公开专利公报及中文译文，复印件共 18 页；

附件 2-2：（2006）杭民三初字第 94 号民事起诉状，复印件共 9 页。

第二请求人认为：在附件 2-2 中专利权人明确表示本专利所公开的技术特征与涉案产品即附件 2-1 所公开的技术方案是相同和等同，因此本专利不具备新颖性和创造性；说明书不符合专利法第 26 条第 3 款的规定；权利要求 1~6 不符合专利法实施细则第 2 条第 1 款和第 20 条第 1 款的规定、专利法第 26 条第 4 款的规定。

经形式审查合格，专利复审委员会依法受理了上述无效宣告请求，并于 2006 年 5 月 30 日向第二请求人和专利权人发出无效宣告请求受理通知书，同时将专利权无效宣告请求书及其证据清单中所列证据的副本转送给专利权人，并要求专利权人在指定的期限内陈述意见。

针对专利复审委员会发出的上述无效宣告请求受理通知书，专利权人于2006年7月13日提交了意见陈述书，并提交如下证据：

反证2-1：中华人民共和国浙江省杭州市公证处（2003）杭证民字第8670号公证书，复印件共6页；

反证2-2：所称第二请求人生产的82205型水箱配件产品合格证、说明书，复印件共2页；

反证2-3：2005年9月28日开具的编号为00210052号发票，2005年9月24日开具的编号为0002606号收款收据和2005年9月27日出具的编号为0002607号收款收据，复印件共2页；

反证2-4：杭州别格贸易有限公司名片，复印件共1页；

反证2-5：授权公告日1997年8月27日，授权公告号CN2260828Y（专利号96202820.7）的实用新型专利说明书，共10页；

反证2-6：授权公告日1998年5月6日，授权公告号CN2280726Y（专利号97201303.2）的实用新型专利说明书，共5页；

反证2-7：授权公告日2000年7月5日，授权公告号CN2386093Y（专利号99236677.1）的实用新型专利说明书，共8页；

反证2-8：中华人民共和国国家知识产权局专利复审委员会第7138号无效宣告请求审查决定，复印件共5页；

反证2-9：中华人民共和国北京市高级人民法院（2006）高行终字第22号行政判决书，复印件共7页。

专利权人认为：附件2-1缺乏真实性和合法性，附件2-2与本案无关联性，本专利相对于附件2-1具备创造性。反证2-5~2-8证明自动钩与定位杆的套装以及自动钩与定位片的啮合根据本领域的公知技术是容易实现的，不需要付出创造性的劳动。反证2-9是一份涉及对权利要求是否符合专利法实施细则第20条第1款规定判断的高院行政判决书，专利权人引用其说明本专利的权利要求记载的技术方案是清楚的。反证2-1~2-4用于证明第二请求人的被控侵权产品与其提交的附件2-1所公开的产品不同，且该侵权产品的公开没有早于本专利的申请日。

专利权人于2006年11月28日又提交了补充证据：

反证2-10：北京市第一中级人民法院（2005）一中行初字第1169号行政判决书，复印件共12页（同反证1-8）；

反证2-11：北京市第一中级人民法院（2006）一中行初字第194号行政判决书，复印件共15页（同反证1-9）。

（3）案件编号W401460。

针对本专利权，第一请求人广东省佛陶集团钻石陶瓷有限公司于2006年6月11日再次向专利复审委员会提出无效宣告请求，认为本专利不符合专利法第22条第2、3款的规定，第一请求人同时提交了如下附件：

附件3-1：公开日为1994年4月19日，公开号为特开平6-108507A的日本公开专利公报及中文译文，复印件共18页（同附件2-1）；

附件3-2：蔡朗春起诉广东省佛陶集团钻石陶瓷有限公司的起诉状，复印件共11页；

附件3-3：蔡朗春向杭州市中级人民法院起诉时提交的原告证据清单及证据中的实用新型专利公告（CN2260828Y），复印件共12页；

附件3-4：浙江省高级人民法院（2005）浙民三终字第156号民事判决书，复印件共10页；

附件 3-5：所称涉案产品相片，打印彩页 1 页。

第一请求人认为附件 3-1~3-5 所涉及的涉案产品与本专利的产品相同和等同，同时附件 3-1 的公告日早于本专利的申请日，因此本专利不具备新颖性和创造性。

经形式审查合格，专利复审委员会依法受理了上述无效宣告请求，并于 2006 年 7 月 31 日向第一请求人和专利权人发出无效宣告请求受理通知书，同时将专利权无效宣告请求书及其附件清单中所列附件的副本转送给专利权人，并要求专利权人在指定的期限内陈述意见。

针对专利复审委员会发出的上述无效宣告请求受理通知书以及前述两个无效宣告请求案，专利权人于 2006 年 10 月 26 日提交了意见陈述书，其认为请求人提交的附件 3-1 缺乏真实性和合法性、附件 3-2 至附件 3-5 与本案没有关联性，本专利满足创造性的规定。

专利权人还于 2006 年 11 月 30 日提交了如下证据：

反证 3-1：北京市第一中级人民法院（2005）一中行初字第 1169 号行政判决书，复印件共 12 页（同反证 1-8、反证 2-10）；

反证 3-2：北京市第一中级人民法院（2006）一中行初字第 194 号行政判决书，复印件共 15 页（同反证 1-9、反证 2-11）。

（4）案件编号 W401612。

针对本专利权，第一请求人广东省佛陶集团钻石陶瓷有限公司于 2006 年 10 月 1 日第三次向专利复审委员会提出无效宣告请求，认为本专利不符合专利法第 22 条第 2、3 款的规定，第一请求人同时提交了如下附件：

附件 4-1：公告日为 1994 年 1 月 19 日，公开号为 0578892A1 的欧洲专利申请公报及中文译文，复印件共 23 页；

附件 4-2：公告号为 2355129 的法国专利局专利公报，复印件共 11 页；

附件 4-3：第一请求人所称 ETABL I SSEMENTS PORCHER 公司 1993 年产品样本，复印件共 13 页；

附件 4-4：第一请求人所称 ETABL I SSEMENTS PORCHER 公司 1988 年产品样本，复印件共 9 页；

附件 4-5：所称法国宝卓公司的相关产品照片，复印件共 3 页；

附件 4-6：所称法国宝卓公司的产品安装说明书，复印件共 4 页。

第一请求人于 2006 年 10 月 27 日向专利复审委员会提交了意见陈述书，并补充了如下证据：

附件 4-7：浙江省杭州市中级人民法院判决书（2005）杭民三初字第 425 号，复印件共 24 页。

经形式审查合格，专利复审委员会依法受理了上述无效宣告请求，并于 2007 年 4 月 25 日向第一请求人和专利权人发出无效宣告请求受理通知书，同时将专利权无效宣告请求书及其附件清单中所列附件的副本和请求人于 2006 年 10 月 27 日提交的意见陈述书及附件副本转送给专利权人，并要求专利权人在指定的期限内陈述意见。

针对专利复审委员会发出的上述无效宣告请求受理通知书以及第一请求人提出的前两个无效宣告请求案，专利权人于 2007 年 6 月 4 日提交了意见陈述书，认为请求人提交的附件 4-1 至 4-6 缺乏真实性和合法性、附件 4-1 至 4-6 与本案没有关联性，本专利满足创造性的规定、符合专利法和实施细则的规定，本专利权利要求得到说明书的支持并以说明书为依据。同时提交如下证据：

反证 4-1：浙江省高级人民法院（2005）浙民三终字第 196 号民事判决书，复印件一份；

反证 4-2：中山市丹丽陶瓷洁具有限公司向杭州市中级人民法院提交的《证据清单》和《补充证据清单》以及所称《中山市丹丽陶瓷洁具有限公司产品样本》，复印件共 6 页；

反证 4-3：公开日为 1994 年 4 月 19 日，公开号为特开平 6-108507A 的日本公开专利公报的中文译文第 1 页；

反证 4-4：所称 ETABL I SSEMENTS PORCHER 公司 1998 年产品样本第 1 页，复印件；

反证 4-5：授权公告日 2001 年 10 月 24 日，授权公告号 CN2455792Y（申请号 00240337.4）的实用新型专利说明书；

反证 4-6：申请号为 CN00343817.1 的外观图形，复印件共 2 页。

专利复审委员会依法成立合议组。本案合议组于 2007 年 7 月 12 日向第一、二请求人及专利权人发出无效宣告请求口头审理通知书，定于 2007 年 8 月 23 日在专利复审委员会举行口头审理。随同口头审理通知书，将第一请求人于 2006 年 4 月 16 日提交的意见陈述书及其证据清单中所列证据的副本转送给专利权人，将专利权人于 2006 年 2 月 21 日提交的意见陈述书及其证据清单中所列证据的副本、于 2006 年 11 月 30 日提交的证据副本、于 2007 年 6 月 4 日提交了意见陈述书及其证据清单中所列证据的副本转送给第一请求人，将专利权人于 2006 年 7 月 13 日提交的意见陈述书及其证据清单中所列证据的副本和 2006 年 11 月 28 日提交的证据副本转送给第二请求人，将专利权人于 2006 年 10 月 26 日提交了意见陈述书转送给第一、二请求人。

口头审理如期举行，第一、二请求人及专利权人均参加了口头审理。

在口头审理中，对于无效宣告请求案（1），第一请求人明确其无效的理由、证据、范围以及证据的使用情况为：权利要求 1~6 不符合专利第 26 条第 3 款，权利要求 1、2、6 不符合专利第 26 条第 4 款，权利要求 1~6 不符合专利法实施细则 20 条第 1 款。当庭放弃专利法实施细则第 2 条 1 款和第 21 条第 2 款，专利法第 22 条第 3 款的无效理由及放弃附件 1-1~1-8。对于无效宣告请求案（3），第一请求人放弃本专利不具备新颖性的无效理由，明确其无效的理由、证据、范围以及证据的使用情况为：权利要求 1~6 相对于附件 3-1 不符合专利法第 22 条第 3 款的规定。第一请求人认为附件 3-2、3-3、3-5 的产品和附件 3-1 的产品等同，由于专利权人的起诉状及判决书认定附件 3-5 与本专利等同，所以认为本专利与附件 3-1 等同。第一请求人当庭出示了其上盖有“经确认此副本与原件相同 国家知识产权局检索咨询中心副本 认证专用章”的附件 3-1。专利权人对附件 3-1 的真实性没有异议，对附件 3-1 的中文译文没有异议，对附件 3-2~3-5 的真实性没有异议。第一请求人出示了附件 3-5 的照片所示产品的实物并认为该产品实物是附件 3-2 起诉状涉及的侵权产品，专利权人表示认可。对于无效宣告请求案（4），第一请求人明确其无效的理由、证据、范围以及证据的使用情况为：权利要求 1~6 相对附件 4-3~4-6 形成证据链所证明的在先公开使用的产品不具有新颖性；权利要求 1~6 相对于附件 4-1 和 4-2 不具有创造性，具体为使用附件 4-1 评价权利要求 1、2、5 的创造性，具体意见与无效宣告请求案（3）的一致，权利要求 3、4、6 的附加技术特征在附件 4-2 的附图中可以看出，附件 4-7 用来佐证本专利不具有创造性。第一请求人当庭出示的附件 4-1、4-2 盖有“经确认此副本与原件相同 国家知识产权局检索咨询中心 副本认证专用章”，另外出示了附件 4-3~4-6的原件。专利权人认可附件 4-1 译文的准确性，对附件 4-1、4-2、4-7 的真实性没有异议，而对附件 4-3~4-6 的真实性有异议。对于无效宣告请求案（2），第二请求人明确其无效的理由、证据、范围以及证据的使用情况为：本专利不符合专利法第 26 条 3、4 款，专利法第 22 条第 3 款，实施细则第 20 条第 1 款，放弃本专利不符合专利法实施细则第 2 条第 1 款和第 21 条第 2 款的无效理由。关于本专利不符合专利法第 22 条第 3 款的具体意见与无效宣告请求案（3）的意见相同，其他的无效理由即本专利不符合专利法第 26 条 3、4 款和专利法实施细则第 20 条第 1 款的具体意见均与无效宣告请求案（1）的意见相同。专利权人对附件 2-1、2-2 的真实性没有异议。

至此，合议组认为本案事实已经清楚，可以作出审查决定。

二、决定的理由

1. 关于证据和现有技术

对于无效宣告请求案（2），第二请求人提交的证据包括附件 2-1 日本公开专利公报及中文译文和附件 2-2 民事起诉状，专利权人对附件 2-1、2-2 的真实性没有异议，合议组经审查认为其可以作为无效宣告请求案（2）的证据使用。同时由于附件 2-1 为日本公开专利公报及中文译文，且其公开日期在本专利的申请日前，因此可以作为本专利的现有技术使用，专利权人对附件 2-1 的中文译文没有异议，因此附件 2-1 的公开内容以其中文译文为准。

对于无效宣告请求案（3），第一请求人提交的证据包括附件 3-1 至 3-5，附件 3-1 为日本公开专利公报及中文译文，附件 3-2 为专利权人的民事起诉状，附件 3-3 为专利权人起诉时提交的证据清单及其中的一份专利文献证据，附件 3-4 为浙江省高级人民法院的民事判决书，附件 3-5 为所称涉案产品相片。专利权人对附件 3-1 至 3-5 的真实性没有异议，合议组经审查认为其可以作为无效宣告请求案（3）的证据使用。同时由于附件 3-1 为日本公开专利公报及中文译文，且其公开日期在本专利的申请日前，因此可以作为本专利的现有技术使用，专利权人对附件 3-1 的中文译文没有异议，因此附件 3-1 的公开内容以其中文译文为准。

对于无效宣告请求案（4），第一请求人提交并使用的证据包括附件 4-1 至 4-7，附件 4-1 和 4-2 分别为欧洲专利申请公报和法国专利公报，附件 4-7 为浙江省杭州市中级人民法院的一份判决书，其中专利权人对附件 4-1、4-2、4-7 的真实性没有异议。合议组经审查认为，附件 4-1、4-2、4-7 可以作为无效宣告请求案（4）的证据使用，同时由于附件 4-1 为欧洲专利申请公报及中文译文，且其公开日期在本专利的申请日前，因此可以作为本专利的现有技术使用，专利权人认可附件 4-1 中文译文的准确性，因此附件 4-1 的公开内容以其中文译文为准。附件 4-2 为法国专利公报，属于公开出版物，合议组经核实其公开日期在本专利的申请日前，但由于第一请求人未提交附件 4-2 的中文译文，因此根据审查指南第四部分第八章 2.2.1“外文证据中没有提交中文译文的部分，不作为证据使用”的规定，第一请求人只能使用附件 4-2 的附图作为本专利的现有技术用于评价本专利的创造性。附件 4-3 至 4-6 为所称法国一公司的两份产品样本以及相关产品照片和产品安装说明书，专利权人对其真实性有异议，合议组经审查认为，由于该附件 4-3 至 4-6 是在中华人民共和国领域外形成的证据，根据审查指南第四部分第八章的规定，对该证据应该经所在国公证机关予以证明，并经中华人民共和国驻所在国使领馆予以认证，或者履行中华人民共和国在该所在国订立的有关条约中规定的证明手续。由于第一请求人未履行上述公证、认证手续，也没有提交其他证据证明附件 4-3 至 4-6 的真实性，同时专利权人对附件 4-3 至 4-6 的真实性有异议，因此附件 4-3 至 4-6 的真实性无法确认。第一请求人在口审中表示附件 4-3 至 4-6 可以从中国的很多企业获得，但没有提交任何证据支持其主张，因此，合议组对附件 4-3 至 4-6 不予采信，其不能作为评价本专利新颖性的现有技术。

2. 关于专利法第 26 条第 3 款

专利法第 26 条第 3 款规定：说明书应当对发明或者实用新型作出清楚、完整的说明，以所属技术领域的技术人员能够实现为准。

对于无效宣告请求案（1），第一请求人认为本专利说明书对自动钩的具体结构以及如何对圆筒的移动起暂停和限位作用没有详细描述，自动钩水平杆的转动角度如何控制以及如何摆脱自动钩的控制，完全由手动实现任意控制水量在本专利说明书中均没有公开。对于无效宣告请求案（2），第二请求人的意见与无效宣告请求案（1）相同。

合议组认为，虽然本专利说明书中没有具体描述自动钩的结构，但本专利说明书第 2 页记载了“当定位片在向上滑动中碰撞自动钩时，即被自动钩扣住而停止滑动；当浮球杠杆在自身及浮球重力作用压下自动钩水平杆时，自动钩即与定位片脱离”，本领域的技术人员根据本领域的惯用技术手段，可以采用多种结构并容易地实现自动钩与导向杆的套装及自动钩与定位片的啮合来实现对圆筒的移动起暂停和限位功能。而且本专利说明书第2页倒数第二段记载了“在冲洗过程中，随着作用在手动开关上人力的消失，园筒即在其自身重力的作用下沿导向杆垂直下滑，由其下端的橡胶密封圈将出水口封闭，结束冲洗。这就相当于可以用手动开关任意地控制冲洗便器的水量，如一次将低水箱内贮水全部放完需时5秒。”上述描述已经清楚说明了用手动开关任意控制冲洗的水量，本领域的技术人员根据说明书记载的内容能够实现随意控制水量的目的。综上所述，本专利说明书已经对本实用新型作出清楚、完整的说明，本领域的技术人员在说明书公开的内容的基础上完全能够实现本实用新型的技术方案，第一、二请求人认为本专利说明书不符合专利法第26条第3款规定的理由不能成立。

3. 关于专利法第26条第4款

专利法第26条第4款规定：权利要求书应当以说明书为依据，说明要求专利保护的范围。

权利要求书应当以说明书为依据，是指权利要求书应当得到说明书的支持。权利要求书中的每一项权利要求所要求保护的技术方案应当是所属领域的技术人员能够从说明书充分公开的内容中得到或者概括得出的技术方案，并且不得超出说明书公开的范围。

对于无效宣告请求案（1），第一请求人认为（1）因为说明书中没有清楚描述自动钩，所以权利要求书得不到说明书的支持；权利要求6的附加技术特征“可使自动钩不发生动作，由人力控制薄壁圆筒，使任意流量的冲洗水通过圆筒底部和出水口从水箱中流出”在说明书中未清楚描述，因此也得不到支持。（2）权利要求1的冲洗过程结束后圆筒下落，而说明书第2页中是先圆筒下落再结束，两者是前后矛盾的，因此该权利要求1得不到说明书的支持。（3）权利要求2的附加技术特征在说明书中没有描述，所以得不到支持。对于无效宣告请求案（2），第二请求人的意见与无效宣告请求案（1）相同。

合议组认为，对于（1），由于前面已陈述由本专利说明书的记载能够实现自动钩对圆筒的移动起暂停和限位功能及用手动开关任意控制冲洗的水量，因此权利要求中的相关记载得到了说明书的支持。关于（2），本领域技术人员通过阅读说明书和权利要求书可以理解出它们均表达了同一个过程，即：当冲洗时浮球下降，下降至压下水平杆，自动钩与定位片脱落，使得圆筒在重力作用下自动下落并封住出水口导致了冲洗过程结束，因此两者并不矛盾。关于（3），本专利说明书第3页第2段记载了：若水箱内的水位超过溢水口时，则超量的水经溢水口流入圆筒，再经出水口流入便器。同时，本专利说明书附图显示溢水口在圆筒的最上端。若纵向筒身外表面有透空孔洞，则水将从透空孔洞中流走，无法储存在水箱中。因此，本领域的技术人员根据说明书公开的上述内容，能够得出本专利权利要求2“圆筒上下两端有开放孔，纵向筒身外表没有透空孔洞”的技术特征；而且本专利说明书附图显示圆筒的上端直径小、下端直径大，且从附图1看出圆筒的截面两侧为曲线。本领域技术人员结合本专利说明书关于“随着水箱内水位上升，作用在圆筒下部的水的压强逐渐增加，直至浮球阀关闭”的描述，可以得出本专利权利要求2“圆筒上端孔面积小于下端孔面积，筒身外表呈双向曲面”的技术特征。关于筒身外表是否光滑，由于从说明书附图看，圆筒筒身外表不是明显粗糙，因此本领域技术人员从本专利说明书文字及附图公开的内容可以得出筒身外表光滑的结论。综上，本专利权利要求1~6符合专利法第26条第4款的规定。

4. 关于专利法实施细则第20条第1款

专利法实施细则第20条第1款规定：权利要求书应当说明发明或者实用新型的技术特征，清楚、简要地表述请求保护的范围。

对于无效宣告请求案（1），第一请求人认为（1）权利要求1中只简单列出了部件的名称，对各部件的具体结构、相对位置关系没有清楚描述，对自动钩的结构未给出清楚描述；（2）权利要求2中使用否定词来说明保护范围，使保护范围不清楚，光滑双向曲面在说明书文字部分没有，透空孔洞一词也不清楚；（3）权利要求4、5与权利要求1有重复。对于无效宣告请求案（2），第二请求人的意见与无效宣告请求案（1）相同。

合议组认为，关于（1），本专利权利要求1请求保护一种洁具，本领域的技术人员在本领域现有技术的基础上根据权利要求1记载的部件名称以及相对位置关系可清楚了解洁具中各个部件的结构和位置关系，虽然没有具体描述自动钩的结构，本领域的技术人员根据本领域的惯用技术手段，可以采用多种结构并容易地实现自动钩与导向杆的套装及自动钩与定位片的啮合来实现对圆筒的移动起暂停和限位功能；关于（2），本专利权利要求2的“纵向筒身外表没有透空孔洞”使用了否定词，但该否定的描述没有使得保护范围不清楚，另外，对于本领域普通技术人员来说，光滑双向曲面和透空孔洞在权利要求2中所表示的含义也是清楚的；关于（3），权利要求4、5的一部分附加技术特征与权利要求1的描述有重复，但是并没有矛盾，权利要求4、5的保护范围仍是清楚的。综上所述，第一、二请求人认为权利要求1~6不符合专利法实施细则第20条第1款规定的主张不能成立。

5. 关于新颖性

专利法第22条第2款规定，新颖性，是指在申请日以前没有同样的发明或者实用新型在国内外出版物上公开发表过、在国内公开使用过或者以其他方式为公众所知，也没有同样的发明或者实用新型由他人向国务院专利行政部门提出过申请并记载在申请日以后公布的专利申请文件中。

对于无效宣告请求案（4），第一请求人认为权利要求1~6相对附件4-3至4-6形成证据链证明在先使用公开而不具有新颖性。由前述可知，附件4-3至4-6的真实性无法确认，不能作为评价本专利权利要求1~6的新颖性的证据使用。因此，第一请求人的上述主张不能成立。

6. 关于创造性

专利法第22条第3款规定，创造性，是指同申请日以前已有的技术相比，该发明有突出的实质性特点和显著的进步，该实用新型具有实质性特点和进步。

对于无效宣告请求案（3），第一请求人认为权利要求1~6相对于附件3-1不符合专利法第22条第3款的规定。

附件3-1公开了一种冲洗水箱，具体公开了以下技术特征（中文译文第0015、0016、0017、0020段、第0022段第11~15行和图1-12）：包括一个冲洗装置和一个相应的操作装置，包括一根垂直设置的溢流管21（相当于本专利的薄壁圆筒），溢流管21的筒壁20上有一个挂链19与顶部提拉装置联动，溢流管21的上部被搞成圆锥形状，下部被搞成圆柱形状，其下部与环状阀头25、环状阀座26成为一体工作，被阀座26规定了范围的中央部分形成水管27的入口，水管27贯穿水箱1的底部被连接水管7上。水箱1底部的环状基台部件装备了两个相互对直径方向相对的两个托架29，每个托架29的上部与横向的托架30、中心的套管31结合在一起，溢流管21贯通该套管31的内部，套管31的侧壁一部分开口，目的是为了在溢流管外壁部形成锯齿形状的两个凸出部32、33能够通过，在套管31上设与开口部形成相反侧的两个导向筋31a，和在溢流管21形成的3个导向筋21a配合安装，一个导向筋21a在两个导向筋31a之间上下滑动。托架30上的转轴支持着两个可绕转轴转动的平行手柄34、35，手柄成同一形状，其上分别有非常短的臂34b和35b以及浮子39、40，臂34b和35b的前端分别形成轴毂37、38，轴毂37、38具有圆柱外形，当手柄34、35以转轴36为中心转动，轴毂37、38当接在溢流管21的壁部。当使用者按按钮12，轴毂13下降到最大移动距离，溢流管21被手柄17及挂链19向上牵引，阀头25和阀座26之间开口，水箱产生冲洗水流，溢流管21上升时，轴毂37、38分别滑过凸出部32、33的倾斜部32a、33a的上面，返回凸出部32、33的下方的溢流管

21 壁部，当接到其上面；当使用者解除按压按纽 12，凸出部 32 垂直的当接于轴毂 37 之上，两个手柄 34、35 由于浮子 39、40 的浮力的作用而保持在原来的位置上，凸出部 32 被轴毂 37 支持，手柄 34 不能转动，因而溢流管 21 不能在重力下自动下落，当水位达到浮子 40 的底部，由于浮子的重量手柄 35 转动，但溢流管 21 当接于轴毂 37，因此没有影响，水位继续下降，当水位达到浮子 39 的下部，手柄 34 转动，由于轴毂 37 不再支持凸出部 32，溢流管 21 由于重力而下降，阀头 25 及阀座 26 之间闭塞，冲洗过程结束。水箱 1 通过阀门 3 供水，进水量用与浮球及杠杆 5 相连的活栓控制。

本专利权利要求 1 与附件 3-1 相比两者存在以下主要区别：①关于冲水时圆筒打开位置的保持，本专利中是靠圆筒下部水平伸出的定位片与套装在一根导向杆上的自动钩的啮合实现的，而附件 3-1 中则是依靠浮子的浮力的作用而使手柄保持不转动，由于手柄上的轴毂支持溢流管的凸出部，从而使得溢流管保持在打开位置的；②关于放水结束时对出水口的关闭，本专利是靠浮球丧失浮力而在重力作用下使浮球杠杆向下转动并压下自动钩水平杆，使自动钩与定位片脱离，从而圆筒在自身重力的作用下回落密封出水口，而附件 3-1 是通过浮子失去浮力时使手柄转动，由于手柄的轴毂不再支持溢流管的凸出部而使得溢流管在重力作用下回落密封出水口；③关于圆筒导向，本专利是依靠二根垂直对称固定于出水口水平法兰盘的导向杆实现的，而附件 3-1 是依靠套在水箱底部的环状基台部件中心的套管，由溢流管的导向筋和套管的导向筋配合实现的。由此可见，本专利与附件 3-1 的具体结构不同，具体的工作方式也不相同。

第一请求人认为，附件 3-1 的手柄 34，轴 36，轴毂 37 相当于本专利的自动钩结构；溢流管 21 的凸出部对应本专利的定位片，21a 导向筋在套管 31 的导向筋 31a 中的滑动对应本专利的定位片在导向杆上滑动；溢流管相当于本专利的薄壁圆桶，浮子 39 对应本专利权利要求 1 中的浮球，浮球及杠杆 5 对应本专利权利要求 4 中的浮球杠杆。但是如前所述，虽然附件 3-1 公开的上述部件与本专利的自动钩、定位片、导向杆所起作用相同，但两者的具体结构以及相互配合的工作方式完全不同，而且附件 3-1 中的浮子 39 仅是与手柄、轴毂、溢流管凸出部配合控制溢流管的停留和下落，附件 3-1 的水箱供水还另设置有阀门 3、浮球及杠杆 5 和与其相连的活栓来控制，但本专利的浮球及浮球杠杆与其他部件配合同时起到控制圆筒停留和下落以及控制水箱进水的作用，可见上述两者的浮球和浮球杠杆的作用不相同，设置的方式和在水箱中的位置关系也完全不同。因此第一请求人的上述主张不能成立。

综上，本专利权利要求 1 与附件 3-1 两者的具体结构及工作方式均不同，本领域的技术人员在附件 1 的基础上不能获得技术启示而得出权利要求 1 限定的技术方案，并且该技术方案具有不漏水、低噪声、操作简便省力等有益效果，可见权利要求 1 相对于附件 3-1 具有突出的实质性特点和显著进步，具有创造性，符合专利法第 22 条第 3 款的规定。由于权利要求 1 具有创造性，其从属权利要求 2~6 也具有创造性。

关于第一请求人提供附件 3-2 至附件 3-5 说明本专利与现有技术等同的问题。合议组认为，在无效宣告请求的审查程序中，对一项专利是否具有创造性的审查，合议组应当依据《专利法》第 22 条第 3 款对创造性的要求，以及《审查指南》中规定的创造性的审查原则和审查基准独立进行判断。请求人关于“附件 3-2、3-3、3-5 的产品与附件 3-1 的产品等同，而专利权人的起诉状以及判决书 3-4 认定附件 3-5 与本专利等同，因而本专利与附件 3-1 等同”的主张，不能直接作为判断本专利是否具备创造性的依据。

对于无效宣告请求案（2），第二请求人认为权利要求 1~6 相对于附件 2-1 不符合专利法第 22 条第 3 款的规定，具体的创造性的意见与无效宣告请求案（3）相同。由于第二请求人使用的附件2-1 与附件 3-1 相同，且其陈述创造性的具体理由与第一请求人的相同，故基于上述相同的理由，第二请求人认为权利要求1~6相对于附件2-1不符合专利法第22条第3款规定的主张也不能成立。

对于无效宣告请求案（4），第一请求人认为权利要求1~6相对于附件4-1和附件4-2的结合不符合专利法第22条第3款的规定，使用附件4-1评价权利要求1、2、5的创造性与无效宣告请求案（3）的理由一致，权利要求3、4、6的附加技术特征在附件4-2的附图中可以看出。

由于附件4-1的中文译文与附件3-1的相同，且其使用附件4-1评价权利要求1、2、5的创造性的理由与无效宣告请求案（3）的相同，故基于上述相同的理由，第一请求人认为权利要求1、2、5相对于附件4-1不符合专利法第22条第3款规定的主张也不能成立。同时第一请求人仅使用附件4-2证明权利要求3、4、6的附加技术特征在其中公开，其仍然没有提供证据证明现有技术给出了将前述的区别技术特征应用到附件4-1中并解决其技术问题的启示，故由于权利要求3、4、6引用的在先权利要求具有创造性，其从属权利要求3、4、6也具有创造性。

附件4-7为法院判决书，第一请求人用其来佐证本专利不具备创造性。如上所述，在无效宣告请求审查程序，合议组对涉及专利创造性的审查应当依据专利法及审查指南中有关创造性的规定独立进行判断。该附件4-7并不能证明本专利不具备创造性。

根据上述的事实和理由，本案合议组依法作出以下决定。

三、决定

维持95103333.6号发明专利权有效。

当事人对本决定不服的，可以根据专利法第46条第2款的规定，自收到本决定之日起三个月内向北京市第一中级人民法院起诉。根据该款的规定，一方当事人起诉后，另一方当事人应当作为第三人参加诉讼。

北京市第一中级人民法院
行政判决书

（2008）一中行初字第1102号

原告广东佛陶集团钻石陶瓷有限公司，住所地广东省佛山市石湾和平路12号。

法定代表人陈汉都，总经理。

委托代理人贺红星，广东华法律师事务所律师。

委托代理人尹文涛，中山市科创专利代理有限公司专利代理人。

被告国家知识产权局专利复审委员会，住所地北京市海淀区北四环西路9号银谷大厦10~12层。

法定代表人廖涛，副主任。

委托代理人欧岚，国家知识产权局专利复审委员会审查员。

委托代理人刘妍，国家知识产权局专利复审委员会审查员。

第三人蔡朗春，男，1956年4月12日出生，汉族，浙江金大科技有限公司工程师，住浙江省杭州市下城区施家花园7幢1单元302室。

原告广东佛陶集团钻石陶瓷有限公司（以下简称佛陶集团公司）不服被告国家知识产权局专利复审委员会（以下简称专利复审委员会）于2008年3月26日作出的第11272号无效宣告请求审查决定（以下简称第11272号决定），于法定期限内向本院提起诉讼。本院于2008年7月31日受理本案后，依法组成合议庭，并按照法律有关规定通知蔡朗春作为第三人参加诉讼，于2008年10月24日公开开庭进行了审理。原告佛陶集团公司的委托代理人贺红星、尹文涛，被告专利复审委员会的委托代理人欧岚、刘妍，第三人蔡朗春到庭参加了诉讼。本案现已审理终结。

专利复审委员会第11272号决定系就佛陶集团公司对蔡朗春享有的名称为“圆筒高、低水箱洁具”的实用新型专利（以下简称本专利）所提出的无效宣告请求作出的。第11272号决定认为：1. 本专利说明书已经对本实用新型作出清楚、完整的说明，本领域的技术人员在说明书公开的内容的基础上完全能够实现本实用新型的技术方案，本专利符合《中华人民共和国专利法》（以下简称专利法）第二十六条第三款的规定。2. 本领域技术人员从本专利说明书文字及附图公开的内容可以得出本专利的技术方案，本专利符合《专利法》第二十六条第四款的规定。3. 由于佛陶集团公司提交的附件4-3至4-6的真实性无法确认，不能作为评价本专利权利要求1~6的新颖性的证据使用。因此本专利具有新颖性。4. 本专利权利要求1与附件3-1两者的具体结构及工作方式均不同，本领域的技术人员在附件1的基础上不能获得技术启示而得出权利要求1限定的技术方案，并且该技术方案具有不漏水、低噪声、操作简便省力等有益效果，可见权利要求1相对于附件3-1具有突出的实质性特点和显著进步，具有创造性。由于权利要求1具有创造性，其从属权利要求2~6也具有创造性。基于上述理由，专利复审委员会作出第11272号决定，维持本专利权有效。

原告佛陶集团公司不服该决定，在法定期限内向本院提起诉讼，称：1. 本专利中没有关于自动钩的结构的描述，本领域技术人员根据说明书不能实现随意控制水量的目的，需要经过创造性的劳动才能设计出相应的结构。本专利说明书不符合《专利法》第二十六条第三款规定。2. 本专利权利要求中的“自动钩”得不到说明书的支持，本专利不符合《专利法》第二十六条第四款规定。3. 本专利不具有创造性。综上，佛陶集团请求人民法院依法撤销第11272号决定。

被告专利复审委员会辩称，坚持其在第11272号决定中认定的事实和理由，请求人民法院依法维持第11272号决定。

第三人蔡朗春述称：同意专利复审委员会在第11272号决定中认定的事实和理由，驳回佛陶集团公司的诉讼请求。

本院经审理查明：

本案专利系名称为“圆筒高、低水箱洁具”的第95103333.6号实用新型专利（即本案专利），申请日为1995年4月8日，授权公告日为2001年12月5日，专利权人为蔡朗春。授权公告的权利要求书如下：

“1. 一种圆筒高、低水箱洁具，包括一个防漏、冲洗装置和一个相应的操作装置，其特征在于一根垂直设置的薄壁圆筒，一个装在该圆筒底部的密封圈（11），一个开口在该圆筒顶端的溢水口（15）和提拉链或索固定点，该筒沿二根垂直设置的导向杆（6）作上下移动，用于控制高、低水箱内冲洗水的流出和封闭，当人力用开关（1）通过提拉链或索提升该筒向上移动时即开启出水口（8），水箱产生冲洗水流，当冲洗过程结束后，该筒在重力系统作用下自动下落，密封圈在该筒的重力和该筒所受水的垂直压力作用下密封出水口；该筒下部水平伸出的定位片（5），使筒身沿导向杆上下移动，并且在密封状态下不产生大于导向杆半径的水平位移，当定位片向上移动至自动钩位置时与该钩啮合；有二根垂直对称固定于出水口水平法兰盘的导向杆，当圆筒沿导向杆下落时密封圈与出水口水平法兰盘不发生水平方向的位移和磨擦；在一根导向杆中上部套装自动钩，对圆筒的移动起限位和暂停作用，当水箱内水位下降至设定水位时，浮球杠杆受重力的作用向下转动并压下自动钩水平杆（10），使自动钩与定位片脱离，圆筒在自身重力的作用下回落至密闭出水口状态。

2. 按照权利要求1所述的圆筒高、低水箱洁具，其特征是薄壁圆筒上下两端有开放孔，并且上端孔面积小于下端孔面积；纵向筒身外表没有透空孔洞，并且呈光滑双向曲面。

3. 按照权利要求 1 所述的圆筒高、低水箱洁具，其特征是在水平溢水口的中心处有提位链或索固定点，由此外引提拉链或索与手动开关系统连接。

4. 按照权利要求 1 所述的圆筒高、低水箱洁具，其特征浮球杠杆可绕浮球阀转动，当水箱内冲洗水位达到预定的位置时，使杠杆与自动钩水平杆接触，并且使自动钩与定位片脱离。

5. 按照权利要求 1 所述的圆筒高、低水箱洁具，其特征是出水口具有水平上端面，并且对称地固定二根垂直金属导向杆，导引薄壁圆筒上下移动。

6. 按照权利要求 5 所述的圆筒高、低水箱洁具，其特征是自动钩套装在导向杆上，控制与定位片的啮合和脱离；并且可使自动钩不发生动作，由人力控制薄壁圆筒，使任意流量的冲洗水通过圆筒底部和出水口从水箱中流出。”

本专利说明书载明，本专利发明目的是克服手动高、低水箱洁具存在的缺陷，提供一种不漏水、低噪音、操作简便省力，冲洗量可随意控制且维修方便的水箱洁具。其冲洗过程部分记载了当定位片在向上滑动中碰撞自动钩时，即被自动钩扣住而停止滑动。当浮球杠杆在自身及浮球重力作用压下自动钩水平杆时，自动钩即与定位片脱离。在冲洗过程中，随着作用在手动开关上人力的消失，圆筒即在其自身重力的作用下沿导向杆垂直下滑，由其下端的橡胶密封圈将出水口封闭，结束冲洗。这就相当于可以用手动开关任意地控制冲洗便器的水量，如一次将低水箱内贮水全部放完需时 5 秒。

针对本专利，佛陶集团公司先后于 2006 年 1 月 9 日、2006 年 6 月 11 日、2006 年 10 月 1 日三次向专利复审委员会提出了无效宣告请求。其无效理由为：权利要求 1~6 不符合《专利法》第二十六条第三款，权利要求 1、2、6 不符合《专利法》第二十六条第四款，权利要求 1~6 不符合《中华人民共和国专利法实施细则》（以下简称《专利法实施细则》）第二十条第一款。权利要求 1~6 相对于附件 3-1 不符合《专利法》第二十二条第三款的规定。权利要求 1~6 相对于附件 4-3 至 4-6 形成证据链所证明的在先公开使用的产品不具有新颖性；权利要求 1~6 相对于附件 4-1 和 4-2 不具有创造性，具体为使用附件 4-1 评价权利要求 1、2、5 的创造性，权利要求 3、4、6 的附加技术特征在附件 4-2 的附图中可以看出，附件 4~7 用来佐证本专利不具有创造性。

其中，附件 3-1 公开日为 1994 年 4 月 19 日，公开号为特开平 6-108507A 的日本公开专利公报及中文译文，其公开了一种冲洗水箱，具体公开了以下技术特征：包括一个冲洗装置和一个相应的操作装置，包括一根垂直设置的溢流管 21，溢流管 21 的筒壁 20 上有一个挂链 19 与顶部提拉装置联动，溢流管 21 的上部被搞成圆锥形状，下部被搞成圆柱形状，其下部与环状阀头 25、环状阀座 26 成为一体工作，被阀座 26 规定了范围的中央部分形成水管 27 的入口，水管 27 贯穿水箱 1 的底部被连接水管 7 上。水箱 1 底部的环状基台部件装备了两个相互对直径方向相对的两个托架 29，每个托架 29 的上部与横向的托架 30、中心的套管 31 结合在一起，溢流管 21 贯通该套管 31 的内部，套管 31 的侧壁一部分开口，目的是为了在溢流管外壁部形成锯齿形状的两个凸出部 32、33 能够通过，在套管 31 上设与开口部形成相反侧的两个导向筋 31a，和在溢流管 21 形成的 3 个导向筋 21a 配合安装，一个导向筋 21a 在两个导向筋 31a 之间上下滑动。托架 30 上的转轴支持着两个可绕转轴转动的平行手柄 34、35，手柄成同一形状，其上分别有非常短的臂 34b 和 35b 以及浮子 39、40，臂 34b 和 35b 的前端分别形成轴毂 37、38，轴毂 37、38 具有圆柱外形，当手柄 34、35 以转轴 36 为中心转动，轴毂 37、38 当接在溢流管 21 的壁部。当使用者按按钮 12，轴毂 13 下降到最大移动距离，溢流管 21 被手柄 17 及挂链 19 向上牵引，阀头 25 和阀座 26 之间开口，水箱产生冲洗水流，溢流管 21 上升时，轴毂 37、38 分别滑过凸出部 32、33 的倾斜部 32 a、33a 的上面，返回凸出部 32、33 的下方的溢流管 21 壁部，当接到其上面；当使用者解除按压按纽 12，凸出部 32 垂直的当接于轴毂 37 之上，两个手柄 34、35 由于浮子 39、40 的浮力的作用而保持在原来的位置上，凸出部 32 被轴毂 37 支持，手柄 34 不能转动，因而溢流管21不能在重力下自动下落，当水位达到浮子40的底部，由于浮子的重量手柄35转动，但溢流管21当接于轴毂37，因此没有影响，水位继续下降，当水位达到浮子39的下部，手柄34转动，由于轴毂37不再支持凸出部32，溢流管21由于重力而下降，阀头25及阀座26之间闭塞，冲洗过程结束。水箱1通过阀门3供水，进水量用与浮球及杠杆5相连的活栓控制。

2008年3月26日，专利复审委员会作出第11272号决定。

上述事实，有本专利公告文本、第11272号决定、附件3-1、当事人陈述等证据在案佐证。

本院认为，本案争议焦点在于三个方面：

1. 本专利是否符合《专利法》第二十六条第三款规定。

《专利法》第二十六条第三款规定，说明书应当对发明或者实用新型作出清楚、完整的说明，以所属技术领域的技术人员能够实现为准。

佛陶集团公司认为本专利说明书对自动钩的具体结构以及如何对圆筒的移动起暂停和限位作用没有详细描述，自动钩水平杆的转动角度如何控制以及如何摆脱自动钩的控制，完全由手动实现任意控制水量在本专利说明书中均没有公开。对此本院认为，虽然本专利说明书中没有具体描述自动钩的结构，但本专利说明书第2页记载了“当定位片在向上滑动中碰撞自动钩时，即被自动钩扣住而停止滑动；当浮球杠杆在自身及浮球重力作用压下自动钩水平杆时，自动钩即与定位片脱离”，本领域的技术人员根据本领域的惯用技术手段，可以采用多种结构并容易地实现自动钩与导向杆的套装及自动钩与定位片的啮合来实现对圆筒的移动起暂停和限位功能。而且本专利说明书第2页倒数第二段记载了“在冲洗过程中，随着作用在手动开关上人力的消失，园筒即在其自身重力的作用下沿导向杆垂直下滑，由其下端的橡胶密封圈将出水口封闭，结束冲洗。这就相当于可以用手动开关任意地控制冲洗便器的水量，如一次将低水箱内贮水全部放完需时5秒。”上述描述已经清楚说明了用手动开关任意控制冲洗的水量，本领域的技术人员根据说明书记载的内容能够实现随意控制水量的目的。综上所述，本专利说明书已经对本实用新型作出清楚、完整的说明，本领域的技术人员在说明书公开的内容的基础上完全能够实现本实用新型的技术方案，因此佛陶集团公司关于本专利说明书不符合《专利法》第二十六条第三款的主张缺乏事实和法律依据，本院不予支持。

2. 本专利是否符合《专利法》第二十六条第四款规定。

《专利法》第二十六条第四款规定，权利要求书应当以说明书为依据，说明要求专利保护的范围。本院认为，权利要求书应当以说明书为依据，是指权利要求书应当得到说明书的支持。权利要求书中的每一项权利要求所要求保护的技术方案应当是所属领域的技术人员能够从说明书充分公开的内容中得到或者概括得出的技术方案，并且不得超出说明书公开的范围。

在本案中，佛陶集团公司提出三点异议：1. 因为说明书中没有清楚描述自动钩，所以权利要求书得不到说明书的支持。2. 权利要求6的附加技术特征“可使自动钩不发生动作，由人力控制薄壁圆筒，使任意流量的冲洗水通过圆筒底部和出水口从水箱中流出”在说明书中未清楚描述，因此也得不到支持。3. 权利要求1的冲洗过程结束后圆筒下落，而说明书第2页中是先圆筒下落再结束，两者是前后矛盾的，因此该权利要求1得不到说明书的支持。本院认为，对于前两点异议，本院已在关于本专利是否符合《专利法》第二十六条第三款部分加以了论述，即由本专利说明书的记载能够实现自动钩对圆筒的移动起暂停和限位功能及用手动开关任意控制冲洗的水量，因此权利要求中的相关记载得到了说明书的支持对于第三点，本院认为本领域技术人员通过阅读说明书和权利要求书可以理解出它们均表达了同一个过程，即：当冲洗时浮球下降，下降至压下水平杆，自动钩与定位片脱落使得圆筒在重力作用下自动下落并封住出水口导致了冲洗过程结束，因此两者并不矛盾。因此佛陶集团公司关于本专利说明书不符合《专利法》第二十六条第四款的主张缺乏事实和法律依据，本院不予支持。

3. 本专利是否具有创造性。

《专利法》第二十二条第三款规定，创造性是指同申请日以前已有的技术相比，该发明有突出的实质性特点和显著的进步，该实用新型有实质性特点和进步。

本专利权利要求 1 与附件 3-1 相比两者存在以下区别技术特征：1. 关于冲水时圆筒打开位置的保持，本专利中是靠圆筒下部水平伸出的定位片与套装在一根导向杆上的自动钩的啮合实现的，而附件 3-1 中则是依靠浮子的浮力的作用而使手柄保持不转动，由于手柄上的轴毂支持溢流管的凸出部，从而使得溢流管保持在打开位置的；2. 关于放水结束时对出水口的关闭，本专利是靠浮球丧失浮力而在重力作用下使浮球杠杆向下转动并压下自动钩水平杆，使自动钩与定位片脱离，从而圆筒在自身重力的作用下回落密封出水口，而附件 3-1 是通过浮子失去浮力时使手柄转动，由于手柄的轴毂不再支持溢流管的凸出部而使得溢流管在重力作用下回落密封出水口；3. 关于圆筒导向，本专利是依靠二根垂直对称固定于出水口水平法兰盘的导向杆实现的，而附件 3-1 是依靠套在水箱底部的环状基台部件中心的套管，由溢流管的导向筋和套管的导向筋配合实现的。由此可见，本专利与附件 3-1 的具体结构不同，具体的工作方式也不相同。佛陶集团公司认为，附件 3-1 的手柄 34，轴 36，轴毂 37 相当于本专利的自动钩结构；溢流管 21 的凸出部对应本专利的定位片，21a 导向筋在套管 31 的导向筋 31a 中的滑动对应本专利的定位片在导向杆上滑动；溢流管相当于本专利的薄壁圆桶，浮子 39 对应本专利权利要求 1 中的浮球，浮球及杠杆 5 对应本专利权利要求 4 中的浮球杠杆。

本院认为，虽然附件 3-1 公开的上述部件与本专利的自动钩、定位片、导向杆所起作用相同，但两者的具体结构以及相互配合的工作方式完全不同，而且附件 3-1 中的浮子 39 仅是与手柄、轴毂、溢流管凸出部配合控制溢流管的停留和下落，附件 3-1 的水箱供水还另设置有阀门 3、浮球及杠杆 5 和与其相连的活栓来控制，但本专利的浮球及浮球杠杆与其他部件配合同时起到控制圆筒停留和下落以及控制水箱进水的作用，可见上述两者的浮球和浮球杠杆的作用不相同，设置的方式和在水箱中的位置关系也完全不同。因此，本专利权利要求 1 与附件 3-1 两者的具体结构及工作方式均不同，本领域的技术人员在附件 1 的基础上不能获得技术启示而得出权利要求 1 限定的技术方案，并且该技术方案具有不漏水、低噪声、操作简便省力等有益效果，可见权利要求 1 相对于附件 3-1 具有突出的实质性特点和显著进步，具有创造性，符合《专利法》第二十二条第三款的规定。由于权利要求 1 具有创造性，其从属权利要求 2~6 也具有创造性。

综上所述，专利复审委员会作出的第 11272 号决定，认定事实清楚，适用法律并无不当，本院予以维持。本院依据《中华人民共和国行政诉讼法》第五十四条第（一）项之规定，判决如下：

维持国家知识产权局专利复审委员会作出的第 11272 号无效宣告请求审查决定。

案件受理费 100 元，由原告广东佛陶集团钻石陶瓷有限公司负担（已交纳）。

如不服本判决，各方当事人可于本判决送达之日起 15 日内，向本院提交上诉状及其副本，并交纳上诉案件受理费 100 元，上诉于北京市高级人民法院。

审　判　长　彭文毅
代理审判员　侯占恒
人民陪审员　郝建欣
二〇〇八年十二月二十四日
书　记　员　高晓旭
书　记　员　牛　捷

北京市高级人民法院
行政判决书

（2009）高行终字第481号

上诉人（原审原告）广东佛陶集团钻石陶瓷有限公司，住所地广东省佛山市石湾和平路12号。

法定代表人陈汉都，总经理。

委托代理人贺红星，广东华法律师事务所律师。

被上诉人（原审被告）国家知识产权局专利复审委员会，住所地北京市海淀区北四环西路9号银谷大厦10~12层。

法定代表人廖涛，副主任。

委托代理人欧岚，该委员会审查员。

委托代理人齐宏涛，该委员会审查员。

原审第三人蔡朗春，男，汉族，1956年4月12日出生，浙江金大科技有限公司工程师，住浙江省杭州市下城区施家花园7幢1单元302室。

上诉人广东佛陶集团钻石陶瓷有限公司（以下简称佛陶集团公司）因发明专利权无效行政纠纷一案，不服北京市第一中级人民法院（2008）一中行初字第1102号行政判决，向本院提出上诉。本院2009年3月31日受理本案后，依法组成合议庭进行了审理。本案现已审理终结。

北京市第一中级人民法院认定，蔡朗春是名称为“圆筒高、低水箱洁具”的95103333.6号发明专利（以下简称本专利）的专利权人。针对本专利权，佛陶集团公司先后于2006年1月9日，2006年6月11日、2006年10月1日三次向国家知识产权局专利复审委员会（以下简称专利复审委员会）提出了无效宣告请求。2008年3月26日，专利复审委员会做出第11272号无效宣告请求审查决定（以下简称第11272号决定），维持本专利权有效。

北京市第一中级人民法院认为，虽然本专利说明书中没有具体描述自动钩的结构，但本专利说明书记载了“当定位片在向上滑动中碰撞自动钩时、即被自动钩扣住而停止滑动；当浮球杠杆在自身及浮球重力作用压下自动钩水平杆时，自动钩即与定位片脱离”，本领域的技术人员根据本领域的惯用技术手段，可以采用多种结构并容易地实现自动钩与导向杆的套装及自动钩与定位片的啮合来实现对圆筒的移动起暂停和限位功能。而且本专利说明书还记载了“在冲洗过程中，随着作用在手动开关上人力的消失，园筒即在其自身重力的作用下沿导向杆垂直下滑，由其下端的橡胶密封圈将出水口封闭，结束冲洗。这就相当于可以用手动开关任意地控制冲洗便器的水量，如一次将低水箱内贮水全部放完需时5秒。”上述描述已经清楚说明了用手动开关任意控制冲洗的水量，本领域的技术人员根据说明书记载的内容能够实现随意控制水量的目的。本专利说明书已经做出清楚、完整的说明，本领域的技术人员在说明书公开的内容的基础上完全能够实现本专利的技术方案。同时，本专利说明书也符合《专利法》第二十六条第四款的规定。本专利权利要求1与附件3-1两者的具体结构及工作方式均不同，本领域的技术人员在附件1的基础上不能获得技术启示而得出权利要求1限定的技术方案，并且该技术方案具有不漏水、低噪声、操作简便省力等有益效果，可见本专利权利要求1相对于附件3-1具有突出的实质性特点和显著进步，具有创造性，符合《专利法》第二十二条第三款的规定，其从属权利要求2~6也具有创造性。

北京市第一中级人民法院依据《中华人民共和国行政诉讼法》第五十四条第（一）项的规定判

决：维持专利复审委员会做出的第 11272 号决定。

佛陶集团公司不服原审判决，向本院提出上诉，请求撤销原审判决，宣告本专利权全部无效，由专利复审委员会承担本案诉讼费用。其上诉理由是：判断说明书是否已经对专利作出清楚、完整的说明，应该依据说明书本身所涉及到的描述内容，不应该作主观的推测，更不应该把原本就不存在于说明书内容中的所谓技术方案强加进去；本专利权利要求书中冲洗过程结束后园筒下落和说明书中先园筒下落再结束记载的是截然相反的内容，不符合《专利法》第二十六条第三款的规定；一审法院认定本案专利具备创造性与认定说明书对自动钩的描述上适用了不同的标准。综上所述，原审判决认定事实不清，适用法律错误，应予改判。专利复审委员会、蔡朗春服从原审判决。

经审理查明，本专利名称为“圆筒高、低水箱洁具”发明专利，申请日为 1995 年 4 月 8 日，申请号为 95103333.6，授权公告日为 2001 年 12 月 5 日，专利权人是蔡朗春。授权公告的权利要求书如下：

“1. 一种圆筒高、低水箱洁具，包括一个防漏、冲洗装置和一个相应的操作装置，其特征在于一根垂直设置的薄壁圆筒，一个装在该圆筒底部的密封圈（11）、一个开口在该圆筒顶端的溢水口（15）和提拉链或索固定点，该筒沿二根垂直设置的导向杆（6）作上下移动，用于控制高、低水箱内冲洗水的流出和封闭，当人力用开关（1）通过提拉链或索提升该筒向上移动时即开启出水口（8），水箱产生冲洗水流，当冲洗过程结束后，该筒在重力系统作用下自动下落，密封圈在该筒的重力和该筒所受水的垂直压力作用下密封出水口；该筒下部水平伸出的定位片（5），使筒身沿导向杆上下移动，并且在密封状态下不产生大于导向杆半径的水平位移，当定位片向上移动至自动钩位置时与该钩啮合；有二根垂直对称固定于出水口水平法兰盘的导向杆，当圆筒沿导向杆下落时密封圈与出水口水平法兰盘不发生水平方向的位移和磨擦；在一根导向杆中上部套装自动钩，对圆筒的移动起限位和暂停作用，当水箱内水位下降至设定水位时，浮球杠杆受重力的作用向下转动并压下自动钩水平杆（10），使自动钩与定位片脱离，圆筒在自身重力的作用下回落至密闭出水口状态。

2. 按照权利要求 1 所述的圆筒高、低水箱洁具，其特征是薄壁圆筒上下两端有开放孔，并且上端孔面积小于下端孔面积；纵向筒身外表没有透空孔洞，并且呈光滑双向曲面。

3. 按照权利要求 1 所述的圆筒高、低水箱洁具，其特征是在水平溢水口的中心处有提位链或索固定点，由此外引提拉链或索与手动开关系统连接。

4. 按照权利要求 1 所述圆筒高、低水箱洁具，其特征是浮球杠杆可绕浮球阀转动，当水箱内冲洗水位达到预定的位置时，使杠杆与自动钩水平杆接触，并且使自动钩与定位片脱离。

5. 按照权利要求 1 所述的圆筒高、低水莦洁具，其特征是出水口具有水平上端面，并且对称地固定二根垂直金属导向杆，导引薄壁圆筒上下移动。

6. 按照权利要求 5 所述的圆筒高、低水箱洁具，其特征是自动钩套装在导向杆上，控制与定位片的啮合和脱离；并且可使自动钩不发生动作，由人力控制薄壁圆筒，使任意流量的冲洗水通过圆筒底部和出水口从水箱中流出。”

本专利说明书载明，本专利发明目的是为了克服手动高、低水箱洁具存在的缺陷，提供一种不漏水、低噪音、操作简便省力，冲洗量可随意控制且维修方便的水箱洁具。其中本专利说明书第 2 页冲洗过程部分记载：“当定位片在向上滑动中碰撞自动钩时，即被自动钩扣住而停止滑动。当浮球杠杆在自身及浮球重力作用压下自动钩水平杆时，自动钩即与定位片脱离。”本专利说明书第 2 页倒数第 2 段记载：“在冲洗过程中，随着作用在手动开关上人力的消失，园筒即在其自身重力的作用下沿导向杆垂直下滑，由其下端的橡胶密封圈将出水口封闭，结束冲洗。这就相当于可以用手动开关任意地控制冲洗便器的水量，如一次将低水箱内贮水全部放完需时 5 秒。”

针对本专利权，佛陶集团公司先后于 2006 年 1 月 9 日、2006 年 6 月 11 日、2006 年 10 月 1 日三次向专利复审委员会提出了无效宣告请求。其无效理由为：本专利权利要求 1~6 不符合《专利法》第二十六条第三款，本专利权利要求 1、2、6 不符合《专利法》第二十六条第四款，本专利权利要求 1~6 不符合《专利法实施细则》第二十条第一款。本专利权利要求 1~6 相对于附件 3-1 不符合《专利法》第二十二条第三款的规定。本专利权利要求 1~6 相对于附件 4-3 至 4-6 形成证据链所证明的在先公开使用的产品不具有新颖性；本专利权利要求 1~6 相对于附件 4-1 和 4-2 不具有创造性，具体为使用附件 4-1 评价本专利权利要求 1、2、5 的创造性，本专利权利要求 3、4、6 的附加技术特征在附件 4-2 的附图中可以看出，附件 4-7 用来佐证本专利不具有创造性。

其中，时件 3-1 公开日为 1994 年 4 月 19 日，公开号为特开平 6-108507A 的日本公开专利公报及中文译文，其公开了一种冲洗水箱，具体公开了以下技术特征；包括一个冲洗装置和一个相应的操作装置，包括一根垂直设置的溢流管 21，溢流管 21 的筒壁 20 上有一个挂链 19 与顶部提拉装置联动，溢流管 21 的上部被搞成圆锥形状，下部被搞成圆柱形状，其下部与环状阀头 25、环状阀座 26 成为一体工作，被阀座 26 规定了范围的中央部分形成水管 27 的入口，水管 27 贯穿水箱 1 的底部被连接水管 7 上。水箱 1 底部的环状基台部件装备了两个相互对直径方向相对的两个托架 29 ，每个托架 29 的上部与横向的托架 30、中心的套管 31 结合在一起，溢流管 21 贯通该套管 31 的内部，套管 31 的侧壁一部分开口，目的是为了在溢流管外壁部形成锯齿形状的两个凸出部 32、33 能够通过，在套管 31 上设与开口部形成相反侧的两个导向筋 31a，和在溢流管 21 形成的 3 个导向筋 21a 配合安装，一个导向筋 21a 在两个导向筋 31a 之间上下滑动。托架 30 上的转轴支持着两个可绕转轴转动的平行手柄 34、35，手柄成同一形状，其上分别有非常短的臂 34b 和 35b 以及浮子 39、40，臂 34b 和 35b 的前端分别形成轴毂 37、38 ，轴毂 37、38 具有圆柱外形，当手柄 34、35 以转轴 36 为中心转动，轴毂 37、38 当接在溢流管 21 的壁部。当使用者按按钮 12 ，轴毂 13 下降到最大移动距离，溢流管 21 被手柄 17 及挂链 19 向上牵引，阀头 25 和阀座 26 之间开口，水箱产生冲洗水流，溢流管 21 上升时，轴毂 37、38 分别滑过凸出部 32、33 的倾斜部 32a、33a 的上面，返回凸出部 32、33 的下方的溢流管 21 壁部，当接到其上面；当使用者解除按压按纽 12，凸出部 32 垂直的当接于轴毂 37 之上，两个手柄 34、35 由于浮子 39、40 的浮力的作用而保持在原来的位置上，凸出部 32 被轴毂 37 支持，手柄 34 不能转动，因而溢流管 21 不能在重力下自动下落，当水位达到浮子 40 的底部，由于浮子的重量手柄 35 转动，但溢流管 21 当接于轴毂 37，因此没有影响，水位继续下降，当水位达到浮子 39 的下部，手柄 34 转动，由于轴毂 37 不再支持凸出部 32，溢流管 21 由于重力而下降，阀头 25 及阀座 26 之间闭塞，冲洗过程结束。水箱 1 通过阀门 3 供水，进水量用与浮球及杠杆 5 相连的活栓控制。

2008 年 3 月 26 日，专利复审委员会做出第 11272 号决定，维持本专利权有效。该决定认为：

1. 本专利说明书已经对本实用新型做出清楚、完整的说明，本领域的技术人员在说明书公开的内容的基础上完全能够实现本实用新型的技术方案，本专利符合《专利法》第二十六条第三款的规定。

2. 本领域技术人员从本专利说明书文字及附图公开的内容可以得出本专利的技术方案，本专利符合《专利法》第二十六条第四款的规定。

3. 由于佛陶集团公司提交的附件 4-3 至 4-6 的真实性无法确认，不能作为评价本专利权利要求 1~6 的新颖性的证据使用。因此本专利具有新颖性。

4. 本专利权利要求 1 与附件 3-1 两者的具体结构及工作方式均不同，本领域的技术人员在附件 1 的基础上不能获得技术启示而得出权利要求 1 限定的技术方案，并且该技术方案具有不漏水、低噪声、操作简便省力等有益效果，可见权利要求 1 相对于附件 3-1 具有突出的实质性特点和显著进步，具有创造性。由于权利要求 1 具有创造性，其从属权利要求 2~6 也具有创造性。

据此，专利复审委员会做出第 11272 号决定。

另查，第 11272 号决定及原审判决中的“本实用新型”，系笔误，均应为“本发明”。

上述事实有本专利公告文本、第 11272 号决定、附件 3-1 以及当事人陈述等证据在案佐证。

本院认为，《专利法》第二十六条第三款规定，说明书应当对发明或者实用新型做出清楚、完整的说明，以所属技术领域的技术人员能够实现为准。

本专利公开了一种洁具产品的结构，本专利说明书第 2 页记载了“当定位片在向上滑动中碰撞自动钩时，即被自动钩扣住而停止滑动；当浮球杠杆在自身及浮球重力作用压下自动钩水平杆时，自动钩即与定位片脱离”，本领域的技术人员根据本领域的惯用技术手段，可以采用多种结构并容易地实现自动钩与导向杆的套装及自动钩与定位片的啮合来实现对圆筒的移动起暂停和限位功能。而且本专利说明书第 2 页倒数第二段记载了“在冲洗过程中，随着作用在手动开关上人力的消失，园筒即在其自身重力的作用下沿导向杆垂直下滑，由其下端的橡胶密封圈将出水口封闭，结束冲洗。这就相当于可以用手动开关任意地控制冲洗便器的水量，如一次将低水箱内贮水全部放完需时 5 秒。”上述描述已经清楚说明了用手动开关任意控制冲洗的水量，本领域的技术人员根据说明书记载的内容能够实现随意控制水量的目的。因此，本专利说明书已经对本发明做出清楚、完整的说明，本领域的技术人员在说明书公开的内容的基础上完全能够实现本发明的技术方案，符合《专利法》第二十六条第三款的规定。

《专利法》第二十六条第四款规定，权利要求书应当以说明书为依据，说明要求专利保护的范围。权利要求书应当以说明书为依据，是指权利要求书应当得到说明书的支持。权利要求书中的每一项权利要求所要求保护的技术方案应当是所属领域的技术人员能够从说明书充分公开的内容中得到或者概括得出的技术方案，并且不得超出说明书公开的范围。说明书公开的内容还应当包括所属领域技术人员通过阅读说明书文字及附图能够从中毫无疑义地知晓的内容。

佛陶集团公司认为本专利权利要求书中记载的是冲洗过程结束后园筒下落和说明书记载的先园筒下落再结束是自相矛盾的，权利要求没有得到说明书的支持。而本领域技术人员通过阅读说明书和权利要求书可以理解出它们均表达了同一个过程，即当冲洗时浮球下降，下降至压下水平杆，自动钩与定位片脱落，使得圆筒在重力作用下自动下落并封住出水口导致了冲洗过程结束，因此两者并不矛盾。权利要求书中所述“当冲洗过程结束后”，所属领域技术人员结合说明书的表述完全能够理解为是水位下降的过程，而密封圈封闭出水口才是说明书中所称“冲洗结束”。所属领域技术人员不会对以上两种表述产生歧义，因此，本专利权利要求书得到了说明书的支持，符合《专利法》第二十六条第四款的规定。

根据《专利法》第二十二条第三款的规定，发明的创造性是指同申请日以前已有的技术相比，该发明有突出的实质性特点和显著的进步。

本专利权利要求 1 与附件 3-1 相比两者存在以下区别技术特征：1. 关于冲水时圆筒打开位置的保持，本专利中是靠圆筒下部水平伸出的定位片与套装在一根导向杆上的自动钩的啮合实现的，而附件 3-1 中则是依靠浮子的浮力的作用而使手柄保持不转动，由于手柄上的轴毂支持溢流管的凸出部，从而使得溢流管保持在打开位置的；2. 关于放水结束时对出水口的关闭，本专利是靠浮球丧失浮力而在重力作用下使浮球杠杆向下转动并压下自动钩水平杆，使自动钩与定位片脱离，从而圆筒在自身重力的作用下回落密封出水口，而附件 3-1 是通过浮子失去浮力时使手柄转动，由于手柄的轴毂不再支持溢流管的凸出部而使得溢流管在重力作用下回落密封出水口；3. 关于圆筒导向，本专利是依靠二根垂直对称固定于出水口水平法兰盘的导向杆实现的，而附件 3-1 是依靠套在水箱底部的环状基台部件中心的套管，由溢流管的导向筋和套管的导向筋配合实现的。从以上区别可见，本专利权利要求 1 的技术方案与附件 3-1 的具体结构不同，具体的工作方式也不相同。附件 3-1 中的浮子 39 仅是与手柄、轴毂、溢流管凸出部配合控制溢流管的停留和下落，附件 3-1 的水箱供水还另设置有阀门 3、浮球及杠杆 5 和与其相连的活栓来控制，但本专利的浮球及浮球杠杆与其他部件配合同时起到控制圆筒停留和下落以及控制水箱进水的作用，可见上述两者的浮球和浮球杠杆的作用不相同，设置的方式和在水箱中的位置关系也完全不同。因此，本领域的技术人员在附件 1 的基础上不能获得技术启示而得出本专利权利要求 1 限定的技术方案，并且该技术方案具有不漏水、低噪声、操作简便省力、冲洗水量可以随意控制等有益效果，可见本专利权利要求 1 相对于附件 3-1 具有突出的实质性特点和显著进步，具备创造性，符合《专利法》第二十二条第三款的规定。由于本专利权利要求 1 具备创造性，其从属权利要求 2~6 也具有创造性。

综上所述，佛陶集团公司的上诉理由缺乏事实和法律依据，不能成立，其上诉请求本院不予支持。原审判决认定事实清楚，适用法律正确。依照《中华人民共和国行政诉讼法》第六十一条第（一）项之规定，判决如下：

驳回上诉，维持原判。

一审案件受理费 100 元，由广东佛陶集团钻石陶瓷有限公司负担（已交纳）；二审案件受理费 100 元，由广东佛陶集团钻石陶瓷有限公司负担（已交纳）。

本判决为终审判决。

审　判　长　刘　辉
代理审判员　岑宏宇
代理审判员　焦　彦
二〇〇九年六月十九日
书　记　员　陈　明
书　记　员　刘　悠

054

圆筒高、低水箱洁具

无效宣告请求审查决定（第11273号）

决　　定　　号　第11273号
决　　定　　日　2008年3月26日
发明创造名称　圆筒高、低水箱洁具
国 际 分 类 号　E03D1/00
无效宣告请求人　佛山石湾鹰牌陶瓷有限公司
专　利　权　人　蔡朗春
专　　利　　号　95103333.6
申　　请　　日　1995年4月8日
授 权 公 告 日　2001年12月5日
合 议 组 组 长　于　萍
主　　审　　员　欧　岚
参　　审　　员　王　森

法　律　依　据　专利法第22条第2款、第3款，专利法第26条第3款、第4款
决　定　要　点

若专利权利要求限定的技术方案无论是具体结构还是操作方式与现有技术均不相同，本领域技术人员根据该现有技术不能获得该专利权利要求技术方案的技术启示，同时该技术方案带来了有益效果时，则该权利要求具有创造性。

一、案由

本无效宣告请求涉及中华人民共和国国家知识产权局于2001年12月5日授权公告的、名称为“圆筒高、低水箱洁具”的发明专利权（下称本专利），其申请号是95103333.6，申请日是1995年4月8日，专利权人是蔡朗春。本专利授权公告时的权利要求书如下：

“1. 一种圆筒高、低水箱洁具，包括一个防漏、冲洗装置和一个相应的操作装置，其特征在于一根垂直设置的薄壁圆筒，一个装在该圆筒底部的密封圈（11），一个开口在该圆筒顶端的溢水口（15）和提拉链或索固定点，该筒沿二根垂直设置的导向杆（6）作上下移动，用于控制高、低水箱内冲洗水的流出和封闭，当人力用开关（1）通过提拉链或索提升该筒向上移动时即开启出水口（8），水箱产生冲洗水流，当冲洗过程结束后，该筒在重力系统作用下自动下落，密封圈在该筒的重力和该筒所受水的垂直压力作用下密封出水口；该筒下部水平伸出的定位片（5），使筒身沿导向杆上下移动，并且在密封状态下不产生大于导向杆半径的水平位移，当定位片向上移动至自动钩位置时

与该钩啮合；有二根垂直对称固定于出水口水平法兰盘的导向杆，当圆筒沿导向杆下落时密封圈与出水口水平法兰盘不发生水平方向的位移和摩擦；在一根导向杆中上部套装自动钩，对圆筒的移动起限位和暂停作用，当水箱内水位下降至设定水位时，浮球杠杆受重力的作用向下转动并压下自动钩水平杆（10），使自动钩与定位片脱离，圆筒在自身重力的作用下回落至密闭出水口状态。

2. 按照权利要求1所述的圆筒高、低水箱洁具，其特征是薄壁圆筒上下两端有开放孔，并且上端孔面积小于下端孔面积；纵向筒身外表没有透空孔洞，并且呈光滑双向曲面。

3. 按照权利要求1所述的圆筒高、低水箱洁具，其特征是在水平溢水口的中心处有提位链或索固定点，由此外引提拉链或索与手动开关系统连接。

4. 按照权利要求1所述的圆筒高、低水箱洁具，其特征浮球杠杆可绕浮球阀转动，当水箱内冲洗水位达到预定的位置时，使杠杆与自动钩水平杆接触，并且使自动钩与定位片脱离。

5. 按照权利要求1所述的圆筒高、低水箱洁具，其特征是出水口具有水平上端面，并且对称地固定二根垂直金属导向杆，导引薄壁圆筒上下移动。

6. 按照权利要求5所述的圆筒高、低水箱洁具，其特征是自动钩套装在导向杆上，控制与定位片的啮合和脱离；并且可使自动钩不发生动作，由人力控制薄壁圆筒，使任意流量的冲洗水通过圆筒底部和出水口从水箱中流出。”

针对本专利权，佛山石湾鹰牌陶瓷有限公司（下称请求人）于2004年3月15日向专利复审委员会提出了无效宣告请求，并提交了如下附件：

附件1：公开号为CN85109178A的发明专利申请公开说明书，公开日是1987年7月8日；

附件2：公告号为CN2122890U的实用新型专利申请说明书，公告日是1992年11月25日；

附件3：公告号为CN2096583U的实用新型专利申请说明书，公告日是1992年2月19日；

附件4：（1）编号为0264524的广东省增值税专用发票复印件一张；（2）编号为0264525的广东省增值税专用发票复印件一张；（3）编号为0264501至0264525整本广东省增值税专用发票复印件，包括首页和使用规定页复印件；

附件5：水位开关使用安装说明书复印件，1页；

附件6：广东省邮电管理局文件粤局电字【1994】23号复印件，2页；

附件7：证人彭锦基于2004年2月15日出具的证明复印件，2页；

附件8：证人彭锦基身份证复印件；

附件9：放水阀总成图纸复印件一页；

附件10：广东省江门市公证处于2004年3月5日出具的（2004）江证内字第276号公证书复印件，内含编号为0264501至0264525增值税专用发票复印件；

附件11：广东省江门市公证处于2004年3月5日出具的（2004）江证内字第277号公证书复印件一份。

请求人认为：（1）本专利权利要求1~6相对于附件1~3不具有创造性。（2）本专利所述的自动钩与杆“套装”、定位片与自动钩啮合等特征、由人力控制薄壁圆筒并使任意流量的冲洗水通过圆筒底部和出水口从水箱流出在说明书中没有公开至少一个具体结构的实施例，因此不符合专利法第26条第3款规定。（3）权利要求2所述“纵向筒身外表没有透空孔洞”在说明书和附图中没有说明，因此不符合专利法第26条第4款的规定。（4）附件4至附件11证明在申请日前已有同样的产品在国内公开使用，本专利不具有新颖性，当然也进一步证明本专利不具有创造性的结论。

经形式审查合格，专利复审委员会于2004年3月15日受理了该无效宣告请求，并依法成立合议组进行审查。

在审查过程中，专利权人提交了如下证据：

反证1：浙江省优秀发明选拔赛组委会于1995年6月颁发的1995年浙江省优秀发明选拔赛证书复印件；

反证2：1995年第9期的“致富时代”杂志目录页、第30页复印件，共2页；

反证3：1995年第10期的“适用技术市场”杂志目录页、第20-22页复印件；

反证4：授权公告号为CN2260828Y的实用新型专利说明书，授权公告日是1997年8月27日；

反证5：授权公告号为CN2365277Y的实用新型专利说明书，授权公告日是2000年2月23日；

反证6：授权公告号为CN2336164Y的实用新型专利说明书，授权公告日是1999年9月1日；

反证7：网上下载的资料16页。

反证8：国家知识产权局收费收据复印件1页；

反证9：授权公告号为CN2260830Y的实用新型专利说明书，授权公告日是1997年8月27日；

反证10：授权公告号为CN2280726Y的实用新型专利说明书，授权公告日是1998年5月6日；

反证11：建设部文件、建材生产发【1995】124号复印件1页；

反证12：网上下载有关“洁百士”产品资料3页；

反证13：广东省江门市公证处2004年4月27日出具的（2004）江撤字第001号复印件；

反证14：建设部文件、建材生产发【1996】472号及其附件复印件2页；

反证15：沪建五金（2000）第002号的上海市建筑五金协会的通知复印件，共3页；

反证16：沪建五金（2001）第001号的通知复印件3页；

反证17：上海市建筑五金协会2002年度城市房屋便器水箱配件产品推荐名单复印件1页；

反证18：沪建五（2003）010号上海市建筑五金协会的通知复印件共2页；

反证19：沪建五门（2004）001号上海市建筑五金门窗行业协会的通知复印件共2页。

专利复审委员会于2004年10月20日对本案进行口头审理。在口头审理中，（1）请求人当庭出示了附件4~7和9的原件，经核实，专利权人认为复印件与原件一致，对附件5、9原件本身的真实性有异议，对附件7的内容的真实性有异议，对其余附件的真实性均无异议。（2）请求人用附件4-（1）、4-（2）以及附件5至附件10证明本专利已经公开销售，不具有新颖性，新颖性问题仅涉及权利要求1，并指出用附件4-（3）来说明附件4-（1）、4-（2）与其是整本发票。（3）请求人对专利权人提交的所有证据的真实性均无异议，但认为所有证据均与本案无关。

2005年10月13日，专利复审委员会发出第7138号无效宣告请求审查决定（以下简称第7138号决定）：宣告95103333.6号发明专利权的权利要求2无效，在权利要求1和3~6的基础上维持该专利权继续有效。

请求人不服上述第7138号决定维持权利要求1和3~6有效部分的认定，于法定起诉期内向北京市第一中级人民法院提起诉讼。经审理，北京市第一中级人民法院于2006年11月15日作出“（2006）一中行初字第194号”行政判决，该判决认为本专利符合专利法第26条第3款的规定、权利要求1、3-6符合专利法第22条第3款的规定，并作如下判决：驳回佛山石湾鹰牌陶瓷有限公司的诉讼请求。

专利权人不服上述第7138号决定关于本专利权利要求2不符合专利法第26条第4款规定的认定，于法定起诉期内向北京市第一中级人民法院提起诉讼。经审理，北京市第一中级人民法院于2006年11月15日作出“（2005）一中行初字第1169号”行政判决，该判决认为本专利权利要求2符合专利法第26条第4款的规定，并作如下判决：撤销专利复审委员会第7138号无效宣告请求审查决定；维持95103333.6号发明专利权全部有效。

专利复审委员会对上述“（2005）一中行初字第1169号”行政判决不服，于法定上诉期内向北京市高级人民法院提出上诉。2007年3月19日，北京市高级人民法院作出“（2007）高行终字第47号”行政判决。作出如下判决：驳回上诉，维持原判。

在上述程序的基础上，专利复审委员会依法重新成立合议组，对上述无效宣告请求重新审查。

本案合议组于2007年7月12日向双方发出无效宣告请求口头审理通知书，定于2007年8月23日举行口头审理。

口头审理如期举行，双方当事人均参加了口头审理。

在口头审理中，（1）请求人明确其无效的理由、证据、范围以及证据的使用情况为：权利要求1相对于附件4~10不符合专利法第22条第2款的规定，权利要求1~6相对于附件1和2的结合或附件1和3的结合不符合专利法第22条第3款的规定。本专利说明书不符合专利法第26条第3款规定，权利要求2不符合专利法第26条第4款的规定。附件4~10证明在先公开销售。请求人当庭放弃附件11的使用。（2）关于专利法第26条第3款。请求人认为自动钩和定位片的啮合方式没有给出实施例，手动任意控制出水水量是如何实现的在说明书中没有公开。专利权人认为自动钩啮合在说明书中已经说明，动力可以来自弹簧也可以来自磁铁。当圆筒向上提拉时，自动钩与定位片相啮合，当浮球向下移动碰到自动钩水平杆时，克服弹簧作用力使自动钩转动偏离定位片与其脱离，从而圆筒在重力作用下向下运动。（3）关于专利法第26条第4款。请求人认为权利要求2中纵向筒身外表没有透空孔洞是不确定的，呈光滑双向曲面这句话在说明书中没有具体说明。专利权人认为从侧视图、俯视图中均可以看出是曲线，因此是双向曲面。（4）关于权利要求1是否符合专利法第22条第2款的规定。请求人的具体主张和专利权人的意见均同前次口头审理时的意见陈述以及书面意见。双方均表示对附件4~10的使用和意见与原来的意见相同。（5）关于创造性。请求人认为附件1清楚地表示了自动钩、定位片、水平杆是实现限位和控制的水位，附件1中挂钩（62）对应本专利的自动钩，挡圈（54）相当本专利的定位片，附件1上法兰（48）上的导向孔所起作用对应本专利的导向杆的作用，附件2或3均公开了与本专利的提拉链对应的结构。所以附件1与2或3的结合破坏本专利的创造性。

至此，合议组认为本案事实已经清楚，可以作出审查决定。

二、决定的理由

1. 关于证据和现有技术

请求人使用附件1和2的结合或附件1和3的结合证明本专利权利要求1~6不具备创造性，使用附件4至附件10证明于本专利权利要求1相同的产品在先公开销售，因此该权利要求1不具备新颖性。因此可以将请求人的证据分成两组，第一组是用于评述创造性的证据，包括附件1~3，第二组证据是用于证明本专利权利要求1不具有新颖性的证据，包括附件4至附件10。

（1）关于第一组证据。

附件1至3均是中国专利文献，专利权人对其真实性无异议，合议组经审查认为可以作为本案证据使用。而且这些证据的公开日均早于本专利的申请日，因此其上记载的内容构成了本专利的现有技术。

（2）关于第二组证据。

在2004年10月20日举行的口头审理当中，请求人当庭出示了附件4~7和9的原件，经核实，专利权人认为复印件与原件一致，对附件5、9原件本身的真实性有异议，对附件7的内容的真实性有异议，对其余附件的真实性均无异议。

附件4是一组增值税专用发票复印件，附件10公证书证明了该发票复印件与原件相符，且专利权人对附件4的真实性没有异议，合议组经审查认为该附件4可以作为本案证据使用。

附件6是广东省邮电管理局文件复印件，专利权人对其真实性无异议，合议组经审查认为附件6可以作为本案证据使用。

关于专利权人对附件5原件本身的真实性提出的异议，合议组认为，附件5是单页的产品使用安装说明书，其印制的随意性较强，故仅凭该证据本身无法确定其真实性，需要其他的证据对其进行佐证。请求人主张附件5的左下角写有六位的电话号码，而附件6广东省邮电管理局文件证明了江门市电话号码于1994年5月22日由六位升七位，因此可以证明附件5的公开时间应该早于1994年5月22日。合议组认为，附件6只能用来证明江门市的电话号码在1994年5月22日之前为六位，但仍然无法对附件5的真实性作出证明，故附件5的真实性仍无法确认。

附件7为彭锦基出具的证言，专利权人对附件7原件本身的真实性提出的异议，合议组认为，由于该证据属于证人证言，而证人没有出庭作证，因此该证据本身不能单独作为定案的依据，而且请求人也没能提供其他的证据对其所述内容进行佐证。

附件4-（1）、4-（2）为两张增值税专用发票，其能否与附件5、7形成一个证据链进而证明水位开关在本专利申请日之前公开销售的事实，对此合议组认为，附件7的证人是江门市新力塑料厂的员工，其证明到：江门市新力塑料厂（后改名为新力塑料厂有限公司）于1994年12月份将水箱配件（水位开关）销售给鹰牌陶瓷公司，在销售过程中，每套水箱配件（水位开关）都附送“水位开关使用安装说明书”以便用户安装使用，当时鹰牌陶瓷公司生产有01、02、03、04、05等几种款色，该厂只有一种水箱配件。附件4-（1）是广东省增值税专用发票，开票日期是1994年12月27日，购货单位是石湾鹰牌陶瓷集团公司，销售单位是江门市新力塑料厂，货物名称是01水位开关B型，附件4-（2）也是广东省增值税专用发票，开票日期是1994年12月27日，购货单位是石湾鹰牌陶瓷集团公司，销售单位是江门市新力塑料厂，货物名称是01水位开关B型及04水位开关（塑料管）；附件5的水位开关使用安装说明书中并无产品的型号，附件4-（1）、4-（2）与附件5之间不存在对应关系，该水位开关使用安装说明书是否就是销售给石湾鹰牌陶瓷集团公司水位开关所附带的说明书，仅凭附件5与附件4-（1）、4-（2）还无法确定，附件7的证人证言是否能够对此加以证明，还需要进一步分析。证人彭锦基没有出庭作证，因此该证人证言不能单独作为定案的依据，需要其他的证据进行佐证，本案中可以佐证该证人证言的证据就是附件5与附件4-（1）、4-（2），而附件5与附件4-（1）、4-（2）之间不存在对应关系，该两份证据不能对附件7的真实性加以佐证，在没有其他证据对该证人证言的真实性加以证明的情况下，该证人证言的真实性无法确定。因此也不能认定附件4-（1）、4-（2）与附件5、7能够形成一个证据链，以证明水位开关在本专利申请日之前公开销售的事实。

附件4-（3）仅是用来证明附件4-（1）、4-（2）与其是整本发票，对附件4-（1）、4-（2）的真实性加以证明，不是公开销售事实的直接证据。

附件8是证人彭锦基的身份证复印件，是对证人彭锦基的身份加以证明，也不是公开销售事实的直接证据。

附件9是放水阀总成图纸的复印件，请求人于2004年10月20日口审当庭出示了该证据的原件，但专利权人对该证据原件的真实性提出了异议。对此，合议组认为，该证据是江门市新力塑料厂的图纸，其校对者就是证人彭锦基，虽然附件5的图中有个部件名称为放水阀总成，但如上所述，附件4-（1）、4-（2）与附件5、7尚不能证明附件5所示的水位开关在本专利申请日之前已公开销售，因此该图纸在上述尚不能形成的证据链中起不到任何实质作用；而且该图纸本身由于是内部资料，也无法单独作为现有技术使用。

附件10是一份公证书，其证明的是附件4的复印件与原件相符，也是对附件4具有真实性进行证明，因此，对附件10不再进行评述。

请求人已经放弃了附件11，因此对该证据不再进行评述。

综上所述，附件4至附件10不能形成一个完整的证据链以证明本专利在申请日之前公开销售的事实。

2. 关于专利法第26条第3款

专利法第26条第3款规定：说明书应当对发明或者实用新型作出清楚、完整的说明，以所属技术领域的技术人员能够实现为准。

请求人认为（1）关于自动钩和定位片的啮合方式，本专利说明书没有给出实施例；（2）手动任意控制出水水量如何实现的，在说明书中没有公开，因此不能实现随意控制水量。

合议组认为，对于第（1）点，虽然本专利说明书中没有具体描述自动钩与定位片是如何啮合的，但本领域的技术人员根据本领域的公知技术，可以采用多种方案并容易地实现自动钩与导向杆的套装及自动钩与定位片的啮合。那么根据本专利说明书记载的当定位片在向上滑动中碰撞自动钩时，即被自动钩扣住而停止滑动，本领域的技术人员可以根据惯用技术手段实现自动钩与定位片的啮合。对于第（2）点，本专利说明书第2页倒数第二段的描述："在冲洗过程中，随着作用在手动开关1上人力的消失，园筒4即在其自身重力的作用下沿导向杆6垂直下滑，由其下端的橡胶密封圈11将出水口8封闭，结束冲洗。这就相当于可以用手动开关1任意地控制冲洗便器的水量，如一次将低水箱7内贮水全部放完需时5秒。"上述内容已经清楚说明了用手动开关任意控制冲洗的水量，本领域的技术人员根据说明书记载的内容能够实现随意控制水量的目的。因此，本专利说明书已经对本实用新型作出清楚、完整的说明，本领域的技术人员在说明书公开的内容的基础上完全能够实现本实用新型的技术方案，本专利符合专利法第26条第3款的规定。

3. 关于专利法第26条第4款

专利法第26条第4款规定：权利要求书应当以说明书为依据，说明要求专利保护的范围。

权利要求书应当以说明书为依据，是指权利要求书应当得到说明书的支持。权利要求书中的每一项权利要求所要求保护的技术方案应当是所属领域的技术人员能够从说明书充分公开的内容中得到或者概括得出的技术方案，并且不得超出说明书公开的范围。

请求人认为权利要求2中：（1）纵向筒身外表没有透空孔洞是不确定的；（2）呈光滑双向曲面这句话在说明书中没有具体说明。

专利权人认为从侧视图、俯视图中均可以看出是曲线，因此是双向曲面。

合议组认为：对于第（1）点，本专利说明书第3页第2段记载了：若水箱内的水位超过溢水口时，则超量的水经溢水口流入圆筒，再经出水口流入便器。同时，本专利说明书附图显示溢水口在圆筒的最上端。若纵向筒身外表面有透空孔洞，则水将从透空孔洞中流走，无法储存在水箱中。因此，本领域的技术人员根据说明书公开的上述内容，能够得出本专利权利要求2"纵向筒身外表没有透空孔洞"的技术特征，并且其意思也是清楚、明确的。对于第（2）点，本专利说明书附图显示圆筒的上端直径小、下端直径大，且从附图1看出圆筒的截面两侧为曲线。本领域技术人员结合本专利说明书关于"随着水箱内水位上升，作用在圆筒下部的水的压强逐渐增加，直至浮球阀关闭"的描述，可以得出本专利权利要求2"筒身外表呈双向曲面"的技术特征。关于筒身外表是否光滑，由于从说明书附图看，圆筒筒身外表不是明显粗糙，因此本领域技术人员从本专利说明书文字及附图公开的内容可以得出筒身外表光滑的结论。综上，本专利权利要求2符合专利法第26条第4款的规定。

4. 关于新颖性

专利法第 22 条第 2 款规定，新颖性，是指在申请日以前没有同样的发明或者实用新型在国内外出版物上公开发表过、在国内公开使用过或者以其他方式为公众所知，也没有同样的发明或者实用新型由他人向国务院专利行政部门提出过申请并记载在申请日以后公布的专利申请文件中。

本案中，请求人使用附件 4-（1）、4-（2）以及附件 5~10（即第二组证据）证明本专利已经公开销售，从而本专利的权利要求 1 不具有新颖性。如上第 1 点所述，请求人提交的第二组证据不能形成证据链证明本专利公开销售的事实，因此不影响本专利权利要求 1 的新颖性。

5. 关于创造性

专利法第 22 条第 3 款规定，创造性，是指同申请日以前已有的技术相比，该发明有突出的实质性特点和显著的进步，该实用新型具有实质性特点和进步。

请求人认为权利要求 1~6 相对于附件 1 和 2 的结合或附件 1 和 3 的结合不符合专利法第 22 条第 3 款的规定。

附件 1 公开的是一种冲洗水箱，包括一个可装在水箱中的冲洗装置和一个有进水口和出水口的水箱，进水管 30 与进水阀 36 的进口端相连，一个控制杆 38 装到阀体的枢轴上，由于阀体中所装的弹簧使控制杆按顺时针方向偏置。在水箱底部 40 的中心位置处有一个出口配件 42，出口配件上的螺纹连接管 44 从水箱 10 底部 40 上的中心孔内伸出。出口配件包括一个装在水箱底部 40 上具有中心孔的底法兰盘 46 和用来支撑上法兰盘 48 并具有间隙的直立边 47。法兰盘 48 有一个中心孔，用来安装一根空心管 50，空心管的下端装有一个橡胶密封件 51，空心管 50 可以在上法兰盘 48 的导向孔中自由地滑动。一个倒置碗状的浮筒 52 与空心管 50 形成十分紧密过盈配合，按要求可以随空心管 50 上下移动。固定在空心管上端的是一个挡圈 54，它有朝下延伸的凸缘 56，穿过空心管 50 的壁上形成一个孔 58，正好在挡圈 54 上面。绕控制杆 38 的末端枢轴上自由地转动的是一根普通 L 形的杆 60，它有一个伸出的钩状的挂钩 62，浮漂 64 固定在 L 形杆 60 的末端上，当冲洗开始时，朝上提拉把手 34，使橡胶密封件 51 从底法兰盘 46 上移开，这时水流出水箱，随着水箱中水位下降，浮漂在重力作用下降落，直到挂钩 62 靠到空心管 50 上的挡圈 54 下面为止。在冲洗过程中，由于浮筒 52 中含有的空气量的作用使空心管 50 保持在提升区位置上，而水在浮筒 52 周围及下面流动，当水箱中的水位大致降到浮筒 52 的上表面位置时，浮筒失去浮力，这时空心管迅速下降又使橡胶密封件 51 回到法兰盘 46 的底座上，因此冲洗水量由空心管 50 上的浮筒 52 的位置确定，通过调整空心管上的浮筒位置，就可以改变新需要的冲洗水量。当空心管 50 下落使橡胶密封件 51 回位时，挡圈 54 与挂钩 62 啮合并停留在那里，向下拉控制杆 38 使进水阀 36 打开，此时补充水流入水箱中。当水箱中的水再次充满时，上升的水最后碰到浮漂 64 并使它上升，L 形杆 60 按逆时针方向绕枢轴转动，从而使挂钩 62 脱开挡圈 54，然后浮漂突然跳起支承着控制杆 38 的下边，向上推压控制杆，进水阀 36 关闭。

本专利权利要求 1 与附件 1 相比两者存在以下主要区别：①关于冲水时圆筒打开位置的保持，本专利中是靠定位片与自动钩的啮合实现的，而附件 1 中则是依靠空心管上的浮筒的浮力克服重力使空心管保持在打开位置的；②关于放水结束时对出水口的关闭，本专利是靠浮球丧失浮力而在重力作用下使浮球杠杆向下转动并压下自动钩水平杆，使自动钩与定位片脱离，从而圆筒在自身重力的作用下回落密封出水口，而附件 1 是通过浮筒失去浮力时使空心管在重力作用下回落密封出水口；③关于圆筒导向，本专利是依靠二根垂直对称固定于出水口水平法兰盘的导向杆实现的，而附件 1 是依靠上法兰盘的导向孔实现的。由此可见，本专利与附件 1 的具体结构不同，具体的工作方式也不相同。请求人认为附件 1 中挂钩 62 对应本专利的自动钩，挡圈 54 相当本专利的定位片。但是如前所述，附件 1 中挂钩与挡圈的啮合与脱开并不是用于使空心管固定和回落的，而是用于控制进水阀的开闭的，因此请求人的该主张不能成立。

附件2公开的是一种废水新水混合双水位直流式卫生水箱，由带废水进口的贮水箱3，双压密闭低水位进水阀1、大溢流孔速闭式冲水阀11及盖形盒12组成，新自来水和废水混合贮存使用，进水阀1控制新水量最高水位在水箱容积的1/2左右，溢水管10限制水箱最高水位，废水完全自流，废水不足时则用新水，使用时只需按冲水手柄8控制冲水量。

附件3公开的是一种方便节水水箱，由箱体、注水装置和一套由阀体、滑动阀、代卡舌的浮子、溢水管、滑轮、拉绳等组成的放水装置所构成，代卡舌的浮子可控制滑动阀关闭放水孔的时机。

可见，附件2、3均没有公开上述的权利要求1区别于附件1的结构和工作方式，也没有给出相应的技术启示，并且附件1、2、3所要解决的技术问题与本专利所要解决的技术问题均不相同，这些证据也未提出或者建议过本专利所要解决的技术问题，因此，本领域的技术人员在附件1和2或附件1和3的基础上无法得出权利要求1请求保护的技术方案，并且该技术方案具有不漏水、低噪声、操作简便省力等有益效果，可见权利要求1具有创造性，符合专利法第22条第3款的规定。

由于权利要求1具有创造性，其从属权利要求2~6也具有创造性。

根据上述的事实和理由，本案合议组依法作出以下决定。

三、决定

维持95103333.6号发明专利权有效。

当事人对本决定不服的，可以根据专利法第46条第2款的规定，自收到本决定之日起三个月内向北京市第一中级人民法院起诉。根据该款的规定，一方当事人起诉后，另一方当事人应当作为第三人参加诉讼。

055

移动式车库

无效宣告请求审查决定（第11289号）

决　　定　　号　第11289号
决　　定　　日　2008年3月28日
发明创造名称　移动式车库
国 际 分 类 号　E04H6/04
无效宣告请求人　浑海静
专　利　权　人　陆才良
专　　利　　号　200520123004.5
申　　请　　日　2005年11月9日
授 权 公 告 日　2007年1月3日
合 议 组 组 长　于　萍
主　　审　　员　崔海云
参　　审　　员　刘敏飞

法　律　依　据　专利法第22条第3款
决　定　要　点

在实用新型权利要求创造性的判断中，如果权利要求所述技术方案与最接近的现有技术公开的技术方案之间存在区别技术特征，并且该区别技术特征解决了最接近现有技术中存在的某一技术问题，如果请求人不能提供证据证明或以充分的理由说明采用该区别技术特征来解决所述的技术问题对本领域普通技术人员来说是显而易见的，则该实用新型具有实质性特点，并且由于该权利要求具有有效的技术效果，具有进步，则该实用新型专利相对于请求人的证据具有创造性。

一、案由

本无效宣告请求涉及中华人民共和国国家知识产权局于2007年1月3日授权公告的、名称为“移动式车库”的实用新型专利权（下称本专利），其专利号是200520123004.5，其申请日为2005年11月9日，专利权人是陆才良。本专利授权公告的权利要求书如下：

“1. 一种移动式车库，包括可沿轨道推拉的可收折的网栅（1），其特征在于，所述的轨道（2）按车库形状围置呈底座与地面固装，车库的两侧栅墙（11）配置左右推拉式网栅，车库的顶棚配置与两侧墙栅对应铰接的伸缩棚架，一对可沿底座轨道移动的门框架体（4）与侧墙栅的前部联结，门框架体的底部配置走轮（63）；两门框架体之间横置门楣（40），门楣上居中配置由减速机驱动的齿轮传动组（60），借由门楣上的传动轴（61），传动齿轮链条传动组（62）带走轮移动，动车库门上设置上下推拉式网栅（10）。

2. 如权利要求 1 所述的移动式车库，其特征在于，所述的网栅（1）采用不锈钢材料或其他耐腐蚀的刚性材质。

3. 如权利要求 1 或 2 所述的移动式车库，其特征在于，所述的车库的顶棚（12）配置防雨罩，防雨罩通过顶棚的铰接联结。

4. 如权利要求 3 所述的移动式车库，其特征在于，所述的门框架体上装置与减速机上配置的接收装置匹配结合的伸缩移动遥控装置（7）。”

针对本专利，浑海静（下称请求人）于 2007 年 8 月 3 日向专利复审委员会提出无效宣告请求，理由是：本专利的权利要求 1 相对于附件 1 不具有新颖性，不符合专利法第 22 条第 2 款的规定；权利要求 1~4 相对于附件 1 不具有创造性，不符合专利法第 22 条第 3 款的规定；说明书未清楚完整地说明技术方案的内容，所属技术领域的普通技术人员不能实现，不符合专利法第 26 条第 3 款的规定。

请求人在提出无效请求的同时提交了如下附件作为证据：

附件 1：专利号为 ZL02251548.8 的中国实用新型专利说明书，授权公告日为 2003 年 10 月 29 日。

请求人在无效宣告请求书中认为：

（1）本专利的权利要求 1 与附件 1 形式上的区别特征有两点：A. 门楣上居中配置由减速机驱动的齿轮传动组，但是与附件 1 的权利要求 1 中第 7-14 行相比，从传动方式和构造上相同或相似，技术效果也相同；B. 库门上设置的上下推拉式网栅，与附件 1 的权利要求 1 中公开的卷帘门的区别仅仅是名词替换，在结构和技术效果上无明显区别。所以，权利要求 1 相对于附件 1 不具有新颖性；由于上述两点区别与附件 1 公开的内容结构相似，技术效果也相同，所以，权利要求 1 相对于附件 1 不具有创造性；权利要求 2 的附加技术特征是本领域的公知常识，当权利要求 1 不具有创造性时，权利要求 2 也不具有创造性；权利要求 3 的附件技术特征中“防雨罩”与附件 1 中“篷布”的区别仅仅是名称不同，而“防雨罩”与顶棚采用铰接的固定方式对所属领域的技术人员来说是公知常识，在其引用的权利要求 1、2 不具有创造性时，权利要求 3 也不具有创造性；权利要求 4 的附加技术特征在附件 1 的权利要求 1 第 6 行和第 19 行公开，所以，不具有创造性。

（2）由于本专利的说明书附图和具体实施方式部分没有清楚完整地记载“与两侧墙栅对应铰接的伸缩棚架”，附图中也没有清楚地揭示棚架的结构特征，所以不符合专利法第 26 条第 3 款的规定。

经形式审查合格后，专利复审委员会受理了上述请求，于 2007 年 9 月 12 日向双方当事人发出《无效宣告请求受理通知书》，并将《专利权无效宣告请求书》及其附件清单中所列附件副本转送给专利权人，要求其在指定的期限内陈述意见。

针对上述无效宣告请求受理通知书，专利权人于 2007 年 10 月 21 日提交了意见陈述书，同时提交了以下证据：

证据 1. 车家移动车库安装及使用说明书 1 份，共 8 页；

证据 2. 三份“车家移动车库”宣传彩页，4 页/份；

证据 3. 个体工商户营业执照（副本）复印件 1 页，字号名称：天津陆丰移动车库制造厂，经营者：陆星，执照有效期 2005 年 10 月 9 日至 2009 年 4 月 30 日；

证据 4. 中华人民共和国组织机构代码证复印件 1 页，机构名称：天津陆丰移动车库制造厂；

证据 5. 税务登记证（副本）复印件 1 页，纳税人名称：天津陆丰移动车库制造厂。

专利权人认为：由于本专利与附件 1 存在区别：门楣上居中配置由减速机驱动的齿轮传动组，并且门楣上居中配置动力装置，其传动力矩均衡、驱动同步，同时配置简便易操作，所以本专利具有专利法第 22 条第 2、3 款规定的新颖性、创造性，说明书符合专利法第 26 条第 3 款的规定。但是，专利权人在提交的意见陈述书中并没有提及所提交的证据1~5如何使用。

专利复审委员会依法成立合议组，对本案进行审查。

专利复审委员会2007年12月5日向双方当事人发出《无效宣告请求口头审理通知书》，定于2008年2月27日上午对本专利权的无效请求进行口头审理，合议组同时将专利权人于2007年10月21日提交的意见陈述书及证据1~5的复印件转送给了请求人，要求其在参加口头审理时一并答复。

口头审理如期进行，请求人委托的代理人出席了口头审理，专利权人未出席口头审理，合议组根据专利法实施细则第69条第3款的规定主持了请求人单方出席的口头审理。

在口头审理中，请求人对合议组成员没有回避请求，并明确其无效宣告的理由和范围是：本专利权利要求1~4相对于附件1不符合专利法第22条第3款的规定；放弃权利要求1相对于附件1不符合专利法第22条第2款规定的无效宣告理由；放弃说明书不符合专利法第26条第3款规定的无效宣告理由。

口审过程中，合议组就本案的无效理由及证据进行了调查，无效宣告请求人充分陈述了意见。

在上述工作的基础上，合议组认为本案的事实已经清楚，可以依法作出审查决定。

二、决定的理由

1. 关于证据和现有技术

请求人提交的证据为附件1，用于评述本专利权利要求1~4的创造性。附件1为中国实用新型专利文件，属于公开出版物，经审查合议组认为附件1可以作为本案证据使用，由于附件1的公开日期在本专利的申请日之前，因此可以作为本专利的现有技术使用。

2. 关于创造性

专利法第22条第3款规定，创造性，是指同申请日以前已有的技术相比，该发明有突出的实质性特点和显著的进步，该实用新型有实质性特点和进步。

在实用新型权利要求创造性的判断中，如果权利要求所述技术方案与最接近的现有技术公开的技术方案之间存在区别技术特征，并且该区别技术特征解决了最接近现有技术中存在的某一技术问题，如果请求人不能提供证据证明或以充分的理由说明采用该区别技术特征来解决所述的技术问题对本领域普通技术人员来说是显而易见的，则该实用新型具有实质性特点，并且由于该权利要求具有有效的技术效果，具有进步，则该实用新型专利相对于请求人的证据具有创造性。

本专利权利要求1保护一种移动式车库，请求人主张权利要求1相对于附件1和公知常识的结合不具有创造性。附件1具体公开了以下内容（见附件1说明书第3页最后1段至第4页最后1行及附图1-7）：一种全自动遥控伸缩车库，包括机头1、可折叠车库身、地轨4（对应于权利要求1中轨道2）；机头1包括机头罩壳、上机头门框12（对应于权利要求1中门楣40）、左右机头门框13、10（对应于权利要求1中门框架体4）、卷帘门11、机头内侧框架和机头下端通过滚轮支架15固定的两对滚轮：主动滚轮3（对应于权利要求1中走轮63）和滚轮2，上机头门框12内有传动轴18（对应于权利要求1中传动轴61）、卷轴17，卷帘门11固定在卷轴17上，左右机头门框内的传动装置传动轮和传动带为皮带轮20和传动皮带21，电机22、减速机23、底端通过轴承座19固定在门框上的矩形螺纹传动轴27，左机头门框内的电机22连接减速机23，减速机23输出轴上有皮带轮20，左右机头门框内的皮带轮20通过传动皮带21上与上机头门框内的传动轴18两端固定的皮带轮20相连接，下与下端的主动滚轮3上固定的皮带轮20连接。车库身包括固定框8、移动框5、篷布6和固定框、移动框、机头内侧框架每相邻两框架之间的可折叠栅栏7（对应于权利要求1中网栅1和两侧墙栅11），固定框8的另一端有固定在地面内的支架9，移动框5下端固定有固定在滚轮支架15上的滚轮2。

本专利权利要求1相对于附件1的区别在于：

（1）权利要求1中“车库的顶棚配制与两侧墙栅对应铰接的伸缩棚架”的特征没有在附件1中公开；

（2）权利要求1中“门楣上居中配置由减速机驱动的齿轮传动组（60）”没有在附件1中公开，附件1中不是设置在门楣的居中位置的齿轮传动组，而是设置在左机头门框内的皮带轮传动组（参见附件1说明书第3页最后一段的第5-7行）；

（3）权利要求1中“移动车库门上设置上下推拉式网栅（10）”没有在附件1中公开。

对于区别（1），合议组认为，尽管附件1没有公开，但由于附件1公开的伸缩车库的基本功能是要为机动车遮光挡雨，所以很显然该车库应该具有顶棚，又由于该伸缩车库的两侧墙栅是可伸缩折叠的栅栏，所以在“车库的顶棚配置与两侧墙栅（栅栏）对应铰接的伸缩棚架”对本领域普通技术人员来说是容易想到的。

对于区别（2），请求人认为，虽然附件1中没有明确皮带轮传动组可以置于上机头门框的中间位置，但是本领域技术人员应该知道，设置在一侧或者是设置在中间，属于常规的位置设计，并且无论齿轮传动组放在什么位置，所起的作用是等同的，很容易想到；虽然专利权人在意见陈述中所说的设置在中间会运行平稳，驱动同步，但是在权利要求1中没有体现出来。对此，合议组经审查后认为，附件1中位于左机头门框内的电机22驱动减速机23，从而驱动皮带轮20转动，经由皮带21传动上端的皮带轮20带动上机头门框内的传动轴18转动，经传动轴18带动位于右机头门框内的上端的皮带轮20、经由皮带21带动下端的皮带轮20转动，从而驱动主动滚轮3，使机头带动车库身移动。附件1中位于右机头门框内的电机22、减速机23及传动机构用于控制卷帘门。可见，附件1中左、右机头门框内设置的减速机及传动机构用于控制车库不同的部位，并不可以随意放置。而本专利中，门楣上居中配置的由减速机驱动的齿轮传动组60带动位于门楣内的传动轴61转动，传动轴61带动两端的位于门框架体内的齿轮链条传动组62传动，从而带动走轮63移动。附件1中并没有给出可以将位于左机头内的由减速机驱动的皮带轮传动组可以随意放置的教导，所属领域的技术人员也不能依据公知常识将附件1中由减速机驱动的皮带轮传动组置于上机头门框居中位置，即现有技术中没有给出可以将附件1中由减速机驱动的皮带轮传动组置于上机头门框居中位置的技术启示。而且，本专利中，由于由减速机驱动的齿轮传动组60配置在门楣的居中位置，所以向传动轴61的两端传动的力矩相等，从而对走轮63的驱动同步，虽然本专利的权利要求1中并没有记载该效果，但是，所属领域的技术人员可以根据该结构直接确定出该效果。另外，本专利中的齿轮传动组与附件1中皮带轮传动组结构也不相同。

对于区别（3），请求人认为，虽然附件1中没有公开车库门是上下推拉式网栅，但是附件1中公开了卷帘门11，与上下推拉式网栅的结构和技术效果上无区别。对此，合议组认为，卷帘门的结构是要适应卷绕到卷轴上的，而上下推拉式网栅的结构则无这种要求，所以，二者的结构是明显不同的，相应地，其技术效果也不相同。

综上所述，本领域技术人员不能显而易见地得出权利要求1的技术方案，并且权利要求1的技术方案取得了方便实用、占地面积小、运行平稳的有益效果，因此本专利的权利要求1相对于附件1和公知常识的结合具有专利法第22条第3款规定的创造性。请求人关于权利要求1不具备创造性的主张不成立。

由于权利要求1相对于附件1和公知常识的结合具有创造性，所以其从属权利要求2~4相对于附件1和公知常识的结合也具有专利法第22条第3款规定的创造性。

专利权人提交了证据1~5，并且仅陈述了请求人曾以专利权人的产品“车家牌移动车库”侵犯其专利权为由向人民法院提起诉讼。而如上所述，请求人关于本专利权利要求 1~4 不具备创造性的主张不成立，因此合议组对专利权人提交的证据 1~5 不予评述。

基于以上事实和理由，本案合议组依法作出如下审查决定。

三、决定

维持 200520123004.5 号实用新型专利权有效。

当事人对本决定不服的，可以根据专利法第 46 条第 2 款的规定，自收到本决定之日起三个月内向北京市第一中级人民法院起诉。根据该款的规定，一方当事人起诉后，另一方当事人应当作为第三人参加诉讼。

056

流体包络面式粉烟尘屏蔽分离排出装置

无效宣告请求审查决定（第 11297 号）

决　　定　　号　第 11297 号
决　　定　　日　2008 年 4 月 9 日
发明创造名称　流体包络面式粉烟尘屏蔽分离排出装置
国 际 分 类 号　F24C 15/20，B08B 15/04，B01D 50/00
无效宣告请求人　嘉兴邦特厨具有限公司
专　利　权　人　夏志生
专　　利　　号　02120709.7
申　　请　　日　2002 年 5 月 29 日
授 权 公 告 日　2004 年 12 月 1 日
合 议 组 组 长　朱文广
主　　审　　员　刘敏飞
参　　审　　员　郭建强

法　律　依　据　专利法第 22 条第 3 款，专利法第 26 条第 3 款、第 4 款，专利法实施细则第 20 条第 1 款

决　定　要　点

在权利要求创造性的判断中，如果权利要求所述技术方案与现有技术公开的技术方案之间存在区别技术特征，而现有技术没有给出结合该区别技术特征得出所述技术方案的技术启示，本领域技术人员需要付出创造性的劳动才能得出该权利要求所述的技术方案，且该技术方案具有有益效果，则该权利要求具备创造性，反之，该权利要求不具备创造性。

一、案由

本无效宣告请求涉及中华人民共和国国家知识产权局于 2004 年 12 月 1 日授权公告的、名称为“流体包络面式粉烟尘屏蔽分离排出装置”的发明专利权（下称本专利），其专利号是 02120709.7，申请日是 2002 年 5 月 29 日，专利权人是夏志生。本专利授权公告的权利要求书如下：

“1. 一种流体包络面式粉烟尘屏蔽分离排出装置，它由支架、负压风环产生装置、正压风产生装置组成，所述的负压风环产生装置包括一个优弧状入风口，正压风产生装置包括一个劣弧状出风口，所述入风口和出风口置于浸染源扩散面的四周；所述入风口还进一步联接有导风管、风机及排风管，其特征在于：

所述多层入风口是平行园环状，并且其可同心配置，亦可偏心配置；

所述入风口可单层，也可多层平行放置；

所述出风口向污染源的扩散面倾斜。

2. 根据权利要求1所述流体包络面式粉烟尘屏蔽分离排出装置，其特征在于：

所述出风口与入风口共用同一个风机。

3. 根据权利要求1所述的流体包络面式粉烟尘屏蔽分离排出装置，其特征在于所述导风管的末端设有粉烟尘分离器或风机之后再安装一个粉烟尘分离器。

4. 根据权利要求3所述的流体包络面式粉烟尘屏蔽分离排出装置，其特征在于所述粉烟尘分离器的结构可为重力头分离器、片状筛绢分离器、分子力吸附分离器、粉末冶金或陶瓷微孔分离器、压差分离器的一种或多种。

5. 根据权利要求1所述流体包络面式粉烟尘屏蔽分离排出装置，其特征在于所述的风机垂直或倾斜地安装于所述导风管的侧壁或其倾斜底面；所述风机之后安装一个粉烟尘分离器。”

针对上述专利权，嘉兴邦特厨具有限公司（下称请求人）于2007年7月13日向专利复审委员会提出无效宣告请求，理由是本专利权利要求1~5不符合专利法第22条第3款，专利法第26条第3、4款，专利法实施细则第20条第1款的规定，并提交了如下4份附件：

附件1：公开号为CN1325002A的中国发明专利申请公开说明书，其公开日为2001年12月5日；

附件2：日本JP2002-31355A号公开特许公报，其公开日为2002年1月31日；

附件3：日本JP2000-354545A号公开特许公报，其公开日为2000年12月26日；

附件4：日本JP平5-18544A号公开特许公报，其公开日为1993年1月26日。

请求人认为：本专利权利要求1~5不符合专利法第22条第3款规定的创造性。权利要求1前序的技术特征已被附件1公开；特征部分的限定采用了“可”的形式，不能构成对权利要求保护范围的限定；特征部分“所述出风口向污染源的扩散面倾斜”，附件1中吹出口2没有倾斜，是由于其吹出口高度与污染源扩散面几乎处于同一高度，因此吹出口不必倾斜已能达到控制污染源扩散面的目的，在附件2中，由于出风口明显高于污染源扩散面，其设置与权利要求1相同；因此本专利权利要求1相对附件1、2是显而易见的。权利要求2的附加技术特征在附件3中披露。权利要求3~5是关于分离器的设置位置、分离器的结构以及风机的设置位置的限定，这些在附件1中均有披露，其区别在于：权利要求3~5中有多种等价的并列方案，但分离器的设置位置、分离器的结构以及风机的设置位置对于本领域技术人员来说，均可根据实际需要进行选择和配置，不需要花费创造性劳动，因此权利要求3~5不具备创造性。在说明书中未说明什么是流体包络面、什么是环置于浸染源扩散面，在说明书中也未标明其标号；同时，“多层入风口是平行圆环状，并且其可同心配置，亦可偏心配置”的说法与现有科技结论不符，无法实施。所以，本案专利未清楚表述请求保护范围和缺乏必要技术特征，并存在说明书未对本发明作出清楚、完整说明之问题。

请求人于2007年8月8日提交了如下3份附件作为补充证据：

附件5：附件2的中文译文，共11页；

附件6：附件3的中文译文，共11页；

附件7：附件4的中文译文，共9页。

专利复审委员会于2007年8月27日收到请求人提交的意见陈述书和本专利说明书。

经形式审查合格后，专利复审委员会受理了该无效请求，并于2007年9月11日向请求人及专利权人发出无效宣告请求受理通知书，并将请求人提交的专利权无效宣告请求书及其附件清单中所列附件副本转给了专利权人，要求专利权人在规定的期限内陈述意见。

专利权人于2007年10月24日提交了意见陈述书，并提交了如下证据：

证据1：由国家日用电器质量监督检验中心出具的No：WTS2007-0782号检验报告复印件，共5页；

专利权人认为：与附件1、2、3和4及其各种组合相比较，本专利各项权利要求不但具备新颖性，而且具备创造性。从证据1第4页表格中可知，气味降低度的实测值高达99.6%。

专利复审委员会依法成立合议组对本无效宣告请求进行审查。本案合议组于2007年11月15日向双方当事人发出无效宣告请求口头审理通知书，定于2008年1月22日举行口头审理。随同口头审理通知书，将专利权人于2007年10月24日提交的意见陈述书及其意见陈述附件清单中所列附件副本转送给请求人。

专利权人又于2007年12月7日提交了意见陈述书，并提交了如下证据：

证据2：由国家日用电器质量监督检验中心出具的No：WTS2007-3365号检验报告复印件，共4页；

专利权人指出，证据2为浙江美大实业有限公司委托国家日用电器质量监督检验中心于2007年6月28日作出的《检验报告》，便于评判对比。

合议组于2007年12月11日向请求人发出转送文件通知书，将专利权人于2007年12月7日提交的意见陈述书及其所附附件转送给请求人。

口头审理如期举行，双方当事人均参加了口头审理。

在口头审理中，（1）双方当事人对对方出席口头审理人员的资格没有异议，对合议组成员没有回避请求。（2）请求人明确其无效理由、事实、证据为：权利要求1~5不符合专利法实施细则第20条第1款的规定；权利要求1~5不符合专利法第26条第3、4款的规定；权利要求1~3不具备创造性。其中，权利要求1相对于附件1和2的结合或1、2和4的结合不具有创造性；权利要求2的附加技术特征在附件3或4中公开；权利要求3的附加技术特征在附件1或4中公开。创造性评述中附件1为最接近的对比文件。请求人当庭放弃权利要求4、5不具备创造性的无效理由。（3）专利权人对附件1的真实性没有异议，对附件2~4的出处有异议，对附件2~4中文译文的准确性没有异议。（4）关于附件2~4，合议组当庭告知专利权人应在口头审理结束后七日内对附件2~4真实性进行核实，逾期未提交意见陈述，则视为对附件2~4的真实性无疑义。（5）关于证据1、2。专利权人用证据1、2证明本专利技术方案产生的效果。请求人认可专利权人提交的证据1、2的真实性，对其关联性有异议。（6）关于权利要求1是否符合实施细则第20条第1款的规定。请求人认为：权利要求1中“亦可、也可”，前后特征不是等效的，该写法表示特征是可有可无的；正压风产生装置不能产生劣弧状出风口；出风口向扩散面如何实现向下倾斜不清楚，因此权利要求1不符合专利法实施细则第20条第1款的规定；权利要求2中出风口与入风口是界面，无法共用一个风机；因为权利要求1不符合专利法实施细则第20条第1款的规定，所以权利要求3~5也不符合专利法实施细则第20条第1款的规定。（7）关于权利要求1是否符合专利法第26条第3、4款的规定。请求人认为：权利要求1给出了5个技术方案无法实现且说明书中没有记载；由于入风口有多个，因此无法实现优弧状配置；关于权利要求2是否符合专利法第26条第3、4款的规定，双方的意见同权利要求2是否符合专利法实施细则第20条第1款的意见；请求人认为：因为权利要求1不符合专利法第26条第3、4款的规定，所以权利要求3~5不符合专利法第26条第3、4款的规定。（8）双方针对本专利权利要求1~3的创造性充分发表了意见。

口头审理结束后，专利权人于2008年1月25日提交了意见陈述，重复了其在口头审理过程中陈述过的关于本专利权利要求1符合专利法实施细则第20条第1款规定，以及附件2中的调节与本专利权利要求1中“所述出风口向污染源的扩散面倾斜”完全不同的意见。

至此，合议组认为本案事实清楚，可以作出审查决定。

二、决定的理由

1. 关于证据

附件 1 为中国发明专利申请公开说明书，专利权人对其真实性没有异议，并且附件 1 的公开日期早于本专利的申请日，合议组经审查认为，附件 1 可以作为本专利的现有技术。

附件 2~4 为日本专利文件，专利权人虽然对附件 2~4 的出处有异议，但在合议组给定期限要求其核实并且未核实即视为对附件 2~4 的真实性无疑义的情况下，在指定的期限内没有提交针对附件 2~4的真实性的意见陈述，因此视为专利权人对附件 2~4 的真实性无疑义。附件 2~4 的公开日均早于本专利的申请日，合议组经审查认为，附件 2~4 可以作为本专利的现有技术。并且专利权人对附件 2~4 的中文译文的准确性没有异议，因此附件 2~4 公开的内容以其中文译文为准。

专利权人提交证据 1、2，请求人认可证据 1、2 的真实性。合议组经审查认可证据 1、2 的真实性。

2. 关于专利法实施细则第 20 条第 1 款

专利法实施细则第 20 条第 1 款规定：权利要求书应当说明发明或者实用新型的技术特征，清楚、简要地表述请求保护的范围。

（1）关于权利要求 1 是否符合专利法实施细则第 20 条第 1 款的规定。

请求人认为：权利要求 1 中“亦可、也可”，前后特征不是等效的，该写法表示特征是可有可无的；正压风产生装置不能产生劣弧状出风口；出风口向扩散面如何实现向下倾斜不清楚，因此权利要求 1 不符合专利法实施细则第 20 条第 1 款的规定。

合议组经审查后认为：权利要求 1 中限定了“所述多层入风口是平行园环状，并且其可同心配置，亦可偏心配置”、“所述入风口可单层，也可多层平行放置”，虽然该权利要求中采用了“可”、“亦可”、“也可”的限定方式，但本领域技术人员从该权利要求 1 中的上述限定能够知道，同心配置与偏心配置为并列选择，均是对多层入风口的限定，单层与多层平行放置也是并列选择，均是对入风口层数的限定，从而该权利要求中的上述限定实质上是保护了多个并列的技术方案，并没有导致权利要求保护范围不清楚；本领域技术人员从权利要求 1 中“正压风产生装置包括一个劣弧状出风口”的限定可知，该权利要求对出风口的布置方式进行了限定，正压风产生装置通过该出风口将气流输送到污染源的扩散面，因此权利要求 1 中的上述限定并没有导致该权利要求保护范围不清楚；另外，权利要求 1 中限定了“出风口向污染源的扩散面倾斜”，说明书第 5 页倒数第 1 自然段及附图 1 中对污染源扩散面进行了说明，从而本领域技术人员能够得到，通过将形成出风口的喷嘴等部件向污染源的扩散面倾斜，就能够实现该权利要求限定的出风口向污染源的扩散面倾斜，因此权利要求 1 中的上述限定也不会导致该权利要求保护范围不清楚。综上所述，请求人关于权利要求 1 不符合专利法实施细则第 20 条第 1 款规定的主张不成立。

（2）关于权利要求 2 是否符合专利法实施细则第 20 条第 1 款的规定。

请求人认为：权利要求 2 中出风口与入风口是界面，无法共用一个风机。

合议组经审查后认为：权利要求 2 中限定了“出风口与入风口共用同一个风机”，本领域技术人员根据上述限定能够知道，形成出风口和入风口的部件可以通过管道等连接方式实现共用一个风机的技术方案，因此权利要求 2 中的上述限定不会导致该权利要求不清楚。请求人关于权利要求 2 不符合专利法实施细则第 20 条第 1 款规定的主张不成立。

（3）关于权利要求 3~5 是否符合专利法实施细则第 20 条第 1 款的规定。

请求人认为：因为权利要求 1 不符合专利法实施细则第 20 条第 1 款的规定，所以权利要求 3~5 也不符合专利法实施细则第 20 条第 1 款的规定。

如上所述，请求人关于权利要求1不符合专利法实施细则第20条第1款规定的主张不成立，因此请求人关于权利要求3~5也不符合专利法实施细则第20条第1款规定的主张也不成立。

3. 关于专利法第26条第3、4款

专利法第26条第3款规定：说明书应当对发明或者实用新型作出清楚、完整的说明，以所属技术领域的技术人员能够实现为准。

专利法第26条第4款规定：权利要求书应当以说明书为依据，说明要求专利保护的范围。

（1）关于权利要求1是否符合专利法第26条第3、4款的规定。

请求人认为：权利要求1给出了5个技术方案无法实现且说明书中没有记载；由于入风口有多个，因此无法实现优弧状配置。

合议组经审查后认为：权利要求1中限定了“负压风环产生装置包括一个优弧状入风口”、“入风口和出风口环置于浸染源扩散面的四周”、“所述多层入风口是平行园环状，并且其可同心配置，亦可偏心配置；所述入风口可单层，也可多层平行放置”，权利要求1中的上述技术方案记载在说明书第3页倒数第1~4自然段、第5页倒数第1自然段及附图1中，由此本领域技术人员根据说明书的上述记载能够清楚地知道，入风口的形状为优弧状，其可以单层设置呈优弧状，也可以多层平行设置，当入风口为多层时，其排列呈平行园环状，并且由于多层入风口以平行园环状排列环置于污染源扩散面四周，从而当该多层入风口的中心轴线与入风口和出风口所环置的污染源扩散面的中心线重合时，其多层入风口的排列方式就是同心配置，当多层入风口的中心轴线与污染源扩散面的中心线呈一定角度时，其多层入风口的排列方式就是偏心配置，因此说明书对权利要求1的上述技术方案作出了清楚、完整的说明，本领域技术人员根据说明书的记载能够实现权利要求1的技术方案，并且权利要求1的上述技术方案也记载在说明书中，能够得到说明书的支持，所以请求人关于权利要求1不符合专利法第26条第3、4款规定的主张不成立。

（2）关于权利要求2是否符合专利法第26条第3、4款的规定。

请求人认为：权利要求2中出风口与入风口是界面，无法共用一个风机，因此不符合专利法第26条第3、4款的规定。

合议组经审查后认为：权利要求2中限定了“出风口与入风口共用同一个风机”，在说明书第4页第1自然段、第5页倒数第1自然段及附图1中均记载了权利要求2中的上述技术方案，本领域技术人员根据说明书的记载能够清楚地知道，形成出风口和入风口的部件可以通过管道等连接方式实现共用一个风机的技术方案，因此说明书对权利要求2的上述技术方案作出了清楚、完整的说明，本领域技术人员根据说明书的记载能够实现权利要求2的上述技术方案，并且权利要求2的上述技术方案也记载在说明书中，能够得到说明书的支持，所以请求人关于权利要求2不符合专利法第26条第3、4款规定的主张不成立。

（3）关于权利要求3~5是否符合专利法第26条第3、4款的规定。

请求人认为：因为权利要求1不符合专利法第26条第3、4款的规定，所以权利要求3~5不符合专利法第26条第3、4款的规定。

如上所述，请求人关于权利要求1不符合专利法第26条第3、4款规定的主张不成立，因此请求人关于权利要求3~5也不符合专利法第26条第3、4款规定的主张也不成立。

4. 关于创造性

专利法第22条第3款规定：创造性，是指同申请日以前已有的技术相比，该发明有突出的实质性特点和显著的进步，该实用新型有实质性特点和进步。

在权利要求创造性的判断中，如果权利要求所述技术方案与现有技术公开的技术方案之间存在区别技术特征，而现有技术没有给出结合该区别技术特征得出所述技术方案的技术启示，本领域技术人员需要付出创造性的劳动才能得出该权利要求所述的技术方案，且该技术方案具有有益效果，则该权利要求具备创造性，反之，该权利要求不具备创造性。

（1）关于权利要求 1 的创造性。

请求人认为：权利要求 1 相对于附件 1 和 2 的结合或附件 1、2 和 4 的结合不具备创造性，附件 1 为最接近的对比文件。

权利要求 1 请求保护一种流体包络面式粉烟尘屏蔽分离排出装置。附件 1 中公开了一种流体隔膜吸排烟尘装置，并具体公开了一种排烟灶具（参见附件 1 说明书第 3 页及附图 2、3、5），具有支架、吹出口 2、吸入口 3，吸入口 3 和吹出口 2 为平面和/或曲面狭缝，吸入口与吹出口的长度之比为（5-9）：（5-1），吸入口 3 和吹出口 2 环置于污染源 102 的四周，吸入口进一步连接吸入导管 302、吸入风机 303、吸入机箱 304，吸入口为单层。

将本专利权利要求 1 与附件 1 相比，附件 1 中的吸入口、吹出口、吸入导管、吸入风机、分别相当于权利要求 1 中的入风口、出风口、风导管、风机，权利要求 1 与附件 1 的区别在于：①入风口连接排风管，②多层入风口是平行园环状，其可同心配置，③多层入风口是平行园环状，可偏心配置，④出风口向污染源的扩散面倾斜。

对于区别特征①：合议组经审查认为，权利要求 1 中的排风管与附件 1 中的吸入机箱所起的作用相同，均是将从入风口吸入的气流导出，并且本领域技术人员为了达到上述将从入风口吸入的气流导出的目的，而设置与入风口连接的排风管也是不需花费创造性劳动的。

对于区别特征②：请求人认为，附件 4 公开了一种电器加热烹调器消烟脱臭装置，图 8 中所示吸引开口为多层平行放置（参见附件 4 中文译文第 0008 段至 0010 段，图 8）。专利权人认为，附件 4 图 8 不能表示多层，也没有具体的文字描述，译文第 4 页 0008 段说明了是层流。合议组经审查后认为，附件 4 中的吸引开口相当于本专利权利要求 1 中的入风口，从附件 4 的图 8 中可以清楚地看到，吸引开口内具有由横向平行的线表示的部件将吸引开口分成平行分布的多个通道，通过该吸引开口的流体为层流，由此本领域技术人员能够容易地从附件 4 的图 8 中想到可以使用分隔板样部件将整个吸引开口分隔成平行的几个部分，使得流过吸引开口的气流为层流分布，其所起的作用与权利要求 1 中同心配置的平行园环状的多层入风口所起的作用相同，并且从附件 4 图 8 容易想到将该多层的吸引开口的各层相对于烹调器污染源的中心布置成水平配置，因此本领域技术人员从附件 4 中公开的上述内容中得到启示，将附件 4 中的多层吸入开口用于附件 1 中的优弧状吹入口，从而不需花费创造性劳动就能够得到多层入风口平行园环状，并且同心配置的技术方案。

对于区别特征③：请求人认为，偏心配置是本领域技术人员可想到的。合议组经审查后认为，附件 1、2、4 中均没有公开多层入风口偏心配置的技术特征，并且也没有给出相应的技术启示，虽然请求人认为偏心配置是本领域技术人员可想到的，但是没有提供相应的证据来支持上述主张，而权利要求 1 中包含多层入风口偏心配置的技术方案取得了排粉烟尘效果较完全的有益效果。

对于区别特征④：在附件 2 中公开了一种油烟飞逸防止装置（参见附件 2 中文译文的第 7 页第 0024 段，附图 1），螺旋送风机 8 在第一凸出部 6 的吹出角度可以调节，防止烹调时产生的油烟飞逸，而且吹出喷嘴 10 可以调节，从附图 1 中可以看出吹出喷嘴 10 吹出的气流向下倾斜。专利权人认为：从附件 2 公开的内容中不能仅得出出风口向污染源扩散面倾斜。合议组经审查认为，附件 2 中给出了通过调整吹出喷嘴即出风口来达到防止油烟飞逸的目的，并且公开了从出风口吹出的气流向下倾斜，而本领域技术人员能够从附件 2 中公开的调整吹出喷嘴来达到防止油烟飞逸目的中得到启示，很容易想到通过调整出风口，使得出风口向下即向锅灶污染源的油烟扩散平面倾斜，以达到防止油烟飞逸的目的，并且其所起作用与本专利权利要求1中的出风口向污染源扩散面倾斜所起的作用相同。

综上所述，本领域技术人员在附件1的基础上结合附件2、4，不需花费创造性的劳动就能得出权利要求1中除包含“偏心配置”以外的技术方案，因此权利要求1中除了包含“偏心配置”以外的技术方案均不具备创造性，不符合专利法第22条第3款的规定。而权利要求1中包含“偏心配置”的技术方案由于在附件1、2、4中均没有公开，也没有给出相应的技术启示，并且该技术方案取得了有益的技术效果，因此权利要求1中包含“偏心配置”的技术方案相对于附件1、2、4的结合具备创造性。

（2）关于权利要求2的创造性。

请求人认为：权利要求2的附加技术特征在附件3或4中公开。

合议组经审查认为：权利要求2的附加技术特征为：所述出风口与入风口共用同一个风机。在附件4中附图6~8公开了吹出喷口与吸入开口共用一个风扇7，因此附件4公开了权利要求2的附加技术特征。当其引用的权利要求1中除包含“偏心配置”以外的技术方案不具备创造性时，该权利要求也不符合专利法第22条第3款关于创造性的规定。

（3）关于权利要求3的创造性。

请求人认为：权利要求3的附加技术特征在附件1或4中公开。

权利要求3的附加技术特征为：导风管的末端设有粉烟尘分离器或风机之后再安装一个粉烟尘分离器。在附件1中还公开了在吸风均压箱301与吸风导管302之间设有油烟分离器6（参见说明书第6页倒数第1自然段，附图4），可见附件1公开了权利要求3中的导风管的末端设有粉烟尘分离器。在附件4中还公开了在引导管路中设置过滤器106和氧化催化剂107（参见图8）。专利权人认为，本专利权利要求3的附加技术特征是风机前后各加一个粉烟尘分离器。合议组经审查认为，由于设置多级过滤器来增强过滤效果是本领域技术人员经常采用的技术手段，因此在附件1或4的基础上，为了达到使排到大气或再次排到污染源扩散面进行再循环的气流进行进一步净化的目的，本领域技术人员很容易想到在风机之后再安装一个粉烟尘分离器。因此当其引用的权利要求1中除包含“偏心配置”以外的技术方案不具备创造性时，该权利要求也不符合专利法第22条第3款关于创造性的规定。

专利权人提交了证据1、2，以证明本专利技术方案产生的效果。证据1、2均为产品名称为“集成环保灶”的检验报告，证据1中没有记载集成环保灶的技术方案，证据2中也仅仅是记载了“样品采用下排风吸油烟灶具一体式结构，在对应吸风口位置设置有水平吹风口”。合议组经审查认为，证据1由于没有记载集成环保灶的技术方案，因此不能证明本专利技术方案产生的技术效果，证据2的集成环保灶的技术方案与本专利的技术方案不同，也不能证明本专利技术方案的效果。此外，证据1、2与请求人主张的本专利相对于请求人所提交附件的创造性也不存在必然的联系。

请求人关于本专利权利要求1~5不符合专利法第26条第3、4款，专利法实施细则第20条第1款规定的主张不成立，本专利权利要求1~3中除包含“偏心配置”以外的技术方案不具备创造性，不符合专利法第22条第3款的规定，请求人关于本专利权利要求1~3中包含“偏心配置”的技术方案不具备创造性的主张不成立。

基于上述理由，合议组依法作出如下决定。

三、决定

宣告02120709.7号发明专利权的权利要求1~3中除包含“偏心配置”以外的技术方案无效，在权利要求1~3中包含“偏心配置”的技术方案、权利要求4、5的基础上维持该专利权继续有效。

当事人对本决定不服的，可以根据专利法第46条第2款的规定，自收到本决定之日起三个月内向北京市第一中级人民法院起诉。根据该款的规定，一方当事人起诉后，另一方当事人应当作为第三人参加诉讼。

北京市第一中级人民法院
行政判决书

（2008）一中行初字第 1099 号

原告夏志生，男，1941 年 11 月 5 日出生，汉族，住浙江省海宁市盐官镇环城南路 50 号。

委托代理人孙振铎，北京金言诚信知识产权代理有限公司专利代理人。

委托代理人钟传良，男，1965 年 7 月 7 日出生，住浙江省海宁市谈桥乡谈桥街 42 号。

被告国家知识产权局专利复审委员会，住所地北京市海淀区北四环西路 9 号银谷大厦 10~12 层。

法定代表人廖涛，副主任。

委托代理人朱文广，国家知识产权局专利复审委员会审查员。

委托代理人齐宏涛，国家知识产权局专利复审委员会审查员。

第三人嘉兴邦特厨具有限公司，住所地浙江省海盐县于城集镇。

法定代表人陈其明，董事长。

委托代理人陈红，杭州天欣专利事务所专利代理人。

原告夏志生不服被告国家知识产权局专利复审委员会（以下简称专利复审委员会）2008 年 4 月 9 日作出的第 11297 号无效宣告请求审查决定（以下简称第 11297 号决定），于法定期限内向本院提起诉讼。本院于 2008 年 7 月 29 日受理本案后，依法组成合议庭，并按照法律有关规定通知嘉兴邦特厨具有限公司（以下简称邦特厨具公司）作为第三人参加诉讼，于 2008 年 9 月 23 日公开开庭进行了审理。原告夏志生的委托代理人孙振铎、钟传良，被告专利复审委员会的委托代理人朱文广、齐宏涛，第三人邦特厨具公司的法定代表人陈其明及委托代理人陈红到庭参加了诉讼。本案现已审理终结。

专利复审委员会第 11297 号决定系就邦特厨具公司对夏志生享有的第 02120709.7 号发明专利（简称本专利）所提出的无效宣告请求作出的。专利复审委员会在该决定中认定：1. 邦特厨具公司提交的附件 1~4 可以作为本专利的现有技术。2. 邦特厨具公司关于本专利不符合《中华人民共和国专利法实施细则》（以下简称《专利法实施细则》）第二十条第一款以及不符合《中华人民共和国专利法》（以下简称《专利法》）第二十六条第三、四款的主张，均缺乏事实和法律依据，不能成立。3. 关于本专利的创造性。①将本专利权利要求 1 与附件 1 相比，附件 1 中的吸入口、吹出口、吸入导管、吸入风机、分别相当于权利要求 1 中的入风口、出风口、风导管、风机，权利要求 1 与附件 1 的区别在于：（1）入风口连接排风管；（2）多层入风口是平行圆环状，其可同心配置；（3）多层入风口是平行圆环状，可偏心配置；（4）出风口向污染源的扩散面倾斜。对于区别特征（1）：权利要求 1 中的排风管与附件 1 中的吸入机箱所起的作用相同，均是将从入风口吸入的气流导出，并且本领域技术人员为了达到上述将从入风口吸入的气流导出的目的，而设置与入风口连接的排风管也是不需花费创造性劳动的。对于区别特征（2）：附件 4 中的吸引开口相当于本专利权利要求 1 中的入风口，从附件 4 的图 8 中可以清楚地看到，吸引开口内具有由横向平行的线表示的部件将吸引开口分成平行分布的多个通道，通过该吸引开口的流体为层流，由此本领域技术人员能够容易地从附件 4 的图 8 中想到可以使用分隔板样部件将整个吸引开口分隔成平行的几个部分，使得流过吸引开口的气流为层流分布，其所起的作用与权利要求 1 中同心配置的平行圆环状的多层入风口所起的作用相同，并且从附件 4 图 8 容易想到将该多层的吸引开口的各层相对于烹调器污染源的中心布置成水平配置，因此本领域技术人员从附件 4 中公开的上述内容中得到启示，将附件 4 中的多层吸入开口用于附件 1 中的优弧状吹入口，从而不需花费创造性劳动就能够得到多层人风口平行圆环状，并且同心配置的技术方案。对于区别特征（3）：附件 1、2、4 中均没有公开多层入风口偏心配置的技术特征，并且也没有给出相应的技术启示，虽然邦特厨具公司认为偏心配置是本领域技术人员可想到的，但是没有提供相应的证据来支持上述主张，而权利要求 1 中包含多层入风口偏心配置的技术方案取得了排粉烟尘效果较完全的有益效果。对于区别特征（4）：附件 2 中给出了通过调整吹出喷嘴即出风口来达到防止油烟飞逸的目的，并且公开了从出风口吹出的气流向下倾斜，而本领域技术人员能够从附件 2 中公开的调整吹出喷嘴来达到防止油烟飞逸目的中得到启示，很容易想到通过调整出风口，使得出风口向下即向锅灶污染源的油烟扩散平面倾斜，以达到防止油烟飞逸的目的，并且其所起作用与本专利权利要求 1 中的出风口向污染源扩散面倾斜所起的作用相同。综上所述，本领域技术人员在附件 1 的基础上结合附件 2、4，不需花费创造性的劳动就能得出权利要求 1 中除包含“偏心配置”以外的技术方案，因此权利要求 1 中除了包含“偏心配置”以外的技术方案均不具备创造性，不符合《专利法》第二十二条第三款的规定。而权利要求 1 中包含“偏心配置”的技术方案由于在附件 1、2、4 中均没有公开，也没有给出相应的技术启示，并且该技术方案取得了有益的技术效果，因此权利要求 1 中包含“偏心配置”的技术方案相对于附件 1、2、4 的结合具备创造性。②关于权利要求 2 的创造性。权利要求 2 的附加技术特征为：所述出风口与入风口共用同一个风机。在附件 4 中附图 6-8 公开了吹出喷口与吸入开口共用一个风扇 7，因此附件 4 公开了权利要求 2 的附加技术特征。当其引用的权利要求 1 中除包含“偏心配置”以外的技术方案不具备创造性时，该权利要求也不符合《专利法》第二十二条第三款关于创造性的规定。③关于权利要求 3 的创造性。权利要求 3 的附加技术特征为：导风管的末端设有粉烟尘分离器或风机之后再安装一个粉烟尘分离器。在附件 1 中还公开了在吸风均压箱 301 与吸风导管 302 之间设有油烟分离器 6，可见附件 1 公开了权利要求 3 中的导风管的末端设有粉烟尘分离器。在附件 4 中还公开了在引导管路中设置过滤器 106 和氧化催化剂 107。由于设置多级过滤器来增强过滤效果是本领域技术人员经常采用的技术手段，因此在附件 1 或 4 的基础上，为了达到使排到大气或再次排到污染源扩散面进行再循环的气流进行进一步净化的目的，本领域技术人员很容易想到在风机之后再安装一个粉烟尘分离器。因此当其引用的权利要求 1 中除包含“偏心配置”以外的技术方案不具备创造性时，该权利要求也不符合《专利法》第二十二条第三款关于创造性的规定。综上所述，本专利权利要求1~3中除包含“偏心配置”以外的技术方案不具备创造性，不符合《专利法》第二十二条第三款的规定。

夏志生不服第 11297 号决定，在法定期限内向本院提起行政诉讼。其诉称：1. 第 11297 号决定认定事实不清。（1）第 11297 号决定对附件 1 中记载的内容归纳有误。将附件 1 中“一种流体隔膜吸排烟尘装置”的技术内容与“一种复合式排烟灶具”技术内容人为地组合起来作为最接近的现有技术方案。（2）忽视本专利权利要求 1 中具体用词对技术特征的客观限定。将权利要求 1 中的“负压风环产生装置”、“优孤状入风口”和“劣弧状出风口”，等同于附件 1 中的“吸入口连接负压发生装置”、“吸入口”和“吹出口”，从而改变了本专利权利要求 1 保护的发明。（3）本专利权利要求 1 的区别特征还应当包括：负压风环产生装置、优弧状入风口、劣弧状出风口、优弧状入风口多层平行配置四个区别特征。（4）第 11297 号决定在分析“多层入风口是平行圆环状，同心配置”这一区别特征时，歪曲了附件 4 的客观记载，将附件 4 中说明现有技术及其缺点用的图 8 与附件 4 中明确以图 5 作代表说明其中专利方案的文字内容毫无根据的组合在一起，得出不应得出的错误结论。附件 4 中 0009 段的文字是针对图 5 的说明。除了图 5 表示出喷出缝口 A（相当于本专利的出风口）被分成两层以外，无论是从图 5 还是从文字中都不能得出“吸引开口 B”（相当于本专利的入风口）是多层的结论，而恰恰相反证明其出风口是层流，由于入风口不是多层当然更无从谈起“多层入风口是平行圆环状，同心配置”了。同时，鉴于附件4中译文第2页倒数第1~3行有关于图8所示方案的否定性记载（“要达到该目的的装置如图7和图8所示势必大型化。它需要充分的处理时间。如果高速（瞬时）通过空气，该空气就会没有得到充分处理就排出，如图7和图8所示，该系统（空气吸引形）很难商品化”），所以本领域技术人员看了该段说明后当然不会，也不可能将图8中的信息显而易见地与附件1加以结合。（5）第11297号决定在分析“出风口向下即向锅灶污染源的扩散平面倾斜”区别技术特征时，将附件2中文译文的相应部分认定有误。实际上在附件2图1和图2中，由相当于出风口的吹出部7吹出的螺旋气流，在朝向吸入口19运动的过程中根本不是向下倾斜，而是“多少向下游的两侧扩散”，这是空气运动中的自然扩散，而不是有意识的倾斜。图2对这一点表示得更加清楚。附件2根本没有给出有关该区别技术特征的任何公开和暗示，当然更谈不上附件2与附件1的结合问题了。2. 第11297号决定适用法律错误。（1）专利复审委员会在第11297号决定中忽视本专利权利要求1中具体用词对技术特征的客观限定作用，没有能客观、正确地解释涉案专利的权利要求，从而违反了《专利法》第五十六条规定。（2）在评价本专利是否具有突出的实质性特点上，即在进行特征分析时不是与已有的技术相比，而是与组合后的技术相比。在认定对比文件中记载的内容时，随意将对比文件的内容扩大甚至于歪曲。并且将不能从对比文件的附图中直接地、毫无异议地确定的属于猜测的内容作为其公开的内容。从而导致审查结论上出现错误。对《专利法》第二十二条第三款适用不当。（3）在评定发明是否具有突出的实质性特点上，采用了事后诸葛亮的主观臆断方法。（4）没有考虑本发明有益效果对创造性的贡献。综上，专利复审委员会认定事实和适用法律均有错误，请求法院判令撤销第11297号决定，维持本专利权有效。

被告专利复审委员会辩称坚持作出第11297号决定中认定的事实和理由，夏志生的诉讼理由不能成立，请求法院驳回其诉讼请求，维持专利复审委员会的第11297号决定。

第三人邦特厨具公司同意专利复审委员会在第11297号决定中认定的事实和理由，请求驳回夏志生的诉讼请求。

本院经审理查明：

本案涉及国家知识产权局于2004年12月1日授权公告的名称为“流体包络面式粉烟尘屏蔽分离排出装置”的02120709.7号发明专利权（即本专利），其申请日为2002年5月29日，专利权人为夏志生。本专利授权公告的权利要求书如下：

“1. 一种流体包络面式粉烟尘屏蔽分离排出装置，它由支架、负压风环产生装置、正压风产生装置组成，所述的负压风环产生装置包括一个优弧状入风口，正压风产生装置包括一个劣弧状出风口，所述入风口和出风口置于浸染源扩散面的四周；所述入风口还进一步联接有导风管、风机及排风管，其特征在于：

所述多层入风口是平行圆环状，并且其可同心配置，亦可偏心配置；

所述入风口可单层，也可多层平行放置；

所述出风口向污染源的扩散面倾斜。

2. 根据权利要求1所述流体包络面式粉烟尘屏蔽分离排出装置，其特征在于：

所述出风口与入风口共用同一个风机。

3. 根据权利要求1所述的流体包络面式粉烟尘屏蔽分离排出装置，其特征在于所述导风管的末端设有粉烟尘分离器或风机之后再安装一个粉烟尘分离器。

4. 根据权利要求3所述的流体包络面式粉烟尘屏蔽分离排出装置，其特征在于所述粉烟尘分离器的结构可为重力头分离器、片状筛绢分离器、分子力吸附分离器、粉末冶金或陶瓷微孔分离器、压差分离器的一种或多种。

5. 根据权利要求1所述流体包络面式粉烟尘屏蔽分离排出装置，其特征在于所述的风机垂直或倾斜地安装于所述导风管的侧壁或其倾斜底面；所述风机之后安装一个粉烟尘分离器。”

本专利说明书的技术背景部分载明：现有除油烟机的问题在于有的油烟自由扩散高度过大，油烟在其扩散空间中随意扩散，造成严重的污染；有的油烟自由扩散高度虽小，然而由于原理和技术上的不成熟，缺乏实用性。现有油烟机分为上排风式、侧排风式和下排风式，广泛存在噪音大，高功耗、低效果的缺点。发明内容部分载明：本发明在所述入风口和出风口之间因气流运动而形成的气流压力场与油烟的扩散场的叠加场中，油烟粒子沿一相对于油烟扩散平面的非降曲线进入入风口。所述非降曲线的全体的包络面就形成了污染空间和环境空间之间的屏蔽面。该气流包络面在它动态平衡中会将粉烟尘污染源与外界的清新空气截然隔离。附带地，该包络面的气流也会将周围环境的空气一起排出净化。特别地，本发明应用于灶具上，可实现油烟的侧吸强制排风，将油烟污染降低到近乎为零。本发明具有排粉烟尘效果完全彻底，结构紧凑，噪声小和应用领域广泛的优点。

针对本专利，邦特厨具公司于2007年7月13日向专利复审委员会提出无效宣告请求。在专利复审委员会进行口头审理时，邦特厨具公司明确其无效理由为本专利权利要求1~5不符合《专利法实施细则》第二十条第一款的规定；权利要求1~5不符合《专利法》第二十六条第三、四款的规定；权利要求1~3不具备创造性。其中，权利要求1相对于附件1和2的结合或1、2和4的结合不具有创造性；权利要求2的附加技术特征在附件3或4中公开；权利要求3的附加技术特征在附件1或4中公开。创造性评述中附件1为最接近的对比文件。邦特厨具公司在口头审理中放弃权利要求4、5不其备创造性的无效理由。

附件1系名称为“流体隔膜排吸烟尘装置”发明专利申请公开文本，公开日为2001年12月5日。其中公开了一种流体隔膜吸排烟尘装置，并具体公开了一种装有该装置的排烟灶具。相关技术内容为：

1. 一种流体隔膜吸排烟尘装置，设置于烟尘污染源，其特征在于：

在烟尘污染源（1）的扩散面一侧设有平行该扩散面的有压力的流体吹出口（2），该吹出口的连接压力流体源（203），在与其位置对称的另侧设有平行该扩散面的有负压的流体吸入口（3），该吸入口连接负压发生装置（303）；从该吹出口（2）吹出的流体进入吸入口（3）而形成流体隔膜（4），该流体隔膜将污染源（1）烟尘扩散空间包围笼罩于从吹出口至吸入口之间的烟尘通道中。

2. 如权利要求1所述的流体隔膜吸排烟尘装置，其特征在于：所述流体吹出口（2）前端一次连接吹出口均压箱（201）、吹出导管（202）、内设风机/泵（203）的压出机箱（204）；该吸入口（3）的后端依次连接吸入均压箱（301）、吸入导管（302）、内设风机/泵（303）的吸入机箱（304）。

3. 如权利要求1所述的流体隔膜吸排烟尘装置，其特征在于：所述吸入口（3）与吹出口（2）的长度比为（5~9）：（5-1）；且吸入流量与吹出流量之比为（3~9）：（1~3）；该吸入口（3）及吹出口（2）为平面和/或曲面的狭缝，该狭缝宽度在1~20mm之间。

4. 如权利要求1所述的流体隔膜吸排烟尘装置，其特征在于：所述从吹出（2）吹出，从吸入口（3）吸入的流体介质为空气、水、不发挥性油、化工流体介质中的任一种。

5. 如权利要求1所述的流体隔膜吸排烟尘装置，其特征在于：所述设置于吹出机箱（204）内的吹风机/泵（203）及设置于吸入机箱（304）内的吸风机/泵（303）可以分别连接两台单独的电动机（205）、（305）的转动轴，也可以分别连接于从同一电动机两端伸出的转动轴。

6. 一种装有如权利要求1所述的流体隔膜吸排烟尘装置的复合式排烟灶具，其特征在于：该灶具设有机壳（501）、燃气源、燃烧器（502），机壳内可以设有用电器（503）及放物柜（504），其特征在于：所述流体为空气，其吹出口（2）为吹风口，吸入口（3）为吹风口，其吸风均压箱

（301）设置于机壳上部，吸风导管（302）设置于机壳中部，吸风机箱（304）设置于机壳下部而构成下排风，在吸风均压箱（301）与吸风导管（302）之间设有油烟分离器（6），在机壳背部设有进风百叶窗（505），吸风导管（302）上有联动可控阀门（509）与生产气味的灶具相联。

附件2为日本JP2002-31355A号公开特许公报，其公开日为2002年1月31日。其中公开了一种油烟飞逸防止装置：在吹出喷嘴下方设置螺旋送风机。吹出喷嘴的空气在螺旋送风机送出的螺旋气流上方流动，再吸入到吸入部。螺旋送风机送出的螺旋气流把承载区上方的空气卷旋内侧，螺旋气流往往要多少向下游两侧扩散。螺旋送风机的第一凸出部6的吹出角度可以调节，防止烹调时产生的油烟飞逸，而且吹出喷嘴10的宽度可以调节，从附图1、2中可以看出吹出喷嘴10吹出的气流几乎气幕状水平流动。附件4为日本公开特许公报，其公开日为1993年1月26日。其中公开了一种电器加热烹调器消烟脱臭装置。该发明要解决现有技术中密封壳体型和空气吸引型装置存在的问题。其中空气吸引型装置的问题是，必须全部处理所通过的空气，装置势必大型化，该系统很难商品化。其中的附图8公开了空气吸引型装置的其中一种，其上端的吹风口和吸风口均多层平行设置。该专利涉及的附图包括附图1至附图6，其吸风口均单层设置。在该专利文献中，对本专利吸风口没有可以多层平行设置的记载。

上述事实，有本专利权利要求书及说明书、第11297号决定、附件1、2、4和当事人陈述等证据在案佐证。

本院认为：

本案各方争议的焦点问题在于两个方面：

1. 第11297号决定是否人为的将附件1中两个不同的技术方案结合作为最接近的现有技术。

《审查指南》第二部分第四章3.2.1.1节规定，最接近的现有技术，是指现有技术中与要求保护的发明最密切相关的一个技术方案。本院认为该技术方案应当是相对独立和完整的。在本案中，附件1记载了一种“流体隔膜排吸烟尘装置”以及使用上述装置的排烟尘灶具。本领域技术人员在阅读了附件1的权利要求书和说明书后，能够毫无异议的得出其中排烟尘灶具是“流体隔膜排吸烟尘装置”在灶具方面的具体应用，其完全使用“流体隔膜排吸烟尘装置”技术方案的结论。因此，第11297号决定在引用排烟尘灶具的技术方案时，自然也包括了“流体隔膜排吸烟尘装置”的技术内容在内。因此，夏志生关于该决定将不同的技术方案结合作为最接近现有技术的主张，缺乏事实和法律依据，本院不予采信。

2. 本专利是否具有创造性。

我国《专利法》第二十二条第三款规定，创造性是指同申请日以前已有的技术相比，该发明具有突出的实质性特点和显著进步。在本案中，附件1、2、4的公开日早于本专利的申请日，构成了本专利的现有技术，可以用于评价本专利的创造性。

在本案中，夏志生主张将本专利权利要求1与附件1相比，本专利还存在四个区别技术特征，即负压风环产生装置、优弧状入风口、劣弧状出风口、优弧状入风口多层平行配置。基于查明的事实，本专利权利要求1载明“负压风环产生装置，，包括一个优弧状入风口，除此之外，本专利说明书和附图对于“负压风环产生装置”没有作进一步的解释和说明。因此本院认为，“负压风环产生装置”即是指优弧状入风口。此外，附件1关于“吸入口（3）与吹出口（2）的长度比为（5~9）：（5-1）；且吸入流量与吹出流量之比为（3~9）：（1~3）”的描述，给出了入风口和出风口可以分别设置为优弧状和劣弧状的技术启示。因此“优弧状入风口、劣弧状出风口”亦并非本专利的区别技术特征。对于“入风口多层平行配置”这一技术特征，实际上已包含于“多层入风口是平行圆环状”这一技术特征之中，而第11297号决定已将“多层入风口是平行圆环状，并且其可同心配置”作为区别技术特征加以确定。因此，夏志生关于本专利与附件1还存在上述四个区别技术特征的主张，缺乏事实依据，本院不予采信。

对于第11297号决定已确定的四个区别技术特征中，双方争议焦点在于“多层入风口是平行圆环状，并且其可同心配置”和“出风口向污染源的扩散面倾斜”两个技术特征是否分别在附件4和附件2中所公开。

基于查明的事实，附件4公开了一种电器加热烹调器消烟脱臭装置。该装置从文字内容到附图1至附图6中均没有将入风口多层设置的记载和技术启示，而该装置所要解决的问题包括现有技术中空气吸引型装置存在的必须全部处理所通过的空气，装置势必大型化，该系统很难商品化。其中装置大型化和很难商品化对于本领域技术人员而言是必须避免的，而附图8对空气吸引型装置的结构作了充分体现，其中就包括入风口的多层平行结构。如果说附图8对本领域技术人员存在某种启示的话，这种启示就是本领域技术人员在看到附图8时，会很自然地将附图8所体现的技术方案与附图1至附图6所体现的技术方案相区分，而不是加以结合考虑。从另一个方面讲，装置大型化和很难商品化也与本专利发明目的和所达到的效果相背离，因此本领域技术人员也不会将附图8单独与附件1相结合。而本专利恰恰克服了这一技术偏见，将入风口多层平行设置，即避免了装置大型化和很难商品化的缺陷，同时实现了家用灶具小型化、结构紧凑化使用的目的，具有突出的实质性特点和显著进步。

此外，附件2公开了一种油烟飞逸防止装置。该装置的吹出喷嘴可调节的部分是其宽度，并非吹出角度，这一点在该专利文献文字及说明书附图1和2均有体现。而该装置中设置的螺旋送风机又不可避免的产生螺旋气流向下游两侧扩散的效果。因此本院认为，附件2并没有公开本专利权利要求1中“出风口向污染源的扩散面倾斜”这一区别技术特征，也未给出相应的技术启示。而该区别技术特征所体现的作用恰恰在于，形成入风口和出风口之间因气流运动而形成的气流压力场与油烟的扩散场的叠加，油烟粒子沿一相对于油烟扩散平面的非降曲线进入入风口，从而形成了污染空间和环境空间之间的屏蔽面。从而实现本专利油烟侧吸强制排风，将油烟污染降低到近乎为零的发明目的。

基于上述分析，本院认为本专利权利要求1具有创造性。由于权利要求2和3均从属于权利要求1，因此也具有创造性。

综上，专利复审委员会作出的第11297号决定认定事实不清，适用法律错误，本院予以撤销。夏志生关于撤销第11297号决定的部分理由成立，本院予以支持。依照《中华人民共和国行政诉讼法》第五十四条第（二）项第1目、第2目之规定，本院判决如下：

撤销被告国家知识产权局专利复审委员会作出的第11297号无效宣告请求审查决定。

案件受理费100元，由被告国家知识产权局专利复审委员会负担（于本判决生效之日起7日内交纳）。

如不服本判决，各方当事人可于本判决送达之日起15日内，向本院提交上诉状及其副本，并交纳上诉案件受理费100元，上诉于北京市高级人民法院。

审　判　长　彭文毅
代理审判员　候占恒
代理审判员　周丽婷
二〇〇八年十二月十九日
书　记　员　严　哲

北京市第一中级人民法院
行政裁定书

（2008）一中行初字第 1099 号

本院 2008 年 12 月 19 日对原告夏志生诉被告国家知识产权局专利复审委员会，第三人为嘉兴邦特厨具有限公司专利无效行政纠纷一案作出的（2008）一中行初字第 1099 号行政判决书中，文字有笔误，应予补正，现裁定如下：

判决书第十四页倒数第一、二行中的“撤销被告国家知识产权局专利复审委员会作出的第 11297 号无效宣告请求审查决定。”应更正为“一、撤销被告国家知识产权局专利复审委员会作出的第 11297 号无效宣告请求审查决定；二、被告国家知识产权局专利复审委员会就名称为“流体包络面式粉烟尘屏蔽分离排出装置”的 02120709.7 号发明专利重新作出无效宣告请求审查决定。”。

审　判　长　彭文毅
代理审判员　候占恒
代理审判员　周丽婷
二〇〇九年六月三日
书　记　员　严　哲

北京市高级人民法院
行政判决书

（2009）高行终字第 521 号

上诉人（原审被告）国家知识产权局专利复审委员会，住所地北京市海淀区北四环西路 9 号银谷大厦 10～12 层。

法定代表人廖涛，副主任。

委托代理人朱文广，该委员会审查员。

委托代理人齐宏涛，该委员会审查员。

上诉人（原审第三人）嘉兴邦特厨具有限公司，住所地浙江省海盐县于城集镇。

法定代表人陈其明，董事长。

委托代理人陈红，女，汉族，1958 年 8 月 6 日出生，杭州天欣专利事务所专利代理人，住浙江省杭州市下城区安吉路 24 号。

委托代理人徐关寿，男，汉族，1952 年 9 月 28 日出生，浙江杭州金通专利事务所有限公司专利代理人，住浙江省杭州市西湖区九莲新村 28 幢 96 号 302 室。

被上诉人（原审原告）夏志生，男，汉族，1941 年 11 月 5 日出生，住浙江省海宁市盐官镇环城南路 50 号。

委托代理人孙振铎，男，汉族，1938 年 5 月 22 日出生，北京金言诚信知识产权代理有限公司专利代理人，住北京市海淀区北三环中路43号板1号楼2门8层7号。

委托代理人钟传良，男，汉族，1965年7月7日出生，浙江美大实业有限公司常务副总经理，住浙江省海宁市海洲街道梅园三里8幢10号403室。

上诉人国家知识产权局专利复审委员会（以下简称专利复审委员会）、嘉兴邦特厨具有限公司（以下简称邦特厨具公司）因发明专利权无效行政纠纷一案，不服北京市第一中级人民法院（2008）一中行初字第1099号行政判决，向本院提起上诉。本院2009年4月13日受理后，依法组成合议庭，于2009年6月11日公开开庭进行了审理。上诉人专利复审委员会的委托代理人朱文广、齐宏涛，上诉人邦特厨具公司的法定代表人陈其明及其委托代理人陈红、徐关寿，被上诉人夏志生的委托代理人孙振铎、钟传良到庭参加了诉讼，本案现已审理终结。

北京市第一中级人民法院认定，夏志生拥有名称为“流体包络面式粉烟尘屏蔽分离排出装置”的发明专利权（以下简称本专利）。针对本专利权，邦特厨具公司于2007年7月13日向专利复审委员会提出无效宣告请求。2008年4月9日，专利复审委员会做出第11297号无效宣告请求审查决定（以下简称第11297号决定），宣告本专利权利要求1~3中除包含“偏心配置”以外的技术方案不具备创造性。

北京市第一中级人民法院认为，本专利权利要求1与附件1相比，存在四个区别技术特征中，其中双方争议焦点在于“多层入风口是平行圆环状，并且其可同心配置”和“出风口向污染源的扩散面倾斜”两个技术特征是否分别在附件4和附件2中所公开。附件4公开了一种电器加热烹调器消烟脱臭装置。该装置从文字内容到附图1至附图6中均没有将入风口多层设置的记载和技术启示，而附图8对空气吸引型装置的结构作了充分体现，其中就包括入风口的多层平行结构。本领域技术人员在看到附图8时，会很自然地将附图8所体现的技术方案与附图1至附图6所体现的技术方案相区分，而不是加以结合考虑。此外，装置大型化和很难商品化也与本专利发明目的和所达到的效果相背离，因此本领域技术人员也不会将附图8单独与附件1相结合。而本专利克服了这一技术偏见，具有突出的实质性特点和显著进步。附件2公开了一种油烟飞逸防止装置。附件2并没有公开本专利权利要求1中“出风口向污染源的扩散面倾斜”这一区别技术特征，也未给出相应的技术启示。因此，本专利权利要求1具有创造性。由于权利要求2和3均从属于权利要求1，因此也具有创造性。

北京市第一中级人民法院依照《中华人民共和国行政诉讼法》第五十四条第（二）项第1目、第2目之规定，判决：1. 撤销专利复审委员会做出的第11297号决定；2. 专利复审委员会重新就本专利做出无效宣告请求审查决定。

专利复审委员会、邦特厨具公司均不服原审判决，向本院提起上诉，请求撤销原审判决，维持专利复审委员会做出的第11297号决定。

专利复审委员会的主要理由为：1. 附件4的图1~6所公开的方案可以看出是多层结构，多次入口和出口是一种通常的设计，与小型化没有关系，而且多层入风口的设置能够实现灶具的小型化得不到说明书的支持。附件4中附图8与入风口的设计没有关系，因此，多次入风口的设计能够使本专利小型化的判断让人难以理解，同时从本专利说明书中也看不出上述信息。2. 附件2的附图1中明显能够看出其向下倾斜，而且本领域技术人员看到附件2公开的信息，基于防止油烟飞溅的目的，容易想到向下倾斜，因此，本专利没有创造性。

邦特厨具公司的上诉理由为：1. 原审判决认定“入风口多层设置”为区别技术特征是错误的，附件4中的附图8已经给出“入风口多次设置”的信息；2. 原审判决认定“出风口向污染源的扩散面倾斜”为区别技术特征是错误的，附件2及其附图1清楚的公开了该项技术特征。

夏志生服从原审判决。

经审理查明，本案涉及国家知识产权局于2004年12月1日公告授权的名称为“流体包络面式粉烟尘屏蔽分离排出装置”的02120709.7号发明专利权，其申请日为2002年5月29日，专利权人为夏志生。本专利公告授权的权利要求如下：

“1. 一种流体包络面式粉烟尘屏蔽分离排出装置，它由支架、负压风环产生装置、正压风产生装置组成，所述的负压风环产生装置包括一个优弧状入风口，正压风产生装置包括一个劣弧状出风口，所述入风口和出风口环置于浸染源扩散面的四周；所述入风口还进一步联接有导风管、风机及排风管，其特征在于：

所述多层入风口是平行圆环状，并且其可同心配置，亦可偏心配置；

所述入风口可单层，也可多层平行放置；

所述出风口向污染源的扩散面倾斜。

2. 根据权利要求1所述流体包络面式粉烟尘屏蔽分离排出装置，其特征在于：

所述出风口与入风口共用同一个风机。

3. 根据权利要求1所述的流体包络面式粉烟尘屏蔽分离排出装置，其特征在于所述导风管的末端设有粉烟尘分离器或风机之后再安装一个粉烟尘分离器。

4. 根据权利要求3所述的流体包络面式粉烟尘屏蔽分离排出装置，其特征在于所述粉烟尘分离器的结构可为重力头分离器、片状筛绢分离器、分子力吸附分离器、粉末冶金或陶瓷微孔分离器，压差分离器的一种或多种。

5. 根据权利要求1所述流体包络面式粉烟尘屏蔽分离排出装置，其特征在于所述的风机垂直或倾斜地安装于所述导风管的侧壁或其倾斜底面；所述风机之后安装一个粉烟尘分离器。”

本专利说明书的技术背景部分载明：现有除油烟机的问题在于有的粉烟尘自由扩散高度过大，粉烟尘在其扩散空间中随意扩散，造成严重的污染；有的粉烟尘自由扩散高度虽小，然而由于原理和技术上的不成熟，缺乏实用性。现有油烟机分为上排风式、侧排风式和下排风式，广泛存在噪音大，高功耗、低效果的缺点。发明内容部分载明：本发明在所述入风口和出风口之间因气流运动而形成的气流压力场与粉烟尘的扩散场的叠加场中，粉烟尘粒子沿一相对于粉烟尘扩散平面的非阵曲线进入入风口。所述非降曲线的全体的包络面就形成了污染空间和环境空间之间的屏蔽面。该气流包络面在它动态平衡中会将粉烟尘污染源与外界的清新空气截然隔离。附带地，该包络面的气流也会将周围环境的空气一起排出净化。特别地，本发明应用于灶具上，可实现油烟的侧吸强制排风，将油烟污染降低到近乎为零。本发明具有排粉烟尘效果完全彻底，结构紧凑，噪声小和应用领域广泛的优点。

针对本专利权，邦特厨具公司于2007年7月13日向专利复审委员会提出无效宣告请求。在专利复审委员会进行口头审理时，邦特厨具公司明确其无效理由为本专利权利要求1~5不符合《专利法实施细则》第二十条第一款的规定；本专利权利要求1~5不符合《专利法》第二十六条第三、四款的规定；本专利权利要求1~3不具备创造性。其中，本专利权利要求1相对于附件1和2的结合或1、2和4的结合不具有创造性；本专利权利要求2的附加技术特征在附件3或4中公开；本专利权利要求3的附加技术特征在附件1或4中公开。创造性评述中附件1为最接近的对比文件。

附件1系名称为“流体隔膜排吸烟尘装置”发明专利申请公开文本，公开日为2001年12月5日。其中公开了一种流体隔膜吸排烟尘装置，并具体公开了一种装有该装置的排烟灶具。相关技求内容为：

1. 一种流体隔膜吸排烟尘装置，设置于烟尘污染源，其特征在于：

在烟尘污染源（1）的扩散面一侧设有平行该扩散面的有压力的流体吹出口（2），该吹出口连接压力流体源（203），在与其位置对称的另侧设有平行该扩散面的有负压的流体吸入口（3），该吸入口连接负压发生装置（303）；从该吹出口（2）吹出的流体进入吸入口（3）而形成流体隔膜（4），该流体隔膜将污染源（1）烟尘扩散空间包围笼罩于从吹出口至吸入口之间的烟尘通道中。

2. 如权利要求 1 所述的流体隔膜吸排烟尘装置，其特征在于：所述流体吹出口（2）前端一次连接吹出口均压箱（201）、吹出导管（202）、内设风机/泵（203）的压出机箱（204）；该吸入口（3）的后端依次连接吸入均压箱（301）、吸入导管（302）、内设风机/泵（303）的吸入机箱（304）。

3. 如权利要求 1 所述的流体隔膜吸排烟尘装置，其特征在于：所述吸入口（3）与吹出口（2）的长度比为（5~9）：（5-1）；且吸入流量与吹出流量之比为（3~9）：（1~3）；该吸入口（3）及吹出口（2）为平面和/或曲面的狭缝，该狭缝宽度在 1-20mm 之间。

4. 如权利要求 1 所述的流体隔膜吸排烟尘装置，其特征在于：所述从吹出口（2）吹出，从吸入口（3）吸入的流体介质为空气、水、不发挥性油、化工流体介质中的任一种。

5. 如权利要求 1 所述的流体隔膜排烟尘装置，其特征在于：所述设置于吹出机箱（204）内的吹风机/泵（203）及设置于吸入机箱（304）内的吸风机/泵（303）可以分别连接两台单独的电动机（205）、（305）的传动轴，也可以分别连接于从同一电动机两端伸出的传动轴。

6. 一种装有如权利要求 1 所述的流体隔膜吸排烟尘装置的复合式排烟灶具，其特征在于：该灶具设有机壳（501）、燃气源、燃烧器（502），机壳内可以设有用电器（503）及放物柜（504），其特征在于：所述流体为空气，其吹出口（2）为吹风口，吸入口（3）为吹风口，其吸风均压箱（301）设置于机壳上部，吸风导管（302）设置于机壳中部，吸风机箱（304）设置于机壳下部而构成下排风，在吸风均压箱（301）与吸风导管（302）之间设有油烟分离器（6），在机壳背部设有进风百叶窗（505），吸风导管（302）上有联动可控阀门（509）与生产气味的灶具相联。

附件 2 为日本 JP2002-31355A 号公开特许公报，其公开日为 2002 年 1 月 31 日。其中公开了一种油烟飞逸防止装置：在吹出喷嘴下方设置螺旋送风机。吹出喷嘴的空气在螺旋送风机送出的螺旋气流上方流动，再吸入到吸入部。螺旋送风机送出的螺旋气流把承载区上方的空气卷旋内侧，螺旋气流往往要多少向下游两侧扩散。螺旋送风机的第一凸出部 6 的吹出角度可以调节，防止烹调时产生的油烟飞逸，而且吹出喷嘴 10 的宽度可以调节，从附图 1、2 中可以看出吹出喷嘴 10 吹出的气流几乎气幕状水平流动。

附件 4 为日本公开特许公报，其公开日为 1993 年 1 月 26 日。其中公开了一种电器加热烹调器消烟脱臭装置。该发明要解决现有技术中密封壳体型和空气吸引型装置存在的问题。其中空气吸引型装置的问题是，必须全部处理所通过的空气，装置势必大型化，该系统很难商品化。其中的附图 8 公开了空气吸引型装置的其中一种，其上端的吹风口和吸风口均多层平行设置。该专利涉及的附图包括附图 1 至附图 6，其吸风口均单层设置。在该专利文献中，对本专利吸风口没有可以多层平行设置的记载。

2008 年 4 月 9 日，专利复审委员会做出第 11297 号决定。专利复审委员会在该决定中认定：1. 邦特厨具公司提交的附件 1 至 4 可以作为本专利的现有技术。2. 邦特厨具公司关于本专利不符合《专利法实施细则》第二十条第一款以及不符合《专利法》第二十六条第三、四款的主张，均缺乏事实和法律依据，不能成立。3. 关于本专利的创造性。①将本专利权利要求 1 与附件 1 相比，附件 1 中的吸入口、吹出口、吸入导管、吸入风机、分别相当于权利要求 1 中的入风口、出风口、风导管、风机，本专利权利要求 1 与附件 1 的区别在于：（1）入风口连接排风管；（2）多层入风口是平行圆环状，其可同心配置；（3）多层入风口是平行圆环状，可偏心配置；（4）出风口向污染源的扩散面倾斜。对于区别特征（1）：本专利权利要求 1 中的排风管与附件 1 中的吸入机箱所起的作用相同，均是将从入风口吸入的气流导出，并且本领域技术人员为了达到上述将从入风口吸入的气流导出的目的，而设置与入风口连接的排风管也是不需花费创造性劳动的。对于区别特征（2）：附件 4 中的吸引开口相当于本专利权利要求 1 中的入风口，从附件 4 的图 8 中可以清楚地看到，吸引开口内具有由横向平行的线表示的部件将吸引开口分成平行分布的多个通道，通过该吸引开口的流体为层流，由此本领域技术人员能够容易地从附件 4 的图 8 中想到可以使用分隔板样部件将整个吸引开口分隔成平行的几个部分，使得流过吸引开口的气流为层流分布，其所起的作用与权利要求 1 中同心配置的平行圆环状的多层入风口所起的作用相同，并且从附件 4 图 8 容易想到将该多层的吸引开口的各层相对于烹调器污染源的中心布置成水平配置，因此本领域技术人员从附件 4 中公开的上述内容中得到启示，将附件 4 中的多层吸入开口用于附件 1 中的优弧状吹入口，从而不需花费创造性劳动就能够得到多层入风口平行圆环状，并且同心配置的技术方案。对于区别特征（3）：附件 1、2、4 中均没有公开多层入风口偏心配置的技术特征，并且也没有给出相应的技术启示，虽然邦特厨具公司认为偏心配置是本领域技术人员可想到的，但是没有提供相应的证据来支持上述主张，而权利要求 1 中包含多层入风口偏心配置的技术方案取得了排粉烟尘效果较完全的有益效果。对于区别特征（4）：附件 2 中给出了通过调整吹出喷嘴即出风口来达到防止油烟飞逸的目的，并且公开了从出风口吹出的气流向下倾斜，而本领域技术人员能够从附件 2 中公开的调整吹出喷嘴来达到防止油烟飞逸目的中得到启示，很容易想到通过调整出风口，使得出风口向下即向锅灶污染源的油烟扩散平面倾斜，以达到防止油烟飞逸的目的，并且其所起作用与本专利权利要求 1 中的出风口向污染源扩散面倾斜所起的作用相同。综上所述，本领域技术人员在附件 1 的基础上结合附件 2、4，不需花费创造性的劳动就能得出本专利权利要求 1 中除包含“偏心配置”以外的技术方案，因此本专利权利要求 1 中除了包含“偏心配置”以外的技术方案均不具备创造性，不符合《专利法》第二十二条第三款的规定。而本专利权利要求 1 中包含“偏心配置”的技术方案由于在附件 1、2、4 中均没有公开，也没有给出相应的技术启示，并且该技术方案取得了有益的技术效果，因此权利要求 1 中包含“偏心配置”的技术方案相对于附件 1、2、4 的结合具备创造性。

②关于本专利权利要求 2 的创造性。本专利权利要求 2 的附加技术特征为：所述出风口与入风口共用同一个风机。在附件 4 中附图 6-8 公开了吹出喷口与吸入开口共用一个风扇 7，因此附件 4 公开了权利要求 2 的附加技术特征。当其引用的权利要求 1 中除包含“偏心配置”以外的技术方案不具备创造性时，该权利要求也不符合《专利法》第二十二条第三款关于创造性的规定。

③关于本专利权利要求 3 的创造性。本专利权利要求 3 的附加技术特征为：导风管的末端设有粉烟尘分离器或风机之后再安装一个粉烟尘分离器。在附件 1 中还公开了在吸风均压箱 301 与吸风导管 302 之间设有油烟分离器 6，可见附件 1 公开了本专利权利要求 3 中的导风管的末端设有粉烟尘分离器。在附件 4 中还公开了在引导管路中设置过滤器 106 和氧化催化剂 107。由于设置多级过滤器来增强过滤效果是本领域技术人员经常采用的技术手段，因此在附件 1 或 4 的基础上，为了达到使排到大气或再次排到污染源扩散面进行再循环的气流进行进一步净化的目的，本领域技术人员很容易想到在风机之后再安装一个粉烟尘分离器。因此当其引用的权利要求 1 中除包含“偏心配置”以外的技术方案不具备创造性时，该权利要求也不符合《专利法》第二十二条第三款关于创造性的规定。综上所述，本专利权利要求 1~3 中除包含“偏心配置”以外的技术方案不具备创造性，不符合《专利法》第二十二条第三款的规定。

上述事实，有本专利权利要求书及说明书、第 11297 号决定、附件 1、2、4 和当事人陈述等证据在案佐证。

本院认为，本案的核心问题在于本专利权利要求 1 是否符合《专利法》第二十二条第三款规定的创造性要求。发明的创造性，是指同申请日以前已有的技术相比，该发明具有突出的实质性特点和显著进步。根据《审查指南》的相关规定，引用附图时必须注意，只有能够从附图中直接地、毫无疑义地确定的技术特征才属于公开的内容，由附图中推测的内容，或者无文字说明、仅仅是从附图中测量得出的尺寸及其关系，不应作为已公开的内容。双方争议焦点在于“多层入风口是平行圆环状，并且其可同心配置”和“出风口向污染源的扩散面倾斜”两个技术特征是否分别在附件4和附件2中所公开。

附件4公开了一种电器加热烹调器消烟脱臭装置。该装置所要解决的问题包括现有技术中空气吸引型装置存在的必须全部处理所通过的空气，但从文字内容到附图1至附图6中均没有将入风口多层设置的记载。附图8对空气吸引型装置的结构作了充分体现，其中就包括入风口的多层平行结构，并非如本专利中的“多层入风口是平行圆环状，并且其可同心配置”。一方面，没有证据对本专利中的“多层入风口是平行圆环状，并且其可同心配置”结构与附图8中“入风口的多层平行”结构之间的差别所带来技术效果进行清楚地论述；另一方面，本领域技术人员从附图中仅能得出入风口的多层平行结构的信息，从附图8中的“入风口的多层平行”结构到本专利的“多层入风口是平行圆环状，并且其可同心配置”是需要创造性劳动的。因此，专利复审委员会认为两个结构所起的作用相同的认定缺乏证据支持。专利复审委员会，邦特厨具公司关于本专利中的“多层入风口是平行圆环状，并且其可同心配置”已经被附图8公开的上诉主张没有事实依据，本院不予支持。

附件2公开了一种油烟飞逸防止装置，螺旋送风机8在第一凸出部6的吹出角度可以调节，防止烹调时产生的油烟飞逸，而且吹出喷嘴可以调节，从附图1中可以看出吹出喷嘴10吹出的气流向下倾斜。附件2中给出了通过调整吹出喷嘴即出风口来达到防止油烟飞逸的目的，并且公开了从出风口吹出的气流向下倾斜，而本领域技术人员能够从附件2中公开的调整吹出喷嘴来达到防止油烟飞逸目的中得到启示，很容易想到通过调整出风口，使得出风口向下即向锅灶污染源的油烟扩散平面倾斜，以达到防止油烟飞逸的目的，并且其所起作用与本专利权利要求1中的出风口向污染源扩散面倾斜所起的作用相同。原审判决关于附件2并没有公开本专利权利要求1中“出风口向污染源的扩散面倾斜”这一区别技术特征的认定不当，应予纠正。

鉴于专利复审委员会关于本专利“多层入风口是平行圆环状，并且其可同心配置”这一区别技术特征的认定不妥，原审判决予以撤销是正确的。专利复审委员会应当就该技术特征是否被公开重新做出无效宣告请求审查决定。

综上所述，依照《中华人民共和国行政诉讼法》第六十一条第（一）项之规定，本院判决如下：

驳回上诉，维持原判。

一审案件受理费人民币100元，由国家知识产权局专利复审委员会负担（于本判决生效之日起7日内交纳）；二审案件受理费100元，由国家知识产权局专利复审委员会负担50元（已交纳），由嘉兴邦特厨具有限公司负担50元（已交纳）。

本判决为终审判决。

审　判　长　刘　辉
代理审判员　岑宏宇
代理审判员　焦　彦
二〇〇九年六月十九日
书　记　员　陈　明
书　记　员　刘　悠

057

一种旋转灯箱

无效宣告请求审查决定（第11310号）

决　　定　　号　第11310号
决　　定　　日　2008年4月1日
发明创造名称　一种旋转灯箱
国 际 分 类 号　G09F13/04，G09F 11/02
无效宣告请求人　佛山市好运通工艺制品有限公司
专　利　权　人　胡小萍
专　　利　　号　02248397.7
申　　请　　日　2002年9月30日
授 权 公 告 日　2003年9月3日
合 议 组 组 长　徐媛媛
主　　审　　员　郭鹏鹏
参　　审　　员　王伟艳

法　律　依　据　专利法第22条第2款、第3款，专利法实施细则第20条第1款
决　定　要　点

权利要求书应当清楚，其含义包括每项权利要求所确定的保护范围应当清楚。

如果权利要求所要保护的技术方案与一项现有技术中的相关内容相比，因存在区别技术特征而实质上不相同，则该权利要求具备新颖性。

如果一项权利要求所要保护的技术方案与现有技术公开的技术方案存在区别技术特征，且该区别技术特征并未被其他现有技术公开，也不是本领域技术人员容易想到的，且具有有益的效果，则该权利要求具备创造性。

一、案由

本无效宣告请求涉及国家知识产权局于2003年9月3日授权公告的，名称为“一种旋转灯箱”的实用新型专利，其专利号是02248397.7，申请日是2002年9月30日，专利权人是胡小萍。本实用新型专利授权公告时的权利要求书如下：

“1. 一种旋转灯箱，其特征在于采用一个灯箱支架（1），所述支架（1）的上下两端中心设有一固定空心轴（2），所述空心轴（2）左、右安装有灯箱框体（31与32），通过滚动轴承（21）与中心空心固定轴（2）连接，灯箱框体内面外向设有齿轮（41），中心空心固定 轴（2）中部安装灯管支架（51）或灯座，所述灯管支架（51）上 设有电源（8），中心空心固定轴（2）的一端还固定有

电机座（52），电机座（52）向下盖方向安装有电机（6），电机后有小齿轮（42）；广告灯箱片（7）安装于左、右灯箱框（31 与 32）连结成一个灯箱外壳的整体；电机（6）后的小齿轮（42）与灯箱框体的外向齿轮（41）啮合。

2. 根据权利要求 1 所述的旋转灯箱，其特征在于灯箱支架体（1）的外形是一杈形、Y 形或其他各种形状。

3. 据权利要求 1 所述的旋转灯箱，其特征在于中心空心固定轴（2）的一端在对应于底部方向安装一个电机座（52）和电机（6），相应的，灯箱框体外向有齿轮（41）。

4. 据权利要求 1 所述的旋转灯箱，其特征在于广告灯箱片（7）之间通过外框（31 与 32）材料连结固定。

5. 根据权利要求 4 所述的旋转灯箱，其特征在于所述广告灯箱片（7）通过吸塑或吹塑成型。”

针对上述专利权（下称本专利），佛山市好运通工艺制品有限公司（下称请求人）于 2007 年 3 月 19 日向专利复审委员会提出无效宣告请求，其理由是：（1）本专利的权利要求 1~5 不清楚，不符合专利法实施细则第 22 条第 1 款的规定；（2）本专利权利要求 1~5 不具备新颖性、创造性，不符合专利法第 22 条第 2 款、第 3 款的规定。同时，请求人提交了以下证据：

证据 1：专利号为 00239997.0 的实用新型专利说明书，复印件，共 8 页。

请求人认为：（1）本专利权利要求 1 中的技术特征“灯箱框体内面外向设有齿轮（41）”中的“内面外向”含义不清楚，权利要求 1 中的技术特征“电机座（52）向下盖方向安装有电机（6）”中的“下盖”是何物以及与其他部件的位置关系都不清楚。（2）证据 1 中公开了一种旋转灯箱，其采用一个底座或上、下两个底座（相当于本申请中的灯箱支架），底座中心固定一空心轴，中心空心固定轴的上、下安装上、下盖（相当于本专利中的左右框体），通过滚动轴承与中心空心固定轴连接，下盖外向有齿轮，中心空心固定轴中部安装灯管支架或灯座，中心空心固定轴中部还固定有电机座，电机座向下盖方向安装有电机，电机后有小齿轮，广告灯箱片安装于上、下盖之间，上、下盖、广告灯箱片连结成一个灯箱外壳的整体，电机后的小齿轮与下盖外向齿轮啮合。由此可见，权利要求 1 所要保护的技术方案与证据 1 公开的内容相比，其区别技术特征在于：灯管支架（51）上设有电源。但是对于灯箱而言，需要电源是毫无疑问的，所以“灯管支架上设有电源”这一技术特征可以直接、毫无疑义地由证据 1 所描述的技术方案中确定；所以本专利权利要求 1 相对于证据 1 不具备新颖性，在权利要求 1 不具备新颖性的基础上也不具备创造性，由于权利要求 2~5 的附加技术特征都被证据 1 公开，所以本专利权利要求 2~5 也不具备新颖性、创造性。

专利复审委员会于 2007 年 3 月 19 日受理了上述无效宣告请求，向双方当事人发出受理通知书，并将无效宣告请求书及其附件的副本转送给专利权人，要求其在指定期限内答复。

专利复审委员会于 2007 年 4 月 16 日收到请求人递交的补正书，对无效宣告请求书附件第 1 页第 7 行中的请求宣告无效专利的专利号错误进行了补正。

专利权人于 2007 年 4 月 19 日向专利复审委员会提交了答辩意见，专利权人认为：第一，本专利权利要求 1 与证据 1 存在区别技术特征，所以本专利具备新颖性。第二，（1）本专利重的灯箱支架是一个完整的整体，证据 1 中的支架为独立设置或者支架分上下两个独立设置，所以本专利比证据 1 稳定；（2）本专利的广告灯箱片安装于左、右灯箱框体，连结成一个灯箱外壳的整体，证据 1 的灯箱是由三片灯箱片通过上下盖和外框片材料连接成一个灯箱外壳，可见在结构对比上，本专利比证据 1 简单、牢固、生产工艺相对简单。本专利明显具备结构简单和牢固、生产工艺相对简单，所以具有创造性。

专利权人同时提交了下述反证：

反证 1：广东省佛山市顺德区公证处出具的（2006）佛顺内民证字第 12156 号公证书，复印件，共 7 页；

反证 2：中华人民共和国国家知识产权局出具的实用新型专利检索报告，复印件，共 4 页；

反证 3：广东省佛山市中级人民法院受理通知书，（2007）佛中法民知初字第 65 号，复印件，共 1 页。

本案合议组于 2007 年 10 月 10 日向双方当事人发出口头审理通知书，定于 2007 年 11 月 12 日举行口头审理，同时随同口审通知书，将专利权人的意见陈述书及其附件转给了请求人，将专利复审委员会于 2007 年 4 月 16 日收到的请求人的补正书转送给专利权人。

口头审理如期举行，双方当事人均参加了口头审理，并对对方出席口头审理人员的身份和资格无异议，对合议组成员没有回避请求。请求人明确无效宣告理由为：（1）本专利权利要求 1~5 不清楚，不符合专利法实施细则第 20 条第 1 款的规定；（2）本专利权利要求 1~5 不符合专利法第 22 条第 2 款、第 3 款的规定，使用的证据是证据 1。专利权人对证据 1 的真实性没有异议。口头审理中，双方当事人结合证据就各自所持的观点进行了充分的意见陈述。合议组当庭告知请求人在口审后 7 日内对专利权人提出的反证和书面意见进行答复，并声明除合议组指定的意见陈述外，口头审理后，合议组不再接受双方的任何意见陈述。2007 年 11 月 16 日请求人向合议组提交意见陈述书，其主要观点同无效宣告请求书以及口审时的意见陈述。

在以上工作的基础上，合议组认为本案事实清楚，可以依法作出决定。

二、决定的理由

1. 关于专利法实施细则第 20 条第 1 款

专利法实施细则第 20 条第 1 款规定，权利要求书应当说明发明或者实用新型的技术特征，清楚、简要地表述请求保护的范围。

权利要求书应当清楚，其含义包括每项权利要求所确定的保护范围应当清楚。

请求人主张：①本专利权利要求 1 中的限定“……灯箱框体内面外向设有齿轮（41）……”中的“内面外向”含义不清楚，无法理解；权利要求 1 中的技术特征“电机座（52）向下盖方向安装有电机（6）”中的“下盖”是何种部件以及与其他部件的位置关系在权利要求中均无限定；导致权利要求 1~5 的保护范围不清楚，不符合专利法实施细则第 20 条第 1 款的规定。②权利要求 2 中的限定“其他各种形状”范围不清楚，所以权利要求 2 也不符合专利法实施细则第 20 条第 1 款的规定。

专利权人认为：①本专利权利要求 1 中的限定“内面”指框体的里面，“外向设有齿轮（41）”中的“外向”指外向齿轮；本专利权利要求 1 中的“向下盖方向”中的“盖”指灯箱框体，“向下”表示方向，“向下盖方向”这样的表述意为该齿轮安装在灯箱框体的底部。②“其他各种形状”是根据从权形、Y 形概括出的，其含义是清楚的。

合议组认为，理解一项权利要求的保护范围，应该从本领域技术人员的角度出发，同时结合说明书和附图的内容。具体到本申请，权利要求 1 要求保护一种旋转灯箱，根据说明书和附图，该旋转灯箱的主体部分框体是一个封闭的中空结构，所以：（1）权利要求 1 中“内面外向设有齿轮”这样的限定，表明在权利要求 1 的旋转灯箱中，设置有齿轮，且该齿轮的安装位置在灯箱框体的内面，并且，结合本专利说明书附图可以清楚地理解权利要求 1 中的外向设有齿轮即为机械领域中常用的外齿轮。（2）同时，“盖”这一限定虽然在权利要求 1 的其他部分没有出现，但结合本专利说明书附图中电机与灯箱框体之间的相对位置关系，本领域技术人员亦可看出所谓的“盖”即为灯箱框体，“向下盖方向”中的“向下”表示一种位置关系，所以本领域技术人员可以理解权利要求 1 中的限定“向下盖方向”限定了电机的安装位置和方向。因此，本专利权利要求 1 的技术方案是清楚可以理解的，并且其保护范围也是清楚确定的，请求人关于本专利权利要求1不符合专利法实施细则第20条第1款的主张不能成立。基于同样的理由，请求人关于本专利权利要求3~5不符合专利法实施细则第20条第1款的主张也不能成立。

对于本专利权利要求2中出现的限定“杈形、Y形或其他各种形状”的限定，合议组认为，该权利要求中“其他各种形状”这一限定与杈形、Y形相并列均是对框体形状的限定。因此，对于本领域技术人员来说，可以理解所述“其他各种形状”的含义以及这一限定所涵盖的范围。专利法实施细则第20条第1款规定的清楚，是指该项权利要求的技术方案对于本领域技术人员来说其保护范围是明确的，在上述限定对本领域技术人员来说范围明确的情况下，本专利权利要求2符合专利法实施细则第20条第1款的规定，请求人的主张不能成立。

2. 关于证据

证据1为00239997.0号实用新型专利说明书授权公报复印件，授权公告日为2001年10月3日。专利权人对其真实性没有异议，合议组经查证属实。同时该证据的授权公告日早于本专利的申请日，因此证据1构成本专利的现有技术，可以用于评价本专利的新颖性、创造性。

3. 关于新颖性和创造性

专利法第22条第2款规定，新颖性，是指在申请日以前没有同样的发明或实用新型在国内外出版物上公开发表过、在国内公开使用过或者以其他方式为公众所知，也没有同样的发明或者实用新型由他人向国务院专利行政部门提出过申请并且记载在申请日以后公布的专利申请文件中。

专利法第22条第3款规定，创造性，是指同申请日之前已有的技术相比，该发明有突出的实质性特点和显著的进步，该实用新型有实质性特点和进步。

就本案而言，本专利权利要求1要求保护一种旋转灯箱；证据1公开了一种用于室外广告领域的广告用旋转灯箱，并具体公开了以下技术内容：该灯箱有一个底座，固定在底座中心的空心轴，安装在该固定轴上、下的上、下盖，所述的上下盖通过滚动轴承与中心空心固定轴连接，下盖外向有齿轮，中心空心固定轴中部安装灯管支架或灯座，中心空心固定轴中部还固定有电机座，电机座向下盖方向安装有电机，电机后有小齿轮，广告灯箱片安装于上、下盖之间，上、下盖、广告灯箱片连结成一个灯箱外壳的整体；此外，证据1中的技术方案，亦是应用于室外广告领域，亦是通过箱体内部固定的灯管从内部照亮箱体上的广告图画，同时结合证据1说明书附图1，虽然证据1中没有出现“电源”的这一具体文字表述，但是从证据1的内容本领域技术人员可以毫无疑义地得出证据1中公开的技术方案中必定包括电源，所以，证据1也隐含公开了灯管支架上设有电源这一技术特征。

本专利权利要求1的技术方案与证据1公开的技术内容相比存在以下区别技术特征：（1）本专利采用的是在固定轴的两侧安装灯箱框体，该左右两侧的灯箱框体闭合形成一整体，发光灯管位于盖闭合的空间内，而证据1中是在固定轴的上下各设置上下盖，上下盖通过灯箱片和外框片材料连接固定形成一个闭合的箱体；（2）本专利的齿轮设置在框体上，而在证据1中相应的齿轮设置在下盖上。

由于本专利权利要求1所要求保护的技术方案与证据1公开的技术内容存在上述区别技术特征。所以，本专利权利要求1相对于证据1具备新颖性，符合专利法第22条第2款的规定。

证据1中的旋转灯箱在工作时，通过电机带动齿轮驱动下盖旋转，下盖带动灯箱片、外框片材料转动，由转动的灯箱片、外框片材料带动上盖转动，从而达到闭合的箱体部分整体转动的效果。在本专利权利要求1的技术方案中，由安装在左右两个框体闭合构成灯箱的箱体部分，工作时，由电机带动齿轮驱动框体整体转动。同证据1相比，由于左右框体成一体结构，所以在转动时不会由于传动过程复杂使得箱体出现扭曲，该技术特征使得本专利的旋转灯箱具有更稳定的技术效果。

由此可见，所述区别技术特征给本专利技术方案带来了证据1中的技术方案所不能达到的技术效果；同时，证据 1 中并没有给出在其公开的技术方案上进行改进得到本专利权利要求 1 的任何技术启示或教导，本领域技术人员在证据 1 公开的技术内容上获得本专利权利要求 1 的技术方案需要创造性的劳动。因此，本专利权利要求 1 相对于证据 1 具备创造性，符合专利法第 22 条第 3 款的规定。

权利要求 2~5 从属于权利要求 1，在权利要求 1 具备新颖性和创造性的前提下，权利要求 2~5 同样具备新颖性和创造性。

综合上述内容，本专利权利要求 1~5 符合专利法实施细则第 20 条第 1 款的规定；本专利权利要求 1~5 相对于证据 1 具备新颖性、创造性，符合专利法第 22 条第 2 款、第 3 款的规定。

三、决定

维持 02248397.7 号实用新型专利权有效。

一方当事人对本决定不服的，可以根据专利法第 46 条第 2 款的规定，在收到本决定之日起三个月内向北京市第一中级人民法院起诉。根据该款的规定，一方当事人起诉后，另一方当事人可以作为第三人参加诉讼。

058

撞球杆的轴杆

无效宣告请求审查决定（第 11315 号）

决 定 号 第 11315 号
决 定 日 2008 年 2 月 15 日
发明创造名称 撞球杆的轴杆
国 际 分 类 号 A63D15/08
无效宣告请求人 白 倩
专 利 权 人 台全国际股份有限公司
专 利 号 200320101364.6
申 请 日 2003 年 10 月 21 日
授 权 公 告 日 2004 年 11 月 17 日
合 议 组 组 长 孙跃飞
主 审 员 娄 宁
参 审 员 任晓兰

法 律 依 据 专利法第 22 条第 2 款、第 3 款
决 定 要 点

在判断新颖性时，是将实用新型的权利要求与一篇对比文件进行单独比较，考察权利要求技术方案是否已被该对比文件公开，如果已被公开，则该权利要求不具备新颖性，如果存在区别技术特征，则该权利要求具有新颖性；如果上述区别技术特征的引入对本领域普通技术人员而言是容易想到的，并且该区别技术特征的引入没有使得该实用新型权利要求的技术方案产生预料不到的技术效果，那么该权利要求技术方案与现有技术相比没有实质性特点和进步，从而不具备创造性。

一、案由

本无效宣告请求涉及国家知识产权局于 2004 年 11 月 17 日授权公告的、名称为“撞球杆的轴杆”的第 200320101364.6 号实用新型专利权（以下简称本专利），其申请日为 2003 年 10 月 21 日，专利权人为台全国际股份有限公司。本专利授权公告时的权利要求书为：

“1. 一种撞球杆的轴杆，外形呈圆锥杆状，其特征在于：所述轴杆由复数个呈长形的木条所组成，每一木条具有一外周面与至少一贴合面；所述各木条通过所述各贴合面相互对合，在所述各贴合面之间设置有一将所述各木条贴合的胶层，所述各外周面组成所述轴杆的外缘。

2. 如权利要求 1 所述的撞球杆的轴杆，其特征在于：各所述木条具有三侧面，其中相邻的二侧面形成所述二贴合面，另一侧面则形成所述外周面。

3. 如权利要求 1 所述的撞球杆的轴杆，其特征在于：各所述木条的断面呈扇形，具有一第一贴合面、一与所述第一贴合面相邻的第二贴合面，以及一圆弧状的外周面。

4. 如权利要求 1 所述的撞球杆的轴杆，其特征在于：用于组成所述轴杆的木条数量范围为2~12。

5. 如权利要求 1 所述的撞球杆的轴杆，其特征在于：用于组成所述轴杆的木条数量的较佳范围为 4~10。

6. 如权利要求 1 所述的撞球杆的轴杆，其特征在于：用于组成所述轴杆的木条的最佳数量为 8。"

2007 年 4 月 9 日，针对上述专利权，白倩（以下简称请求人）向国家知识产权局专利复审委员会提出无效宣告请求，理由是本专利不具备专利法第 22 条规定的新颖性、创造性，并提交了以下附件作为证据：

附件 1：《BiLLiARDS DIGEST》首页、第 4、139 页，2001 年 8 月，复印件共 3 页，及其部分中文译文 4 页；

附件 2：US 672646，授权公告日为 1901 年 4 月 23 日，复印件共 4 页，及其部分中文译文 1 页。

请求人认为：附件 1 第 139 页中公开了撞球球杆的剖视图，其中可见轴杆由 10 个长形木条拼接而成，各木条具有一个外周面及至少一个贴合面；附件 2 的附图 1~9 公开了该撞球杆的轴杆是由复数个长形木条拼接而成，各木条具有一个外周面及至少一个贴合面，各个贴合面相互对接后，其外周面形成轴杆的外周面。附件 1、2 公开了本专利的全部技术特征，因此本专利不具备新颖性和创造性。

经形式审查合格后，专利复审委员会受理了该无效宣告请求，并于 2007 年 5 月 14 日向双方当事人发出了《无效宣告请求受理通知书》，并向专利权人转送了《专利权无效宣告请求书》及其附件清单中所列附件副本，要求其在指定的期限内答复，同时成立合议组对本无效请求案进行审理。

2007 年 6 月 28 日，专利权人针对无效宣告请求提交了意见陈述书，专利权人认为：（1）本专利请求保护的是"撞球杆的轴杆"，改进针对的是轴杆，即撞球杆前段的一部分，而不是整个撞球杆；附件 1 示出的仅是撞球杆的截面图，不能表现出整个球杆的结构也不能确定轴杆的截面形状，同时，该图表示的是"尾杆"，而且也没有对尾杆的具体结构、形状和安装位置进行描述，因此不能破坏本专利的新颖性和创造性；（2）附件 2 的撞球杆中没有本专利的四部分的组成，其整个球杆上使用了通长的木条组成，不同于本专利的前段使用细长木条结构；与附件 2 相比本专利的进步之处在于：①将多根木条应用于轴杆，各木条长度减少一半，则木条尺寸要求降低，质量有保障；②因本专利木条长度较短，因此材料易得，降低了制造成本；③由于撞球时力量集中在球杆的前段，因此本专利击球表现不亚于通长使用木条的撞球杆；即本专利在保证和提高击球效果的基础上，具有材料易得、成本降低、成品品质提高的有益效果。因此，本专利具有新颖性和创造性。

2007 年 8 月 10 日，专利复审委员会本案合议组向双方当事人发出《无效宣告请求口头审理通知书》，拟定于 2007 年 9 月 25 日对本案进行口头审理。同时将专利权人于 2007 年 6 月 28 日提交的意见陈述书转送给请求人，要求请求人在口审时一并答复。

2007 年 9 月 25 日，口头审理如期举行，双方当事人的代理人均参加了口头审理。庭审过程中，本案合议组对请求人提出的无效理由和证据进行了充分调查并听取了双方当事人的陈述。在口头审理过程中，（1）请求人放弃了权利要求 2~6 不具备新颖性的无效理由，确定其无效理由为：分别相对于附件 1 或附件 2，权利要求 1 不具有新颖性，相对于附件 1、附件 2 分别与公知常识的结合，权利要求 1~6 不具有创造性；（2）专利权人对附件 1、2 的真实性、合法性、关联性，以及附件 1、2 译文的准确性均无异议；（3）专利权人与请求人共同认定：球杆分四段、轴杆占总长度的一半是公知常识；（4）专利权人对请求人所主张的权利要求 2~5 的附加技术特征已经在附件 1 中公开无异议，对木条贴合的胶层是公知常识也没有提出异议；（5）双方对"shaft"是"轴杆"还是"尾杆"各执一词。因此，合议组要求双方在10月15日之前提交公知常识性证据予以说明。

2007年10月15日，请求人提交以下附件作为证据（编号续前）：

附件3：《台湾撞球NO.1》（修订版），林申勇著，发行所：风向文化事业，初版1999年12月、再版2001年1月，原件；

附件4：《图解撞球入门》，岛田晓夫著，大孚书局有限公司出版，1999年3月印刷，原件。

2007年11月5日，请求人提交附件3和附件4使用部分的复印页（以下分别称为附件3-1、附件4-1）。

附件3-1：《台湾撞球NO.1》（修订版），封面页、第138、139页，复印件共3页；

附件4-1：《图解撞球入门》，封面、第7页，复印件共2页。

2007年11月19日，合议组向双方当事人发出《无效宣告请求口头审理通知书》，拟定于2008年1月14日对本案进行口头审理，同时将请求人于2007年11月5日提交的附件3-1、附件4-1的副本转送专利权人。

口头审理因故改期，2007年12月25日，合议组再次向双方当事人发出《无效宣告请求口头审理通知书》，拟定于2008年1月28日对本案进行口头审理。

2008年1月28日，口头审理如期举行，专利权人缺席，请求人委托代理人出席了口头审理，合议组在此情况下进行了庭审调查。请求人提交了如下附件：

附件3-2：《台湾撞球NO.1》，林申勇著，中茂分色制版印刷事业制版印刷，出版日期：1999年12月，原件；

附件3-3：北京市公证协会出具的（2008）京公核字第023号公证文书，共6页。

请求人认为：附件3-2是附件3的原版刊物，二者的差异在于版次的不同，附件3-3用于佐证附件3的真实性、公开性；附件3-3中公证的是附件3-2。

经过上述审理程序，合议组认为本案事实已经清楚，可以依法作出审查决定。

二、决定的理由

1. 关于无效审理的文本

本决定以本专利授权公告的文本为审查基础。

2. 关于证据

专利权人对附件1、2的真实性及公开性均无异议。同时，附件1、2的公开日期均在本专利的申请日前，可以作为本专利的现有技术使用（以下简称证据1、证据2）。

请求人提交的附件3-3证实了附件3-2是公共图书馆馆藏的公开出版物，而附件3-2是附件3的原版刊物，二者的差异在于版次的不同。因此，在核对了附件3-1、附件3-2所公开的内容一致的基础上，合议组认可附件3-1的真实性。同时由于该证据的公开日期（2001年1月）也在本专利的申请日前，因此其可以作为本专利的现有技术使用（以下简称证据3）。最后，证据3为桌球运动的教科书，作为公知常识性证据，其中对球杆的描述可以被认为是公知常识。

3. 关于新颖性

专利法第22条第2款规定的新颖性是指，在申请日以前没有同样的发明或者实用新型在国内外出版物上公开发表过、在国内公开使用过或者以其他方式为公众所知，也没有同样的发明或者实用新型由他人向国务院专利行政部门提出过申请并且记载在申请日以后公布的专利申请文件中。

如果现有技术的一个技术方案与一项权利要求的技术方案相比存在区别技术特征，导致该两个技术方案内容不同，则该权利要求具备新颖性。

本专利权利要求1请求保护一种撞球杆的轴杆，外形呈圆锥杆状，其特征在于：所述轴杆由复数个呈长形的木条所组成，每一木条具有一外周面与至少一贴合面；所述各木条通过所述各贴合面相互对合，在所述各贴合面之间设置有一将所述各木条贴合的胶层，所述各外周面组成所述轴杆的外缘。

证据1第139页公开了一种撞球杆尾杆的截面剖视图，其截面可见10片式结构，其译文文字部分第6~7行描述了球杆的效果，为“减少击球偏差——增加您的精确度”、“10片式结构——增加球杆密度”。

证据2附图1~9公开了整根球杆由多片木条拼接而成，从图3、6、8中可以看出，所述木条为6片，其译文第3行也公开了球杆结构中有等边三角形木条的组合。

将本专利权利要求1与证据1或2公开的内容相比，可以看出，证据1或2中均公开了权利要求1的特征“球杆由复数个呈长形的木条所组成”，并且从其相应的图示可以看出，“每一木条具有一外周面与至少一贴合面、所述各木条通过所述各贴合面相互对合”的技术特征。

此外，本专利权利要求1中限定了球杆的轴杆部分，而证据1中公开的是“撞球杆尾杆”，二者从文字上看并不相同。但是由本专利说明书中附图标记可知，本专利中限定的轴杆部分指的是球杆的前节（较细的杆），双方当事人对此均无异议。证据1中公开的是一种撞球杆尾杆，其英文名称为shaft。对于证据1中的“shaft”到底指的是撞球杆的哪一部分，双方意见不一致。然而，证据3第138页公开了台球球杆的结构示意图，由图中的结构标识和名称可以看出，“shaft”在球杆结构中指的是球杆的前节（较细的杆）。因此，尽管证据1中“shaft”被翻译为“尾杆”，但其实质上与本专利权利要求1中的“轴杆”为同一部位，因此证据1中公开了本专利权利要求1中撞球杆的轴杆为条状结合结构的特征。

综上，权利要求1与证据1的区别在于：权利要求1中“各贴合面之间有贴合木条的胶层”在证据1中没有明确的公开，这一特征也使得权利要求1的技术方案在实质上不同于证据1中公开的技术方案。因此，权利要求1相对于证据1具备专利法第22条第2款规定的新颖性。

类似的，权利要求1与证据2的区别在于：权利要求1限定了撞球杆的轴杆部分，并且各贴合面之间有贴合木条的胶层。这两个技术特征在证据2中并没有明确的公开，同时，这两个技术特征的存在也使得权利要求1与证据2成为两个实质上不相同的技术方案。因此，权利要求1相对于证据2也具备专利法第22条第2款规定的新颖性。

4. 关于创造性

创造性，是指同申请日以前已有的技术相比，该发明有突出的实质性特点和显著的进步，该实用新型有实质性特点和进步。

在评价一项实用新型权利要求的创造性时，首先应当从现有技术中确定与该权利要求技术方案最接近的技术方案，将该权利要求与现有技术中最接近的技术方案进行特征分析，如果两者相比，存在区别技术特征，而这些区别特征的引入对本领技术人员而言是容易想到的，并且该区别技术特征的引入没有使得该实用新型权利要求的技术方案产生预料不到的技术效果，那么该权利要求技术方案没有实质性特点和进步，从而不具备创造性。

由上述对权利要求1的新颖性分析可知，权利要求1与证据1的区别在于：权利要求1中各贴合面之间有贴合木条的胶层。由于使用胶层贴合使木条形成一个整体是本领域的常用技术手段，而且其产生的技术效果也是可以预料的。因此，权利要求1相对于证据1不具有实质性特点和进步，不符合专利法第22条第3款有关创造性的规定。

权利要求2的附加技术特征是“所述木条具有三侧面，其中相邻的二侧面形成所述二贴合面，另一侧面则形成所述外周面”，权利要求3的附加技术特征是：“各所述木条的断面呈扇形，具有一第一贴合面、一与所述第一贴合面相邻的第二贴合面，以及一圆弧状的外周面”，证据1第139页附图明确公开了条状物的三角扇形侧面，并且其排列方式即为二侧面形成贴合面、另一侧面则形成外周面。因此，证据1公开了权利要求2、权利要求3的附加技术特征。

权利要求4、权利要求5对木条数量进行了进一步的限定，由证据1第139页公开的撞球杆截面剖视图可见其10片式结构，译文文字部分第6~7行描述了球杆的效果“10片式结构——增加球杆密度”，因此，证据1中公开了权利要求4、权利要求5的附加技术特征。

综上，权利要求2~5的附加技术特征在证据1中均已公开，在其引用的权利要求1不具有创造性的前提下，权利要求2~5要求保护的技术方案也不符合专利法第22条第3款有关创造性的规定。

权利要求6的附加技术特征是“用于组成所述轴杆的木条的最佳数量为8”，虽然该特征在证据1中没有明确记载，但在证据1中已经公开了10片型结构的情况下，本领域技术人员对木条的数量进行适当的变化是容易想到的，并且说明书中也没有证据表明选择8片型结构产生了预料不到的技术效果。因此在其引用的权利要求1不具有创造性的前提下，权利要求6要求保护的技术方案也不符合专利法第22条第3款有关创造性的规定。

综上所述，权利要求1~6要求保护的技术方案相对于证据1均不具有实质性特点和进步，不符合专利法第22条第3款有关创造性的规定。

鉴于已经得出本专利所有权利要求不符合专利法第22条第3款规定的结论，合议组对于请求人所提出的其他无效理由和证据不再评述。

基于上述事实和理由，合议组作出下述决定。

三、决定

宣告200320101364.6号实用新型专利权无效。

当事人对本决定不服的，可以根据专利法第46条第2款的规定，自收到本决定之日起三个月内向北京市第一中级人民法院起诉。根据该款规定，一方当事人起诉后，另一方当事人应当作为第三人参加诉讼。

059

帐篷顶部支撑件

无效宣告请求审查决定（第 11327 号）

决　定　号　第 11327 号
决　定　日　2008 年 4 月 21 日
发明创造名称　帐篷顶部支撑件
国际分类号　E04H 15/32
无效宣告请求人　客贝利（厦门）休闲用品有限公司
专　利　权　人　厦门进雄企业有限公司
专　利　号　02220066.5
申　请　日　2002 年 4 月 18 日
授权公告日　2003 年 5 月 14 日
合议组组长　赵　明
主　审　员　王　琳
参　审　员　刘敏飞

法律依据　专利法第 22 条第 2 款、第 3 款
决定要点

如果一项权利要求与对比文件公开的内容相比，其限定的技术方案与对比文件公开的技术方案实质上相同，且两者能够适用于相同的技术领域，解决相同的技术问题，并具有相同的预期效果，则认为该权利要求不具备新颖性。如果两者相比存在区别特征，但该区别特征是本领域技术人员根据现有技术容易想到的，则该权利要求不具备创造性。

一、案由

本无效宣告请求涉及中华人民共和国国家知识产权局于 2003 年 5 月 14 日授权公告的、名称为“帐篷顶部支撑件”的实用新型专利权（下称本专利），其专利号是 02220066.5，申请日是 2002 年 4 月 18 日，专利权人是厦门进雄企业有限公司。本专利授权公告时的权利要求书如下：

“1. 一种帐篷顶部支撑件，该支撑件是连接一套可折叠支杆组而构成帐篷支架，其特征在于：支撑件中支撑骨上端成型有枢接各支杆组的连接巢，支撑骨下部依次套设有弹簧及枢接一组副支杆的展扩架，并固定一挡板，而各副支杆的另一端枢接于支杆上。

2. 如权利要求 1 所述的帐篷顶部支撑件，其特征在于：在支撑骨的连接巢内设有凸柱，支杆固定的枢接头枢接于此凸柱上。

3. 如权利要求 1 或 2 所述的帐篷顶部支撑件，其特征在于：支杆上设有枢接副支杆的枢接部。

4. 如权利要求 1 所述的帐篷顶部支撑件，其特征在于：在展扩架上亦设有与副支杆固定的枢接头枢接的凸柱。

5. 如权利要求 1 所述的帐篷顶部支撑件，其特征在于：连接篷布顶端的连接部可成型于挡板上。”

针对本专利，客贝利（厦门）休闲用品有限公司（下称请求人）于 2007 年 4 月 27 日向专利复审委员会提出无效宣告请求，同时提交了如下附件：

附件 1：本专利；

附件 2：公告日为 2001 年 5 月 15 日，公开号为 KR20-0223717 的韩国专利文献复印件及其中文译文，共 17 页。

请求人认为：权利要求 1~4 的技术方案被附件 2 公开，因此不具备新颖性和创造性；权利要求 5 的附加技术特征是本领域的常见技术，在权利要求 1 不具备新颖性和创造性的前提下权利要求 5 也不具备新颖性和创造性。

经形式审查合格，专利复审委员会依法受理了上述无效宣告请求，并于 2007 年 6 月 11 日向请求人和专利权人发出无效宣告请求受理通知书，同时将请求人提交的专利权无效宣告请求书及其附件清单中所列附件副本转给专利权人，并要求专利权人在指定的期限内陈述意见。

专利权人于 2007 年 7 月 23 日针对上述无效宣告请求受理通知书提交了意见陈述书。专利权人认为：请求人的代理机构厦门市新华专利商标代理有限公司先代理本专利权人向专利局提出本专利的专利申请，并获得了专利权，现该代理机构又作为请求人的代理向复审委员会提出宣告本专利无效，显然违反了《专利代理惩戒规则》的相关规定。本专利权利要求 1 中，支撑骨下没有成型有连接口而是直接固定挡板，而附件 2 中明确指出连接口（22）是直接成型于支撑骨下端，且未公开将连接口设置于别的位置的技术内容，因此权利要求 1~5 具备新颖性。同时，附件 2 不存在支撑骨下没有成型有连接口而是直接固定挡板这一技术手段的任何启示，因此权利要求 1~5 具备创造性。

专利复审委员会依法成立合议组，对本案进行审理。

本案合议组于 2007 年 8 月 17 日向双方当事人发出无效宣告请求口头审理通知书，定于 2007 年 11 月 1 日在专利复审委员会举行口头审理，同时将专利权人提交的意见陈述书转给请求人。

口头审理如期举行，双方当事人出席了口头审理。口头审理中，专利权人认为请求人的代理机构是本专利在申请阶段的代理机构，因此对请求人出庭人员的身份有异议。合议组当庭告知，根据专利代理条例的相关规定，请求人的代理人不能代理本案并参加口头审理。专利权人认为，附件 2 的中文译文不准确、不完整，无法有效对比。合议组要求专利权人在口头审理后 15 天内提交附件 2 的中文译文。

专利权人于 2007 年 11 月 15 日提交了附件 2 的中文译文和意见陈述书，认为请求人未在提出无效宣告请求之日起一个月内提交完整的翻译稿，其无效宣告请求应予驳回。

合议组于 2007 年 11 月 27 日向请求人发出转送文件通知书，将专利权人于 2007 年 11 月 15 日提交的意见陈述书和所附附件转给请求人。

请求人于 2008 年 1 月 4 日提交了意见陈述书，认为根据本专利的说明书可以得出本专利所述挡板即是附件 2 中的制动器 20，本专利已被附件 2 完全公开，因此不具备新颖性和创造性。

本案合议组于 2008 年 1 月 15 日向双方当事人发出无效宣告请求口头审理通知书，定于 2008 年 3 月 12 日在专利复审委员会举行口头审理。随同口头审理通知书将请求人于 2008 年 1 月 4 日提交的意见陈述书转给专利权人。

口头审理如期举行，双方当事人出席了口头审理。口头审理中，专利权人对附件 2 的真实性无异议，但认为请求人未在规定的举证期限内提交附件 2 附图的中文译文，因此其附图不能用作证据。请求人对专利权人提交的附件 2 的中文译文的准确性无异议。请求人明确其无效的理由、范围和证据为：本专利权利要求 1~5 相对于附件 2 及专利权人提交的附件 2 的中文译文不具备新颖性和创造性。

专利权人在庭后提交了权利要求书的替换页，修改后的权利要求为：

“1. 一种帐篷顶部支撑件，该支撑件是连接一套可折叠支杆组而构成帐篷支架，其特征在于：支撑件中支撑骨上端成型有枢接各支杆组的连接巢，支撑骨下部依次套设有弹簧及枢接一组副支杆的展扩架，并固定一挡板，而各副支杆的另一端枢接于支杆上，而且，连接篷布顶端的连接部可成型于挡板上。

2. 如权利要求 1 所述的帐篷顶部支撑件，其特征在于：在支撑骨的连接巢内设有凸柱，支杆固定的枢接头枢接于此凸柱上。

3. 如权利要求 1 或 2 所述的帐篷顶部支撑件，其特征在于：支杆上设有枢接副支杆的枢接部。

4. 如权利要求 1 所述的帐篷顶部支撑件，其特征在于：在展扩架上亦设有与副支杆固定的枢接头枢接的凸柱。”

至此，合议组认为本案事实已经清楚，可以作出审查决定。

二、决定的理由

1. 关于审查文本

专利权人在口头审理结束后提交了权利要求书的修改替换页，与授权时的权利要求书相比，修改后的权利要求 1 中增加了原权利要求 5 的附加技术特征，同时删除了原权利要求 5，修改后的权利要求 2~4 为引用权利要求 1 的从属权利要求。

合议组经审查后认为，上述修改属于合并式的修改，但其修改时机并不属于审查指南第四部分第三章第 4.6.3 节的下列三种情形：（1）针对无效宣告请求书。（2）针对请求人增加的无效宣告理由或者补充的证据。（3）针对专利复审委员会引入的请求人未提及的无效宣告理由或者证据。因此，上述修改不符合审查指南的相关规定，对该修改文本合议组不予接受。

本无效审查决定是在本专利授权公告的权利要求书的基础上作出的。

2. 关于证据

请求人提交的证据为附件 2 及其中文译文，专利权人对附件 2 的真实性无异议，但对附件 2 的中文译文内容有异议，合议组指定其在口头审理结束后 15 天内提交新的中文译文，专利权人于 2007 年 11 月 15 日提交了附件 2 的中文译文，并认为请求人未在规定的期限内提交附件 2 附图的中文译文，因此其附图不能作为证据使用。

合议组经审查认为，附件 2 是在本专利申请日前公开的韩国专利文献，专利权人对其真实性无异议，且请求人对专利权人提交的附件 2 的中文译文的准确性无异议，虽然请求人未提交附件 2 附图的中文译文，但是附件 2 的附图中除附图标记外并无文字，没有译文并不影响对技术方案的理解，因此，附件 2 可以作为本专利的现有技术使用，附件 2 公开的内容以专利权人于 2007 年 11 月 15 日提交的附件 2 的中文译文和请求人提交的附件 2 的附图为准。

3. 关于新颖性和创造性

新颖性，是指在申请日以前没有同样的发明或者实用新型在国内外出版物上公开发表过、在国内公开使用过或者以其他方式为公众所知，也没有同样的发明或者实用新型由他人向国务院专利行政部门提出过申请并且记载在申请日以后公布的专利申请文件中。

创造性，是指同申请日以前已有的技术相比，该实用新型具有实质性特点和进步。

如果一项权利要求与对比文件公开的内容相比，其限定的技术方案与对比文件公开的技术方案实质上相同，且两者能够适用于相同的技术领域，解决相同的技术问题，并具有相同的预期效果，则认为该权利要求不具备新颖性。如果两者相比存在区别特征，但该区别特征是本领域技术人员根据现有技术容易想到的，则该权利要求不具备创造性。

权利要求1请求保护一种帐篷顶部支撑件，附件2（参见其附图和中文译文）公开了一种自动弹开型遮篷帐篷，其采用类似于雨伞的运转方法，具有能够完成展开或折叠安装及拆卸的弹开型遮篷帐篷框架，连接件14（相当于本专利的支撑骨）上端具有放射状连接多个顶部连接架杆24（相当于本专利的支杆组）的槽孔（相当于本专利的连接巢），连接件14下部依次设有弹性弹簧18（相当于本专利的弹簧）、支持杆28（相当于本专利的副支杆）、滑动件16（相当于本专利的展扩架）和制动器20（相当于本专利的挡板），支持杆的另一端连接于顶部连接架杆（相当于本专利的支杆），其中，顶部连接架杆24与槽孔之间、支持杆28与滑动件16之间、以及支持杆28与顶部连接架杆24之间均为枢接连接。由此可见，附件2公开了权利要求1的技术方案，且两者能够适用于相同的技术领域，解决相同的技术问题，并具有相同的预期效果，因此权利要求1相对于附件2不具备新颖性。

权利要求2、4的附加技术特征分别为“在支撑骨的连接巢内设有凸柱，支杆固定的枢接头枢接于此凸柱上”和“在展扩架上亦设有与副支杆固定的枢接头枢接的凸柱”，附件2（参见其附图和中文译文）公开了连接件14（相当于本专利的支撑骨）和滑动件16（相当于本专利的展扩架）的槽孔内分别设有用于连接顶部连接架杆24（相当于本专利的支杆）和连接支持杆28（相当于本专利的副支杆）的突起，打开或折叠帐篷时，顶部连接架杆和支持杆可以以突起为轴旋转。由此可见，附件2公开了权利要求2和4的附加技术特征，两者解决的技术问题相同，达到了相同的技术效果，在权利要求1不具备新颖性的前提下，权利要求2和4也不具备新颖性。

权利要求3的附加技术特征为“支杆上设有枢接副支杆的枢接部”，附件2（参见其附图和中文译文）公开了顶部连接架杆24（相当于本专利的支杆）上有连接支持杆28（相当于本专利的副支杆）的滑动连接件32，由于附件2中的架杆和支持杆可以折叠，滑动连接件32可以起到枢接支持杆的作用，即附件2公开了权利要求3的附加技术特征，在权利要求1和2不具备新颖性的前提下，权利要求3相对于附件2也不具备新颖性。

权利要求5的附加技术特征是“连接篷布顶端的连接部可成型于挡板上”，附件2（参见其附图和中文译文）公开了用于连接篷布的连接口22可一体形成于连接件14的底部，该连接口虽然与本专利的连接部的设置位置稍有差别，但将连接部设于挡板上或者设于支撑骨的下端部是本领域的常用技术手段，两者的作用都是为了通过绳索连接篷布，对本领域技术人员来说是容易想到的，且说明书中也未记载将连接部设于挡板上会带来意想不到的技术效果，因此在权利要求1不具备新颖性的前提下，权利要求5相对于附件2不具备创造性。

基于上述理由，本案合议组作出如下决定。

三、决定

宣告02220066.5号实用新型专利权全部无效。

当事人对本决定不服的，可以根据专利法第46条第2款的规定，自收到本决定之日起三个月内向北京市第一中级人民法院起诉。根据该款的规定，一方当事人起诉后，另一方当事人应当作为第三人参加诉讼。

北京市第一中级人民法院
行政裁定书

（2008）一中行初字第1654号

原告厦门进雄企业有限公司，住所地福建省厦门市集美区金辉路58-72厂房。

法定代表人Steven David Fleischli，董事长。

委托代理人李雁翔，厦门市首创君合专利事务所有限公司专利代理人。

被告国家知识产权局专利复审委员会，住所地北京市海淀区北四环西路9号银谷大厦10~12层。

法定代表人廖涛，副主任。

委托代理人王琳，国家知识产权局专利复审委员会审查员。

委托代理人朱茜，国家知识产权局专利复审委员会审查员。

第三人客贝利（厦门）休闲用品有限公司，住所地福建省厦门市集美区杏林锦园西三路18号四号厂房。

法定代表人陈棋镐，董事长。

委托代理人陈雪莹，泉州市文华专利代理有限公司专利代理人。

原告厦门进雄企业有限公司不服被告国家知识产权局专利复审委员会作出的第11327号无效宣告请求审查决定，向本院提起行政诉讼。本院受理后，依法组成合议庭。在本院审理过程中，原告自愿向本院申请撤回起诉。

经审查，本院认为，该申请确系原告的真实意思表示，且符合法律规定，本院应予准许。依照《中华人民共和国行政诉讼法》第五十一条之规定，裁定如下：

准许原告厦门进雄企业有限公司撤回起诉。

案件受理费100元，减半收取50元，由厦门进雄企业有限公司负担（已交纳）。

审 判 长 张 杰

代理审判员 何君慧

人民陪审员 张燕宾

二〇〇八年十二月十八日

书 记 员 李 智

专利复审和无效审查决定汇编丛书

专利复审和无效审查决定汇编

（2008）

材　料（第三卷）

国家知识产权局专利复审委员会　编

知识产权出版社
全国百佳图书出版单位

图书在版编目（CIP）数据

专利复审和无效审查决定汇编．2008．材料/国家知识产权局专利复审委员会编．—北京：知识产权出版社，2016.1

ISBN 978-7-5130-1612-4

Ⅰ．①专…　Ⅱ．①国…　Ⅲ．①专利权法—案例—中国　Ⅳ．①D923.425

中国版本图书馆 CIP 数据核字（2012）第 246943 号

内容提要

本书汇集了专利复审委员会 2008 年作出的材料专利复审和无效审查决定及相关审查决定和司法判决（根据法律规定需要保密的除外），比较全面地反映了专利复审委员会的审查工作和人民法院专利行政案件审理工作取得的进展，对专利工作者具有一定的借鉴和指导作用，也有利于当事人及广大公众对专利复审委员会的审查工作进行监督。

责任编辑：宋　云　　**责任校对**：董志英

责任出版：孙婷婷　　**封面设计**：品　序

专利复审和无效审查决定汇编丛书

专利复审和无效审查决定汇编（2008）

材　料（第三卷）

国家知识产权局专利复审委员会　编

出版发行：知识产权出版社有限责任公司

社　　址：北京市海淀区马甸南村 1 号（邮编：100088）

责编电话：82000860 转 8388

发行电话：010-82000860 转 8101/8102

印　　刷：北京中献拓方科技发展有限公司

开　　本：880mm×1230mm　1/16

版　　次：2016 年 1 月第 1 版

字　　数：5600 千字

ISBN 978-7-5130-1612-4

网　　址：http：//www.ipph.cn

天猫旗舰店：http：//zscqcbs.tmall.com

责编邮箱：songyun@cnipr.com

发行传真：010-82000893/82005070/82000270

经　　销：各大网上书店、新华书店及相关专业书店

印　　张：197

印　　次：2016 年 1 月第 1 次印刷

定　　价：800.00 元（全 4 卷）

前　言

随着经济全球化和我国国民经济的飞速发展，专利制度在经济活动中的作用和地位越来越突出，国民的专利意识也在不断增强。目前，我国专利申请总量超过1170万件，每年专利复审与无效宣告请求案件已超过2万件，2012年达到20261件。作为专利复审和无效宣告请求案件审查的专属机构，专利复审委员会每年都要作出数以千计的审查决定。与之相应，人民法院每年要作出数百篇司法判决。每一篇审查决定和判决书都凝聚着审查员和审判人员的心血和智慧。通过审查员和审判人员结合具体案情的创作型劳动，生硬的法律条文变得鲜活和丰满，形成一笔宝贵的精神财富和公共资源，并不断有专利代理机构、专利代理人以及审查员希望专利复审委员会能够出版专利复审和无效审查决定，作为学习和工作时的重要参考资料。

除根据法律规定需要保密的外，《专利复审和无效审查决定汇编（2008）》汇集了专利复审委员会2008年作出的审查决定，包括针对相应审查决定的司法判决，以便读者了解审查决定的法律状态并对照阅读和分析。本汇编按照技术专业领域将分为8大册，共31分卷：机械（5卷）、电学（5卷）、通信（2卷）、医药（4卷）、化学（2卷）、材料（4卷）、光电（4卷）、外观设计（5卷）。因此，本汇编比较全面地反映了专利复审委员会的审查工作和人民法院专利行政案件审理工作取得的进展。

我们相信，本汇编对专利工作者具有一定的借鉴和指导作用，也有利于当事人及广大公众对专利复审委员会的审查工作进行监督。本汇编也将为推动专利复审委员会的发展，促进专利代理业务水平的提高，为《国家知识产权战略纲要》进一步实施尽微薄之力。

本书编委会

2013年8月

目　　录

060

散热器的制造方法

无效宣告请求审查决定（第11328号）

决　　定　　号　第11328号
决　　定　　日　2008年4月7日
发明创造名称　散热器的制造方法
国 际 分 类 号　F28D 7/16、F28F 9/18
无效宣告请求人　山东三德暖通空调设备有限公司
专 利 权 人　夏世鹏
专　　利　　号　02125517.2
申　　请　　日　2002年7月17日
授 权 公 告 日　2006年2月15日
合 议 组 组 长　于　萍
主　　审　　员　王　森
参　　审　　员　徐伟锋

法 律 依 据　专利法第33条、第26条第4款、第22条第3款，专利法实施细则第20条第1款
决 定 要 点

对权利要求中某术语含义的理解不应脱离该术语所处的技术方案孤立、抽象地理解，而是应当从所属领域技术人员的角度，结合包含该技术术语的技术方案以及说明书的解释来恰当地理解该术语的含义。如果本领域技术人员可以理解到权利要求中的某术语的含义应理解为包括了说明书实施例所述方式及其与之等同替代方式，并且通过本领域常规的技术手段能够实现该等同替代方式，进而实现权利要求所保护的技术方案，则该权利要求能够得到说明书的支持。

一、案由

本无效宣告请求涉及中华人民共和国国家知识产权局于2006年2月15日授权公告的、名称为“散热器的制造方法”的发明专利权（下称本专利），其专利号是ZL02125517.2，申请日是2002年7月17日，专利权人是胡忠明，后变更为夏世鹏。本专利授权公告时的权利要求书如下：

“1. 一种散热器的制造方法，包括板材与管材，其特征是：其制造方法依次为：将板材侧面或中部冲制若干个排列的孔后折弯成U形材；再将与U形材组对的管材串穿入与其匹配的U形材孔内，然后在U形材内部将管材与U形材接口密封焊接，最后将U形材改压制成D形管后将接口密封焊接。

2. 根据权利要求1所述的散热器的制造方法，其特征是：上述的中部冲制孔的U形材与管材组

焊后将U形材改压制成D形管的模具，由D形内衬、楔形滑块、带有斜面的上弧形模、下凹模组成；将D形内衬涵置U形材内，再将U形材固置下凹模中，带有斜面的上弧形模与U形材口对应，最后经设备加压使楔形滑块沿上弧形模的斜面受力下行，使U形材口沿上弧形模弧形运行直至U形材压制成D形管后将接口密封焊接组装成中装式管材散热器。

3. 根据权利要求1所述的散热器的制造方法，其特征是：上述的侧面冲制孔的U形材与管材组焊后将U形材改压制成D形管的模具，由D形内衬、上弧形模、下凹模组成；将D形内衬涵置U形材内，再将U形材固置下凹模中，最后经设备加压使上弧形模受力下行，使U形材口沿上弧形模弧形运行直至U形材压制成D形管后将接口密封焊接组装成侧装式管材散热器。”

针对本专利权，山东三德暖通空调设备有限公司（下称请求人）于2007年8月16日向专利复审委员会提出无效宣告请求，认为本专利权利要求1不符合专利法第33条、第26条第4款以及专利法实施细则第20条第1款的规定；本专利权利要求1~3不符合专利法第22条第2款、第3款的规定，请求人同时提交了如下附件：

附件1：本专利（ZL02125517.2）的公开文本；

附件2：本专利（ZL02125517.2）的授权文本。

请求人认为：本专利授权文本中的权利要求1删除了“用散热器专用模具”，从而导致了在将U形材改压制成D形管的过程中是否使用模具变得不确定，使得权利要求1的保护范围扩大，因此不符合专利法第33条的规定；权利要求1中的记载的“改压制成”不知指的是哪种加工方法，因此导致了权利要求1不符合专利法第20条第1款的规定；本专利权利要求1中采用“改压制成”，但授权文本说明书实施例仅给出了通过专用模具成型，因此权利要求1的上述概括超出了说明书公开的范围，不符合专利法第26条第4款的规定；本专利权利要求1~3请求保护的技术方案是散热器领域公知的常规方法，其所用的技术手段均被公开，因此不具备新颖性和创造性。

经形式审查合格，专利复审委员会依法受理了上述无效宣告请求，并于2007年8月16日向请求人和专利权人发出无效宣告请求受理通知书，同时将专利权无效宣告请求书及其附件清单中所列附件的副本转送给专利权人，并要求专利权人在指定的期限内陈述意见。

专利权人于2007年9月12日提交了意见陈述书，认为本领域的普通技术人员知道在散热器的U形材改压制成D形管的过程中一定会使用模具，因此对权利要求1的修改没有超范围，符合专利法第33条的规定；本领域普通技术人员都清楚“将U形材改压制成D形管”的含义，因此权利要求1符合专利法实施细则第20条第1款的规定；本专利说明书具体实施方式给出的两个例子都采用了“压制”方式，而且权利要求1记载的技术方案在说明书第1页第13~17行充分得到了支持，所以权利要求1符合专利法第26条第4款的规定；请求人有关权利要求1~3的技术方案不具备新颖性和创造性的理由没有证据支持，因此本专利权利要求1~3具备新颖性和创造性。专利权人同时提交了反证1：针对申请号为02125517.2（即本专利）的发明申请国家知识产权局于2005年3月11日发出的第一次审查意见通知书及正文复印件。

请求人于2007年9月15日提交了补充意见陈述书，认为本专利权利要求1相对于附件3和附件4、或相对于附件3和附件5不符合专利法第22条第3款有关创造性的规定，请求人同时提交了如下附件：

附件3：欧洲专利公开文本EP0371532A1全文共4页，中文译文共6页，公开日为1990年6月6日；

附件4：德国专利公开文本DE10034596A1全文共8页，中文译文共11页，公开日为2002年1月31日；

附件5：美国专利公开文本US5867899A1全文共21页，中文译文共5页，公开日为1999年2月9日。

专利复审委员会依法成立本案合议组。本案合议组于2007年11月14日向双方发出无效宣告请求口头审理通知书，定于2008年1月15日在专利复审委员会举行口头审理。随同口头审理通知书，将专利权人于2007年9月12日提交的意见陈述书及所附附件副本转送给请求人；将请求人于2007年9月15日提交的意见陈述书及所附附件副本转送给专利权人。

口头审理如期举行，双方当事人均参加了口头审理。

在口头审理中，请求人当庭提交了附件6，该附件为专利权人和请求人参加潍坊知识产权局举行本专利专利侵权案件口头审理的意见陈述，合议组当庭将附件6转送给专利权人。请求人坚持以下无效理由：本专利的权利要求1修改超范围，不符合专利法第33条的规定；权利要求1不符合专利法实施细则第20条第1款的规定；权利要求1不符合专利法第26条第4款的规定，权利要求1相对于附件3结合附件4不具备创造性，本专利的权利要求1相对于附件3结合附件5不具备创造性，本专利的权利要求1相对于附件4不具备创造性，放弃权利要求1不具备新颖性和权利要求2、3不具备新颖性、创造性的理由。专利权人对附件1~6的真实性没有异议，对附件3、4、5的中文译文没有异议。

至此，合议组认为本案事实已经清楚，可以作出审查决定。

二、决定的理由

1. 关于证据和现有技术

请求人提交附件1~6作为证据，专利权人对它们的真实性没有异议，对附件3、4、5的中文译文的准确性没有异议。合议组经审查对上述证据的真实性予以认定，上述证据可以作为本案证据使用。其中附件3、4、5为公开出版物，且其公开日期在本专利的申请日前，因此附件3、4、5可以作为本专利的现有技术使用。专利权人对附件3、4、5中文译文的准确性没有异议，因此附件3、4、5的公开内容以请求人提交的中文译文为准。

2. 关于专利法第33条

专利法第33条规定，申请人可以对其专利申请文件进行修改，但是，对发明和实用新型专利申请文件的修改不得超出原说明书和权利要求书记载的范围。

如果申请的内容通过增加、改变和/或删除其中的一部分，但所属技术领域的技术人员所看到的信息与原申请记载的信息相同，或可以由原申请记载的信息直接地、毫无疑义地确定，那么这种修改就是允许的。

请求人认为：附件2本专利授权文本将权利要求1中的“用散热器专用模具”删除，导致本专利不清楚是否使用了模具，从而使权利要求1的保护范围扩大，上述修改不能从公开文本中直接的毫无疑义的导出。

专利权人认为：本专利在压制成D形管时一定会使用模具，本专利所作的修改使权利要求1的记载更加清楚、简要，并没有扩大权利要求1的保护范围。而且本专利做这样的修改是根据国家知识产权局的第一次审查意见通知书的修改建议做出的。

合议组认为：本专利授权公告的权利要求1中记载了“将U形材改压制成D形管”，对于本领域的技术人员来讲，如果要将U形材处理成D形管必然要使用模具，这是因为在工业化、规模化批量生产时，只有使用模具才能实现快速、经济的生产，且权利要求1请求保护的是一种散热器的制造方法，因此本领域的技术人员显然使用的是用于散热器的模具。根据权利要求1记载的内容，本领域的技术人员可以毫无疑义地确定权利要求1请求保护的技术方案中实质上就是用散热器专用模具将U形材改压制成D形管，即虽然本专利的权利要求1删除了“用散热器专用模具”，但是所属技术领域的技术人员所看到的信息与原申请记载的信息实质是相同的，是可以由原申请记载的信息直接地、毫无疑义地确定的，因此权利要求1所做的上述修改符合专利法第33条的规定。

此外，请求人认为由U形材压制D形管的时候不一定要使用模具，用锤子敲打把U形变成D形是完全可以的。合议组认为即使只单纯使用锤子将U形材改压制成D形管，也至少需要一个底模来配合使用，显然该底模也就是与散热器形状匹配的专用模具，因此请求人的上述主张也无法证明权利要求1不符合专利法第33条的规定。

3. 关于专利法实施细则第20条第1款

专利法实施细则第20条第1款规定，权利要求书应当说明发明或者实用新型的技术特征，清楚和简要地表述请求保护的范围。

权利要求的保护范围应当根据其所用词语的含义来理解。一般情况下，权利要求中的用词应当理解为相关技术领域通常具有的含义。在特定情况下，如果说明书中实质确定了某词具有特定的含义，并且使用了该词的权利要求的保护范围由于说明书中对该词的说明而被限定得足够清楚，这种情况也是允许的。

请求人认为：本专利的权利要求1中采用“改压制成”不知道指的是哪种加工方法。

专利权人认为：本领域普通技术人员通过阅读本专利的说明书都能够理解将U形材改压制成D形管的含义，实际上就是采用压制工艺，改压制成和压制成的含义是相同的，就是将U形材压制成D形管，改字就是由U形材改成D形。

合议组认为：权利要求1中记载了要将U形材制成最终产品中的D形管，这样显然需要使用一种加工方法来对U形材进行加工，并且在加工结束后U形材也必然发生了形状的改变；并且本专利说明书也记载了将U形材置于下凹模中，经设备加压使上弧形模下行，直至U形材改压制成D形管；因此通过阅读权利要求1和本专利说明书，本领域的技术人员能够清楚“将U形材改压制成D形管”就是将U形材压制成D形管，其中的“改”字指的是将U形改成D形，并且权利要求1的保护范围也是清楚的。综上，请求人关于本专利权利要求1不符合专利法实施细则第20条第1款的无效宣告请求的理由不能成立。

4. 关于专利法第26条第4款

专利法第26条第4款规定，权利要求书应当以说明书为依据，说明要求专利保护的范围。

如果所属技术领域的技术人员可以合理预测说明书给出的实施方式的所有等同替代方式或明显变型方式都具备相同的性能或用途，则应当允许申请人将权利要求的保护范围概括至覆盖其所有的等同替代或明显变型的方式。对于权利要求概括得是否恰当，审查员应当参照与之相关的现有技术进行判断。

请求人认为：压制实际上是金属压力加工的方法，方法有很多，本专利的权利要求1中的压制是上位概念，在说明书中记载的是下位概念，专利权人没有给出如何对U形材轧制、锻压、滚压成D形管，普通的轧制、锻压无法将本专利的U形材改制成D形管，因此权利要求1没有得到说明书的支持，不符合专利法第26条第4款的规定。

合议组认为，对权利要求中某术语含义的理解不应脱离该术语所处的技术方案孤立、抽象地理解，而是应当从所属领域技术人员的角度，结合包含该技术术语的技术方案以及说明书的解释来恰当地理解该术语的含义。如果本领域技术人员可以理解到权利要求中的某术语的含义应理解为包括了说明书实施例所述方式及其与之等同替代方式，并且通过本领域常规的技术手段能够实现该等同替代方式，进而实现权利要求所保护的技术方案，则该权利要求符合专利法第26条第4款的规定。

本专利权利要求1涉及一种散热器的制造方法，包括板材与管材，其制造方法包括：将板材冲孔后折弯成U形材、将管材与板材上的孔组对密封焊接，之后将U形材改压制成D形管。很显然该权利要求中的“压制”是指对板材施加压力使之弯曲变形成所需要的形状。对于该“压制”的含义本领域技术人员应理解为适用于对板材加压使之变形成所需要的形状的方法，如冲压、滚压，而不应包含明显不适应于对金属板材加压变形的锻压或轧制等加工方法。本专利说明书公开了采用模具冲压将U形材改压制成D形管的方法，本领域技术人员根据说明书公开的内容，可以想到其他的等同技术手段，如滚压方法来实现将U形材改压制成D形管，而滚压的具体方法对于本领域普通技术人员来说是常规手段，根据本专利公开的内容即可以实现。所以，请求人关于本专利权利要求1没有以说明书为依据，不符合专利法第26条第4款的无效理由不能成立。

5. 关于权利要求1的创造性

创造性，是指同申请日以前已有的技术相比，该发明有突出的实质性特点和显著的进步，该实用新型具有实质性特点和进步。

如果发明的一部分技术特征在最接近现有技术中没有公开，本领域的技术人员也不能从现有技术中得到将上述技术特征应用于最接近现有技术的技术启示，则发明是非显而易见的，具有突出的实质性特点。

（1）关于权利要求1相对于附件3和附件4的结合的创造性。

请求人认为：本专利对U形材的具体成型步骤作了限定，附件3直接从U形型材入手，本专利与附件3的第1个区别特征在于本专利是先将板材冲孔，再折弯成U形，而附件3直接从U形型材入手然后再冲孔，而这个区别是本领域的公知常识；第2个区别技术特征是附件3中的管形面不是D形，该区别技术特征已经被附件4所公开，附件4中图5、图6、图6a、图14、图15和相应的文字记载为将U形型材上面滚压成型形成D形管，并且第2个区别技术特征在附件4中的作用与本专利权利要求1的作用相同，因而有技术启示，所以权利要求1不具备创造性。

合议组经审查后认为：附件3公开了一种暖气设备的散热器，其主要由几个平行管（1）构成，这些平行管（1）的端部分别通到端管（4）中，暖气设备的导水管及排水管都连通到该端管上，其特征在于，每个端管（4）都包括一个U形型材（3），此U形型材在两端封闭并在其底部设置了孔洞（2），其中，在每个孔洞（2）内装配了一个平行管（1）的一个端部，该端部利用焊接（5）焊接在U形型材（3）的内侧，还有一个端部封闭的第二个U形型材（6），其以其两个角撑覆盖第一个U形型材（3）的敞开开口侧，U形型材（3，6）中的一个型材的每个角撑向内弯曲成Z形以便形成沟槽（8），另一个U形型材的角撑端部就插入到所形成的沟槽中并且借助于平坦的焊接（10）被焊接在那儿，使得两个U形型材（3，6）的外侧都处于同一平面内（参见附件3权利要求书及附图1、图2）。

权利要求1与附件3的之间的区别为：权利要求1中先将板材侧面或中部冲制若干个排列的孔后再折弯成U形材，而附件3中是直接对U形型材进行操作，其没有使用板材，也没有将板材形成U形的步骤；另外权利要求1中将U形材改压制成D形管后将接口密封焊接，附件3是采用另一U形型材进行封闭。

附件4公开了一种散热器及其制造方法，用于制造具有至少两个相互平行且相隔一距离安装的联管箱（2）和散热管（4）的散热器，该方法包括，首先在形成联管箱的金属板条（1）上预定位置设置卷边（5）；在联管箱（2）上冲压形成流通孔（D1），将散热管（4）与金属板条连接，用焊接方式；然后弯折金属板形成联管箱的轮廓形状。在附件4图6给出的实施例中金属板1向上弯曲，金属板1形成联管箱2的上边的端部被滚压成一半径，从而形成D形截面的联管箱。（参见附件4权利要求 5、说明书译文第 3 页及附图 6、附图 6a）。

由此可知，附件 3 与附件 4 公开的是两种完全不同的散热器制造方法，附件 3 与附件 4 在制造步骤上并无任何关联，两者之间没有相互结合的技术启示。由于附件 3 中与平行管（1）焊接相连的是 U 形型材（3），而型材通常并不适用冷压变形，本领域的技术人员不会将附件 4 中公开的将金属板 1 向上弯曲变形形成 D 形截面的联管箱的技术手段用于附件 3 中 U 形型材（3）开口端的封闭。将附件 3 与 4 结合得到权利要求 1 请求保护的技术方案并非显而易见，因此请求人有关权利要求 1 相对于附件 3 和附件 4 的结合不具备创造性的主张不能成立。

（2）关于权利要求 1 相对于附件 3 和附件 5 的结合的创造性。

请求人认为：本专利对 U 形材的具体成型步骤作了限定，附件 3 直接从 U 形型材入手，本专利与附件 3 的第 1 个区别特征是本专利是先将板材冲孔再折弯成 U 形，而附件 3 是直接从 U 形型材入手然后再冲孔，而这个区别是本领域的公知常识；第 2 个区别技术特征是附件 3 中的管形面不是 D 形，第二个区别技术特征在附件 5 中公开，在附件 3 和附件 5 结合本领域的公知常识，权利要求 1 中要求保护的技术方案是显而易见的，权利要求 1 不具备突出的特点和显著的进步，因此权利要求 1 不具备创造性。

经合议组审查：附件 5 公开了一种散热器端管的制造方法，其中铝板元件 531 将被制成管端，该铝板元件 531 上分为平底部 538、曲线部分 534 和翼部 540，当铝板元件 531 被折弯之后，在平底部 538 和曲线部分 534 之间形成大致垂直于平底部 538 的平的垂直壁 539，翼部 540 被挤压形成曲线部，其截面形状在完成后的端管中为半圆形，平底部 538 上形成用于散热管将要插入的多个孔 536（参见译文第 2、3 页、说明书附图 5D、5E）。

由此可知附件 5 公开了一种与附件 3 完全不同的散热器制造方法，附件 5 与附件 3 在制造步骤上并无任何关联，两者之间没有相互结合的技术启示。由于附件 3 中与平行管（1）焊接相连的是 U 形型材（3），而型材通常并不适用冷压变形，因此本领域的技术人员不会想到将附件 5 中公开的折弯铝板元件的曲线部分及翼部来完成端管截面封闭的技术手段用于附件 3 中 U 形型材开口端的封闭。将附件 3 与 5 结合得到权利要求 1 请求保护的技术方案并非显而易见，请求人有关权利要求 1 相对于附件 3 和附件 5 的结合不具备创造性的主张不能成立。

另外，由于请求人在庭上提出的“本专利的权利要求 1 相对于附件 4 不具备创造性”，这一项结合附件 4 对本专利不具备创造性无效理由的具体说明，未在提出无效宣告请求起一个月内的法定期限内提出，也不属于例外的情形，因此上述无效理由不符合专利法实施细则第 66 条的规定，所以本案对上述无效理由也不予考虑。并且，附件 4 公开的散热器及其制造方法是先在平板上焊接散热管再将平板沿卷边折成联管箱；而本专利是先将板材冲孔折弯成 U 形，再将 U 形材于散热管焊接，最后将 U 形材改压制成 D 形管，因此附件 4 公开的散热器制造步骤与本专利不同。而且附件 4 的发明目的是为了便于焊接散热管，而本专利的发明目的是为了散热器内部焊接使接缝无探头，并且与附件 4 相比，本专利更有利于 U 形管的成形，而在与散热管焊接时，U 形板又比平板更有利于减少板材因受热而发生的弯曲变形，因此两者所要解决的技术问题也不相同。根据附件 4 公开内容，本领域技术人员并不能获得采用本专利的上述区别特征，即先将板材折弯成 U 形管，再将 U 形管与散热管焊接这一技术手段来解决本专利的技术的技术启示。综上，合议组认为即使考虑请求人当庭补充的无效理由，本专利也与附件 4 存在制造步骤不同、解决的技术问题不同等诸多区别，并且上述区别在现有技术中也没有任何技术启示，因此本专利相对于附件 4 也具备创造性。

根据上述的事实和理由，本案合议组依法作出以下决定。

三、决定

维持 02125517.2 号发明专利权有效。

当事人对本决定不服的，可以根据专利法第 46 条第 2 款的规定，自收到本决定之日起三个月内向北京市第一中级人民法院起诉。根据该款的规定，一方当事人起诉后，另一方当事人应当作为第三人参加诉讼。

061

滑板结构

无效宣告请求审查决定（第11331号）

决　　定　　号 第11331号
决　　定　　日 2008年3月18日
发明创造名称 滑板结构
国 际 分 类 号 A63C 5/044，A63C 5/056，B63B 35/79
无效宣告请求人 沈爱甫
专　利　权　人 叶宗殷
专　　利　　号 03229355.0
申　　请　　日 2003年3月11日
授 权 公 告 日 2004年5月19日
合 议 组 组 长 李人久
主　　审　　员 郭　婷
参　　审　　员 吴通义

法 律 依 据 专利法第22条第3款
决 定 要 点

在判断一项实用新型专利权利要求的创造性时，首先应当将该权利要求的技术方案与最接近的现有技术相比较，找出它们之间的区别技术特征，然后再考察现有技术中是否给出了将上述区别技术特征应用到该最接近的现有技术以解决本实用新型实际解决的技术问题的启示，若存在这种启示，则权利要求的技术方案是显而易见的，不具有实质性特点。

一、案由

本专利权无效宣告请求案涉及国家知识产权局于2004年5月19日公告授予的、名称为“滑板结构”的第03229355.0号实用新型专利权（下称本专利），其申请日为2003年3月11日，专利权人为叶宗殷。本专利授权公告的权利要求书如下：

“1. 一种滑板结构，其特征在于：包括：

一聚乙烯发泡基材；

一塑胶膜，系结合于该聚乙烯发泡基材表面。

2. 根据权利要求1所述的滑板结构，其特征在于：该聚乙烯发泡基材，系可为一聚乙烯发泡板具有许多直径为1~3mm的发泡囊。

3. 根据权利要求1所述的滑板结构，其特征在于：该聚乙烯发泡基材，系可为一聚乙烯发泡皮，该聚乙烯发泡皮具有许多直径0.5mm或更低之微细发泡囊。

4. 根据权利要求1所述的滑板结构，其特征在于：该聚乙烯发泡基材，包括：

一聚乙烯发泡板，该聚乙烯发泡板具有许多直径为1~3mm之发泡囊；

一聚乙烯发泡皮系设于该聚乙烯发泡板之外侧，该聚乙烯发泡皮具有许多直径0.5mm或更低之微细发泡囊。

5. 根据权利要求1所述的滑板结构，其特征在于：该塑胶膜上形成复数个微凹部，该微凹部陷入该聚乙烯发泡基材。

6. 根据权利要求1所述的滑板结构，其特征在于：该聚乙烯发泡基材系具有一顶面、一底面及一外围；而该塑胶膜包括：

一第一塑胶膜，系结合于该聚乙烯发泡基材的顶面及外围；

一第二塑胶膜，系结合于该聚乙烯发泡基材的底面。

7. 根据权利要求6所述的滑板结构，其特征在于：该第一塑胶膜上系形成复数个微凹部，该微凹部系陷入该聚乙烯发泡基材。

8. 根据权利要求6所述的滑板结构，其特征在于：该第一塑胶膜系包括：

一第一外层膜，系具有透光性及一内侧面，并于该内侧面设一第一图案，该第一外层膜之厚度为0.02~0.15mm；"

针对上述专利权，沈爱甫（下称请求人）于2006年4月10日向专利复审委员会提出专利权无效宣告请求，同时提交了以下附件作为证据：

附件1：中国实用新型专利说明书，专利号ZL 00237987.2，授权公告号CN2439303Y，授权公告日为2001年7月18日，共7页。

请求人认为：权利要求1~8相对于附件1不具备专利法第22条第3款规定的创造性。

经形式审查合格后，专利复审委员会受理了上述请求，于2006年4月10日向双方当事人发出《无效宣告请求受理通知书》，并将请求人提交的《专利权无效宣告请求书》及其附件副本转送给专利权人，要求其在指定的期限内答复，同时成立合议组对本无效宣告请求案进行审理。

专利权人于2006年5月8日提交了意见陈述书，专利权人认为：（1）由于请求人在无效请求书中没有将证据同无效理由结合起来对本专利各个技术方案不具有创造性进行具体的阐述和说明，因此，该无效请求形式上存在瑕疵，不应被予以受理。（2）由于本专利提供了一种不同技术构思的技术方案，而且其技术效果也明显优于附件1，因此，本专利权利要求1~8相对于附件1具备创造性。

2006年5月9日，请求人再次提交了意见陈述书及以下附件（编号续前）作为证据：

附件2：中国实用新型专利说明书，专利号ZL 00201499.8，授权公告号CN2425000Y，授权公告日为2001年3月28日，共20页；

附件3：美国专利US5658179A，公开日为1997年8月19日，原文复印件及中文译文，共19页；

附件4：美国专利US5275860A，公开日为1994年1月4日，原文复印件及中文译文，共17页；

附件5：美国专利US5211593A，公开日为1993年5月18日，原文复印件及中文译文，共18页；

附件6：美国专利US4850913A，公开日为1989年7月25日，原文复印件及中文译文，共9页；

附件7：美国专利US5114370A，公开日为1992年5月19日，原文复印件及中文译文，共15页；

附件8：美国专利US5647784A，公开日为1997年7月15日，原文复印件及中文译文，共15页。

请求人分别以附件2、3和6作为最接近的对比文件进行了评述，认为本专利权利要求1~8不具备新颖性或创造性。

2006年12月18日，本案合议组将请求人于2006年5月9日提交的意见陈述书及其附件副本转送给专利权人，将专利权人于2006年5月8日提交的意见陈述书转送给请求人。

2007年1月18日，专利权人针对请求人于2006年5月9日提交的意见陈述书及补充证据作出答复，同时提交了修改后的新权利要求书，要求以此文本作为审理依据。

修改后的权利要求书如下：

“1. 一种滑板结构，其特征在于：包括：

一聚乙烯发泡基材；

一塑胶膜，系结合于该聚乙烯发泡基材表面；

该聚乙烯发泡基材，包括：

一聚乙烯发泡板，该聚乙烯发泡板具有许多直径为1~3mm之发泡囊；

一聚乙烯发泡皮，该聚乙烯发泡皮系设于该聚乙烯发泡板之外侧，该聚乙烯发泡皮具有许多直径0.5mm或更低之微细发泡囊；

该聚乙烯发泡基材系具有一顶面、一底面及一外围；而该塑胶膜包括：

一第一塑胶膜，系结合于该聚乙烯发泡基材的顶面及外围；

一第二塑胶膜，系结合于该聚乙烯发泡基材的底面；

该第一塑胶膜上系形成复数个微凹部，该微凹部系陷入该聚乙烯发泡基材；

该第一塑胶膜包括：

一第一外层膜，系具有透光性及一内侧面，并于该内侧面设一第一图案，该第一外层膜之厚度为0.02~0.15mm；

一第一内层膜，系具有一外侧面及一内侧面，该外侧面系供结合于该第一外层膜之内侧面并覆盖住该第一图案，该内侧面供结合于该聚乙烯发泡基材，其中该第一内层膜之厚度为0.01~0.15mm；以及该第一外层膜之厚度系大于该第一内层膜。

2. 根据权利要求1所述的滑板结构，其特征在于：该第二塑胶膜包括：

一第二外层膜，系具有透光性及一内侧面，并于该内侧面设一第二图案；

一第二内层膜，系具有一外侧面及一内侧面，该外侧面系供结合于该第一外层膜之内侧面并覆盖住该第二图案，该内侧面供结合于该聚乙烯发泡基材；以及该第二外层膜至该第二内层膜之总厚度为0.3~1.5mm。

3. 根据权利要求1所述的滑板结构，其特征在于：该聚乙烯发泡基材系具有一底面，该底面可结合一底板。”

专利权人认为：与附件2、5公开的技术内容相比，与附件3、2、5公开的技术内容相比，以及与附件6等公开的技术内容相比，本专利权利要求1都具有创造性。在权利要求1具有创造性的前提下，其从属权利要求2、3也具有创造性。

2007年1月25日，专利权人再次提交了意见陈述书，提出由于本专利一共有10项权利要求，而请求人只宣告本专利前7项权利要求以及第8项权利要求的部分内容无效，在经过专利权人对权利要求修改后，请求人的无效理由不能成立，请求合议组维持涉案专利有效。

2007年1月26日，本案合议组向请求人发出《转送文件通知书》，将专利权人于2007年1月18日及2007年1月25日提交的意见陈述书及所附附件转送给请求人。

2007年2月13日，本案合议组向双方当事人发出《无效宣告请求审查通知书》，告知双方当事人：经审查，国家知识产权局公告的文本与实际授权的文本不一致，导致请求人未能针对实际授权文本提出无效理由，现随此通知书附上实际授权的权利要求书（共两页10项），请求人可以在收到本通知书之日起壹个月内针对专利权人于2007年1月18日提交的权利要求书修改文本提交新的无效理由和证据。

实际授权的权利要求书全文如下：

“1. 一种滑板结构，其特征在于：包括：

一聚乙烯发泡基材；

一塑胶膜，系结合于该聚乙烯发泡基材表面。

2. 根据权利要求1所述的滑板结构，其特征在于：该聚乙烯发泡基材，系可为一聚乙烯发泡板具有许多直径为1~3mm的发泡囊。

3. 根据权利要求1所述的滑板结构，其特征在于：该聚乙烯发泡基材，系可为一聚乙烯发泡皮，该聚乙烯发泡皮具有许多直径0.5mm或更低之微细发泡囊。

4. 根据权利要求1所述的滑板结构，其特征在于：该聚乙烯发泡基材，包括：

一聚乙烯发泡板，该聚乙烯发泡板具有许多直径为1~3mm之发泡囊；

一聚乙烯发泡皮系设于该聚乙烯发泡板之外侧，该聚乙烯发泡皮具有许多直径0.5mm或更低之微细发泡囊。

5. 根据权利要求1所述的滑板结构，其特征在于：该塑胶膜上形成复数个微凹部，该微凹部陷入该聚乙烯发泡基材。

6. 根据权利要求1所述的滑板结构，其特征在于：该聚乙烯发泡基材系具有一顶面、一底面及一外围；而该塑胶膜包括：

一第一塑胶膜，系结合于该聚乙烯发泡基材的顶面及外围；

一第二塑胶膜，系结合于该聚乙烯发泡基材的底面。

7. 根据权利要求6所述的滑板结构，其特征在于：该第一塑胶膜上系形成复数个微凹部，该微凹部系陷入该聚乙烯发泡基材。

8. 根据权利要求6所述的滑板结构，其特征在于：该第一塑胶膜系包括：

一第一外层膜，系具有透光性及一内侧面，并于该内侧面设一第一图案，该第一外层膜之厚度为0.02~0.15mm；

一第一内层膜，系具有一外侧面及一内侧面，该外侧面系供结合于该第一外层膜之内侧面并覆盖住该第一图案，该内侧面供结合于该聚乙烯发泡基材，其中该第一内层膜之厚度为0.01~0.15mm；以及该第一外层膜之厚度系大于该第一内层膜。

9. 根据权利要求6所述的滑板结构，其特征在于：该第二塑胶膜包括：

一第二外层膜，系具有透光性及一内侧面，并于该内侧面设一第二图案；

一第二内层膜，系具有一外侧面及一内侧面，该外侧面系供结合于该第一外层膜之内侧面并覆盖住该第二图案，该内侧面供结合于该聚乙烯发泡基材；以及该第二外层膜至该第二内层膜之总厚度为0.3~1.5mm。

10. 根据权利要求1所述的滑板结构，其特征在于：该聚乙烯发泡基材系具有一底面，该底面可结合一底板。”

2007年3月27日，请求人提交了意见陈述书，提出：（1）权利要求1~3不清楚，不符合专利法实施细则第20条第1款的规定，具体理由是：①权利要求1第3行文字中明确记载“一塑胶膜，系结合于该聚乙烯发泡基材表面”，即塑胶膜只有一个，而第11~12行文字又明确记载“一第一塑胶膜，一第二塑胶膜”，而且两个塑胶膜的厚度不相同，这是完全矛盾的，导致权利要求保护范围不清楚；②权利要求3从属于权利要求1，因此权利要求3的内容应当包括权利要求1的，所以在权利要求3中聚乙烯发泡基材的底面既要结合第二塑胶膜，又要结合一底板，这是不可能的，这也导致权利要求不清楚；③在权利要求1不清楚的情况下，其从属权利要求2、3也必然不清楚。(2) 权利要求1~3不具备创造性，不符合专利法第22条第3款的规定，具体理由是：①以附件2为最接近的对比文件，权利要求1相对于附件2、5与常规技术的结合，或者相对于附件2、5、常规技术与附件3或6或8的结合不具备创造性；②以附件3为最接近的对比文件，权利要求1相对于附件3、5、2及常规技术的结合不具备创造性；③以附件6为最接近的对比文件，权利要求1相对于附件6、5、2和常规技术的结合不具备创造性；④从属权利要求2的附加技术特征被附件5公开或者是常规安排，依上述三种针对权利要求1的评述方式可知权利要求2不具备创造性；⑤从属权利要求3的附加技术特征被附件2或3公开，依上述第一和第二种针对权利要求1的评述方式可知权利要求3不具备创造性。

2007年4月12日，专利复审委员会向专利权人发出《转送文件通知书》，将请求人于2007年3月27日提交的意见陈述书转送给专利权人，并要求其在收到所述文件之日起壹个月内作出答复。

2007年5月16日，专利权人提交了意见陈述书，认为：(1) 权利要求1并不存在矛盾或不清楚之处，权利要求3的内容是可理解的，即可将第二塑胶膜换成底板，因此，权利要求1~3符合专利法实施细则第20条第1款的规定。(2) 本专利权利要求1相对于附件2、5的结合，相对于附件3、5的结合，相对于附件6等公开的技术内容均具有创造性。在独立权利要求1具有创造性的前提下，从属权利要求2、3也具有创造性。将对比文件公开的技术与涉案专利技术相比，两者技术方案在设计思路、层次排列或效果等方面都有明显的不同，而且这些明显的不同又不能使本领域普通技术人员从对比文件中得到相应的技术启示，所以，本专利与现有技术相比，具有实质性特点和进步。

2007年6月22日，本案合议组向双方当事人发出口头审理通知书，定于2007年8月23日对本案进行口头审理。同时，本案合议组将专利权人于2007年5月16日提交的意见陈述书转送给请求人，要求其在口头审理时一并答复。

2007年8月23日口头审理如期进行。双方当事人均委托代理人参加了口头审理。在口头审理中，请求人提出在授权文本公告错误未进行更正的情况下，不能认可该权利要求修改文本。合议组将请求人当庭提交的口审代理意见转给专利权人，要求专利权人在本次口头审理结束后的10天内作出书面答复，同时告知双方当事人，本案将择日另行口头审理。

2007年9月3日，专利权人提交了意见陈述书，提出：(1) 关于请求人提出的本案口审存在法律程序上的瑕疵问题，专利权人认为，在符合法定程序的情况下，专利权人尊重复审委员会的意见和决定；(2) 请求人口审代理意见中的其他观点和理由同其在2007年3月27日提交的意见陈述没有实质性区别，专利权人在2007年5月16日提交的意见陈述中已进行了答辩。

2007年9月26日，本案合议组向双方当事人发出口头审理通知书，定于2007年11月12日对本案进行口头审理。同时，本案合议组告知双方当事人本专利实际授权文本已由国家知识产权局进行了更正公告，现将该更正后的授权公告文本转给双方，并将专利权人于2007年9月3日提交的意见陈述书转送给请求人，要求其在口头审理时一并答复。

2007年11月12日口头审理如期进行。双方当事人均委托代理人参加了口头审理。口头审理以专利权人于2007年1月18日提交的权利要求第1~3项为审理基础，口头审理过程中确定的事实如下：(1) 请求人放弃使用附件1、3、4、6~8作为证据。专利权人对附件2、5的真实性、合法性、关联性以及公开时间均无异议，对附件5的译文准确性也没有异议。(2) 请求人放弃新颖性这一无效宣告理由，并明确其无效宣告请求理由为：①权利要求1~3不符合专利法实施细则第20条第1款的规定，具体理由与2007年3月27日提交的意见陈述书中的一致；②权利要求1~3相对于附件2和5的结合不具备专利法第22条第3款规定的创造性，其中附件2公开了最接近的现有技术。口头审理过程中，合议组对请求人提出的无效理由和事实进行了充分调查，并听取了双方当事人的陈述。

至此，合议组认为本案事实已经清楚，可以依法作出审查决定。

二、决定的理由

1. 关于审查文本

专利法实施细则第68条规定：在无效宣告请求的审查过程中，发明或者实用新型专利的专利权人可以修改其权利要求书，但是不得扩大原专利的保护范围。发明或者实用新型专利的专利权人不得修改专利说明书和附图，外观设计专利的专利权人不得修改图片、照片和简要说明。

依据审查指南第四部分第三章第4.6节的规定，在无效宣告程序中，专利权人对实用新型专利文件的修改仅限于权利要求书，其原则是：（1）不得改变原权利要求的主题名称。（2）与授权的权利要求相比，不得扩大原专利的保护范围。（3）不得超出原说明书和权利要求书记载的范围。（4）一般不得增加未包含在授权的权利要求书中的技术特征。在满足上述修改原则的前提下，修改权利要求书的具体方式一般限于权利要求的删除、合并和技术方案的删除。权利要求的删除是指从权利要求书中去掉某项或者某些项权利要求，例如独立权利要求或者从属权利要求。权利要求的合并是指两项或者两项以上相互无从属关系但在授权公告文本中从属于同一独立权利要求的权利要求的合并。对于以合并方式修改权利要求书，仅在下列三种情形的答复期限内允许：（1）针对无效宣告请求书。（2）针对请求人增加的无效宣告理由或者补充的证据。（3）针对专利复审委员会引入的请求人未提及的无效宣告理由或者证据。

专利权人于2007年1月18日提交了权利要求书修改文本（共3项），并要求以此文本作为审理基础。

合议组审查后认为：该修改文本是针对请求人增加的无效宣告理由和补充的证据提出的，提出时机符合审查指南的规定。专利权人对权利要求书所作的修改具体为删除了原始权利要求1~3、5、6，将原始权利要求4、7、8合并为新权利要求1，将原始权利要求9变为新权利要求2，将原始权利要求10变为新权利要求3。首先，该修改符合审查指南规定的上述四项原则；其次，对权利要求1~3、5、6的删除符合审查指南对于权利要求的删除的规定，而权利要求4、7、8是三项相互无从属关系且在授权公告文本中均从属于独立权利要求1的权利要求，它们的合并也符合审查指南的规定。综上所述，专利权人对权利要求书所作的修改符合审查指南第四部分第三章第4.6节的规定，符合专利法实施细则第68条的规定，合议组予以接受。

因此，本无效宣告请求审查决定所针对的文本为：专利权人于2007年1月18日提交的权利要求第1~3项，2004年5月19日授权公告的说明书第1~8页、说明书附图第1~6页、说明书摘要以及摘要附图。

2. 关于证据

（1）附件2为中国实用新型专利文献（专利号ZL 00201499.8，授权公告号CN2425000Y，授权公告日为2001年3月28日，共20页），附件5为美国专利文献（US5211593A，公开日：1993年5月18日，原文复印件及中文译文，共18页），专利权人对附件2、5的真实性、合法性、关联性以及公开时间均无异议，对附件5的译文准确性也没有异议，合议组对附件2、5的真实性、合法性、关联性以及附件5的译文准确性也予以认可，而且，附件2、5的公开日都在本专利申请日之前，因此它们可以作为本专利的现有技术用于评价本专利的创造性。

（2）由于请求人在口头审理时已经放弃使用附件1、3、4、6~8作为证据，因此合议组对附件1、3、4、6~8不再予以评述。

3. 关于专利法第22条第3款

专利法第22条第3款规定，创造性，是指同申请日以前已有的技术相比，该实用新型有实质性特点和进步。

根据该款规定，在判断一项实用新型权利要求的创造性时，首先应当将该权利要求的技术方案与最接近的现有技术相比较，找出它们之间的区别技术特征，然后再考察现有技术中是否给出了将上述区别技术特征应用到该最接近的现有技术以解决本实用新型实际解决的技术问题的启示，若存在这种启示，则权利要求的技术方案是显而易见的，不具有实质性特点。

（1）本专利权利要求 1 要求保护一种滑板结构。

附件 2 同样公开了一种冲浪板。附件 2 在背景技术部分（参见说明书第 1 页倒数第 1 行至第 2 页第 9 行、说明书第 2 页倒数第 3 行）介绍了已有 BODYBOARD 的构成，其是裁切一块具预定形状之聚脂类发泡基板，然后在该发泡基板上表面黏贴一层面皮、在其侧边黏贴侧皮（该面皮、侧皮相当于权利要求 1 中的发泡皮），在其底面黏贴一种稍硬的底板，其中聚脂类发泡基板系由一种聚脂类以约 25 倍至 30 倍之发泡倍率得到，而所述面皮及侧皮则是由一种聚脂类以约 10～15 倍之发泡倍率得到。面皮的作用在于提供较佳的美感与质感。附件 2 在随后的发明内容部分（参见说明书第 4 页第 10 行至第 7 页，图 4 和图 5）阐述了对已有 BODYBOARD 的改进，改进之处在于在面皮上表面热压贴合一层塑料膜（相当于权利要求 1 的塑胶膜），该塑料膜表面可形成止滑凸粒或纹路，借该塑料膜形成一保护层，使冲浪板不会受到日照及摩擦的破坏，进而可防止其老化。其中还具体指出了聚脂类发泡基材包括 PE（相当于权利要求 1 的聚乙烯发泡基材），塑料膜以使用 PE 为佳。同时指出塑料膜上可有多款颜色及图案花纹。由上可知，之前对已有 BODYBOARD 的描述和之后对已有 BODYBOARD 的改进构成了附件 2 专利中所述的抗老化冲浪板的完整技术方案。

本专利权利要求 1 与附件 2 中公开的抗老化冲浪板的技术方案相比，区别在于：①权利要求 1 中限定的聚乙烯发泡板具有许多直径为 1～3mm 之发泡囊，聚乙烯发泡皮具有许多直径 0.5mm 或更低之微细发泡囊；附件 2 公开的可选择 PE 的聚脂类发泡板的发泡倍率为约 25～30 倍，面皮及侧皮的发泡倍率为约 10 至 15 倍。②权利要求 1 中限定发泡皮设于发泡板之外侧，附件 2 中的面皮和侧皮设于发泡板之上面和侧面。③权利要求 1 中该发泡基材的所有面都结合有塑胶膜，附件 2 中的发泡基材仅在上表面结合有塑胶膜。④权利要求 1 限定了关于第一塑胶膜包括第一外层膜和第一内层膜并限定了厚度特征，附件 2 未公开该塑胶膜分层。

对于上述区别技术特征①，本专利和附件 2 虽然使用了两种不同的参数来限定发泡板和发泡皮的发泡特性，不能直接进行数值范围的比较，但是由于附件 2 已经公开了发泡板的发泡率比发泡皮的发泡率高，并公开了二者的发泡率的比例，即附件 2 已经给出了如何选择发泡板和发泡皮的技术启示，本专利权利要求 1 限定的具体发泡率范围也是本领域技术人员易于选择的，而且该具体限定的发泡板和发泡皮并未产生任何意想不到的技术效果。对于上述区别技术特征②，本申请说明书中记载的发泡皮的优点在于“能使该滑板具有更佳之表面质感及触感，籍以增加舒适度”，附件 2 中已经公开了其面皮、侧皮的作用在于提供较佳的美感与质感，即附件 2 中的面皮、侧皮与本专利中发泡皮所起的作用相同，因此，在附件 2 的启示下，在发泡板的底面也黏贴上发泡皮对于本领域技术人员来说是显而易见的。对于区别技术特征③和④而言，附件 5 也公开了一种冲浪板，其中解决的技术问题是由于已有冲浪板表面塑料膜上的图形图像不耐久，因此提供一种有明显、清晰和耐磨损图形的冲浪板，具体技术方案是，用表皮（即本专利中的塑胶膜）包围和围绕板的泡沫芯，表皮包括黏结在一起的多个层，包括由厚度通常在 1 毫英寸至 5 毫英寸（相当于 0.0254～0.1270mm）之间的透明塑性板材料构成的外层，和由厚度通常在 1 毫英寸至 5 毫英寸（相当于 0.0254～0.1270mm）之间的塑性板材料构成的内层，以及，该外层包括印在板面向芯的侧面上的图形，该图像透过透明外层是可见的（参见附件 5 第 1 页第 14 行至第 2 页第 19 行，权利要求 1）。可见附件 5 给出了用塑胶膜全面包裹发泡基材以对其进行保护的启示，而且附件5解决的在塑胶膜内设置图案来使图案保持耐久的技术问题与本实用新型实际解决的技术问题一致，虽然附件5没有公开第一外层膜的厚度大于第一内层膜，但是出于耐磨保护的目的，本领域技术人员做出这样的选择是显而易见的。由此可见，附件5给出了将上述区别技术特征（3）、（4）应用于附件2以解决本实用新型所要解决的技术问题的启示，在该启示下，本领域技术人员有动机去改进附件2的技术方案并获得本专利权利要求1。

综上所述，本专利权利要求1相对于附件2和5的结合是显而易见的，不具备实质性特点和进步，不符合专利法第22条第3款规定的创造性。

（2）权利要求2是权利要求1的从属权利要求，其进一步限定了第二塑胶膜包括第二外层膜和第二内层膜并限定了它们的总厚度。该附加技术特征已经被附件5公开，附件5公开了提供图形印制的底部表皮覆盖在主体板的滑行底面，该表皮包括两层，外层是由透明聚乙烯材料构成的薄膜塑性板，图形印在其上，内层也是塑性聚乙烯膜板，外层的图形印侧面面向内层黏结，表皮材料的总厚度通常在4毫英寸至10毫英寸之间（相当于0.1017~0.2542mm）（参见附件5第3页第22行至第4页第15行）。虽然权利要求2限定的第二塑胶膜的总厚度比附件5中的略厚，但是由于第二塑胶膜设置在滑板底部，为增加其耐磨性选择稍厚的厚度对于本领域技术人员来说是显而易见的。结合上述评价权利要求1的理由可见，权利要求2相对于附件2和5的结合也不具备实质性特点和进步，不具备专利法第22条第3款规定的创造性。

（3）权利要求3也是权利要求1的从属权利要求，其进一步限定了该聚乙烯发泡基材底面可结合一底板，该附加技术特征也已经被附件2公开（参见附件2第2页第2~3行），结合上述评价权利要求1的理由可见，权利要求3相对于附件2和5的结合也不具备实质性特点和进步，不具备专利法第22条第3款规定的创造性。

4. 关于其他无效宣告理由

由于本专利权利要求1~3已不符合专利法第22条第3款的规定，因此，对于请求人提出的其他无效宣告理由，合议组不再予以评述。

基于以上事实和理由，本案合议组作出如下审查决定。

三、决定

宣告03229355.0号实用新型专利权全部无效。

当事人对本决定不服的，可以根据专利法第46条第2款的规定，自收到本决定之日起三个月内向北京市第一中级人民法院起诉。根据该款的规定，一方当事人起诉后，另一方当事人应当作为第三人参加诉讼。

北京市第一中级人民法院
行政判决书

（2008）一中行初字第 1484 号

原告叶宗殷，住中华人民共和国台湾省台中市梅川东路四段 111 号 12 楼。

委托代理人穆魁良，男，北京三友知识产权代理有限公司专利代理人。

委托代理人党晓林，男，北京三友知识产权代理有限公司专利代理人。

被告中华人民共和国国家知识产权局专利复审委员会，住所地中华人民共和国北京市海淀区北四环西路 9 号银谷大厦。

法定代表人廖涛，副主任。

委托代理人郭婷，女，中华人民共和国国家知识产权局专利复审委员会审查员。

委托代理人刘妍，女，中华人民共和国国家知识产权局专利复审委员会审查员。

第三人沈爱甫，男，住中华人民共和国浙江省宁波市江北区慈成城南路 306 号。

委托代理人唐迅，男，1961 年 7 月 25 日出生，汉族，住中华人民共和国浙江省杭州市西湖区政新花园 7 幢 1 单元 502 室。

原告叶宗殷不服被告中华人民共和国国家知识产权局专利复审委员会作出的第 11331 号无效宣告请求审查决定（以下简称第 11331 号决定），于 2008 年 7 月 28 日向本院提起行政诉讼。本院受理后，依法组成合议庭，向被告送达了起诉状副本及应诉通知书，并依照《中华人民共和国行政诉讼法》第二十七条的规定，通知沈爱甫作为本案的第三人参加诉讼。本院于 2008 年 12 月 11 日对本案公开开庭进行了审理。原告的委托代理人穆魁良、党晓林，被告的委托代理人郭婷、刘妍，第三人的委托代理人唐迅到庭参加了诉讼。本案现已审理终结。

2008 年 3 月 18 日，被告作出第 11331 号决定，依照《中华人民共和国专利法》（以下简称《专利法》）第二十二条第三款的规定，宣告原告的名称为“滑板结构”的 03229355. 0 号实用新型专利权（以下简称本专利）全部无效。

原告诉称：本专利的权利要求 1 相对于附件 2 有 4 个区别技术特征，其中区别技术特征 1“该第一塑胶膜上系形成复数个微凹部，该微凹部系陷入该聚乙烯发泡基材”，第 11331 号决定没有将其列为区别技术特征，也没有评述该特征是否为附件 2 所公开；本专利区别技术特征 2 限定了发泡皮设于发泡板的外侧，而附件 2 中的面皮和侧皮设于发泡板的上面和侧面，因此附件 2 没有公开区别技术特征 2，也没有给出相应的技术启示；本专利区别技术特征 3 限定了该发泡基材的所有面部结合有塑胶膜，而附件 5 的图 1-4 及其相应的说明指出表皮 40 只结合在泡沫板 30 的底面，而不是全面包裹，因此附件 5 没有公开区别技术特征 3，也没有给出相应的技术启示；本专利区别技术特征 4“第一外层膜的厚度大于第一内层膜”没有被附件 2、5 公开，第 11331 号决定认定其“出于耐磨保护目的”没有依据。原告认为第 11331 号决定认定事实错误，适用法律不正确，请求人民法院撤销第 11331 号决定。

被告辩称：第 11331 号决定第 10 页对原告所称的区别技术特征 1“该第一塑胶膜上系形成复数个微凹部，该微凹部系陷入该聚乙烯发泡基材”进行了评述，认定该特征已被附件 2 第 7 页“该塑料膜表面可形成止滑凸粒或纹路”所公开。对于原告所称区别技术特征 2、3、4，被告坚持第 11331 号决定中的相关评述意见。第 11331 号决定认定事实清楚、适用法律正确、审理程序合法，因此，请求予以维持，并驳回原告的诉讼请求。

在法定举证期限内，被告向本院提交并经当庭质证了如下证据：1. 本专利授权公告文本复印件；2. 原告于2007年1月18日提交的权利要求书修改替换页复印件；3. 专利号为00201499.8的中国实用新型专利说明书（即第11331号决定中的附件2）的复印件；4. 专利号为US5211593A的美国专利说明书（即第11331号决定中的附件5）的复印件；5. 口头审理记录表。

第三人同意被告的诉讼意见，请求驳回原告的诉讼请求。

庭审中，原告及第三人对第11331号决定中关于被告对本案处理经过的表述及第11331号决定作出的程序无异议。原告和第三人对被告提交的证据1~5的证据形式均无异议，但原告不认同其证明作用。上述证据与第11331号决定的合法性审查有关且真实合法，本院予以采纳。根据被告证据1~5及各方当事人在庭审中无争议的陈述，本院对本案事实作出如下认定：

中华人民共和国国家知识产权局于2004年5月19日授权公告了本专利。该专利的申请日为2003年3月11日，专利权人是本案原告叶宗殷。本专利授权公告的权利要求书内容如下：

“1. 一种滑板结构，其特征在于：包括：一聚乙烯发泡基材；一塑胶膜，系结合于该聚乙烯发泡基材表面。

2. 根据权利要求1所述的滑板结构，其特征在于：该聚乙烯发泡基材，系可为一聚乙烯发泡板具有许多直径为1~3mm的发泡囊。

3. 根据权利要求1所述的滑板结构，其特征在于：该聚乙烯发泡基材，系可为一聚乙烯发泡皮，该聚乙烯发泡皮具有许多直径0.5mm或更低之微细发泡囊。

4. 根据权利要求1所述的滑板结构，其特征在于：该聚乙烯发泡基材，包括：一聚乙烯发泡板，该聚乙烯发泡板具有许多直径为1~3mm之发泡囊；一聚乙烯发泡皮系设于该聚乙烯发泡板之外侧，该聚乙烯发泡皮具有许多直径0.5mm或更低之微细发泡囊。

5. 根据权利要求1所述的滑板结构，其特征在于：该塑胶膜上形成复数个微凹部，该微凹部陷入该聚乙烯发泡基材。

6. 根据权利要求1所述的滑板结构，其特征在于：该聚乙烯发泡基材系具有一顶面、一底面及一外围；而该塑胶膜包括：

一第一塑胶膜，系结合于该聚乙烯发泡基材的顶面及外围；

一第二塑胶膜，系结合于该聚乙烯发泡基材的底面。

7. 根据权利要求6所述的滑板结构，其特征在于：该第一塑胶膜上系形成复数个微凹部，该微凹部系陷入该聚乙烯发泡基材。

8. 根据权利要求6所述的滑板结构，其特征在于：该第一塑胶膜系包括：一第一外层膜，系具有透光性及一内侧面，并于该内侧面设一第一图案，该第一外层膜之厚度为0.02mm~0.15mm；”

2006年4月10日，第三人针对本专利向被告提出无效宣告请求，认为本专利不具有新颖性和创造性，并在举证期限内提交了如下证据：附件1：中国实用新型专利说明书，专利号ZL00237987.2，授权公告号CN2439303Y，授权公告日为2001年7月18日；

附件2：中国实用新型专利说明书，专利00201499.8，授权公告号CN2425000Y，授权公告日为2001年3月28日；

附件3：美国专利US5658179A及其中文译文，公开日为1997年8月19日；附件4：美国专利US5275860A及其中文译文，公开日为1994年1月4日；附件5：美国专利US5211593A及其中文译文，公开日为1993年5月18日；附件6：美国专利US4850913A及其中文译文，公开日为1989年7月25日；附件7：美国专利US5114370A及其中文译文，公开日为1992年5月19日；附件8：美国专利 US5647784A 及其中文译文，公开日为 1997 年 7 月 15 日。

被告受理后，将第三人的无效宣告请求及附件清单中所列附件的副本转送给原告。原告针对第三人的无效宣告请求，于 2007 年 1 月 18 日提交了意见陈述书，并将本专利权利要求书修改如下：

“1. 一种滑板结构，其特征在于：包括：一聚乙烯发泡基材；一塑胶膜，系结合于该聚乙烯发泡基材表面；该聚乙烯发泡基材，包括：一聚乙烯发泡板，该聚乙烯发泡板具有许多直径为 1~3mm 之发泡囊；一聚乙烯发泡皮，该聚乙烯发泡皮系设于该聚乙烯发泡板之外侧，该聚乙烯发泡皮具有许多直径 0.5mm 或更低之微细发泡囊；该聚乙烯发泡基材系具有一顶面、一底面及一外围；而该塑胶膜包括：一第一塑胶膜，系结合于该聚乙烯发泡基材的顶面及外围；一第二塑胶膜，系结合于该聚乙烯发泡基材的底面；该第一塑胶膜上系形成复数个微凹部，该微凹部系陷入该聚乙烯发泡基材；该第一塑胶膜包括：一第一外层膜，系具有透光性及一内侧面，并于该内侧面设一第一图案，该第一外层膜之厚度为 0.02~0.15mm；一第一内层膜，系具有一外侧面及一内侧面，该外侧面系供结合于该第一外层膜之内侧面并覆盖住该第一图案，该内侧面供结合于该聚乙烯发泡基材，其中该第一内层膜之厚度为 0.01~0.15mm；以及该第一外层膜之厚度系大于该第一内层膜。

2. 根据权利要求 1 所述的滑板结构，其特征在于：该第二塑胶膜包括：一第二外层膜，系具有透光性及一内侧面，并于该内侧面设一第二图案；一第二内层膜，系具有一外侧面及一内侧面，该外侧面系供结合于该第一外层膜之内侧面并覆盖住该第二图案，该内侧面供结合于该聚乙烯发泡基材；以及该第二外层膜至该第二内层膜之总厚度为 0.3~1.5mm。

3. 根据权利要求 1 所述的滑板结构，其特征在于：该聚乙烯发泡基材系具有一底面，该底面可结合一底板。”

原告认为：本专利上述修改后的权利要求 1-3 具有新颖性和创造性，因此符合《专利法》第二十二条第二、三款的规定。

后被告向原告和第三人发出无效宣告请求口头审理通知书，告知双方当事人定于 2007 年 8 月 23 日举行口头审理，同时将原告的意见陈述书转送给第三人。

原告和第三人均如期出席了口头审理。在口头审理中，第三人放弃了新颖性的无效宣告理由，放弃附件 1、3、6、8 作为证据，原告承认附件 2 和附件 5 的真实性。被告当庭告知双方原告于 2007 年 1 月 18 日修改的权利要求书符合《专利法》和《中华人民共和国专利法实施细则》（以下简称《专利法实施细则》）的规定，故审查以该修改后的权利要求书为准，原告、第三人在此基础上对本专利是否符合《专利法》第二十二条第三款的规定进行了辩论。

被告经审查认为：原告于 2007 年 1 月 18 日提交的本专利权利要求书修改文本是针对第三人增加的无效宣告理由和补充的证据提出的，提出时机符合《审查指南》的规定。原告对权利要求书所作的修改具体为删除了原始权利要求 1~3、5、6，将原始权利要求 4、7、8 合并为新权利要求 1，将原始权利要求 9 变为新权利要求 2，将原始权利要求 10 变为新权利要求 3。该修改符合《审查指南》规定的修改原则；原告对权利要求 1~3、5、6 的删除符合《审查指南》对于权利要求的删除的规定，而权利要求 4、7、8 是三项相互无从属关系且在授权公告文本中均从属于独立权利要求 1 的权利要求，它们的合并也符合《审查指南》的规定。综上，原告对权利要求书所作的修改符合《审查指南》第四部分第三章 4.6 节的规定，符合《专利法实施细则》第六十八条的规定。因此，第 11331 号决定所针对的文本为：原告于 2007 年 1 月 18 日提交的权利要求第 1~3 项，2004 年 5 月 19 日授权公告的说明书第 1~8 页、说明书附图第 1~6 页、说明书摘要以及摘要附图。附件 2 为中国实用新型专利文献，附件 5 为美国专利文献，原告对附件 2、5 的真实性、合法性、关联性以及公开时间均无异议，对附件 5 的译文准确性也没有异议，被告对附件 2、5 的真实性、合法性、关联性以及附件 5 的译文准确性也予以认可，而且，附件2、5的公开日都在本专利申请日之前，因此它们可以作为本专利的现有技术用于评价本专利的创造性。由于第三人在口头审理时已经放弃使用附件1、3、4、6~8作为证据，因此被告对附件1、3、4、6~8不再予以评述。

本专利权利要求1要求保护一种滑板结构。附件2同样公开了一种冲浪板。附件2在背景技术部分介绍了已有BODYBOARD的构成，其是裁切一块具预定形状之聚脂类发泡基板，然后在该发泡基板上表面黏贴一层面皮、在其侧边黏贴侧皮（该面皮、侧皮相当于权利要求1中的发泡皮），在其底面黏贴一种稍硬的底板，其中聚脂类发泡基板系由一种聚脂类以约25倍至30倍之发泡倍率得到，而所述面皮及侧皮则是由一种聚脂类以约10倍至15倍之发泡倍率得到。面皮的作用在于提供较佳的美感与质感。附件2在随后的发明内容部分（参见说明书第4页第10行至第7页，图4和5）阐述了对已有BODYBOARD的改进，改进之处在于在面皮上表面热压贴合一层塑料膜（相当于权利要求1的塑胶膜），该塑料膜表面可形成止滑凸粒或纹路，籍该塑料膜形成一保护层，使冲浪板不会受到日照及磨擦的破坏，进而可防止其老化。其中还具体指出了聚脂类发泡基材包括PE（相当于权利要求1的聚乙烯发泡基材），塑料膜以使用PE为佳。同时指出塑料膜上可有多款颜色及图案花纹。由上可知，之前对已有BODYBOARD的描述和之后对已有BODYBOARD的改进构成了附件2专利中所述的抗老化冲浪板的完整技术方案。

本专利权利要求1与附件2中公开的抗老化冲浪板的技术方案相比，区别在于：（1）权利要求1中限定的聚乙烯发泡板具有许多直径为1~3mm之发泡囊，聚乙烯发泡皮具有许多直径0.5mm或更低之微细发泡囊；附件2公开的可选择PE的聚脂类发泡板的发泡倍率为约25至30倍，面皮及侧皮的发泡倍率为约10至15倍。（2）权利要求1中限定发泡皮设于发泡板之外侧，附件2中的面皮和侧皮设于发泡板之上面和侧面。（3）权利要求1中该发泡基材的所有面都结合有塑胶膜，附件2中的发泡基材仅在上表面结合有塑胶膜。（4）权利要求1限定了关于第一塑胶膜包括第一外层膜和第一内层膜并限定了厚度特征，附件2未公开该塑胶膜分层。

对于上述区别技术特征（1），本专利和附件2虽然使用了两种不同的参数来限定发泡板和发泡皮的发泡特性，不能直接进行数值范围的比较，但是由于附件2已经公开了发泡板的发泡率比发泡皮的发泡率高，并公开了二者的发泡率的比例，即附件2已经给出了如何选择发泡板和发泡皮的技术启示，本专利权利要求1限定的具体发泡率范围也是本领域技术人员易于选择的，而且该具体限定的发泡板和发泡皮并未产生任何意想不到的技术效果。对于上述区别技术特征（2），本专利说明书中记载的发泡皮的优点在于“能使该滑板具有更佳之表面质感及触感，籍以增加舒适度”，附件2中已经公开了其面皮、侧皮的作用在于提供较佳的美感与质感，即附件2中的面皮、侧皮与本专利中发泡皮所起的作用相同，因此，在附件2的启示下，在发泡板的底面也黏贴上发泡皮对于本领域技术人员来说是显而易见的。对于区别技术特征（3）和（4）而言，附件5也公开了一种冲浪板，其中解决的技术问题是由于已有冲浪板表面塑料膜上的图形图像不耐久，因此提供一种有明显、清晰和耐磨损图形的冲浪板，具体技术方案是，用表皮（即本专利中的塑胶膜）包围和围绕板的泡沫芯，表皮包括黏结在一起的多个层，包括由厚度通常在1毫英寸至5毫英寸（相当于0.0254mm至0.1270mm）之间的透明塑性板材料构成的外层，和由厚度通常在1毫英寸至5毫英寸（相当于0.0254mm至0.1270mm）之间的塑性板材料构成的内层，以及，该外层包括印在板面向芯的侧面上的图形，该图像透过透明外层是可见的（参见附件5第1页第14行至第2页第19行，权利要求1）。可见附件5给出了用塑胶膜全面包裹发泡基材以对其进行保护的启示，而且附件5解决的在塑胶膜内设置图案来使图案保持耐久的技术问题与本实用新型实际解决的技术问题一致，虽然附件5没有公开第一外层膜的厚度大于第一内层膜，但是出于耐磨保护的目的，本领域技术人员做出这样的选择是显而易见的。由此可见，附件5给出了将上述区别技术特征（3）、（4）应用于附件2以解决本实用新型所要解决的技术问题的启示，在该启示下，本领域技术人员有动机去改进附件2的技术方案并获得本专利权利要求1。

综上，本专利权利要求1相对于附件2和5的结合是显而易见的，不具备实质性特点和进步，不符合《专利法》第二十二条第三款规定的创造性。

权利要求2是权利要求1的从属权利要求，其进一步限定了第二塑胶膜包括第二外层膜和第二内层膜并限定了它们的总厚度。该附加技术特征已经被附件5公开，附件5公开了提供图形印制的底部表皮覆盖在主体板的滑行底面，该表皮包括两层，外层是由透明聚乙烯材料构成的薄膜塑性板，图形印在其上，内层也是塑性聚乙烯膜板，外层的图形印侧面面向内层黏结，表皮材料的总厚度通常在4毫英寸至10毫英寸之间（相当于0.1017~0.2542mm）（参见附件5第3页第22行至第4页第15行）。虽然权利要求2限定的第二塑胶膜的总厚度比附件5中的略厚，但是由于第二塑胶膜设置在滑板底部，为增加其耐磨性选择稍厚的厚度对于本领域技术人员来说是显而易见的。结合上述评价权利要求1的理由可见，权利要求2相对于附件2和5的结合也不具备实质性特点和进步，不具备专利法第22条第3款规定的创造性。

权利要求3也是权利要求1的从属权利要求，其进一步限定了该聚乙烯发泡基材底面可结合一底板，该附加技术特征也已经被附件2公开，结合上述评价权利要求1的理由可见，权利要求3相对于附件2和5的结合也不具备实质性特点和进步，不具备《专利法》第二十二条第三款规定的创造性。

由于本专利权利要求1~3已不符合《专利法》第二十二条第三款的规定，因此，对于第三人提出的其他无效宣告理由，被告未再予以评述。

基于以上事实和理由，被告作出了宣告本专利权全部无效的第11331号决定。

本院认为：《专利法实施细则》第六十八条第一款规定，发明或者实用新型专利的专利权人可以修改其权利要求书，但不得扩大原专利的保护范围。本案原告于2007年1月18日提交的修改的权利要求书符合该条款的规定，故被告以该修改文本为审查基础是正确的。

《专利法》第二十二条第三款规定，创造性是指同申请日以前已有的技术相比，该发明有突出的实质性特点和显著的进步，该实用新型有实质性特点和进步。本案中，附件2记载的“所述的塑料膜表面可形成有止滑凸粒”、“在热压贴合该塑料膜（21）后，整个冲浪板上即具有止滑凸粒或止滑纹路”已经公开了本专利的“该第一塑胶膜上系形成复数个微凹部，该微凹部系陷入该聚乙烯发泡基材”，因此第11331号决定认定附件2公开了本专利权利要求1的上述技术特征，没有将其认定为区别技术特征是正确的。原告关于该技术特征为区别技术特征，第11331号决定没有对该技术特征进行评述的主张没有事实依据，本院不予支持。

附件2中已经公开了面皮、侧皮设于发泡板的上面和侧面，作用在于提供较佳的美感与质感。对于本领域技术人员来说，由此想到在发泡板的底面也粘贴上发泡皮是显而易见的，故第11331号决定认定附件2给出了对本专利区别技术特征2“该聚乙烯发泡皮系设于该聚乙烯发泡板之外侧”的技术启示是正确的。附件5公开了一种有明显、清晰和耐磨损图形的冲浪板，其用表皮（即本专利中的塑胶膜）包围和围绕板的泡沫芯，表皮包括黏结在一起的多个层，包括由厚度通常在1毫英寸至5毫英寸（相当于0.0254mm至0.1270mm）之间的透明塑性板材料构成的外层，和由厚度通常在1毫英寸至5毫英寸（相当于0.0254mm至0.1270mm）之间的塑性板材料构成的内层，以及，该外层包括印在板面向芯的侧面上的图形，该图像透过透明外层是可见的（参见附件5第1页第14行至第2页第19行及权利要求1）。故对于本领域普通技术人员来说，用塑胶膜全面包裹发泡基材以对其进行保护、对塑胶膜的厚度进行如本专利权利要求1中的限定是显而易见的。同时，对于本领域普通技术人员来说，出于耐磨损的考虑，选择外膜厚度大于内膜也是显而易见的。故第 11331 号决定认定附件 5 给出了对本专利权利要求 1 的区别技术特征 3 “发泡基材的所有面部都结合有塑料膜”、区别技术特征 4 “该第一塑胶膜包括：一第一外层膜，系具有透光性及一内侧面，并于该内侧面设一第一图案，该第一外层膜之厚度为 0.02～0.15mm；一第一内层膜，系具有一外侧面及一内侧面，该外侧面系供结合于该第一外层膜之内侧面并覆盖住该第一图案，该内侧面供结合于该聚乙烯发泡基材，其中该第一内层膜之厚度为 0.01～0.15mm；以及该第一外层膜之厚度系大于该第一内层膜”的技术启示是正确的。原告关于附件 2 没有给出本专利权利要求 1 的区别技术特征 2、附件 5 没有给出本专利权利要求 1 的区别技术特征 3、4 的技术启示的主张没有事实和法律依据，本院不予支持。第 11331 号决定认定本专利权利要求 1～3 相对于附件 2 和附件 5 的结合不具有创造性是正确的，本院应予维持。

此外，本院亦认同第 11331 号决定中关于本专利的其他评述意见。

综上，第 11331 号决定认定事实清楚，适用法律正确，审查程序合法，本院应予维持。原告的诉讼理由不成立，其请求本院不予支持。据此，依据《中华人民共和国行政诉讼法》第五十四条第（一）项之规定，判决如下：

维持被告中华人民共和国国家知识产权局专利复审委员会作出的第 11331 号无效宣告请求审查决定。

案件受理费人民币 100 元，由原告叶宗殷负担（已交纳）。

如不服本判决，叶宗殷可在本判决书送达之日起 30 日内，中华人民共和国国家知识产权局专利复审委员会、沈爱甫可在本判决送达之日起 15 日内，向本院递交上诉状，并按照对方当事人的人数提出副本，预交上诉案件受理费人民币 100 元，上诉于中华人民共和国北京市高级人民法院。

审　判　长　吴　月
代理审判员　胡华峰
代理审判员　石　磊
二〇〇九年三月二十四日
书　记　员　汪　明

062

一种新型金融自助服务亭

无效宣告请求审查决定（第11333号）

决　　定　　号 第11333号
决　　定　　日 2008年3月27日
发明创造名称 一种新型金融自助服务亭
国 际 分 类 号 E04H 1/12
无效宣告请求人 上海七百集团九思科技发展有限公司
专　利　权　人 刘玉宏
专　　利　　号 02290974.5
申　　请　　日 2002年12月17日
授 权 公 告 日 2003年9月17日
合 议 组 组 长 刘　犟
主　　审　　员 欧　岚
参　　审　　员 王　森

法　律　依　据 专利法第22条第3款
决　定　要　点

如果本领域技术人员在现有技术的基础上基于其想要解决的技术问题能够很容易想到结合公知常识而得到一项实用新型权利要求的技术方案，则该权利要求的技术方案是不具备实质性特点的。

一、案由

本无效宣告请求涉及国家知识产权局于2003年9月17日授权公告的，名称为“一种新型金融自助服务亭”的实用新型专利（下称本专利），其专利号为02290974.5，申请日为2002年12月17日，专利权人为刘玉宏。本专利授权公告时的权利要求书如下：

“1. 一种新型金融自助服务亭，具有服务亭（1）以及服务亭内被坚韧金属板隔开的服务区（2）和设备区（3），所述服务亭外壳，其顶部、底部采用双层坚韧金属板构成，四周侧面分成前后两部分，分别采用透光防弹玻璃、双层坚韧金属板构成；所述服务区（2），被服务亭外壳前部透光防弹玻璃所围，透光部分外壳处设有带门禁装置的安全门（4），并且服务区（2）内设有能对服务区进行不间断监控的匪警传感器（5）和红外感应传感器（6）；所述设备区（3），被服务亭外壳后部双层坚韧金属板所围，其中设置能对设备区进行不间断监控的匪警传感器（5）、红外感应器（6）、火警传感器（7）、水警传感器（8），并设置显示与操作不面向服务区（2）的自动存款机（9）、多媒体查询机（10）、通过有线电缆DDN或PSDN通讯与外部控制中心始终保持联络的监控录像装置（11）

以及支持服务亭内各电器连续工作的电源控制系统（12）以及从服务区进入设备区的安全门（14），其特征在于：所述双层金属板内部由防切割金属条（16）和绝缘材料（15）组成，服务区（2）内设有碎纸机（17）、语音对讲系统（18），设备区（3）设置烟感探测器（20）、震动探测器（21）及避雷器（19）。

2. 根据权利要求1所述的新型金融自助服务亭，其特征在于：所述服务区（2）设置有烟感探测器（20）和震动探测器（21）。"

针对上述专利权，上海七百集团九思科技发展有限公司（下称请求人）于2004年4月1日向专利复审委员会提出无效宣告请求，请求宣告本专利无效，理由是本专利权利要求1、2不符合专利法第22条第1~4款的规定以及专利法第5条的规定。请求人提交了下列附件作为证据：

附件1：授权公告号为CN2436605Y的中国实用新型专利说明书，授权公告日为2001年6月27日；

附件2：（2004）沪黄—证经字第92号公证书原件，公证书中包括以下附件：（1）发票说明原件1页，（2）名称为"银亭B-C层外侧板"的图纸复印件1页，（3）发票号为0051277的上海市工商业限额统一发票复印件1页，（4）发票号为03229831的上海增值税专用发票复印件1页，（5）发票号为3591297的上海市商业统一发票复印件1页；

附件3：中国民生银行北京管理部自助银行管理中心出具的银亭使用情况证明原件1页以及发票号为01-0931223的上海市商业统一发票复印件1页；

附件4：共10页，分别为发票号02806268、00167747、03727892、00055579、01131338、03274770的上海增值税专用发票复印件6页，发票号00167746、01131338的上海市增值税专用发票销货清单复印件2页，发票号02429016的北京增值税专用发票复印件1页，发票号01436535的宁波增值税专用发票复印件1页；

附件5A：北京工商经济信息中心出具的外资分支机构登记信息原件1页；

附件5B：未来国际软件有限公司自助服务亭产品样本原件1页。

请求人认为本专利权利要求1、2违反了专利法第5条的规定，不具有专利法第22条第4款规定的实用性、不符合专利法第22条第2款、第3款规定。

经形式审查合格，专利复审委员会受理了该无效宣告请求，并于2004年4月12日向双方当事人发出无效宣告请求受理通知书，同时将无效宣告请求书及附件副本转送专利权人，并要求其在指定的期限内陈述意见。

专利权人于2004年4月30日针对请求人的无效宣告请求提交了意见陈述书，陈述了本专利符合专利法第5条、具有实用性以及新颖性和创造性的理由。

专利复审委员会于2004年12月20日向双方当事人发出口头审理通知书，定于2005年1月27日进行口头审理，同时将专利权人提交的意见陈述书副本转送请求人。

请求人分别于2005年1月4日及2005年1月24日提交意见陈述，增加了新理由：（1）权利要求1、2不符合专利法第26条第4款关于"权利要求书应当以说明书为依据，说明要求保护的范围"的规定；（2）本专利涉及的金融自助服务亭借助自动存取款机、多媒体查询机向用户提供服务，但对上述设备的显示和操作界面位置没有作出限定，不符合专利法实施细则第21条第2款的规定；（3）权利要求中"设置显示与操作不面向服务区的自动存款机（9）、多媒体查询机（10）"，未以正面描述方式限定显示与操作界面的取向，造成保护范围不清楚，不符合专利法实施细则第20条第1款的规定。

专利复审委员会在口头审理前将请求人的上述两次意见陈述均转给了专利权人。

口头审理如期举行，双方当事人均参加了口头审理。

在口头审理中，（1）请求人明确其无效理由为专利法第5条，第22条3~4款，第26条第4款，实施细则第20条第1款、第21条第2款。请求人放弃有关新颖性的无效宣告理由。（2）专利权人对附件1的真实性表示认可。（3）专利权人认为“不面向服务区”为笔误，并要求将权利要求中相应部分修改为“设置显示与操作部面向服务区”。（4）请求人认为权利要求应当作出正面描述，“不面向服务区”的限定导致权利要求1、2不符合实施细则第20条第1款的规定。（5）请求人以附件1作为最接近的现有技术评述权利要求1、2的创造性，认为本专利与附件1的区别特征在于：①双层金属板内部由防切割金属条和绝缘材料组成，②服务区内设有碎纸机、语音对讲系统、设备区设置烟感探测器、震动探测器及避雷器，③设置显示与操作不面向服务区的自动提款机；其中区别特征①、②为公知技术，关于区别特征③其认为不面向服务区导致本专利技术的退步；请求人认为权利要求2的附加技术特征也是公知技术。

专利复审委员会经审理，于2005年3月16日针对上述无效宣告请求作出第6928号无效宣告请求审查决定，宣告02290974.5号实用新型专利权全部无效。该决定的具体理由为：

（1）专利权人认为权利要求1中的技术特征“显示与操作不面向服务区”存在笔误，应为“显示与操作部面向服务区”的主张不能成立；

（2）由于权利要求1、2所要求保护的技术方案的范围不清楚，因此权利要求1、2不符合专利法实施细则第20条第1款的规定。

专利权人不服上述第6928号决定，向北京市第一中级人民法院提起诉讼。北京市第一中级人民法院经审理，于2005年12月12日作出［2005］一中行初字第542号行政判决书，判决撤销上述第6928号无效宣告请求审查决定。

具体而言，上述行政判决书认为：（1）由于不能将“显示与操作不面向服务区”唯一地解释为“显示与操作部面向服务区”，因此原告（专利权人）关于权利要求1存在笔误的主张不能成立；（2）本专利权利要求1记载的“设置显示与操作不面向服务区的自动存取款机”，即表示该自动存取款机除了不能面向服务区以外，可以是面向设备区或其他方向的，因此权利要求1中记载的技术方案是清楚的，其保护范围也是明确的，专利复审委员会认定本专利权利要求1不符合专利法实施细则第20条第1款的规定，进而认定从属权利要求2也不符合上述规定是错误的。

专利复审委员会不服上述行政判决书，向北京市高级人民法院提起上诉。北京市高级人民法院经审理，于2006年4月6日作出［2006］高行初字第100号行政判决书，判决为：驳回上诉，维持原判。

上述行政判决书生效后，专利复审委员会重新成立合议组对本无效宣告请求案进行审理。本案合议组于2007年6月13日向双方当事人发出无效宣告请求口头审理通知书，定于2007年7月26日举行口头审理。口头审理当天双方当事人均未出席口头审理。

至此，合议组认为本案事实已经清楚，可以作出审查决定。

二、决定的理由

1. 关于证据和现有技术

请求人提交的附件1为中国专利文献，专利权人对附件1的真实性无异议，合议组经审查后认为附件1可以作为本案证据使用。同时由于附件1的公开日期在本专利的申请日前，因此附件1可以作为本专利的现有技术使用。

2. 关于创造性

专利法第22条第3款规定的创造性，是指同申请日以前已有的技术相比，该发明有突出的实质性特点和显著的进步，该实用新型有实质性特点和进步。

本案中，权利要求1请求保护一种新型金融自助服务亭，附件1也公开了一种金融自助服务亭，其具体公开了以下技术特征（参见说明书第1、2页及附图3）：具有服务亭外壳（1）以及服务亭内被坚韧金属板隔开的服务区（2）和设备区（3），所述服务亭外壳（1），其顶部、底部采用坚韧金属板构成，四周侧面分成前后两部分，分别采用透光防弹玻璃、坚韧金属板构成；所述服务区（2），被服务亭外壳前部透光防弹玻璃所围，透光部外壳处设有带门禁装置（4-1）的安全门（4），并且服务区（2）内设有能对服务区进行不间断监控的匪警传感器（5）和红外感应传感器（6）；所述设备区（3），被服务亭外壳后部坚韧金属板所围，其中设置能对设备区进行不间断监控的匪警传感器（5）、红外感应传感器（6）、火警传感器（7）、水警传感器（8），并设置显示与操作部面向服务区的自动存取款机（9）、多媒体查询机（10）、通过有线或无线方式与外部控制中心始终保持联络的监控录像装置（11）、支持服务亭内各电器连续工作的不间断电源（12）、以及从服务区进入设备区的安全门（14）。由上所述，附件1公开了权利要求1的大部分技术特征。

权利要求1的技术方案与附件1相比，其区别在于：（1）服务亭外壳采用双层金属板，该双层金属板内部由防切割金属条和绝缘材料组成，（2）服务区内设有碎纸机、语音对讲系统、设备区设置烟感探测器、震动探测器及避雷器，（3）设置显示与操作不面向服务区的自动存款机。合议组经审查认为，双层金属板及其中放置防切割金属条和绝缘材料属于现有公知的建筑材料，本领域的技术人员在考虑到增强服务亭的防盗、防撬、防晒能力会容易地想到采用放置防切割金属条和绝缘材料的双层金属板来制造服务亭，而碎纸机、语音对讲系统、烟感探测器、震动探测器及避雷器也都属于现有的公知产品，它们在服务亭中所起的作用也是各自固有、已知的功能和作用，本领域的技术人员在考虑到服务亭需要有相应的功能时会很容易想到将现有技术中的这些产品置于服务亭中；关于区别特征（3），附件1中公开了多媒体查询机10就不面向服务区而面向亭外，通过其给出的技术启示，本领域的技术人员在考虑到方便人们在不进入服务亭就能看见并使用自动存款机的情况，也会很容易想到将自动存款机设计成显示与操作设置不面向服务区而是面向亭外。因此本领域的技术人员会从现有技术中得到将上述区别技术特征应用到附件1而获得权利要求1的技术方案的启示，且权利要求1请求保护的技术方案未产生预料不到的技术效果，故权利要求1请求保护的技术方案不具有实质性特点，不符合专利法第22条第3款关于创造性的规定。

权利要求2对权利要求1进行了进一步限定，其附加技术特征为“所述服务区（2）设置有烟感探测器（20）和震动探测器（21）”。由于烟感探测器和震动探测器也都属于现有的公知产品，本领域的技术人员在考虑到服务亭需要有相应的功能时会很容易想到在服务亭内放置现有技术中的这些产品。因此在其所引用的权利要求1不具备创造性的情况下，权利要求2也不具备创造性，不符合专利法第22条第3款的规定。

三、决定

宣告02290974.5号实用新型专利权全部无效。

当事人对本决定不服的，可以根据专利法第46条第2款的规定，自收到本决定之日起三个月内向北京市第一中级人民法院起诉。根据该款的规定，一方当事人起诉后，另一方当事人应当作为第三人参加诉讼。

063

一种鼓风喷射式冷却塔

无效宣告请求审查决定（第 11334 号）

决　　定　　号　第 11334 号
决　　定　　日　2008 年 4 月 15 日
发明创造名称　一种鼓风喷射式冷却塔
国 际 分 类 号　F28C 1/02
无效宣告请求人　阳江市荣东环保设备有限公司
专　利　权　人　谭仲禧，梁少敏，黄祖建
专　　利　　号　99236603.8
申　　请　　日　1999 年 7 月 14 日
授 权 公 告 日　2000 年 5 月 24 日
合 议 组 组 长　朱文广
主　　审　　员　欧　岚
参　　审　　员　王　森

法　律　依　据　专利法第 22 条第 3 款
决　定　要　点

如果实用新型专利的权利要求与现有技术相比存在区别，而本领域技术人员由现有技术不能获得启示将该区别应用到现有技术中得到权利要求的技术方案，则关于上述权利要求相对于现有技术不具备创造性的主张不能成立。

一、案由

本无效宣告请求涉及中华人民共和国国家知识产权局于 2000 年 5 月 24 日授权公告的、名称为“一种鼓风喷射式冷却塔”的实用新型专利权（下称本专利），其专利号是 99236603.8，申请日是 1999 年 7 月 14 日，专利权人是谭仲禧、梁少敏、黄祖建。本专利授权公告时的权利要求书如下：

“1. 一种鼓风喷射式冷却塔，包括塔体（1）和位于塔体（1）内的喷嘴（4）、收水器（9）、进水管（5）与喷嘴（4）连通，出水管（6）与塔体（1）连通，其特征在于：塔体（1）内还设置带电机（2）的风机（3），变频调速器（7）与电机（2）电连接，温度传感控制器（8）装在出水管（6）上，并且与变频调速器（7）电连接。

2. 根据权利要求 1 所述的一种鼓风喷射式冷却塔，其特征在于：风机（3）位于喷嘴（4）的下方，且安装在塔体（1）底部，在风机（3）与喷嘴（4）之间设置有分流器（10）。”

针对本专利权，阳江市荣东环保设备有限公司（下称请求人）于 2006 年 12 月 28 日向专利复审

委员会提出无效宣告请求，认为本专利不符合专利法第26条第3款、第4款的规定，权利要求1、2相对于附件1和2不符合专利法第22条第3款的规定，请求人同时提交了如下附件：

附件1：授权公告日为1999年4月14日、授权公告号为CN2314015Y的中国实用新型专利说明书，共5页；

附件2：授权公告日为1998年9月16日、授权公告号为CN2291627Y的中国实用新型专利说明书，共10页。

请求人认为：（1）本专利说明书和权利要求书对收水器（9）这一技术特征公开不充分，无法得知该技术特征在本专利技术方案中的作用和该技术特征的连接关系，因此本专利不符合专利法第26条第3款、第4款的规定；（2）权利要求1的技术特征已在附件1、2中全部披露，权利要求2的的附加技术特征在附件2中公开，因此权利要求1、2不符合专利法第22条关于创造性的规定。

经形式审查合格，专利复审委员会依法受理了上述无效宣告请求，并于2006年12月28日向请求人和专利权人发出无效宣告请求受理通知书，同时将专利权无效宣告请求书及其附件清单中所列附件的副本转送给专利权人，并要求专利权人在指定的期限内陈述意见。

专利权人于2007年2月12日提交了意见陈述书和如下反证：

反证1：授权公告日为1997年1月8日、授权公告号为CN2244707Y的中国实用新型专利说明书，共6页；

反证2：授权公告日为1996年9月4日、授权公告号为CN2234298Y的中国实用新型专利说明书，共7页。

专利权人使用反证1、2证明收水器（9）本身的结构及其在水塔内的连接关系均是已有技术，故本专利符合专利法第26条第3、4款的规定；本专利权利要求1、2与附件1、2相比存在区别技术特征，相对于现有技术具有实质性特点，因此权利要求1、2具有新颖性和创造性。

专利复审委员会依法成立合议组。本案合议组于2007年10月25日向双方发出无效宣告请求口头审理通知书，定于2007年12月3日在专利复审委员会举行口头审理。随口头审理通知书将专利权人于2007年2月12日提交的意见陈述书及其附件清单中所列附件副本一份转送给请求人。

口头审理如期举行，双方均出席了口头审理。

在口头审理中，（1）请求人明确其无效的理由、证据、范围以及证据的使用情况为：权利要求1、2不符合专利法第22条第3款的规定，权利要求1、2相对于附件1加公知技术或附件1和附件2的组合不具有创造性。由于专利权人承认收水器为公知常识，请求人放弃专利法第26条第3款、第4款的无效理由。（2）专利权人对附件1、2的真实性没有异议，请求人对反证1、2的真实性没有异议。（3）双方就权利要求1、2相对于附件1加公知技术或附件1和附件2的组合是否具有创造性充分发表了意见。

至此，合议组认为本案事实已经清楚，可以作出审查决定。

二、决定的理由

1. 关于证据和现有技术

请求人提交的附件1、2均为中国专利文献，专利权人对其真实性没有异议，合议组经审查后认为附件1、2可以作为本案证据使用。同时由于附件1、2属于公开出版物，且其公开日期均在本专利的申请日前，因此上述附件可以作为本专利的现有技术使用。

2. 关于请求人的无效宣告理由

由于请求人在口头审理中明确放弃了本专利不符合专利法第26条第3款、第4款款的无效宣告理由，因此请求人的无效宣告理由仅为本专利权利要求1、2不符合专利法第22条第3款规定的创造性。

3. 关于创造性

专利法第 22 条第 3 款规定的创造性，是指同申请日以前已有的技术相比，该发明有突出的实质性特点和显著的进步，该实用新型有实质性特点和进步。

如果实用新型专利的权利要求与现有技术相比存在区别，而本领域技术人员由现有技术不能获得启示将该区别应用到现有技术中得到权利要求的技术方案，则关于上述权利要求相对于现有技术不具备创造性的主张不能成立。

本案中，请求人认为权利要求 1、2 相对于附件 1 加公知技术的组合不具有创造性。

附件 1 公开了一种智能型冷却塔，其包括塔体、电机、风机、填料、进出水管以及变频调速器和温度传感控制器，需冷却的水由进水管通过喷嘴淋洒在填料上进行冷却，由安装在出水管的温度传感器感测出水温度，并传输给变频调速器，由其对电机进行智能控制，从而控制风机吹向填料的供风量。附件 1 公开的是一种机械通风播淋水方式的冷却塔，且其文字部分以及图 1 中均没有明确公开在塔体内设有收水器。因此，权利要求 1 与附件 1 相比，区别在于：本专利权利要求 1 的冷却塔为一种鼓风喷射式冷却塔，且塔体内设有收水器。

请求人认为本专利的权利要求 1 仅仅强调塔体内有喷嘴，喷嘴有可能喷水或较散的水，并不一定会喷出雾，虽然附件 1 中没有关于收水器文字的描述，但是在附件 1 图 1 中最顶部即进水管的上面有收水器，专利权人承认收水器是公知技术，而且在冷却塔的顶端设置收水器是必然的。合议组经审查后认为，本专利权利要求 1 保护的是一种喷射式冷却塔，由此可知其塔内喷嘴喷出的水呈雾状，使得水与空气进行热交换，不需要使用填料；而附件 1 为机械播淋式冷却塔，水由进水管通过喷嘴淋洒在填料上进行冷却，是需要填料的，可见本专利与附件 1 保护的是两种不同工作原理的冷却塔。而且附件 1 中文字部分没有涉及收水器的技术特征，其图 1 中也没有显示，因此尽管收水器为公知技术，本领域技术人员由附件 1 公开的机械播淋式冷却塔仍不能容易的想到将其改为喷射式冷却塔并在其中设置收水器，故由附件 1 和公知技术均不能获得权利要求 1 所述技术方案的启示，也不能获得引用了权利要求 1 的从属权利要求 2 的技术方案。综上所述，请求人关于权利要求 1、2 相对于附件 1 加公知技术的组合不具有创造性的主张不能成立。

请求人还认为权利要求 1、2 相对于附件 1 和附件 2 的结合不具有创造性。

附件 2 公开了一种逆流可拼装冷却塔，其包括单元塔体、侧板、支架、风机总称、填料、水滴回收器、播水器总成和贮水盘，该冷却塔与附件 1 公开的相同，也是将需冷却的热水通过播水器总成喷淋在填料上进行冷却，属于机械播淋式冷却塔。

请求人认为附件 2 中的水滴回收器相当于本专利的收水器，附件 2 的喷水头相当于本专利中的喷嘴，本专利中的喷射与附件 2 中的喷淋是一样的。合议组经审查认为，尽管附件 2 公开了水滴回收器与收水器相同，但由于附件 2 公开的是机械播淋式冷却塔，因此本领域技术人员由附件 1 与附件 2 结合也不能容易的想到将机械播淋式冷却塔改为喷射式冷却塔，故在附件 1 和附件 2 的基础上不能获得权利要求 1 的技术方案，也不能获得引用了权利要求 1 的从属权利要求 2 的技术方案。综上所述，请求人关于权利要求 1、2 相对于附件 1 和附件 2 的结合不具有创造性的主张不能成立。

根据上述的事实和理由，本案合议组依法作出以下决定。

三、决定

维持 99236603. 8 号实用新型专利权有效。

当事人对本决定不服的，可以根据专利法第 46 条第 2 款的规定，自收到本决定之日起三个月内向北京市第一中级人民法院起诉。根据该款的规定，一方当事人起诉后，另一方当事人应当作为第三人参加诉讼。

北京市第一中级人民法院
行政判决书

（2008）一中行初字第 1181 号

原告阳江市荣东环保设备有限公司，住所地广东省阳东县东城镇湖滨中路 210 号。

法定代表人卢宣任，总经理。

委托代理人黄洋，男，1963 年 5 月 2 日出生，广州中瀚专利商标事务所专利代理人，住广东省广州市东山区先烈中路 100 号大院 21 号 203 房。

委托代理人梁朝玉，北京金之桥知识产权代理有限公司专利代理人。

被告国家知识产权局专利复审委员会，住所地北京市海淀区北四环西路 9 号银谷大厦 10~12 层。

法定代表人廖涛，副主任。

委托代理人朱文广，国家知识产权局专利复审委员会审查员。委托代理人刘研，国家知识产权局专利复审委员会审查员。

第三人谭仲禧，男，1944 年 4 月 12 日出生，汉族，住广东省广州市荔湾区元和街 56 号 2 楼。

第三人梁耀文，男，1957 年 1 月 22 日出生，汉族，住广东省广州市海珠区杏坛大街 24 号 502 房。

第三人黄祖健，男，1962 年 7 月 23 日出生，汉族，住广东省广州市东山区水均大街 55 号 801 房。

上述三第三人之共同委托代理人曾旻辉，男，1973 年 10 月 28 日出生，广州华进联合专利商标代理有限公司专利代理人，住广东省广州市越秀区先烈中路 83 号 2101 房。

上述三第三人之共同委托代理人赵磊，男，1974 年 7 月 31 日出生，广州华进联合专利商标代理有限公司专利代理人，住广东省广州市天河区黄埔大道西 601 号。

原告阳江市荣东环保设备有限公司（以下简称荣东公司）不服被告国家知识产权局专利复审委员会（以下简称专利复审委员会）于 2008 年 4 月 15 日作出的第 11334 号无效宣告请求审查决定（以下简称第 11334 号决定），于法定期限内向本院提起行政诉讼。本院于 2008 年 8 月 5 日受理后，依法组成合议庭，并通知谭仲禧、梁耀文、黄祖健作为第三人参加本案诉讼，于 2008 年 10 月 6 日公开开庭进行了审理。原告荣东公司的委托代理人梁朝玉，被告专利复审委员会的委托代理人朱文广、刘妍，第三人谭仲禧、梁耀文、黄祖健的委托代理人曾旻辉到庭参加了诉讼。本案现已审理终结。

第 11334 号决定系专利复审委员会针对荣东公司就谭仲禧、梁耀文、黄祖健所拥有的 99236603. 8 号“一种鼓风喷射式冷却塔”的实用新型专利（以下简称本专利）所提出的无效宣告请求而作出的。专利复审委员会在第 11334 号决定中认定：1. 关于证据和现有技术。荣东公司提交的附件 1、2 均为中国专利文献，谭仲禧、梁耀文、黄祖健对其真实性没有异议，经审查附件 1、2 可以作为本案证据使用。同时由于附件 1、2 属于公开出版物，且其公开日期均在本专利的申请日前，因此上述附件可以作为本专利的现有技术使用。2. 关于荣东公司的无效宣告理由。由于荣东公司在口头审理中明确放弃了本专利不符合《中华人民共和国专利法》（以下简称《专利法》）第二十六条第三、四款的无效宣告理由，因此荣东公司的无效宣告理由仅为本专利权利要求 1、2 不符合《专利法》第二十二条第三款规定的创造性。3. 关于创造性。荣东公司认为权利要求 1、2 相对于附件 1 加公知技术的组合不具有创造性。附件 1 公开的是一种机械通风播淋水方式的冷却塔，且其文字部分以及图 1 中均没有明确公开在塔体内设有收水器。因此，权利要求 1 与附件 1 相比，区别在于：本专利权利要求 1 的冷却塔为一种鼓风喷射式冷却塔，且塔体内设有收水器。荣东公司认为本专利的权利要求 1 仅仅强调塔体内有喷嘴，喷嘴有可能喷水或较散的水，并不一定会喷出雾，虽然附件 1 中没有关于收水器文字的描述，但是在附件 1 图 1 中最顶部即进水管的上面有收水器，谭仲禧、梁耀文、黄祖健承认收水器是公知技术，而且在冷却塔的顶端设置收水器是必然的。对此专利复审委员会认为本专利权利要求 1 保护的是一种喷射式冷却塔，由此可知其塔内喷嘴喷出的水呈雾状，使得水与空气进行热交换，不需要使用填料；而附件 1 为机械播淋式冷却塔，水由进水管通过喷嘴淋洒在填料上进行冷却，是需要填料的，可见本专利与附件 1 保护的是两种不同工作原理的冷却塔。而且附件 1 中文字部分没有涉及收水器的技术特征，其图 1 中也没有显示，因此尽管收水器为公知技术，本领域技术人员由附件 1 公开的机械播淋式冷却塔仍不能容易的想到将其改为喷射式冷却塔并在其中设置收水器，故由附件 1 和公知技术均不能获得权利要求 1 所述技术方案的启示，也不能获得引用了权利要求 1 的从属权利要求 2 的技术方案。综上所述，荣东公司关于权利要求 1、2 相对于附件 1 加公知技术的组合不具有创造性的主张不能成立。荣东公司还认为权利要求 1、2 相对于附件 1 和附件 2 的结合不具有创造性。荣东公司认为附件 2 中的水滴回收器相当于本专利的收水器，附件 2 的喷水头相当于本专利中的喷嘴，本专利中的喷射与附件 2 中的喷淋是一样的。对此专利复审委员会认为尽管附件 2 公开了水滴回收器与收水器相同，但由于附件 2 公开的是机械播淋式冷却塔，因此本领域技术人员由附件 1 与附件 2 结合也不能容易的想到将机械播淋式冷却塔改为喷射式冷却塔，故在附件 1 和附件 2 的基础上不能获得权利要求 1 的技术方案，也不能获得引用了权利要求 1 的从属权利要求 2 的技术方案。综上所述，荣东公司关于权利要求 1、2 相对于附件 1 和附件 2 的结合不具有创造性的主张不能成立。据此被告作出第 11334 号决定维持本专利权有效。

原告荣东公司不服，向本院提起行政诉讼，其诉称：本专利权利要求的保护范围是评价其是否具有创造性的前提和基础。第 11334 号决定错误依据本专利中没有具备对比文件中的填料技术特征来评判本专利的创造性，违反了《专利法》第二十二条第三款关于创造性的规定。本专利的发明目的所要解决的技术问题并不是因为由于“填料”的设置而导致的，本专利的技术方案中没有提及“填料”，并不必然导致该方案就必然一定不能包含该特征，也没有涉及因为“填料”这一技术特征所带来的缺陷或不充足，本专利的发明目的明显与“填料”这一技术特征无关，冷却塔里是否存在填料这一技术特征并不改变冷却塔热水和空气进行热交换的工作原理。本专利权利要求书中限定塔体的喷嘴，并没有限定喷出的水一定是呈雾状。评判本专利权利要求 1 中关于喷嘴这一技术特征是否被附件 1 所披露关键在于附件 1 是否公开了塔体内具有喷嘴这一技术特征。同时，附件 1 和附件 2 的结合已全部披露了本专利权利要求 1 中的全部必要技术特征。本专利权利要求 2 相对于附件 1 和附件 2 的组合也不具有创造性。故本专利权利要求 1、2 所限定的全部必要技术特征已被对比文件所披露。因此请求人民法院撤销第 11334 号决定，并责令被告重新作出决定。

被告专利复审委员会辩称：虽然本专利的权利要求 1 中没有明确限定是否有填料，也没有限定喷嘴一定是喷雾的喷嘴，但是由于权利要求 1 请求保护的是一种鼓风喷射式冷却塔，本领域的技术人员由本领域的公知常识可知，喷射式冷却塔采用的就是增大进水管的水压，使喷嘴喷出的水成雾状，并与自流空气进行热交换，从而达到冷却气体的目的，其不使用填料。而且由本专利的说明书也可知其是对现有的喷射式冷却塔进行改进，由于喷射式冷却塔仅靠喷嘴喷出雾状水来带动空气流动，空气的流动性差，影响热交换效率，为了解决该技术问题而增加了电力通风。故本专利权利要求 1 的保护范围包括了塔内喷嘴喷出的水呈雾状，使得水与空气进行热交换，不需要使用填料。综上所述，第 11334 号决定认定事实清楚，适用法律正确，审理程序合法，原告的诉讼理由不能成立，请求人民法院驳回原告的诉讼请求，维持第 11334 号决定。

第三人谭仲禧、梁耀文、黄祖健没有提交书面陈述意见，其当庭述称：第 11334 号决定认定事实清楚，适用法律正确，应予维持。

经审理查明：

本案涉及国家知识产权局于 2000 年 5 月 24 日授权公告的名称为“一种鼓风喷射式冷却塔”的实用新型专利，其申请日是 1999 年 7 月 14 日，专利号为 99236603.8，专利权人是谭仲禧、梁耀文、黄祖健。本专利授权公告时的权利要求书如下：

“1. 一种鼓风喷射式冷却塔，包括塔体和位于塔体内的喷嘴、收水器、进水管与喷嘴连通，出水管与塔体连通，其特征在于：塔体内还设置带电机的风机，变频调速器与电机电连接，温度传感控制器装在出水管上，并且与变频调速器电连接。

2. 根据权利要求 1 所述的一种鼓风喷射式冷却塔，其特征在于：风机位于喷嘴的下方，且安装在塔体底部，在风机与喷嘴之间设置有分流器。”

本专利说明书中对现有技术有如下描述：“现有的冷却塔进行热交换一般采用机械通风播淋水方式，即将系统热水播淋在填料上，风机将冷却介质——空气吹向填料，在系统热水和空气间进行热交换……目前又出现了一种喷射式冷却塔，它增大了进水管的水压，使喷嘴喷出的水呈雾状，使水与自流空气进行热交换，但是由于仅靠喷嘴喷出水来带动空气流动，空气的流动性差，影响了热交换效率，而且增大水压也使冷却系统的功耗增大了。”关于本专利的工作原理在说明书中有如下记载：“使用时，需冷却的系统热水从进水管进入，由喷嘴将雾状的水向塔内各方向喷出。由于采用风机加速塔内空气的流动，因此进水管所需水压比以往的喷射式冷却塔所需水压小，并且同样能保持较好的热交换效率。”

针对本专利，荣东公司于 2006 年 12 月 28 日以其不符合《专利法》第二十六条第三、四款的规定，权利要求 1、2 相对于附件 1 和 2 不符合《专利法》第二十二条第三款的规定为由，向专利复审委员会提出无效宣告请求，并提交了 2 份证据：

附件 1：授权公告日为 1999 年 4 月 14 日、授权公告号为 CN2314015Y 的中国实用新型专利说明书。附件 1 公开了一种智能型冷却塔，其包括塔体、电机、风机、填料、进出水管以及变频调速器和温度传感控制器，需冷却的水由进水管通过喷嘴淋洒在填料上进行冷却，由安装在出水管的温度传感器感测出水温度并传输给变频调速器，由其对电机进行智能控制，从而控制风机吹向填料的供风量。

附件 2：授权公告日为 1998 年 9 月 16 日、授权公告号为 CN2291627Y 的中国实用新型专利说明书。附件 2 公开了一种逆流可拼装冷却塔，其包括单元塔体、侧板、支架、风机总成、填料、水滴回收器、播水器总成和贮水盘，该冷却塔与附件 1 公开的相同，也是将需冷却的热水通过播水器总成喷淋在填料上进行冷却，属于机械播淋式冷却塔。

专利复审委员会于 2007 年 12 月 3 日对该无效案进行了口头审理。在口头审理中，荣东公司明确其无效理由为本专利权利要求 1、2 不符合《专利法》第二十二条第三款的规定，本专利权利要求 1、2 相对于附件 1 加公知技术或附件 1、2 的结合不具有创造性。由于谭仲禧、梁耀文、黄祖健承认收水器为公知常识，故荣东公司放弃本专利不符合《专利法》第二十六条第三、四款的无效理由。

上述事实，有本专利权利要求书、说明书及附图，荣东公司在无效程序中提交的附件 1 及附件 2、第 11334 号决定、口头审理记录表、庭审笔录及各方当事人的陈述等证据在案佐证。

本院认为：根据各方当事人的争议，本案的焦点问题在于本专利权利要求 1 相对于附件 1 及公知技术是否具有创造性；本专利权利要求 1、2 相对于附件 1、2 的结合是否具有创造性。根据查明的事实可以确认，附件 1 为机械播淋式冷却塔，水由进水管通过喷嘴淋洒在填料上进行冷却，因此填料是附件 1 所公开的技术方案中必要的技术特征，否则难以实现冷却效果。本专利权利要求 1 保护的是一种喷射式冷却塔，根据本专利说明书中对现有技术的描述及关于本专利的工作原理的说明可知本专利冷却塔内喷嘴喷出的水呈雾状，使得水与空气进行热交换，无需使用填料。因此本专利与附件 1 保护的是两种不同工作原理的冷却塔，原告关于本专利的技术方案中没有提及“填料”，并不必然导致该方案就必然一定不能包含该特征，冷却塔里是否存在填料并不改变冷却塔热水和空气进行热交换的工作原理及本专利权利要求书中限定塔体的喷嘴，并没有限定喷出的水一定是呈雾状的诉讼主张没有事实依据，本院不予支持。

关于荣东公司认为权利要求 1、2 相对于附件 1 和附件 2 的结合不具有创造性的主张，本院认为，附件 2 公开的是一种逆流可拼装冷却塔，由单元塔体、侧板、支架、风机总成、填料、水滴回收器、播水器总成和贮水盘组成工作时，将需冷却的热水通过播水器总成喷淋在填料上进行冷却，属于机械播淋式冷却塔。尽管附件 2 公开的水滴回收器与本专利的收水器相同，但由于附件 2 公开的是机械播淋式冷却塔，本领域技术人员根据附件 1 与附件 2 结合也不能容易的想到将机械播淋式冷却塔改为喷射式冷却塔，因此在附件 1 和附件 2 结合的基础上不能获得权利要求 1 的技术方案，也不能获得引用了权利要求 1 的从属权利要求 2 的技术方案。

综上所述，被告作出的第 11334 号决定认定事实清楚，程序合法，应予维持。原告的起诉理由不能成立，本院不予支持。根据《中华人民共和国行政诉讼法》第五十四条第（一）项之规定，本院判决如下：

维持被告国家知识产权局专利复审委员会作出的第 11334 号无效宣告请求审查决定。

案件受理费人民币 100 元，由原告阳江市荣东环保设备有限公司负担（已交纳）。

如不服本判决，各方当事人可于本判决送达之日起 15 日内，向本院提交上诉状及其副本，并交纳上诉案件受理费 100 元，上诉于北京市高级人民法院。

审　判　长　刘海旗
代理审判员　周云川
人民陪审员　唐晓君
二〇〇八年十二月十七日
书　记　员　高　颖

064

锁

无效宣告请求审查决定（第11349号）

决定号 第11349号
决定日 2008年4月16日
发明创造名称 锁
国际分类号 E05B 17/14
无效宣告请求人 孙连荀
专利权人 任文林
专利号 99109192.2
申请日 1996年12月31日
授权公告日 2003年7月23日
合议组组长 杨军艳
主审员 刘颖杰
参审员 李　礼

法律依据 专利法第22条第4款
决定要点

本专利在其说明书和附图中已经公开了所涉及产品的具体结构等技术特征，其可以在产业中制造并实施，并且本领域技术人员也可以预料其可以产生积极有益的效果，因而具备实用性。

一、案由

本无效宣告请求涉及国家知识产权局于2003年7月23日授权公告的99109192.2号、名称为“锁”的发明专利，其申请日是1996年12月31日，专利权人是任文林。该专利（下称本专利）授权公告的权利要求是：

“1. 一种锁，包括有锁体，锁体正侧安设有方舌和触发锁舌，方舌后端与自动锁闭机构相连，自动锁闭机构的触发端与触发锁舌相接，其特征在于自动锁闭机构还连接有与多向锁舌相连的连杆。

2. 按权利要求1所述的锁，其特征在于所述的自动锁闭机构包括与回位弹簧相接具弹射作用的转盘，在与转盘相接的横向连杆上设置有台阶状的触发端与触发锁舌后端相接，横向连杆的前端和方舌相接。

3. 按权利要求1或2所述的锁，其特征在于所述的触发锁舌为斜舌或小舌，斜舌后端联接拨块与回位摆杆相配接，小舌后端设有弯钩和导向座。

4. 按权利要求3所述的锁，其特征在于在锁体的正侧上方安设有方舌，方舌通过横向连杆与转盘相接，转盘上接有回位弹簧，转盘还连接与多向锁舌相接的连杆，在锁体正侧下方设有小舌，小舌通过其后端的弯钩与横向连杆的触发端相配接。

5. 按权利要求 4 所述的锁，其特征在于所述的多向锁舌包括上下锁舌，上下锁舌通过连杆与转盘相接。”

针对上述专利权，专利复审委员会于 2005 年 10 月 31 日发出第 7586 号无效宣告请求审查决定（下称第 7586 号决定），宣告本专利权利要求 1 和 2 及权利要求 3~5 中触发锁舌为小舌的技术方案无效，维持权利要求 3~5 中触发锁舌为斜舌的技术方案有效。

由于专利权人未缴纳年费，本专利之专利权于 2006 年 12 月 31 日终止。

针对本专利，孙连苟（下称请求人）于 2004 年 11 月 14 日向专利复审委员会提出无效宣告请求，认为本专利不符合专利法第 22 条第 2 款、第 3 款、第 4 款的规定，不具备新颖性、创造性和实用性。请求人在无效宣告请求书中指出，本专利不具备新颖性的依据是武汉中级人民法院审判笔录，但其并没有提交该审判笔录。

经形式审查合格，专利复审委员会受理了上述无效宣告请求，于 2005 年 11 月 3 向请求人和专利权人发出无效宣告请求受理通知书，并将请求人的无效宣告请求书转给专利权人，要求专利权人在一个月内对该无效宣告请求陈述意见，告知其期满未答复，不影响专利复审委员会审理。

专利权人在答复期间内没有陈述意见。

请求人于 2005 年 11 月 29 日提交了意见陈述书，再次陈述了本专利不具备新颖性、创造性和实用性的理由。其中关于本专利不具备实用性的理由是：按本专利说明书附图 74 之指示结合实际可以推算本专利的上锁舌长 80cm 左右，下锁舌长 90cm 左右，如果锁损坏需拆换极不方便，因为这类锁大多用于防撬门，而防撬门均为铁质，所以要更换锁具只有将防撬门拆开更换锁具，或将锁长长的上、下锁舌切割，而将成品新锁锁舌按同样尺寸切割，而后与门中残留部分锁舌焊接。

针对本案，专利复审委员依法组成合议组。合议组于 2006 年 8 月 24 日向请求人和专利权人发出无效宣告请求口头审理通知书，告知双方当事人专利复审委员会本案合议组定于 2006 年 11 月 15 日对本案进行口头审理。同时，将请求人于 2005 年 11 月 29 日提交的意见陈述转给专利权人。

专利权人于 2006 年 9 月 28 日针对上述口头审理通知书提交了意见陈述书，表明请求修改权利要求，修改方式为合并，将权利要求 5 升到权利要求 1。专利权人还提交了修改后的权利要求书：

“1. 一种锁，包括有锁体，锁体正侧安设有方舌和触发锁舌，方舌后端与自动锁闭机构相连，自动锁闭机构的触发端与触发锁舌相接，其特征在于自动锁闭机构还连接有与多向锁舌相连的连杆，所述的多向锁舌包括上下锁舌，上下锁舌通过连杆与转盘相接。

2. 按权利要求 1 所述的锁，其特征在于所述的自动锁闭机构包括与回位弹簧相接具弹射作用的转盘，在与转盘相接的横向连杆上设置有台阶状的触发端与触发锁舌后端相接，横向连杆的前端和方舌相接。

3. 按权利要求 1 或 2 所述的锁，其特征在于所述的触发锁舌为斜舌或小舌，斜舌后端联接拨块与回位摆杆相配接，小舌后端设有弯钩和导向座。

4. 按权利要求 3 所述的锁，其特征在于锁体的正侧上方设有方舌，方舌通过横向连杆与转盘相接，转盘上接有回位弹簧，转盘还连接与多向锁舌相接的连杆，在锁体正侧下方设有小舌，小舌通过其后端的弯钩与横向连杆的触发端相配接。”

口头审理如期举行，请求人参加了口头审理，专利权人未参加口头审理。在口头审理中，合议组将专利权人于 2006 年 9 月 28 日提交的修改的权利要求书转给请求人，并告知请求人该修改的权利要求书不符合审查指南的规定；同时，合议组告知请求人本专利已被专利复审委员会在先的第 7586 号决定宣告部分无效，现在维持有效的权利要求是权利要求 3~5 中触发锁舌为斜舌的技术方案，因此本次口头审理针对的是上述有效的权利要求。

请求人当庭明确放弃对本专利没有新颖性和创造性的无效请求，但坚持本专利没有实用性，依据的证据是本专利的说明书。请求人还表示，武汉中级人民法院的审判笔录无法提交。

对于本专利不具备实用性的理由，请求人认为，权利要求书 5 所说的上下锁舌与说明书附图 74 不对应。附图 74 中的 507 是锁舌，权利要求书中和说明书中没有说明锁舌的长度。附图 74 中的上下锁舌如果无限延长就不能产生相应的防撬效果，拆卸、安装都不方便。

最后，请求人表示本专利有新颖性和创造性，但没有实用性。不能进行工业生产。

口头审理之后，合议组于 2006 年 11 月 17 日向专利权人发出无效宣告请求审查通知书，告知专利权人：（1）专利复审委员会针对本专利作出的第 7586 号决定已经宣告权利要求 1 和 2 及其权利要求 3~5 中触发锁舌为小舌的技术方案无效，本专利目前有效的权利要求为权利要求 3~5 中触发锁舌为斜舌的技术方案。而专利权人对权利要求书进行的修改仍然以授权公告的权利要求书为基础，因而此次修改的基础是错误的。（2）专利权人对权利要求书的修改不符合审查指南中关于合并的方式和时机的规定。（3）合议组决定此次审理的基础为权利要求 3~5 中触发锁舌为斜舌的技术方案。专利权人如有异议的，应当在收到本通知书之日起一个月内对上述问题进行答复，期满不答复的，视为没有异议。

同时，专利复审委员会还向专利权人发出合议组变更告知通知书，告知其本案合议组成员变更情况，并指出若专利权人对上述合议组成员有回避请求，应于收到本通知书之日起 7 日内提交书面请求书，逾期未答复视为无回避请求。

专利权人于 2006 年 12 月 26 日针对上述审查通知书提交意见陈述，认为其已在法定期限内针对第 7586 号决定提出起诉，因此以原权利要求为基础提出修改是合法的。专利权人同时提交了其针对第 7586 号决定的行政诉状复印件和挂号信收据及查询复单的复印件，复单中表明邮电局于 2006 年 1 月 27 日查复该件由“市中级人民法院收发章签收”。

合议组于 2007 年 6 月 6 日向专利权人再次发出审查意见通知书，其中指出：专利权人主张其在法定期限内对第 7586 号决定提起诉讼，但并未提供法院的受理通知书，同时专利复审委员会在法定期限内也没有收到法院受理该行政诉讼案件的任何通知。专利权人提交的附件并不能证明其在法定期限内已向法院对第 7586 号决定提起诉讼并且法院已对其进行了受理。专利权人如坚持其主张，应当在收到本通知书之日起一个月内提交北京市第一中级人民法院的受理通知书，否则合议组将已第 7586 号决定所认定有效的权利要求范围即权利要求 3~5 中触发锁舌为斜舌的技术方案对本案进行审理。专利权人如有异议的，应当在收到本通知书之日起一个月内对上述问题进行答复，期满不答复的，视为没有异议。

专利权人于 2007 年 7 月 2 日针对上述审查通知书提交了意见陈述，表明其已依照法律程序提起行政诉讼，但法院既不立案，也没有不予立案，因此责任在法院不在专利权人，复审委员会不应认定第 7586 号决定已经生效。

至此，合议组认为案件事实已经清楚，现依法作出如下审查决定。

二、决定的理由

1. 关于专利权终止

本专利之专利权于 2006 年 12 月 31 日终止，但是在其授权日至终止日之间的权利仍然存在。根据专利法第 47 条的规定，“宣告无效的专利权视为自始即不存在”，因此请求人宣告本专利之专利权无效的请求是否成立，关系到本专利自授权日到终止日之间的权利是否有效，基于此，专利复审委员会有必要对本次无效宣告请求是否成立进行审查。

2. 关于第7586号决定是否生效

本专利之专利权被第7586号决定宣告部分无效，但专利权人主张其已在法定期限内对第7586号决定向法院提出起诉，因此该决定并未生效。专利权人为支持其主张，提交了行政诉状复印件和挂号信收据和查询复单的复印件。

合议组经审查认为，第一，专利权人提交的材料仅仅是复印件，其内容的真实性和准确性存在疑义；第二，即使专利权人提交的材料内容属实，其挂号信收据和查询复单也仅能表明专利权人曾向北京市第一中级人民法院邮寄过一封挂号信，但不能确认信的内容是否就是该行政诉状；第三，即使专利权人的确在法定期限内向北京市第一中级人民法院提起诉讼，也不能必然阻碍第7586号决定生效。行政诉讼法第42条的规定，“人民法院接到起诉状，经审查，应当在七日内立案或者作出裁定不予受理”。最高人民法院《中华人民共和国行政诉讼法若干问题的解释》（以下简称解释）第32条规定，“人民法院应当组成合议庭对原告的起诉进行审查。符合起诉条件的，应当在7日内立案；不符合起诉条件的，应当在7日内裁定不予受理。7日内不能决定是否受理的，应当先予受理；受理后经审查不符合起诉条件的，裁定驳回起诉”。也就是说，即使专利权人在法定期限内向法院起诉，也可能因为不符合起诉条件而被裁定驳回起诉，而在这种情况下并不能阻碍第7586号决定生效。

另外，第7586号决定的发出日期为2005年10月31日，根据审查指南第五部分第七章第2.1节的规定，“推定收到日为从专利局发出文件之日起满十五日”，应当推定专利权人最迟在2005年11月15日收到第7586号决定，根据专利法第46条的规定，“对专利复审委员会宣告专利权无效或者维持专利权的决定不服的，可以自收到通知之日起三个月内向人民法院起诉”。专利权人起诉的最迟期限是2006年2月15日。如果专利权人已经在上述法定期限内对第7586号决定提出起诉，并且符合起诉条件，根据行政诉讼法及解释的规定，法院应当在7日内立案。合议组于2007年6月6日向专利权人发出审查意见通知书，要求其提交北京市第一中级人民法院的受理通知书，但专利权人未能提交，这一事实说明可能存在两种情况：第一，专利权人并未在法定期限内对第7586号决定提出起诉；第二，专利权人提出了起诉，但并未被法院受理。而无论属于上述哪种情况，都不能阻碍第7586号决定生效。

根据上述事实，合议组认为，专利权人的主张不能成立，第7586号决定已经生效，因而本次无效宣告请求审查的基础应当是第7586号决定维持有效的权利要求。

3. 关于实用性

专利法第22条第4款规定，“实用性，是指该发明或者实用新型能够制造或使用，并且能够产生积极效果”。

审查指南第二部分第五章第2节规定，“在产业上能够制造或者使用的技术方案，是指符合自然规律、具有技术特征的任何可实施的技术方案”。“能够产生积极效果，是指发明或者实用新型专利申请在提出申请之日，其产生的经济、技术和社会效果是所属技术领域的技术人员可以预料到的。这些效果应当是积极的和有益的”。

本专利产品是一种锁，其说明书和附图中已经公开了该锁的具体结构等技术特征，其可以在产业中制造并实施，并且本领域技术人员也可以预料其可以产生积极有益的效果，因而具备实用性。而请求人所主张的由于本专利未对上下锁舌的长度进行限定，而如果其长度过长则会导致在锁损坏时更换、维修极不方便的理由，合议组认为，第一，请求人的上述主张仅有其本人的陈述而并无任何证据加以支持，仅属于请求人的主观推断；第二，请求人的上述主张也仅表明本专利的锁可能在更换、维修时存在一些不便，但实际上并未否认本专利产品可以在产业上制造并实施，也未能否认本专利产品具有的积极效果，因而其并不能成为本专利不具备实用性的理由。也就是说，请求人提出的主张并不能支持其认为本专利不具备实用性的理由。

综上，合议组对请求人认为本专利不符合专利法第22条第4款的理由不予支持。

三、决定

维持99109192.2号发明专利权利要求3~5中触发锁舌为斜舌的技术方案有效。

一方当事人对本决定不服的，可以根据专利法第46条第2款的规定，在收到本决定之日起三个月内向北京市第一中级人民法院起诉。根据该款规定，一方当事人起诉后，另一方当事人应当作为第三人参加诉讼。

065

一种模壳构件

无效宣告请求审查决定（第11352号）

决　　定　　号　第11352号
决　　定　　日　2008年4月21日
发明创造名称　一种模壳构件
国 际 分 类 号　E04B 5/36
无效宣告请求人　肖国友
专　利　权　人　邱则有
专　　利　　号　200310100984.2
申　　请　　日　2003年10月1日
授 权 公 告 日　2006年6月21日
合 议 组 组 长　朱文广
主　　审　　员　王　博
参　　审　　员　刘敏飞

法　律　依　据　专利法第22条第3款
决　定　要　点

在判断一项权利要求是否具备创造性时，首先要将权利要求所述的技术方案和最接近的现有技术进行特征对比分析，如果该权利要求与最接近的现有技术对比存在区别技术特征，并且该区别技术特征能够解决该最接近的现有技术中存在的某一技术问题，则应进一步考察对于所属技术领域的普通技术人员而言，在最接近的现有技术的基础上引入上述区别技术特征来解决所述技术问题从而获得权利要求所要保护的技术方案是否显而易见，如果是，则该权利要求不具备创造性，反之，则具备创造性。

一、案由

本无效宣告请求涉及中华人民共和国国家知识产权局于2006年6月21日授权公告的、名称为“一种模壳构件”的发明专利权（下称本专利），其专利号是200310100984.2，申请日是2003年10月1日，专利权人是邱则有。本专利授权公告时的权利要求书如下：

“1. 一种模壳构件，包括上板（1）、周围侧壁（2）和下底板（3），上板（1）、周围侧壁（2）和下底板（3）围合成空腔体，其特征在于空腔体的上板（1）、周围侧壁（2）或下底板（3）的至少一个基层叠合有至少一片预制加劲肋板（4），预制加劲肋板（4）与基层叠合成整体。

2. 根据权利要求1所述的一种模壳构件，其特征在于所述的预制加劲肋板（3）为复合加劲肋板或空心加劲肋板。

3. 根据权利要求2所述的一种模壳构件，其特征在于所述的预制加劲肋板（4）为夹有轻质材料（5）的复合加劲肋板。

4. 根据权利要求1所述的一种模壳构件，其特征在于所述的预制加劲肋板（4）的截面形状为T形、L形、工形、匚形、X形或者口形。

5. 根据权利要求1所述的一种模壳构件，其特征在于所述的多片预制加劲肋板（4）呈平行、正交或斜交设置。

6. 根据权利要求1所述的一种模壳构件，其特征在于所述的预制加劲肋板（4）露出模壳构件外。

7. 根据权利要求1所述的一种模壳构件，其特征在于所述的预制加劲肋板（4）与基层材质相同或不同。

8. 根据权利要求1所述的一种模壳构件，其特征在于所述的预制加劲肋板（4）位于基层外侧或内侧。

9. 根据权利要求1所述的一种模壳构件，其特征在于上板（1）、周围侧壁（2）、下底板（3）或预制加劲肋板（4）内含有增强物（6），在上板（1）、周围侧壁（2）、下底板（3）或预制加劲肋板（4）的至少一种的体内有增强物（6）伸入另一种的体内并锚固其中。

10. 根据权利要求9所述的一种模壳构件，其特征在于所述的预制加劲肋板（4）的叠合面伸出有筋、网、片或者丝中的至少一个并锚固在与其叠合的基层中。

11. 根据权利要求9所述的一种模壳构件，其特征在于上板（1）、周围侧壁（2）、下底板（3）或预制加劲肋板（4）中的其中一种体内的增强物（6）伸入另一种体内并与其体内增强物（6）焊接、绑扎、铆接、螺丝连接或者挂勾成一体。

12. 根据权利要求9所述的一种模壳构件，其特征在于下底板（3）体内有至少一种增强物（6）伸入周围侧壁（2）体内并锚固其中。

13. 根据权利要求9所述的一种模壳构件，其特征在于周围侧壁（2）内有至少一种增强物（6）伸入下底板（3）体内并锚固其中。

14. 根据权利要求9所述的一种模壳构件，其特征在于所述的增强物（6）从上板（1）、周围侧壁（2）、下底板（3）或预制加劲肋板（4）的至少一个中露出。

15. 根据权利要求9所述的一种模壳构件，其特征在于所述的增强物（6）为带状或筋状或丝状或网状的增强物。

16. 根据权利要求15所述的一种模壳构件，其特征在于下底板（3）内的增强物（6）为网状或筋状，网或筋彼此之间焊接、绑扎或者铆接为一体。

17. 根据权利要求15所述的一种模壳构件，其特征在于所述的增强物（6）为钢筋、钢丝、钢筋网、钢丝网、纤维、纤维丝束、纤维网格布、无纺布、金属薄条带、有孔薄条带、包装带或者编织带中的至少一种。

18. 根据权利要求17所述的一种模壳构件，其特征在于下底板（3）向外伸出有挑板（7）。

19. 根据权利要求18所述的一种模壳构件，其特征在于下底板（3）和挑板（7）内的增强物（6）为钢网或钢筋，钢筋或与钢网连接的钢筋或钢网伸出挑板（7），或者伸出后的钢筋或钢网带有弯钩。

20. 根据权利要求1~19中任一权利要求所述的一种模壳构件，其特征在于所述的下底板（3）叠合有叠合层（8），叠合层（8）与下底板（3）共同构成叠合下底。

21. 根据权利要求 20 所述的一种模壳构件，其特征在于所述的叠合层（8）本身为至少二层以上材料叠合的复合叠合层。

22. 根据权利要求 1~19 中任一权利要求所述的一种模壳构件，其特征在于所述的模壳构件上设置有方便搬运的搬运件（9）。

23. 根据权利要求 1~19 中任一权利要求所述的一种模壳构件，其特征在于所述的模壳构件的水平剖面或竖向剖面形状为长方形、正方形、多边形、弧角多边形、倒角多边形、多弧边形、波纹形或圆形。

24. 根据权利要求 1~19 中任一权利要求所述的一种模壳构件，其特征在于所述的模壳构件的其他部位上还设置有倒角（10）、阴角（11）、凹槽（12）、凹坑（13）、孔洞（14）、凸台模块（15）、凸条（16）或者阳角（17）中的至少一个。

25. 根据权利要求 24 所述的一种模壳构件，其特征在于所述的倒角（10）、阴角（11）、凹槽（12）、凸条（16）自身或相互呈平行、正交、斜交或立交设置。

26. 根据权利要求 1 至 19 中任一权利要求所述的一种模壳构件，其特征在于所述的模壳构件的封闭空腔内设置有现浇加劲肋（18）、预制或现浇加劲杆（19）或者预制或现浇加强筋（20）中的至少一个。

27. 根据权利要求 26 所述的一种模壳构件，其特征在于所述的现浇加劲肋（18）或者预制或现浇加劲杆（19）中的至少一个露出模壳构件外。

28. 根据权利要求 26 所述的一种模壳构件，其特征在于所述的现浇加劲肋（18）、预制或现浇加劲杆（19）或者预制或现浇加强筋（20）上还有增强物（6）露出。

29. 根据权利要求 26 所述的一种模壳构件，其特征在于所述的现浇加劲肋（18）、预制或现浇加劲杆（19）或者预制或现浇加强筋（20）叠合有叠合层（8）。

30. 根据权利要求 1~19 中任一权利要求所述的一种模壳构件，其特征在于所述的模壳构件的封闭空腔内填充有轻质材料（21）。

31. 根据权利要求 1~19 中任一权利要求所述的一种模壳构件，其特征在于所述的上板（1）或周围侧壁（2）中的至少一个为可拆卸的活动部件。

32. 根据权利要求 1~19 中任一权利要求所述的一种模壳构件，其特征在于所述的上板（1）或周围侧壁（2）中的至少一个有可拆卸的活动部件。

33. 根据权利要求 1~19 中任一权利要求所述的一种模壳构件，其特征在于所述的模壳构件上设置有连接件（22）。

34. 根据权利要求 33 所述的一种模壳构件，其特征在于所述的至少两个模壳构件之间彼此由连接件（22）连接构成成组组件，模壳构件之间构成内肋模腔（23）。

35. 根据权利要求 1~19 中任一权利要求所述的一种模壳构件，其特征在于至少两个以上模壳构件通过挑板（7）连接构成成组组件，模壳构件之间构成内肋模腔（23），或者模壳构件上设置有搬运件（9）。

36. 根据权利要求 35 所述的一种模壳构件，其特征在于所述的内肋模腔（23）内设置有固定或活动的撑拉件（24）。

37. 根据权利要求 35 所述的一种模壳构件，其特征在于挑板（7）或内肋模腔（23）上设置有箍筋（25）。

38. 根据权利要求 35 所述的一种模壳构件，其特征在于挑板（7）或内肋模腔（23）上设置有肋筋定位的定位构件（26）。

39. 根据权利要求 35 所述的一种模壳构件，其特征在于挑板（7）或内肋模腔（23）上设置有提高现浇砼与挑板（7）或内肋模腔（23）结合力或抗剪力的粗糙、划毛、凹凸、折形筋、波形筋、直筋或者弯筋中的至少一种。

40. 根据权利要求 1~19 中任一权利要求所述的一种模壳构件，其特征在于下底板（3）为水泥砂浆、砼、轻质砼、聚合物砼或者聚合物砂浆的下底，上板（1）或周围侧壁（2）为水泥纤维、水泥纤维网、水泥钢筋网、水泥钢丝网、砼板、木胶板、竹胶板、塑料或者金属压型板。

41. 根据权利要求 20 所述的一种模壳构件，其特征在于上板（1）或周围侧壁（2）均叠合有叠合层（8）。

42. 根据权利要求 41 所述的一种模壳构件，其特征在于上板（1）、周围侧壁（2）或者下底板（3）中的至少一个与叠合层（8）为一体成型的整体。

43. 根据权利要求 41 所述的一种模壳构件，其特征在于上板（1）、周围侧壁（2）或者下底板（3）彼此之间部分或全部通过叠合层（8）相互连接围合成空腔体。

44. 根据权利要求 20 所述的一种模壳构件，其特征在于周围侧壁（2）与下底板（3）彼此之间部分或全部通过叠合层（8）相互连接围合成空腔体。”

针对本专利权，肖国友（下称请求人）于 2007 年 6 月 4 日向专利复审委员会提出无效宣告请求，认为本专利权利要求 1~44 不符合专利法第 22 条第 2 款、第 3 款的规定，请求人同时提交了如下附件：

附件 1：专利号为 93206310. 1 的中国实用新型专利说明书，授权公告日为 1994 年 4 月 6 日；

附件 2：专利号为 99249799. X 的中国实用新型专利说明书，授权公告日为 2000 年 10 月 18 日；

附件 3：申请号为 93111189. 7 的中国发明专利申请公开说明书，公开日为 1993 年 12 月 15 日。

请求人认为，权利要求 1 分别相对于附件 1、2 不具有新颖性和创造性；权利要求 2 的附加技术特征对本领域技术人员来说无需花费创造性劳动，无创造性；权利要求 3 的附加技术特征被附件 2 公开，权利要求 3 相对于附件 2 无创造性；权利要求 4 的附加技术对本领域技术人员来说无需花费创造性劳动，无创造性；权利要求 5 的附加技术特征被附件 1 或 2 公开，权利要求 5 相对于附件 1、2 无创造性；权利要求 6 的附加技术特征没有作用，相对于附件 2 无创造性；权利要求 7 的附加技术特征被附件 2 公开，权利要求 7 相对于附件 2 无创造性；权利要求 8 的附加技术特征中内侧的方案被附件 2 公开，外侧的方案与内侧的等同，权利要求 8 无创造性；权利要求 9 的附加技术特征被附件 3 公开，权利要求 9 相对于附件 2 和 3 不具有创造性；权利要求 10~44 的附加技术特征为公知常识，在所引用的权利要求不具有创造性的前提下也不具有创造性。

经形式审查合格，专利复审委员会依法受理了上述无效宣告请求，并于 2007 年 6 月 4 日向请求人和专利权人发出无效宣告请求受理通知书，同时将专利权无效宣告请求书及其附件清单中所列附件的副本转送给专利权人，并要求专利权人在指定的期限内陈述意见。

专利权人期满没有答复。

专利复审委员会依法成立合议组对本案进行审查。本案合议组于 2007 年 9 月 11 日向双方发出无效宣告请求口头审理通知书，定于 2007 年 11 月 15 日在专利复审委员会举行口头审理。

口头审理如期举行，双方当事人均参加了口头审理。

在口头审理中，（1）请求人明确其无效的理由、证据、范围以及证据的使用情况为：权利要求 1 相对于附件 1 或 2 不具有新颖性。权利要求 1~5、7~9、11~13、15~17、23~26、40 不符合创造性的规定，具体评述方式为：权利要求 1 相对于附件 1 或 2 不具有创造性，权利要求 2 相对于附件 1 或 2 不具有创造性，权利要求 3 相对于附件 2 或附件 1、2 的结合不具有创造性，权利要求 4 相对于附件

2 不具有创造性，权利要求 5 相对于附件 1 或 2 不具有创造性，权利要求 7 相对于附件 2 不具有创造性，权利要求 8 相对于附件 1 或 2 不具有创造性，权利要求 9、11~13 相对于附件 1、3 的结合或附件 2、3 的结合不具有创造性，权利要求 15~17 的附加技术特征是容易想到的，在附件 2、3 中都有体现，权利要求 23 相对于附件 1 或 2 不具有创造性，权利要求 24 中的倒角、阴角、阳角的方案相对于附件 2 中弧角的方案容易想到，权利要求 25 中的倒角、阴角的方案相对于附件 2 容易想到，权利要求 26 中的加劲肋和加强筋的方案容易想到，权利要求 24~26 中未涉及的方案均放弃对其的无效请求，权利要求 40 的附加技术特征基于附件 1 或 2 容易想到。请求人明确表示没有其他的无效理由、证据、范围和证据组合形式。(2) 专利权人对附件 1~3 的真实性没有异议。(3) 专利权人认为请求人关于权利要求 2、4、11~13、15~17、23~26、40 的无效理由在提无效请求时没有具体评述或改变了证据组合方式，这些权利要求的无效理由应该不予考虑。在此基础上，合议组对本案进行了审查，充分听取了双方当事人的意见。

至此，合议组认为本案事实已经清楚，可以作出审查决定。

二、决定的理由

1. 关于证据和现有技术

请求人提交的证据包括附件 1~3，专利权人对附件 1~3 的真实性没有异议，合议组经审查对此予以确认。同时由于附件 1~3 为公开出版物，且其公开日期均在本专利的申请日前，因此附件 1~3 可以作为本专利的现有技术使用。

2. 关于请求人无效宣告请求的理由、证据和范围

专利权人在口头审理当庭主张，请求人关于权利要求 2、4、11~13、15~7、23~26、40 的无效理由在提无效请求时没有具体评述或改变了证据组合方式，这些权利要求的无效理由应该不予考虑。合议组经审查后认为，请求人在提出无效宣告请求时提出的无效理由包括专利法第 22 条第 3 款，其涉及的权利要求为 1~44，依据的证据为附件 1~3，并且能够得出附件 1 或 2 为最接近的现有技术，附件 3 公开了有关增强物方面的特征，并认为权利要求 10~44 增加或限定的技术特征为公知常识。因此专利权人实际上已经知道使用附件 2 评述权利要求 2、4 创造性的方式及使用附件 1、2 及公知常识来评价权利要求 23~26、40，而权利要求 11~13、15~17 都是有关增强物方面的技术特征，请求人也举出了附件 3 公开了相关的特征，因此专利权人实际上也已经知道使用附件 2、3 及公知常识评述权利要求 11~13、15~17 创造性的方式。因此合议组对权利要求 2、4、11~13、15~17、23~26、40 不符合创造性的无效理由予以考虑。

3. 关于本专利的创造性

专利法第 22 条第 3 款规定，创造性，是指同申请日以前已有的技术相比，该发明有突出的实质性特点和显著的进步，该实用新型有实质性特点和进步。

在判断一项权利要求是否具备创造性时，首先要将权利要求所述的技术方案和最接近的现有技术进行特征对比分析，如果该权利要求与最接近的现有技术对比存在区别技术特征，并且该区别技术特征能够解决该最接近的现有技术中存在的某一技术问题，则应进一步考察对于所属技术领域的普通技术人员而言，在最接近的现有技术的基础上引入上述区别技术特征来解决所述技术问题从而获得权利要求所要保护的技术方案是否显而易见，如果是，则该权利要求不具备创造性，反之，则具备创造性。

(1) 权利要求 1。

附件 2 公开了一种现浇钢筋砼填充用纤维增强型薄壁盒，其具有带有封口 3 的薄壁盒 1，薄壁盒 1 内设置加强肋 2（参见附件 2 图 3）。附件 2 中的薄壁盒 1 即相当于权利要求 1 中的下底板、周围侧

壁，加强肋就相当于权利要求 1 中的加劲板，二者只是名称上的不同，但所起作用相同，封口就相当于权利要求 1 中的上板。权利要求 1 与附件 2 相比，区别在于：①加劲肋板是预制的，②预制加劲肋板与基层叠合成整体。合议组认为，关于区别①，在建筑领域，构件的制造方式无非两种，即预制和现场制作，预制的优点在于制作容易、生产效率高、成本低，缺点则是构件间的结合强度相对较低，而现场制作的优点则是整体性好、强度高，缺点则是费时费工、成本高。显然这两种方式各有利弊，本领域技术人员根据实际需要，容易想到将加强肋采用权利要求 1 中的预制方式制造。关于区别②，合议组认为，本专利权利要求 1 中叠合的目的就是使加劲肋板与模壳构件结合得更好，增强加劲肋板的加劲效果，从而增强整个结构的强度。显然，附件 2 中设置加强肋的目的就是提高模壳的强度，因此，本领域技术人员自然也容易想到将加劲肋与薄壁盒形成一体，从而提高结构强度。因此，本领域技术人员在附件 2 的基础上，容易得出权利要求 1 的技术方案，该权利要求不具有创造性。

由于权利要求 1 无创造性，应予无效，因此请求人关于权利要求 1 的其他无效理由，合议组不再评述。

（2）权利要求 2。

权利要求 2 限定了两个方案，即权利要求 2. 1 的附加技术特征为预制加劲肋板为复合加劲肋板，权利要求 2. 2 的附加技术特征为预制加劲肋板为空心加劲肋板。附件 2 说明书第 2 页倒数最后两行公开了加强肋可由胎体和胶结材料复合而成的技术方案，因此权利要求 2. 1 中的预制加劲肋板为复合加劲肋板的方案已经被公开，在其所引用的权利要求 1 不具有创造性的前提下，权利要求 2. 1 也不具有创造性。至于权利要求 2. 2，附件 2 中未公开空心加劲肋板的特征，而附件 1 公开了一种模壳构件，该模壳构件由上底、下底、侧壁构成全封闭空腹多面体结构，模壳体内设加强肋，但附件 1 中也没有公开加强肋的是空心肋板的特征。因此，附件 1、2 中均没有公开权利要求 2. 2 的附加技术特征。虽然请求人主张空心肋板是容易想到的，并认为本专利说明书第 2 页中关于复合加劲肋板和空心加劲肋板的效果有着相同的描述，但合议组认为，没有证据证明空心加劲肋板是容易想到的，并且效果相同也不是判断权利要求创造性的充分条件，因此，请求人关于权利要求 2. 2 不具有创造性的主张不能成立。

（3）权利要求 3。

请求人主张权利要求 3 相对于附件 2 或附件 1、2 的结合不具有创造性的具体理由是：附件 2 中的胎体结构公开了权利要求 3 的附加技术特征“预制加劲肋板（4）为夹有轻质材料（5）的复合加劲肋板”。合议组认为，本专利中的轻质材料在说明书第 2 页中记载“可为泡沫塑料、膨胀珍珠岩、膨胀蛭石、发泡或加气轻质砼、岩棉、玻璃棉、陶粒或陶粒砼等”，其效果是在不影响强度的情况下使模壳构件更轻，同时保温、隔热、隔音性能更好。而附件 2 中的胎体则为“玻璃纤维或碳纤维或有机纤维或无纺布或纤维编织物”，该胎体与水泥类的胶结材料多层粘接在一起，因此胎体在附件 2 中起的是增加结构强度的作用，与本专利中的轻质材料的作用不同，同时本专利说明书中所列举的轻质材料与附件 2 中的胎体材料也并不相同，因此，请求人主张附件 2 中的胎体结构公开了本专利权利要求 3 的附加技术特征并进而主张权利要求 3 不具有创造性的理由不能成立。

（4）权利要求 4。

请求人主张权利要求 4 的附加技术特征中限定的加劲肋板的截面形式相对于附件 2 中公开的十字形的肋板布置形式是容易想到的。合议组认为，附件 2 图 3 中公开十字形肋板指的是肋板的布置形式，即交叉设置的肋板，而不是肋板的截面形式，其截面形式仍就是矩形的。虽然请求人主张权利要求 4 中限定的截面形式都是可以想到的，但合议组认为，肋板截面的常规形式是如附件 2 中的矩形截面，而不是权利要求 4 中所限定的这些截面形式，在没有证据支持的情况下，合议组对请求人的上述主张不予支持。即请求人主张权利要求 4 不具有创造性的理由不能成立。

（5）权利要求 5。

专利权人认为权利要求 5 的创造性基于权利要求 1 的创造性存在而存在。合议组经审查后认为，附件 2 图 2 中公开了加劲肋呈平行设置的方案，图 3 中公开了加劲肋呈正交设置的方案，由此斜交设置的方案也是由正交设置的方案容易想到的。因此，在权利要求 5 引用的权利要求 1 不具有创造性的前提下，该权利要求也不具有创造性。

（6）权利要求 7。

专利权人认为权利要求 7 的创造性基于权利要求 1 的创造性存在而存在。合议组经审查后认为，附件 2 说明书第 2 页倒数 7、8 行公开了薄壁盒由胎体和胶结材料复合而成，倒数 1、2 行公开了加强肋或封口可由胎体和胶结材料复合或单一结构材料构成而成，因此公开了权利要求 7 中加劲肋板与基层材料材质相同或不同的特征。由此，在权利要求 1 不具有创造性的前提下，权利要求 7 不具有创造性。

（7）权利要求 8。

专利权人认为权利要求 8 的创造性基于权利要求 1 的创造性存在而存在。合议组经审查后认为，附件 1 或 2 中公开的加劲肋都位于模壳内部，因此公开了权利要求 7 中加劲肋板位于基层内侧的特征，由此，含有该特征的权利要求 8.1 不具有创造性。而加劲肋板位于基层外侧的特征，在附件 1、2 中均没有公开，同时根据本专利说明书的记载，露出的预制加劲肋板和现浇砼相结合，能使楼盖的整体性能和力学性能更好，因此该特征相对于附件 1、2 非显而易见，并能带来有益效果，含有该特征的权利要求 8.2 相对于附件 1、2 具有创造性。

（8）权利要求 9。

请求人主张附件 3 公开了权利要求 9 的附加技术特征。专利权人认为权利要求 9 的创造性基于权利要求 1 的创造性存在而存在。

合议组经审查后认为，附件 3 公开了一种玻璃纤维增强水泥烟气道的制作方法，该烟道的底板和侧板的制作是先预制成一个平板，然后再将两侧模板和侧板一同向上翻起至与底模板成 90 度并用固定杆固定，而板的预制方式则是在模板上浇注一层水泥砂浆，然后铺上一层玻璃纤维网格布，再浇注一层水泥砂浆，再铺上一层玻璃纤维网格布，其各板的断面可以为两浆一网、三浆两网、四浆三网等（参见附件 3 实施例及说明书附图）。根据附件 3 中公开的方案，玻璃纤维网格布就相当于权利要求 9 中的增强物，其从底板中伸入侧板中与水泥砂浆粘接在一起，从而达到锚固的效果。由此，权利要求 9 的附加技术特征被附件 3 公开。附件 3 的发明主题虽然涉及烟道，但其中涉及烟道的制作工艺仍是建筑上的施工手段，因此，建筑施工人员能够从附件 3 的方案中得到启示，结合附件 2 所公开的内容，得出权利要求 9 的技术方案。因此，在其引用的权利要求 1 不具有创造性的前提下，权利要求 9 相对于附件 2、3 的结合不具有创造性。

（9）权利要求 11。

权利要求 11 引用权利要求 9 进一步限定了锚固的方式为焊接、绑扎、铆接、螺丝连接或者挂勾成一体，这些连接方式都是常用的，由附件 3 中粘接的锚固方式容易想到。因此，权利要求 11 在其所引用的权利要求 9 不具有创造性的前提下，也不具有创造性。

（10）权利要求 12、13。

专利权人认为权利要求 12、13 的创造性基于权利要求 1 的创造性存在而存在。权利要求 12、13 分别引用权利要求 9 对增强物的布置方式进行了进一步的限定。合议组经审查后认为，无论是将增强物从下底板伸入周围侧壁还是将增强物从周围侧壁伸入下底板，都是从附件 3 的方案中容易想到的，在其所引用的权利要求9不具有创造性的前提下，权利要求12、13也不具有创造性。

（11）权利要求15。

权利要求15引用权利要求9限定了增强物为“带状或筋状或丝状或网状的增强物”，附件3中公开的增强物是玻璃纤维网格布，即公开了网状增强物的特征，而权利要求15中的其他形状“带状或筋状或丝状”也都是容易想到的，在权利要求9不具有创造性的前提下，权利要求15也不具有创造性。

（12）权利要求16、17。

权利要求16、17引用权利要求15对增强物进行了进一步的限定，合议组认为，这些附加技术特征都是本领域常用的，在所引用的权利要求不具有创造性的前提下，权利要求16、17也不具有创造性。

（13）权利要求23。

权利要求23的附加技术特征对模壳构件的剖面形状作了进一步限定，附件2中公开了矩形的模壳结构，由此也容易想到权利要求23中的其他模壳形式，在其引用的权利要求不具有创造性的前提下，该权利要求也不具有创造性。

（14）权利要求24。

请求人请求无效的方案涉及权利要求中含有倒角或阴角或阳角的三个技术方案。合议组经审查后认为，附件2中公开了模壳的侧壁与底板间为曲面的弧角过渡，由此，采用平面的倒角过渡也是容易想到的。而阴角、阳角在附件1、2中均没有公开，也没有给出设置这些结构的启示，根据说明书中的记载，这些结构可形成局部的现浇砼加强构造，因此能带来有益效果。所以，权利要求24中含有倒角的技术方案在其所引用的技术方案不具有创造性的前提下，该方案也不具有创造性。权利要求24中含有阴角、阳角的技术方案相对于附件1、2具有创造性。

（15）权利要求25。

权利要求25引用权利要求24，请求人请求无效的方案涉及权利要求中含有倒角或阴角的两个技术方案，根据前面的论述，权利要求24中含有阴角的技术方案相对于附件1、2具有创造性，因此，仅剩权利要求中含有倒角的技术方案。附件2图3中公开了弧角平行设置的方案，至于正交、斜交、立交的设置方式，则取决于该结构设置在模壳的哪条边上以及模壳的外形，而这些都是容易想到的，因此权利要求25中含有倒角的技术方案在其引用的权利要求不具有创造性的前提下也不具有创造性，权利要求25中含有阴角的技术方案相对于附件1、2具有创造性。

（16）权利要求26。

权利要求26择一引用权利要求1~19，请求人请求无效的方案涉及权利要求中含有加劲肋或加强筋的技术方案，放弃对权利要求中含有加劲杆技术方案的无效请求。合议组认为，附件1、2中均只公开了加劲肋的方案，参见前文关于权利要求1的评述，现浇或预制都是本领域常见的施工手段，因此，权利要求26中含有加劲肋的方案在其所引用的技术方案不具有创造性的前提下，也不具有创造性。附件1、2中并未公开加强筋的技术特征，该特征相对于附件1、2是非显而易见的，且能带来加强结构强度的有益效果，因此，权利要求26中含有加强筋的方案相对于附件1、2具有创造性。

（17）权利要求40。

权利要求40择一引用权利要求1~19对下底板、上板及周围侧壁的材料进行了进一步的限定。附件1中公开了模壳构件采用快硬水泥抗碱玻璃纤维或氯化镁GRC复合材料或无砂陶粒水泥制造，附件2中公开了模壳为纤维类材料构成的胎体与水泥类材料构的胶结材料复合而成，权利要求40中限定的材料都是由此容易想到的常规材料，本领域技术人员根据实际需要会进行选择。因此，在权利要求 40 所引用的权利要求的技术方案不具有创造性的前提下，该权利要求的方案也不具有创造性。

根据上述的事实和理由，本案合议组依法做出以下决定。

三、决定

宣告 200310100984.2 号发明专利权的下列权利要求无效：

权利要求 1、5、7、9、11~13、15~17，

权利要求 2 中含有复合加劲肋板特征的方案，

权利要求 8 中含有内侧特征的方案，

权利要求 23、40 的方案，并在引用上述第 1~3 项方案时，

权利要求 24 中含有倒角特征的方案，并在引用上述第 1~3 项方案时，

权利要求 25 中含有倒角特征的方案，并在引用上述第 5 项方案时，

权利要求 26 中含有现浇加劲肋的方案，并在引用上述第 1~3 项方案时，

在剩余的权利要求技术方案的基础上维持该专利权继续有效。

当事人对本决定不服的，可以根据专利法第 46 条第 2 款的规定，自收到本决定之日起三个月内向北京市第一中级人民法院起诉。根据该款的规定，一方当事人起诉后，另一方当事人应当作为第三人参加诉讼。

066

用于标志牌的组合端扣

无效宣告请求审查决定（第 11356 号）

决　定　号　第 11356 号
决　定　日　2008 年 4 月 6 日
发明创造名称　用于标志牌的组合端扣
国 际 分 类 号　G09F 7/02
无效宣告请求人　伍　松
专　利　权　人　郑华明
申　请　号　03225816. X
申　请　日　2003 年 4 月 29 日
授 权 公 告 日　2004 年 5 月 26 日
合 议 组 组 长　钱　芸
主　审　员　张　莹
参　审　员　杜　宇

法 律 依 据　专利法第 22 条第 3 款，专利法实施细则第 20 条第 1 款
决 定 要 点

如果现有技术中没有给出某种技术启示，将权利要求与最接近现有技术的区别技术特征应用到该最接近的现有技术中，以解决该权利要求所能解决的技术问题，那么该权利要求所请求保护的技术方案是非显而易见的，具有实质性特点和进步。

一、案由

本无效宣告请求涉及中华人民共和国国家知识产权局于 2004 年 5 月 26 日授权公告的、名称为“用于标志牌的组合端扣”的实用新型专利权（下称本专利），其申请号是 03225816. X，申请日是 2003 年 4 月 29 日，专利权人是郑华明。该专利授权公告时的权利要求书如下：

“1. 一种用于标志牌的组合端扣，包括边轨端盖（31）、封条（33）和弹夹扣底板（41），其特征在于：在所述封条（33）的一侧设置有卡位榫件（32），在所述弹夹扣底板（41）的一个边上设置相应的卡位槽（42），所述卡位榫件（32）嵌入卡位槽（42）后，使边轨端盖（31）、封条（33）和弹夹扣底板（41）成为一个整体。

2. 根据权利要求 1 所述用于标志牌的组合端扣，其特征在于：所述卡位榫件（32）和卡位槽（42）的形状包括：倒梯形和大半圆形。

3. 根据权利要求 1 所述的用于标志牌的组合端扣，其特征在于：所述弹夹扣底板（41）之上设

置有定位扣脚（43）。

4. 根据权利要求 1 所述的用于标志牌的组合端扣，其特征在于：所述卡位榫件（32）和边轨端盖（31）、封条（33）一体成型制造。”

针对本专利权，伍松（下称请求人）于 2007 年 5 月 31 日向专利复审委员会提出无效宣告请求，认为本专利不符合专利法第 22 条第 3 款、专利法实施细则第 2 条第 2 款、专利法实施细则第 20 条第 1 款的规定，同时请求人提交了如下附件作为证据：

附件 1（下称证据 1）：授权公告号为 CN2347227Y、授权公告日为 1999 年 11 月 3 日的中国实用新型专利说明书，共 9 页；

附件 2（下称证据 2）：授权公告号为 CN2336436Y、授权公告日为 1999 年 9 月 1 日的中国实用新型专利说明书，共 16 页；

附件 3（下称证据 3）：公告号为 CN3202560Y、公告日为 2001 年 10 月 3 日的中国外观设计专利文献，共 4 页；

附件 4（下称证据 4）：公开号为特开 2002-221908A、公开日为 2002 年 8 月 9 日的日本公开特许公报专利说明书，共 9 页；

附件 5（下称证据 5）：1978 年 12 月第 1 版、1979 年 6 月第 7 次印刷的《现代汉语词典》的封面、第 1902 页及含出版信息的封底复印件，共 3 页；

附件 6（下称证据 6）：授权公告号为 CN2295253Y、授权公告日为 1998 年 10 月 21 日的中国实用新型专利说明书，共 6 页。

请求人在意见陈述书中认为：

（1）权利要求 1~4 相对于证据 1 或者证据 1 分别与证据 4、5、6 的结合不具备创造性，不符合专利法第 22 条第 3 款的规定；（2）权利要求 1~4 相对于证据 2 与证据 4、5、6 的结合不具备创造性，不符合专利法第 22 条第 3 款的规定；（3）权利要求 1~4 相对于证据 3 与证据 4、5、6 的结合不具备创造性，不符合专利法第 22 条第 3 款的规定；（4）权利要求 3 和 4 不符合专利法实施细则第 20 条第 1 款的规定；（5）权利要求 4 不符合专利法实施细则第 2 条第 2 款的规定。

请求人于 2007 年 6 月 22 日又向专利复审委员会提交了补充文件，即：证据 4 的中文译文（下称证据 4′），共 8 页。

经形式审查合格，专利复审委员会依法受理了上述无效宣告请求，并于 2007 年 7 月 20 日向请求人和专利权人发出无效宣告请求受理通知书，同时将专利权无效宣告请求书及其证据清单中所列证据的副本及上述证据 4′转送给专利权人，并要求专利权人在指定的期限内答复。

专利权人没有在指定的期限内作出答复。

专利复审委员会依法成立合议组，于 2007 年 12 月 29 日向双方当事人发出口头审理通知书，定于 2008 年 2 月 26 日举行口头审理。

口头审理如期举行，双方当事人均参加了口头审理。双方当事人对合议组无回避请求，并对对方出庭人员的身份和资格无异议，专利权人对请求人提交的所有证据的真实性、对于证据 4′的准确性均无异议。

请求人当庭明确放弃权利要求 4 不符合专利法实施细则第 2 条第 2 款规定的无效理由，并当庭明确其他无效理由与其无效宣告请求书中的完全相同。

双方当事人就权利要求 1~4 是否具备创造性以及权利要求 3 是否符合专利法实施细则第 20 条第 1 款的规定充分发表了意见。

至此，合议组认为本案事实已经清楚，现依法作出审查决定。

二、决定的理由

1. 关于证据

由于专利权人明确表示对证据1~6的真实性和对证据4′的准确性没有异议，并且合议组没有发现其他影响其真实性的瑕疵，因此对证据1~6的真实性和证据4′的准确性予以认可。由于证据1~6的公开（公告）日均早于本专利的申请日，因此可以作为现有技术来评价本专利的创造性。

2. 无效理由的认定

由于在口头审理中，请求人当庭明确放弃权利要求4不符合专利法实施细则第2条第2款的规定的无效理由，故请求人针对本专利所提出的全部无效理由和范围为：权利要求1~4相对于证据1或者证据1分别与证据4、5、6的结合不具备创造性，不符合专利法第22条第3款的规定；权利要求1~4相对于证据2分别与证据4、5、6的结合不具备创造性，不符合专利法第22条第3款的规定；权利要求1~4相对于证据3分别与证据4、5、6的结合不具备创造性，不符合专利法第22条第3款的规定；权利要求3和4不符合专利法实施细则第20条第1款的规定。

3. 关于专利法实施细则第20条第1款

专利法实施细则第20条第1款规定“权利要求书应当说明发明或者实用新型的技术特征，清楚、简要地表述请求保护范围”。

审查指南第二部分第二章第3.2.2节规定：“每项权利要求所确定的保护范围应当清楚。权利要求的保护范围应当根据其所用词语的含义来理解。一般情况下，权利要求中的用词应当理解为相关技术领域通常具有的含义。”

请求人认为，权利要求3由于未清楚地说明定位扣脚的形状、结构、数量及在弹夹扣底板上的布局方式，因而不明确其保护的范围，即不符合专利法实施细则第20条第1款规定。权利要求4进一步限定其制造方法，因此亦不符合专利法实施细则第20条第1款的规定。

对此，合议组认为，权利要求3是权利要求1的从属权利要求，其附加技术特征是“所述弹夹扣底板（41）之上设置有定位扣脚（43）”，这属于一种结构的限定，权利要求3附加技术特征这种限定方式限定了一个比较宽的保护范围，即其附加技术特征的含义是只要在弹夹扣底板上设置有定位扣脚就属于该权利要求的附加技术特征所限定的保护范围，因此权利要求3中的结构限定是清楚的。另外，权利要求3的附加技术特征的用词亦没有不清楚之处，因此，权利要求3整体已经构成了一个清楚的技术方案，其保护范围也是清楚的。

对于权利要求4，所引用的权利要求3的保护范围是清楚的，其附加技术特征本身的描述没有不清楚之处，因此，权利要求4的整体也构成了一个清楚的技术方案。

因此，权利要求3、4均符合专利法实施细则第20条第1款的规定。

4. 关于专利法第22条第3款

专利法第22条第3款规定：“创造性，是指同申请日以前已有的技术相比，该发明具有突出的实质性特点和显著的进步，该实用新型具有实质性特点和进步。

如果现有技术中没有给出某种技术启示，将权利要求与最接近现有技术的区别技术特征应用到该最接近的现有技术中，以解决该权利要求所能解决的技术问题，那么该权利要求所请求保护的技术方案是非显而易见的，具有实质性特点和进步。

（1）关于权利要求1的创造性。

权利要求1采用的技术方案为：一种用于标志牌的组合端扣，包括边轨端盖、封条和弹夹扣底板，其特征在于：在所述封条的一侧设置有卡位榫件，在所述弹夹扣底板的一个边上设置相应的卡位槽，所述卡位榫件嵌入卡位槽后，使边轨端盖、封条和弹夹扣底板成为一个整体。

①权利要求1相对于证据1、证据1分别结合证据4至6具有创造性。

证据1公开了一种大楼标示牌，具体公开了以下技术特征（参见说明书具体实施方式部分以及附图1、2）：大楼标示牌包括壁槽1、双道连扣2、边横框3、中横框4、侧封盖6以及上下封盖7等组合而成。其中，双道连扣2是由一段短柱21连接两片滑板22、23而成，两片滑板22、23分别滑动设置在壁槽1和边横框3、中横框4的滑道12、33、45中。上下封盖7为与边横框3的外型相配合的盖子，上下封盖上对应壁槽1的三个槽道形成三个凸块71、72、73。

请求人认为，证据1中的大楼标示牌相当于本专利权利要求1的标志牌组合端口，证据1中的双道连扣相当于本专利权利要求1的弹夹扣底板，证据1中的上下封盖相当于本专利权利要求1的边轨端盖和封条，证据1中上下封盖上对应壁槽的三个槽道形成三个凸块71、72、73相当于本专利权利要求1的卡位榫件。

合议组将权利要求1与证据1进行比较可知，权利要求1的组合端扣，包括边轨端盖、封条和弹夹扣底板，在所述封条的一侧设置有卡位榫件，在所述弹夹扣底板的一个边上设置相应的卡位槽，所述卡位榫件嵌入卡位槽后，使边轨端盖、封条和弹夹扣底板成为一个整体；而证据1中大楼标示牌包括壁槽1、双道连扣2、边横框3、中横框4、侧封盖6以及上下封盖7等部分，其中，由一段短柱连接两片滑板所形成的双道连扣的两片滑板分别滑动设置在壁槽和边横框、中横框的三个滑道中，在上下封盖上形成有三个凸块71、72、73。由于这三个凸块是在对应壁槽的在三个槽道处形成的，而且上下封盖上也没有设置用于容纳这三个凸块的槽，因此在证据1中，双道连扣上没有设置与上下封盖上的三个凸块相应的卡位槽，并且，上下封盖上的三个凸块是嵌入壁槽的三个槽道中，而不是嵌入双道连扣中，而当三个凸块嵌入壁槽的槽道时，上下封盖、双道连扣仍然是分离的，没有成为一个整体。

因此，证据1中的大楼标示牌与本专利权利要求1的标志牌组合端口的差异较大，两者不具有可比性，本领域技术人员从证据1中无法得到能够与权利要求1一一对应的技术特征。

将本专利权利要求1与上述证据1相比，其区别技术特征在于：（a）组合端扣包括边轨端盖、封条和弹夹扣底板，（b）在所述封条的一侧设置有卡位榫件，（c）在所述弹夹扣底板的一个边上设置相应的卡位槽，（d）所述卡位榫件嵌入卡位槽后，使边轨端盖、封条和弹夹扣底板成为一个整体。

本专利权利要求1所请求保护的技术方案相对于证据1所实际解决的技术问题是，将弹夹扣底板和带有边轨端盖的封条通过卡位槽连接，以便在需要更换不同边轨端盖时，只需保证各需更换的边轨上的卡位榫件相一致，而无需再为弹夹扣底板开模，从而降低生产成本。

证据4公开了一种用于标识价格的组合式的价格表示器具，具体公开了以下技术特征（参见证据4′说明书第0021段至第0038段以及附图6）：该价格显示装置中利用平板4上的中央位置插入突起形成突片7，该突片7插入显示主体2的凹面3周边的系止穴5和系止槽6内，以将平板4装在显示主体2上，使两者相互连接起来。

证据5是《现代汉语词典》，第1092页记载了榫的解释，“榫，榫头；竹、木、石制器物或构件上利用凹凸方式相接处凸出的部分。”

证据6公开了一种可旋转脱卸式组合指示牌，具体公开了以下技术特征（参见说明书第2页具体实施例部份和附图1）：该指示牌由凸型燕尾槽基块及其面上的显示纸、透明盖板所组成，在凸型燕尾槽基块的反面槽内可插入凹型燕尾槽插肖头，可以根据需要将凸型燕尾槽连接肖插入凸型燕尾槽基块的槽内将其组合。

由此可知，证据4至6都没有公开权利要求1与证据1的区别技术特征（a）、（b），由于本专利权利要求1所请求保护的方案所实际解决的技术问题是，将弹夹扣底板和带有边轨端盖的封条通过卡位槽连接，以便在需要更换不同边轨端盖时，只需保证边轨上的卡位榫件一致，而无需再为弹夹扣底板开模，从而降低生产成本，而在证据 1 中，双道连扣上没有设置与上下封盖上的三个凸块相应的卡位槽，并且，上下封盖上的三个凸块是嵌入壁槽的三个槽道中，而不是嵌入双道连扣中，而当三个凸块嵌入壁槽的槽道时，上下封盖、双道连扣仍然是分离的，没有成为一个整体。证据 4、6 分别公开了一种通过凹凸结构将不同的两个部件相连接的标志组合结构，证据 5 是字典中有关“榫”的解释，证据 4 至 6 都不具有括边轨端盖、封条、弹夹扣底板这些技术特征，因此本领域技术人员无法容易地联想到，将证据 4、5、6 中描述的这种凹凸结构应用于证据 1 所公开的大楼标示牌中，在双道连扣的与上下封盖 7 上的三个凸块 71、72、73 相应的边上设置卡位槽，以使三个凸块 71、72、73 嵌入双道连扣的卡位槽后，使上下翻盖和双道连扣成为一个整体。实际上，证据 1、4、5、6 均未给出这样的技术启示。而且，将这种凹凸结构运用在标示牌组合端口的边轨端盖和弹夹扣底板上将其连接也不属于公知常识，即本领域技术人员在现有技术的基础上必须付出创造性劳动才能得到本专利权利要求 1 的技术方案，因此，权利要求 1 所请求保护的技术方案相对于证据 1、以及证据 1 分别结合证据 4、5、6 不是显而易见的，权利要求 1 具备创造性。

②权利要求 1 相对于证据 2 结合证据 4~6 具有创造性。

证据 2 公开了一种广告板，具体公开了以下技术特征（参见说明书第 4 页至第 5 页，以及附图 1、2、6）：广告板包括一上框条（标记 10）、一下框条（标记 20）、一组接条（标记 30）、二侧框条 40（标记 40），四连接块（标记 50）、数隔框条（标记 60）、数灯箱（标记 70），二压板（标记 80）。二侧框条（标记 40）内侧边两端各延伸一凸唇（标记 41），凸唇构成组攘槽（标记 42），于中央形成一长槽孔（标记 43），并与外侧边适当处设置数穿孔（标记 44），侧框条两侧并分别延伸形成插槽（标记 45）；灯箱为一呈四边形框架，两侧边内面各自形成一插槽（标记 71），可在插槽内插组压克力板（标记 72）。

请求人认为，证据 2 中广告板相当于本专利权利要求 1 的标志牌组合端扣，其侧框条相当于本专利权利要求 1 的边轨端盖、封条。

将权利要求 1 与证据 2 进行比较：权利要求 1 的组合端扣，包括边轨端盖、封条和弹夹扣底板，在所述封条的一侧设置有卡位榫件，在所述弹夹扣底板的一个边上设置相应的卡位槽，所述卡位榫件嵌入卡位槽后，使边轨端盖、封条和弹夹扣底板成为一个整体；而证据 2 中广告板所包括的部件，如上框条、下框条、接条、侧框条，连接块、隔框条、灯箱，压板其结构与功能都不能与弹夹扣底板相对应，证据 2 中广告板的侧框条上亦没有设置卡位榫件，也没有公开对应于卡位槽，以及卡位榫件嵌入卡位槽后，使边轨端盖、封条和弹夹扣底板成为一个整体这样的特征。

因此，证据 2 中的广告板与本专利权利要求 1 的标志牌组合端扣的差异很大，两者不具有可比性，本领域技术人员无法得出“证据 2 中广告板相当于本专利权利要求 1 的标志牌组合端扣、其侧框条相当于本专利权利要求 1 的边轨端盖、封条”的结论。

将本专利权利要求 1 与证据 2 相比，可知权利要求 1 的全部技术特征均为两者的区别技术特征：（a′）本专利权利要求 1 的标志牌组合端口包括边轨端盖、封条和弹夹扣底板，（b′）在所述封条的一侧设置有卡位榫件，（c′）在所述弹夹扣底板的一个边上设置相应的卡位槽，（d′）所述卡位榫件嵌入卡位槽后，使边轨端盖、封条和弹夹扣底板成为一个整体。

由以上分析可以得到，本专利权利要求 1 所请求保护的方案相对于证据 2 所实际解决的技术问题是，将标志牌组合端口分为边轨端盖、封条和弹夹扣底板三个部分，其中与边轨端盖分离地设置了弹夹扣底板，将弹夹扣底板和带有边轨端盖的封条通过卡位槽连接，以便在需要更换不同边轨端盖时，只需保证边轨上的卡位榫件一致，而无需再为弹夹扣底板开模，从而降低生产成本。

证据4至6所公开的内容（具体内容参见上文）都没有公开权利要求1与证据2的区别技术特征（a′）、（b′）、（c′）、（d′），由于本专利权利要求1相对于证据2所请求保护的技术方案所实际解决的技术问题是：将标志牌组合端口分为边轨端盖、封条和弹夹扣底板三个部分，其中与边轨端盖分离地设置了弹夹扣底板，将弹夹扣底板和带有边轨端盖的封条通过卡位槽连接，以便在需要更换不同边轨端盖时，只需保证边轨上的卡位榫件一致，而无需再为弹夹扣底板开模，从而降低生产成本，而证据2本身与本专利权利要求1存在很大的差异，此外，证据4、6分别公开了一种通过凹凸结构将不同的两个部件相连接的标志组合结构，证据5是字典中有关“榫”的解释，证据4-6都不具有括边轨端盖、封条、弹夹扣底板这些技术特征，因此本领域技术人员无法联想到，将证据4、5、6中描述的这种凹凸结构与证据2所公开的广告板相结合。实际上，证据2、4、5、6均未给出这样的技术启示。本领域技术人员在现有技术的基础上必须付出创造性劳动才能得到本专利权利要求1的技术方案，因此，权利要求1所请求保护的技术方案相对于证据2结合证据4、5、6不是显而易见的，权利要求1具备创造性。

③权利要求1相对于证据3分别结合证据4、5、6具有创造性。

证据3是专利权人的另一项外观设计专利，公开了一种令型材固定的防盗扣的外观设计，附图中包括了俯视图、左视图、右视图、后视图、立体图和使用状态图。从左视图中可以看到该型材防盗扣包括边轨端盖和封条，从俯视图中可以明显看到弹夹扣底板。但是，无论从以上哪一副图中，都无从判断边轨端盖和封条以及弹夹扣底板是否是成为一个整体的。

将本专利权利要求1与证据3相比，可以得到权利要求1的区别技术特征在于：（a″）在所述封条的一侧设置有卡位榫件；（b″）在所述弹夹扣底板的一个边上设置相应的卡位槽；（c″）所述卡位榫件嵌入卡位槽后，使边轨端盖、封条和弹夹扣底板成为一个整体。而在证据3中，无法看到封条的一侧设置有卡位榫件，也无法看到弹夹扣底板的边上设置有卡位槽，并且无法得出“边轨端盖和封条以及弹夹扣底板是成为一个整体的”这样的特征。

由以上分析可以得到，本专利权利要求1所请求保护的方案相对于证据3所实际解决的技术问题是，随着面板和边轨的多样化，无需制造出与其匹配的多种产品，生产者只需根据不同面板和边轨更换边轨端盖，弹夹扣底板无需重新楷模，从而减少了模具的数量，降低生产成本。

证据4~6所公开的内容（具体内容参见上文）都没有公开权利要求1与证据3的区别技术特征（a″）、（b″）、（c″）、（d″），由于本专利权利要求1相对于证据3所请求保护的方案所实际解决的技术问题是随着面板和边轨的多样化，无需制造出与其匹配的多种产品，生产者只需根据不同面板和边轨更换边轨端盖，弹夹扣底板无需重新楷模，从而减少了模具的数量，降低生产成本，而在证据3中，无法判断边轨端盖和弹夹扣底板是否是一体成型制造的，无法看到封条的一侧设置有卡位榫件，也无法看到弹夹扣底板的边上设置有卡位槽。证据4、6分别公开了一种通过凹凸结构将不同的两个部件相连接的标志组合结构，证据5是字典中有关“榫”的解释，证据4-6都不具有括边轨端盖、封条、弹夹扣底板这些技术特征，因此本领域技术人员无法容易地联想到，将证据3中的边轨端盖和弹夹扣底板分离，并且将证据4、5、6中描述的这种凹凸结构应用于证据3所公开的令型材固定的防盗扣中，并将分离的边轨端盖和弹夹扣相连接。实际上，证据3、4、5、6均未给出这样的技术启示。因此，本领域技术人员在现有技术的基础上必须付出创造性劳动才能得到本专利权利要求1的技术方案，因此，权利要求1所请求保护的技术方案相对于证据3分别结合证据4、5、6不是显而易见的，权利要求1具备创造性。

基于上述分析，权利要求1相对于证据1、证据1分别与证据4、5、6的结合、证据2分别与证据4、5、6的结合、证据3分别与证据4、5、6的结合都具备创造性，因此，权利要求1符合专利法

第22条第3款的规定。

（2）权利要求2~4的创造性。

由于权利要求1具备创造性，其从属权利要求也必然具备创造性，符合专利法第22条第3款的规定。

5. 结论

综上所述，本专利权利要求3、4符合专利法实施细则第20条第1款的规定，权利要求1~4均符合专利法第22条第3款的规定。

三、决定

维持03225816. X号实用新型专利权有效。

当事人对本决定不服的，可以根据专利法第46条第2款的规定，自收到本决定之日起三个月内向北京市第一中级人民法院起诉。根据该款的规定，一方当事人起诉后，另一方当事人应当作为第三人参加诉讼。

北京市第一中级人民法院
行政判决书

（2008）一中行初字第1094号

原告伍松，男，1974年4月27日出生，汉族，广州市番禺区大石澳飞扬铝制品厂经理，住广州市东山区马棚岗6号之二602房。

委托代理人辛江，北京市广盛律师事务所律师。

被告国家知识产权局专利复审委员会，住所地北京市海淀区北四环西路9号银谷大厦10~12层。

法定代表人廖涛，副主任。

委托代理人张莹，国家知识产权局专利复审委员会审查员。

委托代理人王婧，国家知识产权局专利复审委员会审查员。

第三人郑华明，男，1983年11月18日出生，汉族，深圳市路易盖登标牌材料有限公司技术部经理，住广东省深圳市龙岗区布吉镇丽湖花园丽丰515。

委托代理人陈鸿荫，深圳市睿智专利事务所专利代理人。

委托代理人郭文姬，深圳市睿智专利事务所专利代理人。

原告伍松不服被告国家知识产权局专利复审委员会（以下简称专利复审委员会）于2008年4月6日作出的第11356号无效宣告请求审查决定（以下简称第11356号决定），于法定期限内向本院提起行政诉讼。本院于2008年7月28日受理后，依法组成合议庭，并通知郑华明作为本案第三人参加诉讼，于2008年10月10日公开开庭进行了审理。原告伍松的委托代理人辛江，被告专利复审委员会的委托代理人张莹、王婧，第三人郑华明的委托代理人郭文姬到庭参加了诉讼。本案现已审理终结。

第11356号决定系专利复审委员会于2008年4月6日针对伍松就郑华明拥有的03225816. X号实用新型专利（以下简称本专利）所提出的无效宣告请求而作出的。专利复审委员会在该决定中认定：1. 权利要求3和4符合《中华人民共和国专利法实施细则》（以下简称《专利法实施细则》）第二十条第一款的规定。2. 权利要求1~4相对于证据1、证据1分别结合证据4~6具有创造性；权利要求 1~4 相对于证据 2 结合证据 4~6 具有创造性。3. 权利要求 1~4 相对于证据 3 分别结合证据 4. 5、6 具有创造性：本专利权利要求 1 与证据 3 相比，区别技术特征在于：（a″）在所述封条的一侧设置有卡位榫件；（b″）在所述弹夹扣底板的一个边上设置相应的卡位槽；（c″）所述卡位榫件嵌入卡位槽后，使边轨端盖、封条和弹夹扣底板成为一个整体。证据 4~6 都没有公开权利要求 1 与证据 3 的区别技术特征，本专利权利要求 1 相对于证据 3 实际解决的技术问题是随着面板和边轨的多样化，无需制造出与其匹配的多种产品，生产者只需根据不同面板和边轨更换边轨端盖，弹夹扣底板无需重新楷模，从而减少了模具的数量，降低生产成本，而在证据 3 中，无法判断边轨端盖和弹夹扣底板是否是一体成型制造的，无法看到封条的一侧设置有卡位榫件，也无法看到弹夹扣底板的边上设置有卡位槽。证据 4、6 分别公开了一种通过凹凸结构将不同的两个部件相连接的标志组合结构，证据 5 是字典中有关“榫”的解释，证据 4~6 都不具有括边轨端盖、封条、弹夹扣底板这些技术特征，因此本领域技术人员无法容易地联想到，将证据 3 中的边轨端盖和弹夹扣底板分离，并且将证据 4、5、6 中描述的这种凹凸结构应用于证据 3 所公开的令型材固定的防盗扣中，并将分离的边轨端盖和弹夹扣相连接。因此，权利要求 1 相对于证据 3 分别结合证据 4、5、6 不是显而易见的，权利要求 1 具备创造性。据此，专利复审委员会作出第 11356 号决定，维持本专利权有效。

第 11356 号决定作出后，原告伍松不服，向本院提起行政诉讼，其诉称：专利复审委员会对于原告伍松在无效程序中提交证据 3 的认定与事实不符。首先，证据 3 是一种令型材固定的防盗扣的外观设计，从左视图中可以看到该型材防盗扣包括边轨端盖和封条，从俯视图中可以明显看到弹夹扣底板。在实际使用的过程中，正是将边轨端盖和封条固定在弹夹扣底板之上的，上述两者需连接到一起否则无从实现“令型材固定”的目的。其次，通过“榫件”的凹凸结构将不同的两个部件相连接是本领域的公知技术，在证据 3 已有边轨端盖、封条、弹夹扣底板这些技术特征的基础上，结合证据 4~6以榫件结构将分离的边轨端盖与封条同弹夹扣底板相连接，这样的技术方案在本领域专业技术人员看来是显而易见的。权利要求 1 的所谓“所述卡位榫件嵌入卡位槽后使边轨端盖、封条和弹夹扣底板成为一个整体”并无实质进步和创造性特征，被告对此认定明显有误，最终导致错误的结论。因此，专利复审委员会第 11356 号决定认定事实不清，适用法律不当，请求人民法院撤销第 11356 号决定，判令被告限期针对第 03225816. X 号实用新型专利重新作出无效宣告请求审查决定。

被告专利复审委员会答辩称：证据 3 是专利权人的另一项外观设计专利，其中对于边轨端盖、封条和弹夹扣底板之间如何连接并无任何文字说明，无论从其哪一副附图中，都无从判断边轨端盖和封条以及弹夹扣底板是否是成为一个整体的，无法看到封条的一侧设置有卡位榫件，也无法看到弹夹扣底板的边上设置有卡位槽，即证据 3 没有公开“封条的一侧设置有卡位榫件”及“弹夹扣底板的边上设置有卡位槽，边轨端盖和封条以及弹夹扣底板是成为一个整体的”这样的特征，证据 4-6 也均未公开上述区别特征，因此证据 3 无法与证据 4-6 分别结合破坏权利要求 1 的创造性。对于原告所称“在实际使用的过程中，正是将边轨端盖和封条固定在弹夹扣底板之上的，上述两者需连接到一起否则无从实现‘令型材固定’的目的”，由于证据 3 任一副附图中都没有明示或者文字说明，因此无从判断证据 3 中边轨端盖和封条是否固定在弹夹扣底板上。综上，第 11356 号决定认定事实清楚，适用法律法规正确，审理程序合法，请求人民法院维持该决定。

第三人郑华明述称：证据 3 正是本专利说明书背景技术部分提到的现有技术，是将边轨端盖和弹夹扣一体成型制造，没有卡位榫件和卡位槽，边轨端盖、封条和弹夹扣底板不是通过卡位榫件和卡位槽的结合而成为一个整体，因此证据 3 公开了本专利权利要求 1 前序部分的技术特征 a~c，没有公开特征部分的技术特征 d~f。证据 4 也没有公开区别技术特征 d~f，证据 4 中的突片 7 与系片沟 6 的作用与本专利权利要求 1 中的卡位榫件 32 和卡位槽 42 的作用完全不同。证据 5 只是字典上关于榫的解释，并没有公开利用卡位榫件和卡位槽结合方式使边轨端盖、封条和弹夹扣底板相连接的结构。证据6同样没有公开本专利权利要求1中的所有技术特征。本专利权利要求1将组合端盖分为边轨端盖和弹夹扣两部分，其间用卡位榫件和卡位槽组合，解决的技术问题是：当更换不同型号边轨时，只需随之更换相对应形状的边轨端盖即可，不用更换弹夹扣，边轨端盖形状相对简单，尺寸小，易于制造，降低了成本。证据3~6均未给出这种启示。将这种凹凸结构运用在标示牌组合端口的边轨端盖和弹夹扣底板上将其连接也不属于公知常识。因此权利要求1具备创造性。请求人民法院维持第11356号决定。

经审理查明：

本案涉及国家知识产权局于2004年5月26日授权公告的、名称为“用于标志牌的组合端扣”的实用新型专利（即本专利），其申请日是2003年4月29日，专利权人为郑华明，专利申请号为03225816. X。其授权公告的权利要求如下：

“1. 一种用于标志牌的组合端扣，包括边轨端盖（31）、封条（33）和弹夹扣底板（41），其特征在于：在所述封条（33）的一侧设置有卡位榫件（32），在所述弹夹扣底板（41）的一个边上设置相应的卡位槽（42），所述卡位榫件（32）嵌入卡位槽（42）后，使边轨端盖（31）、封条（33）和弹夹扣底板（41）成为一个整体。

2. 根据权利要求1所述用于标志牌的组合端扣，其特征在于：所述卡位榫件（32）和卡位槽（42）的形状包括：倒梯形和大半圆形。

3. 根据权利要求1所述的用于标志牌的组合端扣，其特征在于：所述弹夹扣底板（41）之上设置有定位扣脚（43）。

4. 根据权利要求1所述的用于标志牌的组合端扣，其特征在于：所述卡位榫件（32）和边轨端盖（31）、封条（33）一体成型制造。”

本专利说明书记载：“本申请人提出过的申请号00348887. X，名为‘型材防盗扣’的专利申请，其方案是将边轨端盖和弹夹扣一体成型制造……但由于面板和边轨规格形状的多样化，就需要制造出与其匹配的多种产品，也就需要增加多种模具，从而增加了制造成本”、“本实用新型的组合端扣分为边轨端盖和弹夹扣两部分，其间用卡位榫件和卡位槽结合，当更换不同形状的边轨时，只随之更换相对应形状的边轨端盖即可，不用更换弹夹扣；而且边轨端盖的形状相对简单，尺寸小，易于制造，从而降低了成本”。

针对上述专利权（即本专利），伍松于2007年5月31日向专利复审委员会提出无效宣告请求，认为本专利不符合《中华人民共和国专利法》（以下简称《专利法》）第二十二条第三款、《专利法实施细则》第二条第二款、《专利法实施细则》第二十条第一款的规定，提交的证据中包括以下证据：

证据3：公告号为CN3202560Y、公告日为2001年10月3日的中国外观设计专利文献，共4页；

证据4：公开号为特开2002-221908A、公开日为2002年8月9日的日本公开特许公报专利说明书，共9页；

证据5：1978年12月第1版、1979年6月第7次印刷的《现代汉语词典》的封面、第1092页及含出版信息的封底复印件，共3页；

证据6：授权公告号为CN2295253Y、授权公告日为1998年10月21日的中国实用新型专利说明书，共6页。

2008年2月26日专利复审委员会对本案进行口头审理。

2008年4月6日，专利复审委员会作出第11356号决定。

以上事实有本专利说明书、证据3~6、第11356号决定以及当事人陈述等证据在案佐证。

本院认为：

《专利法》第二十二条第三款规定，创造性是指同申请日以前已有的技术相比，该发明有突出的实质性特点和显著的进步，该实用新型有实质性特点和进步。

本案中，原告伍松认为，证据3公开的防盗扣已有边轨端盖、封条、弹夹扣底板，而通过“榫件”的凹凸机构将不同的两个部件相连接是本领域的公知技术，且在实际使用的过程中，需要将边轨端盖和封条固定在弹夹扣底板上实现其目的，因此结合证据4~6以榫件结构将分离的边轨端盖与封条同弹夹扣底板相连接是显而易见的。对此本院认为，没有证据表明证据3公开的防盗扣的边轨端盖、封条与弹夹扣底板是可分离的，也无从得出可分离的技术启示，实际使用过程中边轨端盖和封条与弹夹扣底板需要固定才能实现其目的，更无法得出可分离的启示。至于具体的实现可分离的连接方式，本专利中采用卡位槽和卡位榫件，这种连接方式公知与否不能影响本专利的创造性。因此，本实用新型通过卡位槽和卡位榫件的设置实现了边轨端盖和封条与弹夹扣底板的分离，从而随着面板和边轨的多样化，无需制造出与其匹配的多种产品，生产者只需要根据不同的面板和边轨更换边轨端盖，弹夹扣底板无需重新楷模，能够减少模具数量，降低生产成本，具有实质性特点和进步。故原告伍松关于本专利不具备创造性的主张本院不予支持。

综上，专利复审委员会作出的第11356号决定认定事实清楚，适用法律正确，应予维持。依照《中华人民共和国行政诉讼法》第五十四条第（一）项之规定，本院判决如下：

维持被告国家知识产权局专利复审委员会作出的第11356号无效宣告请求审查决定。

案件受理费100元，由原告伍松负担（已交纳）。

如不服本判决，各方当事人可于本判决送达之日起15日内，向本院提交上诉状及其副本，并交纳上诉案件受理费100元，上诉于北京市高级人民法院。

审 判 长 任 进
代理审判员 邢 军
人民陪审员 郝建欣
二〇〇八年十一月十日
书 记 员 朱 平

北京市高级人民法院
行政判决书

（2009）高行终字第115号

上诉人（原审原告）伍松，男，汉族，1974年4月27日出生，广州市番禺区大石澳飞扬铝制品厂经理，住广东省广州市东山区马棚岗6号之二602房。

委托代理人辛江，北京市广盛律师事务所律师。

被上诉人（原审被告）国家知识产权局专利复审委员会，住所地北京市海淀区北四环西路9号银谷大厦10~12层。

法定代表人廖涛，副主任。

委托代理人张莹，该委员会审查员。

委托代理人王婧，该委员会审查员。

原审第三人郑华明，男，汉族，1983年11月18日出生，深圳市路易盖登标牌材料有限公司技术部经理，住广东省深圳市龙岗区布吉镇丽湖花园丽丰515。

委托代理人陈鸿荫，男，汉族，1938年9月15日出生，深圳市睿智专利事务所专利代理人，住广东省深圳市华强南路渡前村18栋204。

委托代理人郭文姬，女，汉族，1972年11月2日出生，深圳市睿智专利事务所专利代理人，住广东省深圳市南山区高新南环路36号彩虹之岸16栋9A。

上诉人伍松因实用新型专利权无效行政纠纷一案，不服北京市第一中级人民法院（2008）一中行初字第1094号行政判决，向本院提出上诉。本院2009年2月3日受理本案后，依法组成合议庭，于2009年2月18日公开开庭进行了审理。上诉人伍松的委托代理人辛江，被上诉人国家知识产权局专利复审委员会（以下简称专利复审委员会）的委托代理人张莹、王婧，原审第三人郑华明的委托代理人郭文姬到庭参加了诉讼。本案现已审理终结。

北京市第一中级人民法院认定，郑华明是“用于标志牌的组合端扣”实用新型专利（以下简称本专利）的专利权人。针对本专利权，伍松于2007年5月31日向专利复审委员会提出无效宣告请求。2008年4月6日，专利复审委员会做出第11356号无效宣告请求审查决定（以下简称第11356号决定），维持本专利权有效。

北京市第一中级人民法院认为，没有证据表明证据3公开的防盗扣的边轨端盖、封条与弹夹扣底板是可分离的，也无从得出可分离的技术启示。至于具体的实现可分离的连接方式，本专利中采用卡位槽和卡位榫件，这种连接方式公知与否不能影响本专利的创造性。因此，本实用新型生产者只需要根据不同的面板和边轨更换边轨端盖，弹夹扣底板无需重新楷模，能够减少模具数量，降低生产成本，具有实质性特点和进步，伍松关于本专利不具备创造性的主张不予支持。

北京市第一中级人民法院依照《中华人民共和国行政诉讼法》第五十四条第（一）项之规定判决：维持专利复审委员会作出的第11356号决定。

伍松不服原审判决，向本院提出上诉，请求撤销原审判决，判令专利复审委员会重新做出无效决定。其理由是：本专利与证据3是同一技术，无任何创新性和技术进步可言，而加入榫件的方法为公知技术，并不能得出创造性的结论。因此，本专利权应当被宣告无效。专利复审委员会、郑华明服从原审判决。

经审理查明，本专利系名称为“用于标志牌的组合端扣”的实用新型专利，申请日是2003年4月29日，申请号为03225816.X，国家知识产权局于2004年5月26日授权公告，专利权人为郑华明。其授权公告的权利要求如下：

“1. 一种用于标志牌的组合端扣，包括边轨端盖（31）、封条（33）和弹夹扣底板（41），其特征在于：在所述封条（33）的一侧设置有卡位榫件（32），在所述弹夹扣底板（41）的一个边上设置相应的卡位槽（42），所述卡位榫件（32）嵌入卡位槽（42）后，使边轨端盖（31）、封条（33）和弹夹扣底板（41）成为一个整体。

2. 根据权利要求1所述用于标志牌的组合端扣，其特征在于：所述卡位榫件（32）和卡位槽（42）的形状包括：倒梯形和大半圆形。

3. 根据权利要求1所述的用于标志牌的组合端扣，其特征在于：所述弹夹扣底板（41）之上设置有定位扣脚（43）。

4. 根据权利要求1所述的用于标志牌的组合端扣，其特征在于：所述卡位榫件（32）和边轨端盖（31）、封条（33）一体成型制造。”

本专利说明书记载："本申请人提出过的申请号 00348887. X，名为'型材防盗扣'的专利申请，其方案是将边轨端盖和弹夹扣一体成型制造……但由于面板和边轨规格形状的多样化，就需要制造出与其匹配的多种产品，也就需要增加多种模具，从而增加了制造成本"、"本实用新型的组合端扣分为边轨端盖和弹夹扣两部分，其间用卡位榫件和卡位槽结合，当更换不同形状的边轨时，只随之更换相对应形状的边轨端盖即可，不用更换弹夹扣；而且边轨端盖的形状相对简单，尺寸小，易于制造，从而降低了成本"。

针对本专利权，伍松于 2007 年 5 月 31 日向专利复审委员会提出无效宣告请求，认为本专利权不符合《专利法》第二十二条第三款、《专利法实施细则》第二条第二款、《专利法实施细则》第二十条第一款的规定，提交的证据中包括以下证据：

证据 3：公告号为 CN3202560Y、公告日为 2001 年 10 月 3 日的中国外观设计专利文献，共 4 页；

证据 4：公开号为特开 2002-221908A、公开日为 2002 年 8 月 9 日的日本公开特许公报专利说明书，共 9 页；

证据 5：1978 年 12 月第 1 版、1979 年 6 月第 7 次印刷的《现代汉语词典》的封面、第 1092 页及含出版信息的封底复印件，共 3 页；

证据 6：授权公告号为 CN2295253Y、授权公告日为 1998 年 10 月 21 日的中国实用新型专利说明书，共 6 页。

2008 年 2 月 26 日专利复审委员会进行了口头审理，并于 2008 年 4 月 6 日做出第 11356 号决定，维持本专利权有效。该决定认为：1. 本权利要求 3 和 4 符合《专利法实施细则》第二十条第一款的规定。2. 本权利要求 1~4 相对于证据 1 或者证据 1 分别结合证据 4 至 6 具有创造性；本权利要求 1~4 相对于证据 2 结合证据 4~6 具有创造性。3. 权利要求 1~4 相对于证据 3 分别结合证据 4、5、6 具有创造性：本专利权利要求 1 与证据 3 相比，区别技术特征在于：（a''）在所述封条的一侧设置有卡位榫件；（b''）在所述弹夹扣底板的一个边上设置相应的卡位槽；（c''）所述卡位榫件嵌入卡位槽后，使边轨端盖、封条和弹夹扣底板成为一个整体。证据 4~6 都没有公开权利要求 1 与证据 3 的区别技术特征，本专利权利要求 1 相对于证据 3 实际解决的技术问题是随着面板和边轨的多样化，无需制造出与其匹配的多种产品，生产者只需根据不同面板和边轨更换边轨端盖，弹夹扣底板无需重新楷模，从而减少了模具的数量，降低生产成本，而在证据 3 中，无法判断边轨端盖和弹夹扣底板是否是一体成型制造的，无法看到封条的一侧设置有卡位榫件，也无法看到弹夹扣底板的边上设置有卡位槽。证据 4、6 分别公开了一种通过凹凸结构将不同的两个部件相连接的标志组合结构，证据 5 是字典中有关"榫"的解释，证据 4~6 都不具有括边轨端盖、封条、弹夹扣底板这些技术特征，因此本领域技术人员无法容易地联想到，将证据 3 中的边轨端盖和弹夹扣底板分离，并且将证据 4、5、6 中描述的这种凹凸结构应用于证据 3 所公开的令型材固定的防盗扣中，并将分离的边轨端盖和弹夹扣相连接。因此，本权利要求 1 相对于证据 3 分别结合证据 4、5、6 不是显而易见的，本权利要求 1 具备创造性。据此，专利复审委员会作出第 11356 号决定，维持本专利权有效。

以上事实有本专利说明书、证据 3~6、第 11356 号决定以及当事人陈述等证据在案佐证。

本院认为，《专利法》第二十二条第三款规定，实用新型的创造性，是指同申请日以前已有的技术相比，该实用新型有实质性特点和进步。

证据 3 是郑华明拥有的一项外观设计专利权，而本专利是一项实用新型，两者之间不存在重复授权的问题，该理由也不是伍松提出本无效宣告请求的理由。因此，伍松提出本专利与证据 3 属于重复授权的主张不予支持。该外观设计视图所披露的一种型材防盗扣没有公开本专利权利要求 1 中：1. 在所述封条的一侧设置有卡位榫件；2. 在所述弹夹扣底板的一个边上设置相应的卡位槽；3. 所述卡位榫件嵌入卡位槽后，使边轨端盖、封条和弹夹扣底板成为一个整体等技术特征。因此，证据3没有给出边轨端盖和封条与弹夹扣底板可分离的技术启示。证据4~6也均未公开上述区别特征，因此证据3无法与证据4~6分别结合破坏本专利权利要求1的创造性。本专利通过卡位槽和卡位榫件的设置实现了边轨端盖和封条与弹夹扣底板的分离，从而随着面板和边轨的多样化，无需制造出与其匹配的多种产品，生产者只需要根据不同的面板和边轨更换边轨端盖，弹夹扣底板无需重新楷模，能够减少模具数量，降低生产成本，具有实质性特点和进步，符合《专利法》第二十二条第三款的规定。

综上所述，伍松的上诉理由缺乏事实和法律依据，其上诉请求本院不予支持。原审判决认定事实清楚，适用法律正确。依照《中华人民共和国行政诉讼法》第六十一条第（一）项之规定，判决如下：

驳回上诉，维持原判。

一审案件受理费100元，由伍松负担（已交纳）。二审案件受理费100元，由伍松负担（已交纳）。

本判决为终审判决。

审　判　长　刘　辉
代理审判员　岑宏宇
代理审判员　焦　彦
二〇〇九年三月四日
书　记　员　迟雅娜

067

假眼睫毛组合制作器

无效宣告请求审查决定（第 11360 号）

决　　定　　号　第 11360 号
决　　定　　日　2008 年 3 月 28 日
发明创造名称　假眼睫毛组合制作器
国 际 分 类 号　A41G 5/02
无效宣告请求人　李潮志
专　利　权　人　张淑娟
专　　利　　号　200520021006.3
申　　请　　日　2005 年 6 月 5 日
授 权 公 告 日　2006 年 8 月 2 日
合 议 组 组 长　左　一
主　　审　　员　张　琳
参　　审　　员　张　巍

法　律　依　据　专利法第 9 条，第 22 条第 2 款、第 3 款；专利法实施细则第 13 条第 1 款
决　定　要　点

本实用新型专利权利要求与对比文件权利要求所要求保护的技术方案不属于同样的发明创造，故本专利符合专利法第 9 条、专利法实施细则第 13 条第 1 款的规定；本专利与现有技术的技术方案不同，且具有实质性特点和进步，符合专利法第 22 条第 2~3 款的规定。

一、案由

本无效宣告请求涉及的是国家知识产权局于 2006 年 8 月 2 日授权公告的 200520021006.3 号实用新型专利（下称本专利），名称为“假眼睫毛组合制作器”，申请日为 2005 年 6 月 5 日，专利权人是张淑娟。

本专利授权公告的权利要求书如下：

“1. 一种假眼睫毛组合制作器，它是由透明盖板、型板、翻杆、压板、底座、孔、毛槽、翻杆槽、压板限位条、弹簧孔、限位槽、定位条、胶条台、鞍型框、弹簧、螺栓、螺母组成，其特征是：在底座（5）上横向开一个翻杆槽（9），翻杆槽（9）的两侧边端分别钻有 4 个弹簧孔（11），上端钻有通孔（6）下端钻有通孔（7），弹簧（16）分别放入弹簧孔（11），上面两侧安装鞍型框（15），透明盖板（1）安在型板（2）上压住型板（2），螺栓（17）穿过孔（6）到底座（5）的下面露出，由螺母（18）拧紧固定，翻杆（3）在鞍型框（15）上面，型板（2）下面由弹簧（16）支撑，可翻

转，螺栓（17）可穿过型板（2）上的孔（7）到底座（5）下面由螺母（18）固定，压板（4）的压板限位条（10）沿限位槽（12）上下滑动，型板（2）、翻杆（3）上的毛槽（8）与其夹角可以为30°~90°。”

针对上述专利权，李潮志（下称请求人）于2007年6月22日向专利复审委员会提出无效宣告请求，其依据的事实和理由是：本专利相对于附件2的实用新型专利不符合专利法第9、31条的规定；本专利不符合专利法实施细则第13条第1款的规定；本专利权利要求1相对于附件2的实用新型专利不符合专利法第22条的规定；本专利不符合专利法实施细则第2条第2款规定，但未陈述具体理由。请求人提交了如下附件：

附件1：国家知识产权局出具的03212552.6号中国实用新型专利检索报告复印件，共4页；请求人用于证明附件1本身符合新颖性、创造性的规定。

附件2：03212552.6号中国实用新型专利说明书复印件，其授权公告日为2004年4月7日，专利权人为李潮志，共4页；

附件3：200520021006.3号中国实用新型专利说明书（即本专利）复印件，共6页；

附件4：黑龙江省哈尔滨中级人民法院（2007）哈知初字第84号民事裁定书复印件，共1页；请求人用于证明附件2专利产品和附件3（本专利）专利产品存在侵权纠纷。

附件5：03212552.6号中国实用新型专利证书复印件，共1页。

在形式审查过程中，专利复审委员会于2007年8月13日向请求人发出无效宣告请求补正通知书（一），指出请求人未提交两份附件。

请求人于2007年8月29日提交了复审、无效宣告程序补正书，附件清单列表中增加了附件6：张淑娟实用新型专利证，但在附件中请求人并未提交该附件。其他附件以及无效宣告请求理由与2007年6月22日提交的附件以及无效宣告请求理由相同。

经形式审查合格，专利复审委员会受理了该无效宣告请求，并于2007年9月12日向双方当事人发出无效宣告请求受理通知书，将无效宣告请求书及其附件的副本转送给专利权人，要求其在指定期限内陈述意见。

专利复审委员会于2007年12月9日收到专利权人针对请求人无效宣告请求的意见陈述书，专利权人认为：本专利权利要求1相对于附件2具有实质性特点和进步，并能产生积极效果，具有新颖性和创造性。同时提交了以下附件：

附件2-1：本案复审、无效宣告程序中意见陈述书复印件，共2页；

附件2-2：无效宣告请求受理通知书复印件，共1页；

附件2-3：ZL200520021006.3号中国实用新型专利证书复印件，共1页；

附件2-4：ZL200520021006.3号中国实用新型专利说明书（即本专利）复印件，共6页；

附件2-5：ZL03212552.6号中国实用新型专利说明书复印件，共6页；

附件2-6：专利权无效宣告请求书复印件，共2页；

附件2-7：专利复审委员会来函信封复印件，共2页。

专利复审委员会依法成立合议组，对本案进行审理。合议组于2007年12月17日向双方当事人发出了口头审理通知书，定于2008年1月30日对本案进行口头审理，同时将上述专利权人的意见陈述书及其附件副本一并转寄给请求人。

口头审理如期进行。双方当事人均出席了口头审理，均对对方出庭人员身份无异议，对合议组成员变更无异议且无回避请求。请求人以及专利权人均就本专利和对比文件1的产品进行了实物演示，请求人明确无效理由为：本专利不符合专利法第9条、不符合专利法实施细则第13条第1款、相对于附件2不符合专利法第22条第2、3款的规定。请求人明确放弃本专利不符合专利法第31条、专利法第22条第1、4款规定的无效理由。请求人当庭欲陈述本专利不符合专利法实施细则第2条第2款的具体理由，合议组告知请求人由于其没有在一个月期限内补充其具体理由，因此该无效理由不予接受。请求人使用附件1、5证明附件2（对比文件1）的有效性、使用附件4证明附件2专利产品和附件3（本专利）专利产品存在侵权纠纷。专利权人对附件1~3、5的真实性无异议，认为由于请求人未提交附件4的原件，故不能确定附件4的真实性，并认为附件1、4、5和本专利不具有关联性。

在双方当事人意见陈述及口头审理的基础上，合议组经合议，认为本案事实清楚，依法作出本审查决定。

二、决定的理由

1. 证据的认定

附件2是03212552.6号实用新型专利说明书，其授权公告日为2004年4月7日，早于本专利申请日；申请人为李潮志，与本专利申请人不同，请求人对附件2的真实性无异议，故附件2（下称对比文件1）可以用来评价本专利是否符合专利法第9条、第22条第2~3款、专利法实施细则第13条第1款的规定。

请求人提交的附件1、5分别是对比文件1的检索报告和专利证书，请求人用于证明对比文件1本身的有效性，与本专利技术方案无关；附件3是本专利自身的说明书；附件4是民事裁定书复印件，没有原件，不能认定其真实性，即使能够证明其真实性，其也仅仅证明对比文件1产品与本专利产品存在侵权纠纷，与本专利技术方案无关。故上述附件均不能证明本专利是否符合专利法第9条、第22条第2、3款，专利法实施细则第13条第1款的规定。

2. 关于同样的发明创造

专利法第9条规定：两个以上的申请人分别就同样的发明创造申请专利的，专利权授予最先申请的人。

专利法实施细则第13条第1款规定：同样的发明创造只能被授予一项专利。

本专利的权利要求书为：

“1. 一种假眼睫毛组合制作器，它是由透明盖板、型板、翻杆、压板、底座、孔、毛槽、翻杆槽、压板限位条、弹簧孔、限位槽、定位条、胶条台、鞍型框、弹簧、螺栓、螺母组成，其特征是：在底座（5）上横向开一个翻杆槽（9），翻杆槽（9）的两侧边端分别钻有4个弹簧孔（11），上端钻有通孔（6）下端钻有通孔（7），弹簧（16）分别放入弹簧孔（11），上面两侧安装鞍型框（15），透明盖板（1）安在型板（2）上压住型板（2），螺栓（17）穿过孔（6）到底座（5）的下面露出，由螺母（18）拧紧固定，翻杆（3）在鞍型框（15）上面，型板（2）下面由弹簧（16）支撑，可翻转，螺栓（17）可穿过型板（2）上的孔（7）到底座（5）下面由螺母（18）固定，压板（4）的压板限位条（10）沿限位槽（12）上下滑动，型板（2）、翻杆（3）上的毛槽（8）与其夹角可以为30°~90°。”

对比文件1的权利要求书为

“1. 假眼睫毛加工用模板，其特征在于它由底板（1）、大压板（2）、小压板（3）组成，底板（1）的上端中部开有一横向长槽（1-1），在长槽（1-1）的下方有一与长槽（1-1）平行的凸起（1-2），在底板（1）的长槽（1-1）的上下两边开有多条用于放置成品毛的纵向槽（1-3）并使纵向槽（1-3）的深度与长槽（1-1）的深度相同；大压板（2）安装在底板（1）的凸起（1-2）下面的底板（1）上，小压板（3）放置底板（1）的长槽（1-1）上方的底板（1）上。

2. 根据权利要求1所述的假眼睫毛加工用模板，其特征在于所述的底板（1）和大压板（2）上对应位置开有数个螺孔（4），螺孔（4）内拧有螺栓（4-1）。

3. 根据权利要求1所述的假眼睫毛加工用模板，其特征在于所述的多条用于放置成品毛的纵向槽（1-3）分为相同的两组，每组由多条相同长度的纵向槽（1-3）组成，每组中相邻的两个纵向槽（1-3）的上端高低相互错开，并使每组上端较高的纵向槽（1-3-1）的上端和上端较低的纵向槽（1-3-2）的上端整体都呈圆弧形。

4. 根据权利要求1所述的假眼睫毛加工用模板，其特征在于所述的底板（1）上的纵向槽(1-3)与底板（1）的长槽（1-1）的长直边倾斜成一定的角度α，角度α=50°~85°。"

本专利权利要求1的要求保护的技术方案与对比文件1权利要求1~4要求保护的技术方案的区别在于：本专利要求保护的假眼睫毛组合制作器包括"翻杆槽"、"弹簧孔"、"鞍型框"、"弹簧"、"翻杆槽（9）的两侧边端分别钻有4个弹簧孔（11）"、"弹簧（16）分别放入弹簧孔（11），上面两侧安装鞍型框（15）"、"翻杆（3）在鞍型框（15）上面，型板（2）下面由弹簧（16）支撑，可翻转"、"型板（2）、翻杆（3）上的毛槽（8）与其夹角可以为30°~90°"等有关弹簧、弹簧孔以及翻杆的技术特征，而对比文件1的技术方案没有包括相关的技术特征，即其不含有弹簧、弹簧孔以及翻杆的装置，故本专利权利要求1的技术方案与对比文件1的权利要求1~4的技术方案不属于同样的发明创造，本专利符合专利法第9条、专利法实施细则第13条第1款的规定。

3. 关于新颖性

专利法第22条第2款规定：新颖性，是指在申请日以前没有同样的发明或者实用新型在国内外出版物上公开发表过、在国内公开使用过或者以其他方式为公众所知，也没有同样的发明或者实用新型由他人向国务院专利行政部门提出过申请并且记载在申请日以后公布的专利申请文件中。

对比文件1公开了一种假睫毛加工用模板，其由底板（相当于本专利底座）、大压板（相当于本专利大透明盖板）、小压板（相当于本专利小透明盖板）组成，底板上中部开有横槽（相当于本专利翻杆槽），横槽下方有一与横槽平行的凸起，底板的长槽上下两边开有纵向槽（相当于本专利毛槽），大压板安装在底板的凸起下面的底板上，小压板放置底板的长槽上方的底板上。

本专利权利要求1与对比文件1区别在于：本专利权利要求1所要求保护的假睫毛制作器使用了翻杆装置，而对比文件1公开的假睫毛制作器使用了凸起，即本专利权利要求1所要求保护的假睫毛制作器包括："翻杆槽"、"弹簧孔"、"鞍型框"、"弹簧"、"翻杆槽（9）的两侧边端分别钻有4个弹簧孔（11）"、"弹簧（16）分别放入弹簧孔（11），上面两侧安装鞍型框（15）"、"翻杆（3）在鞍型框（15）上面，型板（2）下面由弹簧（16）支撑，可翻转"、"型板（2）、翻杆（3）上的毛槽（8）与其夹角可以为30°~90°"等技术特征，对比文件1没有公开任何有关弹簧、弹簧孔以及翻杆的相关技术特征，即本专利权利要求1要求保护的假睫毛制作器具有对比文件1要求保护的假睫毛制作器所不具备的翻杆及其相关装置（弹簧、弹簧孔、鞍型框），故本专利权利要求1具有新颖性，符合专利法第22条第2款的规定。

4. 关于创造性

专利法第22条第3款规定：创造性，是指同申请日以前已有的技术相比，该发明具有突出的实质性特点和显著的进步，该实用新型有实质性特点和进步。

基于上面分析的本专利权利要求1与对比文件1的区别技术特征可以看出，对比文件1没有公开上述区别技术特征，也没有给出任何应用上述区别技术特征的启示，本专利权利要求1具有实质性特点；同时本专利权利要求1所要求保护的假睫毛制作器能够使毛快速、准确的定位，装置型板一体，粘贴效果好，不产生毛距偏差、漏粘现象，具有进步，故本专利权利要求1具有创造性，符合专利法第22条第3款的规定。

三、决定

维持200520021006.3号实用新型专利有效。

当事人对本决定不服的，可以根据专利法第46条第2款的规定，自收到本决定之日起三个月内向北京市第一中级人民法院起诉。根据该款的规定，一方当事人起诉后，另一方当事人应当作为第三人参加诉讼。

068

由硬地板块构成的地板以及制造这种地板块的方法

无效宣告请求审查决定（第11372号）

决　定　号　第11372号
决　定　日　2008年4月21日
发明创造名称　由硬地板块构成的地板以及制造这种地板块的方法
国际分类号　E04F 15/04，F16B 5/00
无效宣告请求人　北京脚下走地板技术服务中心
专利权人　尤尼林管理私营公司
专　利　号　97190692.0
优先权日　1996年6月11日，1997年4月15日
申　请　日　1997年6月7日
授权公告日　2002年7月3日
合议组组长　赵　明
主　审　员　姜　岩
参　审　员　崔　震

法律依据　专利法第22条第2款、第3款，专利法实施细则第20条第1款。
决定要点
如果对比文件所公开的产品与权利要求所要求保护的产品的结构、所使用的材料均相同，则可认为对比文件中的产品也能实现与本专利相同的功能。

一、案由

本无效宣告请求涉及中华人民共和国国家知识产权局于2002年7月3日授权公告的、名称为“由硬地板块构成的地板以及制造这种地板块的方法”的发明专利权（下称本专利），其专利号是97190692.0，申请日是1997年6月7日，专利权人是尤尼林管理私营公司。本专利授权公告时的权利要求书如下：

“1. 一种由硬的、木基中心部分构成的地板块组成的地板，地板块具有一个处于第一水平面内向上的平面，一个处于第二水平面内向下的平面，所述硬的地板块的至少两个相对端部（2—3，26—27）的边缘上设有与木基中心部分制成一体且相互配合的连接部分（4—5，28—29），该连接部分为一舌状物（9—31）和一槽（10—23），所述槽至少由一个终止于一个垂直平面的上凸出部分（22—42）和一个下凸出部分（23—43）限定，所述舌状物具有一个在将地板块相互连接的时候从舌尖向里一直延伸到所述垂直面的舌部，其特征在于：

下凸出部分（23—43）是可以弹性弯曲的并且延伸超过上凸出部分（22—42）；

连接部分上设有整体的机械锁定装置（6），该锁定装置与所述中心部分制成一体，由此防止两块相互连接的地板块在垂直于相关边缘和平行于相互连接的地板块下边的方向上脱开；

所述整体的机械锁定装置一方面包括一个位于所述舌状物的下表面（35）上的凸出部（33），该凸出部至少部分向内延伸超过所述垂直面且具有一个接触面（38，74）；另一方面该锁定装置还在下凸出部分处具有一个用于接收所述凸出部分的槽（36），该槽具有一个与所述凸出部分的所述接触面相配合的接触面（39，73），从而使在相互连接的情况下由所述接触面限定的切线相对所述水平面倾斜；

下凸出部分的所述接触面（39，73）至少部分位于延伸超过上凸出部分的下凸出部分（23—43）的部分中；

设置所述凸出部分（33），槽（36）和可弹性弯曲的下凸出部分（23—43），以便以一种平面方式相对地推移所述的地板块的时候允许其相互连接在一起。

2. 如权利要求1所述的地板，其特征在于，地板块（1）的木基中心部分包括一个地面制品，该地面制品由一种复合物和/或细切屑的切屑板与粘接剂一起构成。

3. 如权利要求1所述的地板，其特征在于，地板块（1）的木基中心部分由高密度纤维板或中密度纤维板组成，连接部分（4—5—28—29）和锁定装置（6）设在上述板之外。

4. 如权利要求1所述的地板，其特征在于，至少一个接触面（39—73）在下凸出部分（23—43）处向内倾斜。

5. 如权利要求1所述的地板，其特征在于，两个接触面（38—39，73—74）倾斜。

6. 如权利要求1所述的地板，其特征在于，所述凸出部分具有一个在沿着所述舌状物的下表面（35）于一个长度上延伸的基部。

7. 如权利要求1所述的地板，其特征在于，下凸出部分（23—43）的厚度从槽的最深处开始向着槽（10）的顶点逐渐增加。

8. 如权利要求1所述的地板，其特征在于，舌状物（9—31）和槽（10—32）具有一个形状，使得在两块地板块（1）处于连接状态的时候，在凸出部分和槽（36）的侧边之间形成一个腔（81），槽位于形成接触面（39—73）的侧边的对面。

9. 如权利要求1所述的地板，其特征在于，以根据垂直于上述边缘的平面中的所有方向可以锁定地板块并且使其相互脱开的方式设置连接部分（4—5，28—29）。

10. 如权利要求1所述的地板，其特征在于，锁定装置（6）被设置成直至在具有舌状物（9—31）的边缘附近在地板块（1）的顶部有一个压力的时候，这些锁定装置（6）将地板块（1）相互压紧。

11. 如权利要求1所述的地板，其特征在于，在所述凸起部分和所述下凸出部分（43）之间具有一个空间（S，81），从而在必要的时候允许在槽中有一个凸起部分的进一步穿透。

12. 如前述权利要求之一所述的地板，其特征在于，两个接触面（12—14，38 39，74—73）倾斜并且具有相对倾斜。

13. 如权利要求1所述的地板，其特征在于，至少接触面（73—74）之一具有一个在利用位于所述倾斜面外端的圆形部分（80—79）使舌状物的方向啮合进槽中之前倾斜的平面。

14. 如权利要求1所述的地板，其特征在于，连接部分（4—5，28—29）具有一些装置，这些装置由上述锁定装置（6）构成，在两个或多个这种地板块（1）相互啮合的状态下，这些锁定装置相互施加一个拉力并将地板块（1）相向压靠。

15. 如权利要求 14 所述的地板，其特征在于，至少一个连接部分（5）具有一个弹性可弯曲的部分，在啮合的状态下，该部分至少部分弯曲并以这种方式形成上述拉力。

16. 如权利要求 15 所述的地板，其特征在于，可弹性弯曲的部分具有下凸出部分（43）。

17. 如权利要求 1 所述的地板，其特征在于，连接部分（4—5，28—29）具有这样的形状，即通过将两块独立的地板块（1）横向移到一起并转动从而形成咬合作用来使这两块地板块相互啮合。

18. 如权利要求 1 所述的地板，其特征在于，下凸出部分伸出上凸出部分的距离（E）比地板块（1）的总厚度（F）小一倍。

19. 如权利要求 1 所述的地板，其特征在于，每一块地板块（1）的总厚度（F）大于或等于 5mm。

20. 如权利要求 1 所述的地板，其特征在于，地板块（1）由细长的板块组成，并且至少在其一个纵向端部（2—3）上具有上述连接装置（4—5）。

21. 如权利要求 1 所述的地板，其特征在于，地板块（1）是矩形或正方形的，在其四个端部上（2—3—26-27）设有上述连接装置（4—5—28—29）。

22. 如权利要求 1 所述的地板，其特征在于，至少两个相对端部（2—3，26—27）的连接部分（4—5，28—29）的结构方式使得所述地板块（1）可以利用彼此相对移动或转动而使它们啮合在一起，在利用转动而使其啮合的过程中，在所述连接部分（4—5 和/或 28—29）中会出现弯曲，与在利用彼此相对移动的方式使所述地板块（1）啮合在一起的情况下所产生的弯曲量相比，此弯曲量如果存在也是很小的。

23. 如权利要求 1 所述的地板，其特征在于，上述凸出部分的下表面由至少两个部分（38—40，75—76）限定，部分（38—75）具有陡峭的倾斜用于提供锁紧作用，部分（40—76）具有平缓的倾斜用于使连接部分（4—5）的啮合容易。

24. 如权利要求 1 所述的地板，其特征在于，切线（L）与地板块的底边（7）形成 30°—70°的角度（A）。

25. 如权利要求 1 所述的地板，其特征在于，用完全位于伸出上部凸出部分（22—42）的下凸出部分（23—43）的部分中的锁定元件（34）形成锁定装置（6），从而使锁定元件（34）啮合的最低点（887）位于带有所述舌状物（9）的地板块（1）的顶层之下。

26. 如权利要求 1 所述的地板，其特征在于，从舌状物的顶点向内延伸的所述舌部的下边具有一个弯曲部分（77）。

27. 如权利要求 1 所述的地板，其特征在于，所述弯曲部分（77）允许通过围绕着具有槽（10）的地板块（1）的上缘（16）的转动运动使舌状物（9）自由插入槽（10）中。

28. 如权利要求 1 所述的地板，其特征在于，在下凸出部分（23—43）的上边设有弯曲部分（78），在将两块地板块（1）相互转动的时候，下凸出部分形成导向。

29. 如权利要求 1 所述的地板，其特征在于，灰尘室（21—44—81）设在相互横向指向啮合的地板块（1）的所有侧边之间。

30. 如权利要求 1 所述的地板，其特征在于，舌状物（9—31）和/或下凸出部分（43）的形状使得通过横向相互移动将地板块（1）连接在一起。

31. 如权利要求 1 所述的地板，其特征在于，在将地板块（1）相向移动的时候，已经与上部凸出部分（42）第一次接触的舌尖的上边位于上部凸出部分之下。

32. 如权利要求 1 所述的地板，其特征在于，下凸出部分（43）的自由终端处设有一个斜面（43—83），在将第一地板块（1）在地面上移到第二地板块（1）的时候，所述斜面（41—83）以其斜面引导第一地板块（1）。

33. 如权利要求1所述的地板，其特征在于，在啮合方向上，除了上述接触面（39—73）外，在连接在一起的地板块（1）之间只设有一个重要接触点，该接触点由位于地板块（1）的顶侧上的部分（84）构成。

34. 如权利要求1所述的地板，其特征在于，所述地板块（1）具有在舌状物（9—31）的上部和槽（10）的上部形成的接触面（85—86），其大部分长度平行于由地板块（1）限定的平面延伸。

35. 如权利要求1所述的地板，其特征在于，下凸出部分（23—43）的厚度小于上凸出部分的厚度。

36. 如权利要求1所述的地板，其特征在于，下凸出部分（23—43）比上凸出部分更柔软。

37. 如权利要求1所述的地板，其特征在于，上凸出部分（22—42）的下边具有斜面（24—45）。

38. 如权利要求1所述的地板，其特征在于，接触面（39—73）设在围绕着上部边（15—16）的半径（R1—R2）上，半径（R1—R2）之间的差是零或不大于2mm。

39. 如权利要求1所述的地板，其特征在于，下凸出部分（43）的上部边和/或舌状物的下部边（12）有一个部分，该部分具有一个带半径（R1，R2）的弯曲，该弯曲具有一个中心，该中心位于以3mm半径（R5）围绕着地板块（1）的上部边（15—16）延伸的圆中。

40. 如权利要求1所述的地板，其特征在于，上凸出部分（22—24）的上部边与地板块（1）的上表面处于同一个平面中。

41. 如权利要求1所述的地板，其特征在于，下凸出部分（23—43）超出上凸出部分（22—24）的部分完全处于由上凸出部分（22—42）的下部边限定的水平之下。

42. 如权利要求41所述的地板，其特征在于，下部边的所述部分完全位于地板块中心线（M2）之下。

43. 如权利要求1所述的地板，其特征在于，舌状物（9）和槽（10）允许通过围绕着地板块（1）的上部边（15—16）的转动运动连接地板块（1），在上述运动期间，舌状物可以在槽（10）中自由滑动。

44. 如权利要求1所述的地板，其特征在于，地板块（1）具有短边和长边，锁定装置（6）包括接触面，该接触面在短边侧的倾斜比长边侧的大。

45. 如权利要求1所述的地板，其特征在于，舌状物（9—31）和槽（10—32）具有通过铣刀铣削生成的形状，所述铣刀的直径至少比地板块（1）的厚度（F）大20倍。

46. 如权利要求1所述的地板，其特征在于，地板块的边缘具有一种形状，这种形状是通过两次铣削形成的。

47. 如权利要求1所述的地板，其特征在于，下凸出部分具有一个倾斜部分（39—73），该倾斜部分以距地板块（1）的上部边缘（16）的距离（X1—X2）从上向下逐渐减小的方式延伸。

48. 如权利要求1所述的地板，其特征在于，地板块（1）为层压地板，在中心部分（8）上设有一层或多层并且在底边（7）上设置底层（58），在上述多层中装饰层（55）形成装饰表面。

49. 如权利要求1所述的地板，其特征在于，连接部分的表面，即地板块（1）的边缘设有表面硬化剂。

50. 如权利要求1所述的地板，其特征在于，地板块（1）不用粘接剂连接，因此可以拆卸并重复使用。

51. 一种制造如上述权利要求之一的地板块的方法，其特征在于，由至少具有两个连续的铣削循环的铣削工序制成舌状物（9—31）和/或槽（10），所述铣削循环采用相对相关地板块（1）以不同角度定位的铣刀（63—64—65—66—67—68—69—70）。

52. 如权利要求51所述的方法，其特征在于，在上述的每一个铣削循环中，每一次形成舌状物或槽的一个侧面（71—72）的最终形状。

53. 如权利要求52所述的方法，其特征在于，为上述两个铣削循环采用伸出槽（10—32）和舌状物（9—31）的铣刀，铣刀的直径比地板块（1）的厚度至少大5倍。

54. 如权利要求52或53所述的方法，其特征在于，铣刀的直径比地板块（1）的厚度至少大20倍。

55. 如权利要求52或53所述的方法，其特征在于，在地板块的四个边上设置一种形状，按照两个垂直运动（V1—V2）来移动地板块（1），因此在一个运动期间，在相对的两个边缘上形成轮廓，而在另一个运动期间，在小的边缘上形成轮廓。”

针对本专利权，北京脚下走地板技术服务中心（下称请求人）于2006年3月23日向专利复审委员会提出无效宣告请求，认为本专利不符合专利法第22条第2款、第3款的规定，请求人同时提交了如下附件：

附件1：公开号为DE4242530AA1的德国专利公开文本，公开日为1994年6月23日；

附件2：公开号为US4426820的美国专利文献，公开日为1984年1月24日；

附件3：公开号为JP7-300979的日本公开特许公报，公开日为1995年11月14日；

附件4：公开号为JP3-169967的日本公开特许公报，公开日为1991年7月23日。

请求人认为：（1）附件1已公开了权利要求1的全部技术特征，因此权利要求1不具备新颖性；（2）权利要求2、3的附加技术特征为公知常识，因此引用权利要求1的权利要求2、3亦不具备新颖性和创造性；（3）权利要求4~50的附加技术特征在附件1~4中均被公开，故权利要求4~50不具备新颖性和创造性；（4）权利要求51是一种制造如上述权利要求之一的地板的方法，而该制造地板的方法是机械制造或木材加工领域的基本常识，故权利要求51不具备新颖性；（5）权利要求52~55的附加技术特征是公知常识，故权利要求52~55不具备新颖性。

经形式审查合格，专利复审委员会依法受理了上述无效宣告请求，并于2006年3月23日向请求人和专利权人发出无效宣告请求受理通知书，同时将专利权无效宣告请求书及其附件清单中所列附件的副本转送给专利权人，并要求专利权人在指定的期限内陈述意见。

请求人于2006年4月24日提交了补充的意见陈述书及附件1~4的中文译文（以下将附件1~4的译文也分别编入原附件1~4中一起作为附件1~4使用），同时递交了本专利实质审查过程中的文件——附件5，请求人认为本专利除不符合专利法第22条第2款、第3款外，还不符合专利法实施细则第20条第1款的规定。具体理由为：

（1）附件1、2、3分别公开了权利要求1的全部技术特征，因此本专利的权利要求1不具备新颖性和创造性。（2）权利要求2~8、12、13、15、17~26、28~35、37~42、44、47~49的附加技术特征或是公知常识或者被附件1~4公开；权利要求9~11、14、16、17、22、27、30、36、43、50的附加技术特征为功能和不确定描述或安装过程等，而不是产品结构特征，在其引用的权利要求不具备新颖性和创造性的条件下也不具备新颖性和创造性。（3）权利要求9、11、14、45、46、49、51~55不符合专利法实施细则第20条第1款的规定。

针对专利复审委员会发出的上述无效宣告请求受理通知书，专利权人于2006年5月8日提交了意见陈述书，专利权人认为：附件1~4没有提交中文译文，不符合审查指南的相关规定；请求人没有结合所提交的证据具体说明无效宣告请求的理由，也不符合专利法实施细则和审查指南的规定；另外附件1~4均不能破坏本专利任一权利要求的新颖性和创造性。

专利复审委员会依法成立合议组对本案进行审查。本案合议组于2006年12月28日向双方发出无效宣告请求口头审理通知书，定于2007年2月9日（后因故改为2007年2月13日）在专利复审委员会举行口头审理。随同口头审理通知书，将请求人于2006年4月24日提交的意见陈述书及其附件清单中所列附件的副本转送给专利权人，将专利权人于2006年5月8日提交的意见陈述书的副本转送给请求人。

口头审理如期举行，双方当事人均参加了口头审理。在口头审理中，专利权人针对请求人于2006年4月24日提交的补充意见当庭提交意见陈述书，合议组当庭将其转交请求人。

请求人明确其无效的理由、范围以及证据的使用情况为：权利要求9、11、14、45、46、49、51~55不符合专利法实施细则第20条第1款的规定；权利要求1~8、10、12、13、15~44、47、48、50相对于附件1~4不符合专利法第22条第2款、第3款的规定，请求人明确附件4仅用于评述从属权利要求的附加技术特征。

专利权人对附件1~4的真实性没有异议，对附件1、2译文的准确性没有异议。对附件3、4译文的准确性有异议，并且在提交的意见陈述书中对有异议的部分作了详细说明，其中认为附件3译文的中的“直角”应该为“垂直”，附件4译文中的专利名称是“地板”，不是“木地板”。

合议组告知请求人在口审后一周内就专利权人关于附件3、4的译文问题提交相关的意见陈述，专利权人在口审后15日内就请求人当庭陈述的无效理由、范围及证据组合方式提交相关的意见陈述。

专利权人于2007年2月28日提交了补充意见陈述书，对口头审理所涉及的问题进行总结。

请求人于2007年3月5日提交了意见陈述书，对专利权人关于附件3、4的译文争议进行了意见陈述，认为专利权人所指出的附件3和附件4中的译文错误不影响对附件3、4中技术内容的理解。

至此，合议组认为本案事实已经清楚，可以作出审查决定。

二、决定的理由

1. 关于证据

请求人提交的附件包括附件1~4，专利权人对附件1~4的真实性没有异议，合议组经审查认为附件1~4为专利文献，可以作为本案证据使用。同时由于附件1~4的公开日期在本专利的申请日前，因此可以作为本专利的现有技术使用。

专利权人对附件1、2译文的准确性没有异议，对附件3、4译文的准确性有异议，并且在提交的意见陈述书中对有异议的部分作了详细说明，认为附件3译文中的“直角”应该是“垂直”，附件4译文中的专利名称是“地板”。在口头审理之后提交的意见陈述中，请求人认为专利权人所指出的附件3和附件4中的译文错误不影响对附件3、4中技术内容的理解，合议组认为：专利权人指出的附件3、4的译文错误并不影响对附件3、4整体技术内容的理解。因此附件1~4公开的内容以请求人提交的中文译文为准，其中专利权人有争议的部分以专利权人的翻译为准。

2. 关于专利法实施细则第20条第1款

专利法实施细则第20条第1款规定：权利要求书应当说明发明或者实用新型的技术特征，清楚、简要地表述请求保护的范围。

请求人认为，权利要求9、11、14、45、46、49、51~55表述不够清楚，准确，因此，不符合专利法实施细则第20条第1款的规定。

（1）对于权利要求9，请求人认为“垂直于上述边缘的平面中的所有方向……”是一种不确定、功能性的描述，因此，权利要求9不符合专利法实施细则第20条第1款的规定。

合议组认为，权利要求9请求保护一种地板，其中的“垂直于上述边缘的平面中的所有方向……”是一种功能性限定，但其含义并非不确定，是清楚的，即：在垂直于上述边缘的平面中的任一方向上，其是用于限定其中的“连接部分（4~5，28~29）”，因此，上述表示的含义是清楚的，请求人关于权利要求9不符合专利法实施细则第20条第1款规定的主张不能成立。

（2）对于权利要求11，请求人指出其中“所述凸起部分”没有明确指出具体指哪一部分，同时，其中所使用的“必要的时候”“允许”“进一步”等词语表述不明确，不符合专利法实施细则第20条第1款的规定。

合议组认为，权利要求11是权利要求1的从属权利要求，其限定部分的“凸起部分”在权利要求1中虽未出现，但根据权利要求11中上下文的表述可以理解其是指权利要求1中的凸出部33；但“必要的时候允许……凸起部分的进一步穿透”这一表述不清，首先，其中出现了导致保护范围不清楚的用语“必要的时候”，其次，本领域的技术人员也无法理解“进一步穿透”的含义。因此，权利要求11中的上述表述导致权利要求11的保护范围不清楚，不符合专利法实施细则第20条第1款的规定。

（3）对于权利要求14，请求人认为其中所述的“一些装置”指定不明确，因为权利要求1中所述“锁定装置（6）”指一个装置，二者相互矛盾，同时，该权利要求属于功能性描述，因此，不符合专利法实施细则第20条第1款的规定。

合议组认为，尽管在权利要求14中提到了“具有一些装置”，但在其后的描述中又对“一些装置”作了具体的限定，即“这些装置由上述锁定装置（6）构成”，本领域技术人员可以理解这些装置就是锁定装置；而且锁定装置为一个总称，其中包括相互配合的部件，因此权利要求14的上述表述并不矛盾。虽然该权利要求中使用了功能性的限定，但从其表述中可以清楚地理解其含义，并且请求人也未提出充分的理由和证据证明上述功能性限定导致了权利要求14的保护范围不清楚，因此，合议组对请求人关于权利要求14不符合专利法实施细则第20条第1款规定的主张不予支持。

（4）对于权利要求45，请求人认为铣刀铣削生成的形状与舌状物（9-31）和槽（10-32）关系不明确，而且铣刀的直径比地板块大多少倍对于形状的形成并无直接关系，因此，权利要求45不符合专利法实施细则第20条第1款的规定。

专利权人认为，铣刀的直径与所要加工出的产品形状是密切相关的，若想加工出本专利技术方案中所公开特定形状的连接部分，即具备一定延伸长度的舌状物（9-31）和槽（10-32），若铣刀的直径相对于地板块的厚度不足够大，铣削不够深，则铣削不出本专利技术方案所要求的连接部分的特定形状。虽然小铣刀也可用于铣削复杂的形状，然而，小铣刀不能用于铣削要求其具备很高速度才能生产出的产品形状，同时，在实际操作过程中，小铣刀也很难从切割部分处移出。因此，最好选择直径至少比地板块的厚度大20倍的铣刀。

合议组认为，权利要求45中限定了铣刀的直径，但正如专利权人所述，无论使用何种形式、何种直径大小的铣刀都可以加工任何形状的舌和槽，即经过一定直径的铣刀铣削后得到的舌和槽的形状并不确定，所以权利要求45中使用铣刀限定舌和槽的形状是不确定、不清楚的，权利要求45不符合专利法实施细则第20条第1款的规定。

（5）对于权利要求46，请求人认为铣削次数与所要形成的产品形状并无关系，因此，不符合专利法实施细则第20条第1款的规定。

专利权人认为，对于本专利技术方案所公开的连接部分的形状，说明书第7页第16~20行已经明确说明，只有经过至少两次铣削才可能形成本专利所要求的连接部分的特定形状。同时，附图14~21中也展示了为了铣出本专利所要求的每一舌状物或槽的特定形状，应该至少需要两个角度定位的铣刀，一个垂直于地板块端面，一个与地板块端面形成小于90°夹角才可能铣出本专利技术方案所要求的连接部分的特定形状，而且每一连接部分都需要经由至少两次铣削才能形成，因此，权利要求

46是清楚的。

合议组认为，权利要求46请求保护一种地板，并对地板的边缘的形状进行了进一步限定，其限定所采用的形式是“这种形状是通过两次铣削形成的”，由于采用的铣刀不同，铣削的角度不同，经过两次铣削后形成的地板边缘形状并不确定，因此，用两次铣削来限定地板边缘形状是不清楚的，权利要求46不符合专利法实施细则第20条第1款的规定。

（6）关于权利要求49，请求人认为：地板块的边缘涂覆表面涂层是公知常识，笼统的使用表面硬化剂的概念不清楚。

合议组认为，表面硬化剂这一概念本身是清楚、明确的，就本案而言，表面硬化剂是指可用于地板的一系列硬化剂，并且说明书第14页中也介绍了可选用的硬化剂的种类，因此，请求人仅以这一概念过于笼统，而未主张具体事实就认为该权利要求保护范围不清楚的主张不能成立。

（7）对于权利要求51，双方均认可不同的角度定位铣刀是不准确的，但专利权人认为结合说明书和附图“不同角度定位的铣刀”的表述是清楚的。

合议组认为，权利要求的保护范围应该根据其中所用的词语来确定，而“不同角度定位铣刀”是一种含义不确定的用语，这种含义不确定的用语导致了该权利要求保护范围的不清楚，因此权利要求51不符合专利法实施细则第20条第1款的规定。

（8）对于权利要求52~55。

由于独立权利要求51不清楚，而其从属权利要求52~55也没有对“不同角度定位的铣刀”作出进一步的限定，因此权利要求52~55也因引用了权利要求51而具有相同的缺陷，不符合专利法实施细则第20条第1款的规定。

综上所述，权利要求9、14、49符合专利法实施细则第20条第1款的规定；权利要求11、45、46、51~55不符合专利法实施细则第20条第1款的规定。

3. 关于新颖性和创造性

新颖性，是指在申请日以前没有同样的发明或者实用新型在国内外出版物上公开发表过、在国内公开使用过或者以其他方式为公众所知，也没有同样的发明或者实用新型由他人向国务院专利行政部门提出过申请并且记载在申请日以后公布的专利申请文件中。

创造性，是指同申请日以前已有的技术相比，该发明有突出的实质性特点和显著的进步。

如果对比文件所公开的产品与权利要求所要求保护的产品的结构、所使用的材料均相同，则可认为对比文件中的产品也能实现与本专利相同的功能。

（1）权利要求1请求保护一种由硬的、木基中心部分构成的地板块组成的地板，附件3公开了一种木地板，与本专利属于相同的技术领域，其发明目的是为了解决现有技术中铺设地板时地板块的移动问题，其具体公开的技术内容如下：木地板主体，由胶合板、刨花板、MDF等木质材料制成；平面四角形木地板主体一侧相互平行的两个端面，分别设有凸齿部3和凹槽2（相当于本专利的舌状物和槽）；凹槽2有长度不同的上下侧水平嵌合头2b、2c（相当于本专利中的上、下凸出部分），嵌合头3a延伸到一垂直面；下侧水平嵌合头2c可弹性变形（见附件3第0026段），且长度超过上水平嵌合头2b；嵌合头3a下表面有一固定嵌合头3c（相当于本专利中的舌状物下表面的凸出部33），下侧水平嵌合头2c上有一嵌合槽体2d（相当于本专利的锁定装置）；固定嵌合头3c、嵌合槽体2d和下水平嵌合头2c相互连接；嵌合槽体2d和固定嵌合头3c有相互接触斜面，斜面与水平面的夹角小于90°（见图2、7）；上述接触斜面位于超出上侧水平嵌合头2b的下侧水平嵌合头2c的部分（见图2、7）；水平嵌合头2c产生弹性，把嵌在凹槽2的槽体2a里面的凸齿部3压向其上方，再把它的上面压接在凹槽2的上侧嵌合头2b下面（见附件3译文第0026段）；木地板主体下面铺设适当厚度的橡胶类弹性层，还可在其上面铺设适当的装饰层（见附件3译文第0023段）。

由此可见，附件3与权利要求1的区别仅在于附件3中未明确记载“设置所述凸出部分（33），槽（36）和可弹性弯曲的下凸出部分（23—43），以便以一种平面方式相对地推移所述的地板块的时候允许其相互连接在一起”。

对于权利要求1中记载的上述区别特征，专利权人认为基于本专利的特定结构才使下凸出部分可以弹性弯曲，从而可以以平推的方式推移所述地板块的时候允许其相互连接在一起，这些特征包括：“下凸出部分延伸超过上凸出部分”，“舌状物下表面上的凸出部至少部分向内延伸超过所述垂直面且具备一个接触面”，“下凸出部分的接触面（39，73）至少部分位于延伸超过上凸出部分的下凸出部分的部分中”，这三点特征使得在平推咬合过程中，相当长的下凸出部分可以很容易地弯曲，并将外力均衡分配，这样使损坏的危险得到了控制。另外，“接触面是倾斜的”，可使得平推咬合更平顺；而“连接部分和锁定装置被制成一体”，有利于地板块间能够互相准确的配合连接。

对此，合议组认为：权利要求1中的技术特征“设置所述凸出部分（33），槽（36）和下凸出部分（23—43）以便以一种平面方式相对地推移所述的地板块的时候允许其相互连接在一起”本身是一种功能性的限定，专利权人声称这一功能是由本专利地板块的结构实现的，而专利权人所述的能以实现平推的方式推移地板块的那些特征在附件3中均已经公开，而且由附件3附图2可知连接部分（凸齿部3和凹槽2）以及锁定部分（固定嵌合头3c和嵌合槽体2d）一体制成，嵌合头3a下表面上的凸出部分3c部分向内延伸超过所述垂直面。因此附件3中地板块的产品结构特征与权利要求1要求保护的地板结构相同，并且地板块采用的材料也相同，因此可以确定与本专利权利要求1结构相同的附件3中的地板块同样可以实现权利要求1所限定的“平推连接”这一功能，即附件3中的地板也可以实现以平面方式相对地推移所述的地板块的时候允许其相互连接在一起的功能。因此，权利要求1对本领域技术人员来说是显而易见的，不具备创造性，不符合专利法第22条第3款的规定。

虽然专利权人认为根据附件3中的附图4所示的地板块连接示意图，附件3中的地板块是旋转连接在一起的。合议组认为，这并不能证明该地板不可以通过平推的方式使地板块连接在一起，同时专利权人也没有充分的理由或证据来证明附件3中的地板结构不可以实现以平推的方式相互连接。因此，合议组对专利权人的上述主张不予支持。

（2）权利要求2对地板块的木基中心部分的材料作了进一步的限定，附件3说明书第0013段公开了“木地板主体由具有一定厚度的胶合板、刨花板、MDF等木质材料制成”，上述内容公开了权利要求2的附加技术特征，因此权利要求2的技术方案对本领域技术人员来说是显而易见的，不具备突出的实质性特点。附件3中虽未明确记载地板的木基中心部分由高密度板制成和连接部分和锁定装置设在上述板之外，但采用MDF或HDF作为木基中心部分的材料是本领域的常规手段，是显而易见的，而“连接部分和锁定装置设在上述板之外”也是本领域常规的连接手段，本领域的技术人员在附件3的基础上很容易得到权利要求3的技术方案。因此，在权利要求3所引用的权利要求1不具备创造性的条件下，权利要求3亦不具备创造性。

（3）权利要求4、5是独立权利要求1的从属权利要求，由附件3的附图2可以得知，下侧水平嵌合头2c上的嵌合槽2d中有一个向内倾斜的倾斜面，在嵌合头3a嵌合入凹槽中时，该倾斜面与嵌合头3a的一个相应倾斜面相接触。因此，附件3公开了权利要求4、5的附加技术特征，且该特征在附件3中所起的作用与本专利中的作用相同，在权利要求1不具备创造性时，权利要求4、5亦不具备创造性。

（4）权利要求6是独立权利要求1的从属权利要求，附件3附图2中的固定嵌合头3c是在凸齿部3的下方突起形成的，其具有一个基部，并在长度上延伸，因此附件3公开了权利要求6的附加技术特征，且该特征在附件3中所起的作用与本专利中的作用相同，当权利要求1不具备创造性时，权利要求6亦不具备创造性。

（5）请求人认为，权利要求7相对于附件1或2不具有新颖性，相对于附件1、2和4的结合不具有创造性。

附件1保护一种建筑工程的墙体、盖板或顶板用的构件，构件采用铝或塑料制作的轻型结构，与本专利中的木地板不属于同一技术领域，与权利要求7要求保护的技术方案并不相同；附件2是关于用于组装运动场地面的元件，该元件最好用塑胶制成，同时公开了面板边缘使用连接工具来连接或结合单个面板，但其舌和槽的结构与权利要求7限定的不同，同时也没有公开“平面方式相对地推移所述的地板块的时候允许其相互连接在一起”，因此附件2与权利要求7也不相同，请求人关于权利要求7相对于附件1或附件2不具备新颖性的主张不成立。附件4请求人仅用于评价权利要求7的附加技术特征，由上面的评述可知，附件1和附件2之间并没有给出任何启示以得到权利要求7的技术方案，因此，请求人关于权利要求7相对于附件1、2和4的结合不具有创造性的主张不能成立。

（6）请求人认为权利要求8相对于附件1不具有新颖性，相对于附件1和4的组合不具有创造性。

由上述对权利要求7的评述可知，附件1公开的是一种建筑工程的墙体、盖板或顶板用的构件，因此其没有公开与木基中心部分构成的地板块有关的任何特征，与权利要求8要求保护的技术方案并不相同；而附件4仅用于评价从属权利要求的附加技术特征，因此基于上述对权利要求7评述的同样理由，请求人关于权利要求8相对于附件1不具有新颖性、相对于附件1和4的结合不具有创造性的主张不能成立。

（7）权利要求10对锁定装置进行了进一步限定“……直至在具有舌状物（9-31）的边缘附近在地板块（1）的顶部有一个压力的时候，这些锁定装置（6）将地板块（1）相互压紧”，该特征已经被附件3公开了，由于附件3中固定嵌合头扣合并压在嵌合槽的上面，因此当在地板上端施加一个压力时，这个锁定装置可以使地板块互相压紧。因此，权利要求10相对于附件3不具备创造性。

（8）权利要求12的附加技术特征为“两个接触面倾斜并且具有相对倾斜”，附件4公开的地板块之间的连接也是嵌合头（相当于舌状物）与凹槽啮合来实现的，由附件4图2可以得知嵌合头3下面的固定头3a（相当于本专利中的凸出部分）与凹槽4中的固定槽4a相互配合以后，固定头侧面与固定槽侧面之间存在空隙，并不完全接触，即两个接触面具有相对倾斜，因此，当其引用的权利要求1~6、10不具备创造性时，权利要求12也不具备创造性。

（9）附件4披露了一种地板，由其附图1可知，舌和槽的接触面均具有一个圆形的头部，使舌进入槽时更加容易，本领域的技术人员在附件4这种地板块连接结构的启示下，容易想到将附件4中舌和槽的配合结构应用到附件3中的地板上从而得到权利要求13的技术方案，以解决相同的技术问题，因此，权利要求13相对于附件3和4的结合亦不具备创造性。

（10）权利要求15是权利要求14的从属权利要求，附件3中锁定装置——即固定嵌合头3c和嵌合槽2d相互啮合后，锁定装置将两个地板块拉在一起，附件3第0026段公开了连接部分凹槽2下侧水平嵌合头2c是由扰性材料制成的，啮合时会产生弹性。因此，附件3公开了权利要求14、15的附加技术特征，权利要求15相对于附件3不具备创造性。

（11）权利要求16的附加技术特征已经被附件3的“凹槽2有长度不同的上下侧水平嵌合头2b、2c（相当于本专利中的上、下凸出部分），嵌合头3a延伸到一垂直面；下侧水平嵌合头2c可弹性变形（见附件3第0026段），且长度超过上水平嵌合头2b”特征公开了，且该特征在附件3中所起的作用与本专利中的作用相同，因此权利要求16相对于附件3不具备创造性。

（12）合议组认为，权利要求 17 的附加技术特征是指平推咬合和转动咬合两种方式，并且专利权人也是这样解释的。附件 3 公开了地板可以转动啮合的技术内容（附件 3 附图 4），而关于相对移动或者说平推的啮合方式如同对权利要求 1 中的评述也是可以由附件 3 中的技术内容直接得出的，因此附件 3 公开了权利要求 17 的附加技术特征，且该特征在附件 3 中所起的作用与本专利中的作用相同，因此，权利要求 17 相对于附件 3 不具备创造性。

（13）权利要求 18、35、42 的附加技术特征对地板块的尺寸、相互位置关系进行了限定，权利要求 24、38、39 的附加技术特征采用了具体数值的限定方式对地板的形状进行了限定，上述权利要求的附加技术特征在附件 1~4 中均未被公开也没有给出技术启示，同时也没有证据证明上述附加技术特征是本领域的公知常识，权利要求 18、24、35、38、39、42 的技术方案对本领域技术人员来说是非显而易见的，因此请求人关于由于上述权利要求的附加技术特征被公开或是公知常识而导致其不具备新颖性或创造性的理由并不成立。

（14）权利要求 19 的附加技术特征对地板块的厚度作了进一步限定。但是，木地板的厚度是本领域技术人员根据强度、弹性等需要可以自行选择的，例如常规的木地板厚度规格为 8mm 或 12mm 等，均大于 5mm，因此权利要求 19 的附加技术特征中"每一块地板的总厚度大于或 5mm"对本领域技术人员来说容易想到的，权利要求 19 要求保护的技术方案不具备创造性。

（15）权利要求 20、21 的附加技术特征分别为"地板块由细长的板块组成，并且至少在其一个纵向端部上具有上述连接装置"以及"地板块是矩形或正方形的，在其四个端部上设有上述连接装置"。附件 3 中公开的地板块就是矩形的，且具有细长的形状，在四个端部均有连接装置，因此权利要求 20 相对于附件 3 不具备创造性。附件 3 虽未公开地板是正方形的，但地板块的形状可以根据需要或铺装条件制成其他形状，即这样的选择是本领域的常规技术手段。因此，在其引用的权利要求 1 不具备创造性的条件下，权利要求 21 也不具备创造性。

（16）权利要求 22 的附加技术特征对地板块的安装过程和安装过程中出现的情况进行了进一步限定，包括可以利用地板块之间彼此相对移动或者相对转动使地板块之间啮合。附件 3 已经公开了两块地板块之间相对转动啮合（参见附件 3 的附图 4），根据上述对权利要求 1 的评述，附件 3 中实际上也公开了两块地板之间的相对移动啮合，而旋转啮合使地板发生的形变量一定小于平推插合时地板发生的形变量。因此，在权利要求 1 不具备创造性的条件下，权利要求 22 也不具备创造性。

（17）请求人认为权利要求 23 相对于附件 1 和 4 的结合不具备创造性，其中权利要求 23 的附加技术特征"……部分（38-75）具有陡峭的倾斜用于提供锁紧作用，部分（40-76）具有平缓的倾斜用于使连接部分（4-5）的啮合容易"属于公知常识，并且被附件 4 的附图公开了。

附件 1 公开的是一种建筑工程的墙体、盖板或顶板用的构件，因此其没有公开与木基中心部分构成的地板块有关的任何特征，与权利要求 23 的技术方案并不相同，同时也没有给出任何启示来得到权利要求 23 的技术方案；而附件 4 仅用于评价附加技术特征，因此请求人关于权利要求 23 相对于附件 1 和 4 的结合不具有创造性的主张不能成立。

（18）由附件 3 的图 2、7 中可以看到，固定嵌合头 3c 和嵌合槽 2d 啮合的最低点明显位于槽的上侧嵌合头 2b 之外，而位于凸齿部（相当于本专利中的舌状物）的地板块的顶层之下。因此附件 3 公开了权利要求 25 的附加技术特征，权利要求 25 相对于附件 3 也不具备创造性。

（19）请求人认为，附件 1、2、4 公开了权利要求 26 的附加技术特征，权利要求 26 相对于附件 1、2、4 不具有新颖性，相对于附件 1、2 和 4 的结合不具有创造性。

附件 1 保护一种建筑工程的墙体、盖板或顶板用的构件，构件采用铝或塑料制作的轻型结构，与本专利中的木地板不属于同一技术领域，与权利要求 26 要求保护的技术方案并不相同；附件 2 是关于用于组装运动场地面的元件，该元件最好用塑胶制成，同时公开了面板边缘使用连接工具来连接或结合单个面板，但其舌和槽的结构与权利要求 26 限定的不同，同时也没有公开“平面方式相对地推移所述的地板块的时候允许其相互连接在一起”，因此附件 2 和权利要求 26 也不相同，同时附件 1 和 2 之间也没有给出任何启示来得到权利要求 26 的技术方案，而附件 4 请求人仅用于评价权利要求的附加技术特征，因此请求人关于权利要求 26 相对于附件 1 或附件 2 或附件 4 不具备新颖性、相对于附件 1、2 和 4 的结合不具有创造性的主张不能成立。

（20）请求人提出，权利要求 27 相对于附件 1~3 不具备新颖性和创造性。

附件 2 公开了一种面板的连接结构，参见其中附图 24~26 可知，当舌和槽啮合时，该弯曲部分围绕具有槽的地板的上缘转动进入槽中，本领域的技术人员在附件 2 的啮合部件的启示下，面对使地板块相互连接使舌更容易进入槽的技术问题时，容易将附件 2 中的这种啮合结构应用到附件 3 中的地板上从而得到本专利权利要求 27 的技术方案，因此，在其引用的权利要求不具备创造性的条件下，权利要求 27 也不具备创造性。

（21）请求人认为，权利要求 28 相对于附件 1、2 或 4 不具有新颖性，相对于附件 1、2 和 4 的结合不具有创造性。

附件 1 保护一种建筑工程的墙体、盖板或顶板用的构件，构件采用铝或塑料制作的轻型结构，与本专利中的木地板不属于同一技术领域，与权利要求 28 要求保护的技术方案并不相同；附件 2 是关于用于组装运动场地面的元件，该元件最好用塑胶制成，同时公开了面板边缘使用连接工具来连接或结合单个面板，但其舌和槽的结构与权利要求 7 限定的不同，同时也没有公开“平面方式相对地推移所述的地板块的时候允许其相互连接在一起”，因此附件 2 和权利要求 28 也不相同，请求人关于权利要求 28 相对于附件 1 或附件 2 不具备新颖性的主张不成立。附件 4 请求人仅用于评价权利要求的附加技术特征，而由上面的评述可知，附件 1 和附件 2 之间并没有给出任何启示来得到权利要求 28 的技术方案，因此，请求人关于权利要求 28 相对于附件 1、2 和 4 的结合不具有创造性的主张不能成立。

（22）请求人认为，附件 1 的附图 5d 公开了权利要求 29 的全部技术特征，因此，相对于附件 1 权利要求 29 不具有新颖性和创造性。

附件 1 保护一种建筑工程的墙体、盖板或顶板用的构件，构件采用铝或塑料制作的轻型结构，与本专利中的木地板不属于同一技术领域，与权利要求 29 要求保护的技术方案并不相同，同时，附件 1 中也没有给出任何启示来得到权利要求 29 的技术方案，因此，请求人关于权利要求 29 相对于附件 1 不具有新颖性和创造性的主张不能成立。

（23）权利要求 30 是权利要求 1 的从属权利要求，其限定部分的技术特征实质上已经在权利要求 1 中限定了，而如上对权利要求 1 的评述，附件 3 中地板块与权利要求 1 中地板块的结构相同，而且地板块采用的材料也相同，同理附件 3 中的地板块也可以实现权利要求 1 所限定的“平推连接”这一功能，因此，权利要求 30 不具备创造性。

（24）权利要求 31 的附加技术特征是“在将地板块（1）相向移动的时候，已经与上部凸出部分（42）第一次接触的舌尖的上边位于上部凸出部分之下”，为了使舌与槽啮合连接，当地板块的舌尖第一次接触上凸出部分时，一定位于上凸出部分之下，否则无法啮合进入上、下凸出部分限定的槽中，因此附件 3 的舌、槽连接结构必然具有上述特征。因此权利要求 31 不具备创造性。

（25）权利要求 32 的附加技术特征中的斜面（43-83）其作用是引导地板块接合，使锁定元件（33-34）能够彼此光滑移动，由附件 4 的附图 1 可以看出其地板块的下凸出部分也是一个倾斜的面，并且为了便于两个部件连接而采用倒角设计是本领域的常规技术手段，因此本领域技术人员容易想到在附件 3 中地板块的下凸出部分上设置斜面，从而得到权利要求 32 请求保护的技术方案，因此权利要求 32 不具备创造性。

（26）请求人认为，权利要求 33 相对于附件 1 不具备新颖性和创造性。

附件 1 保护一种建筑工程的墙体、盖板或顶板用的构件，构件采用铝或塑料制作的轻型结构，与本专利中的木地板不属于同一技术领域，同时附件 1 中也没有给出任何启示来得到权利要求 33 的技术方案，因此，请求人关于权利要求 33 相对于附件 1 不具有新颖性和创造性的主张不能成立。

（27）由附件 3 的图 2 可以得知，舌和槽的接触面大部分都平行于地板块限定的平面，因此，权利要求 34 相对于附件 3 不具备创造性。

（28）附件 3 第 0025 段公开了槽的下凸出部分使用柔性的扰性材料，同时专利权人所强调的柔软性是基于特定的形状所产生的，由于附件 3 已经公开了同样的结构（参见对权利要求 1 的评述），因此附件 36 的附加技术特征实际也被附件 3 公开了，权利要求 36 相对于附件 3 不具备创造性。

（29）请求人认为，权利要求 37 相对于附件 1 不具备新颖性和创造性。

附件 1 保护一种建筑工程的墙体、盖板或顶板用的构件，构件采用铝或塑料制作的轻型结构，与本专利中的木地板不属于同一技术领域，与权利要求 37 要求保护的技术方案并不相同，同时附件 1 也没有给出任何启示来得到权利要求 37 的技术方案，因此，请求人关于权利要求 37 相对于附件 1 不具有新颖性和创造性的主张不能成立。

（30）请求人认为，权利要求 40 的附加技术特征属于公知常识，因此，权利要求 40 相对于附件 1~3 和公知常识不具备新颖性和创造性。

合议组认为，首先，附件 1~3 中均没有公开“上凸出部分的上部边与地板块的上表面处于同一个平面中”，而且也没有证据证明该技术特征是本领域的公知常识，因此，权利要求 40 的技术方案相对于附件 1~3 是非显而易见的，因此，请求人关于权利要求 40 相对于附件 1~3 和公知常识不具备创造性的无效理由不能成立。

（31）在附件 3 的附图 4 可以得知，下凸出部分超出上凸出部分的部分完全位于上凸出部分的下部边之下，因此权利要求 41 的附加技术特征已经被附件 3 公开。因此，权利要求 41 相对于附件 3 不具备创造性。

（32）请求人认为，权利要求 43 相对于附件 2 不具有新颖性和创造性。

权利要求 43 是权利要求 1 的从属权利要求，附件 2 没有公开“平面方式相对地推移所述的地板块的时候允许其相互连接在一起”，同时附件 2 中也没有给出任何启示来得到权利要求 43 的技术方案，因此请求人关于权利要求 43 的附加技术特征被公开而导致权利要求 43 相对于附件 2 不具有新颖性和创造性的主张不能成立。

（33）常规地板块都是长方形的，具有长边和短边，地板块之间无论长边侧还是短边侧均可设置锁定装置，而锁定装置的接触面在短边侧的倾斜比长边侧大或小都属于本领域的常规选择，而且本专利的说明书中也没有具体说明接触面在短边侧的倾斜比长边大会产生任何显著的技术效果。因此，在其引用的权利要求 1 不具备创造性的条件下，权利要求 44 也不具备创造性。

（34）请求人认为，虽然附件中未公开权利要求 47 的附加技术特征，但鉴于下凸出部分较上凸出部分长，为此设置一个有坡度的斜面从而方便锁定，这对于本领域的技术人员来说是显而易见的，因此，权利要求 47 不具有创造性。

合议组认为，请求人对自己的这一主张并未提供相应证据予以证明，而且由现有技术及本专利的其他实施例中可知，地板块并非必须采用这种由坡度的斜面作为锁定机构，因此，请求人的理由没有依据，其关于权利要求 47 不具备新颖性和创造性的无效理由不能成立。

（35）附件3公开了：木地板主体，由胶合板、刨花板、MDF等木质材料制成；木地板主体下面铺设适当厚度的橡胶类弹性层，还可在其上面铺设适当的装饰层（参见附件3第0022段和第0025段），因此，附件3公开了权利要求48的附加技术特征，本领域的技术人员在附件3的基础上很容易得到权利要求3的技术方案。权利要求48不具备创造性。

至于专利权人认为的“附件3中所公开的多层地板块主体为以不同材料铺设的多层地板块，如橡胶或弹性树脂薄板等扰性材料，而本专利所述的地板块主体，即使是层压的，也是由同一种组份，即木质材料制成的，而非不同材料制成。并且，本专利旨在保护单层，即均由同一组分木质材料构成的地板块，而非如附件3所述的由不同材料构成的多层地板块”，合议组认为，权利要求48的技术方案中并未限定层压地板中的多层材料是同一材料或不同材料，因此，专利权人的理由不能成立。

（36）附件3第0001段中公开了“本发明不使用铁钉或粘合剂”，因此，该地板块一定是可以拆卸并重复使用的，因此权利要求50相对于附件3不具备创造性。

根据上述的事实和理由，本案合议组依法作出以下决定。

三、决定

宣告97190692.0号发明专利权的权利要求1~6、10、11、权利要求12引用权利要求1~6、10的技术方案、权利要求13、15~17、19~22、25、27、30~32、34、36、41、44~46、48、50~55无效，在权利要求7~9、权利要求12引用权利要求7~9、11的技术方案、权利要求14、18、23、24、26、28、29、33、35、37~40、42、43、47、49的基础上维持该专利权继续有效。

当事人对本决定不服的，可以根据专利法第46条第2款的规定，自收到本决定之日起三个月内向北京市第一中级人民法院起诉。根据该款的规定，一方当事人起诉后，另一方当事人应当作为第三人参加诉讼。

069

一种砼填充用薄壁管

无效宣告请求审查决定（第11373号）

决　定　号 第11373号
决　定　日 2008年4月15日
发明创造名称 一种砼填充用薄壁管
国际分类号 E04B 5/16
无效宣告请求人 嘉兴市多凌建筑结构材料有限公司
专　利　权　人 邱则有
申　请　号 200310101170.0
申　请　日 2003年10月21日
授权公告日 2007年2月14日
合议组组长 欧　岚
主　审　员 姜　岩
参　审　员 郭建强

法　律　依　据 专利法第22条第3款
决　定　要　点

一项权利要求与最接近的现有技术相比，虽然存在区别特征，但该区别特征为相同技术领域的另一份对比文件中的相关技术手段且该技术手段在该对比文件所起的作用与该区别特征在要求保护的发明中为解决其实际的技术问题所起的作用相同，则该权利要求不具备创造性。

一、案由

本无效宣告请求涉及中华人民共和国国家知识产权局于2007年2月14日授权公告的、名称为“一种砼填充用薄壁管”的发明专利权（下称本专利），其专利号是200310101170.0，申请日是2003年10月21日，专利权人是邱则有。本专利授权公告时的权利要求书共21项权利要求，其中权利要求1~9如下：

“1. 一种砼填充用薄壁管，包括空心管体（1）、加劲件（2）、堵头（3），加劲件（2）设置在空心管体（1）的空腔中，堵头（3）封闭在空心管体（1）的两端，空心管体（1）、加劲件（2）、堵头（3）中的至少一个中含有增强物（4），其特征在于空心管体（1）或堵头（3）的至少一个中设置有至少一个叠合层（5）。

2. 根据权利要求1所述的一种砼填充用薄壁管，其特征在于空心管体（1）上设置的叠合层（5）为预制层或现浇现抹层。

3. 根据权利要求1所述的一种砼填充用薄壁管，其特征在于加劲件（2）上设置的叠合层（5）为预制层或现浇现抹层。

4. 根据权利要求1所述的一种砼填充用薄壁管，其特征在于堵头（3）为预制堵头，其上设置的叠合层（5）为预制层或现浇现抹层。

5. 根据权利要求4所述的一种砼填充用薄壁管，其特征在于空心管体（1）中有增强物（4）从管的两端分别伸入堵头（3）和叠合层（5）之间，并形成整体。

6. 根据权利要求1所述的一种砼填充用薄壁管，其特征在于所述的空心管体（1）、加劲件（2）或堵头（3）均为预制件，搭接部位彼此互为叠合层（5），相互叠合连接而成薄壁管。

7. 根据权利要求1所述的一种砼填充用薄壁管，其特征在于所述的叠合层（5）与基层材质相同或不同。

8. 根据权利要求1所述的一种砼填充用薄壁管，其特征在于所述的叠合层（5）与基层之间以胶结、粘合、咬合、焊合、压合、拉丝、板合、螺钉、铆合的方式叠合成整体。

9. 根据权利要求1所述的一种砼填充用薄壁管，其特征在于叠合层（5）为水泥砂浆层、胶凝材料轻骨料砼层。”

针对本专利权，嘉兴市多凌建筑结构材料有限公司（下称请求人）于2007年9月28日向专利复审委员会提出无效宣告请求，认为本专利不符合专利法第22条第2款、第3款的规定，请求人同时提交了如下对比文件：

对比文件1：公开日为2002年2月27日，公开号为CN1337507A（申请号为01136050.X）的发明专利申请公开说明书，共28页；

对比文件2：授权公告日为1999年10月13日，授权公开号为CN2343240Y（专利号为98231113.3）的实用新型专利说明书，共5页；

对比文件3：公开日为2003年3月12日，公开号为CN1401865A（申请号为02144143.X）的发明专利申请公开说明书，共22页；

对比文件4：授权公告日为2003年5月7日、授权公告号为CN2549069Y（专利号为02208680.3）的实用新型专利说明书，共6页。

请求人认为：权利要求1相对于对比文件1、2、3不具备新颖性；权利要求1~9相对于对比文件1~4不具备创造性。

经形式审查合格，专利复审委员会依法受理了上述无效宣告请求，并于2007年9月29日向请求人和专利权人发出无效宣告请求受理通知书，同时将专利权无效宣告请求书及其附件清单中所列对比文件的副本转送给专利权人，并要求专利权人在指定的期限内陈述意见。专利权人逾期未答复。

专利复审委员会于2007年10月22日收到请求人提交的意见陈述书和补充证据，其中补充证据为（编号续前）：

对比文件5：公开日为2002年8月21日，公开号为CN1365414A（申请号为00810885.4）的发明专利申请公开说明书，共21页。

请求人认为：权利要求1相对于对比文件1或者3与对比文件5的结合不具备创造性。

专利复审委员会依法成立合议组对本案进行审理，本案合议组于2008年1月4日向双方发出无效宣告请求口头审理通知书，定于2008年2月21日在专利复审委员会举行口头审理。随同口头审理通知书，将专利复审委员会于2007年10月22日收到的请求人提交的意见陈述书及其补充证据的副本转送给专利权人。

口头审理如期举行，双方当事人均参加了口头审理。在口头审理中，请求人明确其无效的理由、范围以及证据的使用情况为：权利要求1被对比文件3公开不具有新颖性，被对比文件1或对比文件3或对比文件1、2的结合或对比文件3、2的结合或对比文件1、5的结合或对比文件3、5的结合公开，不具有创造性，其中对比文件1和3为最接近的对比文件；权利要求2~4的附技术特征分别被对比文件1~4公开，而且预制或现浇现抹工艺本身为本领域公知常识，因此不具有创造性；权利要求5的附加技术特征被对比文件3公开，不具有创造性；权利要求6的附加技术特征是公知技术；权利要求7附加技术特征分别被对比文件1~3公开，不具有创造性；权利要求8的附术特征分别被对比文件2、3公开，而且层与层之间的连接方式也是本领域的惯用技术手段，不具有创造性；权利要求9的附加技术特征分别被对比文件1~3公开，而且材料的选择是公知常识，不具有创造性。专利权人对对比文件1~5的真实性和公开性没有异议，认为对比文件4、5与本专利领域不同不能用于评价本专利的新颖性和创造性。双方就本专利是否具备新颖性和创造性充分发表了意见。

至此，合议组认为本案事实已经清楚，可以作出审查决定。

二、决定的理由

1. 关于证据和现有技术

请求人提交的证据包括对比文件1~5，专利权人对对比文件1~5的真实性没有异议，同时由于对比文件1~5均为中国专利文献，因此合议组经审查，对比文件1~5可以作为本案证据使用，且其公开日期在本专利的申请日前，因此可以作为本专利的现有技术使用。

2. 本专利的权利要求1~9是否具有创造性

专利法第22条第3款规定，创造性，是指同申请日以前已有的技术相比，该发明有突出的实质性特点和显著的进步，该实用新型有实质性特点和进步。

一项权利要求与最接近的现有技术相比，虽然存在区别特征，但该区别特征为相同技术领域的另一份对比文件中的相关技术手段且该技术手段在该对比文件所起的作用与该区别特征在要求保护的发明中为解决其实际的技术问题所起的作用相同，则该权利要求不具备创造性。

（1）权利要求1相对于对比文件3和2的结合是否具备创造性。

请求人认为叠合层被对比文件3的权利要求10和说明书第6页第1段的层状结构公开，而且对比文件2公开了筒管和筒底均是叠合的，对比文件3和对比文件2的结合使权利要求1不具备创造性。

专利权人认为本专利权利要求1特征部分的技术特征没有被对比文件3公开。对比文件3中多层结构相当于本专利中带有增强物的层，不是本专利的叠合层；增强物是从内部对管壁起到加强的作用，叠合层是从管壁的外部对管壁起到增强作用；叠合层和基层之间不是同时一体成型，因此叠合层与基层之间有明晰的界面，这是与多层结构在结构上的区别。

合议组经审查认为对比文件3公开了一种砼空心用薄壁管，与本专利属于相同的技术领域，并具体公开了如下技术内容（参见对比文件3权利要求2、3、10和说明书附图2、3、4、6-14）：该管包括管壁1（相当于本专利中的空心管）和两堵头2，管壁1和两堵头2围成封闭空腔4，腔内设置加劲肋5或加劲杆6（相当于本专利权利要求1中的加劲件），堵头2内夹有一条或一条以上相间排列或交叉的薄条带，加劲肋5或加劲杆6中的至少一个中有至少一条薄条带3（相当于本专利权利要求1中的增强物），由附图可知，对比文件3中的堵头也是封闭于薄壁管的两端。

由此可见，权利要求1与对比文件3的区别在于：权利要求1限定了权利要求1中限定“空心管体或堵头的至少一个中设置有至少一个叠合层”。而对比文件3权利要求10中公开了管壁1为层状结构9，由一层胶结料层，一层纤维网或纤维布或金属网，再一层胶结料层，再一层纤维网或纤维布或金属网，再一层胶结料层，如此重叠胶结而成，纤维网或纤维布或金属网为至少一层以上。合议组认为，叠合是建筑领域的一个已有概念，从时间上来说，叠合层形成于与之相对的基层之后；从结构上来说，叠合层与基层之间各自独立，有明确的分界面。对比文件 3 中的多层结构是同时形成的，并且各层之间互相渗透，连接成一个整体，纤维网和金属网等起到内部加强的作用，并不是本领域常规所述的叠合层。

对比文件 2 公开了一种混凝土薄壁筒体构件，其同本专利和对比文件 1 一样，也是用于现浇楼板中的筒体构件，并且具体公开了如下技术内容（参见对比文件 2 权利要求 1 和说明书第 1、2 页及附图 1）：该筒体由筒管和封闭筒管两端管口的筒底组成，其筒管以至少二层以上的玻璃纤维布筒叠套而成，筒管的具体制作方法为先在柱模上卷绕一层玻璃纤维布筒，然后在布筒柱面覆盖一层硫铝酸盐水泥无机胶凝材料或铁铝酸盐水泥无机胶凝材料，再在其上卷绕一层上述玻璃纤维布筒，待胶凝材料自行凝结固化后退出柱模，将所得布筒再以沉入上述胶凝材料浆池的方式使其筒体外表面和内腔表面同时覆盖一层上述胶凝材料后即形成筒管。从对比文件 2 筒管的制作方法可知，水泥层是后叠加于布筒层内外表面的，因此布筒层与水泥层之间有明确的分界面，故水泥层相对于布筒层符合常规叠合层的概念，而且其目的也是从布筒筒体的外部对布筒起到增强作用，也就是说对比文件 2 中给出的这种用于现浇混凝土构件中的筒体结构是在筒体的内、外表面叠合有叠合层，与本专利一样，其也是起到增强筒管强度和刚度的作用，本领域的技术人员在面临从构件外部增加构件强度的技术问题时，会由对比文件 2 获得启示，将在构件外部叠合有叠合层应用于对比文件 3 中，从而得到权利要求 1 请求保护的技术方案，因此权利要求 1 相对于对比文件 3 和 2 的结合不具有突出的实质性特点，不符合专利法第 22 条第 3 款有关创造性的规定。

（2）权利要求 2~9 是否具备创造性。

权利要求 2、3、4 均是独立权利要求 1 的从属权利要求，其附加技术特征在于分别限定管体、加劲件、堵头上设置的叠合层为预制层或现浇层，权利要求 4 中还限定了堵头为预制堵头。在建筑领域中，根据工程需要对构件中的部件采用现浇现抹或预制的工艺是本领域的公知常识，因此在其引用的权利要求 1 不具备创造性的条件下，权利要求 2、3、4 也不符合专利法第 22 条第 3 款有关创造性的规定。

权利要求 5 是权利要求 4 的从属权利要求，其附加技术特征在于“空心管体 1 中有增强物从管的两端分别伸入到堵头和叠合层之间”，对比文件 3 中公开了一种砼空心用薄壁管，并具体公开了如下技术内容（参见对比文件 3 权利要求 14、15）：管壁 1 由小的分段 18 拼装组合而成，小的分段之间有薄条带或钢丝或钢丝网中的至少一个连接。本领域的技术人员根据上述内容很容易想到通过管体或者堵头内的增强物将管体和堵头连接成一个整体，而堵头外面附有叠合层，为防止管体仅与其中一层连接不够牢固而将增强物分别伸入到以上两层之间也很容易想到。也就是说，对比文件 3 中存在“通过管体内的增强物将管体和堵头连接并伸入到堵头和叠合层之间”的技术启示。因此，在其引用的权利要求不具备创造性的条件下，权利要求 5 也不符合专利法第 22 条第 3 款有关创造性的规定。

权利要求 6 是权利要求 1 的从属权利要求，其附加技术特征在于“所述的空心管体（1）、加劲件（2）或堵头（3）均为预制件，搭接部位彼此互为叠合层（5），相互叠合连接而成薄壁管”，首先，根据工程需要对构件及其部件进行现浇或预制是本领域的公知常识，其次，如果预制的管体、加劲件、堵头组装在一起构成一个完整的管体后，两两之间的搭接部位必定互为叠合层，这也是公知常识。因此，在其引用的权利要求 1 不具备创造性的条件下，该权利要求 6 也不符合专利法第 22 条第 3 款有关创造性的规定。至于专利权人认为的“本专利说明书第 13 页第 3 段附图 7 及实施例 7 描述了该附加技术特征”，因此与现有技术不同，具有创造性。合议组认为，实施例 7 中描述、附图 7 所示的技术方案是在管体、加劲件、堵头三个预制件组合在一起时，两两之间的搭接部位处还有另外一个叠合层，而不是预制件搭接部位彼此互为叠合层，因此实施例7及附图7所述的技术方案并不是权利要求6记载的技术方案，故请求人的该主张不能成立。

权利要求7是权利要求1的从属权利要求，其附加技术特征为“叠合层（5）与基层材质相同或不同”，对比文件2中公开了叠合层与基层材料相同的情况，本领域技术人员根据工程需要采用不同材质的叠合层和基层也是容易想到的。因此，在其引用的权利要求1不具备创造性的条件下，该权利要求7也不符合专利法第22条第3款有关创造性的规定。

权利要求8是权利要求1的从属权利要求，其附加技术特征为“叠合层（5）与基层之间以胶结、粘合、咬合、焊合、压合、拉丝、板合、螺钉、铆合的方式叠合成整体”，合议组认为，以上各连接方式是层与层之间连接时的常用技术手段，在其引用的权利要求1不具备创造性的条件下，该权利要求8也不符合专利法第22条第3款有关创造性的规定。

权利要求9是权利要求1的从属权利要求，其附加技术特征为“叠合层（5）为水泥砂浆层、胶凝材料轻骨料砼层”，合议组认为：水泥砂浆层和胶凝材料轻骨料砼层是本领域制作板体的常规材料，本领域的普通技术人员可以根据需要从现有材料中进行常规选择。因此，在其引用的权利要求1不具备创造性的条件下，该权利要求9也不符合专利法第22条第3款有关创造性的规定。

鉴于本专利权利要求1~9不符合专利法第22条第3款的规定，应予无效，因此本决定对请求人提出的其他无效理由不做评述。

根据上述的事实和理由，本案合议组依法作出以下决定。

三、决定

宣告200310101170.0号实用新型专利权的权利要求1~9无效，在权利要求10~21的基础上维持该专利权继续有效。

当事人对本决定不服的，可以根据专利法第46条第2款的规定，自收到本决定之日起三个月内向北京市第一中级人民法院起诉。根据该款的规定，一方当事人起诉后，另一方当事人应当作为第三人参加诉讼。

070

扣合式架空地板

无效宣告请求审查决定（第 11376 号）

决　　定　　号　第 11376 号
决　　定　　日　2008 年 4 月 21 日
发明创造名称　扣合式架空地板
国 际 分 类 号　E04F 15/00, E04F 15/02
无效宣告请求人　常州市红日防静电地板制造有限公司
专　利　权　人　张燕峰
专　　利　　号　200420079340. X
申　　请　　日　2004 年 9 月 10 日
授 权 公 告 日　2005 年 9 月 14 日
合 议 组 组 长　欧　岚
主　　审　　员　王　博
参　　审　　员　刘敏飞

法　律　依　据　专利法第 22 条第 2 款
决　定　要　点

如果对比文件公开了权利要求请求保护的技术方案，二者属于相同的技术领域，解决相同的技术问题，达到相同的预期效果，则该权利要求不具备新颖性。

一、案由

本无效宣告请求涉及中华人民共和国国家知识产权局于 2005 年 9 月 14 日授权公告的、名称为“扣合式架空地板”的实用新型专利权（下称本专利），其专利号是 200420079340. X，申请日是 2004 年 9 月 10 日，专利权人是张燕峰。本专利授权公告时的权利要求书如下：

“1. 一种扣合式架空地板，包括架空的定位板、边盖板和角盖板，其特征在于：所述定位板的上表面周边制有扣合沟槽，所述边盖板的两边制有与所述定位板边沟槽相配的折边，所述角盖板的四角制有所述定位板拐角沟槽相配的拐角折边。

2. 根据权利要求 1 所述扣合式架空地板，其特征在于：所述定位板呈现正方形，用钢板制成外壳，内部灌充水泥。

3. 根据权利要求 2 所述扣合式架空地板，其特征在于：所述定位板下表面制有间隔分布的球窝。

4. 根据权利要求 3 所述扣合式架空地板，其特征在于：所述定位板上表面的各边沟槽连接处圆角过渡，所述角盖板四角呈缺角状，制有与定位板拐角圆弧沟槽相配的拐角折边。

5. 根据权利要求 4 所述扣合式架空地板，其特征在于：所述定位板周边沟槽的边缘平面低于上表面一个盖板的材料厚度。”

针对本专利，常州市红日防静电地板制造有限公司（下称请求人）于 2007 年 3 月 7 日向专利复审委员会提出无效宣告请求（下称请求一），认为本专利不符合专利法第 22 条第 2 款、第 3 款的规定，请求人同时提交了如下附件：

附件 1.1：本专利的专利说明书；

附件 1.2：公告日为 1997 年 5 月 13 日、公开号为 5628157 的美国专利文献，共 9 页（下称对比文件 1.1）；

附件 1.3：附件 1.2 的中文译文，共 9 页；

附件 1.4：授权公告日为 2000 年 2 月 2 日、授权公告号为 CN2361727Y（专利号为 98227209.X）的中国实用新型专利说明书，共 4 页（下称对比文件 1.2）；

附件 1.5：授权公告日为 2003 年 5 月 14 日、授权公告号为 CN2550442Y（专利号为 02267108.0）的中国实用新型专利说明书，共 15 页（下称对比文件 1.3）；

附件 1.6：公开日为 1997 年 4 月 30 日、公开号为 CN1148880A 的中国发明专利申请公开说明书，共 23 页（下称对比文件 1.4）。

请求人认为：权利要求 1~5 相对于对比文件 1.1~1.4 不具有新颖性和/或创造性。

经形式审查合格，专利复审委员会依法受理了上述无效宣告请求，并于 2007 年 6 月 15 日向请求人和专利权人发出无效宣告请求受理通知书，同时将专利权无效宣告请求书及其附件清单中所列附件的副本转送给专利权人，并要求专利权人在指定的期限内陈述意见。

针对专利复审委员会发出的上述无效宣告请求受理通知书，专利权人于 2007 年 7 月 27 日提交了意见陈述书。专利权人认为：对比文件 1.1~1.4 均没有公开权利要求 1 中的特征“定位板的上表面周边制有扣合沟槽”和“角盖板的四角制有所述定位板拐角沟槽相配的拐角折边”，也没有给出相应的技术启示，因此权利要求 1~5 均具有新颖性、创造性。

针对本专利权，同一请求人于 2007 年 10 月 29 日再次向专利复审委员会提出无效宣告请求（下称请求二），认为本专利不符合专利法第 22 条第 3 款及专利法实施细则第 13 条第 1 款的规定，请求人同时提交了如下附件：

附件 2.1：授权公告日为 2004 年 12 月 15 日、授权公告号为 CN2663576Y（专利号为 03210632.7）的中国实用新型专利说明书，其申请日为 2003 年 9 月 15 日，专利权人为费龙仁，共 15 页（下称对比文件 2.1）；

附件 2.2：授权公告日为 2003 年 1 月 1 日、授权公告号为 CN2528829Y（专利号为 01208101.9）的中国实用新型专利说明书，共 15 页（下称对比文件 2.2）。

请求人认为：权利要求 1、2、5 相对于附件 2.1 不符合专利法实施细则第 13 条第 1 款的规定，在权利要求 1 不成立的前提下，结合附件 2.2，权利要求 3 的技术特征为公知常识，不具有创造性，在权利要求 3 不成立的前提下，权利要求 4 的技术特征为常规选择，不具有创造性。

经形式审查合格，专利复审委员会依法受理了上述无效宣告请求，并于 2007 年 10 月 29 日向请求人和专利权人发出无效宣告请求受理通知书，同时将专利权无效宣告请求书及其附件清单中所列附件的副本转送给专利权人，并要求专利权人在指定的期限内陈述意见。

专利权人逾期没有针对上述无效宣告请求受理通知书陈述意见。

专利复审委员会依法成立合议组对上述两项无效宣告请求进行审查。

根据审查指南第四部分第三章第 4.5 节的规定，合议组决定对上述两项无效宣告请求合案进行审查。本案合议组于2007年10月29日向双方发出无效宣告请求口头审理通知书，定于2007年12月11日在专利复审委员会举行口头审理。

请求人于2007年11月28日针对请求二提交了补充意见陈述书及证据：

附件2.3：授权公告日为2003年12月3日、授权公告号为CN2589575Y（专利号为02283447.8）的中国实用新型专利说明书，共20页（下称对比文件2.3）；

附件2.4：授权公告日为2003年5月14日、授权公告号为CN2550442Y（专利号为02267108.0）的中国实用新型专利说明书，共15页（下称对比文件2.4）；

附件2.5：中华人民共和国信息产业部于2001年5月17日发布、2001年6月1日实施的名称为《防静电活动地板通用规范》的中华人民共和国电子行业标准SJ/T10796-2001复印件，共13页；

请求人认为：权利要求1~5相对于对比文件2.1不具有新颖性，权利要求2~5相对于对比文件2.1~2.5不具有创造性。

合议组于2007年11月29日向专利权人发出转送文件通知书，转送请求人于2007年11月28日提交的意见陈述书及其附件。

口头审理如期举行，双方当事人均参加了口头审理。

口头审理中，（1）专利权人针对请求一及请求二当庭提交意见陈述书，合议组将其副本当庭转送给请求人。（2）关于请求一，请求人明确表示其无效的理由、证据、范围及证据的使用情况为：权利要求1相对于对比文件1.4不具有新颖性，权利要求2相对于对比文件1.4结合1.2或1.3不具有创造性，权利要求3相对于对比文件1.4结合1.1或1.2或1.3不具有创造性，权利要求4相对于对比文件1.4或对比文件1.4结合1.3不具有创造性，权利要求5相对于对比文件1.4结合1.3不具有创造性。（3）关于请求二，请求人明确表示其无效的理由、证据、范围及证据的使用情况为：权利要求1~5相对于附件2.1不具有新颖性；请求人当庭放弃本专利不符合专利法第22条第3款和专利法实施细则第13条第1款规定的无效理由并放弃使用附件2.2~2.5。（4）专利权人对对比文件1.1~1.4、2.1~2.5的真实性没有异议，对证据的组合方式没有异议，对对比文件1.1的译文准确性没有异议。在此基础上，合议组对本案进行了调查，充分听取了双方当事人的意见。

至此，合议组认为本案事实已经清楚，可以作出审查决定。

二、决定的理由

1. 关于证据和现有技术

在请求一中，请求人提交的证据包括附件1.2、1.4、1.5、1.6（即对比文件1.1~1.4），专利权人对其真实性均没有异议，上述附件均为专利文献，合议组经审查认为其可以作为本案证据使用，且其公开日期在本专利的申请日前，因此可以作为本专利的现有技术使用。

其中请求人提交的附件1.2为外文专利文献，请求人用附件1.3作为其中文译文，专利权人对该中文译文的准确性也没有异议，因此附件1.2公开的内容以附件1.3为准。

在请求二中，请求人的证据包括附件2.1~2.5，在口头审理中，请求人放弃了附件2.2~2.5的使用，因此仅剩附件2.1（即对比文件2.1），专利权人对附件2.1的真实性没有异议，该附件为一份中国专利文献，合议组经审查认为其可以作为本案证据使用。同时，该附件为费龙仁于本专利申请日前向专利局提出的、在本专利申请日后公开的专利文献，因此其仅能用来评述本专利的新颖性。

2. 关于本专利权利要求1~5的新颖性

专利法第22条第2款规定，新颖性，是指在申请日以前没有同样的发明或者实用新型在国内外出版物上公开发表过、在国内公开使用过或者以其他方式为公众所知，也没有同样的发明或者实用新型由他人向国务院专利行政部门提出过申请并且记载在申请日以后公布的专利申请文件中。

如果对比文件公开了权利要求请求保护的技术方案，二者属于相同的技术领域，解决相同的技术问题，达到相同的预期效果，则该权利要求不具备新颖性。

在请求二中，请求人认为权利要求 1~5 相对于附件 2 不具有新颖性。

（1）权利要求 1。

对比文件 2.1 公开了一种超低轻多功能网络架空活动地板，该地板由钢地板、角盖板、边盖板拼装而成，钢地板的块与块之间留有可用于布置网络线路的空隙，空隙的上部用边盖板及角盖板连接相邻间的钢地板，地板的四边均设沟槽，角盖板、边盖板四边设折边（参见说明书第 3 页，图 1、2、6、11）。在图 6 地板与支架连接的剖视图中，公开了凹槽与折边扣合的特征，结合图 2 中所反映出的地板拼接方式，可以得出对比文件 2.1 完全公开了权利要求 1 的技术方案，二者属于相同的技术领域，解决相同的技术问题，达到相同的预期效果，因此该权利要求不具有新颖性。

专利权人认为对比文件 2.1 没有公开拐角沟槽及拐角折边的特征，并认为对比文件 2.1 的边盖板和地板是通过边盖板两侧的凸柱与地板侧面的槽来进行连接的。对此，请求人的解释是，对比文件 2.1 是请求人自己的专利，该专利在撰写中存在较多的纰漏，各部件名称在说明书中较为混乱，但结合附图及上下文，能够正确理解边盖板和地板是通过沟槽和折边的方式连接，而不是凸柱与槽的方式来连接的。

合议组认为，关于地板与边盖板的连接方式，在对比文件 2.1 的说明书文字部分提到了两种方式，其一是“地板的四边均设沟槽，角盖板、边盖板四边设折边”（说明书第 3 页倒数第 5 行），其二是“角盖板下表面上设有若干与地板上设有的若干凹槽相匹配使用的凸柱，角盖板的四个侧面均设有槽”（说明书第 4 页第 9~10 行）。但是，这两种连接方式并不矛盾，结合附图中的关于地板拼接方式及说明书中所描述的折边的设置，本领域技术人员能够知道在角盖板的拐角处设置的是连续的折边，虽然对比文件 2.1 的说明书撰写存在一定的问题，但附图是说明书的一个组成部分，本领域技术人员结合附图中所公开的信息，能够清楚明白对比文件 2.1 公开了本专利权利要求 1 的角盖板与地板的连接方式，说明书撰写上的疏漏并不足以影响本领域技术人员对对比文件 2.1 技术方案的理解，因此专利权人的主张不能成立。

（2）权利要求 2。

对比文件 2.1 的附图 1、附图 2 中公开了地板为正方形，说明书第 3 页倒数第 11 行中公开了地板为钢地板，说明书第 4 页第 3 行公开了“地板侧面设有二发泡水泥充灌孔”，由此公开了地板内部灌充水泥的特征。因此，权利要求 2 的附加技术特征均已被公开，在权利要求 1 不具有新颖性的前提下，权利要求 2 也不具有新颖性。

（3）权利要求 3。

在对比文件 2.1 中，结合图 6 和图 1 可以得知地板下表面设置有间隔分布的球窝。因此，权利要求 3 的附加技术特征均已被公开，在权利要求 2 不具有新颖性的前提下，权利要求 3 也不具有新颖性。

（4）权利要求 4。

对比文件 2.1 图 2 中公开了地板上表面各边沟槽连接处的圆角过渡，图 11、图 12 中公开了角盖板的四角呈缺角状，其上具有拐角折边，图 2 的连接方式上公开了拐角折边是与定位板的拐角圆弧相配合的特征。因此，权利要求 4 的附加技术特征均已被公开，在权利要求 3 不具有新颖性的前提下，权利要求 4 也不具有新颖性。

（5）权利要求 5。

请求人认为，对比文件 2.1 说明书第 4 页第 2 行公开了“角盖板、边盖板、地板上表面保持于同一平面”的特征，由此可以推知其公开了权利要求5的附加技术特征“定位板周边沟槽的边缘平面低于上表面一个盖板的材料厚度”。

专利权人认为，本专利是盖板折边和沟槽厚度的关系，本专利反映的是具体的折边与整体沟槽的相对位置关系，对比文件2.1公开的是效果，而实现这种效果有多种方式。

合议组认为，本专利权利要求5的附加技术特征为“定位板周边沟槽的边缘平面低于上表面一个盖板的材料厚度”，根据本专利说明书第3页第1~2行的记载，权利要求5的附加技术特征的目的是使“整个地板组合后的上表面平整如一”。虽然其中没有明确限定盖板与沟槽之间存在垫片结构，但在实际使用过程中，对于本专利这样的钢地板结构，在盖板与沟槽之间设置一个垫片结构以实现隔振消音的目的是必然的。而从对比文件2.1的说明书第4页第2行同样公开了“角盖板、边盖板、地板上表面保持于同一平面”，同时在其图6中可以看出在地板沟槽的边缘平面低于上表面一个盖板加一个倒U型垫片的材料厚度，显然该垫片也是用于隔振消音的。因此，对比文件2.1公开的技术方案与本专利权利要求5的技术方案实质上相同，所属技术领域的技术人员根据两者的技术方案可以确定两者能够适用于相同的技术领域，解决相同的技术问题，并具有相同的预期效果。此外，为了实现“整个地板组合后的上表面平整如一”的技术效果，采用定位板周边沟槽的边缘平面低于上表面一个盖板的材料厚度的方案，或定位板周边沟槽的边缘平面低于上表面一个盖板的材料厚度加垫片厚度之和的方案，也都是本领域惯用手段的直接置换。故对比文件2.1与权利要求5为同样的实用新型，权利要求5不具有新颖性。

根据上面的评述，本专利权利要求1~5都不具有新颖性，本专利应予全部无效，因此合议组不再审查请求人在请求一中的其他的无效宣告请求。

根据上述的事实和理由，本案合议组依法作出以下决定。

三、决定

宣告200420079340.X号实用新型专利权全部无效。

当事人对本决定不服的，可以根据专利法第46条第2款的规定，自收到本决定之日起三个月内向北京市第一中级人民法院起诉。根据该款的规定，一方当事人起诉后，另一方当事人应当作为第三人参加诉讼。

071

一种水烟筒

无效宣告请求审查决定（第 11383 号）

决　　定　　号　第 11383 号
决　　定　　日　2008 年 4 月 18 日
发明创造名称　一种水烟筒
国 际 分 类 号　A24F 1/30
无效宣告请求人　陈进兴
专　利　权　人　广州市兆鹰五金有限公司
专　　利　　号　02226804.9
申　　请　　日　2002 年 4 月 12 日
授 权 公 告 日　2003 年 2 月 26 日
合 议 组 组 长　左　一
主　　审　　员　李　佳
参　　审　　员　李　阳

法　律　依　据　专利法第 22 条第 2 款、第 3 款，专利法实施细则第 2 条第 2 款
决　定　要　点

专利法实施细则第 2 条第 2 款是对可获得专利保护的实用新型的一般性定义，而不是判断新颖性、创造性的具体审查标准。

他人在本专利申请日之前向专利局提出申请且在本专利申请日之后公开的专利申请，不构成本专利的现有技术，不能用作现有技术的证据评价本专利的创造性。

一、案由

本无效宣告请求涉及国家知识产权局于 2003 年 2 月 26 日授权公告的名称为“一种水烟筒”的 02226804.9 号实用新型专利（下称本专利），其申请日是 2002 年 4 月 12 日，专利权人是广州市兆鹰五金有限公司（下称专利权人）。授权公告的权利要求书内容如下：

“1. 一种水烟筒，包括烟筒（1）和烟嘴（2），烟筒（1）内设有一条烟管（3），其特征在于：所述的烟筒（1）的上端连接有一个烟锅座（4），烟锅座（4）上连接有一个烟锅（5），烟锅（5）的底部设有多个小通孔（6），该小通孔（6）与烟筒（1）内的烟管（3）相通；烟筒（1）的下端连接有一个盛水容器（7），烟筒（1）内的烟管（3）伸入盛水容器（7）中，烟筒（1）的下端与盛水容器（7）的连接处设有一个空腔（8）；烟筒（1）的下端还设有一个烟孔接头（9），该烟孔接头（9）与空腔（8）连通，烟嘴（2）通过一条长软管（10）与烟孔接头（9）连接。”

“2. 如权利要求1所述的水烟筒，其特征在于：所述的烟筒（1）的下端还设有一个排烟阀（11），排烟阀（11）与烟筒（1）下端的空腔（8）连通。”

“3. 如权利要求1或2所述的水烟筒，其特征在于：所述的盛水容器（7）为玻璃瓶。”

“4. 如权利要求3所述的水烟筒，其特征在于：所述的烟筒（1）的上端与烟锅座（4）的连接处设有一个托盘（12）。”

针对上述专利权，陈进兴（下称请求人）于2007年9月10日向专利复审委员会提出了无效宣告请求，其理由是本专利权利要求1~4不符合专利法第22条第2款和第3款、专利法实施细则第2条第2款的规定，并提交了如下附件：

附件1：授权公告号为CN2501324Y的中国实用新型专利说明书复印件，共7页，其申请日为2001年9月24日，授权公告日为2002年7月24日，专利权人为洪淑美；

附件2：本专利的说明书复印件，共6页；

附件3：请求人声称的显示国家烟草专卖局网站于2004年4月10日登载的“吸烟的种种方法”的网页编辑打印件，共1页；

附件4：请求人声称的显示国家烟草专卖局网站于2003年11月7日登载的“阿拉伯水烟兑果汁”的网页编辑打印件，共1页；

附件5：请求人声称的显示威海新闻网登载的发表时间为2006年5月14日的“兰州水烟繁华后没落”的网页编辑打印件，共1页；

附件6：请求人声称的显示一起来自助旅游网登载的“兰州特产”的网页编辑打印件，共1页，但该网页编辑打印件上没有显示任何时间。

请求人在无效宣告请求书中认为：本专利权利要求1~4相对于附件1、5、6不具有新颖性，不符合专利法第22条第2款的规定；本专利权利要求1~4相对于附件1不具有创造性，不符合专利法第22条第3款的规定；本专利要求保护的技术方案为本领域中普通技术人员所公知的技术方案，因此本专利不符合专利法实施细则第2条第2款的规定。

经形式审查合格后，专利复审委员会于2007年9月14日受理了上述无效宣告请求，向双方当事人发出了《无效宣告请求受理通知书》，并将无效宣告请求书及附件清单中所列附件副本转送给专利权人，要求其在指定期限内答复。

请求人于2007年9月29日向专利复审委员会寄交了意见陈述书，并提交如下附件（编号续前）：

附件8：（2005）穗中法民三知初字第81号民事判决书的网络打印件；

附件9：（2005）粤高法民三终字第383号民事判决书的网络打印件。

请求人在上述意见陈述书中认为：根据附件8、9两份民事判决书所认定的事实，以及专利权人在上述判决中的陈述，本专利与附件1相比，共有3项技术创新内容，即：烟锅座、空腔、排烟阀。请求人认为上述3项内容不能构成技术创新，相对于附件1不具有新颖性、创造性。总之，虽然附件8、9两份民事判决书均认定了上述3项技术创新，但是，请求人认为本专利等同于附件1。

专利复审委员会于2007年10月10日收到请求人提交的意见陈述书以及如下附件（编号续前）：

附件7：授权公告号为CN2501324Y的中国实用新型专利说明书网络打印件，共7页；

附件10：（2005）穗中法民三知初字第81号民事判决书的网络打印件，共6页；

附件11：（2005）粤高法民三终字第383号民事判决书的网络打印件，共6页。

其中附件7的实质内容与附件1相同，附件10和附件11的实质内容分别与附件8、9相同。此外，上述意见陈述书的内容与请求人于2007年9月29日寄交的意见陈述书内容实质相同。

专利复审委员会依法成立合议组，对本案进行审理。2008年2月14日，合议组向双方当事人发出口头审理通知书，定于2008年4月3日举行口头审理。同时将请求人分别于2007年9月29日、2007年10月10日提交的意见陈述书和附件的副本转送给专利权人。

请求人于2008年3月10日向专利复审委员会寄交口审回执，表示其不能参加口头审理。

口头审理如期举行，专利权人出席口头审理，请求人未出席口头审理。专利权人对合议组成员无回避请求。合议组当庭告知专利权人：请求人已经明确表示不参加口头审理。本次口头审理以请求人在提出无效宣告请求时提交的无效理由和证据以及一个月内补交的无效理由和证据为基础对本案进行审理，即：本专利权利要求1~4分别相对于附件1、5、6不具有新颖性，不符合专利法第22条第2款的规定；本专利权利要求1~4相对于附件1不具有创造性，不符合专利法第22条第3款的规定；本专利不符合专利法实施细则第2条第2款的规定。专利权人在口头审理当庭充分发表意见。专利权人对附件1、7的真实性无异议。由于附件3~6、8~11是网页打印件或复印件，专利权人对上述附件的真实性有异议。专利权人认为，附件1、7不能构成本专利的现有技术，不能用于评价本专利权利要求的创造性；对于权利要求1~4相对于附件1不具有新颖性以及本专利不符合专利法实施细则第2条第2款的无效宣告理由的评价在无效决定第8183号审查决定中已有生效的法律认定。

在上述事实的基础上，合议组经合议依法作出审查决定。

二、决定的理由

1. 关于审理范围

请求人的无效宣告请求理由为：本专利权利要求1~4分别相对于附件1、5、6不符合专利法第22条第2款的规定；权利要求1~4相对于附件1不符合专利法第22条第3款的规定；本专利不符合专利法实施细则第2条第2款的规定。

专利权人认为：对于权利要求1~4相对于附件1不具备新颖性以及本专利不符合专利法实施细则第2条第2款的无效理由的评价，在无效决定第8183号审查决定中已有生效的法律认定。

经合议组核实，专利复审委员会于2006年4月7日作出在先已生效的第8183号的决定中，已经明确认定本专利权利要求1~4相对于附件1（即在先决定中的附件1~6）符合专利法第22条第2款的规定，根据一事不再理原则，作为在后决定，本决定中对此不再重新审理，遵循第8183号决定中的认定结论，即，本专利权利要求1~4相对于附件1具有新颖性，符合专利法第22条第2款的规定。但是，第8183号决定中仅仅认定本专利权利要求3、4中使用玻璃瓶对盛水容器进一步进行限定并未改变其所保护的对象是有形产品，因而本专利权利要求3、4符合专利法实施细则第2条第2款的规定。本案请求人提出本专利（权利要求1~4）不符合专利法实施细则第2条第2款的具体理由为：本专利使用的是本领域中普通技术人员所公知的技术方案，并以附件1和3作为依据。虽然适用法条相同，但具体的无效宣告理由不同，因此不属于一事不再理的范畴，合议组对此无效宣告请求理由予以审理。

综上，合议组明确本次无效宣告请求的审理范围为：本专利权利要求1~4相对于附件5、6是否符合专利法第22条第2款的规定；本专利权利要求1~4相对于附件1是否符合专利法第22条第3款的规定；本专利是否符合专利法实施细则第2条第2款的规定。

2. 关于证据

附件1、7是同一中国实用新型专利，其申请日在本专利申请之前，其公开日在本专利申请日之后，其专利权人与本专利的专利权人不相同，专利权人对其真实性无异议，但其不能构成本专利的现有技术，只能用于评价本专利权利要求的新颖性。

附件3~6是网页编辑打印件，专利权人对上述附件的真实性不予认可。合议组认为，由于网页编辑打印件可以在电脑上随意修改，其随意性较强，合议组无法核实其真实性；并且请求人也没有提交可以证明上述附件真实性的任何证据，因此合议组对附件3~6的真实性不予认可，上述附件不能作为本案的证据使用。

附件8~11是网络打印件，专利权人对上述附件的真实性不予认可。但上述附件是法律文书，经核实，合议组对附件8~11的真实性予以认可。又由于附件8~11是法院作出的有关本专利的侵权判定的民事判决书，并不涉及本无效宣告请求理由中有关本专利是否符合专利法实施细则第2条第2款以及专利法第22条第2、3款的规定的认定，因此，附件8~11不影响合议组对本案的审理。

3. 关于专利法实施细则第2条第2款

专利法实施细则第2条第2款规定：专利法所称实用新型，是指对产品的形状、构造或者其结合所提出的适于使用的新的技术方案。

请求人认为，本专利是对一种水烟筒的构造提出权利要求，而专利权人使用的是本领域中的普通技术人员所公知的技术方案，因此不符合专利法实施细则第2条第2款的规定。

合议组认为，专利法实施细则第2条第2款关于实用新型的定义，指出了实用新型技术方案中必须包括产品的形状和构造以及其结合的技术特征，而未对其技术方案相对于现有技术是否具有新颖性和/或创造性进行规定。本专利权利要求1要求保护一种水烟筒，其技术特征均是对水烟筒的构造进行限定，权利要求2~4是权利要求1的从属权利要求，是对水烟筒的结构作出的进一步限定。因此，本专利的权利要求1~4符合专利法实施细则第2条第2款。

4. 关于专利法第22条第2款

专利法第22条第2款规定：新颖性，是指在申请日以前没有同样的发明或者实用新型在国内外出版物上公开发表过、在国内公开使用过或者以其他方式为公众所知，也没有同样的发明或者实用新型由他人向专利局提出过申请并且记载在申请日以后（含申请日）公布的专利申请文件中。

由于合议组对附件5、6的真实性不予认可，因此请求人提交的附件5、6均不能作为证据证明本专利的权利要求不符合专利法第22条第2款的规定。

5. 关于专利法第22条第3款

专利法第22条第3款规定：创造性是指同申请日以前已有的技术相比，该实用新型具有实质性特点和进步。

请求人使用附件1来评价本专利的创造性。

合议组认为，附件1的授权公告号为CN2501324Y，申请日为2001年9月24日，授权公告日为2002年7月24日，是其申请日在本专利申请之前，其公开日在本专利申请日之后，其专利权人与本专利的专利权人不相同，不能构成本专利的现有技术，只能用于评价本专利权利要求的新颖性，不能作为证据证明本专利的权利要求不符合专利法第22条第3款的规定。

综上所述，请求人提出的本专利不符合专利法第22条第2、3款以及专利法实施细则第2条第2款的规定的无效宣告理由均不成立。

三、决定

维持02226804.9号实用新型专利权有效。

当事人对本决定不服的，可以根据专利法第46条第2款的规定，自收到本决定之日起三个月内向北京市第一中级人民法院起诉。根据该款的规定，一方当事人起诉后，另一方当事人应当作为第三人参加诉讼。

072

一种鞋跟支撑管

无效宣告请求审查决定（第11388号）

决　定　号　第11388号
决　定　日　2008年4月24日
发明创造名称　一种鞋跟支撑管
国际分类号　A43B 23/10
无效宣告请求人　陈木波
专　利　权　人　陈维青
专　利　号　200620055978.9
申　请　日　2006年3月9日
授权公告日　2007年3月21日
合议组组长　左　一
主　审　员　高　颖
参　审　员　刘路尧

法律依据　专利法第26条第3款，第22条第2款、第3款；专利法实施细则第2条第2款、第20条第1款

决定要点

当权利要求与现有技术的区别是所属领域用于制造同类产品的常用手段，则所属领域的技术人员就能够得到技术启示以将该手段应用于现有技术以得到该权利要求的技术方案，从而使其不具备创造性。

一、案由

本无效宣告请求案涉及国家知识产权局于2007年3月21日授权公告的200620055978.9号实用新型专利（下称本专利），其名称为“一种鞋跟支撑管”，申请日为2006年3月9日，专利权人为陈维青。

本专利授权公告的权利要求书的内容如下：

“1. 一种鞋跟支撑管，其特征在于：所述的鞋跟支撑管是由带钢卷制而成并且带有纵向卷缝（2）的空心钢管（1），所述的空心钢管的内壁（3）设置有内凹斑点（4）或凹纹（5）。

2. 根据权利要求1所述的鞋跟支撑管，其特征在于：所述的内凹斑点（4）或凹纹（5）在空心钢管（1）的内壁（3）上呈纵向和/或横向排列。

3. 根据权利要求1所述的鞋跟支撑管，其特征在于：所述空心钢管（1）经热处理强化，内表面

层（6）及外表面层（7）硬度大于洛氏45度。”

2007年7月10日，陈木波（下称请求人）向国家知识产权局专利复审委员会提出无效宣告请求（委内编号为5W08977），请求宣告上述专利权无效，并提交了如下附件作为证据：

附件1-1：授权公告号为CN2588824 Y的中国实用新型专利说明书复印件，共7页，授权公告日为2003年12月3日；

本次无效宣告请求的理由是：本专利的权利要求1~3相对于附件1-1不具备专利法第22条第3款规定的创造性。具体在于：权利要求1与附件1-1的区别在于：（1）权利要求1的支撑管是由带钢卷制而成且带有纵向卷缝的特征未被附件1-1公开，（2）权利要求1的支撑管在内表面设置凹斑点或凹纹，而附件1-1的金属管是在外表面设置，其中，区别（1）是本领域的惯用技术手段，区别（2）是本领域的普通技术人员根据附件1-1的启示无需创造性劳动就能够想到的；权利要求2的附加技术特征属于本领域的普通常识，同时也被附件1-1的附图1~3公开了；权利要求3的附加技术特征属于本领域的惯用技术手段。

经形式审查合格后，专利复审委员会受理了上述无效宣告请求，于2007年7月13日向双方当事人发出无效宣告请求受理通知书，同时将无效宣告请求书及其附件清单所列的附件的副本一并转送给专利权人，要求其在指定的期限内答复。

2007年8月13日，专利权人提交意见陈述书，陈述了本专利权利要求具备创造性的理由：（1）附件1-1保护一种高强度鞋跟（塑料加工领域），本专利保护鞋跟支撑管（金属加工领域），所属技术领域不同；（2）附件1-1的金属管在顶端具有翻边张开结构，而本专利的支撑管没有，因而二者形状不同；（3）附件1-1的凹槽或凸起位于金属管的外壁，是为加强金属管与鞋跟塑料的结合力，而本专利的内凹斑点或凹纹位于支撑管的内壁，是为加强支撑管与鞋跟钉的接触。

专利复审委员会依法成立合议组对本无效宣告请求案进行审理。

2007年9月20日，合议组向双方当事人发出无效宣告请求口头审理通知书，定于2007年11月12日对本案进行口头审理，并随口头审理通知书将专利权人于2007年8月13日提交的意见陈述书的副本转送给请求人。

2007年10月26日，请求人提交意见陈述书，针对专利权人2007年8月13日提交的意见陈述书进一步说明了本专利权利要求不具备创造性的理由：（1）附件1-1的鞋跟内的金属管与本专利的鞋跟支撑管属同一物品；（2）本专利的支撑管不具备附件1-1的翻边张开结构，只能说明其功能效用次于附件1-1；（3）在实际操作过程中，金属管是用金属板材经切割分条后压花，对一面的压花产生凹斑点或凹纹所产生的压力必然导致另一面产生凹斑点或凹纹，并且附件1-1在金属管外壁设置凹槽或凸起的做法给出了技术启示，本专利正是受此启示在附件1-1的基础上依据行业公知常识作出的。

2007年10月30日，合议组向专利权人发出转送文件通知书，将请求人于2007年10月26日提交的意见陈述书的副本转送给专利权人，要求其在指定的期限内答复。专利权人逾期未答复。

2007年11月12日，口头审理按期举行，双方当事人均出席了口头审理。在口头审理中：双方当事人对合议组成员无回避请求，对对方出庭人员身份也无异议；专利权人对附件1-1的真实性无异议；请求人明确无效理由为：权利要求1~3相对于附件1-1不符合专利法第22条第3款的规定；请求人当庭增加权利要求3不符合专利法实施细则第2条第2款以及专利法实施细则第20条第1款规定的无效理由，合议组当庭告知请求人当庭增加的有关专利法实施细则第2条第2款以及专利法实施细则第20条第1款的无效理由不符合专利法实施细则第66条的规定以及审查指南的相关规定，合议组对其不予接受；专利权人对附件1-1结合公知常识公开了“纵向卷缝”的特征无异议，但认为附件1-1以及公知常识都没有给出“空心钢管的内壁设置有内凹斑点或凹纹”的技术启示。

2007年11月20日，请求人向国家知识产权局专利复审委员会再次提出无效宣告请求（委内编号为5W09423），请求宣告上述专利权无效，并提交了如下附件作为证据：

附件2-1：授权公告号为CN2621467 Y的中国实用新型专利授权公告说明书复印件，共6页，授权公告日为2004年6月30日；

本次无效宣告请求的具体理由是：（1）本专利的说明书不符合专利法第26条第3款的规定，具体理由为：①本领域的普通技术人员无法从说明书获知所述支撑管与鞋跟体之间如何紧密结合，②本专利没有给出带钢的具体参数，本领域的普通技术人员无法获知采用何种带钢材料实现本专利；（2）权利要求1没有清楚说明支撑管与鞋跟之间如何牢固连接，以及带钢的具体参数，因此不符合专利法实施细则第20条第1款的规定，其从属权利要求2、3也因此不符合专利法实施细则第20条第1款的规定，同时权利要求3要求保护的是鞋跟支撑管，附加技术特征却是限定产品部件空心钢管的制造方法，导致其保护范围不清楚，不符合专利法实施细则第20条第1款的规定；（3）权利要求3的附加技术特征不是对产品结构的限定，而是对空心钢管的制造方法的限定，因此不符合专利法实施细则第2条第2款的规定；（4）权利要求1与附件2-1的区别在于附件2-1的加强管不是钢管，但这属于惯用技术手段，因此权利要求1不具备专利法第22条第2款规定的新颖性，从属权利要求2的附加技术特征被附件2-1的附图7公开为“凹斑点或凹纹纵向排列”，因此也不具备专利法第22条第2款规定的新颖性；（5）权利要求1与附件2-1的区别在于附件2-1的加强管不是钢管，但这是公知常识，因此权利要求1不具备专利法第22条第3款规定的创造性，从属权利要求2的附加技术特征属于本领域的普通常识，同时也被附件2-1的附图7公开为“凹斑点或凹纹纵向排列”，因此也不具备专利法第22条第3款规定的创造性，其从属权利要求3的附加技术特征是本领域的惯用技术手段，因此也不具备专利法第22条第3款规定的创造性。

经形式审查合格后，专利复审委员会受理了上述无效宣告请求，于2007年12月25日向双方当事人发出无效宣告请求受理通知书，同时将专利权无效宣告请求书及其附件清单所列附件的副本转送给专利权人，要求其在指定的期限内答复。

专利复审委员会依法成立合议组对本无效宣告请求案进行审理。

2008年1月18日，合议组向双方当事人发出无效宣告请求口头审理通知书，定于2008年3月6日对本案进行口头审理。

2008年3月6日，口头审理如期举行，双方当事人均出席了口头审理。口头审理过程中：双方当事人对合议组成员无回避请求，对对方出庭人员身份也无异议；专利权人对附件2-1的真实性无异议；请求人当庭放弃权利要求2不符合专利法第22条第2款规定的无效理由；请求人明确无效理由为：本专利的说明书不符合专利法第26条第3款的规定，权利要求1~3不符合专利法实施细则第20条第1款的规定，权利要求3不符合专利法实施细则第2条第2款的规定，权利要求1相对于附件2-1不符合专利法第22条第2款的规定，权利要求1~3相对于附件2-1不符合专利法第22条第3款的规定，具体理由与无效宣告请求书中的理由相同；专利权人陈述了无效理由不成立的理由：（1）支撑管与鞋跟体之间的结合方式以及带钢的材料不是本专利要求保护的范围，本专利已公开了要保护的内容，故本专利符合专利法第26条第3款的规定；（2）①支撑管与鞋跟体之间的结合方式以及带钢的材料不是本专利要求保护的范围，因此权利要求1不需要清楚说明；②权利要求3的附加技术特征是为了得到回火马氏体的金相组织结构而对产品结构特征的限定；故权利要求1~3均符合专利法实施细则第20条第1款的规定；（3）权利要求3的附加技术特征是为了得到回火马氏体的金相组织结构而对产品结构特征的限定，故权利要求3符合专利法实施细则第2条第2款的规定；（4）权利要求1与附件2-1的区别在于：①权利要求1是带钢卷管制成的鞋跟管，附件2-1没有公开这一点，因而与权利要求1的技术领域不同，进而也不能实现权利要求1实现高强度鞋跟支撑管的发明目的；②二者的发明目的和要解决的技术问题不同，附件2-1没有公开权利要求1的高强度支撑管；③附件2-1公开的是凸纹块，而权利要求1中是凹斑点或凹纹，因此其与鞋钉的接触面积不同；④附件2-1没有公开如权利要求1所述的鞋跟管为经卷制而成；⑤附件2-1的图7是平面图，不能得出凹斑点和凹纹的三维结构；⑥附件2-1未公开如权利要求1制成鞋跟管的钢管，不能产生钢管生锈与鞋钉结合更牢固的技术效果；因此，权利要求1相比附件2-1具备新颖性；（5）由权利要求1与附件2-1的上述区别可看出：①附件2-1未公开“带钢卷制”，②附件2-1未公开“高强度支撑管”，③附件2-1的附图7看不出三维凹纹结构。权利要求1与附件2-1的技术领域、要解决的技术问题不同，权利要求1的鞋跟管采用钢制能够产生钢管生锈与鞋钉结合更牢固的技术效果，是附件2-1达不到的，因此附件2-1不能影响权利要求1的创造性；（6）附件2-1未公开如权利要求2凹斑点或凹纹的纵横排列方式，不能达到如权利要求2增大摩擦的技术效果，因此不能影响权利要求2的创造性；（7）权利要求3的附加技术特征不是惯用的技术手段，因为经过不同的热处理会得到不同硬度的钢管，因而权利要求3具备创造性。

至此，合议组认为本无效宣告请求案的事实清楚，可以依法作出审查决定。

二、决定的理由

1. 关于证据

请求人于2007年7月10日提出无效宣告请求所提交的附件1-1、于2007年11月20日提出无效宣告请求所提交的附件2-1均是中华人民共和国国家知识产权局授权公告的实用新型专利，专利权人对其真实性予以认可，合议组经核实对附件1-1、附件2-1的真实性也予以认可，同时由于附件1-1、附件2-1的公开日均早于本专利的申请日，因此，其构成本专利的现有技术，可以用于评价本专利的新颖性和创造性。

2. 关于专利法第26条第3款

专利法第26条第3款规定：说明书应当对发明或者实用新型作出清楚、完整的说明，以所属技术领域的技术人员能够实现为准。

本专利的说明书公开了一种鞋跟支撑管，其要解决的技术问题是提供一种既能跟鞋跟体紧密结合又能跟鞋跟钉牢固结合的高强度鞋跟支撑管，说明书实施例的具体方案是，鞋跟支撑管是由带钢卷制而成并且带有纵向卷缝的空心钢管，空心钢管的内壁具有内凹斑点或凹纹，空心钢管经热处理强化，内表面层及外表面层硬度大于洛氏45度，将空心钢管设置在鞋跟体中间，同时在鞋跟体底部连接一块带有鞋跟钉的耐磨柔性材料作为鞋跟底垫，鞋跟底垫与鞋跟体的连接通过支撑管的内底孔与鞋跟钉的连接来实现，由于内底孔的内壁设有纵向或横向排列的内凹斑点或凹纹，使鞋跟钉与支撑管的内底孔摩擦力加大，两者不易打滑脱落（参见本专利说明书第3页第1~13行，附图1~9）。

本专利属于将鞋跟钉与鞋跟体进行固定的鞋跟管的技术领域，本领域的技术人员根据本专利说明书的记载，能够清楚地得知本专利实施例的方案是，通过将带钢卷制而成的空心钢管经热处理做成鞋跟管，并在其内部设置凹斑点或凹纹以加强与鞋跟钉的紧密结合，该方案能够实现上述本专利要解决的技术问题，因此，本专利说明书对实施例作出了清楚、完整的说明，使得本领域的技术人员能够实现，是符合专利法第26条第3款的规定的。

关于请求人在2007年11月20日提交的无效宣告请求书中认为，A本领域的普通技术人员无法从说明书获知所述支撑管与鞋跟体之间如何紧密结合，B本专利没有给出带钢的具体参数，本领域的普通技术人员无法获知采用何种带钢材料实现本发明，因此本专利不符合专利法第26条第3款的规定。

对此合议组认为，本专利的说明书描述了一种用带钢卷制而成的鞋跟支撑管，其内壁具有凹斑点或凹纹，目的是要加强与鞋钉之间的结合，也就是说本专利要解决的是鞋钉与支撑管之间的结合问题，而支撑管与鞋跟体之间的结合方式不是本专利要解决的技术问题，所属领域的技术人员根据常用方式完全可以实现支撑管与鞋跟体的结合；其次，本专利的说明书公开了用带钢卷制成鞋跟支撑管，至于带钢的具体参数，是所属领域的技术人员可以进行任意选择的，将具有任意具体参数的带钢均可作为鞋跟支撑管，因此本专利技术方案的实现不依赖于带钢的参数。所以请求人的上述主张不会导致本专利的说明书不符合利法第26条第3款的规定，请求人的上述无效理由不成立。

3. 关于专利法实施细则第20条第1款

专利法实施细则第20条第1款规定：权利要求书应当说明发明或者实用新型的技术特征，清楚、简要地表述请求保护的范围。

审查指南第二部分第二章第3.2.2节规定，权利要求书应当清楚，一是指每一项权利要求应当清楚，二是指构成权利要求书的所有权利要求作为一个整体也应当清楚。首先，每项权利要求的类型应当清楚；其次，每项权利要求的保护范围应当清楚；最后，构成权利要求书的所有权利要求作为一个整体也应当清楚，这是指权利要求之间的引用关系应当清楚。

权利要求1的内容为：一种鞋跟支撑管，其特征在于所述的鞋跟支撑管是由带钢卷制而成并且带有纵向卷缝的空心钢管，所述的空心钢管的内壁设置有内凹斑点或凹纹。

权利要求1的主题名称为鞋跟支撑管，其特征部分的技术特征均是对该鞋跟支撑管的结构进行的限定，因此权利要求1已经清楚地限定了其要保护的鞋跟支撑管的具体结构特征，故权利要求1要求保护范围是清楚的，权利要求1符合专利法实施细则第20条第1款的规定。

权利要求2、3分别引用权利要求1，其附加技术特征均对权利要求1的产品结构进行了进一步的清楚的限定，因此权利要求2、3的保护范围是清楚的，权利要求2、3符合专利法实施细则第20条第1款的规定。

至于，请求人在2007年11月20日提交的无效宣告请求书中的认为，权利要求1没有清楚说明支撑管与鞋跟之间如何牢固连接，以及带钢的具体参数，因此不符合专利法实施细则第20条第1款的规定；其从属权利要求2、3也因此不符合专利法实施细则第20条第1款的规定；同时权利要求3要求保护的是鞋跟支撑管，附加技术特征却是限定产品部件空心钢管的制造方法，也导致其保护范围不清楚，不符合专利法实施细则第20条第1款的规定。

合议组认为，权利要求1仅要求保护一种鞋跟支撑管，至于如何实现鞋跟支撑管与鞋跟之间的牢固连接，以及如何对带钢的具体参数进行选择，并不影响权利要求1所要求保护的鞋跟支撑管本身的结构，不会造成其保护范围不清楚。此外，权利要求3的附加技术特征描述了用于制成权利要求1的鞋跟支撑管的钢管的具体参数，属于对权利要求1的产品结构进行的进一步限定，因此也不会造成权利要求3的类型以及保护范围不清楚。基于上述理由，请求人的上述主张不会导致权利要求1~3不符合专利法实施细则第20条第1款的规定，请求人的上述无效理由不成立。

4. 关于专利法实施细则第2条第2款

专利法实施细则第2条第2款规定：专利法所称实用新型，是指对产品的形状、构造或者其结合所提出的适于实用的新的技术方案。

权利要求3是独立权利要求1的从属权利要求，其附加技术特征是对权利要求1的鞋跟管的结构进行了进一步限定，其整个方案属于对鞋跟管的形状、构造所提出的适于实用的新的技术方案，因此权利要求3符合专利法实施细则第2条第2款的规定。

关于请求人在2007年11月20日提交的无效宣告请求书中的认为，权利要求3的附加技术特征不是对产品结构的限定，而是对空心钢管的制造方法的限定，因此不符合专利法实施细则第 2 条第 2 款的规定。

对此合议组认为，权利要求 3 的附加技术特征进一步限定了用于制成权利要求 1 的鞋跟支撑管的钢管的具体参数，即硬度大于洛氏 45 度，这种描述属于对权利要求 1 的产品结构进行的进一步限定，故权利要求 3 的方案属于对产品的形状、构造或其结合所提出的适于实用的新的技术方案，请求人的上述主张不会导致符合专利法实施细则第 2 条第 2 款的规定，请求人的上述无效理由不成立。

5. 关于专利法第 22 条第 2 款

专利法第 22 条第 2 款规定的新颖性，是指在申请日以前没有同样的发明或者实用新型在国内外出版物上公开发表过、在国内公开使用过或者以其他方式为公众所知，也没有同样的发明或者实用新型由他人向专利局提出过申请并记载在申请日以后公布的专利申请文件中。

本专利的权利要求 1 要求保护一种鞋跟支撑管，所述的鞋跟支撑管是由带钢卷制而成并且带有纵向卷缝的空心钢管，所述的空心钢管的内壁设置有内凹斑点或凹纹。

附件 2-1 也公开了一种用于钉入鞋跟的加强管 3（参见附件 2-1 说明书第 2 页第 6 行至最后一行，附图 3、7），加强管 3（相应于权利要求 1 的鞋跟支撑管）的侧边具有一间隙 32（相应于权利要求 1 的纵向卷缝），加强管 3 内壁设有凸纹块，当鞋钉 4 钉入加强管 3 内部后得以提高鞋钉 4 与加强管 3 的稳固结合，上述凸纹块是方体、角体及相关据高摩擦力的型体组合排列。

由上述对比可知，权利要求 1 与附件 2-1 的区别在于：a. 权利要求 1 的鞋跟管是钢制的；b. 权利要求 1 鞋跟管内部有凹斑点或凹纹，而附件 2-1 的鞋跟加强管内壁设有凸纹块。

由于存在上述区别特征，权利要求 1 与附件 2-1 的技术方案不同，权利要求 1 相对于附件 2-1 符合专利法第 22 条第 2 款规定的新颖性。

6. 关于专利法第 22 条第 3 款

专利法第 22 条第 3 款规定的创造性，是同申请日以前的已有的技术相比，该实用新型有实质性特点和进步。

从上述对权利要求 1 新颖性的评述可知，权利要求 1 与附件 2-1 存在区别 a 和区别 b。

对于区别 a，由于钢是本领域用于制成鞋跟管的常用材料，本领域的技术人员在附件 2—1 的基础上和容易想到采用钢制的鞋跟管；另外，对于区别 b，附件 2-1 的凸纹块虽然与凹斑点或凹纹不同，但具有凸纹块的鞋跟管内壁表面的其他部分必是相对凹进的，因此附件 2-1 的鞋跟管内壁是一种凸凹表面，同样可以实现鞋跟管与鞋钉的紧密结合，同理，权利要求 1 的鞋跟管内壁也必是一种凸凹表面，而不论是凹纹还是凸纹块的结构均可实现加大摩擦力，从而使鞋跟管与鞋钉紧密结合，因此在这点上，附件 2-1 的凸纹块与权利要求 1 的凹斑点或凹纹与鞋钉紧密结合的原理是相同的，所属领域的技术人员可显而易见地改变附件 2-1 鞋跟管内壁的凸凹分布，即采用凹纹或凹斑点结构从而得到与权利要求 1 相同的特征及技术效果，因此，权利要求 1 相对附件 2-1 不具备实质性特点和进步，不具备创造性，不符合专利法第 22 条第 3 款的规定。

关于专利权人提出的本专利与附件 2-1 的技术领域不同，附件 2-1 的鞋跟管不是带钢卷制而成，合议组认为，本专利与附件 2-1 均涉及一种用于加强鞋钉与鞋跟间牢固结合的鞋跟管，属于相同的技术领域，此外，当附件 2-1 的鞋跟管采用钢制，其结构与权利要求 1 的带钢卷制而成的鞋跟管没有差别，是否卷制并不导致鞋跟管的结构产生变化。

关于专利权人提出的本专利与附件 2-1 要解决的技术问题不同，本专利是要提供一种“高强度支撑管”，而附件 2-1 不能实现这一点，合议组认为，按照前述分析，本领域的技术人员可以将附件 2-1 的鞋跟管采用钢制，而钢材料的鞋跟管本身就属于高强度的鞋跟管。

关于专利权人提出的权利要求 1 的鞋跟管采用钢制能够产生钢管生锈与鞋钉结合更牢固的技术效果，合议组认为，由于在本专利的说明书及权利要求书中均找不到相应根据，因此该主张不应予以支持，此外，即便权利要求 1 能够产生所述技术效果，该效果也是钢材料本身的物理特性决定的必然后果，并不是一种意想不到的技术效果，因此不能使权利要求 1 相对现有技术具有创造性。

从属权利要求 2 引用权利要求 1，其附加技术特征为：所述的内凹斑点（4）或凹纹（5）在空心钢管（1）的内壁（3）上呈纵向和/或横向排列。附件 2-1 没有公开凸纹块的排列方式，但纵横排列是凹凸表面上常见的凹斑点或凸纹的排列方式，所属领域的技术人员可以显而易见地想到为附件 2-1 的凸纹块设置纵横排列的方式，因此，在权利要求 1 不具备创造性时，权利要求 2 相对于附件 2-1 也不具备创造性，不符合专利法第 22 条第 3 款的规定。

关于专利权人提出，附件 2-1 未公开如权利要求 2 凹斑点或凹纹的纵横排列方式，不能达到如权利要求 2 增大摩擦的技术效果，合议组认为，虽然附件 2-1 没有公开凸纹块的排列方式，但纵横排列是凹凸表面上常见的凹斑点或凸纹的排列方式，而且附件 2-1 的凸纹块本身即有增大摩擦力的技术效果，因此专利权人指出的该技术效果是本领域的技术人员可预料得到的。

从属权利要求 3 引用权利要求 1，其附加技术特征为：所述空心钢管（1）经热处理强化，内表面层（6）及外表面层（7）硬度大于洛氏 45 度。权利要求 3 的附加技术特征是本领域的常用技术手段，可以显而易见地应用于附件 2-1，从而，在权利要求 1 不具备创造性时，权利要求 3 相对于附件 2-1 也不具备创造性，不符合专利法第 22 条第 3 款的规定。

关于专利权人提出，权利要求 3 的附加技术特征不是惯用的技术手段，因为经过不同的热处理会得到不同硬度的钢管，合议组认为，钢是属于本领域常用材料，不同的制作工艺导致其具有不同的参数对于所属领域的技术人员来说是显而易见的，因此权利要求 3 的附加技术特征属于本领域的常用技术手段。

综上所述，本专利的权利要求 1~3 相对附件 2-1 不具备创造性，不符合专利法第 22 条第 3 款的规定。

由于本专利的全部权利要求均不具备创造性，因此，对请求人的其他无效宣告请求理由不再予以评述。

三、决定

宣告第 200620055978.9 号实用新型专利权全部无效。

当事人对本决定不服的，可以根据专利法第 46 条第 2 款的规定，自收到本决定之日起三个月内向北京市第一中级人民法院起诉。根据该款的规定，一方当事人起诉后，另一方当事人应当作为第三人参加诉讼。

073

通信用三角拉线塔

无效宣告请求审查决定（第11400号）

决　定　号 第11400号
决　定　日 2008年4月21日
发明创造名称 通信用三角拉线塔
国际分类号 E04H 12/10
无效宣告请求人 方有祖
专　利　权　人 浙江和勤通信工程有限公司
专　利　号 200420113983.1
申　请　日 2004年11月4日
授权公告日 2005年11月23日
合议组组长 刘敏飞
主　审　员 王　冬
参　审　员 欧　岚

法律依据 专利法第22条第2款、第3款
决定要点

要想证明国内使用公开构成现有技术则必须证明以下三方面的内容：第一，申请日前国内公开使用的事实；第二，该事实能够导致某一技术方案处于公众想得知就能得知的状态；第三，该技术方案的内容。

一、案由

本无效宣告请求涉及中华人民共和国国家知识产权局于2005年11月23日授权公告的、名称为“通信用三角拉线塔”的实用新型专利权（下称本专利），其专利号是200420113983.1，申请日是2004年11月4日，专利权人是浙江安成通信工程有限公司，变更后为浙江和勤通信工程有限公司。本专利授权公告时的权利要求书如下：

“1. 一种通信用三角拉线塔，包括塔底座（1）、塔体、天线支架（6）、避雷针（7）、拉线（4），其特征在于：塔体由多段塔柱（2）连接而成，塔柱（2）采用60°等边角钢，截面呈等边三角形，拉线（4）两端采用电力金具紧固。

2. 根据权利要求1所述的通信用三角拉线塔，其特征在于：塔柱（2）上有拉线板（5），拉线板（5）与拉线（4）采用U形环与楔形线夹连接，拉线下端采用UT形线夹（3）与拉锚固定。

3. 根据权利要求1或2所述的通信用三角拉线塔，其特征在于：塔体与塔底座由销钉（8）

紧固。”

针对本专利，方有祖（下称请求人）于2007年5月17日向专利复审委员会提出无效宣告请求，其提交的附件如下：

附件1：浙江省绍兴市越州公证处于2007年4月24日作出的（2007）浙绍越证经字第141号公证书复印件，共6页；

附件2：浙江省绍兴市越州公证处于2007年4月24日作出的（2007）浙绍越证民字第375号公证书复印件，共4页；

附件3：浙江联通分公司GSM网六期工程竣工技术文件复印件，共11页；

附件4：中国联通浙江数字移动通信（GSM）网六期工程绍兴鲁氏基站拉线塔竣工图复印件，共6页；

附件5：中国联通绍兴分公司六期拉线铁塔建设工程合同复印件，共3页。

请求人认为：附件1~5表明在本专利申请日前，已有相同的发明创造在国内公开使用，因此，本专利权利要求1~3不符合专利法第22条第2款的规定。

请求人于2007年6月16日向专利复审委员会提交意见陈述书，并补充了无效的理由和证据，其中补充的附件为：

附件6：授权公告日为2004年6月9日、授权公告号为CN2620018Y的中国实用新型专利说明书，共10页；

附件7：授权公告日为2003年2月5日、授权公告号为CN2534297Y的中国实用新型专利说明书，共5页。

请求人认为：（1）权利要求1相对于附件6、7和公知常识的结合不具有创造性，不符合专利法第22条第3款的规定；（2）权利要求2和3的附加技术特征均为本领域的惯用手段和公知常识，在权利要求1相对于附件6、7和公知常识的结合不具有创造性的情况下，权利要求2和3也不具有创造性，不符合专利法第22条第3款的规定。

经形式审查合格，专利复审委员会依法受理了上述无效宣告请求，并于2007年8月21日向双方发出无效宣告请求受理通知书，同时将专利权无效宣告请求书及其附件清单中所列附件的副本，以及请求人于2007年6月16日提交的意见陈述书及其附件清单中所列附件的副本转送给专利权人，并要求专利权人在指定的期限内陈述意见。

针对专利复审委员会于2007年8月21日发出的上述无效宣告请求受理通知书，专利权人于2007年9月30日提交了意见陈述书。专利权人认为：（1）附件1不能证明在本专利申请日前所述塔已经公开，且附件1中所述塔与本专利权利要求1所述的塔存在区别，因此，附件1不能否定权利要求1的新颖性，同时，附件1也没有公开权利要求2和3的附加技术特征，因此，权利要求2和3也具有新颖性；（2）附件6和7均没有公开“60度角钢”、“等边三角形”、“电力金具固定”等技术特征，且现有技术中没有给出将附件6和7结合的技术启示，因此，附件6和7的结合不能破坏权利要求1的创造性；（3）权利要求2和3的附加技术特征并非公知常识，在权利要求1具有创造性的情况下，权利要求2和3也具有创造性。

专利复审委员会依法成立合议组，对本案进行审查。

专利复审委员会本案合议组于2007年11月20日向双方发出无效宣告请求口头审理通知书，定于2008年1月14日举行口头审理。随同口头审理通知书，将专利权人于2007年9月30日提交的意见陈述书转送给请求人。

口头审理如期举行，双方当事人均参加了口头审理。

在口头审理中，请求人明确其无效宣告的理由、证据和范围为：本专利权利要求1~3相对于附件1~5不具备新颖性；本专利权利要求1~3相对于附件6和公知常识的结合不具备创造性，其中最接近的对比文件是附件6，权利要求2、3的附加技术特征是公知常识。

请求人当庭放弃附件7，并当庭提交了附件8-10：

附件8：2001年11月2日发布，2002年4月1日实施的中华人民共和国国家标准电力金具名词术语GB/T5075-2001复印件，共8页；

附件9：中国建筑工业出版社出版、王肇民主编、1995年11月第1版、1995年11月第一次印刷的《高耸结构设计手册》封面页、版权页、第5~9、203、245、278、602-604页复印件，共13页；

附件10：中国电力出版社出版、能源部东北电力设计院编、1991年2月第1版、1999年9月第四次印刷的《电力工程高压送电线路设计手册》复印件，共13页。

合议组当庭将附件8~10转给专利权人。请求人当庭出示了附件1-5的原件，专利权人核实了上述证据的原件与复印件，认为原件和复印件一致。专利权人对附件1公证内容的真实性有异议，对附件3~5的真实性有异议，对附件2、6~10的真实性没有异议。双方共同提交了浙江省缙云鸿达器材有限公司变更登记情况的证明，证明浙江省缙云鸿达器材有限公司是浙江鸿顺实业有限公司的前身。

请求人认为，附件2将附件1和附件3~4连接形成完整的证据链，可以证明附件3~4所述鲁氏塔就是附件1中照片中的拉线塔，附件1公开了本专利权利要求1中除电力金具外的全部技术特征，而权利要求1中的电力金具是惯用手段的替换，并用附件8进行证明。专利权人认为，仅仅靠一个利害关系人一张文敏出具的附件2证明是不完整的，附件1无法证明照片中的塔是什么时间开始建造的、建造后有没有改动，附件3-5的鲁氏塔和附件1中敬老院的塔没有关联，关联性不足；附件1照片中的塔没有公开塔体是多段塔柱连接而成的，也没有公开电力金具。

请求人用附件6结合公知常识评价本专利权利要求1~3的创造性，附件6的说明书第2页说明了组合柱，也叫铁塔柱，是由角钢组成，除了60度角钢和拉线没有公开以外，其他技术特征都已经公开了，但附件9的第245页图4-42公开了拉线，第603页中间运输与安装要求的第8行说明了分段，第604页倒数第3段公开了60度角钢不易解决，造价不经济，附件10中提到了U形环以及楔形线夹，第339页提到了拉线塔，拉线塔是由塔头、柱座和拉线组成的，第347页续表4提到了三角形，附件6上也公开了三角形的截面，因此附件6结合公知常识能够破坏本专利权利要求1的创造性，在权利要求1没有创造性的情况下，权利要求2、3也不具有创造性，权利要求2的附加技术特征在附件10中的表5-2-1中公开了，拉线塔是公知的，权利要求3的附加技术特征是显而易见的。

专利权人认为，附件6图3的三角形是指其中一个支柱，本专利则是整个塔柱，本专利是用于通讯领域的，权利要求2和权利要求3的附加技术特征都没有被公开。

口审中，证人陈国龙出庭作证。证人陈国龙称其是现任浙江鸿顺实业有限公司总经理，而请求人方有祖是浙江鸿顺实业有限公司办公室主任，浙江省缙云鸿达器材有限公司是浙江鸿顺实业有限公司的前身。双方当事人对证人陈国龙进行了询问。

至此，合议组认为本案事实已经清楚，可以作出审查决定。

二、决定的理由

1. 关于证据和现有技术

请求人提交的附件1为公证书，请求人当庭出示了附件1的原件，经专利权人核实，认为原件与复印件内容一致，专利权人仅根据附件1照片下方的文字描述怀疑附件1内容的真实性。对此，合议组认为，公证书中有公证员钱高升的签章以及浙江省绍兴市越州公证处的印章，并且公证书原件中盖有浙江省绍兴市越州公证处的钢印，附件1照片下方的文字描述仅是公证员对照片拍摄方位的描述，专利权人据此对附件 1 的真实性提出异议，理由不充分，因此，合议组对附件 1 的真实性予以认可，认为其可以作为本案证据使用。

附件 2 为公证书，其公证了张文敏出具的声明书，请求人当庭出示了附件 2 的原件，专利权人经核实认为原件与复印件一致，专利权人对附件 2 的真实性没有异议，因此，合议组对附件 2 的真实性予以认可，认为其可以作为本案证据使用。

附件 3 为绍兴鲁氏竣工技术文件，请求人当庭出示了原件，经专利权人核实，认为原件与复印件一致。

附件 4 是中国联通浙江数字移动通信（GSM）网六期工程绍兴鲁氏基站拉线塔竣工图，请求人当庭出示了原件，经专利权人核实，认为原件与复印件一致，但对附件 4 原件的真实性提出异议。合议组经审查后认为，请求人称附件 4 是浙江省联通公司绍兴分公司存档的工程设计图纸，但附件 4 中并没有任何联通公司绍兴分公司的盖章，而仅有浙江省缙云鸿达器材有限公司的盖章，同时请求人也没有提交其他证据证明附件 4 是出自联通绍兴分公司的，因此，合议组无法确认附件 4 的来源；此外，证人陈国龙称其是现任浙江鸿顺实业有限公司总经理，而请求人方有祖是浙江鸿顺实业有限公司办公室主任，浙江省缙云鸿达器材有限公司是浙江鸿顺实业有限公司的前身，可见，请求人与附件 4 上的盖章所属公司即浙江省缙云鸿达器材有限公司和陈国龙存在利害关系。综上所述，合议组无法对附件 4 的真实性予以确认，附件 4 不能作为本案证据使用。

附件 5 是中国联通绍兴分公司六期拉线铁塔建设工程合同，请求人当庭出示了附件 5 的原件，经专利权人核实，认为复印件与原件一致。上述合同中有建设方中国联合通信有限公司绍兴分公司的盖章以及代表签字，同时也有承建方浙江省缙云鸿达器材有限公司金磐分公司的盖章及代表签字，因此，在没有相反证据否定其真实性的情况下，合议组对附件 5 的真实性予以认可。

附件 6 为中国专利说明书，专利权人对其真实性没有异议，合议组经审查，认为其可以作为本案证据使用。同时，由于附件 6 的公告日在本专利申请日之前，因此，可以作为本专利的现有技术使用。

虽然附件 8~10 为请求人在口头审理当庭提交的证据，但由于其属于所属技术领域中的公知常识性证据，因此根据审查指南的相关规定，合议组经审查对附件 8~10 予以接受。附件 8 为中国国家标准，附件 9 和 10 为公开出版的设计手册，专利权人对附件 8~10 的真实性没有异议，合议组经审查认为，上述附件可以作为本案证据使用。同时，由于附件 8~10 的公开日均在本专利申请日之前，因此，可以作为本专利的现有技术使用。

2. 关于新颖性

新颖性，是指在申请日以前没有同样的发明或者实用新型在国内外出版物上公开发表过、在国内公开使用过或者以其他方式为公众所知，也没有同样的发明或者实用新型由他人向国务院专利行政部门提出过申请并且记载在申请日以后公布的专利申请文件中。

要想证明国内使用公开构成现有技术则必须证明以下三方面的内容：第一，申请日前国内公开使用的事实；第二，该事实能够导致某一技术方案处于公众想得知就能得知的状态；第三，该技术方案的内容。

请求人使用附件 1 证明照片中所示三角形拉线塔公开了本专利的拉线塔除电力金具外的技术特征；使用附件 8 证明电力金具是惯用手段的直接替换；使用附件 2 证明附件 1 照片中的拉线塔即为附件 3、4 和 5 所述绍兴鲁氏塔；使用附件 3 证明绍兴鲁氏基站于 2000 年 12 月 28 日安装完工；附件 4 是鲁氏基站的竣工图；使用附件 5 表明，在 2000 年 10 月 15 日建设方中国联合通信有限公司绍兴分公司与承建方浙江省缙云鸿达器材有限公司金磐分公司签订了中国联通绍兴分公司六期拉线铁塔建设工程合同，由建设方建设包括绍兴鲁氏在内的 15 座拉线塔。由此，请求人欲通过附件 1-5、8 来证明与本专利产品相同的拉线塔在申请日前已公开使用，因此，本专利权利要求不具有新颖性。

对此，合议组认为，请求人提交的附件 1 本身仅能证明在公证日（2007 年 4 月 23 日）位于绍兴市越城区水沟营 28 号敬老院 4 楼的三角形拉线塔存在，并不能表明所述拉线塔是否在本专利申请日前已经公开。虽然附件 2 中张文敏声称 2000 年 10 月 15 日中国联通有限公司绍兴分公司与浙江缙云鸿达器材有限公司签订了中国联通有限公司绍兴分公司六期拉线铁塔建设工程合同，合同中有位于绍兴市区的水沟营 28 号敬老院 4 楼上的三角形拉线塔，在合同中站名为绍兴鲁氏，但由于证人张文敏没有正当理由未出庭质证，尽管证人陈国龙在口头审理中陈述绍兴鲁氏塔位于水沟营的一个敬老院的屋顶上，但如上所述，陈国龙与请求人存在利害关系，同时请求人也没有提供其他证据与附件 2 和陈国龙的证人证言所要证明的事实相互佐证，因此，附件 2 和陈国龙的证言均不能作为认定事实的依据。并且在附件 3、4 和 5 中没有关于所述绍兴鲁氏塔具体地理位置的记载，所以，仅凭附件 2 和陈国龙的证言还不足以证明附件 1 照片中所述的拉线塔就是附件 3、4 和 5 所述的绍兴鲁氏塔。另外，请求人用附件 3 表明绍兴鲁氏基站于 2000 年 12 月 28 日安装完工，用附件 5 表明绍兴鲁氏包括在 2000 年 10 月 15 日签订的中国联通绍兴分公司六期拉线铁塔建设工程合同中，但附件 3 和 5 中均没有关于绍兴鲁氏基站拉线铁塔的具体技术方案的记载。而附件 4 由于其真实性无法得到确认，也不能证明附件 3 和 5 所述绍兴鲁氏基站拉线铁塔的技术方案。并且证人陈国龙与请求人存在利害关系，在没有其他证据予以佐证的情况下，对其作出的对请求人有利的证言合议组不予采信。由此可见，附件 1~5既不能说明附件 1 照片中拉线铁塔在本专利申请日前已经在国内公开使用，也不能证明附件 3 和 5 中所述绍兴鲁氏基站拉线铁塔的具体技术方案。综上所述，附件 1~5 不能构成一个完整的证据链，此外，请求人使用附件 8 仅是说明权利要求 1 中的电力金具是惯用手段的替换，故请求人关于本专利权利要求1~3相对于附件 1~5、8 的结合不具备新颖性的主张不能成立。

3. 关于创造性

创造性，是指同申请日以前已有的技术相比，该发明有突出的实质性特点和显著的进步，该实用新型有实质性特点和进步。

如果实用新型的一项权利要求所保护的技术方案与最接近的现有技术相比存在区别技术特征，并且该区别技术特征解决了最接近的现有技术存在的某一技术问题，但请求人提供的证据没有给出应用该区别技术特征的技术启示，则该权利要求具有实质性特点；且该区别技术特征的引入使得该权利要求的技术方案产生了有益的技术效果，因此，该权利要求相对于请求人提供的现有技术具有创造性。

请求人用附件 6 结合公知常识评价本专利权利要求 1~3 不具备创造性。

本专利权利要求 1 要求保护一种通信用三角拉线塔，包括塔底座（1）、塔体、天线支架（6）、避雷针（7）、拉线（4），塔体由多段塔柱（2）连接而成，塔柱（2）采用 60°等边角钢，截面呈等边三角形，拉线（4）两端采用电力金具紧固。附件 6 公开的是一种组合柱自立式铁塔，包括塔基、塔体、天线及平台、避雷针，其中用组合柱作塔柱，组合柱可由三根现有普通尺寸的角钢与子横撑和/或子斜撑搭接制作成格构式组合柱，然后组合柱与主横撑或主斜撑连接形成塔节段，所述塔体由多段塔节段连接而成（参见附件 6 说明书第 2、3 页及附图 1、2）。虽然由附图 2 可以看出塔体截面呈等边三角形，但明显可看出截面上的子柱不是采用 60°角钢，而且说明书文字部分也没有公开塔柱采用了 60°角钢。因此权利要求 1 所限定的技术方案与附件 6 公开的技术方案的区别在于：附件 6 没有公开权利要求 1 中的塔柱采用 60°等边角钢，也没有公开拉线及拉线两端采用电力金具紧固。

对于上述区别，合议组认为，附件 9 第 604 页公开的是一种自立式三边形微波塔的平面塔架的角柱采用 60°角钢制成，附件 6 公开的也是一种自立式铁塔，其中用组合柱作塔柱，虽然附件 9 和 10 均记载有拉线塔，但附件6、9和10均没有公开拉线塔的塔柱采用60度角钢，并且由于拉线塔和自立式铁塔是两种不同类型的塔，其设计原理、应用领域等并不相同，并非所有塔均需要拉线，自立式铁塔通常无需拉线，故附件6、9和10也没有给出将自立式铁塔改为拉线塔并且角柱采用60度角钢的技术启示，因此，对本领域技术人员来说根据附件9和10的记载，将附件6的自立式铁塔改装成角柱采用60度角钢的拉线塔并在拉线塔两端采用电力金具紧固并非是容易想到的。此外，由于本专利拉线塔塔柱采用60度三角等边角钢，拉线两端采用电力金具固定，整个塔体重量轻、连接牢固、安全可靠，而且制造简单、结构轻巧、外形美观，运输安装方便，工期短，带来了有益的技术效果。综上所述，本专利权利要求1相对于附件6和请求人提交的公知常识性证据附件9和10的结合具有创造性，请求人关于本专利权利要求1相对于附件6和公知常识的结合不具有创造性的主张不能成立。

由于请求人关于本专利权利要求1相对于附件6和公知常识不具有创造性的主张不能成立，因此，请求人关于引用权利要求1的从属权利要求2和3相对于附件6和公知常识不具有创造性的主张也不能成立。

根据上述的事实和理由，本案合议组依法作出以下决定。

三、决定

维持200420113983.1号实用新型专利权有效。

当事人对本决定不服的，可以根据专利法第46条第2款的规定，自收到本决定之日起三个月内向北京市第一中级人民法院起诉。根据该款的规定，一方当事人起诉后，另一方当事人应当作为第三人参加诉讼。

北京市第一中级人民法院
行政判决书

（2008）一中行初字第1196号

原告方有祖，男，1948年2月18日出生，汉族，住浙江省杭州市西湖区翠苑新村二区48幢1单元401室。

委托代理人徐关寿，男，浙江杭州金通专利事务所有限公司专利代理人。

被告国家知识产权局专利复审委员会，住所地北京市海淀区北四环西路9号银谷大厦10~12层。

法定代表人廖涛，副主任。

委托代理人王冬，男，国家知识产权局专利复审委员会审查员。

委托代理人郭鹏鹏，男，国家知识产权局专利复审委员会审查员。

第三人浙江和勤通信工程有限公司，住所地浙江省金华市安文路298号。

法定代表人周开文，总经理。

委托代理人尉伟敏，男，杭州杭诚专利事务所有限公司专利代理人。

原告方有祖不服被告国家知识产权局专利复审委员会作出的第11400号无效宣告请求审查决定（下称被诉决定），向本院提起行政诉讼。本院受理后，依法组成合议庭，并依法通知浙江和勤通信工程有限公司作为本案第三人参加诉讼。2008年10月10日，本院公开开庭审理了本案。原告的委托代理人徐关寿，被告的委托代理人王冬、郭鹏鹏，第三人的委托代理人尉伟敏到庭参加了诉讼。现本案已审理终结。

2008年4月21日，被告依照原告的无效请求，针对专利权人为本案第三人、名称为“通信用三角拉线塔”的实用新型专利权（下称本专利），作出被诉决定，宣告维持本专利权有效。

法定期限内，被告向本院提交了下列证据：1. 浙江省绍兴市越州公证处于2007年4月24日做出的（2007）浙绍越证经字第141号公证书复印件，共6页（即被诉决定中的附件1）；2. 浙江省绍兴市越州公证处于2007年4月24日做出的（2007）浙绍越证民字第375号公证书复印件，共4页（即被诉决定中的附件2）；3. 浙江联通分公司GSM网六期工程竣工技术文件复印件，共11页（即被诉决定中的附件3）；4. 中国联通浙江数字移动通信（GSM）网六期工程绍兴鲁氏基站拉线塔竣工图复印件，共6页（即被诉决定中的附件4）；5. 中国联通绍兴分公司六期拉线铁塔建设工程合同复印件，共3页（即被诉决定中的附件5）；6. 授权公告日为2004年6月9日、授权公告号为CN2620018Y的中国实用新型专利说明书，共10页（即被诉决定中的附件6）；7. 口头审理记录表附页，共7页；8. 2001年11月2日发布，2002年4月1日实施的中华人民共和国国家标准电力金具名词术语GB/T5075-2001复印件，共8页（即被诉决定中的附件8）；9. 中国建筑工业出版社出版、王肇民主编、1995年11月第1版、1995年11月第一次印刷的《高耸结构设计手册》封面页、版权页、第5~9、203、245、278、602~604页复印件，共13页（即被诉决定中的附件9）；10、中国电力出版社出版、能源部东北电力设计院编、1991年2月第1版、1999年9月第四次印刷的《电力工程高压送电线路设计手册》复印件，共13页（即被诉决定中的附件10）；11. 缙云县工商行政管理局出具的企业变更登记情况，共1页；12. 本专利说明书，共5页。前述证据用以证明被诉决定认定事实清楚，适用法律正确，程序合法。

原告诉称：被诉决定对于证据的认定错误，对于本专利创造性的分析亦是错误的。首先，附件4由浙江省邮电规划设计院设计并出图，而且是竣工资料和合同的内容之一，被诉决定认为无法确认该附件的来源错误。第三人作为本专利的专利权人，其如对附件4的真实性有异议，应承担举证义务。此外，方有祖是专利无效的请求人，与证人陈国龙是同事关系，但同事关系并不能认定具有利害关系。本案是专利无效宣告，并非专利侵权或专利权属纠纷，无效宣告请求作为一种公众审查程序，陈国龙不仅符合证人的条件，同时也可以作为共同请求人提出无效宣告请求。被告以方有祖与陈国龙存在利害关系为由对附件4不予认定，违反法律规定。其次，拉线塔与自立塔都是用于通信的发射塔，也是十分常见的杆塔结构，属于相同技术领域，具有相同应用领域，而且拉杆塔的设计和建造要求远比自立塔低，是一种最原始的塔体。附件9作为一种公知常识，在塔架平面造型中公开“由于三边形平面结构塔架的角柱需钢管或60度角钢制成，因此给这种形式塔架的应用带来不少困难，如角钢材料不易解决。”附件9设计平面中给出的塔体并没有限定拉线塔或自立塔，只是与本专利相同的三边形塔架。因此，被告的认定与附件9公开的事实不符，采用60度角钢和拉线塔两端采用电力器具都是公知常识，被告认定是“并非容易想到的”与《审查指南》的规定不符。综上，请求法院撤销被诉决定，并责令被告重新作出审查决定。

法定期限内，原告向本院提交了下列证据以支持其诉讼主张：本专利说明书。

被告辩称：被诉决定认定事实清楚，适用法律正确，程序合法。首先，原告称附件4是浙江省联通公司绍兴分公司存档的工程设计图纸，但附件4中并没有任何联通公司绍兴分公司的盖章，而仅有浙江省缙云鸿达器材有限公司（下称鸿达公司）的盖章，同时原告也没有提交其他证据证明附件4是出自联通绍兴分公司的，因此，附件4的来源无法确认。而且，证人陈国龙称其是现任浙江鸿顺实业有限公司（下称鸿顺公司）总经理，而方有祖是该公司的办公室主任，鸿达公司是鸿顺公司的前身。因此，方有祖与附件4上的盖章所属公司即鸿达公司和陈国龙存在利害关系。此外，附件2为公证书，但附件2的真实性并不等于其中的证人证言的内容也是真实的。因此，被诉决定对于附件2和

4 的认定并不矛盾。其次，对于本专利创造性的问题，我委坚持被诉决定的意见。综上，请求法院维持被诉决定。

第三人述称，被诉决定认定事实清楚，适用法律正确，程序合法，请求法院维持被诉决定。第三人没有向本院提交证据。

经庭审质证，原告与第三人对于被告证据的关联性、合法性与真实性均无异议，但原告不同意被告证据的证明作用。被告与第三人对于原告证据的真实性无异议，但均不同意原告证据的证明作用。本院经审查认为，被告与原告提交的证据均与本案有关，可以证明本案中的相关事实，本院均予确认。

根据上述有效证据及各方当事人无争议的陈述，本院认定事实如下：

本专利专利号是200420113983.1，其申请日为2004年11月4日，授权公告日为2005年11月23日，本专利专利权人原是浙江安成通信工程有限公司，后变更为本案第三人。本专利授权公告时的权利要求书如下：

“1. 一种通信用三角拉线塔，包括塔底座（1）、塔体、天线支架（6）、避雷针（7）、拉线（4），其特征在于：塔体由多段塔柱（2）连接而成，塔柱（2）采用60°等边角钢，截面呈等边三角形，拉线（4）两端采用电力金具紧固。

2. 根据权利要求1所述的通信用三角拉线塔，其特征在于：塔柱（2）上有拉线板（5），拉线板（5）与拉线（4）采用U形环与楔形线夹连接，拉线下端采用UT形线夹（3）与拉锚固定。

3. 根据权利要求1或2所述的通信用三角拉线塔，其特征在于：塔体与塔底座由销钉（8）紧固。”

针对本专利权，原告于2007年5月17日向被告提出无效宣告请求，认为本专利权利要求1~3不符合《中华人民共和国专利法》（下称《专利法》）第二十二条第二款的规定，同时提交了附件1~5作为证据。2007年6月16日，原告又向被告提交意见陈述书，并补充了无效的理由和证据，其中补充的附件为：附件6；附件7：授权公告日为2003年2月5日、授权公告号为CN2534297Y的中国实用新型专利说明书，共5页。

被告受理上述无效宣告请求后，将上述文件进行了转文，并要求第三人在指定的期限内陈述意见。

第三人于2007年9月30日提交了意见陈述书，具体陈述了其意见。被告亦将该文件进行了转文。

2008年1月14日，原告与第三人均参加了被告举行的口头审理。原告当庭明确其无效宣告的理由、证据和范围为：本专利权利要求1~3相对于附件1~5不具备新颖性；本专利权利要求1~3相对于附件6和公知常识的结合不具备创造性，其中最接近的对比文件是附件6，权利要求2、3的附加技术特征是公知常识。原告当庭放弃附件7，并当庭提交了附件8~10。被告当庭将附件8~10转给第三人。原告当庭出示了附件1~5的原件，第三人核实了上述证据的原件与复印件，认为原件和复印件一致。第三人对附件1公证内容的真实性有异议，对附件3~5的真实性有异议，对附件2、6~10的真实性没有异议。双方共同提交了鸿达公司变更登记情况的证明，证明鸿达公司是鸿顺公司的前身。

原告认为，附件2将附件1和附件3~4连接形成完整的证据链，可以证明附件3~4所述鲁氏塔就是附件1中照片中的拉线塔，附件1公开了本专利权利要求1中除电力金具外的全部技术特征，而权利要求1中的电力金具是惯用手段的替换，并用附件8进行证明。第三人认为，仅仅靠一个利害关系人一张文敏出具的附件2证明是不完整的，附件1无法证明照片中的塔是什么时间开始建造的、建造后有没有改动，附件3~5的鲁氏塔和附件1中敬老院的塔没有关联，关联性不足；附件1照片中的塔没有公开塔体是多段塔柱连接而成的，也没有公开电力金具。

原告用附件6结合公知常识评价本专利权利要求1~3的创造性，附件6的说明书第2页说明了组合柱，也叫铁塔柱，是由角钢组成，除了60度角钢和拉线没有公开以外，其他技术特征都已经公开了，但附件9的第245页图4-42公开了拉线，第603页中间运输与安装要求的第8行说明了分段，第604页倒数第3段公开了60度角钢不易解决，造价不经济，附件10中提到了U形环以及楔形线夹，第339页提到了拉线塔，拉线塔是由塔头、柱座和拉线组成的，第347页续表4提到了三角形，附件6上也公开了三角形的截面，因此附件6结合公知常识能够破坏本专利权利要求1的创造性，在权利要求1没有创造性的情况下，权利要求2、3也不具有创造性，权利要求2的附加技术特征在附件10中的表5-2-1中公开了，拉线塔是公知的，权利要求3的附加技术特征是显而易见的。

第三人认为，附件6图3的三角形是指其中一个支柱，本专利则是整个塔柱，本专利是用于通讯领域的，权利要求2和权利要求3的附加技术特征都没有被公开。

口审中，证人陈国龙出庭作证。证人陈国龙称其是现任鸿顺公司总经理，而方有祖是该公司办公室主任，鸿达公司是鸿顺公司的前身。双方当事人对证人陈国龙进行了询问。

被告经审查认为：

附件1为公证书，其中有公证员钱高升的签章以及浙江省绍兴市越州公证处的印章，公证书原件中盖有浙江省绍兴市越州公证处的钢印，附件1照片下方的文字描述仅是公证员对照片拍摄方位的描述，第三人对附件1的真实性提出异议，理由不充分，因此，对附件1的真实性予以认可，其可以作为本案证据使用。

附件2为公证书，公证了张文敏出具的声明书，原告当庭出示了附件2的原件，第三人经核实认为原件与复印件一致，对附件2的真实性没有异议，因此，对附件2的真实性予以认可，其可以作为本案证据使用。

附件3为绍兴鲁氏竣工技术文件，原告当庭出示了原件，经第三人核实，认为原件与复印件一致。

关于附件4。原告称附件4是浙江省联通公司绍兴分公司存档的工程设计图纸，但附件4中并没有任何联通公司绍兴分公司的盖章，而仅有鸿达公司的盖章，同时原告也没有提交其他证据证明附件4是出自联通绍兴分公司的，因此，附件4的来源无法确认。此外，证人陈国龙称其是现任鸿顺公司总经理，而方有祖是该公司办公室主任，鸿达公司是鸿顺公司的前身，可见，方有祖与附件4上的盖章所属公司即鸿达公司和陈国龙存在利害关系。综上所述，无法对附件4的真实性予以确认，附件4不能作为本案证据使用。

附件5是中国联通绍兴分公司六期拉线铁塔建设工程合同，原告当庭出示了附件5的原件，经第三人核实，认为复印件与原件一致。上述合同中有建设方中国联合通信有限公司绍兴分公司的盖章以及代表签字，同时也有承建方鸿达公司金磐分公司的盖章及代表签字，因此，在没有相反证据否定其真实性的情况下，对附件5的真实性予以认可。

附件6为中国专利说明书，第三人对其真实性没有异议，其可以作为本案证据使用。同时，由于附件6的公告日在本专利申请日之前，因此，可以作为本专利的现有技术使用。

虽然附件8~10为原告口头审理时当庭提交的证据，但由于其属于所属技术领域中的公知常识性证据，因此根据《审查指南》的相关规定，对附件8~10予以接受。附件8为中国国家标准，附件9和10为公开出版的设计手册，第三人对其真实性没有异议，故上述附件可以作为本案证据使用。同时，由于附件8~10的公开日均在本专利申请日之前，因此，其亦可以作为本专利的现有技术使用。

关于本专利新颖性的问题。原告提交的附件1本身仅能证明在公证日（2007年4月23日）位于绍兴市越城区水沟营28号敬老院4楼的三角形拉线塔存在，并不能表明所述拉线塔是否在本专利申请日前已经公开。虽然附件2中张文敏声称2000年10月15日中国联通有限公司绍兴分公司与鸿达公司签订了中国联通有限公司绍兴分公司六期拉线铁塔建设工程合同，合同中有位于绍兴市区的水沟营28号敬老院4楼上的三角形拉线塔，在合同中站名为绍兴鲁氏，但由于证人张文敏没有正当理由未出庭质证，尽管证人陈国龙在口审中陈述绍兴鲁氏塔位于水沟营的一个敬老院的屋顶上，但如上所述，陈国龙与原告存在利害关系，同时原告也没有提供其他证据与附件2和陈国龙的证人证言所要证明的事实相互佐证，因此，附件2和陈国龙的证言均不能作为认定事实的依据。并且在附件3、4和5中没有关于所述绍兴鲁氏塔具体地理位置的记载，所以，仅凭附件2和陈国龙的证言不足以证明附件1照片中所述的拉线塔就是附件3、4和5所述的绍兴鲁氏塔。另外，附件3和5中均没有关于绍兴鲁氏基站拉线铁塔的具体技术方案的记载，而附件4由于其真实性无法得到确认，也不能证明附件3和5所述绍兴鲁氏基站拉线铁塔的技术方案。并且证人陈国龙与原告存在利害关系，在没有其他证据予以佐证的情况下，对其作出的对原告有利的证言不予采信。因此，附件1~5既不能说明附件1照片中拉线铁塔在本专利申请日前已经在国内公开使用，也不能证明附件3和5中所述绍兴鲁氏基站拉线铁塔的具体技术方案。综上所述，附件1~5不能构成一个完整的证据链，此外，原告使用附件8仅是说明权利要求1中的电力金具是惯用手段的替换，故其关于本专利权利要求1~3相对于附件1~5、8的结合不具备新颖性的主张不能成立。

关于本专利创造性的问题。本专利权利要求1要求保护一种通信用三角拉线塔，包括塔底座（1）、塔体、天线支架（6）、避雷针（7）、拉线（4），塔体由多段塔柱（2）连接而成，塔柱（2）采用60°等边角钢，截面呈等边三角形，拉线（4）两端采用电力金具紧固。附件6公开的是一种组合柱自立式铁塔，包括塔基、塔体、天线及平台、避雷针，其中用组合柱作塔柱，组合柱可由三根现有普通尺寸的角钢与子横撑和/或子斜撑搭接制作成格构式组合柱，然后组合柱与主横撑或主斜撑连接形成塔节段，所述塔体由多段塔节段连接而成（参见附件6说明书第2、3页及附图1、2）。虽然由附图2可以看出塔体截面呈等边三角形，但明显可看出截面上的子柱不是采用60°角钢，而且说明书文字部分也没有公开塔柱采用了60°角钢。因此权利要求1所限定的技术方案与附件6公开的技术方案的区别在于：附件6没有公开权利要求1中的塔柱采用60°等边角钢，也没有公开拉线及拉线两端采用电力金具紧固。

对于上述区别，被告认为，附件9第604页公开的是一种自立式三边形微波塔的平面塔架的角柱采用60度角钢制成，附件6公开的也是一种自立式铁塔，其中用组合柱作塔柱，虽然附件9和10均记载有拉线塔，但附件6、9和10均没有公开拉线塔的塔柱采用60度角钢，并且由于拉线塔和自立式铁塔是两种不同类型的塔，其设计原理、应用领域等并不相同，并非所有塔均需要拉线，自立式铁塔通常无需拉线，故附件6、9和10也没有给出将自立式铁塔改为拉线塔并且角柱采用60度角钢的技术启示，因此，对本领域技术人员来说根据附件9和10的记载，将附件6的自立式铁塔改装成角柱采用60度角钢的拉线塔并在拉线塔两端采用电力金具紧固并非是容易想到的。此外，由于本专利拉线塔塔柱采用60度三角等边角钢，拉线两端采用电力金具固定，整个塔体重量轻、连接牢固、安全可靠，而且制造简单、结构轻巧、外形美观，运输安装方便，工期短，带来了有益的技术效果。综上所述，本专利权利要求1相对于附件6和原告提交的公知常识性证据附件9和10的结合具有创造性，原告关于本专利权利要求1相对于附件6和公知常识的结合不具有创造性的主张不能成立。

在权利要求1具有创造性的情况下，原告关于引用权利要求1的从属权利要求2和3相对于附件6和公知常识不具有创造性的主张也不能成立。

基于上述理由，被告作出被诉决定。原告不服，在法定期限内，向本院提起行政诉讼。

庭审中，原告与第三人明确表示对于被诉决定的下列内容不持异议：被诉决定作出的行政程序；被诉决定“案由”部分记载的内容；被诉决定对于附件1~3、5、6、8~10的认定；被诉决定关于附件6公开内容的描述。

本院认为，对于被诉决定中原告与第三人均不持异议的部分，本院经审查，对其合法性予以确认。在此基础上，本案的争议焦点在于：1. 被诉决定认为附件4不能作为本案证据使用是否合法；2. 被诉决定认定本专利具有新颖性与创造性是否合法。

首先，关于附件4的问题。当事人对于其提交的证据材料，应当能够说明其来源。本案中，原告虽称附件4是浙江省联通公司绍兴分公司存档的工程设计图纸，但该附件中并无该公司的盖章，且原告亦无其他证据证明附件4出自该公司。另外，虽然附件4上有鸿达公司的盖章，但证人陈国龙是现任鸿顺公司总经理，而方有祖是该公司办公室主任，鸿达公司是鸿顺公司的前身，因此，方有祖与鸿达公司和陈国龙存在利害关系，在无其他证据予以佐证的情况下，对陈国龙作出的对方有祖有利的证言不能采信。基于上述原因，被告认为附件4的真实性无法认定，其不能作为本案证据使用是正确的。

其次，本专利的新颖性问题。原告提交的附件1本身仅能证明公证之日，位于绍兴市越城区水沟营28号敬老院4楼的三角形拉线塔存在。附件2中涉及的张文敏无正当理由未出庭接受当事人质证，而陈国龙与原告存在利害关系，原告亦未提供其他证据与附件2和陈国龙的证人证言所要证明的事实相互佐证，因此，附件2和陈国龙的证言均不能作为认定事实的依据。附件3和5中没有关于所述绍兴鲁氏塔具体地理位置的记载，亦均无关于绍兴鲁氏基站拉线铁塔的具体技术方案的记载。因此，附件1、2、3、5并不能构成完整、有效的证据链以证明本专利权利要求1~3丧失新颖性。此外，原告使用附件8仅能说明权利要求1中的电力金具是惯用手段的替换。基于上述理由，被告认定本专利权利要求1~3相对于原告提交的证据具有新颖性正确。

第三，本专利的创造性问题。附件6公开的是一种自立式铁塔，其中用组合柱作塔柱，附件9和10均记载有拉线塔。但经审查，附件6、9和10均没有公开拉线塔的塔柱采用60度角钢，并且由于拉线塔和自立式铁塔是两种不同类型的塔，其设计原理、应用领域等并不相同，并非所有塔均需要拉线，自立式铁塔通常无需拉线，故附件6、9和10也没有给出将自立式铁塔改为拉线塔并且角柱采用60度角钢的技术启示，因此，对本领域普通技术人员来说根据附件9和10的记载，将附件6的自立式铁塔改装成角柱采用60度角钢的拉线塔并在拉线塔两端采用电力金具紧固并非是容易想到的。此外，由于本专利拉线塔塔柱采用60度三角等边角钢，拉线两端采用电力金具固定，整个塔体重量轻、连接牢固、安全可靠，而且制造简单、结构轻巧、外形美观，运输安装方便，工期短，带来了有益的技术效果。因此，被告认定本专利权利要求1相对于附件6和原告提交的公知常识性证据附件9和10的结合具有创造性正确。

在权利要求1具有创造性的情况下，被告认为原告关于权利要求1的从属权利要求2和3相对于附件6和公知常识不具有创造性的主张也不能成立亦是正确的。

综上，被诉决定认定事实清楚，适用法律正确，程序合法，本院应予维持。原告的诉讼理由缺乏事实及法律依据，本院不予支持。依照《中华人民共和国行政诉讼法》第五十四条第（一）项之规定，判决如下：

维持被告国家知识产权局专利复审委员会于二〇〇八年四月二十一日作出的第11400号无效宣告请求审查决定。

案件受理费100元，由原告方有祖负担（已交纳）。

如不服本判决，各方当事人可于判决书送达之日起15日内，向本院递交上诉状，并按对方当事人人数提出副本，上诉于北京市高级人民法院。上诉人在上诉期满后 7 日内未预交上诉费，又不提出缓交申请的，按自动撤回上诉处理。

审　判　长　梁　菲
代理审判员　司品华
人民陪审员　杨　旭
二〇〇九年一月九日
书　记　员　董　伟

074

一种用于厕板三件套材料的复合结构

无效宣告请求审查决定（第11414号）

决　定　号　第11414号
决　定　日　2008年4月18日
发明创造名称　一种用于厕板三件套材料的复合结构
国际分类号　A47K13/00
无效宣告请求人　毛依星
专　利　权　人　临海市弘南洁具有限公司
专　利　号　200620041306.2
申　请　日　2006年4月25日
授权公告日　2007年5月16日
合议组组长　翁晓君
主　审　员　程　华
参　审　员　高　颖

法律依据　专利法第22条第3款，专利法实施细则第2条
决定要点

如果权利要求中既包含形状、构造特征，又包含材料特征，而且对材料的限定是将现有技术中已知的材料应用于具有形状、构造的产品上，则该权利要求的技术方案不属于对材料本身提出的技术方案，符合专利法实施细则第2条的规定。

一、案由

本无效宣告请求涉及国家知识产权局于2007年5月16日授权公告、申请号为200620041306.2、名称为“一种用于厕板三件套材料的复合结构”的实用新型专利（下称本专利），其申请日是2006年4月25日，专利权人是临海市弘南洁具有限公司。其授权公告的权利要求书内容如下：

“1. 一种用于厕板三件套材料的复合结构，其特征在于该复合结构至少包括两层材料，其中至少包括表层和芯层。

2. 根据权利要求1所述的一种用于厕板三件套材料的复合结构，其特征在于所述表层为SMC片状模塑料表层。

3. 根据权利要求1所述的一种用于厕板三件套材料的复合结构，其特征在于所述表层为BMC团状模塑料表层。

4. 根据权利要求1所述的一种用于厕板三件套材料的复合结构，其特征在于所述的芯层为人造

板层。

5. 根据权利要求4所述的一种用于厕板三件套材料的复合结构，其特征在于所述人造板层为中密度纤维板层。

6. 根据权利要求4所述的一种用于厕板三件套材料的复合结构，其特征在于所述人造板层为刨花板层。

7. 根据权利要求1所述的一种用于厕板三件套材料的复合结构，其特征在于所述至少两层材料经热压成型后为一体结构。”

针对上述专利权，毛依星、丹阳市耀华洁具有限公司于2007年8月8日向国家知识产权局专利复审委员会提出无效宣告请求，并提交了如下附件：

附件1：US6640349B2号专利说明书复印件9页及其中文译文4页，其公开日为2003年11月4日（下称对比文件1）；

附件2：CN2217372Y号实用新型专利说明书复印件8页，其授权公告日为1996年1月17日（下称对比文件2）；

附件3：CN1193501A号发明专利申请公开说明书复印件6页，其公开日为1998年9月23日（下称对比文件3）；

附件4：CN2332338Y号实用新型专利说明书复印件7页，其授权公告日为1999年8月11日（下称对比文件4）；

附件5：CN2579324Y号实用新型专利说明书复印件5页，其授权公告日为2003年10月15日（下称对比文件5）。

提出的无效理由为：本专利权利要求1、4相对于对比文件1不具备专利法第22条第2款规定的新颖性，权利要求2、3、5、6相对于对比文件1和所属技术领域的公知常识不具备专利法第22条第3款规定的创造性，权利要求7相对于对比文件1和对比文件2不具备专利法第22条第3款规定的创造性，权利要求2~7的附加技术特征不属于实用新型所定义的技术方案，不符合专利法实施细则第2条的规定。对比文件3~5的相关内容也单独影响或与其他对比文件组合影响权利要求1~7的新颖性和创造性，理由待详述。

由于无效宣告请求人未各自独立提出无效宣告请求理由，专利复审委员会于2007年9月18日向无效宣告请求人发出无效宣告请求补正通知书，要求无效宣告请求人在指定期限内补正。

专利复审委员会于2007年10月17日收到无效宣告请求人提交的复审、无效宣告程序补证书，其中修改了专利权无效宣告请求书无效宣告请求人一栏中的内容，明确无效宣告请求人为毛依星。

由于无效宣告请求书中第③栏发明创造名称与申请专利时或经合法变更后的发明创造名称不一致，专利复审委员会于2007年11月15日再次向无效宣告请求人发出无效宣告请求补正通知书，要求无效宣告请求人在指定期限内补正。

无效宣告请求人于2007年11月27日寄交了复审、无效宣告程序补证书，其中修改了专利权无效宣告请求书第③栏发明创造名称，使其与申请专利时的发明创造名称一致。

经形式审查合格后，专利复审委员会受理了上述无效宣告请求，于2007年12月7日同时双方当事人发出了无效宣告请求书，并将无效宣告请求人提交的无效宣告请求书及其附件的副本转寄给专利权人，要求其在指定期限内答复，同时成立合议组对本案进行审查。

本案合议组于2008年3月5日向双方当事人发出口头审理通知书，定于2008年4月16日对本案进行口头审理。

口头审理如期举行。无效宣告请求人出席了口头审理，专利权人未出席口头审理，本案合议组依法对本案进行缺席审理。无效宣告请求人对合议组成员无回避请求。无效宣告请求人当庭明确表示放弃对比文件3~5作为证据使用，并明确无效理由为：本专利权利要求1、4相对于对比文件1不符合专利法第22条第2款的规定；权利要求2、3、5、6相对于对比文件1和公知常识的结合不符合专利法第22条第3款的规定；权利要求7相对于对比文件1和对比文件2的结合不符合专利法第22条第3款的规定；权利要求2~7不符合专利法实施细则第2条的规定，理由是其附加特征不属于专利法实施细则第2条定义的范畴，并且明确权利要求2~7附加技术特征中的对材料的限定和热压的加工工艺均属于所属技术领域的公知常识。

在上述工作的基础上，合议组认为本案事实已经清楚，可以作出审查决定。

二、决定的理由

1. 证据的认定

对比文件1和2均为专利文献，经合议组核实，对其真实性予以认可，并且对比文件1和2的公开日或授权公告日均在本专利的申请日之前，可以作为评价本专利权利要求新颖性、创造性的现有技术。由于无效宣告请求人口审当庭明确表示放弃对比文件3~5作为证据使用，故在此不作评述。

2. 关于专利法实施细则第2条

由于本专利属于实用新型专利，则针对请求人提出的本专利权利要求2~7不符合专利法实施细则第2款的无效理由应该具体适用该项条款中的第2款，即专利法实施细则第2条第2款，所以本案合议组仅依据专利法实施细则第2条第2款的规定对本案进行审查。

专利法实施细则第2条第2款规定：专利法所称实用新型，是指对产品的形状、构造或者其结合所提出的适于实用的新的技术方案。

审查指南第一部分第二章第6.3节规定：如果权利要求中既包含形状、构造特征，又包含对材料本身提出的技术方案，则不属于实用新型专利保护的客体。但是将现有技术中已知的材料应用于具有形状、构造的产品上，例如复合木地板、塑料杯、记忆合金制成的心脏导管支架等，不属于对材料本身提出的技术方案。

本专利权利要求2~7附加技术特征所述的各种材料以及热压的加工工艺均属于所属技术领域的公知的材料和加工工艺，无效宣告请求人在无效宣告请求书以及口审中均认可这一点。本专利权利要求2~7的技术方案也不是对材料本身、加工工艺本身提出的改进方案，而只是将公知的材料或加工工艺应用于具体的产品上，并且权利要求2~7的技术方案中包括有构造特征。因此，权利要求2~7属于实用新型专利保护的客体，符合专利法实施细则第2条第2款的规定。

3. 关于专利法第22条第2款、第3款

关于专利法第22条第2款、第3款规定：新颖性，是指在申请日以前没有同样的发明或者实用新型在国内外出版物上公开发表过、在国内公开使用过或者以其他方式为公众所知，也没有同样的发明或者实用新型由他人向国务院专利行政部门提出过申请并且记载在申请日以后公布的专利申请文件中。创造性，是指同申请日以前已有的技术相比，该发明有突出的实质性特点和显著的进步，该实用新型有实质性特点和进步。

（1）权利要求1要求保护一种用于厕板三件套材料的复合结构，对比文件1公开了一种坐便器，其中具体公开了以下技术内容：坐便器底圈12具有一通长的内芯14，内芯14可由木材、木材副产品，如木屑材料、压缩纤维板或诸如麻材之类的其他纤维材料制成。坐便器底圈12有一聚合物覆盖层22，通常，聚合物覆盖层22为聚丙烯材料或其他替代的材料，如图6所示，其整个覆盖包围了完整的内芯层14（参见对比文件1中文译文第3页倒数第3、4段，附图2、6、7、9、10）。对比文件1中所述坐便器底圈是属于厕板三件套中的，经过对比分析可知，对比文件1中的聚合物覆盖层22就相当于权利要求 1 中的表层，对比文件 1 中的内芯 14 就相当于权利要求 1 中的芯层。由此可见，对比文件 1 已经完全披露了权利要求 1 的所有技术特征。权利要求 1 与对比文件 1 相比，其均属于盥洗室辅助用具类，分类号均为 A47K13/00，属于相同的技术领域；本专利要解决的技术问题是：现有采用单一结构的厕板三件套使整个产品的成本很高，又造成不必要的浪费，预期达到的技术效果是：在降低成本的同时，充分利用木材废料，易于环保，对比文件 1 是为了克服单一采用纤维质材料的坐便器底圈和盖板存在的问题，并充分利用聚合物材料的特性从而使其提供的坐便器装置具有纤维质坐便器装置相同的强度和品质，同时也具有聚合物材质坐便器装置经久耐用的优点。本专利主要是从降低成本的角度来描述的，对比文件 1 是从材质特性的角度来描述的，本专利所获得的技术效果正是由于采用了与对比文件 1 相同的结构和材质造成的，对比文件 1 采用与本专利相同的结构和材质，从而也能够获得在降低成本的同时充分利用木材废料、易于环保的技术效果。综上，权利要求 1 与对比文件 1 的技术领域相同，所要解决的技术问题和预期达到的技术效果实质上相同。因此，权利要求 1 相对于对比文件 1 不具有新颖性，不符合专利法第 22 条第 2 款的规定。

（2）权利要求 2、3 分别引用权利要求 1，其附加技术特征对表层的具体材质进行了限定，对比文件 1 中已经公开了聚合物覆盖层 22 为聚丙烯材料或其他替代的材料（参见对比文件 1 中文译文第 3 页倒数第 10 行），即已经公开表层可以为塑料表层。而 SMC 片状模塑料表层、BMC 团状模塑料表层是所属技术领域中的公知的材料，本领域技术人员可以根据实际需要选择不同类型的塑料表层材料。因此，在其引用的权利要求 1 不具备新颖性的情况下，权利要求 2、3 的技术方案相对于对比文件 1 不具有实质性特点和进步，不符合专利法第 22 条第 3 款有关创造性的规定。

（3）权利要求 4 引用权利要求 1，其附加技术特征将芯层进一步限定为人造板层。对比文件 1 中已经公开了内芯 14 可由木材、木材副产品，如木屑材料、压缩纤维板或诸如麻材之类的其他纤维材料制成（参见对比文件 1 中文译文第 3 页倒数第 4 段），其中压缩纤维板、其他纤维材料制成板层是人造板层的下位概念，下位概念的公开可以破坏采用上位概念限定的技术方案的新颖性。在其引用的权利要求 1 不具备新颖性的情况下，权利要求 4 相对于对比文件 1 也不具有新颖性，不符合专利法第 22 条第 2 款的规定。

（4）权利要求 5、6 对其引用的权利要求 4 做了进一步的限定，其附加技术特征分别是“所述人造板层为中密度纤维板层”、“所述人造板层为刨花板层”。中密度纤维板和刨花板是所属技术领域中公知的材质，选择中密度纤维板和刨花板作为板层结构也是所属技术领域中常用的技术手段。因此，在其引用的权利要求 1 不具备新颖性的情况下，权利要求 5、6 的技术方案相对于对比文件 1 不具有实质性特点和进步，不符合专利法第 22 条第 3 款有关创造性的规定。

（5）权利要求 7 对其引用的权利要求 1 做了进一步的限定，其附加技术特征为“所述至少两层材料经热压成型后为一体结构”。对比文件 2 公开了一种马桶盖，并具体公开了以下技术内容：如图 2 所示，组合时，将两盖板 11、12 及纤维薄片 13 整体置入一个成型模具（图未示）中，以热压成型的方式将三者结合成马桶盖 10，成型后就是一体成型的马桶盖 10（参见对比文件 2 说明书第 2 页 12~14行）。对比文件 2 与本申请、对比文件 1 的技术领域相同，并且对比文件 2 公开了热压成型的加工工艺，其在对比文件 2 中所起的作用与其在权利要求 7 的技术方案中所起的作用相同，即对比文件 2 已经给出了在对比文件 1 的基础上以解决加工工艺的技术问题的技术启示。因此，在其引用的权利要求 1 不具备新颖性的情况下，权利要求 7 相对于对比文件 1 和对比文件 2 不具有实质性特点和进步，不符合专利法第 22 条第 3 款有关创造性的规定。

综上所述，本专利权利要求 1~7 不符合专利法第 22 条第 2 款、第 3 款有关新颖性、创造性的规定。

三、决定

宣告 200620041306. 2 号实用新型专利权全部无效。

当事人对本决定不服的，可以根据专利法第 46 条第 2 款的规定，自收到本决定之日起三个月内向北京市第一中级人民法院起诉。根据该款的规定，一方当事人起诉后，另一方当事人应当作为第三人参加诉讼。

075

铆接式中空扣槽网络地板

无效宣告请求审查决定（第11416号）

决　　定　　号　第11416号
决　　定　　日　2008年3月25日
发明创造名称　铆接式中空扣槽网络地板
国 际 分 类 号　E04F 15/24，E04F 15/06
无效宣告请求人　常州市红日防静电地板制造有限公司
专　利　权　人　常州市华一防静电活动地板有限公司
专　　利　　号　200620070593. X
申　　请　　日　2006年3月24日
授 权 公 告 日　2006年12月20日
合 议 组 组 长　朱文广
主　　审　　员　齐宏涛
参　　审　　员　王　森

法 律 依 据　专利法第22条第3款
决 定 要 点

如果对比文件已经给出了将区别技术特征应用于现有技术从而得到权利要求请求保护的技术方案的启示，则该权利要求不具备创造性。

一、案由

本无效宣告请求涉及中华人民共和国国家知识产权局于2006年12月20日授权公告的、名称为“铆接式中空扣槽网络地板”的实用新型专利权（下称本专利），其专利号是200620070593. X，申请日是2006年3月24日，专利权人是常州市华一防静电活动地板有限公司。本专利授权公告时的权利要求书如下：

“1. 一种铆接式中空扣槽网络地板，具有全钢地板（1），全钢地板（1）间留有间隙，二块相邻的全钢地板（1）间的间隙上设置有边盖板（2），呈“田”字结构铺设的四块全钢地板（1）在“田”字中心处的间隙上设置有的中心盖板（3），边盖板（2）和中心盖板（3）上均设置有出线口（4），全钢地板（1）具有上板面（11）和下板面（12），上板面（11）周边有下凹的支撑台阶（111），其特征是：上板面（11）上有上板面孔（112），下板面（12）上设置有杯形凹（121），下板面（12）的杯形凹（121）底部有下板面孔，上板面（11）和下板面（12）通过相对应的上板面孔（112）和下板面孔铆接连接。

2. 根据权利要求1所述的铆接式中空扣槽网络地板，其特征是：所述上板面（11）在上板面孔（112）处具有下凹翻边，下板面（12）的下板面孔设置在下凹翻边内。

3. 根据权利要求1所述的铆接式中空扣槽网络地板，其特征是：所述的上板面（11）周边的支撑台阶（111）上设置有扣槽（113），边盖板（2）两侧有向下翻折的边盖板折边（21），中心盖板（3）为‘十’字方形盖板，中心盖板（3）的‘十’字转角处有向下翻折的中心盖板折边（31），边盖板折边（21）和中心盖板折边（31）嵌在扣槽（113）内。

4. 根据权利要求3所述的铆接式中空扣槽网络地板，其特征是：所述全钢地板（1）的支撑台阶（111）上以及扣槽（113）内设置有防震垫（5）。”

针对本专利权，常州市红日防静电地板制造有限公司（下称请求人）于2007年8月17日向专利复审委员会提出无效宣告请求，认为本专利不符合专利法第22条第3款和专利法实施细则第20条第1款的规定，请求人同时提交了如下附件：

附件1：授权公告日为2004年12月15日、授权公告号为CN2663576Y（专利号为03210632.7）的中国实用新型专利说明书，共15页（下称对比文件1）；

附件2：授权公告日为2005年12月21日、授权公告号为CN2747306Y（专利号为200420081823.3）的中国实用新型专利说明书，共19页（下称对比文件2）；

附件3：授权公告日为2003年1月1日、授权公告号为CN2528829Y（专利号为01208101.9）的中国实用新型专利说明书，共14页（下称对比文件3）；

附件4：授权公告日为2005年8月24日、授权公告号为CN2719988Y（专利号为200420066694.0）的中国实用新型专利说明书，共13页（下称对比文件4）；

附件5：授权公告日为2006年11月15日、授权公告号为CN2837429Y（专利号为200520075693.7）的中国实用新型专利说明书，共9页（下称对比文件5）。

请求人认为，权利要求1的技术特征包括以下5个部分：①全钢地板间留有间隙，间隙上设置有边盖板和中心盖板，边盖板和中心盖板上均设有出线口；②全钢地板具有上板面和下板面，上板面周边有下凹的支撑台阶；③上板面上有上板面孔；④下板面上有杯形凹及其底部的下板面孔；⑤上板面孔和下板面孔对应，用于铆接连接。对比文件3或4公开了上述③④⑤特征，对比文件1或2公开了上述①②特征，权利要求1因此不具备创造性。权利要求2的附加技术特征是铆接连接的必然结果，因此权利要求2也不具备创造性。权利要求3中“十”字方形盖板这一概念是不清楚的，不符合专利法实施细则第20条第1款的规定，其次，在本专利权利要求1不具有创造性的前提下，再结合对比文件1和对比文件2，权利要求3也不具备创造性。权利要求4的附加技术特征被对比文件1或2公开，权利要求4不具备创造性。

经形式审查合格，专利复审委员会依法受理了上述无效宣告请求，并于2007年9月18日向请求人和专利权人发出无效宣告请求受理通知书，同时将专利权无效宣告请求书及其附件清单中所列附件的副本转送给专利权人，并要求专利权人在指定的期限内陈述意见。专利权人逾期未答复。

专利复审委员会依法成立合议组，对本案进行审理。

本案合议组于2007年11月30日向双方发出无效宣告请求口头审理通知书，定于2008年1月14日举行口头审理。

口头审理如期举行，双方当事人均参加了口头审理。在口头审理中，请求人明确其无效宣告的理由及范围为，本专利权利要求1~4不具有专利法第22条第3款规定的创造性，权利要求3不符合专利法实施细则第20条第1款的规定，同时结合证据就其主张进行了相应的意见陈述。专利权人当庭提交了一份意见陈述书，合议组将其转交给请求人。专利权人对对比文件1~5的真实性无异议。

至此，合议组认为本案事实已经清楚，可以作出审查决定。

二、决定的理由

1. 关于证据和现有技术

请求人提交的对比文件 1~4 均为中国专利文献，专利权人对其真实性没有异议，合议组经审查认为对比文件 1~4 可以作为本案证据使用，且其公开日期均在本专利的申请日前，因此可以作为本专利的现有技术使用。

请求人提交的对比文件 5 为中国专利文献，但其公开日期在本专利的申请日之后，因此不能够作为本专利的现有技术使用。

2. 关于创造性

专利法第 22 条第 3 款规定，创造性，是指同申请日以前已有的技术相比，该实用新型有实质性特点和进步。

(1) 权利要求 1 的创造性。

请求人认为，对比文件 3 和对比文件 1 相结合能够破坏权利要求 1 的创造性。

专利权人则认为，本专利权利要求 1 的边盖板和中心盖板上均设置有出线口以及本专利的中空结构都没有被对比文件 3 和对比文件 1 的结合公开。

合议组经审查后认为，对比文件 3 公开了一种金属网路高架地板（参见对比文件 3 的说明书第 2 页第 2 段，第 3 页倒数第 1 段以及附图 2、4~6），该高架地板包括二铁板，一为等间隔设有多个冲孔柱（相当于本专利的上板面孔）的平面铁板（相当于本专利的上板面），另一为设有多个凹弧（相当于本专利的杯形凹）的凹弧铁板（相当于本专利的下板面），该凹弧中央设有开孔（相当于本专利的下板面孔），平面铁板的冲孔柱穿设铆合于凹弧铁板的开孔内（相当于本专利上板面和下板面的铆接连接）。同时，对比文件 1 也公开了一种网络架空活动地板（参见对比文件 1 的说明书第 3 页倒数第 10 行至倒数第 3 行以及附图 2），其钢地板（相当于本专利的全钢地板）的块与块之间留有网络布线的空隙，空隙上部用边盖板（相当于本专利的角盖板）和角盖板（相当于本专利的中心盖板）连接相邻的钢地板，每块钢地板的四周边还设置有肩（相当于本专利的支撑台阶）。

由上述分析可知，对比文件 3 所公开的地板也为中空结构，其所要解决的技术问题也是“取代混凝土的填充，使金属高架地板有效轻量化，在铺设完成后可大幅减少建筑物的荷重”（参见对比文件 3 的说明书第 1 页第 4 段），本领域技术人员能够想到将其与相同技术领域的对比文件 1 结合从而得到一个新的技术方案，该技术方案具有“四周设有肩的钢地板、边盖板和角盖板”组成的基本结构，亦能解决上述降低地板自重的技术问题。将这一技术方案与权利要求 1 相比，其区别仅在于：权利要求 1 中还限定了在边盖板和中心盖板上均设置有出线口。然而，对比文件 1 中还公开了边盖板上可设电插座，角盖板的四个侧面均设有槽（参见对比文件 1 的说明书第 4 页第 10、16 行，附图 9、11 和 16），说明书记载了其具有“插座和电线出口可以任意安排，不需要移动地板”和“由于边盖板也可以设电插座……可根据需要设置，使用起来更灵活更方便”的技术效果（参见对比文件 1 的说明书第 2 页第 17 行），并且由于边盖板和角盖板的功能相同，都是为了遮挡网络布线的空隙，本领域技术人员在对比文件 1 的所给出的启示下，能够想到在上述技术方案的基础上，进一步在边盖板和中心盖板上均设置出线口以解决相应的技术问题。

综上所述，基于现有技术的启示，本领域技术人员能够想到将对比文件 3 与对比文件 1 相结合从而获得权利要求 1 请求保护的技术方案，故该技术方案是显而易见的，同时也没有取得预料不到的技术效果，因此权利要求 1 不具有实质性特点和进步，从而不具备专利法第 22 条第 3 款规定的创造性。

（2）权利要求 2 的创造性。

请求人认为，权利要求 2 的附加技术特征已经被对比文件 3 所公开，因此也不具备创造性。

专利权人则认为，在权利要求 1 具有创造性的前提下，权利要求 2 具有创造性。

合议组经审查后认为，权利要求 2 的附加技术特征为“所述上板面在上板面孔处具有下凹翻边，下板面的下板面孔设置在下凹翻边内”。对比文件 3 公开了方型平面铁板 11 上设有冲孔 12，冲孔具有向下延伸的孔壁 121（相当于本专利的下凹翻边），利用该孔壁 121 套合一设有多个凹弧的凹弧铁板 16，再将该孔壁 121 冲设铆合以使二者稳固结合（参见对比文件 3 说明书第 3 页倒数第 1 段以及附图 2）。由此可见，该附加技术特征被对比文件 3 所公开，并且其在对比文件 3 中所起的作用同其在本专利中完全一样。因此，在权利要求 1 不具备创造性的情况下，其从属权利要求 2 也不具备专利法第 22 条第 3 款规定的创造性。

（3）权利要求 3 的创造性。

请求人认为，权利要求 3 的附加技术特征已经被对比文件 1 所公开，因此也不具备创造性。

专利权人则认为，中心盖板的‘十’字转角处有向下翻折的中心盖板折边并未被对比文件 1 所公开，虚线也不能唯一证明其就是转角处的折边。

合议组经审查后认为，权利要求 3 的附加技术特征为“所述的上板面周边的支撑台阶上设置有扣槽，边盖板两侧有向下翻折的边盖板折边，中心盖板为‘十’字方形盖板，中心盖板的‘十’字转角处有向下翻折的中心盖板折边，边盖板折边和中心盖板折边嵌在扣槽内”。对比文件 1 公开了地板（1）的四边均设有沟槽（32），角盖板（5）和边盖板（4）四边设折边（30、31），折边嵌在沟槽内（参见对比文件 1 的说明书第 3 页倒数第 5 行以及附图 6），从附图 11、12 可以看出角盖板也是“十字方形”盖板，其折边也是设置在“十字拐角处”，并且由于角盖板与地板仅在十字拐角处相连接，因此其折边也必然是设在该处。由此可见，该附加技术特征仍被对比文件 1 所公开，并且其在对比文件 1 中所起的作用同其在本专利中完全一样。因此，在权利要求 1 不具备创造性的情况下，其从属权利要求 3 也不具备专利法第 22 条第 3 款规定的创造性。

（4）权利要求 4 的创造性。

请求人认为，权利要求 4 的附加技术特征已经被对比文件 1 所公开，因此也不具备创造性。

专利权人则认为，对比文件 1 仅公开了地板和支撑面之间设置有缓冲垫，而本专利是在扣槽内设置有防震垫，并且从本专利图 2 可以看出缓冲垫是充满扣槽的。

合议组经审查后认为，权利要求 4 的附加技术特征为“所述全钢地板的支撑台阶上以及扣槽内设置有防震垫”，该防震垫的作用在于防止钢板间产生噪声。对比文件 1 公开了地板金属件之间设缓冲件（相当于本专利的防震垫），使得地板安装完毕之后，具有缓冲的效果，有效地防止了地板整体系统的响声（参见对比文件 1 说明书第 2 页第 16~18 行），并且从对比文件 1 的附图 6 可以看出，其地板的肩 3 以及沟槽 32 内均设置有缓冲件。至于专利权人所述的本专利缓冲垫是充满扣槽的这一技术特征，由于其并未记载在权利要求书中，因此在评价创造性时不予考虑。由此可见，该附加技术特征仍被对比文件 1 所公开，并且其在对比文件 1 中所起的作用同其在本专利中完全一样。因此，在权利要求 3 不具备创造性的情况下，其从属权利要求 4 也不具备专利法第 22 条第 3 款规定的创造性。

鉴于对比文件 1 和 3 相结合已经破坏了本专利权利要求 1~4 的创造性，故合议组对于请求人提出的其他证据结合方式及无效理由不再评述。

根据上述的事实和理由，本案合议组依法作出以下决定。

三、决定

宣告第200620070593.X号实用新型专利权全部无效。

当事人对本决定不服的，可以根据专利法第46条第2款的规定，自收到本决定之日起三个月内向北京市第一中级人民法院起诉。根据该款的规定，一方当事人起诉后，另一方当事人应当作为第三人参加诉讼。

076

一种混凝土构件成型机

无效宣告请求审查决定（第11417号）

决　定　号 第11417号
决　定　日 2008年4月11日
发明创造名称 一种混凝土构件成型机
国际分类号 B28B 3/02
无效宣告请求人 高密市盛龙机械科技开发有限公司
专利权人 周　凯
专　利　号 98243558.4
申　请　日 1998年11月23日
授权公告日 1999年10月13日
合议组组长 于　萍
主　审　员 徐伟锋
参　审　员 王　冬

法律依据 专利法第22条第2款、第3款、第4款
决定要点

如果实用新型专利某项权利要求所保护的技术方案与最接近的现有技术相比存在区别技术特征，并且该区别技术特征能够解决现有技术中存在的某一技术问题，而请求人提供的其他所有证据也均没有公开或给出采用该区别技术特征来解决所述的技术问题而获得该项权利要求所述的技术方案的技术启示，而且该区别技术特征的引入使得该权利要求的技术方案产生了有益的技术效果，则该权利要求相对于请求人提供的现有技术具有实质性特点和进步，具有创造性；反之，则该权利要求不具备创造性。

一、案由

本无效宣告请求涉及中华人民共和国国家知识产权局于1999年10月13日授权公告的、名称为“一种混凝土构件成型机”的实用新型专利权（下称本专利），其专利号是98243558.4，申请日是1998年11月23日，专利权人是周凯。该专利授权公告时的权利要求书如下：

“1. 一种混凝土构件成型机，包括有机座（1），在机座（1）固定有机架（24），机架（24）的上端装有机头（11），机头（11）内有液压装置驱动的油缸（23），油缸（23）的下端连接有带压头座（5）的压头（4），在压头座（5）的两端装有导向平衡装置，在机座（1）上装有活性连接的模具（2），模具（2）的背面装有振动器（3），其特征在于控制箱（9）固定安装在机头（11）上，液

压驱动装置中的油箱安装在机体上。

2. 根据权利要求 1 所述的混凝土构件成型机，其特征是所述的安装在机体上的油箱由机架（24）和机头（11）腔体构成。

3. 根据权利要求 1 所述的混凝土构件成型机，其特征是所述的液压驱动装置还包括安装在机头（11）一侧的油箱上部装有电机（10），与电机（10）连接的液压泵（15），通过安装在机头（11）另一侧的集成块（7）分别与溢流阀（8）、电磁换向阀（18）、手动换向阀（6）连接的内有活塞的油缸（23）。

4. 根据权利要求 3 所述的混凝土构件成型机，其特征是所述电动机（10）与液压泵（15）的联系形式是采用立式电动机端面与一锥体形油泵支座（12）连接，油泵支座（12）的另一面与液压泵（15）连接，锥体油泵支座的中腔装有一将电动轴与油泵轴相联接的联轴器（13）。

5. 根据权利要求 1 所述的混凝土构件成型机，其特征是所述的导向平衡装置包括有与压头座（5）相旋较的两导向杆（19），导向杆（19）有齿，平衡轴（22）通过平衡轴座（21）横串两导向杆（19），在平衡轴（22）两端装有与导向杆（19）齿形、模数相同的齿轮（20）相齿合。

6. 根据权利要求 1 所述的混凝土构件成型机，其特征是所述的模具（2）为立式平开箱，活性固定在底座（1）上，模具（2）的横截面形状与压头（4）形状相对应。”

针对上述专利权，高密市盛龙机械科技开发有限公司（下称请求人）于 2007 年 6 月 18 日向专利复审委员会提出无效宣告请求，其提交的附件如下：

附件 1：授权公告日为 1996 年 7 月 3 日、授权公告号为 CN2230219Y 的中国实用新型专利说明书；

附件 2：授权公告日为 1997 年 6 月 4 日、授权公告号为 CN2255343Y 的中国实用新型专利说明书；

附件 3：授权公告日为 1997 年 11 月 19 日、授权公告号为 CN2267912Y 的中国实用新型专利说明书；

附件 4：授权公告日为 1999 年 8 月 11 日、授权公告号为 CN2332555Y 的中国实用新型专利说明书；

附件 5：专利权人为周凯、申请日为 1997 年 6 月 21 日、授权公告日为 1999 年 1 月 13 日、授权公告号为 CN2303715Y 的中国实用新型专利说明书；

附件 6：授权公告日为 1992 年 4 月 29 日、授权公告号为 CN2102833U 的中国实用新型专利说明书。

请求人认为：（1）权利要求 1 相对于附件 1 不具备新颖性和创造性，权利要求 1 相对于附件 1、附件 2 和附件 3 的结合、附件 2、附件 4 和附件 5 的结合、附件 1 与附件 2、附件 3、附件 4 或附件 5 的结合不具备创造性；（2）权利要求 2 相对于附件 1 或附件 2 或附件 3 或附件 4 不具备新颖性，权利要求 2 相对于附件 1 或附件 2 或附件 3 或附件 4 单独或任意组合不具备创造性；（3）权利要求 3 相对于附件 1、附件 2、附件 3 或附件 4 分别与附件 5 的组合不具备创造性；（4）权利要求 4 相对于附件 1 或附件 2 和公知常识的结合不具备创造性；（5）权利要求 5 相对于附件 1 或附件 2 或附件 5 不具备新颖性；（6）权利要求 6 相对于附件 2 或附件 6 不具备新颖性，权利要求 6 相对于附件 2 或附件 6 不具备创造性。

经形式审查合格，专利复审委员会依法受理了上述无效宣告请求，于 2007 年 6 月 18 日向双方发出无效宣告请求受理通知书，同时将专利权无效宣告请求书及其附件清单中所列附件的副本转送给专利权人，并要求专利权人在指定的期限内陈述意见。

针对专利复审委员会于2007年6月18日发出的上述无效宣告请求受理通知书，专利权人于2007年7月6日提交了意见陈述书，认为附件5是专利权人在本专利申请日之前提出的专利申请，并在本专利的申请日后公开，不能用来评价本专利的新颖性和创造性；而附件1~4和附件6并没有一个附件中所记载的技术方案可以单独覆盖涉案专利权利要求1中的全部技术特征，因此本专利具备新颖性；附件1~4和附件6的组合方式中并没有组合的启示，因此权利要求1具备创造性；在权利要求1具备新颖性和创造性的前提下，其从属权利要求也具备新颖性和创造性。

专利复审委员会依法成立合议组，对本案进行审查。

专利复审委员会本案合议组于2007年8月10日向双方发出无效宣告请求口头审理通知书，定于2007年10月23日举行口头审理。随同口头审理通知书，将专利权人于2007年7月6日提交的意见陈述书转送给请求人。

口头审理如期举行，双方当事人均参加了口头审理。在口头审理中，请求人明确其无效宣告的理由、证据和范围为：本专利的权利要求1、2、5、6相对于附件1不具备新颖性；权利要求1相对于附件1、或附件1分别与附件2、3结合以及附件2和附件3结合不具备创造性；权利要求2~6的附加技术特征在附件1、附件2、附件3或附件6中公开，不具备创造性；权利要求4不具备实用性；请求人明确放弃附件4、5作为证据使用。

至此，合议组认为本案事实已经清楚，可以作出审查决定。

二、决定的理由

1. 关于证据和现有技术

请求人提交并最终确认使用的附件1~3、6均为中国实用新型专利说明书，专利权人对上述附件的真实性没有提出异议，经合议组核实对上述附件的真实性予以认可。同时由于附件1~3、6的公开日期在本专利的申请日前，因此可以作为本专利的现有技术使用。

2. 关于实用性

专利法第22条第4款规定的实用性是指发明或者实用新型的主题必须能够在产业上制造或者使用，并且能够产生积极效果。

如果一项权利要求的技术方案能够在产业上制造或者使用，并且能够产生积极效果，则具备实用性。

权利要求4是对权利要求3的进一步限定，其附加技术特征为“所述电动机（10）与液压泵（15）的联系形式是采用立式电动机端面与一锥体形油泵支座（12）连接，油泵支座（12）的另一面与液压泵（15）连接。锥体油泵支座的中腔装有一将电动机与油泵轴相连接的联轴器（13）”。请求人认为电机端面与油泵支座连接的话，机器不能运转，是典型的设计错误，不具备实用性。

合议组认为，本专利权利要求4中所述的电机端面与支座连接，仅仅说明了电机外壳与支座的固定关系，而传动关系则是由电机的电动轴与油泵轴通过联轴器确定，而这一点也在本专利权利要求4的最后的技术特征中阐明。该权利要求4阐述了电机、液压泵通过液压支座的固定关系，然后又进一步阐明了电动机与液压泵通过联轴器的传动关系，其在技术上完全可行，并且可以实现液压驱动的目的，因此可以在产业上制造或使用，能够产生积极效果，因此权利要求4具备实用性。

3. 关于新颖性

新颖性，是指在申请日以前没有同样的发明或者实用新型在国内外出版物上公开发表过、在国内公开使用过或者以其他方式为公众所知，也没有同样的发明或者实用新型由他人向国务院专利行政部门提出过申请并记载在申请日以后公布的专利申请文件中。

如果一项权利要求的技术方案并没有在国内外出版物上公开发表过、在国内公开使用过或者以其他方式为公众所知，也没有同样的发明或者实用新型的技术方案内容由他人向国务院专利行政部门提出过申请并记载在申请日以后公布的专利申请文件中，则该权利要求具备新颖性。所谓同样的发明或者实用新型，是指技术领域、所要解决的技术问题和技术方案实质上相同，预期效果相同的发明或者实用新型。

（1）权利要求 1 相对于附件 1 的新颖性。

权利要求 1 请求保护一种混凝土构件成型机。附件 1 公开了一种混凝土构件成型机（参见附件 1 的权利要求书，附图 1、2），该混凝土构件成型机具有一圆形底座（1）［相当于本专利机座（1）］，在底座（1）的中心固定有钢性导体立轴（9）（相当于本专利的机架（24）），在钢性导体立轴（9）的外面套装有旋转机体（8）（相当于本专利的机头（11）），在旋转机体（8）的上部安装有电动机（41）和由电机（41）驱动的液压驱动装置（25），液压驱动装置（25）包括安装在旋转机体（8）中的油箱（26）（相当于本专利的油箱），通过管路（35）和滤油器与油箱（26）连接的液压泵（37），通过管路（35）分别与液压泵（37）、溢流阀（36）、换向阀（42）、压力表（20）以及与换向阀，通过管路（35）连接的内有活塞的一个油缸（17）（相当于本专利的油缸（23）），在液压驱动装置（25）的动力输出端连接有上端两侧装有平衡力装置的压头（5）（相当于本专利的压头（4）），在机座（1）上安装有活性连接的模箱（2），模箱（2）的背面装有振动器（4），振动器（4）的下部设有弹性增振装置（28），旋转机体（8）的前部安装有下端通过拉力板与旋转机体（8）下部相连接的拉力杆（11）。可见本专利的权利要求 1 与附件 1 相比，存在下述区别技术特征：本专利权利要求 1 的控制箱（9）固定在机头（11）上，而根据本专利说明书的内容可知控制箱（9）控制所有电器的启动包括振动器，而附件 1 的旋转机体（8）的前上面有面板（18），该面板为控制面板（参见附件 1 说明书第 4 页第一段），附件 1 的控制面板没有明确公开能控制振动器的运转，同时本专利权利要求 1 机头下面是机架，而附件 1 的机头下面是立轴。可见，权利要求 1 与附件 1 公开的技术方案存在区别技术特征，而且两者也并非实质上相同的技术方案，因此本专利的权利要求 1 相对于附件 1 具备新颖性。

（2）权利要求 2、5、6 相对于附件 1 的新颖性。

权利要求 2、5、6 都是引用权利要求 1 的从属权利要求，在本专利的权利要求 1 相对于附件 1 具备新颖性的前提下，本专利的权利要求 2、5、6 相对于附件 1 也具备新颖性。

4. 关于创造性

创造性，是指同申请日以前已有的技术相比，该发明有突出的实质性特点和显著的进步，该实用新型具有实质性特点和进步。

如果实用新型专利某项权利要求所保护的技术方案与最接近的现有技术相比存在区别技术特征，并且该区别技术特征能够解决现有技术中存在的某一技术问题，而请求人提供的其他所有证据也均没有公开或给出采用该区别技术特征来解决所述的技术问题而获得该项权利要求所述的技术方案的技术启示，而且该区别技术特征的引入使得该权利要求的技术方案产生了有益的技术效果，则该权利要求相对于请求人提供的现有技术具有实质性特点和进步，具有创造性；反之，则该权利要求不具备创造性。

（1）请求人认为权利要求 1 相对于附件 1 不具备创造性，相对于附件 1 和附件 2 或 3 的结合不具备创造性，相对于附件 2 和 3 的结合不具备创造性。

权利要求 1 请求保护一种混凝土构件成型机。附件 1 公开了一种混凝土构件成型机（具体参见前述本专利权利要求 1 相对于附件 1 新颖性的评述）。可见本专利的权利要求 1 与附件 1 相比，存在下述区别技术特征：本专利权利要求 1 的控制箱（9）固定在机头（11）上，而根据本专利说明书的内容可知控制箱（9）控制所有电器的启动包括振动器，而附件1的旋转机体（8）的前上面有面板（18），该面板为控制面板（参见附件1说明书第4页第一段），附件1的控制面板没有明确公开能控制振动器的运转；同时本专利权利要求1机头下面是机架，而附件1的旋转机体下面是立轴。然而附件1中的立轴实质上就是本专利权利要求1中的机架，当附件1的成型机不用旋转时，也就是说机头只需在一个固定位置加压时，立轴仅仅起支撑作用，而不用起旋转作用，与本专利机架所起作用相同，因此附件1中的立轴实质上就是本专利权利要求1的机架。而在附件1中控制面板已经安装在旋转机体上，而振动器按钮单独设置的原因在于附件1中成型机可以在四个位置旋转固定操作，四个位置都有一套模具和振动器，因此附件1在每个设置单独位置控制振动器更便于操作，同时振动器的控制单位也不可能离开振动器旁边，否则不利于操作，如果附件1中不需要旋转机体，只需要在固定位置设置模具和振动器，那么为了获得更为便利的操作将振动器的开关再集成到旋转机体的控制面板上，从而获得本专利权利要求1的所述方案，对本领域技术人员而言也是显而易见的，因此权利要求1相对于附件1不具备创造性。

专利权人认为本专利权利要求1的油箱在机体上，机体包括机头、机架和机座，附件1的结构是旋转的，振动器需要单独控制，导致操作不便，需要两个人控制。

对此，合议组认为，本专利权利要求1的油箱并没有具体限定在机体的那个部分，也就是说油箱可以在机体的任何可能的部分，可以是在机头、机架或机座，而附件1中油箱在旋转机体中，也就是在机头中，更进一步说也就是在机体中。另外，尽管附件1的成型机的结构是可以旋转的，如果成型机不旋转时一个工人同样可以实现整个控制，旋转机体的控制由控制面板完成，而振动器没有明确控制单元的位置，但是按照一般常理而言，机器控制单元应当尽量便利于工人的操作，而振动器的控制单元非常简单，仅仅是一个开关按钮，它可以非常便利的设置在模具或振动器旁边，从而实现一个工人同时操作。

（2）请求人认为权利要求2的附加技术特征在附件1、2、3中分别被公开，该权利要求2相对于附件1~3不具备创造性。

对此，合议组认为，权利要求2以附加技术特征“安装在机体上的油箱由机架（24）和机头（11）腔体构成”对权利要求1进行了进一步限定，然而该附加技术特征在附件1~3中均没有被公开，附件1中的油箱在旋转机体中，而旋转机体也就是本专利权利要求1的机头，附件2的油箱在独立的控制台中，附件3的油箱在立轴中，立轴也就是本专利权利要求1的机架。因此，权利要求2的附加技术特征均没有在附件1~3中公开。而本专利权利要求2中所述“油箱由机架（24）和机头（11）腔体构成”，从而使得油箱集成于机体中，达到设备小型化和集成化，并且油箱在机头和机架内的分散布置有利于油箱内油的散热，具有有益的技术效果，请求人也没有提供证据表明这是一种公知常识。因此，权利要求2相对于附件1~3的任意组合具备创造性。

（3）请求人认为权利要求3已经在附件1或6中公开，因此不具备创造性。

权利要求3以附加技术特征“所述的液压驱动装置还包括安装在机头（11）一侧的油箱上部装有电机（10），与电机（10）连接的液压泵（15），通过安装在机头（11）另一侧的集成块（7）分别与溢流阀（8）、电磁换向阀（18）、手动换向阀（6）连接的内有活塞的油缸（23）”对权利要求1进行了进一步限定。合议组认为其中的集成块（7）以及“集成块（7）分别与溢流阀（8）、电磁换向阀（18）、手动换向阀（6）连接”的技术特征没有在附件1或6中公开。附件1中仅仅说明“管路”连接了液压泵、溢流阀、换向阀、压力表等，而管路并不等于集成块，并且附件1仅仅使用了手动换向阀。附件6中的“分流集流阀（24）”不同于集成块，分流集流阀仅仅是与换向阀连接，将液压油分别送往两个油缸，这与本专利权利要求3的集成块不同，而附件6也仅仅公开了手动换向阀。本专利权利要求 3 的附加技术特征并没有完全在附件 1 或 6 中公开，且上述区别技术特征对本领域技术人员来说并非是显而易见的，因此请求人关于本专利权利要求 3 的不具备创造性的主张不能成立。

另外，上述的权利要求 3 中没有被附件 1 或 6 公开的特征，也同样没有被附件 2、3 公开，因此即使将附件 3 与附件 1 或 2 或 6 结合也不能破坏权利要求 3 的创造性。

（4）请求人认为权利要求 4 相对于附件 1 和 2 的结合不具备创造性。

权利要求 4 是对权利要求 3 的进一步限定，然而权利要求 3 的附加技术特征集成块（7）以及“集成块（7）分别与溢流阀（8）、电磁换向阀（18）、手动换向阀（6）连接”没有在附件 1 和 2 中公开，且上述区别技术特征对本领域技术人员来说也并非显而易见的，因此请求人关于权利要求 4 不具备创造性的主张不能成立。

另外，本专利权利要求 4 的附加技术特征也没有在附件 3、6 中公开，因此即便附件 1~3、6 的结合，也不能破坏本专利权利要求 4 的创造性。

（5）请求人认为权利要求 5、6 的附加技术特征已经在附件 1 或 2 中公开，在权利要求 1 不具备创造性的前提下，权利要求 5 或 6 也不具备创造性。

合议组认为权利要求 5、6 是对权利要求 1 的进一步限定，但是该权利要求 5、6 的附加技术特征已经在附件 2 的权利要求 5、6 中公开，并且附件 1 和附件 2 的技术领域相同，权利要求 5 的附加技术特征在本专利和附件 2 中所起的作用都是一样的，都是用于机头的平衡导向作用，权利要求 6 的附加技术特征在本专利和附件 2 所起的作用也是一样的，都是提供模具并使模具的受压面与压头更好的吻合，因此，对于本领域技术人员而言，在权利要求 1 相对于附件 1 不具备创造性的前提下，将附件 1 和 2 结合获得权利要求 5 或 6 的技术方案是显而易见的，因此权利要求 5 和 6 不具备创造性。

三、决定

宣告 98243558.4 号实用新型专利权的权利要求 1、5、6 无效，在权利要求 2~4 的基础上维持该专利权继续有效。

当事人对本决定不服的，可以根据专利法第 46 条第 2 款的规定，自收到本决定之日起三个月内向北京市第一中级人民法院起诉。根据该款的规定，一方当事人起诉后，另一方当事人应当作为第三人参加诉讼。

077

柜台票单自动录入方法和系统

无效宣告请求审查决定（第11428号）

决　　定　　号　第11428号
决　　定　　日　2008年4月26日
发明创造名称　柜台票单自动录入方法和系统
国 际 分 类 号　G07F 19/00
无效宣告请求人　重庆中百山城超市有限公司
专 利 权 人　王　奇
专　　利　　号　ZL98122267.6
申　　请　　日　1998年12月31日
授 权 公 告 日　2004年4月28日
合 议 组 组 长　张梅珍
主　　审　　员　刘亚斌
参　　审　　员　周　航

法 律 依 据　专利法第33条，专利法第22条第3款
决 定 要 点

如果一项权利要求的技术方案与现有技术相比存在区别技术特征，且没有证据表明现有技术中存在将该区别技术特征应用到该技术方案中的技术启示，而该区别特征的存在使得该权利要求的技术方案相对于现有技术具有有益的技术效果，则该权利要求具备创造性。

一、案由

本无效宣告请求涉及国家知识产权局于2004年4月28日授权公告的98122267.6号、名称为“柜台票单自动录入方法和系统”的发明专利（下称本专利），其专利权人是王奇，申请日是1998年12月31日。本专利授权公告的权利要求书如下：

“1. 一种柜台票据自动录入方法，其特征在于，包括以下步骤：

用脱线填单机接收输入数据；

由脱线填单机将票单要素数据进行格式转换并以MICR磁码、OCR光码和条形码形式输出可机读票单传送到读写装置；

由读写装置读出每一个可机读票单；

经确认后，由读写装置将票单信息传送到计算机系统中。

2. 根据权利要求1所述柜台票据自动录入方法，其特征在于，所述用脱线填单机接收输入数据

的步骤包括，用户以触摸屏方式输入票单信息的步骤。

3. 根据权利要求 1 所述柜台票据自动录入方法，其特征在于，所述用脱线填单机接收输入数据的步骤包括，用户以小键盘方式输入票单信息的步骤。

4. 一种柜台票据自动录入系统，其特征在于，包括用于生成可机读票单的脱线填单机、机读码在线读写装置，在所述脱线填单机与机读码在线读写装置之间设有传送装置；所述可机读票单包括用于记录信息的 MICR 磁码、OCR 光码或条形码，所述机读码在线读写装置可以是 MICR 磁码读写装置、OCR 光码输入装置或条形码输入装置。

5. 根据权利要求 4 所述柜台票据自动录入系统，其特征在于，所述脱线填单机包括触摸屏输入单元、机读码输出单元以及用于将所述触摸屏输入单元输入的数据以一定形式进行转换并送到机读码输出单元的处理装置。

6. 根据权利要求 4 所述柜台票据自动录入系统，其特征在于，所述脱线填单机包括小键盘输入单元、机读码输出单元以及用于将所述小键盘输入单元输入的数据以一定形式进行转换并送到机读码输出单元的处理装置。

7. 根据权利要求 5 或 6 所述柜台票据自动录入系统，其特征在于，所述机读码输出单元可以是 MICR 磁码、OCR 光码或条形码输出单元。"

针对上述专利权，重庆中百山城超市有限公司（下称请求人）于 2007 年 8 月 29 日向专利复审委员会提出无效宣告请求，理由是本专利不符合专利法第 33 条和专利法第 22 条第 3 款的规定。随同其专利权无效宣告请求书，请求人提交了以下附件：

附件 1：牛东来、史健等编著的《超级市场连锁经营计算机管理》一书的封面、版权页、第 12 页、第 37 页、第 47~48 页、第 53 页的复印件共 7 页，机械工业出版社 1996 年 11 月出版；

附件 2.1：US5578797 号美国专利说明书，其授权公告日为 1996 年 11 月 26 日；

附件 3.1：CN1221589A 号中国发明专利申请公开说明书（即本专利申请阶段的公开文本）；

附件 3.2：CN1147825C 号中国发明专利说明书（即本专利的授权文本）。

请求人的具体无效理由是：（1）由附件 3.1 和 3.2 可知，本专利权利要求 1 的修改明显超出其申请公开时的说明书和权利要求书记载的范围，不符合专利法第 33 条的规定；（2）本专利权利要求 1~7相对于附件 1 和附件 2.1 的结合不具备创造性。

经形式审查合格，专利复审委员会依法受理了上述无效宣告请求，并于 2007 年 8 月 29 日向请求人和专利权人发出无效宣告请求受理通知书，同时将专利权无效宣告请求书及其相关文件副本转给专利权人，要求其在一个月内对该无效宣告请求陈述意见。

专利权人逾期未提交针对上述无效宣告请求的意见陈述。

请求人于 2007 年 9 月 29 日提交了意见陈述书，补充了以下附件：

附件 2.2：US5578797 号的美国专利说明书（即附件 2.1）的中文译文。

专利复审委员会依法组成合议组，对本案进行审理。合议组于 2007 年 11 月 21 日向请求人和专利权人发出口头审理通知书，告知双方当事人合议组定于 2008 年 1 月 15 日对本案进行口头审理，同时将请求人于 2007 年 9 月 29 日提交的意见陈述书及其相关文件副本转给专利权人。

口头审理如期举行，双方当事人均出席了口头审理。在口头审理中，（1）请求人当庭出示了附件 1 的原件。（2）专利权人核对了附件 1 的原件和复印件，对全部证据的真实性无异议，对附件2.1 的中文译文即附件 2.2 的准确性无异议。（3）关于本专利权利要求 1 是否超出了原始申请公开文件记载的范围，请求人认为，本专利公开时的权利要求 1 中记载的是"通过传送装置将可机读票单传送到读写装置"，而授权公告的权利要求 1 中修改为"……输出可机读票单传送到读写装置"，其中用

"传送"这种上位概念替代了"通过传送装置传送"这种下位概念，由原来只能通过传送装置传送修改为包括传送装置在内的任何方式进行传送都可，超出了原说明书和权利要求书记载的范围；专利权人认为修改后的方案是可以从说明书中直接地、毫无疑义地确定的，没有超出原申请文件的范围；(4) 关于本专利权利要求1相对于附件1和附件2.1是否具备创造性，请求人认为，附件1公开了一种连锁超市中商品的销售方法，其中披露了与后台服务器联网的条码电子秤和通过收款机与计算机系统连接的条码阅读器，条码电子秤对商品称重并根据录入的商品信息打印出带有信息和价格的条码标签，由顾客将带有条码标签的商品交给收银员送到条码阅读器阅读，然后由条码阅读器读入收款机，其中条码电子秤、条码阅读器、条码标签、收款机分别相当于本专利中的脱线填单机、读写装置、可机读票单、计算机系统，本专利权利要求1的技术方案与附件1公开的内容相比，区别在于：A. 本专利权利要求1中的脱线填单机是"脱线"输入装置，而附件1的条码电子秤是与后台服务器联网的输入装置，B. 附件1的条码电子秤比本专利权利要求1的脱线填单机还多了一个商品称重的功能；附件2.1公开了一种标签打印方法及装置，其中披露了通过一种具有微处理机的磅秤，该磅秤可以根据键盘输入的产品及销售信息打印标签，并且该磅秤既可以多台联机使用，又可以单独使用即"脱线"使用，因此区别特征A被附件2.1公开，而区别特征B也不构成"创造性"的差异，因而权利要求1相对于附件1和附件2.1的结合不具备创造性。专利权人认为，附件1的装置的整体结构与本专利不同，附件1的装置中任何数据都进入服务器，容易造成差错和故障，而本专利中使用的脱线填单机就不易出错；此外，附件1中的条码位数也与本专利中的条码位数不同，并导致其所对应的读写装置也与本专利中的读写装置不同；而附件2.1中没有明确记载磅秤可以脱线使用，从技术角度来说，该磅秤也只能联网使用，因而没有公开本专利的脱线填单机。(5) 关于本专利权利要求2和3相对于附件1和附件2.1是否具备创造性，请求人认为，从属权利要求2和3中关于用触摸屏和小键盘方式输入票单信息的特征属于本领域公知常识，并且附件2.1中也公开了触摸屏和小键盘，因而权利要求2和3也不具备创造性；专利权人认为，附件2.1中公开的是键盘而不是小键盘，并且触摸屏和小键盘均不是公知技术。(6) 关于本专利权利要求4相对于附件1和附件2.1是否具备创造性，请求人认为，权利要求4是对应于方法权利要求1的产品权利要求，与权利要求1的方案相比增加了在脱线填单机和机读码在线读写装置之间设有传送装置的特征，而对于本领域技术人员来说，利用传送装置传送和通过人来传送的效果是一样的，没有产生意料不到的技术效果，权利要求4是脱线填单机、读写装置、传送装置的简单组合，其效果也是显而易见的，因而权利要求4也不具备创造性；专利权人认为传送装置能够提高本专利产品的效果。(7) 关于本专利权利要求5~7相对于附件1和附件2.1是否具备创造性，请求人认为，权利要求5~7是权利要求4的从属权利要求，其中触摸屏和小键盘属于本领域常用输入设备，而MICR磁码和OCR光码与附件1中的条形码都是本领域常用的编码形式，因而从属权利要求5~7也不具备创造性，此外，本次无效请求之前的另一个无效请求的审查决定中也认定了将输入数据转换为磁码、光码和条形码是本领域常用的技术手段，还认定了利用传送装置传送物品也是本领域常用的技术手段，这也间接说明了权利要求5~7不具备创造性；专利权人认为在权利要求4有创造性的情况下，其从属权利要求5~7也具备创造性。

至此，合议组认为本案事实已经清楚，现依法作出如下审查决定。

二、决定的理由

1. 关于证据

在本次无效宣告程序中，请求人提交的证据包括附件1、附件2.1及其中文译文（附件2.2）、附件3.1、附件3.2，专利权人认可所有证据的真实性以及附件2.1的中文译文的准确性，因此上述证据可以作为本案证据使用；其中附件1、附件2.1的公开日期均在本专利申请日之前，故可以作为本专利的现有技术，附件 2.1 的文字部分以其中文译文即附件 2.2 中记载的内容为准，附件 3.1、附件 3.2 分别是本专利的公开文本和授权公告文本，其可以作为本专利是否符合专利法 33 条规定的证据使用。

2. 关于专利法第 33 条

专利法第 33 条规定：申请人可以对其专利申请文件进行修改，但是，对发明和实用新型专利申请文件的修改不得超出原说明书和权利要求书记载的范围，对外观设计专利申请文件的修改不得超出原图片或者照片表示的范围。

审查指南第二部分第八章第 5.2.1 节规定，原说明书和权利要求书记载的范围包括原说明书和权利要求书文字记载的内容和根据原说明书和权利要求书文字记载的内容以及说明书附图能直接地、毫无疑义地确定的内容。

请求人认为，本专利公开文本即附件 3.1 的权利要求 1 中记载的是“通过传送装置将可机读票单传送到读写装置”，而本专利授权公告文本即附件 3.2 的权利要求 1 中修改为“……输出可机读票单传送到读写装置”，其中用“传送”这种上位概念替代了“通过传送装置传送”这种下位概念，由原来只能通过传送装置传送修改为包括传送装置在内的任何方式进行传送都可，超出了原说明书和权利要求书记载的范围。

对此，合议组认为，首先，本专利权利要求 1 是一个方法权利要求，根据审查指南第二部分第二章第 3.2.2 节的规定，方法权利要求通常应当用工艺过程、操作条件、步骤或者流程等技术特征来描述，因此方法权利要求中通常不要求必须记载各个步骤所涉及的硬件设备，例如本专利中“传送”步骤所涉及的“传送装置”；其次，在本专利的原始申请文本的说明书第 5 页第 12~13 行中记载了“通过光电自动识别技术读取上述码并可陪多种传送器与其衔接”，其中并没有限定必须采用特定的传送装置，而本专利中的“传送”步骤是为了将脱线填单机输出的可机读票单传递给读写装置进行读取，这种功能是一般的“传送装置”都具备的，因而虽然在权利要求中没有明确记载“传送装置”，本领域普通技术人员也能够明了该传送功能可以使用各种通用的传送装置实现。综上所述，本专利权利要求 1 作为一个方法权利要求，其由各个步骤构成的技术方案是能够从原始公开的说明书和权利要求书中直接地、毫无疑义地确定的，没有超出原说明书和权利要求书记载的范围，符合专利法第 33 条的规定。

3. 关于本专利的创造性

专利法第 22 条第 3 款规定：创造性，是指同申请日以前已有的技术相比，该发明有突出的实质性特点和显著的进步，该实用新型有实质性特点和进步。

如果一项权利要求的技术方案与现有技术相比存在区别技术特征，且没有证据表明现有技术中存在将该区别技术特征应用到该技术方案中的技术启示，而该区别特征的存在使得该权利要求的技术方案相对于现有技术具有有益的技术效果，则该权利要求具备创造性。

具体到本案，本专利权利要求 1 涉及一种柜台票单自动录入方法，包括以下步骤：用脱线填单机接收输入数据；由脱线填单机将票单要素数据进行格式转换并以 MICR 磁码、OCR 光码和条形码形式输出可机读票单传送到读写装置；由读写装置读出每一个可机读票单；经确认后，由读写装置将票单信息传送到计算机系统中。

附件 1 公开了一种连锁超市中商品的销售方法，其中披露了与后台服务器联网的条码电子秤和通过收款机与计算机系统连接的条码阅读器，条码电子秤对商品称重并根据事先录入的商品单价计算出价格，打印出带有价格和相关信息的条码标签，然后由顾客将带有条码标签的商品交给收银员送到条码阅读器阅读，从而将商品信息和价格读入收款机。

附件 2.1 公开了一种可打印标签的磅秤，该磅秤包括微处理机和键盘等部件，其中事先通过键盘输入产品和销售信息，在使用时通过称重或者选择 PLU 编码以按照预定的标签格式打印出包含产品信息的标签。

请求人认为，附件 1 中的条码电子秤、条码阅读器、条码标签、收款机分别相当于本专利中的脱线填单机、读写装置、可机读票单、计算机系统，本专利权利要求 1 的技术方案与附件 1 公开的内容相比，区别在于：A. 本专利权利要求 1 中的脱线填单机是“脱线”输入装置，而附件 1 的条码电子秤是与后台服务器联网的输入装置，B. 附件 1 的条码电子秤还多了一个商品称重的功能；而附件 2.1 中公开的磅秤也可以单独使用即“脱线”使用，因此区别特征 A 被附件 2.1 公开，而区别特征 B 也不构成“创造性”的差异，因此本专利权利要求 1 相对于附件 1 和附件 2.1 的结合不具备创造性。专利权人认为，附件 1 和附件 2.1 均未公开“脱线填单机”这一技术特征。

对此，合议组认为，本案的争议焦点实质上在于，本专利中的脱线填单机是否相当于附件 1 所述的条码电子秤和附件 2.1 所述的磅秤的结合。根据本专利说明书中的记载（参见本专利说明书第 3 页第 5 段和第 5 页第 2 段），脱线填单机是一种用于提供给用户进行票单数据输入并以各种机读码形式输出可机读票单的装置，用户输入的数据例如包括账号、金额、身份证号、密码、收付标志等，其功能是接收用户输入的票单数据并将该票单数据转换为机读码输出；对应地，附件 1 中的条码电子秤和附件 2.1 中的磅秤均是用于超市或商店里销售商品的装置，其功能是通过对零售商品称重以计算价格并打印条码形式的价格标签。由此可见，虽然本专利中的脱线填单机与附件 1 所述的条码电子秤、附件 2.1 所述的磅秤均具有打印编码数据的功能，但是本专利的脱线填单机是直接对接收的输入数据进行格式转换并打印，其在能够打印编码数据的同时还具备为用户提供输入接口的功能，而附件 1 所述的条码电子秤和附件 2.1 所述的磅秤所打印的数据都是通过对商品称重并计算而获得的，附件 2.1 的磅秤虽然具有键盘，但是该键盘是用于在事先输入产品和销售信息以编制标签格式，在实际应用时还是需要对商品进行称重或者仅仅是简单的选择相应的 PLU 编码，其所打印的数据并非是直接从用户接收的输入数据，因此本专利的脱线填单机与附件 1 所述条码电子秤、附件 2.1 所述磅秤在功能上均不相同，从而不能认为是对应的装置结构，即附件 1、附件 2.1 均未公开本专利权利要求 1 中关于“脱线填单机”的技术特征。此外，本专利的脱线填单机使得权利要求 1 的技术方案解决了在银行和其他需要较多票据处理的场合中快速输入票单数据并打印机读码票单的问题，其获得的技术效果是提高了票单业务的处理速度，降低了柜台工作人员的劳动强度；而附件 1 所解决的技术问题是提供一种能够对零售商品称重、自动计价并打印条码的超市销售系统，附件 2.1 所解决的技术问题是提供一种能够设计和打印商品条码标签的磅秤，附件 1 和附件 2.1 都没有给出与本专利的脱线填单机相关的技术启示，所以即使将附件 1 与附件 2.1 结合也不能得到本专利的脱线填单机。综上所述，附件 1 和附件 2.1 都没有公开本专利的脱线填单机，也没有给出与其相关的技术启示，并且本专利权利要求 1 的技术方案和附件 1、附件 2.1 公开的内容相比，其所要解决的技术问题不同，获得的技术效果也不同，因此本专利权利要求 1 相对于附件 1 和附件 2.1 的结合具有突出的实质性特点和显著的进步，具备专利法第 22 条第 3 款规定的创造性。

本专利权利要求 2、3 是引用了权利要求 1 的从属权利要求，由于权利要求 1 具备创造性，因此其从属权利要求 2、3 相对于附件 1 和附件 2.1 的结合也具备专利法第 22 条第 3 款规定的创造性。

本专利权利要求 4 是与权利要求 1 所要求保护的方法相对应的装置权利要求，如前所述，附件 1 和附件 2.1 中均未公开或启示权利要求 4 中关于“脱线填单机”的技术特征，因此，基于与权利要求 1 相同的理由，本专利权利要求 4 相对于附件 1 和附件 2.1 的结合也具备专利法第 22 条第 3 款规定的创造性。

本专利权利要求5~7分别是直接或间接引用了权利要求4的从属权利要求，由于权利要求4具备创造性，因此其从属权利要求5~7相对于附件1和附件2.1的结合也具备专利法第22条第3款规定的创造性。

三、决定

维持98122267.6号发明专利权有效。

当事人对本决定不服的，可以根据专利法第46条第2款的规定，在收到本决定之日起三个月内向北京市第一中级人民法院起诉。根据该款规定，一方当事人起诉后，另一方当事人应当作为第三人参加诉讼。

北京市第一中级人民法院
行政判决书

（2008）一中行初字第1243号

原告重庆中百山城超市有限公司，住所地重庆市九龙坡区石坪桥建筑二村20号。

法定代表人程军，董事长。

委托代理人樊戎，武汉开元专利代理有限责任公司专利代理人。

委托代理人张望桃，女，重庆中百山城超市有限公司职员。

被告国家知识产权局专利复审委员会，住所地北京市海淀区北四环西路9号。

法定代表人廖涛，副主任。

委托代理人刘亚斌，男，国家知识产权局专利复审委员会审查员。

委托代理人田华，女，国家知识产权局专利复审委员会审查员。

第三人王奇，男，1957年12月17日出生，汉族，深圳市佳贝利科技发展有限公司高级工程师，住广东省深圳市福田区百花公寓3—21D。

原告重庆中百山城超市有限公司不服被告国家知识产权局专利复审委员会作出的第11428号无效宣告请求审查决定（以下简称被诉决定），于2008年8月14日向本院提起行政诉讼。本院受理后，依法组成合议庭，并依据《中华人民共和国行政诉讼法》第二十七条的规定，通知王奇作为本案第三人参加诉讼，于2008年10月20日公开开庭审理了本案。原告的委托代理人樊戎、张望桃，被告的委托代理人刘亚斌、田华，第三人王奇到庭参加了诉讼。本案现已审理终结。

2008年4月26日，被告经审查后作出被诉决定，依据《中华人民共和国专利法》（下称《专利法》）第二十二条第三款、第三十三条的规定，维持98122267.6号发明专利权（下称本专利）有效。

在法定期限内，被告向本院提交了以下证据的复印件：1. 牛东来、史健等编著的“超级市场连锁经营计算机管理》的封面、版权页、第12页、第37页、第47~48页、第53页共7页（即被诉决定中的附件1)，机械工业出版社1996年11月出版；2. US5578797号美国专利说明书（即被诉决定中的附件2.1)，授权公告日为1996年11月26日；3. 附件2.1的中文译文（即被诉决定中的附件2.2)；4. CN1221589A号中国发明专利申请公开说明书（涉案专利申请阶段的公开文本，即被诉决定中的附件3.1)；5. CNll47825C号中国发明专利说明书（涉案专利的授权公告文本，即被诉决定中的附件3.2)；6. 口头审理记录表。上述证据证明被诉决定认定事实清楚、适用法律正确、审理程序合法。

原告诉称，原告交的附件可以说明本专利与附件的本质是一样的，被诉决定仅对本专利中的脱线填单机、条码电子秤或磅秤的功能、作用、效果等进行比对，进而得到条码电子秤或磅秤不相当于脱线填单机的结论为认定事实错误。故要求法院撤销被诉决定，并判令被告重新作出无效宣告请求审查决定。

原告未向本院提交证据。

被告辩称，关于本专利权利要求具备创造性的认定，争议焦点实质上在于，本专利权利要求中的脱线填单机是否相当于附件1所述的条码电子秤和附件2.1所述的磅秤的结合。因此，在被诉决定中着重对脱线填单机与条码电子秤、磅秤的功能、作用、效果进行比对并无不妥，且该比对并无认定事实错误之处。综上，被诉决定认定事实清楚，适用法律正确，审理程序合法，审查结论正确。原告的诉讼理由不能成立，请求法院驳回原告的诉讼请求，维持被诉决定。

第三人述称，被诉决定正确，请求法院维持被诉决定。

第三人未向本院提交证据。

对被告所提交的证据，原告对其关联性、合法性和真买性均无异议，但不同意其证明作用。第三人对被告方证据的关联性、合法性、真实性和证明作用均无异议。

经庭审质证，本院认为被告提交的证据能够作为其认定相关事实的依据，本院予以采纳。

根据上述经本院采纳的证据以及各方当事人无争议的相关陈述，本院认定如下事实：

本专利系于2004年4月28日授权公告的名称为“柜台票单自动录入方法和系统”的发明专利(即本专利)，专利权人为本案第三人王奇，本专利申请日是1998年12月31日。本专利授权公告的权利要求书如下：

“1. 一种柜台票据自动录入方法，其特征在于，包括以下步骤：

用脱线填单机接收输入数据；

由脱线填单机将票单要素数据进行格式转换并以MICR磁码、OCR光码和条形码形式输出可机读票单传送到读写装置；

由读写装置读出每一个可机读票单；

经确认后，由读写装置将票单信息传送到计算机系统中。

2. 根据权利要求1所述柜台票据自动录入方法，其特征在于，所述用脱线填单机接收输入数据的步骤包括，用户以触摸屏方式输入票单信息的步骤。

3. 根据权利要求1所述柜台票据自动录入方法，其特征在于，所述用脱线填单机接收输入数据的步骤包括，用户以小键盘方式输入票单信息的步骤。

4. 一种柜台票据自动录入系统，其特征在于，包括用于生成可机读票单的脱线填单机、机读码在线读写装置，在所述脱线填单机与机读码在线读写装置之间设有传送装置；所述可机读票单包括用于记录信息的MICR磁码、OCR光码或条形码，所述机读码在线读写装置可以是MICR磁码读写装置、OCR光码输入装置或条形码输入装置。

5. 根据权利要求4所述柜台票据自动录入系统，其特征在于，所述脱线填单机包括触摸屏输入单元、机读码输出单元以及用于将所述触摸屏输入单元输入的数据以一定形式进行转换并送到机读码输出单元的处理装置。

6. 根据权利要求4所述柜台票据自动录入系统，其特征在于，所述脱线填单机包括小键盘输入单元、机读码输出单元以及用于将所述小键盘输入单元输入的数据以一定形式进行转换并送到机读码输出单元的处理装置。

7. 根据权利要求5或6所述柜台票据自动录入系统，其特征在于，所述机读码输出单元可以是MICR磁码、OCR光码或条形码输出单元。”

针对本专利，原告于2007年8月29日向被告提出无效宣告请求，理由是本专利不符合《专利法》第三十三条和《专利法》第二十二条第三款的规定。随同其专利权无效宣告请求书，原告提交了以下附件：

附件1：牛东来、史健等编著的《超级市场连锁经营计算机管理》一书的封面、版权页、第12页、第37页、第47~48页、第53页的复印件共7页，机械工业出版社1996年11月出版；

附件2.1：US5578797号美国专利说明书，其授权公告日为1996年11月26日；

附件3.1：CNl221589A号中国发明专利申请公开说明书（即本专利申请阶段的公开文本）；

附件3.2：CNl147825C号中国发明专利说明书（即本专利的授权文本）。

原告的具体无效理由是：（1）由附件3.1和3.2可知，本专利权利要求1的修改明显超出其中请公开时的说明书和权利要求书记载的范围，不符合《专利法》第三十三条的规定；（2）本专利权利要求1~7相对于附件1和附件2.1的结合不具备创造性。

经形式审查合格，被告依法受理了上述无效宣告请求，并于2007年8月29日向原告和第三人发出无效宣告请求受理通知书，同时将专利权无效宣告请求书及其相关文件副本转给第三人，要求其在1个月内对该无效宣告请求陈述意见。

第三人逾期未提交针对上述无效宣告请求的意见陈述。

原告于2007年9月29日提交了意见陈述书，补充了以下附件：

附件2.2：US5578797号的美国专利说明书（即附件2. 1）的中文译文。

被告依法组成合议组，对本案进行审理。被告于2007年11月21日向原告和第三人发出口头审理通知书，告知双方当事人定于2008年1月15日对本案进行口头审理，同时将原告于2007年9月29日提交的意见陈述书及其相关文件副本转给第三人。

口头审理如期举行，双方当事人均出席了口头审理。在口头审理中，（1）原告当庭出示了附件1的原件；（2）第三人核对了附件1的原件和复印件，对全部证据的真实性无异议，对附件2.1的中文译文即附件2.2的准确性无异议；（3）关于本专利权利要求1是否超出了原始申请公开文件记载的范围，原告认为，本专利公开时的权利要求1中记载的是“通过传送装置将可机读票单传送到读写装置”，而授权公告的权利要求1中修改为“……输出可机读票单传送到读写装置”，其中用“传送”这种上位概念替代了“通过传送装置传送”这种下位概念，由原来只能通过传送装置传送修改为包括传送装置在内的任何方式进行传送都可，超出了原说明书和权利要求书记载的范围；第三人认为修改后的方案是可以从说明书中直接地、毫无疑义地确定的，没有超出原申请文件的范围；（4）关于本专利权利要求1相对于附件1和附件2.1是否具备创造性，原告认为，附件1公开了一种连锁超市中商品的销售方法，其中披露了与后台服务器联网的条码电子秤和通过收款机与计算机系统连接的条码阅读器，条码电子秤对商品称重并根据录入的商品信息打印出带有信息和价格的条码标签，由顾客将带有条码标签的商品交给收银员送到条码阅读器阅读，然后由条码阅读器读入收款机，其中条码电子秤、条码阅读器、条码标签、收款机分别相当于本专利中的脱线填单机、读写装置、可机读票单、计算机系统，本专利权利要求1的技术方案与附件1公开的内容相比，区别在于：A、本专利权利要求1中的脱线填单机是“脱线”输入装置，而附件1的条码电子秤是与后台服务器联网的输入装置，B、附件1的条码电子秤比本专利权利要求1的脱线填单机还多了一个商品称重的功能；附件2.1公开了一种标签打印方法及装置，其中披露了通过一种具有微处理机的磅秤，该磅秤可以根据键盘输入的产品及销售信息打印标签，并且该磅秤既可以多台联机使用，又可以单独使用即“脱线”使用，因此区别特征A被附件2.1公开，而区别特征B也不构成“创造性,，的差异，因而权利要求1相对于附件1和附件2.1的结合不具备创造性。第三人认为，附件1的装置的整体结构与本专利不同，附件1的装置中任何数据都进入服务器，容易造成差错和故障，而本专利中使用的脱线填单机就不易出错；此外，附件1中的条码位数也与本专利中的条码位数不同，并导致其所对应的读写装置也与本专利中的读写装置不同；而附件2.1中没有明确记载磅秤可以脱线使用，从技术角度来说，该磅秤也只能联网使用，因而没有公开本专利的脱线填单机。(5) 关于本专利权利要求2和3相对于附件1和附件2.1是否具备创造性，原告认为，从属权利要求2和3中关于用触摸屏和小键盘方式输入票单信息的特征属于本领域公知常识，并且附件2.1中也公开了触摸屏和小键盘，因而权利要求2和3也不具备创造性；第三人认为，附件2.1中公开的是键盘而不是小键盘，并且触摸屏和小键盘均不是公知技术；(6) 关于本专利权利要求4相对于附件1和附件2.1是否具备创造性，原告认为，权利要求4是对应于方法权利要求1的产品权利要求，与权利要求1的方案相比增加了在脱线填单机和机读码在线读写装置之间设有传送装置的特征，而对于本领域技术人员来说，利用传送装置传送和通过人来传送的效果是一样的，没有产生意料不到的技术效果，权利要求4是脱线填单机、读写装置、传送装置的简单组合，其效果也是显而易见的，因而权利要求4也不具备创造性；第三人认为传送装置能够提高本专利产品的效果。(7) 关于本专利权利要求5~7相对于附件1和附件2.1是否具备创造性，原告认为，权利要求5~7是权利要求4的从属权利要求，其中触摸屏和小键盘属于本领域常用输入设备，而MICR磁码和OCR光码与附件1中的条形码都是本领域常用的编码形式，因而从属权利要求5~7也不具备创造性，此外，本次无效请求之前的另一个无效请求的审查决定中也认定了将输入数据转换为磁码、光码和条形码是本领域常用的技术手段，还认定了利用传送装置传送物品也是本领域常用的技术手段，这也间接说明了权利要求5~7不具备创造性；第三人认为在权利要求4有创造性的情况下，其从属权利要求5~7也具备创造性。

至此，被告认为本案事实已经清楚，作出如下决定：

1. 关于证据。

在本次无效宣告程序中，原告提交的证据包括附件1、附件2.1及其中文译文（附件2.2）、附件3.1、附件3.2，第三人认可所有证据的真实性以及附件2.1的中文译文的准确性，因此上述证据可以作为本案证据使用。其中附件1、附件2.1的公开日期均在本专利申请日之前，故可以作为本专利的现有技术，附件2.1的文字部分以其中文译文即附件2.2中记载的内容为准，附件3.1、附件3.2分别是本专利的公开文本和授权公告文本，其可以作为本专利是否符合《专利法》第三十三条规定的证据使用。

2. 关于《专利法》第三十三条。

《专利法》第三十三条规定：申请人可以对其专利申请文件进行修改，但是，对发明和实用新型专利申请文件的修改不得超出原说明书和权利要求书记载的范围，对外观设计专利申请文件的修改不得超出原图片或者照片表示的范围。

《审查指南》第二部分第八章第5.2.1节规定，原说明书和权利要求书记载的范围包括原说明书和权利要求书文字记载的内容和根据原说明书和权利要求书文字记载的内容以及说明书附图能直接地、毫无疑义地确定的内容。

原告认为，本专利公开文本即附件3.1的权利要求1中记载的是“通过传送装置将可机读票单传送到读写装置”，而本专利授权公告文本即附件3.2的权利要求1中修改为“……输出可机读票单传送到读写装置”，其中用“传送”这种上位概念替代了“通过传送装置传送”这种下位概念，由原来只能通过传送装置传送修改为包括传送装置在内的任何方式进行传送都可，超出了原说明书和权利要求书记载的范围。

对此，被告认为，首先，本专利权利要求1是一个方法权利要求，根据《审查指南》第二部分第二章第3.2.2节的规定，方法权利要求通常应当用工艺过程、操作条件、步骤或者流程等技术特征来描述，因此方法权利要求中通常不要求必须记载各个步骤所涉及的硬件设备，例如本专利中“传送”步骤所涉及的“传送装置”；其次，在本专利的原始申请文本的说明书第5页第12~13行中记载了“通过光电自动识别技术读取上述码并可陪多种传送器与其衔接”，其中并没有限定必须采用特定的传送装置，而本专利中的“传送”步骤是为了将脱线填单机输出的可机读票单传递给读写装置进行读取，这种功能是一般的“传送装置”都具备的，因而虽然在权利要求中没有明确记载“传送装置”，本领域普通技术人员也能够明了该传送功能可以使用各种通用的传送装置实现。综上所述，本专利权利要求1作为一个方法权利要求，其由各个步骤构成的技术方案是能够从原始公开的说明书和权利要求书中直接地、毫无疑义地确定的，没有超出原说明书和权利要求书记载的范围，符合《专利法》第三十三条的规定。

3. 关于本专利的创造性。

《专利法》第二十二条第三款规定：创造性，是指同申请日以前已有的技术相比，该发明有突出的实质性特点和显著的进步，该实用新型有实质性特点和进步。

如果一项权利要求的技术方案与现有技术相比存在区别技术特征，且没有证据表明现有技术中存在将该区别技术特征应用到该技术方案中的技术启示，而该区别特征的存在使得该权利要求的技术方案相对于现有技术具有有益的技术效果，则该权利要求具备创造性。

具体到本案，本专利权利要求1涉及一种柜台票单自动录入方法，包括以下步骤：用脱线填单机接收输入数据；由脱线填单机将票单要素数据进行格式转换并以MICR磁码、OCR光码和条形码形式输出可机读票单传送到读写装置；由读写装置读出每一个可机读票单；经确认后，由读写装置将票单信息传送到计算机系统中。

附件1公开了一种连锁超市中商品的销售方法，其中披露了与后台服务器联网的条码电子秤和通过收款机与计算机系统连接的条码阅读器，条码电子秤对商品称重并根据事先录入的商品单价计算出价格，打印出带有价格和相关信息的条码标签，然后由顾客将带有条码标签的商品交给收银员送到条码阅读器阅读，从而将商品信息和价格读入收款机。

附件2.1公开了一种可打印标签的磅秤，该磅秤包括微处理机和键盘等部件，其中事先通过键盘输入产品和销售信息，在使用时通过称重或者选择PLU编码以按照预定的标签格式打印出包含产品信息的标签。

原告认为，附件1中的条码电子秤、条码阅读器、条码标签、收款机分别相当于本专利中的脱线填单机、读写装置、可机读票单、计算机系统，本专利权利要求1的技术方案与附件1公开的内容相比，区别在于：A、本专利权利要求1中的脱线填单机是“脱线”输入装置，而附件1的条码电子秤是与后台服务器联网的输入装置，B、附件1的条码电子秤还多了一个商品称重的功能；而附件2.1中公开的磅秤也可以单独使用即“脱线”使用，因此区别特征A被附件2.1公开，而区别特征B也不构成“创造性”的差异，因此本专利权利要求1相对于附件1和附件2.1的结合不具备创造性。第三人认为，附件1和附件2.1均未公开“脱线填单机”这一技术特征。

对此，被告认为，本案的争议焦点实质上在于，本专利中的脱线填单机是否相当于附件1所述的条码电子秤和附件2.1所述的磅秤的结合。根据本专利说明书中的记载（参见本专利说明书第3页第5段和第5页第2段），脱线填单机是一种用于提供给用户进行票单数据输入并以各种机读码形式输出可机读票单的装置，用户输入的数据例如包括账号、金额、身份证号、密码、收付标志等，其功能是接收用户输入的票单数据并将该票单数据转换为机读码输出；对应地，附件1中的条码电子秤和附件2.1中的磅秤均是用于超市或商店里销售商品的装置，其功能是通过对零售商品称重以计算价格并打印条码形式的价格标签。由此可见，虽然本专利中的脱线填单机与附件1所述的条码电子秤、附件2.1所述的磅秤均具有打印编码数据的功能，但是本专利的脱线填单机是直接对接收的输入数据进行格式转换并打印，其在能够打印编码数据的同时还具备为用户提供输入接口的功能，而附件1所述的条码电子秤和附件2.1所述的磅秤所打印的数据都是通过对商品称重并计算而获得的，附件2.1的磅秤虽然具有键盘，但是该键盘是用于在事先输入产品和销售信息以编制标签格式，在实际应用时还是需要对商品进行称重或者仅仅是简单的选择相应的PLU编码，其所打印的数据并非是直接从用户接收的输入数据，因此本专利的脱线填单机与附件1所述条码电子秤、附件2.1所述磅秤在功能上均不相同，从而不能认为是对应的装置结构，即附件1、附件2.1均未公开本专利权利要求1中关于“脱线填单机”的技术特征。此外，本专利的脱线填单机使得权利要求1的技术方案解决了在银行和其他需要较多票据处理的场合中快速输入票单数据并打印机读码票单的问题，其获得的技术效果是提高了票单业务的处理速度，降低了柜台工作人员的劳动强度；而附件1所解决的技术问题是提供一种能够对零售商品称重、自动计价并打印条码的超市销售系统，附件2.1所解决的技术问题是提供一种能够设计和打印商品条码标签的磅秤，附件1和附件2.1都没有给出与本专利的脱线填单机相关的技术启示，所以即使将附件1与附件2.1结合也不能得到本专利的脱线填单机。综上所述，附件1和附件2.1都没有公开本专利的脱线填单机，也没有给出与其相关的技术启示，并且本专利权利要求1的技术方案和附件1、附件2.1公开的内容相比，其所要解决的技术问题不同，获得的技术效果也不同，因此本专利权利要求1相对于附件1和附件2.1的结合具有突出的实质性特点和显著的进步，具备《专利法》第二十二条第三款规定的创造性。

本专利权利要求2、3是引用了权利要求1的从属权利要求，由于权利要求1具备创造性，因此其从属权利要求2、3相对于附件1和附件2.1的结合也具备《专利法》第二十二条第三款规定的创造性。

本专利权利要求4是与权利要求1所要求保护的方法相对应的装置权利要求，如前所述，附件1和附件2.1中均未公开或启示权利要求4中关于“脱线填单机”的技术特征，因此，基于与权利要求1相同的理由，本专利权利要求4相对于附件1和附件2.1的结合也具备《专利法》第二十二条第三款规定的创造性。

本专利权利要求5~7分别是直接或间接引用了权利要求4的从属权利要求，由于权利要求4具备创造性，因此其从属权利要求5~7相对于附件1和附件2.1的结合也具备《专利法》第二十二条第三款规定的创造性。

据此，被告作出被诉决定。原告不服，诉至本院。

本院认为，经审理，被诉决定的作出程序、对证据的认定以及对本专利权利要求1是否符合《专利法》第三十三条规定的认定均无违法之处，各方当事人对此亦无异议，本院予以确认。

关于本专利权利要求1~7是否具有《专利法》第二十二条第三款规定的创造性的问题，本院同意被诉决定的认定意见。原告关于被诉决定认定事实错误的诉讼意见缺乏事实和法律依据，本院不予支持。

综上，被诉决定认定事实清楚，适用法律正确，审理程序合法，原告要求撤销被诉决定的诉讼请求缺乏事实和法律依据，本院不予支持。据此，依照《中华人民共和国行政诉讼法》第五十四条第（一）项之规定，判决如下：

维持被告中华人民共和国国家知识产权局专利复审委员会于二〇〇八年四月二十六日作出的第11428号无效宣告请求审查决定。

案件受理费100元，由原告重庆中百山城超市有限公司负担（已交纳）。

如不服本判决，各方当事人可在本判决书送达之日起15日内，向本院递交上诉状，并按对方当事人的人数提出副本，上诉于北京市高级人民法院。上诉人在上诉期满后7日内未预交上诉案件受理费又不提出缓交申请的，按自动撤回上诉处理。

审 判 长 强刚华
代理审判员 殷 悦
人民陪审员 孟玉珍
二〇〇九年三月二十五日
书 记 员 赵 锋

北京市高级人民法院
行政判决书

（2009）高行终字第905号

上诉人（一审原告）重庆中百仓储超市有限公司，住所地重庆市江北区红石路2号东和银都第一层至第三层。

法定代表人程军，董事长。

委托代理人张静，女，重庆中百山城超市有限公司职员。

委托代理人张望桃，女，重庆中百山城超市有限公司职员。

被上诉人（一审被告）国家知识产权局专利复审委员会，住所地北京市海淀区北四环西路9号银谷大厦。

法定代表人张茂于，副主任。

委托代理人刘亚斌，男，国家知识产权局专利复审委员会审查员。

委托代理人王婧，女，国家知识产权局专利复审委员会审查员。

被上诉人（一审第三人）王奇，男，1957年12月17日出生，汉族，深圳市佳贝利科技发展有限公司高级工程师，住广东省深圳市福田区百花公寓3-21D。

上诉人重庆中百仓储超市有限公司因专利无效宣告请求审查决定一案，不服北京市第一中级人民法院（2008）一中行初字第1243号行政判决，向本院提起上诉。本院受理后，依法组成合议庭公开开庭审理了本案。上诉人重庆中百仓储超市有限公司（以下简称中百超市公司）的委托代理人张静、张望桃，被上诉人国家知识产权局专利复审委员会（以下简称专利复审委）的委托代理人刘亚斌、王婧，被上诉人王奇到庭参加诉讼。本案现已审理终结。

2008年4月26日，专利复审委经审查作出第11428号无效宣告请求审查决定（以下简称被诉决定），依据《中华人民共和国专利法》（以下简称《专利法》）第二十二条第三款、第三十三条的规定，维持98122267.6号发明专利权（以下简称本专利）有效。原重庆中百山城超市有限公司（与中百超市公司合并，于2009年1月21日核准注销，以下简称中百山城超市公司）不服被诉决定，向北京市第一中级人民法院（以下简称一审法院）提起行政诉讼。

一审法院经审理认为，被诉决定的作出程序、对证据的认定以及对本专利权利要求1是否符合《专利法》第三十三条规定的认定均无违法之处，各方当事人对此亦无异议，予以确认。

关于本专利权利要求1~7是否具有《专利法》第二十二条第三款规定的创造性的问题，法院同意被诉决定的认定意见。中百山城超市公司关于被诉决定认定事实错误的诉讼意见缺乏事实和法律依据，不予支持。据此，依照《中华人民共和国行政诉讼法》第五十四条第（一）项的规定，判决维持被诉决定。

中百超市公司不服一审判决，向本院提起上诉。诉称：1. 关于权利要求1是否为“超范围”修改问题。专利复审委的无效审查决定引用《审查指南》第二部分第二章第3.2.2节的规定认定修改未超范围，而该规定为权利要求的撰写规定，属于适用法律不当。2. 关于全部权利要求是否具备创造性问题。专利复审委的无效审查决定对其中的脱线填单机、条码电子秤或磅秤的功能、作用、效果等进行简单比对，认定条码电子秤或磅秤不相当于脱线填单机，进而得出本专利全部权利要求具备《专利法》第二十二条第三款规定的创造性的结论，属于认定事实错误。因此，被诉决定认定事实不清，适用法律不当，一审法院判决维持错误，请求二审法院撤销一审判决和被诉决定。

专利复审委辩称：中百超市公司在上诉过程中并未提出新的理由，关于本专利权利要求1是否超范围修改以及全部权利要求的创造性问题，被诉决定认定正确，合法有据，一审判决维持被诉决定事实清楚，适用法律正确，请求二审法院驳回上诉，维持一审判决。

王奇陈述认为本案被上诉人中百超市公司并非一审程序中的中百山城超市公司，对其二审诉讼主体资格提出异议，同时认为被诉决定事实清楚，一审法院判决维持正确，请求二审法院驳回上诉，维持一审判决。

一审法院审理期间，专利复审委向一审法院提交了如下证据：1. 牛东来、史健等编著的《超级市场连锁经营计算机管理》的封面、版权页、第12页、第37页、第47~48页、第53页共7页（即被诉决定中的附件1），机械工业出版社1996年11月出版；2. US5578797号美国专利说明书（即被诉决定中的附件2.1），授权公告日为1996年11月26日；3. 附件2.1的中文译文（即被诉决定中的附件2.2）；4. CN1221589A号中国发明专利申请公开说明书（涉案专利申请阶段的公开文本，即被诉决定中的附件3.1）；5. CN1147825C号中国发明专利说明书（涉案专利的授权公告文本，即被诉决定中的附件3.2）；6. 口头审理记录表。

中百山城超市公司和王奇未向一审法院提交证据。

一审法院经审查认为，专利复审委提交的证据能够作为其认定相关事实的依据，予以采纳。

上述证据均已随案移送本院，本院经审查认为，一审法院认证意见正确，本院予以确认。

根据上述合法有效的证据，本院确认如下事实：本专利系于2004年4月28日授权公告的名称为“柜台票单自动录入方法和系统”的发明专利（即本专利），专利权人为王奇，本专利申请日是1998年12月31日。本专利授权公告的权利要求书如下：

“1. 一种柜台票据自动录入方法，其特征在于，包括以下步骤：

用脱线填单机接收输入数据；

由脱线填单机将票单要素数据进行格式转换并以MICR磁码、OCR光码和条形码形式输出可机读票单传送到读写装置；

由读写装置读出每一个可机读票单；

经确认后，由读写装置将票单信息传送到计算机系统中。

2. 根据权利要求1所述柜台票据自动录入方法，其特征在于，所述用脱线填单机接收输入数据的步骤包括，用户以触摸屏方式输入票单信息的步骤。

3. 根据权利要求1所述柜台票据自动录入方法，其特征在于，所述用脱线填单机接收输入数据的步骤包括，用户以小键盘方式输入票单信息的步骤。

4. 一种柜台票据自动录入系统，其特征在于，包括用于生成可机读票单的脱线填单机、机读码在线读写装置，在所述脱线填单机与机读码在线读写装置之间设有传送装置；所述可机读票单包括用于记录信息的 MICR 磁码、OCR 光码或条形码，所述机读码在线读写装置可以是 MICR 磁码读写装置、OCR 光码输入装置或条形码输入装置。

5. 根据权利要求 4 所述柜台票据自动录入系统，其特征在于，所述脱线填单机包括触摸屏输入单元、机读码输出单元以及用于将所述触摸屏输入单元输入的数据以一定形式进行转换并送到机读码输出单元的处理装置。

6. 根据权利要求 4 所述柜台票据自动录入系统，其特征在于，所述脱线填单机包括小键盘输入单元、机读码输出单元以及用于将所述小键盘输入单元输入的数据以一定形式进行转换并送到机读码输出单元的处理装置。

7. 根据权利要求 5 或 6 所述柜台票据自动录入系统，其特征在于，所述机读码输出单元可以是 MICR 磁码、OCR 光码或条形码输出单元。”

针对本专利，中百山城超市公司于 2007 年 8 月 29 日向专利复审委提出无效宣告请求，理由是本专利不符合《专利法》第三十三条和《专利法》第二十二条第三款的规定。随同其专利权无效宣告请求书，中百山城超市公司提交了以下附件：

附件 1：牛东来、史健等编著的《超级市场连锁经营计算机管理》一书的封面、版权页、第 12 页、第 37 页、第 47~48 页、第 53 页的复印件共 7 页，机械工业出版社 1996 年 11 月出版；

附件 2. 1：US5578797 号美国专利说明书，其授权公告日为 1996 年 11 月 26 日；

附件 3. 1：CN1221589A 号中国发明专利申请公开说明书（即本专利申请阶段的公开文本）；

附件 3. 2：CN1147825C 号中国发明专利说明书（即本专利的授权文本）。

中百山城超市公司的具体无效理由是：（1）由附件 3. 1 和 3. 2 可知，本专利权利要求 1 的修改明显超出其申请公开时的说明书和权利要求书记载的范围，不符合《专利法》第三十三条的规定；（2）本专利权利要求 1~7 相对于附件 1 和附件 2. 1 的结合不具备创造性。

经形式审查合格，专利复审委依法受理了上述无效宣告请求，并于 2007 年 8 月 29 日向中百山城超市公司和王奇发出无效宣告请求受理通知书，同时将专利权无效宣告请求书及其相关文件副本转给王奇，要求其在 1 个月内对该无效宣告请求陈述意见。

王奇逾期未提交针对上述无效宣告请求的意见陈述。

中百山城超市公司于 2007 年 9 月 29 日提交了意见陈述书，补充了以下附件：

附件 2. 2：US5578797 号的美国专利说明书（即附件 2. 1）的中文译文。

专利复审委依法组成合议组，对本案进行审理。专利复审委于 2007 年 11 月 21 日向中百山城超市公司和王奇发出口头审理通知书，告知双方当事人定于 2008 年 1 月 15 日对本案进行口头审理，同时将中百山城超市公司于 2 007 年 9 月 29 日提交的意见陈述书及其相关文件副本转给王奇。

口头审理如期举行，双方当事人均出席了口头审理。在口头审理中，（1）中百山城超市公司当庭出示了附件 1 的原件。（2）王奇核对了附件 1 的原件和复印件，对全部证据的真实性无异议，对附件 2. 1 的中文译文即附件 2. 2 的准确性无异议。（3）关于本专利权利要求 1 是否超出了原始申请公开文件记载的范围，中百山城超市公司认为，本专利公开时的权利要求 1 中记载的是“通过传送装置将可机读票单传送到读写装置”，而授权公告的权利要求 1 中修改为“……输出可机读票单传送到读写装置”，其中用“传送”这种上位概念替代了“通过传送装置传送”这种下位概念，由原来只能通过传送装置传送修改为包括传送装置在内的任何方式进行传送都可，超出了原说明书和权利要求书记载的范围；王奇认为修改后的方案是可以从说明书中直接地、毫无疑义地确定的，没有超出原申请文件的范围。(4) 关于本专利权利要求1相对于附件1和附件2.1是否具备创造性，中百山城超市公司认为，附件1公开了一种连锁超市中商品的销售方法，其中披露了与后台服务器联网的条码电子秤和通过收款机与计算机系统连接的条码阅读器，条码电子秤对商品称重并根据录入的商品信息打印出带有信息和价格的条码标签，由顾客将带有条码标签的商品交给收银员送到条码阅读器阅读，然后由条码阅读器读入收款机，其中条码电子秤、条码阅读器、条码标签、收款机分别相当于本专利中的脱线填单机、读写装置、可机读票单、计算机系统，本专利权利要求1的技术方案与附件1公开的内容相比，区别在于：A. 本专利权利要求1中的脱线填单机是“脱线”输入装置，而附件1的条码电子秤是与后台服务器联网的输入装置，B. 附件1的条码电子秤比本专利权利要求1的脱线填单机还多了一个商品称重的功能；附件2.1公开了一种标签打印方法及装置，其中披露了通过一种具有微处理机的磅秤，该磅秤可以根据键盘输入的产品及销售信息打印标签，并且该磅秤既可以多台联机使用，又可以单独使用即“脱线”使用，因此区别特征A被附件2.1公开，而区别特征B也不构成“创造性”的差异，因而权利要求1相对于附件1和附件2.1的结合不具备创造性。王奇认为，附件1的装置的整体结构与本专利不同，附件1的装置中任何数据都进入服务器，容易造成差错和故障，而本专利中使用的脱线填单机就不易出错；此外，附件1中的条码位数也与本专利中的条码位数不同，并导致其所对应的读写装置也与本专利中的读写装置不同；而附件2.1中没有明确记载磅秤可以脱线使用，从技术角度来说，该磅秤也只能联网使用，因而没有公开本专利的脱线填单机。(5) 关于本专利权利要求2和3相对于附件1和附件2.1是否具备创造性，中百山城超市公司认为，从属权利要求2和3中关于用触摸屏和小键盘方式输入票单信息的特征属于本领域公知常识，并且附件2.1中也公开了触摸屏和小键盘，因而权利要求2和3也不具备创造性；王奇认为，附件2.1中公开的是键盘而不是小键盘，并且触摸屏和小键盘均不是公知技术。(6) 关于本专利权利要求4相对于附件1和附件2.1是否具备创造性，中百山城超市公司认为，权利要求4是对应于方法权利要求1的产品权利要求，与权利要求1的方案相比增加了在脱线填单机和机读码在线读写装置之间设有传送装置的特征，而对于本领域技术人员来说，利用传送装置传送和通过人来传送的效果是一样的，没有产生意料不到的技术效果，权利要求4是脱线填单机、读写装置、传送装置的简单组合，其效果也是显而易见的，因而权利要求4也不具备创造性；王奇认为传送装置能够提高本专利产品的效果。(7) 关于本专利权利要求5~7相对于附件1和附件2.1是否具备创造性，中百山城超市公司认为，权利要求5~7是权利要求4的从属权利要求，其中触摸屏和小键盘属于本领域常用输入设备，而MICR磁码和OCR光码与附件1中的条形码都是本领域常用的编码形式，因而从属权利要求5~7也不具备创造性，此外，本次无效请求之前的另一个无效请求的审查决定中也认定了将输入数据转换为磁码、光码和条形码是本领域常用的技术手段，还认定了利用传送装置传送物品也是本领域常用的技术手段，这也间接说明了权利要求5~7不具备创造性；王奇认为在权利要求4有创造性的情况下，其从属权利要求5~7也具备创造性。

至此，专利复审委认为本案事实已经清楚，作出如下决定：

1. 关于证据。

在本次无效宣告程序中，中百山城超市公司提交的证据包括附件1、附件2.1及其中文译文（附件2.2）、附件3.1、附件3.2，王奇认可所有证据的真实性以及附件2.1的中文译文的准确性，因此上述证据可以作为本案证据使用。其中附件1、附件2.1的公开日期均在本专利申请日之前，故可以作为本专利的现有技术，附件2.1的文字部分以其中文译文即附件2.2中记载的内容为准，附件3.1、附件3.2分别是本专利的公开文本和授权公告文本，其可以作为本专利是否符合《专利法》第三十三条规定的证据使用。

2. 关于《专利法》第三十三条。

《专利法》第三十三条规定：申请人可以对其专利申请文件进行修改，但是，对发明和实用新型专利申请文件的修改不得超出原说明书和权利要求书记载的范围，对外观设计专利申请文件的修改不得超出原图片或者照片表示的范围。

《审查指南》第二部分第八章第5.2.1节规定，原说明书和权利要求书记载的范围包括原说明书和权利要求书文字记载的内容和根据原说明书和权利要求书文字记载的内容以及说明书附图能直接地、毫无疑义地确定的内容。

中百山城超市公司认为，本专利公开文本即附件3.1的权利要求1中记载的是“通过传送装置将可机读票单传送到读写装置”，而本专利授权公告文本即附件3.2的权利要求1中修改为“……输出可机读票单传送到读写装置”，其中用“传送”这种上位概念替代了“通过传送装置传送”这种下位概念，由原来只能通过传送装置传送修改为包括传送装置在内的任何方式进行传送都可，超出了原说明书和权利要求书记载的范围。

对此，专利复审委认为，首先，本专利权利要求1是一个方法权利要求，根据《审查指南》第二部分第二章第3.2.2节的规定，方法权利要求通常应当用工艺过程、操作条件、步骤或者流程等技术特征来描述，因此方法权利要求中通常不要求必须记载各个步骤所涉及的硬件设备，例如本专利中“传送”步骤所涉及的“传送装置”；其次，在本专利的原始申请文本的说明书第5页第12~13行中记载了“通过光电自动识别技术读取上述码并可陪多种传送器与其衔接”，其中并没有限定必须采用特定的传送装置，而本专利中的“传送”步骤是为了将脱线填单机输出的可机读票单传递给读写装置进行读取，这种功能是一般的“传送装置”都具备的，因而虽然在权利要求中没有明确记载“传送装置”，本领域普通技术人员也能够明了该传送功能可以使用各种通用的传送装置实现。综上所述，本专利权利要求1作为一个方法权利要求，其由各个步骤构成的技术方案是能够从原始公开的说明书和权利要求书中直接地、毫无疑义地确定的，没有超出原说明书和权利要求书记载的范围，符合《专利法》第三十三条的规定。

3. 关于本专利的创造性。

《专利法》第二十二条第三款规定：创造性，是指同申请日以前已有的技术相比，该发明有突出的实质性特点和显著的进步，该实用新型有实质性特点和进步。

如果一项权利要求的技术方案与现有技术相比存在区别技术特征，且没有证据表明现有技术中存在将该区别技术特征应用到该技术方案中的技术启示，而该区别特征的存在使得该权利要求的技术方案相对于现有技术具有有益的技术效果，则该权利要求具备创造性。

具体到本案，本专利权利要求1涉及一种柜台票单自动录入方法，包括以下步骤：用脱线填单机接收输入数据；由脱线填单机将票单要素数据进行格式转换并以MI CR磁码、OCR光码和条形码形式输出可机读票单传送到读写装置；由读写装置读出每一个可机读票单；经确认后，由读写装置将票单信息传送到计算机系统中。

附件1公开了一种连锁超市中商品的销售方法，其中披露了与后台服务器联网的条码电子秤和通过收款机与计算机系统连接的条码阅读器，条码电子秤对商品称重并根据事先录入的商品单价计算出价格，打印出带有价格和相关信息的条码标签，然后由顾客将带有条码标签的商品交给收银员送到条码阅读器阅读，从而将商品信息和价格读入收款机。

附件2.1公开了一种可打印标签的磅秤，该磅秤包括微处理机和键盘等部件，其中事先通过键盘输入产品和销售信息，在使用时通过称重或者选择PLU编码以按照预定的标签格式打印出包含产品信息的标签。

中百山城超市公司认为，附件 1 中的条码电子秤、条码阅读器、条码标签、收款机分别相当于本专利中的脱线填单机、读写装置、可机读票单、计算机系统，本专利权利要求 1 的技术方案与附件 1 公开的内容相比，区别在于：A. 本专利权利要求 1 中的脱线填单机是“脱线”输入装置，而附件 1 的条码电子秤是与后台服务器联网的输入装置，B. 附件 1 的条码电子秤还多了一个商品称重的功能；而附件 2.1 中公开的磅秤也可以单独使用即“脱线”使用，因此区别特征 A 被附件 2.1 公开，而区别特征 B 也不构成“创造性”的差异，因此本专利权利要求 1 相对于附件 1 和附件 2.1 的结合不具备创造性。王奇认为，附件 1 和附件 2.1 均未公开“脱线填单机”这一技术特征。

对此，专利复审委认为，本案的争议焦点实质上在于，本专利中的脱线填单机是否相当于附件 1 所述的条码电子秤和附件 2.1 所述的磅秤的结合。根据本专利说明书中的记载（参见本专利说明书第 3 页第 5 段和第 5 页第 2 段），脱线填单机是一种用于提供给用户进行票单数据输入并以各种机读码形式输出可机读票单的装置，用户输入的数据例如包括账号、金额、身份证号、密码、收付标志等，其功能是接收用户输入的票单数据并将该票单数据转换为机读码输出；对应地，附件 1 中的条码电子秤和附件 2.1 中的磅秤均是用于超市或商店里销售商品的装置，其功能是通过对零售商品称重以计算价格并打印条码形式的价格标签。由此可见，虽然本专利中的脱线填单机与附件 1 所述的条码电子秤、附件 2.1 所述的磅秤均具有打印编码数据的功能，但是本专利的脱线填单机是直接对接收的输入数据进行格式转换并打印，其在能够打印编码数据的同时还具备为用户提供输入接口的功能，而附件 1 所述的条码电子秤和附件 2.1 所述的磅秤所打印的数据都是通过对商品称重并计算而获得的，附件 2.1 的磅秤虽然具有键盘，但是该键盘是用于在事先输入产品和销售信息以编制标签格式，在实际应用时还是需要对商品进行称重或者仅仅是简单的选择相应的 PLU 编码，其所打印的数据并非是直接从用户接收的输入数据，因此本专利的脱线填单机与附件 1 所述条码电子秤、附件 2.1 所述磅秤在功能上均不相同，从而不能认为是对应的装置结构，即附件 1、附件 2.1 均未公开本专利权利要求 1 中关于“脱线填单机”的技术特征。此外，本专利的脱线填单机使得权利要求 1 的技术方案解决了在银行和其他需要较多票据处理的场合中快速输入票单数据并打印机读码票单的问题，其获得的技术效果是提高了票单业务的处理速度，降低了柜台工作人员的劳动强度；而附件 1 所解决的技术问题是提供一种能够对零售商品称重、自动计价并打印条码的超市销售系统，附件 2.1 所解决的技术问题是提供一种能够设计和打印商品条码标签的磅秤，附件 1 和附件 2. 1 都没有给出与本专利的脱线填单机相关的技术启示，所以即使将附件 1 与附件 2.1 结合也不能得到本专利的脱线填单机。综上所述，附件 1 和附件 2.1 都没有公开本专利的脱线填单机，也没有给出与其相关的技术启示，并且本专利权利要求 1 的技术方案和附件 1、附件 2.1 公开的内容相比，其所要解决的技术问题不同，获得的技术效果也不同，因此本专利权利要求 1 相对于附件 1 和附件 2.1 的结合具有突出的实质性特点和显著的进步，具备《专利法》第二十二条第三款规定的创造性。

本专利权利要求 2、3 是引用了权利要求 1 的从属权利要求，由于权利要求 1 具备创造性，因此其从属权利要求 2、3 相对于附件 1 和附件 2.1 的结合也具备《专利法》第二十二条第三款规定的创造性。

本专利权利要求 4 是与权利要求 1 所要求保护的方法相对应的装置权利要求，如前所述，附件 1 和附件 2.1 中均未公开或启示权利要求 4 中关于“脱线填单机”的技术特征，因此，基于与权利要求 1 相同的理由，本专利权利要求 4 相对于附件 1 和附件 2.1 的结合也具备《专利法》第二十二条第三款规定的创造性。

本专利权利要求 5~7 分别是直接或间接引用了权利要求 4 的从属权利要求，由于权利要求 4 具备创造性，因此其从属权利要求 5~7 相对于附件 1 和附件 2.1 的结合也具备《专利法》第二十二条第三款规定的创造性。

综上，专利复审委作出被诉决定。

另查，中百山城超市公司因与中百超市公司合并，经工商部门批准于2009年1月21日核准注销，其债权债务由中百超市公司承担。

本院认为：对专利复审委的审查职责和作出被诉决定的程序以及据以作出决定的证据认定，当事人无异议，本院经审查予以确认。对于中百超市公司的上诉主体资格，本院经审查予以确认。本案的争议焦点在于本专利权利要求1的修改是否符合《专利法》第三十三条的规定以及本专利的创造性问题。

关于本专利权利要求1的修改是否符合《专利法》第三十三条规定问题。《专利法》第三十三条规定，申请人可以对其专利申请文件进行修改，但是，对发明和实用新型专利申请文件的修改不得超出原说明书和权利要求书记载的范围，对外观设计专利申请文件的修改不得超出原图片或者照片表示的范围。本案中，中百超市公司认为本专利公开文本即附件3.1的权利要求1记载的是“通过传送装置将可机读票单传送到读写装置”，而在本专利授权公告文本即附件3.2的权利要求1中修改为“输出可机读票单传送到读写装置”，其中用“传送”这种上位概念替代了“通过传送装置传送”这种下位概念，超出了原说明书和权利要求书记载的范围，对此，本院认为，本专利权利要求1作为一个方法权利要求，通常应当用工艺过程、操作条件、步骤或者流程等技术特征来描述，而不要求必须记载各个步骤所涉及的硬件设备。虽然本专利权利要求1中没有明确记载“传送装置”，但本领域技术人员同样能够明白可以使用各种通用的传送装置实现传送功能，因而本专利权利要求1描述的由各个步骤构成的技术方案能够从原始公开的说明书和权利要求书中直接毫无疑义地确定，没有超出原说明书和权利要求书记载的范围，符合《专利法》第三十三条的规定。

关于本专利的创造性问题。《专利法》第二十二条第三款规定，创造性，是指同申请日以前已有的技术相比，该发明有突出的实质性特点和显著的进步，该实用新型有实质性特点和进步。本案中，本专利权利要求1涉及一种柜台票单自动录入方法，包括以下步骤：用脱线填单机接收输入数据；由脱线填单机将票单要素数据进行格式转换并以MICR磁码、OCR光码和条形码形式输出可机读票单传送到读写装置；由读写装置读出每一个可机读票单；经确认后，由读写装置将票单信息传送到计算机系统中。附件1公开了一种连锁超市中商品的销售方法，其中披露了与后台服务器联网的条码电子秤和通过收款机与计算机系统连接的条码阅读器，条码电子秤对商品称重并根据事先录入的商品单价计算出价格，打印出带有价格和相关信息的条码标签，然后由顾客将带有条码标签的商品交给收银员送到条码阅读器阅读，从而将商品信息和价格读入收款机。附件2.1公开了一种可打印标签的磅秤，该磅秤包括微处理机和键盘等部件，其中事先通过键盘输入产品和销售信息，在使用时通过称重或者选择PLU编码以按照预定的标签格式打印出包含产品信息的标签。

本案创造性问题的争议实质即在于本专利中的脱线填单机是否相当于附件1所述的条码电子秤和附件2.1所述的磅秤的结合。按照本专利说明书中的记载，脱线填单机是一种用于提供给用户进行票单数据输入并以各种机读码形式输出可机读票单的装置，功能是接收用户输入的票单数据并将该票单数据转换为机读码输出，而附件1中的条码电子秤和附件2.1中的磅秤均是用于超市或商店里销售商品的装置，功能是通过对零售商品称重以计算价格并打印条码形式的价格标签。由此可以看出，本专利中的脱线填单机与附件1所述的条码电子秤、附件2.1所述的磅秤均具有打印编码数据的功能，但是，本专利的脱线填单机是直接对接收的输入数据进行格式转换并打印，其在能够打印编码数据的同时还具备为用户提供输入接口的功能，而附件1所述的条码电子秤和附件2.1所述的磅秤所打印的数据都是通过对商品称重并计算而获得的，因此本专利的脱线填单机与附件1所述条码电子秤、附件

2.1所述磅秤在功能上尽管有相同的地方，但区别也很明显，从而不能认为是对应的装置结构，即附件1、附件2.1均未公开本专利权利要求1中关于“脱线填单机”的技术特征。同时，本专利的脱线填单机使得权利要求1的技术方案解决了在银行和其他需要较多票据处理的场合中快速输入票单数据并打印机读码票单的问题，其技术效果是提高了票单业务的处理速度，降低了柜台工作人员的劳动强度；而附件1所解决的技术问题是提供一种能够对零售商品称重、自动计价并打印条码的超市销售系统，附件2.1所解决的技术问题是提供一种能够设计和打印商品条码标签的磅秤，两者都没有公开本专利的脱线填单机，也没有给出与其相关的技术启示，并且本专利权利要求1的技术方案和附件1、附件2.1公开的内容相比，所要解决的技术问题和获得的技术效果均不相同，因此本专利权利要求1相对于附件1和附件2.1的结合具有突出的实质性特点和显著的进步，具备《专利法》第二十二条第三款规定的创造性。

本专利权利要求2、3属于引用权利要求1的从属权利要求，在权利要求1具备创造性的情况下，权利要求2、3相对于附件1和附件2.1的结合也具备《专利法》第二十二条第三款规定的创造性。本专利权利要求4是与权利要求1所要求保护的方法相对应的装置权利要求，基于与认定权利要求1的创造性相同的理由，本专利权利要求4相对于附件1和附件2.1的结合也具备《专利法》第二十二条第三款规定的创造性。本专利权利要求5~7分别是直接或间接引用权利要求4的从属权利要求，由于权利要求4具备创造性，权利要求5~7相对于附件1和附件2.1的结合同样具备《专利法》第二十二条第三款规定的创造性。

综上，专利复审委作出的被诉决定合法有据，一审判决维持正确，本院应予维持。中百超市公司的上诉主张不能成立，本院不予支持。依据《中华人民共和国行政诉讼法》第六十一条第（一）项的规定，判决如下：

驳回上诉，维持一审判决。

二审案件受理费100元，由上诉人重庆中百仓储超市有限公司负担（已交纳）。

本判决为终审判决。

审 判 长 景 滔
代理审判员 马 军
代理审判员 刘 行
二〇〇九年十二月十八日
书 记 员 王 芳

078

电磁式线性指针仪表

无效宣告请求审查决定（第11434号）

决　定　号　第11434号
决　定　日　2008年5月4日
发明创造名称　电磁式线性指针仪表
国际分类号　G12B 11/04，G01D 13/00
无效宣告请求人　申　俊
专利权人　林晓厅
专　利　号　200520071373.4
申　请　日　2005年4月29日
授权公告日　2006年6月7日
合议组组长　杨军艳
主　审　员　刘亚斌
参　审　员　李　礼

法律依据　专利法第26条第3款、第26条第4款、第22条第3款，专利法实施细则第20条第1款、第21条第2款

决定要点

所属技术领域的技术人员能够实现，是指所属技术领域的技术人员按照说明书记载的内容，就能够实现该发明或者实用新型的技术方案，解决其技术问题，并且产生预期的技术效果。

如果一项权利要求与对比文件相比存在区别技术特征，但所属领域普通技术人员结合另一对比文件公开的内容和所属技术领域的公知常识能够得到该区别技术特征，则该权利要求不具备创造性。

一、案由

本无效宣告请求涉及国家知识产权局于2006年6月7日授权公告的200520071373.4号、名称为"电磁式线性指针仪表"的实用新型专利（下称本专利），其申请日是2005年4月29日，专利权人是林晓厅。本专利授权公告的权利要求书如下：

"1. 一种电磁式线性指针仪表，包括有表壳和装在表壳内的表盘和表芯，表芯包括有线圈及支架、定铁组件、动铁、指针和游丝，其中线圈固定在支架上，定铁组件套设在线圈内，它包括有主铁及贴合在其侧壁上的定铁，其特征在于：所述的定铁展平形状为T型。

2. 根据权利要求1所述的电磁式线性指针仪表，其特征在于：所述的T型的横条部的下角为斜角，竖条部的上、下两端倾斜收缩变窄成棱状，且左、右两侧边对称收缩，底边为孤形，横条部与竖

条部的结合处为圆孤过渡。

3. 根据权利要求 2 所述的电磁式线性指针仪表，其特征在于：所述的“T”型横条部的高度 h 在 7.51±0.1mm 之间，其下边到斜角的顶点的距离 h1 在 0.84±0.1mm 之间，下边上的两斜角顶点的距离 L2 在 10.2±0.1mm 之间，竖条部的底边长度 L1 在 3.56±0.1mm 之间，其弧形半径 R 在 3±0.1mm 之间，圆弧顶点到竖条部的侧边角点的纵向距离 h2 在 4.75±0.1mm 之间，侧边角点到横条部的下侧边的纵向距离 h3 在 7.51±0.1mm 之间，两侧边角点的距离 L3 在 5.2±0.1mm 之间，圆弧过渡的弧半径 R1 在 1±0.1mm 之间，两圆弧的中心距离 L4 在 5.56±0.1mm 之间。”

针对上述专利权，申俊（下称请求人）于 2007 年 9 月 27 日向专利复审委员会提出无效宣告请求，理由是：本专利说明书不符合专利法第 26 条第 3 款的规定，权利要求 1 不符合专利法第 26 条第 4 款和专利法实施细则第 21 条第 2 款的规定，权利要求 1~3 不符合专利法第 22 条第 3 款和专利法实施细则第 20 条第 1 款的规定。随同其专利权无效宣告请求书，请求人提交了以下证据：

证据 1：本专利授权公告文本；

证据 2：公告号为 CN2056255U 号的中国实用新型专利申请说明书，其公告日为 1990 年 4 月 18 日；

证据 3：《电测量指示仪表原理与使用》封面页、版权页、第 97~99 页、第 106~107 页、第 121~123 页的复印件，共 7 页，湖南科学技术出版社 1996 年 1 月印刷；

证据 4：《电工仪器仪表—原理与使用》封面页、版权页、第 48~50 页的复印件，共 5 页，上海科学技术出版社 1993 年 11 月印刷。

请求人的具体无效理由是：(1) 本专利说明书没有说明本专利是针对哪种电磁式线性指针仪表进行的改进，没有说明本专利所声称获得的有益效果与“将定铁设置成特定的 T 型形状”在理论上有怎样的必然联系，没有说明定铁如何卷曲，没有记载证明本专利具有有益效果的试验数据，不符合专利法第 26 条第 3 款的规定。(2) 本专利权利要求 1 所述“定铁展平形状为‘T’型”涵盖了任意 T 型和多种卷曲方式的定铁，而说明书中仅给出了一种技术方案，因此权利要求 1 得不到说明书的支持，不符合专利法第 26 条第 4 款的规定。(3) 权利要求 1 没有记载所述“T”型定铁需设计成何种“特定的 T 型形状”、以何种方向设置，以及在未展平的工作状态时如何卷曲，而这是实现本发明目的不可缺少的必要技术特征，因此不符合专利法实施细则第 21 条第 2 款的规定。(4) 权利要求 1~3 均未说明定铁在未展平的工作状态时是如何卷曲的以及电磁式线性指针仪表的具体结构，权利要求 2 所述“竖条部的上、下两端倾斜收缩变窄成棱状”和“且左、右两侧边对称收缩”表述不清，权利要求 3 中没有说明其中两次出现的“斜角顶点”是否相同以及是指哪个顶点，因此权利要求 1~3 不符合专利法实施细则第 20 条第 1 款的规定。(5) 公知常识性证据 3 和证据 4 公开了权利要求 1 的全部技术特征，因此权利要求 1 相对于本领域公知常识不具有创造性，同时证据 2 也公开了权利要求 1 的大部分技术特征，二者区别在于“定铁组件套设在线圈内，它包括有主铁及贴合在其侧壁上的定铁，所述的定铁展平形状为 T 型”，但该区别技术特征被公知常识性证据 3 公开，因此权利要求 1 相对于证据 2 和公知常识的结合也不具有创造性，不符合专利法第 22 条第 3 款的规定；从属权利要求 2、3 的附加技术特征均为本领域的常规设计，因此在权利要求 1 不具有创造性的前提下，从属权利要求 2、3 也不具有创造性，不符合专利法第 22 条第 3 款的规定。

经形式审查合格，专利复审委员会依法受理了上述无效宣告请求，并于 2007 年 10 月 23 日向请求人和专利权人发出无效宣告请求受理通知书，同时将专利权无效宣告请求书及其附件清单中所列证据的副本转给专利权人，要求其在一个月内对该无效宣告请求陈述意见。

针对上述无效宣告请求，专利权人于 2007 年 12 月 10 日提交了意见陈述书，专利权人认为：

（1）本专利的说明书及其附图已经清楚地说明了本专利的技术方案及其工作原理和有益效果，符合专利法第26条第3款的规定。（2）本专利的技术方案比较简单，并且说明书具体实施方式部分已作了详细的说明，因而权利要求1能够得到说明书支持，符合专利法第26条第4款的规定。（3）本专利权利要求1已经记载了解决技术问题的必要技术特征，符合专利法实施细则第21条第2款的规定。（4）本专利权利要求1已经清楚地表述了所要保护的范围，权利要求2、3也不存在表述不清的问题，因此权利要求1~3符合专利法实施细则第20条第1款的规定。（5）关于权利要求1~3的创造性，证据3中所示的定铁展平形状是矩形和梯形的结合，而T形应该明显具有一个横条部和一个垂直连接于横条中心的竖条部，因此证据3没有公开本专利权利要求1所述的T型，并且现有技术中并没有任何关于通过改变定铁的形状以改善仪表指针的偏转角与被测量值的线性关系记载，更不能给出采用T形定铁改善该线性关系的任何启示，因此本专利权利要求1相对于现有技术具有突出的实质性特点和显著的进步，具有创造性，符合专利法第22条第3款的规定；在此基础上，从属权利要求2、3也同样具有创造性，符合专利法第22条第3款的规定。

针对上述无效宣告请求，专利复审委员会依法组成合议组，对本案进行审理。合议组于2008年1月3日向请求人和专利权人发出口头审理通知书，告知双方当事人本案合议组定于2008年3月4日对本案进行口头审理，同时向请求人发出转送文件通知书，随同该通知书将专利权人于2007年12月10日提交的意见陈述书转给请求人。

口头审理如期举行，请求人一方委托专利代理人陈红和公民代理张建纲出庭参加，专利权人一方委托公民代理王庭辉出庭参加。

在口头审理中，（1）请求人当庭提交了意见陈述书和作为公知常识性证据使用的证据5（《21世纪电学科高等学校教材—电工仪表及测量》封面、版权页、第32~36页的复印件共7页，中国水利水电出版社2003年1月印刷），合议组当庭将上述意见陈述书和证据5的副本转送给专利权人。（2）请求人出示了证据3~5的原件，明确表示证据3~5作为公知常识性证据使用，明确其无效理由为本专利说明书不符合专利法第26条第3款的规定，权利要求1不符合专利法第26条第4款和专利法实施细则第21条第2款的规定，权利要求1~3不符合专利法实施细则第20条第1款的规定，权利要求1~3相对于证据3~5的结合不具备专利法第22条第3款规定的创造性，权利要求1~3相对于证据2、证据3和证据5的结合不具备专利法第22条第3款规定的创造性。（3）专利权人核对证据3~5的复印件与原件一致，认可证据1~5的真实性，认可证据5作为公知常识性证据。（4）双方当事人针对所有无效理由充分发表了意见，请求人表示关于说明书不符合专利法第26条第3款和权利要求1不符合专利法第26条第4款的理由与请求书中相同；请求人认为本专利权利要求1中没有记载T型定铁设置的角度或其与仪表的线圈轴线的关系，并且没有记载定铁和主铁之间的位置关系及角度，因而不符合专利法实施细则第21条第2款的规定；请求人表示关于权利要求1不符合专利法实施细则第20条第1款的理由与请求书中相同，并且明确表示从属权利要求2和3的附加特征限定是清楚的，只是由于独立权利要求1保护范围不清楚而导致从属权利要求2和3也不符合专利法实施细则第20条第1款的规定；请求人认为证据3和证据4结合公开了本专利权利要求1前序部分中的全部特征，证据3第122页图3~24（b）公开的定铁5为T型，从而公开了本专利权利要求1的特征部分，并且证据5第36页第10~13行公开了可以通过改变铁片形状来使标度尺的刻度均匀，因而本专利权利要求1相对于证据3~5所记载的公知常识不具有创造性，此外，证据2也公开了权利要求1前序部分的全部特征，因而本专利权利要求1相对于证据2和证据3、证据5所记载的公知常识结合也不具有创造性，从属权利要求2、3的附加技术特征均为本领域常规设计，没有带来预想不到的技术效果，因而本专利权利要求2~3也不具有创造性；专利权人认为本专利中T型定铁可以以多种角度和方向设置均能够获得效果，但是根据本领域的惯常设计，本领域技术人员不可能将 T 型定铁相对于线圈轴线竖向设置；专利权人认可证据 3~5 公开了本专利权利要求 1 的前序部分，同时认可证据 2 也公开了本专利权利要求 1 的前序部分，认为证据 3 中图 3-24 中的定铁 5 近似于矩形和梯形的组合，与本专利的 T 型不同；专利权人认为本专利权利要求 2、3 的附加技术特征不是常规限定，明确表示本专利动铁、定铁的形状配合关系是仅在现有技术的原有基础上改变了定铁的形状。(5) 专利权人表示，针对当庭接收的请求人的意见陈述书和证据 5，不需要在本次口审之后再次陈述意见。

至此，合议组认为本案事实清楚，现依法作出如下审查决定。

二、决定的理由

1. 关于证据

请求人在提出无效宣告请求时提交了证据 1~4，并在口头审理当庭提交了证据 5，明确表示证据 3~5 作为公知常识性证据使用。

请求人当庭提交的证据 5 为《21 世纪电学科高等学校教材—电工仪表及测量》的封面、版权页、第 32~36 页的复印件共 7 页，请求人和专利权人均认可其为公知常识性证据，合议组经审查认为，证据 5 属于公知常识性证据，符合审查指南第四部分第三章第 4. 3. 1 节的相关规定，予以接受。

证据 1 是本专利授权公告文本，证据 2 是一份公开日在本专利申请日之前的中国实用新型专利说明书，二者均为专利文献，专利权人对其真实性表示认可，合议组经审查对其真实性予以认可，且证据 2 记载的内容构成本专利的现有技术。证据 3~5 均是出版日期早于本专利申请日的公开出版物，且请求人当庭出示了证据 3~5 的原件，专利权人对其真实性表示认可，合议组经审查对证据 3~5 的真实性予以认可，且其上记载的内容构成本专利的现有技术。

2. 关于专利法第 26 条第 3 款

专利法第 26 条第 3 款规定：说明书应当对发明或者实用新型作出清楚、完整的说明，以所属技术领域的技术人员能够实现为准；必要的时候，应当有附图。摘要应当简要说明发明或者实用新型的技术要点。

审查指南第二部分第二章第 2. 1. 3 节指出，所属技术领域的技术人员能够实现，是指所属技术领域的技术人员按照说明书记载的内容，就能够实现该发明或者实用新型的技术方案，解决其技术问题，并且产生预期的技术效果。

请求人认为，本专利说明书没有说明本专利是针对哪种电磁式线性指针仪表进行的改进，没有对本专利所声称获得的有益效果与“将定铁设置成特定的 T 型形状”在理论上有怎样的必然联系进行说明，没有说明定铁如何卷曲，没有说明定铁的设置角度，没有记载证明本专利具有有益效果的试验数据，因而不符合专利法第 26 条第 3 款的规定。

合议组经审查认为：本专利所要保护的是一种电磁式线性指针仪表，在说明书背景技术部分（参见说明书第 1 页第 8~11 行）记载了“电磁式仪表在固定线圈内装有固定铁片和可动铁片，可动铁片转轴上固定有指针，当线圈有被测电流通过时，两块铁片获得相同极性而相互排斥，动铁片从而被推转动，带动指针在面板上指出所测数值”，可见，说明书中已经对现有技术中常规电磁式仪表的工作原理作了说明；说明书第 2~3 页记载了本专利的电磁式线性指针仪表“包括有表壳 10 和装在表壳 10 内的表盘 9 和表芯，表芯包括有线圈 12 及支架 2、定铁组件 14、动铁 15、指针 1 和游丝 7，其中线圈 12 固定在支架 2 上，定铁组件 14 套设在线圈 12 内，它包括有主铁 141 及贴合在其侧壁上的定铁 142，所述的定铁 142 展平形状为 T 型”，在此基础上结合附图 2~3 可以看出，在附图 2 中动铁 15 的右侧用斜线阴影表示的竖长条为 T 型定铁 142 的横条部，而附图 2 中左侧线圈的右侧用斜线阴影表示的较短竖条为 T 型定铁 142 的竖条部，由于定铁 142 是贴合在主铁 141 的侧壁上，所以其安装形状必然是与主铁侧壁相适应地进行弯曲，因此，说明书中已经具体说明了本专利的电磁式仪表的结构、改进后定铁组件的结构及其安装方式，本领域普通技术人员结合自身已有的知识能够实现本专利的技术方案；本专利通过改变定铁的形状来改变磁场，从而使偏转角与被测量值之间的线性关系得到改进，这是符合公知的电磁理论的，本领域技术人员能够理解并且能够推知该改进可产生有益效果。

综上所述，本专利说明书是清楚、完整的，符合专利法第 26 条第 3 款的规定。

3. 关于专利法第 26 条第 4 款

专利法第 26 条第 4 款规定：权利要求书应当以说明书为依据，说明要求专利保护的范围。

审查指南第二部分第二章第 2.2.6 节指出：实施例的数量应当根据发明或者实用新型的性质、所属技术领域、现有技术状况以及要求保护的范围来确定。当一个实施例足以支持权利要求所概括的技术方案时，说明书中可以只给出一个实施例。

请求人认为，本专利权利要求 1 所述"定铁展平形状为 T 型"涵盖了任意 T 型和多种卷曲方式的定铁，而说明书中仅给出了一个技术方案，因此权利要求 1 得不到说明书的支持，不符合专利法第 26 条第 4 款的规定。

合议组经审查认为，T 型本身是本领域技术人员公知的、较为固定的形状；在实际应用中，由于定铁是贴合在主铁侧壁上，所以定铁的卷曲方式必然是与主铁侧壁相适应的，因此，在说明书所记载的具有 T 型定铁的实施例的基础上，本领域技术人员能够明了以明显为 T 的形状和与定铁侧壁相适应的卷曲方式就可以实现本专利的技术方案并获得同样的技术效果，而请求人并未举证何种 T 型或何种卷曲方式不能获得本专利所述的技术效果，因此权利要求 1 能够得到说明书的支持，符合专利法第 26 条第 4 款的规定。

4. 关于专利法实施细则第 21 条第 2 款

专利法实施细则第 21 条第 2 款规定：独立权利要求应当从整体上反映发明或者实用新型的技术方案，记载解决技术问题的必要技术特征。

审查指南第二部分第二章第 3.1.2 节指出：必要技术特征是指，发明或者实用新型为解决其技术问题所不可缺少的技术特征，其总和足以构成发明或者实用新型的技术方案，使之区别于背景技术中所述的其他技术方案。

具体到本案，本专利权利要求 1 要求保护一种电磁式线性指针仪表，其所要解决的技术问题是如何提高现有技术中的电磁式仪表的测量精确度以及使其表盘刻度均匀，其中记载了本专利的电磁式仪表的各个部件和设置方式，并且限定了定铁组件套设在线圈内、包括主铁及贴合在其侧壁上的定铁以及定铁展平形状为 T 型。

请求人认为，本专利权利要求 1 没有记载所述 T 型定铁需设计成何种"特定的 T 型形状"、以何种角度和方向设置、定铁和主铁之间的位置关系及角度以及在未展平的工作状态时如何卷曲，不符合专利法实施细则第 21 条第 2 款的规定。

合议组经审查认为，权利要求 1 中已经记载了本专利的电磁式仪表的各个部件及其设置方式，包括定铁组件以及其所包含的主铁和定铁的安装方式，还限定了定铁的展平形状为 T 型，根据这些技术特征已经足以实现本专利所述的电磁式仪表，并且根据本专利说明书中的记载，通过将定铁设置成 T 型就能够使指针的偏转角与被测量值成良好的线性关系、提高测量精度以及使表盘刻度均匀，而该特征也已经在权利要求 1 中记载，从而权利要求 1 的技术方案能够解决其所要解决的技术问题，不缺少必要技术特征。由于 T 型本身是本领域技术人员公知的形状，本领域技术人员能够明了以各种 T 型都可以实现本专利的技术方案，所以不需要在权利要求 1 中对其进行限定；由于权利要求 1 中已经限定了定铁是贴合在主铁侧壁上，所以定铁的卷曲方式必然是与主铁侧壁相适应的，这一点也不需在权利要求1中进行限定；关于定铁和主铁之间的位置关系，权利要求1中已经清楚地限定了定铁是贴合在主铁的侧壁上；关于定铁的设置方向和角度，根据本领域公知常识可知，常规电磁式仪表中的矩形定铁一般被设置成使其短边与线圈轴线平行而长边与线圈轴线垂直以便使动铁能够偏转足够大的角度，本专利中的定铁虽然为T型，但是一般来说，T型的横条部较短，竖条部较长，从而本领域技术人员根据公知常识能够知道将该T型定铁的竖条部相对于线圈轴线横向设置即垂直于该轴线，因此这一点也不需要在权利要求1中限定。综上所述，请求人所提出的上述特征均不是本专利解决其技术问题所不可缺少的必要技术特征，本专利权利要求1已经记载了解决其技术问题所需的全部必要技术特征，符合专利法实施细则第21条第2款的规定。

5. 关于专利法实施细则第20条第1款

专利法实施细则第20条第1款规定：权利要求书应当说明发明或者实用新型的技术特征，清楚、简要地表述请求保护的范围。

请求人认为，权利要求1~3均未说明定铁在未展平的工作状态时是如何卷曲的，因此不符合专利法实施细则第20条第1款的规定。由于请求人在口头审理时明确表示从属权利要求2、3的附加技术特征是基本清楚的，只是因为权利要求1不清楚而导致从属权利要求2、3也不清楚，因此合议组对于从属权利要求2、3的附加技术特征是否清楚不再进行评述。

合议组经审查认为，权利要求1中已经限定了定铁是贴合在主铁侧壁上，所以定铁的卷曲方式必然是与主铁侧壁相适应的，即权利要求1已经限定了定铁与主铁的相对位置关系，并且结合说明书具体实施方式部分的记载和附图2-3也可以清楚地获知定铁是如何与主铁侧壁贴合而卷曲的，因此本专利权利要求1~3是清楚的，符合专利法实施细则第20条第1款的规定。

6. 关于专利法第22条第3款

专利法第22条第3款规定：创造性，是指同申请日以前已有的技术相比，该发明有突出的实质性特点和显著的进步，该实用新型有实质性特点和进步。

（1）关于本专利权利要求1相对于证据2和证据3、证据5的结合是否符合专利法第22条第3款的规定。

本专利所要解决的技术问题是针对现有技术中电磁式仪表示读刻度线性不良的缺点，提供一种性能稳定、测量精确且外表美观的电磁式线性指针仪表。

证据2（参见证据2第3~4页以及附图1）公开了一种由表壳1、表盘2、指针3、游丝4和电磁转动部分组成的电磁式仪表，电磁转动部分包括固定线圈5、固定铁片6、动铁片7、转轴8和轴承9，固定铁片6被固定在套筒10上，从附图1中可以明显看出固定线圈5被固定在表壳1内的一个支架上，套筒10位于固定线圈5内部，从附图1中还可以看出固定铁片6的一端较宽而另一端较窄（即分别位于套筒10上下侧壁外侧的两个斜线阴影条），其中较宽端紧贴套筒10的下侧壁，较窄端紧贴套筒10的上侧壁。

将本专利权利要求1所要求保护的技术方案与证据2公开的内容相比可知，证据2中的固定铁片6和动铁片7分别对应于本专利权利要求1中的定铁和动铁，证据2中的套筒10对应于本专利权利要求1中的主铁，证据2中的套筒10和固定铁片6的组合对应于本专利权利要求1中的定铁组件，二者的区别在于：本专利权利要求1中的定铁展平形状为T型，而证据2中仅公开了定铁片是一端较宽一端较窄的形状。该区别特征使得本专利的电磁式仪表的指针偏转角与被测量值成良好的线性关系、提高测量精度以及使表盘刻度均匀

证据3公开了一种排斥型电磁系仪表，其中第98页第二段和图3-2公开了该仪表包括圆线圈以及位于圆线圈内部的固定软铁片2、可动软铁片3、转轴4；第121页最后一段至第122页第一段以及

图 3-24（b）公开了该圆线圈排斥型仪表的静铁片和动铁片的形状，其中由图 3-24（b）可以看出，具有所示轴线 5 的静铁片的整体形状为一端较宽而另一端较窄，较宽端为矩形横条状，从该矩形横条与端面相对的长边的两个顶点分别以弧形对称收缩至静铁片的较窄的另一端，且该弧形收缩段狭长成条状。

证据 5 公开了一种排斥型电磁系仪表，其中（参见第 33 页最后一段至第 34 页第一段以及图 3-5）公开了该仪表的固定部分包括固定线圈 1 和线圈内侧的固定铁片 2，可动部分包括固定在转轴上的可动铁片 3、游丝 4 和指针 5，第 36 页第 10~13 行记载了可以改变铁片的形状来使标度尺的刻度更均匀。

合议组认为，证据 2、证据 3 和证据 5 均与本专利属于相同的技术领域，其中证据 3 中所公开的静铁片对应于本专利权利要求 1 中的定铁，该静铁片的形状虽然不是严格的 T 型，但是该静铁片具有明显的横条部和细长形的竖条部，与本专利所述的 T 型已非常近似；而证据 5 中给出了改变铁片的形状可以使标度尺的刻度更均匀的启示，由于证据 3 和证据 5 均是描述电测量仪表原理性质的公开出版物，且证据 5 还是高等学校的教科书，属于公知常识性证据，因此合议组认为证据 3 所公开的静铁片形状和证据 5 所披露的技术启示均是本领域普通技术人员所熟知的，在证据 2 所公开的电磁式仪表的基础上，为了解决电磁式仪表刻度不均匀和测量不精确的问题，本领域普通技术人员很容易想到对静铁片的形状进行改变，例如采用证据 3 中公开的静铁片形状，并通过有限次的试验得到权利要求 1 的技术方案，因此本专利权利要求 1 相对于证据 2 与证据 3 和公知常识（即证据 5）的结合不具有实质性特点和进步，不具备专利法第 22 条第 3 款规定的创造性。

专利权人认为，证据 3 中图 3-24（b）所示的定铁展平形状是矩形和梯形的结合，而 T 型应该明显具有一个横条部和一个垂直连接于横条中心的竖条部，因此证据 3 没有公开本专利权利要求 1 所述的 T 型。对此，合议组认为，根据上述评述可知，证据 3 中的静铁片形状为一端较宽而另一端较窄，较宽端为矩形横条状，从该矩形横条的一长边的两个顶点分别以弧形对称收缩至静铁片的另一端，且该弧形收缩段狭长成条状，从而使得该静铁片具有明显的横条部和细长形的竖条部，是近似于 T 型的形状，并非简单的矩形和梯形的组合；且本领域普通技术人员在已知如证据 5 所述改变铁片形状会使刻度更均匀的情况下，有动机对证据 3 中的静铁片的形状进行改变而得到本专利权利要求 1 中所述的 T 型，因此专利权人的上述观点不成立。

（2）关于本专利权利要求 1 相对于证据 3~5 的结合是否符合专利法第 22 条第 3 款的规定

由于证据 2 和证据 3、证据 5 的结合已经破坏了权利要求 1 的创造性，因此，对于请求人提出的权利要求 1 相对于证据 3~5 的结合不具备专利法第 22 条第 3 款规定的创造性的无效理由，合议组不再进行审查。

（3）关于本专利权利要求 2、3 是否符合专利法第 22 条第 3 款的规定。

从属权利要求 2、3 分别引用了权利要求 1，其附加技术特征是对权利要求 1 中的 T 型作了进一步的具体限定。请求人认为，上述限定均为本领域的常规设计，没有带来预料不到的技术效果，因而在权利要求 1 不具备创造性的情况下，从属权利要求 2、3 也不具备专利法第 22 条第 3 款规定的创造性。

对此，合议组认为，从属权利要求 2、3 的附加技术特征具体地限定了 T 型的横条部、竖条部及其边角等的形状和尺寸，在证据 2 和证据 3~5 中均没有公开这些特征，也没有给出任何相关的技术启示，同时也没有证据能够表明这些限定均为本领域的常规设计或公知常识，因此对请求人的上述无效理由不予支持。

基于上述事实和理由，本案合议组依法作出以下审查决定。

三、决定

宣告 200520071373.4 号实用新型专利权利要求 1 无效，在权利要求 2～3 的基础上维持 200520071373.4 号实用新型专利权有效。

当事人对本决定不服的，可以根据专利法第 46 条第 2 款的规定，在收到本决定之日起三个月内向北京市第一中级人民法院起诉。根据该款规定，一方当事人起诉后，另一方当事人应当作为第三人参加诉讼。

北京市第一中级人民法院
行政判决书

（2008）一中行初字第 1425 号

原告林晓厅，男，1982 年 9 月 14 日出生，汉族，个体工商户，住浙江省乐清市柳市镇林宅村。

委托代理人王如，男，温州欧越专利代理有限公司职员，住浙江省瑞安市塘下镇罗凤海滨路 19 号。

被告国家知识产权局专利复审委员会，住所地北京市海淀区北四环西路 9 号银谷大厦 10～12 层。

法定代表人廖涛，副主任。

委托代理人刘亚斌，男，国家知识产权局专利复审委员会审查员。

委托代理人朱茜，女，国家知识产权局专利复审委员会审查员。

第三人申俊，男，1979 年 1 月 29 日出生，汉族，农民，住江苏省常州市钟楼区北直街 35 号。

委托代理人张建纲，男，北京三聚阳光知识产权代理有限公司专利代理人。

原告林晓厅不服国家知识产权局专利复审委员会作出的第 11434 号专利无效宣告请求审查决定（以下简称被诉决定），向本院提起行政诉讼。本院受理后，依法组成合议庭，并通知被诉决定的利害关系人申俊作为本案第三人参加诉讼。2008 年 11 月 27 日，本院依法公开开庭审理了本案，原告林晓厅及其委托代理人王如，被告的委托代理人刘亚斌、朱茜，第三人的委托代理人张建纲到庭参加了诉讼。现本案已经审理终结。

2008 年 5 月 15 日，被告根据第三人的请求，对原告的名称为"电磁式线性指针仪表"的实用新型专利（以下简称本专利）进行审查，依据《中华人民共和国专利法》（以下简称《专利法》）第二十二条第三款的规定，作出被诉决定：宣告本专利权利要求 1 无效，在权利要求 2～3 的基础上维持本专利权有效。

在法定期限内，被告向本院提交了如下证据：（1）本专利说明书；（2）口头审理记录表；（3）公告号为 CN2056255U 号的中国实用新型专利申请说明书（即被诉决定的证据 2）；（4）《电测量指示仪表原理与使用》复印件（即被诉决定的证据 3）；（5）《21 世纪电学科高等学校教材——电工仪表及测量》的复印件（即被诉决定的证据 5）。上述证据用以证明被诉决定认定事实清楚，适用法律正确，审查程序合法。

原告诉称：被告作出的被诉决定对证据认定存在错误，导致事实认定错误，具体理由如下：

1. 被告对证据 3 公开的静铁片对应于本专利权利要求 1 中的定铁，认为静铁片具有明显的横条部和细长形的竖条部，与本专利所述的"T"型非常近似的内容错误。我认为，证据 3 所示的静定铁展平形状与"T"型大相径庭，其形状较为合理的描述应该是由矩形和类似梯形两部分的结合，并不能让人联想到为近似的“T”型。所以，证据 3 没有揭示及公开权利要求 1 中的定铁为所述的“T”型，从而也没无法使普通技术人员得到将定铁形状设置为“T”型的技术启示。所以，权利要求 1 具备创造性。

2. 证据 2 结合证据 3、5 也不能给普通技术人员得出本专利所述的定铁为“T”型技术启示，被告的认定错误。事实上，一直以来所属技术领域的技术人员也都知道改变铁片的形状能够使刻度均匀一些，但这只是理论上的普遍公示，实际上电磁式指针仪表刻度不均匀一直是一个技术难题，原因之一就是没有找到合适的定铁形状，要解决这个技术难题只能靠大量的实验。原告通过反复实验才找到与以往的定铁形状不一样的“T”型顶贴片，使指针的偏转角和被测值成良好的线性关系，提高了测量的精确度，同时也相应的使刻度均匀，提高了整表的美观度，解决了人们一直渴望解决但始终未能获得成功的技术难题，具备《专利法》规定的创造性。

综上，请求法院依法撤销被诉决定中关于本专利权利要求 1 不具备创造性的内容。

在开庭前，原告向本院提交了以下证据：1. 本专利授权公告文本。2. 民事判决书。

被告辩称：我委对证据 3 的认定正确，证据 3 所公开了静铁片的形状虽然不是严格的“T”型，但该静铁片具有明显的横条部和细长形的竖条部，与本专利所述的“T”型非常近似。本领域普通技术人员在已知证据 5 公开内容的情况下，有动机对证据 3 中的静铁片的形状进行改变，从而得到本专利权利要求 1 所述的“T”型。因此，我委作出的被诉决定认定事实清楚，审查程序合法，适用法律正确，原告的主张不成立，请求法院驳回原告的诉讼请求，维持被诉决定。

第三人未向本院提交书面意见，其在开庭审理中，口头表示同意被诉决定及被告的答辩意见。在开庭前，其未向本院提交证据。

在庭审质证中，针对被告的证据，原告对证据 1~5 的真实性无异议，对证据 4 的真实性、关联性无异议，但不同意被告据此认定的事实；认可被告将证据 3 和证据 5 结合使用，但不同意被告将两份证据结合后认定的意见。第三人对被告的证据没有异议。针对原告的证据，被告没有异议；第三人对证据 1 没有异议，对证据 2 的真实性没有异议，但认为与本案没有关联性。

经审查，被告的证据是行政程序中的有效证据，能够证明本案的事实，本院予以确认。原告的证据 1 与本案有关联，且真实、合法，本院予以确认；证据 2 与本案无关，本院不予评述。

根据上述有效证据，本院认定事实如下：

本专利的申请日是 2005 年 4 月 2 9 日，专利号是 200520071373. 4，授权公告日是 2006 年 6 月 7 日。其授权公告的权利要求书如下：

“1. 一种电磁式线性指针仪表，包括有表壳和装在表壳内的表盘和表芯，表芯包括有线圈及支架、定铁组件、动铁、指针和游丝，其中线圈固定在支架上，定铁组件套设在线圈内，它包括有主铁及贴合在其侧壁上的定铁，其特征在于：所述的定铁展平形状为“T”型。

2. 根据权利要求 1 所述的电磁式线性指针仪表，其特征在于：所述的“T”型的横条部的下角为斜角，竖条部的上、下两端倾斜收缩变窄成棱状，且左、右两侧边对称收缩，底边为孤形，横条部与竖条部的结合处为圆弧过渡。

3. 根据权利要求 2 所述的电磁式线性指针仪表，其特征在于：所述的“T”型横条部的高度 h 在 7. 51±0. 1mm 之间，其下边到斜角的顶点的距离 h1 在 0. 84±0. 1mm 之间，下边上的两斜角顶点的距离 L2 在 10. 2±0. 1mm 之间，竖条部的底边长度 L1 在 3. 56±0. 1mm 之间，其弧形半径 R 在 3±0. 1mm 之间，圆弧顶点到竖条部的侧边角点的纵向距离 h2 在 4. 75±0. 1mm 之间，侧边角点到横条部的下侧边的纵向距离 h3 在 7. 51±0. 1mm 之间，两侧边角点的距离 L3 在 5. 2±0. 1mm 之间，圆弧过渡的弧半径 R1 在 1±0. 1mm 之间，两圆弧的中心距离 L4 在 5. 56±0. 1mm 之间。”

针对本专利，第三人于2007年9月27日向被告提出无效宣告请求和证据1~4，主张：（1）本专利说明书没有说明本专利是针对哪种电磁式线性指针仪表进行的改进，没有说明本专利所声称获得的有益效果与“将定铁设置成特定的T型形状”在理论上有怎样的必然联系，没有说明定铁如何卷曲，没有记载证明本专利具有有益效果的试验数据，不符合《专利法》第二十六条第三款的规定；（2）本专利权利要求1所述“定铁展平形状为‘T’型”涵盖了任意T型和多种卷曲方式的定铁，而说明书中仅给出了一种技术方案，因此权利要求1得不到说明书的支持，不符合《专利法》第二十六条第四款的规定；（3）权利要求1没有记载所述“T”型定铁需设计成何种“特定的T型形状”、以何种方向设置、以及在未展平的工作状态时如何卷曲，而这是实现本发明目的不可缺少的必要技术特征，因此不符合《中华人民共和国专利法实施细则》（以下简称《专利法实施细则》）第二十一条第二款的规定；（4）权利要求1~3均未说明定铁在未展平的工作状态时是如何卷曲的以及电磁式线性指针仪表的具体结构，权利要求2所述“竖条部的上、下两端倾斜收缩变窄成棱状”和“且左、右两侧边对称收缩”表述不清，权利要求3中没有说明其中两次出现的“斜角顶点”是否相同以及是指哪个顶点，因此权利要求1~3不符合《专利法实施细则》第二十条第一款的规定；（5）公知常识性证据3和证据4公开了权利要求1的全部技术特征，因此权利要求1相对于本领域公知常识不具有创造性，同时证据2也公开了权利要求1的大部分技术特征，二者区别在于“定铁组件套设在线圈内，它包括有主铁及贴合在其侧壁上的定铁，所述的定铁展平形状为‘T’型”，但该区别技术特征被公知常识性证据3公开，因此权利要求1相对于证据2和公知常识的结合也不具有创造性，不符合《专利法》第二十二条第三款的规定；从属权利要求2、3的附加技术特征均为本领域的常规设计，因此在权利要求1不具有创造性的前提下，从属权利要求2、3也不具有创造性，不符合《专利法》第二十二条第三款的规定。

经形式审查合格，被告依法受理，并向原告转文。原告于2007年12月10日向被告提交了意见陈述书，认为：（1）本专利的说明书及其附图已经清楚地说明了本专利的技术方案及其工作原理和有益效果，符合《专利法》第二十六条第三款的规定；（2）本专利的技术方案比较简单，并且说明书具体实施方式部分已作了详细的说明，因而权利要求1能够得到说明书支持，符合《专利法》第二十六条第四款的规定；（3）本专利权利要求1已经记载了解决技术问题的必要技术特征，符合《专利法实施细则》第二十一条第二款的规定；（4）本专利权利要求1已经清楚地表述了所要保护的范围，权利要求2、3也不存在表述不清的问题，因此权利要求1~3符合《专利法实施细则》第二十条第一款的规定；（5）关于权利要求1~3的创造性，证据3中所示的定铁展平形状是矩形和梯形的结合，而T形应该明显具有一个横条部和一个垂直连接于横条中心的竖条部，因此证据3没有公开本专利权利要求1所述的“T”型，并且现有技术中并没有任何关于通过改变定铁的形状以改善仪表指针的偏转角与被测量值的线性关系记载，更不能给出采用T形定铁改善该线性关系的任何启示，因此本专利权利要求1相对于现有技术具有突出的实质性特点和显著的进步，具有创造性，符合《专利法》第二十二条第三款的规定；在此基础上，从属权利要求2、3也同样具有创造性，符合《专利法》第二十二条第三款的规定。

针对上述无效宣告请求，被告依法组成合议组，并向原告和第三人告知。

2008年3月4日，被告进行口头审理，双方均委托代理人出席口头审理。在口头审理中，第三人当庭提交了意见陈述书和作为公知常识性证据使用的证据5，并出示了证据3~5的原件，明确表示证据3~5作为公知常识性证据使用。

第三人明确其无效理由为本专利说明书不符合《专利法》第二十六条第三款的规定，权利要求1不符合《专利法》第二十六条第四款和《专利法实施细则》第二十一条第二款的规定，权利要求1~

3 不符合《专利法实施细则》第二十条第一款的规定，权利要求 1～3 相对于证据 3～5 的结合不具备《专利法》第二十二条第三款规定的创造性，权利要求 1～3 相对于证据 2、证据 3 和证据 5 的结合不具备《专利法》第二十二条第三款规定的创造性；（3）专利权人核对证据3～5 的复印件与原件一致，认可证据 1～5 的真实性，认可证据 5 作为公知常识性证据；（4）双方当事人针对所有无效理由充分发表了意见，第三人表示关于说明书不符合《专利法》第二十六条第三款和权利要求 1 不符合《专利法》第二十六条第四款的理由与请求书中相同；第三人认为本专利权利要求 1 中没有记载“T”型定铁设置的角度或其与仪表的线圈轴线的关系，并且没有记载定铁和主铁之间的位置关系及角度，因而不符合《专利法实施细则》第二十一条第二款的规定；第三人表示关于权利要求 1 不符合《专利法实施细则》第二十条第一款的理由与请求书中相同，并且明确表示从属权利要求 2 和 3 的附加特征限定是清楚的，只是由于独立权利要求 1 保护范围不清楚而导致从属权利要求 2 和 3 也不符合《专利法实施细则）第二十条第一款的规定；第三人认为证据 3 和证据 4 结合公开了本专利权利要求 1 前序部分中的全部特征，证据 3 第 122 页图 3-24（b）公开的定铁 5 为“T”型，从而公开了本专利权利要求 1 的特征部分，并且证据 5 第 36 页第 10～13 行公开了可以通过改变铁片形状来使标度尺的刻度均匀，因而本专利权利要求 1 相对于证据 3～5 所记载的公知常识不具有创造性。此外，证据 2 也公开了权利要求 1 前序部分的全部特征，因而本专利权利要求 1 相对于证据 2 和证据 3、证据 5 所记载的公知常识结合也不具有创造性，从属权利要求 2、3 的附加技术特征均为本领域常规设计，没有带来预想不到的技术效果，因而本专利权利要求 2～3 也不具有创造性。原告认为本专利中 T 型定铁可以以多种角度和方向设置均能够获得效果，但是根据本领域的惯常设计，本领域技术人员不可能将 T 型定铁相对于线圈轴线竖向设置；原告认可证据 3～5 公开了本专利权利要求 1 的前序部分，同时认可证据 2 也公开了本专利权利要求 1 的前序部分，认为证据 3 中图 3-24 中的定铁 5 近似于矩形和梯形的组合，与本专利的 T 型不同；原告认为本专利权利要求 2、3 的附加技术特征不是常规限定，明确表示本专利动铁、定铁的形状配合关系是仅在现有技术的原有基础上改变了定铁的形状。（5）原告表示，针对当庭接收的第三人的意见陈述书和证据 5，不需要在本次口审之后再次陈述意见。

至此，被告认为：

1. 关于证据。证据 5 属于公知常识性证据，符合《审查指南》第四部分第三章第 4.3.1 节的相关规定，予以接受。证据 1 是本专利授权公告文本，证据 2 是一份公开日在本专利申请日之前的中国实用新型专利说明书，二者均为专利文献，原告对其真实性表示认可，被告经审查对其真实性予以认可，且证据 2 记载的内容构成本专利的现有技术。证据 3～5 均是出版日期早于本专利申请日的公开出版物，且第三人当庭出示了证据 3～5 的原件，原告对其真实性表示认可，被告经审查对证据 3～5 的真实性予以认可，且其上记载的内容构成本专利的现有技术。

2. 本专利说明书清楚、完整，符合《专利法》第二十六条第三款的规定。

3. 本专利权利要求 1 能够得到说明书的支持，符合《专利法》第二十六条第四款的规定。

4. 本专利权利要求 1 已经记载了解决其技术问题所需的全部必要技术特征，符合《专利法实施细则》第二十一条第二款的规定。

5. 权利要求 1 中已经限定了定铁是贴合在主铁侧壁上，所以定铁的卷曲方式必然是与主铁侧壁相适应的，即权利要求 1 已经限定了定铁与主铁的相对位置关系，并且结合说明书具体实施方式部分的记载和附图 2-3 也可以清楚地获知定铁是如何与主铁侧壁贴合而卷曲的，因此本专利权利要求 1～3 是清楚的，符合《专利法实施细则》第二十条第一款的规定。

6. 关于创造性。

（1）关于本专利权利要求 1 相对于证据 2 和证据 3、证据 5 的结合是否符合《专利法》第二十二条第三款的规定。

本专利所要解决的技术问题是针对现有技术中电磁式仪表示读刻度线性不良的缺点，提供一种性能稳定、测量精确且外表美观的电磁式线性指针仪表。

证据2（参见证据2第3~4页以及附图1）公开了一种由表壳1、表盘2、指针3、游丝4和电磁转动部分组成的电磁式仪表，电磁转动部分包括固定线圈5、固定铁片6、动铁片7、转轴8和轴承9，固定铁片6被固定在套筒10上，从附图1中可以明显看出固定线圈5被固定在表壳1内的一个支架上，套筒10位于固定线圈5内部，从附图1中还可以看出固定铁片6的一端较宽而另一端较窄（即分别位于套筒10上下侧壁外侧的两个斜线阴影条），其中较宽端紧贴套筒10的下侧壁，较窄端紧贴套筒10的上侧壁。

将本专利权利要求1所要求保护的技术方案与证据2公开的内容相比可知，证据2中的固定铁片6和动铁片7分别对应于本专利权利要求1中的定铁和动铁，证据2中的套筒10对应于本专利权利要求1中的主铁，证据2中的套筒10和固定铁片6的组合对应于本专利权利要求1中的定铁组件，二者的区别在于：本专利权利要求1中的定铁展平形状为“T”型，而证据2中仅公开了定铁片是一端较宽一端较窄的形状。该区别特征使得本专利的电磁式仪表的指针偏转角与被测量值成良好的线性关系、提高测量精度以及使表盘刻度均匀。

证据3公开了一种排斥型电磁系仪表，其中第98页第二段和图3-2公开了该仪表包括圆线圈以及位于圆线圈内部的固定软铁片2、可动软铁片3、转轴4；第1 2 1页最后一段至第122页第一段以及图3-24（b）公开了该圆线圈排斥型仪表的静铁片和动铁片的形状，其中由图3-24（b）可以看出，具有所示轴线5的静铁片的整体形状为一端较宽而另一端较窄，较宽端为矩形横条状，从该矩形横条与端面相对的长边的两个顶点分别以弧形对称收缩至静铁片的较窄的另一端，且该弧形收缩段狭长成条状。

证据5公开了一种排斥型电磁系仪表，其中（参见第33页最后一段至第34页第一段以及图3-5）公开了该仪表的固定部分包括固定线圈1和线圈内侧的固定铁片2，可动部分包括固定在转轴上的可动铁片3、游丝4和指针5，第36页第10~13行记载了可以改变铁片的形状来使标度尺的刻度更均匀。

被告认为证据2、证据3和证据5均与本专利属于相同的技术领域，其中证据3中所公开的静铁片对应于本专利权利要求1中的定铁，该静铁片的形状虽然不是严格的“T”型，但是该静铁片具有明显的横条部和细长形的竖条部，与本专利所述的“T”型已非常近似；而证据5中给出了改变铁片的形状可以使标度尺的刻度更均匀的启示，由于证据3和证据5均是描述电测量仪表原理性质的公开出版物，且证据5还是高等学校的教科书，属于公知常识性证据，因此合议组认为证据3所公开的静铁片形状和证据5所披露的技术启示均是本领域普通技术人员所熟知的，在证据2所公开的电磁式仪表的基础上，为了解决电磁式仪表刻度不均匀和测量不精确的问题，本领域普通技术人员很容易想到对静铁片的形状进行改变，例如采用证据3中公开的静铁片形状，并通过有限次的试验得到权利要求1的技术方案，因此本专利权利要求1相对于证据2与证据3和公知常识（即证据5）的结合不具有实质性特点和进步，不具备创造性。

原告认为证据3中图3-24（b）所示的定铁展平形状是矩形和梯形的结合，而T形应该明显具有一个横条部和一个垂直连接于横条中心的竖条部，因此证据3没有公开本专利权利要求1所述的“T”型。对此，合议组认为，根据上述评述可知，证据3中的静铁片形状为一端较宽而另一端较窄，较宽端为矩形横条状，从该矩形横条的一长边的两个顶点分别以弧形对称收缩至静铁片的另一端，且该弧形收缩段狭长成条状，从而使得该静铁片具有明显的横条部和细长形的竖条部，是近似于“T”

型的形状，并非简单的矩形和梯形的组合；且本领域普通技术人员在已知如证据5所述改变铁片形状会使刻度更均匀的情况下，有动机对证据3中的静铁片的形状进行改变而得到本专利权利要求1中所述的“T”型，因此专利权人的上述观点不成立。

（2）关于本专利权利要求1相对于证据3~5的结合是否符合《专利法》第二十二条第三款的规定。

由于证据2和证据3、证据5的结合已经破坏了权利要求1的创造性，因此，对于请求人提出的权利要求1相对于证据3-5的结合不具备创造性的无效理由，合议组不再进行审查。

（3）关于本专利权利要求2、3是否符合《专利法》第二十二条第三款的规定。

从属权利要求2、3分别引用了权利要求1，其附加技术特征是对权利要求1中的“T”型作了进一步的具体限定。请求人认为，上述限定均为本领域的常规设计，没有带来预料不到的技术效果，因而在权利要求1不具备创造性的情况下，从属权利要求2、3也不具备创造性。

对此，被告认为从属权利要求2、3的附加技术特征具体地限定了“T”型的横条部、竖条部及其边角等的形状和尺寸，在证据2和证据3~5中均没有公开这些特征，也没有给出任何相关的技术启示，同时也没有证据能够表明这些限定均为本领域的常规设计或公知常识，因此对请求人的上述无效理由不予支持。

基于上述事实和理由，被告于2008年5月4日依法作出上述被诉决定，并于同年5月15日以邮寄方式向原告和第三人送达，原告于同年5月18日收到被诉决定，于同年8月15日向本院起诉。

在开庭审理中，原告和第三人对以下内容没有异议：

1. 被告的行政审查程序；

2. 被诉决定中“案由”部分记载的内容；

3. 被诉决定认定本专利符合《专利法》第二十六条第三款、第四款，第二十二条第三款的内容无争议；

4. 被诉决定认定本专利符合《专利法实施细则》第二十条第一款、第二十一条第二款的内容无争议；

5. 被诉决定在权利要求2~3的基础上维持本专利权有效的内容。

同时，原告当庭认可被告对证据2、5公开的内容，不同意被告对证据3的认定内容。

本院认为：根据当事人无争议的陈述，本院经书面审查，对上述无争议的内容予以确认。在此基础上，本院将围绕原告主张被诉决定认定本专利权利要求1不具备创造性的内容进行合法性审查。

《专利法》第二十二条第三款规定，实用新型的创造性是指同申请日以前已有的技术相比，该实用新型有实质性特点和进步。

首先，证据2、证据3和证据5均与本专利属于相同的技术领域。其中，证据2是一份公开日在本专利申请日之前的中国实用新型专利说明书，其公开的电磁式仪表内容构成本专利的现有技术；证据3、5的出版日期均早于本专利申请日，均是描述电测量仪表原理性质的公开出版物，且证据5还是高等学校的教科书，属于公知常识性证据。所以，被告认定证据2、3、5记载的内容构成本专利的现有技术是正确的。

其次，关于证据2、3、5公开的内容。

基于原告对被告认定的证据2、5公开的内容没有争议，本院经书面审查，对被告认定的两证据公开的以下内容予以确认：证据2公开了一种由表壳、表盘、指针、游丝和电磁转动部分组成的电磁式仪表，电磁转动部分包括固定线圈、固定铁片、动铁片、转轴和轴承，固定铁片被固定在套筒上，从附图1中可以明显看出固定线圈被固定在表壳内的一个支架上，套筒位于固定线圈内部，从附图1

中还可以看出固定铁片的一端较宽而另一端较窄（即分别位于套筒上下侧壁外侧的两个斜线阴影条），其中较宽端紧贴套筒的下侧壁，较窄端紧贴套筒的上侧壁；证据 5 公开了该仪表的固定部分包括固定线圈 1 和线圈内侧的固定铁片，可动部分包括固定在转轴上的可动铁片、游丝和指针。同时，还记载了可以改变铁片的形状来使标度尺的刻度更均匀。

证据 3 公开的也是一种排斥型电磁系仪表。被告认定该证据公开的以下内容在证据 3 中均有相应记载：1. 第 98 页第二段和图 3-2 公开了该仪表包括圆线圈以及位于圆线圈内部的固定软铁片 2、可动软铁片 3、转轴 4；2. 第 121 页最后一段至第 122 页第一段以及图 3-24（b）公开了该圆线圈排斥型仪表的静铁片和动铁片的形状；3. 由图 3-24（b）可以看出，具有所示轴线 5 的静铁片的整体形状为一端较宽而另一端较窄，较宽端为矩形横条状；4. 从该矩形横条与端面相对的长边的两个顶点分别以弧形对称收缩至静铁片的较窄的另一端，且该弧形收缩段狭长成条状。

将证据 3、5 与本专利对比，证据 3 公开的静铁片对应于本专利权利要求 1 中的定铁，该静铁片的形状虽然不是严格的“T”型，但是该静铁片具有明显的横条部和细长形的竖条部，与本专利所述的“T”型已非常近似。而证据 5 是公知常识，其中给出了改变铁片的形状可以使标度尺的刻度更均匀的启示。据此，将证据 3、5 结合，被告认定在证据 2 公开的电磁式仪表的基础上，本领域技术人员为了解决电磁式仪表刻度不均匀和测量不精确的问题，很容易想到对静铁片的形状进行改变。因此，被告认定本专利权利要求 1 相对于证据 2 和证据 3、5 的结合不具备创造性的事实清楚。

原告认为证据 3 所示的静定铁展平形状没有揭示及公开权利要求 1 中定铁为所述的“T”型，从而也无法使普通技术人员得到将定铁形状设置为的“T”型的技术启示的诉讼主张缺乏事实依据，本院不予采纳。

综上，被诉决定的主要证据充分，审查程序合法，适用法律正确，本院应予维持。原告的诉讼理由不成立，其诉讼请求本院不予支持。故，依据《中华人民共和国行政诉讼法》第五十四条第（一）项之规定，判决如下：

维持被告国家知识产权局专利复审委员会于二〇〇八年五月十五日作出的第 11434 号无效宣告请求审查决定。

案件受理费 100 元，由原告林晓厅负担（已交纳）。

如不服本判决，各方当事人可在本判决书送达之日起 15 日内，向本院递交上诉状，并按照对方当事人的人数提出副本，及预交上诉案件受理费 100 元，上诉于北京市高级人民法院。

审 判 长　饶亚东
审 判 员　刘景文
人民陪审员　张燕宾
二〇〇九年二月十一日
书 记 员　盛　阳

北京市高级人民法院
行政判决书

（2009）高行终字第950号

上诉人（一审原告）林晓厅，男，1982年9月14日出生，汉族，个体工商户，住浙江省乐清市柳市镇林宅村。

委托代理人黄涛，北京市汉鼎联合律师事务所律师。

被上诉人（一审被告）国家知识产权局专利复审委员会，住所地北京市海淀区北四环西路9号银谷大厦10~12层。

法定代表人张茂于，副主任。

委托代理人刘亚斌，男，国家知识产权局专利复审委员会审查员。

委托代理人朱茜，女，国家知识产权局专利复审委员会审查员。

被上诉人（一审第三人）申俊，男，1979年1月29日出生，汉族，农民，住江苏省常州市钟楼区北直街35号。

委托代理人张建纲，男，北京三聚阳光知识产权代理有限公司专利代理人。

上诉人林晓厅因专利无效宣告请求审查决定一案，不服北京市第一中级人民法院（2008）一中行初字第1425号行政判决，向本院提起上诉。本院受理后依法组成合议庭进行了审理，本案现已审理终结。

2008年5月4日，国家知识产权局专利复审委员会（以下简称专利复审委）作出第11434号无效宣告请求审查决定（以下简称第11434号决定），宣告林晓厅所有的200520071373.4号“电磁式线性指针仪表”实用新型专利（以下简称本专利）权利要求1无效，在权利要求2~3的基础上维持本专利权有效。

林晓厅不服第11434号决定，向北京市第一中级人民法院（以下简称一审法院）提起行政诉讼。

一审法院判决认为，《中华人民共和国专利法》（以下简称《专利法》）第二十二条第三款规定，实用新型的创造性是指同申请日以前已有的技术相比，该实用新型有实质性特点和进步。首先，证据2、证据3和证据5均与本专利属于相同的技术领域。其中，证据2是一份公开日在本专利申请日之前的中国实用新型专利说明书，其公开的电磁式仪表内容构成本专利的现有技术；证据3-5的出版日期均早于本专利申请日，均是描述电测量仪表原理性质的公开出版物，且证据5还是高等学校的教科书，属于公知常识性证据。所以，专利复审委认定证据2、3、5记载的内容构成本专利的现有技术是正确的。其次，关于证据2、3、5公开的内容。基于林晓厅对专利复审委认定的证据2、5公开的内容没有争议，经书面审查对专利复审委认定的两证据公开的以下内容予以确认：证据2公开了一种由表壳、表盘、指针、游丝和电磁转动部分组成的电磁式仪表，电磁转动部分包括固定线圈、固定铁片、动铁片、转轴和轴承，固定铁片被固定在套筒上，从附图1中可以明显看出固定线圈被固定在表壳内的一个支架上，套筒位于固定线圈内部，从附图1中还可以看出固定铁片的一端较宽而另一端较窄（即分别位于套筒上下侧壁外侧的两个斜线阴影条），其中较宽端紧贴套筒的下侧壁，较窄端紧贴套筒的上侧壁；证据5公开了该仪表的固定部分包括固定线圈1和线圈内侧的固定铁片，可动部分包括固定在转轴上的可动铁片、游丝和指针。同时，还记载了可以改变铁片的形状来使标度尺的刻度更均匀。证据3公开的也是一种排斥型电磁系仪表。专利复审委认定该证据公开的以下内容在证据3中均有相应记载：1. 第 98 页第二段和图 3-2 公开了该仪表包括圆线圈以及位于圆线圈内部的固定软铁片 2、可动软铁片 3、转轴 4；2、第 121 页最后一段至第 122 页第一段以及图 3-24（b）公开了该圆线圈排斥型仪表的静铁片和动铁片的形状；3. 由图 3-24（b）可以看出，具有所示轴线 5 的静铁片的整体形状为一端较宽而另一端较窄，较宽端为矩形横条状；4. 从该矩形横条与端面相对的长边的两个顶点分别以弧形对称收缩至静铁片的较窄的另一端，且该弧形收缩段狭长成条状。将证据 3、5 与本专利对比，证据 3 公开的静铁片对应于本专利权利要求 1 中的定铁，该静铁片的形状虽然不是严格的"T"型，但是该静铁片具有明显的横条部和细长形的竖条部，与本专利所述的"T"型已非常近似。而证据 5 是公知常识，其中给出了改变铁片的形状可以使标度尺的刻度更均匀的启示。据此，将证据 3、5 结合，专利复审委认定在证据 2 公开的电磁式仪表的基础上，本领域技术人员为了解决电磁式仪表刻度不均匀和测量不精确的问题，很容易想到对静铁片的形状进行改变。因此，专利复审委认定本专利权利要求 1 相对于证据 2 和证据 3、5 的结合不具备创造性的事实清楚。林晓厅认为证据 3 所示的静定铁展平形状没有揭示及公开权利要求 1 中定铁为所述的"T"型，从而也无法使普通技术人员得到将定铁形状设置为"T"型的技术启示的诉讼主张缺乏事实依据，不予采纳。综上，第 11434 号决定的主要证据充分，审查程序合法，适用法律正确，应予维持。林晓厅的诉讼理由不成立，其请求不予支持。依据《中华人民共和国行政诉讼法》第五十四条第（一）项之规定，判决维持第 11434 号决定。

林晓厅不服一审判决，向本院提起上诉。诉称，1. 一审判决认定事实错误。证据 3 已明确说明现有技术中的动静铁片为"舌形"。本专利权利要求 1 及其说明书附图中的"T"型与"舌形"区别明显，不构成近似。2. 一审判决对所谓"技术启示"随意进行解释，与要求保护的产品实际不符。证据 5 的记载只是提示可以通过改变铁片形状的方法实现标度尺的刻度均匀，但并未指出将铁片形状改变成"T"型或其他什么形状来实现这一技术效果。本领域的普通技术人员不可能轻易地想到将铁片由证据 3 显示的"舌形"改变为"T"型。本专利权利要求的"T"型相对于现有技术中的"舌形"具有实质性特点，具有创造性。综上，请求二审法院判决撤销一审判决，撤销第 11434 号决定，维持本专利全部有效。

专利复审委答辩认为，1. 从证据 3 的图 3-24（b）中可以明显看出，静铁片形状为一端较宽另一端较窄，较宽端为矩形横条状，从该矩形横条状的一长边的两个顶点分别以弧形对称收缩至静铁片的另一端，且该弧形收缩段狭长成条状，从而使该静铁片具有明显的横条部和细长的竖条部，是近似于"T"型的形状。2. 证据 5 中明确记载了可以改变铁片的形状来使标度尺的刻度更均匀，本领域普通技术人员在此情况下有动机对证据 3 中的静铁片的形状进行改变而得到本专利权利要求 1 中所述的"T"型。综上，第 11434 号决定认定事实清楚，适用法律正确，审查程序合法，一审判决予以维持正确，请求二审法院判决维持一审判决。

申俊未向本院陈述意见。

本案一审审理期间，专利复审委在法定期限内向一审法院提交了以下证据：1. 本专利说明书；2. 口头审理记录表；3. 公告号为 CN2056255U 号的中国实用新型专利申请说明书（即第 11434 号决定中的证据 2）；4.《电测量指示仪表原理与使用》复印件（即第 11434 号决定中的证据 3）；5.《21 世纪电学科高等学校教材-电工仪表及测量》的复印件（第 11434 号决定中的证据 5）。

林晓厅向一审法院提交了如下证据：1. 本专利授权公告文本；2. 浙江省高级人民法院（2007）浙民三终字第 298 号民事判决书。

申俊未向一审法院提交证据。

一审法院经审查认为，专利复审委提交的证据是行政程序中的有效证据，能够证明本案的事实，予以确认。林晓厅提交的证据1与本案有关联，且真实、合法，予以确认；其证据2与本案无关。

上述证据均已随案移送本院，经审查核实，本院确认一审法院认证意见正确，并据此认定本案如下事实：

本专利是名称为“电磁式线性指针仪表”的实用新型专利，专利号为20020071373.4，其申请日为2005年4月29日，授权公告日为2006年6月7日，专利权人为林晓厅。本专利授权公告的权利要求书如下：

“1. 一种电磁式线性指针仪表，包括有表壳和装在表壳内的表盘和表芯，表芯包括有线圈及支架、定铁组件、动铁、指针和游丝，其中线圈固定在支架上，定铁组件套设在线圈内，它包括有主铁及贴合在其侧壁上的定铁，其特征在于：所述的定铁展平形状为‘T’型。

2. 根据权利要求1所述的电磁式线性指针仪表，其特征在于：所述的‘T’型的横条部的下角为斜角，竖条部的上、下两端倾斜收缩变窄成棱状，且左、右两侧边对称收缩，底边为孤形，横条部与竖条部的结合处为圆孤过渡。

3. 根据权利要求2所述的电磁式线性指针仪表，其特征在于：所述的‘T’型横条部的高度h在7.5 1±0.1mm之间，其下边到斜角的顶点的距离h1在0.84±0.1mm之间，下边上的两斜角顶点的距离L2在10.2±0.1mm之间，竖条部的底边长度L1在3.56±0.1mm之间，其弧形半径R在3±0.1mm之间，圆弧顶点到竖条部的侧边角点的纵向距离h2在4.75±0.1mm之间，侧边角点到横条部的下侧边的纵向距离h3在7.51±0.1mm之间，两侧边角点的距离L3在5.2±0.1mm之间，圆弧过渡的弧半径R1在1±0.1mm之间，两圆弧的中心距离L4在5.56±0.1mm之间。”

针对本专利，申俊于2007年9月27日向专利复审委提出无效宣告请求，理由是本专利说明书不符合《专利法》第二十六条第三款的规定，权利要求1不符合《专利法》第二十六条第四款和《中华人民共和国专利法实施细则》（以下简称《专利法实施细则》）第二十一条第二款的规定，权利要求1~3不符合《专利法》第二十二条第三款和《专利法实施细则》第二十条第一款的规定；同时提交了如下证据：1. 本专利授权公告文本；2. 公告为CN2056255U号的中国实用新型专利申请说明书，其公告日为1990年4月18日；3.《电测量指示仪表原理与使用》，李谦主编，湖南科学技术出版社1996年1月第1版第1次印刷，封面页、版权页、第97~99页、第106~107页、第121~123页复印件；4.《电工仪器仪表-原理与使用》封面页、版权页、第48~50页复印件，上海科学技术出版社1993年11月印刷。

经形式审查合格，专利复审委依法受理，并向林晓厅转文。林晓厅于2007年12月10日向专利复审委提交了意见陈述书。2008年3月4日，专利复审委进行了口头审理，双方均委托代理人出席口头审理。在口头审理中，申俊当庭提交了意见陈述书和作为公知常识性证据使用的证据5，即《21世纪电学科高等学校教材-电工仪表及测量》，周启龙等主编，中国水利水电出版社2003年1月第一版，封面、版权页、第32~36页复印件。申俊明确其无效理由为本专利说明书不符合《专利法》第二十六条第三款的规定，权利要求1不符合《专利法》第二十六条第四款和《专利法实施细则》第二十一条第二款的规定，权利要求1~3不符合《专利法实施细则》第二十条第一款的规定，权利要求1~3相对于证据3~5的结合不具备《专利法》第二十二条第三款规定的创造性，权利要求1~3相对于证据2、证据3和证据5的结合不具备《专利法》第二十二条第三款规定的创造性。林晓厅核对证据3~5的复印件与原件一致，认可证据1~5的真实性，认可证据5作为公知常识性证据。

专利复审委经审查认为，1. 关于证据。证据5属于公知常识性证据，符合《审查指南》第四部分第三章第4.3.1节的相关规定，予以接受。证据1是本专利授权公告文本，证据2是一份公开日在本专利申请日之前的中国实用新型专利说明书，二者均为专利文献，林晓厅对其真实性表示认可，专利复审委经审查对其真实性予以认可，且证据2记载的内容构成本专利的现有技术。证据3~5均是出版日期早于本专利申请日的公开出版物，且申俊当庭出示了证据3~5的原件，林晓厅对其真实性表示认可，专利复审委经审查对证据3~5的真实性予以认可，且其上记载的内容构成本专利的现有技术。2. 本专利说明书清楚、完整，符合《专利法》第二十六条第三款的规定。3. 本专利权利要求1能够得到说明书的支持，符合《专利法》第二十六条第四款的规定。4. 本专利权利要求1已经记载了解决其技术问题所需的全部必要技术特征，符合《专利法实施细则》第二十一条第二款的规定。5. 权利要求1中已经限定了定铁是贴合在主铁侧壁上，所以定铁的卷曲方式必然是与主铁侧壁相适应的，即权利要求1已经限定了定铁与主铁的相对位置关系，并且结合说明书具体实施方式部分的记载和附图2~3也可以清楚地获知定铁是如何与主铁侧壁贴合而卷曲的，因此本专利权利要求1~3是清楚的，符合《专利法实施细则》第二十条第一款的规定。6. 关于创造性。（1）关于本专利权利要求1相对于证据2和证据3、证据5的结合是否符合《专利法》第二十二条第三款的规定。本专利所要解决的技术问题是针对现有技术中电磁式仪表示读刻度线性不良的缺点，提供一种性能稳定、测量精确且外表美观的电磁式线性指针仪表。证据2公开了一种由表壳1、表盘2、指针3、游丝4和电磁转动部分组成的电磁式仪表，电磁转动部分包括固定线圈5、固定铁片6、动铁片7、转轴8和轴承9，固定铁片6被固定在套筒10上，从附图1中可以明显看出固定线圈5被固定在表壳1内的一个支架上，套筒10位于固定线圈5内部，从附图1中还可以看出固定铁片6的一端较宽而另一端较窄（即分别位于套筒10上下侧壁外侧的两个斜线阴影条），其中较宽端紧贴套筒10的下侧壁，较窄端紧贴套筒10的上侧壁。将本专利权利要求1所要求保护的技术方案与证据2公开的内容相比可知，证据2中的固定铁片6和动铁片7分别对应于本专利权利要求1中的定铁和动铁，证据2中的套筒10对应于本专利权利要求1中的主铁，证据2中的套筒10和固定铁片6的组合对应于本专利权利要求1中的定铁组件，二者的区别在于：本专利权利要求1中的定铁展平形状为“T”型，而证据2中仅公开了定铁片是一端较宽一端较窄的形状。该区别特征使得本专利的电磁式仪表的指针偏转角与被测量值成良好的线性关系、提高测量精度以及使表盘刻度均匀。证据3公开了一种排斥型电磁系仪表，其中第98页第二段和图3-2公开了该仪表包括圆线圈以及位于圆线圈内部的固定软铁片2、可动软铁片3、转轴4；第121页最后一段至第122页第一段以及图3-24（b）公开了该圆线圈排斥型仪表的静铁片和动铁片的形状，其中由图3-24（b）可以看出，具有所示轴线5的静铁片的整体形状为一端较宽而另一端较窄，较宽端为矩形横条状，从该矩形横条与端面相对的长边的两个顶点分别以弧形对称收缩至静铁片的较窄的另一端，且该弧形收缩段狭长成条状。证据5公开了一种排斥型电磁系仪表，其中公开了该仪表的固定部分包括固定线圈1和线圈内侧的固定铁片2，可动部分包括固定在转轴上的可动铁片3、游丝4和指针5，第36页第10~13行记载了可以改变铁片的形状来使标度尺的刻度更均匀。证据2、证据3和证据5均与本专利属于相同的技术领域，其中证据3中所公开的静铁片对应于本专利权利要求1中的定铁，该静铁片的形状虽然不是严格的“T”型，但是该静铁片具有明显的横条部和细长形的竖条部，与本专利所述的“T”型已非常近似；而证据5中给出了改变铁片的形状可以使标度尺的刻度更均匀的启示，由于证据3和证据5均是描述电测量仪表原理性质的公开出版物，且证据5还是高等学校的教科书，属于公知常识性证据，因此合议组认为证据3所公开的静铁片形状和证据5所披露的技术启示均是本领域普通技术人员所熟知的，在证据2所公开的电磁式仪表的基础上，为了解决电磁式仪表刻度不均匀和测量不精确的问题，本领域普通技术人员很容易想到对静铁片的形状进行改变，例如采用证据3中公开的静铁片形状，并通过有限次的试验得到权利要求1的技术方案，因此本专利权利要求1相对于证据2与证据3和公知常识（即证据5）的结合不具有实质性特点和进步，不具备创造性。林晓厅认为证据3中图3-24（b）所示的定铁展平形状是矩形和梯形的结合，而T形应该明显具有一个横条部和一个垂直连接于横条中心的竖条部，因此证据3没有公开本专利权利要求1所述的“T”型。根据上述评述可知，证据3中的静铁片形状为一端较宽而另一端较窄，较宽端为矩形横条状，从该矩形横条的一长边的两个顶点分别以弧形对称收缩至静铁片的另一端，且该弧形收缩段狭长成条状，从而使得该静铁片具有明显的横条部和细长形的竖条部，是近似于“T”型的形状，并非简单的矩形和梯形的组合；且本领域普通技术人员在已知如证据5所述改变铁片形状会使刻度更均匀的情况下，有动机对证据3中的静铁片的形状进行改变而得到本专利权利要求1中所述的“T”型，因此专利权人的上述观点不成立。（2）关于本专利权利要求1相对于证据3~5的结合是否符合《专利法》第二十二条第三款的规定。由于证据2和证据3、证据5的结合已经破坏了权利要求1的创造性，因此，对于申俊提出的权利要求1相对于证据3~5的结合不具备创造性的无效理由，不再进行审查。（3）关于本专利权利要求2、3是否符合《专利法》第二十二条第三款的规定。从属权利要求2、3分别引用了权利要求1，其附加技术特征是对权利要求1中的“T”型作了进一步的具体限定。申俊认为，上述限定均为本领域的常规设计，没有带来预料不到的技术效果，因而在权利要求1不具备创造性的情况下，从属权利要求2、3也不具备创造性。专利复审委认为从属权利要求2、3的附加技术特征具体地限定了T型的横条部、竖条部及其边角等的形状和尺寸，在证据2和证据3~5中均没有公开这些特征，也没有给出任何相关的技术启示，同时也没有证据能够表明这些限定均为本领域的常规设计或公知常识，因此对上述无效理由不予支持。

据此，专利复审委于2008年5月4日依法作出第11434号决定，并于同年5月15日以邮寄方式向林晓厅和申俊邮寄送达。林晓厅于同年5月18日收到第11434号决定，于同年8月15日向一审法院提起行政诉讼。在一审开庭审理中，林晓厅和申俊对以下内容没有异议：1. 专利复审委的行政审查程序；2. 第11434号决定中“案由”部分记载的内容；3. 第11434号决定中认定本专利符合《专利法》第二十六条第三、四款、《专利法实施细则》第二十条第一款、第二十一条第二款的内容；4. 第11434号决定在权利要求2~3的基础上维持本专利权有效的内容；5. 专利复审委认定证据2、5公开的内容。

本院认为，根据《专利法》第二十二条第三款的规定，实用新型的创造性是指同申请日以前已有的技术相比，该实用新型有实质性特点和进步。

本专利的目的是提供一种性能稳定、成本低、测量精确且外表美观的电磁式线性指针仪表。本专利权利要求1的技术方案是通过将定铁设置成特定的“T”型形状，使指针的偏转角与被测量值成良好的线性关系，提高了测量的精确度，同时也相应使表盘的刻度均匀，提高了整表的美观度。证据2公开了一种电磁式仪表，从其附图1中可以看出其固定铁片一端较宽而另一端较窄。证据3公开了一种排斥型电磁系仪表，从图3-24（b）可以看出，其静铁片的整体形状为一端较宽而另一端较窄，与“T”型近似，这种结构可以调整误差。证据5是高等学校的教科书，属于公知常识性证据，其中公开了一种排斥型电磁系仪表，其中有固定铁片和可动铁片，并记载了可以通过改变铁片的形状使标度尺的刻度更均匀。据此，专利复审委认定在证据2所公开的电磁式仪表的基础上，为了解决电磁式仪表刻度不均匀和测量不精确的问题，本领域普通技术人员很容易想到对静铁片的形状进行改变，并通过有限次的试验得到权利要求1的技术方案，因此本专利权利要求1相对于证据2与证据3和公知常识的结合不具有实质性特点和进步，不具备创造性，该认定具有事实和法律根据。

综上，专利复审委作出的第11434号决定认定事实清楚、适用法律正确、符合法定程序，一审判决予以维持正确，本院应予维持。林晓厅的上诉请求缺乏事实及法律依据，本院不予支持。依据《中华人民共和国行政诉讼法》第六十一条第（一）项的规定，判决如下：

驳回上诉，维持一审判决。

二审案件受理费人民币 100 元，由上诉人林晓厅负担（已交纳）。

本判决为终审判决。

审　判　长　朱世宽

审　判　员　赵宇晖

代理审判员　胡华峰

二〇〇九年九月四日

书　记　员　程钰玮

079

一种多功能网络架空活动地板

无效宣告请求审查决定（第11441号）

决　　定　　号　第11441号
决　　定　　日　2008年5月12日
发明创造名称　一种多功能网络架空活动地板
国 际 分 类 号　E04F 15/00，15/06
无效宣告请求人　张云飞
专　利　权　人　常州市红日防静电地板制造有限公司
专　　利　　号　02283447.8
申　　请　　日　2002年12月23日
授 权 公 告 日　2003年12月3日
合 议 组 组 长　刘　犟
主　　审　　员　郭建强
参　　审　　员　任颖丽

法 律 依 据　专利法第22条第3款
决 定 要 点

如果涉案实用新型专利的权利要求与最接近的对比文件的区别特征在另一份对比文件中被披露，且该技术特征在该对比文件中所起的作用与在涉案专利中的作用相同，则应该认为现有技术中存在将该区别特征应用于最接近的对比文件，以解决其技术问题的技术启示，涉案实用新型专利的权利要求是显而易见的，不具有实质性特点，即不具备创造性。

一、案由

本无效宣告请求涉及中华人民共和国国家知识产权局于2003年12月3日授权公告的、名称为“一种多功能网络架空活动地板”的实用新型专利权（下称本专利），其专利号是02283447.8，申请日是2002年12月23日，专利权人是常州市红日防静电地板制造有限公司。本专利授权公告时的权利要求书如下：

“1. 一种多功能网络架空活动地板，其由活动钢地板（1）、连接件组成，其特征在于：二块地板（1）由若干支架（2）支撑，每块地板（1）的四周边设有肩（3），地板（1）四角分别设有孔（19）；在二块地板（1）间置有边盖板（4），边盖板（4）二端及二块地板（1）的角间分别设置有四角均设有内凹角的方形角盖板（5）；每一支架（2）下端分别置于角底板（6）的沉孔（7）中，支架（2）上部支撑于地板（1）角部，地板（1）角部与支架（2）上端以连接件相连；角盖板

（5）、边盖板（4）、地板（1）上表面保持于同一水平面，地板（1）侧面设有二发泡水泥充灌孔（12）。

2. 如权利要求1所述的一种多功能网络架空活动地板，其特征在于：边盖板（4）、角盖板（5）的下表面均设有若干加强筋（16），其上表面均设有若干凹槽（8）。

3. 如权利要求1所述的一种多功能网络架空活动地板，其特征在于：地板（1）的上表面设有若干凹槽（17）。

4. 如权利要求1所述的一种多功能网络架空活动地板，其特征在于：支架（2）的结构为带有外螺纹的螺杆（9）下端接支柱（10），支柱（10）插置于角底板（6）上的沉孔（7）内，螺杆（9）上套置有相匹配的调节螺母（11），调节螺母（11）上且于螺杆（9）外套有相匹配的固定螺母（18），固定螺母（18）外套置有套管（20），套管（20）置于地板（1）的角的孔（19）中，孔（19）上置有装饰盖（21）。

5. 如权利要求1所述的一种多功能网络架空活动地板，其特征在于：角盖板（5）下表面上设有若干与地板（1）上设有的若干凹槽（13）相匹配使用的凸柱（14）。

6. 如权利要求1所述的一种多功能网络架空活动地板，其特征在于：角盖板（5）的四个侧面均设有槽（15）。

7. 如权利要求1所述的一种多功能网络架空活动地板，其特征在于：地板（1）的肩（3）上设有若干凹槽（13）。

8. 如权利要求1所述的一种多功能网络架空活动地板，其特征在于：角底板（6）上设有若干放置支柱（10）的沉孔（7）。

9. 如权利要求1所述的一种多功能网络架空活动地板，其特征在于：角底板（6）的上表面设有若干凹槽（17）。

10. 如权利要求1所述的一种多功能网络架空活动地板，其特征在于：地板（1）的四角设台阶（22），孔（19）设于台阶（22）上。

11. 如权利要求1所述的一种多功能网络架空活动地板，其特征在于：角底板（6）上设二个以上的凸块（23），凸块（23）与线槽（25）间设置转弯连接板（24）。

12. 如权利要求1所述的一种多功能网络架空活动地板，其特征在于：角底板（6）间插接线槽（25），线槽（25）的二头部两侧设小凹坑（26）。

13. 如权利要求1所述的一种多功能网络架空活动地板，其特征在于：角盖板（5）下连接过桥板（27）。

14. 如权利要求1所述的一种多功能网络架空活动地板，其特征在于：边盖板（4）上可设电插座（29）。

15. 如权利要求1所述的一种多功能网络架空活动地板，其特征在于：边盖板（4）上可设通风槽或孔（28）。

16. 如权利要求1所述的一种多功能网络架空活动地板，其特征在于：各金属件间设缓冲件。”

针对本专利，张云飞（下称请求人）于2007年8月27日向专利复审委员会提出无效宣告请求，认为本专利全部权利要求都不符合专利法第22条第3款的规定，权利要求16不符合专利法实施细则第20条第1款的规定。请求人同时提交了如下附件作为证据：

附件1：授权公告日为1997年6月4日、授权公告号为CN2255465Y、专利号为96200629.7的中国实用新型专利说明书，共12页（对比文件1）；

附件2：中国台湾地区“专利资讯网”上下载的专利公告号为00484640、公告日期为2002年4

月 21 日的中国台湾地区专利文献，共 14 页（对比文件 2）；

附件 3：授权公告日为 1999 年 7 月 14 日、授权公告号为 CN2328733Y、专利号为 97221314.7 的中国实用新型专利说明书，共 11 页（对比文件 3）；

附件 4：公开日为 2002 年 10 月 10 日、公开号为 US20020144477A1 的美国专利文献，共 11 页（对比文件 4）；

附件 5：授权公告日为 2003 年 1 月 1 日、授权公告号为 CN2528829Y、专利号为 01208101.9 的中国实用新型专利说明书，共 15 页（作为对比文件 4 的中文译文）；

附件 6：中国台湾地区“专利资讯网”上下载的专利公告号为 00127801、公告日期为 1990 年 1 月 21 日的中国台湾地区专利文献，共 18 页（对比文件 5）。

请求人认为：对比文件 1 和 2 公开了权利要求 1 的全部技术特征，对比文件 1 公开了权利要求 2、6、7、8、9、10、14、15 的附加技术特征，对比文件 3 公开了权利要求 3 的附加技术特征，对比文件 4 公开了权利要求 4、5 的附加技术特征，对比文件 1 和 5 公开了权利要求 11、12 的附加技术特征，对比文件 5 公开了权利要求 13 的附加技术特征；权利要求 16 中的“各金属件间设缓冲件”未公开其结构形状、装配关系和技术效果，导致该权利要求保护范围不清楚。

经形式审查合格，专利复审委员会依法受理了上述无效宣告请求，并于 2007 年 9 月 20 日向请求人和专利权人发出无效宣告请求受理通知书，同时将专利权无效宣告请求书及其附件清单中所列附件的副本转送给专利权人，并要求专利权人在指定的期限内陈述意见。

专利权人于 2007 年 11 月 2 日提交了意见陈述书，认为：对比文件 2 和 5 未履行域外证据的证明手续，不认可其真实性；对比文件 4 未提交中文译文，该外文证据应视为未提交；本专利权利要求 1~15相对于请求人提出的证据组合具备创造性；权利要求 16 中的“各金属件间设缓冲件”的结构形状、装配关系和技术效果在说明书中有记载，本领域技术人员公知缓冲件是指“台阶上设缓冲条，套管用塑料制成”等结构，因此该权利要求的保护范围清楚。

专利复审委员会依法成立合议组对本无效宣告请求进行审查。

本案合议组于 2007 年 12 月 17 日向双方发出无效宣告请求口头审理通知书，定于 2008 年 1 月 24 日在专利复审委员会举行口头审理。

口头审理如期举行，双方当事人均参加了口头审理。

在口头审理中，（1）关于证据：专利权人认为附件 2 和附件 6 是台湾专利，没有公证认证手续，不符合审查指南的相关规定，因此对附件 2 和附件 6 的真实性有异议，对附件 1、3、4、5 的真实性没有异议，但对附件 5 作为附件 4 的译文的准确性有异议。请求人认为附件 2、6 是从专利局的检索部门获得的，根据审查指南的规定可以不需要公证认证手续，附件 5 可以作为附件 4 的译文使用。合议组当庭宣布：由于专利权人仅主张附件 4 的译文不准确，但没有在答复无效宣告请求受理通知书的一个月内提交有关附件 4 的译文，因此视为其对附件 5 作为附件 4 的译文的准确性无异议，经审查附件 5 可以作为附件 4 的译文使用；请求人可以在口头审理结束后一周之内提交加盖专利局检索部门红章的附件 2 和附件 6，以补充证明附件 2 和附件 6 的真实性。专利权人对此表示同意。合议组当庭告知双方须于 2008 年 1 月 30 日上午到专利复审委员会对附件 2 和附件 6 再次进行质证，不参加者将承担不利的法律后果。（2）请求人明确无效的理由和范围为：本专利权利要求 1~16 不符合专利法第 22 条第 3 款的规定，权利要求 1 相对于对比文件 1、2 不具有创造性，权利要求 2 的附加技术特征被对比文件 1 公开，权利要求 3 的附加技术特征在对比文件 3 中公开，权利要求 4 的附加技术特征被对比文件 4 公开，权利要求 5 不符合专利法实施细则第 20 条第 1 款的规定，权利要求 5 的附加技术特征被对比文件 4 公开，权利要求 6~10 的附加技术特征被对比文件 1 公开，权利要求 11~13 的附加技术特征被对比文件5公开，权利要求14、15的附加技术特征被对比文件1公开，权利要求16不符合专利法实施细则第20条1款的规定，权利要求16的附加技术特征被对比文件4或公知常识公开。（3）专利权人认为请求人补充权利要求5不符合专利法实施细则第20条第1款规定的无效理由已经超过了期限，不应该考虑。合议组当庭宣布，根据审查指南第四部分第三章4.1节关于“依职权审查”的规定，考虑请求人新增加的无效理由。（4）双方就本专利权利要求1~16是否具备创造性以及权利要求5和16的保护范围是否清楚充分发表了意见。

口头审理结束后，请求人和专利权人于2008年1月30日在专利复审委员会对附件2和6进行了补充质证，请求人提交了加盖有国家知识产权局专利检索咨询中心红章及骑缝章的附件2和附件6，专利权人认可附件2和附件6的真实性。

至此，合议组认为本案事实已经清楚，可以作出审查决定。

二、决定的理由

1. 关于证据和现有技术

请求人提交的证据包括附件1~6，专利权人对附件1~6的真实性没有异议，合议组经审查，附件1~6可以作为本案证据使用。同时由于附件1~4、6的公开日期均在本专利的申请日之前，因此附件1~4、6可以作为本专利的现有技术使用。

附件4是美国专利文献，附件5是附件4的中国同族专利，虽然附件5本身的公开日期在本专利申请日之后，但是请求人仅使用附件5的文字内容作为附件4的中文译文。专利权人仅仅主张附件4的译文内容不准确，但没有在答复无效宣告请求受理通知书的一个月期限内提交有关附件4的译文，因此根据审查指南第四部分第八章第2.2.1节的规定，视为其对附件5作为附件4的译文的准确性无异议，同时，合议组经审查，认为附件5的文字内容可以作为附件4的中文译文使用，因此本案中，附件4所公开的内容以附件5的文字内容为准。

2. 关于本专利权利要求1~16的创造性

专利法第22条第1、3款规定，授予专利权的发明和实用新型应当具备创造性。创造性，是指同申请日以前已有的技术相比，该发明有突出的实质性特点和显著的进步，该实用新型有实质性特点和进步。

根据上述规定，如果涉案实用新型专利的权利要求与最接近的对比文件的区别特征在另一份对比文件中被披露，且该技术特征在该对比文件中所起的作用与在涉案专利中的作用相同，则应该认为现有技术中存在将该区别特征应用于最接近的对比文件，以解决其技术问题的技术启示，涉案实用新型专利的权利要求是显而易见的，不具有实质性特点，即不具备创造性。

本案中，请求人认为：本专利权利要求1~16不符合专利法第22条第3款的规定，权利要求1相对于对比文件1、2不具有创造性，权利要求2的附加技术特征被对比文件1公开，权利要求3的附加技术特征在对比文件3中公开，权利要求4的附加技术特征被对比文件4公开，权利要求5的附加技术特征被对比文件4公开，权利要求6~10的附加技术特征被对比文件1公开，权利要求11~13的附加技术特征被对比文件5公开，权利要求14、15的附加技术特征被对比文件1公开，权利要求16的附加技术特征被对比文件4或公知常识公开。专利权人认为本专利权利要求1~16相对于请求人提供的对比文件1~5具备创造性。

合议组经审查后认为：

（1）关于权利要求1的创造性。

附件1公开了一种带有线槽的金属高架地板，由高架地板1（相当于本专利的活动钢地板）、连接座2、连接盖3、线槽4、线槽盖5、地板足15和螺纹管14等（相当于本专利的连接件）组成，高架地板由若干地板足（相当于本专利的支架）支撑，每块高架地板的四周的低陷 11 向外延伸有薄缘 12（相当于本专利的肩），高架地板的四角分别设有孔 13；在二块高架地板间设有线槽盖 5（相当于本专利的边盖板），线槽盖二端及二块高架地板的角间分别设置有方形连接盖 3（相当于本专利的方形角盖板），其四角均设有弧形的凹口 31（相当于本专利的内凹角）；每一地板足下端分别置于连接座 2（相当于本专利的角底板）的筒体 22（相当于本专利的沉孔）中，地板足上部支撑于高架地板的角部，高架地板角部与地板足上端通过螺纹管 14（相当于本专利的连接件）相连；连接盖、线槽盖、高架地板的上表面保持于同一水平面（参见附件 1 的说明书第 2 页第 16-24 行和第 3 页第 6-9 行以及附图 2）。由此可见，附件 1 与本专利权利要求 1 的区别仅在于：附件 1 没有公开本专利权利要求 1 中的“地板侧面设有二发泡水泥充灌孔”。显然，该区别特征的作用即为制作每块地板时向其内充灌水泥。但是在附件 2 中公开了如下内容：一种合金钢地板，由上板、下板和底框等构成，底框外缘面上设有与内部相通的数个开孔，由该开孔将水泥填充入下板与上板之间（参见附件 2 的说明书第 6 页、附图 1 和 2）。显然，上述区别特征在附件 2（对比文件 2）中已经被公开，同时其在附件 2 中所起的作用也是在制作每块地板时向其内充灌水泥，与其在本专利中所起的作用完全相同（而且根据本领域技术人员的知识以及附件 1 中的图 4 所显示的信息可知，附件 1 中的高架地板实际上也是一种内部填充有水泥的地板）。因此合议组认为，附件 2 中公开了上述区别技术特征，并给出了技术启示，进而使得本领域的技术人员有动机将附件 2 和附件 1 结合起来得到本专利权利要求 1 的技术方案，故本专利权利要求 1 要求保护的技术方案相对于附件 1 和 2 的结合是显而易见的，不具有实质性特点，即不具备专利法第 22 条第 3 款规定的创造性。

（2）关于权利要求 2 的创造性。

权利要求 2 进一步限定了“边盖板（4）、角盖板（5）的下表面均设有若干加强筋（16），其上表面均设有若干凹槽（8）”，其作用是提高边盖板和角盖板的强度以及缓冲效果。附件 1 中公开了线槽盖 5（相当于本专利的边盖板）的上表面设有若干凹槽 51，下表面设有凸缘 52，连接盖 3（相当于本专利的角盖板）的上表面设有若干凹槽 34（参见附件 1 的说明书第 2 页第 25 行到第 3 页的第 5 行，附图 2 和 3），虽然没有公开“在角盖板下表面设置加强筋”的对应特征，但是通过设置加强筋来提高构件强度是本领域的惯用技术手段，因此权利要求 2 的技术方案对于本领域技术人员来说也是显而易见的，在权利要求 1 不具备创造性的基础上，权利要求 2 也不具备创造性。

（3）关于权利要求 3 的创造性。

权利要求 3 进一步限定了“地板（1）的上表面设有若干凹槽（17）”，附件 3（对比文件 3）公开了一种网路地板，在高架金属质网路地板 80 的周缘有凹沟 81（参见附件 3 说明书第 2 页第 10-12 行以及附图 5），即公开了上述附加技术特征，因此权利要求 3 的技术方案对于本领域技术人员来说也是显而易见的，在权利要求 1 不具备创造性的基础上，权利要求 3 也不具备创造性。

（4）关于权利要求 4 的创造性。

权利要求 4 进一步限定了支架的具体结构，附件 5（即附件 4 的中文译文）公开了一种金属网路高架地板，由高架地板、足部构件、底座、线槽、中央盖板以及边盖板等部件组成，足部构件 2（相当于本专利的支架）为上端带有外螺纹下端为支柱的螺杆 27，支柱插置于底座 3（相当于本专利的角底板）上的中空筒体 32（相当于本专利的沉孔）内，螺杆 27 上套置有相匹配的迫紧螺帽 28（相当于本专利的调节螺母），迫紧螺帽 28 上且于螺杆外套有相匹配的金属螺母 23（相当于本专利的固定螺母），金属螺母 23 外套置有塑料套 21（相当于本专利的套管），塑料套 21 置于地板的角的孔中，孔上还设置有小螺帽（相当于本专利的装饰盖）（参见附件 5 说明书第 3 页第 22 行至第 4 页第 10 行，图 1 和图 2），即公开了权利要求 4 的附加技术特征，因此权利要求 4 的技术方案对于本领域技术人员来说也是显而易见的，在权利要求1不具备创造性的基础上，权利要求4也不具备创造性。

（5）关于权利要求5的创造性。

权利要求5进一步限定了“角盖板（5）下表面上设有若干与地板（1）上设有的若干凹槽（13）相匹配使用的凸柱（14）”，按照专利权人的解释其作用是提高角盖板与地板的固定性。然而，该种定位方式是本领域的惯用技术手段，在附件5所公开的金属网路高架地板中，其中央盖板5（相当于本专利的角盖板）下表面即设有辅助定位片52（相当于本专利的凸柱），边盖板6的下表面设有与地板突缘的缺口14（相当于本专利的凹槽）相匹配的弯弧定位片61（相当于本专利的凸柱）（参见附件5说明书第5页第4~11行以及附图1和4），因此即给出了采用权利要求5的附加技术特征的技术启示，因此权利要求5的技术方案对于本领域技术人员来说也是显而易见的，在权利要求1不具备创造性的基础上，权利要求5也不具备创造性。

（6）关于权利要求6的创造性。

权利要求6进一步限定了“角盖板（5）的四个侧面均设有槽（15）”，其作用是方便取出角盖板。然而，该种结构特征是本领域的惯用技术手段，在附件1所公开的金属高架地板中，其线槽盖的侧面即设有槽（参见附件1附图2），其作用也是方便取出构件，因此本领域技术人员为了方便取出角盖板很容易想到在角盖板上设置槽，即附件1给出了采用权利要求6的附加技术特征的技术启示，因此权利要求6的技术方案对于本领域技术人员来说也是显而易见的，在权利要求1不具备创造性的基础上，权利要求6也不具备创造性。

（7）关于权利要求7、8的创造性。

权利要求7进一步限定了“地板（1）的肩（3）上设有若干凹槽（13）”，权利要求8进一步限定了“角底板（6）上设有若干放置支柱（10）的沉孔（7）”。附件1中公开了上述附加技术特征（参见附件1说明书第3页和图2），专利权人在口头审理中对此也予以认可。因此附件1给出了采用权利要求7和8的附加技术特征的技术启示，权利要求7和8的技术方案对于本领域技术人员来说也是显而易见的，在权利要求1不具备创造性的基础上，权利要求7和8也不具备创造性。

（8）关于权利要求9的创造性。

权利要求9进一步限定了“角底板（6）的上表面设有若干凹槽（17）”，其作用是提高角底板的刚性和缓冲性。然而，该种结构特征是本领域的惯用技术手段，在附件1所公开的金属网路高架地板中，其连接盖和线槽盖的表面均设有凹槽（参见附件1说明书第3页以及附图2），其作用也是为了提高构件的刚性和缓冲性。本领域技术人员为了提高角底板的刚性和缓冲性很容易想到在角底板上设置凹槽，即附件1给出了采用权利要求9的附加技术特征的技术启示，因此权利要求9的技术方案对于本领域技术人员来说也是显而易见的，在权利要求1不具备创造性的基础上，权利要求9也不具备创造性。

（9）关于权利要求10的创造性。

权利要求10进一步限定了“地板（1）的四角设台阶（22），孔（19）设于台阶（22）上”，在附件1所公开的金属网路高架地板中，其地板的四角也具有低陷11和地板下表面所形成的台阶，台阶上有孔13（参见附件1说明书第2页以及附图2和4），即附件1给出了采用权利要求10的附加技术特征的技术启示，因此权利要求10的技术方案对于本领域技术人员来说也是显而易见的，在权利要求1不具备创造性的基础上，权利要求10也不具备创造性。

（10）关于权利要求11~13的创造性。

权利要求11~13分别限定了本专利的网络架空活动地板的角底板上设置凸块和转弯连接板、角底板上插接带有小凹坑的接线槽、以及角盖板下连接过桥板。请求人认为附件6（对比文件5）公开了上述附加技术特征，合议组认为，附件6仅是公开了一种用于地板上的线槽接线盒及其内部隔离线路干挠的构造，与本专利的技术领域并不相同，未公开地板结构中的角底板和角盖板等构件，更未公开上述的“地板的角底板上设置凸块和转弯连接板、角底板上插接带有小凹坑的接线槽、以及角盖板下连接过桥板”等附加技术特征，同时附件1~5中也均未公开上述附加技术特征，因此请求人认为权利要求11~13的附加技术特征被公开进而不具备创造性的主张缺乏证据支持，不能成立。

（11）关于权利要求14、15的创造性。

权利要求14进一步限定了“边盖板（4）上可设电插座（29）”，权利要求15进一步限定了“边盖板（4）上可设通风槽或孔（28）”。附件1中公开了上述附加技术特征（参见附件1说明书第3页和图5），专利权人在口头审理中对此也予以认可。因此附件1给出了采用权利要求14和15的附加技术特征的技术启示，权利要求14和15的技术方案对于本领域技术人员来说也是显而易见的，在权利要求1不具备创造性的基础上，权利要求14和15也不具备创造性。

（12）关于权利要求16的创造性。

权利要求16进一步限定了“各金属件间设缓冲件”，按照专利权人的解释其作用是提高地板的各金属部件之间的缓冲性。然而该技术特征是本领域的的常用技术手段，专利权人在口头审理中对此也予以认可。因此权利要求16的技术方案对于本领域技术人员来说也是显而易见的，在权利要求1不具备创造性的基础上，权利要求16也不具备创造性。

综上所述，请求人关于本专利权利要求1~10、14~16不符合专利法第22条第3款的规定的无效理由成立，关于权利要求11~13不符合专利法第22条第3款的规定的无效理由不能成立，合议组不予支持。同时由于权利要求5和16即使按照专利权人的解释也不具备专利法第22条第3款规定的创造性，应予无效，因此对于请求人提出的其他涉及权利要求5和16的无效理由本决定中不再予以评述。

根据上述的事实和理由，本案合议组依法作出以下决定。

三、决定

宣告02283447.8号实用新型专利权权利要求1~10、14~16无效，在权利要求11~13的基础上维持有效。

当事人对本决定不服的，可以根据专利法第46条第2款的规定，自收到本决定之日起三个月内向北京市第一中级人民法院起诉。根据该款的规定，一方当事人起诉后，另一方当事人应当作为第三人参加诉讼。

080

带有半含式花园露台的住宅

无效宣告请求审查决定（第 11451 号）

决　定　号　第 11451 号
决　定　日　2008 年 5 月 14 日
发明创造名称　带有半含式花园露台的住宅
国际分类号　E04H 1/04
无效宣告请求人　武汉市万科房地产有限公司，湖北福星惠誉置业有限公司
专利权人　余胜桥
申　请　号　200420048173. 2
申　请　日　2004 年 4 月 15 日
授权公告日　2005 年 3 月 30 日
合议组组长　刘敏飞
主　审　员　刘　犟
参　审　员　任颖丽

法律依据　专利法第 22 条第 2 款
决定要点

如果实用新型的技术方案与相同领域的对比文件相比，二者的技术方案实质上相同，解决了相同的技术问题，并具有相同的预期效果，则认为该实用新型的技术方案不具备新颖性。

一、案由

本无效宣告请求涉及中华人民共和国国家知识产权局于 2005 年 3 月 30 日授权公告的、名称为“带有半含式花园露台的住宅”的实用新型专利权（下称本专利），其专利号是 200420048173. 2，申请日是 2004 年 4 月 15 日，专利权人是余胜桥。本专利授权公告时的权利要求书如下：

“1. 一种带有半含式花园露台的住宅，包括住宅楼房主体的结构（1）和露台（2），其特征在于：所述的露台（2），及与露台相连接的房间的一部分连通为一体，构成半含式花园露台。

2. 根据权利要求 2 所述的带有半含式花园露台的住宅，其特征在于：其相邻上下楼层之间的露台呈错开排列。”

针对本专利权，武汉市万科房地产有限公司（下称请求人Ⅰ）于 2007 年 7 月 30 日向专利复审委员会提出无效宣告请求，认为本专利权利要求 1~2 相对于附件Ⅰ-1 和公知常识不符合专利法第 22 条第 3 款有关创造性的规定，本专利权利要求 1~2 相对于附件Ⅰ-2 不符合专利法第 22 条第 2 款有关新颖性的规定。请求人同时提交了如下附件：

附件Ⅰ-1：申请号为01114330.4、公开号为CN1335447A的中国发明专利申请公开说明书，公开日为2002年2月13日，共6页；

附件Ⅰ-2：专利号为02273172.5、授权公告号为CN2550446Y的中国实用新型专利说明书，授权公告日为2003年5月14日，共7页；

附件Ⅰ-3：专利号为200420048173.2、授权公告号为CN2688816Y的中国实用新型专利说明书（本专利）。

经形式审查合格，专利复审委员会依法受理了上述无效宣告请求，并于2007年7月30日向请求人Ⅰ和专利权人发出无效宣告请求受理通知书，将请求人Ⅰ提交的专利权无效宣告请求书及其附件清单所列附件副本转给了专利权人，并要求专利权人在指定的期限内陈述意见。

针对本专利权，湖北福星惠誉置业有限公司（下称请求人Ⅱ）于2007年8月15日向专利复审委员会提出无效宣告请求，认为本专利权利要求1~2相对于附件Ⅱ-1至附件Ⅱ-4不符合专利法第22条第1-3款的规定，请求人同时提交了如下附件：

附件Ⅱ-1：同附件Ⅰ-1；

附件Ⅱ-2：同附件Ⅰ-2；

附件Ⅱ-3：《国外建筑实录别墅》，清华大学出版社出版，王炳仪、羊嫆、袁莹选编，1984年8月第一版第一次印刷，封面页、版权页、第162、163、230、232和234页，复印件共7页；

附件Ⅱ-4：《世界建筑导报》，世界建筑导报社出版，1996年第3期，目录页、第61页，复印件共2页。

经形式审查合格，专利复审委员会依法受理了上述无效宣告请求，并于2007年8月15日向请求人Ⅱ和专利权人发出无效宣告请求受理通知书，将请求人Ⅱ提交的专利权无效宣告请求书及其附件清单所列附件副本转给了专利权人，并要求专利权人在指定的期限内陈述意见。

专利复审委员会依法成立合议组，对上述两个无效宣告请求进行审查。

为了提高审查效率和减少当事人负担，本案合议组决定将请求人Ⅰ和请求人Ⅱ的无效宣告请求进行合并审理。合议组于2008年3月17日分别向请求人Ⅰ、请求人Ⅱ和专利权人发出口头审理通知书，定于2008年4月29日在专利复审委员会举行口头审理，同时将请求人Ⅰ和请求人Ⅱ的专利权无效宣告请求书及其各自附件清单中所列附件的副本转送给专利权人。

口头审理如期举行，请求人Ⅰ和Ⅱ均参加了口头审理，专利权人未出席口头审理。在口头审理中，请求人Ⅰ明确其无效宣告请求的理由、范围和证据为：本专利权利要求1~2相对于附件Ⅰ-1和公知常识不符合专利法第22条第3款有关创造性的规定，本专利权利要求1~2相对于附件Ⅰ-2不符合专利法第22条第2款有关新颖性的规定。请求人Ⅱ明确其无效宣告请求的理由、范围和证据为：本专利权利要求1~2相对于附件Ⅱ-1至附件Ⅱ-4不符合专利法第22条第2、3款的规定。请求人Ⅱ出示了附件Ⅱ-3、附件Ⅱ-4的原件。

至此，合议组认为本案事实已经清楚，可以作出审查决定。

二、决定的理由

新颖性，是指在申请日以前没有同样的发明或者实用新型在国内外出版物上公开发表过、在国内公开使用过或者以其他方式为公众所知，也没有同样的发明或者实用新型由他人向国务院专利行政部门提出过申请并且记载在申请日以后公布的专利申请文件中。

如果实用新型的技术方案与相同领域的对比文件相比，二者的技术方案实质上相同，解决了相同的技术问题，并具有相同的预期效果，则认为该实用新型的技术方案不具备新颖性。

请求人Ⅱ认为本专利权利要求1、2相对于附件Ⅱ-1不具备新颖性。

合议组认为，附件Ⅱ-1为一篇专利文献，经过核查，其可以作为本案证据使用。同时该附件的公开日期在本专利的申请日前，因此可以作为本专利的现有技术使用。

本专利权利要求1为“一种带有半含式花园露台的住宅，包括住宅楼房主体的结构（1）和露台（2），其特征在于：所述的露台（2），及与露台相连接的房间的一部分连通为一体，构成半含式花园露台”。相同领域的附件Ⅱ-1公开了一种半含式花园楼宇，其包括楼房主体结构（1）和外阳台（2），所述的外阳台（2）和与外阳台相连的房间的一部分连通成为一体，构成了半含式花园阳台（参见该附件的权利要求1、说明书第1-2页及其附图）。在本专利说明书第1页的技术方案部分采用了由外阳台构成半含式花园露台的表达方式，因此附件Ⅱ-1中的外阳台相当于本专利权利要求1中的露台。将附件Ⅱ-1与本专利权利要求1比较可知，附件Ⅱ-1公开了本专利权利要求1的所有技术特征，二者为相同的技术方案，并且二者都解决了相同的技术问题，具有相同的预期效果，因此本专利权利要求1相对于附件Ⅱ-1不符合专利法第22条第2款有关新颖性的规定。

本专利权利要求2为“根据权利要求2所述的带有半含式花园露台的住宅，其特征在于：其相邻上下楼层之间的露台呈错开排列”。虽然该权利要求引用了其本身而导致了引用关系错误，但这属于明显笔误，该权利要求应当是引用权利要求1。该从属权利要求的附加技术特征同样也被附件Ⅱ-1公开，该附件中说明了在相邻上下楼层之间的阳台要错开排列（参见该附件的权利要求1以及附图）。因此，当其引用的权利要求1相对于附件Ⅱ-1不具备新颖性时，该权利要求2相对于附件Ⅱ-1也不符合专利法第22条第2款有关新颖性的规定。

由于本专利全部权利要求相对于附件Ⅱ-1不具备新颖性，应当予以无效，因此对请求人Ⅰ和请求人Ⅱ的其他无效理由不再予以评述。

根据上述的事实和理由，本案合议组依法作出以下决定。

三、决定

宣告200420048173.2号实用新型专利权全部无效。

当事人对本决定不服的，可以根据专利法第46条第2款的规定，自收到本决定之日起三个月内向北京市第一中级人民法院起诉。根据该款的规定，一方当事人起诉后，另一方当事人应当作为第三人参加诉讼。

081

一种水烟筒吸烟软管

无效宣告请求审查决定（第11456号）

决　定　号　第11456号
决　定　日　2008年5月14日
发明创造名称　一种水烟筒吸烟软管
国际分类号　A24F 1/30
无效宣告请求人　陈进兴
专　利　权　人　广州市兆鹰五金有限公司
专　利　号　02271358.1
申　请　日　2002年6月27日
授权公告日　2003年5月28日
合议组组长　张梅珍
主　审　员　王琦琳
参　审　员　关　刚

法律依据　专利法第22条第2款、第3款，专利法实施细则第2条第2款
决定要点
对于涉及新颖性、创造性的无效宣告请求的理由，在未有任何相应证据公开本专利具体结构的情况下，该无效理由不成立。

一、案由

本无效宣告请求涉及国家知识产权局于2003年5月28日授权公告的名称为“一种水烟筒吸烟软管”的02271358.1号实用新型专利权（下称本专利），其申请日是2002年6月27日，专利权人为广州市兆鹰五金有限公司。授权公告时的权利要求书如下：

“1. 一种水烟筒吸烟软管，其特征在于：由软管（1）、连接管（2、2′）、吸嘴（3）及水烟筒接管（4）组成，连接管（2、2′）连接在软管（1）的两端，其中一个连接管（2）与吸嘴（3）连接，另一个连接管（2′）与水烟筒接管（4）连接；所述的软管（1）包括一条弹簧（5），弹簧（5）上包有一层密封塑料布（6），密封塑料布（6）上包有一层表层材料（7），表层材料（7）上按弹簧（5）的旋距缠绕有一条细线（8）。

2. 根据权利要求1所述的水烟筒吸烟软管，其特征在于：所述的连接管（2）与吸嘴（3）的连接处及连接管（2′）与水烟筒接管（4）的连接处分别设置有密封垫圈（9）。

3. 根据权利要求1所述的水烟筒吸烟软管，其特征在于：所述的表层材料（7）为真皮、仿皮、

绒布、塑胶纸或纸。”

针对上述实用新型专利权，陈进兴（下称请求人）于 2007 年 9 月 10 日向专利复审委员会提出了无效宣告请求，并提交了如下证据：

证据 1：01249775.4 号中国实用新型专利说明书，其申请日为 2001 年 9 月 24 日，其授权公告日为 2002 年 7 月 24 日，专利权人为洪淑美；

证据 2：02271358.1 号中国实用新型专利说明书（本专利授权公告文本）；

证据 3：02226804.9 号中国实用新型专利说明书，其申请日为 2002 年 4 月 12 日，其授权公告日为 2003 年 2 月 26 日，专利权人为广州市兆鹰五金有限公司；

证据 4：请求人声称为登载于国家烟草专卖局网站上的页面内容打印件 1 页；

证据 5：请求人声称为登载于国家烟草专卖局网站上的《阿拉伯水烟兑果汁》；

证据 6：请求人声称为登载于威海新闻网上的《兰州水烟繁华后没落》；

证据 7：请求人声称为登载于“一起来自助旅游网”上的《兰州特产》；

证据 8：请求人声称为登载于“国际烟酒茶资讯网”上的《阿拉伯人与水烟》。

结合上述证据，请求人认为：本专利权利要求 1 和 3 不符合专利法第 22 条第 2 款和第 3 款的规定，认为证据 3 是与本专利配套的专利文献，从证据 3 和证据 1 附图可知，证据 3 和证据 1 所公开的水烟筒的基本结构和原理相同，其中证据 1 仅涉及对水烟筒阀门的改进，其说明书中将附图里水烟筒的结构明确表述为是“原有的”，因此，在证据 1 的申请日之前，证据 3 和证据 1 描述的水烟筒结构已经是现有技术，所以与本专利配套的证据 3 不具备新颖性，而结合证据 4~8 可知，本专利中所描述的软管是典型的阿拉伯水烟筒软管，已经有几百年历史，在我国也早已存在；请求人还认为本专利权利要求 1 和 3 不符合专利法实施细则第 2 条第 2 款的规定，认为与证据 3 配套的本专利是本领域中普通技术人员所公知的技术方案。

经形式审查合格，专利复审委员会受理了上述无效宣告请求，并于 2007 年 9 月 14 日向双方当事人发出了无效宣告请求受理通知书，随同无效宣告请求受理通知书将专利权无效宣告请求书及其附件清单中所列附件副本转送给专利权人，要求其在指定的期限内答复。

专利权人逾期未答复。

请求人于 2007 年 9 月 29 日向专利复审委员会提交了补充意见陈述，提供了一份鉴定申请书，请求复审委员会就本专利新颖性、创造性相关问题组织专家进行鉴定。

针对上述无效宣告请求，专利复审委员会依法成立合议组，并于 2008 年 2 月 22 日向双方当事人发出无效宣告请求口头审理通知书，定于 2008 年 4 月 16 日举行口头审理。

口头审理如期举行，请求人提交了无效宣告请求口头审理通知书回执表示不能参加口头审理，专利权人委托专利代理人汤茂盛（一般代理）、公民代理人李永杰出席了口头审理。在口头审理中，专利权人表示对证据 1、证据 3 的真实性无异议，对证据 4~8 的真实性有异议，认为证据的形成缺乏公证认证程序。专利权人认为本专利的细线缠绕不是公知技术，并且可使得软管的表层材料和内部结构在软管整个长度范围内紧紧固定，在本专利权利要求 1 具备新颖性、创造性的基础上，本专利权利要求 3 也具备新颖性、创造性；本专利是形状和结构的结合，属于实用新型保护的客体，因此符合专利法实施细则第 2 条第 2 款的规定。

至此，合议组认为事实已经清楚，在此基础上，合议组经合议依法作出审查决定。

二、决定的理由

1. 关于本专利权利要求 1、3 是否符合专利法第 22 条第 2 款、第 3 款的规定

专利法第 22 条第 2 款、第 3 款规定：新颖性，是指在申请日以前没有同样的发明或者实用新型

在国内外出版物上公开发表过、在国内公开使用过或者以其他方式为公众所知，也没有同样的发明或者实用新型由他人向国务院专利行政部门提出过申请并且记载在申请日以后公布的专利申请文件中。

创造性，是指同申请日以前已有的技术相比，该发明有突出的实质性特点和显著的进步，该实用新型有实质性特点和进步。

请求人认为与本专利配套的证据3不具备新颖性，在此基础上，由证据4~8可知本专利的软管是典型的阿拉伯水烟筒软管，是早已存在的结构，因此本专利不符合专利法第22条第2款、第3款的规定。

对此，合议组认为：首先，证据3是与本专利不同的另一专利，证据3本身是否具有新颖性与对本专利新颖性、创造性的审查并无关系；其次，虽然请求人认为本专利中软管结构属于现有技术，但是经审查，证据4~6中没有对水烟筒软管的结构进行任何记载，并且无法确定证据7~8的公开日期在本专利的申请日之前，因此，请求人关于本专利不符合专利法第22条第2款、第3款的无效宣告请求的理由缺乏证据支持，该无效理由不能成立。

2. 关于本专利权利要求1、3是否符合专利法实施细则第2条第2款的规定

专利法实施细则第2条第2款规定：专利法所称实用新型，是指对产品的形状、构造或者其结合所提出的适于实用的新的技术方案。

请求人认为，本专利采用带支撑弹簧的缠丝波纹结构是本领域中的普通技术人员所公知的技术方案，因此，本专利不符合专利法实施细则第2条第2款的规定。

对此，合议组认为：根据审查指南第一部分第二章第6.5节，专利法实施细则第2条第2款是对可获得专利保护的实用新型的一般性定义，而不是判断新颖性、创造性、实用性的具体审查标准，因此，判断一项专利是否属于“新的”方案，应当依据专利法第22条第2款、第3款，而不是依据专利法实施细则第2条第2款，故，对于请求人的上述主张，合议组不予支持。

3. 关于请求人提出请求专利复审委员会组织专家进行鉴定的问题

请求人于2007年9月29日向专利复审委员会提交补充意见陈述时，请求专利复审委员会就本专利新颖性、创造性相关问题组织专家进行鉴定。

对此，合议组认为，根据专利法第45条和第46条第1款的规定，专利复审委员会对专利权无效宣告请求进行受理和进行审查，并作出决定。就本案而言，请求人提出本专利不具有新颖性、创造性的无效理由，专利复审委员会作为有权机关应当依法审查该无效理由是否成立，而不是通过组织专家对其进行鉴定得出其是否具有新颖性、创造性的结论，故，对于请求人的上述请求，合议组不予支持。

三、决定

维持02271358.1号实用新型专利权有效。

当事人对本决定不服的，可以根据专利法第46条第2款的规定，自收到本决定之日起三个月内向北京市第一中级人民法院起诉。根据该款的规定，一方当事人起诉后，另一方当事人应当作为第三人参加诉讼。

082

一种安全自毁式一次性使用的注射器

无效宣告请求审查决定（第 11475 号）

决　定　号　第 11475 号
决　定　日　2008 年 5 月 12 日
发明创造名称　一种安全自毁式一次性使用的注射器
国 际 分 类 号　A61M 5/50，A61M 5/31
无效宣告请求人　名高生化科技股份有限公司
专 利 权 人　林作钱
专　利　号　200520068572. X
申　请　日　2005 年 1 月 25 日
授 权 公 告 日　2006 年 5 月 24 日
合 议 组 组 长　杨军艳
主　审　员　刘颖杰
参　审　员　刘亚斌

法 律 依 据　专利法第 22 条第 3 款、第 26 条第 4 款，专利法实施细则第 20 条第 1 款
决 定 要 点

判断权利要求是否以说明书为依据，是要看所属领域技术人员能否从说明书的内容中得到或概括得出权利要求所要保护的技术方案，而不是要求权利要求中的技术方案必须与说明书实施方式部分公开的技术方案一一对应，更不是要求文字上的一一对应。

一、案由

本无效宣告请求涉及国家知识产权局于 2006 年 5 月 24 日授权公告的专利号为 200520068572. X、名称为“一种安全自毁式一次性使用的注射器”的实用新型专利（下称本专利），其专利权人是林作钱，申请日是 2005 年 1 月 25 日。本专利授权公告的权利要求书为：

“1. 一种安全自毁式一次性使用的注射器，包括一空心针筒、一安装在所述针筒内的推杆和一安装在所述推杆前端的胶塞，所述针筒的前端安装有一针座，其特征在于：针座包括锥座和支撑座；锥座上设有一鲁尔圆锥，锥座本体外圆和针筒之间安装多个 O 型胶圈；锥座外侧下部设立多个弹性卡位块，在与卡位块相对应处的针筒上设有限位槽，其大小和卡位块相配合；锥座内侧壁下部设置一凸圈；支撑座设立在锥座内腔里，其内孔前端设立一弹性撑爪；支撑座外部前端设置一前凸缘，其直径与锥座内孔相配合；支撑座外部设置一中凸缘，可与锥座的弹性卡位块配合；所述推杆前端有一锥型突起，锥型突起的中部设立一拉勾；推杆中部设有三个易拉断点。

2. 如权利要求1所述的一种安全自毁式一次性使用的注射器，其特征在于：所述锥座弹性卡位块是可以张开和收缩的；张开时与针筒卡位槽啮合，将锥座牢固固定在针筒上，收缩时与针筒卡位槽脱离啮合，使锥座脱离针筒。

3. 如权利要求1所述的一种安全自毁式一次性使用的注射器，其特征在于：所述的锥座弹性卡位块与卡位槽的啮合部的截面形状为方形、梯形、圆形、椭圆形或多边形。

4. 如权利要求1所述的一种安全自毁式一次性使用的注射器，其特征在于：所述的锥座内壁上的凸圈，只能在支撑座的前凸缘和中凸缘之间移动，可与支撑座的前凸缘啮合。

5. 如权利要求1所述的一种安全自毁式一次性使用的注射器，其特征在于：所述的推杆中部的三个易断点不在同一平面内。”

针对本专利权，名高生化科技股份有限公司（下称请求人）于2007年6月15日向专利复审委员会提出无效宣告请求，认为本专利不符合专利法第22条第3款，第26条第3款、第4款和专利法实施细则第21条第2款的规定，应予无效。

请求人在无效宣告请求书中指出：

（1）本专利权利要求1中有“锥座本体外圆和针筒之间安装多个O型胶圈”和“推杆中部设有三个易拉断点”，而说明书中仅仅提到了“安装有一个O型胶圈”和“推杆前段设有三个易拉断点”，其中的“多个”、“中部”与“一个”、“前段”不对应，因此权利要求1得不到说明书的支持，不符合专利法第26条第3款、第4款的规定；此外，权利要求1中有“锥座外侧下部设立多个弹性卡位块，在与卡位块相对应处的针筒上设有限位槽”，而说明书仅仅给出了两个弹性卡位块的实施例，并且强调“在锥座上设立对称的弹性卡位块，……保证锥座不会拉出和回缩……”，而不设立对称的卡位块或设立两个以上的卡位块能否实现技术效果，说明书并没有给出实施例，因此权利要求1得不到说明书的支持，不符合专利法第26条第3款、第4款的规定；还有，权利要求1中的“锥座上设有一鲁尔圆锥”，只有在其锥度为6：100时才能实现本专利的目的并达到可互换各种标准针头的技术效果，而权利要求1中并无此规定，因此得不到说明书支持，不符合专利法第26条第3款、第4款的规定。最后，权利要求5中的三个易断点不在同一平面内，也超出了说明书公开的范围，不符合专利法第26条第3款、第4款的规定。

（2）本专利中的锥座内壁上的凸圈必须位于支撑座的前凸缘和中凸缘之间才能实现其发明目的，这应当是不可缺少的必要技术特征，但在权利要求1中缺少这一必要技术特征，因此权利要求1不符合专利法实施细则第21条第2款的规定。

（3）请求人提供了三份对比文件作为证据，证明本专利不具备创造性：

对比文件1：01141516.9号中国发明专利申请公开说明书，公开日是2003年4月9日；

对比文件2：00205071.4号中国实用新型专利说明书，授权公告日是2000年11月29日；

对比文件3：02253763.5号中国实用新型专利说明书，授权公告日是2003年9月3日。

请求人认为，本专利权利要求1~5相对于对比文件1、2或对比文件1、3都不具备创造性，不符合专利法第22条第3款。

经形式审查合格，专利复审委员会受理了上述无效宣告请求，于2007年7月3日向请求人和专利权人发出无效宣告请求受理通知书，同时将请求人的无效宣告请求书及其附件对比文件1~3转给专利权人，要求其在一个月内进行答复。

2007年8月14日，专利复审委员会收到了专利权人的意见陈述书及权利要求书的修改替换页，修改后的权利要求书共包括四项权利要求，分别是原权利要求4、原权利要求2和4的合并、原权利要求3和4的合并、原权利要求5和4的合并。修改后的权利要求为：

“1. 一种安全自毁式一次性使用的注射器，包括一空心针筒、一安装在所述针筒内的推杆和一安装在所述推杆前端的胶塞，所述针筒的前端安装有一针座，其特征在于：针座包括锥座和支撑座；锥座上设有一鲁尔圆锥，锥座本体外圆和针筒之间安装多个O型胶圈；锥座外侧下部设立多个弹性卡位块，在与卡位块相对应处的针筒上设有限位槽，其大小和卡位块相配合；锥座内侧壁下部设置一凸圈；支撑座设立在锥座内腔里，其内孔前端设立一弹性撑爪；支撑座外部前端设置一前凸缘，其直径与锥座内孔相配合；支撑座外部设置一中凸缘，可与锥座的弹性卡位块配合；所述推杆前端有一锥型突起，锥型突起的中部设立一拉勾；推杆中部设有三个易拉断点；所述的锥座内壁上的凸圈，只能在支撑座的前凸缘和中凸缘之间移动，可与支撑座的前凸缘啮合。

2. 如权利要求1所述的一种安全自毁式一次性使用的注射器，其特征在于：所述锥座弹性卡位块是可以张开和收缩的；张开时与针筒卡位槽啮合，将锥座牢固固定在针筒上，收缩时与针筒卡位槽脱离啮合，使锥座脱离针筒。

3. 如权利要求1所述的一种安全自毁式一次性使用的注射器，其特征在于：所述的锥座弹性卡位块与卡位槽的啮合部的截面形状为方形、梯形、圆形、椭圆形或多边形。

4. 如权利要求1所述的一种安全自毁式一次性使用的注射器，其特征在于：所述的推杆中部的三个易断点不在同一平面内。”

针对请求人认为本专利不符合专利法第26条第3款、第4款的主张，专利权人指出：本专利说明书第2页第3段充分公开了权利要求1的技术方案，所属技术领域的技术人员能够从说明书的内容直接得到权利要求1的技术方案。请求人所称“对这些技术特征进行说明时仅仅提到了安装一个O型胶圈和推杆前段设有三个易拉断点”是完全忽略了说明书的描述，仅仅阅读具体实施方式部分得出的以偏概全的结论。至于请求人所指技术特征的技术效果和用途，参见说明书第3页第3~4行，明确描述了O型胶圈的作用就是密封，在推杆上设置易断点以达到使用后自毁的目的，在说明书第4页最后一段也描述了其技术效果。同样，关于“卡位块”，在说明书第2页第3段清楚的记载了该技术特征，实施例只是举例解释而已；同时，根据说明书所述，卡位块的作用是定位。关于“鲁尔圆锥”，专利权人认为这是标准技术术语，鲁尔圆锥就是指锥度为6：100的能够与各种标准注射针配合的标准圆锥，对此有附件1和2为证。而对于权利要求5中的“三个易断点不在同一平面内”，在说明书第4页倒数第5行有明确记载。

对于请求人认为本专利不具备创造性的主张，专利权人认为本专利权利要求1与对比文件1存在多处区别，这些区别均未被对比文件2、3公开，且权利要求1的技术方案相对于现有技术具有有益效果，因此权利要求1具备创造性，同时从属于权利要求1的权利要求2~4也具备创造性。

专利权人同时提交了附件1、2：

附件1（下称反证1）：中华人民共和国国家标准，GB/T1962.1-2001，idt ISO 594-1：1986，注射器、注射针及其他医疗器械6%（鲁尔）圆锥接头 第1部分：通用要求，2001-09-18发布，2002-02-01实施，共9页；

附件2（下称反证2）：中华人民共和国国家标准，GB15810-2001，eqv ISO7886-1：1993，一次性使用无菌注射器，2002-02-01实施，共17页。

针对上述无效宣告请求，专利复审委员会依法成立合议组，对本案进行审理，并于2007年10月25日向请求人发出无效宣告请求审查通知书，告知其由于专利权人以合并方式修改了权利要求，请求人可以在一个月内对其以合并方式修改的权利要求增加无效宣告理由和补充证据。随同该审查通知书，将专利权人提交的权利要求书修改替换页及反证1、2转给了请求人。

2007年11月12日专利复审委员会收到了请求人的意见陈述书，其认为修改后的权利要求1~4

仍然不符合专利法第26条第3款、第4款和专利法第22条第3款的规定；同时增加了一个理由，认为权利要求4中的“推杆中部”、“三个易断点不在同一平面”没有得到说明书及附图的支持，而且“三点成一平面”是最基本的公知原理，因此权利要求4不符合专利法第26条第3款、第4款的规定，也不符合专利法实施细则第20条第1款的规定。

专利复审委员会本案合议组于2007年11月20日向请求人和专利权人发出无效宣告请求口头审理通知书，告知双方当事人合议组定于2008年1月7日对本案进行口头审理，同时将请求人于2007年11月12日提交的意见陈述转给专利权人。

口头审理如期举行，请求人委托北京三友知识产权代理有限公司专利代理人陈坚和公民代理人宁光参加口头审理；专利权人及其委托的北京市金杜律师事务所专利代理人苏娟和公民代理人杨黎峰参加口头审理。

在口头审理中，合议组告知双方，专利复审委员会于2007年8月14日收到的专利权人提交的修改后的权利要求书符合相关规定，本次口头审理以修改后的权利要求作为基础。请求人明确其无效宣告请求的理由是本专利权利要求1~4不符合专利法第22条第3款，专利法第26条第4款规定，权利要求4不符合专利法实施细则第20条第1款的规定，证据是对比文件1~3；同时当庭放弃本专利不符合专利法第26条第3款和专利法实施细则第21条第2款的规定的无效请求理由。

专利权人对请求人提交的3份对比文件的真实性没有异议，对于其提交的反证1、2，专利权人表示该两个标准是网上下载的，没有带原件。请求人对专利权人提交的反证1、2的复印件不予认可。

在对本专利是否符合专利法第26条第4款的审理中，请求人当庭放弃权利要求1中有关鲁尔圆锥不符合专利法第26条第4款的理由，其认为本专利不符合专利法第26条第4款的主要理由是：在本专利说明书和附图中只有一个O型胶圈，但权利要求1中记载了多个O型胶圈，因而不清楚多个O型胶圈安装在什么部位；同时在说明书中只是提到易拉断点设在推杆前端，而权利要求1中却记载为“推杆中部设有三个易拉断点”，这在附图中及说明书中得不到相应的解释；另外，根据说明书的记载，弹性卡位块应对称设置，不对称设置的方案达不到目的，但在权利要求中对此没有限定。

专利权人答辩认为，O型胶圈在权利要求1和说明书第2页的第2段中已记载非常清楚，在说明书第3页第3行，说明书中给出两种例子，可以设一个也可以设多个，设计O型胶圈的作用就是不会漏液。并且在附图2、5、7、8也表示出了O型胶圈设置的位置，对本领域技术人员来说，不存在无法实现的问题。至于在推杆中部设置易断点，目的就是为了达到使用后自毁的目的，在说明书第4页中有相关描述。推杆中部的说法是针对推杆的前端和尾端而言，附图1中可以看出推杆前面在插入针头的部分有一锥形突起，是推杆的前端，附图4标号22中手拉的部分是推杆的尾端。技术人员根据附图及说明书相应部分的文字能够理解，不存在不清楚的问题。说明书第4页最后一段所述的是推杆2的前段而不是前端，易断点ABC应当是设置在推杆中部的部分。卡位块和限位槽起的是定位的作用，不一定非要设置对称的卡位块，而多个弹性块指的是两个以上。

请求人还认为，权利要求4中三个易断点应当在同一平面上，这是最基本的公知常识。

专利权人则辩称，三点确定一个平面，而不是三点在同一平面上，根据说明书第4页倒数第5行并结合附图1和附图3，本专利中所说三点不在同一平面是指不在同一高度的平面，这是为了避免在同一高度会产生摇摆，而导致刚性不好，因此将三点设置成不在同一轴向平面上的。

对于本专利是否符合专利法第22条第3款的审理中，请求人认为对比文件1是本专利最接近的对比文件，对比文件1的附图2所示针筒相当于权利要求1的空心针筒，同轴外环22相当于鲁尔圆锥和锥座，弹性部222相当于弹性卡位块，在与弹张部222相对应处的针筒上设有限位槽；固定环相当于支撑座，支撑座的311部相当于中凸缘，部件211和321分别相当于凸圈和前凸缘，头部相当于锥形突起和拉勾；对比文件1与权利要求1的区别在于没有公开弹性撑爪、凸圈、O型胶圈和易拉断点，另外还有对比文件1的底座是套在上边的。

对于上述区别，请求人认为，对比文件1的底座套在上面是为了达到卡合连接的关系，属于公知常识，与本专利达到的技术效果与是相同的，仅手段略有区别；而易拉断点的目的是会拉注射器达到轻易自毁的效果，在本领域也是一种公知常识，是显而易见的。另外，对比文件2的说明书第3页第4行及附图7的标号53相当于密封圈，标号52相当于锥座，标号55相当于弹性撑爪，标号71也是起到弹性撑爪的作用。对比文件1结合对比文件2可以破坏权利要求1的创造性。

专利权人认为，对比文件1公开的权利要求1的技术特征只有针筒的前端安装有一针座，针座包括锥座和支撑座，对比文件1中没有设计任何关于鲁尔圆锥的特征，而本专利的技术设计是在锥座上采用鲁尔圆锥。另外，对比文件1中没有公开O型胶圈，且O型封环与O型胶圈不同，对比文件2的说明书第3页倒数第2段有所记载，封环会受到时间和气候的影响，不能保证不漏液，而本专利的O型胶圈不受任何影响。还有，本专利弹性卡位块是多个，大小与限位槽相配合，而对比文件1的附图3中可以看出，针筒分为上下两部分，上部为小内径部，下部为大内径部，仅能限制其上下移动，而不能限制左右移动，如果产生旋转，会导致漏液，本专利就不存在此问题，本专利的效果明显好于对比文件1。权利要求1把支撑座设置在内腔的结构可以非常畅通的排出气体，而对比文件1则把支撑座设置在环形空间内，在附图3中可以看出，环形的死区位置会产生空气，这样在注射过程中会把死区的空气挤出，使病人产生痛苦，而本专利对病人非常安全。“内孔前端设立弹性撑爪”，在对比文件1和对比文件2中均没有公开。本专利推杆前端进入针筒的深度远远大于对比文件1中显示的位置。并且在对比文件1中没有提到推杆前端有一锥形突起、锥形突起设置在中部、推杆中部设立三个易拉断点的技术特征，且该特征并非是公知常识。对比文件1也没有公开“凸圈在前凸缘和中凸缘中移动”，对比文件1的附图3中的凸圈如何在前凸缘和中凸缘中移动是不清楚的，而且对比文件1中的55与撑爪不是同一概念。

请求人指出，鲁尔圆锥虽然在对比文件1和对比文件2中均没有公开，但其属于公知常识。只要锥度符合鲁尔圆锥的标准，其也可以应用在对比文件1、2的技术方案中。

专利权人则辩称，鲁尔圆锥是公知的，而在安全针上使用鲁尔圆锥是首次提出的。对比文件1及对比文件2中的针头都是拧进去的，而本专利中由于采用了鲁尔圆锥，针头是直接套在上面的。

对于本专利从属权利要求2~4的创造性，请求人认为对比文件1附图2中的弹张部222公开了权利要求2的内容；权利要求3中卡位块的形状是一种公知常识，权利要求4的附加技术特征也属于公知常识。

专利权人则认为，对比文件1、2均未公开权利要求2~4的技术方案，且本专利中卡位块上下左右均不能动，具有防止转动从而不会产生漏液的技术效果。

在对对比文件3公开内容的辩论中，请求人认为，对比文件3的附图2、附图8中公开了本专利的O型胶圈的结构，扣缘相当于本专利的凸圈，附图2中622A相当于弹性撑爪，但位置有所不同。部件731相当于凸圈；部件621相当于前凸缘；部件61相当于中凸缘。对比文件3中没有弹性卡位块。折勾相当于易拉断点的作用。

专利权人则认为，螺纹的槽并不能想成是胶圈，从附图2中可以看出622A是实体的环，不是爪。从说明书第4页最后一段到第5页第1段可以看出是整体的一个环，与本发明不同。对比文件3是一折勾，直径比较细的部位在同一平面内。而本专利是拉断，不是折断的。

请求人指出，凸缘、支撑、限位槽通过弹性卡合是本领域的公知常识，并且本专利的易拉断点也不是轻松一拉就能断掉。

专利权人指出，对比文件3的附图8标号60和70的配合，同样有一个环状死区，比本专利多一个顶部的死区，与对比文件1相同，而本专利不存在这种结构。无论是对比文件1与对比文件2或对比文件1与对比文件3相结合或者是公知常识，均没有公开权利要求1的技术特征。

对此请求人指出，对比文件1~3和本专利中都存在死区。本专利也存在间隙，这在附图5内侧42有所显示。

口头审理结束后，合议组经过合议，认为本案事实已经清楚，可以依法作出审查决定。

二、决定的理由

1. 关于证据

请求人提交的三份证据均为中国专利文献，专利权人对其真实性没有异议，经核实，该三份证据真实有效。且这三份证据的公开日期均在本专利的申请日之前，可以作为本专利的现有技术。

2. 审查文本

专利权人在本案审理过程中提交了权利要求书的修改文本，经审查，该修改符合专利法及其实施细则和审查指南的规定，因而此次审查针对的权利要求为专利权人于2007年8月14日提交的权利要求书。

3. 关于专利法第26条第4款

专利法第26条第4款规定，权利要求书应当以说明书为依据，说明要求专利保护的范围。

审查指南第二部分第二章第3.2.1节对“以说明书为依据”作了具体说明，其中指出“权利要求书应当以说明书为依据，是指权利要求应当得到说明书的支持。权利要求书中的每一项权利要求所要求保护的技术方案应当是所属技术领域的技术人员能够从说明书充分公开的内容中得到或概括得出的技术方案，并且不得超出说明书公开的范围”。

根据上述规定，判断权利要求是否以说明书为依据，是要看所属领域技术人员能否从说明书的内容中得到或概括得出权利要求所要保护的技术方案，而“得到或概括得出”的含义并非“一一对应”，也就是说，专利法第26条第4款规定的含义并非要求权利要求中的技术方案必须与说明书实施方式部分公开的技术方案一一对应，更不是要求文字上的一一对应。

具体到本案，请求人指出权利要求1中的“多个O型胶圈”和“推杆中部”与说明书中公开的“一个O型胶圈”和“推杆前段”不相对应问题，尽管从字面上上述区别的确存在，但从技术方案而言，两者并未存在实质上的不同，虽然“一个”与“多个”、“中部”与“前段”存在不同，但对本领域技术人员而言，这些差别不足以阻碍他们从本专利说明书公开的技术方案得出权利要求1要求保护的技术方案。至于“弹性卡块”的问题，说明书中已经给出了两个弹性卡块的实施例，本领域技术人员完全可以在此基础上得到多个弹性卡块的技术方案，也完全能够预测其技术效果；而对称的设置弹性卡块所带来的技术效果也是明显可以预见的，本领域技术人员也完全没有必要非要将其设置成非对称的方式。请求人虽然指出了权利要求1与说明书中记载的不同之处，但这些并不能说明本专利不符合专利法第26条第4款的规定。

至于权利要求4中的“三个易断点不在同一个平面”的问题，请求人的主张则更没有依据。“三点确定一个平面”是数学上的公理，但本专利没有在任何地方表明其技术方案要突破这一公理。从说明书中公开的技术方案可知，其“不在一个平面”是指不在一个“轴向平面”，这一点在口头审理中专利权人也予以表明。在说明书的技术方案的基础上，本领域技术人员很容易理解权利要求4要求保护的技术方案中的“不在同一平面”的正确含义。

综上所述，请求人认为本专利不符合专利法第26条第4款的主张均不能成立。

4. 关于专利法实施细则第 20 条第 1 款

专利法实施细则第 20 条第 1 款规定，权利要求书应当说明发明或者实用新型的技术特征，清楚、简要地表述请求保护的范围。

根据审查指南第二部分第二章第 3.2.2 节的规定，权利要求书清楚是指：（1）权利要求的类型应当清楚；（2）权利要求所确定的保护范围应当清楚；（3）所有权利要求作为一个整体应当清楚；权利要求确定的保护范围应当清楚是要求权利要求中的词语的含义应当是确切的，具有相关技术领域通常具有的含义。

本案中权利要求 4 中的“三个易断点不在同一平面内”的表述确实存在一定问题，其没有明确三点不在“哪个”平面上。但是本领域技术人员应当了解，三点一定能够确定一个平面，因此权利要求 4 中所述的“不在同一平面内”不是指任一平面，而是某一特定平面。而如何确定这一平面，根据专利法第 26 条第 4 款和第 56 条的规定，应当参考说明书来确定。

专利法第 26 条第 4 款规定，“权利要求书应当以说明书为依据，说明要求专利保护的范围”。专利法第 56 条规定，“发明或者实用新型专利权的保护范围以其权利要求的内容为准，说明书及附图可以用于解释权利要求。”根据上述规定，可知在确定权利要求的保护范围时，应当参考说明书。而根据本专利说明书，可以确定权利要求 4 中的“三个易断点不在同一平面内”指的是同一“轴向”平面。

综上所述，合议组认为，权利要求 4 中的记载虽然不够严谨，但还不足以造成其保护范围不清楚，请求人认为本专利不符合专利法实施细则第 20 条第 1 款的主张不能成立。

5. 关于专利法第 22 条第 3 款

专利法第 22 条第 3 款规定，创造性，是指同申请日以前已有的技术相比，该发明有突出的实质性特点和显著的进步，该实用新型有实质性特点和进步。

本案中，对比文件 1 是与本专利最接近的现有技术，其公开了一种安全注射器的针头座固定结构，包括注射筒、针头座以及固定环；针头座前段的结合部插置于注射筒小内径部内，后段形成一弹张部，弹张部的前缘顶抵于注射筒肩部形成定位、后缘对应于注射筒大内径部凸缘位置处。固定环的外环壁具有一外径略大于弹张部内径的颈部，以便当颈部插套入针头座的环内空间时，弹张部被撑张开来而抵紧注射筒的大内径部，并使弹张部后缘外张而顶抵于凸缘以形成定位；该针头座可以克服来自针头座前端的受力、避免针头座无意中向后退入注射筒内。

本专利与对比文件 1 的技术方案均涉及注射器，且两者都由针筒、推杆、针座（对比文件 1 中没有与针座对应的名称，但本专利的针座由锥座与支撑座两部分组成，而对比文件 1 中相应部分为针头座与固定环）构成，并且两者均通过针座（针头座与固定环）与推杆的配合实现在注射后将针头回缩至针筒内的功能。两者的区别在于针座（针头座与固定环）组成部分的具体结构是不同的，根据权利要求 1 要求保护的技术方案，本专利的针座由锥座和支撑座组成，锥座上设有弹性卡位块，锥座内侧壁下部设置一凸圈；支撑座设立在锥座内腔里，其内孔前端设立一弹性撑爪，外部前端设置一与锥座内孔相配合的凸缘，支撑座外部设置一中凸缘，可与锥座的弹性卡位块配合。对比文件 1 的相应部分为针头座和固定环组成，针头座的中空管外壁中段向外一体连设一同轴外环，中空外管壁后端设有第一卡合部，同轴外环前端形成一结合部、后段形成一弹张部，该弹张部与中空管外壁之间形成一环内空间；固定环的内环壁前端设有第一扣合部、后段设有第二卡合部，该外环壁前段形成一颈部，该颈部的外径略大于针头座弹张部的内经。

从上述对比可以看出，本专利的锥座与支撑座的具体结构与对比文件 1 中的针头座与固定环的具体结构不同，本专利是通过锥座上的弹性卡位块和支撑座上的中凸缘相配合固定在针筒上，并通过支撑座的前凸缘、弹性撑爪与推杆相配合实现回缩，其中支撑座被整个包含于锥座内；而对比文件1是通过针头座上的同轴外环与固定环上的颈部相配合固定在针筒上，并通过固定环上的第一卡合部、第二卡合部与推杆相配合实现回缩，其中固定环套设在针头座的中空管上；上述各部件的具体结构均不相同，具体配合方式也均存在差异，并且对比文件1中并没有对本专利这种具体结构与配合方式给出技术启示，因此相对于对比文件1的技术方案，本专利权利要求1要求保护的技术方案具备实质性的特点。

对比文件2公开了一种安全注射器，主要包括一注射筒、一针头组、一卡合机构、一推杆与一卡头；其中卡合机构位于注射筒前端处，而结合针头组的后端，卡合机构后端具有一卡合孔，当推杆向注射筒前端推进至接近最前端时，卡头与卡合机构产生卡合，使得当推杆向后拔出时，卡合机构连同针头组一同被拉至注射筒的容纳室内。

对比文件3公开了一种改良的安全针筒，杆体前端突伸一搭设有塞体的中心柱，筒体内部前端固设一扣环，扣环前端连结一供针头定位的针座，使杆体在药剂注射完毕时，其中心柱恰可与扣环相互穿伸扣合，并使扣环、针座及针头可随杆体拉收而容收于筒体内部，从而使针筒注射完毕后，针头得顺势回收。

对比文件2、3公开的两种注射器（针筒），虽然也都具有在注射后将针头收回针筒的功能，但实现该功能的具体结构也与本专利权利要求1的技术方案不同，并且也没有给出本专利权利要求1的技术方案的启示，因此，即使将对比文件1分别与对比文件2、3相结合也不能否定本专利权利要求1的创造性。

综上所述，请求人提供的对比文件1~3尚不足以证明本专利权利要求1不符合专利法第22条第3款的规定。

在权利要求1具备创造性的情况下，引用权利要求1的权利要求2~4相对于对比文件1~3也具备创造性。

三、决定

在专利权人于2007年8月14日提交的权利要求1~4的基础上维持200520068572.X号专利权有效。

一方当事人对本决定不服的，可以根据专利法第46条第2款的规定，在收到本决定之日起三个月内向北京市第一中级人民法院起诉。根据该款规定，一方当事人起诉后，另一方当事人应当作为第三人参加诉讼。

083

三防双面型吊顶装饰板

无效宣告请求审查决定（第11490号）

决　定　号　第11490号
决　定　日　2008年5月16日
发明创造名称　三防双面型吊顶装饰板
国际分类号　E04F 13/08 E04B 1/62
无效宣告请求人　连云港港星建材有限公司
专　利　权　人　朱春生
专　利　号　200320108023.1
申　请　日　2003年11月10日
授权公告日　2005年4月6日
合议组组长　欧　岚
主　审　员　刘敏飞
参　审　员　王　森

法律依据　专利法第22条第3款，专利法实施细则第2条第2款
决定要点

在权利要求创造性的判断中，如果权利要求所述技术方案与现有技术公开的技术方案之间存在区别技术特征，并且该区别技术特征解决了最接近现有技术中存在的某一技术问题，如果请求人不能提供证据证明或以充分的理由说明采用该区别技术特征来解决所述的技术问题对本领域普通技术人员来说是显而易见的，则该权利要求的技术方案具有实质性特点，并且由于该权利要求的技术方案具有有益的技术效果，从而该权利要求相对于请求人的证据具备创造性。

一、案由

本无效宣告请求涉及中华人民共和国国家知识产权局于2005年4月6日授权公告的、名称为"三防双面型吊顶装饰板"的实用新型专利权（下称本专利），其专利号是200320108023.1，申请日是2003年11月10日，专利权人是朱春生。本专利授权公告的权利要求书如下：

"1. 一种三防双面型吊顶装饰板，包括基材（4）和固定在基材（4）底部的下薄板（5），其特征在于：在基材（4）顶部固定有上薄板（1），在基材（4）的四边固定有防水边层（3），防水边层（3）的宽度大于基材（4）四边的宽度并在上薄板（1）和下薄板（5）上均折有包边（2）。

2. 如权利要求1所述的三防双面型吊顶装饰板，其特征在于：上薄板（1）和下薄板（5）的朝外面都加工有图案花纹。"

针对上述专利权，连云港港星建材有限公司（下称请求人）于2007年8月27日向专利复审委员会提出无效宣告请求，理由是本专利权利要求1、2不符合专利法第22条第3款的规定、权利要求2不符合专利法实施细则第2条第2款的规定，并提交了如下6份附件作为证据：

附件1：国家知识产权局专利检索咨询中心出具的编号为G071385的检索报告复印件，共41页，其中包括：

附件1-1：授权公告号为CN2553027Y（专利号为ZL02240088.5）的中国实用新型专利说明书，其授权公告日为2003年5月28日；

附件1-2：授权公告号为CN2211467Y（专利号为ZL94221224.X）的中国实用新型专利说明书，其授权公告日为1995年11月1日；

附件1-3：授权公告号为CN2386952Y（专利号为ZL99229584.X）的中国实用新型专利说明书，其授权公告日为2000年7月12日；

附件1-4：授权公告号为CN2195583Y（专利号为ZL94207770.9）的中国实用新型专利说明书，其授权公告日为1995年4月26日；

附件1-5：授权公告号为CN2573290Y（专利号为ZL02260884.2）的中国实用新型专利说明书，其授权公告日为2003年9月17日；

附件2：印有"印刷时间：2002年5月"、名称为"拉法基饰面天花系统"的广告宣传页复印件，共9页；

附件3：授权公告号为CN2416170Y（专利号为ZL00205696.8）的中国实用新型专利说明书，其授权公告日为2001年1月24日；

附件4：授权公告号为CN2211357Y（专利号为ZL95242676.5）的中国实用新型专利说明书，其授权公告日为1995年11月1日；

附件5：授权公告号为CN2240433Y（专利号为ZL95240745.0）的中国实用新型专利说明书，其授权公告日为1996年11月20日，共4页；

附件6：公开号为CN1101395A（申请号为93112572.3）的中国发明专利申请公开说明书，其公开日为1995年4月12日。

请求人认为：本领域技术人员在附件1-1的基础上很容易结合附件1-2从而得出权利要求1所请求保护的技术方案，因此权利要求1不具备创造性；本领域技术人员结合附件1-2、1-3和1-5，或者结合附件1-2、1-4和1-5，或者结合附件1-1和1-5，在此基础上很容易得出权利要求1所请求保护的技术方案；本领域技术人员在附件2的基础上很容易结合附件1-2从而得出权利要求1所请求保护的技术方案；结合附件2和1-5也很容易得出权利要求1所请求保护的技术方案；本领域技术人员在附件1-1或附件2的基础上很容易结合附件3从而得出权利要求1所请求保护的技术方案；本领域技术人员在附件1-2或1-5或附件3的基础上很容易结合附件4从而得出权利要求1所请求保护的技术方案；本领域的技术人员在附件1-1或1-3或附件2或附件4的基础上很容易结合附件5从而得出权利要求1所请求保护的技术方案；本领域技术人员在附件1-1或1-3或附件2或附件4的基础上很容易结合附件6从而得出权利要求1所请求保护的技术方案；从属权利要求2的附加技术特征已经被附件1-1、附件2、附件3公开，因此也不具备创造性。本专利权利要求2所记载的技术特征不是对产品的形状、构造或其结合所提出的技术方案，不属于实用新型的保护范围，不符合专利法实施细则第2条第2款的规定。

经形式审查合格后，专利复审委员会受理了该无效宣告请求，并于2007年9月12日向请求人及专利权人发出无效宣告请求受理通知书，并将请求人提交的专利权无效宣告请求书及其附件清单中所列附件副本转给了专利权人，要求专利权人在规定的期限内陈述意见。

专利权人于2007年10月22日提交了意见陈述书，专利权人认为：本专利的包边2是附件1-1至1-5、附件2-6所不具备的。附件1-1的折边5与本专利的包边2无论结构还是作用均完全不同；附件1-1没有本专利固定在基材4四边的防水边层3。附件1-2中的木质横材40、形框21、钉子与本专利的基材4、上薄板1、下薄板5、防水边层3、包边2完全不同；附件1-3、1-4、4没有本专利中的防水边层3和包边2；附件1-5、5没有本专利的包边2，且附件1-5与本专利的结构并不相同；附件2并无本专利中的防水边层3和包边2；附件3并无本专利的上薄板1、防水边层3和包边2；附件6并无本专利的包边2，附件6的基材1的材料是刨花板，而本专利的基材4的材料是具有隔音功能的轻型硅钙板。

专利复审委员会依法成立合议组对本无效宣告请求进行审查。本案合议组于2007年11月30日向双方当事人发出无效宣告请求口头审理通知书，定于2008年1月31日举行口头审理。随同口头审理通知书，将专利权人于2007年10月22日提交的意见陈述书转送给请求人。

口头审理如期举行，双方当事人均参加了口头审理。

在口头审理中，（1）双方当事人对对方出席口头审理人员的身份和资格没有异议，对合议组成员没有回避请求。（2）请求人明确其无效理由、范围、证据为：本专利权利要求1、2不具备创造性。具体为权利要求1相对于附件1-1分别和附件1-2、1-5、3、5、6的结合不具备创造性，其中最接近的对比文件是附件1-1；权利要求1相对于附件2分别与附件1-2、1-5、3、5、6的结合不具备创造性，其中最接近的对比文件是附件2；权利要求1相对于附件4分别和附件1-2、5、6的结合不具备创造性，其中最接近的对比文件是附件4；权利要求1相对于附件1-3分别和附件5、6的结合不具备创造性，其中最接近的对比文件是附件1-3。权利要求2的附加技术特征被附件1-1或2公开，因此也不具备创造性。本专利权利要求2中的图案花纹是平面的，不是对形状和构造的改进，所以不符合专利法实施细则第2条第2款的规定。（3）专利权人对所有附件的真实性都没有异议，但认为附件2不是公开出版物，不能证明其公开散发。请求人认为附件2是从上海拉法基公司拿到的，是本宣传资料，一定是对外公开的。（4）双方针对本专利权利要求1、2是否具备创造性，及权利要求2是否符合专利法实施细则第2条第2款的规定充分陈述了意见。

至此，合议组认为本案事实清楚，可以作出审查决定。

二、决定的理由

1. 关于证据

附件1-1至1-5、附件3-6均为中国专利文献，专利权人对上述附件的真实性均无异议，合议组经审查认为，上述附件可以作为本案证据使用。并且上述附件的公开日期均早于本专利的申请日，因此附件1-1至1-5、附件3-6公开的内容可以作为本专利的现有技术。

请求人声称附件2是从上海拉法基公司拿到的，是本宣传资料，一定是对外公开的。专利权人对该附件的真实性无异议，但认为附件2不是公开出版物，不能证明其公开散发。合议组经审查后认为，生产厂家印制产品宣传资料的目的就是向公众介绍厂家自身及推销其产品，因此在印制完成之后就要向公众散发，以实现其印制产品宣传资料的目的，并且产品宣传资料在印制完成以后，一般是尽快向公众散发，并且专利权人认可附件2的真实性，而在该附件上印有“印刷时间：2002年5月”的字样，因此附件2在本专利申请日前印刷，该时间早于本专利的申请日近1年半的时间，按照常态推断，该产品宣传资料应当公开在本专利申请日之间，并且在审查指南第二部分第三章第2.1.3.1节中也明确规定了出版物的印刷日视为公开日，专利权人没有提供证据证明该产品宣传资料未曾公开散发或散发在本专利申请日之后，因此，合议组认为附件2在本专利的申请日之前公开，其上记载的技术方案可以作为本专利的现有技术。

2. 关于专利法实施细则第 2 条第 2 款

专利法实施细则第 2 条第 2 款规定："专利法所称的实用新型，是指对产品的形状、构造或者其结合所提出的适于实用的新的技术方案。"

请求人认为权利要求 2 中的图案花纹是平面的，不是对形状和构造的改进，因此权利要求 2 不符合专利法实施细则第 2 条第 2 款的规定。

合议组认为，权利要求 2 是权利要求 1 的从属权利要求，其包括权利要求 1 的所有技术特征，即权利要求 2 中对构成所要求保护的吊顶装饰板的基材、下薄板、上薄板、防水边层和包边及其相对位置关系均进行了限定，且其还进一步限定了上薄板和下薄板的朝外面加工有图案花纹，因此权利要求 2 是对产品的构造提出的技术方案，符合专利法实施细则第 2 条第 2 款的规定。

3. 关于专利法第 22 条第 3 款

专利法第 22 条第 3 款的规定，创造性，是指同申请日以前已有的技术相比，该发明有突出的实质性特点和显著的进步，该实用新型有实质性特点和进步。

在权利要求创造性的判断中，如果权利要求所述技术方案与现有技术公开的技术方案之间存在区别技术特征，并且该区别技术特征解决了最接近现有技术中存在的某一技术问题，如果请求人不能提供证据证明或以充分的理由说明采用该区别技术特征来解决所述的技术问题对本领域普通技术人员来说是显而易见的，则该权利要求的技术方案具有实质性特点，并且由于该权利要求的技术方案具有有益的技术效果，从而该权利要求相对于请求人的证据具备创造性。

请求人认为，本专利权利要求 1、2 不具备创造性。其中权利要求 1 相对于附件 1-1 分别和附件 1-2、1-5、3、5、6 的结合不具备创造性，其中最接近的对比文件是附件 1-1；权利要求 1 相对于附件 2 分别与附件 1-2、1-5、3、5、6 的结合不具备创造性，其中最接近的对比文件是附件 2；权利要求 1 相对于附件 4 分别和附件 1-2、5、6 的结合不具备创造性，其中最接近的对比文件是附件 4；权利要求 1 相对于附件 1-3 分别和附件 5、6 的结合不具备创造性，其中最接近的对比文件是附件 1-3。权利要求 2 的附加技术特征被附件 1-1 或 2 公开，因此也不具备创造性。

本专利权利要求 1 保护一种三防双面型吊顶装饰板。附件 1-1 中公开了一种天花板（参见说明书第 3 页、附图 1-3），由铝板 2、高分子薄膜 3、塑料板 1、高分子薄膜 3、铝板 2 顺次五层构成，在加温、加压后，高分子薄膜 3 将铝板 2 与塑料板 1 粘接在一起构成一整体，其外露的主体称为主面板 4，主面板 4 根据安装物 11、棚顶结构可设计成四个边都具有折边 5，折边 5 的高度可在 5~40mm 间选择，在每条折边 5 上设计定位结构，该定位结构与固定在棚顶的安装物 11 相配合用以固定天花板。将本专利权利要求 1 与附件 1-1 相比，附件 1-1 中的塑料板、铝板分别相当于权利要求 1 中的基材、上薄板和下薄板。请求人认为，附件 1-1 中的折边相当于防水边层，但没有明确指出包边。合议组经审查认为，附件 1-1 中没有公开折边 5 具有防水功能，并且折边 5 是用于与安装物 11 相互配合以固定主面板 4，因此其功能与作用与权利要求 1 中的防水边层不同，因此权利要求 1 与附件 1-1 的区别在于：在基材的四边固定有防水边层 3，防水边层 3 的宽度大于基材四边的宽度并在上薄板 1 和下薄板 5 上均折有包边 2。

附件 1-2 公开了一种用改良的周边材及收边线板的天花板（参见说明书第 2、3 页及附图 2、3），包含至少一个以上的周边材 20，该边材固定于墙角四周，各周边材具有一匚形框 21，周边材 20 是以该匚形框 21 侧板固定于周边墙角上、该匚形框 21 容置空间则供木质横材 40 直接插置，复利用钉子垂直钉定该横材 40 于该匚形框 21 中，即可使横材 40 稳固定位，将拼接木板 50 逐一拼接钉定于该横材 40 底部，即获得所钉定木质天花板。请求人认为，附件 1-2 公开了包边，本领域技术人员根据附件1-2可以想到周边材起到防水作用。合议组经审查认为，权利要求1中的防水边层和包边分别是固定在基材四边和吊顶装饰板的上薄板、下薄板上的，而附件1-2中的周边材20是固定于周边墙角上、用于插置横材40的，并不是固定在横材及拼接木板四边的，附件1-2没有公开周边材能够起到防水作用、以及在吊顶装饰板的上薄板和下薄板上折有包边，也没有给出相应的技术启示。因此附件1-2没有公开权利要求1中的在上薄板和下薄板上均折有包边。

附件1-5公开了一种防水阻燃收边装饰板（参见说明书第1~2页及附图1-7），由面板1和基板2组成，面板1的反面与基板2固定在一起，侧板3由面板1的侧面构成，侧板3的正面加工有带色彩的图案并与面板1的正面形成一体，侧板3的反面与基板2的侧面固定在一起并罩住基板2，其中面板和基板采用防水阻燃材料制成。请求人认为，侧板相当于本专利权利要求1中的包边。合议组经审查认为，本专利权利要求1中的包边是位于上薄板和下薄板上，而附件1-5中的侧板是位于基板的侧面，并且是位于基板一侧的面板延伸到基板侧面的部分，因此附件1-5中的侧板不同于权利要求1中的包边，并且附件1-5中也没有给出在面板上设置包边的技术启示。所以附件1-5也没有公开本专利权利要求1中的在上薄板和下薄板上均折有包边。

附件3公开了一种装饰板（参见说明书第1~2页及附图1），面层2是用吸塑方法制成的方形碗状制件，其内侧边长刚好可以嵌入基层板材1，面层2的立边高度与基层板材1厚度相一致。请求人认为，面层2是防水边层相当于包边，只是没有包在上面。合议组经审查认为，本专利权利要求1中的包边是位于上薄板和下薄板上，而附件3中是面层2延伸到基层板材的侧面部分，而且面层仅设置在基层板材的一面，因此权利要求1中的包边不同于附件3中面层位于基层板材侧面的部分，并且附件3中也没有给出在基层板材上设置包边的技术启示。所以附件3也没有公开本专利权利要求1中的在上薄板和下薄板上均折有包边。

附件5公开了一种轻质耐火复合板（参见说明书第1、2页及摘要附图），复合板的四边是骨架，以及中部由分格的骨架，骨架之间嵌有填充料，骨架和填充料的两侧面是耐火层，耐火层的外侧面是装饰层，复合板的四周边有包边层。请求人认为，附件5中四周边有包边层相当于防水边层，从四边层中可以得出上、下面也有包边。合议组经审查认为，附件5的文字部分并没有明确记载在复合板的上、下表面设有包边层，并且从其摘要附图中也无法得出在复合板的上、下表面设有包边层，因此附件5中的包边层不同于本专利权利要求1中设置于上、下薄板上的包边，并且附件5中也没有给出在复合板上、下表面设置包边的技术启示。所以附件5也没有公开权利要求1中的在上薄板和下薄板上均折有包边。

附件6公开了一种抗静电复合地板（参见说明书第1、2页及附图1、2），在基材1上、下表面铺铝合金板4，在上表面铝合金板的表面贴以抗静电贴面板5，其四周侧面用导电胶、导电粘附剂将金属包边板6粘牢。请求人认为，附件6公开了包边。合议组经审查认为，附件6的文字部分并没有明确记载在复合地板的上、下表面设有包边板6，并且从其附图中也无法得出在复合地板的上、下表面设有包边板6，因此附件6中的包边板不同于本专利权利要求1中设置于上、下薄板上的包边，并且附件6也没有给出在复合地板上、下表面设置包边的技术启示。所以附件6也没有公开权利要求1中的在上薄板和下薄板上均折有包边。

由此可见，即使将附件1-1与附件1-2、1-5、3、5、6的结合起来也没有公开本专利权利要求1中的在上薄板和下薄板上均折有包边，并且也没有给出相应的技术启示，本领域技术人员在上述附件的基础上需要付出创造性劳动才能获得权利要求1请求保护的技术方案，并且权利要求1由于设置了包边，取得了有效防止水从上薄板和下薄板渗入基材四边从而渗入基材的有益效果。所以，请求人关于本专利权利要求1相对于件1-1与附件1-2、1-5、3、5、6的结合不具备创造性的主张不成立。

附件2公开了一种以石膏为基材的饰面天花板（参见倒数第2页），在贴膜饰面天花板背部贴有铝箔防护背贴。请求人认为，附件2只是公开了三层结构。专利权人认可附件2公开了三层结构。合议组经审查认为，将本专利权利要求1与附件2相比，附件2没有公开权利要求1中的“在基材（4）的四边固定有防水边层（3），防水边层（3）的宽度大于基材（4）四边的宽度并在上薄板（1）和下薄板（5）上均折有包边（2）”。

如上所述，由于附件1-2、1-5、3、5、6均未公开本专利权利要求1中的在上薄板和下薄板上均折有包边，并且也没有给出相应的技术启示，因此本领域普通技术人员即使将附件2与附件1-2、1-5、3、5、6结合起来也无法显而易见的得出权利要求1请求保护的技术方案，并且权利要求1由于设置了包边，取得了有效防止水从上薄板和下薄板渗入基材四边从而渗入基材的有益效果。所以，请求人关于本专利权利要求1相对于附件2与附件1-2、1-5、3、5、6的结合不具备创造性的主张不成立。

附件4公开了一种建筑用多功能装饰板（参见说明书第1、2页及附图1），包括底层1，防火层2和隔热保温层3是粘合为一体的，在隔热保温层3上粘连有面层4。请求人认为，附件4公开了三层结构。专利权人认可附件4公开了本专利的三层结构。合议组经审查认为，将本专利权利要求1与附件4相比，附件4没有公开权利要求1中的“在基材（4）的四边固定有防水边层（3），防水边层（3）的宽度大于基材（4）四边的宽度并在上薄板（1）和下薄板（5）上均折有包边（2）”。

如上所述，由于附件1-2、5、6均未公开本专利权利要求1中的在上薄板和下薄板上均折有包边，并且也没有给出相应的技术启示，因此本领域普通技术人员即使将附件4与附件1-2、5、6结合起来也无法显而易见的得出权利要求1请求保护的技术方案，并且权利要求1由于设置了包边，取得了有效防止水从上薄板和下薄板渗入基材四边从而渗入基材的有益效果。所以，请求人关于本专利权利要求1相对于附件4与附件1-2、5、6的结合不具备创造性的主张不成立。

附件1-3公开了一种复合板（参见说明书第1、2页及附图1-3），包括上下两层基板，所述的两层基板之间设置有弹性填充物，在弹性填充物的四周还设置有边框，两层基板分别通过胶水与弹性填充物及边框压实并黏结。请求人认为，附件1-3公开了三层结构和防水边层。合议组经审查认为，将本专利权利要求1与附件1-3相比，附件1-3没有公开权利要求1中的在上薄板、下薄板上均折有包边，并且附件1-3中没有说明边框能够起到防水的作用。

如上所述，由于附件5、6均未公开本专利权利要求1中的在上薄板和下薄板上均折有包边，并且也没有给出相应的技术启示，因此本领域普通技术人员即使将附件1-3与附件5、6结合起来也无法显而易见的得出权利要求1请求保护的技术方案，并且权利要求1由于设置了包边，取得了有效防止水从上薄板和下薄板渗入基材四边从而渗入基材的有益效果。所以，请求人关于本专利权利要求1相对于附件1-3与附件5、6的结合不具备创造性的主张不成立。

从属权利要求2引用权利要求1，请求人认为附件1-1或2公开了权利要求2的附加技术特征。而如上所述，请求人关于权利要求1不具备创造性的主张不成立，并且附件1-1或2均未公开权利要求1中的包边，因此请求人关于权利要求2不具备创造性的主张也不成立。

请求人提交的附件1还包括检索报告，但合议组认为，检索报告不能证明本专利权利要求1~2不具备创造性。

综上所述，请求人关于本专利权利要求1~2不具备创造性、权利要求2不符合专利法实施细则第2条第2款规定的主张不成立。

基于上述理由，合议组依法作出如下决定。

三、决定

维持200320108023.1号实用新型专利权有效。

当事人对本决定不服的，可以根据专利法第46条第2款的规定，自收到本决定之日起三个月内向北京市第一中级人民法院起诉。根据该款的规定，一方当事人起诉后，另一方当事人应当作为第三人参加诉讼。

084

一种带有开瓶器的帽子

无效宣告请求审查决定（第11500号）

决　定　号　第11500号
决　定　日　2008年5月14日
发明创造名称　一种带有开瓶器的帽子
国际分类号　A42B1/24
无效宣告请求人　泰州捷锋帽业有限公司
专利权人　青岛丰昌制帽有限公司
专　利　号　200620132048.9
申　请　日　2006年8月29日
授权公告日　2007年9月5日
合议组组长　张　琳
主　审　员　毕艳红
参　审　员　程　华

法律依据　专利法第22条第2款、第3款
决定要点

最接近现有技术未公开两个组成部件之间具体的连接方式，本专利权利要求具体限定了上述组成部件之间的一种具体的连接方式，导致二者技术方案实质上不同，该权利要求相对于该最接近的现有技术具备新颖性。但由于本专利权利要求所限定的上述具体连接方式是所属技术领域的惯用手段，因此该权利要求相对于该最接近的现有技术不具备创造性。

一、案由

本无效宣告请求涉及国家知识产权局于2007年9月5日授权公告的、专利号为200620132048.9号实用新型专利（下称本专利），其申请日是2006年8月29日、名称为“一种带有开瓶器的帽子”、专利权人为青岛丰昌制帽有限公司。其授权公告的权利要求书内容如下：

“1. 一种带有开瓶器的帽子，包括帽体和帽檐，其特征在于：所述帽檐上设置有一个通孔，帽檐内侧通孔上覆盖一个带通孔的钢板，所述钢板通过螺钉安装在帽檐上，钢板的通孔和帽檐的通孔相贯通，钢板向通孔的方向设置有一个小凸起。

2. 如权利要求1所述的带有开瓶器的帽子，其特征在于：所述帽檐外侧通孔上覆盖一个装饰板。

3. 如权利要求2所述的带有开瓶器的帽子，其特征在于：所述帽子为带有帽檐的棒球帽或礼帽。”

针对上述专利权，泰州捷锋帽业有限公司（下称请求人）于 2008 年 1 月 8 日向国家知识产权局专利复审委员会提出无效宣告请求，其无效理由为本专利不符合专利法第 22 条第 2、3 款有关新颖性、创造性的规定。请求人提交了如下附件：

附件 1：USD503516S 号美国外观专利说明书及其中文译文共 10 页，授权日为 2005 年 4 月 5 日；

附件 2：专利号为 03215414.3 号中国实用新型专利说明书共 4 页，授权公告日为 2004 年 1 月 28 日。

在上述无效宣告请求书中，请求人指出：（1）附件 1 公开了一种带有开瓶器的帽子，从附图中可以清楚看出，帽子的帽檐上带有开瓶器。本实用新型所解决的技术问题是提供一种带有开瓶器的帽子，帽子和开瓶器的结构均没有技术上的创新，其发明点完全被附件 1 所公开，权利要求 1 相对于附件 1 不具备新颖性；（2）本专利权利要求 1 将已知的开瓶器安装在已知的帽子的帽檐上，二者组合时仍各自以其常规的方式工作，在功能上没有相互作用关系，只是一种简单的叠加，这种组合发明不符合专利法第 22 条第 3 款有关创造性的规定；（3）权利要求 1 相对于附件 1、2 不符合专利法第 22 条第 3 款有关创造性的规定；（4）权利要求 2 附加技术特征中在帽檐外侧通孔上覆盖装饰板的目的是为了不影响帽子的美观，上述技术特征没有解决任何技术问题并未带来任何技术上的效果，在权利要求 1 不具备创造性的情况下，权利要求 2 也不具备创造性；（5）权利要求 3 引用权利要求 2，对帽子的种类进行了限定，没有带来任何技术上的效果，在权利要求 2 不具备创造性的情形下，权利要求 3 不具备创造性。

经形式审查合格，专利复审委员会受理了上述无效宣告请求，并于 2008 年 2 月 13 日向双方当事人发出了无效宣告请求受理通知书，同时将请求人提交的无效宣告请求书及其证据清单中所列附件的副本转给专利权人，并指定了专利权人进行答复的期限。

请求人于 2008 年 1 月 15 日提交了意见陈述书，提交了无效宣告请求书第 1 页及其附页第 1 页的修改替换页，修改专利权人名称所存在的错误。

请求人于 2008 年 2 月 2 日提交了意见陈述书，并补充提交了如下附件（编号承前）：

附件 3：US20060031977A1 号美国专利申请文件公开文本及其中文译文共 14 页，公开日为 2006 年 2 月 16 日。

在此次意见陈述中，请求人指出，本专利权利要求 1 被附件 3 的权利要求 16 所公开，权利要求 1 相对于附件 3 不符合专利法第 22 条第 2 款有关新颖性的规定；权利要求 1 与附件 3 的区别特征是本领域一种普通的连接方式，将其应用于权利要求 1 的技术方案上也并未带来技术上的进步，因此权利要求 1 相对于附件 3 不符合专利法第 22 条第 3 款有关创造性的规定；在权利要求 1 不具备新颖性或创造性的基础上，权利要求 2、3 不具备创造性。

针对专利复审委员会于 2008 年 2 月 13 日发出的上述无效宣告请求受理通知书，专利权人在指定期限内未进行答复。

专利复审委员会依法成立合议组，本案合议组于 2008 年 3 月 28 日向双方当事人发出口头审理通知书，定于 2008 年 5 月 12 日对本案进行口头审理，随口审通知书将请求人于 2008 年 1 月 15 日、2008 年 2 月 2 日提交的意见陈述书及其附件清单中所列附件的副本转给专利权人。

口头审理如期举行，请求人出席了口头审理，专利权人缺席，请求人对合议组成员无回避请求。请求人明确无效理由为：权利要求 1 相对于附件 3 不符合专利法第 22 条第 2 款有关新颖性的规定；权利要求 1~3 相对于附件 3 或附件 1、2 的结合不符合专利法第 22 条第 3 款有关创造性的规定。请求人明确表示放弃其他无效宣告理由。评述新颖性时，请求人认为，虽然附件 3 未公开本专利权利要求 1 中开瓶器与帽檐具体的连接方式为螺钉连接，但由于附件 3 中公开了开瓶器与帽舌可拆卸的连接，而螺钉连接是可拆卸的连接方式中的一种，因此附件 3 已经隐含公开了权利要求 1 的上述技术特征，破坏权利要求 1 的新颖性。

在上述工作的基础上，合议组认为本案事实已经清楚，故依法作出审查决定。

二、决定的理由

1. 证据认定

请求人在提出无效宣告请求后的一个月举证期限内补充提交了附件 3。附件 3 为美国专利申请文件公开文本及其中文译文，公开日为 2006 年 2 月 16 日。专利权人在指定期限内未对附件 3 的真实性及中文译文的准确性提出异议，经合议组核实，确认附件 3 的真实性及其中文译文的准确性。由于附件 3 的公开日早于本专利的申请日，因此其可以作为评价本专利新颖性和创造性的现有技术证据使用。

2. 关于本专利的新颖性

专利法第 22 条第 2 款规定：新颖性，是指在申请日以前没有同样的发明或者实用新型在国内外出版物上公开发表过、在国内公开使用过或者以其他方式为公众所知，也没有同样的发明或者实用新型由他人向国务院专利行政部门提出过申请并且记载在申请日以后公布的专利申请文件中。

本专利权利要求 1 涉及一种带有开瓶器的帽子，附件 3 中文译文说明书第 1 页第 0003 段、第 0018 段第 1 行公开了一种带有开瓶器的头部覆盖物如帽子（对应于权利要求 1 中带有开瓶器的帽子）；附件 3 中文译文说明书第 1 页第 0017 段及附图 1 公开了该帽子包括帽圈 12、帽顶 14 和帽檐 16（其中帽圈 12、帽顶 14 等构成帽体，对应于权利要求 1 的帽体；帽檐 16 对应于权利要求 1 的帽檐）；附件 3 中文译文说明书第 0018 段第 5 行公开了 “帽檐 16 简称为帽舌 16”。附件 3 中文译文第 2 页权利要求第 12 项公开了帽舌具有一开孔（对应于权利要求 1 帽檐上设置有一个通孔），开瓶器置于帽舌的开孔内（附件 3 中的开瓶器 18 对应于权利要求 1 的开瓶器）；附件 3 中文译文说明书第 0021 段公开了开瓶器具有一接近刚性板材（对应于权利要求 1 中的钢板），所述板材有利于构成帽舌的下层，所述板材设置一尺寸满足容置盖住瓶口的瓶盖的孔，开瓶器的孔置于帽舌开孔内（附件 3 中的钢板构成帽舌的下层并且带有通孔，对应于权利要求 1 中的帽檐内侧通孔上覆盖一个带通孔的钢板及钢板的通孔和帽檐的通孔相贯通），该段同时公开了开瓶器具有一向孔内延伸的突起（对应于权利要求 1 中的钢板向通孔的方向设置有一个小凸起）。

对比权利要求 1 与附件 3 公开的上述内容可知，二者的区别特征在于，本专利权利要求 1 限定了“钢板通过螺钉安装在帽檐上”，而附件 3 公开了开瓶器可从帽舌上拆除（参见附件 3 说明书第 1 页右侧栏第 0020 段），即附件 3 未公开开瓶器与帽舌的具体连接方式，属于上位概念，而本专利权利要求 1 公开了具体连接方式，属于下位概念，上位概念的公开无法破坏下位概念限定的权利要求的新颖性。虽然如请求人在口头审理过程中所述，螺钉连接方式是可拆卸连接方式中的一种，但附件 3 并未公开具体采用哪种可拆卸连接方式，从附件 3 中不能直接、毫无疑义的确定其中必然采用螺钉连接的方式，即权利要求 1 与附件 3 的区别特征并不属于附件 3 隐含公开的内容。因此，附件 3 与权利要求 1 所涉及的技术方案实质上不同，权利要求 1 相对于附件 3 具备新颖性，符合专利法第 22 条第 2 款的规定。

3. 关于本专利的创造性

专利法第 22 条第 3 款规定：创造性，是指同申请日以前已有的技术相比，该发明有突出的实质性特点和显著的进步，该实用新型有实质性特点和进步。

（1）基于权利要求 1 相对于附件 3 具备新颖性的上述分析，附件 3 公开了开瓶器与帽舌通过可拆卸的方式连接，而螺钉连接是解决物体连接常用的可拆卸连接方式之一，即权利要求 1 与附件 3 的上述区别特征是本领域技术人员解决开瓶器与帽舌可拆卸连接方式的惯用手段，且上述惯用手段的应用并未取得有益的技术效果，因此权利要求 1 相对于附件 3 和公知常识的结合不具备实质性特点和进步，不符合专利法第 22 条 3 款有关创造性的规定。

（2）权利要求 2 引用权利要求 1，其限定部分的技术特征为“帽檐外侧通孔上覆盖一个装饰板”。为不影响帽子的美观，在帽檐外侧通孔上覆盖一个装饰板是本技术领域的惯用手段，因此当其引用的权利要求不具备创造性时，权利要求 2 相对于附件 3 不具备实质性特点和进步，不符合专利法第 22 条第 3 款有关创造性的规定。

（3）权利要求 3 引用权利要求 2，其限定部分的技术特征为“帽子为带有帽檐的棒球帽或礼帽”，带帽檐的帽子的具体类型是本领域技术人员的公知常识，因此当其引用的权利要求不具备创造性时，权利要求 3 相对于附件 3 不具备实质性特点和进步，不符合专利法第 22 条第 3 款有关创造性的规定。

鉴于本专利权利要求 1~3 相对于附件 3 不具备创造性，本决定对请求人提出的其他无效理由及其证据不再予以评述。

三、决定

宣告 200620132048.9 号实用新型专利权全部无效。

当事人对本决定不服的，可以根据专利法第 46 条第 2 款的规定，自收到本决定之日起三个月内向北京市第一中级人民法院起诉。根据该款的规定，一方当事人起诉后，另一方当事人应当作为第三人参加诉讼。

085

一种砼填充用空心管

无效宣告请求审查决定（第11502号）

决　　定　　号　第11502号
决　　定　　日　2008年5月20日
发明创造名称　一种砼填充用空心管
国 际 分 类 号　E04B 5/16
无效宣告请求人　嘉兴市多凌建筑结构材料有限公司，上海多凌建筑结构材料有限公司
专　利　权　人　邱则有
申　　请　　号　200310104265.8
申　　请　　日　2003年10月27日
授 权 公 告 日　2006年6月21日
合 议 组 组 长　刘敏飞
主　　审　　员　王　森
参　　审　　员　郭建强

法　律　依　据　专利法第22条第2款、第3款
决　定　要　点

所谓同样的发明，是指技术方案实质上相同，并且技术领域、所要解决的技术问题和预期效果相同的发明。

判断发明是否具有突出的实质性特点就是要判断对本领域的技术人员来说，要求保护的发明相对于现有技术是否显而易见。

一、案由

本无效宣告请求涉及中华人民共和国国家知识产权局于2006年6月21日授权公告的、名称为“一种砼填充用空心管”的发明专利权（下称本专利），其专利号是200310104265.8，申请日是2003年10月27日，专利权人是邱则有。本专利授权公告时的权利要求书如下：

“1. 一种砼填充用空心管，包括空心管体（1）、堵头（2），两端堵头（2）将空心管体（1）两端封闭形成封闭空腔的空心管，其特征在于空心管体（1）或堵头（2）上的至少一个中伸出有定位脚（3）。

2. 根据权利要求1所述的一种砼填充用空心管，其特征在于所述的空心管体（1）、堵头（2）或定位脚（3）的至少一个中含有增强物（4），或者有增强物（4）外露。

3. 根据权利要求2所述的一种砼填充用空心管，其特征在于所述的空心管体（1）或堵头（2）

内有增强物（4）伸入定位脚（3）内锚固。

4. 根据权利要求2所述的一种砼填充用空心管，其特征在于所述的空心管体（1）壁内的增强物（4）伸入堵头（2）内锚固，或者与堵头（2）内增强物（4）连接后锚固。

5. 根据权利要求2所述的一种砼填充用空心管，其特征在于所述的堵头（2）内的增强物（4）伸入空心管体（1）的壁内锚固，或者与空心管体（1）的壁内的增强物（4）连接后锚固。

6. 根据权利要求1所述的一种砼填充用空心管，其特征在于所述的定位脚（3）为活动的或可拆卸的定位脚。

7. 根据权利要求1所述的一种砼填充用空心管，其特征在于所述的定位脚（3）位于空心管的管底或管侧或管顶中的至少一个位置。

8. 根据权利要求1所述的一种砼填充用空心管，其特征在于所述的定位脚（3）在空心管的管底设置有三个。

9. 根据权利要求1所述的一种砼填充用空心管，其特征在于所述的堵头（2）置于空心管体（1）的端口内或端口或包裹在端口上。

10. 根据权利要求1所述的一种砼填充用空心管，其特征在于所述的堵头（2）为至少两层叠合而成。

11. 根据权利要求1至10中任一权利要求所述的一种砼填充用空心管，其特征在于所述的空心管体（1）的横截面形状为四边形，其至少一个转角（5）为弧形角或倒角或阴角，空心管体（1）的至少一个面（6）为外凸弧面、内凹弧面或凹凸不平面。

12. 根据权利要求11所述的一种砼填充用空心管，其特征在于所述的空心管体（1）的平面状的面（6）为平板。

13. 根据权利要求11所述的一种砼填充用空心管，其特征在于所述的空心管体（1）的面（6）为近似平板状的单曲面、双曲面、多曲面或波纹面。

14. 根据权利要求1至10中任一权利要求所述的一种砼填充用空心管，其特征在于所述的空心管两端的转角（5）为弧形角或倒角或阴角中的至少一种。

15. 根据权利要求1至10中任一权利要求所述的一种砼填充用空心管，其特征在于所述的空心管体（1）上至少一个面（6）叠合有叠合层（7）。

16. 根据权利要求1至10中任一权利要求所述的一种砼填充用空心管，其特征在于所述的空心管体（1）内设置有杆件（8）、加劲肋板（9）或加强筋（10）中的至少一个。

17. 根据权利要求16所述的一种砼填充用空心管，其特征在于所述的杆件（8）、加劲肋板（9）或加强筋（10）为叠合在空心管体（1）内的预制杆件、加劲肋板或加强筋。

18. 根据权利要求16所述的一种砼填充用空心管，其特征在于所述的空心管体（1）内设置的加劲肋板（9）为叠合在其内的预制的加劲肋板。

19. 根据权利要求1至10中任一权利要求所述的一种砼填充用空心管，其特征在于所述的两端堵头（2）均为加劲肋板（9），或一端为堵头（2），另一端为加劲肋板（9）。

20. 根据权利要求1至10中任一权利要求所述的一种砼填充用空心管，其特征在于所述的空心管体（1）或堵头（2）上设置有凹槽（11）或凸块（12）或孔洞（13）中的至少一个。

21. 根据权利要求1至10中任一权利要求所述的一种砼填充用空心管，其特征在于所述的空心管体（1）或堵头（2）上设置有连接件（14）。

22. 根据权利要求1至10中任一权利要求所述的一种砼填充用空心管，其特征在于所述的空心管体（1）为水泥纤维、水泥钢丝网或水泥纤维和钢丝网管体，堵头（2）为水泥砂浆或水泥砼。

23. 根据权利要求 22 所述的一种砼填充用空心管，其特征在于所述的堵头（2）内还含有增强物（3）。

24. 根据权利要求 1 至 10 中任一权利要求所述的一种砼填充用空心管，其特征在于所述的空心管体（1）为金属波纹管、塑料波纹管、玻璃钢波纹管。

25. 根据权利要求 1 至 10 中任一权利要求所述的一种砼填充用空心管，其特征在于所述的空心管上设置有搬运件（15）。"

针对本专利权，嘉兴市多凌建筑结构材料有限公司（下称第一请求人）于 2007 年 8 月 22 日向专利复审委员会提出无效宣告请求，认为本专利权利要求 1、7、8 不符合专利法第 22 条第 2、3 款的规定，第一请求人同时提交了如下附件：

附件 1-1：本专利（ZL200310104265.8）的授权文本；

附件 1-2：授权公告日为 2003 年 12 月 24 日，申请日为 2003 年 4 月 16 日，专利权人为欧阳文皇，授权公告号为 CN2594350Y 的实用新型专利说明书，共 5 页；

附件 1-3：日本专利公开文本特开平 8-151791A 的全文及其中文译文，共 7 页，公开日为 1996 年 6 月 11 日；

附件 1-4：授权公告日为 2001 年 12 月 19 日，授权公告号为 CN2466272Y 的实用新型专利说明书，共 5 页；

附件 1-5：授权公告日为 2005 年 1 月 5 日，授权公告号为 CN2668762Y 的实用新型专利说明书，共 9 页；

附件 1-6：国家知识产权局专利检索咨询中心关于申请号为 200320114161.0 的专利的检索报告复印件，编号为 G071545，共 4 页。

第一请求人认为：附件 1-2 构成了本专利的抵触申请，本专利权利要求 1、7、8 的技术方案被附件 1-2 公开，所以权利要求 1、7、8 不具备新颖性；本专利权利要求 1、7、8 相对于附件 1-3 或附件 1-4 没有创造性。

经形式审查合格，专利复审委员会依法受理了上述无效宣告请求，并于 2007 年 9 月 13 日向第一请求人和专利权人发出无效宣告请求受理通知书，同时将专利权无效宣告请求书及其附件清单中所列附件的副本转送给专利权人，并要求专利权人在指定的期限内陈述意见。

专利权人于 2007 年 11 月 5 日提交了意见陈述，认为第一请求人对各附件公开内容的理解和具体意见陈述不准确，对附件 3 中文译文的准确性有异议。专利权人同时提交了如下附件：

反证 1：日本专利公开文本特开平 8-151791A 的中文译文（即附件 1-3 的中文译文），共 3 页。

专利复审委员会依法成立合议组对上述无效宣告请求进行审查。

本案合议组于 2007 年 11 月 30 日向双方发出无效宣告请求口头审理通知书，定于 2008 年 1 月 28 日在专利复审委员会举行口头审理。随同口头审理通知书，将专利权人于 2007 年 11 月 5 日提交的意见陈述书及所附附件副本转送给第一请求人。

口头审理如期举行，双方当事人均参加了口头审理。

在口头审理中，第一请求人明确其无效理由、范围和证据为：权利要求 1、7、8 相对于附件 1-2 不具有新颖性；权利要求 1、7、8 相对于附件 1-4 不具有创造性。第一请求人明确附件 1-3、1-5、1-6仅作为参考，不作为证据使用。专利权人对附件 1-2、附件 1-4 的真实性、公开性没有异议。

针对本专利权，上海多凌建筑结构材料有限公司（下称第二请求人）于 2008 年 1 月 8 日也向专利复审委员会提出无效宣告请求，认为本专利权利要求 1 不符合专利法第 22 条第 2、3 款的规定，权利要求 15 不符合专利法第 22 条第 3 款的规定。第二请求人同时提交了如下附件：

附件 2-1：公开日为 1998 年 12 月 16 日的 EP0884427A2 号欧洲专利公开文本全文及其中文译文（下称对比文件 1）；

附件 2-2：公开日为 1936 年 5 月 26 日的 US2042113 号美国专利全文及其中文译文（下称对比文件 2）；

附件 2-3：公开日为 1950 年 2 月 7 日的 US2497058 号美国专利全文及其中文译文（下称对比文件 3）；

附件 2-4：公开日为 2002 年 2 月 27 日，公开号为 CN1337507A 的发明专利申请公开说明书（下称对比文件 4）；

附件 2-5：授权公告日为 1999 年 10 月 13 日，授权公告号为 CN2343240Y 的实用新型专利说明书（下称对比文件 5）；

附件 2-6：公开日为 2003 年 3 月 12 日，公开号为 CN1401865A 的发明专利申请公开说明书（下称对比文件 6）。

经形式审查合格，专利复审委员会依法受理了上述无效宣告请求，并于 2008 年 2 月 13 日向第二请求人和专利权人发出无效宣告请求受理通知书，同时将专利权无效宣告请求书及其附件清单中所列附件的副本转送给专利权人，并要求专利权人在指定的期限内陈述意见。

第二请求人于 2008 年 2 月 1 日向专利复审委员会提交了意见陈述书，补充了无效宣告的理由和证据，并同时提交了如下附件：

附件 2-7：授权公告日为 2003 年 12 月 24 日，申请日为 2003 年 4 月 16 日，专利权人为欧阳文皇，授权公告号为 CN2594350Y 的实用新型专利说明书（下称对比文件 7）；

附件 2-8：公开日为 1995 年 8 月 30 日，公开号为 CN1107541A 的发明专利申请公开说明书（下称对比文件 8）；

附件 2-9：授权公告日为 2001 年 12 月 19 日，授权公告号为 CN2466272Y 的实用新型专利说明书（下称对比文件 9）；

附件 2-10：公开日为 2002 年 9 月 11 日，公开号为 CN1368585A 的发明专利申请公开说明书（下称对比文件 10）；

附件 2-11：公开日为 2002 年 9 月 18 日，公开号为 CN1369363A 的发明专利申请公开说明书（下称对比文件 11）；

附件 2-12：公开日为 2003 年 3 月 19 日，公开号为 CN1403667A 的发明专利申请公开说明书（下称对比文件 12）；

附件 2-13：国家知识产权局专利检索咨询中心关于专利号为 ZL200310104265.8 的发明专利申请的检索报告复印件，编号为 G072101，共 5 页。

第二请求人认为：本专利权利要求 1、7~10、15、16、19 不具备新颖性和创造性；权利要求 6 不具备创造性。

针对专利复审委员会发出的上述无效宣告请求受理通知书，专利权人于 2008 年 3 月 31 日提交了意见陈述书及以下证据：

证据 1：公开日为 1998 年 12 月 16 日的 EP0884427A2 号欧洲专利公开文本全文及其中文译文；

证据 2：公开日为 1936 年 5 月 26 日的美国专利 US2042113 的中文译文（即对比文件 2 的中文译文）；

证据 3：公开日为 1950 年 2 月 7 日的美国专利 US2497058 的中文译文（即对比文件 3 的中文译文）。

专利权人对第二请求人提交的附件2-1、2-2、2-3的中文译文的准确性有异议，并提交了其认可的中文译文，即证据1、2和3；而且专利权人对第二请求人对各附件公开内容的理解和具体意见陈述的准确性不予认可。

专利复审委员会依法成立合议组对上述无效宣告请求进行审查。

本案合议组于2008年3月17日向双方发出无效宣告请求口头审理通知书，定于2008年4月28日在专利复审委员会举行口头审理。随同口头审理通知书，将第二请求人于2008年2月1日提交的意见陈述书及其附件清单中所列附件的副本转送给专利权人。

本案合议组于2008年4月3日向第二请求人发出转文通知书，将专利权人于2008年3月31日提交的意见陈述书及其附件清单中所列附件的副本转送给第二请求人。

口头审理如期举行，双方当事人均参加了口头审理。

在口头审理中，第二请求人明确其无效理由、范围和证据为：权利要求1被对比文件1~4、6、7、11单独公开不具有新颖性，与对比文件1~4、6、11单独对比不具备创造性，相对于对比文件4和9的结合不具有创造性，其中对比文件4是最接近的对比文件；权利要求6与对比文件4、6、11单独对比不具备创造性，权利要求6的附加技术特征被对比文件1或2或10公开不具有创造性，权利要求6的附加技术特征为公知常识；权利要求7被对比文件4或7或11公开不具有新颖性，权利要求7相对于对比文件4或11不具备创造性，对比文件1或2或9或12公开了权利要求7的附加技术特征；权利要求8被对比文件7公开不具有新颖性，权利要求8的附加技术特征被对比文件10或11公开不具有创造性，权利要求8相对于对比文件4或11不具备创造性；权利要求9被对比文件7或11公开不具有新颖性，权利要求9的附加技术特征被对比文件1~6、11、12分别公开不具有创造性，权利要求9相对于对比文件11不具备新颖性；权利要求10被对比文件11公开不具有新颖性，权利要求10的附加技术特征被对比文件5、6、11、12分别公开不具有创造性，权利要求10相对于对比文件11不具备创造性；权利要求15相对于对比文件11不具有新颖性，权利要求15的附加技术特征被对比文件4~6、11、12分别公开不具有创造性，其附加技术特征也是容易想到的；权利要求16被对比文件4或11公开不具有新颖性，权利要求16的附加技术特征被对比文件1、2、6、11、12分别公开不具有创造性，权利要求16相对于对比文件4或6或11不具备创造性；权利要求19被对比文件4或6或11公开不具有新颖性，创造性。其中权利要求15、16、19仅评述引用权利要求1、6~10的技术方案，并且权利要求15、16、19引用权利要求6的技术方案仅评述创造性。第二请求人当庭放弃对比文件8，并明确表示其提交的附件2-13“检索报告”仅供参考，不作为证据使用。专利权人对对比文件1~12的真实性没有异议。第二请求人当庭提交了中专翻译公司翻译的对比文件1~3的中文译文，合议组当庭将其转给专利权人，专利权人当庭签收。双方均认可对比文件1~3的中文译文以该翻译件为准；双方均同意将专利权人提交的证据1中的图5作为对比文件1的公开内容，并作为证据使用。

至此，合议组认为本案事实已经清楚，可以作出审查决定。

二、决定的理由

1. 关于证据和现有技术

第二请求人提交的证据包括对比文件1~7、9~12，专利权人对对比文件1~7、9~12的真实性没有异议，合议组经审查认为上述对比文件可以作为本案证据使用。同时由于比文件1~6、9~12为公开出版物，且其公开日期在本专利的申请日前，因此上述对比文件可以作为本专利的现有技术使用。对比文件7为本专利申请日前由他人向专利局提出的、在本专利申请日后公开的专利文献，因此其仅能用来评述本专利的新颖性。由于第二请求人当庭提交了中专翻译公司翻译的对比文件1~3的中文

译文，专利权人当庭签收，双方均认可对比文件1~3的中文译文以该翻译件为准；且双方均同意将专利权人提交的证据1中的图5作为对比文件1的公开内容，并作为证据使用，因此对比文件1~3的公开内容以第二请求人当庭提交的中专翻译公司翻译的对比文件1~3的中文译文为准，并将专利权人提交的证据1中的图5也作为对比文件1的公开内容。

2. 关于新颖性和创造性

专利法第22条第2款规定，新颖性，是指在申请日以前没有同样的发明或者实用新型在国内外出版物上公开发表过、在国内公开使用过或者以其他方式为公众所知，也没有同样的发明或者实用新型由他人向国务院专利行政部门提出过申请并记载在申请日以后公布的专利申请文件中。

所谓同样的发明，是指技术方案实质上相同，并且技术领域、所要解决的技术问题和预期效果相同的发明。

专利法第22条第3款规定，创造性，是指同申请日以前已有的技术相比，该发明有突出的实质性特点和显著的进步，该实用新型具有实质性特点和进步。

判断发明是否具有突出的实质性特点就是要判断对本领域的技术人员来说，要求保护的发明相对于现有技术是否显而易见。

（1）关于权利要求1的新颖性或创造性。

第二请求人认为权利要求1相对于对比文件11不具备新颖性或创造性。

对比文件11公开了一种钢筋砼用加劲肋空心薄壁管的制作方法，该方法用模具将半边管10制作好，将加劲肋12放入半边管10中，将另一半边管与已胶结加劲肋12的半边管10结合，加劲肋12将薄壁管的两端封闭成空心薄壁管，加劲肋12上的露肋14由管体伸出，露肋14可作为施工时加劲肋空心薄壁管的支撑脚使用，空心薄壁管可一端为堵头，另一端为加劲肋，或两端均为堵头。

合议组经审查认为，本专利权利要求1实质上包含三个技术方案，分别为a. 空心管体上伸出有定位脚；b. 堵头上伸出有定位脚；c. 空心管体和堵头上都伸出有定位脚。对比文件11公开的技术方案与权利要求1的a技术方案实质上相同，所属技术领域的技术人员根据两者的技术方案可以确定两者能够适用于相同的技术领域，解决相同的技术问题，并具有相同的预期效果，两者为同样的发明，因此权利要求1的a技术方案相对于对比文件11不具备新颖性。

专利权人认为对比文件11露肋（14）是加劲肋的一部分，其本身不是支撑脚，且支撑脚与定位脚不同。露肋只是加劲肋的部分，不是普通空心管的一部分，对比文件11中没有公开空心管管体与堵头同时伸出有露肋的情况。对比文件11的露肋主要是起到连接作用，只是在是在施工中可作支撑脚使用。本专利的定位脚既能支撑，又能定位。对此合议组认为，对比文件11已经明确记载了加劲肋12上的露肋14可作为施工时加劲肋空心薄壁管的支撑脚使用，并且由于该露肋突出于管体外，因此在将其应用于现浇砼楼板时，其也能起到防止薄壁管彼此产生移位或错位，管外砼保护层厚度不一致等现象的作用，显然也具有定位的功能。对比文件11中的露肋与权利要求1中的定位脚仅是名称不同，两者的功能及在应用时具有的效果都是相同的，因此专利权人的上述主张不能说明权利要求1的a技术方案具备新颖性。

与对比文件11相比，权利要求1的b技术方案的技术特征“堵头上伸出有定位脚”、权利要求1的c技术方案的技术特征“空心管体和堵头上伸出有定位脚”没有被对比文件11公开，但是对比文件11给出了可在管体上和管体端部设置露肋来进行支撑及定位的技术启示，并且对比文件11也明确说明了空心薄壁管的两端可为堵头，因此为了进行支撑和定位，本领域的技术人员通过对比文件11给出的技术启示很容易会想到在堵头上伸出露肋或在管体和堵头上同时伸出露肋，因此在对比文件11的基础上得出权利要求1的b和c技术方案是显而易见的，权利要求1的b和c技术方案不具备创

造性。

（2）关于权利要求 6 的创造性。

第二请求人认为：对比文件 11 与本专利权利要求 6 的区别为权利要求 6 中定位脚是可拆卸的，这是公知常识，也是容易想到的。

专利权人认为：权利要求 6 的附加技术特征不是公知常识。

合议组经审查认为，权利要求 6 与对比文件 11 的区别为：所述的定位脚为活动的或可拆卸的定位脚。通过对比文件 11 给出的可在管体上和管体端部设置露肋来进行支撑及定位的技术启示，为了便于运输及移动空心管，本领域的技术人员也会很容易地想到将对比文件 11 中的露肋设置成活动或可拆卸形式，因此在对比文件 11 的基础上，本领域的技术人员得到权利要求 6 请求保护的技术方案是显而易见的，在权利要求 6 引用的权利要求 1 不具备新颖性或创造性时，权利要求 6 也不具备创造性。

（3）关于权利要求 7 的新颖性或创造性。

第二请求人认为：对比文件 11 公开了在管底、管顶、管侧设置定位脚。

专利权人认为：露肋是支撑脚，不是定位脚。

合议组经审查认为，对比文件 11 公开了露肋位于空心薄壁管管底或管侧或管顶中的至少一个位置，即对比文件 11 已经公开了权利要求 7 的全部附加技术特征，因此在权利要求 7 引用的权利要求 1 相对于对比文件 11 不具备新颖性或创造性时，权利要求 7 也不具备新颖性或创造性。另外，专利权人仍然坚持认为露肋是支撑脚、不是定位脚，根据前述（1）对权利要求 1 的论述，专利权人的主张也不能证明权利要求 7 具备新颖性和创造性。

（4）关于权利要求 8 的创造性。

第二请求人认为：权利要求 8 的附加技术特征是本领域技术人员很容易想到的。

专利权人认为：权利要求 8 的附加技术特征不是公知常识。由于权利要求 1 有创造性，所以权利要求 8 有创造性。

合议组经审查认为，权利要求 8 与对比文件 11 的区别为：所述的定位脚在空心管的管底设置有三个。通过对比文件 11 给出的可在管体上设置露肋来进行支撑及定位的技术启示，为了节约成本及使结构稳定，本领域的技术人员想到在对比文件 11 公开的空心管管底设置三个露肋的技术方案也是显而易见的，因此在权利要求 8 引用的权利要求 1 相对于对比文件 11 不具备新颖性和创造性时，权利要求 8 也不具备创造性。

（5）关于权利要求 9 的新颖性或创造性。

第二请求人认为：对比文件 11 公开了堵头设置在端口内和包裹在端口上，对比文件 11 没有公开的技术特征——堵头设置在端口是公知常识。

专利权人认为：对比文件 11 公开了堵头设置在端口内、堵头包裹端口，但对比文件 11 没有公开堵头设置在端口上的技术方案。

合议组经审查认为，对比文件 11 公开了堵头置于空心管体的端口内或包裹在端口上，权利要求 9 与对比文件 11 的区别为：堵头置于空心管体的端口。对比文件 11 已经给出了将堵头置于空心管体的端口内或包裹在端口上的技术启示，本领域的技术人员在对比文件 11 给出的设置堵头相对于空心管体端口的位置的基础上，得到将堵头置于空心管体的端口的技术方案是显而易见的，因此在权利要求 9 引用的权利要求 1 不具备新颖性或创造性时，权利要求 9 也不具备新颖性或创造性。

（6）关于权利要求 10 的新颖性或创造性。

第二请求人认为：权利要求 10 的附加技术特征被对比文件 11 公开，所以权利要求 10 不具有新颖性或创造性。

专利权人认可附件10的附加技术特征被对比文件11公开。

合议组经审查认为，对比文件11公开了用铺一层胶结材料料浆一层纤维布或纤维网再一层胶结材料料浆的方法制成堵头料浆板，纤维布或纤维网可为单层或多层，即对比文件11已经公开了权利要求10的全部附加技术特征，因此在权利要求10引用的权利要求1不具备新颖性或创造性时，权利要求10也不具备新颖性或创造性。

（7）关于权利要求15引用权利要求1、6~10的技术方案的新颖性或创造性。

第二请求人认为：对比文件11公开了权利要求15的附加技术特征，且在一个面上增加叠合层也是显而易见的。

专利权人认为：本专利权利要求15中叠合层与对比文件11制作过程中的多层网状结构不同。本专利附图12中（6）为叠合层，叠合层本身就是一个结构层，其与增强物在制作时候是不同的，附图12所示本专利叠合层为预制层与基层的结合，是两个构件的结合，叠合层与基层的结合能够形成完整的结合界面。权利要求15与对比文件11的区别在于对比文件11中的纤维布或纤维网是工序中所要求的，构成的是整体结构。

合议组经审查认为，对比文件11公开了在半边管阴模中，先铺柔性隔离层，铺设胶结材料料浆，铺纤维布或纤维网或金属丝网，铺胶结材料料浆，必要时重复上述步骤形成二层、三层或多层层状结构的管壁。即对比文件11已经公开了权利要求15的全部附加技术特征，因此在权利要求15引用的权利要求1、6~10不具备新颖性或创造性时，权利要求15引用权利要求1、6~10的技术方案也不具备新颖性或创造性。

而且，即使如专利权人所述本专利权利要求15请求保护的的技术方案为如本专利图12所示在面6上叠合有叠合层7，那么通过对比文件11给出的可制作多层层状管壁的技术启示，为了增加空心管强度，本领域的技术人员也会很容易地想到在对比文件11的管壁上再叠合一多层构件，从而在叠合层与基层之间产生完整的结合界面。因此在对比文件11的基础上，本领域的技术人员得到权利要求15请求保护的技术方案也是显而易见的。当权利要求15引用的权利要求1、6~10不具备新颖性或创造性时，权利要求15引用权利要求1、6~10的技术方案也不具备创造性。

（8）关于权利要求16引用权利要求1、6~10的技术方案的新颖性或创造性。

第二请求人认为，对比文件12的权利要求9~11公开了权利要求16的附加技术特征。对比文件11公开了加劲肋板，在空心管体内设置杆件或加强筋也是容易想到的。

专利权人认为：对比文件11公开了加劲肋板，对比文件12公开了权利要求16的附加技术特征，但是由于权利要求1有创造性所以权利要求16也有创造性。

合议组经审查认为，对比文件11公开了在空心管体中设置加劲肋板，即对比文件11给出了在空心管体中设置加劲肋板来增加空心管强度的技术启示，而且杆件和加强筋也是本领域通常采用的用于增加强度的构件，因此在对比文件11的基础上，本领域的技术人员得到在空心管体中设置杆件或加强筋的技术方案是显而易见的，因此在权利要求16引用的权利要求1、6~10不具备新颖性或创造性时，权利要求16引用权利要求1、6~10的技术方案也不具备新颖性或创造性。

而且，对比文件12公开了一种成组模壳构件，其中在模壳内设置有加强件，加强件为加强肋、加强杆或者加强筋。对比文件12与对比文件11属于同一技术领域，通过对比文件12给出的可使用加强肋、加强杆或者加强筋作为模壳中的加强件的技术启示，本领域的技术人员也会很容易地想到在对比文件11的空心管体中设置加劲肋板、加强杆或者加强筋中的至少一个作为加强件，因此在对比文件11的基础上结合对比文件12，本领域的技术人员得到权利要求16引用权利要求1、6~10的技术方案也是显而易见的，所以在权利要求16引用的权利要求1、6~10不具备新颖性或创造性时，权利要求16引用权利要求1、6~10的技术方案也不具备创造性。

（9）关于权利要求19引用权利要求1、6~10的技术方案的新颖性或创造性。

第二请求人认为：权利要求19的附加技术特征被对比文件11公开。

专利权人认可权利要求19的附加技术特征被对比文件11公开。

合议组经审查认为，对比文件11公开了空心薄壁管两端为加劲肋板；也可一端为堵头，另一端为加劲肋；或两端均为堵头。即对比文件11已经公开了权利要求19的全部附加技术特征，因此在权利要求19引用的权利要求1、6~10不具备新颖性或创造性时，权利要求19引用权利要求1、6~10的技术方案也不具备新颖性或创造性。

由于第二请求人的上述理由及证据已经足以破坏本专利权利要求1、6~10、以及权利要求15、16、19引用权利要求1、6~10的技术方案的新颖性或创造性，应予无效，因此合议组对于第一请求人关于权利要求1、7、8的无效理由和证据以及第二请求人其他的无效理由和证据不再进行评述。

根据上述的事实和理由，本案合议组依法作出以下决定。

三、决定

宣告200310104265.8号发明专利权的权利要求1、6~10，权利要求15、16和19引用权利要求1、6~10的技术方案无效，在权利要求2~5、11~14、17、18、20~25和权利要求15、16和19引用权利要求2~5的技术方案的基础上维持该专利权继续有效。

当事人对本决定不服的，可以根据专利法第46条第2款的规定，自收到本决定之日起三个月内向北京市第一中级人民法院起诉。根据该款的规定，一方当事人起诉后，另一方当事人应当作为第三人参加诉讼。

北京市第一中级人民法院
行政判决书

（2008）一中行初字第1283号

原告邱则有，男，1962年11月9日出生，汉族，长沙巨星轻质建材股份有限公司总经理，住湖南省长沙市芙蓉区织机街18号。

委托代理人颜喜东，男，1977年11月22日出生，汉族，长沙巨星轻质建材股份有限公司职员，住湖南省吉首市吉首大学学生宿舍。

委托代理人李敏慧，男，1976年3月15日出生，汉族，长沙巨星轻质建材股份有限公司职员，住湖南省长沙市芙蓉区藩正街4号。

被告国家知识产权局专利复审委员会，住所地北京市海淀区北四环西路9号银谷大厦10~12层。

法定代表人廖涛，副主任。

委托代理人汤元磊，男，国家知识产权局专利复审委员会审查员。

委托代理人瞿晓峰，男，国家知识产权局专利复审委员会审查员。

第三人嘉兴市多凌建筑结构材料有限公司，住所地浙江省嘉兴市乍浦镇沪杭公路缪港桥西。

法定代表人徐文虎，总经理。

第三人上海多凌建筑结构材料有限公司，住所地上海市南汇区新场镇新坦瓦公路929号116室

4号。

法定代表人张余林，董事长。

上述两第三人之共同委托代理人张黎明，上海市华诚律师事务所律师。

上述两第三人之共同委托代理人帅科，上海市华诚律师事务所律师。

原告邱则有不服被告国家知识产权局专利复审委员会于2008年5月20日作出的第11502号无效宣告请求审查决定（下称被诉决定），向本院提起行政诉讼。本院受理后，依法组成合议庭，并依法通知嘉兴市多凌建筑结构材料有限公司（下称嘉兴多凌公司）、上海多凌建筑结构材料有限公司（下称上海多凌公司）作为本案第三人参加诉讼。2008年10月16日，本院公开开庭审理了本案。原告的委托代理人颜喜东，被告的委托代理人汤元磊、瞿晓峰及两第三人的共同委托代理人张黎明、帅科到庭参加了诉讼。现本案已审理终结。

2008年5月20日，被告依照两第三人的无效请求，针对专利权人为本案原告、名称为"一种砼填充用空心管"的发明专利权（下称本专利），作出被诉决定：宣告本专利的权利要求1、6~10，权利要求15、16和19引用权利要求1、6~10的技术方案无效；在权利要求2~5、11~14、17、18、20~25和权利要求15、16和19引用权利要求2~5的技术方案的基础上维持本专利权继续有效。

法定期限内，被告向本院提交了下列证据以证明被诉决定的合法性：1. 本专利授权文本；2. 公开日为2002年9月18日，公开号为CN1369363A的发明专利申请公开说明书（即被诉决定中的对比文件11）；3. 公开日为2003年3月19日，公开号为CN1403667A的发明专利申请公开说明书（即被诉决定中的对比文件12）；4. 口头审理记录表。

原告诉称：被诉决定认定事实不清，适用法律错误。首先，本专利权利要求1包含了三个技术方案，对比文件11包含了多个技术方案，对待对此未加区分，笼统地加以比较，违背了新颖性的对比原则。本专利权利要求7~10均是引用权利要求1的从属权利要求，在权利要求1技术方案上增加了技术特征或对权利要求1方案中的技术特征进行了进一步限定，被告在认定权利要求1没有新颖性或创造性错误的基础上，针对其从属权利要求作出的没有新颖性或创造性的结论当然错误。而且，权利要求7~10所限定的技术方案没有被对比文件11公开，其限定的附加技术特征不属于公知常识。其次，对比文件11没有披露本专利权利要求6的附加技术特征及技术方案，本专利权利要求6的附加技术特征不是公知常识。第三，对比文件11没有公开本专利权利要求15、16的附加技术特征，对比文件12与对比文件11进行组合无法得出本专利权利要求16所要求保护的技术方案，在被告对前述两项事实认定错误的基础上，被诉决定关于本专利权利要求15、16和19中引用权利要求1、6~10的技术方案无新颖性或者创造性的认定也是错误的。综上，请求本院撤销被诉决定中宣告本专利权利要求1、6~10，权利要求15、16和19引用权利要求1、6~10的技术方案无效的部分。

法定期限内，原告为支持其诉讼主张，向本院提交了本专利说明书作为证据。

被告辩称：被诉决定认定事实清楚，适用法律正确，程序合法，我委坚持被诉决定的认定意见。请求人民法院驳回原告的诉讼请求，维持被诉决定。

两第三人未向本院提交书面意见，诉讼中表示同意被告的意见。两第三人亦未向本院提交证据。

经庭审质证，原告与两第三人对于被告证据的关联性、合法性与真实性均无异议，但原告认为被告的证据并不能证明被诉决定合法。被告与第三人对于原告证据的关联性、合法性与真实性均无异议，但均不同意原告主张的证明作用。本院经审查认为，被告与原告提交的证据均与本案有关，且合法、真实，本院均予确认。

根据上述有效证据及各方当事人无争议的陈述，本院认定事实如下：

本专利的专利号是 ZL2OO310104265.8，其申请日为 2003 年 10 月 27 日、并由国家知识产权局于 2006 年 6 月 21 日授权公告。本专利授权公告时的权利要求书如下：

“1. 一种砼填充用空心管，包括空心管体（1）、堵头（2），两端堵头（2）将空心管体（1）两端封闭形成封闭空腔的空心管，其特征在于空心管体（1）或堵头（2）上的至少一个中伸出有定位脚（3）。

2. 根据权利要求 1 所述的一种砼填充用空心管，其特征在于所述的空心管体（1）、堵头（2）或定位脚（3）的至少一个中含有增强物（4），或者有增强物（4）外露。

3. 根据权利要求 2 所述的一种砼填充用空心管，其特征在于所述的空心管体（1）或堵头（2）内有增强物（4）伸入定位脚（3）内锚固。

4. 根据权利要求 2 所述的一种砼填充用空心管，其特征在于所述的空心管体（1）壁内的增强物（4）伸入堵头（2）内锚固，或者与堵头（2）内增强物（4）连接后锚固。

5. 根据权利要求 2 所述的一种砼填充用空心管，其特征在于所述的堵头（2）内的增强物（4）伸入空心管体（1）的壁内锚固，或者与空心管体（1）的壁内的增强物（4）连接后锚固。

6. 根据权利要求 1 所述的一种砼填充用空心管，其特征在于所述的定位脚（3）为活动的或可拆卸的定位脚。

7. 根据权利要求 1 所述的一种砼填充用空心管，其特征在于所述的定位脚（3）位于空心管的管底或管侧或管顶中的至少一个位置。

8. 根据权利要求 1 所述的一种砼填充用空心管，其特征在于所述的定位脚（3）在空心管的管底设置有三个。

9. 根据权利要求 1 所述的一种砼填充用空心管，其特征在于所述的堵头（2）置于空心管体（1）的端口内或端口或包裹在端口上。

10. 根据权利要求 1 所述的一种砼填充用空心管，其特征在于所述的堵头（2）为至少两层叠合而成。

11. 根据权利要求 1 至 10 中任一权利要求所述的一种砼填充用空心管，其特征在于所述的空心管体（1）的横截面形状为四边形，其至少一个转角（5）为弧形角或倒角或阴角，空心管体（1）的至少一个面（6）为外凸弧面、内凹弧面或凹凸不平面。

12. 根据权利要求 11 所述的一种砼填充用空心管，其特征在于所述的空心管体（1）的平面状的面（6）为平板。

13. 根据权利要求 11 所述的一种砼填充用空心管，其特征在于所述的空心管体（1）的面（6）为近似平板状的单曲面、双曲面、多曲面或波纹面。

14. 根据权利要求 1 至 10 中任一权利要求所述的一种砼填充用空心管，其特征在于所述的空心管两端的转角（5）为弧形角或倒角或阴角中的至少一种。

15. 根据权利要求 1 至 10 中任一权利要求所述的一种砼填充用空心管，其特征在于所述的空心管体（1）上至少一个面（6）叠合有叠合层（7）。

16. 根据权利要求 1 至 10 中任一权利要求所述的一种砼填充用空心管，其特征在于所述的空心管体（1）内设置有杆件（8）、加劲肋板（9）或加强筋（10）中的至少一个。

17. 根据权利要求 16 所述的一种砼填充用空心管，其特征在于所述的杆件（8）、加劲肋板（9）或加强筋（10）为叠合在空心管体（1）内的预制杆件、加劲肋板或加强筋。

18. 根据权利要求 16 所述的一种砼填充用空心管，其特征在于所述的空心管体（1）内设置的加劲肋板（9）为叠合在其内的预制的加劲肋板。

19. 根据权利要求 1 至 10 中任一权利要求所述的一种砼填充用空心管，其特征在于所述的两端堵头（2）均为加劲肋板（9），或一端为堵头（2），另一端为加劲肋板（9）。

20. 根据权利要求 1 至 10 中任一权利要求所述的一种砼填充用空心管，其特征在于所述的空心管体（1）或堵头（2）上设置有凹槽（11）或凸块（12）或孔洞（13）中的至少一个。

21. 根据权利要求 1 至 10 中任一权利要求所述的一种砼填充用空心管，其特征在于所述的空心管体（1）或堵头（2）上设置有连接件（14）。

22. 根据权利要求 1 至 10 中任一权利要求所述的一种砼填充用空心管，其特征在于所述的空心管体（1）为水泥纤维、水泥钢丝网或水泥纤维和钢丝网管体，堵头（2）为水泥砂浆或水泥砼。

23. 根据权利要求 22 所述的一种砼填充用空心管，其特征在于所述的堵头（2）内还含有增强物（3）。

24. 根据权利要求 1 至 10 中任一权利要求所述的一种砼填充用空心管，其特征在于所述的空心管体（1）为金属波纹管、塑料波纹管、玻璃钢波纹管。

25. 根据权利要求 1 至 10 中任一权利要求所述的一种砼填充用空心管，其特征在于所述的空心管上设置有搬运件（15）。”针对本专利权，嘉兴多凌公司于 2007 年 8 月 22 日向被告提出无效宣告请求，认为本专利权利要求 1、7、8 不符合《中华人民共和国专利法》（下称《专利法》）第二十二条第二、三款的规定，其同时提交了 6 份对比文件作为证据。

被告受理上述无效请求后，依法将相关文件进行了转文，并要求原告在指定的期限内陈述意见。

原告于 2007 年 11 月 5 日提交了意见陈述，并提交了一份反证。被告亦将该材料进行了转文。

2008 年 1 月 28 日，原告与嘉兴多凌公司均参加了被告举行的口头审理，并各自阐述了自己的意见。

针对本专利权，上海多凌公司于 2008 年 1 月 8 日向被告提出无效宣告请求，认为本专利权利要求 1 不符合《专利法》第二十二条第二、三款的规定，权利要求 15 不符合《专利法》第二十二条第三款的规定。其同时提交了下列对比文件：1. 公开日为 1998 年 12 月 16 日的 EP0884427A2 号欧洲专利公开文本全文及其中文译文；2. 公开日为 1936 年 5 月 26 日的 US2042113 号美国专利全文及其中文译文；3. 公开日为 1950 年 2 月 7 日的 US2497058 号美国专利全文及其中文译文；4. 公开日为 2002 年 2 月 27 日，公开号为 CN1337507A 的发明专利申请公开说明书；5. 授权公告日为 1999 年 10 月 13 日，公告号为 CN2343240Y 的实用新型专利说明书；6. 公开日为 2003 年 3 月 12 日，公开号为 CN1401865A 的发明专利申请公开说明书。

被告受理上述无效请求后，将相应材料进行了转文，并要求原告在指定的期限内陈述意见。

上海多凌公司于 2008 年 2 月 1 日向被告提交了意见陈述书，补充了无效宣告的理由和证据，并同时提交了如下对比文件：7. 授权公告日为 2003 年 12 月 24 日，申请日为 2003 年 4 月 16 日，专利权人为欧阳文皇，授权公告号为 CN2594350Y 的实用新型专利说明书；8. 公开日为 1995 年 8 月 30 日，公开号为 CN1107541A 的发明专利申请公开说明书；9. 授权公告日为 2001 年 12 月 19 日，授权公告号为 CN2466272Y 的实用新型专利说明书；10. 公开日为 2002 年 9 月 11 日，公开号为 CN1368585A 的发明专利申请公开说明书；11. 对比文件 11；12. 对比文件 12；13. 国家知识产权局专利检索咨询中心关于专利号为 ZL200310104265.8 的发明专利申请的检索报告复印件，编号为 G072101，共 5 页。上海多凌公司认为：本专利权利要求 1、7~10、15、16、19 不具备新颖性和创造性；权利要求 6 不具备创造性。

原告于 2008 年 3 月 31 日提交了意见陈述书及以下反证：1. 公开日为 1998 年 12 月 16 日的 EP0884427A2 号欧洲专利公开文本全文及其中文译文；2. 公开日为 1936 年 5 月 26 日的美国专利

US2042113 的中文译文（即对比文件 2 的中文译文）；3. 公开日为 1950 年 2 月 7 日的美国专利 US2497058 的中文译文（即对比文件 3 的中文译文）。原告对上海多凌公司提交的对比文件 1~3 中文译文的准确性有异议，并提交了其认可的中文译文，即其反证；而且原告对上海多凌公司关于各对比文件公开内容的理解和具体意见陈述的准确性不予认可。

被告将上述材料分别进行了转文。

2008 年 4 月 28 日，原告与上海多凌公司参加了被告举行的口头审理。口头审理中，上海多凌公司明确其无效理由、范围和证据为：权利要求 1 被对比文件 1~4、6、7、11 单独公开不具有新颖性，与对比文件 1~4、6、11 单独对比不具备创造性，相对于对比文件 4 和 9 的结合不具有创造性，其中对比文件 4 是最接近的对比文件；权利要求 6 与对比文件 4、6、11 单独对比不具备创造性，权利要求 6 的附加技术特征被对比文件 1 或 2 或 10 公开不具有创造性，权利要求 6 的附加技术特征为公知常识；权利要求 7 被对比文件 4 或 7 或 11 公开不具有新颖性，权利要求 7 相对于对比文件 4 或 11 不具备创造性，对比文件 1 或 2 或 9 或 12 公开了权利要求 7 的附加技术特征；权利要求 8 被对比文件 7 公开不具有新颖性，权利要求 8 的附加技术特征被对比文件 10 或 11 公开不具有创造性，权利要求 8 相对于对比文件 4 或 11 不具备创造性；权利要求 9 被对比文件 7 或 11 公开不具有新颖性，权利要求 9 的附加技术特征被对比文件 1~6、11、12 分别公开不具有创造性，权利要求 9 相对于对比文件 11 不具备新颖性；权利要求 10 被对比文件 11 公开不具有新颖性，权利要求 10 的附加技术特征被对比文件 5、6、11、12 分别公开不具有创造性，权利要求 10 相对于对比文件 11 不具备创造性；权利要求 15 相对于对比文件 11 不具有新颖性，权利要求 15 的附加技术特征被对比文件 4~6、11、12 分别公开不具有创造性，其附加技术特征也是容易想到的；权利要求 16 被对比文件 4 或 11 公开不具有新颖性，权利要求 16 的附加技术特征被对比文件 1、2、6、11、12 分别公开不具有创造性，权利要求 16 相对于对比文件 4 或 6 或 11 不具备创造性；权利要求 19 被对比文件 4 或 6 或 11 公开不具有新颖性，创造性。其中权利要求 15、16、19 仅评述引用权利要求 1、6~10 的技术方案，并且权利要求 15、16、19 引用权利要求 6 的技术方案仅评述创造性。上海多凌公司当庭放弃对比文件 8，并明确表示其提交的对比文件 13 仅供参考，不作为证据使用。原告对对比文件 1~12 的真实性没有异议。上海多凌公司当庭提交了中专翻译公司翻译的对比文件 1~3 的中文译文，被告当庭将其转给原告。原告与上海多凌公司均认可对比文件 1~3 的中文译文以该翻译件为准；同意将原告提交的证据 1 中的图 5 作为对比文件 1 的公开内容，并作为证据使用。

被告经审查认为：

原告对对比文件 1~7、9~12 的真实性无异议，同时由于对比文件 1~6、9~12 为公开出版物，且其公开日期在本专利的申请日前，因此上述对比文件可作为本专利的现有技术使用。对比文件 7 为本专利申请日前由他人向国家知识产权局专利局提出、在本专利申请日后公开的专利文献，因此其仅能用来评述本专利的新颖性。由于上海多凌公司当庭提交了中专翻译公司翻译的对比文件 1~3 的中文译文，原告当庭签收，双方均认可对比文件 1~3 的中文译文以该翻译件为准；且双方均同意将原告提交的证据 1 中的图 5 作为对比文件 1 的公开内容，并作为证据使用，因此对比文件 1~3 的公开内容以上海多凌公司当庭提交的译文为准，并将原告提交的证据 1 中的图 5 也作为对比文件 1 的公开内容。

关于本专利权利要求 1 的新颖性与创造性的问题。对比文件 11 公开了一种钢筋砼用加劲肋空心薄壁管的制作方法，该方法用模具将半边管 10 制作好，将加劲肋 12 放入半边管 10 中，将另一半边管与已胶结加劲肋 12 的半边管 10 结合，加劲肋 12 将薄壁管的两端封闭成空心薄壁管，加劲肋 12 上的露肋 14 由管体伸出，露肋 14 可作为施工时加劲肋空心薄壁管的支撑脚使用，空心薄壁管可一端为堵头，另一端为加劲肋，或两端均为堵头。

本专利权利要求 1 实质上包含三个技术方案，分别为 a. 空心管体上伸出有定位脚；b. 堵头上伸出有定位脚；c. 空心管体和堵头上都伸出有定位脚。对比文件 11 公开的技术方案与权利要求 1 的 a 技术方案实质上相同，所属技术领域的技术人员根据两者的技术方案可以确定两者能够适用于相同的技术领域，解决相同的技术问题，并具有相同的预期效果，两者为同样的发明，因此权利要求 1 的 a 技术方案相对于对比文件 11 不具备新颖性。

原告认为对比文件 11 露肋（14）是加劲肋的一部分，其本身不是支撑脚，且支撑脚与定位脚不同。露肋只是加劲肋的部分，不是普通空心管的一部分，对比文件 11 中没有公开空心管管体与堵头同时伸出有露肋的情况。对比文件 11 的露肋主要是起到连接作用，在施工中只可作支撑脚使用。本专利的定位脚既能支撑，又能定位。对此被告认为，对比文件 11 已经明确记载了加劲肋 12 上的露肋 14 可作为施工时加劲肋空心薄壁管的支撑脚使用，并且由于该露肋突出于管体外，因此在将其应用于现浇砼楼板时，其也能起到防止薄壁管彼此产生移位或错位，管外砼保护层厚度不一致等现象的作用，显然也具有定位的功能。对比文件 11 中的露肋与权利要求 1 中的定位脚仅是名称不同，两者的功能及在应用时具有的效果都是相同的，因此原告的上述主张不能说明权利要求 1 的 a 技术方案具备新颖性。

与对比文件 11 相比，权利要求 1 的 b 技术方案的技术特征“堵头上伸出有定位脚”、权利要求 1 的 c 技术方案的技术特征“空心管体和堵头上伸出有定位脚”没有被对比文件 11 公开，但是对比文件 11 给出了可在管体上和管体端部设置露肋来进行支撑及定位的技术启示，并且对比文件 11 也明确说明了空心薄壁管的两端可为堵头，因此为了进行支撑和定位，本领域的技术人员通过对比文件 11 给出的技术启示很容易会想到在堵头上伸出露肋或在管体和堵头上同时伸出露肋，因此在对比文件 11 的基础上得出权利要求 1 的 b 和 c 技术方案是显而易见的，权利要求 1 的 b 和 c 技术方案不具备创造性。

关于本专利权利要求 6 创造性的问题。本专利权利要求 6 与对比文件 11 的区别为：所述的定位脚为活动的或可拆卸的定位脚。通过对比文件 11 给出的可在管体上和管体端部设置露肋来进行支撑及定位的技术启示，为了便于运输及移动空心管，本领域的技术人员也会很容易地想到将对比文件 11 中的露肋设置成活动或可拆卸形式，因此在对比文件 11 的基础上，本领域的技术人员得到权利要求 6 请求保护的技术方案是显而易见的，在权利要求 6 引用的权利要求 1 不具备新颖性或创造性时，权利要求 6 也不具备创造性。

关于本专利权利要求 7 的新颖性或创造性的问题。对比文件 11 公开了露肋位于空心薄壁管管底或管侧或管顶中的至少一个位置，即对比文件 11 已经公开了权利要求 7 的全部附加技术特征，因此在权利要求 7 引用的权利要求 1 相对于对比文件 11 不具备新颖性或创造性时，权利要求 7 也不具备新颖性或创造性。另外，原告仍然坚持认为露肋是支撑脚、不是定位脚，根据前述（1）对权利要求 1 的论述，原告的主张也不能证明权利要求 7 具备新颖性和创造性。

关于本专利权利要求 8 的创造性的问题。权利要求 8 与对比文件 11 的区别为：所述的定位脚在空心管的管底设置有三个。通过对比文件 11 给出的可在管体上设置露肋来进行支撑及定位的技术启示，为了节约成本及使结构稳定，本领域的技术人员想到在对比文件 11 公开的空心管管底设置三个露肋的技术方案也是显而易见的，因此在权利要求 8 引用的权利要求 1 相对于对比文件 11 不具备新颖性和创造性时，权利要求 8 也不具备创造性。

关于本专利权利要求 9 的新颖性或创造性的问题。权利要求 9 与对比文件 11 的区别为：堵头置于空心管体的端口。对比文件 11 已经给出了将堵头置于空心管体的端口内或包裹在端口上的技术启示，本领域的技术人员在对比文件11给出的设置堵头相对于空心管体端口的位置的基础上，得到将堵头置于空心管体的端口的技术方案是显而易见的，因此在权利要求9引用的权利要求1不具备新颖性或创造性时，权利要求9也不具备新颖性或创造性。

关于本专利权利要求10的新颖性或创造性的问题。原告认可权利要求10的附加技术特征被对比文件11公开。对比文件11公开了用铺一层胶结材料料浆一层纤维布或纤维网再一层胶结材料料浆的方法制成堵头料浆板，纤维布或纤维网可为单层或多层，即对比文件11已经公开了权利要求10的全部附加技术特征，在权利要求10引用的权利要求1不具备新颖性或创造性时，权利要求10也不具备新颖性或创造性。

关于本专利权利要求15引用权利要求1、6~10的技术方案的新颖性或创造性的问题。对比文件11公开了在半边管阴模中，先铺柔性隔离层，铺设胶结材料料浆，铺纤维布或纤维网或金属丝网，铺胶结材料料浆，必要时重复上述步骤形成二层、三层或多层层状结构的管壁。即对比文件11已经公开了权利要求15的全部附加技术特征，在权利要求15引用的权利要求1、6~10不具备新颖性或创造性时，权利要求15引用权利要求1、6~10的技术方案也不具备新颖性或创造性。

而且，即使如原告所述本专利权利要求15请求保护的的技术方案为如本专利图12所示在面6上叠合有叠合层7，那么通过对比文件11给出的可制作多层层状管壁的技术启示，为了增加空心管强度，本领域的技术人员也会很容易地想到在对比文件11的管壁上再叠合一多层构件，从而在叠合层与基层之间产生完整的结合界面。因此在对比文件11的基础上，本领域的技术人员得到权利要求15请求保护的技术方案也是显而易见的。当权利要求15引用的权利要求1、6~10不具备新颖性或创造性时，权利要求15引用权利要求1、6~10的技术方案也不具备创造性。

关于本专利权利要求16引用权利要求1、6~10的技术方案的新颖性或创造性的问题。对比文件11公开了在空心管体中设置加劲肋板，即对比文件11给出了在空心管体中设置加劲肋板来增加空心管强度的技术启示，而且杆件和加强筋也是本领域通常采用的用于增加强度的构件，因此在对比文件11的基础上，本领域技术人员得到在空心管体中设置杆件或加强筋的技术方案是显而易见的，因此在权利要求16引用的权利要求1、6~10不具备新颖性或创造性时，权利要求16引用权利要求1、6~10的技术方案也不具备新颖性或创造性。

而且，对比文件12公开了一种成组模壳构件，其中在模壳内设置有加强件，加强件为加强肋、加强杆或者加强筋。对比文件12与对比文件11属于同一技术领域，通过对比文件12给出的可使用加强肋、加强杆或者加强筋作为模壳中的加强件的技术启示，本领域的技术人员也会很容易地想到在对比文件11的空心管体中设置加劲肋板、加强杆或者加强筋中的至少一个作为加强件，因此在对比文件11的基础上结合对比文件12，本领域的技术人员得到权利要求16引用权利要求1、6~10的技术方案也是显而易见的，所以在权利要求16引用的权利要求1、6~10不具备新颖性或创造性时，权利要求16引用权利要求1、6~10的技术方案也不具备创造性。

关于本专利权利要求19引用权利要求1、6~10的技术方案的新颖性或创造性的问题。对比文件11公开了空心薄壁管两端为加劲肋板；也可一端为堵头，另一端为加劲肋；或两端均为堵头。即对比文件11已经公开了权利要求19的全部附加技术特征，因此在权利要求19引用的权利要求1、6~10不具备新颖性或创造性时，权利要求19引用权利要求1、6~10的技术方案也不具备新颖性或创造性。

由于上海多凌公司的上述理由及证据已经足以破坏本专利权利要求1、6~10、以及权利要求15、16、19引用权利要求1、6~10的技术方案的新颖性或创造性，应予无效，因此对于嘉兴多凌公司关于权利要求1、7、8的无效理由和证据以及其他的无效理由和证据不再进行评述。

基于上述理由，被告作出被诉决定。原告不服，在法定期限内向本院提起行政诉讼。

庭审中，原告与两第三人明确表示对于被诉决定的下列内容不持异议：被诉决定作出的行政程序；被诉决定“案由”部分记载的内容；被诉决定对于证据与现有技术的认定；被诉决定认定的本专利权利要求1实质包含的三个技术方案。此外，原告明确表示，假如本专利的权利要求1、6不具有新颖性或创造性，则其认可被诉决定关于本专利权利要求7、9、10、16、19新颖性或创造性的评价。

本院认为，对于被诉决定原告与第三人均明确表示无异议的内容，本院经审查，对其合法性予以确认。另经审查，本院对于被诉决定关于对比文件11公开内容的描述的合法性予以确认。因此，本案的争议点在于被诉决定关于本专利权利要求1、6、8、15新颖性或创造性的评价是否合法。

本专利权利要求1新颖性或创造性的问题。本专利权利要求1实质上包含的三个技术方案：a. 空心管体上伸出有定位脚；b. 堵头上伸出有定位脚；c. 空心管体和堵头上都伸出有定位脚。对比文件11中的加劲肋12上的露肋14可作为施工时加劲肋空心薄壁管的支撑脚使用，而且在将其应用于现浇砼楼板时，其也能起到防止薄壁管彼此产生移位或错位，管外砼保护层厚度不一致等现象的作用，其与权利要求1中的定位脚仅是名称不同。因此，被诉决定认定上述a技术方案相对于对比文件11不具有新颖性正确。另外，虽然前述b、c特征没有被对比文件11公开，但是对比文件11给出了可在管体上和管体端部设置露肋来进行支撑及定位的技术启示，并且对比文件11也明确说明了空心薄壁管的两端可为堵头，因此为了进行支撑和定位，本领域的技术人员通过对比文件11给出的技术启示很容易会想到在堵头上伸出露肋或在管体和堵头上同时伸出露肋。因此，被诉决定认定本专利权利要求1的b和c技术方案不具备创造性亦正确。

关于本专利权利要求6创造性的问题。通过对比文件11给出的可在管体上和管体端部设置露肋来进行支撑及定位的技术启示，为了便于运输及移动空心管，本领域的技术人员也会很容易地想到将对比文件11中的露肋设置成活动或可拆卸形式。因此，在对比文件11的基础上，被诉决定认定在权利要求1不具备新颖性或创造性时，权利要求6也不具备创造性正确。

关于本专利权利要求8的创造性的问题。通过对比文件11给出的可在管体上设置露肋来进行支撑及定位的技术启示，为了节约成本及使结构稳定，本领域技术人员很容易想到在对比文件11公开的空心管管底设置三个露肋的技术方案。因此，在权利要求1相对于对比文件11不具备新颖性和创造性时，被诉决定认定权利要求8也不具备创造性正确。

关于本专利权利要求15引用权利要求1、6~10的技术方案的新颖性或创造性的问题。将该权利要求与对比文件11相比，后者已经公开了前者的全部附加技术特征。而且，通过对比文件11给出的可制作多层层状管壁的技术启示，为了增加空心管强度，本领域的技术人员也会很容易地想到在对比文件11的管壁上再叠合一多层构件，从而在叠合层与基层之间产生完整的结合界面。因此，被诉决定关于本专利权利要求15新颖性或创造性的评价正确。

综上，被诉决定认定事实清楚，适用法律正确，程序合法，本院应予维持。原告的诉讼理由缺乏事实及法律依据，其诉讼请求本院不予支持。依照《中华人民共和国行政诉讼法》第五十四条第（一）项之规定，判决如下：

维持被告国家知识产权局专利复审委员会于二〇〇八年五月二十日作出的第11502号无效宣告请求审查决定。

案件受理费100元，由原告邱则有负担（已交纳）。

如不服本判决，各方当事人可于判决书送达之日起15日内，向本院递交上诉状，并按对方当事人人数提出副本，上诉于北京市高级人民法院。上诉人在上诉期满后7日内未预交上诉费，又不提出缓交申请的，按自动撤回上诉处理。

审 判 长 梁 菲
代理审判员 司品华
人民陪审员 陈 辉
二〇〇八年十一月二十一日
书 记 员 董 伟

北京市高级人民法院
行政判决书

（2009）高行终字第613号

上诉人（一审原告）邱则有，男，1962年11月9日出生，汉族，长沙巨星轻质建材股份有限公司总经理，住湖南省长沙市芙蓉区织机街18号。

委托代理人颜喜东，男，1977年11月22日出生，汉族，长沙巨星轻质建材股份有限公司职员，住湖南省吉首市吉首大学学生宿舍。

委托代理人李敏慧，男，1976年3月15日出生，汉族，长沙巨星轻质建材股份有限公司职员，住湖南省长沙市芙蓉区藩正街4号。

被上诉人（一审被告）国家知识产权局专利复审委员会，住所地北京市海淀区北四环西路9号银谷大厦10~12层。

法定代表人廖涛，副主任。

委托代理人王森，男，国家知识产权局专利复审委员会审查员。

委托代理人张华，男，国家知识产权局专利复审委员会审查员。

被上诉人（一审第三人）嘉兴市多凌建筑结构材料有限公司，住所地浙江省嘉兴市乍浦镇沪杭公路缪港桥西。

法定代表人徐文虎，总经理。

被上诉人（一审第三人）上海多凌建筑结构材料有限公司，住所地上海市南汇区新场镇新坦瓦公路929号116室4号。

法定代表人张余林，董事长。

上述二被上诉人的共同委托代理人张黎明，上海市华诚律师事务所律师。

上述二被上诉人的共同委托代理人帅科，上海市华诚律师事务所律师。

上诉人邱则有因专利无效请求审查决定一案，不服北京市第一中级人民法院（2008）一中行初字第1283号行政判决，向本院提起上诉，本院依法组成合议庭进行了公开开庭审理。上诉人邱则有的委托代理人颜喜东，被上诉人国家知识产权局专利复审委员会（以下简称专利复审委）的委托代理人王森、张华，被上诉人嘉兴市多凌建筑结构材料有限公司（以下简称嘉兴多棱公司）、上海多凌建筑结构材料有限公司（以下简称上海多棱公司）的共同委托代理人帅科到庭参加了诉讼。本案现已审理终结。

2008年5月20日，专利复审委根据嘉兴多凌公司、上海多凌公司的无效请求，针对专利权人为邱则有、名称为“一种砼填充用空心管”的发明专利权（以下简称本专利），作出第11502号无效宣告请求审查决定（以下简称第 11502 号决定），宣告本专利的权利要求 1、6~10，权利要求 15、16 和 19 引用权利要求 1、6~10 的技术方案无效；在权利要求 2~5、11~14、17、18、20~25 和权利要求 15、16 和 19 引用权利要求 2~5 的技术方案的基础上维持本专利权继续有效。邱则有不服专利复审委作出的第 11502 号决定，向北京市第一中级人民法院（以下简称一审法院）提起行政诉讼。

一审法院判决认定，本专利权利要求 1 实质上包含三个技术方案：a. 空心管体上伸出有定位脚；b. 堵头上伸出有定位脚；c. 空心管体和堵头上都伸出有定位脚。对比文件 11 中的加劲肋 12 上的露肋 14 可作为施工时加劲肋空心薄壁管的支撑脚使用，而且在将其应用于现浇砼楼板时，其也能起到防止薄壁管彼此产生移位或错位、管外砼保护层厚度不一致等现象的作用，其与权利要求 1 中的定位脚仅是名称不同。因此，第 11502 号决定认定上述 a 技术方案相对于对比文件 11 不具有新颖性正确。另外，虽然前述 b、c 特征没有被对比文件 11 公开，但是对比文件 11 给出了可在管体上和管体端部设置露肋来进行支撑及定位的技术启示，并且对比文件 11 也明确说明了空心薄壁管的两端可为堵头，因此为了进行支撑和定位，本领域的技术人员通过对比文件 11 给出的技术启示很容易会想到在堵头上伸出露肋或在管体和堵头上同时伸出露肋。因此，第 11502 号决定认定本专利权利要求 1 的 b 和 c 技术方案不具备创造性亦正确。

关于本专利权利要求 6 创造性的问题。通过对比文件 11 给出的可在管体上和管体端部设置露肋来进行支撑及定位的技术启示，为了便于运输及移动空心管，本领域的技术人员也会很容易地想到将对比文件 11 中的露肋设置成活动或可拆卸形式。因此，在对比文件 11 的基础上，第 11502 号决定认定在权利要求 1 不具备新颖性或创造性时，权利要求 6 也不具备创造性正确。

关于本专利权利要求 8 的创造性的问题。通过对比文件 11 给出的可在管体上设置露肋来进行支撑及定位的技术启示，为了节约成本及使结构稳定，本领域技术人员很容易想到在对比文件 11 公开的空心管管底设置三个露肋的技术方案。因此，在权利要求 1 相对于对比文件 11 不具备新颖性和创造性时，第 11502 号决定认定权利要求 8 也不具备创造性正确。

关于本专利权利要求 15 引用权利要求 1、6~10 的技术方案的新颖性或创造性的问题。将该权利要求与对比文件 11 相比，后者已经公开了前者的全部附加技术特征。而且，通过对比文件 11 给出的可制作多层层状管壁的技术启示，为了增加空心管强度，本领域的技术人员也会很容易地想到在对比文件 11 的管壁上再叠合一多层构件，从而在叠合层与基层之间产生完整的结合界面。因此，第 11502 号决定关于本专利权利要求 15 新颖性或创造性的评价正确。

综上，专利复审委作出的第 11502 号决定认定事实清楚，适用法律正确，程序合法。依照《中华人民共和国行政诉讼法》第五十四条第（一）项的规定，判决予以维持。

邱则有不服一审判决，提出上诉。诉称，专利复审委作出的第 11502 号决定认定事实不清，适用法律错误。首先，本专利权利要求 1 包含了三个技术方案，对比文件 11 包含了多个技术方案，专利复审委对此未加区分，笼统地加以比较，违背了新颖性的对比原则。本专利权利要求 7~10 均是引用权利要求 1 的从属权利要求，在权利要求 1 技术方案上增加了技术特征或对权利要求 1 方案中的技术特征进行了进一步限定，专利复审委在认定权利要求 1 没有新颖性或创造性错误的基础上，针对其从属权利要求作出的没有新颖性或创造性的结论当然错误。并且，权利要求 7~10 所限定的技术方案没有被对比文件 11 公开，其限定的附加技术特征不属于公知常识。其次，对比文件 11 没有披露本专利权利要求 6 的附加技术特征及技术方案，本专利权利要求 6 的附加技术特征不是公知常识。第三，对比文件 11 没有公开本专利权利要求 15、16 的附加技术特征，对比文件 12 与对比文件 11 进行组合无法得出本专利权利要求 16 所要求保护的技术方案，在专利复审委对前述两项事实认定错误的基础上，第 11502 号决定关于本专利权利要求 15、16 和 19 中引用权利要求 1、6~10 的技术方案无新颖性或者创造性的认定也是错误的。综上，一审法院判决认定事实和适用法律错误，请求二审法院撤销一审判决，同时撤销专利复审委作出的第 11502 号决定。

被上诉人专利复审委仍持第 11502 号决定意见，并认为一审法院判决认定事实清楚，适用法律正确，请求二审法院驳回上诉，维持一审判决。

被上诉人嘉兴多凌公司、上海多凌公司同意专利复审委的意见。

本案一审审理期间，专利复审委在法定期限内向一审法院提交了以下主要证据：1. 本专利授权文本；2. 公开日为 2002 年 9 月 18 日，公开号为 CN1369363A 的发明专利申请公开说明书（即对比文件 11）；3. 公开日为 2003 年 3 月 19 日，公开号为 CN1403667A 的发明专利申请公开说明书（即对比文件 12）；4. 口头审理记录表。

邱则有向一审法院提交了本专利说明书。

嘉兴多凌公司、上海多凌公司未向一审法院提交证据。

一审法院经审查认为，专利复审委及邱则有提交的证据均与本案有关，且合法、真实，予以确认。

上述证据均已随案移送本院。二审期间，各方当事人没有提交新的证据。经庭审质证及审查核实，本院确认一审法院认证意见正确，并据此认定本案如下事实：

本专利的专利号为 ZL200310104265.8，其申请日为 2003 年 10 月 27 日，授权公告日为 2006 年 6 月 21 日，专利权人为邱则有。本专利授权公告时的权利要求书如下：

“1. 一种砼填充用空心管，包括空心管体（1）、堵头（2），两端堵头（2）将空心管体（1）两端封闭形成封闭空腔的空心管，其特征在于空心管体（1）或堵头（2）上的至少一个中伸出有定位脚（3）。

2. 根据权利要求 1 所述的一种砼填充用空心管，其特征在于所述的空心管体（1）、堵头（2）或定位脚（3）的至少一个中含有增强物（4），或者有增强物（4）外露。

3. 根据权利要求 2 所述的一种砼填充用空心管，其特征在于所述的空心管体（1）或堵头（2）内有增强物（4）伸入定位脚（3）内锚固。

4. 根据权利要求 2 所述的一种砼填充用空心管，其特征在于所述的空心管体（1）壁内的增强物（4）伸入堵头（2）内锚固，或者与堵头（2）内增强物（4）连接后锚固。

5. 根据权利要求 2 所述的一种砼填充用空心管，其特征在于所述的堵头（2）内的增强物（4）伸入空心管体（1）的壁内锚固，或者与空心管体（1）的壁内的增强物（4）连接后锚固。

6. 根据权利要求 1 所述的一种砼填充用空心管，其特征在于所述的定位脚（3）为活动的或可拆卸的定位脚。

7. 根据权利要求 1 所述的一种砼填充用空心管，其特征在于所述的定位脚（3）位于空心管的管底或管侧或管顶中的至少一个位置。

8. 根据权利要求 1 所述的一种砼填充用空心管，其特征在于所述的定位脚（3）在空心管的管底设置有三个。

9. 根据权利要求 1 所述的一种砼填充用空心管，其特征在于所述的堵头（2）置于空心管体（1）的端口内或端口或包裹在端口上。

10. 根据权利要求 1 所述的一种砼填充用空心管，其特征在于所述的堵头（2）为至少两层叠合而成。

11. 根据权利要求 1 至 10 中任一权利要求所述的一种砼填充用空心管，其特征在于所述的空心管体（1）的横截面形状为四边形，其至少一个转角（5）为弧形角或倒角或阴角，空心管体（1）的至少一个面（6）为外凸弧面、内凹弧面或凹凸不平面。

12. 根据权利要求 11 所述的一种砼填充用空心管，其特征在于所述的空心管体（1）的平面状的面（6）为平板。

13. 根据权利要求 11 所述的一种砼填充用空心管，其特征在于所述的空心管体（1）的面（6）为近似平板状的单曲面、双曲面、多曲面或波纹面。

14. 根据权利要求 1 至 10 中任一权利要求所述的一种砼填充用空心管，其特征在于所述的空心管两端的转角（5）为弧形角或倒角或阴角中的至少一种。

15. 根据权利要求 1 至 10 中任一权利要求所述的一种砼填充用空心管，其特征在于所述的空心管体（1）上至少一个面（6）叠合有叠合层（7）。

16. 根据权利要求 1 至 10 中任一权利要求所述的一种砼填充用空心管，其特征在于所述的空心管体（1）内设置有杆件（8）、加劲肋板（9）或加强筋（10）中的至少一个。

17. 根据权利要求 16 所述的一种砼填充用空心管，其特征在于所述的杆件（8）、加劲肋板（9）或加强筋（10）为叠合在空心管体（1）内的预制杆件、加劲肋板或加强筋。

18. 根据权利要求 16 所述的一种砼填充用空心管，其特征在于所述的空心管体（1）内设置的加劲肋板（9）为叠合在其内的预制的加劲肋板。

19. 根据权利要求 1 至 10 中任一权利要求所述的一种砼填充用空心管，其特征在于所述的两端堵头（2）均为加劲肋板（9），或一端为堵头（2），另一端为加劲肋板（9）。

20. 根据权利要求 1 至 10 中任一权利要求所述的一种砼填充用空心管，其特征在于所述的空心管体（1）或堵头（2）上设置有凹槽（11）或凸块（12）或孔洞（13）中的至少一个。

21. 根据权利要求 1 至 10 中任一权利要求所述的一种砼填充用空心管，其特征在于所述的空心管体（1）或堵头（2）上设置有连接件（14）。

22. 根据权利要求 1 至 10 中任一权利要求所述的一种砼填充用空心管，其特征在于所述的空心管体（1）为水泥纤维、水泥钢丝网或水泥纤维和钢丝网管体，堵头（2）为水泥砂浆或水泥砼。

23. 根据权利要求 22 所述的一种砼填充用空心管，其特征在于所述的堵头（2）内还含有增强物（3）。

24. 根据权利要求 1 至 10 中任一权利要求所述的一种砼填充用空心管，其特征在于所述的空心管体（1）为金属波纹管、塑料波纹管、玻璃钢波纹管。

25. 根据权利要求 1 至 10 中任一权利要求所述的一种砼填充用空心管，其特征在于所述的空心管上设置有搬运件（15）。”

2007 年 8 月 22 日，嘉兴多凌公司针对本专利向专利复审委提出无效宣告请求，认为本专利权利要求 1、7、8 不符合《中华人民共和国专利法》（以下简称《专利法》）第二十二条第二、三款的规定，同时提交了 6 份对比文件作为证据。

专利复审委受理上述无效请求后，依法将相关文件进行了转文，并要求邱则有在指定的期限内陈述意见。

2007 年 11 月 5 日，邱则有提交了意见陈述，并提交了一份反证。专利复审委将该材料进行了转文。

2008 年 1 月 28 日，邱则有与嘉兴多凌公司均参加了专利复审委举行的口头审理，并各自阐述了自己的意见。

2008 年 1 月 8 日，上海多凌公司针对本专利向专利复审委提出无效宣告请求，认为本专利权利要求 1 不符合《专利法》第二十二条第二、三款的规定，权利要求 15 不符合《专利法》第二十二条第三款的规定。同时提交了下列对比文件：1. 公开日为 1998 年 12 月 16 日的 EP0884427A2 号欧洲专利公开文本全文及其中文译文；2. 公开日为 1936 年 5 月 26 日的 US2042113 号美国专利全文及其中文译文；3. 公开日为 1950 年 2 月 7 日的 US2497058 号美国专利全文及其中文译文；4. 公开日为 2002 年 2 月 27 日，公开号为 CN1337507A 的发明专利申请公开说明书；5. 授权公告日为 1999 年 10 月 13 日，公告号为 CN2343240Y 的实用新型专利说明书；6. 公开日为 2003 年 3 月 12 日，公开号为 CN1401865A 的发明专利申请公开说明书。

专利复审委受理上述无效请求后，将相应材料进行了转文，并要求邱则有在指定的期限内陈述意见。

2008 年 2 月 1 日，上海多凌公司向专利复审委提交了意见陈述书，补充了无效宣告的理由和证据，并同时提交了如下对比文件：7. 授权公告日为 2003 年 12 月 24 日，申请日为 2003 年 4 月 16 日，专利权人为欧阳文皇，授权公告号为 CN2594350Y 的实用新型专利说明书；8. 公开日为 1995 年 8 月 30 日，公开号为 CN1107541A 的发明专利申请公开说明书；9. 授权公告日为 2001 年 12 月 19 日，授权公告号为 CN2466272Y 的实用新型专利说明书；10、公开日为 2002 年 9 月 11 日，公开号为 CN1368585A 的发明专利申请公开说明书；11. 对比文件 11；12. 对比文件 12；13. 国家知识产权局专利检索咨询中心关于专利号为 ZL200310104265.8 的发明专利申请的检索报告复印件，编号为 G072101，共 5 页。上海多凌公司认为：本专利权利要求 1、7-10、15、16、19 不具备新颖性和创造性，权利要求 6 不具备创造性。

2008 年 3 月 31 日，邱则有提交了意见陈述书及以下反证：1. 公开日为 1998 年 12 月 16 日的 EP0884427A2 号欧洲专利公开文本全文及其中文译文；2. 公开日为 1936 年 5 月 26 日的美国专利 US2042113 的中文译文（即对比文件 2 的中文译文）；3. 公开日为 1950 年 2 月 7 日的美国专利 US2497058 的中文译文（即对比文件 3 的中文译文）。邱则有对上海多凌公司提交的对比文件 1~3 中文译文的准确性持有异议，并提交了其认可的中文译文，即其反证，邱则有对上海多凌公司关于各对比文件公开内容的理解和具体意见陈述的准确性不予认可。

专利复审委将上述材料分别进行了转文。

2008 年 4 月 28 日，邱则有与上海多凌公司参加了专利复审委举行的口头审理。口头审理中，上海多凌公司明确其无效理由、范围和证据为：权利要求 1 被对比文件 1~4、6、7、11 单独公开不具有新颖性，与对比文件 1~4、6、11 单独对比不具备创造性，相对于对比文件 4 和 9 的结合不具有创造性，其中对比文件 4 是最接近的对比文件；权利要求 6 与对比文件 4、6、11 单独对比不具备创造性，权利要求 6 的附加技术特征被对比文件 1 或 2 或 10 公开不具有创造性，权利要求 6 的附加技术特征为公知常识；权利要求 7 被对比文件 4 或 7 或 11 公开不具有新颖性，权利要求 7 相对于对比文件 4 或 11 不具备创造性，对比文件 1 或 2 或 9 或 12 公开了权利要求 7 的附加技术特征；权利要求 8 被对比文件 7 公开不具有新颖性，权利要求 8 的附加技术特征被对比文件 10 或 11 公开不具有创造性，权利要求 8 相对于对比文件 4 或 11 不具备创造性；权利要求 9 被对比文件 7 或 11 公开不具有新颖性，权利要求 9 的附加技术特征被对比文件 1~6、11、12 分别公开不具有创造性，权利要求 9 相对于对比文件 11 不具备新颖性；权利要求 10 被对比文件 11 公开不具有新颖性，权利要求 10 的附加技术特征被对比文件 5、6、11、12 分别公开不具有创造性，权利要求 10 相对于对比文件 11 不具备创造性；权利要求 15 相对于对比文件 11 不具有新颖性，权利要求 15 的附加技术特征被对比文件 4~6、11、12 分别公开不具有创造性，其附加技术特征也是容易想到的；权利要求 16 被对比文件 4 或 11 公开不具有新颖性，权利要求 16 的附加技术特征被对比文件 1、2、6、11、12 分别公开不具有创造性，权利要求 16 相对于对比文件 4 或 6 或 11 不具备创造性；权利要求 19 被对比文件 4 或 6 或 11 公开不具有新颖性，创造性。其中权利要求15、16、19仅评述引用权利要求1、6~10的技术方案，并且权利要求15、16、19引用权利要求6的技术方案仅评述创造性。上海多凌公司当庭放弃对比文件8，并明确表示其提交的对比文件13仅供参考，不作为证据使用。邱则有对对比文件1~12的真实性没有异议。上海多凌公司当庭提交了中专翻译公司翻译的对比文件1~3的中文译文，专利复审委当庭将其转给邱则有。邱则有与上海多凌公司均认可对比文件1~3的中文译文以该翻译件为准，同意将邱则有提交的证据1中的图5作为对比文件1的公开内容，并作为证据使用。

专利复审委经审查认为：

邱则有对对比文件1~7、9~12的真实性无异议，同时由于对比文件1~6、9~12为公开出版物，且其公开日期在本专利的申请日前，因此上述对比文件可作为本专利的现有技术使用。对比文件7为本专利申请日前由他人向国家知识产权局专利局提出、在本专利申请日后公开的专利文献，因此其仅能用来评述本专利的新颖性。由于上海多凌公司当庭提交了中专翻译公司翻译的对比文件1~3的中文译文，邱则有当庭签收，双方均认可对比文件1~3的中文译文以该翻译件为准；且双方均同意将邱则有提交的证据1中的图5作为对比文件1的公开内容，并作为证据使用，因此对比文件1~3的公开内容以上海多凌公司当庭提交的译文为准，并将邱则有提交的证据1中的图5也作为对比文件1的公开内容。

关于本专利权利要求1的新颖性与创造性的问题。对比文件11公开了一种钢筋砼用加劲肋空心薄壁管的制作方法，该方法用模具将半边管10制作好，将加劲肋12放入半边管10中，将另一半边管与已胶结加劲肋12的半边管10结合，加劲肋12将薄壁管的两端封闭成空心薄壁管，加劲肋12上的露肋14由管体伸出，露肋14可作为施工时加劲肋空心薄壁管的支撑脚使用，空心薄壁管可一端为堵头，另一端为加劲肋，或两端均为堵头。

本专利权利要求1实质上包含三个技术方案，分别为a. 空心管体上伸出有定位脚；b. 堵头上伸出有定位脚；c. 空心管体和堵头上都伸出有定位脚。对比文件11公开的技术方案与权利要求1的a技术方案实质上相同，所属技术领域的技术人员根据两者的技术方案可以确定两者能够适用于相同的技术领域，解决相同的技术问题，并具有相同的预期效果，两者为同样的发明，因此权利要求1的a技术方案相对于对比文件11不具备新颖性。

邱则有认为对比文件11露肋（14）是加劲肋的一部分，其本身不是支撑脚，且支撑脚与定位脚不同。露肋只是加劲肋的部分，不是普通空心管的一部分，对比文件11中没有公开空心管管体与堵头同时伸出有露肋的情况。对比文件11的露肋主要是起到连接作用，在施工中只可作支撑脚使用。本专利的定位脚既能支撑，又能定位。对此专利复审委认为，对比文件11已经明确记载了加劲肋12上的露肋14可作为施工时加劲肋空心薄壁管的支撑脚使用，并且由于该露肋突出于管体外，因此在将其应用于现浇砼楼板时，其也能起到防止薄壁管彼此产生移位或错位，管外砼保护层厚度不一致等现象的作用，显然也具有定位的功能。对比文件11中的露肋与权利要求1中的定位脚仅是名称不同，两者的功能及在应用时具有的效果都是相同的，因此邱则有的上述主张不能说明权利要求1的a技术方案具备新颖性。

与对比文件11相比，权利要求1的b技术方案的技术特征“堵头上伸出有定位脚”、权利要求1的c技术方案的技术特征“空心管体和堵头上伸出有定位脚”没有被对比文件11公开，但是对比文件11给出了可在管体上和管体端部设置露肋来进行支撑及定位的技术启示，并且对比文件11也明确说明了空心薄壁管的两端可为堵头，因此为了进行支撑和定位，本领域的技术人员通过对比文件11给出的技术启示很容易会想到在堵头上伸出露肋或在管体和堵头上同时伸出露肋，因此在对比文件11的基础上得出权利要求1的b和c技术方案是显而易见的，权利要求1的b和c技术方案不具备创造性。

关于本专利权利要求6创造性的问题。本专利权利要求6与对比文件11的区别为：所述的定位脚为活动的或可拆卸的定位脚。通过对比文件11给出的可在管体上和管体端部设置露肋来进行支撑及定位的技术启示，为了便于运输及移动空心管，本领域的技术人员也会很容易地想到将对比文件11中的露肋设置成活动或可拆卸形式，因此在对比文件11的基础上，本领域的技术人员得到权利要求6请求保护的技术方案是显而易见的，在权利要求6引用的权利要求1不具备新颖性或创造性时，权利要求6也不具备创造性。

关于本专利权利要求7的新颖性或创造性的问题。对比文件11公开了露肋位于空心薄壁管管底或管侧或管顶中的至少一个位置，即对比文件11已经公开了权利要求7的全部附加技术特征，因此在权利要求7引用的权利要求1相对于对比文件11不具备新颖性或创造性时，权利要求7也不具备新颖性或创造性。另外，邱则有仍然坚持认为露肋是支撑脚、不是定位脚，根据前述（1）对权利要求1的论述，邱则有的主张也不能证明权利要求7具备新颖性和创造性。

关于本专利权利要求8的创造性的问题。权利要求8与对比文件11的区别为：所述的定位脚在空心管的管底设置有三个。通过对比文件11给出的可在管体上设置露肋来进行支撑及定位的技术启示，为了节约成本及使结构稳定，本领域的技术人员想到在对比文件11公开的空心管管底设置三个露肋的技术方案也是显而易见的，因此在权利要求8引用的权利要求1相对于对比文件11不具备新颖性和创造性时，权利要求8也不具备创造性。

关于本专利权利要求9的新颖性或创造性的问题。权利要求9与对比文件11的区别为：堵头置于空心管体的端口。对比文件11已经给出了将堵头置于空心管体的端口内或包裹在端口上的技术启示，本领域的技术人员在对比文件11给出的设置堵头相对于空心管体端口的位置的基础上，得到将堵头置于空心管体的端口的技术方案是显而易见的，因此在权利要求9引用的权利要求1不具备新颖性或创造性时，权利要求9也不具备新颖性或创造性。

关于本专利权利要求10的新颖性或创造性的问题。邱则有认可权利要求10的附加技术特征被对比文件11公开。对比文件11公开了用铺一层胶结材料料浆一层纤维布或纤维网再一层胶结材料料浆的方法制成堵头料浆板，纤维布或纤维网可为单层或多层，即对比文件11已经公开了权利要求10的全部附加技术特征，在权利要求10引用的权利要求1不具备新颖性或创造性时，权利要求10也不具备新颖性或创造性。

关于本专利权利要求15引用权利要求1、6~10的技术方案的新颖性或创造性的问题。对比文件11公开了在半边管阴模中，先铺柔性隔离层，铺设胶结材料料浆，铺纤维布或纤维网或金属丝网，铺胶结材料料浆，必要时重复上述步骤形成二层、三层或多层层状结构的管壁。即对比文件11已经公开了权利要求15的全部附加技术特征，在权利要求15引用的权利要求1、6~10不具备新颖性或创造性时，权利要求15引用权利要求1、6~10的技术方案也不具备新颖性或创造性。

而且，即使如邱则有所述本专利权利要求15请求保护的的技术方案为如本专利图12所示在面6上叠合有叠合层7，那么通过对比文件11给出的可制作多层层状管壁的技术启示，为了增加空心管强度，本领域的技术人员也会很容易地想到在对比文件11的管壁上再叠合一多层构件，从而在叠合层与基层之间产生完整的结合界面。因此在对比文件11的基础上，本领域的技术人员得到权利要求15请求保护的技术方案也是显而易见的。当权利要求15引用的权利要求1、6~10不具备新颖性或创造性时，权利要求15引用权利要求1、6~10的技术方案也不具备创造性。

关于本专利权利要求16引用权利要求1、6~10的技术方案的新颖性或创造性的问题。对比文件11公开了在空心管体中设置加劲肋板，即对比文件11给出了在空心管体中设置加劲肋板来增加空心管强度的技术启示，而且杆件和加强筋也是本领域通常采用的用于增加强度的构件，因此在对比文件11的基础上，本领域技术人员得到在空心管体中设置杆件或加强筋的技术方案是显而易见的，因此在权利要求16引用的权利要求1、6~10不具备新颖性或创造性时，权利要求16引用权利要求1、6~10的技术方案也不具备新颖性或创造性。

而且，对比文件12公开了一种成组模壳构件，其中在模壳内设置有加强件，加强件为加强肋、加强杆或者加强筋。对比文件12与对比文件11属于同一技术领域，通过对比文件12给出的可使用加强肋、加强杆或者加强筋作为模壳中的加强件的技术启示，本领域的技术人员也会很容易地想到在对比文件11的空心管体中设置加劲肋板、加强杆或者加强筋中的至少一个作为加强件，因此在对比文件11的基础上结合对比文件12，本领域的技术人员得到权利要求16引用权利要求1、6~10的技术方案也是显而易见的，所以在权利要求16引用的权利要求1、6~10不具备新颖性或创造性时，权利要求16引用权利要求1、6~10的技术方案也不具备创造性。

关于本专利权利要求19引用权利要求1、6~10的技术方案的新颖性或创造性的问题。对比文件11公开了空心薄壁管两端为加劲肋板；也可一端为堵头，另一端为加劲肋；或两端均为堵头。即对比文件11已经公开了权利要求19的全部附加技术特征，因此在权利要求19引用的权利要求1、6~10不具备新颖性或创造性时，权利要求19引用权利要求1、6~10的技术方案也不具备新颖性或创造性。

由于上海多凌公司的上述理由及证据已经足以破坏本专利权利要求1、6~10、以及权利要求15、16、19引用权利要求1、6~10的技术方案的新颖性或创造性，应予无效，因此对于嘉兴多凌公司关于权利要求1、7、8的无效理由和证据以及其他的无效理由和证据不再进行评述。

专利复审委基于上述理由作出第11502号决定，邱则有不服该决定，向一审法院提起行政诉讼。

本院认为，邱则有及嘉兴多凌公司、上海多凌公司对于专利复审委作出的第11502号决定的下列内容不持异议：行政程序；“案由”部分记载的内容；证据与现有技术的认定；本专利权利要求1实质包含的三个技术方案。此外，邱则有明确表示，假如本专利的权利要求1、6不具有新颖性或创造性，则其认可第11502号决定关于本专利权利要求7、9、10、16、19新颖性或创造性的评价。上述内容，本院经审查，对其合法性予以确认。另经审查，本院对于第11502号决定关于对比文件11公开内容的描述的合法性亦予以确认。

本案争议的焦点问题在于专利复审委作出的第11502号决定关于本专利权利要求1、6、8、15新颖性或创造性的评价是否合法。

对于本专利权利要求1新颖性或创造性的问题。本专利权利要求1实质包含了三个技术方案：a. 空心管体上伸出有定位脚；b. 堵头上伸出有定位脚；c. 空心管体和堵头上都伸出有定位脚。对比文件11中的加劲肋12上的露肋14可作为施工时加劲肋空心薄壁管的支撑脚使用，而且在将其应用于现浇砼楼板时，其也能起到防止薄壁管彼此产生移位或错位，管外砼保护层厚度不一致等现象的作用，其与本专利权利要求1中的定位脚仅是名称不同。因此，被诉的第11502号决定认定上述a技术方案相对于对比文件11不具有新颖性正确。另外，虽然前述b、c特征没有被对比文件11公开，但是对比文件11给出了可在管体上和管体端部设置露肋来进行支撑及定位的技术启示，并且对比文件11也明确说明了空心薄壁管的两端可为堵头，因此为了进行支撑和定位，本领域技术人员通过对比文件11给出的技术启示很容易想到在堵头上伸出露肋或在管体和堵头上同时伸出露肋。因此，专利复审委认定本专利权利要求1的b和c技术方案不具备创造性正确。

对于本专利权利要求6创造性的问题。通过对比文件11给出的可在管体上和管体端部设置露肋来进行支撑及定位的技术启示，为了便于运输及移动空心管，本领域技术人员也会很容易地想到将对比文件 11 中的露肋设置成活动或可拆卸形式。因此，在对比文件 11 的基础上，专利复审委认定在本专利权利要求 1 不具备新颖性及创造性时，权利要求 6 也不具备创造性正确。

对于本专利权利要求 8 的创造性的问题。通过对比文件 11 给出的可在管体上设置露肋来进行支撑及定位的技术启示，为了节约成本及使结构稳定，本领域技术人员很容易想到在对比文件 11 公开的空心管管底设置三个露肋的技术方案。因此，在本专利权利要求 1 相对于对比文件 11 不具备新颖性和创造性时，专利复审委认定权利要求 8 也不具备创造性正确。

对于本专利权利要求 15 引用权利要求 1、6~10 的技术方案的新颖性及创造性的问题。将该权利要求与对比文件 11 相比，后者已经公开了前者的全部附加技术特征。而且，通过对比文件 11 给出的可制作多层层状管壁的技术启示，为了增加空心管强度，本领域技术人员也会很容易地想到在对比文件 11 的管壁上再叠合一多层构件，从而在叠合层与基层之间产生完整的结合界面。因此，专利复审委关于本专利权利要求 15 新颖性及创造性的评价正确。

综上，专利复审委作出的第 11502 号决定合法，一审法院判决维持正确。依据《中华人民共和国行政诉讼法》第六十一条第（一）项的规定，判决如下：

驳回上诉，维持一审判决。

二审案件受理费人民币 100 元，由上诉人邱则有负担（已交纳）。

本判决为终审判决。

审　判　长　朱世宽
审　判　员　赵宇晖
代理审判员　胡华峰
二〇〇九年八月十一日
书　记　员　张　怡

086

分体式激光采血仪

无效宣告请求审查决定（第11503号）

决定号 第11503号
决定日 2008年5月19日
发明创造名称 分体式激光采血仪
国际分类号 A61B 5/15
无效宣告请求人 厦门天众达科技股份有限公司
专利权人 珠海倍健电子科技有限公司
专利号 200520062136.1
申请日 2005年7月28日
授权公告日 2006年11月1日
合议组组长 刘颖杰
主审员 刘亚斌
参审员 马 燕

法律依据 专利法第22条第3款
决定要点

如果要求保护的实用新型技术方案与现有技术相比，其区别特征已经被另一份对比文件所披露，并且在该对比文件中所起的作用与该区别特征在要求保护的实用新型技术方案中所起的作用相同，那么该实用新型技术方案不具备创造性。

一、案由

本无效宣告请求涉及国家知识产权局于2006年11月1日授权公告的200520062136.1号、名称为“分体式激光采血仪”的实用新型专利（下称本专利），其专利权人是珠海倍健电子科技有限公司，申请日是2005年7月28日。本专利授权公告的权利要求书如下：

“1. 分体式激光采血仪，包括

主机（1），其进一步包括一壳体，壳体内置电源、控制电路，壳体表面设有显示屏（13）及一组操控按钮（14）；

其特征在于：

激光头安置在与主机（1）分离的一手持柄（3）内，手持柄具有一激光发射口（39）；

主机（1）内置的控制电路与手持柄（3）内置的激光头通过电缆（2）电连接。

2. 根据权利要求1所述的分体式激光采血仪，其特征在于：

所述手持柄（3）上设有激光发射按钮（351）。

3. 根据权利要求 2 所述的分体式激光采血仪，其特征在于：

所述主机（1）壳体表面上还设置有应急按钮（15）。

4. 根据权利要求 1 至 3 任一项所述的分体式激光采血仪，其特征在于：

所述主机（1）壳体表面上设有用于放置手持柄的搁置部。

5. 根据权利要求 4 所述的分体式激光采血仪，其特征在于：

所述搁置部为一孔口位于所述主机（1）壳体表面、向主机（1）壳体内伸入且能容纳所述手持柄一部分于内的沉孔（12）。”

针对上述专利权，厦门天众达科技股份有限公司（下称请求人）于 2007 年 9 月 30 日向专利复审委员会提出无效宣告请求，理由是本专利不符合专利法第 22 条第 2 款、第 3 款的规定，不具备新颖性、创造性。随同其专利权无效宣告请求书，请求人还提交了 4 份附件：

附件 1：本专利授权公告文本；

附件 2：5947957 号美国专利文献，其公开日期为 1999 年 9 月 7 日；

附件 3：附件 2 的中文译文；

附件 4：CN3315888 号中国外观设计专利公告的网络信息页，其公告日为 2003 年 8 月 20 日。

请求人的具体无效理由是：本专利权利要求 1 的结构与附件 2 的结构基本相同，其不同之处是本专利的壳体表面设有显示屏 13 及操控按钮 14，而附件 4 公开了一种采血仪，从图中可见其主机上设有显示屏及操控按钮，本领域技术人员在附件 2 的基础上结合附件 4 得出权利要求 1 的技术方案是显而易见的，因此本专利权利要求 1 不具备创造性；从属权利要求 2~5 的附加技术特征分别被附件 2 公开或者属于本领域公知常识，因而也不具备创造性。

经形式审查合格，专利复审委员会受理了上述无效宣告请求，于 2007 年 10 月 23 日向请求人和专利权人发出无效宣告请求受理通知书，同时将专利权无效宣告请求书及其附件 1~4 的副本转给专利权人，要求其在一个月内对该无效宣告请求陈述意见。

专利复审委员会于 2007 年 12 月 7 日收到了专利权人提交的意见陈述，专利权人认为本专利具备新颖性、创造性，具体理由是：附件 2 与本专利属于不同年代的技术，所解决的技术问题不同，附件 2 中使用的铒激光器重量大，不可能全放置在手持装置上，而且手持激光单元与便携式底座单元之间的电线多而重，手持激光单元不可能大距离的方便操作，因此附件 2 与本专利权利要求 1 不同；附件 4 仅公开了一种激光采血仪的外观，并未公开其技术方案，从图中绝对看不出分体式的结构，更看不出与主机分离的手持柄，因此也与本专利权利要求 1 不同，并且附件 4 并未对图中的细节进行说明，因此难以得出“显示屏”、“一组操控按钮”等技术特征，因此附件 2、附件 4 及其结合都没有给出将设有显示屏（13）和一组操控按钮（14）的分体式激光采血仪应用到解决操作方便性和消除恐惧感等技术问题的技术启示，故本专利权利要求 1 具备创造性；从属权利要求 2 中的激光发射按钮是只用于激光发射的按钮，而附件 2 中的开关和指示灯用于系统控制，并且激光发射按钮比开关和指示灯小和轻，可以减轻手持柄的重量，也使得手持柄易于操作、被采血者的恐惧感也可消除，因而从属权利要求 2 也具备创造性；从属权利要求 3 的应急按钮不同于一般的应急开关，当按下时可泄放掉电路中高压能量并确保激光无输出，保证了设备的操作安全性，不是公知常识，因此从属权利要求 3 具备创造性；从属权利要求 4 的搁置部使得激光装置得以安全放置从而保护该装置，并且也使其对周围环境以及人员来说是安全的，不是公知常识，因此从属权利要求 4 具备创造性；从属权利要求 5 的沉孔是对搁置部的进一步优选，使得激光装置放置更加安全，更容易放置，更容易取出，且便于操作，不是公知常识，因而因此从属权利要求 5 也具备创造性。

针对上述无效宣告请求，专利复审委员会依法组成合议组对本案进行审理，合议组于 2008 年 2 月 1 日向请求人和专利权人发出口头审理通知书，告知双方当事人合议组定于 2008 年 4 月 24 日对本案进行口头审理，同时将专利复审委员会于 2007 年 12 月 7 日收到的专利权人提交的意见陈述转给请求人。

请求人于 2008 年 3 月 17 日提交了意见陈述，认为本专利权利要求 1 的主要结构已经被附件 2 公开，区别的显示屏及操控按钮对解决本专利所要解决的技术问题没有起到关键作用，并且是电器产品中常用的技术手段，因此本专利权利要求 1 相对于附件 2 和附件 4 以及公知常识的结合不具备创造性；从属权利要求 2 中的激光发射按钮与附件 2 中的开关和指示灯功能相同，从属权利要求 3 的应急按钮对于本领域技术人员而言是显而易见的，从属权利要求 4 的搁置部在附件 2 中已经给出了设计来源，从属权利要求 5 的沉孔是机械和日常生活领域中的常用特征，因此从属权利要求 2~5 也不具备创造性。

口头审理如期举行，请求人一方由厦门市新华专利商标代理有限公司专利代理人渠述华出庭参加，专利权人一方由隆天国际知识产权代理有限公司专利代理人王玉双、张龙哺及公民代理黄斌出庭参加。

在口头审理中，（1）合议组当庭将请求人于 2008 年 3 月 17 日提交的意见陈述转给专利权人，专利权人表示针对该意见陈述当庭答复，不需再进行庭后答复。（2）请求人明确其无效宣告请求的理由、范围和证据是本专利权利要求 1~5 相对于附件 2、4 不符合专利法第 22 条第 3 款的规定，放弃关于不符合专利法第 22 条第 2 款的无效理由。（3）专利权人对附件 1~4 的真实性以及附件 2 的中文译文即附件 3 的准确性表示认可。（4）关于权利要求 1 的创造性，请求人认为附件 2 公开了本专利权利要求 1 的大部分特征，区别特征显示屏和操控按钮被附件 4 公开并且也属于公知常识，因此权利要求 1 相对于附件 2 与附件 4 或公知常识的结合均不具备创造性；专利权人认为从附件 2 的图 5 并结合其说明书第 5 页第 2 段可以看出软电缆 8 有 14 根线，多而重，本专利的电缆只有 1 条且小而轻，并且手持柄因为没有控制装置和显示装置所以也可以做得小而轻，本专利权利要求 1 解决了手持柄操作方便的问题并具有电缆和手持柄成本较低的效果，具有创造性。（5）关于权利要求 2~5 的创造性，请求人认为权利要求 2 的附加技术特征已被附件 2 公开，权利要求 3 的应急按钮相当于附件 2 中的安全闸并且也是公知常识，为了激光医疗器的安全而设计应急按钮是显而易见的，权利要求 4 的搁置部和权利要求 5 的沉孔在附件 2 的图 4 中已经公开，并且孔是用来搁置手持柄的，是一个显而易见的特征，是公知常识，因此权利要求 2~5 都不具备创造性；专利权人认为，权利要求 2 中的激光发射按钮与附件 2 中的开关和指示灯不同，权利要求 3 的应急按钮与附件 2 中的安全闸的作用和结构不同，权利要求 4 的搁置部在附件 2 和附件 4 中都没有提到，附件 2 中的孔是用来校准，其作用与权利要求 4 的搁置部和权利要求 5 的沉孔不同，由此认为权利要求 2~5 具备创造性。

至此，合议组认为本案事实已经清楚，现依法作出如下审查决定。

二、决定的理由

1. 关于证据

在本次无效宣告程序中，请求人提交的证据包括附件 1、附件 2、附件 4，专利权人认可附件 1、2、4 的真实性以及附件 2 中文译文（附件 3）的准确性，因此附件 1、2、4 可以作为本案证据使用；其中附件 1 是本专利的授权公告文本，可以作为评价本专利创造性的基础，附件 2、附件 4 的公开日期均在本专利申请日之前，故可以构成本专利的现有技术，附件 2 的文字部分以其中文译文即附件 3 中记载的内容为准。

2. 关于创造性

专利法第22条第3款规定，创造性，是指同申请日以前已有的技术相比，该发明有突出的实质性特点和显著的进步，该实用新型有实质性特点和进步。

具体到本案，本专利权利要求1要求保护一种分体式激光采血仪，其所要解决的技术问题是提供一种操作方便和减少被采血者恐惧感的激光采血仪。

附件2公开了一种便携式激光采血仪，其包括便携式底座单元2（相当于本专利的主机1）、手持激光单元6（相当于本专利的手持柄3），该便携式底座单元2包括电源模块4、系统控制电路49（相当于本专利的电源、控制电路），手持激光单元6包括铒-钇铝石榴石晶体10、闪光灯12、抽吸腔14、光学谐振器、石英透镜20、开关和指示灯54、触发传输器56和可丢弃尖端单元26（相当于本专利的激光发射口39），其中该铒-钇铝石榴石晶体10、闪光灯12、抽吸腔14、光学谐振器构成激光器（相当于本专利的激光头），手持激光单元6通过软电缆8连接到便携式底座单元2，软电缆8传输手持激光单元和基座单元之间的控制和显示信号。由此可见，本专利权利要求1的技术方案与附件2公开的内容相比，其区别在于：本专利权利要求1中的主机包括一壳体，壳体表面还设有显示屏13及一组操控按钮14。

附件4公开了一种激光采血仪的外观设计图片，包括俯视图、后视图、立体图、右视图、主视图、左视图，从立体图和主视图中可以看出该激光采血仪外壳正侧面设有显示屏和多个操作按钮。

专利权人认为，附件2与本专利属于不同年代的技术，所解决的技术问题不同，附件2中使用的铒激光器重量大，不可能全放置在手持装置上，而且从附件2的图5并结合其说明书第5页第2段可以看出其软电缆8有14根线，多而重，手持激光单元不可能大距离的方便操作，而本专利的电缆只有1条且小而轻，并且手持柄因为没有控制装置和显示装置所以也可以做得小而轻，因此附件2与本专利权利要求1不同；附件4仅公开了一种激光采血仪的外观，并未公开其技术方案，从图中绝对看不出分体式的结构，更看不出与主机分离的手持柄，因此也与本专利权利要求1不同，并且附件4未对图中的细节进行说明，因此难以得出“显示屏”、“一组操控按钮”等技术特征，因此附件2、附件4及其结合都没有给出将设有显示屏（13）和一组操控按钮（14）的分体式激光采血仪应用到解决操作方便性和消除恐惧感等技术问题的技术启示，故本专利权利要求1具备创造性。

对此，合议组认为，附件2涉及一种便携式激光采血仪，在其发明背景部分（参见附件3正文部分第1页）描述了现有技术中使用注射器针头刺破静脉进行血样采集会导致被采血者疼痛和害怕，并且也不便于被医务人员携带，而附件2的技术方案正是针对这些缺点而提出的，并且其通过便携式激光装置也确实起到了减轻被采血者的恐惧感和便于采血操作的作用，因此附件2所要解决的技术问题与本专利相同；附件2说明书第2页记载了铒-钇铝石榴石晶体10、闪光灯12、光学谐振器、石英透镜20等激光器部件都被设置在手持激光单元中，根据附件2说明书中的记载，其手持激光单元上也没有控制装置和显示装置，因而也可以做成如专利权人所述像本专利的手持柄一样小而轻；附件2说明书第5页第2段记载了软电缆8传输手持单元和基座单元之间的控制和显示信号，而本专利中也记载了主机内的控制电路与手持柄内置的激光头通过电缆2电连接，且主机上设有显示屏，由此可以推知本专利的电缆2实质上也是用于传输与控制和显示相关的信号，因而附件2中的软电缆8的功能与本专利中电缆2的功能基本相同，而附件2的图5是显示了附件2一个实施例的电路图，其中虽然能够看出标号8包括14条连线，但是该图仅仅是电路图而非实物图，凭此并不足以证明该软电缆8比本专利的电缆多而重和手持激光单元不便于大距离操作。附件4虽然仅给出了一种激光采血仪的外观图片，但其也可以反映出一定的技术方案的内容，从其立体图和主视图中可以明显看出该激光采血仪外壳正侧面设有显示屏和多个操作按钮，由于附件2中已经公开了底座单元2中包括控制电路且软电缆 8 可用于传输控制和显示信号，因此在附件 2 的基础上结合附件 4 公开的内容以得到本专利权利要求 1 的技术方案对于本领域技术人员来说是显而易见的，故权利要求 1 不具备专利法第 22 条第 3 款规定的创造性。

本专利权利要求 2 是权利要求 1 的从属权利要求，其附加技术特征是“所述手持柄（3）上设有激光发射按钮（351）”。附件 2 第 2 页公开了在手持激光单元 6 的筒身上设有开关和指示灯 54，专利权人认为本专利的激光发射按钮是只用于激光发射的按钮，而附件 2 中的开关和指示灯是用于系统控制，并且本专利的激光发射按钮比附件 2 的开关和指示灯小和轻，可以减轻手持柄的重量，也使得手持柄易于操作、被采血者的恐惧感也可消除，因而从属权利要求 2 具备创造性。对此，合议组认为，结合附件 2 所公开的整体技术方案可知，该开关和指示灯就是用于控制激光发射的操作按钮并同时具有指示灯的作用，专利权人也没有提供证据来证明该开关和指示灯比本专利的激光发射按钮明显大和重，因此本专利权利要求 2 中的激光发射按钮实质上已经被附件 2 中的开关和指示灯公开，在其所引用的权利要求 1 不具备创造性的情况下，该从属权利要求 2 相对于附件 2 和附件 4 的结合也不具备专利法第 22 条第 3 款规定的创造性。

本专利权利要求 3 是权利要求 2 的从属权利要求，其附加技术特征是“所述主机（1）壳体表面上还设置有应急按钮（15）”。请求人认为，权利要求 3 所述的应急按钮相当于附件 2 中的安全闸 80，并且也是公知常识，为了激光医疗器的安全而设计该应急按钮是显而易见的。对此，合议组认为，附件 2 中第 5 页第一段记载了手持单元 6 包括激光束安全闸 80，该安全闸 80 仅当内锁开关 82 关闭时被打开，当可丢弃尖端 26 被手指牢固地压入手持单元 6 时内锁开关 82 将关闭，由此可见，该安全闸 80 是用于在拆下可丢弃尖端 26 时关闭而在可丢弃尖端 26 被装上时打开，从而是在更换可丢弃尖端 26 时起保护作用；而本专利的应急按钮 15 是设置在主机壳体表面上，且其被按下时可泄放掉电路中高压能量并确保激光无输出，从而保证了设备的操作安全性，因此附件 2 中的安全闸与本专利权利要求 3 中的应急按钮设置的位置和所起的作用均不同，该附加技术特征没有被附件 2 公开，并且请求人也没有提供证据来证明该特征属于医疗器械领域中的公知常识，因此权利要求 3 相对于附件 2 和附件 4 的结合或者附件 2 和公知常识的结合具备专利法第 22 条第 3 款规定的创造性。

本专利权利要求 4 是引用了权利要求 1～3 中任一项的从属权利要求，其附加技术特征是“所述主机（1）壳体表面上设有用于放置手持柄的搁置部”。专利权人认为该特征使得激光装置得以安全放置从而保护该装置，并且也使其对周围环境以及人员来说是安全的。对此，合议组认为，对于具有主机和与主机相连接的手持柄的分体式设备，在主机上设置一个用于放置该手持柄的搁置部以保护该手持柄不受意外损坏是医疗器械乃至一般机械电子设备中常用的技术手段，而且由于本专利的手持柄上设有用于发射激光的激光头，因此为了保护其自身不受意外损坏以及保护周围环境和人员不被该手持柄意外发射激光所伤害而采用上述常用技术手段，对于本领域技术人员来说是显而易见的，因此，在权利要求 1、2 不具备创造性的情况下，该权利要求 4 中引用权利要求 1 或 2 的技术方案相对于附件 2 和附件 4 的结合也不具备专利法第 22 条第 3 款规定的创造性；由于权利要求 3 具备创造性，所以权利要求 4 中引用权利要求 3 的技术方案相对于附件 2 和附件 4 的结合也具备专利法第 22 条第 3 款规定的创造性。

本专利权利要求 5 是引用了权利要求 4 的从属权利要求，其附加技术特征是“所述搁置部为一孔口位于所述主机（1）壳体表面、向主机（1）壳体内伸入且能容纳所述手持柄一部分于内的沉孔（12）”。专利权人认为该特征是对权利要求 4 的搁置部的进一步优选，使得激光装置放置更加安全，更容易放置，更容易取出，且便于操作。对此，合议组认为，由于本专利的手持柄具有类似笔的外形，而将笔状物插入带有孔的笔筒等容器中存放是日常生活中的常识，因此将主机上与其对应的搁置部设计成可以插入的孔状对于本领域技术人员来说是很容易想到的，因此，在权利要求4中引用权利要求1或2的技术方案不具备创造性的情况下，其从属权利要求5中引用该引用权利要求1或2的权利要求4的技术方案相对于附件2和附件4的结合也不具备专利法第22条第3款规定的创造性；由于权利要求4中引用权利要求3的技术方案具备创造性，所以权利要求5中引用该引用权利要求3的权利要求4的技术方案相对于附件2和附件4的结合也具备专利法第22条第3款规定的创造性。

三、决定

宣告200520062136.1号实用新型专利权利要求1~2、引用权利要求1或2的权利要求4以及引用权利要求4中引用权利要求1或2的技术方案的权利要求5无效，在权利要求3以及直接或间接引用权利要求3的权利要求4~5的基础上维持200520062136.1号实用新型专利权继续有效。

当事人对本决定不服的，可以根据专利法第46条第2款的规定，在收到本决定之日起三个月内向北京市第一中级人民法院起诉。根据该款规定，一方当事人起诉后，另一方当事人应当作为第三人参加诉讼。

087

三角形钢构塔

无效宣告请求审查决定（第11511号）

决　　定　　号　第11511号
决　　定　　日　2008年5月19日
发明创造名称　三角形钢构塔
国 际 分 类 号　E04H 12/10，E06C 9/04，H01T 19/04
无效宣告请求人　周开文
专 利 权 人　陈国龙
专　　利　　号　200420090310.9
申　　请　　日　2004年9月18日
授 权 公 告 日　2005年10月12日
合 议 组 组 长　欧　岚
主　　审　　员　姜　岩
参　　审　　员　徐伟锋

法 律 依 据　专利法第22条第2款、第3款
决 定 要 点

如果某专利权利要求保护的技术方案相对于几份对比文件的组合存在区别，且没有证据证明这些区别为公知常识，本领域的技术人员由上述对比文件的组合不能获得该专利权利要求技术方案的技术启示，同时该技术方案带来了有益效果，那么该权利要求具备创造性。

一、案由

本无效宣告请求涉及中华人民共和国国家知识产权局于2005年10月12日授权公告的、名称为“三角形钢构塔”的实用新型专利权（下称本专利），其专利号是200420090310.9，申请日是2004年9月18日，专利权人是陈国龙。本专利授权公告时的权利要求书如下：

“1. 一种三角形钢构塔，包括塔脚（5）、塔体（4）及避雷针（1），塔体（4）固定在塔脚（5）上，其特征是：所述的塔体（4）由多根角钢连接构成的主柱（8）、横梁（7）、斜梁（9）、连接节点板（10）固定连接成截面为等腰三角形的塔体（4），塔体（4）内固定有爬梯横担（6），爬梯横担（6）上固定有爬梯。

2. 根据权利要求1所述的三角形钢构塔，其特征是：所述爬梯由固定在爬梯横担（6）上的爬梯固定板（12）、固定在爬梯固定板（12）上的爬梯主杆（11）及固定在爬梯主杆（11）上的爬梯步钉（13）组成。

3. 根据权利要求1或2所述的三角形钢构塔，其特征是：在塔体（4）的塔顶附近固定有第一平台（2）。

4. 根据权利要求3所述的三角形钢构塔，其特征是：在第一平台（2）的下面塔体（4）上固定有第二平台（3）。”

针对本专利权，周开文（下称请求人）于2007年4月24日向专利复审委员会提出无效宣告请求，认为本专利不符合专利法第22条第2、3款，第26条第3款及专利法实施细则第20条第1款的规定，请求人同时提交了如下附件：

附件1：授权公告日2004年6月9日，授权公告号CN2620018Y的中国实用新型专利说明书，共10页；

附件2：授权公告日为1965年9月7日，公告号为3204721的美国专利文献，共7页；

附件3：授权公告日为1989年1月11日，授权公告号为CN2030762U的中国实用新型专利说明书，共6页；

附件4：授权公告日为1995年1月4日，授权公告号为CN2186795Y的中国实用新型专利说明书，共5页。

请求人认为：

（1）从说明书及附图中无法得知权利要求1中各部件的连接关系，因此不符合专利法实施细则第26条第3款的规定。（2）权利要求1只是罗列了特征，没有明确连接点板（10）是怎样连接各个构件的，本领域的普通技术人员也无法从说明书及附图中得知，因此权利要求1不符合专利法实施细则第20条第1款的规定。（3）附件1~3分别全部公开了权利要求1的技术特征，因此权利要求1不具备新颖性。权利要求1~4相对于附件1~3的结合不具备专利法第22条第3款规定的创造性。

经形式审查合格，专利复审委员会依法受理了上述无效宣告请求，并于2007年6月11日向请求人和专利权人发出无效宣告请求受理通知书，同时将专利权无效宣告请求书及其附件清单中所列附件的副本转送给专利权人，并要求专利权人在指定的期限内陈述意见。

请求人于2007年5月16日向专利复审委员会提交了意见陈述书，并补充了无效宣告的理由和证据，其中补充的证据为：

附件5：科学出版社2004年5月第一版第一次印刷的《塔式结构》的封面页，出版信息页，第87、88、101、105，复印件共6页；

附件6：附件2的部分中文译文，共2页；

附件7：授权公告日为2001年7月11日，授权公告号为CN2438779Y的中国实用新型专利说明书，共8页；

附件8：授权公告日为2002年7月10日，授权公告号为CN2499985Y的中国实用新型专利说明书，共8页。

请求人认为：附件5第101页公开了塔体截面为正三角形是公知常识，附件5第105页上明确指出角钢柱上用联结板与横杆连接，也可做成单独的节点板先用螺栓与角钢柱相连，再与横斜杆相连。同时，附件2公开了“塔体内固定有爬梯横担，爬梯横担上固定有爬梯”。专利权利要求2的附加技术特征中的步钉梯设在塔内被附件4、7公开，固定板固定杆在物体上是公知常识，因此步钉梯的主杆固定在塔上是本领域普通技术人员的一种选择，因此本专利权利要求1~4不具备新颖性和创造性。

针对专利复审委员会发出的上述无效宣告请求受理通知书，专利权人于2007年7月23日提交了意见陈述书和权利要求书的修改替换页，其将原权利要求1删除，原权利要求2改为独立权利要求1，原权利要求3、4相应地改为权利要求2、3，修改后的权利要求书为：

“1. 一种三角形钢构塔，包括塔脚（5）、塔体（4）及避雷针（1），塔体（4）固定在塔脚（5）上，其特征是：所述的塔体（4）由多根角钢连接构成的主柱（8）、横梁（7）、斜梁（9）、连接节点板（10）固定连接成截面为等腰三角形的塔体（4），塔体（4）内固定有爬梯横担（6），爬梯横担（6）上固定有爬梯，爬梯由固定在爬梯横担（6）上的爬梯固定板（12）、固定在爬梯固定板（12）上的爬梯主杆（11）及固定在爬梯主杆（11）上的爬梯步钉（13）组成。

2. 根据权利要求1所述的三角形钢构塔，其特征是：在塔体（4）的塔顶附近固定有第一平台（2）。

3. 根据权利要求2所述的三角形钢构塔，其特征是：在第一平台（2）的下面塔体（4）上固定有第二平台（3）。”

专利权人认为：修改后的权利要求1~3符合专利法第22条第2、3款；专利法第26条第3款以及专利法实施细则第20条第1款的规定。

专利复审委员会依法成立合议组对本案进行审查。本案合议组于2007年12月10日向双方发出无效宣告请求口头审理通知书，定于2008年3月12日在专利复审委员会举行口头审理。随同口头审理通知书，将专利权人于2007年7月23日提交的意见陈述书及其附件清单中所列附件的副本转送给请求人。

口头审理如期举行，双方当事人均参加了口头审理。在口头审理中，请求人明确其无效理由为：权利要求1~3相对于附件1不具有新颖性；权利要求1相对于附件1分别与附件4、7、8的结合、附件2分别与附件4、7、8的结合、附件3分别与附件4、7、8的结合或附件1、2或2、3或1、3或附件1、3、4的结合不具有创造性；权利要求2、3的附加技术特征被附件1~3、7、8中分别公开；用附件5证明连接节点板为公知常识。请求人当庭放弃专利法第26条第3款及专利法实施细则第20条第1款的无效理由，明确表示没有其他的无效理由和证据组合方式。请求人当庭提交了附件5的原件。专利权人对附件1~5、7、8的真实性没有异议。对附件6中文译文的准确性没有异议。

至此，合议组认为本案事实已经清楚，可以作出审查决定。

二、决定的理由

1. 关于证据和现有技术

请求人提交的证据包括附件1~5、7、8，专利权人对附件1~5、7、8的真实性没有异议，其中附件1、3、4、7、8为中国专利文献，附件2为美国专利文献，附件5为公开出版物，合议组经审查认为以上附件可以作为本案证据使用；且其公开日期均在本专利的申请日前，因此可以作为本专利的现有技术使用。

请求人提交的附件6为附件2的部分中文译文，专利权人对附件6中文译文的准确性没有异议，因此附件2的公开内容以附件6中文译文为准。

2. 关于专利权人提交的修改文本

审查指南第四部分第三章第4.6节在“无效宣告程序中专利文件的修改”中对修改原则、修改方式和修改方式的限制进行了规定。在修改原则中规定发明或者实用新型专利文件的修改仅限于权利要求书，在修改的方式中规定：修改权利要求书的具体方式一般限于权利要求的删除、合并和技术方案的删除。并且在独立权利要求未作修改的情况下，不允许对其从属权利要求进行合并式修改。在修改方式的限制中规定在专利复审委员会作出审查决定之前，专利权人可以删除权利要求或者权利要求中包括的技术方案。

合议组经审查后认为：专利权人2007年7月23日提交的权利要求书将原权利要求1删除，原权利要求2修改为新的权利要求1，新的权利要求2引用权利要求1，新的权利要求3引用权利要求2，这种修改是针对无效宣告请求书作出的，而且修改方式是删除了原权利要求1以及原权利要求3、4中引用原权利要求1的技术方案，因此专利权人提交的权利要求书的修改文本符合审查指南的上述规定，本决定以专利权人于2007年7月23日提交的权利要求书作为审查基础。

3. 本专利的权利要求1~3是否具有新颖性和创造性

（1）权利要求1~3相对于附件1是否具备新颖性。

专利法第22条第2款规定的新颖性，是指在申请日以前没有同样的发明或者实用新型在国内外出版物上公开发表过、在国内公开使用过或者以其他方式为公众所知，也没有同样的发明或者实用新型由他人向国务院专利行政部门提出过申请并记载在申请日以后公布的专利申请文件中。

如果专利的某项权利要求保护的技术方案与对比文件所公开的技术方案相比存在区别，该区别并非本领域的惯用手段的直接置换或对比文件中相应技术特征的上位概念，则该权利要求相对于上述对比文件具备新颖性。

权利要求1请求保护一种三角形钢构塔，附件1公开了一种三角形组合柱自立式铁塔，并具体公开了如下技术内容：由附件1说明书及附图1、2、3可知，该塔是用普通圆钢制成，由很多塔子节段依次从下到上用法兰顺序连接而成，塔子节段由组合柱连于主斜撑和主水平撑组成，最底层塔子段的组合柱的底端锚接于基础，组合柱子柱与用作主斜撑和主水平撑的角钢螺栓连接形成三角形封闭式节段。该铁塔可以用来支撑各种设备如避雷针，由附图3中可以得知组合柱与主斜撑和主水平撑通过连接节点板连接在一起，塔体的横截面形状是等边三角形。在附件1说明书正文第2页倒数第2行中公开了“组合柱的子撑同时可以用作爬梯和馈线梯”。权利要求1和附件1相比至少存在如下区别：附件1中没有公开“塔体内固定有爬梯横担，爬梯横担上固定有爬梯，爬梯由固定在爬梯横担上的爬梯固定板、固定在爬梯固定板上的爬梯主杆及固定在爬梯主杆上的爬梯步钉组成”这些技术特征；另外，权利要求1中主柱由多根角钢连接构成，而附件1中是由组合柱构成的主柱。本专利和附件1存在上述区别技术特征，而且请求人也没有证明这些技术特征是本领域惯用手段的直接置换或是对比文件中相应技术特征的上位概念，因此权利要求1相对于附件1不符合专利法第22条第2款新颖性规定的无效理由不成立。

由于独立权利要求1具备新颖性，其从属权利要求2~3也具备新颖性。

（2）权利要求1~3是否具备创造性。

创造性，是指同申请日以前已有的技术相比，该发明有突出的实质性特点和显著的进步，该实用新型具有实质性特点和进步。

如果专利的某项权利要求保护的技术方案相对于几份对比文件的组合存在区别，且没有证据证明这些区别为公知常识，本领域的技术人员由上述对比文件的组合不能获得该专利权利要求技术方案的技术启示，同时该技术方案带来了有益效果，那么该权利要求具备创造性。

（a）附件1分别和附件4、7、8的结合。

如上所述，本专利权利要求1和附件1相比存在区别。请求人认为在附件1说明书正文第2页倒数第2行中公开了“组合柱的子撑同时可以用作爬梯和馈线梯”，故认为附件1公开了本专利采用爬梯横担这种爬梯与塔体的固定连接方式。合议组认为，附件1中的组合柱式塔与本专利的角钢连接构成的塔在结构上不相同，附件1中组合柱的子撑与本专利中的爬梯横担的位置、所起的作用也并不相同，因此附件1中并未给出在角钢连结构成的塔体内另外设置步钉爬梯和爬梯横担以及爬梯的固定连接方式等的技术启示。

附件4（参见说明书第2页及附图1-3）公开了一种钢管铁塔专用爬梯，其包括支架、脚踏板，支架为单柱管3，其相对两侧面上等距错位固定连接脚踏板2，顶端固定连接挂钩1。其中单柱管3相当于本专利的梯子中的爬梯主杆，连接脚踏板2相当于本专利中的爬梯步钉，但在附件4中步钉梯是通过挂钩连接于塔体，而本专利中的步钉梯通过爬梯固定板固定于爬梯横担上、爬梯横担再固定于塔体，即附件4和本专利权利要求1中的梯子与塔体的连接固定方式并不相同。

附件7（参见说明书第2~3页及附图2）公开了一种单管塔，并具体公开了如下技术内容：其包括中空杆体和爬梯，杆体内腔固定有爬梯。爬梯由梯架及固定在梯架上的脚钉组成，梯架竖向固定在杆体内壁，所述梯架为长圆杆，在杆体内壁竖向固定有若干只底托，梯架通过固定在其上的“U”字型包箍套在底托外，底托与包箍固定连接，脚钉穿过梯架固定在梯架上。脚钉分为左、右两种，左右脚钉上下交错布置。其中的梯架相当于本专利中的爬梯主杆，左右脚钉即本专利中的爬梯步钉，由附件7附图3可知通过底托12和包箍15将梯架14固定到杆体13。

附件8（参见说明书第2~3页及附图1、4）公开了一种通讯天线塔，并具体公开了如下技术特征：其是一种钢架结构的铁塔，包括塔体、塔脚和避雷针，塔体固定在塔脚上，由附图1和4可知塔体内有与塔身4连接的爬梯12，爬梯支承件12-1固定连接在塔身4的法兰4-1处，以供安装调试人员上下塔体。

综上所述，附件4、7、8中均没有公开塔体内固定有爬梯横担以及固定在爬梯横担上的爬梯固定板，同时附件1和附件4、7、8中均没有给出在塔体内固定爬梯横担并在其上固定爬梯固定板用于安装爬梯的技术启示，因此权利要求1相对于附件1分别和附件4、7、8的结合并非显而易见，而且权利要求1的技术方案带来了便于安装检查、保证工作人员攀爬时安全可靠等技术效果，因此权利要求1相对于附件1分别和附件4、7、8的结合符合专利法第22条第3款规定的创造性。

（b）附件2分别和附件4、7、8的结合。

附件2（参见附图1-5、9）公开了一种拉线塔，由其中文译文附件6以及说明书附图可知：该塔为内外两层桁架结构构成的斜拉索塔，包括塔脚、塔体，塔体固定在塔脚上，该塔内外结构的横断面均为三角形，由多根横棒或纵棒连接在一起，用斜拉索或其他合适的结构零件加固而组成，由说明书附图看出塔的横截面为等边三角形，并在塔体上固定由一个平台，为了能到达平台顶部，由附图2可知，在平台上设置了一个开口73，该开口大得足以一个人的身体通过，梯子74向上延伸，通过内部结构的内壁到达该开口73。其中横棒相当于本专利的横梁，纵棒相当于本专利的斜梁，附图1A中的立管30相当于本专利中的主柱。附图9中的桥索34、35一端连接到中心连接器面板36，相当于本专利中的连接节点板。

权利要求1和附件2相比至少存在如下区别：附件2中没有公开“塔体内固定有爬梯横担，爬梯横担上固定有爬梯，爬梯由固定在爬梯横担上的爬梯固定板、固定在爬梯固定板上的爬梯主杆及固定在爬梯主杆上的爬梯步钉组成”这些技术特征。请求人认为附件2图2梯子74的右侧横杆为爬梯横担，合议组经合议后认为：由附件2的中文译文附件6和附图无法得知梯子和该横杆的连接关系，首先，附图2中塔的三角形截面的三个角处各有一根横杆，可见这些横杆并非专用于固定梯子的爬梯横担；其次，由附图4和附图5的截面图中可以看出梯子并非通过是通过横杆连接在塔体结构上的，而是直接连接于塔体上，因此无法确定附件2附图2中的横杆及为本专利的爬梯横担。故请求人的上述主张不能成立。

附件4、7、8公开的内容如前所述，它们均未公开塔体内固定有爬梯横担以及固定在爬梯横担上的爬梯固定板，虽然请求人认为爬梯横担和连接板是公知常识，但没有提供证据证明。同时附件2和附件4、7、8中均没有给出在塔体内固定爬梯横担并在其上固定爬梯固定板用于安装爬梯的技术启示，因此权利要求1相对于附件2分别和附件4、7、8的结合并非显而易见，而且权利要求1的技术方案带来了便于安装检查、保证工作人员攀爬时安全可靠等技术效果，因此权利要求1相对于附件2

分别和4、7、8的结合符合专利法第22条第3款规定的创造性。

（c）附件3分别与附件4、7、8的结合。

附件3（参见说明书第1页记附图1）公开了一种钢结构电视塔，具体公开了如下技术内容：电视塔由塔架、过渡节平台、避雷针等构成，塔架分成若干段，每段塔架中都包括主柱、横梁、斜梁，塔架的截面为正三边形。

权利要求1与附件3相比，至少存在如下区别：附件3中没有公开本专利的塔体内固定有爬梯横担以及横担上的爬梯、爬梯固定板、爬梯主杆、爬梯步钉。

附件4、7、8公开的内容如前所述。附件4、7、8中均没有公开塔体内固定有爬梯横担以及固定在爬梯横担上的爬梯固定板，同时附件3和附件4、7、8中均没有给出在塔体内固定爬梯横担并在其上固定爬梯固定板用于安装爬梯的技术启示，因此权利要求1相对于附件3分别和附件4、7、8的结合并非显而易见，而且权利要求1的技术方案带来了便于安装检查、保证工作人员攀爬时安全可靠等技术效果，因此权利要求1相对于附件3分别和4、7、8的结合符合专利法第22条第3款规定的创造性。

（d）附件1、2、3之间两两结合和附件1、3、4的结合。

附件1、2、3、4公开的内容如前所述，因此，即使将附件1、2、3两两结合或者将附件1、3、4结合均没有公开梯子通过爬梯固定板连接于爬梯横担上，最终连接于塔体上的技术特征，也没有给出相应的技术启示。请求人也没有证据证明其为公知常识，因此，权利要求1相对于附件1、2、3两两结合以及附件1、3、4的结合仍然具备创造性。

由于权利要求1相对于请求人提交的附件1~4、7、8的上述组合具备创造性，请求人仅使用附件1~3、7、8证明权利要求2、3的附加技术特征被公开，因此其从属权利要求2~3也具备创造性，故请求人关于权利要求2、3不符合专利法第22条第3款关于创造性规定的无效理由不能成立。

根据上述的事实和理由，本案合议组依法作出以下决定。

三、决定

在专利权人2007年7月23日提交的权利要求书1~3的基础上维持200420090310.9号实用新型专利权有效。

当事人对本决定不服的，可以根据专利法第46条第2款的规定，自收到本决定之日起三个月内向北京市第一中级人民法院起诉。根据该款的规定，一方当事人起诉后，另一方当事人应当作为第三人参加诉讼。

北京市第一中级人民法院
行政判决书

（2008）一中行初字第1371号

原告周开文，男，1964年10月8日出生，汉族，浙江和勤通讯工程有限公司总经理，住浙江金华市婺城区江南街道八一南街永盛楼301室。

委托代理人尉伟敏，杭州杭诚专利事务所有限公司专利代理人。

委托代理人汪园丁，男，1957年7月20日出生，杭州杭诚专利事务所有限公司职员，住浙江省杭州市下城区广福路35号3号门402室。

被告国家知识产权局专利复审委员会，住所地北京市海淀区北四环西路9号银谷大厦10~12层。

法定代表人廖涛，副主任。

委托代理人徐伟锋，国家知识产权局专利复审委员会审查员。

委托代理人瞿晓峰，国家知识产权局专利复审委员会审查员。

第三人陈国龙，男，1953年8月3日出生，浙江鸿胜实业有限公司总经理，住浙江省缙云县五云镇寺后中巷127号2室。

委托代理人徐关寿，浙江杭州金通专利事务所专利代理人。

委托代理人殷景成，男，1976年6月30日出生，浙江鸿胜实业有限公司职员，住浙江省杭州市上城区长生路1号。

原告周开文不服被告国家知识产权局专利复审委员会（以下简称专利复审委员会）第11511号无效宣告请求审查决定（以下简称第11511号决定），于法定期限内向本院提起行政诉讼。本院于2008年9月10日受理后，依法组成合议庭，并根据相关法律规定通知陈国龙作为本案的第三人参加诉讼，于2008年11月13日公开开庭审理了本案。原告周开文的委托代理人尉伟敏，被告专利复审委员会的委托代理人徐伟锋、瞿晓峰，第三人陈国龙及其委托代理人徐关寿、殷景成到庭参加诉讼。本案现已审理终结。

周开文针对第三人陈国龙拥有的第200420090310.9号名称为“三角形钢构塔”的实用新型专利（以下简称本专利），向专利复审委员会提出无效宣告请求。专利复审委员会作出第11511号决定，认为：1. 陈国龙提交的权利要求书的修改文本符合法律规定，因此以其2007年7月23日提交的权利要求书作为审查基础。2. 本专利权利要求1~3相对于附件1具有新颖性。3. 本专利权利要求1相对于附件1分别和附件4、7、8的结合并非显而易见，符合《中华人民共和国专利法》（以下简称《专利法》）第二十二条第三款规定的创造性。4. 本专利权利要求1和附件2相比至少存在如下区别：附件2中没有公开“塔体内固定有爬梯横担，爬梯横担上固定有爬梯，爬梯由固定在爬梯横担上的爬梯固定板、固定在爬梯固定板上的爬梯主杆及固定在爬梯主杆上的爬梯步钉组成”这些技术特征。附件4、7、8均未公开塔体内固定有爬梯横担以及固定在爬梯横担上的爬梯固定板，虽然周开文认为爬梯横担和连接板是公知常识，但没有提供证据证明。同时附件2和附件4、7、8中均没有给出在塔体内固定爬梯横担并在其上固定爬梯固定板用于安装爬梯定技术启示，因此权利要求1相对于附件2分别和附件4、7、8的结合并非显而易见而且权利要求1的技术方案带来了便于安装检查、保证工作人员攀爬时安全可靠等技术效果，因此权利要求1相对于附件2分别和4、7、8的结合符合《专利法》第二十二条第三款规定的创造性。5. 权利要求1相对于附件3分别和附件4、7、8的结合具有创造性。6. 本专利权利要求1相对于附件1、2、3两两结合以及附件1、3、4的结合仍然具备创造性。7. 由于本专利权利要求1相对于附件1~4、7、8的上述组合具备创造性，周开文仅使用附件1~3、7、8证明权利要求2、3的附加技术特征被公开，因此其从属权利要求2~3也具备创造性。据此，专利复审委员会作出第11511号决定，维持本专利权有效。

原告周开文不服第11511号决定，在法定期限内向本院提起行政诉讼，其诉称：1. 与原告提交的附件2和附件7的结合相比，修改后的本专利权利要求1、2、3不具有创造性。附件2附图2中的三角形截面的一个三角处各有一根横杆，其与本专利中的横担实质上是一致的；本专利中的横担和附件1中的横杆一样也是固定在塔三角形截面的角处，其本身就起到了一种加强强度的作用，两者所在的位置、所起的作用都是一样的。本专利中的爬梯固定板是公知常识。附件7中的包箍15与爬梯固定板12相近似或相同，底托12与爬梯横担6相近似。被告在决定中多次提到权利要求1的技术方案带来了便于安装、检查、保证工作人员攀爬时安全可靠等技术效果，但在本专利中并未对如何便于安装、检查和保证攀爬安全可靠作出说明。因此，本专利权利要求 1 不具有创造性。在本专利权利要求 1 不具有创造性的情况下，权利要求 2、3 也不具有创造性，不符合《专利法》第 22 条第 3 款规定。2. 原告在无效程序中已经对区别特征的技术方案和技术效果进行了全面、详细的阐述，第 11511 号决定完全屏蔽了原告陈述的内容，没有全面、客观、公正地考虑原告的意见，违反了公正执法原则。3. 第 11511 号决定将对公众带来不合理的结果。因此，原告请求人民法院判决撤销第 11511 号决定并责令被告重新作出无效宣告请求审查决定。

被告专利复审委员会辩称：1. 第 11511 号决定已经对附件 2 进行了评述，附件 2 的几个附图中均不能明确得知梯子 74 与塔体的连接方式以及梯子在塔体上的固定位置，因此，原告的理由不能成立。2. 关于本专利便于安装、检查、保证工作人员攀爬时安全等效果，本专利说明书对本专利技术方案的效果做出了说明。3. 其他的问题仍坚持第 11511 号决定的认定。被告认为第 11511 号决定认定事实清楚、适用法律法规正确、审查程序合法，请求人民法院予以维持。

第三人陈国龙认为第 11511 号决定认定事实清楚，适用法律正确，请求人民法院驳回原告的诉讼请求。

本院经审理查明：

第 11511 号决定涉及的是名称为“三角形钢构塔”、专利号为 200420090310.9 的实用新型专利（即本专利）该专利的申请日为 2004 年 9 月 18 日，授权公告日为 2005 年 10 月 12 日，专利权人是陈国龙。本专利授权公告时的权利要求书如下：

“1. 一种三角形钢构塔，包括塔脚（5）、塔体（4）及避雷针（1），塔体（4）固定在塔脚（5）上，其特征是：所述的塔体（4）由多根角钢连接构成的主柱（8）、横梁（7）、斜梁（9）、连接节点板（10）固定连接成截面为等腰三角形的塔体（4），塔体（4）内固定有爬梯横担（6），爬梯横担（6）上固定有爬梯。

2. 根据权利要求 1 所述的三角形钢构塔，其特征是：所述爬梯由固定在爬梯横担（6）上的爬梯固定板（12）、固定在爬梯固定板（12）上的爬梯主杆（11）及固定在爬梯主杆（11）上的爬梯步钉（13）组成。

3. 根据权利要求 1 或 2 所述的三角形钢构塔，其特征是：在塔体（4）的塔顶附近固定有第一平台（2）。

4. 根据权利要求 3 所述的三角形钢构塔，其特征是：在第一平台（2）的下面塔体（4）上固定有第二平台（3）。”

本专利说明书中提到：为了便于安装、检查，保证工作人员攀登时安全可靠，所述爬梯固定在爬梯横担上的爬梯固定板、固定在爬梯固定板上的爬梯主杆及固定在爬梯主杆上的爬梯步钉组成。

针对本专利，周开文于 2007 年 4 月 24 日以本专利不符合《专利法》第二十二条第二、三款和第二十六条第三款及《中华人民共和国专利法实施细则》第二十条第一款的规定为由，向专利复审委员会提出无效宣告请求，并提交了证据，其中：

附件 1 为授权公告日 2004 年 6 月 9 日，授权公告号 CN2620018Y 的中国实用新型专利说明书。附件 1 公开了组合柱自立式铁塔。

附件 2 系授权公告日为 1965 年 9 月 7 日，公告号为 3204721 的美国专利文献。附件 2 公开了一种拉线塔，该塔为内外两层桁架结构构成的斜拉索塔，包括塔脚、塔体，塔体固定在塔脚上，该塔内外结构的横断面均为三角形，由多根横棒或纵棒连接在一起，用斜拉索或其他合适的结构零件加固而组成，由说明书附图看出塔的横截面为等边三角形，并在塔体上固定有一个平台，为了能到达平台顶部，由附图 2 可知，在平台上设置了一个开口 73，该开口大得足以一个人的身体通过，梯子 74 向上延伸，通过内部结构的内壁到达该开口 73。附图 1A 中的立管 30 相当于本专利中的主柱。附图 9 中的桥索 34、35 一端连接到中心连接器面板 36，相当于本专利中的连接节点板。

2007 年 5 月 16 日，周开文向专利复审委员会补充提交了 4 份证据，其中附件 7 为授权公告日为 2001 年 7 月 11 日，授权公告号为 CN2438779Y 的中国实用新型专利说明书。附件 7 公开了一种单管塔，并具体公开了如下技术内容：其包括中空杆体和爬梯，杆体内腔固定有爬梯。爬梯由梯架及固定在梯架上的脚钉组成，梯架竖向固定在杆体内壁，所述梯架为长圆杆，在杆体内壁竖向固定有若干只底托，梯架通过固定在其上的

"U" 字型包箍套在底托外，底托与包箍固定连接，脚钉穿过梯架固定在梯架上。脚钉分为左、右两种，左右脚钉上下交错布置。由附件 7 附图 3 可知通过底托 12 和包箍 15 将梯架 14 固定到杆体 13。

2007 年 7 月 23 日，陈国龙向专利复审委员会提交了意见陈述书和权利要求书的修改替换页，其将原权利要求 1 删除，原权利要求 2 改为独立权利要求 1，原权利要求 3、4 相应地改为权利要求 2、3，修改后的权利要求书为：

"1. 一种三角形钢构塔，包括塔脚（5）、塔体（4）及避雷针（1），塔体（4）固定在塔脚（5）上，其特征是：所述的塔体（4）由多根角钢连接构成的主柱（8）、横梁（7）、斜梁（9）、连接节点板（10）固定连接成截面为等腰三角形的塔体（4），塔体（4）内固定有爬梯横担（6），爬梯横担（6）上固定有爬梯，爬梯由固定在爬梯横担（6）上的爬梯固定板（12）、固定在爬梯固定板（12）上的爬梯主杆（11）及固定在爬梯主杆（11）上的爬梯步钉（13）组成。

2. 根据权利要求 1 所述的三角形钢构塔，其特征是：在塔体（4）的塔顶附近固定有第一平台（2）。

3. 根据权利要求 2 所述的三角形钢构塔，其特征是：在第一平台（2）的下面塔体（4）上固定有第二平台（3）。"

专利复审委员会于 2008 年 3 月 12 日对上述无效宣告请求进行了口头审理。在口头审理时，周开文明确其无效理由为：修改后的权利要求 1~3 相对于附件 1 不具有新颖性；权利要求 1 相对于附件 1 分别与附件 4、7、8 的结合、附件 2 分别与附件 4、7、8 的结合、附件 3 分别与附件 4、7、8 的结合或附件 1、2 或 2、3 或 1、3 或附件 1、3、4 的结合不具有创造性；权利要求 2、3 的附加技术特征被附件 1~3、7、8 中分别公开；用附件 5 证明连接节点板为公知常识。

2008 年 5 月 19 日，专利复审委员会作出第 11511 号决定。

以上事实有本专利授权公告文本、第 11511 号决定、附件 1、附件 2、附件 7 及当事人陈述等证据在案佐证。

本院认为：

根据《专利法》第二十二条第三款的规定，实用新型的创造性是指同申请日以前已有的技术相比，该实用新型有实质性特点和进步。如果该实用新型相对于现有技术是显而易见的，则不具有实质性特点。

附件 2 和附件 7 的公开日均早于本专利的申请日，构成本专利的现有技术，可以用于评价本专利的创造性。修改后的本专利权利要求 1 与附件 2 相比，附件 2 中的横棒相当于本专利的横梁，纵棒相当于本专利的斜梁，附图 1A 中的立管 30 相当于本专利中的主柱，附图 9 中的桥索 34、35 一端连接到中心连接器面板 36，相当于本专利中的连接节点板，附件 2 中塔的截面是等边三角形，在塔体内也设有梯子。因此权利要求 1 与附件 2 相比，虽然附件 2 给出可以在塔体内设置梯子的技术方案，但没有公开本专利权利要求 1 所限定的"塔体内固定有爬梯横担，爬梯横担上固定有爬梯，爬梯由固定

在爬梯横担上的爬梯固定板、固定在爬梯固定板上的爬梯主杆及固定在爬梯主杆上的爬梯步钉组成”等技术特征。虽然原告主张附件2中的附图2、4、16中可以看出相当于本专利横担的横杆，但附件2中对此没有任何文字描述，根据附图，其横杆的作用在于固定塔体，而非用于固定爬梯，因此原告关于附件2公开了本专利爬梯横担的主张不能成立。

附件7公开了一种单管塔内的爬梯，爬梯由梯架及固定在梯架上的脚钉组成，在杆体内壁竖向固定有若干只底托，梯架通过固定在其上的“U”字型包箍套在底托外，底托与包箍固定连接，脚钉穿过梯架固定在梯架上。脚钉分为左、右两种，左右脚钉上下交错布置。其中的梯架相当于本专利中的爬梯主杆，左右脚钉即本专利中的爬梯步钉，因此附件7公开了本专利中的爬梯步钉，并给出了将爬梯通过底托和包箍固定到杆体上的技术启示。在该技术启示下，为了便于安装、检查，保证工作人员攀登时安全可靠，本领域技术人员容易根据本专利三角形钢构塔的结构，想到在塔体内设置爬梯横担和爬梯固定板，并将爬梯主杆与之相固定，从而使得爬梯稳固，工作人员攀爬安全。这种根据具体结构而作出的适应性改变是显而易见的，且没有取得意想不到的技术效果，因而本专利权利要求1相对于附件2和附件7的结合没有实质性特点。被告认为附件2和附件7均没有给出在塔体内固定爬梯横担并在其上固定爬梯固定板用于安装爬梯的技术启示，本专利权利要求1相对于附件2和附件7的结合具有创造性的认定错误，本院予以纠正。

由于被告是在本专利权利要求1具有创造性的基础上认定本专利权利要求2和3具有创造性，因此第11511号关于权利要求2和3具有创造性的基础已经不存在，被告应当在查明事实的基础上，重新对权利要求2和3的创造性进行评述。

综上所述，被告作出的第11511号决定认定事实不清，结论错误，应予撤销。原告的诉讼请求具有事实和法律依据，本院予以支持。被告应当在查明事实的基础上重新作出无效宣告请求审查决定。依照《中华人民共和国行政诉讼法》第五十四条第（二）项之规定，判决如下：

1. 撤销被告国家知识产权局专利复审委员会作出的第11511号无效宣告请求审查决定；

2. 被告国家知识产权局专利复审委员会就第200420090310.9号“三角形钢构塔”实用新型专利重新作出无效宣告请求审查决定。

案件受理费100元，由被告国家知识产权局专利复审委员会负担（于本判决生效之日起7日内交纳）。

如不服本判决，各方当事人可在本判决书送达之日起15日内，向本院递交上诉状及其副本，并交纳上诉案件受理费100元，上诉于北京市高级人民法院。

审　判　长　刘海旗
代理审判员　周云川
人民陪审员　郝建欣
二〇〇八年十二月三日
书　记　员　穆　颖

北京市高级人民法院
行政判决书

（2009）高行终字第142号

上诉人（原审被告）国家知识产权局专利复审委员会，住所地北京市海淀区北四环西路9号银谷大厦10~12层。

法定代表人廖涛，副主任。

委托代理人姜岩，该委员会审查员。

委托代理人瞿晓峰，该委员会审查员。

上诉人（原审第三人）陈国龙，男，汉族，1953年8月3日出生，住浙江省缙云县五云镇寺后中巷127号2室。

委托代理人徐关寿，男，汉族，1952年9月28日出生，浙江杭州金通专利事务所专利代理人，住浙江省杭州市西湖区九莲新村28幢96号302室。

被上诉人（原审原告）周开文，男，汉族，1964年10月8日出生，住浙江省金华市婺城区江南街道八一南街永盛楼301室。

委托代理人尉伟敏，男，汉族，1957年7月10日出生，杭州杭诚专利事务所有限公司专利代理人，住浙江省杭州市江干区景芳三区33幢403室。

委托代理人蒋演德，男，汉族，1943年2月25日出生，住上海市杨浦区同济新村719号3室。

上诉人国家知识产权局专利复审委员会（以下简称专利复审委员会）、陈国龙因实用新型专利权无效行政纠纷一案，不服北京市第一中级人民法院（2008）一中行初字第1371号行政判决，向本院提起上诉。本院2009年2月10日受理后，依法组成合议庭，于2009年3月10日公开开庭审理了本案。上诉人专利复审委员会的委托代理人姜岩、瞿晓峰，上诉人陈国龙及其委托代理人徐关寿，被上诉人周开文及其委托代理人尉伟敏、蒋演德到庭参加了诉讼。本案现已审理终结。

北京市第一中级人民法院认定，本案涉及陈国龙所拥有的第200420090310.9号、名称为“三角形钢构塔”的实用新型专利（以下简称本专利）。2007年4月24日，周开文以本专利权不符合《专利法》第二十二条第二、三款和第二十六条第三款及《专利法实施细则》第二十条第一款的规定为由，向专利复审委员会提出无效宣告请求。2008年5月19日，专利复审委员会做出第11511号无效宣告请求审查决定（以下简称第11511号决定），维持本专利权有效。

北京市第一中级人民法院认为，本专利权利要求1与附件2相比，附件2没有公开本专利权利要求1所限定的“塔体内固定有爬梯横担，爬梯横担上固定有爬梯，爬梯由固定在爬梯横担上的爬梯固定板、固定在爬梯固定板上的爬梯主杆及固定在爬梯主杆上的爬梯步钉组成”等技术特征。附件7公开了本专利中的爬梯步钉，并给出了将爬梯通过底托和包箍固定到杆体上的技术启示。在该技术启示下，本领域技术人员容易根据本专利三角形钢构塔的结构，想到在塔体内设置爬梯横担和爬梯固定板，并将爬梯主杆与之相固定，从而使得爬梯稳固，工作人员攀爬安全。这种根据具体结构而做出的适应性改变是显而易见的，且没有取得意想不到的技术效果，因而本专利权利要求1相对于附件2和附件7的结合没有实质性特点。

北京市第一中级人民法院依照《中华人民共和国行政诉讼法》第五十四条第（二）项之规定，判决：1. 撤销专利复审委员会做出的第11511号决定；2. 专利复审委员会就本专利重新做出无效宣告请求审查决定。

专利复审委员会、陈国龙均不服原审判决，向本院提起上诉，请求撤销原审判决，维持第11511号决定。专利复审委员会的理由为：附件7并未公开本专利权利要求1中的“塔体内固定有爬梯横担，爬梯横担上固定有爬梯，爬梯由固定在爬梯横担上的爬梯固定板、固定在爬梯固定板上的爬梯主杆及固定在爬梯主杆上的爬梯步钉组成”等技术特征。陈国龙的上诉理由为：1. 附件7是单管塔，与三角形钢构塔属于两种类型的塔结构，附件7不能结合；2. 单管塔内的爬梯及与塔体的连接构造与本专利权利要求1中的爬梯构造与三角塔体的连接完全不同；3. 附件7公开的技术启示只能局限在爬梯的构造及使用，无论如何不会启示到塔体结构；4. 本专利取得商业上的成功。因此，本专利权利要求1具有创造性。周开文服从原审判决。

经审理查明，本案涉及的是名称为“三角形钢构塔”、专利号为200420090310.9的实用新型专利(即本专利)，该专利的申请日为2004年9月18日，公告授权日为2005年10月12日，专利权人是陈国龙。本专利公告授权时的权利要求如下：

“1. 一种三角形钢构塔，包括塔脚（5）、塔体（4）及避雷针（1），塔体（4）固定在塔脚（5）上，其特征是：所述的塔体（4）由多根角钢连接构成的主柱（8）、横梁（7）、斜梁（9）、连接节点板（10）固定连接成截面为等腰三角形的塔体（4），塔体（4）内固定有爬梯横担（6），爬梯横担（6）上固定有爬梯。

2. 根据权利要求1所述的三角形钢构塔，其特征是：所述爬梯由固定在爬梯横担（6）上的爬梯固定板（12）、固定在爬梯固定板（12）上的爬梯主杆（11）及固定在爬梯主杆（11）上的爬梯步钉（13）组成。

3. 根据权利要求1或2所述的三角形钢构塔，其特征是：在塔体（4）的塔顶附近固定有第一平台（2）。

4. 根据权利要求3所述的三角形钢构塔，其特征是：在第一平台（2）的下面塔体（4）上固定有第二平台（3）。”

本专利说明书中提到：为了便于安装、检查，保证工作人员攀登时安全可靠，所述爬梯固定在爬梯横担上的爬梯固定板、固定在爬梯固定板上的爬梯主杆及固定在爬梯主杆上的爬梯步钉组成。

2007年4月24日，周开文以本专利不符合《专利法》第二十二条第二、三款和第二十六条第三款及《专利法实施细则》第二十条第一款的规定为由，向专利复审委员会提出无效宣告请求，并提交了证据，其中：

附件1为授权公告日2004年6月9日，授权公告号CN2620018Y的中国实用新型专利说明书，公开了组合柱自立式铁塔。

附件2系授权公告日为1965年9月7日，公告号为3204721的美国专利文献。附件2公开了一种拉线塔，该塔为内外两层桁架结构构成的斜拉索塔，包括塔脚、塔体，塔体固定在塔脚上，该塔内外结构的横断面均为三角形，由多根横棒或纵棒连接在一起，用斜拉索或其他合适的结构零件加固而组成，由说明书附图看出塔的横截面为等边三角形，并在塔体上固定有一个平台，为了能到达平台顶部，由附图2可知，在平台上设置了一个开口73，该开口大得足以一个人的身体通过，梯子74向上延伸，通过内部结构的内壁到达该开口73。附图1A中的立管30相当于本专利中的主柱。附图9中的桥索34、35一端连接到中心连接器面板36，相当于本专利中的连接节点板。

2007年5月16日，周开文向专利复审委员会补充提交了4份证据，其中附件7为授权公告日为2001年7月11日，授权公告号为CN2438779Y的中国实用新型专利说明书。附件7公开了一种单管塔，并具体公开了如下技术内容：其包括中空杆体和爬梯，杆体内腔固定有爬梯。爬梯由梯架及固定在梯架上的脚钉组成，梯架竖向固定在杆体内壁，所述梯架为长圆杆，在杆体内壁竖向固定有若干只底托，梯架通过固定在其上的“U”字型包箍套在底托外，底托与包箍固定连接，脚钉穿过梯架固定在梯架上。脚钉分为左、右两种，左右脚钉上下交错布置。由附件7附图3可知通过底托12和包箍15将梯架14固定到杆体13。

2007年7月23日，陈国龙向专利复审委员会提交了意见陈述书和权利要求书的修改替换页，其将原权利要求1删除，原权利要求2改为独立权利要求1，原权利要求3、4相应地改为权利要求2、3，修改后的权利要求书为：

“1. 一种三角形钢构塔，包括塔脚（5）、塔体（4）及避雷针（1），塔体（4）固定在塔脚（5）上，其特征是：所述的塔体（4）由多根角钢连接构成的主柱（8）、横梁（7）、斜梁（9）、连接节点板（10）固定连接成截面为等腰三角形的塔体（4），塔体（4）内固定有爬梯横担（6），爬梯横担（6）上固定有爬梯，爬梯由固定在爬梯横担（6）上的爬梯固定板（12）、固定在爬梯固定板（12）上的爬梯主杆（11）及固定在爬梯主杆（11）上的爬梯步钉（13）组成。

2. 根据权利要求1所述的三角形钢构塔，其特征是：在塔体（4）的塔顶附近固定有第一平台（2）。

3. 根据权利要求2所述的三角形钢构塔，其特征是：在第一平台（2）的下面塔体（4）上固定有第二平台（3）。”

专利复审委员会于2008年3月12日对上述无效宣告请求进行了口头审理。在口头审理时，周开文明确其无效理由为：修改后的权利要求1~3相对于附件1不具有新颖性；权利要求1相对于附件1分别与附件4、7、8的结合、附件2分别与附件4、7、8的结合、附件3分别与附件4、7、8的结合或附件1、2或2、3或1、3或附件1、3、4的结合不具有创造性；权利要求2、3的附加技术特征被附件1~3、7、8中分别公开；用附件5证明连接节点板为公知常识。

2008年5月19日，专利复审委员会做出第11511号决定。专利复审委员会在该决定中认为：

1. 陈国龙提交的权利要求书的修改文本符合法律规定，因此以其2007年7月23日提交的权利要求书作为审查基础。2. 本专利权利要求1~3相对于附件1具有新颖性。3. 本专利权利要求1相对于附件1分别和附件4、7、8的结合并非显而易见，符合《专利法》第二十二条第三款规定的创造性。4. 本专利权利要求1和附件2相比至少存在如下区别：附件2中没有公开“塔体内固定有爬梯横担，爬梯横担上固定有爬梯，爬梯由固定在爬梯横担上的爬梯固定板、固定在爬梯固定板上的爬梯主杆及固定在爬梯主杆上的爬梯步钉组成”这些技术特征。附件4、7、8均未公开塔体内固定有爬梯横担以及固定在爬梯横担上的爬梯固定板，虽然周开文认为爬梯横担和连接板是公知常识，但没有提供证据证明。同时附件2和附件4、7、8中均没有给出在塔体内固定爬梯横担并在其上固定爬梯固定板用于安装爬梯的技术启示，因此本专利权利要求1相对于附件2分别和附件4、7、8的结合并非显而易见，而且本专利权利要求1的技术方案带来了便于安装检查、保证工作人员攀爬时安全可靠等技术效果，因此本专利权利要求1相对于附件2分别和4、7、8的结合符合《专利法》第二十二条第三款规定的创造性。5. 本专利权利要求1相对于附件3分别和附件4、7、8的结合具有创造性。6. 本专利权利要求1相对于附件1、2、3两两结合以及附件1、3、4的结合仍然具备创造性。7. 由于本专利权利要求1相对于附件1~4、7、8的上述组合具备创造性，周开文仅使用附件1~3、7、8证明本专利权利要求2、3的附加技术特征被公开，因此其从属权利要求2~3也具备创造性。

据此，专利复审委员会做出第11511号决定，维持本专利权有效。

以上事实有本专利授权公告文本、第11511号决定、附件1、附件2、附件7及当事人陈述等证据在案佐证。

本院认为，根据《专利法》第二十二条第三款的规定，实用新型的创造性是指同申请日以前已有的技术相比，该实用新型有实质性特点和进步。如果该实用新型相对于现有技术是显而易见的，则不具有实质性特点。

将本专利权利要求1与附件2相比，附件2没有公开本专利权利要求1所限定的“塔体内固定有爬梯横担，爬梯横担上固定有爬梯，爬梯由固定在爬梯横担上的爬梯固定板、固定在爬梯固定板上的爬梯主杆及固定在爬梯主杆上的爬梯步钉组成”等技术特征。对此，各方均无异议，本院予以认定。

附件7涉及一种用于电力及通讯的单管塔，其技术领域与本专利通讯用的三角形钢构塔是同一技术领域，可以作为对比文件。上诉人陈国龙关于附件7与本专利不能比对的上诉主张不能成立。

附件7公开了一种单管塔内的爬梯，爬梯由梯架及固定在梯架上的脚钉组成，在杆体内壁竖向固定有若干只底托，梯架通过固定在其上的“U”字型包箍套在底托外，底托与包箍固定连接，脚钉穿过梯架固定在梯架上。脚钉分为左、右两种，左右脚钉上下交错布置。其中的梯架相当于本专利中的爬梯主杆，左右脚钉即本专利中的爬梯步钉，因此附件7公开了本专利中的爬梯步钉，并给出了将爬梯通过底托和包箍固定到杆体上的技术启示。在该技术启示下，为了便于安装、检查，保证工作人员攀登时安全可靠，本领域技术人员容易根据本专利三角形钢构塔的结构，想到在塔体内设置爬梯横担和爬梯固定板，并将爬梯主杆与之相固定，而且这种设置并没有取得意想不到的技术效果，因而，本专利权利要求1相对于附件2和附件7的结合没有实质性特点。专利复审委员会及陈国龙关于本专利权利要求1具有创造性的上诉主张没有事实和法律依据，本院不予支持。

综上，原审判决认定事实清楚，适用法律正确。专利复审委员会及陈国龙的上诉主张不能成立。依照《中华人民共和国行政诉讼法》第六十一条第（一）项之规定，判决如下：

驳回上诉，维持原判。

一审案件受理费人民币100元，由国家知识产权局专利复审委员会负担（于本判决生效之日起7日内交纳）；二审案件受理费人民币100元，由国家知识产权局专利复审委员会负担50元（已交纳），由陈国龙负担50元（已交纳）。

本判决为终审判决。

审 判 长 刘 辉

代理审判员 岑宏宇

代理审判员 焦 彦

二〇〇九年三月二十日

书 记 员 陈 明

088

一种暗密肋空心楼板

无效宣告请求审查决定（第 11513 号）

决　　定　　号　第 11513 号
决　　定　　日　2008 年 5 月 19 日
发明创造名称　一种暗密肋空心楼板
国 际 分 类 号　E04B 5/18，E04B 5/16，E04B 5/36
无效宣告请求人　江西省抚州市金球实业有限公司
专　利　权　人　邱则有
申　　请　　号　01139995.3
申　　请　　日　2001 年 11 月 23 日
授 权 公 告 日　2004 年 8 月 18 日
合 议 组 组 长　刘敏飞
主　　审　　员　王　博
参　　审　　员　樊延霞

法　律　依　据　专利法第 22 条第 3 款
决　定　要　点

在判断一项发明专利的权利要求是否具备创造性时，首先要将权利要求所述的技术方案和最接近的现有技术进行对比分析，确定两者之间的区别技术特征，根据该区别技术特征确定专利所要解决的技术问题，进而考察对于所属技术领域的普通技术人员而言，在最接近的现有技术的基础上引入上述区别技术特征来解决专利所要解决的技术问题，从而获得权利要求所要保护的技术方案是否显而易见，如果不是显而易见的，并且该权利要求的技术方案具有显著的进步，则该权利要求具备创造性。

一、案由

本无效宣告请求涉及中华人民共和国国家知识产权局于 2004 年 8 月 18 日授权公告的、名称为“一种暗密肋空心楼板”的发明专利权（下称本专利），其专利号是 01139995.3，申请日是 2001 年 11 月 23 日，专利权人是邱则有。本专利授权公告时的权利要求书如下：

“1. 一种暗密肋空心楼板，包括有底板（1）、空腔模板（2）、现浇钢筋砼暗肋（3）、现浇钢筋砼上板（4），其特征在于结构底板（1）与空腔模板（2）连接形成多面体结构，在空腔模板（2）上有加强筋（5）。

2. 根据权利要求 1 所述的一种暗密肋空心楼板，其特征在于结构底板（1）的板厚大于空腔模板（2）的壁厚，在空腔模板（2）或结构底板（1）内有增强筋（6）或增强网（7）或者两者的组合，增强筋（6）分别为钢筋、预应力钢筋、钢丝、钢纤维、纤维丝、束或其他增强筋，增强网（7）分别为钢筋网、钢丝网、纤维网、无纺胶粘布网或其他增强布、网。

3. 根据权利要求 1 或者 2 所述的一种暗密肋空心楼板，其特征在于结构底板（1）上有加强筋（5）。

4. 根据权利要求 2 所述的一种暗密肋空心楼板，其特征在于空腔模板（2）上的加强筋（5）或者结构底板（1）或者两者同时有露筋（8）、露网（9）或露束。

5. 根据权利要求 1 或者 2 所述的一种暗密肋空心楼板，其特征在于结构底板（1）与空腔模板（2）的外侧面齐平或伸出构成挑板（10），或内缩凹角（11），伸出或内缩部份为局部或全部，外挑和内缩后外边线为直线或曲线或折线。

6. 根据权利要求 1 或者 2 所述的一种暗密肋空心楼板，其特征在于在空腔模板（2）上的加强筋（5）或者结构底板（1）上的加强筋（5）或者两者同时叠合有用于加强筋（5）成型的模板（12）。

7. 根据权利要求 1 或者 2 所述的一种暗密肋空心楼板，其特征在于空腔模板（2）的外表面为波纹状或齿状或拉毛或者其他形状的粗糙表面。

8. 根据权利要求 1 或者 2 所述的一种暗密肋空心楼板，其特征在于结构底板（1）有连接模板的拉紧定位构造（13）。

9. 根据权利要求 1 或者 2 所述的一种暗密肋空心楼板，其特征在于空腔模板（2）、结构底板（1）中有增强胎体，增强胎体为丝、筋细长构件，增强胎体丝、筋为乱向或定向分散布置。

10. 根据权利要求 1 或者 2 所述的一种暗密肋空心楼板，其特征在于在空腔模板（2）的空腔内部分或全部填充或粘贴泡沫塑料、膨胀珍珠岩、膨胀蛭石、发泡或加气轻质砼、岩棉、矿棉或者玻璃棉。

11. 根据权利要求 1 或者 2 所述的一种暗密肋空心楼板，其特征在于空腔模板（2）为至少二层以上的层状结构，由一层胶结料一层布或网，再一层胶结料一层布或网，再一层胶结料等多层叠合胶结组成，布或网至少一层以上。

12. 根据权利要求 1 或者 2 所述的一种暗密肋空心楼板，其特征在于结构底板（1）与空腔模板（2）组合后的外形水平剖面形状为正方形、长方形、圆形、六边形、不等边八边形或者其他形状，或水平剖面形状至少有一处以上局部内凹或外凸，同一空腔构件不同水平剖面的形状、尺寸为相同或不同，结构底板（1）平面形状与空腔模板（2）水平剖面形状相同或不同。

13. 根据权利要求 1 或者 2 所述的一种暗密肋空心楼板，其特征在于在梁、柱或墙边的预制空腔构件的外形尺寸是由小到大逐渐变化的，其结构底板（1）的板厚是由大到小逐渐变化的。

14. 根据权利要求 1 或者 2 所述的一种暗密肋空心楼板，其特征在于空腔模板（2）与结构底板（1）连接的方式（14）为胶结连接、焊接连接、螺丝连接、铁丝连接、卡套连接或者其他连接。

15. 根据权利要求 14 所述的一种暗密肋空心楼板，其特征在于结构底板（2）上有用于与空腔模板（1）连接定位的定位物（15）。

16. 根据权利要求 15 所述的一种暗密肋空心楼板，其特征在于结构底板（1）上的定位物（15）为定位块、定位条、定位框、定位槽、定位环、定位柱、定位铁丝、定位插销。

17. 根据权利要求 14 所述的一种暗密肋空心楼板，其特征在于空腔模板（2）为向外翻边或向内翻边的空腔模板。

18. 根据权利要求 14 所述的一种暗密肋空心楼板，其特征在于在空腔模板（2）与结构底板（1）的相应位置埋设有焊接件（16）、连接卡套（17）或铁丝，或者预留有连接用孔洞。

19. 根据权利要求 1 或者 2 所述的一种暗密肋空心楼板，其特征在于在现浇钢筋砼暗肋（3）中有钢骨（18），钢骨（18）为冷弯型钢或者槽钢或者工字型钢或者其他型钢构件，钢骨（18）隐含于现浇砼暗肋（3）中或与现浇砼暗肋（3）下表面齐平。

20. 根据权利要求1或者2所述的一种暗密肋空心楼板，其特征在于在现浇钢筋砼暗肋（3）中有预应力钢筋（19）。

21. 根据权利要求19所述的一种暗密肋空心楼板，其特征在于冷弯型钢钢骨（18）为C型、L型、⊥型、U型、⊥⊥型、Ⅱ型。

22. 根据权利要求1或者2所述的一种暗密肋楼板用空腔构件，其特征在于空腔模板（2）上预留有穿线管的孔洞或预埋有穿线的套管（20）。”

针对本专利权，江西省抚州市金球实业有限公司（下称请求人）于2007年8月16日向专利复审委员会提出无效宣告请求，认为本专利权利要求1~20不符合专利法第22条第2款的规定，请求人同时提交了如下附件：

附件1：授权公告日为2001年2月14日、授权公告号为CN2419292Y（专利号为00203695.9）的中国实用新型专利说明书；

附件2：授权公告日为1995年11月22日、授权公告号为CN2213187Y（专利号为94203353.1）的中国实用新型专利说明书；

附件3：授权公告日为1994年4月6日、授权公告号为CN2160693Y（专利号为93206310.1）的中国实用新型专利说明书。

请求人认为：上述附件公开了由上下两部分组成多面体模壳式构件、模壳或底板带加强肋、模壳及底板中布筋及其他加强因素、由暗密肋和上述构件组成楼板等四个方面的技术内容，上述内容完全覆盖了本案专利的特征部分，故本专利不具有创造性。

专利权人逾期没有针对上述无效宣告请求受理通知书提交意见陈述。

专利复审委员会依法成立合议组对本无效宣告请求进行审查。

经形式审查合格，专利复审委员会依法受理了上述无效宣告请求，并于2007年8月20日向请求人和专利权人发出无效宣告请求受理通知书，同时将专利权无效宣告请求书及其附件清单中所列附件的副本转送给专利权人，并要求专利权人在指定的期限内陈述意见。

本案合议组于2008年2月13日向双方发出无效宣告请求口头审理通知书，定于2008年3月27日在专利复审委员会举行口头审理。

口头审理如期举行，双方当事人均参加了口头审理。

在口头审理中，（1）请求人明确其无效理由、证据、范围及证据使用情况为：权利要求1~22不具有创造性，权利要求1相对于附件1~3的结合不具有创造性，最接近的现有技术是附件1，权利要求2~22的附加技术特征属于公知常识。请求人明确表示没有其他的无效理由、证据及证据组合方式。（2）请求人表示无效请求书表格中的专利法第22条第2款的无效理由是笔误，应为第3款。（3）专利权人对附件1~3的真实性无异议，认为请求人在提出无效请求的一个月内未对其无效理由和使用的证据进行具体说明，应当不予考虑，且其意见陈述书的表格中所针对的权利要求为权利要求1~20。在此基础上，合议组对本案进行了审理，充分听取了双方当事人的意见。

至此，合议组认为本案事实已经清楚，可以作出审查决定。

二、决定的理由

1. 关于证据和现有技术

请求人提交的证据包括附件1~3，专利权人对附件1~3的真实性没有异议，合议组经审查确认其真实性，认为附件1~3可以作为本案证据使用。同时由于附件1~3为公开出版物，且其公开日期在本专利的申请日前，因此可以作为本专利的现有技术使用。

2. 关于本审查决定所针对的无效宣告请求的理由和范围

虽然无效宣告请求书的表格中记载的范围是权利要求是1~20，理由是专利法第22条第2款，但请求人在请求书的具体意见陈述一栏已经清楚的写明了认为本专利不具有创造性，并简要阐述了理由，因此可以明确请求人所针对的是本专利的全部权利要求，即权利要求1~22，其无效理由应当是专利法第22条第3款并且请求人在口头审理当庭也明确了其无效理由是本专利权利要求1~22不具备创造性，双方当事人也对此充分陈述了意见。因此，本审查决定所针对的无效请求的理由及范围为：权利要求1~22的创造性。

3. 关于权利要求1~22的创造性

专利法第22条第3款规定，创造性，是指同申请日以前已有的技术相比，该发明有突出的实质性特点和显著的进步，该实用新型有实质性特点和进步。

在判断一项发明专利的权利要求是否具备创造性时，首先要将权利要求所述的技术方案和最接近的现有技术进行对比分析，确定两者之间的区别技术特征，根据该区别技术特征确定专利所要解决的技术问题，进而考察对于所属技术领域的普通技术人员而言，在最接近的现有技术的基础上引入上述区别技术特征来解决专利所要解决的技术问题，从而获得权利要求所要保护的技术方案是否显而易见，如果不是显而易见的，并且该权利要求的技术方案具有显著的进步，则该权利要求具备创造性。

（1）权利要求1。

请求人认为权利要求1相对于附件1~3的结合不具有创造性，最接近的现有技术是附件1。附件1公开了空心楼板的结构，附件2中公开了将两个构件相扣的空腔构件，将该空腔构件用作墙体使用能够为本领域人员所知，其给出了分开构造结合使用从而形成封闭空腔的启示，这一点与本专利的构思一样；附件3公开了加强肋，与本专利的加强筋不同，但类似。权利要求1相对于附件1的改进就在于有分开制造的空腔构件，上述区别由附件2和3的结合可以得到，附件1公开了使用模壳的楼板。

专利权人认为，权利要求1中的现浇钢筋砼上板4和结构底板1与空腔模板2连接形成多面体结构，以及在空腔模板2上有加强筋5未被公开。本专利中的结构底板特指在使用过程中外露的底板，其下没有混凝土。

附件1公开了一种组合砼暗肋楼盖板，其中公开该楼盖板是由预制薄板1，模壳2、暗肋3、上板4组成，各预制薄板1间隔水平放置，在预制薄板1之上固定有空心或实心的模壳2，相邻预制薄板1或模壳2之间设有暗肋3，上板4覆盖在模壳2之上，并与暗肋3连接为一体（参见附件1权利要求1、说明书实施例及附图1-4）。权利要求1与附件1的区别在于：（1）权利要求1中模壳构件的下底板直接作为结构底板，而附件1中模壳2的下底板不作为结构底板，而是在其下面设置预制薄板；（2）权利要求1中的空腔模板上有加强筋，而附件1中没有公开加强结构。

附件2公开了一种用于砌筑墙体的半盒式空心砌块，该砌块为中间凹下的半盒式长方形几何体，砌块可面对面砌筑，这样两个半盒式空心砌块可组对成一个中间空心的立方体，也可面对背砌筑，这样仍然可以形成中间具有封闭空腔的墙体（参见附件2说明书实施例及附图）。

附件3公开了一种模壳构件，由上底、下底及侧壁构成全封闭空腹型多面体结构，模壳体内有加强肋，从其附图1~3中本领域技术人员可以确定，该加强肋的下表面与下底板相接，上表面与上底板相接，在整个模壳厚度方向上形成支承。

由此可见，附件2中公开的是一种墙体砌块以及利用该砌块砌筑空心墙体的方法，而本专利权利要求1保护的是一种空心楼板，由于楼板和墙体受力形式不一样，决定两者的结构形式不能作简单的互换，所以没有启示将附件 2 中公开的墙体砌块与附件 1 中的模壳相结合得到模壳下底板直接作为结构底板的技术方案。而附件 3 中只公开了加强肋的结构，而没有公开加强筋的结构。二者是不同的加强结构，虽然都是为了实现加强的目的，但实现方式不同，达到的效果也不同，因此附件 3 中的加强肋结构并不能给出采用加强筋结构的技术启示。

因此，本领域技术人员在附件 1、2、3 的基础上无法显而易见地得出本专利权利要求 1 的技术方案。本专利中由于上述区别技术特征，使得模壳下底板下方没有混凝土层，下底板直接作为结构底板，具有结构简单、重量轻、施工方便的有益效果。本专利中加强筋的使用提高了空腔构件的强度和刚度，使其在搬运过程中不易破裂，具有有益的技术效果。

综上，请求人所主张的权利要求 1 相对于附件 1、2、3 的结合不具有创造性的理由不能成立。

（2）权利要求 2~22。

请求人主张权利要求 2~22 的附加技术特征均为公知常识，在请求人所主张的权利要求 1 不具有创造性的理由不能成立的前提下，其所主张的从属权利要求 2~22 不具有创造性的理由也不能成立。

根据上述的事实和理由，本案合议组依法作出以下决定。

三、决定

维持 01139995.3 号发明专利权有效。

当事人对本决定不服的，可以根据专利法第 46 条第 2 款的规定，自收到本决定之日起三个月内向北京市第一中级人民法院起诉。根据该款的规定，一方当事人起诉后，另一方当事人应当作为第三人参加诉讼。

089

一种现浇钢筋砼空心楼板

无效宣告请求审查决定（第 11514 号）

决　定　号 第 11514 号
决　定　日 2008 年 5 月 20 日
发明创造名称 一种现浇钢筋砼空心楼板
国际分类号 E04B 5/18，E04B 5/32，E04B 5/36
无效宣告请求人 江西省抚州市金球实业有限公司
专利权人 邱则有
申　请　号 01139994.5
申　请　日 2001 年 11 月 23 日
授权公告日 2004 年 3 月 10 日
合议组组长 刘敏飞
主　审　员 王　博
参　审　员 樊延霞

法律依据 专利法第 22 条第 3 款
决定要点

在判断一项发明专利的权利要求是否具备创造性时，首先要将权利要求所述的技术方案和最接近的现有技术进行对比分析，确定两者之间的区别技术特征，根据该区别技术特征确定专利所要解决的技术问题，进而考察对于所属技术领域的普通技术人员而言，在最接近的现有技术的基础上引入上述区别技术特征来解决专利所要解决的技术问题，从而获得权利要求所要保护的技术方案是否显而易见，如果不是显而易见的，并且该权利要求的技术方案具有显著的进步，则该权利要求具备创造性。

一、案由

本无效宣告请求涉及中华人民共和国国家知识产权局于 2004 年 3 月 10 日授权公告的、名称为“一种现浇钢筋砼空心楼板”的发明专利权（下称本专利），其专利号是 01139994.5，申请日是 2001 年 11 月 23 日，专利权人是邱则有。本专利授权公告时的权利要求书如下：

“1. 一种现浇钢筋砼空心楼板，包括有现浇钢筋砼肋（1）、模壳构件（2），模壳构件（2）为由四周侧壁和上底板构成的盆状模板（3）和下底板（4）连接而成的空腔多面体结构，其特征在于还包括有现浇钢筋砼上板（5），模壳构件（2）的下底板（4）为结构底板（4），结构底板（4）的板厚大于盆状模板（3）的壁厚。

2. 根据权利要求 1 所述的一种现浇钢筋砼空心楼板，其特征在于结构底板（4）内有钢筋或预应力钢筋（6）、钢筋网或钢丝网（7）或两种以上的组合。

3. 根据权利要求2所述的一种现浇钢筋砼空心楼板，其特征在于盆状模板（3）内有芳纶玻璃纤维网布、纤维布、纤维网格布、钢丝网、纤维丝无纺布或纤维束或两种以上的组合。

4. 根据权利要求2所述的一种现浇钢筋砼空心楼板，其特征在于结构底板（4）有钢筋或预应力钢筋（6）、钢筋网或钢丝网（7）伸出的露筋（9）或露网（10）。

5. 根据权利要求1所述的一种现浇钢筋砼空心楼板，其特征在于盆状模板（3）上有加强筋（8），加强筋（8）为实心的、空心的或者凹槽型的。

6. 根据权利要求1至5中任一权利要求所述的一种现浇钢筋砼空心楼板，其特征在于结构底板（4）从盆状模板（3）的侧壁伸出构成挑板（11），伸出的挑板（11）的外边线为直线或曲线或折线。

7. 根据权利要求1至5中任一权利要求所述的一种现浇钢筋砼空心楼板，其特征在于盆状模板（3）与结构底板（4）接触的部位为内缩凹角或倒锥形。

8. 根据权利要求1至5中任一权利要求所述的一种现浇钢筋砼空心楼板，其特征在于结构底板（4）的周边侧面（12）为内缩凹角形、倒锥形、波浪形、锯齿形侧面。

9. 根据权利要求1至5中任一权利要求所述的一种现浇钢筋砼空心楼板，其特征在于盆状模板（3）的外表面为波纹状或齿状或拉毛或者其他形状的粗糙表面。

10. 根据权利要求1至5中任一权利要求所述的一种现浇钢筋砼空心楼板，其特征在于盆状模板（3）为至少二层以上的层状结构，由一层胶结料一层布或网，再一层胶结料一层布或网等多层叠合胶结组成。

11. 根据权利要求1至5中任一权利要求所述的一种现浇钢筋砼空心楼板，其特征在于结构底板（4）上有加强筋（13）。

12. 根据权利要求11所述的一种现浇钢筋砼空心楼板，其特征在于结构底板（4）上有均布的孔（14），构成有孔的加强筋网格底板。

13. 根据权利要求1至5中任一权利要求所述的一种现浇钢筋砼空心楼板，其特征在于结构底板（4）上有连接施工底模板的向下拉紧定位构造（15），定位构造（15）是拉环、拉钩、铁丝或其他装置。

14. 根据权利要求1至5中任一权利要求所述的一种现浇钢筋砼空心楼板，其特征在于在盆状模板（3）的空腔内可部分或全部填充或粘贴泡沫塑料、膨胀珍珠岩、膨胀蛭石、发泡或加气轻质砼、岩棉、矿棉或者玻璃棉。

15. 根据权利要求1至5中任一权利要求所述的一种现浇钢筋砼空心楼板，其特征在于结构底板（4）与盆状模板（3）组合后的外形水平剖面形状为正方形、长方形、圆形、六边形、不等边八边形或者其他形状，或水平剖面形状至少有一处以上局部内凹或外凸，同一空腔构件不同水平剖面的形状、尺寸为相同或不同，结构底板（4）平面形状与盆状模板（3）水平剖面形状相同或不同。

16. 根据权利要求1至5中任一权利要求所述的一种现浇钢筋砼空心楼板，其特征在于在梁、柱或墙边的模壳构件（2）的外形尺寸是由小到大逐渐变化的，结构底板（4）的板厚由大变小，逐渐过渡到另一端。

17. 根据权利要求1至5中任一权利要求所述的一种现浇钢筋砼空心楼板，其特征在于盆状模板（3）、结构底板（4）有增强胎体，增强胎体为丝、筋细长构件，或丝、筋细长构件编织或纺织的布和网，或无纺胶粘布、网，或二种以上组合，增强胎体丝、筋为乱向或定向分散布置。

18. 根据权利要求1至5中任一权利要求所述的一种现浇钢筋砼空心楼板，其特征在于盆状模板

（3）与结构底板（4）连接的方式为胶结连接、焊接连接、螺丝连接、铁丝连接、卡套连接或者其他连接。

19. 根据权利要求 18 所述的一种现浇钢筋砼空心楼板，其特征在于结构底板（4）上有用于与盆状模板（1）连接定位的定位物（16）。

20. 根据权利要求 19 所述的一种现浇钢筋砼空心楼板，其特征在于结构底板（2）上的定位物（16）为定位块、定位条、定位框、定位槽、定位环、定位柱、定位铁丝、定位插销。

21. 根据权利要求 20 所述的一种现浇钢筋砼空心楼板，其特征在于盆状模板（3）为向外翻边或向内翻边的盆状模板（3）。

22. 根据权利要求 18 所述的一种现浇钢筋砼空心楼板，其特征在于在盆状模板（3）与结构底板（4）的相应位置埋设有焊接件（17）、连接卡套（18）或铁丝，或者预留有连接用孔洞。

23. 根据权利要求 1 至 5 中任一权利要求所述的一种现浇钢筋砼空心楼板，其特征在于在现浇钢筋砼肋（1）中有钢骨（19），钢骨（19）为冷弯型钢或者槽钢或者工字型钢或者其他型钢构件，钢骨（19）隐含于现浇砼肋（1）中或与现浇砼肋（1）下表面齐平。

24. 根据权利要求 23 所述的一种现浇钢筋砼空心楼板，其特征在于冷弯型钢钢骨（19）为 C 型、L 型、⊥型、U 型、╨型、Ⅱ型。

25. 根据权利要求 1 至 5 中任一权利要求所述的一种现浇钢筋砼空心楼板，其特征在于在现浇钢筋砼肋（1）中有预应力钢筋（20）。

26. 根据权利要求 1 至 5 中任一权利要求所述的一种现浇钢筋砼空心楼板，其特征在于盆状模板（3）上预留有穿线管的孔洞或预埋有穿线的套管（21）。

27. 根据权利要求 1 至 5 中任一权利要求所述的一种现浇钢筋砼空心楼板，其特征在于钢筋砼暗梁与现浇砼肋（1）和结构底板（4）底面齐平。"

针对本专利权，江西省抚州市金球实业有限公司（下称请求人）于 2007 年 8 月 16 日向专利复审委员会提出无效宣告请求，认为本专利权利要求 1~23 不符合专利法第 22 条第 2 款的规定，请求人同时提交了如下附件：

附件 1：授权公告日为 2001 年 2 月 14 日、授权公告号为 CN2419292Y（专利号为 00203695.9）的中国实用新型专利说明书；

附件 2：授权公告日为 1995 年 11 月 22 日、授权公告号为 CN2213187Y（专利号为 94203353.1）的中国实用新型专利说明书；

附件 3：授权公告日为 1994 年 4 月 6 日、授权公告号为 CN2160693Y（专利号为 93206310.1）的中国实用新型专利说明书。

请求人认为：上述附件公开了由模壳和底板组成的空腔构件，该构件与现浇部分构成有暗肋的楼板，完全覆盖了本案专利的特征部分，故本专利不具有创造性。

经形式审查合格，专利复审委员会依法受理了上述无效宣告请求，并于 2007 年 8 月 20 日向请求人和专利权人发出无效宣告请求受理通知书，同时将专利权无效宣告请求书及其附件清单中所列附件的副本转送给专利权人，并要求专利权人在指定的期限内陈述意见。

专利权人逾期没有针对上述无效宣告请求受理通知书提交意见陈述。

专利复审委员会依法成立合议组对本无效宣告请求进行审查。

本案合议组于 2008 年 2 月 13 日向双方发出无效宣告请求口头审理通知书，定于 2008 年 3 月 27 日在专利复审委员会举行口头审理。

口头审理如期举行，双方当事人均参加了口头审理。

在口头审理中，（1）请求人明确其无效理由、证据、范围及证据使用情况为：权利要求1~27不具有创造性，权利要求1相对于附件1、2的结合不具有创造性，最接近现有技术是附件1，权利要求2的附加技术特征由附件3及公知常识可得，权利要求5、11的附加技术特征由附件1及公知常识可得，其他附加技术特征都是公知常识。请求人明确表示没有其他的无效理由、证据及证据组合方式。（2）请求人表示无效请求书表格中的专利法第22条第2款的无效理由是笔误，应为第3款，所针对的文本应为授权文本的权利要求1~27，而非公开文本的权利要求1~23。（3）专利权人对附件1~3的真实性无异议，认为请求人在提出无效请求的一个月内未对其无效理由和使用的证据进行具体说明，应当不予考虑，且其意见陈述书的表格中所针对的权利要求为权利要求1~23没有创造性。在此基础上，合议组对本案进行了审理，充分听取了双方当事人的意见。

至此，合议组认为本案事实已经清楚，可以作出审查决定。

二、决定的理由

1. 关于证据和现有技术

请求人提交的证据包括附件1~3，专利权人对附件1~3的真实性没有异议，合议组经审查确认其真实性，认为附件1~3可以作为本案证据使用。同时由于附件1~3为公开出版物，且其公开日期在本专利的申请日前，因此可以作为本专利的现有技术使用。

2. 关于本审查决定所针对的无效宣告请求的理由和范围

虽然无效宣告请求书的表格中记载的范围是权利要求是1~23，但请求人在请求书的具体意见陈述一栏已经清楚的写明了认为本专利不具有创造性，并结合所提附件进行了说明，因此可以明确请求人在提出无效宣告请求时提出了本专利全部权利要求不具备创造性的理由，并且请求人在口头审理当庭也明确了其无效理由是本专利权利要求1~27不具备创造性，双方当事人也对此充分陈述了意见。因此，本审查决定针对的无效理由及范围为：权利要求1~27的创造性。

3. 关于权利要求1~27的创造性

专利法第22条第3款规定，创造性，是指同申请日以前已有的技术相比，该发明有突出的实质性特点和显著的进步，该实用新型有实质性特点和进步。

在判断一项发明专利的权利要求是否具备创造性时，首先要将权利要求所述的技术方案和最接近的现有技术进行对比分析，确定两者之间的区别技术特征，根据该区别技术特征确定专利所要解决的技术问题，进而考察对于所属技术领域的普通技术人员而言，在最接近的现有技术的基础上引入上述区别技术特征来解决专利所要解决的技术问题，从而获得权利要求所要保护的技术方案是否显而易见，如果不是显而易见的，并且该权利要求的技术方案具有显著的进步，则该权利要求具备创造性。

（1）权利要求1。

请求人认为权利要求1相对于附件1、2的结合不具有创造性。附件1公开了权利要求1中的现浇钢筋砼肋1、模壳构件2、现浇钢筋砼上板5。下底板直接作为结构底板和结构底板的板厚大于盆状模板的壁厚由附件2可以得到。附件2公开了分开制作的半盆式空心砌块，给出了将盆状模板与下底板连接成空腔结构的启示，并且将下底板直接作为结构底板是容易想到的，同时附件1中用于加强的预制薄板也给出了这方面的启示。

专利权人认为，附件1、2没有公开权利要求1中结构底板（4）的板厚大于盆状模板（3）的壁厚的特征，本专利结构底板直接做天花板，下面无需混凝土层，权利要求1有创造性。

附件1公开了一种组合砼暗肋楼盖板，其中公开该楼盖板是由预制薄板1，模壳2、暗肋3、上板4组成，各预制薄板1间隔水平放置，在预制薄板1之上固定有空心或实心的模壳2，相邻预制薄板1或模壳2之间设有暗肋3，上板4覆盖在模壳2之上，并与暗肋3连接为一体（参见附件1权利要求

1、说明书实施例及附图1~4)。权利要求1与附件1的区别在于：①权利要求1中模壳构件由盆状模板和下底板连接而成，且下底板直接作为结构底板，而附件1中模壳2的下底板不作为结构底板，而是在其下面还设置预制薄板1作为结构底板；②权利要求1中结构底板的板厚大于盆状模板的壁厚，而附件1中没有对厚度进行限定。对于上述区别技术特征，请求人认为，上述区别技术特征由附件2可以得到，附件2公开了构件分开制作的半盆式空心砌块，给出了将盆状模板和下底板连接成空腔结构的启示，并且将下底板直接作为结构底板是容易想到的，同时附件1中的用于加强的预制薄板也给出了这方面的启示。

附件2公开了一种用于砌筑墙体的半盒式空心砌块，该砌块为中间凹下的半盒式长方形几何体，砌块可面对面砌筑，这样两个半盒式空心砌块可组对成一个中间空心的立方体，也可面对背砌筑，这样仍然可以形成中间具有封闭空腔的墙体（参见附件2说明书实施例及附图)。由此可见，附件2中公开的是一种墙体砌块以及利用该砌块砌筑空心墙体的方法，而本专利权利要求1保护的是一种空心楼板，由于楼板和墙体受力形式不一样，决定两者的结构形式不能作简单的互换，所以没有启示将附件2中公开的墙体砌块与附件1中的模壳相结合得到模壳下底板直接作为结构地板的技术方案，也无法得到模壳下底板的厚度大于模壳侧壁及顶板厚度的特征。而附件1中则是在模壳的下方再设置预制薄板，两者结构上并不相同，并且附件1中也没有给出模壳下底板厚度大于模壳侧壁及顶板厚度的技术启示。因此，附件1、2无法结合得出本专利权利要求1的技术方案。

本专利中由于上述区别技术特征，使得模壳下底板下方不必再设置混凝土层，而下底板直接作为结构底板，取得了模壳构件强度高、结构简单的有益效果。

综上，请求人所主张的权利要求1相对于附件1、2的结合不具有创造性的理由不能成立。

（2）权利要求2~27。

请求人提交附件3仅用于证明本专利从属权利要求2的附加技术特征被公开，因此，在请求人所主张的权利要求1不具有创造性的理由不能成立的前提下，其所主张的从属权利要求2~27不具有创造性的理由也不能成立。

根据上述的事实和理由，本案合议组依法作出以下决定。

三、决定

维持01139994.5号发明专利权有效。

当事人对本决定不服的，可以根据专利法第46条第2款的规定，自收到本决定之日起三个月内向北京市第一中级人民法院起诉。根据该款的规定，一方当事人起诉后，另一方当事人应当作为第三人参加诉讼。

090

一种暗密肋楼板用空腔构件

无效宣告请求审查决定（第11515号）

决 定 号 第11515号
决 定 日 2008年5月20日
发明创造名称 一种暗密肋楼板用空腔构件
国际分类号 E04B 5/32，E04B 5/36
无效宣告请求人 江西省抚州市金球实业有限公司
专 利 权 人 邱则有
申 请 号 01139992.9
申 请 日 2001年11月23日
授权公告日 2003年6月25日
合议组组长 刘敏飞
主 审 员 王 博
参 审 员 樊延霞

法律依据 专利法第22条第3款
决定要点

在判断一项发明专利的权利要求是否具备创造性时，首先要将权利要求所述的技术方案和最接近的现有技术进行对比分析，确定两者之间的区别技术特征，根据该区别技术特征确定专利所要解决的技术问题，进而考察对于所属技术领域的普通技术人员而言，在最接近的现有技术的基础上引入上述区别技术特征来解决专利所要解决的技术问题，从而获得权利要求所要保护的技术方案是否显而易见，如果不是显而易见的，并且该权利要求的技术方案具有显著的进步，则该权利要求具备创造性。

一、案由

本无效宣告请求涉及中华人民共和国国家知识产权局于2003年6月25日授权公告的、名称为“一种暗密肋楼板用空腔构件”的发明专利权（下称本专利），其专利号是01139992.9，申请日是2001年11月23日，专利权人是邱则有。本专利授权公告时的权利要求书如下：

“1. 一种暗密肋楼板用空腔构件，包括有空腔模板（1），其特征在于还包括有结构底板（2），结构底板（2）与空腔模板（1）连接形成多面体结构，在空腔模板（1）上有加强筋（3）。

2. 根据权利要求1所述的一种暗密肋楼板用空腔构件，其特征在于结构底板（2）的板厚大于空腔模板（1）的壁厚，在空腔模板（1）或结构底板（2）内有增强筋（4）或增强网（5）或者两者的组合，增强筋（4）分别为钢筋、预应力钢筋、钢丝、钢纤维、纤维丝、束或其他增强筋，增强网

（5）分别为钢筋网、钢丝网、纤维网、无纺胶粘布网或其他增强布、网。

3. 根据权利要求 1 或者 2 所述的一种暗密肋楼板用空腔构件，其特征在于结构底板（2）上有加强筋（3）。

4. 根据权利要求 2 所述的一种暗密肋楼板用空腔构件，其特征在于空腔模板（1）上的加强筋（3）或者结构底板（2）或者两者同时有露筋（6）、露网（7）或露束。

5. 根据权利要求 1 或者 2 所述的一种暗密肋楼板用空腔构件，其特征在于结构底板（2）与空腔模板（1）的外侧面齐平或伸出构成挑板（8），或内缩凹角（9），伸出或内缩部份为局部或全部，外挑和内缩后外边线为直线或曲线或折线。

6. 根据权利要求 1 或者 2 所述的一种暗密肋楼板用空腔构件，其特征在于在空腔模板（1）上的加强筋（3）或者结构底板（2）上的加强筋（3）或者两者同时叠合有用于加强筋（3）成型的模板（10）。

7. 根据权利要求 1 或者 2 所述的一种暗密肋楼板用空腔构件，其特征在于空腔模板（1）的外表面为波纹状或齿状或拉毛或者其他形状的粗糙表面。

8. 根据权利要求 1 或者 2 所述的一种暗密肋楼板用空腔构件，其特征在于结构底板（2）有连接模板的拉紧定位构造（11），定位构造（11）是拉环、拉钩、铁丝、或其他装置。

9. 根据权利要求 1 或者 2 所述的一种暗密肋楼板用空腔构件，其特征在于空腔模板（1）、结构底板（2）中有增强胎体，增强胎体为丝、筋细长构件。

10. 根据权利要求 1 或者 2 所述的一种暗密肋楼板用空腔构件，其特征在于空腔模板（1）上的加强筋（3）和结构底板（2）中的钢筋或钢网不露筋（6）或不露网（7），但预留有连接点（12）。

11. 根据权利要求 1 或者 2 所述的一种暗密肋楼板用空腔构件，其特征在于在空腔模板（1）的空腔内部分或全部填充或粘贴泡沫塑料、膨胀珍珠岩、膨胀蛭石、发泡或加气轻质砼、岩棉、矿棉或者玻璃棉。

12. 根据权利要求 1 或者 2 所述的一种暗密肋楼板用空腔构件，其特征在于空腔模板（1）为至少二层以上的层状结构，由一层胶结料一层布或网，再一层胶结料一层布或网，再一层胶结料等多层叠合胶结组成，布或网至少一层以上。

13. 根据权利要求 1 或者 2 所述的一种暗密肋楼板用空腔构件，其特征在于结构底板（2）与空腔模板（1）组合后的外形水平剖面形状为正方形、长方形、圆形、六边形、不等边八边形或者其他形状，或水平剖面形状至少有一处以上局部内凹或外凸，同一空腔构件不同水平剖面的形状、尺寸为相同或不同，结构底板（2）平面形状与空腔模板（1）水平剖面形状相同或不同。

14. 根据权利要求 1 或者 2 所述的一种暗密肋楼板用空腔构件，其特征在于预制空腔构件的外形尺寸是由小到大逐渐变化的；其结构底板（2）的板厚是由大到小逐渐变化的。

15. 根据权利要求 1 或者 2 所述的一种暗密肋楼板用空腔构件，其特征在于空腔模板（1）与结构底板（2）连接的方式（13）为胶结连接或焊接连接或螺丝连接或铁丝连接或卡套连接或者其他连接。

16. 根据权利要求 15 所述的一种暗密肋楼板用空腔构件，其特征在于结构底板（2）上有用于与空腔模板（1）连接定位的定位物（14）。

17. 根据权利要求 16 所述的一种暗密肋楼板用空腔构件，其特征在于结构底板（2）上的定位物（14）为定位块或定位条或定位框或定位槽或定位环或定位柱或定位铁丝或定位插销。

18. 根据权利要求 15 所述的一种暗密肋楼板用空腔构件，其特征在于空腔模板（1）为向外翻边或向内翻边的空腔模板（1）。

19. 根据权利要求 15 所述的一种暗密肋楼板用空腔构件，其特征在于在空腔模板（1）与结构底板（2）的相应位置埋设有焊接件（15）、连接卡套（16）或铁丝，或者预留有连接用孔洞。

20. 根据权利要求 1 或者 2 所述的一种暗密肋楼板用空腔构件，其特征在于空腔模板（1）上预留有穿线管的孔洞或预埋有穿线的套管（17）。

21. 根据权利要求 1 或者 2 所述的一种暗密肋楼板用空腔构件，其特征在于加强筋（3）为凹槽加强筋（3）或凸槽加强筋（3）。"

针对本专利权，江西省抚州市金球实业有限公司（下称请求人）于 2007 年 8 月 16 日向专利复审委员会提出无效宣告请求，认为本专利权利要求 1~21 不符合专利法第 22 条第 2 款的规定，请求人同时提交了如下附件：

附件 1：授权公告日为 1995 年 11 月 22 日、授权公告号为 CN2213187Y（专利号为 94203353.1）的中国实用新型专利说明书；

附件 2：授权公告日为 1994 年 4 月 6 日、授权公告号为 CN2160693Y（专利号为 93206310.1）的中国实用新型专利说明书。

请求人认为：上述附件公开了由模壳和底板组成的空腔构件、模壳和底板分布加强成分以及用于暗肋的特征，完全覆盖了本案专利的特征部分，故本专利不具有创造性。

经形式审查合格，专利复审委员会依法受理了上述无效宣告请求，并于 2007 年 8 月 20 日向请求人和专利权人发出无效宣告请求受理通知书，同时将专利权无效宣告请求书及其附件清单中所列附件的副本转送给专利权人，并要求专利权人在指定的期限内陈述意见。

专利权人逾期没有针对上述无效宣告请求受理通知书提交意见陈述。

专利复审委员会依法成立合议组对本无效宣告请求进行审查。

本案合议组于 2008 年 2 月 13 日向双方发出无效宣告请求口头审理通知书，定于 2008 年 3 月 27 日在专利复审委员会举行口头审理。

口头审理如期举行，双方当事人均参加了口头审理。

在口头审理中，（1）请求人明确其无效理由、证据、范围及证据使用情况为：权利要求 1~21 不具有创造性，使用的证据是附件 1、2，最接近的现有技术是附件 1。请求人明确表示没有其他的无效理由、证据及证据组合方式。请求人表示无效宣告请求书表格中的专利法第 22 条第 2 款的无效理由是笔误，应为第 3 款。（2）专利权人对附件 1、2 的真实性无异议，但认为请求人在提出无效请求的一个月内未对其无效理由和使用的证据进行具体说明。（3）请求人认为权利要求的内容在附件 1 和 2 中已经公开，许多内容是公知常识，在请求书中有相应的说明。在此基础上，合议组对本案进行了审理，充分听取了双方当事人的意见。

至此，合议组认为本案事实已经清楚，可以作出审查决定。

二、决定的理由

1. 关于证据和现有技术

请求人提交的证据包括附件 1、2，专利权人对附件 1、2 的真实性没有异议，合议组经审查确认其真实性，认为附件 1、2 可以作为本案证据使用。同时由于附件 1、2 为公开出版物，且其公开日期在本专利的申请日前，因此可以作为本专利的现有技术使用。

2. 关于本审查决定所针对的无效宣告请求的理由和范围

专利权人主张请求人没有就其所提出的无效理由在提出无效请求的一个月内进行具体说明。对此合议组认为，请求人已经在无效宣告请求书的第五栏具体说明了附件中公开的内容，并写明了其认为本案专利没有创造性，而且请求人在口头审理当庭也明确了其无效理由是本专利权利要求 1~21 不具备创造性，双方当事人也对此充分陈述了意见。因此，本审查决定所针对的无效请求审理的理由及范围为：权利要求 1~21 的创造性。

3. 关于权利要求 1~21 的创造性

专利法第 22 条第 3 款规定，创造性，是指同申请日以前已有的技术相比，该发明有突出的实质性特点和显著的进步，该实用新型有实质性特点和进步。

在判断一项发明专利的权利要求是否具备创造性时，首先要将权利要求所述的技术方案和最接近的现有技术进行对比分析，确定两者之间的区别技术特征，根据该区别技术特征确定专利所要解决的技术问题，进而考察对于所属技术领域的普通技术人员而言，在最接近的现有技术的基础上引入上述区别技术特征来解决专利所要解决的技术问题，从而获得权利要求所要保护的技术方案是否显而易见，如果不是显而易见的，并且该权利要求的技术方案具有显著的进步，则该权利要求具备创造性。

（1）关于权利要求 1。

请求人认为，附件 1 中已经公开将两个构件相扣的空腔构件，附件 2 权利要求 1 公开了加强肋，虽然与本专利的加强筋不同，但二者类似。附件 1 作为墙体使用能够为本领域人员所知，其给出了分开构造结合使用从而形成封闭空腔的启示，这一点与本专利的构思一样。本专利浇筑形成的加强筋与附件 2 的加强肋虽然不同，但设计思想本质是一样的，均运用了力学原理来增加构件的承载力，是容易想到的，本领域甚至还有其他的方式可以选择。附件 1 中哪个部件对应于本专利的结构底板和模壳，则不好说明。

附件 1 公开了一种用于砌筑墙体的半盒式空心砌块，该砌块为中间凹下的半盒式长方形几何体，砌块可面对面砌筑，这样两个半盒式空心砌块可组对成一个中间空心的立方体，也可面对背砌筑，这样仍然可以形成中间具有封闭空腔的墙体（参见附件 1 说明书实施例及附图）。

附件 2 公开了一种模壳构件，其由上底、下底及侧壁构成，侧壁与上下底构成全封闭空腹型多面体结构，模壳体内有加强肋（参见附件 1 说明书实施例及附图）。

由此可见，附件 1 中公开的是一种墙体砌块以及利用该砌块砌筑空心墙体的方法，而本专利权利要求 1 中的模壳构件用于楼板，楼板和墙体的受力形式不一样决定两者结构形式不能作简单的互换。虽然请求人主张附件 1 与本专利都属于建筑领域，附件 1 给出了构件分开构造组合使用以形成封闭空腔的启示，但附件 1 所形成的砌块空腔与本专利权利要求 1 所形成的模壳空腔目的不同、手段不同、使用场所不同，本领域技术人员不会容易地想到将墙体砌块用作楼板的空腔模板和结构底板。因此附件 1 没有公开权利要求 1 中的空腔模板、结构底板以及加强筋，并且也没有给出相应的技术启示，即使将其应用于楼盖结构也无法形成本专利的暗密肋楼板。

而附件 2 中虽然公开了用于楼盖的模壳构件，但并没有公开本专利权利要求 1 中该空腔构件由空腔模板与结构底板连接成形的特征，也没有公开在空腔模板上有加强筋的特征。并且，由于附件 1 公开的是墙体砌块，而附件 2 公开的是楼盖的模壳，两者的受力形式、使用场合、所起作用均不相同，所以本领域技术人员不会容易想到将附件 1 和附件 2 结合起来。即使附件 2 结合附件 1 中利用砌块形成空心墙体的方案，本领域技术人员也无法想到使用结构底板作为附件 2 中的模壳构件的底板，因为本专利中的结构底板直接作为楼盖的底层而无需在空心模壳的下方支护模板形成现浇混凝土层，从而简化了施工工艺。另外，附件 2 中公开的加强肋也不同于本专利权利要求 1 中的加强筋，附件 2 中的加强肋上端接触模壳上底，下端接触模壳下底，在整个模壳厚度方向上形成支承，而本专利的权利要求 1 中的加强筋则仅形成在空腔模板上，其比附件 2 中的加强肋结构用材更为节省。

综上，无论附件 1、2 如何结合，本领域技术人员也无法显而易见地得出权利要求 1 的技术方案，请求人所主张的权利要求 1 相对于附件 1、2 的结合不具有创造性的理由不能成立。

（2）关于权利要求 2~21。

权利要求 2~21 直接或间接的引用权利要求 1，在权利要求 1 相对于附件 1、2 具有创造性的基础上，权利要求 2~21 相对于附件 1、2 也具有创造性。

根据上述的事实和理由，本案合议组依法作出以下决定。

三、决定

维持 01139992.9 号发明专利权有效。

当事人对本决定不服的，可以根据专利法第 46 条第 2 款的规定，自收到本决定之日起三个月内向北京市第一中级人民法院起诉。根据该款的规定，一方当事人起诉后，另一方当事人应当作为第三人参加诉讼。

091

过滤式自动变频增补压直供水设备

无效宣告请求审查决定（第11517号）

决　　定　　号　第11517号
决　　定　　日　2008年4月31日
发明创造名称　过滤式自动变频增补压直供水设备
国 际 分 类 号　E03B 11/16
无效宣告请求人　吴卫东
专 利 权 人　段祥明
专　　利　　号　200420094829.4
申　　请　　日　2004年11月9日
授 权 公 告 日　2006年2月1日
合 议 组 组 长　樊晓东
主　　审　　员　穆丽娟
参　　审　　员　贾彦飞

法 律 依 据　专利法第22条第3款
决 定 要 点

如果两篇对比文件相结合得出权利要求的技术方案是很容易的，并且两者的结合没有产生意料不到的技术效果，那么该权利要求所请求保护的技术方案不具备实质性特点和进步，不具备创造性。

一、案由

本无效宣告请求涉及国家知识产权局于2006年2月1日授权公告的200420094829.4号实用新型专利（下称本专利），其名称为“过滤式自动变频增补压直供水设备”，申请日为2004年11月9日，专利权人是段祥明。本专利授权公告的权利要求如下：

“1. 一种过滤式自动变频增补压直供水设备，由进水管（21）、阀门（1）、过滤器（2）、传压储水罐（3）、气阀（4）、开泵电极（5）、停泵电极（6）、电接点压力表（7）、变频控制柜（8）、阀门（9）、阀门（10）、水泵（11）、水泵（12）、止回阀（13）、止回阀（14）、阀门（15）、阀门（16）、止回阀（17）、阀门（18）、压力传感器（19）、阀门（20）组成。其特征在于该设备的传压储水罐（3）的顶部设有气阀（4）；传压储水罐内设有开泵电极（5）与停泵电极（6）；传压储水罐的入水口设在其顶部，出水口设在其底部；传压储水罐之前设有过滤器（2）。

2. 根据权利要求1所述的过滤式自动变频增补压直供水设备，其特征在于该设备的传压储水罐可以为球形或两端为弧扇的圆柱形。

3. 根据权利要求1所述的过滤式自动变频增补压直供水设备，其特征在于该设备出水口与变频控制柜之间设有压力传感器（19）。

4. 根据权利要求1所述的过滤式自动变频增补压直供水设备，其特征在于传压储水罐与变频控制柜之间设有电接点压力表（7）。

5. 根据权利要求1所述的过滤式自动变频增补压直供水设备，其特征在于传压储水罐内的开、停泵电极采用信号线与变频控制柜联接。

6. 根据权利要求1所述的过滤式自动变频增补压直供水设备，其特征在于还可以设一个高位传压储水罐，同样，其顶部设有气阀，入、出水口分别设在其顶部和底部。”

针对上述专利权，吴卫东（下称请求人）于2006年8月14日向国家知识产权局专利复审委员会提出无效宣告请求，请求人认为：本专利权利要求1相对于附件1与公知常识的结合、附件5与公知常识的结合和附件7与公知常识的结合不具有新颖性和创造性；权利要求2相对于附件2和附件6与公知常识的结合不具有新颖性和创造性；权利要求3相对于附件8不具有新颖性和创造性；权利要求4相对于附件1和附件8不具有新颖性和创造性；权利要求5相对于附件4和附件8不具有新颖性和创造性；权利要求6相对于附件6不具有新颖性和创造性，因此本专利全部不符合专利法第22条的规定，请求宣告本专利全部无效。请求人提交了下述附件所为证据：

附件1：中国第02271341.7号实用新型专利说明书，申请日为2002年6月26日，授权公告日为2003年5月21日，共5页；

附件2：中国第96116835.8号发明专利申请公开说明书，申请日为1996年2月6日，公开日为1997年8月13日，共8页；

附件3：中国第02269468.4号实用新型专利说明书，申请日为2002年9月12日，授权公告日为2003年8月27日，共5页；

附件4：中国第01241842.0号实用新型专利说明书，申请日为2001年8月6日，授权公告日为2002年6月5日，共5页；

附件5：中国第01210571.6号实用新型专利说明书，申请日为2001年2月14日，授权公告日为2001年12月26日，共5页；

附件6：中国第98236368.0号实用新型专利说明书，申请日为1998年9月17日，授权公告日为1999年9月1日，共9页；

附件7：中国第98222448.6号实用新型专利说明书，申请日为1998年9月14日，授权公告日为1999年9月8日，共7页；

附件8：中国第02269692.X号实用新型专利说明书，申请日为2002年9月17日，授权公告日为2003年10月8日，共5页；

附件9：中国第02293570.3号实用新型专利说明书，申请日为2002年12月25日，授权公告日为2003年11月26日，共5页；

附件10：本专利公开文本。

经形式审查合格，专利复审委员会依法受理了上述无效宣告请求，于2006年9月21日向请求人和专利权人发出无效宣告请求受理通知书，并将请求人提交的无效宣告请求书及其附件清单中所列附件的副本转送给专利权人，要求其在指定的期限内答复，同时成立合议组对本无效宣告请求案进行审理。

专利权人在指定的期限内没有进行意见陈述。

2007年3月26日，合议组向双方当事人发出无效宣告请求口头审理通知书。

2007 年 4 月 11 日合议组因故再次发出无效宣告请求口头审理通知书，将口头审理时间改为 2007 年 8 月 14 日举行。

由于专利权人地址不详，合议组发出的两次口审通知书均被退回，因此，合议组于 2007 年 5 月 23 日在专利公报上刊登了无效宣告请求口头审理通知书的公告。

口头审理如期举行，本案合议组对请求人提出的无效理由和事实进行了调查，并充分听取了当事人的陈述。在口头审理过程中：

（1）专利权人未出席口头审理。

（2）请求人对合议组成员变更没有异议，对合议组成员没有回避请求。

（3）请求人当庭明确表示放弃权利要求 1~6 不具备新颖性的无效理由，明确表示放弃附件 2、3、5、7、9 作为证据使用。

（4）请求人明确其无效理由为权利要求 1~6 不具备创造性，其中：

附件 1（下称证据 1）为最接近的对比文件；

权利要求 1 相对于附件 1 加公知常识不具有创造性；

权利要求 2 相对于附件 1 加附件 6（下称证据 2）加公知常识，或附件 1 加公知常识不具有创造性；

权利要求 3 相对于附件 1 加公知常识，或附件 1 加附件 8（下称证据 3）加公知常识不具有创造性；

权利要求 4 相对于附件 1 加公知常识，或附件 1 加附件 8 加公知常识不具有创造性；

权利要求 5 相对于附件 1 加附件 4 加公知常识不具有创造性；

权利要求 6 相对于附件 1 加附件 6 加公知常识不具有创造性。

2008 年 4 月 2 日，合议组再次在专利公报上发出合议组成员告知通知书的公告，期满专利权人没有提出任何异议。

在此基础上，合议组认为本案事实已经调查清楚，现依法做出本决定。

二、决定的理由

1. 关于现有技术

附件 1、4、6、8 是公开日期早于本专利申请日的专利文献，合议组经核实，对其真实性予以认可，因此附件 1、4、6、8 所记载的内容构成本专利的现有技术，可以用于评述本专利的新颖性和创造性。

2. 关于本专利的创造性

专利法第 22 条第 3 款规定，创造性，是指同申请日以前已有的技术相比，该发明有突出的实质性特点和显著的进步，该实用新型有实质性特点和进步。

（1）关于权利要求 1 的创造性。

证据 1 公开了一种无负压自动变频增压直供水设备，它由进水阀 1、密封式贮水罐 2、控制箱 4、加压供水泵组 6~13、止回阀 14、阀门 15 组成，所述的密封式贮水罐顶端设置一双孔口组合排气阀 3，罐内还设置了水位开关 18，所述的密封式贮水罐与进水管成切线方式连接；出水口 19 与控制箱 4 之间安装一压力传感器 16，进水口与控制箱 4 之间安装一压力开关 5（参见说明书第 2~3 页以及附图 1）。因此，权利要求 1 的技术方案与证据 1 所公开的技术方案的区别在于：①权利要求 1 的传压储水罐内设有开泵电极与停泵电极，而证据 1 相应部件为一个压力开关 5；②权利要求 1 的传压储水罐的入水口设在其顶部，出水口设在其底部；③权利要求 1 的传压储水罐之前设有过滤器。

合议组认为：对于区别技术特征①，对于本领域技术人员来说可以明确得知，证据 1 中的压力开关 5 与权利要求 1 的开泵电极与停泵电极所起作用相同，均可以实现水泵启闭的控制，因此证据 1 实质上也公开了权利要求 1 的开泵电极与停泵电极；对于区别技术特征②，在供水设备这一技术领域，由于水的重力作用，将入水口设置在储水罐的顶部，同时将出水口设置在其底部，这也是一种公知公用的技术手段；对于区别技术特征③，在供水设备这一技术领域，将水在进入储水罐之前先经过过滤，这是一种公知公用的技术手段。因此可以很容易的将特征②、③与证据 1 的技术方案结合而得到权利要求 1 的技术方案。综上所述，权利要求 1 相对于证据 1 不具备创造性，不符合专利法第 22 条第 3 款的有关规定。

（2）关于权利要求 2 的创造性。

权利要求 2 直接从属于权利要求 1，其附加技术特征为：该设备的传压储水罐可以为球形或两端为弧扇的圆柱形。将储水罐设置成为上述两种形状，在供水设备这一技术领域，这也属于公知公用的技术手段，可以很容易将其与证据 1 的技术方案结合而得到权利要求 2 的技术方案，并且两者的结合没有产生意料不到的技术效果，因此，权利要求 2 所要求保护的技术方案不具备实质性特点和进步，不符合专利法第 22 条第 3 款所规定的创造性。

（3）关于权利要求 3 的创造性。

证据 3 公开了一种防负压供水设备，包括带有进水口和出水口的蓄水罐，出水口的管道上串联水泵机组；压力传感器、水泵机组连接控制柜；水泵机组出水管与变频控制柜 21 之间安装压力传感器 20，蓄水罐出水口与变频控制柜 21 之间设置压力传感器 23，压力传感器 20 将信号反馈给变频控制柜 21，变频控制柜 21 控制水泵机组 19 的运转，当蓄水罐 17 内的水被抽空，压力传感器 23 将信号反馈给变频控制柜 21，变频控制柜 21 控制水泵机组 19 停止转动，避免空转；蓄水罐的顶部设置开关阀（参见说明书第 1~2 页以及附图 1）。权利要求 3 直接从属于权利要求 1，其附加技术特征为：该设备出水口与变频控制柜之间设有压力传感器（19）。该特征已经被证据 3 所公开，为了更好的实现供水可以很容易的将其与证据 1 的技术方案结合而得到权利要求 3 的技术方案，并且两者的结合没有产生意料不到的技术效果，因此，权利要求 3 所要求保护的技术方案不具备实质性特点和进步，不符合专利法第 22 条第 3 款所规定的创造性。

（4）关于权利要求 4 的创造性。

权利要求 4 直接从属于权利要求 1，其附加技术特征为：传压储水罐与变频控制柜之间设有电接点压力表（7）。该特征已经被证据 3 所公开，为了更好的实现供水可以很容易的将其与证据 1 的技术方案结合而得到权利要求 4 的技术方案，并且两者的结合没有产生意料不到的技术效果，因此，权利要求 4 所要求保护的技术方案不具备实质性特点和进步，不符合专利法第 22 条第 3 款所规定的创造性。

（5）关于权利要求 5 的创造性。

权利要求 5 直接从属于权利要求 1，其附加技术特征为：传压储水罐内开、停泵电极采用信号线与变频控制柜联接。将储水罐储水罐内电极采用信号线与控制柜相连，在供水设备这一技术领域，这也属于公知公用的技术手段，可以很容易的将其与证据 1 的技术方案结合而得到权利要求 5 的技术方案，并且两者的结合没有产生意料不到的技术效果，因此，权利要求 5 所要求保护的技术方案不具备实质性特点和进步，不符合专利法第 22 条第 3 款所规定的创造性。

（6）关于权利要求 6 的创造性。

证据 2 公开了一种用于补气式气压给水设备中的小型立式气压水罐，它在钢制罐体（1）两端封头中心部位开设的孔口分别焊接非标凸缘（4）管道联接件，另一端焊接由短管（2）和法兰（3）组成的管道联接件，非标凸缘（4）和法兰（3）采用同一联接规格，小型立式气压水罐采用这种结构，可以根据具体用水量很方便地用于罐体增容，如取串、并联增容（参见说明书第 2~3 页以及附图 4）。权利要求 6 直接从属于权利要求 1，其附加技术特征为：还可以设一个高位传压储水罐，同样，其顶部设有气阀，入、出水口分别设在其顶部和底部。如前所述，证据 2 中已经公开了该技术特征，可以对储水罐采取串、并联的方式来达到增容的目的，因此本领域技术人员可以很容易将其与证据 1 的技术方案结合而得到权利要求 6 的技术方案，并且两者的结合没有产生意料不到的技术效果，因此，权利要求 6 所要求保护的技术方案不具备实质性特点和进步，不符合专利法第 22 条第 3 款所规定的创造性。

三、决定

宣告 200420094829.4 号实用新型专利权全部无效。

当事人对本决定不服的，可以根据专利法第 46 条第 2 款的规定，自收到本决定之日起三个月内向北京市第一中级人民法院起诉。根据该款的规定，一方当事人起诉后，另一方当事人应当作为第三人参加诉讼。

092

低位热能回收装置

无效宣告请求审查决定（第 11519 号）

决　　定　　号 第 11519 号
决　　定　　日 2008 年 5 月 21 日
发明创造名称 低位热能回收装置
国 际 分 类 号 F22D 1/50
无效宣告请求人 武汉赛科节能科技有限责任公司
专　利　权　人 杨高利，殷贤炎
申　　请　　号 03237230.2
申　　请　　日 2003 年 8 月 29 日
授 权 公 告 日 2005 年 1 月 26 日
合 议 组 组 长 黄　颖
主　　审　　员 王　博
参　　审　　员 王　琳

法　律　依　据 专利法第 22 条第 2 款、第 3 款，第 26 条第 3 款
决　定　要　点

如果权利要求中含有对比文件中所不具有的技术特征，且该技术特征不属于惯用手段的直接置换，则该权利要求相对于该对比文件具有新颖性。

一、案由

本无效宣告请求涉及中华人民共和国国家知识产权局于 2005 年 1 月 26 日授权公告的、名称为“低位热能回收装置”的实用新型专利权（下称本专利），其专利号是 03237230.2，申请日是 2003 年 8 月 29 日，专利权人是杨高利、殷贤炎。本专利授权公告时的权利要求书如下：

“1. 低位热能回收装置，其特征是：它主要由动力装置（3）、连接管（4）、中间功能装置（7）组成，动力装置（3）内设有射吸结构，中间功能装置（7）内为空腔，动力装置（3）的底端与中间功能装置（7）由连接管（4）固定连接并相互连通；动力装置（3）顶端部设有工作介质进口（1），其侧面上设有回收介质进口（2），中间功能装置（7）顶端部设有排放出口（5），中间功能装置（7）的下端部分别设有混合介质出口（8）、排泄出口（9）。

2. 根据权利要求 1 所述的低位热能回收装置，其特征是：所述的中间功能装置（7）上端部侧壁上设有液位传感器（6）。”

针对本专利，武汉赛科节能科技有限责任公司（下称请求人）于 2008 年 1 月 3 日向专利复审委

员会提出无效宣告请求，认为本专利不符合专利法第22条第2、3款及专利法第26条第3款的规定，请求人同时提交了如下附件：

附件1：科学出版社1977年3月出版的《喷射器》，第一版第一次印刷，封面页、版权信息页、第266、267页，复印件共4页。

请求人认为：附件1完全公开了权利要求1、2的技术特征，权利要求1、2不具有新颖性、创造性；说明书中既称“无额外动力”却又提出“动力装置”，且对“动力装置”除“内设有射吸结构”外还有什么没有说明，说明书公开不充分。

经形式审查合格，专利复审委员会依法受理了上述无效宣告请求，并于2008年1月3日向请求人和专利权人发出无效宣告请求受理通知书，同时将专利权无效宣告请求书及其附件清单中所列附件的副本转送给专利权人，并要求专利权人在指定的期限内陈述意见。

请求人于2008年1月30日向专利复审委员会补充提交如下证据（编号续前）：

附件2：中国石油化工总公司生产部化学工业部第四设计院编写的《大型氮肥装置基础设计资料汇编》封面页、前言页、第89~94页，复印件，共8页；

附件3：中国石油化工总公司湖北化肥厂编写的《合成氨装置增产节能技术改造脱碳部分小结》封面页、第1~8页，复印件，共9页；

附件4：中国成都化工工程公司的《苯菲尔闪蒸槽管道仪表流程图》，复印件，共1页；

请求人于2008年2月1日向专利复审委员会提交了意见陈述书以及附件5：

附件5：声称“湖北化肥分公司合成车间脱碳部分”的现场照片，复印件，共2页。

请求人认为：本专利记载的技术方案对同领域普通技术人员而言，是常识性问题，早已在实践中被广泛使用。

针对专利复审委员会发出的上述无效宣告请求受理通知书，专利权人于2008年2月18日提交了意见陈述书。专利权人认为，附件1中公开的热力系统图、混合式喷射加热器是试验性的，是否实用还有待于实践检验。本专利的创造性体现在动力装置内设有射吸结构和中间功能装置有从冷凝水中分离并排出气体的功能，中间功能装置不仅是蓄水箱，而且具有从冷凝水中分离并排出气体的功能。

专利复审委员会依法成立合议组对本无效宣告请求案进行了审理。

本案合议组于2008年4月1日向双方发出无效宣告请求口头审理通知书，定于2008年5月13日在专利复审委员会举行口头审理。随同口头审理通知书，将请求人于2008年2月1日提交的意见陈述书及其附件清单中所列附件的副本转送给专利权人，将专利权人于2008年2月18日提交的意见陈述书转送给请求人。

2008年4月25日，发给专利权人的无效宣告请求口头审理通知书因专利权人地址变更被退回，经电话联系，合议组将该通知书重新寄给专利权人。

口头审理如期举行，双方当事人均参加了口头审理。

在口头审理中，(1) 请求人明确其无效的理由、证据、范围以及证据的使用情况为：权利要求1、2不符合专利法第26条第3款的规定；权利要求1、2被附件1公开，不具有颖性、创造性；附件2~5用于证明本专利使用公开不具有新颖性、创造性。(2) 合议组当庭告知请求人，由于其没有在一个月期限内结合附件2~5进行具体说明，因此关于附件2~5的无效理由不予考虑。(3) 请求人当庭提交了附件1的原件，出示了附件2~4的原件。专利权人当庭核实，对附件1~4的真实性没有异议，对附件5的真实性有异议。(3) 请求人提交了附件1图10~39的放大图，用红笔将附件1中的部分部件进行了标记，认为与本专利相同的标记表示相同的部件。合议组当庭将该图转送给专利权人。在此基础上，合议组对本案进行了调查，充分听取了双方当事人的意见。

至此，合议组认为本案事实已经清楚，可以作出审查决定。

二、决定的理由

1. 关于无效宣告请求的理由、证据和范围

审查指南第四部分第三章第4.1节规定："请求人在提出无效宣告请求时没有具体说明的无效宣告理由以及没有用于具体说明相关无效宣告理由的证据，且在提出无效宣告请求之日起一个月内也未补充具体说明的，专利复审委员会不予考虑。"

请求人主张，本专利权利要求1、2不符合专利法第26条第3款的规定，权利要求1、2被附件1公开，不具有颖性、创造性，附件2~5用于证明本专利使用公开不具有新颖性、创造性，但是关于附件2~5，请求人仅在2008年2月1日的意见陈述书中作如下陈述："专利记载的技术方案对同领域普通技术人员而言，是常识性问题，早已在实践中被广泛使用。"合议组认为，请求人主张用附件2~5证明本专利权利要求1、2使用公开，但并没有结合这些证据进行具体说明，因此，请求人关于权利要求1、2相对于附件2~5不具有新颖性、创造性的无效理由合议组不予考虑，仅对权利要求1、2不符合专利法第26条第3款的规定，权利要求1、2相对于附件1不符合专利法第22条第2、3款的规定的理由进行审理。

2. 关于证据及现有技术

请求人提交的证据包括附件1，专利权人对附件1的真实性没有异议，合议组经审查予以确认，同时由于附件1为公开出版物，且其公开日期在本专利的申请日前，因此可以作为本专利的现有技术使用。本决定涉及附件1图10-39的描述以请求人口头审理中提交的放大图上所标标号为准。

3. 关于专利法第26条第3款

专利法第26条第3款规定：说明书应当对发明或者实用新型作出清楚、完整的说明，以所属技术领域的技术人员能够实现为准。

所属技术领域的技术人员能够实现，是指所属技术领域的技术人员按照说明书记载的内容，就能够实现该发明的技术方案，解决其技术问题，并且产生预期的技术效果。

请求人认为，说明书中说"没有额外的动力"，又说"射吸结构"是动力装置，二者相互矛盾，因此说明书没有对该实用新型作出清楚完整的说明，不符合专利法第26条第3款的规定。

专利权人认为，本专利说明书中额外动力是指额外的驱动装置，如水泵，而本专利不需要额外的水泵仅仅利用工作介质本身的动力即可工作。

合议组经合议后认为：根据本专利说明书中的记载，本专利涉及"一种低位热能回收利用装置，尤其是无额外动力回收低压或无压直接对外排放的热水、乏汽等低位能"，为此在"动力装置内设有射吸结构"，本专利"采用射吸技术，利用装置中工作介质的剩余动力作为推力，实现对回收介质的提升与输送"，因此说明书中提到的"没有额外动力"指的是不需要额外从外界获得驱动回收介质运动的动力，如水泵等，本专利仅仅依靠工作介质本身的动力即可工作，因此，这样的表述并不矛盾，请求人关于本专利不符合专利法第26条第3款的上述主张不能成立。

4. 关于本专利权利要求的新颖性

专利法第22条第2款规定，新颖性，是指在申请日以前没有同样的发明或者实用新型在国内外出版物上公开发表过、在国内公开使用过或者以其他方式为公众所知，也没有同样的发明或者实用新型由他人向国务院专利行政部门提出过申请并且记载在申请日以后公布的专利申请文件中。

如果权利要求中含有对比文件中所不具有的技术特征，且该技术特征不属于惯用手段的直接置换，则该权利要求相对于该对比文件具有新颖性。

附件1的图10-39公开了一种带混合式喷射加热器的试验性交流换热装置的原理图，其示出了两

级加热给水装置的系统，该装置系统的作用是用蒸汽来加热低压锅炉的给水。在第一级中用3.2大气压的蒸汽把水从102℃加热到133~134℃，在第二级中，用6.7大气压的蒸汽把水从133~134℃加热到160~161℃（参见附件1第266页）。在该图中，从混合式喷射加热器3的入口1进入的是从除气器出来的水，从入口2进入的是从汽轮机抽出的高压蒸汽。

将权利要求1与附件1上述公开内容进行对比，附件1与权利要求1至少存在如下区别特征：（1）本专利介质进口2流入的是回收介质，而附件1入口2进入的是从汽轮机抽出的高压蒸汽，（2）本专利中间功能装置7顶端部设有排放出口5，而附件1相应位置为一阀门。

关于区别特征（1），附件1中入口2进入的是从汽轮机抽出的高压蒸汽，该高压蒸汽是直接可以用作做功的动力，是良好的动力源。而权利要求1中进口2进入的则是回收介质，根据实施例中的记载，该回收介质为低压蒸汽、冷凝水、二次蒸汽等形式，二者显然不同。

关于区别特征（2），附件1中的罐体7是低压锅炉，其内存在压力，虽然该罐体上端设有阀门5，但这是一个常闭阀门以保持罐内存在一定压力。而本专利的中间功能装置则不是一个压力容器，其顶端设有一个常开的排放出口，气体可以随时通过排放出口排气。因此，本专利与附件1在此也存在区别。

请求人认为权利要求1的技术方案中没有明确限定中间功能装置内不存在压力，也未交代排气出口是不是敞口。对此，合议组认为，首先，在说明书记载的方案中，“工作介质（有一定的压力）由工作介质进口1进入动力装置3，将被抽吸回收介质抽入回收介质进口2经动力装置3混合并提升压力，混合介质（工作介质和回收介质混合后的介质）经连接管4进入中间功能装置7，实现功能处理，混合介质的液位由液位传感器6调整，气体由排放出口5排放，混合介质从混合介质出口8排出进行回收，需排泄时开启排泄出口9”，由此可以看出，在说明书记载的方案中，在工作状态下没有对排放出口进行控制的描述，相反却有对排泄出口进行控制的描述，因此，可以判断排放出口是常开的，中间功能装置保持为常压状态。其次，根据说明书中记载的方案，本专利中间功能装置的功能之一就是从冷凝水中排出气体，而如果中间功能装置内存在压力，由于压力升高溶解度会降低，则不利于气体的排放，由此本领域技术人员根据常识也可以判断出排放出口是常开的。第三，从本专利的图1中，可以明显看出排放出口5与混合介质出口8、排泄出口9的表示方法完全不同，也证明了本专利的排放出口是常开状态的。根据专利法第56条的规定“发明或者实用新型专利权的保护范围以其权利要求的内容为准，说明书及附图可以用于解释权利要求”，本领域技术人员根据说明书中的记载结合本专利的发明目的及附图，可以明白在权利要求1的技术方案中排放出口是常开的，从而中间功能装置内保持常压状态。

由此，权利要求1与附件1至少存在上述两个区别特征，而且该技术特征不属于惯用手段的直接置换，权利要求1相对于附件1具有新颖性。

在权利要求1相对于附件1具有新颖性的前提下，其从属权利要求2相对于附件1也具有新颖性。

5. 关于本专利权利要求1的创造性

专利法第22条第3款规定，创造性，是指同申请日以前已有的技术相比，该发明有突出的实质性特点和显著的进步，该实用新型有实质性特点和进步。

在判断一项权利要求是否具备创造性时，首先要将权利要求所述的技术方案和最接近的现有技术进行特征对比分析，如果该权利要求与最接近的现有技术对比存在区别技术特征，并且该区别技术特征能够解决该最接近的现有技术中存在的某一技术问题，则应进一步考察对于所属技术领域的普通技术人员而言，在最接近的现有技术的基础上引入上述区别技术特征来解决所述技术问题从而获得权利要求所要保护的技术方案是否显而易见，如果是，则该权利要求不具备创造性，反之，则具备创造性。

请求人认为，与附件1相比，权利要求1、2无实质性特点和进步，没有创造性。

合议组认为，由于权利要求1与附件1至少存在上述两个区别特征，权利要求1的技术方案与附件1存在实质性不同，而且由于本专利和附件1处理的介质不完全相同，附件1中均没有就这些区别特征给出启示，这些区别特征对于本领域技术人员也不是容易想到的。同时由于区别特征1，权利要求1的方案能够对未利用的剩余能源回收利用，由于区别特征2，权利要求1的方案可以分离排出回收介质中存在的气体。因此，权利要求1的方案相对于附件1具有实质性特点和进步，具有创造性。

在权利要求1相对于附件1具有创造性的前提下，其从属权利要求2相对于附件1也具有创造性。

根据上述的事实和理由，本案合议组依法作出以下决定。

三、决定

维持03237230.2号实用新型专利权有效。

当事人对本决定不服的，可以根据专利法第46条第2款的规定，自收到本决定之日起三个月内向北京市第一中级人民法院起诉。根据该款的规定，一方当事人起诉后，另一方当事人应当作为第三人参加诉讼。

北京市第一中级人民法院
行政判决书

（2008）一中行初字第1197号

原告武汉赛科节能科技有限责任公司，住所地湖北省洪山区鲁磨路118号国光大厦1202号

法定代表人曾敏，执行董事。

委托代理人刘新春，男，1962年11月8日出生，汉族，武汉赛科节能科技有限责任公司高级工程师，住湖北省枝江市马家店街办迎宾大道14号。

委托代理人徐祥生，男，武汉开元专利代理有限责任公司专利代理人。

被告国家知识产权局专利复审委员会，住所地北京市海淀区北四环西路9号银谷大厦10~12层。

法定代表人廖涛，副主任。

委托代理人王博，男，国家知识产权局专利复审委员会审查员。

委托代理人齐宏涛，男，国家知识产权局专利复审委员会审查员。

第三人杨高利，男，1972年11月16日出生，汉族，武汉科林环保技术有限公司总经理，住武汉市武昌区东亭一村7-6-3号。

委托代理人陈俊忠，男，1972年9月10日出生，汉族，武汉科林环保技术有限公司行政管理，住武汉市黄陂县祈家湾镇双墩村陈李湾17号。

第三人殷贤炎，男，1939年7月26日出生，汉族，武汉锻造公司退休干部，住武汉市青山区武东街4村520门2号。

原告武汉赛科节能科技有限责任公司不服被告国家知识产权局专利复审委员会作出的第11519号无效宣告请求审查决定，向本院提起行政诉讼。本院受理后，依法组成合议庭，依照《中华人民共

和国行政诉讼法》第二十七条的规定，通知与本案有利害关系的杨高利、殷贤炎为本案第三人参加诉讼，并于2008年10月27日公开开庭审理了本案。原告的委托代理人刘新春、徐祥生，被告的委托代理人王博、齐宏涛，第三人杨高利及其委托代理人陈俊忠、第三人殷贤炎到庭参加了诉讼。本案现已审理终结。

2008年5月21日，被告作出第11519号无效宣告请求审查决定（以下简称被诉决定），宣告维持第三人所有的专利号为03237230.2、名称为“低位热能回收装置”的实用新型专利权（以下简称本专利）有效。

为证明被诉决定合法，被告在法定举证期限内向本院提交了以下证据：1. 科学出版社1977年3月出版的《喷射器》，第一版第一次印刷，封面页、版权信息页、第266、267页，共4页；2. 本专利授权公告文本；3. 原告于2008年2月1日提交的意见陈述书。上述证据用于证明被诉决定认定事实清楚，适用法律法规正确，审查结论合法。

原告诉称：1. 被告的具体行政行为程序违法。《审查指南》第四部分第四章第5.1节明确规定：合议组组长宣布口头审理开始后，介绍合议组成员；由当事人介绍出席口头审理的人员，有双方当事人出庭的，还应当询问双方当事人对于对方出席人员资格有无异议……本专利的专利权由杨高利和殷贤炎共同共有，但口头审理中在“专利权人”席就坐的只有杨高利一人，在专利权人方“代理人”席就坐的是朱德光。被告并未就此询问杨高利，尤其是没有按照《审查指南》的有关规定询问原告对于专利权人方出席人员资格有无异议。被告发出的《无效宣告请求口头审理通知书》载明：“参加口头审理的人必须持有个人身份证明，受委托人还应有当事人的委托证明”。作为专利权人一方，当事人无疑是杨高利和殷贤炎两人，朱德光以专利权人的代理人的身份出席口头审理，但其提交给被告的却是只有杨高利一人签署的授权委托书，显然，该授权委托书无效。2. 被告的具体行政行为有悖公平执法原则和依职权审查原则。《审查指南》第四部分第一章第2.2节明确规定：专利复审委员会以客观、公正、准确、及时为原则，坚持以事实为根据，以法律为准绳，独立地履行审查职责，不徇私情，全面、客观、科学地分析判断，作出公正的决定。《审查指南》第四部分第一章第2.4节明确规定：专利复审委员会可以对所审查的案件依职权进行审查，而不受当事人提出的理由、证据的限制。口审中杨高利大谈与本案无关的话，包括对附件1的评价，被告不予制止；而对原告提交的附件2~5则轻率地决定不予考虑，显然有失公允。本专利记载的技术方案是利用射吸结构产生的负压吸取回收介质、并在中间装置中进行处理。附件2~5能够证明该技术方案对本领域普通技术人员而言，是常识性问题，早已在实践中被广泛使用。对于已经进入设计手册并已被广泛使用的技术，本领域技术人员据此无需创造性劳动就能很容易地得到本专利权利要求1和权利要求2的技术方案。因此，专利权利要求1和权利要求2相对于附件2~5不具备《中华人民共和国专利法》（以下简称《专利法》）第二十二条第三款规定的创造性。3. 被诉决定认定事实不清。1. 本专利说明书没有对该实用新型作出清楚、完整的说明。本专利说明书载明“动力装置（3）内设有射吸结构”，既称“无额外动力”却又提出“动力装置”，且对“动力装置”除“内设有射吸结构”外还有什么毫无交待，明显不符合上述规定。被告关于“本专利仅仅依靠工作个质本身的动力即可工作”的观点不能成立。2. 本专利权利要求不具备新颖性。被告认定的区别特征并不存在。本专利的回收介质为低压蒸汽，附件1入口2进入的也是低压蒸汽，两者并无区别。本专利中间功能装置7顶端部设有排放出口5，附件1则在“排放出口”后还有一个阀门。因此，附件1除多了一个阀门和一个液位计之外，已覆盖了本专利权利要求1的全部必要技术特征，因此本权利要求1相对于附件1不具备《专利法》第二十二条第二款规定的新颖性。如上所述，本专利权利要求2的附加技术特征也已被证据1所公开，也不具备新颖性。3. 本专利权利要求不具备创造性。附件1所记载的技术方案是本专利申请日以前已有的技术，本专利权利要求1相对于附件1不具备《专利法》第二十二条第三款规定的创造性。同样，同附件1相比，本专利权利要求2也不具备创造性。被告留存《喷射器》一书于法无据、于理有悖。综上，请求法院撤销被诉决定，诉讼费由被告承担。

原告为支持其诉讼主张，在法定期限内向本院提交了下列证据：1.《压力容器安全技术监察规程》封面、版权页、第75页，证明1大气压与16大气压之间称低压；2.《汽轮机设备运行》封面、第9页，证明小于14.7大气压称低压；3《电厂锅炉原理》封面、第6页，证明不大于24.5大气压称低压；4. 关于03237230.2号实用新型专利的新颖性、创造性和实用性的申述，证明专利回收介质的压力从0.2kgf/cm^{2}到5.8kgf/cm^2；5.《除氧器乏汽回收技术协议》封面、第1~3页、第12页，证明第三人使用专利时，中间功能装置顶部排放口后也有阀门；（排汽温度140℃）对应压力大于3.2kfg/cm^2；6. 现场照片，证明第三人使用专利时，中间功能装置顶部排放口后也有阀门。

被告辩称：1. 本案因两位第三人存在纠纷，因此代表第三人一方出席的代理人无法获得共同的授权委托书，由于代理人出席口头审理时仅在于陈述意见，而不对专利权进行处置。因此，第三人一方的代理人可以出席口头审理发表意见。2. 无效宣告程序的一个基本原则是请求原则，原告没有对结合附件2~5对其无效理由进行具体说明，不符合《审查指南》第四部分第三章第4.1节的规定，因此关于附件2~5的新颖性、创造性的无效理由不予考虑。3. 关于权利要求新颖性、创造性的具体评述参见被诉决定。4. 原告在诉讼中提交的证据2~4在无效程序中没有提交过，为新提交的证据。综上所述，被诉决定认定事实清楚、适用法律正确、审理程序合法，原告的诉讼理由不能成立，请求法院判决驳回原告的诉讼请求，维持被诉决定。

第三人杨高利、殷贤炎未向本院提交书面的陈述意见，杨高利在开庭审理中口头表示对于被诉决定没有意见，要求维持被诉决定。殷贤炎在开庭审理中口头表示要求法院公正审判。

第三人均未向本院提交证据。

开庭审理中，本院依职权向被告调取了口审记录表，用以查明口头审理中各方当事人的主张和意见。

庭审质证中，各方当事人对对方当事人提交的证据均发表了充分的质证意见。本院经审查认为，被告证据与审查被诉行为的合法性具有关联，且符合合法性、真实性要求，本院予以确认。原告证据1、2、3、5、6在行政程序中未提交，其无正当理由在诉讼中提交，与本院审查被诉行为的合法性无关，本院不予采纳。原告证据5系本专利专利权人之一杨高利有关本专利新颖性、创造性、实用性的意见陈述，只能证明杨高利个人的相关主张。本院调取的口头审理记录表能够证明原告及专利权人之一杨高利在被告主持的口头审理中所提出的主张和意见。

根据以上确认的有效证据及各方当事人无争议的事实陈述，本院认定事实如下：

本专利的申请日为2003年8月29日，专利权人是两名第三人。本专利授权公告时的权利要求书如下：

"1. 低位热能回收装置，其特征是：它主要由动力装置（3）、连接管（4）、中间功能装置（7）组成，动力装置（3）内设有射吸结构，中间功能装置（7）内为空腔，动力装置（3）的底端与中间功能装置（7）由连接管（4）固定连接并相互连通；动力装置（3）顶端部设有工作介质进口（1），其侧面上设有回收介质进口（2），中间功能装置（7）顶端部设有排放出口（5），中间功能装置（7）的下端部分别设有混合介质出口（8）、排泄出口（9）。

2. 根据权利要求1所述的低位热能回收装置，其特征是：所述的中间功能装置（7）上端部侧壁上设有液位传感器（6）。"

针对本专利，原告于2008年1月3日向被告提出无效宣告请求，认为本专利不符合《专利法》

第二十二条第二、三款及《专利法》第二十六条第三款的规定。原告同时提交了如下附件：附件1：科学出版社1977年3月出版的《喷射器》，第一版第一次印刷，封面页、版权信息页、第266、267页，复印件共4页。原告认为：附件1完全公开了权利要求1、2的技术特征，权利要求1、2不具有新颖性、创造性；说明书中既称“无额外动力”却又提出“动力装置”，且对“动力装置”除“内设有射吸结构”外还有什么没有说明，说明书公开不充分。

经形式审查合格，被告依法受理了上述无效宣告请求，并于2008年1月3日向原告和第三人杨高利发出无效宣告请求受理通知书，同时将专利权无效宣告请求书及其附件清单中所列附件的副本转送给第三人杨高利，并要求在指定的期限内陈述意见。

2008年1月30日，原告向被告补充提交如下证据（编号续前）：附件2：中国石油化工总公司生产部化学工业部第四设计院编写的《大型氮肥装置基础设计资料汇编》封面页、前言页、第89~94页，复印件，共8页；附件3：中国石油化工总公司湖北化肥厂编写的《合成氨装置增产节能技术改造脱碳部分小结》封面页、第1~8页，复印件，共9页；附件4：中国成都化工工程公司的《苯菲尔闪蒸槽管道仪表流程图》，复印件，共1页；原告于2008年2月1日向被告提交了意见陈述书以及附件2~4和附件5：附件5：声称“湖北化肥分公司合成车间脱碳部分”的现场照片，复印件，共2页。原告认为：本专利记载的技术方案对同领域普通技术人员而言，是常识性问题，早已在实践中被广泛使用。

针对被告发出的无效宣告请求受理通知书，杨高利于2008年2月18日提交了意见陈述书，认为附件1中公开的热力系统图、混合式喷射加热器是试验性的，是否实用还有待于实践检验。本专利的创造性体现在动力装置内设有射吸结构和中间功能装置有从冷凝水中分离并排出气体的功能，中间功能装置不仅是蓄水箱，而且具有从冷凝水中分离并排出气体的功能。被告依法成立合议组对本无效宣告请求案进行了审理。

2008年4月1日被告向双方发出无效宣告请求口头审理通知书，同时将原告于2008年2月1日提交的意见陈述书及其附件清单中所列附件的副本转送给第三人杨高利，将第三人杨高利于2008年2月18日提交的意见陈述书转送给原告。2008年4月25日，发给第三人杨高利的无效宣告请求口头审理通知书因第三人杨高利地址变更被退回，经电话联系，被告将该通知书重新寄给第三人杨高利。

2008年5月13日，口头审理如期举行，原告委托代理人、杨高利及其委托代理人参加了口头审理。在口头审理中，原告明确其无效的理由、证据、范围以及证据的使用情况为：权利要求1、2不符合《专利法》第二十六条第三款的规定；权利要求1、2被附件1公开，不具有新颖性、创造性；附件2~5用于证明本专利使用公开不具有新颖性、创造性。被告当庭告知原告，由于其没有在一个月期限内结合附件2~5进行具体说明，因此关于附件2~5的无效理由不予考虑。原告当庭提交了附件1的原件，出示了附件2~4的原件。第三人当庭核实，对附件1~4的真实性没有异议，对附件5的真实性有异议。原告提交了附件1图10-39的放大图，用红笔将附件1中的部分部件进行了标记，认为与本专利相同的标记表示相同的部件。被告当庭将该图转送给第三人杨高利。

被告经审查认为，原告主张用附件2~5证明本专利权利要求1、2使用公开，但并没有结合这些证据进行具体说明，因此，针对原告关于权利要求1、2相对于附件2~5不具有新颖性、创造性的无效理由不予考虑，被告仅对权利要求1、2不符合《专利法》第二十六条第三款的规定，权利要求1、2相对于附件1不符合《专利法》第二十二条第二、三款规定的理由进行审理。

关于证据及现有技术的确认，被告认为，原告提交的证据包括附件1，第三人对附件1的真实性没有异议，予以确认，同时由于附件1为公开出版物，且其公开日期在本专利的申请日前，因此可以作为本专利的现有技术使用。本决定涉及附件1图10-39的描述应以原告口审中提交的放大图上所标标号为准。

关于本专利是否符合《专利法》第二十六条第三款的问题，原告主张，说明书中说“没有额外的动力”，又说“射吸结构”是动力装置，二者相互矛盾，因此说明书没有对该实用新型做出清楚完整的说明，不符合《专利法》第二十六条第三款的规定。第三人杨高利认为，本专利说明书中额外动力是指额外的驱动装置，如水泵，而本专利不需要额外的水泵仅仅利用工作介质本身的动力即可工作。被告经审查后认为：根据本专利说明书中的记载，本专利涉及“一种低位热能回收利用装置，尤其是无额外动力回收低压或无压直接对外排放的热水、乏汽等低位能”，为此在“动力装置内设有射吸结构”，本专利“采用射吸技术，利用装置中工作介质的剩余动力作为推力，实现对回收介质的提升与输送”，因此说明书中提到的“没有额外动力”指的是不需要额外从外界获得驱动回收介质运动的动力，如水泵等，本专利仅仅依靠工作介质本身的动力即可工作，因此，这样的表述并不矛盾，原告关于本专利不符合《专利法》第二十六条第三款的主张不能成立。

关于本专利权利要求是否具有新颖性的问题，被告经审查认为，附件1的图10-39公开了一种带混合式喷射加热器的试验性交流换热装置的原理图，其示出了两级加热给水装置的系统，该装置系统的作用是用蒸汽来加热低压锅炉的给水。在第一级中用3.2大气压的蒸汽把水从102℃加热到133~134℃，在第二级中，用6.7大气压的蒸汽把水从133~134℃加热到160~161℃（参见附件1第266页）。在该图中，从混合式喷射加热器3的入口1进入的是从除气器出来的水，从入口2进入的是从汽轮机抽出的高压蒸汽。将权利要求1与附件1上述公开内容进行对比，附件1与权利要求1至少存在如下区别特征：（1）本专利介质进口2流入的是回收介质，而附件1入口2进入的是从汽轮机抽出的高压蒸汽，（2）本专利中间功能装置7顶端部设有排放出口5，而附件1相应位置为一阀门。关于区别特征（1），附件1中入口2进入的是从汽轮机抽出的高压蒸汽，该高压蒸汽是直接可以用作做功的动力，是良好的动力源。而权利要求1中进口2进入的则是回收介质，根据实施例中的记载，该回收介质为低压蒸汽、冷凝水、二次蒸汽等形式，二者显然不同。关于区别特征（2），附件1中的罐体7是低压锅炉，其内存在压力，虽然该罐体上端设有阀门5，但这是一个常闭阀门以保持罐内存在一定压力。而本专利的中间功能装置则不是一个压力容器，其顶端设有一个常开的排放出口，气体可以随时通过排放出口排气。因此，本专利与附件1在此也存在区别。原告认为权利要求1的技术方案中没有明确限定中间功能装置内不存在压力，也末交代排气出口是不是敞口。被告认为，首先，在说明书记载的方案中，“工作介质（有一定的压力）由工作介质进口1进入动力装置3，将被抽吸回收介质抽入回收介质进口2经动力装置3混合并提升压力，混合介质（工作介质和回收介质混合后的介质）经连接管4进入中间功能装置7，实现功能处理，混合介质的液位由液位传感器6调整，气体由排放出口5排放，混合介质从混合介质出口8排出进行回收，需排泄时开启排泄出口9”，由此可以看出，在说明书记载的方案中，在工作状态下没有对排放出口进行控制的描述，相反却有对排泄出口进行控制的描述，因此，可以判断排放出口是常开的，中间功能装置保持为常压状态。其次，根据说明书中记载的方案，本专利中间功能装置的功能之一就是从冷凝水中排出气体，而如果中间功能装置内存在压力，由于压力升高溶解度会降低，则不利于气体的排放，由此本领域技术人员根据常识也可以判断出排放出口是常开的。第三，从本专利的图1中，可以明显看出排放出口5与混合介质出口8、排泄出口9的表示方法完全不同，也证明了本专利的排放出口是常开状态的。根据《专利法》第五十六条的规定：“发明或者实用新型专利权的保护范围以其权利要求的内容为准，说明书及附图可以用于解释权利要求”，本领域技术人员根据说明书中的记载结合本专利的发明目的及附图，可以明白在权利要求1的技术方案中排放出口是常开的，从而中间功能装置内保持常压状态。由此，权利要求1与附件1至少存在上述两个区别特征，而且该技术特征不属于惯用手段的直接置换，权利要求1相对于附件 1 具有新颖性。在权利要求 1 相对于附件 1 具有新颖性的前提下，其从属权利要求 2 相对于附件 1 也具有新颖性。

关于本专利权利要求是否具有创造性的问题，原告主张，与附件 1 相比，权利要求 1、2 无实质性特点和进步，没有创造性。被告经审查认为，由于权利要求 1 与附件 1 至少存在上述两个区别特征，权利要求 1 的技术方案与附件 1 存在实质性不同，而且由于本专利和附件 1 处理的介质不完全相同，附件 1 中均没有就这些区别特征给出启示，这些区别特征对于本领域技术人员也不是容易想到的。同时由于区别特征 1，权利要求 1 的方案能够对未利用的剩余能源回收利用，由于区别特征 2，权利要求 1 的方案可以分离排出回收介质中存在的气体。因此，权利要求 1 的方案相对于附件 1 具有实质性特点和进步，具有创造性。在权利要求 1 相对于附件 1 具有创造性的前提下，其从属权利要求 2 相对于附件 1 也具有创造性。

综上，被告作出被诉决定。原告不服，诉至本院。

本案开庭审理中，两第三人均承认专利申请文件的第一署名人为杨高利。原告承认其在提起宣告本专利无效请求一个月内未结合附件 2~5 说明具体的无效宣告理由。

本院认为，《中华人民共和国专利法实施细则》第十六条第四款规定："申请人有 2 人以上且未委托专利代理机构的，除请求书中另有声明的外，以请求书中指明的第一申请人为代表人。"《审查指南》第五部分第六章 2.2.1 节规定，当事人未委托专利代理机构的，收件人为请求书中填写的联系人。若请求书中未填写联系人的，收件人为当事人；当事人有两个以上时，请求书中另有声明指定非第一署名当事人为代表人的，收件人为该代表人；除此之外，收件人为请求书中第一署名当事人。同时，参照《审查指南》第五部分第六章 1.1 节规定，在专利申请的审查程序以及专利权有效期间，审查员根据不同情况，将作出各种通知和决定。这些通知主要包括：受理通知书、审查意见通知书……驳回决定、复审决定书、无效宣告请求审查决定等。本案中，本专利申请文件确定的第一署名人为杨高利，被告在无效宣告请求审查程序中将有关通知、决定等文件寄交杨高利符合上述规定。被告接受杨高利及其委托代理人在无效宣告请求审查程序中的陈述意见，允许其出席口头审理听取其陈述意见，并未违反法律规定，亦未侵犯本专利另一权利人殷贤炎及原告的合法权益。因此，原告主张被告行政程序违法缺乏法律依据。

参照《审查指南》第四部分第三章第 4.1 节规定："请求人在提出无效宣告请求时没有具体说明的无效宣告理由以及没有用于具体说明相关无效宣告理由的证据，且在提出无效宣告请求之日起一个月内也未补充具体说明的，专利复审委员会不予考虑。"本案中，原告于 2008 年 1 月 3 日针对本专利向被告提出的无效宣告请求，于 2008 年 2 月 1 日向被告提交了附件 2~5，并在意见陈述书中作出如下陈述："专利记载的技术方案对同领域普通技术人员而言，是常识性问题，早已在实践中被广泛使用。"因此，原告在上述规定的一个月期限内并未结合附件 2~5 说明具体的无效宣告理由，被告据此对原告提交的附件 2~5 不予采纳符合上述规定。原告关于被告在被诉决定中应当采纳附件 2~5 的主张缺乏事实及法律依据。

《专利法》第二十六条第三款规定：说明书应当对发明或者实用新型作出清楚、完整的说明，以所属技术领域的技术人员能够实现为准。所属技术领域的技术人员能够实现，是指所属技术领域的技术人员按照说明书记载的内容，就能够实现该发明的技术方案，解决其技术问题，并且产生预期的技术效果。本案中，本领域技术人员根据本专利说明书中记载的"一种低位热能回收利用装置，尤其是无额外动力回收低压或无压直接对外排放的热水、乏汽等低位能"，为此，在"动力装置内设有射吸结构"，本专利"采用射吸技术，利用装置中工作介质的剩余动力作为推力，实现对回收介质的提升与输送"的内容中，能够清楚地得知说明书中提到的"没有额外动力"指的是不需要额外从外界获得驱动回收介质运动的动力，本专利依靠工作介质本身的动力即可工作。因此，被告关于本专利说明书中“没有额外的动力”与“射吸结构是动力装置”的表述并不矛盾的认定正确，本专利符合《专利法》第二十六条第三款的规定。

关于本专利的新颖性、创造性问题，本院经审查认为，本专利权利要求1与附件1相比，存在两点区别技术特征：1. 本专利介质进口2流入的是回收介质，而附件1入口2进入的是从汽轮机抽出的高压蒸汽；2. 本专利中间功能装置7顶端部设有排放出口5，而附件1相应位置为一阀门。因此，本专利权利要求1符合《专利法》第二十二条第二款的规定，具备新颖性，其从属权利要求2亦具备新颖性。

《专利法》第二十二条第三款规定，创造性，是指同申请日以前已有的技术相比，该发明有突出的实质性特点和显著的进步，该实用新型有实质性特点和进步。经本院审查，从附件1公开的技术方案中不能得出上述区别技术特征的技术启示，因此，本院认同被诉决定中有关本专利具备创造性的认定，原告关于本专利不具新颖性、创造性的理由缺乏事实依据。

综上，原告关于被告作出的被诉决定行政程序违法，认定事实不清的诉讼意见缺乏事实和法律依据，对其要求撤销被诉决定的诉讼请求本院不予支持。依照最高人民法院《关于执行〈中华人民共和国行政诉讼法〉若干问题的解释》第五十六条第（四）项的规定，判决如下：

驳回原告武汉赛科节能科技有限责任公司的诉讼请求。

案件受理费100元，由原告武汉赛科节能科技有限责任公司负担（已交纳）。

如不服本判决，各方当事人可在判决书送达之日起15日内，向本院递交上诉状，并按对方当事人的人数提出副本，预交上诉案件受理费100元，上诉于北京市高级人民法院。上诉人在上诉期满后7日内未预交，又不提出缓交申请的，按自动撤回上诉处理。

审　判　长　梁　菲
代理审判员　何君慧
代理审判员　司品华
二〇〇九年三月七日
书　记　员　王　丽

北京市高级人民法院
行政判决书

（2009）高行终字第798号

上诉人（一审原告）武汉赛科节能科技有限责任公司，住所地湖北省武汉市青山区和平大道1244号。

法定代表人曾敏，执行董事。

委托代理人刘新春，男，1962年11月8日出生，汉族，武汉赛科节能科技有限责任公司高级工程师，住湖北省枝江市马家店街办迎宾大道14号。

委托代理人徐祥生，男，武汉开元专利代理有限责任公司专利代理人。

被上诉人（一审被告）国家知识产权局专利复审委员会，住所地北京市海淀区北四环西路9号银谷大厦10~12层。

法定代表人张茂于，副主任。

委托代理人王博，男，国家知识产权局专利复审委员会审查员。

委托代理人齐宏涛，男，国家知识产权局专利复审委员会审查员。

被上诉人（一审第三人）杨高利，男，1972年11月16日出生，汉族，武汉科林环保技术有限公司总经理，住湖北省武汉市武昌区东亭一村7-6-3号。

被上诉人（一审第三人）殷贤炎，男，1939年7月26日出生，汉族，武汉锻造公司退休干部，住湖北省武汉市青山区武东街4村520门2号。

上诉人武汉赛科节能科技有限责任公司（以下简称赛科公司）因无效宣告请求审查决定一案，不服北京市第一中级人民法院（2008）一中行初字第1197号行政判决，向本院提起上诉。本院受理后，依法组成合议庭，对本案进行了公开审理。上诉人赛科公司的委托代理人徐祥生，被上诉人国家知识产权局专利复审委员会（以下简称复审委）的委托代理人王博、齐宏涛到庭参加了诉讼；被上诉人杨高利、殷贤炎经合法传唤，表示不出庭应诉。本案现已审理终结。

2008年5月21日，复审委作出第11519号无效宣告请求审查决定（以下简称第11519号决定），宣告维持杨高利、殷贤炎（以下简称专利权人）的第03237230.2号“低位热能回收装置”的实用新型专利权（以下简称本专利）有效。赛科公司不服该决定，向北京市第一中级人民法院（以下简称一审法院）提起行政诉讼。

一审法院经审理认为，本案本专利的专利权人申请文件中确定第一署名人为杨高利，复审委在无效宣告请求审查程序中将有关通知、决定等文件寄交杨高利，符合《中华人民共和国专利法实施细则》（以下简称《专利法实施细则》）及《审查指南》的有关规定。复审委接受杨高利及其委托代理人在无效宣告请求审查程序中的陈述意见，允许其出席口头审理听取其陈述意见，并未违反相关法律、法规的规定，亦未侵犯本专利另一权利人殷贤炎及赛科公司的合法权益。因此，赛科公司主张复审委行政程序违法缺乏法律依据。

赛科公司于2008年1月3日针对本专利向复审委提出无效宣告请求后，虽于2008年2月1日向复审委提交了附件2~5，但并未结合附件2~5说明具体的无效宣告理由，复审委据此对赛科公司提交的附件2~5不予采纳符合相关规定。赛科公司关于复审委在第11519号决定中应当采纳附件2~5的主张缺乏事实及法律依据。

根据本专利说明书中记载的“一种低位热能回收利用装置，尤其是无额外动力回收低压或无压直接对外排放的热水、乏汽等低位能”，为此，在“动力装置内设有射吸结构”，本专利“采用射吸技术，利用装置中工作介质的剩余动力作为推力，实现对回收介质的提升与输送”的内容，本领域技术人员能够清楚地得知说明书中提到的“没有额外动力”指的是不需要额外从外界获得驱动回收介质运动的动力，本专利依靠工作介质本身的动力即可工作。因此，复审委关于本专利说明书中“没有额外的动力”与“射吸结构是动力装置”的表述并不矛盾的认定正确，本专利符合《中华人民共和国专利法》（以下简称《专利法》）第二十六条第三款的规定。

本专利权利要求1与附件1相比，存在两点区别技术特征：1. 本专利介质进口2流入的是回收介质，而附件1入口2进入的是从汽轮机抽出的高压蒸汽；2. 本专利中间功能装置7顶端部设有排放出口5，而附件1相应位置为一阀门。因此，本专利权利要求1符合《专利法》第二十二条第二款的规定，具备新颖性，其从属权利要求2亦具备新颖性。

从附件1公开的技术方案中不能得出上述区别技术特征的技术启示，因此，对第11519号决定中有关本专利具备创造性的认定予以认同。赛科公司关于本专利不具新颖性、创造性的理由缺乏事实依据。

一审法院综上认为，赛科公司关于复审委作出的第 11519 号决定的程序违法，认定事实不清的诉讼意见缺乏事实和法律依据，对其要求撤销第 11519 号决定的诉讼请求不予支持。依照最高人民法院《关于执行<中华人民共和国行政诉讼法>若干问题的解释》第五十六条第（四）项的规定，判决驳回了赛科公司的诉讼请求。

赛科公司不服一审判决，提起上诉。赛科公司认为，为反驳复审委在第 11519 号决定中认定的事实，该公司在一审期间补充提交了相关证据，其中证据 1、2、3、5 均为公开出版物，因此，一审法院以其在无效程序中没有提交为由对该部分证据不予采纳是错误的。

关于复审委确认的区别特征 1，由于权利要求记载的所要解决的技术问题的必要技术特征并不包括进（入）口进入的是何物，即进（入）口进入的物质并不是专利的必要技术特征；关于区别特征 2，本专利中间功能装置顶端部设有排放出口，而附件 1 则在排放出口后还有一个阀门。因此，附件 1 除多了一个阀门和一个液位计之外，已覆盖了权利要求 1 的全部必要技术特征，因此，该区别特征也不存在。故本专利权利要求 1 与附件 1 相比较不具有新颖性。本专利权利要求 2 附加的技术特征也被附件 1 公开，故该权利要求也不具有新颖性。

附件 1 记载的技术方案是本专利申请日前的已有技术，与其相比，权利要求 1 没有实质性的特点和进步，本领域技术人员根据附件 1 可以无须创造性劳动实现权利要求 1 的技术方案。因此，权利要求 1 相对于附件 1 不具备创造性。同理权利要求 2 也不具有创造性。

本专利由杨高利和殷贤炎共同所有，在口头审理中，仅杨高利一人及其委托代理人出席，但复审委并未向本公司询问对对方出席口审人员的资格有无异议。对此，本公司在无效口审期间已经表示了异议。综上认为，一审判决及第 11519 号决定认定事实错误，程序违法，请求予以撤销。

复审委答辩坚持其在第 11519 号决定中关于本专利新颖性、创造性的评述，同时提出，赛科公司在一审中提交的证据在无效阶段没有提交，因此，请求二审法院不予考虑。杨高利作为本专利专利权人的代表人出席口审程序，其没有对权利要求进行处置，而仅是处于维持其专利权的目的陈述意见，因此，该委允许其出席口头审理并不违法。综上认为，一审判决认定事实清楚，适用法律正确，请求驳回赛科公司的上诉请求，维持一审判决及第 11519 号决定。

专利权人杨高利未提交书面答辩意见。殷贤炎提交了书面意见，确认复审委在对本专利的无效审理期间未通知其参加口头审理，也未告知其有关该案的信息；科学出版社于 1977 年 3 月出版的《喷射器》一书，系其本人常用参考书目之一，《喷射器》一书系由赛科公司向其本人借阅，要求该公司予以返还；本专利的技术方案参考过包括《喷射器》一书在内的相关资料，该方案的“动力头”是一种水射吸乏汽的“射吸结构”，由于当时在国内还没有利用“水射吸结构”回收乏汽的，故申请了本专利；在该专利等待审批的过程中，已在乏汽出口压力为 6.0kgf/cm^2、3.2kgf/cm^2、0.5kg/cm^2 的回收乏汽装置上设计与应用。

一审法院审理期间，复审委提交了：证据 1. 赛科公司在无效审查期间提交的科学出版社于 1977 年 3 月出版的《喷射器》，第一版第一次印刷，封面页、版权信息页、第 266、267 页；证据 2. 本专利授权公告文本；证据 3. 赛科公司于 2008 年 2 月 1 日提交的意见陈述书。

赛科公司提交了：证据 1.《压力容器安全技术监察规程》封面、版权页、第 75 页；证据 2.《汽轮机设备运行》封面、第 9 页；证据 3.《电厂锅炉原理》封面、第 6 页；证据 4. 关于本专利具有新颖性、创造性和实用性的申述意见；证据 5.《除氧器乏汽回收技术协议》封面、第 1~3 页、第 12 页；证据 6. 本专利的专利权人使用专利的现场照片。

一审期间，一审法院调取了复审委对本专利进行口头审理的记录表。该记录表无复审委就口审出席人员的资格问题向双方当事人进行询问的记载，赛科公司代理人在签字时注明了复审委未就该事项向其询问。

杨高利、殷贤炎未向一审法院提交证据。

上述证据已随案移送本院。经审查，复审委提交的证据以及一审法院调取的口审记录表来源合法，内容真实，能够作为审查第11519号决定确认的事实以及该决定作出的相关程序的依据，一审法院予以采纳正确；赛科公司在一审期间提交的证据1、2、3、5、6因在无效审查期间未提交，且就未提交该部分证据未能给出正当理由，故一审法院未采纳该部分证据，符合《最高人民法院关于行政诉讼证据若干问题的规定》第五十九条的规定。

经审理查明，本专利为杨高利、殷贤炎于2003年8月29日提出申请，2005年1月26日被公告授权。本专利授权公告时的权利要求书如下：

“1. 低位热能回收装置，其特征是：它主要由动力装置（3）、连接管（4）、中间功能装置（7）组成，动力装置（3）内设有射吸结构，中间功能装置（7）内为空腔，动力装置（3）的底端与中间功能装置（7）由连接管（4）固定连接并相互连通；动力装置（3）顶端部设有工作介质进口（1），其侧面上设有回收介质进口（2），中间功能装置（7）顶端部设有排放出口（5），中间功能装置（7）的下端部分别设有混合介质出口（8）、排泄出口（9）。

2. 根据权利要求1所述的低位热能回收装置，其特征是：所述的中间功能装置（7）上端部侧壁上设有液位传感器（6）。”

针对本专利，赛科公司以本专利不符合《专利法》第二十二条第二、三款及《专利法》第二十六条第三款的规定为由，于2008年1月3日向复审委提出无效宣告请求，同时提交了科学出版社1977年3月出版的《喷射器》，第一版第一次印刷，封面页、版权信息页、第266、267页，复印件共4页作为附件1。赛科公司认为，附件1完全公开了权利要求1、2的技术特征，权利要求1、2不具有新颖性、创造性；说明书记载的“无额外动力”与“动力装置”冲突，同时对“动力装置”除“内设有射吸结构”外还有什么装置没有给予说明，故说明书公开不充分。

经形式审查合格，复审委依法受理了赛科公司的无效宣告请求，并于2008年1月3日向赛科公司和杨高利发出受理通知书，同时将专利权无效宣告请求书及其附件副本转送给杨高利，并要求在指定的期限内陈述意见。

2008年1月30日，赛科公司向复审委补充提交了：

附件2：中国石油化工总公司生产部化学工业部第四设计院编写的《大型氮肥装置基础设计资料汇编》封面页、前言页、第89~94页的复印件；

附件3：中国石油化工总公司湖北化肥厂编写的《合成氨装置增产节能技术改造脱碳部分小结》封面页、第1~8页的复印件；

附件4：中国成都化工工程公司的《苯菲尔闪蒸槽管道仪表流程图》的复印件；

赛科公司于2008年2月1日向复审委提交了意见陈述书以及附件5：声称“湖北化肥分公司合成车间脱碳部分”的现场照片复印件2页。赛科公司认为，本专利记载的技术方案对同领域普通技术人员而言，是常识性问题，早已在实践中被广泛使用。

针对复审委发出的无效宣告请求受理通知书，杨高利于2008年2月18日提交了意见陈述书，认为附件1中公开的热力系统图、混合式喷射加热器是试验性的，是否实用还有待于实践检验。本专利的创造性体现在动力装置内设有射吸结构和中间功能装置有从冷凝水中分离并排出气体的功能，中间功能装置不仅是蓄水箱，而且具有从冷凝水中分离并排出气体的功能。复审委依法成立合议组对本无效宣告请求案进行了审理。

2008年4月1日，复审委向双方发出无效宣告请求口头审理通知书，后就双方提交的证据及意见陈述书进行了转文并送达了无效宣告请求口头审理通知书。

2008年5月13日，赛科公司委托代理人、杨高利及其委托代理人参加了口头审理。在口头审理中，赛科公司明确其无效的理由、证据、范围以及证据的使用情况为：权利要求1、2不符合《专利法》第二十六条第三款的规定；权利要求1、2被附件1公开，不具有新颖性、创造性；附件2~5用于证明本专利使用公开，不具有新颖性、创造性。复审委当庭告知赛科公司，由于其没有在一个月期限内结合附件2~5进行具体说明，因此关于附件2~5的无效理由不予考虑。赛科公司当庭提交了附件1的原件，出示了附件2~4的原件。杨高利经当庭核实，对附件1~4的真实性没有提出异议，但对附件5的真实性有异议。赛科公司提交了附件1图10-39的放大图，用红笔将附件1中的部分部件进行了标记，认为与本专利相同的标记表示相同的部件。复审委当庭将该图送达杨高利。

复审委经审查认为，赛科公司主张用附件2~5证明本专利权利要求1、2使用公开，但并没有结合这些证据进行具体说明，因此，针对赛科公司关于权利要求1、2相对于附件2~5不具有新颖性、创造性的无效理由不予考虑；该委仅对权利要求1、2是否符合《专利法》第二十六条第三款的规定，权利要求1、2相对于附件1是否符合《专利法》第二十二条第二、三款规定的理由进行审理。

关于证据及现有技术的确认。赛科公司提交的证据包括附件1，杨高利对附件1的真实性没有提出异议，同时由于附件1为公开出版物，且其公开日期在本专利的申请日前，因此可以作为本专利的现有技术使用。本决定涉及附件1图10-39的描述应以赛科公司口审中提交的放大图上所标标号为准。

关于本专利是否符合《专利法》第二十六条第三款的问题。针对赛科公司提出的本专利说明书中记载了“没有额外的动力”，同时又记载了“射吸结构”是动力装置，二者相互矛盾，因此该说明书没有对该实用新型做出清楚完整的说明，不符合《专利法》第二十六条第三款规定的主张，复审委经审查后认为，根据本专利说明书中的记载，本专利涉及“一种低位热能回收利用装置，尤其是无额外动力回收低压或无压直接对外排放的热水、乏汽等低位能”，为此在“动力装置内设有射吸结构”，本专利“采用射吸技术，利用装置中工作介质的剩余动力作为推力，实现对回收介质的提升与输送”，因此说明书中提到的“没有额外动力”指的是不需要额外从外界获得驱动回收介质运动的动力，如水泵等，本专利仅仅依靠工作介质本身的动力即可工作，因此，这样的表述并不矛盾，赛科公司关于本专利不符合《专利法》第二十六条第三款的主张不能成立。

关于本专利权利要求是否具有新颖性的问题，复审委经审查认为，附件1的图10-39公开了一种带混合式喷射加热器的试验性交流换热装置的原理图，其示出了两级加热给水装置的系统，该装置系统的作用是用蒸汽来加热低压锅炉的给水。在第一级中用3.2大气压的蒸汽把水从102℃加热到133~134℃，在第二级中，用6.7大气压的蒸汽把水从133~134℃加热到160~161℃（参见附件1第266页）。在该图中，从混合式喷射加热器3的入口1进入的是从除气器出来的水，从入口2进入的是从汽轮机抽出的高压蒸汽。将权利要求1与附件1上述公开内容进行对比，附件1与权利要求1至少存在如下区别特征：（1）本专利介质进口2流入的是回收介质，而附件1入口2进入的是从汽轮机抽出的高压蒸汽，（2）本专利中间功能装置7顶端部设有排放出口5，而附件1相应位置为一阀门。关于区别特征（1），附件1中入口2进入的是从汽轮机抽出的高压蒸汽，该高压蒸汽是直接可以用作做功的动力，是良好的动力源。而权利要求1中进口2进入的则是回收介质，根据实施例中的记载，该回收介质为低压蒸汽、冷凝水、二次蒸汽等形式，二者显然不同。关于区别特征（2），附件1中的罐体7是低压锅炉，其内存在压力，虽然该罐体上端设有阀门5，但这是一个常闭阀门以保持罐内存在一定压力。而本专利的中间功能装置则不是一个压力容器，其顶端设有一个常开的排放出口，气体可以随时通过排放出口排气。因此，本专利与附件1在此也存在区别。赛科公司认为权利要求1的技术方案中没有明确限定中间功能装置内不存在压力，也未交代排气出口是不是敞口。复审委认为，首先，在说明书记载的方案中，“工作介质（有一定的压力）由工作介质进口1进入动力装置3，将被抽吸回收介质抽入回收介质进口2经动力装置3混合并提升压力，混合介质（工作介质和回收介质混合后的介质）经连接管4进入中间功能装置7，实现功能处理，混合介质的液位由液位传感器6调整，气体由排放出口5排放，混合介质从混合介质出口8排出进行回收，需排泄时开启排泄出口9”，由此可以看出，在说明书记载的方案中，在工作状态下没有对排放出口进行控制的描述，相反却有对排泄出口进行控制的描述，因此，可以判断排放出口是常开的，中间功能装置保持为常压状态。其次，根据说明书中记载的方案，本专利中间功能装置的功能之一就是从冷凝水中排出气体，而如果中间功能装置内存在压力，由于压力升高溶解度会降低，则不利于气体的排放，由此本领域技术人员根据常识也可以判断出排放出口是常开的。第三，从本专利的图1中，可以明显看出排放出口5与混合介质出口8、排泄出口9的表示方法完全不同，也证明了本专利的排放出口是常开状态的。根据《专利法》第五十六条的规定：“发明或者实用新型专利权的保护范围以其权利要求的内容为准，说明书及附图可以用于解释权利要求”，本领域技术人员根据说明书中的记载结合本专利的发明目的及附图，可以明白在权利要求1的技术方案中排放出口是常开的，从而中间功能装置内保持常压状态。由此，权利要求1与附件1至少存在上述两个区别特征，而且该技术特征不属于惯用手段的直接置换，权利要求1相对于附件1具有新颖性。在权利要求1相对于附件1具有新颖性的前提下，其从属权利要求2相对于附件1也具有新颖性。

关于本专利权利要求是否具有创造性的问题，赛科公司主张，与附件1相比，权利要求1、2无实质性特点和进步，没有创造性。复审委经审查认为，由于权利要求1与附件1至少存在上述两个区别特征，权利要求1的技术方案与附件1存在实质性不同，而且由于本专利和附件1处理的介质不完全相同，附件1中均没有就这些区别特征给出启示，这些区别特征对于本领域技术人员也不是容易想到的。同时由于区别特征1，权利要求1的方案能够对未利用的剩余能源回收利用，由于区别特征2，权利要求1的方案可以分离排出回收介质中存在的气体。因此，权利要求1的方案相对于附件1具有实质性特点和进步，具有创造性。在权利要求1相对于附件1具有创造性的前提下，其从属权利要求2相对于附件1也具有创造性。综上，复审委作出第11519号决定。

一审法院审理期间，专利权人殷贤炎承认专利申请文件记载的第一署名人为杨高利；赛科公司承认其在提起宣告本专利无效请求一个月内未结合附件2~5说明具体的无效宣告理由。本院庭审期间，赛科公司表示对复审委未采纳其在无效程序中提交的附件2~5、复审委未通知殷贤炎出席口头审理不持异议，放弃对复审委确认本专利说明书中“无额外动力”与“动力装置内设有射吸结构”表述不矛盾的异议。

本院认为，本案本专利新颖性和创造性确认的核心问题是本专利与附件1是否存在区别技术特征，复审委就该区别技术特征的总结性结论是否客观。首先，区别技术特征（1），即两个技术方案中介质进口流入的介质是否相同，根据本专利权利要求1的记载，其介质进口流入的是回收介质，而附件1介质入口进入的是从汽轮机抽出的高压蒸汽（赛科公司认为此口进入的应为低压蒸汽）。对此，本院同意复审委在第11519号决定中就此问题的表述，即“高压蒸汽是直接可以用作做功的动力，是良好的动力源。而权利要求1中进口2进入的则是回收介质，根据实施例中的记载，该回收介质为低压蒸汽、冷凝水、二次蒸汽等形式”，前者可以直接作为动力源使用，而后者则需要“利用中间功能装置对回收介质进行功能处理，如从冷凝水中分离并排出气体，从带汽冷凝水中再回收二次蒸汽等”，在此意义上，二者确有不同。关于区别技术特征（2），即本专利中间功能装置顶端部设有排放出口，而附件1相应位置为一阀门。由于附件1明确记载“罐体上端设有阀门”，而本专利在功能装置（相当于罐体）的相同部位则设置了排放出口，且本专利说明书并无该出口在其工作状态下是否关闭的记载，因此，复审委基于本专利的中间功能装置不是压力装置，推断此排放出口应为开放的出口有一定的事实依据。而附件1的阀门因系压力装置，故该阀门的开放不应为常态。据此，复审委关于本专利与附件1的两个区别特征的确认理由充分、客观。复审委在此基础上得出本专利权利要求1具有新颖性、创造性以及权利要求2也具有新颖性、创造性的确认是恰当的。

关于复审委在口审中未就对方出席口审人员的身份、资格向赛科公司征询意见的问题，根据《审查指南》第四部分第四章5.1节第二款规定，口头审理开始后，合议组“应当询问双方当事人对于对方出席人员资格有无异议”，由于复审委提交的口审记录确无此项询问的记载，故，复审委此项“未询问”不符合上述规定。但，基于口审记录的记载，赛科公司在注明复审委“未询问”一节的同时，并未明确表示对对方出席口审人员资格有异议，故，复审委该项“未询问”行为未侵害赛科公司的其他合法权益，该项“未询问”应属程序瑕疵，应予指正。

对于第11519号决定中赛科公司未提出异议的相关事实、其他程序以及适用法律等项，经本院审查，事实清楚，适用法律正确，其他程序合法，一审法院判决驳回其诉讼请求符合最高人民法院《关于执行<中华人民共和国行政诉讼法>若干问题的解释》第五十六条第（四）项的规定。赛科公司的上诉请求不能成立。据此，依据《中华人民共和国行政诉讼法》第六十一条第（一）项的规定，判决如下：

驳回上诉，维持一审判决。

二审案件受理费人民币100元，由上诉人武汉赛科节能科技有限责任公司负担（已交纳）。

本判决为终审判决。

审 判 长 郭 宜

审 判 员 赵宇晖

代理审判员 朱海宏

二〇〇九年九月十五日

书 记 员 程钰玮

093

一种空心薄壁管

无效宣告请求审查决定（第11520号）

决　　定　　号 第11520号
决　　定　　日 2008年5月22日
发明创造名称 一种空心薄壁管
国 际 分 类 号 E04B 5/16
无效宣告请求人 嘉兴市多凌建筑结构材料有限公司
专 利 权 人 邱则有
专　　利　　号 02208806.7
申　　请　　日 2002年4月1日
授 权 公 告 日 2003年2月19日
合 议 组 组 长 刘敏飞
主　　审　　员 欧　岚
参　　审　　员 王　博

法 律 依 据 专利法第22条第3款
决 定 要 点

如果实用新型专利的一项权利要求与一篇对比文件相比存在区别技术特征，但该对比文件或另一篇对比文件均给出了结合该区别技术特征得出该权利要求所保护的技术方案的启示，那么该权利要求相对于第一篇对比文件或上述两篇对比文件的结合不具有实质性特点，因而不具备创造性。

一、案由

本无效宣告请求涉及中华人民共和国国家知识产权局于2003年2月19日授权公告的、名称为“一种空心薄壁管”的实用新型专利权（下称本专利），其专利号是02208806.7，申请日是2002年4月1日，专利权人是邱则有。本专利授权公告时的权利要求书如下：

“1. 一种空心薄壁管，包括管体（1）和两端堵头（2），本实用新型的特征在于管体（1）内设置有至少一根以上的支撑受力杆（3）。

2. 根据权利要求1所述的一种空心薄壁管，其特征在于多根支撑受力杆（3）在管体（1）内空间彼此呈平面布置或垂直布置或乱向布置或有规则布置或以群杆的型式布置。

3. 根据权利要求1或者2所述的一种空心薄壁管，其特征在于在管体（1）内设置有至少一片加劲肋（4）。

4. 根据权利要求3所述的一种空心薄壁管，其特征在于加劲肋（4）的侧面有加强筋（5）。

5. 根据权利要求1或者2所述的一种空心薄壁管，其特征在于支撑受力杆（3）的截面形状为圆形、圆环形、矩形、空心方管形、槽形、工字型、U型，在同一管体（1）内布置的支撑受力杆（3）可为相同截面的支撑受力杆（3）或不同截面的支撑受力杆（3）或变截面的支撑受力杆（3）或者它们的组合。

6. 根据权利要求3所述的一种空心薄壁管，其特征在于支撑受力杆（3）的截面形状为圆形、圆环形、矩形、空心方管形、槽形、工字型、U型，在同一管体（1）内布置的多根支撑受力杆（3）可同时为相同截面的支撑受力杆（3）或不同截面的支撑受力杆（3）或变截面的支撑受力杆（3）或者它们的组合。

7. 根据权利要求1、2或者6所述的一种空心薄壁管，其特征在于支撑受力杆（3）从管体（1）伸出有杆头（6），或者支撑受力杆（3）从管体（1）伸出有露筋（7），或者支撑受力杆（3）同时从管体（1）伸出有杆头（6）、露筋（7）。

8. 根据权利要求7所述的一种空心薄壁管，其特征在于加劲肋（4）从管体（1）伸出有肋（8），或者加劲肋（4）从管体（1）伸出有露筋（9）或露网（10），或者加劲肋（4）从管体（1）同时伸出有肋（8）、露筋（9）或露网（10）。

9. 根据权利要求1、2或者8所述的一种空心薄壁管，其特征在于两端堵头（2）为加劲肋，或者一端为加劲肋，另一端为堵头。

10. 根据权利要求1或者2所述的一种空心薄壁管，其特征在于支撑受力杆（3）为同一材质或不同材质复合的杆件。"

针对本专利权，嘉兴市多凌建筑结构材料有限公司（下称请求人）于2007年8月20日向专利复审委员会提出无效宣告请求，认为本专利的权利要求1~6不符合专利法第22条第3款的规定，请求人同时提交了如下附件：

附件1：本实用新型专利的专利说明书；

附件2：授权公告日为1999年10月13日、授权公告号为CN2343240Y（专利号为98231113.3）的实用新型专利说明书，共5页（下称对比文件1）；

附件3：授权公告日为1993年12月29日、授权公告号为CN2151198Y（专利号为93227276.2）的实用新型专利说明书，共5页（下称对比文件2）；

附件4：授权公告日为1996年6月5日、授权公告号为CN2228503Y（专利号为95216619.4）的实用新型专利说明书，共5页（下称对比文件3）；

附件5：从中国知网（www.cnki.net）的中国期刊全文数据库下载的发表在《混凝土》1990年第5期、出版日期为1990年10月27日、作者为李华的文章《空心板堵头简易施工法》复印件，共3页（下称对比文件4）。

请求人认为：本专利权利要求1相对于对比文件1~4不符合专利法第22条第3款关于创造性的规定，权利要求2、4~6的附加技术特征为公知常识，权利要求3相对于对比文件1~3和公知常识不具备创造性。

经形式审查合格，专利复审委员会依法受理了上述无效宣告请求，并于2007年8月21日向请求人和专利权人发出无效宣告请求受理通知书，同时将专利权无效宣告请求书及其附件清单中所列附件的副本转送给专利权人，并要求专利权人在指定的期限内陈述意见。专利权人逾期未答复。

请求人于2007年9月3日向专利复审委员会提交了意见陈述书，并补充了无效宣告的理由和证据，其中补充的证据为：

附件6：公开日为2002年2月27日、公开号为CN1337507A（申请号为01136050.X）的发明专利申请公开说明书，共 28 页（下称对比文件 5）；

附件 7：公开日为 2000 年 5 月 12 日的日本专利文献 JP2000-130689A 及其中文译文，共 27 页（下称对比文件 6）。

请求人认为：本专利权利要求 1 相对于对比文件 5 或对比文件 5 和 6 的结合不具备创造性，权利要求 2 的附加技术特征在对比文件 6 中公开，权利要求 3 的附加技术特征被对比文件 5 公开，权利要求 4 的附加技术特征是公知常识且被对比文件 5 公开，权利要求 5、6 的附加技术特征被对比文件 6 和公知技术公开。此外请求人还认为本专利相对于对比文件 1 或/和 3 与对比文件 6 的结合、对比文件 1 或 2 或 3 与对比文件 5 的结合、对比文件 1~3 与对比文件 5 的结合均不具备创造性。

专利复审委员会依法成立合议组对本无效宣告请求进行审查。

本案合议组于 2008 年 1 月 3 日向双方发出无效宣告请求口头审理通知书，定于 2008 年 3 月 11 日在专利复审委员会举行口头审理。随同口头审理通知书，将请求人于 2007 年 9 月 3 日提交的意见陈述书及其附件清单中所列附件的副本转送给专利权人。

口头审理如期举行，双方当事人均参加了口头审理。

在口头审理中，（1）请求人明确其请求无效的理由、范围、证据为：本专利的权利要求 1~6 不符合专利法第 22 条第 3 款的规定，权利要求 1 相对于对比文件 3 或者对比文件 5 不具有创造性，权利要求 1 相对于对比文件 3 结合对比文件 1 或 2 或 4 或 5 或 6 不具有创造性，在对比文件 5 的基础上结合对比文件 1 或 2 或 3 或 4 或 6 不具有创造性，权利要求 2 的附加技术特征被对比文件 6 和公知常识公开，权利要求 3 的附加技术特征在对比文件 2 或 3 或 5 中公开，权利要求 4 的附加技术特征被对比文件 5 和公知常识公开，权利要求 5 和 6 的附加技术特征被对比文件 6 和公知常识公开。专利权人认为对比文件 3 与对比文件 5 或 6 的结合以及对比文件 5 与对比文件 1 或 2 或 3 或 4 的结合在请求书中没有提到。请求人陈述在补充意见陈述中没有记载对比文件 5 与对比文件 4 的结合，其余的结合方式均已经在意见陈述书中提到。（2）专利权人对对比文件 1~3、5、6 的真实性没有异议，对对比文件 6 译文的准确性没有异议。对对比文件 4 的真实性和公开性均有异议，其认为对比文件 4 是从网站上下载的，而且也没有原件，无法核实其真实性，并声称如果是在国家的权威网站上下载的，再提交了盖了章的原件，就对其真实性和公开性没有异议。请求人陈述对比文件 4 是通过情报所拿到的，在诉讼阶段专利权人已经看到了这份对比文件。合议组要求请求人在口头审理结束后的 5 日内提交对比文件 4 的原件，由合议组代为核实，逾期不提交，对比文件 4 的真实性就无法核实，则不予采用。双方均表示同意。（3）双方就本专利相对于对比文件是否具备创造性充分发表了意见。

请求人于 2008 年 3 月 12 日提交了《混凝土》1990 年第 5 期的出版信息页及第 57 页，其上盖有上海科学技术情报研究所查新检索专用章的红章，作为对比文件 4 的原件。

至此，合议组认为本案事实已经清楚，可以作出审查决定。

二、决定的理由

1. 关于证据和现有技术

请求人提交的对比文件 5、6 均为专利文献，专利权人对对比文件 5、6 的真实性没有异议，合议组经审查认为其可以作为本案证据使用，同时由于对比文件 5、6 为公开出版物，且其公开日期均在本专利的申请日前，因此可以作为本专利的现有技术使用。

对比文件 6 为日文专利文献，请求人同时提交了其中文译文，专利权人对其译文的准确性没有异议，因此对比文件 6 的公开内容以其中文译文为准。

2. 关于创造性

专利法第 22 条第 3 款规定的创造性，是指同申请日以前已有的技术相比，该发明有突出的实质性特点和显著的进步，该实用新型有实质性特点和进步。

如果实用新型专利的一项权利要求与一篇对比文件相比存在区别技术特征，但该对比文件或另一篇对比文件均给出了结合该区别技术特征得出该权利要求所保护的技术方案的启示，那么该权利要求相对于第一篇对比文件或上述两篇对比文件的结合不具有实质性特点，因而不具备创造性。

（1）权利要求1。

请求人认为权利要求1相对于对比文件5或在对比文件5的基础上结合对比文件6不具有创造性，具体陈述为：对比文件5权利要求1、2、11以及说明书附图中公开了空心管以及两端堵头，空心管中设有横向加劲肋相当于本专利的支撑受力杆，对比文件5的说明书第1页倒数第2段可以看出横向加劲肋与支撑受力杆的作用是相同的，横向加劲肋与支撑受力杆是惯用的技术手段。用支撑受力杆去加强是常识，并认为在空心管中设置杆件，本身就不具备创造性。请求人还认为对比文件6中的附图10中的9是支柱，图9的32是支承结构物，32和9起到支撑作用，对应于本专利中的杆件，所属领域的技术人员很容易将对比文件6的技术特征运用到本专利的权利要求1中。

专利权人认为对比文件5中没有公开管体内设置至少一根以上支撑受力杆的特征，支撑受力杆与加劲肋不相同，两者所起作用相同，但支撑受力杆的用材比加劲肋更少。对比文件6的应用领域与对比文件5和本专利不同，对比文件6与5不能结合。

本专利权利要求1保护的是一种空心薄壁管，对比文件5公开了一种现浇钢筋砼组合结构用空心管构件，具体公开了以下技术特征（参见权利要求1、2、11、说明书第1、2页和附图3）：空心管构件包含有空心管，其两端可以是两个堵头12，空心管内设置有一片、二片或多片横向加劲肋。权利要求1与对比文件5相比区别在于，权利要求1的管体内设置有至少一根以上的支撑受力杆，而对比文件5的管体内设置的是至少一片以上的横向加劲肋。由对比文件5说明书第2页第1段和本专利说明书第2页第1段可知，在对比文件5管体中设置横向加劲肋的作用与在本专利管体中设置支撑受力杆的作用是完全相同的，即消除空心管成孔后管内无受力构件和抗裂构造的缺陷，具有强度高，双向受力传力差异小，抗剪抗扭强，施工运输方便等优点。两者的区别仅在于横向加劲肋为片状，支撑受力杆为杆状，而设置杆状构件用于起到支撑作用是常见的技术手段，由此本领域的技术人员在对比文件5的基础上很容易想到将横向加劲肋改为支撑受力杆而获得权利要求1保护的技术方案，因此本专利权利要求1相对于对比文件5不具有实质性特点，不符合专利法第22条第3款有关创造性的规定。

此外，对比文件6公开了一种中空室状的轻量构成零件，其公开了在空心壳体或管体中设置有支柱9的技术方案（参见其中文译文和附图1、2、9、10）。由对比文件6的技术领域可知，其所保护的是适于传递高机械负荷的中空室状轻量构成零件，而本专利应用于建筑结构，同样属于一种传递大荷载的中空轻型结构，对比文件6的技术方案可以教导本领域的技术人员如何加强中空构件的承载力，因此本领域技术人员在对比文件5的基础上结合对比文件6很容易想到权利要求1保护的技术方案，故权利要求1相对于对比文件5和6的结合也不具有实质性特点，不符合专利法第22条第3款有关创造性的规定。

（2）权利要求2~6。

请求人认为权利要求2~6相对于对比文件5或对比文件5与6的结合不具备创造性。具体为：权利要求2的附加技术特征被对比文件6和公知常识公开，权利要求3的附加技术特征在对比文件5中公开，权利要求4的附加技术特征被对比文件5公开，权利要求5和6的附加技术特征被对比文件6和公知常识公开。

权利要求2的附加技术特征是“多根支撑受力杆（3）在管体（1）内空间彼此呈平面布置或垂直布置或乱向布置或有规则布置或以群杆的型式布置”。对比文件6附图1、2公开了多根支柱9在空腔中彼此呈平面布置，而其他的布置形式由此也是本领域技术人员容易想到的。故在其引用的权利要求1不具备创造性的情况下，权利要求2也不符合专利法第22条第3款有关创造性的规定。

权利要求3进一步限定在管体内设置至少一片加劲肋，对比文件5已公开了该附加技术特征。故在其引用的权利要求1和2不具备创造性的情况下，权利要求3也不符合专利法第22条第3款有关创造性的规定。

权利要求4进一步限定在加劲肋的侧面有加强筋，对比文件5公开了在横向加劲肋2的侧面有加强筋7，因此已公开了该附加技术特征。故在其引用的权利要求3不具备创造性的情况下，权利要求4也不符合专利法第22条第3款有关创造性的规定。

权利要求5、6的附加技术特征均是对支撑受力杆的截面形状作进一步限定，并限定在同一管体中可以是相同截面或不同截面或变截面的支撑受力杆或者它们的组合。对比文件6中已公开了截面形状为圆形的支柱9，而其他的形状由此也是本领域技术人员容易想到的，在管中设置相同或不同截面或变截面的支撑受力杆或者它们的组合是本领域技术人员根据设计施工需要很容易想到的。故在其引用的权利要求1、2或3不具备创造性的情况下，权利要求5和6也不符合专利法第22条第3款有关创造性的规定。

鉴于上述已经得出本专利权利要求1~6不符合专利法第22条第3款的规定，本决定对请求人提出的创造性的其他证据组合方式不再评述。

根据上述的事实和理由，本案合议组依法作出以下决定。

三、决定

宣告02208806.7号实用新型专利权的权利要求1~6无效，在权利要求7~10的基础上维持该专利权继续有效。

当事人对本决定不服的，可以根据专利法第46条第2款的规定，自收到本决定之日起三个月内向北京市第一中级人民法院起诉。根据该款的规定，一方当事人起诉后，另一方当事人应当作为第三人参加诉讼。

北京市第一中级人民法院
行政判决书

（2008）一中行初字第1285号

原告邱则有，男，1962年11月9日出生，汉族，长沙巨星轻质建材股份有限公司总经理，住湖南省长沙市芙蓉区织机街18号。

委托代理人颜喜东，男，1977年11月22日出生，汉族，长沙巨星轻质建材股份有限公司职员，住湖南省吉首市吉首大学学生宿舍。

委托代理人李敏慧，男，1976年3月15日出生，汉族，长沙巨星轻质建材股份有限公司职员，住湖南省长沙市芙蓉区藩正街4号。

被告国家知识产权局专利复审委员会，住所地北京市海淀区北四环西路9号银谷大厦10~12层。

法定代表人廖涛，副主任。

委托代理人汤元磊，男，国家知识产权局专利复审委员会审查员。

委托代理人瞿晓峰，男，国家知识产权局专利复审委员会审查员。

第三人嘉兴市多凌建筑结构材料有限公司，住所地浙江省嘉兴市乍浦镇沪杭公路缪港桥西。

法定代表人徐文虎，总经理。

委托代理人张黎明，上海市华诚律师事务所律师。

委托代理人帅科，上海市华诚律师事务所律师。

原告邱则有不服被告国家知识产权局专利复审委员会于2008年5月22日作出的第11520号无效宣告请求审查决定（下称被诉决定），向本院提起行政诉讼。本院受理后，依法组成合议庭，并依法通知嘉兴市多凌建筑结构材料有限公司作为本案第三人参加诉讼。2008年10月16日，本院公开开庭审理了本案。原告的委托代理人颜喜东，被告的委托代理人汤元磊、瞿晓峰及第三人的委托代理人张黎明、帅科到庭参加了诉讼。现本案已审理终结。

2008年5月22日，被告依照第三人的无效请求，针对专利权人为本案原告、名称为“一种空心薄壁管”的实用新型专利权（下称本专利），作出被诉决定：宣告本专利权的权利要求1~6无效；在权利要求7~10的基础上维持本专利权继续有效。

法定期限内，被告向本院提交了下列证据：1. 本专利说明书；2. 公开日为2002年2月27日、公开号为CN1337507A（申请号为01136050. X）的发明专利申请公开说明书，共28页（即被诉决定中的对比文件5）；3. 公开日为2000年5月12日的日本专利文献JP2000-130689A及其中文译文，共27页（即被诉决定中的对比文件6）；4. 口头审理记录表。上述证据用以证明被诉决定认定事实清楚，适用法律正确，程序合法。

原告诉称：被诉决定认定事实不清，适用法律错误。首先，被诉决定使用了对比文件5中的权利要求1、2、11、说明书1、2页和附图3多项技术方案。本专利权利要求1相对于对比文件5任何一个技术方案或者是任意两个技术方案的组合均具有区别技术特征，具有创造性。对比文件6与对比文件5属于完全不同的技术领域，对比文件6也与本专利技术领域不同，不能用对比文件5结合对比文件6来评价本专利的创造性。而且，被诉决定对于对比文件6的理解完全背离了该发明人的意图，也歪解了本专利的发明目的。其次，在本专利权利要求1具备创造性的基础上，其从属权利要求2~6也具备创造性。综上，请求法院撤销被诉决定中宣告本专利权利要求1~6无效的部分。

法定期限内，原告为支持其诉讼主张向本院提交了本专利说明书作为证据。

被告辩称：被诉决定认定事实清楚，适用法律正确，程序合法。被诉决定使用对比文件5的权利要求1、2、11、说明书1、2页和附图3，其主要目的是便于理解对比文件5相关的技术内容，但在使用对比文件5或对比文件5和6结合评价本专利的创造性时，是使用对比文件5中的任一个技术方案，并非多个技术方案的组合。此外，关于对比文件6的技术领域的问题，被告坚持被诉决定中的意见。综上，请求法院维持被诉决定，驳回原告的诉讼请求。

第三人没有向本院提交书面意见及证据，其诉讼中表示同意被告的意见，请求法院维持被诉决定。

经庭审质证，原告与第三人对于被告证据的关联性、合法性与真实性均无异议，但原告不同意被告证据的证明作用。被告与第三人对于原告证据的关联性、合法性与真实性无异议，但不同意其证明作用。本院经审查认为，被告与原告提交的证据均与本案有关且合法、真实，本院均予确认。

根据上述有效证据及各方当事人无争议的陈述，本院认定事实如下：

本专利申请日为2002年4月1日，授权公告日为2003年2月19日，专利号为02208806. 7。本专利授权公告时的权利要求书如下：

“1. 一种空心薄壁管，包括管体（1）和两端堵头（2），本实用新型的特征在于管体（1）内设置有至少一根以上的支撑受力杆（3）。

2. 根据权利要求1所述的一种空心薄壁管，其特征在于多根支撑受力杆（3）在管体（1）内空间彼此呈平面布置或垂直布置或乱向布置或有规则布置或以群杆的型式布置。

3. 根据权利要求1或者2所述的一种空心薄壁管，其特征在于在管体（1）内设置有至少一片加劲肋（4）。

4. 根据权利要求3所述的一种空心薄壁管，其特征在于加劲肋（4）的侧面有加强筋（5）。

5. 根据权利要求1或者2所述的一种空心薄壁管，其特征在于支撑受力杆（3）的截面形状为圆形、圆环形、矩形、空心方管形、槽形、工字型、U型，在同一管体（1）内布置的支撑受力杆（3）可为相同截面的支撑受力杆（3）或不同截面的支撑受力杆（3）或变截面的支撑受力杆（3）或者它们的组合。

6. 根据权利要求3所述的一种空心薄壁管，其特征在于支撑受力杆（3）的截面形状为圆形、圆环形、矩形、空心方管形、槽形、工字型、U型，在同一管体（1）内布置的多根支撑受力杆（3）可同时为相同截面的支撑受力杆（3）或不同截面的支撑受力杆（3）或变截面的支撑受力杆（3）或者它们的组合。

7. 根据权利要求1、2或者6所述的一种空心薄壁管，其特征在于支撑受力杆（3）从管体（1）伸出有杆头（6），或者支撑受力杆（3）从管体（1）伸出有露筋（7），或者支撑受力杆（3）同时从管体（1）伸出有杆头（6）、露筋（7）。

8. 根据权利要求7所述的一种空心薄壁管，其特征在于加劲肋（4）从管体（1）伸出有肋（8），或者加劲肋（4）从管体（1）伸出有露筋（9）或露网（10），或者加劲肋（4）从管体（1）同时伸出有肋（8）、露筋（9）或露网（10）。

9. 根据权利要求1、2或者8所述的一种空心薄壁管，其特征在于两端堵头（2）为加劲肋，或者一端为加劲肋，另一端为堵头。

10. 根据权利要求1或者2所述的一种空心薄壁管，其特征在于支撑受力杆（3）为同一材质或不同材质复合的杆件。”

针对本专利权，第三人于2007年8月20日向被告提出无效宣告请求，认为本专利的权利要求1~6不符合《中华人民共和国专利法》（下称《专利法》）第二十二条第三款的规定，其同时提交了如下附件：附件1：本专利说明书；附件2：授权公告日为1999年10月13日、授权公告号为CN2343240Y（专利号为98231113.3）的实用新型专利说明书，共5页（下称对比文件1）；附件3：授权公告日为1993年12月29日、授权公告号为CN2151198Y（专利号为93227276.2）的实用新型专利说明书，共5页（下称对比文件2）；附件4：授权公告日为1996年6月5日、授权公告号为CN2228503Y（专利号为95216619.4）的实用新型专利说明书，共5页（下称对比文件3）；附件5：从中国知网（www.cnki.net）的中国期刊全文数据库下载的发表在《混凝土》1990年第5期、出版日期为1990年10月27日、作者为李华的文章《空心板堵头简易施工法》复印件，共3页（下称对比文件4）。第三人认为：本专利权利要求1相对于对比文件1~4不符合《专利法》第二十二条第三款关于创造性的规定，权利要求2、4~6的附加技术特征为公知常识，权利要求3相对于对比文件1~3和公知常识不具备创造性。

被告受理上述无效请求后，依法将相关材料进行了转文，并要求原告在指定期限内陈述意见。原告逾期未答复。

第三人于2007年9月3日向被告提交了意见陈述书，补充了无效宣告理由和对比文件5、6。第三人认为：本专利权利要求1相对于对比文件5或对比文件5和6的结合不具备创造性，权利要求2的附加技术特征在对比文件6中公开，权利要求3的附加技术特征被对比文件5公开，权利要求4的附加技术特征是公知常识且被对比文件5公开，权利要求5、6的附加技术特征被对比文件6和公知技术公开。此外第三人还认为本专利相对于对比文件1或/和3与对比文件6的结合、对比文件1或2或3与对比文件5的结合、对比文件1~3与对比文件5的结合均不具备创造性。被告亦将上述材料进行了转文。

2008年3月11日，原告与第三人均参加了被告举行的口头审理。口头审理的情况如下：（1）第三人明确其请求无效的理由、范围、证据为：本专利的权利要求1~6不符合《专利法》第二十二条第三款的规定，权利要求1相对于对比文件3或者对比文件5不具有创造性，权利要求1相对于对比文件3结合对比文件1或2或4或5或6不具有创造性，在对比文件5的基础上结合对比文件1或2或3或4或6不具有创造性，权利要求2的附加技术特征被对比文件6和公知常识公开，权利要求3的附加技术特征在对比文件2或3或5中公开，权利要求4的附加技术特征被对比文件5和公知常识公开，权利要求5和6的附加技术特征被对比文件6和公知常识公开。原告认为对比文件3与对比文件5或6的结合以及对比文件5与对比文件1或2或3或4的结合在请求书中没有提到。第三人陈述在补充意见陈述中没有记载对比文件5与对比文件4的结合，其余的结合方式均已经在意见陈述书中提到。（2）原告对对比文件1~3、5、6的真实性没有异议，对对比文件6译文的准确性没有异议；对对比文件4的真实性和公开性均有异议，其认为对比文件4是从网站上下载的，而且也没有原件，无法核实其真实性，并声称如果是在国家的权威网站上下载的，再提交了盖了章的原件，就对其真实性和公开性没有异议。第三人陈述对比文件4是通过情报所拿到的，在诉讼阶段原告已经看到了这份对比文件。被告要求第三人在口审结束后的5日内提交对比文件4的原件，由被告合议组代为核实，逾期不提交，对比文件4的真实性就无法核实，则不予采用。双方均表示同意。（3）原告与第三人就本专利相对于对比文件是否具备创造性充分发表了意见。

第三人于2008年3月12日提交了《混凝土》1990年第5期的出版信息页及第57页，其上盖有上海科学技术情报研究所查询检索专用章的红章，作为对比文件4的原件。

被告经审查认为：

第三人提交的对比文件5、6均为专利文献，原告对其真实性没有异议，其可以作为本案证据使用，同时由于对比文件5、6为公开出版物，且公开日期均在本专利的申请日前，因此可以作为本专利的现有技术使用。对比文件6为日文专利文献，第三人同时提交了其中文译文，原告对译文的准确性无异议，因此对比文件6的公开内容以其中文译文为准。

本专利权利要求1保护的是一种空心薄壁管，对比文件5公开了一种现浇钢筋砼组合结构用空心管构件，具体公开了以下技术特征（参见权利要求1、2、11、说明书第1、2页和附图3）：空心管构件包含有空心管，其两端可以是两个堵头12，空心管内设置有一片、二片或多片横向加劲肋。权利要求1与对比文件5相比区别在于，权利要求1的管体内设置有至少一根以上的支撑受力杆，而对比文件5的管体内设置的是至少一片以上的横向加劲肋。由对比文件5说明书第2页第1段和本专利说明书第2页第1段可知，在对比文件5管体中设置横向加劲肋的作用与在本专利管体中设置支撑受力杆的作用是完全相同的，即消除空心管成孔后管内无受力构件和抗裂构造的缺陷，具有强度高，双向受力传力差异小，抗剪抗扭强，施工运输方便等优点。两者的区别仅在于横向加劲肋为片状，支撑受力杆为杆状，而设置杆状构件用于起到支撑作用是常见的技术手段，由此本领域的技术人员在对比文件5的基础上很容易想到将横向加劲肋改为支撑受力杆而获得权利要求1保护的技术方案，因此本专利权利要求1相对于对比文件5不具有实质性特点，不符合《专利法》第二十二条第三款有关创造性的规定。

此外，对比文件6公开了一种中空室状的轻量构成零件，其公开了在空心壳体或管体中设置有支柱9的技术方案（参见其中文译文和附图1、2、9、10）。由对比文件6的技术领域可知，其所保护的是适于传递高机械负荷的中空室状轻量构成零件，而本专利应用于建筑结构，同样属于一种传递大荷载的中空轻型结构，对比文件6的技术方案可以教导本领域的技术人员如何加强中空构件的承载力，因此本领域技术人员在对比文件5的基础上结合对比文件6很容易想到权利要求1保护的技术方案，故权利要求1相对于对比文件5和6的结合也不具有实质性特点，不符合《专利法》第二十二条第三款有关创造性的规定。

本专利权利要求2的附加技术特征是“多根支撑受力杆（3）在管体（1）内空间彼此呈平面布置或垂直布置或乱向布置或有规则布置或以群杆的型式布置”。对比文件6附图1、2公开了多根支柱9在空腔中彼此呈平面布置，而其他的布置形式由此也是本领域技术人员容易想到的。故在其引用的权利要求1不具备创造性的情况下，权利要求2也不符合《专利法》第二十二条第三款有关创造性的规定。

本专利权利要求3进一步限定在管体内设置至少一片加劲肋，对比文件5已公开了该附加技术特征。故在其引用的权利要求1和2不具备创造性的情况下，权利要求3也不符合《专利法》第二十二条第三款有关创造性的规定。

权利要求4进一步限定在加劲肋的侧面有加强筋，对比文件5公开了在横向加劲肋2的侧面有加强筋7，因此已公开了该附加技术特征。故在其引用的权利要求3不具备创造性的情况下，权利要求4也不符合《专利法》第二十二条第三款有关创造性的规定。

权利要求5、6的附加技术特征均是对支撑受力杆的截面形状作进一步限定，并限定在同一管体中可以是相同截面或不同截面或变截面的支撑受力杆或者它们的组合。对比文件6中已公开了截面形状为圆形的支柱9，而其他的形状由此也是本领域技术人员容易想到的，在管中设置相同或不同截面或变截面的支撑受力杆或者它们的组合是本领域技术人员根据设计施工需要很容易想到的。故在其引用的权利要求1、2或3不具备创造性的情况下，权利要求5和6也不符合《专利法》第二十二条第三款有关创造性的规定。

鉴于上述已经得出本专利权利要求1~6不符合《专利法》第二十二条第三款的规定，故对第三人提出的创造性的其他证据组合方式不再评述。

基于上述理由，被告作出被诉决定。原告不服，在法定期限内向本院提起行政诉讼。

庭审中，原告与第三人明确表示对于被诉决定中的下列内容不持异议：被诉决定作出的行政程序；被诉决定中“案由”部分记载的内容；被诉决定关于证据和现有技术的认定；被诉决定对于对比文件5公开内容的描述；被诉决定对于对比文件5与本专利权利要求1区别技术特征的认定。此外原告明确表示，如果本专利权利要求1不具备创造性，则其从属权利要求2~4亦不具备创造性。

本院认为，对于被诉决定中原告与第三人明确表示不持异议的部分，本院经审查，对其合法性予以确认。在此基础上，本案的争议焦点在于：被诉决定使用对比文件5、6的结合评价本专利权利要求1的创造性及其结论是否合法；被诉决定认定本专利权利要求5、6不具备创造性是否合法。

首先，关于本专利权利要求1的问题。本专利的国际分类号为E04B5/16，对比文件5的国际分类号为E04B5/17，对比文件6中包括的一项国际分类号为E04B5/00。对比文件6所保护的是适于传递高机械负荷的中空室状轻量构成零件，本专利应用于建筑结构，同样属于一种传递大荷载的中空轻型结构。因此，被诉决定将对比文件5、6结合评价本专利的创造性符合法律规定。此外，被诉决定在使用对比文件5或者对比文件5和6的结合时，均是使用对比文件5中任一个技术方案，而非多个技术方案的组合。本院经审查，被诉决定关于对比文件6公开内容的描述及其与本专利权利要求1区别特征的描述正确，本院予以确认。在此基础上，本院经审查，被诉决定认定本专利权利要求1相对于对比文件5或其与对比文件6的结合不具有创造性正确，对其合法性本院予以确认。

其次，权利要求5、6的附加技术特征均是对支撑受力杆的截面形状作进一步限定，并限定在同一管体中可以是相同截面或不同截面或变截面的支撑受力杆或者它们的组合。从对比文件6公开的说明书附图可以看出，其已经公开了截面形状为圆形的支柱9。而且，其他的形状也是本领域技术人员容易想到的，原告对此亦不持异议。因此，在权利要求5、6引用的权利要求1、2或3不具备创造性的情况下，被诉决定认定该两项权利要求也不具备创造性正确。

综上，被诉决定认定事实清楚，适用法律正确，程序合法，本院应予维持。原告的诉讼理由缺乏事实及法律依据，其诉讼请求本院不予支持。依照《中华人民共和国行政诉讼法》第五十四条第（一）项之规定，判决如下：

维持被告国家知识产权局专利复审委员会于二〇〇八年五月二十二日作出的第11520号无效宣告请求审查决定。

案件受理费100元，由原告邱则有负担（已交纳）。

如不服本判决，各方当事人可于判决书送达之日起15日内，向本院递交上诉状，并按对方当事人人数提出副本，上诉于北京市高级人民法院。上诉人在上诉期满后7日内未预交上诉费，又不提出缓交申请的，按自动撤回上诉处理。

审　判　长　梁　菲
代理审判员　司品华
人民陪审员　陈　辉
二〇〇八年十一月二十一日
书　记　员　董　伟

北京市高级人民法院
行政判决书

（2009）高行终字第615号

上诉人（一审原告）邱则有，男，1962年11月9日出生，汉族，长沙巨星轻质建材股份有限公司总经理，住湖南省长沙市芙蓉区织机街18号。

委托代理人颜喜东，男，1977年11月22日出生，汉族，长沙巨星轻质建材股份有限公司职员，住湖南省吉首市吉首大学学生宿舍。

委托代理人李敏慧，男，1976年3月15日出生，汉族，长沙巨星轻质建材股份有限公司职员，住湖南省长沙市芙蓉区藩正街4号。

被上诉人（一审被告）国家知识产权局专利复审委员会，住所地北京市海淀区北四环西路9号银谷大厦10~12层。

法定代表人廖涛，副主任。

委托代理人王森，男，国家知识产权局专利复审委员会审查员。

委托代理人张华，男，国家知识产权局专利复审委员会审查员。

被上诉人（一审第三人）嘉兴市多凌建筑结构材料有限公司，住所地浙江省嘉兴市乍浦镇沪杭公路缪港桥西。

法定代表人徐文虎，总经理。

委托代理人张黎明，上海市华诚律师事务所律师。

委托代理人帅科，上海市华诚律师事务所律师。

上诉人邱则有因专利无效请求审查决定一案，不服北京市第一中级人民法院（2008）一中行初字第1285号行政判决，向本院提起上诉，本院依法组成合议庭进行了公开开庭审理。上诉人邱则有的委托代理人颜喜东，被上诉人国家知识产权局专利复审委员会（以下简称专利复审委）的委托代理人王森、张华，被上诉人嘉兴市多凌建筑结构材料有限公司（以下简称嘉兴多棱公司）的委托代理人帅科到庭参加了诉讼。本案现已审理终结。

2008年5月22日，专利复审委根据嘉兴多凌公司的无效请求，针对专利权人为邱则有、名称为“一种空心薄壁管”的实用新型专利权（以下简称本专利），作出第11520号无效宣告请求审查决定（以下简称第11520号决定），宣告本专利权的权利要求1~6无效；在权利要求7~10的基础上维持本专利权继续有效。邱则有不服专利复审委作出的第11520号决定，向北京市第一中级人民法院（以下简称一审法院）提起行政诉讼。

一审法院判决认定，本专利的国际分类号为E04B5/16，对比文件5的国际分类号为E04B5/17，对比文件6中包括的一项国际分类号为E04B5/00。对比文件6所保护的是适于传递高机械负荷的中空室状轻量构成零件，本专利应用于建筑结构，同样属于一种传递大荷载的中空轻型结构。因此，第11520号决定将对比文件5、6结合评价本专利的创造性符合法律规定。此外，第11520号决定在使用对比文件5或者对比文件5和6的结合时，均是使用对比文件5中任一个技术方案，而非多个技术方案的组合。第11520号决定关于对比文件6公开内容的描述及其与本专利权利要求1区别特征的描述正确，予以确认。在此基础上，第11520号决定认定本专利权利要求1相对于对比文件5或其与对比文件6的结合不具有创造性正确，予以确认。

本专利权利要求5、6的附加技术特征均是对支撑受力杆的截面形状作进一步限定，并限定在同一管体中可以是相同截面或不同截面或变截面的支撑受力杆或者它们的组合。从对比文件6公开的说明书附图可以看出，其已经公开了截面形状为圆形的支柱9。而且，其他的形状也是本领域技术人员容易想到的，邱则有对此亦不持异议。因此，在权利要求5、6引用的权利要求1、2或3不具备创造性的情况下，第11520号决定认定该两项权利要求也不具备创造性正确。

综上，第11520号决定认定事实清楚，适用法律正确，程序合法。依照《中华人民共和国行政诉讼法》第五十四条第（一）项的规定，判决予以维持。

邱则有不服一审判决，提出上诉。诉称，第11520号决定认定事实不清，适用法律错误。首先，第11520号决定使用了对比文件5中的权利要求1、2、11、说明书1、2页和附图3多项技术方案。本专利权利要求1相对于对比文件5任何一个技术方案或者是任意两个技术方案的组合均具有区别技术特征，具有创造性。对比文件6与对比文件5属于完全不同的技术领域，对比文件6也与本专利技术领域不同，不能用对比文件5结合对比文件6来评价本专利的创造性。而且，第11520号决定对于对比文件6的理解完全背离了该发明人的意图，也歪解了本专利的发明目的。其次，在本专利权利要求1具备创造性的基础上，其从属权利要求2~6也具备创造性。综上，一审法院判决认定事实和适用法律错误，请求二审法院撤销一审判决，同时撤销专利复审委作出的第11520号决定。

被上诉人专利复审委仍持第11520号决定意见，并认为一审法院判决认定事实清楚，适用法律正确，请求二审法院驳回上诉，维持一审判决。

被上诉人嘉兴多凌公司同意专利复审委的意见。

本案一审审理期间，专利复审委在法定期限内向一审法院提交了以下主要证据：1. 本专利说明书；2. 公开日为2002年2月27日、公开号为CN1337507A（申请号为01136050. X）的发明专利申请公开说明书，共28页（即对比文件5）；3. 公开日为2000年5月12日的日本专利文献JP2000-130689A及其中文译文，共27页（即对比文件6）；4. 口头审理记录表。

邱则有向一审法院提交了本专利说明书。

嘉兴多凌公司未向一审法院提交证据。

一审法院经审查认为，专利复审委及邱则有提交的证据均与本案有关且合法、真实，予以确认。

上述证据均已随案移送本院。二审期间，各方当事人没有提交新的证据。经庭审质证及审查核实，本院确认一审法院认证意见正确，并据此认定本案如下事实：

本专利申请日为2002年4月1日，授权公告日为2003年2月19日，专利号为02208806.7，专利权人为邱则有。本专利授权公告时的权利要求书如下：

“1. 一种空心薄壁管，包括管体（1）和两端堵头（2），本实用新型的特征在于管体（1）内设置有至少一根以上的支撑受力杆（3）。

2. 根据权利要求1所述的一种空心薄壁管，其特征在于多根支撑受力杆（3）在管体（1）内空间彼此呈平面布置或垂直布置或乱向布置或有规则布置或以群杆的型式布置。

3. 根据权利要求1或者2所述的一种空心薄壁管，其特征在于在管体（1）内设置有至少一片加劲肋（4）。

4. 根据权利要求3所述的一种空心薄壁管，其特征在于加劲肋（4）的侧面有加强筋（5）。

5. 根据权利要求1或者2所述的一种空心薄壁管，其特征在于支撑受力杆（3）的截面形状为圆形、圆环形、矩形、空心方管形、槽形、工字型、U型，在同一管体（1）内布置的支撑受力杆（3）可为相同截面的支撑受力杆（3）或不同截面的支撑受力杆（3）或变截面的支撑受力杆（3）或者它们的组合。

6. 根据权利要求3所述的一种空心薄壁管，其特征在于支撑受力杆（3）的截面形状为圆形、圆环形、矩形、空心方管形、槽形、工字型、U型，在同一管体（1）内布置的多根支撑受力杆（3）可同时为相同截面的支撑受力杆（3）或不同截面的支撑受力杆（3）或变截面的支撑受力杆（3）或者它们的组合。

7. 根据权利要求1、2或者6所述的一种空心薄壁管，其特征在于支撑受力杆（3）从管体（1）伸出有杆头（6），或者支撑受力杆（3）从管体（1）伸出有露筋（7），或者支撑受力杆（3）同时从管体（1）伸出有杆头（6）、露筋（7）。

8. 根据权利要求7所述的一种空心薄壁管，其特征在于加劲肋（4）从管体（1）伸出有肋（8），或者加劲肋（4）从管体（1）伸出有露筋（9）或露网（10），或者加劲肋（4）从管体（1）同时伸出有肋（8）、露筋（9）或露网（10）。

9. 根据权利要求1、2或者8所述的一种空心薄壁管，其特征在于两端堵头（2）为加劲肋，或者一端为加劲肋，另一端为堵头。

10. 根据权利要求1或者2所述的一种空心薄壁管，其特征在于支撑受力杆（3）为同一材质或不同材质复合的杆件。”

2007年8月20日，嘉兴多凌公司针对本专利向专利复审委提出无效宣告请求，认为本专利的权利要求1~6不符合《中华人民共和国专利法》（以下简称《专利法》）第二十二条第三款的规定，同时提交了如下附件：附件1，本专利说明书；附件2，授权公告日为1999年10月13日、授权公告号为CN2343240Y（专利号为98231113.3）的实用新型专利说明书，共5页（即对比文件1）；附件

3，授权公告日为1993年12月29日、授权公告号为CN2151198Y（专利号为93227276.2）的实用新型专利说明书，共5页（即对比文件2）；附件4，授权公告日为1996年6月5日、授权公告号为CN2228503Y（专利号为95216619.4）的实用新型专利说明书，共5页（即对比文件3）；附件5，从中国知网（www.cnki.net）的中国期刊全文数据库下载的发表在《混凝土1990年第5期、出版日期为1990年10月27日、作者为李华的文章《空心板堵头简易施工法》复印件，共3页（即对比文件4）。嘉兴多凌公司认为，本专利权利要求1相对于对比文件1~4不符合《专利法》第二十二条第三款关于创造性的规定，权利要求2、4~6的附加技术特征为公知常识，权利要求3相对于对比文件1~3和公知常识不具备创造性。

专利复审委受理上述无效请求后，依法将相关材料进行了转文，并要求邱则有在指定期限内陈述意见。邱则有逾期未答复。

2007年9月3日，嘉兴多凌公司向专利复审委提交了意见陈述书，补充了无效宣告理由和对比文件5、6。嘉兴多凌公司认为，本专利权利要求1相对于对比文件5或对比文件5和6的结合不具备创造性，权利要求2的附加技术特征在对比文件6中公开，权利要求3的附加技术特征被对比文件5公开，权利要求4的附加技术特征是公知常识且被对比文件5公开，权利要求5、6的附加技术特征被对比文件6和公知技术公开。此外，嘉兴多凌公司还认为本专利相对于对比文件1或/和3与对比文件6的结合、对比文件1或2或3与对比文件5的结合、对比文件1~3与对比文件5的结合均不具备创造性。专利复审委将上述材料进行了转文。

2008年3月11日，邱则有与嘉兴多凌公司均参加了专利复审委举行的口头审理。口头审理的情况如下：（1）嘉兴多凌公司明确其请求无效的理由、范围、证据为：本专利的权利要求1~6不符合《专利法》第二十二条第三款的规定，权利要求1相对于对比文件3或者对比文件5不具有创造性，权利要求1相对于对比文件3结合对比文件1或2或4或5或6不具有创造性，在对比文件5的基础上结合对比文件1或2或3或4或6不具有创造性，权利要求2的附加技术特征被对比文件6和公知常识公开，权利要求3的附加技术特征在对比文件2或3或5中公开，权利要求4的附加技术特征被对比文件5和公知常识公开，权利要求5和6的附加技术特征被对比文件6和公知常识公开。邱则有认为对比文件3与对比文件5或6的结合以及对比文件5与对比文件1或2或3或4的结合在请求书中没有提到。嘉兴多凌公司陈述在补充意见陈述中没有记载对比文件5与对比文件4的结合，其余的结合方式均已经在意见陈述书中提到。（2）邱则有对对比文件1~3、5、6的真实性没有异议，对对比文件6译文的准确性没有异议，对对比文件4的真实性和公开性均有异议，其认为对比文件4是从网站上下载的，而且也没有原件，无法核实其真实性，并声称如果是在国家的权威网站上下载的，再提交了盖了章的原件，就对其真实性和公开性没有异议。嘉兴多凌公司陈述对比文件4是通过情报所拿到的，在诉讼阶段邱则有已经看到了这份对比文件。专利复审委要求嘉兴多凌公司在口审结束后的5日内提交对比文件4的原件，由专利复审委合议组代为核实，逾期不提交，对比文件4的真实性就无法核实，则不予采用。双方均表示同意。（3）邱则有与嘉兴多凌公司就本专利相对于对比文件是否具备创造性充分发表了意见。

嘉兴多凌公司于2008年3月12日提交了《混凝土》1990年第5期的出版信息页及第57页，其上盖有上海科学技术情报研究所查询检索专用章的红章，作为对比文件4的原件。

专利复审委经审查认为：

嘉兴多凌公司提交的对比文件5、6均为专利文献，邱则有对其真实性没有异议，其可以作为本案证据使用，同时由于对比文件5、6为公开出版物，且公开日期均在本专利的申请日前，因此可以作为本专利的现有技术使用。对比文件6为日文专利文献，嘉兴多凌公司同时提交了中文译文，邱则有对译文的准确性无异议，因此对比文件 6 的公开内容以其中文译文为准。

本专利权利要求 1 保护的是一种空心薄壁管，对比文件 5 公开了一种现浇钢筋砼组合结构用空心管构件，具体公开了以下技术特征（参见权利要求 1、2、11、说明书第 1、2 页和附图 3）：空心管构件包含有空心管，其两端可以是两个堵头 12，空心管内设置有一片、二片或多片横向加劲肋。权利要求 1 与对比文件 5 相比区别在于，权利要求 1 的管体内设置有至少一根以上的支撑受力杆，而对比文件 5 的管体内设置的是至少一片以上的横向加劲肋。由对比文件 5 说明书第 2 页第 1 段和本专利说明书第 2 页第 1 段可知，在对比文件 5 管体中设置横向加劲肋的作用与在本专利管体中设置支撑受力杆的作用是完全相同的，即消除空心管成孔后管内无受力构件和抗裂构造的缺陷，具有强度高，双向受力传力差异小，抗剪抗扭强，施工运输方便等优点。两者的区别仅在于横向加劲肋为片状，支撑受力杆为杆状，而设置杆状构件用于起到支撑作用是常见的技术手段，由此本领域的技术人员在对比文件 5 的基础上很容易想到将横向加劲肋改为支撑受力杆而获得权利要求 1 保护的技术方案。因此，本专利权利要求 1 相对于对比文件 5 不具有实质性特点，不符合《专利法》第二十二条第三款有关创造性的规定。

此外，对比文件 6 公开了一种中空室状的轻量构成零件，其公开了在空心壳体或管体中设置有支柱 9 的技术方案（参见其中文译文和附图 1、2、9、10）。由对比文件 6 的技术领域可知，其所保护的是适于传递高机械负荷的中空室状轻量构成零件，而本专利应用于建筑结构，同样属于一种传递大荷载的中空轻型结构，对比文件 6 的技术方案可以教导本领域的技术人员如何加强中空构件的承载力，因此本领域技术人员在对比文件 5 的基础上结合对比文件 6 很容易想到权利要求 1 保护的技术方案。因此，权利要求 1 相对于对比文件 5 和 6 的结合也不具有实质性特点，不符合《专利法》第二十二条第三款有关创造性的规定。

本专利权利要求 2 的附加技术特征是“多根支撑受力杆（3）在管体（1）内空间彼此呈平面布置或垂直布置或乱向布置或有规则布置或以群杆的型式布置”。对比文件 6 附图 1、2 公开了多根支柱 9 在空腔中彼此呈平面布置，而其他的布置形式由此也是本领域技术人员容易想到的。因此，在其引用的权利要求 1 不具备创造性的情况下，权利要求 2 也不符合《专利法》第二十二条第三款有关创造性的规定。

本专利权利要求 3 进一步限定在管体内设置至少一片加劲肋，对比文件 5 已公开了该附加技术特征。因此，在其引用的权利要求 1 和 2 不具备创造性的情况下，权利要求 3 也不符合《专利法》第二十二条第三款有关创造性的规定。

权利要求 4 进一步限定在加劲肋的侧面有加强筋，对比文件 5 公开了在横向加劲肋 2 的侧面有加强筋 7，已公开了该附加技术特征。因此，在其引用的权利要求 3 不具备创造性的情况下，权利要求 4 也不符合《专利法》第二十二条第三款有关创造性的规定。

权利要求 5、6 的附加技术特征均是对支撑受力杆的截面形状作进一步限定，并限定在同一管体中可以是相同截面或不同截面或变截面的支撑受力杆或者它们的组合。对比文件 6 中已公开了截面形状为圆形的支柱 9，而其他的形状由此也是本领域技术人员容易想到的，在管中设置相同或不同截面或变截面的支撑受力杆或者它们的组合是本领域技术人员根据设计施工需要很容易想到的。因此，在其引用的权利要求 1、2 或 3 不具备创造性的情况下，权利要求 5 和 6 也不符合《专利法》第二十二条第三款有关创造性的规定。

鉴于上述已经得出本专利权利要求 1~6 不符合《专利法》第二十二条第三款的规定，故对嘉兴多凌公司提出的创造性的其他证据组合方式不再评述。

基于上述理由，专利复审委作出第 11520 号决定。邱则有不服上述决定，向一审法院提起行政诉讼。

本院认为，邱则有及嘉兴多凌公司明确表示，对于专利复审委作出的第 11520 号决定中的下列内容不持异议：行政程序；“案由”部分记载的内容；证据和现有技术的认定；对比文件 5 公开内容的描述；对比文件 5 与本专利权利要求 1 区别技术特征的认定。此外，邱则有明确表示，如果本专利权利要求 1 不具备创造性，则其从属权利要求 2~4 亦不具备创造性。上述内容，本院经审查，对其合法性予以确认。本案争议的焦点问题在于：第 11520 号决定使用对比文件 5、6 的结合评价本专利权利要求 1 的创造性及其结论是否合法；第 11520 号决定认定本专利权利要求 5、6 不具备创造性是否合法。

对于本专利权利要求 1 的问题。本专利的国际分类号为 E04B5/16，对比文件 5 的国际分类号为 E04B5/17，对比文件 6 中包括的一项国际分类号为 E04B5/00。对比文件 6 所保护的是适于传递高机械负荷的中空室状轻量构成零件，本专利应用于建筑结构，同样属于一种传递大荷载的中空轻型结构。因此，第 11520 号决定将对比文件 5、6 结合评价本专利的创造性符合法律规定。此外，第 11520 号决定在使用对比文件 5 或对比文件 5 和 6 的结合时，均是使用对比文件 5 中任一个技术方案，而非多个技术方案的组合。第 11520 号决定关于对比文件 6 公开内容的描述及其与本专利权利要求 1 区别特征的描述正确。在此基础上，专利复审委作出本专利权利要求 1 相对于对比文件 5 或其与对比文件 6 的结合不具有创造性的认定正确。

本专利权利要求 5、6 的附加技术特征均是对支撑受力杆的截面形状作进一步限定，并限定在同一管体中可以是相同截面或不同截面或变截面的支撑受力杆或者它们的组合。从对比文件 6 公开的说明书附图可以看出，其已经公开了截面形状为圆形的支柱 9。而且，其他的形状也是本领域技术人员容易想到的，邱则有对此亦不持异议。因此，在权利要求 5、6 引用的权利要求 1、2 或 3 不具备创造性的情况下，专利复审委作出两项权利要求不具备创造性的认定正确。

综上，专利复审委作出的第 11520 号决定合法，一审法院判决维持正确。依据《中华人民共和国行政诉讼法》第六十一条第（一）项的规定，判决如下：

驳回上诉，维持一审判决。

二审案件受理费人民币 100 元，由上诉人邱则有负担（已交纳）。

本判决为终审判决。

审　判　长　朱世宽
审　判　员　赵宇晖
代理审判员　胡华峰
二〇〇九年八月十一日
书　记　员　张　怡

094

一种多功能网络架空活动地板

无效宣告请求审查决定（第11521号）

决　　定　　号　第11521号
决　　定　　日　2008年5月22日
发明创造名称　一种多功能网络架空活动地板
国 际 分 类 号　E04F 15/00
无效宣告请求人　常州华通新立地板有限公司，常州方胜机房设备有限公司
专　利　权　人　常州市红日防静电地板制造有限公司
专　　利　　号　02267108.0
申　　请　　日　2002年9月12日
授 权 公 告 日　2003年5月14日
合 议 组 组 长　欧　岚
主　　审　　员　刘敏飞
参　　审　　员　樊延霞

法　律　依　据　专利法第22条第3款
决　定　要　点

在权利要求创造性的判断中，如果权利要求所述技术方案与现有技术公开的技术方案之间存在区别技术特征，而现有技术没有给出结合该区别技术特征得出所述技术方案的技术启示，本领域技术人员需要付出创造性的劳动才能得出该权利要求所述的技术方案，且该技术方案具有有益效果，则该权利要求具有创造性，反之，该权利要求不具有创造性。

一、案由

本无效宣告请求涉及中华人民共和国国家知识产权局于2003年5月14日授权公告的、名称为“一种多功能网络架空活动地板”的实用新型专利权（下称本专利），其专利号是02267108.0，申请日是2002年9月12日，专利权人是常州市红日防静电地板制造有限公司。本专利授权公告的权利要求书如下：

“1. 一种多功能网络架空活动地板，其由活动钢地板（1）、连接件组成，其特征在于：二块地板（1）由若干支架（2）支撑，每块地板（1）的四周边设有肩（3），地板（1）四角设有孔（19）；在二块地板（1）间置有边盖板（4），边盖板（4）二端及二块地板（1）的角间分别设置有四角均设有内凹角的方形角盖板（5）；每一支架（2）下端分别置于角盖板（6）的沉孔（7）中，支架（2）上部支撑于地板（1）角部，地板（1）角部与支架（2）上端以连接件相连；角盖板（5）、边盖板

(4)、地板（1）上表面保持于同一水平面，地板（1）侧面设有二发泡水泥充灌孔（12）。

2. 如权利要求1所述的一种多功能网络架空活动地板，其特征在于：边盖板（4）、角盖板（5）的下表面均设有若干加强筋（16），其上表面均设有若干凹槽（8）。

3. 如权利要求1所述的一种多功能网络架空活动地板，其特征在于：地板（1）的上表面设有若干凹槽（17）。

4. 如权利要求1所述的一种多功能网络架空活动地板，其特征在于：支架（2）的结构为带有外螺纹的螺杆（9）下端接支柱（10），支柱（10）插置于角底板（6）上的沉孔（7）内，螺杆（9）上套置有相匹配的调节螺母（11），调节螺母（11）上且于螺杆（9）外套有相匹配的固定螺母（18），固定螺母（18）外套置有套管（20），套管（20）置于地板（1）的角的孔（19）中，孔（19）上置有装饰盖（21）。

5. 如权利要求1所述的一种多功能网络架空活动地板，其特征在于：角盖板（5）下表面上设有若干与地板（1）上设有的若干凹槽（13）相匹配使用的凸柱（14）。

6. 如权利要求1所述的一种多功能网络架空活动地板，其特征在于：角盖板（5）的四个侧面均设有槽（15）。

7. 如权利要求1所述的一种多功能网络架空活动地板，其特征在于：地板（1）的肩（3）上设有若干凹槽（13）。

8. 如权利要求1所述的一种多功能网络架空活动地板，其特征在于：角底板（6）上设有若干放置支柱（10）的沉孔（7）。

9. 如权利要求1所述的一种多功能网络架空活动地板，其特征在于：角底板（6）的上表面设有若干凹槽（17）。”

针对本专利，专利复审委员会于2006年5月30日做出第8293号无效宣告请求审查决定书，并已生效，该无效宣告请求审查决定宣告本专利的权利要求1~3、7、8无效，在权利要求4、5、6、9的基础上维持本专利权继续有效。

针对本专利，常州华通新立地板有限公司（下称第一请求人）于2007年9月13日向专利复审委员会提出无效宣告请求，理由是本专利权利要求1、4、5、6、9不符合专利法第22条第3款的规定，并提交了如下7份附件：

附件1-1：意见陈述书；

附件1-2：本专利说明书；

附件1-3：德国专利文献DE20106806U1，其公开日为2001年10月4日，共20页复印件（下称对比文件1）；

附件1-4：授权公告号为CN2528829Y（专利号为ZL01208101.9）的中国实用新型专利说明书，其授权公告日为2003年1月1日，共15页复印件（作为对比文件1的中文译文）；

附件1-5：授权公告号为CN2361727Y（专利号为ZL98227209.X）的中国实用新型专利说明书，其授权公告日为2000年2月2日（下称对比文件2）；

附件1-6：公告号为TW00410853的台湾专利说明书，其公告日为2000年11月1日，共36页复印件（下称对比文件3）；

附件1-7：授权公告号为CN1080809C（专利号为ZL97125750.7）的中国发明专利说明书，其授权公告日为2002年3月13日（下称对比文件4）。

第一请求人认为：本专利权利要求4、5、6、9不符合专利第22条第3款有关创造性的规定。对比文件1和2公开了本专利权利要求1的技术特征，对比文件1公开了本专利权利要求4、5的附加技术特征，对比文件 3 公开了本专利权利要求 6 的附加技术特征，对比文件 4 公开了本专利权利要求 9 的附加技术特征。

经形式审查合格后，专利复审委员会受理了该无效请求，并于 2007 年 9 月 17 日向第一请求人及专利权人发出无效宣告请求受理通知书，并将第一请求人提交的专利权无效宣告请求书及其附件清单中所列附件副本转给了专利权人，要求专利权人在规定的期限内陈述意见。

专利权人针对第一请求人提出的无效宣告请求书，于 2007 年 11 月 1 日提交了意见陈述书，认为：对比文件 1 没有公开本专利权利要求 4 的全部技术特征；本专利权利要求 4 的支架连接定位组合的结构与对比文件 1 完全不同；本专利原权利要求 5 和 6 的角盖板与对比文件 1 的结构和作用不同。

专利权利人于 2007 年 11 月 2 日再次提交意见陈述书，并提交了如下 1 份证据：

证据 1-1：第 8293 号无效宣告请求审查决定书复印件，共 7 页。

针对本专利，常州方胜机房设备有限公司（下称第二请求人）于 2007 年 9 月 27 日向专利复审委员会提出无效宣告请求，理由是本专利权利要求 4、5、6、9 不符合专利法第 22 条第 3 款的规定、权利要求 4 不符合专利法实施细则第 21 条第 2 款的规定，并提交了如下 3 份附件：

附件 2-1：本专利说明书；

附件 2-2：第 8293 号无效宣告请求审查决定书复印件，共 7 页；

附件 2-3：授权公告号为 CN2255465Y（专利号为 ZL96200629.7）的中国实用新型专利说明书，其授权公告日为 1997 年 6 月 4 日。

第二请求人认为：本专利权利要求 4 中未对套管及固定螺母的具体形状、结构进行限定，因此权利要求 4 不符合专利法实施细则第 21 条第 2 款的规定。在权利要求 1 没有创造性的前提下，权利要求 4~6、9 相对于附件 2-3 来说也不具备创造性。

经形式审查合格后，专利复审委员会受理了该无效请求，并于 2007 年 9 月 27 日向第二请求人及专利权人发出无效宣告请求受理通知书，并将第二请求人提交的专利权无效宣告请求书及其附件清单中所列附件副本转给专利权人，要求专利权人在规定的期限内陈述意见。

第二请求人于 2007 年 10 月 23 日向专利复审委员会提交了意见陈述书，并补充提交了如下附件：

附件 2-4：德国专利文献 DE20106806U1，其公开日为 2001 年 10 月 4 日，共 20 页复印件（同第一请求人的对比文件 1），及其中文译文，共 20 页复印件。

第二请求人认为：权利要求 4 相对于附件 2-4 不具有创造性，权利要求 4 相对于附件 2-3 和 2-4 的结合也无创造性；权利要求 5 相对于附件 2-4 也不具有创造性；权利要求 9 进一步限定的技术方案已经被附件 2-4 所公开，权利要求 9 也不具有创造性。

专利权人针对第二请求人提出的无效宣告请求书，于 2007 年 11 月 12 日提交了意见陈述，并提交了如下 1 份证据：

证据 2-1：中华人民共和国电子行业标准 SJ/T10796-2001 防静电活动地板通用规范复印件，共 13 页。

专利权人认为：由于地板由若干支架支撑，加上地板表面的荷载也由支架支撑承载，因此必须要有一个支撑平台，而四角支撑的方式被广泛采用并被列入行业标准 SJ/T10796-2001（参见证据 2-1）中，因此法兰状凸缘作为一个支撑平台，其直径必须要大于地板的角的孔，这是本行业的公知常识，无需具体表述；本专利权利要求 4 不存在缺少必要技术特征的缺陷；本专利权利要求 4 的支架连接定位组合的特有结构与附件 2-3 完全不同；附件 2-3 不能影响权利要求 5 和 6 的创造性，并且正如第 8293 号无效宣告请求审查决定书所说的，也没有给出足够的技术启示；权利要求 9 所保护的“若干凹槽（17）”在附件 2-3 中无此结构，也不可能给出任何的技术启示，因此权利要求 9 具备创造性。

专利复审委员会依法成立合议组对上述两个无效宣告请求进行审查。根据审查指南有关案件合并审理的规定，合议组决定将第一请求人和第二请求人的无效宣告请求合案审理，并于2007年12月13日分别向第一请求人、第二请求人和专利权人发出口头审理通知书，定于2008年2月26日举行口头审理。随同口头审理通知书，将专利权人分别于2007年11月1日和2007年11月2日提交的意见陈述书及其意见陈述附件清单中所列附件副本转送给第一请求人，将专利权人于2007年11月12日提交的意见陈述书及其意见陈述附件清单中所列附件副本转送给第二请求人，将第二请求人于2007年10月23日提交的意见陈述书及其意见陈述附件清单中所列附件副本转送给专利权人。

口头审理如期举行，三方当事人均参加了口头审理。

在口头审理中，三方当事人对对方出席口头审理人员的资格没有异议，对合议组成员没有回避请求；

第一请求人明确其无效理由、事实、证据为：

权利要求4~6、9不具备创造性，权利要求1、4、5相对于对比文件1、2的结合不具备创造性，权利要求6相对于对比文件1~3的结合不具有创造性，权利要求9相对于对比文件1、2、4的结合不具有创造性。创造性评述中，对比文件1是最接近的对比文件，其中附件1-4作为对比文件1的中文译文。专利权人对对比文件1~4的真实性没有异议，对用附件1-4作为对比文件1的中文译文没有异议，对译文的准确性没有异议，并认可对比文件1的公开时间为2001年10月4日。专利权人放弃证据1-1，不作为证据使用。

（1）在权利要求4创造性的评述中：第一请求人认为，对比文件1公开了权利要求4除“钢地板”、“四角均设有内凹角的方形角盖板”、“地板侧面设有二发泡水泥充灌孔”、“孔上置有装饰盖”的技术特征；对比文件2公开了底板侧面设有二发泡水泥充灌孔，并且公开了钢地板；“四角均设有内凹角的方型角盖板”是在对比文件1中得到启示，地板与角盖板之间相互定位是公知技术，本领域技术人员选择采用在地板上设内凹角或角盖板上设内凹角；在对比文件1中公开了孔上设置有螺钉，起到装饰作用。专利权人认为，本专利设置角盖板的内凹角，并且地板四角孔的位置与对比文件1不同，从而使得本专利是角盖板与地板之间是扣合固定，虽然本专利权利要求4中没有体现角盖板与地板之间是扣合固定，而对比文件1是角盖板与地板之间用螺纹固定。本专利装饰盖仅仅是装饰，而对比文件1是螺钉固定，螺钉是功能件，必须使用，而装饰盖可以不使用。本专利支架的支柱直径大于螺纹杆，起稳固和定位的作用，而对比文件是螺杆直径与支柱相同仅起定位作用，起不到稳固的作用。本专利固定螺母从图6中可以看出是倒T字形的，而对比文件1是十字形。本专利图6套管（20）和固定螺母之间是套合的关系，而对比文件1图2可以看出（22）、（24）、（25）与（21）之间不是套合的。

（2）在权利要求5创造性的评述中：第一请求人认为，权利要求5的附加技术特征在对比文件1中公开，定位片使得中央盖板和地板之间的配合，实现定位片和突缘的定位关系。专利权人认为，本专利权利要求5保护的方案在本专利附图中没有表示，仅从权利要求5文字部分的描述就能清楚得知是凸柱与凹槽相配合的卡合固定方式，凹槽不是肩侧面的缺口，是肩上一个下凹的槽，在对比文件1中并没有公开，定位片仅是用于定位。

（3）在权利要求6创造性的评述中：第一请求人认为，权利要求6的附加技术特征被对比文件3说明书第8页第2~7行及附图2、4公开。专利权人认为，同意附加技术特征被对比文件3公开，但由于权利要求1相对于对比文件1与2的结合具备创造性，所以权利要求6具备创造性。

（4）在权利要求9创造性的评述中：第一请求人认为，权利要求9的附加技术特征被对比文件4所公开，柔性槽下表面凸出，也具有缓冲效果。专利权人认为：本专利权利要求9的凹槽相对于角底板来说是角地板的上表面下凹，下表面凸出。对比文件 4 是玻璃钢制作的，十字形柔性槽是起折弯的作用。本专利是为了增加钢地板的强度的，使角地板与地面之间的面接触改为线接触。对比文件 4 与本专利的材料不同。

第二请求人明确其无效理由、事实、证据为：权利要求 4 不符合专利法实施细则第 21 条第 2 款的规定，权利要求 4~6、9 不具备创造性，其中权利要求 4 相对于附件 2-3 或附件 2-4 或附件 2-3 与 2-4 的结合不具有创造性；权利要求 5、9 相对于附件 2-3 或附件 2-4 不具备创造性；权利要求 6 相对于附件 2-3 不具备创造性。用附件 2-2 证明本专利权利要求 1、2、3、7、8 不具备创造性。专利权人当庭提交意见陈述书，合议组当庭转给请求人，请求人当庭签收。专利权人对附件 2-2、附件 2-3、附件 2-4 的真实性没有异议。对附件 2-4 中文译文的准确性没有异议。请求人对专利权人提交的证据 2-1 的真实性有异议，认为其没有原件。合议组告知专利权人于口头审理结束后 7 日内提交证据 2-1 的原件，否则无法核实证据 2-1 的真实性。双方均同意在专利权人提交证据 2-1 的原件后，由合议组代为核实证据 2-1 的真实性。

（1）关于权利要求 4 是否符合专利法第 21 条第 2 款的规定：第二请求人认为，权利要求 4 由于没有限定套管和固定螺母具有法兰状凸缘，从而没有对套管（20）及固螺母（18）的具体结构、形状作出限定，因此权利要求 4 不符合专利法实施细则第 21 条第 2 条的规定。专利权人认为：证据 2-1 中的图 2 公开了四角支撑的定位关系，缓冲垫下面是支撑平台，从而证明具有支撑平台是本领域的公知常识。

（2）关于权利要求 4 相对于附件 2-3 的创造性：第二请求人认为，附件 2-3 仅是没有公开权利要求 4 中的“钢地板”、“底板侧面设有二发泡水泥充灌孔”，“调节螺母”，但这三个特征是本领域技术人员公知的。专利权人认为：附件 2-3 没有公开调节螺母，进而没有公开锁死结构。

（3）关于权利要求 4 相对于附件 2-3、2-4 的结合的创造性：第二请求人认为，附件 2-3 作为最接近的对比文件，附件 2-3 所公开的内容与上述意见相同。附件 2-4 公开了权利要求 4 的附加技术特征。专利权人认为，附件 2-4 是螺钉固定，螺钉是功能件，必须使用，而装饰盖可以不使用。本专利支架的支柱直径大于螺纹杆，起稳固和定位的作用，而附件 2-4 是直径与支柱相同仅起定位作用，起不到稳固的作用。本专利固定螺母从图 6 中可以看出是倒 T 字形的，而附件 2-4 是十字形。本专利图 6 套管（20）和固定螺母之间是套合的关系，而附件 2-4 图 2 可以看出（22）、（24）、（25）与（21）之间不是套合的。

（4）关于权利要求 4 相对于附件 2-4 的创造性：第二请求人认为，附件 2-4 公开权利要求 4 除“钢地板”、“四角均设有内凹角的方形角盖板”、“地板侧面设有二发泡水泥充灌孔”、“孔上置有装饰盖”的技术特征；而底板侧面设有二发泡水泥充灌孔以及地板为钢地板是本领域的公知常识；“四角均设有内凹角的方型角盖板”是在附件 2-4 中得到启示，地板与角盖板之间相互定位是公知技术，本领域技术人员选择采用在地板上设内凹角或角盖板上设内凹角；在附件 2-4 中公开了孔上设置有螺钉，起到装饰作用。专利权人认为，本专利设置角盖板的内凹角，并且地板四角孔的位置与附件 2-4 不同，从而使得本专利是角盖板与地板之间是扣合固定，虽然本专利权利要求 4 中没有体现角盖板与地板之间是扣合固定，但附件 2-4 是角盖板与地板之间用螺纹固定。本专利装饰盖仅仅是装饰，而附件 2-4 是螺钉固定，螺钉是功能件，必须使用，而装饰盖可以不使用。本专利支架的支柱直径大于螺纹杆，起稳固和定位的作用，而附件是直径与支柱相同仅起定位作用，起不到稳固的作用。本专利固定螺母从图 6 中可以看出是倒 T 字形的，而附件 2-4 是十字形。本专利图 6 套管（20）和固定螺母之间是套合的关系，而附件 2-4 图 2 可以看出（22）、（24）、（25）与（21）不是套合的。

（5）权利要求 5 相对于附件 2-3 的创造性：第二请求人认为，权利要求 5 的附加技术特征从附件 2-3 中能够得到启示。专利权人认为，在附件 2-3 中边盖板是卡合的方式，但是角盖板与地板之间还是螺固的方式。

（6）权利要求 5 相对于附件 2-4 的创造性：第二请求人认为，附件 2-4 公开了地板与旁侧盖板之间通过凸柱和凹槽配合的结构，本领域的技术人员很容易想到把这种联接方式用在角盖板和地板上。专利权人认为，从附件 2-4 中即使想到了卡合方式，也与本专利的卡合的结构不同。

（7）关于权利要求 6 的创造性：第二请求人认为，从附件 2-3 中线槽盖（5）中设有凹槽能够容易地想到权利要求 6 的附加技术特征。专利权人认为，附件 2-3 只是边盖板上设线槽，角盖板没有设线槽。

（8）关于权利要求 9 相对于附件 2-3 的创造性：第二请求人认为，在附件 2-3 中可看出在连接座上有凹槽（21），所以权利要求 9 没有创造性。专利权人认为，附件 2-3 是用来与线槽卡合，与本专利结构不同。

（9）关于权利要求 9 相对于附件 2-4 的创造性：第二请求人认为，权利要求 9 的附加技术特征被附件 2-4 公开，所以权利要求 9 没有创造性。专利权人认为，附件 2-4 与本专利的结构完全不同。

专利权人于 2008 年 3 月 3 日提交了“中华人民共和国电子行业标准 SJ/T10796-2001 防静电活动地板通用规范”原件。

至此，合议组认为本案事实清楚，可以作出审查决定。

二、决定的理由

1. 关于审查基础

专利复审委员会于 2006 年 5 月 30 日做出了第 8293 号无效宣告请求审查决定书，并已生效。该无效宣告请求审查决定宣告本专利的权利要求 1~3、7、8 无效，在权利要求 4、5、6、9 的基础上维持本专利权继续有效。由此，本审查决定以本专利授权公告的权利要求 4、5、6、9 为审查基础。

2. 关于证据

对比文件 1~4 均是专利文献，专利权人对上述对比文件的真实性没有异议。合议组经审查认为，对比文件 1~4 可以作为本案证据使用。同时，由于专利权人认可对比文件 1 的公开时间为 2001 年 10 月 4 日，早于本专利的申请日，而对比文件 2~4 的公开时间均早于本专利的申请日，因此对比文件 1~4公开的内容可以作为本专利的现有技术。又专利权人对用附件 1-4 作为对比文件 1 的中文译文没有异议，并对译文的准确性没有异议，所以对比文件 1 公开的内容以附件 1-4 公开的内容为准。

附件 2-2 是第 8293 号无效宣告请求审查决定书复印件，专利权人对附件 2-2 的真实性没有异议。合议组经审查认为，附件 2-2 可以作为本案证据使用。

附件 2-3、附件 2-4 均为专利文献，专利权人对上述附件的真实性没有异议。合议组经审查认为，附件 2-3、2-4 可以作为本案证据使用。并且上述附件的公开日均早于本专利的申请日，因此附件 2-3、2-4 公开的内容可以作为本专利的现有技术。又由于专利权人对附件 2-4 中文译文的准确性没有异议，所以附件 2-4 公开的内容以其中文译文为准。

3. 关于创造性

根据专利法第 22 条第 3 款的规定，创造性，是指同申请日以前已有的技术相比，该发明有突出的实质性特点和显著的进步，该实用新型有实质性特点和进步。

在权利要求创造性的判断中，如果权利要求所述技术方案与现有技术公开的技术方案之间存在区别技术特征，而现有技术没有给出结合该区别技术特征得出所述技术方案的技术启示，本领域技术人员需要付出创造性的劳动才能得出该权利要求所述的技术方案，且该技术方案具有有益效果，则该权利要求具有创造性，反之，该权利要求不具有创造性。

第一请求人认为，权利要求4、5相对于对比文件1、2的结合不具备创造性，权利要求6相对于对比文件1~3的结合不具有创造性，其中权利要求6的附加技术特征在对比文件3中公开，权利要求9相对于对比文件1、2、4的结合不具有创造性，其中权利要求9的附加技术特征在对比文件4中公开。创造性评述中，对比文件1是最接近的对比文件。

第二请求人认为，权利要求4相对于附件2-3或附件2-4或附件2-3与2-4的结合不具有创造性；权利要求5、9相对于附件2-3或附件2-4不具备创造性；权利要求6相对于附件2-3不具备创造性。

（1）关于权利要求4的创造性。

本专利权利要求4请求保护一种多功能网络架空活动地板，权利要求4引用权利要求1，因此权利要求4的技术方案包括权利要求1的技术特征和权利要求4的附加技术特征。

对比文件1公开了一种金属网路高架地板（参见说明书第3~4页，附图1、2、4、6），由高架地板1、足部构件2、底座3、线槽4、中央盖板5以及边盖板6相互组合而成，高架地板1是方型的平面铁板11，高架地板1由足部构件2支撑，该高架地板1的周缘设有阶级突缘13，高架地板1的四角落处设有六角槽孔15，在二块高架地板1间置有边盖板6，边盖板6二端及二块高架地板1的角间分别设置有方形中央盖板5，足部构件2下端分别置于底座3的中空筒体32中，足部构件2上部支撑于高架地板1角部，中央盖板5、边盖板6、高架地板1上表面保持于同一水平面，足部构件2是设有一配合上述六角槽孔15并设置于其内的塑料套21，该塑料套21底部设有突缘22，在塑料套21内再套设一内部设有螺纹26、外部设有突缘25及纵向刻纹24的金属螺母23，藉纵向刻纹24以增加与塑料套21的紧固度并防止旋转，金属螺母23可再螺合一设有迫紧螺帽28与C型垫片281的螺杆27，螺杆27包括带有外螺纹的部分和不带螺纹的柱状部分，螺杆27不带螺纹的柱状部分的下端位于设在从底座3四角向上突设的中空筒体32内，在六角槽孔15内设有螺钉。

将本专利权利要求4与对比文件1相比，对比文件1中的高架地板1、足部构件2、阶级突缘13、六角槽孔15、边盖板6、中央盖板5、底座3、中空筒体32、螺杆27、迫紧螺帽28、金属螺母23、塑料套21分别相当于权利要求4中的地板1、支架2、肩3、孔19、边盖板4、角盖板5、角底板6、沉孔7、螺杆9、调节螺母11、固定螺母18和套管20。另外，对比文件1中的地板也是由高架地板1、足部构件2、底座3、中央盖板5、边盖板6等相互组合而成，由此其公开了权利要求4中的活动地板和连接件；并且对比文件1中高架地板1的角部与足部构件2的上端通过螺钉、塑料套21、螺母23、迫紧螺帽28和螺杆27连接，因此对比文件1公开了权利要求4中的地板1角部与支架2上端以连接件相连。

虽然专利权人认为本专利支架的支柱直径大于螺纹杆，起稳固和定位的作用，而对比文件1是螺杆直径与支柱相同仅起定位作用，起不到稳固的作用，但是合议组认为，由于本专利权利要求4中并没有对支柱10与螺杆9之间的直径大小关系进行限定，并且对比文件1公开了螺杆27包括带有螺纹的部分和不带螺纹的柱状部分，其中螺杆27不带螺纹的柱状部分的下端也位于底座3的中空筒体32内，其能够不仅能起到定位作用，也能起到稳固的作用，从而对比文件1公开了本专利权利要求4的支柱。此外，专利权人还认为，本专利固定螺母从图6中可以看出是倒T字形的，而对比文件1是十字形；本专利图6套管（20）和固定螺母之间是套合的关系，而对比文件1图2可以看出（22）、（24）、（25）与（21）之间不是套合的。就此合议组认为，权利要求4中并没有对固定螺母的具体形状作出限定，因此合议组对此不予考虑，而且对比文件1中的塑料套21与螺母23之间也是套合的关系。从而专利权人的上述主张不成立。

所以，本专利权利要求4与对比文件1的区别在于：①地板1为钢地板、②角盖板5四角均设有内凹角、③地板 1 侧面设有二发泡水泥充灌孔 12 以及④孔 19 上置有装饰盖 21。对比文件 2 公开了一种钢地板（参见说明书第 1 页，附图 1、3），在底板 2 上（即地板侧面）设有二填充孔 5，填充材料 6 从填充孔 5 填入空腔，而在钢地板内填充发泡水泥是本领域技术人员很容易想到的。由此可见对比文件 2 公开了上述区别特征①和③。对于区别特征②：第一请求人认为，“四角均设有内凹角的方型角盖板”是在对比文件 1 中得到启示，地板与角盖板之间相互定位是公知技术，本领域技术人员选择采用在地板上设内凹角或角盖板上设内凹角。专利权人认为，本专利设置角盖板的内凹角，并且地板四角孔的位置与对比文件 1 不同，从而使得本专利是角盖板与地板之间是扣合固定，虽然本专利权利要求 4 中没有体现角盖板与地板之间是扣合固定，而对比文件 1 是角盖板与地板之间用螺纹固定。就此合议组经审查认为，对比文件 1 中公开了在铁板 11 的四角设置内凹角，并与中央盖板 5 相互定位配合，并且铁板 11 与中央盖板 5 均为方形，在此基础上，为了达到方形的铁板 11 与方形的中央盖板 5 之间相互配合的目的，而选择在铁板 11 的四角或者中央盖板 5 的四角设置内凹角，对本领域的普通技术人员来说是不需要花费创造性劳动的。虽然专利权人认为，权利要求 4 地板四角孔的位置与对比文件 1 不同，从而使得本专利是角盖板与地板之间是扣合固定，但权利要求 4 中仅是限定了地板 1 四角设有孔，而对比文件 1 中也公开了在地板的四角设有槽孔，并且正如专利权人所述，权利要求 4 并没有体现角盖板与地板之间是扣合固定，因此专利权人的上述主张也不成立。对于区别特征④：第一请求人认为，在对比文件 1 中公开了孔上设置有螺钉，起到装饰作用。专利权人认为，本专利装饰盖仅仅是装饰，而对比文件 1 是螺钉固定，螺钉是功能件，必须使用，而装饰盖可以不使用。合议组经审查认为，权利要求 4 中的装饰盖也是固定在孔 19 上，而对比文件 1 中的螺钉在起到固定作用的同时，也能够在一定程度上起到装饰的作用，并且为了防止孔 19 内积灰而影响美观，本领域普通技术人员也很容易想到在孔 19 上设置装饰盖。因此，综上所述，本领域普通技术人员在对比文件 1 的基础上结合对比文件 2 得出权利要求 4 请求保护的技术方案，是不需花费创造性劳动的，从而权利要求 4 相对于对比文件 1 和 2 的结合不具备创造性，不符合专利法第 22 条第 3 款的规定。

附件 2-3 公开了一种带有线槽的金属高架地板（参见说明书第 2、3 页，附图 2、4、5）由高架地板 1、连接座 2、连接盖 3、线槽 4、线槽盖 5 和地板足 15 组合而成，地板 1 为一方形体，在平面四周设有放置线槽盖 5 和连接盖 3 的低陷 11，在低陷 11 的四周设有穿置螺纹管 14 的孔 13，螺纹管 14 内穿有顶端带有六角孔自下而上以螺纹连接于螺纹管 14 内的地板足 15，地板足 15 的下端为直径略大于上端部分的柱状部分，连接座 2 为一方形体，四角各设一用以穿入地板足 15 的管体 22，连接盖 3 为一方形板，在四角设有弧形的凹口 31，在凹口 31 内设有与地板 1 四角的孔 13 相对应的孔 32 并以螺钉 33 与地板 1 和地板足 15 锁合，地板 1、连接盖 3、线槽盖 5 上表面保持于同一水平面。

将本专利权利要求 4 与附件 2-3 相比，附件 2-3 中的地板 1、低陷 11、孔 13、线槽盖 5、连接盖 3、连接座 2、筒体 22、地板足 15 的带螺纹部分和地板足 15 的下端柱状部分分别相当于权利要求 4 中的活动地板 1、肩 3、孔 19、边盖板 4、角盖板 5、角底板 6、沉孔 7、螺杆 9 和支柱 10。附件 2-3 公开了地板 1 角部与由螺钉 33、螺纹管 14、地板足 15 构成的组合部件相连，由此公开了权利要求 4 中的地板角部与支架上端以连接件相连。由于附件 2-3 中公开的金属高架地板也是由活动地板、线槽盖 5、连接盖 3、连接座 2、螺钉 33、螺纹管 14、地板足 15 等组合而成，由此其公开了权利要求 4 中的活动地板和连接件。本专利权利要求 4 与附件 2-3 的区别在于：①地板 1 为钢地板、②地板 1 侧面设有二发泡水泥充灌孔 12、③附件 2-3 中由螺钉 33、螺纹管 14、地板足 15 构成的部件的具体结构不同于权利要求 4 中支架的具体结构、以及④孔 19 上置有装饰盖 21。

合议组经审查认为，对于区别特征①：由于附件 2-3 公开了地板为金属材质，由此本领域技术人员容易想到选用钢质地板。对于区别特征②：由于在金属地板中填充发泡水泥以减轻地板自重是本领域技术人员经常采用的技术手段，因此本领域技术人员很容易想到在地板侧面设置二发泡水泥充灌孔。

对于区别特征③：附件 2-4 公开了一种金属地板（参见其中文译文的第 4、5 页，附图 1、2），支柱 2 包括一只塑料凸缘 21，与设置在加高地板 1 四个角的六角孔 15 相配，并且放入，六角孔 15 上还设置有螺钉，塑料凸缘 21 的下部有一只法兰 22，一个具有内螺纹 26 的金属螺母 23 另外安装在塑料凸缘 21 上，金属螺母 23 的外圆周上设置法兰 25 及纵向结构的垫片 24，从而改进与塑料凸缘 21 的配合，避免出现不受欢迎的转动，金属螺母 23 用螺杆 27 拧紧，螺杆 27 包括带外螺纹的部分和不带螺纹的下端柱状部分，螺杆 27 配置紧固螺母 28 及 C 形垫圈 281，支撑板 3 四个角的每只角均有朝上的空心圆柱形凸缘 32，此中放入支柱 2 的螺杆 27。由于附件 2-4 中地板 1 的角部与支柱 2 的上端通过螺钉、塑料凸缘 21、金属螺母 23、紧固螺母 28 和螺杆 27 连接，因此附件 2-4 公开了权利要求 4 中的地板 1 角部与支架 2 上端以连接件相连。虽然专利权人认为本专利支架的支柱直径大于螺纹杆，起稳固和定位的作用，而附件 2-4 是螺杆直径与支柱相同仅起定位作用，起不到稳固的作用，但是合议组认为，由于本专利权利要求 4 中并没有对支柱 10 与螺杆 9 之间的直径大小关系进行限定，并且附件 2-4 中螺杆 27 不带螺纹的柱状部分的下端也位于支撑板 3 的空心圆柱形凸缘 32 内，其能够不仅能起到定位作用，也能起到稳固的作用，从而附件 2-4 公开了本专利权利要求 4 的支柱。此外，专利权人还认为，本专利固定螺母从图 6 中可以看出是倒 T 字形的，而对比文件 1 是十字形。本专利图 6 套管（20）和固定螺母之间是套合的关系，而对比文件 1 图 2 可以看出（22）、（24）、（25）与（21）之间不是套合的。就此合议组认为，权利要求 4 中并没有对固定螺母的具体形状作出限定，因此合议组对此不予考虑，而且附件 2-4 中的塑料凸缘 21 与螺母 23 之间也是套合的关系，从而专利权人的上述主张不成立。所以，附件 2-4 公开了区别特征③。

对于区别特征④：专利权人认为，本专利装饰盖仅仅是装饰，而附件 2-4 是螺钉固定，螺钉是功能件，必须使用，而装饰盖可以不使用。合议组经审查认为，权利要求 4 中的装饰盖也是固定在孔 19 上，而附件 2-4 中的螺钉在起到固定作用的同时，也能够在一定程度上起到装饰的作用，并且为了防止孔 19 内积灰而影响美观，本领域普通技术人员也很容易想到在孔 19 上设置装饰盖。因此，综上所述，本领域普通技术人员在附件 2-3 的基础上结合附件 2-4 得出权利要求 4 请求保护的技术方案，是不需花费创造性劳动的，从而权利要求 4 相对于附件 2-3 与附件 2-4 的结合不具备创造性，不符合专利法第 22 条第 3 款的规定。

（2）关于权利要求 5 的创造性。

权利要求 5 引用权利要求 1，其技术方案包括权利要求 1 的技术特征和权利要求 5 的附加技术特征。而如上所述，在权利要求 4 的创造性评述中，相对于对比文件 1 和 2 的结合或附件 2-3，合议组已经对权利要求 1 的技术特征进行了评述，因此在第一请求人使用对比文件 1 和 2 的结合否定权利要求 5 的创造性以及第二请求人使用附件 2-3 否定权利要求 5 的创造性的评述中，合议组不再重复评述权利要求 1 的特征，而仅评述权利要求 5 的附加技术特征。

权利要求 5 的附加技术特征为：角盖板（5）下表面上设有若干与地板（1）上设有的若干凹槽（13）相匹配使用的凸柱（14）。

对比文件 1 还公开了以下内容（参见对比文件 1 说明书第 5 页，附图 1），中央盖板 5 的四只螺孔 51 旁侧各设有略为下陷的辅助定位片 52，故四只螺孔 51 可轻易与四块高架地板 1 的六角槽孔对位，此时再藉四个螺丝将中央盖板 5 锁合于四块高架地板 1。第一请求人认为，权利要求 5 的附加技术特征在对比文件 1 中公开，定位片使得中央盖板和地板之间配合，实现定位片和突缘的定位关系。

合议组经审查认为，对比文件 1 没有公开权利要求 5 中设于地板 1 上的凹槽，以与凸柱相匹配。并且由对比文件 1 公开的上述内容可知，辅助定位片 52 是用于中央盖板 5 上的螺孔与地板 1 中的六角槽孔之间的对位，而本专利权利要求 5 中的通过角盖板上的凸柱与地板 1 上的凹槽相配合，实现了角盖板与地板之间的扣合，因此对比文件 1 中的辅助定位片 52 所起的作用不同于权利要求 5 中凸柱和凹槽的作用，从而本领域技术普通人员在对比文件 1 和 2 的基础上，需要付出创造性劳动才能获得权利要求 5 的技术方案。并且本专利权利要求 5 由于采用了凸柱和凹槽的配合，取得了防止地板及角盖板之间串动的有益效果。所以第一请求人关于本专利权利要 5 相对于对比文件 1 和 2 的结合不具备创造性的主张不成立。

附件 2-3 还公开了以下内容（参见说明书第 3 页，附图 2、3），地板 1 四周的低陷 11 向外延伸有薄缘 12，在薄缘 12 上，设有等距缺口 122，线槽盖 5 底面设有凸缘 52，凸缘 52 与薄缘 12 上的缺口 122 相卡合，使线槽盖 5 固定不动。第二请求人认为，权利要求 5 的附加技术特征从附件 2-3 中能够得到启示。专利权人认为，附件 2-3 角盖板与地板之间是螺固的方式。合议组经审查认为，附件 2-3中的连接盖 3 相当于权利要求 5 中的角盖板，而线槽盖 5 相当于权利要求 5 中的边盖板，虽然附件 2-3 公开了线槽盖 5 通过凸缘 52 和缺口 122 之间的卡合来实现与地板 1 之间的连接，但是，附件 2-3中同时还公开了连接盖是通过螺固的方式与地板 1 进行连接，并且线槽盖与连接盖的具体结构和使用部位不同，连接盖与地板之间是角与角之间的连接，而线槽盖与地板之间是边与边之间的连接，因此附件 2-3 没有给出连接盖与地板之间采用凸缘与缺口相配合的方式来连接的技术启示，本领域普通技术人员在附件 2-3 的基础上，也不容易想到将线槽盖与地板之间的连接方式用于连接盖与地板之间的连接。并且本专利权利要求 5 由于采用了凸柱和凹槽的配合，取得了防止地板及角盖板之间串动的有益效果。所以第二请求人关于本专利权利要 5 相对于附件 2-3 不具备创造性的主张不成立。

附件 2-4 公开了一种金属地板（参见其中文译文的第 4~6 页，附图 1、2、4），金属地板系统包括加高的地板 1，支柱 2，支撑板 3，线缆槽 4，中间盖板 5 及旁侧盖板 6，加高地板 1 的四周分段，从而形成具有凹口 14 的法兰 13，在加高地板 1 的四个角中设置六角形孔 15，支柱 2 上部支撑于地板 1 的角部，支撑板 3 的四个角均有朝上的空心圆柱形凸缘 32，支柱 2 的下端置于凸缘 32 中，中间盖板 5、旁侧盖板 6、地板 1 上表面保持于同一水平面，旁侧盖板 6 每侧的弯曲紧固板 61 与加高的地板 1 的法兰 13 的凹口相连，其他旁侧上的辅助紧固板 62 同样也可以很方便地与法兰 13 的终端部分相连。将本专利权利要求 5 与附件 2-4 相比，附件 2-4 中的加高地板 1、支柱 2、法兰 13、六角形孔 15、旁侧盖板 6、中间盖板 5、支撑板 3、凸缘 32 分别相当于权利要求 5 中的活动地板 1、支架 2、肩 3、孔 19、边盖板 4、角盖板 5、角地板 6、沉孔 7。权利要求 5 与附件 2-4 的区别在于：方形角盖板四角设有内凹角，地板侧面设有二发泡水泥充灌孔，角盖板下表面上设有若干与地板上设有的若干凹槽相匹配使用的凸柱。第二请求人认为，附件 2-4 公开了地板与旁侧盖板之间通过凸柱和凹槽配合的结构，本领域的技术人员很容易想到把这种联接方式用在角盖板和地板上。合议组经审查认为，附件 2-4 是在旁侧盖板 6 的每侧设有弯曲紧固板 61 以于地板法兰上的凹口相连，但是，附件 2-4 中同时还公开了中间盖板是通过螺固的方式与地板 1 进行连接，并且旁侧盖板与中间盖板的具体结构和使用部位不同，中间盖板与地板之间是角与角之间的连接，而旁侧地板与地板之间是边与边之间的连接，因此附件 2-4 没有给出中间盖板与地板之间采用凸柱和凹槽相配合的方式来连接的技术启示，本领域普通技术人员在附件 2-4 的基础上，也不容易想到将旁侧盖板与地板之间的连接方式用于中间盖板与地板之间的连接。并且本专利权利要求 5 由于采用了凸柱和凹槽的配合，取得了防止地板及角盖板之间串动的有益效果。所以第二请求人关于本专利权利要 5 相对于附件 2-4 不具备创造性的主张不成立。

（3）关于权利要求6的创造性。

权利要求6引用权利要求1，其技术方案包括权利要求1的技术特征和权利要求6的附加技术特征。而如上所述，在权利要求4的创造性评述中，相对于对比文件1和2的结合，合议组已经对权利要求1的技术特征进行了评述，并且第一请求人认为权利要求6的附加技术特征被对比文件3公开，因此在第一请求人使用对比文件1、2和3的结合否定权利要求6的创造性的评述中，合议组不再重复评述权利要求1的特征，而仅评述权利要求6的附加技术特征。

权利要求6的附加技术特征为：角盖板（5）的四个侧面均设有槽（15）。

对比文件3公开了网络地板（参见说明书第8页，附图2、4），矩形连结片31的片体的前后两端设有供电线进出的线孔312，并且在顶连结件3的四个侧面也设有与线孔312相配合的线孔。由此可见，对比文件3公开了权利要求6的附加技术特征，并且其所起作用相同，均为供电线进出角盖板。并且专利权人也认可权利要求6的附加技术特征被对比文件3公开。所以，本领域普通技术人员在对比文件1的基础上结合对比文件2、3得出权利要求6的技术方案是显而易见的，权利要求6不具备创造性，不符合专利法第22条第3款的规定。

（4）关于权利要求9的创造性。

权利要求9引用权利要求1，其技术方案包括权利要求1的技术特征和权利要求9的附加技术特征。而如上所述，在权利要求4的创造性评述中，相对于对比文件1和2的结合，合议组已经对权利要求1的技术特征进行了评述，并且第一请求人认为权利要求9的附加技术特征被对比文件4公开，因此在第一请求人使用对比文件1、2和4的结合否定权利要求6的创造性的评述中，合议组不再重复评述权利要求1的特征，而仅评述权利要求9的附加技术特征。

权利要求9的附加技术特征为：角底板（6）的上表面设有若干凹槽（17）。

对比文件4公开了一种带有线床的网络地板（参见说明书第1、2页，附图13、15），底板呈十字形薄板，中央设有十字形柔性槽。专利权人认为：本专利权利要求9的凹槽相对于角底板来说是角地板的上表面下凹，下表面凸出。对比文件4是玻璃钢制作的，十字形柔性槽是起折弯的作用，本专利是为了增加钢地板的强度的，使角地板与地面之间的面接触改为线接触。合议组经审查认为，权利要求9中仅限定了角底板具有凹槽，并没有限定该凹槽相对于角底板来说是角地板的上表面下凹，下表面凸出。虽然对比文件4的网络地板是由玻璃钢制作的，但由于玻璃钢质地坚硬，机械强度可与钢材相比，由此在底板中央设置柔性槽能够起到缓冲的作用，并且专利权人认为的为了增加底板强度而设置凸出于底板下表面的凹槽，也是本领域技术人员很容易想到的。因此，本领域普通技术人员在对比文件1的基础上结合对比文件2、4，不需花费创造性劳动就能得到权利要求9的技术方案，所以权利要求9不具备创造性，不符合专利法第22条第3款的规定。

综上所述，本专利权利要求4、6、9不具备创造性，不符合专利法第22条第3款的规定，因此合议组对第二请求人主张的权利要求4、6、9不具备创造性的其他证据组合方式不再予以评述；而第一请求人和第二请求人关于本专利权利要求5不具备创造性主张不成立。

关于专利权人用证据2-1证明具有支撑平台是本领域的公知常识，从而本专利权利要求符合专利法实施细则第21条第2款的规定，如上所述，权利要求4不具备创造性，应当被无效，因此合议组对权利要求4是否符合专利法实施细则第21条第2款的规定不再进行评述，也不再对证据2-1进行评述。

第二请求人用附件2-2证明本专利权利要求1、2、3、7、8不具备创造性。因本审查决定所针对的是本专利权利要求4~6、9，因此合议组不再评述附件2-2。

基于上述理由，合议组依法作出如下决定。

三、决定

在第8293号无效宣告请求审查决定书维持有效的权利要求的基础上，宣告本专利权利要求4、6、9无效，在权利要求5的基础上维持该专利权继续有效。

当事人对本决定不服的，可以根据专利法第46条第2款的规定，自收到本决定之日起三个月内向北京市第一中级人民法院起诉。根据该款的规定，一方当事人起诉后，另一方当事人应当作为第三人参加诉讼。

095

电子香烟

无效宣告请求审查决定（第11523号）

决　定　号 第11523号
决　定　日 2008年5月23日
发明创造名称 电子香烟
国际分类号 A24D 1/18
无效宣告请求人 武　斌
专利权人 张　诚
专　利　号 200620095152.5
申　请　日 2006年1月23日
授权公告日 2007年2月21日
合议组组长 高　雪
主　审　员 田　华
参　审　员 王　婧

法律依据 专利法第22条第3款
决定要点

权利要求所述技术方案与现有技术公开的技术方案之间存在区别技术特征，如果现有技术中给出技术启示，使本领域技术人员能够将该区别技术特征应用到现有技术公开的技术方案中从而得到权利要求所述技术方案，则该权利要求不具有创造性。

一、案由

本无效宣告请求涉及国家知识产权局于2007年2月21日授权公告的200620095152.5号实用新型专利权（以下简称本专利），名称为“电子香烟”，申请日为2006年1月23日，专利权人为张诚。授权公告的权利要求书如下：

“1. 电子香烟，它包括发光二极管（1）、电池（2）、传感器（6）、气液分离器（7）、雾化器（9）、供液瓶（11）、壳体（14）、吸嘴（15），壳体（14）的外壁上开有进气孔（4），壳体（14）内依次设有电子线路板（3）、常压腔（5）、传感器（6）、气液分离器（7）、雾化器（9）、供液瓶（11）；电子线路板（3）由电子开关电路及高频发生器组成；在传感器（6）的一侧开有传感器气流通道（18），传感器（6）内设有负压腔（8）；雾化器（9）与供液瓶（11）相接触，在雾化器（9）的内部设有雾化腔（10）；供液瓶（11）的一侧与壳体（14）之间设有锁定供液瓶（11）的挡圈（13），供液瓶（11）的另一侧设有雾汽通道（12）；进气孔（4）、常压腔（5）、气液分离器（7）、雾化器（9）、雾汽通道（12）、导气孔（17）、吸嘴（15）依次相连通；壳体（14）内的前端设有一个发光二极管（1）和电池（2）；其特征在于：壳体（14）外壁上设有手动开关（16），手动开关（16）的一端与电池（2）正极相连，手动开关（16）的另一端与电子线路板（3）上的电子开关电路的电阻（R^1）相串联。"

针对本专利权，武斌（以下简称请求人）于2007年10月30日向专利复审委员会提出无效宣告请求，请求宣告本专利全部无效，其理由是权利要求1不符合《中华人民共和国专利法》（以下简称专利法）第22条有关新颖性、创造性的规定。请求人同时提交了下列证据：

证据1：专利号为200420031182.0的中国专利公告扉页和说明书及附图，授权公告日：2005年8月24日。

证据2：专利号为97190727.7的中国专利公告扉页和说明书及附图，公开日：1998年10月21日。

请求人在无效宣告请求书中指出，证据1为在先公开的"雾化电子烟"专利文件，与本案专利属于同一技术领域，证据1的各图与涉案专利的各图，除了图12涉案专利在开关K1并联了一个开关K2外，其余均相同，所以附件1的各图就已经公开了涉案专利权利要求1"其特征在于"之前的所有技术特征，同样，证据1说明书也公开了涉案专利权利要求1"其特征在于"之前的所有技术特征。而涉案专利权利要求1"其特征在于"之后的内容实际上就是在传感器开关K1并联一个手动开关，以便手动操作，这是本领域技术人员惯用的技术手段，既然要手动操作，自然设置一个手动开关，另外，并联在K1两边，自然就可以实现与K1同样的控制，则"其特征在于"之前的特征均被公开，而"其特征在于"之后又属惯用技术手段，因此权利要求1没有新颖性。此外，开关K2的设置是容易想到的并联设置的方式也是最基本的常识，且涉案专利的设置并没有产生意想不到的效果，如果在实际中有手工操作的必要，本领域技术人员容易想到设置一个手动开关，并显而易见会实施这样的技术手段，涉案专利也没有创造性。此外，证据2为在先公开的"香味生成物品"专利，其中香味也可以是烟，与涉案专利属于同一技术领域，其第8页也公开了一个手动开关74，其配设在壳体上12，证据1有需要手动控制的要求，则自然会在证据2启示下在壳体上设置手动开关，并将此开关设置并联在开关K1两端，则手动开关自然与电池一端相连，另一端与电子线路板上电阻R^1相串联，即证据1和证据2结合，涉案专利也没有创造性。

经形式审查合格，专利复审委员会受理了上述请求，于2007年11月21日向请求人发出了受理通知书，并于2007年12月3日将宣告专利权无效宣告请求书及其附件清单中所列附件副本以公告的方式送达专利权人，要求其在指定的期限内答复。

在指定的期限内专利权人未答复。

2008年3月14日，专利复审委员会向无效请求人发出了合议组成员告知通知书，以公告的方式将合议组成员告知通知书送达专利权人，告知双方当事人如对合议组成员有回避请求的，于收到本通知之日起7日内提交书面的请求书，并说明理由，必要时附具有关证据。逾期未答复，视为无回避请求。

在指定的期限内双方当事人均未答复。

至此，合议组认为本案事实已经清楚，在此基础上可以做出本决定。

二、决定的理由

1. 关于证据

请求人提交的证据1、2均为中国专利文献，经合议组核实，认可两份证据的真实性，证据1、2的公开日均早于本专利的申请日，因此，可以作为本专利的现有技术来评价本专利的新颖性、创造性。

2. 关于专利法第22条第3款

专利法第22条第3款规定，创造性，是指同申请日以前已有的技术相比，该发明具有突出的实质性特点和显著的进步，该实用新型有实质性特点和进步。

权利要求1请求保护一种电子香烟，证据1公开了一种雾化电子烟，其实施例一具体公开了以下技术特征（参见说明书第3页第5行至第4页第4行，附图1-12）：本实用新型可构成一个烟嘴形、雪茄形或烟斗形的整体。壳体14的外壁上开有进气孔4，壳体14内顺序设置有发光二极管1、电池2、电子线路板3、常压腔5、传感器6、气液分离器7、雾化器9、供液瓶11、吸嘴15。电子线路板3由电子开关电路及高频发生器组成。传感器6内设有负压腔8，雾化器9通过凸起36与供液瓶11相接触，雾化器9内部设有雾化腔10。供液瓶11的一侧与壳体14之间设有锁定供液瓶11的挡圈13，另一侧开有雾汽通道12。进气孔4、常压腔5、气液分离器7、雾化器9、雾汽通道12、导气孔17、吸嘴15依次相连通。大气由进气孔4进到常压腔5内，经传感器气流通道18、再经气液分离器7上的通孔流到雾化器9内的雾化腔。

由此可以看出，证据1公开了本专利权利要求1前序部分的全部技术特征，二者的区别技术特征仅为：壳体14外壁上设有手动开关16，手动开关的一端与电池正极相连，手动开关的另一端与电子线路板上的电子开关电路的电阻R^1相串联。其解决的技术问题是当传感器6不能工作时，按动手动开关处于开位置，可以启动电子开关，进而电子香烟可以正常工作。

为了便于手动操作，将一个手动开关并联在传感器开关两侧，当传感器开关不能工作时，利用手动开关使得电路能正常工作是本领域的惯用技术手段，而为了达到手动的目的将手动开关与电路中其他元件相连接也是本领域的公知常识。

此外，证据2涉及抽吸香味或享受类似抽烟乐趣用的香味生成物品，与本专利属于相同的技术领域，证据2公开了以下技术特征（参见说明书第8页第11~30行）：信号电路72a连接着用于检测使用者抽吸动作的传感器73和ON/OFF用手动开关74，ON/OFF用手动开关74配设在壳体12的第1部分12a的侧面，在不使用本物品时，通过用手动将开关74切换为关状态；在使用本物品时，将开关74切换到开状态期间，也可以使加热器42为加热状态。也就是说，证据2也给出了设置手动开关的技术启示，当证据1需要手动控制时，本领域技术人员在证据2的启示下，将手动开关设置在证据1的技术方案中，并根据实际情况将手动开关并联在开关K1两端，即手动开关一端与电池相连，另一端与电子开关电路的电阻R^1相串联，是不需要付出创造性劳动就能获得的。

综上所述，本领域技术人员为了解决传感器不能工作时电子香烟能正常工作这一技术问题，在现有技术的启示下，完全可以不付出创造性劳动将手动开关应用到证据1的技术方案中从而得到本专利权利要求1的技术方案，即权利要求1相对于现有技术而言是显而易见的，并且权利要求1中的手动开关也没有产生意想不到的技术效果，因此，权利要求1相对于证据1和公知常识或证据2的结合不具有创造性，不符合专利法第22条第3款的规定。请求人的请求能够成立。

三、决定

宣告200620095152.5号实用新型专利权全部无效。

当事人对本决定不服的，可以根据专利法第46条第2款的规定，自收到本决定之日起三个月内向北京市第一中级人民法院起诉。根据该款的规定，一方当事人起诉后，另一方当事人应当作为第三人参加诉讼。

096

可自己发电的臭氧水生成器

无效宣告请求审查决定（第11524号）

决　　定　　号 第11524号
决　　定　　日 2008年5月26日
发明创造名称 可自己发电的臭氧水生成器
国 际 分 类 号 C02F 1/78，C01B 13/11
无效宣告请求人 隋乐城
专　利　权　人 张丁文
专　　利　　号 200420012385.5
申　　请　　日 2004年8月24日
授 权 公 告 日 2005年10月12日
合 议 组 组 长 刘敏飞
主　　审　　员 欧　岚
参　　审　　员 刘　犟

法　律　依　据 专利法第5条，第22条第2款、第3款
决　定　要　点

"违反国家法律的发明创造"应当理解为一项发明创造的目的本身是为我国法律明文禁止或者与我国法律相违背。

一、案由

本无效宣告请求涉及中华人民共和国国家知识产权局于2005年10月12日授权公告的、名称为"可自己发电的臭氧水生成器"的实用新型专利权（下称本专利），其专利号是200420012385.5，申请日是2004年8月24日，专利权人是张丁文。本专利授权公告时的权利要求书如下：

"1. 一种可自己发电的臭氧水生成器，其设有一气水混合部，该气水混合部一端设有一供安装于水龙头的安装部，另端则设有一出水口，该气水混合部中设有一混合搅拌器，该气水混合部的侧边设有一通管，该通管一端连接于臭氧产生器上，另端则连接于气水混合部上，臭氧产生器制造的臭氧经由通管输入气水混合部中，其特征在于：气水混合部设有一旁通水道，该旁通水道中设有一涡轮装置，涡轮装置的旁侧设有发电机，涡轮装置驱动发电机的电枢而发电，该发电机的电力输出线连接于臭氧产生器。

2. 根据权利要求1所述的一种可自己发电的臭氧水生成器，其特征在于：所述的气水混合部的安装部上具有一水龙头固定管套及一水龙头套环，气水混合部籍由该水龙头固定管套、水龙头套环安

装于水龙头上，气水混合部的出水口设有一出水口固定环。

3. 根据权利要求2所述的一种可自己发电的臭氧水生成器，其特征在于：所述的气水混合部与出水口固定环之间设有一垫圈，出水口固定环与出水口之间设有一橡皮垫圈。

4. 根据权利要求1所述的一种可自己发电的臭氧水生成器，其特征在于：所述的气水混合部旁设有一外筒，该气水混合部上并设有一分流开关。”

针对本专利权，隋乐城（下称请求人）于2007年7月22日向专利复审委员会提出无效宣告请求，请求人同时提交了如下附件：

附件1：包括附件1-1和附件1-2，其中，

附件1-1：公开日为2005年6月30日、公开号为2005169297A的日本公开特许公报，共4页；

附件1-2：附件1-1的中文译文，共5页；

附件2：包括附件2-1、2-2、2-3和2-4，其中，

附件2-1：産業報道出版社于2004年6月5日发行的《L月刊Pガス》第46卷第6期的封面页复印件；

附件2-2：産業報道出版社于2004年6月5日发行的《L月刊Pガス》第46卷第6期的第9页复印件；

附件2-3：産業報道出版社于2004年6月5日发行的《L月刊Pガス》第46卷第6期的封底页复印件；

附件2-4：附件2-2的中文译文，共2页；

附件3：包括附件3-1和附件3-2，其中，

附件3-1：産業報道出版社于2004年6月5日发行的《L月刊Pガス》第46卷第6期的内页广告页复印件，共1页；

附件3-2：附件3-1的中文译文，共1页；

附件4：包括附件4-1和附件4-2，其中，

附件4-1：平成19年登簿第0637号认证书，其上有东京法务局的公证人石黑重德出具的公证书、东京法务局局长五十岚义治出具的证明书和日本外事部官员Kazutoyo OYABE出具的认证证明；中华人民共和国驻日本国大使馆领事部出具的（2007）日领认字第0010353号中华人民共和国领事认证；日本日省科技股份有限公司董事长平久井健三出具的《宣誓陈述书》，産業報道出版社于2004年6月5日发行的《L月刊Pガス》第6期的封面页，复印件共4页；

附件4-2：附件4-1的中文译文，共2页；

附件5：申请日为2004年6月22日、授权公告日为2006年6月28日，授权公告号为CN2791026Y的中国实用新型专利说明书，专利权人为王慧民、周虎成、徐冀川。

请求人认为：本专利权利要求1相对于附件5不符合专利法第22条第2款的规定；权利要求1~4相对于附件1~4不符合专利法第22条第3款的规定；根据专利法第5条的规定，本专利相对于附件1不应授予专利权。

经形式审查合格，专利复审委员会依法受理了上述无效宣告请求，并于2007年9月3日向请求人和专利权人发出无效宣告请求受理通知书，同时将专利权无效宣告请求书及其附件清单中所列附件的副本转送给专利权人，并要求专利权人在指定的期限内陈述意见。

专利权人针对上述无效宣告请求受理通知书于2007年10月17日提交了意见陈述书，认为与附件5相比，本专利权利要求1中的“气水混合部中设有一混合搅拌器”、“气水混合部设有一旁通水道”、“旁通水道中设有一涡轮装置”和“涡轮装置的旁侧设有发电机”等特征均没有被附件5所揭

示，因此权利要求 1 相对于附件 5 具备新颖性；附件 1 不属于专利法意义上的现有技术，也不是由他人在本专利申请日之前向中国提出的专利申请，因此不能用作评价本专利的新颖性和创造性的证据；附件 4 并非对附件 2 和 3 的公证和认证文件，故附件 2 和 3 不能作为有效证据被采信，而且即使与附件 2 和 3 相比，本专利也具有创造性；本专利符合专利法第 5 条的规定。

专利复审委员会依法成立合议组，对本无效宣告请求进行审查。

本案合议组于 2007 年 11 月 15 日向双方发出无效宣告请求口头审理通知书，定于 2008 年 1 月 16 日在专利复审委员会举行口头审理。随口头审理通知书，将专利权人于 2007 年 10 月 17 日提交的意见陈述书转送给请求人。

口头审理如期举行，双方当事人均参加了口头审理。

在口头审理中，请求人陈述无效宣告请求的理由、范围和使用证据情况为：本专利权利要求 1 相对于附件 5 不具有新颖性，权利要求 1~4 相对于最接近的附件 2 结合附件 3 以及附件 1 不具有创造性，本专利权利要求 1~4 不符合专利法第 5 条的规定。附件 4 用来证明附件 2、3 是日本的公开出版物。请求人当庭出示了附件 1~4 的原件。专利权人认可附件 1~4 的复印件与原件一致，对附件 1、5 的真实性没有异议，对附件 1~4 中文译文的准确性没有异议，但认为附件 4 的公证认证不能证明附件 2、3 的日文杂志的真实性，附件 2、3 的日文杂志没有完成域外证据的证明手续。双方对本专利是否符合专利法第 5 条、专利法第 22 条第 2 款和第 3 款的规定充分发表了意见。

至此，合议组认为本案事实已经清楚，可以作出审查决定。

二、决定的理由

1. 关于专利法第 5 条

专利法第 5 条规定，对违反国家法律、社会公德或者妨害公共利益的发明创造，不授予专利权。

审查指南规定，发明创造与国家法律相违背的，不能授予专利权。例如：用于赌博的设备、机器或工具；吸毒的器具；伪造国家货币、票据、公文、证件、印章、文物的设备等都属于违反国家法律的发明创造，不能被授予专利权。

根据专利法和审查指南的规定，“违反国家法律的发明创造”应当理解为一项发明创造的目的本身是为我国法律明文禁止或者与我国法律相违背。

请求人认为，附件 1 公开的日本发明人平久井健三先生在 2003 年 12 月 12 日申请、名称为“直接安装在自来水龙头、内设水流发电机臭氧生成器”的专利申请，与本专利相比，附件 1 的附图与本专利完全相同，两者的内容也极其相似，由于附件 1 的申请时间早于本专利的申请日，其在申请文本完成之日起自动取得著作权，根据《伯尔尼公约》日本人在我国享有国民待遇，受我国著作权法的保护，因此本专利明显侵犯了平久井健三先生的著作权，故本专利违反国家著作权法，属于专利法第 5 条规定的不予授予专利权的情形。

合议组认为，本专利请求保护一种用于改善饮用水的臭氧生成器，其发明目的本身并未违反国家著作权法，也未为我国法律明文禁止或者与我国法律相违背，因此本专利不属于专利法第 5 条规定的违反国家法律而不授予专利权的情形。请求人主张的上述事实与专利法第 5 条规定的不授予专利权的情形明显不对应，故合议组对请求人认为本专利不符合专利法第 5 条规定的理由不予支持。

2. 关于新颖性

专利法第 22 条第 2 款规定，新颖性，是指在申请日以前没有同样的发明或者实用新型在国内外出版物上公开发表过、在国内公开使用过或者以其他方式为公众所知，也没有同样的发明或者实用新型由他人向国务院专利行政部门提出过申请并且记载在申请日以后公布的专利申请文件中。

请求人认为权利要求 1 相对于附件 5 不具备专利法第 22 条第 2 款规定的新颖性。

附件5为王慧民等人在本专利申请日之前向中国专利局提出过申请、在本专利申请日之后公开的中国专利文献，专利权人对其真实性无异议，合议组经审查认为附件5可用来评价本专利的新颖性。

附件5公开了一种自发电式臭氧杀菌净水器，具体公开了以下技术特征：其包括水轮式圆盘叶轮传动的发电机、电路部分、臭氧发生器及臭氧发生器散热水箱，进水口与自来水管的水龙头相接，自来水进入净水器后在射流孔的作用下形成高压水流，推动叶轮旋转，使发电机工作产生电压，由电路部分处理后变为臭氧发生器可使用的高频高电压；自来水经过叶轮后形成水雾进入混合腔21并形成负压，生成的臭氧气体从臭氧腔通过臭氧进气口16、臭氧输送管17、止回阀18、臭氧出气口19被吸入混合腔21内，水雾和臭氧气体在混合腔中充分混合形成臭氧水最终从出水口流出。本专利权利要求1与附件5相比，权利要求1的气水混合部、涡轮装置对应于附件5的混合腔、叶轮，两者的区别至少有：附件5没有公开权利要求1的气水混合部中设有一混合搅拌器，气水混合部设有一旁通水道，该水道中设有一涡轮装置。由上述可知，虽然附件5与本专利采用了相同的工作原理，均属于自发电式臭氧水生成器，但两者结构不同，所限定的技术方案明显不相同，因此权利要求1相对于附件5具备新颖性，请求人的上述主张不能成立。

3. 关于创造性

专利法第22条第3款规定，创造性，是指同申请日以前已有的技术相比，该发明有突出的实质性特点和显著的进步，该实用新型有实质性特点和进步。

请求人认为附件2的日文杂志第9页文章中已经公开了涡轮装置、发电机和臭氧水生成器，本领域技术人员可以根据附件2不需要创造性劳动得出本专利权利要求1，附件3的照片公开了本专利的外形，附件1虽然公开时间晚于本专利申请日，但其技术方案在本专利申请日前在附件2的日文杂志上公开发表过，附件1的图1-3与本专利图3-5是相同的，所以请求人使用附件2结合附件3以及附件1证明权利要求1不具有创造性。权利要求2、3、4的附加技术特征是公知常识，且被附件3照片公开。附件4为附件2、3的日文杂志的公证认证证明，证明附件2、3的真实性。

专利权人认为附件4公证认证手续中的日本外事部官员有中英文两种名字不能证明是同一个人，而且附件4中出具证人证言的平久井健三与专利权人有利害关系，其证言可信度差，因此附件4的公证认证不能证明附件2、3的日文杂志的真实性，附件2、3的日文杂志没有完成域外证据的证明手续。

（1）关于证据。

附件2、3为日文杂志，附件4包括的内容为：东京法务局对日本日省科技股份有限公司董事长平久井健三出具一份《宣誓陈述书》的事实的公证，以及日本外事部、中华人民共和国驻日本国大使馆领事部对上述公证出具的认证，在《宣誓陈述书》中平久井健三陈述了附件2、3的日文杂志为日本的公开出版物且其上的报道和广告的产品为他所在公司开发的。合议组经审查认为，附件4-1的复印件与原件一致，认可附件4-1的真实性，并且由于专利法对附件4-1的中文译文即附件4-2的准确性无异议，因此附件4-1公开的内容以其中文译文为准。但附件4中东京法务局的公证书以及日本外事部、中华人民共和国驻日本国大使馆领事部的认证仅能证明平久井健三出具了一份证言的过程是真实的，并不能证明该份证言内容的真实性，由于平久井健三是附件2、3日文杂志中报道和广告的产品的制造公司董事长，在没有其他证据予以佐证的情况下，他出具的证言不足以证明附件2、3是真实的且在日本是公开发行的，因此附件4不足以证明附件2、3的真实性。

附件1为日本专利文献，专利权人对其真实性无异议，合议组经审查认可附件1的真实性，但其公开日在本专利申请日之后，不能作为本专利现有技术使用。

（2）关于权利要求1~4相对于附件2结合附件3以及附件1的创造性。

即使请求人提供了足够的证据证明了附件2、3的真实性，附件2、3的公开内容以其中文译文为准，本专利权利要求1~4相对于附件2结合附件3以及附件1不具备创造性的主张仍不能成立，具体理由如下。

附件2第9页的文章《以出租方式来销售臭氧水净器》公开了一种臭氧水生成器，其运用水龙头的水流转动涡轮来发电，利用此电力产生臭氧。附件3的图片上公开了一种臭氧水生成器以及在使用时的外观，但未公开其内部结构，附件2、3结合并没有公开一个臭氧水生成器的具体技术方案，因此由附件2、3公开的内容本领域技术人员不能显而易见地获得本专利权利要求1~4要保护的技术方案。另外，请求人认为附件1申请的技术方案就是附件2中记载的臭氧水生成器，该主张没有证据支持，并且附件2、3作为出版物证据，其公开的内容以其实际的内容为准，不能由其他证据来佐证其所公开的内容。因此不能将附件1的内容作为附件2出版物公开的补充用于评价权利要求1的创造性。同时附件1不是本专利的现有技术，其也不能与附件2、3结合来评述权利要求1的创造性。综上所述，请求人关于本专利权利要求1~4相对于附件2结合附件3以及附件1不具备创造性的主张不能成立。

根据上述的事实和理由，本案合议组依法作出以下决定。

三、决定

维持200420012385.5号实用新型专利权有效。

当事人对本决定不服的，可以根据专利法第46条第2款的规定，自收到本决定之日起三个月内向北京市第一中级人民法院起诉。根据该款的规定，一方当事人起诉后，另一方当事人应当作为第三人参加诉讼。

097

扣槽式全钢网络地板

无效宣告请求审查决定（第11525号）

决　　定　　号　第11525号
决　　定　　日　2008年5月26日
发明创造名称　扣槽式全钢网络地板
国 际 分 类 号　E04F 15/024，E04F 15/06
无效宣告请求人　常州市红日防静电地板制造有限公司
专　利　权　人　常州市华一防静电活动地板有限公司
专　　利　　号　200520075693.7
申　　请　　日　2005年9月19日
授 权 公 告 日　2006年11月15日
合 议 组 组 长　刘敏飞
主　　审　　员　徐伟锋
参　　审　　员　欧　岚

法　律　依　据　专利法第22条第2款、第3款
决　定　要　点

如果实用新型专利某项权利要求所保护的技术方案与最接近的现有技术相比存在区别技术特征，请求人提供的其他证据公开了该区别技术特征或给出技术启示，或者该区别技术特征是公知常识，则该权利要求相对于请求人提供的现有技术不具有实质性特点，不具备创造性。

一、案由

本无效宣告请求涉及中华人民共和国国家知识产权局于2006年11月15日授权公告的、名称为“扣槽式全钢网络地板”的实用新型专利权（下称本专利），其专利号是200520075693.7，申请日是2005年9月19日，专利权人是常州市华一防静电活动地板有限公司。本专利授权公告时的权利要求书如下：

“1. 一种扣槽式全钢网络地板，具有全钢地板（1），其特征是：全钢地板（1）间留有间隙，间隙上设置有盖板（3），盖板（3）上设置有出线口（31），全钢地板（1）周边设置有支撑台阶（11），支撑台阶（11）上设置有扣槽（12），盖板（3）底面设置有折边（32），盖板（3）盖在支撑台阶（11）上，折边（32）嵌在扣槽（12）内。

2. 根据权利要求1所述的扣槽式全钢网络地板，其特征是：所述二块相邻的全钢地板（1）间的间隙上的盖板（3）为狭长形，四块全钢地板（1）对角处的间隙上的盖板（3）为十字方形，狭长形

盖板（3）的折边（32）设置在两侧边，十字方形盖板（3）的折边（32）设置在转角处。

3. 根据权利要求1或2所述的扣槽式全钢网络地板，其特征是：所述全钢地板（1）的支撑台阶（11）上以及扣槽（12）内设置有防震垫（4）。

4. 根据权利要求1或2所述的扣槽式全钢网络地板，其特征是：所述二块相邻的全钢地板（1）间的间隙处的盖板（3）下方设置有狭长形线槽底板（5），四块全钢地板（1）对角处的间隙处的盖板（3）下方设置有十字线槽底板（5），十字线槽底板（5）的四出口分别与相邻的一狭长形线槽底板（5）相连通。

5. 根据权利要求1或2所述的扣槽式全钢网络地板，其特征是：所述全钢地板（1）的四角下方设置有支架（2），全钢地板（1）与支架（2）固定连接。

6. 根据权利要求4所述的扣槽式全钢网络地板，其特征是：所述全钢地板（1）间的狭长形线槽底板（5）两侧槽板上设置有穿线孔（51）。

7. 根据权利要求6所述的扣槽式全钢网络地板，其特征是：所述全钢地板（1）的侧边上设置有出线口（13）。"

针对本专利，常州市红日防静电地板制造有限公司（下称请求人）于2007年7月12日向专利复审委员会提出无效宣告请求，其提交的附件如下：

附件1：授权公告日为2004年12月15日、授权公告号为CN2663576Y的中国实用新型专利说明书，共15页（下称对比文件1）；

附件2：授权公告日为2005年12月21日、授权公告号为CN2747306Y、专利权人为费仁龙的中国实用新型专利说明书，共18页（下称对比文件2）；

附件3：授权公告日为2003年12月3日、授权公告号为CN2589575Y的中国实用新型专利说明书，共20页（下称对比文件3）；

附件4：授权公告日为2001年9月12日、授权公告号为CN2447454Y的中国实用新型专利说明书，共5页（下称对比文件4）；

附件5：公告日为2003年2月19日、公告号为CN3279075的中国外观设计专利说明书，共1页（下称对比文件5）；

附件6：授权公告日为1995年11月1日、授权公告号为CN2211471Y的中国实用新型专利说明书，共7页（下称对比文件6）；

附件7：授权公告日为1991年1月2日、公告号为CN2068538U的中国实用新型专利申请说明书，共7页（下称对比文件7）；

请求人认为：权利要求1~7相对于对比文件1~7不具备新颖性和创造性。

经形式审查合格，专利复审委员会依法受理了上述无效宣告请求，并于2007年8月23日向双方发出无效宣告请求受理通知书，同时将专利权无效宣告请求书及其附件清单中所列附件的副本转送给专利权人，并要求专利权人在指定的期限内陈述意见。

专利权人逾期未答复。

专利复审委员会依法成立合议组，对本案进行审查。

专利复审委员会本案合议组于2007年11月20日向双方发出无效宣告请求口头审理通知书，定于2008年1月21日举行口头审理。同时要求专利权人应在接到本通知书一周内或者在口头审理时对请求人所提的证据进行质证，否则视为没有异议。

口头审理如期举行，双方当事人均参加了口头审理。

在口头审理中，专利权人当庭提交了意见陈述书，合议组当庭将该意见陈述书转送给请求人。请求人明确其无效宣告的理由、范围和证据使用方式为：权利要求1相对于对比文件1或2没有新颖性；权利要求2相对于对比文件1和公知常识的结合不具备创造性；权利要求3、4、5在引用权利要求1时相对于对比文件1或2不具备新颖性，权利要求3、4、5在引用权利要求2时相对于对比文件1和3的结合不具备创造性，权利要求6的附加技术特征是公知常识，在对比文件6或对比文件7中也公开了，权利要求7的附加技术特征在对比文件4或对比文件5中公开。专利权人认为，权利要求2的评价方式在请求书中没有提到对比文件1和公知常识的结合，创造性的评价方式不符合相关规定。专利权人对对比文件1~7的真实性没有异议。

至此，合议组认为本案事实已经清楚，可以作出审查决定。

二、决定的理由

1. 关于证据和现有技术

请求人提交的证据是对比文件1~7，专利权人对其真实性没有异议，因此对比文件1~7可以作为本案证据使用。同时由于对比文件1、3~7的公开日期在本专利的申请日前，因此可以作为本专利的现有技术使用。请求人提交的对比文件2为费龙仁于本专利申请日前向国家知识产权局专利局提出的、在本专利申请日后公开的专利文献，因此其仅能用来评述本专利的新颖性。

2. 关于本专利权利要求1~7的新颖性和/或创造性

专利法第22条第2款规定，新颖性，是指在申请日以前没有同样的发明或者实用新型在国内外出版物上公开发表过、在国内公开使用过或者以其他方式为公众所知，也没有同样的发明或者实用新型由他人向国务院专利行政部门提出过申请并且记载在申请日以后公布的专利申请文件中。

如果一项权利要求的技术方案已经在其申请日之前公开的其他专利文献中公开，并且两者的技术领域相同，解决的技术问题相同，能取得相同的技术效果，那么该权利要求不具备新颖性。

专利法第22条第3款规定，创造性，是指同申请日以前已有的技术相比，该发明有突出的实质性特点和显著的进步，该实用新型有实质性特点和进步。

如果实用新型专利某项权利要求所保护的技术方案与最接近的现有技术相比存在区别技术特征，请求人提供的其他证据公开了该区别技术特征或给出技术启示，或者该区别技术特征是公知常识，则该权利要求相对于请求人提供的现有技术不具有实质性特点，不具备创造性。

（1）权利要求1的新颖性。

本专利权利要求1请求保护一种扣槽式全钢网络地板。对比文件1（参见对比文件1说明书第3-4页具体实施方式，附图1-16）公开了一种超低轻多功能网络架空活动地板，其钢地板（1）的块与块之间留有可以用于布置网络线路的空隙，空隙的上部用边盖板（4）及角盖板（5）连接相邻间的钢地板（1），钢地板（1）的四周设有肩（3）（相当于本专利的支撑台阶（11）），在图2中可以看出边盖板（4）上设有若干槽（15）（相当于本专利的出线口（31）），钢地板及角盖板由支架支撑；角盖板的四角为内凹角，边盖板（4）两侧设凸柱并与地板侧面的槽相匹配，地板（1）的四边均设有沟槽（32）（相当于本专利的扣槽（12）），角盖板（5）、边盖板（4）四边设折边（30）、（31）（相当于本专利的折边（32）），角盖板、边盖板盖在肩（3）上，边盖板、角盖板的折边扣合在沟槽内，角底板（6）间插接线槽（25），边盖板（4）上可以设有电插座（29）。由此可见，对比文件1已经完全公开了本专利权利要求1的技术方案，并且两者技术领域相同，能够解决相同的技术问题，取得实质上相同的技术效果，因此，权利要求1不具备新颖性。

专利权人认为对比文件1并没有公开本专利权利要求1出线口（31）这个技术特征，因此相对于对比文件1具备新颖性。

合议组认为，在对比文件1中已经明确了在角盖板（5）、边盖板（4）上均设有若干槽（15），尽管对比文件 1 没有明确记载该槽就是出线口，但是对比文件 1 的角盖板（5）、边盖板（4）下的空隙用于埋设线缆，而一般情况下对于有线的线缆必须穿越盖板露出地面才具有使用价值，在对比文件 1 没有明确如何使得线缆露出地面的情况下，本领域技术人员能够知道该槽（15）可以起到出线口的作用，从而使得对比文件 1 的线缆露出地面以供使用，因此，对比文件 1 的槽（15）相当于本专利权利要求 1 的出线口。所以，合议组对专利权人的上述观点不予认可。

（2）权利要求 2 的创造性。

权利要求 2 引用权利要求 1。对比文件 1 还公开了角盖板（5）、边盖板（4）（相当于本专利的狭长形盖板（3）），角盖板（5）的四角为内凹角，角盖板（5）、边盖板（4）四边设折边（30）、（31）（相当于本专利的折边（32））（参见对比文件 1 说明书第 3-4 页具体实施方式，附图 1-16），由于对比文件 1 公开了角盖板（5）的四角为内凹角，再参考对比文件 1 的附图 11 可知对比文件 1 的角盖板（5）也是将四角设置为“内凹角”从而形成“十字方形”盖板，而对比文件 1 附图 11 中的角盖板（5）形状与本专利附图 3 的十字方形盖板相同，因此对比文件 1 的角盖板（5）与本专利的十字方形盖板实质相同，所以本专利权利要求 2 与对比文件 1 的区别在于明确了“十字形盖板（3）的折边（32）设置在转角处”。对比文件 1 中已经明确了“角盖板（5）、边盖板（4）四边设折边（30）、（31）”，也就是角盖板（5）也设有折边，而将角盖板（5）的折边具体“设置在转角处”以实现与地板沟槽的扣合，这对于本领域技术人员而言是显而易见的，所以，当其引用的权利要求 1 不具备新颖性时，本专利权利要求 2 不具备创造性。

专利权人认为权利要求 2 相对于对比文件 1 和公知常识不具备创造性的无效理由是新提出的。

合议组认为，请求人在无效宣告请求书附页第 3 页第 1 段，已经提到本专利的权利要求 1 相对于对比文件 1 不具备新颖性的前提下，权利要求 2 中“盖板形状的不同及其选择同样没有创造性”，也就是说请求人已经提出本专利权利要求 2 相对于对比文件 1 和公知常识结合不具备创造性的无效理由。因此合议组对于专利权人的上述主张不予支持。

（3）权利要求 3 的新颖性和创造性。

①权利要求 3 引用权利要求 1 时的新颖性。

本专利的权利要求 3 引用权利要求 1。对比文件 1 说明书第 2 页第 1 段倒数第 3-5 行已经披露在各金属件间设缓冲件，具有缓冲效果可以有效防止地板整体系统上的响声。而且从对比文件 1 的图 6 可看出钢地板的肩 3 上以及沟槽 32 内设置有一层垫子，因此由对比文件 1 的文字部分和附图可知上述图 6 中的这层垫子实质上就是在金属件之间起防震、防噪声的防震垫，也就是说对比文件 1 公开了权利要求 3 的附加技术特征，所以，在本专利的权利要求 1 相对于对比文件 1 不具备新颖性的前提下，本专利的权利要求 3 在引用权利要求 1 时相对于对比文件 1 也不具备新颖性。

②权利要求 3 引用权利要求 2 时的创造性。

本专利的权利要求 3 引用权利要求 2。对比文件 3 也已经披露在各金属件间设缓冲件。尽管对比文件 3 没有明确缓冲件就是设置在支撑台阶上和扣槽内的防震垫，但在对比文件 3 的活动地板中，已经公开边盖板（4）和角盖板（5）能够很方便拆装，从而可以达到灵活布线的目的。并且由于边盖板（4）和角盖板（5）与钢地板是扣合连接的，因此两者间的间隙比较大，当行人在地板上行走时很容易产生震动和噪声，为了解决这个技术问题，对于本领域技术人员而言，能够从对比文件 3 得到启示，即在金属件之间设置缓冲件从而起到防震和防噪声的效果，因此在全钢地板（1）的支撑台阶（11）上以及扣槽（12）内设置有防震垫（4）对本领域技术人员而言是显而易见的，所以，在本专利的权利要求 2 不具备创造性的前提下，本专利的权利要求 3 在引用权利要求 2 时相对于对比文件 1 和 3 的结合同样不具备创造性。

（4）权利要求 4 的新颖性和创造性。

本专利的权利要求 4 引用权利要求 1。对比文件 1（参见说明书第 2 页，图 1、2）公开了“角地板间设置线槽，线槽的两端分别插在角底板上，且用 L 转弯连接板插于线槽和凸块间”，并且对比文件 1 的图 1 和图 2 中公开了线槽同样位于边盖板之下（也就是权利要求 4 的盖板（3）下方）并且也是狭长形的，对比文件 1 的角底板上插有 4 个 L 型转弯连接板，从而也构成一个与四个方向线槽连通的十字形线槽底板（参见对比文件 1 的说明书第 2 页第 5-8 行，附图 1、2、14），由此可见对比文件 1 公开了权利要求 4 的附加技术特征，在本专利的权利要求 1 相对于对比文件 1 不具备新颖性的前提下，本专利的权利要求 4 引用权利要求 1 时不具备新颖性。

本专利的权利要求 4 引用权利要求 2。对比文件 3（参见说明书第 1 页，图 1、2、14）公开了“角地板间设置线槽，线槽的两端分别插在角底板上，且用 L 转弯连接板插于线槽和凸块间”，并且对比文件 3 的图 1 和图 2 中公开了线槽同样位于边盖板之下（也就是权利要求 4 的盖板（3）下方）并且也是狭长形的，对比文件 3 的角底板上插有 4 个 L 型转弯连接板，从而也构成一个与四个方向线槽连通的十字形线槽底板，由此可见对比文件 3 公开了权利要求 4 的附加技术特征，在本专利的权利要求 2 不具备创造性的前提下，本专利的权利要求 4 在引用权利要求 2 时相对于对比文件 1 和 3 的结合不具备创造性。

专利权人认为本专利权利要求 4 的十字形线槽底板是整体式的。合议组认为，本专利的权利要求 4 中并没有限定十字形线槽底板是整体式的，因此在新颖性和创造性评述时对此不予考虑。

（5）权利要求 5 的新颖性和创造性。

本专利的权利要求 5 引用权利要求 1。对比文件 1 公开了“地板底面凹进的台阶处及角盖板由支架支撑，支架置于地面的角底板上”，支架的“固定螺母外套有套管并套置于地板的螺孔中”，“支架螺纹螺母可以起到定位、调节地板安装的高度”（参见对比文件 1 说明书第 2 页，附图 3、5），可见对比文件 1 公开了权利要求 5 的附加技术特征，在本专利的权利要求 1 相对于对比文件 1 不具备新颖性的前提下，本专利的权利要求 5 引用权利要求 1 时不具备新颖性。

本专利的权利要求 5 引用权利要求 2。对比文件 3（参见对比文件 3 说明书第 1 页倒数 1、2 行，第 2 页第 2 段第 3 行，附图 3、5）公开了“地板底面凹进的台阶处及角盖板由支架支撑，支架置于地面的角底板上”，支架的“固定螺母外套有套管并套置于地板的螺孔中”，“支架螺纹螺母可以起到定位、调节地板安装的高度”，可见对比文件 3 公开了权利要求 5 的附加技术特征，在本专利的权利要求 2 不具备创造性的前提下，本专利的权利要求 5 引用权利要求 2 时相对于对比文件 1 和 3 的结合不具备创造性。

（6）权利要求 6 的创造性。

本专利的权利要求 6 引用权利要求 4。尽管对比文件 1 没有明确公开在狭长形槽底板两侧设置穿线孔，然而对于本领域技术人员而言，线槽作为承载线缆的相对密闭的空间，线槽必须有出口才能满足承载和布置线缆的功能，而在布置线缆时出于美观、方便和安全的考虑，在狭长形线槽底板两侧设置穿线孔，对于本领域技术人员而言是显而易见的，也就是说权利要求 6 的附加技术特征是公知常识，因此在本专利的权利要求 4 相对于对比文件 1，当引用权利要求 1 时不具备新颖性，引用权利要求 2 时不具备创造性的前提下，权利要求 6 也不具备创造性。

（7）权利要求 7 的创造性。

本专利的权利要求 7 引用权利要求 6。对比文件 4（参见对比文件 4 的图 1）公开了一种智能网络地板，其中公开了在地板侧边上设置出线口，因此在权利要求 6 不具备创造性的前提下，权利要求 7 同样不具备创造性。

鉴于上述已经得出本专利权利要求1~7不符合专利法第22条2、3款的规定，本决定对请求人提出的新颖性或创造性的其他证据使用方式不作评述。

根据上述的事实和理由，本案合议组依法作出以下决定。

三、决定

宣告200520075693.7号实用新型专利权全部无效。

当事人对本决定不服的，可以根据专利法第46条第2款的规定，自收到本决定之日起三个月内向北京市第一中级人民法院起诉。根据该款的规定，一方当事人起诉后，另一方当事人应当作为第三人参加诉讼。

098

玩具机芯

无效宣告请求审查决定（第 11536 号）

决　　定　　号　第 11536 号
决　　定　　日　2008 年 5 月 21 日
发明创造名称　玩具机芯
国 际 分 类 号　A63H13/00，A63H31/00
无效宣告请求人　崔永跃
专　利　权　人　张新湘
专　　利　　号　200520015640.6
申　　请　　日　2005 年 4 月 8 日
授 权 公 告 日　2006 年 6 月 14 日
合 议 组 组 长　任晓兰
主　　审　　员　侯　曜
参　　审　　员　黄　强

法　律　依　据　专利法第 26 条第 3 款，第 22 条第 3 款；专利法实施细则第 20 条第 1 款
决　定　要　点

对于实用新型专利而言，如果所属技术领域的技术人员按照说明书记载的内容，不能实现该实用新型的技术方案，解决其技术问题，并且产生预期的技术效果，则认为该实用新型专利不符合专利法第 26 条第 3 款的规定。

一、案由

本无效宣告请求案涉及国家知识产权局于 2006 年 6 月 14 日公告授予的、名称为“玩具机芯”的 200520015640.6 号实用新型专利权（以下简称本专利），其申请日为 2005 年 4 月 8 日，专利权人为张新湘。该专利授权公告的权利要求书如下：

“1. 一种玩具机芯，包含有头部结构、机身结构、底座、壳体、马达、电池盒、电路板和喇叭，其中头部结构和机身结构相连，底座和壳体相连，壳体固定住机身，电路板连接电池盒，电路板固定在壳体中，马达位于机身结构上并连接电路板，喇叭连接电路板，其特征是：马达通过传动装置连接机身结构中的齿轮组，机身结构下部有一根轴，轴两端分别安装有一个凸轮，马达通过传动装置连接机身结构中的齿轮组，齿轮组连接方轴，用一个固定框固定两侧凸轮。

2. 根据权利要求 1 所述的玩具机芯，其特征是：所述的头部结构中包含有一个马达，一个齿轮组，上、下两片嘴唇和外壳，其中马达和齿轮组在外壳内部，马达用传动件连接齿轮组，齿轮组和下

嘴唇之间用带传动件的轴连接，上嘴唇固定在头部外壳上。在电路板上有一个声控开关，声控开关连接头部结构中的马达，在下嘴唇的轴上有一个扭簧，扭簧一端固定在头部结构的外壳上，一端固定在下嘴唇上。

3. 根据权利要求2所述的玩具机芯，其特征是：所述的轴是方轴。

4. 根据权利要求3所述的玩具机芯，其特征是：所述的电池盒位于底座上。”

针对上述专利权，崔永跃（下称请求人）于2007年8月24日向专利复审委员会提出无效宣告请求，认为本专利说明书不符合专利法第26条第3款的规定，权利要求1~4不符合专利法专利法实施细则第20条第1款和专利法第22条第3款的规定，并于2007年10月8日补交了下述附件作为证据：

附件1：专利号为ZL97214705.5，授权公告号为CN2293365Y的中国实用新型专利授权公告文本，授权公告日为1998年10月7日，复印件共15页（下称证据1）；

附件2：专利号为ZL99206655.7，授权公告号为CN2393603Y的中国实用新型专利授权公告文本，授权公告日为2000年8月30日，复印件共12页（以下简称证据2）。

请求人认为：（1）本专利说明书没有给出“固定框260”除了“两侧凸轮250”以外与其他部件之间的连接关系，也没有给出定位柱251是如何卡在固定框260上的，附图2所示的二者位置关系不能实现“上身绕着机身结构上的两个凸轮做前后左右方向的摇摆”的发明目的，且没有明确“传动件151”和“带动传动件151的轴150”的结构、其如何与“齿轮组120和下嘴唇131”连接以及如何实现“嘴部随音乐的节奏开合”的发明目的，因此，说明书和附图未能对该实用新型作出清楚、完整的说明，致使所属领域的技术人员不能实现；（2）权利要求中也包含上述未能清楚地描述其结构、位置关系以及功能如何实现的部件，因此权利要求1~4未能清楚地表述请求保护的范围，不符合实施细则第20条第1款的规定；（3）权利要求1~4的技术方案已经被对证据1、证据2或证据1和2的组合完全公开，因此不符合专利法第22条第3款有关创造性的规定。

经形式审查合格后，专利复审委员会受理了上述请求，于2007年10月23日向双方当事人发出《无效宣告请求受理通知书》，并将《专利权无效宣告请求书》及其他有关文件的副本转送给专利权人，要求其在指定的期限内答复，同时成立合议组对本无效宣告请求案进行审理。

2008年2月13日，本案合议组向双方当事人发出《无效宣告请求口头审理通知书》，拟定于2008年4月2日对本案进行口头审理。

2008年2月20日，请求人向专利复审委员会递交了无效宣告口头审理通知书回执，明确表示将参加2008年4月2日举行的口头审理。

2008年2月27日，专利权人向专利复审委员会递交了无效宣告口头审理通知书回执，明确表示不参加口头审理。

口头审理如期进行，双方当事人均未出席。

合议组依据专利法实施细则第69条的规定，根据双方当事人提交的书面意见作出审查决定。

二、决定的理由

1. 关于文本

本无效宣告请求审查决定所针对的文本为本专利的授权文本。

2. 关于证据和无效理由

证据1和2均为中国实用新型专利，合议组依职权核实了其真实性，证据1的授权公告日为1998年10月7日，证据2的授权公告日为2000年8月30日，均早于本专利的申请日，因此可以作为本专利的现有技术。

在此基础上，根据请求人的无效宣告请求，合议组审理的无效理由是本专利说明书不符合专利法

第 26 条第 3 款的规定；权利要求 1~4 不符合专利法实施细则第 20 条第 1 款的规定；权利要求 1~4 相对于证据 1、证据 2 或证据 1 和证据 2 的结合不符合专利法第 22 条第 3 款的规定。

3. 关于专利法第 26 条第 3 款

专利法第 26 条第 3 款规定，说明书应当对发明或者实用新型作出清楚、完整的说明，以所属技术领域的技术人员能够实现为准；必要的时候，应当有附图。

对于实用新型专利而言，如果所属技术领域的技术人员按照说明书记载的内容，不能实现该实用新型的技术方案，解决其技术问题，并且产生预期的技术效果，则认为该实用新型专利不符合专利法第 26 条第 3 款的规定。

就本专利而言，权利要求 1 要求保护一种玩具机芯，包含有头部结构、机身结构、底座、壳体、马达、电池盒、电路板和喇叭，其中头部结构和机身结构相连，底座和壳体相连，壳体固定住机身，电路板连接电池盒，电路板固定在壳体中，马达位于机身结构上并连接电路板，喇叭连接电路板，其特征是：马达通过传动装置连接机身结构中的齿轮组，机身结构下部有一根轴，轴两端分别安装有一个凸轮，马达通过传动装置连接机身结构中的齿轮组，齿轮组连接方轴，用一个固定框固定两侧凸轮。

请求人认为：本专利说明书没有给出“固定框 260”除了“两侧凸轮 250”以外与其他部件之间的连接关系，也没有给出“定位柱 251”是如何卡在“固定框 260”上的，附图 2 所示的二者位置关系不能实现“上身绕着机身结构上的两个凸轮做前后左右方向的摇摆”的发明目的。

对此，合议组认为：本专利中的玩具机芯是一种模拟动物身体和头部摇摆和嘴部张合动作的玩具机芯，具体动作为上身绕着机身结构上的两个凸轮作前后左右方向的摆动，嘴部跟随音乐的节奏开合，底座和外壳保持不动。其中，为了实现上身的动作，本专利中在机芯的身体部分采用了以下结构：马达 210 通过传动装置 220 连接机身结构中的齿轮组 230，机身结构下部有一根轴 240，轴两端分别安装有一个凸轮 250，马达 210 通过传动装置 220 连接机身结构中的齿轮组 230，齿轮组 230 连接方轴 240，用一个固定框 260 固定两侧凸轮 250，两边的凸轮 250 上有定位柱 251 卡在固定框 260 上，两边的定位柱 251 同轴，但不与凸轮 250 同轴。采用上述结构以后，通电时，机身随着两个凸轮在固定框的控制范围内摇动（参见说明书第 2 页倒数第二段和图 2）。通过以上描述可知，玩具机芯上身部分的运动应当是在通电后，马达 210 经传动装置 220 带动齿轮组 230 以及方轴 240，最后通过方轴 240 两端的凸轮 250 在固定框 260 的控制范围内摇动来实现的。可见，固定框 260 与凸轮 250 之间的连接关系，特别是一对定位柱 251 在该连接关系中所起的作用，是实现本专利所述目的的关键。

除了说明书部分对上述连接关系的简单描述之外，本专利的附图 2 是玩具机芯的身体部分的内部结构示意图，如附图 2 所示，固定框 260 在上端口与凸轮 250 外部的顶端接触，而定位柱 251 与固定框 260 之间没有任何接触，定位柱 251 并未起到卡住固定框 260 的作用，这与说明书中指出的“凸轮 250 上有定位柱 251 卡在固定框 260 上”（参见说明书第 2 页第 20 行）显然不一致。

本领域技术人员通过上述描述既无法得知固定框 260 如何固定两侧凸轮 250，也无法仅凭附图 2 中固定框 260 与凸轮 250 之间的简单接触获知其如何实现“机身随着两个凸轮在固定框的控制范围内摇动”这一功能的，因此，说明书未能对权利要求 1 要求保护的技术方案作出清楚、完整的说明，所属技术领域的技术人员按照说明书的描述不能实现该技术方案，解决其技术问题，并且产生预期的技术效果，本专利不符合专利法第 26 条第 3 款的规定。

从属权利要求 2~4 的附加技术特征并未对上述连接关系作出进一步说明，因此权利要求 2~4 的技术方案也存在与权利要求 1 同样的问题，以下仅就从属权利要求中的附加技术特征本身进行论述。

本专利的权利要求 2 进一步限定了权利要求 1 的玩具机芯的头部结构，其中包含有一个马达，一个齿轮组，上、下两片嘴唇和外壳，其中马达和齿轮组在外壳内部，马达用传动件连接齿轮组，齿轮组和下嘴唇之间用带传动件的轴连接，上嘴唇固定在头部外壳上。在电路板上有一个声控开关，声控开关连接头部结构中的马达，在下嘴唇的轴上有一个扭簧，扭簧一端固定在头部结构的外壳上，一端固定在下嘴唇上。

请求人认为：本专利说明书没有明确“传动件151”和“带动传动件151的轴150”的结构、其如何与“齿轮组120和下嘴唇131”连接以及如何实现“嘴部随音乐的节奏开合”的发明目的，附图3也看不出这种连接关系。

对此，合议组认为：在本专利中，为了实现嘴部随着音乐开合的动作，本专利中在机芯的头部部分采用了以下结构：头部结构100中包含有一个马达110，一个齿轮组120，上、下两片嘴唇130和131和外壳140，其中马达110和齿轮组120在外壳140内部，马达110用传动件111连接齿轮组120，齿轮组120和下嘴唇131之间用带传动件151的轴150连接，上嘴唇130固定在头部外壳140上，在下嘴唇的轴上有一个扭簧152。另外加入声控电路，当音乐响起时，头部马达启动，下嘴唇开始张开，当音乐停止的时候，声控开关断开头部马达的电源，此时张开的下嘴唇在扭簧的作用下闭合，从而形成嘴部随着音乐张开和闭合的动作（参见说明书第2页第24行至第3页第5行）。通过上述描述可知，玩具机芯嘴部的运动应当是声控电路控制马达启动，通过传动件111带动齿轮组120，并进一步由齿轮组120带动带传动件151的轴150，最终带动与轴150连接的下嘴唇131，并通过上下嘴唇之间的扭簧152实现上嘴唇130的运动。可见，马达110和齿轮组120之间的传动件111，以及齿轮组120和下嘴唇131之间的带传动件151的轴150是实现嘴部动作的关键。但说明书部分对上述部件仅有涉及功能的简单描述，对其具体结构以及与其他部件的连接关系（例如，传动件151如何与轴150连接，传动件151除了与轴151连接之外，又与哪一部件相连，从而起到传动功能）没有进一步的详细阐述。本专利的附图3是玩具机芯的头部部分的内部结构示意图，但附图3中也没有标出上述部件，本领域技术人员通过上述描述结合附图不仅无法得知传动件111以及带传动件151的轴150的具体结构及其与其他部件的连接关系，更无法得知“嘴部随着音乐张开和闭合的动作”这一功能是如何实现的，因此，说明书未能对权利要求2的附加技术特征所表示的结构作出清楚、完整的说明，不符合专利法第26条第3款的规定。

综上所述，本专利的说明书未对权利要求1~4要求保护的技术方案作出清楚、完整的说明，致使所属技术领域的技术人员按照说明书记载的内容，不能实现该实用新型的技术方案，解决其技术问题，并且产生预期的技术效果，因此，不符合专利法第26条第3款的规定。

基于根据上述理由已经得出本专利权利要求1~4全部无效的结论，因此，合议组对请求人的其他无效理由不予评述。

基于以上事实和理由，本案合议组作出如下审查决定。

三、决定

宣告200520015640.6号实用新型专利权全部无效。

当事人对本决定不服的，可以根据专利法第46条第2款的规定，自收到本决定之日起三个月内向北京市第一中级人民法院起诉。根据该款的规定，一方当事人起诉后，另一方当事人应当作为第三人参加诉讼。

099

一种能保护掌外侧边缘的跆拳道手套

无效宣告请求审查决定（第11560号）

决　　定　　号　第11560号
决　　定　　日　2008年5月23日
发明创造名称　一种能保护掌外侧边缘的跆拳道手套
国 际 分 类 号　A63B 71/14
无效宣告请求人　刘孝臣
专　利　权　人　青岛盛德运动用品有限公司
专　　利　　号　200620082133.9
申　　请　　日　2006年3月17日
授 权 公 告 日　2007年4月25日
合 议 组 组 长　张　度
主　　审　　员　赵　煜
参　　审　　员　傅　玉

法　律　依　据　专利法第22条第2款、第3款
决　定　要　点

权利要求保护的技术方案与现有技术公开的技术方案之间存在区别技术特征，且该区别技术特征不属于本领域惯用手段的直接置换，则该权利要求具有新颖性；如果一项权利要求保护的技术方案相对于现有技术具有区别技术特征，现有技术对于该区别技术特征也没有给出任何技术启示，且该区别技术特征使得该技术方案具有与现有技术相比更好的技术效果，则该权利要求具有创造性。

如果请求人所提供的证据既不能单独证明本专利产品已在申请日之前使用公开和/或出版物公开，也无法构成完整的证据链，那么其主张得不到相应证据的支持，请求人提出的关于使用公开和/或出版物公开的理由不成立。

一、案由

本无效宣告请求涉及国家知识产权局于2007年4月25日授权公告的名称为“一种能保护掌外侧边缘的跆拳道手套”的200620082133.9号实用新型专利（下称本专利），其申请日为2006年3月17日，专利权人为青岛盛德运动用品有限公司。本专利授权公告的权利要求书如下：

“1. 一种能保护掌外侧边缘的跆拳道手套，包括腕口部、手掌部及指套部，其特征在于：在所述手掌部对应掌外侧边缘的套体部分，附着与该边缘形状相应的掌际弹性软垫层，该掌际弹性软垫层顺延手掌外边缘方向一直延伸到指套部的小手指套。

2. 根据权利要求1所述的能保护掌外侧边缘的跆拳道手套，其特征在于：所述掌际弹性软垫层，除其周边与套体部分的缝合线条外，还在其垫层上设置将其分割成若干小区域的纵向或横向缝合线条组。

3. 根据权利要求1或2所述的能保护掌外侧边缘的跆拳道手套，其特征在于：在所述腕口部、手掌部及指套部对应外手掌的套体部分为软质透气布料层，在对应外手掌的中掌部、前掌部及前四指根节部、拇指根节部的布料层上附着弹性软垫层，其中附着在中掌部位的弹性软垫层、附着在前掌部及前四指根节部的弹性软垫层、附着在拇指根节部的弹性软垫层和掌际弹性软垫层彼此之间为分体设置；上述腕口部、手掌部及指套部，在其对应内手掌的掌根部及后掌部的套体部分为软质透气布料层，在其对应内手掌的前掌部及手指部的套体部分为软质皮料或仿皮料层。

4. 根据权利要求3所述的能保护掌外侧边缘的跆拳道手套，其特征在于：所述各弹性软垫层包括置于内部的弹性软垫和覆盖弹性软垫的表面，其中附着在前掌部及前四指根节部弹性软垫层和掌际弹性软垫层的表面为皮革或仿皮革面，附着在拇指根节部弹性软垫层的表面为软质吸水性布料面；上述前四指根节部的弹性软垫层上设置透气孔，在手指部的软质皮料或仿皮料层上设置透气孔；上述弹性软垫的厚度优选为0.2~1.0cm。

5. 根据权利要求1或2所述的能保护掌外侧边缘的跆拳道手套，其特征在于：在对应前掌心面的套体部分横向附着垫块，该垫块由包裹层及置于其内的弹性软支撑体组成；上述垫块的弹性软支撑体可为一个柱形体，其整体长度与掌心宽度相当；上述弹性软支撑体的截面积优选为0.25~1.00cm^2。

6. 根据权利要求5所述的能保护掌外侧边缘的跆拳道手套，其特征在于：所述包裹层覆盖于套体对应部位上，并在顺延弹性软支撑体下周边的边缘处与套体部分缝合，垫块整体与套体保持结合状态。

7. 根据权利要求5所述的能保护掌外侧边缘的跆拳道手套，其特征在于：所述垫块，其两端固定在套体部分的对应部位上，中央段与套体保持分离状态。

8. 根据权利要求1或2所述的能保护掌外侧边缘的跆拳道手套，其特征在于：所述腕口部，设有一条形护腕收紧带，该护腕收紧带一端固定在套体对应部位上，并在该端的带体一段或其他适宜部位的带体一段外表面设置粘面紧固件，该收紧带有足以缠绕手腕一周以上的长度，并在其自由端带体一段的内表面设置相配的粘面紧固件；上述指套部，其设有使手指得以伸出前两节或一节手指段的前套口。”

针对上述专利权，刘孝臣（下称请求人）于2007年6月25日向专利复审委员会提出无效宣告请求，其提供的附件如下：

附件1：专利号为200420070666.6的实用新型专利说明书全文及该实用新型专利证书复印件，共8页，实用新型专利证书号为第722988号，共1页，证书中明确实用新型专利的授权公告日为2005年8月31日；

附件2：附件1实用新型专利检索报告复印件，共4页；

附件3：韩国2005年1月3日报导文章复印件及翻译件，共2页；

附件4：从网上下载的世界跆盟认证通告及翻译件，共5页，翻译件上记载的日期为2006年1月24日；

附件5：一手套产品开发、修改、定型过程照片一组共6张，彩色打印件，共1页；

附件6：补充说明，共1页；

附件7：实物样品一副。

无效宣告请求的理由是：（1）权利要求1~8相对于附件3、4、5的结合不符合专利法第22条的规定：附件 1 的专利产品已于 2004 年 10 月初完成产品的初步定型并投放国际市场（附件 5 照片 4）并最后定型（附件 5 照片 5），于 2006 年 1 月获得世界跆盟认证（附件 4），韩国报刊曾给予报导和肯定（附件 3）。而本专利是 2006 年 3 月 17 日抄袭附件 1 的专利产品稍加修改申报的专利，因此本专利的权利要求 1~8 不具有新颖性、创造性。（2）权利要求 1 相对于附件 1 不符合专利法第 22 条的规定：权利要求 1 保护的“一种能保护掌外侧边缘的跆拳道手套”，不管其保护垫是什么形状或如何缝制的，已被附件 1 权利要求 1 中的“手掌洞的一侧设有手掌侧面护垫（6）”公开了。（3）权利要求 5 相对于附件 1 不符合专利法第 22 条的规定：附件 1 权利要求 3 公开了“所述拉带（4）为具有弹性的圆柱型拉带”，且附件 1 说明书中提到其所起的作用是在握拳时舒适且有力。虽然附件 1 权利要求 3 与本涉案专利权利要求 5 的文字表述不同，但是表述的实质性作用完全相同。（4）权利要求 3、4 相对于附件 1 不符合专利法第 22 条的规定：权利要求 3、4 的附加技术特征被附件 1 的权利要求 1 所涵盖。（5）权利要求 8 相对于附件 1 不符合专利法第 22 条的规定：权利要求 8 的附加技术特征被附件 1 的权利要求 4 所涵盖。（6）权利要求 2、6、7：普通材料的选用、缝制工艺等不在实用新型专利的保护范围之内。（7）本专利的主结构特征构成对附件 1 的侵权。

经形式审查合格，专利复审委员会受理了上述无效宣告请求，于 2007 年 9 月 10 日向双方当事人发出无效宣告请求受理通知书，同时将专利权无效宣告请求书及其附件清单中所列附件的副本转送给专利权人，要求其在指定的期限内答复。

专利复审委员会依法组成合议组，对上述无效宣告请求进行审查。

因请求人的通信地址查无此人，寄给请求人的无效宣告请求受理通知书被退回，专利复审委员会于 2007 年 11 月 7 日作出地址不祥公告。

在指定期限内，针对请求人提出的无效宣告请求专利权人未作出任何答复意见。

经对请求人的地址重新确认后，本案合议组于 2008 年 1 月 11 日向双方当事人发出无效宣告请求口头审理通知书，定于 2008 年 3 月 26 日举行口头审理。随同口头审理通知书，将因请求人地址不祥原因被退回的《无效宣告请求受理通知书》转送给请求人。

请求人于 2008 年 1 月 16 日向专利复审委员会提交了补正书，对其通信地址进行了补正。

口头审理如期举行，双方当事人均出席了口头审理。在口头审理中，双方当事人对对方出席人员的身份和资格没有异议，对合议组成员没有回避请求。

请求人当庭明确放弃使用附件 2。

请求人当庭明确其无效理由为：本专利权利要求 1、3、4、5、8 相对于附件 1 不符合专利法第 22 条第 2 款、第 3 款的规定；附件 3~7 用来证明使用公开和出版物公开。请求人当庭明确表示在无效宣告请求书中对权利要求 2、6、7 没有具体的陈述意见。

请求人当庭提交了附件 3 的原件，附件 4 的打印件，附件 5 照片的彩色打印件。

专利权人当庭明确表示对附件 1 的真实性没有异议，对附件 3~7 的真实性、关联性和合法性均有异议：其中附件 3 里面没有记载技术内容，不具有关联性，其是在域外形成的证据，没有公证认证因而不具有合法性；附件 4 是打印件，其下载的时间无法确定，下载内容的真实性无法核实，其是在域外形成的证据，没有公证认证因而不具有合法性；附件 5 真实性无法确认；附件 6 没有技术内容不具有关联性；附件 7 缺少使用公开的佐证不能形成完整的证据链，不具有关联性。

二、决定的理由

1. 关于证据

请求人在无效宣告请求程序中共提交 7 份无效宣告请求的证据，即附件 1~7。

口头审理中，请求人当庭明确表示放弃附件 2 作为证据使用，因此本决定中合议组对附件 2 不再予以考虑。

专利权人当庭明确表示对附件1的真实性没有异议，并且附件1（下称对比文件1）是公开日期在本专利申请日之前的专利文献，因此其中公开的内容构成本专利的现有技术。

附件4是请求人从网上下载的世界跆盟认证通告及翻译件，请求人未能提供附件4的原件，也没有提供能够证明其真实性的其他证据，仅提供了附件4的打印件，并且专利权人对附件4的真实性有异议，合议组无法确认附件4的真实性，因此对附件4不予采信。

附件5是一手套产品开发、修改、定型过程照片的复印件，请求人未能提供附件5的原件，也没有提供能够证明其真实性的其他证据，仅提供了该附件5照片的彩色打印件，并且专利权人对附件5的真实性有异议，合议组无法确认附件5的真实性，因此对附件5不予采信。

附件3是韩国2005年1月3日报导文章复印件及翻译件。由附件3的内容仅能获知大韩跆拳道协会于2005年9月召开的韩国公开大会中，为使选手在比赛中受伤率最小化，使用手脚保护带以对选手进行保护。合议组认为，由附件3内容并不能够知晓该“手脚保护带”的具体结构是怎样的，也不能够得知它与本专利中的“能保护掌外侧边缘的跆拳道手套”是否具有相同的结构。因此附件3无法证明本专利在申请日之前已使用公开和/或出版物公开。

附件6是请求人提交的补充说明，即为请求人对其无效请求意见的进一步说明。在该补充说明中，请求人仅对附件1中产品申报专利、推广的过程做了简单的介绍，但是并没有充分论证本专利产品如何在申请日前已被使用公开和/或出版物公开。因此附件6无法证明本专利在申请日之前使用公开和/或出版物公开。

附件7是实物样品一副。合议组认为，请求人提供的实物上没有其制成的时间、制造商等信息，并且附件7实物的结构与本专利保护的“能保护掌外侧边缘的跆拳道手套”的手掌套体部分、条形护腕收紧带在结构上都存在不同。因此附件7无法证明本专利在申请日之前已使用公开。

并且，附件3是韩国2005年1月3日报导文章复印件及翻译件，附件6为请求人对其无效请求意见的进一步说明，附件7是一副实物样品，它们之间并不存在关联关系，也就是说，上述三份附件之间缺乏关联性，不能构成完整的证据链，不能用来证明本专利在申请日之前已使用公开，也不能证明本专利在申请日前已被出版物公开。

2. 关于专利法第22条第2款

专利法第22条第2款规定：新颖性，是指在申请日以前没有同样的发明或者实用新型在国内外出版物上公开发表过、在国内公开使用过或者以其他方式为公众所知，也没有同样的发明或者实用新型由他人向国务院专利行政部门提出过申请并且记载在申请日以后公布的专利申请文件中。

权利要求1保护一种能保护掌外侧边缘的跆拳道手套，包括腕口部、手掌部及指套部，在所述手掌部对应掌外侧边缘的套体部分，附着与该边缘形状相应的掌际弹性软垫层，该掌际弹性软垫层顺延手掌外边缘方向一直延伸到指套部的小手指套。

对比文件1公开了一种用于跆拳道、空手道、散打等训练和比赛中的搏击手套，其中（说明书第2页第3行至第18行、第2页倒数第7行至第3页第7行，权利要求书，附图1~3）披露了下述技术特征：搏击手套在各手指端部均开有手指洞1，各手指洞间均设有软连接布15；该搏击手套的手掌一面开有手掌洞2，手掌洞2的一侧设有手掌侧面护垫6，在手掌洞2下方的手腕部两侧分别连接相对应的、可开闭的尼龙搭扣9；在搏击手套的手背一面，各手指处分别设有拇指背护垫11及指根护垫10，手背依次设有掌骨护垫12、手背护垫13、手腕护垫14；各护垫层是在高强度双向伸缩纤维面料上加一层3~5mm的泡沫（EVA）衬垫，再缝制一层合成革面料制成；在所述手掌洞2加设有拉带4及第一松紧带5；所述拉带4为具有弹性的圆柱形拉带，其数量为两条；所述手腕部两侧的尼龙搭扣

9 分别与第二松紧带 7、第三松紧带 8 相连接；所述手掌洞 2 与手腕部为开放式设计 3。圆柱形拉带 4 起到拉紧作用和握拳时舒适且有力的作用。手掌侧面护垫 6 对手掌侧部起到保护作用。

虽然对比文件 1 中公开了在搏击手套的一侧设有手掌侧面护垫 6，但是该结构仅对手掌侧部起到保护作用，而本专利跆拳道手套的掌际弹性软垫层顺延设置在手掌外边缘方向一直延伸到指套部的小手指套，基于该结构，使得拳手利用掌际做出劈、砍及砸等的击打动作时利于保护该侧掌部及小手指免受损伤，即掌际弹性软垫层的设置不仅可以保护手掌侧面，同时还能够对小手指也起到保护作用，因而使得手套的安全性增强。也就是说，对比文件 1 中没有公开既能保护手掌侧面又能保护小手指的软垫垫层结构。

综上所述，本专利权利要求 1 与对比文件 1 的技术方案相比，存在区别技术特征："掌际弹性软垫层顺延手掌外边缘方向一直延伸到指套部的小手指套"。上述区别技术特征不属于本领域惯用手段的直接置换。

因此，本专利权利要求 1 相对于对比文件 1 具备新颖性，符合专利法第 22 条第 2 款的规定。

在独立权利要求 1 相对于对比文件 1 具备新颖性的情况下，其从属权利要求 3、4、5、8 相对于对比文件 1 也具备专利法第 22 条第 2 款规定的新颖性。

3. 关于专利法第 22 条第 3 款

专利法第 22 条第 3 款规定：创造性，是指同申请日以前已有的技术相比，该发明有突出的实质性特点和显著的进步，该实用新型有实质性特点和进步。

权利要求 1 保护一种能保护掌外侧边缘的跆拳道手套，包括腕口部、手掌部及指套部，在所述手掌部对应掌外侧边缘的套体部分，附着与该边缘形状相应的掌际弹性软垫层，该掌际弹性软垫层顺延手掌外边缘方向一直延伸到指套部的小手指套。

对比文件 1 公开了一种用于跆拳道、空手道、散打等训练和比赛中的搏击手套，其中（说明书第 2 页第 3 行至第 18 行、第 2 页倒数第 7 行至第 3 页第 7 行，权利要求书，附图 1~3）披露了下述技术特征：搏击手套在各手指端部均开有手指洞 1，各手指洞间均设有软连接布 15；该搏击手套的手掌一面开有手掌洞 2，手掌洞 2 的一侧设有手掌侧面护垫 6，在手掌洞 2 下方的手腕部两侧分别连接相对应的、可开闭的尼龙搭扣 9；在搏击手套的手背一面，各手指处分别设有拇指背护垫 11 及指根护垫 10，手背依次设有掌骨护垫 12、手背护垫 13、手腕护垫 14；各护垫层是在高强度双向伸缩纤维面料上加一层 3~5mm 的泡沫（EVA）衬垫，再缝制一层合成革面料制成；在所述手掌洞 2 加设有拉带 4 及第一松紧带 5；所述拉带 4 为具有弹性的圆柱形拉带，其数量为两条；所述手腕部两侧的尼龙搭扣 9 分别与第二松紧带 7、第三松紧带 8 相连接；所述手掌洞 2 与手腕部为开放式设计 3。圆柱形拉带 4 起到拉紧作用和握拳时舒适且有力的作用。手掌侧面护垫 6 对手掌侧部起到保护作用。

本专利权利要求 1 与对比文件 1 的技术方案相比，存在区别技术特征："掌际弹性软垫层顺延手掌外边缘方向一直延伸到指套部的小手指套"。

对比文件 1 中公开的在搏击手套的一侧设置的手掌侧面护垫 6 仅对手掌侧部起到保护作用，而本专利跆拳道手套的掌际弹性软垫层顺延设置在手掌外边缘方向一直延伸到指套部的小手指套，这样拳手利用掌际做出劈、砍及砸等的击打动作时不仅可以保护手掌侧面，同时还能够对小手指也起到保护作用，也就是说，权利要求 1 所述的技术方案中的正是通过设置顺延手掌外边缘方向一直延伸到指套部的小手指套的掌际弹性软垫层来实现对手掌侧面和小手指同时保护的目的，对比文件 1 没有公开可以对手掌侧面和小手指同时进行保护的结构，也没有给出设置顺延手掌外边缘方向一直延伸到指套部的小手指套的掌际弹性软垫层来实现对手掌侧面和小手指同时进行保护的技术启示。对于本领域的技术人员来说，在对比文件 1 所公开的技术方案的基础上得到权利要求 1 保护的技术方案是非显而易见的。基于该区别技术特征的存在，使得权利要求1保护的技术方案相比于对比文件1具有更好的技术效果，即权利要求1保护的技术方案能够实现对手掌外侧和小手指的同时保护。因此，本专利权利要求1相对于对比文件1具有实质性特点和进步，具备专利法第22条第3款规定的创造性。

在独立权利要求1相对于对比文件1具备创造性的情况下，从属权利要求3、4、5、8相对于对比文件1也具备专利法第22条第3款规定的创造性。

综上所述，本专利权利要求1、3、4、5、8符合专利法第22条第2款、第3款的规定。

根据上述事实和理由，本案合议组作出如下决定。

三、决定

维持200620082133.9号实用新型专利权有效。

当事人对本决定不服的，可以根据专利法第46条第2款的规定，自收到本决定之日起三个月内向北京市第一中级人民法院起诉。根据该款的规定，一方当事人起诉后，另一方当事人应当作为第三人参加诉讼。

100

一次性使用的商标或标志物

无效宣告请求审查决定（第11564号）

决　　定　　号　第11564号
决　　定　　日　2008年5月30日
发明创造名称　一次性使用的商标或标志物
国际分类号　G09F 3/02
无效宣告请求人　宜宾五粮液股份有限公司，四川绵竹剑南春酒厂有限公司，泸州老窖股份有限公司
专　利　权　人　廖礼毅
专　　利　　号　98229038.1
申　　请　　日　1998年7月2日
授权公告日　2000年4月26日
合议组组长　李　隽
主　　审　　员　朱明雅
参　　审　　员　瞿晓峰

法　律　依　据　专利法第22条第3款
决　定　要　点

现有技术给出了解决相同技术问题的技术启示，在此基础上，本领域技术人员无需付出创造性劳动即可获得权利要求所要保护的技术方案，因此，权利要求不具备专利法第22条第3款规定的创造性。

一、案由

本无效宣告请求涉及国家知识产权局于2000年4月26日授权公告、名称为“一次性使用的商标或标志物”的实用新型专利（下称本专利），其申请日为1998年7月2日，专利号为98229038.1，专利权人是廖礼毅（下称专利权人）。

该实用新型授权公告时的权利要求共9项，其中，权利要求1、2的内容如下：

“1. 一次性使用的商标或标志物，由一层或多层材料所组成，其特征在于：在商标或标志物材料（1）上设置有缝隙（2）、孔洞（3）或者其结合（17）。

2. 权利要求1所述的商标或标志物，其特征在于：商标或标志物材料上的缝隙、孔洞或者其结合构成图案（13）、文字（5）、（7）、数字（4）、（6）、符号、被标识物品的特征或者其结合。”

针对上述专利权，宜宾五粮液股份有限公司（下称请求人Ⅰ）于2007年3月12日向专利复审委员会提出无效宣告请求（案件编号为5W08724），其理由是本专利权利要求1、2不符合专利法第22条第2款、第3款以及专利法实施细则第2条第2款的规定，并提交了如下证据：

证据1.1：授权公告号为CN2284206Y的中国实用新型专利说明书，共5页，授权公告日为1998年6月17日。

请求人Ⅰ的具体无效宣告请求理由是：（1）证据1.1公开了一种由不干胶标签构成的启封标签，并具体公开了“不干胶标签的一面分别压有数个封闭的压痕”，“压痕”与本专利权利要求1的“材料上设置有缝隙、孔洞或者其结合”是相同的技术特征，因此证据1.1公开了权利要求1的所有技术特征，不具备新颖性。（2）邮票齿孔是公知现有结构，其作用在于便于撕裂，这为本领域技术人员提供了在纸件、标签上设置孔洞形成撕裂时薄弱部位的技术启示。本领域技术人员在证据1.1公开的压痕的基础上，结合邮票齿孔能够得到权利要求1所要保护技术方案，因此权利要求1不具备创造性。（3）证据1.1中的压痕3和7构成了环状的线条图案，因此公开了权利要求2的附加技术特征，在权利要求1不具备新颖性和创造性的情况下，权利要求2也不具备新颖性和创造性。（4）本专利权利要求2的附加技术特征只是人为规定的表达方式，属于智力活动的规则，因此不符合专利法实施细则第2条第2款的规定。

请求人Ⅰ于2007年4月10日补充寄交了意见陈述书以及如下证据：

证据1.2：GB2194932A英国专利公告6页以及其中文译文4页，其公开日为1988年3月23日。

请求人Ⅰ在上述意见陈述书中认为，（1）证据1.2中公开的“安全标记”是为了根除或减少盒、桶的封口被擅自启封，其目的与本专利相同。证据1.2采用的技术方案中包括了“安全标记可使用任何需要的材料制造，目前优选的制造材料是纸质材料”，“其外标记部分具有多条切口”，因此证据1.2公开了权利要求1的全部技术特征，权利要求1因此不具备专利法第22条第2款、第3款规定的新颖性和创造性；（2）证据1.2公开了“位于外标记部分的切口尽可能是笔直的切口、S形切口或7字形切口。如果需要，也可以使用其他形状的切口”，“其中所述切口可制成一种图案背景”，即公开了权利要求2的附加技术特征，因此本专利权利要求2也不具备专利法第22条第2款、第3款规定的新颖性和创造性。

经形式审查合格后，专利复审委员会于2007年4月16日向请求人Ⅰ和专利权人发出无效宣告请求受理通知书，并将请求人Ⅰ于2007年3月12日提交的无效宣告请求书及其附带的证据副本转送给专利权人，要求其在指定的期限内答复。

专利复审委员会于2007年5月30日收到了专利权人针对上述无效宣告请求提交的意见陈述书。

专利权人在意见陈述书中认为，（1）本专利的缝隙、孔洞或其结合有撕坏起点，穿过材料的全部厚度的，在材料的两面均清晰可见，而证据1.1的压痕是封闭的，压在不干胶的一面；本专利的缝隙设在有文字、图案的位置，而证据1.1的压痕在不干胶的两端；两者的技术特征不同，因此权利要求1具有新颖性和创造性。（2）本专利的权利要求1是通过形状和结构来描述的，符合专利法实施细则第2条第2款的规定；权利要求2是对权利要求1的进一步限定，因此也必然符合专利法实施细则第2条第2款的规定。（3）“邮票的齿孔”是针对本专利提出的无效宣告请求已经使用过的证据，与本专利相比，两者在目的、解决的技术问题、缝隙孔洞设置位置，以及能达到防伪的技术效果上均不同。

针对本专利权，四川绵竹剑南春酒厂有限公司（下称请求人Ⅱ）于2007年4月20日向专利复审委员会提出无效宣告请求（案件编号为5W08812），其无效宣告请求理由是本专利权利要求1、2不符合专利法第22条第2款、第3款的规定，并提交证据如下：

证据2.1：FR2545249-A1的法国专利说明书7页及其中文译文4页，共11页，公开日为1984年11月2日。

请求人Ⅱ的具体无效宣告请求理由是：（1）证据2.1中公开的不可破坏的标签所公开了“纸质或类似纸质载体的中央部位至少带有一条切缝”，所要解决的技术问题和达到的技术效果是“任何要撕下商标的尝试均是要留下明显痕迹的”，从而防止“撕去标签以及在商品上再贴上标签”。因此证据2.1公开了权利要求1的所有技术特征，且解决的技术问题相同，因此本专利的权利要求1与证据2.1相比，不具备新颖性和创造性。（2）证据2.1中“载体上带有2条相互成90度交叉的直线切缝”，公开了切缝为十字形图案的技术特征，与本专利权利要求2的技术方案相同，且对应本领域技术人员，将缝隙设置为简单的线条、图案、数字或文字不需要创造性劳动就容易想到，所以在权利要求1不具备新颖性和创造性时，本专利的权利要求2也不具备新颖性和创造性。

经形式审查合格后，专利复审委员会于2007年8月3日向请求人Ⅱ和专利权人发出无效宣告请求受理通知书，并将无效宣告请求书及其附带的证据副本转送给专利权人，要求其在指定的期限内答复。

针对请求人Ⅱ的上述无效宣告请求，专利权人于2007年9月17日寄交了意见陈述书。

专利权人在意见陈述书中认为，（1）证据2.1与已经审结的5W06720、5W07192无效请求案中的证据实质相同，系就相同的专利以相同的理由和证据重复提交专利无效请求，应以“一事不再理”原则驳回请求人对专利的无效请求。（2）本专利与证据2.1的区别在于起撕点（实心部位）产生的技术效果区别，证据2.1距离商标外边缘很近，因此其起撕点位置在载体的非常边缘处，而不是在商标的图案、文字的位置，撕揭可以造成非常边缘处载体破裂，标签还可以二次使用，而本专利所采用的方案是将破坏商标上的文字、图案等，使商标无法二次使用，从而起到防伪的目的。（3）用权利要求书和说明书对本专利权1、2进行解释可知，起撕点位于商标的图案、文字处或指向商标的图案、文字。

专利权人于2007年10月10日再次提交了意见陈述书。

专利权人在意见陈述书中再次强调，（1）专利复审委针对5W06720、5W07192号无效宣告请求做出的第8901号决定，已经认定“活页”上“打开过的迹象”与本专利权利要求1体现的只能一次性使用有本质区别，请求人Ⅱ提供的对比文件的切缝在商标的边缘，只能产生与“活页”相同的打开过的痕迹，仍可以二次使用。因此与第8901号决定的认定事实雷同，应以“一事不再理”驳回。（2）本专利解决了“难以准确复位”的技术问题。（3）用本专利的说明书和权利要求书能唯一导出：本专利权利要求1和2自然的含有“缝隙、孔洞的起撕点位于有文字、图案的位置”的特征，而对比文献的起撕点位置在载体的非常边缘处，两个技术方案在技术构思和起撕点位置结构上均存在明显区别。同时，本专利是利用损坏商标的图案、文字来表示商标已经作废，克服了人们长久以来不损坏商标美观的技术偏见，因此具有创造性。

针对本专利权，泸州老窖股份有限公司（下称请求人Ⅲ）于2007年3月12日向专利复审委员会提出无效宣告请求（案件编号为5W08725），其理由为本专利权利要求1、2不符合专利法第22条第2款、第3款的规定，并提交证据如下：

证据3.1：授权公告号为CN2284206Y的中国实用新型专利说明书共5页，授权公告日为1998年6月17日（同证据1.1）。

请求人Ⅲ的具体无效宣告请求理由是：（1）证据3.1公开了一种由不干胶标签构成的启封标签，并具体公开了“不干胶标签的一面分别压有数个封闭的压痕”，“压痕”与本专利权利要求1的“材料上设置有缝隙、孔洞或者其结合”是相同的技术特征，因此证据3.1公开了权利要求1的所有技术特征，不具备新颖性。(2) 邮票齿孔是公知现有结构，其作用在于便于撕裂，这为本领域技术人员提供了在纸件、标签上设置孔洞形成撕裂时薄弱部位的技术启示。本领域技术人员在证据3.1公开的压痕的基础上，结合邮票齿孔能够得到权利要求1所要保护技术方案，因此权利要求1不具备创造性。(3) 证据3.1中的压痕3和7构成了环状的线条图案，因此公开了权利要求2的附加技术特征，在权利要求1不具备新颖性和创造性的情况下，权利要求2也不具备新颖性和创造性。(4) 本专利权利要求2的附加技术特征只是人为规定的表达方式，属于智力活动的规则，因此不符合专利法实施细则第2条第2款的规定。

经形式审查合格，专利复审委员会于2007年4月16日向请求人Ⅲ和专利权人发出无效宣告请求受理通知书，并将无效宣告请求书及其附带的证据副本转送给专利权人，要求其在指定的期限内答复。

针对请求人Ⅲ无效宣告请求，专利权人于2007年5月30日寄交了意见陈述书。

专利权人在意见陈述书中认为，(1) 本专利的缝隙、孔洞或其结合有撕坏起点，穿过材料的全部厚度的，在材料的两面均清晰可见，而证据3.1的压痕是封闭的，压在不干胶的一面；本专利的缝隙设在有文字、图案的位置，而证据3.1的压痕在不干胶的两端；两者的技术特征不同，因此权利要求1具有新颖性和创造性。(2) 本专利的权利要求1是通过形状和结构来描述的，符合专利法实施细则第2条第2款的规定；权利要求2是对权利要求1的进一步限定，因此也必然符合专利法实施细则第2条第2款的规定。(3) "邮票的齿孔"是针对本专利提出的无效宣告请求已经使用过的证据，与本专利相比，两者在目的、解决的技术问题、缝隙孔洞设置位置，以及能达到防伪的技术效果上均不同。

合议组于2007年10月11日向请求人Ⅰ、请求人Ⅱ、请求人Ⅲ和专利权人发出口头审理通知书，定于2007年11月21日至2007年11月22日进行口头审理。

针对5W08724案：合议组将请求人Ⅰ于2007年4月10日提交的意见陈述书以及附件转寄给专利权人，同时将专利权人于2007年5月30日提交的意见陈述书转寄给请求人Ⅰ。

针对5W08812案：合议组将专利权人于2007年9月17日针对请求人Ⅱ的无效宣告请求提交的意见陈述书转寄给请求人Ⅱ。

针对5W08724案：合议组将专利权人于2007年5月30日针对请求人Ⅲ的无效宣告请求提交的意见陈述书转寄给请求人Ⅲ。

专利复审委员会于2007年11月20日收到专利权人针对请求人Ⅱ的无效宣告请求提交的补充意见陈述以及权利要求修改替换页1页。专利权人在补充意见陈述书中陈述了修改后的权利要求1、2具有新颖性和创造性的理由。

口头审理如期进行，上述当事人均出席了口头审理，并对双方当事人的出庭资格均无异议，对合议组成员均无回避请求。

针对5W08724案：请求人Ⅰ明确其无效宣告请求的理由和范围是权利要求1、2相对于证据1.1不具备创造性；权利要求1、2相对于证据1.1与公知常识的结合不具备创造性；权利要求1、2相对于证据1.2不具备新颖性；在权利要求1不具备新颖性或创造性的情况下，权利要求2不符合专利法实施细则第2条第2款的规定。

针对5W08812案：请求人Ⅱ明确其无效宣告请求的理由和范围是权利要求1、2相对于证据2.1不具备新颖性和创造性；合议组将请求人Ⅱ当庭提交的意见陈述书转交给专利权人，并将专利权人于2007年11月20日提交的意见陈述书以及修改的权利要求书当庭转交给请求人Ⅱ。专利权人当庭明确表示放弃其于2007年11月20日提交的意见陈述以及修改的权利要求书。

针对5W08725案：请求人Ⅲ明确其无效宣告请求的理由和范围是权利要求1、2相对于证据3.1

不具备创造性；权利要求1、2相对于证据3.1与公知常识的结合不具备创造性；在权利要求1不具备创造性的情况下，权利要求2不符合专利法实施细则第2条第2款的规定。

专利权人认为证据1.1、1.2、2.1、3.1仅在证据的第1页上有《四川省知识产权局检索信息中心》的印章，因此对上述证据的真实性有异议，但对证据1.2、2.1中文译文的的准确性没有异议。请求人主张证据1.1、1.2、2.1、3.1均为公开的文献，无需盖章证明。

口头审理结束后，合议组于2008年3月21日将专利权人于2007年10月10日针对请求人Ⅱ的无效宣告请求（案件编号为5W08812）提交的意见陈述书转寄给请求人Ⅱ，并要求其在一个月内答复。

请求人Ⅱ于2008年4月2日寄交了针对上述意见陈述书的答复意见，请求人Ⅱ认为专利权人关于本专利与第8901号无效决定属于“一事不再理”的理由不成立；专利权人关于“对比文献披露的内容与第8901号无效决定认定的事实雷同”的理由也不成立。

在上述审查的基础上，合议组认为事实已经清楚，可以作出无效宣告请求审查决定。

二、决定的理由

1. 审查文本

鉴于专利权人在口头审理中明确表示放弃其于2007年11月20日提交修改的权利要求书，本决定所依据的文本仍为本实用新型专利授权公告时的文本。

2. 证据的认定

经合议组核实，证据1.1、1.2、2.1、3.1（与证据1.1相同）均为本专利申请日之前公开出版的专利文献，合议组确认上述证据的真实性。由于专利权人对证据1.2、2.1中文译文的准确性没有异议，因此上述证据均可用来评价本专利权利要求1、2的新颖性和创造性。

3. 针对5W08812案

（1）关于“一事不再理原则”。

“一事不再理原则”是指，对已作出审查决定的无效宣告案件涉及的专利权，以同样的理由和证据再次提出无效宣告请求的，不予受理和审理。

在本案中，专利权人针对请求人Ⅱ提交的意见陈述书，主张应以“一事不再理原则”驳回请求人对专利的无效请求，对此合议组认为，已经审结的5W06720、W507192无效请求案中的证据与请求人Ⅱ提交的证据并不相同，因此本案不属于以同样的理由和证据再次提出无效宣告请求，故不能适用“一事不再理原则”。

（2）关于创造性。

专利法第22条第3款规定，创造性，是指同申请日以前已有的技术相比，该发明有突出的实质性特点和显著的进步，该实用新型有实质性特点和进步。

①权利要求1的创造性。

权利要求1请求保护一种一次性使用的商标或标志物，该商标或标志物由一层或多层材料所组成，在商标或标志物材料（1）上设置有缝隙（2）、孔洞（3）或者其结合（17）。证据2.1公开了一种标签（相当于本专利的商标或标志物），该标签由纸质或其他材质的载体1构成，其带有两条切缝2（参见证据2.1中文译文说明书摘要以及摘要附图），即证据2.1已经明确公开了在标签上设置缝隙这个技术特征。

权利要求1与证据2.1相比区别在于：（a）证据2.1没有明确公开其标签的层数；（b）证据2.1没有公开在标志物材料上设置有孔洞或者其与缝隙的结合。对于区别特征（a）合议组认为，标签一般情况下可以是一层也可以是多层，对本领域技术人员来说，为了解决不同的技术问题将标签设计为一层或多层都是容易想到和实现的，无需付出创造性的劳动。对于区别特征（b）合议组认为，从本专利的说明书中可知，本专利目的在于使商标或标志物难以被完整撕下，从而防止商标或标志物被重复使用，其采用的技术手段是在商标或标志物的材料上设置缝隙或孔洞。证据 2.1 所要解决的技术问题也是为使标签难以完整撕下而不留痕迹（参见证据 2.1 中文译文说明书第 2 页第 2 行），采用的技术手段是在标签上设置切缝。本领域技术人员为了使标签难以完整撕下，容易想到将切缝换成同样是贯穿标签材料的孔洞或是缝隙和孔洞相结合。所以，本领域技术人员在证据 2.1 的基础上得到权利要求 1 所要保护的技术方案无需付出创造性劳动。因此，权利要求 1 所要保护的技术方案不具有实质性特点和进步，不具备专利法第 22 条第 3 款规定的创造性。

②权利要求 2 的创造性。

权利要求 2 是权利要求 1 的从属权利要求，其附加技术特征为“商标或标志物材料上的缝隙、孔洞或者其结合构成图案（13）、文字（5）、（7）、数字（4）、（6）、符号、被标识物品的特征或者其结合。”证据 2.1 具体公开了以下技术特征：“标签上的切缝也为十字形图案”（参见证据 2.1 中文译文说明书第 1 页第 14 行），即证据 2.1 公开了在标签设置十字形图案切缝这个技术特征，相当于公开了权利要求 2 的“商标或标志物材料上的缝隙构成图案”这个特征。

对于权利要求 2 的其余未公开的技术特征，合议组认为，本专利权利要求 2 所要解决的技术问题是为了更好地破坏商标或标志物上的图案、文字等商标所载信息，采用的技术手段是通过商标或标志物上的缝隙、孔洞或其结合构成图案、文字、数字等，在揭下商标时候容易从商标的信息处将商标破坏，从而使商标或标志物难以再次使用。证据 2.1 已经公开了在标签中央部位设置十字形图案切缝这个特征，同时还公开了“载体 1 也可以带有 2 条以上的缝口，以便使揭去标签和再贴标签变得更为困难”（参见证据 2.1 中文译文说明书第 2 页第 8 行），因此，本领域技术人员为了使标签在撕下的时候更容易被破坏，容易想到使用多个缝隙或者由缝隙扩大而形成的孔洞形成不同的图案，以取得更好的技术效果，而文字、数字、符号、被标识物品的特征或者其结合也属于图案的一种，即权利要求 2 所述的将商标或标志物材料上的缝隙、孔洞或者其结合构成图案、文字、数字、符号、被标识物品的特征或者其结合对本领域技术人员来说都是容易想到的，且并未产生意想不到的技术效果。因此，在权利要求 2 所引用的权利要求 1 不具备创造性的情况下，权利要求 2 所要保护的技术方案不具有实质性特点和进步，不具备专利法第 22 条第 3 款规定的创造性。

③专利权人主张：第一，从本专利的说明书和权利要求书能唯一导出本专利权利要求 1 和 2 自然的含有“缝隙、孔洞的起撕点位于有文字、图案的位置”的特征，而证据 2.1 的起撕点在商标的非常边缘位置，因此两个技术方案在技术构思上和起撕点位置结构上存在区别；第二，证据 2.1 的切缝距离商标的外缘很近，因此撕揭可以造成非常边缘处载体破裂，标签还可以二次使用，而本专利使商标上的图案、文字等损坏，解决了“难以准确复位”的技术问题，即本专利具有更好的技术效果；第三，本专利是利用损坏商标的图案、文字来表示商标已经作废，克服了人们长久以来不损坏商标美观的技术偏见，因此具有创造性。

合议组认为：

首先，本专利说明书未记载“起撕点”这个概念，本专利说明书第 5 页第 7 行仅记载了“很易从缝隙、孔洞处为起点，将商标或标志物损坏”，而非明确的“起撕点”概念；本专利权利要求 1、2 也均未记载“缝隙、孔洞的起撕点位于有文字、图案的位置”这个特征，因此该特征是无法用以与证据 2.1 相比较，来评判本专利是否具有新颖性和创造性。

其次，本专利中的切缝、孔洞及其结合设置在商标或标志物的文字、图案等信息上，但文字、图案等信息位于商标的具体位置在本专利中并不确定，如本专利说明书附图 13 所示，本专利商标上的孔洞也位于非常接近商标边缘的部位，因此无法得出本专利的缝隙、孔洞或其结合一定远离商标边缘的结论；证据 2. 1 切缝距离商标的外缘虽然近，但由于存在交叉的切缝，想要完整将商标取下仍然很困难，且证据 2. 1 公开了可以带有 2 条以上的缝口这个特征，本领域技术人员在此基础上容易想到设计包含多个缝口、更复杂的图案，使撕揭更加困难，从而达到更好的技术效果。因此，两者在技术效果上并没有不同。

最后，技术偏见是指在某段时间内、某个技术领域中，技术人员对某个技术问题普遍存在的、偏离客观事实的认识，它引导人们不去考虑其他方面的可能性，阻碍人们对该技术领域的研究和开发。专利权人未就人们在一次性商标或标志物这个技术领域中，对一次性商标或标志物的制作上存在的技术偏见提供证据，相反，证据 2. 1 已经公开了在通过破坏标签从而达到使标签无法再次使用的技术方案，故本专利因克服了技术偏见而具有创造性的理由不能成立。

综上所述，权利要求 1、2 相对于证据 2. 1 不具备专利法第 22 条第 3 款的规定。

4. 针对 5W08724、5W08725 两案

鉴于权利要求 1、2 相对于证据 2. 1 已经不具备专利法第 22 条第 3 款规定的创造性，本案合议组对请求人Ⅰ和请求人Ⅲ所主张的理由不再进行评述。

三、决定

宣告 98229038. 1 号实用新型专利权利要求 1、2 无效，维持权利要求 3~9 有效。

当事人对本决定不服的，可以根据专利法第 46 条第 2 款的规定，自收到本决定之日起三个月内向北京市第一中级人民法院起诉。根据该条款的规定，一方当事人起诉后，另一方当事人应当作为第三人参加诉讼。

北京市第一中级人民法院
行政判决书

（2008）一中行初字第 1349 号

原告廖礼毅，男，1958 年 10 月 26 日出生，汉族，住四川省内江市市中区象鼻嘴村 11 幢 5 号。

委托代理人徐国文，北京安博达知识产权代理有限公司专利代理人。

被告国家知识产权局专利复审委员会，住所地北京市海淀区北四环西路 9 号银谷大厦 10~12 层。

法定代表人廖涛，副主任。

委托代理人朱明雅，国家知识产权局专利复审委员会审查员。

委托代理人瞿晓峰，国家知识产权局专利复审委员会审查员。

第三人宜宾五粮液股份有限公司，住所地四川省宜宾市翠屏区岷江西路 150 号。

法定代表人唐桥，董事长。

委托代理人杨冬，成都虹桥专利事务所专利代理人。

委托代理人郑显华，四川华晨律师事务所宜宾分所律师。

第三人四川绵竹剑南春酒厂有限公司，住所地四川省绵竹市春溢街 289 号。

法定代表人乔天明，董事长。

委托代理人杨冬，成都虹桥专利事务所专利代理人。

委托代理人任虹，成都虹桥专利事务所专利代理人。

第三人泸州老窖股份有限公司，住所地四川省泸州市国窖广场。

法定代表人谢明，董事长。

委托代理人杨冬，成都虹桥专利事务所专利代理人。

委托代理人任虹，成都虹桥专利事务所专利代理人。

原告廖礼毅不服被告国家知识产权局专利复审委员会（简称专利复审委员会）于 2008 年 5 月 30 日作出的第 11564 号无效宣告请求审查决定（简称第 11564 号决定），于法定期限内向本院提起诉讼。本院于 2008 年 9 月 3 日受理本案后，依法组成合议庭，并按照法律有关规定通知宜宾五粮液股份有限公司（简称五粮液公司）、四川绵竹剑南春酒厂有限公司（简称剑南春公司）、泸州老窖股份有限公司（简称泸州老窖公司）作为第三人参加诉讼，于 2008 年 11 月 12 日公开开庭进行了审理。原告廖礼毅及其委托代理人徐国文，被告专利复审委员会的委托代理人朱明雅、瞿晓峰，第三人五粮液公司的委托代理人郑显华，第二人五粮液公司、剑南春公司、泸州老窖公司的共同委托代理人杨冬到庭参加了诉讼。本案现已审理终结。2007 年 3 月 12 日，第三人五粮液公司、泸州老窖公司针对原告廖礼毅拥有的名称为“一次性使用的商标或标志物”的第 98229038.1 号实用新型专利（简称本专利）分别向被告专利复审委员会提出无效宣告请求。同年 4 月 20 日，第三人剑南春公司针对本专利向被告专利复审委员会提出无效宣告请求。

2008 年 5 月 30 日，被告专利复审委员会针对上述三次无效宣告请求作出第 11564 号决定，认为：

1. 针对 5W08812 案。

（1）关于“一事不再理原则”。

在本案中，廖礼毅针对剑南春公司提交的意见陈述书，主张应以“一事不再理原则”驳回剑南春公司对本专利的无效请求，对此专利复审委员会认为，已经审结的 5W06720、W507192 无效请求案中的证据与剑南春公司提交的证据并不相同，因此本案不属于以同样的理由和证据再次提出无效宣告请求，故不能适用“一事不再理原则”。

（2）关于创造性。

①权利要求 1 的创造性。

权利要求 1 请求保护一种一次性使用的商标或标志物，该商标或标志物由一层或多层材料所组成，在商标或标志物材料（1）上设置有缝隙（2）、孔洞（3）或者其结合（17）。证据 2.1 公开了一种标签（相当于本专利的商标或标志物），该标签由纸质或其他材质的载体 1 构成，其带有两条切缝 2，即证据 2.1 已经明确公开了在标签上设置缝隙这个技术特征。

权利要求 1 与证据 2.1 相比区别在于：（a）证据 2.1 没有明确公开其标签的层数；（b）证据 2.1 没有公开在标志物材料上设置有孔洞或者其与缝隙的结合。对于区别特征（a），标签一般情况下可以是一层也可以是多层，对本领域技术人员来说，为了解决不同的技术问题将标签设计为一层或多层都是容易想到和实现的，无需付出创造性的劳动。对于区别特征（b），从本专利的说明书中可知，本专利目的在于使商标或标志物难以被完整撕下，从而防止商标或标志物被重复使用，其采用的技术手段是在商标或标志物的材料上设置缝隙或孔洞。证据 2.1 所要解决的技术问题也是为使标签难以完整撕下而不留痕迹，采用的技术手段是在标签上设置切缝。本领域技术人员为了使标签难以完整撕下，容易想到将切缝换成同样是贯穿标签材料的孔洞或是缝隙和孔洞相结合。所以，本领域技术人员在证据 2.1 的基础上得到权利要求 1 所要保护的技术方案无需付出创造性劳动。因此，权利要求 1 所要保护的技术方案不具有实质性特点和进步，不具备《中华人民共和国专利法》（简称专利法）第二十二条第三款规定的创造性。

②权利要求 2 的创造性。

权利要求 2 是权利要求 1 的从属权利要求，其附加技术特征为“商标或标志物材料上的缝隙、孔洞或者其结合构成图案（13）、文字（5）、（7）、数字（4）、（6）、符号、被标识物品的特征或者其结合。”证据 2.1 具体公开了以下技术特征：“标签上的切缝也为十字形图案”，即证据 2.1 公开了在标签设置十字形图案切缝这个技术特征，相当于公开了权利要求 2 的“商标或标志物材料上的缝隙构成图案”这个特征。

对于权利要求 2 的其余未公开的技术特征，本专利权利要求 2 所要解决的技术问题是为了更好地破坏商标或标志物上的图案、文字等商标所载信息，采用的技术手段是通过商标或标志物上的缝隙、孔洞或其结合构成图案、文字、数字等，在揭下商标时候容易从商标的信息处将商标破坏，从而使商标或标志物难以再次使用。证据 2.1 已经公开了在标签中央部位设置十字形图案切缝这个特征，同时还公开了“载体 1 也可以带有 2 条以上的缝口，以便使揭去标签和再贴标签变得更为困难”，因此，本领域技术人员为了使标签在撕下的时候更容易被破坏，容易想到使用多个缝隙或者由缝隙扩大而形成的孔洞形成不同的图案，以取得更好的技术效果，而文字、数字、符号、被标识物品的特征或者其结合也属于图案的一种，即权利要求 2 所述的将商标或标志物材料上的缝隙、孔洞或者其结合构成图案、文字、数字、符号、被标识物品的特征或者其结合对本领域技术人员来说都是容易想到的，且并未产生意想不到的技术效果。因此，在权利要求 2 所引用的权利要求 1 不具备创造性的情况下，权利要求 2 所要保护的技术方案不具有实质性特点和进步，不具备专利法第二十二条第三款规定的创造性。

③廖礼毅主张：a. 从本专利的说明书和权利要求书能唯一导出本专利权利要求 1 和 2 自然的含有“缝隙、孔洞的起撕点位于有文字、图案的位置”的特征，而证据 2.1 的起撕点在商标的非常边缘位置，因此两个技术方案在技术构思上和起撕点位置结构上存在区别；b. 证据 2.1 的切缝距离商标的外缘很近，因此撕揭可以造成非常边缘处载体破裂，标签还可以二次使用，而本专利使商标上的图案、文字等损坏，解决了“难以准确复位”的技术问题，即本专利具有更好的技术效果；c. 本专利是利用损坏商标的图案、文字来表示商标已经作废，克服了人们长久以来不损坏商标美观的技术偏见，因此具有创造性。

专利复审委员会认为：①本专利说明书未记载“起撕点”这个概念，本专利说明书第 5 页第 7 行仅记载了“很易从缝隙、孔洞处为起点，将商标或标志物损坏”，而非明确的“起撕点”概念；本专利权利要求 1、2 也均未记载“缝隙、孔洞的起撕点位于有文字、图案的位置”这个特征，因此该特征是无法用以与证据 2.1 相比较，来评判本专利是否具有新颖性和创造性。②本专利中的切缝、孔洞及其结合设置在商标或标志物的文字、图案等信息上，但文字、图案等信息位于商标的具体位置在本专利中并不确定，如本专利说明书附图 13 所示，本专利商标上的孔洞也位于非常接近商标边缘的部位，因此无法得出本专利的缝隙、孔洞或其结合一定远离商标边缘的结论；证据 2.1 切缝距离商标的外缘虽然近，但由于存在交叉的切缝，想要完整将商标取下仍然很困难，且证据 2.1 公开了可以带有 2 条以上的缝口这个特征，本领域技术人员在此基础上容易想到设计包含多个缝口、更复杂的图案，使撕揭更加困难，从而达到更好的技术效果。因此，两者在技术效果上并没有不同。③技术偏见是指在某段时间内、某个技术领域中，技术人员对某个技术问题普遍存在的、偏离客观事实的认识，它引导人们不去考虑其他方面的可能性，阻碍人们对该技术领域的研究和开发。专利权人未就人们在一次性商标或标志物这个技术领域中，对一次性商标或标志物的制作上存在的技术偏见提供证据，相反，证据 2.1 已经公开了在通过破坏标签从而达到使标签无法再次使用的技术方案，故本专利因克服了技术偏见而具有创造性的理由不能成立。

综上所述，权利要求 1、2 相对于证据 2.1 不符合《专利法》第二十二条第三款的规定。

2. 针对 5W08724、5W08725 两案。

鉴于权利要求 1、2 相对于证据 2.1 已经不具备《专利法》第二十二条第三款规定的创造性，故对五粮液公司和泸州老窖公司所主张的理由不再进行评述。

基于上述理由，专利复审委员会作出第 11564 号决定，宣告本专利权利要求 1、2 无效，维持权利要求 3~9 有效。

原告廖礼毅不服该决定，在法定期限内向本院提起诉讼，称：1. 本专利说明书记载内容可以解释本专利的权利要求书，从本专利说明书内容可知，起撕点在文字、图案的位置，缝隙、孔洞不论设在商标载体中间或边缘，撕揭时均会损坏商标或标志物的印刷内容，从而达到商标或标志物不能重复使用的目的，而证据 2. 1 的“切缝两端离载体边缘的距离非常之小”，因此，本专利能快速识别损坏商标的标识功能、损坏美观效果达到不能二次使用，证据 2. 1 是从保护商标功能，仅从留下使用痕迹去考虑问题，二者解决的技术问题不同，发明目的不同，技术效果不同。2. 本专利克服了证据 2. 1 要保护商标文字、图案，保护美观效果和标识功能的技术偏见。3. 市场诸多产品均采用本专利技术进行商标防伪设计，证明本专利在商业上获得了巨大成功。综上，本专利具有创造性。请求人民法院依法撤销第 11564 号决定，维持本专利权全部有效。

被告专利复审蚕员会辩称：1. 本专利说明书未记载“起撕点”，仅记载“很易从缝隙、孔洞处为起点，将商标或标志物损坏”；本专利权利要求 1、2 也未记载“缝隙、孔洞的起撕点位于文字、图案的位置”这一特征，因此该特征无法用于与证据 2. 1 相比较来评判本专利是否具有新颖性和创造性。2. 本专利的切缝、孔洞及其结合设置在商标或标志物的文字、图案等信息上，但文字、图案等信息位于商标的具体位置在本专利中并不确定，如本专利说明书附图 13 所示，本专利商标上的孔洞也位于非常接近商标边缘的部位，因此，本专利的缝隙、孔洞或其结合也存在位于商标边缘的情况。3. 证据 2. 1 已经公开了在通过破坏标签从而达到使标签无法再次使用的技术方案，故本专利因克服了技术偏见而具有创造性的理由不能成立。综上，第 11564 号决定认定事实清楚，适用法律正确、审查程序合法，请求人民法院予以维持。

第三人五粮液公司、剑南春公司和泸州老窖公司述称：本专利权利要求没有记载任何与“起撕点”相关的技术特征，故廖礼毅关于本专利技术方案包含起撕点技术特征的所有意见不成立。即使在标志物的损坏过程中包含“起撕点”，本专利权利要求 1 和 2 仍不具有创造性。理由如下：1. 在标志物上设置有缝隙等易于撕裂的薄弱环节，是本专利和证据 2. 1 相同的技术特征。2. 本专利的孔洞结构周边为圆滑的曲线，不存在具体的撕裂点位置，与缝隙效果相同，所以在缝隙上的任何位置都可以成为撕裂点，证据 2. 1 的缝隙设置在标志物的中心部位，因此其撕裂点也就会直接破坏标志物上的商标、图案、文字等。3. 证据 2. 1 为不可破坏的标签，标签上的标识文字、图案等可以印刷在其表面的任何位置，采用连续、循环图案印刷使标签表面全部印制有图案、文字是印刷行业常用的技术手段，故证据 2. 1 包括有“起撕点位于标签边缘的文字、图案上”的技术方案，因此本专利权利要求 1、2 不具有创造性。综上，第 11564 号决定认定事实清楚，适用法律正确，请求人民法院予以维持。

本院经审理查明：

本专利系名称为“一次性使用的商标或标志物”的第 98229038. 1 号实用新型专利，中请曰为 1998 年 7 月 2 日，授权公告日为 2000 年 4 月 26 日、专利权人为廖礼毅。本专利授权公告的权利要求有 9 项，其中：

“1. 一次性使用的商标或标志物，由一层或多层材料所组成，其特征在于：在商标或标志物材料（1）上设置有缝隙（2）、孔洞（3）或者其结合（17）。

2. 权利要求 1 所述的商标或标志物，其特征在于：商标或标志物材料上的缝隙、孔洞或者其结合构成图案（13）、文字（5）、（7）、数字（4）、（6）、符号、被标识物品的特征或者其结合。”

本专利说明书载明：本实用新型目的在于提供能工业化批量生产、易于使用、制造简易、成本低廉、具有新的标识信息表达方式、能与现有商标或标志物结合使用、与粘接物不能完整无损剥离、防伪一次性使用功能更强的商标或标志物。本实用新型所述的缝隙、孔洞或者其结合可组成防伪代码、密码图案、文字、数字、符号、被标识物品特征等，使之成为有防伪功能的一次性使用商标或标志物。2007 年 3 月 12 日，五粮液公司针对本专利向专利复审委员会提出无效宣告请求（案件编号为 5W08724），其理由是本专利权利要求 1、2 不符合《专利法》第二十二条第二、三款以及《中华人民共和国专利法实施细则》第二条第二款的规定。同日，泸州老窖公司针对本专利向专利复审委员会提出无效宣告请求（案件编号为 5W08725），其理由为本专利权利要求 1、2 不符合《专利法》第二十二条第二、三款的规定。

2007 年 4 月 20 日，剑南春公司针对本专利向专利复审委员会提出无效宣告请求（案件编号为 5W08812）。具体理由是：本专利权利要求 1、2 不符合《专利法》第二十二条第二、三款的规定。（1）证据 2.1 中公开的不可破坏的标签所公开了“纸质或类似纸质载体的中央部位至少带有一条切缝”，所要解决的技术问题和达到的技术效果是“任何要撕下商标的尝试均是要留下明显痕迹的”，从而防止“撕去标签以及在商品上再贴上标签”。因此证据 2.1 公开了权利要求 1 的所有技术特征，且解决的技术问题相同，因此本专利的权利要求 1 与证据 2.1 相比，不具备新颖性和创造性。（2）证据 2.1 中“载体上带有 2 条相互成 90 度交叉的直线切缝”，公开了切缝为十字形图案的技术特征，与本专利权利要求 2 的技术方案相同，且对应本领域技术人员，将缝隙设置为简单的线条、图案、数字或文字不需要创造性劳动就容易想到，所以在权利要求 1 不具备新颖性和创造性时，本专利的权利要求 2 也不具备新颖性和创造性。同时，剑南春公司提交了证据 2.1。

证据 2.1 系 FR2545249-A1 的法国专利说明书及其中文译文，公开日为 1984 年 11 月 2 日。该证据公开了一种由纸质或其他材质的载体 1 构成的圆形、椭圆度不等的椭圆形或多边形标签（如征税标签），该标签带有两条切缝，切缝的两端离载体边缘的距离非常之小，撕掉标签会在实心部位的至少一个部位上产生裂口，无疑会被看出来。

2007 年 9 月 17 日，廖礼毅针对剑南春公司提出的无效请求寄交了意见陈述书，称：（1）证据 2.1 与已经审结的 5W06720、5W07192 无效请求案中的证据实质相同，系就相同的专利以相同的理由和证据重复提交专利无效请求，应以“一事不再理”原则驳回剑南春公司对本专利的无效请求。（2）本专利与证据 2.1 的区别在于起撕点（实心部位）产生的技术效果区别，证据 2.1 距离商标外边缘很近，因此其起撕点位置在载体的非常边缘处，而不是在商标的图案、文字的位置，撕揭可以造成非常边缘处载体破裂，标签还可以二次使用，而本专利所采用的方案是将破坏商标上的文字、图案等，使商标无法二次使用，从而起到防伪的目的。（3）用权利要求书和说明书对本专利权 1、2 进行解释可知，起撕点位于商标的图案、文字处或指向商标的图案、文字。2007 年 10 月 10 日，廖礼毅再次提交了意见陈述书，再次强调：（1）专利复审委员会针对 5W06720、5W07192 号无效宣告请求作出的第 8901 号决定，已经认定“活页”上“打开过的迹象”与本专利权利要求 1 体现的只能一次性使用有本质区别，证据 2.1 的切缝在商标的边缘，只能产生与“活页”相同的打开过的痕迹，仍可以二次使用。因此与第 8901 号决定的认定事实雷同，应以“一事不再理”驳回；（2）本专利解决了“难以准确复位”的技术问题；（3）用本专利的说明书和权利要求书能唯一导出：本专利权利要求 1 和 2 自然的含有“缝隙、孔洞的起撕点位于有文字、图案的位置”的特征，而证据 2.1 的起撕点位置在载体的非常边缘处，两个技术方案在技术构思和起撕点位置结构上均存在明显区别。同时，本专利是利用损坏商标的图案、文字来表示商标已经作废，克服了人们长久以来不损坏商标美观的技术偏见，因此具有创造性。

2007 年 10 月 11 日，专利复审委员会向五粮液公司、剑南春公司、泸州老窖公司和廖礼毅发出口头审理通知书。同年 11 月 21 日至 2007 年 11 月 22 日，专利复审委员会进行口头审理。

2008 年 5 月 30 日，专利复审委员会作出第 11564 号决定。

在行政诉讼庭审过程中，针对第 11564 号决定关于“一事不再理原则”及证据的认定、本专利权利要求 1 与证据 2.1 存在的区别特征（a）及专利复审委员会对区别特征（a）的相关评述，廖礼毅均不持异议。同时，廖礼毅称本专利权利要求 1 与证据 2.1 相比，虽然二者都是防伪，但采用的技术手段和效果不同，证据 2.1 是用破坏边缘一点点留下撕痕来防伪，而本专利权利要求 1 所述的商标或标志物是破坏标识信息来防伪，本专利防伪效果比证据 2.1 好。

上述事实，有第 11564 号决定、证据 2.1、当事人陈述等证据在案佐证。

本院认为：

《专利法》第二十二条第三款规定，实用新型的创造性是指同申请日以前已有的技术相比，该实用新型有实质性特点和进步。

本专利权利要求 1、2 的技术方案清楚明确，故其能达到的技术效果是其技术方案所决定的，根据权利要求 1、2 的记载不能得出其缝隙、孔洞的“起撕点”在商标或标志物中的设置位置及其相应效果，对权利要求 1、2 保护范围的界定也不适用说明书中的具体设置方式进行解释。并且，证据 2.1 公开了十字形切缝，并记载“载体 1 也可以带有 2 条以上的缝口，以便使揭去标签和再帖标签变得更为困难”，即给出将缝隙进行变换以达到更好效果的启示。虽然证据 2.1 切缝两端离载体边缘距离很小，但其在被切口分隔开的“实心部位 4”处不可避免地会被撕破，在此基础上，本领域技术人员想要破坏标志物的哪一位置，就能够想到通过缝隙切口的设置而分隔形成相应的实心部位从而达到破坏所述位置的目的，并不存在不能破坏商标上的图案、文字的技术偏见，故本领域技术人员将缝隙、孔洞构成图案、文字、数字、符号、被标识物品特征或其结合等方式及达到破坏所述图案、文字、数字、符号、被标识物品特征的效果是显而易见的，第 11564 号决定关于本专利权利要求 1、2 相对于证据 2.1 不具备创造性的认定并无不当，本院予以支持。

由于获得商业上的成功仅限于廖礼毅的陈述，廖礼毅并未提交任何证据，故其关于本专利的技术方案被多家厂商使用，获得了商业上的巨大成功，具备创造性的主张，本院不予支持。

综上所述，专利复审委员会作出的第 11564 号决定，认定事实清楚，适用法律正确，本院予以维持。廖礼毅主张本专利权利要求 1、2 具备创造性，缺乏事实和法律依据，本院不予支持。依据《中华人民共和国行政诉讼法》第五十四条第（一）项之规定，本院判决如下：

维持国家知识产权局专利复审委员会作出的第 11564 号无效宣告请求审查决定。

案件受理费 100 元，由原告廖礼毅负担（已交纳）。

如不服本判决，各方当事人可于本判决送达之日起 15 日内，向本院提交上诉状及其副本，并交纳上诉案件受理费 100 元，上诉于北京市高级人民法院。

审　判　长　彭文毅
代理审判员　江建中
人民陪审员　郝建欣
二〇〇八年十二月十九日
书　记　员　严　哲

北京市高级人民法院
行政判决书

（2009）高行终字第519号

上诉人（原审原告）廖礼毅，男，汉族，1958年10月26日出生，住四川省内江市市中区象鼻嘴村11幢5号。

委托代理人徐国文，男，汉族，1942年10月26日出生，北京安博达知识产权代理有限公司专利代理人，住北京市海淀区晴冬园2楼1805号。

被上诉人（原审被告）国家知识产权局专利复审委员会，住所地北京市海淀区北四环西路9号银谷大厦10~12层。

法定代表人廖涛，副主任。

委托代理人朱明雅，该委员会审查员。

委托代理人瞿晓峰，该委员会审查员。

原审第三人宜宾五粮液股份有限公司，住所地四川省宜宾市翠屏区岷江西路150号。

法定代表人唐桥，董事长。

委托代理人杨冬，男，汉族，1965年4月19日出生，成都虹桥专利事务所专利代理人，住四川省成都市高新区元通二巷1号2栋3单元12号。

委托代理人郑显华，四川华晨律师事务所宜宾分所律师。

原审第三人四川绵竹剑南春酒厂有限公司，住所地四川省绵竹市春溢街289号。

法定代表人乔天明，董事长。

委托代理人杨冬，男，汉族，1965年4月19日出生，成都虹桥专利事务所专利代理人，住四川省成都市高新区元通二巷1号2栋3单元12号。

委托代理人任虹，男，汉族，1964年6月17日出生，成都虹桥专利事务所专利代理人，住四川省成都市金牛区三友路18号3栋1单元2楼3号。

原审第三人泸州老窖股份有限公司，住所地四川省泸州市国窖广场。

法定代表人谢明，董事长。

委托代理人杨冬，男，汉族，1965年4月19日出生，成都虹桥专利事务所专利代理人，住四川省成都市高新区元通二巷1号2栋3单元12号。

委托代理人任虹，男，汉族，1964年6月17日出生，成都虹桥专利事务所专利代理人，住四川省成都市金牛区三友路1 8号3栋1单元2楼3号。

上诉人廖礼毅因实用新型专利权无效行政纠纷一案，不服北京市第一中级人民法院（2008）一中行初字第1349号行政判决，向本院提出上诉。本院2009年4月13日受理本案后，依法组成合议庭，于209年6月15日公开开庭进行了审理。上诉人廖礼毅及其委托代理人徐国文，被上诉人国家知识产权局专利复审委员会（以下简称专利复审委员会）的委托代理人瞿晓峰，原审第三人宜宾五粮液股份有限公司（以下简称五粮液公司）的委托代理人郑显华、杨冬，原审第三人五粮液公司、四川绵竹剑南春酒厂有限公司（以下简称剑南春公司）、泸州老窖股份有限公司（以下简称泸州老窖公司）的共同委托代理人杨冬到庭参加了诉讼。本案现已审理终结。

北京市第一中级人民法院认定，本案涉及名称为“一次性使用的商标或标志物”的98229038.1

号实用新型专利（以下简称本专利），专利权人为廖礼毅。针对本专利权，五粮液公司、泸州老窖公司、剑南春公司分别向专利复审委员会提出无效宣告请求。2008 年 5 月 30 日，专利复审委员会做出第 11564 号无效宣告请求审查决定（简称第 11564 号决定），宣告本专利权利要求 1、2 无效，维持权利要求 3~9 有效。

北京市第一中级人民法院认为，证据 2.1 公开了十字形切缝，并记载“载体 1 也可以带有 2 条以上的缝口，以便使揭去标签和再帖标签变得更为困难”，即给出将缝隙进行变换以达到更好效果的启示。虽然证据 2.1 切缝两端离载体边缘距离很小，但其在被切口分隔开的“实心部位 4”处不可避免地会被撕破，在此基础上，本领域技术人员想要破坏标志物的哪一位置，就能够想到通过缝隙切口的设置而分隔形成相应的实心部位从而达到破坏所述位置的目的，并不存在不能破坏商标上的图案、文字的技术偏见，故本领域技术人员将缝隙、孔洞构成图案、文字、数字、符号、被标识物品特征或其结合等方式及达到破坏所述图案、文字、数字、符号、被标识物品特征的效果是显而易见的，第 11564 号决定关于本专利权利要求 1、2 相对于证据 2.1 不具备创造性的认定并无不当。廖礼毅并未提交任何证据证明本专利的技术方案被多家厂商使用，获得了商业上的巨大成功。

北京市第一中级人民法院依据《中华人民共和国行政诉讼法》第五十四条第（一）项的规定，判决：维持专利复审委员会作出的第 11564 号决定。

廖礼毅不服原审判决，向本院提出上诉，请求撤销原审判决，撤销第 11564 号决定中宣告本专利权利要求 1、2 无效的部分，维持本专利权全部有效。其上诉理由是：证据 2.1 对本专利没有技术启示，其只解决在非常边缘的位置留撕揭的小痕迹，不考虑损坏标识信息文字、图案，从而使商标的标识功能还存在，商标还可以二次使用，而本专利把缝隙设在能同时损坏商标或标志物的印刷的内容的位置，防伪效果好，与证据 2.1 相比有实质性特点和进步；廖礼毅提交了大量使用本专利技术的实物商标和公证过的实物照片资料证明取得了商业上的成功，一审法院不予认定是错误的。专利复审委员会、五粮液公司、剑南春公司、泸州老窖公司服从原审判决。

经审理查明，本专利系名称为“一次性使用的商标或标志物”实用新型专利，申请日为 1998 年 7 月 2 日，申请号为 98229038.1，2000 年 4 月 26 日被国家知识产权局公告授权，专利权人为廖礼毅。本专利授权公告的权利要求有 9 项，其中：

“1. 一次性使用的商标或标志物，由一层或多层材料所组成，其特征在于：在商标或标志物材料（1）上设置有缝隙（2）、孔洞（3）或者其结合（17）。

2. 权利要求 1 所述的商标或标志物，其特征在于：商标或标志物材料上的缝隙、孔洞或者其结合构成图案（13）、文字（5）、（7）、数字（4）、（6）、符号、被标识物品的特征或者其结合。”

本专利说明书载明：本实用新型目的在于提供能工业化批量生产、易于使用、制造简易、成本低廉、具有新的标识信息表达方式、能与现有商标或标志物结合使用、与粘接物不能完整无损剥离、防伪一次性使用功能更强的商标或标志物。本实用新型所述的缝隙、孔洞或者其结合可组成防伪代码、密码图案、文字、数字、符号、被标识物品特征等，使之成为有防伪功能的一次性使用商标或标志物。

2007 年 3 月 12 日，五粮液公司针对本专利权向专利复审委员会提出无效宣告请求（案件编号为 5W08724），其理由是本专利权利要求 1、2 不符合《专利法》第二十二条第二、三款以及《专利法实施细则》第二条第二款的规定。同日，泸州老窖公司针对本专利权向专利复审委员会提出无效宣告请求（案件编号为 5W08725），其理由为本专利权利要求 1、2 不符合《专利法》第二十二条第二、三款的规定。

2007 年 4 月 20 日，剑南春公司针对本专利权向专利复审委员会提出无效宣告请求（案件编号为

5W08812)。具体理由是：本专利权利要求 1、2 不符合《专利法》第二十二条第二、三款的规定。(1) 证据 2.1 中公开的不可破坏的标签所公开了“纸质或类似纸质载体的中央部位至少带有一条切缝”，所要解决的技术问题和达到的技术效果是“任何要撕下商标的尝试均是要留下明显痕迹的”，从而防止“撕去标签以及在商品上再贴上标签”。因此证据 2.1 公开了权利要求 1 的所有技术特征，且解决的技术问题相同，因此本专利的权利要求 1 与证据 2.1 相比，不具备新颖性和创造性。(2) 证据 2.1 中“载体上带有 2 条相互成 90 度交叉的直线切缝”，公开了切缝为十字形图案的技术特征，与本专利权利要求 2 的技术方案相同，且对应本领域技术人员，将缝隙设置为简单的线条、图案、数字或文字不需要创造性劳动就容易想到，所以在权利要求 1 不具备新颖性和创造性时，本专利的权利要求 2 也不具备新颖性和创造性。同时，剑南春公司提交了证据 2.1。

证据 2.1 系 FR2545249-A1 的法国专利说明书及其中文译文，公开日为 1984 年 11 月 2 日。该证据公开了一种由纸质或其他材质的载体 1 构成的圆形、椭圆度不等的椭圆形或多边形标签（如征税标签），该标签带有两条切缝，切缝的两端离载体边缘的距离非常之小，撕掉标签会在实心部位的至少一个部位上产生裂口，无疑会被看出来。

2007 年 9 月 17 日，廖礼毅针对剑南春公司提出的无效请求寄交了意见陈述书，称：(1) 证据 2.1 与已经审结的 5W06720、5W07192 无效请求案中的证据实质相同，系就相同的专利以相同的理由和证据重复提交专利无效请求，应以“一事不再理”原则驳回剑南春公司对本专利的无效请求。(2) 本专利与证据 2.1 的区别在于起撕点（实心部位）产生的技术效果区别，证据 2.1 距离商标外边缘很近，因此其起撕点位置在载体的非常边缘处，而不是在商标的图案、文字的位置，撕揭可以造成非常边缘处载体破裂，标签还可以二次使用，而本专利所采用的方案是将破坏商标上的文字、图案等，使商标无法二次使用，从而起到防伪的目的。(3) 用权利要求书和说明书对本专利权 1、2 进行解释可知，起撕点位于商标的图案、文字处或指向商标的图案、文字。2007 年 10 月 10 日，廖礼毅再次提交了意见陈述书，再次强调：(1) 专利复审委员会针对 5W06720、5W07192 号无效宣告请求做出的第 8901 号决定，已经认定“活页”上“打开过的迹象”与本专利权利要求 1 体现的只能一次性使用有本质区别，证据 2.1 的切缝在商标的边缘，只能产生与“活页”相同的打开过的痕迹，仍可以二次使用。因此与第 8901 号决定的认定事实雷同，应以“一事不再理”驳回；(2) 本专利解决了“难以准确复位”的技术问题；(3) 用本专利的说明书和权利要求书能唯一导出：本专利权利要求 1 和 2 自然的含有“缝隙、孔洞的起撕点位于有文字、图案的位置”的特征，而证据 2.1 的起撕点位置在载体的非常边缘处，两个技术方案在技术构思和起撕点位置结构上均存在明显区别。同时，本专利是利用损坏商标的图案、文字来表示商标已经作废，克服了人们长久以来不损坏商标美观的技术偏见，因此具有创造性。

2007 年 11 月 21 日至 2007 年 11 月 22 日，专利复审委员会进行了口头审理，并于 2008 年 5 月 30 日做出第 11564 号决定，宣告本专利权利要求 1、2 无效，维持权利要求 3~9 有效。该决定认为：

1. 针对 5W08812 案。

(1) 关于“一事不再理原则”。

在本案中，廖礼毅针对剑南春公司提交的意见陈述书，主张应以“一事不再理原则”驳回剑南春公司对本专利的无效请求，对此专利复审委员会认为，已经审结的 5W06720、W507192 无效请求案中的证据与剑南春公司提交的证据并不相同，因此本案不属于以同样的理由和证据再次提出无效宣告请求，故不能适用“一事不再理原则”。

(2) 关于创造性。

①权利要求 1 的创造性。

权利要求1请求保护一种一次性使用的商标或标志物，该商标或标志物由一层或多层材料所组成，在商标或标志物材料（1）上设置有缝隙（2）、孔洞（3）或者其结合（17）。证据2.1公开了一种标签（相当于本专利的商标或标志物），该标签由纸质或其他材质的载体1构成，其带有两条切缝2，即证据2.1已经明确公开了在标签上设置缝隙这个技术特征。

权利要求1与证据2.1相比区别在于：（a）证据2.1没有明确公开其标签的层数；（b）证据2.1没有公开在标志物材料上设置有孔洞或者其与缝隙的结合。对于区别特征（a），标签一般情况下可以是一层也可以是多层，对本领域技术人员来说，为了解决不同的技术问题将标签设计为一层或多层都是容易想到和实现的，无需付出创造性的劳动。对于区别特征（b），从本专利的说明书中可知，本专利目的在于使商标或标志物难以被完整撕下，从而防止商标或标志物被重复使用，其采用的技术手段是在商标或标志物的材料上设置缝隙或孔洞。证据2.1所要解决的技术问题也是为使标签难以完整撕下而不留痕迹，采用的技术手段是在标签上设置切缝。本领域技术人员为了使标签难以完整撕下，容易想到将切缝换成同样是贯穿标签材料的孔洞或是缝隙和孔洞相结合。所以，本领域技术人员在证据2.1的基础上得到权利要求1所要保护的技术方案无需付出创造性劳动。因此，权利要求1所要保护的技术方案不具有实质性特点和进步，不具备《专利法》第二十二条第三款规定的创造性。

②权利要求2的创造性。

权利要求2是权利要求1的从属权利要求，其附加技术特征为“商标或标志物材料上的缝隙、孔洞或者其结合构成图案（13）、文字（5）、（7）、数字（4）、（6）、符号、被标识物品的特征或者其结合。”证据2.1具体公开了以下技术特征：“标签上的切缝也为十字形图案”，即证据2.1公开了在标签设置十字形图案切缝这个技术特征，相当于公开了权利要求2的“商标或标志物材料上的缝隙构成图案”这个特征。

对于权利要求2的其余未公开的技术特征，本专利权利要求2所要解决的技术问题是为了更好地破坏商标或标志物上的图案、文字等商标所载信息，采用的技术手段是通过商标或标志物上的缝隙、孔洞或其结合构成图案、文字、数字等，在揭下商标时候容易从商标的信息处将商标破坏，从而使商标或标志物难以再次使用。证据2.1已经公开了在标签中央部位设置十字形图案切缝这个特征，同时还公开了“载体1也可以带有2条以上的缝口，以便使揭去标签和再贴标签变得更为困难”，因此，本领域技术人员为了使标签在撕下的时候更容易被破坏，容易想到使用多个缝隙或者由缝隙扩大而形成的孔洞形成不同的图案，以取得更好的技术效果，而文字、数字、符号、被标识物品的特征或者其结合也属于图案的一种，即权利要求2所述的将商标或标志物材料上的缝隙、孔洞或者其结合构成图案、文字、数字、符号、被标识物品的特征或者其结合对本领域技术人员来说都是容易想到的，且并未产生意想不到的技术效果。因此，在权利要求2所引用的权利要求1不具备创造性的情况下，权利要求2所要保护的技术方案不具有实质性特点和进步，不具备《专利法》第二十二条第三款规定的创造性。

③廖礼毅主张：第一，从本专利的说明书和权利要求书能唯一导出本专利权利要求1和2自然的含有“缝隙、孔洞的起撕点位于有文字、图案的位置”的特征，而证据2.1的起撕点在商标的非常边缘位置，因此两个技术方案在技术构思上和起撕点位置结构上存在区别；第二，证据2.1的切缝距离商标的外缘很近，因此撕揭可以造成非常边缘处载体破裂，标签还可以二次使用，而本专利使商标上的图案、文字等损坏，解决了“难以准确复位”的技术问题，即本专利具有更好的技术效果；第三，本专利是利用损坏商标的图案、文字来表示商标已经作废，克服了人们长久以来不损坏商标美观的技术偏见，因此具有创造性。

专利复审委员会认为：第一，本专利说明书未记载“起撕点”这个概念，本专利说明书第5页第 7 行仅记载了“很易从缝隙、孔洞处为起点，将商标或标志物损坏”，而非明确的“起撕点”概念；本专利权利要求 1、2 也均未记载“缝隙、孔洞的起撕点位于有文字、图案的位置”这个特征，因此该特征是无法用以与证据 2.1 相比较，来评判本专利是否具有新颖性和创造性。第二，本专利中的切缝、孔洞及其结合设置在商标或标志物的文字、图案等信息上，但文字、图案等信息位于商标的具体位置在本专利中并不确定，如本专利说明书附图 13 所示，本专利商标上的孔洞也位于非常接近商标边缘的部位，因此无法得出本专利的缝隙、孔洞或其结合一定远离商标边缘的结论；证据 2.1 切缝距离商标的外缘虽然近，但由于存在交叉的切缝，想要完整将商标取下仍然很困难，且证据 2.1 公开了可以带有 2 条以上的缝口这个特征，本领域技术人员在此基础上容易想到设计包含多个缝口、更复杂的图案，使撕揭更加困难，从而达到更好的技术效果。因此，两者在技术效果上并没有不同。第三，技术偏见是指在某段时间内、某个技术领域中，技术人员对某个技术问题普遍存在的、偏离客观事实的认识，它引导人们不去考虑其他方面的可能性，阻碍人们对该技术领域的研究和开发。专利权人未就人们在一次性商标或标志物这个技术领域中，对一次性商标或标志物的制作上存在的技术偏见提供证据，相反，证据 2.1 已经公开了在通过破坏标签从而达到使标签无法再次使用的技术方案，故本专利因克服了技术偏见而具有创造性的理由不能成立。

综上所述，本专利权利要求 1、2 相对于证据 2.1 不符合《专利法》第二十二条第三款的规定。

2. 针对 5W08724、5W08725 两案。

鉴于权利要求 1、2 相对于证据 2.1 已经不具备《专利法》第二十二条第三款规定的创造性，故对五粮液公司和泸州老窖公司所主张的理由不再进行评述。

基于上述理由，专利复审委员会做出第 11564 号决定。

在一审法院庭审过程中，针对第 11564 号决定关于“一事不再理原则”及证据的认定、本专利权利要求 1 与证据 2.1 存在的区别特征（a）及专利复审委员会对区别特征（a）的相关评述，廖礼毅均不持异议。同时，廖礼毅称本专利权利要求 1 与证据 2.1 相比，虽然二者都是防伪，但采用的技术手段和效果不同，证据 2.1 是用破坏边缘一点点留下撕痕来防伪，而本专利权利要求 1 所述的商标或标志物是破坏标识信息来防伪，本专利防伪效果比证据 2.1 好。

以上事实有本专利文件、第 11564 号决定、证据 2.1 以及当事人陈述等证据在案佐证。

本院认为，《专利法》第二十二条第三款规定，实用新型的创造性是指同申请日以前已有的技术相比，该实用新型有实质性特点和进步。

根据证据 2.1 所披露的内容可以看出，该技术方案的发明目的是使“任何要撕下标签的尝试均是要留下明显痕迹”，该技术方案公开了十字形切缝，并记载“载体 1 也可以带有 2 条以上的缝口，以便使揭去标签和再帖标签变得更为困难”，所以能够达到防止标签二次使用的防伪技术效果。由于证据 2.1 已经公开了在标签上设置缝隙，对于本领域技术人员而言，设置为缝隙、孔洞或者其结合并无实质性的区别。因此，与证据 2.1 相比，本专利权利要求 1、2 不具备实质性特点和进步，不符合《专利法》第二十二条第三款关于创造性的规定。

发明或实用新型是否具备创造性，在通常的审查基准之外，还有一些需考虑的其他因素，属于辅助性的参考因素。技术偏见是指在某段时间内、某个技术领域中，技术人员对某个技术问题普遍存在的、偏离客观事实的认识，它引导人们不去考虑其他方面的可能性，阻碍人们对该技术领域的研究和开发。廖礼毅未就人们在一次性商标或标志物这个技术领域中，对一次性商标或标志物的制作上存在的技术偏见提供证据，相反，证据 2.1 已经公开了在通过破坏标签从而达到使标签无法再次使用的技术方案，故本专利因克服了技术偏见而具有创造性的理由不能成立。廖礼毅还主张本专利技术方案取得了巨大的商业上的成功，为此提交了相关公证书加以证明。根据《审查指南》的规定，当发明的产品在商业上获得成功时，如果这种成功是由于发明的技术特征直接导致的，则一方面反映了发明具有有益效果，同时说明发明是非显而易见的，但是，如果商业上的成功是由于其他原因所致，则不能作为判断创造性的依据。廖礼毅提交的证据尚不能证明是直接采用了本专利技术方案所带来的成功，故其关于本专利取得了商业上的成功的主张不能成立。

综上所述，廖礼毅的上诉理由缺乏事实和法律依据，不能成立，其上诉请求本院不予支持。原审判决认定事实清楚，适用法律正确。依照《中华人民共和国行政诉讼法》第六十一条第（一）项之规定，判决如下：

驳回上诉，维持原判。

一审案件受理费100元，由廖礼毅负担（已交纳）。二审案件受理费100元，由廖礼毅负担（已交纳）。

本判决为终审判决。

审 判 长 刘 辉
代理审判员 岑宏宇
代理审判员 焦 彦
二〇〇九年六月三十日
书 记 员 陈 明
书 记 员 刘 悠

101

防火塑料保险柜

无效宣告请求审查决定（第11569号）

决　　定　　号　第11569号
决　　定　　日　2008年5月28日
发明创造名称　防火塑料保险柜
国 际 分 类 号　E05G 1/00，E05G 1/024
无效宣告请求人　约翰·D. 不拉什公司
专 利 权 人　力昌（上海）信息柜制造有限公司
专　　利　　号　200520017180.0
申　　请　　日　2005年4月22日
授 权 公 告 日　2006年8月23日
合 议 组 组 长　刘敏飞
主　　审　　员　隋　璐
参　　审　　员　欧　岚

法 律 依 据　专利法第22条第3款
决 定 要 点
如果权利要求所要求保护的技术方案与现有技术之间存在区别技术特征，而该区别技术特征属于在现有技术基础上，本领域普通技术人员根据所要解决的技术问题容易想到的，则权利要求所要求保护的技术方案相对于现有技术不具有实质性特点，该权利要求所要求保护的技术方案相对于该现有技术不具有创造性。

一、案由

本无效宣告请求涉及国家知识产权局于2006年8月23日授权公告的、名称为“防火塑料保险柜”的实用新型专利（下称本专利），其专利号是200520017180.0，申请日是2005年4月22日，专利权人是力昌（上海）信息柜制造有限公司。本专利授权公告的权利要求书如下：

“1. 一种防火塑料保险柜，其特征在于：它有一个采用吹塑一次成型的箱体，包括箱体

上底、箱体下底和上下底连体合页，以及在箱体上底和箱体下底上均有的箱体内外层之间的支撑结构；在上下底接合处的箱体上底和箱体下底上均设有槽口和灌注口；箱体上底、箱体下底的内外夹层内均填有从灌注口灌入的防火材料；提手上底座和提手下底座分别通过槽口与箱体上、下底固定；提手下底座上装有锁。

2. 如权利要求1所述的防火塑料保险柜，其特征在于，所述提手下底座上还设有提手。

3. 如权利要求 1 或 2 所述的防火塑料保险柜，其特征在于，所述提手上底座和提手下底座上连有插杆，插杆另一端插入槽口，提手上、下底座分别通过插杆固定在箱体上、下底上。

4. 如权利要求 1 或 2 所述的防火塑料保险柜，其特征在于，所述箱体下底的外层下面有垫脚。”

针对上述专利权，约翰·D. 不拉什公司（下称请求人）于 2007 年 7 月 10 日向专利复审委员会提出无效宣告请求，其理由是本专利权利要求 1~4 不符合专利法第 22 条第 2 款的规定，请求宣告本专利全部无效，与此同时，请求人提交了如下附件：

附件 1′：公开日为 1995 年 1 月 3 日的美国专利文献 US5377514A 及其中文译文，共 26 页；

附件 2′：公开日为 2003 年 12 月 30 日的美国专利文献 US6668736B1 及其中文译文，共 30 页；

附件 3′：公开日为 1977 年 9 月 20 日的美国专利文献 US4048926 及其中文译文，共 22 页。

对于上述无效宣告请求，专利复审委员会于 2007 年 9 月 10 日向双方当事人发出受理通知书，受理了此案，并将无效宣告请求书及附件清单中所列附件副本转送给专利权人，要求专利权人在指定期限内进行意见陈述。

专利权人逾期未答复。

专利复审委员会依法成立合议组，对本无效宣告请求进行审查。

本案合议组于 2007 年 11 月 30 日向双方当事人发出口头审理通知书，定于 2008 年 1 月 17 日在专利复审委员会举行口头审理。

口头审理如期举行。专利权人缺席口头审理，请求人单方出席了口头审理。请求人明确无效请求的理由、范围、证据为：本专利权利要求 1~4 相对于附件 1′不具有新颖性。请求人当庭明确放弃附件 2′、3′作为本次无效宣告请求的证据使用。请求人表示除此以外没有其他的无效理由、证据和事实的使用方式。

请求人于 2008 年 1 月 28 日向专利复审委员会再次提出无效宣告请求，其理由是本专利的权利要求 1~4 不符合专利法第 22 条第 3 款的规定，请求宣告本专利全部无效，与此同时，请求人提交了如下附件：

附件 1：公告日为 1995 年 1 月 3 日的美国专利文献 US5377514A 及其中文译文，共 26 页（同第一次无效请求提交的附件 1′）。

对于该无效宣告请求，专利复审委员会于 2008 年 2 月 26 日向双方当事人发出受理通知书，受理了此案，并将无效宣告请求书及附件清单中所列附件副本转送给专利权人，要求专利权人在指定期限内进行意见陈述。

专利权人逾期未答复。

专利复审委员会依法成立合议组，对该无效宣告请求进行审查。

本案合议组于 2008 年 3 月 3 日向双方当事人发出口头审理通知书，定于 2008 年 4 月 14 日在专利复审委员会举行口头审理。

口头审理如期举行。专利权人缺席口头审理，请求人单方出席了口头审理。请求人明确无效请求的理由、范围、证据：本专利权利要求 1~4 相对于附件 1 不具有创造性。请求人表示除此以外没有其他的无效理由、证据和事实的使用方式。

至此，合议组认为本案事实已经清楚，可以作出审查决定。

二、决定的理由

1. 关于证据和现有技术

请求人提交的附件 1 为美国专利文献及其部分中文译文。专利权人既未出席口头审理，又未在指定的期限内对该附件的真实性及译文的准确性发表意见。合议组审查后认可附件 1 的真实性，该附件公开内容以其中文译文为准。同时，由于附件 1 的公开日早于本专利的申请日，因此可以作为本专利的现有技术使用。

2. 关于本专利的权利要求 1~4 是否具备创造性

专利法第 22 条第 3 款规定，创造性，是指同申请日以前已有的技术相比，该实用新型有实质性特点和进步。

如果权利要求所要求保护的技术方案与现有技术之间存在区别技术特征，而该区别技术特征属于在现有技术基础上，本领域普通技术人员根据所要解决的技术问题容易想到的，则权利要求所要求保护的技术方案相对于现有技术不具有实质性特点，该权利要求所要求保护的技术方案相对于该现有技术不具有创造性。

请求人主张，权利要求 1~4 相对于附件 1 不具备创造性。

（1）权利要求 1 的创造性。

附件 1 公开了防火保险箱（参见中文译文及附图 1–10），该防火保险箱包括通过吹塑成型制成一体式双层壳体（对应于权利要求 1 中的吹塑一次成型的箱体）；箱盖 14 和箱体 12（对应于权利要求 1 中的箱体上底和箱体下底）用铰链连接在一起；锥形凹陷 58 和 62 分别在箱体内壳 30、箱盖内壳 44 上成型（对应于权利要求 1 中的在箱体上底和箱体下底上均有的箱体内外层之间的支撑结构）具有结构加强作用；箱体 12 和箱盖 14 的外壳上均有两个突起的通孔 36 和 38、50 和 52，较大的通孔 38 和 52（对应于权利要求 1 中的在上下底接合处的箱体上底和下底上设有的灌注口）用于向两层壳体内注入绝热材料，较小的通孔 36 和 50 则用于排气；箱体上的下锁眼盖 24 上有 4 个柱钉 72，两个用于插入通孔 36 定位，箱盖上的上锁眼盖 26 上也有 2 个柱钉 76，一个用于插入通孔 50 定位，因此通孔 36 和 50 不仅用于排气，同时也起到了“槽口”的作用（对应于权利要求 1 中的提手上底座和提手下底座上分别通过槽口与箱体上、下底固定），即固定锁眼盖；下锁眼盖 24 用来安装钥匙开关锁 22（对应于权利要求 1 中的提手下底座上装有锁）。

由此可见，权利要求 1 和附件 1 的区别技术特征在于：权利要求 1 中箱体上底、箱体下底之间用连体合页相连，而附件 1 中箱盖和箱体用铰链连接；权利要求 1 中箱体上底、箱体下底的内外夹层填的是防火材料，而附件 1 中箱盖、箱体的双层壳体中注入的是绝热材料。

合议组认为：连体合页、铰链在保险箱中所起的作用相同，都是用于活动连接箱体、箱盖，是很常见的连接方式；防火材料、绝热材料都是防火保险箱中常用的材料，其作用相同，用以保护箱体内物品免受高温的破坏。因此，本领域普通技术人员在附件 1 的基础上得到本专利权利要求 1 的技术方案，不需要花费创造性劳动，权利要求 1 所要求保护的技术方案相对于附件 1 不具有实质性特点，不具备专利法第 22 条第 3 款规定的创造性。

（2）权利要求 2 的创造性。

权利要求 2 是权利要求 1 的从属权利要求，其附加技术特征是“所述提手下底座上还设有提手”。合议组认为：由附件 1 附图 1 中可看出手柄 28 安装在下锁眼盖 24 上，由此公开了上述附加技术特征，而且根据需要将提手设置于提手上底座或下底座都是很常见的，因此，在权利要求 1 不具备创造性的情况下，权利要求 2 也不具备创造性。

（3）权利要求 3 的创造性。

权利要求 3 是权利要求 1、2 的从属权利要求，其附加技术特征是“所述提手上底座和提手下底座上连有插杆，插杆另一端插入槽口，提手上、下底座分别通过插杆固定在箱体上、下底上”。合议组认为：附件 1 中公开了箱体的下锁眼盖 24 上有 4 个柱钉 72，两个用于插入通孔 36 定位，箱盖上的上锁眼盖 26 上也有 2 个柱钉 76，一个用于插入通孔 50 定位。因此，权利要求 3 的附加技术特征已经被附件 1 公开了，在权利要求 1 或权利要求 2 不具备创造性的情况下，权利要求 3 也不具备创造性。

（4）权利要求 4 的创造性。

权利要求 4 是权利要求 1、2 的从属权利要求，其附加技术特征是“所述箱体下底的外层下面有垫脚。”合议组认为：从附件 1 的附图 1 中可看出箱体具有垫脚，并且箱体下面安装有垫脚是本领域常规技术手段，因此，在权利要求 1 或权利要求 2 不具备创造性的情况下，权利要求 4 也不具备创造性。

鉴于上述已得出本专利权利要求 1~4 相对于附件 1 不具有创造性的结论，故针对请求人提出的其他理由、证据不再予以评述。

根据上述的事实和理由，本案合议组依法作出以下决定。

三、决定

宣告第 200520017180.0 号实用新型专利权全部无效。

当事人对本决定不服的，可以根据专利法第 46 条第 2 款的规定，自收到本决定之日起三个月内向北京市第一中级人民法院起诉。根据该款的规定，一方当事人起诉后，另一方当事人应当作为第三人参加诉讼。

102

全自动制胶机及全自动控制方法

无效宣告请求审查决定（第 11575 号）

决　定　号 第 11575 号
决　定　日 2008 年 6 月 3 日
发明创造名称 全自动制胶机及全自动控制方法
国 际 分 类 号 B01F 5/00，C09J 103/02，G05B 19/04
无效宣告请求人 成都市澳锐达机械设备有限公司
专 利 权 人 王新民
专　利　号 200510021943.3
申　请　日 2005 年 10 月 25 日
授 权 公 告 日 2007 年 7 月 18 日
合 议 组 组 长 董晓静
主　审　员 任颖丽
参　审　员 宋晓晖

法 律 依 据 专利法第 22 条第 2 款、第 3 款
决 定 要 点

如果权利要求要求保护的技术方案与现有技术公开的技术方案之间的区别技术特征是本领域技术人员可以根据实际应用的需要进行常规选择而确定的，不需要付出创造性的劳动，则该权利要求不具备创造性。

一、案由

本无效宣告请求涉及中华人民共和国国家知识产权局于 2007 年 7 月 18 日授权公告的、名称为“全自动制胶机及全自动控制方法”的发明专利权（下称本专利），其专利号是 200510021943.3，申请日是 2005 年 10 月 25 日，专利权人是王新民。本专利授权公告时的权利要求书如下：

“1. 一种全自动制胶机，在承重架上有安装主罐，制胶机的出料口位于主罐的下方，在主罐的下部设置有蒸汽管接口，主罐上方设置有各原料的进料口并安装有搅拌电机，搅拌电机轴及安装于其上的叶片均置于主罐内，其特征在于：在所述承重架旁边安装有淀粉储罐，在所述承重架上还安装有硼砂储罐、碱液中转罐、碱液储槽和自动化控制箱；在淀粉储罐的出料口与主罐的淀粉进料口之间安装有淀粉推进器，在硼砂储罐的出料口与主罐的硼砂进料口之间安装有硼砂推进器，碱液储槽的出液口与一台带有控制继电器的碱液泵的进液口连接，这台碱液泵的出液口与碱液中转罐的进液口连接，碱液中转罐的出液口与另一台带有控制继电器的碱液泵的进液口连接，这台碱液泵的出液口与主罐的碱

液进液口连接；在主罐的中上部安装有主罐称重计量器，在硼砂储罐和碱液中转罐的下端分别安装有辅罐称重计量器，主罐称重计量器和辅罐称重计量器的信号输出端分别与自动化控制箱的对应信号输入端口连接；在主罐的淀粉进料口和硼砂进料口所对应的管道上分别安装有气动控制阀，在碱液中转罐与碱液储槽之间的管道上、碱液中转罐与主罐之间的管道上分别安装有气动控制阀，在为主罐供水的水管上安装有气动控制阀，各气动控制阀的信号控制输入端分别与自动化控制箱的对应信号控制输出端口连接，淀粉推进器、硼砂推进器和两台碱液泵的信号控制输入端分别与自动化控制箱的对应信号控制输出端口连接；在主罐的下部安装有温度传感器，温度传感器的探头安装于主罐内，温度传感器的信号输出端与自动化控制箱的对应信号输入端口连接；在与主罐下方的出料口连接的胶水输送管道上依次安装有气动控制阀和胶水输送泵，在与主罐下方的出料口连接的废水输送管道上安装有气动控制阀，在蒸汽管接口上安装有气动控制阀，各气动控制阀的信号控制输入端与自动化控制箱的对应信号控制输出端口连接。

2. 根据权利要求 1 所述的全自动制胶机，其特征在于：在所述搅拌电机轴上的推进搅拌叶片的下方安装有剪切叶片。

3. 根据权利要求 2 所述的全自动制胶机，其特征在于：所述剪切叶片为圆形叶片，其边缘为刀口锯齿形。

4. 根据权利要求 2 所述的全自动制胶机，其特征在于：在所述剪切叶片的下方靠近所述剪切叶片处安装有平面挡板。

5. 根据权利要求 1 所述的全自动制胶机，其特征在于：所述主罐称重计量器的数量、所述硼砂储罐的辅罐称重计量器的数量和所述碱液中转罐的辅罐称重计量器的数量均为三个。

6. 根据权利要求 1 所述的全自动制胶机，其特征在于：所述搅拌电机的功率为 22 千瓦，转速为 1500 转/分。

7. 一种权利要求 1 所述的全自动制胶机所用的全自动控制方法，通过对自动化控制箱内的电子芯片输入程序，达到自动控制整个生产流程的目的，其特征在于：开启系统后，首先让用户确定选择配方的方式，分两种情况：（1）手动选择配方，控制方法为：先让用户输入制胶量，确认后启动自动制胶系统，制胶完毕后由用户手动送胶到储胶罐，接着由用户手动冲洗主罐，冲洗完毕后进入待机状态，若还需制胶，则重复上述步骤，若需停止制胶，则关闭整个系统；（2）自动选择配方，控制方法为：先检测储胶罐内的胶量是否小于低限，若不是则启动报警装置，若是则自动启动自动制胶系统，根据预定的配方制胶，制胶完毕后自动打开胶水输送管道上的气动控制阀和胶水输送泵，送胶到储胶罐，送胶完毕后自动打开加水气动控制阀和废水输送管道上的气动控制阀，冲洗主罐，冲洗完毕后进入待机状态，若还需制胶，则重复上述步骤，若需停止制胶，则关闭整个系统。

上述自动制胶系统的控制方法是：

（1）当检测到储胶罐的胶量小于低限时，自动打开加水气动控制阀；

（2）当通过主罐称重计量器传来的信息检测到水量达到 100 公斤时自动打开加蒸汽气动控制阀并启动搅拌电机；

（3）当通过主罐称重计量器传来的信息和温度传感器传来的信息检测到水量和温度均达到配方设定量时自动关闭加水气动控制阀和加蒸汽气动控制阀，并打开加淀粉气动控制阀和淀粉推进器的电机；

（4）当通过主罐称重计量器传来的信息检测到淀粉加料达到配方设定量后自动关闭加淀粉气动控制阀和淀粉推进器的电机，并在 1~2 分钟后打开加碱液气动控制阀和对应碱液泵；

（5）当通过碱液中转罐的辅罐称重计量器传来的信息检测到碱液中转罐的碱液减少量达到配方

中设定量时自动关闭加碱液气动控制阀和对应碱液泵并开始计时；

(6) 当达到配方中设定的剪切时间后，自动打开加水气动控制阀；

(7) 当通过主罐称重计量器传来的信息检测到加水量达到配方设定的主体水量后自动关闭加水气动控制阀，并打开加淀粉气动控制阀和淀粉推进器的电机；

(8) 当通过主罐称重计量器传来的信息检测到所加淀粉量达到配方设定量后自动关闭加淀粉气动控制阀和淀粉推进器的电机，1~2分钟后再打开加硼砂气动控制阀和硼砂推进器的电机；

(9) 当通过硼砂罐的辅罐称重计量器传来的信息检测到硼砂罐的硼砂减少量达到配方中设定量时自动关闭硼砂气动控制阀和硼砂推进器的电机并开始计时；

(10) 当达到配方中设定的搅拌时间后，自动送胶至相应储胶罐。”

针对本专利权，成都市澳锐达机械设备有限公司（下称请求人）于2007年11月13日向专利复审委员会提出无效宣告请求，认为本专利权利要求1~7不符合专利法第22条第2、3款和专利法实施细则第65条的规定，请求人同时提交了如下附件：

附件1：公开日为1990年10月10日、公开号为EP0391477A2的欧洲专利文献及其中文译文，共10页；

附件2：公告日为2000年5月16日、公开号为US6062723A的美国专利文献及其中文译文，共30页；

附件3：公告日为1997年8月26日、公开号为US5660468A的美国专利文献及其中文译文，共36页；

附件4：下载自中国优秀博硕士学位论文全文数据库的硕士论文《脲醛树脂胶生产过程自动控制系统的研制与开发》的索引页、第3~10页，作者为何毅，网络出版投稿时间为2003年7月7日，共9页；

附件5：《林产工业》第1998年第25卷第6期第30~32页的复印件，共3页；

附件6：《林产工业》1999年第26卷第1期第36~37页的复印件，共2页；

附件7：公开日为2005年7月20日、公开号为CN1643100A（申请号为03806070.1）的中国发明专利申请公开说明书，共22页；

附件8：《人造板通讯》2001年第7期第21~22页的复印件，共2页；

附件9：公告日为2000年4月11日、公开号为US6048391A的美国专利文献及其中文译文，共7页；

附件10：国家知识产权局专利检索咨询中心第G072150号检索报告复印件，共4页；

附件11：《瓦楞纸箱商情》2004年8月号封面、第73页复印件，2004年9月号封面、第92页复印件，2004年10月号封面、第87页复印件，2004年11月号封面、第92页复印件，《瓦楞纸箱》2005年6月号封面、第37页复印件，《2005年度出口商品包装全球瓦楞工业合订本（下册）》封面复印件，《全球瓦楞纸箱工业》2005年7月号封面、第98页复印件，共14页；

附件12：(2007)川成蜀证内经字第181100号公证书复印件，共32页。

请求人认为：(1) 附件1公开了一种瓦楞板胶水制作设备，其中公开了权利要求1的大部分技术特征，其与权利要求1的区别在于，附件1没有公开权利要求1中的自动化控制箱、原料推进器、主罐称重计量器、辅罐称重计量器、气动控制阀和温度传感器等部件，也没有公开各部件与自动化控制箱之间的信号连接关系，但是上述区别被附件2、4、5、6、8所公开，因此权利要求1不具有创造性。(2) 权利要求2~4的附加技术特征被附件3公开，权利要求5的附加技术特征不具有实质性特征，权利要求6的附加技术特征被附件1所公开并且是常规选择，因此权利要求2~6也不具有创造性。(3) 权利要求7请求保护全自动控制方法，其配料工艺过程被附件1公开，自动控制原理被附件4~6公开，因此不具有创造性。(4) 附件11和12表明本专利的产品在申请日前已经公开销售，因此权利要求1~7不具有新颖性。

经形式审查合格，专利复审委员会依法受理了上述无效宣告请求，并于2007年11月13日向请求人和专利权人发出无效宣告请求受理通知书，同时将专利权无效宣告请求书及其附件清单中所列附件的副本转送给专利权人，并要求专利权人在指定的期限内陈述意见。

针对专利复审委员会发出的上述无效宣告请求受理通知书，专利权人于2007年12月13日提交了意见陈述书，同时提交了如下证据：

证据1：(2007) 川国公证字第106293号公证书复印件，共3页；

证据2：(2007) 川国公证字第106294号公证书复印件，共3页；

证据3：(2007) 川国公证字第106295号公证书复印件，共3页；

证据4：公开号为EP0391477A2的欧洲专利说明书的部分译文，共1页；

证据5：公开号为US5660468A的美国专利说明书的部分译文，共1页。

专利权人认为：权利要求1与附件1相比存在19个区别技术特征，且所述区别特征对本领域的技术人员是非显而易见的，因此权利要求1具有创造性；权利要求2~7也具有创造性；附件11和12没有公开权利要求1~7的技术内容，并且证据1~3证明附件12并不能说明本专利的产品在申请日前处于公开状态，因此权利要求1~7具有新颖性。

专利复审委员会依法成立合议组。本案合议组于2008年1月4日向双方发出无效宣告请求口头审理通知书，定于2008年3月11日在专利复审委员会举行口头审理。随同口头审理通知书，将专利权人于2007年12月13日提交的意见陈述书以及附件转送给请求人。

口头审理如期举行，双方当事人均参加了口头审理，就本案充分发表了意见。

在口头审理中，(1) 请求人当庭放弃专利法实施细则第65条的无效理由，并放弃附件2、7、8、9的使用，同时明确附件10仅作为参考不作为证据使用。请求人明确其无效宣告的理由、证据和范围是：本专利权利要求1~7相对于附件11、12不具有新颖性，相对于附件1、3~6不具有创造性，附件1为最接近的现有技术。(2) 请求人当庭出示了附件10~12的原件，专利权人当庭进行了核实。专利权人对附件10~12的真实性没有异议，但对附件12中内容的真实性有异议，同时认为附件1、3是域外证据没有证据证明其来源，附件4~6没有提供原件，因此对附件1、3~6的真实性不予认可。请求人认为附件1、3~6是专利局提供的，可以不提供域外公证认证。合议组经合议后，要求请求人在口头审理结束后3日内提交附件1、3~6可由专利局提供的证明文件。专利权人表示在请求人按规定提交证明文件后由合议组核实，专利权人不再进行核实。请求人对专利权人提供的证据1~3的真实性没有异议，但对其内容的真实性有异议。(3) 专利权人对请求人提交的附件1的中文译文的准确性没有异议，请求人对专利权人提交的附件3相应段落的中文译文的准确性没有异议。合议组经合议后当庭宣布附件1的内容以请求人提交的中文译文为准，附件3的内容在请求人提交的中文译文的基础上结合使用专利权人提供的相应段落的中文译文。

2008年3月11日口头审理结束后，请求人提交了附件1、3加盖有国家知识产权局专利检索咨询中心副本认证专用章的文本和附件5、6加盖有国家知识产权局专利检索咨询中心检索专用章的文本。

至此，合议组认为本案事实已经清楚，可以作出审查决定。

二、决定的理由

专利法第22条第3款规定，创造性，是指同申请日以前已有的技术相比，该发明具有突出的实质性特点和显著的进步。

如果权利要求要求保护的技术方案与现有技术公开的技术方案之间的区别技术特征是本领域技术人员可以根据实际应用的需要进行常规选择而确定的，不需要付出创造性的劳动，则该权利要求不具备创造性。

1. 关于证据和现有技术

请求人请求使用附件1、3-6作为证据评价本专利的创造性，专利权人认为附件1、3是域外证据没有证据证明其来源，附件4-6没有提供原件，因此对附件1、3-6的真实性不予认可。专利权人对请求人提交的附件1的中文译文的准确性没有异议，请求人对专利权人提交的附件3相应段落的中文译文的准确性没有异议。合议组经审查认为：（1）关于附件1、3、5、6，2008年3月11日口头审理结束后，请求人提交了附件1、3加盖有国家知识产权局专利检索咨询中心副本认证专用章的文本和附件5、6加盖有国家知识产权局专利检索咨询中心检索专用章的文本，经合议组核实，请求人提出无效宣告请求时提交的附件1、3、5、6与上述文本内容一致，因此对附件1、3、5、6的真实性予以认可，同时由于上述附件的公开日期早于本专利的申请日，因此可以作为本案的现有技术使用。专利权人对请求人提交的附件1的中文译文的准确性没有异议，请求人对专利权人提交的附件3相应段落的中文译文的准确性没有异议，因此附件1的内容以请求人提交的中文译文为准，附件3的内容在请求人提交的中文译文基础上结合使用专利权人提供的相应段落的中文译文。（2）关于附件4，由于请求人没有出示附件4的原件，也没有提交其他能够证明附件4的真实性的证据，因此无法核实其真实性，请求人请求将附件4作为本案证据使用的主张合议组不予接受。

2. 关于权利要求1的创造性

请求人认为：附件1与权利要求1的区别在于，附件1没有公开承重架、自动化控制箱、控制继电器、主罐称重计量器和辅罐称重计量器、温度传感器这些部件以及各个部件与自动化控制箱的信号控制连接。但承重架是公知常识；附件4、5、6分别公开了自动化控制系统，相当于本专利的自动化控制箱；各个部件与自动化控制箱的信号控制连接关系是本领域技术人员可以想到的；控制继电器是本领域的公知常识；附件5公开了计量器；附件3、附件4分别公开了温度传感器，因此权利要求1不具有创造性。

专利权人认为：附件1还没有公开权利要求1中的气动控制阀、胶水排出口、废水排出口等部件，附件1的（12）不是排出口、下方管线也看不出是废水管线，本专利没有附件1中的阀门（16）和管道（15），并且附件1中有2个罐，与本专利不同；附件4与本专利不是相同的技术领域，附件3的温度传感器不能证明与本专利的温度传感器相同，附件4-6没有写明技术结构，没有公开本专利权利要求1的技术方案，因此权利要求1具有创造性。

合议组经审查后认为：

本专利权利要求1请求保护一种全自动制胶机，附件1公开了一种瓦楞板胶水制作过程及设备，该设备包括（参见译文第3页、附图）：1号桶（相当于权利要求1的主罐）；1号桶下部连接蒸汽管道10（相当于权利要求1的蒸汽管接口）；1号桶上方设置有各原料的进料口并安装有搅拌电机，1号桶内有绞拌器3（相当于权利要求1的搅拌电机轴及安装于其上的叶片均置于主罐内）；淀粉由容器5（相当于权利要求1的淀粉储罐）提供，容器5上有标尺22；硼砂通过容器8（相当于权利要求1的硼砂储罐）提供，容器8的出口左侧有一输送装置；碱性液体由容器6（相当于权利要求1的碱液储槽）通过缓冲罐7（相当于权利要求1的碱液中转罐）提供，容器6的出液口与泵23（相当于权利要求1的碱液泵）的进液口连接，泵23的出液口与缓冲罐7的进液口连接，缓冲罐的出液口与另一个泵23连接，该泵23与1号桶的进液口连接；在1号桶的淀粉进料口和硼砂进料口所对应的管道上分别安装有阀门，在缓冲罐7与容器6之间的管道上、缓冲罐7与1号桶罐之间的管道上分别安装有限流阀20，在为1号桶供水的水管11上安装有限流阀20；1号桶下方设有出料口，该出料口与循环导管12连接，物料通过循环导管12送入混合桶2中进一步绞拌和混合后，通过管道15（相当于权利要求1的胶水输送管道）把制成的胶水输出，管道15上安装有阀门16；在蒸汽管10上安装有限流阀20和阀门21。

附件1与权利要求1相比，其区别在于附件1没有公开权利要求1中的如下特征：承重架，自动化控制箱，碱液泵带有控制继电器，主罐称重计量器和辅罐称重计量器，气动控制阀，温度传感器，淀粉推进器，硼砂推进器，废水输送管道及其上安装的气动控制阀，胶水输送泵，以及各部件与自动化控制箱之间的信号连接关系。上述区别特征实际所解决的问题是实现原料的自动计量和生产过程的自动控制，提高生产效率，以及支承设备、输送相应物料。

附件5公开了一种实现制胶过程的自动化控制的措施，并具体公开了（参见第2部分、图4）：可以利用气动薄膜调节阀（相当于权利要求1的气动控制阀）控制蒸汽、冷却水的流量；在反应釜（相当于权利要求1中的主罐）中设置温度传感器以实现反应温度的自动控制；监控器（相当于权利要求1中的自动化控制箱）是控制工艺过程的主要设备；并公开了自动化控制的工作原理；此外，附件5还公开了实现物料的自动计量、自动记录，如尿素的计量传感模块。

附件6公开了一种大容量制胶设备及控制技术，并具体公开了（参见第2~3、5~7部分）：对于固体粒状或粉状原料，用传送带或螺旋给料器进料（相当于权利要求1中的淀粉推进器和硼砂推进器）；对于大容量生产装置而言，采用齿轮或螺杆泵（相当于权利要求1中的胶水输送泵）出料是当然的选择；对于大容量制胶设备，主要控制及测量的数据是重量、温度等，还有泵、搅拌器、真空泵的开停等开关量控制，以及冷却水、加热蒸汽流量的ＰＩＤ自动控制等，可以采用微机控制（相当于权利要求1的自动化控制箱）。重量能采用电子秤（相当于权利要求1的主罐称重计量器和辅罐称重计量器）测量，将电子秤与泵配合使用，并与控制系统相结合，可以做到定量进料。

另外，采用承重架、物料推进器和带有控制继电器的泵以及在主罐下方连接带有阀门的废水输送管道是本领域技术人员容易想到的，本领域技术人员可以根据实际应用的需要进行常规选择而确定，不需要付出创造性的劳动。

综上所述，自动化控制箱、主罐称重计量器和辅罐称重计量器、气动控制阀、温度传感器、淀粉推进器、硼砂推进器、胶水输送泵、承重架、废水输送管道及其上安装的气动控制阀、碱液泵带有控制继电器这些区别技术特征已经被相同或相近领域的附件5、6公开或者为本领域技术人员根据具体应用条件容易想到的技术手段；同时，附件5和6公开了自动化控制的工作原理，本领域技术人员在面对对制胶设备实现自动化控制和支承设备、输送相关物料的技术问题时，据此很容易想到用上述区别特征来改进附件1，并设置各个部件与自动化控制箱之间的信号连接关系，不需要付出创造性劳动，因此权利要求1不具有突出的实质性特点和显著的进步，不具备专利法第22条第3款规定的创造性。

专利权人认为，附件1中有2个罐，与本专利不同。对此，合议组经审查后认为，附件1的1号桶与提供原料的容器相连，用于制胶，起到了权利要求1的“主罐”的作用，因此已经公开了权利要求1的“主罐”的技术特征；虽然附件1还采用了较小的2号桶，但附件1中已经说明了2号桶用于更充分绞拌胶水从而使胶水混合均匀、达到特定粘稠度，由此可知，仅用1号桶也能完成制胶，省略2号桶并不影响制胶功能，因此这种省略是本领域技术人员容易想到的，并且这一特征也未给本专利带来任何预料不到的更佳技术效果，专利权人的上述主张不足以说明权利要求1具有创造性。

3. 关于权利要求2~6的创造性

请求人认为：权利要求2~4的附加技术特征已经被附件3所公开；权利要求5的计量器为3个是

本领域的公知常识；权利要求 6 的电机功率大小及转速是根据不同的使用情况确定的，是常规选择，附件 1 也公开了 1500 转，因此权利要求 2~6 不具有创造性。

专利权人认为：附件 3 没有反映本专利权利要求 2、3 带有锯齿的结构及作用，其中的折流板也不能等同于权利要求 4 的平面挡板，请求人没有提出 3 个计量器是公知常识的证据，因此在权利要求 1 具有创造性的前提下，权利要求 2~6 也都具有创造性。

合议组经审查后认为：

从属权利要求 2、3 分别进一步限定了在搅拌电机轴上的推进搅拌叶片下方安装有剪切叶片以及该剪切叶片为圆形叶片、其边缘为刀口锯齿形。附件 3 的背景技术部分（参见译文第 12 页右栏第 2、3 段，图 15）公开了一种常规的制备胶水的设备，其胶水的制备在一个主水箱（相当于本专利的主罐）中完成，该主水箱包括搅拌桨 18 和 19，搅拌桨 19 具有搅拌混合物的功能（相当于本专利的推进搅拌叶片），搅拌桨 18 是一个带有锯齿的圆盘，安装于搅拌桨 19 的下方，具有搅拌淀粉溶液以及给予剪切力以加速淀粉分散的功能。由此可见，附件 3 中的搅拌桨 18 即相当于权利要求 2、3 中的剪切叶片。因此，从属权利要求 2、3 的附加技术特征已经被附件 3 所公开，在其引用的权利要求不具备创造性的前提下，权利要求 2、3 也不具备专利法第 22 条第 3 款规定的创造性。

从属权利要求 4 进一步限定了剪切叶片的下方安装有平面挡板，附件 3 公开了（参见证据 5 倒数第 1~4 行，译文第 16 页右栏第 1、2 段和图 1）在罐体的底表和侧面安装有一个或多个折流板 4a 和 4b，通过提供折流板可以进一步提高搅拌效果。由此可见，附件 3 中的折流板即相当于权利要求 4 中的平面挡板，因此权利要求 4 的附加技术特征已经被附件 3 所公开，在其引用的权利要求 2 不具备创造性的前提下，权利要求 4 也不具备专利法第 22 条第 3 款规定的创造性。

从属权利要求 5 进一步限定了主罐称重计量器和辅罐称重计量器的数量均为三个，专利权人主张该特征是为了防止振动，使精确度更高。合议组经审查认为，虽然该附加技术特征没有被附件 1、3、5、6 所公开，但是，根据“三点确定一个平面”的公知常识，本领域技术人员很容易想到将计量器的数量设置为 3 个或 3 个以上，从而防止罐体振动并使测量结果稳定准确，因此，在其引用的权利要求 1 不具备创造性的前提下，权利要求 5 也不具备专利法第 22 条第 3 款规定的创造性。

从属权利要求 6 进一步限定了搅拌电机的功率和转速，附件 1 译文第 4 页左栏第 6 行也公开了搅拌器的速度为每分钟 1500 转，并且本领域技术人员可以根据具体工艺情况对电机的功率和转速进行常规的选择，不需要付出创造性劳动，同时本专利的说明书中也没有记载权利要求 6 所限定的数值为本专利带来了任何预料不到的技术效果，因此，在其引用的权利要求 1 不具备创造性的前提下，权利要求 6 也不具备专利法第 22 条第 3 款规定的创造性。

4. 关于权利要求 7 的创造性

请求人在主张权利要求 1 所述的全自动制胶机不具备创造性的基础上，进一步主张权利要求 7 所请求保护的权利要求 1 所述设备的全自动控制方法也不具备创造性，并认为附件 3 第 12 页公开了工艺过程的控制，附件 4~6 中公开了全自动控制方法和原理，在其公开的原理下具体操作方法是容易想到的，因此权利要求 7 不具备创造性。

专利权人认为，附件 3 与权利要求 7 不同并且没有给出启示，附件 4、5、6 的自动控制只是笼统的概括，没有公开权利要求 7 的技术方案，权利要求 7 具有创造性。

合议组经审查后认为：

权利要求 7 请求保护一种全自动制胶机所用的全自动控制方法，如前所述，附件 1 公开了一种瓦楞板胶水的制作设备，也公开了制作过程（参见译文第 4 页举例 1~3），包括加入一定量的原料例如淀粉、硼砂、碱液等，控制温度、转速、时间、胶水粘度等；附件 3 也公开了制胶所用的原料例如淀粉、硼砂、碱液等，并且公开了制胶的具体工艺过程，例如附件3译文第12页公开了典型的三种制胶方法，包括加物料的顺序、数量和搅拌工艺参数。权利要求7与附件1或3的区别在于，权利要求7通过设置自动化控制箱、主罐称重计量器和辅罐称重计量器、气动控制阀、温度传感器、淀粉推进器、硼砂推进器、气动控制阀等部件，在手动和自动选择配方的情况下，实现原料的自动计量和生产过程的自动控制。但是，如前所述，附件5或6公开了实现制胶过程的自动化控制的措施、技术以及自动化控制的工作原理，在附件5或6所公开的内容的基础上，本领域技术人员很容易想到对附件1或3的制胶过程进行全自动控制的具体操作方法，并根据具体情况设定自动控制过程以及对时间等参数进行常规选择，从而得到权利要求7的技术方案。因此权利要求7不具有突出的实质性特点和显著的进步，不具备专利法第22条第3款规定的创造性。

由于本专利权利要求1~7不具备创造性，应予全部无效，因此合议组对请求人的其他无效理由不再予以评述。

根据上述的事实和理由，本案合议组依法作出以下决定。

三、决定

宣告第200510021943.3号发明专利权全部无效。

当事人对本决定不服的，可以根据专利法第46条第2款的规定，自收到本决定之日起三个月内向北京市第一中级人民法院起诉。根据该款的规定，一方当事人起诉后，另一方当事人应当作为第三人参加诉讼。

北京市第一中级人民法院
行政判决书

（2008）一中行初字第1468号

原告王新民，男，1948年2月28日出生，汉族，成都创新瓦楞纸品有限公司职员，户籍所在地四川省资阳市雁江镇大北街60号。

委托代理人徐宏，成都九鼎天元知识产权代理有限公司专利代理人。

委托代理人詹永斌，成都九鼎天元知识产权代理有限公司专利代理人。

被告国家知识产权局专利复审委员会，住所地北京市海淀区北四环西路9号银谷大厦10~12层。

法定代表人廖涛，副主任。

委托代理人任颖丽，女，国家知识产权局专利复审委员会审查员。

委托代理人隋璐，女，国家知识产权局专利复审委员会审查员。

第三人成都市澳锐达机械设备有限公司，住所地四川省成都市金牛区金泉街道办跃进村一组。

法定代表人谭影，总经理。

委托代理人颜水平，男，成都市澳锐达机械设备有限公司工程师。

委托代理人刘立国，北京市隆安律师事务所律师。

原告王新民不服被告国家知识产权局专利复审委员会（以下简称复审委）作出的第11575号无效宣告请求审查决定（以下简称被诉决定），向本院提起行政诉讼。本院受理后，依法组成合议庭，并依法通知与本案有利害关系的成都市澳锐达机械设备有限公司（以下简称澳锐达公司）作为本案第三人参加诉讼，于2008年11月21日公开开庭审理了本案。原告王新民的委托代理人徐宏，被告复审委的委托代理人任颖丽、隋璐，第三人澳锐达公司的委托代理人颜水平、刘立国到庭参加了诉讼。本案现已审理终结。

2008年6月3日，被告针对第三人提出的无效宣告请求作出被诉决定，依据《中华人民共和国专利法》（下称《专利法》）第二十二条第三款的规定，宣告第200510021943.3号发明专利权（下称本专利）全部无效。

被告在法定举证期限内向本院提交了下列证据的复印件：

1. 公开号为US5660468A的美国专利说明书的部分译文共1页（被诉决定中原告提交的证据5）；2. 口头审理记录表。以上证据用以证明被诉决定认定事实清楚、适用法律法规正确。

原告诉称：1. 被诉决定认定的现有技术与本专利权利要求1的区别技术特征有误。被诉决定所述的区别技术特征漏掉了多项具有明显区别的特征，尤其包括：（1）无小混合罐；（2）无大混合罐与小混合罐之间的再循环系统；（3）无连接储胶罐的可翻转阀门和管道。2. 被诉决定结合附件1、附件5及附件6而认定本专利权利要求1不具备创造性的证据不充分，结论错误。（1）附件5中蒸汽、冷却水是向反应釜夹套中通入的控温介质而不是原料；附件5的监控器只是对反应温度的控制，而不是实现自动控制进料、出料、按设定的加工搅拌程序对物料进行加工并输出；附件5即使公开了自动化控制的工作原理，也不能给本领域的技术人员提供具体结构的技术启示。大多数发明专利是在同样的工作原理下采取的具有不同技术特征的不同技术方案。因此，被诉决定认定附件5的气动薄膜阀相当于本专利权利要求1的气动控制阀、附件5的监控器相当于本专利权利要求1的自动化控制箱、附件5公开了自动化控制的工作原理的内容错误。（2）附件6也没有给出将上述区别技术特征全部公开或者给出足够的技术启示使得本领域技术人员能够采用本专利的技术方案来实现自动、快捷、连续和准确的生产胶水并能够控制废水、胶水的自动输出。（3）本专利利用一个主罐完成了制胶的全过程，而附件1采用了大罐和小罐的结构。附件1权利要求1明确表述了包含小罐，将其作为必要的技术特征记入了权利要求1中，表明小罐是附件1不可缺少的组成部分。此外，附件1的说明书第3页右栏的第16~18行（中文翻译稿）也明确表述，“在混合桶2中混合反应物被高速搅拌，混合程度更高，这样可以迅速调整所需的粘稠度”，因此此处的“所需的粘稠度”是制作胶水必不可少的满足其基本技术要求而所需的粘稠度，混合桶2是实现生产满足基本技术要求胶水所不能缺少的。因此，被诉决定中小罐可以省略的认定错误。因此，本专利权利要求1相对于附件1、5、6的结合而言具有突出的实质性特点和显著的进步，具有创造性。3. 在本专利权利要求1具备创造性的前提下，引用权利要求1的本专利权利要求2~6同样具备创造性。本专利权利要求7在权利要求1所述的全自动制胶机的硬件基础上表述了制胶的自动控制方法，因此本专利权利要求7具有创造性。4. 被告在无效程序中违反了无效请求原则。第三人在无效程序中要求以附件1、3~6的结合评价本专利权利要求1的创造性，对比文件的数量已经过多，但被诉决定仅依据附件1、5、6进行了审查，没有对附件3、4进行评价，被告的行政程序违法。综上，被诉决定认定本专利不具备创造性错误，原告请求法院判决撤销被诉决定。

原告在法定举证期限内向本院提交了下列证据的复印件：1. 本专利的授权公告文本；2. 公开日为1990年10月10日、公开号为EP0391477A2的欧洲专利文献及其中文译文共10页（即被诉决定中的附件1，以下简称附件1）；3. 公开日为1997年8月26日、公开号为US6062723A的美国专利文献及其中文译文共36页（即被诉决定中的附件3，以下简称附件3）；4.《林业工业》第1998年第25卷第6期第30~32页的复印件共3页（即被诉决定中的附件5，以下简称附件5）；5.《林业工业》1999年第26卷第1期第36~37页的复印件共2页（即被诉决定中的附件6、以下简称附件6）。以上证据用以证明被诉决定认定错误。

被告答辩坚持被诉决定中的认定意见，被诉决定认定事实清楚、适用法律正确，审理程序合法，审查结论正确，原告的诉讼理由不能成立，被告请求法院判决维持被诉决定。

第三人述称：1. 被诉决定按照技术方案的实际情况正确地划分了区别技术特征，原告关于区别技术特征认定错误的理由不能成立。2. 目前使用单机片或者电脑对机械装置进行控制已经是数控设备的普通技术，只需由普通的编程人员对单机片或者电脑进行编程就可以实现对机械部件的双向移动、转动及移动转动相结合的自动化控制。对已知运动规律的机械装置实行自动化控制不具有专利法所要求的创造性。3. 原告认为小罐是附件 1 权利要求中必不可少的组成部分，但必要技术特征只是为了确定专利的保护范围，并不能理解为缺少了该技术特征技术方案就不能实施。综上，原告的诉讼理由不能成立，第三人请求法院判决维持被诉决定。

第三人未向本院提交证据。

本院在本案开庭审理过程中向被告依法调取了第三人的无效请求书，用以证明第三人在无效程序中提出的无效请求理由的情况。

经庭审质证，原告对被告证据的关联性、合法性、真实性表示没有异议，不同意其证明作用，第三人对被告证据无异议。被告和第三人对于原告证据的关联性、合法性、真实性表示没有异议，均不同意其证明作用。对于本院当庭调取的证据，原告表示其坚持被诉决定行政程序违法的意见，第三人对该份证据表示没有异议。本院认为，原、被告提交的证据及本院当庭调取的证据与被诉决定均具备关联性，且合法、真实，可以证明本案事实，本院对上述证据均予以采纳。

经以上经庭审质证的证据及庭审中各方当事人无争议的陈述，本院对以下事实予以确认：

本无效宣告请求涉及中华人民共和国国家知识产权局于 2007 年 7 月 18 日授权公告的、名称为“全自动制胶机及全自动控制方法”的发明专利权，专利号为 200510021943.3，申请日是 2005 年 10 月 25 日，专利权人是本案原告。本专利授权公告时的权利要求书如下：

“1. 一种全自动制胶机，在承重架上有安装主罐，制胶机的出料口位于主罐的下方，在主罐的下部设置有蒸汽管接口，主罐上方设置有各原料的进料口并安装有搅拌电机，搅拌电机轴及安装于其上的叶片均置于主罐内，其特征在于：在所述承重架旁边安装有淀粉储罐，在所述承重架上还安装有硼砂储罐、碱液中转罐、碱液储槽和自动化控制箱；在淀粉储罐的出料口与主罐的淀粉进料口之间安装有淀粉推进器，在硼砂储罐的出料口与主罐的硼砂进料口之间安装有硼砂推进器，碱液储槽的出液口与一台带有控制继电器的碱液泵的进液口连接，这台碱液泵的出液口与碱液中转罐的进液口连接，碱液中转罐的出液口与另一台带有控制继电器的碱液泵的进液口连接，这台碱液泵的出液口与主罐的碱液进液口连接；在主罐的中上部安装有主罐称重计量器，在硼砂储罐和碱液中转罐的下端分别安装有辅罐称重计量器，主罐称重计量器和辅罐称重计量器的信号输出端分别与自动化控制箱的对应信号输入端口连接；在主罐的淀粉进料口和硼砂进料口所对应的管道上分别安装有气动控制阀，在碱液中转罐与碱液储槽之间的管道上、碱液中转罐与主罐之间的管道上分别安装有气动控制阀，在为主罐供水的水管上安装有气动控制阀，各气动控制阀的信号控制输入端分别与自动化控制箱的对应信号控制输出端口连接，淀粉推进器、硼砂推进器和两台碱液泵的信号控制输入端分别与自动化控制箱的对应信号控制输出端口连接；在主罐的下部安装有温度传感器，温度传感器的探头安装于主罐内，温度传感器的信号输出端与自动化控制箱的对应信号输入端口连接；在与主罐下方的出料口连接的胶水输送管道上依次安装有气动控制阀和胶水输送泵，在与主罐下方的出料口连接的废水输送管道上安装有气动控制阀，在蒸汽管接口上安装有气动控制阀，各气动控制阀的信号控制输入端与自动化控制箱的对应信号控制输出端口连接。

2. 根据权利要求 1 所述的全自动制胶机，其特征在于：在所述搅拌电机轴上的推进搅拌叶片的下方安装有剪切叶片。

3. 根据权利要求2所述的全自动制胶机，其特征在于：所述剪切叶片为圆形叶片，其边缘为刀口锯齿形。

4. 根据权利要求2所述的全自动制胶机，其特征在于：在所述剪切叶片的下方靠近所述剪切叶片处安装有平面挡板。

5. 根据权利要求1所述的全自动制胶机，其特征在于：所述主罐称重计量器的数量、所述硼砂储罐的辅罐称重计量器的数量和所述碱液中转罐的辅罐称重计量器的数量均为三个。

6. 根据权利要求1所述的全自动制胶机，其特征在于：所述搅拌电机的功率为22千瓦，转速为1500转/分。

7. 一种权利要求1所述的全自动制胶机所用的全自动控制方法，通过对自动化控制箱内的电子芯片输入程序，达到自动控制整个生产流程的目的，其特征在于：开启系统后，首先让用户确定选择配方的方式，分两种情况：（1）手动选择配方，控制方法为：先让用户输入制胶量，确认后启动自动制胶系统，制胶完毕后由用户手动送胶到储胶罐，接着由用户手动冲洗主罐，冲洗完毕后进入待机状态，若还需制胶，则重复上述步骤，若需停止制胶，则关闭整个系统；（2）自动选择配方，控制方法为：先检测储胶罐内的胶量是否小于低限，若不是则启动报警装置，若是则自动启动自动制胶系统，根据预定的配方制胶，制胶完毕后自动打开胶水输送管道上的气动控制阀和胶水输送泵，送胶到储胶罐，送胶完毕后自动打开加水气动控制阀和废水输送管道上的气动控制阀，冲洗主罐，冲洗完毕后进入待机状态，若还需制胶，则重复上述步骤，若需停止制胶，则关闭整个系统；

上述自动制胶系统的控制方法是：

（1）当检测到储胶罐的胶量小于低限时，自动打开加水气动控制阀；

（2）当通过主罐称重计量器传来的信息检测到水量达到100公斤时自动打开加蒸汽气动控制阀并启动搅拌电机；

（3）当通过主罐称重计量器传来的信息和温度传感器传来的信息检测到水量和温度均达到配方设定量时自动关闭加水气动控制阀和加蒸汽气动控制阀，并打开加淀粉气动控制阀和淀粉推进器的电机；

（4）当通过主罐称重计量器传来的信息检测到淀粉加料达到配方设定量后自动关闭加淀粉气动控制阀和淀粉推进器的电机，并在1~2分钟后打开加碱液气动控制阀和对应碱液泵；

（5）当通过碱液中转罐的辅罐称重计量器传来的信息检测到碱液中转罐的碱液减少量达到配方中设定量时自动关闭加碱液气动控制阀和对应碱液泵并开始计时；

（6）当达到配方中设定的剪切时间后，自动打开加水气动控制阀；

（7）当通过主罐称重计量器传来的信息检测到加水量达到配方设定的主体水量后自动关闭加水气动控制阀，并打开加淀粉气动控制阀和淀粉推进器的电机；

（8）当通过主罐称重计量器传来的信息检测到所加淀粉量达到配方设定量后自动关闭加淀粉气动控制阀和淀粉推进器的电机，1~2分钟后再打开加硼砂气动控制阀和硼砂推进器的电机；

（9）当通过硼砂罐的辅罐称重计量器传来的信息检测到硼砂罐的硼砂减少量达到配方中设定量时自动关闭硼砂气动控制阀和硼砂推进器的电机并开始计时；

（10）当达到配方中设定的搅拌时间后，自动送胶至相应储胶罐。”

针对本专利，本案第三人于2007年11月13日向被告提出无效宣告请求，认为本专利权利要求1~7不符合《专利法》第二十二条第二、三款和《中华人民共和国专利法实施细则》（以下简称《专利法实施细则》）第六十五条的规定，第三人同时提交了包括附件1、3、5、6在内的共计12份附件。

第三人认为：1. 附件1公开了一种瓦楞板胶水制作设备，其中公开了权利要求1的大部分技术特征，其与权利要求1的区别在于，附件1没有公开权利要求1中的自动化控制箱、原料推进器、主罐称重计量器、辅罐称重计量器、气动控制阀和温度传感器等部件，也没有公开各部件与自动化控制箱之间的信号连接关系，但是上述区别被附件2、4、5、6、8所公开，因此权利要求1不具有创造性。2. 权利要求2~4的附加技术特征被附件3公开，权利要求5的附加技术特征不具有实质性特征，权利要求6的附加技术特征被附件1所公开并且是常规选择，因此权利要求2~6也不具有创造性。3. 权利要求7请求保护全自动控制方法，其配料工艺过程被附件1公开，自动控制原理被附件4~6公开，因此不具有创造性。4. 附件11和12表明本专利的产品在申请日前已经公开销售，因此权利要求1~7不具有新颖性。

经形式审查合格，被告依法受理了上述无效宣告请求，并于2007年11月13日向第三人和原告发出无效宣告请求受理通知书，同时将专利权无效宣告请求书及其附件清单中所列附件的副本转送给原告，并要求原告在指定的期限内陈述意见。

针对被告发出的上述无效宣告请求受理通知书，原告于2007年12月13日提交了意见陈述书，同时提交了5份证据，该证据包括附件1和附件3的部分译文。

原告认为：权利要求1与附件1相比存在19个区别技术特征，且所述区别特征对本领域的技术人员是非显而易见的，因此权利要求1具有创造性；权利要求2~7也具有创造性；附件11和12没有公开权利要求1~7的技术内容，并且证据1~3证明附件12并不能说明本专利的产品在申请日前处于公开状态，因此权利要求1~7具有新颖性。

被告依法成立合议组，并于2008年1月4日向双方发出无效宣告请求口头审理通知书，定于2008年3月11日举行口头审理。随同口头审理通知书，被告将原告于2007年12月13日提交的意见陈述书以及证据转送给第三人。

口头审理如期举行，双方当事人均参加了口头审理，就本案充分发表了意见。

在口头审理中，（1）第三人当庭放弃《专利法实施细则》第六十五条的无效理由，并放弃使用附件2、7、8、9，同时明确附件10仅作为参考不作为证据使用。第三人明确其无效宣告的理由、证据和范围是：本专利权利要求1~7相对于附件11、12不具有新颖性，相对于附件1、3~6不具有创造性，附件1为最接近的现有技术。（2）第三人当庭出示了附件10~12的原件，原告当庭进行了核实。原告对附件10~12的真实性没有异议，但对附件12中内容的真实性有异议，同时认为附件1、3是域外证据没有证据证明其来源，附件4~6没有提供原件，因此对附件1、3~6的真实性不予认可。第三人认为附件1、3~6是专利局提供的，可以不提供域外公证认证。被告经合议后，要求第三人在口头审理结束后3日内提交附件1、3~6可由专利局提供的证明文件。原告表示在第三人按规定提交证明文件后由被告核实，原告不再进行核实。第三人对原告提供的证据1~3的真实性没有异议，但对其内容的真实性有异议。（3）原告对第三人提交的附件1的中文译文的准确性没有异议，第三人对原告提交的附件3相应段落的中文译文的准确性没有异议。被告经合议后当庭宣布附件1的内容以第三人提交的中文译文为准，附件3的内容在第三人提交的中文译文的基础上结合使用原告提供的相应段落的中文译文。

2008年3月11日口头审理结束后，第三人提交了附件1、3加盖有国家知识产权局专利检索咨询中心副本认证专用章的文本和附件5、6加盖有国家知识产权局专利检索咨询中心检索专用章的文本。

被诉决定的主要理由为：

1. 关于证据和现有技术。

被告经审查认为：（1）2008年3月11日口头审理结束后，第三人提交了附件1、3加盖有国家知识产权局专利检索咨询中心副本认证专用章的文本和附件5、6加盖有国家知识产权局专利检索咨询中心检索专用章的文本，被告经核实对附件1、3、5、6的真实性予以认可。上述附件的公开日期早于本专利的申请日，可以作为本案的现有技术使用。附件1的内容以第三人提交的中文译文为准，附件3的内容在第三人提交的中文译文基础上结合使用原告提供的相应段落的中文译文。（2）被告无法核实附件4的真实性，未将其作为证据使用。

2. 关于权利要求1的创造性。

本专利权利要求1请求保护一种全自动制胶机，附件1公开了一种瓦楞板胶水制作过程及设备，该设备包括（参见译文第3页、附图）：1号桶（相当于权利要求1的主罐）；1号桶下部连接蒸汽管道10（相当于权利要求1的蒸汽管接口）；1号桶上方设置有各原料的进料口并安装有搅拌电机，1号桶内有绞拌器3（相当于权利要求1的搅拌电机轴及安装于其上的叶片均置于主罐内）；淀粉由容器5（相当于权利要求1的淀粉储罐）提供，容器5上有标尺22；硼砂通过容器8（相当于权利要求1的硼砂储罐）提供，容器8的出口左侧有一输送装置；碱性液体由容器6（相当于权利要求1的碱液储槽）通过缓冲罐7（相当于权利要求1的碱液中转罐）提供，容器6的出液口与泵23（相当于权利要求1的碱液泵）的进液口连接，泵23的出液口与缓冲罐7的进液口连接，缓冲罐的出液口与另一个泵23连接，该泵23与1号桶的进液口连接；在1号桶的淀粉进料口和硼砂进料口所对应的管道上分别安装有阀门，在缓冲罐7与容器6之间的管道上、缓冲罐7与1号桶罐之间的管道上分别安装有限流阀20，在为1号桶供水的水管11上安装有限流阀20；1号桶下方设有出料口，该出料口与循环导管12连接，物料通过循环导管12送入混合桶2中进一步绞拌和混合后，通过管道15（相当于权利要求1的胶水输送管道）把制成的胶水输出，管道15上安装有阀门16；在蒸汽管10上安装有限流阀20和阀门21。

附件1与权利要求1相比，其区别在于附件1没有公开权利要求1中的如下特征：承重架，自动化控制箱，碱液泵带有控制继电器，主罐称重计量器和辅罐称重计量器，气动控制阀，温度传感器，淀粉推进器，硼砂推进器，废水输送管道及其上安装的气动控制阀，胶水输送泵，以及各部件与自动化控制箱之间的信号连接关系。上述区别特征实际所解决的问题是实现原料的自动计量和生产过程的自动控制，提高生产效率，以及支承设备、输送相应物料。

附件5公开了一种实现制胶过程的自动化控制的措施，并具体公开了（参见第2部分、图4）：可以利用气动薄膜调节阀（相当于权利要求1的气动控制阀）控制蒸汽、冷却水的流量；在反应釜（相当于权利要求1中的主罐）中设置温度传感器以实现反应温度的自动控制；监控器（相当于权利要求1中的自动化控制箱）是控制工艺过程的主要设备；并公开了自动化控制的工作原理；此外，附件5还公开了实现物料的自动计量、自动记录，如尿素的计量传感模块。

附件6公开了一种大容量制胶设备及控制技术，并具体公开了（参见第2~3、5~7部分）：对于固体粒状或粉状原料，用传送带或螺旋给料器进料（相当于权利要求1中的淀粉推进器和硼砂推进器）；对于大容量生产装置而言，采用齿轮或螺杆泵（相当于权利要求1中的胶水输送泵）出料是当然的选择；对于大容量制胶设备，主要控制及测量的数据是重量、温度等，还有泵、搅拌器、真空泵的开停等开关量控制，以及冷却水、加热蒸汽流量的PID自动控制等，可以采用微机控制（相当于权利要求1的自动化控制箱）。重量能采用电子秤（相当于权利要求1的主罐称重计量器和辅罐称重计量器）测量，将电子秤与泵配合使用，并与控制系统相结合，可以做到定量进料。

另外，采用承重架、物料推进器和带有控制继电器的泵以及在主罐下方连接带有阀门的废水输送管道是本领域技术人员容易想到的，本领域技术人员可以根据实际应用的需要进行常规选择而确定，不需要付出创造性的劳动。

综上所述，自动化控制箱、主罐称重计量器和辅罐称重计量器、气动控制阀、温度传感器、淀粉推进器、硼砂推进器、胶水输送泵、承重架、废水输送管道及其上安装的气动控制阀、碱液泵带有控制继电器这些区别技术特征已经被相同或相近领域的附件5、6公开或者为本领域技术人员根据具体应用条件容易想到的技术手段；同时，附件5和6公开了自动化控制的工作原理，本领域技术人员在面对对制胶设备实现自动化控制和支承设备、输送相关物料的技术问题时，据此很容易想到用上述区别特征来改进附件1，并设置各个部件与自动化控制箱之间的信号连接关系，不需要付出创造性劳动，因此权利要求1不具有突出的实质性特点和显著的进步，不具备《专利法》第二十二条第三款规定的创造性。

原告认为，附件1中有2个罐，与本专利不同。对此，被告认为，附件1的1号桶与提供原料的容器相连，用于制胶，起到了权利要求1的“主罐”的作用，因此已经公开了权利要求1的“主罐”的技术特征；虽然附件1还采用了较小的2号桶，但附件1中已经说明了2号桶用于更充分绞拌胶水从而使胶水混合均匀、达到特定粘稠度，由此可知，仅用1号桶也能完成制胶，省略2号桶并不影响制胶功能，因此这种省略是本领域技术人员容易想到的，并且这一特征也未给本专利带来任何预料不到的更佳技术效果，原告的上述主张不足以说明权利要求1具有创造性。

3. 关于权利要求2~6的创造性。

从属权利要求2、3分别进一步限定了在搅拌电机轴上的推进搅拌叶片下方安装有剪切叶片以及该剪切叶片为圆形叶片、其边缘为刀口锯齿形。附件3的背景技术部分（参见译文第12页右栏第2、3段、图15）公开了一种常规的制备胶水的设备，其胶水的制备在一个主水箱（相当于本专利的主罐）中完成，该主水箱包括搅拌桨18和19，搅拌桨19具有搅拌混合物的功能（相当于本专利的推进搅拌叶片），搅拌桨18是一个带有锯齿的圆盘，安装于搅拌桨19的下方，具有搅拌淀粉溶液以及给予剪切力以加速淀粉分散的功能。由此可见，附件3中的搅拌桨18即相当于权利要求2、3中的剪切叶片。因此，从属权利要求2、3的附加技术特征已经被附件3所公开，在其引用的权利要求不具备创造性的前提下，权利要求2、3也不具备《专利法》第二十二条第三款规定的创造性。

从属权利要求4进一步限定了剪切叶片的下方安装有平面挡板，附件3公开了（参见证据5倒数第1~4行，译文第16页右栏第1、2段和图1）在罐体的底表和侧面安装有一个或多个折流板4a和4b，通过提供折流板可以进一步提高搅拌效果。由此可见，附件3中的折流板即相当于权利要求4中的平面挡板，因此权利要求4的附加技术特征已经被附件3所公开，在其引用的权利要求2不具备创造性的前提下，权利要求4也不具备《专利法》第二十二条第三款规定的创造性。

从属权利要求5进一步限定了主罐称重计量器和辅罐称重计量器的数量均为三个，原告主张该特征是为了防止振动，使精确度更高。被告认为，虽然该附加技术特征没有被附件1、3、5、6所公开，但是，根据“三点确定一个平面”的公知常识，本领域技术人员很容易想到将计量器的数量设置为3个或3个以上，从而防止罐体振动并使测量结果稳定准确，因此，在其引用的权利要求1不具备创造性的前提下，权利要求5也不具备《专利法》第二十二条第三款规定的创造性。

从属权利要求6进一步限定了搅拌电机的功率和转速，附件1译文第4页左栏第6行也公开了绞拌器的速度为每分钟1500转，并且本领域技术人员可以根据具体工艺情况对电机的功率和转速进行常规的选择，不需要付出创造性劳动，同时本专利的说明书中也没有记载权利要求6所限定的数值为本专利带来了任何预料不到的技术效果，因此，在其引用的权利要求1不具备创造性的前提下，权利要求6也不具备《专利法》第二十二条第三款规定的创造性。

4. 关于权利要求7的创造性。

权利要求7请求保护一种全自动制胶机所用的全自动控制方法，如前所述，附件1公开了一种瓦楞板胶水的制作设备，也公开了制作过程（参见译文第 4 页举例 1-3），包括加入一定量的原料例如淀粉、硼砂、碱液等，控制温度、转速、时间、胶水粘度等；附件 3 也公开了制胶所用的原料例如淀粉、硼砂、碱液等，并且公开了制胶的具体工艺过程，例如附件 3 译文第 12 页公开了典型的三种制胶方法，包括加物料的顺序、数量和搅拌工艺参数。权利要求 7 与附件 1 或 3 的区别在于，权利要求 7 通过设置自动化控制箱、主罐称重计量器和辅罐称重计量器、气动控制阀、温度传感器、淀粉推进器、硼砂推进器、气动控制阀等部件，在手动和自动选择配方的情况下，实现原料的自动计量和生产过程的自动控制。但是，如前所述，附件 5 或 6 公开了实现制胶过程的自动化控制的措施、技术以及自动化控制的工作原理，在附件 5 或 6 所公开的内容的基础上，本领域技术人员很容易想到对附件 1 或 3 的制胶过程进行全自动控制的具体操作方法，并根据具体情况设定自动控制过程以及对时间等参数进行常规选择，从而得到权利要求 7 的技术方案。因此权利要求 7 不具有突出的实质性特点和显著的进步，不具备《专利法》第 22 条第 3 款规定的创造性。

综上，本专利权利要求 1~7 不具备创造性，被告对第三人的其他无效理由不再评述，其作出被诉决定宣告本专利全部无效。

在本院开庭审理过程中，原告及第三人对于被诉决定中案由部分、证据和现有技术部分、本专利权利要求 1 和附件 1 的区别特征部分、附件 5 和附件 6 公开内容部分的记载表示没有异议；原告同时表示对被诉决定中评价本专利权利要求 4~6 创造性的部分没有异议。

本院认为，本案的审查重点一为被诉决定的行政程序是否合法；审查重点二为本专利是否具备《专利法》第二十二条第三款规定的创造性。

1. 关于审查重点一。

《审查指南》第四部分第六章第 4 节（2）“现有技术的数量”第一款规定：对于发明专利而言，可以引用一项、两项或者多项现有技术评价其创造性。本案中，第三人在口头审理中明确表示使用附件 1、3-6 评价本专利权利要求 1 的创造性，被告因真实性问题未将附件 4 作为证据使用，仅使用其中的附件 1、5、6 评价本专利权利要求 1 的创造性符合《审查指南》的上述规定。同时，被告关于本案对比文件的确定属于事实认定的范畴，原告据此主张被诉决定行政程序违法的诉讼理由缺乏法律依据，本院不予支持。经审查，被告作出被诉决定的行政程序合法，本院予以确认。

2. 关于审查重点二。

《专利法》第二十二条第三款规定：创造性，是指同申请日以前已有的技术相比，该发明具有突出的实质性特点和显著的进步。

附件 1、3、5、6 的公开日期均早于本专利的申请日，可以作为评价本专利创造性的现有技术使用。

原告对被诉决定中“附件 1 的 1 号桶内的搅拌器 3 相当于本专利权利要求 1 的搅拌电机轴及安装于其上的叶片均置于主罐内”的认定提出异议，同时认为被诉决定遗漏了本专利权利要求 1 和附件 1 的其他区别技术特征。本院认为，从附件 1 的附图中明显可以看出其搅拌器 3 由轴和叶片构成且位于 1 号桶内，与本专利主罐内的搅拌电机轴及安装于其上的叶片的结构一致。庭审中原告表示对于被诉决定中认定的附件 1 和本专利权利要求 1 的区别技术特征无异议。本院经审核，被诉决定中关于上述区别技术特征的认定并无不当。原告的前述诉讼主张缺乏事实和法律依据，本院不予支持。

原告认为被诉决定认定附件 5 的气动薄膜调节阀相当于本专利权利要求 1 的气动控制阀、附件 5 的监控器相当于本专利权利要求 1 的自动化控制箱、附件 5 公开了自动化控制的工作原理的内容错误。本院认为：附件 5 的气动薄膜调节阀和本专利权利要求 1 的气动控制阀的作用均是用于调节进料的流量，至于该进料是原料或是控温介质并不影响上述作用；附件 5 中的监控器和本专利权利要求 1

中的自动化控制箱均起到了对各自生产工艺进行自动控制的作用；附件 5 的第二节“实现制胶过程自动化控制的措施”中介绍了甲醛的自动化过程、尿素计量的控制、反应控制过程及胶粘剂中间贮罐的自动报警，其间阐述了自动化控制的相关原理。附件 5 公开了本专利权利要求 1 的气动控制阀、主罐、自动化控制箱以及自动化控制原理，同时公开了实现物料的自动计量、自动记录的内容。故被诉决定认定附件 5 的气动薄膜调节阀相当于本专利权利要求 1 的气动控制阀、附件 5 的监控器相当于本专利权利要求 1 的自动化控制箱、附件 5 公开了自动化控制的工作原理具有相关的事实依据，本院予以支持。原告前述诉讼理由缺乏事实和法律依据，本院不予支持。

原告认为附件 6 没有公开附件 1 和本专利权利要求 1 的区别技术特征或给出足够的技术启示让本领域的技术人员能够采用本专利的技术方案。本院认为，附件 6 的传送带或螺旋给料器相当于本专利权利要求 1 的淀粉和硼砂推进器，附件 6 的齿轮或螺杆泵相当于本专利权利要求 1 的胶水输送泵。附件 6 采用微机对测量数据、机械部件开关、冷却水和蒸汽流量进行控制，其作用相当于本专利权利要求 1 的自动控制箱；附件 6 采用电子秤测量重量，其与泵一起使用，可以作到对进料进行定量控制，故该电子秤相当于本专利权利要求 1 的主罐称重计量器和辅罐称重计量器。附件 6 公开了本专利和权利要求 1 的上述区别技术特征，被诉决定的上述认定具有事实依据，本院予以支持。原告的前述诉讼理由缺乏事实和法律依据，本院不予支持。

此外，承重架、物料推进器和带有继电器的泵和在主罐下方连接带有阀门的废水输送管道对于本领域技术人员来说是容易想到的，系本领域技术人员的常规选择。被诉决定的上述认定正确，本院予以支持。

因此，本专利权利要求 1 和附件 1 的区别技术特征已经被附件 5、附件 6 公开或者属于本领域的常规技术选择。本专利权利要求 1 不具备突出的实质性特点和显著的进步，不符合《专利法》第二十二条第三款关于创造性的规定，被诉决定的认定正确，本院予以支持。

原告认为附件 1 中的小罐系附件 1 必要的技术特征，附件 1 的权利要求中不能省略该部分。对此本院认为，附件 1 中已经说明 2 号桶（即附件 1 中的小罐）是为了更充分的搅拌胶水使其混合均匀并达到特定粘稠度。即使 2 号桶不存在，使用附件 1 中的 1 号桶也可以达到完成制胶的目的。省略 2 号桶是本领域技术人员很容易想到的。原告的上述诉讼理由缺乏事实依据，本院不予支持。

本专利权利要求 2、3 进一步限定在搅拌电机轴上的推进搅拌叶片下方安装有剪切叶片以及该剪切叶片为圆形叶片且叶片的边缘带有齿轮。附件 3 的主水箱中包含有搅拌浆 18 和 19，搅拌浆 19 位于搅拌浆 18 的下方，用于搅拌淀粉溶液，其作用相当于本专利的剪切叶片。因此，本专利从属权利要求 2、3 的附加技术特征已经被附件 3 所公开，在其引用的权利要求 1 不具备创造性的前提下，权利要求 2、3 也不具备《专利法》第二十二条第三款规定的创造性。被诉决定的上述认定正确，本院予以支持。

本专利从属权利要求 4 进一步限定了剪切叶片的下方安装有平面挡板，附件 3 公开了在罐体的底表和侧面安装了折流板 4a 和 4b，折流板的作用系进一步改善搅拌效率，因此附件 3 折流板的作用相当于本专利权利要求 4 中的平面挡板。在权利要求 4 引用的权利要求 2 不具备创造性的前提下，权利要求 4 不具备创造性。本专利从属权利要求 5 进一步限定主罐称重计量器和辅罐称重计量器的数量为三个，本领域技术人员很容想到将计量器的数量设置为三个而稳定罐体振动并使测量结果准确，因此在其引用的权利要求 1 不具备创造性的前提下，其不具备创造性。本专利从属权利要求 6 进一步限定了搅拌电机的功率和转速。附件 1 公开了搅拌器的速度为每分钟 1500 转，本领域技术人员可以根据具体情况对电机的功率和转速进行常规选择，本专利说明书也未记载上述功率和转速为本专利带来了预料不到的技术效果。在权利要求 6 引用的权利要求 1 不具备创造性的情况下，权利要求 6 不具备创造性。被诉决定认定本专利权利要求4~6不具备创造性正确，本院予以支持。

本专利权独立利要求7请求保护一种全自动制胶机所采用的全自动控制方法。权利要求7与附件1或3的区别在于权利要求7通过自动化控制箱、主罐称重计量器和附罐称重计量器等部件，在手动和自动选择配方的情况下实现对原料自动计量和生产过程的自动控制。附件5、6公开了制胶过程自动化控制的措施、技术及自动化控制原理，在此基础上，本领域技术人员很容易想到全自动控制的具体方法并设置自动控制过程及设定时间等参数，从而得到本专利权利要求7的技术方案。被诉决定认定本专利权利要求7不具备创造性正确，本院予以支持。

综上，本专利权利要求1~7不具备《专利法》第二十二条第三款规定的创造性。被诉决定认定事实清楚、适用法律正确、审查程序合法，本院应予维持。原告的诉讼理由均缺乏事实和法律依据，对其诉讼请求本院不予支持。据此，依照《中华人民共和国行政诉讼法》第五十四条第（一）项之规定，判决如下：

维持被告国家知识产权局专利复审委员会于二〇〇八年六月三日作出的第11575号无效宣告请求审查决定。

案件受理费100元，由原告王新民负担（已交纳）。

如不服本判决，各方当事人可在本判决书送达之日起15日内，向本院递交上诉状，并按对方当事人人数提出副本，上诉于北京市高级人民法院。上诉人在上诉期满后7日内未预交上诉案件受理费又不提出缓交申请的，按自动撤回上诉处理。

审　判　长　强刚华
代理审判员　贾志刚
代理审判员　殷　悦
二〇〇九年七月七日
书　记　员　赵　锋

103

腹部回复收缩带

无效宣告请求审查决定（第 11584 号）

决　　定　　号　第 11584 号
决　　定　　日　2008 年 5 月 27 日
发明创造名称　腹部回复收缩带
国 际 分 类 号　A61F 5/03
无效宣告请求人　成都爱星妈咪妇婴用品有限公司
专　利　权　人　四川丽尔姿妇婴用品有限公司
专　　利　　号　200620032878.4
申　　请　　日　2006 年 1 月 19 日
授 权 公 告 日　2007 年 2 月 28 日
合 议 组 组 长　刘颖杰
主　　审　　员　佟仲明
参　　审　　员　刘　杰

法　律　依　据　专利法第 22 条第 2 款，专利法第 22 条第 3 款
决　定　要　点

如果一项权利要求与一项现有技术相比较，该现有技术公开了该权利要求的全部技术特征，且两者属于相同的技术领域，解决了相同的技术问题并具有相同的技术效果，尽管二者对相应部件采用了不同的技术名称，该权利要求仍不具有专利法第 22 条第 2 款规定的新颖性。

一、案由

本无效宣告请求涉及中华人民共和国国家知识产权局于 2007 年 2 月 28 日授权公告的、名称为“腹部回复收缩带”的实用新型专利（下称本专利），其申请号为 200620032878.4，申请日是 2006 年 1 月 19 日，专利权人是四川丽尔姿妇婴用品有限公司。该专利授权公告时的权利要求书如下：

“1. 腹部回复收缩带，其特征是由非弹性织物片材（6）单元和弹性松紧材料（2）单元相互连接而成的带状结构，其两端分别设置有环绕后可相互配合的扣合结构（1），带状结构中长度方向上的对边分别为不等长的短边（3）与长边（5）。

2. 如权利要求 1 所述的腹部回复收缩带，其特征是所说带状结构长度方向上的短边（3）与长边（5）之比为 1∶1.05～1.5。

3. 如权利要求 1 所述的腹部回复收缩带，其特征是所说带状结构长度方向上的短边（3）和长边（5）中的至少一个边缘为连续的圆滑曲线边。

4. 如权利要求1所述的腹部回复收缩带，其特征是所说带状结构长度方向上的短边（3）和长边（5）中的至少一个边缘为由依次连接的直线段组成的曲线边。

5. 如权利要求1所述的腹部回复收缩带，其特征是所说的扣合结构（1）为粘贴搭扣式的锁扣结构。

6. 如权利要求1~5之一所述的腹部回复收缩带，其特征是所说的带状结构长度方向的一端为设置有带开口的容置夹层结构（4）的非弹性织物片材单元端。

7. 如权利要求6所述的腹部回复收缩带，其特征是所说的容置夹层结构（4）的开口位于带状结构短边方向侧，或是与其相邻的任一个侧边处。

8. 如权利要求6所述的腹部回复收缩带，其特征是所说的容置夹层结构（4）中放置有药物或物理辅助单元。

9. 如权利要求6所述的腹部回复收缩带，其特征是所说的非弹性织物片材（6）单元和容置夹层结构（4）为棉织物片材。

10. 如权利要求6所述的腹部回复收缩带，其特征是所说的带状结构中包括有顺序交替连接的多个非弹性织物片材（6）单元和弹性松紧材料（2）单元。”

针对上述专利权，成都爱星妈咪妇婴用品有限公司（下称请求人）于2007年10月15日向专利复审委员会提出无效宣告请求，其提交证据如下：

对比文件1：1994年6月15日授权公告的专利号为93238666.0实用新型专利说明书；

对比文件2：1991年4月17日公告的申请号为90216271.3实用新型专利说明书；

对比文件3：1998年4月22日授权公告的专利号为93112978.8发明专利说明书。

其无效宣告请求的理由为：本专利权利要求1、4~6、8~10相对于对比文件1不具备专利法第22条第2款所规定的新颖性；权利要求1~10相对于对比文件1、2、3或其结合不具备专利法第22条第3款所规定的创造性；权利要求2不符合专利法第26条第4款的规定。

经形式审查合格，专利复审委员会依法受理了上述无效宣告请求，并于2007年10月30日向双方当事人发出无效宣告请求受理通知书。同时，随同该无效宣告请求受理通知书将无效宣告请求书及其附件清单中所列附件的副本转送给专利权人，并告知专利权人应在收到该通知之日起一个月内对该无效宣告请求陈述意见；期满未答复的，不影响专利复审委员会审理。

专利权人期满未答复。

针对上述无效宣告请求，专利复审委员会依法成立合议组，并于2008年3月17日向双方发出无效宣告请求口头审理通知书，指出本案合议组定于2008年5月12日举行口头审理。

口头审理如期举行，请求人出席口头审理，专利权人缺席口头审理；请求人对合议组成员无回避请求。

请求人明确其无效理由、事实、证据为：对比文件1为最接近的现有技术，本专利权利要求1、4~6、8~10相对于对比文件1不具备专利法第22条第2款所规定的新颖性；权利要求1~10相对于对比文件1、2、3或其结合以及公知常识不具备专利法第22条第3款所规定的创造性；权利要求2不符合专利法第26条第4款的规定。

至此，合议组认为本案事实清楚，现依法作出审查决定。

二、决定的理由

1. 关于证据和现有技术

请求人提交的证据均为专利文献，专利权人未对证据的真实性提出异议，合议组经审查对真实性予以认可，证据可以作为本案证据使用。同时由于证据的公开日期均在本专利的申请日前，因此可以作为本专利的现有技术使用。

2. 关于专利法第22条第2款和专利法第22条第3款

专利法第22条第2款规定的新颖性是指，在申请日以前没有同样的发明或者实用新型在国内外出版物上公开发表过、在国内公开使用过或者以其他方式为公众所知，也没有同样的发明或者实用新型由他人向专利局提出过申请并记载在申请日以后（含申请日）公布的专利申请文件中。

专利法第22条第3款规定的创造性是指，同申请日以前已有的技术相比，该发明有突出的实质性特点和显著的进步，该实用新型具有实质性特点和进步。

（1）关于本专利权利要求1是否具备新颖性。

本专利权利要求1保护一种腹部回复收缩带，对比文件1公开了一种产妇中药保健腹带，并具体公开了如下内容（参见该对比文件1说明书第2页第26行至第3页第6行，附图1-2）：产妇中药保健腹带由连接为一体的能够伸缩的前、后腹带组成，前腹带由梯形前腹带上片（1）和梯形前腹带下片（2）组成，前腹带上片（1）和前腹带下片（2）分别通过三条弹性宽松紧带（3）与梯形后腹带（4）的两端连接，前腹带上片（1）、前腹带下片（2）以及后腹带（4）均采用棉布缝制而成，前腹带上片（1）的内表面上缝制有两条尼龙粘扣（5），前腹带下片（2）的外表面上缝制有四条尼龙粘扣（5），将前腹带上片（1）置于前腹带下片（2）上，尼龙粘扣（5）便粘接连接在一起，由此组成上小下大的梯形腹带。其中，由棉布缝制而成的前腹带上片（1）、前腹带下片（2）以及后腹带（4）相当于本专利中的非弹性织物片材（6）单元，弹性宽松紧带（3）相当于本专利中的弹性松紧材料（2），尼龙粘扣（5）相当于本专利中的扣合结构（1），前腹带上片（1）、前腹带下片（2）、后腹带（4）以及它们之间的宽松紧带所形成的梯形腹带的上、下两边分别相当于本专利中的短边（3）和长边（5）。由此可见，虽然对相应部件采用的技术名称不同，但对比文件1已经公开了该权利要求1的全部技术特征，且该对比文件1所公开的技术方案使用于妇女产褥期的生理复旧，与该权利要求1所保护的技术方案属于同一技术领域，解决相同的技术问题，并能产生相同的技术效果，因此该权利要求1不具备专利法第22条第2款规定的新颖性。

（2）关于本专利权利要求2是否具备创造性。

从属权利要求2引用了在前的权利要求1，其附加技术特征为："其特征是所说带状结构长度方向上的短边（3）与长边（5）之比为1∶1.05~1.5"。对此，合议组认为，腹带主要位于人体下腹部，处于腰胯之间，通常人体的该部位并不是等径直筒状，而是下部略大于上部，本领域普通技术人员根据人体结构将腹带的短边与长边之间的比例选择为1∶1.05~1.5是无需付出创造性劳动就能完成的，因此，在该权利要求引用的权利要求1不具备新颖性的情况下，该权利要求2不具备专利法第22条第3款规定的创造性。

（3）关于本专利权利要求3和权利要求4是否具备创造性。

从属权利要求3和4分别引用了在前的权利要求1，其中从属权利要求3的附加技术特征为："其所说带状结构长度方向上的短边（3）和长边（5）中的至少一个边缘为连续的圆滑曲线边"；从属权利要求4的附加技术特征为："所说带状结构长度方向上的短边（3）和长边（5）中的至少一个边缘为由依次连接的直线段组成的曲线边"。对此，合议组认为，根据对比文件1中公开的内容，腰腹带是由多个片材依次连接制成的，对本领域普通技术人员而言，是使腰腹带的边缘呈公知的连续的圆滑曲线边，或者是使各个片材的边缘均为直线段，并将这些边缘依次连接从而形成依次连接的直线段组成的曲线边或者其他形状，是无需付出创造性劳动就能作出的简单选择。即，上述附加技术特征属于本领域的公知常识。因此，在该权利要求3和4引用的权利要求1不具备新颖性的情况下，该从属权利要求3和4不具备专利法第22条第3款规定的创造性。

（4）关于本专利权利要求 5 是否具备新颖性。

从属权利要求 5 引用了在前的权利要求 1，其附加技术特征为：“所说的扣合结构（1）为粘贴搭扣式的锁扣结构”。而该附加技术特征已经被对比文件 1 所公开，对比文件 1 中的尼龙粘扣就是一种粘贴搭扣式的锁扣结构的扣合结构。因此，在其引用的权利要求 1 不具备新颖性的情况下，该权利要求 5 也同样不具备专利法第 22 条第 2 款所规定的新颖性。

（5）关于本专利权利要求 6 是否具备创造性。

从属权利要求 6 引用了在前的权利要求 1~5 之一，其附加技术特征为：“所说的带状结构长度方向的一端为设置有带开口的容置夹层结构（4）的非弹性织物片材单元端”。对此，合议组认为，对比文件 1 公开了“在前腹带下片（2）的内表面固定连接有装药物的药物袋（6）……与前腹带下片（2）缝制成一体”，即对比文件 1 公开了“所说的带状结构长度方向的一端为设置有容置夹层结构（4）的非弹性织物片材单元端”，虽然对比文件 1 并未公开药物袋设置有开口，但在药物袋上设置开口以便于更换药芯或其他物品是本领域的常用技术手段，是本领域普通技术人员在对比文件 1 的基础上无需付出创造性劳动就能想到的，因此在该从属权利要求引用的权利要求 1~5 均不具备新颖新或创造性的基础上，该从属权利要求 6 不具备专利法第 22 条第 3 款规定的创造性。

（6）关于本专利权利要求 7 是否具备创造性。

从属权利要求 7 引用了在前的权利要求 6，其附加技术特征为“所说的容置夹层结构（4）的开口位于带状结构短边方向侧，或是与其相邻的任一个侧边处”。对比文件 3 公开了一种磁疗腹带，其与对比文件 1 和本专利均属于相同的技术领域，并且该对比文件 3 具体公开了（参见说明书第 4 页第 2 段，附图 1）在端布块 5b 的中间区域，在底料 16 和表面扣件 17 构成一个袋样部分 18，该袋样部分 18 有一个开口，以从上边插入或取出该安装件 12 安装许多永磁体 11。可见，从属权利要求 7 的附加技术特征已经被对比文件 3 公开。因此在该权利要求 7 引用的权利要求 6 不具备创造性的情况下，该权利要求 7 也不具备专利法第 22 条第 3 款所规定的创造性。

（7）关于本专利权利要求 8 是否具备创造性。

从属权利要求 8 引用了在前的权利要求 6，其附加技术特征为“所说的容置夹层结构（4）中放置有药物或物理辅助单元”。而对比文件 1 中已经公开了“药物袋（6）内有药芯（7），所述药芯（7）由……”，即该附加技术特征已经被对比文件 1 公开，因此，在其引用的权利要求 6 不具备创造性的情况下，该权利要求 8 也同样不具备专利法第 22 条第 3 款所规定的创造性。

（8）关于本专利权利要求 9 是否具备创造性。

从属权利要求 9 引用了在前的权利要求 6，其附加技术特征为“所说的非弹性织物片材（6）单元和容置夹层结构（4）为棉织物片材”。该附加技术特征已经被对比文件 1 所公开，对比文件 1 公开了“前腹带上片（1）、前腹带下片（2）以及后腹带（4）均采用棉布缝制而成”以及“药物袋（6）也采用棉布制成”。因此，在其引用的权利要求 6 不具备创造性的情况下，该权利要求 9 也同样不具备专利法第 22 条第 3 款所规定的创造性。

（9）关于本专利权利要求 10 是否具备创造性。

从属权利要求 10 引用了在前的权利要求 6，其附加技术特征为“所说的带状结构中包括有顺序交替连接的多个非弹性织物片材（6）单元和弹性松紧材料（2）单元”。而该附加技术特征已经被对比文件 1 所公开，对比文件 1 中的腰腹带由非弹性的前腹带上片（1）、前腹带下片（2）、后腹带（4）与它们之间的宽松紧带顺序交替连接而形成。因此，在其引用的权利要求 6 不具备创造性的情况下，该权利要求 10 也同样不具备专利法第 22 条第 3 款所规定的创造性。

3. 关于请求人提出的其他无效理由

如上所述，本专利权利要求 1~10 分别不具备新颖性或创造性，应予以无效，因此不再对请求人提出的其他无效理由进行评述。

三、决定

宣告 200620032878.4 号实用新型专利权全部无效。

当事人对本决定不服的，可以根据专利法第 46 条第 2 款的规定，自收到本决定之日起三个月内向北京市第一中级人民法院起诉。根据该款的规定，一方当事人起诉后，另一方当事人应当作为第三人参加诉讼。

104

加热水池

无效宣告请求审查决定（第 11589 号）

决　　定　　号　第 11589 号
决　　定　　日　2008 年 4 月 16 日
发明创造名称　加热水池
国 际 分 类 号　E04H 4/04，E04H 4/12，F24H 4/00
无效宣告请求人　上海荣威塑胶工业有限公司
专　利　权　人　东辉塑胶（上海）有限公司
专　　利　　号　200420087280.6
优　先　权　日　2004 年 1 月 20 日
申　　请　　日　2004 年 8 月 17 日
授 权 公 告 日　2005 年 5 月 18 日
合 议 组 组 长　朱文广
主　　审　　员　隋　璐
参　　审　　员　刘敏飞

法　律　依　据　专利法第 22 条第 2 款、第 3 款
决　定　要　点

若一篇对比文件公开了一项专利独立权利要求的全部技术特征，且两者属于同一技术领域，所要解决的技术问题及所能达到的技术效果也相同，则该独立权利要求相对于该对比文件不具有新颖性。

在独立权利要求不具有新颖性的情况下，如果从属权利要求的附加技术特征被另一篇对比文件所公开，该区别技术特征在该对比文件中所起的作用与其在本专利中所起的作用相同，且该对比文件与本专利属于相同的技术领域，那么该从属权利要求不具有创造性。

一、案由

本无效宣告请求涉及国家知识产权局于 2005 年 5 月 18 日授权公告的，名称为“加热水池”的实用新型专利（下称本专利），其专利号是 200420087280.6，申请日是 2004 年 8 月 17 日，专利权人是东辉塑胶（上海）有限公司。本专利授权公告的权利要求书如下：

“1. 一种加热水池，主要由水池、水泵和加热器组成，相互之间以水管串接，其特征在于，所述水池为大容量水池，且所述加热器为电加热器。

2. 如权利要求 1 所述的加热水池，其特征在于，还包括保温罩。

3. 如权利要求 1 或 2 所述的加热水池，其特征在于，所述水池的容量为 2000~12000L。

4. 如权利要求1或2所述的加热水池，其特征在于，所述电加热器的功率为3000~5000W。”

针对本专利权，上海荣威塑胶工业有限公司（下称请求人）于2007年7月30日向专利复审委员会提出无效宣告请求，其理由是本专利权利要求1相对于附件1没有新颖性；权利要求2相对于附件2没有新颖性，相对于附件1、2的结合没有创造性；权利要求3的附加技术特征被附件1公开，在权利要求1、2不具备新颖性的情况下，权利要求3不具备新颖性；权利要求4的附加技术特征没有区别于常规计算的范围，是本领域普通技术人员所熟知的，权利要求4不具备创造性，在权利要求1、2不具备新颖性的情况下，权利要求4不具备新颖性。

与此同时，请求人提交了如下附件：

附件1：公告日为2002年10月10日、公开号为US20020146244A1的美国专利文献及其部分中文译文，共12页；

附件2：公开日为2003年10月28日、公开号为US6637046B2的美国专利文献及其部分中文译文，共8页。

对于上述无效宣告请求，专利复审委员会于2007年9月12日向专利权人、请求人发出受理通知书，并将无效宣告请求书及其附件清单中所列附件副本转送给专利权人，要求专利权人在指定期限内进行意见陈述。

专利权人逾期未答复。

专利复审委员会依法成立合议组，对本无效宣告请求进行审查。

本案合议组于2007年11月30日向双方当事人发出口头审理通知书，定于2008年1月7日在专利复审委员会举行口头审理。

2008年1月7日，口头审理如期举行。在口头审理中，专利权人缺席口头审理，请求人单方出席了口头审理。请求人明确无效请求的理由、范围、证据：（1）本专利权利要求1相对于附件1不具备新颖性。（2）权利要求2相对于附件1、2的结合没有创造性。（3）权利要求3引用权利要求1的情况下相对于附件1不具备新颖性，相对于附件1和公知常识的结合没有创造性；权利要求3引用权利要求2的情况下相对于附件1、2、公知常识的结合无创造性。（4）权利要求4在引用权利要求1的情况下相对于附件1和公知常识的结合不具备创造性；权利要求4在引用权利要求2的情况下相对于附件1、2和公知常识的结合不具备创造性。请求人表示除此以外没有其他的无效理由、证据和事实的使用方式。

至此，合议组认为本案事实已经清楚，可以作出审查决定。

二、决定的理由

1. 关于证据和现有技术

请求人提交的附件1、2为美国专利文献及其部分中文译文。专利权人既未出席口头审理，又未在指定的期限内对该附件的真实性及译文的准确性发表意见。合议组审查后认可附件1、2的真实性，附件1、2可以作为本案的证据使用，该附件公开内容以其中文译文为准。同时，由于附件1、2的公开日早于本专利的申请日，因此可以作为本专利的现有技术使用。

2. 关于无效请求的理由

请求人在无效请求提出之日起一个月内没有结合所提交的证据具体说明权利要求3不符合创造性的理由，且在提出无效请求之日起一个月内也没有补充说明，其在口头审理时提出权利要求3不具备创造性，按照审查指南第四部分第三章第4.1节的规定，合议组不予考虑。

因此，此次无效请求的理由为：（1）本专利权利要求1相对于附件1不具备新颖性。（2）权利要求2相对于附件1、2的结合没有创造性。（3）权利要求3相对于附件1不具备新颖性；（4）权利要求 4 在引用权利要求 1 的情况下相对于附件 1 和公知常识的结合不具备创造性；权利要求 4 在引用权利要求 2 的情况下相对于附件 1、2 和公知常识的结合不具备创造性。

3. 关于本专利的权利要求 1~4 是否具备新颖性和创造性

新颖性，是指在申请日以前没有同样的发明或者实用新型在国内外出版物上公开发表过、在国内公开使用过或者以其他方式为公众所知，也没有同样的发明或者实用新型由他人向国务院专利行政部门提出过申请并且记载在申请日以后公布的专利申请文件中。

创造性，是指同申请日以前已有的技术相比，该实用新型有实质性特点和进步。

（1）权利要求 1 的新颖性。

合议组认为：附件 1 中公开了一种带有电热水器的 SPA 系统（参见附件 1 说明书译文第 0015 段及附图 1），SPA 系统包括一个游泳池/（SPA）温泉浴场/热水浴盆 2（相当于权利要求 1 的大容量水池），一个电泵 3（相当于权利要求 1 的水泵），一个电加热器 5（相当于权利要求 1 的电加热器），和与 SPA 系统部件相互连接的管道 4（相当于相互之间以水管相连）实现水循环。由此可见附件 1 公开了本专利权利要求 1 的全部技术特征，其与本专利适用于相同的技术领域，可以解决相同的技术问题，并且具有相同的预期效果，因此本专利权利要求 1 相对于附件 1 不具备新颖性。

（2）权利要求 2 的创造性。

权利要求 2 是权利要求 1 的从属权利要求，其附加技术特征是“还包括保温罩”。合议组认为：附件 2 中公开了游泳池 3 的上面设有保温盖 1（参见说明书摘要及附图）。由此可见，权利要求 2 的附加技术特征已被附件 2 公开，而且附件 2 的保温盖和本专利权利要求 1 的保温罩作用相同，都是起到泳池保温作用，因此，在附件 1 技术方案的基础上结合附件 2 的保温罩得到权利要求 2 的技术方案，对本领域普通技术人员来说，不需要花费创造性劳动。因此，权利要求 2 相对于附件 1、2 的结合不具备创造性。

（3）权利要求 3 的新颖性。

权利要求 3 是权利要求 1、2 的从属权利要求，其附加技术特征是“所述水池的容量为 2000~12000L”。合议组认为：附件 1 中未公开水池的容量，因此，权利要求 3 相对于请求人提交的附件 1 具备新颖性。

（4）权利要求 4 的创造性。

权利要求 4 是权利要求 1、2 的从属权利要求，其附加技术特征是“所述电加热器的功率为 3000~5000W”。合议组认为：根据水池所需的温度计算电加热器的功率对本领域普通技术人员来说是很容易的，不需要花费创造性劳动，因此，权利要求 4 在引用权利要求 1 的情况下相对于附件 1 不具备创造性；权利要求 4 在引用权利要求 2 的情况下相对于附件 1、2 的结合不具备创造性。

根据上述的事实和理由，本案合议组依法作出以下决定。

三、决定

宣告 200420087280.6 号实用新型专利权权利要求 1、2、4 无效，在权利要求 3 的基础上维持专利权有效。

当事人对本决定不服的，可以根据专利法第 46 条第 2 款的规定，自收到本决定之日起三个月内向北京市第一中级人民法院起诉。根据该款的规定，一方当事人起诉后，另一方当事人应当作为第三人参加诉讼。

105

硬体仿真绒毛玩具或饰品的制作方法

无效宣告请求审查决定（第11594号）

决　　定　　号　第11594号
决　　定　　日　2008年5月21日
发明创造名称　硬体仿真绒毛玩具或饰品的制作方法
国 际 分 类 号　A63H3/00，A63H9/00
无效宣告请求人　威斯敏斯特公司
专　利　权　人　赵保全
专　　利　　号　03138871.X
申　　请　　日　2003年8月4日
授 权 公 告 日　2005年8月31日
合 议 组 组 长　张宗任
主　　审　　员　翁晓君
参　　审　　员　喻　颖

法　律　依　据　专利法第22条第3款
决　定　要　点

一项权利要求所述技术方案与对比文件公开的内容存在着区别技术特征，并且没有使本领域的普通技术人员能从现有技术得到采用上述区别技术特征的技术启示，那么，该权利要求所述的技术方案具备创造性。

一、案由

本无效宣告请求涉及国家知识产权局于2005年8月31日授权公告的，名称为"硬体仿真绒毛玩具或饰品的制作方法"的发明专利（下称本专利），其专利号是03138871.X、申请日是2003年8月4日、专利权人是赵保全。

本专利授权公告的权利要求书的内容如下：

"1. 一种硬体仿真绒毛玩具或饰品的制作方法，在动物形状的塑料胎具上粘贴绒毛形成体毛、头毛和四肢毛，所说的塑料胎具，是采用吹塑工艺制成的整体的塑料胎具，成为整体的硬壳，其特征在于在动物形状的塑料胎具的外表面，按动物绒毛长度和颜色的要求，将人造绒毛用粘接剂分层次粘接在动物形状的塑料胎具上，在整体的塑料胎具上将绒毛粘接完成后，在成品玩具的绒毛上喷上液体上光蜡，再用细铁刷梳理，以增加绒毛的光泽。

2. 根据权利要求1所述的硬体仿真绒毛玩具或饰品的制作方法，其特征在于根据动物形状塑料胎具的脸部所需绒毛的长短，用剪刀、镊子剪下人造绒毛，用调和好的粘接剂，按照真实动物的颜色花纹粘于动物形状塑料胎具的脸部，按照真实动物面部及整体的比例，安装上眼睛和鼻子。”

针对上述专利权，威斯敏斯特公司（下称请求人）于 2007 年 12 月 27 日向专利复审委员会提出无效宣告请求，其理由是本专利权利要求 1 和 2 不具备创造性，不符合专利法第 22 条第 3 款的规定；与此同时，请求人提交了如下附件作为证据：

附件 1：WO9804360A1 号专利申请说明书复印件共 15 页，其公开日为 1998 年 2 月 5 日（下称对比文件 1）；

附件 2：对比文件 1 的中文译文共 11 页；

附件 3：CN2547369Y 号中国实用新型专利说明书复印件共 6 页，其授权公告日为 2003 年 4 月 30 日（下称对比文件 2）；

附件 4：CN2059600U 号中国实用新型专利说明书复印件共 5 页，其公告日为 1990 年 7 月 25 日（下称对比文件 3）；

附件 5：国家知识产权局专利信息中心作出的 07-361 号检索报告复印件共 5 页。

请求人在请求书中认为：本专利权利要求 1 和 2 相对于对比文件 1、对比文件 2 和对比文件 3 以及公知常识的结合不具备创造性，不符合专利法第 22 条第 3 款的规定。附件 5 已经作出本专利不具有创造性的认定。

经形式审查合格后，专利复审委员会受理了该无效宣告请求，于 2008 年 1 月 17 日向双方当事人发出了无效宣告请求受理通知书，并将专利权无效宣告请求书及所附证据材料的副本转给了专利权人，要求其在指定的期限内答复。

专利权人于 2008 年 2 月 21 日提交了针对上述无效宣告请求的意见陈述书，专利权人在意见陈述书中指出：本专利所要解决的技术问题是克服毛绒玩具不够逼真的缺点，使其达到可以乱真的效果，而对比文件 1、2 和 3 所要解决的技术问题与本专利均不相同；本申请技术方案与对比文件 1、2 和 3 的区别技术特征是运用分层次粘接的方法来解决现有技术无法达到的逼真效果，而对比文件均没有给出应用区别技术特征解决技术问题的启示，无法达到本申请的逼真效果；本申请与现有技术相比具有更好的技术效果，可根据审查指南的规定判断具有显著的进步。

专利复审委员会依法成立合议组对本无效宣告请求案进行审查。

合议组于 2008 年 3 月 7 日向双方当事人发出了口头审理通知书，定于 2008 年 4 月 22 日进行口头审理，同时将专利权人于 2008 年 2 月 21 日提交的意见陈述书转送请求人。

口头审理于 2008 年 4 月 22 日如期举行，双方均出席了本次口头审理。在口头审理中，双方当事人对合议组成员无回避请求、对对方当事人出庭人员身份无异议。请求人当庭提交了附件 5 的盖有中国专利信息中心检索业务专用红章的原件，并表示附件 5 仅供合议组参考，不作为证据使用。请求人明确表示无效宣告理由为：本专利权利要求 1~2 不符合专利法第 22 条第 3 款的规定。具体的评述方式为：权利要求 1 和 2 分别相对于对比文件 1、2、3 和公知常识的结合不具有创造性。对比文件 1 为最接近的对比文件。专利权人对对比文件 1~3 的真实性均无异议，对对比文件 1 的译文准确性没有异议。请求人具体认为：对比文件 1 的中文译文第 3 页倒数第 3 段第 4~8 行公开了权利要求 1 技术方案中的“按动物绒毛长度的要求”的技术特征；对比文件 2 的说明书第 3 页倒数第 4 段第 3 行公开了权利要求 1 技术方案中的“按动物绒毛颜色的要求”的技术特征；对比文件 3 的说明书第 1 页第 4 段第 1~2 行和第 1 页倒数第 1 行公开了权利要求 1 技术方案中的“硬体”、“动物形状的塑料胎具”以及“所说的塑料胎具，是采用吹塑工艺制成的整体的塑料胎具，成为整体的硬壳”；并且权利要求 1 技术方案中的“在整体的塑料胎具上将绒毛粘接完成后，在成品玩具的绒毛上喷上液体上光蜡，再用细铁刷梳理，以增加绒毛的光泽”属于公知常识。合议组当庭告知双方当事人，口头审理之后合议组不再接收双方当事人提交的意见陈述。

口头审理之后，专利权人又于2008年4月29日提交了意见陈述书，请求人又于2008年5月14日提交了意见陈述书。由于在口头审理中，合议组已明确告知双方当事人，口头审理之后合议组不再接收双方当事人提交的意见陈述，故合议组对请求人和专利权人提交的上述意见陈述书均不予接受。

至此，合议组认为本案事实已经调查清楚，可以依法作出审查决定。

二、决定的理由

1. 审查文本

对本无效宣告请求案的审理，以本专利于2005年8月31日授权公告的文本为基础。

2. 证据的认定

请求人主张的证据为对比文件1及其中文译文、对比文件2和对比文件3。由于对比文件1~3均为专利文献，专利权人对对比文件1~3的真实性均无异议，对对比文件1的译文准确性无异议，且对比文件1~3的公开日均在本专利申请日之前，所以根据专利法第22条第3款的规定，对比文件1~3以及对比文件1的中文译文可以用来评价本专利权利要求技术方案的创造性。由于请求人主张附件5仅供合议组参考，不作为证据使用，因此下文中对附件5不再进行评析。

3. 关于专利法第22条第3款

专利法第22条第3款规定：创造性，是指同申请日以前已有的技术相比，该发明有突出的实质性特点和显著的进步，该实用新型有实质性特点和进步。

（1）关于权利要求1相对于对比文件1~3和公知常识的结合是否具备创造性。

本专利权利要求1要求保护一种硬体仿真绒毛玩具或饰品的制作方法，本专利所要解决的技术问题在于：克服现有技术的不足之处，以人造绒毛和塑料胎具相结合制作绒毛玩具，既具有自然毛坯的特点，又补充了绒毛玩具不够形象逼真的不足。本专利权利要求1包括以下技术特征：

①一种硬体仿真绒毛玩具或饰品的制作方法，在动物形状的塑料胎具上粘贴绒毛形成体毛、头毛和四肢毛，

②所说的塑料胎具，是采用吹塑工艺制成的整体的塑料胎具，成为整体的硬壳，

③在动物形状的塑料胎具的外表面，按动物绒毛长度和颜色要求，将人造绒毛用粘接剂分层次粘接在动物形状的塑料胎具上，

④在整体的塑料胎具上将绒毛粘接完成后，在成品玩具的绒毛上喷上液体上光蜡，再用细铁刷梳理，以增加绒毛的光泽。

对比文件1公开了一种植绒玩具的制作方法，并主要公开了以下相关内容：“该方法包括如下步骤：（a）将可模制材料浇注到模具里从而模制一种填充玩具的皮肤，（b）将粘接剂应用到模制皮肤的选择部位，（c）将植绒剂应用到所述模制件的粘接剂覆盖的皮肤上”（参见对比文件1的中文译文的第2页第23~25行）；“这里所使用的‘细毛’和‘细绒毛’等词用来说明或表示动物身体某个部位或区域一般不是用厚厚的毛或毛皮来覆盖，而是用非常细的或非常短的绒毛，这种绒毛具有似细绒毛一样的质感，类似于桃的表面，这些部位包括-例如-大猩猩的面部和手部或者大象的头部。”（参见对比文件1的中文译文第3页倒数第3段第4~8行）。根据上述公开的内容及结合对比文件1的附图可知，对比文件1公开了在模制动物身体部件的模制皮肤上先后分别应用粘接剂和植绒剂，以形成类似细绒毛一样质感的非常细或短的绒毛。并且根据对比文件1的说明书可知，对比文件1所要解决的技术问题是为了克服硬体玩具所具有的缺点，而采用柔性材料利用植绒的加工工艺制作玩具，这与本专利所要求解决的技术问题不同。所以对比文件1公开的上述内容仅仅相当于本专利权利要求1中

技术特征①记载的“粘贴绒毛形成体毛、头毛和四肢毛”，而并没有公开权利要求1中的其他技术特征。

所以本专利权利要求1与对比文件1相比较，区别技术特征在于上述记载的特征①中的“一种硬体仿真绒毛玩具和饰品制作方法，在动物形状的塑料胎具上”、特征②、特征③和特征④。

对比文件2公开了一种仿真大熊猫，并主要公开了以下相关内容：“粘接在胎体眼圈、鼻尖、下唇角、双耳、两前肢和背顶至肋部、及两后肢各部位的黑色动物毛、粘接在胎体其余部位的白色动物毛”（参见对比文件2的说明书第1页倒数第4段第1~3行）。根据对比文件2上述公开的内容可知，对比文件2公开的上述内容仅仅相当于本专利权利要求1中技术特征③记载的“按照动物绒毛颜色的要求粘接”，而并没有公开技术特征③中的其他内容，因此对比文件2并没有公开本专利权利要求1中技术特征③的全部技术特征。

对比文件3公开了一种感应式象形电子发声玩具，并主要公开了以下相关内容：“利用塑料吹塑成象形玩具内胎”（参见对比文件3的说明书第1页第4段第1~2行）；“利用塑料吹塑而成的玩具狗内胎”（参见对比文件3的说明书第1页倒数第1行）。根据对比文件3上述公开的内容可知，对比文件3公开的上述内容仅仅相当于本专利要求1中技术特征①记载的“在动物形状的塑料胎具上”以及技术特征②。

所以根据上述分析可知，对比文件1~3均没有公开权利要求1中的技术特征①记载的“一种硬体仿真绒毛玩具或饰品的制作方法”、技术特征③和④，并且上述技术特征也非所属领域的公知常识，而且本专利权利要求1的技术方案通过使用上述技术特征，使得本专利根据动物毛本身长度和颜色的要求将绒毛剪下分层次粘贴的方法，制造头毛、体毛、四肢毛形成有视觉、触觉真实感的立体的外表的方式制造玩具，同时所属领域的普通技术人员从对比文件1~3中也不能得到实现该技术方案的技术启示，上述技术特征的应用使得本专利权利要求1保护的技术方案是非显而易见的，给该技术方案带来了有益的技术效果，因此权利要求1相对于对比文件1~3和公知常识的结合具备创造性，符合专利法第22条第3款有关创造性的规定。

对于请求人认为对比文件1的中文译文第3页倒数第3段第4~8行中公开了权利要求1技术方案中的“按动物绒毛长度的要求”的技术特征，合议组认为：对比文件1中的上述内容仅仅公开了在动物身体某个部位上利用植绒技术形成似细绒毛一样质感的非常细的或非常短的绒毛，并且对比文件1所采用的是植绒技术，只能形成具有皮肤一样质感的短的绒毛，而不会根据动物绒毛长度的要求来粘接长度不等的绒毛。所以对比文件1并没有公开权利要求1中技术特征③记载的“按动物绒毛长度的要求”。

对于请求人认为对比文件2的说明书第3页倒数第4段第3行公开了权利要求1技术方案中的“按动物绒毛颜色的要求”的技术特征，合议组认为：对比文件2公开的上述内容仅仅相当于本专利权利要求1中技术特征③记载的“按照动物绒毛颜色的要求粘接”，而并没有公开技术特征③中的其他内容，并且作为技术特征③，其是一个完整的技术特征，即要同时按照动物绒毛长度和颜色的要求，将人造绒毛用粘接剂分层次粘接在动物形状的塑料胎具上，才能解决本申请所要解决的技术问题。所以对比文件2并没有公开本专利权利要求1中技术特征③的全部技术特征。

对于请求人认为对比文件3的说明书第1页第4段第1~2行和第1页倒数第1行公开了权利要求1技术方案中的“硬体”、“动物形状的塑料胎具”以及“所说的塑料胎具，是采用吹塑工艺制成的整体的塑料胎具，成为整体的硬壳”，合议组认为：对比文件3的确公开了权利要求1中的技术特征“动物形状的塑料胎具”以及“所说的塑料胎具，是采用吹塑工艺制成的整体的塑料胎具，成为整体的硬壳”，但是对于“硬体”，在权利要求1的技术方案中是作为一个完整的技术特征“一种硬体仿真绒毛玩具或饰品的制作方法”而体现出来的，是不可分割的，所以对比文件 3 并没有公开技术特征“一种硬体仿真绒毛玩具或饰品的制作方法”。

对于请求人认为权利要求 1 技术方案中的“在整体的塑料胎具上将绒毛粘接完成后，在成品玩具的绒毛上喷上液体上光蜡，再用细铁刷梳理，以增加绒毛的光泽”属于所属领域的公知常识，合议组认为：请求人并没有提交证据表明上述技术特征属于所属技术领域的公知常识，所以合议组对请求人的上述观点不予支持。

（2）关于权利要求 2 相对于对比文件 1~3 和公知常识的结合是否具备创造性。

由于权利要求 2 从属于权利要求 1，所以当权利要求 1 相对于对比文件 1~3 和公知常识的结合具备创造性时，权利要求 2 相对于对比文件 1~3 和公知常识的结合也同样具备创造性。

综上所述，权利要求 1 和 2 相对于对比文件 1~3 和公知常识的结合具备创造性，符合专利法第 22 条第 3 款的规定。

三、决定

维持第 03138871. X 号发明专利权有效。

当事人对本决定不服的，可以根据专利法第 46 条第 2 款的规定，自收到本决定之日起三个月内向北京市第一中级人民法院起诉。根据该款规定，一方当事人起诉后，另一方当事人应当作为第三人参加诉讼。

106

抑风墙

无效宣告请求审查决定（第11603号）

决　　定　　号　第11603号
决　　定　　日　2008年6月11日
发明创造名称　抑风墙
国 际 分 类 号　E04H 17/00，E01F 7/02
无效宣告请求人　韩　勇
专　利　权　人　孟新利
专　　利　　号　200620127509.3
申　　请　　日　2006年8月28日
授 权 公 告 日　2007年9月5日
合 议 组 组 长　欧　岚
主　　审　　员　汤元磊
参　　审　　员　刘敏飞

法　律　依　据　专利法第22条第3款
决　定　要　点

如果一项实用新型专利的权利要求限定的技术方案对所属技术领域人员来说，通过该实用新型专利所属技术领域的现有技术与该领域常用的技术手段相结合很容易得出，并且现有技术中给出了结合的技术启示，那么该权利要求所限定的技术方案是显而易见的，不具有实质性特点。

一、案由

本无效宣告请求案涉及申请日为2006年8月28日、授权公告日为2007年9月5日、专利号为200620127509.3、名称为“抑风墙”的中国实用新型专利（下称本专利），专利权人为孟新利。本专利授权公告的权利要求书如下：

“1. 一种抑风墙，包括基础、支撑架、抑风墙墙面，其特征在于：墙体具有一定高度，在墙面上开有若干通风孔，墙体的截面形状为曲线形结构。

2. 根据权利要求1所述的抑风墙，其特征在于：所述的通风孔为方孔、圆孔、长方孔、长圆孔、三角形孔、菱形孔中的一种或几种。

3. 根据权利要求1或2所述的抑风墙，其特征在于：所述通风孔的面积为抑风墙面面积的20%~50%，墙体高度为3~35米。”

针对本专利，韩勇（下称请求人）于 2007 年 10 月 12 日向专利复审委员会提出了无效宣告请求，其理由是本专利权利要求 1~3 不符合专利法第 22 条第 2、3 款的规定，同时提交了以下证据：

证据 1：授权公告日为 2004 年 3 月 10 日、授权公告号为 CN2605938Y（专利号为 03220474.4）的中国实用新型专利说明书；

证据 2：申请日为 2005 年 6 月 22 日、授权公告日为 2006 年 12 月 13 日、授权公告号为 CN2845936Y（专利号为 200520072941.2）、专利权人为徐秋忠、彭杨的中国实用新型专利说明书。

请求人认为本专利权利要求 1 相对于证据 1 或 2 不符合专利法第 22 条第 2、3 款的规定，由于权利要求 1 不具备新颖性和创造性，权利要求 2、3 是权利要求 1 的从属权利要求，因此权利要求 2、3 也不具备新颖性和创造性。

经形式审查合格，专利复审委员会受理了上述无效宣告请求，于 2007 年 11 月 29 日向请求人和专利权人发出无效宣告请求受理通知书，同时将无效宣告请求书及其附件清单所列附件副本转给了专利权人，并要求专利权人在指定的期限内进行答复。

专利权人于 2008 年 1 月 11 日针对上述无效宣告请求提交了意见陈述书，专利权人认为：证据 1 或 2 均没有单独公开本专利权利要求 1 要求保护的技术方案，因此本专利权利要求 1 具备新颖性；证据 2 的公开日在本专利的申请日之后，证据 2 不能用于评价本专利的创造性；证据 1 没有公开“抑风墙包括基础、支撑架”、“墙体具有一定高度”以及“墙体的截面形状为曲线形结构”，因此本专利权利要求 1 具备创造性；权利要求 2、3 的附加技术特征也没有被证据 1 公开，因此从属权利要求 2、3 也具备新颖性和创造性。

专利复审委员会依法成立合议组对本案进行审理，本案合议组于 2008 年 2 月 22 日向双方发出无效宣告请求口头审理通知书，定于 2008 年 5 月 15 日在专利复审委员会举行口头审理，并将专利权人于 2008 年 1 月 11 日提交的意见陈述书副本随同口头审理通知书转送给请求人。

请求人于 2008 年 3 月 6 日提交了口头审理通知书回执，表示参加口头审理。

口头审理如期举行，专利权人出席了本次口头审理，请求人没有出席本次口头审理。在口头审理过程中，专利权人对变更后的合议组成员无回避请求，专利权人对证据 1、2 的真实性没有异议，认为权利要求 1~3 相对于证据 1 均具备新颖性和创造性，权利要求 1~3 相对于证据 2 均具备新颖性。

至此，合议组认为本案事实已经清楚，可以作出审查决定。

二、决定的理由

1. 关于证据

请求人提交的证据包括证据 1 和证据 2，专利权人对证据 1、2 的真实性没有异议，合议组经审查认为证据 1、2 可以作为本案证据使用。同时，由于证据 1 为公开出版物，且其公开日期在本专利的申请日前，因此证据 1 可以作为本专利的现有技术使用。但证据 2 为徐秋忠、彭杨在本专利申请日前向中国专利局提出的、在本专利申请日后公开的专利文献，因此证据 2 仅能用来评述本专利的新颖性。

2. 关于无效宣告请求的理由、范围

在无效宣告请求书中，请求人仅在具体意见陈述第 4 页第 6~9 行提到“权利要求 2 和权利要求 3 是权利要求 1 的从属权利因此也不具备专利法第 22 条第 2 款规定的新颖性和专利法第 22 条第 3 款规定的创造性”，而这样的说明并没有结合请求人所提交的证据 1、2 对权利要求 2、3 的附加技术特征进行具体阐述，因此，请求人对“权利要求 2 和权利要求 3 相对于证据 1 全文、证据 2 全文不符合专利法第 22 条第 2、3 款的规定”的无效理由没有结合证据 1、2 进行具体说明，且在提出无效宣告请求之日起一个月内请求人也未补充相关具体说明。

根据专利法实施细则第 64 条第 1 款以及审查指南第四部分第三章第 4.1 节的规定，合议组对“权利要求 2 和权利要求 3 相对于证据 1 全文、证据 2 全文不符合专利法第 22 条第 2、3 款的规定”的无效宣告理由不予考虑。

同时，由于证据 2 只能用来评述本专利的新颖性，因此请求人据此提出的创造性的无效理由也不能成立。因此，合议组予以考虑的请求人的无效理由、证据和范围为：权利要求 1 相对于证据 1 或 2 不具有新颖性；权利要求 1 相对于证据 1 不具有创造性。

3. 关于本专利权利要求 1 的创造性

专利法第 22 条第 3 款规定，创造性，是指同申请日以前已有的技术相比，该发明有突出的实质性特点和显著的进步，该实用新型有实质性特点和进步。

如果一项实用新型专利的权利要求限定的技术方案对所属技术领域人员来说，通过该实用新型专利所属技术领域的现有技术与该领域常用的技术手段相结合很容易得出，并且现有技术中给出了结合的技术启示，那么该权利要求所限定的技术方案是显而易见的，不具有实质性特点。

本专利权利要求 1 要求保护一种抑风墙，包括基础、支撑架、抑风墙墙面，墙体具有一定高度，在墙面上开有若干通风孔，墙体的截面形状为曲线形结构。证据 1 公开了一种挡风抑尘网，所述挡风抑尘网结构为长方形，截面形状为碟形或皱形结构，板面上开有孔。所述挡风抑尘网通过降低来流风的风速，最大限度地损失来流风的动能，避免来流风的明显涡流，减少风的湍流度而达到减少起尘的目的（参见证据 1 说明书第 1 页第 17~25 行，图 1-2），由此可见，证据 1 与本专利属于相同的技术领域。

专利权人认为本专利权利要求 1 与证据 1 的区别在于：一种抑风墙，包括基础、支撑，墙体具有一定高度，墙体的截面形状为曲线形结构。专利权人同时强调“在墙面每一个孔边上都形成曲线，弯曲的地方很多，使得墙体分散风的面积更大、对风的分散力更强”。

合议组认为：（1）根据证据 1 说明书附图 2 中示出的来流风风向，本领域技术人员能够判断出所述挡风抑尘网是竖立设置而作为抑风墙使用的，因此，由证据 1 公开的内容本领域技术人员很容易想到用挡风抑尘网形成抑风墙。

（2）在把所述挡风抑尘网用于煤炭仓储场周围形成抑风墙时，为了防止所述挡风抑尘网被来流风吹倒，必然要对所述挡风抑尘网进行加固，而采用带有基础的支撑架对竖立设置的板构件进行加固是本领域常用的技术手段。

（3）证据 1 中所述挡风抑尘网的结构为长方形，因此本领域技术人员不论将所述挡风抑尘网横向还是纵向安装来形成抑风墙时，安装后所形成抑风墙的墙体均具有一定高度。

（4）证据 1 中所述挡风抑尘网截面形状为碟形或皱形结构，因此本领域技术人员将截面形状为皱形的挡风抑尘网安装形成抑风墙时，该墙体皱形结构的截面形状实质上为一种曲线形结构。

（5）专利权人强调的“在墙面每一个孔边上都形成曲线，弯曲的地方很多，使得墙体分散风的面积更大、对风的分散力更强”在本专利权利要求 1 中并没有记载、本领域技术人员也不能从权利要求 1 中记载的内容得出这样的技术内容，因此在评述创造性时不予考虑。

综上所述，本领域技术人员通过证据 1 所述挡风抑尘网形成的抑风墙结合本领域常用的技术手段很容易得到权利要求 1 要求保护的抑风墙，故权利要求 1 要求保护的技术方案是显而易见的，不具有实质性特点，因此本专利权利要求 1 相对于证据 1 不具备创造性，不符合专利法第 22 条第 3 款的规定。

鉴于本专利权利要求 1 相对于证据 1 不具备创造性，应予无效，本决定对权利要求 1 的其他无效理由、事实以及证据的组合方式不再进行评述。

三、决定

宣告 200620127509.3 号实用新型专利权权利要求 1 无效，在权利要求 2、3 的基础上维持专利权有效。

当事人对本决定不服的，可以根据专利法第 46 条第 2 款的规定，自收到本决定之日起三个月内向北京市第一中级人民法院起诉。根据该款的规定，一方当事人起诉后，另一方当事人应当作为第三人参加诉讼。

107

带有无线打印功能的酒精测试仪

无效宣告请求审查决定（第 11606 号）

决　　定　　号　第 11606 号
决　　定　　日　2008 年 6 月 5 日
发明创造名称　带有无线打印功能的酒精测试仪
国 际 分 类 号　G01N 35/00，G01N33/98
无效宣告请求人　黄　丽，深圳市青恒科技有限公司
专　利　权　人　深圳市威尔电器有限公司
专　　利　　号　03274053.0
申　　请　　日　2003 年 8 月 27 日
授 权 公 告 日　2004 年 9 月 15 日
合 议 组 组 长　刘颖杰
主　　审　　员　刘　铭
参　　审　　员　王琦琳

法　律　依　据　专利法实施细则第 21 条第 2 款、第 20 条第 1 款，专利法第 22 条第 3 款
决　定　要　点

如果独立权利要求所记载的技术方案不能区别于说明书背景技术中所描述的其他方案，则该独立权利要求不符合专利法实施细则第 21 条第 2 款的规定；如果权利要求保护的技术方案与现有技术存在区别特征，且本领域技术人员也不能根据现有技术的教导或启示不付出创造性劳动就能得出该权利要求保护的技术方案，则该权利要求符合专利法第 22 条第 3 款的规定。

一、案由

本无效宣告请求涉及名称为“带有无线打印功能的酒精测试仪”的实用新型专利权（下称本专利），其申请号为 03274053.0，申请日是 2003 年 8 月 27 日，授权公告日为 2004 年 9 月 15 日，专利权人是深圳市威尔电器有限公司。该专利授权公告时的权利要求书如下：

“1. 一种带有无线打印功能的酒精测试仪，它包括酒精测试仪主机和配套的小型打印机，其特征在于：所述的酒精测试仪主机和配套的小型打印机之间采用无线数据传输技术进行连接。

2. 如权利要求 1 所述的带有无线打印功能的酒精测试仪，其特征在于：酒精测试仪主机的电路部分包括单片机、燃料电池传感器电路、吹气压力检测电路、液晶驱动显示电路、数据存储电路、音响指示电路、指令控制电路以及特有的无线数传收、发电路。燃料电池传感器电路的传感器信号输出经运算放大器及模数转换电路与单片机信号输入脚相接。吹气压力检测电路中，压力检测器的输出与

单片机的脉冲检测输入端相接。存储电路接单片机的数据口。液晶驱动显示电路中LCD显示屏通过LCD驱动电路与单片机相接。音响指示电路与单片机的一个输出脚连接。指令控制电路包括数字键盘和控制按键，分别接单片机的控制脚。无线数传收、发电路的收、发信号端分别与单片机的串行数据输入、输出端连接，无线数传收、发电路的控制端分别与单片机的输出脚连接。

3. 如权利要求1所述的带有无线打印功能的酒精测试仪，其特征在于：所述配套的小型打印机也设有与酒精测试仪主机中的无线数传收、发电路相对应的无线数传收、发电路。无线数传收、发电路的收、发信号端分别与单片机的串行数据输入、输出端连接，无线数传收、发电路的控制端分别与单片机的输出脚连接。

4. 如权利要求1、3所述的带有无线打印功能的酒精测试仪，其特征在于：配套的小型打印机中的单片机可以是独立的，也可以与打印机驱动电路中的CPU合用。如果是独立的，单片机还要与打印机数据接口相连。”

针对上述专利权，黄丽（下称第一请求人）于2007年6月20日向专利复审委员会提出无效宣告请求，其理由为：本专利权利要求1不符合专利法实施细则第2条第2款，专利法实施细则第21条第2款，专利法第26条第4款，专利法第22条第2款、第3款的规定；权利要求2~4不符合专利法第22条第3款的规定；权利要求4不符合专利法实施细则第20条第1款的规定。第一请求人提交的证据如下：

证据1-1：第00133795.5号发明专利申请公开说明书，其公开日期为2002年10月30日；

证据1-2：声称为2001年6月1日出版发行的总第90期《家庭电子》杂志的复印件，共6页；

证据1-3：声称为2003年4月出版发行的总第95期《世界电子元器件》杂志的复印件，共5页；

证据1-4：声称为2001年公开的讯通科技公司关于nRF401芯片的产品说明书，共11页；

证据1-5：声称为2003年7月24日出版发行的《机械与电子》杂志总第130期的复印件，共7页；

证据1-6：第ZL01245886.4号实用新型专利说明书，其公开日期为2002年3月6日。

结合上述证据，第一请求人认为：本专利权利要求1实质是就数据传输方法本身提出的技术方案，因此不符合专利法实施细则第2条第2款的规定；根据本专利说明书背景技术的内容和对技术问题的记载，本专利的技术方案所要解决的是“怎么样通过除红外传输技术之外的其他无线传输技术，在10米之内无须电缆连接即可实现对测试结果的打印”的技术问题，而本专利权利要求1的描述没有记载为了解决上述问题应当采取哪些必不可少的结构、构造、零组件或者技术构成等特征，权利要求1的技术特征总和并不足以使该实用新型的技术方案区别于背景技术中所描述的红外线连接的现有技术方案，因而不符合专利法实施细则第21条第2款的规定；本专利权利要求1中的“采用无线传输技术连接”属于概括性描述，其说明书中仅公布了采用nRF401芯片为无线数据收发器、在国际通用的ISM频段433.93或433.33频率进行无线数据连接的一项具体实施方式，本专利权利要求1的概括性描述不符合专利法第26条第4款的规定；证据1-1公开了一种通过信号线与打印机连接的酒精测试仪，其中的信号线连接方式与本专利权利要求1的无线连接方式属于本领域惯用手段的直接置换，因而本专利权利要求1相对于证据1-1不具备新颖性；在证据1-1公开的上述内容的基础上，本专利权利要求1相对于证据1-1与证据1-2、1-3、1-4和1-5中公开的nRF401芯片的应用的任意之一的结合都不具备创造性；本专利权利要求2中的传感器电路、压力检测电路等在证据1-6中已经被公开，其区别特征为无线数传收、发电路，但证据1-4公开了nRF401芯片，将其作为无线数传收发电路连接到酒精测试仪主机的控制电路中是一项易于思及的技术方案，因而该权利要求不具备创造性，基于同样的理由，本专利权利要求 3 相对于证据 1-6 与 1-2 或 1-3 的结合也不具备创造性；证据 1-5 公开了 nRF401 芯片能和串口直接相连，并且单片机 I/O 口输出可直接控制无线收发芯片的收发工作，因此本专利权利要求 4 相对于证据 1-6 及证据 1-5 与证据 1-2 至证据 1-4 中任一个的结合不具备创造性；本专利权利要求 4 未择一引用权利要求 1 和权利要求 3，导致引用关系不清楚，不符合专利法实施细则第 20 条第 1 款的规定。

经形式审查合格，专利复审委员会依法受理了上述无效宣告请求，并于 2007 年 8 月 13 日将无效宣告请求书及其附件清单中所列附件的副本转送给专利权人，并要求其在指定期限内答复。

针对上述专利权，深圳市青恒科技有限公司（下称第二请求人）于 2007 年 7 月 16 日向专利复审委员会提出无效宣告请求，其理由为：本专利权利要求 1 不符合专利法实施细则第 2 条第 2 款，专利法实施细则第 21 条第 2 款，专利法第 26 条第 4 款，专利法第 22 条第 2 款、第 3 款的规定；权利要求 2~4 不符合专利法第 22 条第 3 款的规定、权利要求 4 不符合专利法实施细则第 20 条第 1 款的规定。第二请求人提交的证据如下：

证据 2-1：第 00133795.5 号发明专利申请公开说明书，其公开日期为 2002 年 10 月 30 日；

证据 2-2：声称为 2001 年 6 月 1 日出版发行的第 90 期《家庭电子》杂志的复印件，共 6 页；

证据 2-3：声称为 2003 年 4 月出版发行的第 95 期《世界电子元器件》杂志的复印件，共 5 页；

证据 2-4：声称为 2001 年公开的讯通科技公司关于 nRF401 芯片的产品说明书，共 11 页；

证据 2-5：声称为 2003 年 7 月 24 日出版发行的《机械与电子》杂志的复印件，共 7 页；

证据 2-6：第 ZL01245886.4 号实用新型专利说明书，其公开日期为 2002 年 3 月 6 日。

证据 2-7：广东省深圳市中级人民法院应诉通知书（2007）深中法民三初字第 450 号。

上述证据 2-1 至 2-6 分别对应于第一请求人所提交的证据 1-1 至证据 1-6，第二请求人结合上述证据所提出的具体理由与第一请求人结合相应证据所提出的具体理由完全相同，在此不再重复。

经形式审查合格，专利复审委员会依法受理了上述无效宣告请求，并于 2007 年 7 月 17 日将无效宣告请求书及其附件清单中所列附件的副本转送给专利权人，并要求其在指定期限内答复。

针对上述第一、第二请求人提出的无效宣告请求，专利权人分别于 2007 年 9 月 5 日和 2007 年 8 月 16 日向专利复审委员会提交了意见陈述，专利权人认为：本专利权利要求 1 保护的“带有无线打印功能的酒精测试仪”产品是既有确定的形状，又有结构并占据一定空间的实体，各部分之间有着确定的连接关系，因而属于实用新型专利保护的客体；本专利权利要求 1 从整体上反映了本实用新型的技术方案并记载了解决技术问题的必要技术特征：无线数据传输连接酒精测试仪主机和配套的小型打印机，符合专利法实施细则第 21 条第 2 款的规定；本专利说明书第 2 页的发明内容部分及实施方式及附图中既有酒精测试仪主机与打印机之间的无线数据传输方式的描述，也有细致的结构、连接关系、原理及具体实施例的描述，因此本专利权利要求 1 符合专利法第 26 条第 4 款的规定；本专利权利要求 1 的所解决的技术问题与证据 1-1（即证据 2-1）不同，其技术方案中的无线连接在证据 1-1（2-1）中没有被公开，两者的效果也不相同，因此本专利权利要求 1 具备新颖性；本专利权利要求 1 与证据 1-1（2-1）到 1-6（2-6）解决的技术问题不同，现有技术中也得不到本专利的技术启示，且本专利与现有技术相比具有显著的进步，因而具备创造性；证据 1-1（2-1）至证据 1-6（2-6）与本专利权利要求 2~4 的方案完全没有可比性。

第二请求人于 2007 年 8 月 15 日向专利复审委员会提交了补充的无效理由及证据，补充的理由为：本专利权利要求 2 不符合专利法实施细则第 20 条第 1 款的规定，权利要求 1~4 不符合专利法第 22 条第 3 款的规定。补充的证据如下：

证据 2-8：US6026674 号美国专利文献及其相关部分中文译文，该专利文献的公开日期为 2000 年

2月22日。

证据2-9-1：第02229661.1号实用新型专利说明书，其授权公告日为2003年5月7日，公告号为CN2549657Y；

证据2-9-2：第02115927.0号发明专利申请公开说明书，其公开日为2002年11月27日，该专利申请与上述证据2-9-1的实用新型专利属于同一申请人提出的相同主题的专利申请；

证据2-10：第01204668.X号实用新型专利说明书，其授权公告日为2001年12月12日；

证据2-11：US5303575号美国专利文献及其相关部分的中文译文，该专利文献的公开日期为1994年4月19日。

结合上述证据，第二请求人认为：证据2-8公开了连接有打印机的清醒度测试系统，证据2-9-1（或证据2-9-2）都公开了车载无线双向通讯多媒体装置的微型打印机与车站或路段无线标识器之间进行无线数据传输，本专利权利要求1相对于证据2-8与2-9-1（2-9-2）的结合不具备创造性；本专利权利要求1相对于证据2-8公开的系统与证据2-10公开的无线传输电路的结合也不具备创造性；本专利权利要求2中的“特有的”一词描述不清楚，不符合专利法实施细则第20条第1款的规定；证据2-11公开了呼气酒精测试装置的CPU、燃料电池传感器电路等绝大部分特征，其区别特征无线收发电路在证据2-10的无线电子点菜器、证据2-9-1（2-9-2）中公开，本专利权利要求2相对于证据2-11与2-10或者证据2-11和证据2-9-1（2-9-2）的结合不具备创造性；证据2-8公开了燃料电池等特征，其与本专利权利要求2的区别特征无线数传收、发电路与单片机的连接分别在证据2-10及2-9中公开，本专利权利要求2相对于证据2-8与证据2-10或者证据2-8与证据2-9-1（2-9-2）的结合不具备创造性；本专利权利要求3相对于证据2-11与2-10的结合或证据2-11与证据2-9-1（2-9-2）的结合、证据2-8与证据2-10的结合或证据2-8与证据2-9-1（2-9-2）的结合不具备创造性；本专利权利要求4相对于证据2-11与证据2-9-1（2-9-2）的结合或证据2-8与证据2-9-1（2-9-2）的结合不具备创造性。

根据合案审理的原则，专利复审委员本案合议组决定对第一请求人和第二请求人针对本专利提出的无效宣告请求进行合案审理，并于2007年11月26日向第一请求人、第二请求人和专利权人三方当事人发出无效宣告请求口头审理通知书，指出本案合议组定于2008年1月8日进行口头审理。随同口头审理通知书，将第二请求人于2007年8月15日向专利复审委员会提交的意见陈述及补充证据转送给专利权人，将专利权人于2007年9月5日向专利复审委员会提交的意见陈述转送给第一请求人，将专利权人于2007年8月16日向专利复审委员会提交的意见陈述转送给第二请求人。同时要求专利权人应在接到本通知书一周内或者在口头审理时对两请求人所提的证据进行质证并对中文译文陈述意见，否则视为没有异议。并告知专利权人应在接到本通知书一周内或者在口头审理时对两请求人所提证据陈述意见，否则视为其对请求人所提证据没有异议。

口头审理如期举行，第一请求人和第二请求人均由代理人谭佐晞、潘卫江出庭参加，专利权人一方由胡坚、段成云、陈祖浩出庭参加。

在口头审理中，专利权人当庭提交针对两请求人的民事答辩状和意见陈述各一份，合议组将其当庭转给两请求人；第二请求人当庭提交的意见陈述书一份，合议组将其当庭转给专利权人，并明确告知三方当事人：对于其中涉及的意见三方当事人应在口头审理中充分发表及辩论，在口头审理之后不再给予书面陈述意见的机会。三方当事人均表示同意。

第一请求人明确其无效理由和范围为：本专利权利要求1不符合专利法实施细则第2条第2款，第21条第2款以及专利法第26条第4款，第22条第2款、第3款的规定；本专利权利要求4不符合专利法实施细则第20条第1款的规定；本专利权利要求2~4不符合专利法第22条第3款的规定。

第二请求人明确其无效理由和范围为：本专利权利要求 1 不符合专利法实施细则第 2 条第 2 款、第 21 条第 2 款以及专利法第 26 条第 4 款；本专利权利要求 2、4 不符合专利法实施细则第 20 条第 1 款的规定；本专利权利要求 1~4 不符合专利法第 22 条第 3 款的规定。所提交的上述证据均用于评价本专利权利要求的新颖性创造性。

两请求人的代理人明确表示：第一请求案件与第二请求案件对相同证据的具体使用情况相同，可以直接审理第二请求案件，对于两请求案相同的无效理由和证据，对第一请求案件的意见与第二请求案件的意见相同。

第二请求人当庭提交证据 2-2、2-3 及证据 2-5 的加盖有图书馆公章的杂志复印件，并表示证据 2-4 为从网站上下载打印的文件，无法提交其他证明其来源的证据，公证机关对证据 2-4 也不予公证。

专利权人对第二请求人补充提交证据的时间表示无异议，但认为不能确认证据 2-2、2-3 及证据 2-5 的来源，认为其当庭提交的复印件上的公章有问题，但认可其收到的上述复印件与加盖公章的上述证据的复印件相同；认可证据中专利文献的真实性，对证据的中文译文的准确性表示无异议；专利权人表示不能确认证据 2-4 的来源。

合议组当庭告知第二请求人：证据 2-4 为网上下载的证据，而且也没有公证认证，因此不予采纳，第二请求人表示认可。

关于本专利权利要求 1 是否符合专利法实施细则第 2 条第 2 款的规定，第一、第二请求人认为：本专利权利要求 1 是针对方法的特定界定，是对方法本身提出的技术方案，针对方法提出的方案不属于实用新型保护的客体。专利权人认为本专利保护的是打印机和测试仪之间的无线连接关系，本专利权利要求 1 中的“采用无线数据传输技术进行连接”是结构的限定，无线连接关系跟有线连接关系是一样的，只不过无线连接是看不到的。

关于本专利权利要求 1 是否符合专利法第 26 条第 4 款的规定，第一、第二请求人认为：本专利权利要求 1 界定了酒精测试仪主机和打印机之间采用无线数据传输技术进行连接这样一种连接方式，无线数据传输技术是一种概括性的描述方式，在本专利说明书中仅仅采用频率收发器，其中只公开了涉及 nRF401 芯片的实施方案，因此本专利概括范围过大，没有得到说明书的支持。专利权人认为：本专利给出了实施例，nRF401 芯片只是可以实现的本专利的技术方案之一，本领域技术人员通过阅读说明书能够理解实施本专利的其他技术方案，不需要在说明书中一一列举，权利要求 1 得到了说明书的支持。

关于本专利权利要求 1 是否符合专利法实施细则第 21 条第 2 款的规定，请求人认为：本专利说明书背景技术部分已经认可红外、蓝牙是早已实现的无线打印的方案，本专利所要解决的技术问题是“怎么样通过除红外传输技术之外的其他无线传输技术，在 10 米之内无须电缆连接即可实现对测试结果的打印”，本专利权利要求 1 没有记载区别于现有技术的技术特征，因此不符合专利法实施细则第 21 条第 2 款的规定。专利权人认为：本专利说明书背景技术说明了现有技术存在的问题，本专利正是想解决有线连接、红外等的不足，而权利要求 1 的技术方案解决了这一问题，因此构成了完整的技术方案。另外，根据中华人民共和国频率划分规定中，红外不属于无线频率范围，认为无线传输和无线电传输是一样的，并当庭提交了“中华人民共和国无线电频率划分规定”的复印件作为参考。对此第二请求人认为：无线数据传输与无线电传输不同，无线电只是无线数据传输中的一种。

关于本专利权利要求 2、4 是否符合专利法实施细则第 20 条第 1 款的规定，第二请求人认为：一般技术人员不能清楚理解本专利权利要求 2 中的“特有的数传收、发电路”，本专利权利要求 2 的保护范围不清楚；权利要求 4 没有择一引用，也不符合专利法实施细则第 20 条第 1 款的规定。专利权人认为：本专利权利要求2的句号是明显的错误，“特有的”是本专利所特有的电路，附图8、9及说明书第8页倒数第3行描述了此特有的电路，因而本专利权利要求2是清楚的。合议组当庭告知第二请求人，权利要求4是清楚的。

关于本专利权利要求1是否具备新颖性，第一请求人认为：证据2-1附图及说明书实施例清楚公开酒精测试仪与打印机通过信号连接，与本专利区别仅在于证据2-1是采用有线连接，但认为无线连接方式与有线连接方式属于同等手段的直接置换，因此，本专利权利要求1不具有新颖性。专利权人认为：证据2-1解决的问题、技术方案与本专利不同，证据2-1不能与本专利进行对比。

关于本专利权利要求1是否具备创造性，第二请求人认为：证据2-1与证据2-2的组合破坏了本专利权利要求1的创造性，证据2-2公开了NF401的应用及连接关系，公开了本专利权利要求1的无线连接，证据2-1与证据2-3的组合、证据2-1与证据2-5的组合、证据2-8与证据2-9-1（2-9-2）的组合、证据2-8与证据2-10的组合也都破坏本专利权利要求1的创造性，证据2-3附图3与本专利附图8完全相同。专利权人认为：芯片是公知技术，但证据2-2、2-8、2-9及2-10没有公开酒精测试仪与打印机的无线连接结构。

关于本专利权利要求2、3是否具备创造性，第二请求人认为：证据2-11与证据2-10的组合破坏了本专利权利要求2的创造性：证据2-11附图2中的CPU相当于本专利的单片机，证据2-11中的压力检测管36对应本专利监测器，证据2-11中的数据存储对应本专利数据存贮电路，证据2-11中的标号73对应本专利指令控制电路，等等；本专利“特有的数据传收、发电路”在证据2-10的附图3-1中公开；证据2-11的附图2中公开了放大器后面接单片机；证据2~11的压力检测器后面接到单片输入脚；本专利“存贮电路接单片机的数据口”属于公知技术；证据2-11的附图2中公开了显示屏与单片机连接；证据2-11的附图2中公开了音响指示电路与单片机的一个输出脚连接，指令控制电路包括数字键盘和控制按键，分别接单片机的控制脚；证据2-10的附图3-1中的管脚9、10与单片机串行，管脚19、18都是控制脚，与单片机连接；所以证据2-11、证据2-10公开了本专利权利要求2的所有技术特征，本专利也没有获得意料不到的效果。证据2-11与证据2-9-1（2-9-2）的组合、证据2-11与证据2-10的组合、证据2-8与证据2-10的组合以及证据2-8与证据2-9-1（2-9-2）的组合均破坏权利要求2~3的创造性。

对此，专利权人认为：本专利芯片为公知技术，本专利所保护的是测量端与打印端的连接方式，证据2~11、证据2~10只是公开了通用的连接关系，管脚的应用都是众所周知的，证据2~11、证据2~10没有公开酒精测试仪与打印机的连接方式；证据2~10是有线连接；专利权人认可证据2~10电路绝大部分与本专利相同，不同的是本专利用无线的方式进行连接，证据2~11与本专利的电路也基本相同，但证据2~11的是点菜机与电脑之间的连接，二者的领域不同，本专利权利要求2具有创造性；本专利关键是将无线传输运用到了酒精测试仪上，并具有突出的特点，这些不是普通技术人员能够想到的。关于证据2-8，专利权人明确表示无线数传是公知技术，而证据2-9-1（2-9-2）中没有实现无线打印。

关于本专利权利要求4是否具备创造性，第二请求人认为：证据2-11与证据2-9的组合以及证据2-8与证据2-9的组合均可评述本专利权利要求4的创造性，证据中均公开了本专利权利要求4的附加技术特征。专利权人认为：在本专利权利要求1具有创造性的基础上，本专利权利要求2~4也具有创造性。

合议组当庭告知请求人：本案的证据使用方式以请求人在口审当庭使用的证据及其组合方式为准，对请求书及意见陈述书中涉及的其他证据及组合方式的意见不再考虑。两请求人均表示无异议。

至此，合议组认为本案事实清楚，现依法作出审查决定。

二、决定的理由

1. 关于证据和现有技术

第二请求人提交的证据 2-1、2-6、2-8 到 2-11 是专利文献，专利权人未对其真实性提出异议，对证据 2-8 及证据 2-11 的中文译文也没有提出异议，经合议组核实，对其真实性予以认可，因此这些证据均可作为本案证据使用，证据 2-8 及证据 2-11 公开的内容以中文译文为准。同时由于证据 2-1、2-6、2-8 到 2-11 的公开日期均在本专利的申请日前，因此可以作为本专利的现有技术使用。

证据 2-2、2-3 及 2-5 属于公开发表的期刊论文的复印件，并且第二请求人提供了加盖有“杭州电子科技大学电子信息学院”红章的复印件，专利权人认可加盖红章的复印件与复审请求时提交的不加盖红章的复印件相符。但是，专利权人认为上述证据的来源不能确认，且加盖的红章有问题。对此合议组认为：红章表明了其来源，而且上述证据均为期刊杂志的摘选，其内容中给出了期刊名称、刊号、期数信息，在此情况下专利权人并没有提出合理质疑，综上所述，合议组认为证据2-2、2-3 和 2-5 的真实性可以确认，可以作为本案的证据使用；同时由于证据 2-2、2-3 和 2-5 的公开日期均在本专利的申请日前，因此可以作为本专利的现有技术使用。

第二请求人提交的证据 2-4 为网络下载的产品说明书，专利权人对该证据有异议，认为不能确认其来源。合议组经审理认为：由于第二请求人没有提供其他证据来证明证据 2-4 的真实性，因此合议组对其真实性无法确认，该证据不能作为本案的证据使用。

由于第一请求人所提供的证据 1-1 至证据 1-6 与第二请求人提交的证据 2-1 至证据 2-6 完全相同，合议组对其不再进行重复认定，除证据 1-4 以外，其余证据均可作为本案的证据使用。

2. 关于专利法实施细则第 21 条第 2 款

专利法实施细则第 21 条第 2 款规定：独立权利要求应当从整体上反映发明或者实用新型的技术方案，记载解决技术问题的必要技术特征。

必要技术特征是指，发明或者实用新型为解决其技术问题所不可缺少的技术特征，其总和足以构成发明或者实用新型的技术方案，使之区别于背景技术中所述的其他技术方案。

两请求人认为涉案专利的权利要求 1 缺少必要技术特征，不符合专利法实施细则第 21 条第 2 款的规定。

在本专利的说明书背景技术部分记载“当需要打印时，必须把酒精测试仪和打印机用电缆连接起来，或者用红外线连接以后才能打印”；“用红外线连接又有方向性，使用时都有不方便之处”；“本实用新型的目的在于：提供一种无线数据传输技术，在 10 米之内无须电缆连接，即可将执勤交警对被测者呼出气体的酒精含量检测后的结果，脱机打印出来的带有无线打印功能的酒精测试仪。”

结合上述权利要求的方案和说明书背景技术以及发明目的的描述，合议组经审理认为：在本专利说明书中已经明确记载有线电缆连接或者具有有线电缆连接或者红外线连接的无线打印酒精测试仪属于背景技术，而本专利是在有线连接技术和红外线连接技术的基础上进行的改进，而根据本专利权利要求 1 的技术方案的描述，只能使之区别于本专利背景技术中有线连接方式进行打印的酒精测试仪的技术方案，而不能将其与通过红外线连接的具有无线打印功能的酒精测试仪区分开来，因而本专利权利要求 1 所记载的技术特征的总和不足以构成实用新型的技术方案，从而使之区别于背景技术中所述的其他技术方案，缺少解决本专利所声称的“在 10 米之内无须电缆连接，即可打印酒精含量检测结果”这一技术问题的必要技术特征，因此不符合专利法第 21 条第 2 款有关独立权利要求应当记载解决技术问题的必要技术特征的规定。

对于专利权人有关本专利权利要求 1 解决了说明书背景技术中存在的问题、构成了完整的技术方案，因而符合专利法实施细则第 21 条第 2 款的规定的主张，合议组经审理认为：本领域技术人员可以理解，无线传输方式是与有线传输方式相对而言，是以无线方式进行的传输，而红外传输是以红外线的方式进行传输，属于无线传输的一种方式，无线传输不等于无线电传输，其还包括除无线电传输以外的其他无线传输方式，比如红外线传输等，专利权人所提交的无线电频率范围划分的规定不能证明红外传输不属于无线传输，因而不能证明本专利权利要求1构成了完整的区别于背景技术的技术方案，合议组对专利权人的上述主张不予支持。

由于权利要求1不符合专利法第实施细则第21条第2款的规定，应被宣告无效，合议组对于两请求人与该权利要求有关的其他无效理由不再进行评述。

3. 关于专利法实施细则第20条第1款

专利法实施细则第20条第1款规定：权利要求书应当说明发明或者实用新型的技术特征，清楚、简要地表述请求保护的范围。

审查指南第二部分第二章第3.2.2节进一步规定：在特定情况下，如果说明书中指明了某词具有特定的含义，并且使用了该词的权利要求的保护范围由于说明书中对该词的说明而被限定得足够清楚，这种情况也是允许的。

（1）关于权利要求2是否符合专利法实施细则20条第1款的规定。

两请求人认为本专利权利要求2中的“特有的”一词不清楚，导致本专利权利要求2不符合专利法实施细则第20条第1款的规定。

合议组经审理认为：在本专利的说明书及其附图中，清楚地描述了酒精测试仪的无线数据收发电路，其中说明书附图8清楚地显示了本专利的酒精测试仪主机中所采用的无线数据收发电路的图示，在说明书第9页到第10页结合该图对无线数据收发电路清楚地进行了描述，并且在说明书实施例部分有关酒精测试仪主机中所采用的无线数据收发电路的实施方式只有结合图8的描述这一种。本专利权利要求2是对酒精测试仪主机结构的进一步限定，本领域技术人员，通过阅读说明书，可以确定权利要求2中的“特有的无线数传收、发电路”就是说明书附图8中所显示的电路，其中采用的“特有的无线数传收、发电路”在说明书的上述内容中已经有清楚的解释和图示，因而本专利权利要求2中的“特有的无线数传收、发电路”并不会导致该权利要求的保护范围不清楚，符合专利法实施细则第20条第1款的规定。

（2）关于权利要求4是否符合专利法实施细则20条第1款的规定。

两请求人认为本专利权利要求4没有择一引用权利要求1和3，导致引用关系不清楚，不符合专利法第20条第1款的规定。

合议组经审理认为：本领域技术人员可以清楚地理解，本专利权利要求4用“、”隔开的方式表示的是分别引用了权利要求1和权利要求3的两个技术方案，这种撰写方式并不会导致该权利要求的保护范围不清楚，本领域技术人员能够理解本专利权利要求4保护的范围，因而该权利要求符合专利法实施细则第20条第1款的规定。

4. 关于专利法第22条第3款

创造性，是指同申请日以前已有的技术相比，该发明有突出的实质性特点和显著的进步，该实用新型具有实质性特点和进步。

两请求人认为本专利权利要求1~4不具备创造性。

由于第一请求人有关权利要求1~4不具备创造性的证据和理由完全包含在第二请求人的相关证据和理由中，而且两请求人的代理人在口头审理中也明确表示两请求案中相同的证据具体使用情况相同，可以直接审理第二请求案，因此针对权利要求1~4不具备创造性的无效理由，本案合议组直接针对第二请求人的证据和理由进行审理。

由于独立权利要求 1 应被宣告无效，对于有关权利要求 1 不具备创造性的无效理由不再进行评述，因此本案合议组针对权利要求 2~4 的创造性进行审理。由于从属权利要求 2~4 都引用了独立权利要求 1，这些权利要求的技术方案也都包含了权利要求 1 的全部技术特征。其中，从属权利要求 4 分别引用了权利要求 1 和 3，其中包含了两种技术方案：即含有权利要求 1 和 4 的全部内容的技术方案和权利要求 1、3、4 的全部内容的技术方案。第二请求人认为权利要求 1 相对于证据 2-1 与其他证据的结合不具备创造性，相对于证据 2-8 与其他证据的结合也不具备创造性，在此基础上进一步认为从属权利要求 2~4 也不具备创造性。虽然合议组不再对独立权利要求 1 不具备创造性的无效理由进行评述，但在对其从属权利要求 2~4 的创造性进行评价时，应在第二请求人所采用的评价独立权利要求 1 的创造性的证据和理由的基础上进行。

（1）关于本专利权利要求 2 的创造性。

两请求人认为：本专利权利要求 2 的技术方案相对于证据 2-1 与其他证据的结合不具备创造性。

合议组经审理认为：证据 2-1 与本专利的技术领域相同，是与本专利权利要求 2 最接近的对比文件，其中公开了一种酒精测试仪，该酒精测试仪通过信号连接线与打印机连接（参见证据 2-1 说明书全文，说明书附图 3）。证据 2-1 与权利要求 2 的技术方案相比，其区别特征在于：①所述酒精测试仪主机和配套的小型打印机之间采用无线数据传输技术进行连接；②酒精测试仪主机的电路部分的具体构造。

证据 2-2 记载了单片 RF 无线收发芯片 nRF401 及应用，其中图 2 公开了该芯片的典型应用原理图。

证据 2-3 记载了基于 RF 芯片 nRF401 的无线数传模块设计，其中图 3 公开了该芯片的应用原理图，并在“概述”部分记载：nRF401 芯片“可方便地嵌入在各种测量和控制系统中进行无线数据传输”。

证据 2-5 记载了基于多点无线通信技术的 nRF401 芯片的应用研究，其中具体公开了 nRF401 芯片在开发新型汽车安全性能智能检测装置中的应用。

证据 2-9-1 记载了一种车（船）载无线双向通讯多媒体装置，其中公开了该装置通过无线电收发 8 与车站或路段无线标识器之间进行无线电传输。

证据 2-9-2 是中国发明专利申请的公开文本，其中记载的技术内容与证据 2-9-1 中记载的技术内容完全相同。

证据 2-10 记载了一种无线电子点菜器，其中公开了该电子点菜器的带微处理器的主控电路 2 可通过无线传输电路 3 或者有线传输电路 6 分别实现无线传输和有线传输。

证据 2-11 记载了一种呼气酒精测试装置，其中具体公开了该装置包括 CPU30 以及与其连接的酒精浓度传感器 32，还包括一个压力检测器 36、显示屏 28、随机存储器 74、语音输出电路 80 及小喇叭 82、打印机 79、液晶显示器 28、运算放大器 40、与 CPU30 连接的用户控制接口 62、64、66 等元器件。

通过上述证据公开的内容可知，区别特征①在这些证据中没有公开，此外，上述证据中没有对 nRF401 的电路部分的文字描述，所记载的相应电路图也不清晰，本领域技术人员根据上述证据所公开的内容无法确定其中公开了上述区别特征②；本领域技术人员根据上述证据中公开的内容，也没有获得将无线传输数传通讯用于证据 2-1 中的酒精测试仪来实现无线数据传输的技术启示，因此，本专利权利要求 2 的技术方案相对于证据 2-1 与上述这些证据的组合也具备创造性。

第二请求人认为：本专利权利要求的技术方案相对于证据 2-8 与其他证据的结合也不具备创造性。

合议组经审理认为：证据2-8与本专利的技术领域相同，也可作为权利要求2的技术方案的最接近的对比文件，其中公开了一种酒精清醒度测试系统，该系统的处理装置18通过单片机36与打印机42（有线）连接（参见证据8的说明书第2栏第46行到第3栏第16行、第4栏第53~57行的中文译文，附图1及其附图标记的中文译文）。证据2-8与本专利权利要求的技术方案也存在上述区别特征①和②，而且这些区别特征在上述其他证据中都没有公开，本领域技术人员也没有获得将无线传输数传通讯用于证据2-8中的酒精测试仪来实现无线数据传输的技术启示，因此，本专利权利要求2的技术方案相对于证据2-8与其他证据的结合也具备创造性（具体理由参见以证据2-1作为最接近的对比文件的评述）。

对于第二请求人有关本专利权利要求2不具备创造性的意见，合议组经审理认为：无论是证据2-1、2-8和2-11中公开的酒精测试仪（装置），还是其他证据中所公开的nRF401芯片、无线数据传输电路、电子点菜器和车船载无线双向通讯多媒体装置，都没有启示或教导本领域技术人员在酒精测试仪中采用无线数传电路，从而得到本专利权利要求2的技术方案，并可通过无线的方式来实现解决酒精测试仪主机和打印机之间的无线连接的效果，因此合议组对于第二请求人的上述主张不予支持。

（2）关于本专利权利要求3~4的创造性。

合议组经审理认为：证据2-1和证据2-8与本专利权利要求3的技术方案都存在的区别特征是：①所述酒精测试仪主机和配套的小型打印机之间采用无线数据传输技术进行连接；②与酒精测试仪主机配套的打印机的无线数传收发电路及其连接方式。证据2-2、2-3、2-5，2-9-1（2-9-2）、2-10及2-11也都没有公开上述区别特征①，同时也没有给出本领域技术人员得出本专利权利要求3的技术方案的启示或教导，因此本专利权利要求3具备创造性。

当本专利权利要求3具备创造性时，权利要求4引用权利要求3的技术方案也具备创造性。

对于本专利权利要求4引用权利要求1的技术方案，其与证据2-1和证据2-8所公开的内容相比，都存在上述区别特征①和②，基于相同的理由，该方案也具备创造性。

基于上述事实和理由，本案合议组作出如下审查决定。

三、决定

宣告03274053.0号实用新型专利权的权利要求1无效，在权利要求2~4的基础上维持该专利权继续有效。

当事人对本决定不服的，可以根据专利法第46条第2款的规定，自收到本决定之日起三个月内向北京市第一中级人民法院起诉。根据该款的规定，一方当事人起诉后，另一方当事人应当作为第三人参加诉讼。

北京市第一中级人民法院
行政判决书

（2008）一中行初字第 1578 号

原告深圳青恒科技有限公司，住所地广东省深圳市南山区创业路现代华庭 5 栋 6A。

法定代表人陆宇飞，总经理。

委托代理人邵泽锋，广东国意律师事务所律师。

委托代理人潘卫江，男，深圳青恒科技有限公司技术部经理。

被告国家知识产权局专利复审委员会，住所地北京市海淀区北四环西路 9 号银谷大厦 10~12 层。

法定代表人廖涛，副主任。

委托代理人刘铭，男，国家知识产权局专利复审委员会审查员。

委托代理人王婧，女，国家知识产权局专利复审委员会审查员。

第三人深圳市威尔电器有限公司，住所地广东省深圳市福田区商报路 80 号天健市政工业区 9 栋四层北。

法定代表人陈静娴，董事长。

委托代理人陈祖浩，男，深圳市威尔电器有限公司总工程师。

委托代理人段成云，男，深圳市威尔电器有限公司职工。

第三人黄丽，女，1978 年 4 月 14 日出生，汉族，无业，住江苏省太仓市城阳镇上海花邸 7 幢 1203 室。

委托代理人潘卫江，男，深圳青恒科技有限公司技术部经理。

原告深圳青恒科技有限公司不服被告国家知识产权局专利复审委员会作出的第 11606 号专利无效宣告审查决定请求（以下简称第 11606 号决定），于 2008 年 9 月 28 日向本院提起诉讼。本院受理后，依法组成合议庭，并通知被诉具体行政行为的利害关系人深圳市威尔电器有限公司、黄丽作为第三人参加诉讼。本院于 2008 年 12 月 10 日公开开庭审理了本案。原告的委托代理人邵泽锋、潘卫江，被告的委托代理人刘铭、王婧，第三人深圳市威尔电器有限公司的委托代理人陈祖浩、段成云，第三人黄丽的委托代理人潘卫江到庭参加了诉讼。本案现已审理终结。

2008 年 6 月 5 日，被告作出第 11606 号决定，依据《中华人民共和国专利法》（以下简称《专利法》）第二十二条第三款，《中华人民共和国专利法实施细则》（以下简称《专利法实施细则》）第二十条第一款、第二十一条第二款之规定，宣告 03274053. 0 号实用新型专利权（以下简称本专利）的权利要求 1 无效，在权利要求 2~4 的基础上维持该专利权继续有效。

被告在法定举证期限内向本院提交的证据有：1. 行政程序证据 2-1；2. 行政程序证据 2-2；3. 行政程序证据 2-3；4. 行政程序证据 2-4；5. 行政程序证据 2-5；6. 行政程序证据 2-6；7. 行政程序证据 2-8；8. 行政程序证据 2-9-1；9. 行政程序证据 2-9-2；10. 行政程序证据 2-10；11. 行政程序证据 2-11；12. 本专利说明书；13. 口头审理记录表复印件。上述证据用于证明第 11606 号决定认定事实清楚，适用法律正确，程序合法。

原告诉称：1. “无线数传收发电路”是无线通信领域常用的连接方式，将“无线数传收发电路”应用在酒精测试仪和打印机实现无线打印，仅仅是本领域技术人员的常规选择，不具备创造性。被告认为“没有获得将无线数传通讯用于酒精测试仪来实现无线数据传输的技术启示”是完全错误的；2.

被告认为“酒精测试仪的电路部分的具体构造”没有公开是错误的。本专利说明书第 10 页第13~14 行指出，本发明的重点就是图 8 的无线数据收发电路，而这个电路恰恰就是证据 2-2 中的图 4，两者完全相同。3. 本专利的酒精测试仪、打印机均是现有技术，现有技术给出了将无线数传芯片用于酒精测试仪和打印机来实现无线数据传输的技术启示，权利要求 2 限定的部件及连接关系不具备创造性；4. 权利要求 3 引用权利要求 1，进一步限定在打印机部分设置无线数传电路，无线收、发是成对出现的，其不具备创造性地理由同权利要求 2；5. 权利要求 4 没有任何实质的附加特征，由于权利要求 3 不具备创造性，权利要求 4 也是无效的。综上所述，请求法院撤销第 11606 号决定中维持权利要求 2、3、4 有效的部分，针对权利要求 2、3、4 判令被告重新作出决定。

原告未向本院提交证据。

被告辩称：1. 关于“无线数传收发电路”应用在酒精测试仪和打印机实现无线打印是否具备创造性的问题，首先，本专利保护的是带有无线打印功能的酒精测试仪，不是原告所称“无线数传收发电路的应用场合”是否具备创造性，并没有妨碍公共利益；其次，证据 2-2 和 2-3 并没有公开 nRF401 芯片应用于酒精测试仪实现无线打印，依据其中声称的广泛的应用范围不能得出具有这种芯片的具体仪器不具备创造性的教导；第三，酒精测试仪、打印机和连接方式是现有技术，不意味着三者的结合不具备创造性。2. 关于酒精测试仪的电路部分的具体构造，在决定书中所认定的电路部分的具体构造是权利要求中限定的电路构造，而不是原告所说的说明书中的构造。3. 关于本专利权利要求 2~4 的创造性。证据 2-8、2-11 中公开的酒精测试仪的电路与本专利的电路杂结构上不同，原告没有将其与本专利权利要求限定的技术方案进行具体的一一比对，只是描述证据的内容就断定本专利不具备创造性，没有事实基础；原告多次结合本领域的常用手段作为判断创造性的依据，但没有给出任何有关手段的公知常识类证据。综上所述，第 11606 号决定认定事实清楚、适用法律正确、审查程序合法，原告的诉讼请求无法律和事实依据，请求法院在查明事实的基础上，依法驳回原告的诉讼请求，维持第 11606 号决定。

第三人深圳市威尔电器有限公司对于宣告本专利权利要求 1 无效有异议，但是没有提起诉讼，亦未向本院提交证据。

第三人黄丽同意原告意见，未向本院提交证据。

在开庭审理中，原告、第三人对被告提交证据的真实性、合法性和关联性无异议。

经庭审质证，被告提交的证据与本案具有关联性，且真实、合法，可以用以评价被诉行政行为的合法性，本院予以采纳。

根据上述有效证据及各方当事人在庭审中无争议的陈述，本院确认如下事实：

本专利名称为“带有无线打印功能的酒精测试仪”的实用新型专利权，其申请号为 03274053. 0，申请日是 2003 年 8 月 27 日，授权公告日为 2004 年 9 月 15 日，专利权人是第三人深圳市威尔电器有限公司。该专利授权公告时的权利要求书如下：

“1. 一种带有无线打印功能的酒精测试仪，它包括酒精测试仪主机和配套的小型打印机，其特征在于：所述的酒精测试仪主机和配套的小型打印机之间采用无线数据传输技术进行连接。

2. 如权利要求 1 所述的带有无线打印功能的酒精测试仪，其特征在于：酒精测试仪主机的电路部分包括单片机、燃料电池传感器电路、吹气压力检测电路、液晶驱动显示电路、数据存贮电路、音响指示电路、指令控制电路以及特有的无线数传收、发电路。燃料电池传感器电路的传感器信号输出经运算放大器及模数转换电路与单片机信号输入脚相接。吹气压力检测电路中，压力检测器的输出与单片机的脉冲检测输入端相接。存贮电路接单片机的数据口。液晶驱动显示电路中 LCD 显示屏通过 LCD 驱动电路与单片机相接。音响指示电路与单片机的一个输出脚连接。指令控制电路包括数字键盘和控制按键，分别接单片机的控制脚。无线数传收、发电路的收、发信号端分别与单片机的串行数据输入、输出端连接，无线数传收、发电路的控制端分别与单片机的输出脚连接。

3. 如权利要求1所述的带有无线打印功能的酒精测试仪，其特征在于：所述配套的小型打印机也设有与酒精测试仪主机中的无线数传收、发电路相对应的无线数传收、发电路。无线数传收、发电路的收、发信号端分别与单片机的串行数据输入、输出端连接，无线数传收、发电路的控制端分别与单片机的输出脚连接。

4. 如权利要求1、3所述的带有无线打印功能的酒精测试仪，其特征在于：配套的小型打印机中的单片机可以是独立的，也可以与打印机驱动电路中的CPU合用。如果是独立的，单片机还要与打印机数据接口相连。”

针对上述专利权，黄丽（以下简称第一请求人）于2007年6月20日向被告提出无效宣告请求，其理由为：本专利权利要求1不符合《专利法实施细则》第二条第二款、第二十一条第二款、《专利法》第二十六条第四款、第二十二条第二款、第三款的规定；权利要求2~4不符合《专利法》第二十二条第三款的规定；权利要求4不符合《专利法实施细则》第二十条第一款的规定。同时提交的证据如下：

证据1-1：第00133795.5号发明专利申请公开说明书，其公开日期为2002年10月30日；

证据1-2：声称为2001年6月1日出版发行的总第90期《家庭电子》杂志的复印件；

证据1-3：声称为2003年4月出版发行的总第95期《世界电子元器件》杂志的复印件；

证据1-4：声称为2001年公开的讯通科技公司关于nRF401芯片的产品说明书；

证据1-5：声称为2003年7月24日出版发行的《机械与电子》杂志总第130期的复印件；

证据1-6：第ZL01245886.4号实用新型专利说明书，其公开日期为2002年3月6日。

被告受理了上述无效宣告请求，并向专利权人转文，要求其在指定期限内答复。

针对上述专利权，原告深圳青恒科技有限公司（以下简称第二请求人）于2007年7月16日向被告提出无效宣告请求，其理由与第一请求人相同。同时提交七份证据，其中证据2-1至证据2-6，与第一请求人证据1-1至证据1-6相同。第二请求人提交的证据2-7为：广东省深圳市中级人民法院应诉通知书（2007）深中法民三初字第450号。

被告受理第二无效宣告请求后，向专利权人转文，并要求其在指定期限内答复。

针对上述第一、第二请求人提出的无效宣告请求，专利权人分别于2007年9月5日和2007年8月16日向被告提交了意见陈述，专利权人认为：本专利权利要求1保护的“带有无线打印功能的酒精测试仪”产品是既有确定的形状，又有结构并占据一定空间的实体，各部分之间有着确定的连接关系，因而属于实用新型专利保护的客体；本专利权利要求1从整体上反映了本实用新型的技术方案并记载了解决技术问题的必要技术特征，符合《专利法实施细则》第二十一条第二款的规定；本专利说明书第2页的发明内容部分及实施方式及附图中既有酒精测试仪主机与打印机之间的无线数据传输方式的描述，也有细致的结构、连接关系、原理及具体实施例的描述，因此本专利权利要求1符合《专利法》第二十六条第四款的规定；本专利权利要求1的所解决的技术问题与证据1-1（即证据2-1）不同，其技术方案中的无线连接在证据1-1（2-1）中没有被公开，两者的效果也不相同，因此本专利权利要求1具备新颖性；本专利权利要求1与证据1-1（2-1）到1-6（2-6）解决的技术问题不同，现有技术中也得不到本专利的技术启示，且本专利与现有技术相比具有显著的进步，因而具备创造性；证据1-1（2-1）到1-6（2-6）与本专利权利要求2~4的方案完全没有可比性。

第二请求人于2007年8月15日向被告提交了补充的无效理由及证据，补充的理由为：本专利权利要求2不符合《专利法实施细则》第二十条第一款的规定，权利要求1~4不符合《专利法》第二十二条第三款的规定。补充的证据如下：

证据2-8：US6026674号美国专利文献及其相关部分中文译文，该专利文献的公开日期为2000年2月22日。

证据2-9-1：第02229661.1号实用新型专利说明书，其授权公告日为2003年5月7日，公告号为CN2549657Y；

证据2-9-2：第02115927.0号发明专利申请公开说明书，其公开日为2002年11月27日，该专利申请与上述证据2-9-1的实用新型专利属于同一申请人提出的相同主题的专利申请；

证据2-10：第01204668.X号实用新型专利说明书，其授权公告日为2001年12月12日；

证据2-11：US5303575号美国专利文献及其相关部分的中文译文，该专利文献的公开日期为1994年4月19日。

结合上述证据，第二请求人认为：本专利权利要求1相对于证据2-8与2-9-1（2-9-2）的结合不具备创造性；本专利权利要求1相对于证据2-8公开的系统与证据2-10公开的无线传输电路的结合也不具备创造性；本专利权利要求2中的“特有的”一词描述不清楚，不符合《专利法实施细则》第二十条第一款的规定；证据2-11公开了呼气酒精测试装置的CPU、燃料电池传感器电路等绝大部分特征，其区别特征无线收发电路在证据2-10的无线电子点菜器、证据2-9-1（2-9-2）中公开，本专利权利要求2相对于证据2-11与2-10或者证据2-11和证据2-9-1（2-9-2）的结合不具备创造性；证据2-8公开了燃料电池等特征，其与本专利权利要求2的区别特征无线数传收、发电路与单片机的连接分别在证据2-10及2-9中公开，本专利权利要求2相对于证据2-8与证据2-10或者证据2-8与证据2-9-1（2-9-2）的结合不具备创造性；本专利权利要求3相对于证据2-11与2-10的结合或证据2-11与证据2-9-1（2-9-2）的结合、证据2-8与证据2-10的结合或证据2-8与证据2-9-1（2-9-2）的结合不具备创造性；本专利权利要求4相对于证据2-11与证据2-9-1（2-9-2）的结合或证据2-8与证据2-9-1（2-9-2）的结合不具备创造性。

根据合案审理的原则，被告决定对第一请求人和第二请求人针对本专利提出的无效宣告请求进行合案审理，并向三方当事人发出无效宣告请求口头审理通知书，同时向各方进行转文。

口头审理如期举行，第一请求人和第二请求人及专利权人均委托代理人出庭。在口头审理中，专利权人当庭提交针对两请求人的民事答辩状和意见陈述各一份，被告将其当庭转给两请求人；第二请求人当庭提交的意见陈述书一份，被告将其当庭转给专利权人，并明确告知三方当事人：对于其中涉及的意见三方当事人应在口头审理中充分发表及辩论，在口头审理之后不再给予书面陈述意见的机会。三方当事人均表示同意。

第一请求人明确其无效理由和范围为：本专利权利要求1不符合《专利法实施细则》第二条第二款、第二十一条第二款、《专利法》第二十六条第四款、第二十二条第二款、第三款的规定；权利要求2~4不符合《专利法》第二十二条第三款的规定；权利要求4不符合《专利法实施细则》第二十条第一款的规定。

第二请求人明确其无效理由和范围为：本专利权利要求1不符合《专利法实施细则》第二条第二款、第二十一条第二款、《专利法》第二十六条第四款；本专利权利要求2、4不符合《专利法实施细则》第二十条第一款的规定；本专利权利要求1~4不符合《专利法》第二十二条第三款的规定。所提交的上述证据均用于评价本专利权利要求的新颖性创造性。

两请求人的代理人明确表示：第一请求案件与第二请求案件对相同证据的具体使用情况相同，可以直接审理第二请求案件，对于两请求案相同的无效理由和证据，对第一请求案件的意见与第二请求案件的意见相同。

第二请求人当庭提交证据2-2、2-3及证据2-5的加盖有图书馆公章的杂志复印件，并表示证据2-4为从网站上下载打印的文件，无法提交其他证明其来源的证据，公证机关对证据2-4也不予公证。

专利权人对第二请求人补充提交证据的时间表示无异议，但认为不能确认证据2-2、2-3及证据2-5的来源，认为其当庭提交的复印件上的公章有问题，但认可其收到的上述复印件与加盖公章的上述证据的复印件相同；认可证据中专利文献的真实性，对证据的中文译文的准确性表示无异议；专利权人表示不能确认证据2-4的来源。

被告当庭告知第二请求人：证据2-4为网上下载的证据，而且也没有公证认证，因此不予采纳，第二请求人表示认可。

关于本专利权利要求1是否符合《专利法实施细则》第二条第二款的规定，第一、第二请求人认为：本专利权利要求1是针对方法的特定界定，是对方法本身提出的技术方案，针对方法提出的方案不属于实用新型保护的客体。专利权人认为本专利保护的是打印机和测试仪之间的无线连接关系，本专利权利要求1中的“采用无线数据传输技术进行连接”是结构的限定，无线连接关系跟有线连接关系是一样的，只不过无线连接是看不到的。

关于本专利权利要求1是否符合《专利法》第二十六条第四款的规定，第一、第二请求人认为：本专利权利要求1界定了酒精测试仪主机和打印机之间采用无线数据传输技术进行连接这样一种连接方式，无线数据传输技术是一种概括性的描述方式，在本专利说明书中仅仅采用频率收发器，其中只公开了涉及nRF401芯片的实施方案，因此本专利概括范围过大，没有得到说明书的支持。专利权人认为：本专利给出了实施例，nRF401芯片只是可以实现的本专利的技术方案之一，本领域技术人员通过阅读说明书能够理解实施本专利的其他技术方案，不需要在说明书中一一列举，权利要求1得到了说明书的支持。

关于本专利权利要求1是否符合《专利法实施细则》第二十一条第二款的规定，请求人认为：本专利说明书背景技术部分已经认可红外、蓝牙是早已实现的无线打印的方案，本专利所要解决的技术问题是“怎么样通过除红外传输技术之外的其他无线传输技术，在10米之内无须电缆连接即可实现对测试结果的打印”，本专利权利要求1没有记载区别于现有技术的技术特征，因此不符合《专利法实施细则》第二十一条第二款的规定。专利权人认为：本专利说明书背景技术说明了现有技术存在的问题，本专利正是想解决有线连接、红外等的不足，而权利要求1的技术方案解决了这一问题，因此构成了完整的技术方案。另外，根据中华人民共和国频率划分规定中，红外不属于无线频率范围，认为无线传输和无线电传输是一样的，并当庭提交了“中华人民共和国无线电频率划分规定”的复印件作为参考。对此第二请求人认为：无线数据传输与无线电传输不同，无线电只是无线数据传输中的一种。

关于本专利权利要求2、4是否符合《专利法实施细则》第二十条第一款的规定，第二请求人认为：一般技术人员不能清楚理解本专利权利要求2中的“特有的数传收、发电路”，本专利权利要求2的保护范围不清楚；权利要求4没有择一引用，也不符合专利法实施细则第20条第1款的规定。专利权人认为：本专利权利要求2的句号是明显的错误，“特有的”是本专利所特有的电路，附图8、9及说明书第8页倒数第3行描述了此特有的电路，因而本专利权利要求2是清楚的。被告当庭告知第二请求人，权利要求4是清楚的。

关于本专利权利要求1是否具备新颖性、创造性问题双方均发表了意见。

关于本专利权利要求2和3是否具备创造性，第二请求人认为：证据2-11与证据2-10的组合破坏了本专利权利要求2的创造性：证据2-11附图2中的CPU相当于本专利的单片机，证据2-11中的压力检测管36对应本专利监测器，证据2-11中的数据存储对应本专利数据存贮电路，证据2-11中的标号73对应本专利指令控制电路，等等；本专利“特有的数据传收、发电路”在证据2-10的附图3-1中公开；证据2-11的附图2中公开了放大器后面接单片机；证据2-11的压力检测器后面接到单片输入脚；本专利“存贮电路接单片机的数据口”属于公知技术；证据2-11的附图2中公开了显示屏与单片机连接；证据2-11的附图2中公开了音响指示电路与单片机的一个输出脚连接，指令控制电路包括数字键盘和控制按键，分别接单片机的控制脚；证据2-10的附图3-1中的管脚9、10与单片机串行，管脚19、18都是控制脚，与单片机连接；所以证据2-11、证据2-10公开了本专利权利要求2的所有技术特征，本专利也没有获得意料不到的效果。证据2-11与证据2-9-1（2-9-2）的组合、证据2-11与证据2-10的组合、证据2-8与证据2-10的组合以及证据2-8与证据2-9-1（2-9-2）的组合均破坏权利要求2与3的创造性。

对此，专利权人认为：本专利芯片为公知技术，本专利所保护的是测量端与打印端的连接方式，证据2-11、证据2-10只是公开了通用的连接关系，管脚的应用都是众所周知的，证据2-11、证据2-10没有公开酒精测试仪与打印机的连接方式；证据2-10是有线连接；专利权人认可证据2-10电路绝大部分与本专利相同，不同的是本专利用无线的方式进行连接，证据2-11与本专利的电路也基本相同，但证据2-11是点菜机与电脑之间的连接，二者的领域不同，本专利权利要求2具有创造性；本专利关键是将无线传输运用到了酒精测试仪上，并具有突出的特点，这些不是普通技术人员能够想到的。关于证据2-8，专利权人明确表示无线数传是公知技术，而证据2-9-1（2-9-2）中没有实现无线打印。

关于本专利权利要求4是否具备创造性，第二请求人认为：证据2-11与证据2-9的组合以及证据2-8与证据2-9的组合均可评述本专利权利要求4的创造性，证据中均公开了本专利权利要求4的附加技术特征。专利权人认为：在本专利权利要求1具有创造性的基础上，本专利权利要求2-4也具有创造性。

被告当庭告知请求人：本案的证据使用方式以请求人在口审当庭使用的证据及其组合方式为准，对请求书及意见陈述书中涉及的其他证据及组合方式的意见不再考虑。两请求人均表示无异议。

经审查，被告作出如下判断：

1. 关于证据和现有技术。第二请求人提交的证据2-1、2-6、2-8到2-11是专利文献，专利权人未对其真实性提出异议，对证据2-8及2-11的中文译文也没有提出异议，经合议组核实，对其真实性予以认可，因此这些证据均可作为本案证据使用，证据2-8及2-11公开的内容以中文译文为准。同时由于证据2-1、2-6、2-8到2-11的公开日期均在本专利的申请日前，因此可以作为本专利的现有技术使用。

证据2-2、2-3及2-5属于公开发表的期刊论文的复印件，并且第二请求人提供了加盖有“杭州电子科技大学电子信息学院”红章的复印件，专利权人认可加盖红章的复印件与复审请求时提交的不加盖红章的复印件相符。但是，专利权人认为上述证据的来源不能确认，且加盖的红章有问题。对此合议组认为：红章表明了其来源，而且上述证据均为期刊杂志的摘选，其内容中给出了期刊名称、刊号、期数信息，在此情况下专利权人并没有提出合理质疑，综上所述，被告认为证据2-2、2-3和2-5的真实性可以确认，可以作为本案的证据使用；同时由于证据2-2、2-3和2-5的公开日期均在本专利的申请日前，因此可以作为本专利的现有技术使用。

第二请求人提交的证据2-4为网络下载的产品说明书，专利权人对该证据有异议，认为不能确认其来源。合议组经审理认为：由于第二请求人没有提供其他证据来证明证据2-4的真实性，因此被告表示对其真实性无法确认，该证据不能作为本案的证据使用。

由于第一请求人所提供的证据 1-1 到 1-6 与第二请求人提交的证据 2-1 到 2-6 完全相同，被告对其不再进行重复认定，除证据 1-4 以外，其余证据均可作为本案的证据使用。

2. 关于《专利法实施细则》第二十一条第二款。两请求人认为涉案专利的权利要求 1 缺少必要技术特征，不符合《专利法实施细则》第二十一条第二款的规定。被告认为本专利权利要求 1 所记载的技术特征的总和不足以构成实用新型的技术方案，不符合《专利法实施细则》第二十一条第二款有关独立权利要求应当记载解决技术问题的必要技术特征的规定。由于权利要求 1 不符合《专利法实施细则》第二十一条第二款的规定，应被宣告无效，被告对于两请求人与该权利要求有关的其他无效理由不再进行评述。

3. 被告认为权利要求 2 符合《专利法实施细则》第二十条第一款的规定。

4. 关于《专利法》第二十二条第三款。两请求人认为本专利权利要求 1-4 不具备创造性。

由于第一请求人有关权利要求 1~4 不具备创造性的证据和理由完全包含在第二请求人的相关证据和理由中，而且两请求人的代理人在口头审理中也明确表示两请求案中相同的证据具体使用情况相同，可以直接审理第二请求案，因此针对权利要求 1~4 不具备创造性的无效理由，本案被告直接针对第二请求人的证据和理由进行审理。

由于独立权利要求 1 应被宣告无效，对于有关权利要求 1 不具备创造性的无效理由不再进行评述，因此本案被告针对权利要求 2~4 的创造性进行审理。由于从属权利要求 2~4 都引用了独立权利要求 1，这些权利要求的技术方案也都包含了权利要求 1 的全部技术特征。其中，从属权利要求 4 分别引用了权利要求 1 和 3，其中包含了两种技术方案：即含有权利要求 1 和 4 的全部内容的技术方案和权利要求 1、3、4 的全部内容的技术方案。第二请求人认为权利要求 1 相对于证据 2-1 与其他证据的结合不具备创造性，相对于证据 2-8 与其他证据的结合也不具备创造性，在此基础上进一步认为从属权利要求2~4也不具备创造性。虽然合议组不再对独立权利要求 1 不具备创造性的无效理由进行评述，但在对其从属权利要求 2~4 的创造性进行评价时，应在第二请求人所采用的评价独立权利要求 1 的创造性的证据和理由的基础上进行。

（1）关于本专利权利要求 2 的创造性。

两请求人认为：本专利权利要求 2 的技术方案相对于证据 2-1 与其他证据的结合不具备创造性。

被告经审理认为：证据 2-1 与本专利的技术领域相同，是与本专利权利要求 2 最接近的对比文件，其中公开了一种酒精测试仪，该酒精测试仪通过信号连接线与打印机连接（参见证据 2-1 说明书全文，说明书附图 3）。证据 2-1 与权利要求 2 的技术方案相比，其区别特征在于：①所述酒精测试仪主机和配套的小型打印机之间采用无线数据传输技术进行连接；②酒精测试仪主机的电路部分的具体构造。

证据 2-2 记载了单片 RF 无线收发芯片 nRF401 及应用，其中图 2 公开了该芯片的典型应用原理图；证据 2-3 记载了基于 RF 芯片 nRF401 的无线数传模块设计，其中图 3 公开了该芯片的应用原理图，并在“概述”部分记载：nRF401 芯片“可方便地嵌入在各种测量和控制系统中进行无线数据传输”；证据 2-5 记载了基于多点无线通信技术的 nRF401 芯片的应用研究，其中具体公开了 nRF401 芯片在开发新型汽车安全性能智能检测装置中的应用；证据 2-9-1 记载了一种车（船）载无线双向通讯多媒体装置，其中公开了该装置通过无线电收发 8 与车站或路段无线标识器之间进行无线电传输；证据 2-9-2 是中国发明专利申请的公开文本，其中记载的技术内容与证据 2-9-1 中记载的技术内容完全相同；证据 2-10 记载了一种无线电子点菜器，其中公开了该电子点菜器的带微处理器的主控电路 2 可通过无线传输电路 3 或者有线传输电路 6 分别实现无线传输和有线传输；证据 2-11 记载了一种呼气酒精测试装置，其中具体公开了该装置包括 CPU30 以及与其连接的酒精浓度传感器 32，还包括一个压力检测器36、显示屏28、随机存储器74、语音输出电路80及小喇叭82、打印机79、液晶显示器28、运算放大器40、与CPU30连接的用户控制接口62、64、66等元器件。

通过上述证据公开的内容可知，区别特征①在这些证据中没有公开，此外，上述证据中没有对nRF401的电路部分的文字描述，所记载的相应电路图也不清晰，本领域技术人员根据上述证据所公开的内容无法确定其中公开了上述区别特征②；本领域技术人员根据上述证据中公开的内容，也没有获得将无线传输数传通讯用于证据2-1中的酒精测试仪来实现无线数据传输的技术启示，因此，本专利权利要求2的技术方案相对于证据2-1与上述这些证据的组合也具备创造性。

第二请求人认为：本专利权利要求的技术方案相对于证据2-8与其他证据的结合也不具备创造性。

被告经审理认为：证据2-8与本专利的技术领域相同，也可作为权利要求2的技术方案的最接近的对比文件，其中公开了一种酒精清醒度测试系统，该系统的处理装置通过单片机36与打印机42（有线）连接（参见证据8的说明书第2栏第46行到第3栏第16行、第4栏第53~57行的中文译文，附图1及其附图标记的中文译文）。证据2-8与本专利权利要求的技术方案也存在上述区别特征（1）和（2），而且这些区别特征在上述其他证据中都没有公开，本领域技术人员也没有获得将无线传输数传通讯用于证据2-8中的酒精测试仪来实现无线数据传输的技术启示，因此，本专利权利要求2的技术方案相对于证据2-8与其他证据的结合也具备创造性（具体理由参见以证据2-1作为最接近的对比文件的评述）。

对于第二请求人有关本专利权利要求2不具备创造性的意见，被告经审理认为：无论是证据2-1、2-8和2-11中公开的酒精测试仪（装置），还是其他证据中所公开的nRF401芯片、无线数据传输电路、电子点菜器和车船载无线双向通讯多媒体装置，都没有启示或教导本领域技术人员在酒精测试仪中采用无线数传电路，从而得到本专利权利要求2的技术方案，并可通过无线方式来实现酒精测试仪主机和打印机之间的无线连接的效果，因此被告对于第二请求人的上述主张不予支持。

（2）关于本专利权利要求3~4的创造性。

被告经审理认为：证据2-1和证据2-8与本专利权利要求3的技术方案都存在的区别特征是：①所述酒精测试仪主机和配套的小型打印机之间采用无线数据传输技术进行连接；②与酒精测试仪主机配套的打印机的无线数传收发电路及其连接方式。证据2-2、2-3、2-5，2-9-1（2-9-2）、2-10及2-11也都没有公开上述区别特征①，同时也没有给出本领域技术人员得出本专利权利要求3的技术方案的启示或教导，因此本专利权利要求3具备创造性。

当本专利权利要求3具备创造性时，权利要求4引用权利要求3的技术方案也具备创造性。

对于本专利权利要求4引用权利要求1的技术方案，其与证据2-1和证据2-8所公开的内容相比，都存在上述区别特征①和②，基于相同的理由，该方案也具备创造性。

综上所述，被告作出第11606号决定：宣告03274053.0号实用新型专利权的权利要求1无效，在权利要求2~4的基础上维持该专利权继续有效。原告不服，向本院提起行政诉讼。

在庭审中，原告及第三人对被告的行政职权及行政程序没有异议；对第11606号决定中涉及《专利法实施细则》第二十条第一款、第二十一条第二款的判断没有异议；第三人深圳市威尔电器有限公司作为本专利专利权人对于第11606号决定宣告本专利的权利要求1无效虽有异议但未起诉，对于上述当事人无争议的内容，本院经书面审查予以确认。

本院认为：《专利法》第二十二条第三款规定，创造性，是指同申请日以前已有的技术相比，该发明有突出的实质性特点和显著的进步，该实用新型具有实质性特点和进步。

如果发明的一部分技术特征在最接近现有技术中没有公开，本领域的技术人员也不能从现有技术中得到将上述技术特征应用于最接近现有技术的技术启示，则发明是非显而易见的，具有突出的实质性特点。

本案中，由于权利要求 1 不符合《专利法实施细则》第二十一条第二款的规定，应被宣告无效，本院同意被告的结论意见。关于本专利权利要求 2~4 涉及《专利法实施细则》第二十条第一款、第二十一条第二款的判断，因各方当事人对被告的结论没有异议，对此本院不作进一步讨论。故本案的争议焦点是本专利权利要求 2~4 的创造性问题。

1. 关于本专利权利要求 2 的创造性。

证据 2-1 与本专利的技术领域相同，是与本专利权利要求 2 最接近的对比文件，其中公开了一种酒精测试仪，该酒精测试仪通过信号连接线与打印机连接。证据 2-1 与权利要求 2 的技术方案相比，其区别特征在于：（1）所述酒精测试仪主机和配套的小型打印机之间采用无线数据传输技术进行连接；（2）酒精测试仪主机的电路部分的具体构造。对此，无效请求人提交了多篇证据，通过这些证据公开的内容可知，区别特征（1）在这些证据中没有公开，此外，上述证据中没有对 nRF401 的电路部分的文字描述，所记载的相应电路图也不清晰，本领域技术人员根据上述证据所公开的内容无法确定其中公开了上述区别特征（2）；本领域技术人员根据上述证据中公开的内容，也没有获得将无线传输数传通讯用于证据 2-1 中的酒精测试仪来实现无线数据传输的技术启示，因此，本专利权利要求 2 的技术方案相对于证据 2-1 与上述这些证据的组合也具备创造性。同时，证据 2-8 与本专利的技术领域相同，也可作为权利要求 2 的技术方案的最接近的对比文件，其中公开了一种酒精清醒度测试系统。证据 2-8 与本专利权利要求的技术方案也存在上述区别特征（1）和（2），而且这些区别特征在上述其他证据中都没有公开，本领域技术人员也没有获得将无线传输数传通讯用于证据 2-8 中的酒精测试仪来实现无线数据传输的技术启示，因此，本专利权利要求 2 的技术方案相对于证据 2-8 与其他证据的结合也具备创造性。同时，无论是证据 2-1、2-8 和 2-11 中公开的酒精测试仪（装置），还是其他证据中所公开的 nRF401 芯片、无线数据传输电路、电子点菜器和车船载无线双向通讯多媒体装置，都没有启示或教导本领域技术人员在酒精测试仪中采用无线数传电路，从而得到本专利权利要求 2 的技术方案，并可通过无线方式来实现酒精测试仪主机和打印机之间的无线连接的效果，因此被告对于第二请求人的上述主张不予支持是正确的，本院同意被告所作判断。

2. 关于本专利权利要求 3、4 的创造性。

证据 2-1 和证据 2-8 与本专利权利要求 3 的技术方案都存在的区别特征是：（1）所述酒精测试仪主机和配套的小型打印机之间采用无线数据传输技术进行连接；（2）与酒精测试仪主机配套的打印机的无线数传收发电路及其连接方式。证据 2-2、2-3、2-5，2-9-1（2-9-2）、2-10 及 2-11 也都没有公开上述区别特征（1），同时也没有给出本领域技术人员得出本专利权利要求 3 的技术方案的启示或教导，因此本专利权利要求 3 具备创造性。当本专利权利要求 3 具备创造性时，权利要求 4 引用权利要求 3 的技术方案也具备创造性。对于本专利权利要求 4 引用权利要求 1 的技术方案，其与证据 2-1 和证据 2-8 所公开的内容相比，都存在上述区别特征（1）和（2），基于相同的理由，该方案也具备创造性。本院同意被告所作结论，原告关于本专利权利要求 3、4 不具备创造性的理由不成立。

综上所述，第 11606 号决定认定事实清楚，对证据的判断适当，适用法律正确，符合法定程序，本院应予维持；原告提出第 11606 号决定认定事实错误、证据不足的主张缺乏事实依据，其诉讼请求本院不予支持。依照《中华人民共和国行政诉讼法》第五十四条第（一）项，判决如下：

维持国家知识产权局专利复审委员会于二〇〇八年六月五日作出的第 11606 号无效宣告请求审查决定。

案件受理费100元，由原告深圳青恒科技有限公司负担（已交纳）。

如不服本判决，可在判决书送达之日起15日内，向本院递交上诉状，并按对方当事人的人数提出副本，预交上诉案件受理费100元，上诉于北京市高级人民法院。

审　判　长　饶亚东
审　判　员　刘景文
人民陪审员　史新章
二〇〇九年五月十日
书　记　员　盛　阳

108

金属遮阳篷

无效宣告请求审查决定（第11616号）

决　　定　　号　第11616号
决　　定　　日　2008年6月10日
发明创造名称　金属遮阳篷
国 际 分 类 号　E04H 15/00，E04F 10/08
无效宣告请求人　重庆粤圆不锈钢有限公司
专　利　权　人　林渝茂
申　　请　　号　98119017.0
申　　请　　日　1998年9月26日
授 权 公 告 日　2002年5月15日
合 议 组 组 长　黄　颖
主　　审　　员　姜　岩
参　　审　　员　王　博

法　律　依　据　专利法第22条第3款
决　定　要　点

如果一项权利要求与最接近的现有技术相比，虽然存在区别特征，但该区别特征为公知常识或者为相同技术领域的另一份对比文件中的相关技术手段所公开，且该技术手段在该对比文件所起的作用与该区别特征在要求保护的权利要求中为解决其实际的技术问题所起的作用相同，则该权利要求不具备创造性。

一、案由

本无效宣告请求涉及中华人民共和国国家知识产权局于2002年5月15日授权公告的、名称为“金属遮阳篷”的发明专利权（下称本专利），其专利申请号是98119017.0，申请日是1998年9月26日，专利权人是林渝茂。本专利授权公告时的权利要求书如下：

“1. 一种金属遮阳篷，包括由边片（1）、中片（2）、转角（3）所组成，其特征是：边片（1）与中片（2）均有贴墙面（4）和贴墙面孔（5），转角（3）无贴墙面（4）。

2. 一种金属遮阳篷，包括由边片（1）、中片（2）所组成，其特征是：边片（1）与中片（2）均有贴墙面（4）和贴墙面孔（5）。

3. 如权利要求2所述的金属遮阳篷，其特征是：边片（1）与中片（2）均是采用2mm以内的金属薄板材料由机械设备经模具加工而成。”

针对本专利权，重庆粤圆不锈钢有限公司（下称请求人）于2008年1月10日向专利复审委员会提出无效宣告请求，认为本专利不符合专利法第22条第2、3款的规定，请求人同时提交了如下附件：

附件1：本发明专利说明书，共6页；

附件2：授权公告日为1997年4月2日、授权公告号为CN2250997Y（专利号为96227928.5）的中国实用新型专利说明书，共5页；

附件3：授权公告日为1996年5月15日、授权公告号为CN2227162Y（专利号为94222266.0）的中国实用新型专利说明书，共6页；

附件4：授权公告日为1993年9月15日、授权公告号为CN2142131Y（专利号为92230291.X）的中国实用新型专利说明书，共8页；

附件5：中国物资出版社于1995年8月第1版第1次印刷的《中国钢铁产品大全》封面页、版权页、第74~76页复印件。

请求人认为：权利要求1相对于附件2和3的结合不符合专利法第22条第3款规定的创造性；权利要求2相对于附件2不符合专利法第22条第2款规定的新颖性、相对于附件4和2的结合不符合专利法第22条第3款规定的创造性；权利要求3的附加技术特征在附件2或附件5中公开，或者为公知常识，不符合专利法第22条第3款规定的创造性。

经形式审查合格，专利复审委员会依法受理了上述无效宣告请求，并于2008年2月13日向请求人和专利权人发出无效宣告请求受理通知书，同时将专利权无效宣告请求书及其附件清单中所列附件的副本转送给专利权人，并要求专利权人在指定的期限内陈述意见。

专利权人期满未答复。

专利复审委员会依法成立合议组对本案进行审查，本案合议组于2008年4月2日向双方发出无效宣告请求口头审理通知书，定于2008年5月26日在专利复审委员会举行口头审理。

口头审理如期举行，专利权人未出席，请求人单方参加了口头审理。在口头审理中，请求人明确其无效理由、范围和证据的组合方式为，本专利权利要求1相对于附件2、3的结合不具有创造性，权利要求2相对于附件2不具有新颖性，权利要求2相对于附件2、4的结合不具有创造性，权利要求3的附加技术特征中“边片与中片均是采用2mm以内的金属薄板材料”被附件5或公知常识公开，其中“金属薄板材料由机械设备经模具加工而成”被附件2或公知常识公开，因此权利要求3不具有创造性。请求人没有出示附件5的原件。

至此，合议组认为本案事实已经清楚，可以作出审查决定。

二、决定的理由

1. 关于证据和现有技术

请求人提交的证据包括附件2、3，专利权人在答辩期内未对附件2、3的真实性提出过异议且未出席口头审理，经合议组核对附件2、3均为中国专利文献，且其公开日期均在本专利的申请日前，因此可以作为本专利的现有技术使用。

2. 权利要求1~3的新颖性或创造性

（1）权利要求1的创造性。

创造性，是指同申请日以前已有的技术相比，该发明有突出的实质性特点和显著的进步。

如果一项权利要求与最接近的现有技术相比，虽然存在区别特征，但该区别特征为公知常识或者为相同技术领域的另一份对比文件中的相关技术手段所公开，且该技术手段在该对比文件所起的作用与该区别特征在要求保护的权利要求中为解决其实际的技术问题所起的作用相同，则该权利要求不具备创造性。

附件 3 公开了一种带转角篷块的雨阳篷，与权利要求 1 属于相同的技术领域，该雨阳篷包括两垂直侧面雨阳篷以及连接两垂直侧面雨阳篷的转角篷块，结合附件 3 的附图 2 可知，其中，附件 3 图 2 中的雨阳篷 2 相当于权利要求 1 中的中片，图 2 中的雨阳篷端部的结构相当于权利要求 1 中的边片，转角篷块相当于权利要求 1 中的转角，而且由附件 3 附图 3 可知，转角篷块无贴墙面，用连接螺丝 5 将转角篷块侧边凸缘 3 和雨阳篷侧边突出凸缘连接在一起，以实现将两相邻垂直侧面的雨阳篷整齐无缺的连接。

附件 3 与本专利相比，区别在于：附件 3 没有公开雨阳篷的制作材料是金属，另外，虽然雨阳罩必然固定在墙体上，但附件 3 中没有公开垂直侧面雨阳篷是否有“贴墙面和贴墙面孔”。

附件 2 公开了一种雨阳罩，与本专利及附件 3 属于相同的技术领域，其中公开了雨阳罩的制作材料为铝合金、该雨阳罩通过贴墙面以及贴墙面孔与墙体连接的技术特征（参见其说明书第 2 页第 8~23 行及附图）。该雨阳罩使用铝合金薄板作为材料，包括罩面 1，罩面 1 由整块铝合金薄板卷制而成，罩面 1 后端轧制有向内的折边 3，折边 3 上钻有四个固定孔 4；罩面 1 的两侧对称各有一块侧板 5，侧板 5 的形状为镰刀头形，与罩面 1 的拱形相配合。罩面后端的两侧、两侧板的后部各有一块固定板 7，固定板 7 有一个折边，折边与侧板 5 用拉铆钉铆接，固定板的上边与罩面后端折边 3 用拉铆钉铆接连接，固定板上钻有三个固定孔。其中罩面 1 相当于本专利中的中片 2，侧板 5 相当于本专利中的边片 1，罩面 1 的折边 3、固定板 7 相当于本专利中的贴墙面，折边 3 和固定板 7 上的固定孔相当于本专利中的贴墙面孔，而且也是通过螺栓穿过以上固定孔将雨阳罩固定在墙体上。

由此可见，附件 2 给出了雨阳罩采用金属材料制作以及采用在雨阳罩体上设置贴墙面和贴墙面孔将雨阳罩固定到墙体上的技术启示，本领域的技术人员在附件 3 的基础上，面临将雨阳篷/罩固定到墙体上的技术问题时，容易想到采用附件 2 中公开的、将雨阳篷/罩制成具有贴墙面的形式，并在其上打孔采用螺栓连接的连接方式，并采用金属作为雨阳篷材料，从而得到权利要求 1 保护的技术方案，而且其技术效果也是可以想象得到的。因此，权利要求 1 相对于附件 2 和附件 3 的结合不具备创造性，不符合专利法第 22 条第 3 款的规定。

（2）权利要求 2 的新颖性。

新颖性，是指在申请日以前没有同样的发明或者实用新型在国内外出版物上公开发表过、在国内公开使用过或者以其他方式为公众所知，也没有同样的发明或者实用新型由他人向国务院专利行政部门提出过申请并记载在申请日以后公布的专利申请文件中。

在进行新颖性判断时，首先应当判断被审查专利申请的技术方案与对比文件的技术方案是否实质上相同，如果专利申请与对比文件公开的内容相比，其权利要求所限定的技术方案与对比文件公开的技术方案实质上相同，且二者的技术领域相同，所属技术领域的技术人员根据两者的技术方案可以确定两者能够解决相同的技术问题，并具有相同的预期效果，则认为两者为同样的发明或者实用新型。

本专利权利要求 2 是一项独立权利要求，其请求保护一种遮阳篷，附件 2 公开了一种雨阳罩，与本专利属于相同的技术领域，并且如上所述，其中附件 2 中的罩面 1 相当于本专利中的中片，侧板 5 相当于本专利中的边片，罩面的折边 3 以及固定板 7 相当于本专利的贴墙面，折边 3 和固定板 7 上的固定孔相当于本专利中的贴墙面孔，而且其作用也是通过螺栓将罩固定在墙体上。综上，附件 2 与权利要求 2 的技术领域相同，技术方案相同，本领域的技术人员根据两者的技术方案可以确定两者能够解决相同的技术问题，并具有相同的预期效果，所以权利要求 2 相对于附件 2 不具备新颖性，不符合专利法的 22 条第 2 款的规定。

（3）权利要求3的创造性。

权利要求3是权利要求2的从属权利要求，其附加技术特征为“边片和中片均是采用2mm以内的金属薄板材料由机械设备经模具加工而成”。合议组经合议后认为，金属薄板的厚度是本领域的技术人员根据需要可以自由选择的，作为金属遮阳篷，其需要固定在墙体外立面上，其重量必然不能过大，也即厚度不可能太厚，否则不但造价高，也给楼体增加了承重负担，危及行人安全，显然小于2mm的厚度已经是一个较大的范围，而且本专利说明书中也没有记载选择2mm以内的板材有什么意想不到的技术效果；板材可以由机械设备经模具加工制成属于本领域的公知常识。综上，本领域普通技术人员在附件2的基础上结合公知常识很容易得到权利要求3请求保护的技术方案，而且也没有得到意想不到的技术效果。权利要求3相对于附件2和公知常识的结合不具备创造性，不符合专利法第22条第3款的规定。

鉴于权利要求1~3分别不具备新颖性或创造性，应予无效，所以本决定对其他证据或证据的组合方式不再予以评述。

根据上述的事实和理由，本案合议组依法作出以下决定。

三、决定

宣告98119017.0号发明专利权全部无效。

当事人对本决定不服的，可以根据专利法第46条第2款的规定，自收到本决定之日起三个月内向北京市第一中级人民法院起诉。根据该款的规定，一方当事人起诉后，另一方当事人应当作为第三人参加诉讼。

109

便座罩

无效宣告请求审查决定（第11626号）

决　定　号　第11626号
决　定　日　2008年6月3日
发明创造名称　便座罩
国际分类号　A47K13/14
无效宣告请求人　LEC株式会社
专利权人　MAC桑科株式会社
专　利　号　01133819.9
申　请　日　2001年12月21日
授权公告日　2004年10月6日
合议组组长　郑　直
主　审　员　程　华
参　审　员　武　磊

法律依据　专利法第22条第2款、第3款
决定要点
现有技术与本专利属于相同的技术领域，解决的技术问题相同，现有技术披露的技术方案与权利要求的技术方案实质相同，并能够获得相同的技术效果，因此，该权利要求不具有新颖性。

一、案由

本无效宣告请求涉及国家知识产权局于2004年10月6日授权公告、专利号为01133819.9、名称为“便座罩”的发明专利（下称本专利），其申请日是2001年12月21日，专利权人是MAC桑科株式会社。

本专利授权公告的权利要求书内容如下：

“1. 一种便座罩，其特征在于，在形状与西式坐便器便座的上面形状相对应的片的一个面上形成有安装层，该安装层由合成树脂制成，具有表面开口的气泡，所述合成树脂含有具有回弹恢复性的硅系物质，所述安装层粘接在便座上面。

2. 如权利要求1所述的便座罩，其特征在于，所述合成树脂含有具有回弹恢复性的硅系物质和发泡剂，所述安装层粘接在便座上面。

3. 如权利要求1或2所述的便座罩，其特征在于，所述安装层表面上设有多条凹槽。”

针对上述专利权，LEC株式会社（下称请求人）于2007年11月23日向国家知识产权局专利复审委员会提出无效宣告请求，并提交了如下附件：

附件1：本专利授权公告文本复印件共15页；

附件2：第3168397号日本特许公报的复印件及其中文译文共12页，公开日为1996年9月3日；

附件3：第2841018号日本特许公报的复印件及其中文译文共13页，公开日为1995年9月26日；

附件4：第3118585号日本特许公报的复印件及其中文译文共10页，公开日为1998年4月7日；

请求人提出的无效理由为：（1）本专利权利要求1、2相对于附件2不符合专利法第22条第2款的规定；（2）本专利权利要求1、2相对于附件2不符合专利法第22条第3款的规定，权利要求3相对于附件2和附件3的结合、附件2和附件4的结合不符合专利法第22条第3款的规定；（3）本专利说明书对于气泡由何种材质形成、如何形成以及分布等没有进行相关的描述，因此本专利说明书不符合专利法第26第3款的规定；（4）权利要求1中记载有“表面开口的气泡”，在说明书中仅仅有形式上的支持，而没有任何具体的技术方案，因此权利要求的概括得不到说明书的支持，权利要求1、2、3不符合专利法第26条第4款的规定；（5）对于合成树脂进行限定，使其限定为独特的材质是解决本专利的技术问题的必要技术特征，权利要求1缺乏上述特征，因此权利要求1不符合专利法实施细则第21条第2款的规定，同理权利要求2、3也不符合专利法实施细则第21条第2款的规定；（6）权利要求1中未对合成树脂和气泡进行清楚的限定，因此权利要求1不清楚，权利要求1、2、3中存在重复的技术特征，因此权利要求1、2、3不简明，不符合专利法实施细则第20条第1款的规定。

经形式审查合格，专利复审委员会依法受理了上述无效宣告请求，于2008年2月13日向双方当事人发出无效宣告请求受理通知书，同时将请求人于2007年11月23日提交的无效宣告请求书及其附件清单中所列附件副本转给专利权人，要求在指定期限内陈述意见。

专利权人期满未对上述无效宣告请求受理通知书进行答复。

专利复审委员会依法成立合议组对本案进行审查。本案合议组于2008年3月31日向双方当事人发出口头审理通知书，定于2008年5月15日对本案进行口头审理。

专利权人于2008年4月22日向专利复审委员会提交无效宣告请求口头审理通知书回执，明确表示不参加口头审理。

口头审理如期举行，专利权人未出席口头审理。请求人对合议组成员无回避请求。请求人明确其无效理由为：本专利说明书对于气泡由何种材质形成、如何形成以及分布等没有进行相关的描述，因此本专利说明书不符合专利法第26第3款的规定；权利要求1不符合专利法第26条第4款的规定；对于合成树脂材质的限定，是解决本发明的技术问题的必要技术特征，权利要求1、2、3中均未记载上述特征，因此权利要求1、2、3不符合专利法实施细则第21条第2款的规定，同时权利要求3未记载凹槽的结构，权利要求3不符合专利法实施细则第21条第2款的规定；权利要求1中未对合成树脂和气泡进行清楚的限定，因此权利要求1不符合专利法实施细则第20条第1款的规定，权利要求2中存在与权利要求1重复的技术特征，因此权利要求2不简明，不符合专利法实施细则第20条第1款的规定，权利要求3引用权利要求1、2，因此权利要求3也不简明，不符合专利法实施细则第20条第1款的规定；本专利权利要求1、2相对于附件2不符合专利法第22条第2、3款的规定；权利要求3相对于附件2和附件3的结合、附件2和附件4的结合不符合专利法第22条第3款的规定。

在上述工作的基础上，合议组经过合议后认为本案事实已经清楚，可以依法作出审查决定。

二、决定的理由

1. 关于证据的认定

附件2、3、4均为专利文献，属于公开出版物，经合议组核实，对其真实性予以认可。专利权人对请求人提交的附件2~4的中文译文的准确性未提出任何异议，视为无异议。附件2、3、4的公开日均早于本专利的申请日，因此可以作为现有技术评价本专利的新颖性和创造性。

2. 关于专利法第22条第2款

专利法第22条第2款规定：新颖性，是指在申请日以前没有同样的发明或者实用新型在国内外出版物上公开发表过、在国内公开使用过或者以其他方式为公众所知，也没有同样的发明或者实用新型由他人向国务院专利行政部门提出过申请并且记载在申请日以后公布的专利申请文件中。

（1）权利要求1要求保护一种便座罩，附件2公开了一种便座罩，其中披露了如下技术内容：一种便座罩，其特征在于，在形状与便座的上表面形状相对应的片的一个面上形成有安装层，该安装层由合成树脂制成，在表面具有开口的气泡，所述合成树脂含有硅系物质。当便座罩放在便座上表面时，利用气泡在便座上表面的真空吸附作用，将便座罩固定在便座上。该粘接作用不是利用树脂的化学性质得到的，而是利用了真空吸附的物理性质，由于含有具有硅系物质，因此，即使反复洗涤，吸附力也几乎不会降低。并且硅系物质，具有阻止由气泡周边表面彼此接触引起气泡压溃的作用（参见附件2说明书中文译文第1页第20~23行、第1页第29行至第2页第4行）。

经过对比分析可知，权利要求1与附件2所述均为一种便座罩，附件2中记载的“所述合成树脂含有硅系物质，由于存在所述硅系物质而防止所述气泡的压溃”实质是利用了硅系物质的回弹恢复特性，因此已经隐含公开了权利要求1中的技术特征“所述合成树脂含有具有回弹恢复性的硅系物质”，此外附件2中所述的“吸附”与本专利权利要求1中所述的“黏结”实质上相同，仅是在表达方式上略有差异。因此，附件2已经公开了权利要求1的全部技术特征，本专利与附件2所属技术领域相同，都是为解决现有技术中便座罩安装不方便的问题，采用的技术手段实质相同，所获得的技术效果均是使便座罩可以简单地在便座上装卸，并可以通过洗涤反复使用，其粘接力或吸附力也不会下降。因此，权利要求1相对于附件2不符合专利法第22条第2款有关新颖性的规定。

（2）权利要求2对其引用的权利要求1做了进一步的限定，其附加技术特征也已经被附件2公开了：所述合成树脂含有硅系物质和发泡剂，安装层吸附在便座上表面上（参见附件2说明书中文译文第1页第26行，权利要求2）。如上所述，附件2所述的“吸附”与权利要求2中所述“粘接”实质上是相同的。因此，在其引用的权利要求1不具备新颖性的情况下，权利要求2相对于附件2也不符合专利法第22条第2款有关新颖性的规定。

3. 关于专利法第22条第3款

专利法第22条第3款规定：创造性，是指同申请日以前已有的技术相比，该发明有突出的实质性特点和显著的进步，该实用新型有实质性特点和进步。

权利要求3引用权利要求1或2，其附加技术特征为“所述安装层表面上设有多条凹槽”，附件3公开了一种瓷砖地垫以及瓷砖地垫用防滑片，其中披露了如下技术内容：在本实施例的防滑层3上，为了提高剥离性而在防滑层3上设有条状的槽（参见附件3说明书中文译文第2页第23~24行，附图2、4）。附件3与本专利属于相近的技术领域，并且上述凹槽在本专利和附加3中实际所起作用均是为了减小粘接力而提高剥离性，即附件3给出了将上述附加技术特征应用到所引用的权利要求中以进一步解决其技术问题的技术启示，因此，在附加2的基础上结合附件3得到权利要求3的技术方案对所属技术领域的技术人员来说是显而易见的，权利要求3不符合专利法第22条第3款有关创造性的规定。

鉴于本专利权利要求1、权利要求2相对于附件2不具有新颖性，权利要求3相对于附件2与附件3的结合不具备创造性，本专利应被宣告全部无效，因此对于请求人提出的其他无效理由不再予以评述。

三、决定

宣告01133819.9号发明专利权全部无效。当事人如对本决定不服，可依据专利法第46条第2款的规定，自收到本决定之日起三个月内向北京市第一中级人民法院起诉。根据该款的规定，一方当事人起诉后，另一方当事人应当作为第三人参加诉讼。

110

一种武术地毯

无效宣告请求审查决定（第11627号）

决　定　号 第11627号
决　定　日 2008年5月19日
发明创造名称 一种武术地毯
国际分类号 A63C 19/04
无效宣告请求人 福建省伟志兴体育用品有限公司
专　利　权　人 泰山体育产业集团有限公司，国家体育总局武术运动管理中心
申　请　号 200420028451.8
申　请　日 2004年3月3日
授权公告日 2005年9月14日
合议组组长 崔国振
主　审　员 田　芳
参　审　员 刘　磊

法律依据 专利法第22条第3款
决定要点

在实用新型专利的创造性判断中，一般着重于考虑该实用新型专利所属的技术领域。如果现有技术没有给出明确的启示，促使本领域技术人员到相近或者相关的技术领域寻找有关技术手段的，则不考虑其相近或者相关的技术领域。

一、案由

本无效宣告请求案涉及国家知识产权局于2005年9月14日公告授予的、名称为“一种武术地毯”的第200420028451.8号实用新型专利权（以下简称本专利），其申请日为2004年3月3日，专利权人为泰山体育产业集团有限公司和国家体育总局武术运动管理中心。本专利授权公告的权利要求书如下：

“1. 一种武术地毯，其特征在于：由置于底层的弹力层、粘接在弹力层上起支撑作用的多层板层、粘接在多层板层上的缓冲层和粘接在缓冲层上的地毯层组成。

2. 根据权利要求1所述的武术地毯，其特征在于：上述置于底层的弹力层采用高弹性橡胶海棉。

3. 根据权利要求1所述的武术地毯，其特征在于：上述缓冲层采用高密度EVA海绵。

4. 根据权利要求1所述的武术地毯，其特征在于：上述弹力层底部粘接若干个块状海绵。

5. 根据权利要求1所述的武术地毯，其特征在于：上述地毯层的表面绒毛两两捻合在一起。”

针对上述专利权，福建省伟志兴体育用品有限公司（下称请求人）于2007年10月19日向专利复审委员会提出无效宣告请求，认为本专利权利要求1~5不符合专利法第22条的规定，并且提交了以下证据：

证据1：第US20030072911A1号美国专利申请公开说明书及其中文译文，公开日为2003年4月17日，复印件共173页；

证据2：第96229637.6号中国实用新型专利说明书，授权公告日为1998年6月17日，复印件共4页；

证据3：第WO02094616A1号国际专利申请公开说明书及其中文译文，公开日为2002年11月28日，复印件共24页；

证据4：国家知识产权局专利检索咨询中心出具的关于专利号为200420028451.8的中国实用新型专利（本专利）的检索报告，复印件共5页。

请求人认为：（1）本专利权利要求1~3、5相对于证据1不具有创造性，权利要求4相对于证据1和2的结合不具有创造性。（2）权利要求1~3相对于证据3不具有创造性。（3）国家知识产权局专利检索咨询中心对本专利出具的检索报告的结论是本专利权利要求1~5不具有创造性。

经形式审查合格后，专利复审委员会受理了上述请求，于2007年10月29日向双方当事人发出《无效宣告请求受理通知书》，并将《专利权无效宣告请求书》及其他有关文件的副本转送给专利权人，要求其在指定的期限内答复，同时成立合议组对本无效请求案进行审理。

专利复审委员会于2007年11月27日收到专利权人作出的答复，专利权人在其意见陈述中指出：（1）本专利已经国家知识产权局进行了实用新型专利检索，初步认为全部权利要求1~5符合专利法第22条有关新颖性和创造性的规定。（2）请求人提供的国家知识产权局专利检索咨询中心对本专利出具的检索报告认可本专利权利要求1~5符合专利法第22条规定的新颖性。（3）本专利权利要求1~5相对于附件1~3具有创造性。同时专利权人提交了以下反证：

反证1：第200420028451.8号（本专利）中国实用新型专利证书，复印件共1页。

反证2：国家知识产权局出具的关于第200420028451.8号实用新型专利检索报告，复印件共4页，以及该报告中引用的专利文献，分别为：

（1）第US20030170420A1号美国专利申请公开说明书，公开日为2003年9月11日，复印件共11页；

（2）第US20020142126A1号美国专利申请公开说明书，公开日为2002年10月3日，复印件共8页；

（3）第US4522857A号美国专利说明书，授权公告日为1985年6月11日，复印件共3页；

（4）第92210337.2号中国实用新型专利说明书，授权公告日为1992年9月2日，复印件共5页；

（5）第US5204155A号美国专利说明书，授权公告日为1993年4月20日，复印件共5页；

（6）第特开平7-313623A号日本专利申请公开说明书，公开日为1995年12月5日，复印件共3页；

（7）第5948500号美国专利说明书，授权公告日为1999年9月7日，复印件共8页。

2008年2月29日，本案合议组向双方当事人发出《无效宣告请求口头审理通知书》，拟定于2008年4月16日对该专利权的无效请求进行口头审理，并将专利权人的上述答复以及附件转送给请求人，要求在口头审理时一并答复。

2008年4月16日，口头审理如期进行，双方当事人和/或代理人均出席了口头审理。庭审过程中，合议组就本案的无效理由及证据逐一进行了调查，并记录了以下事项：（1）请求人明确证据4不作为评价本专利不符合专利法规定的证据使用，仅供合议组参考；（2）专利权人明确反证2不作为评价本专利符合专利法规定的证据使用，仅供合议组参考；（3）请求人确定其无效宣告理由和范围为：权利要求1~3、5相对于证据1不具备创造性，权利要求4相对于证据1或证据1和2的结合不具备创造性，权利要求1~3相对于证据3不具备创造性。

至此，合议组认为本案的事实已经清楚，可以作出审查决定。

二、决定的理由

1. 关于证据

请求人提交的证据1~3均为专利文献，专利权人未质疑其真实性和译文的准确性，经核实合议组予以确认。证据1~3的公开日均早于本专利的申请日，因此可以作为评价本专利创造性的证据使用。

请求人在口头审理中明确表示提交的证据4不作为评价本专利不符合专利法规定的证据使用，因此对证据4合议组不予评述。

专利权人提交的反证1即为本专利的专利证书，请求人未质疑其真实性，经核实合议组对其真实性予以确认。

专利权人在口头审理中明确表示提交的反证2不作为证明本专利符合专利法规定的证据使用，因此对反证2合议组不予评述。

2. 关于专利法第22条第3款

专利法第22条第3款规定：创造性，是指同申请日以前已有的技术相比，该发明有突出的实质性特点和显著的进步，该实用新型有实质性特点和进步。

在实用新型专利的创造性判断中，一般着重于考虑该实用新型专利所属的技术领域。如果现有技术没有给出明确的启示，促使本领域技术人员到相近或者相关的技术领域寻找有关技术手段的，则不考虑其相近或者相关的技术领域。

就本案而言，权利要求1保护的是一种武术地毯，其由置于底层的弹力层、粘接在弹力层上起支撑作用的多层板层，粘接在多层板层上的缓冲层和粘接在缓冲层上的地毯层组成。权利要求2~5是权利要求1的从属权利要求，分别限定弹力层采用高弹性橡胶海绵、缓冲层采用高密度EVA海绵、弹力层底部粘接若干个块状海绵、地毯层的表面绒毛两两捻合在一起。

（1）关于权利要求1~5相对于证据1是否具备创造性。

请求人认为：证据1公开了一种地毯（参见附图1B，说明书的中文译文第1~2页），该地毯的多层结构从下至上依次为：泡沫底复合材料层19，其包括聚氨酯泡沫层28和中间层26；粘合剂层压层16；玻璃稀松非纺织物层18；粘合剂层压层16；织造或无纺织的加强或衬底层38，其材料如玻璃纤维、尼龙、聚丙烯或聚酯；割绒纱线34被植入粘合剂36形成的层。证据1上述方案中的泡沫底复合材料层19相当于权利要求1中的置于底层的弹力层，其中的聚氨酯泡沫层28公知具有弹性；上述的粘合剂层压层16、玻璃稀松非纺织物层18和粘合剂层压层16构成权利要求1的起支撑作用的多层板层，其中玻璃稀松非纺织物能够起到支撑作用（参见说明书的中文译文第22页第4行和第27页第4行）；上述的织造或无纺织的加强或衬底层38相当于权利要求1中的缓冲层，其采用的材料公知具有弹性，可作为缓冲层；上述的割绒纱线34被植入粘合剂36形成的层相当于权利要求1中的地毯层。虽然权利要求1限定的地毯是武术地毯，而证据1没有公开可用作武术地毯，但是由于两者在结构、组成上相同，证据1的地毯也具有弹性的性能，对于本领域技术人员来讲，很容易想到将其用于任何需要弹性的场合，因此权利要求1不具备创造性，不符合专利法第22条第3款的规定。

对于请求人的上述主张，合议组认为：

首先，权利要求 1 保护的是一种武术地毯，在说明书中记载到，现有的武术地毯为单层结构，存在滑而不稳、缺乏弹性的缺陷，因此演练过程中的安全性差，而本专利的地毯弹性适中、具有良好的防滑作用。证据 1 涉及一种专门适用于住宅的地毯，其具有耐磨、舒适、弹性、缓冲性能等。基于本领域技术人员的一般认识可知，住宅用地毯重点强调的是舒适性，只须具有适于行走的缓冲性和弹性即可，高弹性反而使得行走不适。而武术场地用地毯，其强调的是安全性和武术动作的需求，因此需要地毯具有不同于行走所需的高弹性和高缓冲性。可见，住宅用地毯和武术地毯由于其需要的性能不同从而决定了两者在结构和材料上有实质上的差别，即两者的实质含义不同，因此，本专利保护的武术地毯和证据 1 涉及的住宅用地毯属于不相同的技术领域。

其次，对比权利要求 1 和证据 1 的上述方案，其“多层结构”也存在区别：权利要求 1 中是“起支撑作用的多层板层”，而证据 1 中是“粘合剂层压层和玻璃稀松非纺织物构成的多层”。基于本领域技术人员的理解，权利要求 1 武术地毯中的多层板层通常是一种具有一定刚性，不随放置的地形而随意改变形状的多层平板结构，因此武术地毯由于多层板层的存在不能卷曲，而证据 1 中的粘合剂层压层和玻璃稀松非纺织物并不具有刚性，可随意弯曲且随地形而改变，因此所述地毯片能够弯曲或折曲而不被破坏，可放置于楼梯、上下斜面、地面异形处等（参见证据 1 说明书中文译文第 27 页第 9~11 行）。另外在证据 1 说明书的中文译文第 22 页第 4 行和第 27 页第 4 行描述到，所述的玻璃稀松非纺织物提供稳定性能且不因衬底的弯曲、偏斜、深拉或卷曲而受损害，显然其作用不同于权利要求 1 武术地毯中承受弹跳、摔打等动作冲力需要的支撑作用。因此权利要求 1 中起支撑作用的多层板层不同于证据 1 中粘合剂层压层和玻璃稀松非纺织物构成的多层，并且技术效果也明显不同。

基于以上分析可知，权利要求 1 与证据 1 的技术领域不相同，且在“多层结构”上存在上述区别，而请求人没有提供证据证明现有技术中给出了明确的启示，以促使本领域技术人员想到将证据 1 公开的住宅用地毯经过改变，将其中具有稳定作用且可弯曲的粘合剂层压层和玻璃稀松非纺织物构成的多层替换为刚性的多层板层从而得到本专利权利要求 1 的武术地毯。因此权利要求 1 相对于证据 1 具有实质性特点和进步，符合专利法第 22 条第 3 款创造性的规定。

权利要求 2~5 是权利要求 1 的从属权利要求，在权利要求 1 具备创造性的情况下，权利要求 2~5 相对于证据 1 也具有实质性特点和进步，符合专利法第 22 条第 3 款创造性的规定。

（2）关于权利要求 4 相对于证据 1 和 2 的结合是否具备创造性。

权利要求 4 引用权利要求 1，进一步限定：弹力层底部粘结若干个块状海绵。

请求人认为：证据 1 的附图 1B 的上述方案公开了本专利权利要求 1 武术地毯的多层结构（具体参见意见 1），证据 2 公开了一种复合地毯，其底面为有凸粒的橡胶垫，所述的橡胶凸粒具有高摩擦系数起到防滑作用，这与权利要求 4 中的若干个块状海绵的作用相同，而且橡胶垫也具有弹力，用若干个块状海绵粘接到弹力层底部来代替在底部具有防滑凸粒的橡胶垫是本领域常用手段的等同替换，因此本领域技术人员在证据 1 和 2 结合的基础上得到权利要求 4 是显而易见的，权利要求 4 不具备创造性，不符合专利法第 22 条第 3 款的规定。

对于请求人的上述主张，合议组认为：首先，根据与意见 1 相似的理由，证据 2 涉及的复合地毯与权利要求 1 的武术地毯属于不相同的技术领域。其次，请求人主张权利要求 4 不具备创造性的基础是所述武术地毯的“多层结构”在证据 1 中已经公开。然而基于上述对权利要求 1 的评述可知，其中的“起支撑作用的多层板层”并未在证据 1 中公开，该特征在证据 2 中也没有公开，且证据 2 也没有公开“弹力层底部粘结若干个块状海绵”的技术特征，而证据 2 没有给出任何启示将“起支撑作用的多层板层”、“弹力层底部粘结若干个块状海绵”的技术手段应用到证据 1 的技术方案中得到本专利权利要求 4 的武术地毯，因此，权利要求 4 相对于证据 1 和 2 的结合具有实质性特点和进步，符合专利法第 22 条第 3 款创造性的规定。

（3）关于权利要求 1~3 相对于证据 3 是否具备创造性。

请求人认为：证据 3 公开了一种吸声防护垫（参见附图 1，说明书的中文译文 1~3 页），该防护垫薄而轻质且具有较强声学性能。该吸声防护垫的多层结构从下至上依次为：分隔层即防滑隔离层 6；高度蓬松弹性的低气流阻挡层 5；粘结层 7；气流阻挡层 2，其可以是纤维状的或者由 TPE 弹性体、橡胶或乙烯树脂制成；粘结层 4；表面织物或毯层 3。证据 3 上述方案中低气流阻挡层 5 相当于权利要求 1 的弹力层，粘结层 7、气流阻挡层 2 和粘结层 4 构成权利要求 1 的起支撑作用的多层板层，毯层 3 中上部分的绒毛相当于权利要求 1 中的地毯层，毯层 3 下部分的衬底相当于权利要求 1 中的缓冲层。虽然权利要求 1 限定的地毯是武术地毯，而证据 3 没有公开可用作武术地毯，但是由于两者在结构、组成上相同，因此证据 3 中的地毯也具有弹性的性能，对于本领域技术人员来讲，很容易想到将其用于任何需要弹性的场合，因此权利要求 1 不具备创造性，不符合专利法第 22 条第 3 款的规定。

对于请求人的上述主张，合议组认为：首先，证据 3 涉及一种用于减小车内噪声或减小住宅和商业建筑物内铺设有硬地板的室内回声的吸声防护垫，其薄而轻质且具有较强声学性能。根据与意见 1 相似的理由，上述吸声防护垫和权利要求 1 的武术地毯属于不相同的技术领域。其次，对比权利要求 1 与证据 3 的“多层结构”，至少存在以下区别：（1）权利要求 1 中是起支撑作用的多层板层，而证据 3 中是上下层的粘结剂层和置于其中的气流阻挡层。基于本领域技术人员的理解，权利要求 1 武术地毯中的多层板层通常是一种具有刚性，不随放置的地形而改变形状的多层平板结构，而请求人没有提供证据证明证据 3 中的粘结剂层和气流阻挡层构成具有刚性的、不弯曲的多层板层，因此权利要求 1 中起支撑作用的多层板层不同于证据 3 中的粘结层和气流阻挡层。（2）权利要求 1 中具有粘接在地毯层下的缓冲层，而证据 3 中并无这一层。虽然请求人主张证据 3 的毯层 3 下部分的衬底相当于权利要求 1 的缓冲层，毯层 3 上部分的绒毛相当于权利要求 1 的地毯层，但是基于证据 3 的描述和本领域技术人员的基本常识可知，毯层 3 的绒毛不可能独立存在，不能形成单独的层，该绒毛和其底部的衬底整体构成表面织物层或毯层，其相当于权利要求 1 中的地毯层。另外，请求人也并没有提供证据表明证据 3 的毯层 3 下部分的衬底是具有弹性的材料可作为缓冲层。因此证据 3 中没有公开缓冲层。基于以上分析，权利要求 1 与证据 3 的“多层结构”存在上述区别，并且这些结构区别为权利要求 1 的技术方案带来了积极的技术效果，也就是说，权利要求 1 的武术地毯与证据 3 的吸声防护垫具有不同的结构和用途，而请求人没有提供证据证明现有技术中给出了明确的启示，以促使本领域技术人员想到将证据 3 公开的具有较强声学性能的吸声防护垫经过上述改变从而得到本专利权利要求 1 的武术地毯。因此权利要求 1 相对于证据 3 具有实质性特点和进步，符合专利法第 22 条第 3 款创造性的规定。

权利要求 2~3 是权利要求 1 的从属权利要求，在权利要求 1 具备创造性的情况下，权利要求 2~3 相对于证据 3 也具有实质性特点和进步，符合专利法第 22 条第 3 款创造性的规定。

基于合议组作出了对请求人主张的无效宣告理由不予支持的结论，因此对专利权人提交的反证不再评述。

基于以上事实和理由，本案合议组作出如下审查决定。

三、决定

维持第 200420028451. 8. 号实用新型专利权有效。

当事人对本决定不服的，可以根据专利法第 46 条第 2 款的规定，自收到本决定之日起三个月内向北京市第一中级人民法院起诉。根据该款的规定，一方当事人起诉后，另一方当事人应当作为第三人参加诉讼。

北京市第一中级人民法院
行政判决书

（2008）一中行初字第1224号

原告福建省伟志兴体育用品有限公司，住所地福建省南安市霞美镇滨江工业园区。

法定代表人傅英伟，董事长。

委托代理人林文渊，福建华达律师事务所律师。

被告国家知识产权局专利复审委员会，住所地北京市海淀区北四环西路9号银谷大厦。

法定代表人廖涛，副主任。

委托代理人刘磊，男，国家知识产权局专利复审委员会审查员。

委托代理人王婧，女，国家知识产权局专利复审委员会审查员。

第三人泰山体育产业集团有限公司，山东省乐陵市经济技术开发区泰山体育路1号。

法定代表人卞志良，董事长。

第三人国家体育总局武术运动管理中心，北京市朝阳区安定路3号、甲3号。

法定代表人王筱麟，主任。

上述两第三人的委托代理人史学军，北京市富华邦律师事务所律师。

原告福建省伟志兴体育用品有限公司不服被告国家知识产权局专利复审委员会于2008年5月19日作出，于同年6月18日邮寄送达的第11627号无效宣告请求审查决定（以下简称第11627号决定），于2008年8月12日向本院提起行政诉讼。本院受理后，依法组成合议庭，向被告送达了起诉状副本和应诉通知书，并依照《中华人民共和国行政诉讼法》第二十七条的规定通知泰山体育产业集团有限公司、国家体育总局武术运动管理中心作为本案第三人参加诉讼，于2008年10月20日公开开庭审理了本案。原告的委托代理人林文渊，被告的委托代理人刘磊、王婧，第三人的委托代理人史学军到庭参加了诉讼。本案现已审理终结。

2008年5月19日，被告作出第11627号决定，根据《中华人民共和国专利法》（以下简称《专利法》）第二十二条第三款的规定，决定维持第200420028451.8.号实用新型专利权（以下简称本专利）有效。理由如下：

1. 关于本专利权利要求1~5相对于证据1（即第US20030072911A1号美国专利申请公开说明书）是否具备创造性。首先，权利要求1保护的是一种武术地毯，在说明书中记载到，现有的武术地毯为单层结构，存在滑而不稳、缺乏弹性的缺陷，因此演练过程中的安全性差，而本专利的地毯弹性适中、具有良好的防滑作用。证据1涉及一种专门适用于住宅的地毯，其具有耐磨、舒适、弹性、缓冲性能等。基于本领域技术人员的一般认识可知，住宅用地毯重点强调的是舒适性，只须具有适于行走的缓冲性和弹性即可，高弹性反而使得行走不适。而武术场地用地毯，其强调的是安全性和武术动作的需求，因此需要地毯具有不同于行走所需的高弹性和高缓冲性。可见，住宅用地毯和武术地毯由于其需要的性能不同从而决定了两者在结构和材料上有实质上的差别，即两者的实质含义不同，因此，本专利保护的武术地毯和证据1涉及到的住宅用地毯属于不相同的技术领域。其次，对比权利要求1和证据1的上述方案，其“多层结构”也存在区别：权利要求1中是“起支撑作用的多层板层”，而证据1中是“粘合剂层压层和玻璃稀松非纺织物构成的多层”。基于本领域技术人员的理解，权利要求1武术地毯中的多层板层通常是一种具有一定刚性，不随放置的地形而随意改变形状的多层平板结构，因此武术地毯由于多层板层的存在不能卷曲，而证据 1 中的粘合剂层压层和玻璃稀松非纺织物并不具有刚性，可随意弯曲且随地形而改变，因此所述地毯片能够弯曲或折曲而不被破坏，可放置于楼梯、上下斜面、地面异形处等。另外在证据 1 说明书的中文译文第 22 页第 4 行和第 27 页第 4 行描述到，所述的玻璃稀松非纺织物提供稳定性能且不因衬底的弯曲、偏斜、深拉或卷曲而受损害，显然其作用不同于权利要求 1 武术地毯中承受弹跳、摔打等动作冲力需要的支撑作用。因此权利要求 1 中起支撑作用的多层板层不同于证据 1 中粘合剂层压层和玻璃稀松非纺织物构成的多层，并且技术效果也明显不同。基于以上分析可知，权利要求 1 与证据 1 的技术领域不相同，且在“多层结构”上存在上述区别，而请求人没有提供证据证明现有技术中给出了明确的启示，以促使本领域技术人员想到将证据 1 公开的住宅用地毯经过改变，将其中具有稳定作用且可弯曲的粘合剂层压层和玻璃稀松非纺织物构成的多层替换为刚性的多层板层从而得到本专利权利要求 1 的武术地毯。因此权利要求 1 相对于证据 1 具有实质性特点和进步，符合《专利法》第二十二条第三款创造性的规定。权利要求 2~5 是权利要求 1 的从属权利要求，在权利要求 1 具备创造性的情况下，权利要求 2~5 相对于证据 1 也具有实质性特点和进步，符合《专利法》第二十二条第三款创造性的规定。

2. 关于本专利权利要求 4 相对于证据 1 和证据 2（即第 96229637.6 号中国实用新型专利说明书）的结合是否具备创造性。首先，根据与意见一相似的理由，证据 2 涉及的复合地毯与权利要求 1 的武术地毯属于不相同的技术领域。其次，请求人主张权利要求 4 不具备创造性的基础是所述武术地毯的“多层结构”在证据 1 中已经公开。然而基于上述对权利要求 1 的评述可知，其中的“起支撑作用的多层板层”并未在证据 1 中公开，该特征在证据 2 中也没有公开，且证据 2 也没有公开“弹力层底部粘结若干个块状海绵”的技术特征，而证据 2 没有给出任何启示将“起支撑作用的多层板层”、“弹力层底部粘结若干个块状海绵”的技术手段应用到证据 1 的技术方案中得到本专利权利要求 4 的武术地毯，因此，权利要求 4 相对于证据 1 和 2 的结合具有实质性特点和进步，符合《专利法》第二十二条第三款创造性的规定。

3. 关于权利要求 1~3 相对于证据 3（即第 WO02094616A1 号国际专利申请公开说明书）是否具备创造性。首先，证据 3 涉及一种用于减小车内噪声或减小住宅和商业建筑物内铺设有硬地板的室内回声的吸声防护垫，其薄而轻质且具有较强声学性能。根据与意见一相似的理由，上述吸声防护垫和权利要求 1 的武术地毯属于不相同的技术领域。其次，对比权利要求 1 与证据 3 的“多层结构”，至少存在以下区别：（1）权利要求 1 中是起支撑作用的多层板层，而证据 3 中是上下层的粘结剂层和置于其中的气流阻挡层。基于本领域技术人员的理解，权利要求 1 武术地毯中的多层板层通常是一种具有刚性，不随放置的地形而改变形状的多层平板结构，而请求人没有提供证据证明证据 3 中的粘结剂层和气流阻挡层构成具有刚性的、不弯曲的多层板层，因此权利要求 1 中起支撑作用的多层板层不同于证据 3 中的粘结层和气流阻挡层。（2）权利要求 1 中具有粘接在地毯层下的缓冲层，而证据 3 中并无这一层。虽然请求人主张证据 3 的毯层 3 下部分的衬底相当于权利要求 1 的缓冲层，毯层 3 上部分的绒毛相当于权利要求 1 的地毯层，但是基于证据 3 的描述和本领域技术人员的基本常识可知，毯层 3 的绒毛不可能独立存在，不能形成单独的层，该绒毛和其底部的衬底整体构成表面织物层或毯层，其相当于权利要求 1 中的地毯层。另外，请求人也并没有提供证据表明证据 3 的毯层 3 下部分的衬底是具有弹性的材料可作为缓冲层。因此证据 3 中没有公开缓冲层。基于以上分析，权利要求 1 与证据 3 的“多层结构”存在上述区别，并且这些结构区别为权利要求 1 的技术方案带来了积极的技术效果，也就是说，权利要求 1 的武术地毯与证据 3 的吸声防护垫具有不同的结构和用途，而请求人没有提供证据证明现有技术中给出了明确的启示，以促使本领域技术人员想到将证据 3 公开的具有较强声学性能的吸声防护垫经过上述改变从而得到本专利权利要求 1 的武术地毯。因此权利要求 1 相对于证据3具有实质性特点和进步，符合《专利法》第二十二条第三款创造性的规定。权利要求2~3是权利要求1的从属权利要求，在权利要求1具备创造性的情况下，权利要求2~3相对于证据3也具有实质性特点和进步，符合《专利法》第二十二条第三款创造性的规定。

在法定的举证期限内，被告向本院提交了如下证据：1. 第US20030072911A1号美国专利申请公开说明书及其中文译文；2. 第96229637.6号中国实用新型专利说明书；3. 第WO02094616A1号国际专利申请公开说明书及其中文译文；4. 200420028451.8号中国实用新型说明书（即本专利）；5. 原告向被告提出的无效宣告请求书复印件；6. 被告于2007年11月27日收到的本专利的专利权人提交的意见陈述书复印件；7. 200420028451.8号中国实用新型专利证书复印件；8. 口头审理记录表附页复印件。上述证据用以证明第11627号决定认定事实清楚、适用法律正确，程序合法。

原告诉称：1. 本专利权利要求1~5相对于证据1不具备创造性。本专利与证据1属于相同领域。住宅用地毯和武术地毯在结构上、组成上相同，都需要弹性、安全性和舒适性，只不过在程度上各有侧重，是处于相同领域。本专利权利要求1“起支撑作用的多层板层”与证据1中“粘合剂层压层和玻璃稀松非纺织构成的多层”没有区别。“多层板层”是起支撑作用，能否改变形状权利人并没有述及，“玻璃稀松组织非纺织”中的多层是提供稳定性能且不因衬底的弯曲、偏斜、深拉或者卷曲而受损害，从而其主要功能也是提供支撑作用。可见本专利中的弹力层、多层板层、缓冲层和地毯层，相当于证据1的底层的聚氨酶层、玻璃纤维层和置于其上下侧的热熔粘合层、位置靠上的聚氨酯层和地毯层。独立权利要求1相对于证据1并不具有创造性。2. 本专利权利要求4相对于证据1和证据2的结合不具备创造性。证据2中公开了一种复合地毯，其包括橡胶垫，该橡胶垫上具有朝下的凸粒，凸粒也由橡胶构成，使得复合地毯的弹性增加，从而使脚感舒适。该凸粒所起作用与从属权利要求4限定部分作用相同，同样起防滑、增加复合地毯弹性的作用。对于本领域技术人员来说是等同替换，效果相同，是显而易见的，不具备创造性。3. 本专利权利要求1~3相对于证据3不具备创造性。证据3吸声防护垫中的低气流阻挡层5相当于权利要求1的弹力层，粘结层7、气流阻挡层2和粘结层4构成权利要求1的起支撑作用的多层板层，毯层3中上部分的绒毛部分相当于权利要求1中的地毯层，毯层下部分的衬底相当于权利要求1中的缓冲层。由于这两者在结构和组成上相同，对于本领域的人员来说，很容易想到将其用于任何需要弹性的场合。因此权利要求1~3不具备创造性。综上，请求人民法院依法撤销第11627号决定。

原告未向本院提交证据。

被告辩称：原告陈述的意见中认为，住宅用地毯和武术地毯对弹性、安全性、和舒适性的需求在程度上各有侧重，被告认为所述性能程度上的差异必须是两者在结构和组成上存在“实质性”差异才能体现出来的。被告坚持其在第11627号决定中已给出的理由和意见。请求人民法院驳回原告的诉讼请求、维持第11627号决定。

第三人同意被告的第11627号决定，请求法院予以维持；其未向本院提交证据。

经庭审质证，原告和第三人对被告证据的真实性无异议，本院经审查认为，被告提交的证据与本案有关联，且合法、真实，本院予以采纳。

根据上述有效证据及当事人陈述，本院确认本案事实如下：

2007年11月28日，原告针对本专利向被告提出无效宣告请求。本专利是名称为“一种武术地毯”的实用新型专利，专利号为200420028451.8，申请日为2004年3月3日，授权公告日为2005年9月14日，专利权人为第三人。本专利授权公告的权利要求书如下：

“1. 一种武术地毯，其特征在于：由置于底层的弹力层、粘接在弹力层上起支撑作用的多层板层、粘接在多层板层上的缓冲层和粘接在缓冲层上的地毯层组成。

2. 根据权利要求 1 所述的武术地毯，其特征在于：上述置于底层的弹力层采用高弹性橡胶海棉。

3. 根据权利要求 1 所述的武术地毯，其特征在于：上述缓冲层采用高密度 EVA 海绵。

4. 根据权利要求 1 所述的武术地毯，其特征在于：上述弹力层底部粘接若干个块状海绵。

5. 根据权利要求 1 所述的武术地毯，其特征在于：上述地毯层的表面绒毛两两捻合在一起。”

原告提出的无效宣告请求理由是本专利权利要求 1~5 不符合《专利法》第二十二条的规定，并且提交了以下证据：1. 第 US20030072911A1 号美国专利申请公开说明书及其中文译文，公开日为 2003 年 4 月 17 日；2. 第 96229637.6 号中国实用新型专利说明书，授权公告日为 1998 年 6 月 17 日；3. 第 WO02094616A1 号国际专利申请公开说明书及其中文译文，公开日为 2002 年 11 月 28 日；4. 国家知识产权局专利检索咨询中心出具的关于专利号为 200420028451.8 的中国实用新型专利（本专利）的检索报告。原告认为：（1）本专利权利要求 1~3、5 相对于证据 1 不具有创造性，权利要求 4 相对于证据 1 和 2 的结合不具有创造性。（2）权利要求 1~3 相对于证据 3 不具有创造性。（3）国家知识产权局专利检索咨询中心对本专利出具的检索报告的结论是本专利权利要求 1~5 不具有创造性。

被告受理了上述请求。第三人对此作出了答复，同时提交了以下反证：1. 第 200420028451.8 号（本专利）中国实用新型专利证书；2. 国家知识产权局出具的关于第 200420028451.8 号实用新型专利检索报告以及该报告中引用的专利文献。2008 年 4 月 16 日，被告举行了口头审理，原告和第三人参加了口头审理，口头审理记录了以下事项：（1）原告明确其证据 4 不作为评价本专利不符合专利法规定的证据使用，仅供被告参考；（2）第三人明确其反证 2 不作为评价本专利符合专利法规定的证据使用，仅供被告参考；（3）原告确定其无效宣告理由和范围为：权利要求 1~3、5 相对于证据 1 不具备创造性，权利要求 4 相对于证据 1 或证据 1 和 2 的结合不具备创造性，权利要求 1~3 相对于证据 3 不具备创造性。

被告认为，原告提交的证据 1~3 均为专利文献，第三人未质疑其真实性和译文的准确性，对该证据予以确认。证据 1~3 的公开日均早于本专利的申请日，因此可以作为评价本专利创造性的证据使用。第三人提交的反证 1 即为本专利的专利证书，原告未质疑其真实性，对该证据的真实性予以确认。原告的证据 4 和第三人的反证 2 均不作为证据使用，因此对该证据被告不予评述。

被告经审查于 2008 年 5 月 19 日作出第 11627 号决定。原告和第三人在庭审中确认对被告的行政程序及第 11627 号决定“案由”部分的记载无异议。

本院认为，当事人对第 11627 号决定的行政程序及其“案由”部分的记载无争议，对被告有关证据的认定采用亦无异议，本院经审查对其合法性予以确认。本案争议的焦点问题为本专利的创造性问题。

《专利法》第二十二条第三款规定，创造性，是指同申请日以前已有的技术相比，该发明有突出的实质性特点和显著的进步，该实用新型有实质性特点和进步。

本专利是一种武术地毯，是一种体育用品，而证据 1 是住宅用品，二者在功能用途、需要解决的技术问题方面存在差异。住宅用地毯强调对日常生活舒适性的追求，而作为武术场地的地毯需要适应体育运动和竞技方面的特点，并且本专利与证据 1 在结构和材料上确实有实质上的差别。因此，被告认定二者实质含义不同，不属于相同的技术领域，具有事实根据，本院予以支持。本专利权利要求 1 中的“多层板层”的作用是“起支撑作用”，按照“多层板”的字面意义结合武术运动的要求，本领域技术人员应将其理解为具有一定刚性的支撑板。而证据 1 中的“粘合剂层压层和玻璃稀松非纺织物构成的多层”，其中“粘合剂层”起粘合作用而“玻璃稀松非纺织物”的作用是“增强横跨毯结构的尺寸稳定性”，其目的在于“不因衬底的弯曲、偏斜、斜、深拉、或卷曲而受损害”，显然其并不具有刚性。据此，被告认定二者结构不同，并且技术效果也明显不同，亦无明确的技术启示的证据，因此权利要求 1~5 相对于证据 1 具有实质性特点和进步，符合《专利法》第二十二条第三款创造性的规定，该认定具有事实和法律根据，本院应予支持。

本专利权利要求 4 的附加技术特征为“弹力层底部粘接若干个块状海绵”，证据 2 公开了一种复合地毯橡胶垫具有朝下的凸粒。本专利与复合地毯不属于相同的技术领域，“橡胶垫凸粒”与本专利“弹力层底部粘结若干个块状海绵”不同，并且本专利的“起支撑作用的多层板层”在证据 1 和证据 2 中均未公开。据此，被告认定不存在将证据 1 和证据 2 结合得到权利要求 4 的技术启示，权利要求 4 相对于证据 1 和 2 的结合具有实质性特点和进步，符合《专利法》第二十二条第三款创造性的规定，该认定具有事实和法律根据，本院应予支持。

本专利与证据 3 吸声防护垫，结构功能用途不同，非相同的技术领域。原告主张证据 3 低气流阻挡层与权利要求 1 弹力层，证据 3 粘结层、气流阻挡层与权利要求 1 多层板层，证据 3 绒毛部分与权利要求 1 地毯层，证据 3 衬底与权利要求 1 缓冲层，是相当的关系，缺乏事实根据。证据 3 提供的是一种“薄而轻质”且具有较强声学性能的防护垫，其与权利要求 1 存在刚柔、缓冲方面的区别。据此，被告认定权利要求 1 及其从属权利要求 2~3 相对于证据 3 具有实质性特点和进步，符合《专利法》第二十二条第三款的规定，本院予以支持。

综上，第 11627 号决定认定事实清楚，适用法律正确，程序合法，本院应予维持。原告的诉讼请求，缺乏事实和法律依据，本院不予支持。依照《中华人民共和国行政诉讼法》第五十四条第（一）项之规定，判决如下：

维持被告国家知识产权局专利复审委员会作出的第 11627 号无效宣告请求审查决定。

案件受理费 100 元，由原告福建省伟志兴体育用品有限公司负担（已交纳）。

如不服本判决，可在本判决书送达之日起 15 日内，向本院提交上诉状，并按对方当事人的人数提交副本，预交上诉案件受理费 100 元，上诉于北京市高级人民法院。

审　判　长　吴　月
代理审判员　胡华峰
代理审判员　毛天鹏
二〇〇八年十一月四日
书　记　员　郎莉萍

北京市高级人民法院
行政判决书

（2009）高行终字第 278 号

上诉人（一审原告）福建省伟志兴体育用品有限公司，住所地福建省南安市霞美镇滨江工业园区。

法定代表人傅英伟，董事长。

委托代理人林文渊，福建华达律师事务所律师。

被上诉人（一审被告）国家知识产权局专利复审委员会，住所地北京市海淀区北四环西路 9 号银谷大厦。

法定代表人廖涛，副主任。

委托代理人刘磊，国家知识产权局专利复审委员会审查员。

委托代理人王婧，国家知识产权局专利复审委员会审查员。

被上诉人（一审第三人）泰山体育产业集团有限公司，住所地山东省乐陵市经济技术开发区泰山体育路1号。

法定代表人卞志良，董事长。

委托代理人史学军，北京市富华邦律师事务所律师。

被上诉人（一审第三人）国家体育总局武术运动管理中心，住所地北京市朝阳区安定路3号、甲3号。

法定代表人王筱麟，主任。

上诉人福建省伟志兴体育用品有限公司（以下简称伟志兴公司）因专利无效宣告请求审查决定一案，不服北京市第一中级人民法院（以下简称一审法院）（2008）一中行初字第1224号行政判决，向本院提起上诉。本院受理后，依法组成合议庭，于2009年4月1日公开开庭审理了本案。上诉人伟志兴公司的委托代理人林文渊，被上诉人国家知识产权局专利复审委员会（以下简称专利复审委）的委托代理人刘磊、王婧，被上诉人泰山体育产业集团有限公司（以下简称泰山公司）的委托代理人史学军到庭参加了诉讼。被上诉人国家体育总局武术运动管理中心（以下简称武管中心）经本院合法传唤未到庭参加诉讼。本案现已审理终结。

2008年5月19日，专利复审委依据《中华人民共和国专利法》（以下简称《专利法》）第二十二条第三款的规定，作出第11627号无效宣告请求审查决定（以下简称第11627号决定），决定维持200420028451.8号实用新型专利权有效。伟志兴公司不服该决定，在法定期限内向一审法院提起行政诉讼。

一审法院经审理认为，第11627号决定认定事实清楚，适用法律正确，程序合法。伟志兴公司的诉讼请求，缺乏事实和法律依据。依照《中华人民共和国行政诉讼法》第五十四条第（一）项之规定，判决维持第11627号决定。

伟志兴公司不服一审判决，向本院提起上诉。该公司称：1. 本专利权利要求1~5相对于证据1不具备创造性。本专利与证据1属于相同领域。住宅用地毯和武术地毯在结构上、组成上相同，都需要弹性、安全性和舒适性，只不过在程度上各有侧重，故属于相同技术领域。本专利权利要求1“起支撑作用的多层板层”与证据1中“粘合剂层压层和玻璃稀松非纺织构成的多层”没有区别。“多层板层”起支撑作用，“玻璃稀松组织非纺织”中的多层也是提供支撑作用。可见本专利中的弹力层、多层板层、缓冲层和地毯层，相当于证据1的底层的聚氨酶层、玻璃纤维层和置于其上下侧的热熔粘合层、位置靠上的聚氨酯层和地毯层。独立权利要求1相对于证据1并不具有创造性。2. 本专利权利要求4相对于证据1和证据2的结合不具备创造性。证据2中公开了一种复合地毯，其包括橡胶垫，该橡胶垫上具有朝下的凸粒，凸粒也由橡胶构成，使得复合地毯的弹性增加，从而使脚感舒适。该凸粒所起作用与从属权利要求4限定部分作用相同，同样起防滑、增加复合地毯弹性的作用。对于本领域技术人员来说是等同替换，效果相同，是显而易见的，不具备创造性。3. 本专利权利要求1~3相对于证据3不具备创造性。证据3吸声防护垫中的低气流阻挡层5相当于权利要求1的弹力层，粘结层7、气流阻挡层2和粘结层4构成权利要求1的起支撑作用的多层板层，毯层3中上部分的绒毛部分相当于权利要求1中的地毯层，毯层下部分的衬底相当于权利要求1中的缓冲层。由于这两者在结构和组成上相同，对于本领域的人员来说，很容易想到将其用于任何需要弹性的场合。因此权利要求1~3不具备创造性。请求二审法院撤销一审判决和第11627号决定。

专利复审委辩称，本专利是一种武术地毯，属于体育用品，而证据1所公开的是住宅用品，二者功能用途、需要解决的技术问题存在差异，并且二者结构和材料上有实质差别，因此二者不属于相同的技术领域。伟志兴公司所述性能程度上的差异必须是两者在结构和组成上存在“实质性”差异才能体现出来的。本专利中的“起支撑作用的多层板层”具有一定的刚性，而证据1中的“粘合剂层压层和玻璃稀松非纺织物构成的多层”不具有刚性支撑作用。综上，专利复审委坚持其在第11627号决定中已给出的理由和意见。请求二审法院驳回上诉，维持一审判决和第11627号决定。

泰山公司、国家武管中心同意专利复审委的意见，请求二审法院维持一审判决和第11627号决定。

在法定的举证期限内，专利复审委向一审法院提交了如下证据：1. 第US20030072911A1号美国专利申请公开说明书及其中文译文；2. 第96229637.6号中国实用新型专利说明书；3. 第WO02094616A1号国际专利申请公开说明书及其中文译文；4. 200420028451.8号中国实用新型说明书（即本专利）；5. 伟志兴公司向专利复审委提出的无效宣告请求书复印件；6. 专利复审委于2007年11月27日收到的本专利的专利权人提交的意见陈述书复印件；7. 200420028451.8号中国实用新型专利证书复印件；8. 口头审理记录表附页复印件。

伟志兴公司、泰山公司、国家武管中心未向一审法院提交证据。

上述证据均已随案移送本院，经本院审查认为，专利复审委提交的证据与本案具有关联性，且合法、真实，一审法院予以采纳正确，本院予以确认。

根据对上述证据的审查认定及各方当事人的陈述，本院确认如下事实：本专利是名称为“一种武术地毯”的实用新型专利权。本专利的专利号为200420028451.8，申请日为2004年3月3日，授权公告日为2005年9月14日，专利权人为泰山公司、国家武管中心。本专利授权公告的权利要求书如下：

1. 一种武术地毯，其特征在于：由置于底层的弹力层、粘接在弹力层上起支撑作用的多层板层、粘接在多层板层上的缓冲层和粘接在缓冲层上的地毯层组成。

2. 根据权利要求1所述的武术地毯，其特征在于：上述置于底层的弹力层采用高弹性橡胶海棉。

3. 根据权利要求1所述的武术地毯，其特征在于：上述缓冲层采用高密度EVA海绵。

4. 根据权利要求1所述的武术地毯，其特征在于：上述弹力层底部粘接若干个块状海绵。

5. 根据权利要求1所述的武术地毯，其特征在于：上述地毯层的表面绒毛两两捻合在一起。

2007年11月28日，伟志兴公司针对本专利向专利复审委提出无效宣告请求。伟志兴公司提出的无效宣告请求理由是本专利权利要求1~5不符合《专利法》第二十二条的规定，并且提交了以下证据：1. 第US20030072911A1号美国专利申请公开说明书及其中文译文，公开日为2003年4月17日；2. 第96229637.6号中国实用新型专利说明书，授权公告日为1998年6月17日；3. 第WO02094616A1号国际专利申请公开说明书及其中文译文，公开日为2002年11月28日；4. 国家知识产权局专利检索咨询中心出具的关于专利号为200420028451.8的中国实用新型专利（本专利）的检索报告。伟志兴公司认为：1. 本专利权利要求1~3、5相对于证据1不具有创造性，权利要求4相对于证据1和2的结合不具有创造性。2. 权利要求1~3相对于证据3不具有创造性。3. 国家知识产权局专利检索咨询中心对本专利出具的检索报告的结论是本专利权利要求1~5不具有创造性。

专利复审委受理了上述请求。泰山公司、国家武管中心对此作出了答复，同时提交了以下反证：1. 第200420028451.8号（本专利）中国实用新型专利证书；2. 国家知识产权局出具的关于第200420028451.8号实用新型专利检索报告以及该报告中引用的专利文献。

2008年4月16日，专利复审委对本案进行了口头审理，伟志兴公司和泰山公司、国家武管中心参加了口头审理。1. 伟志兴公司明确其证据4不作为评价本专利不符合《专利法》规定的证据使用，仅供专利复审委参考；2. 泰山公司、国家武管中心明确其反证 2 不作为评价本专利符合《专利法》规定的证据使用，仅供专利复审委参考；3. 伟志兴公司确定其无效宣告理由和范围为：权利要求 1~3、5 相对于证据 1 不具备创造性，权利要求 4 相对于证据 1 或证据 1 和 2 的结合不具备创造性，权利要求 1~3 相对于证据 3 不具备创造性。

专利复审委认为，伟志兴公司提交的证据 1~3 均为专利文献，泰山公司、国家武管中心未质疑其真实性和译文的准确性，对该证据予以确认。证据 1~3 的公开日均早于本专利的申请日，因此可以作为评价本专利创造性的证据使用。泰山公司、国家武管中心提交的反证 1 即为本专利的专利证书，伟志兴公司未质疑其真实性，对该证据的真实性予以确认。伟志兴公司的证据 4 和泰山公司、国家武管中心的反证 2 均不作为证据使用，因此对该证据专利复审委不予评述。

专利复审委经审查认为事实已经查清，遂于 2008 年 5 月 19 日作出第 11627 号决定，维持本专利有效。理由如下：

1. 关于本专利权利要求 1~5 相对于证据 1 是否具备创造性。首先，权利要求 1 保护的是一种武术地毯，在说明书中记载到，现有的武术地毯为单层结构，存在滑而不稳、缺乏弹性的缺陷，因此演练过程中的安全性差，而本专利的地毯弹性适中、具有良好的防滑作用。证据 1 涉及一种专门适用于住宅的地毯，其具有耐磨、舒适、弹性、缓冲性能等。基于本领域技术人员的一般认识可知，住宅用地毯重点强调的是舒适性，只须具有适于行走的缓冲性和弹性即可，高弹性反而使得行走不适。而武术场地用地毯，其强调的是安全性和武术动作的需求，因此需要地毯具有不同于行走所需的高弹性和高缓冲性。可见，住宅用地毯和武术地毯由于其需要的性能不同从而决定了两者在结构和材料上有实质上的差别，即两者的实质含义不同，因此，本专利保护的武术地毯和证据 1 涉及到的住宅用地毯属于不相同的技术领域。其次，对比权利要求 1 和证据 1 的上述方案，其“多层结构”也存在区别：权利要求 1 中是“起支撑作用的多层板层”，而证据 1 中是“粘合剂层压层和玻璃稀松非纺织物构成的多层”。基于本领域技术人员的理解，权利要求 1 武术地毯中的多层板层通常是一种具有一定刚性，不随放置的地形而随意改变形状的多层平板结构，因此武术地毯由于多层板层的存在不能卷曲，而证据 1 中的粘合剂层压层和玻璃稀松非纺织物并不具有刚性，可随意弯曲且随地形而改变，因此所述地毯片能够弯曲或折曲而不被破坏，可放置于楼梯、上下斜面、地面异形处等。另外在证据 1 说明书的中文译文第 22 页第 4 行和第 27 页第 4 行描述到，所述的玻璃稀松非纺织物提供稳定性能且不因衬底的弯曲、偏斜、深拉或卷曲而受损害，显然其作用不同于权利要求 1 武术地毯中承受弹跳、摔打等动作冲力需要的支撑作用。因此权利要求 1 中起支撑作用的多层板层不同于证据 1 中粘合剂层压层和玻璃稀松非纺织物构成的多层，并且技术效果也明显不同。基于以上分析可知，权利要求 1 与证据 1 的技术领域不相同，且在“多层结构”上存在上述区别，而请求人没有提供证据证明现有技术中给出了明确的启示，以促使本领域技术人员想到将证据 1 公开的住宅用地毯经过改变，将其中具有稳定作用且可弯曲的粘合剂层压层和玻璃稀松非纺织物构成的多层替换为刚性的多层板层从而得到本专利权利要求 1 的武术地毯。因此权利要求 1 相对于证据 1 具有实质性特点和进步，符合《专利法》第二十二条第三款创造性的规定。权利要求 2~5 是权利要求 1 的从属权利要求，在权利要求 1 具备创造性的情况下，权利要求 2~5 相对于证据 1 也具有实质性特点和进步，符合《专利法》第二十二条第三款创造性的规定。

2. 关于本专利权利要求 4 相对于证据 1 和证据 2 的结合是否具备创造性。首先，根据与意见 1 相似的理由，证据 2 涉及的复合地毯与权利要求 1 的武术地毯属于不相同的技术领域。其次，请求人主张权利要求 4 不具备创造性的基础是所述武术地毯的“多层结构”在证据 1 中已经公开。然而基于上述对权利要求 1 的评述可知，其中的“起支撑作用的多层板层”并未在证据 1 中公开，该特征在证据

2中也没有公开，且证据2也没有公开“弹力层底部粘结若干个块状海绵”的技术特征，而证据2没有给出任何启示将“起支撑作用的多层板层”、“弹力层底部粘结若干个块状海绵”的技术手段应用到证据1的技术方案中得到本专利权利要求4的武术地毯，因此，权利要求4相对于证据1和2的结合具有实质性特点和进步，符合《专利法》第二十二条第三款创造性的规定。

3. 关于权利要求1~3相对于证据3是否具备创造性。首先，证据3涉及一种用于减小车内噪声或减小住宅和商业建筑物内铺设有硬地板的室内回声的吸声防护垫，其薄而轻质且具有较强声学性能。根据与意见1相似的理由，上述吸声防护垫和权利要求1的武术地毯属于不相同的技术领域。其次，对比权利要求1与证据3的“多层结构”，至少存在以下区别：1、权利要求1中是起支撑作用的多层板层，而证据3中是上下层的粘结剂层和置于其中的气流阻挡层。基于本领域技术人员的理解，权利要求1武术地毯中的多层板层通常是一种具有刚性，不随放置的地形而改变形状的多层平板结构，而请求人没有提供证据证明证据3中的粘结剂层和气流阻挡层构成具有刚性的、不弯曲的多层板层，因此权利要求1中起支撑作用的多层板层不同于证据3中的粘结层和气流阻挡层。2、权利要求1中具有粘接在地毯层下的缓冲层，而证据3中并无这一层。虽然请求人主张证据3的毯层3下部分的衬底相当于权利要求1的缓冲层，毯层3上部分的绒毛相当于权利要求1的地毯层，但是基于证据3的描述和本领域技术人员的基本常识可知，毯层3的绒毛不可能独立存在，不能形成单独的层，该绒毛和其底部的衬底整体构成表面织物层或毯层，其相当于权利要求1中的地毯层。另外，请求人也并没有提供证据表明证据3的毯层3下部分的衬底是具有弹性的材料可作为缓冲层。因此证据3中没有公开缓冲层。基于以上分析，权利要求1与证据3的“多层结构”存在上述区别，并且这些结构区别为权利要求1的技术方案带来了积极的技术效果，也就是说，权利要求1的武术地毯与证据3的吸声防护垫具有不同的结构和用途，而请求人没有提供证据证明现有技术中给出了明确的启示，以促使本领域技术人员想到将证据3公开的具有较强声学性能的吸声防护垫经过上述改变从而得到本专利权利要求1的武术地毯。因此权利要求1相对于证据3具有实质性特点和进步，符合《专利法》第二十二条第三款创造性的规定。权利要求2~3是权利要求1的从属权利要求，在权利要求1具备创造性的情况下，权利要求2~3相对于证据3也具有实质性特点和进步，符合《专利法》第二十二条第三款创造性的规定。

本院认为，伟志兴公司、泰山公司、国家武管中心对专利复审委具有的法定职责、作出第11627号决定的程序、法律适用均无异议，经本院审查认为，专利复审委具有管理全国专利工作的法定职责，作出第11627号决定的程序、法律适用正确。在此基础上，本案的争议焦点在于本专利的创造性问题。

《专利法》第二十二条第三款规定，创造性，是指同申请日以前已有的技术相比，该发明有突出的实质性特点和显著的进步，该实用新型有实质性特点和进步。

本专利请求保护一种武术用地毯，是一种体育用品，证据1是一种适用于住宅的地毯，其是住宅用品，二者在功能用途、需要解决的技术问题方面存在差异。住宅用地毯强调对日常生活舒适性的追求，而作为武术场地用地毯需要适应体育运动和竞技方面的特点，故本专利与证据1在结构和材料上有实质差别。虽然武术地毯与住宅地毯同属于地毯，但二者的实质含义不同，具体应用的技术领域不同。本专利权利要求1中的“多层板层”的作用是“起支撑作用”，按照对“多层板”字面意思并结合武术运动的要求，本领域技术人员应将其理解为具有一定刚性的支撑板。而证据1中的“粘合剂层压层和玻璃稀松非纺织物构成的多层”，其中“粘合剂层”起粘合作用，而“玻璃稀松非纺织物”的作用是“增强横跨毯结构的尺寸稳定性”，其目的在于“不因衬底的弯曲、偏斜、深拉、或卷曲而受损害”，显然其并不具有刚性。因此，专利复审委认定权利要求1~5相对于证据1具有实质性特点和进步，符合《专利法》第二十二条第三款创造性的规定的结论正确。

本专利权利要求 4 的附加技术特征为“弹力层底部粘接若干个块状海绵”，证据 2 公开了一种复合地毯橡胶垫具有朝下的凸粒。本专利与复合地毯不属于相同的技术领域，“橡胶垫凸粒”与本专利“弹力层底部粘结若干个块状海绵”不同，并且本专利的“起支撑作用的多层板层”在证据 1 和证据 2 中均未公开。因此，专利复审委认定不存在将证据 1 和证据 2 结合得到权利要求 4 的技术启示，权利要求 4 相对于证据 1 和 2 的结合具有实质性特点和进步，符合《专利法》第二十二条第三款创造性的规定的结论正确。

本专利与证据 3 吸声防护垫，结构功能用途不同，非相同的技术领域。证据 3 提供的是一种“薄而轻质”且具有较强声学性能的防护垫，其与权利要求 1 存在刚柔、缓冲方面的区别。因此，专利复审委认定权利要求 1 及其从属权利要求 2～3 相对于证据 3 具有实质性特点和进步，符合《专利法》第二十二条第三款的规定的结论正确。

综上，第 11627 号决定认定事实清楚，适用法律正确，程序合法。伟志兴公司的上诉请求，缺乏事实和法律依据。依照《中华人民共和国行政诉讼法》第六十一条第（一）项之规定，判决如下：

驳回上诉，维持一审判决。

二审案件受理费人民币 100 元，由上诉人福建省伟志兴体育用品有限公司负担（已交纳）。本判决为终审判决。

审 判 长 郭 宜
审 判 员 张学磊
代理审判员 朱海宏
二〇〇九年五月六日
书 记 员 程钰玮

111

一种铰链

无效宣告请求审查决定（第11643号）

决　　定　　号　第11643号
决　　定　　日　2008年6月17日
发明创造名称　一种铰链
国 际 分 类 号　E05D 11/06
无效宣告请求人　佛山市顺德区威尔达五金塑料厂
专　利　权　人　吴友明
专　　利　　号　01255929.6
申　　请　　日　2001年9月25日
授 权 公 告 日　2002年6月26日
合 议 组 组 长　赵　明
主　　审　　员　任颖丽
参　　审　　员　董晓静

法 律 依 据　专利法第22条第2款、第3款
决 定 要 点

若请求人所提供的现有技术与本专利权利要求相比，具有区别技术特征，则二者不是相同的技术方案，本专利权利要求具备新颖性。如果现有技术也没有给出得出所述权利要求技术方案的任何技术启示，则该权利要求的技术方案对本领域技术人员来说是非显而易见的。

一、案由

本无效宣告请求涉及中华人民共和国国家知识产权局于2002年6月26日授权公告的、名称为“一种铰链”的实用新型专利权（下称本专利），其专利号是01255929.6，申请日是2001年9月25日，专利权人是吴友明。本专利授权公告时的权利要求书如下：

“1. 一种铰链，包括内铰页（1）、外铰页（2）及连接内、外铰页的弯曲部件（3），其中弯曲部件（3）通过连接件（4）与内、外铰页连接，弯曲部件（3）与内铰页（1）的连接处设有一扭簧（5），其特征在于：所述的弯曲部件（3）四角均为平面，扭簧（5）的一端压在设于内铰页（1）中的一根支撑件（6）下，扭簧（5）的另一端压在弯曲部件（3）的内底面上。”

针对本专利权，佛山市顺德区威尔达五金塑料厂（下称请求人）于2007年9月29日向专利复审委员会提出无效宣告请求，认为本专利不符合专利法第22条第2、3款的规定，请求人同时提交了如下附件：

附件1：授权公告日为2000年11月15日、授权公告号为CN2406022Y（专利号为00227381.0）的中国实用新型专利说明书，共6页。

请求人认为：附件1和本专利结构相似，连接处设有扭簧，扭簧的一端压在活动勾座的勾端，另一端压在凹槽底面上，凹槽底面是不设凸块、保持平面形状的底面，与本专利中的“弯曲部件四角均为平面”所指相同。虽然附件1和本专利的扭簧在形状上有些区别，但只是形态上的特征性变化，不改变其螺旋型的、弹性的扭簧性特征。因此，本专利相对于附件1不具有新颖性和创造性。

经形式审查合格，专利复审委员会依法受理了上述无效宣告请求，并于2007年10月23日向请求人和专利权人发出无效宣告请求受理通知书，同时将专利权无效宣告请求书及其附件清单中所列附件的副本转送给专利权人，并要求专利权人在指定的期限内陈述意见。

针对专利复审委员会发出的上述无效宣告请求受理通知书，专利权人于2007年12月18日提交了意见陈述书。

专利权人认为：附件1的铰链中没有设置支撑件，而且弹簧和凹坑、定位凸缘的位置/联接关系与本专利的铰链中扭簧和内铰页、弯曲部件的位置/联接关系也存在明显差别，因此本专利权利要求1具有新颖性。附件1的铰链在开合过程中是通过凸缘起到凸轮的作用，因此接触支承力点不断地滑移、变动，导致凸缘与扭簧的接触处产生磨损，而本专利在铰链的开合过程中，支撑扭簧的两个支承力点基本不会随着内铰页和外铰页的不同开合角度而变化，避免了磨损情况的出现，因此本专利具有创造性。

专利复审委员会依法成立合议组。本案合议组于2008年1月22日向双方发出无效宣告请求口头审理通知书，定于2008年3月4日举行口头审理。

口头审理如期举行，专利权人未出席口头审理。在口头审理中，请求人明确其无效宣告的理由、证据和范围是：本专利权利要求1相对于附件1不具有新颖性和创造性。请求人坚持其无效宣告请求书中的书面意见。合议组要求请求人针对专利权人的意见陈述书发表意见，请求人请求在口头审理结束后7个工作日内针对专利权人的答复提交书面的意见陈述。但请求人逾期未提交意见陈述。

至此，合议组认为本案事实已经清楚，可以作出审查决定。

二、决定的理由

1. 关于证据和现有技术

请求人请求使用附件1作为证据，专利权人未对附件1的真实性提出疑义，合议组经审查后认可附件1的真实性，由于附件1的公开日期早于本专利的申请日，因此可以作为本专利的现有技术使用。

2. 关于专利法第22条第2、3款

专利法第22条第2款规定，新颖性，是指在申请日以前没有同样的发明或者实用新型在国内外出版物上公开发表过，在国内公开使用过或者以其他方式为公众所知，也没有同样的发明或者实用新型由他人向国务院专利行政部门提出过申请并且记载在申请日以后公布的专利申请文件中。

专利法第22条第3款规定，创造性，是指同申请日以前已有的技术相比，该实用新型具有实质性特点和进步。

若请求人所提供的现有技术与本专利权利要求相比，具有区别技术特征，则二者不是相同的技术方案，本专利权利要求具备新颖性。如果现有技术也没有给出得出所述权利要求技术方案的任何技术启示，则该权利要求的技术方案对本领域技术人员来说是非显而易见的。

本专利权利要求1请求保护一种铰链，包括内铰页1、外铰页2及弯曲部件3，弯曲部件3通过连接件4与内、外铰页连接，弯曲部件3与内铰页1的连接处设有一扭簧5，弯曲部件3四角均为平面，扭簧 5 的一端压在设于内铰页 1 中的一根支撑件 6 下，另一端压在弯曲部件 3 的内底面上。

附件 1 公开了一种板式家具的铰链（参见说明书及附图），包括固定座 5 和与其铰接的活动勾座 1（相当于本专利的外铰页 2 和内铰页 1），固定座 5 中央设置一凹坑 4，凹坑中并排设置有两根销轴 3（相当于本专利的连接件 4），两销轴连接为 U 形，一根销轴固定一扭簧 2（相当于本专利的扭簧 5），另一根销轴固定活动勾座，活动勾座的勾端设置有向两侧延伸的定位凸缘 6，扭簧 2 近似 U 形，其开口端紧压活动勾座的定位凸缘，另一端位于凹坑的底面上。

权利要求 1 与附件 1 相比，存在以下区别：（1）附件 1 没有公开权利要求 1 中的“弯曲部件”；（2）权利要求 1 中扭簧的一端压在设于内铰页中的一根支撑件下，而附件 1 中扭簧的开口端紧压定位凸缘；（3）权利要求 1 中扭簧设于弯曲部件 3 与内铰页 1 的连接处，而附件 1 中扭簧设于固定座凹坑不与活动勾座相连接的销轴上。

由于权利要求 1 与附件 1 存在上述区别，因此，二者是不同的技术方案，权利要求 1 相对于附件 1 具备专利法第 22 条第 2 款规定的新颖性。

如上所述，权利要求 1 相对于附件 1 存在 3 个区别技术特征，因此附件 1 中铰链的结构以及相应部件的整体设置方式与本专利权利要求 1 并不相同，并且附件 1 中也没有给出将上述 3 个区别技术特征应用于权利要求 1 从而得到权利要求 1 所请求保护的技术方案的技术启示，同时请求人也没有提供证据证明上述区别技术特征是公知常识，因此，本专利权利要求 1 的技术方案对本领域技术人员来说是非显而易见的，具有实质性特点；并且本专利能够使扭簧长期有效发挥作用，增加产品使用寿命，产生了有益的技术效果。因此，权利要求 1 相对于附件 1 具备专利法第 22 条第 3 款规定的创造性。

根据上述的事实和理由，本案合议组依法作出以下决定。

三、决定

维持第 01255929. 6 号实用新型专利权有效。

当事人对本决定不服的，可以根据专利法第 46 条第 2 款的规定，自收到本决定之日起三个月内向北京市第一中级人民法院起诉。根据该款的规定，一方当事人起诉后，另一方当事人应当作为第三人参加诉讼。

112

口红肉表面形成字画的方法及其成型模具

无效宣告请求审查决定（第11656号）

决　定　号　第11656号
决　定　日　2008年6月11日
发明创造名称　口红肉表面形成字画的方法及其成型模具
国际分类号　A45D 40/16
无效宣告请求人　林春娜
专利权人　郭富卿
专　利　号　99100328.4
申　请　日　1999年1月25日
授权公告日　2003年6月4日
合议组组长　徐媛媛
主　审　员　瞿晓峰
参　审　员　王　婧

法律依据　专利法第22条第2款、第3款
决定要点

如果权利要求与最接近现有技术的区别技术特征属于本领域的常用技术手段，那么权利要求所请求保护的技术方案对本领域技术人员来说就是显而易见的，权利要求不具备创造性。

一、案由

本无效宣告请求涉及国家知识产权局于2003年6月4日授权公告、名称为“口红肉表面形成字画的方法及其成型模具”的99100328.4号发明专利（下称本专利），其申请日为1999年1月25日，专利权人为郭富卿。本专利授权公告的权利要求如下：

“1. 一种口红肉表面形成字画的方法，其特征是：利用成型模具可被径向伸张，而该成型模具内可容纳口红肉外周面。

2. 一种口红肉表面形成字画的成型模具，其特征是：成型模具系为可伸缩、耐高温的胶质实体，其顶部设有呈开口状、横截面为圆形口径、且具有适当纵向深度的成型槽，该成型槽内周面设有字体、花纹图形呈外突状的印模，该成型模具外圆周则设有若干个构成圆周角度的边肋。”

针对本专利，林春娜（下称请求人）于2008年1月4日向专利复审委员会提出无效宣告请求，认为本专利权利要求1不符合专利法第22条第2款、第3款的规定。请求人提交了以下证据：

证据1：公开日为1998年8月5日的EP0686468B1欧洲专利文献及其部分中文译文复印件共

12 页。

请求人认为，证据 1 已经公开了本专利权利要求 1 的所有技术特征，因此权利要求 1 不具备新颖性，进而也不具备创造性，不符合专利法第 22 条第 2 款、第 3 款的规定。

经形式审查合格后，专利复审委员会受理了上述请求，于 2008 年 2 月 27 日向双方当事人发出无效宣告请求受理通知书，同时将无效宣告请求书及其附件清单中所列附件副本转送给专利权人，要求其在指定的期限内答复，专利权人在指定期限内没有提交答复意见。

专利复审委员会于 2008 年 4 月 21 日向双方当事人发出了口头审理通知书，定于 2008 年 6 月 3 日对本案进行口头审理。

口头审理如期举行，请求人参加了口头审理，专利权人没有参加口头审理，也没有提交任何意见陈述。请求人对合议组成员无回避请求。请求人明确其无效宣告请求的范围、理由及证据使用方式为：本专利权利要求 1 相对于证据 1 不具备新颖性和创造性，主要意见同提出无效宣告请求时的意见陈述。

至此，合议组认为本案事实清楚，现依法作出审查决定。

二、决定的理由

1. 证据认定

请求人提交的证据 1 是欧洲专利文献，其公开日为 1998 年 8 月 5 日，早于本专利的申请日，可以作为本专利的现有技术。鉴于请求人在提出无效宣告请求时仅提交了证据 1 所使用部分的中文译文，故合议组仅以请求人提交中文译文的部分作为证据使用，同时专利权人对转送的证据 1 的中文译文未提出任何异议，故合议组对译文的真实性予以认可。

2. 审查范围

鉴于请求人仅请求宣告权利要求 1 无效，故合议组仅对权利要求 1 的有效性予以审查。

3. 权利要求 1 的新颖性、创造性

新颖性，是指在申请日以前没有同样的发明或者实用新型在国内外出版物上公开发表过、在国内公开使用过或者以其他方式为公众所知，也没有同样的发明或者实用新型由他人向国务院专利行政部门提出过申请并且记载在申请日以后公布的专利申请文件中。

创造性，是指同申请日以前已有的技术相比，该发明有突出的实质性特点和显著的进步，该实用新型有实质性特点和进步。

请求人认为，证据 1 公开了本专利权利要求 1 中“利用成型模具可被径向伸张”以及“该成型模具内可容纳口红肉外周面”的技术特征，因此本专利权利要求 1 不具备新颖性，进而也不具备创造性。

本专利权利要求 1 请求保护一种口红肉表面形成字画的方法，其特征是利用成型模具可被径向伸张，而该成型模具内可容纳口红肉外周面。证据 1 公开了一种口红条的生产方法，具体包括：在口红条 6 凝固之后，在模具 1 外面的导口 11 上向外施力，以打开模具 1 较高的部分且让口红条 6 通过，一支撑组件 12 包含与口红条 6 平面端呈互补管状的一端 13，可降入模具 1 内抓取口红条 6，随后再利用导口 10 对弹性组件 9 的外面施予向外的压力，以使在模具 1 内的口红条 6 下端部脱离模具，口红条可利用支撑组件由模具内完整抽出（参见证据 1 中文翻译第 1 页第 12~16 行）。由此可知，证据 1 公开了口红条生产方法中模具 1（相当于本专利权要求 1 所说的成型模具）容纳口红条 6（相当于本专利权利要求 1 所说的口红肉）外周面，且该模具 1 可以被径向伸张。

将本专利权利要求 1 所请求保护的技术方案与证据 1 所公开的内容相比，两者的区别在于：本专利权利要求 1 所请求保护的技术方案在口红肉表面形成字画，而证据 1 没有公开这一特征，所以本专利权利要求 1 相对于证据 1 具备新颖性。

但是上述区别技术特征是本领域的常用技术手段，本领域技术人员在证据 1 的基础上结合本领域常用技术手段得到本专利权利要求 1 所请求保护的技术方案是显而易见的，因此本专利权利要求 1 不具备创造性。

三、决定

宣告本专利权利要求 1 无效，在权利要求 2 的基础上维持 99100328.4 号发明专利权有效。

当事人对本决定不服的，可以根据专利法第 46 条第 2 款的规定，自收到本决定之日起三个月内向北京市第一中级人民法院起诉。根据该款的规定，一方当事人起诉后，另一方当事人应当作为第三人参加诉讼。

113

移动式工作灯

无效宣告请求审查决定（第 11666 号）

决　　定　　号　第 11666 号
决　　定　　日　2008 年 6 月 17 日
发明创造名称　移动式工作灯
国 际 分 类 号　F21L 14/02，F21V 17/00 // F21W 131：00
无效宣告请求人　典丽照明（东莞）有限公司
专 利 权 人　郑文威
专　　利　　号　200420071247.4
申　　请　　日　2004 年 7 月 1 日
授 权 公 告 日　2005 年 7 月 13 日
合 议 组 组 长　杨军艳
主　　审　　员　马　燕
参　　审　　员　雒晓明

法 律 依 据　专利法第 22 条第 3 款
决 定 要 点

如果一项权利要求与现有技术之间存在区别，且没有充分的证据来证明现有技术中给出了该区别的技术启示，该区别又使该项权利要求的技术方案具有有益的技术效果，则该项权利要求具备创造性，符合专利法第 22 条第 3 款的规定。

一、案由

本无效宣告请求涉及中华人民共和国国家知识产权局于 2005 年 7 月 13 日授权公告的、名称为“移动式工作灯”的实用新型专利（下称本专利），其专利号为 200420071247.4，申请日是 2004 年 7 月 1 日，专利权人是郑文威。本专利授权公告时的权利要求书如下：

“1. 一种移动式工作灯，其包括一顶端嵌设有一灯座的手柄、一个呈半封闭状且其底端连设于手柄顶部的灯罩、一与灯罩相罩合的防护网以及一装在灯座上的灯泡，其特征在于：该防护网的一侧边与灯罩上与之对应的一侧边枢接，在防护网的另一侧边上向外凸出一外侧设有一滑槽的上卡扣块，而在该灯罩相对应的侧边上对应于该上卡扣块也设置有一外侧设有一滑槽的下卡扣块，且在灯罩的该侧边上邻近于该下卡扣块设有一斜向朝着该下卡扣块方向延伸的弹片，在该弹片上还套设一在防护网的上卡扣块与灯罩的下卡扣块对合后可滑动至该上卡扣块、下卡扣块外侧的滑槽内而锁扣住上卡扣块、下卡扣块的锁扣块。

2. 如权利要求 1 所述的移动式工作灯，其特征在于：该锁扣块包括一本体部、自本体部的两侧分别垂直延伸的两连接部以及自连接部的末端再次垂直向内侧平行于本体部延伸而成并可在上卡扣块、下卡扣块的滑槽内滑动的两滑扣部。

3. 如权利要求 2 所述的移动式工作灯，其特征在于：该弹片的根部还凸设有一个可挡止该锁扣块的滑扣部的端缘的限位块，而该上卡扣块及下卡扣块上的滑槽的一端是呈可挡止锁扣块的封闭状。

4. 如权利要求 1 所述的移动式工作灯，其特征在于：在灯罩的一侧边上设有至少一枢轴，而在防护网相对应的一侧边上设有至少一个可对应扣合在该枢轴上的枢转部，该枢转部是错位设置的两个同轴的半圆环柱，且两半圆环柱是相向设置的。

5. 如权利要求 1 所述的移动式工作灯，其特征在于：该防护网的侧边上还凸设有至少一个定位柱，而在灯罩的相应位置设有供容置该定位柱的定位孔。

6. 如权利要求 1 所述的移动式工作灯，其特征在于：在该灯罩内壁还装设有一反光板。

7. 如权利要求 1 所述的移动式工作灯，其特征在于：在该灯罩背面的底部还进一步设有一弹性夹具，该弹性夹具包括一设于灯罩背面底部的夹座、一借助于一销杆而枢设于该夹座上的按压体以及一个呈 V 形且其两端分别抵顶于夹座及按压体上的弹性体。

8. 如权利要求 7 所述的移动式工作灯，其特征在于：该夹座包括一平行部及一 V 形凹陷部，而该按压体上也对应设有一平行部及一 V 形凹陷部，且在夹座及按压体的平行部及 V 形凹陷部的表面均设有齿纹。

9. 如权利要求 1 所述的移动式工作灯，其特征在于：在该灯罩的顶端设有一容置室，该容置室设有一贯穿容置部顶壁及后壁的长槽，在该容置室内可转动地容设有一挂钩，该挂钩包括一位于容置室外部的钩挂部、一位于底部且容置于该容置室内的呈球形的连接部以及穿过该容置室的长槽分别连接该钩挂部及连接部的颈缩部，该钩挂部的宽度及连接部的直径均大于该长槽的宽度。

10. 如权利要求 1 所述的移动式工作灯，其特征在于：该手柄上还设有一按钮，且手柄的底端设有一可外接电源为灯泡供电的电源线。”

针对上述专利权，典丽照明（东莞）有限公司（下称请求人）于 2007 年 11 月 30 日向专利复审委员会提出无效宣告请求。请求人提交的附件如下：

附件 1：本专利授权公告文本；

附件 2（下称证据 1）：公告号为 CN2082353U 的实用新型专利申请说明书，其公告日为 1991 年 8 月 7 日。

结合上述附件，请求人认为，本专利权利要求 1 相对于证据 1 及公知常识的结合不具备创造性。证据 1 中公开的护灯攀相当于本专利的防护网，本专利与证据 1 的区别在于：证据 1 采用金属弹性扣对护灯攀扣接，而本专利是采用锁扣将防护网和灯罩的上卡扣块和下卡扣块扣合连接。而本专利这种连接方式是人们日常生活中比较常见的连接方式，比如文件袋的上下袋口常采用滑扣扣合连接，其在一个方向推拉滑扣时文件袋袋口打开，而在另一个方向推拉滑扣时文件袋袋口封闭；再比如文具盒或工具盒上常用这种结构，其在盒盖和盒体上设有凸缘，在凸缘上套设滑扣，向一侧推拉滑扣时扣合盒盖与盒体，而向另一侧推拉滑扣时可打开盒盖。将这种常见的连接结构应用移动式工作灯防护网的连接，并不会产生意想不到的技术效果，其对本领域技术人员而言是显而易见的，不具有创造性。请求人在无效宣告请求书的表格中表明其无效宣告请求的范围为本专利权利要求 1~10。

经形式审查合格，专利复审委员会依法受理了上述无效宣告请求，于 2007 年 11 月 30 日向双方当事人发出无效宣告请求受理通知书，并将无效宣告请求书及其附件清单中所列附件副本转送给专利权人，要求其在指定的期限内答复。

针对上述无效宣告请求，专利复审委员会依法组成合议组，对本案进行审查。

本案合议组于2008年4月15日向双方当事人发出无效宣告请求口头审理通知书，指出本案定于2008年5月26日举行口头审理。

口头审理因故改期举行，本案合议组于2008年5月23日再次向双方当事人发出无效宣告请求口头审理通知书，指出原定于2008年5月26日的口头审理取消，改为2008年6月10日举行口头审理。

口头审理如期举行，请求人出席了口头审理，专利权人缺席口头审理。

在口头审理中，

（1）请求人明确其无效宣告请求的理由、事实及证据为：本专利权利要求1、2、6、10相对于证据1与公知常识的结合不符合专利法第22条第3款有关创造性的规定。请求人明确表示放弃关于本专利权利要求3~5、7~9不具备创造性的无效理由。

（2）请求人表示，关于本专利权利要求1不具备创造性的理由与请求书中阐述的理由相同，当庭不再重复。此外，至于本专利中的锁扣是塑胶的还是金属的都是材料上的改进，材料的改进也不会使权利要求1具备创造性。证据1的护灯攀是一个防护架，直接扣到灯罩上面，一般的护灯攀上都带有铁网，使灯免受外界的冲击，证据1的护灯攀上也应带铁网，与本专利中的防护网相同。本专利的锁扣把卡扣块扣在一起，证据1里有一个金属弹性扣，起到本专利的弹片的作用。证据1中的金属弹性扣是单独的部件，装在灯罩上，参见证据1图2中右侧的图，该图中在右侧有一个弧形的凸起，该凸起的部分就是金属弹性扣，利用它直接把护灯攀扣住。

（3）请求人认为，本专利权利要求2的附加技术特征是公知常识，本专利权利要求6的附加技术特征被证据1的“主反射面”公开，该主反射面实际上是一个反光板。关于本专利权利要求10的附加技术特征，请求人认为，移动式工作灯必然有电源线，否则无法对其供电，证据1中记载了“电源引出线11”，通过电源引出线将移动式工作灯连到外接电源上，移动式工作灯上肯定设置按钮，不可能是常明灯。

至此，合议组认为本案事实已清楚，现依法作出无效宣告请求审查决定。

二、决定的理由

1. 关于证据

请求人在本次无效宣告程序中共提交1份证据，即证据1，该证据1是中国实用新型专利申请说明书，专利权人未对其真实性提出异议，经合议组审查，证据1可以作为本案证据使用，且由于其公开日期在本专利申请日之前，因此其上记载的内容构成本专利的现有技术。

2. 关于专利法第22条第3款的规定

专利法第22条第3款规定，创造性，是指同申请日以前已有的技术相比，该发明有突出的实质性特点和显著的进步，该实用新型有实质性特点和进步。

具体于本案，请求人认为本专利权利要求1、2、6、10相对于证据1与公知常识的结合不具备创造性，不符合专利法第22条第3款的规定。

（1）关于本专利权利要求1是否具备创造性。

本专利权利要求1保护一种移动式工作灯，证据1也公开了一种移动式工作灯，两者属于相同的技术领域，证据1具体披露了以下技术特征（参见证据1说明书全文、附图1、2）：该移动式工作灯包括顶端嵌装有灯头座10的手柄5、呈半封闭状且底端通过螺钉6固定在手柄顶部的龟背形灯罩3、护灯攀2、灯泡4，护灯攀2利用金属弹性扣装在灯罩3上，与灯罩一起形成对灯泡的环形保护，灯泡4压缩压簧9后，浮动扣装在灯头座10上，在工作灯受到碰撞冲击时，起防震减震作用。

请求人认为，证据1公开的护灯攀是一个防护架，其上带有铁网，证据1的护灯攀相当于本专利的防护网，因此证据 1 与本专利的区别在于：证据 1 采用金属弹性扣对护灯攀扣接，而本专利是采用锁扣将防护网和灯罩的上卡扣块和下卡扣块扣合连接。而本专利这种连接方式是人们日常生活中比较常见的连接方式。

对此合议组认为，证据 1 中的文字部分和图 1、2 均未体现该护灯攀呈网状或该护灯攀具有铁网从而使护灯攀与灯罩一起形成对灯泡的环形保护。因此，证据 1 中披露的护灯攀与本专利中的防护网不同。因此，本专利权利要求 1 请求保护的移动式工作灯与证据 1 公开的移动式工作灯相比，其区别在于：①本专利权利要求 1 请求保护的移动式工作灯包括防护网，而证据 1 公开的移动式工作灯包括护灯攀；②在本专利权利要求 1 中，防护网的一侧边与灯罩上与之对应的一侧边枢接，在防护网的另一侧边上向外凸出一外侧设有一滑槽的上卡扣块，而在该灯罩相对应的侧边上对应于该上卡扣块也设置有一外侧设有一滑槽的下卡扣块，且在灯罩的该侧边上邻近于该下卡扣块设有一斜向朝着该下卡扣块方向延伸的弹片，在该弹片上还套设一在防护网的上卡扣块与灯罩的下卡扣块对合后可滑动至该上卡扣块、下卡扣块外侧的滑槽内而锁扣住上卡扣块、下卡扣块的锁扣块；而在证据 1 中，护灯攀 2 利用金属弹性扣装在灯罩 3 上。

关于区别技术特征①，合议组认为，尽管证据 1 的护灯攀与本专利的防护网的形状有所不同，但其所起的作用均为保护灯泡不受外界碰撞而损坏，本领域的普通技术人员在考虑到护灯攀的防护效果有限而需要对其进行加强时，很容易想到将其做成防护效果更好的其他形状，如网状，这是本领域的常用技术手段之一。

关于区别技术特征②，合议组认为，首先，请求人仅以文件袋和文具盒或工具盒为例来说明其属于常见的连接方式，而没有提供任何文字、图片或实物证据来做具体说明，并与本专利权利要求 1 进行特征对比，因此无法确定它们的结构是否相同。其次，通过请求人对文件袋、文具盒或工具盒的滑扣结构的描述可知，它们与本专利结构不同，均没有弹片这一特征，也没有弹片与滑扣的配合结构。本专利的弹片与锁扣配合，弹片在发生弹性形变时可使锁扣块越过其而在滑槽内滑动，弹片在弹性回复力下回弹到正常状态时，其与上、下卡扣块的滑槽配合将锁扣块固定在其间，起到了将防护网牢固地与灯罩结合的作用。另外，证据 1 的金属弹性扣不需与其他元件配合即可完成扣装，其与本专利的结构不同，也没有给出使锁扣与弹片相配合的技术启示。

由于请求人未提供充分的证据来证明本专利权利要求 1 不具备创造性，因此对于请求人认为本专利权利要求 1 不具备创造性的观点，合议组不予支持。本专利权利要求 1 相对于证据 1 具备创造性，符合专利法第 22 条第 3 款的规定。

（2）关于本专利权利要求 2、6、10 是否具备创造性。

在独立权利要求 1 相对于证据 1 具备创造性的基础上，引用独立权利要求 1 的从属权利要求 2、6、10 相对于证据 1 也具备创造性，符合专利法第 22 条第 3 款的规定。

综上，本专利权利要求 1、2、6、10 具备创造性，符合专利法第 22 条第 3 款的规定。

三、决定

维持 200420071247.4 号实用新型专利权有效。

当事人对本决定不服的，可以根据专利法第 46 条第 2 款的规定，自收到本决定之日起三个月内向北京市第一中级人民法院起诉。根据该款的规定，一方当事人起诉后，另一方当事人应当作为第三人参加诉讼。

齿间刷线和齿间刷

无效宣告请求审查决定（第 11668 号）

决　定　号　第 11668 号
决　定　日　2008 年 6 月 19 日
发明创造名称　齿间刷线和齿间刷
国际分类号　A61C 15/04
无效宣告请求人　狮王株式会社
专　利　权　人　太阳星光齿磨公司
专　利　号　97103766.3
优　先　权　日　1996 年 4 月 9 日，1996 年 11 月 22 日
申　请　日　1997 年 4 月 9 日
授权公告日　2003 年 7 月 16 日
合议组组长　刘颖杰
主　审　员　刘亚斌
参　审　员　雒晓明

法　律　依　据　专利法第 22 条第 3 款
决　定　要　点

如果发明所要解决的技术问题能够促使本领域技术人员到相关的技术领域中寻找技术手段，则认为现有技术中存在与该相关技术领域的技术相结合的技术启示。

一、案由

本无效宣告请求涉及国家知识产权局于 2003 年 7 月 16 日授权公告的、名称为“齿间刷线和齿间刷”的发明专利权（下称本专利），其申请号为 97103766.3，申请日是 1997 年 4 月 9 日，优先权日是 1996 年 4 月 9 日、1996 年 11 月 22 日，专利权人是太阳星光齿磨公司。该专利授权公告时的权利要求 1 和 8 如下：

“1. 一种齿间刷线，其特征在于，其由直径为 0.15~0.35mm 并至少含有铁、铬、锰和氮这些化学成分的不锈钢线构成，其中锰含量不少于 2.5 重量%，而氮含量不少于 0.10 重量%。

8. 如权利要求 1 所述的齿间刷线，其特征在于，所述不锈钢线在扭绞之前的抗拉特性为弹性极限应力不少于 $40kgf/mm^2$ 和延伸率不少于 30%。”

针对上述专利权，专利复审委员会于 2006 年 10 月 23 日作出 8746 号无效宣告请求审查决定，宣告权利要求 1~7、9、18~24 无效，在权利要求 8、10~17、25、26 的基础上维持专利权继续有效。

该审查决定现已生效。

针对上述专利权，狮王株式会社（下称请求人）于2007年10月29日向专利复审委员会提出无效宣告请求，理由是本专利权利要求8不符合专利法第22条第3款的规定，不具备创造性。随同其专利权无效宣告请求书，请求人提交了4份附件：

附件1：特开平5-317123号日本专利公报及相关部分中文译文，共4页；

附件2：特开平6-179946号日本专利公报第1、4~7页及相关部分中文译文，共7页；

附件3：昭59-205451号日本专利公报及相关部分中文译文，共8页；

附件4：3311511号美国专利文献第1、2、5、6栏及相关部分中文译文，共3页。

请求人的具体无效理由是：附件1公开了一种齿间刷及其制造方法，并公开了齿间刷线的金属线直径为0.2~0.3mm，落在本专利权利要求8限定的0.15~0.35的范围内，本专利权利要求8与对比文件1的区别在于：齿间刷线由至少含有铁、铬、锰和氮这些化学成分的不锈钢线构成，其中锰含量不少于2.5重量%，而氮含量不少于0.10重量%，不锈钢线在扭绞之前的抗拉特性为弹性极限应力不少于40kgf/mm^{2}和延伸率不少于30%；并且附件1中记载了制作齿间刷线的金属线需要满足一定的机械特性，并明确教导优选使用铁素体系不锈钢、马氏体系不锈钢、析出硬化系不锈钢、奥氏体系不锈钢、钴基合金灯，因此本领域技术人员在附件1的启示下会想到在相关的合金钢材料领域中寻找满足使用条件的钢材；而附件2~4均公开了具有上述区别特征所述特性的钢材，因此本专利权利要求8相对于附件1和附件2的结合、附件1和附件3的结合，或者附件1和附件4的结合均不具备创造性。

经形式审查合格，专利复审委员会受理了上述无效宣告请求，于2007年11月14日向请求人和专利权人发出无效宣告请求受理通知书，同时将专利权无效宣告请求书及其附件1~4的副本转给专利权人，要求其在一个月内对该无效宣告请求陈述意见。

请求人于2007年11月29日补充了新的无效宣告理由，并补充提交了附件1~4的部分译文和附件5：特开平7-227315号日本专利公报第1~3页及相关部分中文译文，共5页。请求人补充的无效宣告理由为：附件5公开了一种齿间刷，其中公开了齿间刷线的金属线直径为0.2~0.35mm，落在本专利权利要求8限定的0.15~0.35的范围内，并且还公开了制作齿间刷线的金属线需要满足一定的机械特性，因此本领域技术人员在附件5的启示下会想到在相关的合金钢材料领域中寻找满足使用条件的钢材，因此本专利权利要求8相对于附件5和附件2的结合、附件5和附件3的结合、或者附件5和附件4的结合均不具备创造性。

专利权人于2007年12月28日提交了意见陈述，认为：附件1未公开刷线材料的化学成分，附件2~4未公开或暗示其中的钢材作为用于齿间刷线的材料；并且附件1中记载了“作为用于刷线的材料，最好使用抗拉强度不小于150kgf/mm^{2}的线材”，而附件2~4中公开的钢材的抗拉强度均小于150kgf/mm^2，因此本领域技术人员不可能将附件1与附件2~4中的任一个结合，本专利权利要求8相对于附件1~4具有创造性。

针对上述无效宣告请求，专利复审委员会依法成立合议组进行审查，于2008年3月7日向双方发出无效宣告请求口头审理通知书和转送文件通知书，告知双方当事人本案合议组定于2008年5月14日举行口头审理，并将请求人于2007年11月29日提交的意见陈述书及其附件转给专利权人，将专利权人于2007年12月28日提交的意见陈述书转给请求人。

专利权人于2008年4月18日提交了意见陈述书，同时提交了反证1：第8746号无效宣告请求审查决定书。专利权人认为：附件5中公开的金属线是由钴基合金制成，而本专利权利要求8中的齿间刷线是由不锈钢线构成；附件5中虽然记载了用于齿间刷线的金属线需要有一定的刚度、强度和抗疲劳强度，但是没有对上述机械性能的任何实际或具体描述，本领域技术人员不可能将附件 5 与附件 2~4中的任一个结合，并且即使结合也不能得到本专利权利要求 8 中的“所述不锈钢线在扭绞之前的抗拉特性为弹性极限应力不少于 $40kgf/mm^2$ 和延伸率不少于 30%”的技术特征；此外，由反证 1 可知，针对本专利权利要求 8 相对于附件 5 和附件 4 的结合以及附件 1 和附件 4 的结合不具备创造性的无效宣告理由，在前次无效宣告请求审查决定中已经进行了审查并认定本专利权利要求 8 具有创造性，因此，根据专利法实施细则第 65 条第 2 款的规定，针对请求人基于附件 5 和 4 以及附件 1 和 4 以同样的理由和证据提出的关于本专利权利要求 8 不具备创造性的理由，专利复审委员会应不予考虑。

口头审理如期举行，请求人委托北京集佳知识产权代理有限公司专利代理人雒运朴出庭参加，专利权人委托永新专利商标代理有限公司专利代理人王永建、贾庆忠出庭参加。

在口头审理中，(1) 合议组将专利权人于 2008 年 4 月 18 日提交的意见陈述书及其附件转给请求人。(2) 请求人明确其无效宣告请求的理由为：以附件 1 分别与附件 2~4 结合或者附件 5 分别与附件 2~4 结合来评述本专利权利要求 8 的创造性。(3) 专利权人对附件 1~5 的真实性以及附件 1~3、5 的中文译文的准确性没有异议，对附件 4 的中文译文准确性有异议，认为证据 4 表 1B 中的“弹性极限应力”应改为“屈服强度”，请求人表示认可这种修改，合议组告知双方以将“弹性极限应力”改为“屈服强度”的附件 4 的中文译文为基础进行审查；(4) 关于附件 1 分别与附件 2~4 结合来评述本专利权利要求 8 的创造性，专利权人认为，附件 2 和 4 中仅公开了钢材的屈服强度而不是弹性极限应力，两者不是一个概念，附件 2 和 4 中不能确定是重量百分比，并且附件 2 中测试的是“钢带”，而本申请中是丝材，附件 1 中要求抗拉强度不少于 $150kgf/mm^2$，而附件 2~4 中的最大抗拉强度都小于 $150kgf/mm^2$，两者矛盾因此不可能结合，附件 3 的原文第 314 页表 2 的最后一行“25mm”说明其与本专利的材料形状不同，附件 1 与附件 4 的结合来评述本专利权利要求 8 的创造性的理由在前次无效宣告请求审查决定中已经审查过，根据一事不再理原则应不予审查；请求人认为屈服强度和弹性极限应力是计量单位不同的同一个概念，附件 2 的摘要和附件 4 第 3 页都说明了是按照重量百分比计算，从机械强度的测定来讲，材料做成钢带或丝材的样子没有影响，附件 1 中关于抗拉强度不少于 $150kgf/mm^2$ 的要求是优选情况而并非绝对限制，因此附件 1 与附件 2~4 可以结合，由于附件 3 原文第 314 页的表 2 没有提供中文译文，所以不清楚该表反映什么内容，本次无效宣告请求中使用的附件 1 和附件 4 的部分与前次无效宣告请求中使用的部分不同，因此应该审查该理由。(5) 关于附件 5 分别与附件 2~4 结合来评述本专利权利要求 8 的创造性，专利权人认为，证据 5 中的齿间刷线是 Co 合金，并且在前次无效宣告请求审查决定中也已经审查了附件 5 与附件 4 结合评述本专利权利要求 8 的创造性的理由，本次应不予审查，此外，附件 2~4 都是合金材料，与本专利不属于同一分类号，附件 1 或 5 不能与附件 2~4 结合；请求人认为，证据 5 使用什么合金不影响其公开齿间刷线的材料特征，前次无效宣告请求中使用的附件 5 和附件 4 的部分与本次请求使用的部分不同，因此应当审查。(6) 合议组告知双方当事人，关于“弹性极限应力”和“屈服强度”是否同一概念这一事实，双方可以在口头审理结束后十天内提交公知常识性证据，告知请求人可以在口头审理结束后十天内针对当庭转送给其的专利权人的意见陈述提交意见陈述。

专利权人于 2008 年 5 月 22 日提交了意见陈述书，同时提交了反证 2：《金属塑性成形原理》的封面、版权页、第 115 页的复印件，西安交通大学汪大年主编，机械工业出版社出版，1986 年 11 月印刷。专利权人认为由反证 2 中的图 8-1 可知“屈服强度”和“弹性极限应力”分别代表两个不同的性能参数，不能随意替换。

专利复审委员会于 2008 年 5 月 26 日收到了请求人提交的意见陈述书和如下 5 份附件：

附件6：《新编中外金属材料手册》的封面、版权页、第16~17、545~547页的复印件，宋小龙、安继儒主编，化学工业出版社出版，2008年1月印刷；

附件7：《金属材料及热处理》的封面、版权页、第3~5页的复印件，罗会昌、欧阳熙、邹茜茜编，化学工业出版社出版，2005年5月印刷；

附件8：《日汉机电工程词典（新编本）》的封面、版权页、第1116~1117页的复印件，杨希武主编，机械工业出版社出版，2005年1月印刷；

附件9：《若い技術者のための機械・金属材料》的版权页、第44~47、82~85页的复印件及相关部分的中文译文，丸善株式会社出版，昭和47年5月20日印刷；

附件10：《ステンレスのわはなし》的版权页、第78~81页的复印件及相关部分的中文译文，财团法人日本规格协会出版，1992年7月16日印刷。

请求人认为，根据本专利说明书第7页第17行中"弹性极限应力表示在产生0.2%的极小永久变形时的应力"的记载可知，本专利所称的"弹性极限应力"就是本领域常用的0.2%弹性极限应力，是没有明显的屈服现象的金属材料产生0.2%永久变形时的应力，即一般常说的"屈服强度"或"条件屈服强度"，附件6~10均可证明"屈服强度"和"0.2%弹性极限应力"或"弹性极限应力"是相同的含义；此外，请求人又重申了本专利权利要求8相对于附件5分别和附件2~4的结合不具备创造性的理由。

至此，合议组认为本案事实清楚，现依法作出审查决定。

二、决定的理由

1. 关于证据

附件3和5均是公开日在本申请的申请日之前的日本公开特许公报，专利权人对附件3和5的真实性及其中文译文的准确性均没有异议，合议组经审查认为，附件3和5可以作为本案的证据，其中公开的内容构成本专利的现有技术，并且其文字部分的内容以其中文译文为准。

2. 关于创造性

专利法第22条第3款规定：创造性，是指同申请日以前已有的技术相比，该发明有突出的实质性特点和显著的进步，该实用新型有实质性特点和进步。

根据审查指南第四部分第六章第4节的规定，对于发明专利而言，不仅要考虑该发明专利所属的技术领域，还要考虑其相近或者相关的技术领域，以及该发明所要解决的技术问题能够促使本领域的技术人员到其中去寻找技术手段的其他技术领域。

具体到本案，本专利权利要求8要求保护一种齿间刷线，其特征在于，其由直径为0.15~0.35mm并至少含有铁、铬、锰和氮这些化学成分的不锈钢线构成，其中锰含量不少于2.5重量%，而氮含量不少于0.10重量%，所述不锈钢线在扭绞之前的抗拉特性为弹性极限应力不少于40kgf/mm^{2}和延伸率不少于30%。

附件5公开了一种齿间刷线，其将设置在对折的金属线之间的合成纤维或天然纤维的丝毛通过金属线拧紧，在通过拧合加工金属线形成的杆部分固定由丝毛构成的毛刷。由于齿间刷线用于插入齿间微小的间隙并反复使用，所以金属线需要有一定的刚度、强度和抗疲劳强度；对于拧合加工的齿间刷线，要使用延展性好的金属线；金属线的直径取0.2~0.35mm的值，是容易插入齿间间隙的粗细。

由上可知，附件5中的齿间刷线的金属线直径取0.2~0.35mm的值，落在本专利权利要求8中限定的"0.15~0.35mm"范围内，所以该特征被附件5公开，因此本专利权利要求8的技术方案与附件5公开的内容相比，其区别在于：齿间刷线由至少含有铁、铬、锰和氮这些化学成分的不锈钢线构成，其中锰含量不少于2.5重量%，而氮含量不少于0.10重量%，所述不锈钢线在扭绞之前的抗拉特性为弹性极限应力不少于 40kgf/mm^2 和延伸率不少于 30%。

附件 3 公开了一种高强度非磁性钢，其中公开了该钢材含有 C、Si、Mn（锰）、Ni、Cr（铬）、Mo、Cu、N（氮）等化学成分，并且从表 1 中可知，Mn 含量在 9.50~20.10wt%之间，N 含量在 0.408wt%~0.640wt%之间，还记载了该钢材的试样 1~10 在常温下的 0.2%弹性极限应力均在 85.5~94.0 kgf/mm^{2}的范围内，且从表 3 可知试样 1~7、9~10 的延伸率都在 30.8%~33.7%之间。

合议组认为，由于附件 5 中公开了制作齿间刷线的金属线需要有一定的刚度、强度和抗疲劳强度，对于拧合加工的齿间刷线，要使用延展性好的金属线，因此本领域技术人员在附件 5 的启示下，为了增强齿间刷线的强度和延展性，会想到在合金钢材料领域中寻找满足使用条件的金属或合金材料，而附件 3 中公开了一种具有一定强度和延展性的钢材，因此附件 3 可以与附件 5 结合评述本专利权利要求 8 的创造性。在此基础上，结合上述附件 3 公开的内容可知，该区别特征已经被附件 3 公开，因此，在附件 5 的基础上结合附件 3 得出权利要求 1 的技术方案对本领域技术人员来说是显而易见的，故本专利权利要求 8 相对于附件 5 与附件 3 的结合不具备专利法第 22 条第 3 款规定的创造性。

由于本专利权利要求 8 相对于附件 5 与附件 3 的结合不具备创造性，应予无效，因此合议组不再对请求人提交的其他证据进行审查。

三、决定

宣告 97103766.3 号发明专利的权利要求 8 无效，在权利要求 10~17、25、26 的基础上维持 97103766.3 号发明专利权有效。

当事人对本决定不服的，可以根据专利法第 46 条第 2 款的规定，在收到本决定之日起三个月内向北京市第一中级人民法院起诉。根据该款规定，一方当事人起诉后，另一方当事人应当作为第三人参加诉讼。

115

防爬楼房落水管

无效宣告请求审查决定（第 11673 号）

决　定　号　第 11673 号
决　定　日　2008 年 5 月 21 日
发明创造名称　防爬楼房落水管
国际分类号　E04F 17/00
无效宣告请求人　钱　锟
专利权人　靳宝成
专　利　号　200320111398.3
申　请　日　2003 年 12 月 18 日
授权公告日　2005 年 3 月 2 日
合议组组长　温丽萍
主　审　员　姜　岩
参　审　员　王　博

法律依据　专利法第 22 条第 2 款
决定要点

如果专利与对比文件公开的内容相比，其权利要求所限定的技术方案与对比文件公开的技术方案实质上相同，所属技术领域的技术人员根据两者的技术方案可以确定两者能够适用于相同的技术领域，解决相同的技术问题，并且有相同的预期效果，则认为两者为同样的发明创造。

一、案由

本无效宣告请求涉及中华人民共和国国家知识产权局于 2005 年 3 月 2 日授权公告的、名称为“防爬楼房落水管”的实用新型专利权（下称本专利），其专利号是 200320111398.3，申请日是 2003 年 12 月 18 日，专利权人是靳宝成。本专利授权公告时的权利要求书如下：

“1. 一种防爬楼房落水管，包括管筒（1）和安装卡（2），其特征在于管筒（1）采用半圆筒式。”

针对本专利权，钱锟（下称请求人）于 2007 年 12 月 11 日向专利复审委员会提出无效宣告请求，认为本专利不符合专利法第 22 条第 2、3 款的规定，请求人同时提交了如下附件：

附件 1：授权公告日 2000 年 5 月 10 日，授权公告号为 CN1052287C（专利号为 94100231.4）的中国发明专利说明书；

附件 2：湖北省建筑标准设计参考图《防攀阻燃玻璃钢水落管安装》复印件，共 9 页。

请求人认为：附件 1 和附件 2 分别公开了本专利权利要求 1 的全部技术特征，因此不符合专利法第 22 条第 2 款有关新颖性的规定；本专利的技术方案对于本领域技术人员来说显而易见，没有实质性特点和进步，因此不符合专利法第 22 条第 3 款有关创造性的规定。

经形式审查合格，专利复审委员会依法受理了上述无效宣告请求，并于 2008 年 1 月 3 日向请求人和专利权人发出无效宣告请求受理通知书，同时将专利权无效宣告请求书及其附件清单中所列附件的副本转送给专利权人，并要求专利权人在指定的期限内陈述意见。

专利权人期满没有答复。

专利复审委员会依法成立合议组对本案进行审理，本案合议组于 2008 年 4 月 2 日向双方发出无效宣告请求口头审理通知书，定于 2008 年 5 月 20 日在专利复审委员会举行口头审理。

口头审理如期举行，请求人单方参加了口头审理。在口头审理中，请求人明确其无效理由、证据和事实为：附件 1 和 2 分别公开了权利要求 1 的技术方案，权利要求 1 不符合专利法第 22 条第 2 款的规定，请求人当庭放弃了专利法第 22 条第 3 款有关创造性的无效理由。并当庭提交了附件 2 的原件。

至此，合议组认为本案事实已经清楚，可以作出审查决定。

二、决定的理由

1. 关于证据

请求人提交的证据包括附件 1，附件 1 为中国专利文献，专利权人一直未对其真实性发表意见，合议组经核实确认其真实性，同时其公开日期在本专利的申请日前，因此可以作为本专利的现有技术使用。

2. 本专利权利要求 1 不具有新颖性

新颖性，是指在申请日以前没有同样的发明或者实用新型在国内外出版物上公开发表过、在国内公开使用过或者以其他方式为公众所知，也没有同样的发明或者实用新型由他人向国务院专利行政部门提出过申请并记载在申请日以后公布的专利申请文件中。

如果一件专利与对比文件公开的内容相比，其权利要求所限定的技术方案与对比文件公开的技术方案实质上相同，所属技术领域的技术人员根据两者的技术方案可以确定两者能够适用于相同的技术领域，解决相同的技术问题，并且有相同的预期效果，则认为两者为相同的发明创造。

本申请请求保护一种防爬楼房落水管，其发明目的是现有的圆筒式和方筒式管筒和安装卡的结合使得落水管道与墙面形成一定空隙，为攀爬提供了抓手和蹬脚，不能阻止不法分子攀登。为解决其发明目的的所采用的技术方案是：一种防爬楼房落水管，包括管筒和安装卡，管筒采用半圆管式。实现的技术效果是，半圆形管筒的平面紧贴墙面安装，安装卡两头也在墙面固定，故使管筒与墙面之间无空隙，加之半圆形管筒的弧面光滑无棱角，因此，可以防止盗贼攀爬。

附件 1 公开了一种防攀阻燃落水管，与本专利属于相同的技术领域，附件 1 的发明目的是：提供一种建筑物外墙落水管，使人不易沿着管体向上攀爬（参见附件 1 说明书第 1 页第 3 段内容）。采用的技术方案是：由相互插入连接的若干节管体组成，每节管体的结构是，其上、下部各设有与之连为一体的固定耳，管体的截面是半圆形的（参见附件 1 说明书第 1 页第 4 段内容）。技术效果是阻攀，因为管体平面部分贴附在建筑物外墙上，向外的一面为等于半圆的弧形，不利于行窃者依附管壁向上攀援（参见附件 1 说明书第 1 页最后一段至第二页第 1 行）。

由此可见，本专利与附件 1 公开的内容相比，其权利要求 1 所限定的技术与附件 1 公开的技术方案实质上相同，所述技术领域的技术人员根据两者的技术方案可以确定两者能够适用于相同的技术领域，解决相同的技术问题，并具有相同的预期效果，因此权利要求 1 相对于附件 1 不符合专利法第 22

条第 2 款有关新颖性的规定。

由于权利要求 1 相对于附件 1 不具备新颖性，合议组不再对附件 2 及权利要求 1 相对于附件 2 是否具有新颖性予以评述。

根据上述的事实和理由，本案合议组依法作出以下决定。

三、决定

宣告 200320111398. 3 号实用新型专利权全部无效。

当事人对本决定不服的，可以根据专利法第 46 条第 2 款的规定，自收到本决定之日起三个月内向北京市第一中级人民法院起诉。根据该款的规定，一方当事人起诉后，另一方当事人应当作为第三人参加诉讼。

116

一种现浇钢筋砼组合结构用空心管构件

无效宣告请求审查决定（第11674号）

决　　定　　号　第11674号
决　　定　　日　2008年6月10日
发明创造名称　一种现浇钢筋砼组合结构用空心管构件
国 际 分 类 号　E04B 5/17，E04B 5/36，E04B 5/32
无效宣告请求人　嘉兴市多凌建筑结构材料有限公司
专　利　权　人　邱则有
专　　利　　号　01136050.X
申　　请　　日　2001年9月30日
授 权 公 告 日　2003年6月11日
合 议 组 组 长　欧　岚
主　　审　　员　汤元磊
参　　审　　员　姜　岩

法　律　依　据　专利法第33条，专利法第22条第2款、第3款
决　定　要　点

在判断发明专利一项权利要求的创造性时，首先应当找出该权利要求所限定的技术方案与最接近的现有技术之间的区别技术特征，如果该区别特征的引入给本发明权利要求所要求保护的技术方案带来了突出的实质性特点和显著的进步，那么该权利要求具备创造性，反之则该权利要求不具备创造性。

一、案由

本无效宣告请求案涉及申请日为2001年9月30日、授权公告日为2003年6月11日、名称为“一种现浇钢筋砼组合结构用空心管构件”的01136050.X号中国发明专利（下称本专利），专利权人为邱则有。本专利授权公告时的权利要求共22项，其中权利要求1、2、4、5、14、15、17、19为：

“1. 一种现浇钢筋砼组合结构用空心管构件，其特征在于在空心管（1）中设置有横向加劲肋（2），横向加劲肋（2）与空心管（1）的管体形成一整体双向空心管构件。

2. 根据权利要求1所述的一种现浇钢筋砼组合结构用空心管构件，其特征在于横向加劲肋（2）在空心管（1）中设置一片、二片、三片或者多片。

4. 根据权利要求1或者2所述的一种现浇钢筋砼组合结构用空心管构件，其特征在于横向加劲肋（2）两侧，可有凸出的增加加劲肋刚度、强度的加强筋（7）。

5. 根据权利要求4所述的一种现浇钢筋砼组合结构用空心管构件，其特征在于加劲肋（2）的加强筋（7）位于管底部和其他部位，底部加强筋（7）大于其他部位的加强筋7，而形成倒T型贴底大加强筋（7）的加劲肋（2）。

14. 根据权利要求1或者2所述的一种现浇钢筋砼组合结构用空心管构件，其特征在于横向加劲肋（2）上留有孔（13），形成板筋加劲肋、纯筋加劲肋、板孔加劲肋、环管加劲肋。

15. 根据权利要求1或者2所述的一种现浇钢筋砼组合结构用空心管构件，其特征在于横向加劲肋（2）上无孔，形成板加劲肋、板筋加劲肋。

17. 根据权利要求1或者2所述的一种现浇钢筋砼组合结构用空心管构件，其特征在于管的下部有连接模板的定位构造（14），定位构造（14）固定在双向管构件中，可以是拉环、拉勾、接筋或者拉网或其他装置。

19. 根据权利要求1或者2所述的一种现浇钢筋砼组合结构用空心管构件，其特征在于空心管（1）管体材料可为水泥纤维、水泥布网、纤维水泥砂浆、纤维布砂浆、水泥砂浆、金属波纹管、塑料管、金属管、水泥钢丝网或水泥砂浆钢丝网，其钢丝网或纤维网格布、纤维布可是一层或多层。”

针对本专利，嘉兴市多凌建筑结构材料有限公司（下称请求人）于2007年10月19日向专利复审委员会提出了无效宣告请求，其理由是本专利不符合专利法第33条以及专利法第22条第2、3款的规定，请求宣告本专利权利要求1、2、4、5、14、15、17、19无效，同时提交了以下附件作为证据：

附件1：本专利的发明专利说明书；

附件2：本专利的发明专利申请公开说明书；

附件3（以下称对比文件1）：授权公告日为1994年4月6日、授权公告号为CN2160693Y（专利号为93206310.1）的中国实用新型专利说明书，共6页；

附件4（以下称对比文件2）：授权公告日为1996年6月5日、授权公告号为CN2228503Y（专利号为95216619.4）的中国实用新型专利说明书，共5页；

附件5（以下称对比文件3）：授权公告日为2001年10月17日、申请日为2000年12月1日、专利权人为齐金城、授权公告号为CN2454480Y（专利号为00256814.4）的中国实用新型专利说明书，共5页；

附件6（以下称对比文件4）：公开日为2001年9月12日、公开号为CN1312878A（申请号为99809748.9）的中国发明专利申请公开说明书，共18页；

附件7（以下称对比文件5）：公开日为2000年8月30日、公开号为CN1264777A（申请号为00110252.4）的中国发明专利申请公开说明书，共8页；

附件8（以下称对比文件6）：授权公告日为1997年5月28日、授权公告号为CN2254915Y（专利号为96227880.7）的中国实用新型专利说明书，共7页；

附件9（以下称对比文件7）：授权公告日为2000年6月28日、授权公告号为CN2385012Y（专利号为99213097.2）的中国实用新型专利说明书，共6页；

附件10（以下称对比文件8）：授权公告日为1994年11月30日、授权公告号为CN2184031Y（专利号为94202491.5）的中国实用新型专利说明书，共13页；

附件11（以下称对比文件9）：公开日为2000年12月6日、公开号为CN1275666A（申请号为99108236.2）的中国发明专利申请公开说明书，共6页；

附件12（以下称对比文件10）：授权公告日为1996年9月11日、授权公告号为CN2234980Y（专利号为94235974.7）的中国实用新型专利说明书，共6页；

附件13（以下称对比文件11）：公开日为2001年9月5日、公开号为CN1311840A（申请号为99809087.5）的中国发明专利申请公开说明书，共43页；

附件14（以下称对比文件12）：授权公告日为1999年10月13日、授权公告号为CN2343240Y（专利号为98231113.3）的中国实用新型专利说明书，共5页。

请求人认为：本专利权利要求1、2、4、5、14、15、17、19不符合专利法第33条的规定，权利要求1和2不符合专利法第22条第2款的规定，权利要求1、2、4、5、14、15、17、19不符合专利法第22条第3款的规定，应当被宣告其无效。具体的理由为：（1）权利要求1相对于对比文件1、2、4之一不具备新颖性和创造性；根据"①在现有技术的基础上结合对比文件6或7或6、7的组合和②在对比文件1或2或3或4或1~4的组合的基础上结合对比文件6或7或6、7的组合"，本专利权利要求1不具备创造性；（2）对比文件1、2、4公开了权利要求2的附加技术特征，而且权利要求2的附加技术特征是本领域内惯用的技术手段，因此权利要求2不具备新颖性和创造性；（3）对比文件5和6均分别公开了权利要求4的附加技术特征，因此权利要求4不具备创造性；（4）对比文件5和6所公开的加强筋均与其所在的板体形成倒T型，因此权利要求5不具备创造性；（5）权利要求14、15的附加技术特征属于本领域的常用技术手段，因此权利要求14、15不具备创造性；（6）权利要求17的附加技术特征已经被对比文件8或9或10或11或8~11的组合公开，因此权利要求17不具备创造性；（7）权利要求19附加技术特征中的材料与对比文件12公开的"玻璃纤维布"均系本领域常用的材料，权利要求19相对于对比文件12仅仅是不同材料的等效替代，因此权利要求19不具备创造性；（8）权利要求1在实质审查过程中被删除了"空心管1横截面为圆形、方形、梯形或者其他异形"这一技术特征删除，该修改超出了原说明书和权利要求书的保护范围，从属权利要求2、4、5、14、15、17、19也没有解决上述缺陷，因此权利要求1、2、4、5、14、15、17、19不符合专利法第33条的规定。

经形式审查合格，专利复审委员会受理了上述无效宣告请求，于2007年11月28日向请求人和专利权人发出无效宣告请求受理通知书，同时将无效宣告请求书及其附件清单所列附件副本转给了专利权人，并要求专利权人在指定的期限内进行答复。

专利权人于2007年12月29日针对上述无效宣告请求提交了意见陈述书，专利权人对请求人就各附件公开的内容的理解、证据的组合和具体意见陈述的准确性不予认可，请求专利复审委员会对本案进行口头审理。

专利复审委员会依法成立合议组对本案进行审理，本案合议组于2008年2月25日向双方发出无效宣告请求口头审理通知书，定于2008年4月29日在专利复审委员会举行口头审理，并将专利权人于2007年12月29日提交的意见陈述书副本随同口头审理通知书转送给请求人。

口头审理如期举行，双方当事人均出席了本次口头审理。

在口头审理过程中，请求人明确其无效理由、事实、证据为：单独使用对比文件1、2、3、4之一分别评价本专利权利要求1、2不具有新颖性；单独使用对比文件1、2、4、6、7之一分别评价本专利权利要求1、2不具有创造性；单独使用对比文件6，或者使用对比文件1、2、4之一与对比文件5、6之一相组合评价本专利权利要求4或5不具备创造性；单独使用对比文件1、2之一分别评价本专利权利要求14或15不具备创造性；使用对比文件1、2、4之一与对比文件8、9、10、11之一组合评价本专利权利要求17不具备创造性；本专利权利要求19附加技术特征被对比文件12公开不具有创造性；本专利权利要求1、2、4、5、14、15、17、19不符合专利法第33条的规定。请求人明确表示没有其他的无效理由、证据、范围和证据组合形式。专利权人对附件1~14的真实性没有异议，同时表示将原权利要求17中的"或其他装置"删除，将权利要求17修改为"17、根据权利要求1或者2所述的一种现浇钢筋砼组合结构用空心管构件，其特征在于管的下部有连接模板的定位构造（14），定位构造（14）固定在双向管构件中，可以是拉环、拉勾、接筋、拉网”。请求人当庭表示对权利要求17的修改无异议。合议组告知专利权人应当在庭审后指定期限内按照以上陈述补充提交权利要求书修改替换页。

专利复审委员会于2008年5月29日收到专利权人按照其口头审理当庭对权利要求书进行修改的陈述、补充提交的权利要求书修改替换页。

至此，合议组认为本案事实已经清楚，可以作出审查决定。

二、决定的理由

1. 关于证据

附件1为本专利的发明专利说明书，附件2为本专利的发明专利申请公开说明书，专利权人对附件1、2的真实性无异议，本案合议组确认附件1、2的真实性，可以作为本案证据使用。附件3~14即对比文件1~12均为中国专利文献，专利权人对附件3~14的真实性无异议，合议组经审查认为其可作为本案证据使用，其中对比文件1、2、4~12的公开日均在本专利申请日之前，因此，对比文件1、2、4~12上记载的内容构成了本专利的现有技术，可以用来评价本专利的新颖性和创造性；对比文件3为齐金城在本专利申请日之前向中国专利局提出申请、在本专利申请日之后公开的专利文献，故其仅可用来评价本专利的新颖性。

2. 关于专利权人提交的修改文本和审查基础

专利权人于2008年4月29日口头审理当庭对权利要求书进行了修改，专利复审委员于2008年5月29日收到其补充提交的相应的权利要求书修改替换页，相对于授权公告文本，其中仅对权利要求17进行了修改，具体修改方式是将原权利要求17中的“或其他装置”删除，其他不变。合议组经审查后认为其修改权利要求的具体方式属于技术方案的删除，这样的修改符合专利法第33条及专利法实施细则第68条以及审查指南有关无效宣告程序中专利文件修改的相关规定，合议组予以接受。本决定以专利权人于2008年4月29日口头审理当庭提出的对权利要求书修改的基础上、专利复审委员会于2008年5月29日收到其补充提交的权利要求1~19为审查基础。

3. 关于本专利权利要求1、2、4、5、14、15、17、19是否符合专利法第33条的规定

专利法第33条规定，申请人可以对其专利申请文件进行修改，但是，对发明和实用新型专利申请文件的修改不得超出原说明书和权利要求书记载的范围，对外观设计专利申请文件的修改不得超出原图片或者照片表示的范围。

请求人认为将原始申请权利要求1中的“空心管1横截面形状为圆形、方形、梯形或者其他异形”删除导致权利要求1的保护范围扩大，“其他异形”不包括圆形、方形、梯形以外的规则形状，且上述被删除的特征是权利要求1的必要技术特征，从属权利要求2、4、5、14、15、17、19没有解决上述缺陷，因此权利要求1、2、4、5、14、15、17、19不符合专利法第33条的规定。专利权人认为由于删除的特征本身已经包括了截面的所有形状，因此删除该特征的修改没有超出原说明书和权利要求书记载的范围。

经审查，合议组确认本专利权利要求1在实质审查阶段存在请求人所述的修改，但结合本专利说明书的内容及其附图，合议组理解“其他异形”为圆形、方形、梯形以外的其他形状，即“空心管1横截面形状为圆形、方形、梯形或者其他异形”理解为空心管1横截面形状包括所有截面形状，因此本专利权利要求1的保护范围与原始申请中的权利要求1的保护范围相同，上述修改没有导致权利要求1超出原说明书和权利要求书记载的范围。同理，从属权利要求2、4、5、14、15、17、19也没有超出原说明书和权利要求记载的范围，故请求人认为由于上述修改导致本专利权利要求1、2、4、5、

14、15、17、19 不符合专利法第 33 条规定的无效理由不能成立。

4. 关于本专利权利要求 1、2、4、5、14、15、17、19 的新颖性和创造性

专利法第 22 条第 2 款规定，新颖性，是指在申请日以前没有同样的发明或者实用新型在国内外出版物上公开发表过、在国内公开使用过或者以其他方式为公众所知，也没有同样的发明或者实用新型由他人向国务院专利行政部门提出过申请并且记载在申请日以后公布的专利申请文件中。

专利法第 22 条第 3 款规定，创造性，是指同申请日以前已有的技术相比，该发明有突出的实质性特点和显著的进步，该实用新型有实质性特点和进步。

在判断发明专利一项权利要求的创造性时，首先应当找出该权利要求所限定的技术方案与最接近的现有技术之间的区别技术特征，如果该区别特征的引入给本发明权利要求所要求保护的技术方案带来了突出的实质性特点和显著的进步，那么该权利要求具备创造性，反之则该权利要求不具备创造性。

（1）关于本专利权利要求 1 的新颖性。

请求人认为本专利权利要求 1 中的纸板撑为横向加劲肋，权利要求 1 相对于对比文件 2 不具备新颖性；专利权人认为对比文件 2 没有公开本专利权利要求 1 中所述的横向加劲肋，对比文件 2 中的纸板撑是堵头，不是加劲肋，原因是纸遇水变软，无法起横向张力的作用，其所述的撑只是支撑现浇混凝土不流入纸管内的作用。

对比文件 2 公开了一种带永久性胎模的现浇空心板，所述空心胎模的截面形状可为梯形、方形、圆形或其他形状，可由廉价材料制得，如由硬纸板、硬质泡沫塑料或陶土等制得。现浇混凝土板 1 的内部含有由硬纸板制得的空心胎模 2，所述空心胎模 2 由外围硬纸板 3 和其内的纸板撑 4 组成（参见对比文件 2 说明书第 1 页第 10~15 行，第 2 页第 6~9 行，图 1-3）。合议组认为：根据对比文件 2 图 2 所示，设置在外围硬纸板 3 内的纸板撑 4 与外围硬纸板 3 形成了一整体结构。而且，由于对比文件 2 中所述空心胎模 2 的截面形状可为梯形、方形、圆形，其材料可以为硬纸板、硬质泡沫塑料或陶土等，因此，对比文件 2 中已经公开了一种双向空心胎模，所述空心胎模包括有截面形状为圆形等各种截面形状的空心管结构，且所述空心胎模用于现浇钢筋混凝土结构。

同时，从对比文件 2 说明书图 2 中可以看出所述纸板撑 4 设置外围硬纸板 3 形成的空心胎模 2 内部，并不是设置在空心胎模 2 的端部，在应用所述空心胎模 2 时，由于所述空心胎模 2 是横向设置的，现浇混凝土由于重力作用沿竖直方向流动，即便有少量的混凝土流入所述空心胎模 2，仍然不能大面积浸泡到所述空心胎模内部的纸板撑 4 而致使纸板撑变软，而且“撑”字本身的含义即为“支撑”，因此所述纸板撑不是堵头，其所起的作用是横向支撑外围硬纸板 3，即对比文件 2 中所述纸板撑 4 在空心胎模 2 的横向起到了加强作用，纸板撑 4 属于横向加劲肋。

综上所述，对比文件 2 单独公开了本专利权利要求 1 中的全部技术特征，两者均属于现浇钢筋混凝土组合结构用建筑构件，所解决的技术问题均是增强建筑构件的横向支撑强度，技术方案和预期效果实质上相同，因此，本专利权利要求 1 相对于对比文件 2 不具备新颖性，不符合专利法第 22 条第 2 款的规定。

（2）关于本专利权利要求 2 的创造性。

权利要求 2 是权利要求 1 的从属权利要求，其附加技术特征为“横向加劲肋（2）在空心管（1）中设置一片、二片、三片或者多片”。

请求人认为对比文件 2 图 2 公开了二片横向加劲肋，根据空心管的长度设定横向加劲肋的片数是惯用手段；专利权人认为对比文件 2 没有公开在空心管中设置横向加劲肋，也就没有对横向加劲肋数量进行限定。

合议组认为：在对比文件 2 公开的一种带永久性胎模的现浇空心板中，设置在外围硬纸板 3 内的纸板撑 4 为二片（参见对比文件 2 图 2），同时，本领域技术人员根据空心胎模长度的不同，将对比文件 2 中公开的二片纸板撑替换成“一片、三片或者多片纸板撑”对空心胎模进行横向加强，这种替换是很容易想到的。本领域技术人员在对比文件 2 公开内容的基础上根据具体情况进行选择，容易得到权利要求 2 的技术方案，而且其技术效果也是想象得到的，因此，在权利要求 1 不具备新颖性的情况下，权利要求 2 不具备专利法第 22 条第 3 款规定的创造性。

（3）关于本专利权利要求 4、5 的创造性。

权利要求 4 引用了权利要求 1 或者 2，其附加技术特征为“横向加劲肋（2）两侧，可有凸出的增加加劲肋刚度、强度的加强筋（7）”。权利要求 5 是权利要求 4 的从属权利要求。

请求人主张单独使用对比文件 6，或者使用对比文件 1、2、4 之一与对比文件 5、6 之一相组合评价权利要求 4 或 5 不具备创造性；专利权人认为对比文件 6 记载的是在墙板上设加强筋的技术方案，本领域技术人员无法得到在空心管中设置横向加劲肋的启示。

对比文件 1 公开了一种模壳构件，其由上底、下底及侧壁构成，侧壁与上、下底构成全封闭空腹型多面体结构，模壳体内有加强筋，模壳体内的加强筋为单向形、十字形或井字形结构（参见对比文件 1 权利要求 1~4，图 1-3）；对比文件 2 公开了一种带永久性胎模的现浇空心板，所述空心胎模的截面形状可为梯形、方形、圆形或其他形状，所述空心胎模 2 由外围硬纸板 3 和其内的纸板撑 4 组成（参见对比文件 2 说明书第 1 页第 10~15 行，第 2 页第 6~9 行，图 1-3）；对比文件 4 公开了一种空心模壳构件，具有加强格栅或蛋架等插入加强件（参见对比文件 2 权利要求 1~7，图 2，8，12）；对比文件 5 公开了一种非承重轻体墙，各侧壁板由端板 1 和由各自端面上制出的若干凸起的、形状为条形的纵、横加强筋 3、4 构成，该各加强筋等高并交接成矩形网格的网状体（参见对比文件 5 说明书第 2 页，图 2），且对比文件 5 中的纵、横加强筋 3、4 是端板（1）内的加强部件，不属于设置在加强部件上的加强筋；对比文件 6 公开了一种横式条形墙体壳板，包括长条形板体，所述板体上带有沿板体短边方向且相互间有一定间隔的一组肋筋和沿其长边方向的至少一条加强筋（参见对比文件 6 权利要求 1，图 2-3），其中，肋筋将墙体内分为若干空腔，灌注砼后向形成稳固的网架，网架之间的空腔可填充材料，加强筋的设置是保证板体的稳固性（参见对比文件 6 说明书第 1 页第 3 段），且对比文件 6 中的加强筋（3）是板体（1）的加强部件，不属于设置在加强部件上的加强筋。综上所述，合议组认为对比文件 1、2、4、5、6 均没有公开权利要求 4 附加技术特征中的“横向加劲肋两侧有凸出的增加加劲肋刚度、强度的加强筋”，也没有给出相应的技术启示，本领域技术人员不能通过对比文件 6，或者对比文件 1、2、4 之一与对比文件 5、6 之一结合得到权利要求 4 要求保护的技术方案，因此权利要求 4 相对于对比文件 6，或者相对于对比文件 1、2、4 之一与对比文件 5、6 之一的结合不具备创造性的无效理由不能成立，同时，由于权利要求 5 是权利要求 4 的从属权利要求，因而权利要求 5 相对于对比文件 6，或者相对于对比文件 1、2、4 之一与对比文件 5、6 之一的结合不具备创造性的无效理由也不能成立。

（4）关于本专利权利要求 14、15 的创造性。

权利要求 14 引用了权利要求 1 或者 2，其附加技术特征为“横向加劲肋（2）上留有孔（13），形成板筋加劲肋、纯筋加劲肋、板孔加劲肋、环管加劲肋”；权利要求 15 引用了权利要求 1 或者 2，其附加技术特征为“横向加劲肋（2）上无孔，形成板加劲肋、板筋加劲肋”。

请求人主张单独使用对比文件 1 或 2 评价权利要求 14 或 15 均不具备创造性，其认为对比文件 1 中井字形结构的加强肋是有孔的加强构件，对比文件 2 公开了无孔的加强构件，加强件本身有孔、无孔是本领域技术人员很容易想到的；专利权人认为对比文件 1、2 没有公开权利要求 14 的附加技术特征，对比文件 1、2 均没有公开权利要求 15 中“板筋加劲肋”的技术方案。

关于权利要求 14，合议组认为：对比文件 1 公开的内容如前所述，其没有公开本专利的双向空心管构件，而且对比文件 1 图 3 中所示的多面体结构模壳构件中的井字形结构的加强肋（4）本身是无孔的，在对比文件 1 的说明书文字部分也没有记载所示的井字形结构的加强肋（4）是有孔的加强构件；对比文件 2 公开的相当于本专利横向加劲肋的纸板撑本身也是无孔的，其也没有公开有孔的横向加劲肋，而且，对本领域技术人员来说，由对比文件 1 或 2 公开的内容不能容易地想到在加强构件上设置孔并形成“板筋加劲肋、纯筋加劲肋、板孔加劲肋、环管加劲肋”，同时请求人也没有提供证据证明加强件本身有孔是本领域技术人员很容易想到的，故权利要求 14 保护的技术方案相对于对比文件 1 或 2 是非显而易见的，因此权利要求 14 相对于对比文件 1 或 2 也不具备创造性的无效理由不能成立。

关于权利要求 15 中包含“横向加劲肋（2）上无孔，形成板加劲肋”的技术方案，合议组认为：对比文件 2 公开的相当于本专利横向加劲肋的纸板撑本身是无孔的，属于板加劲肋，因此在其引用的权利要求 1、2 相对于对比文件 2 不具备新颖性或创造性的情况下，权利要求 15 中包含“横向加劲肋（2）上无孔，形成板加劲肋”的技术方案相对于对比文件 2 不具备新颖性或创造性。

关于权利要求 15 中包含“横向加劲肋（2）上无孔，形成板筋加劲肋”的技术方案，合议组认为：对比文件 1 公开的内容如前所述，其没有公开本专利的双向空心管构件，且对比文件 1 公开的模壳构件中的加强肋也不是无孔的“板筋加劲肋”；同时，如前所述，对比文件 2 公开的纸板撑属于无孔的板加劲肋，其也没有公开无孔的“板筋加劲肋”，而且“板筋加劲肋”的结构形式与板加劲肋是不同的，对本领域技术人员来说，由对比文件 1 或 2 公开的内容不能容易地想到权利要求 15 中所限定的无孔“板筋加劲肋”这种形式的横向加劲肋，故该技术方案相对于对比文件 1 或 2 是非显而易见的，因此权利要求 15 中包含“横向加劲肋（2）上无孔，形成板筋加劲肋”的技术方案相对于对比文件 1 或 2 不具备创造性的无效理由不能成立。

（5）关于本专利权利要求 17 的创造性。

权利要求 17 引用了权利要求 1 或者 2，其附加技术特征为“管的下部有连接模板的定位构造（14），定位构造（14）固定在双向管构件中，可以是拉环、拉勾、接筋、拉网”。

请求人主张使用对比文件 1、2、4 之一与对比文件 8~11 之一组合评价权利要求 17 不具备创造性，其认为对比文件 8~11 之一分别公开了权利要求 17 的附加技术特征；专利权人认为对比文件 8~11 之一均没有公开权利要求 17 的附加技术特征。

合议组认为：对比文件 1、2、4 公开的内容如前所述，对比文件 8 公开了一种组合式隔墙的骨架结构，其包括主支撑柱和副支撑柱，在主支撑柱顶端连结一锁固元件，所述锁固元件的主体设有全螺纹的螺杆结构，该螺杆的顶端螺合地设有锁固板，借助螺钉与天花板的悬架连接，使主支撑柱固定地竖立于地板和天花板之间（参见对比文件 8 权利要求 2，图 1、6），所述锁固元件用于固定组合式隔墙的骨架结构；对比文件 9 公开了一种预制梁连接筋，由一字形连接筋和 U 形连接筋组成，所述一字形连接筋和所述 U 形连接筋都是一个独立元件，用于预制梁之间的连接（参见对比文件 9 权利要求 1，图 1-2）；对比文件 10 公开了一种新型三维网架夹芯板，包括两层平面钢丝网片及其中的夹芯层，若干支撑杆穿过夹芯层分别与两侧网片固定连接，支撑杆上至少设一个定位片，所述定位片设置在支撑杆与夹芯层的交点位置，用于限定夹芯层与钢丝网片间的相对位置（参见对比文件 10 说明书第 2 页第 7~8 行，图 1-2）；对比文件 11 公开了一种预制建筑系统，包括墙、地板、屋顶面板，其中每一面板由一块或多块面板部分构成，每个面板部分包括边架构件，所述边架构件通过位于其间的连接构件连接，所述连接构件可设有相对的螺纹孔，通过将螺栓插入其中用于边架构件的连接，所述连接构件延伸过所连接的墙面板部分，从而提供地板、墙和屋顶板部分的相互连接（参见对比文件 11 说明书第 2 页，图 1-2）。对比文件 8-11 所公开部件的具体形式不是“拉环、拉勾、接筋、拉网”中的任一种，也不是用于现浇钢筋砼结构用建筑构件与模板的连接。因此，对比文件 1、2、4 和 8~11 均没有公开权利要求 17 的附加技术特征，也没有给出解决“现浇钢筋砼结构用建筑构件与模板的连接”这一技术问题的技术启示，本领域技术人员也不能够通过对比文件 1、2、4 之一与对比文件 8~11 之一结合得到权利要求 17 要求保护的技术方案，因而权利要求 17 相对于对比文件 1、2、4 之一与对比文件 8~11 之一的组合不具备创造性的无效理由不能成立。

（6）关于本专利权利要求 19 的创造性。

权利要求 19 引用了权利要求 1 或者 2，其附加技术特征为“空心管（1）管体材料可为水泥纤维、水泥布网、纤维水泥砂浆、纤维布砂浆、水泥砂浆、金属波纹管、塑料管、金属管、水泥钢丝网或水泥砂浆钢丝网，其钢丝网或纤维网格布、纤维布可是一层或多层”。

请求人认为对比文件 12 公开了权利要求 19 中附加特征中的“纤维网格布、纤维布”，权利要求 19 附加特征中的其他材料都是常用材料；专利权人认为权利要求 19 中限定的材料没有被对比文件 12 公开。

合议组认为：对比文件 12 公开了一种混凝土薄壁筒体构件，用于水泥浇注的楼层，减轻楼层重量和增强预应力等。所述薄壁筒体构件的筒管以至少二层以上的玻璃纤维布筒叠套而成，各层玻璃纤维布筒之间由一层硫铝酸盐水泥无机胶凝材料或铁铝酸盐水泥无机胶凝材料相粘接（参见对比文件 12 说明书第 1 页第 4 自然段）。对比文件 12 公开了权利要求 19 附加特征中的“管体材料为纤维布砂浆，纤维布为多层”。而对本领域技术人员来说，“水泥纤维、水泥布网、纤维水泥砂浆、水泥砂浆、金属波纹管、塑料管、金属管、水泥钢丝网或水泥砂浆钢丝网”均是本领域制造管体常用的建筑材料，采用这些材料来制造空心管的管体是本领域技术人员的常规选择。

同时，对比文件 12 还公开了“至少二层以上的玻璃纤维布筒叠套制成筒管”，而在制造管体时采用一层钢丝网或纤维网格布、纤维布以及采用多层的钢丝网或纤维网格布均属于本领域技术人员的常规选择。而且，对比文件 2 与对比文件 12 属于相同的技术领域，因此在其引用的权利要求 1、2 相对于对比文件 2 不具备新颖性或创造性的情况下，权利要求 19 相对于对比文件 2 和 12 的结合不具备创造性，不符合专利法第 22 条第 3 款的规定。

鉴于本专利权利要求 1、2、19、权利要求 15 中包含“横向加劲肋（2）上无孔，形成板加劲肋”的技术方案不具备新颖性和/或创造性，应予无效，本决定对权利要求 1、2、19、权利要求 15 包含“横向加劲肋（2）上无孔，形成板加劲肋”的技术方案的其他无效理由、事实以及证据的组合方式不再进行评述。

三、决定

宣告 01136050. X 号发明专利权权利要求 1、2、19、权利要求 15 中包含“横向加劲肋（2）上无孔，形成板加劲肋”的技术方案、权利要求 17 中包含“定位构造为其他装置”这一特征的技术方案无效，在权利要求 3~14、16、18、20~22 以及权利要求 15 中包含“横向加劲肋（2）上无孔，形成板筋加劲肋”的技术方案以及权利要求 17 中除包含“定位构造为其他装置”以外的技术方案的基础上维持专利权有效。

当事人对本决定不服的，可以根据专利法第 46 条第 2 款的规定，自收到本决定之日起三个月内向北京市第一中级人民法院起诉。根据该款的规定，一方当事人起诉后，另一方当事人应当作为第三人参加诉讼。

117

多晶硅氢还原炉

无效宣告请求审查决定（第11682号）

决　　定　　号　第11682号
决　　定　　日　2008年6月13日
发明创造名称　多晶硅氢还原炉
国 际 分 类 号　F27D 11/10，F27B 5/16
无效宣告请求人　李培茂
专　利　权　人　成都蜀菱贸易发展有限公司
专　　利　　号　200420060144.8
申　　请　　日　2004年7月8日
授 权 公 告 日　2005年7月6日
合 议 组 组 长　刘敏飞
主　　审　　员　欧　岚
参　　审　　员　王　博

法　律　依　据　专利法第22条第3款
决　定　要　点

如果一项实用新型权利要求所保护的技术方案与一份作为最接近现有技术的对比文件相比存在区别，但请求人提供的该份对比文件或公知常识给出了将该区别应用到最接近的现有技术中得到该权利要求所保护的技术方案的技术启示，则该权利要求对本领域技术人员来说是显而易见的，不具有实质性特点。

一、案由

本无效宣告请求涉及中华人民共和国国家知识产权局于2005年7月6日授权公告的、名称为“多晶硅氢还原炉”的实用新型专利权（下称本专利），其专利号是200420060144.8，申请日是2004年7月8日，专利权人是成都蜀菱贸易发展有限公司。本专利授权公告时的权利要求书如下：

“1. 一种多晶硅氢还原炉，包括带有冷却水腔的封头和炉体，底板，底板下的进气管和排气管，底板上的电极，其特征在于，所述电极为12对、即24个电极，且在底板（9）上沿两个圆周均布设置；所述进气管（7）主要由一个水平环管和9个喷嘴连通构成，其中8个喷嘴位于两圈电极之间、且沿同一圆周均布设置在底板（9）上，一个喷嘴设置在底板中心位置。

2. 根据权利要求1所述的多晶硅氢还原炉，其特征在于，所述8对电极设置在外圆周上，其余4对电极设置在内圆周上。

3. 根据权利要求2所述的多晶硅氢还原炉，其特征在于，所述电极中，正、负电极在底板上逐一间隔设置。

4. 根据权利要求3所述的多晶硅氢还原炉，其特征在于，所述底板（9）是水冷式结构，其上设置冷却水进口和出口。

5. 根据权利要求4所述的多晶硅氢还原炉，其特征在于，所述炉体（13）上设置有双层玻璃结构的视窗（14）。

6. 根据权利要求5所述的多晶硅氢还原炉，其特征在于，所述封头（3）顶部设置有连接法兰（1）。”

针对本专利权，李培茂（下称请求人）于2007年10月18日向专利复审委员会提出无效宣告请求，认为本专利的权利要求1~6不符合专利法第22条第3款、专利法实施细则第20条第1款的规定，请求人同时提交了如下附件：

附件1：公开日为2001年10月23日的日本专利文献JP2001-294416A及其中文译文，共10页；

附件2：公开日为1986年12月11日的日本专利文献JP昭61-281009A及其中文译文，共8页；

附件3：本专利的专利说明书。

请求人认为：本专利权利要求1相对于附件1和公知常识的结合或附件1、2和公知常识的结合不具备创造性；附件1的说明书附图已给出权利要求2的附加技术特征的技术启示，而且其也是本领域的公知常识，权利要求3的附加技术特征是本领域技术人员不需要经过创造性思维就很容易想到的，权利要求4~6的附加技术特征属于本领域的常规技术手段，故在引用在先的权利要求不具备创造性的前提下，权利要求2~6也不具备创造性。

经形式审查合格，专利复审委员会依法受理了上述无效宣告请求，并于2007年10月19日向请求人和专利权人发出无效宣告请求受理通知书，同时将专利权无效宣告请求书及其附件清单中所列附件的副本转送给专利权人，并要求专利权人在指定的期限内陈述意见。

专利权人逾期未答复。

专利复审委员会依法成立合议组，对上述无效宣告请求进行审理。

本案合议组于2008年1月22日向双方发出无效宣告请求口头审理通知书，定于2008年3月25日在专利复审委员会举行口头审理。

口头审理如期举行，请求人参加了口头审理，专利权人未出席口头审理。

在口头审理中，请求人明确无效的理由、范围和证据是：本专利的权利要求1~6不符合专利法第22条第3款的规定，放弃本专利不符合专利法实施细则第20条第1款的理由，权利要求1相对于附件1加公知常识或者附件1和附件2的结合或者附件1加附件2加公知技术的结合不具有创造性，权利要求2的附加技术特征由附件1公开的内容可容易地想到，权利要求3的附加技术特征是公知技术，权利要求4的附加技术特征在附件1中公开了或是公知技术，权利要求5、6的附加技术特征是公知技术。请求人对本专利不具备创造性充分发表了意见。

至此，合议组认为本案事实已经清楚，可以作出审查决定。

二、决定的理由

1. 关于证据和现有技术

请求人提交的附件1和2均为日本专利文献，专利权人未在指定期限内对附件1和2的真实性发表意见，合议组经审查认为附件1和2可以作为本案证据使用。同时由于附件1和2均为公开出版物，其公开日期均在本专利的申请日之前，因此可以作为本专利的现有技术使用。由于专利权人也未在指定期限内对请求人提交的附件1和2的中文译文的准确性发表意见，因此附件1和2公开的内容以其中文译文为准。

2. 关于专利法第22条第3款

专利法第22条第3款规定：创造性，是指同申请日以前已有的技术相比，该发明有突出的实质性特点和显著的进步，该实用新型有实质性特点和进步。

如果一项实用新型权利要求所保护的技术方案与一份作为最接近现有技术的对比文件相比存在区别，但请求人提供的该份对比文件或公知常识给出了将该区别应用到最接近的现有技术中得到该权利要求所保护的技术方案的技术启示，则该权利要求对本领域技术人员来说是显而易见的，不具有实质性特点。

本专利权利要求1要求保护一种多晶硅氢还原炉。附件1公开了一种多晶硅的制造装置，具体公开了以下特征（参见附件1的中文译文第3页左栏倒数第2段的第1~13行和图1、3）：多晶硅反应炉包括炉台11、真空钟罩12、硅芯棒13、电极14、原料气体引入口15、排气口16等部分，为防止炉台11和真空钟罩12产生热损伤，设置了水冷套等冷却装置。在附件1的图1中给出了2对电极的实施例，附件1的图3中给出了17对电极的实施例，且在炉台11上沿三个圆周均布设置。

合议组经审查认为，附件1的真空钟罩12相当于本专利的封头和炉体，附件1的炉台11相当于本专利的底板，附件1真空钟罩上设的水冷套冷却装置相当于本专利的封头和炉体带有的冷却水腔，附件1的原料进气口15和排气口16相当于本专利底板下的进气管和排气管。由上述可知，本专利权利要求1与附件1相比区别在于：（1）权利要求1中的电极为12对、即24个电极，且在底板（9）上沿两个圆周均布设置；（2）权利要求1的进气管（7）主要由一个水平环管和9个喷嘴连通构成，其中8个喷嘴位于两圈电极之间、且沿同一圆周均布设置在底板（9）上，一个喷嘴设置在底板中心位置。关于区别（1），合议组认为，由于附件1的图1中公开了2对电极，图3中公开了17对电极在炉台11上沿三个圆周均布设置，一对电极之间为硅芯棒13，电极用于给硅芯棒通电，而且附件1的中文译文第3页左栏倒数第2段中描述了“硅芯棒的排列和个数可根据炉的大小进行相应的设置”，因此本领域的技术人员由附件1公开的上述内容很容易想到根据炉的大小来设置电极的对数并进行沿圆周均匀布设；关于区别（2），合议组认为，进气喷嘴均布设置是为了保证进气均匀以及进气的压力一致，从而保证多晶硅的生长均匀性，这是本领域的公知技术，而且附件1的中文译文第3页左栏倒数第2段中描述的“原料气体引入口和排气口的排列和个数可根据炉的大小进行相应的设置”给出了技术启示，因此本领域的技术人员由本领域的公知技术和附件1公开的上述内容很容易想到根据炉的大小来设置进气管喷嘴个数以及均匀布设，从而得到区别特征2。综上所述，附件1和本领域的公知常识给出了将上述区别应用到附件1中从而获得权利要求1的技术方案的技术启示。因此权利要求1对本领域技术人员来说相对于附件1和公知常识的结合是显而易见的，不具有实质性特点，不符合专利法第22条第3款的规定。

权利要求2的附加技术特征进一步限定了电极的设置方式。合议组认为，附件1的图3中公开了17对电极在炉台11上沿三个圆周均布设置，其中从外向内圆周分别为8对、6对、3对，因此本领域的技术人员由附件1公开的上述内容很容易想到根据炉的大小来设置电极的对数并调整电极的分布，故在其引用的权利要求1不具备创造性的前提下，权利要求2也不具备创造性。

权利要求3的附加技术特征进一步限定了电极的正、负电极在底板上逐一间隔设置。合议组认为，为了保持电场均衡、使硅棒生长均匀，因此将正、负电极间隔设置，这是本领域技术人员经常采用的技术手段，不需要经过创造性劳动就很容易想到。故在其引用的权利要求2不具备创造性的前提下，权利要求3也不具备创造性。

权利要求4的附加技术特征为底板是水冷式结构，其上设置冷却水进口和出口。合议组认为，附件 1 公开了为防止炉台 11 和真空钟罩 12 产生热损伤、设置了水冷套等冷却装置，该装置必然包括冷却水进口和出口，因此附件 1 公开了权利要求 4 的附件技术特征，而且在还原炉底板上设水冷式结构也属于本领域的公知常识。故在其引用的权利要求 3 不具备创造性的前提下，权利要求 4 也不具备创造性。

权利要求 5 和权利要求 6 的附加技术特征分别为在炉体上设有双层玻璃结构的视窗和在封头顶部设有连接法兰。合议组认为，在还原炉上通常应设有视窗用于观察，双层玻璃结构和连接法兰也是本领域现有的部件，本领域技术人员在还原炉上设置双层玻璃结构的视窗和连接法兰也是很容易想到的。故在其引用的权利要求不具备创造性的前提下，权利要求 5 和 6 也不具备创造性。

鉴于上述已经得出本专利权利要求 1~6 不符合专利法第 22 条第 3 款的规定，本决定对请求人提出的关于创造性的其他证据组合方式不作评述。

根据上述的事实和理由，本案合议组依法作出以下决定。

三、决定

宣告第 200420060144. 8 号实用新型专利权全部无效。

当事人对本决定不服的，可以根据专利法第 46 条第 2 款的规定，自收到本决定之日起三个月内向北京市第一中级人民法院起诉。根据该款的规定，一方当事人起诉后，另一方当事人应当作为第三人参加诉讼。

北京市第一中级人民法院
行政判决书

（2008）一中行初字第 1353 号

原告成都蜀菱科技发展有限公司，住所地四川省成都市青羊区人民南路一段 86 号。

法定代表人王久和，董事长。

委托代理人郭肖凌，四川华夏之光律师事务所律师。

被告国家知识产权局专利复审委员会，住所地北京市海淀区北四环西路 9 号银谷大厦 10~12 层。

法定代表人廖涛，副主任。

委托代理人王冬，国家知识产权局专利复审委员会审查员。

委托代理人齐宏涛，国家知识产权局专利复审委员会审查员。

第三人李培茂，男，1970 年 8 月 1 3 日出生，汉族，住重庆市万盛区五星村 59 号 5-1。

委托代理人方强，男，1974 年 10 月 27 日出生，成都天嘉专利事务所专利代理人，住四川省绵竹市剑南镇回澜街 181 号 1 幢 1 单元 3 楼 6 号。

原告成都蜀菱科技发展有限公司（以下简称成都蜀菱公司）不服被告国家知识产权局专利复审委员会（以下简称专利复审委员会）于 2008 年 6 月 13 日作出的第 11682 号无效宣告请求审查决定（以下简称第 11682 号决定），于法定期限内向本院提起行政诉讼。本院于 2008 年 9 月 5 日受理本案后，依法组成合议庭，并通知李培茂作为本案第三人参加诉讼，于 2008 年 10 月 16 日公开开庭进行了审理。原告成都蜀菱公司的委托代理人郭肖凌，被告专利复审委员会的委托代理人王冬、齐宏涛，第三人李培茂的委托代理人方强到庭参加了诉讼。本案现已审理终结。

第 11682 号决定系专利复审委员会针对李培茂就成都蜀菱公司拥有的名称为“多晶硅氢还原炉”

的实用新型专利（以下简称本专利）提出的无效宣告请求作出的。专利复审委员会在该决定中认为：1. 关于证据和现有技术。附件 1 和 2 均为公开日在本专利申请日之前的公开出版物，且各方当事人均未对其真实性和译文的准确性提出异议，可以作为本专利的现有技术使用。2. 关于《中华人民共和国专利法》（以下简称《专利法》）第二十二条第三款的规定。本专利权利要求 1 与附件 1 相比区别在于：（1）权利要求 1 中的电极为 12 对、即 24 个电极，且在底板（9）上沿两个圆周均布设置；（2）权利要求 1 的进气管（7）主要由一个水平环管和 9 个喷嘴连通构成，其中 8 个喷嘴位于两圈电极之间、且沿同一圆周均布设置在底板（9）上，一个喷嘴设置在底板中心位置。关于区别（1），由于附件 1 的图 1 中公开了 2 对电极，图 3 中公开了 17 对电极在炉台 11 上沿三个圆周均布设置，一对电极之间为硅芯棒 13，电极用于给硅芯棒通电，而且附件 1 的中文译文第 3 页左栏倒数第 2 段中描述了“硅芯棒的排列和个数可根据炉的大小进行相应的设置”，因此本领域的技术人员由附件 1 公开的上述内容很容易想到根据炉的大小来设置电极的对数并进行沿圆周均匀布设；关于区别（2），进气喷嘴均布设置是为了保证进气均匀以及进气的压力一致，从而保证多晶硅的生长均匀性，这是本领域的公知技术，而且附件 1 的中文译文第 3 页左栏倒数第 2 段中描述的“原料气体引入口和排气口的排列和个数可根据炉的大小进行相应的设置”给出了技术启示，因此本领域的技术人员由本领域的公知技术和附件 1 公开的上述内容很容易想到根据炉的大小来设置进气管喷嘴个数以及均匀布设，从而得到区别特征（2）。综上所述，附件 1 和本领域的公知常识给出了将上述区别应用到附件 1 中从而获得权利要求 1 的技术方案的技术启示。因此权利要求 1 对本领域技术人员来说相对于附件 1 和公知常识的结合是显而易见的，不具有实质性特点，不符合《专利法》第二十二条第三款的规定。权利要求 2 的附加技术特征进一步限定了电极的设置方式。附件 1 的图 3 中公开了 17 对电极在炉台 11 上沿三个圆周均布设置，其中从外向内圆周分别为 8 对、6 对、3 对，因此本领域的技术人员由附件 1 公开的上述内容很容易想到根据炉的大小来设置电极的对数并调整电极的分布，故在其引用的权利要求 1 不具备创造性的前提下，权利要求 2 也不具备创造性。权利要求 3 的附加技术特征进一步限定了电极的正、负电极在底板上逐一间隔设置。为了保持电场均衡、使硅棒生长均匀，因此将正、负电极间隔设置，这是本领域技术人员经常采用的技术手段，不需要经过创造性劳动就很容易想到。故在其引用的权利要求 2 不具备创造性的前提下，权利要求 3 也不具备创造性。权利要求 4 的附加技术特征为底板是水冷式结构，其上设置冷却水进口和出口。附件 1 公开了为防止炉台 11 和真空钟罩 12 产生热损伤、设置了水冷套等冷却装置，该装置必然包括冷却水进口和出口，因此附件 1 公开了权利要求 4 的附加技术特征，而且在还原炉底板上设水冷式结构也属于本领域的公知常识。故在其引用的权利要求 3 不具备创造性的前提下，权利要求 4 也不具备创造性。权利要求 5 和权利要求 6 的附加技术特征分别为在炉体上设有双层玻璃结构的视窗和在封头顶部设有连接法兰。在还原炉上通常应设有视窗用于观察，双层玻璃结构和连接法兰也是本领域现有的部件，本领域技术人员在还原炉上设置双层玻璃结构的视窗和连接法兰也是很容易想到的。故在其引用的权利要求不具备创造性的前提下，权利要求 5 和 6 也不具备创造性。鉴于根据附件 1 已经得出本专利权利要求 1~6 不符合《专利法》第二十二条第三款的规定，对于成都蜀菱公司的其他无效理由不作评述。综上，专利复审委员会作出第 11682 号决定，宣告本专利权全部无效。

成都蜀菱公司不服第 11682 号决定，在法定期限内向本院提起行政诉讼称：1. 关于电极的设置。附件 1 是在炉中心部设置了加热硅芯棒，呈同心圆。但此处只说明在炭精棒周围设置多个硅芯棒，由电极 14 把硅芯棒竖立设置在炉内，却没有说明电极 14 是如何与电极 13 配对安排，也没有说明如此布置硅芯棒的原因。也就是说，附件 1 并没有认识到电极的设置将直接影响电场的分布，进而影响硅芯棒的生长。2. 关于进气口。附件 1 中只提到进气口和排气口的位置、个数可根据炉的大小进行相应的设计，但并没有认识到进气口的设计、进气的方式直接影响到硅原料气体在炉内形成的气场，从而影响硅芯棒的成长。3. 关于进气管喷嘴。本专利进气管 7 主要由一个水平环管和 9 个喷嘴连通构成，其中 8 个喷嘴位于两圈电极之间，另外一个喷嘴位于底板中心位置。电极所形成的非常均衡的电场将喷嘴围闭其间，各喷嘴的进气压力一致，无压力波动。由于附件 1 与本专利在设计时所考虑的技术方案的角度不同，二者产生的技术效果也不相同。此外，成都蜀菱公司在庭后向本院提交的意见陈述中补充认为，本专利克服了以往的技术偏见并取得了商业上的成功，故具备创造性。综上所述，第 11682 号决定认定事实不清，请求人民法院依法予以撤销。

被告专利复审委员会辩称：1. 关于底板上电极排列方式。附件 1 已经给出了沿圆周均布电极的技术手段，至于电极的数量，由于附件 1 中已经公开了“硅芯棒的排列和个数可根据炉的大小进行相应的设置”这一内容，故本领域的技术内容由此可以很容易想到根据炉的大小来设置电极的对数并沿圆周均匀布设。2. 关于喷嘴的多寡及排列方式，本专利权利要求 1 中描述的是“进气管（7）主要由一个水平环管和 9 个喷嘴连通构成，其中 8 个喷嘴位于两圈电极之间、且沿同一圆周均布设置在底板（9）上，一个喷嘴设置在底板中心位置，进气喷嘴均布设置是为了保证进气均匀以及进气的压力一致，从而保证反应的均匀进行以及产物的生长均匀性，这是本领域的公知技术，且附件 1 中已经公开了“原料气体引入口和排气口的排列和个数可根据炉的大小进行相应的设置”以及电极沿圆周均布设置。因此，本领域的技术人员由本领域的公知技术和附件 1 公开的内容很容易想到根据炉的大小来设置进气管喷嘴个数以及喷嘴沿圆周均匀布设。综上，第 11682 号决定认定事实清楚，适用法律正确，审查程序合法，请求人民法院依法予以维持。

第三人李培茂未向本院提交书面意见陈述，其当庭陈述意见称：第 11682 号决定认定事实清楚，适用法律正确，审查程序合法，请求人民法院驳回原告的诉讼请求，维持第 11682 号决定。

本院经审理查明：

名称为“多晶硅氢还原炉”的实用新型专利（即本专利）由成都蜀菱贸易发展有限公司（即原告前身）于 2004 年 7 月 8 日向国家知识产权局提出申请，2005 年 7 月 6 日被授权公告，专利号为 200420060144. 8，专利权人为成都蜀菱贸易发展有限公司。本专利的授权权利要求为：

“1. 一种多晶硅氢还原炉，包括带有冷却水腔的封头和炉体，底板，底板下的进气管和排气管，底板上的电极，其特征在于，所述电极为 12 对、即 24 个电极，且在底板（9）上沿两个圆周均布设置；所述进气管（7）主要由一个水平环管和 9 个喷嘴连通构成，其中 8 个喷嘴位于两圈电极之间、且沿同一圆周均布设置在底板（9）上，一个喷嘴设置在底板中心位置。

2. 根据权利要求 1 所述的多晶硅氢还原炉，其特征在于，所述 8 对电极设置在外圆周上，其余 4 对电极设置在内圆周上。

3. 根据权利要求 2 所述的多晶硅氢还原炉，其特征在于，所述电极中，正、负电极在底板上逐一间隔设置。

4. 根据权利要求 3 所述的多晶硅氢还原炉，其特征在于，所述底板（9）是水冷式结构，其上设置冷却水进口和出口。

5. 根据权利要求 4 所述的多晶硅氢还原炉，其特征在于，所述炉体（13）上设置有双层玻璃结构的视窗（14）。

6. 根据权利要求 5 所述的多晶硅氢还原炉，其特征在于，所述封头（3）顶部设置有连接法兰（1）。”

在本专利说明书中有如下文字记载：正负电极在底板圆周上逐一间隔设置，这样，整个电场在炉体横截面上分布非常均衡（即电场强度变化是连续渐变的，而不是突变性的），因而，有利于 12 对电极上的24个硅芯在均衡电场强度的作用下，均匀地沉淀，生成硅棒。

2007年10月18日，李培茂以本专利不符合《专利法》第二十二条第三款及《中华人民共和国专利法实施细则》（以下简称《专利法实施细则》）第二十条第一款的规定为由向专利复审委员会提出无效宣告请求。为支持其无效宣告请求，李培茂提供的与本案有关的证据包括：

附件1：公开日为2001年10月23日的日本专利文献JP2001-294416A及其中文译文。附件1公开了一种多晶硅的制造装置，具体公开了以下特征：多晶硅反应炉包括炉台11、真空钟罩12、硅芯棒13、电极14、原料气体引入口15、排气口16等部分，为了防止炉台11和真空钟罩12产生热损伤，设置了水冷套等冷却装置。在附件1的图1中给出了2对电极的实施例，附件1的图3中给出了17对电极的实施例，且在炉台11上沿三个圆周均布设置。

附件1的中文译文部分有如下文字表述：本发明的目的是提供这样一种生产装置，能够解决以前制造炉内所存在的上述问题，通过使炉内温度均一化，能够以较高的效率制造出表面光滑、残留应力较小的硅棒，并能够降低电量甚至生产成本……硅芯棒的排列和个数，原料气体引入口和排气口的位置、个数可根据炉的大小进行相应的设置。

附件2：公开日为1986年12月11日的日本专利文献JP昭61-281009A及其中文译文。

2008年3月25日，专利复审委员会举行了口头审理，在口头审理过程中，李培茂将无效理由和证据明确为：本专利的权利要求1~6不符合《专利法》第二十二条第三款的规定，放弃本专利不符合《专利法实施细则》第二十条第一款的理由，权利要求1相对于附件1加公知常识或者附件1和附件2的结合或者附件1加附件2加公知技术的结合不具有创造性，权利要求2的附加技术特征由附件1公开的内容可容易地想到，权利要求3的附加技术特征是公知技术，权利要求4的附加技术特征在附件1中公开了或是公知技术，权利要求5、6的附加技术特征是公知技术。

2008年6月13日，专利复审委员会作出第11682号决定。本院另查明，成都蜀菱公司于本院庭审过程中认可第11682号决定所归纳的本专利权利要求1与附件1相比存在的两点区别技术特征，同时认为，其在起诉状中所提及的没能及时收到无效审查程序相关通知的异议针对的是已方无效审查程序中代理人的行为，对于专利复审委员会无效审查程序的合法性并无异议。

经成都市工商行政管理局核准，成都蜀菱贸易发展有限公司于2007年5月2 3日将企业名称变更为成都蜀菱科技发展有限公司。

上述事实，有本专利授权公告文本、附件1、附件2、第11682号决定、口头审理记录表、《企业名称变更核准通知书》及当事人陈述等证据在案佐证。

本院认为：

根据本院已经查明的事实，鉴于原告在本案当中对于复审委员会审查程序的合法性不持异议，故本案的焦点问题仅在于本专利是否具有创造性。

根据我国《专利法》第二十二条第三款的规定，实用新型的创造性，是指同申请日以前已有的技术相比，该实用新型有实质性特点和进步。

1. 关于权利要求1的创造性问题。

附件1为公开日在本专利申请日之前的专利文献，各方当事人对其原文和译文的真实性均无异议，可以作为评价本专利创造性的对比文件。

根据权利要求1与对比文件所公开的内容可知，权利要求1与附件1相比的区别技术特征在于：权利要求1对电极的数量及设置方式进行了具体限定，即12对24个电极在底板9上沿两个圆周均布设置；权利要求1对进气管的构成及其中喷嘴的具体位置进行了限定，即进气管7主要由一个水平环管和9个喷嘴连通构成，其中8个喷嘴位于两圈电极之间，且沿同一圆周均布设置在底板9上，一个喷嘴设置在底板中心位置。

对于区别技术特征1即电极的数量和设置方式问题，附件1的附图1的多晶硅生产装置（炉）中公开了两对电极14，附图3中的17对电极在炉台11上沿三个圆周均布设置，一对电极之间设置有硅芯棒。在附件1的文字部分有如下表述：硅芯棒的排列和个数可根据炉的大小进行相应的设置。本领域的普通技术人员根据附件1所公开的上述内容，无需付出创造性劳动即可以想到根据炉台的大小来设置电极的具体数量并进行圆周布设。对于区别技术特征2即进气管的构成和喷嘴的具体位置问题，鉴于附件1中已经就“原料气体引入口和排气口的排列和个数可根据炉的大小进行相应的设置”给出了技术教导，如同区别技术特征1中电极的具体设置一样，本领域的普通技术人员容易想到根据炉的大小来设置进气管喷嘴的个数。而且，对喷嘴进行均匀布设的目的是为了实现多晶硅的均匀生长，由此对喷嘴进行均匀布设亦是本领域的公知技术。综上，权利要求1相对于附件1和公知常识的结合是显而易见的，不具备《专利法》第二十二条第三款所规定的创造性，被告对此认定正确，本院予以支持。对于原告所提权利要求1中电极和喷嘴数量及设置方式的特殊性及其技术效果问题，本院认为，由于附件1当中已经给出了相应的技术启示，而原告亦未能证明本专利权利要求1与附件1相比具有意料不到的技术效果，原告与此有关的诉讼主张不能成立，本院对此不予支持。

2. 关于权利要求2~6的创造性问题。

权利要求2在权利要求1的基础上进一步限定了电极设置的具体位置，由于附件1中已经公开了17对电极在炉台11上沿三个圆周均布设置的技术方案，本领域普通技术人员由此容易想到根据炉台的大小来设置电极的对数，故在权利要求1不具备创造性的前提下，权利要求2也也不具备创造性。

权利要求3在权利要求2的基础上进一步限定了正负电极在底板上间隔设置的技术特征，为保证电场均衡将正负电极间隔设置是本领域的常用技术，因此，在权利要求2不具备创造性的前提下，权利要求3也不具备创造性。

权利要求4在权利要求3的基础上进一步限定底板为水冷式结构，其上设置有冷却水进出口。附件1中已经公开了设置冷却套作为冷却装置，要实现其冷却功能，其必然要包括冷却水进出口。因此，在权利要求3不具备创造性的基础上，权利要求4亦不具备创造性。

权利要求5在权利要求4的基础上进一步限定炉体上设置有双层玻璃结构的视窗，为观察还原炉内的情况而设置视窗属于本领域的常用技术，本领域的普通技术人员无需付出创造性劳动即可以想到，在权利要求4不具备创造性的基础上，权利要求5也不具备创造性。

权利要求6在权利要求5的基础上进一步限定封头顶却设置有连接法兰，该装置是本领域普通技术人员的惯用技术手段，在权利要求5不具备创造性的基础上，权利要求6亦不具备创造性。

3. 关于原告其他的诉讼主张。

对于原告于庭审之后提出的本专利克服了以往的技术偏见及取得了商业上的成功故具有创造性等主张，本院认为，原告提出的上述主张属于在无效审查程序中未涉及的新理由，第三人并未就此陈述过意见，也非被告作出第11682号决定的基础。根据行政诉讼的合法性审查原则，本院对原告的上述诉讼主张不再予以评述。

综上，被告作出的第11682号决定认定事实清楚，适用法律正确，本院依法予以维持。依照《中华人民共和国行政诉讼法》第五十四条第（一）项之规定，本院判决如下：

维持被告国家知识产权局专利复审委员会作出的第11682号无效宣告请求审查决定。

案件受理费100元，由原告成都蜀菱科技发展有限公司负担（已交纳）。

如不服本判决，各方当事人可在本判决书送达之日起15日内，向本院提交上诉状，并按对方当事人人数提交副本，交纳上诉案件受理费100元，上诉于北京市高级人民法院。

审　判　长　刘海旗
代理审判员　佟　妹
人民陪审员　郝建欣
二〇〇八年十二月十八日
书　记　员　高　颖

118

带线槽网络活动地板

无效宣告请求审查决定（第11688号）

决 定 号 第11688号
决 定 日 2008年6月20日
发明创造名称 带线槽网络活动地板
国际分类号 E04F 15/024
无效宣告请求人 常州市红日防静电地板制造有限公司
专 利 权 人 常州市华—防静电活动地板有限公司
专 利 号 200520074494.4
申 请 日 2005年8月10日
授权公告日 2007年1月10日
合议组组长 欧 岚
主 审 员 樊延霞
参 审 员 刘敏飞

法律依据 专利法第22条第2款、第3款
决定要点

如果一项权利要求请求保护的技术方案与对比文件所公开的技术方案相比，区别仅仅是所属技术领域的惯用手段的直接置换，那么该权利要求相对于该对比文件不具备新颖性。

在判断一项实用新型专利权的权利要求是否具有创造性时，首先要将权利要求所述的技术方案和最接近的现有技术进行对比分析，确定两者之间的区别技术特征，根据该区别技术特征确定专利所要解决的技术问题，进而考察对于所属技术领域的普通技术人员而言，在最接近的现有技术的基础上引入上述区别技术特征来解决专利所要解决的技术问题，从而获得权利要求所要保护的技术方案是否具有实质性特点，如果不具有实质性特点，则该权利要求不具备创造性。

一、案由

本无效宣告请求涉及中华人民共和国国家知识产权局于2007年1月10日授权公告的、名称为“带线槽网络活动地板”的实用新型专利权（下称本专利），其专利号是200520074494.4.，申请日是2005年8月10日，专利权人是常州市华—防静电活动地板有限公司。本专利授权公告时的权利要求书如下：

“1. 一种带线槽网络活动地板，具有地板（1）和支架（2），地板（1）固定在支架（2）上，其特征是：地板（1）间留有间隙，间隙上设置有盖板（3），盖板（3）与地板（1）固定连接，盖板

（3）上设置有出线口（31）。

2. 根据权利要求 1 所述的带线槽网络活动地板，其特征是：相邻两块地板（1）间的间隙上的盖板（3）为长方形，四块地板（1）对角处的间隙上的盖板（3）为正方形。

3. 根据权利要求 1 所述的带线槽网络活动地板，其特征是：所述的地板（1）间的间隙内设置有线槽（4），线槽（4）固定在支架（2）上。

4. 根据权利要求 1 所述的带线槽网络活动地板，其特征是：所述的支架（2）设置在四块地板（1）对角处下方，支架（2）由四个支撑头（21）、四根支撑杆（22）和一块底板（23）组成，四根支撑杆（22）上端分别与一个支撑头（21）螺纹连接、下端与底板（23）一角固定连接。

5. 根据权利要求 2 所述的带线槽网络活动地板，其特征是：所述的出线口（31）分别设置在长方形盖板（3）的宽边中部和正方形盖板（3）的四边中部。

6. 根据权利要求 2 所述的带线槽网络活动地板，其特征是：所述的正方形盖板（3）四角上还分别设置有移动出线口（33）。

7. 根据权利要求 2 所述的带线槽网络活动地板，其特征是：所述的地板（1）周边设置有支撑台阶（11）和按装止口（12），盖板（3）贴在支撑台阶（11）上，长方形盖板（3）上设置有小凸起（32），长方形盖板（3）通过小凸起（32）嵌扣在按装止口（12）上与地板（1）固定连接。

8. 根据权利要求 3 所述的带线槽网络活动地板，其特征是：相邻两块地板（1）间的间隙内的线槽（4）为狭长槽形，四块地板（1）对角处的间隙内的线槽（4）为空心十字槽形，空心十字槽形线槽（4）的四个出口分别与一狭长槽形线槽（4）相接。”

针对本专利权，常州市红日防静电地板制造有限公司（下称请求人）于 2007 年 10 月 24 日向专利复审委员会提出无效宣告请求，其理由是本专利权利要求 1~8 不符合专利法第 22 条的规定及权利要求 6 不符合专利法实施细则第 20 条第 1 款的规定，请求人同时提交了如下附件：

附件 1：授权公告日为 1997 年 6 月 4 日、授权公告号为 CN2255465Y（专利号为 ZL96200629.7）的中国实用新型专利说明书，共 12 页；

请求人认为：附件 1 完全公开了本专利的权利要求 1~5、7 中的所有技术特征，因此权利要求 1~5、7 不具有新颖性；权利要求 5 的附加技术特征被附件 1 公开，且其本身属于公知常识，权利要求 6 的附加技术特征是很容易想到的，且被附件 1 公开，权利要求 8 的附加技术特征在附件 1 中给出了足够的技术启示，而效果完全一致，因此权利要求 5、6、8 不具有创造性；权利要求 6 的附加技术特征“移动出线口”不清楚，因此权利要求 6 不符合专利法实施细则第 20 条第 1 款的规定。

经形式审查合格，专利复审委员会依法受理了上述无效宣告请求，并于 2007 年 11 月 28 日向请求人和专利权人发出无效宣告请求受理通知书，同时将专利权无效宣告请求书及其附件清单中所列附件的副本转送给专利权人，并要求专利权人在指定的期限内陈述意见。

专利权人在指定的期限内未向专利复审委员会提交了意见陈述书。

专利复审委员会依法成立合议组对本无效宣告请求进行审查。

本案合议组于 2008 年 3 月 31 日向双方发出无效宣告请求口头审理通知书，定于 2008 年 5 月 29 日在专利复审委员会举行口头审理。

口头审理如期举行，双方当事人均参加了口头审理。

在口头审理中，（1）请求人明确其无效理由、证据、范围及证据使用情况为：权利要求 1~5、7 相对于附件 1 没有新颖性，权利要求 5、6、8 相对于附件 1 及公知常识的结合没有创造性，权利要求 6 不符合专利法实施细则第 20 条第 1 款的规定。（2）专利权人对附件 1 的真实性没有异议。（3）专利权人当庭提交了意见陈述书，合议组当庭转给请求人，请求人当庭签收。（4）请求人和专利权人详细陈述了本专利的权利要求1~8是否具备新颖性和创造性及权利要求6是否清楚的理由。

至此，合议组认为本案事实已经清楚，可以作出审查决定。

二、决定的理由

1. 关于证据和现有技术

请求人提交的证据包括附件1，专利权人对附件1的真实性没有异议，合议组经审查认为附件1可以作为本案证据使用。同时由于附件1为公开出版物，且其公开日期在本专利的申请日前，因此可以作为本专利的现有技术使用。

2. 关于权利要求1~5、7的新颖性

新颖性，是指在申请日以前没有同样的发明或者实用新型在国内外出版物上公开发表过、在国内公开使用过或者以其他方式为公众所知，也没有同样的发明或者实用新型由他人向国务院专利行政部门提出过申请并记载在申请日以后公布的专利申请文件中。

如果一项权利要求请求保护的技术方案与对比文件所公开的技术方案相比，区别仅仅是所属技术领域的惯用手段的直接置换，那么该权利要求相对于该对比文件不具备新颖性。

（1）关于权利要求1的新颖性。

请求人认为，附件1公开了权利要求1的所有技术特征。附图2、5中线槽盖5的两边缺口和附图6、7中的出线孔座均公开了出线口。

专利权人认为，附件1除没有公开权利要求1的“盖板上设置有出线口”，其余特征均被附件1公开。认可附图2、5显示盖板上有一个缺口，但附件1中没有文字说明附图2、5中的缺口作为出线用，缺口不等于出线口，可以作为通风或其他用处。附件1是出线孔座作为出线，与本专利的出线口不同。附件1必须得有出线孔座才能出线，否定了其设置有出线口，从附件1说明书第1页倒数第1-5行、第2页第2、3行可以看出由于出线孔座代替连接盖或线槽盖从而不需要制造具有不同出线孔的地板，因此是代替出线口的出线孔座，不是本专利的出线口。

合议组经审查后认为，权利要求1要求保护一种带线槽网络活动地板，而附件1公开了一种带有线槽的金属高架地板，并具体公开了以下技术特征（参见说明书第2~3页及附图2、5）：具有高架地板1、连接座2、螺纹管14、地板足15（其中地板足15、螺纹管14和连接座3相当于本专利权利要求1中的“支架”），地板的平面四周设有放置线槽盖5和连接盖3的低陷11，结合附图5看出，地板间留有间隙，并且间隙上设有线槽盖和连接盖，在低陷11的四周设有穿置螺纹管14的孔13，螺纹管14内以螺纹连接地板足15，地板足插入连接座2的筒体22，从而高架地板通过螺纹管14和地板足15固定在连接座上（参见附件1的说明书第2页倒数第3~4段，相当于本专利权利要求1中的“地板固定在支架上”），地板四周低陷11向外延伸有薄缘12，在薄缘12设有上等距缺口122，线槽盖5底面设有凸缘52，凸缘52与薄缘12上的缺口122相卡合（参见说明书第3页第3段，相当于本专利权利要求1中的“盖板与地板固定连接”），出线孔座6、61大小分别与线槽盖5或连接盖3相对应，为分别设于两块地板之间或四块地板间带有出线孔的板体，结合附图5可以看出，出线孔座可以作为盖板来代替连接盖，即出线孔座也是盖板的一种，其上设有出线孔（相当于本专利权利要求1中的“盖板上设置有出线口”）。

由此可见，附件1与权利要求1的技术领域、所解决的技术问题、技术方案和预期效果实质上相同，因此权利要求1相对于附件1不具备专利法第22条第2款规定的新颖性。

（2）关于权利要求2的新颖性。

请求人认为，附件1的附图2、5已经公开了权利要求2的附加技术特征。作十字形交叉的间隙是正方形，这样的空间单独设置盖板基本上就是一个正方形盖板。虽然附件1的图2中正方形的连接盖四角有凹口，但与权利要求1的正方形盖板实质相同。

专利权人认为，附件1公开了"相邻两块地板（1）间的间隙上的盖板（3）为长方形"，没有公开本专利的"四块底板对角处的间隙上的盖板为正方形"。附件1说明书第2页倒数第3段第2行，限定了四角设有凹口，因此不是正方形，方形不等于正方形。四个角是弧形凹口不具备正方形的特征。

合议组经审查后认为，附件1的说明书第2页倒数第2段记载的"线槽盖5为一拼合后恰与线槽4等长的长方板"以及附图2和5公开了权利要求2的附加技术特征"相邻两块地板（1）间的间隙上的盖板（3）为长方形"，附件1的带弧形凹口的方形连接盖不具备正方形内角为直角的特征，与权利要求2的正方形盖板的形状不同。但是由于附件1中方形连接盖的四角设置弧形凹口是为了与地板1的四个直角相配合，为了实现方形地板与方形连接盖之间的紧密配合，而在其中之一的角部设置弧形凹口是地板领域中惯常使用的结构形式，本领域技术人员完全可以将带弧形凹口的方形连接盖与带直角的地板的配合替换成正方形连接盖与带弧形凹口的地板的配合，其技术效果相同，均能实现了连接盖与地板之间的配合连接，即权利要求2要保护的技术方案与附件1的区别仅仅是所属领域惯用手段的直接置换，所以权利要求2相对于附件1不具备专利法第22条第2款规定的新颖性。

（3）关于权利要求3~4、7的新颖性。

请求人认为，附件1公开权利要求3~4、7的附加技术特征。

专利权人认为，附件1公开了权利要求3~4、7的附加技术特征，但是因为权利要求1有新颖性，所以权利要求3~4、7也有新颖性。

合议组经审查后认为，附件1公开了以下内容（参见说明书第2页）：地板间的间隙内设置有线槽4，线槽4通过凸榫42和凹槽2与连接座2连接（相当于本专利权利要求3的"线槽固定在支架上"）；高架地板1的四个角的孔13内穿置螺纹管14（相当于本专利权利要求4的"四个支撑头"），螺纹管14内螺接有地板足15（相当于本专利权利要求4的"四根支撑杆"），连接座2（相当于本专利权利要求4的"底板"）的四角设有筒体22，筒体22内穿入地板足15，从而螺纹管上端与支撑杆螺纹连接，其下端与连接座一角固定连接；地板1为一方形体，在平面四周设有放置线槽盖5和连接盖3的低陷11（相当于本专利权利要求7的"支撑台阶"），线槽盖5底面设有凸缘52（相当于本专利权利要求7的"小凸起"），地板四周的低陷11向外延伸有薄缘12，凸缘52与薄缘上的缺口122（相当于本专利权利要求7的"按装止口"）相卡合。因此附件公开了权利要求3~4、7的全部附加技术特征，基于其引用的权利要求不具有新颖性时，权利要求3~4、7相对于附件1不具备专利法第22条第2款规定的新颖性。

3. 关于权利要求5、6、8的创造性

创造性，是指同申请日以前已有的技术相比，该发明有突出的实质性特点和显著的进步，该实用新型有实质性特点和进步。

在判断一项实用新型专利权的权利要求是否具有创造性时，首先要将权利要求所述的技术方案和最接近的现有技术进行对比分析，确定两者之间的区别技术特征，根据该区别技术特征确定专利所要解决的技术问题，进而考察对于所属技术领域的普通技术人员而言，在最接近的现有技术的基础上引入上述区别技术特征来解决专利所要解决的技术问题，从而获得权利要求所要保护的技术方案是否具有实质性特点，如果不具有实质性特点，则该权利要求不具备创造性。

（1）关于权利要求5的创造性。

请求人认为，附件1图2、5中公开了长方形盖板的宽边中部设有出线口的技术特征，虽然没有公开正方形盖板的四边中部设有出线口，但是本领域技术人员可以导出，而且根据本专利说明书第2

页第 5 段记载，本专利必须设置出线口，本领域技术人员为了便于加工通常将出线口设置在盖板边的中部，因此权利要求 5 的附加技术特征也是公知常识。

专利权人认为，便于加工和公知常识没有关系，长方形盖板的宽边中部和正方形盖板的四边中部构成了哈夫连接，形成了一个很好的出线口。

合议组经审查后认为，附件 1 公开的内容如前所述，权利要求 5 的技术方案与附件 1 的区别在于：盖板（3）上设置的出线口（31）分别设置在长方形盖板（3）的宽边中部和正方形盖板（3）的四边中部。其实际要解决的技术问题是方便出线并便于加工。

附件 1（参见附图 2、5）还公开了长方形线槽盖的宽边中部设置有缺口，虽然附件 1 中没有文字说明附图 2 和 5 中线槽盖两端缺口是出线口，并且在说明书中记载有“不必制造带有不同出线孔或通风孔的模具以生产不同的地板”，但本领域技术人员在没有设置出线孔座的情况下，很容易想到将附件 1 中的缺口用作出线口，以解决方便出线的技术问题；同时本领域技术人员从附件 1 的线槽盖的宽边中部设置缺口得到启示，当在连接盖附近需要出线以及基于便于加工的考虑时会很容易想到在连接盖的四边中部设置缺口。因此权利要求 5 的技术方案相对于附件 1 不具有实质性特点，不具备专利法第 22 条第 3 款所规定的创造性。

（2）关于权利要求 6 的创造性。

请求人认为，出线口为长条孔从而使得线可以移动是没有创造性的，本领域技术人员是可以想到的。

专利权人认为，附件 1 没有公开正方形盖板，长条孔便于出线，还便于拐线。

合议组经审查后认为，附件 1 虽然没有公开连接盖的四角上分别设置有如专利权人所认为的长条形、便于出线和拐线的移动出线口，但本领域技术人员在附件 1 的基础上考虑在没有设置出线孔座的情况下，当需要在连接盖附近出线和拐线时，很容易想到在连接盖四角上分别设置使线移动的移动出线口。因此基于其引用的权利要求 2 不具有新颖性时，权利要求 6 所要求保护的技术方案相对于附件 1 不具备专利法第 22 条第 3 款所规定的创造性。

（3）关于权利要求 8 的创造性。

请求人认为，权利要求 8 的附加技术特征是布线槽最后所限定的情况，附件 1 附图 5 标记 4 公开了狭长槽形，而由图 2 容易想到连接座 2 与线槽 4 连接起来后连接座上的空间形成空心十字线槽，图 2、5 也同样公开了空心十字线槽的四个出口分别与一狭长槽形线槽相接。

专利权人认为，附件 1 只是公开了权利要求 8 中的狭长槽形，而空心十字线槽未公开，虽设计简单，但有好的效果。

合议组经审查后认为，附件 1（参见附图 2 和 5）公开了“相邻两块地板间的间隙内的线槽为狭长槽形”，其与权利要求 8 的区别在于：四块地板 1 对角处的间隙内的线槽 4 为空心十字槽形，空心十字槽形线槽 4 的四个出口分别与一狭长槽形线槽 4 相接。而从附件 1 的附图 5 可以看出，在地板对角处间隙内的空间由连接座 2 和线槽 4 形成一空心十字槽形空间，并且该空间也是用来穿线的，实际上已经起到线槽的作用，同时该空间的四个出口分别与一个狭长槽形线槽 4 相接。对于本领域技术人员来说，根据实际需要在该空间内按其空间形状增加一十字线槽是很容易想到的，不具有实质性特点。因此基于其引用的权利要求 3 不具有新颖性时，权利要求 8 所要求保护的技术方案相对于附件 1 不具备专利法第 22 条第 3 款所规定的创造性。

鉴于上述已经得出权利要求 1~4、7 不符合专利法第 22 条第 2 款的规定，权利要求 5、6、8 不符合专利法第 22 条第 3 款的规定，应予无效，故本决定对请求人提出的其他理由不作评述。

根据上述的事实和理由，本案合议组依法作出以下决定。

三、决定

宣告 200520074494.4 号实用新型专利权全部无效。

当事人对本决定不服的，可以根据专利法第 46 条第 2 款的规定，自收到本决定之日起三个月内向北京市第一中级人民法院起诉。根据该款的规定，一方当事人起诉后，另一方当事人应当作为第三人参加诉讼。

119

一种按摩器结构

无效宣告请求审查决定（第11697号）

决　　定　　号　第11697号
决　　定　　日　2008年6月20日
发明创造名称　一种按摩器结构
国 际 分 类 号　A61H 7/00，A61H 15/00
无效宣告请求人　厦门蒙发利科技（集团）股份有限公司
专　利　权　人　东莞东城威仪塑胶电子制品厂
申　　请　　号　02250262.9
申　　请　　日　2002年12月13日
授 权 公 告 日　2003年11月26日
合 议 组 组 长　杨军艳
主　　审　　员　关　刚
参　　审　　员　雒晓明

法　律　依　据　专利法第22条第3款
决　定　要　点

权利要求所限定的技术方案与一篇对比文件相比存在区别技术特征，而另一篇对比文件所公开的技术手段虽然与该区别技术所起的作用相同，但它们为实现所述作用所采用的具体方式不同，达到的技术效果也不同，则该项权利要求相对于所述两篇对比文件的结合具有创造性。

一、案由

本无效宣告请求涉及国家知识产权局于2003年11月26日授权公告的、名称为“一种按摩器结构”，专利号为ZL02250262.9号实用新型专利（下称本专利），其申请日为2002年12月13日，专利权人为东莞东城威仪塑胶电子制品厂。本专利授权公告时的权利要求书如下：

“1. 一种按摩器结构，包括有本体（1），其特征在于：本体（1）内设有蜗轮蜗杆传动系，其中蜗杆（21）安装在一电机（3）的输出轴上，而与蜗轮（22）固连的转轴（23）的一端凸出本体（1）外与一转动架（4）连接，转动架（4）上安装有成对的高低按摩头（5），高低按摩头（5）与转动架（4）之间为可自转的活动连接，所述的蜗轮蜗杆传动系中包含有对称设置于蜗杆（21）两侧的两蜗轮（22），其中一蜗轮（22）上还固连有一小齿轮（24），该小齿轮（24）与一中间齿轮（25）啮合，所述该侧的蜗轮（22）的转动通过小齿轮（24）、中间齿轮（25）减速传至一大齿轮（26）上，该大齿轮（26）上固设一小齿轮（27）与设置在相应按摩椅上的固定齿条啮合。

2. 根据权利要求 1 所述的一种按摩器结构，其特征在于：所述按摩头（5）呈蘑菇状，且两转动架（4）上的高低按摩头（5）为相对设置，即两转动架（4）上的高按摩头（5）都在电机（3）轴线的最近点或都在电机（3）轴线的最远点。”

针对上述专利权，厦门蒙发利科技（集团）有限公司（后公司名称变更为“厦门蒙发利科技（集团）股份有限公司）（下称请求人）于 2007 年 10 月 8 日向专利复审委员会提出无效宣告请求，并提交了下述附件：

附件 1：公开号为 CN2461525Y 的中国实用新型专利说明书，其公开日为 2001 年 11 月 28 日（下称对比文件 1）；

附件 2：公开号为特开平 7-51334 的日本公开特许公报，其公开日为 1995 年 2 月 28 日（下称对比文件 2）；

附件 3：公开号为 US4422448A 的美国专利文献，其公开日为 1983 年 12 月 27 日（下称对比文件 3）；

附件 4：公开号为特开 2001-120620 A 的日本公开特许公报，其公开日为 2001 年 5 月 8 日（下称对比文件 4）；

附件 5：附件 3 首页的部分中文译文，共 1 页。

结合上述附件其无效宣告请求的具体理由为：本专利权利要求 1 相对于对比文件 1 和对比文件 2（或/和对比文件 4）的结合不具备专利法第 22 条第 3 款规定的创造性；本专利权利要求 2 的附加技术特征已被对比文件 1 所公开，当其引用的权利要求 1 不具备创造性时，权利要求 2 也不具备专利法第 22 条第 3 款规定的创造性。

经形式审查合格，专利复审委员会依法受理了上述无效宣告请求，于 2007 年 10 月 8 日向双方当事人发出无效宣告请求受理通知书，并将无效宣告请求书及其附件清单中所列附件的副本转送给专利权人，要求其在指定的期限内答复。

请求人于 2007 年 11 月 6 日再次提交了意见陈述书，并补充提交了如下附件（编号续前）：

附件 6：公开号为 CN1098898A 的中国发明专利申请公开说明书，其公开日为 1995 年 2 月 22 日（下称对比文件 5）；

附件 7：公开号为特开 2002-209969A 的日本公开特许公报，其公开日为 2002 年 7 月 30 日（下称对比文件 6）；

附件 8：对比文件 2（JP 特开平 7-51334A）的中文译文，共 4 页；

附件 9：对比文件 4（JP 特开 2001-120620 A）的中文译文，共 8 页；

附件 10：对比文件 6（JP 特开 2002-209969A）的中文译文，共 3 页。

结合上述附件，请求人认为，对比文件 5 和 6 都公开了本专利权利要求 1 中的技术特征“按摩头与转动架间为可自转的活动连接”这一技术特征，可进一步说明这种构思是“通常的”。

针对上述无效宣告请求，专利权人于 2007 年 11 月 22 日提交了意见陈述书，专利权人认为，（1）本专利权利要求 1 与对比文件 1 存在如下区别技术特征：高低按摩头（5）与转动架（4）之间为可自转的活动连接；而对比文件 1 中的按摩头与转轴是固定连接，只能固定地随转轴转动，并且其按摩头与连杆之间并非为可自转的活动连接。对比文件 1 没有公开本专利权利要求 1 中的齿轮变速机构的具体啮合关系和变速关系，对比文件 1 中没有变速机构，达不到按摩器本体移动的效果。（2）对比文件 2 虽然有电机轴直接带动齿轮在齿条上运动，但是没有给出本专利权利要求 1 具体的齿轮啮合关系以及变速关系的技术特征。对比文件 2 通过链条带动按摩盘的转动轴，结构不紧凑，本专利是直接从蜗轮通过齿轮引出传动机构到齿条，结构紧凑。（3）对比文件 4 没有公开按摩头（5）与转动架（4）之间为可自转的活动连接结构及具体的齿轮啮合关系以及变速结构。因此，本专利权利要求1相对于对比文件1和对比文件2，以及对比文件1和对比文件4的结合具备创造性。

针对上述无效宣告请求，专利复审委员会依法成立合议组，对本案进行审理，合议组于2007年1月4日向双方当事人发出无效宣告请求口头审理通知书，告知双方当事人合议组定于2008年2月28日就本案进行口头审理。随同口头审理通知书，将请求人于2007年11月6日提交的意见陈述书及其附件副本转送给专利权人，同时将专利权人于2007年11月22日提交的意见陈述书转送给请求人。

专利权人又于2008年1月29日提交了意见陈述书，在该意见陈述书中专利权人认为，（1）对比文件1~6没有公开本专利权利要求1中用于实现上下移动的具体齿轮结构设计，请求人主张上述技术特征为公知常识，但没有举证。（2）请求人用于评价本专利权利要求1的创造性时所结合使用的现有技术的数量过多，不符合审查指南中关于评价实用新型专利的创造性时所引用的现有技术的数量的相关规定。（3）对比文件1、5和6中未涉及按摩头上下移动机构，而本专利权利要求1中用于实现按摩器上下移动的齿轮传动结构与对比文件2~4中使用皮带传动的方式不同，另外对比文件2~4中均是使用两根齿条实现按摩器的上下移动，而本专利权利要求1中是使用一根齿条实现按摩器的上下移动的。因此本专利权利要求1与对比文件1~6相比具有创造性。

口头审理如期举行，请求人一方由专利代理人吴邦基，以及厦门蒙发利科技（集团）股份有限公司员工屠根林作为公民代理出庭参加，专利权人一方由专利代理人周竞、王雄杰，以及东莞东城威仪塑胶电子制品厂员工高凤玲、钟建红作为公民代理出庭参加。

在口头审理过程中，请求人明确其无效宣告请求的理由、证据和范围：本专利权利要求1相对于对比文件1和对比文件4的结合不具备创造性，本专利权利要求2的附加技术特征已被对比文件1所公开，当其引用的权利要求1不具备创造性时，权利要求2也不具备创造性。其中对比文件1为最接近的对比文件，对比文件2和3用于证明本专利的按摩器的上下移动机构为常用技术，请求人当庭表示放弃将对比文件5和6作为证据使用。专利权人认可请求人所提交的对比文件1~4的真实性，对于请求人所提交的对比文件2~4的中文译文的准确性没有表示异议。

关于本专利的创造性：请求人认为，本专利权利要求1与对比文件1区别在于：（1）高低按摩头与转动架之间为可自转的活动连接；（2）关于上下移动机构的内容“一蜗轮22上还固连有一个小齿轮24……与设置在相应按摩椅上的固定齿条啮合”。而区别（1）在对比文件4的附图2及译文第0023节中公开。区别（2）在对比文件4中的附图4~6及第0003节到第0006节中公开，虽然其与本专利权利要求1中使用齿轮传动不完全相同，但采用齿轮传动对于本领域的技术人员是显而易见的。对比文件2与对比文件3中实现上下移动的机构与对比文件4类似，是用来说明上下移动机构是很常见的。

专利权人认为，对比文件1和对比文件4公开了本专利权利要求1的第1行到第6行中所述的技术特征，但对比文件4的附图5中所公开的移动机构与本专利不同；对比文件4的附图2与附图5是两个技术方案，而审查指南明确规定了用于评价实用新型专利的创造性的现有技术的数量一般情况下不能多于两项；对比文件4中按摩头使用的电机与上下移动机构所用的电机不同，两个技术方案没有联系，是无法结合的；本专利权利要求1中关于上下移动机构的技术特征涉及齿轮变速机构的具体齿轮啮合关系和变速关系，其上下移动机构是一边传动，而对比文件2~4均使用皮带传动，且是两边传动的；本专利中使用了双连齿轮，是一体结构，其中小齿轮固设在大齿轮上的特征与对比文件4有明显的区别。

请求人还认为，对比文件4公开的上下移动机构与驱动按摩头的机构是按摩器中的两个独立的部分，两者是简单叠加的关系；权利要求1中的中间齿轮的使用完全是根据位置，传动转向的需要设置的；两边使用齿条与一边使用齿条都能够实现上下移动，但齿条两边比齿条一边要稳定。两边传动还是一边传动对于本领域技术人员来说属于常规选择。

关于权利要求 2：请求人认为：对比文件 1 的说明书第 2 页第 11 行已经公开了一个连杆上一个高、一个低的按摩头，呈对称的高低设置，与权利要求 2 的附加特征一致。

另外，请求人认为其是当庭收到专利权人的后一次意见陈述的，需要时间答辩。合议组告知请求人应于庭后 15 日内提交意见陈述，期满未提交不影响本案的审理。

请求人于 2008 年 3 月 10 日提交了意见陈述书，并补充提交了如下附件（编号续前）：

附件 11：《机械设计手册》（2002 年 1 月第四版）第四卷，化学工业出版社，成大先主编，封面、版权页、目录页、第 16-3 页、16-4 页、16-8 页，复印件共 6 页；

附件 12：《齿轮手册》（2004 年 2 月第 2 版）上册，机械工业出版社，封面页、条码页、封次页、版权页、目录页、第 2~6 页、第 12-4 页、第 12-6 页，复印件共 9 页；

附件 13：《机械设计基础》（2002 年 3 月第 1 版），华中科技大学出版社，杨家军、张卫国主编，封次页、目录第 1 页、第 2 页、第 103 页、第 129 页、版权页，复印件共 6 页。

请求人认为，本专利权利要求 1 中关于齿轮传动部分的技术特征是本领域技术人员的基本常识内容，任何技术人员都会认可的，专利权人却一再坚持没有举证不予认可，故提交上述三个公知常识性证据予以证明利用齿轮传动的技术特征属于本领域公知常识。

合议组于 2008 年 3 月 18 日将请求人提交的上述意见陈述书及其提交的上述附件副本转送给专利权人。

专利权人于 2008 年 4 月 8 日提交了意见陈述书，专利权人认为请求人于口审后提交的公知常识性证据超出了举证期限，并且认为请求人所提交的公知常识性证据不能否定本专利权利要求 1 有关上下移动机构的技术特征。

至此，合议组认为本案的事实已清楚，可以作出无效宣告请求审查决定。

二、决定的理由

1. 关于证据

对于请求人在无效宣告请求口头审理之前所提交上述 6 份对比文件，请求人在口头审理中明确表示放弃对比文件 5 和 6 作为证据使用，专利权人对所述对比文件 1~4 的真实性无异议，也未对所述对比文件 2~4 的中文译文的准确性提出异议。由于上述对比文件 1~4 均属于专利文献，合议组经审查认可对比文件 1~4 的真实性，且对比文件 1~4 的公开日期均在本专利的申请日之前，因此可以作为本专利的现有技术使用，其中对比文件 2~4 的文字部分内容以其中文译文的内容为准。

对于请求人于无效宣告请求口头审理之后提交的附件 11~13，根据审查指南第四部分第三章第 4.3.1 节的相关规定，对于公知常识性证据，其举证期限的例外情形也仅限于在口头审理辨论终结前提交技术词典、技术手册和教科书等所属技术领域中的公知常识性证。虽然请求人认为其是在专利权人对其公知常识的主张不予认可的情形下提交的公知常识性证据，但是根据审查指南第四部分第八章第 4.4 节的规定，主张某技术手段是本领域公知常识的当事人，对其主张承担举证责任。可见，请求人首先对某一技术手段是公知常识的主张具有举证责任，而不是因为专利权人的否定才进行举证，因此请求人应当对其举证超期承担责任，故合议组对请求人于无效宣告口头审理后所提交的附件 11~13 不予考虑。

2. 关于本专利的创造性

专利法第 22 条 3 款规定，创造性，是指同申请日以前已有的技术相比，该发明有突出的实质性特点和显著的进步，该实用新型有实质性特点和进步。

就本专利而言，本专利权利要求 1 请求保护一种按摩器结构。对比文件 1 公开了一种按摩揉捏机，其中具体公开了如下技术特征（参见对比文件 1 说明书第 1 页第 10 行至第 2 页 14 行，图 3、4）：所述按摩揉捏机主要由电机 1、蜗轮 2、蜗杆 3 和按摩头 4 组成，蜗轮 2、蜗杆 3 设置在传动箱 5（相当于本专利权利要求 1 的本体（1））中，电机轴 11 伸入传动箱 5 中，电机轴 11 上固定一蜗杆 3，此蜗杆 3 同时与其两侧的两个蜗轮 2 啮合，两个蜗轮 2 分别紧固在两根轮轴 21 上，每根轮轴 21 的一端上分别固定一个连杆 6（相当于本专利权利要求 1 的转动架（4）），每个连杆 6 的两端各固定一个按摩头 4，且相邻的两个连杆 6 上的四个按摩头 4 呈对称的高低设置。

本专利权利要求 1 与对比文件 1 相比，其区别技术特征在于：A. 高低按摩头与转动架之间为可自转的活动连接；B. 其中一蜗轮上还固连有一小齿轮，该小齿轮与一中间齿轮啮合，所述该侧的蜗轮的转动通过小齿轮、中间齿轮减速至一大齿轮上，该大齿轮上固设一小齿轮与设置在相应按摩椅上的固定齿条啮合。

对比文件 4 公开了一种按摩机，其中具体公开了如下技术特征（参见对比文件 4 的中文译文第 2 页倒数第 3 段至第 5 页第 6 段，图 1-6）：为了解决以往按摩机只能通过倾斜及偏心的轮毂的旋转进行左右摇动运动的问题，对比文件 4 的按摩机具有让按摩球分别进行行星旋转的一对行星旋转装置，具体结构为按摩球 45 本身围绕按摩球支撑轴 39 与软轴 33（其中所述按摩球支撑轴和软轴相当于本专利权利要求 1 的转动架）的旋转同时向反方向进行旋转运动，即按摩头 45 像自行车脚踏板那样保持一定方向进行行星旋转运动（即相当于本专利权利要求 1 中的高低按摩头与转动架之间为可自转的活动连接）。另外对比文件 4 在背景技术部分还公开了使按摩器结构上下移动的机构，该机构的具体结构为（详见对比文件 4 的中文译文第 2 页倒数第 3 段至第 3 页第 3 段，图 5、6）：电机 85 通过皮带 88 带动减速器 84，通过减速齿轮 95、再通过第一齿轮 96 和第二齿轮 97 分别带动第一旋转轴 76 第二旋转轴 77，其中第一旋转轴 76 带动旋转自如地安装于倾斜轮毂 81 上的按摩轮 83 转动，第二旋转轴 77 的端部 78 嵌接于靠背部 70 的导轨 75 的开口部，以使按摩器结构作为整体上下移动。

由此可见，对比文件 4 公开了按摩头与转动架之间为可活动连接的技术特征，且其在对比文件 4 中所起的作用与在本专利中所起的作用相同，都是为了改善按摩头的按摩效果。另外，对比文件 4 还公开了利用皮带带动减速器，再通过减速齿轮带动旋转轴，再由旋转轴的两个端部分别与靠背部的导轨配合实现按摩器结构的上下移动。由此可见，本专利权利要求 1 与对比文件 1 和 4 的区别在于：本专利权利要求 1 中上下移动机构的具体结构，即技术特征“其中一蜗轮（22）上还固连有一小齿轮（24），该小齿轮（24）与一中间齿轮（25）啮合，所述该侧的蜗轮（22）的转动通过小齿轮（24）、中间齿轮（25）减速传至一大齿轮（26）上，该大齿轮（26）上固设一小齿轮（27）与设置在相应按摩椅上的固定齿条啮合”。

合议组认为，对比文件 4 中的按摩器上下移动机构首先是通过电机利用皮带带动减速器，再通过减速器带动旋转轴，再由旋转轴的两个端部分别与靠背部的导轨配合实现按摩器结构的上下移动。而本专利权利要求 1 中按摩器上下移动机构是在一个带动按摩头转动的蜗轮上通过齿轮传动，使最后的齿轮与按摩椅上的固定齿条啮合实现的，并且本专利权利要求 1 中具体限定了这种传动结构。可见，虽然对比文件 4 所公开的按摩器上下移动机构与本专利权利要求 1 中的按摩器上下移动机构所起的作用相同，但是为了实现使按摩器上下移动的作用所采用的具体结构不同，而本专利权利要求 1 中按摩器上下移动机构的具体结构体现出了与对比文件 4 中的上下移动机构中利用转动轴两端头与齿条配合的方式不同的设计构思，并实现了只利用一个齿条实现按摩器上下移动的技术效果，而这并不是通过齿轮传动的公知常识就能得到的。因此本专利权利要求 1 相对于对比文件 1 和 4 的结合具备实质性特点和进步，具备专利法第 22 条第 3 款规定的创造性。

请求人认为对比文件2和3可证明本专利的按摩器的上下移动机构为常用技术。合议组经审查认为，对比文件2（参见对比文件2的中文译文第2页倒数第3行至第3页第3行，图1、2）和对比文件3（图2、图12）中的按摩器的上下移动机构与对比文件4中的按摩器上下移动机构类似，都是通过位于转动轴两个端头的齿轮与齿条配合实现按摩器的上下移动的，因此对比文件2和对比文件3不能证明本专利中按摩器上下移动机构的具体结构为常用技术。

本专利的从属权利要求2引用了权利要求1，当权利要求1具备创造性，其从属权利要求2相对于上述现有技术也具备专利法第22条第3款规定的创造性。

综上所述，本专利权利要求1~2相对于请求人所主张的无效理由和证据具备专利法第22条第3款规定的创造性。

基于以上事实和理由，本案合议组作出如下审查决定。

三、决定

维持02250262.9号实用新型专利权有效。

当事人对本决定不服的，可以根据专利法第46条第2款的规定，自收到本决定之日起三个月内向北京市第一中级人民法院起诉。根据该款的规定，一方当事人起诉后，另一方当事人应当作为第三人参加诉讼。

北京市第一中级人民法院
行政判决书

（2008）一中行初字第1373号

原告厦门蒙发利科技（集团）股份有限公司，住所地福建省厦门市思明区东浦路22号2楼。

法定代表人邹剑寒，总经理。委托代理人王敏，北京市惠诚律师事务所东莞分所律师。

委托代理人魏立璇，北京市惠诚律师事务所律师。

被告国家知识产权局专利复审委员会，住所地北京市海淀区北四环西路9号银谷大厦10~12层。

法定代表人廖涛，副主任。

委托代理人关刚，国家知识产权局专利复审委员会审查员。

委托代理人隋璐，国家知识产权局专利复审委员会审查员。

第三人东莞东城威仪塑胶电子制品厂，住所地广东省东莞市东城峡口沙岭工业区。

法定代表人叶彩连，厂长。

委托代理人王雄杰，深圳市雄杰专利商标代理有限公司专利代理人。

委托代理人高凤玲，北京市百瑞律师事务所律师。

原告厦门蒙发利科技（集团）股份有限公司（以下简称厦门蒙发利公司）不服被告国家知识产权局专利复审委员会（以下简称专利复审委员会）于2008年6月20日作出的第11697号无效宣告请求审查决定（以下简称第11697号决定），于法定期限内向本院提起行政诉讼。本院于2008年9月10日受理本案后，依法组成合议庭，并通知东莞东城威仪塑胶电子制品厂（以下简称东莞威仪电子厂）作为本案第三人参加诉讼，于2008年10月23日公开开庭进行了审理。原告厦门蒙发利公司的委托代理人王敏，被告专利复审委员会的委托代理人关刚、隋璐，第三人东莞威仪电子厂的委托代理人高凤玲到庭参加了诉讼。本案现已审理终结。

第 11697 号决定系专利复审委员会针对厦门蒙发利公司就东莞威仪电子厂拥有的名称为“一种按摩器结构”的实用新型专利（简称本专利）提出的无效宣告请求作出的。专利复审委员会在该决定中认为：1. 关于证据。附件 1~4 的真实性无误，且公开日期均在本专利的申请日之前，可以作为本专利的现有技术使用，其中附件 2~4 的文字部分内容以其中文译文的内容为准。对于厦门蒙发利公司于口头审理之后提交的附件 11~13，根据《审查指南》第四部分第三章第 4.3.1 节的相关规定，其提交已经超过期限，故对其不予考虑。2. 关于本专利的创造性。本专利权利要求 1 与附件 1 相比，其区别技术特征在于：（1）高低按摩头与转动架之间为可自转的活动连接；（2）其中一蜗轮上还固连有一小齿轮，该小齿轮与一中间齿轮啮合，所述该侧的蜗轮的转动通过小齿轮、中间齿轮减速至一大齿轮上，该大齿轮上固设一小齿轮与设置在相应按摩椅上的固定齿条啮合。附件 4 公开了按摩头与转动架之间为可活动连接的技术特征，且其在附件 4 中所起的作用与在本专利中所起的作用相同，都是为了改善按摩头的按摩效果。另外，附件 4 还公开了利用皮带带动减速器，再通过减速齿轮带动旋转轴，再由旋转轴的两个端部分别与靠背部的导轨配合实现按摩器结构的上下移动。就此，本专利权利要求 1 与附件 1 和 4 的区别在于：本专利权利要求 1 中上下移动机构的具体结构，即技术特征“其中一蜗轮（22）上还固连有一小齿轮（24），该小齿轮（24）与一中间齿轮（25）啮合，所述该侧的蜗轮（22）的转动通过小齿轮（24）、中间齿轮（25）减速传至一大齿轮（26）上，该大齿轮（26）上固设一小齿轮（27）与设置在相应按摩椅上的固定齿条啮合”。附件 4 中的按摩器上下移动机构首先是通过电机利用皮带带动减速器，再通过减速器带动旋转轴，再由旋转轴的两个端部分别与靠背部的导轨配合实现按摩器结构的上下移动。而本专利权利要求 1 中按摩器上下移动机构是在一个带动按摩头转动的蜗轮上通过齿轮传动，使最后的齿轮与按摩椅上的固定齿条啮合实现的，并且本专利权利要求 1 中具体限定了这种传动结构。可见，虽然附件 4 所公开的按摩器上下移动机构与本专利权利要求 1 中的按摩器上下移动机构所起的作用相同，但是为了实现使按摩器上下移动的作用所采用的具体结构不同，而本专利权利要求 1 中按摩器上下移动机构的具体结构体现出了与附件 4 中的上下移动机构中利用转动轴两端头与齿条配合的方式不同的设计构思，并实现了只利用一个齿条实现按摩器上下移动的技术效果，而这并不是通过齿轮传动的公知常识就能得到的。因此本专利权利要求 1 相对于附件 1 和 4 的结合具备实质性特点和进步，具备《中华人民共和国专利法》（以下简称《专利法》）第二十二条第三款规定的创造性。附件 2 和附件 3 中的按摩器的上下移动机构与附件 4 中的按摩器上下移动机构类似，都是通过位于转动轴两个端头的齿轮与齿条配合实现按摩器的上下移动，因此附件 2 和附件 3 不能证明本专利中按摩器上下移动机构的具体结构为常用技术。本专利的从属权利要求 2 引用了权利要求 1，当权利要求 1 具备创造性，其从属权利要求 2 相对于上述现有技术也具备《专利法》第二十二条第三款规定的创造性。综上，专利复审委员会作出第 11697 号决定，维持本专利权全部有效。

厦门蒙发利公司不服第 11697 号决定，在法定期限内向本院提起行政诉讼称：1. 关于程序问题。专利复审委员会没有及时寄送东莞威仪电子厂的答辩意见，属于审理程序违法。此外，专利复审委员会对厦门蒙发利公司在规定期限内提交的附件 11~13 不予考虑是错误的，违反了《中华人民共和国行政诉讼法》（以下简称《行政诉讼法》）第五十四条等相关法律规定。2. 关于本专利的创造性。专利复审委员会所认定的本专利与附件 1 和附件 4 所存在的区别技术特征及本专利权利要求 1 中上下移动机构的具体结构为公知技术，该公知技术属于不需要双方当事人质证的事实，专利复审委员会对此不予考虑是错误的。综上所述，第 11697 号决定认定事实不清，请求人民法院依法予以撤销。

被告专利复审委员会辩称：1. 关于程序问题。专利复审委员会根据案件需要在口头审理当庭将有关文件转送厦门蒙发利公司并告知其可以在庭后十五日内提交意见陈述，并没有损害当事人的权利。由于厦门蒙发利公司在无效程序中提交附件 11~13 的期限超出了《审查指南》第四部分第三章第 4.1.3 节所规定的期限，专利复审委员会对上述证据不予考虑是有事实与法律依据的。此外，厦门蒙发利公司在提起无效宣告请求时并未主张将附件与公知常识结合评价本专利权利要求 1 的创造性，其在口审后提交附件 11~13 并据此主张权利要求 1 中的某些技术特征是公知常识，实质上属于在提出无效宣告请求之日起一个月后提出的新证据、新理由，专利复审委员会对此不予考虑是符合《审查指南》的相关规定的。2. 关于法律适用。鉴于专利复审委员会对于附件 11~13 并未考虑，亦不是第 11697 号决定作出的依据，厦门蒙发利公司据此认定专利复审委员会对于本专利创造性评判错误没有事实依据。综上，第 11697 号决定认定事实清楚，适用法律正确，审查程序合法，请求人民法院依法予以维持。

第三人东莞威仪电子厂陈述意见称：厦门蒙发利公司提供的附件 1 和附件 4 并没有公开权利要求 1 当中的下述技术特征：其中一蜗轮（22）上还固连有一小齿轮（24），该小齿轮（24）与一中间齿轮（25）啮合，所述该侧的蜗轮（22）的转动通过小齿轮（24）、中间齿轮（25）减速传至一大齿轮（26）上，该大齿轮（26）上固设一小齿轮（27）与设置在相应按摩椅上的固定齿条啮合。上述技术特征是本专利结构设计的重要组成部分，并导致本专利产品只需要使用一个小齿轮、一根齿条就可以实现上下移动，公知常识中没有上述技术启示。此外，厦门蒙发利公司在无效审查程序中并未举证证明上述技术特征属于公知常识，其在举证期限后所提交的证据亦不能否认上述技术特征所具有的创造性。综上，第 11697 号决定认定事实清楚，适用法律正确，审查程序合法，请求人民法院驳回原告的诉讼请求，维持第 11697 号决定。

本院经审理查明：

名称为“一种按摩器结构”的实用新型专利（即本专利）由东莞威仪电子厂于 2002 年 12 月 13 日向国家知识产权局提出申请，2003 年 11 月 26 日被授权公告，专利号为 02250262.9，专利权人为东莞威仪电子厂。本专利的授权权利要求为：

“1. 一种按摩器结构，包括有本体（1），其特征在于：本体（1）内设有蜗轮蜗杆传动系，其中蜗杆（21）安装在一电机（3）的输出轴上，而与蜗轮（22）固连的转轴（23）的一端凸出本体（1）外与一转动架（4）连接，转动架（4）上安装有成对的高低按摩头（5），高低按摩头（5）与转动架（4）之间为可自转的活动连接，所述的蜗轮蜗杆传动系中包含有对称设置于蜗杆（21）两侧的两蜗轮（22），其中一蜗轮（22）上还固连有一小齿轮（24），该小齿轮（24）与一中间齿轮（25）啮合，所述该侧的蜗轮（22）的转动通过小齿轮（24）、中间齿轮（25）减速传至一大齿轮（26）上，该大齿轮（26）上固设一小齿轮（27）与设置在相应按摩椅上的固定齿条啮合。

2. 根据权利要求 1 所述的一种按摩器结构，其特征在于：所述按摩头（5）呈蘑菇状，且两转动架（4）上的高低按摩头（5）为相对设置，即两转动架（4）上的高按摩头（5）都在电机（3）轴线的最近点或都在电机（3）轴线的最远点。”

在本专利说明书中还记载了如下内容：本实用新型通过蜗轮蜗杆及齿轮齿条传动，实现高低按摩头同时作出自转和随转动架转动以及随本体在相应按摩椅上移动三种动作……使用时，将本实用新型活动安装在相应的按摩椅上，且由大齿轮 26 上的小齿轮 27 与设置在按摩椅上的固定齿条啮合，以致可实现本实用新型在按摩椅上作直线运动，便于按摩不同部位……

2007 年 10 月 8 日，厦门蒙发利公司以本专利不符合《专利法》第二十二条第三款的规定为由向专利复审委员会提出无效宣告请求。为支持其无效宣告请求，厦门蒙发利公司提供的与本案有关的证据包括：

附件 1：授权公告日为 2001 年 11 月 28 日，名称为“按摩揉捏机”的第 01202822.3 号实用新型专利说明书。附件1公开了一种按摩揉捏机，其中具体公开了如下技术特征：所述按摩揉捏机主要由电机1、蜗轮2、蜗杆3和按摩头4组成，蜗轮2、蜗杆3设置在传动箱5中，电机轴11伸入传动箱5中，电机轴11上固定一蜗杆3，此蜗杆3同时与其两侧的两个蜗轮2啮合，两个蜗轮2分别紧固在两根轮轴21上，每根轮轴21的一端上分别固定一个连杆6，每个连杆6的两端各固定一个按摩头4，且相邻的两个连杆6上的四个按摩头4呈对称的高低设置。

附件2：公开日为1995年2月28日的日本国特许厅公开专利公报，专利申请公开号码为特开平7-51334。

附件3：公开日为1983年12月27日，公开号为US4422448A的美国专利文献。

附件4：公开日为2001年5月8日的日本国特许厅公开专利公报，专利名称为按摩机，专利申请公开号码为特开平2001-120620。附件4公开了一种按摩机，其中具体公开了如下技术特征：为了解决以往按摩机只能通过倾斜及偏心的轮毂的旋转进行左右摇动运动的问题，附件4的按摩机具有让按摩球分别进行行星旋转的一对行星旋转装置，具体结构为按摩球45本身围绕按摩球支撑轴39与软轴33的旋转同时向反方向进行旋转运动，即按摩头45像自行车脚踏板那样保持一定方向进行行星旋转运动。另外附件4在背景技术部分还公开了使按摩器结构上下移动的机构，该机构的具体结构为：电机85通过皮带88带动减速器84，通过减速齿轮95、再通过第一齿轮96和第二齿轮97分别带动第一旋转轴76第二旋转轴77，其中第一旋转轴76带动旋转自如地安装于倾斜轮毂81上的按摩轮83转动，第二旋转轴77的端部78嵌接于靠背部70的导轨75的开口部，以使按摩器结构作为整体上下移动。

2008年2月28日，专利复审委员会举行了口头审理，在口头审理过程中，厦门蒙发利公司将无效理由和证据明确为：本专利权利要求1相对于附件1和附件4的结合不具备创造性，本专利权利要求2的附加技术特征已被附件1所公开，当其引用的权利要求1不具备创造性时，权利要求2也不具备创造性。其中附件1为最接近的附件，附件2和3用于证明本专利的按摩器的上下移动机构为常用技术。

厦门蒙发利公司于2008年3月10日再次提交了意见陈述书并同时提交了附件11至附件13，专利复审委员会将上述意见陈述和附件转交东莞威仪电子厂。东莞威仪电子厂认为上述证据的提交已经超过了举证期限，且亦不能否认本专利的相关技术特征。

2008年6月20日，专利复审委员会作出第11697号决定。

本院另查明，厦门蒙发利公司在本院庭审过程中承认，如果不存在附件11、附件12和附件13，仅凭现有证据无法破坏本专利的创造性，其亦承认专利复审委员会所认定的“附件2和附件3中的按摩器的上下移动机构与附件4中的按摩器上下移动机构类似”与事实相符。此外，各方当事人对于第11697号决定中所认定的本专利同附件1和附件4所存在的区别技术特征并无异议。

上述事实，有本专利授权公告文本、附件1、附件2、附件3、附件11、附件12、附件13、第11697号决定、口头审理记录表及当事人陈述等证据在案佐证。

本院认为：

1. 关于与本案有关的程序问题。

《审查指南》是《专利法》及《专利法实施细则》的具体化，是被告依法行政的依据和标准，可以作为本院处理本案的参照依据。《审查指南》第四部分第三章第4.3.1节规定：请求人在提出无效宣告请求之日起一个月后补充证据的，专利复审委员会一般不予考虑，除非（ii）在口头审理辩论终结前提交技术词典、技术手册和教科书等所属技术领域中的公知常识性证据或者用于完善证据法定形式的公证书、原件等证据，并在该期限内结合该证据具体说明相关无效宣告理由的。根据上述规定，即使原告提交的附件11~13属于公知常识性证据，其可被被告考虑的前提也是须在口头审理辩论终结前提交。而根据本院已经查明的事实可知，原告是在口头审理后的十天才提交上述附件，被告根据

《审查指南》的明确规定对附件11~13不予考虑的作法是正确的，本院对此予以支持。

对于原告所提被告迟延转送相关文件的问题，本院认为，根据《审查指南》的相关规定，被告根据案件需要将有关文件转送有关当事人，并按需要指定答复期限。据此，被告在口审当庭向原告转送第三人的意见陈述并给予其答复的期限，原告在接受上述文件的转送时并未表示异议。因此，被告的行为并未违反《审查指南》的相关规定，本院对于原告所提异议不予支持。

2. 关于本专利的创造性。

根据我国《专利法》第二十二条第三款的规定，实用新型的创造性，是指同申请日以前已有的技术相比，该实用新型有实质性特点和进步。

通过本院已经查明的事实可知，本专利权利要求1与附件1和附件4所存在的区别是：本专利权利要求1还对上下移动机构的具体结构进行了限定，即“其中一蜗轮（22）上还固连有一小齿轮（24），该小齿轮（24）与一中间齿轮（25）啮合，所述该侧的蜗轮（22）的转动通过小齿轮（24）、中间齿轮（25）减速传至一大齿轮（26）上，该大齿轮（26）上固设一小齿轮（27）与设置在相应按摩椅上的固定齿条啮合”。

由此可以看出，根据本专利权利要求1对于按摩器中上下移动机构所作出的限定，本专利的按摩器在安装于按摩椅上后，由大齿轮26上的小齿轮27与设置在按摩椅上的固定齿条啮合，小齿轮27的转动就转变为沿齿条方向的直线运动，即实现了按摩器的上下移动。而根据附件4当中所公开的技术内容，附件4所采取的技术手段是通过电动机利用皮带带动减速器，再通过减速器带动旋转轴，再由旋转轴的两个端部分别与靠背部的导轨实现配合从而使一对按摩头实现行星旋转、相互对称的同时旋转以及紧贴被按摩部位预期形成一体进行圆周运动。由此可见，虽然权利要求1与附件4中均公开了一个具有相似技术效果的上下移动机构，但该二者为实现相应技术效果所采取的具体技术手段是不相同的，本领域普通技术人员在结合附件1和附件4的基础上不付出创造性劳动难以得出权利要求1中的技术方案。因此，本专利权利要求1相对于附件1和附件4的结合具有创造性。

由于将附件1和附件4进行结合后并未给出本专利权利要求1中上下移动机构具体结构的技术启示，且原告亦已明确在不考虑附件11~13而仅凭借现有证据的基础上，无法破坏本专利权利要求1的创造性，故权利要求1相对于附件1和附件4的结合具备《专利法》第二十二条第三款所规定的创造性。权利要求2为权利要求1的从属权利要求，在权利要求1具有创造性的基础上，权利要求2也具备创造性。

由于各方当事人对于第11697号决定中的其他理由不持异议，本院不再予以评述。

综上，被告作出的第11697号决定认定事实清楚，适用法律正确，本院依法予以维持。依照《中华人民共和国行政诉讼法》第五十四条第（一）项之规定，本院判决如下：

维持被告国家知识产权局专利复审委员会作出的第11697号无效宣告请求审查决定。

案件受理费100元，由原告厦门蒙发利科技（集团）股份有限公司负担（已交纳）。

如不服本判决，各方当事人可在本判决书送达之日起15日内，向本院提交上诉状，并按对方当事人人数提交副本，交纳上诉案件受理费100元，上诉于北京市高级人民法院。

审　判　长　刘海旗
代理审判员　佟　姝
人民陪审员　郝建欣
二〇〇八年十二月十八日
书　记　员　高　颖

北京市高级人民法院
行政判决书

（2009）高行终字第 222 号

上诉人（原审原告）厦门蒙发利科技（集团）股份有限公司，住所地福建省厦门市思明区东浦路 22 号 2 楼。

法定代表人邹剑寒，董事长。

委托代理人张凡忠，男，汉族，1983 年 12 月 2 日出生，该公司高级法务专员，住北京市海淀区西土城路 6 号国家知识产权局。

被上诉人（原审被告）国家知识产权局专利复审委员会，住所地北京市海淀区北四环西路 9 号银谷大厦 10~12 层。

法定代表人廖涛，副主任。

委托代理人关刚，该委员会审查员。

委托代理人隋璐，该委员会审查员。

原审第三人东莞东城威仪塑胶电子制品厂，住所地广东省东莞市东城峡口沙岭工业区。

法定代表人叶彩连，厂长。

委托代理人王雄杰，男，汉族，1949 年 12 月 12 日出生，深圳市雄杰专利商标代理有限公司专利代理人，住广东省深圳市振兴路 4 号大院 2 栋 402。

委托代理人高凤玲，北京市百瑞律师事务所律师。

上诉人厦门蒙发利科技（集团）股份有限公司（以下简称厦门蒙发利公司）因实用新型专利权无效行政纠纷一案，不服北京市第一中级人民法院（2008）一中行初字第 1373 号行政判决，向本院提起上诉。本院 2009 年 2 月 23 日受理本案后，依法组成合议庭，于 2009 年 3 月 9 日公开开庭进行了审理。上诉人厦门蒙发利公司的委托代理人张凡忠，被上诉人国家知识产权局专利复审委员会（以下简称专利复审委员会）的委托代理人关刚、隋璐，原审第三人东莞东城威仪塑胶电子制品厂（以下简称东莞威仪电子厂）的委托代理人王雄杰、高凤玲到庭参加了诉讼。本案现已审理终结。

北京市第一中级人民法院认定，东莞威仪电子厂是名称为“一种按摩器结构”的实用新型专利（以下简称本专利）的专利权人。2007 年 10 月 8 日，厦门蒙发利公司以本专利不符合专利法第二十二条第三款的规定为由向专利复审委员会提出无效宣告请求。2008 年 6 月 20 日，专利复审委员会作出第 11697 号无效宣告请求审查决定（以下简称第 11697 号决定），维持本专利权有效。

北京市第一中级人民法院认为，专利复审委员会对厦门蒙发利公司在口头审理后的十天才提交公知常识性证据不予考虑的作法是正确的。虽然本专利权利要求 1 与附件 4 中均公开了一个具有相似技术效果的上下移动机构，但该二者为实现相应技术效果所采取的具体技术手段是不相同的，本领域普通技术人员在结合附件 1 和附件 4 的基础上不付出创造性劳动难以得出本专利权利要求 1 中的技术方案。因此，本专利权利要求 1 相对于附件 1 和附件 4 的结合具有创造性。

北京市第一中级人民法院依照《中华人民共和国行政诉讼法》第五十四条第（一）项之规定，判决：维持专利复审委员会做出的第 11697 号决定。

厦门蒙发利公司不服原审判决，向本院提起上诉，请求撤销原审判决及第 11697 号决定。其理由为本专利与现有技术相比，不具有创造性。第一，本专利权利要求 1 与附件 1 和附件 4 的区别技术特征实质上是公知常识，本案证据 3~5 是本领域公知公用的教科书和手册，可以佐证；第二，公知常识无需举证。专利复审委员会、东莞威仪电子厂服从原审判决。

经审理查明，名称为“一种按摩器结构”的实用新型专利（即本专利）由东莞威仪电子厂于2002年12月13日向国家知识产权局提出申请，2003年11月26日被公告授权，专利号为02250262.9，专利权人为东莞威仪电子厂。本专利的授权权利要求为：

“1. 一种按摩器结构，包括有本体（1），其特征在于：本体（1）内设有蜗轮蜗杆传动系，其中蜗杆（21）安装在一电机（3）的输出轴上，而与蜗轮（22）固连的转轴（23）的一端凸出本体（1）外与一转动架（4）连接，转动架（4）上安装有成对的高低按摩头（5），高低按摩头（5）与转动架（4）之间为可自转的活动连接，所述的蜗轮蜗杆传动系中包含有对称设置于蜗杆（21）两侧的两蜗轮（22），其中一蜗轮（22）上还固连有一小齿轮（24），该小齿轮（24）与一中间齿轮（25）啮合，所述该侧的蜗轮（22）的转动通过小齿轮（24）、中间齿轮（25）减速传至一大齿轮（26）上，该大齿轮（26）上固设一小齿轮（27）与设置在相应按摩椅上的固定齿条啮合。

2. 根据权利要求1所述的一种按摩器结构，其特征在于：所述按摩头（5）呈蘑菇状，且两转动架（4）上的高低按摩头（5）为相对设置，即两转动架（4）上的高按摩头（5）都在电机（3）轴线的最近点或都在电机（3）轴线的最远点。”

在本专利说明书中还记载了如下内容：本实用新型通过蜗轮蜗杆及齿轮齿条传动，实现高低按摩头同时作出自转和随转动架转动以及随本体在相应按摩椅上移动三种动作……使用时，将本实用新型活动安装在相应的按摩椅上，且由大齿轮26上的小齿轮27与设置在按摩椅上的固定齿条啮合，以致可实现本实用新型在按摩椅上作直线运动，便于按摩不同部位……

2007年10月8日，厦门蒙发利公司以本专利不符合《专利法》第二十二条第三款的规定为由向专利复审委员会提出无效宣告请求，并提交下列证据：

附件1：授权公告日为2001年11月28日，名称为“按摩揉捏机”的第01202822.3号实用新型专利说明书。附件1公开了一种按摩揉捏机，其中具体公开了如下技术特征：所述按摩揉捏机主要由电机1、蜗轮2、蜗杆3和按摩头4组成，蜗轮2、蜗杆3设置在传动箱5中，电机轴11伸入传动箱5中，电机轴11上固定一蜗杆3，此蜗杆3同时与其两侧的两个蜗轮2啮合，两个蜗轮2分别紧固在两根轮轴21上，每根轮轴21的一端上分别固定一个连杆6，每个连杆6的两端各固定一个按摩头4，且相邻的两个连杆6上的四个按摩头4呈对称的高低设置。

附件2：公开日为1995年2月28日的日本国特许厅公开专利公报，专利申请公开号码为特开平7-51334。

附件3：公开日为1983年12月27日，公开号为US4422448A的美国专利文献。

附件4：公开日为2001年5月8日的日本国特许厅公开专利公报，专利名称为按摩机，专利申请公开号码为特开平2001-120620。附件4公开了一种按摩机，其中具体公开了如下技术特征：为了解决以往按摩机只能通过倾斜及偏心的轮毂的旋转进行左右摇动运动的问题，附件4的按摩机具有让按摩球分别进行行星旋转的一对行星旋转装置，具体结构为按摩球45本身围绕按摩球支撑轴39与软轴33的旋转同时向反方向进行旋转运动，即按摩头45像自行车脚踏板那样保持一定方向进行行星旋转运动。另外附件4在背景技术部分还公开了使按摩器结构上下移动的机构，该机构的具体结构为：电机85通过皮带88带动减速器84，通过减速齿轮95、再通过第一齿轮96和第二齿轮97分别带动第一旋转轴76第二旋转轴77，其中第一旋转轴76带动旋转自如地安装于倾斜轮毂81上的按摩轮83转动，第二旋转轴77的端部78嵌接于靠背部70的导轨75的开口部，以使按摩器结构作为整体上下移动。

2008年2月28日，专利复审委员会进行了口头审理，在口头审理过程中，厦门蒙发利公司将无效理由和证据明确为：本专利权利要求1相对于附件1和附件4的结合不具备创造性，本专利权利要求2的附加技术特征已被附件1所公开，当其引用的权利要求1不具备创造性时，权利要求2也不具备创造性。其中附件1为最接近的附件，附件2和3用于证明本专利的按摩器的上下移动机构为常用技术。

2008年6月20日，专利复审委员会做出第11697号决定。专利复审委员会在该决定中认为：

1. 关于证据。附件1~4的真实性无误，且公开日期均在本专利的申请日之前，可以作为本专利的现有技术使用，其中附件2~4的文字部分内容以其中文译文的内容为准。对于厦门蒙发利公司于口头审理之后提交的附件11~13，根据《审查指南》第四部分第三章第4.3.1节的相关规定，其提交已经超过期限，故对其不予考虑。2. 关于本专利的创造性。本专利权利要求1与附件1相比，其区别技术特征在于：（1）高低按摩头与转动架之间为可自转的活动连接；（2）其中一蜗轮上还固连有一小齿轮，该小齿轮与一中间齿轮啮合，所述该侧的蜗轮的转动通过小齿轮、中间齿轮减速至一大齿轮上，该大齿轮上固设一小齿轮与设置在相应按摩椅上的固定齿条啮合。附件4公开了按摩头与转动架之间为可活动连接的技术特征，且其在附件4中所起的作用与在本专利中所起的作用相同，都是为了改善按摩头的按摩效果。另外，附件4还公开了利用皮带带动减速器，再通过减速齿轮带动旋转轴，再由旋转轴的两个端部分别与靠背部的导轨配合实现按摩器结构的上下移动。就此，本专利权利要求1与附件1和4的区别在于：本专利权利要求1中上下移动机构的具体结构，即技术特征“其中一蜗轮（22）上还固连有一小齿轮（24），该小齿轮（24）与一中间齿轮（25）啮合，所述该侧的蜗轮（22）的转动通过小齿轮（24）、中间齿轮（25）减速传至一大齿轮（26）上，该大齿轮（26）上固设一小齿轮（27）与设置在相应按摩椅上的固定齿条啮合”。附件4中的按摩器上下移动机构首先是通过电机利用皮带带动减速器，再通过减速器带动旋转轴，再由旋转轴的两个端部分别与靠背部的导轨配合实现按摩器结构的上下移动。而本专利权利要求1中按摩器上下移动机构是在一个带动按摩头转动的蜗轮上通过齿轮传动，使最后的齿轮与按摩椅上的固定齿条啮合实现的，并且本专利权利要求1中具体限定了这种传动结构。可见，虽然附件4所公开的按摩器上下移动机构与本专利权利要求1中的按摩器上下移动机构所起的作用相同，但是为了实现使按摩器上下移动的作用所采用的具体结构不同，而本专利权利要求1中按摩器上下移动机构的具体结构体现出了与附件4中的上下移动机构中利用转动轴两端头与齿条配合的方式不同的设计构思，并实现了只利用一个齿条实现按摩器上下移动的技术效果，而这并不是通过齿轮传动的公知常识就能得到的。因此本专利权利要求1相对于附件1和4的结合具备实质性特点和进步，具备《专利法》第二十二条第三款规定的创造性。附件2和附件3中的按摩器的上下移动机构与附件4中的按摩器上下移动机构类似，都是通过位于转动轴两个端头的齿轮与齿条配合实现按摩器的上下移动，因此附件2和附件3不能证明本专利中按摩器上下移动机构的具体结构为常用技术。本专利的从属权利要求2引用了权利要求1，当权利要求1具备创造性，其从属权利要求2相对于上述现有技术也具备《专利法》第二十二条第三款规定的创造性。

综上，专利复审委员会作出第11697号决定，维持本专利权全部有效。

上述事实，有本专利的专利文件、附件1、附件2、附件3、附件4、附件11~13、第11697号决定、口头审理记录表及当事人陈述等证据在案佐证。

本院认为，实用新型的创造性，是指同申请日以前已有的技术相比，该实用新型有实质性特点和进步。如果被比专利与对比文件相比，其区别技术特征为公知常识，则被比专利不具备创造性。公知常识是指本领域中解决所述技术问题的惯用手段，或教科书或者工具书等中披露的解决所述技术问题的技术手段，是本领域普通技术人员熟知并掌握技术内容。

本专利权利要求1与附件1和附件4所存在的区别是：本专利权利要求1还对上下移动机构的具

体结构进行了限定，即“其中一蜗轮（22）上还固连有一小齿轮（24），该小齿轮（24）与一中间齿轮（25）啮合，所述该侧的蜗轮（22）的转动通过小齿轮（24）、中间齿轮（25）减速传至一大齿轮（26）上，该大齿轮（26）上固设一小齿轮（27）与设置在相应按摩椅上的固定齿条啮合”。对此各方当事人均无异议，本院予以认可。

根据本专利权利要求1对于按摩器中上下移动机构所作出的限定，本专利的按摩器在安装于按摩椅上后，由大齿轮26上的小齿轮27与设置在按摩椅上的固定齿条啮合，小齿轮27的转动就转变为沿齿条方向的直线运动，即实现了按摩器的上下移动。而根据附件4当中所公开的技术内容，附件4所采取的技术手段是通过电动机利用皮带带动减速器，再通过减速器带动旋转轴，再由旋转轴的两个端部分别与靠背部的导轨实现配合从而使一对按摩头实现行星旋转、相互对称的同时旋转以及紧贴被按摩部位与其形成一体进行圆周运动。由此可见，虽然权利要求1与附件4中均公开了一个具有相似技术效果的上下移动机构，但该二者为实现相应技术效果所采取的具体技术手段是不相同的，本领域普通技术人员在结合附件1和附件4的基础上不付出创造性劳动难以得出权利要求1中的技术方案。因此，本专利权利要求1相对于附件1和附件4的结合具有创造性。

上诉人厦门蒙发利公司主张附件11~13能够证明上述区别技术特征为公知常识。但是，附件11~13是厦门蒙发利公司在专利复审委员会口头审理后提交的证据，专利复审委员会在做出第11697号决定未考虑上述证据并无不妥。本案中，厦门蒙发利公司关于上述区别技术特征为公知常识的上诉主张依据不足，本院不予支持。

综上，原审判决认定事实清楚，适用法律正确。厦门蒙发利公司的上诉主张不能成立。依照《中华人民共和国行政诉讼法》第六十一条第（一）项之规定，判决如下：

驳回上诉，维持原判。

一审案件受理费人民币100元，由厦门蒙发利科技（集团）股份有限公司负担（已交纳）；二审案件受理费人民币100元，由厦门蒙发利科技（集团）股份有限公司负担（已交纳）。

本判决为终审判决。

审　判　长　刘　辉
代理审判员　岑宏宇
代理审判员　焦　彦
二〇〇九年三月二十日
书　记　员　陈　明
书　记　员　刘　悠

120

用于注射针头的保护装置

无效宣告请求审查决定（第11704号）

决 定 号 第11704号
决 定 日 2008年6月11日
发明创造名称 用于注射针头的保护装置
国际分类号 A61M 5/32
无效宣告请求人 北京市安伦律师事务所
专 利 权 人 B. 布劳恩梅尔松根公司
专 利 号 02805563.2
优 先 权 日 2001年2月26日
申 请 日 2002年2月26日
授权公告日 2006年12月6日
合议组组长 杨军艳
主 审 员 佟仲明
参 审 员 高桂莲

法律依据 专利法第22条第2款、第3款，专利法第26条第4款
决定要点

如果发明权利要求所要求保护的一项技术方案与一项现有技术方案相比，其技术领域、所要解决的技术问题和技术方案实质上相同，预期效果相同，则该技术方案不具有新颖性。

如果一项发明权利要求所保护的技术方案与现有技术相比是显而易见的，则该技术方案不具备创造性。

一、案由

本无效宣告请求涉及中华人民共和国国家知识产权局于2006年12月6日授权公告的、名称为“用于注射针头的保护装置”的发明专利（下称本专利），其专利号为02805563.2，申请日是2002年2月26日，优先权日为2001年2月26日，专利权人是B. 布劳恩梅尔松根公司。该专利授权公告时的权利要求书如下：

“1. 一种用于注射针头或输液针头（2）的保护装置，包括

一个在针头的近端处的针头夹持器（1），

一个用于防护针尖的保护元件（3），该保护元件可在针头的杆体上移动并具有弹性臂，

其中，通过一个位于针头（2）与保护元件（3）之间的接合装置（4、18），可防止所述保护元

件（3）移动越过所述针尖，和

其中设置有一个用于移动或固定保护元件（3）的抓持部件（6），保护元件（3）定位在抓持部件的中空部分中，

其特征在于：

抓持部件在所述近端与保护元件搭接，从而防止抓持部件移动离开所述保护元件（3）和越过所述针尖。

2. 根据权利要求1所述的装置，其特征在于：抓持部件（6）具有一个中空圆筒部分（7），该中空圆筒部分在针头夹持器（1）上进行引导并且在抽拔针头时防止手指与针头的杆体相接触。

3. 根据权利要求2所述的装置，其特征在于：在中空圆筒部分的远端处制有一挡板（8）。

4. 根据上述权利要求之一所述的装置，其特征在于：在针头夹持器（1）的远端制有径向突伸的凸肋（11），其中，针头夹持器（1）上设置有凸肋（11）的这一部分的直径大于保护元件（3）的直径并且被用于安装一针帽（13）。

5. 根据权利要求4所述的装置，其特征在于：抓持部件（6）在一圆筒部分（9）上具有一些轴向延伸的狭缝（12），针头夹持器（1）的凸肋（11）沿径向从这些狭缝（12）中突伸出来。

6. 根据权利要求1所述的装置，其特征在于：抓持部件（6）在远端上设置有一个用于容纳保护元件（3）的孔腔（10）。

7. 根据权利要求1所述的装置，其特征在于：抓持部件（6）在近端上具有一环形体（21），该环形体具有沿径向向内突伸的弹性指状体（22）并通过支架（20）与一圆筒部分（19）相连接，保护元件（3）贴靠在该圆筒部分（19）上。

8. 根据权利要求1所述的装置，其特征在于：针头夹持器（1）在相对置的侧面设置有翼板（23），而抓持部件（6）具有毂状的部分（26），该部分用于部分地搭接到保护元件（3）上。

9. 根据权利要求8所述的装置，其特征在于：设有一个带支架（27）的针帽（13），所述支架（27）可被钩接在针头夹持器的翼板（23）上，而针帽（13）的近端则贴靠在保护元件（3）的远端上。

10. 根据权利要求8所述的装置，其特征在于：毂状部分（26）从一个平面的支承部件（25）向外突伸出，针头夹持器（1）贴靠在该支承部件（25）上。

11. 根据权利要求1所述的装置，其特征在于：抓持部件（6）具有一法兰状部分（31），该部分具有一罐状的中间部件（32），该部分（31）贴靠在一支承部件（30）上。

12. 根据权利要求10或11所述的装置，其特征在于：支承部件（25、30）具有一粘接层，用于将所述装置固定在患者的皮肤上。

13. 根据权利要求1所述的装置，其特征在于：抓持部件（6）具有至少一个可变形部分（40、45），借助该可变形部分的变形，可将保护元件（3）移动到位于针尖处的保护位置上。

14. 根据权利要求13所述的装置，其特征在于：在抓持部件（6）上制有支架（40），通过用手指进行挤压可使该支架变形。

15. 根据权利要求13所述的装置，其特征在于：在抓持部件（6）上制有通过铰接件或铰链连接起来的部分（45），这些部分部分地在针头（2）上进行引导并且可从折叠位置转到展开位置。”

针对上述专利权，北京市安伦律师事务所（下称请求人）于2008年1月15日向专利复审委员会提出无效宣告请求，其提交附件如下：

附件1：本专利授权公告文本；

附件2：US5215528A号美国专利文件及其文字部分的中文译文，该专利文件的公开日为1993年

6月1日；

附件3：US5147327A号美国专利文件，该专利文件的公开日为1992年9月15日；

附件4：WO94/00172A1号专利文件，该专利文件的公开日为1994年1月6日；

附件5：本发明专利申请公开说明书，公开日为2004年5月5日。

请求人在意见陈述书中认为：（1）权利要求1限定了保护元件是处于针头夹持器和抓持部件之间，而该特征得不到本专利申请公开说明书（附件5）的支持，因此该权利要求1以及其从属权利要求2~15均不符合专利法第26条第4款的规定。（2）附件2公开了权利要求1~3、6和11的全部技术特征，因此该权利要求1~3、6和11相对于附件2不具备专利法第22条第2款所规定的新颖性。（3）权利要求1~3、6和11相对于附件2不具备创造性，权利要求4、5、7相对于附件2与公知技术的结合不具备创造性；权利要求8、13、14相对于附件2和附件3的结合不具备创造性；权利要求9、10、12相对于附件2、附件3以及公知技术的结合不具备创造性，权利要求15附件2、附件3、附件4以及公知技术的结合不具备创造性；因此，权利要求1~15均不符合专利法第22条第3款的规定。（4）权利要求12未清楚表明其请求保护的范围，因此不符合专利法实施细则第20条第1款的规定。（5）说明书中未充分公开与本专利权利要求12相对应的技术方案，因此不符合专利法第26条第3款的规定。

经形式审查合格，专利复审委员会依法受理了上述无效宣告请求，并于2008年2月13日向双方当事人发出无效宣告请求受理通知书，随同该受理通知书将请求人提交的无效宣告请求书及其附件清单中所列附件的副本转送给专利权人，并要求专利权人在指定期限内答复。

请求人于2008年2月15日向专利复审委员会提交了补充意见陈述、附件3和附件4的部分中文译文并补充提交如下附件：

附件6：WO01/23029 A1号专利申请文件及相关部分中文译文，该专利申请文件的公开日为2001年4月5日；

附件7：EP1114652A2号专利申请文件及相关部分中文译文，该专利申请文件的公开日为2001年7月11日；

附件8：公开号为CN1267226A的中国发明专利申请公开说明书，其公开日为2000年9月20日；

附件9：为一份请求人制作的表格。

请求人在该补充意见陈述书中认为：（1）授权的权利要求书以及说明书中的修改内容超出了原说明书和权利要求书记载的范围，不符合专利法第33条的规定。（2）权利要求1中所述的“保护元件”、“接合装置”以及“抓持部件在所述近端与保护元件搭接”中采用的术语“搭接”得不到说明书的支持；权利要求7和8中存在与权利要求1中相冲突的技术特征，从而导致权利要求7和8也得不到说明书支持；因此，权利要求1、7、8以及其从属权利要求2~6、9~15不符合专利法第26条第4款的规定。（3）权利要求1没有清楚简要说明保护范围，权利要求7、8存在与其引用的权利要求1相冲突的特征，因此权利要求1、7、8以及其从属权利要求2~6、9~15不符合专利法实施细则第20条第1款的规定。（4）权利要求1缺少解决技术问题的必要技术特征，不符合专利法实施细则第21条第2款的规定。（5）权利要求1分别相对于附件6、附件7和附件8不具备新颖性，不符合专利法第22条第2款的规定；权利要求2、3相对于附件7不具备新颖性，不符合专利法第22条第2款的规定；权利要求4相对于附件6不具备新颖性，不符合专利法第22条第2款的规定；权利要求6分别相对于附件6、7、8不具备新颖性，不符合专利法第22条第2款的规定。（6）请求人进一步阐明权利要求7相对附件2和公知技术相结合不具备专利法第22条第3款所规定的创造性的理由。

2008年3月28日专利复审委员会收到专利权人对于请求人于2008年1月15日所提交的无效宣

告请求理由以及相关证据的意见陈述，专利权人认为：（1）请求人没有提交附件3和附件4的中文译文，因此附件3和附件4应当被视为未提交；（2）根据权利要求1中的记载不能推导出“保护元件是处于针头夹持器与抓持部件之间”，正确的结论应该是“抓持部件处于针头夹持器与保护元件之间”，并且该权利要求1得到说明书结合附图1的支持，其从属权利要求2~15也得到说明书的支持；（3）附件2中的抓持部件和保护元件与本专利权利要求1存在区别，附件2不能破坏本专利权利要求1的新颖性，因此其从属权利要求2~3、6和11也具备新颖性；（4）附件2只教导了针尖套16具有包括弹簧58的壳体，而本专利是设置两个单独元件：抓持部件和保护部件，本领域技术人员不能从附件2出发得到本专利的技术方案，因此，独立权利要求1具备专利法第22条第3款规定的创造性，其从属权利要求也具备创造性；（5）权利要求12清楚地限定了具有黏结层的支承部件，符合专利法实施细则第20条第1款的规定；（6）本领域普通技术人员能够与支承部件的结构无关地将一黏结层施加在支承部件上，因此权利要求12所对应的技术方案清楚完整，符合专利法第26条第3款的规定。

针对上述无效宣告请求，专利复审委员会依法成立合议组，本案合议组于2008年4月1日向双方当事人发出无效宣告请求口头审理通知书，指出本案定于2008年5月22日举行口头审理。随同口头审理通知书，将请求人于2008年2月15日提交的意见陈述及其附件副本转交给专利权人，将专利权人于2008年3月28日提交的意见陈述书转给请求人。

口头审理如期举行，请求人委托公民代理吴华和张小英参加了口头审理，专利权人委托专利代理人谢志刚和董华林参加了口头审理。

在口头审理中，请求人明确其无效理由、事实、证据为：（1）本专利权利要求1~15及说明书的修改不符合专利法第33条的规定。（2）本专利权利要求1~15不符合专利法第26条第4款的规定。（3）本专利权利要求12中所述的抓持部件是法兰状的，不能粘贴在皮肤上，因此与权利要求12对应的方案不符合专利法第26条第3款的规定。（4）本专利权利要求1缺少针尖头的形状和抓持元件的位置这两个必要特征，不符合专利法实施细则第21条第2款的规定。（5）本专利权利要求1没有清楚记载抓持部件和其他部件的相对位置，也没有记载接合装置与套筒的位置关系，“抓持部件在所述近端……”中的“近端”不清楚，针头2与接合装置的关系不清楚，抓持部件和保护元件的搭接关系也不清楚；权利要求7、8、12也未清楚限定保护范围，因此权利要求1以及其从属权利要求2~15不符合专利法实施细则第20条第1款的规定。（6）本专利权利要求1、6分别相对于附件2、8不具有新颖性；本专利权利要求2~3、11分别相对于附件2不具有新颖性。（7）在本专利权利要求1~3、6、11不具有新颖性的基础上，其也不具有创造性；本专利权利要求4、5、7、12、14相对于附件2与公知技术的结合不具备创造性；本专利权利要求8~10、13附件2、附件3与公知常识的结合不具备创造性；本专利权利要求15相对于附件2与附件4的结合不具备创造性。请求人放弃附件6、7作为证据使用，并放弃使用附件6、7进行评述的理由。请求人明确表示附件1为本专利，附件9为意见陈述，不作为证据使用。请求人当庭还提交了公知常识性证据以用于对“搭接”一词进行解释，该证据是：

附件10：商务印书馆出版，1989年9月第2版，1995年2月北京第24次印刷的《新华字典（1988年修订版）》的出版页、序、总目录页以及第142~143页和第448~449页复印件。合议组当庭将该附件10转给专利权人。

专利权人对附件2~8的专利文献、附件10的真实性没有异议，但对附件2~4的中文译文的准确性有异议，并提交了经校对的译文。此外，专利权人认为：（1）本专利独立权利要求1以及从属权利要求2~15及说明书的修改处于本申请原始公开范围内，符合专利法第33条的规定。（2）说明书结合附图1可以看出权利要求1得到了说明书的支持；权利要求7和权利要求8的技术方案在说明书实施例部分有文字描述，其中权利要求7对应于附图5、6所示的实施例，因此权利要求1~15均得到说明书支持，符合专利法第26条第4款的规定；（3）说明书实施例及附图15、16中清楚描述了黏结部件在部件30上，然后再粘贴患者皮肤上，因此本专利涉及权利要求12的技术方案符合专利法第26条第3款的规定；（4）抓持元件的位置不是必要技术特征，并且权利要求1中记载了接合装置，接合装置可以有多种方式，针尖头的形状仅是其中一种，因此权利要求1并不缺少必要技术特征；（5）权利要求1~15中各部件之间关系清楚，权利要求1~15符合专利法实施细则第20条第1款的规定；（6）附件2中的针尖套不相当于本专利权利要求1中的抓持部件，附件8中标号为26的部件也不相当于本专利权利要求中的抓持部件，因此，附件2和附件8均没有公开抓持部件，其不能破坏本专利权利要求的新颖性和创造性；（7）请求人没有对公知常识进行举证，请求人所使用的公知常识是钢笔的笔杆笔帽，与本专利的领域也不相同，此外在本专利权利要求1具备创造性的情况下，其从属权利要求也均具备创造性。

合议组将专利权人提交的经校对的附件2~4的译文转给请求人，双方协商后表示：关于译文中出现的"端墙"、证据4中的"活塞"和"锥形"按照请求人的译文为准，其他修改按照专利权人的校对稿为准。

2008年5月27日，专利复审委员会收到专利权人的意见陈述，2008年5月30日，请求人提交了意见陈述。双方均重复了口审时的观点。

至此，合议组认为本案事实已清楚，现依法作出审查决定。

二、决定的理由

1. 关于证据和现有技术

请求人使用的证据是附件2~5，附件8和附件10，其中附件2~4为外文专利文献及其相应中文译文，附件5和附件8为中文专利文献。专利权人对附件2~5、附件8的专利文献和附件10的真实性没有异议，合议组经审查认为其真实性可以确认，因此附件2~5、8的专利文献以及附件10可以作为本案证据使用。同时由于附件2~4、附件8和附件10的公开日期均在本专利的申请日和优先权日之前，因此可以作为本专利的现有技术使用。

请求人与专利权人对附件2~4的中文译文在口审当庭达成一致意见，因此附件2~4的公开内容以口审当庭达成一致意见的中文译文的内容为准。

2. 关于专利法第22条第2款和第3款的审查意见

专利法第22条第2款规定的新颖性是指，在申请日以前没有同样的发明或者实用新型在国内外出版物上公开发表过、在国内公开使用过或者以其他方式为公众所知，也没有同样的发明或者实用新型由他人向专利局提出过申请并记载在申请日以后（含申请日）公布的专利申请文件中。

专利法第22条第3款规定的创造性是指，同申请日以前已有的技术相比，该发明有突出的实质性特点和显著的进步，该实用新型具有实质性特点和进步。

（1）权利要求1相对于附件2不具备新颖性。

本专利权利要求1请求保护一种用于注射针头或输液针头的保护装置。附件2公开了一种带有针尖套的输液管导入组件，并具体公开了如下内容（参见附件2中文译文第3页第2段至第5页第3段，附图1-6b）：导入组件10包括一个针毂12，一个带有针尖15的针14，其中针尖位于针毂内，以及一个针尖套16，该针尖套是可滑式地连接在针杆上。针尖套16包括一个延长的且通常为中空的主体38。片簧58安装在针尖套16上，片簧58包括平坦部分60、细长的部分62和大致呈L形的横向壁部分63，当针尖套16移动到片簧的这部分越过针尖15的位置时，片簧58的偏压使针14的路径被延伸的横向壁部分 63 所阻。针 14 包括有扩大的第三杆部 14c，该部分的一项功能是防止针尖套 16 离开针杆。

请求人认为，附件 2 公开了权利要求 1 的全部技术特征。专利权人则认为，本专利的抓持部件与保护元件是两个分开的元件，本专利说明书中描述了在必要时抓持部件可撤回，而附件 2 中的片簧 58 是针尖套 16 的组成部分，它们是一个整体，只要装配在一起后就不能再分开，附件 2 中的针尖套 16 不等同于本专利的抓持部件。

对此，合议组认为，从附件 2 说明书及附图公开的内容可以看出，附件 2 中的针毂 12 用于保护针 14 的末端，其处于针的近端处，且与针头夹持器在本专利中的作用相同，因此针毂 12 相当于本专利中的针头夹持器；片簧 58 用于阻挡针尖 15，其可随针尖套 16 在针杆上移动并且具有一定弹性，因此，片簧 58 相当于本专利中的保护元件；针的第三杆部 14c 处于针尖与片簧 58 之间，用于阻挡片簧和防止针尖套离开针杆，因此第三杆部 14c 相当于本专利的接合装置；片簧 58 固定于针尖套 16 中，针尖套带动片簧 58 沿针杆运动，并且片簧 58 安装在了针尖套的中空主体部分上，且针尖套和片簧相连接的位置是处于针杆的近端；针尖套不会离开片簧或越过针尖，因此，针尖套相当于本专利中的抓持部件。可见，附件 2 公开了权利要求 1 的全部技术特征。

针对专利权人的意见陈述，合议组认为，该特征并未记载在本专利权利要求 1 中，根据权利要求 1 中记载的“……从而防止抓持部件移动离开所述保护元件……”可以看出权利要求 1 所限定的技术方案中抓持部件是不应当离开保护元件的。

综上所述，附件 2 与本专利所属技术领域相同，解决相同的技术问题，采用的方案实质相同，并能产生相同的技术效果，因此该权利要求 1 相对附件 2 不具备专利法第 22 条第 2 款规定的新颖性。

（2）权利要求 2 相对于附件 2 不具备新颖性。

权利要求 2 引用了权利要求 1，其附加技术特征为“抓持部件（6）具有一个中空圆筒部分（7），该中空圆筒部分在针头夹持器（1）上进行引导并且在抽拔针头时防止手指与针头的杆体相接触”。该附加技术特征同样被附件 2 所公开（参见附件 2 译文第 2 页第 5、6 段，附图 1-5b），附件 2 中的针尖套具有中空主体，该部分和安装在其上的片簧 58 一起在针杆上移动，并且，当抽拔针头时能起到将手指与针头分隔开的作用。因此，在其引用的权利要求 1 不具备新颖性的情况下，该权利要求 2 相对于附件 2 也不具备专利法第 22 条第 2 款规定的新颖性。

（3）权利要求 3 相对于附件 2 不具备新颖性。

权利要求 3 引用了权利要求 2，其附加技术特征为“在中空圆筒部分的远端处制有一挡板（8）”。该附加技术特征同样被附件 2 所公开（参见附件 2 译文第 2 页第 6 段，附图 1-5b），附件 2 中的针尖套从主体上向外延伸有法兰 48，法兰的一侧有一个突出物 48b，借助该突出物 48b 可以更加容易地将针尖套从针毂上推离。突出物 48b 与本专利中的挡板 8 具有相同的作用，其相当于本专利中的挡板。因此，在其引用的权利要求 2 不具备新颖性的情况下，该权利要求 3 相对于附件 2 也不具备专利法第 22 条第 2 款规定的新颖性。

（4）权利要求 4 不具备创造性。

权利要求 4 引用了权利要求 1~3 之一，其附加技术特征为“在针头夹持器（1）的远端制有径向突伸的凸肋（11），其中，针头夹持器（1）上设置有凸肋（11）的这一部分的直径大于保护元件（3）的直径并且被用于安装一针帽（13）”。对此，合议组认为，在针头上安装有针帽属于本领域的公知常识，而且本领域中通常将针帽与夹持针头的针头夹持器上的径向凸肋以摩擦配合的方式安装以保证针帽能牢固的安装于针头外。当本领域普通技术人员为针设置针帽时，如需将保护元件一并纳入针帽，则必然使针毂设置有凸肋的这部分直径大于保护元件的直径，这是本领域普通技术人员根据需要可进行的简单选择。因此，在其引用的权利要求不具备新颖性的情况下，该权利要求4相对于附件2不具有突出的实质性特点和显著的进步，不具备专利法第22条第3款规定的创造性。

（5）权利要求5不具备创造性。

权利要求5引用了在前的权利要求4，其附加技术特征为“抓持部件（6）在一圆筒部分（9）上具有一些轴向延伸的狭缝（12），针头夹持器（1）的凸肋（11）沿径向从这些狭缝（12）中突伸出来”。而该附加技术特征对本领域普通技术人员而言是显而易见的，当抓持部件与针头夹持器有凸肋的部分交叠时，抓持部件与夹持器交叠的部分必然开有狭槽才能使针头夹持器上的凸肋能露出来以便与针头接合，至于抓持部件与针头夹持器有哪些部分发生交叠属于本领域普通技术人员根据需要可以无需付出创造性劳动就能完成的设计。因此，在其引用的权利要求4不具备创造性的情况下，该权利要求5相对于附件2也不具备专利法第22条第3款规定的创造性。

（6）权利要求6不具备创造性。

权利要求6引用了独立权利要求1，其附加技术特征为“抓持部件（6）在远端上设置有一个用于容纳保护元件（3）的孔腔（10）”。附件2中的针尖套中容纳片簧的中空主体从针尖套的近端向远端延伸。对于本领域普通技术人员而言，根据附件2公开的内容，将中空主体设置在远端也是无需付出创造性劳动就能完成的，没有产生意料不到的技术效果。因此，在其引用的权利要求1不具备新颖性的情况下，该权利要求6相对于附件2也不具备专利法第22条第3款规定的创造性。

（7）权利要求8不具备创造性。

权利要求8引用了独立权利要求1，其附加技术特征为“针头夹持器（1）在相对置的侧面设置有翼板（23），而抓持部件（6）具有毂状的部分（26），该部分用于部分地搭接到保护元件（3）上”。附件3公开了一种带护套的皮下注射针，并公开了在针体32a的底座34a（相当于本专利的针头夹持器）有一对相对的弹性“翼”或者翼片34b，可见附件3给出了在针头夹持部件上设置翼板的技术启示。而当用于输液针时，为了能更好地与人体皮肤相贴合，而将附件2中针尖套的中空主体制成一面为扁平的毂状对于本领域普通技术人员而言是无需付出创造性劳动就能想到的。附件2、附件3与本申请均属于相同的技术领域，在附件2的基础上结合附件3以及本领域的公知常识从而得到该权利要求8请求保护的技术方案，对于本领域普通技术人员来说是显而易见的，因此在其引用的权利要求1不具备新颖性的情况下，该权利要求8相对于附件2和附件3不具备专利法第22条第3款规定的创造性。

（8）权利要求9不具备创造性。

权利要求9引用了权利要求8，其附加技术特征为“有一个带支架（27）的针帽（13），所述支架（27）可被钩接在针头夹持器的翼板（23）上，而针帽（13）的近端则贴靠在保护元件（3）的远端上”。而该附加技术特征属于本领域的常用技术手段。为了将针帽牢固的安装在针头上，可以采用多种机械配合方式，如通过支架钩接、通过凸肋摩擦接合、卡块卡接等，将针帽与针头的配合结构选择为通过支架钩接，对于本领域普通技术人员而言仅是常用手段的简单选择。因此，在其引用的权利要求8不具备创造性的情况下，该权利要求9相对于附件2和附件3也不具备专利法第22条第3款规定的创造性。

（9）权利要求10不具备创造性。

权利要求10引用了权利要求8，其附加技术特征为“毂状部分（26）从一个平面的支承部件（25）向外突伸出，针头夹持器（1）贴靠在该支承部件（25）上”。而该附加技术特征属于本领域的常用技术手段。为了能将输液针保持在患者的皮肤上，通常会采用增大输液针的附件与皮肤之间的接触面积，而其中一种方式即在与人体皮肤相对的一侧设置一平面的支承部件，对于本领域普通技术人员而言仅是一种常用手段，至于将该支承在何种位置，属于本领域普通技术人员根据需要可以进行的简单选择。因此，在其引用的权利要求8不具备创造性的情况下，该权利要求10相对于附件2和附件3也不具备专利法第22条第3款规定的创造性。

（10）权利要求11不具备创造性。

权利要求11引用了独立权利要求1，其附加技术特征为“抓持部件（6）具有一法兰状部分（31），该部分具有一罐状的中间部件（32），该部分（31）贴靠在一支承部件（30）上”。而附加2的针尖套16具有法兰48，并且从附图中可以看出针尖套的中空主体38类似罐状，当将该针尖套用于以垂直方式插入的输液针头时，为了增大与皮肤之间的接触而在法兰部分设置一支承部件对于本领域普通技术人员而言是无需付出创造性劳动就可以想到的。因此，在其引用的权利要求1不具备新颖性的情况下，该权利要求11也不具备专利法第22条第3款规定的创造性。

（11）权利要求12不具备创造性。

权利要求12引用了权利要求10或11，其附加技术特征为“支承部件（25、30）具有一粘接层，用于将所述装置固定在患者的皮肤上”。对于本领域普通技术人员而言，设置支承部件是为了增加与皮肤之间的接触，以便更好地将针头保持在皮肤上，出于这种目的而在支承部件上设置黏结层，从而更牢固的使针头保持在固定位置上，对于本领域普通技术人员而言是显而易见的。因此，在其引用的权利要求不具备创造性的情况下，该权利要求12也不具备专利法第22条第3款规定的创造性。

（12）权利要求13不具备创造性。

权利要求13引用了独立权利要求1，其附加技术特征为“抓持部件（6）具有至少一个可变形部分（40、45），借助该可变形部分的变形，可将保护元件（3）移动到位于针尖处的保护位置上”。附件3中公开的带护套的皮下注射针中，公开了两种可以使护套移动到针头的尖端的方式，一种是手动移动，而另一种是借助于护套中的弹簧25的弹性变形推动护套，使针的末端收缩在护套中。该通过弹性变形推动护套的移动方式与该权利要求13中利用可变形部分推动保护元件到针尖处的作用相同，因此，附件3给出了借助可变性部分的变形推动保护元件的技术启示，而由于附件2中公开的针尖套是带着保护元件一同移动的，本领域普通技术人员无需付出创造性劳动就能想到将该可变形部分安装于抓持部件。因此，在其引用的权利要求1不具备新颖性的情况下，该权利要求13不具备专利法第22条第3款规定的创造性。

（13）权利要求14和15不具备创造性。

权利要求14和权利要求15分别引用了权利要求13，其中，权利要求14的附加技术特征是“在抓持部件（6）上制有支架（40），通过用手指进行挤压可使该支架变形。”权利要求15的附加技术特征是“在抓持部件（6）上制有通过铰接件或铰链连接起来的部分（45），这些部分部分地在针头（2）上进行引导并且可从折叠位置转到展开位置”。实际上，权利要求14和权利要求15的附加技术特征均是对权利要求13中“可变形部分”的进一步限定。在附件4中也公开了一种自动针防护件中采用的可延展的可伸缩的手风琴褶皱形的防护套54，其内部装有压缩弹簧56，防护件40可以在防护套压缩弹簧56的推动下在针28上滑动。并且能通过变形推动抓持部件的各种可变形部件已经属于公知常识，而本领域普通技术人员根据附件3公开的内容无需付出创造性劳动就能想到为推动抓持部件而采用各种可变形部件，本专利将其选择为可挤压变形的支架或从折叠位置到展开位置的铰接部分对本领域普技术人员而言仅是简单的选择，并没有产生意料不到的技术效果。因此，在其引用的权利要求不具备创造性的情况下，该权利要求14、15也不具备专利法第22条第3款规定的创造性。

3. 关于专利法第26条第4款

专利法第26条第4款规定：权利要求书应当以说明书为依据，说明要求专利保护的范围。

就本案而言，权利要求7引用了在前的权利要求1，并对权利要求1中的特征做了进一步限定，专利权人认为权利要求7所述的技术方案得到说明书中与附图5、附图6相对应的实施例的支持。对此，合议组认为，附图5所示实施例中保护元件3并未容纳于抓持部件6的中空部分，与权利要求7引用的权利要求1中所述的“保护元件定位在抓持部件的中空部分中”不符，此外保护元件3也未贴靠在与支架连接的圆筒部分19上；而附图6所示实施例中保护元件虽然容纳于抓持部件的圆筒部分9的空腔10中，但说明书和附图中并未公开保护元件3贴靠在与支架连接的圆筒部分19上，本领域普通技术人员根据说明书中该实施例的描述也无法推断出保护元件既在圆筒部分9中又贴靠在圆筒19上。可见权利要求7要求保护的技术方案在说明书中没有记载，且本领域普通技术人员根据说明书相应部分内容也无法毫无疑义地得出该方案。因此，本专利权利要求7得不到说明书的支持，不符合专利法第26条第4款的规定。

4. 关于请求人提出的其他理由

鉴于本专利权利要求1~3不具备专利法第22条第2款规定的新颖性，权利要求4~6，8~15不具备专利法第22条第3款规定的创造性，权利要求7得不到说明书的支持，不符合专利法第26条第4款的规定，本专利全部权利要求都应当予以无效，本案合议组不再对请求人提出的其他无效理由及证据进行进一步评述。

三、决定

宣告02805563.2号发明专利权全部无效。

当事人对本决定不服的，可以根据专利法第46条第2款的规定，自收到本决定之日起三个月内向北京市第一中级人民法院起诉。根据该款的规定，一方当事人起诉后，另一方当事人应当作为第三人参加诉讼。

北京市第一中级人民法院
行政判决书

（2009）一中行初字第120号

原告B. 布劳恩梅尔松根公司，住所地德意志联邦共和国梅尔松根市布劳恩大街1号。

法定代表人路德维西. 乔治. 布劳恩，董事。

委托代理人吴玉和，中国专利代理（香港）有限公司专利代理人。

委托代理人温大鹏，中国专利代理（香港）有限公司专利代理人。

被告中华人民共和国国家知识产权局专利复审委员会，住所地中华人民共和国北京市海淀区北四环西路9号银谷大厦10~12层。

法定代表人张茂于，副主任。

委托代理人高桂莲，中华人民共和国国家知识产权局专利复审委员会审查员。

委托代理人郭鹏鹏，中华人民共和国国家知识产权局专利复审委员会审查员。

第三人北京市安伦律师事务所，住所地中华人民共和国北京市京广中心商务楼711室。

法定代表人安晓地，主任。

委托代理人吴华，北京市安伦律师事务所律师。

委托代理人张小英，北京市安伦律师事务所律师。

原告B. 布劳恩梅尔松根公司（以下简称布劳恩公司）不服被告中华人民共和国国家知识产权局专利复审委员会（以下简称专利复审委员会）作出的第11704号无效宣告请求审查决定（以下简称第11704号决定），在法定期限内向本院提起行政诉讼。本院于2008年12月26日受理后，依法组成合议庭，并通知北京市安伦律师事务所（以下简称安伦事务所）作为本案的第三人参加诉讼，于2009年3月25日公开开庭进行了审理。原告布劳恩公司的委托代理人吴玉和、温大鹏，被告专利复审委员会的委托代理人高桂莲、郭鹏鹏，第三人安伦事务所的委托代理人吴华、张小英到庭参加了诉讼。本案现已审理终结。

第11704号决定系就安伦事务所针对布劳恩公司拥有的名称为“用于注射针头的保护装置”的发明专利（以下简称本专利）提出的无效宣告请求作出的，第11704号决定认为：1. 本专利权利要求1相对于附件2不具备新颖性。从附件2说明书及附图公开的内容可以看出，附件2中的针毂12用于保护针14的末端，其处于针的近端处，且与针头夹持器在本专利中的作用相同，因此针毂12相当于本专利中的针头夹持器；片簧58用于阻挡针尖15，其可随针尖套16在针杆上移动并且具有一定弹性，因此，片簧58相当于本专利中的保护元件；针的第三杆部14c处于针尖与片簧58之间，用于阻挡片簧和防止针尖套离开针杆，因此第三杆部14c相当于本专利的接合装置；片簧58固定于针尖套16中，针尖套带动片簧58沿针杆运动，并且片簧58安装在了针尖套的中空主体部分上，且针尖套和片簧相连接的位置是处于针杆的近端；针尖套不会离开片簧或越过针尖，因此，针尖套相当于本专利中的抓持部件。可见，附件2公开了权利要求1的全部技术特征。2. 本专利权利要求2、3相对于附件2亦不具备新颖性。3. 本专利权利要求4~6，8至15不具备创造性。4. 本专利权利要求7得不到说明书的支持，不符合《中华人民共和国专利法》（以下简称《专利法》）第二十六条第四款的规定。综上，专利复审委员会作出第11704号决定，宣告本专利权无效。

布劳恩公司不服第11704号决定，在法定期限内向本院提起行政诉讼，其诉称：1. 本专利利权利要求1与附件2相比存在三个区别技术特征。第一，本专利权利要求1中保护元件的弹性臂为复数，而附件2为单数。第二，附件2中没有本专利的抓持部件。第三，本专利的保护元件定位于抓持部件的中空部分。基于上述区别两者的技术方案和技术效果并不同，因此本专利权利要求1至3均具有新颖性。2. 由于第11704号决定关于本专利新颖性的认定错误，因此其关于本专利创造性的认定也是错误的。3. 关于本专利权利要求7不在本案中主张。综上，第11704号决定认定事实和适用法律均有错误，请求判令撤销第11704号决定，由专利复审委员会重新作出决定。

被告专利复审委员会辩称：专利复审委员会坚持第11704号决定中关于本专利不具有新颖性的事实和理由，第11704号决定认定事实清楚、适用法律正确，请求驳回布劳恩公司的全部诉讼请求，维持第11704号决定。

第三人安伦事务所述称，同意第11704号决定中关于认定本专利不具有新颖性的事实和理由，请求维持第11704号决定。

本院经审理查明：名称为“用于注射针头的保护装置”的发明专利（即本专利）的申请日为2002年2月26，优先权日为2001年2月26日，授权公告日为2006年12月6日，专利权人为布劳恩公司，专利号为02805563.2。本专利授权公告的权利要求书如下：

“1. 一种用于注射针头或输液针头（2）的保护装置，包括一个在针头的近端处的针头夹持器（1），一个用于防护针尖的保护元件（3），该保护元件可在针头的杆体上移动并具有弹性臂。其中，通过一个位于针头（2）与保护元件（3）之间的接合装置（4、18），可防止所述保护元件（3）移动越过所述针尖和其中设置有一个用于移动或固定保护元件（3）的抓持部件（6），保护元件（3）定位在抓持部件的中空部分中。其特征在于：抓持部件在所述近端与保护元件搭接，从而防止抓持部件移动离开所述保护元件（3）和越过所述针尖。

2. 根据权利要求1所述的装置，其特征在于：抓持部件（6）具有一个中空圆筒部分（7），该中空圆筒部分在针头夹持器（1）上进行引导并且在抽拔针头时防止手指与针头的杆体相接触。

3. 根据权利要求2所述的装置，其特征在于：在中空圆筒部分的远端处制有一挡板（8）。

4. 根据上述权利要求所述的装置，其特征在于：在针头夹持器（1）的远端制有径向突伸的凸肋（11），其中，针头夹持器（1）上设置有凸肋（11）的这一部分的直径大于保护元件（3）的直径并且被用于安装一针帽（13）。

5. 根据权利要求4所述的装置，其特征在于：抓持部件（6）在一圆筒部分（9）上具有一些轴向延伸的狭缝（12），针头夹持器（1）的凸肋（11）沿径向从这些狭缝（12）中突伸出来。

6. 根据权利要求1所述的装置，其特征在于：抓持部件（6）在远端上设置有一个用于容纳保护元件（3）的孔腔（10）。

7. 根据权利要求1所述的装置，其特征在于：抓持部件（6）在近端上具有一环形体（21），该环形体具有沿径向向内突伸的弹性指状体（22）并通过支架（20）与一圆筒部分（19）相连接，保护元件（3）贴靠在该圆筒部分（19）上。

8. 根据权利要求1所述的装置，其特征在于：针头夹持器（1）在相对置的侧面设置有翼板（23），而抓持部件（6）具有毂状的部分（26），该部分用于部分的搭接到保护元件（3）上。

9. 根据权利要求8所述的装置，其特征在于：设有一个带支架（27）的针帽（13），所述支架（27）可被钩接在针头夹持器的翼板（23）上，而针帽（13）的近端则贴靠在保护元件（3）的远端上。

10. 根据权利要求8所述的装置，其特征在于：毂状部分（26）从一个平面的支承部件（25）向外突伸出，针头夹持器（1）贴靠在该支承部件（25）上。

11. 根据权利要求1所述的装置，其特征在于：抓持部件（6）具有一法兰状部分（31），该部分具有一罐状的中间部件（32），该部分（31）贴靠在一支承部件（30）上。

12. 根据权利要求10或11所述的装置，其特征在于：支承部件（25、30）具有一粘接层，用于将所述装置固定在患者的皮肤上。

13. 根据权利要求1所述的装置，其特征在于：抓持部件（6）具有至少一个可变形部分（40、45），借助该可变形部分的变形，可将保护元件（3）移动到位于针尖处的保护位置上。

14. 根据权利要求13所述的装置，其特征在于：在抓持部件（6）上制有支架（40），通过用手指进行挤压可使该支架变形。

15. 根据权利要求13所述的装置，其特征在于：在抓持部件（6）上制有通过铰接件或铰链连接起来的部分（45），这些部分部分的在针头（2）上进行引导并且可从折叠位置转到展开位置。”

本专利PCT国际专利公布的文本中，本专利中的“弹性臂”一词描述应为复数形式。

针对本专利，安伦事务所于2008年1月15日向专利复审委员会提出了无效宣告请求，理由是：1. 本专利权利要求1至15及说明书的修改不符合《专利法》第三十三条的规定；2. 本专利权利要求1~15不符合《专利法》第二十六条第四款的规定；3. 本专利权利要求12中所述的抓持部件是法兰状的，不能粘贴在皮肤上，因此与权利要求12对应的方案不符合《专利法》第二十六条第三款的规定；4. 本专利权利要求1缺少针尖头的形状和抓持元件的位置这两个必要特征，不符合《专利法实施细则》第二十一条第二款的规定；5. 本专利权利要求1没有清楚记载抓持部件和其他部件的相对位置，也没有记载接合装置与套筒的位置关系，“抓持部件在所述近端……”中的“近端”不清楚，针头2与接合装置的关系不清楚，抓持部件和保护元件的搭接关系也不清楚；权利要求7、8、

12 也未清楚限定保护范围，因此权利要求 1 以及其从属权利要求 2~15 不符合《专利法实施细则》第二十条第一款的规定；6. 本专利权利要求 1、6 分别相对于附件 2、8 不具有新颖性；本专利权利要求 2~3、11 分别相对于附件 2 不具有新颖性；7. 在本专利权利要求 1~3、6、11 不具有新颖性的基础上，其也不具有创造性；本专利权利要求 4、5、7、12、14 相对于附件 2 与公知技术的结合不具备创造性；本专利权利要求 8~10、13 相对于附件 2、附件 3 与公知常识的结合不具备创造性；本专利权利要求 15 相对于附件 2 与附件 4 的结合不具备创造性。

安伦事务所提交的附件 2 为 US5215528A 号美国专利文件及其文字部分的中文译文，该专利文件的公开日为 1993 年 6 月 1 日。公开了一种带有针尖套的输液管导入组件，并具体公开了如下内容（参见附件 2 中文译文第 3 页第 2 段至第 5 页第 3 段，附图 1-6b）：导入组件 10 包括一个针毂 12，一个带有针尖 15 的针 14，其中针尖位于针毂内，以及一个针尖套 16，该针尖套是可滑式地连接在针杆上。针尖套 16 包括一个延长的且通常为中空的主体 38。片簧 58 安装在针尖套 16 上，片簧 58 包括平坦部分 60、细长的部分 62 和大致呈 L 形的横向壁部分 63。其中片簧 58 的分支 61 是楔入针尖套 16 的两个壁之间的，该片簧只有一个臂，并通过这种方式将片簧 58 安装在针尖套 16 上。当针尖套 16 移动到片簧的这部分越过针尖 15 的位置时，片簧 58 的偏压使针 14 的路径被延伸的横向壁部分 63 所阻。针 14 包括有扩大的第三杆部 14c，该部分的一项功能是防止针尖套 16 离开针杆。

布劳恩公司认为本专利与附件 2 相比存在三个区别技术特征：第一，本专利权利要求 1 中保护元件的弹性臂为复数，而附件 2 为单数。第二，附件 2 中没有本专利的抓持部件。第三，本专利的保护元件定位于抓持部件的中空部分。

上述事实有本专利公告文本、本专利 PCT 国际申请文本译文、附件 2、第 11704 号决定、当事人陈述在案佐证。

本院认为，本案争议焦点在于本专利是否符合《专利法》第二十二条第二款的规定，是否具有新颖性。

《专利法》第二十二条第二款规定："新颖性，是指在申请日以前没有同样的发明或者实用新型在国内外出版物上公开发表过、在国内公开使用过或者以其他方式为公众所知，也没有同样的发明或者实用新型由他人向国务院专利行政部门提出过申请并且记载在申请日以后公布的专利申请文件中。"《审查指南》第二部分第三章第 3.1 节规定同样的发明或实用新型应当从其技术领域、所解决的技术问题、技术方案和预期效果是否实质相同四个方面加以判定。

关于布劳恩公司提出的本专利与附件 2 相比存在三个区别技术特征的主张，本院认为：关于区别技术特征一，《专利法实施细则》第一百一十六条规定，基于国际申请授予的专利权，由于译文错误，致使依照专利法第五十六条规定确定的保护范围超出国际申请的原文所表达的范围的，以依据原文限制后的保护范围为准；致使保护范围小于国际申请的原文所表达的范围的，以授权时保护范围为准。在本案中，本专利的国际申请文本中的"弹性臂"应翻译为复数形式，而本专利权利要求 1 中的"弹性臂"表述包含了弹性臂可为单数或复数的两种情形，其专利权的保护范围超出了国际申请的原文所表达的范围，因此应依据原文中关于"弹性臂"为复数确定本专利的保护范围。基于查明的事实可知，附件 2 中的片簧只有一个弹性臂，与本专利中"弹性臂"为复数的结构存在明显的差异，其所达到的技术效果亦不同。附件 2 并未公开区别技术特征一。关于区别技术特征二，附件 2 中的片簧 58 安装在针尖套的中空主体部分上，且针尖套和片簧相连接的位置是处于针杆的近端，针尖套不会离开片簧或越过针尖，因此，针尖套相当于本专利中的抓持部件。关于区别技术特征三，附件 2 中针的第三杆部 14c 处于针尖与片簧 58 之间，用于阻挡片簧和防止针尖套离开针杆，因此第三杆部 14c 相当于本专利的接合装置，位于针尖套的中空部分。因此虽然附件 2 公开了区别技术特征二和三，但未公开区别技术特征一，本专利权利要求 1 与附件 2 相比，技术方案和所达到的技术效果均有明显不同，本专利具有新颖性。

综上，专利复审委员会作出的第 11704 号决定中，关于本专利新颖性的认定事实不清，适用法律错误，本院予以撤销。布劳恩公司撤销第 11704 号决定的部分理由成立，本院予以支持。依照《中华人民共和国行政诉讼法》第五十四条第（二）项第 1 目、第 2 目之规定，本院判决如下：

1. 撤销被告中华人民共和国国家知识产权局专利复审委员会作出的第 11704 号无效宣告请求审查决定；

2. 被告中华人民共和国国家知识产权局专利复审委员会就名称为“用于注射针头的保护装置”的 02805563.2 号发明专利权重新作出无效宣告请求审查决定。

案件受理费人民币 100 元，由被告中华人民共和国国家知识产权局专利复审委员会负担（于本判决生效之日起 7 日内交纳）。

如不服本判决，B. 布劳恩梅尔松根公司可于本判决送达之日起 30 日内，中华人民共和国国家知识产权局专利复审委员会、北京市安伦律师事务所可于本判决送达之日起 15 日内，向本院提交上诉状及其副本，并交纳上诉案件受理费人民币 100 元，上诉于中华人民共和国北京市高级人民法院。

审　判　长　彭文毅
代理审判员　侯占恒
代理审判员　江建中
二〇一〇年六月十八日
书　记　员　卓　锐

121

自动控温的电热水袋

无效宣告请求审查决定（第11727号）

决　　定　　号　第11727号
决　　定　　日　2008年6月23日
发明创造名称　自动控温的电热水袋
国 际 分 类 号　A61F 7/00，H05B 3/00
无效宣告请求人　慈溪市易普电器有限公司
专 利 权 人　邓建威
专　　利　　号　03226065.2
申　　请　　日　2003年5月15日
授 权 公 告 日　2004年6月2日
合 议 组 组 长　刘颖杰
主　　审　　员　马　燕
参　　审　　员　张　凌

法 律 依 据　专利法第22条第3款、第4款
决 定 要 点

如果一项权利要求与一份证据之间存在区别，且另一份证据中未公开该区别也未给出相应的技术启示，该区别又使该项权利要求的技术方案具有有益的技术效果，则该项权利要求具备创造性，符合专利法第22条第3款的规定。

一、案由

本无效宣告请求涉及中华人民共和国国家知识产权局于2004年6月2日授权公告的、名称为“自动控温的电热水袋”的实用新型专利（下称本专利），其申请号是03226065.2，申请日是2003年5月15日，专利权人是邓建威。本专利授权公告时的权利要求书如下：

“1. 一种自动控温的电热水袋，包括软体袋（5）、软体袋（5）内的导电介质液体（6）、浸泡于导电介质液体（6）内的正电极（7）和负电极（8）及其供电电路构成，软体袋（5）上设有注液孔及其活塞（9），正电极（7）通过导电介质液体（6）与负电极（8）、供电电路的电源构成发热回路，正电极（7）或负电极（8）通过电源线（15）与电源连接，其特征在于：软体袋（5）内设有正电极（7）或负电极（8）与导电介质液体（6）导通发热的控制开关，控制开关是一绝缘壳体（10）固定在软体袋（5）内，对应绝缘壳体（10）的软体袋（5）内另一端设有拉线（11），正电极（7）或负电极（8）置于绝缘壳体（10）的空腔（12）内，拉线（11）穿过绝缘壳体（10）上的通

孔与套紧正电极（7）或负电极（8）的上塞（13）连接，正电极（7）或负电极（8）的下塞（14）与空腔（12）开口适配。

2. 根据权利要求1所述自动控温的电热水袋，其特征在于：所述正电极（7）或负电极（8）静止时伸出绝缘壳体（10）的空腔（12）并浸泡在导电介质液体（6）中。

3. 根据权利要求1所述自动控温的电热水袋，其特征在于：所述正电极（7）或负电极（8）的电源线（15）置于拉线（11）的壳体内，电源线（15）穿过上塞（13）与正电极（7）或负电极（8）连接。

4. 根据权利要求1所述自动控温的电热水袋，其特征在于：所述上塞（13）包裹住正电极（7）或负电极（8）的上端并盖着绝缘壳体（10）中拉线（11）穿过的通孔，下塞（13）设于正电极（7）或负电极（8）的下端与绝缘壳体（10）空腔（12）的开口相密合。

5. 根据权利要求1或4所述自动控温的电热水袋，其特征在于：所述上塞（13）和下塞（14）是软体塑胶制造成形。

6. 根据权利要求1所述自动控温的电热水袋，其特征在于：所述绝缘壳体（10）的下端设有支撑脚（16），支撑脚（16）粘紧在软体袋（5）内。"

针对上述专利权，慈溪市易普电器有限公司（下称请求人）于2007年11月28日向专利复审委员会提出无效宣告请求，并提交了如下附件：

附件1（下称证据1）：请求人声称为机械工业出版社出版的《电气工程师手册》（1987年12月版）第21-8、21-9页复印件，共1页；

附件2（下称证据2）：授权公告号为CN2230574Y的实用新型专利说明书，其授权公告日为1996年7月10日；

附件3（下称证据3）：北京市第一中级人民法院于2002年10月14日做出的（2001）一中知初字第358号北京市第一中级人民法院行政判决书的复印件，共12页；

附件4（下称证据4）：公开号为CN1039501A的发明专利申请公开说明书，其公开日为1990年2月7日；

附件5：本专利授权公告文本。

结合上述证据，请求人认为，（1）从本专利说明书明确限定的由"正电极和负电极和导电介质液体构成电回路"只能唯一得出：其供电电源必为一端为正另一端为负的直流电，因此该电器将构成电解槽。根据证据1第21-9页可知，本专利实际起的作用是防止过度的电极反应即氢气和氧气，而不是限制导电介质液体的温度，因此无法实现将该电器控温在实际可取暖温度的技术效果。本领域的现有技术，为了表述为只能用于交流电，设立专有名称"电导入棒"以表明其不显现电极反应和仅具导体的功能。参见证据2~证据4。另外，大量的氢气和氧气聚集在袋内极易爆炸起火，损害人体健康，因此本专利不具备实用性。（2）在不考虑实用性的情形下，本专利也只是现有技术的简单相加组合。证据4公开了主电极5、绝缘套筒7，绝缘套筒7罩在主电极5外，悬吊调整主电极5露出长度，绝缘体3，绝缘套筒7与主电极5之间自然有间隙空间（可活动），上述内容所起的作用是：通过改变电极与电解水的有效接触长度即面积，来达到改变两极间的电阻值，改变功率，实现控温。另外，拉线连在电极或绝缘套筒上都能使它们有相对运动这是公知的惯用手段。本技术领域的技术人员在知晓证据4的本技术领域的"电极水变阻器"技术后，不需要创造性劳动即可把它用于背景技术。组合后的技术效果只是背景技术和证据4的效果总和。因此，本专利权利要求1不具备创造性，权利要求2本身是权利要求1所已表达的特征，权利要求2~5也是本领域的技术人员处理问题的惯用手段，因此，本专利所有权利要求均不具备创造性。请求人在无效宣告请求书表格中表示其无效宣告请求的理由是专利法第22条第2款、第3款，专利法实施细则第18条第3款。

经形式审查合格，专利复审委员会依法受理了上述无效宣告请求，并于2007年12月7日向双方当事人发出无效宣告请求受理通知书，并将无效宣告请求书及其附件清单中所列附件副本转送给专利权人，要求专利权人在指定期限内答复。

请求人于2007年12月18日向专利复审委员会寄交了意见陈述书，并补充提交了如下附件：

补充附件1（下称补充证据1）：授权公告号为CN2403390Y的实用新型专利说明书，其授权公告日为2000年11月1日；

补充附件2（下称补充证据2）：授权公告号为CN2511265Y的实用新型专利说明书，其授权公告日为2002年9月18日。

请求人补充其无效宣告请求的理由为：本专利权利要求1~6不符合专利法第22条第4款、专利法第26条第3款、专利法实施细则第21条第2款的规定。结合上述补充证据，请求人认为，在不讨论实用性的情形下，也不讨论其说明书和权利要求用词不能按科技术语的语义来理解的情形下，它是否属公开不充分，本专利也只是现有技术的补充证据和已递交的证据4的简单相加组合。补充证据1公开了本专利权利要求1中前序部分的全部内容，也公开了正和负电极连接的上塞（13）即固定座，同时也公开了，袋体在通电加热后袋体的膨胀可被用作温度的感应使电极位移，改变电极与导电介质液体的有效接触面积（或称长度），改变正负电极间的电阻即改变功耗直至电极离开液面而断电，实现限温的目的。根据补充证据1的说明书第2页第2段可以准确无误地断定其也公开了注液孔及其活塞（9）；另外，注液孔及其活塞（9）为公知常识，参见补充证据2。关于证据4公开的内容、作用及其与现有技术相结合破坏本专利独立权利要求1的创造性的具体理由以及本专利其余权利要求不具备创造性的理由与请求书中的理由相同。

针对上述无效宣告请求，专利权人于2008年1月11日向专利复审委员会寄交了意见陈述书，并提交了如下反证：

反证1：授权公告号为CN2398996Y的实用新型专利说明书，其授权公告日为2000年10月4日；

反证2：授权公告号为CN2403390Y的实用新型专利说明书，其授权公告日为2000年11月1日；

反证3：被请求人周望平、代理人刘延凤于2007年12月16日写给的武汉市知识产权局的关于请求中止审理03226065.2号实用新型专利的陈述意见复印件，共1页。

结合上述反证，专利权人认为：（1）本专利独立权利要求1保护的技术方案没有提及、更没有限定其供电电源的类别，况且，供电电源属于非形状和构造特征，说明书中也没有记载供电电源对现有技术作出贡献，因此，供电电源不属于本专利保护的范围；此外，根据本专利说明书的记载，可以清楚地知道，本专利的正电极或负电极的主要作用是“电导入”；再者，本领域普通技术人员都知道，电极式加热的电暖水袋一般采用交流电作为电源，其两个电极的作用是“电导入”，而电极的名称也有多种说法，参见反证1、2，以及反证3，因此，本专利的“正、负电极”跟现有技术的电导入部件功能相同，只是名称不同而已。再有，专利权人将“正电极和负电极”作为主权项的前序部分特征，也充分说明“正电极和负电极”并不是专利权人所发明的，而是现有技术中已有的。专利权人将两个电极称为“正、负电极”的原因在于便于将其区分，结合本专利和现有技术，本领域的技术人员清楚地知道采用“正电极与火线连接，负电极与零线连接”即可实现交流电作供电电源。因此，请求人仅从字面上直接推断“凡是称为正、负电极的都一定是直流电作为电源”属错误观点。另外，证据1是基于请求人的上述错误推断所提出的，证据2、3均不能证明本专利不具备实用性，也跟本专利的实用性没有任何关联，因此，证据1~3均应当不予考虑。（2）证据4的分类号与本专利的分类号不同，即技术领域不同，解决的技术问题不同，所产生的有益效果不同，不能用于评价本专利创造性的对比文件。并且，不能用本专利说明书和附图记载的背景技术作为用来评价本专利创造性的对比文件。另外，即使用本专利说明书和附图记载的背景技术结合证据 4，本专利权利要求 1 也具备创造性。

针对上述无效宣告请求，专利复审委员会依法组成合议组对上述无效宣告请求进行审查。

本案合议组于 2008 年 4 月 17 日向双方当事人发出无效宣告请求口头审理通知书，指出本案定于 2008 年 5 月 27 日举行口头审理。随同无效宣告请求口头审理通知书将请求人于 2007 年 12 月 18 日寄交的意见陈述书及其附件副本一份转送给专利权人，将专利权人于 2008 年 1 月 11 日寄交的意见陈述书及其附件副本一份转送给请求人。

口头审理如期举行，双方当事人均参加了口头审理。在口头审理中：

（1）请求人明确其无效宣告请求的理由、范围和证据为：本专利权利要求 1~6 不符合专利法第 26 条第 3 款，专利法第 22 条第 3 款、第 4 款，专利法实施细则第 21 条第 2 款的规定。

（2）合议组当庭告知请求人，在请求书中还提到了本专利不符合专利法第 22 条第 2 款和专利法实施细则第 18 条第 3 款的规定，其中专利法实施细则第 18 条第 3 款不属于无效理由。请求人明确表示放弃专利法第 22 条第 2 款、专利法实施细则第 18 条第 3 款的无效理由。合议组当庭告知请求人，对于本专利不符合专利法第 26 条第 3 款、专利法实施细则第 21 条第 2 款规定的无效理由，由于请求人在提出该无效理由时未对该无效理由作具体说明，因此本次口头审理仅涉及专利法第 22 条第 3 款、第 4 款。请求人明确表示放弃专利法实施细则第 21 条第 2 款的无效理由。

（3）请求人明确表示共提交了 6 份证据，分别为证据 1~4，补充证据 1、2，并明确表示放弃补充证据 2 作为证据使用。专利权人对请求人提交的证据的真实性无异议。专利权人明确表示共提交了 3 份反证，分别为反证 1、2、3。请求人对专利权人提交的这 3 份反证的真实性无异议，但认为反证 3 与本案没有关联性。

（4）关于实用性，请求人认为，①本专利的技术方案没有办法实现，一定浓度的电介质液只有在导入交流电时才能显现发热的特性。从本专利说明书明确限定的由“正电极和负电极和导电介质液体构成电回路”只能唯一得出：其供电电源必为一端为正另一端为负的直流电，因此该电器将构成电解槽，根据证据 1 第 21-9 页可得知，本专利实际起的作用是防止过度的电极反应即氢气和氧气，而不是限制导电介质液体的温度，因此无法实现将该电器控温在实际可取暖温度的技术效果。正电极必然导入正电、负电极必然导入负电，一般的电热袋必须用交流电。②本领域的现有技术，为了表述为只能用于交流电，设立专有名称“电导入棒”以表明其不显现电极反应和仅具导体的功能，参见证据 2 至证据 4。证据 1 为了证明有阴阳电极，证据 2 中的电导入棒起到电导入的作用，电极也有电导入的作用，证据 2 为了证明存在通交流电的电极。证据 3 第 5~6 也提到了电导入棒，也为了证明存在通交流电的电极。与证据 2 结合起来相辅相成。证据 4 第 1 页第 2 段，提出了用于交流电的电极。一般来说电极用于直流电，用于交流电的应特别说明。③大量的氢气和氧气聚集在袋内极易爆炸起火，损害人体健康，因此本专利不具备实用性。关于电解出氢气和氧气是公知常识。

专利权人认为，①仅用名称来推断是阴、阳极是毫无根据的。权利要求 1 是一个完整的技术方案，所用的电源是本领域公知的。电源不是本专利要求保护的对象。本专利未明确是使用正、负电源，证据 1 中也无正负电极就体现直流电的内容。在本行业中一般是使用交流电，本专利也是使用交流电，本专利说明书第 1 页附图 1、2 可以看出本专利使用交流电。并且本领域的技术人员很清楚，采用“正电极与火线连接，负电极与零线连接”即可实现交流电作供电电源。②正负电极的作用是“电导入”，本领域公知要采用交流电，正负电极在本领域有多种名称，参见反证 1~3。反证 1 的权利要求 1 中的“一对电极”、反证 2 的权利要求 1 中的“电导入棒”来说明电极的名称在本行业里面有多种叫法。本专利权利要求 1 将正负电极置于前序部分，表示不是本专利专利权人发明的，属于现有技术，并且本专利权利要求 1 中的“正电极、负电极”中的“正”、“负”只是为了区分，而与实际代表的含义无关。③证据 1 未明确表示在什么情况下产生氢气、氧气。

（5）关于本专利权利要求 1 的创造性。

请求人认为，假定本专利是通交流电的情况，那么①本专利权利要求 1 相对于本专利背景技术与证据 4 的结合不具备创造性，②本专利权利要求 1 相对于补充证据 1 与证据 4 的结合不具备创造性。

关于①：

请求人认为，分类号与领域不具有对等关系，本专利与证据 4 都是电器工程领域，证据 4 涉及电极遮蔽器领域，也是加热的。证据 4 的第 1 页涉及水变阻器，是水循环处理系统中的一个部件，控制水温度的装置，证据 4 公开了本专利权利要求 1 的特征部分。证据 4 的图 1 显示拉线吊在套筒上，本专利拉线吊在壳体上。证据 4 的第 8 页讲到水的温度问题，调节水的温度。证据 4 中的绝缘套筒 7 与电极 5 是个执行单元，证据 4 只要有个遮蔽的结构就可以了，只是表明遮蔽电极的结构。

专利权人认为，证据 4 的技术领域与本专利的技术领域不同。证据 4 的电极 5 是放在电极 1 里面的，本专利的两电极是分开的。证据 4 中只有绝缘套筒能动，电极 5 是不动的，而本专利中拉线直接拉动正电极或负电极，正电极或负电极被拉动时，其上、下两端的上塞和下塞近乎要密封绝缘壳体两端通孔。

关于②：

请求人认为，补充证据 1 公开了固定座 6，其相当于本专利的上塞 13，并且补充证据 1 公开了本专利权利要求 1 从“包括软体袋（5）”到“对应绝缘壳体（10）的软体袋（5）内另一端设有拉线（11）”的技术特征，证据 4 公开了权利要求 1 中的其余技术特征。

专利权人不认可请求人的观点，认为补充证据 1 中的固定座 6 只起到固定作用，而本专利的上塞 13 起到了屏蔽拉线的孔的作用。本专利如何放置都可以实现控温的效果，而补充证据 1 倒放就不能实现控温的效果。

请求人认为，补充证据 1 中的电导入棒可以吊在其他面，认可在制作好之后不能再改动电导入棒悬吊的位置。证据 4 的图 1 中的“绝缘支持体 3”下落到底就可将“电极 5”完全遮蔽掉，根据本专利背景技术两面可以放置，本专利技术人员可以想到的。

专利权人认为，证据 4 的“绝缘支持体 3”是固定的，不能用绳子拉动。

请求人认为，“动静转换”无创造性，在审查指南中有相应的规定。根据补充证据 1 说明书第 2 页中的“将水注入袋身 1 内，并排尽空气”可以毫无疑义地推导出补充证据 1 中公开了本专利权利要求 1 中的“注液孔及其活塞（9）”。

专利权人不认可请求人的意见，认为不能唯一地导出。

（6）关于权利要求 2~6 的创造性。

请求人认为，本专利权利要求 2~6 属于公知常识，不需要使用证据。

专利权人认为，在本专利权利要求 1 具有新颖性、创造性的情况下，从属权利要求 2~6 也具有新颖性、创造性。

经审理，合议组认为本案事实已经清楚，现依法作出如下决定。

二、决定的理由

1. 关于证据和现有技术

请求人共提交 6 份证据，分别为证据 1~4、补充证据 1、2。

请求人明确表示放弃补充证据 2 作为证据使用，因此本决定中对补充证据 2 不予考虑。

请求人提交的证据3是（2001）一中知初字第358号北京市第一中级人民法院行政判决书复印件，请求人于口头审理当庭提交了证据3的原件，专利权人对证据3真实性无异议，因此，证据3可以作为本案证据使用。

证据1是机械工业出版社出版的《电气工程师手册》（1987年12月版）第21-8、21-9页复印件，请求人于口头审理当庭提交了证据1的原件，专利权人对证据1的真实性无异议；证据2、4和补充证据1均为中国专利文献，专利权人对证据2、4和补充证据1的真实性无异议，因此，证据1、2、4和补充证据1可以作为本案证据使用，同时由于这5份证据的公开日期均早于本专利的申请日，因此其上记载的内容已构成本专利的现有技术。

专利权人共提交3份反证，其中反证3是被请求人周望平、代理人刘延凤于2007年12月16日写给的武汉市知识产权局的关于请求中止审理03226065.2号实用新型专利的陈述意见复印件，请求人对其真实性无异议，但认为反证3与本案没有关联性。合议组经审查认为，请求人未提出具体的理由也未提供证据来证明反证3与本案无关联性，因此，合议组对其主张不予接受，反证3可以作为本案证据使用。

反证1、2均为中国专利文献，请求人对其真实性无异议，因此反证1、2可以作为本案证据使用。

综上，证据1~4、补充证据1、反证1~3可以作为本案证据使用。

2. 关于审查范围

由于请求人在口头审理当庭明确表示放弃专利法第22条第2款、专利法实施细则第18条第3款、专利法实施细则第21条第2款的无效理由，因此，本决定对上述无效理由不予审理。

关于本专利不符合专利法第26条第3款的无效理由，由于请求人在提出该无效理由时未对该无效理由作具体说明，因此，根据审查指南第四部分第三章第3.3节的相关规定，合议组对该无效理由不予审理。

因此，本次无效宣告请求的审查范围是本专利是否符合专利法第22条第3款、第4款的规定。

3. 关于专利法第22条第4款

专利法第22条第4款规定，实用性，是指该发明或者实用新型能够制造或者使用，并且能够产生积极效果。

在本案中，双方当事人争议的焦点在于本专利是否采用了直流电源。请求人的主要观点为，①从本专利说明书明确限定的由“正电极和负电极和导电介质液体构成电回路”只能唯一得出：其供电电源必为一端为正另一端为负的直流电。而一般的电热袋必须用交流电。正电极必然导入正电、负电极必然导入负电。②本领域的现有技术，为了表述为只能用于交流电，设立专有名称“电导入棒”以表明其不显现电极反应和仅具导体的功能，一般来说电极用于直流电，用于交流电的应特别说明。③大量的氢气和氧气聚集在袋内极易爆炸起火，损害人体健康，因此本专利不具备实用性。

对此合议组认为，

首先，在本专利说明书中并未记载本专利的供电电源使用了直流电源。并且，双方当事人均认可一般的电热水袋是使用交流电的，因此，本领域的技术人员在设计电热水袋时，一般会采用交流电，如果对电源进行改进而采用了本领域通常不会使用的直流电时，会做特殊说明，使其区别于本行业的一般情况。而根据本专利说明书的记载，本专利要解决的技术问题是，现有技术中软体袋倒向放置使袋内的正电极和负电极始终浸泡在导电介质液体内，不受加热膨胀影响，从而不能实现限温的目的。为此本专利提出了一种不受放置方向影响而实现自动控温的电热水袋。可见，本专利对现有技术进行的改进之处不在于电源和电极本身，而在于加热到一定温度时将某一电极密封绝缘以实现自动控温。

因此，对于本专利所采用的电源的理解应当遵循本行业的一般情况。

其次，根据本专利说明书的记载，本专利对背景技术的这些电热水袋的描述中也采用了“正电极”、“负电极”的措辞，又基于这样的措辞进一步描述了本专利的技术方案，其措辞的一致性进一步表明其改进之处并不在于电源和电极本身。而且，本专利的技术方案是将一个电极置于绝缘壳体的空腔内，在本专利说明书中记载“正电极或负电极置于绝缘壳体的空腔内，拉线穿过绝缘壳体上的通孔与套紧正电极或负电极的上塞连接，正电极或负电极的下塞与空腔开口适配”（参见本专利说明书第1页最后1行至第2页第2行）、“所述正电极或负电极静止时伸出绝缘壳体的空腔并浸泡在导电介质液体中。所述正电极或负电极的电源线置于拉线的壳体内，电源线穿过上塞与正电极或负电极连接。所述上塞包裹住正电极或负电极的上端并盖着绝缘壳体中拉线穿过的通孔，下塞设于正电极或负电极的下端与绝缘壳体空腔的开口相密合”（参见本专利说明书第2页第4行至第10行）。可见，本专利中置于绝缘壳体的空腔内的既可以是正电极也可以是负电极，而没有限定必须是正电极而不能是负电极或必须是负电极而不能是正电极，其体现对两个电极中的任一个置于绝缘壳体中的平等选择性，因此，可以认定本专利使用“正电极”、“负电极”的措辞是为了便于区分处于不同位置的两个电极，以便于描述其技术方案。

对于请求人提供的证据，证据1中记载了电极的极化与过电位之间的关系，提到了阳极和阴极极化时的过电位，该证据1仅能证明存在阴、阳电极及其极化时的过电位，不能证明本专利采用了直流电源，也不能证明使用正、负电极必然得出使用了直流电源的结论。证据2仅能证明其公开的电取暖袋使用了电导入棒，证据3仅能证明“不能单纯将电导入棒与电极、致热液与水进行对比”，证据4仅能证明该证据中采用了主电极5，主电极5分别与电源装置的两相或三相中的一相连接，并且它们的基础电极1用接地线8相互连接起来接地。但证据2至4均不能证明本专利采用了直流电源，也不能证明本专利因采用了正、负电极的措辞而必然得出本专利采用了直流电源的结论。

因此，请求人提供的证据尚不足以证明本专利采用了直流电源。合议组对请求人关于本专利不符合实用性的主张不予支持。

4. 关于专利法第22条第3款

专利法第22条第3款规定，创造性，是指同申请日以前已有的技术相比，该发明有突出的实质性特点和显著的进步，该实用新型有实质性特点和进步。

在本案中，请求人认为权利要求1相对于本专利背景技术与证据4的结合不具备创造性或者相对于补充证据1与证据4的结合不具备创造性，本专利权利要求2至6的附加技术特征属于公知常识，因此也不具备创造性。

（1）关于本专利权利要求1相对于本专利背景技术与证据4的结合是否具备创造性。

请求人认为，假定本专利是通交流电的情况，本专利权利要求1相对于本专利背景技术与证据4的结合不具备创造性。

对此合议组认为，审查指南第二部分第三章第2.1节对于“现有技术”有如下规定：根据专利法实施细则第30条的规定，现有技术是指申请日（有优先权的，指优先权日）前在国内外出版物上公开发表、在国内公开使用或者以其他方式为公众所知的技术。现有技术也称为已有的技术。专利法意义上的现有技术应当是在申请日以前公众能够得知的技术内容。换句话说，现有技术应当在申请日以前处于能够为公众获得的状态，并包含有能够使公众从中得知实质性技术知识的内容。

具体于本案，本专利的背景技术记载在本专利的说明书中，本专利说明书中也未给出该背景技术的确切的公开日期，公众能够得知其内容的日期是本专利的授权公告日，晚于本专利的申请日。请求人认为其能够作为本专利的现有技术，但未提供证据来证明该背景技术在本专利申请日之前处于公众能够得知的状态，即，请求人未提供证据来证明本专利的背景技术能够构成专利法意义上的现有技术。因此，本专利的背景技术不能作为评价本专利是否具备创造性的基础。因而，对于请求人关于本专利权利要求 1 相对于本专利背景技术与证据 4 的结合不具备创造性的主张，合议组不予支持。

（2）关于本专利权利要求 1 相对于补充证据 1 与证据 4 的结合是否具有创造性。

补充证据 1 公开了一种电暖袋，其与本专利属于相同的技术领域，补充证据 1 具体公开了如下技术特征（参见补充证据 1 说明书第 1 页第 3 段至第 2 页结尾，图 1-3）：该电热袋包括袋身 1（相当于本专利权利要求 1 中的“软体袋”），安放在袋身 1 内的致热物 9、电导入棒固定座 6、固定在电导入棒固定座 6 上的电导入棒 7、导线 5，插座盖 3；使用时，将水注入袋身 1 内，并排尽空气，再用插头通过插座盖 3 将袋加热，致热物 9 与水构成的液体（以下称致热物液体）相当于本专利权利要求 1 中的“导电介质液体”，电导入棒固定座 6、电导入棒 7 和导线 5 浸泡在致热物液体中，电导入棒 7 经导线 5（相当于本专利权利要求 1 中的“电源线”）与插座盖 3 相连，并通过致热物液体与导线 5、插座盖 3 构成发热回路；电导入棒 7 可以以一定距离吊挂在袋身 1 的内面上，该吊挂通过电导入棒吊钩 10（相当于本专利权利要求 1 中的“引线”）来完成，液体温度产生气体将袋身 1 胀起使电导入棒 7 离开液面，停止加热，即，补充证据 1 公开了可控制电导入棒 7 与致热物液体的导通发热。

补充证据 1 中虽然没有明确记载电暖袋包括注液孔及其活塞，但其中明确记载了“使用时，只要按规定操作，将水注入袋身 1 内，并排尽空气，再用插头通过插座盖 3 将袋加热即可”，可见，为了将水注入袋身 1 中，并排尽空气，而且使袋中的液体保证加热而不流出，补充证据 1 中必然存在一个能够将孔以及在加热过程将其中的致热物液体密封住的活塞或盖等，因此，补充证据 1 公开了本专利权利要求 1 中的“注液孔及其活塞”的技术特征。

请求人认为，补充证据 1 中公开的电导入棒固定座 6 相当于本专利权利要求 1 中的上塞 13。对此合议组认为，补充证据 1 中的电导入棒固定座 6 起到固定电导入棒 7 的作用，而在本专利权利要求 1 中，上塞不仅包裹住正电极或负电极的上端，而且还盖着绝缘壳体中拉线穿过的通孔，从而当下塞盖住绝缘壳体的空腔开口时能够将绝缘壳体中的正电极或负电极密封绝缘，由此可知，补充证据 1 中没有公开本专利权利要求 1 中的“上塞”的技术特征。

本专利权利要求 1 请求保护的电热水袋与补充证据 1 中公开的电暖袋相比，其区别在于：本专利权利要求 1 中的控制开关是一绝缘壳体（10）固定在软体袋（5）内，对应绝缘壳体（10）的软体袋（5）内另一端设有拉线（11），正电极（7）或负电极（8）置于绝缘壳体（10）的空腔（12）内，拉线（11）穿过绝缘壳体（10）上的通孔与套紧正电极（7）或负电极（8）的上塞（13）连接，正电极（7）或负电极（8）的下塞（14）与空腔（12）开口适配。而补充证据 1 中在袋身 1 内设有电导入棒吊钩 10 来控制电导入棒 7 与致热物液体之间的导通发热。

证据 4 涉及一种水变阻器的电极水循环处理系统和带有吸尘罩的散热器，其具体公开了以下内容（参见证据 4 全文）：其包括水变阻器 A、电极水冷却处理装置 B、绝缘套筒升降自动控制装置 C 和电极水温度控制系统装置 D，水变阻器 A 由底圆筒形基础电极 1、圆筒形主电极 5 和绝缘套筒 7 构成，底圆筒形基础电极 1 的内部装有供给循环用的指定量的电极水 W，在该基础电极 1 的底部 1a 的适当位置开有排水孔 2，在底部 1a 的中央设有贯穿该底部 1a 的绝缘体 3，圆筒形主电极 5 伸到外部的下端与电源装置的电线 4 连接；绝缘套筒 7 罩在主电极 5 的外面，悬吊着可以自由升降，借以调整该主电极 5 露出的长度，其上部设有冷却过的上述循环供给水的放水口 6，水变阻器的主电极 5 分别与电源装置的两相或三相中的一相连接，并且它们的基础电极 1 用接地线 8 相互连接起来接地；电极水冷却处理装置 B 将水变阻器 A 排出的温水冷却后，再送回水变阻器 A，使电极水 W 循环经过水变阻器 A；绝缘套筒升降自动控制装置 C 包括计测器 36、绝缘套筒的升降驱动操作装置 38；电极水温度控制系统装置D包括测温器39、温度比较器40，测温器39测量从水变阻器A排出的电极水W的温度，并输出测定值信号S3，温度比较器40将测定值信号S3与预先设定的设定值比较，并输出比较值控制信号S4，当比较值控制信号S4超过预先设定的高温端容许范围值时，则输出紧急非常信号S5，绝缘套筒升降驱动装置38切断与离合器的连接，同时，安全断路器42通过警报器41和电线4将水变阻器A与电源装置断开，但是，当电极水循环泵21在工作中停止，造成流量急剧减少时，如果电极水W的循环停止或减少，基础电极1内的电极水W的温度就会急剧地上升，以致沸腾流溢，这是非常危险的，由于测温器39经过一段时间之后才能检测到该电极水W的温度急剧上升，所以，在此延迟时间内，基础电极1和主电极5之间将发生弧光放电，当计测器36检测到该短路过电流后，才开始使绝缘套筒7下降，将主电极5完全屏蔽绝缘起来，所以，回避了可能发生的弧光放电的危险。

根据证据4公开的内容，合议组认为，本专利涉及一种具有自动控温的电热水袋，而证据4涉及水变阻器的电极水循环处理系统和带有吸尘罩的散热器，两者属于不同的技术领域。而且，由证据4说明书的记载可知，对水处理器A中的电极水W进行温度控制是通过电极水冷却处理装置B来实现的，同时利用电极水温度控制系统装置D来监控从水处理器A排出的电极水W的温度，在出现电极水W的温度超出预定值的异常状态时利用绝缘套筒升降自动控制装置C切断与离合器和电源装置的连接，并且针对电极水循环泵21在工作中停止造成基础电极1内的电极水W的温度急剧地上升的情况，为了防止基础电极1和主电极5之间可能发生的弧光放电而在计测器36检测到短路过电流后使绝缘套筒7下降，将主电极5完全屏蔽绝缘起来。可见，在证据4中，电极水冷却处理装置B所起的作用是控制电极水W的温度，绝缘套筒7下降将主电极5完全屏蔽绝缘所起的作用是为了防止基础电极1和主电极5之间可能发生的弧光放电。而在本专利中，当软体袋加热，袋内充气鼓起时，拉线拉动正电极或负电极，直至正电极或负电极的上塞和下塞分别盖住绝缘壳体的通孔和空腔开口，使正电极或负电极密封绝缘，以实现自动控制，该结构的软体袋倒向放置，也能实现控温、限温的效果。即，在本专利中，绝缘套筒将正电极或负电极密封绝缘所起的作用是控温、限温，与证据4中设置可升降的绝缘套筒将主电极屏蔽绝缘所起的作用不同，因此，证据4没有给出利用绝缘套筒屏蔽主电极以实现控温、限温的技术启示。本专利权利要求1相对于补充证据1与证据4的结合具备创造性，符合专利法第22条第3款的规定。

（3）关于本专利权利要求2至6是否具有创造性。

权利要求2~6均是权利要求1的从属权利要求，在其引用的权利要求1相对于上述证据具有创造性时，权利要求2~6相对于上述证据也具有创造性，符合专利法第22条第3款的规定。

综上所述，相对于请求人提供的证据，本专利权利要求1~6具备实用性和创造性，符合专利法第22条第4款、第3款的规定。

三、决定

维持03226065.2号实用新型专利权有效。

当事人对本决定不服的，可以根据专利法第46条第2款的规定，自收到本决定之日起三个月内向北京市第一中级人民法院起诉。根据该款的规定，一方当事人起诉后，另一方当事人应当作为第三人参加诉讼。

122

球形温热器

无效宣告请求审查决定（第11731号）

决　　定　　号　第11731号
决　　定　　日　2008年6月23日
发明创造名称　球形温热器
国 际 分 类 号　A61H 15/02，A61H 7/00，A61N 5/06
无效宣告请求人　东莞市京翼电子有限公司
专　利　权　人　东莞市长安健和医疗器械厂
专　　利　　号　200520055904.0
申　　请　　日　2005年3月19日
授 权 公 告 日　2006年6月7日
合 议 组 组 长　宋　瑞
主　　审　　员　刘　畅
参　　审　　员　杨加黎

法　律　依　据　专利法第22条第3款
决　定　要　点

如果一项权利要求请求保护的技术方案与一篇现有技术之间存在的区别技术特征属于本领域的公知常识，且该技术特征并未给该权利要求的整个技术方案带来预料不到的技术效果，那么该项权利要求不具备创造性。

一、案由

本无效宣告请求涉及的是国家知识产权局于2006年6月7日授权公告的名称为“球形温热器”的实用新型专利（下称本专利），其专利号是200520055904.0，申请日是2005年3月19日，专利权人是东莞市长安健和医疗器械厂。

本专利授权公告时的权利要求书为：

“1. 球形温热器，它包括一本体（10），其特征在于：本体（10）的上端面凸设有多个按摩球（12），按摩球（12）中空，内部固定有发热件（16），发热件（16）与设在本体（10）内的线路板电联接。

2. 根据权利要求1所述的球形温热器，其特征在于：本体（10）采用弧线形以配合人体曲线。

3. 根据权利要求1所述的球形温热器，其特征在于：本体（10）上成型有手柄（14）。

4. 根据权利要求1所述的球形温热器，其特征在于：发热件（16）为可发出远红外线的红外发热灯。"

针对上述专利权，东莞市京翼电子有限公司（下称请求人）于2007年11月26日向专利复审委员会提出无效宣告请求，其理由是：本专利的权利要求1、4不具备专利法第22条第2款规定的新颖性；权利要求1~4不具备专利法第22条第3款规定的创造性；权利要求1~4不符合专利法第26条第4款的有关规定。与此同时，请求人提交了如下附件：

附件1：公告号为10-0458150的韩国专利说明书，其公告日为2004年11月26日（下称对比文件1），及其相应的中文译文；

附件2（下称对比文件2）：国家知识产权局对申请号为02330348.4的中国外观设计专利作出的网络公告页的打印页1页及该外观设计专利立体图的放大图打印页1页。

结合上述证据，请求人认为：本专利涉及的温热器是球形的，但根据说明书以及说明书附图所记载的内容可以看出，本专利的温热器整体为板状，且优选为弧形的板状，本领域技术人员根据说明书的记载不能想到如何将本专利的温热器制成球形的，因此权利要求1~4所限定的技术方案与说明书记载的技术方案不一致，权利要求1~4不符合专利法第26条第4款的有关规定；权利要求1、4分别相对于对比文件1不具备新颖性和创造性；权利要求2的附加技术特征被对比文件1公开了，权利要求2不具有创造性，权利要求3的附加技术特征被对比文件2公开了，同时也属于本领域的公知常识，权利要求3不具有创造性。

经形式审查合格，专利复审委员会受理了该无效宣告请求，并于2008年2月13日向双方当事人发出无效宣告请求受理通知书，同时将专利权无效宣告请求书及附件清单中所列附件副本转送给专利权人，并告知专利权人在收到无效宣告请求受理通知书之日起一个月内对该无效宣告请求陈述意见，逾期未答复不影响专利复审委员会的审理。

专利权人逾期未答复。

针对上述无效宣告请求，专利复审委员会依法成立合议组，并于2008年5月8日向双方当事人发出无效宣告请求口头审理通知书，指出本案合议组定于2008年6月16日进行口头审理。

口头审理如期举行，请求人委托专利代理人雷志刚参加了此次口头审理，专利权人未出席此次口头审理。请求人当庭明确其无效宣告请求的理由、范围及证据为：权利要求1~4不符合专利法第26条第4款的规定，权利要求1相对于对比文件1不具备新颖性，权利要求1相对于对比文件1和公知常识的结合不具备创造性，权利要求2相对于对比文件1不具备创造性，权利要求3相对于对比文件1和2的结合或对比文件1和公知常识的结合不具备创造性，权利要求4的附加技术特征在对比文件1中公开，在其引用的权利要求1不具备新颖性的基础上不具备新颖性，在其引用的权利要求1不具备创造性的基础上也不具备创造性。

关于专利法第26条第4款，请求人认为：权利要求1~4保护的主题名称限定温热器为球形，但说明书和说明书附图看不出温热器是球形的，因此权利要求1~4得不到说明书的支持。所述"球形"用于限定温热器，不是限定温热器上的按摩球。

关于专利法第22条第2款、第3款，请求人认为：对比文件1公开了本专利权利要求1的主题名称"球形温热器"、"主体"、"多个按摩球"、"按摩球中空"、"发热件"；对比文件1隐含公开了权利要求1的"发热件与设在本体内的线路板电联接"，因此权利要求1相对于对比文件1不具备新颖性。即使"发热件与设在本体内的线路板电联接"为区别技术特征，该特征是本领域常规技术手段，且未给本专利带来预料不到的技术效果，因此权利要求1相对于对比文件1不具备创造性。对比文件1公开了弯曲型温热器，用于配合人体曲线，因此权利要求2的附加技术特征被对比文件1公开，该权利要求2不具备创造性。对比文件2的立体图中弧形构造起增加摩擦力的作用，本领域技术人员根据该图能确定其为手柄。因此权利要求3相对于对比文件1和2的结合不具备创造性。此外，在温热器两端设置手柄是本领域技术人员容易想到的，属于公知常识。对比文件1公开了权利要求4的附加技术特征，在权利要求1不具备新颖性、创造性的情况下，权利要求4也不具备新颖性、创造性。

至此，合议组认为本案事实清楚，依法作出审查决定。

二、决定的理由

1. 关于证据

对比文件1是韩国专利说明书，专利权人未对对比文件1的真实性提出异议，经合议组审查后对对比文件1的真实性予以认可，因此对比文件1可以作为本案证据使用。此外，对比文件1的公告日在本专利的申请日之前，因而其上记载的内容构成本专利的现有技术，由于专利权人也未对对比文件1的中文译文的准确性提出异议，因而对比文件1文字部分公开的内容以请求人提交的中文译文为准。

2. 关于专利法第22条第3款

专利法第22条第3款规定：创造性，是指同申请日以前已有的技术相比，该发明有突出的实质性特点和显著的进步，该实用新型有实质性特点和进步。

具体就本案而言，权利要求1涉及一种球形温热器，对比文件1说明书的背景技术中公开了一种现有技术中的温热治疗器，并具体公开了以下技术特征（参见对比文件1中文译文第2~3页，对比文件1附图1）：该温热器包括一本体部10，本体上凸设有多个按摩球30，并且在按摩球下部形成有空间34，即与本专利中的中空按摩球结构相同，此外，该温热器还包括一温热灯40，其设于上述按摩球内部，相当于本专利中的发热件。将权利要求1限定的技术方案与对比文件1相比较可知，二者的区别仅在于：对比文件1没有明确公开权利要求1中“发热件与设定在本体内的线路板电连接”这一技术特征。然而，对比文件1中公开了其温热灯是利用外部的电能产生高温（参见对比文件1中文译文的第2页），根据对比文件1公开的上述内容结合本领域的公知常识，为了获得外部电能以实现加热的目的，在温热器内部设置线路板与发热件电连接，对本领域技术人员来说，是不需要付出任何创造性劳动就可以很容易想到的，因而，本领域技术人员在对比文件1公开的内容的基础上结合本领域的公知常识，可以得到权利要求1所限定的技术方案，这对于本领域技术人员来说是显而易见的，因此，该独立权利要求1相对于对比文件1和本领域公知常识的结合不具备专利法第22条第3款规定的创造性。

权利要求2对权利要求1作出了进一步的限定，其附加技术特征为“本体（10）采用弧线形以配合人体曲线”。对比文件1公开的温热器提供了一种弯曲型温热治疗器，以更加符合人体曲线部位的灸疗需求（参见对比文件1中文译文第3页，对比文件1附图9）。由此可见，权利要求2的附加技术特征已经被对比文件1所公开，因而在其引用的权利要求1不具备创造性的情况下，该从属权利要求2相对于对比文件1和本领域公知常识的结合也不具备专利法第22条第3款规定的创造性。

权利要求3对权利要求1作出了进一步的限定，其附加技术特征为“本体（10）上成型有手柄（14）”。为了便于移动温热器而在温热器的本体上设置手柄，这对于本领域技术人员来说只是一种常规的技术选择，且在温热器本体上设置手柄也并未给本专利带来预料不到的技术效果，因而在其引用的权利要求1不具备创造性的情况下，该从属权利要求3相对于对比文件1和本领域公知常识的结合也不具备专利法第22条第3款规定的创造性。

权利要求4对权利要求1作出了进一步的限定，其附加技术特征为“发热件（16）为可发出远红外线的红外发热灯”。对比文件1的背景技术中公开的温热器可采用红外线灯泡作为温热灯，由此可见，对比文件1已经公开了权利要求4的附加技术特征，因而在其引用的权利要求1不具备创造性的情况下，该从属权利要求4相对于对比文件1和本领域公知常识的结合也不具备专利法第22条第3款规定的创造性。

如上所述，鉴于本专利全部权利要求均不符合专利法第22条第3款规定的创造性，可以全部无效，本决定对请求人提出的其他无效宣告请求的证据和理由不再予以评述。

三、决定

宣告200520055904.0号实用新型专利权全部无效。

当事人对本决定不服的，可以根据专利法第46条第2款的规定，在收到本决定之日起三个月内向北京市第一中级人民法院起诉，根据该款的规定，一方当事人起诉后，另一方当事人应当作为第三人参加诉讼。

123

一种低反射复合背投屏幕

无效宣告请求审查决定（第 11732 号）

决　定　号 第 11732 号
决　定　日 2008 年 6 月 23 日
发明创造名称 一种低反射复合背投屏幕
国 际 分 类 号 G03B 21/56，G03B 21/62
无效宣告请求人 东芝照明显示系统（上海）有限公司
专　利　权　人 广东威创视讯科技股份有限公司
专　利　号 200520056184. X
申　请　日 2005 年 3 月 28 日
授 权 公 告 日 2006 年 5 月 31 日
合 议 组 组 长 刘颖杰
主　审　员 刘　杰
参　审　员 刘亚斌

法　律　依　据 专利法第 22 条第 3 款
决　定　要　点

如果证据公开的内容与权利要求的技术方案相比存在实质性区别技术特征，并且证据对该区别技术特征没有给出任何启示，该区别技术特征使权利要求的技术方案产生了有益效果，则该权利要求的技术方案相对于这些证据具备创造性。

一、案由

本无效宣告请求涉及国家知识产权局于 2006 年 5 月 31 日授权公告的 200520056184. X 号、名称为“一种低反射复合背投屏幕”的实用新型专利（下称本专利），申请日是 2005 年 3 月 28 日；其专利权人原是广东威创日新电子股份有限公司，2008 年 1 月 18 日变更为广东威创视讯科技股份有限公司。本专利授权公告的权利要求书如下：

“1. 一种低反射复合背投屏幕，包括防反射玻璃、成像屏幕、菲涅尔透镜和屏幕框架，防反射玻璃、成像屏幕、菲涅尔透镜从外向内依次贴接并固定于屏幕框架上，其特征在于：所述防反射玻璃的前表面为漫反射表面且镀有减反射膜。

2. 根据权利要求 1 所述的一种低反射复合背投屏幕，其特征在于：所述防反射玻璃的前表面为镀有减反射膜的镜面。

3. 根据权利要求 1 所述的一种低反射复合背投屏幕，其特征在于：所述防反射玻璃与成像屏幕贴接的表面镀有减反射膜。

4. 根据权利要求 3 所述的一种低反射复合背投屏幕，其特征在于：所述防反射玻璃与成像屏幕贴接的表面为漫反射表面。

5. 根据权利要求 1 所述的一种低反射复合背投屏幕，其特征在于：所述镀有减反射膜防反射玻璃与成像屏幕用胶粘贴为一体。”

针对上述专利权，东芝照明显示系统（上海）有限公司（下称请求人）于 2007 年 12 月 18 日向专利复审委员会提出无效宣告请求，理由是：本专利权利要求 1~5 不具备专利法第 22 条第 3 款规定的创造性，权利要求 2 不符合专利法实施细则第 20 条第 1 款的规定。随同其专利权无效宣告请求书，请求人还提交了三份证据：

证据 1：授权公告号为 CN2533495Y 的中国实用新型专利说明书，其授权公告日是 2003 年 1 月 29 日；

证据 2：《减反射镀膜玻璃有着光明的发展前景》的复印件共四页，声称原文刊登于《中国玻璃》2002 年第 5 期；

证据 3：日本公开特许公报 2001-5103 号及其中文译文，其公开日是 2001 年 1 月 12 日。

请求人的具体无效理由是：（1）证据 1 公开了一种防反光、防眩光投影屏幕，其公开了本专利权利要求 1 的前序部分的所有特征，也公开了其特征部分的特征“玻璃的前表面为漫反射表面”。证据 1 中没有公开本专利权利要求 1 的特征“在玻璃的前表面上镀有减反射膜”。然而，在投影屏幕上采用“减反射膜”早已是常规技术，参见证据 2 倒数第 2 段内容。因此，权利要求 1 相对于证据 1 和 2 的结合不具备创造性，不符合专利法第 22 条第 3 款的规定。（2）权利要求 2 引用权利要求 1，在权利要求 1 中限定了“防反射玻璃的前表面为漫反射表面且镀有减反射膜”，然而在权利要求 2 中又限定了“防反射玻璃的前表面为镀有减反射膜的镜面”。显然“漫反射表面”与“镜面”是矛盾的。因此，权利要求 2 不清楚，不符合专利法实施细则第 20 条第 1 款的规定。（3）从属权利要求 3~5 的附加技术特征已经被证据 2 公开或属于本领域的公知常识。因此，当权利要求 1 不具备创造性时，其从属权利要求 3~5 也不具备创造性，不符合专利法第 22 条第 3 款的规定。（4）证据 3 公开了一种背投屏幕，其中公开了镀有减反射膜的防反射玻璃，还公开了双面镀有减反射膜的结构。所以，证据 3 与证据 1 和/或证据 2 的结合也可以破坏涉案专利权利要求 1~5 的创造性。

经形式审查合格，专利复审委员会受理了上述无效宣告请求，于 2007 年 12 月 27 日向请求人和专利权人发出无效宣告请求受理通知书，同时将专利权无效宣告请求书及其证据 1~3 的副本转给专利权人，要求其在一个月内对该无效宣告请求陈述意见。

专利权人于 2008 年 2 月 5 日提交了意见陈述书和修改的权利要求书，其中删除了原权利要求 2，将原权利要求 1 最后一句中的“减反射膜”改为“减反膜”。此外，专利权人还提交了如下反证：

反证 1：附图——光线消除示意图；

专利权人在意见陈述书中认为：（1）删除原权利要求 2，从而克服其不清楚的问题。（2）将其他权利要求进行重新排列形成权利要求 1~4，这些权利要求的技术方案相对于证据 1~3 具备专利法第 22 条第 3 款规定的创造性。

合议组于 2008 年 3 月 10 日向请求人和专利权人发出口头审理通知书，告知双方当事人合议组定于 2008 年 5 月 5 日对本案进行口头审理。其中，在发给专利权人的口头审理通知书中，合议组指出：专利权人于 2008 年 2 月 5 日提交的权利要求书中，权利要求 1 最后一行的“减反射膜”写为“减反膜”，应当再次提交修改的权利要求书进行更正。

专利复审委员会于 2008 年 3 月 31 日收到了请求人提交的口头审理通知书回执，请求人表明参加口头审理。

专利权人于2008年3月31日提交了意见陈述书和修改后的权利要求书，其中，将权利要求1最后一行的“减反膜”更正为“减反射膜”。

该修改后的权利要求书如下：

“1. 一种低反射复合背投屏幕，包括防反射玻璃、成像屏幕、菲涅尔透镜和屏幕框架，防反射玻璃、成像屏幕、菲涅尔透镜从外向内依次贴接并固定于屏幕框架上，其特征在于：所述防反射玻璃的前表面为漫反射表面且镀有减反射膜。

2. 根据权利要求1所述的一种低反射复合背投屏幕，其特征在于：所述防反射玻璃与成像屏幕贴接的表面镀有减反射膜。

3. 根据权利要求2所述的一种低反射复合背投屏幕，其特征在于：所述防反射玻璃与成像屏幕贴接的表面为漫反射表面。

4. 根据权利要求1所述的一种低反射复合背投屏幕，其特征在于：所述镀有减反射膜防反射玻璃与成像屏幕用胶粘贴为一体。”

合议组于2008年4月25日向请求人发出转送文件通知书，将专利权人于2008年3月31日提交的意见陈述书及修改的权利要求书转给请求人。

专利复审委员会于2008年4月29日收到了请求人提交的意见陈述书，请求人表明不参加口头审理，请合议组在修改后的权利要求书的基础上进行书面审理。

口头审理如期举行，仅专利权人一方参加了口头审理，其由专利代理人曾旻辉、公民代理人孟凡华和张晓淇出庭参加。

在口头审理中，

（1）合议组告知专利权人其于2008年3月31日提交的修改的权利要求书的时机和方式合法，本次口头审理以该次修改的权利要求书作为基础。

（2）专利权人对证据1、3的真实性无异议，并认可证据3译文的准确性；但认为证据2为复印件，无原件，因而不认可证据2的真实性。

（3）关于权利要求1~4是否符合专利法第22条第3款的规定，专利权人认为：权利要求1与证据1的区别在于：防反射玻璃的前表面的漫反射表面镀有减反射膜，该区别技术特征也没有被证据3公开；并且本领域也不存在在漫反射表面镀膜的技术启示。因此，权利要求1相对于证据1和3具备创造性。

至此，合议组认为本案事实已经清楚，现依法作出如下审查决定。

二、决定的理由

1. 关于审查基础

本案中专利权人于2008年3月31日提交的修改的权利要求书符合审查指南的规定，可以接受。因此，本次无效宣告请求审查所针对的权利要求是：专利权人于2008年3月31日提交的权利要求1~4。

2. 关于证据

证据1是中国专利文献，证据3是日本专利文献，它们的公开日均早于本专利的申请日，专利权人对证据1、3的真实性以及证据3译文的准确性均没有异议，因此合议组对证据1、3的真实性予以认可，其上记载的内容可以构成本专利的现有技术；证据3的文字部分以其中文译文为准。

证据2为一篇非专利文献的复印件，请求人没有提交原件，专利权人对该证据2的真实性不予认可。因此，证据2的真实性无法得到确认，不能作为定案的依据。

3. 关于专利法实施细则第 20 条第 1 款

请求人关于本专利不符合专利法实施细则第 20 条第 1 款的理由仅涉及授权公告的权利要求 2，而专利权人于 2008 年 3 月 31 日提交的修改的权利要求书中删除了该权利要求 2。因此，合议组不再对该无效请求理由进行审查。

4. 关于权利要求 1~4 的创造性

专利法第 22 条第 3 款规定，创造性，是指同申请日以前已有的技术相比，该发明有突出的实质性特点和显著的进步，该实用新型有实质性特点和进步。

（1）权利要求 1 是否具备创造性。

请求人认为，本专利权利要求 1 与证据 1 和 3 的结合相比不具备创造性。合议组经审理查明，证据 1 公开了一种防反光、防眩光投影屏幕，包括防眩光透明玻璃 3（相当于权利要求 1 中的防反射玻璃）、成像屏幕 1、菲涅尔透镜 2 和屏幕框架，防眩光透明玻璃、成像屏幕、菲涅尔透镜从外向内依次贴接并固定于屏幕框架上，所述防眩光透明玻璃的前表面为漫反射表面。

权利要求 1 与证据 1 相比，其区别在于：权利要求 1 中的防反射玻璃的前表面的漫反射表面镀有减反射膜。该特征使得权利要求 1 的技术方案具有了提高产品的防反射性能、提高产品显示图像的清晰度和对比度、改善画面的整体效果的技术效果，而证据 1 中也没有给出任何与该特征相关的技术启示。

证据 3 公开了一种背投式屏幕，其包括菲涅尔透镜片 41、层叠柱状透镜片 5，该层叠柱状透镜片 5 具有作为片状元件的扩散片 52，扩散片 52 由丙烯树脂、聚碳酸酯等透光性的基材 521 和扩散层构成，在扩散片 52 的观察侧通过透明粘贴层 53 层叠有防反射膜 54，防反射膜 54 是在由和用于柱状透镜膜 51 的基材的材料相同的材料构成的基材薄膜 541 上设置了防反射膜 542。

由此可见，证据 3 也没有公开上述区别技术特征，并且没有给出任何相关的技术启示。此外，在本领域中一般情况下镀膜是镀在光滑的表面上，这属于公知常识，而不存在在凹凸不平的漫反射表面上镀膜的技术启示。本专利在漫反射表面镀膜，能够明显提高产品的防反射性能、提高产品显示图像的清晰度和对比度、改善画面的整体效果，这对本领域技术人员来说是非显而易见的。

因此，本专利权利要求 1 相对于证据 1 和 3 的结合具备专利法第 22 条第 3 款规定的创造性。

（2）权利要求 2~4 是否具备创造性。

权利要求 2~4 分别是直接或间接引用权利要求 1 的从属权利要求，在其引用的权利要求 1 具备创造性的情况下，从属权利要求 2~4 相对于证据 1 和 3 的结合也具备专利法第 22 条第 3 款规定的创造性。

三、决定

在专利权人于 2008 年 3 月 31 日提交的权利要求 1~4 的基础上，维持 200520056184. X 号实用新型专利权有效。

当事人对本决定不服的，可以根据专利法第 46 条第 2 款的规定，在收到本决定之日起三个月内向北京市第一中级人民法院起诉。根据该款规定，一方当事人起诉后，另一方当事人应当作为第三人参加诉讼。

124

一种现浇砼填充用空心胎体及其应用

无效宣告请求审查决定（第 11735 号）

决　　定　　号　第 11735 号
决　　定　　日　2008 年 6 月 17 日
发明创造名称　一种现浇砼填充用空心胎体及其应用
国 际 分 类 号　E04B 5/36
无效宣告请求人　嘉兴市多凌建筑结构材料有限公司
专　利　权　人　邱则有
专　　利　　号　03118349.2
申　　请　　日　2003 年 5 月 6 日
授 权 公 告 日　2006 年 4 月 12 日
合 议 组 组 长　刘敏飞
主　　审　　员　郭建强
参　　审　　员　汤元磊

法　律　依　据　专利法第 22 条第 2 款、第 3 款
决　定　要　点

判断涉案发明专利的创造性主要是判断该专利对本领域的技术人员来说是否显而易见。如果该发明专利与一篇对比文件中的某个技术方案的区别特征为该对比文件其他部分披露的技术手段，同时该技术手段在该对比文件其他部分所起的作用与该区别特征在本发明专利中起的作用相同，则应该认为存在着技术启示促使本领域技术人员将该对比文件中的两部分技术方案相结合，即该发明专利相对于该对比文件对本领域技术人员来说是显而易见的，不具备创造性。

一、案由

本无效宣告请求涉及中华人民共和国国家知识产权局于 2006 年 4 月 12 日授权公告的、名称为“一种现浇砼填充用空心胎体及其应用”的发明专利权（下称本专利），其专利号是 03118349.2，申请日是 2003 年 5 月 6 日，专利权人是邱则有。本专利授权公告时的权利要求 1、3、4、29~35 如下：

“1. 一种现浇砼填充用空心胎体，包括空心胎体（1）、撑脚（2），撑脚（2）设置在胎体（1）的外壁（3）上，外壁（3）围合形成有空腔（4）的空心胎体（1），其特征在于在空腔（4）中设置有加强件（5），加强件（5）为加劲杆或加强筋或加强索或桁架或者加劲肋、加劲杆、加强筋、加强索、桁架的组合。

3. 根据权利要求 1 所述的一种现浇砼填充用空心胎体，其特征在于所述的撑脚（2）为侧壁限距

撑脚或上板限位撑脚。

4. 根据权利要求1所述的一种现浇砼填充用空心胎体，其特征在于所述的撑脚（2）为设置在下底上的定位撑脚。

29. 一种应用于空心楼盖的现浇砼填充用空心胎体，包括空心胎体（1）、撑脚（2），撑脚（2）设置在胎体（1）的外壁（3）上，外壁（3）围合形成有空腔（4）的空心胎体（1），其特征在于在空腔（4）中设置有加强件（5），加强件（5）为加劲杆或加强筋或加强索或桁架或者加劲肋、加劲杆、加强筋、加强索、桁架的组合。

30. 一种应用于空心屋盖的现浇砼填充用空心胎体，包括空心胎体（1）、撑脚（2），撑脚（2）设置在胎体（1）的外壁（3）上，外壁（3）围合形成有空腔（4）的空心胎体（1），其特征在于在空腔（4）中设置有加强件（5），加强件（5）为加劲杆或加强筋或加强索或桁架或者加劲肋、加劲杆、加强筋、加强索、桁架的组合。

31. 一种应用于空心基础底板的现浇砼填充用空心胎体，包括空心胎体（1）、撑脚（2），撑脚（2）设置在胎体（1）的外壁（3）上，外壁（3）围合形成有空腔（4）的空心胎体（1），其特征在于在空腔（4）中设置有加强件（5），加强件（5）为加劲杆或加强筋或加强索或桁架或者加劲肋、加劲杆、加强筋、加强索、桁架的组合。

32. 一种应用于空心墙体的现浇砼填充用空心胎体，包括空心胎体（1）、撑脚（2），撑脚（2）设置在胎体（1）的外壁（3）上，外壁（3）围合形成有空腔（4）的空心胎体（1），其特征在于在空腔（4）中设置有加强件（5），加强件（5）为加劲杆或加强筋或加强索或桁架或者加劲肋、加劲杆、加强筋、加强索、桁架的组合。

33. 一种应用于空腹桥梁的现浇砼填充用空心胎体，包括空心胎体（1）、撑脚（2），撑脚（2）设置在胎体（1）的外壁（3）上，外壁（3）围合形成有空腔（4）的空心胎体（1），其特征在于在空腔（4）中设置有加强件（5），加强件（5）为加劲杆或加强筋或加强索或桁架或者加劲肋、加劲杆、加强筋、加强索、桁架的组合。

34. 一种应用于现浇预应力钢筋砼中的现浇砼填充用空心胎体，包括空心胎体（1）、撑脚（2），撑脚（2）设置在胎体（1）的外壁（3）上，外壁（3）围合形成有空腔（4）的空心胎体（1），其特征在于在空腔（4）中设置有加强件（5），加强件（5）为加劲杆或加强筋或加强索或桁架或者加劲肋、加劲杆、加强筋、加强索、桁架的组合。

35. 一种应用现浇砼填充用空心胎体的钢筋砼板，包括空心胎体（1）、撑脚（2），撑脚（2）设置在胎体（1）的外壁（3）上，外壁（3）围合形成有空腔（4）的空心胎体（1），其特征在于在空腔（4）中设置有加强件（5），加强件（5）为加劲杆或加强筋或加强索或桁架或者加劲肋、加劲杆、加强筋、加强索、桁架的组合。”

针对本专利权，嘉兴市多凌建筑结构材料有限公司（下称请求人）于2007年10月19日向专利复审委员会提出无效宣告请求，其理由是本专利权利要求1、3、4、29~35不符合专利法第22条第3款的规定，同时请求人提交了如下附件作为证据：

附件1：授权公告日为1994年4月6日，授权公告号为CN2160693Y的中国实用新型专利说明书，共6页；

附件2：授权公告日为2001年12月19日，授权公告号为CN2466272Y的中国实用新型专利说明书，共5页；

附件3：授权公告日为1996年6月5日，授权公告号为CN2228503Y的中国实用新型专利说明书，共5页；

附件4：公开日为2002年9月11日，公开号为CN1368585A的中国发明专利申请公开说明书，共8页；

附件5：授权公告日为2001年10月17日，授权公告号为CN2454480Y的中国实用新型专利说明书，共5页；

附件6：授权公告日为2003年2月19日，授权公告号为CN2536677Y的中国实用新型专利说明书，共15页；

附件7：公开日为2001年9月12日，公开号为CN1312878A的中国发明专利申请公开说明书，共19页。

请求人认为：本领域技术人员在附件1或3或5或6或7或1、3、5、6、7的组合的基础上结合附件2或4或附件2、4的组合；或将附件1~7相结合；或在现有技术的基础上结合附件1或3或5或6或7或者1、3、5~7的组合均能够很容易得到本专利权利要求1的全部技术特征，因此权利要求1不具备创造性。本领域技术人员在结合现有技术与附件2、4的基础上，或者在结合附件1~7的基础上，均能够很容易得出权利要求3的技术特征，因此权利要求3不具备创造性。权利要求4的附加技术特征被附件2、4公开，因此权利要求4也不具备创造性。权利要求29~35所记载的技术方案只是权利要求1的技术方案在建筑领域中的不同应用，除主题名称外其他特征与权利要求1重复，因此与权利要求1不具备创造性的理由一样，权利要求29~35也不具备创造性。

经形式审查合格，专利复审委员会依法受理了上述无效宣告请求，并于2007年10月22日向请求人和专利权人发出无效宣告请求受理通知书，同时将专利权无效宣告请求书及其附件清单中所列附件的副本转送给专利权人，并要求专利权人在指定的期限内陈述意见。

请求人于2007年11月16日再次向专利复审委员会提交了意见陈述书和如下证据（编号续前）：

附件8：公开日为1998年12月16日的欧洲专利文献EP0884427A2及其中文译文，共10页；

附件9：公开日为1936年5月26日的美国专利文献US2042113及其中文译文，共8页；

附件10：公开日为1934年7月3日的美国专利文献US1964816及其中文译文，共6页；

附件11：公开日为1950年2月7日的美国专利文献US2497058及其中文译文，共9页；

附件12：公开日为2002年9月18日，公开号为CN1369363A的中国发明专利申请公开说明书，共30页；

附件13：公开日为2003年3月19日，公开号为CN1403667A的中国发明专利申请公开说明书，共31页；

附件14：国家知识产权局专利检索咨询中心出具的关于本专利的检索报告复印件，共5页。

请求人认为：权利要求1相对于附件8、9或12均不具备新颖性，不符合专利法第22条第2款的规定；权利要求1相对于附件8、9或12不具备创造性，相对于附件10与现有技术或者附件11的组合不具备创造性，相对于附件13不具备创造性；另外，本领域技术人员在附件10的基础上结合附件2或4，或在附件11的基础上结合附件1、3、5、6、7，或者将附件1~11相结合，也可以否定权利要求1的创造性；权利要求3相对于附件9不具备新颖性和创造性，相对于附件13或者附件8、9的组合或者附件2、4的组合不具备创造性；权利要求4相对于附件8不具备新颖性和创造性，相对于附件13不具备创造性，相对于附件10与附件2、4或者11的结合不具备创造性。权利要求29~35所记载的技术方案只是权利要求1的技术方案在建筑领域中的不同应用，除主题名称外其他特征与权利要求1重复，因此与权利要求1不具备新颖性和创造性的理由一样，权利要求29~35也不具备新颖性和创造性。另外，附件14作为国家知识产权局专利检索咨询中心出具的关于本专利的检索报告，也认为本专利权利要求1、3、4、29~35不具备新颖性和/或创造性。

针对上述无效宣告请求受理通知书，专利权人于2007年12月10日向专利复审委员会提交了意见陈述书，对请求人就各附件公开内容的理解、证据的组合和具体意见陈述的准确性不予认可，请求专利复审委员会举行口头审理并维持本专利有效。

专利复审委员会依法成立合议组对本无效宣告请求案进行审理。

本案合议组于2008年1月17日向双方发出无效宣告请求口头审理通知书，定于2008年2月25日举行口头审理，并随同该通知书将请求人于2007年11月16日提交的意见陈述书及所附附件的副本转送给专利权人，将专利权人于2007年12月10日提交的意见陈述书的副本转送给请求人。

口头审理如期举行，双方当事人均参加了口头审理。

在口头审理中，（1）请求人明确无效的范围、理由和证据为：本专利权利要求1、3、4、29~35被附件6或8或9或12分别公开，不具有新颖性；权利要求1、3、4、29~35相对于附件6或8或9或12或13不具备创造性；权利要求1、3、4、29~35相对于附件1或3或5或6或7或10分别与附件2或4或11中的任一篇的结合不具有创造性，最接近的对比文件分别是附件1或3或5或6或7或10。附件14仅作参考，不作为证据使用。（2）专利权人对附件1~7、12、13的真实性、公开性均没有异议，但认为附件8~11是域外证据，对其真实性及译文的准确性均有异议。专利权人当庭向合议组提交了其认为准确的附件8~11的中文译文，合议组当庭转给请求人。请求人对专利权人当庭提交的附件8~11的中文译文的准确性也持异议。（3）合议组当庭告知专利权人于7日内对附件8~11的真实性进行核实，逾期没有提交具有说服力的意见陈述，视为对附件8~11的真实性没有异议。（4）双方就权利要求1、3、4、29~35的新颖性和创造性充分发表了意见。（5）由于双方对附件8~11的中文译文的准确性不能达成一致意见，合议组当庭向双方发出了《外文证据委托翻译通知书》及《外文证据翻译委托书》，委托双方当事人都认可的翻译单位对附件8~11进行翻译，双方对此无异议并当庭签收。合议组宣布择期针对使用附件8~11评述的相关无效理由另行进行口头审理。

口头审理结束后，本案合议组于2008年2月26日向双方发出无效宣告请求口头审理通知书，定于2008年4月23日再次举行口头审理。

专利权人于2008年3月3日向专利复审委员会提交了附件8的全文（包括附图5），共8页。

请求人于2008年3月13日向专利复审委员会提交了双方当事人都认可的翻译单位翻译的附件8~11的中文译文（包括附件8的附图5）。

口头审理如期举行，双方当事人均参加了口头审理。

在口头审理中，（1）专利权人对附件8~11的真实性没有异议，对请求人于2008年3月13日提交的双方当事人都认可的翻译单位翻译的附件8~11的译文准确性也没有异议。专利权人于2008年3月3日补充提交了附件8的附图5，合议组当庭将其转给请求人。请求人认可附图5是附件8的组成部分，并表示在其于2008年3月13日提交的附件8的译文中也提交了该页，因此认可作为本案证据使用。（2）合议组当庭宣布此次口头审理的中文译文以请求人于2008年3月13日提交的附件8~11的中文译文为准。审理范围为上次口头审理时请求人明确的无效理由、范围和证据中未审理的涉及附件8~11的部分，即：本专利的权利要求1、3、4、29~35相对于附件8或附件9不具备新颖性和创造性，权利要求1、3、4、29~35相对于附件1或3或5或6或7或10分别与附件11结合不具备创造性，权利要求1、3、4、29~35相对于附件10分别与附件2或者4中的任意一篇的结合不具备创造性。请求人表示在上述审理范围中放弃附件6与11相结合否定本专利权利要求1、3、4、29~35的创造性的无效理由。（3）双方就权利要求1、3、4、29~35的新颖性和创造性再次发表了意见。其中，关于权利要求29~34，专利权人认可空心胎体应用到不同的结构中对空心胎体本身的结构并没有任何影响。关于权利要求35，专利权人认可其中的空心胎体就是权利要求1中的空心胎体，权利要求35

中的钢筋砼板除了空心胎体外，还包括混凝土和钢筋，但认可混凝土和钢筋是现有技术。

至此，合议组认为本案事实已经清楚，可以作出审查决定。

二、决定的理由

1. 关于证据和现有技术

请求人要求使用的证据包括附件 1~13，并且请求人和专利权人双方都认可将专利权人提交的附件 8 的附图 5 作为附件 8 的组成部分。专利权人对其真实性均没有异议，合议组经审查，认为附件 1~13均可以作为本案证据使用。同时由于附件 1~13 的公开日期均在本专利的申请日之前，因此都可以作为本专利的现有技术使用。

其中请求人提交的附件 8~11 为外文专利文献，请求人于 2008 年 3 月 13 日提交了双方当事人都认可的翻译单位翻译的附件 8~11 的中文译文，专利权人对该中文译文的准确性没有异议，因此附件 8~11 的公开内容以请求人于 2008 年 3 月 13 日提交的上述中文译文为准。

2. 关于本专利的新颖性和创造性

专利法第 22 条第 2 款规定，新颖性，是指在申请日以前没有同样的发明或者实用新型在国内外出版物上公开发表过、在国内公开使用过或者以其他方式为公众所知，也没有同样的发明或者实用新型由他人向国务院专利行政部门提出过申请并且记载在申请日以后公布的专利申请文件中。

专利法第 22 条第 3 款规定，创造性，是指同申请日以前已有的技术相比，该发明有突出的实质性特点和显著的进步。

根据上述规定，判断涉案发明专利的创造性主要是判断该专利对本领域的技术人员来说是否显而易见。如果该发明专利与一篇对比文件中的某个技术方案的区别特征为该对比文件其他部分披露的技术手段，同时该技术手段在该对比文件其他部分所起的作用与该区别特征在本发明专利中起的作用相同，则应该认为存在着技术启示促使本领域技术人员将该对比文件中的两部分技术方案相结合，即该发明专利相对于该对比文件对本领域技术人员来说是显而易见的，不具备创造性。

（1）关于权利要求 1。

本专利中，权利要求 1 要求保护一种现浇砼填充用空心胎体。附件 13 中公开了一种成组模壳构件，在其权利要求 10 中公开了模壳构件包括模壳上板、周围侧壁，上板与周围侧壁构成有空腔的模壳，在模壳内设置有加强件，加强件为加强肋、加强杆或者加强筋（参见附件 13 的说明书第 8 页倒数第 2 段，权利要求 10，附图 11-13）；在其权利要求 36 中公开了模壳的下底上设置有定位脚（参见附件 13 的说明书第 11 页第 5 段，权利要求 36，附图 39）。

合议组经审查认为，附件 13 与本专利同属一个技术领域，附件 13 的模壳即为本专利的空心胎体。本专利权利要求 1 与附件 13 的权利要求 10 的区别在于：（a）本专利权利要求 1 的胎体外壁上有撑脚；（b）本专利权利要求 1 的加强件除了是附件 13 的权利要求 10 中的加强肋（即加劲肋）、加强杆（即加劲杆）或者加强筋以外，还可以是其他的具体形式，如加强索或桁架或者加劲肋、加劲杆、加强筋、加强索、桁架的组合。然而，关于区别特征（a），在附件 13 的权利要求 36 中公开了“模壳的下底上设置有定位脚”，其作用与本专利中的撑脚的作用相同，都是起定位空心胎体的作用。因此本领域技术人员在附件 13 的权利要求 36 的启示下，很容易想到将其与附件 13 的权利要求 10 相结合来解决本专利权利要求 1 所要解决的空心胎体的定位问题，即这两个技术方案的结合对本领域技术人员来说是显而易见的。关于区别特征（b），显然附件 13 中已经公开了加强件是加强肋、加强杆或者加强筋，至于其他的一些具体形式，如加强索或桁架或者几种形式的组合，相对于加强肋、加强杆或者加强筋而言，均是等效的替代，都用于增加模壳强度，也是本领域技术人员解决模壳加强问题的惯用技术手段，因此区别特征（b）对本领域技术人员来说也是显而易见的。综上，本领域技术人员根据附件 13 可以显而易见地得到本专利权利要求 1 的技术方案，因此该权利要求 1 相对于附件 13 而言不具有突出的实质性特点，因而不具备专利法第 22 条第 3 款规定的创造性。

（2）关于权利要求 3、4。

权利要求 3 进一步限定撑脚为侧壁限距撑脚或上板限位撑脚，权利要求 4 限定撑脚为设置在下底上的定位撑脚。附件 13 的权利要求 36 中明确公开了下底定位脚，附件 13 的附图 39 和 37 中也都公开了模壳的上板上也设置有限位撑脚。因此权利要求 3 中的“撑脚为上板限位撑脚”以及权利要求 4 中的附加技术特征被附件 13 所公开，因此在其引用的独立权利要求 1 不具备创造性的基础上，权利要求 3 中关于“撑脚为上板限位撑脚”的技术方案以及权利要求 4 也不具备专利法第 22 条第 3 款规定的创造性。

关于权利要求 3 中的“撑脚为侧壁限距撑脚”的技术方案，由于“撑脚为侧壁限距撑脚”的附加技术特征并未被附件 1-13 所公开，同时该特征中的“侧壁限距”功能与上述的“上板限位撑脚”或“下底定位撑脚”的功能也不相同，也不属于惯用手段的直接置换，因此对于本领域技术人员来说并不是容易想到的，因此请求人关于权利要求 3 中的“撑脚为侧壁限距撑脚”的技术方案不具备专利法第 22 条第 2、3 款规定的新颖性和创造性的主张不成立。

（3）关于权利要求 29~35。

权利要求 29~34 要求保护的仍然是“一种现浇砼填充用空心胎体”，其除主题名称外的特征与本专利权利要求 1 相同，只不过在主题名称中分别限定为应用于空心楼盖、空心屋盖、空心基础底板、空心墙体、空腹桥梁或者现浇预应力钢筋砼。

根据审查指南第二部分第二章第 3.1.1 节第三段的规定，上述用途限定特征在判断权利要求 29~34 的新颖性和创造性时是否需要考虑，取决于上述用途限定特征是否起到实际的限定作用，进一步来说，取决于上述用途限定是否对空心胎体本身带来影响。在口头审理中，专利权人认可空心胎体应用到权利要求 29~34 的不同结构中对空心胎体本身的结构并没有任何影响。合议组认为，在判断本专利权利要求 29~34 的新颖性和创造性时，其主题名称中的用途限定特征不起作用，无需考虑，只需考察权利要求中的其他技术特征。而正如前文所述，权利要求 29~34 的其他技术特征与权利要求 1 相同。而且将空心胎体应用于空心楼盖、空心屋盖、空心基础底板、空心墙体、空腹桥梁或者现浇预应力钢筋砼也是本领域技术人员根据工程需要很容易想到的，因此，与权利要求 1 相对于附件 13 不具备创造性的理由一样，权利要求 29~34 相对于附件 13 也不具有突出的实质性特点，因而不具备专利法第 22 条第 3 款规定的创造性。

关于权利要求 35，其主题名称为“一种应用现浇砼填充用空心胎体的钢筋砼板”，除主题名称外的其他技术特征也与权利要求 1 相同。专利权人在口头审理中认可其中的空心胎体就是指权利要求 1 中的空心胎体，权利要求 35 中的钢筋砼板除了包括空心胎体外，还包括混凝土和钢筋，但认可混凝土和钢筋是现有技术。合议组经审查认为，虽然权利要求 35 要求保护的是钢筋砼板，但钢筋砼板本身是本领域技术人员所公知的，其中的部分构件“钢筋和混凝土”也是公知的，只不过权利要求 35 的“钢筋砼板”使用了本专利权利要求 1 的空心胎体，因而与现有的由钢筋和混凝土构成的“钢筋砼板”有所区别。但是在权利要求 1 的空心胎体相对于附件 13 对本领域技术人员来说已经是显而易见的前提下，本领域技术人员会根据工程中的实际需要而很容易地想到将空心胎体用于钢筋砼板，从而权利要求 35 也是本领域技术人员结合附件 13 和公知的钢筋砼板可以显而易见地想到的，因此权利要求 35 的技术方案也无突出的实质性特点，因而不具备专利法第 22 条第 3 款规定的创造性。

综上所述，本专利权利要求 1、4、29~35 以及权利要求 3 中的“撑脚为上板限位撑脚”的技术方案不具备专利法第 22 条第 3 款规定的创造性，而请求人关于权利要求 3 中的“撑脚为侧壁限距撑脚”的技术方案不具备专利法第22条第2、3款规定的新颖性和创造性的主张不成立。

根据上述的事实和理由，本案合议组依法作出以下决定。

三、决定

宣告03118349.2号发明专利的权利要求1、4、29~35以及权利要求3中的“撑脚为上板限位撑脚”的技术方案无效，在权利要求2、5~28以及权利要求3中的“撑脚为侧壁限距撑脚”的技术方案的基础上维持该专利权继续有效。

当事人对本决定不服的，可以根据专利法第46条第2款的规定，自收到本决定之日起三个月内向北京市第一中级人民法院起诉。根据该款的规定，一方当事人起诉后，另一方当事人应当作为第三人参加诉讼。

北京市第一中级人民法院
行政判决书

(2009)一中行初字第802号

原告邱则有，男，1962年11月9日出生，汉族，长沙巨星轻质建材股份有限公司总经理，住湖南省长沙市芙蓉区织机街18号。

委托代理人颜喜东，男，1977年11月22日出生，汉族，长沙巨星轻质建材股份有限公司职员，住湖南省涟源市石马山镇新合村新建组。

委托代理人李敏慧，男，1976年3月15日出生，汉族，长沙巨星轻质建材股份有限公司职员，住湖南省长沙市岳麓区银杉路459号2区3栋307房。

被告国家知识产权局专利复审委员会，住所地北京市海淀区北四环西路9号银谷大厦。

法定代表人廖涛，副主任。

委托代理人郭建强，男，国家知识产权局专利复审委员会审查员。

委托代理人齐宏涛，男，国家知识产权局专利复审委员会审查员。

第三人嘉兴市多凌建筑结构材料有限公司，住所地嘉兴市咋铺镇沪杭公路缪港桥西。

法定代表人徐文虎，总经理。

委托代理人张黎明，上海市华诚律师事务所律师。

委托代理人帅科，上海市华诚律师事务所律师。

原告邱则有不服被告国家知识产权局专利复审委员会作出的第11735号无效宣告请求审查决定(以下简称第11735号决定)，向本院提起行政诉讼。本院受理后，依法组成合议庭，在法定期限内向被告送达了起诉书副本及应诉通知书。依照《中华人民共和国行政诉讼法》第二十七条的规定，本院通知嘉兴市多凌建筑结构材料有限公司作为第三人参加诉讼，并于2009年6月16日公开开庭审理了本案。原告的委托代理人颜喜东，被告的委托代理人郭建强、齐宏涛，第三人的委托代理人帅科到庭参加了诉讼。本案现已审理终结。

2008年6月17日，被告作出第11735号决定。该决定认为，名称为“一种现浇砼填充用空心胎体及其应用”的第03118349.2号发明专利(以下简称本专利)的本专利权利要求1、4、29~35以及权利要求3中的“撑脚为上板限位撑脚”的技术方案不具备《中华人民共和国专利法》(以下简称《专利法》)第二十二条第三款规定的创造性，故决定宣告本专利权利要求1、4、29~35以及权利要求3中的"撑脚为上板限位撑脚"的技术方案无效，在权利要求2、5~28以及权利要求3中的"撑脚为侧壁限距撑脚"的技术方案的基础上维持该专利权继续有效。

在法定举证期限内，被告为证明第11735号决定的合法性，向本院提交了下列证据：1. 公开日为2003年3月19日，公开号为CN1403667A的中国发明专利申请公开说明书共31页（即第11735号决定中的附件13，以下简称附件13）；2. 本专利说明书；3. 口头审理记录表。

原告诉称：1. 在附件13未全面披露权利要求1的区别技术特征的情况下，被告未依照《审查指南》明确规定的判断区别技术特征是否显而易见的三步法，对权利要求1的技术特征进行审查，所作的"加强件（5）为加劲杆或加强筋或加强索或桁架或者加劲肋、加劲杆、加强筋、加强索、桁架的组合"这一区别特征，对本领域技术人员来说也是显而易见的认定是错误的。同理，被告关于权利要求29~35不具有创造性的认定亦是错误的。2. 附件13并未公开权利要求3的附加技术特征。在权利要求1具有创造性的前提下，权利要求3亦具有创造性。同理，权利要求4也具有创造性。综上所述，请求法院判决撤销第11735号决定。

原告为支持自己的诉讼主张，在法定举证期限向本院提交了下列证据：1. 本专利说明书；2. 被告邮寄第11735号决定的信封正面复印件。

被告辩称：1. 我委关于权利要求1与附件13区别技术特征的认定正是按照《审查指南》规定的三步法进行的。附件13与本专利属于同一个技术领域，附件13已经公开了加强件是加强肋、加强杆或者加强筋，至于其他的一些具体形式，如加强索或桁架或者几种形式的组合，相对于加强肋、加强杆或者加强筋而言，均是等效的替代，都用于增加模壳强度，也是本领域技术人员解决模壳加强问题的惯用技术手段，故权利要求1不具有创造性。2. 附件13的权利要求36以及附图39已经公开了下底定位脚，附图39、37可以直接毫无疑义地看出模壳上板上设置有限位撑脚，故权利要求3中关于"撑脚为上板限位撑脚"的技术方案也不具有创造性。3. 关于权利要求4、29~35的创造性问题，我委坚持第11735号决定中的审查认定意见，在此不再赘述。综上所述，第11735号决定认定事实清楚，适用法律正确，审理程序合法，请求法院判决

予以维持。

第三人述称，同意被告的答辩意见。被告所作的第11735号决定认定事实清楚，适用法律正确，审理程序合法，请求法院判决予以维持。

在法定举证期限内，第三人未向本院提交证据。

经庭审质证，各方当事人均对证据发表了充分的质证意见。本院经审查认为，原告、被告提交的证据与第11735号决定的合法性审查有关，亦符合证据的合法性、真实性的要求，其中被告的证据1能够证明现有技术公开的内容，证据2（即原告的证据1）能够证明本专利保护的技术方案，证据3能够证明被告口头审理中的有关情况以及各方陈述的意见。原告提交的证据2能够证明被告于2008年6月27日以邮寄的方式向原告送达第11735号决定的事实。本院对原告、被告提交的证据均予以采纳。

根据上述经确认的有效证据以及当事人无争议的陈述，本院认定本案事实如下：

2003年5月6日，原告向国家知识产权局提出名称为"一种现浇砼填充用空心胎体及其应用"的发明专利申请。2006年4月12日，国家知识产权局授予其专利权，即本专利。本专利授权公告时的权利要求1、3、4、29~35如下：

1. 一种现浇砼填充用空心胎体，包括空心胎体（1）、撑脚（2），撑脚（2）设置在胎体（1）的外壁（3）上，外壁（3）围合形成有空腔（4）的空心胎体（1），其特征在于在空腔（4）中设置有加强件（5），加强件（5）为加劲杆或加强筋或加强索或桁架或者加劲肋、加劲杆、加强筋、加强

索、桁架的组合。

3. 根据权利要求1所述的一种现浇砼填充用空心胎体，其特征在于所述的撑脚（2）为侧壁限距撑脚或上板限位撑脚。

4. 根据权利要求1所述的一种现浇砼填充用空心胎体，其特征在于所述的撑脚（2）为设置在下底上的定位撑脚。

29. 一种应用于空心楼盖的现浇砼填充用空心胎体，包括空心胎体（1）、撑脚（2），撑脚（2）设置在胎体（1）的外壁（3）上，外壁（3）围合形成有空腔（4）的空心胎体（1），其特征在于在空腔（4）中设置有加强件（5），加强件（5）为加劲杆或加强筋或加强索或桁架或者加劲肋、加劲杆、加强筋、加强索、桁架的组合。

30. 一种应用于空心屋盖的现浇砼填充用空心胎体，包括空心胎体（1）、撑脚（2），撑脚（2）设置在胎体（1）的外壁（3）上，外壁（3）围合形成有空腔（4）的空心胎体（1），其特征在于在空腔（4）中设置有加强件（5），加强件（5）为加劲杆或加强筋或加强索或桁架或者加劲肋、加劲杆、加强筋、加强索、桁架的组合。

31. 一种应用于空心基础底板的现浇砼填充用空心胎体，包括空心胎体（1）、撑脚（2），撑脚（2）设置在胎体（1）的外壁（3）上，外壁（3）围合形成有空腔（4）的空心胎体（1），其特征在于在空腔（4）中设置有加强件（5），加强件（5）为加劲杆或加强筋或加强索或桁架或者加劲肋、加劲杆、加强筋、加强索、桁架的组合。

32. 一种应用于空心墙体的现浇砼填充用空心胎体，包括空心胎体（1）、撑脚（2），撑脚（2）设置在胎体（1）的外壁（3）上，外壁（3）围合形成有空腔（4）的空心胎体（1），其特征在于在空腔（4）中设置有加强件（5），加强件（5）为加劲杆或加强筋或加强索或桁架或者加劲肋、加劲杆、加强筋、加强索、桁架的组合。

33. 一种应用于空腹桥梁的现浇砼填充用空心胎体，包括空心胎体（1）、撑脚（2），撑脚（2）设置在胎体（1）的外壁（3）上，外壁（3）围合形成有空腔（4）的空心胎体（1），其特征在于在空腔（4）中设置有加强件（5），加强件（5）为加劲杆或加强筋或加强索或桁架或者加劲肋、加劲杆、加强筋、加强索、桁架的组合。

34. 一种应用于现浇预应力钢筋砼中的现浇砼填充用空心胎体，包括空心胎体（1）、撑脚（2），撑脚（2）设置在胎体（1）的外壁（3）上，外壁（3）围合形成有空腔（4）的空心胎体（1），其特征在于在空腔（4）中设置有加强件（5），加强件（5）为加劲杆或加强筋或加强索或桁架或者加劲肋、加劲杆、加强筋、加强索、桁架的组合。

35. 一种应用现浇砼填充用空心胎体的钢筋砼板，包括空心胎体（1）、撑脚（2），撑脚（2）设置在胎体（1）的外壁（3）上，外壁（3）围合形成有空腔（4）的空心胎体（1），其特征在于在空腔（4）中设置有加强件（5），加强件（5）为加劲杆或加强筋或加强索或桁架或者加劲肋、加劲杆、加强筋、加强索、桁架的组合。

2007年10月19日，第三人以本专利权利要求1、3、4、29~35不符合《专利法》第二十二条第三款的规定为由，向被告提出无效宣告请求，同时提交了14份对比文件，包括：附件1：授权公告日为1994年4月6日，授权公告号为CN2160693Y的中国实用新型专利说明书，共6页；

附件2：授权公告日为2001年12月19日，授权公告号为CN2466272Y的中国实用新型专利说明书，共5页；

附件3：授权公告日为1996年6月5日，授权公告号为CN2228503Y的中国实用新型专利说明书，共5页；

附件4：公开日为2002年9月11日，公开号为CN1368585A的中国发明专利申请公开说明书，共8页；

附件5：授权公告日为2001年10月17日，授权公告号为CN2454480Y的中国实用新型专利说明书，共5页；

附件6：授权公告日为2003年2月19日，授权公告号为CN2536677Y的中国实用新型专利说明书，共15页；

附件7：公开日为2001年9月12日，公开号为CN1312878A的中国发明专利申请公开说明书，共19页。

2007年11月16日，第三人提交了意见陈述书和补充证据，其中补充证据为（编号续前）：

附件8：公开日为1998年12月16日的欧洲专利文献EP0884427A2及其中文译文，共10页；

附件9：公开日为1936年5月26日的美国专利文献US2042113及其中文译文，共8页；

附件10：公开日为1934年7月3日的美国专利文献US1964816及其中文译文，共6页；

附件11：公开日为1950年2月7日的美国专利文献US2497058及其中文译文，共9页；

附件12：公开日为2002年9月18日，公开号为CN1369363A的中国发明专利申请公开说明书，共30页；

附件13：公开日为2003年3月19日，公开号为CN1403667A的中国发明专利申请公开说明书，共31页；

附件14：国家知识产权局专利检索咨询中心出具的关于本专利的检索报告复印件，共5页。

被告受理后，进行了转文，并于2008年2月25日举行了口头审理。原告、第三人均参加了口头审理。在口头审理中，第三人明确无效的范围、理由和证据为：本专利权利要求1、3、4、29~35被附件6或8或9或12分别公开，不具有新颖性；权利要求1、3、4、29~35相对于附件6或8或9或12或13不具备创造性；权利要求1、3、4、29~35相对于附件1或3或5或6或7或10分别与附件2或4或11中的任一篇的结合不具有创造性，最接近的对比文件分别是附件1或3或5或6或7或10。同时，第三人明确，附件14不作为证据使用，仅作参考。原告对附件1~7、12、13的真实性、公开性均没有异议，但认为附件8~11是域外证据，对其真实性及译文的准确性均有异议。原告当庭向被告提交了其认为准确的附件8~11的中文译文，被告当庭转给第三人。第三人对原告当庭提交的附件8~11的中文译文的准确性也持异议。被告告知原告于7日内对附件8~11的真实性进行核实，逾期没有提交具有说服力的意见陈述，视为对附件8~11的真实性没有异议。由于双方对附件8~11的中文译文的准确性不能达成一致意见，被告当庭向双方发出了《外文证据委托翻译通知书》及《外文证据翻译委托书》，委托双方当事人都认可的翻译单位对附件8~11进行翻译，双方对此无异议并当庭签收。被告宣布择期针对使用附件8~11评述的相关无效理由另行进行口审。

2008年3月3日，原告向被告提交了附件8的全文（包括附图5）共8页。同年3月13日，第三人向被告提交了双方当事人都认可的翻译单位翻译的附件8~11的中文译文（包括附件8的附图5）。

2008年4月23日，被告再次举行口头审理。双方当事人均参加了口头审理。

在此次口头审理中，原告对附件8~11的真实性以及第三人于2008年3月13日提交的双方当事人都认可的翻译单位翻译的附件8~11的译文准确性均没有异议。第三人认可原告2008年3月3日补充提交的附件8的附图5是该附件的组成部分，可以作为本案证据使用。被告当庭宣布此次口头审理的中文译文以第三人于2008年3月13日提交的附件8~11的中文译文为准，审理范围为上次口头审理时第三人明确的无效理由、范围和证据中未审理的涉及附件8~11的部分，即本专利的权利要求1、

3、4、29~35相对于附件8或附件9不具备新颖性和创造性，权利要求1、3、4、29~35相对于附件1或3或5或6或7或10分别与附件11结合不具备创造性，权利要求1、3、4、29~35相对于附件10分别与附件2或者4中的任意一篇的结合不具备创造性。第三人表示在上述审理范围中放弃附件6与11相结合否定本专利权利要求1、3、4、29~35的创造性的无效理由。关于权利要求29~34，原告认可空心胎体应用到不同的结构中对空心胎体本身的结构并没有任何影响。关于权利要求35，原告认可其中的空心胎体就是权利要求1中的空心胎体，权利要求35中的钢筋砼板除了空心胎体外，还包括混凝土和钢筋，但认可混凝土和钢筋是现有技术。

被告经对证据进行审查后认为，第三人要求使用的证据包括附件1~13，并且第三人和原告双方都认可将原告提交的附件8的附图5作为附件8的组成部分。原告对其真实性均没有异议，附件1~13均可以作为本案证据使用。同时由于附件1~13的公开日期均在本专利的申请日之前，因此都可以作为本专利的现有技术使用。其中第三人提交的附件8~11为外文专利文献，第三人于2008年3月13日提交了双方当事人都认可的翻译单位翻译的附件8~11的中文译文，原告对该中文译文的准确性没有异议，因此附件8~11的公开内容以第三人于2008年3月13日提交的上述中文译文为准。

《专利法》第二十二条第三款规定，创造性，是指同申请日以前已有的技术相比，该发明有突出的实质性特点和显著的进步，该实用新型有实质性特点和进步。

根据上述规定，判断涉案发明专利的创造性主要是判断该专利对本领域的技术人员来说是否显而易见。如果该发明专利与一篇对比文件中的某个技术方案的区别特征为该对比文件其他部分披露的技术手段，同时该技术手段在该对比文件其他部分所起的作用与该区别特征在本发明专利中起的作用相同，则应该认为存在着技术启示促使本领域技术人员将该对比文件中的两部分技术方案相结合，即该发明专利相对于该对比文件对本领域技术人员来说是显而易见的，不具备创造性。

本专利权利要求1要求保护一种现浇砼填充用空心胎体。附件13中公开了一种成组模壳构件，在其权利要求10中公开了模壳构件包括模壳上板、周围侧壁，上板与周围侧壁构成有空腔的模壳，在模壳内设置有加强件，加强件为加强肋、加强杆或者加强筋（参见附件13的说明书第8页倒数第2段，权利要求10，附图11~13）；在其权利要求36中公开了模壳的下底上设置有定位脚（参见附件13的说明书第11页第5段，权利要求36，附图39）。

附件13与本专利同属一个技术领域，附件13的模壳即为本专利的空心胎体。本专利权利要求1与附件13的权利要求10的区别在于：（a）本专利权利要求1的胎体外壁上有撑脚；（b）本专利权利要求1的加强件除了是附件13的权利要求10中的加强肋（即加劲肋）、加强杆（即加劲杆）或者加强筋以外，还可以是其他的具体形式，如加强索或桁架或者加劲肋、加劲杆、加强筋、加强索、桁架的组合。然而，关于区别特征（a），在附件1 3的权利要求36中公开了“模壳的下底上设置有定位脚”，其作用与本专利中的撑脚的作用相同，都是起定位空心胎体的作用。因此本领域技术人员在附件13的权利要求36的启示下，很容易想到将其与附件13的权利要求10相结合来解决本专利权利要求1所要解决的空心胎体的定位问题，即这两个技术方案的结合对本领域技术人员来说是显而易见的。关于区别特征（b），显然附件13中已经公开了加强件是加强肋、加强杆或者加强筋，至于其他的一些具体形式，如加强索或桁架或者几种形式的组合，相对于加强肋、加强杆或者加强筋而言，均是等效的替代，都用于增加模壳强度，也是本领域技术人员解决模壳加强问题的惯用技术手段，因此区别特征（b）对本领域技术人员来说也是显而易见的。综上，本领域技术人员根据附件13可以显而易见地得到本专利权利要求1的技术方案，因此该权利要求1相对于附件13而言不具有突出的实质性特点，因而不具备《专利法》第二十二条第三款规定的创造性。

权利要求3进一步限定撑脚为侧壁限距撑脚或上板限位撑脚，权利要求4限定撑脚为设置在下底上的定位撑脚。附件13的权利要求36中明确公开了下底定位脚，附件13的附图39和37中也都公开了模壳的上板上也设置有限位撑脚。因此权利要求3中的“撑脚为上板限位撑脚”以及权利要求4中的附加技术特征被附件13所公开，因此在其引用的独立权利要求1不具备创造性的基础上，权利要求3中关于“撑脚为上板限位撑脚”的技术方案以及权利要求4也不具备《专利法》第二十二条第三款规定的创造性。

关于权利要求3中的“撑脚为侧壁限距撑脚”的技术方案，由于“撑脚为侧壁限距撑脚”的附加技术特征并未被附件1~13所公开，同时该特征中的“侧壁限距”功能与上述的“上板限位撑脚”或“下底定位撑脚”的功能也不相同，也不属于惯用手段的直接置换，因此对于本领域技术人员来说并不是容易想到的，因此第三人关于权利要求3中的“撑脚为侧壁限距撑脚”的技术方案不具备《专利法》第二十二条第二、三款规定的新颖性和创造性的主张不成立。

权利要求29~34要求保护的仍然是“一种现浇砼填充用空心胎体”，其除主题名称外的特征与本专利权利要求1相同，只不过在主题名称中分别限定为应用于空心楼盖、空心屋盖、空心基础底板、空心墙体、空腹桥梁或者现浇预应力钢筋砼。

根据《审查指南》第二部分第二章第3.1.1节第三段的规定，上述用途限定特征在判断权利要求29~34的新颖性和创造性时是否需要考虑，取决于上述用途限定特征是否起到实际的限定作用，进一步来说，取决于上述用途限定是否对空心胎体本身带来影响。在口头审理中，原告认可空心胎体应用到权利要求29~34的不同结构中对空心胎体本身的结构并没有任何影响。在判断本专利权利要求29~34的新颖性和创造性时，其主题名称中的用途限定特征不起作用，无需考虑，只需考察权利要求中的其他技术特征。而正如前文所述，权利要求29~34的其他技术特征与权利要求1相同。而且将空心胎体应用于空心楼盖、空心屋盖、空心基础底板、空心墙体、空腹桥梁或者现浇预应力钢筋砼也是本领域技术人员根据工程需要很容易想到的，因此，与权利要求1相对于附件13不具备创造性的理由一样，权利要求29~34相对于附件13也不具有突出的实质性特点，因而不具备《专利法》第二十二条第三款规定的创造性。

关于权利要求35，其主题名称为“一种应用现浇砼填充用空心胎体的钢筋砼板”，除主题名称外的其他技术特征也与权利要求1相同。原告在口头审理中认可其中的空心胎体就是指权利要求1中的空心胎体，权利要求35中的钢筋砼板除了包括空心胎体外，还包括混凝土和钢筋，但认可混凝土和钢筋是现有技术。被告经审查认为，虽然权利要求35要求保护的是钢筋砼板，但钢筋砼板本身是本领域技术人员所公知的，其中的部分构件“钢筋和混凝土”也是公知的，只不过权利要求35的“钢筋砼板”使用了本专利权利要求1的空心胎体，因而与现有的由钢筋和混凝土构成的“钢筋砼板”有所区别。但是在权利要求1的空心胎体相对于附件13对本领域技术人员来说已经是显而易见的前提下，本领域技术人员会根据工程中的实际需要而很容易地想到将空心胎体用于钢筋砼板，从而权利要求35也是本领域技术人员结合附件13和公知的钢筋砼板可以显而易见地想到的，因此权利要求35的技术方案也无突出的实质性特点，因而不具备《专利法》第二十二条第三款规定的创造性。

被告基于上述分析，于2008年6月17日作出第11735号决定，宣告本专利的权利要求1、4、29~35以及权利要求3中的“撑脚为上板限位撑脚”的技术方案无效，在权利要求2、5~28以及权利要求3中的“撑脚为侧壁限距撑脚”的技术方案的基础上维持该专利权继续有效。同年6月27日，被告以邮寄的方式向原告送达了该决定。原告不服上述决定中宣告部分权利要求无效的部分，于同年10月10日向本院提起行政诉讼。

在本院庭审中，原告、第三人对被告作出第11735号决定的审查程序无异议。原告、第三人明确表示对于第 11735 号决定“案由”部分记载的内容、对证据的审查认定结论、附件 13 权利要求 10、36 公开技术内容、权利要求 1 保护的技术方案与附件 13 权利要求 10 公开的技术方案存在的区别技术特征的认定、以及第一个区别技术特征已经被附件 13 中的权利要求 36 公开的认定意见均不持异议。

针对原告是否在法定起诉期限内提起本案诉讼的问题，被告、第三人认为，根据《审查指南》的规定，第 11735 号决定的发出日应当以该决定首页加盖的发文章显示的时间为准。本案发文章显示的时间为 2008 年 6 月 24 日，原告起诉已经超过法定起诉期限。原告则认为，第 11735 号决定的发出日应当以邮戳日为准。被告邮寄给原告的信封上的邮戳日为 2008 年 6 月 27 日，其是在法定起诉期限提起诉讼的。

本院认为，对于原告、第三人在庭审中明确表示没有异议的内容，本院经审查，同意被告相关认定结论，并对被告作出第 11735 号决定的审查程序合法性予以确认。

根据《中华人民共和国专利法实施细则》第五条第二款规定，国务院专利行政部门邮寄的各种文件，自文件发出之日起满 15 日，推定为当事人收到文件日。根据本院查明的事实，被告采用邮寄方式实际发出第 11375 号决定的时间是 2008 年 6 月 27 日，根据上述法规规定，推定原告收到该决定的时间为同年 7 月 12 日。原告于同年 10 月 10 日提起本案诉讼，并未超过《专利法》第四十六条第二款规定的三个月的起诉期限。被告、第三人关于原告起诉超过法定起诉期限的诉讼主张，根据不足，本院不予支持。

根据《专利法》第二十二条第三款的规定，发明的创造性是指同申请日以前已有的技术相比，该发明有突出的实质性特点和显著的进步。被告经对本专利权利要求 1 所保护的技术方案与附件 13 公开的技术内容进行比对，认定二者存在的两个区别技术特征具有事实依据。附件 13 权利要求 36 公开了“模壳的下底上设置有定位脚”的技术内容，该特征起到了对空心胎体进行定位的作用，与本专利权利要求 1 中的撑脚的作用相同。本领域技术人员为解决空心胎体的定位问题，很容易想到将权利要求 36 公开的上述内容与附件 13 权利要求 10 所公开的技术方案相结合。虽然附件 13 的权利要求 10 仅公开了加强肋、加强杆或者加强筋作为加强件，但是，对于本领域技术人员而言，在附件 13 权利要求 10 公开上述加强件形式的基础上，很容易想到采用加强索、桁架或者几种形式的组合等作为加强件，并将其应用于权利要求 10 公开的技术方案中，以解决加强模壳强度的技术问题。因此，被告关于权利要求 1 相对于附件 13 不具备创造性的认定正确，本院应予支持。

权利要求 3、4 是权利要求 1 的从属权利要求，进一步限定了本专利权利要求 1 中的撑脚。附件 13 权利要求 36 以及说明书附图 37、39 公开了下底定位脚、模壳的上板上设置限位撑脚的内容，权利要求 3 中的“撑脚为上板限位撑脚”以及权利要求 4 中的附加技术特征均已经被附件 13 所公开。在权利要求 1 不具备创造性的情况下，被告认定权利要求 3 中关于“撑脚为上板限位撑脚”的技术方案以及权利要求 4 也不具备创造性正确，本院亦应支持。

权利要求 29~34 要求保护的是分别应用于空心楼盖、空心屋盖、空心基础底板、空心墙体、空腹桥梁或者现浇预应力钢筋砼的一种现浇砼填充用空心胎体。参照《审查指南》第二部分第二章第 3. 1. 1 节的规定，对于含有用途限定的产品权利要求，如果该用途限定特征对所要求保护的产品带来了影响，那么在对该权利要求的新颖性、创造性判断中应当予以考虑。就本专利权利要求 29~34 而言，上述用途限定特征对空心胎体的结构并未带来任何影响，因此在判断上述权利要求是否具有创造性时，无需考虑其用途限定特征。上述权利要求的其他技术特征与权利要求 1 的特征相同。基于对权利要求 1 创造性的认定理由，被告关于权利要求 29~34 相对于附件 13 不具有创造性的认定亦是正确，本院应予支持。

权利要求35请求保护的是一种应用现浇砼填充用空心胎体的钢筋砼板，除主题名称外的其他技术特征也与权利要求1相同。在权利要求1相对于附件13是显而易见的前提下，本领域技术人员根据工程中的实际需要，会很容易地想到将空心胎体用于钢筋砼板。被告据此认定权利要求35所保护的技术方案不具备创造性的认定正确，本院应予支持。

综上所述，第11735号决定认定事实清楚，适用法律正确，审理程序合法，本院应予维持。原告要求撤销第11735号决定的诉讼理由不成立，本院不予采信。其诉讼请求本院不予支持。据此，依照《中华人民共和国行政诉讼法》第五十四条第（一）项的规定，判决如下：

维持被告国家知识产权局专利复审委员会于二〇〇八年六月十七日作出的第11735号无效宣告请求审查决定。

案件受理费100元，由原告邱则有负担（已交纳）。

如不服本判决，可在判决书送达之日起15日内，向本院递交上诉状，并按对方当事人的人数提出副本，上诉于北京市高级人民法院。上诉人在接到人民法院预交诉讼费的通知后7日内未预交，又不提出缓交申请的，按自动撤回上诉处理。

审 判 长 张 杰
代理审判员 何君慧
代理审判员 龙 非
二〇一〇年一月八日
书 记 员 李 智

125

空心管成型工具

无效宣告请求审查决定（第11738号）

决　　定　　号　第11738号
决　　定　　日　2008年6月19日
发明创造名称　空心管成型工具
国 际 分 类 号　B28B 21/82，B28B 21/56
无效宣告请求人　安徽强强新型建材有限责任公司
专 利 权 人　邱则有
专　　利　　号　02122557.5
申　　请　　日　2002年5月29日
授 权 公 告 日　2004年10月6日
合 议 组 组 长　刘敏飞
主　　审　　员　宋晓晖
参　　审　　员　董晓静

法 律 依 据　专利法第22条第2款
决 定 要 点
如果权利要求所限定的技术方案与对比文件公开的技术方案实质上并不相同，则不能认为两者为同样的发明。

一、案由

本无效宣告请求涉及中华人民共和国国家知识产权局于2004年10月6日授权公告的、名称为"空心管成型工具"的发明专利权（下称本专利），其专利号是02122557.5，申请日是2002年5月29日，专利权人是邱则有。本专利授权公告时的权利要求书共有62项权利要求，其中独立权利要求1、2如下："1. 空心管成型工具，其特征在于它包括二个接口边（1）、张合式弹性筒（2）、撑形件（3）、合紧件（4），接口边（1）设置于张合式弹性筒（2）的接合部位沿长度方向的壁边上，撑形件（3）包裹于张合式弹性筒（2）的端部（5）内，合紧件（4）锁紧在接口边（1）上，其中撑形件（3）是横向的撑形件。2. 空心管成型工具，其特征在于它包括二个接口边（1）、张合式弹性筒（2）、撑形件（3）、合紧件（4），接口边（1）设置于张合式弹性筒（2）的接合部位沿长度方向的壁边上，撑形件（3）包裹于张合式弹性筒（2）的端部（5）内，合紧件（4）抱紧在张合式弹性筒（2）上，其中撑形件（3）是横向的撑形件。"

针对本专利权，安徽强强新型建材有限责任公司乌鲁木齐市分公司于2006年8月8日向专利复审委员会提出无效宣告请求，认为附件2-1（申请日为2000年12月27日、授权公告日为2003年9月24日、授权公告号为CN1121927C、申请人为王瑾的中国发明专利说明书，共6页）破坏本专利权利要求1~62的新颖性。专利复审委员会针对上述无效宣告请求，于2007年4月10日作出第9656号审查决定，维持本专利权有效。目前该决定为生效决定。

针对本专利权，安徽强强新型建材有限责任公司（下称请求人）于2007年11月12日向专利复审委员会提出无效宣告请求，认为本专利不符合专利法第22条第2款有关新颖性的规定，请求人同时提交了如下附件：

附件1：本专利的专利说明书；

附件2：申请日为2000年12月27日，公开日为2002年7月31日、公开号为CN1360998A、申请人为王瑾的中国发明专利申请公开说明书，共7页。

请求人认为：本专利权利要求1和2相对于附件2不具备新颖性。

经形式审查合格，专利复审委员会依法受理了上述无效宣告请求，并于2007年11月12日向请求人和专利权人发出无效宣告请求受理通知书，同时将专利权无效宣告请求书及其附件清单中所列附件的副本转送给专利权人，并要求专利权人在指定的期限内陈述意见。

针对专利复审委员会发出的上述无效宣告请求受理通知书，专利权人于2007年12月29日提交了意见陈述书。专利权人认为：安徽强强新型建材有限公司乌鲁木齐分公司（即本案请求人的分公司）以同样的证据和理由针对本专利提出了无效宣告请求，专利复审委员会已针对该请求作出第9656号决定。因此本案不符合受理条件，应予以驳回。

专利复审委员会依法成立合议组。

本案合议组于2008年3月3日向双方发出无效宣告请求口头审理通知书，定于2008年5月20日在专利复审委员会举行口头审理。并随同口头审理通知书，将专利权人于2007年12月29日提交的意见陈述书转送给请求人。

口头审理如期举行，双方当事人的代理人均参加了口头审理。

在口头审理中，请求人明确无效的理由、范围及证据的使用方式为：权利要求1、2相对于附件2不具有新颖性。专利权人对附件2的真实性无异议；但提交附件2的专利说明书（即附件2的授权公告文本），以同样的证据是指内容相同的证据为由，提出已生效的第9656号决定中的证据、理由与本案相同，因此根据一事不再理原则应不予受理和审理。合议组当庭将专利权人提交的上述附件2的专利说明书转给请求人，请求人当庭签收。

至此，合议组认为本案事实已经清楚，可以作出审查决定。

二、决定理由

1. 关于无效审查的基础

由于专利权人在本专利授权公告后没有对权利要求书进行修改，因此本决定以授权公告的权利要求书为审查基础。

2. 关于证据

请求人提交的附件2相对于本专利属于他人在本专利申请日之前向中国专利局提出申请、在本专利申请日以后公布的专利文献，专利权人对其真实性无异议。合议组经审查后认为附件2可以用作评价本专利是否具备新颖性的对比文件。

3. 关于一事不再理原则

一事不再理原则，是指对已作出审查决定的无效宣告案件涉及的专利权，以同样的理由和证据再次提出无效宣告请求的，不予受理和审理。

专利权人认为，由于本次无效请求使用的附件2和已生效的第9656号决定中使用的附件2-1分别是申请日为2000年12月27日，申请号为00136046.9的专利申请的公开文本和授权公告文本，同一申请号公开文本的内容和授权公告的内容一致；本次无效请求的理由和证据与上次的无效请求的理由和证据完全一致，因此本案应根据一事不再理原则，不予受理和审理。

合议组认为，已生效的第9656号决定中使用的证据是授权公告号为CN1121927C的中国发明专利说明书，共6页；而本次无效请求程序中使用的附件2是公开号为CN1360998A的中国发明专利申请公开说明书，共7页；两者属于不同的证据，因此，本案不属于对已作出审查决定的无效宣告案件涉及的专利权，以同样的理由和证据再次提出无效宣告请求的情况，从而不适用于一事不再理原则。

4. 关于新颖性

专利法第22条第2款规定，新颖性，是指在申请日以前没有同样的发明或者实用新型在国内外出版物上公开发表过、在国内公开使用过或者以其他方式为公众所知，也没有同样的发明或者实用新型由他人向国务院专利行政部门提出过申请并且记载在申请日以后公布的专利申请文件中。

如果权利要求所限定的技术方案与对比文件公开的技术方案实质上并不相同，则不能认为两者为同样的发明或者实用新型。

（1）权利要求1的新颖性。

本案中，请求人认为，①本专利权利要求1中的技术特征“接口边设置在张合式弹性筒的接合部位沿长度方向的壁边上”被附件2附图1、2及实施例1公开；②技术特征“撑形件包裹于张合式弹性筒的端部内”被附件2实施例1公开；③技术特征“合紧件锁紧在接口边上”被附件2实施例1公开；④附件2实施例1中的卡具（9）是组合件，与权利要求1中的接口边和合紧件相对应；因此附件2实施例1及附图1、2公开了权利要求1的技术特征，权利要求1不具有新颖性。

专利权人认为，附件2实施例1及附图1和附图2中没有公开接口边、接口边的设置位置，以及撑形件、撑形件的设置位置，也没有公开合紧件。

合议组经审查后认为，附件2公开了一种现浇空心楼板用芯管的制作方法，包括搅拌好料浆，用模具预制好端盖1，取薄钢板、橡胶板等为外模板2，在外模板2上铺料3，压实抹平后将覆上料3的外模板2沿纵向向上卷起，同时将两个端盖1分别放置在料3纵向的两个端头处，将外模板2卷成筒状后，用卡具9将外模板2固定，然后通过封缝、养护，制成成品（参见实施例1及附图1、2）。比较可知，其中的外模板（2）对应于权利要求1中的张合式弹性筒。但是，①实施例1文字记载中并没有描述“接口边设置在张合式弹性筒的接合部位沿长度方向的壁边上”这一技术特征，另外从附图1和2中只能看出卡具（9）由设置于外模板结合边缘的部件和与该部件垂直的部件组成，不能唯一地得出请求人所主张的卡具就是由沿外模板结合部位长度方向设置的、能起到结合和加强模板双重作用的接口边和使接口边锁紧的合紧件组成，因此卡具（9）不能对应于权利要求1中的接口边和合紧件；②实施例1文字记载中没有描述端盖与外模板的具体位置关系，附图2是投影示意图，从附图2只能看出在外模板形成的筒状模具的端部存在端盖（1），起到堵头的作用从而实现空心筒的成形，但不能由附图2直观唯一地确定该端盖（1）被包裹于端部内，同时起到堵头和撑形的作用，因此附件2没有公开权利要求1中的技术特征“撑形件包裹于张合式弹性筒的端部内”。由此可见，权利要求1与附件2实施例1公开的技术方案单独相比，两者的技术方案实质上并不相同，因此权利要求1相对于附件2具有新颖性。

（2）权利要求2的新颖性。

请求人认为权利要求2的技术特征已经在附件2的实施例2和附图1、4中公开，尤其是实施例2中记载的“用卡具9将外模板2固定，卡具9可以是上下对称的两个半圆形固定模具”是权利要求2

中技术特征“合紧件（4）抱紧在张合式弹性筒上”的下位概念，因此权利要求2相对于附件2不具备新颖性。

专利权人认为附件2实施例2及附图1和4中没有公开接口边、接口边的设置位置以及撑形件、撑形件的设置位置。

合议组经审查后认为，附件2的实施例2也是制作现浇空心楼板用芯管的方法，同实施例1不同的是在将外模板2卷成筒状后，用形状为上下对称的两个半圆形固定模具的卡具9将外模板2固定，封缝后再将两个端盖1分别放置在料3的纵向端头处，然后养护，得成品（参见实施例2及附图1、4）。由此可见，无论附件2实施例2的文字描述还是附图1和4中都没有公开权利要求2的技术特征“接口边设置在张合式弹性筒的接合部位沿长度方向的壁边上”，也没有公开技术特征“撑形件包裹于张合式弹性筒的端部内”。因此，权利要求2与附件2实施例2公开的技术方案实质上并不相同，因此权利要求2相对于附件2具有新颖性。

综上所述，请求人关于本专利权利要求1、2不具备新颖性的主张不成立。

根据上述的事实和理由，本案合议组依法作出以下决定。

三、决定

维持02122557.5号发明专利权有效。

当事人对本决定不服的，可以根据专利法第46条第2款的规定，自收到本决定之日起三个月内向北京市第一中级人民法院起诉。根据该款的规定，一方当事人起诉后，另一方当事人应当作为第三人参加诉讼。

126

水泥管管头专用型钢

无效宣告请求审查决定（第11739号）

决　　定　　号　第11739号
决　　定　　日　2008年6月12日
发明创造名称　水泥管管头专用型钢
国 际 分 类 号　B28B 21/76
无效宣告请求人　张春奇
专 利 权 人　霍红社
专　　利　　号　200620148370.0
申　　请　　日　2006年10月24日
授 权 公 告 日　2007年10月24日
合 议 组 组 长　赵　明
主　　审　　员　姜　岩
参　　审　　员　任颖丽

法 律 依 据　专利法第22条第2款
决 定 要 点

一项权利要求与对比文件公开的内容相比，如果其技术领域、所解决的技术问题、技术方案和预期效果实质上相同，则认为两者为同样的发明或者实用新型。

一、案由

本无效宣告请求涉及中华人民共和国国家知识产权局于2007年10月24日授权公告的、名称为“水泥管管头专用型钢”的实用新型专利权（下称本专利），其专利号是200620148370.0，申请日是2006年10月24日，专利权人是霍红社。本专利授权公告时的权利要求书如下：

“1. 一种水泥管管头专用型钢，其外表面设有凹槽，其特征在于：所述型钢为一体式结构，其内表面为中部设有凸台的水平面。

2. 按权利要求1所述的水泥管管头专用型钢，其特征在于：所述凸台与型钢内表面相连接的两个端面为斜面，其与内表面形成的夹角为钝角。”

针对本专利权，张春奇（下称请求人）于2008年1月7日向专利复审委员会提出无效宣告请求，认为本专利不符合专利法第22条第2、3款的规定，请求人同时提交了如下附件：

附件1：授权公告日为2006年4月12日，授权公告号为CN2771309Y（专利号为200520008694.X）的中国实用新型专利说明书，共6页；

附件2：授权公告日为2004年9月1日，授权公告号为CN2637013Y（专利号为03276848.6）的中国实用新型专利说明书，共5页；

附件3：授权公告日为2006年4月12日，授权公告号为CN2771310Y（专利号为200520008695.4）的中国实用新型专利说明书，共6页；

附件4：申请日为2006年6月20日，专利权人为唐山市丰润区大令公村海源水泥管厂，授权公告日为2007年6月13日，授权公告号为CN2911016Y（专利号为200620024772.X）的中国实用新型专利说明书，共7页；

附件5：授权公告日为2007年10月10日，授权公告号为CN200958223Y（专利号为200620127844.3）的中国实用新型专利说明书，共6页；

附件6：授权公告日为2007年10月3日，授权公告号为CN200955157Y（专利号为200620127885.2）的中国实用新型专利说明书，共7页。

请求人认为权利要求1、2分别相对于附件1、2、3、4、5、6以及附件1、2、3的结合、附件4、5、6的结合不具备新颖性和创造性。

经形式审查合格，专利复审委员会依法受理了上述无效宣告请求，并于2008年2月13日向请求人和专利权人发出无效宣告请求受理通知书，同时将专利权无效宣告请求书及其附件清单中所列附件的副本转送给专利权人，并要求专利权人在指定的期限内陈述意见。

专利权人逾期未答复。

专利复审委员会依法成立合议组对本案进行审理，本案合议组于2008年4月2日向双方发出无效宣告请求口头审理通知书，定于2008年5月22日在专利复审委员会举行口头审理。

口头审理如期举行，请求人单方出席了口头审理，在口头审理中，请求人明确其无效宣告的理由、范围和证据的使用方式为：权利要求1相对于附件1、3或4不具有新颖性，权利要求2相对于附件4不具有新颖性，权利要求2相对于附件1、3的结合不具有创造性。请求人当庭放弃附件2、5、6作为证据使用。

至此，合议组认为本案事实已经清楚，可以作出审查决定。

二、决定的理由

1. 关于证据

请求人提交的证据包括附件4，专利权人未对附件4的真实性提出过异议，合议组经核实对其真实性予以确认，由于附件4为他人在本专利的申请日前向专利局提出申请并且在申请日后公布的中国专利文献，因此可以用于评价本专利的新颖性。

2. 关于新颖性

新颖性，是指在申请日以前没有同样的发明或者实用新型在国内外出版物上公开发表过、在国内公开使用过或者以其他方式为公众所知，也没有同样的发明或者实用新型由他人向国务院专利行政部门提出过申请并且记载在申请日以后公布的专利申请文件中。

一项权利要求与对比文件公开的内容相比，如果其技术领域、所解决的技术问题、技术方案和预期效果实质上相同，则认为两者为同样的发明或者实用新型。

权利要求1请求保护一种水泥管管头专用型钢，附件4公开了一种水泥井管浇铸用型材，与本专利属于相同的技术领域，虽然二者产品名称不一致，但实质上均是指用于水泥管管头处的型材。本专利要解决的技术问题是：现有技术中的水泥管管头，是由异形钢和方钢焊接而成，导致焊接处应力集中，焊接部位的抗拉强度相对较差，存在开裂的安全隐患。附件4要解决的技术问题是：现有水泥井管浇铸用型材的加强筋为焊接而成，焊接后产生的应力较大，强度较低。而且附件4中具体公开了如下技术内容（参见附件4说明书及附图1）：本体为中厚板扁钢类型材1，型材1的两侧面上分别设有一次轧制成型的加强筋2和定位槽3，加强筋2和侧面之间设有3°~5°的斜度。参见附图1可以得知，附件4的定位槽3相当于本专利型钢表面的凹槽，附件4的加强筋2相当于本专利中型钢内表面中部设置的凸台，附件4中加强筋侧的型钢表面除加强筋2以外的表面部分也是水平面。可见附件4公开了权利要求1的全部技术特征，附件4公开的技术方案与权利要求1要求保护的技术方案完全相同，并且附件4中的产品可以达到与本专利同样的技术效果，因此，附件4与本专利技术领域、要解决的技术问题、技术方案和预期效果均相同，因此权利要求1相对于附件4不具备新颖性，不符合专利法第22条第2款的规定。

权利要求2的附加技术特征为“所述凸台与型钢内表面相连接的两个端面为斜面，其与内表面形成的夹角为钝角”，附件4中公开了加强筋2和侧面之间设有一定角度的斜度，且由附件4的附图1中也可见加强筋与型钢内表面的夹角为钝角。因此，附件4公开了权利要求2的全部技术特征，权利要求2相对于附件4不具备新颖性，不符合专利法第22条第2款的规定。

根据上述的事实和理由，本案合议组依法作出以下决定。

三、决定

宣告200620148370.0号实用新型专利权全部无效。

当事人对本决定不服的，可以根据专利法第46条第2款的规定，自收到本决定之日起三个月内向北京市第一中级人民法院起诉。根据该款的规定，一方当事人起诉后，另一方当事人应当作为第三人参加诉讼。

127

血液培养瓶

无效宣告请求审查决定（第11744号）

决　　定　　号 第11744号
决　　定　　日 2008年6月18日
发明创造名称 血液培养瓶
国 际 分 类 号 G01N21/78
无效宣告请求人 李　涛
专　利　权　人 唐明忠
专　　利　　号 200420048077.8
申　　请　　日 2004年4月9日
授 权 公 告 日 2005年3月30日
合 议 组 组 长 张宗任
主　　审　　员 郝海燕
参　　审　　员 乔东峰

法　律　依　据 专利法第22条第3款
决　定　要　点

判断实用新型是否具有实质性特点和进步，首先就是判断对本领域的技术人员来说，所要求保护的实用新型技术方案相对于现有技术是否显而易见，其中判断的客体是所要求保护的技术方案，对于没有要求保护的技术方案以及不能直接得到的技术效果，不能作为评价创造性的客体。

一、案由

本无效宣告请求涉及国家知识产权局于2005年3月30日授权公告的、名称为“血液培养瓶”的实用新型专利（下称本专利），其专利号为200420048077.8，申请日为2004年4月9日，专利权人为唐明忠。

本专利授权公告的权利要求书的内容如下：

“1. 一种血液培养瓶，包括密封瓶盖、密封培养容器（1），其特征在于：密封培养容器底部为一个化学感受器（2），容器中间为适于微生物生长的各种培养基（4），培养基上面、容器内部有混合气体（5）。

2. 权利要求1所述的培养瓶，其特征在于：所述密封瓶盖为双层，内层为橡胶塞（6），外层为密封盖（7）。

3. 权利要求1所述的培养瓶，其特征在于：所述化学感受器为二氧化碳感受器。

4. 权利要求1、2或3所述的培养瓶，其特征在于：所述混合气体为二氧化碳、氢气和氮气混合气体。

5. 权利要求1、2或3所述的培养瓶，其特征在于：所述混合气体为二氧化碳和氧气混合气体。

6. 权利要求1~5之一所述的培养瓶，其特征在于感受器上还有一层吸附树脂。"

李涛（下称请求人）针对上述专利权于2008年1月17日向国家知识产权局专利复审委员会提出了无效宣告请求，其理由是本专利不符合专利法第26条第3、4款，第22条第2、3款以及专利法实施细则第20条第1款的规定，请求宣告本专利全部无效，同时提交了如下附件作为证据：

附件1：医疗器械注册产品标准YZB/国0259-2003的复印件，共10页，其首页上标有2003-03-01发布；

附件2：Z（X）-0196-2003号检验报告的复印件，共5页；

附件3：Z（X）-0197-2003号检验报告的复印件，共5页；

附件4：中华人民共和国医疗器械注册证国食药监械（试）字2003第3050269号的复印件，共2页；

附件5：中华人民共和国医疗器械注册证国食药监械（试）字2003第3050268号的复印件，共2页；

附件6：US005795773A号美国专利文献，其公告日为1998年8月18日，共22页；

附件7：US005162229A号美国专利文献，其公告日为1992年11月10日，共9页。

请求人在请求书中具体指出：本专利说明书中没有公开二氧化碳感受器的结构以及它是如何和容器内的微生物代谢产生的二氧化碳气体发生反应的，因此不符合专利法第26条第3款和第4款的规定；权利要求1、2、3、6的所有技术特征被附件1公开，附件1~5构成证据链证明了上述权利要求不符合专利法第22条第2款规定的新颖性；权利要求1~6不符合专利法第22条第3款规定的创造性，具体为：权利要求1相对附件6不具备突出的实质性特点和显著的进步，权利要求2的附加技术特征"所述密封瓶盖为双层，内层为橡胶塞（6），外层为密封盖（7）"是所属领域的常用技术，权利要求3的附加技术特征"所述化学感受器为二氧化碳感受器"在附件6中被公开，权利要求4、5的附加技术特征权利要求"所述混合气体为二氧化碳、氢气和氮气混合气体"和"所述混合气体为二氧化碳和氧气混合气体"相对附件6所公开的内容是可以简单得到的，权利要求6相对附件6和附件7的结合不具备创造性；权利要求1中"培养基上面，容器内部有混合气体"不清楚，因此不符合专利法实施细则第20条第1款的规定。

经形式审查合格，专利复审委员会受理了上述请求，于2008年1月17日向双方当事人发出无效宣告请求受理通知书，并将无效宣告请求书及其附件的副本转给了专利权人，要求其在指定的期限内答复，同时成立合议组对本案进行审查。

请求人于2008年2月15日提交了意见陈述书，同时提交了如下附件作为证据：

附件8：欧洲EP0930368A2号专利文献，其公开日为1999年7月21日，共13页；

附件9：附件6的中文译文，共14页；

附件10：附件7的中文译文，共11页；

附件11：附件8的部分中文译文，共3页；

附件12：中国人民解放军第三零二医院检验科细菌室出具的证明的复印件，共1页；

附件13：海军总医院检验科细菌室出具的证明的复印件，共1页。

请求人在意见陈述书中指出：（1）权利要求1~6相对于附件6和7的结合不具备创造性，密封瓶盖是所属领域的技术人员的一般性选择，而且所属领域的技术人员容易想到微生物的培养有需氧和厌氧的环境；（2）权利要求 1~5 相对于附件 8 和 6 的结合不具备创造性，权利要求 6 相对于附件 8、6 和 7 的结合不具备创造性；（3）本专利未记载化学感受器与培养皿之间的关系导致本专利不符合专利法第 26 条第 3 款和第 4 款的规定；（4）附件 12 和附件 13 进一步证明本专利产品在本专利申请日前进行过销售和使用行为，本专利不具有新颖性。

专利权人于 2008 年 2 月 23 日提交了意见陈述书，认为本专利产品具备新颖性和创造性，请求人提交的证据为专利权人写的内部机密文件，请求人提交的外文文献与本专利内容明显不同。专利权人还申请对权利要求书进行修改，将权利要求第 6 项的内容加入到权利要求第 1 项，并指出修改后的权利要求第一项为"一种血液培养瓶，包括双层密封瓶盖、密封培养容器（1）、其特征在于：密封容器底部为一个二氧化碳化学感受器（2），容器中间为适于微生物生长的各种培养基（4），培养基上面、容器内部有二氧化碳、氢气和氮气或二氧化碳和氧气的混合气体（5），培养基内感受器上有一层吸附树脂（3）。"

专利复审委员会本案合议组于 2008 年 3 月 24 日向双方当事人发出了无效宣告口头审理通知书，定于 2008 年 5 月 21 日进行口头审理，并同时将请求人于 2008 年 2 月 15 日提交的意见陈述书及其所附附件的副本转给了专利权人，将专利权人于 2008 年 2 月 23 日提交的意见陈述书及其所附附件的副本转给了请求人。

请求人于 2008 年 5 月 7 日针对专利权人的意见陈述提交了意见陈述书，针对专利权人修改后的权利要求，进一步指出本专利不符合专利法第 26 条 3、4 款，第 22 条 2、3 款以及专利法实施细则第 20 条第 1 款的规定，请求宣告本专利全部无效，同时提交了如下附件作为证据：

附件 14：北京市第二中级人民法院（2008）二中民初字第 1270 号案的开庭审理记录复印件，共 2 页。

口头审理如期举行，双方当事人均到庭参加了口头审理。在口头审理过程中，双方当事人对对方出庭人员身份及资格均无异议，对合议组成员无回避请求。合议组当庭将请求人于 2008 年 5 月 7 日提交的意见陈述书转交专利权人。请求人当庭出示了公知常识证据 1：1990 年 10 月出版的《临床微生物学》下册，公知常识证据 2：2001 年 10 月出版的《药品包装用材料、容器标准汇编》的原件。合议组当庭将公知常识证据 1 的第 594 页和第 623 页的复印件，公知常识证据 2 的第 14、20、186、194 页的复印件转交给专利权人。其中证据 1 中涉及厌氧菌培养，证据 2 涉及瓶塞与容器的密合性和自密封性的测定方法。合议组明确告知双方当事人因专利权人于 2008 年 2 月 23 日提交的意见陈述书不能明确权利要求的修改方式，而专利权人也未能当庭明确对权利要求的修改方式，所以合议组对专利权人提出的对权利要求的修改不予接受，本次口头审理以专利权公告文本为审理基础。

请求人明确其无效宣告理由为：本专利说明书不符合专利法第 26 条第 3 款的规定；本专利权利要求 1 记载的化学感受器得不到说明书支持，不符合专利法第 26 条第 4 款的规定；权利要求 1 不符合实施细则第 20 条第 1 款的规定；权利要求 1、2、3、6 不符合专利法第 22 条第 2 款的规定，具体理由为：已被在先公开出版物证据附件 1 公开，也被附件 1~5、12、13 形成的证据链证明在先销售过，附件 12、13 用于证明销售事实，附件 1、4、5 用于证明销售产品的技术方案；本专利权利要求 1~6不符合专利法第 22 条第 3 款的规定，具体评价方式为：以附件 6 作为最接近的对比文件，附件 6 用于评价权利要求 1~5 不具备创造性，附件 6 结合附件 7 评价权利要求 6 不具备创造性，以附件 8 作为最接近的对比文件，附件 8 评价权利要求 1~5 不具备创造性，附件 8 结合附件 7 评价权利要求 6 不具备创造性。请求人当庭出示了附件 1~5、12、13 的原件。专利权人对附件 1~13 的真实性无异议，对附件 6、7、8 的中文译文准确性没有异议，对于附件 12、13 证明的时间有疑义。专利权人认为附件 1 属于保密文件，请求人认为附件 1 可从国家药品监督管理局获得。

由于请求人于2008年5月7日提交的意见陈述书是针对专利权人对权利要求书的修改作出的，合议组已明确专利权人对权利要求书的修改不予接受，因此合议组当庭明确对请求人于2008年5月7日提交的意见陈述书不予考虑。合议组当庭告知双方当事人口头审理之后不再接收双方当事人的意见陈述和证据材料。

本案合议组经过合议，认为本案事实已经清楚，可以作出审查决定。

二、决定的理由

1. 文本认定

专利权人针对请求人提出的无效宣告请求在指定期限内提出修改权利要求，专利权人指出：将权利要求第六项的内容加入到权利要求第一项，修改后的权利要求第一项："一种血液培养瓶，包括双层密封盖、密封培养容器（1）、其特征在于：密封容器底部为一个二氧化碳化学感受器（2），容器中间为适于微生物生长的各种培养基（4），培养基上面、容器内部有二氧化碳、氢气和氮气或二氧化碳和氧气的混合气体（5），培养基内感受器上有一层吸附树脂（3）"。但事实上由于专利权人提出的修改后的权利要求第一项是将本专利授权公告文本中的权利要求第3、4、6项或权利要求第3、5、6项的附加技术特征加入权利要求1，并非是将权利要求6并入到权利要求1，同时专利权人也未提出对权利要求2~6的修改方式，也没有提交权利要求书的正式修改文本，因此专利权人对权利要求的修改方式不能确定导致权利要求的保护范围不确定，不符合专利法实施细则第68条第1款的规定。因此合议组以本专利授权公告的权利要求第1~6项为基础进行审理。

2. 证据认定

附件7为US005162229A号美国专利文献，其公开日为1992年11月10日，附件8为EP0930368A2号欧洲专利文献，其公开日为1999年7月21日，附件10和11分别为附件7和8的中文译文。经合议组核实，附件7、8是专利文献，属于公开出版物，且其公开日都早于本专利的申请日2004年4月9日，并且专利权人对附件7、8的真实性没有异议，对附件10、11作为附件7、8的译文准确性没有异议，因此可以将附件7、8作为现有技术评价本专利权利要求的创造性，它们的文字公开内容以附件10、11为准。

请求人当庭提交的证据1为1990年10月出版的《临床微生物学》下册的第594页和第623页，证据2为2001年10月出版的《药品包装用材料、容器标准汇编》的第14、20、186、194页，同时出示了证据1和证据2的原件。专利权人未对上述证据的真实性提出异议，并且经合议组核实，两份证据都是公开出版发行的教科书，其真实性成立，因此可以作为公知常识性证据。

3. 关于创造性

专利法第22条第3款规定的创造性是指，同申请日以前已有的技术相比，该实用新型有实质性特点和进步。

（1）权利要求1的创造性。

本专利的权利要求1请求保护一种培养瓶，包括密封瓶盖、密封培养容器（1），其特征在于：密封培养容器底部为一个化学感受器（2），容器中间为适于微生物生长的各种培养基（4），培养基上面、容器内部有混合气体（5）。

请求人提供的附件8的中文译文中公开了：一种微生物检测容器装置，包括一个盖子2a，保持密封的透明容器3a，容器里部通过一个二氧化碳气体可透过性膜4a将一个二氧化碳指示剂部分6a与液体培养基部分5a分离开，液体培养基部分5a置于上部接近开口的位置，二氧化碳指示剂部分6a置于容器3a较低的位置（参见附件10的第1页最佳实施方式部分）。

再结合附件8的附图1（A）可以明显看出，权利要求1与附件8的区别在于：①权利要求1的培养基上面、容器内部有混合气体，而附件 11 中未明确指出；②权利要求 1 中容器底部是化学感受器，而附件 8 中是置于容器较低位置的二氧化碳指示剂部分 6a。

对于区别技术特征①，合议组认为：首先，附件 8 中公开了该微生物检测容器装置中的二氧化碳可透过性膜 4a，说明该容器中至少含有二氧化碳气体，而且该二氧化碳气体位于液体培养基部分 5a 的上面、容器内部是可以从附件 8 中直接地、毫无疑义地确定的内容；其次，为了检测微生物，将容器设置为内部具有混合气体的环境是所属领域的常用技术，例如在请求人当庭提交的公知常识证据 1 的第 594 页就公开了血液培养瓶所需的厌氧和需氧环境，其中培养瓶容器内部、培养基上面都包括需要的混合气体。综上所述，现有技术给出了采用区别技术特征 a 的技术启示。

对于区别技术特征②，合议组认为：权利要求 1 中仅描述了密封培养容器底部为一个化学感受器，其作用是与容器内部培养基隔离、对容器内部的气体含量的变化产生感应，而附件 8 中公开了置于容器较低位置的二氧化碳指示剂部分的作用也是通过二氧化碳可透过性膜与容器隔离、对容器内的二氧化碳气体含量的变化产生感应，因此附件 8 中的二氧化碳指示剂部分也可以相当于是一个二氧化碳感受器。由于二氧化碳感受器是化学感受器的下位概念，因此附件 8 中的二氧化碳指示剂部分相当于权利要求 1 中的化学感受器。

综上所述，附件 8 中给出了采用上述区别技术特征的技术启示，所属领域技术人员在附件 8 的基础上得到权利要求 1 所要求保护的技术方案是显而易见的，因此权利要求 1 不具备专利法第 22 条第 3 款规定的创造性。

（2）权利要求 2 的创造性。

权利要求 2 以权利要求 1 为基础，其中的附加技术特征为“所述密封瓶盖为双层，内层为橡胶塞（6），外层为密封盖（7）”。对于所属技术领域的技术人员来说，这种双层瓶盖的设计是公知常识，例如在请求人当庭提供的公知常识证据 2 的第 20 页 6.1.2 中公开的密封容器瓶盖的设计即为胶塞、铝盖。事实上，这种内层橡胶塞、外层密封盖的瓶盖常见于各种药品容器。由于附件 8 中公开的是一种密封容器，因此附件 8 中给出了结合上述区别技术特征的技术启示，在其引用的权利要求 1 不具备创造性的基础上，所属领域的技术人员在附件 8 的基础上得到权利要求 2 的技术方案是显而易见的，因此权利要求 2 也不具备创造性。

（3）权利要求 3 的创造性。

权利要求 3 以权利要求 1 为基础，其中的附加技术特征为“所述化学感受器为二氧化碳感受器”。该附加技术特征已经被附件 8 公开，附件 8 中容器较低位置即为二氧化碳指示剂部分，即相当于二氧化碳感受器。因此在其引用的权利要求 1 不具备创造性的前提下，权利要求 3 也不具备创造性。

（4）权利要求 4、5 的创造性。

权利要求 4、5 都是以权利要求 1、2 或 3 为基础，其中权利要求 4 的附加技术特征为“所述混合气体为二氧化碳、氢气和氮气混合气体”，权利要求 5 的附加技术特征为“所述混合气体为二氧化碳和氧气的混合气体”，由于权利要求 4、5 的技术方案中的混合气体正是血液培养中的厌氧环境和需氧环境所需的混合气体，对所述领域的技术人员来说，厌氧环境中包含二氧化碳、氢气和氮气的混合气体和需氧环境中包含二氧化碳和氧气的混合气体，是显而易见的，例如在公知常识性证据 1 的第 594 页就公开了血液培养瓶包括厌氧培养瓶和需氧培养瓶，所需的厌氧环境为 80% 氮气、10% 二氧化碳、10% 氢气的混合气体，由于附件 8 中的培养瓶中的二氧化碳指示剂是对二氧化碳气体产生感应，如果在需氧环境下，包括二氧化碳和氧气的混合气体，对于所属技术领域的技术人员来说也是显而易见的，因此附件 8 中给出了结合上述区别技术特征的技术启示，所属领域的技术人员在附件 8 的基础上得到权利要求 4、5 的技术方案是显而易见的，在其引用的权利要求 1、2、3 相对附件 8 不具备创造性的前提下，权利要求 4、5 也不具备创造性。

（5）权利要求 6 的创造性。

权利要求 6 以权利要求 1~5 为基础，其中附加技术特征为“感受器上还有一层吸附树脂（3）”。附件 7 中公开了一种微生物检测装置，所述样品是在含有吸附剂的生长培养基中培养的，所述吸附剂是树脂或非树脂类吸附剂，其用量能有效中和、结合或抑制存在于所述样品和所述培养基中的抗菌物质（参见附件 10 的第 3 页的发明概述部分）。其中附件 7 中吸附树脂的位置和权利要求 6 中吸附树脂所处的位置不同，附件 7 中的吸附树脂是包含在生长培养基中，而权利要求 6 中的吸附树脂是在感受器上。由于附件 7 与附件 8 的技术领域一样，都是微生物检测装置，其中附件 7 中容器内部包含的吸附树脂所起作用与权利要求 6 中吸附树脂的作用相同，都是用于中和、结合或抑制存在于所述样品和所述培养基中的抗菌物质，至于吸附树脂的位置是置于二氧化碳指示剂部分之上而不是包含在生长培养基之中，因此附件 8 给出了采用上述区别技术特征的技术启示，在附件 8 的基础上结合附件 7 得到权利要求 6 所要求保护的技术方案对于所属技术领域的技术人员来说是显而易见的，在其引用的权利要求 1~5 不具备创造性的基础上，因此权利要求 6 不具备创造性。

专利权人强调本专利的权利要求 2 中的密封瓶盖不是公知的双层塞，考虑到生物的安全性是不同的塞子，权利要求 5 中的混合气体是大量实验证明最好的，而权利要求 6 中的吸附树脂也是不同于现有技术的吸附树脂，能够达到最好的吸附效果。合议组认为，专利权人在口头审理过程中强调的本专利技术方案中的特殊效果，在本专利的权利要求书以及说明书中都没有体现，所属技术领域的技术人员无法根据本专利说明书以及权利要求书的记载确定其强调的技术效果，因此不能认同专利权人对本专利权利要求中要求保护的技术方案相对附件 7、8 具备创造性的说法。

综上所述，本专利权利要求 1~6 的技术方案均不具备专利法第 22 条第 3 款规定的创造性。合议组将不再接收双方当事人的意见陈述和证据材料。

三、决定

宣告 200420048077. 8 号实用新型专利权全部无效。

当事人对本决定不服的，可以根据专利法第 46 条第 2 款的规定，自收到本决定之日起三个月内向北京市第一中级人民法院起诉。根据该款规定，一方当事人起诉后，另一方当事人应当作为第三人参加诉讼。

128

用于加热炉上的水热媒空气预热器

无效宣告请求审查决定（第11748号）

决　　定　　号 第11748号
决　　定　　日 2008年6月19日
发明创造名称 用于加热炉上的水热媒空气预热器
国 际 分 类 号 F28D 15/00，F28D 1/00
无效宣告请求人 中国船舶重工集团公司第七一一研究所
专　利　权　人 上海宁松热能环境工程有限公司
专　　利　　号 200620041664.3
申　　请　　日 2006年5月10日
授 权 公 告 日 2007年6月13日
合 议 组 组 长 刘敏飞
主　　审　　员 郭建强
参　　审　　员 汤元磊

法　律　依　据 专利法第22条第3款
决　定　要　点

综合考虑证据的形式、来源以及所涉及各方与本案的利害关系，合议组如认为证据的真实性难以确认，则该证据不能作为定案的证据使用，其所体现的技术内容也不能构成本专利的现有技术。

一、案由

本无效宣告请求涉及中华人民共和国国家知识产权局于2007年6月13日授权公告的、名称为“用于加热炉上的水热媒空气预热器”的实用新型专利权（下称本专利），其专利号是200620041664.3，申请日是2006年5月10日，专利权人是上海宁松热能环境工程有限公司。本专利授权公告时的权利要求书如下：

“1. 一种用于加热炉上的水热媒空气预热器，包括由烟气换热器、空气换热器、从空气换热器到烟气换热器之间的第一热媒水管道及从烟气换热器到空气换热器之间的第二热媒水管道相连通形成的一封闭式循环系统，所述第一热媒水管道上设置一热水循环泵，除氧给水总管与第一热媒水管道之间通过中间串接一定压阀的第三热媒水管道将其相连通，其特征在于，所述第一热媒水管道和第二热媒水管道之间设置流量调控装置，所述烟气换热器的热媒水出口处的第二热媒水管道上设置一排气室。

2. 根据权利要求1所述的用于加热炉上的水热媒空气预热器，其特征在于，所述流量调控装置包括调节阀、第四热媒水管道及温度显示器，所述调节阀通过第四热媒水管道连接在热水循环泵的热媒水入口前的第一热媒水管道与第二热媒水管道之间，所述温度显示器设置在第四热媒水管道与第一热媒水管道的交会处的第一热媒水管道上。

3. 根据权利要求1所述的用于加热炉上的水热媒空气预热器，其特征在于，所述流量调控装置为自动或手动调节阀。

4. 根据权利要求1所述的用于加热炉上的水热媒空气预热器，其特征在于，所述排气室的出气口管道上设置一排气阀。

5. 根据权利要求1所述的用于加热炉上的水热媒空气预热器，其特征在于，所述烟气换热器热媒水出口与排气室的热媒水进口交会处设置一安全阀。”

针对本专利权，中国船舶重工集团公司第七一一研究所（下称请求人）于2007年11月15日向专利复审委员会提出无效宣告请求，认为本专利权利要求1~5不具备创造性，不符合专利法第22条第3款的规定，其提交的附件如下：

附件1：授权公告日为2003年3月26日、授权公告号为CN2541809Y、专利号为02216632.7的中国实用新型专利说明书，共5页；

附件2：请求人声称的其与中国石油化工股份有限公司九江分公司之间关于“水热媒空气预热器”的买卖合同及增值税发票复印件，共2页；

附件3：请求人声称的由中国石油化工股份有限公司九江分公司出具的“关于水热媒空气预热器系统使用的情况说明”，共1页；

附件4：请求人声称的加热炉水热媒空气预热器系统使用说明书，共9页；

附件5：2007年第37卷第2期《炼油技术与工程》杂志的封面页、第24~27页复印件，共5页；

附件6：2004年《全国能源与热工学术年会论文集》封面页、内容简介页、前言页、第1、79~81页复印件，共7页；

附件7：2004年7月《中国石化炼油节能技术交流会报告论文选集》封面页，第2、266~269页复印件，共6页；

附件8：2003年第24卷第3期的《石油化工设备技术》杂志第5、6、9页复印件，共3页；

请求人认为：(1) 附件1公开了权利要求1中除“烟气换热器的热媒水出口处的第二热媒水管道上设置一排气室”外的所有技术特征，附件2~5形成的证据链证明水热媒空气预热器在本专利申请日前已经公开使用，并且从附件4的热力系统图中可知，在烟气换热器的热媒水出口处设置有排气室，因此结合附件1以及附件2~5证明本专利权利要求1不具备创造性；另外，附件6和7也公开了本专利的技术原理和技术效果。(2) 权利要求2和3的附加技术特征被附件1所公开，因此也不具备创造性。(3) 附件4的热力系统图中公开了权利要求4和5关于排气阀和安全阀的附加技术特征，附件8中也公开了关于安全阀的技术特征，因此权利要求4和5也不具备创造性。

经形式审查合格，专利复审委员会依法受理了上述无效宣告请求，并于2007年12月3日向双方发出无效宣告请求受理通知书，同时将专利权无效宣告请求书及其附件清单中所列附件的副本转送给专利权人，并要求专利权人在指定的期限内陈述意见。

专利权人逾期未针对上述无效宣告请求受理通知书作出答复。

请求人于2007年12月13日向专利复审委员会提交意见陈述书，其补充的证据如下：

附件9：请求人声称的由中国石油化工股份有限公司九江分公司出具的“关于水热媒空气预热器系统使用的情况说明”复印件，共1页；

附件10：请求人声称的加热炉水热媒空气预热器系统使用说明书复印件，共9页。

专利复审委员会依法成立合议组对本案进行审理。

本案合议组于2008年2月29日向双方发出无效宣告请求口头审理通知书，定于2008年4月15日举行口头审理。随同口头审理通知书，将请求人于2007年12月13日提交的意见陈述书及其附件清单中所列附件的副本转送给专利权人。

口头审理如期举行，请求人参加了口头审理，专利权人未出席。

在口头审理中，（1）请求人明确无效的理由、范围以及证据使用情况为：本专利的权利要求1~5不符合专利法第22条第3款的规定，附件2~5作为一组证据链证明其所体现的技术内容为在本专利申请日之前已经公开使用的现有技术。附件9、10与附件3、4的内容相同，只是盖的关于中石化下属公司的公章不一样。评述权利要求1创造性的第一种证据使用方式为：附件1作为最接近的对比文件，结合附件2~5来评价权利要求1不具有创造性；第二种证据使用方式为：附件7作为最接近的对比文件，附件7、6加上附件2~5的结合评价权利要求1不具有创造性。权利要求2、3的附加技术特征在附件1中公开了，权利要求4、5的附加技术特征在附件4中公开了。（2）请求人当庭出示了附件2~7、9~10的原件，合议组进行了核实，请求人放弃附件8作为证据使用。（3）请求人围绕本专利权利要求1~5相对于附件1与附件2~5的结合，以及相对附件6、7加上附件2~5的结合不具备创造性的理由进行了充分陈述。

至此，合议组认为本案事实已经清楚，可以作出审查决定。

二、决定的理由

1. 关于证据和现有技术

请求人请求使用的证据是附件1~7、9~10。其中，附件1是一篇公开日期在本专利申请日之前的中国专利文献，合议组经审查，认可附件1的真实性，其可以作为本案证据以及现有技术使用；请求人当庭出示了附件2~7、9~10的原件，合议组进行了核实，可以确认附件2~7、9~10的复印件与原件的一致性，至于附件2~7、9~10的证明力大小，将在本专利的创造性论述部分结合案情进行具体评述。

2. 本专利的创造性

专利法第22条第3款规定，创造性，是指同申请日以前已有的技术相比，该发明有突出的实质性特点和显著的进步，该实用新型有实质性特点和进步。

本案中，请求人认为本专利权利要求1~5不具备创造性，其第一种证据的使用方式为：附件1作为最接近的对比文件，与附件2~5相结合；第二种证据的使用方式为：附件7作为最接近的对比文件，附件7、6加上附件2~5的结合。另外，请求人承认附件9和10分别与附件3和4的内容相同，只是盖的关于中石化下属公司的公章不一样。

（1）关于权利要求1相对于附件1与附件2~5的结合是否具备创造性。

在这种证据的组合方式中，请求人认为：附件1公开了本专利权利要求1中除了“定压阀”和“烟气换热器的热媒水出口处的第二热媒水管道上设置一排气室”以外的其余所有技术特征，但是上述未公开的特征在附件2~5所形成的证据链中被附件4公开了。关于附件2~5的证据链，请求人进一步认为：附件2证明设备已经销售给九江公司，附件3证明设备已经安装投产，附件4证明该设备的具体技术方案构成本专利的现有技术，并且公开了关于“定压阀”和“排气室”两个特征，即上述附件1未公开的权利要求1中的技术特征（参见附件4最后一页的热力系统图），附件5进一步佐证了附件4内容的真实性，附件5第1段中已经清楚的表示了九江分公司在2006年3月20日已经投产使用了该设备，附件2~5所形成的证据链主要证明权利要求1中的“定压阀”以及“烟气换热器的热媒水出口的第二热媒水管道上设置一排气室”是现有技术，并被公开。

合议组经审查，对请求人所称附件1公开的内容以及其与本专利权利要求1相比较未公开“定压阀”和“烟气换热器的热媒水出口的第二热媒水管道上设置一排气室”这两个技术特征的事实予以确认，因此合议组认为本案焦点即在于附件2~5这一组证据链的证明力问题，即附件2~5能否证明上述附件1未公开的技术特征构成本专利的现有技术。

附件2~5中，附件2是买卖合同以及发票类证据，虽能证明在先销售的事实，但是无法直接证明所销售产品的技术方案，而需要结合附件3~5来进一步证明；附件3为中国石油化工股份有限公司九江分公司出具的单位证明，其上虽有单位公盖，但缺少单位负责人或经办人的签名或盖单，缺少证明的构成要件，并且，附件3上的公章为“中国石化股份有限公司九江分公司技术处”，与出具证明的单位的名称并不相同，此外，附件3上仅是说明了中国石油化工股份有限公司九江分公司采用了中船重工集团公司第七一一研究所的水热媒空气预热器技术，但其本身并没有关于该技术的具体技术方案的记载；附件4作为请求人本单位出具的“使用说明书”，虽然第一页上盖有请求人本单位以及“中国石化股份有限公司九江分公司技术处”的公章，但是该证据整体的装订方式松散，请求人所称的用来证明现有技术的热力系统图（实为热力流程图）作为最后一页与其他页是采用订书钉装订的方式松散地装订在一起，无法确认它们确为同一份文件，其真实性难以确认，在口头审理中，合议组对此问题也向请求人进行了质询，但请求人未给出具有说服力的理由；附件5作为发表在《炼油技术与工程》杂志上的一篇文章，请求人想用其来进一步佐证附件4内容的真实性，但是这篇文章的公开日期以及收稿日期均在本专利的申请日之后，而且其共同作者就职于“中国石油化工股份有限公司九江分公司”和本案请求人，均为本案的利害关系人，并且附件5作为个人撰写的文章，其内容的真实性也难以确认，因此附件5不能进一步佐证附件4内容的真实性。综上，合议组综合考虑证据3、4、5的形式、来源以及所涉及各方与本案的利害关系，认为附件3、4、5内容的真实性难以确认，不能作为本案证据使用，其所体现的技术内容不能构成本专利的现有技术，从而附件2~5也不能形成一个证据链来证明其上记载的内容构成本专利的现有技术。因此请求人依据附件1与附件2~5相结合来证明本专利权利要求1的技术方案不具备创造性的主张，合议组不予支持。

附件9、10分别与附件3和4的内容相同，只是均盖的是“中国石化集团资产经营管理有限公司九江分公司”的公章，但是其仍然存在与附件3、4同样的缺陷，而且附件9中所盖公章与出证单位的名称仍然不一致，因此附件9、10也不能支持请求人的相关主张。

（2）关于权利要求1相对附件6、7加上附件2~5的结合是否具备创造性。

在这种证据的组合方式中，请求人认为：附件6和附件7的证明作用相同，都公开了本专利权利要求1中除了“烟气换热器的热媒水出口的第二热媒水管道上设置一排气室”以外的其他技术特征，但是上述未公开的特征在附件2~5中公开了。

合议组经审查认为：鉴于附件2~5（以及附件9~10）存在前文所述的缺陷，不能形成完整的证据链来证明其上记载的技术方案构成本专利的现有技术，即不能证明本专利权利要求1中的特征“烟气换热器的热媒水出口的第二热媒水管道上设置一排气室”已被现有技术所公开，因此请求人依据附件6、7与附件2~5相结合来证明本专利权利要求1的技术方案不具备创造性的主张，也不能够成立。

由于请求人的证据并不能证明本专利权利要求1缺乏创造性，因此，其认为从属权利要求2~5也不具备创造性的主张也不能成立。

根据上述的事实和理由，本案合议组依法作出以下决定。

三、决定

维持200620041664.3号实用新型专利权有效。

当事人对本决定不服的，可以根据专利法第46条第2款的规定，自收到本决定之日起三个月内向北京市第一中级人民法院起诉。根据该款的规定，一方当事人起诉后，另一方当事人应当作为第三人参加诉讼。

129

一种多功能网络架空活动地板

无效宣告请求审查决定（第11757号）

决　　定　　号　第11757号
决　　定　　日　2008年6月24日
发明创造名称　一种多功能网络架空活动地板
国 际 分 类 号　E04F 15/00，E04F 15/06
无效宣告请求人　常州华通新立地板有限公司
专　利　权　人　常州市红日防静电地板制造有限公司
专　　利　　号　02136971.2
申　　请　　日　2002年9月13日
授 权 公 告 日　2007年8月15日
合 议 组 组 长　欧　岚
主　　审　　员　刘敏飞
参　　审　　员　樊延霞

法　律　依　据　专利法第22条第3款，专利法实施细则第13条第1款
决　定　要　点

在权利要求创造性的判断中，如果权利要求所述技术方案与现有技术公开的技术方案之间存在区别技术特征，而现有技术没有给出结合该区别技术特征得出所述技术方案的技术启示，本领域技术人员需要付出创造性的劳动才能得出该权利要求所述的技术方案，且该技术方案具有有益效果，则该权利要求具备创造性。

一、案由

本无效宣告请求涉及中华人民共和国国家知识产权局于2007年8月15日授权公告的、名称为"一种多功能网络架空活动地板"的发明专利权（下称本专利），其专利号是02136971.2，申请日是2002年9月13日，专利权人是常州市红日防静电地板制造有限公司（下称专利权人）。本专利授权公告的权利要求书如下：

"1. 一种多功能网络架空活动地板，其由活动钢地板（1）、连接件组成，二块地板（1）由若干支架（2）支撑，每块地板（1）的四周边设有肩（3），地板（1）四角分别设有孔（19）；在二块地板（1）间置有边盖板（4），边盖板（4）二端及二块地板（1）的角间分别设置有四角均设有内凹角的方形角盖板（5）；每一支架（2）下端分别置于角底板（6）的沉孔（7）中，支架（2）上部支撑于地板（1）角部，地板（1）角部与支架（2）上端以连接件相连；角盖板（5）、边盖板（4）、

地板（1）上表面保持于同一水平面，地板（1）侧面设有二发泡水泥充灌孔（12），其特征在于：地板（1）的肩（3）上设有若干地板肩凹槽（13），边盖板（4）、角盖板（5）的下表面均设有若干加强筋（16），其上表面均设有若干角盖板凹槽（8）；支架（2）的结构为带有外螺纹的螺杆（9）下端接支柱（10），支柱（10）插置于角底板（6）上的沉孔（7）内，螺杆（9）上套置有相匹配的调节螺母（11），调节螺母（11）上且于螺杆（9）外套有相匹配的固定螺母（18），固定螺母（18）外套置有套管（20），套管（20）置于地板（1）的角的孔（19）中，孔（19）上置有装饰盖（21）；角盖板（5）下表面上设有若干与地板（1）上设有的若干地板肩凹槽（13）相匹配使用的凸柱（14）；角盖板（5）的四个侧面均设有槽（15）；角底板（6）上设有若干放置支柱（10）的沉孔（7）。

2. 如权利要求1所述的一种多功能网络架空活动地板，其特征在于：地板（1）的上表面设有若干地板凹槽（17）。

3. 如权利要求1所述的一种多功能网络架空活动地板，其特征在于：角底板（6）的上表面设有若干角底板凹槽。

4. 如权利要求1所述的一种多功能网络架空活动地板，其特征在于：角盖板（5）的下表面均设有若干加强筋（16），其上表面均设有若干角盖板凹槽（8）。”

针对上述专利权，常州华通新立地板有限公司（下称请求人）于2007年10月15日向专利复审委员会提出无效宣告请求，理由是本专利权利要求1~4不符合专利法第22条第3款、专利法实施细则第13条第1款的规定，并提交了如下9份附件作为证据：

附件1：意见陈述书；

附件2：本专利的发明专利说明书、本专利的发明专利申请公开说明书；

附件3：DE20106806U1号德国专利文献，其公开日为2001年10月4日，共20页复印件（下称对比文件1）；

附件4：授权公告号为CN2528829Y的中国实用新型专利说明书，其授权公告日为2003年1月1日，共15页复印件（作为对比文件1的中文译文）；

附件5：授权公告号为CN2377303Y的中国实用新型专利说明书，其授权公告日为2000年5月10日，共6页复印件（下称对比文件2）；

附件6：公告号为TW410853的台湾新型专利说明书，共34页复印件（下称对比文件3）；

附件7：公开号为CN1221842A的中国发明专利申请公开说明书，其公开日为1999年7月7日，共9页复印件；授权公告号为CN1080809C的中国发明专利说明书，其授权公告日为2002年3月13日，共9页复印件（下称对比文件4）；

附件8：专利号为ZL02267108.0的中国实用新型专利说明书，其申请日为2002年9月12日，授权公告日为2003年5月14日，专利权人为常州市红日防静电地板制造有限公司，共15页复印件（下称对比文件5）；

附件9：专利号为ZL02283447.8的中国实用新型专利说明书，其申请日为2002年12月23日，授权公告日为2003年12月3日，专利权人为常州市红日防静电地板制造有限公司，共19页复印件（下称对比文件6）。

请求人认为：本专利不符合专利法实施细则第13条第1款的规定、权利要求1~4不符合专利法第22条第3款有关创造性的规定。本专利与对比文件5和对比文件6三者同时并存，不符合专利法实施细则第13条第1款有关同样发明创造的规定。对比文件1、2和3公开了本专利权利要求1的全部技术特征；对比文件3公开了本专利权利要求2的附加技术特征；对比文件4公开了本专利权利要求 3 的附加技术特征；权利要求 4 的附加技术特征与权利要求 1 的第 9 行的技术特征重复。

经形式审查合格后，专利复审委员会受理了该无效请求，并于 2007 年 11 月 20 日向请求人和专利权人发出无效宣告请求受理通知书，并将请求人提交的专利权无效宣告请求书及其附件清单中所列附件副本转给了专利权人，要求专利权人在规定的期限内陈述意见。

专利权人于 2008 年 1 月 7 日提交了意见陈述书，并提交了如下 2 份证据：

证据 1：专利复审委员会第 8293 号无效宣告请求审查决定书，共 7 页复印件；

证据 2：声称为本专利的审查意见通知书及答复，共 9 页复印件。

专利权人认为：本专利不存在重复授权的问题；本专利权利要求 1~4 符合专利法第 22 条第 3 款的规定。

专利复审委员会依法成立合议组对本无效宣告请求进行审查。

合议组于 2008 年 2 月 13 日向双方当事人发出无效宣告请求口头审理通知书，定于 2008 年 3 月 24 日举行口头审理。随同口头审理通知书，将专利权人于 2008 年 1 月 7 日提交的意见陈述书及其意见陈述附件清单中所列附件副本转送给请求人。

口头审理如期举行，双方当事人均参加了口头审理。

在口头审理中，（1）专利权人当庭提交了意见陈述，合议组当庭将其转给请求人。（2）请求人当庭提交附件 10，即对比文件 3 的信息页，共 2 页复印件，以此证明对比文件 3 的公开时间。合议组当庭将附件 10 转给专利权人。（3）请求人明确其无效理由、范围和证据为：本专利权利要求 1~4 相对于对比文件 5、6 不符合专利法实施细则第 13 条第 1 款的规定；本专利权利要求 1~4 不具备创造性，具体为：权利要求 1 相对于对比文件 1、2、3 的结合不具有创造性；权利要求 2 的附加技术特征被对比文件 3 公开；权利要求 3 的附加技术特征被对比文件 4 公开；权利要求 4 的附加技术特征被对比文件 3 公开。请求人当庭放弃附件 2 及附件 7 中的公开文本的使用。（4）专利权人对对比文件 1~6 的真实性及公开性均没有异议，对中文译文的准确性没有异议。请求人对证据 1、2 的真实性无异议。（5）关于实施细则第 13 条第 1 款。请求人认为，本专利权利要求 1~4 的保护范围与对比文件 5、6 权利要求1~9的保护范围完全相同。专利权人认为，证据 1 表明前审时候审查员已经提出了该意见，通过修改，本专利已经克服了缺陷，符合专利法实施细则第 13 条第 1 款的规定；证据 2 证明对比文件 6 与本专利没有保护范围相同的权利要求。（6）关于权利要求 1 的创造性。请求人认为，对比文件 1 是最接近的对比文件，对比文件 3 公开了权利要求 1 中“四角均设有内凹角的方形角盖板”、“边盖板、角盖板的下表面均设有若干加强筋，其上表面均设有若干角盖板凹槽”以及“角盖板的四个侧面均设有槽”。对比文件 2 公开了权利要求 1 中地板侧面设有二发泡水泥充灌孔。本专利权利要求 1 的其余特征在对比文件 1 中公开。专利权人认为，对比文件 1 没有公开本专利权利要求 1 的支柱、支架中的固定螺母、套管与固定螺母的套合关系、角盖板下表面上设有若干与地板上设有的若干地板肩凹槽相匹配使用的凸柱、装饰盖。（7）关于权利要求 2、3、4 的创造性。请求人认为，权利要求 2 的附加技术特征被对比文件 3 中的槽公开；对比文件 4 的柔性槽公开了权利要求 3 的附加技术特征；权利要求 4 的附加技术特征被对比文件 3 的图 2 公开。

请求人于 2008 年 6 月 2 日主动提交了意见陈述，重复指出本专利与对比文件 6 之间存在重复授权的问题。

请求人于 2008 年 6 月 4 日再次主动提交了意见陈述，再次重复指出本专利与对比文件 5 和对比文件 6 之间存在重复授权的问题。

至此，合议组认为本案事实清楚，可以作出审查决定。

二、决定的理由

1. 关于证据

对比文件 1~4 均是专利文献，专利权人对上述对比文件的真实性没有异议。合议组经审查认为，对比文件 1~4 可以作为本案证据使用。同时，请求人提交附件 10 来证明对比文件 3 的公开时间，专利权人认可对比文件 3 的公开时间为附件 10 记载的公告日期 2000 年 11 月 1 日，早于本专利的申请日；而对比文件 1、2、4 的公开时间也都早于本专利的申请日，因此对比文件 1~4 公开的内容可以作为本专利的现有技术。同时，专利权人对用附件 4 作为对比文件 1 的中文译文没有异议，并对中文译文的准确性没有异议，所以对比文件 1 公开的内容以附件 4 公开的内容为准。

对比文件 5、6 均是中国专利文献，专利权人对其真实性无异议。合议组经审查认为，对比文件 5、6 可以作为本案证据使用。

请求人对证据 1、2 的真实性无异议，合议组经审查认为，证据 1、2 可以作为本案证据使用。

2. 关于专利法实施细则第 13 条第 1 款

根据专利法实施细则第 13 条第 1 款的规定，同样的发明创造只能被授予一项专利。

请求人认为，本专利权利要求 1~4 相对于对比文件 5、6 不符合专利法实施细则第 13 条第 1 款的规定。

合议组经审查认为，将本专利权利要求 1~4 分别与对比文件 5 的权利要求 1~9 相比较，本专利权利要求 1 所保护的技术方案与将对比文件 5 的权利要求 2、4~8 合并后所得到的技术方案相同，而对比文件 5 的权利要求 2~9 均为引用权利要求 1 的从属权利要求，并且权利要求 2~9 的附加技术特征均彼此不同，从而本专利权利要求 1 的技术方案不同于对比文件 5 中权利要求 1~9 中任何一项权利要求的技术方案；又由于本专利权利要求 2~4 均为引用权利要求 1 的从属权利要求，对权利要求 1 进行了进一步限定，因此本专利权利要求 2~4 的技术方案也与对比文件 5 中的任何一项权利要求的技术方案不同。即两个专利之间不存在任何两项保护范围相同的权利要求。所以，本专利权利要求 1~4相对于对比文件 5 不属于同样的发明创造。

将本专利权利要求 1~4 与对比文件 6 的权利要求 1~16 相比较，本专利权利要求 1 的技术方案与将对比文件 6 的权利要求 2、4~8 合并后所得到的权利要求的技术方案相同，而对比文件 6 的权利要求 2~16 均为引用权利要求 1 的从属权利要求，并且权利要求 2~16 的附加技术特征均彼此不同，从而本专利权利要求 1 的技术方案不同于对比文件 6 中权利要求 1~16 中任何一项权利要求的技术方案；又由于本专利权利要求 2~4 均为引用权利要求 1 的从属权利要求，对权利要求 1 进行了进一步限定，因此本专利权利要求 2~4 的技术方案也与对比文件 6 中的任何一项权利要求的技术方案不同。即两个专利之间不存在任何两项保护范围相同的权利要求。所以，本专利权利要求 1~4 相对于对比文件 6 不属于同样的发明创造。

综上，本专利权利要求 1~4 相对于对比文件 5 或 6 均不属于同样的发明创造。请求人关于本专利权利要求 1~4 不符合专利法实施细则第 13 条第 1 款规定的主张不成立。

3. 关于专利法第 22 条第 3 款

根据专利法第 22 条第 3 款的规定，创造性，是指同申请日以前已有的技术相比，该发明有突出的实质性特点和显著的进步，该实用新型有实质性特点和进步。

在权利要求创造性的判断中，如果权利要求所述技术方案与现有技术公开的技术方案之间存在区别技术特征，而现有技术没有给出结合该区别技术特征得出所述技术方案的技术启示，本领域技术人员需要付出创造性的劳动才能得出该权利要求所述的技术方案，且该技术方案具有有益效果，则该权利要求具备创造性。

请求人认为，本专利权利要求1~4不具备创造性，具体为：权利要求1相对于对比文件1、2、3的结合不具有创造性；权利要求2的附加技术特征被对比文件3公开；权利要求3的附加技术特征被对比文件4公开；权利要求4的附加技术特征被对比文件3公开。其中，最接近的现有技术为对比文件1。

对比文件1公开了一种金属网路高架地板（参见说明书第3~5页，附图1、2、4、6），其由高架地板1、足部构件2、底座3、线槽4、中央盖板5以及边盖板6相互组合而成，高架地板1是方型的平面铁板11，高架地板1由足部构件2支撑，该高架地板1的周缘设有阶级突缘13，高架地板1的四角落处设有六角槽孔15，在二块高架地板1间置有边盖板6，边盖板6二端及二块高架地板1的角间分别设置有方形中央盖板5，足部构件2下端分别置于底座3的中空筒体32中，足部构件2上部支撑于高架地板1角部，中央盖板5、边盖板6、高架地板1上表面保持于同一水平面，高架地板1的阶梯凸缘13上设有缺口14，足部构件2是设有一配合上述六角槽孔15并设置于其内的塑料套21，该塑料套21底部设有突缘22，在塑料套21内再套设一内部设有螺纹26、外部设有突缘25及纵向刻纹24的金属螺母23，藉纵向刻纹24以增加与塑料套21的紧固度并防止旋转，金属螺母23可再螺合一设有迫紧螺帽28与C型垫片281的螺杆27，螺杆27包括带有外螺纹的部分和不带螺纹的柱状部分，螺杆27不带螺纹的柱状部分的下端位于设在从底座3四角向上突设的中空筒体32内，在六角槽孔15内设有螺钉，底座3上设置4个中空筒体32，中央盖板5的四只螺孔51旁侧各设有略为下陷的辅助定位片52，故四只螺孔51可轻易与四块高架地板1的六角槽孔对位，此时再藉四个螺丝将中央盖板5锁合于四块高架地板1。

将本专利权利要求1与对比文件1相比，对比文件1中的高架地板1、足部构件2、阶级突缘13、六角槽孔15、边盖板6、中央盖板5、底座3、中空筒体32、缺口14、螺杆27、迫紧螺帽28、金属螺母23、塑料套21分别相当于权利要求1中的地板1、支架2、肩3、孔19、边盖板4、角盖板5、角底板6、沉孔7、凹槽13、螺杆9、调节螺母11、固定螺母18和套管20。另外，对比文件1中的地板也是由高架地板1、足部构件2、底座3、中央盖板5、边盖板6等相互组合而成，由此其公开了权利要求1中的活动地板和连接件；并且对比文件1中高架地板1的角部与足部构件2的上端通过螺钉、塑料套21、螺母23、迫紧螺帽28和螺杆27连接，因此对比文件1公开了权利要求1中的地板1角部与支架2上端以连接件相连。

本专利权利要求1与对比文件1的区别在于：①地板1为钢地板、②角盖板5四角均设有内凹角、③地板1侧面设有二发泡水泥充灌孔12、④边盖板4、角盖板5的下表面均设有若干加强筋16，其上表面均设有若干角盖板凹槽8、⑤孔19上置有装饰盖21、⑥角盖板5下表面上设有若干与地板1上设有的若干地板肩凹槽13相匹配使用的凸柱14以及⑦角盖板5的四个侧面均设有槽15。

对比文件2公开了一种折边钢地板（参见对比文件2说明书第2页，附图2）：折边钢地板的面板1和底板2连接后形成的空腔内填满填充材料4，底板2侧部开有填充孔6，而在钢地板内填充发泡水泥是本领域技术人员很容易想到的。由此可见，对比文件2公开了区别特征①和③。

对比文件3公开了一种网络地板（参见说明书第7-12页，附图2、4），方形连接片32的四角均设有内凹角，矩形连结片31的片体的前后两端设有供电线进出的线孔312，在方形连接片32的四个侧面也设有与线孔312相配合的线孔，并且在方形连接片32和矩形连接片31的下表面设有若干加强筋，在上表面设有若干凹槽。由此可见，对比文件3公开了区别特征②、④和⑦。

对于区别特征⑤，合议组认为，对比文件1中还公开了在六角槽孔15内设有螺钉（参见对比文件1的附图1、2），本专利权利要求1中的装饰盖也是固定在孔19上，而对比文件1中的螺钉在起到固定作用的同时，也能够在一定程度上起到装饰的作用，并且为了防止孔19内积灰而影响美观，本领域普通技术人员也很容易想到在孔 19 上设置装饰盖。

对于区别特征⑥，请求人认为，对比文件 1 图 1 公开了角盖板下表面上设有若干定位片 52，相当于本专利的凸柱，定位片起到定位的作用，与本专利相同。合议组经审查后认为，对比文件 1 没有公开权利要求 1 中设于地板 1 上的凹槽，以与角盖板下表面的凸柱相匹配。并且由对比文件 1 公开的上述内容可知，辅助定位片 52 是用于中央盖板 5 上的螺孔与地板 1 中的六角槽孔之间的对位，而本专利权利要求 1 中的通过角盖板下表面的凸柱与地板 1 上的凹槽相配合，实现了角盖板与地板之间的扣合，因此对比文件 1 中的辅助定位片 52 所起的作用不同于权利要求 1 中凸柱和凹槽的作用，从而本领域普通技术人员在对比文件 1、2 和 3 的基础上，需要付出创造性劳动才能获得权利要求 1 的技术方案。并且本专利权利要求 1 由于采用了凸柱和凹槽的配合，取得了防止地板及角盖板之间串动的有益效果。所以，请求人关于本专利权利要求 1 相对于对比文件 1、2 和 3 的结合不具备创造性的主张不成立。

从属权利要求 2、3、4 均对权利要求 1 进行了进一步限定，并且请求人使用对比文件 4 仅是说明权利要求 3 的附加技术特征被公开，因此，在请求人关于本专利权利要求 1 相对于对比文件 1、2 和 3 的结合不具备创造性的主张不成立的情况下，请求人关于本专利权利要求 2~4 不具备创造性的主张也不成立。

鉴于请求人关于本专利权利要求 1~4 不符合专利法实施细则第 13 条第 1 款、专利法第 22 条第 3 款规定的主张不成立，因此合议组对专利权人提交的证据 1、2 不作评述。

基于上述理由，合议组依法作出如下决定。

三、决定

维持 02136971.2 号发明专利权有效。

当事人对本决定不服的，可以根据专利法第 46 条第 2 款的规定，自收到本决定之日起三个月内向北京市第一中级人民法院起诉。根据该款的规定，一方当事人起诉后，另一方当事人应当作为第三人参加诉讼。

北京市第一中级人民法院
行政判决书

（2008）一中行初字第 1455 号

原告常州华通新立地板有限公司，住所地江苏省常州市武进区遥观镇郑村工业区。

法定代表人刘文雄，总经理。

委托代理人姜莹，女，北京方韬法业专利代理事务所专利代理人。

委托代理人高天乐，男，北京方韬法业专利代理事务所专利代理人。

被告国家知识产权局专利复审委员会，住所地北京市海淀区北四环银谷大厦。

法定代表人廖涛，副主任。

委托代理人王森，男，国家知识产权局专利复审委员会干部。

委托代理人朱茜，女，国家知识产权局专利复审委员会干部。

第三人江苏红日防静电地板制造有限公司，住所地江苏省武进市崔桥镇。

法定代表人张耀明，总经理。

委托代理人张学群，男，满族，1968 年 3 月 5 日出生，北京必浩得专利代理事务所职员，住北京市海淀区岭南路 30 号 4 号楼 6 门 104 号。

原告常州华通新立地板有限公司不服被告国家知识产权局专利复审委员会于 2008 年 6 月 24 日作出，于同月 25 日邮寄送达的第 11757 号无效宣告请求审查决定（以下简称第 11757 号决定），于 2008 年 9 月 23 日向本院提起行政诉讼。本院受理后，依法组成合议庭，向被告送达了起诉状副本和应诉通知书，并依法通知江苏红日防静电地板制造有限公司作为本案第三人参加诉讼，于 2008 年 11 月 24 日公开开庭审理了本案。原告的委托代理人姜莹、高天乐，被告的委托代理人王森、朱茜，第三人的委托代理人张学群到庭参加了诉讼。本案现已审理终结。

2008 年 6 月 24 日，被告作出第 11757 号决定，根据《中华人民共和国专利法》（以下简称《专利法》）第二十二条第三款、《专利法实施细则》第十三条第一款的规定，决定维持 02136971. 2 号“一种多功能网络架空活动地板”发明专利权（以下简称本专利）有效。

在法定的举证期限内，被告向本院提交了如下证据：1. DE20106806U1 号德国专利文献，其公开日为 2001 年 10 月 4 日，共 20 页复印件，及授权公告号为 CN2528829Y 的中国实用新型专利说明书，其授权公告日为 2003 年 1 月 1 日，共 15 页复印件，即第 11757 号决定中的对比文件 1 及中文译文；2. 授权公告号为 CN2377303Y 的中国实用新型专利说明书，其授权公告日为 2000 年 5 月 10 日，共 6 页复印件，即第 11757 号决定中的对比文件 2；3. 公告号为 TW410853 的中国台湾新型专利说明书，共 34 页复印件，即第 11757 号决定中的对比文件 3；4. 本专利说明书；5. 口头审理记录表；上述证据用以证明第 11757 号决定认定事实清楚、适用法律正确、审查程序合法。

原告诉称：1. 本专利权利要求 1 相对于对比文件 1~3 公开的内容不具备创造性。

被告认定本专利的权利要求 1 与对比文件 1 存在如下 7 项区别技术特征：①地板 1 为钢地板、②角盖板 5 四角均设有内凹角、③地板 1 侧面设有二发泡水泥冲灌孔 12、④边盖板 4、角盖板 5 的下表面均设有若干加强筋 16，其上表面均设有若干角盖板凹槽 8、⑤孔 19 上设置有装饰盖 21、⑥角盖板 5 下表面上设有若干与地板 1 上设有的若干地板间凹槽 13 相匹配使用的凸柱 14 以及⑦角盖板 5 的四个侧面均设有槽。对区别特征①~④及⑦，被告认同其已分别被对比文件 2 和 3 公开，同时认定区别特征⑤为公知常识。但对被告认定区别特征⑥未被对比文件公开，原告持有不同的意见。区别特征⑥为“角盖板 5 下表面上设有若干与地板 1 上设有的若干地板间凹槽 13 相匹配使用的凸柱 14”，其主要是起定位和固定的作用。而对比文件 1 公开的金属网路高架地板，其中央盖板 5（相当于本专利的角盖板）下表面设有辅助定位片 52（相当于本专利的凸柱），边盖板 6 的下表面设有与地板凸缘的缺口 14（相当于本专利的凹槽）相匹配的弯弧定位片 61（相当于本专利的凸柱）（参见对比文件 1 说明书第 8 页第 4~11 行以及附图 1 和 4），所起作用亦是定位和固定。因而对比文件 1 已公开了区别特征⑥的内容。被告对第三人的另一项实用新型专利（ZL02283447. 8）所作的第 11441 号无效宣告请求审查决定书（2008 年 5 月 14 日发文）中，对与本专利上述区别特征⑥相同的技术特征—ZL02283447. 8 权利要求 5 中限定的技术特征，采用相同的对比文件（第 11441 号决定附件 5，同第 11757 号对比文件 1），得出的结论亦是其已被附件 5 公开，属于本领域的惯常技术手段。综上所述，对比文件 1~3 结合公知常识公开了权利要求 1 的全部技术特征，并给出了技术启示，进而使得本领域的技术人员有动机将对比文件 1~3 和公知常识结合起来得到本专利权利要求 1 的技术方案，故本专利权利要求 1 要求保护的技术方案相对于对比文件 1~3 及公知常识的结合是显而易见的，不具备突出的实质性特点，即不具备《专利法》第二十二条第三款规定的创造性。

2. 从属权利要求 2~4 对于对比文件 1~4 同样不具备创造性。被告对从属权利要求 2~4 的创造性未做进一步评述，但在权利要求 1 不具备创造性的基础上，对比文件 3 公开了权利要求 2 的附加技术特征，对比文件4公开了权利要求3的附加技术特征，权利要求4的附加技术特征与权利要求1的技术特征相重复，均不具备创造性。综上所述，被告作出的第11757号决定认定事实错误，主要证据不足，请求人民法院依法予以撤销。

原告在指定的举证期限内向本院提交了如下证据：（1）专利权无效宣告请求书，用以证明原告在无效宣告程序中，已经在请求书第4页第13~14行，明确指出了使用对比文件1中的“边盖板6的下表面设有与地板凸缘的缺口14相匹配的弯弧定位片61”来评述本专利的权利要求1；（2）无效宣告程序中意见陈述书（2008年6月2日提交）；（3）无效宣告程序中意见陈述书（2008年6月4日提交），证据2、3用以证明原告在无效程序中，指出W509021案中的涉案专利权利要求1~9与本案专利的全部权利要求1~4的技术特征相同，请被告参考结论意见，避免做出冲突决定；（4）第11441号无效宣告请求审查决定书。

被告辩称：1. 坚持第11757号决定中原告关于本专利权利要求1~4不符合《专利法》第二十二条第三款规定的主张不成立的审查意见。2. 在第11441号决定中，针对与本专利权利要求1中相同的技术特征“角盖板5下表面上设有若干与地板1上设有的若干地板肩凹槽13相匹配使用的凸柱14”，该决定认定其为本领域的惯用技术手段，并用附件5（即本案对比文件1）所公开的中央盖板5下表面设有的辅助定位片52，以及边盖板6的下表面设有与地板突缘的缺口14相匹配的弯弧定位片61对此予以说明。而在本无效宣告请求的审查过程中，原告并未主张本专利权利要求1中的上述技术特征是本领域的惯用技术手段，更未使用本案对比文件1中“边盖板6的下表面设有与地板突缘的缺口14相匹配的弯弧定位片61”来评述上述技术特征，被告基于原告的请求而认为对比文件1中的辅助定位片52所起的作用不同于权利要求1中凸柱和凹槽的作用，并得出原告关于本专利权利要求1不具备创造性的主张不成立的结论并无不妥。综上，第11757号决定认定事实清楚、适用法律正确、审理程序合法，审查结论正确，原告的诉讼理由不能成立，请求人民法院驳回原告的诉讼请求，维持第11757号决定。

第三人同意被告的第11757号决定，请求法院予以维持；其未向本院提交证据。

经庭审质证，原告和第三人对被告证据无异议；被告和第三人不同意原告证据的证明作用。经审查，本院认为本案证据符合关联性、合法性和真实性要求，本院予以采纳，但原告的证据1不具有其所主张的证明作用。

根据上述有效证据及当事人陈述，本院认定本案事实如下：

本专利本申请日为2002年9月13日，授权公告日为2007年8月15日，专利权人常州市红日防静电地板制造有限公司。2007年12月21日，经江苏省工商行政管理局核准，常州市红日防静电地板制造有限公司名称变更为江苏红日防静电地板有限公司。本专利授权公告的权利要求书如下：

“1. 一种多功能网络架空活动地板，其由活动钢地板（1）、连接件组成，二块地板（1）由若干支架（2）支撑，每块地板（1）的四周边设有肩（3），地板（1）四角分别设有孔（19）；在二块地板（1）间置有边盖板（4），边盖板（4）二端及二块地板（1）的角间分别设置有四角均设有内凹角的方形角盖板（5）；每一支架（2）下端分别置于角底板（6）的沉孔（7）中，支架（2）上部支撑于地板（1）角部，地板（1）角部与支架（2）上端以连接件相连；角盖板（5）、边盖板（4）、地板（1）上表面保持于同一水平面，地板（1）侧面设有二发泡水泥充灌孔（12），其特征在于：地板（1）的肩（3）上设有若干地板肩凹槽（13），边盖板（4）、角盖板（5）的下表面均设有若干加强筋（16），其上表面均设有若干角盖板凹槽（8）；支架（2）的结构为带有外螺纹的螺杆（9）下端接支柱（10），支柱（10）插置于角底板（6）上的沉孔（7）内，螺杆（9）上套置有相匹配的调节螺母（11），调节螺母（11）上且于螺杆（9）外套有相匹配的固定螺母（18），固定螺母（18）

外套置有套管（20），套管（20）置于地板（1）的角的孔（19）中，孔（19）上置有装饰盖（21）；角盖板（5）下表面上设有若干与地板（1）上设有的若干地板肩凹槽（13）相匹配使用的凸柱（14）；角盖板（5）的四个侧面均设有槽（15）；角底板（6）上设有若干放置支柱（10）的沉孔（7）。

2. 如权利要求1所述的一种多功能网络架空活动地板，其特征在于：地板（1）的上表面设有若干地板凹槽（17）。

3. 如权利要求1所述的一种多功能网络架空活动地板，其特征在于：角底板（6）的上表面设有若干角底板凹槽。

4. 如权利要求1所述的一种多功能网络架空活动地板，其特征在于：角盖板（5）的下表面均设有若干加强筋（16），其上表面均设有若干角盖板凹槽（8）。”

针对本专利，原告于2007年10月15日向被告提出无效宣告请求，理由是本专利权利要求1~4不符合《专利法》第二十二条第三款、《专利法实施细则》第十三条第一款的规定，并提交了如下9份附件作为证据：

附件1：意见陈述书；

附件2：本专利的发明专利说明书、本专利的发明专利申请公开说明书；

附件3：DE20106806U1号德国专利文献，其公开日为2001年10月4日，共20页复印件（即对比文件1）；

附件4：授权公告号为CN2528829Y的中国实用新型专利说明书，其授权公告日为2003年1月1日，共15页复印件（作为对比文件1的中文译文）；

附件5：授权公告号为CN2377303Y的中国实用新型专利说明书，其授权公告日为2000年5月10日，共6页复印件（即对比文件2）；

附件6：公告号为TW410853的台湾新型专利说明书，共34页复印件（即对比文件3）；

附件7：公开号为CN1221842A的中国发明专利申请公开说明书，其公开日为1999年7月7日，共9页复印件；授权公告号为CN1080809C的中国发明专利说明书，其授权公告日为2002年3月13日，共9页复印件（即对比文件4）；

附件8：专利号为ZL02267108.0的中国实用新型专利说明书，其申请日为2002年9月12日，授权公告日为2003年5月14日，专利权人为常州市红日防静电地板制造有限公司，共15页复印件（即对比文件5）；

附件9：专利号为ZL02283447.8的中国实用新型专利说明书，其申请日为2002年12月23日，授权公告日为2003年12月3日，专利权人为常州市红日防静电地板制造有限公司，共19页复印件（即对比文件6）；

被告受理该无效请求并进行了转文。第三人于2008年1月7日提交了意见陈述书，并提交了如下证据：

证据1：第8293号无效宣告请求审查决定书；

证据2：声称为本专利的审查意见通知书及答复；

被告于2008年3月24日举行了口头审理，原告和第三人均参加了口头审理。

原告于2008年6月2日主动提交了意见陈述，重复指出本专利与对比文件6之间存在重复授权的问题。原告于2008年6月4日再次主动提交了意见陈述，再次重复指出本专利与对比文件5和对比文件6之间存在重复授权的问题。

被告经审查认为：

1. 关于证据。

对比文件 1~4 均是专利文献，可以作为本案证据使用。第三人认可对比文件 3 的公开时间为附件 10 记载的公告日期 2000 年 11 月 1 日，早于本专利的申请日，对比文件 1、2、4 的公开时间也都早于本专利的申请日，因此对比文件 1~4 公开的内容可以作为本专利的现有技术。第三人对用附件 4 作为对比文件 1 的中文译文没有异议，并对中文译文的准确性没有异议，所以对比文件 1 公开的内容以附件 4 公开的内容为准。对比文件 5、6 均是中国专利文献，可以作为本案证据使用。第三人证据 1、2 可以作为本案证据使用。

2. 关于《专利法实施细则》第十三条第一款。

根据《专利法实施细则》第十三条第一款的规定，同样的发明创造只能被授予一项专利。

原告认为，本专利权利要求 1~4 相对于对比文件 5、6 不符合《专利法实施细则》第十三条第一款的规定。被告经审查认为，本专利权利要求 1~4 相对于对比文件 5 或 6 均不属于同样的发明创造。原告该主张不成立。

3. 关于《专利法》第二十二条第三款。

根据《专利法》第二十二条第三款的规定，创造性，是指同申请日以前已有的技术相比，该发明有突出的实质性特点和显著的进步，该实用新型有实质性特点和进步。

原告认为，本专利权利要求 1~4 不具备创造性，具体为：权利要求 1 相对于对比文件 1、2、3 的结合不具有创造性；权利要求 2 的附加技术特征被对比文件 3 公开；权利要求 3 的附加技术特征被对比文件 4 公开；权利要求 4 的附加技术特征被对比文件 3 公开。其中，最接近的现有技术为对比文件 1。

对比文件 1 公开了一种金属网路高架地板，其由高架地板 1、足部构件 2、底座 3、线槽 4、中央盖板 5 以及边盖板 6 相互组合而成，高架地板 1 是方型的平面铁板 11，高架地板 1 由足部构件 2 支撑，该高架地板 1 的周缘设有阶级突缘 13，高架地板 1 的四角落处设有六角槽孔 15，在二块高架地板 1 间置有边盖板 6，边盖板 6 二端及二块高架地板 1 的角间分别设置有方形中央盖板 5，足部构件 2 下端分别置于底座 3 的中空筒体 32 中，足部构件 2 上部支撑于高架地板 1 角部，中央盖板 5、边盖板 6、高架地板 1 上表面保持于同一水平面，高架地板 1 的阶梯凸缘 13 上设有缺口 14，足部构件 2 是设有一配合上述六角槽孔 15 并设置于其内的塑料套 21，该塑料套 21 底部设有突缘 22，在塑料套 21 内再套设一内部设有螺纹 26、外部设有突缘 25 及纵向刻纹 24 的金属螺母 23，藉纵向刻纹 24 以增加与塑料套 21 的紧固度并防止旋转，金属螺母 23 可再螺合一设有迫紧螺帽 28 与 C 型垫片 281 的螺杆 27，螺杆 27 包括带有外螺纹的部分和不带螺纹的柱状部分，螺杆 27 不带螺纹的柱状部分的下端位于设在从底座 3 四角向上突设的中空筒体 32 内，在六角槽孔 15 内设有螺钉，底座 3 上设置 4 个中空筒体 32，中央盖板 5 的四只螺孔 51 旁侧各设有略为下陷的辅助定位片 52，故四只螺孔 51 可轻易与四块高架地板 1 的六角槽孔对位，此时再藉四个螺丝将中央盖板 5 锁合于四块高架地板 1。

将本专利权利要求 1 与对比文件 1 相比，对比文件 1 中的高架地板 1、足部构件 2、阶级突缘 13、六角槽孔 15、边盖板 6、中央盖板 5、底座 3、中空筒体 3 2、缺口 14、螺杆 27、迫紧螺帽 28、金属螺母 23、塑料套 21 分别相当于权利要求 1 中的地板 1、支架 2、肩 3、孔 19、边盖板 4、角盖板 5、角底板 6、沉孔 7、凹槽 13、螺杆 9、调节螺母 11、固定螺母 18 和套管 20。另外，对比文件 1 中的地板也是由高架地板 1、足部构件 2、底座 3、中央盖板 5、边盖板 6 等相互组合而成，由此其公开了权利要求 1 中的活动地板和连接件；并且对比文件 1 中高架地板 1 的角部与足部构件 2 的上端通过螺钉、塑料套 21、螺母 23、迫紧螺帽 28 和螺杆 27 连接，因此对比文件 1 公开了权利要求 1 中的地板 1 角部与支架 2 上端以连接件相连。

本专利权利要求1与对比文件1的区别在于：①地板1为钢地板、②角盖板5四角均设有内凹角、③地板1侧面设有二发泡水泥充灌孔12、④边盖板4、角盖板5的下表面均设有若干加强筋16，其上表面均设有若干角盖板凹槽8、⑤孔19上置有装饰盖21、⑥角盖板5下表面上设有若干与地板1上设有的若干地板肩凹槽13相匹配使用的凸柱14以及⑦角盖板5的四个侧面均设有槽15。

对比文件2公开了一种折边钢地板：折边钢地板的面板1和底板2连接后形成的空腔内填满填充材料4，底板2侧部开有填充孔6，而在钢地板内填充发泡水泥是本领域技术人员很容易想到的。由此可见，对比文件2公开了区别特征①和③。

对比文件3公开了一种网络地板，方形连接片3 2的四角均设有内凹角，矩形连结片3 1的片体的前后两端设有供电线进出的线孔312，在方形连接片32的四个侧面也设有与线孔312相配合的线孔，并且在方形连接片32和矩形连接片31的下表面设有若干加强筋，在上表面设有若干凹槽。由此可见，对比文件3公开了区别特征②、④和⑦。

对于区别特征⑤，被告认为，对比文件1中还公开了在六角槽孔15内设有螺钉，本专利权利要求1中的装饰盖也是固定在孔19上，而对比文件1中的螺钉在起到固定作用的同时，也能够在一定程度上起到装饰的作用，并且为了防止孔19内积灰而影响美观，本领域普通技术人员也很容易想到在孔19上设置装饰盖。

对于区别特征⑥，原告认为，对比文件1图1公开了角盖板下表面上设有若干定位片52，相当于本专利的凸柱，定位片起到定位的作用，与本专利相同。合议组经审查后认为，对比文件1没有公开权利要求1中设于地板1上的凹槽，以与角盖板下表面的凸柱相匹配。并且由对比文件1公开的上述内容可知，辅助定位片52是用于中央盖板5上的螺孔与地板1中的六角槽孔之间的对位，而本专利权利要求1中的通过角盖板下表面的凸柱与地板1上的凹槽相配合，实现了角盖板与地板之间的扣合，因此对比文件1中的辅助定位片52所起的作用不同于权利要求1中凸柱和凹槽的作用，从而本领域普通技术人员在对比文件1、2和3的基础上，需要付出创造性劳动才能获得权利要求1的技术方案。并且本专利权利要求1由于采用了凸柱和凹槽的配合，取得了防止地板及角盖板之间串动的有益效果。所以，原告关于本专利权利要求1相对于对比文件1、2和3的结合不具备创造性的主张不成立。

从属权利要求2、3、4均对权利要求1进行了进一步限定，并且原告使用对比文件4仅是说明权利要求3的附加技术特征被公开，因此，在原告关于本专利权利要求1相对于对比文件1、2和3的结合不具备创造性的主张不成立的情况下，原告关于本专利权利要求2~4不具备创造性的主张也不成立。

鉴于原告关于本专利权利要求1~4不符合《专利法实施细则》第十三条第一款、《专利法》第二十二条第三款规定的主张不成立，因此被告对第三人提交的证据1、2不作评述。

据此，被告决定维持本专利有效。

在庭审中，原告和第三人确认对被告的职权、行政程序及第11757号决定“案由”部分的记载无异议。当事人确认本案的争议焦点为：对比文件1是否公开了区别特征⑥的内容。

本院认为，当事人对被告的行政职权、行政程序、第11757号决定的“案由”部分、证据认定部分及有关《专利法实施细则》第十三条第一款部分均无争议，本院经审查对上述部分的合法性予以确认。

根据《专利法》第二十二条第三款的规定，创造性，是指同申请日以前已有的技术相比，该发明有突出的实质性特点和显著的进步，该实用新型有实质性特点和进步。本专利相对于对比文件1相比存在7点区别特征，其中有6点已被现有技术公开，对此当事人无争议，本院予以确认。关于区别特征⑥，即角盖板5下表面上设有若干与地板1上设有的若干地板肩凹槽13相匹配使用的凸柱14，对比文件1相对应的中央盖板5上有辅助定位片52，本专利凸柱与地板1上的凹槽相配合，实现角盖板与地板之间的扣合，而对比文件1的辅助定位片作用在于螺孔与地板1中的六角槽孔之间的对位，二者结构和功能不同。被告认定该区别技术特征取得了防止地板及角盖板之间串动的有益效果，权利要求1的技术方案相对于对比文件1、2、3具有创造性，具有事实和法律根据。鉴于原告关于本专利权利要求1相对于对比文件1、2、3的结合不具备创造性的主张不成立，被告认定原告关于本专利从属权利要求2、3、4不具备创造性的理由亦不成立，该认定具有事实和法律根据。

第11441号决定中的相关评述，其所针对的专利及审查的具体案情与本案不同，不能作为认定本案第11757号决定违法的依据，因此对原告的相关主张不予支持。

综上，第11757号决定认定事实清楚，适用法律正确，程序合法，本院应予维持。原告的诉讼请求，缺乏事实和法律依据，本院不予支持。依照《中华人民共和国行政诉讼法》第五十四条第（一）项之规定，判决如下：

维持被告国家知识产权局专利复审委员会作出的第11757号无效宣告请求审查决定。

案件受理费100元，由原告常州华通新立地板有限公司负担（已交纳）。

如不服本判决，可在本判决书送达之日起15日内，向本院提交上诉状，并按对方当事人的人数提交副本，预交上诉案件受理费100元，上诉于北京市高级人民法院。

审　判　长　吴　月
代理审判员　胡华峰
代理审判员　毛天鹏
二○○九年二月十三日
书　记　员　郎莉萍

北京市高级人民法院
行政判决书

（2009）高行终字第460号

上诉人（一审原告）常州华通新立地板有限公司，住所地江苏省常州市武进区遥观镇郑村工业园区。

法定代表人刘文雄，总经理。

委托代理人姜莹，北京方韬法业专利代理事务所专利代理人。

委托代理人高天乐，北京方韬法业专利代理事务所法律部职员。

被上诉人（一审被告）国家知识产权局专利复审委员会，住所地北京市海淀区北四环西路9号银谷大厦。

法定代表人廖涛，副主任。

委托代理人王森，国家知识产权局专利复审委员会审查员。

委托代理人朱茜，国家知识产权局专利复审委员会审查员。

被上诉人（一审第三人）江苏红日防静电地板有限公司（原为常州红日防静电地板制造有限公司，于2008年6月8日变更为现名称），住所地江苏省常州市武进区横林镇崔蓉路5号。

法定代表人张耀明，总经理。

委托代理人张学群，男，1968 年 3 月 5 日出生，满族，住北京市海淀区北三环西路 32 号恒润大厦 1807 室。

上诉人常州华通新立地板有限公司（以下简称华通公司）因无效宣告请求审查决定一案，不服北京市第一中级人民法院（2008）一中行初字第 1455 号行政判决，向本院提起上诉。本院受理后，依法组成合议庭，对本案进行了公开审理。上诉人华通公司的委托代理人姜莹、高天乐，被上诉人国家知识产权局专利复审委员会（以下简称复审委）的委托代理人王森、朱茜，被上诉人江苏红日防静电地板有限公司（以下简称红日公司）的委托代理人张学群到庭参加了诉讼。本案现已审理终结。

2007 年 5 月 31 日，复审委依据《中华人民共和国专利法》（以下简称《专利法》）第二十二条第二款、第三款的规定，作出第 11757 号无效宣告请求审查决定（以下简称第 11757 号决定），宣告维持红日公司的第 02136971.2 号“一种多功能网络架空活动地板”发明专利权（以下简称本专利）有效。华通公司不服该决定，向北京市第一中级人民法院（以下简称一审法院）提起行政诉讼。

一审法院审理期间，双方当事人确认本案争议焦点为对比文件 1 是否公开了区别特征 6 的内容。

一审法院认为，经审查，可以确认本案当事人无争议的复审委的法定职权、行政程序、第 11757 号决定的“案由”部分、证据认定部分及有关《中华人民共和国专利法实施细则》（以下简称《专利法实施细则》）第十三条第一款部分合法。

本专利相对于对比文件 1 存在 7 点区别，其中 6 点已被现有技术公开，对此当事人无异议，经审查，可以确认事实依据充分。关于区别特征 6，即角盖板下表面上设有若干与地板上设有的若干地板肩凹槽相匹配使用的凸柱，对比文件 1 相对应的中央盖板上有辅助定位片，本专利凸柱与地板上的凹槽相配合，实现角盖板与地板之间的扣合，而对比文件 1 的辅助定位片作用在于螺孔与地板中的六角槽孔之间的对位，二者结构和功能不同。复审委认定该区别技术特征取得了防止地板及角盖板之间串动的有益效果，权利要求 1 的技术方案相对于对比文件 1、2、3 具有创造性，具有事实和法律依据。华通公司关于本专利权利要求相对于对比文件 1、2、3 的结合不具有创造性的主张不能成立，故其关于本专利从属权利要求 2、3、4 不具有创造性的理由也不能成立。

第 11441 号无效宣告请求审查决定（以下简称第 11441 号决定）中的相关评述所针对的专利及审查的具体案情与本案不同，不能作为认定本案第 11757 号决定违法的依据，因此，对华通公司的相关主张不予支持。综上，一审法院认定第 11757 号决定认定事实清楚，适用法律正确，程序合法；华通公司的诉讼请求缺乏事实依据和法律依据。依照《中华人民共和国行政诉讼法》第五十四条的规定，判决维持了第 11757 号决定。

华通公司不服一审判决，提起上诉。该公司认为，复审委和一审法院对其提交的对比文件 1 未予采纳错误，该对比文件中已经公开了相应的技术特征，因此，该对比文件应当具有证明作用。其次，对比文件 1 公开了中央盖板下表面设有辅助定位片（相当于本专利的凸柱），从作用上讲，对比文件 1 中的辅助定位片是定位在高架地板角落的相邻两边，是用于实现对相邻的四块地板间的定位，进而实现了中央盖板与地板之间的扣合；而在对地板定位的同时必然会使得中央盖板的四个螺孔的对位。同时对比文件 1 还公开了边盖板的下表面设有与地板凸缘的缺口（相当于本专利的凹槽）相匹配的弯弧定位片（相当于本专利的凸柱），所起作用也是定位和固定。因而对比文件 1 已公开了区别特征 6 的内容。故，对比文件 1、2、3 相结合公开了权利要求 1 的全部技术特征，并给出了技术启示，进而使得本领域的技术人员有动机将对比文件 1～3 结合起来得到本专利权利要求 1 的技术方案。故本专利权利要求 1 要求保护的技术方案相对于对比文件 1～3 的结合是显而易见的，不具备突出的实质性特点，不具有创造性。

关于第 11441 号决定。该决定是针对红日公司的 ZL02283447.8 号实用新型专利所做的。该实用新型专利所公开的附图 1~12 与本专利完全相同，对于相关技术特征也采用相同的文字进行描述，只是在权利要求中对技术方案采用的不同的排列组合而已。综上，请求撤销一审判决和第 11757 号决定。

复审委答辩坚持其在第 11757 号决定中的事实确认及相关理由，同时认为，根据口审记录的记载，华通公司在无效程序中并未主张本专利权利要求 1 中的技术特征是惯用技术手段，更未具体说明使用第 11757 号决定的对比文件 1 中的"边盖板的下表面设有与地板突缘的缺口相匹配的弯弧定位片"来评述"角盖板下表面上设有若干与地板上设有的若干地板肩凹槽相匹配使用的凸柱"这一技术特征。复审委基于华通公司的请求并认为对比文件 1 中的辅助定位片所起的作用不同于权利要求 1 中凸柱和凹槽的作用，从而得出华通公司关于本专利权利要求 1 不具备创造性的主张不成立的结论并无不妥。

第 11757 号决定所针对的技术特征为"角盖板下表面上设有若干与地板上设有的若干地板肩凹槽相匹配使用的凸柱"，而第 11441 号决定针对的技术特征为"角盖板下表面上设有若干与地板上设有的若干凹槽相匹配使用的凸柱"，将两者比较，第 11757 号决定和第 11441 号决定涉及的技术特征完全不同，本专利限定的是一个更小范围的技术特征，第 11441 号决定和第 11757 号决定针对的具体案情不相同，故华通公司的相关主张不能成立。综上认为，第 11757 号决定认定事实清楚，适用法律正确，程序合法，结论正确，请求维持一审判决和第 11757 号决定。

红日公司未提交书面答辩意见，当庭表示同意第 11757 号决定和一审判决。

一审法院审理期间，复审委提交了：

1. 对比文件 1，即 2001 年 10 月 4 日公开的 DE20106806U1 号德国专利文献及作为该专利文献中文译文的于 2003 年授权公告的 CN2528829Y 中国实用新型专利说明书；

2. 对比文件 2，即 2000 年 5 月 10 日授权公告的 CN2377303Y 实用新型专利说明书；

3. 对比文件 3，即 TW410853 号台湾新型专利说明书；

4. 本专利说明书；

5. 无效审查期间的口审记录。

华通公司提交了：

1. 专利无效宣告请求书；

2. 该公司于 2008 年 6 月 2 日、6 月 4 日分别提交给复审委的意见陈述书；

3. 第 11441 号决定。

红日公司未提交新的证据。

上述证据已随案移送本院。经审查，复审委提交的证据及华通公司提交的证据 1、2 来源合法，内容真实，能够印证第 11757 号决定确认的相关事实；华通公司提交的证据 3 针对的是红日公司的 ZL02283447.8 号实用新型专利，由于两专利不同，故证据 3 不能作为确认第 11757 号决定违法的证据。故一审法院对该证据不予采纳正确。

经审理查明，本专利系由红日公司于 2002 年 9 月 13 日申请的"一种多功能网络架空活动地板"的发明专利，2007 年 8 月 15 日被公告授权，专利号为 02136971.2。授权公告的权利要求书为：

"1. 一种多功能网络架空活动地板，其由活动钢地板（1）、连接件组成，二块地板（1）由若干支架（2）支撑，每块地板（1）的四周边设有肩（3），地板（1）四角分别设有孔（19）；在二块地板（1）间置有边盖板（4），边盖板（4）二端及二块地板（1）的角间分别设置有四角均设有内凹角的方形角盖板（5）；每一支架（2）下端分别置于角底版（6）的沉孔（7）中，支架（2）上部支撑于地板（1）角部，地板（1）角部与支架（2）上端以连接件相连；角盖板（5）、边盖板（4）、地板（1）上表面保持于同一水平面，地板（1）侧面设有二发泡水泥充灌孔（12），其特征在于：地板（1）的肩（3）上设有若干地板肩凹槽（13），边盖板（4）、角盖板（5）的下表面均设有若干加强筋（16），其上表面均设有若干角盖板凹槽（8）；支架（2）的结构为带有外螺纹的螺杆（9）下端接支柱（10），支柱（10）插置于角底板（6）上的沉孔（7）内，螺杆（9）上套置有相匹配的调节螺母（11），调节螺母（11）上且于螺杆（9）外套有相匹配的固定螺母（18）外套置有套管（20），套管（20）置于地板（1）的角的孔（19）中，孔（19）上置有装饰盖（21）；角盖板（5）下表面上设有若干与地板（1）上设有的若干地板肩凹槽（13）相匹配使用的凸柱（14）；角盖板（5）的四个侧面均设有槽（15）；角底板（6）上设有若干放置支柱（10）的沉孔（7）。

2. 如权利要求 1 所述的一种多功能网络架空活动地板，其特征在于：地板（1）的上表面设有若干地板凹槽（17）。

3. 如权利要求 1 所述的一种多功能网络架空活动地板，其特征在于：角底板（6）的上表面设有若干角底板凹槽。

4. 如权利要求 1 所述的一种多功能网络架空活动地板，其特征在于：角盖板（5）的下表面均设有若干加强筋（16），其上表面均设有若干角盖板凹槽（8）。”

针对本专利，华通公司于 2007 年 10 月 15 日向复审委提出无效宣告请求。华通公司同时提交了 9 份附件：

附件 1：华通公司的意见陈述书；

附件 2：本专利的发明专利说明书和申请公开说明书；

附件 3：2001 年 10 月 4 日公开的 DE20106806U1 号德国专利文献（即对比文件 1）；

附件 4：2003 年 1 月 1 日授权公告的 CN2528829Y 中国实用新型专利说明书（即对比文件 1 的中文译文）；

附件 5：2000 年 5 月 10 日授权公告的 CN2377303Y 中国实用新型专利说明书（即对比文件 2）；

附件 6：TW410853 号台湾新型专利说明书（即对比文件 3）；

附件 7：1999 年 7 月 7 日公开、2002 年 3 月 13 日授权的 CN1221842A 中国发明专利申请公开说明书（即对比文件 4）；

附件 8：红日公司于 2002 年 9 月 12 日申请、2003 年 5 月 14 日被授权公告的 ZL02267108.0 号中国实用新型专利说明书（即对比文件 5）；

附件 9：红日公司于 2002 年 12 月 23 日申请、2003 年 12 月 3 日被授权公告的 ZL02283447.8 号中国实用新型专利说明书（即对比文件 6）。

华通公司认为对比文件 1、2、3 公开了本专利权利要求 1 的全部技术特征，对比文件 3 公开了本专利权利要求 2 的附加技术特征；对比文件 4 公开了本专利权利要求 3 的附加技术特征；权利要求 4 的附加技术特征与权利要求 1 的第 9 行的技术特征重复，故本专利权利要求 1～4 不符合《专利法》第二十二条第三款的规定。本专利与对比文件 5、6 三者同时并存，不符合《专利法实施细则》第十三条第一款的规定。

复审委受理了华通公司的申请，于 2007 年 11 月 20 日向华通公司和红日公司发出受理通知书，并经转文，要求红日公司提交意见陈述书。红日公司于 2008 年 1 月 7 日提交了意见陈述书，同时提交了：

证据 1：复审委作出的第 8293 号无效宣告请求审查决定；

证据 2：声称为本专利的审查意见通知书及答复。

复审委于2008年3月24日对本案进行了口头审理，华通公司及红日公司参加了口头审理。

2008年6月2日及6月4日，华通公司两次提交了意见陈述，指出本专利与对比文件6之间存在重复授权的问题。

复审委经审查认为，对比文件1~4均是专利文献，可以作为本案证据使用。红日公司认可对比文件3的公开时间为附件10记载的公告日期2000年11月1日，早于本专利的申请日，对比文件1、2、4的公开时间也都早于本专利的申请日，因此对比文件1~4公开的内容可以作为本专利的现有技术。红日公司对用附件4作为对比文件1的中文译文及其准确性没有异议，所以对比文件1公开的内容以附件4公开的内容为准。对比文件5、6均是中国专利文献，可以作为本案证据使用。红日公司提交的证据1、2可以作为本案证据使用。

本专利权利要求1~4相对于对比文件5、6不属于同样的发明创造。华通公司的主张不能成立。

对比文件1公开了一种金属网路高架地板，其由高架地板1、足部构件2、底座3、线槽4、中央盖板5以及边盖板6相互组合而成，高架地板1是方型的平面铁板11，高架地板1由足部构件2支撑，该高架地板1的周缘设有阶级突缘13，高架地板1的四角落处设有六角槽孔15，在二块高架地板1间置有边盖板6，边盖板6二端及二块高架地板1的角间分别设置有方形中央盖板5，足部构件2下端分别置于底座3的中空筒体32中，足部构件2上部支撑于高架地板1角部，中央盖板5、边盖板6、高架地板1上表面保持于同一水平面，高架地板1的阶梯凸缘13上设有缺口14，足部构件2是设有一配合上述六角槽孔15并设置于其内的塑料套21，该塑料套21底部设有突缘22，在塑料套21内再套设一内部设有螺纹26、外部设有突缘25及纵向刻纹24的金属螺母23，藉纵向刻纹24以增加与塑料套21的紧固度并防止旋转，金属螺母23可再螺合一设有迫紧螺帽28与C型垫片281的螺杆27，螺杆27包括带有外螺纹的部分和不带螺纹的柱状部分，螺杆27不带螺纹的柱状部分的下端位于设在从底座3四角向上突设的中空筒体32内，在六角槽孔15内设有螺钉，底座3上设置4个中空筒体32，中央盖板5的四只螺孔51旁侧各设有略为下陷的辅助定位片52，故四只螺孔51可轻易与四块高架地板1的六角槽孔对位，此时再藉四个螺丝将中央盖板5锁合于四块高架地板1。

将本专利权利要求1与对比文件1相比，对比文件1中的高架地板1、足部构件2、阶级突缘13、六角槽孔15、边盖板6、中央盖板5、底座3、中空筒体32、缺口14、螺杆27、迫紧螺帽28、金属螺母23、塑料套21分别相当于权利要求1中的地板（1）、支架（2）、肩（3）、孔（19）、边盖板（4）、角盖板（5）、角底板（6）、沉孔（7）、凹槽（13）、螺杆（9）、调节螺母（11）、固定螺母（18）和套管（20）。另外，对比文件1中的地板也是由高架地板1. 足部构件2、底座3、中央盖板5、边盖板6等相互组合而成，由此其公开了权利要求1中的活动地板和连接件；并且对比文件1中高架地板1的角部与足部构件2的上端通过螺钉、塑料套21、螺母23、迫紧螺帽28和螺杆27连接，因此对比文件1公开了权利要求1中的地板（1）角部与支架（2）上端以连接件相连。

本专利权利要求1与对比文件1的区别在于：①地板（1）为钢地板、②角盖板（5）四角均设有内凹角、③地板（1）侧面设有二发泡水泥充灌孔（12）、④边盖板（4）、角盖板（5）的下表面均设有若干加强筋（16），其上表面均设有若干角盖板凹槽（8）、⑤孔（19）上置有装饰盖（21）、⑥角盖板（5）下表面上设有若干与地板（1）上设有的若干地板肩凹槽（13）相匹配使用的凸柱（14）以及⑦角盖板（5）的四个侧面均设有槽（15）。

对比文件2公开了一种折边钢地板：折边钢地板的面板1和底板2连接后形成的空腔内填满填充材料4，底板2侧部开有填充孔6，而在钢地板内填充发泡水泥是本领域技术人员很容易想到的。由此可见，对比文件2公开了区别特征①和③。

对比文件3公开了一种网络地板，方形连接片32的四角均设有内凹角，矩形连结片31的片体的前后两端设有供电线进出的线孔312，在方形连接片32的四个侧面也设有与线孔312相配合的线孔，并且在方形连接片32和矩形连接片31的下表面设有若干加强筋，在上表面设有若干凹槽。由此可见，对比文件3公开了区别特征②、④和⑦。

本专利权利要求1中的装饰盖也是固定在孔（19）上，而对比文件1中的螺钉在起到固定作用的同时，也能够在一定程度上起到装饰的作用，并且为了防止孔（19）内积灰而影响美观，本领域普通技术人员也很容易想到在孔（19）上设置装饰盖。因此，对比文件1中还公开了在六角槽孔15内设有螺钉的技术特征，即区别特征⑤。

对比文件1没有公开权利要求1中设于地板（1）上的凹槽，以与角盖板下表面的凸柱相匹配。并且由对比文件1公开的上述内容可知，辅助定位片52是用于中央盖板5上的螺孔与地板1中的六角槽孔之间的对位，而本专利权利要求1中的通过角盖板下表面的凸柱与地板（1）上的凹槽相配合，实现了角盖板与地板之间的扣合，因此对比文件1中的辅助定位片52所起的作用不同于权利要求1中凸柱和凹槽的作用，从而本领域普通技术人员在对比文件1、2和3的基础上，需要付出创造性劳动才能获得权利要求1的技术方案。并且本专利权利要求1由于采用了凸柱和凹槽的配合，取得了防止地板及角盖板之间串动的有益效果。所以，华通公司关于本专利权利要求1相对于对比文件1、2和3的结合不具备创造性的主张不成立。

从属权利要求2、3、4均对权利要求1进行了进一步限定，在华通公司关于本专利权利要求1相对于对比文件1、2和3的结合不具备创造性的主张不成立的情况下，其关于本专利权利要求2~4不具备创造性的主张也不成立。

鉴于华通公司关于本专利权利要求1~4不符合《专利法实施细则》第十三条第一款、《专利法》第二十二条第三款规定的主张不成立，因此复审委对红日公司提交的证据1、2未再评述。据此，复审委作出第11757号决定，维持本专利有效。

本案审理期间，华通公司和红日公司确认本案的争议焦点为对比文件1是否公开了区别特征⑥的内容，双方当事人对复审委的职权、行政程序及第11757号决定确认的其他事实没有异议。

经对上述双方当事人无争议事实的审查，本院认为一审法院就复审委的行政职权、行政程序合法，复审委关于对比文件1与本专利存在7个区别特征，对比文件2公开了区别特征①和③、对比文件3公开了区别特征②、④和⑦、对比文件1公开了区别特征⑤以及关于本专利符合《实施细则》第十三条第一款的确认事实依据清楚、充分，本院不再赘述。

关于区别特征⑥。本专利角盖板下表面上设有若干与地板上设有的若干地板肩凹槽相匹配使用的凸柱，以实现角盖板与地板之间的扣合；而对比文件1相对应的中央盖板上有辅助定位片，该辅助定位片的作用在于螺孔与地板中的六角槽孔之间的对位，二者结构和功能不同。故复审委认定该区别技术特征取得了防止地板及角盖板之间串动的有益效果，权利要求1的技术方案相对于对比文件1、2、3具有创造性，具有事实和法律根据。

关于第11441号决定。由于该决定针对的专利与本案不同，故本院同意一审法院关于该决定不能作为确认第11757号决定违法的依据的审查结论。

综上，第11757号决定认定事实清楚，适用法律正确，程序合法；一审法院判决维持该决定符合《中华人民共和国行政诉讼法》第五十四条第（一）项的规定。华通公司的上诉理由缺乏事实和法律依据，本院不予支持。依照《中华人民共和国行政诉讼法》第六十一条第（一）项之规定，判决如下：

驳回上诉，维持一审判决。

二审案件受理费人民币100元，由上诉人常州华通新立地板有限公司负担（已交纳）。

本判决为终审判决。

审 判 长 郭 宜
审 判 员 张学磊
代理审判员 朱海宏
二〇〇九年六月一日
书 记 员 程钰玮

130

钢管六柱散热器

无效宣告请求审查决定（第11767号）

决　　定　　号　第11767号
决　　定　　日　2008年6月20日
发明创造名称　钢管六柱散热器
国 际 分 类 号　F28D 1/02
无效宣告请求人　河南暖孚散热器有限公司，霸州市宇鑫精艺金属制品有限公司
专 利 权 人　管忠海
专　　利　　号　200620013151.1
申　　请　　日　2006年4月11日
授 权 公 告 日　2007年5月2日
合 议 组 组 长　刘敏飞
主　　审　　员　欧　岚
参　　审　　员　王　森

法 律 依 据　专利法第22条第3款
决 定 要 点

如果一项实用新型的权利要求所保护的技术方案与一份作为最接近现有技术的对比文件相比存在区别技术特征，但请求人提供的另一份对比文件给出了将该区别技术特征应用到最接近的现有技术中得到该权利要求所保护的技术方案的技术启示，则该权利要求对本领域技术人员来说是显而易见的，不具有实质性特点。

一、案由

本无效宣告请求涉及中华人民共和国国家知识产权局于2007年5月2日授权公告的、名称为“钢管六柱散热器”的实用新型专利权（下称本专利），其专利号是200620013151.1，申请日是2006年4月11日，专利权人是管忠海。本专利授权公告时的权利要求书如下：

“1. 一种钢管六柱散热器，其柱片上设置有上、下水道及进、出水孔，在首尾的柱片进出水孔外端设置有丝圈，其特征在于所述的柱片（1）上设置有六根纵向管柱（104）。

2. 根据权利要求1所述的钢管六柱散热器，其特征在于所述的柱片（1）一面设置有上下大水孔（107），另一面设置有带翻边（103）的小水孔（108），小水孔（108）插入柱片（1′）的大水孔（107′）焊接。”

针对本专利权，河南暖孚散热器有限公司（下称请求人Ⅰ）于2007年11月16日向专利复审委

员会提出无效宣告请求，认为本专利的权利要求1、2不符合专利法第22条第2、3款的规定，请求人Ⅰ同时提交了如下附件：

附件1：本专利的专利说明书；

附件2：授权公告日为2007年2月7日、授权公告号为CN2867254Y（专利号为200520146636.3）的中国实用新型专利说明书，共6页（下称对比文件1）。

请求人Ⅰ认为：本专利权利要求1、2相对于对比文件1不具备新颖性。

经形式审查合格，专利复审委员会依法受理了上述无效宣告请求，并于2007年11月16日向请求人Ⅰ和专利权人发出无效宣告请求受理通知书，同时将专利权无效宣告请求书及其附件清单中所列附件的副本转送给专利权人，并要求专利权人在指定的期限内陈述意见。

针对专利复审委员会发出的上述无效宣告请求受理通知书，专利权人于2007年12月13日提交了意见陈述书，在其中陈述了本专利相对于对比文件1具备新颖性的理由。

请求人Ⅰ于2007年12月14日向专利复审委员会提交了意见陈述书，并补充了无效宣告的理由和证据，其中补充的证据为：（编号续前）

附件3：授权公告日为1999年1月20日、授权公告号为CN2304884Y（专利号为97239913.5）的中国实用新型专利说明书，共7页（下称对比文件2）；

附件4：授权公告日为2004年12月29日、授权公告号为CN2667439Y（专利号为200320129411.8）的中国实用新型专利说明书，共4页（下称对比文件3）；

附件5：中华人民共和国河南省沈丘县公证处出具的（2007）沈证民字第094号公证书复印件一份，共14页（下称证据1）；

附件6：2005年5月15日出版第35卷第5期《暖通空调》杂志封面页、目录页、第66页、封底页复印件，共4页（下称证据2）；

附件7：专利权人诉请求人Ⅰ侵权的起诉状复印件一份，共2页（下称证据3）；

附件8：河南省沈丘县工商局档案室出具的证明复印件一份，共1页（下称证据4）；

附件9：河南省恒春暖通设备有限公司《公司设立登记申请书》及《公司章程》复印件，共19页（下称证据5）。

请求人Ⅰ认为：本专利权利要求1、2相对于对比文件2、3的结合不具备创造性；证据1用来说明本专利权利要求2相对于对比文件1不具备新颖性；证据2~5证明专利权人在本专利申请日之前已销售本专利产品，因此不具备新颖性。

针对本专利权，霸州市宇鑫精艺金属制品有限公司（下称请求人Ⅱ）于2007年12月17日向专利复审委员会提出无效宣告请求，认为本专利的权利要求1、2不符合专利法第22条第3款的规定，本专利的权利要求书不符合专利法第26条第3、4款的规定。请求人Ⅱ同时提交了如下附件：

附件Ⅱ-1：本专利的专利说明书；

附件Ⅱ-2：授权公告日为2001年10月24日、授权公告号为CN2456127Y（专利号为00253251.4）的中国实用新型专利说明书，共5页；

附件Ⅱ-3：授权公告日为2004年12月29日、授权公告号为CN2667439Y（专利号为200320129411.8）的中国实用新型专利说明书，共5页。

请求人Ⅱ认为：本专利权利要求1、2相对于附件Ⅱ-2、Ⅱ-3的结合不具备创造性。

经形式审查合格，专利复审委员会依法受理了上述无效宣告请求，并于2008年1月17日向请求人Ⅱ和专利权人发出无效宣告请求受理通知书，同时将专利权无效宣告请求书及其附件清单中所列附件的副本转送给专利权人，并要求专利权人在指定的期限内陈述意见。

请求人Ⅱ于2008年1月10日向专利复审委员会提交了意见陈述书，并补充了无效宣告的理由和证据，其中补充的证据为：（编号续前）

附件Ⅱ-4：2005年10月出版第35卷第10期《暖通空调》杂志封面页、第62页复印件，共2页；

附件Ⅱ-5：2006年3月号《现代暖通-散热器》封面页、目录页、两页广告页复印件，共4页。

请求人Ⅱ认为：本专利权利要求1相对于附件Ⅱ-2、Ⅱ-4的结合不具备创造性，权利要求2相对于附件Ⅱ-2、Ⅱ-4和附件Ⅱ-5两个广告页公开的内容分别结合不具备创造性。

专利复审委员会依法成立合议组，对上述两个无效宣告请求进行合并审理。

本案合议组于2008年1月22日向请求人Ⅰ、Ⅱ和专利权人发出无效宣告请求口头审理通知书，定于2008年4月16日在专利复审委员会针对上述两个无效宣告请求举行合并口头审理。随同口头审理通知书，将专利权人于2007年12月13日提交的意见陈述书及其附件清单中所列附件的副本转送给请求人Ⅰ。

本案合议组于2008年1月22日发出转送文件通知书，将请求人Ⅰ于2007年12月14日提交的意见陈述书及其附件转给专利权人。并于2008年1月25日发出转送文件通知书，将请求人Ⅱ于2008年1月10日提交的意见陈述书及其附件转给专利权人。

专利权人于2008年2月19日针对请求人Ⅰ于2007年12月14日提交的意见陈述书及其附件提交了意见陈述书，其认为对比文件2与对比文件3的结合不能破坏本专利的创造性，证据1中涉及的实用新型专利文献不构成本专利的对比文件，证据2~5没有公开本专利的技术特征。

专利权人于2008年2月4日针对请求人Ⅱ提出的无效宣告请求书和2008年1月10日提交的意见陈述书及其附件提交了意见陈述书，其认为附件Ⅱ-2、Ⅱ-3均与本专利权利要求1、2的技术方案存在实质性区别，而且对附件Ⅱ-4和Ⅱ-5的公开时间有质疑，本专利权利要求1相对于附件Ⅱ-2、Ⅱ-4的结合具备创造性，附件Ⅱ-5没有公开权利要求2的技术方案。

本案合议组于2008年2月27日发出转送文件通知书，将专利权人于2008年2月19日提交的意见陈述书转给请求人Ⅰ，将专利权人于2008年2月4日提交的意见陈述书转给请求人Ⅱ。

口头审理如期举行，三方当事人均参加了口头审理。

在口头审理中，请求人Ⅰ明确无效的理由、范围和证据是：本专利的权利要求1、2相对于对比文件1不具备新颖性，权利要求1、2相对于对比文件2、3的结合不具备创造性，证据2~5证明本专利的权利要求1、2的技术方案在专利申请日之前已经公开使用，从而权利要求1、2不具备新颖性，证据1辅助证明对比文件1公开的内容。请求人Ⅰ当庭提交了证据2~5的原件，专利权人认可对比文件1~3的真实性，对证据1~5的真实性没有异议，但认为证据1公证书本身公证的是证人证言，其只有证人出庭才有效力，证据3~5与本案无关。请求人Ⅰ和专利权人对本专利是否具备新颖性和创造性充分发表了意见。

请求人Ⅱ明确无效的理由、范围和证据是：本专利权利要求1、2相对于附件Ⅱ-2、Ⅱ-3的结合不具备创造性。权利要求1相对于附件Ⅱ-2和附件Ⅱ-4的组合不具备创造性，权利要求2相对于附件Ⅱ-2、Ⅱ-4和附件Ⅱ-5的组合或者附件Ⅱ-2和附件Ⅱ-4的组合不具备创造性。请求人Ⅱ当庭出示了附件Ⅱ-4和Ⅱ-5的原件，专利权人认可附件Ⅱ-2-Ⅱ-5的真实性，对附件Ⅱ-5的公开时间有异议，认为附件Ⅱ-5是出版物，但没有印刷日，其公开时间不确定。请求人Ⅱ和专利权人对本专利是否具备创造性充分发表了意见。

至此，合议组认为本案事实已经清楚，可以作出审查决定。

二、决定的理由

1. 关于证据和现有技术

请求人Ⅰ提交的对比文件2、3均为中国专利文献，专利权人认可其真实性，合议组经审查认为对比文件2、3可以作为本案证据使用。同时对比文件2、3为公开出版物，其公开日期在本专利的申请日之前，因此可以作为本专利的现有技术使用。

2. 关于专利法第22条第3款

专利法第22条第3款规定："创造性，是指同申请日以前已有的技术相比，该发明有突出的实质性特点和显著的进步，该实用新型有实质性特点和进步。"

如果一项实用新型的权利要求所保护的技术方案与一份作为最接近现有技术的对比文件相比存在区别技术特征，但请求人提供的另一份对比文件给出了将该区别技术特征应用到最接近的现有技术中得到该权利要求所保护的技术方案的技术启示，则该权利要求对本领域技术人员来说是显而易见的，不具有实质性特点。

请求人Ⅰ认为，本专利权利要求1、2相对于对比文件2、3的结合不具备创造性，最接近的现有技术为对比文件2。

本专利权利要求1要求保护一种钢管六柱散热器。合议组经审查认为，对比文件2公开了一种组装防腐搪瓷钢柱型散热器，具体公开了以下特征（参见其说明书第1、2页和图1-3）：其由串接在一起的暖气片4（相当于本专利的柱片）构成，暖气片4由两个片头6（相当于本专利的上、下水道和进、出水孔）和位于片头6之间的散热柱5（相当于本专利的纵向管柱）组成，位于两侧两个暖气片的片头6外侧通孔处各设有一个联接暖气管路用的螺纹接口1（相当于本专利的丝圈），由对比文件2图1可看出暖气片4上有3根纵向的散热柱5。由上述可知，本专利权利要求1与对比文件2相比区别在于：本专利的柱片上设置有6根纵向管柱。对比文件3公开了一种复合钢管散热器（参见说明书第2页和图1、2），其由散热片连接而成，散热片的横水道与立水道连接，横水道上有接口，立水道是钢管，复合钢管散热器的柱数可为二根至六根，即对比文件3公开了上述区别技术特征。而且对比文件2、3和本专利属于相同的技术领域，因此本领域的技术人员在对比文件2公开的上述内容的基础上结合对比文件3，在考虑增加散热器的散热面积时很容易想到将上述区别技术特征应用到对比文件2中从而获得权利要求1的技术方案，权利要求1相对于对比文件2和3的结合是显而易见的，不具有实质性特点，不符合专利法第22条第3款的规定。

专利权人认为对比文件2的散热器为管柱，而本专利为柱片，对比文件2与本专利的区别在于本专利没有对比文件2的用拉紧杆2实现整组暖气片的紧固，因此两者公开的是不同结构的散热器。合议组认为，由对比文件2的文字记载和附图1、2均可知，对比文件2的散热器是由组装串接在一起的暖气片构成，并且在每个暖气片的两个片头之间为散热柱，因此其公开的就是与本专利相同的柱片状散热器，而关于对比文件2中公开了使用拉紧杆2实现整组暖气片的紧固，由于本专利权利要求1没有对若干柱片是如何连接紧固作进一步限定，因此对比文件2公开的上述特征对于本专利权利要求1相对于对比文件2和3的结合不具备创造性的评述没有影响。

权利要求2的附加技术特征进一步限定了柱片一面设有大水孔，另一面设有带翻边的小水孔，小水孔插入另一柱片的大水孔焊接。合议组认为，对比文件2还公开了在暖气片4的一面设有凹台7（相当于本专利的大水孔），另一面设有凸台9（相当于本专利的带翻边的小水孔），当将暖气片串接时，凸台9插入相邻暖气片接口处的凹台7，并使用粘接剂8粘接，另外还使用拉紧杆2使整组暖气片被夹紧（参见说明书第2页和图2、3）。由对比文件2的说明书第2页倒数第3行至第3页第1行记载的"各暖气片是组装于一起的……每个暖气片都是先进行搪瓷，然后再进行组装，可避免焊接时形成的焊缝而影响搪瓷质量”可知，对比文件2使用粘接和拉紧杆的方式连接各片暖气片是出于影响搪瓷质量的考虑，暖气片之间可以用焊接的方式连接已被对比文件2所公开，并且焊接也是本领域常用的连接散热器柱片的技术手段，那么本领域技术人员在综合考虑实际需要会在对比文件2公开的内容的基础上选择使用粘接和拉紧杆的方式或焊接方式连接散热器柱片，这属于本领域的常规技术选择。因此，在其引用的权利要求1不具备创造性的基础上，从属权利要求2也不符合专利法第22条第3款关于创造性的规定。

鉴于上述已经得出本专利权利要求1、2不符合专利法第22条第3款的规定，应予无效，故合议组对于请求人Ⅰ、Ⅱ提出的其他无效宣告理由不作评述。

根据上述的事实和理由，本案合议组依法作出以下决定。

三、决定

宣告第200620013151.1号实用新型专利权全部无效。

当事人对本决定不服的，可以根据专利法第46条第2款的规定，自收到本决定之日起三个月内向北京市第一中级人民法院起诉。根据该款的规定，一方当事人起诉后，另一方当事人应当作为第三人参加诉讼。

131

一种激光数码印相机

无效宣告请求审查决定（第11770号）

决　　定　　号　第11770号
决　　定　　日　2008年6月23日
发明创造名称　一种激光数码印相机
国 际 分 类 号　G03B 27/02，G03B 27/10
无效宣告请求人　济南新康佳数码激光冲印图片社，广州市华羿数码科技有限公司
专　利　权　人　广东易美图数码影像科技有限公司
专　　利　　号　200520037960.1
申　　请　　日　2005年12月24日
授 权 公 告 日　2007年1月17日
合 议 组 组 长　杨军艳
主　　审　　员　陈　力
参　　审　　员　周　航

法　律　依　据　专利法第22条第2款、第3款，专利法实施细则第20条第1款
决　定　要　点

请求人所提交的证据不能证明与本专利相关的产品已在先销售、展出且也不能证明该产品就是本专利所要求保护的产品，因此上述证据不足以评价本专利的新颖性。

一、案由

本无效宣告请求涉及国家知识产权局于2007年1月17日授权公告的名称为“一种激光数码印相机”的200520037960.1号实用新型专利权（下称本专利），其申请日是2005年12月24日，优先权日是2005年10月14日，专利权人是广东易美图数码影像科技有限公司。本专利授权公告时共包括18项权利要求，其中权利要求1为独立权利要求。权利要求书具体如下：

“1. 一种激光数码印相机，包括机架（8）、激光曝光单元（2）、纸箱（4）、导纸组件（5）以及裁刀（3），其特征在于所述激光曝光单元（2）的上部是导纸组件（5），底部是使用振镜技术的激光曝光引擎（6），并通过减振组件（1）固定于机架（8）的底架板（27）上；导纸组件（5）由几组传动辊组合、曝光区传动机构、多个传动电机、能上下翻动的蓄纸板、抬起机构组合构成。

2. 根据权利要求1所述的激光数码印相机，其特征在于所述裁刀（3）、纸箱（4）固定于机架上，与曝光单元（2）隔离。

3. 根据权利要求1所述的激光数码印相机，其特征在于所述裁刀（3）、纸箱（4）固定于激光曝

光单元上。

4. 根据权利要求1所述的激光数码印相机，其特征在于所述激光曝光引擎（6）固装在滑动组件上。

5. 根据权利要求1所述的激光数码印相机，其特征在于所述导纸组件（5）由7组传动辊组合（10）、驱动电机、前后蓄纸板（11、12）组成，第1、2、3、5、6、7组传动辊分别由6个电机驱动，前后蓄纸板（11、12）分别位于第2组及第6组的传动辊之后。

6. 根据权利要求1所述的激光数码印相机，其特征在于曝光区传动机构由两组传动辊组合（10）共四根分别是主传动辊（23）、被下动辊（24）、主上动辊（25）和被上动辊（26），大传动带轮（13），小传动带轮（14），皮带，抬起机构构成，小传动带轮由驱动电机驱动，小传动带轮通过皮带带动大传动带轮，大传动带轮与曝光区传动机构的主传动辊连接，大传动带轮与小传动带轮构成变速传动，主传动辊（23）和被下被辊（24）的端部通过皮带联动；主上动辊（25）和被上动辊（26）的端部通过皮带联动。

7. 根据权利要求6所述的激光数码印相机，其特征在于所述传动带轮的变速比是7~9。

8. 根据权利要求6所述的激光数码印相机，其特征在于曝光区传动机构的两组传动辊组合（10）之间设有曲柄（16）和偏心轮（15），曲柄（16）位于传动辊组合（10）的上、下传动辊之间，曲柄（16）受偏心轮（15）连接，偏心轮（15）由驱动电机驱动。

9. 根据权利要求4所述的激光数码印相机，其特征在于所述滑动组件安装在机架的底架板（27）上，滑动组件包括压紧曲柄（17）、承载体（18）以及锁紧机构（19），底板（20）上设有供承载板（18）滑动的滑轨，激光曝光引擎（6）固定在承载板（18）上，底板（20）上固定有纵向定位块（21）和水平定位块（22），承载板（18）位于水平定位块（22）上，锁紧机构（19）控制压紧曲柄（17）压紧承载板（18）。

10. 根据权利要求4所述的激光数码印相机，其特征在于所述激光曝光引擎（6）内使用了振镜作为扫描器件。

11. 根据权利要求1所述的激光数码印相机，其特征在于激光曝光单元（2）通过减震组件（1）与机架（8）的底架板（27）连接。

12. 根据权利要求1所述的激光数码印相机，其特征在于激光曝光单元（2）为有加强筋的U型结构的腔体，由两个侧板，底板及加强筋构成，两个侧板的厚度为：15~35mm，两侧板之间距离为：800~1050mm；底板（20）厚度为：25~40mm；加强筋通过螺丝与底板（20）连接。

13. 根据权利要求1所述的激光数码印相机，其特征在于激光曝光单元（2）上面的导纸组件（5）的中心到激光曝光单元（2）的底板（20）的距离为：800~1050mm。

14. 根据权利要求1所述的激光数码印相机，其特征在于相纸在进入曝光区前设有一个蓄纸机构，并且在曝光后设有一个蓄纸机构。

15. 根据权利要求1所述的激光数码印相机，其特征在于导纸组件（5）的传动辊的外径为30~45mm。

16. 根据权利要求1所述的激光数码印相机，其特征在于与曝光区传动机构相邻的传动辊是通过弹性平皮带被电机驱动的。

17. 根据权利要求1所述的激光数码印相机，其特征在于相纸在进入曝光区前设有一个可以检测相纸边缘的探边机构。

18. 根据权利要求1所述的激光数码印相机，其特征在于在相纸进入曝光区传动机构前的一组传动辊组合设有上辊抬起机构。”

针对上述专利权，济南新康佳数码激光冲印图片社（下称第一请求人）于2007年8月27日向专利复审委员会提出了无效宣告请求，第一请求人的具体理由是：本专利权利要求1中对所述导纸组件结构的限定中，未能给出各子部件的空间位置关系，因此权利要求1~18保护范围不清楚，不符合专利法实施细则第20条第1款的规定。证据1.1中公开了权利要求1的所有技术特征，使本专利权利要求1不具备新颖性，不符合专利法第22条第2款的规定。结合证据1.1至1.3，权利要求1~18不具备创造性，其中证据1.2主要揭示曝光引擎置于下方的技术方案，证据1.3揭示振镜技术的曝光引擎早已成为公知常识。请求人提交的证据如下：

证据1.1：US5929975号美国专利说明书，公开日为1999年7月27日；

证据1.2：特开2001-222070号日本公开特许公报说明书，公开日为2001年8月17日；

证据1.3：公开号为CN1407368A号的中国发明专利申请公开说明书，公开日为2003年4月2日；

证据1.4：本专利的授权公告文本。

经形式审查合格后，专利复审委员会依法受理了上述无效宣告请求（案件编号：5W09124），于2007年8月28日向双方当事人发出无效宣告请求受理通知书，并将无效宣告请求书及附件清单中所列附件副本转送给专利权人，要求其在指定期限内答复。

针对上述无效宣告请求，专利权人于2007年10月11日提交了意见陈述书，认为：（1）证据1.1没有中文译文，不具有可采性，即使从附图来看本专利与证据1.1也是完全不同的技术方案，两者的保护范围不同；证据1.1所显示的曝光方向与本专利的不同，本专利的更简单，曝光效果更好；证据1.1和本专利的扫描器件不同，本专利的更简单。（2）证据1.2没有中文译文，不具有可采性，即使从附图来看本专利与证据1.2也是完全不同的技术方案，两者所用的曝光引擎不同、证据1.2中缺乏本专利权利要求1中所包括的减振组件、曝光区传动机构、蓄纸板、抬起机构等。（3）证据1.3的内容与本专利的范围不同。因此第一请求人的无效宣告理由不能成立。

随后，专利复审委员会收到了第一请求人于2007年9月27日寄出的意见陈述书以及证据1.1的部分中文译文共13页和证据1.2的全部中文译文共8页，还有作为证据1.5（编号续前）使用的补充证据：授权公告号为CN2497342Y的中国实用新型专利说明书，其授权公告日为2002年6月26日。第一请求人在该意见陈述书中认为：（1）本专利权利要求1中，对所述导纸组件5的组成结构，即传动辊组合、曝光区传动机构、传动电机、蓄纸板、抬起机构等，这些部件之间的空间位置关系没有揭示，所述激光曝光引擎与激光曝光单元的从属关系不明确，继而导致激光曝光引擎、激光曝光单元、导纸组件三者之间的空间位置不清楚以及曝光传动机构与传动辊组合与导纸组件的从属关系不明确，导致权利要求1保护范围不清楚。权利要求2中的“隔离”一词不清楚；权利要求3限定裁刀与纸箱固定于激光曝光单元上，由于曝光单元的概念不清楚，因此裁刀与纸箱曝光单元的具体关系也不清楚；权利要求5中各组成部件，尤指电机与传动辊组合10之间的配合关系也没有交代清楚。权利要求8限定曝光区传动机构两组传动辊之间设置曲柄16和偏心轮15，但是关于这种结构与其他结构的作用以及这种结构的具体作用并不清楚。权利要求12限定激光曝光单元为一腔体，即不包括激光曝光引擎，由此导致权利要求1以及整个权利要求书逻辑混乱不清楚。因此权利要求1~18不符合专利法实施细则第20条第1款的规定。（2）证据1.1揭示了权利要求1的大部分技术特征，其区别仅在于a.相对于激光曝光单元，导纸组件置于上方，激光曝光引擎置于底部，b.激光曝光单元采用振镜技术，c.设有减振组件。其中区别a在证据1.2中公开了，区别b在证据1.3公开了，区别c属于惯用技术手段，因此权利要求1不具有创造性。权利要求2的附加技术特征在证据1.1~1.2都已公开，而且也属于本领域公知的技术；权利要求3、4的附加技术特征属于本领域的公知技术；证据

1.1 公开了权利要求 5 的部分附加技术特征，区别仅在于本专利多设一对传动辊、设置的电机个数不同、蓄纸板的设置位置，但是这些区别并无实质性的影响；权利要求 6、16 的附加技术特征在证据 1.5 中已经公开且也属于本领域公知技术；权利要求 7~9、11~13、15 的附加技术特征均属于本领域惯用手段，无创造性可言；权利要求 10 的附加技术特征在证据 1.3 中公开了；权利要求 14 的附加技术特征被证据 1.1 部分公开且蓄纸装置所处的位置并无实质性影响；权利要求 17、18 的附加技术特征已被证据 1.1 公开，因此当独立权利要求 1 不具有创造性时，上述从属权利要求 2~18 也不具有创造性。

针对上述无效宣告请求，专利复审委员会依法成立合议组，并于 2007 年 12 月 5 日向双方当事人发出无效宣告请求口头审理通知书，定于 2008 年 2 月 26 日举行口头审理，并将专利复审委员会于 2007 年 10 月 18 日收到的专利权人于 2007 年 10 月 11 日寄出的意见陈述书转给第一请求人，将 2007 年 10 月 10 日收到的第一请求人于 2007 年 9 月 27 日补充提交的意见陈述书以及相关附件一份转给专利权人。

针对上述专利权，广州市华羿数码科技有限公司（下称第二请求人）于 2007 年 12 月 13 日向专利复审委员会提出了无效宣告请求，第二请求人的具体理由是：本专利权利要求 1~18 相对于证据 2.1 不具备新颖性，因此也不具备创造性。第二请求人提交的证据如下：

证据 2.1：声称是在 http：//www. imetto. com/lcb. asp 上查到的专利权人的网页宣传材料的打印件及译文，共 6 页。

经形式审查合格后，专利复审委员会依法受理了上述无效宣告请求（案件编号：5W09528），于 2007 年 12 月 27 日向双方当事人发出无效宣告请求受理通知书，并将无效宣告请求书及附件清单中所列附件副本转送给专利权人，要求其在指定期限内答复。

随后，第二请求人于 2008 年 1 月 12 日补充提交了意见陈述书和证据 2.2~2.12（编号续前），第二请求人表示证据 2.2~2.8 用于证明本专利在其优先权日以前就已经被专利权人生产、销售、展出过了，证据 2.9~2.12 用于证明本专利在其优先权日以前就已经被完全公开了，因此本专利不具备新颖性和创造性。第二请求人提交的证据具体如下：

证据 2.2：声称为登陆专利权人的网页宣传的 3 份公证书的复印件及译文，共 57 页；

证据 2.3：《人像摄影》杂志复印件，2005 年第 4 期，共 5 页；

证据 2.4：《影像通讯》杂志复印件，2005 年第 12 期，共 5 页；

证据 2.5：《影像通讯》杂志复印件，2006 年第 7 期，共 4 页；

证据 2.6：声称是用户张氏摄影有限公司在线冲印网站的说明的复印件，共 1 页；

证据 2.7：声称是《影像通讯》美国总部旗下的网站的报道的复印件，共 7 页；

证据 2.8：声称是蜂鸟网对 2005 年 P&E 的图片报道，共 3 页；

证据 2.9：（2007）西证民字第 3992 号公证书的复印件，共 23 页；

证据 2.10：（2007）西证民字第 4016 号公证书的复印件，共 17 页；

证据 2.11：《中国影像业年度评选 2005》评选特刊的评选结果的复印件，共 3 页；

证据 2.12：声称是《影像通讯》的详细测评报告，共 11 页。

第一请求人于 2008 年 1 月 14 日向专利复审委员会提交了合并审理请求书及附件，第一请求人认为尽管第一、二请求人并不相同，但是这两份请求都是针对同一专利权人的同一项专利权并且该两请求人均由同一代理人在同一民事侵权纠纷的行政处理程序和民事诉讼程序中处理本案件，属于针对一项专利权提出的多个无效宣告案件的情形，因此请求专利复审委员会推迟 5W09124 号案件的口头审理时间，与 5W9528 号案件合并审理。

依照审查指南第四部分第三章第4.5节有关“案件的合并审理”的相关规定，本案合议组决定对上述两项无效宣告请求案进行合并口头审理。

本案合议组于2008年2月14日向第一请求人、第二请求人和专利权人同时发出无效宣告请求口头审理通知书，指出定于2008年4月1日对上述两项无效宣告请求（案件编号：5W09124，5W09528）进行合并口头审理，并告知第一请求人和专利权人取消原定于2008年2月26日举行的口头审理，随口头审理通知书将第一请求人的合并口头审理请求书及其附件一份转给专利权人，将第二请求人于2008年1月12日补充提交的意见陈述书和证据2.2~2.12一份转给专利权人，并告知专利权人最迟于口头审理当庭对第一、二请求人提交的证据的真实性、合法性、关联性以及中文译文的准确性发表意见，否则视为无异议。

针对第一请求人的上述意见，专利权人于2008年3月29日提交了一份意见陈述书及反证1.1，该反证1.1为国家知识产权局做出的实用新型专利检索报告的复印件，共4页。专利权人认为：(1) 根据该反证1.1的检索结果，国家知识产权局认定本专利权利要求1~18符合专利法第22条有关新颖性和创造性的规定；(2) 第一请求人引用三项现有技术来评价本专利的创造性不符合审查指南的相关规定；(3) 即便综合第一请求人所引用的证据1.1、1.2、1.5，也无法覆盖本专利的全部必要技术特征，破坏不了本专利的创造性。

针对上述口头审理通知书所附的第二请求人的意见陈述及证据2.2~2.12，专利复审委员会于2008年3月31日收到专利权人提交的意见陈述书和反证2.1.2.6，具体为：

反证2.1：国家知识产权局专利局出示的实用新型检索报告，共4页（同反证1.1）；

反证2.2：(2008) 陕证民字第002039号公证书的复印件，共3页；

反证2.3：(2008) 陕证民字第002040号公证书的复印件，共3页；

反证2.4：(2008) 陕证民字第002041号公证书的复印件，共3页；

反证2.5：(2008) 陕证民字第002042号公证书的复印件，共4页；

反证2.6：(2008) 陕证民字第002043号公证书的复印件，共4页。

专利权人认为：反证2.1用于证明国家知识产权局认定本专利全部权利要求1~18符合专利法第22条有关新颖性和创造性的规定；反证2.2~2.6用于证明专利权人所生产、销售的“泰来32”激光数码印相机，其内部技术是不断更新换代的而本专利技术正是在这一过程之中积累和改进的成果，专利权人在销售、展览“泰来32”激光数码印相机过程中都只是展现产品的外观、技术规格和测试数据，产品的技术内容处于保密状态（反证2.5和2.6）；第二请求人的证据2.9和2.10内容不真实，反证2.2~2.4的内容显示，陕西薪艺影像制作有限公司所使用的“泰来32”激光数码印相机在2006年已经进行内部技术升级，其内部结构已经改变，证据2.9、2.10不具可采性。

口头审理如期举行，三方当事人均出席了口头审理。合议组当庭将专利权人于2008年3月29日提交的意见陈述书及反证1.1转给第一请求人，将复审委员会于2008年3月31日收到的专利权人提交的意见陈述书及反证2.1~2.6转给第二请求人。在口头审理过程中：

针对案件编号为5W09124的无效宣告请求案，第一请求人明确该无效宣告请求的理由、范围是：权利要求1~18不符合专利法实施细则第20条第1款的规定，权利要求1~18相对于证据1.1~1.3、1.5不符合专利法第22条第3款的规定；第一请求人当庭明确表示放弃本专利权利要求1不符合专利法第22条第2款规定的无效理由；证据1.4是本专利，其仅作为比较的基础不作为证据使用；放弃请求书中关于权利要求5、8、12不清楚的具体理由，但在权利要求1不清楚的情况下，权利要求2~18也不清楚。关于权利要求1~18不清楚的问题，当庭不陈述的内容表示放弃的无效理由。专利权人对证据1.1~1.3、1.5的真实性表示无异议，对证据1.1、1.2的中文译文的准确性无异议。专利权人表示其于2008年3月29日向专利复审委员会提交的反证1.1仅作为参考不作为证据使用。

针对专利法实施细则第20条第1款的问题，第一请求人认为：本专利权利要求1中激光曝光引擎、激光曝光单元从属关系不清楚，从而导致激光曝光引擎、激光曝光单元、导纸组件三者之间的位置关系不清楚以及曝光传动机构与传动辊组合与导纸组件的从属关系不明确；权利要求3中裁刀、纸箱固定于曝光单元上，由于曝光单元不清楚，无法解释裁刀和曝光单元是什么关系；由于独立权利要求1不清楚，因此其从属权利要求2~18也不清楚。

专利权人认为：激光曝光单元包括激光曝光引擎、导纸组件，逻辑关系是清楚的，曝光单元的上部是导纸组件，曝光引擎在曝光单元的底部，加上说明书及附图更加清楚，曝光单元包括曝光引擎、导纸组件，传动辊组合包括曝光区传动机构，附图3中标号10的两个转动辊组合中，靠近标号12的那个转动辊组合就属于曝光区的传动机构，附图1中虚线除了标记3之外都是曝光单元，该附图1中没有画出传动机构，纸箱可以装在机架上也可以装在机架内，装在机架上为本专利权利要求2的情况，装在机架内为本专利权利要求3的情况，U型架上面开口端放置导纸组件，整个导纸组件都放在U型槽口上，导纸组件属于曝光单元的一部分，由此对于本领域技术人员来讲，本专利权利要求是清楚的。

针对专利法第22条第3款的问题，第一请求人认为：证据1.1~1.3的结合公开了本专利权利要求1的全部技术特征，而且本专利对振镜技术没有任何描述，其本身属于本领域的公知技术。本专利权利要求2~3的附加技术特征为本领域的公知技术；权利要求4的滑动组件为公知技术，权利要求5与证据1.1有区别具体见意见陈述书；本专利权利要求6被证据1.5公开；权利要求7~13的附加技术特征均为显而易见的；权利要求14的附加技术特征在证据1.1中公开了；权利要求15、16的附加技术特征为惯用手段，且证据1.5也公开了权利要求16的附加技术特征；权利要求17、18的附加技术特征在证据1.1中公开了。因此权利要求1~18不具备创造性。

专利权人认为：使用三篇证据加上公知技术来评价本专利实用新型的创造性是不合适的。不能看出证据1.1中的曝光单元是一个整体，证据1.1只有原理图没有结构图，其中没有公开本专利权利要求1中的曝光单元，证据1.1曝光单元引擎46放在机箱外壳上并且位于导纸部件的上方，与本专利有显著区别，证据1.1没有公开减振组件，证据1.3是本专利权人的在先申请专利，其公开的振镜技术不属于公知技术，本专利的减振技术放在本专利的具体结构、具体位置中具有特殊的效果，证据1.2中的激光扫描光路是倾斜的与本专利的垂直地从下到上的扫描方案是完全不同的，证据1.1、1.2的入射方式均与本专利不同，证据1.2的导纸组件并没有架在曝光单元之上，其与证据1.2中的箱体9是分离的关系，总之本专利导纸组件、曝光引擎、曝光单元是一个整体的结构，U型的曝光单元结构在证据1.1~1.3中均没有公开，这种整体的结构在证据1.1~1.3中也没有公开，本专利的减振组件隔离了机架与曝光单元，防止了外界的干扰是本专利特有的，在本专利要求保护的印相机的整体结构中具有特殊的作用，权利要求1具有创造性。证据1.1、1.2没有公开曝光单元，权利要求4的滑动组件不是公知技术，权利要求5与证据1.1的区别正是其具有创造性之处，证据1.5公开的内容不属于公知技术，权利要求6的最后一句没有被证据1.5公开，该特征具有特殊效果，权利要求8的附加技术特征具有有益效果，证据1.3仅公开了振镜本身，没有公开将其应用于本专利的特殊结构，证据1.1仅公开了抬起功能，没有公开抬起机构的具体结构，并且证据1.1只能抬起上辊筒36B，在权利要求1具有创造性的前提下，从属权利要求2~18也具有创造性。

针对编号为5W09528的无效宣告请求案，第二请求人明确表示使用证据2.1~2.6、2.8~2.12来证明本专利权利要求1~18不符合专利法第22条第2款关于新颖性的规定，放弃证据2.7作为证据使用，放弃有关创造性的无效宣告理由。

第二请求人当庭提交了证据2.2~2.5、2.9~2.12的原件，表示针对证据2.1和证据2.2的第一、第三份公证书，只使用有中文译文部分的内容，证据2.2中第三份公证书用于证明域名所有人，对应的是最后两页英文。专利权人对证据2.1~2.3的真实性表示无异议，对证据2.1和证据2.2中第一、三公证书中译文的准确性表示无异议，专利权人对证据2.4~2.5的真实性表示有异议，认为其无发行刊号，没有相关证明，不是公开发行的出版物，不能确认其真实性，证据2.6、2.8是网上下载的，真实性无法确认，对证据2.9~2.10文本的真实性无异议，但对其证明事实表示有异议，对证据2.11的真实性表示有异议，没有公开发行刊号，无法确认，对证据2.12的真实性表示有异议，因为出具测试报告的单位不能核实，时间也不能确定。第二请求人表示证据2.4~2.5是在广州订的刊物，广州智荟是发行机构，有标价，是公开出版发行的，证据2.6、2.8随时可以上网验证，证据2.12是由出具测试报告的公司出具的。专利权人当庭提交反证2.2~2.6的原件，专利权人表示反证2.1仅作为参考，不作证据使用。第二请求人表示对反证2.2~2.6的真实性无异议，但对认定的事实有异议。

第二请求人认为：证据2.1的翻译页记载了产品在2004年4月首次公开展览，在2004年7月首次出售东南亚，2004年10月推出泰来32，证据2.1第5页第1段“泰来是……”说明机器的作用，第二代泰来32跟泰来32加强版结构一样，只有软件上的差别；证据2.2重复表达了证据2.1的内容，证明内容相同，均证明泰来机器公开生产及销售；证据2.3上面有泰来32的广告；证据2.4第4页有泰来32的获奖评选结果，印证产品在市场上销售，证据2.4评论左边倒数第3段说明2005年1月销售事实；证据2.5说明2005年9月销售事实；证据2.6证明销售事实与前面相同；证据2.8用于说明2005年专利权人展出过的产品图片，与前面证据相印证，图上产品应该为泰来32；证据2.9~2.10用于证明专利权人的用户所用产品与本专利相同，证据2.9公开了本专利的机器，其对应早一点的机器；证据2.10也公开了本专利的机器，其对应晚一点的机器，两台的结构是一样的，说明泰来的机器都是一样的；证据2.11用于证明产品在市场上销售，泰来32速王是泰来的升级版，一、二代在结构上并无大的改变，2005年已经面世并销售了；证据2.12用于证明泰来32的产品很早就公开了，2005年7月就发布了新的泰来32，对机械结构没有进行改进，只是对软件进行了改进。

专利权人认为：泰来32中32是指泰来产品能洗出32寸的照片，证据2.12可以证明泰来32产品有不断的更新，2004年推出泰来32产品，2005年7月推出泰来32第二代，每一次更新不只是外观、软件的改进，而且推出行为不等于销售行为；本专利申请日以前销售的泰来32是旧产品，与本专利有区别，2005年7月推出了第二代泰来32，但在本专利优先权日之前只是宣传没有销售；第一代产品和第二代产品在内部结构上存在区别，硬件的升级也是必然的，曝光单元和避震结构在照片中都看不到；此外，销售及展出产品对于机器内部结构都是保密的；证据2.9所示的机器是2004年销售的，证据2.10中的super版机器是2006年底销售的新机器，证据2.10倒数第2页证明上述事实。

第二请求人认为：2005年7月推出泰来32，2005年4月展出，不能证明展出就采取了保密。

专利权人认为：展出机器必然要保密，并且2005年4月还没有推出新的机型，证据2.10照片与本专利大致相同，证据9看不清楚U型腔体、避震装置。

第二请求人认为：反证3售后服务单是后期制作的，没有注明签字时间，没有描述机器具体的改动，协议、合同没有具体签署时间，对合同本身的真实性表示有异议，合同有可能是倒签的，反证3“加装蓄纸板结构”中不真实，因为机器本身就有蓄纸板结构，公证员不能对在前已经存在的签字做公证。

专利权人认为：合同是真实的，原来的机器不一定有蓄纸板，激光扫描系统原来可能是转镜，改进为振镜，反证3用于证明此台机器是动过的。

在上述事实的基础上，合议组经合议依法作出审查决定。

二、决定的理由

1. 针对编号为 5W09124 的案件

（1）关于证据。

第一请求人提交了证据 1.1~1.5，在口头审理过程中表示证据 1.4 是本专利，其仅作为比较的基础，在评价创造性时不作为对比文件使用。专利权人对第一请求人提交的证据 1.1 至 1.3、1.5 的真实性无异议，对证据 1.1、1.2 中文译文的准确性无异议。经合议组审查，上述证据可以作为本案证据使用，并且证据 1.1 至 1.3、1.5 的公开日均在本专利申请日之前，可以作为现有技术评价本专利的创造性，其中证据 1.1、1.2 公开的内容以其中文译文为准。

（2）关于第一请求人的无效宣告理由。

①本专利权利要求 1~18 是否符合专利法实施细则第 20 条第 1 款的规定。

专利法实施细则第 20 条第 1 款规定：权利要求书应当说明发明或者实用新型的技术特征，清楚、简要地表述请求保护的范围。

第一请求人认为本专利权利要求 1 中激光曝光引擎、激光曝光单元从属关系不清楚，从而导致激光曝光引擎、激光曝光单元、导纸组件三者之间的位置关系不清楚，以及曝光传动机构与传动辊组合与导纸组件的从属关系不明确，由于曝光单元不清楚，无法解释权利要求 3 中裁刀、曝光单元是什么关系。由于权利要求 2~18 引用权利要求 1，因此也不符合专利法实施细则第 20 条第 1 款的规定。

经审查，合议组认为：权利要求 1 中的特征“所述激光曝光单元（2）的上部是导纸组件（5），底部是使用振镜技术的激光曝光引擎（6）”表明三者之间的位置关系是：导纸组件（5）位于激光曝光单元（2）的上部，激光曝光引擎（6）位于激光曝光单元（2）的底部。底部的含义是激光曝光引擎（6）位于激光曝光单元（2）的内部最下端，即两者的从属关系是激光曝光单元（2）中包含有激光曝光引擎（6），而之所以限位为底部而不是下部，是因为下部的含义多为外部下面的意思。并且，结合本专利说明书第 6 页第 2 段、第 7 页第 15~16 行以及附图 1、2 的记载也可以解释激光曝光单元（2）、导纸组件（5）、激光曝光引擎（6）三者的位置关系以及激光曝光单元与激光曝光引擎之间的从属关系确实如此。另外，权利要求 1 中的特征“导纸组件（5）由几组传动辊组合、曝光区传动机构、多个传动电机、能上下翻动的蓄纸板、抬起机构组合构成”表明导纸组件（5）、曝光传动机构、传动辊组合三者之间的从属关系是：导纸组件（5）中包括曝光传动机构、传动辊组合，并且根据本专利说明书第 2 页第 2 段至第 3 页第四段、第 6 页最后三段以及附图 3 也可以解释上述三者的从属关系确实如此。综上所述，权利要求 1 请求保护的技术方案是清楚的，符合专利法实施细则第 20 条第 1 款的规定。权利要求 3 的附加技术特征限定所述裁刀（3）、纸箱（4）固定于激光曝光单元上，在上述曝光单元的概念清楚的情况下，裁刀、纸箱与激光曝光单元的关系也是清楚的，裁刀、纸箱与激光曝光单元不是隶属关系，裁刀、纸箱与激光曝光单元固定在一起，由于裁刀、纸箱均与导纸组件有关，基于权利要求 1 中导纸组件位于激光曝光单元的上部，裁刀、纸箱也相应地固定于激光曝光单元上是清楚的，并且本专利说明书第 2 页第 3~7 行、第 4 页最后 1 行、第 6 页第 1 段、实施例 2、3 以及附图 1、2 均可以解释裁刀、纸箱与激光曝光单元之间的关系确实如此，因此权利要求 3 请求保护的技术方案是清楚的，符合专利法实施细则第 20 条第 1 款的规定。

综上所述，由于权利要求 1、3 是清楚的，第一请求人的上述理由不成立，相应的从属权利要求也是清楚的，因此权利要求 1~18 是清楚的，符合专利法实施细则第 20 条第 1 款的规定。

②本专利权利要求 1~18 是否符合专利法第 22 条第 3 款的规定。

创造性，是指同申请日以前已有的技术相比，该发明有突出的实质性特点和显著的进步，该实用新型有实质性特点和进步。

第一请求人使用证据 1.1~1.3 和公知技术的结合评价权利要求 1~5、7~18 的创造性,，权利要求 6 引用权利要求 1，认为权利要求 6 的附加技术特征被证据 1.5 公开了。

a. 关于权利要求 1。

经审查，合议组认为：权利要求 1 请求保护一种激光数码印相机，证据 1.1 公开了一种对感光材料进行曝光的装置及方法以及相应的印刷处理单元，适用于印相机中，并具体公开了以下技术特征（参见说明书全文，附图 1-32）：该印相机 10 包括机器的外架（相当于本专利权利要求 1 中的机架），曝光单元 38，一、二、三、四传动辊 26、36、50、54、电机 27、35、59、抬起机构、出纸辊 56、必然可以上下翻动的蓄纸 28、52（上述传动辊出纸辊蓄纸相当于本专利权利要求 1 中的导纸组件）、纸箱 14 以及裁刀 22，其中曝光单元 38 的下部是一、二、三、四传动辊 26、36、50、54、抬起机构、出纸辊 56、蓄纸 28，曝光单元 38 的上部是使用多面镜 46 的扫描曝光系统 40（相当于本专利权利要求 1 中的激光曝光引擎），曝光单元 38 下方有二、三传动辊（相当于权利要求 1 中的曝光区传动机构）。其中曝光单元 38、扫描系统 48、扫描曝光系统 40、多面镜等相当于本专利权利要求 1 中的激光曝光单元的作用。

由此可见，权利要求 1 与证据 1.1 相比区别在于：第一，权利要求 1 中的导纸组件位于激光曝光单元的上部，激光曝光引擎位于激光曝光单元的底部。这样的优点是印相机相纸曝光面向下，曝光方向从下到上，可以使相纸曝光面防尘，便于走纸以及跟冲印机连接。第二，激光曝光引擎使用振镜技术而不是多面镜。这样的优点是免去转镜系统中的复杂光学系统。第三，权利要求 1 中还包括减振组件，其将激光曝光单元固定于机架的底架板上。这样的优点是提供系统的抗震能力，使成相更稳定，曝光相片质量好。

证据 1.2 公开了一种曝光装置，并具体公开了以下技术特征（参见说明书第 1 页~第 4 页，附图 1-2）：该曝光装置（相当于本专利权利要求 1 中的激光曝光单元 2）包括箱体 9，所述箱体 9 由上部壁体 9A 与围绕其周边而设置的侧部壁体 9B 一体成型而成，箱体 9 的底部是使用 f-θ 透镜 7 的光学系统（相当于本专利权利要求 1 中的激光曝光引擎 6），该曝光装置的上部是输送机构 C（相当于本专利权利要求 1 的导纸组件 5），输送机构 C 由几组夹压滚轮 11（相当于本专利权利要求 1 中的传动辊组合）、在扫描曝光位置 EX 上传送相纸 P 的传动机构（相当于本专利权利要求 1 中的曝光区传动机构）组成，该输送机构 C 供应的是把出自相纸盒 M 中的相纸用剪切装置 12 切割成打印尺寸状态的相纸。由此可见证据 1.2 公开了权利要求 1 与证据 1.1 的区别特征（1）。

证据 1.3 公开了一种将数码影像曝光在感光材料上的方法及装置（参见说明书第 1~3 页，附图 1），该装置包括红、绿、蓝三个单独的激光器 1、2、3，聚准直器 2，三个光强调制器 5，三个光束整形器 6，扫描部件 7，扫描镜头 8，反射镜 9，光感应器 11、12，其中上述三色激光分别经过光强调制器 5 调制，再分别经过光束整形器 6 进行整形，进入扫描部件 7 在通过同一个扫描镜头 8 经前方的反射镜 9 对感光材料 10 进行扫描，所述扫描部件 7 可为一振镜。由此可见证据 1.3 公开了权利要求 1 与证据 1.1 的区别特征（2）即激光曝光扫描可使用振镜。

综上所述，证据 1.1~1.3 均没有公开本专利权利要求 1 中的特征“激光曝光单元通过减振组件（1）固定于机架（8）的底架板（27）上”。证据 1.1 中曝光单元 38、扫描系统 48、扫描曝光系统 40、多面镜等相当于本专利权利要求 1 中的激光曝光单元作用的部件并不是一个整体，它们是单独分散的部件，因此这些部件不能如本专利那样作为一个整体通过减振组件固定于整个机架的底架板上，从而实现结构简单、减振效果好、成相稳定的目的，即证据 1.1 没有给出启示在将上述部件作为一个整体设置并在其与机架之间设置减振组件。证据 1.2 中没有公开相当于本专利权利要求 1 中的机架，且其中相当于本专利权利要求 1 的激光曝光单元的曝光装置 1 的箱体 9 由上壁 9A 和侧壁 9B 组成，其倒扣在某底部，没有任何减振装置，因此证据 1.2 中也没有给出任何启示在曝光装置和机架间设置减振组件。证据 1.3 中没有公开任何关于相当于本专利权利要求 1 中的激光曝光单元和机架以及关于减振组件的任何信息，因此也没有给出任何启示使本领域技术人员获得上述启示。此外，也没有任何证据证明将激光曝光的各个部件作为一个整体单元来设置，并在这个单元与整个大型机架之间设置减振组件属于本领域的惯用手段和公知常识，而且这样将作为一个整体的曝光单元通过减振组件与机器其他部分隔开，可以实现曝光单元运作更稳定、相片效果更好的效果。因此，权利要求 1 相对于证据 1.1、1.2、1.3 的结合具备创造性，符合专利法第 22 条第 3 款的规定。

b. 关于权利要求 2~18。

鉴于本专利权利要求 1 相对于证据 1.1~1.3 的结合具备创造性，因此其从属权利要求 2~5、7~18 也具备创造性。权利要求 6 引用权利要求 1，第一请求人用证据 1.5 仅评述了权利要求 6 的附加技术特征，合议组认为：即使证据 1.5 公开了权利要求 6 的附加技术特征，由于证据 1.1~1.3 的结合不能评述独立权利要求 1 的创造性，因此证据 1.1~1.3 和证据 1.5 的结合也不能评述权利要求 6 的创造性。综上所述，权利要求 1~18 具备创造性，符合专利法第 22 条第 3 款的规定。

2. 针对编号为 5W09528 的案件

(1) 关于证据。

第二请求人提交了证据 2.1~2.12，并在口审当庭提交了证据 2.2~2.5、2.9~2.12 的原件，放弃了证据 2.7，专利权人对证据 2.4、2.5、2.6、2.8、2.11、2.12 的真实性有异议，对证据 2.1~2.3 的真实性无异议。对证据 2.9~2.10 的形式的真实性认可，但是对其所证明的实事不认可。

由于双方均认可证据 2.1~2.3 的真实性，因此合议组经审查认可证据 2.1~2.3 的真实性。证据 2.4、2.5 是两份杂志的复印件，第二请求人提交了证据 2.4、2.5 的原件，经审查所提交的原件与复印件的内容一致，合议组认可证据 2.4、2.5 的真实性。证据 2.6、2.8 都是从网页上下载的打印件，由于网页上所记载的内容很容易更改，因此合议组不认可证据 2.6、2.8 的真实性。证据 2.9、2.10 是两份公证书的复印件，证据 2.11 是《中国影像业年度评选 2005》的封面页、内页的复印件，第二请求人提交了证据 2.9~2.11 的原件，经审查，上述原件与其相应的复印件的内容一致，因此合议组认可证据 2.9~2.11 的真实性。证据 2.12 声称是一份测评报告的复印件，第二请求人提交了其原件，经审查所提交的原件与复印件的内容一致，合议组认可证据 2.12 的真实性。

针对第二请求人的无效宣告请求，专利权人提交了反证 2.1~2.6，其中专利权人在口头审理中明确表示反证 2.1 仅作为参考不作为证据使用。专利权人当庭提交了反证 2.2~2.6 的原件，请求人对反证 2.2~2.6 的真实性无异议，合议组对反证 2.2~2.6 的真实性均予以认可。

(2) 关于第二请求人的无效宣告理由。

①第二请求人用证据 2.1~2.8 形成证据链来证明专利权人在优先权日之前已经在国内生产，销售和公开展出“泰来 32”激光数码印相机。

由于第二请求人当庭明确表示放弃证据 2.7 作为证据使用，合议组不认可证据 2.6、2.8 的真实性，因此以下仅评述证据 2.1~2.5 所证明的事实。

证据 2.1 是在专利权人网站上查到的宣传资料的打印件及译文；证据 2.2 中共包括三份公证书，其中第一份是（2007）穗证内经字第 194033 号公证书，附网页打印件共 38 页，第二份是（2007）穗证内经字第 194034 号公证书，附网页打印件共 7 页，第三份是（2007）穗证内经字第 194035 号公证书，附网页打印件共 11 页。第二请求人分别用上述三份公证书来证明其所附的网页打印件是在公证员的现场监督下使用公证处的计算机登陆上网下载的，这些网页上的内容可以证明本专利所涉及的易美图公司的产品泰来 32 于 2004 年 4 月就首次公开亮相北京、2004 年 7 月首度出口到东南亚地区、

2004 年 10 月成功推出加强版机型：泰来 32Plus，泰来是世界上第一台实现明室下操作并且输出长度大于 100 英寸的 30 英寸幅宽专业激光印相机。证据 2. 3 是 2005 年第 4 期的《人像摄影》的封面页、内页复印件，共 5 页，其中内页第 2 页公开了泰来 32 激光数码印相机于 2005 年 4 月 24 至 27 日在北京中国国际展览中心五号馆展出。证据 2. 4 是 2005 年 12 月期 NO. 52 的《影像通讯》的封面页、内页，共 5 页，其中内页第 2 页公开了泰来 32 于 2005 年底获得了专业大型数码冲印机最佳性价比奖。证据 2. 5 是 2006 年第 7 期的《影像通讯》的封面页、内页，共 4 页，该证据内页中的一篇文章《苏州专业冲印市场上演三强对决》中的内容“2005 年 1 月华艳开张，由于资金相对紧缺，所以他们买了泰来 32。”表明 2005 年 1 月前已经公开销售泰来 32 了。合议组经审查认为：上述五份证据相互应证，可以证实泰来 32 数码印相机于本专利优先权日以前已处于为公众所知的状态，但是由于上述证据均没有公开泰来 32 数码印相机的任何结构方面的特征，因此上述证据不足以证明其所述的泰来 32 就是本专利权利要求书中所要保护的激光数码印相机。

②第二请求人用证据 2. 9~2. 12 形成证据链来证明专利权人在优先权日之前生产、销售的“泰来 32”激光数码印相机完全公开了本专利权利要求的技术方案。

证据 2. 9 是（2007）西证民字第 3992 号公证书，其附件为 Tera32 laser printer（泰来 32 激光数码印相机）的结构照片，共 37 张以及陕西鑫艺影像制作公司法定代表人李希安出具的证人证言一份，共 23 页。第二请求人使用该证据来证明用户陕西鑫艺影像制作公司已于 2004 年底购入“泰来 32 激光数码印相机”并使用至今，机主没有改动过机器的内部结构，且从该公证书显示的图片可以看出该机器的内部结构完全公开了本专利权利要求所保护的技术方案。证据 2. 10 是（2007）西证民字第 4016 号公证书，其附件为 Tera 32 super 激光数码印相机、Tera 32 laser printer 激光数码印相机的结构照片，共 24 张和陕西鑫艺影像制作公司法定代表人李希安出具的证人证言一份以及《广东易美图数码影像科技有限公司售后服务回执单》复印件一份，共 17 页。第二请求人使用该证据来证明用户陕西鑫艺影像制作公司已于 2004 年底购入“泰来 32 激光数码印相机”及于 2006 年底购入标识为“Tera 32 super”的激光数码印相机并使用至今，机主没有改动过机器的结构，证据 2. 10 比证据 2. 9 多了两张照片，证据 2. 9 对应早一点的机器，证据 2. 10 对应晚一点的机器，两台机器的结构是一样的，说明泰来机器的结构都是相同的。合议组经审查认为：公证书仅能证明照片上所照的机器是当时取证时声称的标识为“Tera 32”和“Tera 32 super”的激光数码印相机，以及证言是证人当时写下的，公证书并不能证明证人所述事实的真实性，并且由于改装机器机械结构的随意性很大，因此上述照片并不能证明其所照的机器就是广州易美图数码影像科技有限公司原装的标识为“Tera 32”和“Tera 32 super”的激光数码印相机。此外，证人李希安并未出席口头审理接受质证，仅依据其书面的证人证言无法确定其所述事实的真实性。因此，证据 2. 9、2. 10 尚不足以证明专利权人已于优先权日之前生产、销售本专利所要求保护的激光数码印相机。

证据 2. 11 是《中国影像业年度评选 2005》的封面页、内页，共 3 页，内页第 1 页公开了易美图-泰来 32 处于专业大型数码冲印机的候选名单中。合议组经审查认为：证据 2. 11 上没有其公开出版发行的日期，只知道是 2005 年公开的，因此无法确定其公开日是否早于本专利的优先权日，以及该证据是否属于可以评价本专利新颖性的现有技术，因此证据 2. 11 尚不足以证明专利权人已于优先权日之前生产、销售本专利所要求保护的激光数码印相机。

证据 2. 12 是《影像通讯》的详细测评报告及《影像通讯》的简介，共 11 页。合议组经审查认为：该份报告只泛泛地记载了泰来 32 各代机型的发展史，其测试报告仅涉及泰来 32 彩王、泰来 32 速王的以下技术指标：“曝光方式、操作方式、输出介质、输出分辨率、曝光速度、产量、在线纸箱、换纸的浪费、送纸方式、色彩、输出宽度、输出最小长度、输出最大长度、耗电、可接受文档格式、数据通信方式、操作系统、售价”，其没有对任何一代机型的内部结构进行详细介绍，因此没有公开本专利权利要求所要求保护的激光数码印相机的结构，也就是说不能证明泰来 32 的任何一代是本专利权利要求所要求保护的激光数码印相机，也就不能证明其在先生产、销售的事实。而且该证据第 3 页最后一段记载了“为了这次评选，我们在 2005 年 7 月到 12 月期间，在不同场合对第二代泰来 32 进行了测试。根据易美图公司透露，这款与 2005 年 7 月正式向外发布的最新款泰来 32，是第二代技术革新机型，名字虽然依然称为泰来 32，但无论从外观还是内部技术看均有着许多重大改变或进步”，说明各代泰来 32 的外部和内部结构都存在重大改变。

由于证据 2. 9 ~ 2. 12 存在上述问题，因此无法形成证据链证明请求人所述的专利权人于优先权日之前生产、销售的“泰来 32”激光数码印相机完全公开了本专利权利要求的技术方案的主张，因此合议组对第二请求人提出的本专利不符合专利法第 22 条第 2 款有关新颖性规定的主张不予支持。

由于第二请求人的证据均不能宣告本专利无效，因此不再对专利权人提交的反证进行评述。

综上所述，本案合议组作出如下决定。

三、决定

维持 200520037960. 1 号实用新型专利权有效。

当事人对本决定不服的，可以根据专利法第 46 条第 2 款的规定，自收到本决定之日起三个月内向北京市第一中级人民法院起诉。根据该款的规定，一方当事人起诉后，另一方当事人应当作为第三人参加诉讼。

北京市第一中级人民法院
行政判决书

（2008）一中行初字第 1521 号

原告广州市华羿数码科技有限公司，住所地广东省广州市天河区东圃小新塘单角虾山西山脚第五宗地 10 号之四。

法定代表人刘志合，总经理。

委托代理人刘延喜，广东中诚济法律师事务所律师。

委托代理人林桂阳，男，1982 年 8 月 1 日出生，住广东省广州市越秀区连新路 19 号。

被告国家知识产权局专利复审委员会，住所地北京市海淀区北四环西路 9 号银谷大厦 10 ~ 12 层。

法定代表人廖涛，副主任。

委托代理人陈力，国家知识产权局专利复审委员会审查员。

委托代理人王婧，国家知识产权局专利复审委员会审查员。

第三人广东易美图数码影像科技有限公司，住所地广东省广州市广州经济技术开发区科学城广州国际企业孵化器孵化楼（D 区）D301-D309 房

法定代表人陈振华，董事长。

委托代理人林德纬，广东法制盛邦律师事务所律师。

委托代理人赖洪川，广东法制盛邦律师事务昕律师。

第三人济南新康佳数码激光冲巾图片社，住所地山东省济南市历下区青后小区 36—1 号楼。

法定代表人董继勇，经理。

委托代理人刘延喜，广东中诚济注律师事务所律师。

原告广州华羿数码科技有限公司（简称华羿公司）因不服被告国家知识产权局专利复审委员会（简称专利复审委员会）作出的第 11770 号无效宣告请求审查决定（简称第 11770 号决定），于法定期限内向本院提起行政诉讼。本院于 2008 年 10 月 15 日受理后，依法组成合议庭，并通知第 11770 号决定的相对方广东易美图数码影像科技有限公司（简称易美图公司）、济南新康佳数码激光冲印图片社（简称新康佳图片社）作为第三人参加诉讼。本院于 2008 年 12 月 1 日公开开庭对本案进行了审理。原告华羿公司和第三人新康佳图片社的委托代理人刘延喜，被告专利复审委员会的委托代理人陈力、王婧，第三人易美图公司的委托代理人林德纬、赖洪川到庭参加了诉讼。本案现已审理终结。

第 11770 决定系被告专利复审委员会针对原告华羿公司和第三人新康佳图片社就第三人易美图公司拥有的名称为“一种激光数码印相机”的第 200520037960. 1 实用新型专利（简称本专利）所提起的无效宣告请求而作出的。第 11770 决定中与原告华羿公司相关的认定为：

1. 关于证据。

专利复审委员会认可证据 2. 1~2. 5、2. 9~2. 12 及反证 2. 2~2. 6 的真实性。证据 2. 6、2. 8 都是从网页上下裁的打印件，由于网页上所记载的内容很容易更改，因此专利复审委员会不认可证据 2. 6、2. 8 的真实性。华羿公司在口审当庭放弃了证据 2. 7。

2. 关于无效宣告理由。

（1）用证据 2. 1~2. 8 形成订证据链来证明专利权人在优先权日之前已经在国内生产、销售和公开展出“泰来 32”激光数码印相机。

由于华羿公司放弃证据 2. 7 作为证据使用，号利复审委员会不认可证据 2. 6、2. 8 的真实性，因此以下仅评述证据 2. 1~2. 5 所证明的事实。

专利复审委员会认为：上述五防证据相互应证，可以证实泰来 32 数码印相机于本专利优先权日以前已处于为公众所知的状态，但是由于上述证据均没有公开泰来 32 数码印相机的任何结构方面的特征，因此上述证据不足以证明其所述的泰来 32 数码印相机就是本专利权利要求书中所要保护的激光数码印相机。

（2）用证据 2. 9~2. 12 形成证据链来证明专利权人在优先权日之前生产、销售的“泰来 32”激光数码印相机完全公开了本专利权利要求的技术方案。

专利复审委员会认为：证据 2. 9 和 2. 10 的公证书仅能证明照片上所照的机器是当时取证时声称的标识为“Tera 32”和“Tera 32 SUper”的激光数码印相机，以及证言是证人当时写下的，公证书并不能证明证人所述事实的真实性，并且由于改装机器机械结构的随意性很大，因此上述照片并不能证明其所照的机器就是易美图公司原装的标识为“Tera 32”和“Tera 32 super”的激光数码印相机。此外，证人李希安并未出席口头审理接受质证，仅依据其书面的证人证言无法确定其所述事实的真实性。因此，证据 2. 9、2. 10 尚不足以证明专利权人已于优先权日之前生产、销售本专利所要求保护的激光数码印相机。

证据 2. 11 上没有其公开出版发行的日期，只知道是 2005 年公开的，因此无法确定其公开日是否早于本专利的优先权日，以及该证据是否属于可以评价本专利新颖性的现有技术，因此证据 2. 11 尚不足以证明专利权人已于优先权日之前生产、销售本专利所要求保护的激光数码印相机。

证据 2. 12 的报告只泛地记载了泰求 32 各代机型的发展史，其测试报告仅涉及泰来 32 彩王、泰来 32 速王的曝光方式、操作方式等技术指标，没有对任何一代机型的内部结构进行详细介绍，因此没有公开本专利权利要求所要求保护的激光数码印相机的结构，也就是说不能证明泰来 32 的任何一代是本专利权利要求所要求保护的激光数码印相机，也就不能证明其在先生产、销售的事实。而且该证据第3页最后一段记载了“这款与2005年7月正式向外发布的最新款泰来32，是第二代技术革新机型，名字虽然依然称为泰来32，但无论从外观还是内部技术看均有着许多重大改变或进步”，说明各代泰来32的外部和内部结构都存在重大改变。

由于证据2.9—2.12存在上述问题，因此无法形成证据链证明华羿公司所述的专利权人于优先权日之前生产、销售的“泰来32”激光数码印相机完全公开了本专利权利要求的技术方案的主张，因此专利复审委员会对华羿公司请求人提出的本专利不符合专利法第二十二条第二款有关新颖性规定的主张不予支持。

由于华羿公司的证据均不能宣告本专利无效，因此不再对专利权人提交的反证进行评述。

基于上述理由，专利复审委员会于2008年6月23日作出第11770号决定，维持本专利权有效。

原告华羿公司不服第11770号决定，在法定期限内向本院提起行政诉讼，称：

1. 关于本专利权利要求是否清楚。

本专利权利要求1的特征“所述激光曝光单元（2）的上部是导纸组件（5），底部是使用振镜技术的激光曝光引擎（6）”，没有表述清楚“上部”的含义，也没有表进清楚备卸件彼此之间最基本的连接关系；特征“导纸组件（5）由几组传动辊组合、曝光区传动机构、多个传动电机、能上下翻动的蓄纸板、抬起机构组合构成”，导纸组件所包含的各个部件的空间位置关系不清楚，以及激光曝光单元与导纸组件之间“上部”的关系不清楚，导致权利要求1整体技术方案上的不清楚；被告在权利要求本身已经不清楚的前提下引用说明书对清楚与不清楚的问题进行评价，适用法律错误。本专利权利要求3引用权利要求1时，裁刀、纸箱与导纸组件之间的相对位置关系变得更加不清楚了。此外，原告在无效请求时还主张本专利权利要求2、5、8及12不清楚，而被告却未予评价，避而不谈。

2. 关于本专利的创造性。

（1）被告对技术启示的认识错误，导致在适用时出现错误。本领域内普通技术人员由从证据1.1中可以获知的印相机基本原理可以得知各份证据之间彼此的技术联系，从而可自然而然地对上述三份同一技术领域的证据进行综合，而且这种综合是不需经创造性劳动便可得知的。（2）被告对事实认定不清。本专利权利要求1仅仅描述了激光曝光单元的上部是导纸组件、底部激光曝光引擎，并没有描述导纸组件和激光曝光引擎的连接关系，在不知道两者如何结合的情况下简单认定它们构成一个整体是不符合逻辑的。本专利及被告均未就“整体”做出解释，被告也不能越权代为解释而扩展了权利要求1的保护范围。（3）被告是以非本领域专业评价专业技术。原告认为实现减震效果的唯一设置方式只能是在激光曝光单元的外框架之外增加减振组件，而且，减振组件唯一的位置关系只能是在激光曝光单元的下部。这是本领域内普通技术人员，甚至是略有机械常识的普通人员均能显而易见地得到的。当证据1.1-1.3与上述由易美图公司承认的关于减振技术的公知常识结合时，可以轻而易举地得到本专利的全部技术方案。综上，被告关于本专利权利芝求1的评价是存在严重错误的，应当宣告本专利权利要求1无效，此外，在权利要求1无效的基础上，权利要求2~18也匝做亘告无效。

3. 关于本专利的新颖性。

（1）被告认为证据2.9和2.10上面的照片仅能证明是取证时的机器结构，由于改装机器机械结构的随意性很大，因此并不能证明照片中的机器就是第三人原装的激光数码印相机。关于此认定，被告是主观臆断。是否具有新颖性需要将专利技术与在先公知技术相比较，仅仅因为在先公知技术是一种物品而非文字资料以及片面地认为机器结构更改的随意性较大就不对其进行评述和比较的做法是错误的。

事实上，就机器的结构特征来说，本专利所要求保护的技术方案涵盖了激光数码印相机主体部分，包括机架、激光曝光单元（包括激光曝光引擎和导纸组件）、纸箱、减震组件和裁刀等，这些部件只有满足一定的结构特征相互结合才能正常工作，而且，结构特征的改变将导致无法完成数码印相机的功能。证据 2. 9 和 2. 10 的照片全面地显示了“泰来 32” 激光数码印相机的上述主体结构，不同时期生产的机器不仅主体结构特征一样，而且均与本专利的权利要求完全一致。

就被告认为改装机器机械结构的随意性很大的理由来说，第三人作为专利权人和证据 2. 9 和 2. 10 显示的机器的生产厂家，其提供的反证 2. 5 第 5 条第Ⅲ款明确规定：“除正常使用外，若非经甲方（广东易美图数码影像科技有限公司）同意并由甲方人员操作，乙方（陕西鑫艺影像制作有限公司）不得擅自打开设备（包括不得擅自打开设备进行维修）。”也就是说拍照取证时机器的内部结构除了易美图公司其他人不能改动；而且，易美图公司还通过反证 2. 3 证明其曾经于 2006 年 10 月 16 日-17 日对设备进行过技术升级，内容为“加装蓄纸板机构和更换激光扫描系统”，但是该升级并没有造成机器结构特征的根本性改变、而且，除此之外，易美图公司没有提出新的证据证明改动的地方，也没有对修改过的地方提出意见。因此，原告认为结合证据 2. 9 和 2. 10 来评价专利的新颖性是有充分理由的，而被告在没有事实依据的情况下主观认定机器被改动是严重错误的。

（2）被告认为仅依据书面的汪人证言无法确定其所述事实的真实性。原告认为，证据 2. 9 和 2. 10 的公证书已经证实该证人证言为证人亲笔书写，而且其内容仅仅是对其购买产品的事实的客观陈述，并不具有主观评价和论证的内容，此种形式与证人出庭陈述具有同样的效果。易美图公司不但在庭审中也认可了该证据的真实性，还提交了同一证人出具的书面证言（见反证 2. 2），这表明第三人同样认可了该种形式的证据和同一证人的书面陈述。

（3）被告认为证据 2. 11 没有公开出版发行的日期，无法确定其公开日是否早于本专利的优先权日，尚不足以证明专利权人已于优先权日之前生产、销售本专利所要求保护的激光数码印相机。实际上，原告所举的证据 2. 11 是用于证明“泰来 32” 激光数码印相机已经于专利优先权日之前正式对外发布了，而且可以看出其符合本专利所描述的特征。结合证据 2. 12 可以看出，证据 2. 11 提及的评选的初选工作已经在 2005 年 12 月初完成，而最新款泰来 32 已经于 2005 年 7 月发布，评选组正是在从 2005 年 7~12 月期间进行评测的。

（4）被告认为证据 2. 12 不能证明泰来 32 的任何一代是本专利权利要求所要求保护的激光数码印相机，也不能证明其在先生产、销售的事实。事实上，证据 2. 12 已经明确指出了“泰来 32”的发布、展出情况和与本专利相同的特征。相同的特征包括固态激光曝光器、机架、防震技术等。至于其中提到的“无论从外观还是内部技术看均有着许多重大改变或进步”并非说明“各代泰来 32 的外部和内部结构都存在重大改变”，因为，从该证据全文可以看出，机器的重大改变或进步指的是曝光均匀性大大提高、冲纸机由美国 COLEX 的转用苏州虎丘的产品、品管工具由密度仪改为分光光度计等方面，而这些方面与专利技术方案所体现出来的结构特征并无关系。由于被告仅仅简单地片面地理解证据 2. 12 而作出了错误的评价。

此外，原告认为，网页证据是书证的一种，证据 2. 6、2. 8 所显示的网页的打印件是网页的真实记录，显示的网页分别为专业媒体和易美图公司的客户所控制，而且到目前为止该有关网页仍然显示同样的内容。据此，原告认为被告在认定事实方面存在严重的错误。

综上，原告结合证据 2. 1~2. 6、2. 8 和证据 2. 9~2. 12 形成完整的证据链，证明易美图公司在本专利优先权日前已经生产、销售、展出“泰来 32” 激光数码印相机，而且该数码印相机的结构特征与本专利的权利要求所描述的特征一致。被告在依据证据认定事实方面存在着严重的错误而导致作出了错误的结论。

基于以上理由，原告请求法院撤销第 11770 号决定。

被告专利复审委员会辩称：1. 关于权利要求是否清楚以及创造性的问题。被告认为，原告在提出无效宣告请求时以及在整个无效案件审理过程中并没有提出上述无效理由，第11770号决定中对上述问题的评述是针对新康佳图片社在本专利的无效请求时提出的无效理由进行的，因此，对于被诉决定中所涉及的上述问题原告不具有诉讼主体资格，被告对上述问题不予答辩。2. 关于网络证据2.6、2.8。被告认为，网络证据与书证不一样，其不存在原件，由于现在网络的高速发展，其改动的随意性很大、在没有其他有利证据佐证的情况下，仅凭借其其网络打印机，不能认可其真实性。3. 关于证据2.9~2.12评价本专利的新颖性，坚持第11770号决定中的评述。综上所述，专利复审委员会认为第11770号决定认定事实清楚、适用法律正确、审理程序合法，原告的诉讼理由不能成立，请求法院驳回原告请求，维持第11770号决定。

本院经审理查明：

本专利名称为"一种激光数码印相机"，专利号为200520037960.1，申请日为2005年12月24日，优先权日为2005年10月14日，授权公告日为2007年1月17日，专利权人为易美图公司。其授权公告的权利要求如下：

"1. 一种激光数码印相机，包括机架（8）、激光曝光单元（2）、纸箱（4）、导纸组件（5）以及裁刀（3），其特征在于所述激光曝光单元（2）的上部是导纸组件（5），底部是使用振镜技术的激光曝光引擎（6），并通过减振组件（1）固定于机架（8）的底架板（27）上；导纸组件（5）由几组传动辊组合、曝光区传动机构、多个传动电机、能上下翻动的蓄纸板、抬起机构组合构成。

2. 根据权利要求1所述的激光数码印相机，其特征在于所述裁刀（3）、纸箱（4）固定于机架上，与曝光单元（2）隔离。

3. 根据权利要求1所述的激光数码印相机，其特征在于所述裁刀（3）、纸箱（4）固定于激光曝光单元上。

4. 根据权利要求1所述的激光数码印相机，其特征在干所述激光曝光引擎（6）固装在滑动组件上。

5. 根据权利要求1所述的激光数码印相机，其特征在于所述导纸组件（5）由7组传动辊组合（10）、驱动电机、前后蓄纸板（11、12）组成，第1、2、3、5、6、7组传动辊分别由6个电机驱动，前后蓄纸板（11、12）分别位于第2组及第6组的传动辊之后。

6. 根据权利要求1所述的激光数码印柏机，其特征在于曝光区传动机构由两组传动辊组合（10）共四根分别是主传动辊（23）、被下动辊（24）、主上动辊（25）和被上动辊（26），大传动带轮（13），小传动带轮（14），皮带，抬起机构构成，小传动带轮由驱动电机驱动，小传动带轮通过皮带带动大传动带轮，大传动带轮与曝光区传动机构的主传动辊连接，大传动带轮与小传动带轮构成变速传动，主传动辊（23）和被下动辊（24）的端部通过皮带联动；主上动辊（25）和被上动辊（26）的端部通过皮带联动。

7. 根据权利要求6所述的激光数码印相机，其特征在于所述传动带轮的变速比是7~9。

8. 根据权利要求6昕述的激光数码印相机，其特征在于曝光区传动机构的两组传动辊组合（10）之间设有曲柄（16）和偏心轮（15），曲柄（16）位于传动辊组合（10）的上、下传动辊之间，曲柄（16）受偏心轮（15）连接，偏心轮（15）由驱动电机驱动。

9. 根据权利要求4所述的激光数码印相机，其特征在于所述滑动组件安装在机架的底架板（27）上，滑动组件包括压紧曲柄（17）、承载体（18）以及锁紧机构（19），底板（20）上设有供承载板（18）滑动的滑轨，激光曝光引擎（6）固定在承载板（18）上，底板（20）上固定有纵向定位块（21）和水平定位块（22），承载板（18）位于水平定位块（22）上，锁紧机构（19）控制压紧曲柄（17）压紧承载板（18）。

10. 根据权利要求 4 所述的激光数码印相机，其特征在于所述激光曝光引擎（6）内使用了振镜作为扫描器件。

11. 根据权利要求 1 所述的激光数码印相机，其特征在于激光曝光单元（2）通过减震组件（1）与机架（8）的底架板（27）连接。

12. 根据权利要求 1 所述的激光数码印相机，其特征在于激光曝光单元（2）为有加强筋的 u 型结构的腔体，由两个侧板，底板及加强筋构成，两个侧板的厚度为：15~35mm、两侧板之间距离为：800~1050mm；底板（20）厚度为：25~40mm；加强筋通过螺丝与底板（20）连接。

13. 根据权利要求 1 所述的激光数码印相机，其特征在于激光曝光单元（2）上面的导纸组件（5）的中心到激光曝光单元（2）的底板（20）的距离为：800~1050mm。

14. 根据权利要求 1 所述的激光数码印相机，其特征在于相纸在进入曝光区前设有一个蓄纸机构，并且在曝光后设有一个蓄纸机构。

15. 根据权利要求 1 所述的激光数码印相机，其特征在于导纸组件（5）的传动辊的外径为 30~45mm。

16. 根据权利要求 1 所述的激光数码印相机，其特征在于与曝光区传动机构相邻的传动辊是通过弹性平皮带被电机驱动的。

17. 根据权利要求 1 所述的激光数码印相机，其特征在于相纸在进入曝光区前设有一个可以检测相纸边缘的探边机构。

18. 根据权利要求 1 所述的激光数码印相机，其特征在于在相纸进入曝光区传动机构前的一组传动辊组合设有上辊抬起机构。”

针对本专利，新康佳图片社于 2007 年 8 月 27 日向专利复审委员会提出了无效宣告请求，经形式审查合格后，专利复审委员会依法受理了上述无效宣告请求，案件编号为 5W09124。

针对本专利，原告华羿公司于 2007 年 12 月 13 日向专利复审委员会提出了无效宣告请求，经形式审查合格后，专利复审委员会依法受理了上述无效宣告请求，案件编号为 5W09528。原告的无效理由是：本专利权利要求 1~18 相对于证据 2.1 不具备新颖性，因此也不具备创造性。随后，华羿公司又于 2008 年 1 月 12 日补充提交了意见陈述书和证据 2.2~2.12，其中：

证据 2.6：声称是用户张氏摄影有限公司在线冲印网站的说明的复印件，共 1 页；

证据 2.8：声称是蜂乌网对 2005 年 P&E 的图片报道，共 3 页；

证据 2.9：（2007）西证民字第 3992 号公证书的复印件，共 23 页；其附件为 Tera32 laser printer（泰来 2 激光数码印相机）的结构照片，共 37 张以及陕西鑫艺影像制作公司法定代表人李希安出具的证人证言一份。

证据 2.10：（2007）西证民字第 4016 号公证书的复印件，共 17 页；其附件为 Tera 32 super 激光数码印相机、Tera 32 laser Drinter 激光数码印相机的结构照片，共 24 张和陕西鑫艺影像制作公司法定代表人李希安出具的证人证言一份以及《广东易美图数码影像科技有限公司售后服务回执单》复印件一份，共 17 页。

证据 2.11：《中国影像业年度评选 2005》评选特刊的评选结果的复印件，共 3 页；包括《中国影像业年度评选 2005》的封面页、内页，其中内页第 1 页公开了易美图—泰来 32 处于专业大型数码冲印机的候选名单中。

证据 2.12：声称是《影像通讯》的详细测评报告，共 11 页。该份报告只泛泛地记载了泰来 32 各代机型的发展史，其测试报告仅涉及泰来 32 彩王、泰来 32 速工的以下技术指标：“曝光方式、操作方式、输出介质、输出分辨率、曝光速度、产量、在线纸箱、换纸的浪费、送纸方式、色彩、输出宽度、输出最小长度、输出最大长度、耗电、可接受文档格式、数据通信方式、操作系统、售价”，没有对任何一代机型的内部结构进行详细介绍；该证据第3页最后一段记载了“为了这次评选，我们在2005年7月到12月期间，在不同场合对第二代泰来32进行了测试。根据易美图公司透露，这款与2005年7月正式向外发布的最新款泰来32，是第二代技术革新机型，名字虽然依然称为泰求32，但九论从外观还是内部技术看均有着许多重大改变或进步”。

新康佳图片社于2008年1月14日向专利复委员会提交了合并审理请求书，请求将5W09124号案件与5W09528号案件合并审理。依照审查指南第四部分第三章第4.5节有关“案件的合并审理”的相关规定，专利复审委员会决定对上述两项无效宣告请求案进行合并口头审理。

专利权人易美图公司于2008年3月31日提交了意见陈述书和反证2.1~2.6，其中反证2.1用于证明国家知识产权局认定本专利全部权利要求1~18符合《专利法》有关新颖性和创造性的规定；反证2.2~2.6用于证明专利权人所生产、销售的“泰来32”激光数码印相机，其内部技术是不断更新换代的，而本专利技术正是在这一过程之中积累和改进的成果，专利权人在销售、展览“泰来32”激光数码印相机过程中部只是展现产品的外观、技术规格和测试数据，产品的技术内容处于保密状态(反证2.5和2.6)；反证2.2~2.4的内容显示，陕西薪艺影像制作有限公司所使用的“泰来32”激光数码印相机在2006年已经进行内部技术升级，其内部结构已经改变，证据2.9、2.10内容不真实，不具可采性。

口头审理于2008年4月1日进行。针对编号为：5W09528的无效宣告请求案，华羿公司明确表示使用证据2.1~2.6、2.8~2.12来证明本专利权利要求1~18不符合《专利法》第二十二条第二款关于新颖性的规定，放弃证据2.7作为证据使用，放弃有关创造性的无效宣告理由。专利复审委员会于2008年6月23日作出第111770号决定。

上述事实，有本专利授权公告文本、第11770号决定、口头审理记录表、各方当事人陈述等在案佐证。

本院认为：

1. 原告针对本专利权利要求是否清楚以及是否符合创造性的问题、是否具备诉讼主体资格。

原告认为，案件编号为5W09124和5W09528的两个无效请求案在无效阶段是合并审理的，厚告是对第11770号决定提出的诉讼，因此对该决定中所有的部分都有权利提出诉讼。

本案庭审中，原告明确其无效宣告请求的理由仅是本专利权利要求1~18相对于证据2.1不具备新颖性。对此本院认为，被告是根据新康佳图片社提出的合并审理请求，并依照审查指南有关“案件的合并审理”的相关规定，对上述两项无效宣告请求案进行合并口头审理的，且在第11770号决定中决定的理由部分清楚地分两个部分即“（一）针对编号为5W09l24的案件”、“（二）针对编号为5W09528的案件”对每个案件就提起该案件的无效请求人的无效理由和证据分别进行了评述，并给出了各自的审查结论。由此可见，虽然口头审理是合并进行的，且仅作出了一份无效宣告审查决定，但两个案件的无效理由、证据及审查结论都是各自独立的，每个无效请求人应当仅具有就决定中与自己有关的部分提起诉讼的权利。因此，原告的主张缺乏事实和法律依据，本院不予支持。

2. 被告不认司证据2.6、2.8的真实性是否不当。

原告认为，证据2.6、2.8所显示的网页的打印件是网页的真实记录，显示的网页分别为专业媒体和易美图公司的客户所控制，而且到目前为止该有关网页仍然显示同样的内容，被告不认可其真实性存在严重的错误。

对此本院认为，仅凭网页打印件无法认定其与互联网上的网页是否相符，原告有责任提供证据进一步证明其真实性，被告在没有其他有利证据佐证的情况下不认可其真实性并无不当，原告的主张缺乏事实和法律依据，本院不予支持。

3. 证据2.9–2.12是否能够形成证据链证明本专利不具备新颖性。

证据2.9和2.10的照片虽然公开了陕西鑫艺影像制作公司处标识为“Tera 32”和“Tera 32 super”的两台激光数码印相机的内部结构，但其购买时间以及是否改装是由陕西鑫艺影像制作公司法定代表人李希安出具的证人证言给出的，被告认为证人李希安并未出席口头审理接受质证、仅依据其书面的证人证言无法确定其所述事实的真实性，并无不当。因此上述证据不足以证明标识为“Tera32”的激光数码印相机是在本专利的优先权日前购入的，其不能作为评价本专利新颖性的现有技术。

从证据2.11和2.12能够看出，易美图公司在本专利的优先权日前制造、销售过名字称为“泰来32”的激光数码印相机，但是原告没有证据证明“泰来32”产品就是本专利权利要求所要求保护的数码印相机。另外，虽然名字都称为“泰来32”，但是各代产品的外观和内部结构都存在重大改变，因此名字为“泰来32”的激光数码印相机并不对应于一种特定的内部结构，且证据2.11和2.12并未公开相应产品的内部结构。原告的证据2.9和2.10只能证明陕西鑫艺影像制作公司处标识为“Tera 32”和“Tera 32 super”的两台激光数码印相机的内部结构相同，原告关于所有“泰来32”产品的结构都是相同的主张不能成立。

因此，证据2.9~2.12不能形成完整的证据链证明易美图公司已于优先权日之前生产、销售和公开展出本专利所要求保护的激光数码印相机。

综上所述，专利复审委员会作出的第11770号决定，审查程序合法，认定事实清楚，适用法律并无不当，应予维持。依照《中华人民共和国行政诉讼法》第五十四条第（一）项之规定，本院判决效亘告请求审查决定。

案件受理费100元，由原告广州华羿数码科技有限公司负担（已交纳）。

如不服本判决，各方当事人可在本判决送达之日起15日内，向本院递交上诉状及副本，并交纳上诉案件受理费100元，上诉于北京市高级人民法院。

审　判　长　赵　静
代理审判员　姜庶伟
代理审判员　唐晓君
二〇〇八年十二月三十日
书　记　员　高晓旭

北京市高级人民法院
行政判决书

（2009）高行终字第482号

上诉人（原审原告）广州市华羿数码科技有限公司，住所地广东省广州市天河区东圃小新塘单角虾山西山脚第五宗地10号之四。

法定代表人刘志合，总经理。

委托代理人刘延喜，广东大松律师事务所律师。

委托代理人林桂阳，广东大松律师事务所律师。

上诉人（原审第三人）济南新康佳数码激光冲印图片社，住所地山东省济南市历下区青后小区36-1号楼。

法定代表人董继勇，经理。

委托代理人刘延喜，广东大松律师事务所律师。

委托代理人林桂阳，广东大松律师事务所律师。

被上诉人（原审被告）国家知识产权局专利复审委员会，住所地北京市海淀区北四环西路9号银谷大厦10~12层。

法定代表人廖涛，副主任。

委托代理人杨军艳，该委员会审查员。

委托代理人王婧，该委员会审查员。

原审第三人广东易美图数码影像科技有限公司，住所地广东省广州市广州经济技术开发区科学城广州国际企业孵化器孵化楼（D区）D301-309房。

法定代表人陈振华，董事长。

委托代理人林德纬，广东法制盛邦律师事务所律师。

委托代理人赖洪川，广东法制盛邦律师事务所律师。

上诉人广州市华羿数码科技有限公司（简称华羿公司），济南新康佳数码激光冲印图片社（简称新康佳图片社）因实用新型专利权无效行政纠纷一案，不服北京市第一中级人民法院（2008）一中行初字第1521号行政判决，向本院提出上诉。本院2009年3月31日受理本案后，依法组成合议庭，于2009年6月4日公开开庭进行了审理。上诉人华羿公司的法定代表人刘志合及其委托代理人林桂阳，上诉人新康佳图片社的委托代理人林桂阳，被上诉人国家知识产权局专利复审委员会（简称专利复审委员会）的委托代理人杨军艳、王婧，原审第三人广东易美图数码影像科技有限公司（简称易美图公司）的委托代理人赖洪川到庭参加了诉讼。本案现已审理终结。

北京市第一中级人民法院认定，本案涉及名称为“一种激光数码印相机”的实用新型专利（简称本专利），专利权人是易美图公司。针对本专利权，新康佳图片社于2007年8月27日、华羿公司于2007年12月13日分别向专利复审委员会提出无效宣告请求。专利复审委员会将两请求人的无效宣告请求合并审理，于2008年6月23日作出第11770号无效宣告请求审查决定（简称第11770号决定），维持本专利权有效。

北京市第一中级人民法院认为，专利复审委员会是根据新康佳图片社提出的合并审理请求，并依照审查指南有关“案件的合并审理”的相关规定，对两项无效宣告请求案进行合并口头审理的，且在第11770号决定中决定的理由部分清楚地分两个部分，对每个案件就提起该案件的无效请求人的无效理由和证据分别进行了评述，并给出了各自的审查结论。两个案件的无效理由、证据及审查结论都是各自独立的，每个无效请求人应当仅具有就决定中与自己有关的部分提起诉讼的权利。仅凭证据2.6、2.8所显示的网页的打印件无法认定其与互联网上的网页是否相符，华羿公司有责任提供证据进一步证明其真实性。证据2.9和2.10的照片虽然公开了陕西鑫艺影像制作公司处标识为“Tera32”和“Tera32super”的两台激光数码印相机的内部结构，但其购买时间以及是否改装是由陕西鑫艺影像制作公司法定代表人李希安出具的证人证言给出的，不足以证明标识为“Tera32”的激光数码印相机是在本专利的优先权日前购入的，其不能作为评价本专利新颖性的现有技术。华羿公司关于所有“泰来32”产品的结构都是相同的主张不能成立。因此，证据2.9~2.12不能形成完整的证据链证明易美图公司已于优先权日之前生产、销售和公开展出本专利所要求保护的激光数码印相机。

北京市第一中级人民法院依照《中华人民共和国行政诉讼法》第五十四条第（一）项之规定，

判决：维持专利复审委员会作出的第 11770 号决定。

华羿公司、新康佳图片社不服原审判决，向本院提出上诉，请求撤销原审判决，依法宣告本专利权无效，由专利复审委员会承担本案诉讼费用。

华羿公司的上诉理由是：一审法院对华羿公司针对本专利提出的权利要求不清楚以及不符合创造性规定的问题的认定是错误的，第 11770 号决定的事实和理由评述部分是分开的，但是评价和认定却是综合做出的，对两个行政相对人产生了共同的影响；一审法院对证据 2.6、2.8 的真实性的认定错误，适用法律不当；证据 2.9~2.12 能够形成证据链证明本专利不具备新颖性。

新康佳图片社的上诉理由是：第 11770 号决定的事实和理由评述部分是分开的，但是评价和认定却是综合做出的，对两个行政相对人产生了共同的影响，其虽然没有作为原告起诉，但是与该行政决定有重要的利害关系，是必须参加诉讼的当事人，具有相应的诉讼权利和义务，但是一审法院未对其提出的无效理由和事实进行评价；一审法院对华羿公司提交的证据的认定是错误的，本专利不具备新颖性。

专利复审委员会、易美图公司服从原审判决。

经审理查明，本专利名称为“一种激光数码印相机”，专利号为 200520037960.1，申请日为 2005 年 12 月 24 日，优先权日为 2005 年 10 月 14 日，授权公告日为 2007 年 1 月 17 日，专利权人为易美图公司。其授权公告的权利要求如下：

“1. 一种激光数码印相机，包括机架（8）、激光曝光单元（2）、纸箱（4），导纸组件（5）以及裁刀（3），其特征在于所述激光曝光单元（2）的上部是导纸组件（5），底部是使用振镜技术的激光曝光引擎（6），并通过减振组件（1）固定于机架（8）的底架板（27）上；导纸组件（5）由几组传动辊组合、曝光区传动机构、多个传动电机、能上下翻动的蓄纸板、抬起机构组合构成。

2. 根据权利要求 1 所述的激光数码印相机，其特征在于所述裁刀（3）、纸箱（4）固定于机架上，与曝光单元（2）隔离。

3. 根据权利要求 1 所述的激光数码印相机，其特征在于所述裁刀（3）、纸箱（4）固定于激光曝光单元上。

4. 根据权利要求 1 所述的激光数码印相机，其特征在于所述激光曝光引擎（6）固装在滑动组件上。

5. 根据权利要求 1 所述的激光数码印相机，其特征在于所述导纸组件（5）由 7 组传动辊组合（10）、驱动电机、前后蓄纸板（11、12）组成，第 1、2、3、5、6、7 组传动辊分别由 6 个电机驱动，前后蓄纸板（11、12）分别位于第 2 组及第 6 组的传动辊之后。

6. 根据权利要求 1 所述的激光数码印相机，其特征在于曝光区传动机构由两组传动辊组合（10）共四根分别是主传动辊（23）、被下动辊（24）、主上动辊（25）和被上动辊（26），大传动带轮（13），小传动带轮（14），皮带，抬起机构构成，小传动带轮由驱动电机驱动，小传动带轮通过皮带带动大传动带轮，大传动带轮与曝光区传动机构的主传动辊连接，大传动带轮与小传动带轮构成变速传动，主传动辊（23）和被下动辊（24）的端部通过皮带联动；主上动辊（25）和被上动辊（26）的端部通过皮带联动。

7. 根据权利要求 6 所述的激光数码印相机，其特征在于所述传动带轮的变速比是 7~9 。

8. 根据权利要求 6 所述的激光数码印相机，其特征在于曝光区传动机构的两组传动辊组合（10）之间设有曲柄（16）和偏心轮（15），曲柄（16）位于传动辊组合（10）的上、下传动辊之间，曲柄（16）受偏心轮（15）连接，偏心轮（15）由驱动电机驱动。

9. 根据权利要求 4 所述的激光数码印相机，其特征在于所述滑动组件安装在机架的底架板（27）

上，滑动组件包括压紧曲柄（17）、承载体（18）以及锁紧机构（19），底板（20）上设有供承载板（18）滑动的滑轨，激光曝光引擎（6）固定在承载板（18）上，底板（20）上固定有纵向定位块（21）和水平定位块（22），承载板（18）位于水平定位块（22）上，锁紧机构（19）控制压紧曲柄（17）压紧承载板（18）。

10. 根据权利要求 4 所述的激光数码印相机，其特征在于所述激光曝光引擎（6）内使用了振镜作为扫描器件。

11. 根据权利要求 1 所述的激光数码印相机，其特征在于激光曝光单元（2）通过减震组件（1）与机架（8）的底架板（27）连接。

12. 根据权利要求 1 所述的激光数码印相机，其特征在于激光曝光单元（2）为有加强筋的 U 型结构的腔体，由两个侧板，底板及加强筋构成，两个侧板的厚度为：15~35 mm，两侧板之间距离为：800~1050mm；底板（20）厚度为：25~40mm；加强筋通过螺丝与底板（20）连接。

13. 根据权利要求 1 所述的激光数码印相机，其特征在于激光曝光单元（2）上面的导纸组件（5）的中心到激光曝光单元（2）的底板（20）的距离为：800~1050mm。

14. 根据权利要求 1 所述的激光数码印相机，其特征在于相纸在进入曝光区前设有一个蓄纸机构，并且在曝光后设有一个蓄纸机构。

15. 根据权利要求 1 所述的激光数码印相机，其特征在于导纸组件（5）的传动辊的外径为30~45mm。

16. 根据权利要求 1 所述的激光数码印相机，其特征在于与曝光区传动机构相邻的传动辊是通过弹性平皮带被电机驱动的。

17. 根据权利要求 1 所述的激光数码印相机，其特征在于相纸在进入曝光区前设有一个可以检测相纸边缘的探边机构。

18. 根据权利要求 1 所述的激光数码印相机，其特征在于在相纸进入曝光区传动机构前的一组传动辊组合设有上辊抬起机构。"

针对本专利权，新康佳图片社于 2007 年 8 月 27 日向专利复审委员会提出了无效宣告请求，经形式审查合格后，专利复审委员会依法受理了上述无效宣告请求，案件编号为 5W09124。

针对本专利权，华羿公司于 2007 年 12 月 13 日向专利复审委员会提出了无效宣告请求，经形式审查合格后，专利复审委员会依法受理了上述无效宣告请求，案件编号为 5W09528。华羿公司的无效理由是：本专利权利要求 1~18 相对于证据 2. 1 不具备新颖性，因此也不具备创造性。随后，华羿公司又于 2008 年 1 月 12 日补充提交了意见陈述书和证据 2. 2~2. 12，其中：

证据 2. 6：声称是用户张氏摄影有限公司在线冲印网站的说明的复印件，共 1 页；

证据 2. 8：声称是蜂鸟网对 2005 年 P&E 的图片报道，共 3 页；

证据 2. 9：（2007）西证民字第 3992 号公证书的复印件，共 23 页；其附件为 Tera32 laser printer（泰来 32 激光数码印相机）的结构照片，共 37 张以及陕西鑫艺影像制作公司法定代表人李希安出具的证人证言一份。

证据 2. 10：（2007）西证民字第 4016 号公证书的复印件，共 17 页：其附件为 Tera 32 super 激光数码印相机、Tera 32 laserprinter 激光数码印相机的结构照片，共 24 张和陕西鑫艺影像制作公司法定代表人李希安出具的证人证言一份以及《广东易美图数码影像科技有限公司售后服务回执单》复印件一份。

证据 2. 11：《中国影像业年度评选 2005》评选特刊的评选结果的复印件，共 3 页；包括《中国影像业年度评选 2005》的封面页、内页，其中内页第 1 页公开了易美图–泰来 32 处于专业大型数码冲印机的候选名单中。

证据2.12：声称是《影像通讯》的详细测评报告，共11页。该份报告只泛泛地记载了泰来32各代机型的发展史，其测试报告仅涉及泰来32彩王、泰来32速王的以下技术指标："曝光方式、操作方式、输出介质、输出分辨率、曝光速度、产量、在线纸箱、换纸的浪费、送纸方式、色彩、输出宽度，输出最小长度，输出最大长度、耗电、可接受文档格式、数据通信方式、操作系统、售价"，没有对任何一代机型的内部结构进行详细介绍；该证据第3页最后一段记载了"为了这次评选，我们在2005年7月到12月期间，在不同场合对第二代泰来32进行了测试。根据易美图公司透露，这款与2005年7月正式向外发布的最新款泰来32，是第二代技术革新机型，名字虽然依然称为泰来32，但无论从外观还是内部技术看均有着许多重大改变或进步"。

新康佳图片社于2008年1月14日向专利复审委员会提交了合并审理请求书，请求将5W09124号案件与5W09528号案件合并审理。依照《审查指南》第四部分第三章第4.5节有关"案件的合并审理"的相关规定，专利复审委员会决定对上述两项无效宣告请求案进行合并口头审理。

专利权人易美图公司于2008年3月31日提交了意见陈述书和反证2.1~2.6，其中反证2.1用于证明国家知识产权局认定本专利全部权利要求1~18符合专利法有关新颖性和创造性的规定；反证2.2~2.6用于证明专利权人所生产，销售的"泰来32"激光数码印相机，其内部技术是不断更新换代的，而本专利技术正是在这一过程之中积累和改进的成果，专利权人在销售、展览"泰来32"激光数码印相机过程中都只是展现产品的外观、技术规格和测试数据，产品的技术内容处于保密状态(反证2.5和2.6)；反证2.2~2.4的内容显示，陕西鑫艺影像制作有限公司所使用的"泰来32"激光数码印相机在2006年已经进行内部技术升级，其内部结构已经改变，证据2.9、2.10内容不真实，不具可采性。

专利复审委员会于2008年4月1日进行了口头审理。针对编号为5W09528的无效宣告请求案，华羿公司明确表示使用证据2.1~2.6、2.8~2.12来证明本专利权利要求1~18不符合《专利法》第二十二条第二款关于新颖性的规定，放弃证据2.7作为证据使用，放弃有关创造性的无效宣告理由。专利复审委员会于2008年6月23日作出第11770号决定，维持本专利权有效。该决定认为：

1. 关于证据。

专利复审委员会认可证据2.1~2.5、2.9~2.12及反证2.2~2.6的真实性。证据2.6、2.8都是从网页上下载的打印件，由于网页上所记载的内容很容易更改，因此专利复审委员会不认可证据2.6、2.8的真实性。华羿公司在口审当庭放弃了证据2.7 。

2. 关于无效宣告理由。

(1) 用证据2.1~2.8形成证据链来证明专利权人在优先权日之前已经在国内生产、销售和公开展出"泰来32"激光数码印相机。

由于华羿公司放弃证据2.7作为证据使用，专利复审委员会不认可证据2.6、2.8的真实性，因此以下仅评述证据2.1~2.5所证明的事实。

专利复审委员会认为：上述五份证据相互应证，可以证实泰来32数码印相机于本专利优先权日以前已处于为公众所知的状态，但是由于上述证据均没有公开泰来32数码印相机的任何结构方面的特征，因此上述证据不足以证明其所述的泰来32数码印相机就是本专利权利要求书中所要保护的激光数码印相机。

(2) 用证据2.9~2.12形成证据链来证明专利权人在优先权日之前生产、销售的"泰来32"激光数码印相机完全公开了本专利权利要求的技术方案。

专利复审委员会认为：证据2.9和2.10的公证书仅能证明照片上所照的机器是当时取证时声称

的标识为“Tera32”和“Tera32super”的激光数码印相机，以及证言是证人当时写下的，公证书并不能证明证人所述事实的真实性，并且由于改装机器机械结构的随意性很大，因此上述照片并不能证明其所照的机器就是易美图公司原装的标识为“Tera32”和“Tera32super”的激光数码印相机。此外，证人李希安并未出席口头审理接受质证，仅依据其书面的证人证言无法确定其所述事实的真实性。因此，证据2.9、2.10尚不足以证明专利权人已于优先权日之前生产、销售本专利所要求保护的激光数码印相机。

证据2.11上没有其公开出版发行的日期，只知道是2005年公开的，因此无法确定其公开日是否早于本专利的优先权日，以及该证据是否属于可以评价本专利新颖性的现有技术，因此证据2.11尚不足以证明专利权人已于优先权日之前生产、销售本专利所要求保护的激光数码印相机。

证据2.12的报告只泛泛地记载了泰来32各代机型的发展史，其测试报告仅涉及泰来32彩王、泰来32速王的曝光方式、操作方式等技术指标，没有对任何一代机型的内部结构进行详细介绍，因此没有公开本专利权利要求所要求保护的激光数码印相机的结构，也就是说不能证明泰来32的任何一代是本专利权利要求所要求保护的激光数码印相机，也就不能证明其在先生产、销售的事实。而且该证据第3页最后一段记载了“这款与2005年7月正式向外发布的最新款泰来32，是第二代技术革新机型，名字虽然依然称为泰来32，但无论从外观还是内部技术看均有着许多重大改变或进步”，说明各代泰来32的外部和内部结构都存在重大改变。

由于证据2.9-2.12存在上述问题，因此无法形成证据链证明华羿公司所述的专利权人于优先权日之前生产、销售的“泰来32”激光数码印相机完全公开了本专利权利要求的技术方案的主张，因此专利复审委员会对华羿公司请求人提出的本专利不符合《专利法》第二十二条第二款有关新颖性规定的主张不予支持。

由于华羿公司的证据均不能宣告本专利权无效，因此不再对专利权人提交的反证进行评述。

基于上述理由，专利复审委员会于2008年6月23日作出第11770号决定。

以上事实有本专利授权公告文本、第11770号决定、口头审理记录表以及当事人陈述等证据在案佐证。

本院认为，根据《审查指南》的规定，专利复审委员会可以将针对一项专利权的多个无效宣告案件合并审理，但是合并审理的各无效宣告案件的证据不得相互组合使用。合并审理的目的是为了提高审查效率和减少当事人负担。虽然专利复审委员会最终只出具一份行政决定，但案件编号是独立的，对无效请求的理由和证据的认定是分开进行的，所以该决定本质上还是针对多个无效宣告请求分别做出的，各个无效请求人拥有独立的权利和义务，对于非本人提出的无效理由和证据做出的认定，该请求人无权在后续的行政诉讼程序中提出与已无关的主张，代替其他无效请求人行使权利或承担义务。在新康佳图片社没有针对第11770号决定向一审法院提起诉讼的情况下，华羿公司无权就专利复审委员会针对新康佳图片社在无效程序中提出的理由和证据的认定提出异议。一审法院对涉及新康佳图片社的无效理由及证据不予审理是正确的。

根据《专利法》第二十二条第二款的规定，实用新型的新颖性是指，在申请日以前没有同样的实用新型在国内外出版物上公开发表过、在国内公开使用过或者以其他方式为公众所知，也没有同样的实用新型由他人向国务院专利行政部门提出过申请并且记载在申请日以后公布的专利申请文件中。

华羿公司的无效理由是使用证据2.1~2.6、2.8~2.12证明本专利权利要求1~18不符合《专利法》第二十二条第二款关于新颖性的规定。华弄公司称证据2.6、2.8是其自行从互联网上下载打印的，但仅凭网页打印件无法确定是否与互联网上发布的内容相一致，华羿公司未尽到证明其真实性的举证责任，不符合证据的形式要求，因此，本院亦不予采信。证据 2.1～2.5 没有公开所涉及的泰来 32 数码印相机的结构特征；证据 2.9 和 2.10 的照片虽然公开了陕西鑫艺影像制作公司处标识为“Tera32”和“Tera32super”的两台激光数码印相机的内部结构，但其购买时间以及是否改装是由陕西鑫艺影像制作公司法定代表人李希安口头陈述的，缺乏其他证据加以佐证，且李希安还曾为易美图公司出具过反证，故仅凭该证人的书面证言不能确定照片中的印相机制造、销售的时间；从华羿公司提交的证据 12 可以看出，易美图公司制造、销售的“泰来 32”印相机，名字虽然不变，但无论从外观还是内部技术看均有着许多重大改变。因此，华羿公司提交的证据无法确定在本专利优先权日之前有同样的实用新型在国内公开使用过，其主张本专利不具备新颖性证据不足，本院不予支持。

综上所述，华羿公司、新康佳图片社的上诉理由不能成立、其上诉请求本院不予支持。原审判决认定事实清楚，适用法律正确。依照《中华人民共和国行政诉讼法》第六十一条第（一）项之规定，判决如下：

驳回上诉，维持原判。

一审案件受理费 100 元，由广州华羿数码科技有限公司负担（已交纳）。二审案件受理费 100 元，由广州华羿数码科技有限公司、济南新康佳数码激光冲印图片社各负担 50 元（均已交纳）。

本判决为终审判决。

审　判　长　刘　辉
代理审判员　岑宏宇
代理审判员　焦　彦
二〇〇九年六月十八日
书　记　员　陈　明
书　记　员　刘　悠

132

人工肝用生物反应器

无效宣告请求审查决定（第11786号）

决　　定　　号　第11786号
决　　定　　日　2008年6月24日
发明创造名称　人工肝用生物反应器
国 际 分 类 号　A61F 2/00，A61B 17/00，A61D 1/00，A61M 1/18，C12M 3/00
无效宣告请求人　博傲西腾医疗科技（上海）有限公司
专 利 权 人　浙江大学
专　　利　　号　200420114721.7
申　　请　　日　2004年12月24日
授 权 公 告 日　2006年8月9日
合 议 组 组 长　杨军艳
主　　审　　员　杨加黎
参　　审　　员　王琦琳

法 律 依 据　专利法第22条第3款
决 定 要 点

如果实用新型专利的权利要求要求保护的技术方案与最接近的现有技术相比，虽然其所表明的应用对象存在区别，但是两者属于同一技术领域，并且两者所涉及产品的主要结构和工作原理均相同，则在所述最接近的现有技术的基础上要得到所述技术方案对本领域普通技术人员而言是容易想到的，而无需付出创造性劳动。

一、案由

本无效宣告请求涉及国家知识产权局于2006年8月9日授权公告的名称为“人工肝用生物反应器”的200420114721.7号实用新型专利权（下称本专利），其专利权人是浙江大学，申请日是2004年12月24日。本专利授权公告的权利要求书如下：

“1. 一种人工肝用生物反应器，包括一个有多个进出口的圆柱形容器，容器内有多个用中空纤维制成的两端相通的中空纤维圆柱形内芯（6），内芯内为内腔，内芯外为外腔，其特征在于：用无纺布将中空纤维圆柱形内芯（6）包卷成含中空纤维圆柱形内芯的两端相通的无纺布包卷（5），将无纺布包卷（5）并列安置在圆柱形容器中。

2. 按权利要求1所述人工肝用生物反应器，其特征在于：所述无纺布包卷（5）内的中空纤维圆柱形内芯（6）呈松散状附着在无纺布上，内芯之间的空隙形成外腔。

3. 按权利要求1或2所述人工肝用生物反应器，其特征在于：所述无纺布包卷（5）可以是多个小包卷，也可以是一个大包卷圈成同心圆状。

4. 按权利要求1所述人工肝用生物反应器，其特征在于：所述圆柱形容器的内腔进出口（1、2）设置在圆柱形容器的两端，且上、下各有外腔进出口（4、3）。"

针对上述专利权，博傲西腾医疗科技（上海）有限公司（下称请求人）于2007年5月22日向专利复审委员会提出无效宣告请求，理由是本专利权利要求全部不符合专利法第22条的规定。随同其专利权无效宣告请求书，请求人提交了如下3份附件：

附件1：特开2004-275718日本专利文献第（6）页的原文以及该页上第0025~0032段的中文译文，请求书中声称其公开日为2004年10月（下称证据1）；

附件2：请求人声称为2003年6期《J Artif Organs》第241页上刊登的名称为"Hybrid bioartificial liver: establishing a reversibly immortalized human hepatocyte line and developing a bioartificial liver for practical use"的文章的部分内容，以及其相关部分中文译文（下称证据2）；

附件3：请求人声称为《Journal of Hepatology》（2005）上刊登的名称为"Evaluation of a bioartificial liver based on a nonwoven fabric bioreactor with porcine hepatocytes in pigs"的文章的第2页，以及其中文译文（下称证据3）。

请求人认为：（1）证据1说明在本专利申请前，已有相同产品为公众所知；（2）证据2说明在本专利申请前，已有同样的发明在国际刊物上发表过；（3）证据3说明发明人李兰娟在申请日前就使用并发表了膜式血浆分离器的文章；因此，本专利不符合专利法第22条的规定。

经形式审查合格，专利复审委员会依法受理了上述无效宣告请求，于2007年10月8日向请求人和专利权人发出无效宣告请求受理通知书，同时将专利权无效宣告请求书及其附件清单所列附件的副本转给专利权人，并告知专利权人，若逾期未答复，不影响合议组作出审查决定。

专利权人在该通知书的指定期限内未对该无效宣告请求陈述意见。

针对上述无效宣告请求，专利复审委员会依法组成合议组，对本案进行审理，合议组于2008年1月24日向双方当事人发出无效宣告请求口头审理通知书，告知双方当事人合议组定于2008年3月6日对本案进行口头审理。

口头审理如期举行，请求人一方委托公民代理人钱海江出庭参加，专利权人一方未出庭参加。在口头审理中：

请求人当庭提交了证据2的原件和盖有《教育部科技查新工作站》红章的打印件，证据3的盖有《教育部科技查新工作站》红章的打印件；其中证据2的原件盖有日文的图书馆印章，请求人声称该证据原件是从日本获取且国内图书馆也可获得；证据2、3的打印件均是从交通大学图书馆下载的。

请求人明确其无效宣告的理由和范围为：权利要求1、4相对于证据1不具备新颖性和创造性，权利要求1~4相对于证据2不具备新颖性和创造性，权利要求1、3相对于证据3不具备创造性。

请求人认为：证据1的人工胰脏反应器与本专利权利要求1的人工肝用生物反应器对细胞培养是相同的，反应器的形态、作用也相同。证据2公开了本专利权利要求1的人工肝、中空纤维和无纺布，附图D中可以看出无纺布把中空纤维包卷起来。证据3公开了本专利权利要求1的无纺布和中空纤维的一个组成，可证明本专利不是专利权人发明的，而是从日本可丽公司获得的，该产品在申请日之前已经存在。

至此，合议组认为本案事实已经清楚，现依法作出如下审查决定。

二、决定的理由

1. 关于证据

请求人提交的证据1是专利文献中的一页内容，专利权人对其真实性未提出异议，合议组经审查对该证据1的真实性予以认可，其可以作为本案证据使用，经合议组查证，证据1的公开日期确为2004年10月7日，在本专利的申请日之前，其上记载的内容构成本专利的现有技术，可以用于评价本专利的新颖性和创造性。专利权人未对证据1的译文提出异议，因此证据1公开的内容以其中文译文的内容为准。

证据2、3是外文期刊中一部分内容的复印件，请求人于口头审理当庭提交了证据2的原件，其是盖有日文的图书馆印章的期刊，并提交了盖有《教育部科技查新工作站》红章的两份打印件，表示其内容与证据2、3相同，是从交通大学图书馆下载的。合议组经审查认为：证据2和3属于域外证据。根据审查指南第四部分第八章的2.2.2节的规定，域外证据应当经所在国公证机关予以证明，并经中华人民共和国驻该国使领馆予以认证，或者履行中华人民共和国与该所在国订立的有关条约中规定的证明手续。而请求人并未根据上述规定提供相关证明手续。此外，盖有《教育部科技查新工作站》红章的两份打印件内容虽然与证据2、3一致，但是其来源请求人声称为从交通大学图书馆下载得到的，两者相互矛盾。由此可见，上述两份打印件的来源不清，也无其他证据能证明该证据2、证据3可以从公共图书馆之类性质的场所获得。综上所述，由于请求人未向合议组提供任何关于该证据2、证据3的证明手续文件，也不能证明其属于无需办理相关证明手续的域外证据，因此证据2、3不符合证据的法定形式，不能作为本案证据使用。

由于证据2、3不能作为评价本专利是否符合专利法第22条规定的依据，即请求人认为本专利权利要求1~4相对于证据2不具备新颖性、创造性，本专利权利要求1、3相对于证据3不具备创造性的主张缺乏证据支持。因此请求人提出的关于使用证据2、3影响本专利权利要求的新颖性和创造性的无效宣告理由不成立。

2. 关于本专利权利要求1和4的创造性

专利法第22条第3款规定，创造性是指同申请日以前已有的技术相比，该发明有突出的实质性特点和显著的进步，该实用新型有实质性特点和进步。

具体到本案，合议组认为：

本专利权利要求1要求保护一种人工肝用生物反应器。证据1（参见证据1的中文译文以及图1）公开了：一种生物人工胰脏反应器，该反应器具有腔体1、血液通路2、细胞固定基材3、血液导入口4、血液导出口5、细胞导入口6、细胞导出口6’，其中腔体可以为圆筒形容器（扩散腔体），血液通路由中空纤维构建（可见，血液通路即对应于本专利的中空纤维内芯6，血液通路内即对应于本专利的内腔，血液通路外即对应于本专利的外腔），其外围配置无纺布等细胞固定基材（可见，在血液通路外围配置无纺布即对应于本专利的无纺布包卷5），血液通路以及细胞固定基材被安装在容器内，该容器在细胞固定基材上有细胞导入口至少一个、或者2个，中空纤维的一端为血液导入口、另一端连接血液导出口（可见，容纳有细胞固定基材和中空纤维的容器包括多个进出口）。图1是证据1的反应器的截面图，结合证据1公开的上述内容可知，相当于本专利的无纺布包卷的作为细胞固定基材的无纺布要如图1所示的呈平行间隔设置（相当于本专利中并列安置的无纺布包卷）。

由此可见，本专利权利要求1和证据1相比，其区别在于：（1）本专利权利要求1要求保护的是人工肝用生物反应器，而证据1公开的是生物人工胰脏反应器；（2）本专利权利要求1的中空纤维是圆柱形，而证据1未明确记载构成血液通路的中空纤维的形状。

对此，合议组认为，（1）本专利和证据1均属人工生物反应器领域，是利用选择性透过（免疫阻隔）来保障人工肝脏或胰脏正常工作的生物反应器，其主要结构相同，工作原理也相同，在此基础上，本领域普通技术人员根据实际需要容易想到将证据1的生物人工胰脏反应器的反应器结构应用于人工肝支持系统，制成人工肝用生物反应器，这无需付出创造性劳动；（2）证据1中容器腔体是圆筒状，根据证据1中附图，本领域技术人员根据本领域常识，容易想到将血液通路设计成如本专利所示那样的圆筒状。因此，本专利权利要求1相对于证据1和公知常识的结合不具备实质性特点和进步，因而不具备专利法第22条第3款规定的创造性。

本专利权利要求4是权利要求1的从属权利要求，其附加技术特征是对容器内腔和外腔的进出口的限定。证据1公开了构建出血液通路的中空纤维一端为血液导入口、另一端连接血液导出口（可见，所述导入、导出口即对应于本专利的内腔进出口），而且在容纳有中空纤维的容器内具有细胞导入口（即对应于本专利的外腔进口）。由此可见，证据1公开了本专利权利要求4的大部分附加技术特征，其未公开的附加技术特征仅为：该权利要求4的容器上、下各有外腔进出口。而根据实际需要在生物反应器的上下或左右两端设置各种液体导入导出口是本领域常用技术手段，因此，在本专利权利要求1不具备创造性的基础上，权利要求4相对于证据1和公知常识的结合也不具备创造性，不符合专利法第22条第3款的规定。

综上所述，本专利权利要求1和4均不具备创造性，不符合专利法第22条第3款的规定。

三、决定

宣告200420114721.7号实用新型专利权利要求1、权利要求4无效，在权利要求2~3的基础上维持专利权有效。

当事人对本决定不服的，可以根据专利法第46条第2款的规定，在收到本决定之日起三个月内向北京市第一中级人民法院起诉。根据该款规定，一方当事人起诉后，另一方当事人应当作为当事人参加诉讼。

133

输送治疗剂至患者的注射系统

无效宣告请求审查决定（第11792号）

决　　定　　号　第11792号
决　　定　　日　2008年6月24日
发明创造名称　输送治疗剂至患者的注射系统
国 际 分 类 号　A61M 5/00
无效宣告请求人　吉林省维尔医疗器械有限公司
专 利 权 人　里程碑科学公司
专　　利　　号　98809879.2
申　　请　　日　1998年6月10日
优 先 权 日　1997年9月4日，1998年2月23日
授 权 公 告 日　2005年8月10日
合 议 组 组 长　刘颖杰
主　　审　　员　刘　畅
参　　审　　员　刘　杰

法 律 依 据　专利法第22条第2款、第3款，专利法实施细则第20条第1款，专利法实施细则第21条第2款
决 定 要 点

如果一项权利要求请求保护的技术方案与一篇现有技术之间存在的区别技术特征属于本领域的公知常识，且该技术特征并未给该权利要求的整个技术方案带来预料不到的技术效果，那么该项权利要求不具备创造性

一、案由

本无效宣告请求涉及的是国家知识产权局于2005年8月10日授权公告的名称为“输送治疗剂至患者的注射系统”的发明专利（下称本专利），其专利号是98809879.2，申请日是1998年6月10日，授权时的专利权人是纺纱技术公司，后于2006年6月23日变更为里程碑科学公司。

本专利授权时的权利要求书为：

“1. 一种输送治疗剂至患者的注射系统，具有：

一个治疗剂源；

一个适合于将上述治疗剂输送至上述患者的输送元件；

一个由上述治疗剂源选择性地泵送上述治疗剂至上述输送元件的泵；

一个控制上述泵的自动控制器；其特征在于还包括

使用者激励用的第一和第二控制开关，它们协作以限定上述控制器工作用的第一和第二模式；在上述第一工作模式中上述控制器启动上述泵引起上述治疗剂向前流向上述患者；以及在上述第二工作模式中上述控制器启动上述泵引起上述治疗剂由上述患者反向流动，上述第二工作模式仅允许在第一工作模式已激活后经预定时间进行。

2. 按照权利要求 1 所述的注射系统，其特征在于上述第一控制开关具有第一和第二位置，以及在响应上述第一开关处于第一位置时的上述第一工作模式中上述控制器启动上述泵以第一速度输送上述治疗剂，而响应上述开关处于上述第二位置，上述控制器启动上述泵以第二速度输送上述治疗剂。

3. 按照权利要求 1 所述的注射系统，其特征在于还具有上述治疗剂源的剂量指示器，上述剂量指示器由上述控制器激活。

4. 按照权利要求 1 所述的注射系统，其特征在于还具有观察指示器和声响装置用于指示上述控制器的工作模式。

5. 按照权利要求 1 所述的注射系统，其特征在于还具有电源开关用于为上述系统选择性地提供电力。

6. 按照权利要求 5 所述的系统，其特征在于上述第一和第二供电开关协作以限定上述控制器的第三工作模式，上述第三模式用于清洗和维护上述泵。

7. 按照权利要求 1 所述的系统，其特征在于上述第一开关为脚踏开关。

8. 按照权利要求 7 所述的系统，其特征在于上述脚踏开关用空气软管与上述控制器连接，以及上述控制器具有压力传感器。

9. 按照权利要示 8 所述的系统，其特征在于上述压力传感器产生信号传送给上述控制器，上述信号可指示上述脚踏开关的位置。

10. 按照权利要求 1 所述的系统，其特征在于还具有壳体，上述泵设置在上述壳体上，并具有柱塞以适应响应来自上述控制器的信号而往复运动。

11. 按照权利要求 10 所述的装系统置，其特征在于上述柱塞具有第一和第二位置，在第一位置时柱塞处于上述壳体内，在第二位置时柱塞处于上述壳体之外以便于清洗和更换。

12. 一种输送治疗剂至患者的注射系统，具有：

一个治疗剂源；

一个适合于将上述治疗剂输送至上述患者的输送元件；

一个由上述治疗剂源选择性地泵送上述治疗剂至上述输送元件的泵；

一个控制上述泵的自动控制器；其特征在于还包括使用者激励用的第一和第二控制开关，它们协作以限定上述控制器工作用的第一和第二模式；在上述第一工作模式中上述控制器启动上述泵引起上述治疗剂向前流向上述患者；以及在上述第二工作模式中上述控制器启动上述泵引起上述治疗剂由上述患者反向流动，上述第二工作模式仅允许在第一工作模式已激活后经预定时间进行，还具有上述治疗剂源的剂量指示器，上述剂量指示器由上述控制器激活。

13. 一种输送治疗剂至患者的注射系统，具有：

一个治疗剂源；

一个适合于将上述治疗剂输送至上述患者的输送元件；

一个由上述治疗剂源选择性地泵送上述治疗剂至上述输送元件的泵；

一个控制上述泵的自动控制器；其特征在于还包括使用者激励用的第一和第二控制开关，它们协作以限定上述控制器工作用的第一和第二模式；在上述第一工作模式中上述控制器启动上述泵引起上述治疗剂向前流向上述患者；以及在上述第二工作模式中上述控制器启动上述泵引起上述治疗剂由上述患者反向流动，上述第二工作模式仅允许在第一工作模式已激活后经预定时间进行，还具有观察指示器和声响装置用于指示上述控制器的工作模式。

14. 一种输送治疗剂至患者的注射系统，具有：

一个治疗剂源；

一个适合于将上述治疗剂输送至上述患者的输送元件；

一个由上述治疗剂源选择性地泵送上述治疗剂至上述输送元件的泵；

一个控制上述泵的自动控制器；其特征在于还包括使用者激励用的第一和第二控制开关，它们协作以限定上述控制器工作用的第一和第二模式；在上述第一工作模式中上述控制器启动上述泵引起上述治疗剂向前流向上述患者；以及在上述第二工作模式中上述控制器启动上述泵引起上述治疗剂由上述患者反向流动，上述第二工作模式仅允许在第一工作模式已激活后经预定时间进行，还具有电源开关用于为上述系统选择性地提供电力。

15. 一种输送治疗剂至患者的注射系统，具有：

一个治疗剂源；

一个适合于将上述治疗剂输送至上述患者的输送元件；

一个由上述治疗剂源选择性地泵送上述治疗剂至上述输送元件的泵；

一个控制上述泵的自动控制器；其特征在于还包括使用者激励用的第一和第二控制开关，它们协作以限定上述控制器工作用的第一和第二模式；在上述第一工作模式中上述控制器启动上述泵引起上述治疗剂向前流向上述患者；以及在上述第二工作模式中上述控制器启动上述泵引起上述治疗剂由上述患者反向流动，上述第二工作模式仅允许在第一工作模式已激活后经预定时间进行，还具有壳体，上述泵设置在上述壳体上，并具有柱塞以适应响应来自上述控制器的信号而往复运动，并且上述柱塞具有第一和第二位置，在第一位置时柱塞处于上述壳体内，在第二位置时柱塞处于上述壳体之外以便于清洗和更换。”

针对上述专利权，吉林省维尔医疗器械有限公司（下称请求人）于 2007 年 11 月 26 日向专利复审委员会提出无效宣告请求，其理由是：本专利的权利要求 1、2、4~15 不符合专利法第 22 条第 2 款的有关规定，权利要求 1、12~15 不符合专利法第 22 条第 3 款、专利法第 26 条第 4 款、专利法实施细则第 20 条第 1 款以及专利法实施细则第 21 条第 2 款的有关规定权利要求 5、6 不符合专利法实施细则第 20 条第 1 款以及第 21 条第 2 款的有关规定，请求宣告本专利权利要求 1、2、4~15 无效。与此同时，请求人提交了如下附件：

附件 1（下称对比文件 1）：专利号为 US5180371A 的美国发明专利说明书及其中文译文，其公开日为 1993 年 1 月 19 日。

结合上述证据，请求人认为：对比文件 1 中公开了权利要求 1、2、4~15 的技术特征，因而权利要求 1、2、4~15 不具备新颖性；此外，对比文件 1 公开了“上述第二工作模式仅允许在第一工作模式已激活后经预定时间进行”的技术特征，因而权利要求 1、12~15 不具备专利法第 22 条第 3 款的有关规定；权利要求 1、12~15 中限定了技术特征“上述第二工作模式仅允许在第一工作模式已激活后经预定时间进行”，而在本专利说明书的具体实施方式中没有明确上述第二工作模式必须在第一工作模式已激活后进行，因而权利要求 1、12~15 没有以说明书为依据；权利要求 1、12~15 中限定了两种工作模式，而这两种工作模式属于公知的现有技术，但专利权人却将该特征写入权利要求 1、12~15的区别技术特征中，因而不符合专利法实施细则第 20 条第 1 款以及专利法实施细则第 21 条第 2 款的有关规定；权利要求 5 中“选择性地提供电力”没有清楚简要地表述请求保护的范围，权利要求 6 中的“供电开关”在其引用的权利要求中没有表述，且权利要求 6 中的“清洗和维护泵”没有得到说明书的支持。

经形式审查合格，专利复审委员会受理了该无效宣告请求，并于 2007 年 11 月 27 日向双方当事人发出无效宣告请求受理通知书，同时将专利权无效宣告请求书及附件清单中所列附件副本转送给专利权人，并告知专利权人在收到无效宣告请求受理通知书之日起一个月内对该无效宣告请求陈述意见，逾期未答复不影响专利复审委员会的审理。

专利权人于 2008 年 1 月 14 日向专利复审委员会提交了意见陈述书，并指出：请求人没有指明对比文件 1 如何公开了本专利权利要求 1、2、4~15 的技术方案，因而不能证明权利要求 1、2、4~15 不具备新颖性；请求人未明确说明为何权利要求 1、12~15 相对于对比文件 1 不具备创造性，且对比文件 1 不足以说明权利要求 1、12~15 不具备创造性；本专利的说明书，特别是具体实施方式部分已经对本发明作出了充分的说明，本领域技术人员从说明书中可以无异议地得到权利要求 1、12~15 的技术方案，因此权利要求 1、12~15 是以说明书为依据的，符合专利法第 26 条第 4 款的规定；本专利的权利要求 1、12~15 清楚简要地表述了请求保护的范围，从整体上反映了本发明的技术方案，记载了解决技术问题的必要技术特征；权利要求 5、6 得到了说明书的支持。因此请求人的所有无效理由证据均不能成立。此外，专利权人在此次意见陈述中还提交了对比文件 1 的中文译文以及修改对照页。

针对上述无效宣告请求，专利复审委员会依法成立合议组，并于 2008 年 3 月 12 日向双方当事人发出无效宣告请求口头审理通知书，指出本案合议组定于 2008 年 5 月 15 日进行口头审理。随同口头审理通知书，将专利权人于 2008 年 1 月 14 日提交的意见陈述书转给了请求人。

口头审理如期进行，请求人委托公民代理人孙晓敏参加了此次口头审理，专利权人委托专利代理人宋海宁和秦晨参加此次口头审理。在口头审理中，请求人明确其无效的理由、证据和范围为：本专利的权利要求 1~2、4~15 相对于对比文件 1 不符合专利法第 22 条第 2 款的规定；本专利的权利要求 1、12~15 不符合专利法第 22 条第 3 款以及专利法第 26 条第 4 款的规定；本专利的权利要求 1、5、6、12~15 不符合专利法实施细则第 20 条第 1 款及专利法实施细则第 21 条第 2 款的规定，请求宣告本专利权利要求 1、2、4~15 无效。

请求人当庭表示已收到专利权人提交的修改后的对比文件 1 的中文译文，并认可专利权人提交的对比文件 1 译文的准确性。合议组当庭告知双方当事人，以专利权人提交的译文为对比文件 1 的译文。

关于专利法实施细则第 20 条第 1 款，请求人认为：本专利的权利要求 1、12~15 没有清楚、简要的表述请求保护的范围。对此专利权人认为对于请求人的表述无法作出答辩。

对于权利要求 5，请求人认为本专利的权利要求 5 中的“选择性”含义不清、没有清楚的表明保护的方案。对此专利权人认为“选择性”的含义为可以供电也可以不供电。在本专利的说明书中第 10 页倒数第 4 行有所体现。请求人认为，此说法与本专利的权利要求 6 有所矛盾。对于权利要求 6，请求人认为，第一和第二供电开关在前面没有描述。专利权人认为权利要求 6 中应为“第一和第二控制开关”，是打字错误，后又认为应是“第一、第二和供电开关”。

关于专利法实施细则第 21 条第 2 款，请求人认为本专利的权利要求 1、12~15 与专利法实施细则第 20 条第 1 款的意见相同。对此专利权人认为权利要求 1、12~15 已经很明确的记载了相关内容。

关于专利法第 26 条第 4 款，请求人认为本专利的权利要求 1、12~15 中“上述第二工作模式仅允许在第一工作模式已激活后经预定时间进行”并没有以说明书为依据，没有实施例的说明。对此专利权人认为：第二工作模式是回吸，在本专利说明书第 12 页最后一段有所体现。说明书中的第一工作模式与权利要求书中的第一工作模式是不同的。权利要求书中的第一工作模式是慢速的向患者输入治疗剂的工作模式。说明书中的第一工作模式在第 11 页有说明。权利要求书的第一工作模式与说明书中的第一工作模式不同，权利要求书中的第二工作模式和第三工作模式与权利要求书中的第二工作模式和第三工作模式相同。请求人认为“仅允许”在实施例中没有体现，第一工作模式只是一个正向流动。对此专利权人认为，权利要求书中的第一工作模式是向患者注入治疗剂的这种模式，权利要求书中的第二工作模式是回吸的模式，从附图 20 中可以看出“240”是第三工作模式，“228”是第二工作模式，图中“是否慢速输送 4 秒”可以解释“仅允许”的含义，“232”是说明书中的第一工作模式，第一工作模式与第三工作模式的区别是位置不同，脚踏板注射在说明书中没有当作是一种模式。此外请求人还认为本专利的权利要求 12~15 与权利要求 1 的意见相同。

关于专利法第 22 条第 2 款的规定请求人认为，对比文件 1 原文的附图 3 与在对比文件 1 说明书的第 7 页第 8 页披露了第一工作模式已经激活后第二工作模式才进行的。因此，本专利丧失新颖性。第一工作模式是注射状态，而本专利中是慢速注射状态，并没有表述必须是快速状态。专利权人认为，一般的麻醉过程中都需要一个回吸的过程，承认对比文件 1 是本专利最接近的现有技术，但认为对比文件 1 没有公开“仅允许激活后经预定时间进行”。对比文件 1 的附图 8 开关 91 与对比文件 1 的译文第 3 页第 9 行是慢速开关、快速开关和回吸开关。因此，并没有丧失新颖性。请求人认为：回吸是可以多次的，在对比文件 1 的说明书第 4 页和第 5 页先慢速注射后在进行回吸。对比文件 1 的权利要求 4“预先定量”公开了本专利的权利要求 1“仅允许在第一工作模式已激活后经预定时间进行”，且其功能是相同的。专利权人认为看不出对比文件 1 与本专利“仅允许”一致，本专利是可以防止不正确的操作方式，而对比文件 1 只是一个操作过程，并没有解决本专利的技术问题，本专利是在对比文件 1 的基础上作的进一步改进。

请求人认为，因为本专利的权利要求 1 丧失新颖性，慢速、快速已经被披露，所以本专利的权利要求 2 丧失新颖性。专利权人认可本专利的权利要求 2 的附加技术特征已经被公开，但由于权利要求 1 具备新颖性，所以权利要求 2 也具备新颖性。

请求人认为，本专利的权利要求 4“观察指示器和声响装置”在对比文件 1 的第 10 页第 2 段的最后一句话“有一个声响装置”所公开。专利权人认为，对比文件 1 没有观察指示器的这个特征。

请求人认为，本专利的权利要求 5 与上述的观点相同，权利要求 6 与上述的观点相同，权利要求 8 与 9 在对比文件 1“空气控制”有所公开，权利要求 10“壳体、柱塞”从附图中可以看出。专利权人对本专利的权利要求 9 已经被公开没有异议，但认为权利要求 1 具备新颖性，所以其从属权利要求都具备新颖性。

请求人认为本专利的权利要求 11~15 是之前的组合，因此意见与上述相同。专利权人表示其答辩意见也与上述权利要求相同。

关于专利法第 22 条第 3 条的规定，请求人认为：没有注射是不可能回吸的。回吸应当是在注射之后进行，因此，权利要求 1 不具备创造性，对于权利要求 12~15 的创造性，请求人认为其观点与权利要求 1 不具备创造性的理由相同。对此专利权人认为：本专利的有益效果以本次口审时的答复为准。仅在第一模式下工作预定时间后启动第二模式可保证本专利正确实施，因而权利要求 1、12~15 具备创造性。

至此，合议组认为本案事实清楚，依法作出审查决定。

二、决定的理由

1. 关于证据

对比文件 1 是美国发明专利说明书，专利权人对对比文件 1 的真实性没有异议，但对其中文译文的准确性提出了质疑，并对对比文件1进行了翻译，请求人当庭也表示认可专利权人所提交的译文准确性表示认可，合议组经审查后认为，对比文件1可作为本案证据使用，且对比文件1公开的内容以专利权人提交的中文译文为准，此外，对比文件1的公开日在本专利的申请日之前，因而其上记载的内容构成了本专利的现有技术。

2. 关于专利法第22条第2款、第3款

专利法第22条第2款规定：新颖性，是指在申请日以前没有同样的发明或者实用新型在国内外出版物上公开发表过、在国内公开使用过或者以其他方式为公众所知，也没有同样的发明或者实用新型由他人向国务院专利行政部门提出过申请并且记载在申请日以后公布的专利申请文件中。

专利法第22条第3款规定：创造性，是指同申请日以前已有的技术相比，该发明有突出的实质性特点和显著的进步，该实用新型有实质性特点和进步。

（1）关于权利要求1、2、4~11是否具备新颖性、权利要求1是否具备创造性。

权利要求1涉及一种输送治疗剂至患者的注射系统。对比文件1公开了一种麻醉剂注射仪器，与本专利属于相同的技术领域，并且对比文件1具体公开了以下技术特征（参见对比文件1的中文译文说明书第1~15页，权利要求1~7）：该麻醉剂注射仪器包括液体麻醉剂源，其相当于本专利中的治疗剂源；消毒试剂盒，其包括一个把手或者一端携带一个中空的皮下组织注射的机头12，另一端连接至一个弹性管道，管道的末端被连接至一个麻醉剂管形瓶，因而该消毒试剂盒及弹性管道相当于本专利中的输送元件；泵装置；已编程的流出速度控制装置，其用于控制麻醉剂从麻醉剂源泵出的速度，因而其相当于本专利中控制泵的自动控制器；对比文件1中的麻醉剂注射仪器有三种工作模式：慢速、快速和回流，其中快速和慢速两个模式是向患者注射麻醉剂的模式，即这种模式均相当于本专利中的第一模式，而回流模式是由患者开始的反向流动模式，即相当于本专利中的第二模式；对比文件1中的控制装置可以在第一流速和第二流速之间选择，当注射针刺入皮下组织时使用第一速度，在刺入结束后可以使用第二速度，由此可见对比文件1中的控制装置即相当于本专利权利要求1中的第一和第二控制开关。

将本专利的权利要求1与对比文件1相比较可知，二者的区别仅在于：对比文件1没有公开权利要求1中的“上述第二工作模式仅允许在第一工作模式已激活后经预定时间进行”这一技术特征，且该特征也不属于本领域中惯用手段的直接置换，因而独立权利要求1具备专利法第22条第2款规定的新颖性。由于独立权利要求1具备新颖性，因而直接或间接引用其的从属权利要求2、4~11也具备专利法第22条第2款规定的新颖性。

本专利中的注射系统为了避免刺入位置错误，将系统的第二工作模式设定为仅在第一工作模式已激活后经预定时间进行，而对比文件1中公开了如下技术特征（参见对比文件1中文译文说明书第3~10页）：在注射针被放在稳定的路径上，并且麻醉剂以慢速（不超过0.25~1.0毫升每分钟的速度）伴随注射针的刺入，用麻醉方法包围移动的注射针，由于神经瞬间的丧失，因而在刺入患者体内时不会引起疼痛，回流模式中吸气周期被调整到达活塞缓慢的回流运动，1~2毫升，或者至少足够拉回注射针和机头的可视部分，可视的液体被从注射针的尖端拉回保证医护人员没有把注射针刺入动脉或静脉，回流测试必须在高速率的麻醉剂流动开始时完成。从对比文件1公开的上述内容不难看出，对比文件1中的麻醉剂注射仪器首先进行慢速注射，此后为了避免医务人员将针头插入病人的血管中，采用了在高速注射模式前进行回流定量麻醉剂的方法进行检验，由此可见，对比文件1虽然没有直接公开上述区别技术特征，但是合议组认为，为了解决有可能出现的刺入位置错误的这一技术问题，对比文件1采用了在高速注射前使麻醉剂回流的方式来进行检测刺入位置是否正确的方法，本领域技术人员从对比文件1公开的内容的启示下，可以在不付出任何创造性劳动的情况下想到将对比文件 1 中的麻醉剂注射仪器设定为仅在慢速模式激活后预定时间后才可以激活回流模式的工作流程，从而得出权利要求 1 所涉及的技术方案，这对于本领域技术人员来说是显而易见的。因而，权利要求 1 不具备专利法第 22 条第 3 款规定的创造性。

（2）关于权利要求 12~15 是否具备创造性。

独立权利要求 12 所限定的技术方案与独立权利要求 1 相比，仅仅是增加了下列技术特征“还具有上述治疗机源的剂量指示器，上述剂量指示器由上述控制器激活”。对比文件 1 中的麻醉剂注射仪器提供了在注射预定剂量麻醉剂时用来发出小的可听见的声音的声明电路，因此提供了不需要医务人员从该地点转移目光的监视注射的方法（参见对比文件 1 中文译文第 10 页）。由此可见，对比文件 1 已经将上述技术特征公开，基于与上述权利要求 1 不具备创造性的相同的理由，该独立权利要求 12 也不具备专利法第 22 条第 3 款规定的创造性。

独立权利要求 13 所限定的技术方案与独立权利要求 1 相比，仅仅是增加了下列技术特征“还具有观察指示器和声响装置用于指示上述控制器的工作模式”。对比文件 1 中没有公开用于指示工作模式的观察指示器及声响装置，但是合议组认为，为了便于在操作中知晓当前仪器所处的工作模式，在注射系统中设定观察指示器和声响装置对于本领域技术人员来说是很容易想到的，因而基于与上述权利要求 1 不具备创造性的相同的理由，该独立权利要求 13 也不具备专利法第 22 条第 3 款规定的创造性。

独立权利要求 14 所限定的技术方案与独立权利要求 1 相比，仅仅是增加了下列技术特征“还具有电源开关用于为上述系统选择性地提供电力”。对比文件 1 中的麻醉剂注射仪器可由电力驱动的（参见对比文件 1 中文译文第 12 页、对比文件附图 8），根据本领域的公知常识，在电力驱动的系统中一般都设有电源开关来切换电路的打开与关闭，因而本领域技术人员在对比文件 1 公开的内容的基础上，在由电力驱动的麻醉剂注射仪器上设置电源开关是不需要付出任何创造性劳动就可以很容易想到的，因此，基于与上述权利要求 1 不具备创造性的相同的理由，该独立权利要求 14 也不具备专利法第 22 条第 3 款规定的创造性。

独立权利要求 15 所限定的技术方案与独立权利要求 1 相比，仅仅是增加了下列技术特征“还具有壳体，上述泵设置在上述壳体上，并具有柱塞以适应响应来自上述控制器的信号而往复运动，并且上述柱塞具有第一和第二位置，在第一位置时柱塞处于上述壳体内，在第二位置时柱塞处于上述壳体之外以便于清洗和更换”。对比文件 1 中麻醉剂注射仪器具有壳体，并且泵设置于壳体上（参见对比文件 1 中文译文第 12 页、对比文件 1 的附图 8），此外，利用柱塞的往复运动实现麻醉剂的正向和反向流动，以及为了更换或清洗柱塞使柱塞可以脱离壳体，这些都属于本领域的公知常识，均为本领域技术人员在对比文件 1 公开的内容的基础上无需付出任何创造性劳动就可以很容易想到的，因而基于与上述权利要求 1 不具备创造性的相同的理由，该独立权利要求 15 也不具备专利法第 22 条第 3 款规定的创造性。

综上所述，权利要求 1、12~15 不具备专利法第 22 条第 3 款规定的创造性。

3. 关于权利要求 5、6 是否符合专利法实施细则第 20 条第 1 款、第 21 条第 2 款的规定

专利法实施细则第 20 条第 1 款规定：权利要求书应当说明发明或者实用新型的技术特征，清楚、简要地表述请求保护的范围。

专利法实施细则第 21 条第 2 款规定：独立权利要求应当从整体上反映发明或者实用新型的技术方案，记载解决技术问题的必要技术特征。

（1）关于专利法实施细则第 21 条第 2 款。

请求人认为权利要求 5、6 不符合专利法实施细则第 21 条第 2 款的规定。对此合议组认为：由于

专利法实施细则第21条第2款是对一项发明或实用新型的独立权利要求做出的规定，而本专利的权利要求5、6均为从属权利要求，因而请求人提出的关于权利要求5、6不符合专利法实施细则第21条第2款的理由，合议组不予支持。

（2）关于专利法实施细则第20条第1款。

请求人认为：本专利的权利要求5中的“选择性”含义不清、没有清楚的表明保护的方案。对此合议组认为，权利要求5中对电源开关进行了限定，即“为上述系统选择性地提供电力”，从权利要求5的表述来看，当打开该电源开关可以为系统提供电力，当切断开关也就停止为系统提供电力，即电源开关可以为系统“有选择地”提供电力，因而这种限定是清楚的，本领域技术人员在权利要求5限定的内容的基础上可以清楚该项权利要求所涉及的技术方案，因而权利要求5符合专利法实施细则第20条第1款的规定。

请求人认为：权利要求6中的“第一和第二供电开关”在前面权利要求中没有描述。对此专利权人在口头审理时指出：权利要求6中的“第一和第二供电开关”属于打字错误，应为“第一和第二控制开关”，后又表示应为“第一、第二和供电开关”。对此合议组认为：在本专利的说明书及附图中均没有“第一和第二供电开关”的相关记载，且在权利要求6引用的权利要求1、5中也没有“第一和第二供电开关”的相关记载，虽然专利权人在口头审理当庭表示“第一和第二供电开关”属于打字错误，但是其认为权利要求6真正表述的内容前后不一致，且均没有相关证据的支持，因而本领域技术人员根据权利要求6限定的内容不能清楚地知晓该项权利要求所限定的技术方案，因此权利要求6不符合专利法实施细则第20条第1款的规定。

4. 关于请求人提出的其他无效宣告理由

鉴于权利要求1、12~15不具备专利法第22条第3款规定的创造性，权利要求6不符合专利法实施细则第20条第1款的规定，应予以无效，因此，关于请求人提出的关于本专利权利要求1、12~15不符合专利法第26条第4款、专利法实施细则第20条第1款、专利法实施细则第21条第2款的规定的无效宣告请求的理由，合议组不再进行审查。

三、决定

宣告98809879.2号发明专利权的权利要求1、6、12~15无效，在权利要求2~5、7~11的基础上维持有效。

当事人对本决定不服的，可以根据专利法第46条第2款的规定，在收到本决定之日起三个月内向北京市第一中级人民法院起诉，根据该款的规定，一方当事人起诉后，另一方当事人应当作为第三人参加诉讼。

134

电暖袋

无效宣告请求审查决定（第11793号）

决　　定　　号　第11793号
决　　定　　日　2008年6月19日
发明创造名称　电暖袋
国际分类号　A61F 7/00
无效宣告请求人　佛山市顺德区科贝智能电器有限公司
专　利　权　人　刘延风
专　　利　　号　00202330.X
申　　请　　日　2000年1月12日
授权公告日　2000年11月1日
合议组组长　黄玉平
主　　审　　员　佟仲明
参　　审　　员　杨加黎

法　律　依　据　专利法第22条第2款、第3款，专利法实施细则第20条第1款，专利法实施细则第66条，专利法实施细则第65条第2款

决　定　要　点

如无效宣告请求人提供多份现有技术的证据，但这些证据中公开的技术方案所采用的原理均与本专利要求保护的技术方案所采用的原理不同，且两者的技术方案也有较大差别。此外，本专利的技术方案又带来了有益的技术效果，而证据中均未给出相应的技术启示。则这些证据单独或者它们结合均不能破坏本专利的新颖性或创造性。

一、案由

本无效宣告请求涉及的是国家知识产权局于2000年11月1日授权公告的名称为“电暖袋”的实用新型专利（下称本专利），其专利号是00202330.X，申请日是2000年1月12日，专利权人是刘延风。

本专利授权公告时的权利要求书为：

“1. 一种电暖袋，包括袋身、插座盖、电导入棒及致热物，其特征在于：还设置有电导入棒固定座（6），它设置在袋身（1）内，且在该电导入棒固定座（6）上连有电导入棒（7）。

2. 如权利要求1所述的电暖袋，其特征在于：还可设置电导入棒吊钩（10），该电导入棒吊钩（10）的一端可与袋身（1）固定，另一端与电导入棒（7）相连。”

针对上述专利权，佛山市顺德区科贝智能电器有限公司（下称请求人）于2007年11月2日向专利复审委员会提出无效宣告请求，同时，请求人提交了如下附件：

证据1：无效宣告请求理由的具体意见陈述，共11页；

证据2（下称对比文件1）：专利号为ZL99250331.0的中国实用新型专利说明书的复印件，共7页，其授权公告日为2000年10月4日；

证据3（下称对比文件2）：申请号为88204826.0的中国实用新型专利说明书的复印件，共5页，其公告日为1989年8月30日；

证据4（下称对比文件3）：CN87215415U号中国实用新型专利申请说明书的复印件，共4页，其公告日为1988年9月21日；

证据5（下称对比文件4）：专利号为ZL96201266.1的中国实用新型专利说明书的复印件，共6页，其授权公告日为1997年9月10日；

证据6：本专利的授权公告文本；

证据7：南京市科学技术局于2007年1月29日作出的宁知（2006）纠字02号专利纠纷处理决定书的复印件，共5页。

请求人的具体无效理由是：本专利的权利要求1相对于对比文件1不具备新颖性，权利要求1相对于对比文件2、3、4分别不具备新颖性和创造性，权利要求1相对于对比文件2与对比文件3的结合、对比文件2与对比文件4的结合或对比文件3与对比文件4的结合分别不具备创造性，因此权利要求1不符合专利法第22条第2款和第3款的规定；电导入棒吊钩的设置是基于温控器失灵，液体温度产生气体将袋身胀起使电导入棒离开液面，停止加热，而权利要求2中没有记载特征“温控器”；而且权利要求2中记载的“该电导入帮吊钩（10）一端可与袋身（1）固定，另一端……”表述不清，本专利仅公开了一种实施方式，而未记载电导入棒吊钩与袋身以外其他部位连接的方式，例如：电导入棒吊钩与插座内面固定。此外，电导入棒吊钩一端与袋身固定，另一端与电导入棒相连也不一定能实现本发明的技术效果，因此权利要求2不符合专利法实施细则第20条第1款的规定。

经形式审查合格，专利复审委员会依法受理了该无效宣告请求，并于2007年12月3日向双方当事人发出受理通知书，同时将专利权无效宣告请求书及附件清单中所列附件副本转送给专利权人，并告知专利权人在收到无效宣告请求受理通知书之日起一个月内对该无效宣告请求陈述意见。

针对上述无效宣告请求，专利权人于2007年12月18日提交了意见陈述书，认为：在已审结的第10186号无效宣告决定书（附件2）中已经就本专利权利要求1相对于对比文件1是否具有新颖性、相对于对比文件3是否具备创造性作出认定；在已审结的第8761号无效宣告决定书中（附件3）已经就本专利权利要求1相对于对比文件2是否具备创造性作出了认定，因此用对比文件1评述本专利新颖性以及用对比文件2、对比文件3评述创造性应当适用一事不再理原则，不应当受理和审理；对比文件2、3、4均为利用电热元件对水（蜡）进行加热，而本专利中电导入棒仅传导电流，不发热，发热由致热物承担，而且电热元件是闭合环路，电导入棒是断开的，靠致热物完成闭合，两者工作原理不同，因此对比文件2~4单独或者两两结合均不能破坏本专利权利要求1的新颖性和创造性；是否有温控器不是权利要求2的技术方案存在的前提，权利要求2的技术方案是除温控器之外的另一道安全措施，权利要求2清楚完整，符合专利法实施细则第20条第1款的规定。随同该意见陈述书，专利权人提交了以下证据：

附件1：中国国家知识产权局专利复审委员会作出的第3480号无效宣告请求审查决定书的复印件，共5页；

附件2：中国国家知识产权局专利复审委员会作出的第10186号无效宣告请求审查决定书的复印

件，共10页；

附件3：中国国家知识产权局专利复审委员会作出的第8761号无效宣告请求审查决定书的复印件，共10页；

附件4：专利号为ZL95202326.1的中国实用新型专利说明书的复印件，共5页，其授权公告日为1996年7月10日。

针对上述无效宣告请求，专利复审委员会依法成立合议组，并于2008年1月7日向双方当事人发出无效宣告请求口头审理通知书，告知双方当事人本案合议组定于2008年2月28日进行口头审理，并且随该口头审理通知书将专利权人于2007年12月18日提交的意见陈述书及其提交的附件1~4副本寄送给请求人。

请求人于2008年1月15日提交了无效宣告请求口头审理通知书回执，并随同该口头审理通知书回执提交了补充证据，如下：

补充证据1：国家知识产权局专利检索咨询中心针对本专利作出的检索报告复印件，共6页；

补充证据2（下称对比文件5）：专利号为ZL95202326.1的中国实用新型专利说明书的复印件，共5页，其授权公告日为1996年7月10日；

补充证据3（下称对比文件6）：CN87204233U号中国实用新型专利说明书的复印件，共8页，其公告日为1988年1月6日。

请求人认为：对比文件5作为最接近的现有技术，分别结合对比文件6、对比文件2、对比文件3或对比文件4用于评价本专利的创造性。

口头审理如期进行，请求人佛山市顺德区科贝智能电器有限公司委托代理人卢志文、潘文建出庭参加，专利权人本人刘延风出庭参加。在口头审理中，请求人明确其无效宣告请求的理由、证据和范围为：本专利的权利要求1相对于对比文件1不具备新颖性，权利要求1相对于对比文件2、3、4分别不具备新颖性，权利要求1分别相对于对比文件2与对比文件3的结合、对比文件2与对比文件4的结合、对比文件3与对比文件4的结合或对比文件5与对比文件6的结合不具备创造性；权利要求2不符合专利法实施细则第20条第1款的有关规定。合议组当庭告知请求人对比文件5和对比文件6属于超期证据，但请求人坚持提交对比文件5和对比文件6。请求人明确表示，证据7不作为本专利的无效理由的证据使用。请求人还当庭提交了如下两份公知常识类证据（下称对比文件7、对比文件8）并出示了这两份证据的原件：

对比文件7：《高级中学课本化学（选修）第三册》的封面和封底页、第28~29页、第36~37页以及第80~81页的复印件，共4页，人民教育出版社出版，1995年10月第2版；

对比文件8：《初级中学课本物理第二册》的封面和封底页、第132~133页、第254~255页的复印件，共3页，人民教育出版社出版，1987年3月第2版。

请求人认为，(1) 对比文件1是本专利的抵触申请，其中已经公开了本专利权利要求1的全部技术特征。对比文件7和8证明了水是电解质，水也是致热物；对比文件1中的水也是致热物，与本专利致热物相同，实际使用中也会在水中加入一些工业盐，使导电性能更好，属于惯用手段的置换，也是新颖性的理由。(2) 针对本专利权利要求1的创造性，其认为权利要求1相对于对比文件2~4中任一篇均不具备创造性，对比文件2中的盛水容器相当于本专利中的袋身，插座口3相当于本专利中的插座盖，电加热管15相当于电导入棒，袋内的水相当于致热物，基座9相当于电导入棒固定座，电加热管15通过基座固定，并装设在塑料容器1内；对比文件3中的电热蜡袋外皮1相当于本专利中的袋身，导线与外部电源连接相当于本专利中的插座盖，电热丝3相当于电导入棒，袋内的蜡相当于致热物，电热丝固定板4相当于电导入棒固定座，电热丝均匀缝在电热丝固定板上，电热丝固定板密封装在袋内；对比文件 4 中的内袋 14 相当于本专利中的袋身，插座 3 相当于本专利中的插座盖，金属电加热器 9 相当于电导入棒，袋内的水介质相当于致热物，橡胶绝缘垫 10 相当于电导入棒固定座，金属电加热器两端通过螺丝和螺母固定在橡胶绝缘垫 10 上，并装在内袋内。由此可见，对比文件 2~4 已经公开了本专利权利要求 1 的技术方案，其同样能实现均匀加热，使用寿命长的效果，因此本专利权利要求 1 不具备新颖性。(3) 对比文件 2~4 的两两结合也可以破坏本专利权利要求 1 的创造性。(4) 权利要求 2 不符合专利法实施细则第 20 条第 1 款的规定，具体理由与请求书中相同。(5) 请求人对专利权人提交的 4 份附件无异议，但认为与本案无关。

因其属于公知常识类证据，故合议组当庭将请求人补充的对比文件 7 和对比文件 8 的相关页的复印件转给专利权人，专利权人对其真实性无异议。

专利权人认为：在已审结的第 10186 号无效宣告决定书（附件 2）中已经就本专利权利要求 1 相对于对比文件 1 是否具有新颖性、相对于对比文件 3 是否具备创造性作出认定；在已审结的第 8761 号无效宣告决定书中（附件 3）已经就本专利权利要求 1 相对于对比文件 2 是否具备创造性作出了认定，适用一事不再理原则；对比文件 1~4 均为利用电热元件对水（蜡）进行加热，而本专利中电导热棒的作用是传递电流，真正发热的是液体部分，两者原理不同，因此对比文件 1~4 以及对比文件 2~4 的两两结合均不能破坏本专利权利要求 1 的新颖性和创造性。权利要求 2 清楚完整符合专利法实施细则第 20 条第 1 款的规定，具体理由与意见陈述书中的一致。专利权人表示不需要在口审后对当庭转送的两份公知常识类证据进行书面意见陈述。

至此，合议组认为本案事实清楚，依法作出审查决定。

二、决定的理由

1. 关于是否对请求人增加的证据进行审理

专利法实施细则第 66 条规定：在专利复审委员会受理无效宣告请求后，请求人可以在提出无效宣告请求之日起 1 个月内增加理由或者补充证据。逾期增加理由或者补充证据的，专利复审委员会可以不予考虑。

就本案而言，请求人提出无效宣告请求的日期为 2007 年 11 月 2 日，请求人提交补充对比文件 5、对比文件 6 的日期是在 2008 年 1 月 15 日，该补充提交的时间已经超出了提出无效宣告请求之日起的一个月期限。因此，根据专利法实施细则第 66 条和审查指南的相关规定，对比文件 5 和对比文件 6 属于逾期证据，本案合议组不对对比文件 5 和对比文件 6 进行审理。

请求人当庭提交的对比文件 7 和对比文件 8 是教科书，属于公知常识性证据，该对比文件 7 和对比文件 8 是在口头审理当庭提出的，并且请求人用此公知常识性证据来证明水也可以作为致热物，因此根据审查指南的相关规定，合议组对该对比文件 7 和对比文件 8 予以接受和审理。

2. 关于证据

请求人提交的对比文件 1~4 均为专利文献复印件，专利权人对其真实性没有异议，合议组经审查认为，由于对比文件 1 的申请日早于本专利的申请日但公开日晚于本专利的申请日，因而对比文件 1 只能作为评价本专利新颖性的证据使用。对比文件 2~4 的公开日期均在本专利的申请日前，因此可以作为本专利的现有技术使用，可用作评价本专利的新颖性和创造性的证据。请求人在口审当庭提交的对比文件 7~8 为公开出版的教科书的复印件，请求人也出示了相应原件，专利权人对其真实性无异议。对比文件 7~8 的出版日期也均在本专利申请日之前，因此也可以作为本专利的现有技术使用。

专利权人提交的附件 1~3 为复审委员会在先作出过的无效宣告请求审查决定书，证据 4 为专利文献复印件，请求人对证据 1~4 的真实性没有异议，经合议组核实，证据 1~4 的真实性可以确认，其可以作为本案的证据使用。

3. 关于“一事不再理”

专利法实施细则第 65 条第 2 款规定：在专利复审委员会就无效宣告请求作出决定之后，又以同样的理由和证据请求无效宣告的，专利复审委员会不予受理。

审查指南第四部分第三章第 2. 1 节规定：对已作出审查决定的无效宣告案件涉及的专利权，以同样的理由和证据再次提出无效宣告请求的，不予受理和审理。

就本案而言，请求人认为对比文件 1 是本专利的抵触申请，其可以破坏本专利权利要求 1 的新颖性，并据此认为本专利权利要求 1 不符合专利法第 22 条第 2 款的规定。合议组于口审当庭告知请求人，在专利复审委员会第 10186 号无效宣告请求审查决定书（下称第 10186 号决定书）中已经就本专利权利要求 1 与对比文件 1 不属于相同的发明创造，本专利权利要求 1 相对于对比文件 1 具备专利法第 22 条第 2 款规定的新颖性作出了认定。对此，请求人提出：在第 10186 号决定书第 4 页第 2 段认定“……发热电极与本专利是不同的，水不能对应于致热物”，而对比文件 7 第 28 页第 1 节第 1 段、第 36 页文字最后两行、第 80 页第 2 段和对比文件 8 第 133 页、第 255 页右侧第 2 行证明水可以导电，当导体内有电流通过时导体要发热，并据此认为对比文件 1 的水也是一种致热物，在实际使用中为使导电效果更好会在水中加入一些工业盐，并由此认为对比文件 1 是可以破坏本专利权利要求 1 新颖性的。

尽管专利复审委员会的 10186 号无效宣告请求审查决定书中已就本专利权利要求 1 相对于对比文件 1 是否具备新颖性做出了认定，按常态，在后提出的无效宣告请求若以同样的理由和证据请求本专利权利要求 1 无效的，应适用“一事不再理”原则，即不予受理和审理。然而，在本次无效宣告请求中，请求人提出无效宣告请求时虽然提出了本专利权利要求 1 相对于对比文件 1 不具备新颖性这一无效宣告理由，但在口头审理中又提交了公知常识性证据即，对比文件 7 和对比文件 8，用以证明水也是一种致热物，其与本专利的致热物是相同的，进而证明对比文件 1 中的水就是一种致热物，从而导致对比文件 1 公开了权利要求 1 的技术方案。由于对比文件 7 和对比文件 8 的引入，本案合议组认为本案已不适用“一事不再理”原则，决定对权利要求 1 是否相对于对比文件 1 具备新颖性进行审理。

专利权人认为，在专利复审委员会第 8761 号和第 10186 号无效宣告请求审查决定书中分别对对比文件 2 和对比文件 3 是否能破坏本专利新颖性和创造性作出了认定，其同样适用于“一事不再理”原则。合议组经审查认为，本案中请求人单独用对比文件 2 或对比文件 3，以及用对比文件 2 分别与对比文件 3 或对比文件 4 结合、对比文件 3 与对比文件 4 结合的方式来评述创造性，而在专利复审委员会第 8761 号无效宣告请求审查决定书中该对比文件 2 用于与其他证据相结合来评述本专利权利要求是否具备创造性，第 10186 号无效宣告请求审查决定书中该对比文件 3 也与其他证据相结合来评述本专利权利要求是否具备创造性，由于第 8761 号与第 10186 号无效宣告请求审查决定书中与对比文件 2 或对比文件 3 结合的证据与本案中的证据均不相同，即，与本案中证据使用方式不同，故不适用于一事不再理原则。因此，合议组对对比文件 2 或对比文件 3、对比文件 2 分别与对比文件 3 或对比文件 4 结合、对比文件 3 与对比文件 4 结合的方式是否会影响本专利权利要求的创造性予以审理。

4. 关于专利法第 22 条第 2 款

专利法第 22 条第 2 款规定：新颖性，是指在申请日以前没有同样的发明或者实用新型在国内外出版物上公开发表过、在国内公开使用过或者以其他方式为公众所知，也没有同样的发明或者实用新型由他人向国务院专利行政部门提出过申请并且记载在申请日以后公布的专利申请文件中。

就本案而言，请求人认为对比文件 1 是本专利的抵触申请，其可以破坏本专利权利要求 1 的新颖性，并且作为公知常识性证据的对比文件 7 和对比文件 8 用于证明水也是一种致热物；本专利权利要求1相对于对比文件2~4中的任一篇也不具备专利法第22条第2款规定的新颖性。

（1）本专利权利要求1相对于对比文件1是否具备新颖性。

对比文件1公开了一种电热水袋，并公开了如下技术特征（参见附件1说明书第1页第4段及图1）：电热水袋包括袋子、电极固定件上的一对电极，其中电极固定座位于所述袋子的腔内。

请求人认为对比文件1中的袋子、电极固定座、电极分别相当于权利要求1中的袋身、电导入棒固定座、电导入棒，对比文件7和对比文件8证明水通过电极是可以电解的，水是电解质，也是致热物，即对比文件1中的水也是一种致热物，与本专利的致热物是相同的。实际使用中也会在水中加入一些工业盐，使导电性更好，这属于惯用手段的置换，也应作为新颖性的理由。

对此，合议组认为，根据本专利说明书的记载，本专利中的致热物为盐类化合物或其他，使用时将水注入袋身内。可见，本专利权利要求1中虽然未具体记载电暖袋中还包括“水”，但其中必然需要“水”。进一步而言，本专利中的水并没有当作致热物，其中的致热物是盐类化合物或其他。虽然请求人提交的对比文件7可以证明一切导体在有电流通过时候都要发热；对比文件8可以证明水本身是一种弱电解质，酸、碱和盐也都是电解质，都是可以导电，并且请求人认为因此对比文件7和对比文件8能够证明水也是一种致热物，在实际使用中也会在水中加入一些工业盐使导电性更好，但合议组认为，虽然对比文件1中公开了水，但其仅能相当于本专利中的水，而不能相当于本专利中的致热物。此外，由于本专利中的水并不作为致热物，因此对比文件7和对比文件8也不能证明对比文件1公开了本专利的致热物，而且对比文件1中未公开本专利通过电导入棒将电流导入到致热物中，使致热物发热进而使水加热的这种原理及其相应技术方案，本领域普通技术人员根据对比文件1所公开的内容也无法想到使用电导入棒将电流导入，并在水中加入致热物。

因此本专利权利要求1相对于对比文件1具备新颖性。

（2）本专利权利要求1相对于对比文件2~4中任一篇是否具备新颖性。

对比文件2公开了一种电热水袋（参见该对比文件2说明书第1页第9行至第2页第11行，权利要求1，附图1~2），其主要由设有密封盖5的盛水容器1、电加热管15、双金属片控温开关7、限流电阻12、氖灯13组成，在盛水容器1的侧面有一向里凹进去的长方型孔10，用于安装固定有电加热管15等元器件的基座9，用一个带有显示指示灯的透明窗口2和插座口3的盖板4将容器侧面的方孔10盖上以使盖装置外形美观使用安全。使用时，给电加热管通电，于是容器中的水被加热，给电加热管通电时指示灯亮，当容器中的水温升高到设定温度后，双金属片控温开关将电源切断，此时拔下电源插头即可使用电热水袋取暖。

对比文件3公开了一种电热蜡袋（参见说明书文字部分及附图），包括电热蜡袋外皮1、导线6与外部电源连接，填充整个口袋的蜡、电热丝3及电热丝固定板4，使用电热丝直接加热蜡的方法达到储热的效果。

对比文件4公开了一种多功能中草药热敷袋（参见说明书第2页第3行至末行，附图1），其结构包括内袋14、插座3、金属加热器9、水介质8，金属加热器9两端设置有橡胶绝缘垫10、固定螺母11和固定螺丝12。

请求人认为，对比文件2、对比文件3和对比文件4已经分别公开了本专利权利要求1的技术方案，其同样能实现均匀加热，使用寿命长的效果，因此本专利权利要求1相对于对比文件2、对比文件3或对比文件4之中任一都不具备新颖性。

对此，合议组认为：将本专利权利要求1的技术方案与对比文件2~4中任一相比，对比文件2~4均未公开权利要求1中的电导入棒、致热物，也未公开固定座设置在袋身内，具体理由如下：

A. 本专利中采用的原理是使电导入棒将电流导入到致热物中，从而电导入棒、致热物和外接电源可以形成回路，致热物由于自身的物理化学反应而发热。本专利中的电导入棒仅起导电作用而不起发热作用。对比文件2中的电热管是利用电流的热效应而本身发热，水通过热交换作用而被加热，电热管并不与袋内的水或蜡形成回路，也不起到将电流导入水或蜡中的作用。即，两者采用的致热原理不同。由于对比文件2中的电导热管并不起到将电流引入的作用，对比文件2中的电热管并不相当于本专利中的电导入棒。至于对比文件2是否公开了致热物的问题，根据本专利说明书的记载，本专利中的致热物为盐类化合物或其他，使用时将水注入袋身内，可见，本专利中的致热物是盐类化合物或其他，本专利中的水并没有当作致热物，而是存储热能的储能物质。即使考虑到请求人用对比文件7和对比文件8证明水是致热物，并且实际使用中为了使导电性能更好也会在水中加入一些工业盐的观点，合议组认为，如上所述，在本专利中，水不是作为致热物，而是另外添加致热物，如盐类化合物，对比文件7和对比文件8尚不能证明对比文件2中的水公开了权利要求1中的致热物。对比文件2中的水所起到的作用是存储热能而不是自身发热，其也不相当于本专利中的致热物，对比文件2中的水仅能公开本专利所需使用的水，而并未公开本专利的致热物。

此外，根据本专利说明书所述内容可知，本专利的发明目的是为了克服电导入棒直接嵌按在密封塞上，使加热不均匀的问题。从本专利的附图1~3可以看出，本专利采用了将电导入棒固定座与固定插座的插座盖分开设置并使电导入棒固定座位于袋体内部的方式，使电导入棒可以插在袋身的中央部位，因而克服了加热不均匀的缺陷。而对比文件2公开的内容可知，插座口3是使插头能够连接到电源的开口，与本专利中的插座盖是带有开口的部件，因此，对比文件2中的插座口不相当于本专利中的插座盖，插头和电加热管都是固定在基座上的，该基座是位于塑料容器侧面的长方型孔10中，其位置实际上是在袋体侧壁上，与本专利中电导入棒固定座的位置不同。也就是说，对比文件2没有公开插座盖，也没有公开该基座位于袋体的内部。可见，对比文件2没有公开本专利中电导入棒固定座的位置。

B. 至于对比文件3和对比文件4，合议组认为：如上所述，对比文件3和对比文件4与对比文件2中所采用的原理相似，而与本专利中所用原理不相同。对比文件3~4中的电热丝或电加热器是利用电流的热效应而本身发热，水或蜡通过热交换作用而被加热，电热丝或电加热器并不与袋内的水或蜡形成回路，也不起到将电流导入水或蜡中的作用，对比文件3~4中的电热丝或电加热器并不相当于本专利中的电导入棒。而至于致热物，对比文件3~4中的水或蜡所起到的作用也是存储热能，其也不相当于本专利中的致热物。

此外，对比文件3中的电热丝是遍布于整个袋体的，其与本专利采用固定座来固定长条状电导入棒的固定方式不同。对比文件4中公开了金属加热器两端设置有橡胶绝缘垫、固定螺母、固定螺丝，从对比文件4的附图1中可以清楚看出插头与电热管分隔开一段距离，但是，对比文件4中并未公开电热管是通过固定座固定在袋体的内部，且本领域普通技术人员根据本领域的知识，可以推导出来的也仅是用橡胶绝缘垫、固定螺母、固定螺丝将电热管固定到袋体内壁上而不是将其固定到袋体内。可见，对比文件3~4也没有公开本专利中电导入棒固定座的位置。

可见，对比文件2~4均没有公开本专利中权利要求1中的电导入棒、致热物以及电导入棒固定座的位置。

综上所述，本专利权利要求1的技术方案与对比文件2~4中任意一篇均不属于相同的发明创造，权利要求1相对于该对比文件2~4任一篇均具备专利法第22条第2款所规定的新颖性。

5. 关于专利法第22条第3款

专利法第22条第3款规定：创造性，是指同申请日以前已有的技术相比，该发明有突出的实质性特点和显著的进步，该实用新型有实质性特点和进步。

请求人认为，对比文件 2~4 中任一篇或两两结合均能破坏本专利权利要求 1 的创造性。

对此，合议组认为，如上所述，本专利权利要求 1 与对比文件 2~4 中任一篇中采用的原理均不同，技术方案也不同，对比文件 2~4 均任一篇中均未公开权利要求 1 中的电导入棒、致热物，也未公开固定座设置在袋身内。且对比文件 2~4 中任一篇所公开的技术方案均未给出使用电导入棒将电流导入储能物质中的致热物以使其发热的技术启示。此外，如上所述，本专利的发明目的是为了加热不均匀的问题，而对比文件 2~4 均没有公开本专利中电导入棒固定座的位置，本领域普通技术人员也无法从对比文件 2~4 中任意一篇公开的内容得到将电导入棒设置于袋体的内部从而解决加热不均匀的技术启示。

本专利通过采用如权利要求 1 所记载的技术方案，达到了使用安全、方便和加热均匀的技术效果，本专利权利求的技术方案相对于对比文件 2~4 具备实质性特点和进步。因此，权利要求 1 相对于对比文件 2~4 任一篇或任意两篇的结合均具备专利法第 22 条第 3 款所规定的创造性。

6. 关于专利法实施细则第 20 条第 1 款

专利法实施细则第 20 条第 1 款规定：权利要求书应当说明发明或者实用新型的技术特征，清楚、简要地表述请求保护的范围。

本专利的权利要求 2 的内容如下：

“2. 如权利要求 1 所述的电暖袋，其特征在于：还可设置电导入棒吊钩（10），该电导入棒吊钩（10）的一端可与袋身（1）固定，另一端与电导入棒（7）相连。”

请求人认为，电导入棒吊钩的设置是基于温控器失灵，液体温度产生气体将袋身胀起使电导入棒离开液面，停止加热，而权利要求 2 中没有记载特征“温控器”；而且权利要求 2 中记载的“该电导入帮吊钩（10）一端可与袋身（1）固定，另一端……”表述不清，本专利仅公开了一种实施方式，而未记载电导入棒吊钩与袋身以外其他部位连接的方式，例如：电导入棒吊钩与插座内面固定。而且电导入棒吊钩一端与袋身固定，另一端与电导入棒相连也不一定能实现本发明的技术效果，因此权利要求 2 不符合专利法实施细则第 20 条第 1 款的规定。

对此合议组认为，首先，关于温控器，如本专利说明书第 2 页最后一段所述，设置导入棒吊钩是为了在温控器 8 失灵，液体温度产生气体将袋身 1 涨起时，使电导入棒 7 离开液面，其是作为温控器之外的一道安全措施，可见，温控器并非权利要求 2 中记载的技术方案所不可缺少的技术特征，权利要求 2 记载的方案即使在不存在温控器的情况下也同样可以实施，权利要求 2 并不会因为缺少温控器这一特征而使技术方案不清楚不完整。其次，关于“电导入棒吊钩（10）一端可与袋身（1）固定……”,根据本专利说明书第 2 页最后一段以及附图 3 的描述，电导入棒吊钩 10 是用于将电导入棒以一定距离吊挂在袋身 1 的内面上，其实际上是一种电导入棒与袋身之间的连接部件，作为连接部件，其两端应当分别连接在要被连接的部件上，对本案而言就是指电导入棒吊钩一端与电导入棒相连，另一端与袋身 1 相连。虽然权利要求 2 中使用了“可与”一词对电导入棒与袋身之间的关系进行描述，但在本专利说明书中只公开了一种实施例且附图中也明确表示了“电导入棒吊钩一端与袋身固定”这一种连接方式的情况下，考虑到电导入棒吊钩所应起到的保障安全的作用，本领域普通技术人员可以清楚地理解“该电导入棒吊钩（10）的一端可与袋身（1）固定”的含义是电导入棒吊钩的一端与袋身（1）固定，而不会包括如请求人所述的“电导入棒吊钩与插座内面固定”等方式。因此，该词语的使用不会导致本专利权利要求 2 要求保护的范围不清楚。最后，关于效果，本专利权利要求 2 中的技术方案已经清楚完整地说明了电导入棒、电导入棒吊钩以及袋身之间存在的连接关系，根据本专利说明书的内容也能毫无异议地确定电导入棒吊钩的作用是在于提供一种安全防护措施，此外，权利要求 2 是一项产品权利要求，其中已经用结构特征和位置关系表述了产品结构，对本领域普通技术人员而言该权利要求 2 要求保护的范围是清楚的。在此基础上，电导入棒吊钩（10）起了什么样的作用与权利要求 2 保护范围是否清楚并无必然关联，权利要求中记载的方案是否能实现某种效果也不是判断该权利要求是否清楚的依据。

综上所述，本专利权利要求 2 要求保护的范围是清楚的，符合专利法实施细则第 20 条第 1 款的规定，请求人关于本专利权利要求 2 不清楚的理由不能成立。

根据上述事实和理由，本案合议组依法作出以下审查决定。

三、决定

维持 00202330. X 号实用新型专利权有效。

当事人对本决定不服的，可以根据专利法第 46 条第 2 款的规定，在收到本决定之日起三个月内向北京市第一中级人民法院起诉，根据该款的规定，一方当事人起诉后，另一方当事人应当作为第三人参加诉讼。

135

一次性注式采血针

无效宣告请求审查决定（第11794号）

决　　定　　号　第11794号
决　　定　　日　2008年6月24日
发明创造名称　一次性注式采血针
国 际 分 类 号　A61B 5/15
无效宣告请求人　济南连发医用塑胶制品有限公司
专　利　权　人　施国平
专　　利　　号　01244816.8
申　　请　　日　2001年7月13日
授 权 公 告 日　2002年3月27日
合 议 组 组 长　杨军艳
主　　审　　员　杨加黎
参　　审　　员　王琦琳

法　律　依　据　专利法第22条第3款，专利法第26条第4款，专利法实施细则第20条第1款
决　定　要　点

如果一项实用新型专利要求保护的技术方案相对于最接近的现有技术存在区别特征，而且现有技术中没有给出将该区别特征应用于该最接近的现有技术以解决本专利所要解决的技术问题的技术启示，则本专利相对于现有技术具备创造性。

一、案由

本无效宣告请求涉及国家知识产权局于2002年3月27日授权公告的名称为"一次性注式采血针"的01244816.8号实用新型专利（下称本专利），其专利权人是施国平，申请日是2001年7月13日。本专利授权公告的权利要求书如下：

"1. 一种一次性注式采血针，包括带针尖（3）的针体（2）、针柄（1）和针帽（4），针体（2）固定在针柄（1）内，针尖（3）从针柄（1）的一端伸出并插在针帽（4）内，针柄（1）与针帽（4）之间通过包络针体（2）的过渡结构连成一体，其特征在于：固定在针柄（1）内的针体（2）上设有防松固定结构。

2. 根据权利要求1所述的采血针，其特征在于：所述防松固定结构由设在针体（2）上的折弯结构（5）构成。

3. 根据权利要求2所述的采血针，其特征在于：所述折弯结构（5）设在针体（2）的尾部。

4. 根据权利要求1所述的采血针，其特征在于：所述防松固定结构为设在针体（2）上的固定块（6），固定块（6）与针体（2）固定连接。

5. 根据权利要求4所述的采血针，其特征在于：所述固定块（6）设在针体（2）的尾部。

6. 根据权利要求4或5所述的采血针，其特征在于：所述固定块（6）为钎或锡焊块。”

针对上述专利权，济南连发医用塑胶制品有限公司（下称请求人）于2007年9月24日向专利复审委员会提出的无效宣告请求，理由是：本专利权利要求1不符合专利法第26条第4款的规定，权利要求1和6不符合专利法实施细则第20条第1款的规定，权利要求1~6不符合专利法第22条第3款的规定。随同该专利权无效宣告请求书，请求人提交了如下6份附件：

附件1：授权公告号为CN2308348Y的中国实用新型专利说明书，共5页，其授权公告日为1999年2月24日（下称证据1）；

附件2：US4414975号美国专利文献（下称证据2）及其部分中文译文，共7页，其授权公告日为1983年11月15日；

附件3：公开号为CN1297392A的中国发明专利申请公开说明书，共12页，其公开日为2001年5月30日（下称证据3）；

附件4：授权公告号为CN2256235Y的中国实用新型专利说明书，共6页，其授权公告日为1997年6月18日（下称证据4）；

附件5：US6210420B1号美国专利文献（下称证据5）及其部分中文译文，共13页，其授权公告日为2001年4月3日；

附件6：本专利授权公告文本。

请求人的无效宣告请求理由为：

（1）本专利权利要求1的“设有防松固定结构”将现有技术中众多的防松固定结构囊括到权利要求的保护范围中，这种过宽的高度概括无法得到说明书的支持，不符合专利法第26条第4款的规定。

（2）本专利权利要求1的“过渡结构”含义不清楚，不能表明针柄与针帽之间位置关系以及连接方式；权利要求6的固定块为“钎”或者“锡焊块”含义不清楚，不符合专利法实施细则第20条第1款的规定。

（3）本专利权利要求1与证据1的区别仅在于权利要求1的针体上设有防松固定结构，而证据2的弯折24的功能与本专利中防松固定结构实现的功能相同，证据3公开了形成折弯的嵌入件可以承受较大的扭矩，防止嵌入件在把手内松动的技术方案，证据4公开了柔性杆4形成的折弯结构功能为防止刷毛松动，因此，证据2、3、4分别给出了在针体设置固定结构防止松动的技术启示，因而权利要求1相对于证据1与证据2，或证据1与证据3，或证据1与证据4的结合不具备创造性；在此基础上，引用权利要求1的从属权利要求2相对于上述证据组合方式也不具备创造性；权利要求3的附加技术特征被证据3公开，因此权利要求3相对于证据1与证据3的结合不具备创造性；证据5的针尖块对应于固定块，起到固定防松动的功效，给出了固定块用来防止针体松动的技术启示，因此权利要求4相对于证据1与证据5的结合不具备创造性；证据5公开了固定块作为固定结构的技术方案，而固定块设置的位置是本领域技术人员轻易能够得出的，因此权利要求5也不具备创造性；权利要求6中的固定块采取锡焊块属于公知常识，因此权利要求6也不具备创造性，不符合专利法第22条第3款的规定。

经形式审查合格，专利复审委员会依法受理了上述无效宣告请求，于2007年9月26日向请求人和专利权人发出无效宣告请求受理通知书，同时将专利权无效宣告请求书及其附件清单所列附件的副本转给专利权人，要求其在指定期限内对该无效宣告请求陈述意见。

针对上述无效宣告请求，专利权人于 2007 年 10 月 22 日向专利复审委员会提交了意见陈述，认为：

（1）本专利权利要求 1 的“过渡结构”所指的就是证据 1 中的“针颈（3）”，或是本专利说明书背景技术部分记载的“过渡连接”，该特征之前还有定语“针柄（1）与针帽（4）之间通过包络针体（2）”用于修饰“过渡结构”，因此，权利要求 1 清楚、简要地表述了请求保护的范围；权利要求 6 的附加技术特征的含义为固定块（6）为钎焊块或锡焊块，其共同主体是焊块，也清楚、简要地表述了请求保护的范围，符合专利法实施细则第 20 条第 1 款的规定。

（2）本专利权利要求 1 中的“防松固定结构”是结构特征而非功能性限定，本领域技术人员根据说明书内容不会对其作任意解释，而且，本专利说明书针对“防松固定结构”不仅给出了两种典型的具体实施方式，还对其结构形式、明显变型方式、等同替代方式以及防松机理等内容作了详细说明，此外，尽管“防松固定结构”是概括性的上位概念，但根据审查指南的规定，应当允许将权利要求的保护范围概括至覆盖所有等同替代或明显变型的方式，因此权利要求 1 是得到说明书支持的，符合专利法第 26 条第 4 款规定。

（3）证据 2 与本专利在基本结构和工作原理上区别明显，而且证据 2 的折弯结构 24 与本专利权利要求 1 的防松固定结构的作用不同，另外证据 2 也没有给出将其折弯结构用于证据 1 作为防松固定结构的技术启示，因此权利要求 1 相对于证据 1 和 2 的结合具备创造性；证据 3 与本专利权利要求 1 的技术领域不同、解决的技术问题不同，证据 3 的“120°角弯曲”与权利要求 1 中的“防松固定结构”性质和作用不同，此外证据 3 也没有给出任何技术启示说明采用折弯结构可以防止异形条钢 19 在把手内松动，因此权利要求 1 相对于证据 1 和 3 的结合具备创造性；证据 4 与本专利权利要求 1 的技术领域不同，证据 4 的柔性杆 4 是柔性的而不可能采用刚性材料，通过锁定夹头 2 上的突头 10 将柔性杆 4 的外伸部分折弯在刷柄 1 上的凹槽 8 内，是为了将一次性使用的刷头临时性固定在刷柄 1 上，而权利要求 1 中的针体是刚性的，不能采用柔性材料，针体永久性固定在针柄内并通过折弯形成防松固定结构，因此两者的性质和作用完全不同，此外证据 4 也没有给出技术启示说明直接将这种折弯结构用于采血针针体的防松，因此权利要求 1 相对于证据 1 和 4 的结合具备创造性；在此基础上，权利要求 2 相对于证据 1 与证据 2、或证据 1 与证据 3、或证据 1 与证据 4 的结合也具备创造性；证据 3 没有公开权利要求 3 的附加技术特征，因此权利要求 3 相对于证据 1 与证据 3 的结合具备创造性；证据 5 和本专利权利要求 4 在产品结构、原理、需要解决的技术问题以及效果等方面均存在很大差别，并且证据 5 也没有给出技术启示说明针尖块 122 内的针体可以通过设置固定块结构来防止针体松动，因此权利要求 4 相对于证据 1 和 5 的结合具备创造性，在此前提下，其从属权利要求 5 和 6 也具备创造性。

请求人于 2007 年 10 月 23 日补充提交了意见陈述书，随同该意见陈述书补充提交了如下 2 份附件：

附件 7：授权公告号为 CN2277244Y 的中国实用新型专利说明书，共 12 页，其授权公告日为 1998 年 4 月 1 日（下称证据 6）；

附件 8：美国专利 6210420 号文件的翻译文本，共 4 页。

请求人在意见陈述书中补充的无效宣告请求理由为：证据 6 公开了纹眉机的径向结合纹针构造，该方法给出了在针体尾端设置垂直弯部的技术手段，其与本专利属于相关的技术领域，由于本专利对现有技术的贡献仅在于增加针体对针柄之间的连接牢固度，为了对现有连接作出改进，本领域普通技术人员会到固定这个功能型领域寻找技术手段，因此证据 6 给出了在针体设置防松固定结构的技术启示，因而本专利权利要求 1 相对于证据 1 和 6 的结合不具备创造性；证据 6 也公开了权利要求 2 和 3 的附加技术特征，因此权利要求 2 和 3 相当于证据 1 和 6 的结合也不具备创造性，不符合专利法第 22 条第 3 款的规定。

针对上述无效宣告请求，专利复审委员会依法组成合议组对本案进行审理，合议组于 2008 年 1 月 10 日向双方当事人发出无效宣告请求口头审理通知书，告知双方当事人合议组定于 2008 年 3 月 12 日对本案进行口头审理，同时将专利权人于 2007 年 10 月 22 日提交的意见陈述转给请求人，将请求人于 2007 年 10 月 23 日提交的意见陈述书及其附件清单所列附件的副本转给专利权人。

口头审理如期举行，请求人一方委托公民代理李林、陈庆彬、田承祖出庭参加，专利权人一方委托专利代理人马明渡、公民代理徐丹出庭参加。在口头审理中，双方当事人对对方出庭人员的身份和资格无异议；对合议组成员没有回避请求。请求人提交的证据 1~6 是专利文献，其中证据 2 和 5 是美国专利文献，均有中文译文，专利权人对上述证据的真实性无异议，对相关译文的准确性无异议。请求人当庭明确附件 6 为本专利的授权公告文本，不作为证据使用；同时当庭明确附件 8 仅作为参考，不作为证据使用。请求人明确其无效宣告的理由和范围为：本专利权利要求 1 不符合专利法第 26 条第 4 款的规定，权利要求 1 和 6 不符合专利法实施细则第 20 条第 1 款的规定，权利要求 1 和 2 相对于证据 1 和 2，或者证据 1 和 3，或者证据 1 和 4 的结合不符合专利法第 22 条第 3 款的规定，权利要求 3 相对于证据 1 和 3 的结合不符合专利法第 22 条第 3 款的规定，权利要求 4 和 5 相对于证据 1 和 5 的结合不符合专利法第 22 条第 3 款的规定，权利要求 5 相对于证据 1、证据 5 和公知常识的结合不符合专利法第 22 条第 3 款的规定，权利要求 1~3 相对于证据 1 和 6 的结合不符合专利法第 22 条第 3 款的规定。双方当事人均结合证据对本专利是否符合专利法及其实施细则的规定充分发表了意见，其中：

针对请求人关于专利法第 26 条第 4 款和专利法实施细则第 20 条第 1 款的无效宣告理由，双方的意见均与之前的意见陈述大致相同。

双方当事人均认可：关于本专利的权利要求 1 相对于证据 1 的区别仅在于“固定在针柄内的针体放松固定结构”。

请求人认为：证据 1 与证据 2 相结合的意见表述与无效宣告请求书中的意见相同，证据 2 有折弯结构，给出了“防松固定结构”的启示。专利权人认为：证据 2 的采血针是定位在壳体上而不是固定在壳体上，与本专利的产品结构、工作原理、需要解决的技术问题以及效果均存在很大差别，没有技术启示。

请求人认为：证据 1 与证据 3 相结合的意见表述与无效宣告请求书中的意见相同，证据 3 公开了带折弯结构的固定把，给出了相应启示。专利权人认为：证据 3 没有给出折弯与防松结构相关的技术启示。

请求人认为：证据 1 与证据 4 相结合的意见表述与无效宣告请求书中的意见相同。专利权人认为：证据 4 的刷子可拆卸，折弯的柄是柔性的，而本专利不可拆卸，柄是刚性的，其防松不同，因此不能给出本专利的技术启示。

请求人认为：证据 1 与证据 6 相结合的意见表述与无效宣告请求书中的意见相同，两者实现的目的是防止径向抖动。专利权人认为：证据 1 和 6 所述领域不同，证据 6 的折弯是依赖孔发生的，与本专利的连接关系不同，两者无互换性。

关于本专利权利要求 2、3 是否具备创造性的意见，双方当事人均坚持其在口头审理之前提交的书面意见。

请求人认为：证据 1 与证据 5 相结合的意见表述与无效宣告请求书中的意见相同，标号 122 针尖块公开了本专利权利要求4的技术特征。专利权人认为：从证据5的附图可以看出122针尖块从功能上等同于本专利的针柄，124针柄对应本专利的针体。

关于本专利权利要求5、6是否具备创造性，请求人坚持其在口头审理之前提交的书面意见，并认为证据1与证据5的结合及证据1结合公知常识可以公开本专利权利要求5。专利权人的意见与口头审理之前提交的书面意见相同。

至此，合议组认为本案事实已经清楚，现依法作出如下审查决定。

二、决定的理由

1. 关于证据

请求人提交的证据1~6是专利文献，专利权人对其真实性无异议，其中证据2和5是美国专利文献，请求人在提交证据2的同时提交了其第3栏第1段的中文译文，在提交证据5的同时提交了其第3栏第3段的中文译文，专利权人对其中文译文的准确性无异议。合议组经审查认为：证据1、3、4、6是中国专利文献，对其真实性予以认可，可以作为本案证据使用；证据2和5是美国专利文献，对其真实性予以认可，由于请求人提交的是部分中文译文，因此证据2和5中没有提交中文译文的部分不作为本案证据使用。证据1~6的公开日期均在本专利的申请日之前，其中可以作为证据使用的内容构成本专利的现有技术，可以用于评价本专利的创造性。其中证据2和5公开的内容以请求人提交的上述中文译文为准。

2. 关于专利法第26条第4款

专利法第26条第4款规定：权利要求书应当以说明书为依据，说明要求专利保护的范围。

具体到本案，合议组认为：根据本专利说明书的记载，本专利提供了一种防止针体在针柄中松动的一次性注式采血针结构，由于针体上设有一段突变截面结构，使针体与针柄连接牢度增加，以致于大于针尖与针帽的连接牢度，因此在拧动和拔掉针帽时不会发生针体松动和带针现象（具体参见本专利说明书第2页第18~22行）。由此可见，本专利权利要求1的防松固定结构即为针体上设置的突变截面结构。同时，说明书的发明内容和具体实施方式部分也均列举了防松固定结构的两种具体实施方式——“防松固定结构由设在针体上的折弯结构构成”和“防松固定结构为设在针体上的固定块”，在此基础上，出于防止针体在针柄中松动的目的，本领域普通技术人员能够合理预测说明书给出的上述两种具体实施方式的所有等同替代或明显变型方式的突变截面结构，并能够预测这些等同替代或明显变型方式的突变截面结构同样能达到在拧动和拔掉针帽时不发生针体松动和带针的技术效果，因此应当允许将本专利权利要求1的保护范围概括至覆盖其所有的等同替代或明显变型方式的突变截面结构，即权利要求1中的“防松固定结构”是本领域普通技术人员能够从说明书所公开的内容中得到或概括得出的，能够得到说明书的支持，符合专利法第26条第4款的规定。

3. 关于专利法实施细则第20条第1款

专利法实施细则第20条第1款规定：权利要求书应当说明发明或者实用新型的技术特征，清楚、简要地表述请求保护的范围。

具体到本案，合议组认为：

（1）关于本专利权利要求1。

本专利权利要求1是主题名称为“一次性注式采血针”的产品权利要求，其技术特征是对构成该采血针的各个部件以及这些部件之间的位置关系的限定，其中对针柄1与针帽4之间的连接部件及其连接关系的限定为“通过包络针体（2）的过渡结构连成一体”。根据本领域普通技术常识可知，所述“过渡结构”即在针柄1和针帽4这两个部件之间起过渡连接作用的部件，该部件的位置关系为处于针柄1与针帽4之间，所起作用是在包络针体2的同时将针柄1和针帽4连成一体，由此可见，该特征的功能和位置关系均清楚，其与权利要求1的其他结构特征一起能够清楚地反映出该权利要求所要限定的保护范围，因此权利要求1中“过渡结构”的用词是清楚的，符合专利法实施细则第20条第1款的规定。

（2）关于本专利权利要求6。

本专利权利要求6的附加技术特征为“所述固定块为钎或者锡焊块”，根据语法常识可知，该附加技术特征的含义为所述固定块为钎焊块或者锡焊块，由于钎焊和锡焊均是焊接领域常用技术手段，使用这两种技术手段在针体尾部焊制钎焊块或锡焊块作为防松固定结构，其所要表达的含义对本领域普通技术人员而言是清楚的，符合专利法实施细则第20条第1款的规定。

综上所述，对于请求人基于“通过包络针体（2）的过渡结构连成一体”和“所述固定块为钎或者锡焊块”表述不清而认为本专利不符合专利法实施细则第20条第1款规定的主张，合议组不予支持。

4. 关于专利法第22条第3款

专利法第22条第3款规定：创造性，是指同申请日以前已有的技术相比，该发明有突出的实质性特点和显著的进步，该实用新型有实质性特点和进步。

如果一项实用新型专利要求保护的技术方案相对于最接近的现有技术存在区别特征，但是现有技术中没有给出将该区别特征应用于最接近的现有技术以解决本专利所要解决的技术问题的技术启示，则本专利相对于现有技术具备创造性。

具体到本案，请求人认为：本专利权利要求1、2相对于证据1和证据2、证据1和证据3或者证据1和证据4的结合不符合专利法第22条第3款的规定；本专利权利要求3相对于证据1和证据3的结合不符合专利法第22条第3款的规定。

经审查，本专利的权利要求1要求保护一种一次性注式采血针，其属于医用采血针领域。

证据1是本专利文本中所述的背景技术，其公开了一种一次性使用无菌采血针（对应于本专利的一次性注式采血针），包括具有针头4（相当于本专利的针尖3）的针体2、针柄1和针帽5，针体2固定于针柄1的内部，针体2露出针柄1一端的针头4插在针帽5内，针帽5与针柄1之间通过包裹针头4的针颈3（相当于本专利的过渡结构）相连接。

由此可见，本专利权利要求1与证据1相比，其区别在于，本专利权利要求1的采血针还包括“固定在针柄（1）内的针体（2）上设有防松固定结构”的技术特征。双方当事人在口审当庭均认可该特征为本专利权利要求1相对于证据1的区别特征。该区别特征所起的作用在于防止拧动和拔掉针帽时针体发生松动和带针现象。

证据2是美国专利文献，也涉及一种采血针，与本专利同属于采血针领域，其作为证据使用的中文译文为：“外壳2里面是一个具有弹力的金属刀片18，包括第一部分20和通过弯曲的短弯角部分24连接到第一部分20上的第二部分。在不受力的情况下，部分20、22相互之间基本成直角。第一部分20的自由端具有锥形从侧面，提供一个锋利的切割边26。”即仅公开了在外壳2内的具有弹力的金属刀片18，以及该金属刀片18的结构。虽然证据2记载了其金属刀片18的第一部分20和第二部分22通过弯曲的短弯脚部分24连接，即该金属刀片18具有折弯结构，但是证据2中并未记载该折弯结构所起的作用，本领域普通技术人员根据证据2所公开文字和附图的内容也不能得知在所述金属刀片18上设置折弯结构是为了防止金属刀片在外壳中松动，因此证据2没有公开本专利的防松固定结构，同时也没有给出为防止拧动和拔掉针帽时针体发生的松动和带针而在针柄上设置防松固定结构的技术启示。

证据3涉及一种工具把，尤其是螺丝刀把；证据4公开了一种口腔清洁器；这两份证据与本专利以及作为最接近现有技术的证据 1 均不属于同一技术领域。医用采血针领域的普通技术人员在证据 1 的基础上不会想到在证据 3、4 所属技术领域寻找用于防松固定的技术手段，即证据 3、4 无法给出为防止拧动和拔掉针帽时针体发生的松动和带针而在针柄上设置防松固定结构的技术启示。

综上所述，由于证据 2~4 均未给出在针柄上设置固定块以防止针体在针柄内松动的技术启示，因此使用证据 1~4 不能影响本专利权利要求 1 的创造性，即本专利权利要求 1 相对于证据 1~4 具备创造性。

权利要求 2、3 是直接或间接从属于独立权利要求 1 的从属权利要求，在独立权利要求 1 相对于证据 1~4 具备创造性的前提下，从属权利要求 2、3 相对于上述证据也具备创造性，符合专利法第 22 条第 3 款的规定。

请求人还认为：本专利权利要求 1~3 相对于证据 1 和证据 6 的结合不符合专利法第 22 条第 3 款的规定。

对此，合议组认为：如上所述，本专利与证据 1 相比存在“固定在针柄（1）内的针体（2）上设有防松固定结构”的区别技术特征。而证据 6 公开了一种纹眉机的径向接合纹针构造，其虽然也是一种针，但是纹眉针与采血针结构差别较大，使用情况也不相同；因此，证据 6 与本专利以及作为最接近现有技术的证据 1 均不属于同一技术领域。医用采血针领域的普通技术人员在证据 1 的基础上不会想到在证据 6 所属技术领域寻找用于防松固定的技术手段，即证据 6 也无法给出为防止拧动和拔掉针帽时针体发生的松动和带针而在针柄上设置防松固定结构的技术启示。因此，使用证据 1 和证据 6 不能影响本专利权利要求 1 的创造性，即本专利权利要求 1 相对于证据 1 和证据 6 具备创造性。

权利要求 2、3 是直接或间接从属于独立权利要求 1 的从属权利要求，在独立权利要求 1 相对于证据 1 和证据 6 具备创造性的前提下，从属权利要求 2、3 相对于上述证据也具备创造性，符合专利法第 22 条第 3 款的规定。

另外，请求人还认为：本专利权利要求 4、5 相对于证据 1 和 5 的结合不符合专利法第 22 条第 3 款的规定，本专利权利要求 5 相对于证据 1、证据 5 和公知常识的结合不符合专利法第 22 条第 3 款的规定。

对此，合议组认为：权利要求 4、5 是直接或间接从属于独立权利要求 1 的从属权利要求，其均包含了独立权利要求 1 所限定的技术方案，参见上述内容可知，本专利权利要求 1 相对于证据 1 存在“固定在针柄（1）内的针体（2）上设有防松固定结构”的区别技术特征，因此本专利权利要求 4 和 5 相对于证据 1 也存在上述区别技术特征。证据 5 是美国专利文献，涉及一种有效采血的装置和方法，与本专利同属于采血装置领域，其作为证据使用的中文译文为：“活塞 114 的末梢部分具有空腔 120，针尖块 122 贴合的固定在所述空腔 120 中。该针尖块 122 在其末梢端具有针尖 124。当活塞 114 末梢向前滑动的时候，活塞 114 向前推动针尖块 122，从而向前推动针尖 124 刺破身体组织。”，即仅公开了活塞 114 与带针尖 124 的针尖块 122 的位置配合关系，以及它们之间的运动配合关系。虽然证据 5 公开了在针尖块 122 末梢端具有针尖 124 的结构，但是并未记载设置针尖块 122 所起的作用是要防止针尖 124 在被拧动和拔掉针帽时会发生松动和带针现象，本领域普通技术人员仅根据证据 5 的带针尖 124 的针尖块 122，不会想到出于防松动和防带针的目的而在证据 1 的采血针针体上设置固定块。因此，证据 5 没有公开本专利在针体上设置固定块防松固定结构的特征，同时也没有给出为防止拧动和拔掉针帽时针体发生的松动和带针而在针柄上设置防松固定结构的技术启示。此外，也无任何证据表明上述区别技术特征属于本领域公知常识。综上所述，本专利权利要求 4 和 5 相对于证据 1 和 5 的结合，权利要求 5 相对于证据 1、证据 5 和公知常识的结合均具备创造性，符合专利法第 22 条第 3 款的规定。

最后，请求人还认为：本专利权利要求6限定部分的附加技术特征属于本领域公知常识。

对此，合议组认为：权利要求6是引用了权利要求4或者权利要求5的从属权利要求，由于权利要求4、5相对于请求人所提供的证据具备创造性，无论权利要求6限定部分的附加技术特征是否属于本领域公知常识，权利要求6相对于上述证据均具备创造性，符合专利法第22条第3款的规定。

三、决定

维持01244816.8号实用新型专利有效。

当事人对本决定不服的，可以根据专利法第46条第2款的规定，在收到本决定之日起三个月内向北京市第一中级人民法院起诉。根据该款规定，一方当事人起诉后，另一方当事人应当作为第三人参加诉讼。

北京市第一中级人民法院
行政判决书

（2008）一中行初字第1416号

原告济南连发医用塑胶制品有限公司，住所地山东省济南市天桥区北园路212号。

法定代表人杨莲英，董事长。

委托代理人陈庆彬，男，1963年5月1日出生，北京瑞成兴业知识产权代理事务所专利代理人，住北京市朝阳区水利局宿舍1楼4门514号。

被告国家知识产权局专利复审委员会，住所地北京市海淀区北四环西路9号银谷大厦10~12层。

法定代表人廖涛，副主任。

委托代理人杨加黎，国家知识产权局专利复审委员会审查员。

委托代理人田华，国家知识产权局专利复审委员会审查员。

第三人施国平，男，1977年11月21日出生，汉族，住江苏省苏州市平江区前小园上12号。

委托代理人马明渡，苏州创元专利商标事务所有限公司专利代理人。

原告济南连发医用塑胶制品有限公司（以下简称连发公司）不服被告国家知识产权局专利复审委员会（以下简称专利复审委员会）于2008年6月24日作出的第11794号无效宣告请求审查决定（以下简称第11794号决定），于法定期限内向本院提起行政诉讼。本院于2008年9月23日受理本案后，依法组成合议庭，并通知第11794号决定的专利权人施国平作为第三人参加本案诉讼。本院于2008年12月3日公开开庭进行了审理。原告连发公司的委托代理人陈庆彬，被告专利复审委员会的委托代理人杨加黎、田华，第三人施国平的委托代理人马明渡到庭参加诉讼。本案现已审理终结。

被告专利复审委员会针对原告连发公司就专利权人为第三人施国平的名称为“一次性注式采血针”的实用新型专利（专利号为ZL01244816.8，以下简称本专利）所提出的复审请求作出第11794号决定，该决定认定：

1. 关于《中华人民共和国专利法》（以下简称《专利法》）第二十六条第四款。

根据本专利说明书的记载，本专利提供了一种防止针体在针柄中松动的一次性注式采血针结构，由于针体上设有一段突变截面结构，使针体与针柄连接牢度增加，以致于大于针尖与针帽的连接牢度，因此在拧动和拔掉针帽时不会发生针体松动和带针现象（具体参见本专利说明书第2页第18~22行）。由此可见，本专利权利要求1的防松固定结构即为针体上设置的突变截面结构。同时，说明书的发明内容和具体实施方式部分也均列举了防松固定结构的两种具体实施方式-“防松固定结构由设在针体上的折弯结构构成”和“防松固定结构为设在针体上的固定块”，在此基础上，出于防止针体在针柄中松动的目的，本领域普通技术人员能够合理预测说明书给出的上述两种具体实施方式的所有等同替代或明显变型方式的突变截面结构，并能够预测这些等同替代或明显变型方式的突变截面结构同样能达到在拧动和拔掉针帽时不发生针体松动和带针的技术效果，因此应当允许将本专利权利要求1的保护范围概括至覆盖其所有的等同替代或明显变型方式的突变截面结构，即权利要求1中的“防松固定结构”是本领域普通技术人员能够从说明书所公开的内容中得到或概括得出的，能够得到说明书的支持，符合《专利法》第二十六条第四款的规定。

2. 关于专利法第二十二条第三款。

连发公司认为：本专利权利要求1、2相对于证据1和证据2、证据1和证据3或者证据1和证据4的结合不符合《专利法》第二十二条第三款的规定；本专利权利要求3相对于证据1和证据3的结合不符合《专利法》第二十二条第三款的规定。

本专利的权利要求1要求保护一种一次性注式采血针，其属于医用采血针领域。证据1是本专利文本中所述的背景技术，其公开了一种一次性使用无菌采血针（对应于本专利的一次性注式采血针），包括具有针头4（相当于本专利的针尖3）的针体2、针柄1和针帽5，针体2固定于针柄1的内部，针体2露出针柄1一端的针头4插在针帽5内，针帽5与针柄1之间通过包裹针头4的针颈3（相当于本专利的过渡结构）相连接。

由此可见：本专利权利要求1与证据1相比，其区别在于，本专利权利要求1的采血针还包括“固定在针柄（1）内的针体（2）上设有防松固定结构”的技术特征。双方当事人在口审当庭均认可该特征为本专利权利要求1相对于证据1的区别特征。该区别特征所起的作用在于防止拧动和拔掉针帽时针体发生松动和带针现象。

证据2是美国专利文献，也涉及一种采血针，与本专利同属于采血针领域，其作为证据使用的中文译文为：“外壳2里面是一个具有弹力的金属刀片18，包括第一部分20和通过弯曲的短弯角部分24连接到第一部分20上的第二部分。在不受力的情况下，部分20、22相互之间基本成直角。第一部分20的自由端具有锥形从侧面，提供一个锋利的切割边26。”，即仅公开了在外壳2内的具有弹力的金属刀片18，以及该金属刀片18的结构。虽然证据2记载了其金属刀片18的第一部分20和第二部分22通过弯曲的短弯脚部分24连接，即该金属刀片18具有折弯结构，但是证据2中并未记载该折弯结构所起的作用，本领域普通技术人员根据证据2所公开文字和附图的内容也不能得知在所述金属刀片18上设置折弯结构是为了防止金属刀片在外壳中松动，因此证据2没有公开本专利的防松固定结构，同时也没有给出为防止拧动和拔掉针帽时针体发生的松动和带针而在针柄上设置防松固定结构的技术启示。

证据3涉及一种工具把，尤其是螺丝刀把；证据4公开了一种口腔清洁器；这两份证据与本专利以及作为最接近现有技术的证据1均不属于同一技术领域。医用采血针领域的普通技术人员在证据1的基础上不会想到在证据3、4所属技术领域寻找用于防松固定的技术手段，即证据3、4无法给出为防止拧动和拔掉针帽时针体发生的松动和带针而在针柄上设置防松固定结构的技术启示。

综上所述，由于证据2~4均未给出在针柄上设置固定块以防止针体在针柄内松动的技术启示，因此使用证据1~4不能影响本专利权利要求1的创造性，即本专利权利要求1相对于证据1~4具备创造性。

权利要求2、3是直接或间接从属于独立权利要求1的从属权利要求，在独立权利要求1相对于证据1~4具备创造性的前提下，从属权利要求2、3相对于上述证据也具备创造性。

连发公司还认为：本专利权利要求1~3相对于证据1和证据6的结合不符合《专利法》第二十二条第三款的规定。

对此，专利复审委员会认为：如上所述，本专利与证据1相比存在“固定在针柄（1）内的针体（2）上设有防松固定结构”的区别技术特征。而证据6公开了一种纹眉机的径向接合纹针构造，其虽然也是一种针，但是纹眉针与采血针结构差别较大，使用情况也不相同；因此，证据6与本专利以及作为最接近现有技术的证据1均不属于同一技术领域。医用采血针领域的普通技术人员在证据1的基础上不会想到在证据6所属技术领域寻找用于防松固定的技术手段，即证据6也无法给出为防止拧动和拔掉针帽时针体发生的松动和带针而在针柄上设置防松固定结构的技术启示。因此，使用证据1和证据6不能影响本专利权利要求1的创造性，即本专利权利要求1相对于证据1和证据6具备创造性。

权利要求2、3是直接或间接从属于独立权利要求1的从属权利要求，在独立权利要求1相对于证据1和证据6具备创造性的前提下，从属权利要求2、3相对于上述证据也具备创造性，符合《专利法》第二十二条第三款的规定。

另外，连发公司还认为：本专利权利要求4、5相对于证据1和5的结合不符合《专利法》第二十二条第三款的规定，本专利权利要求5相对于证据1、证据5和公知常识的结合不符合《专利法》第二十二条第三款的规定。

对此，专利复审委员会认为：权利要求4、5是直接或间接从属于独立权利要求1的从属权利要求，其均包含了独立权利要求1所限定的技术方案，参见上述内容可知，本专利权利要求1相对于证据1存在“固定在针柄（1）内的针体（2）上设有防松固定结构”的区别技术特征，因此本专利权利要求4和5相对于证据1也存在上述区别技术特征。证据5是美国专利文献，涉及一种有效采血的装置和方法，与本专利同属于采血装置领域，其作为证据使用的中文译文为：“活塞114的末梢部分具有空腔120，针尖块122贴合的固定在所述空腔120中。该针尖块122在其末梢端具有针尖124。当活塞114末梢向前滑动的时候，活塞114向前推动针尖块122，从而向前推动针尖124刺破身体组织。”，即仅公开了活塞114与带针尖124的针尖块122的位置配合关系，以及它们之间的运动配合关系。虽然证据5公开了在针尖块122末梢端具有针尖124的结构，但是并未记载设置针尖块122所起的作用是要防止针尖124在被拧动和拔掉针帽时会发生松动和带针现象，本领域普通技术人员仅根据证据5的带针尖124的针尖块122，不会想到出于防松动和防带针的目的而在证据1的采血针针体上设置固定块。因此，证据5没有公开本专利在针体上设置固定块防松固定结构的特征，同时也没有给出为防止拧动和拔掉针帽时针体发生的松动和带针而在针柄上设置防松固定结构的技术启示。此外，也无任何证据表明上述区别技术特征属于本领域公知常识。综上所述，本专利权利要求4和5相对于证据1和5的结合，权利要求5相对于证据1、证据5和公知常识的结合均具备创造性，符合《专利法》第二十二条第三款的规定。

最后，连发公司还认为：本专利权利要求6限定部分的附加技术特征属于本领域公知常识。

对此，专利复审委员会认为：权利要求6是引用了权利要求4或者权利要求5的从属权利要求，由于权利要求4、5相对于连发公司所提供的证据具备创造性，无论权利要求6限定部分的附加技术特征是否属于本领域公知常识，权利要求6相对于上述证据均具备创造性，符合《专利法》第二十二条第三款的规定。

被告专利复审委员会第11794号决定维持01244816.8号实用新型专利有效。

原告连发公司不服该决定，于法定期限内向本院提起诉讼称：（1）证据的国际分类号A61B与本专利相同，均属于国家药监局规定的二类医疗器械，应为同一技术领域。（2）第11794号决定多次单纯以“不属于同一技术领域”为由，得出“无法给出技术启示”的结论错误。本专利对现有技术的贡献仅仅在于：固定在针柄内的针体上设有防松固定结构，其技术实质是一轴类零件置于柄中时，如何限定其轴向、周向的运动。该功能不是受用途唯一限定的，属于公知技术、现有技术中通用的技术手段，不应受技术领域的限制。本领域技术人员经常采用的公知技术有：键固定、设置卡环、锥形销钉以及如本案原告提交的证据3~6采用的突变截面结构。本领域技术人员在寻找防松固定结构的技术手段时，可以在证据3~6采用的突变截面结构上得到技术启示。（3）第11794号决定认定本专利权利要求1得到了说明书的支持，即本专利以折弯结构和固定块两个实施例就可以概括得到采用突变截面结构实现防松固定功能。原告对此并无异议。但是，第11794号决定在关于创造性的评判时，却与上述说法相矛盾，对原告提交的同属于采用突变截面结构实现防松固定功能的证据3~6以不属于同一技术领域为由没有采纳。原告认为，将证据1与证据3或4或6的弯折结构相结合，以及将证据1与证据5的固定块相结合，可以得到本专利采用突变截面结构实现防松固定功能的技术方案。综上，请求法院依法撤销专利复审委员会第11794号决定。

被告专利复审委员会辩称：（1）证据6与本专利虽然国际分类号的小类类号相同，但领域不必然相同。（2）原告第二点诉讼理由，我委坚持第11794号决定中的相关认定。（3）第11794号决定对本专利是否符合《专利法》第二十六条第四款的认定是基于本专利权利要求书能够得到说明书支持作出的，而关于本专利是否符合《专利法》第二十二条第三款的规定的认定，是基于原告的证据结合方式不能影响本专利创造性而作出的，二者不能混为一谈。综上，请求法院维持第11794号决定。

第三人施国平未提交书面意见陈述，其当庭口头辩称：同意被告专利复审委员会的意见。

本院经审理查明：施国平于2001年7月13日向国家知识产权局专利局申请了名称为“一次性注式采血针”的实用新型专利（即本专利）。本专利于2002年3月27日被授权公告，专利号是ZL01244816.8号。国际分类号是A61B5/15。本专利授权公告的权利要求书如下：

“1. 一种一次性注式采血针，包括带针尖（3）的针体（2）、针柄（1）和针帽（4），针体（2）固定在针柄（1）内，针尖（3）从针柄（1）的一端伸出并插在针帽（4）内，针柄（1）与针帽（4）之间通过包络针体（2）的过渡结构连成一体，其特征在于：固定在针柄（1）内的针体（2）上设有防松固定结构。

2. 根据权利要求1所述的采血针，其特征在于：所述防松固定结构由设在针体（2）上的折弯结构（5）构成。

3. 根据权利要求2所述的采血针，其特征在于：所述折弯结构（5）设在针体（2）的尾部。

4. 根据权利要求1所述的采血针，其特征在于：所述防松固定结构为设在针体（2）上的固定块（6），固定块（6）与针体（2）固定连接。

5. 根据权利要求4所述的采血针，其特征在于：所述固定块（6）设在针体（2）的尾部。

6. 根据权利要求4或5所述的采血针，其特征在于：所述固定块（6）为钎或锡焊块。”

针对上述专利权，连发公司于2007年9月24日向专利复审委员会提出的无效宣告请求，理由是：本专利权利要求1不符合《专利法》第二十六条第四款的规定，权利要求1和6不符合《中华人民共和国专利法实施细则》（以下简称《专利法实施细则》）第二十条第一款的规定，权利要求1~6不符合《专利法》第二十二条第三款的规定。随同该专利权无效宣告请求书，连发公司提交了如下6份附件：附件1：授权公告号为CN2308348Y的中国实用新型专利说明书，共5页，其授权公告日为1999年2月24日（即证据1）；

附件2：US4414975号美国专利文献（即证据2）及其部分中文译文，共7页，其授权公告日为

1983年11月15日；

附件3：公开号为CN1297392A的中国发明专利申请公开说明书，共12页，其公开日为2001年5月30日（即证据3）

附件4：授权公告号为CN2256235Y的中国实用新型专利说明书，共6页，其授权公告日为1997年6月18日（即证据4）；

附件5：US6210420B1号美国专利文献（即证据5）及其部分中文译文，共13页，其授权公告日为2001年4月3日；

附件6：本专利授权公告文本。

连发公司于2007年10月23日补充提交了如下2份附件：

附件7：授权公告号为CN2277244Y的中国实用新型专利说明书，共12页，其授权公告日为1998年4月1日（即证据6）；证据6是名称为“纹眉机的径向接合纹针构造”的实用新型专利，其国际分类号为A61B17/00。其说明书中载明：“本实用新型的目的即在于提供一种纹眉机的径向接合纹针构造，籍由径向结合方式限制纹针在轴向往复运动时所产生的轴向脱离作用力，使纹针在使用一段时间后，仍无松动或脱针之忧。”……“本申请是在纹针的尾部设有一垂直弯部，而位于传动机构末端处的夹针座上则设有一锥形径向针孔，籍由该径向针孔的孔壁限制纹针在轴向往复运动时所产生的轴向脱离作用力”。

附件8：美国专利6210420号文件的翻译文本，共4页。

针对上述无效宣告请求，专利复审委员会依法组成合议组对本案进行审理。

2008年3月12日，专利复审委员会举行了口头审理，双方当事人均参加了口头审理。

2008年6月24日，专利复审委员会作出第11794号无效宣告请求审查决定。

上述事实，有第11794号决定、本专利说明书、CN2308348Y号中国实用新型专利说明书、CN2277244Y号中国实用新型专利说明书及当事人陈述等证据为证。

本院认为，根据双方当事人的诉辩主张，本案争议的焦点是：（1）证据6与本专利是否属于同一技术领域。（2）本专利是否具有创造性。

1. 关于证据6与本专利是否属于同一技术领域。审查指南规定，实用新型的技术领域应当是其技术方案所属或直接应用的具体技术领域，而不是上位的或者相邻的技术领域，往往与其在国际专利分类表中可能分入的最低位置有关。本案中，证据6的国际分类号为A61B17/00，名称是“纹眉机的径向接合纹针构造”；本专利的国际分类号是A61B5/15，名称是“一次性注式采血针”。二者虽然都应用于医疗器械领域，但纹眉机与采血针的结构差异较大，且各自应用的范围并不交叉，专利的使用者和适用的对象均不相同，并且二者的国际分类号也不尽相同，故第11794号决定认定证据6与本专利不属于同一技术领域，并无不当。

2. 关于本专利是否具有创造性。证据1是本专利的背景技术，本专利与证据1的区别技术特征是，本专利权利要求1的采血针还包括“固定在针柄内的针体上设有防松固定结构”的技术特征。因各方当事人对此事实均无异议，本院对此予以确认。由于本专利对现有技术的贡献仅在于固定在针柄内的针体上设有防松固定结构，而防松固定结构并不是采血针所特有的结构特征，而是存在于各个技术领域，因此，本领域技术人员在解决采血针针体防松固定问题时，有动机到防松固定的技术领域去寻找技术启示。

证据6提供一种纹眉机的径向接合纹针构造，籍由径向结合方式限制纹针在轴向往复运动时所产生的轴向脱离作用力，使纹针在使用一段时间后，仍无松动或脱针之忧。具体技术手段是在纹针的尾部设有一垂直弯部，而位于传动机构末端处的夹针座上则设有一锥形径向针孔，籍由该径向针孔的孔壁限制纹针在轴向往复运动时所产生的轴向脱离作用力。可见，证据 6 与本专利所要解决的技术问题相同。证据 6 公开的弯折结构属于突变截面结构的一种，可以达到防松固定的目的，而根据本专利说明书的记载，本专利由于在针体上设有一段突变截面结构，使针体与针柄连接牢度增加，可见，本专利权利要求 1 的防松固定结构即为针体上设置的突变截面结构。故证据 6 已经公开了本专利的防松固定结构。因此，专利复审委员会对本专利权利要求 1 创造性的评价有误，本院对此不予支持。

在权利要求 1 不具有创造性的基础上，专利复审委员会需要对其从属权利要求或者从属于从属权利要求的权利要求 2~6 的创造性重新作出评价。

综上所述，第 11794 号决定对本专利的评判有误，本院予以改判。依照《中华人民共和国行政诉讼法》第五十四条第（二）项第 1 目之规定，本院判决如下：

1. 撤销被告国家知识产权局专利复审委员会作出的第 11794 号无效宣告请求审查决定。

2. 被告国家知识产权局专利复审委员会重新作出无效宣告请求审查决定。

案件受理费 100 元，由被告国家知识产权局专利复审委员会负担（于本判决生效之日起 7 日内交纳）。

各当事人如不服本判决，可在本判决书送达之日起 15 日内，向本院递交上诉状，并按对方当事人人数提交副本，交纳上诉案件受理费 100 元，上诉于北京市高级人民法院。

审　判　长　任　进

代理审判员　邢　军

人民审判员　郝建欣

二〇〇八年十二月二十日

书　记　员　袁　伟

136

强化木地板及其制造方法

无效宣告请求审查决定（第11804号）

决　　定　　号　第11804号
决　　定　　日　2008年5月30日
发明创造名称　强化木地板及其制造方法
国 际 分 类 号　B32B 21/02，B27M 3/04，E04F 15/02
无效宣告请求人　杜小东
专　利　权　人　葛跃进
专　　利　　号　03112761.4
申　　请　　日　2003年1月22日
授 权 公 告 日　2004年12月8日
合 议 组 组 长　温丽萍
主　　审　　员　王　博
参　　审　　员　欧　岚

法 律 依 据　专利法第22条第3款
决 定 要 点

判断发明是否具有突出的实质性特点就是要判断对本领域的技术人员来说，要求保护的发明相对于现有技术是否显而易见；在评价发明是否具有显著的进步时，主要应当考虑发明是否具有有益的技术效果。

一、案由

本无效宣告请求涉及中华人民共和国国家知识产权局于2004年12月8日授权公告的、名称为“强化木地板及其制造方法”的发明专利权（下称本专利），其专利号是03112761.4，申请日是2003年1月22日，专利权人是葛跃进。本专利授权公告时的权利要求书如下：

“1. 一种强化木地板，具有地板主体（1）和分处于地板主体（1）四侧的榫和槽（2、3），地板主体（1）具有纤维板（11）和设置在纤维板（11）底面上的平衡纸层（12）；其特征在于：纤维板（11）的上表面由与底面相平行的行走面（1-1）和行走面（1-1）两侧边缘的向下倾斜的斜面（1-2）组成，纤维板（11）上表面上粘接有木纹纸层（13），木纹纸层（13）上粘接有耐磨纸层（14），且木纹纸层（13）和耐磨纸层（14）在纤维板（11）的整个上表面上整体连续分布。

2. 根据权利要求1所述的强化木地板，其特征在于：地板的斜面的倾斜角α为16.5°~20.5°，深度h为0.55~0.65mm。

3. 根据权利要求2所述的强化木地板，其特征在于：地板的长度a为800~1285mm，宽度b为80~140mm、厚度c为8~13mm；平衡纸层（12）和耐磨纸层（14）中的起粘接作用的成分为三聚氰胺胶；纤维板（11）为中密度纤维板或高密度纤维板。

4. 一种制造权利要求1所述的强化木地板的方法，其特征在于：它具有如下步骤：①在热压机的下模钢板上按由下而上的次序设置平衡纸（12）、纤维板（11）、木纹纸（13）以及耐磨纸（14）；热压机的上模钢板是其工作面上具有间隔距离宽窄相间的‘V’形凸筋的钢板，热压机通过具有‘V’形凸筋的上模钢板对平衡纸（12）、纤维板（11）、木纹纸（13）和耐磨纸（14）施压，在温度为190~200℃、压力20~25MPa的条件下保压25~45秒，而使平衡纸（12）、纤维板（11）、木纹纸（13）和耐磨纸（14）依次粘接，同时在纤维板（11）、木纹纸（13）和耐磨纸（14）上一次性模压出‘V’形凹槽（1-22），形成具有间隔距离宽窄相间的‘V’形凹槽的大板，大板宽度中心线两侧的‘V’形凹槽间的距离为窄距f；②用锯板设备将具有‘V’形凹槽的大板锯成所需尺寸的小片，并沿其各‘V’形凹槽窄距之间的中心线锯开，每一小片两侧各具有‘V’形凹槽；③进行码堆时效养生，养生时间为至少八天；④在小片四侧加工形成纵向和横向的榫和槽，而得到成品；此时小片两侧的‘V’形凹槽只保留一半，左右两侧每侧的半个‘V’形凹槽即为地板主体左右两侧边缘的斜面（1-2）。

5. 根据权利要求4所述的制造强化木地板的方法，其特征在于：平衡纸（12）由原纸经过主要成分为三聚氰胺的胶液浸渍后制得；耐磨纸（14）为在原纸上喷涂三氧化二铝微粒后再经过主要成分为三聚氰胺的胶液浸渍后制得；纤维板（11）为中密度纤维板或高密度纤维板；步骤②小片的边缘直线度控制在0.1mm/m以内。

6. 一种强化木地板，具有地板主体（1）和处于地板主体（1）四侧的榫（2）和槽（3），地板主体（1）具有纤维板（11）和设置在纤维板（11）底面上的平衡纸层（12）；其特征在于：纤维板（11）的上表面由与底面相平行的行走面（1-1）和行走面（1-1）两侧边缘的向下倾斜的斜面（1-2）组成，纤维板（11）上表面的行走面（1-1）上依次设有木纹纸层（13-1）和耐磨纸层（14-1），并依次粘接，两侧边缘的向下倾斜的斜面（1-2）上粘接固定有木纹纸层（13-2），木纹纸层（13-2）上固化有树脂清漆层（14-2）。

7. 根据权利要求6所述的强化木地板，其特征在于：地板的斜面的倾斜角α为16.5°~20.5°，深度h为0.55~0.65mm。

8. 根据权利要求6所述的强化木地板，其特征在于：平衡纸层（12）和耐磨纸层（14-1）中的起粘接作用的成分为三聚氰胺胶；纤维板（11）为中密度纤维板或高密度纤维板；树脂清漆层所用的树脂清漆为单组份UV树脂清漆；地板的长度a为800~1285mm，宽度b为80~140mm、厚度c在8~13mm。

9. 一种制造权利要求6所述的强化地板的方法，其特征在于：它具有如下步骤：①在热压机的下模钢板上按由下而上的次序设置平衡纸（12）、纤维板（11）、木纹纸（13-1）以及耐磨纸（14-1）；热压机通过光面或浮雕的模压钢板对平衡纸（12）、纤维板（11）、木纹纸（13-1）和耐磨纸（14-1）施压，在温度为180~200℃、压力为20~25MPa的条件下保压25~45秒，而使平衡纸（12）、密度纤维板（11）、木纹纸（13-1）和耐磨纸（14-1）依次粘接，形成平面大板；②用锯板设备将大板锯成所需尺寸的小片；③进行码堆时效养生，养生时间为至少八天；④在小片四侧加工形成纵向和横向的榫和槽；⑤在设有榫和槽的小片工作面左右两侧加工形成斜面，斜面上粘贴木纹纸（13-2），表面喷涂树脂清漆；树脂清漆干燥后，则制得成品。

10. 根据权利要求9所述的制造强化木地板的方法，其特征在于：平衡纸（12）由原纸经过主要成分为三聚氰胺的胶液浸渍后制得；耐磨纸（14-1）为在原纸上喷涂三氧化二铝微粒后再经过主要成分为三聚氰胺的胶液浸渍后制得；纤维板（11）为中密度纤维板或高密度纤维板；树脂清漆采用单组份 UV 树脂清漆；步骤②小片的边缘直线度控制在 0.1mm/m 以内。”

针对本专利权，杜小东（下称请求人）于 2006 年 10 月 24 日向专利复审委员会提出无效宣告请求，认为本专利不符合专利法第22条第1、3款、第45条、第46条第1款及专利法实施细则第64条第1、2款的规定，请求人同时提交了如下附件：

附件1：公开日为 2003 年 8 月 13 日、公开号为 CN1436268A（专利申请号为 01811117.3）的中国发明专利申请公开说明书；

附件2：公开日为 1998 年 10 月 7 日、公开号为 CN1195386A（专利申请号为 97190692.0）的中国发明专利申请公开说明书；

附件3：公开日 2002 年 2 月 7 日的 US20020014047A1 的美国专利文献及其中文译文；

附件4：公开日为 2001 年 2 月 7 日、公开号为 CN1282654A（专利申请号为 99115055.4）的中国发明专利申请公开说明书；

附件5：授权公告日为 2002 年 6 月 12 日、授权公告号为 CN2494747Y（专利号为 01266842.7）的中国实用新型专利说明书；

附件6：公开日为 2000 年 2 月 16 日、公开号为 CN1244618A（专利申请号为 98110404.5）的中国发明专利申请公开说明书；

附件7：授权公告日为 2000 年 3 月 29 日、授权公告号为 CN2371259Y（专利号为 99234350.X）的中国实用新型专利说明书；

附件8：公开日为 2002 年 8 月 14 日、公开号为 JP2002-227390A 的日本专利文献及其中文译文；

附件9：公开日为 2003 年 8 月 13 日、公开号为 CN1436267A（专利申请号为 01811116.5）的中国发明专利申请公开说明书；

附件10：公开日为 2001 年 12 月 25 日的 US6332733B1 的美国专利文献及其中文译文；

附件11：中国标准出版社 2002 年 6 月第 1 版第 1 次印刷的《木地板技术标准汇编》的封面页、扉页、版权页、出版说明页、目录页、前言页、第 23~26 页等复印件，共 10 页。

请求人认为：权利要求 1 相对于附件 2 与附件 1 或 3 或 7 或 8 的结合不具有创造性；权利要求 2 的附加技术特征是容易想到的，也不具有创造性；权利要求 3 的附加技术特征为公知常识或本领域常规选择，该权利要求也不具有创造性；权利要求 4 相对于附件 2、3 与附件 4 或 5 或 6 的结合不具有创造性；权利要求 5 的附加技术特征已被附件 4、5 公开或属于本领域常规选择，不具有创造性；权利要求 6 相对于附件 2、3 的结合不具有创造性；权利要求 7 的附加技术特征是简单的数值变换，也不具有创造性；权利要求 8 的附加技术特征为公知常识或常规选择，该权利要求也不具有创造性；权利要求 9 相对于附件 2、3、4 的结合不具有创造性；权利要求 10 的附加技术特征已被附件 2、4 公开或为常规选择，该权利要求不具有创造性。

请求人于 2006 年 11 月 22 日向专利复审委员会提交了意见陈述书，补充提交了如下证据，但没有进行具体说明：

附件12：公开日为 2001 年 12 月 20 日的 WO0196688A1 的美国专利文献及其中文译文。

经形式审查合格，专利复审委员会依法受理了上述无效宣告请求，并于 2006 年 12 月 5 日向请求人和专利权人发出无效宣告请求受理通知书，同时将专利权无效宣告请求书及其附件清单中所列附件的副本转送给专利权人，并要求专利权人在指定的期限内陈述意见。

专利权人逾期未答复。

专利复审委员会依法成立合议组对本案进行审查。

本案合议组于2006年12月29日发出转送文件通知书，将请求人于2006年11月22日提交的意见陈述书及其附件的副本转给专利权人。

本案合议组于2008年3月3日向双方发出无效宣告请求口头审理通知书，定于2008年4月21日在专利复审委员会举行口头审理。

请求人于2008年3月17日提交了注明为"参考资料"的补充证据：

附件13：国家知识产权局专利检索中心检索报告复印件，共7页；

附件14：（2007）川国公证字77264号公证书复印件，共23页。

口头审理如期举行，双方当事人均参加了口头审理。

在口头审理中，（1）专利权人当庭提交意见陈述书，合议组当庭将其副本转送给请求人。（2）请求人明确其无效理由及范围为：权利要求1相对于附件2和附件3或7或8的结合不具有创造性；权利要求2、3相对于附件2和附件3或7或8结合公知常识不具有创造性；权利要求4、5相对于附件2、3和4的结合不具有创造性；权利要求6-8相对于附件2和3和公知常识或附件2和8和公知常识的结合不具有创造性；权利要求9、10相对于附件2、3和4的结合不具有创造性。请求人明确没有其他的无效理由证据及组合方式，放弃附件1、9，使用附件10、11、12作为公知常识性证据。（3）请求人没有出示附件11的原件。专利权人对附件1~10的真实性无异议，对附件11的真实性有异议，对附件8、10的中文译文没有异议，认为附件3中的"木模"应翻译为"木纹"，附件12中的"锻压"应翻译为"层压"，对附件3、12中文译文的其他部分没有异议。请求人认可专利权人对附件3、12中文译文的上述异议。（4）专利权人认为附件13、14是超期证据，合议组应不予考虑。请求人认为附件14的形成时间在本案的举证期满之后，属于新证据。合议组经合议后认为，附件13、14属于超期证据，且请求人没有书面提交延期举证请求，上述证据不予考虑。在此基础上，合议组对本案进行了审查，充分听取了双方当事人的意见。

至此，合议组认为本案事实已经清楚，可以作出审查决定。

二、决定的理由

1. 关于证据

请求人明确放弃附件1、9，因此合议组对附件1、9不予考虑。

请求人表示附件10~12用于证明公知常识，但在其提交的请求书、意见陈述书和口头审理中均没有明确如何使用上述证据，虽然其在口头审理中说明附件10~12作为公知常识性证据，但请求人既没有说明这些证据证明了本专利的哪些技术手段为公知常识，也没有说明与哪些证据结合使用，证明哪些权利要求不具备创造性，因此合议组无法对上述证据予以评述，故对上述证据不予考虑。

请求人提交的附件13、14超出了审查指南所规定的举证期限，根据审查指南第四部分第三章第4.3.3节的规定："对于有证据表明因无法克服的困难在本章第4.3.1节和第4.3.2节所述期限内不能提交的证据，当事人可以在所述期限内书面请求延期提交。不允许延期提交明显不公平的，专利复审委员会应当允许延期提交。"由于上述附件的举证超出了规定的期限，且没有按照上述规定提交延期举证的书面请求，因此合议组不予考虑上述附件。

请求人提交的附件2~8均为专利文献，专利权人对附件2~8的真实性没有异议，合议组经审查予以确认，同时由于附件2~8为公开出版物，且其公开日期均在本专利的申请日前，因此可以作为本专利的现有技术使用。

其中请求人提交的附件3、8为外文专利文献及其中文译文，专利权人对附件8的中文译文没有异议，因此附件8的公开内容以其中文译文为准。对附件3的中文译文，专利权人除认为其中的"木模”应翻译为“木纹”外，对其他部分也没有异议，请求人认可专利权人的上述异议，因此附件3的公开内容基本上以其中文译文为准，仅将其中的“木模”替换为“木纹”。

2. 关于请求人无效宣告请求的理由和范围

依照请求人在口头审理中所明确的其无效宣告请求的理由、证据和范围为：权利要求1相对于附件2和附件3或7或8的结合的创造性；权利要求2、3相对于附件2和附件3或7或8结合公知常识的创造性；权利要求4、5相对于附件2、3和4的结合的创造性；权利要求6~8相对于附件2和3和公知常识或附件2和8和公知常识的结合的创造性；权利要求9、10相对于附件2、3和4的结合的创造性。

3. 关于权利要求1~10的创造性

创造性，是指同申请日以前已有的技术相比，该发明有突出的实质性特点和显著的进步，该实用新型具有实质性特点和进步。

判断发明是否具有突出的实质性特点就是要判断对本领域的技术人员来说，要求保护的发明相对于现有技术是否显而易见；在评价发明是否具有显著的进步时，主要应当考虑发明是否具有有益的技术效果。

（1）权利要求1~3。

请求人认为权利要求1相对于附件2和附件3或7或8的结合不具有创造性。

附件2公开了一种由硬地板块构成的地板及其制造方法，该地板具有分处于地板主体四侧的榫槽结构，地板由密度板或高密度板制成中心部分8，底部铺设底层58，该底层可以包括一种材料，如由树脂浸渍的纸，该地板的顶部具有装饰层55和保护顶层56。该装饰层由树脂浸渍，例如用纸制成，用各种模型刻出各样的痕迹，如一个木制模型，一个石头、软木或类似物形式的模型。该保护顶层可以是由三聚酰胺树脂浸渍的一层，由一种透明材料制成（参见附件2说明书实施例及附图8）。中心部分即相当于本专利的纤维板，底层即相当于本专利平衡纸层，装饰层即相当于本专利的木纹纸层，保护顶层使得地板结构在使用过程中能够耐受磨损，即相当于本专利的耐磨层。权利要求1与附件2的区别在于：①权利要求1中纤维板的两侧边缘为向下倾斜斜面，附件2中没有设置斜面；②权利要求1中木纹纸层和耐磨纸层在整个表面上整体连续分布。

附件3公开了一种地板覆层，该地板拼板的顶面上配备了带压印木纹5的顶板4，两侧上边缘具有斜面11，在上述斜面上，无论有无装饰层12，采用转印方式将印刷层13通过热压滚筒15等方式转印到斜面11上（参见附件3说明书实施例、附图4、9~11）。由此可见，附件3的地板上边缘具有斜面结构，但地板上的装饰层并不是在整个表面上整体连续分布的。

附件7公开了一种立体形木地板块，地板条四周上表面倒有相同向下倾斜的角2（参见附件7说明书实施例及附图1、2）。由此可见，附件7的木地板块不是复合地板，没有公开地板上覆层在整个表面上整体连续分布的特征。

附件8公开了一种装饰木地板，其在木质基础材料1上有木质装饰单板2，该地板上具有斜面，但斜面上没有设置覆盖层（参见附件8图1-4）。

由此可见，上述附件2、3、7、8都至少没有公开权利要求1中“木纹纸层和耐磨纸层在整个表面上整体连续分布”的特征，也没有给出相应的启示。由于该区别特征的存在，使得权利要求1的强化木地板在外观上可以达到实木地板的效果，而且具有强化木地板耐磨损、阻燃、价格低、使用寿命长等优点，具有有益的技术效果。因此，权利要求1相对于附件2和附件3或7或8的结合具有创造性。

权利要求2、3是权利要求1的从属权利要求，请求人认为权利要求2、3相对于附件2和附件3

或7或8结合公知常识不具有创造性，在请求人所主张的权利要求1不具有创造性的理由不能成立的前提下，其所主张的从属权利要求2、3不具有创造性的理由也不能成立。

（2）权利要求4、5。

请求人认为权利要求4相对于附件2、3和4的结合不具有创造性，认为权利要求4与权利要求1的区别在于热压机，热压机在附件4中公开。

附件2公开的内容同前所述，其中公开的方法仅涉及槽的成型（参见附件2权利要求25），没有涉及板的整体成型方法。

附件3公开的内容除了前文所涉及的外，还公开了利用压缩机23通过压板20将装饰层16、合成材料层17压制到基板22上形成地板的方法（参见附件3附图14），但其中至少没有公开热压机的上模钢板的工作面上具有间隔距离宽窄相间的‘V’形凸筋的特征。

附件4公开了一种强化实木复合企口地板块生产方法，该方法包括选材、干燥、加工三大步骤。其中选材步骤为：选用硬杂木中的中性结构的松软木材或人工速生林材或多层板的实木，并案所需规格选材或下料。加工步骤具体包括以下内容：“（1）将出窑后的毛料规格材经平刨、压刨、指切、涂胶、指接工艺顺序加工并拼接成型材；（2）对经过上述工艺拼接成的型材进行拼板、砂光工艺制成板材；（3）以上述成型板材为芯板，在芯板上表面粘贴木纹装饰层；（4）在成型板材的木纹装饰层上再粘贴一层三氧化二铝耐磨层；（5）对完成了上述工序，具有耐磨层、木纹装饰层、芯板、防潮阻燃平衡层的板材进行常规高温处理，温度控制在135°~165°，使各层之间紧密结合，形成一体；（6）在芯板底面粘贴防潮、阻燃平衡层，该平衡层采用三聚氢氨；（7）在每块地板块的四周开掘凸凹企口，确保地板块相互之间紧密配合，即得强化实木复合地板块”（参见附件4权利要求1）。由此可见，附件4采用的是常规高温处理，而没有采用热压机热压的方法，更没有公开热压机的上模钢板的工作面上具有间隔距离宽窄相间的‘V’形凸筋的特征。并且利用附件4的方法制造出来的地板主体左右的两侧边缘没有斜面结构，相应的在地板的整个上表面也没有从平面延伸到斜面的连续的覆盖层。

由此可见，权利要求4与附件2、3、4相比，附件2、3虽然公开了与本专利领域相同的产品，即都是由纤维板构成主体结构的强化复合木地板，但并没有明确公开其生产工艺，而附件4虽然公开了生产工艺，但其工序步骤与权利要求4的工序不同，其生产出来的是一种由多层实木板材粘合而成的实木复合地板，因此附件2、3与附件4涉及不同类型的地板结构的生产方法，本领域技术人员无法将附件2、3、4结合得出权利要求4的技术方案。此外，上述附件中还至少没有公开热压机的上模钢板的工作面上具有间隔距离宽窄相间的‘V’形凸筋的特征。由于上述区别特征的存在，利用权利要求4制造出来的木地板能够在地板的上边缘两侧形成斜面，且木纹纸层和耐磨纸层在整个表面上整体连续分布，从而使生产出来的强化木地板在外观上可以达到实木地板的效果，而且具有强化木地板耐磨损、阻燃、价格低、使用寿命长等优点，具有益的技术效果。因此，权利要求4相对于附件2、3和4的结合具有创造性。

权利要求5是权利要求4的从属权利要求，请求人认为权利要求5相对于附件2、3和4的结合不具有创造性，在请求人所主张的权利要求4不具有创造性的理由不能成立的前提下，其所主张的从属权利要求5不具有创造性的理由也不能成立。

（3）权利要求6~8。

请求人认为权利要求6~8相对于附件2和3和公知常识不具有创造性。

附件2中公开的内容如前所述，权利要求6与附件2相比，其区别在于①地板两侧边缘有向下倾斜的斜面，②斜面上依次设置有木纹纸层和树脂清漆层。附件3中公开的内容如前所述，由此，附件

3公开了设置斜面及斜面上有木纹纸层的特征。虽然树脂清漆层没有被附件2、3公开，但本领域技术人员都容易想到使用清漆层以起到防潮、不透水的作用。因此，本领域技术人员在附件2、3的基础上，结合本领域的公知常识，容易得出权利要求6的技术方案，权利要求6不具有创造性。

权利要求7的附加技术特征对权利要求6中的斜面的角度深度进行了进一步限定，这些尺寸选择都是本领域技术人员的常规设计的选择，属于本领域的公知常识。这种尺寸的选择没有产生意料不到的技术效果，因此在其引用的权利要求6不具有创造性的前提下，权利要求7也不具有创造性。

权利要求8对权利要求6进行进一步限定，“a）平衡纸层（12）和耐磨纸（14-1）中的起粘接作用的成分为三聚氰胺胶；b）纤维板（11）为中密度纤维板或高密度纤维板；c）树脂清漆层所用的树脂清漆为单组份UV树脂清漆；d）地板的长度a为800~1285mm，宽度b为80~140mm、厚度c在8~13mm”。附件2中公开了纤维板为中密度或高密度纤维板，由此公开了特征b。附件2中的保护顶层56和底层58为由三聚酰胺树脂浸渍的层，而三聚氰胺也是本领域常用的黏结剂，故特征a由此也是容易想到的。树脂清漆采用单组份UV树脂清漆是公知常识，对地板尺寸的限定也都是本领域常见的范围，故特征c、d也是容易想到的。因此，在其引用的权利要求6不具有创造性的前提下，权利要求8也不具有创造性。

（4）权利要求9、10。

请求人认为权利要求9、10相对于附件2、3和4的结合不具有创造性。附件2、3结合附件4中公开的生产工艺可以得出权利要求9，权利要求10的附加技术特征都是常规选择。

权利要求9的制造地板的方法包括六道工序，附件2、3、4公开的内容如前所述。由此可见，附件2没有涉及板的整体成型方法，附件3没有公开生产工序，附件2、3虽然公开了与本专利领域相同的产品，即都是由纤维板构成主体结构的强化复合木地板，但并没有明确公开其生产工艺，而附件4虽然公开了生产工艺，但其工序步骤与权利要求9的工序不同，而且其生产出来的是一种由多层实木板材粘合而成的实木复合地板，因此附件2、3与附件4涉及生产不同类型的地板结构的方法，本领域技术人员无法将附件2、3、4结合得出权利要求9的技术方案，因此请求人主张权利要求9相对于附件2、3和4的结合不具有创造性的理由不能成立。

权利要求10是权利要求9的从属权利要求，在请求人所主张的权利要求9不具有创造性的理由不能成立的前提下，其所主张的权利要求10不具有创造性的主张也不能成立。

根据上述的事实和理由，本案合议组依法作出以下决定。

三、决定

宣告03112761.4号发明专利权的权利要求6~8无效，在权利要求1~5、9、10的基础上维持该专利权继续有效。

当事人对本决定不服的，可以根据专利法第46条第2款的规定，自收到本决定之日起三个月内向北京市第一中级人民法院起诉。根据该款的规定，一方当事人起诉后，另一方当事人应当作为第三人参加诉讼。

北京市第一中级人民法院
行政判决书

（2008）一中行初字第1110号

原告杜小东，男，1971年6月29日出生，汉族，四川盛豪律师事务所律师，住四川省成都市武侯区碧云路1号13栋3单元23号。

被告国家知识产权局专利复审委员会，住所地北京市海淀区北四环西路9号银谷大厦10~12层。

法定代表人廖涛，副主任。

委托代理人王博，国家知识产权局专利复审委员会审查员。

委托代理人杨存吉，国家知识产权局专利复审委员会审查员。

第三人葛跃进，男，1959年1月22日出生，汉族，江苏德威木业有限公司总经理，住江苏省常州市钟楼区永红街道永红村委刘家村295号。

委托代理人张建纲，北京三聚阳光知识产权代理有限公司专利代理人。

委托代理人张杰，北京三聚阳光知识产权代理有限公司专利代理人。

原告杜小东不服被告国家知识产权局专利复审委员会（以下简称专利复审委员会）作出的第11804号无效宣告请求审查决定（以下简称第11804号决定），于法定期限内向本院提起诉讼。本院于2008年7月31日受理本案后，依法组成合议庭，并依法通知葛跃进作为第三人参加诉讼，于2008年10月8日公开开庭进行了审理。原告杜小东，被告专利复审委员会的委托代理人王博、杨存吉，第三人葛跃进的委托代理人张建纲、张杰到庭参加诉讼。本案现已审理终结。

专利复审委员会2008年5月30日作出的第11804号决定是针对杜小东对葛跃进享有的03112761.4号名称为“强化木地板及其制造方法”的发明专利（以下简称本专利）所提出的无效宣告请求作出的。

专利复审委员会认为：杜小东提交的附件13、14两项证据超出了《审查指南》所规定的举证期限，因此不予考虑。

关于本专利权利要求1~3。由于无效请求人杜小东提交的附件2、3、7、8证据中均至少没有公开本专利权利要求1中“木纹纸层和耐磨纸层在整个表面上整体连续分布”的特征，也没有给出相应的技术启示。因该区别特征的存在，使得权利要求1的强化木地板在外观上可以达到实木地板的效果，而且具有强化木地板耐磨损、阻燃、低价格、使用寿命长等优点，具有有益的技术效果。因此权利要求1相对于附件2和3或7或8的结合具有创造性。权利要求2、3是权利要求1的从属权利要求，在杜小东所主张的权利要求1不具有创造性的理由不成立的情况下，其有关从属权利要求2、3不具有创造性的主张也不成立。关于权利要求4、5。根据杜小东用于无效本专利权利要求4的附件2、3、4，附件2、3虽然公开了本专利领域相同的产品，但未公开其产品生产工艺，而附件4虽然公开了产品生产工艺，但其工序步骤不同于本专利权利要求4，且生产的是一种多层实木板材粘合而成的实木复合地板，因此附件2、3与4涉及的是不同类型地板结构的生产方法，本领域技术人员无法将附件2、3、4结合得出权利要求4的技术方案。此外，上述附件中至少未公开热压机上模钢板的工作面上具有间隔距离宽窄相间的“V”形凸筋特征。由于上述区别特征的存在，利用权利要求4制造出来的木地板能够在地板的上边缘两侧形成斜面，且木纹纸层和耐磨纸层在整个表面上整体连续分布，从而使生产出来的强化木地板在外观上可以达到实木地板的效果，而且具有强化木地板耐磨损、阻燃、低价格、使用寿命长等优点，具有有益的技术效果。因此权利要求4相对于附件2、3和4的结合具有创造性。权利要求5是权利要求4的从属权利要求，在杜小东所主张的权利要求4不具有创造性理由不成立的情况下，其有关从属权利要求5不具有创造性的主张也不成立。关于权利要求9、10。根据杜小东用于无效本专利权利要求9的附件2、3、4，附件2、3虽然公开了与本专利领域相同的产品，但未公开其产品生产工艺，而附件4虽然公开了产品生产工艺，但其工序步骤不同于本专利权利要求9，且生产的是一种多层实木板材粘合而成的实木复合地板，因此附件2、3与4涉及的是不同类型地板结构的生产方法，本领域技术人员无法将附件2、3、4结合得出权利要求9的技术方案。杜小东有关本专利权利要求9不具有创造性的主张不成立。权利要求10是权利要求9的从属权利要求，在杜小东所主张的权利要求9不具有创造性理由不成立的情况下，其有关从属权利要求10不具有创造性的主张也不成立。依照《中华人民共和国专利法》（以下简称《专利法》）第二十二条的规定，决定：宣告03112761.4号发明专利的权利要求6~8无效，在权利要求1~5、9、10的基础上维持本专利权继续有效。

原告杜小东不服该决定，向本院起诉称：1. 关于程序。附件14属于新证据，《审查指南》没有关于新证据的举证规定，应当适用最高人民法院在此的相关规定，同时，附件14属于法院生效判决，对它的提交不属于超期证据。2. 关于本专利权利要求1~5、9、10的创造性，专利复审委员会判定错误。(1) 附件3与本专利的发明目的一致，都为制造仿实木强化地板。附件3给出了“行走面和斜面层压（热压）木纹装饰层”等可以达到仿实木效果的技术方案，同时给出了“DPL直接层压”热压机与产品接触面压板（20）设置相当于浮雕（21）的技术启示；结合可以通过“改变模具与产品接触面的形状（即模具形状）而任意成型产品”的公知常识，本领域普通技术人员完全可以很容易地想到将附件3的压力模具机底面上设置“V”型（浮雕）结构，直接在被层压的板材中形成“V”型斜面来达到行走面和斜面一次成型，整体连续分布的仿实木效果。权利要求1相对于附件3（或附件12）结合附件11（强化木地板结构特征和热压机技术常识）及公知常识没有创造性。作为从属于权利要求1的权利要求2、3，也没有创造性。(2) 根据国家GB/718102-2000《浸渍纸层压木质地板》技术标准对该地板的定义是：“以一层或多层专用纸浸渍热固性氨基树脂铺装在刨花板、中密度纤维板、高密度纤维板等人造板基材表面，背面加平衡层，正面加耐磨层，经热压而成的地板”。即强化木地板热压机热压成型法和上下表面结构层及功能是该地板制造业的公知常识。因此本领域普通技术人员完全可以很容易地想到利用附件4的工序方法和热压机热压强化地板方法，以及附件3中地板斜面结构特征（功能）及浮雕压模的启示或模具可任意成型的常识，在热压机上设置“V”型结构。因此本专利权利要求4也不具有创造性。作为从属于权利要求4的权利要求5，也没有创造性。(3) 本领域普通技术人员完全可以从附件4的工序方法及公知的DPL层压技术很容易地得到权利要求9中制造地板的方法工序，至于锯齿板设备和养生时间属于公知常识和常规选择。加工榫槽及喷树脂清漆在附件2、3中已被公开。同时树脂清漆能够防潮防水是公知常识，因此权利要求9不具有创造性。作为从属于权利要求9的权利要求10，也没有创造性。3. 葛跃进以同一项技术申请两项专利也是不合法的。综上，本专利不符合《专利法》第二十二条第三款的规定，请求撤销第11804号决定，判决本专利权利要求1~5、9、10无创造性，本专利权全部无效。

被告专利复审委员会答辩称：1. 附件13、14是杜小东在举证期限之外提交的参考资料，我委对其未予接受符合《审查指南》的相关规定。2. 杜小东认为“V”形结构等技术特征为公知常识的理由没有证据支持。3. 请求原则是无效宣告程序的基本原则，与行政程序全面审查不同。4. 有关本专利创造性方面坚持我委在第11804号决定中的意见。综上，我委坚持第11804号决定，该决定认定事实清楚、适用法律准确、程序合法，故请求驳回原告的诉讼请求，维持第11804号决定。

第三人葛跃进同意第11804号决定，称：1. 杜小东在无效宣告程序中提交的附件14超过了《审查指南》规定的举证期限，专利复审委员会不予考虑并无不妥。且附件14涉及的是实用新型专利，本专利是发明专利，在对两者的创造性评判上，采用的规定不同，按当时《审查指南》的规定，对前者不考虑"材料特征"与"方法特征"，但对后者则可以予以考虑。2. 当事人主张以公知常识为据否定本专利的创造性，应当承担举证责任，如教科书、技术手册、技术词典等，专利复审委员会以杜小东未尽举证责任而不予支持是正确的。三、关于本专利权利要求1~5、9、10创造性的评判基本同意专利复审委员会的决定。请求驳回原告的诉讼请求。

经审理查明：

2003年1月22日，葛跃进申请了名称为"强化木地板及其制造方法"的发明专利（即本专利），2004年12月8日获得授权，专利号为03112761.4。

本专利权利要求：1. 一种强化木地板，具有地板主体和分处于地板主体和四侧的榫和槽，地板主体具有纤维板和设置在纤维板底面上的平衡纸层；其特征在于：纤维板的上表面由与底面相平行的行走面和行走面两侧边缘的向下倾斜的斜面组成，纤维板上表面上粘接有木纹纸层，木纹纸层上粘接有耐磨纸层，且木纹纸层和耐磨纸层在纤维板的整个上表面上整体连续分布。2. 根据权利要求1所述的强化木地板，其特征在于：地板的斜面的倾角α为16.5°~20.5°，深度h为0.55~0.65mm。3. 根据权利要求2所述的强化木地板，其特征在于：地板的长度a为800~1285mm，宽度b为80~140mm、厚度c为8~13mm；平衡纸层和耐磨纸层中的起粘接作用的成份三聚氰胺胶；纤维板为中密度纤维板或高密度纤维板。4. 一种制造权利要求1所述的强化木地板的方法，其特征在于：它具有如下步骤：①在热压机的下模钢板上按由下而上的次序设置平衡纸、纤维板、木纹纸以及耐磨纸；热压机上模钢板是其工作面上具有间隔距离宽窄相间的"V"形凸筋的钢板，热压机通过具有"V"形凸筋的上模钢板对平衡纸、纤维板、木纹纸和耐磨纸施压，在温度为190~200℃、压力20~25MPa的条件下保压25~45秒，而使平衡纸、纤维板、木纹纸和耐磨纸依次粘接，同时在纤维板、木纹纸和耐磨纸上一次性模压出"V"形凹槽，形成具有间隔距离宽窄相间的"V"形凹槽的大板，大板宽度中心线两侧的"V"形凹槽间的距离为窄距；②用锯板设备将具有"V"形凹槽的大板锯成所需尺寸的小片，并沿其各"V"形凹槽窄距之间的中心线锯开，每一小片两侧各具有"V"形凹槽；③进行码堆时效养生，养生时间为至少八天；④在小片四侧加工形成纵向和横向的榫和槽，而得到成品；此时小片两侧的"V"形凹槽只保留一半，左右两侧每侧的半个"V"形凹槽即为地板主体左右两侧边缘的斜面。5. 根据权利要求4所述的制造强化木地板的方法，其特征在于：平衡纸由原纸经过主要成份为三聚氰胺的胶液浸渍后制得；耐磨纸为在原纸上喷涂三氧化二铝微粒后再经过主要成份为三聚氰胺的胶液浸渍后制得；纤维板为中密度纤维板或高密度纤维板；步骤②小片的边缘直线度控制在0.1mm/m以内。6. 一种强化木地板，具有地板主体和处于地板主体四侧的榫和槽，地板主体具有纤维板和设置在纤维板底面上的平衡纸层，其特征在于：纤维板的上表面由与底面相平行的行走面和行走面两侧边缘的向下倾斜的斜面组成，纤维板上表面的行走面上依次设有木纹纸层和耐磨纸层，并依次粘接，两侧边缘的向下倾斜的斜面上粘接固定有木纹纸层，木纹纸层上固化有树脂清漆层。7. 根据权利要求6所述的强化木地板，其特征在于：地板的斜面的倾角α为16.5°~20.5°，深度h为0.55~0.65mm。8. 根据权利要求6所述的强化木地板，其特征在于，平衡纸层和耐磨纸层中的起粘接作用的成份为三聚氰胺胶；纤维板为中密度纤维板或高密度纤维板；树脂清漆层所用的树脂清漆为单组分UV树脂清漆；地板的长度a为800~1285mm，宽度b为80~140mm、厚度c在8~13mm。9. 一种制造权利要求6所述的强化木地板的方法，其特征在于：它具有如下步骤：①在热压机的下模钢板上按由下而上的次序设置平衡纸、纤维板、木纹纸以及耐磨纸；热压机通过光面或浮雕的模压钢板对平衡纸、纤维板、木纹纸和耐磨纸施压，在温度为180~200℃、压力为20~25MPa的条件下保压25~45秒，而使平衡纸、密度纤维板、木纹纸和耐磨纸依次粘接，形成平面大板；②用锯板设备将大板锯成所需尺寸的小片；③进行码堆时效养生，养生时间为至少八天；④在小片四侧加工形成纵向和横向的榫和槽；⑤在设有榫和槽的小片工作面左右两侧加工形成斜面，斜面上粘贴木纹纸，表面喷涂树脂清漆；树脂清漆干燥后，则制得成品。10. 根据权利要求9所述的制造强化木地板的方法，其特征在于：平衡纸由原纸经过主要成份为三聚氰胺的胶液浸渍后制得；耐磨纸为在原纸上喷涂三氧化二铝微粒后再经过主要成份为三聚氰胺的胶液浸渍后制得；纤维板为中密度纤维板或高密度纤维板；树脂清漆采用单组分UV树脂清漆；步骤②小片的边缘直线度控制在0.1mm/m以内。

2006年10月24日，杜小东就本专利向专利复审委员会提起无效宣告请求，请求确认本专利不具有创造性，其具体理由是，本专利权利要求1~3相对于附件2和3或7或8的结合不具有创造性；本专利权利要求4、5相对于附件2、3和4的结合不具有创造性；本专利权利要求9、10相对于附件2、3和4的结合不具有创造性。其中提交了如下证据：附件2，专利申请号为97190692.0，名称为“由硬地板块构成的地板以及制造这种地板块的方法”的中国发明专利申请书；附件3，出版编号为US2002/0014047A1，名称为“地板覆层，压制该地板覆层的地板拼板及制作该地板拼板的方法”的美国专利申请文献，该证据公开了地板块两侧带有斜面的特征，以及在处理斜面时，专门通过热滚筒等方式将印刷层转印到斜面上的特征；附件4，申请号为99115055.4，名称为“强化实木复合企口地板块生产方法”的中国发明专利申请书；附件7，专利号为0126684 2.7，名称为“一种防甲醛释放的强化木地板”的实用新型专利说明书；附件8，JP20022273390A，名称为“装饰木地板”的日本专利文献，上述证据中，附件7、8都公开了地板上具有斜面的特征，但附件3、7、8均没有公开“木纹纸层和耐磨纸层在纤维板的整个上表面上整体连续分布”这一特征；附件14，杜小东于2007年9月5日，在北京法院网上公证下载的北京市高级人民法院（2007）高行终字第250号行政判决书（简称第250号判决）。

杜小东认可如下事实：以附件2作为最接近的对比文件，附件2与本专利相比存在：1. 权利要求1中纤维板的两侧边缘为向下倾斜斜面，附件2中没有设置斜面；2. 权利要求1中木纹纸层和耐磨纸层在整个表面上整体连续分布，而附件2中没有这一特征，且附件7、8中也没有公开这一特征。对于附件3，杜小东认为，附件3虽是采用转印方式通过热压滚筒将印刷层转印到所在设置的斜面上，并不能说明该地板上的装饰层就不是“在整个表面上连续分布”的，同时认为专利复审委员会据此作出的“权利要求1相对于附件2和3或7或8的结合具有创造性，且从属权利要求2、3也具有创造性”的判定结论是错误的。另外，杜小东提出附件14，第250号判决作为已经生效的判决，已就“在整个表面上连续分布”这一相同问题作出认可专利复审委员会对这一特征“不具有实质性特点与进步”，即不具备创造性的认定，专利复审委员会不应就相同问题在本案中作出与此相反的判定。

专利复审委员会认为，附件14属于杜小东超出举证期限而于2008年才提交的证据，应被排除于证据范围之外不予以考虑。杜小东表示该证据属于其后于网上新发现的证据。葛跃进表示，该判决书载明判决时间为2007年6月21日，杜小东公证取得该证据的时间为2007年9月5日，其于2008年才提交给专利复审委员会，严重超出一个月内的举证期限规定。且该判决所涉及的专利属于实用新型专利，与本案发明专利在创造性事实的判定上适用的规则不同。

对于附件4，杜小东认可与本专利相比的区别在于，附件4采用常规高压处理，权利要求4采用热压机热压方法，附件4没有公开权利要求4中的热压机的上模钢板的工作面上具有间隔距离宽窄相间的“V”形凸筋的特征。但认为热压机热压方法属于常规方法，而“V”形凸筋的特征也已经被附件3译文中［0023］－［0028］部分关于通过压模或压板制作浮雕效果方法所公开。因此本专利权利要求4、5不具有创造性，同理，权利要求9、10，不具有创造性。专利复审委员会坚持第11804号决定中的意见，并认为一个是制作浮雕，一个是制作“V”形凹槽，两者目的完全不同，互不相关，且不存在相互间的技术启示。葛跃进的意见与专利复审委员会相同。

在本案审理中，杜小东还提交了附件11，《木地板技术标准汇编》，其表示在专利复审委员会无效审查期间，其作为公知常识证据提交，用以证明“强化木地板”这一概念即含有本专利所要求的四层结构内容，其权利要求1所称的结构属于公知性常识，对于专利复审委员会不作为证据采纳存在异议。专利复审委员会认为，杜小东提交该证据后，没有书面说明其提交该证据的目的、用途，根据《审查指南》的规定，不应作为证据采纳。

经查，关于杜小东有关附件11一证，其提交了证据后，没有向专利复审委员会明确表示该证据所要证明的事实，专利复审委员会据此未予采纳。同时，杜小东在无效审查期间未提出葛跃进以同一项技术申请两项专利也是不合法的主张。

上述事实有第11804号决定、本专利权利要求书及说明书、附件2、3、4、7、8、11、14，以及当事人陈述等证据在案佐证。

本院认为：

1. 关于附件14能否被排除于证据范围之外。

杜小东于2007年9月5日取得该证据，但直到2008年才提交给专利复审委员会，在此期间其迟延提交该证据而没有申明理由，专利复审委员会据此未予采纳并无不可，本院予以认可。

2. 关于本专利权利要求1~3的创造性。

附件2与本专利相比：（1）权利要求1中纤维板的两侧边缘为向下倾斜斜面，附件2中没有设置斜面；（2）权利要求1中木纹纸层和耐磨纸层在整个表面上整体连续分布，而附件2中没有这一特征。由于附件3公开的是一种在处理斜面时，专门通过热压滚筒等方式将印刷层转印到斜面上的技术方案，即公开了一种地板上的装饰层在整个表面上非连续分布的技术方案，杜小东所诉附件3并未说明该地板上的装饰层不“在整个表面上连续分布”的主张明显与证据不符，本院不予支持。根据附件2、3、7、8所示情况，三者至少均未公开“木纹纸层和耐磨纸层在纤维板的整个上表面上整体连续分布”这一特征，也没有给出相应的启示，专利复审委员会由此认定权利要求1相对于附件2和3或7或8的结合具有创造性并无不当。

权利要求2、3是权利要求1的从属权利要求，在杜小东所主张的权利要求1不具有创造性理由不成立的情况下，其有关从属权利要求2、3不具有创造性的主张也不成立。

3. 关于本专利权利要求4、5、9、10的创造性。

附件3译文中［0023］－［0028］部分，虽然公开了通过压模或压板制作浮雕效果的方法，但与本专利权利要求4涉及的是利用热压机上模钢板的工作面上具有间隔距离宽窄相间的“V”形凸筋在板材上制作“V”形凹槽明显不同，杜小东据此认为，本领域普通技术人员可以通过附件3获得制作“V”形凹槽技术启示缺乏证据支持。

同时，附件4涉及的是一种实木板材粘合而成的实木复合地板，其与本专利涉及的强化木地板属于两种结构完全不同的产品，工序步骤也不同，附件2、3虽然公开了本专利领域相同的产品，但未公开其产品生产工艺，本领域技术人员无法将附件2、3、4结合得出权利要求4的技术方案。因此权利要求4相对于附件2、3和4的结合具有创造性。

权利要求5是权利要求4的从属权利要求，在杜小东所主张的权利要求4不具有创造性理由不成立的情况下，其有关从属权利要求5不具有创造性的主张也不成立。

因权利要求4、5涉及的是一种木纹纸层与耐磨纸层的整个上表面上整体连续分布的产品制作方法，权利要求9、10涉及的是木纹纸层与耐磨纸层的整个上表面上非整体连续分布的产品制作方法，杜小东对于权利要求9、10的无效请求理由及依据同于权利要求4、5，故，本院据同理认定，杜小东有关本专利权利要求9不具有创造性的主张不成立。权利要求10是权利要求9的从属权利要求，在杜小东所主张的权利要求9不具有创造性理由不成立的情况下，其有关从属权利要求10不具有创造性的主张也不成立。

关于杜小东有关附件11一证专利复审委员会未予采纳一节，就本案证据而言，没有证据显示杜小东明确了待证事实是什么，其提交该证据具体要证明何事实，专利复审委员会由此未予考虑并无不当。另，杜小东关于葛跃进以同一项技术申请两项专利不合法的主张，属于本诉讼中提出的新主张，本案不作审理。

综上所述，专利复审委员会作出的第11804号决定认定事实清楚，适用法律正确，程序合法，依照《中华人民共和国行政诉讼法》第五十四条第（一）项之规定，本院判决如下：

维持被告国家知识产权局专利复审委员会作出的第11804号无效宣告请求审查决定。

案件受理费100元，由原告杜小东负担（已交纳）。

如不服本判决，各方当事人于本判决书送达之日起15日内，向本院递交上诉状，并按对方当事人人数提交上诉状副本，同时交纳上诉案件受理费100元，上诉于北京市高级人民法院。

审　判　长　任　进
代理审判员　邢　军
人民陪审员　郝建欣
二〇〇八年十一月十七日
书　记　员　朱　平

北京市高级人民法院
行政判决书

（2009）高行终字第119号

上诉人（原审原告）杜小东，男，汉族，1971年6月29日出生，四川盛豪律师事务所律师，住四川省成都市武侯区碧云路1号13栋3单元23号。

委托代理人付鹏博，北京市金栋律师事务所律师。

委托代理人金颖，北京市金栋律师事务所律师。

被上诉人（原审被告）国家知识产权局专利复审委员会，住所地北京市海淀区北四环西路9号银谷大厦10~12层。

法定代表人廖涛，副主任。

委托代理人王博，该委员会审查员。

委托代理人王婧，该委员会审查员。

原审第三人葛跃进，男，汉族，1959年1月22日出生，江苏德威木业有限公司总经理，住江苏省常州市钟楼区永红街道永红村委刘家村295号。

委托代理人张建纲，男，汉族，1978年6月26日出生，北京三聚阳光知识产权代理有限公司专利代理人，住北京市海淀区北京科技大学学院路30号材料教工。

委托代理人张杰，男，汉族，1964年1月7日出生，北京三聚阳光知识产权代理有限公司专利代理人，住北京市东城区辛安里胡同72号。

上诉人杜小东因发明专利权无效行政纠纷一案，不服北京市第一中级人民法院（2008）一中行初字第1110号行政判决，向本院提出上诉。本院2009年2月3日受理本案后，依法组成合议庭，于2009年2月25日公开开庭进行了审理。上诉人杜小东的委托代理人付鹏博，被上诉人国家知识产权局专利复审委员会（以下简称专利复审委员会）的委托代理人王博、王婧，原审第三人葛跃进的委托代理人张建纲、张杰到庭参加了诉讼。本案现已审理终结。

北京市第一中级人民法院认定，葛跃进是名称为“强化木地板及其制造方法”发明专利（以下简称本专利）的专利权人。2006年10月24日，杜小东就本专利向专利复审委员会提起无效宣告请求。专利复审委员会于2008年5月30日做出第11804号无效宣告请求审查决定（以下简称第11804号决定），宣告本专利权利要求6~8无效，在本专利权利要求1~5、9、10的基础上维持本专利权有效。

北京市第一中级人民法院认为，附件14属于迟延提交的证据，专利复审委员会未予采纳并无不可。关于本专利权利要求1~3的创造性，根据附件2、3、7、8所示情况，三者至少均未公开“木纹纸层和耐磨纸层在纤维板的整个上表面上整体连续分布”这一特征，也没有给出相应的启示，专利复审委员会由此认定本专利权利要求1相对于附件2和3或7或8的结合具有创造性并无不当。本专利权利要求2、3是权利要求1的从属权利要求，在杜小东所主张的权利要求1不具有创造性理由不成立的情况下，其有关从属权利要求2、3不具有创造性的主张也不成立。附件3虽然公开了通过压模或压板制作浮雕效果的方法，但与本专利权利要求4利用热压机上模钢板的工作面上具有间隔距离宽窄相间的“V”形凸筋在板材上制作“V”形凹槽明显不同。附件4与本专利涉及的强化木地板属于两种结构完全不同的产品，工序步骤也不同。附件2、3虽然公开了本专利领域相同的产品，但未公开其产品生产工艺，本领域技术人员无法将附件2、3、4结合得出本专利权利要求4的技术方案。因此，本专利权利要求4相对于附件2、3和4的结合具有创造性。本专利权利要求4的从属权利要求5也具有创造性。本专利权利要求9、10同样具有创造性。没有证据显示杜小东明确了附件11要证明何事实，专利复审委员会由此未予考虑并无不当。杜小东提出以同一项技术申请两项专利不合法的主张，属于本诉讼中提出的新主张，本案不作审理。

北京市第一中级人民法院依照《中华人民共和国行政诉讼法》第五十四条第（一）项的规定判决：维持专利复审委员会做出的第11804号决定。

杜小东不服原审判决，向本院提出上诉，请求撤销原审判决，依法改判。其上诉理由是：杜小东在口头审理时未提交附件11原件，专利复审委员会未给予杜小东补充提交原件的机会，显然对其不公平；口头审理记录中部分内容不真实；行政诉讼中上诉人可以提出在行政程序中没有提出的反驳理由或证据；附件14应作为本案的一个公知事实和本案有关联的在先生效判决，应予引用和采信；无效宣告程序属于行政审查行为的性质，应当遵循行政程序的基本法律要求，附件14中的专利与本案专利具有关联性和同一性，专利复审委员会应当依职权引用附件14中认定的事实。本专利权利要求1~5、9-10不具有创造性，应当被宣告无效。专利复审委员会、葛跃进服从原审判决。

经审理查明，葛跃进于2003年1月22日向国家知识产权局提出了名称为“强化木地板及其制造方法”的发明专利申请，申请号为03112761.4，并于2004年12月8日获得授权。授权的专利要求如下：

“1. 一种强化木地板，具有地板主体和分处于地板主体四侧的榫和槽，地板主体具有纤维板和设置在纤维板底面上的平衡纸层；其特征在于：纤维板的上表面由与底面相平行的行走面和行走面两侧边缘的向下倾斜的斜面组成，纤维板上表面上粘接有木纹纸层，木纹纸层上粘接有耐磨纸层，且木纹纸层和耐磨纸层在纤维板的整个上表面上整体连续分布。

2. 根据权利要求 1 所述的强化木地板，其特征在于：地板的斜面的倾角 α 为 16.5°~20.5°，深度 h 为 0.55~0.65mm。

3. 根据权利要求 2 所述的强化木地板，其特征在于：地板的长度 a 为 800~1285mm，宽度 b 为 80~140mm、厚度 c 为 8~13mm；平衡纸层和耐磨纸层中的起粘接作用的成分为三聚氰胺胶；纤维板为中密度纤维板或高密度纤维板。

4. 一种制造权利要求 1 所述的强化木地板的方法，其特征在于：它具有如下步骤：①在热压机的下模钢板上按由下而上的次序设置平衡纸、纤维板、木纹纸以及耐磨纸；热压机的上模钢板是其工作面上具有间隔距离宽窄相间的‘V’形凸筋的钢板，热压机通过具有‘V’形凸筋的上模钢板对平衡纸、纤维板、木纹纸和耐磨纸施压，在温度为 190~200℃、压力 20~25MPa 的条件下保压 25~45 秒，而使平衡纸、纤维板、木纹纸和耐磨纸依次粘接，同时在纤维板、木纹纸和耐磨纸上一次性模压出‘V’形凹槽，形成具有间隔距离宽窄相间的‘V’形凹槽的大板，大板宽度中心线两侧的‘V’形凹槽间的距离为窄距；②用锯板设备将具有‘V’形凹槽的大板锯成所需尺寸的小片，并沿其各‘V’形凹槽窄距之间的中心线锯开，每一小片两侧各具有‘V’形凹槽；③进行码堆时效养生，养生时间为至少八天；④在小片四侧加工形成纵向和横向的榫和槽，而得到成品；此时小片两侧的‘V’形凹槽只保留一半，左右两侧每侧的半个‘V’形凹槽即为地板主体左右两侧边缘的斜面。

5. 根据权利要求 4 所述的制造强化木地板的方法，其特征在于：平衡纸由原纸经过主要成分为三聚氰胺的胶液浸渍后制得；耐磨纸为在原纸上喷涂三氧化二铝微粒后再经过主要成分为三聚氰胺的胶液浸渍后制得；纤维板为中密度纤维板或高密度纤维板；步骤②小片的边缘直线度控制在 0.1mm/m 以内。

6. 一种强化木地板，具有地板主体和处于地板主体四侧的榫和槽，地板主体具有纤维板和设置在纤维板底面上的平衡纸层，其特征在于：纤维板的上表面由与底面相平行的行走面和行走面两侧边缘的向下倾斜的斜面组成，纤维板上表面的行走面上依次设有木纹纸层和耐磨纸层，并依次粘接，两侧边缘的向下倾斜的斜面上粘接固定有木纹纸层，木纹纸层上固化有树脂清漆层。

7. 根据权利要求 6 所述的强化木地板，其特征在于：地板的斜面的倾角 α 为 16.5°~20.5°，深度 h 为 0.55~0.65mm。

8. 根据权利要求 6 所述的强化木地板，其特征在于，平衡纸层和耐磨纸层中的起粘接作用的成分为三聚氰胺胶；纤维板为中密度纤维板或高密度纤维板；树脂清漆层所用的树脂清漆为单组分 UV 树脂清漆；地板的长度 a 为 800~1285mm，宽度 b 为 80~140mm、厚度 c 在 8~13mm。

9. 一种制造权利要求 6 所述的强化木地板的方法，其特征在于：它具有如下步骤：①在热压机的下模钢板上按由下而上的次序设置平衡纸、纤维板、木纹纸以及耐磨纸；热压机通过光面或浮雕的模压钢板对平衡纸、纤维板、木纹纸和耐磨纸施压，在温度为 180~200℃、压力为 20~25MPa 的条件下保压 25~45 秒，而使平衡纸、密度纤维板、木纹纸和耐磨纸依次粘接，形成平面大板；②用锯板设备将大板锯成所需尺寸的小片；③进行码堆时效养生，养生时间为至少八天；④在小片四侧加工形成纵向和横向的榫和槽；⑤在设有榫和槽的小片工作面左右两侧加工形成斜面，斜面上粘贴木纹纸，表面喷涂树脂清漆；树脂清漆干燥后，则制得成品。

10. 根据权利要求 9 所述的制造强化木地板的方法，其特征在于：平衡纸由原纸经过主要成分为三聚氰胺的胶液浸渍后制得；耐磨纸为在原纸上喷涂三氧化二铝微粒后再经过主要成分为三聚氰胺的胶液浸渍后制得；纤维板为中密度纤维板或高密度纤维板；树脂清漆采用单组分 UV 树脂清漆；步骤②小片的边缘直线度控制在 0.1mm/m 以内。”

2006 年 10 月 24 日，杜小东就本专利权向专利复审委员会提起无效宣告请求，认为本专利不符合《专利法》第二十二条第一、三款、第四十五条、第四十六条第一款及《专利法实施细则》第六十四条第一、二款的规定，并提交了如下证据：

附件 2：专利申请号为 97190692.0，名称为“由硬地板块构成的地板以及制造这种地板块的方法”的中国发明专利申请书；

附件 3：出版编号为 US2002/0014047A1，名称为“地板覆层，压制该地板覆层的地板拼板及制作该地板拼板的方法”的美国专利申请文献，该证据公开了地板块两侧带有斜面的特征，以及在处理斜面时，专门通过热滚筒等方式将印刷层转印到斜面上的特征；

附件 4：申请号为 99115055.4，名称为“强化实木复合企口地板块生产方法”的中国发明专利申请书；

附件 7：专利号为 01266842.7，名称为“一种防甲醛释放的强化木地板”的实用新型专利说明书；

附件 8：JP20022273390A，名称为“装饰木地板”的日本专利文献；

附件 10：公开日为 2001 年 12 月 25 日的 US6332733B1 的美国专利文献及其中文译文；

附件 11：中国标准出版社 2002 年 6 月第 1 版第 1 次印刷的《木地板技术标准汇编》相关页复印件；

附件 12：公开日为 2001 年 12 月 20 日的 WO0196688A1 的美国专利文献及其中文译文。

杜小东于 2008 年 3 月 17 日提交了注明为“参考资料”的补充证据：

附件 13：国家知识产权局专利检索中心报告复印件；

附件 14：（2007）川国公证字 77264 号公证书复印件，公证书内容为网上下载的北京市高级人民法院（2007）高行终字第 250 号行政判决书（以下简称第 250 号判决）。该判决涉及 03219595.8 号“强化木地板”实用新型专利，专利权人为葛跃进。

2008 年 4 月 21 日，专利复审委员会进行了口头审理，杜小东当庭明确其无效理由及范围为：本专利权利要求 1~3 相对于附件 2 和 3 或 7 或 8 的结合不具有创造性；本专利权利要求 4、5 相对于附件 2、3 和 4 的结合不具有创造性；本专利权利要求 6~8 相对于附件 2 和 3 和公知常识或附件 2 和 8 和公知常识的结合不具有创造性；本专利权利要求 9、10 相对于附件 2、3 和 4 的结合不具有创造性。对于附件 11、1 4，杜小东未明确要说明的问题。

专利复审委员会于 2008 年 5 月 30 日做出第 11804 号决定，宣告本专利权利要求 6~8 无效，在本专利权利要求 1~5、9、10 的基础上维持本专利权有效。该决定认为：

关于证据，请求人表示附件 10~12 用于证明公知常识，但在其提交的请求书、意见陈述书和口头审理中均没有明确如何使用上述证据，虽然其在口头审理中说明附件 10~12 作为公知常识性证据，但请求人既没有说明这些证据证明了本专利的哪些技术手段为公知常识，也没有说明与哪些证据结合使用，证明哪些权利要求不具备创造性，因此合议组无法对上述证据予以评述，故对上述证据不予考虑。

请求人提交的附件 13、14 超出了审查指南所规定的举证期限，且没有按照规定提交延期举证的书面请求，因此合议组不予考虑上述附件。

关于本专利权利要求 1~3。由于无效请求人杜小东提交的附件 2、3、7、8 证据中均至少没有公开本专利权利要求 1 中“木纹纸层和耐磨纸层在整个表面上整体连续分布”的特征，也没有给出相应的技术启示。因该区别特征的存在，使得权利要求1的强化木地板在外观上可以达到实木地板的效果，而且具有强化木地板耐磨损、阻燃、低价格、使用寿命长等优点，具有有益的技术效果。因此权利要求1相对于附件2和3或7或8的结合具有创造性。权利要求2、3是权利要求1的从属权利要求，在杜小东所主张的权利要求1不具有创造性的理由不成立的情况下，其有关从属权利要求2、3不具有创造性的主张也不成立。关于权利要求4、5。根据杜小东用于无效本专利权利要求4的附件2、3、4，附件2、3虽然公开了本专利领域相同的产品，但未公开其产品生产工艺，而附件4虽然公开了产品生产工艺，但其工序步骤不同于本专利权利要求4，且生产的是一种多层实木板材粘合而成的实木复合地板，因此附件2、3与4涉及的是不同类型地板结构的生产方法，本领域技术人员无法将附件2、3、4结合得出权利要求4的技术方案。此外，上述附件中至少未公开热压机上模钢板的工作面上具有间隔距离宽窄相间的“V”形凸筋特征。由于上述区别特征的存在，利用权利要求4制造出来的木地板能够在地板的上边缘两侧形成斜面，且木纹纸层和耐磨纸层在整个表面上整体连续分布，从而使生产出来的强化木地板在外观上可以达到实木地板的效果，而且具有强化木地板耐磨损、阻燃、低价格、使用寿命长等优点，具有有益的技术效果。因此权利要求4相对于附件2、3和4的结合具有创造性。权利要求5是权利要求4的从属权利要求，在杜小东所主张的权利要求4不具有创造性理由不成立的情况下，其有关从属权利要求5不具有创造性的主张也不成立。关于权利要求9、10。根据杜小东用于无效本专利权利要求9的附件2、3、4，附件2、3虽然公开了与本专利领域相同的产品，但未公开其产品生产工艺，而附件4虽然公开了产品生产工艺，但其工序步骤不同于本专利权利要求9，且生产的是一种多层实木板材粘合而成的实木复合地板，因此附件2、3与4涉及的是不同类型地板结构的生产方法，本领域技术人员无法将附件2、3、4结合得出权利要求9的技术方案。杜小东有关本专利权利要求9不具有创造性的主张不成立。权利要求10是权利要求9的从属权利要求，在杜小东所主张的权利要求9不具有创造性理由不成立的情况下，其有关从属权利要求10不具有创造性的主张也不成立。

据此，专利复审委员会做出第11804号决定。

上述事实有第11804号决定、本专利权利要求书及说明书、附件2、3、4、7、8、11、14以及当事人陈述等证据在案佐证。

本院认为，杜小东在无效程序中向专利复审委员会提交附件11后，未在书面陈述及口头审理过程中明确使用该证据要证明的问题，因此，专利复审委员会对此证据不予考虑并无不当，不存在因该证据是复印件而专利复审委员会不予接受的事实，因此，杜小东提出专利复审委员会不给予其补充提交原件机会的上诉理由不能成立。关于附件14，杜小东是在超出举证期限后、口头审理前作为参考资料向专利复审委员会提交的，也未说明要证明的具体问题，且附件14涉及的并非本专利，专利复审委员会对该证据未予接受符合相关规定。

根据《专利法》第二十二条第三款的规定，发明的创造性是指，同申请日以前已有的技术相比，该发明有突出的实质性特点和显著的进步。

本专利权利要求1相对于附件2的区别技术特征有：1. 权利要求1中纤维板的两侧边缘为向下倾斜斜面，附件2中没有设置斜面；2. 附件2没有公开本专利权利要求1中木纹纸层和耐磨纸层在整个表面上整体连续分布的这一技术特征。而附件3、7、8也没有公开“木纹纸层和耐磨纸层在纤维板的整个上表面上整体连续分布”这一特征，本领域普通技术人员也从中得不到相应的技术启示，一审法院及专利复审委员会认定本专利权利要求1相对于附件2和3或7或8的结合具有创造性是正确的。本专利权利要求2、3是权利要求1的从属权利要求，在本专利权利要求1具备创造性的基础上，其从属权利要求2、3也具有创造性。

附件3所公开的通过压模或压板制作浮雕效果的方法，与本专利权利要求4中利用热压机上模钢板的工作面上具有间隔距离宽窄相间的“V”形凸筋在板材上制作“V”形凹槽属于不同的技术手段，本领域普通技术人员无法通过附件3获得制作“V”形凹槽的技术启示。附件2、3虽然公开了本专利领域相同的产品，但未公开其产品生产工艺，附件4涉及的是一种实木板材粘合而成的实木复合地板，其与本专利涉及的强化木地板属于两种结构完全不同的产品，工序步骤也不同，本领域技术人员无法将附件2、3、4结合得出权利要求4的技术方案。因此，本专利权利要求4相对于附件2、3和4的结合具有创造性。在本专利权利要求4具有创造性的基础上，其从属权利要求5也具有创造性。同样，本专利权利要求9、10相对于附件2、3和4的结合也具有创造性。

综上所述，杜小东的上诉理由缺乏事实和法律依据，其上诉请求本院不予支持。原审判决认定事实清楚，适用法律正确，依照《中华人民共和国行政诉讼法》第六十一条第（一）项之规定，判决如下：

驳回上诉，维持原判。

一审案件受理费100元，由杜小东负担（已交纳）。二审案件受理费100元，由杜小东负担（已交纳）。

本判决为终审判决。

审　判　长　刘　辉
代理审判员　岑宏宇
代理审判员　焦　彦
二〇〇九年三月三日
书　记　员　陈　明
书　记　员　迟雅娜

137

一种现浇钢筋砼组合结构用空心管构件

无效宣告请求审查决定（第11808号）

决　定　号　第11808号
决　定　日　2008年6月24日
发明创造名称　一种现浇钢筋砼组合结构用空心管构件
国际分类号　E04B5/36、5/32
无效宣告请求人　嘉兴市多凌建筑结构材料有限公司
专利权人　邱则有
专　利　号　01128670.9
申　请　日　2001年10月9日
授权公告日　2004年6月2日
合议组组长　赵　明
主　审　员　姜　岩
参　审　员　王　森

法律依据　专利法第22条第3款、第4款
决定要点

在对一项发明专利权利要求的创造性进行判断时，首先要将权利要求所述的技术方案和现有技术中最接近的一个技术方案进行对比，找出它们之间存在的区别技术特征，进而考察该区别技术特征的引入是否给该权利要求的技术方案带来了突出的实质性特点和显著的进步。

一、案由

本无效宣告请求涉及中华人民共和国国家知识产权局于2004年6月2日授权公告的、名称为"一种现浇钢筋砼组合结构用空心管构件"的发明专利权（下称本专利），其专利号是01128670.9，申请日是2001年10月9日，专利权人是邱则有。本专利授权公告时的权利要求书如下：

"1. 一种现浇钢筋砼组合结构用空心管构件，由空心管（1）、空心管（1）两端的封头（2）、设置在空心管（1）中的横向加劲肋（3）组成，空心管（1）、封头（2）、横向加劲肋（3）的横截面形状同为圆形、方形、梯形或者其他形状，其特征在于横向加劲肋（3）为空心的横向加劲肋（3），它由空心孔（4）和构成空心孔（4）的孔壁构件（5）组成，空心孔（4）位于孔壁构件（5）中。

2. 根据权利要求1所述的一种现浇钢筋砼组合结构用空心管构件，其特征在于空心的横向加劲肋（3）中构成空心孔（4）的孔壁构件（5）为抽芯成孔构件（6），或者为埋空心芯管成孔构件

(7)，或者为蜂窝状构件（8），或者由两肋侧板（9）与波形成型件（10）、压折成型件（11）或者多层板（12）构成的构件，或者由两肋侧板（9）与空心管（1）管体构成。

3. 根据权利要求2所述的一种现浇钢筋砼组合结构用空心管构件，其特征在于孔壁构件（5）为抽芯成孔构件（6）、埋空心芯管成孔构件（7）或者蜂窝状构件（8）在空心的横向加劲肋（3）中布置时，空心孔洞的轴线与空心管（1）的轴线平行或者垂直。

4. 根据权利要求2所述的一种现浇钢筋砼组合结构用空心管构件，其特征在于在抽芯成孔构件（6）、埋空心芯管成孔构件（7）或者蜂窝状构件（8）的两侧面有两肋侧板（9）；压折成型件（11）、波形成型件（10）、多层板（12）无两肋侧板（9），其凹进部位构成了单向开口槽（19）。

5. 根据权利要求2或者4所述的一种现浇钢筋砼组合结构用空心管构件，其特征在于横向加劲肋（3）上有凸出的增加横向加劲肋（3）的刚度、强度的加强筋（13）。

6. 根据权利要求1或者2所述的一种现浇钢筋砼组合结构用空心管构件，其特征在于孔壁构件（5）中的空心孔（4）的孔型为圆形、半圆形、椭圆形、曲线形、三边形、四边形、多边形或者其他形状。

7. 根据权利要求1或者2所述的一种现浇钢筋砼组合结构用空心管构件，其特征在于空心管（1）上有钢筋露筋（14）或者钢筋网、钢丝网露网（15）。

8. 根据权利要求1或者2所述的一种现浇钢筋砼组合结构用空心管构件，其特征在于在空心管（1）上的空心的横向加劲肋（3）所在部位沿管周制成局部或全部凹槽（16），凹槽（16）为等宽槽或者变宽槽，凹槽（16）中有露筋（14）或者露网（15），露筋（14）或者露网（15）隐藏在凹槽（16）中或者弯伏在凹槽（16）中。

9. 根据权利要求1或者2所述的一种现浇钢筋砼组合结构用空心管构件，其特征在于空心管1两端的封头（2）是两个堵头（17），或者一端为一个堵头（17），另一端为空心的横向加劲肋（3），或者两端为两片空心的横向加劲肋（3）。

10. 根据权利要求1或者2所述的一种现浇钢筋砼组合结构用空心管构件，其特征在于在空心管（1）的下部固定有连接模板的定位构造（18），定位构造（18）为拉环、拉勾、接筋、拉网或者其他装置。”

针对本专利权，嘉兴市多凌建筑结构材料有限公司（下称请求人）于2007年10月22日向专利复审委员会提出无效宣告请求，请求人同时提交了如下对比文件：

对比文件1：授权公告日为1994年4月6日、授权公告号为CN2160693Y（专利号为93206310.1）的中国实用新型专利说明书，共6页；

对比文件2：授权公告日为2000年10月18日、授权公告号为CN2401625Y（专利号为99249755.8）的中国实用新型专利说明书，共5页；

对比文件3：授权公告日为1996年6月5日、授权公告号为CN2228503Y（专利号为95216619.4）的中国实用新型专利说明书，共5页；

对比文件4：公开日为2001年9月12日、公开号为CN1312878A（专利号为99809748.9）的中国发明专利申请公开说明书，共19页；

对比文件5：授权公告日为1997年5月28日、授权公告号为CN2254915Y（专利号为96227880.7）的中国实用新型专利说明书，共7页；

对比文件6：授权公告日为1993年12月29日、授权公告号为CN2151198Y（专利号为93227276.2）的中国实用新型专利说明书，共5页；

对比文件7：授权公告日为2000年8月30日、授权公告号为CN2393931Y（专利号为99211197.8）的中国实用新型专利说明书，共6页；

对比文件8：授权公告日为2000年3月15日、授权公告号为CN2368895Y（专利号为99211198.6）的中国实用新型专利说明书，共6页；

对比文件9：公开日2001年1月3日，公开号CN1278577A的中国发明专利申请公开说明书，共5页；

对比文件10：授权公告日为1996年8月28日、授权公告号为CN2233955Y（专利号为95214717.3）的中国实用新型专利说明书，共6页；

对比文件11：公开日为2000年8月30日，公开号为CN1264777A（专利号为00110252.4）的中国发明专利申请公开说明书，共8页；

对比文件12：授权公告日为1994年11月30日，授权公告号为CN2184031Y（专利号为94202491.5）的中国实用新型专利说明书，共13页；

对比文件13：公开日2000年12月6日，公开号CN1275666A（申请号99108236.2）的中国发明专利申请公开说明书，共6页；

对比文件14：授权公告日为1996年9月11日，公告号为CN2234980Y（专利号为94235974.7）的中国实用新型专利说明书，共6页；

对比文件15：公开日2001年9月5日，公开号CN1311840A（申请号99809087.5）的中国发明专利申请公开说明书，共43页。

请求人认为：相对于对比文件1~15，权利要求1~6、10不符合专利法第22条第3款的规定，权利要求9不符合专利法第22条第4款的规定以及专利法实施细则第13条第1款的规定。

经形式审查合格，专利复审委员会依法受理了上述无效宣告请求，并于2007年10月23日向请求人和专利权人发出无效宣告请求受理通知书，同时将专利权无效宣告请求书及其附件清单中所列附件的副本转送给专利权人，并要求专利权人在指定的期限内陈述意见。

专利权人于2007年12月10日提交了意见陈述书，表示对请求人提交的各对比文件公开内容的理解、证据的组合和具体意见陈述准确性不予认可。

专利复审委员会依法成立合议组对本案进行审查。本案合议组于2008年1月4日向双方发出无效宣告请求口头审理通知书，定于2008年2月20日在专利复审委员会举行口头审理。随同口头审理通知书，将专利权人于2007年12月10日提交的意见陈述书转送给请求人。

口头审理如期举行，双方当事人均参加了口头审理。在口头审理中，请求人明确其无效理由为：权利要求9不符合专利法第22条第4款的规定；权利要求1~6、10不符合专利法第22条第3款的规定，其中权利要求1相对于对比文件1或对比文件4或对比文件1、3的结合或对比文件3、4的结合或对比文件1、3、6的结合或对比文件3、4、6的结合不具有创造性，上述组合中最接近的对比文件是对比文件1或4，权利要求2、3的附加技术特征分别被对比文件1、4、9、10公开，权利要求4的附加技术特征分别被对比文件1、4、7、8公开，权利要求5的附加技术特征分别被对比文件5、11公开，权利要求6的附加技术特征被对比文件1、4、9、10公开，权利要求10的附加技术特征分别被对比文件12~15公开。请求人当庭放弃权利要求9不符合专利法实施细则第13条第1款的无效理由，放弃使用对比文件2。请求人当庭提交了一份检索报告供合议组参考，并表示不作为证据使用。专利权人对对比文件1~15的真实性没有异议。

至此，合议组认为本案事实已经清楚，可以作出审查决定。

二、决定的理由

1. 关于证据和现有技术

请求人提交的证据包括对比文件1~15，口头审理中表示放弃对比文件2，专利权人对对比文件

1、3~15 的真实性没有异议，因此对比文件 1、3~15 可以作为本案证据使用，同时由于上述对比文件均为中国专利文献，且公开日期在本专利的申请日前，因此上述对比文件可以作为本专利的现有技术使用。

2. 关于专利法第 22 条第 4 款

专利法第 22 条第 4 款的实用性是指发明或者实用新型的主题必须能够在产业上制造或者使用，并且能够产生积极效果。

在产业上能够制造或者使用的技术方案，是指符合自然规律，具有技术特征的任何可实施的技术方案。

请求人认为：权利要求 9 不能实现本专利的发明目的，因此权利要求 9 不具有实用性。

合议组经审查后认为：发明或实用新型的实用性是指其客体必须能够在产业上制造或者使用，并能够产生积极效果。如果一个技术方案符合自然法则，并具有可实施的技术特征，能够产生积极效果，则具有实用性。至于是否能够实现本专利的发明目的并不影响其能够在产业上制造或者使用，本专利权利要求 9 请求保护一种现浇钢筋砼组合结构用空心管构件，该方案中包括产品的结构特征，本领域技术人员根据权利要求 9 公开的内容，能够实施该技术方案，即能够在产业上制造或者使用，并且其所产生的效果也是所属技术领域的技术人员可以预料到的，因此，权利要求 9 的技术方案符合专利法第 22 条第 4 款有关实用性的规定。

3. 关于创造性

创造性，是指同申请日以前已有的技术相比，该发明有突出的实质性特点和显著的进步，该实用新型具有实质性特点和进步。

在对一项发明专利权利要求的创造性进行判断时，首先要将权利要求所述的技术方案和现有技术中最接近的一个技术方案进行对比，找出它们之间存在的区别技术特征，进而考察该区别技术特征的引入是否给该权利要求的技术方案带来了突出的实质性特点和显著的进步。

本案中，请求人认为：权利要求 1 相对于对比文件 1 或对比文件 4 或对比文件 1、3 的结合或对比文件 3、4 的结合或对比文件 1、3、6 的结合或对比文件 3、4、6 的结合不具有创造性，上述组合中最接近的对比文件是对比文件 1 或 4。

（1）权利要求 1 相对于对比文件 1 的创造性。

对比文件 1 公开了一种模壳构件，该构件由上、下底及侧壁构成，在构件四周均设置侧壁，模壳体内设加强肋，加强肋有单向形结构、十字形结构和井字形结构，以增加模壳构件的整体支撑强度（参见对比文件 1 权利要求书、说明书第 2 页，图 1-3）。可见，对比文件 1 中没有公开权利要求 1 中限定的“横向加劲肋是空心的”以及空心结构是“由空心孔和构成空心孔的孔壁构件组成，空心孔位于孔壁构件中”这些技术特征。

本专利要解决的技术问题是：减轻现有技术中带横向加劲肋的空心管的重量。采用的技术手段是将现有技术中的加劲肋设计成空心的加劲肋，它由空心孔和构成空心孔的孔壁构件组成，空心孔位于孔壁构件中。

而相对于本专利所要解决的技术问题以及所采用的技术手段，对比文件 1 中没有给出任何技术启示，本领域的技术人员没有动机将这些区别技术特征应用到该最接近的现有技术从而得到权利要求 1 的技术方案，即权利要求 1 相对于对比文件 1 并非显而易见，并且，本专利的空心管构件具有重量轻、成本低、抗变形大、抗震性能好等效果，因此权利要求 1 相对于对比文件 1 具备创造性。

请求人认为，对比文件 1 加劲肋为井字形，其整体上就是空心的结构，对比文件 1 是模壳构件，本专利是管，两者都可以作为内模使用，本领域的技术人员看到对比文件 1 容易得到本专利的权利要求1请求保护的技术方案。对此，合议组认为：如上所述，对比文件1中是将多个加强肋整体布置成井字型结构，该井字型结构形成空心结构，而不是将肋板制成空心结构，即对比文件没有给出将加强肋本身制成空心结构的启示，请求人的主张不能成立。

（2）权利要求1相对于对比文件1、3结合以及对比文件1、3、6结合的创造性。

对比文件3公开了一种“带永久性胎模的现浇空心板”，并具体公开了如下技术内容：现浇空心板内部含有由硬纸板制得的空心胎模，空心胎模由外围硬纸板和其内的纸板撑组成，截面为梯形（参见对比文件3权利要求书，图1-3）。

对比文件6公开了一种砼梁内模支架，其发明目的是为了提供一种拆卸方便的内模支架，并具体公开了如下技术内容：内模支架包括数个由中心支撑板4与活动支撑板3构成的内模支撑板，该内模支撑板的中心支撑板4的四个边与四块活动支撑板3分别通过折页6铰接，各中心支撑板的中心均设有穿孔7，牵引绳5从各中心支撑板的穿孔中穿过，牵引绳5的末端与末端中心支撑板固连（参见对比文件6说明书第2页，图1-2）。

由此可见，在对比文件3、6中也未公开“横向加劲肋是空心的”以及空心结构“由空心孔和构成空心孔的孔壁构件组成，空心孔位于孔壁构件中”这些技术特征，而且也没有给出相应的启示。同时上述区别技术特征的存在使得权利要求1的空心管构件具有重量轻、成本低、抗变形大、抗震性能好等特点，即具有有益的效果。因此，权利要求1相对于对比文件1和3的结合以及对比文件1、3和6的结合具备创造性。

（3）关于权利要求1相对于对比文件4的创造性。

对比文件4公开了一种空心模壳及空心模壳盖，该空心模壳有由一个或多个侧壁确定的腔，以及从侧壁侧向伸出的、用于将空心模壳的腔和邻近物隔开的隔离件，该空心模壳还包括插入加强件，以加强空心模壳的耐压力，插入加强件是蛋架型插入件或是卡纸板、木材、塑料或其他有合适刚度的材料的格栅（参见对比文件4权利要求1~7，图1-3、7-10）。

由此可见，对比文件4中没有公开权利要求1中限定的“横向加劲肋是空心的”以及空心结构“由空心孔和构成空心孔的孔壁构件组成，空心孔位于孔壁构件中”这些技术特征，而且对比文件4中也没有给出相应的启示。同时上述区别技术特征的存在使得权利要求1的空心管构件具有重量轻、成本低、抗变形大、抗震性能好等特点，即具有有益的效果，因此，权利要求1相对于对比文件4具备创造性。

至于请求人关于对比文件4中格栅相当于本专利权利要求1中的横向空心加劲肋的观点，合议组不予支持，具体理由同上述对对比文件1中“井”字型加强肋结构的评述。

（4）关于权利要求1相对于对比文件3、4的结合或者对比文件3、4和6的结合的创造性。

根据上述对比文件3、4、6公开的内容可知，对比文件3、4、6均未公开“横向加劲肋是空心的”和空心结构“由空心孔和构成空心孔的孔壁构件组成，空心孔位于孔壁构件中”这些技术特征，也没有给出相应的技术启示，上述区别技术特征的存在使得权利要求1的空心管构件具有重量轻、成本低、抗变形大、抗震性能好等特点，即具有有益的效果，因此，权利要求1相对于对比文件3和4的结合或者对比文件3、4和6的结合具备创造性。

（5）权利要求2~6、10的创造性。

基于请求人关于独立权利要求1不具备创造性的主张均不成立，因此其关于由于附加技术特征被公开而导致从属权利要求2~6、10不具备创造性的主张也不成立。

根据上述的事实和理由，本案合议组依法作出以下决定。

三、决定

维持01128670.9号发明专利权有效。

当事人对本决定不服的，可以根据专利法第 46 条第 2 款的规定，自收到本决定之日起三个月内向北京市第一中级人民法院起诉。根据该款的规定，一方当事人起诉后，另一方当事人应当作为第三人参加诉讼。

138

一种吹风机

无效宣告请求审查决定（第 11811 号）

决　　定　　号 第 11811 号
决　　定　　日 2008 年 6 月 18 日
发明创造名称 一种吹风机
国 际 分 类 号 A47J9/00
无效宣告请求人 常红云
专　利　权　人 东莞威霸清洁器材有限公司
专　　利　　号 01255422.7
申　　请　　日 2001 年 8 月 31 日
授 权 公 告 日 2002 年 7 月 10 日
合 议 组 组 长 高　栋
主　　审　　员 雷连虹
参　　审　　员 程　华

法　律　依　据 专利法第 22 条第 2 款、第 3 款
决　定　要　点

如果实用新型权利要求的技术方案与现有技术相比，存在区别技术特征，所属领域技术人员在现有技术的基础上，也不能得到使用该区别技术特征的技术启示，且权利要求的技术方案能够产生有益的技术效果，则该项权利要求具有实质性特点和进步，符合专利法第 22 条第 3 款有关创造性的规定。

一、案由

本无效宣告请求涉及国家知识产权局于 2002 年 7 月 10 日授权公告的名称为“一种吹风机”的实用新型专利（下称本专利），其专利号为 01255422.7，申请日为 2001 年 8 月 31 日，专利权人为东莞威霸清洁器材有限公司。

本专利授权公告的权利要求书内容如下：

“1. 一种吹风机，包括：手柄（1）、连杆（2）、主机（3）、连杆套（4）、挡块（5）和滚轮（6）构成，其特征在于：主机（3）下端的两侧各安装有一个滚轮（6），手柄（1）固定在连杆（2）的一端，连杆（2）的另一端安装在连杆套（4）中，连杆套（4）固定在主机（3）上。

2. 跟据权利要求 1 所述的一种吹风机，其特征在于：挡块（5）放置在连杆套（4）中，弹簧（52）安装在挡块（5）和连杆套（4）的内壁之间，挡块（5）可绕支点（54）旋转，挡块（5）一端（53）通过连杆套（4）上的通孔（55）突出在连杆套（4）外，另一端（51）穿过通孔（56），

并在弹簧（52）的压力作用下嵌入连杆（2）相应的凹槽内。

3. 根据权利要求1所述的一种吹风机，其特征在于：轮轴（62）的一端固定在主机（3）上，滚轮（6）套接在轮轴（62）的另一端，并通过垫圈（61）和挡片（63）将滚轮（6）固定在轮轴（62）上。”

针对上述实用新型专利权，常红云（下称请求人）于2007年12月28日向专利复审委员会提出了无效宣告请求，其理由为：本专利权利要求1不符合专利法第22条第2、3款的规定，权利要求2、3不符合专利法第22条第3款的规定。同时提交了以下附件：

附件1：无效宣告意见陈述书；

附件2：专利号为01255422.7的中国实用新型专利授权公告文本，共9页，授权公告日为2002年7月10日（本专利）；

附件3：专利号为00344582.8的中国外观设计的专利公告文本及右视图的放大图，共2页，公告日为2001年6月13日（下称对比文件1）；

附件4：专利号为99101035.3的中国发明专利授权公告文本，共8页，授权公告日为2003年12月10日（下称对比文件2），申请人为三洋电机株式会社；

附件5：专利号为96100667.6的中国发明专利授权公告文本，共15页，授权公告日为2004年6月16日（下称对比文件3），申请人为三洋电机株式会社；

附件6：专利号为95244688.X的中国实用新型专利授权公告文本，共7页，授权公告日为1997年1月29日（下称对比文件4）；

附件7：专利号为98223202.0的中国实用新型专利授权公告文本，共6页，授权公告日为1999年5月26日（下称对比文件5）；

附件8：《机械原理及机械零件》的封面、出版页、第174~176页的复印件，共5页，印刷日为1995年8月。

请求人提出无效宣告请求的具体理由如下：

（1）对比文件1公开了一种多功能刷机，其公开了手柄A、连杆B、主机C、连杆套D、挡块E和滚轮F构成，主机C下端的两侧各安装一个滚轮，手柄A固定在连杆B的一端、连杆B的另一端安装在连杆套D中，连杆套D固定在主机C。由此可见，对比文件1与本专利的区别在于，本专利保护的是一种吹风机，对比文件1公开的是多功能刷机。但是，本专利权利要求1的技术方案，并没有公开吹风机任何特有的结构，而是将吹风机作为一个整体，公开的技术方案是解决其移动方便的技术方案。吹风机外观设计的分类号为15-05，对比文件1的分类号为15-05，因此，将多功能刷机解决其移动方便的技术方案应用到本专利的吹风机上，是本技术领域的惯用手段的直接替换，因此，权利要求1不具备专利法第22条第2款规定的新颖性。

（2）如前所述，权利要求1与对比文件1的区别在于，权利要求1要求保护的是一种吹风机，而对比文件1公开的是一种多功能刷机。但是，本专利权利要求1解决吹风机移动方便的技术方案，是现有技术中一种常规的技术方案。因此，将对比文件1的技术应用于本专利对本领域技术人员来说是显而易见的，不具备专利法第22条第3款规定的创造性。

（3）对比文件2公开了一种电动吸尘器，包括：把手部11、吸入管2、吸尘器本体1、保持构件10、卡止部10a、轮子8，吸尘器本体1下端的两侧各安装一个轮子8，把手部11固定在吸入管2的一端，吸入管2的另一端安装在保持构件10中，保持构件10固定在吸尘器本体1上（参见说明书第4页第1~2行、第6~11行，图1），其中对比文件2中的把手部相当于本专利中的手柄，吸入管相当于本专利中的连杆，吸尘器本体相当于本专利中的主机，保持构件相当于本专利中的连杆套，保持构件相当于本专利中的挡块，轮子相当于本专利中的滚轮。因此，本专利与对比文件2的区别在于，本专利公开的是一种吹风机，而对比文件2公开的是电动吸尘器；但是，由于本专利并没有公开吹风机任何特有的结构，公开的技术方案是解决其移动方便的技术方案。本专利的分类号为A47J9/00；对比文件2的分类号A47L9/00，因此，将电动吸尘器解决其移动方便的技术方案应用到本专利的吹风机上，是本技术领域惯用手段的直接替换，因此，权利要求1不具备专利法第22条第2款规定的新颖性。

（4）对比文件3的公告日为1997年7月30日，在本专利的申请日之前，可以用来评价本专利的新颖性和创造性。对比文件3公开了一种吸尘器，包括：连接部7、延长管21、吸尘器本体1、连杆套A、滚轮B、挡块C、吸尘器本体1的两侧各安装一个滚轮B，连接部7固定在延长管21的一端，延长管21的另一端安装在连接套A中，连杆套A固定在吸尘器本体1上（参见说明书第8页13行，第9页第4行，说明书第10页第10~11行，图1、图2）。本专利与对比文件3的区别是，本专利公开的是一种吹风机，对比文件3公开的是吸尘器，但，本专利权利要求1的技术方案并没有公开吹风机的任何特有的机构，而是将吹风机作为一个整体，公开的技术方案是解决其移动方便的技术方案。本专利的分类号为A47J9/00；对比文件3的分类号A47L5/00、A47L9/24，因此，将电动吸尘器解决其移动方便的技术方案应用到本专利的吹风机上，是本技术领域惯用手段的直接替换，因此，权利要求1不具备专利法第22条第2款规定的新颖性。

（5）权利要求1分别相对于对比文件2和对比文件3不具有创造性、权利要求2分别相对于对比文件2和对比文件4、对比文件3和对比文件4、对比文件2和对比文件5、对比文件3和对比文件5的结合不具有创造性，权利要求3分别相对于对比文件2和附件8中的公知常识、对比文件3和附件8中的公知常识的结合不具有创造性。

经形式审查合格后，专利复审委员会受理了该无效宣告请求，于2008年1月10日向双方当事人发出无效宣告请求受理通知书，并将上述无效宣告请求书及其附件清单中所列附件副本转给了专利权人，要求其在指定期限内答复。

专利权人未提交意见陈述书。

专利复审委员会依法成立合议组对本案进行审查。本案合议组于2008年3月26日向双方当事人发出口头审理通知书，定于2008年5月13日举行口头审理。

口头审理如期举行。专利权人参加了口头审理。无效请求人只提交了口审回执，表示参加口头审理，但是未出席口头审理。因此，合议组按规定进行了缺席审理。专利权人对合议组成员变更无异议，对合议组成员没有回避请求。专利权人对附件1~8的真实性无异议。但是，对比文件2和对比文件3的授权公告日晚于本专利的申请日，因此，不能作为有效证据使用。专利权人认为：对比文件1与本专利的技术领域不同，所要解决的技术问题不同，并且未公开连杆套、挡块、主机，以及连杆套和主机之间的连接关系，所公开的滚轮的位置也与权利要求1中的不同，上述区别也不属于本领域公知常识，因此，本专利权利要求1相对于对比文件1具备新颖性和创造性；对比文件4、5与本专利技术领域不同、解决的技术问题不同，且没有公开权利要求1所述的吹风机的具体构成部件以及权利要求2的附加技术特征，因此，权利要求2分别相对于对比文件4和5具有创造性；请求人在附件8中提到的公知常识只公开了轴的结构特征，未公开权利要求1所述的吹风机的具体构成部件以及权利要求3的附加技术特征，因此权利要求3具备创造性。

至此，本案合议组认为事实已清楚，可以在此基础上作出审查决定。

二、决定的理由

1. 关于证据

对比文件1是中国外观设计专利公开文本复印件，对比文件4和5是中国实用新型专利授权公告文本，专利权人对对比文件 1、4 和 5 的真实性无异议，且对比文件 1、4 和 5 的授权公告日早于本专利的申请日，可以作为现有技术用于评价本专利权利要求的新颖性和创造性。

对比文件 2 和 3 是中国发明专利授权公告文本，属于他人在本专利的申请日之前申请，在本专利申请日之后授权公告，因此，可以作为评判是否作为抵触申请的证据，但是不能作为现有技术评价本专利权利要求的创造性。

附件 8 是《机械原理及机械零件》的封面、出版页、第 174～176 页的复印件，专利权人对其真实性无异议，其出版日为 1995 年 8 月，早于本专利的申请日，可以作为公知常识评价本专利的创造性。

由于对比文件 2 和 3 不能作为现有技术评价本专利的创造性，现仅针对请求人提出的权利要求 1 分别相对于对比文件 1、2、3 不具备新颖性、相对于对比文件 1 不具备创造性、权利要求 2 分别相对于对比文件 4、5 不具备创造性、权利要求 3 相对于附件 8 不具有创造性的理由进行如下的评述。

2. 关于专利法第 22 条第 2 款

专利法第 22 条第 2 款规定：新颖性，是指在申请日以前没有同样的发明或者实用新型在网内外出版物公开发表过、在国内公开使用过或者以其他方式为公众所知，也没有同样的发明或者实用新型由他人向国务院专利行政部门提出过申请并且记载在申请日以后公布的专利申请文件中。

权利要求 1 要求保护一种吹风机，对比文件 1 公开了一种多功能刷机，从其右视图可以看出，该多功能刷机包括：手柄、连杆、刷机体、连杆套、滚轮，手柄固定在连杆的一端，连杆的另一端安装在连杆套中，连杆套固定在刷机体上。

本专利权利要求 1 的技术方案与对比文件 1 公开的内容相比区别在于：（1）权利要求 1 要求保护的是一种吹风机，而对比文件 1 所公开的是一种多功能刷机；（2）权利要求 1 中包括一个挡块（5）。

对于上述区别（1），请求人认为本专利权利要求 1 并没有公开吹风机的任何特有的结构，而是将吹风机作为一个整体，公开的技术方案是解决其移动方便的技术问题。吹风机的外观设计的分类号为 15-05，对比文件 1 的分类号为 15-05，因此，将多功能刷机解决其移动方便的技术方案应用到本专利的吹风机上，是本技术领域的惯用手段的直接替换。合议组认为，第一，权利要求 1 要求保护的是一种吹风机，而对比文件 1 所公开的是一种多功能刷机，因此，两者属于不同类别的产品，因此属于不同的技术领域；并且本专利是实用新型不存在外观的分类号，其外观设计分类号仅是请求人的认定。第二，新颖性审查过程中惯用手段的直接替换是指发明或实用新型与现有技术相比，两者的区别技术特征属于能起到相同作用、达到相同技术效果的不同的常用技术手段。而对比文件 1 所公开的多功能刷机是可在地面移动并用于地面的清洁，本专利所保护的吹风机是可移动使用的送风设备，因此上述区别技术特征（1）显然不能起到同样的技术效果，因此，上述区别技术特征（1）不属于惯用手段的直接替换。

对于区别（2），请求人认为该区别技术特征已经在对比文件 1 中公开。合议组认为，从对比文件 1 的右视图并不能直接地、毫无疑义地得到挡块这一技术特征。请求人所认定为挡块 E 的部件实质上是该多功能刷机的连杆套与固定装置的连接部分，其并不是本专利权利要求 1 中用来使得连杆可以收起来的挡块，因此，上述技术特征并不相同，其所起的作用也与本专利中的挡块的作用不同。

由上述分析可见，权利要求 1 所保护的技术方案与对比文件 1 所公开的技术方案所属的技术领域不同，并且权利要求 1 中技术特征在对比文件 1 中也没有全部被公开，权利要求 1 相对于对比文件 1 具备专利法第 22 条第 2 款规定的新颖性。

对比文件 2 公开了一种电动吸尘器，包括：把手部 11、吸入管 2、吸尘器本体 1、保持构件 10、卡止部 10a、轮子 8，吸尘器本体 1 下端的两侧各安装一个轮子 8，把手部 11 固定在吸入管 2 的一端，吸入管 2 的另一端安装在保持构件 10 中，保持构件 10 固定在吸尘器本体 1 上（参见说明书的 4 页第 1~2 行、第 6~11 行，图 1）。

本专利权利要求 1 的技术方案与对比文件 2 公开的内容相比区别在于：(1) 权利要求 1 保护的是一种吹风机，而对比文件 2 公开的是一种电动吸尘器；(2) 权利要求 1 中包括连杆套 (4)，用来将连杆 (2) 的一端安装在其中，(3) 权利要求 1 中包括挡块 (5)。

对于上述区别 (1)，请求人认为权利要求 1 的技术方案并没有公开吹风机的任何特有的结构，其公开的技术方案是其解决移动方便的技术方案；本专利的分类号为 A47J9/00，对比文件 2 的分类号为 A47L9/00，因此，将电动吸尘器解决其移动方便的技术方案应用到本专利的吹风机上，是本技术领域惯用手段的直接替换。合议组认为：第一，权利要求 1 要求保护的是一种吹风机，而对比文件 1 所公开的是一种电动吸尘器，因此，两者属于不同类别的产品，因此属于不同的技术领域。第二，新颖性审查过程中惯用手段的直接替换是指发明或实用新型与现有技术相比，两者的区别技术特征属于能起到相同作用、达到相同技术效果的不同的常用技术手段。而对比文件 1 所公开的电动吸尘器是可在地面移动并用于地面的清洁，本专利所保护的吹风机是可移动使用的送风设备，因此上述区别技术特征 (1) 显然不能起到同样的技术效果，因此，上述区别技术特征 (1) 不属于惯用手段的直接替换。

对于区别 (2)，请求人认为该区别技术特征已经在对比文件 2 中公开。合议组认为：在对比文件 2 中吸入管 (2) 的一端是吸尘器的吸头部件，吸入管是穿过保持部件 (10)，使得保持部件 (10) 可以将吸入管 (2) 从中间卡住，而本专利权利要求 1 中连杆 (2) 的一端是置入连杆套 (4)，即连杆套 (4) 作为连杆 (2) 的安装部件包裹了连杆 (2) 的一端。因此，对比文件 2 所公开的上述技术特征与本专利权利要求 1 中的并不相同，对比文件 2 没有公开上述区别技术特征 (2)。

对于区别 (3)，请求人认为该区别技术特征已经被对比文件 2 公开。合议组认为：由对比文件 2 中公开的技术特征“由于在吸尘器本体 1 的下面前方形成有凹部 15，故借由设于吸入管 2 之保持部件 10 的卡止部 10a 卡合于凹部 15，而可紧凑地竖立收放”（参见对比文件 2 说明书第 4 页第 7~9 行，图 1），可以看出，对比文件 2 所公开的卡止部 10a 是用于与设在本体 1 上凹部 15 来进行卡合，以将保持部件 10 设置在本体 1 上。而权利要求 1 中的挡块 (5) 是设在连杆套上，用来将连杆脱离连杆套，从而在不使用吹风机时便于收放。因此，对比文件 2 所公开的上述技术特征与本专利权利要求 1 中的并不相同，对比文件 2 没有公开上述区别技术特征 (3)。

由上述分析可见，权利要求 1 所保护的技术方案与对比文件 2 所公开的技术方案所属的技术领域不同，并且权利要求 1 的技术特征在对比文件 2 中没有全部被公开，权利要求 1 相对于对比文件 2 具备专利法第 22 条第 2 款规定的新颖性。

对比文件 3 公开了一种吸尘器，包括：连接部 7、延长管 21、吸尘器本体 1、连杆套 A、滚轮 B、挡块 C、吸尘器本体 1 的两侧各安装一个滚轮 B，连接部 7 固定在延长管 21 的一端，延长管 21 的另一端安装在连接套 A 中，连杆套 A 固定在吸尘器本体 1 上（参见说明书第 8 页 13 行，第 9 页第 4 行，说明书第 10 页第 10-11 行，图 1、图 2）。

本专利权利要求 1 的技术方案与对比文件 3 公开的内容相比区别在于：(1) 权利要求 1 保护的是一种吹风机，而对比文件 3 公开的是一种吸尘器；(2) 权利要求 1 中包括连杆套 (4)，用来将连杆 (2) 的一端安装在其中，(3) 权利要求 1 中包括挡块 (5)。

对于上述区别 (1)，请求人认为权利要求 1 的技术方案并没有公开吹风机的任何特有的结构，其公开的技术方案是其解决移动方便的技术方案；本专利的分类号为 A47J9/00，对比文件 3 的分类号为 A47L5/00、A47L9/24，因此，将吸尘器解决其移动方便的技术方案应用到本专利的吹风机上，是本技术领域惯用手段的直接替换。合议组认为：首先，权利要求1要求保护的是一种吹风机，而对比文件1所公开的是一种吸尘器，因此，两者属于不同类别的产品，因此属于不同的技术领域。其次，新颖性审查过程中惯用手段的直接替换是指发明或实用新型与现有技术相比，两者的区别技术特征属于能起到相同作用、达到相同技术效果的不同的常用技术手段。而对比文件1所公开的吸尘器是可在地面移动并用于地面的清洁，本专利所保护的吹风机是可移动使用的送风设备，因此上述区别技术特征（1）显然不能起到同样的技术效果，因此，上述区别技术特征（1）不属于惯用手段的直接替换。

对于区别（2），请求人认为该区别技术特征已经在对比文件3中公开。合议组认为：在对比文件3中延长管21的一端是吸尘器的吸头部件，延长管是穿过带有挂钩的圆形部件，使得保持部件（10）可以将吸入管（2）从中间卡住，而本专利权利要求1中连杆（2）的一端是置入连杆套（4），即连杆套（4）作为连杆（2）的安装部件包裹了连杆（2）的一端。因此，对比文件3所公开的上述技术特征与本专利权利要求1中的并不相同，对比文件3没有公开上述区别技术特征（2）。

对于区别（3），请求人认为该区别技术特征已经被对比文件3公开。合议组认为：请求人所认定的挡块E实质上是将延长管固定在吸尘器上的固定部件，其可插入本体上的凹槽，从而将持有延长管的圆形部件固定于吸尘器上。而权利要求1中的挡块（5）是设在连杆套上，用来将连杆脱离连杆套，从而在不使用吹风机时便于收放。因此，对比文件3所公开的上述技术特征与本专利权利要求1中的并不相同，对比文件3没有公开上述区别技术特征（3）。

由上述分析可见，权利要求1所保护的技术方案与对比文件3所公开的技术方案所属的技术领域不同，并且权利要求1的技术特征在对比文件3中没有全部被公开，权利要求1相对于对比文件3具备专利法第22条第2款规定的新颖性。

3. 关于专利法第22条第3款

专利法第22条第3款规定：创造性，是指同申请日以前已有的技术相比，该发明有突出的实质性特点和显著的进步，该实用新型有实质性特点和进步。

请求人认为本专利与对比文件1的区别仅在于本专利公开的是一种吹风机，对比文件1公开的是多功能刷机。本专利权利要求1解决吹风机移动方便的技术方案是现有技术中一种常规的技术方案，因此，对于本领域技术人员来说，将对比文件1的技术运用到本专利是显而易见的。合议组认为：权利要求1与对比文件1相比存在如前所述的两点区别技术特征：（1）权利要求1要求保护的是一种吹风机，而对比文件1所公开的是一种多功能刷机；（2）权利要求1中包括一个挡块（5）。

上述两个区别技术特征所要解决的技术问题就是使得吹风机便于移动，以扩大工作范围，并且用来推动吹风机移动的连杆手柄可以拆卸，便于收放。第一，对比文件1公开的是一种可移动使用的多功能刷机，与本专利所保护的一种吹风机的技术领域不相同或相近，并且对比文件1也没有给出将其所公开的技术方案用于吹风机的明确的教导，因此，对比文件1没有给出将其所公开的用于推动多功能刷机的技术方案应用于吹风机的技术启示；第二，从对比文件1的视图中并不能直接地、毫无疑义的得到该用于将连杆脱离连杆套的挡块的技术特征，而该挡块使得推动吹风机移动的连杆手柄可以拆卸，便于收放，对比文件1所公开的结构与本专利保护的吹风机的技术方案存在明显的区别，其构件的连接关系不同。由此可见，权利要求1所保护的技术方案与对比文件1所公开的技术方案所属的技术领域不同，并且对比文件1也没有给出权利要求1中使用挡块结构使得连杆可拆卸来解决其技术问题的启示。而本专利权利要求1所保护的技术方案中，采用滚轮、连杆、连杆套、手柄以及挡块的结构来提出了一种能够移动的吹风机，其设计相对于现有技术来说，使得人们能够轻便的移动重量比较大的吹风机，并且手柄连杆可以拆卸，便于收放，因而具备进步性。所以，权利要求1与对比文件1

具有实质性特点和进步，因而具备专利法第 22 条第 3 款规定的创造性。

对比文件 4 公开了一种吸尘器伸缩长接管，包括：固定套，上设一个纵向开口，开口的后部有一哑铃状的定位块，定位块的前上方设有一个拨动块，拨动块后下方斜面压住定位块，拨动块与开口的前端之间设有弹簧把拨动块向后推。只要将拨动块向前推，哑铃状的定位块从定位穴中弹起，就能将小管拔出来或压进去，松开拨动块，在弹簧的作用下，拨动块向后退，其后的斜面将定位块向下压入定位穴内，将小管固定住（参见对比文件 4 说明书第 1 页第 16 行至第 2 页第 1 行，第 2 页第 16~19 行，图 1）。

合议组认为：权利要求 2 所保护的技术方案与对比文件 4 的区别在于：(1) 权利要求 2 保护的是一种吹风机，包括手柄（1）、连杆（2）、主机（3）、连杆套（4）、和滚轮（6），主机（3）下端的两侧各安装有一个滚轮（6），手柄（1）固定在连杆（2）的一端，连杆（2）的另一端安装在连杆套（4）中，连杆套（4）固定在主机（3）上，而对比文件 4 所公开的是一种吸尘器伸缩长接管；(2) 权利要求 2 中，弹簧（52）安装在挡块（5）和连杆套（4）的内壁之间，挡块（5）的一端（53）穿过连杆套（4）上的通孔（55）突出在连杆套（4）外。

上述两个区别技术特征所要解决的技术问题就是使得吹风机便于移动，以扩大工作范围，并且用来推动吹风机移动的连杆手柄可以拆卸，便于收放。首先，对比文件 4 所公开的是一种吸尘器伸缩长接管，其用来使得两根或两根以上的连接管可以伸长或缩短，与本专利所保护的一种吹风机的技术领域不相同或相近，并且对比文件 4 也没有给出将其所公开的技术方案用于吹风机的明确的教导，因此，对比文件 4 没有给出将其所公开的用于推动多功能刷机的技术方案应用于吹风机的技术启示；其次，对比文件 4 没有公开本专利权利要求 2 所保护的吹风机的技术方案的全部技术特征，也没有给出利用权利要求 2 中包含的技术特征来解决其技术问题的启示。由此可见，权利要求 2 所保护的技术方案与对比文件 4 所公开的技术方案所属的技术领域不同，并且对比文件 4 也没有给出权利要求 2 中使用挡块结构使得连杆可拆卸来解决其技术问题的启示。而本专利权利要求 2 所保护的技术方案中，采用滚轮、连杆、连杆套、手柄以及挡块的结构来提出了一种能够移动的吹风机，其设计相对于现有技术来说，使得人们能够轻便的移动重量比较大的吹风机，并且手柄连杆可以拆卸，便于收放，因而具备进步性。所以，权利要求 2 相对于对比文件 4 具有实质性特点和进步，因而具备专利法第 22 条第 3 款规定的创造性。

对比文件 5 公开了一种吸尘器上的伸缩管，包括：管套 3 上活动连接有推钮 4，推钮 4 上设有大于滚柱 6 的滚柱槽 13，当推动推钮 4 沿轴向滑动时，滚柱槽 13 的口部对准滚柱 6，滚柱 6 不再受推钮 4 的内壁压迫，滚柱 6 脱离所述定位凹槽 11，经滚柱孔 15 进入推钮 4 上的滚柱槽 13 内，此时可以使内外管相对滑动，推钮 4 与管套之间设有弹力位沿着推钮 4 的滑动方向的压簧 7（参见对比文件 5 说明书第 2 页第 9 行–第 15 行，图 1）。

合议组认为：权利要求 2 所保护的技术方案与对比文件 5 的区别在于：(1) 权利要求 2 保护的是一种吹风机，包括手柄（1）、连杆（2）、主机（3）、连杆套（4）、和滚轮（6），主机（3）下端的两侧各安装有一个滚轮（6），手柄（1）固定在连杆（2）的一端，连杆（2）的另一端安装在连杆套（4）中，连杆套（4）固定在主机（3）上，而对比文件 4 所公开的是一种吸尘器伸缩长接管；(2) 权利要求 2 中，弹簧（52）安装在挡块（5）和连杆套（4）的内壁之间，挡块（5）的一端（53）穿过连杆套（4）上的通孔（55）突出在连杆套（4）外。

上述两个区别技术特征所要解决的技术问题就是使得吹风机便于移动，以扩大工作范围，并且用来推动吹风机移动的连杆手柄可以拆卸，便于收放。首先，对比文件 5 所公开的是一种吸尘器伸缩长接管，其用来使得两根或两根以上的连接管可以伸长或缩短，与本专利所保护的一种吹风机的技术领域不相同或相近，并且对比文件5也没有给出将其所公开的技术方案用于吹风机的明确的教导，因此，对比文件5没有给出将其所公开的用于推动多功能刷机的技术方案应用于吹风机的技术启示；其次，对比文件5没有公开本专利权利要求2所保护的吹风机的技术方案的全部技术特征，也没有给出利用权利要求2中包含的技术特征来解决其技术问题的启示。由此可见，权利要求2所保护的技术方案与对比文件5所公开的技术方案所属的技术领域不同，并且对比文件5也没有给出权利要求2中使用挡块结构使得连杆可拆卸来解决其技术问题的启示。而本专利权利要求2所保护的技术方案中，采用滚轮、连杆、连杆套、手柄以及挡块的结构来提出了一种能够移动的吹风机，其设计相对于现有技术来说，使得人们能够轻便的移动重量比较大的吹风机，并且手柄连杆可以拆卸，便于收放，因而具备进步性。所以，权利要求2相对于对比文件5具有实质性特点和进步，因而具备专利法第22条第3款规定的创造性。

附件8所公开的是一种轴的结构设计，具体公开了：零件在轴上的估计的轴向固定方式很多，常用的有轴肩、轴环、套筒、圆螺母、弹力挡圈、轴端挡圈等，当轴向载荷很小时可采用弹性挡圈（参见附件8第175页第4~7行，第27行）。

合议组认为，权利要求3所保护的技术方案与附件8的区别在于：A权利要求3保护的是一种吹风机，包括手柄（1）、连杆（2）、主机（3）、连杆套（4）、挡块（5）和滚轮（6），主机（3）下端的两侧各安装有一个滚轮（6），手柄（1）固定在连杆（2）的一端，连杆（2）的另一端安装在连杆套（4）中，连杆套（4）固定在主机（3）上，而对比文件5所公开的是一种轴的结构设计；B：权利要求3中还包括轮轴（62）的一端固定在主机（3）上，滚轮（6）套接在轮轴（62）的另一端。

上述两个区别技术特征所要解决的技术问题就是使得吹风机便于移动，以扩大工作范围，并且用来推动吹风机移动的连杆手柄可以拆卸，便于收放。首先，附件8所公开的是一种轴的结构设计，用来将轴上的零件固定在轴上，与本专利所保护的一种吹风机的技术领域不相同或相近，并且附件8也没有给出将其所公开的技术方案用于吹风机的明确的教导，因此，附件8没有给出将其所公开的用于推动多功能刷机的技术方案应用于吹风机的技术启示；其次，附件8也没有公开本专利权利要求3所保护的吹风机的技术方案的全部技术特征，也没有给出利用权利要求3中包含的技术特征来解决其技术问题的启示。由此可见，权利要求3所保护的技术方案与附件8所公开的技术方案所属的技术领域不同，并且附件8没有公开本专利权利要求3所保护的吹风机的技术方案的全部技术特征，也没有给出利用权利要求3中包含的技术特征来解决其技术问题的启示。而本专利权利要求3所保护的技术方案中，采用滚轮、连杆、连杆套、手柄以及挡块的结构来提出了一种能够移动的吹风机，其设计相对于现有技术来说，使得人们能够轻便的移动重量比较大的吹风机，并且手柄连杆可以拆卸，便于收放，因而具备进步性。所以，权利要求3相对于附件8具有实质性特点和进步，因而具备专利法第22条第3款规定的创造性。

三、决定

维持01255422.7号实用新型专利权有效。

当事人对本决定不服的，可以根据专利法第46条第2款的规定，自收到本决定之日起三个月内向北京市第一中级人民法院起诉。根据该款的规定，一方当事人起诉后，另一方当事人应当作为第三人参加诉讼。

北京市第一中级人民法院
行政判决书

（2008）一中行初字第 1271 号

原告常红云，女，1982 年 10 月 28 日出生，汉族，住广东省广州市白云区白云大道北 2 号 2002 级本科生。

委托代理人兰轶蓉，女，1977 年 7 月 2 日出生，住内蒙古自治区呼和浩特市回民区北沙梁 6 号楼 9 号。

委托代理人肖哲，女，1972 年 5 月 15 日出生，住广东省广州市天河区美景街 11 号 503 房。

被告国家知识产权局专利复审委员会，住所地北京市海淀区北四环西路 9 号银谷大厦 10~12 层。

法定代表人廖涛，副主任。

委托代理人雷连虹，国家知识产权局专利复审委员会审查员。

委托代理人郭鹏鹏，国家知识产权局专利复审委员会审查员。

第三人东莞威霸清洁器材有限公司，住所地广东省东莞市寮步镇良边村。

法定代表人乔根，延森，集团总裁。

委托代理人杨志强，男，1974 年 12 月 29 日出生，住山西省大同市城区工农路 13 号院 3 楼 1 单元 2 号。

原告常红云不服被告国家知识产权局专利复审委员会（以下简称专利复审委员会）于 2008 年 6 月 18 日作出的第 11811 号无效宣告请求审查决定（以下简称第 11811 号决定），向本院提起行政诉讼。本院于 2008 年 8 月 25 日受理此案后，依法组成合议庭并通知东莞威霸清洁器材有限公司（以下简称威霸公司）作为第三人参加诉讼，于 2008 年 11 月 14 日公开开庭进行了审理。原告常红云的委托代理人肖哲，被告专利复审委员会的委托代理人雷连虹、郭鹏鹏到庭参加诉讼，第三人威霸公司书面表示放弃参加本案的诉讼，本院依法对本案进行了缺席审理。本案现已审理终结。

2007 年 12 月 28 日，常红云针对威霸公司拥有的名称为“一种吹风机”的第 01255422.7 号实用新型专利（以下简称本专利）向专利复审委员会提出无效宣告请求。2008 年 6 月 18 日，专利复审委员会针对上述无效宣告请求作出第 11811 号决定。该决定认为：

（1）关于证据。

对比文件 1 是中国外观设计专利公开文本复印件，对比文件 4 和 5 是中国实用新型专利授权公告文本，威霸公司对对比文件 1、4 和 5 的真实性无异议，且对比文件 1、4 和 5 的授权公告日早于本专利的申请日，可以作为现有技术用于评价本专利权利要求的新颖性和创造性。

对比文件 2 和 3 是中国发明专利授权公告文本，属于他人在本专利的申请日之前申请，在本专利申请日之后授权公告，因此，可以作为评判是否作为抵触申请的证据，但是不能作为现有技术评价本专利权利要求的创造性。

附件 8 是《机械原理及机械零件》的封面、出版页、第 174~176 页的复印件，威霸公司对其真实性无异议，其出版日为 1995 年 8 月，早于本专利的申请日，可以作为公知常识评价本专利的创造性。

由于对比文件 2 和 3 不能作为现有技术评价本专利的创造性，现仅针对常红云提出的权利要求 1 分别相对于对比文件 1、2、3 不具备新颖性、相对于对比文件 1 不具备创造性、权利要求 2 分别相对于对比文件 4、5 不具备创造性、权利要求 3 相对于附件 8 不具有创造性的理由进行如下的评述。

（2）关于《中华人民共和国专利法》（以下简称《专利法》）第二十二条第二款。

权利要求1要求保护一种吹风机，对比文件1公开了一种多功能刷机，从其右视图可以看出，该多功能刷机包括：手柄、连杆、刷机体、连杆套、滚轮，手柄固定在连杆的一端，连杆的另一端安装在连杆套中，连杆套固定在刷机体上。

本专利权利要求1的技术方案与对比文件1公开的内容相比区别在于：①权利要求1要求保护的是一种吹风机，而对比文件1所公开的是一种多功能刷机；②权利要求1中包括一个挡块（5）。

对于上述区别①，常红云认为本专利权利要求1并没有公开吹风机的任何特有的结构，而是将吹风机作为一个整体，公开的技术方案是解决其移动方便的技术问题。吹风机的外观设计的分类号为15-05，对比文件1的分类号为15-05，因此，将多功能刷机解决其移动方便的技术方案应用到本专利的吹风机上，是本技术领域的惯用手段的直接替换。专利复审委员会认为，首先，权利要求1要求保护的是一种吹风机，而对比文件1所公开的是一种多功能刷机，因此，两者属于不同类别的产品，因此属于不同的技术领域；并且本专利是实用新型不存在外观的分类号，其外观设计分类号仅是常红云的认定。其次，新颖性审查过程中惯用手段的直接替换是指发明或实用新型与现有技术相比，两者的区别技术特征属于能起到相同作用、达到相同技术效果的不同的常用技术手段。而对比文件1所公开的多功能刷机是可在地面移动并用于地面的清洁，本专利所保护的吹风机是可移动使用的送风设备，因此上述区别技术特征①显然不能起到同样的技术效果，因此，上述区别技术特征①不属于惯用手段的直接替换。

对于区别②，常红云认为该区别技术特征已经在对比文件1中公开。专利复审委员会认为，从对比文件1的右视图并不能直接地、毫无疑义地得到档块这一技术特征。常红云所认定为档块E的部件实质上是该多功能刷机的连杆套与固定装置的连接部分，其并不是本专利权利要求1中用来使得连杆可以收起来的挡块，因此，上述技术特征并不相同，其所起的作用也与本专利中的挡块的作用不同。

由上述分析可见，权利要求1所保护的技术方案与对比文件1所公开的技术方案所属的技术领域不同，并且权利要求1中技术特征在对比文件1中也没有全部被公开，权利要求1相对于对比文件1具备《专利法》第二十二条第二款规定的新颖性。

对比文件2公开了一种电动吸尘器，包括：把手部11、吸入管2、吸尘器本体1、保持构件10、卡止部10a、轮子8，吸尘器本体1下端的两侧各安装一个轮子8，把手部11固定在吸入管2的一端，吸入管2的另一端安装在保持构件10中，保持构件10固定在吸尘器本体1上（参见说明书第4页第1~2行、第6~11行，图1）。

本专利权利要求1的技术方案与对比文件2公开的内容相比区别在于：①权利要求1保护的是一种吹风机，而对比文件2公开的是一种电动吸尘器；②权利要求1中包括连杆套（4），用来将连杆（2）的一端安装在其中；③权利要求1中包括挡块（5）。

对于上述区别①，常红云认为权利要求1的技术方案并没有公开吹风机的任何特有的结构，其公开的技术方案是其解决移动方便的技术方案；本专利的分类号为A47J9/00，对比文件2的分类号为A47L9/00，因此，将电动吸尘器解决其移动方便的技术方案应用到本专利的吹风机上，是本技术领域惯用手段的直接替换。专利复审委员会认为：首先，权利要求1要求保护的是一种吹风机，而对比文件1所公开的是一种电动吸尘器，因此，两者属于不同类别的产品，因此属于不同的技术领域。其次，新颖性审查过程中惯用手段的直接替换是指发明或实用新型与现有技术相比，两者的区别技术特征属于能起到相同作用、达到相同技术效果的不同的常用技术手段。而对比文件1所公开的电动吸尘器是可在地面移动并用于地面的清洁，本专利所保护的吹风机是可移动使用的送风设备，因此上述区别技术特征①显然不能起到同样的技术效果，因此，上述区别技术特征①不属于惯用手段的直接替换。对于区别②，常红云认为该区别技术特征已经在对比文件2中公开。专利复审委员会认为：在对比文件2中吸入管（2）的一端是吸尘器的吸头部件，吸入管是穿过保持部件（10），使得保持部件（10）可以将吸入管（2）从中间卡住，而本专利权利要求1中连杆（2）的一端是置入连杆套（4），即连杆套（4）作为连杆（2）的安装部件包裹了连杆（2）的一端。因此，对比文件2所公开的上述技术特征与本专利权利要求1中的并不相同，对比文件2没有公开上述区别技术特征②。

对于区别③，常红云认为该区别技术特征已经被对比文件2公开。专利复审委员会认为：由对比文件2中公开的技术特征"由于在吸尘器本体1的下面前方形成有凹部15，故藉由设于吸入管2之保持部件10的卡止部10a卡合于凹部15，而可紧凑地竖立收放"（参见对比文件2说明书第4页第7行–第9行，图1），可以看出，对比文件2所公开的卡止部10a是用于与设在本体1上凹部15来进行卡合，以将保持部件10设置在本体1上。而权利要求1中的挡块（5）是设在连杆套上，用来将连杆脱离连杆套，从而在不使用吹风机时便于收放。因此，对比文件2所公开的上述技术特征与本专利权利要求1中的并不相同，对比文件2没有公开上述区别技术特征③。

由上述分析可见，权利要求1所保护的技术方案与对比文件2所公开的技术方案所属的技术领域不同，并且权利要求1的技术特征在对比文件2中没有全部被公开，权利要求1相对于对比文件2具备《专利法》第二十二条第二款规定的新颖性。

对比文件3公开了一种吸尘器，包括：连接部7、延长管21、吸尘器本体1、连杆套A、滚轮B、档块C、吸尘器本体1的两侧各安装一个滚轮B，连接部7固定在延长管21的一端，延长管21的另一端安装在连接套A中，连杆套A固定在吸尘器本体1上（参见说明书第8页13行，第9页第4行，说明书第10页第10~11行，图1、图2）。

本专利权利要求1的技术方案与对比文件3公开的内容相比区别在于：①权利要求1保护的是一种吹风机，而对比文件3公开的是一种吸尘器；②权利要求1中包括连杆套（4），用来将连杆（2）的一端安装在其中；③权利要求1中包括挡块（5）。

对于上述区别①，常红云认为权利要求1的技术方案并没有公开吹风机的任何特有的结构，其公开的技术方案是其解决移动方便的技术方案；本专利的分类号为A47J9/00，对比文件3的分类号为A47L5/00、A47L9/24，因此，将吸尘器解决其移动方便的技术方案应用到本专利的吹风机上，是本技术领域惯用手段的直接替换。专利复审委员会认为：首先，权利要求1要求保护的是一种吹风机，而对比文件1所公开的是一种吸尘器，因此，两者属于不同类别的产品，因此属于不同的技术领域。其次，新颖性审查过程中惯用手段的直接替换是指发明或实用新型与现有技术相比，两者的区别技术特征属于能起到相同作用、达到相同技术效果的不同的常用技术手段。而对比文件1所公开的吸尘器是可在地面移动并用于地面的清洁，本专利所保护的吹风机是可移动使用的送风设备，因此上述区别技术特征①显然不能起到同样的技术效果，因此，上述区别技术特征①不属于惯用手段的直接替换。

对于区别②，常红云认为该区别技术特征已经在对比文件3中公开。专利复审委员会认为：在对比文件3中延长管21的一端是吸尘器的吸头部件，延长管是穿过带有挂钩的圆形部件，使得保持部件（10）可以将吸入管（2）从中间卡住，而本专利权利要求1中连杆（2）的一端是置入连杆套（4），即连杆套（4）作为连杆（2）的安装部件包裹了连杆（2）的一端。因此，对比文件3所公开的上述技术特征与本专利权利要求1中的并不相同，对比文件3没有公开上述区别技术特征②。

对于区别③，常红云认为该区别技术特征已经被对比文件3公开。专利复审委员会认为：常红云所认定的挡块E实质上是将延长管固定在吸尘器上的固定部件，其可插入本体上的凹槽，从而将持有延长管的圆形部件固定于吸尘器上。而权利要求1中的挡块（5）是设在连杆套上，用来将连杆脱离连杆套，从而在不使用吹风机时便于收放。因此，对比文件3所公开的上述技术特征与本专利权利要求 1 中的并不相同，对比文件 3 没有公开上述区别技术特征③。

由上述分析可见，权利要求 1 所保护的技术方案与对比文件 3 所公开的技术方案所属的技术领域不同，并且权利要求 1 的技术特征在对比文件 3 中没有全部被公开，权利要求 1 相对于对比文件 3 具备《专利法》第二十二条第二款规定的新颖性。

（3）关于《专利法》第二十二条第三款。

常红云认为本专利与对比文件 1 的区别仅在于本专利公开的是一种吹风机，对比文件 1 公开的是多功能刷机。本专利权利要求 1 解决吹风机移动方便的技术方案是现有技术中一种常规的技术方案，因此，对于本领域技术人员来说，将对比文件 1 的技术运用到本专利是显而易见的。专利复审委员会认为：权利要求 1 与对比文件 1 相比存在如前所述的两点区别技术特征：①权利要求 1 要求保护的是一种吹风机，而对比文件 1 所公开的是一种多功能刷机；②权利要求 1 中包括一个挡块（5）。

上述两个区别技术特征所要解决的技术问题就是使得吹风机便于移动，以扩大工作范围，并且用来推动吹风机移动的连杆手柄可以拆卸，便于收放。首先，对比文件 1 公开的是一种可移动使用的多功能刷机，与本专利所保护的一种吹风机的技术领域不相同或相近，并且对比文件 1 也没有给出将其所公开的技术方案用于吹风机的明确的教导，因此，对比文件 1 没有给出将其所公开的用于推动多功能刷机的技术方案应用于吹风机的技术启示；其次，从对比文件 1 的视图中并不能直接地、毫无疑义地得到该用于将连杆脱离连杆套的挡块的技术特征，而该挡块使得推动吹风机移动的连杆手柄可以拆卸，便于收放，对比文件 1 所公开的结构与本专利保护的吹风机的技术方案存在明显的区别，其构件的连接关系不同。由此可见，权利要求 1 所保护的技术方案与对比文件 1 所公开的技术方案所属的技术领域不同，并且对比文件 1 也没有给出权利要求 1 中使用挡块结构使得连杆可拆卸来解决其技术问题的启示。而本专利权利要求 1 所保护的技术方案中，采用滚轮、连杆、连杆套、手柄以及挡块的结构来提出了一种能够移动的吹风机，其设计相对于现有技术来说，使得人们能够轻便的移动重量比较大的吹风机，并且手柄连杆可以拆卸，便于收放，因而具备进步性。所以，权利要求 1 与对比文件 1 具有实质性特点和进步，因而具备《专利法》第二十二条第三款规定的创造性。

对比文件 4 公开了一种吸尘器伸缩长接管，包括：固定套，上设一个纵向开口，开口的后部有一哑铃状的定位块，定位块的前上方设有一个拨动块，拨动块后下方斜面压住定位块，拨动块与开口的前端之间设有弹簧把拨动块向后推。只要将拨动块向前推，哑铃状的定位块从定位穴中弹起，就能将小管拔出来或压进去，松开拨动块，在弹簧的作用下，拨动块向后退，其后的斜面将定位块向下压入定位穴内，将小管固定住（参见对比文件 4 说明书第 1 页第 16 行至第 2 页第 1 行，第 2 页第 16 行~第 19 行，图 1）。

专利复审委员会认为：权利要求 2 所保护的技术方案与对比文件 4 的区别在于：①权利要求 2 保护的是一种吹风机，包括手柄（1）、连杆（2）、主机（3）、连杆套（4）、和滚轮（6），主机（3）下端的两侧各安装有一个滚轮（6），手柄（1）固定在连杆（2）的一端，连杆（2）的另一端安装在连杆套（4）中，连杆套（4）固定在主机（3）上，而对比文件 4 所公开的是一种吸尘器伸缩长接管；②权利要求 2 中，弹簧（52）安装在挡块（5）和连杆套（4）的内壁之间，挡块（5）的一端（53）穿过连杆套（4）上的通孔（55）突出在连杆套（4）外。

上述两个区别技术特征所要解决的技术问题就是使得吹风机便于移动，以扩大工作范围，并且用来推动吹风机移动的连杆手柄可以拆卸，便于收放。首先，对比文件 4 所公开的是一种吸尘器伸缩长接管，其用来使得两根或两根以上的连接管可以伸长或缩短，与本专利所保护的一种吹风机的技术领域不相同或相近，并且对比文件 4 也没有给出将其所公开的技术方案用于吹风机的明确的教导，因此，对比文件 4 没有给出将其所公开的用于推动多功能刷机的技术方案应用于吹风机的技术启示；其次，对比文件4没有公开本专利权利要求2所保护的吹风机的技术方案的全部技术特征，也没有给出利用权利要求2中包含的技术特征来解决其技术问题的启示。由此可见，权利要求2所保护的技术方案与对比文件4所公开的技术方案所属的技术领域不同，并且对比文件4也没有给出权利要求2中使用挡块结构使得连杆可拆卸来解决其技术问题的启示。而本专利权利要求2所保护的技术方案中，采用滚轮、连杆、连杆套、手柄以及挡块的结构来提出了一种能够移动的吹风机，其设计相对于现有技术来说，使得人们能够轻便地移动重量比较大的吹风机，并且手柄连杆可以拆卸，便于收放，因而具备进步性。所以，权利要求2相对于对比文件4具有实质性特点和进步，因而具备《专利法》第二十二条第三款规定的创造性。

对比文件5公开了一种吸尘器上的伸缩管，包括：管套3上活动连接有推钮4，推钮4上设有大于滚柱6的滚柱槽13，当推动推钮4沿轴向滑动时，滚柱槽13的口部对准滚柱6，滚柱6不再受推钮4的内壁压迫，滚柱6脱离所述定位凹槽11，经滚柱孔15进入推钮4上的滚柱槽13内，此时可以使内外管相对滑动，推钮4与管套之间设有弹力位沿着推钮4的滑动方向的压簧7（参见对比文件5说明书第2页第9~15行，图1）。

专利复审委员会认为：权利要求2所保护的技术方案与对比文件5的区别在于：①权利要求2保护的是一种吹风机，包括手柄（1）、连杆（2）、主机（3）、连杆套（4）和滚轮（6），主机（3）下端的两侧各安装有一个滚轮（6），手柄（1）固定在连杆（2）的一端，连杆（2）的另一端安装在连杆套（4）中，连杆套（4）固定在主机（3）上，而对比文件4所公开的是一种吸尘器伸缩长接管；②权利要求2中，弹簧（52）安装在挡块（5）和连杆套（4）的内壁之间，挡块（5）的一端（53）穿过连杆套（4）上的通孔（55）突出在连杆套（4）外。

上述两个区别技术特征所要解决的技术问题就是使得吹风机便于移动，以扩大工作范围，并且用来推动吹风机移动的连杆手柄可以拆卸，便于收放。首先，对比文件5所公开的是一种吸尘器伸缩长接管，其用来使得两根或两根以上的连接管可以伸长或缩短，与本专利所保护的一种吹风机的技术领域不相同或相近，并且对比文件5也没有给出将其所公开的技术方案用于吹风机的明确的教导，因此，对比文件5没有给出将其所公开的用于推动多功能刷机的技术方案应用于吹风机的技术启示；其次，对比文件5没有公开本专利权利要求2所保护的吹风机的技术方案的全部技术特征，也没有给出利用权利要求2中包含的技术特征来解决其技术问题的启示。由此可见，权利要求2所保护的技术方案与对比文件5所公开的技术方案所属的技术领域不同，并且对比文件5也没有给出权利要求2中使用挡块结构使得连杆可拆卸来解决其技术问题的启示。而本专利权利要求2所保护的技术方案中，采用滚轮、连杆、连杆套、手柄以及挡块的结构来提出了一种能够移动的吹风机，其设计相对于现有技术来说，使得人们能够轻便的移动重量比较大的吹风机，并且手柄连杆可以拆卸，便于收放，因而具备进步性。所以，权利要求2相对于对比文件5具有实质性特点和进步，因而具备《专利法》第二十二条第三款规定的创造性。

附件8所公开的是一种轴的结构设计，具体公开了：零件在轴上的估计的轴向固定方式很多，常用的有轴肩、轴环、套筒、圆螺母、弹力挡圈、轴端挡圈等，当轴向载荷很小时可采用弹性挡圈（参见附件8第175页第4行~第7行，第27行）。

专利复审委员会认为，权利要求3所保护的技术方案与附件8的区别在于：①权利要求3保护的是一种吹风机，包括手柄（1）、连杆（2）、主机（3）、连杆套（4）、挡块（5）和滚轮（6），主机（3）下端的两侧各安装有一个滚轮（6），手柄（1）固定在连杆（2）的一端，连杆（2）的另一端安装在连杆套（4）中，连杆套（4）固定在主机（3）上，而对比文件5所公开的是一种轴的结构设计；②权利要求3中还包括轮轴（62）的一端固定在主机（3）上，滚轮（6）套接在轮轴（62）的另一端。

上述两个区别技术特征所要解决的技术问题就是使得吹风机便于移动，以扩大工作范围，并且用来推动吹风机移动的连杆手柄可以拆卸，便于收放。首先，附件8所公开的是一种轴的结构设计，用来将轴上的零件固定在轴上，与本专利所保护的一种吹风机的技术领域不相同或相近，并且附件8也没有给出将其所公开的技术方案用于吹风机的明确的教导，因此，附件8没有给出将其所公开的用于推动多功能刷机的技术方案应用于吹风机的技术启示；其次，附件8也没有公开本专利权利要求3所保护的吹风机的技术方案的全部技术特征，也没有给出利用权利要求3中包含的技术特征来解决其技术问题的启示。由此可见，权利要求3所保护的技术方案与附件8所公开的技术方案所属的技术领域不同，并且附件8没有公开本专利权利要求3所保护的吹风机的技术方案的全部技术特征，也没有给出利用权利要求3中包含的技术特征来解决其技术问题的启示。而本专利权利要求3所保护的技术方案中，采用滚轮、连杆、连杆套、手柄以及挡块的结构来提出了一种能够移动的吹风机，其设计相对于现有技术来说，使得人们能够轻便的移动重量比较大的吹风机，并且手柄连杆可以拆卸，便于收放，因而具备进步性。所以，权利要求3相对于附件8具有实质性特点和进步，因而具备《专利法》第二十二条第三款规定的创造性。

基于上述理由，专利复审委员会作出第11811号决定，维持本专利的专利权有效。

原告常红云不服第11811号决定，在法定期限内向本院提起行政诉讼称：（1）被告适用法律错误。对比文件2的公开日为1999年8月25日，对比文件3的公开日为1997年7月30日，在本专利申请日2001年8月31日之前公开，可以作为评价本案专利的新颖性和创造性的证据。而第11811号决定却将对比文件2的授权公告日2003年12月10日和对比文件3的授权公告日2004年6月16日与对比文件2和对比文件3的公开日混淆，对现有技术的公开日适用法律错误，作出了“对比文件2和对比文件3可以作为抵触申请的证据，但是不能作为现有技术评价本专利权利要求的创造性”的错误审查决定，没有引用对比文件2和对比文件3来评价本专利权利要求1的创造性。（2）被告违反法定程序。原告及代理人未参加口头审理，在口头审理之后电话要求提交代理词并在规定时间内提交了代理词，但被告拒绝原告的代理人提交代理词，第11811号决定根本没有考虑原告的代理意见，其程序不合法。（3）权利要求1相对对比文件1不具有新颖性。对比文件1和权利要求1所要保护的技术方案，都属家居清洁的移动机械技术领域，因此属相同的技术领域。与本专利相同产品的外观设计的分类号与对比文件1的分类号都是15-05，属相同的技术领域。被告将权利要求1并没有公开的“吹风机是可移动使用的送风设备”、“使得连杆可以收起来的挡块”等技术特征作为权利要求1的保护范围，不符合专利法第五十六条的规定。且上述区别技术特征与对比文件1是完全相同的，因此权利要求1相对于对比文件1不具备新颖性。（4）权利要求1相对对比文件2不具有新颖性。对比文件2和权利要求1所要保护的技术方案，都属家居清洁的移动机械技术领域，其分类号均为A47，因此属相同的技术领域。被告将权利要求1并没有公开的“吹风机是可移动使用的送风设备”、“连杆（2）的一端是置入连杆套（4），即连杆套（4）作为连杆（2）的安装部件包裹了连杆（2）的一端”、“挡块（5）是设在连杆套上，用来将连杆脱离连杆套，从而在不使用吹风机时便于收放”等技术特征作为权利要求1的保护范围，不符合专利法第五十六条的规定。且上述区别技术特征与对比文件2是完全相同的，因此权利要求1相对于对比文件2不具备新颖性。（5）权利要求1相对对比文件3不具有新颖性。专利复审委员会将权利要求1并没有公开的“吹风机是可移动使用的送风设备”、“连杆（2）的一端是置入连杆套（4），即连杆套（4）作为连杆（2）的安装部件包裹了连杆（2）的一端”、“挡块（5）是设在连杆套上，用来将连杆脱离连杆套，从而在不使用吹风机时便于收放”等技术特征，作为权利要求1的保护范围，不符合《专利法》第五十六条的规定。且上述区别技术特征与对比文件3是完全相同的，因此权利要求1相对于对比文件3不具备新颖性。（6）本专利权利要求1的技术方案相对于对比文件1不具有创造性。关于技术领域及区别技术特征在权利要求1相对于对比文件1不具有新颖性中已详细论述。关于吹风机及挡块所要解决的技术问题，首先不管是叫吹风机还是叫多功能刷机，都与被告所认定的技术问题无关，挡块只是一个抵挡的作用，也与上述要解决的技术问题无关，权利要求1要解决的技术问题就是使得吹风机便于移动，以扩大工作范围，并不能解决用来推动吹风机移动的连杆手柄可以拆卸，便于收放这些技术问题。首先，对比文件1与权利要求的技术方案完全相同，本领域的技术人员将对比文件1的技术方案应用于本专利是一种尝试，给出明确的教导和技术启示；其次，对比文件1用螺钉将连杆和连杆套固定，螺钉是挡块的下位概念，还有被告认定挡块构件的连接关系不同根本不成立，不符合《专利法》第五十六条的规定，挡块在本专利权利要求1中根本没有公开连接关系，被告认为该挡块使得推动吹风机移动的连杆手柄可以拆卸，便于收放根本不成立，不符合《专利法》第五十六条的规定。本专利权利要求1与对比文件1都是为了移动方便，并不能实现手柄连杆可以拆卸，便于收放目的，因而不具备进步性。（7）本专利权利要求1的技术方案相对对比文件2、对比文件3不具有创造性。（8）本专利的权利要求2的技术方案相对对比文件2和对比文件4结合、对比文件3和对比文件4结合或对比文件2和对比文件5的结合不具有创造性，本专利权利要求3的技术方案相对对比文件3不具有创造性。首先，被告仅以对比文件4、对比文件5、公知常识单独来评价创造性，而没有结合对比文件2或对比文件3来评价，其评价的前提是错误的，因此第11811号决定也是错误的。综上，第11811号决定适用法律错误、程序违法、事实认定不清，请求法院撤销第11811号决定，判令专利复审委员会重新作出审查决定，宣告本专利全部无效。

被告专利复审委员会辩称：（1）原告在提出无效宣告请求时提交的附件中，对比文件2和3提交的是授权公告文本，而不是该申请的公开文本，由于公开文本在实质审查过程中可能会有一定的修改，其内容与授权公告文本的内容不一定一致，而对于授权公告文本其公开日就是其授权公告日。因此，第11811号审查决定中对于对比文件2和对比文件3的公开日期的认定符合专利法以及专利法实施细则的规定，适用法律正确。此外，原告提交的01332303.2号外观设计专利公报，在其提出无效宣告请求时并未提出，与本案没有关联性。（2）①被告并没有收到原告所称在口头审理日期过后提交的代理词；②根据审查指南对于请求人举证期限的规定，原告只能在提出无效宣告请求之日起一个月内补充理由和证据，还可以在口头审理辩论终结前提交所属技术领域中公知常识性证据或者用于完善证据法定形式的公证书、原件等证据，并在该期限内结合该证据具体说明相关无效宣告理由。在上述期限之外，所提交的理由或证据不予接受，并且由于原告没有如期出席口头审理，也没有出示缺席审理的正当理由，也就是说，原告自己放弃了陈述意见的机会。而第11811号决定是根据原告提出的理由作出的，其充分考虑了原告所提交的无效理由，并不存在没有给原告充分陈述意见的机会的情况。（3）原告认为被告在评述权利要求1的新颖性或创造性问题时，对技术领域以及区别特征的认定都存在问题。被告认为，①技术领域是否相同由其技术方案的内容来决定，而权利要求1所要求保护的技术方案与对比文件1~3都存在本质的区别，并且，所解决的技术问题、达到的技术效果也不相同，因此，权利要求1与对比文件1~3的技术领域并不相同；②对于权利要求1分别与对比文件1~3的区别技术特征在第11811号决定中认定的非常清楚。（4）原告提出权利要求1相对于对比文件2、对比文件3不具备创造性、权利要求2分别相对于对比文件2和对比文件4的结合、对比文件3和对比文件4的结合、对比文件2和对比文件5的结合、以及对比文件3和对比文件5的结合不具备创造性的诉求，被告认为在第11811号决定中未涉及该无效宣告理由，因此不予答辩。综上所述，第11811号决定认定事实清楚，适用法律正确，审理程序合法，审查结论正确，请求法院驳回原告诉讼请求，维持第11811号决定。

第三人威霸公司书面表示放弃参加本案的诉讼。

本院经审理查明：

本案涉及的专利系名称为“一种吹风机”的实用新型专利（即本专利），专利号为01255422.7，申请日为2001年8月31日，授权公告日为2002年7月10日，专利权人为威霸公司，其授权公告时的权利要求书为：

“1. 一种吹风机，包括：手柄（1）、连杆（2）、主机（3）、连杆套（4）、档块（5）和滚轮（6）构成，其特征在于：主机（3）下端的两侧各安装有一个滚轮（6），手柄（1）固定在连杆（2）的一端，连杆（2）的另一端安装在连杆套（4）中，连杆套（4）固定在主机（3）上。

2. 根据权利要求1所述的一种吹风机，其特征在于：档块（5）放置在连杆套（4）中，弹簧（52）安装在挡块（5）和连杆套（4）的内壁之间，挡块（5）可绕支点（54）旋转，挡块（5）一端（53）通过连杆套（4）上的通孔（55）突出在连杆套（4）外，另一端（51）穿过通孔（56），并在弹簧（52）的压力作用下嵌入连杆（2）相应的凹槽内。

3. 根据权利要求1所述的一种吹风机，其特征在于：轮轴（62）的一端固定在主机（3）上，滚轮（6）套接在轮轴（62）的另一端，并通过垫圈（61）和挡片（63）将滚轮（6）固定在轮轴（62）上。”

针对本专利，常红云于2007年12月28日向专利复审委员会提出了无效宣告请求，其理由为：本专利权利要求1不符合《专利法》第二十二条第二、三款的规定，权利要求2、3不符合《专利法》第二十二条第三款的规定。同时提交了以下附件：

附件1：无效宣告意见陈述书；

附件2：本专利授权公告文本；

附件3：专利号为00344582.8的中国外观设计的专利公告文本及右视图的放大图，共2页，公告日为2001年6月13日（以下简称对比文件1）；其公开了一种多功能刷机，从其右视图和仰视图可以看出，该多功能刷机包括：手柄、连杆、刷机体、连杆套、滚轮，刷机体后端两侧各安装一个滚轮，手柄固定在连杆的一端，连杆的另一端安装在连杆套中，连杆套固定在刷机体上；

附件4：专利号为99101035.3的中国发明专利授权公告文本，共8页，授权公告日为2003年12月10日（以下简称对比文件2），申请人为三洋电机株式会社；其（参见说明书第4页第1~2行、第6~11行，图1）公开了一种电动吸尘器，包括：把手部11、吸入管2、吸尘器本体1、保持构件10、卡止部10a、轮子8，吸尘器本体1下端的两侧各安装一个轮子8，把手部11固定在吸入管2的一端，吸入管2的另一端连接吸入构件9，吸入管2穿过并卡在保持构件10中，保持构件10固定在吸尘器本体1上。

附件5：专利号为96100667.6的中国发明专利授权公告文本，共15页，授权公告日为2004年6月16日（以下简称对比文件3），申请人为三洋电机株式会社；其（参见说明书第8页第13行，第9页第4行，说明书第10页第10~11行，图1、图2）公开了一种吸尘器，包括：连接部7、延长管21、吸尘器本体1、连杆套A、滚轮B、档块C、吸尘器本体1的两侧各安装一个滚轮B，连接部7固定在延长管21的一端，延长管21的另一端连接地板吸头22，延长管21穿过并卡在连接套A中，连杆套A固定在吸尘器本体1上。

附件6：专利号为95244688.X的中国实用新型专利授权公告文本，共7页，授权公告日为1997年1月29日（以下简称对比文件4）；其参见对比文件4说明书第1页第16行~第2页第1行，第2页第16行~第19行，图1）公开了一种吸尘器伸缩长接管，包括：固定套，上设一个纵向开口，开口的后部有一哑铃状的定位块，定位块的前上方设有一个拨动块，拨动块后下方斜面压住定位块，拨动块与开口的前端之间设有弹簧把拨动块向后推。只要将拨动块向前推，哑铃状的定位块从定位穴中弹起，就能将小管拔出来或压进去，松开拨动块，在弹簧的作用下，拨动块向后退，其后的斜面将定位块向下压入定位穴内，将小管固定住。

附件 7：专利号为 98223202.0 的中国实用新型专利授权公告文本，共 6 页，授权公告日为 1999 年 5 月 26 日（下称对比文件 5）；其（参见对比文件 5 说明书第 2 页第 9 行~第 15 行，图 1）公开了一种吸尘器上的伸缩管，包括：管套 3 上活动连接有推钮 4，推钮 4 上设有大于滚柱 6 的滚柱槽 13，当推动推钮 4 沿轴向滑动时，滚柱槽 13 的口部对准滚柱 6，滚柱 6 不再受推钮 4 的内壁压迫，滚柱 6 脱离所述定位凹槽 11，经滚柱孔 15 进入推钮 4 上的滚柱槽 13 内，此时可以使内外管相对滑动，推钮 4 与管套之间设有弹力位沿着推钮 4 的滑动方向的压簧 7；

附件 8：《机械原理及机械零件》的封面、出版页、第 174~176 页的复印件，共 5 页，印刷日为 1995 年 8 月；其（参见附件 8 第 175 页第 4~7 行，第 27 行）公开的是一种轴的结构设计，具体公开了：零件在轴上的估计的轴向固定方式很多，常用的有轴肩、轴环、套筒、圆螺母、弹力挡圈、轴端挡圈等，当轴向载荷很小时可采用弹性挡圈。

常红云提出无效宣告请求的具体理由如下：

（1）对比文件 1 公开了一种多功能刷机，其公开了手柄 A、连杆 B、主机 C、连杆套 D、档块 E 和滚轮 F 构成，主机 C 下端的两侧各安装一个滚轮，手柄 A 固定在连杆 B 的一端、连杆 B 的另一端安装在连杆套 D 中，连杆套 D 固定在主机 C。由此可见，对比文件 1 与本专利的区别在于，本专利保护的是一种吹风机，对比文件 1 公开的是多功能刷机。但是，本专利权利要求 1 的技术方案，并没有公开吹风机任何特有的结构，而是将吹风机作为一个整体，公开的技术方案是解决其移动方便的技术方案。吹风机外观设计的分类号为 15-05，对比文件 1 的分类号为 15-05，因此，将多功能刷机解决其移动方便的技术方案应用到本专利的吹风机上，是本技术领域的惯用手段的直接替换，因此，权利要求 1 不具备《专利法》第二十二条第二款规定的新颖性。

（2）如前所述，权利要求 1 与对比文件 1 的区别在于，权利要求 1 要求保护的是一种吹风机，而对比文件 1 公开的是一种多功能刷机。但是，本专利权利要求 1 解决吹风机移动方便的技术方案，是现有技术中一种常规的技术方案。因此，将对比文件 1 的技术应用于本专利对本领域技术人员来说是显而易见的，不具备《专利法》第二十二条第三款规定的创造性。

（3）对比文件 2 公开了一种电动吸尘器，包括：把手部 11、吸入管 2、吸尘器本体 1、保持构件 10、卡止部 10a、轮子 8，吸尘器本体 1 下端的两侧各安装一个轮子 8，把手部 11 固定在吸入管 2 的一端，吸入管 2 的另一端安装在保持构件 10 中，保持构件 10 固定在吸尘器本体 1 上（参见说明书第 4 页第 1~2 行、第 6~11 行，图 1），其中对比文件 2 中的把手部相当于本专利中的手柄，吸入管相当于本专利中的连杆，吸尘器本体相当于本专利中的主机，保持构件相当于本专利中的连杆套，保持构件相当于本专利中的档块，轮子相当于本专利中的滚轮。因此，本专利与对比文件 2 的区别在于，本专利公开的是一种吹风机，而对比文件 2 公开的是电动吸尘器；但是，由于本专利并没有公开吹风机任何特有的结构，公开的技术方案是解决其移动方便的技术方案。本专利的分类号为 A47J9/00；对比文件 2 的分类号 A47L9/00，因此，将电动吸尘器解决其移动方便的技术方案应用到本专利的吹风机上，是本技术领域惯用手段的直接替换，因此，权利要求 1 不具备《专利法》第二十二条第二款规定的新颖性。

（4）对比文件 3 的公告日为 1997 年 7 月 30 日，在本专利的申请日之前，可以用来评价本专利的新颖性和创造性。对比文件 3 公开了一种吸尘器，包括：连接部 7、延长管 21、吸尘器本体 1、连杆套A、滚轮B、档块C、吸尘器本体1的两侧各安装一个滚轮B，连接部7固定在延长管21的一端，延长管21的另一端安装在连接套A中，连杆套A固定在吸尘器本体1上（参见说明书第8页第13行，第9页第4行，说明书第10页第10~11行，图1、图2）。本专利与对比文件3的区别是，本专利公开的是一种吹风机，对比文件3公开的是吸尘器，但，本专利权利要求1的技术方案并没有公开吹风机的任何特有的结构，而是将吹风机作为一个整体，公开的技术方案是解决其移动方便的技术方案。本专利的分类号为A47J9/00；对比文件3的分类号为A47L5/00、A47L9/24，因此，将电动吸尘器解决其移动方便的技术方案应用到本专利的吹风机上，是本技术领域惯用手段的直接替换，因此，权利要求1不具备《专利法》第二十二条第二款规定的新颖性。

（5）权利要求1分别相对于对比文件2和对比文件3不具有创造性，权利要求2分别相对于对比文件2和对比文件4、对比文件3和对比文件4、对比文件2和对比文件5、对比文件3和对比文件5的结合不具有创造性，权利要求3分别相对于对比文件2和附件8中的公知常识、对比文件3和附件8中的公知常识的结合不具有创造性。

经形式审查合格后，专利复审委员会受理了该无效宣告请求，于2008年1月10日向双方当事人发出无效宣告请求受理通知书，并将上述无效宣告请求书及其附件清单中所列附件副本转给了威霸公司，要求其在指定期限内答复。

威霸公司未提交意见陈述书。

专利复审委员会对上述无效宣告请求进行审查，于2008年3月26日向双方当事人发出口头审理通知书，定于2008年5月13日举行口头审理。

口头审理如期举行，威霸公司参加了口头审理。常红云只提交了口审回执，表示参加口头审理，但是未出席口头审理，因此，专利复审委员会按规定进行了缺席审理。威霸公司对附件1~8的真实性无异议，但认为对比文件2和对比文件3的授权公告日晚于本专利的申请日，因此，不能作为有效证据使用。威霸公司认为：对比文件1与本专利的技术领域不同，所要解决的技术问题不同，并且未公开连杆套、档块、主机，以及连杆套和主机之间的连接关系，所公开的滚轮的位置也与权利要求1中的不同，上述区别也不属于本领域公知常识，因此，本专利权利要求1相对于对比文件1具备新颖性和创造性；对比文件4、5与本专利技术领域不同，解决的技术问题不同，且没有公开权利要求1所述的吹风机的具体构成部件以及权利要求2的附加技术特征，因此，权利要求2分别相对于对比文件4和5具有创造性；常红云在附件8中提到的公知常识只公开了轴的结构特征，未公开权利要求1所述的吹风机的具体构成部件以及权利要求3的附加技术特征，因此权利要求3具备创造性。

在上述工作的基础上，专利复审委员会于2008年6月18日作出第11811号决定，维持本专利的专利权有效。

以上事实有第11811号决定、本专利授权公告文本、专利权无效宣告请求书、对比文件1至对比文件5、附件8及当事人庭审陈述等证据在案佐证。

本院认为，根据当事人的诉辩主张，本案涉及如下几个问题：

1. 关于对比文件2和对比文件3的公开日的证据及其认定。

原告诉称对比文件2和对比文件3的公开日分别为1999年8月25日和1997年7月30日，而第11811号决定却将对比文件2和对比文件3的授权公告日与对比文件2和对比文件3的公开日混淆，对现有技术的公开日适用法律错误。对此本院认为，虽然，原告所称的对比文件2和对比文件3的公开日实际上是对比文件2和对比文件3所涉及的中国发明专利申请的公开文本的公开日期，而并非对比文件2和对比文件3的公开日，但是，发明专利申请的公开文本和授权文本分别是在发明专利申请的公开和授权阶段形成的法律文件，尽管两文件内容可能存在相同之处，但它们属于两个不同的文件，其公开日期也不相同，不应混为一谈。依据请求原则，被告只能对原告提交的证据进行审查，由于原告在提出无效宣告请求时明确提交的是对比文件2和对比文件3作为证据并且在整个行政程序中均未提出对比文件2和对比文件3所涉及的中国发明专利申请的公开文本，故被告无权利直接调取对比文件2和对比文件3所涉及的中国发明专利申请的公开文本并依该公开文本上记载的日期作为审查的证据。由查明事实可知：对比文件2为申请号为99101035.3的中国发明专利申请的授权公告文本，授权公告日为2003年12月10日；对比文件3为申请为96100667.6的中国发明专利申请的授权公告文本，授权公告日为2004年6月16日；对比文件2和对比文件3的公开日期即为其上记载的授权公告日。因此，原告提出对比文件2和对比文件3的公开日分别为1999年8月25日和1997年7月30日的主张缺乏事实和法律依据，本院不予支持。被告在第11811号决定中对此事实的认定清楚、合法，本院予以支持。

2. 关于原告在口头审理之后提交代理词的问题。

首先，原告无证据证明其在口头审理之后向被告提交了代理词。其次，《中华人民共和国专利法实施细则》第六十六条规定，在专利复审委员会受理无效宣告请求后，请求人可以在提出无效宣告请求之日起1个月内增加理由或者补充证据，逾期增加理由或者补充证据的，专利复审委员会可以不予考虑。若原告在口头审理之后提交代理词并就此同时增加无效请求理由或者补充提交新证据的，被告依此规定不予考虑，于法有据，并无不当。再次，基于前述"关于对比文件2和对比文件3的公开日的证据及其认定"中之理由，原告经被告合法通知但未出庭参加口头审理陈述意见，其责任在原告自己，因此，原告以此为由主张被告违反法定程序，缺乏事实和法律依据，本院不予支持。

3. 关于新颖性。

本专利权利要求1请求保护一种吹风机，对比文件1公开了一种多功能刷机，从其右视图和仰视图可以看出，该多功能刷机包括：手柄、连杆、刷机体、连杆套、滚轮，刷机体后端两侧各安装一个滚轮，手柄固定在连杆的一端，连杆的另一端安装在连杆套中，连杆套固定在刷机体上。本专利权利要求1与对比文件1的区别在于：（1）权利要求1请求保护的是一种吹风机，而对比文件1公开的是一种多功能刷机；（2）权利要求1还包括挡块5。由上可知，权利要求1与对比文件1存在上述区别技术特征，关于区别技术特征（1），两者属于不同功能的装置，不是惯用手段的直接置换；关于区别技术特征（2），本领域的技术人员从对比文件1所公开的内容不能直接地、毫无疑义地确定其具有挡块。因此，权利要求1所要求保护的技术方案与对比文件1实质上不同，权利要求1相对于对比文件1具备《专利法》第二十二条第二款所规定的新颖性。

本专利权利要求1请求保护一种吹风机，对比文件2（参见说明书第4页第1~2行、第6~11行，图1）公开了一种电动吸尘器，包括：把手部11（相当于本专利的手柄1）、吸入管2（相当于本专利的连杆2）、吸尘器本体1（相当于本专利的主机3）、保持构件10、卡止部10a、轮子8（相当于本专利的滚轮6），吸尘器本体1下端的两侧各安装一个轮子8，把手部11固定在吸入管2的一端，吸入管2的另一端连接吸入构件9，吸入管2穿过并卡在保持构件10中，保持构件10固定在吸尘器本体1上。本专利权利要求1与对比文件2的区别在于：（1）权利要求1请求保护的是一种吹风机，而对比文件2公开的是一种电动吸尘器；（2）权利要求1包括连杆套4，将连杆2的一端安装在其中，而对比文件2公开的是保持构件10，吸入管2穿过并卡在保持构件10中；（3）权利要求1还包括挡块5。关于区别技术特征（1），两者属于不同功能的装置，不是惯用手段的直接置换；关于区别技术特征（2），由于对比文件2的吸入管2的另一端连接吸入构件9，无法直接安装在保持构件中，这使得对比文件2的吸入管与保持构件的安装方式和权利要求1的连杆与连杆套的安装方式不同，且不是惯用手段的直接置换；关于区别技术特征（3），本领域的技术人员从对比文件2所公开的内容不能直接地、毫无疑义地确定其具有挡块。因此，权利要求1所要求保护的技术方案与对比文件2实质上不同，权利要求1相对于对比文件2具备《专利法》第二十二条第二款所规定的新颖性。

本专利权利要求1请求保护一种吹风机，对比文件3（参见说明书第8页13行，第9页第4行，说明书第10页第10~11行，图1、图2）公开了一种吸尘器，包括：连接部7、延长管21、吸尘器本体1、连杆套A、滚轮B、档块C、吸尘器本体1的两侧各安装一个滚轮B，连接部7固定在延长管21的一端，延长管21的另一端连接地板吸头22，延长管21穿过并卡在连接套A中，连杆套A固定在吸尘器本体1上。本专利权利要求1与对比文件2的区别在于：（1）权利要求1请求保护的是一种吹风机，而对比文件3公开的是一种吸尘器；（2）权利要求1包括连杆套4，将连杆2的一端安装在其中，而对比文件2公开的是连杆套A，延长管21穿过并卡在连杆套A中；（3）权利要求1还包括挡块5。关于区别技术特征（1），两者属于不同功能的装置，不是惯用手段的直接置换；关于区别技术特征（2），由于对比文件3的延长管21的另一端连接地板吸头22，无法直接安装在连接套A中，这使得对比文件3的延长管21与连接套的安装方式和权利要求1的连杆与连杆套的安装方式不同，且不是惯用手段的直接置换；关于区别技术特征（3），本领域的技术人员从对比文件3所公开的内容不能直接地、毫无疑义地确定其具有挡块。因此，权利要求1所要求保护的技术方案与对比文件3实质上不同，权利要求1相对于对比文件3具备《专利法》第二十二条第二款所规定的新颖性。

4. 关于创造性。

（1）权利要求1相对于对比文件1具备创造性。《专利法》第二十二条第一、三款规定：授予专利权的实用新型应当具备新颖性、创造性和实用性；创造性是指同申请日以前已有的技术相比，该实用新型有实质性特点和进步。

依据上述“关于新颖性”所确定的事实，本专利权利要求1与对比文件1的区别在于：①权利要求1请求保护的是一种吹风机，而对比文件1公开的是一种多功能刷机；②权利要求1还包括挡块5。第一，本专利权利要求1与对比文件1所属技术领域不同，且对比文件1中也没有明确的技术启示促使本领域的技术人员到相近或者相关的技术领域寻找有关技术手段；第二，本专利权利要求1的挡块5用于将连杆2安装在连杆套4中，对比文件1中并未公开此部件；第三，通过采用挡块5，连杆2很方便地安装在连杆套4中并很容易从连杆套4中取出，从而使得吹风机所占的空间减小，有利于放置。原告认为，对比文件1用螺钉将连杆和连杆套固定，螺钉是挡块的下位概念，且挡块在本专利权利要求1中根本没有公开连接关系，被告认为该挡块使得推动吹风机移动的连杆手柄可以拆卸，便于收放根本不成立，不符合《专利法》第五十六条的规定。对此，本院认为，第一，从对比文件1的各面视图中并不能直接地、毫无疑义地确定将连杆和连杆套固定的部件是螺钉；第二，《专利法》第五十六条规定，实用新型专利权的保护范围以其权利要求的内容为准，说明书及附图可以用于解释权利要求，本专利权利要求1请求保护的吹风机包括挡块，且本领域的技术人员依据本专利说明书及附图对权利要求的解释可获知采用上述挡块的吹风机所获得技术效果，故原告的上述主张缺乏事实和法律依据，本院不予支持。因此，本专利权利要求1相对于对比文件1具有实质性特点和进步，具备《专利法》第二十二条第三款所规定的创造性。

（2）由于对比文件2和对比文件3的公开日分别为2003年12月10日和2004年6月16日，均晚于本专利的申请日，因此不能作为评价本专利是否具有创造性的现有技术，原告关于权利要求不具备创造性中涉及对比文件2和对比文件3的诉讼理由缺乏事实和法律依据，本院不予支持。

原告起诉主张被告仅以对比文件4、对比文件5、公知常识单独来评价本专利的创造性，而没有结合对比文件2或对比文件3来评价创造性，其评价的前提是错误的。对此，本院认为，被告是在认定对比文件2和对比文件3不能作为评价本专利创造性的现有技术的前提下，对权利要求2分别相对于对比文件4、5不具备创造性、权利要求3相对于附件8不具备创造性的理由进行了具体评述，因此，被告已经审理了原告无效请求中涉及对比文件2和对比文件3的无效理由。被告在口头审理过程中对于权利要求分别相对于对比文件4、对比文件5、附件8所公开的公知常识是否具有创造性进行了听证，并在第11811号决定中对此作出了明确的认定。可见，被告从减少诉累的角度出发充分考虑了原告的无效宣告请求理由，被告的作法在程序及实体上均无不妥，故原告的上述主张缺乏事实和法律依据，本院不予支持。

综上，专利复审委员会作出的第11811号决定认定事实清楚，适用法律正确，程序合法，应予维持。依照《中华人民共和国行政诉讼法》第五十四条第（一）项之规定，本院判决如下：

维持被告国家知识产权局专利复审委员会作出的第11811号无效宣告请求审查决定。

案件受理费100元，由原告常红云负担（已交纳）。

如不服本判决，各方当事人可在本判决书送达后15日内，向本院提交上诉状，并按对方当事人人数提交副本，交纳上诉案件受理费，上诉于北京市高级人民法院。

审　判　长　赵　静
代理审判员　姜庶伟
人民陪审员　唐晓君
二〇〇九年二月二十日
书　记　员　高晓旭

139

雨伞下蜂巢的支撑机构

无效宣告请求审查决定（第11817号）

决　　定　　号　第11817号
决　　定　　日　2008年6月20日
发明创造名称　雨伞下蜂巢的支撑机构
国 际 分 类 号　A45B 25/06
无效宣告请求人　陈进才
专　利　权　人　施炯煜
专　　利　　号　200620014105.3
申　　请　　日　2006年5月26日
授 权 公 告 日　2007年5月30日
合 议 组 组 长　刘　犟
主　　审　　员　任颖丽
参　　审　　员　王　森

法　律　依　据　专利法第22条第3款，专利法第26条第3款、第4款，专利法实施细则第20条第1款、第21条第2款
决　定　要　点

在判断权利要求是否得到说明书的支持时，应当考虑说明书记载的全部内容，并结合本领域的相关现有技术进行判断，不能断章取义地理解说明书的文字。

一、案由

本无效宣告请求涉及中华人民共和国国家知识产权局于2007年5月30日授权公告的、名称为“雨伞下蜂巢的支撑机构”的实用新型专利权（下称本专利），其专利号是200620014105.3，申请日是2006年5月26日，专利权人是施炯煜。本专利授权公告时的权利要求书如下：

“1. 一种雨伞下蜂巢的支撑机构，包括中棒（10），在中棒（10）上有弓片（9）和可沿中棒（10）上下移动的带穿孔（1）的下蜂巢（11），其特征在于：所述下蜂巢（11）至少包含一个可以在所述穿孔（1）内来回移动的凸耳，当所述下蜂巢（11）位于中棒（10）的上位时，弓片（9）顶在凸耳上。

2. 根据权利要求1所述的雨伞下蜂巢的支撑机构，其特征在于：在下蜂巢（11）中段径向凸设有环形巢体（2），在环形巢体（2）上依径向等间距设有供伞骨末端嵌入的伞骨槽（21），在下蜂巢的下管（4）上有一中槽（41），中槽（41）的外径小于下管（4）的外径，在中槽（41）上至少有

一个与穿孔（1）径向相通的通槽A（42），在中槽（41）与环形巢体（2）之间的下管（4）上有两个轴向滑槽（43）；在中槽（41）内至少嵌有一个卡环A（5），所述卡环A（5）径向向内有一凸耳A（51）；卡环A（5）的两端分别有卡环斜面（52）；凸耳A（51）穿过通槽A（42）与穿孔（1）相通；在下管（4）的下端有一凸缘（44）；在所述下管（4）外还套有一滑套（3），在滑套（3）下端内壁设有第一档位（31）和第二档位（32），在滑套（3）上端内壁设有两个与轴向滑槽的位置、大小相应的至少带一斜面的契块（33），所述契块（33）的斜面与卡环斜面（51）相吻合。

3. 根据权利要求2所述的雨伞下蜂巢的支撑机构，其特征在于：在所述中槽（41）上还有一个与穿孔（1）径向相通的通槽B（45），在中槽（41）内还嵌有一个卡环B（6），所述卡环B（6）径向向内有一凸耳B（61）；卡环B（6）的两端分别有卡环斜面B（62）；凸耳B（61）穿过通槽B（61）与穿孔（1）相通。

4. 根据权利要求2或3所述的雨伞下蜂巢的支撑机构，其特征在于：在所述下管（4）下端有两个相对的开口（7）。

5. 根据权利要求4所述的雨伞下蜂巢的支撑机构，其特征在于：在所述环形巢体（2）上端还有上管（8）。

6. 根据权利要求5所述的雨伞下蜂巢的支撑机构，其特征在于：所述契块（33）为三角形契块。”

针对本专利权，陈进才（下称请求人）于2007年7月11日向专利复审委员会提出无效宣告请求，认为本专利权利要求1不符合专利法第22条第3款和专利法实施细则第21条第2款的规定，权利要求1~6不符合专利法第26条第4款和专利法实施细则第20条第1款的规定，说明不符合专利法第26条第3款的规定，请求人同时提交了如下附件：

附件1：授权公告日为2004年5月26日、授权公告号为CN2617216Y（专利号为02292607.0）的中国实用新型专利说明书，共15页。

请求人认为：（1）从本专利说明书技术方案和有益效果部分的描述可知，“在其下管上套有一滑套”、“滑套内设有两个尖形契块”、“在下管设一中槽”、“在中槽内至少嵌有卡环”、“卡环上有一凸耳”、“卡环两端有一斜面”、“契块的尖端与卡环的斜面相吻合”等技术特征是解决本专利所要解决的技术问题、达到本专利的技术效果所必不可少的技术特征，但权利要求1中缺少这些必要技术特征，因此不符合专利法实施细则第21条第2款的规定。（2）权利要求1中“所述下蜂巢（11）至少包含一个可以在所述穿孔（1）内来回移动的凸耳”的描述是不清楚的，并且没有以说明书为依据，因此不符合专利法第26条第4款和实施细则第20条第1款的规定。（3）将附件1的实施例与其背景技术部分结合就可以得出本专利权利要求1的技术方案，因此权利要求1相对于附件1来说是显而易见的，不具有创造性。（4）权利要求2~6不符合专利法第26条第4款和专利法实施细则第20条第1款的规定。（5）说明书不符合专利法第26条第3款的规定。

经形式审查合格，专利复审委员会依法受理了上述无效宣告请求，并于2007年9月3日向请求人和专利权人发出无效宣告请求受理通知书，同时将专利权无效宣告请求书及其附件清单中所列附件的副本转送给专利权人，并要求专利权人在指定的期限内陈述意见。

针对专利复审委员会发出的上述无效宣告请求受理通知书，专利权人于2007年10月16日提交了意见陈述书。

专利权人认为：（1）权利要求1中的“可以在所述穿孔内来回移动的凸耳，当所述下蜂巢位于中棒的上位时，弓片顶在凸耳上”已经可以实现本发明的目的，权利要求1已经包含了所有必要技术特征。（2）从说明书及附图可以清楚看出，凸耳穿过下管、中棒的管壁，伸进穿孔内，并能沿径向往复移动，因此权利要求1的描述是清楚的。(3) 附件1与本专利的特征区别甚大，无相似之处，没有可比性。(4) 权利要求2~6已经详尽地描述了技术方案，公众通过阅读说明书和附图完全可以准确再现本专利，因此权利要求2~6符合专利法第26条第4款及专利法实施细则第20条第1款的规定。

专利复审委员会依法成立合议组。本案合议组于2008年1月22日向双方发出无效宣告请求口头审理通知书，定于2008年3月5日举行口头审理。随同口头审理通知书，将专利权人于2007年10月16日提交的意见陈述书转送给请求人。

口头审理如期举行，双方当事人均参加了口头审理。在口头审理中，请求人明确其无效宣告的理由、证据和范围是：权利要求1相对于附件1不符合专利法第22条第3款的规定；权利要求1不符合专利法实施细则第21条第2款的规定；权利要求1~6不符合专利法第26条第4款和专利法实施细则第20条第1款的规定；说明书不符合专利法第26条第3款的规定。专利权人对附件1的真实性没有异议。双方当事人就本案充分发表了意见。

至此，合议组认为本案事实已经清楚，可以作出审查决定。

二、决定的理由

1. 关于专利法实施细则第21条第2款

专利法实施细则第21条第2款规定，独立权利要求应当从整体上反映发明或者实用新型的技术方案，记载解决技术问题的必要技术特征。

必要技术特征是指，发明或者实用新型为解决其技术问题所不可缺少的技术特征，其总和足以构成发明或者实用新型的技术方案，使之区别于背景技术中所述的其他技术方案。

具体到本案，根据说明书的描述，本专利所要解决的技术问题是要提供一种雨伞下蜂巢的支撑机构，当伞上推以后能保证下蜂巢不与雨伞的中棒相对滑动，这一发明目的是通过下述技术方案实现的，即：设计一种雨伞下蜂巢的支撑机构，在其下管上套有一滑套，滑套内设有两个尖形契块，在下管设一中槽，在中槽内至少嵌有卡环，卡环上有一凸耳，卡环两端有一斜面，契块的尖端与卡环的斜面相吻合，上、下推动所述滑套，可以让卡环的凸耳伸进下管内或收回与下管内壁相平，当凸耳伸进时，弓片可以顶在所述凸耳上。通过上述结构，当要将雨伞撑开时，通过滑套、卡环、契块、凸耳、弓片等的相互配合，使得弓片顶在凸耳上，以确保下蜂巢不与雨伞中棒相对滑动，从而实现发明目的，由此可见，上述技术特征是实现发明目的所必不可少的必要技术特征。然而权利要求1中仅记载了支撑机构包括中棒弓片和下蜂巢、下蜂巢至少包含一个可以在穿孔内来回移动的凸耳、当下蜂巢位于中棒的上位时弓片顶在凸耳上这几个技术特征，缺少“卡环”、“滑套”以及“契块”等为实现本专利的发明目的、解决所要的解决技术问题所必不可少的技术特征，从而不符合专利法实施细则第21条第2款的规定。

由于权利要求1不符合专利法实施细则第21条第2款的规定，应予无效，因此对请求人提出的关于权利要求1不具有创造性的无效理由不再予以评述。

2. 关于专利法第26条第4款和专利法实施细则第20条第1款

专利法第26条第4款规定，权利要求书应当以说明书为依据，说明要求专利保护的范围。

专利法实施细则第20条第1款规定，权利要求书应当说明发明或者实用新型的技术特征，清楚、简要地表述请求保护的范围。

在判断权利要求是否得到说明书的支持时，应当考虑说明书记载的全部内容，并结合本领域的相关现有技术进行判断，不能断章取义地理解说明书的文字。对于权利要求中的措词或术语，如果对本领域技术人员来说是熟知的，而且在说明书及附图中也进行了清楚、明确的定义或说明，则该权利要求中的措词或术语是清楚的。

（1）关于权利要求1。

如前所述，由于权利要求1不符合专利法实施细则第21条第2款的规定，应予无效，因此对请求人提出的关于权利要求1不符合专利法第26条第4款和专利法实施细则第20条第1款的规定的无效理由可以不再予以评述。但是，由于权利要求2~6均直接或间接引用了权利要求1，即权利要求2~6包含了权利要求1的全部技术特征，因此，合议组首先确定权利要求1是否符合专利法第26条第4款和专利法实施细则第20条第1款的规定。

请求人认为，权利要求1中的“所述下蜂巢至少包含一个可以在所述穿孔内来回移动的凸耳”的描述是不清楚的，并且没有以说明书为依据，具体理由为：（1）“包含”可能有凸耳是下蜂巢的组成部分和凸耳是独立于下蜂巢之外的独立部件或构件这两种情况，本领域技术人员不能从本专利的说明书中概括得出权利要求1中的“包含”将上述两种情况均概括的技术方案，因此这样的概括没有得到说明书的支持；（2）“在所述穿孔内”与说明书附图1和附图5是矛盾的，得不到说明书的支持；（3）“来回移动”包括轴向、径向、周向、钟摆状、任意轨迹的来回移动等，而本领域技术人员不能够从本专利说明书公开的内容中概括得出除了凸耳沿穿孔的径向来回移动以外的其他方式的“来回移动”的技术方案，因此没有得到说明书的支持，并且这样的描述是不清楚的，不符合专利法实施细则第20条第1款的规定。

专利权人认为，从说明书及附图可以清楚看出凸耳和下蜂巢的位置关系，凸耳穿过下管、中棒的管壁，伸进穿孔内，并能沿径向往复移动，因此权利要求1的描述是清楚的，并且能够得到说明书的支持。

合议组经审查后认为：首先，从说明书第3页第16~32行的文字描述和说明书附图2可以确定，本专利中的凸耳是位于下蜂巢之外的独立部件，根据说明书的上述说明，本领域技术人员可以毫无疑义地确定权利要求1中的“包含”仅指凸耳是位于下蜂巢之外的独立部件，因此权利要求1中的“包含”能够得到说明书的支持；其次，说明书中明确记载了凸耳的移动方式，例如说明书第1页最后一段和第2页倒数第2段中记载了“上、下推动所述滑套，可以让卡环的凸耳伸进下管内或收回与下管内壁相平”，本领域技术人员据此可以毫无疑义地确定权利要求1中的“来回移动”仅指凸耳沿穿孔的径向来回移动，因此“来回移动”的描述是清楚的，而且能够得到说明书的支持；并且，根据说明书及附图1可以确定，穿孔是下蜂巢内壁所包围的空间，与通槽径向相通，附图1为雨伞撑起时的示意图，由图中可以清楚地看出凸耳由通槽处穿过下管的管壁进入穿孔，而附图5为雨伞解除支撑时的示意图，此时凸耳从穿孔内收回与下管内壁相平，可见，凸耳伸进下管内或收回与下管内壁相平是在穿孔内发生的径向移动，因此权利要求1中的“在所述穿孔内”的描述可以得到说明书的支持。综上所述，根据说明书及附图所记载的内容并结合本领域的相关现有技术，权利要求1中的“所述下蜂巢至少包含一个可以在所述穿孔内来回移动的凸耳”的描述是清楚的，并且能够得到说明书的支持，请求人关于权利要求1不符合专利法第26条第4款和专利法实施细则第20条第1款的规定的无效理由不能成立。

（2）关于权利要求2。

请求人认为：①从本专利说明书附图2中可以看出伞骨槽在环形巢体上是依周向分布的，因此权利要求2中的“依径向等间距设有……伞骨槽”没有得到说明书的支持；②权利要求2没有对“卡环斜面（52）”或“契块（33）的斜面”的倾斜方向作出说明，因此是不清楚的；③“在滑套（3）上端内壁设有两个与轴向滑槽的位置、大小相应的至少带一斜面的契块（33）”的描述没有清楚地说明“契块（33）”与“轴向滑槽”的位置关系或作用关系，因此是不清楚的，同时“位置、大小相应的”的描述也得不到说明书的支持；④权利要求 2 中没有说明“第一档位（31）和第二档位（32）”与其他部件的位置关系或作用关系，因此是不清楚的；⑤“所述契块（33）的斜面与卡环斜面（52）相吻合”不清楚，不能由此得到契块斜面与卡环斜面的作用关系。

专利权人认为：①本专利伞骨的设置与现有技术相同，伞骨的设置位置是沿周向的，但发散方向是沿径向的；②从说明书第 3 页第 29~31 行和附图 2~6 可以清楚的看出契块的作用和契块和卡环斜面的配合关系；③从说明书和附图可以清楚的看出契块与轴向滑槽的配合关系；④说明书第 3 页第 28 行描述了第一档位和第二档位的作用，并且本领域技术人员从附图就可以确定其是与凸缘 44 进行配合。

合议组经审查后认为：

① 首先，根据本领域的现有技术，伞骨槽一般在环形槽体的周向等间距设置，伞骨沿径向发散，从本专利的附图 2 中可以看出本专利的伞骨槽也是在环形巢体上依周向分布的，专利权人也认可本专利伞骨的设置与现有技术相同，根据说明书记载的内容以及本领域的现有技术，合议组认为，权利要求 2 中的径向是指伞骨的发散方向，伞骨槽是沿环形巢体的周向设置的，因此，权利要求 2 中对于伞骨的描述能够得到说明书的支持，请求人的第 1 点意见不能成立。

② 其次，如前所述，本专利的支撑机构主要是通过卡环与滑套的契块之间的配合实现支撑功能，为了使卡环和契块能够形成相互配合，要将卡环的两端设为斜面，契块的尖端也为斜面，卡环斜面与契块斜面相吻合，根据说明书附图可知，当向上推动滑套时，契块与卡环分离，卡环在滑套内壁的作用下收紧，卡环的凸耳由通槽伸入穿孔内，使雨伞实现支撑功能，当向下推动滑套时，由于卡环斜面与契块斜面相吻合，契块斜面能够将卡环强制向外撑开，使凸耳退出穿孔，使雨伞解除支撑，因此本领域技术人员根据附图完全能够清楚卡环斜面和契块斜面的作用关系，而且本领域技术人员可以根据需要选择合适的倾斜角度，因此，权利要求 2 中对于卡环斜面和契块斜面的限定是清楚的，没有必要对卡环斜面或契块斜面的倾斜方向作出具体的说明和限定，请求人的第 2 点意见和第 5 点意见不能成立。

③ 再次，由本专利说明书和附图 2 可知，在下管上与契块的移动方向相对应的位置设置有轴向滑槽，轴向滑槽的尺寸与契块的尺寸大小相应，本领域技术人员根据上述内容以及基本的机械结构知识可以确定契块与轴向滑槽的位置关系及作用关系，即，契块卡嵌在轴向滑槽中，并能够在轴向滑槽中上下移动，因此权利要求 2 中对于契块和轴向滑槽的限定是清楚的；并且，本领域技术人员根据基本的机械结构知识就能够理解“位置、大小相应”的含义，因此该描述能够得到说明书的支持；另外，请求人认为附图 1 中契块穿过了下蜂巢的巢壁和中棒的侧壁，附图 5 中契块穿过了下蜂巢的巢壁，但事实上附图 1 和附图 5 为剖面图，契块并没有穿过下蜂巢的巢壁，请求人对附图 1 和 5 的理解有误，因此请求人的第 3 点意见不能成立。

④ 再次，权利要求 2 和说明书第 3 页第 28~29 行明确说明了了第一档位和第二档位设置在滑套下端内壁上，并且，附图 1、2 和 4、5 也清楚地图示了第一档位和第二档位与其他部件的位置关系，因此权利要求 2 中对于第一档位和第二档位的限定是清楚的，请求人的第 4 点意见不能成立。

综上所述，请求人关于权利要求 2 不符合专利法第 26 条第 4 款和专利法实施细则第 20 条第 1 款的规定的无效理由不能成立。

（3）关于权利要求 3。

请求人认为：①权利要求 3 的附加技术特征已经全部被权利要求 2 相应的技术特征所包含，因此权利要求 3 并没有对权利要求 2 的技术方案作进一步的限定，是假的从属权利要求，由于权利要求书 2 不符合专利法第 26 条第 4 款和专利法实施细则第 20 条第 1 款的规定，因此引用权利要求 2 的权利要求3也不符合上述规定；②权利要求3没有对“卡环斜面B（62）”或“契块（33）的斜面”的关系作出说明，因此是不清楚的。

专利权人认为，权利要求3是对权利要求2的进一步限定，并且其中的卡环斜面和契块斜面是清楚的。

合议组经审查后认为：①权利要求2限定了支撑机构至少有一个通槽A、一个卡环A和一个凸耳A等，权利要求3在权利要求2所限定的范围内进一步限定了支撑机构还有一个通槽B、一个卡环B和一个凸耳B等，因此，权利要求3的附加技术特征不是重复限定，而是对权利要求2的进一步限定，由于请求人关于权利要求2不符合专利法第26条第4款和专利法实施细则第20条第1款的规定的无效理由不能成立，因此请求人的关于权利要求3的第1点意见也不能成立。②参见合议组对权利要求2的第②条评述，同理，请求人关于权利要求3的第2点意见也不能成立，此处不再赘述。

综上所述，请求人关于权利要求3不符合专利法第26条第4款和专利法实施细则第20条第1款的规定的无效理由不能成立。

（4）关于权利要求4。

请求人认为：①权利要求4中没有描述开口（7）与其他部件的位置关系或作用关系，因此是不清楚的；②由于权利要求4引用的权利要求2或3不符合专利法第26条第4款和专利法实施细则第20条第1款的规定，因此权利要求4也不符合上述规定。

专利权人认为，开口（7）与其他部件没有配合关系，其作用是为了装配方便，这是显而易见的，没有必要特别说明。

合议组经审查后认为：

权利要求4和说明书第3页第31~32行明确说明了下管下端有两个相对的开口7，并且附图2也清楚的描绘了开口7与其他部件的位置关系，因此权利要求4对开口的限定是清楚的；另外，由附图2可以确定，开口7的位置与轴向滑槽和契块的位置相对应，并且下管的下端有凸缘44，本领域技术人员根据附图2的内容和基本的机械结构知识就能够确定，在将滑套和下管装配到一起时，如果不设置开口7，滑套内的契块就无法越过下管上的凸缘，从而无法实现装配，因此开口7是为了实现装配而设置的，在支撑机构工作时与其他部件没有机械配合关系，可见，本领域技术人员根据附图2的内容和基本的机械结构知识就能够确定开口7的作用，因此在权利要求4中没有必要对开口7的作用进行限定，请求人的第1点意见不能成立。

由于请求人关于权利要求2或3不符合专利法第26条第4款和专利法实施细则第20条第1款的规定的无效理由不能成立，因此请求人的关于权利要求4的第2点意见也不能成立。

综上所述，请求人关于权利要求4不符合专利法第26条第4款和专利法实施细则第20条第1款的规定的无效理由不能成立。

（5）关于权利要求5。

请求人认为，权利要求5的附加技术特征为现有技术，由于权利要求4不符合专利法第26条第4款和专利法实施细则第20条第1款的规定，因此引用权利要求4的权利要求5也不符合上述规定。

合议组经审查后认为，正如请求人所述，权利要求5的附加技术特征为现有技术，该附加技术特征本身是清楚且得到支持的；同时由于请求人关于权利要求4不符合专利法第26条第4款和专利法实施细则第20条第1款的规定的无效理由不能成立，因此请求人关于权利要求5不符合专利法第26条第4款和专利法实施细则第20条第1款的规定的无效理由也不能成立。

（6）关于权利要求6。

请求人认为：①权利要求6中限定了契块为三角形契块，但附图中只公开了五边形契块，因此权利要求 6 得不到说明书的支持；②由于权利要求 5 不符合专利法第 26 条第 4 款和专利法实施细则第 20 条第 1 款的规定，因此引用权利要求 5 的权利要求 6 也不符合上述规定。

专利权人认为，说明书中记载了三角形契块，并且从说明书和附图中可以看出契块起作用的部分是三角形的。

合议组经审查后认为：

首先，说明书第 3 页第 30~31 行明确记载了契块为三角形契块，由附图 1、3~5 也能够看出，契块与卡环相配合的尖端部分是三角形的；其次，根据说明书的整体内容，本领域技术人员能够确认，只要契块尖端的斜面与卡环斜面相吻合就可以实现发明的目的，将契块本身设置为三角形也是可以实施的，而且将契块尖端部分设置为三角形或将契块整体本身设置为三角形对契块和卡环的配合作用没有实质性影响，均能实现发明的目的，因此，不能认为权利要求 6 得不到说明书的支持，请求人的第 1 点意见不能成立。

由于请求人关于权利要求 5 不符合专利法第 26 条第 4 款和专利法实施细则第 20 条第 1 款的规定的无效理由不能成立，因此请求人的关于权利要求 6 的第 2 点意见也不能成立。

综上所述，请求人关于权利要求 6 不符合专利法第 26 条第 4 款和专利法实施细则第 20 条第 1 款的规定的无效理由不能成立。

3. 关于专利法第 26 条第 3 款

专利法第 26 条第 3 款规定："说明书应当对发明或者实用新型作出清楚、完整的说明，以所属技术领域的技术人员能够实现为准。"

本领域技术人员根据说明书及其附图所公开的内容，结合其所掌握的现有技术的知识，能够理解和实现本专利的技术方案并达到技术效果，则认为说明书已经充分公开，符合专利法第 26 条第 3 款的规定。

请求人认为本专利的说明书公开不充分，具体有以下几个方面：（1）没有说明如何在环形巢体上依径向等间距设置伞骨槽；（2）没有详细说明契块与轴向滑槽的位置关系或作用关系；（3）没有公开什么部件或结构会使"卡环的凸耳伸进下管内"；（4）没有详细说明凸缘 44 与其他部件的位置关系或作用关系；（5）没有详细说明第一档位 31 和第二档位 32 与其他部件的位置关系或作用关系；（6）没有详细说明开口 7 与其他部件的位置关系或作用关系；（7）附图 1 存在问题，其没有说明卡环 A5 与卡环 B6 是如何跃过第一档位 31 上方的台阶卡嵌在第一档位 31 形成的内腔中的；（8）说明书具体实施方式部分第二段第 11~12 行中的"卡环斜面 A52 与卡环斜面 B62 构成朝向环形巢体 2 的三角形"的描述不清楚，不能明确得出"三角形"的底边还是顶点朝向环形巢体 2。

专利权人认为：（1）凸缘 44 的作用是与第一档位和第二档位配合，防止滑套滑落，这是本领域的常用技术手段；（2）附图 1 和 5 画的有误差，但附图 3 和 4 可以看出工作原理，本领域技术人员可以根据图 3 和 4 实现本专利的技术方案。

合议组经审查后认为：

（1）关于请求人的第（1）~（3）、（5）、（6）点意见，根据在第 2 部分评价权利要求 1~6 是否符合专利法第 26 条第 4 款和专利法实施细则第 20 条第 1 款的规定时的论述可以看出，本领域技术人员根据说明书及其附图所公开的内容，结合其所掌握的现有技术的知识，能够理解和实现本专利的技术方案并达到技术效果，因此本专利的说明书在以上几个方面是公开充分的，请求人的第（1）~（3）、（5）、（6）点意见不能成立。

（2）关于请求人的第（4）点意见，说明书的文字部分记载了"在下管的下端有一凸缘 44"，附图 1、4、5 清楚地显示了凸缘与其他部件的位置关系，即，凸缘位于下管最下端，与滑套的第二档位相连，本领域技术人员根据附图的图示和基本的机械结构知识可以确定，凸缘的作用就是与第二档位配合固定滑套，防止滑套滑落。因此，本专利说明书及附图已经明确公开了凸缘与其他部件的位置关系，本领域技术人员根据该位置关系也能够明确凸缘与其他部件的作用关系，因此本专利的说明书在这一点上是公开充分的，请求人的第（4）点意见不能成立。

（3）关于请求人的第 7 点意见，专利权人已经承认附图 1 和 5 有误差，合议组认为，虽然附图 1 和 5 存在一些缺陷，但说明书中已经公开了本专利的工作原理，本领域技术人员根据说明书文字部分的记载以及说明书的其他附图能够理解和实现本专利权利要求的技术方案并达到技术效果，因此不能认为说明书公开不充分，请求人的第（7）点意见不能成立。

（4）关于请求人的第（8）点意见，图 2 清楚地显示了卡环斜面 A52 和卡环斜面 B62 的位置关系和配合关系，由图 2 可以确定，当两个卡环斜面 A52 和 B62 相接触时，构成一个底边朝向环形巢体 2 的三角形。另外，由说明书中所公开的契块斜面与卡环斜面的配合关系以及图 1、4、5 中示出的契块斜面的方向也可以确定，两个卡环斜面所构成的三角形顶点朝向凸缘，底边朝向环形巢体 2。因此本专利的说明书在这一点上是公开充分的，请求人的第（8）点意见不能成立。

综上所述，请求人关于本专利说明书不符合专利法第 26 条第 3 款的规定的无效理由不能成立。

根据上述的事实和理由，本案合议组依法作出以下决定。

三、决定

宣告第 200620014105.3 号实用新型专利权的权利要求 1 无效，在权利要求 2~6 的基础上维持该专利权继续有效。

当事人对本决定不服的，可以根据专利法第 46 条第 2 款的规定，自收到本决定之日起三个月内向北京市第一中级人民法院起诉。根据该款的规定，一方当事人起诉后，另一方当事人应当作为第三人参加诉讼。

140

挡土墙的成形方法

无效宣告请求审查决定（第 11819 号）

决　　定　　号　第 11819 号
决　　定　　日　2008 年 6 月 24 日
发明创造名称　挡土墙的成形方法
国 际 分 类 号　E02D 5/74
无效宣告请求人　广东珠江投资有限公司，广东韩江建筑安装工程有限公司，广东省建筑设计研究院
专　利　权　人　李宪奎
专　　利　　号　98125100.5
申　　请　　日　1998 年 12 月 8 日
授 权 公 告 日　2001 年 4 月 4 日
合 议 组 组 长　朱文广
主　　审　　员　郭建强
参　　审　　员　王　琳

法　律　依　据　专利法第 22 条第 2 款、第 3 款
决　定　要　点

判断新颖性时，主要是判断现有技术和涉案专利的技术方案、技术领域、解决的技术问题和预期效果是否都实质上相同。判断创造性时，主要是判断涉案专利相对于现有技术是否显而易见。

一、案由

本无效宣告请求涉及国家知识产权局于 2001 年 4 月 4 日授权公告的、名称为“挡土墙的成形方法”的发明专利权（下称本专利），其专利号是 98125100.5，申请日是 1998 年 12 月 8 日，专利权人是李宪奎。其授权公告的权利要求书如下：

“1. 一种挡土墙的成形方法，其步骤包括：

a）基本沿竖直方向采用水泥拌合法形成多个成排布置的水泥拌合桩；

b）在紧靠上述基本沿竖向的水泥拌合桩的前侧的外侧边沿该桩的纵向设置刚性筋；

c）在上述基本沿竖向的多个成排的水泥拌合桩后面形成多个地锚。

2. 根据权利要求 1 所述的方法，其特征在于上述水泥拌合桩是采用机械注浆搅拌法、高压旋喷法或压密注浆法形成的，这些水泥拌合桩的顶端通过沿水平方向的连梁连接，每排中的相邻水泥拌合桩在其长度范围内沿水平方向相互交搭在一起。

3. 根据权利要求 1 所述的方法，其特征在于沿水平方向或斜向设置刚性筋。

4. 根据权利要求 2 所述的方法，其特征在于该筋紧靠按照多排形成的基本沿竖向的水泥拌合桩的外侧边。

5. 根据权利要求 2 所述的方法，其特征在于该筋穿过按照多排形成的基本沿竖向的水泥拌合桩的内部。

6. 根据权利要求 1 所述的方法，其特征在于在上述基本沿竖向的水泥拌合桩的前侧沿水平方向设置多排横向腰梁，上述地锚中的预应力筋顶端锚固于该横向腰梁上。

7. 根据权利要求 1 所述的方法，其特征在于在上述基本沿竖向的多个成排的水泥拌合桩后面，沿斜向形成多排地锚，每排地锚具有多个地锚。

8. 根据权利要求 3 所述的方法，其特征在于在上述基本沿竖向的水泥拌合桩的前侧沿水平方向设置多排横向腰梁，上述沿水平方向或斜向向设置的刚性筋的顶端与该横向腰梁连接。

9. 根据权利要求 1 或 3 所述的方法，其特征在于上述刚性筋采用坚硬竹筋、木筋、金属钢板、钢桩、钢筋。

10. 根据权利要求 1 或 3 所述的方法，其特征在于上述刚性筋是采用锤击打入法、静压打入法、滚动钻进成孔法插入的。

11. 根据权利要求 4 或 6 所述的方法，其特征在于在上述基本沿竖向的多个成排的水泥拌合桩后面形成多个土钉，这些土钉与上述横向腰梁连接。”

针对上述专利权，广东珠江投资有限公司和广东韩江建筑安装工程有限公司（下称第一请求人）于 2003 年 11 月 28 日向专利复审委员会提出无效宣告请求（一），其理由是本专利不符合专利法第 22 条第 2、3 款有关新颖性和创造性的规定，并提交了如下证据：

证据 2-1A：《深基坑支护结构实用内力计算手册》复印件 4 页；

证据 2-2：《98’广东省土力学基础工程学术交流大会论文集》复印件共 13 页；

证据 2-3：《建筑分项施工工艺标准手册》复印件共 11 页；

证据 2-4：《建筑地基处理技术规范》复印件 3 页；

证据 2-5：《建筑地基基础工程施工质量验收规范》复印件共 3 页；

证据 2-6：《基坑土钉支护技术规程》复印件 25 页；

证据 2-7：《建筑工程施工及验收规范》复印件 5 页；

证据 2-8：关于专利号为 97112023.4 的撤销专利权请求审查决定书复印件 5 页。

经形式审查合格，专利复审委员会于 2003 年 11 月 28 日受理了上述无效宣告请求，并将无效宣告请求书及所附证据的副本转送给专利权人，要求其在指定的期限内答复。

专利复审委员会于 2003 年 12 月 26 日又收到第一请求人的意见陈述，补充提交如下证据：

证据 2-1：《深基坑支护结构实用内力计算手册》相关部分复印件 5 页，用来替换证据 2-1A；

证据 2-9：《高层建筑深基坑围护工程实践与分析》相关部分复印件共 5 页；

证据 2-10：《地基处理手册》相关部分复印件共 4 页；

证据 2-11：95117076.7 号发明专利申请公开说明书，公开日为 1997 年 1 月 29 日；

证据 2-12：96102688.X 号发明专利申请公开说明书，公开日为 1996 年 11 月 27 日；

证据 2-13：国家知识产权局专利检索咨询中心出具的检索报告复印件 1 份。

专利复审委员会于 2003 年 12 月 22 日收到了专利权人针对无效请求受理通知书进行的意见陈述书，专利权人认为第一请求人所提出的无效理由不能成立，强调本专利具有新颖性和创造性。

专利复审委员会于 2004 年 2 月 4 日向各方当事人发出了口头审理通知书，定于 2004 年 4 月 6 日举行口头审理，将专利权人于2003年12月22日提交的意见陈述书的副本转送给第一请求人，并将第一请求人于2003年12月26日提交的意见陈述及其所附证据的副本转送专利权人。

口头审理（第一次）如期进行，各方当事人均到庭参加。审理中，第一请求人当庭提交了证据2-1、2-8和2-13的原件，专利权人对第一请求人提供的证据2-1、2-9至2-13的真实性没有异议。第一请求人明确用证据2-1和证据2-9来评述本专利的新颖性，用证据2-2、2-8、2-10至2-13来评述创造性，并明确放弃证据2-3至证据2-7。第一请求人明确其无效理由是第22条第2、3款规定的新颖性和创造性。之后，各方当事人充分发表了各自的观点。

口头审理（第一次）之后，针对上述专利权，广东省建筑设计研究院（下称第二请求人）于2004年6月7日向专利复审委员会提出无效宣告请求（二），其理由是本专利不符合专利法第22条第2、3款有关新颖性和创造性的规定，并提交了如下证据：

证据3-1：建设部文件建建［1998］200号“关于建筑业进一步推广应用10项新技术的通知”复印件2页；

证据3-2：《深基坑工程设计施工手册》复印件共15页；

证据3-3：广州法政路063~064综合大楼“地下室基坑防渗支护设计方案”复印件共10页；

证据3-4：深圳市标准《深圳地区建筑深基坑支护技术规范 SJG 05-96》复印件3页；

证据3-5：中华人民共和国行业标准《建筑基坑工程技术规范 YB 9258-97》复印件共3页。

经形式审查合格，专利复审委员会于2004年6月8日受理了上述无效宣告请求，并将无效宣告请求书及所附证据的副本转送给专利权人，要求其在指定的期限内答复。

专利复审委员会于2004年6月28日向第二请求人和专利权人发出了口头审理通知书，定于2004年8月18日对上述第二个无效宣告请求举行口头审理。

专利权人于2004年7月22日针对复审委员会2004年6月8日发出的无效宣告请求受理通知书提交意见陈述，并提交如下附件：

附件3-1：中华人民共和国建设部推荐函及广州市建设新技术、新产品、新设备、新材料推广许可证复印件2页；

附件3-2：95117076.7号和97112023.4号发明专利说明书著录项目页共2页；

附件3-3：97111925.2号发明专利说明书及其发明专利证书复印件1页；

附件3-4：中华人民共和国行业标准《建筑基坑支护技术规程 JGJ 120-99》复印件2页；

附件3-5：《地基基础工程》中刊登的文章“深基坑支护技术新进展-《XK工法》”复印件1页；

附件3-6：声称的现场事故照片4张；

附件3-7：关于审理专利侵权纠纷案件若干问题的规定复印件2页。

口头审理（第二次）如期进行，第二请求人和专利权人均到庭参加。审理中，合议组当庭将专利权人于2004年7月22日提交的意见陈述书及其所附附件的副本转送第二请求人。第二请求人要求合议组针对上述转送文件的副本给予其一定的答复期限，合议组要求第二请求人于本次口头审理之后的两周内进行意见陈述。第二请求人当庭提交了证据3-1至3-5的原件，专利权人核实后，认为证据3-1的复印件与原件不符，认为证据3-1是打印件，其与原件不符，并对其提交的证据的原件中超出原始提交的证据部分不予考虑。第二请求人当庭明确其提交的证据3-1至3-5五份证据的使用如下：证据3-1至3-3分别覆盖权利要求1的三个技术特征，证明权利要求1没有新颖性，证据3-4、3-5分别与证据3-1至证据3-3相结合用来证明从属权利要求的创造性。专利权人对于证据3-1至证据3-5发表如下意见：证据3-1不属于公开出版物，不能构成现有技术，证据3-3的图纸、设计方案不属于公开出版物，根据《技术成果鉴定规程》的规定，应属保密范围。专利权人当庭明确，其提交的七份证据作如下使用：附件3-1是针对第二请求人提交的证据3-1的反证，附件3-4用来证明本专利克服了现有技术偏见，附件3-6用来证明本专利有一定的技术含量、技术诀窍，一般人员无法掌握，附件3-7用来证明公知技术。第二请求人明确：证据3-1中是在“水泥土中插入加筋杆件”，而不是在水泥土桩的外侧，针对证据3-3中图2右上角的附图，第二请求人认为其中的“搅拌桩”是“水泥土搅拌桩”，而专利权人则认为是“加筋水泥土搅拌桩”。针对证据3-2中第413页的图9.2-7（b），第二请求人认为工字钢及钢板根据需要可以拆下，回收利用，也可以不拆，而专利权人认为其不能回收。第二请求人还认为，权利要求2~11或者不清楚，或者属于技术特征重复限定，不具备新颖性或者创造性。辩论之后，专利权人明确表示关于证据3-1的复印件与原件不符的意见，不再核实，由合议组进行核实。第二请求人明确关于附件3-1的原件由合议组进行核实。

本次口头审理之后，第二请求人在合议组指定的期限内于2004年9月1日提交意见陈述，并再次提交证据3-1的复印件，其仍然坚持认为本专利权利要求1~11不符合专利法第22条的规定。

在上述工作的基础上，专利复审委员会于2004年12月17日依法作出第6763号无效宣告请求审查决定，认为本专利权利要求1~11相对于第一、第二请求人所提交的证据都具备新颖性和创造性，符合专利法第22条第2、3款的规定。因此维持98125100.5号发明专利权有效。

第一请求人和第二请求人不服专利复审委员会第6763号决定，共同向北京市第一中级人民法院起诉，北京市第一中级人民法院于2005年12月19日作出（2005）一中行初字第373号行政判决书，维持了专利复审委员会第6763号决定。第一请求人中的广东韩江建筑安装工程有限公司和第二请求人不服一审判决，向北京市高级人民法院提起上诉，北京市高级人民法院于2006年12月19日作出（2006）高行终字第499号行政判决书，认为专利复审委员会对证据3-2、3-3的认定缺乏事实依据，因此判决撤销专利复审委员会的第6763号决定。

专利复审委员会重新成立合议组对上述两个无效宣告请求进行审查。

合议组于2007年4月3日向第一、第二请求人和专利权人发出口头审理通知书，定于2007年5月18日进行口头审理。

口头审理（第三次）如期进行，第一、第二请求人和专利权人都参加了口头审理。在口头审理中，（1）第一请求人和专利权人均明确表示同意专利复审委员会所作出的第6763号无效决定中对第一请求人提交的附件以及结合这些附件所涉及的无效理由作出的审查结论。（2）第二请求人当庭出示了证据3-2至证据3-5的原件，专利权人对证据3-1至3-5的真实性没有异议。第二请求人对专利权人针对第二个无效宣告请求所提交的附件3-1至3-7的真实性无异议。（3）第二请求人和专利权人就本专利是否具备新颖性和创造性以及权利要求3是否清楚发表了意见。

口头审理（第三次）结束后，专利权人于2007年10月21日针对无效宣告请求（二）再次提交了意见陈述书，认为本专利相对于证据3-2和3-3具备新颖性和创造性。

专利复审委员会本案合议组于2008年3月18日向第二请求人和专利权人发出口头审理通知书，定于2008年5月20日再次就无效宣告请求（二）举行口头审理，并随该通知书，将专利权人2007年10月21日提交的意见陈述书的副本转送给第二请求人。

第二请求人于2008年4月22日向专利复审委员会提交了意见陈述书和如下证据：

证据3-6：广东省广州市中级人民法院（2004）穗中法民三知初字第243号民事判决书，复印件11页；

证据3-7：广东省高级人民法院（2005）粤高法民三终字第81号民事判决书，复印件17页。

专利复审委员会于2008年4月25日向专利权人发出转送文件通知书，将第二请求人于2008年4

月 22 日向专利复审委员会提交的意见陈述书及所附附件的副本转送给专利权人。

口头审理（第四次）如期进行，第二请求人和专利权人都参加了口头审理。在口头审理中，（1）第二请求人当庭提交了证据 3-6、3-7 的原件，专利权人当庭进行了核实。专利权人认可证据 3-1 至 3-7 的真实性，请求人认可附件 3-1 至 3-7 的真实性；（2）第二请求人明确证据 3-4 用来证明证据 3-1、3-2、3-3、3-5 之间可以结合使用，证据 3-6、3-7 证明本专利的技术方案与证据 3-3 的技术方案相同；（3）第二请求人明确无效的理由和范围是：本专利的权利要求 1~11 不具有新颖性或创造性，权利要求 3、5、8 不清楚。具体为：权利要求 1 相对于证据 3-2 或证据 3-3 不具备新颖性和创造性，相对于证据 3-2 和 3-3 的结合不具备创造性；权利要求 2 不具备创造性，其附加技术特征在证据 3-2 和 3-5 中被公开；权利要求 3 不清楚，即使按照专利权人的解释也不具备新颖性和创造性，其附加技术特征在证据 3-3 中公开；权利要求 4 不具备创造性，其附加技术特征在证据 3-2 或 3-3 中公开；权利要求 5 不清楚，即使按照专利权人的解释也不具备创造性，其附加技术特征是现有技术且在证据 3-1 中被公开；权利要求 6 不具备创造性，其附加技术特征被证据 3-2 或 3-3 公开；权利要求 7 不具备创造性，其附加技术特征在证据 3-3 和 3-2 中公开；权利要求 8 不清楚，即使按照专利权人的解释也不具备创造性，其附加特征在证据 3-2 或者 3-3 中公开；权利要求 9 不具备创造性，其附加技术特征在证据 3-2 中公开；权利要求 10 不具备创造性，其附加技术特征在证据 3-2 中公开；权利要求 11 不具备创造性，其附加技术特征在证据 3-2 或 3-3 中公开；（4）专利权人认为权利要求 3 是在权利要求 1 的基础上增设水平或斜向刚性筋，增加挡土效果，因此权利要求 3 清楚；认为权利要求 5 中将筋插到水泥拌合桩里是施工误差，但认可这已是现有技术；认可权利要求 8 中的“水平方向”写错了；认为证据 3-2 和 3-3 与本专利的技术方案、用途、目的和效果均不同，因此不能否定权利要求 1 的新颖性和创造性，从属权利要求 2~11 也具备新颖性和创造性；（5）应合议组的要求，双方当事人分别对证据 3-3 中的技术方案手工绘制了剖面草图进行说明，并将其放入案卷中。关于证据 3-3技术方案的工艺步骤，第二请求人认为：第一步施工搅拌桩，第二步是打超前锚管，达到一定要求的强度开始分层开挖，挖到一定的深度，打锚杆，固定锚杆到一定深度，把锚杆设置好，打完锚杆之后设置加强筋、分布筋，然后浇注一层混凝土，等稳定后再继续挖，挖到一定的深度，根据锚杆受力的情况设置腰梁。然后再次挖深，重复上述步骤。专利权人认为：证据 3-3 在腰梁和超前锚杆之间形成混凝土的板墙，而本专利中没有，这种方案不在本专利的保护范围内。

至此，合议组认为本案事实已经清楚，依法作出如下审查决定。

二、决定的理由

1. 关于证据

（1）对第一请求人提交的证据认定如下：

第一请求人在口头审理（第一次）时提交了证据 2-1、2-8 和证据 2-13 的原件，专利权人对于证据 2-1、2-9 至证据 2-13 的真实性没有异议，因此，合议组认为证据 2-1、2-9 至证据 2-13 可以作为本案的有效证据使用。

第一请求人没有提交证据 2-2 的原件，因此，合议组认为证据 2-2 不能作为有效证据使用。

第一请求人明确表示放弃证据 2-3 至证据 2-7，因此，合议组对于证据 2-3 至证据 2-7 不予考虑。

证据 2-8 是国家知识产权局作出的撤销专利权的审查决定，口头审理时第一请求人提交了其原件，虽然专利权人没有明确表示对其真实性是否有异议，合议组认为，证据 2-8 的复印件与原件相符，证据 2-8 可以作为本案的有效证据使用。

（2）对第二请求人提交的证据认定如下：

在口头审理（第四次）中，专利权人认可证据 3-1 至 3-7 的真实性，第二请求人认可附件 3-1 至 3-7 的真实性。合议组经审查，上述证据和附件都可以作为本案证据使用。

证据 3-1 至 3-5 属于公开出版物或以其他的方式为公众所知的技术，且其公开日期都在本专利申请日之前，因此，都已构成本专利的现有技术。

2. 关于新颖性与创造性

专利法第 22 条第 2、3 款规定，新颖性，是指在申请日以前没有同样的发明或者实用新型在国内外出版物上公开发表过、在国内公开使用过或者以其他方式为公众所知，也没有同样的发明或者实用新型由他人向国务院专利行政部门提出过申请并且记载在申请日以后公布的专利申请文件中。创造性，是指同申请日以前已有的技术相比，该发明有突出的实质性特点和显著的进步，该实用新型有实质性特点和进步。

判断新颖性时，主要是判断现有技术和涉案专利的技术方案、技术领域、解决的技术问题和预期效果是否都实质上相同。判断创造性时，主要是判断涉案专利相对于现有技术是否显而易见。

本专利权利要求 1 保护的是一种挡土墙的成形方法，包括如下步骤：(a) 基本沿竖直方向采用水泥拌合法形成多个成排布置的水泥拌合桩；(b) 在紧靠上述基本沿竖向的水泥拌合桩的前侧的外侧边沿该桩的纵向设置刚性筋；(c) 在上述基本沿竖向的多个成排的水泥拌合桩后面形成多个地锚。

(1) 关于第一请求人提供的证据能否影响本专利的新颖性与创造性的评述。

口头审理（第一次）时，第一请求人明确用证据 2-1 和证据 2-9 来评述本专利的新颖性，用证据 2-8、2-10 至 2-13 来评述创造性，并明确放弃证据 2-3 至证据 2-7。

证据 2-1 公开了一种重力式支护结构，其中所述水泥搅拌桩加固法的加固原理是利用具有一定强度的水泥搅拌桩相互搭接形成格构体系，从而使土体得到加固，保持边坡稳定。

证据 2-9 公开的是重力式水泥搅拌桩挡土墙的深基坑围护结构，该挡土墙采用水泥搅拌桩，在桩内部插入毛竹。

将本专利权利要求 1 与证据 2-1 相比较可以看出，证据 2-1 虽然公开的是一种水泥土搅拌桩的挡土墙形式，但是并没有公开该水泥土搅拌桩中的刚性筋是设置在该桩的前侧的外侧这一技术特征，即没有公开权利要求 1 中的特征 (b)，并且对于本领域技术人员来说，通常上述刚性筋是设置在桩的中间，而非桩的前侧的外侧。第一请求人认为在证据 2-1 中描述的“组合式桩排”中指出了“主桩与挡板组合”的混合式支护结构，这种结构就是在桩排的内侧设置类似加强筋的挡板的支护结构，该特征与权利要求 1 中的特征 (b) 相比较，实质特征是相同的。合议组认为第一请求人的上述观点不能被支持，证据 2-1 中的上述方案是在现有桩的基础上加设挡板的支护结构，而不是对现有桩进行改进，将桩中的刚性筋从桩的内部移到外部，因此，权利要求 1 相对于证据 2-1 具有新颖性。

同样，将本专利权利要求 1 与证据 2-9 相比较可以看出，证据 2-9 公开的是在水泥搅拌桩内部插入毛竹，而不是在该桩的前侧的外侧设置刚性筋，因此，权利要求 1 相对于证据 2-9 同样具有新颖性。

虽然证据 2-8 可以作为有效证据使用，但是合议组经审查认为，证据 2-8 是关于专利号为 97112023.4 的发明专利的撤销专利权请求的审查决定，其与本专利是否具有新颖性与创造性的判断没有关系。因此，在创造性的判断中合议组对其不予考虑。

因此，关于第一请求人提供的证据，只有证据 2-10 至证据 2-13 可以用来评述权利要求的创造性。

合议组经审查，证据 2-10 至证据 2-13 中最接近的对比文件为证据 2-11。

证据 2-11 公开的是一种土体支护结构及其施工方法，该支护结构用来形成地下连续墙或者挡土墙，该方法包括如下步骤：首先形成成排的多根水泥土桩，接着向每根水泥土桩中插入筋，在形成水泥土桩排后，在桩排顶部形成压顶混凝土梁，在水泥土桩排土体侧沿斜向形成水泥土桩，之后在其内插入锚筋以形成水泥土地锚，接着将该水泥土地锚与上述压顶混凝土梁连在一起。

由此可见，证据2-11中公开的支护结构的施工方法与本专利权利要求1保护的挡土墙的成形方法相比，两者均是沿竖直方向形成多个成排布置的水泥拌合桩，且在该水泥拌合桩的后面形成多个地锚，其区别在于前者是在水泥拌合桩的内部插入纵向刚性筋，而后者则是在水泥拌合桩的前侧的外侧设置纵向刚性筋，即两者的水泥拌合桩的纵向刚性筋设置的位置有所不同。在本专利说明书背景技术介绍到，现有技术中的挡土墙都包括成排的多个水泥土桩，并且在桩内插入钢筋，但是将钢筋插入水泥拌合桩后，不容易将其拔出，就会造成工程成本的增加。本专利为克服上述缺陷提出一种挡土墙结构，其主要的发明点在于将现有技术中的在桩中插入钢筋的方案改进为将钢筋设置在桩的外侧，这样，由于基坑支护结构是临时结构，在施工完成之后，可以很容易地将钢筋拔出，重复利用，从而大大节约钢材，降低造价。因此，本专利权利要求1保护的技术方案相比于证据2-11带来了意想不到的技术效果。在第二请求人提供的其他证据2-10、证据2-12和证据2-13中均没有公开上述区别技术特征，也没有给出得出上述区别技术特征的任何技术启示，本领域技术人员在现有技术的基础上得出权利要求1的技术方案需要付出创造性的劳动，并且权利要求1保护的技术方案对于本领域技术人员来说带来了意想不到的技术效果，因此，权利要求1无论相对于证据2-10至证据2-13单独或者其结合来说均具有创造性。

相应地，其直接或者间接从属权利要求2~11也具有创造性。

（2）关于第二请求人提供的证据能否影响本专利的新颖性与创造性的评述。

在口头审理（第四次）中，第二请求人明确本专利权利要求1~11不具备新颖性或创造性，其中权利要求1相对于证据3-2或者3-3不具备新颖性和创造性，相对于证据3-2和3-3的结合不具备创造性（具体使用的是证据3-2的第413页，证据3-3的图3-1-2），从属权利要求2~11的附加技术特征分别在证据3-1、3-2、3-3、3-5中被公开，因此也不具备新颖性或创造性。第二请求人明确证据3-4用来证明证据3-1、3-2、3-3、3-5之间可以结合使用，证据3-6、3-7是为了证明本专利的技术方案与证据3-3的技术方案相同。

合议组经审查认为：

本专利权利要求1保护的是一种挡土墙的成形方法，其发明目的和技术效果为能够在施工完毕后容易地将水泥拌合桩前侧的外侧边设置的刚性筋抽出或拆卸掉而重复使用，节约工程成本。

证据3-2的第413页公开的是一种H型钢梁加钢板桩与搅拌桩组合的围护结构，其中并未明确说明该结构的用途，即是用于挡土墙结构还是基坑中的止水帷幕，而且也未明确公开如本专利权利要求1中所述的施工步骤（尤其是步骤b），再者其中的钢梁和钢板桩的组合结构体积大、重量沉，并无法象本专利权利要求1中的钢筋那样在施工后可拆卸而重复使用，而是留在基坑中作为地下室外墙的模板使用。因此证据3-2的第413页公开的内容和本专利是完全不同的发明构思，因而也不可能实现本专利的发明目的和技术效果。证据3-2中其他的文字和图（包括第474页图9.5-2所示的SMW工法）也未公开本专利权利要求1的施工方法，因此本专利权利要求1相对于证据3-2具有新颖性。

证据3-3中图3-1-2、3-1-3、3-3-1、3-3-2均是广州063-064综合大楼的基坑防渗支护设计，其用途是止水防渗，而本专利权利要求1是一种挡土墙的施工方法，而且证据3-3的设计构思与本专利权利要求1也完全不同，证据3-3在超前锚管和腰梁之间形成一层混凝土板墙（参见图3-3-2），因此证据3-3的超前锚管不能像本专利一样容易地回收，而本专利权利要求1的刚性筋与腰梁之间没有这样一层混凝土，施工完毕后刚性筋可以抽出回收。关于上述构思的不同，有双方当事人分别对证据 3-3 中的技术方案手工绘制的剖面草图在案佐证。再者，超前锚管作为一种“锚结构”，与本专利权利要求 1 中的刚性筋也不同。另外，专利权人表示证据 3-3 这种超前锚管和腰梁之间形成一层混凝土板墙的技术方案并不在本专利权利要求 1 的保护范围之内。综上，证据 3-3 与本专利完全是不同的发明构思，因而也不可能实现本专利的发明目的和技术效果。因此本专利权利要求 1 相对于证据 3-3 具有新颖性。

由于证据 3-2 和证据 3-3 都与本专利权利要求 1 的发明构思明显不同，因此证据3-2或者证据 3-3 单独都不能给出实现本专利权利要求 1 的技术启示；同时，由于证据 3-2 和证据 3-3 之间也是不同的发明构思，将两者结合本身对于本领域技术人员来说也不是显而易见的，而且即使相结合也不能得出本专利权利要求 1 的技术方案，因此权利要求 1 相对于证据 3-2 或者证据 3-3 或者两者的结合都是非显而易见的。因此，第二请求人用证据 3-2、3-3 来否定本专利权利要求 1 创造性的主张也不能成立。

另外，证据 3-1 中公开了一种深基坑支护技术，其中公开了一种加筋水泥土挡墙结构，该结构是当基坑深度超过 6m 时在水泥土中加入加筋杆件，形成加筋水泥土挡墙，必要时还可以辅以内支撑或锚杆支护加筋水泥土挡墙，以加大基坑的支护深度，因此，证据 3-1 也至少未公开本专利权利要求 1 的 b 步骤，而且证据 3-1 正是本专利所要克服和改进的背景技术；证据 3-4 和 3-5 也均未公开了本专利权利要求 1 的挡土墙的施工方法，尤其是 b 步骤，第二请求人在口头审理（第四次）中明确证据 3-4 是用来证明证据 3-1、3-2、3-3、3-5 之间可以结合使用，但是正如上文所述，这些证据由于是不同构思的设计，对本领域技术人员来说它们之间并无能够结合并得到本专利权利要求 1 的技术方案的启示，即不能公开本专利权利要求 1 的技术方案。

第二请求人在口头审理（第四次）中明确证据 3-6、3-7 是为了证明本专利的技术方案与证据 3-3的技术方案相同。证据 3-6 和 3-7 作为专利权人和第二请求人之间关于本专利侵权诉讼中的司法判决书，记载有双方当事人对证据 3-3 的技术方案与本专利相同的一些自认或认可。但是自认或认可有相反证据足以推翻的，专利复审委员会可以不予以确认，而正如前文所作的具体分析，证据 3-3 与本专利发明构思不同，与本专利的技术方案并不相同。

综上，第二请求人所提交的证据 3-1 至 3-7 均不能单独或者结合使用来否定本专利独立权利要求 1 的新颖性和创造性。因此其依据证据 3-1 至 3-7 来否定本专利从属权利要求 2~11 的新颖性和创造性的主张也当然不能成立。

3. 关于权利要求 3、5、8 的保护范围是否清楚

第二请求人在提出无效宣告请求（二）时，认为从属权利要求 3、5、8 的附加技术特征与独立权利要求 1 的 b 特征相互矛盾，导致保护范围不清楚，在口头审理（第四次）中，第二请求人再次明确了该无效理由。

专利权人认为：从属权利要求 3 是在独立权利要求 1 的基础上“增设”水平方向或斜向的刚性筋，以增加挡土效果，因此该权利要求清楚；权利要求 5 中所述的“该筋”是指权利要求 1 中的纵向刚性筋，虽然理论上设置在水泥拌合桩的外侧，但是施工的时候有一定的误差，有可能会插进去，同时专利权人认可将筋插到水泥拌合桩里是现有技术；专利权人认可权利要求 8 中的“沿水平方向设置刚性筋”写错了。

合议组经审查认为：（1）关于权利要求 3。虽然独立权利要求 1 中限定的 b 特征是“在紧靠上述基本沿竖向的水泥拌合桩的前侧的外侧边沿该桩的纵向设置刚性筋”，权利要求 3 的附加技术特征是“沿水平方向或斜向设置刚性筋”，但是专利权人解释为权利要求 3 是在独立权利要求 1 的基础上“增设”水平方向或斜向的刚性筋，以增加档土效果，这种解释也是合乎逻辑的，而且按照本领域技

术人员的理解，权利要求3最终的方案即为形成“网状”的布筋，以进一步增加挡土效果，因此权利要求3的保护范围是清楚的，符合专利法实施细则第20条第1款的规定。（2）关于权利要求5。专利权人认可权利要求5中所述的“该筋”是指权利要求1中的纵向刚性筋，但是权利要求5的附加技术特征“该筋穿过按照多排形成的基本沿竖向的水泥拌合桩的内部”明显与权利要求1“沿水泥拌合桩前侧的外侧边设置纵向刚性筋”的技术方案相矛盾，而且其正是本专利权利要求1所要克服和改进的现有技术，另外专利权人所辨解的施工误差等因素与权利要求5本身的保护范围是否清楚并不相关。因此从属权利要求5的保护范围不清楚，不符合专利法实施细则第20条第1款的规定。（3）关于权利要求8。由于权利要求3本身清楚，因此请求人认为由于权利要求3不清楚导致其从属的权利要求8也不清楚的无效理由并不能成立。但是，就权利要求8本身而言，其分为两个技术方案，即“沿水平方向设置刚性筋”和“沿斜向设置刚性筋”的两个技术方案，而专利权人并无法解释沿水平方向设置的刚性筋如何实现与横向腰梁连接，在口头审理（第四次）中专利权人也认可“沿水平方向设置刚性筋”的技术方案实际上是写错了。因此权利要求8中的“沿水平方向设置刚性筋”的技术方案不清楚，不符合专利法实施细则第20条第1款的规定。

根据上述的事实和理由，因此本案合议组依法作出以下决定。

三、决定

宣告98125100.5号发明专利权的权利要求5、权利要求8中“沿水平方向设置刚性筋”的技术方案无效，在权利要求1~4、6~7、权利要求8中“沿斜向设置刚性筋”的技术方案、权利要求9-11的基础上维持有效。

当事人对本决定不服的，可以根据专利法第46条第2款的规定，自收到本决定之日起三个月内向北京市第一中级人民法院起诉。根据该款的规定，一方当事人起诉后，另一方当事人应当作为第三人参加诉讼。

141

滑 板

无效宣告请求审查决定（第 11820 号）

决　　定　　号 第 11820 号
决　　定　　日 2007 年 12 月 13 日
发明创造名称 滑板
国 际 分 类 号 A63C 5/056，B63B 35/79，B32B 27/00
无效宣告请求人 沈爱甫，深圳市龙岗区平湖辅城坳炜晔运动器材制品厂
专 利 权 人 叶宗殷
申　　请　　号 200420006010.8
申　　请　　日 2004 年 2 月 24 日
授 权 公 告 日 2005 年 3 月 30 日
合 议 组 组 长 蒋　彤
主　　审　　员 李　阳
参　　审　　员 苏　青

法 律 依 据 专利法第 22 条第 2 款、第 3 款

在实用新型创造性判断标准中，判断是否存在技术启示，一般着重考虑该实用新型专利所属的技术领域，且一般引用一项或两项现有技术评价其创造性。

一、案由

本无效宣告请求涉及国家知识产权局于 2005 年 3 月 30 日授权公告的 200420006010.8 号实用新型专利权（以下称本专利），其发明名称为“滑板”、申请日为 2004 年 2 月 24 日、优先权日为 2003 年 3 月 13 日、专利权人为叶宗殷。本专利授权公告文本的权利要求书中共 21 项权利要求，权利要求 2～15都直接或间接引用权利要求 1，权利要求 17～18 都是直接引用权利要求 16，权利要求 20～21 都是直接引用权利要求 19，其中权利要求 1～21 的内容为：

“1. 一种滑板，其特征在于包括：

一发泡心材，具有一顶面、一底面及一外围；

一表皮，与该发泡心材的顶面热熔结合，且至少覆盖住该顶面；

至少一第一图案，形成于该表皮内部，且从外面能看见第一图案；以及

一底板，与该发泡心材的底面热熔结合，且至少覆盖住该底面。

2. 如权利要求 1 所述的滑板，其特征在于，该发泡心材为一聚乙烯发泡板，该表皮包括：

一第一外层膜，为塑料材质，其具有一底面供印刷该第一图案；以及

一第一内层膜，为塑料材质，其具有一顶面及一底面，该第一内层膜的顶面与该第一外层膜的底面热熔结合，并覆盖住该第一图案，该第一内层膜的底面与该聚乙烯发泡板的顶面热熔结合。

3. 如权利要求1所述的滑板，其特征在于，该发泡心材为一聚乙烯发泡板，该表皮包括：

一第一外层膜，为塑料材质，其具有一底面供印刷该第一图案；

一第一内层膜，为塑料材质，其具有一顶面及一底面，且该第一内层膜的顶面与该第一外层膜的底面热熔结合，并覆盖住该第一图案；以及

一第一聚乙烯发泡皮，具有一顶面及一底面，且该第一聚乙烯发泡皮的顶面与该第一内层膜的底面热熔结合，该第一聚乙烯发泡皮的底面与该聚乙烯发泡板的顶面热熔结合；

其中，该第一聚乙烯发泡皮的密度高于该聚乙烯发泡板。

4. 如权利要求3所述的滑板，其特征在于，还包括复数个微凹部，该微凹部形成于该第一外层膜，并陷入该第一聚乙烯发泡皮。

5. 如权利要求2所述的滑板，其特征在于，该聚乙烯发泡板的密度为1. 5PCF~10PCF。

6. 如权利要求5所述的滑板，其特征在于，还包括复数个贯穿的握孔。

7. 如权利要求1所述的滑板，其特征在于，该发泡心材为一非聚乙烯发泡板，该表皮包括：

一第一外层膜，为塑料材质，其具有一底面供印刷该第一图案；

一第一内层膜，为塑料材质，其具有一顶面及一底面，且该第一内层膜的顶面与该第一外层膜的底面热熔结合，并覆盖住该第一图案；以及

一第一介面膜，具有一顶面及一底面，且该第一介面膜的顶面与该第一内层膜的底面热熔结合，该第一介面膜的底面与该非聚乙烯发泡板的顶面热熔结合。

8. 如权利要求1所述的滑板，其特征在于，该发泡心材为一非聚乙烯发泡板，该表皮包括：

一第一外层膜，为塑料材质，其具有一底面供印刷该第一图案；

一第一内层膜，为塑料材质，其具有一顶面及一底面，且该第一内层膜的顶面与该第一外层膜的底面热熔结合，并覆盖住该第一图案；

一第一聚乙烯发泡皮，具有一顶面及一底面，且该第一聚乙烯发泡皮的顶面与该第一内层膜的底面热熔结合；以及

一第一介面膜，具有一顶面及一底面，且该第一介面膜的顶面与该第一聚乙烯发泡皮的底面热熔结合，该第一介面膜的底面与该非聚乙烯发泡板的顶面热熔结合。

9. 如权利要求8所述的滑板，其特征在于，还包括复数个微凹部，该微凹部形成于该第一外层膜，并陷入该第一聚乙烯发泡皮。

10. 如权利要求3或8所述的滑板，其特征在于，该表皮还覆盖至该聚苯乙烯发泡板的外围。

11. 如权利要求10所述的滑板，其特征在于，该底板还覆盖至该聚苯乙烯发泡板的外围。

12. 如权利要求2或3所述的滑板，其特征在于，该底板包括：

一第二聚乙烯发泡皮，具有一顶面及一底面，且该第二聚乙烯发泡皮的顶面与该聚乙烯发泡板的底面热熔结合；以及

一塑料板，热熔结合于该第二聚乙烯发泡皮的底面；

其中，该第二聚乙烯发泡皮的密度高于该聚乙烯发泡板。

13. 如权利要求7或8所述的滑板，其特征在于，该底板包括：

一第二介面膜，具有顶面及一底面，且该第二介面膜的顶面与该非聚乙烯发泡板的底面热熔结合；

一第二聚乙烯发泡皮，具有一顶面及一底面，且该第二聚乙烯发泡皮的顶面与该第二介面膜的底

面热熔结合；以及

一塑料板，系热熔结合于该第二聚乙烯发泡皮的底面。

14. 如权利要求12所述的滑板，其特征在于，该塑料板包括：

一第二内层膜，为塑料材质，其具有一顶面及一底面，且该第二内层膜的顶面与该第二聚乙烯发泡皮的底面热熔结合；

一第二外层膜，为塑料材质，其具有一顶面及一底面，且该第二外层膜之顶面与该第二内层膜之底面热熔结合；

至少一第二图案，系事先印刷于该第二外层膜的顶面，且从该第二外层膜的底面能看见该第二图案；以及

一平板，为塑料材质，其热熔结合于该第二外层膜的底面，且从外面能看见该第二图案。

15. 如权利要求13所述的滑板，其特征在于，该塑料板包括：

一第二内层膜，为塑料材质，其具有一顶面及一底面，且该第二内层膜的顶面与该第二聚乙烯发泡皮的底面热熔结合；

一第二外层膜，为塑料材质，其具有一顶面及一底面，且该第二外层膜的顶面与该第二内层膜的底面热熔结合；

至少一第二图案，系事先印刷于该第二外层膜的顶面，且从该第二外层膜的底面能看见该第二图案；以及

一平板，为塑料材质，其热熔结合于该第二外层膜的底面，且从外面能看见该第二图案。

16. 一种表皮，其特征在于包括：

一第一外层膜，为塑料材质，其具有一底面；

一第一内层膜，为塑料材质，其具有一顶面及一底面，且该第一内层膜的顶面与该第一外层膜的底面热熔结合；

至少一第一图案，形成于该第一外层膜与第一内层膜之间，且从外面能看见该第一图案；以及

一第一聚乙烯发泡皮，具有一顶面及一底面，且该第一聚乙烯发泡皮的顶面热熔结合于该第一内层膜的底面；

其中，该第一聚乙烯发泡皮的密度为1.5PCF~10PCF。

17. 如权利要求16所述的表皮，其特征在于，还包括一第一介面膜，该第一介面膜热熔结合于该第一聚乙烯发泡皮的底面，以使该第一聚乙烯发泡皮具有热熔结合非聚乙烯发泡板的能力。

18. 如权利要求16所述的表皮，其特征在于，还包括复数个微凹部，该微凹部形成于该第一外层膜，并陷入该第一聚乙烯发泡皮。

19. 一种底板，其特征在于包括：

一第二聚乙烯发泡皮，具有一顶面及一底面，且该第二聚乙烯发泡皮的密度为1.5PCF~10PCF；以及

一塑料板，热熔结合于该第二聚乙烯发泡皮的底面。

20. 如权利要求19所述的底板，其特征在于，还包括一第二介面膜，该第二介面膜热熔结合于该第二聚乙烯发泡皮的顶面，以使该第二聚乙烯发泡皮具有热熔结合非聚乙烯发泡板的能力。

21. 如权利要求19所述的底板，其特征在于，该塑料板包括：

一第二内层膜，具有一底面；

一第二外层膜，具有一顶面及一底面，且该第二外层膜的顶面与该第二内层膜的底面热熔结合；

至少一第二图案，系事先印刷于该第二外层膜的顶面，且从该第二外层膜的底面能看见该第二图

案；以及

一平板，系热熔结合于该第二外层膜的底面，且从外面能看见该第二图案。”

1. 关于第一无效宣告请求。

针对上述发明专利权，沈爱甫（以下称第一请求人）于2006年4月10日向专利复审委员会提出了无效宣告请求。理由是本专利权利要求1~21相对附件1-1不符合专利法第22条第3款的规定。第一请求人同时提交的作为证据的附件如下：

附件1-1：CN2439303Y公告文本，公告日为2001年7月18日。

第一请求人没有结合附件1-1对其无效宣告请求进行具体理由的阐述。

经过形式审查合格后，专利复审委员会于2006年4月10日向双方当事人发出了无效宣告请求受理通知，同时将第一请求人于2006年4月10日提交的无效宣告请求书及其附件的副本转送专利权人。

针对上述第一无效宣告请求，专利权人于2006年5月8日提交意见陈述，认为：1. 请求人没有将证据同无效理由结合起来对涉案专利不具有创造性这一理由进行具体的阐述和说明，应当不予受理；2. 本专利权利要求1~21相对附件1-1具有创造性，符合专利法第22条第3款的规定。

第一请求人于2006年5月9日提交意见陈述书并补充以下附件作为对比文件：

附件2-1：ZL专利号00201499. 8共20页，公告日为2001年3月28日；

附件2-2：US5658179A号专利及中文译文，公告日为1997年8月19日；

附件2-3：US5275860A号专利及中文译文，公告日为1994年1月4日；

附件2-4：US5211593A号专利及中文译文，公告日为1993年5月18日；

附件2-5：US4850913A号专利及中文译文，公告日为1989年7月25日；

附件2-6：US5114370A号专利及中文译文，公告日为1992年5月19日；

附件2-7：US5647784A号专利及中文译文，公告日为1997年7月15日。

第一请求人在意见陈述书中认为：

（1）上述7个证据的公开日均在本专利申请日之前，并属于相同领域，故可用以评价该专利的创造性，并得出本专利全部权利要求1~21均不具备创造性的结论，不符合专利法第22条第3款的规定。并说明进行权利要求1创造性评价的时候使用了两种方式，第一种为附件2-2和附件2-4结合进行评价，第二种为附件2-3和附件2-4为基础进行评价。（2）权利要求10直接引用权利要求8，权利要求11间接引用的权利要求8，而且权利要求8中的发泡心材不是聚乙烯而是聚丙烯，故权利要求10、11是不清楚的，不符合专利法实施细则第20条第1款的规定。

合议组于2007年1月8日发出转送文件通知书将第一请求人于2006年5月9日提交的意见陈述书及其附件转给专利权人。合议组于2007年1月18日将专利权人于2006年5月8日提交的意见陈述书转送给第一请求人。

专利权人于2007年2月8日提交了意见陈述书，认为：相对于第一请求人提供的各个附件，本专利权利要求1~21具备创造性，符合专利法第22条第3款的规定。

合议组于2月26日向第一请求人发出转文通知书，将专利权人于2007年2月8日提交的意见陈述书及其所附附件转送给请求人。

第一请求人于2007年3月5日提交了意见陈述书，称第一请求人就专利权人所陈述的技术内容无从答辩，第一请求人请求合议组协调，请专利权人提供证据进行答辩。

2. 关于第二无效宣告请求。

针对上述实用新型专利权，深圳市龙岗区平湖辅城坳炜晔运动器材制品厂（下称第二请求人）

于2006年4月4日向专利复审委员会提出了无效宣告请求，理由是本专利权利要求1、2不具备新颖性，不符合专利法第22条第2款的规定；权利要求3~21不具备创造性，不符合专利法第22条第3款的规定；权利要求7~11、13、15采用不确定词语，不符合专利法实施细则第20条第1款的规定；并提交了以下附件作为证据：

证据3-1：US5211593A原文和中文译文，公告日为1993年5月18日；

证据3-2：US4850913A原文和中文译文，公告日为1989年7月25日；

证据3-3：日本专利，申请号2001-157579英文文本，公开日为2002年12月4日；

证据3-4：US4687534原文，公告日为1987年8月18日；

证据3-5：US6773798B2原文，公告日为2004年8月10日；

证据3-6：US6794025B1原文及中文摘要译文，公告日为2004年9月21日；

证据3-7：国家知识产权局专利检索咨询中心对涉案专利出具的检索报告G060420复印件。

第二请求人在意见陈述书中，证据3-1评价权利要求1、2的新颖性，权利要求5、6、14、15、21的创造性；证据3-1和证据3-2结合评价权利要求3、10、11、12、16、19的创造性；证据3-1、证据3-2、证据3-3结合评价权利要求4、18的创造性；证据3-1结合证据3-4或证据3-5或证据3-6评价权利要求7、8、13、17、20的创造性；证据3-1、3-3结合证据3-4或证据3-5或证据3-6评价权利要求9的创造性。

经形式审查合格，专利复审委员会于2006年6月8日向双方当事人发出无效宣告请求受理通知书，并将无效宣告请求书及其附件的副本转给了专利权人，要求其在指定期限内进行意见陈述。

专利权人于2006年7月26日提交了意见陈述书，认为：

（1）本专利权利要求1、2具备新颖性，权利要求3~21具备创造性，符合专利法第22条第2、3款的规定；（2）本专利权利要求7~11、13、15符合专利法实施细则第20条第1款的规定；（3）证据3、4、5没有提交中文译文，应不予采信。检索报告并不是专利复审委评价本专利所要参考的证据。请求人提交的证据数量不符合审查指南的规定。

合议组于2007年1月8日将专利权人于2006年7月26日提交的意见陈述书转送给第二请求人。

3. 关于合并审理。

由于上述两个无效宣告请求涉及同一专利，合议组决定合并审理。

合议组于2007年1月8日向三方当事人发出口头审理通知书，定于2007年3月12日举行口头审理。

口头审理如期举行，三方当事人均出席口头审理。三方当事人分别对对方出席口头审理人员的资格无异议，同时都对本案合议组成员无回避请求。在口头审理中，合议组将第二请求人当庭提交的口审意见陈述书转送给专利权人。

各方当事人对合议组成员无回避请求，对合议组成员变更无异议。各方当事人对对方出庭人员身份无异议。第一请求人明确无效理由为：权利要求10、11不符合专利法实施细则第20条第1款的规定；权利要求1~21不符合专利法第22条第3款的规定。第二请求人明确无效理由为：权利要求5、6不符合专利法实施细则第2条第2款的规定；权利要求7~11、13、15不符合专利法实施细则第20条第1款的规定；权利要求1、2不符合专利法第22条第2款的规定；权利要求1~21不符合专利法第22条第3款的规定；具体理由为第二请求人当庭提交的口审意见陈述书中记载。第一请求人明确放弃CN2439303公告文本作为证据使用。专利权人对第一请求人提交的附件2-1至附件2-7的真实性无异议；对附件2-2-2-7的中文译文的准确性无异议。专利权人对第二请求人提交的证据3-1、3-2、3-4至附件3-6的真实性无异议；对证据3-1、3-2、3-6的中文译文的准确性无异议；专利权人认为证据3-3是英文版的日本专利文件，对其真实性有异议；专利权人认为证据3-3-3-5使用部分的中文译文只记载在意见陈述书中，未提交中文译文的正式文本，故证据3-3-3-5应不予考虑。第二请求人当庭提交了两份证据欲作为公知常识，一份是证据A：《塑料二次加工》第531-532页的复印件（原件当庭交给合议组），另一份是本专利背景技术中的引证文件US6106345。合议组当庭接受证据A为公知常识证据，并当庭将其转给专利权人。对于引证文件US6106345，合议组认为不能作为公知常识类证据使用，不予接受。专利权人对证据A的真实性无异议。第二请求人明确最接近的对比文件是其提交的证据3-1，具体组合方式参见其当庭提交的意见陈述。合议组当庭将其转交给专利权人。第一请求人认为截止口审之日合议组转送专利权人意见陈述的答复期限未到，请求在口审之后提交书面意见。第一请求人当庭未发表有关创造性的针对性意见，要求以2006年5月22日的意见陈述和口审后提交的书面意见为准。合议组要求第二请求人在口审之后7日内提交所使用证据3-3、3-4、3-5相关部分的中文译文，以及提交表明证据3真实性的证明材料。合议组告知第一请求人在口审之日起15日内提交有关创造性的意见陈述。鉴于第二请求人权利要求1、2仅指出不具有新颖性，并且对从属权利要求1的权利要求3~15提出创造性的无效理由，因此合议组依职权引入对权利要求1、2的创造性的审查。

第二请求人于2007年3月15日提交了意见陈述书以及附件，附件包括（编号续前）：

证据3-8：证据3-3（日本专利申请号2001-157579）的检索说明；

证据3-9：证据3-3的部分中文译文；

证据3-10：证据3-3的日文公开文本；

证据3-11：证据3-4（美国专利US4687534）的部分译文；

证据3-12：证据3-5（美国专利US6773798）的部分译文。

专利权人于2007年3月21日提交了口审后的意见陈述书，认为本专利相对于对比文件公开的技术，不仅在技术构思上不同，采用的技术方案也明显不同，而且在技术效果上要优于对比文件公开的技术，具有实质性特点和进步。此外，还认为第一请求人、第二请求人提供的证据在形式上确实存在瑕疵。

第一请求人于2007年4月2日针对专利权人2007年2月8日的答辩意见提交了意见陈述书，认为：权利要求1~21不具备创造性，不符合专利法第22条第3款的规定；权利要求19、20不具备新颖性，不符合专利法第22条第2款的规定；权利要求10、11不清楚，不符合专利法实施细则第20条第1款的规定。

合议组于2007年6月27日将第二请求人于2007年3月15日提交了意见陈述书以及附件转送给专利权人。

专利权人于2007年7月31日提交了针对第二请求人于2007年3月15日提交了意见陈述书以及附件的意见陈述书，认为：第二请求人在法定期限递交的证据3-3与后补充的“证据3-3”在形式上和内容上不是同一份证据，专利权人不能认同；证据3-4、3-5的译文作为事后补充对专利权人是不公平的。

至此，合议组认为三方当事人已充分发表意见，上述两无效宣告请求的事实已经调查清楚，可以依法做出审查决定。

二、决定的理由

1. 法律依据

根据请求人提出的无效宣告请求的范围、理由和证据，本案合议组依据专利法第22条第2、3款以及专利法实施细则第2条第2款、第20条第1款对本案进行审理。

2. 关于证据

第一请求人明确放弃附件1-1CN2439303公告文本作为证据使用。附件2-1至附件2-7是专利文献，专利权人对其真实性及其译文的准确性未提出异议，其公开日早于本专利的优先权日，因此附件2-1至附件2-7的译文所记载的内容可以作为本专利申请日前的现有技术证据。

专利权人对第二请求人提交的证据3-1、3-2的真实性无异议，对证据3-1、3-2的中文译文的准确性无异议，上述证据的公开日早于本专利的优先权日，因此证据3-1、3-2的相关译文所记载的内容可以作为本专利申请日前的现有技术证据。

鉴于专利权人对作为证据3-3的英文版的日文专利的真实性有异议，且第二请求人关于证据3-3的中文译文只记载在意见陈述书中，专利权人认为应该不予考虑。第二请求人于2007年3月15日提交了证据3-3（日本专利申请号2001-157579）的检索说明、证据3-3的部分中文相关译文以及证据3-3的日文公开文本，根据上述证据材料，合议组对证据3-3的真实性予以认可，且其公开日早于本专利的优先权日。证据3-3的中文译文只出现在第二请求人的无效宣告的意见陈述书中，仅仅是由于第二请求人没有提交证据3-3的相关中文译文单独的文本，并没有使得专利权人的权利受到任何损失，且合议组曾经在2007年6月27日将第二请求人提交的证据3-3、3-4、3-5的正式的相关中文译文文本转送给专利权人，鉴于专利权人于2007年7月31日提交的意见陈述中未对证据3-3、3-4、3-5的相关中文译文的准确性发表任何意见，也未提交对有异议的部分提交中文译文，证据3-3的相关译文所记载的内容可以作为本专利申请日前的现有技术证据。

由于第二请求人关于证据3-4的中文译文只记载在意见陈述书中，专利权人认为应该不予考虑。第二请求人于2007年3月15日提交了证据3-4（美国专利US4687534A）的相关译文。经合议组核实，对证据3-4的真实性予以认可。同样，鉴于专利权人没有对证据3-4的相关中文译文的准确性没有异议，且证据3-4的公开日早于本专利的优先权日，因此证据3-4的相关译文所记载的内容可以作为本专利申请日前的现有技术证据。

证据3-5的公开日在本专利的优先权日之后，因此证据3-5不能作为本专利申请日前的现有技术证据。

证据3-6其公开日在本专利的优先权日之后，因此证据3-6的相关译文所记载的内容不能作为本专利申请日前的现有技术证据。

3. 关于专利法第22条第3款

专利法第22条第3款规定：创造性，是指同申请日以前已有的技术相比，该发明有实质性特点和进步，该实用新型有实质性特点和进步。

（1）证据3-1公开了一种发泡夹芯结构表面加贴图案薄膜技术，特别是海上冲浪时滑行在海浪上的滑板（参见证据3-1中文译文第3页第8行至第4页第23行）。滑板由长形发泡板30（相当于权利要求1中的发泡心材）、发泡薄片32（相当于权利要求1中的表皮）、覆盖层40（相当于证据3-1中的底板）构成。其中发泡薄片32从上方驾乘面12向下一致覆盖倒凸缘24，通过适当工艺（例如热熔法）将顶部及侧部外覆盖层32、34附着在发泡夹芯30上。覆盖层包括粘合在一起的多块薄层42、44，最外层42是透明的，在42内的表面或第一层表面46上印刷图案，然后将42、44粘合在一起，覆盖层40和发泡板30用加热轧辊的方法将其二者贴合在一起。由此可见证据3-1中的滑板是由在透明材料的那表面印有图案的覆盖层40和发泡薄片32分别与长形发泡30热熔形成而得到的。权利要求1所要求保护的技术方案与证据3-1公开的技术方案相比，区别在于，权利要求1中的第一图案形成于覆盖住顶面的表皮内部，而证据3-1印有图案的覆盖层40是位于发泡板30的底面。但证据3-1也公开了（参见证据3-1中文译文第4页第12~13行）：印有图案的覆盖层可用在板顶驾乘层上，以及板底的划水层上，或是其他使用材料表面上。所属领域的技术人员可以在此技术启示下，将印有图案的一层任意设置在顶面或者底面上，另一面则设置为没有图案的表面或者两面都设置为印有图案的表面，这对于所属领域的技术人员来说是显而易见的，因此权利要求 1 不具备实质性特点和进步，因而不具备专利法第 22 条第 3 款规定的创造性。

专利权人认为：①证据 3-1 中的覆盖层 40 和发泡薄片 32 的上下位置与本专利权利要求 1 中的表皮与底板位置相反，互相起到的作用完全不同。②本专利权利要求 1 中的表皮只有一层，而证据 3-1 中的覆盖层 40 却由 44、42 和中间的胶或者粘合剂构成，所以表皮与薄片的结构是完全不同的。

对此，合议组认为：①如上分析，通过证据 3-1 公开的技术方案，所属领域的技术人员可以将表皮与底板的位置进行对调，然后进行适应性的修改，使得底面适合进行滑水等操作，顶面适合操作者的踩踏等。②本专利权利要求 1 中的表皮是一层结构，而证据 3-1 中由 44、42 和胶或者粘合剂等形成的覆盖层 40 也同样可以看作只有一层结构，所以二者是可以进行进行比较的。

（2）证据 3-1 公开（参见证据 3-1 译文说明书第 3 页第 15 行至第 4 页第 6 行）的覆盖层包括粘合在一起的多块薄层 42、44，最外层 42 是透明的，在 42 内的表面或第一层表面 46 上印刷图案，然后将 42、44 粘合在一起，覆盖层 40 和发泡板 30 用加热轧辊的方法将其二者贴合在一起。由此可见薄层 40 与本专利权利要求 2 中的表皮区别在于第一外层膜与第二外层膜是热熔而成，证据 3-1 中的 42、44 是粘合而成的，但证据 3-1 中的滑板是由在透明材料的那表面印有图案的覆盖层 40 和发泡薄片 32 分别与长形发泡 30 热熔形成而得到的，所属领域的技术人员很容易利将这种热熔法用于将 42、44 粘合在一起。所以从属权利要求 2 的附加技术特征对所属技术领域的技术人员来说是显而易见的，因此权利要求 2 不具备实质性特点和进步，因而不具备专利法第 22 条第 3 款所规定的创造性。

（3）权利要求 3 的技术方案相对权利要求 2 的附加技术特征增加了发泡心材为一聚乙烯发泡板这一技术特征，在表皮中的第一外层膜和第二外层膜之间。关于表皮特征的评述可参见对权利要求 2 的评述。证据 3-1 公开（参见证据 3-1 译文说明书第 4 页第 3 段）：覆盖层材料还可以采用一层或多层衬层（位于不透明的第二层 44 与粘贴覆盖层的发泡基材之间）。证据 3-1 中的衬层可以相当于权利要求 3 中的第一聚乙烯发泡皮，所以该特征被证据 3-1 所公开。证据 3-2 的权利要求 5、7 都公开了发泡片的密度大于发泡心材的密度，所以“该一聚乙烯发泡皮的密度高于该聚乙烯发泡板”的特征也被证据 3-2 所公开。在证据 3-1 的基础上结合证据 3-2 得出权利要求 3 所要求保护的技术方案，对本领域的技术人员来说是显而易见的，而且它们的结合没有产生预料不到的效果，因此该权利要求不具备实质性特点和进步，因而不具备专利法第 22 条第 3 款所规定的创造性。

（4）证据 3-3 公开了一种“用于制造带有凹凸纹图案的交键聚乙烯树脂层压板的方法”，其中在证据 3-3 中的部分中文译文中的［0030］中公开了特征：上述交链聚乙烯树脂发泡片 3 的层叠侧 32 要求在凹凸辊子 81 和平面辊子 82 之间进行凹凸加工，均匀层叠在交链聚乙烯树脂发泡片 3 上，凹凸辊子 81 侧形成均匀的凹凸纹。由此可见，在证据 3-1 的基础上结合证据 3-1 得出权利要求 4 所要求保护的技术方案，对本领域的技术人员来说是显而易见的，而且它们的结合没有产生预料不到的效果，因此权利要求 4 不具备实质性特点和进步，因而不具备专利法第 22 条第 3 款所规定的创造性。

（5）权利要求 5 和 6 中的附加技术特征分别是对聚乙烯发泡板的密度的限定和复数个贯穿的握孔，属于本领域的公知常识，对所属技术领域的技术人员来说是显而易见的，因此述权利要求 5、6 不具备实质性特点和进步，因而不具备专利法第 22 条第 3 款所规定的创造性。

（6）权利要求 7 所要求保护的技术方案与权利要求 3 要求保护的技术方案相比不同在于权利要求 3 中的发泡心材是由聚乙烯发泡板，权利要求 7 中的发泡心材为非聚乙烯发泡板；权利要求 3 是第一聚乙烯发泡皮，权利要求 7 是第一介面膜。关于表皮结构中的第一外层膜和第二外层膜的评述参见对权利要求2的评述。证据3-4公开了（参见证据3-4第1栏第45~63行）一种聚苯乙烯发泡板，使用一种合成膜覆盖在聚苯乙烯发泡板上，该合成膜包括第一热力活化薄膜层和第二外层薄膜。该两层薄膜在适当的热力和压力条件下，贴合于所述的聚苯乙烯发泡板上。该发泡板至少由一面被热熔复合的塑胶膜所覆盖，该塑胶膜包括第一热力活化薄膜层（低密度聚乙烯）和第二薄膜层（高密度聚乙烯），而第一薄膜层具有适合的溶液流动指数，使该第一热力活化薄膜层与聚苯乙烯发泡板热熔结合时，不会过度改变该发泡板的表面状态。由此，允许第二薄膜层通过第一热力活化薄膜层与聚苯乙烯发泡板贴合起来。所以证据3-4中的"第一热力活化薄膜层"可以相当于权利要求7中的介面膜，"聚苯乙烯发泡板"可以相当于权利要求7中"非聚乙烯发泡板"。由此可见，在证据3-1的基础上结合证据3-4得出该权利要求所要求保护的技术方案，对本领域的技术人员来说是显而易见的，而且它们的结合没有产生预料不到的效果，因此该权利要求不具备实质性特点和进步，因而不具备专利法第22条第3款所规定的创造性。

（7）权利要求8所要求保护的技术方案与权利要求7要求保护的技术方案相比不同在于权利要求8中表皮增加了第一聚乙烯发泡皮，证据3-1公开（参见证据3-1译文说明书第4页第3段）：覆盖层材料还可以采用一层或多层衬层（位于不透明的第二层44与粘贴覆盖层的发泡基材之间）。证据3-1中的衬层可以相当于权利要求8中的第一聚乙烯发泡皮，所以该特征被证据3-1所公开。由此可见，在证据3-1的基础上结合证据3-4得出该权利要求所要求保护的技术方案，对本领域的技术人员来说是显而易见的，而且它们的结合没有产生预料不到的效果，因此该权利要求不具备实质性特点和进步，因而不具备专利法第22条第3款所规定的创造性。

（8）证据3-3公开了一种"用于制造带有凹凸纹图案的交键聚乙烯树脂层压板的方法"，其中在证据3-3中的部分中文译文中的［0030］中公开了特征：上述交链聚乙烯树脂发泡片3的层叠侧32要求在凹凸辊子81和平面辊子82之间进行凹凸加工，均匀层叠在交链聚乙烯树脂发泡片3上，凹凸辊子81侧形成均匀的凹凸纹。由此可见，在证据3-1的基础上结合证据3-3得出权利要求9所要求保护的技术方案，对本领域的技术人员来说是显而易见的，而且它们的结合没有产生预料不到的效果，因此权利要求9不具备实质性特点和进步，因而不具备专利法第22条第3款所规定的创造性。

（9）证据3-1公开了特征（参见译文说明书第4页第3段）：覆盖层可以覆盖发泡芯板的整个外表面，所属领域的技术人员很容易想到将权利要求10、11中的表皮和底板也同样覆盖至聚苯乙烯发泡板的外围。所以，权利要求10、11也同样不具有创造性，不符合专利法第22条第3款的规定。

（10）权利要求12进一步限定了底板的结构要求保护滑板的底板。证据3-1公开（参见证据3-1译文说明书第4页第3段）：覆盖层材料还可以采用一层或多层衬层（位于不透明的第二层44与粘贴覆盖层的发泡基材之间）。证据3-1中的多层衬层可以相当于权利要求12中的第二聚乙烯发泡皮与塑料板，所以该特征被证据3-1所公开，证据3-2的权利要求5、7都公开了发泡片的密度大于发泡心材的密度，所以"该第二聚乙烯发泡皮的密度高于该聚乙烯发泡板"的特征也被证据3-2所公开。在证据3-1的基础上结合证据3-2得出权利要求12所要求保护的技术方案，对本领域的技术人员来说是显而易见的，而且它们的结合没有产生预料不到的效果，因此该权利要求不具备实质性特点和进步，在其引用的权利要求2、3不具备创造性的情况下，权利要求12也不具有创造性，不符合专利法第22条第3款的规定。

（11）权利要求13所要求保护的技术方案与权利要求12所要求保护的技术方案相比，底板增加了一层"第二介面膜"，证据3-4公开了（参见证据4第1栏第45~63行）一种聚苯乙烯发泡板，使用一种合成膜覆盖在聚苯乙烯发泡板上，该合成膜包括第一热力活化薄膜层和第二外层薄膜。该两层薄膜在适当的热力和压力条件下，贴合于所述的聚苯乙烯发泡板上。该发泡板至少由一面被热熔复合的塑胶膜所覆盖，该塑胶膜包括第一热力活化薄膜层（低密度聚乙烯）和第二薄膜层（高密度聚乙烯），而第一薄膜层具有适合的溶液流动指数，使该第一热力活化薄膜层与聚苯乙烯发泡板热熔结合时，不会过度改变该发泡板的表面状态。由此，允许第二薄膜层通过第一热力活化薄膜层与聚苯乙烯发泡板贴合起来。所以证据 3-4 中的“第一热力活化薄膜层”可以相当于权利要求 13 中的介面膜。由此可见，在证据 3-1 的基础上结合证据 3-4 得出权利要求所 13 要求保护的技术方案，对本领域的技术人员来说是显而易见的，而且它们的结合没有产生预料不到的效果，因此权利要求 13 不具备实质性特点和进步，因而不具备专利法第 22 条第 3 款所规定的创造性。

（12）证据 3-1 公开（参见证据 3-1 译文说明书第 3 页第 15 行~第 4 页第 6 行）的覆盖层包括粘合在一起的多块薄层 42、44，最外层 42 是透明的，在 42 内的表面或第一层表面 46 上印刷图案，然后将 42、44 粘合在一起，覆盖层 40 和发泡板 30 用加热轧辊的方法将其二者贴合在一起。由此可见薄层 40 与本专利权利要求 14 中的表皮区别在于权利要求 14 中第一外层膜与第二外层膜是热熔而成，证据 3-1 中的 42、44 是粘合而成的；以及权利要求 14 中还存在塑料材质的平板。证据 3-1 中的滑板是由在透明材料的那表面印有图案的覆盖层 40 和发泡薄片 32 分别与长形发泡 30 热熔形成而得到的，所属领域的技术人员很容易利将这种热熔法用于将 42、44 粘合在一起。而塑料材质的“平板”是为了使图案免于受到磨损的考虑，这对于所属领域的技术人员来说是显而易见的，所以从属权利要求 14 的附加技术特征对所属技术领域的技术人员来说是显而易见的。所以，在其引用的权利要求 12 不具备创造性的条件下，权利要求 14 也不具备创造性，不符合专利法第 22 条第 3 款的规定。

（13）权利要求 15 的附加技术特征与权利要求 14 相同，如上评述，在其引用的权利要求 13 不具备创造性的条件下，权利要求 15 也不具备创造性，不符合专利法第 22 条第 3 款的规定。

（14）证据 3-1 公开了一种发泡夹芯结构表面加贴图案薄膜技术，特别是海上冲浪时滑行在海浪上的滑板（参见证据 3-1 中文译文第 3 页第 8 行至第 4 页第 23 行）。其中覆盖层 40（相当于证据 3-1 中的底板）构成。其中发泡薄片 32 从上方驾乘面 12 向下一致覆盖倒凸缘 24，通过适当工艺（例如热熔法）将顶部及侧部外覆盖层 32、34 附着在发泡夹芯 30 上。覆盖层包括粘合在一起的多块薄层 42、44（42、44 相当于权利要求 16 中的第一外层膜和第一内层膜），最外层 42 是透明的，在 42 内的表面或第一层表面 46 上印刷图案，然后将 42、44 粘合在一起，覆盖层 40 和发泡板 30 用加热轧辊的方法将其二者贴合在一起。由此可见证据 3-1 中的滑板是由在透明材料的那表面印有图案的覆盖层 40 和发泡薄片 32 分别与长形发泡 30 热熔形成而得到的。证据 3-1 还公开（参见证据 3-1 译文说明书第 4 页第 3 段）：覆盖层材料还可以采用一层或多层衬层（位于不透明的第二层 44 与粘贴覆盖层的发泡基材之间）。证据 3-1 中的衬层可以相当于权利要求 16 中的第一聚乙烯发泡皮。权利要求 16 所要求保护的技术方案与证据 3-1 公开的技术方案相比，区别在于，①第一外层膜和第二内层膜由热熔形成，证据 3-1 中的 42、44 是粘合而成的；②第一聚乙烯发泡皮的密度为 1.5PCF-10PCF。对于区别①证据 3-1 中的滑板是由在透明材料的那表面印有图案的覆盖层 40 和发泡薄片 32 分别与长形发泡 30 热熔形成而得到的，所属领域的技术人员很容易利将这种热熔法用于将 42、44 粘合在一起。区别②是聚乙烯发泡皮的密度特征，为本领域的公知常识。在该对比文件的基础上结合上述公知常识以获得权利要求 16 所要求保护的技术方案，对所属技术领域的技术人员来说是显而易见的，因此权利要求 16 不具备实质性特点和进步，因而不具备专利法第 22 条第 3 款规定的创造性。

（15）证据 3-4 公开了（参见证据 4 第 1 栏第 45~63 行）一种聚苯乙烯发泡板，使用一种合成膜覆盖在聚苯乙烯发泡板上，该合成膜包括第一热力活化薄膜层和第二外层薄膜。该两层薄膜在适当的热力和压力条件下，贴合于所述的聚苯乙烯发泡板上。该发泡板至少由一面被热熔复合的塑胶膜所覆盖，该塑胶膜包括第一热力活化薄膜层（低密度聚乙烯）和第二薄膜层（高密度聚乙烯），而第一薄膜层具有适合的溶液流动指数，使该第一热力活化薄膜层与聚苯乙烯发泡板热熔结合时，不会过度改变该发泡板的表面状态。由此，允许第二薄膜层通过第一热力活化薄膜层与聚苯乙烯发泡板贴合起来。所以证据4中的“第一热力活化薄膜层”可以相当于权利要求17中的介面膜。由此可见，在证据3-1的基础上结合证据3-4得出权利要求17所要求保护的技术方案，对本领域的技术人员来说是显而易见的，而且它们的结合没有产生预料不到的效果，因此权利要求17不具备实质性特点和进步，因而不具备专利法第22条第3款所规定的创造性。

（16）证据3-3公开了一种“用于制造带有凹凸纹图案的交键聚乙烯树脂层压板的方法”，其中在证据3-3中的部分中文译文中的［0030］中公开了特征：上述交链聚乙烯树脂发泡片3的层叠侧32要求在凹凸辊子81和平面辊子82之间进行凹凸加工，均匀层叠在交链聚乙烯树脂发泡片3上，凹凸辊子81侧形成均匀的凹凸纹。由此可见，在证据3-1的基础上结合证据3-3得出权利要求18所要求保护的技术方案，对本领域的技术人员来说是显而易见的，而且它们的结合没有产生预料不到的效果，因此权利要求18不具备实质性特点和进步，因而不具备专利法第22条第3款所规定的创造性。

（17）权利要求19要求保护一种底板，证据3-1公开（参见证据3-1译文说明书第4页第3段）：覆盖层材料还可以采用一层或多层衬层（位于不透明的第二层44与粘贴覆盖层的发泡基材之间）。证据3-1中的多层衬层可以相当于权利要求19中的第二聚乙烯发泡皮与塑料板。权利要求19所要求保护的技术方案与证据3-1公开的技术方案相比，区别在于第二聚乙烯发泡皮的密度为1.5PCF~10PCF。聚乙烯发泡皮的密度特征，为本领域的公知常识。在证据3-1的基础上结合上述公知常识以获得权利要求19所要求保护的技术方案，对所属技术领域的技术人员来说是显而易见的，因此权利要求19不具备实质性特点和进步，因而不具备专利法第22条第3款规定的创造性。

（18）证据3-4公开了（参见证据4第1栏第45~63行）一种聚苯乙烯发泡板，使用一种合成膜覆盖在聚苯乙烯发泡板上，该合成膜包括第一热力活化薄膜层和第二外层薄膜。该两层薄膜在适当的热力和压力条件下，贴合于所述的聚苯乙烯发泡板上。该发泡板至少由一面被热熔复合的塑胶膜所覆盖，该塑胶膜包括第一热力活化薄膜层（低密度聚乙烯）和第二薄膜层（高密度聚乙烯），而第一薄膜层具有适合的溶液流动指数，使该第一热力活化薄膜层与聚苯乙烯发泡板热熔结合时，不会过度改变该发泡板的表面状态。由此，允许第二薄膜层通过第一热力活化薄膜层与聚苯乙烯发泡板贴合起来。所以证据3-4中的“第一热力活化薄膜层”可以相当于权利要求20中的介面膜。由此可见，在证据3-1的基础上结合证据3-4得出权利要求20要求保护的技术方案，对本领域的技术人员来说是显而易见的，而且它们的结合没有产生预料不到的效果，因此权利要求20不具备实质性特点和进步，因而不具备专利法第22条第3款所规定的创造性。

（19）证据3-1公开（参见证据3-1译文说明书第3页第15行至第4页第6行）的覆盖层包括粘合在一起的多块薄层42、44，最外层42是透明的，在42内的表面或第一层表面46上印刷图案，然后将42、44粘合在一起，覆盖层40和发泡板30用加热轧辊的方法将其二者贴合在一起。由此可见薄层40与本专利权利要求21中的表皮区别在于权利要求21中第二外层膜与第二内层膜是热熔而成，证据3-1中的42、44是粘合而成的；以及权利要求21中还存在平板。证据3-1中的滑板是由在透明材料的那表面印有图案的覆盖层40和发泡薄片32分别与长形发泡30热熔形成而得到的，所属领域的技术人员很容易利将这种热熔法用于将42、44粘合在一起。而“平板”是为了使图案免于受到磨损的考虑，这对于所属领域的技术人员来说是显而易见的，所以从属权利要求21的附加技术特征对所属技术领域的技术人员来说是显而易见的。所以，在其引用的权利要求19不具备创造性的条件下，权利要求21也不具备创造性，不符合专利法第22条第3款的规定。

经过上述分析，本案合议组认为：权利要求1~21不具有创造性，不符合专利法第22条第3款的规定。

综上所述，由于第二请求人提出的权利要求1~21不具有创造性的无效宣告请求理由成立，因此对于其他的无效宣告请求理由和证据不再一一评述。

三、决定

宣告200420006010.8号实用新型专利权全部无效。

当事人对本决定不服的，可以根据专利法第46条第2款的规定，自收到本决定之日起三个月内向北京市第一中级人民法院起诉。根据该款的规定，一方当事人起诉后，另一方当事人应当作为第三人参加诉讼。

北京市第一中级人民法院
行政判决书

（2008）一中行初字第1483号

原告叶宗殷，男，住所地中华人民共和国台湾省台中市梅川东路四段111号12楼。

委托代理人穆魁良，男，北京三友知识产权代理有限公司专利代理人。

委托代理人党晓林，男，北京三友知识产权代理有限公司专利代理人。

被告中华人民共和国国家知识产权局专利复审委员会，住所地中华人民共和国北京市海淀区北四环西路9号银谷大厦10~12层。

法定代表人廖涛副主任。

委托代理人程华，女，中华人民共和国国家知识产权局专利复审委员会审查员。

委托代理人刘妍，女，中华人民共和国国家知识产权局专利复审委员会审查员。

第三人沈爱甫，男，住所地中华人民共和国浙江省宁波市江北区慈城镇城南东路306号。

委托代理人唐迅，男，1961年7月25日出生，汉族，住所地中华人民共和国浙江省杭州市西湖区政新花园7幢1单元502室。

第三人深圳市龙岗区平湖辅城坳炜晔运动器材制品厂，住所地中华人民共和国广东省深圳市龙岗区平湖辅城坳工业区A50栋1~4楼。

委托代理人胡朝阳，男，深圳市康弘知识产权代理有限公司职员。

原告叶宗殷不服被告中华人民共和国国家知识产权局专利复审委员会作出的第11820号无效宣告请求审查决定（以下简称第11820号决定），于2008年9月24日向本院提起行政诉讼。本院受理后，依法组成合议庭，向被告送达了起诉状副本及应诉通知书，并依照《中华人民共和国行政诉讼法》第二十七条的规定，通知沈爱甫和深圳市龙岗区平湖辅城坳炜晔运动器材制品厂作为本案的第三人参加诉讼。本院于2008年12月11日对本案公开开庭进行了审理。原告的委托代理人穆魁良、党晓林，被告的委托代理人程华、刘妍，第三人沈爱甫的委托代理人唐迅、第三人深圳市龙岗区平湖辅城坳炜晔运动器材制品厂的委托代理人胡朝阳到庭参加了诉讼。本案现已审理终结。

2007年12月13日，被告作出第11820号无效宣告请求审查决定（以下简称第11820号决定），依照《中华人民共和国专利法》（以下简称《专利法》）第四十六条第一款的规定，宣告原告的名称为“滑板”的200420006010.8号实用新型专利权（以下简称本专利）全部无效。

原告诉称：（1）证据3-1译文说明书第4页第3段不正确，该译文中所谓的衬层不是发泡皮，因此本专利权利要求3中的第一聚乙烯发泡皮所起的作用，无法从证据3-1中预见到。证据3-2中权利要求5和7公开的“层板的密度大于发泡芯板的密度”不能认定为公开了本专利权利要求3中的“该第一聚乙烯发泡皮的密度高于该聚乙烯发泡板”或者给出了相应的技术启示。故第11820号决定对本专利权利要求3的认定不正确。基于同样的理由，第11820号决定对本专利权利要求8、16、19也是错误的。同时，由于本专利权利要求12、14从属于权利要求3，故第11820号决定对本专利权利要求12、14的认定也是错误的。证据3-1说明书第4页第3段的译文不正确，其并未公开“覆盖层可以覆盖发泡芯板的整个外表面”的技术特征，第11820号决定认定本专利权利要求10、11不具有创造性是错误的。(2) 证据3-3中的凹凸纹是用来增加美观的，因此只需形成在聚乙烯树脂膜7的表面，完全不需要陷入到交链聚乙烯树脂发炮片，而且凹凸纹也不可能太小，本专利权利要求4的微凹部所起的作用主要是“增加第一内层膜与第一聚乙烯发泡皮之间的结合强度”，因此不能认定证据3-3给出了本专利权利要求4、9、18中“微凹部”的技术启示。第11820号决定对本专利权利要求4、9、18的认定是错误的。此外，第11820号决定采用证据3-1、3-2和3-3三篇对比文件结合来评价本专利权利要求4，违反了《审查指南》第四部分第六章有关“实用新型专利创造性的审查”的规定。(3) 基于上述理由，第11820号决定对直接或者间接引用本专利权利要求3、4、8、16、19的权利要求9、10~15、17、20、21的认定也是错误的。(4) 第11820号决定对于本专利权利要求3、4、8~21的评述，采取了“将各个技术要件分割评述”的审查方式，没有顾及整体技术方案特别是这些特征之间的相互作用所带来的创造性，没有注意证据之间能否结合得出技术启示。(5) 第11820号决定认定本专利权利要求5、6限定的特征为公知常识，但是没有提供任何证据。综上，原告认为第11820号决定认定事实错误，适用法律不正确，请求人民法院予以撤销。

被告答辩认为：(1) 原告在行政程序中对证据3-1、3-2的真实性无异议，对其中文译文的准确性无异议，应为其签字确认的事实负责。第11820号决定对证据3-1公开的技术内容理解无误。(2) 原告在起诉状中陈述的本专利权利要求4的“微凹部”的作用在本专利说明书中未记载，毫无依据。根据本专利说明书的记载，微凹部的主要作用是使表皮与发泡心材牢固地结合，而第一聚乙烯发泡皮与第一内层膜相结合主要是由于第一聚乙烯发泡皮的密度高，具有较平坦的表面。(3)《审查指南》并未明令禁止使用多篇现有技术评价实用新型专利的创造性，而是规定对于由现有技术简单叠加而成的实用新型专利，可以根据情况引用多项现有技术评价其创造性。(4) 第11820号决定认定本专利权利要求5、6的附加技术特征为公知常识是正确的。综上，被告认为第11820号决定认定事实清楚、适用法律正确、审理程序合法，请求驳回原告的诉讼请求，维持第11820号决定。

在法定举证期限内，被告向本院提交并经当庭质证了如下证据：(1) 本专利授权公告文本；(2) US5211593美国专利说明书及其中文译文，即第11820号决定中的证据3-1；(3) US4850913A美国专利说明书及其中文译文，即第11820号决定中的证据3-2；(4) 日本专利，申请号2001-157579英文文本，即第11820号决定中的证据3-3；(5) US4687534美国专利说明书，即第11820号决定中的证据3-4；(6) 申请号为2001-157579的日本专利的部分中文译文，即第11820号决定中的证据3-9；(7) 申请号为2001-157579的日本专利公开文本，即第11820号决定中的证据3-10；(8) US4687534的部分中文译文，即第11820号决定中的证据3-11；(9) 口头审理记录表。

第三人沈爱甫和深圳市龙岗区平湖城坳炜晔运动器材制品厂均未提交书面答辩意见。

庭审中，原告对被告的证据1~9的证据形式无异议，但不认同其证明作用，第三人沈爱甫和深圳市龙岗区平湖城坳炜晔运动器材制品厂对上述证据的证据形式和证明作用均无异议。上述证据与第11820号决定的合法性审查有关且真实合法，本院予以采纳。根据被告证据1~9及各方当事人在庭审中无争议的陈述，本院对本案事实作出如下认定：

中华人民共和国国家知识产权局于2004年5月19日授权公告了本专利。该专利的申请日为2003年3月11日，专利权人是本案原告叶宗殷。本专利授权公告的权利要求书如下：

“1. 一种滑板结构，其特征在于：包括：

一聚乙烯发泡基材；

一塑胶膜，系结合于该聚乙烯发泡基材表面。

2. 根据权利要求1所述的滑板结构，其特征在于：该聚乙烯发泡基材，系可为一聚乙烯发泡板具有许多直径为1~3mm的发泡囊。

3. 根据权利要求1所述的滑板结构，其特征在于：该聚乙烯发泡基材，系可为一聚乙烯发泡皮，该聚乙烯发泡皮具有许多直径0.5mm或更低之微细发泡囊。

4. 根据权利要求1所述的滑板结构，其特征在于：该聚乙烯发泡基材，包括：

一聚乙烯发泡板，该聚乙烯发泡板具有许多直径为1~3mm之发泡囊；

一聚乙烯发泡皮系设于该聚乙烯发泡板之外侧，该聚乙烯发泡皮具有许多直径0.5mm或更低之微细发泡囊。

5. 根据权利要求1所述的滑板结构，其特征在于：该塑胶膜上形成复数个微凹部，该微凹部陷入该聚乙烯发泡基材。

6. 根据权利要求1所述的滑板结构，其特征在于：该聚乙烯发泡基材系具有一顶面、一底面及一外围；而该塑胶膜包括：

一第一塑胶膜，系结合于该聚乙烯发泡基材的顶面及外围；

一第二塑胶膜，系结合于该聚乙烯发泡基材的底面。

7. 根据权利要求6所述的滑板结构，其特征在于：该第一塑胶膜上系形成复数个微凹部，该微凹部系陷入该聚乙烯发泡基材。

8. 根据权利要求6所述的滑板结构，其特征在于：该第一塑胶膜系包括：

一第一外层膜，系具有透光性及一内侧面，并于该内侧面设一第一图案，该第一外层膜之厚度为0.02mm~0.15mm；”

2006年4月10日，第三人针对本专利向被告提出无效宣告请求，认为本专利不具有新颖性和创造性，并在举证期限内提交了如下证据：

附件1：中国实用新型专利说明书，专利号ZL00237987.2，授权公告号CN2439303Y，授权公告日为2001年7月18日；

附件2：中国实用新型专利说明书，专利00201499.8，授权公告号CN2425000Y，授权公告日为2001年3月28日；

附件3：美国专利US5658179A及其中文译文，公开日为1997年8月19日；

附件4：美国专利US5275860A及其中文译文，公开日为1994年1月4日；

附件5：美国专利US5211593A及其中文译文，公开日为1993年5月18日；

附件6：美国专利US4850913A及其中文译文，公开日为1989年7月25日；

附件7：美国专利US5114370A及其中文译文，公开日为1992年5月19日；

附件8：美国专利US5647784A及其中文译文，公开日为1997年7月15日。

被告受理后，将第三人的无效宣告请求及附件清单中所列附件的副本转送给原告。

原告针对第三人的无效宣告请求，于2007年1月18日提交了意见陈述书，并将本专利权利要求书修改如下：

"1. 一种滑板结构，其特征在于：包括：

一聚乙烯发泡基材；

一塑胶膜，系结合于该聚乙烯发泡基材表面；

该聚乙烯发泡基材，包括：

一聚乙烯发泡板，该聚乙烯发泡板具有许多直径为1~3mm之发泡囊；

一聚乙烯发泡皮，该聚乙烯发泡皮系设于该聚乙烯发泡板之外侧，该聚乙烯发泡皮具有许多直径0.5mm或更低之微细发泡囊；

该聚乙烯发泡基材系具有一顶面、一底面及一外围；而该塑胶膜包括：

一第一塑胶膜，系结合于该聚乙烯发泡基材的顶面及外围；

一第二塑胶膜，系结合于该聚乙烯发泡基材的底面；

该第一塑胶膜上系形成复数个微凹部，该微凹部系陷入该聚乙烯发泡基材；

该第一塑胶膜包括：

一第一外层膜，系具有透光性及一内侧面，并于该内侧面设一第一图案，该第一外层膜之厚度为0.02mm~0.15mm；

一第一内层膜，系具有一外侧面及一内侧面，该外侧面系供结合于该第一外层膜之内侧面并覆盖住该第一图案，该内侧面供结合于该聚乙烯发泡基材，其中该第一内层膜之厚度为0.01mm~0.15mm；以及该第一外层膜之厚度系大于该第一内层膜。

2. 根据权利要求1所述的滑板结构，其特征在于：该第二塑胶膜包括：

一第二外层膜，系具有透光性及一内侧面，并于该内侧面设一第二图案；

一第二内层膜，系具有一外侧面及一内侧面，该外侧面系供结合于该第一外层膜之内侧面并覆盖住该第二图案，该内侧面供结合于该聚乙烯发泡基材；以及该第二外层膜至该第二内层膜之总厚度为0.3mm~1.5mm。

3. 根据权利要求1所述的滑板结构，其特征在于：该聚乙烯发泡基材系具有一底面，该底面可结合一底板。"

原告认为：本专利上述修改后的权利要求1~3具有新颖性和创造性，因此符合《专利法》第二十二条第二、三款的规定。

后被告向原告和第三人发出无效宣告请求口头审理通知书，告知双方当事人定于2007年8月23日举行口头审理，同时将原告的意见陈述书转送给第三人。

原告和第三人均如期出席了口头审理。在口头审理中，第三人放弃了新颖性的无效宣告理由，放弃附件1、3、6、8作为证据，原告承认附件2和附件5的真实性。合议组当庭告知双方当事人原告于2007年1月18日修改的权利要求书符合《专利法》和《中华人民共和国专利法实施细则》（以下简称《专利法实施细则》）的规定，故审查以该修改后的权利要求书为准，双方当事人在此基础上对本专利是否符合《专利法》第二十二条第三款的规定进行了辩论。

在口头审理中，原告对证据3-1的真实性及其中文译文的准确性均无异议。

据此，被告作出了宣告本专利权全部无效的第11820号决定。

诉讼中，原告和第三人对第11820号决定作出的程序，以及该决定关于本案处理经过的表述均无异议。

本院认为，《审查指南》第四部分第八章第4.3节规定：在无效宣告程序中，当事人明确认可的另一方当事人提交的证据，专利复审委员会应当予以确认。但其与事实明显不符、或者有损国家利益、社会公共利益，或者当事人反悔并有相反证据足以推翻的除外。参照上述规定，原告在无效宣告程序中明确表示对证据 3-1 及其中文译文的准确性无异议，但在行政诉讼程序中主张该中文译文有误，却并未提交足以推翻的相反证据，故其关于证据 3-1 中文译文错误的主张不成立，本院不予支持。被告确认证据3-1中文译文的准确性并据此评价本专利权利要求 3、8~21 并无不当。

证据 3-3 记载的“上述交链聚乙烯树脂发泡片 3 的层叠侧 32 要求在凹凸辊子 81 和平面辊子 82 之间进行凹凸加工，均匀层叠在交链聚乙烯树脂发泡片 3 上，凹凸辊子 81 侧形成均匀的凹凸纹”，对于本领域普通技术人员来说，其应当知晓通过凹凸加工形成凹凸纹可以增大接触面积，因此证据 3-3 记载的上述技术内容已经给出了本专利权利要求 4、9、18 的技术特征“包括复数个微凹部，该微凹部形成于该第一外层膜，并陷入该第一聚乙烯发泡皮”的技术启示。原告关于本专利权利要求 4、9、18 具有创造性的主张不成立，本院不予支持。

《审查指南》第四部分第六章第 4 节规定：对于实用新型专利而言，一般情况下可以引用一项或者两项现有技术评价其创造性，对于由现有技术通过“简单的叠加”而成的实用新型专利，可以根据情况引用多项现有技术评价其创造性。可见，《审查指南》并未禁止使用多篇现有技术评价实用新型专利的创造性，原告关于第 11820 号决定引用三篇现有技术评价本专利权利要求 4 是适用法律不当的主张不成立，本院不予支持。第 11820 号决定引用证据 3-1、3-2、3-3 结合评价本专利的创造性并无不当，本院应予维持。

权利要求 5 和 6 中的附加技术特征分别限定聚乙烯发泡板的密度和复数个贯穿的握孔，对所属技术领域的技术人员来说，上述技术内容是周知的。依据《最高人民法院关于行政诉讼证据若干问题的规定》第六十八条第（一）项的规定，对于本领域普通技术人员所周知的技术常识，可以无需举证证明，故第 11820 号决定直接认定本专利权利要求 5、6 的附加技术特征为公知常识并无不当。原告主张第 11820 号决定必须举证证明才能认定公知常识没有法律依据，本院不予支持。

此外，本院亦认同第 11820 号决定中关于本专利的其他评述意见。

综上，第 11820 号决定认定事实清楚，适用法律正确，审查程序合法，本院应予维持。原告的诉讼理由不成立，其请求本院不予支持。据此，依据《中华人民共和国行政诉讼法》第五十四条第（一）项之规定，判决如下：

维持被告中华人民共和国国家知识产权局专利复审委员会作出的第 11820 号无效宣告请求审查决定。

案件受理费人民币 100 元，由原告叶宗殷负担（已交纳）。

如不服本判决，原告叶宗殷可在本判决书送达之日起 30 日内，被告中华人民共和国国家知识产权局专利复审委员会、第三人沈爱甫、第三人深圳市龙岗区平湖城坳炜晔运动器材制品厂可在本判决书送达之日起 15 日内，向本院递交上诉状，并按照对方当事人的人数提出副本，预交上诉案件受理费人民币 100 元，上诉于中华人民共和国北京市高级人民法院。

审　判　长　吴　月
代理审判员　胡华峰
代理审判员　石　磊
二〇〇九年五月八日
书　记　员　汪　明

142

独立落地式全彩色发光二极管动态户外广告装置

无效宣告请求审查决定（第 11848 号）

决　　定　　号 第 11848 号
决　　定　　日 2008 年 6 月 23 日
发明创造名称 独立落地式全彩色发光二极管动态户外广告装置
国 际 分 类 号 G09F 9/33
无效宣告请求人 上海西联燕君广告传播有限公司
专 利 权 人 顾自强
专　　利　　号 200520041009.3
申　　请　　日 2005 年 4 月 20 日
授 权 公 告 日 2006 年 5 月 17 日
合 议 组 组 长 陈迎春
主　　审　　员 佟仲明
参　　审　　员 周　航

法　律　依　据 专利法第 22 条第 3 款、第 4 款
决　定　要　点

如果一项实用新型权利要求所要求保护的装置与现有技术的装置所采用部件的种类相同，但各类部件的数量不同，且本专利的技术方案由于变换了所用部件的数量而产生了意料不到的效果，则本实用新型专利要求保护的技术方案相对于现有技术中的装置具备创造性。

一、案由

本无效宣告请求涉及国家知识产权局于 2006 年 5 月 17 日授权公告的 200520041009.3 号、名称为“独立落地式全彩色发光二极管动态户外广告装置”的实用新型专利（下称本专利），其专利权人是顾自强，申请日是 2005 年 4 月 20 日。本专利授权公告的权利要求书如下：

“1. 一种独立落地式全彩色发光二极管动态户外广告装置，由一个发光二极管显示屏和一个壳体构成，所述的发光二极管显示屏设置在所述的壳体内，其特征在于：所述的发光二极管显示屏由复数个显示单元和一个支持板构成，所述的复数个显示单元均设置在所述的支持板上并以矩阵形式排列，任意一个所述的显示单元均由一个红色发光二极管、一个绿色发光二极管和一个蓝色发光二极管构成，任意一个所述的发光二极管均具有两个电极引脚，所述的电极引脚均与一个驱动电路连接，所述的驱动电路又与一个电源和一个信号源连接，在所述的发光二极管显示屏的前方设置有一个透光面罩，所述的透光面罩固定设置在所述的壳体的前端。

2. 根据权利要求 1 所述的独立落地式全彩色发光二极管动态户外广告装置，其特征在于：在任意一个所述的显示单元中，所述的红色发光二极管、绿色发光二极管和蓝色发光二极管紧密排列，任意相邻的两个发光二极管之间的距离均等于零。

3. 根据权利要求 2 所述的独立落地式全彩色发光二极管动态户外广告装置，其特征在于：任意一个所述的红色发光二极管、绿色发光二极管和蓝色发光二极管均具有一个扁平长方体状的封装壳体，所述的封装壳体的前端均设置为柱面凸透镜。

4. 根据权利要求 1 所述的独立落地式全彩色发光二极管动态户外广告装置，其特征在于：横向相邻的任意两个显示单元的中心点之间的距离均在 5~10mm 之间，纵向相邻的任意两个显示单元的中心点之间的距离均 5~10mm 之间。

5. 根据权利要求 1 所述的独立落地式全彩色发光二极管动态户外广告装置，其特征在于：所述的壳体设置在一个户外安装支架上。”

针对上述专利权，上海西联燕君广告传播有限公司（下称请求人）于 2007 年 11 月 23 日向专利复审委员会提出无效宣告请求，随同其专利权无效宣告请求书，请求人提交了以下附件：

附件 1（下称对比文件 1）：US5184114A 号美国专利说明书及其部分文字的中文翻译件，授权公告日为 1993 年 2 月 2 日；

附件 2（下称对比文件 2）：CN 2490671Y 号中国实用新型专利说明书，授权公告日为 2002 年 5 月 8 日。

请求人认为：（1）本专利技术方案中只有一个支持板，而该支持板上布满了二极管和二极管的引脚，已无空间再设置驱动电路，因此，按照本专利权利要求 1 的技术方案无法制造出二极管显示屏，因此该权利要求 1 不具备专利法第 22 条第 4 款所规定的实用性，其从属权利要求 2~5 同样不具备实用性；（2）权利要求 1 相对于对比文件 1 与对比文件 2 的结合不具备创造性，权利要求 2 的附加技术特征被对比文件 1 公开，权利要求 5 的附加技术特征属于本领域的公知常识，因此权利要求 1、2、5 不符合专利法第 22 条第 3 款的规定。

经形式审查合格，专利复审委员会依法受理了上述无效宣告请求，并于 2007 年 12 月 28 日向双方当事人发出无效宣告请求受理通知书，同时将专利权无效宣告请求书及其相关文件副本转给专利权人，要求其在一个月内对该无效宣告请求陈述意见。

针对上述无效宣告请求，专利权人于 2008 年 2 月 4 日提交了意见陈述书，并提交了本专利证书复印件及专利说明书，以及国家知识产权局实用新型专利检索报告复印件。

专利权人认为：（1）本专利权利要求 1 中所述“发光二极管显示屏是由复数个显示单元和一个支持板构成”的含义是显示屏有一个支持板，但并没有排除动态户外广告装置可有另外的支持板，本专利中并未限定驱动电路必须安装在发光二极管显示屏的支持板上，例如壳体即可用作驱动电路的支持板。此外，本专利授权以来一直授权他人生产，不存在实用性问题。（2）对比文件 1 所描述的显示单元与本专利权利要求 1 中的显示单元在结构方式上有所不同，达到的技术效果也不相同，对比文件 2 也没有披露呈矩阵排列的显示单元，因此，本专利权利要求 1 相对于对比文件 1 和对比文件 2 的结合具备专利法第 22 条第 3 款所规定的创造性；在其引用的权利要求具备创造性的情况下，从属权利要求也均具备创造性。

专利复审委员会依法组成合议组，对本案进行审理，本案合议组于 2008 年 3 月 7 日向双方当事人发出口头审理通知书，告知双方当事人合议组定于 2008 年 4 月 7 日对本案进行口头审理，同时将专利权人于 2008 年 2 月 4 日提交的意见陈述以及附件转给请求人。

口头审理如期举行，双方当事人均委托代理人出席了口头审理。

在口头审理中，请求人明确其无效宣告请求的理由和证据为：（1）本专利权利要求 1~5 不具备专利法第 22 条第 4 款所规定的实用性。（2）权利要求 1 相对于对比文件 1 与对比文件 2 的结合不具备创造性，权利要求 2 的附加技术特征被对比文件 1 公开，权利要求 5 的附加技术特征属于本领域的公知常识，因此权利要求 1、2、5 不符合专利法第 22 条第 3 款的规定。

专利权人对对比文件 1 和对比文件 2 的真实性无异议。

关于译文，双方都认可将对比文件 1 中文译文第 2 页第一段关于原文“第 6 段”的译文“一个红色发光二极管、一个绿色发光二极管和一个蓝色发光二极管”中的数量限定“一个”去掉。专利权人认为同页关于“第 8 段”译文“每个红绿蓝二极管显示单元”应当翻译成“每种颜色的红绿蓝二极管显示单元”，请求人则认为该翻译没有错，但双方都认可关于“第 8 段”该句翻译的含义是每个单元都有红绿蓝三种颜色，并且每个单元都有引脚。

对于请求人提出的无效宣告请求的理由，专利权人认为：（1）本专利中的驱动电路不一定要安装在支持板上，驱动电路本身也可以是驱动电路板。（2）对比文件 1、对比文件 2 和本专利的技术领域不同，对比文件 1 中每个显示单元有多个红绿蓝发光二极管，且这些二极管松散排列，而本专利中仅是红绿蓝各一个；对比文件 1 没有透光面罩，对比文件 2 中的透明凸形壳与本专利中的不同，而且对比文件 2 没有公开本专利中的显示单元，权利要求 1 相对于对比文件 1 和对比文件 2 具备创造性；从对比文件 1 的附图中可以看出其发光二极管是圆形的，不能紧密排列，因此对比文件 2 没有公开本专利权利要求 2 的附加技术特征；在本专利公开之前广告装置不是落地式的，因此权利要求 5 的附加技术特征不是公知常识。

至此，合议组认为本案事实已经清楚，现依法作出如下审查决定。

二、决定的理由

1. 关于证据

请求人提供的对比文件 1 和对比文件 2 均是专利文献，专利权人对其真实性无异议，合议组经审查认为其真实性可以确认。同时由于对比文件 1 和对比文件 2 的公开日期均在本专利的申请日前，因此可以作为本专利的现有技术使用。

对比文件 1 是一份美国专利文献，请求人提交了其部分文字的中文译文，专利权人和请求人对译文准确性达成一致，合议组经审查认为对比文件 1 文字公开内容以双方达成一致的中文译文内容为准。

2. 关于专利法第 22 条第 4 款

专利法第 22 条第 4 款规定：实用性，是指该发明或者实用新型能够制造或者使用，并且能够产生积极效果。

就本案而言，请求人认为根据本专利权利要求 1 的技术方案，发光二极管显示屏仅包括一个支持板，该支持板的一面贴满 LED，另一面布满 LED 引脚，而引脚需要与驱动电路连接，可支持板上已经没有空间设置驱动电路，因此权利要求 1 记载的技术方案不能实施。对此，合议组认为，权利要求 1 技术方案中记载了“发光二极管显示屏由复数个显示单元和一个支持板构成”、“任意一个所述的显示单元均由一个红色发光二极管、一个绿色发光二极管和一个蓝色发光二极管构成，任意一个所述的发光二极管均具有两个电极引脚，所述的电极引脚均与一个驱动电路连接”，其中并未限定驱动电路必须安装在该支持板上，而如本专利附图 1 所示，该驱动电路并非安装于支持板上，而是安装于壳体上，这种安装方式对本领域普通技术人员而言是可以实施的。因此，请求人认为本专利权利要求 1~5 中记载的技术方案不能实施，不具备实用性的主张，合议组不予支持。

3. 关于专利法第 22 条第 3 款

专利法第 22 条第 3 款规定：创造性，是指同申请日以前已有的技术相比，该发明有突出的实质性特点和显著的进步，该实用新型有实质性特点和进步。

就本案而言，请求人认为本专利的权利要求 1、2、5 相对于对比文件 1 和对比文件 2 的结合不具备创造性。经审查，对比文件 1 公开了一种显示装置，其中的显示单元可以用于大型记分板、信息源和其他大型、中型、小型显示装置中，其与本专利的户外广告装置属于相同的技术领域。该对比文件 1 具体公开了如下技术特征：在显示装置中，其上的多个显示单元以矩阵的方式排列，每个离散的发光二极管显示单元或像素 18 包括红色发光二极管、绿色发光二极管和蓝色发光二极管，每个二极管均含有一个阳极引脚 60 和一个阴极引脚 62，全彩色显示装置的一个显示单元的三个二极管的阳极引脚 60 分别插入驱动电路的引脚插槽 72 中，引脚插槽 72 安装在印刷电路板 74 上，类似地，每个显示单元 18 的三个阴极引脚 62 都分别插入驱动电路的引脚插槽 76 中，引脚插槽 76 与驱动电路的阴极电线 78 相连接。所有显示单元 18 都安装在支持板 74，也就是印刷电路板上。对比文件 1 还公开了一种多色矩阵驱动电路 100，该电路 100 与计算机信号源 102 相连接，信号源能产生一系列的红、绿、蓝数字信号，这些信号能在记分牌或类似显示装置上产生可视的图象。电源 122 提供电能给驱动电路 116 红、116 蓝和 116 绿及显示装置 104 上的显示单元 18。由此可见，对比文件 1 公开的显示装置 104 包括多个显示单元 18，这些显示单元 18 设置在支持板 74 上，并以矩阵形式排列，每个显示单元 18 由红色发光二极管、绿色发光二极管和蓝色发光二极管构成，每个发光二极管均有两个电极引脚，发光二极管的引脚分别插入驱动电路的插槽中，驱动电路 100 设置在作为支持板的印刷电路板上，驱动电路 100 与信号源 102 和电源 122 相连接。

将本专利权利要求 1 要求保护的技术方案与对比文件 1 公开的技术方案相比较，其区别在于：（1）权利要求 1 中的发光二极管显示屏设置在壳体内，对比文件 1 未公开在显示屏外还设有壳体；（2）权利要求 1 中每个显示单元中红色、绿色和蓝色发光二极管的数量是各一个，而对比文件 1 中未对每个显示单元中的三种颜色发光二极管数量进行限定；（3）权利要求 1 中发光二极管显示屏的前方设置有一个透光面罩，所述透光面罩固定设置在所述的壳体的前端。

对比文件 2 公开了一种电子发光广告牌，它包括底板 1、透明凸型壳 2、LED 发光二极管 3，透明凸型壳 2 固定在底板 1 上，在底板 1 上、透明凸型壳 2 内并且沿着透明凸型壳 2 的凸型形状排设有 LED 发光二极管 3。

请求人认为上述区别技术特征（1）和（3）已经被对比文件 2 所公开，对比文件 2 中的底板 1 相当于本专利权利要求 1 中的壳体，透明凸型壳 2 相当于本专利权利要求 1 中的透光面罩。专利权人认为对比文件 2 和本专利的技术领域不同，对比文件 2 中的透明的凸形壳做成文字或者图案形状，与本专利不同。对此，合议组认为，本专利的壳体和透光面罩的主要作用在于对户外广告装置的显示屏进行保护，而在户外广告装置的显示屏之外装有壳体和透光面罩以进行保护属于本领域的公知常识。该对比文件 2 的透明凸型壳也同样具有保护发光二极管的作用。因此该区别技术特征（1）和（3）不能使本专利权利要求 1 具备创造性。

对于区别技术特征（2），请求人认为对比文件 1 中并未限制各种颜色发光二极管的数量，其可以是一个也可以是多个，因此对比文件 1 公开了该区别技术特征。而且显示单元由红绿蓝色发光二极管构成已经是现有技术，本专利实际上是将现有技术的 LED 显示器放在户外使用。专利权人则认为，对比文件 1 的显示单元 18 均是由多个红绿蓝发光二极管构成的，对比文件 1 的附图 2-4 和附图 6 也均体现出其是由多个发光二极管组成的，而本专利的显示单元由一个红色、一个绿色和一个蓝色发光二极管构成产生了意料不到的技术效果。对此，合议组认为，虽然显示单元由红绿蓝三种颜色发光二极管构成属于本领域的现有技术，但现有技术中构成显示单元的红绿蓝发光二极管的数量通常均是多个且数量不相等，如对比文件1附图中所示。对比文件2中未公开由发光二极管构成的显示单元。而本专利中采用每个显示单元中每种颜色的发光二极管各一个的设置方式使单个显示单元面积减小，故同样面积的显示屏上可以排列更多的显示单元，从而使显示屏的成像色素更多，图象更加清晰。也就是说，上述区别技术特征为本专利的技术方案带来了一定的技术效果，在对比文件1、对比文件2均未公开上述区别技术特征（2），且没有证据证明该区别技术特征（2）属于本领域的公知常识的情况下，本专利权利要求1所记载的技术方案相对于对比文件1和对比文件2的结合具备创造性，符合专利法第22条第3款的规定。

权利要求2和5分别是独立权利要求1的从属权利要求，在独立权利要求1相对于对比文件1和对比文件2的结合具备创造性的情况下，请求人提出的从属权利要求2和从属权利要求5相对于对比文件1和对比文件2的结合不具备创造性的主张，合议组不予支持。

三、决定

维持200520041009.3号实用新型专利权有效。

当事人对本决定不服的，可以根据专利法第46条第2款的规定，在收到本决定之日起三个月内向北京市第一中级人民法院起诉。根据该款规定，一方当事人起诉后，另一方当事人应当作为第三人参加诉讼。

143

一种电热毛巾架

无效宣告请求审查决定（第11881号）

决　　定　　号　第11881号
决　　定　　日　2008年6月22日
发明创造名称　一种电热毛巾架
国 际 分 类 号　A47K 10/06
无效宣告请求人　佛山市南海区驭圣金属制品厂
专　利　权　人　熊　华
申　　请　　号　200420082882.2
申　　请　　日　2004年8月17日
授 权 公 告 日　2005年9月14日
合 议 组 组 长　于　萍
主　　审　　员　王　森
参　　审　　员　刘　犨

法　律　依　据　专利法第22条第2款、第3款
决　定　要　点

判断一项权利要求是否具备新颖性或创造性，应当首先确定该权利要求的保护范围。根据专利法第五十六条的规定，发明或者实用新型专利权的保护范围以其权利要求的内容为准，说明书及附图可以用于解释权利要求。对权利要求中的某术语的含义，如果本领域普通技术人员按照通常理解，其不应包含某情形，并且根据专利说明书对背景技术存在的问题及该专利的发明目的、技术效果的描述也可以明显排除该情形，则不应当将权利要求解释为包含该情形。

一、案由

本无效宣告请求涉及中华人民共和国国家知识产权局于2005年9月14日授权公告的、名称为"一种电热毛巾架"的实用新型专利权（下称本专利），其专利申请号是200420082882.2，申请日是2004年8月17日，专利权人是熊华。本专利授权公告时的权利要求书如下：

"1. 一种电热毛巾架，是由两侧的主杆（1）和设置在主杆（1）之间的多条横挂杆（2）组成的金属架，在主杆（1）、横挂杆（2）内设有电热体（3），其特征是：所述的电热体（3）又由软骨架（31）和发热丝（32）组成，电热丝（32）呈螺旋状设置在软骨架（31）上，在电热体（3）与主杆（1）、横挂杆（2）之间设有耐热软硅胶密封体（4）。

2. 根据权利要求1所述的电热毛巾架，其特征是：在电热体（3）的电路上串联有温控器（5）

和热熔管（6）。

3. 根据权利要求1或2所述的电热毛巾架，其特征是：在主杆（1）、横挂杆（2）与密封体（4）的接触面设有红外线和负离子材料涂层（7）。”

针对本专利权，佛山市南海区驭圣金属制品厂（下称请求人）于2007年9月25日向专利复审委员会提出无效宣告请求，认为本专利权利要求1、2相对于附件1不具备新颖性，权利要求1、2相对于附件2~4不具备创造性，权利要求3不符合专利法第22条第4款和专利法实施细则第20条第1款的规定，请求人所提交的附件如下：

附件1：授权公告日为2004年9月15日、授权公告号为CN2641975Y的中国实用新型专利说明书，专利权人为上海银堡电器有限公司，申请日为2003年7月4日，共12页；

附件2：授权公告日为2004年5月5日、授权公告号为CN2614032Y的中国实用新型专利说明书，共7页；

附件3：公开日为1999年7月28日、公开号为CN1224324A的中国发明专利申请公开说明书，共9页；

附件4：机械工业出版社出版的、2002年1月第1版第1次印刷的《家用电器与维修技术》封面页、版权页、第9~15页复印件。

请求人认为：（1）附件1公开权利要求1的全部技术特征；结合附件4完全公开了本专利权利要求1全部技术特征，因此权利要求1不具有新颖性；从属权利要求2的附加技术特征被附件1公开，因此权利要求2也不具有新颖性。（2）权利要求1与附件2相比，区别在于附件2没有披露权利要求1杆体内的电热体的三层结构，但其给出了将软电热体放置在杆内的说明，而附件3完全披露了电热体的内外三层结构，结合附件4的说明和启发，所属领域技术人员将一种具有三层结构的软电热体设置在杆内并将杆体内填充绝缘材料无须花费创造性的劳动，所以权利要求1不具有创造性。权利要求2被附件4公开，其属于公知技术，在权利要求1不具有创造性的基础上，权利要求2也不具有创造性。权利要求3限定的附加技术特征在说明书中并未对实现方法、材料特征等作出具体清楚的说明，仅是笼统的作出推测，所述技术领域技术人员根据其说明书根本不能实现，该权利要求也未清楚的表述其保护范围。

经形式审查合格，专利复审委员会依法受理了上述无效宣告请求，并于2007年10月8日向请求人和专利权人发出无效宣告请求受理通知书，同时将专利权无效宣告请求书及其附件清单中所列附件的副本转送给专利权人，并要求专利权人在指定的期限内陈述意见。

在规定的期限内，专利权人没有提交意见陈述。

专利复审委员会依法成立合议组，对上述无效宣告请求进行审查。

本案合议组于2008年1月22日向请求人及专利权人发出无效宣告请求口头审理通知书，定于2008年3月4日举行口头审理。

口头审理如期举行，双方当事人均参加了口头审理。

在口头审理中，请求人坚持以下无效理由：本专利权利要求1、2相对于附件1或相对于附件1和4不具备新颖性；权利要求1、2相对于附件2和3或附件2和4的结合不具有创造性，权利要求3不符合专利法第22条第4款及专利法实施细则第20条第1款的规定。请求人当庭提交了附件5：上诉人为专利权人的民事起诉状，合议组当庭将该附件5转给专利权人；请求人当庭出示了附件4的原件，专利权人对附件1~5的真实性没有异议。双方当事人就上述各项无效宣告理由陈述了各自的意见。

合议组要求双方当事人在口头审理后10日内提交意见陈述书，说明硅橡胶绝缘体与耐热软硅胶密封材料是否相同。

专利复审委员会于2008年4月24日收到了请求人提交的意见陈述书，其中请求人仅采用描述性的语言声称在电工领域硅胶就是硅橡胶；同时请求人认为权利要求1中的部分特征为公知常识，并提交了附件6：机械工业出版社出版的、1987年3月北京第一版、1987年3月成都第一次印刷的《电热电器的设计制造与使用维修》封面页、扉页、版权页、前言、第150~155页复印件来证明该主张。

专利复审委员会于2008年5月5日收到了请求人提交的（2008）粤高法民三终字第33号广东省高级人民法院民事判决书原件。

至此，合议组认为本案事实已经清楚，可以作出审查决定。

二、决定的理由

1. 关于证据和现有技术

请求人在口头审理辩论终结前所提交的证据包括附件1~5，专利权人对附件1~5的真实性没有异议。合议组经审查认为附件1~5可以作为本案证据使用。其中附件1是一份申请日早于本专利申请日，公开日晚于本专利申请日的中国发明专利申请公开说明书，上述附件的申请人不同于本专利的申请人，因此该证据可以作为评价本专利新颖性的证据使用。附件2~4的公开日均早于本专利的申请日，合议组认为这些证据中记载的内容可以作为本专利的现有技术使用。请求人当庭提交的附件5为专利权人本人所写的民事起诉状，其中有专利权人对本专利权利要求1的解释，因此在本案可以予以考虑。请求人补充的附件6未在口头审理辩论终结前提交，因此附件6的提交已超出举证期限，所以附件6在本案不予考虑。

2. 关于权利要求1、2的新颖性

判断一项权利要求是否具备新颖性或创造性，应当首先确定该权利要求的保护范围。根据专利法第五十六条的规定，发明或者实用新型专利权的保护范围以其权利要求的内容为准，说明书及附图可以用于解释权利要求。对权利要求中的某术语的含义，如果本领域普通技术人员按照通常理解，其不应包含某情形，并且根据专利说明书对背景技术存在的问题及该专利的发明目的、技术效果的描述也可以明显排除该情形，则不应当将权利要求解释为包含该情形。

新颖性，是指在申请日以前没有同样的发明或者实用新型在国内外出版物上公开发表过、在国内公开使用过或者以其他方式为公众所知，也没有同样的发明或者实用新型由他人向国务院专利行政部门提出过申请并记载在申请日以后公布的专利申请文件中。

具体到本案中，请求人认为：附件1图2公开了主杆、横挂杆；附件1中的加热线总成相当于本专利的电热体；附件1中的加热线载体相当于软骨架；硅橡胶绝缘层对应于本专利的耐热软硅胶密封体，因此本专利权利要求1相对于附件1不具备新颖性。

合议组认为，判断本专利权利要求1是否具备新颖性或创造性，应当首先确定该权利要求的保护范围。如本专利说明书所述，本专利所要解决的技术问题是传统电热毛巾架由于电热体直接放置在金属架的中空通道内，以致电热体与金属架之间存在间隙，容易造成电热毛巾架发热不均匀；本专利的目的是针对现有技术的不足，提供一种发热均匀的电热毛巾架；并且本专利说明书对技术效果的描述中为，本实用新型由于采用上述结构，使电热体与金属架之间可以紧密接触，使金属架的发热均匀，提高使用效果。因此，根据本领域普通技术人员对“密封体”一词的通常理解，以及说明书相关描述对权利要求的解释，合议组认为本专利权利要求1中的记载的“在电热体（3）与主杆（1）、横挂杆（2）之间设有耐热软硅胶密封体（4）”应该是指耐热软硅胶密封体充满电热体与主杆、横挂杆之间的空腔。

请求人提交附件5“民事上诉状”旨在说明本专利权利要求1的范围，请求人提出：“由于专利权人认为‘密封体’并不限制是否充满管体内腔，为此，如果密封体属于不用充满管内空间的技术方案的情况下，该密封体实际上就是设置在电热元件外部的一层绝缘层材料，而所谓（3）+密封体（4）的结构，仅仅就是一条通常的软电热线而已（在双方的侵权诉讼中，专利权人就是以被控产品含有如此结构提出的诉讼）。”对此，合议组认为，根据专利法第56条的规定，发明或者实用新型专利权的保护范围以其权利要求的内容为准，说明书及附图可以用于解释权利要求。如上所述，根据本专利说明书对本专利所要解决的技术问题及技术效果的描述，以及“密封体”这一术语本身的含义，对于权利要求1中的“在电热体（3）与主杆（1）、横挂杆（2）之间设有耐热软硅胶密封体（4）”应理解为“密封体充满电热管与主杆、横挂杆之间的空腔”。虽然专利权人在侵权诉讼中以及在本案的口头审理中提出权利要求1中的‘密封体’并不限制是否充满管体内腔，但这一陈述并不能作为确定本专利权利要求1范围的依据。

而附件1公开了一种电热毛巾架，其包括毛巾架1、设置在毛巾架空腔内的加热线，与加热连接的电源插头3。加热线总成2由加热线21环绕在加热线载体22上，绕在加热线载体22上的加热线21外包覆硅橡胶绝缘层23构成；加热线总成2设为螺旋形，双股并行设置在毛巾架1空腔内。由附件1图3、4中可明显看出在硅橡胶绝缘层23与毛巾架1之间存有空隙。合议组经审查认为附件1没有公开权利要求1中记载的“在电热体（3）与主杆（1）、横挂杆（2）之间设有耐热软硅胶密封体（4）”，因此附件1公开的技术方案与权利要求1的技术方案实质上也并不相同，故权利要求1相对于附件1具备新颖性。

另外，请求人还认为附件4第11页图2-4公开了电热体，所以附件1结合附件4使权利要求1没有新颖性。对此，合议组认为根据审查指南第二部分第三章第3.1审查原则（2）中明确规定，判断新颖性时，应当将发明或者实用新型专利各项权利要求分别与每一项现有技术或申请在先公布在后的发明或实用新型的相关技术内容单独地进行比较，不得将其与几项现有技术或者申请在先公布在后的发明或者实用新型内容的组合或者与一份对比文件中的多项技术方案的组合进行对比。因此请求人的上述主张不能成立。

合议组认为，根据上述关于权利要求1的新颖性的评述，由于权利要求1相对于附件1具备新颖性，所以从属于权利要求1的权利要求2相对于附件1也具备新颖性。而且基于与上述同样的理由，请求人有关附件1结合附件4使权利要求2没有新颖性的主张也不能成立。

3. 关于权利要求1、2相对于附件2和3或附件2和4的创造性

专利法第22条第3款规定：“创造性是指同申请日以前已有的技术相比，该发明有突出的实质性特点和显著的进步，该实用新型有实质性特点和进步。”

如果实用新型的一部分技术特征在最接近现有技术中没有公开，本领域的技术人员也不能从现有技术中得到将上述技术特征应用于最接近现有技术的技术启示，则该实用新型具有实质性特点，且该实用新型还具有有益的技术效果，则该实用新型具备创造性。。

请求人认为，附件2是最接近的对比文件，附件2公开了电热毛巾架、主杆、横挂杆，且在附件2第10行公开了杆内设置有柔性的电热线。权利要求1与附件2的区别在于电热体的结构以及电热体与主杆、横挂杆之间设置耐热软硅胶密封体。上述区别技术特征分别在附件3或4中公开，所以权利要求1相对于附件2和3、或附件2和4不具备创造性。

合议组经审查认为，附件2公开了一种电热毛巾架，其包括有架体1，架体1由主杆11及横挂杆12组合而成，主杆11及横挂杆12均为金属材料制成的中空管体，主杆11及横挂杆12的内中孔均设置有电热件2；组装时，通过主杆11之通孔111，从其外侧端口穿设柔性电热件2，将电热件2组装于主杆11及横挂杆12的内中孔内。

附件3主要涉及电热毯和电地板加热器等地板供暖装置所使用的电热线及热敏电热线，其公开了

一种电热线及热敏电热线，其中电热线是在芯线2上以螺旋形卷装通电发热的金属导体3，通过在金属导体3的外侧以螺旋形且多层地卷装绝缘性带8而形成多层的绝缘层15，并用绝缘材料4覆盖绝缘层15的表面而制成。

附件4公开了金属管状电热元件是电热器具中最常用的封闭式电热元件，其主要由电热丝、金属护套管、绝缘填充料、封口材料和引出棒等组成；绳状电热元件为在一根用玻璃纤维或石棉线制作的芯线上，缠绕柔软的电热丝（铜、镍合金等），再套一层耐热尼龙编织层，在编织层上涂敷耐热聚乙烯树脂。主要用于电热毯、电热衣等柔性电热织物中。

权利要求1与附件2相比，它们的区别为权利要求1中记载的“所述的电热体（3）又由软骨架（31）和发热丝（32）组成，电热丝（32）呈螺旋状设置在软骨架（31）上，在电热体（3）与主杆（1）、横挂杆（2）之间设有耐热软硅胶密封体（4）”。

由上述可知，附件3涉及的是电热毯和电热地板加热器等地板供暖装置所使用的电热线，其公开的结构仅涉及电热丝及其外部的绝缘层结构，而不涉及电热元件与被加热体之间的关系；而附件4中的金属管状电热元件，虽然在电热丝与金属护套管之间填充有绝缘填充料，但其中并没有公开本专利中电热丝的结构，即由软骨架和发热丝组成，并且附件4中的金属护套管是电热元件的一部分，其中也未涉及电热元件与被加热体之间关系。因此附件3和4均没有给出采用软骨架和发热丝组成电热件，且用耐热软硅胶密封体充满电热体与主杆、横挂杆之间的空腔来解决被加热的金属受热均匀的技术问题的技术启示，因此权利要求1所保护的技术方案相对于附件2和附件3、或相对于附件2和附件4具有实质性特点，且权利要求1具有可烘干悬挂的毛巾的有益效果，权利要求1相对于附件2和3或附件2和4具备专利法第22条第3款规定的创造性。

合议组认为，权利要求2为权利要求1的从属权利要求，其包含了权利要求1的全部技术特征，根据如上论述，权利要求2所保护的技术方案相对于附件2和附件3、或相对于附件2和附件4也具有实质性特点，且权利要求2也具有可烘干悬挂的毛巾的有益效果，权利要求2相对于附件2和3、或附件2和4也具备专利法第22条第3款规定的创造性。

4. 关于权利要求3是否符合专利法第22条第4款及专利法实施细则第20条第1款的规定

请求人认为：权利要求3的附加技术特征在说明书中未对实现方法、材料特征作出具体清楚地说明，仅是笼统地作出推测，所属技术领域的技术人员根据其说明书根本不能实现；权利要求3也未清楚地表述其保护范围。因此权利要求3不符合专利法第22条第4款及专利法实施细则第20条第1款的规定。

合议组认为，权利要求3的附加技术特征为“在主杆（1）、横挂杆（2）与密封体（4）的接触面设有红外线和负离子材料涂层（7）”，本领域的技术人员根据上述记载的内容，能够清楚在主杆、横挂杆与密封体的接触面设置红外线和负离子材料涂层；而且在主杆、横挂杆与密封体的接触面设有的红外线和负离子材料涂层的电热毛巾架在产业中能够制造，并具有可烘干悬挂的毛巾的有益效果；综上，请求人的主张不能成立，本专利权利要求3符合专利法第22条第4款及专利法实施细则第20条第1款的规定。

根据上述的事实和理由，本案合议组依法作出以下决定。

三、决定

维持200420082882.2号实用新型专利权有效。

当事人对本决定不服的，可以根据专利法第46条第2款的规定，自收到本决定之日起三个月内向北京市第一中级人民法院起诉。根据该款的规定，一方当事人起诉后，另一方当事人应当作为第三人参加诉讼。

144

一种新型化粪池结构

无效宣告请求审查决定（第11883号）

决　　定　　号　第11883号
决　　定　　日　2008年6月24日
发明创造名称　一种新型化粪池结构
国际分类号　C02F 11/04
无效宣告请求人　北京北七家德江水泥制品厂
专利权人　张希文
申　　请　　号　200620022879.0
申　　请　　日　2006年4月12日
授权公告日　2007年4月25日
合议组组长　董晓静
主　　审　　员　崔海云
参　　审　　员　刘敏飞

法律依据　专利法第22条第2款、第3款
决定要点

在判断是否构成在先公开使用时，不仅要判断使用公开的事实是否成立以及所具体公开的技术内容是否与专利所保护的技术方案相同，还要判断该事实所涉及的技术内容被公开的时间是否在专利的申请日之前。

一、案由

本无效宣告请求案涉及国家知识产权局于2007年4月25日授权公告的、名称为“一种新型化粪池结构”的实用新型专利权（下称本专利），其专利号是200620022879.0，申请日为2006年4月12日，专利权人是张希文。本专利授权公告的权利要求如下：

“1. 一种新型化粪池，包括依照污水处理顺序依次串联设置的若干化粪池单元以及分别设置于化粪池首尾两端的进水口和出水口，所述任一化粪池单元都由若干化粪池单体组成，其特征在于：所述各化粪池单元内的各化粪池单体通过设置于其侧壁下部的连通孔依次相连。

2. 根据权利要求1所述的新型化粪池，其特征在于：所述各化粪池单元间以其相邻的化粪池单体通过设置于侧壁中部的过水口相连。

3. 根据权利要求1或2所述的新型化粪池，其特征在于：所述任一化粪池单体侧壁上部设置有与邻近化粪池单体相通的通气孔。

4. 根据权利要求 3 所述的新型化粪池，其特征在于：所述各化粪池单元均至少有一个化粪池单体设置有观察口。

5. 根据权利要求 4 所述的新型化粪池结构，其特征在于：所述观察口设置于化粪池顶盖上。

6. 根据权利要求 5 所述的新型化粪池，其特征在于：所述各观察口均配有井盖。”

针对本专利权，北京北七家德江水泥制品厂（下称请求人）于 2008 年 4 月 2 日向专利复审委员会提出无效宣告请求，认为本专利的权利要求 1~6 不符合专利法第 22 条第 2、3 款的规定，其提交的附件如下：

附件 1：针对专利号为 03305648. X 的外观设计专利的无效宣告请求书、请求书中所附的销售发票、订购合同、紫竹园安装图片、第三人的意见陈述书、公证书、以及专利复审委员会针对北京市第一中级人民法院提交的行政答辩状的复印件，共 34 页；

附件 2：授权公告日为 2003 年 9 月 24 日、专利号为 02270321. 7 的中国实用新型专利说明书；

附件 3：授权公告日为 2005 年 7 月 20 日、专利号为 03242977. 0 的中国实用新型专利说明书；

附件 4：授权公告日为 2005 年 9 月 28 日、专利号为 200420092473. 0 的中国实用新型专利说明书。

请求人认为：本案的专利权人是附件 1 所涉及的外观设计专利权无效宣告请求案的请求人暨行政诉讼案的第三人的法人代表，已在该案的请求书和答复意见中承认“早在 1999 年涉案产品……已被包括请求人在内的公众公开使用”、“第三人自 2004 年开始生产与《申报书》载明的相同产品（参见附件 2）”，而其中所称“附件 2”所示的产品结构就是本实用新型专利的产品，因此，本专利已经在申请日前公开使用，所以权利要求 1~6 不具有专利法第 22 条第 2 款规定的新颖性；权利要求 1~6 相对于附件 3 与附件 2 的结合，或附件 3 与附件 4 的结合不具有专利法第 22 条第 3 款规定的创造性。

经形式审查合格后，专利复审委员会受理了上述请求，于 2008 年 4 月 2 日向双方当事人发出无效宣告请求受理通知书，并将专利权无效宣告请求书及其附件清单中所列附件的副本转送给专利权人，要求其在指定的期限内陈述意见。

同时专利复审委员会依法成立合议组对本无效请求案进行审理。

专利权人于 2008 年 5 月 6 日提交意见陈述，认为附件 1 不能破坏本专利权利要求 1~6 的新颖性，并且权利要求 1~6 相对于附件 2 与附件 3 或附件 4 的结合是非显而易见的，因此，本专利的权利要求 1~6 具备新颖性和创造性。并且提交了以下证据：

证据 1：中国计划出版社 2003 年出版的 GBJ50015-2003《建筑给水排水设计规范》的第 7 页复印件，共 1 页；

证据 2：中国计划出版社 2003 年出版的 GBJ50015-2003《建筑给水排水设计规范》的第 72~73 页复印件，共 1 页；

证据 3：中国农业银行收费凭证及对账单复印件，户名为营口同发混凝土有限公司北京通州分公司，共 4 页；

证据 4：房屋土地租赁协议复印件，乙方为营口同发混凝土有限公司北京通州分公司，共 2 页；

证据 5：印刷合同、收据及印刷的资料页复印件，客户方为营口同发混凝土有限公司北京通州分公司，共 6 页；

证据 6：北京市第一中级人民法院（2008）一中行初字第 31 号行政判决书复印件，共 12 页；

证据 7：第 10558 号无效宣告请求审查决定书复印件，共 7 页。

2008 年 5 月 9 日，本案合议组向双方当事人发出无效宣告请求口头审理通知书，拟定于 2008 年 5 月 21 日对本专利权的无效请求进行口头审理。随口头审理通知书，合议组将专利权人的上述意见陈述及附件转送给请求人，要求其在参加口头审理时一并答复。

2008年5月21日，口头审理如期进行，双方当事人均出席了口头审理。庭审过程中，合议组就本案的无效理由及证据逐一进行了调查，双方当事人充分陈述了各自的意见。请求人明确无效的理由、证据、范围以及证据的使用方式为：权利要求1~6相对于附件1不具有新颖性，权利要求1~6相对于附件3和2，或附件3和4的结合不具有创造性。专利权人对附件1~6的真实性无异议。专利权人当庭提交意见陈述及证据8：石榴庄住宅小区化粪池施工合同复印件，共17页。合议组当庭转给请求人，请求人当庭签收。专利权人明确，证据3~7证明本专利有新颖性，证据1、2、8证明本专利具有创造性。专利权人当庭出示了证据1~5、8的原件。请求人对证据1、2、6、7的真实性无异议，对证据3~5、8的真实性有异议。

至此，合议组认为本案的事实清楚，可以作出审查决定。

二、决定的理由

1. 关于证据和现有技术

请求人提交的证据为附件1~4，用于评述本专利权利要求1~6的新颖性和创造性。专利权人对附件1~4的真实性没有异议，合议组经审查认为附件1~4可以作为本案证据使用。附件2~4属于公开出版物，并且附件2~4的公开、公告日期均在本专利的申请日之前，因此可以作为本专利的现有技术使用。

2. 关于专利法第22条第2款

专利法第22条第2款规定，新颖性，是指在申请日以前没有同样的发明或者实用新型在国内外出版物上公开发表过、在国内公开使用过或者以其他方式为公众所知，也没有同样的发明或者实用新型由他人向国务院专利行政部门提出过申请并且记载在申请日以后公布的专利申请文件中。

在判断是否构成在先公开使用时，不仅要判断使用公开的事实是否成立以及所具体公开的技术内容是否与专利所保护的技术方案相同，还要判断该事实所涉及的技术内容被公开的时间是否在专利的申请日之前。

请求人认为，附件1中的公证书所附的产品宣传资料中的6、7、9、10号化粪池的技术方案证明该化粪池的结构和本专利权利要求1~6相同；附件1里的请求书中的“早在1999年涉案外观设计产品已经被包括请求人在内使用”，附件1中由作为第三人的营口同发混凝土有限公司北京通州分公司出具的意见陈述书表示“第三人自2004年开始生产与《申报书》载明相同的产品”，由此可以说明本专利产品被公开使用的时间早于本专利的申请日。因此本专利的权利要求1~6没有新颖性。同时请求人明确不用附件1中的其他资料，也不用所涉及的外观设计和本专利进行对比。

专利权人认为，虽然附件1中公证书所附产品资料页中所示的第6、7、9、10号化粪池与本专利相同，但是否认产品资料页和外观设计和申报书相同；而且，公证书所附的资料页的时间是公证人员去取证的时间，晚于本专利的申请日；证据3~5是公证人员去取证的厂房地址的租赁合同和银行转帐支票凭证，以及产品资料印刷合同，租赁合同及银行转帐支票凭证显示厂房的存在时间是2006年5月，可以证明公证书产品资料页的印刷时间应当在厂房存在的时间之后，并且产品资料印刷合同也显示签订时间是2006年5月28日。请求人并没有提交所说的《申报书》，也没有提交所提到的外观设计，并且《申报书》中的产品、外观设计与本专利产品的结构并不相同。此外，附件1中的请求书中请求人所承认的内容及第三人意见陈述书中的内容并没有在所涉及的无效宣告决定及法院判决中直接认定，因此，并不能作为已经被确认了的事实使用。

合议组认为，对于请求人所主张的附件1的公证书所附的产品宣传资料中的第6、7、9、10号化粪池的技术方案与本专利相同的主张，专利权人予以认可，合议组经比较上述化粪池的结构，认为本专利权利要求 1~5 的技术方案与附件 1 的上述内容相同，但权利要求 6 的附加技术特征“各观察口均配有井盖”未被公开。对于请求人主张的公开时间，首先，由于附件 1 公证书所附的资料页的获得时间如公证书所述，是 2006 年 10 月 11 日于营口同发混凝土有限公司北京通州分公司取得，晚于本专利的申请日，而且资料页本身也未记载所示化粪池的公开时间在本专利的申请日之前，所以，由公证书不能得出资料页所示的化粪池公开的时间在本专利的申请日之前。其次，请求人认为本专利的专利权人作为营口同发混凝土有限公司北京通州分公司的法定代表人在附件 1 的请求书中已经承认涉案的外观设计产品早在 1999 年被在先使用，并且在作为第三人的意见陈述中也承认自 2004 年开始生产与《申报书》载明相同的产品。但是，这只能说明在附件 1 所涉及的关于 03305648. X 号外观设计专利权的无效程序和诉讼程序中，专利权人主张《申报书》涉及的产品和外观设计产品被公开使用。至于本实用新型专利权与上述申报书、外观设计之间的关系，请求人认为专利权人已承认三者相同，但专利权人对此予以否认，而且从所述“证据 2”（即本案附件 1 的公证书）的相关页数也不能得出产品介绍资料的第 6、7、9、10 号化粪池已于本专利申请日之前公开的结论。由于请求人并没有提交《申报书》，也没有提交相关外观设计，并且不能证明所述《申报书》涉及的产品和外观设计与本案附件 1 的公证书所附产品资料页中所示的化粪池结构相同，也不能证明与本专利的产品相同，所以，请求人关于本专利的产品在申请日前在国内被公开使用的主张不成立。因此，合议组对请求人关于附件 1 证明本专利的权利要求 1~6 在申请日前被公开使用的主张不予支持。

3. 关于专利法第 22 条第 3 款

专利法第 22 条第 3 款规定，创造性，是指同申请日以前已有的技术相比，该发明有突出的实质性特点和显著的进步，该实用新型具有实质性特点和进步。

如果权利要求的技术方案与最接近的对比文件的区别是公知常识或者被另一篇对比文件公开，并且该区别在另一篇对比文件中所解决的技术问题与在要求保护的技术方案中所解决的技术问题相同，则在现有技术中存在得到所要求保护的技术方案的技术启示，得到该技术方案是显而易见的，从而该权利要求不具有创造性，否则具有创造性。

请求人认为权利要求 1~6 相对于附件 3 和 2，或附件 3 和 4 的结合不具有创造性。

权利要求 1 保护一种新型化粪池。附件 3 公开了一种组合式预制混凝土化粪池（参见附件 3 说明书第 1 页至第 2 页、附图 1），包括串联组合的化粪池单元，每一个化粪池单元由沉淀池 8、下围池 9、上围池 11 和井盖 13 组成，沉淀池位于下围池下端，下围池上端为上围池，上围池上端口设井盖，下围池周边上设贯通口 10，相邻的化粪池单元的贯通口 10 通过贯通管 7 互相连通。一个化粪池单元的上围池边上设进水孔 12（相当于权利要求 1 中的进水口），另一个化粪池单元的上围池边上设有出水孔 5（相当于权利要求 1 中的出水口）。

请求人认为附件 3 中的沉淀池 8、下围池 9、上围池 11 相当于权利要求 1 中的化粪池单体，三者组成的单元相当于权利要求 1 中化粪池单元。合议组认为，附件 3 中的沉淀池放置于下围池下端，下围池上端放置上围池，组成一个化粪池单元，与权利要求 1 中通过设置于其侧壁下部的连通孔依次相连的各化粪池单体组成的化粪池单元结构不同。但是由于附件 3 中的化粪池单元的功能和作用与本专利权利要求 1 中的化粪池单体相同，所以可以认为附件 3 中的化粪池单元相当于权利要求 1 中的化粪池单体，而附件 3 中的若干个化粪池单元则可以称为一个权利要求 1 中所述的化粪池单元。

可见，权利要求 1 与附件 3 的区别在于：附件 3 没有公开各化粪池单元内的各化粪池单体通过设置于其侧壁下部的连通孔依次相连。

附件 2 公开了一种预制组合式化粪池（参见附件 2 的说明书第 2 页及图 1），在底座 1 上设置一个单孔圈 2 或双孔圈 4，其中，单孔圈 2 设置在最前端或最末端的一组，双孔圈 4 设置在介于第一组和最末一组之间的各组预制组合式化粪池之间；在单孔圈 2 或双孔圈 4 上面再设置一个密封筒圈 3，在密封筒圈 3 上再设置一个三孔圈 5 或双孔圈 4，其中三孔圈 5 适用于第一组和最末一组，双孔圈 4 介于第一组和最末一组之间的各组；在三孔圈 5 或双孔圈 4 上设置变径池口 6，在变径池口 6 的上开口上设置池盖 7。可见附件 2 中，位于底座 1 上的单孔圈 2 和双孔圈 4 的孔在预制组合式化粪池侧壁形成了连通孔，而且所属技术领域的技术人员根据其描述可以得到连通孔设在化粪池侧壁下部的技术启示。

专利权人认为，附件 2 中预制组合式化粪池具有底座 1，所以，底座 1 上的单孔圈 2 和双孔圈 4 的孔形成的连通孔不是位于化粪池的侧壁下部。合议组认为，虽然附件 2 中单孔圈 2 和双孔圈 4 位于底座 1 的上面，但底座 1 仅仅构成化粪池的底面，而且，底座 1 上面依次设置有单孔圈 2 或双孔圈 4、密封筒圈 3、三孔圈 5 或双孔圈 4、变径池口 6、池盖 7，可见，由附件 2 中位于底座 1 上面的单孔圈 2 或双孔圈 4 上面的孔与化粪池侧壁的关系，给出了连通孔位于化粪池侧壁的下部，形成连通孔将化粪池组依次相连的技术启示。

专利权人还认为，附件 3 和 2 都没有公开化粪池单元之间通过过水口相连。合议组认为，权利要求 1 中并没有记载化粪池单元之间通过过水口相连，所以权利要求 1 与附件 3 并不存在该区别。

综上所述，由于现有技术中存在得到权利要求 1 的技术启示，所以对于本领域技术人员而言，得到权利要求 1 的技术方案是显而易见的，即权利要求 1 的技术方案不具有实质性特点和进步，不具有专利法第 22 条第 3 款规定的创造性。

权利要求 2 引用权利要求 1，进一步限定各化粪池单元间以其相邻的化粪池单体通过设置于侧壁中部的过水口相连。请求人认为附件 3 中的贯通孔 10 同时起到了过水孔和连通孔的作用，所以权利要求 2 也不具有创造性。

合议组认为，本专利权利要求 2 通过引用权利要求 1，已包含了权利要求 1 的技术特征，其要求保护的方案中，设于化粪池单元内的化粪池单体通过侧壁下部的连通孔相连，是为了便于化粪池单元内化粪池单体间淤积物的流动，而用于相邻的两个化粪池单元相连的则是相邻化粪池单体侧壁的中部的过水口，是用于两个化粪池单元间污水的流动。所以，本专利中用于化粪池单元间连接的过水口和用于化粪池单元内单体间连接的连通孔的设置位置不同，作用也不相同。

附件 3 中的贯通孔 10 是连接相邻的两个化粪池单元（对应本专利权利要求 2 的化粪池单体），每一个化粪池单元由上围池、下围池和沉淀池上下叠加在一起形成的，二个以上的化粪池单元能并排组合，相邻的化粪池单元的贯通口通过贯通管相连，可见附件 3 中并没有公开或给出由通过侧壁下部连通孔连接形成的化粪池单体组成的化粪池单元之间，通过侧壁中部过水口连通的技术启示。

附件 2 中相邻化粪池组（相当于本专利中化粪池单元）之间仅通过下部的孔流动污水；附件 4 中相邻化粪池组（相当于本专利中化粪池单元）也仅通过侧壁上的过水孔连通流动污水。可见，附件 2 和附件 4 也没有公开或给出由通过侧壁下部连通孔连接形成的化粪池单体组成的化粪池单元之间通过侧壁中部过水口连通的技术启示。

因此，合议组对请求人关于权利要求 2 相对于附件 3 和附件 2 的结合或者附件 3 和附件 4 的结合不具有创造性的主张不予支持。

权利要求 3~5 对引用的权利要求作进一步限定。由于附件 3（参见附件 3 的图 1）明确公开了化粪池组的上围池侧壁上设有通气口 3（相当于权利要求 3 中的通气孔），相邻化粪池单元的通气口通过通气管 2 相互连通，化粪池组上设有井盖 13（相当于权利要求 5 中顶盖），以及在井盖 13 上设有用于清除污物和观察的井盖口 1（相当于权利要求 4 中观察口），可见，附件 3 公开了权利要求 3~5 的附加技术特征，因此，当权利要求 1 不具有创造性时，直接和间接引用权利要求 1 的权利要求 3~5

也不具有专利法第 22 条第 3 款规定的创造性；当请求人关于权利要求 2 不具有创造性的主张不成立时，请求人关于直接或间接引用权利要求 2 的权利要求 3~5 不具备专利法第 22 条第 3 款规定的创造性的主张也不成立。

权利要求 6 进一步限定权利要求 5 的化粪池的观察口均配有井盖。请求人认为附件 4 公开了权利要求 6 的附加技术特征。合议组认为，由于附件 4 公开了“顶盖上部观察孔可采用铸铁盖（参见附件 4 说明书第 6 页第 18 行）”，即公开了观察孔带有井盖，而且，为了防止化粪池的气味扩散，化粪池的观察孔配有井盖也是显而易见的。因此，当其引用的权利要求 5 不具有创造性时，权利要求 6 也不具有专利法第 22 条第 3 款规定的创造性；当请求人关于权利要求 5 不具有创造性的主张不成立时，其关于从属权利要求 6 不具有专利法第 22 条第 3 款规定的创造性的主张也不成立。

专利权人用证据 3~7 证明本专利有新颖性，而如前所述，请求人关于本专利权利要求 1~6 不具有新颖性的主张不成立，因此合议组对证据 3~7 不予评述。专利权人用证据 1、2、8 证明本专利具有创造性，但如前所述，本专利权利要求 1、权利要求 3~6 引用权利要求 1 的技术方案相对于所述附件的结合不具备创造性，虽然专利权人主张证据 1、2、8 说明本专利符合设计规范和产生了经济效益，但是由于它们不足以证明本专利相对于附件 3 和 2 的结合非显而易见，因此专利权人关于使用证据 1、2、8 证明本专利具备创造性的主张，合议组不予支持。

基于以上事实和理由，本案合议组依法作出如下审查决定。

三、决定

宣告第 200620022879.0 号发明专利权的权利要求 1 及权利要求 3~6 中引用权利要求 1 的技术方案无效，维持权利要求 2 及权利要求 3~6 中引用权利要求 2 的技术方案有效。

当事人对本决定不服的，可以根据专利法第 46 条第 2 款的规定，自收到本决定之日起三个月内向北京市第一中级人民法院起诉。根据该款的规定，一方当事人起诉后，另一方当事人应当作为第三人参加诉讼。

北京市第一中级人民法院
行政判决书

（2008）一中行初字第 1552 号

原告北京北七家德江水泥制品厂，住所地北京市昌平区北七家镇草碾村。

法定代表人王德江，经理。

委托代理人闫爽，男，1984 年 1 月 14 日出生，汉族，北京汇泽知识产权代理有限公司职员，户籍所在地北京市海淀区学院路 37 号 1 住宅 103 号。

委托代理人闫立德，男，北京汇泽知识产权代理有限公司专利代理人。

被告国家知识产权局专利复审委员会，住所地北京市海淀区北四环西路 9 号银谷大厦 10~12 层。

法定代表人廖涛，副主任。

委托代理人崔静云，女，国家知识产权局专利复审委员会审查员。

委托代理人郭鹏鹏，男，国家知识产权局专利复审委员会审查员。

第三人张希文，男，1963 年 12 月 30 日出生，汉族，无业，户籍所在地辽宁省营口市站前区花园里 022-09 号。

原告北京北七家德江水泥制品厂（以下简称德江厂）不服被告国家知识产权局专利复审委员会（以下简称复审委）作出的第 11883 号无效宣告请求审查决定（以下简称被诉决定），于 2008 年 10 月 7 日向本院提起行政诉讼。本院受理后，依法组成合议庭，于 2008 年 12 月 8 日公开开庭审理了本案。原告德江厂的委托代理人闫爽，被告复审委的委托代理人崔静云、郭鹏鹏，第三人张希文到庭参加了诉讼。本案现已审理终结。

2008 年 6 月 24 日，被告作出被诉决定。该决定认为，名称为“一种新型化粪池结构”的第 200620022879.0 实用新型专利权（以下简称本专利）权利要求 1 以及引用该项权利要求的从属权利要求 3~6 不具备创造性，权利要求 2 以及引用该项权利要求的从属权利要求 3~6 具有创造性，故决定宣告本专利权利要求 1 及权利要求 3~6 中引用权利要求 1 的技术方案无效，维持权利要求 2 及权利要求 3~6 中引用权利要求 2 的技术方案有效。

在法定举证期限内，被告向本院提交了下列证据的复印件：1. 本专利说明书，用以证明涉案专利授权文本；2. 针对专利号为 ZL033005648. X 的外观设计专利的无效请求书、请求书所附的销售发票、订货合同、紫竹园安装图片、第三人的意见陈述书、（2006）京证内字第 11882 号公证书、以及被告在该案中向本院提交的行政答辩状（即被诉决定中所列的附件 1）；3. 授权公告日为 2003 年 9 月 24 日、专利号为 02270321.7 的中国实用新型专利说明书（即被诉决定中的附件 2）；4. 授权公告日为 2005 年 7 月 20 日、专利号为 03242977.0 的中国实用新型专利说明书（即被诉决定中的附件 3）；5. 授权公告日为 2005 年 9 月 28 日、专利号为 200420092473.0 的中国实用新型专利说明书（即被诉决定中的附件 4）；6. 口头审理记录表。以上证据 2~6 用以证明被诉决定认定事实清楚，适用法律正确。

被告当庭提交了其于 2007 年 10 月 15 日作出的第 10558 号无效宣告请求审查决定（以下简称第 10558 号决定），以证明本案中的（2006）京证内字第 11882 号公证书与第 10558 号决定中出现的公证书不同，本案第三人在第 10558 号决定的案件中认可的事实也不能成为在本案中宣告本专利无效的理由。

原告德江厂诉称：1. 本专利不具备新颖性，本案被告认定本专利在申请日之前未被公开属于认定事实不清。第三人张希文系附件 1 营口同发混凝土有限公司北京通州分公司的法定代表人，其在另一案件的意见陈述书中公开承认“第三人自 2004 年开始生产与《申报书》载明相同的产品”。也明确说明其所解释的证据 2 就是（2006）京证内字第 11882 号公证书所涉及的产品。该公证书有所称第三人的产品说明书，产品说明书中明确有涉案专利的图形和照片。可以认定另案第三人在逃避侵权责任时所作的陈述是事实。因此，本专利在 2004 年开始生产，已经不具备新颖性；2. 本专利不具备创造性。原告提供的附件 2 至附件 4 所揭示的化粪池结构包括：若干个化粪池单元、一个进水口和出水口、若干个通气孔、井盖和观察口和使相邻化粪池单元相通的贯通口。本专利与附件 2~4 唯一所不同的是对使相邻化粪池单元相通的贯通口的叫法不同。附件 2~4 包括了涉案专利所称“过水口”的不同位置和作用，使相邻化粪池单元相通的这个口不管叫什么其作用均是相通的，就是使相邻化粪池单元相通。显然，附件 2~4 相邻化粪池单元相通的只有两个口：位于上部的通气孔用于通气，位于中部和下部的这个口用于通水或通泥。不管是否将化粪池划分为化粪池单体还是化粪池单元，均包括上述两个口。因此，相通相邻化粪池单元的下端这个口不存在过水和过泥的分别。人为的将数个化粪池组成单元，变更位于中部和下部的这个口的叫法，不是创造性，没有实质性特点和进步；3. 被诉决定没有具体说明权利要求 3、4、5、6 是否有新颖性和创造性，属非完整决定。综上，被诉决定认定事实不清，适用法律不当，原告请求法院判决撤销被诉决定中关于维持权利要求 2 及权利要求 3~6 中引用权利要求 2 有效的部分。

原告未向本院提交证据。

被告复审委答辩认为：1. 关于新颖性。在无效程序中原告据以主张权利要求 1~6 不具备新颖性的证据及使用方式参见口头审理记录表第 10 项，被诉决定中的第 4 页第 3 段。被告认为，根据《最高人民法院民事诉讼证据的若干规定》第八条规定“诉讼过程中，一方当事人对另一方当事人陈述的案件事实明确表示承认的，另一方当事人无须举证”，因此，诉讼上自认的对象是案件事实，至于法律规范的适用以及对于事实的法律评价，则不产生自认问题。在此基础上，被告经审查，认为原告关于新颖性无效宣告理由不成立，具体理由参见被诉决定第 4 页倒数第 1 段至第 5 页第一段；2. 关于创造性。被诉决定第 6 页第 5~8 段所述，权利要求 2 的方案中，多个化粪池构成一个化粪池单元，单元内的各单体通过设置于侧壁下部的联通孔相连，单元则通过设置在侧壁中部的过水口相连。而附件 2~4 并没有公开单元之间、单元内连接口的高度差异或者给出教导，这并非原告所理解的“贯通口叫法不同”；3. 被诉决定就权利要求 3~6 是否具备创造性已经作出评述。综上，被诉决定认定事实清楚，适用法律正确，审理程序合法，被告请求法院维持被诉决定。

第三人述称：相关附件不能破坏本专利的新颖性和创造性，第三人请求法院撤销被诉决定。

第三人在庭审时向本院提交了以下证据的复印件：1.《建筑设备施工安装图集》第 145、231 页；2.《建筑给水排水设计规范》第 74、75 页，上述证据用以证明化粪池应当是分隔的，附件 4 没有公开本专利权利要求 6 的技术特征。

经庭审质证，原告、第三人对被告庭前提交证据的关联性、合法性和真实性均没有异议，但是均不同意被告主张的证明作用；对于被告当庭提交的第 10558 号决定，原告表示该份证据中涉及的公证书可以证明本案第三人承认其在 2004 年生产了与本专利相同的产品，本专利在申请日前已经被公开，第三人对该份证据表示认可。对于原告当庭提交的证据，被告和第三人认为以上证据在行政程序中没有提交，不予认可。本院经审查认为，原告在无效程序中表示仅使用其提交的附件 1（即被告向本院提交的证据 2）中的公证书中所附的产品资料页、针对外观设计专利的无效请求书和第三人的意见陈述书作为评价本专利是否具备新颖性的证据，不使用附件 1 中的其他资料进行对比，故被告提交的证据 2 中的以上资料、证据 1、证据 3~6 与被诉决定具备关联性，且合法、真实，可以证明本案的相关事实，本院予以采纳；原告在庭审中提交的证据以及被告证据 2 中的其他材料与被诉决定不具备关联性，本院不予采纳；被告当庭提交的第 10558 号决定超过了法定的举证期限，本院不予采纳。

根据上述经确认的有效证据以及当事人无争议的陈述，本院认定本案事实如下：

2006 年 4 月 12 日，第三人向国家知识产权局提出名称为“一种新型化粪池结构”的实用新型专利申请。2007 年 4 月 25 日，国家知识产权局授权其专利权，即本专利。本专利授权公告的权利要求如下：

1. 一种新型化粪池，包括依照污水处理顺序依次串联设置的若干化粪池单元以及分别设置于化粪池首尾两端的进水口和出水口，所述任一化粪池单元都由若干化粪池单体组成，其特征在于：所述各化粪池单元内的各化粪池单体通过设置于其侧壁下部的连通孔依次相连。

2. 根据权利要求 1 所述的新型化粪池，其特征在于：所述各化粪池单元间以其相邻的化粪池单体通过设置于侧壁中部的过水口相连。

3. 根据权利要求 1 或 2 所述的新型化粪池，其特征在于：所述任一化粪池单体侧壁上部设置有与邻近化粪池单体相通的通气孔。

4. 根据权利要求 3 所述的新型化粪池，其特征在于：所述各化粪池单元均至少有一个化粪池单体设置有观察口。

5. 根据权利要求 4 所述的新型化粪池结构，其特征在于：所述观察口设置于化粪池顶盖上。

6. 根据权利要求5所述的新型化粪池，其特征在于：所述各观察口均配有井盖。

2008年4月2日，原告以本专利的权利要求1~6不符合《专利法》第二十二条第二、三款的规定为由，向被告提出无效宣告请求，并提交了附件1~4（即被告在本案中向本院提交的证据2~5）作为支持其无效理由的证据。

被告受理该申请后，进行了转文。同年5月6日，第三人提交了意见陈述，并提交了下列证据：1. 中国计划出版社2003年出版的GBJ50015-2003《建筑给水排水设计规范》的第7页复印件，共1页（以下简称证据1）；2. 中国计划出版社2003年出版的GBJ50015-2003《建筑给水排水设计规范》的第72~73页复印件，共1页（以下简称证据2）；3. 户名为营口同发混凝土有限公司北京通州分公司（以下简称同发通州分公司）的中国农业银行收费凭证及对账单复印件共4页（以下简称证据3）；4. 乙方为同发通州分公司的房屋土地租赁协议复印件共2页（以下简称证据4）；5. 客户方为同发通州分公司的印刷合同、收据及印刷的资料页复印件共6页（以下简称证据5）；6. 本院（2008）一中行初字第31号行政判决书复印件（以下简称证据6）；7. 第10558号决定复印件（以下简称证据7）。

被告将上述文件转送给原告，并于同年5月21日举行了口头审理。在口头审理过程中，原告明确的无效理由、证据、范围以及证据的使用方式为：权利要求1~6相对于附件1不具有新颖性，权利要求1~6相对于附件3和2，或附件3和4的结合不具有创造性。第三人对附件1~6的真实性无异议。第三人当庭提交了意见陈述及石榴庄住宅小区化粪池施工合同复印件共17页（以下简称证据8）。被告将该文件转给原告，原告当庭签收。第三人出示了证据1~5、8的原件并明确以证据3~7证明本专利有新颖性，以证据1、2、8证明本专利具有创造性。原告对证据1、2、6、7的真实性无异议，对证据3-5、8的真实性有异议。

被告经对原告提交的附件1~4进行审查后认为，第三人对附件1~4的真实性没有异议，故附件1~4可以作为本案证据使用。其中附件2~4属于公开出版物，且公开、公告日期均在本专利的申请日之前，可以作为本专利的现有技术使用。

原告仅以附件1公证书中所附的产品宣传资料、外观设计专利无效请求书以及意见陈述书说明本专利产品被公开使用的时间早于本专利的申请日，故本专利的权利要求1~6没有新颖性。同时，原告明确表示不使用附件1中的其他材料，亦不对外观设计专利与本专利进行比对。对此被告认为，在判断是否构成在先公开使用时，不仅要判断使用公开的事实是否成立以及所具体公开的技术内容是否与专利所保护的技术方案相同，还要判断该事实所涉及的技术内容被公开的时间是否在专利的申请日之前。经对原告所主张的附件1公证书所附的产品宣传资料中的第6、7、9、10号化粪池的技术方案与本专利的结构进行比较，本专利权利要求1~5的技术方案与附件1的上述内容相同，但附件1未公开权利要求6的附加技术特征"各观察口均配有井盖"。由于附件1公证书所附的资料页是2006年10月11日在同发通州分公司取得的，其获得的时间晚于本专利的申请日，而且资料页本身也未记载所示化粪池的公开时间在本专利的申请日之前，所以，由公证书不能得出资料页所示的化粪池公开的时间在本专利的申请日之前。附件1中请求书及意见陈述只能说明在外观设计专利无效程序以及之后的诉讼程序中，第三人主张《申报书》涉及的产品和外观设计产品被公开使用。因原告并没有提交《申报书》，也没有提交相关外观设计专利，并且不能证明所述《申报书》涉及的产品和外观设计专利以及附件1中的公证书所附产品资料页中所示的化粪池结构相同，也不能证明与本专利的产品相同，因此，原告关于本专利的产品在申请日前在国内被公开使用的主张不成立。

针对原告提出的本专利相对于附件3和2或附件3和4结合不具备创造性的无效理由，被告经审查认为，如果权利要求的技术方案与最接近的对比文件的区别是公知常识或者被另一篇对比文件公开，并且该区别在另一篇对比文件中所解决的技术问题与在要求保护的技术方案中所解决的技术问题相同，则在现有技术中存在得到所要求保护的技术方案的技术启示，得到该技术方案是显而易见的，从而该权利要求不具有创造性，否则具有创造性。

权利要求1保护一种新型化粪池。附件3公开了一种组合式预制混凝土化粪池（参见附件3说明书第1页至第2页、附图1），包括串联组合的化粪池单元，每一个化粪池单元由沉淀池8、下围池9、上围池11和井盖13组成，沉淀池位于下围池下端，下围池上端为上围池，上围池上端口设井盖，下围池周边上设贯通口10，相邻的化粪池单元的贯通口10通过贯通管7互相连通。一个化粪池单元的上围池边上设进水孔12（相当于权利要求1中的进水口），另一个化粪池单元的上围池边上设有出水孔5（相当于权利要求1中的出水口）。虽然附件3中的沉淀池放置于下围池下端，下围池上端放置上围池，组成一个化粪池单元，与权利要求1中通过设置于其侧壁下部的连通孔依次相连的各化粪池单体组成的化粪池单元结构不同。但是由于附件3中的化粪池单元的功能和作用与本专利权利要求1中的化粪池单体相同，所以可以认为附件3中的化粪池单元相当于权利要求1中的化粪池单体，而附件3中的若干个化粪池单元则可以称为一个权利要求1中所述的化粪池单元。由此可见，权利要求1与附件3的区别在于：附件3没有公开各化粪池单元内的各化粪池单体通过设置于其侧壁下部的连通孔依次相连。

附件2公开了一种预制组合式化粪池（参见附件2的说明书第2页及图1），在底座1上设置一个单孔圈2或双孔圈4，其中，单孔圈2设置在最前端或最末端的一组，双孔圈4设置在介于第一组和最末一组之间的各组预制组合式化粪池之间；在单孔圈2或双孔圈4上面再设置一个密封筒圈3，在密封筒圈3上再设置一个三孔圈5或双孔圈4，其中三孔圈5适用于第一组和最末一组，双孔圈4介于第一组和最末一组之间的各组；在三孔圈5或双孔圈4上设置变径池口6，在变径池口6的上开口上设置池盖7。可见附件2中，位于底座1上的单孔圈2和双孔圈4的孔在预制组合式化粪池侧壁形成了连通孔，而且所属技术领域的技术人员根据其描述可以得到连通孔设在化粪池侧壁下部的技术启示。

综上所述，由于现有技术中存在得到权利要求1的技术启示，所以对于本领域技术人员而言，得到权利要求1的技术方案是显而易见的，即权利要求1的技术方案不具有实质性特点和进步，不具有《专利法》第二十二条第三款规定的创造性。

权利要求2引用权利要求1，进一步限定各化粪池单元间以其相邻的化粪池单体通过设置于侧壁中部的过水口相连。其要求保护的方案中，设于化粪池单元内的化粪池单体通过侧壁下部的连通孔相连，是为了便于化粪池单元内化粪池单体间淤积物的流动，而用于相邻的两个化粪池单元相连的则是相邻化粪池单体侧壁的中部的过水口，是用于两个化粪池单元间污水的流动。所以，本专利中用于化粪池单元间连接的过水口和用于化粪池单元内单体间连接的连通孔的设置位置不同，作用也不相同。

附件3中的贯通孔10是连接相邻的两个化粪池单元（对应本专利权利要求2的化粪池单体），每一个化粪池单元由上围池、下围池和沉淀池上下叠加在一起形成的，二个以上的化粪池单元能并排组合，相邻的化粪池单元的贯通口通过贯通管相连，可见附件3中并没有公开或给出由通过侧壁下部连通孔连接形成的化粪池单体组成的化粪池单元之间，通过侧壁中部过水口连通的技术启示。

附件2中相邻化粪池组（相当于本专利中化粪池单元）之间仅通过下部的孔流动污水；附件4中相邻化粪池组（相当于本专利中化粪池单元）也仅通过侧壁上的过水孔连通流动污水。可见，附件2和附件4也没有公开或给出由通过侧壁下部连通孔连接形成的化粪池单体组成的化粪池单元之间通过侧壁中部过水口连通的技术启示。被告对原告关于权利要求2相对于附件3和附件2的结合或者附件3和附件4的结合不具有创造性的主张不予支持。

权利要求3~5对引用的权利要求作进一步限定。由于附件3（参见附件3的图1）明确公开了化粪池组的上围池侧壁上设有通气口3（相当于权利要求3中的通气孔），相邻化粪池单元的通气口通过通气管2相互连通，化粪池组上设有井盖13（相当于权利要求5中顶盖），以及在井盖13上设有用于清除污物和观察的井盖口1（相当于权利要求4中观察口），可见，附件3公开了权利要求3~5的附加技术特征，因此，当权利要求1不具有创造性时，直接和间接引用权利要求1的权利要求3~5也不具有《专利法》第二十二条第三款规定的创造性；当权利要求2具有创造性时，原告关于直接或间接引用权利要求2的权利要求3~5不具备《专利法》第二十二条第三款规定的创造性的主张不成立。

权利要求6进一步限定权利要求5的化粪池的观察口均配有井盖。由于附件4公开了“顶盖上部观察孔可采用铸铁盖”（参见附件4说明书第6页第18行），即公开了观察孔带有井盖，而且，为了防止化粪池的气味扩散，化粪池的观察孔配有井盖也是显而易见的。因此，当其引用的权利要求5不具有创造性时，权利要求6也不具有《专利法》第二十二条第三款规定的创造性；当权利要求5具有创造性时，原告关于从属权利要求6不具有《专利法》第二十二条第三款规定的创造性的主张不成立。

因原告关于本专利权利要求1~6不具有新颖性的主张不成立，因此被告对第三人提交的用以证明本专利有新颖性的证据3~7不予评述。因本专利权利要求1、权利要求3~6引用权利要求1的技术方案相对于附件3和2的结合不具备创造性，虽然第三人主张证据1、2、8说明本专利符合设计规范和产生了经济效益，但是由于它们不足以证明本专利相对于附件3和2的结合非显而易见，因此被告对第三人关于使用证据1、2、8证明本专利具备创造性的主张不予支持。

被告根据上述分析，于2008年3月20日作出被诉决定，宣告本专利权利要求1及权利要求3~6中引用权利要求1的技术方案无效，维持权利要求2及权利要求3~6中引用权利要求2的技术方案有效。原告不服，向本院提起行政诉讼。

本院对被诉决定中认定的附件3公开了本专利权利要求3~5的附加技术特征、附件4公开了本专利权利要求6的附加技术特征的认定予以认可。

另查，被告向本院提交证据2中的无效请求书系针对专利号为ZL033005648. X的外观设计专利所提交；证据2中的第三人意见陈述书系作为无效请求人的同发通州分公司在参加针对该外观设计专利的行政诉讼案件中向本院所提交，在意见陈述书第3页倒数第1段第1行记载有“第三人（即同发通州分公司）自2004年开始生产与《申报书》载明相同的产品”的内容。

在本院庭审中，原告和第三人对被诉决定案由部分、及决定的理由中的“关于证据和现有技术”部分记载的内容不持异议；原告在庭审中对于被诉决定中关于权利要求1及权利要求3~6中引用权利要求1的技术方案无效的认定没有异议。

本院认为，经审查，本院对被诉决定行政程序的合法性予以确认。

鉴于原告在庭审中已明确表示对于被诉决定中本专利权利要求1及权利要求3~6中引用权利要求1的技术方案无效的认定不持异议，且第三人已针对被诉决定中上述认定结论另案提起诉讼，故本案仅就本专利的新颖性及本专利权利要求2及权利要求3~6中引用权利要求2的技术方案创造性的认定进行审查。

本案合法性审查的焦点问题为：1. 本专利是否具备《专利法》第二十二条第二款规定的新颖性；2. 本专利权利要求2及权利要求3~6中引用权利要求2的技术方案是否具备《专利法》第二十二条第三款规定的创造性。

关于焦点问题1，经审查，被告向本院提交的证据2中的同发通州分公司意见陈述书和无效请求书都只涉及ZL03305648. X号外观设计专利，虽然第三人意见陈述书中记载有同发通州分公司在2004

年开始生产与《申报书》载明的相同产品的内容，但该内容也仅能证明同发通州分公司生产的产品与《申报书》载明的产品及外观设计专利之间的关系。在原告未提交其他相应证据的情况下，无法证明本专利在2004年已经被公开使用。

被告提交的证据2中包括同发通州分公司的产品资料宣传页，虽然本案的第三人在行政程序中承认该产品资料页中的第6、7、9、10号化粪池的技术方案与本专利相同，但是该公证书的作出时间为2006年10月16日，晚于本专利的申请时间，且该产品宣传页也未涉及资料中的产品于何时开始公开使用，故该证据也无法证明本专利的产品在申请日之前已经被公开。

综上，原告提交的证据无法证明本专利在申请日之前已经被公开使用，被诉决定认定本专利具备新颖性的结论正确。原告提出的本专利不具备新颖性的诉讼理由没有事实依据，本院不予采纳。

关于对焦点问题2，《专利法》第二十二条第三款规定，创造性，是指同申请日以前已有的技术相比，该发明有突出的实质性特点和显著的进步，该实用新型具有实质性特点和进步。

本专利的权利要求2是权利要求1的从属权利要求，在引用权利要求1的技术方案的前提下，进一步限定各化粪池单元间以其相邻的化粪池单体通过设置于侧壁中部的过水口相连。本专利说明书第4页第3段中描述了过水口的作用："连通各化粪池单元的过水口位于两个化粪池单元相邻化粪池单体侧壁的中部，便于污水在各化粪池单元间流动。"

附件3（参见附件3说明书第1~2页，附图1）公开了一种组合预制混凝土化粪池，与本专利属于相同的技术领域，可以作为评价本专利是否具备创造性的现有技术。

附件3的权利要求1中有以下内容：下围池周边上设贯通口，相邻的化粪池单元的贯通口通过贯通管互相连接。附件3的说明书第4页第3段倒数第3行描述了贯通口的作用："污水进入一化粪池单元后其内污物先沉淀在该单元的沉淀池中，清水则顺贯通管流入相邻的另一化粪池单元后再沉淀。显然，经多次沉淀其污水可达到标准排放。"

根据附件3权利要求1的描述，附件3的一个单元包括由上到下排列的上围池、下围池、沉淀池，结合附件3的附图1可以明显看出，下围池9位于上围池11和沉淀池8之间，位于整个化粪池单元的中部，而贯通管7的贯通口10位于下围池9的中部，故可以推出贯通管7大致位于化粪池单元中部，且相邻的两个单元通过贯通管7连接。

综上，本专利的过水口和附件3的贯通口设计位置大致相同，所起的作用也是将经过沉淀处理的污水在化粪池单元间流动。附件3的贯通口给出了本专利过水口的技术启示，本领域技术人员在看到附件3的技术方案后，很容易联想到在本专利权利要求1的基础上在化粪池单元之间设置一个过水口以便于污水在单元间流动的技术方案，无需付出创造性劳动，故本专利权利要求2的技术方案对于本领域技术人员来说是显而易见的。在权利要求1不具备创造性的情况下，本专利的权利要求2也不具备创造性。原告提出的权利要求2不具备创造性的诉讼理由具有事实依据，本院予以支持。

在权利要求2不具备创造性且权利要求3~6的附加技术特征已经分别被附件3、4公开的情况下，权利要求3~6引用权利要求2的部分亦不具备创造性。

综上所述，被诉决定中关于维持权利要求2及权利要求3~6中引用权利要求2的技术方案有效的认定缺乏事实依据，本院应予撤销。对于原告提出的诉讼请求，本院予以支持。依照《中华人民共和国专利法》第二十二条第三款、《中华人民共和国行政诉讼法》第五十四条第（二）项第1目之规定，判决如下：

撤销被告国家知识产权局专利复审委员会第11883号无效宣告请求审查决定中关于"维持第200620022879.0号实用新型专利权的权利要求2及权利要求3~6中引用权利要求2的技术方案有效"的部分。

案件受理费100元，由被告国家知识产权局专利复审委员会负担（于本判决生效后7日内缴纳）。

如不服本判决，各方当事人可在判决书送达之日起15日内，向本院递交上诉状，并按对方当事人的人数提出副本，上诉于北京市高级人民法院。上诉人在接到人民法院预交诉讼费的通知后7日内未预交，又不提出缓交申请的，按自动撤回上诉处理。

审 判 长 齐 莹
代理审判员 贾志刚
代理审判员 殷 悦
二〇〇九年三月四日
书 记 员 赵 锋

北京市第一中级人民法院
行政判决书

（2008）一中行初字第1221号

原告张希文，男，1963年12月30日出生，汉族，无业，住辽宁省营口市站前区花园里022-09号。

被告国家知识产权局专利复审委员会，住所地北京市海淀区北四环西路9号。

法定代表人廖涛，副主任。

委托代理人崔海云，国家知识产权局专利复审委员会审查员。

委托代理人张鹏，国家知识产权局专利复审委员会审查员。

第三人北京北七家德江水泥制品厂。

原告张希文不服被告国家知识产权局专利复审委员会作出的第11883号无效宣告请求审查决定（以下简称第11883号决定），向本院提起行政诉讼。本院受理后，依法组成合议庭，在法定期限内向被告送达了起诉书副本及应诉通知书。依照《中华人民共和国行政诉讼法》第二十七条的规定，本院通知北京北七家德江水泥制品厂作为第三人参加诉讼，并于2008年10月15日公开开庭审理了本案。原告张希文，被告的委托代理人崔海云、张鹏到庭参加了诉讼。经过本院合法传唤，第三人未到庭参加诉讼。本案现已审理终结。

2008年6月24日，被告作出第11883号决定。该决定认为，名称为“一种新型化粪池结构”的第200620022879.0实用新型专利权（以下简称本专利）权利要求1以及引用该项权利要求的从属权利要求3~6不具备创造性，权利要求2以及引用该项权利要求的从属权利要求3~6具有创造性，故决定宣告本专利权利要求1及权利要求3~6中引用权利要求1的技术方案无效，维持权利要求2及权利要求3~6中引用权利要求2的技术方案有效。

在法定举证期限内，被告向本院提交了下列证据：1. 公开日期为2003年9月24日的CN2575197Y号中国实用新型专利说明书（即第11883号决定中的附件2，以下简称附件2）；2. 公开日期为2005年7月20日的CN2711277Y号中国实用新型专利说明书（即第11883号决定中的附件3，以下简称附件3）；3. 公开日期为2005年9月28日的CN2729181Y号中国实用新型专利说明书（即第11883号决定中的附件4，以下简称附件4）；4. 本专利说明书；5. 口头审理记录表。上述证据用以证明第11883号决定认定事实清楚，适用法律正确，审理程序合法。

原告诉称，附件2公开的技术方案与本专利权利要求1限定的技术方案相比，两者保护的范围不同，解决的技术问题不同，技术效果不同，产品结构设计差异大，附件2未给出连通孔位于化粪池侧壁下部，形成连通孔将化粪池组依此相连的技术启示，在附件2基础上获得本专利保护的技术方案对本领域技术人员来说是非显而易见的，本专利具有创造性。被告将现有技术与本专利进行比对时，仅将技术特征进行比较，没有做全面的对比，且被告对附件2公开的技术内容认定不准确，故被告宣告本专利权利要求1及权利要求3~6中引用权利要求1的技术方案无效不符合《中华人民共和国专利法》（以下简称《专利法》）及《审查指南》的规定。综上，第11883号决定认定事实不清，适用法律不当，请求法院判决撤销上述决定关于宣告本专利权利要求1及权利要求3~6中引用权利要求1的技术方案无效的部分。

为支持自己的诉讼主张，原告亦在法定期限内提交了与被告证据1~4相同的证据，用以证明附件2公开的技术方案、解决的技术问题与本专利不同，本专利相当于附件2具有创造性。

被告辩称，我委是将本专利的技术方案与现有技术进行全面对比后，在结合附件3和2的基础上得出权利要求1以及权利要求3~6引用该项权利要求的技术方案无效。有关创造性评述的问题，我委坚持第11883号决定中的认定理由。综上，第11883号决定认定事实清楚，适用法律正确，审理程序合法，请求法院判决予以维持。

第三人未向本院陈述意见，亦未向本院提交证据。

经庭审质证，原告、被告对对方提交证据的关联性、合法性和真实性均没有异议，但是均不同意对方主张的证据的证明作用。本院经审查认为，被告、原告提交的全部证据与第11883号决定的合法性审查有关，且符合证据合法性、真实性的要求，能够证明本案的相关事实，本院对上述证据均予以采纳。

根据上述经确认的有效证据以及当事人无争议的陈述，本院认定本案事实如下：

2006年4月12日，原告向国家知识产权局提出名称为“一种新型化粪池结构”的实用新型专利申请。2007年4月25日，国家知识产权局授权其专利权，即本专利。本专利授权公告的权利要求如下：

1. 一种新型化粪池，包括依照污水处理顺序依次串联设置的若干化粪池单元以及分别设置于化粪池首尾两端的进水口和出水口，所述任一化粪池单元都由若干化粪池单体组成，其特征在于：所述各化粪池单元内的各化粪池单体通过设置于其侧壁下部的连通孔依次相连。

2. 根据权利要求1所述的新型化粪池，其特征在于：所述各化粪池单元间以其相邻的化粪池单体通过设置于侧壁中部的过水口相连。

3. 根据权利要求1或2所述的新型化粪池，其特征在于：所述任一化粪池单体侧壁上部设置有与邻近化粪池单体相通的通气孔。

4. 根据权利要求3所述的新型化粪池，其特征在于：所述各化粪池单元均至少有一个化粪池单体设置有观察口。

5. 根据权利要求4所述的新型化粪池结构，其特征在于：所述观察口设置于化粪池顶盖上。

6. 根据权利要求5所述的新型化粪池，其特征在于：所述各观察口均配有井盖。

2008年4月2日，第三人以本专利的权利要求1-6不符合《专利法》第二十二条第二、三款的规定为由，向被告提出无效宣告请求，并提交了针对专利号为03305648. X的外观设计专利（以下简称外观设计专利）的无效宣告请求书、请求书中所附的销售发票、订购合同、紫竹园安装图片、意见陈述书、公证书、以及被告提交的行政诉讼答辩状的复印件共34页（以下简称附件1）、以及附件2-4作为支持其无效理由的证据。

被告受理该申请后，进行了转文。同年 5 月 6 日，原告提交了意见陈述，并提交了下列证据：1. 中国计划出版社 2003 年出版的 GBJ50015-2003《建筑给水排水设计规范》的第 7 页复印件，共 1 页（以下简称证据 1）；2. 中国计划出版社 2003 年出版的 GBJ50015-2003《建筑给水排水设计规范》的第 72-73 页复印件，共 1 页（以下简称证据 2）；3. 户名为营口同发混凝土有限公司北京通州分公司的中国农业银行收费凭证及对账单复印件共 4 页（以下简称证据 3）；4. 乙方为营口同发混凝土有限公司北京通州分公司的房屋土地租赁协议复印件共 2 页（以下简称证据 4）；5. 客户方为营口同发混凝土有限公司北京通州分公司的印刷合同、收据及印刷的资料页复印件共 6 页（以下简称证据 5）；6. 本院（2008）一中行初字第 31 号行政判决书复印件（以下简称证据 6）；7. 第 10558 号无效宣告请求审查决定书复印件（以下简称证据 7）。

被告将上述文件转送给第三人，并于同年 5 月 21 日举行了口头审理。在口头审理过程中，第三人明确的无效理由、证据、范围以及证据的使用方式为：权利要求 1~6 相对于附件 1 不具有新颖性，权利要求 1~6 相对于附件 3 和 2，或附件 3 和 4 的结合不具有创造性。原告对附件 1-6 的真实性无异议。原告当庭提交了意见陈述及石榴庄住宅小区化粪池施工合同复印件共 17 页（以下简称证据 8）。被告将该文件转给第三人，第三人当庭签收。原告出示了证据 1~5、8 的原件并明确以证据 3-7 证明本专利有新颖性，以证据 1、2、8 证明本专利具有创造性。第三人对证据 1、2、6、7 的真实性无异议，对证据 3~5、8 的真实性有异议。

被告经对第三人提交的附件 1-4 进行审查后认为，原告对附件 1-4 的真实性没有异议，故附件 1-4可以作为本案证据使用。其中附件 2-4 属于公开出版物，且公开、公告日期均在本专利的申请日之前，可以作为本专利的现有技术使用。

第三人仅以附件 1 公证书中所附的产品宣传资料、外观设计专利无效请求书以及意见陈述书说明本专利产品被公开使用的时间早于本专利的申请日，故本专利的权利要求 1~6 没有新颖性。同时，第三人明确表示不使用附件 1 中的其他材料，亦不对外观设计专利与本专利进行比对。对此被告认为，《专利法》第二十二条第二款规定，新颖性，是指在申请日以前没有同样的发明或者实用新型在国内外出版物上公开发表过、在国内公开使用过或者以其他方式为公众所知，也没有同样的发明或者实用新型由他人向国务院专利行政部门提出过申请并且记载在申请日以后公布的专利申请文件中。在判断是否构成在先公开使用时，不仅要判断使用公开的事实是否成立以及所具体公开的技术内容是否与专利所保护的技术方案相同，还要判断该事实所涉及的技术内容被公开的时间是否在专利的申请日之前。经对第三人所主张的附件 1 公证书所附的产品宣传资料中的第 6、7、9、10 号化粪池的技术方案与本专利的结构进行比较，本专利权利要求 1~5 的技术方案与附件 1 的上述内容相同，但附件 1 未公开权利要求 6 的附加技术特征“各观察口均配有井盖”。由于附件 1 公证书所附的资料页是 2006 年 10 月 11 日在营口同发混凝土有限公司北京通州分公司取得的，其获得的时间晚于本专利的申请日，而且资料页本身也未记载所示化粪池的公开时间在本专利的申请日之前，所以，由公证书不能得出资料页所示的化粪池公开的时间在本专利的申请日之前。附件 1 中请求书及意见陈述只能说明在外观设计专利无效程序以及之后的诉讼程序中，原告主张《申报书》涉及的产品和外观设计产品被公开使用。因第三人并没有提交《申报书》，也没有提交相关外观设计专利，并且不能证明所述《申报书》涉及的产品和外观设计专利以及附件 1 中的公证书所附产品资料页中所示的化粪池结构相同，也不能证明与本专利的产品相同，因此，第三人关于本专利的产品在申请日前在国内被公开使用的主张不成立。

针对第三人提出的本专利相对于附件 3 和 2 或附件 3 和 4 结合不具备创造性的无效理由，被告经审查认为，《专利法》第二十二条第三款规定，创造性，是指同申请日以前已有的技术相比，该发明有突出的实质性特点和显著的进步，该实用新型具有实质性特点和进步。如果权利要求的技术方案与最接近的对比文件的区别是公知常识或者被另一篇对比文件公开，并且该区别在另一篇对比文件中所解决的技术问题与在要求保护的技术方案中所解决的技术问题相同，则在现有技术中存在得到所要求保护的技术方案的技术启示，得到该技术方案是显而易见的，从而该权利要求不具有创造性，否则具有创造性。

权利要求1保护一种新型化粪池。附件3公开了一种组合式预制混凝土化粪池（参见附件3说明书第1页至第2页、附图1），包括串联组合的化粪池单元，每一个化粪池单元由沉淀池8、下围池9、上围池11和井盖13组成，沉淀池位于下围池下端，下围池上端为上围池，上围池上端口设井盖，下围池周边上设贯通口10，相邻的化粪池单元的贯通口10通过贯通管7互相连通。一个化粪池单元的上围池边上设进水孔12（相当于权利要求1中的进水口），另一个化粪池单元的上围池边上设有出水孔5（相当于权利要求1中的出水口）。虽然附件3中的沉淀池放置于下围池下端，下围池上端放置上围池，组成一个化粪池单元，与权利要求1中通过设置于其侧壁下部的连通孔依次相连的各化粪池单体组成的化粪池单元结构不同。但是由于附件3中的化粪池单元的功能和作用与本专利权利要求1中的化粪池单体相同，所以可以认为附件3中的化粪池单元相当于权利要求1中的化粪池单体，而附件3中的若干个化粪池单元则可以称为一个权利要求1中所述的化粪池单元。由此可见，权利要求1与附件3的区别在于：附件3没有公开各化粪池单元内的各化粪池单体通过设置于其侧壁下部的连通孔依次相连。

附件2公开了一种预制组合式化粪池（参见附件2的说明书第2页及图1），在底座1上设置一个单孔圈2或双孔圈4，其中，单孔圈2设置在最前端或最末端的一组，双孔圈4设置在介于第一组和最末一组之间的各组预制组合式化粪池之间；在单孔圈2或双孔圈4上面再设置一个密封筒圈3，在密封筒圈3上再设置一个三孔圈5或双孔圈4，其中三孔圈5适用于第一组和最末一组，双孔圈4介于第一组和最末一组之间的各组；在三孔圈5或双孔圈4上设置变径池口6，在变径池口6的上开口上设置池盖7。可见附件2中，位于底座1上的单孔圈2和双孔圈4的孔在预制组合式化粪池侧壁形成了连通孔，而且所属技术领域的技术人员根据其描述可以得到连通孔设在化粪池侧壁下部的技术启示。

综上所述，由于现有技术中存在得到权利要求1的技术启示，所以对于本领域技术人员而言，得到权利要求1的技术方案是显而易见的，即权利要求1的技术方案不具有实质性特点和进步，不具有《专利法》第二十二条第三款规定的创造性。

权利要求2引用权利要求1，进一步限定各化粪池单元间以其相邻的化粪池单体通过设置于侧壁中部的过水口相连。其要求保护的方案中，设于化粪池单元内的化粪池单体通过侧壁下部的连通孔相连，是为了便于化粪池单元内化粪池单体间淤积物的流动，而用于相邻的两个化粪池单元相连的则是相邻化粪池单体侧壁的中部的过水口，是用于两个化粪池单元间污水的流动。所以，本专利中用于化粪池单元间连接的过水口和用于化粪池单元内单体间连接的连通孔的设置位置不同，作用也不相同。

附件3中的贯通孔10是连接相邻的两个化粪池单元（对应本专利权利要求2的化粪池单体），每一个化粪池单元由上围池、下围池和沉淀池上下叠加在一起形成的，二个以上的化粪池单元能并排组合，相邻的化粪池单元的贯通口通过贯通管相连，可见附件3中并没有公开或给出由通过侧壁下部连通孔连接形成的化粪池单体组成的化粪池单元之间，通过侧壁中部过水口连通的技术启示。

附件2中相邻化粪池组（相当于本专利中化粪池单元）之间仅通过下部的孔流动污水；附件4中相邻化粪池组（相当于本专利中化粪池单元）也仅通过侧壁上的过水孔连通流动污水。可见，附件2和附件4也没有公开或给出由通过侧壁下部连通孔连接形成的化粪池单体组成的化粪池单元之间通过侧壁中部过水口连通的技术启示。被告对第三人关于权利要求2相对于附件3和附件2的结合或者附件3和附件4的结合不具有创造性的主张不予支持。

权利要求3-5对引用的权利要求作进一步限定。由于附件3（参见附件3的图1）明确公开了化粪池组的上围池侧壁上设有通气口 3（相当于权利要求 3 中的通气孔），相邻化粪池单元的通气口通过通气管 2 相互连通，化粪池组上设有井盖 13（相当于权利要求 5 中顶盖），以及在井盖 13 上设有用于清除污物和观察的井盖口 1（相当于权利要求 4 中观察口），可见，附件 3 公开了权利要求 3-5 的附加技术特征，因此，当权利要求 1 不具有创造性时，直接和间接引用权利要求 1 的权利要求 3-5 也不具有《专利法》第二十二条第三款规定的创造性；当权利要求 2 具有创造性时，第三人关于直接或间接引用权利要求 2 的权利要求 3~5 不具备《专利法》第二十二条第三款规定的创造性的主张不成立。

权利要求 6 进一步限定权利要求 5 的化粪池的观察口均配有井盖。由于附件 4 公开了“顶盖上部观察孔可采用铸铁盖”（参见附件 4 说明书第 6 页第 18 行），即公开了观察孔带有井盖，而且，为了防止化粪池的气味扩散，化粪池的观察孔配有井盖也是显而易见的。因此，当其引用的权利要求 5 不具有创造性时，权利要求 6 也不具有《专利法》第二十二条第三款规定的创造性；当权利要求 5 具有创造性时，第三人关于从属权利要求 6 不具有《专利法》第二十二条第三款规定的创造性的主张不成立。

因第三人关于本专利权利要求 1~6 不具有新颖性的主张不成立，因此被告对原告提交的用以证明本专利有新颖性的证据 3~7 不予评述。因本专利权利要求 1、权利要求 3~6 引用权利要求 1 的技术方案相对于附件 3 和 2 的结合不具备创造性，虽然原告主张证据 1、2、8 说明本专利符合设计规范和产生了经济效益，但是由于它们不足以证明本专利相对于附件 3 和 2 的结合非显而易见，因此被告对原告关于使用证据 1、2、8 证明本专利具备创造性的主张不予支持。

被告根据上述分析，于 2008 年 3 月 20 日作出第 11883 号决定，宣告本专利权利要求 1 及权利要求 3~6 中引用权利要求 1 的技术方案无效，维持权利要求 2 及权利要求 3~6 中引用权利要求 2 的技术方案有效。原告不服该决定关于宣告本专利权利要求 1 及权利要求 3~6 中引用权利要求 1 的技术方案无效的部分，向本院提起行政诉讼。

在本院庭审中，原告对第 11883 号决定案由部分记载的内容不持异议。同时，原告明确表示对该决定维持本专利权权利要求 2 以及权利要求 3~6 引用该项权利要求的技术方案有效的结论没有异议，其仅对上述决定中宣告本专利权利要求 1 及权利要求 3~6 中引用权利要求 1 的技术方案无效的结论有异议。

本院认为，鉴于原告在庭审中已明确了其对第 11883 号决定争议的内容，第三人亦针对该决定维持本专利部分权利要求有效的认定结论另案提起诉讼，故本案仅就该决定中宣告本专利权利要求 1 及权利要求 3~6 中引用权利要求 1 的技术方案无效的认定进行审查。

参照《审查指南》第二部分第三章第 2. 3 节规定，引用对比文件判断实用新型创造性时，应当以对比文件公开的技术内容为准。即明确记载在对比文件中的内容以及对所属技术领域的技术人员来说，隐含的且可直接地、毫无疑义地确定的技术内容。本案中，被告根据附件 2 说明书附图说明所记载的内容以及附图 1 公开的内容，认定附件 2 公开的有关化粪池底座上设置单孔圈或双孔圈，之上再设置一个密封筒圈，在密封筒圈上再设置一个三孔圈或双孔圈的技术内容，具有事实和法律依据。原告关于被告认定的附件 2 公开的技术内容不准确的诉讼主张，缺乏事实和法律依据，本院不予采信。

实用新型的创造性是指同申请日以前已有的技术相比，该实用新型具有实质性特点和进步。参照《审查指南》第四部分第六章第 4 节的规定，发明与实用新型创造性判断中，区别仅在于现有技术的领域和数量。因此判断实用新型是否具有实质性特点，应当按照《审查指南》第二部分第四章第 3. 2. 1 节的相关规定进行，即该实用新型与最接近的现有技术相比，对于本领域技术人员来说是否显而易见。如果所保护的实用新型与最接近的对比文件存在的区别技术特征被另一篇对比文件公开，并且该区别在另一篇对比文件中所解决的技术问题与在要求保护的实用新型中所解决的技术问题相同，则在现有技术中存在得到所要求保护的技术方案的技术启示，得到该技术方案是显而易见的。本专利权利要求1所保护的技术方案与附件3相比，区别仅在于附件3未公开化粪池单体通过设置在侧壁下部的连通孔相连。而附件2给出了在化粪池单体侧壁下部设置连通孔的技术启示。本领域技术人员在附件3和2公开内容的基础上，得到权利要求1所保护的技术方案不需要付出创造性的劳动。被告据此认定权利要求1相对于附件3和2的结合不具备创造性是正确的。权利要求3~6直接或间接地引用权利要求1。被告根据权利要求3~5的附加技术特征已经被附件3所公开，权利要求6的附加技术特征已经被附件4所公开的事实，在权利要求1不具备创造性的前提下，被告认定权利要求3~6引用权利要求1的技术方案亦不具备创造性正确。因权利要求1所保护的仅是化粪池单元中各个单位之间通过连通孔依次相连的技术内容，故原告关于本专利化粪池的过水口是按照国家强制性标准设计，与附件2的技术方案及其所解决的问题均不相同，具备创造性的诉讼意见缺乏事实依据，本院不予采信。

综上所述，原告要求撤销第11883号决定中关于“宣告本专利权利要求1及权利要求3~6中引用权利要求1的技术方案无效”部分的诉讼请求，缺乏事实和法律依据，本院不予支持。依照最高人民法院《关于执行〈中华人民共和国行政诉讼法〉若干问题的解释》第五十六条第（四）项的规定，判决如下：

驳回原告要求撤销第11883号无效宣告请求审查决定中关于“宣告第200620022879.0号实用新型专利权的权利要求1及权利要求3~6中引用权利要求1的技术方案无效”部分的诉讼请求。

案件受理费100元，由原告张希文负担（已交纳）。

如不服本判决，可在判决书送达之日起15日内，向本院递交上诉状，并按对方当事人的人数提出副本，上诉于北京市高级人民法院。上诉人在接到人民法院预交诉讼费的通知后7日内未预交，又不提出缓交申请的，按自动撤回上诉处理。

审　判　长　张　杰
代理审判员　何君慧
人民陪审员　孟玉珍
二〇〇八年十二月十八日
书　记　员　李　智

北京市高级人民法院
行政判决书

（2009）高行终字第631号

上诉人（一审第三人）张希文，男，1963年12月30日出生，汉族，户籍所在地辽宁省营口市站前区花园里022-09号。

被上诉人（一审原告）北京北七家德江水泥制品厂，住所地北京市昌平区北七家镇曹碾村。

法定代表人王德江，经理。

委托代理人闫立德，男，北京汇泽知识产权代理有限公司专利代理人。

委托代理人闫爽，男，1981年1月14日出生，汉族，北京汇泽知识产权代理有限公司职员，住北京市海淀区学院路37号1住宅103号。

一审被告国家知识产权局专利复审委员会，住所地北京市海淀区北四环西路9号银谷大厦10~12层。

法定代表人张茂于，副主任。

委托代理人解静，女，国家知识产权局专利复审委员会审查员。

委托代理人齐宏涛，男，国家知识产权局专利复审委员会审查员。

上诉人张希文因专利无效宣告请求审查决定一案，不服北京市第一中级人民法院（2008）一中行初字第1552号行政判决，向本院提起上诉。本院受理后，依法组成合议庭，于2009年12月7日公开开庭审理了本案。上诉人张希文，被上诉人北京北七家德江水泥制品厂（以下简称德江水泥厂）的委托代理人闫爽，一审被告国家知识产权局专利复审委员会（以下简称专利复审委）的委托代理人解静、齐宏涛到庭参加了诉讼。本案现已审理终结。

2008年6月24日，专利复审委依据《中华人民共和国专利法》（以下简称《专利法》）第二十二条第二款、第三款的规定，针对专利权人为张希文的第200620022879.0号实用新型专利权（以下简称本专利），作出第11883号无效宣告请求审查决定（以下简称第11883号决定），宣告本专利权利要求1及权利要求3~6中引用权利要求1的技术方案无效，维持权利要求2及权利要求3~6中引用权利要求2的技术方案有效。德江水泥厂不服该决定，在法定期限内向一审法院提起行政诉讼。

一审法院判决认为，德江水泥厂提交的证据无法证明本专利在申请日之前已经被公开使用，第11883号决定认定本专利具备新颖性的结论正确。德江水泥厂提出的本专利不具备新颖性的诉讼理由没有事实依据。

本专利的过水口和附件3的贯通口设计位置大致相同，所起的作用也是将经过沉淀处理的污水在化粪池单元间流动。附件3的贯通口给出了本专利过水口的技术启示，本领域技术人员在看到附件3的技术方案后，很容易联想到在本专利权利要求1的基础上在化粪池单元之间设置一个过水口以便于污水在单元间流动的技术方案，无需付出创造性劳动，故本专利权利要求2的技术方案对于本领域技术人员来说是显而易见的。在权利要求1不具备创造性的情况下，本专利的权利要求2也不具备创造性。德江水泥厂提出的权利要求2不具备创造性的诉讼理由具有事实依据。在权利要求2不具备创造性且权利要求3~6的附加技术特征已经分别被附件3、4公开的情况下，权利要求3~6引用权利要求2的部分亦不具备创造性。

第11883号决定中关于维持权利要求2及权利要求3~6中引用权利要求2的技术方案有效的认定缺乏事实依据。对于德江水泥厂提出的诉讼请求，予以支持。依照《中华人民共和国专利法》第二十二条第三款、《中华人民共和国行政诉讼法》第五十四条第（二）项第1目之规定，判决撤销专利复审委作出的第11883号决定中关于“维持本专利权利要求2及权利要求3~6中引用权利要求2的技术方案有效”的部分。

张希文不服一审判决，向本院提起上诉。其诉称，本专利与附件3相比较，本专利权利要求1公开了依照污水处理顺序依次串联设置的若干化粪池单元，每一化粪池单元都由若干化粪池单体组成，单元内的各化粪池单体通过设置于其侧壁下部的连通孔依次相连，单元间的过水口设置于中部的技术方案。附件3并没有公开或给出由通过侧壁下部连通孔连接形成的化粪池单体组成的化粪池单元之间，通过侧壁中部过水口连通的技术启示。所以权利要求1具有创造性。权利要求2是对权利要求1的进一步限定，也有创造性。由于附件3没有公开权利要求2的技术方案，因此附件3结合附件2或附件4结合附件3均不能破坏本专利的创造性。综上，请求二审法院撤销一审判决。

德江水泥厂答辩称，本专利权利要求2不具备创造性，权利要求3~6中引用权利要求2的技术方案也不具备创造性。第11883号决定认定本专利权利要求2具有创造性属认定事实不清，一审法院予以撤销正确。同意一审法院关于本专利具有新颖性的认定。请求二审法院维持一审判决。

专利复审委述称，本专利权利要求2的方案中，多个化粪池构成一个化粪池单元，单元内的各单体通过设置于侧壁下部的联通孔相连，单元则通过设置在侧壁中部的过水口相连。而附件2~4并没有公开上述技术方案也没有给出教导。综上，第11883号决定认定事实清楚，适用法律正确，审理程序合法。请求二审法院撤销一审判决，维持第11883号决定。

在法定举证期限内，专利复审委向一审法院提交了下列证据：1. 本专利说明书；2. 附件1：针对本专利新颖性，德江水泥厂提交的针对专利号为ZL033005648.X的外观设计专利的无效宣告请求书、请求书所附的销售发票、订货合同、紫竹园安装图片、张希文的意见陈述书、(2006)京证内字第11882号公证书、以及专利复审委在该案中向一审法院提交的行政答辩状；3. 附件2：授权公告日为2003年9月24日、专利号为02270321.7的中国实用新型专利说明书；4. 附件3：授权公告日为2005年7月20日、专利号为03242977.0的中国实用新型专利说明书；5. 附件4：授权公告日为2005年9月28日、专利号为200420092473.0的中国实用新型专利说明书；6. 口头审理记录表。

专利复审委在一审法院开庭时提交了其于2007年10月15日作出的第10558号无效宣告请求审查决定（以下简称第10558号决定），以证明本案中的(2006)京证内字第11882号公证书与第10558号决定中出现的公证书不同，本案张希文在第10558号决定的案件中认可的事实也不能成为在本案中宣告本专利无效的理由。

德江水泥厂未向本院提交证据。

张希文向一审法院提交了以下证据：1.《建筑设备施工安装图集》第145、231页；2.《建筑给水排水设计规范》第74、75页。

上述证据均已随案移送本院，经审查，本院认为，专利复审委提交的证据与本案具有关联性，且合法，真实，其中证据2能够证明专利复审委认定本专利具有新颖性正确，一审法院予以采纳正确。专利复审委在一审庭审中提交的第10558号决定超过了法定的举证期限；张希文提交的证据在无效审查程序中未向专利复审委提交，且未申明正当理由，一审法院对上述证据不予采纳正确。

根据对上述证据的审查认定及各方当事人的诉辩意见，本院确认如下事实：

本专利是张希文于2006年4月12日向国家知识产权局申请的名称为“一种新型化粪池结构”的实用新型专利权。2007年4月25日，国家知识产权局授权其专利权，授权公告的权利要求如下：

1. 一种新型化粪池，包括依照污水处理顺序依次串联设置的若干化粪池单元以及分别设置于化粪池首尾两端的进水口和出水口，所述任一化粪池单元都由若干化粪池单体组成，其特征在于：所述各化粪池单元内的各化粪池单体通过设置于其侧壁下部的连通孔依次相连。

2. 根据权利要求1所述的新型化粪池，其特征在于：所述各化粪池单元间以其相邻的化粪池单体通过设置于侧壁中部的过水口相连。

3. 根据权利要求1或2所述的新型化粪池，其特征在于：所述任一化粪池单体侧壁上部设置有与邻近化粪池单体相通的通气孔。

4. 根据权利要求3所述的新型化粪池，其特征在于：所述各化粪池单元均至少有一个化粪池单体设置有观察口。

5. 根据权利要求4所述的新型化粪池结构，其特征在于：所述观察口设置于化粪池顶盖上。

6. 根据权利要求5所述的新型化粪池，其特征在于：所述各观察口均配有井盖。

2008年4月2日，德江水泥厂以本专利的权利要求1~6不符合《专利法》第二十二条第二、三款的规定为由，向专利复审委提出无效宣告请求，并提交了附件1~4作为支持其无效理由的证据。

专利复审委受理该申请后，进行了转文。同年5月6日，张希文提交了意见陈述，并提交了下列证据：证据1：中国计划出版社2003年出版的GBJ50015-2003《建筑给水排水设计规范》的第7页复印件，共1页；证据2：中国计划出版社2003年出版的GBJ50015-2003《建筑给水排水设计规范》的第72~73页复印件，共1页；证据3：户名为营口同发混凝土有限公司北京通州分公司（以下简称同发通州分公司）的中国农业银行收费凭证及对账单复印件共4页；证据4：乙方为同发通州分公司的房屋土地租赁协议复印件共2页；证据5：客户方为同发通州分公司的印刷合同、收据及印刷的资料页复印件共6页；证据6：北京市第一中级人民法院（2008）一中行初字第31号行政判决书复印件；证据7：第10558号决定复印件。

专利复审委将上述文件转送给德江水泥厂，并于同年5月21日举行了口头审理。在口头审理过程中，德江水泥厂明确的无效理由、证据、范围以及证据的使用方式为：权利要求1~6相对于附件1不具有新颖性，权利要求1~6相对于附件3和2，或附件3和4的结合不具有创造性。张希文对附件1~6的真实性无异议。张希文当庭提交了意见陈述及证据8：石榴庄住宅小区化粪池施工合同复印件共17页。专利复审委将该意见陈述及证据8转给德江水泥厂。张希文出示了证据1~5、8的原件并明确以证据3~7证明本专利有新颖性，以证据1、2、8证明本专利具有创造性。德江水泥厂对证据1、2、6、7的真实性无异议，对证据3~5、8的真实性有异议。

专利复审委经对德江水泥厂提交的附件1~4进行审查后认为，张希文对附件1~4的真实性没有异议，故附件1~4可以作为本案证据使用。其中附件2~4属于公开出版物，且公开、公告日期均在本专利的申请日之前，可以作为本专利的现有技术使用。

德江水泥厂以附件1中的产品宣传资料、外观设计专利无效请求书以及意见陈述书说明本专利产品被公开使用的时间早于本专利的申请日，故本专利的权利要求1~6没有新颖性。同时，德江水泥厂明确表示不使用附件1中的其他材料，亦不对外观设计专利与本专利进行比对。专利复审委经对德江水泥厂所主张的附件1公证书所附的产品宣传资料中的第6、7、9、10号化粪池的技术方案与本专利的结构进行比较后认为，本专利权利要求1~5的技术方案与附件1的上述内容相同，但附件1未公开权利要求6的附加技术特征“各观察口均配有井盖”。由于附件1公证书所附的资料页是2006年10月11日在同发通州分公司取得的，其获得的时间晚于本专利的申请日，而且资料页本身也未记载所示化粪池的公开时间在本专利的申请日之前，所以，不能得出资料页所示的化粪池公开的时间在本专利的申请日之前。附件1中请求书及意见陈述只能说明在外观设计专利无效程序以及之后的诉讼程序中，张希文主张《申报书》涉及的产品和外观设计产品被公开使用。因德江水泥厂并没有提交《申报书》，也没有提交相关外观设计专利，并且不能证明所述《申报书》涉及的产品和外观设计专利以及附件1中的公证书所附产品资料页中所示的化粪池结构相同，也不能证明与本专利的产品相同，因此，德江水泥厂关于本专利的产品在申请日前在国内被公开使用的主张不成立。

针对德江水泥厂提出的本专利相对于附件3和2或附件3和4结合不具备创造性的无效理由，专利复审委经审查认为，权利要求1保护一种新型化粪池。附件3公开了一种组合式预制混凝土化粪池，包括串联组合的化粪池单元，每一个化粪池单元由沉淀池8、下围池9、上围池11和井盖13组成，沉淀池位于下围池下端，下围池上端为上围池，上围池上端口设井盖，下围池周边上设贯通口10，相邻的化粪池单元的贯通口10通过贯通管7互相连通。一个化粪池单元的上围池边上设进水孔12（相当于权利要求1中的进水口），另一个化粪池单元的上围池边上设有出水孔5（相当于权利要求1中的出水口）。虽然附件3中的沉淀池放置于下围池下端，下围池上端放置上围池，组成一个化粪池单元，与权利要求1中通过设置于其侧壁下部的连通孔依次相连的各化粪池单体组成的化粪池单元结构不同。但是由于附件3中的化粪池单元的功能和作用与本专利权利要求1中的化粪池单体相同，所以可以认为附件3中的化粪池单元相当于权利要求1中的化粪池单体，而附件3中的若干个化粪池单元则可以称为一个权利要求 1 中所述的化粪池单元。由此可见，权利要求 1 与附件 3 的区别在于：附件 3 没有公开各化粪池单元内的各化粪池单体通过设置于其侧壁下部的连通孔依次相连。

附件 2 公开了一种预制组合式化粪池，在底座 1 上设置一个单孔圈 2 或双孔圈 4，其中，单孔圈 2 设置在最前端或最末端的一组，双孔圈 4 设置在介于第一组和最末一组之间的各组预制组合式化粪池之间；在单孔圈 2 或双孔圈 4 上面再设置一个密封筒圈 3，在密封筒圈 3 上再设置一个三孔圈 5 或双孔圈 4，其中三孔圈 5 适用于第一组和最末一组，双孔圈 4 介于第一组和最末一组之间的各组；在三孔圈 5 或双孔圈 4 上设置变径池口 6，在变径池口 6 的上开口上设置池盖 7。可见附件 2 中，位于底座 1 上的单孔圈 2 和双孔圈 4 的孔在预制组合式化粪池侧壁形成了连通孔，而且所属技术领域的技术人员根据其描述可以得到连通孔设在化粪池侧壁下部的技术启示。

综上所述，由于现有技术中存在得到权利要求 1 的技术启示，所以对于本领域技术人员而言，得到权利要求 1 的技术方案是显而易见的，即权利要求 1 的技术方案不具有实质性特点和进步，不具有《专利法》第二十二条第三款规定的创造性。

权利要求 2 引用权利要求 1，进一步限定各化粪池单元间以其相邻的化粪池单体通过设置于侧壁中部的过水口相连。其要求保护的方案中，设于化粪池单元内的化粪池单体通过侧壁下部的连通孔相连，是为了便于化粪池单元内化粪池单体间淤积物的流动，而用于相邻的两个化粪池单元相连的则是相邻化粪池单体侧壁的中部的过水口，是用于两个化粪池单元间污水的流动。所以，本专利中用于化粪池单元间连接的过水口和用于化粪池单元内单体间连接的连通孔的设置位置不同，作用也不相同。

附件 3 中的贯通孔 10 是连接相邻的两个化粪池单元（对应本专利权利要求 2 的化粪池单体），每一个化粪池单元由上围池、下围池和沉淀池上下叠加在一起形成的，二个以上的化粪池单元能并排组合，相邻的化粪池单元的贯通口通过贯通管相连，可见附件 3 中并没有公开或给出由通过侧壁下部连通孔连接形成的化粪池单体组成的化粪池单元之间，通过侧壁中部过水口连通的技术启示。

附件 2 中相邻化粪池组（相当于本专利中化粪池单元）之间仅通过下部的孔流动污水；附件 4 中相邻化粪池组（相当于本专利中化粪池单元）也仅通过侧壁上的过水孔连通流动污水。可见，附件 2 和附件 4 也没有公开或给出由通过侧壁下部连通孔连接形成的化粪池单体组成的化粪池单元之间通过侧壁中部过水口连通的技术启示。专利复审委对德江水泥厂关于权利要求 2 相对于附件 3 和附件 2 的结合或者附件 3 和附件 4 的结合不具有创造性的主张不予支持。

权利要求 3~5 对引用的权利要求作进一步限定。由于附件 3 明确公开了化粪池组的上围池侧壁上设有通气口 3（相当于权利要求 3 中的通气孔），相邻化粪池单元的通气口通过通气管 2 相互连通，化粪池组上设有井盖 13（相当于权利要求 5 中顶盖），以及在井盖 13 上设有用于清除污物和观察的井盖口 1（相当于权利要求 4 中观察口），可见，附件 3 公开了权利要求 3~5 的附加技术特征，因此，当权利要求 1 不具有创造性时，直接和间接引用权利要求 1 的权利要求 3~5 也不具有《专利法》第二十二条第三款规定的创造性；当权利要求 2 具有创造性时，德江水泥厂关于直接或间接引用权利要求 2 的权利要求 3~5 不具备《专利法》第二十二条第三款规定的创造性的主张不成立。

权利要求 6 进一步限定权利要求 5 的化粪池的观察口均配有井盖。由于附件 4 公开了“顶盖上部观察孔可采用铸铁盖”，即公开了观察孔带有井盖，而且，为了防止化粪池的气味扩散，化粪池的观察孔配有井盖也是显而易见的。因此，当其引用的权利要求 5 不具有创造性时，权利要求 6 也不具有《专利法》第二十二条第三款规定的创造性；当权利要求 5 具有创造性时，德江水泥厂关于从属权利要求 6 不具有《专利法》第二十二条第三款规定的创造性的主张不成立。

因德江水泥厂关于本专利权利要求 1~6 不具有新颖性的主张不成立，因此专利复审委对张希文提交的用以证明本专利有新颖性的证据 3~7 未做评述。因本专利权利要求 1、权利要求 3~6 引用权利要求 1 的技术方案相对于附件 3 和 2 的结合不具备创造性，专利复审委对张希文关于使用证据 1、2、8 证明本专利具备创造性的主张不予支持。

专利复审委据此于 2008 年 6 月 24 日作出第 11883 号决定，宣告本专利权利要求 1 及权利要求 3~6中引用权利要求 1 的技术方案无效，维持权利要求 2 及权利要求 3~6 中引用权利要求 2 的技术方案有效。

本院认为，张希文、德江水泥厂对第 11883 号决定的作出程序，适用的法律，关于本专利相对于附件 1 具有新颖性的认定及附件 3 已经公开本专利权利要求 3~5 的附加技术特征的认定不持异议，经审查，本院认为，第 11883 号决定的作出程序合法，适用法律正确，关于本专利相对于附件 1 具有新颖性及附件 3 已经公开本专利权利要求 3~5 的附加技术特征的认定正确。鉴于对第 11883 号决定中关于“宣告本专利权利要求 1 及权利要求 3~6 中引用权利要求 1 的技术方案无效”的部分已另案处理，因此，本案将就本专利权利要求 2 及权利要求 3~6 中引用权利要求 2 的技术方案是否符合《专利法》第二十二条第三款的规定进行审查。

《专利法》第二十二条第三款规定，创造性，是指同申请日以前已有的技术相比，该发明有突出的实质性特点和显著的进步，该实用新型具有实质性特点和进步。

本专利权利要求 2 是对权利要求 1 的进一步限定，各化粪池单元间以其相邻的化粪池单体通过设置于侧壁中部的过水口相连。过水口的作用在于，便于污水在各化粪池单元间流动。附件 3 公开了“下围池周边上设贯通口，相邻的化粪池单元的贯通口通过贯通管互相连接”的技术特征，结合附件 3 的附图可知，附件 3 的一个单元包括由上到下排列的上围池、下围池、沉淀池，贯通管位于化粪池单元中部，且相邻的两个单元通过贯通管相连。附件 3 的说明书第 4 页第 3 段倒数第 3 行描述了贯通口的作用是“污水进入一化粪池单元后其内污物先沉淀在该单元的沉淀池中，清水则顺贯通管流入相邻的另一化粪池单元后再沉淀。显然，经多次沉淀其污水可达到标准排放。”附件 3 的化粪池单元相当于本专利中的化粪池单体，附件 3 中的贯通口与本专利中的过水口的设置位置大致相同，所起的作用也是将经过沉淀处理的污水在化粪池单元间流动。张希文亦认为将过水口设于化粪池单体的中部是本领域的技术规范。综上，专利复审委关于附件 3 没有给出由通过侧壁下部连通孔连接形成的化粪池单体组成的化粪池单元之间，通过侧壁中部过水口连通的技术启示，并据此认为本专利权利要求 2 及权利要求 3~6 中引用权利要求 2 的技术方案符合《专利法》第二十二条第三款规定的认定亦缺乏事实依据。

综上所述，第 11883 号决定关于维持权利要求 2 及权利要求 3~6 中引用权利要求 2 的技术方案有效的认定缺乏事实依据，一审法院予以撤销正确。依照《中华人民共和国行政诉讼法》第六十一条第（一）项的规定，判决如下：

驳回上诉，维持一审判决。

二审案件受理费人民币 100 元，由上诉人张希文负担（已交纳）。

本判决为终审判决。

审　判　长　郭　宜
代理审判员　罗峥嵘
代理审判员　朱海宏
二〇〇九年十二月十八日
书　记　员　程钰玮

北京市高级人民法院
行政判决书

（2009）高行终字第1349号

上诉人（一审原告）张希文，男，1963年12月30日出生，汉族，户籍所在地辽宁省营口市站前区花园里022-09号。

被上诉人（一审被告）国家知识产权局专利复审委员会，住所地北京市海淀区北四环西路9号银谷大厦10~12层。

法定代表人张茂于，副主任。

委托代理人解静，女，国家知识产权局专利复审委员会审查员。

委托代理人齐宏涛，男，国家知识产权局专利复审委员会审查员。

被上诉人（一审第三人）北京北七家德江水泥制品厂，住所地北京市昌平区北七家镇曹碾村。

法定代表人王德江，经理。

委托代理人闫立德，男，北京汇泽知识产权代理有限公司专利代理人。

委托代理人闫爽，男，1981年1月14日出生，汉族，北京汇泽知识产权代理有限公司职员，住北京市海淀区学院路37号1住宅103号。

上诉人张希文因专利无效宣告请求审查决定一案，不服北京市第一中级人民法院（2008）一中行初字第1221号行政判决，向本院提起上诉。本院受理后，依法组成合议庭，于2009年12月7日公开开庭审理了本案。上诉人张希文，被上诉人国家知识产权局专利复审委员会（以下简称专利复审委）的委托代理人解静、齐宏涛，被上诉人北京北七家德江水泥制品厂（以下简称德江水泥厂）的委托代理人闫爽到庭参加了诉讼。本案现已审理终结。

2008年6月24日，专利复审委依据《中华人民共和国专利法》（以下简称《专利法》）第二十二条第二款、第三款的规定，针对专利权人为张希文的第200620022879.0号实用新型专利权（以下简称本专利），作出第11883号无效宣告请求审查决定（以下简称第11883号决定），宣告本专利权利要求1及权利要求3~6中引用权利要求1的技术方案无效，维持权利要求2及权利要求3~6中引用权利要求2的技术方案有效。张希文不服该决定，在法定期限内向一审法院提起行政诉讼。

一审法院判决认为，张希文要求撤销第11883号决定中关于“宣告权利要求1及权利要求3~6中引用权利要求1的技术方案无效”部分的诉讼请求，缺乏事实和法律依据。依照最高人民法院《关于执行<中华人民共和国行政诉讼法>若干问题的解释》第五十六条第（四）项的规定，判决驳回张希文要求撤销第11883号决定中关于“宣告权利要求1及权利要求3~6中引用权利要求1的技术方案无效”部分的诉讼请求。

张希文不服一审判决，向本院提起上诉。其诉称，本专利与附件3相比较，本专利权利要求1公开了依照污水处理顺序依次串联设置的若干化粪池单元，每一化粪池单元都由若干化粪池单体组成，单元内的各化粪池单体通过设置于其侧壁下部的连通孔依次相连，单元间的过水口设置于中部的技术方案。附件3并没有公开或给出由通过侧壁下部连通孔连接形成的化粪池单体组成的化粪池单元之间，通过侧壁中部过水口连通的技术启示。所以权利要求1具有创造性。权利要求2是对权利要求1的进一步限定，也有创造性。由于附件3没有公开权利要求2的技术方案，因此附件3结合附件2或附件4结合附件3均不能破坏本专利的创造性。综上，请求二审法院撤销一审判决。

专利复审委辩称，附件2给出了化粪池单元内单体通过下部连通的技术启示，附件3和附件2结合能破坏本专利权利要求1的创造性。本专利权利要求6中的配有井盖的特征被附件4公开。请求二审法院驳回上诉，维持一审判决。

德江水泥厂辩称，本专利权利要求 1 不具备创造性，权利要求 3~6 中引用权利要求 1 的技术方案也不具备创造性。同意第 11883 号决定中关于“宣告权利要求 1 及权利要求 3~6 中引用权利要求 1 的技术方案无效”的部分。请求二审法院驳回上诉，维持一审判决。

在法定举证期限内，专利复审委向一审法院提交了下列证据：1. 附件 2：授权公告日为 2003 年 9 月 24 日、专利号为 02270321. 7 的中国实用新型专利说明书；2. 附件 3：授权公告日为 2005 年 7 月 20 日、专利号为 03242977. 0 的中国实用新型专利说明书；3. 附件 4：授权公告日为 2005 年 9 月 28 日、专利号为 200420092473. 0 的中国实用新型专利说明书；4. 本专利说明书；5. 口头审理记录表。

张希文向一审法院提交了附件 2~4 及本专利说明书。

德江水泥厂未向本院提交证据。

上述证据均已随案移送本院，经审查，本院认为，专利复审委、张希文提交的证据与本案具有关联性，且合法，真实，一审法院予以采纳正确，本院予以确认。

根据对上述证据的审查认定及各方当事人的诉辩意见，本院确认如下事实：

本专利是张希文于 2006 年 4 月 12 日向国家知识产权局申请的名称为“一种新型化粪池结构”的实用新型专利权。2007 年 4 月 25 日，国家知识产权局授权其专利权，授权公告的权利要求如下：

1. 一种新型化粪池，包括依照污水处理顺序依次串联设置的若干化粪池单元以及分别设置于化粪池首尾两端的进水口和出水口，所述任一化粪池单元都由若干化粪池单体组成，其特征在于：所述各化粪池单元内的各化粪池单体通过设置于其侧壁下部的连通孔依次相连。

2. 根据权利要求 1 所述的新型化粪池，其特征在于：所述各化粪池单元间以其相邻的化粪池单体通过设置于侧壁中部的过水口相连。

3. 根据权利要求 1 或 2 所述的新型化粪池，其特征在于：所述任一化粪池单体侧壁上部设置有与邻近化粪池单体相通的通气孔。

4. 根据权利要求 3 所述的新型化粪池，其特征在于：所述各化粪池单元均至少有一个化粪池单体设置有观察口。

5. 根据权利要求 4 所述的新型化粪池结构，其特征在于：所述观察口设置于化粪池顶盖上。

6. 根据权利要求 5 所述的新型化粪池，其特征在于：所述各观察口均配有井盖。

2008 年 4 月 2 日，德江水泥厂以本专利的权利要求 1~6 不符合《专利法》第二十二条第二、三款的规定为由，向专利复审委提出无效宣告请求，并提交了附件 1~4 作为支持其无效理由的证据。

专利复审委受理该申请后，进行了转文。同年 5 月 6 日，张希文提交了意见陈述，并提交了下列证据：证据 1：中国计划出版社 2003 年出版的 GBJ50015-2003《建筑给水排水设计规范》的第 7 页复印件，共 1 页；证据 2：中国计划出版社 2003 年出版的 GBJ50015-2003《建筑给水排水设计规范》的第 72~73 页复印件，共 1 页；证据 3：户名为营口同发混凝土有限公司北京通州分公司（以下简称同发通州分公司）的中国农业银行收费凭证及对账单复印件共 4 页；证据 4：乙方为同发通州分公司的房屋土地租赁协议复印件共 2 页；证据 5：客户方为同发通州分公司的印刷合同、收据及印刷的资料页复印件共 6 页；证据 6：北京市第一中级人民法院（2008）一中行初字第 31 号行政判决书复印件；证据 7：第 10558 号无效宣告请求审查决定复印件。

专利复审委将上述文件转送给德江水泥厂，并于同年 5 月 21 日举行了口头审理。在口头审理过程中，德江水泥厂明确的无效理由、证据、范围以及证据的使用方式为：权利要求 1~6 相对于附件 1 不具有新颖性，权利要求 1~6 相对于附件 3 和 2，或附件 3 和 4 的结合不具有创造性。张希文对附件 1~6 的真实性无异议。张希文当庭提交了意见陈述及证据 8：石榴庄住宅小区化粪池施工合同复印件共17页。专利复审委将该意见陈述及证据8转给德江水泥厂。张希文出示了证据1~5、8的原件并明确以证据3~7证明本专利有新颖性，以证据1、2、8证明本专利具有创造性。德江水泥厂对证据1、2、6、7的真实性无异议，对证据3~5、8的真实性有异议。

专利复审委经对德江水泥厂提交的附件1~4进行审查后认为，张希文对附件1~4的真实性没有异议，故附件1~4可以作为本案证据使用。其中附件2~4属于公开出版物，且公开、公告日期均在本专利的申请日之前，可以作为本专利的现有技术使用。

德江水泥厂以附件1中的产品宣传资料、外观设计专利无效请求书以及意见陈述书说明本专利产品被公开使用的时间早于本专利的申请日，故本专利的权利要求1~6没有新颖性。同时，德江水泥厂明确表示不使用附件1中的其他材料，亦不对外观设计专利与本专利进行比对。专利复审委经对德江水泥厂所主张的附件1公证书所附的产品宣传资料中的第6、7、9、10号化粪池的技术方案与本专利的结构进行比较后认为，本专利权利要求1~5的技术方案与附件1的上述内容相同，但附件1未公开权利要求6的附加技术特征“各观察口均配有井盖”。由于附件1公证书所附的资料页是2006年10月11日在同发通州分公司取得的，其获得的时间晚于本专利的申请日，而且资料页本身也未记载所示化粪池的公开时间在本专利的申请日之前，所以，不能得出资料页所示的化粪池公开的时间在本专利的申请日之前。附件1中请求书及意见陈述只能说明在外观设计专利无效程序以及之后的诉讼程序中，张希文主张《申报书》涉及的产品和外观设计产品被公开使用。因德江水泥厂并没有提交《申报书》，也没有提交相关外观设计专利，并且不能证明所述《申报书》涉及的产品和外观设计专利以及附件1中的公证书所附产品资料页中所示的化粪池结构相同，也不能证明与本专利的产品相同，因此，德江水泥厂关于本专利的产品在申请日前在国内被公开使用的主张不成立。

针对德江水泥厂提出的本专利相对于附件3和2或附件3和4结合不具备创造性的无效理由，专利复审委经审查认为，权利要求1保护一种新型化粪池。附件3公开了一种组合式预制混凝土化粪池，包括串联组合的化粪池单元，每一个化粪池单元由沉淀池8、下围池9、上围池11和井盖13组成，沉淀池位于下围池下端，下围池上端为上围池，上围池上端口设井盖，下围池周边上设贯通口10，相邻的化粪池单元的贯通口10通过贯通管7互相连通。一个化粪池单元的上围池边上设进水孔12（相当于权利要求1中的进水口），另一个化粪池单元的上围池边上设有出水孔5（相当于权利要求1中的出水口）。虽然附件3中的沉淀池放置于下围池下端，下围池上端放置上围池，组成一个化粪池单元，与权利要求1中通过设置于其侧壁下部的连通孔依次相连的各化粪池单体组成的化粪池单元结构不同。但是由于附件3中的化粪池单元的功能和作用与本专利权利要求1中的化粪池单体相同，所以可以认为附件3中的化粪池单元相当于权利要求1中的化粪池单体，而附件3中的若干个化粪池单元则可以称为一个权利要求1中所述的化粪池单元。由此可见，权利要求1与附件3的区别在于：附件3没有公开各化粪池单元内的各化粪池单体通过设置于其侧壁下部的连通孔依次相连。

附件2公开了一种预制组合式化粪池，在底座1上设置一个单孔圈2或双孔圈4，其中，单孔圈2设置在最前端或最末端的一组，双孔圈4设置在介于第一组和最末一组之间的各组预制组合式化粪池之间；在单孔圈2或双孔圈4上面再设置一个密封筒圈3，在密封筒圈3上再设置一个三孔圈5或双孔圈4，其中三孔圈5适用于第一组和最末一组，双孔圈4介于第一组和最末一组之间的各组；在三孔圈5或双孔圈4上设置变径池口6，在变径池口6的上开口上设置池盖7。可见附件2中，位于底座1上的单孔圈2和双孔圈4的孔在预制组合式化粪池侧壁形成了连通孔，而且所属技术领域的技术人员根据其描述可以得到连通孔设在化粪池侧壁下部的技术启示。

综上所述，由于现有技术中存在得到权利要求1的技术启示，所以对于本领域技术人员而言，得到权利要求1的技术方案是显而易见的，即权利要求1的技术方案不具有实质性特点和进步，不具有

《专利法》第二十二条第三款规定的创造性。

权利要求2引用权利要求1，进一步限定各化粪池单元间以其相邻的化粪池单体通过设置于侧壁中部的过水口相连。其要求保护的方案中，设于化粪池单元内的化粪池单体通过侧壁下部的连通孔相连，是为了便于化粪池单元内化粪池单体间淤积物的流动，而用于相邻的两个化粪池单元相连的则是相邻化粪池单体侧壁的中部的过水口，是用于两个化粪池单元间污水的流动。所以，本专利中用于化粪池单元间连接的过水口和用于化粪池单元内单体间连接的连通孔的设置位置不同，作用也不相同。

附件3中的贯通孔10是连接相邻的两个化粪池单元（对应本专利权利要求2的化粪池单体），每一个化粪池单元由上围池、下围池和沉淀池上下叠加在一起形成的，二个以上的化粪池单元能并排组合，相邻的化粪池单元的贯通口通过贯通管相连，可见附件3中并没有公开或给出由通过侧壁下部连通孔连接形成的化粪池单体组成的化粪池单元之间，通过侧壁中部过水口连通的技术启示。

附件2中相邻化粪池组（相当于本专利中化粪池单元）之间仅通过下部的孔流动污水；附件4中相邻化粪池组（相当于本专利中化粪池单元）也仅通过侧壁上的过水孔连通流动污水。可见，附件2和附件4也没有公开或给出由通过侧壁下部连通孔连接形成的化粪池单体组成的化粪池单元之间通过侧壁中部过水口连通的技术启示。专利复审委对德江水泥厂关于权利要求2相对于附件3和附件2的结合或者附件3和附件4的结合不具有创造性的主张不予支持。

权利要求3~5对引用的权利要求作进一步限定。由于附件3明确公开了化粪池组的上围池侧壁上设有通气口3（相当于权利要求3中的通气孔），相邻化粪池单元的通气口通过通气管2相互连通，化粪池组上设有井盖13（相当于权利要求5中顶盖），以及在井盖13上设有用于清除污物和观察的井盖口1（相当于权利要求4中观察口），可见，附件3公开了权利要求3~5的附加技术特征，因此，当权利要求1不具有创造性时，直接和间接引用权利要求1的权利要求3~5也不具有《专利法》第二十二条第三款规定的创造性；当权利要求2具有创造性时，德江水泥厂关于直接或间接引用权利要求2的权利要求3~5不具备《专利法》第二十二条第三款规定的创造性的主张不成立。

权利要求6进一步限定权利要求5的化粪池的观察口均配有井盖。由于附件4公开了“顶盖上部观察孔可采用铸铁盖”，即公开了观察孔带有井盖，而且，为了防止化粪池的气味扩散，化粪池的观察孔配有井盖也是显而易见的。因此，当其引用的权利要求5不具有创造性时，权利要求6也不具有《专利法》第二十二条第三款规定的创造性；当权利要求5具有创造性时，德江水泥厂关于从属权利要求6不具有《专利法》第二十二条第三款规定的创造性的主张不成立。

因德江水泥厂关于本专利权利要求1~6不具有新颖性的主张不成立，因此专利复审委对张希文提交的用以证明本专利有新颖性的证据3~7未做评述。因本专利权利要求1、权利要求3~6引用权利要求1的技术方案相对于附件3和2的结合不具备创造性，专利复审委对张希文关于使用证据1、2、8证明本专利具备创造性的主张不予支持。

专利复审委据此于2008年6月24日作出第11883号决定，宣告本专利权利要求1及权利要求3~6中引用权利要求1的技术方案无效，维持权利要求2及权利要求3~6中引用权利要求2的技术方案有效。

本院认为，张希文、德江水泥厂对第11883号决定的作出程序，适用的法律，关于本专利相对于附件1具有新颖性的认定及附件3已经公开本专利权利要求3~5的附加技术特征的认定不持异议，经审查，本院认为，第11883号决定的作出程序合法，适用法律正确，关于本专利相对于附件1具有新颖性及附件3已经公开本专利权利要求3~5的附加技术特征的认定正确。鉴于对第11883号决定中关于“宣告本专利权利要求2及权利要求3~6中引用权利要求2的技术方案有效”的部分已另案处理，因此，本案将就本专利权利要求1及权利要求3~6中引用权利要求1的技术方案是否符合《专利法》第二十二条第三款的规定进行审查。

《专利法》第二十二条第三款规定，创造性，是指同申请日以前已有的技术相比，该发明有突出的实质性特点和显著的进步，该实用新型具有实质性特点和进步。

权利要求1请求保护一种依照污水处理顺序依次串联设置的若干化粪池单元，任一化粪池单元都由若干化粪池单体组成，各化粪池单元内的各化粪池单体通过设置于其侧壁下部的连通孔依次相连一种新型化粪池。附件3公开了一种组合式预制混凝土化粪池，包括串联组合的化粪池单元，每一个化粪池单元由沉淀池、下围池、上围池和井盖组成，沉淀池位于下围池下端，下围池上端为上围池，上围池上端口设井盖，下围池周边上设贯通口，相邻的化粪池单元的贯通口通过贯通管互相连通。附件3中的化粪池单元相当于权利要求1中的化粪池单体，而附件3中的若干个化粪池单元则相当于一个权利要求1中所述的化粪池单元。权利要求1与附件3的区别在于：附件3没有公开各化粪池单元内的各化粪池单体通过设置于其侧壁下部的连通孔依次相连。附件2公开了一种预制组合式化粪池，在底座上设置一个单孔圈或双孔圈，位于底座上的单孔圈和双孔圈的孔在预制组合式化粪池侧壁形成了连通孔。附件2给出了在化粪池单体侧壁下部设置连通孔的技术启示。张希文关于“附件3并没有公开或给出由通过侧壁下部连通孔连接形成的化粪池单体组成的化粪池单元之间，通过侧壁中部过水口连通的技术启示”的上诉理由缺乏事实依据。综上，专利复审委关于本专利权利要求1相对于附件3和附件2的结合不具有《专利法》第二十二条第三款规定的创造性的认定具有事实依据。

本专利权利要求3~5的附加技术特征已经被附件3公开，在本专利权利要求1不具有创造性时，其直接或间接引用权利要求1的权利要求3~5也不具有《专利法》第二十二条第三款规定的创造性。

本专利权利要求6是权利要求5的从属权利要求，其进一步限定了观察口均配有井盖。附件4公开了观察孔带有井盖，而且，为了防止化粪池的气味扩散，化粪池的观察孔配有井盖也是显而易见的。因此，当其引用的权利要求5不具有创造性时，权利要求6也不具有《专利法》第二十二条第三款规定的创造性。

综上所述，第11883号决定中关于宣告本专利权利要求1及权利要求3~6中引用权利要求1的技术方案无效的认定具有事实依据，张希文请求撤销的诉讼请求缺乏事实和法律依据，一审法院驳回其诉讼请求正确。依照《中华人民共和国行政诉讼法》第六十一条第（一）项的规定，判决如下：

驳回上诉，维持一审判决。

二审案件受理费人民币100元，由上诉人张希文负担（已交纳）。

本判决为终审判决。

审 判 长 郭 宣
代理审判员 罗峥嵘
代理审判员 朱海宏
二〇〇九年十二月十八日
书 记 员 程钰玮

145

束窄河床导流方法

无效宣告请求审查决定（第 11889 号）

决　　定　　号　第 11889 号
决　　定　　日　2008 年 7 月 2 日
发明创造名称　束窄河床导流方法
国 际 分 类 号　E02B 5/00
无效宣告请求人　四川省水利水电勘测设计研究院
专 利 权 人　赵维华
专　　利　　号　96108827.3
申　　请　　日　1996 年 6 月 29 日
授 权 公 告 日　1999 年 12 月 1 日
合 议 组 组 长　于　萍
主　　审　　员　王　博
参　　审　　员　姜　岩

法 律 依 据　专利法第 22 条第 3 款、第 26 条第 3 款
决 定 要 点

在判断一项权利要求是否具备创造性时，首先要将权利要求所述的技术方案和最接近的现有技术进行特征对比分析，确定两者之间的区别技术特征，并根据该区别技术特征带来的技术效果确定权利要求的技术方案所要解决的技术问题，进而考察对于所属技术领域的普通技术人员而言在最接近的现有技术的基础上引入上述区别技术特征来解决所要解决的技术问题从而获得权利要求所要保护的技术方案是否显而易见，如果是，则该权利要求不具备创造性。

一、案由

本无效宣告请求涉及中华人民共和国国家知识产权局于 1999 年 12 月 1 日授权公告的、名称为"束窄河床导流方法"的发明专利权（下称本专利），其专利号是 96108827.3，申请日是 1996 年 6 月 29 日，专利权人是赵维华。本专利授权公告时的权利要求书如下：

"1. 一种束窄河床导流方法，按分期导流设计施工河床分段和施工程序分期分阶段，按施工程序初期束窄河床导流阶段或汛期挡水时段或全年档水时段，在相关施工的水利枢纽主要建筑物布置图中或在其施工总布置图中或在施工场地中，确定施工基坑位置，布置和建造相应的导流围堰，包括纵向围堰和上、下游围堰，其特征是：导流围堰的定位轴线至少部分经过或相连接于待建而属于被作为"兼职围堰"部分的永久建筑物或其局部所在部位；在没有建成泄水建筑物以前，所建导流围堰至少

部分包含有被作为“兼职围堰”部分的以下一种或者几种永久建筑物或其局部：

导墙或导流墙或导水墙或导流墩或中墩或挑流墩、边墙或边墩或档土墙、导沙坎或拦沙坎、砼坝体或其部分、土石坝体或其部分、浆砌条石或块石建筑物。

2. 根据权利要求1所述的束窄河床导流方法，其特征是：布置纵向围堰或其定位轴线后的河床束窄系数小于40%。

3. 根据权利要求2所述的束窄河床导流方法，其特征是：布置导流围堰使其定位轴线走向所围护的施工基坑至少包含有待建水利枢纽厂房所在部位。

4. 根据权利要求1或2或3所述的束窄河床导流方法，其特征是：在水利工程施工分期导流之施工程序初期开工后之第一个枯水期内且没有建成泄水建筑物以前，把导流围堰布置定位轴线所经过或相连接的待建而属于被作为“兼职围堰”部分的永久建筑物或其局部，调动提前投入分期导流施工程序初期束窄河床导流阶段，按其原设计依据的永久建筑物级别标准，早于不作本阶段“兼职围堰”部分的其他永久建筑物，而被首先建成参与本阶段导流工程，使包含“兼职围堰”部分在内的导流围堰各部分高程，按给定挡水时段或汛期挡水时段或全年挡水时段，汛前上升到相应所需要的挡水高程。”

针对本专利权，四川省水利水电勘测设计研究院（下称请求人）于2007年9月29日向专利复审委员会提出无效宣告请求，认为本专利不符合专利法第22条第2、3款，第26条第3款的规定，请求人同时提交了如下附件：

附件1：水利出版社出版的《水利水电工程施工导流图集》，1982年6月第1版第1次印刷，封面页、扉页、版权信息页、第43、44页，复印件，共5页；

附件2：四川省知识产权局签发至四川省水利水电勘测设计研究院（即本案请求人）的“答辩通知书”复印件，即请求人为赵维华的“专利纠纷处理、调解请求书”及其附件复印件，共14页；

附件3：《四川省绵阳市三江水电综合工程初步设计报告》第五册，复印件，共8页；

附件4：关于绵阳市三江水电综合工程初步设计批复文件的说明、川建委电发（1994）882号文件 关于三江水电综合工程初步设计的批复，复印件，共15页；

附件5：四川华能雨城水电站施工报告，复印件，共34页；

附件6：四川华能雨城水电站工程补充施工组织设计，复印件，共12页；

附件7-1：四川大学水利水电工程学院出具的情况说明，复印件，共1页；

附件7-2：王民寿编、成都科学技术大学印的《水利水电工程施工过程中的水流控制》，复印件，共29页；

附件8：水利电力出版社出版的《水利水电工程施工组织设计规范》SDJ338-89（试行），1990年1月第1版第1次印刷，复印件，共12页；

附件9：水利电力出版社出版的《水利水电工程施工组织设计规范》SDJ338-89（试行）编制说明，1990年1月第1版第1次印刷，复印件，共5页。

请求人认为：本专利权利要求1~4不具备专利法第22条第2、3款规定的新颖性、创造性，其中权利要求1、4相对于附件1不具备新颖性，权利要求1~4相对于附件2~4所反映的三江水电站不具备新颖性，权利要求1、3、4相对于附件5、6所反映的四川华能水电站不具备新颖性；权利要求1~4相对于附件7不具备创造性，权利要求1~4相对于附件8、9不具备创造性；本专利权利要求1~4的方法无法实施，说明书记载的内容公开不充分，不符合专利法第26条第3款的规定。

经形式审查合格，专利复审委员会依法受理了上述无效宣告请求，并于2007年10月8日向请求人和专利权人发出无效宣告请求受理通知书，同时将专利权无效宣告请求书及其附件清单中所列附件的副本转送给专利权人，并要求专利权人在指定的期限内陈述意见。

请求人于2007年10月28日向专利复审委员会提交了意见陈述书，并补充了无效宣告的理由和证据，其中补充的证据为：

附件10：中国水利水电第十工程局出具的说明，复印件，共1页；

附件11：槽渔滩水利枢纽工程施工总结，复印件，共12页；

附件12：四川省乐山市槽渔滩水电站初步设计报告（图册），复印件，共5页；

附件13：四川省水利水电勘测设计院设计的泄洪冲沙闸平面布置图，复印件，共1页；

附件14：水利电力出版社出版的《水利水电工程施工组织管理与系统分析》，1986年6月第1版，1990年5月第2次印刷，复印件，共5页。

请求人认为：权利要求1、3、4相对于附件11~13所反映的槽渔滩水电站不具备创造性，结合附件9，权利要求2也没有创造性；权利要求1~4相对于附件14结合附件9、11~13不具备创造性，权利要求1、3、4相对于本专利说明书所引用的背景技术（包括请求人提供的附件14、附件1）不具备创造性，权利要求2的附加技术特征被附件9证明为公知公用技术，故该权利要求2不具备创造性；本专利的方法无法实施，说明书记载的内容公开不充分。

针对专利复审委员会发出的上述无效宣告请求受理通知书，专利权人于2007年11月13日提交了意见陈述书及如下附件：

证据1：标题为“若干国家机关网站政务公开的有关内容和有关杂志刊载内容”的相关记载，其下方盖有洪雅县知识产权局印章，复印件，共1页；

证据2：施工组织规范SDJ338-89目次，复印件，共2页；

证据3：四川省知识产权局专利纠纷案件中止通知书，复印件，共4页；

证据4：本专利授权文本。

专利权人认为本专利具备新颖性和创造性，说明书记载的内容已经充分公开。

此外，专利权人还提交了调查收集涉案证据的申请书，请求专利复审委员会调取多个水利工程项目中的设计、施工、监理等资料，以证明本专利被反复充分使用再现，取得巨大经济效果，符合专利授权条件。

专利复审委员会依法成立合议组对本案进行审查。

本案合议组于2007年12月11日向双方发出无效宣告请求口头审理通知书，定于2008年1月23日在专利复审委员会举行口头审理。随同口头审理通知书，将请求人于2007年10月28日提交的意见陈述书及其附件清单中所列附件的副本转送给专利权人，将专利权人于2007年11月13日提交的意见陈述书及其附件清单中所列附件的副本转送给请求人。

因故，合议组于2008年1月7日再次向双方发出口头审理通知书，将口头审理的日期改为2008年3月18日。

专利权人于2008年1月23日提交了意见陈述书及如下附件：

证据5：中国水利水电第七工程局网页复印件，共1页；

证据6：中国水利科技网页复印件及《水利水电工程技术术语标准》SL26-92复印件，共5页；

证据7：《水利水电施工技术规范汇编续编 上卷》封面页、版权页、第98~101页，复印件；

证据8：《槽渔滩工程厂房小基坑施工措施》复印件，共2页；

证据9：《加快槽渔滩水利枢纽工程建设的九项建议措施》复印件，共7页；

证据10：声称从中国水利科技网页下载的刊登在《中国三峡建设》杂志1999年第7期上的“三峡工程封闭式施工管理的初步尝试”一文复印件，共1页；

证据 11：专利权人技术资质证明材料；

证据 12：专利权人调查收集涉案证据的申请书，共 1 页。

在意见陈述书中，专利权人坚持认为本专利具备新颖性和创造性，说明书记载的内容已经充分公开。

此外，专利权人再次提交调查收集涉案证据的申请书，请求专利复审委员会调取专利权人向四川省知识产权局申请调解处理专利侵权纠纷的所有请求书案卷材料，以证明请求人提供的附件的出证单位绝大多数都与请求人有利害关系。

请求人于 2008 年 2 月 4 日提交了意见陈述书，针对专利权人的意见进行了意见陈述。

合议组于 2008 年 3 月 3 日向专利权人发出转送文件通知书，将请求人于 2008 年 2 月 4 日提交的意见陈述书转交给专利权人，向请求人发出转送文件通知书，将专利权人于 2008 年 1 月 23 日提交的意见陈述书及其附件副本转交给请求人。

口头审理于 2008 年 3 月 18 日如期举行，双方当事人均参加了口头审理。

在口头审理中，（1）请求人当庭提交意见陈述书，合议组当庭将其副本转送给专利权人并告知专利权人可以在口头审理结束后一个月内提交书面意见陈述。（2）请求人当庭出示了附件 1~14 的原件。专利权人对附件 7、11~13 的真实性有异议，对其他附件的真实性无异议。专利权人认为请求人当庭提交的附件 7 中的情况说明原件有印章，而复印件没有印章，故对真实性表示怀疑。合议组给予专利权人对附件 7 的真实性提交反证的一个月的举证期限。专利权人对附件 1、3~7、11~13 的公开性有异议。（3）专利权人当庭出示证据 1~10 的原件，当庭出示了证据 11。请求人对证据 2、3、4、6、7、8 的真实性没有异议，对于证据 1、5、10，请求人认为，这些证据是从网络下载的，故对其真实性不予认可；关于证据 9 请求人认为该证据是手写复印件，没有证据证明其是真实的，这样的证据随时可以伪造。请求人对专利权人的其他证据的真实性无异议。（4）请求人认为权利要求 1 相对于附件 1、2、3、4、5、6 不符合专利法第 22 条第 2 款；权利要求 1~4 相对于附件 1、7、8、9、11、12、13、14 不符合专利法第 22 条第 3 款；权利要求 1~4 不符合专利法第 26 条第 3 款。在此基础上，合议组对本案进行了审理，充分听取了双方的意见。

2008 年 3 月 19 日专利权人提交了针对专利复审委员会 2008 年 3 月 3 日发出的转文通知的意见陈述书，其认为请求人于 2008 年 2 月 4 日提交的意见陈述书超出了审查指南第四部分第三章规定的期限，并且认为请求人的主张均不能成立，专利权人还要求专利复审委员会到四川省水利水电勘测设计研究院调查收集如下两份证据：《槽渔滩水利枢纽工程施工图设计合同》和《槽渔滩水利枢纽工程优化设计和招议标文件编制合同》，用于证明本专利的专利权人是本专利方案的发明人。

2008 年 4 月 18 日，专利权人提交意见陈述书，关于附件 7 专利权人认为，该附件 7 不是本案适格的证据，理由包括：附件 7~1 中的证言没有证人出庭接受质证且没有正当理由，另外，附件 7~2 没有版权号，不是正式出版物，但专利权人没有举出反证来否定附件 7~1 和附件 7~2 的真实性。此外，专利权人再次陈述了本专利具备新颖性、创造性的理由。

至此，合议组认为本案事实已经清楚，可以作出审查决定。

二、决定的理由

1. 关于证据和现有技术

请求人提交的证据包括附件 1，专利权人对附件 1 的真实性没有异议，对其公开性有异议，认为附件 1 中注明了“限国内发行”字样，不能作为专利法意义上的公开出版物。对此，合议组认为，审查指南第二部分第三章第 2. 1. 3. 1 节规定“专利法意义上的出版物是指记载有技术或设计内容的独立存在的传播载体，并且应当表明或者有其他证据证明其公开发表或出版的时间……对于印有‘内部资料'、'内部发行'等字样的出版物，确系在特定范围内发行并要求保密的，不属于公开出版物。"附件1虽然印有"限国内发行"字样，但并未指出在特定范围内需要保密，并且附件1由水利出版社公开发行，其版权信息页中记载有"可供水利水电工程设计、施工、科研人员及有关专业的大、中专院校师生作为教学、课程设计、毕业设计的参考"，这也说明附件1作为教材或工具书使用，已经处于一种公开的状态，专利权人虽然认为其不是公开出版物，却没有给出相应的证据证明附件1需要在特定的范围内保密，由此合议组认为附件1属于专利法意义上的公开出版物，另由于其于1982年6月第一版第一次印刷，早于本专利申请日，因此，附件1所公开的内容构成了本专利的现有技术。

请求人提交的证据还包括附件7，其中附件7~1为四川大学水利水电工程学院出具的情况说明、附件7~2为王民寿编、成都科学技术大学于1983年3月印的《水利水电工程施工过程中的水流控制》。关于附件7~2，请求人在口审时提供了原件，专利权人对附件7~2本身的真实性没有提出合理的质疑，在此情况下合议组认为附件7~2本身的真实性应当予以认定。关于附件7~2的公开性，合议组认为，由于该书的扉页上印有"成都科学技术大学印1983.3"字样，并且在附件7~2"编者的话"中说明了"本书可作为大、中专水利水电工程施工、水工、农水专业教学和毕业设计的参考书，也可作为专题教学的补充教材，同时也可供水利水电工程设计、施工和科研人员参考"，这些信息均表明附件7~2是公开性质的出版物。与此同时请求人提供了附件7~1四川大学水利水电工程学院出具的"情况说明"来佐证该附件7~2的公开性。关于附件7~1，请求人在口审中出具了原件，其上印有四川大学水利水电工程学院印章，说明中记载有"《水利水电工程施工过程中的水流控制》一书……自1983年印出后，一直作为四川大学水利水电工程学院本科的补充教材和毕业生的设计参考书，且该书自出版后，我院资料室一直收藏，作为本科教学参考书，供我校学生及外单位水利水电工程设计、施工和科研人员查阅。"该情况说明进一步印证了附件7~2的公开性，因此合议组认为附件7~2的公开性也应予以确认。并且附件7~2扉页上印有"成都科学技术大学印1983.3"字样，据此可以确认该书的公开日早于本专利申请日（1996年6月29日），因此附件7可以作为评价本专利的现有技术。

对于附件7的真实性专利权人提出了质疑，其主要理由是，（1）附件7~1的复印件上没有印章，而原件有印章，两者不一致；（2）出证情况说明的单位没有派证人出席口审接受质证。关于第（1）点，合议组认为，由于请求人在口审时提交了盖有出具单位印章的原件，并且对复印件上没有印章的问题也做出了相应解释，即由于原件上的印章不够清楚且复印效果不好导致的，而专利权人除了提出复印件、原件的印章问题以外，并未对"情况说明"内容本身提出其他质疑，并且，在合议组给定的期限内未提供反证来证明该附件7~1或附件7~2不真实，因此，对于专利权人对附件7~1真实性的质疑合议组不予支持。关于第（2）点，合议组认为，审查指南第四部分第八章规定："未能出席口头审理作证的证人出具的书面证言不能单独作为认定案件事实的依据，但证人确有困难不能出席口头审理作证的除外。"而本案中请求人提供附件7~1"情况说明"并不是作为独立的证据使用，而是用于佐证附件7~2的公开性。所以，即使出具情况说明的单位并未派人出庭接受质证，也不影响附件7~2的公开性。

请求人提交的证据还包括附件9，并提供其原件供核对，专利权人对其真实性、公开性均无异议，合议组经核实对其真实性、公开性予以确认，并且附件9于1990年1月第1版第1次印刷，公开日早于本专利申请日，因此附件9可以作为本专利的现有技术使用。

2. 关于专利法第26条第3款

专利法第26条第3款规定，说明书应当对发明或者实用新型作出清楚、完整的说明，以所属技术领域的技术人员能够实现为准。

所属技术领域的技术人员能够实现，是指所属技术领域的技术人员按照说明书记载的内容，就能够实现该发明的技术方案，解决其技术问题，并且产生预期的技术效果。

请求人认为，（1）第一个枯水期能否将坐落在岸滩干地上或部分浅水区的永久建筑物抢出水面必须经过施工进度分析，并非如本专利说明书中所说的完全有把握在第一个枯水期内抢出水面；（2）用于挡水的永久建筑物除了高度要高于水位以外，还需要加厚，某些不能用于挡水的建筑物即使将其加高也不能用于挡水；（3）本专利含有兼职围堰的导流围堰围护的基坑内未包含可用于后期导流的永久泄水建筑物，若施工分为两段，后期没有可用的水流通道，剩余的永久建筑物无法施工。故认为本专利说明书没有对该发明做出清楚、完整的说明，本领域技术人员无法实施本专利，因此本专利不符合专利法第26条第3款规定。

关于第（1）点，合议组认为，在第一个枯水期将将坐落在岸滩干地上或部分浅水区的永久建筑物抢出水面只是本专利的一个优选方案，即在条件可能的情况下，尽量在第一个枯水期内抢出，本专利的权利要求1中即没有将时间限定在“第一个枯水期内”，而其从属权利要求4就对此进行了限定。

关于第（2）点，合议组认为，本专利的重点在于工程调度，而具体如何施工，本领域技术人员可以根据规范进行，因此，本领域技术人员当然会明白在加高建筑物的同时为了实现挡水的目的应对其加厚加固。

关于第（3）点，合议组认为，本专利的实施例中，在第一期的基坑内设有拦河闸7用于后期导流的泄水，因此，本领域普通技术人员根据说明书的描述，可以实现本发明，请求人的主张不能成立。

综上，请求人关于本专利不符合专利法第26条第3款的理由不能成立。

3. 关于专利法第22条第3款

具备专利法第22条第3款规定，创造性，是指同申请日以前已有的技术相比，该发明有突出的实质性特点和显著的进步，该实用新型有实质性特点和进步。

在判断一项权利要求是否具备创造性时，首先要将权利要求所述的技术方案和最接近的现有技术进行特征对比分析，确定两者之间的区别技术特征，并根据该区别技术特征带来的技术效果确定权利要求的技术方案所要解决的技术问题，进而考察对于所属技术领域的普通技术人员而言在最接近的现有技术的基础上引入上述区别技术特征来解决所要解决的技术问题从而获得权利要求所要保护的技术方案是否显而易见，如果是，则该权利要求不具备创造性。

（1）权利要求1。

权利要求1要求保护一种束窄河床导流方法。附件1第43、44页公开了丹江口水利枢纽分期围堰底孔导流工程，结合其中所附的分期围堰导流平面布置图、一期低水围堰设计平面图、一期高水围堰平面图，本领域技术人员可以得知丹江口电站的一期坝体工程采用如下方式实现：先在河流的右岸向江心围成框形的一期低水围堰，其与右岸一起形成一个闭合区域，用于挡1958年11月-1959年5月间的洪水（一枯）。在一期低水围堰的保护下，在一枯期内修建起高水围堰来挡1959年6月-10月的大汛。纵向高水围堰由上到下依次由上游纵向围堰、第18号坝体、下游纵向围堰构成。附件1中在一期低水围堰内修建高水围堰及确定永久坝体位置的特征即公开了权利要求1中“确定施工基坑位置，布置和建造相应的导流围堰，包括纵向围堰和上、下游围堰”的特征。在大汛期时，低水围堰不再发挥作用而依靠高水围堰挡水。在高水围堰的保护下，在大汛期内继续进行7~17号坝体的施工，而18号坝体兼有围堰导流的功能。根据水利水电工程制图惯例，已完成项目用实线表示，未完成项目用虚线表示，由此可从一期高水围堰平面图中明确得知用实线表示的18号坝体先于用虚线表示的7~17号坝体建成。再根据其文字部分“在低水围堰的保护下，修筑8~18号坝体并设置导流底孔、混凝土纵向围堰和横向高水围堰”，结合本领域技术人员所知晓的导流底孔设于坝体的常识，可知兼起围堰导流功能的18号坝体先于用于泄水的导流底孔之前建成。由此，而附件1公开了以整段的砼坝体18这样的永久建筑物作为兼职围堰的技术特征，其选择方式和建筑时机也与权利要求1方案中所限定的相同。因此，本领域技术人员根据附件1中公开的丹江口水利枢纽分期围堰底孔导流工程，结合本领域的常识，可以得到权利要求1中以砼坝体作为兼职围堰的技术方案。因此，权利要求1中的该方案相对于本领域技术人员而言不具备突出的实质性特点和显著的进步，不具备创造性。至于采用永久建筑物的局部所在部位作为兼职坝体的技术方案由此也是容易想到的。另外，权利要求1中关于“兼职围堰”所限定的其他14种建筑结构也都是水利工程领域常见的结构，本领域技术人员在附件1的基础上根据需要可以进行选择，从而也容易得出采用砼坝体及这14种建筑结构中的一种或几种作为兼职围堰所限定出的技术方案，因此权利要求1中除采用混凝土坝体作为兼职围堰以外的其他建筑结构的技术方案也都不具备创造性，不符合专利法第22条第3款的规定。

专利权人在口头审理中认为附件1中的高水围堰不同于本专利中的兼职围堰，认为附件1是把高水围堰作为电站施工的先决条件，而本专利是把部分永久建筑物加高加固作为临时变通兼职高水围堰，附件1的18号坝体按前提先决条件不能作为兼职围堰而把高水围堰作为兼职坝体。对此，合议组认为，附件1中的18号坝体在施工阶段可以作为大汛时的导流结构（见附件1一期高水围堰平面图），在大坝建成后又可发挥其作为大坝本身的功用。因此附件1中高水围堰中的永久建筑物部分（即18号坝体）就是本专利中的兼职围堰，其形成时间、发挥的作用都与本专利中的兼职围堰相同。另外，在本专利的实施例一中的兼职围堰就含有坝体AB，权利要求1中也限定了永久建筑物之一为混凝土坝体。因此专利权人的上述理由不能成立。

另外，专利权人还认为，虽然权利要求1特征部分中的15种可用作兼职围堰永久建筑物结构是公知的，但技术特征集成方案和具体手段的不同带来施工时间、顺序的不同。对此，合议组认为，附件1所公开的方案已经教导了将在围堰轴线上的永久建筑物抢在大汛之前建成的启示，而权利要求1中所限定的这15种建筑结构都是公知的这一点也得到了专利权人的认可，因此，本领域技术人员自然会想到将围堰轴线上的这些永久建筑结构优先建成以达到汛期挡水的目的，专利权人的上述理由也不能成立。

除了前文所评述过的理由之外，专利权人在口审后提交的意见陈述书中还认为，①请求人在评价本专利权利要求时偷换概念，将本专利保护客体偷换为明显不同于原发明主题和技术领域的不受专利保护的公知现有技术伪“客体”；②本专利在申请时就已经针对附件1进行了客观论证，所用高水围堰技术方案仅仅解决的是洪水和汛期可以连续施工，因为其用所述高水围堰部分作为“兼职坝体”的方式，并不能替代本案发明专利区别技术特征“兼职围堰”的技术方案，达不到像本专利技术方案那样能解决的技术问题；③请求人将本专利权利要求1的技术方案插入“（标记为技术特征A，马库什全项表述）”等话语，将本专利权利要求的技术方案内容实质性变换；④请求人认为附件1公开了在第一个枯水期内先于9-17段坝体而建的18段坝体，但附件1中并没有“先于”文字或相当语义陈述。

关于第①点，合议组认为在评价权利要求的技术方案时是根据本专利权利要求的技术特征进行对比的，因此不存在专利权人所认为偷换概念的问题。

关于第②点，合议组认为附件1中高水围堰技术方案与本专利的兼职坝体实现的效果完全相同，都可以保证汛期连续施工，因而能达到同样的技术效果，虽然专利权人一直认为二者效果不同，却并不能明确到底哪里不同，所以对专利权人声称的不同，合议组不予支持。

关于第③点，合议组认为请求人引入括号内的语句只是为了评述时指代上的方便，并没有改变本专利技术方案的实质。

关于第④点，合议组在前面的评述中已经说明，根据水利水电工程制图惯例，已完成项目用实线表示，未完成项目用虚线表示，由此可从一期高水围堰平面图中明确得知用实线表示的18号坝体先于用虚线表示的7~17号坝体建成。附件1公开的内容不仅包括其文字部分记载的内容，还应该包括从其附图中能直接地、毫无疑义地确定的内容。因此，专利权人的上述主张也不能成立。

综上，权利要求1的技术方案不具备创造性，不符合专利法第22条第3款的规定。

（2）权利要求2。

权利要求2是对权利要求1的进一步限定，其附加技术特征限定了“布置纵向围堰或其定位轴线后的河床束窄系数小于40%”。附件7第25页公开了K值（即河床束窄系数）可根据需要和可能来确定和调整，且公开了在某一条件下取30%~40%的范围，第26页表3-1公开了古田一级水利工程的K值为27%。附件9第17页表2-3-1国内外分期导流一期河床束窄系数实例中公开了富春江、古田一级、布拉茨克、铁门等工程的分期导流一期河床束窄系数分别为37%、27%、30%、35%，均小于40%。而河床束窄系数的定义就是布置纵向围堰或其定位轴线后河床的束窄程度，因此，附件7、9都公开了权利要求2的附加技术特征，由于附件7是教科书、附件9是设计规范，因此这些内容也都属于本领域技术人员的公知常识。故此，本领域技术人员在附件1的基础上结合附件7或附件9所公开的公知常识容易得出权利要求2的技术方案。因此权利要求2在其所引用的权利要求1不具备创造性的前提下，也不具备创造性。

专利权人在口头审理中认为，技术价值取向不同，上述参数之间没有可比性。对此，合议组认为，本领域技术人员在工程实践中，根据需要会选择河床束窄系数的范围，附件7、9已经给出了河床束窄系数小于40%的实例，而本专利说明书中也未指出本专利权利要求2中所限定的范围会产生不同的技术效果，因此也并没有给本专利带来突出的实质性特点和显著的进步，因此，权利要求2不具备创造性。

（3）权利要求3。

权利要求3是对权利要求2的进一步限定，其附加技术特征为“布置导流围堰使其定位轴线走向所围护的施工基坑至少包含有待建水利枢纽厂房所在部位”，设置围堰的目的就是为了在其所围护的范围内修建水利工程，且附件1中的布置图已经公开了这一特征。专利权人也认可附加技术特征已经被公开。在所引用的权利要求2不具备创造性的前提下，权利要求3也不具备创造性。

（4）权利要求4。

权利要求4是对权利要求1~3的进一步限定，其附加技术特征为：“在水利工程施工分期导流之施工程序初期开工后之第一个枯水期内且没有建成泄水建筑物以前，把导流围堰布置定位轴线所经过或相连接的待建而属于被作为“兼职围堰”部分的永久建筑物或其局部，调动提前投入分期导流施工程序初期束窄河床导流阶段，按其原设计依据的永久建筑物级别标准，早于不作本阶段“兼职围堰”部分的其他永久建筑物，而被首先建成参与本阶段导流工程，使包含“兼职围堰”部分在内的导流围堰各部分高程，按给定挡水时段或汛期挡水时段或全年挡水时段，汛前上升到相应所需要的挡水高程”。根据前面关于权利要求1的评述，附件1中已经公开了在第一个枯水期内将用作兼职围堰的18号坝体修建完成以在汛期导流。根据附件1文字部分“在低水围堰的保护下，修筑8~18号坝体并设置导流底孔、混凝土纵向围堰和横向高水围堰”，结合本领域技术人员所知晓的导流底孔设于坝体的常识，可知兼起围堰导流功能的18号坝体先于用于泄水的导流底孔之前建成。导流围堰的定位轴线经过整个18号坝体，形成一个整体围堰，从而在全年挡水时段进行挡水。此外，导流围堰布置定位轴线经过永久建筑物的局部的方案，导流围堰进行给定时段挡水或汛期时段挡水的方案也都是由此容易想到的。因此，权利要求4的附加技术特征已经被附件1公开或给出了相应的技术启示，在其所引用的权利要求1~3不具备创造性的前提下，该权利要求4也不具备创造性。

4. 关于专利权人的取证请求

本案审理程序中，专利权人曾多次要求专利复审委员会调取证据。

其中，专利权人2007年11月13日的取证请求所涉及的证据用于证明本专利符合专利法第22条第3款及第26条第3款的规定。合议组认为，一方面，专利权人所要求调取本专利被成功应用过的证据不能证明本专利具备创造性、符合专利法第22条第3款的规定，另一方面，根据前面的论述，合议组认为本专利无须证据即可证明请求人关于本专利不符合专利法第26条第3款规定的主张不能成立，因此，合议组不再调取专利权人所请求的这些证据。

专利权人2008年1月23日的取证请求所涉及的证据用于证明请求人附证出证单位绝大多数都与请求人有利害关系。合议组认为，在对同一个事实存在多个证据的情况下，提供证据的一方与当事人有利害关系的，会使该证据的证明力受到一定影响，但通常情况下，对证据的核实认定应该从证据的关联性、合法性和真实性予以审查。而对于公开出版物类证据，在请求人都提交了原件，而专利权人虽有质疑，但无反证或充分理由来否定其真实性、合法性的情况下，即使提供该出版物证据的一方与请求人确有利害关系，也不能影响该出版物的真实性。因此，合议组认为没有必要调取专利权人所请求的这些证据。

专利权人2008年3月19日的取证请求所涉及的证据用于证明本专利的专利权人是本专利方案的发明人。合议组认为，上述证明事项与本专利的无效宣告请求的审查没有关系，对专利权人的上述请求不予支持。

5. 关于专利权人提交的证据

专利权人在无效宣告程序中，专利权人共提交了12份证据。证据1、3、5、12用于证明请求人与附件的出证单位存在直接利害关系；证据1、2、6、7证明本专利具有实用性、充分公开；证据4证明本专利的合法权利，证据9证明专利权人为发明人，证据11证明专利权人的技术资质；证据8用于证伪附件11~13的真实性，证据10证明水利工程封闭施工的特点。但这些证据既无法证伪请求人提交的附件1、7、9的真实性，也无法证明本专利相对于附件1、7、9具备创造性，而且即使请求人证据的提供者与请求人存在利害关系，这一关系也不能影响附件1、7、9本身的真实性和公开性。

综上，权利要求1~4相对于附件1、7、9不具备创造性，应予无效，故对请求人的其他无效宣告请求理由、证据不再予以评述。

根据上述的事实和理由，本案合议组依法作出以下决定。

三、决定

宣告96108827.3号发明专利权全部无效。

当事人对本决定不服的，可以根据专利法第46条第2款的规定，自收到本决定之日起三个月内向北京市第一中级人民法院起诉。根据该款的规定，一方当事人起诉后，另一方当事人应当作为第三人参加诉讼。

146

珍珠岩膨胀电炉

无效宣告请求审查决定（第 11891 号）

决　　定　　号　第 11891 号
决　　定　　日　2008 年 6 月 30 日
发明创造名称　珍珠岩膨胀电炉
国 际 分 类 号　F27B 1/04
无效宣告请求人　信阳市平桥区龙泉工业电炉厂
专　利　权　人　孔可强
专　　利　　号　200320115796.2
申　　请　　日　2003 年 11 月 6 日
授 权 公 告 日　2005 年 1 月 12 日
合 议 组 组 长　欧　岚
主　　审　　员　王　博
参　　审　　员　郭建强

法　律　依　据　专利法第 22 条第 2 款、第 3 款
决　定　要　点

如果对比文件中没有明确记载某一技术特征，但对于本领域技术人员来说，该特征是该对比文件隐含的且可直接地、毫无疑义地确定的，则认为该对比文件公开的技术内容包括所述技术特征。

一、案由

本无效宣告请求涉及国家知识产权局于 2005 年 1 月 12 日授权公告的、名称为“珍珠岩膨胀电炉”的实用新型专利权（下称本专利），其专利号是 200320115796.2，申请日是 2003 年 11 月 6 日，专利权人是孔可强。本专利授权公告时的权利要求书如下：

“1. 珍珠岩膨胀电炉，它包括炉体外壳，外壳内设炉衬，控温装置，电热元件，其特征在于炉衬上设的搁丝砖前段上表面与后段表面上面之间形成向上夹角，电热元件设在搁丝砖上，炉内设有内高温内胆。

2. 如权利要求 1 所述珍珠岩膨胀电炉，其特征在于它是由上述结构单元至少两节相互连接构成，典型结构为六节。

3. 如权利要求 2 所述珍珠岩膨胀电炉，其特征在于所述每节或两节结构中的电热元件连接一个温控装置。”

针对上述专利权，信阳市平桥区龙泉工业电炉厂（下称请求人）于 2006 年 9 月 25 日向专利复审

委员会提出无效宣告请求，随同无效宣告请求书提交了如下附件作为证据：

附件1：2000年1月出版的《信阳师范学院学报（自然科学版）》第13卷，第1期，第85~87页复印件，共3页；

附件2：1999年第9期《机械工人（热加工）》，第39、40页复印件，共2页；

附件3：标题为“第二章 热处理炉筑炉材料”复印件1页，标题为“第三章 热处理电阻炉”复印件1页；

附件4：授权公告日为2005年1月12日，授权公告号为CN2670880Y的实用新型专利说明书，共5页（本专利）。

请求人认为：(1) 本专利权利要求1不符合专利法第22条第2、3款和专利法第26条第4款的规定；(2) 本专利权利要求2、3不符合专利法第22条第3款的规定。

经形式审查合格，专利复审委员会依法受理了上述无效宣告请求，并于2006年9月27日向双方当事人发出了无效宣告请求受理通知书，并将无效宣告请求书及其附件清单中所列附件的副本转送给专利权人，要求其在指定的期限内陈述意见。

请求人于2006年10月19日向专利复审委员会提交意见陈述书，并补充提交了如下附件：

附件5：2000年5月出版的《非金属矿》第23卷，第3期第34、35页的复印件，共2页；

附件6：本专利与公知技术的对比放大图复印件1页。

请求人认为附件5中记载了“加热元件安放在型腔2内，其材料可为硅碳棒、硅钼棒或铁铬铝电热丝”。电热丝的使用方法是绕成螺线管状，安放在炉墙的搁丝砖上，即附件3-《热处理手册》第三分册第3~53页的表3-3-8，“电热元件在炉内的布置方法”。

针对专利复审委员会发出的无效宣告请求受理通知书，专利权人于2006年10月30日提交了意见陈述书，专利权人认为，本专利中的搁丝砖不能与附件1中的型腔对应。附件1中采用的加热元件(9)是硅碳棒，硅碳棒的安装必须以炉墙为支撑而形成两端支撑的结构，这与本专利的搁丝砖不同，这可以通过专利权人提到的证据1——《工业电炉维修手册》“电热元件的修理”来证明。附件2中炉体分节是为了制造方便，而本专利的炉体分节是为了运输方便和实现分段控制。

专利复审委员会依法组成合议组对上述无效宣告请求进行审查，并于2007年3月12日对本案进行口头审理。

在口头审理中，(1) 请求人明确其无效的理由、证据、范围以及证据的使用情况仅为：权利要求1相对于附件5不符合专利法第22条第2款的规定；权利要求1相对于附件5和公知常识的结合不符合专利法第22条第3款的规定，用附件3证明公知常识。权利要求2的附加技术特征被附件2公开。权利要求3的附加技术特征被附件5公开，从而不符合专利法第22条第3款的规定。附件6是对附件3的说明，公开内容还是以附件3为准。请求人放弃对附件1的使用以及专利法第26条第4款的无效理由。

(2) 请求人当庭提交了附件2、3、5的原件，并向合议组补充提交附件2、3、5的出版信息页，专利权人经核对，认可附件2、3、5的真实性。专利权人放弃其在2006年10月30日提交的意见陈述书中提到的证据1——《工业电炉维修手册》“电热元件的修理”。专利权人认为请求人没有结合附件5来陈述无效理由，因此附件5不应当被采用。

(3) 请求人认为附件3中的扇形搁丝砖同样分为前段和后段，前段上表面与后段上表面成90度夹角。专利权人认为本专利中搁丝砖是分为前段和后段，而附件3中的搁丝砖的构造是前端有凸起而不是前段，并且前端凸起不能太高。

专利复审委员会于2007年3月20日针对上述无效宣告请求案作出第9597号无效宣告请求审查

决定，认定权利要求1中的特征“搁丝砖前段上表面与后段表面上面之间形成向上夹角”没有被附件2、3、5公开，也没有相应的启示可以想到，权利要求1相对于附件5具备新颖性，相对于附件2、3、5的结合具备创造性，基于权利要求1具备新颖性、创造性，其从属权利要求2、3也具备新颖性、创造性，因此维持本专利权有效。

请求人不服专利复审委员会作出的第9597号无效宣告请求审查决定，向北京市第一中级人民法院提出诉讼，2007年9月20日北京市第一中级人民法院作出（2007）一中行初字第870号行政判决书，该判决书认为上述特征被附件5隐含公开，权利要求1相对于附件5不具备新颖性、创造性，因此判决撤销第9597号无效宣告请求审查决定，由专利复审委员会重新作出审查。

专利权人及专利复审委员会不服北京市第一中级人民法院作出上述判决，分别向北京市高级人民法院提起上诉，2007年12月3日北京市高级人民法院作出（2007）高行终字第547号行政判决书，该判决书认定原判决认定事实清楚，适用法律正确，应当予以维持，因此判决驳回上诉，维持原判。

在上述程序的基础上，专利复审委员会依法重新成立合议组对上述无效宣告请求重新审查。

本案合议组于2008年5月4日向双方当事人发出无效宣告请求口头审理通知书，定于2008年6月17日进行口头审理。

口头审理如期进行。专利权人未出席，仅请求人单方出席口头审理。口头审理中，（1）请求人当庭提交公知常识性新证据，证据1：《热处理手册》第3卷，2008年1月第4版第1次印刷，封面页、出版信息页、编委名单页、前言页2页、目录页2页、第168~170页，复印件共10页。请求人认为证据1前言中写明了第3版是2001年出版的，第4版是根据第3版修改的，前言部分明确写明了修改的内容，修改部分没有涉及本次使用的第3章。（2）请求人认为权利要求1相对于附件5不具备新颖性，相对于附件5结合附件3（公知常识）不具备创造性；权利要求2相对于附件5结合证据1（公知常识）不具备新颖性，相对于附件5、2的结合不具备创造性；权利要求3的附加技术特征被附件5公开，相对于附件5及证据1（公知常识）不具备新颖性、创造性，相对于附件5、2的结合不具备创造性。在此基础上，合议组对本案进行了调查，充分听取了请求人的意见。

至此，本案合议组认为事实已经清楚，可以做出审查决定。

二、决定的理由

1. 关于证据和现有技术

请求人提交的附件2和5均为发表在期刊上的文章，附件3为《热处理手册》这本书上的两页内容，请求人在第一次口头审理中当庭提交了附件2、3、5的原件并补充提交了附件2、3、5的出版信息页，专利权人对上述附件的真实性没有异议，合议组经审查认为其可以作为本案证据使用。同时由于附件2、3、5均属于公开出版物，其公开日期均在本专利的申请日前，因此上述附件可以构成本专利的现有技术。

在第一次口头审理中，专利权人认为请求人在提出附件5时并未结合该附件具体说明无效理由，因此不应当被接受。

请求人在提交附件5时对该附件进行了简要说明，即“在本次无效宣告请求的附件1中，其作者之一刘鹏在2000年5月《非金属矿》第23卷第3期第34页发表了题目为‘新型珍珠岩膨胀炉研制’（见附件5），其中记载了‘加热元件安放在型腔2内，其材料可为硅碳棒、硅钼棒或铁铬铝电热丝’。电热丝的使用方法是绕成螺线管状。安放在炉墙的搁丝砖上，即《热处理手册》第三分册第3~53页的表3-3-8，‘电热元件在炉内的布置方法’（见附件3）”。由此可见，请求人已结合附件5进行了具体评述，且附件5及上述陈述是请求人在提交无效宣告请求之日起一个月内向专利复审委员会补充提交的，因此合议组认为可以接受附件5作为本次无效宣告请求的证据使用。

2. 关于本专利的新颖性、创造性

专利法第22条第2款规定，新颖性，是指在申请日以前没有同样的发明或者实用新型在国内外出版物上公开发表过、在国内公开使用过或者以其他方式为公众所知，也没有同样的发明或者实用新型由他人向国务院专利行政部门提出过申请并且记载在申请日以后公布的专利申请文件中。

如果对比文件中没有明确记载某一技术特征，但对于本领域技术人员来说，该特征是该对比文件隐含的且可直接地、毫无意义地确定的，则认为该对比文件公开的技术内容包括所述技术特征。

专利法第22条第3款规定，创造性，是指同申请日以前已有的技术相比，该发明有突出的实质性特点和显著的进步，该实用新型有实质性特点和进步。

（1）权利要求1。

本专利权利要求1保护一种珍珠岩膨胀电炉，该电炉包括炉体外壳，炉衬，控温装置，电热元件，炉衬上设有的搁丝砖前段上表面与后段表面上面之间形成向上的夹角，电热元件设在搁丝砖上，炉内设有内高温内胆；附件5中公开了一种珍珠岩膨胀炉，该炉包括外壳，保温层和耐热层，型腔，位于型腔内的加热元件，炉管，控制柜；其中附件5中的外壳，保温层和耐热层，控制柜，炉管分别相当于权利要求1中的炉体外壳，炉衬，控温装置，内高温内胆；通过上述技术特征的对比可以得出，附件5中并没有明确记载本专利权利要求1中的搁丝砖及其具体结构。但是，根据附件5的记载，当其中的加热元件是铁铬铜电热丝时，炉体结构中必然具有搁丝砖。并且，对于本领域普通技术人员而言，炉墙上使用的搁丝砖前端带有向上直立的凸起以防止加热元件掉下是公知技术，附件3也证明了这一点。因此本领域技术人员由附件5可知其隐含公开了搁丝砖的一般结构，由于本专利没有对搁丝砖的前段与后段比例长度及夹角度数作出限定，即包括了任何段长与角度，而隐含公开的前端“带有向上直立凸起”的搁丝砖存在90度夹角，属于特定角度，其向上直立的凸起与搁丝砖的横向段对应于本专利的“前段与后段”，在此情况下，本专利权利要求1中“前段上表面与后段表面上面之间形成向上夹角”这一技术特征已被公开，故此，本专利权利要求1的全部技术特征已被附件5明确公开或隐含公开，因此权利要求1相对于附件5不具备新颖性，不符合专利法第22条第2款规定。

（2）权利要求2。

权利要求2的附加技术特征对炉体结构进行了限定。附件2公开了一种组合式结构井式气体渗氮炉，其中公开炉壳结构为组合式的，即整个炉身分为炉底段、炉顶段和中间段，中间段可根据炉罐有效深度的要求增减，各段用法兰连接（参见附件2第40页）。由此，附件2公开了炉体由多节连接而成的方案，而炉体由六节构成也是本领域技术人员根据需要可以选择的。附件2与附件5都属于井式电阻炉，因此，本领域技术人员容易将二者结合得出权利要求2的技术方案，权利要求2相对于附件5和2的结合不具备创造性，不符合专利法第22条第3款的规定。

（3）权利要求3。

权利要求3的附加技术特征限定了温控装置。附件5中公开了该珍珠岩膨胀炉设有若干温区，并对各温区的温度进行分别控制（参见附件5第35页第3.2、3.3部分），而为了对各温区分别进行控制必然会将炉内的电热元件分别与温控装置连接，至于是每节结构中的电热元件连接一个温控装置还是每两节结构中的电热元件连接一个温控装置则是由此容易想到的。因此，在权利要求2不具备创造性的基础上，权利要求3相对于附件5和2的结合也不具备创造性。

鉴于本专利权利要求1~3均不具备新颖性或创造性，应予全部无效，因此合议组不再对请求人提出的其他证据组合方式予以评述。

基于上述的事实和理由，本案合议组依法作出如下审查决定。

三、决定

宣告200320115796.2号实用新型专利权全部无效。

当事人对本决定不服的，可以根据专利法第46条第2款的规定，自收到本决定之日起三个月内向北京市第一中级人民法院起诉。根据该款的规定，一方当事人起诉后，另一方当事人应当作为第三人参加诉讼。

147

碟式电子防盗锁

无效宣告请求审查决定（第11908号）

决　定　号 第11908号
决　定　日 2008年6月19日
发明创造名称 碟式电子防盗锁
国际分类号 E05B 45/06
无效宣告请求人 郭峰，邓伦凯
专利权人 伊凡·弗朗西斯·西尔万·福蒂
申　请　号 200620004243.3
申　请　日 2006年3月13日
授权公告日 2007年4月25日
合议组组长 朱文广
主　审　员 崔海云
参　审　员 欧　岚

法律依据 专利法第22条第2款
决定要点

如果权利要求限定的技术方案与现有技术公开的技术内容完全相同，则该权利要求不具备新颖性。

一、案由

本无效宣告请求案涉及国家知识产权局于2007年4月25日公告授予的、名称为“碟式电子防盗锁”的实用新型专利权（下称本专利），其专利号是200620004243.3，其申请日为2006年3月13日，专利权人是伊凡·弗朗西斯·西尔万·福蒂。本专利授权公告的权利要求书如下：

“1. 一种碟式电子防盗锁，由锁体及报警电路组成，其特征在于锁体下部，开有马蹄形的插入槽，锁体上部，设有锁头、线路板，锁头的定位梢设在锁头和线路板之间的隐蔽区，线路板下部，设有顶起弹簧和滚珠，滚珠一半凸起在插入槽上，与刹车碟配合使用。

2. 根据权利要求1所述的碟式电子防盗锁，其特征在于报警电路由传感电路、电子集成门电路和语音集成电路连接而成，可设置在线路板上。

3. 根据权利要求1所述的碟式电子防盗锁，其特征在于锁体（1）上部，一侧设有锁头（2），线路板（26）置于中部，锁头（2）的定位梢（3）设在锁头（2）和线路板（26）之间的隐蔽区，线路板（26）下方，滚珠座（13）装有滚珠（14），滚珠（14）凸出于马蹄形的插入槽（18）内，与刹车碟配合使用，滚珠座（13）上方设有顶起弹簧（12，10）及凸头（11），电池箱（19）置于防水垫（18）上，压住弹簧（12，10），并用长螺丝（15）与锁体（1）固定，垫（9）放在电池箱（19）上将线路板（26）与电池箱（19）隔开，蜂鸣器（7）置于其座（6）内，用防水圈（8）相隔，线路板（26）引出的传感器（4）置于锁头（2）与防水垫（18）之间，短螺丝（16）用开口介子（17）扣住，使其置于锁体（1）中，易于与盖体（5）固定，锁体（1）为精铸钢材制成，外表喷塑；盖体（5）为高强度锌铝合金材料制成。

4. 根据权利要求1所述的碟式电子防盗锁，其特征在于本报警电路中，触发开关（S1）与凸头（11）相对接，传感器（4）与放大器（Q）连接，放大器（Q）的输出端与集成门电路（ⅠC1）的输入端连接，集成门电路（ⅠC1）的输出端通过三极管（Q2）与语音集成电路（ⅠC2）的输入端连接，语音集成电路（ⅠC2）的输出端通过三极管（Q3）、电感（L1）与蜂鸣器（7）连接。集成门电路（ⅠC1）选用74HC132芯片，语音集成电路（ⅠC2）选用HT2844T芯片。”

针对本专利权，郭峰（下称第一请求人）于2007年7月17日、邓伦凯（下称第二请求人）于2007年11月23日分别向专利复审委员会提出无效宣告请求。第一、二请求人分别提交了相同的附件，如下：

附件1：授权公告日为1997年1月1日、授权公告号为CN2244068Y的中国实用新型专利说明书，共8页。

第一请求人认为附件1公开了权利要求1~4的技术方案，因此本专利不符合专利法第22条第2、3款的规定、不符合专利法实施细则第13条第1款的规定；第二请求人认为附件1公开了权利要求1~4的技术方案，因此本专利的权利要求1~4相对于附件1不符合专利法第22条第1、2、3款的规定。

经形式审查合格后，专利复审委员会受理了上述请求，分别于2007年9月12日向第一请求人和专利权人以及于2007年12月24日向第二请求人和专利权人发出《无效宣告请求受理通知书》，同时将第一请求人和第二请求人提交的《专利权无效宣告请求书》及其附件的副本转送给专利权人，要求其在指定的期限内陈述意见。专利权人逾期均未答复。

专利复审委员会依法成立合议组对上述两个无效宣告请求进行审理。

根据审查指南第四部分第三章第4.5节规定的案件的合并审理，本案合议组将上述两个无效宣告请求进行合并口头审理。

2008年2月19日，本案合议组向上述三方当事人发出《无效宣告请求口头审理通知书》，定于2008年4月15日在专利复审委员会举行口头审理。

口头审理如期进行，第一、二请求人出席了口头审理，专利权人未出席口头审理。

第一请求人明确请求宣告本专利的权利要求1~4全部无效的理由为相对于附件1不具有新颖性、创造性及不符合专利法实施细则第13条第1款的规定。第二请求人明确请求宣告本专利的权利要求1~4全部无效的理由为相对于附件1不具有新颖性、创造性。

庭审过程中，合议组就本案的无效理由及证据逐一进行了调查，当事人充分陈述了自己的意见。

至此，合议组认为本案的事实清楚，可以作出审查决定。

二、决定的理由

1. 关于证据和现有技术

第一、二请求人提交的证据均为附件1，其为中国专利文献，专利权人未在指定期限内对附件1的真实性发表意见，合议组经审查认为其可以作为本案证据使用。同时由于附件1为公开出版物，其公开日期在本专利的申请日之前，因此其公开的内容可以作为本专利的现有技术用于评价本专利的新颖性和创造性。

2. 关于专利法第 22 条第 2 款

专利法第 22 条第 2 款的规定：新颖性，是指在申请日以前没有同样的发明或者实用新型在国内外出版物上公开发表过、在国内公开使用过或者以其他方式为公众所知，也没有同样的发明或者实用新型由他人向国务院专利行政部门提出过申请并且记载在申请日以后公布的专利申请文件中。

如果权利要求限定的技术方案与现有技术公开的技术内容完全相同，则该权利要求不具备新颖性。

第一、二请求人均认为本专利权利要求 1~4 已经被附件 1 公开，所以本专利的权利要求 1~4 相对于附件 1 不具有新颖性。

本专利权利要求 1 要求保护一种碟式电子防盗锁。附件 1 公开了一种碟式电子防盗锁（参见附件 1 的权利要求 1），由锁体及报警电路组成，其特征在于锁体下部，开有马蹄形的插入槽，锁体上部，设有锁头、线路板，锁头的定位梢设在锁头和线路板之间的隐蔽区，线路板下部，设有顶起弹簧和滚珠，滚珠一半凸起在插入槽上，与刹车碟配合使用。

权利要求 1 与附件 1 相比，内容完全相同，即公开了相同的技术方案；附件 1 与本专利属于相同的技术领域，都是用于摩托车上与刹车碟配合的电子防盗锁；附件 1 与权利要求 1 限定的技术方案解决的技术问题和产生的技术效果相同，都是提供一种具稳固性及报警可靠性的电子防盗锁，因此，权利要求 1 相对于附件 1 不具有新颖性。

权利要求 2~4 分别对权利要求 1 作进一步限定，其附加技术特征分别被附件 1（参见附件 1 的权利要求 2~4）公开了：报警电路由传感电路、电子集成门电路和语音集成电路连接而成，可设置在线路板上。锁体（1）上部，一侧设有锁头（2），线路板（26）置于中部，锁头（2）的定位梢（3）设在锁头（2）和线路板（26）之间的隐蔽区，线路板（26）下方，滚珠座（13）装有滚珠（14），滚珠（14）凸出于马蹄形的插入槽（18）内，与刹车碟配合使用，滚珠座（13）上方设有顶起弹簧（12，10）及凸头（11），电池箱（19）置于防水垫（18）上，压住弹簧（12，10），并用长螺丝（15）与锁体（1）固定，垫（9）放在电池箱（19）上将线路板（26）与电池箱（19）隔开，蜂鸣器（7）置于其座（6）内，用防水圈（8）相隔，线路板（26）引出的传感器（4）置于锁头（2）与防水垫（18）之间，短螺丝（16）用开口介子（17）扣住，使其置于锁体（1）中，易于与盖体（5）固定，锁体（1）为精铸钢材制成，外表喷塑，不易受到腐蚀；盖体（5）为高强度锌铝合金材料制成，较难破碎。报警电路中，触发开关（S1）与凸头（11）相对接，传感器（4）与放大器（Q）连接，放大器（Q）的输出端与集成门电路（ⅠC1）的输入端连接，集成门电路（ⅠC1）的输出端通过三极管（Q2）与语音集成电路（ⅠC2）的输入端连接，语音集成电路（ⅠC2）的输出端通过三极管（Q3）、电感（L1）与蜂鸣器（7）连接。集成门电路（ⅠC1）选用 74HC132 芯片，语音集成电路（ⅠC2）选用 HT2844T 芯片。由此可见，权利要求 2~4 的附加技术特征全部被附件 1 公开，因此，在其引用的独立权利要求 1 不具有新颖性的基础上，从属权利要求 2~4 也不具有新颖性。

基于本专利权利要求 1~4 不符合专利法第 22 条第 2 款的规定，合议组不再就第一、二 请求人提出的其他无效理由进行评述。

根据上述事实和理由，本案合议组依法作出以下决定。

三、决定

宣告第 200620004243. 3 号实用新型专利权全部无效。

当事人对本决定不服的，可以根据专利法第 46 条第 2 款的规定，自收到本决定之日起三个月内向北京市第一中级人民法院起诉。根据该款的规定，一方当事人起诉后，另一方当事人应当作为第三人参加诉讼。

148

东西朝向建筑户型

无效宣告请求审查决定（第 11912 号）

决　　定　　号 第 11912 号
决　　定　　日 2008 年 7 月 9 日
发明创造名称 东西朝向建筑户型
国 际 分 类 号 E04H 1/02
无效宣告请求人 大连高新园区建设开发有限公司
专　利　权　人 大连东特房地产有限公司
专　　利　　号 200310104855.0
申　　请　　日 2003 年 10 月 14 日
授 权 公 告 日 2007 年 5 月 23 日
合 议 组 组 长 朱文广
主　　审　　员 郭建强
参　　审　　员 汤元磊

法　律　依　据 专利法第 22 条第 3 款
决　定　要　点

如果专利所要保护的技术方案与最接近对比文件的区别特征是本领域的公知常识或常规选择，则认为现有技术中存在将区别特征应用到该最接近对比文件从而得到该专利技术方案的技术启示。

一、案由

本无效宣告请求涉及中华人民共和国国家知识产权局于 2007 年 5 月 23 日授权公告的、名称为"东西朝向建筑户型"的发明专利权（下称本专利），其专利号是 200310104855.0，申请日是 2003 年 10 月 14 日，专利权人是大连东特房地产有限公司。本专利授权公告时的权利要求书如下：

"1. 一种东西朝向建筑户型，其特征在于：楼呈东西朝向座落，楼内中间布置连通走廊，走廊东、西向两侧分别布置 28~50 平方米小户型房间，东西两侧房间的朝向分别向南旋转 25°~45°，房间呈相错排列，各户入户门与房间朝向同方向旋转相同角度，与房间朝向保持垂直，各户的阳台呈锯齿状排列，每户阳台的南侧为一段实墙面。"

针对本专利权，大连高新园区建设开发有限公司（下称请求人）于 2008 年 1 月 22 日向专利复审委员会提出无效宣告请求，认为本专利不符合专利法第 22 条第 2 款、第 3 款以及专利法实施细则第 13 条第 1 款的规定，请求人同时提交了如下附件：

附件 1：授权公告日为 2005 年 5 月 18 日、授权公告号为 CN2700463Y、专利号为

200320104916.9的中国实用新型专利说明书；

附件2：专利权人答复国家知识产权局针对本专利的第二次审查意见通知书的意见陈述书复印件，共1页；

附件3：辽宁法大律师事务所的律师函复印件，共2页；

附件4：2003年10月8日《新商报》对东特·新天地样板间正式开放的新闻报道复印件，共1页；

附件5：2003年9月18日《新商报》对东特·新天地的新闻报道复印件，共1页；

附件6：2003年9月18日《大连日报》对东特·新天地的新闻报道复印件，共1页；

附件7：专利复审委员会作出的第10252号无效宣告请求审查决定书复印件，共6页；

附件8：请求人声称对亚龙湾天域度假酒店的录像及证人证言、证人郭光普身份证复印件，共1页、光盘1张；

附件9：证人郭光普草绘的亚龙湾天域度假酒店户型图复印件，共1页；

附件10：1999年6月第一版、第一次印刷的《中国建筑设计精品集锦1》封面页、第218~219页、版权页复印件，共4页；

附件11：请求人从互联网上打印下载的关于亚龙湾天域大酒店的介绍，共5页；

附件12：1982年3月第一版、第一次印刷的《旅馆建筑》封面页、版权页、第99~102页复印件，共6页；

附件13：1994年6月第二版、2006年11月第十九次印刷的《建筑设计资料集》（第二版）的封面页、版权页、第127页复印件，共3页；

附件14：1999年12月第二版、第十二次印刷的《住宅建筑设计原理》封面页、版权页、第181页复印件，共3页；

附件15：国家知识产权局实质审查部门针对本专利作出的第一次审查意见通知书和第二次审查意见通知书复印件，共5页；

附件16：《东西向住宅优化设计的探索》论文，摘自《工程建设与设计1998（6）》，复印件共3页。

请求人认为：本专利与附件1属于同样的发明创造，不符合专利法实施细则第13条第1款的规定；附件2~6证明本专利在申请日前已经公开，不具备新颖性，同时也不具备创造性；附件8~14、16以及附件5相结合证明本专利不具备创造性，附件7和附件15分别作为在先的无效宣告请求审查决定和实质审查意见通知书进一步佐证本专利不具备创造性。

经形式审查合格，专利复审委员会依法受理了上述无效宣告请求，并于2008年1月22日向请求人和专利权人发出无效宣告请求受理通知书，同时将专利权无效宣告请求书及其附件清单中所列附件的副本转送给专利权人，并要求专利权人在指定的期限内陈述意见。

请求人于2008年2月20日向专利复审委员会补充提交了意见陈述书和附件，如下：

附件17：请求人称从网上打印下载的关于小户型畅销的新闻，共24页；

附件18：请求人称关于“商业成功对创造性判断的影响”的案例介绍，共4页。

请求人认为：附件17证明2003年左右全国各地小户型都属于畅销户型，东特新天地楼盘的畅销原因与本专利的技术特征并无必然联系；附件18是发生在2003年的“商业成功对创造性判断的影响”的相关案例，上述补充证据进一步证明本专利不具备创造性。

针对专利复审委员会发出的上述无效宣告请求受理通知书，专利权人于2008年3月3日提交了意见陈述书和如下证据：

证据1：2003年11月6日《大连日报》关于“东特新天地产品对路续写东特速度”的新闻报道，复印件共1页。

专利权人认为，本专利与附件1的权利要求的保护范围并不相同，不属于同样的发明创造，符合专利法实施细则第13条第1款的规定；证据1证明涉及本专利的东特新天地楼盘的销售日在本专利申请日之后，本专利具备新颖性；对附件4、5的真实性有异议，对附件8、9证人证言内容的真实性有异议；本专利权利要求1相对于附件8~11具备创造性；本专利在商业上取得的成功与其技术方案有关。

专利复审委员会依法成立合议组对本案进行审理，本案合议组于2008年4月21日向双方发出无效宣告请求口头审理通知书，定于2008年6月18日在专利复审委员会举行口头审理。随同口头审理通知书，将请求人于2008年2月20日提交的意见陈述书及其附件清单中所列附件的副本转送给专利权人，将专利权人于2008年3月3日提交的意见陈述书及其附件清单中所列附件的副本转送给请求人。

口头审理如期进行，双方当事人均参加了口头审理。

在口头审理中，（1）关于证据质证：请求人当庭出示了附件5、6、8、9、10、12、13、14、16的原件，以及有《新商报》盖章证明复印件与原件一致性的附件4的复印件，专利权人当庭进行了核实。专利权人对上述原件与复印件的一致性无异议，对附件1、2、4、5、6、7、10、12~16的真实性没有异议，对附件3、8、9、11、17、18的真实性有异议。请求人对专利权人提交的证据1的真实性没有异议。（2）请求人明确无效的理由、范围以及证据使用为：本专利不符合专利法实施细则第13条第1款的规定以及专利法第22条第2、3款的规定，专利法实施细则第13条第1款的理由使用的证据是附件1，专利法第22条第2款的理由使用的证据是附件2、4、5、6，专利法第22条第3款的理由使用的证据是附件5和8~16；附件17和18用于说明关于“商业成功”辅助判断创造性的问题。（3）专利权人使用证据1证明东特新天地的产品销售是在本专利申请日之后。（4）请求人放弃本专利不符合专利法实施细则第13条第1款的无效理由。（5）双方针对本专利权利要求1相对于附件2、4~6是否具备新颖性充分发表了意见。（6）双方针对本专利权利要求1相对于附件5和附件8~16是否具备创造性充分发表了意见，其间，当庭播放了附件8（视频），并且证人郭光普出庭作证，合议组以及双方当事人对证人进行了交叉询问。

至此，合议组认为本案事实已经清楚，可以作出审查决定。

二、决定的理由

1. 关于证据和现有技术

请求人提交的证据中包括附件10和14，专利权人对其真实性无异议，合议组经审查，可以作为本案证据使用，同时附件10和14均为公开日早于本专利申请日的公开出版物，因此可以作为本专利的现有技术使用。

专利权人提交的证据包括证据1，请求人对其真实性没有异议，合议组经审查，可以作为本案证据使用。

2. 关于本专利权利要求1的创造性

专利法第22条第3款规定，创造性，是指同申请日以前已有的技术相比，该发明有突出的实质性特点和显著的进步，该实用新型有实质性特点和进步。

如果专利所要保护的技术方案与最接近对比文件的区别特征是本领域的公知常识或常规选择，则认为现有技术中存在将区别特征应用到该最接近对比文件从而得到该专利技术方案的技术启示。

本专利为了解决现有东西朝向住宅户型日照时间达不到要求的缺陷，提供一种东西朝向住宅的新型户型，以实现东西朝向住宅得到半天日照并避免西向曝晒，同时能充分利用所有有效空间的目的。本专利权利要求1采用如下技术方案，一种东西朝向建筑户型，楼呈东西朝向座落，楼内中间布置连通走廊，走廊东、西向两侧分别布置28~50平方米小户型房间，东西两侧房间的朝向分别向南旋转25°~45°，房间呈相错排列，各户入户门与房间朝向同方向旋转相同角度，与房间朝向保持垂直，各户的阳台呈锯齿状排列，每户阳台的南侧为一段实墙面。

附件10（《中国建筑设计精品集锦1》）在第218~219页介绍了亚龙湾天域度假酒店的一些基本情况，尤其在第219页的标准层平面图的左上角的建筑结构中可以看出：天域度假酒店具有部分为东西朝向的建筑户型，该楼基本呈东西朝向坐落（根据总平面图的方位可得出），楼内中间有连通的走廊，走廊东、西两侧布置有房间，东西两侧房间的朝向向南旋转一定角度，房间呈相错排列，房间的入户门与房间朝向同方向旋转相同角度，与房间朝向保持垂直。

虽然由附件10中无法清楚地显示出“28~50平方米小户型房间”、“房间向南旋转25°~45°”、“各户的阳台呈锯齿状排列”以及“每户阳台的南侧为一段实墙面”这四个技术特征，但上述区别技术特征均属于住宅建筑设计领域的常规选择或者公知常识，对于本领域技术人员来说均是显而易见可以想到的：如，附件14作为住宅建筑设计的教科书，在第181页“东西向住宅设计”中公开了：东西向住宅通常采用“锯齿形”，将阳台进行45°旋转，形成“锯齿”，或将各个房间进行45°旋转，形成“锯齿”，因此即公开了上述的“房间向南旋转25°~45°”、“各户的阳台呈锯齿状排列”这两个区别技术特征；从附件10中可以看出东西向住宅楼中每户阳台的南侧为相邻户房间的墙壁，该墙壁采用实体墙面或者空心墙面为本领域技术人员根据工程需要或者成本控制的一种常规选择；另外，酒店标准间或者公寓式住宅楼（俗称筒子楼）通常设计为30平米左右的小户型房间，属于本领域技术人员的公知常识，具体面积也是一种根据设计需要的常规选择。

综上，本专利权利要求1与附件10的四个区别技术特征均属于住宅建筑设计领域的常规选择或者公知常识，本领域技术人员将这些区别技术特征应用到附件10中从而得到本专利权利要求1的技术方案是显而易见的，因此本专利权利要求1不具备专利法第22条第3款规定的创造性。

专利权人在本案中所提交的证据1是用来证明东特新天地楼盘的销售日，与本专利相对于附件10和14是否具备创造性并无关联。专利权人还强调本专利在商业上取得成功与其技术方案有关，但是该证据尚不能证明这种成功的确来自于整个技术方案，而不是来自于权利要求1中与现有技术相同的某一技术要点（如小户型）或者是其他的因素。

由于本专利不具备创造性，应予无效，因此对于请求人提出的其他无效理由和证据，本决定中不再予以评述。

根据上述的事实和理由，本案合议组依法作出以下决定。

三、决定

宣告200310104855.0号发明专利权无效。

当事人对本决定不服的，可以根据专利法第46条第2款的规定，自收到本决定之日起三个月内向北京市第一中级人民法院起诉。根据该款的规定，一方当事人起诉后，另一方当事人应当作为第三人参加诉讼。

北京市第一中级人民法院
行政判决书

（2008）一中行初字第1613号

原告大连东特房地产有限公司，住所地辽宁省大连市大连开发区辽河西路51-3。

法定代表人水连霞，董事长。

委托代理人于忠晶，大连科技专利代理有限责任公司专利代理人。

委托代理人冯岩岩，女，大连东特房地产有限公司职员。

被告国家知识产权局专利复审委员会，住所地北京市海淀区北四环西路9号银谷大厦。

法定代表人廖涛，副主任。

委托代理人郭建强，男，国家知识产权局专利复审委员会审查员。

委托代理人齐宏涛，男，国家知识产权局专利复审委员会审查员。

第三人大连高新园区建设开发有限公司，住所地辽宁省大连市沙河口区连山街123号。

法定代表人王孟秋，董事长。

委托代理人邱靖，辽宁邦德信律师事务所律师。

委托代理人王芳芳，女，大连高新园区建设开发有限公司职员。

原告大连东特房地产有限公司不服被告国家知识产权局专利复审委员会作出的第11912号无效宣告请求审查决定（下称被诉决定），于2008年10月14日向本院提起行政诉讼。本院受理后，依法组成合议庭，并依据《中华人民共和国行政诉讼法》第二十七条的规定，通知大连高新园区建设开发有限公司作为本案第三人参加诉讼，于2008年12月19日公开开庭审理了本案。原告的委托代理人于忠晶、冯岩岩，被告的委托代理人郭建强、齐宏涛，第三人的委托代理人邱靖、王芳芳到庭参加了诉讼。本案现已审理终结。

2008年7月9日，被告经审查后作出被诉决定，依据《中华人民共和国专利法》（下称《专利法》）第二十二条第三款的规定，宣告200310104855.0号发明专利（下称本专利）无效。

在法定期限内，被告向本院提交了以下证据的复印件：1、1999年6月第一版、第一次印刷的《中国建筑设计精品集锦1》封面页、第218~219页、版权页；2. 1999年12月第二版、第十二次印刷的《住宅建筑设计原理》封面页、版权页、第181页；3. 本专利的发明专利说明书；4. 口头审理记录表。上述证据用于证明被诉决定认定事实清楚、适用法律、法规正确、审理程序合法。

原告诉称：

1. 被告对对比文件的认定采用的是由附件1附图中看出的方式，被告从建筑结构图中看出并作为审查依据的为：天域度假酒店具有部分为东西朝向的建筑户型，该楼基本呈东西朝向坐落（根据总平面图的方位可得出），楼内中间有连通的走廊，走廊东、西两侧布置有房间，东西两侧房间的朝向向南旋转一定角度，房间呈相错排列，房间的入户门与房间朝向同方向旋转相同角度，与房间朝向保持垂直。上述内容在附件1中既没有文字说明，也不能直接、毫无疑义地由附图确定，特别是其中“东西两侧房间的朝向向南旋转一定角度，房间呈相错排列，房间的入户门与房间朝向同方向旋转相同角度，与房间朝向保持垂直”。被告将从附图中经测量并扩大得出的技术特征及其关系作为对比文件，并作出被诉决定，违反了《审查指南》第二部分第三章2.3节的明确规定。

2. 被告从附件1附图看出的内容并不是直接且唯一反映出来的内容，而是被告主观赋予了创造性因素后的内容。首先，附件 1 公开的内容并非是住宅设计，另外也并没有任何关于解决东西朝向住宅得到半天日照并避免西向曝晒，同时能充分利用有效空间的启示，被告没有以所属技术领域的技术人员这一假设的“人”来认定现有技术，后又在此基础上将权利要求中的其他技术特征确定为常规技术，认定权利要求为现有技术加常规手段所得出的技术方案，认定本专利权利要求不具备创造性。

被告是在了解了本专利权利要求之后才作出判断，对发明的创造性估计偏低，犯了“事后诸葛亮”的错误。所属技术领域的技术人员没有创造能力，在没有技术启示的情况下，不具有将所有技术特征结合应用的创造能力。因此，被告据此作出被诉决定，违反了《审查指南》第二部分第四章 2.4 节和 6.2 节的规定。

综上，被告的行政行为严重不符合《专利法》和《审查指南》的相关规定，故请求撤销被诉决定。

原告在法定期限内向本院提交了以下证据的复印件：

1. 被诉决定书；2. 中国建筑设计精品集锦，用以证明被诉决定的理由和事实认定错误。

被告辩称：

1. 关于原告在行政起诉状中的第一点意见，涉及对决定中附件 10 的理解。对此，被告重申，判断发明是否具备创造性的主体是所属技术领域的技术人员，而不是其他一般人员。他知晓申请日前发明所属技术领域所有的普通技术知识，能够获知该领域中所有的现有技术，并且具有应用该日期之前常规实验手段的能力，也应具有从其他技术领域中获知申请日之前的相关现有技术、普通技术知识和常规实验手段的能力。本案中对附件 10 的理解应该达到上述主体的认知水平，而不是只停留在非本领域的普通人群的认知水平。虽然附件 10 作为中国建筑设计精品集锦，其中没有明确的文字说明，但本领域技术人员能够从图纸中直接地、毫无疑义地确定的技术特征也属于公开的内容，具体公开的内容见被诉决定，在此不再赘述。

2. 关于原告在起诉状中的第 2 点意见，被告认为，正是基于所属技术领域的技术人员的知识和能力，才得出了本专利不具备创造性的结论。被告论述的过程也是严格按照《审查指南》的规定，并不存在“事后诸葛亮”的错误。对本专利不具备创造性的具体论述见被诉决定，在此不再赘述。

综上，被告认为，被诉决定认定事实清楚，适用法律、法规正确，审理程序合法，审查结论正确。原告的诉讼理由不能成立，请求法院驳回原告的诉讼请求，维持被诉决定。

第三人述称：

首先，附件 10 标明了是建筑设计作品，也标明了其竣工时间是 1997 年 12 月，早于本专利的申请日，可以作为现有技术。其次，附件 10 所附总平面图标示了房屋坐落的朝向，依据该标示的房屋坐落朝向，可以从标准层平面图（中间那幅图的左上部分）看到以下技术特征：走廊是南北向联通的，其左右两侧即东西两侧是房间，房间向南旋转了一定角度呈相错排列，入户门与房间同方向同角度旋转，与房间朝向保持垂直。再次，上述公开的特征已被第 10252 号无效宣告请求审查决定书所确认，而原告也服从并认可了该审查决定书。最后，附件 8~9 也印证了附件 10 所公开的上述技术特征，附件 10 和 14 结合没有问题。

综上所述，第三人请求维持被诉决定。

第三人在法定期限内向本院提交了以下证据的复印件：

1.《新商报》对东特新天地样板间正式开放的报道；2.《新商报》对东特新天地的报道；3.《大连日报》对东特新天地的报道，以上证据用以证明本专利技术属于现有技术，不具有创造性；4. 第 10252 号无效宣告请求审查决定书，用以证明本专利技术不具有创造性；5. 亚龙湾天域度假大酒店的录像及证人证言；6. 亚龙湾天域度假酒店户型图；7.（1）《中国建筑设计精品集锦 1》中亚龙湾天域度假酒店的图，(2) 互联网上对亚龙湾天域度假酒店的介绍。证据5、6、7印证附件10；8.《住宅建筑设计原理》中对东西朝向建筑设计的讲解，用以证明事实和被告证明事实相同；9. 国家知识产权局实质审查部门对本专利作出的第一次、第二次审查通知书，用以证明被告认定是正确的；10. 小户型畅销的新闻；11. 关于“商业成功对创造性判断的影响”案例，用以证明原告提出商业性成功的说法是不成立的。

经审理查明：

本专利系于2007年5月23日授权公告的、名称为“东西朝向建筑户型”的发明专利权（即本专利），其专利号是200310104855.0，申请日是2003年10月14日，专利权人是本案原告。本专利授权公告时的权利要求书如下：

“1. 一种东西朝向建筑户型，其特征在于：楼呈东西朝向座落，楼内中间布置连通走廊，走廊东、西向两侧分别布置28~50平方米小户型房间，东西两侧房间的朝向分别向南旋转25°~45°，房间呈相错排列，各户入户门与房间朝向同方向旋转相同角度，与房间朝向保持垂直，各户的阳台呈锯齿状排列，每户阳台的南侧为一段实墙面。”

针对本专利，第三人于2008年1月22日向被告提出无效宣告请求，认为本专利不符合《专利法》第二十二条第二款、第三款以及《中华人民共和国专利法实施细则》（下称《专利法实施细则》）第十三条第一款的规定，第三人同时提交了如下附件：

附件1：授权公告日为2005年5月18日、授权公告号为CN2700463Y、专利号为200320104916.9的中国实用新型专利说明书；

附件2：原告答复国家知识产权局针对本专利的第二次审查意见通知书的意见陈述书复印件，共1页；

附件3：辽宁法大律师事务所的律师函复印件，共2页；

附件4：2003年10月8日《新商报》对东特·新天地样板间正式开放的新闻报道复印件，共1页；

附件5：2003年9月18日《新商报》对东特·新天地的新闻报道复印件，共1页；

附件6：2003年9月18日《大连日报》对东特·新天地的新闻报道复印件，共1页；

附件7：被告作出的第10252号无效宣告请求审查决定书复印件，共6页；

附件8：第三人声称对亚龙湾天域度假酒店的录像及证人证言、证人郭光普身份证复印件，共1页、光盘1张；

附件9：证人郭光普草绘的亚龙湾天域度假酒店户型图复印件，共1页；

附件10：1999年6月第一版、第一次印刷的《中国建筑设计精品集锦1》封面页、第218-219页、版权页复印件，共4页；

附件11：第三人从互联网上打印下载的关于亚龙湾天域大酒店的介绍，共5页；

附件12：1982年3月第一版、第一次印刷的《旅馆建筑》封面页、版权页、第99-102页复印件，共6页；

附件13：1994年6月第二版、2006年11月第十九次印刷的《建筑设计资料集》（第二版）的封面页、版权页、第127页复印件，共3页；

附件14：1999年12月第二版、第十二次印刷的《住宅建筑设计原理》封面页、版权页、第181页复印件，共3页；

附件15：国家知识产权局实质审查部门针对本专利作出的第一次审查意见通知书和第二次审查意见通知书复印件，共5页；

附件 16：《东西向住宅优化设计的探索》论文，摘自《工程建设与设计 1998（6）》，复印件共 3 页；

第三人认为：本专利与附件 1 属于同样的发明创造，不符合《专利法实施细则》第十三条第一款的规定；附件 2~6 证明本专利在申请日前已经公开，不具备新颖性，同时也不具备创造性；附件 8~14、16 以及附件 5 相结合证明本专利不具备创造性，附件 7 和附件 15 分别作为在先的无效宣告请求审查决定和实质审查意见通知书进一步佐证本专利不具备创造性。

经形式审查合格，被告依法受理了上述无效宣告请求，并于 2008 年 1 月 22 日向第三人和原告发出无效宣告请求受理通知书，同时将专利权无效宣告请求书及其附件清单中所列附件的副本转送给原告，并要求原告在指定的期限内陈述意见。

第三人于 2008 年 2 月 20 日向被告补充提交了意见陈述书和附件：

附件 17：第三人称从网上打印下载的关于小户型畅销的新闻，共 24 页；

附件 18：第三人称关于“商业成功对创造性判断的影响”的案例介绍，共 4 页。

第三人认为：附件 17 证明 2003 年左右全国各地小户型都属于畅销户型，东特新天地楼盘的畅销原因与本专利的技术特征并无必然联系；附件 18 是发生在 03 年的“商业成功对创造性判断的影响”的相关案例，上述补充证据进一步证明本专利不具备创造性。

针对被告发出的上述无效宣告请求受理通知书，原告于 2008 年 3 月 3 日提交了意见陈述书和如下证据：

证据 1：2003 年 11 月 6 日《大连日报》关于“东特新天地产品对路续写东特速度”的新闻报道，复印件共 1 页。

原告认为，本专利与附件 1 的权利要求的保护范围并不相同，不属于同样的发明创造，符合《专利法实施细则》第十三条第一款的规定；证据 1 证明涉及本专利的东特新天地楼盘的销售日在本专利申请日之后，本专利具备新颖性；对附件 4、5 的真实性有异议，对附件 8、9 证人证言内容的真实性有异议；本专利权利要求 1 相对于附件 8~11 具备创造性；本专利在商业上取得的成功与其技术方案有关。

被告依法成立合议组对本案进行审理，于 2008 年 4 月 21 日向双方发出无效宣告请求口头审理通知书，定于 2008 年 6 月 18 日在被告处举行口头审理。随同口头审理通知书，将第三人于 2008 年 2 月 20 日提交的意见陈述书及其附件清单中所列附件的副本转送给原告，将原告于 2008 年 3 月 3 日提交的意见陈述书及其附件清单中所列附件的副本转送给第三人。

口头审理如期进行，双方当事人均参加了口头审理。

在口头审理中，（1）关于证据质证：第三人当庭出示了附件 5、6、8、9、10、12、13、14、16 的原件，以及有《新商报》盖章证明复印件与原件一致性的附件 4 的复印件，原告当庭进行了核实。原告对上述原件与复印件的一致性无异议，对附件 1、2、4、5、6、7、10、12~16 的真实性没有异议，对附件 3、8、9、11、17、18 的真实性有异议。第三人对原告提交的证据 1 的真实性没有异议。（2）第三人明确无效的理由、范围以及证据使用为：本专利不符合《专利法实施细则》第十三条第一款的规定以及《专利法》第二十二条第 2、3 款的规定，《专利法实施细则》第十三条第一款的理由使用的证据是附件 1，《专利法》第二十二条第二款的理由使用的证据是附件 2、4、5、6，《专利法》第二十二条第三款的理由使用的证据是附件 5 和 8~16；附件 17 和 18 用于说明关于“商业成功”辅助判断创造性的问题。（3）原告使用证据 1 证明东特新天地的产品销售是在本专利申请日之后。（4）第三人放弃本专利不符合《专利法实施细则》第十三条第一款的无效理由。（5）双方针对本专利权利要求 1 相对于附件 2、4~6 是否具备新颖性充分发表了意见。（6）双方针对本专利权利要求 1

相对于附件5和附件8~16是否具备创造性充分发表了意见，其间，当庭播放了附件8（视频），并且证人郭光普出庭作证，被告以及双方当事人对证人进行了交叉询问。

至此，被告认为本案事实已经清楚，故作出如下决定：

1. 关于证据和现有技术。

第三人提交的证据中包括附件10和14，原告对其真实性无异议，被告经审查，认为可以作为本案证据使用，同时附件10和14均为公开日早于本专利申请日的公开出版物，因此可以作为本专利的现有技术使用。

原告提交的证据包括证据1，第三人对其真实性没有异议，被告经审查，认为可以作为本案证据使用。

2. 关于本专利权利要求1的创造性。

《专利法》第二十二条第三款规定，创造性，是指同申请日以前已有的技术相比，该发明有突出的实质性特点和显著的进步，该实用新型有实质性特点和进步。

如果专利所要保护的技术方案与最接近对比文件的区别特征是本领域的公知常识或常规选择，则认为现有技术中存在将区别特征应用到该最接近对比文件从而得到该专利技术方案的技术启示。

本专利为了解决现有东西朝向住宅户型日照时间达不到要求的缺陷，提供一种东西朝向住宅的新型户型，以实现东西朝向住宅得到半天日照并避免西向曝晒，同时能充分利用所有有效空间的目的。本专利权利要求1采用如下技术方案，一种东西朝向建筑户型，楼呈东西朝向座落，楼内中间布置连通走廊，走廊东、西向两侧分别布置28~50平方米小户型房间，东西两侧房间的朝向分别向南旋转25°~45°，房间呈相错排列，各户入户门与房间朝向同方向旋转相同角度，与房间朝向保持垂直，各户的阳台呈锯齿状排列，每户阳台的南侧为一段实墙面。

附件10（《中国建筑设计精品集锦1》）在第218~219页介绍了亚龙湾天域度假酒店的一些基本情况，尤其在第219页的标准层平面图的左上角的建筑结构中可以看出：天域度假酒店具有部分为东西朝向的建筑户型，该楼基本呈东西朝向坐落（根据总平面图的方位可得出），楼内中间有连通的走廊，走廊东、西两侧布置有房间，东西两侧房间的朝向向南旋转一定角度，房间呈相错排列，房间的入户门与房间朝向同方向旋转相同角度，与房间朝向保持垂直。

虽然由附件10中无法清楚地显示出“28~50平方米小户型房间”、“房间向南旋转25°~45°”、“各户的阳台呈锯齿状排列”以及“每户阳台的南侧为一段实墙面”这4个技术特征，但上述区别技术特征均属于住宅建筑设计领域的常规选择或者公知常识，对于本领域技术人员来说均是显而易见可以想到的：如，附件14作为住宅建筑设计的教科书，在第181页“东西向住宅设计”中公开了：东西向住宅通常采用“锯齿形”，将阳台进行45°旋转，形成“锯齿”，或将各个房间进行45°旋转，形成“锯齿”，因此即公开了上述的“房间向南旋转25°~45°”、“各户的阳台呈锯齿状排列”这两个区别技术特征；从附件10中可以看出东西向住宅楼中每户阳台的南侧为相邻户房间的墙壁，该墙壁采用实体墙面或者空心墙面为本领域技术人员根据工程需要或者成本控制的一种常规选择；另外，酒店标准间或者公寓式住宅楼（俗称筒子楼）通常设计为30平米左右的小户型房间，属于本领域技术人员的公知常识，具体面积也是一种根据设计需要的常规选择。

综上，本专利权利要求1与附件10的4个区别技术特征均属于住宅建筑设计领域的常规选择或者公知常识，本领域技术人员将这些区别技术特征应用到附件10中从而得到本专利权利要求1的技术方案是显而易见的，因此本专利权利要求1不具备《专利法》第二十二条第三款规定的创造性。

原告在本案中所提交的证据1是用来证明东特新天地楼盘的销售日，与本专利相对于附件10和14是否具备创造性并无关联。原告还强调本专利在商业上取得成功与其技术方案有关，但是该证据尚不能证明这种成功的确来自于整个技术方案，而不是来自于权利要求1中与现有技术相同的某一技术要点（如小户型）或者是其他的因素。

由于本专利不具备创造性，应予无效，因此对于第三人提出的其他无效理由和证据不再予以评述。

据此，被告作出被诉决定，宣告本专利无效。原告不服，诉至本院。

本院认为，经审理，被诉决定的审查程序、对证据和现有技术的认定均无违法之处，各方当事人对此亦无异议，本院予以认定。

关于本专利权利要求1的创造性问题，本院认为，虽然附件10中未清楚地显示出本专利“28～50平方米小户型房间”、“房间向南旋转25°～45°”、“各户的阳台呈锯齿状排列”以及“每户阳台的南侧为一段实墙面”这4个技术特征，但上述区别技术特征均属于住宅建筑设计领域的常规选择或者公知常识，本领域技术人员将这些区别技术特征应用到附件10中从而得到本专利权利要求1的技术方案是显而易见的。被告据此认定本专利权利要求1不具备创造性正确，本院应予支持。

综上，被诉决定认定事实清楚，适用法律正确，审查程序合法，本院应予维持。原告要求撤销被诉决定的诉讼请求缺乏足够的事实和法律依据，本院不予支持。据此，依照《中华人民共和国行政诉讼法》第五十四条第（一）项的规定，判决如下：

维持被告国家知识产权局专利复审委员会于二○○八年七月九日作出的第11912号无效宣告请求审查决定。

案件受理费100元，由原告大连东特房地产有限公司负担（已交纳）。

如不服本判决，各方当事人可在本判决书送达之日起15日内，向本院递交上诉状，并按对方当事人的人数提出副本，上诉于北京市高级人民法院。上诉人在上诉期满后7日内未预交上诉案件受理费又不提出缓交、免交申请的，按自动撤回上诉处理。

审　判　长　强刚华
代理审判员　殷　悦
代理审判员　石　磊
二○○九年十一月十九日
书　记　员　张　莹
书　记　员　耿　源

149

水泥井管浇铸用型材

无效宣告请求审查决定（第11915号）

决　　定　　号　第11915号
决　　定　　日　2008年7月10日
发明创造名称　水泥井管浇铸用型材
国 际 分 类 号　E02D 29/12，E03F 5/02
无效宣告请求人　张春奇
专　利　权　人　唐山市丰润区大令公村海源水泥管厂
专　　利　　号　200620024772.X
申　　请　　日　2006年6月20日
授 权 公 告 日　2007年6月13日
合 议 组 组 长　黄　颖
主　　审　　员　李德宝
参　　审　　员　董晓静

法　律　依　据　专利法第22条第3款，专利法实施细则第20条第1款
决　定　要　点

一项权利要求的技术方案与最接近的现有技术相比存在区别技术特征，但该区别技术特征是本技术领域中常用的技术手段，并且已被另一篇对比文件披露，该区别技术特征在另一篇对比文件中所起的作用与其在要求保护的发明中所起的作用相同，并预期能产生相同的技术效果，则应当认为另一篇对比文件中存在相应的技术启示，因此，本领域普通技术人员可以显而易见地得到该项权利要求的技术方案，该项权利要求不具备创造性。

如果权利要求未能清楚表述其技术方案，导致所属技术领域的技术人员无法确定其所要保护的范围，则该权利要求不符合专利法实施细则第20条第1款的规定。

一、案由

本无效宣告请求涉及中华人民共和国国家知识产权局于2007年6月13日授权公告的、名称为“水泥井管浇铸用型材”的实用新型专利权（下称本专利），其专利号是200620024772.X，申请日是2006年6月20日，专利权人是唐山市丰润区大令公村海源水泥管厂。本专利授权公告时的权利要求书如下：

“1. 一种水泥井管浇铸用型材，其本体为中厚板扁钢类型材，其特征在于：该型材的两侧面上分别设有一次轧制成型的加强筋和定位槽。

2. 根据权利要求1所述的水泥井管浇铸用型材，其特征在于：所述加强筋与侧面之间设有3°~5°的斜度。

3. 根据权利要求1所述的水泥井管浇铸用型材，其特征在于：所述加强筋上设有二次加工成形的安装孔。"

针对本专利权，张春奇（下称请求人）于2007年10月25日向专利复审委员会提出无效宣告请求，认为本专利不符合专利法第26条第3款以及专利法实施细则第20条第1款的规定，不符合专利法第22条第2款、第3款和第4款的规定。请求人同时提交了如下附件：

附件1：授权公告日为2004年9月1日、授权公告号为CN2637013Y（专利号为03276848.6）的中国实用新型专利说明书，共4页；

附件2：授权公告日为2006年4月12日、授权公告号为CN2771309Y（专利号为200520008694.X）的中国实用新型专利说明书，共5页；

附件3：授权公告日为2006年4月12日、授权公告号为CN2771310Y（专利号为200520008695.4）的中国实用新型专利说明书，共5页；

附件4：授权公告日为2006年4月12日、授权公告号为CN2771311Y（专利号为200520008909.8）的中国实用新型专利说明书，共7页；

附件5：授权公告日为2006年12月13日、申请日为2005年11月12日、专利权人为张春奇、授权公告号为CN2846519Y的实用新型专利说明书，共11页；

附件6：本专利的专利说明书。

请求人认为：(1) 本专利的权利要求1的特征是将原有的焊接而成的加强筋和定位槽改成一次轧制成型的加强筋和定位槽，连接方法非实用新型保护的客体，权利要求1不具备新颖性和创造性；(2) 权利要求2不具备实用性，其中"加强筋与侧面之间设有3°~5°的斜度"无法实施；(3) 权利要求2的保护范围不清楚，没有标明所指斜度，不符合专利法实施细则第20条第1款的规定；(4) 说明书公开不充分，没有清楚说明加强筋与侧面之间设有3°~5°的斜度，无法实施和再现；(5) 权利要求1~3相对于附件2不具备新颖性，其中附件2的附图中清楚描述出凸台与带钢侧面设置有斜面5，与本专利特征3（3°~5°斜度）的结构和产生效果完全相同，特定的3°~5°斜度不能产生特别的积极效果，也不具备特别的意义；(6) 权利要求1~3相对于附件5不具备新颖性，其中附件5的涨拉环和钢箍连接处设置的凸台以及本专利的3°~5°斜度都是通过有效增大加强筋和钢箍的连接面的面积，从而增强加强筋的抗拉强度，其设置的手段、目的和效果均相同；(7) 附件1和附件2的结合可判定该专利的权利要求不具有创造性，首先将本专利与附件1进行技术特征对比，附件1附图中的斜面和本专利的3°~5°斜度都是通过有效增大加强筋和钢箍的连接面的面积，从而增强加强筋的抗拉强度，其设置的手段、目的和效果均相同，附件2实施例中给出凸台与带钢侧面设置有斜面5，其目的显然是为了增加凸台的涨拉强度，其和附件1的附图中的带有斜面的凸台以及该专利中的3°~5°斜度设置的手段、目的和效果均相同，附件1和附件2的结合，本专业普通技术人员很容易推断出用一个3°~5°的斜度来替代附件2附图中的斜面，本专利的加强筋设置3°~5°的斜度是所属技术领域的普通技术人员在附件1和2基础上能联想得到的，本专利加强筋3°~5°的斜度和附件2附图中的斜面、附件1技术方案中的凸台仅仅是一种在技术上等效的手段替换，二者技术目的和效果相同，属于等同技术方案；并认为特定的3°~5°斜度范围并不能产生特别的积极效果，也不具备特别的意义；(8) 附件2和附件3的结合、附件2和附件4的结合、附件1和附件3的结合以及附件1和附件4的结合都可判定该专利的权利要求不具有创造性，在用上述附件的结合评述本专利不具备创造性时，均认为特定的3°~5°斜度不能产生特别的积极效果，也不具备特别的意义。

此外，请求人还于2007年11月20日向专利复审委员会寄交了补充的意见陈述书，其中补充的证据为：采用型材制作的钢筋混凝土井管管箍的照片复印件。请求人表示：照片原件以及管箍实物一件将于开庭时提供，证明本专利所述的加强筋与侧面之间设有斜度无法实施，本专利无实用性。

经形式审查合格，专利复审委员会依法受理了上述无效宣告请求，并于2007年11月21日向请求人和专利权人发出无效宣告请求受理通知书，同时将专利权无效宣告请求书及其附件清单中所列附件的副本转送给专利权人，并要求专利权人在指定的期限内陈述意见。

专利权人未在指定的期限内答复。

专利复审委员会依法成立合议组。本案合议组于2008年2月18日向双方当事人发出无效宣告请求口头审理通知书，定于2008年4月22日举行口头审理。随同口头审理通知书，将请求人于2007年11月20日提交的意见陈述书及其附件清单中所列附件的副本转送给专利权人。

口头审理如期举行，仅请求人参加了口头审理。

在口头审理中，请求人提交了补充意见陈述书所述照片的原件；并提供长约10.5厘米，宽约5厘米的型材一件，用于说明权利要求2不符合专利法第22条第4款的规定。

由于专利权人没有递交修改文本，口头审理以授权公告文本的权利要求书为审查基础。请求人当庭放弃权利要求2不具备新颖性的理由。认为权利要求1分别相对于附件2和5不具备新颖性，分别相对于附件2和3的结合、附件2和4的结合、附件2和1的结合、附件1和3的结合、附件1和4的结合不具备创造性，并明确各附件的组合方式中以表述在先的附件作为最接近的现有技术；权利要求2的附加技术特征在附件1~3中公开，不符合专利法第22条第3款的规定，权利要求2不符合专利法第22条第4款、专利法实施细则第20条第1款的规定，权利要求2涉及的技术方案在说明书中没有充分公开，导致说明书不符合专利法第26条第3款的规定；权利要求3的附加技术特征在附件2~4中公开，不符合专利法第22条第3款的规定。其中对于权利要求1相对于附件2和1不具备创造性，请求人认为附件2公开了加强筋和定位槽，结合附件1以明确说明一次轧制成型；并认为附件2、3、4的文字和附图均公开了权利要求3的附加技术特征。

至此，合议组认为本案事实已经清楚，可以作出审查决定。

二、决定的理由

1. 关于证据和现有技术

请求人提交的附件1~5均为专利文献，经合议组核实，上述附件的内容与原公告文本内容一致，可以作为本案的证据使用。

请求人提交的附件1~4的公告日均早于本专利的申请日，因此附件1~4中记载的内容可以作为本专利的现有技术；附件5为张春奇于本专利申请日前向专利局提出的、在本专利申请日后公开的专利文献，因此其仅能用来评述本专利的新颖性。

2. 关于创造性

专利法第22条第3款规定，创造性，是指同申请日以前已有的技术相比，该发明有突出的实质性特点和显著的进步，该实用新型具有实质性特点和进步。

一项权利要求的技术方案与最接近的现有技术相比存在区别技术特征，但该区别技术特征是本技术领域中常用的技术手段，并且已被另一篇对比文件披露，该区别技术特征在另一篇对比文件中所起的作用与其在要求保护的发明中所起的作用相同，并预期能产生相同的技术效果，则应当认为另一篇对比文件中存在相应的技术启示，因此，本领域普通技术人员可以显而易见地得到该项权利要求的技术方案，该项权利要求不具备创造性。

本专利的独立权利要求1请求保护一种水泥井管浇铸用型材。附件2公开了一种预应力钢筋混凝土井管管箍用异形带钢，并具体公开了如下技术特征（参见说明书1~2页；说明书附图）：异形带钢厚为8mm，宽为60mm（即属于一种中厚板扁钢），包括凸台3（相当于本专利权利要求1中的加强筋）和直角梯形槽（相当于本专利权利要求1中的定位槽）。由此可见，本专利与附件2属于同一技术领域，本专利权利要求1请求保护的水泥井管浇铸用型材与附件2公开的异形带钢的区别仅在于：本专利权利要求1明确要求加强筋和定位槽一次轧制成型。但一次轧制成型是本技术领域中常用的一种制备型材的技术手段，且上述区别技术特征已被附件1公开，附件1公开了一种预应力钢筋混凝土井管管箍用钢板，并具体公开了“一种直接轧制成型的井管管箍用钢板”（参见说明书第1页）。附件1与本专利属于同一技术领域，解决相同的技术问题，并预期能产生相同的技术效果，因此，独立权利要求1请求保护的水泥井管浇铸用型材不具有实质性特点和进步，不具备专利法第22条第3款规定的创造性。

本专利的权利要求3引用权利要求1，其进一步限定的技术特征为：所述加强筋上设有二次加工成形的安装孔，上述特征已经在附件2中公开，附件2具体公开了如下技术特征（参见说明书第1页）“凸台（钢丝张拉台，打孔后穿入墩头后的钢丝）”，即附件2公开了在用于涨拉钢丝的凸台上打孔。因此，在权利要求1不具备创造性的基础上，本专利的权利要求3不具有实质性特点和进步，不具备专利法第22条第3款规定的创造性。

由于本专利权利要求1和3不具备创造性的无效理由成立，因此，对于请求人针对这两项权利要求提出的其他无效理由，合议组不再进行评述。

3. 关于专利法实施细则第20条第1款

专利法实施细则第20条第1款规定：权利要求书应当说明发明或者实用新型的技术特征，清楚、简要地表述请求保护的范围。

根据上述规定，如果权利要求未能清楚表述其技术方案，导致所属技术领域的技术人员无法确定其所要保护的范围，则该权利要求不符合专利法实施细则第20条第1款的规定。

本专利的权利要求2引用权利要求1，其进一步限定的技术特征为：所述加强筋与侧面之间设有3°~5°的斜度。但是本领域普通技术人员根据上述限定部分的表述不能准确得知加强筋与侧面怎样产生上述角度，以及加强筋的哪个面与哪个侧面之间设有3°~5°的斜度，而且本专利的附图中也没有标出其具体指哪个角度。因此权利要求2的上述表述不清楚，导致其保护范围不清楚，不符合专利法实施细则第20条第1款的规定。

由于本专利权利要求2不符合专利法实施细则第20条第1款的无效理由成立，因此，对于请求人针对该项权利要求提出的其他无效理由，合议组不再进行评述。

根据上述的事实和理由，本案合议组依法作出以下决定。

三、决定

宣告200620024772. X号实用新型专利权全部无效。

当事人对本决定不服的，可以根据专利法第46条第2款的规定，自收到本决定之日起三个月内向北京市第一中级人民法院起诉。根据该款的规定，一方当事人起诉后，另一方当事人应当作为第三人参加诉讼。

150

一种离心法蒸汽养护制造预应力高强混凝土空心方桩的方法

无效宣告请求审查决定（第11927号）

决　　定　　号　第11927号
决　　定　　日　2008年7月15日
发明创造名称　一种离心法蒸汽养护制造预应力高强混凝土空心方桩的方法
国 际 分 类 号　B28B 21/60，B28B 21/68，B28B 21/30，B28B 21/80，B28B 11/24
无效宣告请求人　崇徐，王虎俊
专　利　权　人　颜小荣
专　　利　　号　200410040717.5
申　　请　　日　2004年9月16日
授 权 公 告 日　2007年9月12日
合 议 组 组 长　欧　岚
主　　审　　员　汤元磊
参　　审　　员　刘敏飞

法　律　依　据　专利法第26条第3款、第22条第3款，专利法实施细则第20条第1款
决　定　要　点

在判断发明专利一项权利要求的创造性时，首先应当找出该权利要求限定的技术方案与最接近的现有技术之间的区别特征，再从该区别特征的引入带来的技术效果确定该技术方案实际解决的技术问题出发，判断现有技术是否存在将上述区别特征应用到该最接近的现有技术以解决该权利要求限定的技术方案实际解决的技术问题的启示，如果存在这种技术启示，则该权利要求限定的技术方案是显而易见的，不具备创造性。

一、案由

本无效宣告请求涉及中华人民共和国国家知识产权局于2007年9月12日授权公告的、名称为“一种离心法蒸汽养护制造预应力高强混凝土空心方桩的方法”的发明专利权（下称本专利），其专利号是200410040717.5，申请日是2004年9月16日，专利权人是颜小荣。本专利授权公告时的权利要求书如下：

“1. 一种离心法蒸汽养护制造预应力高强混凝土空心方桩的方法，其特征在于整根桩离心成型并进行蒸汽养护，其工艺包括：

a. 准备阶段：制作钢筋笼、按规定配比制作混凝土、清理离心模具并涂隔离层；

b. 安装钢筋笼：将制作好的钢筋笼放到离心模具中并定位；

c. 机械布料：将配好的混凝土用机械方式注入离心模具中；

d. 合模：合拢离心模具，并从外部将离心模具用定位闭锁螺栓将其固定，保证离心模具在转动时不会打开；

e. 用张拉机张拉预应力钢棒，以增加其预应力；

f. 离心成型：开动离心机让整个离心模具转动，在离心力作用下，离心模具中间部位的混凝土甩向离心模具外侧四周，中部形成空心状；

g. 蒸汽养护：将包裹有空心桩的整个离心模具放入蒸汽养护池中，注入水蒸汽养护数小时；

h. 脱模：打开离心模具外部的定位闭锁螺栓，脱去离心模具，取出成型的空心桩；

i. 堆码：将空心桩堆放在露天环境 3~7 天后，经检验合格后即可出厂；

离心成型阶段至少有二个阶段，则低速转动离心阶段：离心转速为 208 转/分钟，时间为 5~20 分钟；高速转动离心阶段：离心转速为 1400 转/分钟，时间为 5~20 分钟。

2. 根据权利要求 1 所述的一种离心法蒸汽养护制造预应力高强混凝土空心方桩的方法，其特征在于所述的蒸汽养护包括水蒸汽养护和高压釜蒸汽养护，水蒸汽养护时间为 5~9 小时。

3. 根据权利要求 1 或 2 所述的一种离心法蒸汽养护制造预应力高强混凝土空心方桩的方法，其特征在于所述的高压釜蒸汽养护是：将包裹有空心桩的整个离心模具放入高压釜蒸汽养护器中，在高温、高压和水蒸汽作用下，养护 10~14 小时，高压釜中的工作压力为 1MPa，混凝土强度>C80，高温为 180℃。

4. 根据权利要求 1 所述的一种离心法蒸汽养护制造预应力高强混凝土空心方桩的方法，其特征在于离心成型阶段有三个阶段，则低速转动离心阶段、中速转动离心阶段和高速转动离心阶段，中速转动离心阶段的离心转速为 860 转分钟；时间为 5~20 分钟。

5. 根据权利要求 1 所述的一种离心法蒸汽养护制造预应力高强混凝土空心方桩的方法，其特征在于所述每个离心模具由数块模板共同组成。

6. 根据权利要求 1 或 2 所述的一种离心法蒸汽养护制造预应力高强混凝土空心方桩的方法，其特征在于采用上述工艺制作空心桩的横截面形状为外方内圆形状的空心体。

7. 根据权利要求 2 所述的一种离心法蒸汽养护制造预应力高强混凝土空心方桩的方法，其特征在于水蒸汽养护时间为 7 小时。"

针对本专利，崇徐（下称第一请求人）于 2007 年 11 月 12 日向专利复审委员会提出无效宣告请求，其理由是本专利权利要求 1~7 不符合专利法第 22 条第 2、3 款的规定，本专利权利要求 1~4 不符合专利法第 26 条第 4 款的规定，同时提交了以下附件：

附件 1：阮起楠编著、中国建材工业出版社出版、2000 年 2 月第 1 版、2000 年 2 月第 1 次印刷的《预应力混凝土管桩》封面、版权页、第 1、29、65、66、68~83、85~88、120、121 页的复印件，共 28 页；

附件 2：公开日为 2003 年 9 月 24 日、公开号为 CN1443633A（专利申请号为 03113255.3）的中国发明专利申请公开说明书的复印件，共 6 页；

附件 3：陈惠玲主编、中国建筑工业出版社出版、1998 年 6 月第一版、1998 年 6 月第一次印刷的《高效预应力结构设计施工实例应用手册》封面、版权页、第 900、903、904 页的复印件，共 5 页；

附件 4：公开日为 1996 年 10 月 23 日、公开号为 CN1133771A（专利申请号为 95116762.6）的中国发明专利申请公开说明书的复印件，共 8 页；

附件 5：授权公告日为 1995 年 10 月 18 日、授权公告号为 CN1030046C（专利号为 93101616.9）的中国发明专利说明书的复印件，共 2 页；

附件6：授权公告日为2004年12月1日、授权公告号为CN2659959Y（专利号为200320116232.0）的中国实用新型专利说明书的复印件，共6页。

第一请求人认为：附件1、3影响了本专利的新颖性；附件1、2、4、5影响了本专利的创造性；附件6影响了本专利的新颖性；权利要求书中的低速和高速离心成型时间、蒸汽养护和高压釜蒸汽养护时间、自然养护时间没有以说明书为依据致使本专利权利要求1~4不符合专利法第26条第4款的规定。

经形式审查合格，专利复审委员会依法受理了第一请求人的无效宣告请求，并于2007年12月3日向第一请求人和专利权人发出无效宣告请求受理通知书，同时将第一请求人提交的专利权无效宣告请求书及其附件清单中所列附件的副本转送给专利权人，并要求专利权人在指定的期限内陈述意见。

第一请求人于2007年12月12日向专利复审委员会再次提交了意见陈述书，补充说明了离心成型转速的具体数值已经在附件1中公开致使本专利不具备创造性。

针对专利复审委员会发出的上述无效宣告请求受理通知书，专利权人于2008年1月17日提交了意见陈述书，专利权人认为本专利具备新颖性和创造性，且符合专利法第26条第4款的规定。

专利复审委员会依法成立合议组。

本案合议组于2008年4月15日向第一请求人和专利权人发出无效宣告请求口头审理通知书，定于2008年6月25日在专利复审委员会举行口头审理。随同口头审理通知书，将第一请求人于2007年12月12日提交的意见陈述书副本转送给专利权人，将专利权人于2008年1月17日提交的意见陈述书的副本转送给第一请求人。

专利复审委员会于2008年5月29日收到了专利权人提交的意见陈述书，专利权人认为第一请求人的无效理由不能成立，主要理由是管桩产品不同于空心方桩，本专利权利要求1的转动时间和转速没有在第一请求人提交的附件1中公开。

专利复审委员会于2008年5月29日发出转送文件通知书，将专利复审委员会于2008年5月29日收到的专利权人提交的意见陈述书副本转送给第一请求人。

针对本专利，王虎俊（下称第二请求人）于2008年5月5日向专利复审委员会提出无效宣告请求，同时提交了以下附件（编号序前）：

附件7：陈惠玲主编、中国建筑工业出版社出版、1998年6月第一版、1998年6月第一次印刷的《高效预应力结构设计施工实例应用手册》版权页、第903页的复印件，共2页；

附件8：公开日为1995年1月20日的日本专利文献JP平7-18785A的复印件以及其相关部分中文译文，共7页；

附件9：公开日为2000年11月21日的日本专利文献JP2000-317929A的复印件以及其相关部分中文译文，共7页；

附件10：公开日为1991年10月15日的日本专利文献JP平3-65761B2的复印件以及其相关部分中文译文，共5页；

附件11：1997年6月出版、第24卷第3期的《建筑技术开发》第17~20页的复印件，共4页；以及开票日期为2008年4月29日、发票号为05326546的北京服务业、娱乐业、文化体育业专用发票的复印件一张，其中收款单位为国家图书馆，付款单位为北京律诚同业知识产权代理有限公司，项目名称为复印费；

附件12：阮起楠著、中国建材工业出版社出版、2000年2月第1版、2000年2月第1次印刷的《预应力混凝土管桩》版权页、第1页的复印件，共2页；

附件13：第二请求人声称的国家知识产权局专利局发出的第二次审查意见通知书正文以及申请

人颜小荣针对第二次审查意见通知书提交的意见陈述书的复印件，共3页；

附件14：本专利的发明专利说明书和发明专利申请公开说明书的复印件，共14页。

第二请求人认为：本专利说明书和权利要求书中没有对离心转速、蒸汽养护、混凝土强度>C80进行清楚的说明，致使本专利不符合专利法第26条第3款的规定，权利要求1~7不符合专利法实施细则第20条第1款的规定；权利要求1缺少必要技术特征“旋转半径”，不符合专利法实施细则第21条第2款的规定；权利要求1~7不符合专利法第22条第3款的规定。

经形式审查合格，专利复审委员会依法受理了第二请求人的无效宣告请求，并于2008年5月19日向第二请求人和专利权人发出无效宣告请求受理通知书，同时将专利权无效宣告请求书及其附件清单中所列附件的副本转送给专利权人。

根据审查指南第四部分第三章第4.5节关于案件合并审理的规定，本案合议组将第一请求人和第二请求人所提出的上述两个无效宣告请求进行合并审理，并于2008年5月19日向第二请求人和专利权人发出了口头审理通知书，定于2008年6月25日举行口头审理。

第二请求人于2008年6月5日再次提交了意见陈述书，补充了关于本专利权利要求1、5、6不具备创造性的无效理由，同时提交了附件8的中文译文共10页。

口头审理如期举行，第一请求人、第二请求人和专利权人均出席了本次口头审理。在口头审理过程中：

第一请求人明确其无效理由、范围和证据的使用方式为：本专利权利要求1~4不符合专利法第26条第4款的规定，单独使用附件1评价本专利权利要求1的新颖性和创造性，单独使用附件3评价本专利权利要求1的创造性，使用附件1、2、4、5的组合、或者附件3、2、4、5的组合评价本专利权利要求1~7的创造性，放弃本专利权利要求2~7不具备新颖性的无效理由，放弃使用附件6作为本案证据。第一请求人当庭出示了附件1、附件3的原件，专利权人对附件1~6的真实性没有异议。

第二请求人明确其无效理由、范围和证据的使用方式为：本专利不符合专利法第26条第3款的规定，涉及权利要求1~7；本专利权利要求1~7不符合专利法实施细则第20条第1款的规定；本专利权利要求1不符合专利法实施细则第21条第2款的规定；使用附件7、8、9的组合，或者附件7、公知常识、附件9的组合，或者附件7、附件12、附件9的组合评价本专利权利要求1的创造性；权利要求2的附加技术特征被附件7或者附件10公开，权利要求3的附加技术特征被附件10公开，权利要求4的附加技术特征被附件9或者附件12公开或者属于公知常识，权利要求5的附加技术特征被附件7或8公开或属于公知常识，权利要求6的附加技术特征被附件8或者附件12公开或属于公知常识，权利要求7的附加技术特征被附件10公开或属于公知常识，因而权利要求2~7不具备创造性；附件13用于证明专利权人在本专利实质审查阶段已经承认了本专利公开文本中原权利要求1没有新颖性和创造性；放弃使用附件11作为本案证据。

本案合议组将第二请求人于2008年6月5日提交的意见陈述书和附件8的中文译文的副本转给专利权人，专利权人当庭予以签收。专利权人当庭表示对第二请求人提交的附件8~10的中文译文有异议，并当庭提交了意见陈述书和附件8~10的中文译文共18页。本案合议组将专利权人当庭提交的意见陈述书、附件8~10的中文译文的副本转给第二请求人，第二请求人当庭予以签收。第二请求人认为专利权人提交的附件8~10的中文译文与其提交的附件8~10的中文译文的相关部分仅仅是文字上的措辞不同，第二请求人明确表示同意使用专利权人提交的附件8~10的中文译文的相关部分。

合议组当庭宣布本案涉及到附件8~10的中文译文的相关部分以专利权人当庭提交的附件8~10的中文译文的相关部分为准，双方当事人均明确表示对此无异议。

第二请求人当庭出示了附件7、12的原件、附件11中所述发票的原件，以及盖有“此件为原件复印件”、“国家知识产权局审查业务章”以及其骑缝章的附件13，专利权人对附件7、12、14的真实性没有异议，对附件8~10、11、13的真实性有异议。

合议组分别对第一请求人、第二请求人的无效理由和事实进行了调查，并充分听取了第一请求人、第二请求人、专利权人的意见。

至此，合议组认为本案事实已经清楚，可以作出审查决定。

二、决定的理由

1. 关于证据和现有技术

第二请求人提交的附件7、12为公开出版物，附件9、10为日本专利文献，其当庭出示了附件7、12的原件，专利权人对附件7、12的真实性没有异议，对附件9、10的真实性有异议。合议组经审查认可附件7、9、10、12的真实性，且附件7、9、10、12的公开日期均在本专利的申请日前，因此，附件7、9、10、12可以作为本专利的现有技术使用，其中附件9、10公开的内容以专利权人于口头审理当庭提交的附件9、10的中文译文中第二请求人使用的相关部分为准。

2. 关于本专利权利要求1~7是否符合专利法实施细则第20条第1款以及专利法第26条第3款的规定

专利法实施细则第20条第1款规定：权利要求书应当说明发明或者实用新型的技术特征，清楚、简要地表述请求保护的范围。

专利法第26条第3款规定：说明书应当对发明或者实用新型作出清楚、完整的说明，以所属技术领域的技术人员能够实现为准。

第二请求人认为本专利权利要求1~7的保护范围不清楚、不符合专利法第26条第3款的规定，具体理由为：（1）本专利的说明书和权利要求书中均没有清楚的说明离心转速所对应的是模具转速还是电机转速，也没有清楚的说明对于不同直径的方桩以及不同坍落度的混凝土混和料，离心转速是否都保持不变；（2）高压釜蒸汽养护一般是在脱膜后进行的，权利要求书和说明书均没有说明脱模前进行高压釜养护有什么技术效果，权利要求2、3中关于高压釜蒸汽养护没有描述清楚，说明书和权利要求3中均记载了“混凝土强度>C80”，但是混凝土强度大于C80后就没有必要进行养护了，“混凝土强度>C80”致使权利要求3不清楚。

专利权人认为：（1）离心转速在教科书中已经有描述，本领域技术人员能够理解离心转速是模具的转速，桩的规格一般是在适度的范围内，本专利所述的空心桩在常规的范围内，坍落度属于公知常识，本领域技术人员通过常规试验选择可以达到坍落度、直径和本专利的转速匹配；（2）关于高压釜蒸汽养护，离心模具不管是否拆开，都能实现本专利的发明目的，带着模具进行高压釜养护与不带模具进行养护没有本质上的区别，是本领域技术人员的常规选择，混凝土强度>C80是养护后的，是其希望达到的效果。

合议组认为：（1）在离心法制造预应力桩制造领域，离心转速一般不用于对电机转速进行限定，而是用于对模具转速进行限定，因此，虽然本专利权利要求书和说明书没有具体说明该离心转速是电机转速还是模具转速，本领域技术人员能够理解本专利权利要求1中的离心转速是指模具转速。并且，混凝土桩在离心成型过程中，混凝土混和物的沉降密实、集料的排列和结构的形成与离心角速度和离心转动的时间有关，就本专利权利要求1要求保护的技术方案而言，其采用离心转速和时间范围构成的组合来限定离心工艺，即在使用不同坍落度的混凝土混和物制造不同直径的桩时，均采用这样的离心工艺，这样的限定没有导致其保护范围不清楚。同时，本专利说明书也从离心转速和时间两个参数对权利要求要求1中的离心工艺进行了说明，而且，由于桩的规格和混凝土混和物的坍落度均是在一定的范围内，根据本专利说明书的记载，本领域技术人员能够在使用不同坍落度的混凝土混和物制造不同直径的桩时，采用本专利权利要求1中所述的离心工艺来制造桩且使其混凝土混和料在一定程度上均匀分布、更加密实。(2) 根据权利要求2的记载，权利要求2中将权利要求1中的蒸汽养护限定为包括水蒸汽养护和高压釜蒸汽养护，权利要求2中所述的高压釜蒸汽养护是对包裹有空心桩的整个离心模具进行的，因此，这样的限定对本领域技术人员来说也是清楚的，即权利要求2关于蒸汽养护的限定为：蒸汽养护为将包裹有空心桩的整个离心模具放入蒸汽养护池中，注入水蒸汽养护5~9小时，之后再将包裹有空心桩的整个离心模具进行高压釜蒸汽养护。根据权利要求3的记载，权利要求3中对高压釜蒸汽养护进一步限定，而混凝土强度等级>C80是在桩养护之后达到的强度属于本领域的公知技术，本领域技术人员能够理解权利要求3中的混凝土强度等级>C80是在桩养护之后达到的强度。因此，权利要求3要求保护的范围也是清楚的，即权利要求3中关于高压釜蒸汽养护的限定是：将包裹有空心桩的整个离心模具放入高压釜蒸汽养护器中，在高温、高压和水蒸汽作用下，养护10~14小时，其中高压釜中的工作压力为1MPa，高温为180℃，经过高压釜蒸汽养护后，使得空心方桩中的混凝土强度>C80。并且，虽然脱模前进行高压釜蒸汽养护与脱模后进行高压釜蒸汽养护的技术效果有所区别，但是根据说明书的记载，本领域技术人员能够实现权利要求2、3要求保护的技术方案，解决其技术问题，并且产生预期的技术效果。

基于上述理由，第二请求人关于本专利权利要求1~7不符合专利法实施细则第20条第1款以及不符合专利法第26条第3款规定的无效理由不能成立。

3. 关于本专利权利要求1~7是否符合专利法第22条第3款的规定

创造性，是指同申请日以前已有的技术相比，该发明有突出的实质性特点和显著的进步，该实用新型有实质性特点和进步。

在判断发明专利一项权利要求的创造性时，首先应当找出该权利要求限定的技术方案与最接近的现有技术之间的区别特征，再从该区别特征的引入带来的技术效果确定该技术方案实际解决的技术问题出发，判断现有技术是否存在将上述区别特征应用到该最接近的现有技术以解决该权利要求限定的技术方案实际解决的技术问题的启示，如果存在这种技术启示，则该权利要求限定的技术方案是显而易见的，不具备创造性。

(1) 关于本专利权利要求1是否符合专利法第22条第3款的规定。

第二请求人认为：本专利权利要求1与附件7的区别在于空心方桩、转速和时间，管桩包括空心方桩，空心方桩是公知的产品，在附件12中明确记载了离心成型的管桩已成为预制混凝土桩中最重要，最活跃的部分，并公开了预应力混凝土桩的形式包括方形中空桩，本领域技术人员能够想到用离心法制造方形中空桩，转速和时间被附件9中的“离心力不足15G低速和大于15G的高速”以及附件9中第7栏的附表所公开，同时权利要求1中的转速和时间也是本领域技术人员的常规选择，而且权利要求1中用张拉机张拉预应力钢棒、注入水蒸汽养护数小时、将空心装堆放在露天环境3~7天均属于本领域常用的技术手段。

专利权人认为：除第二请求人所说的两个区别特征之外，附件7还没有公开用张拉机张拉预应力钢棒、注入水蒸汽养护数小时、将空心桩堆放在露天环境3~7天；附件12中的方形中空桩不一定是空心的，中空和空心是两个概念，空心是从头到尾都是空的，中空只是其中一段是空心的，管桩和空心方桩是两种产品。专利权人认可权利要求1中的每个特征均是应用不同领域的现有技术，但是组合起来就使得权利要求1具备创造性。本专利是采用离心法和蒸汽养护生产空心方桩以克服现有技术中的缺陷。专利权人还强调本专利解决了人们长期以来（自上世纪60年代以来）想解决而没有解决的实际生产预应力混凝土空心方桩工艺问题，以及本专利工艺具有显著的进步。

本专利权利要求1要求保护一种离心法蒸汽养护制造预应力高强混凝土空心方桩的方法，附件7

公开了一种PHC桩主要生产工艺流程，其公开了以下工艺步骤（参见附件7第903页图4-2-22-2）：A. 准备阶段，包括用主筋等进行钢筋笼制作，用水泥、砂、石、水加剂、水等配料后再进行混凝土搅拌制作混凝土，以及使用清涂工具清理离心模具并涂隔离剂；B. 用吊车将钢筋笼入模；C. 用喂料机进行混凝土喂料；D. 用气动扳手合模；E. 用液压张拉机施加预应力；F. 用高速离心机成型；G. 在养护坑中进行蒸汽养护；H. 用气动扳手进行预应力放张后拆模；Ⅰ. 用运输小车进行成品堆放。

由此可见，附件7公开的PHC桩主要生产工艺流程和本专利权利要求1要求保护的技术方案之间的区别在于：（1）空心方桩；（2）用张拉机张拉预应力钢棒；（3）注入水蒸汽养护数小时；（4）将空心桩堆放在露天环境3~7天；（5）离心成型阶段至少有二个阶段，则低速转动离心阶段：离心转速为208转/分钟，时间为5-20分钟；高速转动离心阶段：离心转速为1400转/分钟，时间为5-20分钟。

关于区别特征（1）：附件12是关于预应力混凝土管桩的参考书，具体公开了以下技术内容（参见附件12第1页第3、11~12行、表1-1、典型正视图）：预制混凝土桩是重要的桩基材料，预应力混凝土桩的相关长度为12~43m，预应力混凝土桩的形式包括方形实心桩、方形中空桩、八角形实心或中空桩、环形桩，所述方形中空桩是具有空心截面、长度远大于外径（或边长）的一种预应力混凝土桩，其截面形状是内表面是圆形、外表面是方形。由此可见，附件12公开的方形中空桩属于一种空心方桩，故由附件12公开的技术内容可知空心方桩是一种已知的产品，加上附件7中公开的离心法蒸汽养护制造高强混凝土管桩方法能够缩短生产周期，实现规模化生产，能够克服浇筑的混凝土不密实、中间存有气孔、成品质量不稳定、产品强度相对不高的缺陷，因此，本领域技术人员为了解决空心方桩在生产制造过程中遇到的上述相同的技术问题，很容易想到采用附件7中的方法来制造空心方桩。

关于区别特征（2）：由本专利权利要求1中记载的“用张拉机张拉预应力钢棒，以增加其预应力”可得出预应力钢棒是指空心方桩内的钢筋，虽然附件7所述工艺步骤E中没有明确记载张拉机施加预应力的对象为预应力钢棒，但是本领域技术人员能够容易想到附件7中的工艺步骤E“用液压张拉机施加预应力”通常就是用张拉机对钢筋笼中的主筋（即预应力钢棒）施加预应力。

关于区别特征（3）：虽然附件7中工艺步骤G中没有记载本专利权利要求1工艺步骤g中的“注入水蒸汽养护数小时”，但是，在对预应力混凝土制品进行蒸汽养护时，注入水蒸汽养护数小时是必然要进行的工艺步骤，本领域技术人员由附件7中工艺步骤G“在养护坑中进行蒸汽养护”能够容易想到注入水蒸汽养护数小时。

关于区别特征（4）：“将空心桩堆放在露天环境3~7天”的目的是使混凝土强度达到一定的等级，在预应力混凝土桩领域，桩制品的长度较长，一般是露天堆放，同时为了使桩制品达到一定的混凝土强度等级，堆放3~7天进行自然养护是本领域技术人员的常规选择，因此，区别特征（4）属于本领域技术人员的常规选择。

关于区别特征（5）：附件9公开了一种用混凝土制成的管的制造方法，与本专利属于相同的技术领域，具体公开了以下技术特征（参见附件9说明书第2~3栏中的第0011~0013段，第7~8栏中的表格）：低速最好在10G以下，3~8G更好，当混凝土注入完毕以后，至少再进行2分钟以上为好，或者更好的是进行3分钟以上15分钟以下；高速在15G以上进行，应按照坍落度选择G值，以短时间固结为好，坍落度为1~2cm时，20G以上为好，更好的是25~30G、10分钟以内固结最好，坍落度为10cm时，15G以上20~25G为好，更好的是20~25G、10分钟以内固结为好。编号为1~4的实施例中记载了低速在3G进行5分钟、高速在30G进行10分钟的离心工艺，编号为1~7的实施例中记载了低速在12G进行5分钟、高速在30G进行10分钟的离心工艺，编号为1~13的实施例记载了低速在10G进行5分钟、高速在25G进行10分钟的离心工艺。同时，选择适合的制品的内径和外径/边长，能够计算出离心转速为208转/分钟对应的离心加速度在15G以下，也能够计算出离心转速为1400转/分钟对应的离心加速度在15G以上。因此，区别特征（5）已经被附件9公开，且该区别特征在附件9中的作用与其在本专利权利要求1中的作用相同，均是用于使混凝土混和料进行均匀的分布以及使混凝土混和物更加密实。

而且，在预应力混凝土桩制造领域，离心成型工艺制度一般可分为慢、中、快三档，慢速为第一阶段，它的作用主要是在离心力的作用下，使投入模子内的混凝土混和料进行均匀的分布；快速为第二阶段，它的主要作用是在离心力作用下，使混凝土混和物更加密实。对于桩制品自身来说，小桩径的快速可比大桩径的快一些，以便达到必要的离心加速度；大桩径的离心时间应比小桩径的长一些，这因为大桩壁厚，混和料多。本领域技术人员根据这些公知技术，也是能够通过常规试验选择出区别特征（5）限定的离心工艺，即区别特征（5）也是本领域技术人员的常规选择。

综上所述，本专利权利要求1要求保护的技术方案相对于附件7、附件12、附件9的结合是显而易见的，因此，第二请求人关于本专利权利要求1不具备创造性的无效理由成立。

（2）关于本专利权利要求2是否符合专利法第22条第3款的规定。

本专利权利要求2从属于本专利的权利要求1，其附加技术特征为“所述的蒸汽养护包括水蒸汽养护和高压釜蒸汽养护，水蒸汽养护时间为5~9小时”。

第二请求人认为附件7中公开了本专利权利要求2的附加特征“蒸汽养护包括水蒸汽养护和高压釜蒸汽养护”，附件10公开了本专利权利要求2的附加特征“水蒸汽养护5~9小时”。

专利权人认为附件7中名称与本专利的名称不同，附件10与本专利的技术领域、解决的技术问题、发明目的都不相同。

附件7公开了采用蒸养脱模后进行压蒸养护的二次养护方法（参见附件7第903页倒数第5行）；附件10公开了一种超高速离心力制柱法，具体公开了以下技术特征（参见附件10第3页）：离心成型后，在60~70℃温度下，进行2~7小时的预养护。

合议组认为：附件7中的蒸养是水蒸汽养护的简称，附件10中的预养护也是水蒸汽养护，其时间为2~7小时。附件7、附件10均公开了对混凝土进行养护的方法，与本专利属于相同的技术领域，都是为了达到增强混凝土强度的技术效果。而且，水蒸汽养护和高压釜蒸汽养护是本领域常用的对混凝土制品进行养护的方法，因此，在权利要求1不具备创造性的情况下，权利要求2要求保护的技术方案对本领域技术人员来说是显而易见的，第二请求人关于权利要求2不具备创造性的无效理由成立。

（3）关于本专利权利要求3是否符合专利法第22条第3款的规定。

本专利权利要求3对高压釜蒸汽养护进一步进行限定，其附加技术特征为“所述的高压釜蒸汽养护是：将包裹有空心桩的整个离心模具放入高压釜蒸汽养护器中，在高温、高压和水蒸汽作用下，养护10~14小时，高压釜中的工作压力为1MPa，混凝土强度>C80，高温为180℃。”

第二请求人认为附件10公开了本专利权利要求3的附加特征。专利权人认为附件10与本专利的技术领域、解决的技术问题、发明目的都不相同。

附件10公开了一种超高速离心力制柱法，具体公开了以下技术特征（参见附件10第3页）：离心成型后，在60~70℃温度下，进行2~7小时的预养护，然后，在180~190℃温度及10~12个大气压下，进行8小时的高压蒸压养护。

合议组认为：附件10公开的是对混凝土进行养护的方法，与本专利属于相同的技术领域，都是为了达到增强混凝土强度的技术效果。高压蒸压养护即高压釜蒸汽养护，10 个大气压等于 1MPa 的工作压力，混凝土强度>C80 是经过蒸压釜养护后希望达到的效果。而且，脱模前进行高压釜蒸汽养护、脱模后进行高压釜蒸汽养护是本领域技术人员的常规选择，同时，高压釜养护 10~14 小时也是本领域技术人员的常规选择，因此，在权利要求 1、2 不具备创造性的情况下，权利要求 3 要求保护的技术方案对本领域技术人员来说是显而易见的，第二请求人关于权利要求 3 不具备创造性的无效理由成立。

（4）关于本专利权利要求 4 是否符合专利法第 22 条第 3 款的规定。

本专利权利要求 4 从属于本专利的权利要求 1，其附加技术特征为“离心成型阶段最好包括有三个阶段，则低速转动离心阶段、中速转动离心阶段和高速转动离心阶段，中速转动离心阶段的离心转速为 860 转分钟；时间为 5~20 分钟。”

第二请求人认为附件 9 公开了离心成型有低速、中速、高速三个阶段，同时认为权利要求 4 的附加技术特征为公知常识。专利权人认为附件 9 与本专利的技术领域不同，该附加特征不是公知常识。

附件 9 公开的内容如前所述，还具体公开了低速在 3G 进行 5 分钟、中速在 10G 进行 5 分钟、高速在 30G 进行 10 分钟的离心工艺（参见附件 9 第 7~8 栏的表格中的实施 1-1）。

合议组认为：附件 9 公开了包括中速转动离心阶段的离心工艺，此外，在预制混凝土桩领域，离心速度一般分为慢、中、快三档，慢速和快速的主要作用如前所述，中速是承上启下的过渡作用，同时能使混合物中固相颗粒分布更均匀更稳定的位置。因此，本领域技术人员根据制品的直径、混凝土混和物坍落度，通过常规试验即可得到离心转速为 860 转分钟、时间为 5~20 分钟这样的中速离心工艺，即中速转动离心阶段的离心转速为 860 转分钟、时间为 5~20 分钟是本领域技术人员的常规选择。因此，在权利要求 1 不具备创造性的情况下，权利要求 4 要求保护的技术方案对本领域技术人员来说是显而易见的，第二请求人关于权利要求 4 不具备创造性的无效理由成立。

（5）关于本专利权利要求 5 是否符合专利法第 22 条第 3 款的规定。

本专利权利要求 5 从属于本专利的权利要求 1，其附加技术特征为“所述每个离心模具由数块模板共同组成。”

第二请求人认为权利要求 5 的附加技术特征是公知常识，专利权人认可权利要求 5 的附加技术特征是公知常识。

合议组认为，离心法制造预应力混凝土桩必然使用模具，模具一般由数块模板共同组成，这属于本领域的公知常识。因此，在权利要求 1 不具备创造性的情况下，权利要求 5 要求保护的技术方案是显而易见的，第二请求人关于权利要求 5 不具备创造性的无效理由成立。

（6）关于本专利权利要求 6 是否符合专利法第 22 条第 3 款的规定。

本专利权利要求 6 从属于本专利的权利要求 1 或 2，其附加技术特征为“采用上述工艺制作空心桩的横截面形状为外方内圆形状的空心体。”

第二请求人认为权利要求 6 的附加技术特征被附件 12 第 1 页表 1-1 中的方形中空桩公开，且也是公知常识。

专利权人认可权利要求 6 的附加技术特征是现有产品的形状，但与权利要求 1 组合则具有创造性。

合议组认为：附件 12 第 1 页表 1-1 中的方形中空桩的截面形状为外方内圆形状，其是空心体。因此，如前所述，在附件 7 的基础上，本领域技术人员很容易想到采用附件 7 中的方法来制造附件 12 中公开的外方内圆形状的方形中空桩，从而获得权利要求 6 的技术方案。故在权利要求 1、2 不具备创造性的情况下，权利要求 6 要求保护的技术方案是显而易见的，第二请求人关于权利要求 6 不具备创造性的无效理由成立。

(7) 关于本专利权利要求7是否符合专利法第22条第3款的规定。

本专利权利要求7从属于本专利的权利要求2，其附加技术特征为“水蒸汽养护时间为7小时。”

第二请求人认为该附加技术特征是公知常识，且其被附件10中的“2~7小时预养护”公开。

专利权人认为该附加技术特征不是公知常识，附件10所生产的产品与本专利不同。

附件10公开的内容如前所述，其公开了“2~7小时预养护”，况且，在蒸汽养护中，对混凝土制品进行7小时水蒸汽养护是本领域技术人员经过常规试验可以得到的。因此，在权利要求2不具备创造性的情况下，权利要求7要求保护的技术方案是显而易见的，第二请求人关于权利要求7不具备创造性的无效理由成立。

鉴于上述已得出本专利权利要求1~7限定的技术方案均不具备创造性，应予无效，本决定对第一、二请求人提出的其他无效理由以及证据的组合方式不再进行评述。

根据上述的事实和理由，本案合议组依法作出以下决定。

三、决定

宣告200410040717.5号发明专利权全部无效。

当事人对本决定不服的，可以根据专利法第46条第2款的规定，自收到本决定之日起三个月内向北京市第一中级人民法院起诉。根据该款的规定，一方当事人起诉后，另一方当事人应当作为第三人参加诉讼。

北京市第一中级人民法院
行政判决书

(2008) 一中行初字第1561号

原告颜小荣，男，1965年1月22日出生，汉族，云南中技管桩有限公司董事长，户籍所在地云南省昆明市呈贡县马金铺乡归化街38号附1号。

委托代理人唐友民，北京市天如律师事务所律师。

被告国家知识产权局专利复审委员会，住所地北京市海淀区北四环西路9号银谷大厦。

法定代表人廖涛，副主任。

委托代理人汤元磊，男，国家知识产权局专利复审委员会审查员。

委托代理人隋璐，女，国家知识产权局专利复审委员会审查员。

第三人王虎俊，男，1969年10月8日出生，汉族，北京立康律师事务所主任，户籍所在地内蒙古自治区集宁市怀远南大街133号5户。

委托代理人祁建国，北京律诚同业知识产权代理有限公司专利代理人。

第三人崇徐，男，1952年11月11日出生，汉族，云南省教育厅退休干部，户籍所在地云南省昆明市五华区教场东路省教育服务中心。

委托代理人陈左，男，1960年4月24日出生，汉族，云南省专利事务所职员，户籍所在地云南省昆明市五华区华山东路82号6栋2单元301室。

原告颜小荣不服被告国家知识产权局专利复审委员会（以下简称复审委）作出的第11927号无效宣告请求审查决定（以下简称被诉决定），于2008年10月8日向本院提起行政诉讼。本院受理后，依法组成合议庭，并依法通知与本案有利害关系的王虎俊、崇徐作为本案第三人参加诉讼，于2008年12月11日公开开庭审理了本案。原告的委托代理人唐友民，被告的委托代理人汤元磊、隋璐，第三人王虎俊的委托代理人祁建国、第三人崇徐及其委托代理人陈左到庭参加了诉讼。本案现已审理终结。

2008年7月15日，被告针对第三人王虎俊、崇徐提出的无效宣告请求作出被诉决定，依据《中华人民共和国专利法》（下称《专利法》）第二十二条第三款的规定，决定宣告第200410040717.5号发明专利权（下称本专利）全部无效。

被告作出被诉决定的主要理由为：

1. 关于证据和现有技术。

王虎俊提交的附件7、12为公开出版物，附件9、10为日本专利文献，其当庭出示了附件7、12的原件，原告对附件7、12的真实性没有异议，对附件9、10的真实性有异议。合议组经审查认可附件7、9、10、12的真实性，且附件7、9、10、12的公开日期均在本专利的申请日前，因此，附件7、9、10、12可以作为本专利的现有技术使用，其中附件9、10公开的内容以原告于口头审理当庭提交的附件9、10的中文译文中王虎俊使用的相关部分为准。

2. 关于本专利权利要求1~7是否符合《中华人民共和国专利法实施细则》（以下简称《专利法实施细则》）第二十条第一款以及《专利法》第二十六条第三款的规定。

被告认为：（1）在离心法制造预应力桩制造领域，离心转速一般不用于对电机转速进行限定，而是用于对模具转速进行限定，因此，虽然本专利权利要求书和说明书没有具体说明该离心转速是电机转速还是模具转速，本领域技术人员能够理解本专利权利要求1中的离心转速是指模具转速。并且，混凝土桩在离心成型过程中，混凝土混和物的沉降密实、集料的排列和结构的形成与离心角速度和离心转动的时间有关，就本专利权利要求1要求保护的技术方案而言，其采用离心转速和时间范围构成的组合来限定离心工艺，即在使用不同坍落度的混凝土混和物制造不同直径的桩时，均采用这样的离心工艺，这样的限定没有导致其保护范围不清楚。同时，本专利说明书也从离心转速和时间两个参数对权利要求要求1中的离心工艺进行了说明，而且，由于桩的规格和混凝土混和物的坍落度均是在一定的范围内，根据本专利说明书的记载，本领域技术人员能够在使用不同坍落度的混凝土混和物制造不同直径的桩时，采用本专利权利要求1中所述的离心工艺来制造桩且使其混凝土混和料在一定程度上均匀分布、更加密实。（2）根据权利要求2的记载，权利要求2中将权利要求1中的蒸汽养护限定为包括水蒸汽养护和高压釜蒸汽养护，权利要求2中所述的高压釜蒸汽养护是对包裹有空心桩的整个离心模具进行的，因此，这样的限定对本领域技术人员来说也是清楚的，即权利要求2关于蒸汽养护的限定为：蒸汽养护为将包裹有空心桩的整个离心模具放入蒸汽养护池中，注入水蒸汽养护5-9小时，之后再将包裹有空心桩的整个离心模具进行高压釜蒸汽养护。根据权利要求3的记载，权利要求3中对高压釜蒸汽养护进一步限定，而混凝土强度等级>C80是在桩养护之后达到的强度属于本领域的公知技术，本领域技术人员能够理解权利要求3中的混凝土强度等级>C80是在桩养护之后达到的强度。因此，权利要求3要求保护的范围也是清楚的，即权利要求3中关于高压釜蒸汽养护的限定是：将包裹有空心桩的整个离心模具放入高压釜蒸汽养护器中，在高温、高压和水蒸汽作用下，养护10~14小时，其中高压釜中的工作压力为1MPa，高温为180℃，经过高压釜蒸汽养护后，使得空心方桩中的混凝土强度>C80。并且，虽然脱模前进行高压釜蒸汽养护与脱模后进行高压釜蒸汽养护的技术效果有所区别，但是根据说明书的记载，本领域技术人员能够实现权利要求2、3要求保护的技术方案，解决其技术问题，并且产生预期的技术效果。

基于上述理由，王虎俊关于本专利权利要求1~7不符合《专利法实施细则》第二十条第一款以及不符合《专利法》第二十六条第三款规定的无效理由不能成立。

3. 关于本专利权利要求1~7是否符合《专利法》第二十二条第三款的规定。

在判断发明专利一项权利要求的创造性时，首先应当找出该权利要求限定的技术方案与最接近的现有技术之间的区别特征，再从该区别特征的引入带来的技术效果确定该技术方案实际解决的技术问题出发，判断现有技术是否存在将上述区别特征应用到该最接近的现有技术以解决该权利要求限定的技术方案实际解决的技术问题的启示，如果存在这种技术启示，则该权利要求限定的技术方案是显而易见的，不具备创造性。

（1）关于本专利权利要求1是否符合《专利法》第二十二条第三款的规定。

本专利权利要求1要求保护一种离心法蒸汽养护制造预应力高强混凝土空心方桩的方法，附件7公开了一种PHC桩主要生产工艺流程，其公开了以下工艺步骤（参见附件7第903页图4-2-22-2）：A. 准备阶段，包括用主筋等进行钢筋笼制作，用水泥、砂、石、水加剂、水等配料后再进行混凝土搅拌制作混凝土，以及使用清涂工具清理离心模具并涂隔离剂；B. 用吊车将钢筋笼入模；C. 用喂料机进行混凝土喂料；D. 用气动扳手合模；E. 用液压张拉机施加预应力；F. 用高速离心机成型；G. 在养护坑中进行蒸汽养护；H. 用气动扳手进行预应力放张后拆模；I. 用运输小车进行成品堆放。

由此可见，附件7公开的PHC桩主要生产工艺流程和本专利权利要求1要求保护的技术方案之间的区别在于：（1）空心方桩；（2）用张拉机张拉预应力钢棒；（3）注入水蒸汽养护数小时；（4）将空心桩堆放在露天环境3~7天；（5）离心成型阶段至少有二个阶段，则低速转动离心阶段：离心转速为208转/分钟，时间为5~20分钟；高速转动离心阶段：离心转速为1400转/分钟，时间为5~20分钟。

关于区别特征（1）：附件12是关于预应力混凝土管桩的参考书，具体公开了以下技术内容（参见附件12第1页第3、11~12行、表1-1、典型正视图）：预制混凝土桩是重要的桩基材料，预应力混凝土桩的相关长度为12~43m，预应力混凝土桩的形式包括方形实心桩、方形中空桩、八角形实心或中空桩、环形桩，所述方形中空桩是具有空心截面、长度远大于外径（或边长）的一种预应力混凝土桩，其截面形状是内表面是圆形、外表面是方形。由此可见，附件12公开的方形中空桩属于一种空心方桩，故由附件12公开的技术内容可知空心方桩是一种已知的产品，加上附件7中公开的离心法蒸汽养护制造高强混凝土管桩方法能够缩短生产周期，实现规模化生产，能够克服浇筑的混凝土不密实、中间存有气孔、成品质量不稳定、产品强度相对不高的缺陷，因此，本领域技术人员为了解决空心方桩在生产制造过程中遇到的上述相同的技术问题，很容易想到采用附件7中的方法来制造空心方桩。

关于区别特征（2）：由本专利权利要求1中记载的“用张拉机张拉预应力钢棒，以增加其预应力”可得出预应力钢棒是指空心方桩内的钢筋，虽然附件7所述工艺步骤E中没有明确记载张拉机施加预应力的对象为预应力钢棒，但是本领域技术人员能够容易想到附件7中的工艺步骤E“用液压张拉机施加预应力”通常就是用张拉机对钢筋笼中的主筋（即预应力钢棒）施加预应力。

关于区别特征（3）：虽然附件7中工艺步骤G中没有记载本专利权利要求1工艺步骤g中的“注入水蒸汽养护数小时”，但是，在对预应力混凝土制品进行蒸汽养护时，注入水蒸汽养护数小时是必然要进行的工艺步骤，本领域技术人员由附件7中工艺步骤G“在养护坑中进行蒸汽养护”能够容易想到注入水蒸汽养护数小时。

关于区别特征（4）：“将空心桩堆放在露天环境3~7天”的目的是使混凝土强度达到一定的等级，在预应力混凝土桩领域，桩制品的长度较长，一般是露天堆放，同时为了使桩制品达到一定的混凝土强度等级，堆放3~7天进行自然养护是本领域技术人员的常规选择，因此，区别特征（4）属于本领域技术人员的常规选择。

关于区别特征（5）：附件9公开了一种用混凝土制成的管的制造方法，与本专利属于相同的技术领域，具体公开了以下技术特征（参见附件9说明书第2~3栏中的［0011］~［0013］段，第7~8栏中的表格）：低速最好在10G以下，3~8G更好，当混凝土注入完毕以后，至少再进行2分钟以上为好，或者更好的是进行3分钟以上15分钟以下；高速在15G以上进行，应按照坍落度选择G值，以短时间固结为好，坍落度为1~2cm时，20G以上为好，更好的是25~30G、10分钟以内固结最好，坍落度为10cm时，15G以上20~25G为好，更好的是20~25G、10分钟以内固结为好。编号为1~4的实施例中记载了低速在3G进行5分钟、高速在30G进行10分钟的离心工艺，编号为1~7的实施例中记载了低速在12G进行5分钟、高速在30G进行10分钟的离心工艺，编号为1~13的实施例记载了低速在10G进行5分钟、高速在25G进行10分钟的离心工艺。同时，选择适合的制品的内径和外径/边长，能够计算出离心转速为208转/分钟对应的离心加速度在15G以下，也能够计算出离心转速为1400转/分钟对应的离心加速度在15G以上。因此，区别特征（5）已经被附件9公开，且该区别特征在附件9中的作用与其在本专利权利要求1中的作用相同，均是用于使混凝土混和料进行均匀的分布以及使混凝土混和物更加密实。

而且，在预应力混凝土桩制造领域，离心成型工艺制度一般可分为慢、中、快三档，慢速为第一阶段，它的作用主要是在离心力的作用下，使投入模子内的混凝土混和料进行均匀的分布；快速为第二阶段，它的主要作用是在离心力作用下，使混凝土混和物更加密实。对于桩制品自身来说，小桩径的快速可比大桩径的快一些，以便达到必要的离心加速度；大桩径的离心时间应比小桩径的长一些，这因为大桩壁厚，混和料多。本领域技术人员根据这些公知技术，也是能够通过常规试验选择出区别特征（5）限定的离心工艺，即区别特征（5）也是本领域技术人员的常规选择。

综上所述，本专利权利要求1要求保护的技术方案相对于附件7、附件12、附件9的结合是显而易见的，因此，王虎俊关于本专利权利要求1不具备创造性的无效理由成立。

（2）关于本专利权利要求2是否符合《专利法》第二十二条第三款的规定。

本专利权利要求2从属于本专利的权利要求1，其附加技术特征为“所述的蒸汽养护包括水蒸汽养护和高压釜蒸汽养护，水蒸汽养护时间为5~9小时”。

附件7公开了采用蒸养脱模后进行压蒸养护的二次养护方法（参见附件7第903页倒数第5行）；附件10公开了一种超高速离心力制柱法，具体公开了以下技术特征（参见附件10第3页）：离心成型后，在60~70℃温度下，进行2~7小时的预养护。

被告认为：附件7中的蒸养是水蒸汽养护的简称，附件10中的预养护也是水蒸汽养护，其时间为2~7小时。附件7、附件10均公开了对混凝土进行养护的方法，与本专利属于相同的技术领域，都是为了达到增强混凝土强度的技术效果。而且，水蒸汽养护和高压釜蒸汽养护是本领域常用的对混凝土制品进行养护的方法，因此，在权利要求1不具备创造性的情况下，权利要求2要求保护的技术方案对本领域技术人员来说是显而易见的，王虎俊关于权利要求2不具备创造性的无效理由成立。

（3）关于本专利权利要求3是否符合《专利法》第二十二条第三款的规定。

本专利权利要求3对高压釜蒸汽养护进一步进行限定，其附加技术特征为“所述的高压釜蒸汽养护是：将包裹有空心桩的整个离心模具放入高压釜蒸汽养护器中，在高温、高压和水蒸汽作用下，养护10~14小时，高压釜中的工作压力为1MPa，混凝土强度>C80，高温为180℃。”

附件10公开了一种超高速离心力制柱法，具体公开了以下技术特征（参见附件10第3页）：离心成型后，在60~70℃温度下，进行2~7小时的预养护，然后，在180~190℃温度及10~12个大气压下，进行8小时的高压蒸压养护。

被告认为：附件10公开的是对混凝土进行养护的方法，与本专利属于相同的技术领域，都是为了达到增强混凝土强度的技术效果。高压蒸压养护即高压釜蒸汽养护，10个大气压等于1MPa的工作压力，混凝土强度>C80是经过蒸压釜养护后希望达到的效果。而且，脱模前进行高压釜蒸汽养护、脱模后进行高压釜蒸汽养护是本领域技术人员的常规选择，同时，高压釜养护10～14小时也是本领域技术人员的常规选择，因此，在权利要求1、2不具备创造性的情况下，权利要求3要求保护的技术方案对本领域技术人员来说是显而易见的，王虎俊关于权利要求3不具备创造性的无效理由成立。

（4）关于本专利权利要求4是否符合《专利法》第二十二条第三款的规定。

本专利权利要求4从属于本专利的权利要求1，其附加技术特征为“离心成型阶段最好包括有三个阶段，则低速转动离心阶段、中速转动离心阶段和高速转动离心阶段，中速转动离心阶段的离心转速为860转/分钟；时间为5～20分钟。”

附件9公开的内容如前所述，还具体公开了低速在3G进行5分钟、中速在10G进行5分钟、高速在30G进行10分钟的离心工艺（参见附件9第7～8栏的表格中的实施1～1）。

被告认为：附件9公开了包括中速转动离心阶段的离心工艺，此外，在预制混凝土桩领域，离心速度一般分为慢、中、快三档，慢速和快速的主要作用如前所述，中速是承上启下的过渡作用，同时能使混合物中固相颗粒分布更均匀更稳定的位置。因此，本领域技术人员根据制品的直径、混凝土混和物坍落度，通过常规试验即可得到离心转速为860转/分钟、时间为5～20分钟这样的中速离心工艺，即中速转动离心阶段的离心转速为860转/分钟、时间为5～20分钟是本领域技术人员的常规选择。因此，在权利要求1不具备创造性的情况下，权利要求4要求保护的技术方案对本领域技术人员来说是显而易见的，王虎俊关于权利要求4不具备创造性的无效理由成立。

（5）关于本专利权利要求5是否符合《专利法》第二十二条第三款的规定。

本专利权利要求5从属于本专利的权利要求1，其附加技术特征为“所述每个离心模具由数块模板共同组成。”

被告认为，离心法制造预应力混凝土桩必然使用模具，模具一般由数块模板共同组成，这属于本领域的公知常识。因此，在权利要求1不具备创造性的情况下，权利要求5要求保护的技术方案是显而易见的，王虎俊关于权利要求5不具备创造性的无效理由成立。

（6）关于本专利权利要求6是否符合《专利法》第二十二条第三款的规定。

本专利权利要求6从属于本专利的权利要求1或2，其附加技术特征为“采用上述工艺制作空心桩的横截面形状为外方内圆形状的空心体。”

被告认为：附件12第1页表1-1中的方形中空桩的截面形状为外方内圆形状，其是空心体。因此，如前所述，在附件7的基础上，本领域技术人员很容易想到采用附件7中的方法来制造附件12中公开的外方内圆形状的方形中空桩，从而获得权利要求6的技术方案。故在权利要求1、2不具备创造性的情况下，权利要求6要求保护的技术方案是显而易见的，王虎俊关于权利要求6不具备创造性的无效理由成立。

（7）关于本专利权利要求7是否符合《专利法》第二十二条第三款的规定。

本专利权利要求7从属于本专利的权利要求2，其附加技术特征为“水蒸汽养护时间为7小时。”

附件10公开的内容如前所述，其公开了“2～7小时预养护”，况且，在蒸汽养护中，对混凝土制品进行7小时水蒸汽养护是本领域技术人员经过常规试验可以得到的。因此，在权利要求2不具备创造性的情况下，权利要求7要求保护的技术方案是显而易见的，王虎俊关于权利要求7不具备创造性的无效理由成立。

鉴于上述已得出本专利权利要求1～7限定的技术方案均不具备创造性，应予无效，本决定对崇徐、王虎俊提出的其他无效理由以及证据的组合方式不再进行评述。

被告在法定举证期限内向本院提交了下列证据的复印件：

1. 陈惠玲主编、中国建筑工业出版社出版、1998 年 6 月第一版、1998 年 6 月第一次印刷的《高效预应力结构设计施工实例应用手册》版权页、第 903 页，共 2 页（即被诉决定中的附件 7，以下简称附件 7）；2. 公开日为 2000 年 11 月 21 日的日本专利文献 JP2000-317919A 以及原告提交的相关部分中文译文（即被诉决定中的附件 9，以下简称附件 9）；3. 公开日为 1991 年 10 月 15 日的日本专利文献 JP 平 3-65761B2 以及原告提交的相关部分中文译文（即被诉决定中的附件 10，以下简称附件 10）；4. 阮起楠著、中国建材工业出版社出版、2000 年 2 月第一版、2000 年 2 月第一次印刷的《预应力混凝土管桩》版权页、第 1 页，共 2 页（即被诉决定中的附件 12，以下简称附件 12）；5. 本案口头审理记录表；6. 本专利说明书；7. 王虎俊提交的专利权无效宣告请求书及其补充的意见陈述。以上证据用以证明被诉决定认定事实清楚、适用法律法规正确、审查程序合法。

原告诉称：1. 对于王虎俊提交的附件 9 和 10 的真实性不予认可。该两份文献都是以复印件的方式提出，王虎俊没有出示原件。被告没有自行收集原件，也没有说明采信的理由即直接认定以上两份附件的真实性并以此作为对比，被告的认定错误。2. 被告认定本专利权利要求 1 和附件 7 的区别技术特征（2）、（3）、（4）属于本领域的公知常识属于推测性主观臆断，没有相应证据支持。本案中，王虎俊没有通过《审查指南》规定的方式向被告提供区别技术特征（2）至（4）属于公知常识的证据，被告也没有明确指出附件 7 没有公开记载本专利权利要求的相关内容，却仍然推出区别特征（2）~（4）属于公知常识属于证据不足。3. 本专利属于组合发明，其对多种技术特征的结合的效果已经超过了附件 7 和附件 12 及本专利在发明时国内通行的技术标准《建筑地基基础设计规范》（GB50007-2002）和《先张法预应力混凝土管桩》（GB13476-1999）等全部技术特征的总和，具有创造性，而且能够实现整根高强度基础桩的自动化、规模化生产，达到节能降耗、绿色环保、质量可靠及经济效益显著提高的目的。（1）附件 12 并没有公开任何“方形中空桩”的文字描述，附件 12 也没有公开任何“方形中空桩”产品制造工艺和技术性能；（2）本专利权利要求 1 和附件 7 的区别技术特征（5）明显不同，具体表现在：使用者对附件 9 公开的产品和本专利的强度要求和使用目的完全不一致；附件 9 和本专利的工艺上存在明显区别；本专利大幅度提高了单根混凝土桩的承载力，提高了生产效率并基本实现了自动化生产，相对于附件 7 和附件 12 具备显著的进步性。综上，原告请求法院撤销被诉决定。

原告向本院提交的证据与被告向本院提交的证据一致，用以证明被诉决定错误。

被告辩称：1. 被诉决定依照《审查指南》对附件 9 和 10 的真实性进行了认定，并且已经说明了采信的理由。2. 对于区别技术特征（2），被诉决定认定，本领域技术人员能够容易联想到附件 7 中的工艺步骤 E“用液压张拉机施加预应力”通常就是用张拉机对钢筋笼中的主筋（即预应力钢棒）施加预应力，即本领域技术人员由附件 7 公开的内容，容量联想到“用张拉机张拉预应力钢棒，以增加其预应力”；对于区别技术特征（3），本领域技术人员由附件 7 中工艺步骤 G“在养护坑中进行蒸汽养护”能够容易想到注入水蒸气养护数小时；关于区别技术特征（4），“将空心桩堆放在露天环境 3~7 天”属于本领域技术人员的常规选择。3. 如果组合发明限定的技术方案属于显而易见的组合，则该组合发明限定的技术方案不符合《专利法》第二十二条第三款关于发明创造性的规定，不具备突出的实质性特点和显著的进步。被诉决定正文中已经阐述了本专利权利要求 1~7 限定的技术方案是显而易见的，因此，原告关于本专利属于组合发明而具备创造性的主张不能成立。综上，被诉决定认定事实清楚、适用法律、法规正确，审理程序合法，审查结论正确，故被告请求法院维持被诉决定。

第三人王虎俊述称：1. 附件 9、10 是任何非特定人都可以从国家知识产权局专利局（以下简称专利局）获得的公开文本，可以视为原件，原告质疑附件9、10真实性的主张不能成立。2. 被诉决定并没有认定区别技术特征（2）至（4）属于公知常识，而是认定以上特征属于本领域技术人员能够容易想到或者常规选择。本专利不具备创造性。同时，区别特征（2）中液压张拉机施加预应力的唯一对象必然是钢筋笼中的钢筋，即预应力钢棒，无需证明。区别技术特征（3）在养护坑中采用低温蒸汽初级养护工艺一定是注入水蒸汽养护数小时，无需证明。区别技术特征（4）“将空心桩堆放在露天环境3~7天”和“成品堆放”没有实质性区别。另外，当被告指出权利要求1不具备新颖性时，原告已经放弃独立权利要求1而将权利要求4作为独立权利要求1进行保护（详见附件13），原告已经接受并认可区别技术特征（2）~（4）已经被公开。3. 原告认可“权利要求1中的每一个特征均是应用不同领域的现有技术”，即已经承认每一个步骤、每一个部件都没有创造性，这种显而易见的组合仅仅是一种简单的叠加，不具备创造性。第三人王虎俊请求法院维持被诉决定。

第三人崇徐同意被告的答辩意见，请求法院维持被诉决定。

第三人王虎俊和崇徐均未向本院提交证据。

经庭审质证，原告和被告向本院提交的证据一致，原告对附件9、10的真实性提出异议，不同意附件12的证明作用，对其他证据的关联性、合法性、真实性及其证明作用没有异议；被告对原告提出的证明作用提出异议。第三人王虎俊、崇徐对原、被告提交证据的关联性、合法性、真实性均无异议。本院认为：《审查指南》第四部分第八章第2.2.2节第（1）项规定，从专利局获得的国外专利文献，当事人可以在无效程序中不办理相关的证明手续，且原告在专利无效程序中提交的中文译文也已显示附件9、10为已公开的日本专利文献，因此，本院对于附件9、10的真实性予以认可。原告及被告提交的证据与被诉决定均具备关联性，且合法、真实，可以证明本案事实，本院对原告和被告提交的证据均予以采纳。

经以上经庭审质证的证据及庭审中各方当事人无争议的陈述，本院对以下事实予以确认：

本无效宣告请求涉及中华人民共和国国家知识产权局于2007年9月12日授权公告的、名称为“一种离心法蒸汽养护制造预应力高强混凝土空心方桩的方法”的发明专利权，其专利号是200410040717.5，申请日是2004年9月16日，专利权人为本案原告颜小荣。本专利授权公告时的权利要求书如下：

“1. 一种离心法蒸汽养护制造预应力高强混凝土空心方桩的方法，其特征在于整根桩离心成型并进行蒸汽养护，其工艺包括：

a. 准备阶段：制作钢筋笼、按规定配比制作混凝土、清理离心模具并涂隔离层；

b. 安装钢筋笼：将制作好的钢筋笼放到离心模具中并定位；

c. 机械布料：将配好的混凝土用机械方式注入离心模具中；

d. 合模：合拢离心模具，并从外部将离心模具用定位闭锁螺栓将其固定，保证离心模具在转动时不会打开；

e. 用张拉机张拉预应力钢棒，以增加其预应力；

f. 离心成型：开动离心机让整个离心模具转动，在离心力作用下，离心模具中间部位的混凝土甩向离心模具外侧四周，中部形成空心状；

g. 蒸汽养护：将包裹有空心桩的整个离心模具放入蒸汽养护池中，注入水蒸汽养护数小时；

h. 脱模：打开离心模具外部的定位闭锁螺栓，脱去离心模具，取出成型的空心桩；

i. 堆码：将空心桩堆放在露天环境3~7天后，经检验合格后即可出厂；

离心成型阶段至少有二个阶段，则低速转动离心阶段：离心转速为208转/分钟，时间为5~20分钟；高速转动离心阶段：离心转速为1400转/分钟，时间为5~20分钟。

2. 根据权利要求 1 所述的一种离心法蒸汽养护制造预应力高强混凝土空心方桩的方法，其特征在于所述的蒸汽养护包括水蒸汽养护和高压釜蒸汽养护，水蒸汽养护时间为 5~9 小时。

3. 根据权利要求 1 或 2 所述的一种离心法蒸汽养护制造预应力高强混凝土空心方桩的方法，其特征在于所述的高压釜蒸汽养护是：将包裹有空心桩的整个离心模具放入高压釜蒸汽养护器中，在高温、高压和水蒸汽作用下，养护 10~14 小时，高压釜中的工作压力为 1MPa，混凝土强度>C80，高温为 180℃。

4. 根据权利要求 1 所述的一种离心法蒸汽养护制造预应力高强混凝土空心方桩的方法，其特征在于离心成型阶段有三个阶段，则低速转动离心阶段、中速转动离心阶段和高速转动离心阶段，中速转动离心阶段的离心转速为 860 转/分钟；时间为 5~20 分钟。

5. 根据权利要求 1 所述的一种离心法蒸汽养护制造预应力高强混凝土空心方桩的方法，其特征在于所述每个离心模具由数块模板共同组成。

6. 根据权利要求 1 或 2 所述的一种离心法蒸汽养护制造预应力高强混凝土空心方桩的方法，其特征在于采用上述工艺制作空心桩的横截面形状为外方内圆形状的空心体。

7. 根据权利要求 2 所述的一种离心法蒸汽养护制造预应力高强混凝土空心方桩的方法，其特征在于水蒸汽养护时间为 7 小时。”

针对本专利，本案第三人崇徐于 2007 年 11 月 12 日向被告提出无效宣告请求，其理由是本专利权利要求 1~7 不符合《专利法》第二十二条第二、三款的规定，本专利权利要求 1~4 不符合《专利法》第二十六条第四款的规定，同时提交了 6 份附件。

经形式审查合格，被告依法受理了崇徐的无效宣告请求，并向崇徐和原告发出无效宣告请求受理通知书，同时将崇徐提交的专利权无效宣告请求书及其附件清单中所列附件的副本转送原告，并要求原告在指定的期限内陈述意见。

崇徐于 2007 年 12 月 12 日向被告再次提交了意见陈述书，补充说明了离心成型转速的具体数值已经在附件 1 中公开致使本专利不具备创造性。

针对专利复审委员会发出的上述无效宣告请求受理通知书，原告于 2008 年 1 月 17 日提交了意见陈述书，原告认为本专利具备新颖性和创造性，且符合《专利法》第二十六条第四款的规定。

被告向崇徐和原告发出无效宣告请求口头审理通知书，定于 2008 年 6 月 25 日举行口头审理。随同口头审理通知书被告将崇徐和原告提交的相关文件进行了转文。

被告于 2008 年 5 月 29 日收到了原告提交的意见陈述书，原告认为崇徐的无效理由不能成立，主要理由是管桩产品不同于空心方桩，本专利权利要求 1 的转动时间和转速没有在崇徐提交的附件 1 中公开。

被告随后将 2008 年 5 月 29 日收到的原告提交的意见陈述书副本转送给崇徐。

针对本专利，王虎俊于 2008 年 5 月 5 日向专利复审委员会提出无效宣告请求，同时提交了包括附件 7、9、10、12 在内的共 8 份附件。

王虎俊认为：本专利说明书和权利要求书中没有对离心转速、蒸汽养护、混凝土强度>C80 进行清楚的说明，致使本专利不符合《专利法》第二十六条第三款的规定，权利要求 1~7 不符合《专利法实施细则》第二十条第一款的规定；权利要求 1 缺少必要技术特征“旋转半径”，不符合《专利法实施细则》第二十一条第二款的规定；权利要求 1~7 不符合《专利法》第二十二条第三款的规定。

经形式审查合格，被告依法受理了王虎俊的无效宣告请求，并于 2008 年 5 月 19 日向王虎俊和原告发出无效宣告请求受理通知书，同时将专利权无效宣告请求书及其附件清单中所列附件的副本转送给原告。

被告将崇徐和王虎俊所提出的上述两个无效宣告请求进行合并审理，并于2008年5月19日向王虎俊和原告发出了口头审理通知书，定于2008年6月25日举行口头审理。

王虎俊于2008年6月5日再次提交了意见陈述书，补充了关于本专利权利要求1、5、6不具备创造性的无效理由，同时提交了附件8的中文译文共10页。

口头审理如期举行，崇徐、王虎俊和原告均出席了本次口头审理。在口头审理过程中：

崇徐明确其无效理由、范围和证据的使用方式为：本专利权利要求1~4不符合《专利法》第二十六条第四款的规定，单独使用附件1评价本专利权利要求1的新颖性和创造性，单独使用附件3评价本专利权利要求1的创造性，使用附件1、2、4、5的组合、或者附件3、2、4、5的组合评价本专利权利要求1~7的创造性，放弃本专利权利要求2~7不具备新颖性的无效理由，放弃使用附件6作为本案证据。崇徐当庭出示了附件1、附件3的原件，原告对附件1~6的真实性没有异议。

王虎俊明确其无效理由、范围和证据的使用方式为：本专利不符合《专利法》第二十六条第三款的规定，涉及权利要求1~7；本专利权利要求1~7不符合《专利法实施细则》第二十条第一款的规定；本专利权利要求1不符合《专利法实施细则》第二十一条第二款的规定；使用附件7、8、9的组合，或者附件7、公知常识、附件9的组合，或者附件7、附件12、附件9的组合评价本专利权利要求1的创造性；权利要求2的附加技术特征被附件7或者附件10公开，权利要求3的附加技术特征被附件10公开，权利要求4的附加技术特征被附件9或者附件12公开或者属于公知常识，权利要求5的附加技术特征被附件7或8公开或属于公知常识，权利要求6的附加技术特征被附件8或者附件12公开或属于公知常识，权利要求7的附加技术特征被附件10公开或属于公知常识，因而权利要求2~7不具备创造性；附件13用于证明原告在本专利实质审查阶段已经承认了本专利公开文本中原权利要求1没有新颖性和创造性；放弃使用附件11作为本案证据。

被告将王虎俊于2008年6月5日提交的意见陈述书和附件8的中文译文的副本转给原告，原告当庭予以签收。原告当庭表示对王虎俊提交的附件8~10的中文译文有异议，并当庭提交了意见陈述书和附件8~10的中文译文共18页。被告将原告当庭提交的意见陈述书、附件8~10的中文译文的副本转给王虎俊，王虎俊当庭予以签收。王虎俊认为专利权人提交的附件8~10的中文译文与其提交的附件8~10的中文译文的相关部分仅仅是文字上的措辞不同，王虎俊明确表示同意使用原告提交的附件8~10的中文译文的相关部分。

被告当庭宣布本案涉及到附件8~10的中文译文的相关部分以原告当庭提交的附件8~10的中文译文的相关部分为准，双方当事人均明确表示对此无异议。

王虎俊当庭出示了附件7、12的原件、附件11中所述发票的原件，以及盖有“此件为原件复印件”、“国家知识产权局审查业务章”以及其骑缝章的附件13，原告对附件7、12、14的真实性没有异议，对附件8~10、11、13的真实性有异议。

被告进行口头审理后，于2008年7月15日作出被诉决定，宣告本专利全部无效。原告不服，诉至本院。

在本院开庭审理过程中，原告及两位第三人对被诉决定的行政程序表示没有异议；原告同时表示在附件9的真实性成立的前提下，其认可本专利权利要求1与附件7的区别特征5已经被附件9公开；原告对被诉决定第11页第2段记载的内容表示无异议。

本院认为，鉴于原告和两第三人在庭审中表示对被诉决定的行政程序没有异议。经审查，被诉决定的行政程序合法，本院对此予以确认。

本案争议的焦点问题为本专利权利要求1~7是否具备《专利法》第二十二条第三款规定的创造性。

《专利法》第二十二条第三款规定：创造性，是指同申请日以前已有的技术相比，该发明有突出的实质性特点和显著的进步。

本案中，附件7、12为公开出版物，附件9、10为日本专利文献。以上附件的公开日起均早于本专利的申请日，可以作为评价本专利创造性的现有技术。

本专利权利要求1要求保护一种离心法蒸汽养护制造预应力高强混凝土空心方桩的方法。

附件7公开了一种PHC桩主要生产工艺流程，具体公开的步骤为：A. 准备阶段，包括用主筋等进行钢筋笼制作，用水泥、砂、石、水加剂、水进行配料以后再进行混凝土搅拌制作混凝土，以及使用清涂工具清理离心模具并涂隔离剂；B. 用吊车将钢筋笼入模；C. 用喂料机进行混凝土喂料；D. 用气动扳手合模；E. 用液压张拉机施加预应力；F. 用高速离心机成型；G. 在养护坑中进行蒸汽养护；H. 用气动扳手进行预应力放张后拆模；I. 用运输小车进行成品堆放。

将附件7的主要生产工艺流程和本专利权利要求1的技术方案进行比较，二者的区别技术特征在于：（1）空心方桩；（2）用张拉机张拉预应力钢棒；（3）注入水蒸汽养护数小时；（4）将空心桩堆放在露天环境3~7天；（5）离心成型阶段至少有两个阶段，即低速转动离心阶段，离心转速为208转/分钟，时间为5~20分钟；高速转动离心阶段：离心转速为1400转/分钟，时间为5~20分钟。

关于区别特征（1）：附件12为关于预应力混凝土管桩的参考书，具体公开内容为：预应力混凝土管桩长度为12~43m，桩的外形包括方形实心桩、方形中空桩等，其中的方形中空桩为一种预应力混凝土桩，具有空心截面，其长度远大于外径或者边长，而截面是内表面为圆形、外表面为方形。因此附件12公开的方形中空桩属于一种空心方桩，其属于一种已知产品。附件7公开的方法能够达到缩短生产周期、实现规模化生产并克服浇注混凝土存在的产品不密实等缺陷。本领域技术人员很容易想到为了解决生产制造空心方桩过程中出现的技术问题而采用附件7中公开的方法来制造空心方桩。

关于区别特征（2）：本专利权利要求1记载了“用张拉机张拉预应力钢棒，以增加其预应力”的内容，由此可以看出预应力钢棒就是空心方桩内的钢筋。附件7的工艺步骤E为“用液压张拉机施加预应力”，虽没有记载张拉机施加预应力的对象，但本领域技术人员很容易想到附件7的该步骤通常就是指用张拉机对钢筋笼的主筋（即预应力钢棒）施加预应力。

关于区别特征（3）：附件7的工艺步骤G中没有记载本专利权利要求1的工艺步骤g中的“注入水蒸汽养护数小时”，但对预应力混凝土制品进行蒸汽养护注入水蒸汽养护数小时是必然的工艺步骤，因此，本领域技术人员很容易由附件7的步骤G联想到本专利的步骤g。

关于区别特征（4）：为了使桩制品达到一定的混凝土强度等级，同时桩制品长度较长，本领域技术人员会选择将桩制品露天堆放3-7天进行自然养护，且附件7的步骤I也公开了用输送小车成品堆放的内容，故区别技术特征（4）属于本领域技术人员的常规选择。

附件9公开了一种用混凝土制成的管的制造方法，其说明书第［0011］~［0013］段公开了离心转速在低速和高速时的相关数据，同时该附件实施例1-4、1-7、1-13也分别记载了低速和高速情况下的离心工艺，同时，根据适合的制品和内径，也可以计算出与离心转速相对应的离心加速度数值。因此，区别技术特征（5）已经被附件9公开。同时，在预应力混凝土桩制造领域，离心成型工艺可分为慢、中、快档的三个阶段，本领域技术人员也能够通过常规试验选择出区别技术特征（5）限定的离心工艺，即区别技术特征（5）也是本领域技术人员的常规选择。

因此，本专利权利要求1所要保护的技术方案相对于附件7、附件12和附件9的结合对本领域技术人员是显而易见的。被诉决定认定本专利权利要求1不具备创造性的结论正确，本院予以支持。

原告认为，被诉决定认定区别技术特征（2）~（4）属于本领域的公知常识证据不足。本院认为，如前所述，本领域技术人员从现有技术公开的内容中，很容易联想到本专利权利要求1所采用的上述技术方案而无需付出创造性劳动。对于原告所持的上述诉讼意见，本院不予支持。

本专利权利要求 2 从属于权利要求 1，其附加技术特征为“所述的蒸汽养护包括水蒸气养护和高压釜养护，水蒸汽养护时间为 5~9 小时”。

附件 7 公开了采用蒸釜脱模后进行压蒸养护的二次养护方法；附件 10 公开了一种超高速离心力制柱法，同时公开了“离心成型以后，在 60~70℃温度下，进行 2~7 小时的预养护”的内容。

附件 7 的蒸养为水蒸汽养护简称，附件 10 的预护养也是水蒸汽养护且时间为 2~7 小时，以上都是为了达到增强混凝土强度的技术效果。在看到以上附件 7 和附件 10 公开的内容的前提下，权利要求 2 记载的技术方案对于本领域技术人员来说显而易见。在权利要求 2 引用的权利要求 1 不具备创造性的前提下，权利要求 2 不具备创造性。

本专利权利要求 3 引用权利要求 1 或 2，对高压釜蒸汽养护进一步进行限定，其附加技术特征为“所述的高压釜蒸汽养护是：将包裹有空心桩的整个离心模具放入高压釜蒸汽养护器中，在高温、高压和水蒸汽作用下，养护 10~14 小时，高压釜中的工作压力为 1MPa，混凝土强度>C80，高温为 180℃。”

附件 10 公开了一种超高速离心力制柱法，具体公开了以下技术特征：离心成型后，在 60~70℃温度下，进行 2~7 小时的预养护，然后，在 180-~190℃温度及 10~12 个大气压下，进行 8 小时的高压蒸压养护。

附件 10 的高压蒸压养护即本专利的高压釜蒸汽养护，附件 10 高压蒸压养护的温度为 180~190℃，公开了本专利的温度；附件 10 中 10 个大气压即本专利的 1MPa 的工作压力。本领域技术人员也很容易想到将高压釜养护的时间设定在 10~14 个小时。因此权利要求 3 所保护的技术方案相对于本领域技术人员也是显而易见的。在权利要求 3 引用的权利要求 1 和 2 不具备创造性的前提下，权利要求 3 也不具备创造性。

本专利权利要求 4 从属于本专利的权利要求 1，其附加技术特征为“离心成型阶段最好包括有三个阶段，则低速转动离心阶段、中速转动离心阶段和高速转动离心阶段，中速转动离心阶段的离心转速为 860 转/分钟；时间为 5~20 分钟”。

附件 9 的实施例 1-1 还具体公开了低速在 3G 进行 5 分钟、中速在 10G 进行 5 分钟、高速在 30G 进行 10 分钟的离心工艺。如前评述区别特征（5）的内容所述，在预应力混凝土桩制造领域，离心成型工艺可分为慢、中、快档的三个阶段，而本领域技术人员可以计算出离心转速为低速和高速时的相关数值。因此根据制品的相关数据，本领域技术人员通过常规试验也可得到本专利权利要求 4 所述的离心阶段为中速转动时相应的技术方案。因此，权利要求 4 要求保护的技术方案对本领域技术人员也来说是显而易见的，在其引用的权利要求 1 不具备创造性的前提下，本专利权利要求 4 同样不具备创造性。

本专利权利要求 5 从属于本专利权利要求 1，其附加技术特征为“所述每个离心模具由数块模板共同组成。”

本专利中生产混凝土桩必然涉及模具，模具由数块模板构成属于本领域技术人员所公知的技术，在权利要求 1 不具备创造性的情况下，权利要求 5 要求保护的技术方案是显而易见的，本专利权利要求 5 不具备创造性。

本专利权利要求 6 从属于本专利的权利要求 1 或 2，其附加技术特征为“采用上述工艺制作空心桩的横截面形状为外方内圆形状的空心体。”

附件 12 第 1 页表 1-1 中的方形中空桩的截面形状明显为外方内圆形状，并且该方形中空桩属于空心体，本领域技术人员很容易地从附件 12 中得到启示用附件 7 的方法生产方形中空桩而得到权利要求 6 的技术方案。权利要求 6 要求保护的技术方案对本领域技术人员显而易见。在权利要求 1、2

不具备创造性的前提下，权利要求6亦不具备创造性。

本专利权利要求7从属于本专利的权利要求2，其附加技术特征为“水蒸汽养护时间为7小时。”

如评价本专利权利要求3时所述，附件10公开了“2~7小时预养护”，本专利权利要求7所限定的技术方案已经被上述内容公开。因此，在权利要求2不具备创造性的情况下，权利要求7要求保护的技术方案不具备创造性。

故，被诉决定认定本专利权利要求1~7不具备创造性的结论正确，本院予以支持。由于本专利权利要求1~7的技术方案相对于本领域技术人员是显而易见的，故原告关于本专利的多种技术方案组合后的技术效果已经超过现有技术及国家标准因此具备创造性且可以实现相关产品自动化、规模化生产等诉讼理由缺乏事实和法律依据，本院均不予采纳。

综上，被诉决定认定事实清楚、适用法律正确、审查程序合法，本院应予维持。原告要求撤销被诉决定的诉讼请求缺乏事实和法律依据，本院不予支持。据此，依照《中华人民共和国行政诉讼法》第五十四条第（一）项之规定，判决如下：

维持被告国家知识产权局专利复审委员会于二〇〇八年七月十五日作出的第11927号无效宣告请求审查决定。

案件受理费100元，由原告颜小荣负担（已交纳）。

如不服本判决，各方当事人可在本判决书送达之日起15日内，向本院递交上诉状，并按对方当事人人数提出副本同时预交上诉案件受理费100元，上诉于北京市高级人民法院。上诉人在上诉期满后7日内未预交上诉案件受理费又不提出缓交申请的，按自动撤回上诉处理。

审　判　长　齐　莹
代理审判员　殷　悦
人民陪审员　欧万雄
二〇〇九年四月十日
书　记　员　赵　锋

北京市高级人民法院
行政判决书

（2009）高行终字第1117号

上诉人（一审原告）颜小荣，男，1965年1月22日出生，汉族，云南中技管桩有限公司董事长，户籍所在地云南省昆明市呈贡县马金铺乡归化街38号附1号。

委托代理人刘俊波，云南凌云律师事务所律师。

委托代理人康珉，云南凌云律师事务所律师。

被上诉人（一审被告）国家知识产权局专利复审委员会，住所地北京市海淀区北四环西路9号银谷大厦。

法定代表人张茂于，副主任。

委托代理人汤元磊，国家知识产权局专利复审委员会审查员。

委托代理人隋璐，国家知识产权局专利复审委员会审查员。

被上诉人（一审第三人）王虎俊，男，1969年10月8日出生，汉族，北京立康律师事务所主任，户籍所在地内蒙古自治区集宁市怀远南大街133号5户。

委托代理人祁建国，北京律诚同业知识产权代理有限公司专利代理人。

被上诉人（一审第三人）崇徐，男，1952年11月11日出生，汉族，云南省教育厅退休干部，户籍所在地云南省昆明市五华区教场东路省教育服务中心。

委托代理人陈左，男，1960年4月24日出生，汉族，云南省专利事务所职员，户籍所在地云南省昆明市五华区华山东路82号6栋2单元301室。

上诉人颜小荣因专利无效宣告请求审查决定一案，不服北京市第一中级人民法院（以下简称一审法院）（2008）一中行初字第1561号行政判决，向本院提起上诉。本院受理后，依法组成合议庭，于2009年11月2日公开开庭审理了本案。上诉人颜小荣的委托代理人刘俊波、康珉，被上诉人国家知识产权局专利复审委员会（以下简称专利复审委）的委托代理人汤元磊、隋璐，被上诉人王虎俊的委托代理人祁建国，被上诉人崇徐及其委托代理人陈左到庭参加了诉讼。本案现已审理终结。

2008年7月15日，专利复审委依据《中华人民共和国专利法》（以下简称《专利法》）第二十二条第三款、第二十六条第三款及《中华人民共和国专利法实施细则》（以下简称《专利法实施细则》）第二十条第一款的规定，针对专利权人为颜小荣的第200410040717.5号发明专利（以下简称本专利）作出第11927号无效宣告请求审查决定（以下简称第11927号决定），宣告本专利权全部无效。颜小荣不服该决定，在法定期限内向一审法院提起行政诉讼。

一审法院经审理认为，第11927号决定认定事实清楚、适用法律正确、审查程序合法。颜小荣要求撤销第11927号决定的诉讼请求缺乏事实和法律依据。依照《中华人民共和国行政诉讼法》第五十四条第（一）项之规定，判决维持了专利复审委作出的第11927号决定。

颜小荣不服一审判决，向本院提起上诉。其上诉称，本专利权利要求1的核心发明点在于用离心法生产空心方桩。基于众所周知的道理，离心法生产多使用于具有固定回转轴的回转部件的生产，圆型管桩应用离心法生产获得成功就是明证。由于方形中空物件四周各点距回转中心不一致，在本专利申请日前确无任何技术人员试用离心法制作空心方桩。本专利克服了技术偏见，取得了意想不到的技术效果。本专利权利要求1所要保护的技术方案相对于附件7、9、12的结合是非显而易见的。附件7、12均未提及用离心法生产空心方桩，给出的相关技术参数也只是管桩和实心方桩。附件9用离心法生产的部件也仍然是一种圆型回转体，与本专利的空心方桩不属于同一技术领域。综上，本专利权利要求1具有创造性，其从属权利要求也具有创造性。请求二审法院撤销一审判决和第11927号决定。

专利复审委辩称，附件12是关于预应力混凝土管桩的参考书，该附件第1页第3、11~12行、表1-1、典型正视图具体公开了以下技术内容：预制混凝土桩是重要的桩基材料，预应力混凝土桩的相关长度为12~43m，预应力混凝土桩的形式包括方形实心桩、方形中空桩、八角形实心或中空桩、环形桩，所述方形中空桩是具有空心截面、长度远大于外径（或边长）的一种预应力混凝土桩，其截面形状是内表面是圆形、外表面是方形。由此可见，附件12公开的方形中空桩属于一种空心方桩，即截面形状为内表面是圆形、外表面是方形的桩属于空心方桩。而管桩的截面形状是内表面是圆形、外表面也是圆形，对本领域技术人员而言，采用适用于管桩形状的模具即可采用离心法制得管桩，采用适于空心方桩形状的模具即可采用离心法制得空心方桩，并不存在颜小荣所述的技术偏见。同时，附件12中也没有给出不能采用离心法制造空心方桩的教导。我委仍坚持决定中的意见。故，请求二审法院驳回上诉，维持一审判决和第11927号决定。

王虎俊、崇徐辩称，同意专利复审委的答辩意见，请求二审法院驳回上诉，维持一审判决和第11927号决定。

专利复审委在法定举证期限内向一审法院提交了如下证据：1. 附件7：陈惠玲主编、中国建筑工业出版社出版、1998年6月第一版、1998年6月第一次印刷的《高效预应力结构设计施工实例应用手册》版权页、第903页，共2页；2. 附件9：公开日为2 00 0年11月21日的日本专利文献JP2000-317919A以及颜小荣提交的相关部分中文译文；3. 附件10：公开日为1991年10月15日的日本专利文献JP平3-65761B2以及颜小荣提交的相关部分中文译文；4. 附件12：阮起楠著、中国建材工业出版社出版、2000年2月第一版、2000年2月第一次印刷的《预应力混凝土管桩》版权页、第1页，共2页；5. 本案口头审理记录表；6. 本专利说明书；7. 王虎俊提交的专利权无效宣告请求书及其补充的意见陈述。

颜小荣向一审法院提交了与专利复审委相同的证据。

王虎俊、崇徐均未向一审法院提交证据。

上述证据均已随案移送本院，经审查，本院认为，专利复审委、颜小荣提交的证据与本案具有关联性，且合法、真实，能够证明本案的相关事实。

颜小荣在二审期间向本院提交了《预应力混凝土空心方桩》的中华人民共和国建筑行业标准（2007年6月1日实施）等四份证据，上述证据未向专利复审委和一审法院提交。经审查，本院认为，颜小荣在二审阶段向本院提交上述证据没有正当理由，本院不予接纳。

根据对上述证据的审查认定及各方当事人的陈述，本院确认如下事实，本专利是颜小荣于2004年9月16日向国家知识产权局（以下简称知产局）申请的名称为“一种离心法蒸汽养护制造预应力高强混凝土空心方桩的方法”的发明专利权。知产局于2007年9月12日授权公告，授权公告时的权利要求书如下：

1. 一种离心法蒸汽养护制造预应力高强混凝土空心方桩的方法，其特征在于整根桩离心成型并进行蒸汽养护，其工艺包括：

a. 准备阶段：制作钢筋笼、按规定配比制作混凝土、清理离心模具并涂隔离层；

b. 安装钢筋笼：将制作好的钢筋笼放到离心模具中并定位；

c. 机械布料：将配好的混凝土用机械方式注入离心模具中；

d. 合模：合拢离心模具，并从外部将离心模具用定位闭锁螺栓将其固定，保证离心模具在转动时不会打开；

e. 用张拉机张拉预应力钢棒，以增加其预应力；

f. 离心成型：开动离心机让整个离心模具转动，在离心力作用下，离心模具中间部位的混凝土甩向离心模具外侧四周，中部形成空心状；

g. 蒸汽养护：将包裹有空心桩的整个离心模具放入蒸汽养护池中，注入水蒸汽养护数小时；

h. 脱模：打开离心模具外部的定位闭锁螺栓，脱去离心模具，取出成型的空心桩；

i. 堆码：将空心桩堆放在露天环境3~7天后，经检验合格后即可出厂；

离心成型阶段至少有二个阶段，则低速转动离心阶段：离心转速为208转/分钟，时间为5~20分钟；高速转动离心阶段：离心转速为1400转/分钟，时间为5~20分钟。

2. 根据权利要求1所述的一种离心法蒸汽养护制造预应力高强混凝土空心方桩的方法，其特征在于所述的蒸汽养护包括水蒸汽养护和高压釜蒸汽养护，水蒸汽养护时间为5~9小时。

3. 根据权利要求1或2所述的一种离心法蒸汽养护制造预应力高强混凝土空心方桩的方法，其特征在于所述的高压釜蒸汽养护是：将包裹有空心桩的整个离心模具放入高压釜蒸汽养护器中，在高温、高压和水蒸汽作用下，养护10~14小时，高压釜中的工作压力为1MPa，混凝土强度>C80，高温为180℃。

4. 根据权利要求1所述的一种离心法蒸汽养护制造预应力高强混凝土空心方桩的方法，其特征在于离心成型阶段有三个阶段，则低速转动离心阶段、中速转动离心阶段和高速转动离心阶段，中速转动离心阶段的离心转速为860转/分钟；时间为5~20分钟。

5. 根据权利要求1所述的一种离心法蒸汽养护制造预应力高强混凝土空心方桩的方法，其特征在于所述每个离心模具由数块模板共同组成。

6. 根据权利要求1或2所述的一种离心法蒸汽养护制造预应力高强混凝土空心方桩的方法，其特征在于采用上述工艺制作空心桩的横截面形状为外方内圆形状的空心体。

7. 根据权利要求2所述的一种离心法蒸汽养护制造预应力高强混凝土空心方桩的方法，其特征在于水蒸汽养护时间为7小时。”

针对本专利，崇徐于2007年11月12日向专利复审委提出无效宣告请求，其理由是本专利权利要求1~7不符合《专利法》第二十二条第二、三款的规定，本专利权利要求1~4不符合《专利法》第二十六条第四款的规定，同时提交了6份证据。

经形式审查合格，专利复审委依法受理了崇徐的无效宣告请求，并向崇徐和颜小荣发出无效宣告请求受理通知书，同时将崇徐提交的专利权无效宣告请求书及其附件清单中所列附件的副本转送颜小荣，并要求颜小荣在指定的期限内陈述意见。

崇徐于2007年12月12日向专利复审委再次提交了意见陈述书，补充说明了离心成型转速的具体数值已经在附件1中公开，致使本专利不具备创造性。

针对专利复审委发出的上述无效宣告请求受理通知书，颜小荣于2008年1月17日提交了意见陈述书，颜小荣认为本专利具备新颖性和创造性，且符合《专利法》第二十六条第四款的规定。

专利复审委于2008年4月15日向崇徐和颜小荣发出无效宣告请求口头审理通知书，定于2008年6月25日进行口头审理。随同口头审理通知书，专利复审委将崇徐和颜小荣提交的相关文件进行了转文。

专利复审委于2008年5月29日收到了颜小荣提交的意见陈述书，颜小荣认为管桩产品不同于空心方桩，本专利权利要求1的转动时间和转速没有在崇徐提交的附件1中公开，故崇徐的无效理由不能成立。

专利复审委随后将颜小荣提交的意见陈述书副本转送给崇徐。

针对本专利，王虎俊于2008年5月5日向专利复审委提出无效宣告请求，同时提交了包括附件7、9、10、12在内的共8份证据。

王虎俊认为，本专利说明书和权利要求书没有对离心转速、蒸汽养护、混凝土强度>C80进行清楚的说明，致使本专利不符合《专利法》第二十六条第三款的规定，权利要求1~7不符合《专利法实施细则》第二十条第一款的规定；权利要求1缺少必要技术特征“旋转半径”，不符合《专利法实施细则》第二十一条第二款的规定；权利要求1~7不符合《专利法》第二十二条第三款的规定。

经形式审查合格，专利复审委依法受理了王虎俊的无效宣告请求，并于2008年5月19日向王虎俊和颜小荣发出无效宣告请求受理通知书，同时将专利权无效宣告请求书及其附件清单中所列附件的副本转送给颜小荣。

专利复审委将崇徐和王虎俊所提出的上述两个无效宣告请求进行合并审理，并于2008年5月19日向王虎俊和颜小荣发出了口头审理通知书，定于2008年6月25日进行口头审理。

王虎俊于2008年6月5日再次提交了意见陈述书，补充了关于本专利权利要求1、5、6不具备创造性的无效理由，同时提交了附件8的中文译文共10页。

2008年6月25日，崇徐、王虎俊和颜小荣均出席了本次口头审理。在口头审理中崇徐明确其无效理由、范围和证据的使用方式为，本专利权利要求1~4不符合《专利法》第二十六条第四款的规定，单独使用附件 1 评价本专利权利要求 1 的新颖性和创造性，单独使用附件 3 评价本专利权利要求 1 的创造性，使用附件 1、2、4、5 的组合、或者附件 3、2、4、5 的组合评价本专利权利要求 1~7 的创造性，放弃本专利权利要求 2~7 不具备新颖性的无效理由，放弃使用附件 6 作为本案证据。崇徐当庭出示了附件 1、附件 3 的原件，颜小荣对附件 1~6 的真实性没有异议。

王虎俊明确其无效理由、范围和证据的使用方式为：本专利不符合《专利法》第二十六条第三款的规定，涉及权利要求 1~7；本专利权利要求 1~7 不符合《专利法实施细则》第二十条第一款的规定；本专利权利要求 1 不符合《专利法实施细则》第二十一条第二款的规定；使用附件 7、8、9 的组合，或者附件 7、公知常识、附件 9 的组合，或者附件 7、附件 12、附件 9 的组合评价本专利权利要求 1 的创造性；权利要求 2 的附加技术特征被附件 7 或者附件 10 公开，权利要求 3 的附加技术特征被附件 10 公开，权利要求 4 的附加技术特征被附件 9 或者附件 12 公开或者属于公知常识，权利要求 5 的附加技术特征被附件 7 或 8 公开或属于公知常识，权利要求 6 的附加技术特征被附件 8 或者附件 12 公开或属于公知常识，权利要求 7 的附加技术特征被附件 10 公开或属于公知常识，因而权利要求 2~7 不具备创造性；附件 13 用于证明颜小荣在本专利实质审查阶段已经承认了本专利公开文本中原权利要求 1 没有新颖性和创造性；放弃使用附件 11 作为本案证据。

口头审理中，专利复审委将王虎俊于 2008 年 6 月 5 日提交的意见陈述书和附件 8 的中文译文的副本转给颜小荣，颜小荣予以签收。颜小荣表示对王虎俊提交的附件 8~10 的中文译文有异议，并提交了意见陈述书和附件 8~10 的中文译文共 18 页。专利复审委将颜小荣提交的意见陈述书、附件 8~10 的中文译文的副本转给王虎俊，王虎俊予以签收。王虎俊认为颜小荣提交的附件 8~10 的中文译文与其提交的附件 8~10 的中文译文的相关部分仅仅是文字上的措辞不同，王虎俊明确表示同意使用颜小荣提交的附件 8~10 的中文译文的相关部分。

专利复审委在口审过程中宣布本案涉及到附件 8~10 的中文译文的相关部分以颜小荣当庭提交的附件 8~10 的中文译文的相关部分为准，双方当事人均明确表示对此无异议。

王虎俊在口审过程中出示了附件 7、12 的原件、附件 11 中所述发票的原件，以及盖有“此件为原件复印件”、“国家知识产权局审查业务章”以及其骑缝章的附件 13，颜小荣对附件 7、12、14 的真实性没有异议，对附件 8~10、11、13 的真实性有异议。

专利复审委经审查后认为，1. 关于证据和现有技术。王虎俊提交的附件 7、12 为公开出版物，附件 9、10 为日本专利文献。专利复审委经审查认可附件 7、9、10、12 的真实性，且附件 7、9、10、12 的公开日期均在本专利的申请日前，因此，附件 7、9、10、12 可以作为本专利的现有技术使用，其中附件 9、10 公开的内容以颜小荣于口头审理中提交的中文译文中王虎俊使用的相关部分为准。

2. 关于本专利权利要求 1~7 是否符合《专利法实施细则》第二十条第一款以及《专利法》第二十六条第三款的规定。

专利复审委认为，1. 在离心法制造预应力桩制造领域，离心转速一般不用于对电机转速进行限定，而是用于对模具转速进行限定，因此，虽然本专利权利要求书和说明书没有具体说明该离心转速是电机转速还是模具转速，本领域技术人员能够理解本专利权利要求 1 中的离心转速是指模具转速。并且，混凝土桩在离心成型过程中，混凝土混和物的沉降密实、集料的排列和结构的形成与离心角速度和离心转动的时间有关，就本专利权利要求 1 要求保护的技术方案而言，其采用离心转速和时间范围构成的组合来限定离心工艺，即在使用不同坍落度的混凝土混和物制造不同直径的桩时，均采用这样的离心工艺，这样的限定没有导致其保护范围不清楚。同时，本专利说明书也从离心转速和时间两个参数对权利要求 1 中的离心工艺进行了说明，而且，由于桩的规格和混凝土混和物的坍落度均是在一定的范围内，根据本专利说明书的记载，本领域技术人员能够在使用不同坍落度的混凝土混和物制造不同直径的桩时，采用本专利权利要求1中所述的离心工艺来制造桩且使其混凝土混和料在一定程度上均匀分布、更加密实。2. 根据权利要求2的记载，权利要求2中将权利要求1中的蒸汽养护限定为包括水蒸汽养护和高压釜蒸汽养护，权利要求2中所述的高压釜蒸汽养护是对包裹有空心桩的整个离心模具进行的，因此，这样的限定对本领域技术人员来说也是清楚的，即权利要求2关于蒸汽养护的限定为：蒸汽养护为将包裹有空心桩的整个离心模具放入蒸汽养护池中，注入水蒸汽养护5~9小时，之后再将包裹有空心桩的整个离心模具进行高压釜蒸汽养护。根据权利要求3的记载，权利要求3中对高压釜蒸汽养护进一步限定，而混凝土强度等级>C80是在桩养护之后达到的强度属于本领域的公知技术，本领域技术人员能够理解权利要求3中的混凝土强度等级>C80是在桩养护之后达到的强度。因此，权利要求3要求保护的范围也是清楚的，即权利要求3中关于高压釜蒸汽养护的限定是：将包裹有空心桩的整个离心模具放入高压釜蒸汽养护器中，在高温、高压和水蒸汽作用下，养护10~14小时，其中高压釜中的工作压力为1MPa，高温为180℃，经过高压釜蒸汽养护后，使得空心方桩中的混凝土强度>C80。并且，虽然脱模前进行高压釜蒸汽养护与脱模后进行高压釜蒸汽养护的技术效果有所区别，但是根据说明书的记载，本领域技术人员能够实现权利要求2、3要求保护的技术方案，解决其技术问题，并且产生预期的技术效果。

基于上述理由，王虎俊关于本专利权利要求1~7不符合《专利法实施细则》第二十条第一款以及不符合《专利法》第二十六条第三款规定的无效理由不能成立。

3. 关于本专利权利要求1~7是否符合《专利法》第二十二条第三款的规定。

（1）关于本专利权利要求1是否符合《专利法》第二十二条第三款的规定。

本专利权利要求1要求保护一种离心法蒸汽养护制造预应力高强混凝土空心方桩的方法，附件7公开了一种PHC桩主要生产工艺流程，其公开了以下工艺步骤（参见附件7第903页图4-2-22-2）：A. 准备阶段，包括用主筋等进行钢筋笼制作，用水泥、砂、石、水加剂、水等配料后再进行混凝土搅拌制作混凝土，以及使用清涂工具清理离心模具并涂隔离剂；B. 用吊车将钢筋笼入模；C. 用喂料机进行混凝土喂料；D. 用气动扳手合模；E. 用液压张拉机施加预应力；F. 用高速离心机成型；G. 在养护坑中进行蒸汽养护；H. 用气动扳手进行预应力放张后拆模；I. 用运输小车进行成品堆放。

由此可见，附件7公开的PHC桩主要生产工艺流程和本专利权利要求1要求保护的技术方案之间的区别在于：（1）空心方桩；（2）用张拉机张拉预应力钢棒；（3）注入水蒸汽养护数小时；（4）将空心桩堆放在露天环境3~7天；（5）离心成型阶段至少有二个阶段，则低速转动离心阶段：离心转速为208转/分钟，时间为5~20分钟；高速转动离心阶段：离心转速为1400转/分钟，时间为5~20分钟。

关于区别特征（1）。附件12是关于预应力混凝土管桩的参考书，具体公开了以下技术内容：预制混凝土桩是重要的桩基材料，预应力混凝土桩的相关长度为12~43m，预应力混凝土桩的形式包括方形实心桩、方形中空桩、八角形实心或中空桩、环形桩，所述方形中空桩是具有空心截面、长度远大于外径（或边长）的一种预应力混凝土桩，其截面形状是内表面是圆形、外表面是方形。由此可见，附件12公开的方形中空桩属于一种空心方桩，故由附件12公开的技术内容可知空心方桩是一种已知的产品，加上附件7中公开的离心法蒸汽养护制造高强混凝土管桩方法能够缩短生产周期，实现规模化生产，能够克服浇筑的混凝土不密实、中间存有气孔、成品质量不稳定、产品强度相对不高的缺陷，因此，本领域技术人员为了解决空心方桩在生产制造过程中遇到的上述相同的技术问题，很容易想到采用附件7中的方法来制造空心方桩。

关于区别特征（2）。由本专利权利要求1中记载的“用张拉机张拉预应力钢棒，以增加其预应力”可得出预应力钢棒是指空心方桩内的钢筋，虽然附件7所述工艺步骤E中没有明确记载张拉机施加预应力的对象为预应力钢棒，但是本领域技术人员能够容易想到附件 7 中的工艺步骤 E“用液压张拉机施加预应力”通常就是用张拉机对钢筋笼中的主筋（即预应力钢棒）施加预应力。

关于区别特征（3）。虽然附件 7 中工艺步骤 G 中没有记载本专利权利要求 1 工艺步骤 g 中的“注入水蒸汽养护数小时”，但是，在对预应力混凝土制品进行蒸汽养护时，注入水蒸汽养护数小时是必然要进行的工艺步骤，本领域技术人员由附件 7 中工艺步骤 G“在养护坑中进行蒸汽养护”能够容易想到注入水蒸汽养护数小时。

关于区别特征（4）。“将空心桩堆放在露天环境 3~7 天”的目的是使混凝土强度达到一定的等级，在预应力混凝土桩领域，桩制品的长度较长，一般是露天堆放，同时为了使桩制品达到一定的混凝土强度等级，堆放 3~7 天进行自然养护是本领域技术人员的常规选择，因此，区别特征（4）属于本领域技术人员的常规选择。

关于区别特征（5）。附件 9 公开了一种用混凝土制成的管的制造方法，与本专利属于相同的技术领域，其中说明书第 2-3 栏中的［0011］~［0013］段，第 7~8 栏中的表格具体公开了以下技术特征：低速最好在 10G 以下，3-8G 更好，当混凝土注入完毕以后，至少再进行 2 分钟以上为好，或者更好的是进行 3 分钟以上 15 分钟以下；高速在 15G 以上进行，应按照坍落度选择 G 值，以短时间固结为好，坍落度为 1~2cm 时，20G 以上为好，更好的是 25~30G、10 分钟以内固结最好，坍落度为 10cm 时，15G 以上 20~25G 为好，更好的是 20~25G、10 分钟以内固结为好。编号为 1-4 的实施例中记载了低速在 3G 进行 5 分钟、高速在 30G 进行 10 分钟的离心工艺，编号为 1-7 的实施例中记载了低速在 12G 进行 5 分钟、高速在 30G 进行 10 分钟的离心工艺，编号为 1-13 的实施例记载了低速在 10G 进行 5 分钟、高速在 25G 进行 10 分钟的离心工艺。同时，选择适合的制品的内径和外径/边长，能够计算出离心转速为 208 转/分钟对应的离心加速度在 15G 以下，也能够计算出离心转速为 1400 转/分钟对应的离心加速度在 15G 以上。因此，区别特征（5）已经被附件 9 公开，且该区别特征在附件 9 中的作用与其在本专利权利要求 1 中的作用相同，均是用于使混凝土混和料进行均匀的分布以及使混凝土混和物更加密实。

而且，在预应力混凝土桩制造领域，离心成型工艺制度一般可分为慢、中、快三档，慢速为第一阶段，它的作用主要是在离心力的作用下，使投入模子内的混凝土混和料进行均匀的分布；快速为第二阶段，它的主要作用是在离心力作用下，使混凝土混和物更加密实。对于桩制品自身来说，小桩径的快速可比大桩径的快一些，以便达到必要的离心加速度；大桩径的离心时间应比小桩径的长一些，这因为大桩壁厚，混和料多。本领域技术人员根据这些公知技术，也是能够通过常规试验选择出区别特征（5）限定的离心工艺，即区别特征（5）也是本领域技术人员的常规选择。

综上所述，本专利权利要求 1 要求保护的技术方案相对于附件 7、附件 12、附件 9 的结合是显而易见的，因此，王虎俊关于本专利权利要求 1 不具备创造性的无效理由成立。

2. 关于本专利权利要求 2 是否符合《专利法》第二十二条第三款的规定。

本专利权利要求 2 从属于本专利的权利要求 1，其附加技术特征为“所述的蒸汽养护包括水蒸汽养护和高压釜蒸汽养护，水蒸汽养护时间为 5~9 小时”。

附件 7 第 903 页倒数第 5 行公开了采用蒸养脱模后进行压蒸养护的二次养护方法；附件 10 公开了一种超高速离心力制柱法，其中第 3 页具体公开了以下技术特征：离心成型后，在 60~70℃温度下，进行 2~7 小时的预养护。

附件 7 中的蒸养是水蒸汽养护的简称，附件 10 中的预养护也是水蒸汽养护，其时间为 2-7 小时。附件 7、附件 10 均公开了对混凝土进行养护的方法，与本专利属于相同的技术领域，都是为了达到增强混凝土强度的技术效果。而且，水蒸汽养护和高压釜蒸汽养护是本领域常用的对混凝土制品进行养护的方法，因此，在权利要求1不具备创造性的情况下，权利要求2要求保护的技术方案对本领域技术人员来说是显而易见的，王虎俊关于权利要求2不具备创造性的无效理由成立。

3. 关于本专利权利要求3是否符合《专利法》第二十二条第三款的规定。

本专利权利要求3对高压釜蒸汽养护进一步进行限定，其附加技术特征为"所述的高压釜蒸汽养护是：将包裹有空心桩的整个离心模具放入高压釜蒸汽养护器中，在高温、高压和水蒸汽作用下，养护10~14小时，高压釜中的工作压力为1MPa，混凝土强度>C80，高温为180℃。"

附件10公开了一种超高速离心力制柱法，其中第3页具体公开了以下技术特征：离心成型后，在60~70℃温度下，进行2~7小时的预养护，然后，在180~190℃温度及10~12个大气压下，进行8小时的高压蒸压养护。

附件10公开的是对混凝土进行养护的方法，与本专利属于相同的技术领域，都是为了达到增强混凝土强度的技术效果。高压蒸压养护即高压釜蒸汽养护，10个大气压等于1MPa的工作压力，混凝土强度>C80是经过蒸压釜养护后希望达到的效果。而且，脱模前进行高压釜蒸汽养护、脱模后进行高压釜蒸汽养护是本领域技术人员的常规选择，同时，高压釜养护10~14小时也是本领域技术人员的常规选择，因此，在权利要求1、2不具备创造性的情况下，权利要求3要求保护的技术方案对本领域技术人员来说是显而易见的，王虎俊关于权利要求3不具备创造性的无效理由成立。

4. 关于本专利权利要求4是否符合《专利法》第二十二条第三款的规定。

本专利权利要求4从属于本专利的权利要求1，其附加技术特征为"离心成型阶段最好包括有三个阶段，则低速转动离心阶段、中速转动离心阶段和高速转动离心阶段，中速转动离心阶段的离心转速为860转/分钟；时间为5~20分钟。"

附件9公开的内容如前所述，其中第7~8栏的表格中的实施1-1还具体公开了低速在3G进行5分钟、中速在10G进行5分钟、高速在30G进行10分钟的离心工艺。

附件9公开了包括中速转动离心阶段的离心工艺，此外，在预制混凝土桩领域，离心速度一般分为慢、中、快三档，慢速和快速的主要作用如前所述，中速是承上启下的过渡作用，同时能使混合物中固相颗粒分布更均匀更稳定的位置。因此，本领域技术人员根据制品的直径、混凝土混和物坍落度，通过常规试验即可得到离心转速为860转/分钟、时间为5~20分钟这样的中速离心工艺，即中速转动离心阶段的离心转速为860转/分钟、时间为5~20分钟是本领域技术人员的常规选择。因此，在权利要求1不具备创造性的情况下，权利要求4要求保护的技术方案对本领域技术人员来说是显而易见的，王虎俊关于权利要求4不具备创造性的无效理由成立。

5. 关于本专利权利要求5是否符合《专利法》第二十二条第三款的规定。

本专利权利要求5从属于本专利的权利要求1，其附加技术特征为"所述每个离心模具由数块模板共同组成。"

专利复审委认为，离心法制造预应力混凝土桩必然使用模具，模具一般由数块模板共同组成，这属于本领域的公知常识。因此，在权利要求1不具备创造性的情况下，权利要求5要求保护的技术方案是显而易见的，王虎俊关于权利要求5不具备创造性的无效理由成立。

6. 关于本专利权利要求6是否符合《专利法》第二十二条第三款的规定。

本专利权利要求6从属于本专利的权利要求1或2，其附加技术特征为"采用上述工艺制作空心桩的横截面形状为外方内圆形状的空心体。"

附件12第1页表1-1中的方形中空桩的截面形状为外方内圆形状，其是空心体。因此，如前所述，在附件7的基础上，本领域技术人员很容易想到采用附件7中的方法来制造附件12中公开的外方内圆形状的方形中空桩，从而获得权利要求6的技术方案。故在权利要求1、2不具备创造性的情况下，权利要求6要求保护的技术方案是显而易见的，王虎俊关于权利要求6不具备创造性的无效理由成立。

7. 关于本专利权利要求7是否符合《专利法》第二十二条第三款的规定。

本专利权利要求7从属于本专利的权利要求2，其附加技术特征为“水蒸汽养护时间为7小时。”

附件10公开的内容如前所述，其公开了“2~7小时预养护”，况且，在蒸汽养护中，对混凝土制品进行7小时水蒸汽养护是本领域技术人员经过常规试验可以得到的。因此，在权利要求2不具备创造性的情况下，权利要求7要求保护的技术方案是显而易见的，王虎俊关于权利要求7不具备创造性的无效理由成立。

鉴于上述分析已得出本专利权利要求1~7限定的技术方案均不具备创造性，应予无效的结论，专利复审委对崇徐、王虎俊提出的其他无效理由以及证据的组合方式未再进行评述。在此基础上，该委作出第11927号决定，宣告本专利全部无效。

本院认为，颜小荣、王虎俊、崇徐对第11927号决定的作出程序、适用法律、关于本专利符合《专利法实施细则》第二十条第一款和《专利法》第二十六条第三款规定的认定均无异议，经本院审查，第11927号决定的作出程序合法，适用法律正确，关于本专利符合《专利法实施细则》第二十条第一款和《专利法》第二十六条第三款规定的认定正确。基于颜小荣认可如权利要求1不具有创造性则其从属权利要求也无创造性，在此基础上，本案的争议焦点是本专利权利要求1是否具有创造性。

《专利法》第二十二条第三款规定：创造性，是指同申请日以前已有的技术相比，该发明有突出的实质性特点和显著的进步。

颜小荣认为，本专利权利要求1的核心发明点在于用离心法生产空心方桩，克服了现有技术的偏见，取得了有益的技术效果，因而本专利权利要求1具有创造性。专利复审委提出，附件12公开的方形中空桩属于一种空心方桩，空心方桩是一种已知的产品。对本领域技术人员而言，采用适用于管桩形状的模具即可采用离心法制得管桩，采用适于空心方桩形状的模具即可采用离心法制得空心方桩，并不存在颜小荣所述的技术偏见。将附件12公开的产品与附件7中公开的离心法蒸汽养护制造高强混凝土管桩方法结合，能够克服浇筑的混凝土不密实、中间存有气孔、成品质量不稳定、产品强度相对不高等缺陷。因此，用离心法生产空心方桩对本领域技术人员而言是显而易见的。经本院审查，专利复审委的上述确认事实依据清楚，充分。据此，专利复审委关于本专利权利要求1与附件7相比较的其他区别技术特征，未给本专利权利要求1带来突出的实质性特点和显著进步的认定正确。综上，本院同意专利复审委关于本专利权利要求1相对于附件7、附件12、附件9的结合不具备突出的实质性特点和显著进步，本专利权利要求1不具备创造性的确认；颜小荣关于本专利权利要求1具有创造性的上诉理由缺乏事实依据。

综上所述，第11927号决定认定事实清楚，适用法律正确，作出程序合法，一审法院予以维持正确。依照《中华人民共和国行政诉讼法》第六十一条第（一）项的规定，判决如下：

驳回上诉，维持一审判决。

二审案件受理费人民币100元，由上诉人颜小荣负担（已交纳）。

本判决为终审判决。

审 判 长 郭 宜
代理审判员 朱海宏
代理审判员 刘 行
二〇〇九年十二月十六日
书 记 员 程钰玮